Verkehrswertermittlung von Grundstücken

Verkehrswertermittlung von Grundstücken

Kommentar und Handbuch
zur Ermittlung von Marktwerten (Verkehrswerten) und Beleihungswerten sowie zur steuerlichen Bewertung unter Berücksichtigung der **ImmoWertV**

7., vollständig neu bearbeitete Auflage 2014

Wolfgang Kleiber
Dipl.-Ing., Ministerialrat a.D. im Bundesministerium für Verkehr, Bau und Stadtentwicklung
Professor an der Hochschule Anhalt (Hochschule für angewandte Wissenschaften)
Fellow of the Royal Institution of Chartered Surveyors (FRICS)

unter Mitarbeit von

Dr. Roland Fischer
Öffentlich bestellter und vereidigter Sachverständiger für Grundstückswertermittlungen

und

Ullrich Werling
Von der HypZert GmbH zertifizierter Immobiliengutachter für finanzwirtschaftliche Zwecke,
Fellow of the Royal Institution of Chartered Surveyors (FRICS)

bis zur 6. Auflage mitbearbeitet von **Dr. Karsten Schröter**

Bibliografische Information der Deutschen Nationalbibliothek
Die Deutsche Nationalbibliothek verzeichnet diese Publikation in der Deutschen Nationalbibliografie; detaillierte bibliografische Daten sind im Internet über http://dnb.d-nb.de abrufbar.

Bundesanzeiger Verlag GmbH
Amsterdamer Straße 192
50735 Köln

Internet: www.bundesanzeiger-verlag.de

Weitere Informationen finden Sie auch in unserem Themenportal unter www.betrifft-immobilien.de

Beratung und Bestellung:

Tel.: +49 (0) 221 97668-306
Fax: +49 (0) 221 97668-236
E-Mail: bau-immobilien@bundesanzeiger.de

ISBN: 978-3-8462-0218-0

© 2014 Bundesanzeiger Verlag GmbH, Köln

Alle Rechte vorbehalten. Das Werk einschließlich seiner Teile ist urheberrechtlich geschützt. Jede Verwertung außerhalb der Grenzen des Urheberrechtsgesetzes bedarf der vorherigen Zustimmung des Verlags. Dies gilt auch für die fotomechanische Vervielfältigung (Fotokopie/Mikrokopie) und die Einspeicherung und Verarbeitung in elektronischen Systemen. Hinsichtlich der in diesem Werk ggf. enthaltenen Texte von Normen weisen wir darauf hin, dass rechtsverbindlich allein die amtlich verkündeten Texte sind.

Herstellung: Günter Fabritius/Thomas Gundlach
Satz: starke+partner, Willich

Druck und buchbinderische Verarbeitung: Kösel GmbH & Co. KG, Altusried

Printed in Germany

Schnellübersicht

Abkürzungen 19

Teil I **Rechtsgrundlagen** 33

Teil II **Sachverständigenwesen** 61
  Sachverständiger 66
  Gutachten 168
  Grundbuch und Liegenschaftskataster 209
  Flächen und Volumina baulicher Anlagen 221

Teil III **Gutachterausschusswesen (Wertermittlungsrecht nach BauGB)** 255

Teil IV **Verkehrswertermittlung nach den Grundsätzen der Immobilienwertermittlungsverordnung – ImmoWertV** 453
  Vergleichswertverfahren 1275
  Extraktionsverfahren (Residualwertverfahren) 1459
  Ertragswertverfahren 1601
  Prognosegestütztes Ertragswertverfahren
  (*Discounted Cash Flow* Verfahren) 1625
  Sachwertverfahren 1869

Teil V **Verkehrswertermittlung besonderer Immobilienarten** 2077

Teil VI **Verkehrswertermittlung bei städtebaulichen Maßnahmen** 2517
  Enteignung 2528
  Sanierungsgebiete und Entwicklungsbereiche 2580
  Umlegungsgebiete 2758
  Erhaltungsgebiete 2792
  Stadtumbausatzung 2801

Teil VII **Verkehrswertermittlung aus besonderen Anlässen** 2807
  Zugewinnausgleich 2809
  Pflichtteilsanspruch 2826

Teil VIII **Verkehrswertermittlung von Rechten und Belastungen** 2835

Teil IX **Beleihungswertermittlung nach den Grundsätzen der Beleihungswertermittlungsverordnung – BelWertV** 3069

Teil X **Anhang** 3175

Teil XI **Sachverzeichnis** 3265

Vorwort

> *„Es gibt keine absoluten Werte,
> denn es sind nicht die Dinge, die
> uns ihren Wert auferlegen, sondern
> der Mensch selbst ist es, der
> die Werte bestimmt."*

Vorwort zur siebten Auflage

Die Marktwertermittlung von Grundstücken nimmt in der Immobilienwirtschaft eine herausragende Bedeutung ein. Dies fängt beim Kauf oder Verkauf einer Immobilie an und durchzieht insbesondere das Immobilieninvestment, die Bilanzierung des Immobilienbestands, die Projektentwicklung und vieles mehr. Das Gleiche gilt für die sich an der Marktwertermittlung orientierende Ermittlung von Beleihungswerten. Schließlich orientiert sich auch die steuerliche Bewertung mit der Erbschaftsteuerreform zunehmend an den bewährten Grundsätzen der Marktwertermittlung; entsprechende Weichenstellungen sind auch im Bereich der anstehenden Grundsteuerreform zu erwarten.

Wo immer man im Rechtsleben mit Immobilien zu tun hat, ist der Marktwert (Verkehrswert) der Immobilie Schlüssel- und Angelpunkt. Marktwerte müssen fundiert ermittelt sein, damit sie eine verlässliche Grundlage für immobilienwirtschaftliche Entscheidungen sein können. Eine unrealistische Einschätzung der Immobilienwerte und ihrer Entwicklung war der Auslöser der internationalen Finanzkrise und hat in diesem Bereich katastrophale Defizite aufgedeckt.

Die Immobilienbewertung hat in Deutschland einen sehr hohen und modernen Standard erreicht und nimmt weltweit eine Spitzenstellung ein. Im Hinblick auf internationale Anforderungen an eine Marktwertermittlung ist sie sogar vorbildhaft. Die deutschen Bewertungsstandards der Marktwertermittlung sind den internationalen Standards, so es solche überhaupt gibt, weit überlegen. Von einer fundierten Marktwertermittlung ist deshalb zu fordern, dass sie nach den bewährten deutschen Standards von Sachverständigen erstellt werden, die den strengen Anforderungen des im Teil II dargestellten deutschen Sachverständigenwesens und der hierzu ergangenen Rechtsprechung genügen. Die vielfach von international agierenden Gesellschaften nach „internationalen Bewertungsstandards" vorgelegten *„valuations"* können dem nicht genügen. Wer sich in Deutschland auf eine marktkonforme und fundierte Wertermittlung stützen will, muss auf eine Marktwertermittlung nach den modernen deutschen Bewertungsstandards bestehen.

Deutschland gehört zu den wenigen Ländern, in denen die Grundzüge der Marktwertermittlung schon seit 1961 in einer Rechtsverordnung (Immobilienwertermittlungsverordnung – ImmoWertV –) geregelt sind. Dies hat sich bewährt, da nur bei einheitlichen begrifflichen und methodischen Grundlagen eine fundierte Marktwertermittlung erwartet werden kann. Nach dieser Rechtsverordnung werden Marktwerte konsequent frei von spekulativen und prognostischen Elementen unter Berücksichtigung des tatsächlichen Marktgeschehens ermittelt. Voraussetzung dafür ist die systematische, flächendeckende und fortlaufende Beobachtung und Erfassung des Immobilienmarktes. Dies fängt bei der Sammlung aller Grundstückstransaktionen an, die den Gutachterausschüssen für Grundstückswerte mit den §§ 192 ff. des Baugesetzbuchs (BauGB) aufgegeben worden ist. Der Kaufpreissammlung der Gutachterausschüsse können die Vergleichspreise entnommen werden, die für eine fundierte Marktwertermittlung im Wege des Vergleichswertverfahrens erforderlich sind. Darüber hinaus sind die Gutachterausschüsse verpflichtet, aus der Kaufpreissammlung die Daten abzuleiten, die auch unter Anwendung des Ertrags- und Sachwertverfahrens eine sich tatsächlich am Marktgeschehen ausrichtende Marktwertermittlung ermöglichen. Es sind dies insbesondere die Liegenschaftszinssätze (*all over capitalization rate*) und die Sachwertfaktoren. Eine mit der Immobilienwertermittlungsverordnung – ImmoWertV – konforme Marktwertermittlung muss sich nicht nur dieser Daten, sondern auch der diesen Daten zugrunde liegenden Methoden bedienen (Grundsatz der Modellkonformität).

Vorwort

Mit der siebten Auflage sind die methodischen Erläuterungen der gängigen Wertermittlungsverfahren entsprechend den Vorgaben der Immobilienwertermittlungsverordnung (ImmoWertV) auf die Berücksichtigung des *Grundsatzes der Modellkonformität* ausgerichtet worden. Dies betrifft insbesondere die grundlegende Überarbeitung der Darstellungen des Sachwertverfahrens entsprechend den Empfehlungen der *Sachwertrichtlinie* des Bundes, aber auch das Vergleichs- und Ertragswertverfahren. Die mit der Sachwertrichtlinie neu eingeführten Normalherstellungskosten 2010 (NHK 2010) können erst ab dem Frühjahr 2014 in die praktische Umsetzung gehen, wenn nämlich die Gutachterausschüsse in ihren Marktberichten die auf die NHK 2010 bezogenen Sachwertfaktoren zur Verfügung stellen. Die angesprochenen Richtlinien bedingen ein grundlegendes und von vielen Kennern der Materie beklagtes Umdenken nicht nur der zur Anwendung kommenden Verfahren, sondern auch ihrer Darstellung und Erläuterung im Gutachten. Die Gutachten bekommen zwangsläufig ein neues Gesicht. Dies alles bedingt eine intensive Beschäftigung mit der Materie. Mit der Neuauflage werden dem Benutzer des Werks die notwendigen Erläuterungen und Hinweise zur Umsetzung der Richtlinie gegeben.

Auch die Empfehlungen der neuen *Vergleichswertrichtlinie* werden sich auf die Praxis der Marktwertermittlung auswirken, denn sie wirkt sich auch auf die markt- und modellkonforme Ermittlung von Verkehrswerten bebauter Grundstücke unter Anwendung des Vergleichs-, Ertrags- und Sachwertverfahrens aus. Die dabei in die Marktwertermittlung einzuführenden „modellkonformen" Bodenwerte können erheblich von dem abweichen, was bislang als Bodenwert nach den Grundsätzen der ImmoWertV verstanden wurde. Dies wirft viele Fragen bis hin in den steuerlichen Bereich auf.

Die zur ImmoWertV erlassenen Richtlinien, sonstige amtliche Texte zur Marktwertermittlung sowie die einschlägigen Normen und Standards sind in diesem Werk nicht abgedruckt worden und können zum Teil unter www.betrifft-immobilien.de/normen abgerufen werden. Im Übrigen sind die amtlichen Vorschriften zur Marktwertermittlung vollständig in der im Bundesanzeiger Verlag in 11. Aufl. erschienenen Textsammlung „Wertermittlungsrichtlinien (2012)" abgedruckt.

Mit der siebten Auflage wurde das Werk inhaltlich neu gegliedert, aktualisiert und gestrafft. Der bisherige Teil II (Einführung) ist in die übrigen Teile eingebunden worden. In den neuen Teilen V und VI sind die bisherigen Darstellungen zur Marktwertermittlung einer Vielzahl besonderer Immobilienarten sowie im Zuge städtebaulicher Maßnahmen zusammengefasst worden. Die in den neuen Teilen VII und VIII behandelte *Marktwertermittlung von Rechten und Belastungen an Grundstücken* sowie die *Bewertungsfragen im Zusammenhang von Zugewinn- und Pflichtteilsansprüchen* sind von Herrn Dr. Roland Fischer grundlegend überarbeitet worden. Das Gleiche gilt für die im neuen Teil IX dargestellte *Beleihungswertermittlung*. Die Bearbeitung dieses Teils ist von Herrn Dr. Karsten Schröter auf Herrn Ullrich Werling übergegangen, der ebenfalls die Beleihungswertermittlung unter Berücksichtigung der mit der Beleihungswertermittlungsverordnung gewonnenen Erfahrungen, aber auch unter Berücksichtigung der mit der ImmoWertV geänderten Regelung der Marktwertermittlung grundlegend überarbeitet hat.

Aufgrund der gewachsenen Bedeutung der Marktwertermittlung für steuerliche Zwecke, insbesondere im Rahmen der grunderwerbsteuerlichen und erbschaftsteuerlichen Grundbesitzbewertung sind im Kontext mit den Erläuterungen zur Marktwertermittlung neben den Besonderheiten der Beleihungswertermittlung auch die Besonderheiten der steuerlichen Bewertung neu aufgenommen worden. Dies soll es dem Benutzer ermöglichen, die bestehenden Verwandtschaften der Marktwertermittlung, der Beleihungswertermittlung sowie der Einheits- und Grundbesitzbewertung zu nutzen.

Im Rahmen der Aktualisierung des Werks sind neben vielen anderen neuen Entwicklungen insbesondere die mit der Innenbereichsnovelle zum BauGB aktualisierten Vorschriften über die Gutachterausschüsse für Grundstückswerte, die Mietrechtsreform und vor allem aktuelle Marktdaten in die Neubearbeitung eingegangen. Dies wurde zum Anlass genommen die Kommentierung zu den Gutachterausschüssen für Grundstückswerte grundlegend zu überarbeiten.

Vorwort

Aufgrund der Praxisnähe der Erläuterungen sind in diesem Werk eine Fülle von Daten über den Grundstücksmarkt angeführt. Bezüglich dieser Marktdaten muss vorsorglich darauf hingewiesen werden, dass diese einem ständigen Wandel unterworfen sind und der Aktualität Grenzen gesetzt sind. In der täglichen Bewertungspraxis ist es deshalb unumgänglich, sich stets die aktuellsten Daten „vor Ort" zu beschaffen.

In der Darstellung und im Aufbau haben die Verfasser grundsätzlich an dem bewährten Prinzip festgehalten, komplizierte Sachverhalte möglichst anschaulich darzustellen. Aufbau und Darstellung sollen es dem „Einsteiger", wie auch dem fortgebildeten Leser, ermöglichen, sich schnell in die Materie einzuarbeiten. Auf zwei Änderungen ist jedoch hinzuweisen:

a) Die Erläuterungen zum Vergleichs-, Ertrags- und Sachwertverfahren wurden in einer „Systematischen Darstellung" zusammengefasst.

b) Beispielsfälle wurden zusammen mit der Erläuterung der Verkehrswertermittlung besonderer Immobilienarten (Sonderimmobilien, Freizeitimmobilien, Managementimmobilien, Betreiberimmobilien) in einem eigenen Teil (V) zusammengefasst.

Die kompakte Behandlung der Wertermittlungsverfahren und der Spezialimmobilien soll die Benutzung des Werks übersichtlicher gestalten.

Aus Umfanggründen war es notwendig, an einigen Stellen auf Texte der Vorauflage zu verweisen. Wer diese nicht zur Hand hat, kann sich die Texte unter www.kleiber-digital.de kostenlos herunterladen.

Das vorliegende Werk will für freischaffende Sachverständige ebenso wie für Gutachterausschüsse für Grundstückswerte, für Kreditinstitute, für Wirtschaftsprüfer, für Steuerberater, für die in Versicherungsunternehmen tätigen Sachverständigen, für die Verwaltung und für das Rechtswesen und nicht zuletzt auch für Studierende Ratgeber sein. Es stellt den aktuellen Stand der Wertermittlungslehre und Wertermittlungspraxis in Verbindung mit den Rechtsgrundlagen dar und steht in enger Verzahnung mit

– den geltenden Rechtsgrundlagen, die in der Sammlung amtlicher Vorschriften der Wertermittlung – Wertermittlungsrichtlinien (2012) – zusammengestellt sind (erschienen beim Bundesanzeiger Verlag in der 11. Auflage),

– der Rechtsprechung zur Verkehrswertermittlung, die in der im Luchterhand Verlag erschienenen Entscheidungssammlung zum Grundstücksmarkt und Grundstückswert – EzGuG – zusammengestellt und dort laufend fortgeführt wird, sowie

– der aktuellen Marktentwicklung, die einschließlich der Behandlung aktueller Fragen der Verkehrswertermittlung ebenfalls der im Luchterhand Verlag periodisch erscheinenden Zeitschrift „Grundstücksmarkt und Grundstückswert" – GuG – entnommen werden können.

Dem Leser steht damit ein geschlossenes und aktuelles Werk über die Marktwertermittlung mit allen damit verwandten Bereichen zur Verfügung, das über die digitale Onlineversion ständig aktualisiert wird (http://www.kleiber-digital.de).

Wolfgang Kleiber, Berlin
Roland Fischer, Bruckberg
Ullrich Werling, Berlin

im November 2013

Hinweis:

Soweit Angaben in Deutsche Mark (DM) unvermeidlich waren, ergibt sich aus der Verordnung Nr. 2866/98 des Rates der Europäischen Gemeinschaften vom 31. 12. 1998 (ABl. L 359) ein Wechselkurs von *1 Euro (€)* = 1,95583 DM.

Inhaltsverzeichnis

Vorwort zur siebten Auflage 6
Abkürzungsverzeichnis 19

Teil I Rechtsgrundlagen

Gesetze, Verordnungen, Richtlinien und Normen 33

Teil II Sachverständigenwesen

1 Sachverständiger 66
2 Gutachten 168
3 Grundbuch und Liegenschaftskataster 209
4 Flächen und Volumina baulicher Anlagen 221

Teil III Gutachterausschusswesen und Verkehrswert (§§ 192 bis 199 Baugesetzbuch – BauGB)

1.1 Wertermittlungsrecht des Bundes 257
1.2 Wertermittlungsrecht der Länder 266

§ 192 BauGB Gutachterausschuss

1 Übersicht 267
2 Aufgaben, Bildung und Eigenschaften der Gutachterausschüsse für Grundstückswerte (§ 192 Abs. 1 BauGB) 270
3 Zusammensetzung des Gutachterausschusses (§ 192 Abs. 2 BauGB) 274
4 Bestellung und Abberufung von Gutachtern 279
5 Geschäftsstelle des Gutachterausschusses (§ 192 Abs. 4 BauGB) 281
6 Geheimhaltungspflicht 283
7 Befangenheit von Gutachtern und deren Ablehnung 285
8 Haftung des Gutachterausschusses 287
9 Entschädigung von Mitgliedern des Gutachterausschusses 288
10 Gebühren des Gutachterausschusses 289
11 Rechts- und Dienstaufsicht 298

§ 193 BauGB Aufgaben des Gutachterausschusses

1 Übersicht 300
2 Gutachtenerstattung (Abs. 1 und 2) 302
3 Rechtsnatur der von den Gutachterausschüssen erstatteten Gutachten (§ 193 Abs. 3 BauGB) 314
4 Übersendungspflicht an die Eigentümer (§ 193 Abs. 4 BauGB) 315
5 Führung und Auswertung der Kaufpreissammlung (§ 193 Abs. 5 BauGB) .. 316
6 Weitere Aufgaben 323

Inhaltsverzeichnis

§ 194 BauGB Verkehrswert
1. Allgemeines 326
2. Normative Vorgaben für die Verkehrswertermittlung (Marktwertermittlung) 328
3. Verkehrswertermittlung (Marktwertermittlung) 346
4. Verkehrswerte in anderen Rechtsbereichen 347
5. Ausländische Definitionen des Verkehrswerts bzw. Marktwerts (Market Value) 380

§ 195 BauGB Kaufpreissammlung
1. Übersicht 389
2. Übersendungspflichten von Grundstückskauf- und -tauschverträgen (§ 195 Abs. 1 BauGB) 390
3. Zugang zu den Daten der Kaufpreissammlung (§ 195 Abs. 2 und 3 BauGB) 393
4. Verletzung datenschutzrechtlicher Bestimmungen 411

§ 196 BauGB Bodenrichtwerte
1. Bodenrichtwert 413
2. Publizität der Bodenrichtwerte (§ 196 Abs. 3 BauGB) 418
3. Bodenrichtwertübersicht 420

§ 197 BauGB Befugnisse des Gutachterausschusses
1. Übersicht 422
2. Umfang der Befugnisse des Gutachterausschusses (§ 197 Abs. 1 BauGB) .. 424
3. Amtshilfe 427
4. Rechtsmittel 429

§ 198 BauGB Oberer Gutachterausschuss
1. Übersicht 430
2. Einrichtung Oberer Gutachterausschüsse oder Zentraler Geschäftsstellen (§ 198 Abs. 1 BauGB) 431
3. Aufgaben des Oberen Gutachterausschusses und der Zentralen Geschäftsstellen (§ 198 Abs. 2 BauGB) 435

§ 199 BauGB Ermächtigungen
1. Übersicht 440
2. Ermächtigung der Bundesregierung (§ 199 Abs. 1 BauGB) 440
3. Ermächtigungen der Landesregierungen (§ 199 Abs. 2 BauGB) 445

Teil IV Verkehrswertermittlung nach den Grundsätzen der Immobilienwertermittlungsverordnung

1 Vorbemerkungen zur Immobilienwertermittlungsverordnung (ImmoWertV) 456

Abschnitt 1 ImmoWertV: Anwendungsbereich, Begriffsbestimmungen und allgemeine Verfahrensgrundsätze

§ 1 ImmoWertV Anwendungsbereich
1. Anwendungsbereich 516
2. Anwendung der Verordnung auf Grundstücke, Grundstücksbestandteile und Zubehör (§ 1 Abs. 1 ImmoWertV) 521
3. Anwendung der Verordnung auf Grundstücksrechte (§ 1 Abs. 2 ImmoWertV) 536
4. Anwendung der Verordnung auf nicht marktgängige Wertermittlungsobjekte 541

§ 2 ImmoWertV Grundlagen der Wertermittlung
1. Zustand und allgemeine Wertverhältnisse 542
2. Wartezeit (§ 2 Satz 3 ImmoWertV) 545

§ 3 ImmoWertV Wertermittlungsstichtag und allgemeine Wertverhältnisse
1. Wertermittlungsstichtag (§ 3 Abs. 1 ImmoWertV) 547
2. Allgemeine Wertverhältnisse auf dem Grundstücksmarkt (§ 3 Abs. 2 ImmoWertV) 549

§ 4 ImmoWertV Qualitätsstichtag und Grundstückszustand
1. Übersicht 552
2. Qualitätsstichtag (§ 4 Abs. 1 ImmoWertV) 552
3. Zustand (§ 4 Abs. 2 ImmoWertV) 559
4. Besonderheiten der Zustandsqualifizierung (§ 4 Abs. 3 ImmoWertV) 560

§ 5 ImmoWertV Entwicklungszustand
1. Allgemeines 566
2. Flächen der Land- oder Forstwirtschaft (§ 5 Abs. 1 ImmoWertV) 572
3. Bauerwartungsland (§ 5 Abs. 2 ImmoWertV) 625
4. Rohbauland (§ 5 Abs. 3 ImmoWertV) 632
5. Baureifes Land (§ 5 Abs. 4 ImmoWertV) 636
6. Sondernutzungen 660
7. Schutzgebiete 662
8. Gartenland 677
9. Abbauland 691
10. Wasserfläche 727
11. Erneuerbare Energien 734

Inhaltsverzeichnis

§ 6 ImmoWertV Weitere Grundstücksmerkmale
1. Allgemeines 738
2. Art und Maß der baulichen und sonstigen Nutzung (§ 6 Abs. 1 ImmoWertV) 738
3. Wertbeeinflussende Rechte und Belastungen (§ 6 Abs. 2 ImmoWertV) 776
4. Abgabenrechtlicher Zustand (§ 6 Abs. 3 ImmoWertV) 779
5. Lage (§ 6 Abs. 4 ImmoWertV) 781
6. Lärm 786
7. Geruchsimmission 824
8. Staubimmission 826
9. Erschütterungen 826
10. Elektrosmog 827
11. Beschaffenheit und tatsächliche Eigenschaften (§ 6 Abs. 5 ImmoWertV) ... 832
12. Gesamt- und Restnutzungsdauer (§ 6 Abs. 6 ImmoWertV) 858

§ 7 ImmoWertV Ungewöhnliche oder persönliche Verhältnisse
1. Übersicht 888
2. Allgemeiner Grundsatz (§ 7 Satz 1 ImmoWertV) 889
3. Identifizierung ungewöhnlicher oder persönlicher Verhältnisse (§ 7 Satz 2 ImmoWertV) 890
4. Rechtsprechungsübersicht 893
5. Ungewöhnliche Aufwendungen bei der Bemessung von Kaufpreisen 896
6. Verrentung von Kaufpreisen; Leib- und Zeitrente 897

§ 8 ImmoWertV Ermittlung des Verkehrswerts
1. Übersicht 910
2. Vergleichs-, Ertrags- und Sachwertverfahren (§ 8 Abs. 1 Satz 1 und 2 ImmoWertV) 920
3. Problemfälle bei der Wahl des Wertermittlungsverfahrens 954
4. Verkehrswertableitung aus den Ergebnissen der Wertermittlungsverfahren (§ 8 Abs. 1 Satz 3 ImmoWertV) 961
5. Marktanpassung (§ 8 Abs. 2 Nr. 1 ImmoWertV) 965
6. Berücksichtigung besonderer objektspezifischer Grundstücksmerkmale (§ 8 Abs. 3 ImmoWertV) 968
7. Anlagen 1076

Abschnitt 2 ImmoWertV:
Bodenrichtwerte und sonstige erforderliche Daten

§ 9 ImmoWertV Grundlagen der Ermittlung
1. Rechtsgrundlagen 1084
2. Ableitungspflicht der Gutachterausschüsse 1085
3. Allgemeine Grundsätze der Ableitung 1087
4. Fortschreibung 1088
5. Veröffentlichung 1089

§ 10 ImmoWertV Bodenrichtwerte
1. Allgemeines 1091
2. Ableitung von Bodenrichtwerten (§ 10 Abs. 1 ImmoWertV) 1103

	3	Darstellung von Bodenrichtwerten bei ihrer Veröffentlichung (§ 10 Abs. 2 ImmoWertV)	1107
	4	Automatisierte Form (§ 10 Abs. 3 ImmoWertV)	1119
	5	Adressen und Bodenrichtwerte im Internet	1120

§ 11 ImmoWertV Indexreihen
	1	Übersicht	1121
	2	Anwendung von Indexreihen (§ 11 Abs. 1 ImmoWertV)	1122
	3	Indexreihe (§ 11 Abs. 2 und 3 ImmoWertV)	1123
	4	Indexreihen (§ 11 Abs. 4 ImmoWertV)	1125
	5	Kaufwertestatistiken	1133
	6	Immobilienindizes	1134

§ 12 ImmoWertV Umrechnungskoeffizienten
	1	Übersicht	1135
	2	Anwendung von Umrechnungskoeffizienten	1135
	3	Ableitung von Umrechnungskoeffizienten	1137
	4	Fortschreibung von Umrechnungskoeffizienten	1137

§ 13 ImmoWertV Vergleichsfaktoren für bebaute Grundstücke
	1	Übersicht	1138
	2	Anwendung von Vergleichsfaktoren (§ 13 Satz 1 ImmoWertV)	1139
	3	Ableitung von Vergleichsfaktoren (§ 13 Satz 2 ImmoWertV)	1141
	4	Ertragsfaktor	1145
	5	Gebäudefaktor	1149
	6	Anlagen	1155

§ 14 ImmoWertV Marktanpassungsfaktoren, Liegenschaftszinssätze
	1	Übersicht	1168
	2	Funktion der Marktanpassungsfaktoren und Liegenschaftszinssätze (§ 14 Abs. 1 ImmoWertV)	1168
	3	Marktanpassungsfaktoren (§ 14 Abs. 2 ImmoWertV)	1170
	4	Sachwertfaktoren (§ 14 Abs. 2 Nr. 1 ImmoWertV)	1171
	5	Erbbaurechts- und Erbbaugrundstücksfaktoren (§ 14 Abs. 2 Nr. 2 ImmoWertV)	1195
	6	Liegenschaftszinssätze (§ 14 Abs. 3 ImmoWertV)	1204
	7	Anlagen	1246

Abschnitt 3 ImmoWertV:
Wertermittlungsverfahren

Unterabschnitt 1:
Vergleichswertverfahren (§§ 15 und 16 ImmoWertV)

Systematische Darstellung des Vergleichswertverfahrens
	1	Anwendungsbereich	1278
	2	Grundzüge des Vergleichswertverfahrens	1282
	3	Vergleichswertverfahren für bebaute Grundstücke	1317
	4	Bodenwertermittlung im Wege des Vergleichswertverfahrens	1333

Inhaltsverzeichnis

5	Berücksichtigung von abweichenden Grundstücksmerkmalen	1345
6	Deduktive Bodenwertermittlung	1452

§ 15 ImmoWertV Ermittlung des Vergleichswerts

1	Überblick	1513
2	Ermittlungsgrundlagen	1515
3	Berücksichtigung von Abweichungen (intertemporärer und qualitativer Abgleich)	1518
4	Ableitung des Verkehrswerts	1520

§ 16 ImmoWertV Ermittlung des Bodenwerts

1	Allgemeines	1522
2	Bodenwert bebauter Grundstücke	1529
3	Bodenwertanteil am Gesamtwert bebauter Grundstücke	1547
4	Im Außenbereich gelegene bebaute Grundstücke (§ 16 Abs. 2 ImmoWertV)	1551
5	Bodenwert von Grundstücken mit abbruchträchtiger Bausubstanz (§ 16 Abs. 3 ImmoWertV)	1552
6	Abweichungen der realisierten Nutzung von der zulässigen bzw. lagetypischen Nutzung (§ 16 Abs. 4 ImmoWertV)	1582

Unterabschnitt 2:
Ertragswertverfahren (§§ 17 bis 20 ImmoWertV)

Systematische Darstellung des Ertragswertverfahrens

1	Anwendungsbereich	1603
2	Grundzüge der Ertragswertverfahren	1646
3	Finanzmathematische Grundlagen	1719

§ 17 ImmoWertV Ermittlung des Ertragswerts

1	Grundlagen des Ertragswertverfahrens (§ 17 Abs. 1 ImmoWertV)	1727
2	Allgemeines Ertragswertverfahren (Standardverfahren nach § 17 Abs. 2 ImmoWertV)	1737
3	Mehrperiodisches Ertragswertverfahren	1739
4	Ertragswertermittlung nach Runge	1744

§ 18 ImmoWertV Reinertrag, Rohertrag

1	Reinertrag und Rohertrag	1748
2	Marktüblich erzielbarer Reinertrag	1752

§ 19 ImmoWertV Bewirtschaftungskosten

1	Allgemeines	1815
2	Marktübliche Bewirtschaftungskosten (§ 19 Abs. 1 ImmoWertV)	1817
3	Gesamtpauschale der Bewirtschaftungskosten	1821
4	Einzelpauschalen der Bewirtschaftungskosten	1823
5	Bonität der Mietverhältnisse (Scoring)	1859

§ 20 ImmoWertV Kapitalisierung und Abzinsung
1 Kapitalisierung und Abzinsung 1861
2 Vervielfältiger (Barwertfaktor) 1861
3 Barwertfaktor für die Abzinsung (Diskontierungsfaktor) 1868
4 Aufzinsung (Aufzinsungsfaktor) 1868

Unterabschnitt 3:
Sachwertverfahren
(§§ 21 bis 23 ImmoWertV)

Systematische Darstellung des Sachwertverfahrens
1 Anwendungsbereich 1871
2 Verfahrensübersicht 1880
3 Grundzüge des Sachwertverfahrens 1898
4 Beispiel 1989
5 Sonderfälle 1998
6 Anhang 2007

§ 21 ImmoWertV Ermittlung des Sachwerts
1 Übersicht (§ 21 Abs. 1 ImmoWertV) 2043
2 Ermittlung des Bodenwerts 2046
3 Ermittlung des Sachwerts baulicher Anlagen (Gebäudesachwert) nach § 21 Abs. 2 ImmoWertV 2047
4 Ermittlung des Sachwerts baulicher und sonstiger Außenanlagen (§ 21 Abs. 3 ImmoWertV) 2047
5 Ermittlung des Wertanteils besonderer objektspezifischer Grundstücksmerkmale (§ 8 Abs. 3 ImmoWertV) 2048

§ 22 ImmoWertV Herstellungskosten
1 Herstellungskosten (§ 22 ImmoWertV) 2050
2 Normalherstellungskosten (§ 22 Abs. 2 ImmoWertV) 2054
3 Ermittlung der Herstellungskosten baulicher Anlagen 2059
4 Ermittlung der Herstellungskosten baulicher Anlagen nach Einzelkosten (§ 22 Abs. 2 Satz 4 ImmoWertV) 2063
5 Umrechnung von Normalherstellungskosten auf die Preisverhältnisse am Wertermittlungsstichtag (§ 22 Abs. 3 ImmoWertV) 2064

§ 23 ImmoWertV Alterswertminderung
1 Allgemeines 2065
2 Alterswertminderung nach ImmoWertV 2066
3 Alterswertminderung nach BelWertV 2069
4 Alterswertminderung in der steuerlichen Bewertung 2070
5 Anlagen 2071

Abschnitt 4 ImmoWertV: Schlussvorschrift

§ 24 ImmoWertV Inkrafttreten und Außerkrafttreten 2075

Teil V Verkehrswertermittlung besonderer Immobilienarten (Beispielsfälle)

1   Grundstücksmarkt nach Immobilientypologie 2086
2   Wohnimmobilien 2088
3   Gewerbeimmobilien 2170
4   Handelsimmobilien 2227
5   Sonderimmobilien 2267
6   Freizeitimmobilien 2345
7   Gemeinbedarfsfläche 2382
8   Bahnfläche 2437
9   Post- und Fernmeldewesen 2444
10 Flugplatz 2450
11 Kirchliche und kirchlichen Zwecken dienende Fläche 2462
12 Denkmalgeschützte Bausubstanz 2473
13 Soziale Wohnraumförderung 2507

Teil VI Verkehrswertermittlung bei städtebaulichen Maßnahmen

1   Wertermittlung im Rahmen von Enteignungen 2524
2   Städtebauliche Sanierungsgebiete und Entwicklungsbereiche 2580
3   Umlegungsgebiete 2758
4   Städtebauliche Erhaltungssatzungen 2792
5   Stadtumbausatzung 2801

Teil VII Verkehrswertermittlung aus besonderen Anlässen

1   Wertermittlung im Rahmen des Zugewinnausgleichs 2809
2   Wertermittlung im Rahmen des Pflichtteilsanspruchs 2826

Teil VIII Verkehrswertermittlung von Rechten und Belastungen an Grundstücken

1   Vorbemerkungen 2839
2   Erbbaurecht 2857
3   Gesetzliche Beschränkungen 2934
4   Beschränkt dingliches Recht (Rechte Dritter) 2958

Inhaltsverzeichnis

Teil IX Beleihungswertermittlung nach den Grundsätzen der Beleihungswertermittlungsverordnung – BelWertV

1 Vorbemerkungen zur Beleihungswertermittlungsverordnung (BelWertV) ... 3072
2 Beleihungsgrenze 3082
3 Lasten und Beschränkungen in der Beleihungswertermittlung 3083
4 Versicherungspflicht 3094
5 Rechtsgrundlagen der Beleihungswertermittlung im Einzelnen 3096
  § 1 BelWertV Anwendungsbereich 3096
  § 2 BelWertV Gegenstand der Wertermittlung 3096
  § 3 BelWertV Grundsatz der Beleihungswertermittlung 3097
  § 4 BelWertV Verfahren zur Ermittlung des Beleihungswerts 3101
  § 5 BelWertV Gutachten 3107
  § 6 BelWertV Gutachter 3107
  § 7 BelWertV Unabhängigkeit des Gutachters 3107
  § 8 BelWertV Grundlagen der Ertragswertermittlung 3111
  § 9 BelWertV Ermittlung des Ertragswerts der baulichen Anlage 3111
  § 10 BelWertV Rohertrag 3115
  § 11 BelWertV Bewirtschaftungskosten 3131
  § 12 BelWertV Kapitalisierung der Reinerträge 3136
  § 13 BelWertV Ermittlung des Ertragswerts in besonderen Fällen 3141
  § 14 BelWertV Grundlagen der Sachwertermittlung 3147
  § 15 BelWertV Bodenwert 3148
  § 16 BelWertV Wert der baulichen Anlage 3150
  § 17 BelwertV Wertminderung wegen Alters 3150
  § 18 BelWertV Berücksichtigung sonstiger wertbeeinflussender Umstände 3154
  § 19 BelWertV Ermittlung des Vergleichswerts 3158
  § 20 BelWertV Bauland 3160
  § 21 BelWertV Erbbaurechte und andere grundstücksgleiche Rechte .. 3162
  § 22 BelWertV Landwirtschaftlich genutzte Grundstücke 3167
  § 23 BelWertV Maschinen und Betriebseinrichtungen 3169
  § 24 BelWertV Wohnungswirtschaftlich genutzte Objekte bei Vergabe von Kleindarlehen 3171
  § 25 BelWertV Beleihungen im Ausland 3172
  § 26 BelWertV Überprüfung der Grundlagen der Beleihungswertermittlung 3173

Teil X Anhang

1 Sachverständigenwesen 3178
2 Statistischer Anhang 3238
3 Tabellen und Faktoren 3252

Sachverzeichnis 3265

Abkürzungsverzeichnis

A	Anfangswert i. S. des § 154 Abs. 2 BauGB	ALR	Allgemeines Landrecht für die Preußischen Staaten
a	Jahr	Alt	Alternative
a. A./A. A.	anderer Ansicht/Anderer Ansicht	a. M.	anderer Meinung
a. a. O.	am angegebenen Ort	AMB	Allgemeine Bedingungen für die Maschinenversicherung
AB	Ausgleichsbetrag		
AbfG	Gesetz über die Vermeidung und Entsorgung von Abfällen (Abfallgesetz)	Amtl.	Amtlich(e)
		ÄndG	Änderungsgesetz
		ÄndVO	Änderungsverordnung
ABl.	Amtsblatt	Anh.	Anhang
Abl. EG	Amtsblatt der Europäischen Gemeinschaften; vor 1958: Amtsblatt der EGKS	Anl.	Anlage
		Anm.	Anmerkung(en)
		AnmV	Anmeldeverordnung
Abs.	Absatz/Absätze	AnwBl	Anwaltsblatt
Abschn.	Abschnitt(e)	AO	Abgabenordnung
abw.	abweichend	AöR	Archiv des öffentlichen Rechts
AcP	Archiv für die civilistische Praxis		
		AP	Anlagepraxis (Zeitschrift)
AEAO	Anwendungserlass zur Abgabenordnung	ArbPl	Arbeitsplatz
		Argebau	Arbeitsgemeinschaft der für das Bau-, Wohnungs- und Siedlungswesen zuständigen Minister (Senatoren) der Länder
AF	Abschreibungsfaktor		
a. F.	alte(r) Fassung		
AfA	Abschreibung für Abnutzungen		
AFB	Allgemeine Bedingungen für die Feuerversicherung	ArGeVGA	Arbeitsgemeinschaft der Vorsitzenden der Gutachterausschüsse (Nordrhein-Westfalen)
AFG	Arbeitsförderungsgesetz		
AfK	Archiv für Kommunalwissenschaft		
Ag	Antragsgegner(in)	Art.	Artikel
AG	Amtsgericht	AS	Amtliche (Entscheidungs) Sammlung des rheinland-pfälzischen und saarländischen OVG
AGB	Allgemeine Geschäftsbedingungen		
AGBGB	Bayerisches Ausführungsgesetz zum Bürgerlichen Gesetzbuch	AtG	Atomgesetz
		AuA	Arbeit und Arbeitsrecht (Zeitschrift)
AgrarR	Agrarrecht		
AgrarW	Agrarwirtschaft	Aufl.	Auflage
AGS	Anwaltsgebühren spezial, Zeitschrift	AUR	Agrar- und Umweltrecht
		AusglLeistG	Ausgleichsleistungsgesetz
AGVGA	Arbeitsgemeinschaft der Vorsitzenden der Gutachterausschüsse für Grundstückswerte in Nordrhein-Westfalen	AVN	Allgemeine Vermessungs-Nachrichten
		AVO GBO	Verordnung zur Ausführung der Grundbuchordnung
AH	Abgeordnetenhaus	AWG	Arbeiterwohnungsbaugenossenschaft
AHG	Allgemeine Haftpflichtversicherungs-Bedingungen		
		Az	Aktenzeichen
AIZ	Allgemeine Immobilienzeitung	BAB	Bundesautobahn
AJ	The Appraisal Journal	bad.-württ.	baden-württembergisch(e, er)
AKG	Allgemeines Kriegsfolgengesetz		
		BAFin	Bundesanstalt für Finanzdienstleistungen
AktG	Aktiengesetz		
AllMinBl	Allgemeines Ministerialblatt	BAG	Bundesarbeitsgericht
		BAK	Bundesarchitektenkammer

Abkürzungen

BAKred	Bundesaufsichtsamt für das Kreditwesen	Beigel.	Beigeladene(r)
BAM	Bundesanstalt für Materialforschung und -prüfung	Beil.	Beilage
		Bek.	Bekanntmachung
		BelG	Beleihungsgrundsätze der Sparkassen
BAnz	Bundesanzeiger		
BAG	Bundesarbeitsgericht	BelWertV	Beleihungswertverordnung
BauGB	Baugesetzbuch	Bem.	Bemerkung
BauNVO	Baunutzungsverordnung	ber.	berichtigt
BauR	Baurecht	BerlKom	Berliner Kommentar zum Baugesetzbuch
BauROG	Gesetz zur Änderung des Baugesetzbuchs und zur Neuregelung des Rechts der Raumordnung	Beschl.	Beschluss
		BetrKV	Betriebskostenverordnung
		BetrKostUV	Betriebskosten-Umlageverordnung
BauVorlVO	Bauvorlagenverordnung		
BauZVO	Bauplanungs- und Zulassungsverordnung	BewG	Bewertungsgesetz
		BewG-DDR	Bewertungsgesetz der DDR
BAV	Bundesaufsichtsamt für das Versicherungswesen	BewR Gr	Bewertungsrichtlinien (Grundvermögen)
Bay., bay.	Bayerisch, bayerisch(e, er)	BFA	Bezirksfachausschuss
BayBgm	Bayerischer Bürgermeister	BFH	Bundesfinanzhof
BayBO	Bayerische Bauordnung	BFHE	Entscheidungen des Bundesfinanzhofs
BayBS	Bereinigte Sammlung der bayerischen Rechtsvorschriften	BfLR	Bundesforschungsanstalt für Landeskunde und Raumordnung (nunmehr BBR)
BayEG	Bayerisches Enteignungsgesetz		
BayGO	Bayerische Gemeindeordnung	BG	Berufungsgericht
		BGB	Bürgerliches Gesetzbuch
BayObLG	Bayerisches Oberstes Landesgericht	BGB RGRK	BGB Kommentar von Reichsgerichtsräten und Bundesrichtern
BayObLGZ	Entscheidungen des Bayerischen Obersten Landesgerichts in Zivilsachen		
		BGBl.	Bundesgesetzblatt
		BGF	Brutto-Grundfläche
BayRS	Bayerische Rechtssammlung	BGH	Bundesgerichtshof
		BGHZ	Entscheidungen des Bundesgerichtshofs in Zivilsachen (Band, Seite)
BaySVG	Bayerisches Sachverständigengesetz		
BayVerfGH	Bayerischer Verfassungsgerichtshof	BHO	Bundeshaushaltsordnung
		BIIS	Bundesverband der Immobilien-Investment-Sachverständigen e. V.
BayVGH	Bayerischer Verwaltungsgerichtshof		
BayVBl.	Bayerisches Verwaltungsblatt	BiRiG	Bilanzrichtliniengesetz
		BImSchG	Bundes-Immissionsschutzgesetz
BB	Der Betriebs-Berater		
Bbg., bbg.	Brandenburg, brandenburgisch(e)	BImSchV	Bundes-Immissionsschutzverordnung
BBauBl.	Bundesbaublatt	BJagdG	Bundesjagdrecht
BBergG	Bundesberggesetz	BlGBW	Blätter für Grundstücks-, Bau- und Wohnungswesen
BBG	Bundesbeamtengesetz		
BBodSchG	Bundes-Bodenschutzgesetz	BMBau	Bundesministerium für Raumordnung, Bauwesen und Städtebau
BBodSchV	Bundes-Bodenschutz- und Altlastenverordnung		
BBR	Bundesamt für Bauwesen und Raumordnung	BMF	Bundesministerium der Finanzen
BBauG	Bundesbaugesetz	BMVBS	Bundesministerium für Verkehr, Bau- und Stadtentwicklung
BandBDSG	Bundesdatenschutzgesetz		
BDVI-Forum	Zeitschrift des Bundes der öffentlich-bestellten Vermessungsingenieure		
		BMWo	Bundesministerium für den Wohnungsbau

Abkürzungen

BMWi	Bundesministerium für Wirtschaft	BVVG	Bodenverwertungs- und Verwaltungsgesellschaft
BNatSchG	Bundesnaturschutzgesetz	BW	Bodenwert
BodSchätzG	Bodenschätzungsgesetz	BWGZ	Baden-Württembergische Gemeindezeitung
BR-Drucks.	Drucksache(n) des Bundesrates (Nummer, Jahrgang)	BWNotZ	Baden-Württembergische Notar-Zeitung
BReg	Bundesregierung	BWVPr	Baden-Württembergische Verwaltungspraxis
Brem., brem.	Bremen, bremisch	bzw.	beziehungsweise
BremLBO	Bremische Landesbauordnung		
BRI	Brutto-Rauminhalt	CR	Computer und Recht
BRRG	Beamtenrechtsrahmengesetz	D	Dorfgebiet
BRS	Thiel-Gelzer Baurechtssammlung	DAB	Deutsches Architektenblatt
		DAR	Deutsches Autorecht
BRW-RL	Richtlinien zur Ermittlung von Bodenrichtwerten (Bodenrichtwertrichtlinie)	DB	Der Betrieb
		dB	Dezibel
		DBZ	Deutsche Bauzeitung
BSG	Bundessozialgericht	DDR	Deutsche Demokratische Republik
BSGE	Entscheidungen des Bundessozialgerichts	dgl.	dergleichen
BSHG	Bundessozialhilfegesetz	ders.	derselbe
BStBl	Bundessteuerblatt	DG	Dachgeschoss
BT-Ausschuss	Bundestagsausschuss	DGemStZ	Deutsche Gemeindesteuerzeitung
BT-Drucks.	Drucksache(n) des Deutschen Bundestags	DGQ	Deutsche Gesellschaft für Qualität
BTE	Bund Technischer Experten	DGVM	Deutsche Gesellschaft für Versicherungsmathematik
Buchst.	Buchstabe(n)		
BuG	Bauamt und Gemeindebau	d. h.	das heißt
BV	Verordnung über wohnungswirtschaftliche Berechnungen (Zweite Berechnungsverordnung – II. BV)	DH	Doppelhaus
		DHH	Doppelhaushälfte
		DIHT	Deutscher Industrie- und Handelstag
BV	Bayerische Verfassung	DIHK	Deutsche Industrie- und Handelskammer
BVerfG	Bundesverfassungsgericht		
BVerfGE	Entscheidungen des Bundesverfassungsgerichts, Entscheidungssammlung (Band, Seite)	DIN	Deutsche Industrie-Norm
		DIFU	Deutsches Institut für Urbanistik
		DJ	Deutsche Justiz
BVerfGG	Bundesverfassungsgerichtsgesetz	DJZ	Deutsche Juristen-Zeitung
		DMBilG	DM-Bilanzgesetz
BVerwG	Bundesverwaltungsgericht	DNotZ	Deutsche Notar Zeitung
BVerwGE	Entscheidungen des Bundesverwaltungsgerichts, Entscheidungssammlung (Band, Seite)	DöD	Der öffentliche Dienst
		DOG	Deichordnungsgesetz
		DÖV	Die öffentliche Verwaltung
		DR	Deutsches Recht
BVFG	Gesetz über die Angelegenheiten von Vertriebenen und Flüchtlingen	DRiZ	Deutsche Richterzeitung
		DRK	Deutsches Rotes Kreuz
		DRspr.	Deutsche Rechtsprechung, Entscheidungssammlung und Aufsatzhinweise
BVG	Bundesversorgungsgesetz		
BVI	Bundesverband Investment und Asset Management e. V.	DS	Der Sachverständige (Zeitschrift)
BVS	Bund der öffentlich bestellten und vereidigten sowie qualifizierten Sachverständigen	DSchG	Denkmalschutzgesetz
		DSchPfG	Denkmalschutzpflegegesetz
		DSG	Datenschutzgesetz

Abkürzungen

DST	Deutscher Städtetag	ErbbauVO	Erbbaurechtsverordnung
DStJG	Deutsche Steuerjuristische Gesellschaft	ErbStG	Erbschaft- und Schenkungsteuergesetz
DStR	Deutsches Steuerrecht	ErbStR	Erbschaftsteuer-Richtlinien
DStZ/A	Deutsche Steuerzeitung (Ausgabe A)	ErbStRG	Erbschaftsteuerreformgesetz
DStZ/B	Deutsche Steuerzeitung (Ausgabe B)	ErholNutzG	Erholungsnutzungsgesetz
		Erl.	Erlass
DV	Durchführungsverordnung	ERP	Estimated Realisation Price
DVBl	Deutsches Verwaltungsblatt	ERRP	Estimated Restricted Realisation Price
DVO	Durchführungsverordnung	EStDV	Einkommensteuer-Durchführungsverordnung
DVR	Deutsche Verkehrssteuer-Rundschau	EStG	Einkommensteuergesetz
DVW	Deutscher Verein für Vermessungswesen	EStR	Einkommensteuer-Richtlinien
DWW	Deutsche Wohnungswirtschaft	ET	Energiewirtschaftliche Tagesfragen
		EU	Europäische Union
E	Endwert i. S. d. § 154 Abs. 2 BauGB	EuGH	Europäischer Gerichtshof
		EuGRZ	Europäische Grundrechte-Zeitung
EAC	European Accreditation for Certification	EV	Einigungsvertrag
EALG	Entschädigungs- und Ausgleichsleistungsgesetz	EW	Ertragswert
		EWG	Europäische Wirtschaftsgemeinschaft
ebd.	ebenda		
ebf	erschließungsbeitragsfrei	EWiR	Entscheidungen zum Wirtschaftsrecht
ebpf	erschließungsbeitragspflichtig	EzGuG	Entscheidungssammlung zum Grundstücksmarkt und Grundstückswert; Verlag Wolters & Kluwer
EBS	European Business School		
EC	Extended Coverage		
ECB	Extended-Coverage-Bedingungen		
EFG	Entscheidungen der Finanzgerichte	f., ff.	folgende(r)
		FamRZ	Zeitschrift für das gesamte Familienrecht
EFH	Einfamilienhaus		
EG	Erdgeschoss	FASB	Financial Accounting Standards Board
EGAO	Einführungsgesetz zur Abgabenordnung	FBU	Feuer-Betriebsunterbrechungsversicherung
EGBGB	Einführungsgesetz zum Bürgerlichen Gesetzbuch	FBUB	Feuer-Betriebsunterbrechungsversicherungsbedingungen
Einf.	Einführung		
Einl.	Einleitung		
EMLV	European Mortgage Lending Value	FF	Funktionsfläche
		FG	Finanzgericht
EMZ	Ertragsmesszahl	FGG	Gesetz über die Angelegenheiten der freiwilligen Gerichtsbarkeit
EN	Europäische Norm		
Entsch.	Entscheidung		
EntschG	Gesetz über die Entschädigung nach dem Gesetz zur Regelung offener Vermögensfragen	FGO	Finanzgerichtsordnung
		FH	Firsthöhe
		FIG	Féderation Internationale des Geomètres
EOVGB	Entscheidungssammlung des Oberverwaltungsgerichts Berlin	FinBeh	Finanzbehörde
		FischG	Fischereigesetz
		FlKG	Freilegungskosten
EPlaR	Entscheidungssammlung zum Planungsrecht; Hrsg. Bonath	FlLG	Fluchtliniengesetz
		FluglärmSchG	Gesetz zum Schutz gegen Fluglärm
ErbbauRG	Erbbaurechtsgesetz	FlurbG	Flurbereinigungsgesetz

Abkürzungen

FM	Finanzminister	GewStDVO	Gewerbesteuer-Durchführungsverordnung
FN	Forstwirtschaftliche Nutzfläche	GewStG	Gewerbesteuergesetz
Fn.	Fußnote	GewStR	Gewerbesteuer-Richtlinien
FORSA	Gesellschaft für Sozialforschung und statistische Analysen mbH	GF	Geschossfläche
		GFZ	Geschossflächenzahl
		GG	Grundgesetz
FPG	Fischerei-Produktionsgenossenschaft	ggf.	gegebenenfalls
		GGV	Gebäudegrundbuchverordnung
FR	Finanzrundschau		
FRICS	Fellow of the Royal Institution of Chartered Surveyors	GI	Industriegebiet
		gif	Gesellschaft für Immobilienwirtschaftliche Forschung
FStrG	Bundesfernstraßengesetz		
FUR	Familien und Recht	GMBl.	Gemeinsames Ministerialblatt
FVG	Finanzverfassungsgesetz		
FWW	Freie Wohnungswirtschaft	GmS-OGB	Gemeinsamer Senat der Obersten Gerichtshöfe des Bundes
g	geschlossene Bauweise		
G	Gebäudewert	GND	Gesamtnutzungsdauer
GA	Gutachterausschuss	GO	Gemeindeordnung
GABl.	Gemeinsames Amtsblatt	GoB	Grundsätze ordnungsgemäßer Buchführung
GastG	Gaststättengesetz		
GAVO	Gutachterausschussverordnung	GONW	Gemeindeordnung Nordrhein-Westfalen
GAZ	Gesellschaft für Akkreditierung und Zertifizierung mbH	GOP	Gross Operating Profit
		GPG	Gärtnerische Produktionsgenossenschaft
GBBerG	Grundbuchbereinigungsgesetz	GrdstPrVO	Grundstückspreisverordnung
GBl.	Gesetzblatt	GrdstVG	Gesetz über Maßnahmen zur Verbesserung der Agrarstruktur und zur Sicherung land- und forstwirtschaftlicher Betriebe/ Grundstücksverkehrsgesetz
GBO	Grundbuchordnung		
GbR	Gesellschaft bürgerlichen Rechts		
GBVorV	Grundbuchvorrangverordnung		
GE	Grundeigentum (Zeitschrift ggf. mit Zusatz Bln – Berlin – oder Hbg – Hamburg –)	GrStDVO	Grundsteuerdurchführungsverordnung
		GrEStG	Grunderwerbsteuergesetz
		GrStG	Grundsteuergesetz
GE	Gewerbegebiet	Gruchot	Beiträge zur Erläuterung des deutschen Rechts, begründet v. Gruchot
GEG	Gutachter-Erstattungs-Grundsätze		
gem.	gemäß	GRW	Gemeinschaftsaufgabe Verbesserung der regionalen Wirtschaftsstruktur
GemMBl.	Gemeinsames Ministerialblatt		
GemOBG	Gemeindeordnung Baden-Württemberg	GRZ	Grundflächenzahl
		GrZS	Großer Zivilsenat
GemTg	Gemeindetag (bis März 1978, seither HSGZ)	GS	Gesetzessammlung
		GuG	Grundstücksmarkt und Grundstückswert
GesBl.	Gesetzblatt		
GewA	Gewerbearchiv	GUT	Gewerbemiete und Teileigentum
GesR	Gesundheitsrecht		
GewA	Gewerbearchiv	GutachterausschussVO	Gutachterausschussverordnung
GewO	Gewerbeordnung		
Gewos	Gesellschaft für Wohnungs- und Siedlungswesen e.V., Hamburg	GVBl., GVOBl.	Gesetz- und Verordnungsblatt
		GVG	Gerichtsverfassungsgesetz

Abkürzungen

GVO	Grundstücksverkehrsordnung	i. d. F.	in der Fassung
GVVG	Grundstücksverkehrsverordnung	i. d. R.	in der Regel
		IDW	Institut der Wirtschaftsprüfer
GWW	Gemeinnütziges Wohnungswesen	IfS	Institut für Sachverständigenwesen e. V.
		IGW	Immissionsgrenzwert
ha	Hektar (=10 000 m²)	IHK	Industrie- und Handelskammer
HAbfG	Hessisches Abfallgesetz		
Hamb., hamb.	Hamburgisch, hamburgisch	IHKG	Gesetz über Industrie- und Handelskammern
HBauO	Hamburgische Bauordnung		
HBG	Hypothekenbankgesetz	IKO	Innere Kolonisation
HdB	Handwörterbuch der Betriebswirtschaftslehre	InvG	Investmentgesetz
		InVorG	Investitionsvorranggesetz
HdwO	Handwerksordnung	IRB	Immobilien- und Baurecht
Hess., hess.	Hessen, hessisch	i. S.	im Sinne
HessBO	Hessische Bauordnung	IVD	Immobilienverband Deutschland
HessVGRspr.	Rechtsprechung der Hessischen Verwaltungsgerichte		
		i. V. m.	in Verbindung mit
		IVSC	International Valuation Standards Committee
HFA	Hauptausschuss des Instituts der Wirtschaftsprüfer in Deutschland e. V.		
		JA	Juristische Arbeitsblätter
		JBl. Saar	Justizblatt des Saarlandes
HFR	Höchstrichterliche Finanzrechtsprechung	JFG	Jahrbuch für Entscheidungen in Angelegenheiten der freiwilligen Gerichtsbarkeit des Grundbuchrechts
HGB	Handelsgesetzbuch		
HLBG	Hessisches Landesamt für Bodenmanagement und Geoinformationen		
		JMBlNW	Justizministerialblatt für Nordrhein-Westfalen
HLBS	Hauptverband der landwirtschaftlichen Buchstellen und Sachverständigen e. V.	JöR	Jahrbuch des öffentlichen Rechts der Gegenwart
HNF	Hauptnutzfläche	JR	Juristische Rundschau
HOAI	Honorarordnung für Architekten und Ingenieure	JStG	Jahressteuergesetz (97)
		Jura	Juristische Ausbildung
HRR	Höchstrichterliche Rechtsprechung (Entscheidungssammlung, Jahr und Nr.)	JurBüro	Das Juristische Büro
		JuS	Juristische Schulung
		Justiz	Die Justiz
Hrsg.	Herausgeber(in)	JVBl	Justizverwaltungsblatt
HSGZ	Hessische Städte- und Gemeindezeitung	JVEG	Justizvergütungs- und -entschädigungsgesetz
HuW	Haus und Wohnung		
HWG	Hessisches Wassergesetz	JW	Juristische Wochenschrift
HwO	Handwerksordnung	JZ	Juristenzeitung
HypAblVO	Hypothekenablöseverordnung	JZ-ELS	JZ-Entscheidungen in Leitsätzen
I	Indexzahl	KAG	Kommunalabgabengesetz
i	laufende Jahreszahl	KAS	Konrad-Adenauer-Stiftung
IABG	Industrieanlagen-Betriebsgesellschaft	KAS	Kommunalabgabensatzung
		KBV	Kleinbetrags-Verordnung
IAS	International Accounting Standard	KF	Kapitalisierungsfaktor
		KG	Kammergericht
IASB	International Accounting Standards Board	KG	Kommanditgesellschaft
		KGJ	Jahrbuch für Entscheidungen des Kammergerichts in Sachen der freiwilligen Gerichtsbarkeit (Bd. Abteilung, Seite)
ID	Informationsdienst des Deutschen Volksheimstättenwerks		
i. D.	im Durchschnitt		

Abkürzungen

KGSt	Kommunale Gemeinschaftsstelle für Verwaltungsmanagement	LS	Leitsatz
		LSA	Land Sachsen-Anhalt
		lt.	laut
KJ	Kritische Justiz	LT-Drucks	Landtags-Drucksache
Kl.	Kläger	LPachtrNeuOG	Gesetz zur Neuordnung des landwirtschaftlichen Pachtrechts
KleingG	Kleingartengesetz		
Komm.	Kommentar		
KostO	Kostenordnung	LuftVG	Luftverkehrsgesetz
KP	Kaufpreis	LVerVfH	Landesverwaltungsverfahrensgesetz
KPMG	Deutsche Treuhand-Gesellschaft, Aktiengesellschaft		
		LVZ	Landwirtschaftliche Vergleichszahl
krit.	kritisch		
KSt	Körperschaftsteuer	LW	Liquidationswert
KStG	Körperschaftsteuergesetz	LWG	Landeswassergesetz
KStR	Körperschaftsteuer-Richtlinien	LZ	Leipziger Zeitung
KTS	Konkurs-, Treuhand- und Schiedsgerichtswesen	MABl./MBl./MinBl.	Ministerialamtsblatt
KStZ	Kommunale Steuer-Zeitschrift	MBO	Musterbauordnung
		MinBl.	Ministerialblatt
KV	Kommunalverfassung	MinBlFin	Ministerialamtsblatt des Bundesministeriums der Finanzen
KVG	Kommunalvermögensgesetz		
KVR	Kommunalverband Ruhrgebiet	MittBl	Mitteilungsblatt
		MD	Dorfgebiet
KWG	Gesetz über das Kreditwesen (Kreditwesengesetz)	MD	Mitteilungsdienst Verband Sozialer Wettbewerb e. V.
		MdF	Ministerium der Finanzen (der DDR)
LAGA	Landesarbeitsgemeinschaft Wasser		
		MDR	Monatsschrift Deutsches Recht
LandR	Entschädigungsrichtlinien Landwirtschaft		
		Meck.-Pom.	Mecklenburg-Vorpommern
LandwAnpG	Landwirtschaftsanpassungsgesetz	MF	Marktanpassungsfaktor
		MFH	Mehrfamilienhaus
LB	Liegenschaftsbuch	MfW	Ministerium für Wirtschaft (der DDR)
LBG	Landbeschaffungsgesetz		
LBO	Landesbauordnung	MGebS	Mustergebührensatzung
LF	Landwirtschaftliche Fläche	MHG	Miethöhengesetz
Lfg.	Lieferung	MHRG	Gesetz zur Regelung der Miethöhe
LFGG	Landesgesetz über die freiwillige Gerichtsbarkeit		
		MI	Mischgebiet
lfdm.	laufender Meter	MinBlFin	Ministerialblatt des Bundesministeriums der Finanzen
LFU	Landesamt für Umweltschutz		
LG	Landgericht	MittBayNot	Mitteilungen des Bayerischen Notarvereins, der Notarkassen und der Landesnotarkammer Bayerns
LGebG	Landesgebührengesetz		
lit	Buchstabe		
LK	Der langfristige Kredit		
LKV	Landes- und Kommunalverfassung (Zeitschrift)	MittDSt	Mitteilungen des Deutschen Städtetags
LM	Nachschlagewerk des Bundesgerichtshofs in Zivilsachen, hrsg. von Lindenmaier, Möhring u. a.	MittNWStGB	Mitteilungen des Städte- und Gemeindebunds Nordrhein-Westfalen
		MittRhNotK	Mitteilungsblatt der Rheinischen Notarkammer
LN	Landwirtschaftliche Nutzfläche	Mio.	Million
		MK	Kerngebiet
LPG	Landwirtschaftliche Produktionsgenossenschaft	MM	Mietrechtliche Mitteilungen

Abkürzungen

ModEnG	Modernisierungs- und Energieeinsparungsgesetz	NVwZ-RR	NVwZ-Rechtsprechungsreport
Mrd.	Milliarde	NW	Nordrhein-Westfalen
MSV	Ministerium für Stadtentwicklung und Verkehr	NWB	Neue Wirtschafts-Briefe
		NWBO	Nordrhein-Westfälische Bauordnung
MURL	Ministerium für Umwelt, Raumordnung und Landwirtschaft	NWGO	Gemeindeordnung Nordrhein-Westfalen
m. w. H.	mit weiteren Hinweisen	NwIG	Sonderbedingungen für die gleitende Neuwertversicherung
m. w. N.	mit weiteren Nachweisen		
MwSt.	Mehrwertsteuer		
		NWVBl	Nordrhein-Westfälisches Verwaltungsblatt
n	Restnutzungsdauer		
Nachr. der nds. Kat.- und VermVw	Nachrichten der niedersächsischen Kataster- und Vermessungsver- waltung	NZM	Neue Zeitschrift für Miet- und Wohnungsrecht
		NZV	Neue Zeitschrift für Verkehrsrecht
Nachr. der rh.-pf. Kat.- und VermVw	Nachrichten der rheinland-pfälzischen Kataster- und Vermessungsverwaltung	o. B.	offene Bauweise
		OBG	Ordnungsbehörde
		ÖbVI	Öffentlich bestellter Vermessungsingenieur
nds.	niedersächsisch(e, er)	OFD	Oberfinanzdirektion
NatSchG	Naturschutzgesetz	öff.	öffentlich
NDSchG	Niedersächsisches Denkmalschutzgesetz	OGG	Ortsgerichtsgesetz
		OH	Offene Handelsgesellschaft
NdsRpflege	Niedersächsische Rechtspflege	OHG	Offene Handelsgesellschaft
		OLG	Oberlandesgericht
n. F.	neue Fassung	OLGR	Rechtsprechung des Oberlandesgerichts (mit Zusatz des Gerichts)
NF	Nutzfläche		
NFF	Nutzflächenfaktor		
NGF	Netto-Grundflächen	OLGZ	Entscheidungssammlung der Oberlandesgerichte in Zivilsachen
NGO	Niedersächsische Gemeindeordnung		
NGZ	Neue gastronomische Zeitschrift	OrgVO	Verordnung über die Organisation der technischen Verwaltung
NHK	Normalherstellungskosten		
NJ	Neue Justiz	OVG	Oberverwaltungsgericht
NJW	Neue Juristische Wochenschrift	OVGE	Entscheidungen des Oberverwaltungsgerichts des Landes Nordrhein-Westfalen
NJW-RR	NJW-Rechtsprechungsreport		
NKAG	Niedersächsisches Kommunalabgabengesetz	OWiG	Ordnungswidrigkeitengesetz
NL-BzAR	Neue Landwirtschaft Briefe zum Agrarrecht	p	Liegenschaftszinssatz
		p. a.	per annum
NMV	Neubaumietenverordnung	PAO	Preisanordnung
NN	Normal Null	PartG	Parteiengesetz
NNF	Nebennutzfläche	PartGG	Partnerschaftsgesellschaftsgesetz
nordrh.-westf.	nordrhein-westfälisch		
NÖV	Nachrichten aus dem öffentlichen Vermessungsdienst Nordrhein-Westfalen	PartGmbH	Partnerschaftsgesellschaft mit beschränkter Haftung
		PGH	Produktionsgenossenschaft des Handwerks
NRW	Nordrhein-Westfalen		
Nr., Nrn.	Nummer(n)	PL	Preisliste
NuR	Natur und Recht		
NutzEV	Nutzungsentgeltverordnung	PlanzV	Planzeichenverordnung
NVwZ	Neue Zeitschrift für Verwaltungsrecht	PolG	Polizeigesetz
		Pos.	Position

Abkürzungen

pr., Pr.	preußischer, Preußisches	Rh.-pf.	Rheinland-pfälzisch
Prot.	Protokoll	RhPfBO	Rheinland-Pfälzische Bauordnung
PrPVG	Preußisches Polizeiverwaltungsgesetz	RMBl.	Reichsministerialblatt
PRV	Partnerschaftsregisterverordnung	Rn.	Randnummer
		RND	Restnutzungsdauer
PrVBl.	Preußisches Verwaltungsblatt	RoE	Rohertrag
		Rpfleger	Der Deutsche Rechtspfleger
q	Zinsfaktor = 1 + Liegenschaftszinssatz/100	RSG	Reichssiedlungsgesetz
		Rspr	Rechtsprechung
QMS	Qualitäts-Management-System	RStBl.	Reichssteuerblatt
		R&P	Recht und Psychologie
QSS	Qualitäts-Sicherungs-System	RUO	Reichsumlegungsordnung
		RVI	Rechtshandbuch Vermögen und Investitionen in der ehemaligen DDR, Losebl.
RAO	Reichsabgabenordnung		
RBBau	Richtlinien für die Durchführung von Bauaufgaben des Bundes im Zuständigkeitsbereich der Finanzverwaltung	RVO	Rechtsverordnung
		RWP	Rechts- und Wirtschaftspraxis
		RzE	Rechtsbeilage zur Elektrizitätswirtschaft
RBewDV	Reichsbewertungs-Durchführungsverordnung	RzF	Rechtsprechung zur Flurbereinigung
RBewG	Reichsbewertungsgesetz		
rd.	rund	S.	Satz, Seite/Sätze, Seiten
RdE	Recht der Energiewirtschaft	Saarl., saarl.	Saarländisch, saarländisch
RdErl.	Runderlass	sachs.-anh.	sachsen-anhaltinisch
RdF	Reichsminister der Finanzen	SaarlBO, SLBO	Saarländische Bauordnung
		Sächs., sächs.	Sächsisch, sächsisch
RdI	Reichsminister des Innern	SachwertR	Richtlinie zur Ermittlung des Sachwerts (Sachwertrichtlinie – SW-RL)
RdL	Reichsminister der Landwirtschaft		
RDM	Ring Deutscher Makler	SB	Selbstbedienung
RdSchr.	Rundschreiben	SchlHA	Schleswig-Holsteinischer Anzeiger
RDV	Recht der Datenverarbeitung		
Rdvfg	Rundverfügung	SchuldRÄndG	Schuldrechtsänderungsgesetz
RE	Reinertrag	SEC	Securities Exchange Commission
RE	Rechtsentscheid		
RegE	Regierungsentwurf	SeuffArch	Seufferts Archiv für Entscheidungen der obersten Gerichte in den deutschen Staaten
REMiet	Rechtsentscheid in Mietsachen		
RFH	Reichsfinanzhof		
RFHE	Entscheidungen des Reichsfinanzhofs	SGB	Sozialgesetzbuch
		SGlN	Sonderbedingungen für die gleitende Neuwertversicherung
RG	Reichsgericht		
RGBl.	Reichsgesetzblatt		
RGRK	Kommentar zum BGB, hrsg. von Reichsgerichtsräten und Bundesrichtern	SO	Sondergebiet
		SP	Schaden-Praxis, Zeitschrift
		Sp	Sparkasse
RGStG	Reichsgrundsteuergesetz	SpG	Sparkassengesetz
RGZ	Entscheidungen des Reichsgerichts in Zivilsachen (Band und Seite)	SPV	Sonderungsplanverordnung
		St	Entscheidungssammlung des Pr. OVG in Steuersachen
RH	Reihenhaus		
RHeimStG	Reichsheimstättengesetz	StAnz	Staatsanzeiger
RHK	Regelherstellungskosten	StBauFG	Städtebauförderungsgesetz
RhNotZ	Rheinische Notarzeitschrift	StEK	Steuer-Erlass-Kartei

Abkürzungen

StGB	Strafgesetzbuch	US-GAAP	United States – Generally Accepted Accounting Principles
StPO	Strafprozessordnung		
StRK	Steuer-Rechtsprechungs-Kartei	USPAP	Uniform Standards of Professional Practice (Appraisal Institute Chicago)
StTg	Der Städtetag		
StuB	Steuern und Bilanzen	UStG	Umsatzsteuergesetz
StuGR	Städte- und Gemeinderat	UStR	Umsatzsteuer-Richtlinien
StuW	Steuer und Wirtschaft	UTR	Jahrbuch des Umwelt- und Technikrechts
StZB	Steuer- und Zollblatt Berlin		
SV	Sachverständige(r)	u. U.	unter Umständen
SVO	(Muster-)Sachverständigenordnung des Industrie- und Handelstags	UVPG	Gesetz über die Umweltverträglichkeitsprüfung
		UW	Unternehmenswert
SW	Sachwert	UWG	Gesetz gegen den unlauteren Wettbewerb
SW-RL	Richtlinie zur Ermittlung des Sachwerts (Sachwertrichtlinie – SW-RL)		
		V	Vervielfältiger
SZVS	Schweizerische Zeitschrift für Volkswirtschaft und Statistik	VAG	Versicherungsaufsichtsgesetz
		VBlBW	Verwaltungsblätter für Baden-Württemberg
TA	Technische Anleitung	VDI	Verein Deutscher Ingenieure
TEGoVA	The European Group of Valuers of Fixet Assets		
		VDM	Verein Deutscher Makler
TG	Teilnehmergemeinschaft	VdH	Verband Deutscher Hypothekenbanken e. V.
TGA	Trägergemeinschaft für Akkreditierung GmbH		
		VE	Verrechnungseinheiten
TGL	Technische Güte- und Lieferbedingungen	VEB	Volkseigener Betrieb
		VerBAV	Veröffentlichungen des Bundesaufsichtsamt für das Versicherungswesen
TH	Traufhöhe		
TH	Thüringen		
THG	Treuhandanstalt	VerglO	Vergleichsordnung
Thür.	Thüringen	VerkMitt	Verkehrsrechtliche Mitteilungen
TIAVSC	The International Assets Valuation Standards Committee		
		VermAbgG	Vermögensabgabegesetz
		VermG	Gesetz zur Regelung offener Vermögensfragen (Vermögensgesetz)
TLG	Treuhandliegenschaftsgesellschaft		
		VermGBln	Berliner Gesetz über das Vermessungswesen
TÜV	Technischer Überwachungsverein		
		VersR	Versicherungsrecht
TÜV-CERT	Zertifizierungsgemeinschaft der Technischen Überwachungsvereine	VerwArch	Verwaltungsarchiv
		VerwBeh	Verwaltungsbehörde
		VerwPraxis	Verwaltungspraxis
Tz.	Teilziffer	VerwR	Verwaltungsrundschau
		VerwRspr.	Verwaltungs-Rechtsprechung
u. a.	unter anderem		
u. Ä.	und Ähnliches	VG	Verwaltungsgericht
UA	Unterausschuss	VGB	Allgemeine Bedingungen für die Neuwertversicherung von Wohngebäuden gegen Feuer, Leitungswasser und Sturmschäden
UBA	Umweltbundesamt		
UEC	Union Européenne des Experts Comtable		
UG	Untergeschoss		
UM	Unternehmensbewertung & Management	VGH	Verwaltungsgerichtshof
		VGH Bad.-Württ.	Verwaltungsgerichtshof Baden-Württemberg
UPR	Umwelt- und Planungsrecht		
UR	Umbauter Raum	VGHE	Amtliche Sammlung des Bayerischen Verfassungs-
Urt.	Urteil		

Abkürzungen

	gerichtshofs, des Bayerischen Verwaltungsgerichtshofs, des Bayerischen DStH und des Bayerischen Kompetenz-Konfliktgerichtshofs	WFA	Wohnungsbauförderungsanstalt
		WGFZ	Wertrelevante Geschossflächenzahl
		WGG	Wohnungsgemeinnützigkeitsgesetz
vgl.	vergleiche	WHG	Wasserhaushaltsgesetz
v. H.	vom Hundert	WiGBl.	Gesetzblatt der Verwaltung des Vereinigten Wirtschaftsgebiets
VHB	Allgemeine Bedingungen für die Neuwertversicherung des Hausrats		
		WiStG	Wirtschaftsstrafgesetz
VHW	Volksheimstättenwerk	wistra	Wirtschaft, Steuer, Strafrecht
VIZ	Zeitschrift für Vermögens- und Investitionsrecht		
		WiVerw	Wirtschaft und Verwaltung
VkBl	Verkehrsblatt	WKSchK	Wohnraumkündigungsschutzgesetz
VLK	Verband der Landwirtschaftskammern		
		WM	Wertpapier-Mitteilungen
VO	Verordnung	WoBauErlG	Wohnungsbau-Erleichterungsgesetz
VOBl.	Verordnungsblatt		
Vorbem.	Vorbemerkung(en)	WoBauG	Wohnungsbaugesetz
VP	Verkaufspreis	WoBindG	Wohnungsbindungsgesetz
VP	Versicherungspraxis	WoFlV	Wohnflächenverordnung
VRS	Verkehrsrecht-Sammlung	WP	Wahlperiode
VRSpr.	Verwaltungsrechtsprechung in Deutschland (Band, Nummer)	WPO	Wirtschaftsprüferordnung
		WR	Reines Wohngebiet
		WRP	Wettbewerb in Recht und Praxis
VStG	Vermögensteuergesetz		
VStR	Vermögensteuer-Richtlinien	WRV	Weimarer Reichsverfassung
v. T.	vom Tausend	WS	Kleinsiedlungsgebiet
VV	Verwaltungsvorschrift	WuM	Wohnungswirtschaft und Mietrecht
VVG	Versicherungsvertragsgesetz		
		WuR	Wirtschaft und Recht
VW	Verkehrswert, Verwaltungsgerichtsordnung	WW	Warmwasser
		YP	Years Purchase
VwR	Verwaltungsrundschau	Z	Zahl der Vollgeschosse
VwVfG	Verwaltungsverfahrensgesetz	ZAG	Gesetz betreffend die Zwangsabtretung von Grundeigentum für öffentliche Zwecke
VwVG	Verwaltungsvollstreckungsgesetz		
VwZG	Verwaltungszustellungsgesetz		
		ZAP	Zeitschrift für die Anwaltspraxis
VZOG	Vermögenszuordnungsgesetz		
		z. B.	zum Beispiel
		ZBR	Zeitschrift für Beamtenrecht
WA	Allgemeines Wohngebiet		
WährG	Währungsgesetz	ZevKR	Zeitschrift für evangelisches Kirchenrecht
WaldR	Waldwertermittlungsrichtlinien		
		ZfB	Zeitschrift für Bergrecht
WarnR	Warnemeyers Rechtsprechung des Reichsgerichts (Jahr, Seite)	ZfBR	Zeitschrift für deutsches und internationales Baurecht
		ZfhF	Zeitschrift für handelswissenschaftliche Forschung
WB	Besonderes Wohngebiet		
WE	Wohneinheit	ZfIR	Zeitschrift für Immobilienrecht
WEG	Wohnungseigentumsgesetz		
WERTR	Wertermittlungsrichtlinien	zfs	Zeitschrift für Schadensrecht
WertV	Wertermittlungsverordnung		
WestLB	Westdeutsche Landesbank	ZfU	Zeitschrift für Umwelt
WF	Wohnfläche		

Abkürzungen

ZfV	Zeitschrift für Vermessungswesen	ZöR	Zeitschrift für öffentliches Recht
ZfW	Zeitschrift für Wasserrecht	ZPO	Zivilprozessordnung
ZFH	Zweifamilienhaus	ZRP	Zeitschrift für Rechtspolitik
ZGB	Zivilgesetzbuch	ZSEG	Gesetz über die Entschädigung von Zeugen und Sachverständigen
ZGGH	Zentrale Geschäftsstelle der Gutachterausschüsse für Immobilienwerte des Landes Hessen	ZSW	Zeitschrift für Sachverständigenwesen
		z. T.	zum Teil
ZH	Zentralheizung	ZUM	Zeitschrift für Urheber- und Medienrecht/Film und Recht
ZierH	Ziergehölzhinweise		
Ziff.	Ziffer		
ZIP	Zeitschrift für Wirtschaftsrecht	zutr.	zutreffend
		ZVG	Gesetz über die Zwangsversteigerung und Zwangsverwaltung
ZKF	Zeitschrift für Kommunalfinanzen		
ZLW	Zeitschrift für Luftrecht und Weltraumfragen	ZW	Zeitwert
ZMR	Zeitschrift für Miet- und Raumrecht	zz., zzt.	zur Zeit
		ZZP	Zeitschrift für Zivilprozess
ZNotP	Zeitschrift für die NotarPraxis		

▶ *Zu den Abkürzungen des Liegenschaftskatasters vgl. Kleiber/Simon/Weyers, Verkehrswertermittlung von Grundstücken, 3. Aufl. 1997, S. 55.*

Teil I

Rechtsgrundlagen

Gesetze, Verordnungen, Richtlinien und Normen

Wertermittlungsrecht

Gesetz zur Schätzung des Kulturbodens (**Bodenschätzungsgesetz – BodSchätzG**) i. d. F. des Art. 20 des Gesetzes vom 20.12.2007 (BGBl. I 2007, 3176).

Verordnung über die Grundsätze für die Ermittlung der Verkehrswerte von Grundstücken (**Immobilienwertermittlungsverordnung – ImmoWertV**) vom 19.5.2010 (BGBl. I 2010, 639 = GuG 2010, 293).

Richtlinien für die Ermittlung der Verkehrswerte (Marktwerte) von Grundstücken (**Wertermittlungsrichtlinien** – WERTR **2006**) vom 1.3.2006 (BAnz Nr. 108a vom 10.6.2006; ber. BAnz Nr. 121, S. 4798), zuletzt geändert durch Sachwertrichtlinie vom 5.9.2012 (BAnz AT 8.10.2012 B1).

Richtlinie zur Ermittlung von Bodenrichtwerten (**Bodenrichtwertrichtlinie – BRW-RL**) vom 11.1.2011 (BAnz Nr. 24 vom 11.2.2011, S. 597 = GuG 2011, 165).

Richtlinie zur Ermittlung des Sachwerts (**Sachwertrichtlinie – SW-RL**) vom 5.9.2012 (BAnz AT 8.10.2012 B1).

Richtlinie zur Ermittlung des Vergleichswerts einschließlich des Bodenwerts (**Vergleichswertrichtlinie – VWRL**)[1].

Richtlinie für die Ermittlung und Prüfung des Verkehrswerts von Waldflächen und für Nebenentschädigungen **Waldwertermittlungsrichtlinie 2000 – WaldR 2000**) vom 23.7.2000 (BAnz Nr. 168 vom 6.9.2000 = GuG 2000, 303).

Richtlinien für die Ermittlung des Verkehrswerts landwirtschaftlicher Grundstücke und Betriebe, anderer Substanzverluste und sonstiger Vermögensnachteile (**Entschädigungsrichtlinien Landwirtschaft – LandR 78**) i. d. F. der Bek. vom 28.7.1978 (BAnz Nr. 181 vom 26.9.1978), geändert durch Bek. des BMF vom 7.2.1980 (BAnz Nr. 79a), vom 3.12.1980 (BAnz vom 18.12.1980), vom 3.12.1982 (BAnz vom 11.12.1982), vom 10.12.1984 (BAnz Nr. 236 vom 15.12.1984), vom 29.4.1986 (BAnz Nr. 94 vom 24.5.1986), vom 30.12.1986 (BAnz Nr. 4 vom 8.1.1987, S. 141), vom 22.2.1989 (BAnz vom 15.12.1989), vom 8.1.1991 (BAnz Nr. 17 vom 25.1.1991 = GuG 1991, 113), vom 6.4.1993 (BAnz Nr. 94 vom 22.5.1993, S. 4677), vom 20.12.1994 (GuG 1995, 111), vom 9.3.1995 (BAnz Nr. 78 vom 25.4.1995, S. 4709), vom 4.2.1997 (GuG 1997, 183).

Hinweise zur Wertermittlung des Verkehrswerts von Ziergehölzen als Bestandteil von Grundstücken (**Schutz- und Gestaltungsgrün – ZierH 2000**) vom 20.3.2000 (BAnz Nr. 94 vom 18.5.2000 = GuG 2000, 155).

Bekanntmachung der Hinweise zur Ermittlung von Entschädigungen für die Beeinträchtigung von **gemeinschaftlichen Jagdbezirken (JagdH 01)** vom 7.6.2001 (BAnz Nr. 146a vom 8.8.2001 = GuG 2003, 104).

Arbeitsrichtlinie zur vorläufigen Bewertung von Grund und Boden in der DM-Eröffnungsbilanz (des Ministeriums Wirtschaft der DDR), abgedruckt in *Kleiber/Söfker*, Vermögensrecht.

Gesetz über die Preisstatistik vom 9.8.1958 (BGBl. III 720-9), zuletzt geändert durch Art. 20 des Gesetzes vom 7.9.2007 (BGBl. I 2007, 2246).

Gesetz über die Statistik der Verdienste und Arbeitskosten (**Verdienststatistikgesetz – VerdStatG**) vom 21.12.2006 (BGBl. I 2006, 3291), zuletzt geändert durch Art. 21 des Gesetzes vom 7.9.2007 (BGBl. I 2007, 2246 = GuG 2008, 39).

---

[1] Entwurfsfassung vom 9.7.2013; zum Zeitpunkt der Drucklegung noch nicht veröffentlicht.

I Rechtsgrundlagen Gesetze, Verordnungen, Richtlinien u. Normen

Kreditwirtschaftliches Bewertungsrecht

Pfandbriefgesetz (PfandBG) i. d. F. der Bek. des Art. 1 des Gesetzes zur Neuordnung des Pfandbriefrechts vom 22.5.2005 (BGBl. I 2005, 1372), zuletzt geändert durch Art. 3 des Gesetzes vom 19.11.2010 (BGBl. I 2010, 1592).

Verordnung über die Ermittlung der Beleihungswerte von Grundstücken gemäß § 16 Abs. 1 und 2 des Pfandbriefgesetzes **(Beleihungswertermittlungsverordnung – BelWertV)** vom 12.5.2006 (BGBl. I 2006, 1175), zuletzt geändert durch Verordnung vom 16.9.2009 (BGBl. I 2009, 3041).

Verordnung über die Ermittlung der Beleihungswerte von Schiffen und Schiffsbauwerken nach § 24 Abs. 1 bis 3 des Pfandbriefgesetzes **(Schiffsbeleihungswertermittlungsverordnung – SchiffsBelWertV)** vom 6.5.2008 (BGBl. I 2008, 851).

Kreditwesengesetz (KWG) i. d. F. der Bekanntmachung vom 9.9.1998 (BGBl. I 1998, 2776), zuletzt geändert durch Art. 24 des Gesetzes zur Modernisierung des GmbH-Rechts und zur Bekämpfung von Missbräuchen (MoMiG) vom 23.10.2008 (BGBl. I 2008, 2026).

Kapitalanlagegesetzbuch (KAGB) vom 4.7.2013 (BGBl. I 2013, 1981), geändert durch Art. 6 des Gesetzes vom 20.9.2013 (BGBl. I 2013, 3660).

Solvabilitätsverordnung vom 14.12.2006 (BGBl. I 2006, 2926), zuletzt geändert durch Art. 21 des Gesetzes vom 21.12.2007 (BGBl. I 2007, 3131).

Bay. Verordnung über die Beleihungsgrundsätze für Sparkassen vom 1.12.1997 (GuG 1998, 111).

Sparkassengesetz für Baden-Württemberg (SpG) i. d. F. vom 19.7.2005.

RdErl. des FM von Brandenburg **Beleihungsgrundsätze für die Sparkassen** vom 5.9.1991 (ABl. Brandenburg 1991, 409).

Gesetz über das Verbot der Verwendung von Preisklauseln bei der Bestimmung von Geldschulden **(Preisklauselgesetz)** vom 7.9.2007 (BGBl. I 2007, 2246, 2247).

Preisklauselverordnung vom 23.9.1998 (BGBl. I 1998, 3043), zuletzt geändert durch Art. 78 des Gesetzes vom 23.11.2007 (BGBl. I 2007, 2614).

Durchführungs- bzw. Gutachterausschussverordnungen der Länder nach § 199 Abs. 2 BauGB

Baden-Württemberg:
Verordnung über die Gutachterausschüsse, Kaufpreissammlungen und Bodenrichtwerte nach dem Baugesetzbuch – Gutachterausschussverordnung – vom 11.12.1989 (GBl. 1989, 541), zuletzt geändert durch Verordnung vom 15.2.2005 (GBl. 2005, 167).

Bayern:
Verordnung über die Gutachterausschüsse, die Kaufpreissammlungen und die Bodenrichtwerte nach dem Baugesetzbuch – GutachterausschussV – vom 5.4.2005 (GVBl. 2005, 88).

Berlin:
Verordnung zur Durchführung des Baugesetzbuchs – DVO-BauGB – vom 5.11.1998 (GVBl. 1998, 331), zuletzt geändert durch Gesetz vom 19.6.2006 (GVBl. Bln. 2006, 573).

Brandenburg:
Verordnung über die Gutachterausschüsse für Grundstückswerte des Landes Brandenburg (Gutachterausschussverordnung – BbgGAV) vom 12.5.2010 (GVBl. II 2010, 10).

Gesetze, Verordnungen, Richtlinien u. Normen   **Rechtsgrundlagen I**

Bremen:
Verordnung über die Gutachterausschüsse für Grundstückswerte nach dem Baugesetzbuch vom 2.9.2008 (GBl. 2008, 321).

Hamburg:
Verordnung über den Gutachterausschuss für Grundstückswerte vom 12.5.2009 (GVOBl. 2009, 124).

Hessen:
Verordnung zur Durchführung des Baugesetzbuchs – DVBauGB – vom 17.4.2007 (GVBl. I 2007, 259 = GuG 2007, 231), zuletzt geändert durch VO vom 20.11.2012 (GVBl. 2012, 410).

Mecklenburg-Vorpommern:
Landesverordnung über die Bildung von Gutachterausschüssen für Grundstückswerte – Gutachterausschussverordnung (GutAVO) vom 29.6.2011 (GOVBl. 2011, 441).

Niedersachsen:
Verordnung zur Durchführung des Baugesetzbuchs – DVBauGB – vom 24.5.2005 (GVBl. 2005, 183), zuletzt geändert durch VO vom 12.11.2010 (GVBl. 2010, 514).

Nordrhein-Westfalen:
Verordnung über die Gutachterausschüsse für Grundstückswerte – Gutachterausschussverordnung NW – GAVO NW – vom 23.3.2004 (GVBl. 2004, 146), zuletzt geändert durch VO vom 4.5.2010 (GVBl. 2010, 272).

Rheinland-Pfalz:
Landesverordnung über Gutachterausschüsse, Kaufpreissammlungen und Bodenrichtwerte (Gutachterausschussverordnung – GAVO) vom 20.4.2005 (GVBl. 2005, 139), zuletzt geändert durch VO vom 21.8.2012 (GVBl. 2012, 307).

Saarland:
Verordnung über die Gutachterausschüsse, Kaufpreissammlungen und Bodenrichtwerte nach dem Baugesetzbuch (Gutachterausschussverordnung – GutVO) vom 21.8.1990 (ABl. 1990, 957), zuletzt geändert durch Verordnung vom 26.8.2009 (ABl. 2009, 1466).

Sachsen:
Verordnung über die Gutachterausschüsse, Kaufpreissammlungen und Bodenrichtwerte nach dem Baugesetzbuch (Gutachterausschussverordnung – SächsGAVO) vom 15.11.2011 (SächsGVBl. 2011, 598).

Sachsen-Anhalt:
Verordnung über die Gutachterausschüsse für Grundstückswerte (VOGut) vom 14.6.1991 (GVBl. LSA 1991, 131), zuletzt geändert durch Art. 6 des Gesetzes vom 2.2.2011 (GVBl. LSA 2011, 58).

Schleswig-Holstein:
Landesverordnung über die Bildung von Gutachterausschüssen und die Ermittlung von Grundstückswerten vom 6.12.1989 (GVOBl. 1989, 181 = GS Schl. – H II Gl. Nr. B 213 - 1 – 9), zuletzt geändert durch VO vom 16.8.2004 (GVOBl. 2004, 333).

I Rechtsgrundlagen   Gesetze, Verordnungen, Richtlinien u. Normen

Thüringen:
Verordnung über Gutachterausschüsse, Kaufpreissammlungen und Bodenrichtwerte (Gutachterausschussverordnung) vom 24.6.2003 (GVBl. 2003, 316), zuletzt geändert durch VO vom 15.12.2009 (GVBl. 2009, 786).

Ländererlasse:

Baden-Württemberg
- Erl. des IM vom 7.6.1978 – V 2072.1/101 betr. **Bodenrichtwertermittlung** (GABl. 1968, 490).
- Erl. des IM vom 5.9.1979 betr. **Bodenrichtwertermittlung** (GABl. 1979, 990).
- Erl. des IM vom 12.11.1979 – V 2072.1/119 (GABl. 1979, 1241).
- Verwaltungsvorschrift des FM über die Einführung der Richtlinien für die Ermittlung des Verkehrswerts von Grundstücken (**Wertermittlungsrichtlinien**) vom 22.4.1992 – VV 2030-19 (GABl. 1992, 399 = GuG 1993, 42).
- Erl. des FM zur Anerkennung von Grundstücksgutachten zertifizierter und anderer Sachverständiger vom 3.8.2000 – S 3014/15 – (GuG 2001, 287).

Berlin
- **Gesetz über Gebühren und Beiträge** (GebG) vom 22.5.1957 (GVBl. 1957, 516), zuletzt geändert durch Gesetz vom 6.7.2006 (GVBl. 2006, 713).
- Verordnung über die Erhebung von Gebühren im Vermessungswesen (**Vermessungswesengebührenordnung – VermGebO**) vom 22.8.2005 (GVBl. 2005, 449), geändert durch VO vom 4.3.2008 (GVBl. 2008, 62, 92).
- **Verwaltungsgebührenordnung (VGebO)** i. d. F. vom 13.11.1978, zuletzt geändert durch § 5 des Vermessungsgebührengesetzes vom 4.3.2008 (GVBl. 2008, 62).
- Ausführungsvorschriften zur Ermittlung der sanierungsbedingten Bodenwerterhöhung und zur Feststellung von Ausgleichbeträgen nach §§ 152 bis 155 des Baugesetzbuchs (**AV Ausgleichsbeträge**) vom 20.2.2009 (ABl. Bln. 2009, 434).
- Erl. des SenBauWohn- und Verkehr betr. schriftliche **Auskünfte aus der Kaufpreissammlung** vom 19.2.1999 – V A 3 6569/02/04 (GuG 2001, 175).
- Erl. betr. **Bodenrichtwertindizes** für die Grundbesitzbewertung (ABl. 2003, 2597).
- Bek. der **Umrechnungskoeffizienten der GFZ für Dienstleistungs- und Büronutzungen** vom 22.12.1992 – BauWohn VI 42, ABl. Bln. 1993, 100.
- Bek. der **Umrechnungskoeffizienten der GFZ für Wohnnutzungen** vom 11.1.1995 – BauWohn VI 42 ABl. Bln. 1995, 402.
- Bek. der **Umrechnungskoeffizienten der GFZ für Gewerbe- und Wohnbauland** vom 24.2.2004 – III EGSt 21 –, ABl. Berlin 2004, 1101 = GuG 2004, 239.
- Bek. der **Liegenschaftszinssätze für Mietwohnhäuser und Mietwohngeschäftshäuser** in Berlin bis Baujahre 1948 vom 10.3.2000 (ABl. Bln. 2000, 1064).
- Bek. der **Liegenschaftszinssätze für Mietwohnhäuser und Mietwohngeschäftshäuser** in Berlin Baujahre nach 1948 vom 18.12.2001 (ABl. Bln. 2001, 313).
- Bek. der **Liegenschaftszinssätze für Mietwohnhäuser und Mietwohngeschäftshäuser** mit gewerblichem Mietanteil bis 70 % vom 3.11.2005 – III EGSt 21 – (ABl. Bln. 2005, 4391 = GuG 2006, 111).

Gesetze, Verordnungen, Richtlinien u. Normen **Rechtsgrundlagen I**

- Bek. der **Liegenschaftszinssätze für Mietwohnhäuser und Mietwohngeschäftshäuser** der Baujahre vor 1919 vom 21.6.2007 – III EGSt 21 – (ABl. Bln. 2007, 1752, 2031 = GuG 2007, 352).

- Bek. der **Liegenschaftszinssätze für Mietwohnhäuser und Mietwohngeschäftshäuser** in Berlin mit einem gewerblichen Mietanteil bis 70 % vom 10.5.2012 – StadtUm III EGSt 2 – (ABl. Berlin 2012, 793, ber. ABl. Berlin 2012, 1591).

- Bek. der **für die Wertermittlung erforderlichen Daten** vom 29.6.2006 – III EGSt 21 – (ABl. Bln. 2006, 2626).

- Bek. der Faktoren zur **Anpassung des Sachwerts** von Grundstücken mit Eigenheimen an die Lage auf dem Grundstücksmarkt im Westteil Berlins vom 30.11.1999 (ABl. Bln. 1999, 5004).

- Bek. der Faktoren zur **Anpassung des Sachwerts** von Grundstücken an die Lage auf dem Grundstücksmarkt im Westteil Berlins vom 18.12.2001 (ABl. Bln. 2001, 199).

- Bek. der Faktoren zur **Anpassung des Sachwerts** von Grundstücken an die Lage auf dem Grundstücksmarkt im Westteil Berlins vom 18.11.2004 (ABl. Bln. 2005, 174 = GuG 2005, 224), geändert am 10.3.2005 (ABl. 2005, 1881).

- Bek. der Faktoren zur **Anpassung des Sachwerts** von Grundstücken an die Lage auf dem Grundstücksmarkt im Ostteil Berlins vom 7.3.2006 (ABl. Bln. 2006, 1376 = GuG 2006, 352).

- Bek. der Faktoren zur **Anpassung des Sachwerts** von Grundstücken mit Eigenheimen an die Lage auf dem Grundstücksmarkt in Berlin vom 2.3.2010 – Stadt III E 23 – (ABl. Bln. 2010, 308 = GuG 2010, 230).

- Faktoren zur **Anpassung des Sachwerts** von Grundstücken mit Eigenheimen an die Lage auf dem Grundstücksmarkt in Berlin (Bekanntmachung der Senatsverwaltung für Stadtentwicklung vom 10.11.2010 – ABl. Berlin 2010, 1886).

- Bek. der Faktoren zur **Anpassung des Sachwerts** von Grundstücken mit Eigenheimen an die Lage auf dem Grundstücksmarkt in Berlin vom 10.11.2010 (ABl. Bln. 2010, 1886).

- **Vergleichsfaktoren für bebaute Ein- und Zweifamilienhausgrundstücke** nach § 183 Abs. 2 BewG vom 19.8.2009 (ABl. Bln. 2009, 2141).

- **Vergleichsfaktoren für bebaute Villen- und Landhausgrundstücke** nach § 183 Abs. 2 BewG (ABl. Bln. 2012, 344).

- **Vergleichsfaktoren für Wohnungseigentum** nach § 183 Abs. 2 BewG (ABl. Bln. 2012, 373).

- **Vergleichsfaktoren für Garagen, Sammelgaragen und Wageneinstellplätze** nach § 183 Abs. 2 BewG (ABl. Bln. 2012, 381).

Brandenburg

- **Gebührengesetz – GebG –** vom 18.10.1991 (GVBl. 1991, 452), zuletzt geändert durch Art. 11 des Gesetzes vom 17.12.2003 (GVBl. 2003, 289).

- Allgemeine **Verwaltungsgebührenordnung** (§ 20 Abs. 2 der Gutachterausschussverordnung B-GAVOB).

- RdErl. über die rechtlichen, planerischen und finanziellen Aspekte der **Konversion militärischer Liegenschaften** Nr. 23/1/1997 vom 20.5.1997 (ABl. 1997, 476 = GuG 1998, 235).

I Rechtsgrundlagen Gesetze, Verordnungen, Richtlinien u. Normen

- Verwaltungsvorschrift des IM zur Durchführung des **Brandenburgischen Datenschutzgesetzes** (VV zum BbgDSG) vom 17.12.1997 (ABl. 1998, 94).

- Gebührenordnung für die Gutachterausschüsse für Grundstückswerte und deren Geschäftsstelle (**Gutachterausschuss-Gebührenordnung – GAGebO**) vom 30.7.2010 (GVBl. II 2010 Nr. 51).

- Brandenburgische **Bodenrichtwertrichtlinie (RL BRW BB)** vom 30.9.2011 (MI III/4-584/33).

- Verwaltungsvorschrift zur Umsetzung der Musterrichtlinie über Bodenrichtwerte im Land Brandenburg (**Bodenrichtwertrichtlinie – BRW-RL**) unveröffentlicht; eingeführt mit Schreiben des IM vom 30.1.2002 – III/2-84-33).

- RdErl. betr. Leistungen des Gutachterausschusses, die im Zusammenhang mit Sozialleistungen nötig werden, vom 14.4.1993 (GuG 1994, 286).

- Verwaltungsvorschrift zur Erstellung der Grundstücksmarktberichte im Land Brandenburg (**Grundstücksmarktbericht-Richtlinie – GMB-RL**).

- Richtlinien des MdI über die **Entschädigung der Gutachter** der Gutachterausschüsse für Grundstückswerte des Landes Brandenburg vom 28.9.2005, zuletzt geändert am 27.2.2006.

Bremen

- **Kostenordnung** für das amtliche Vermessungswesen und die Gutachterausschüsse nach dem Baugesetzbuch (VermKostV, GBl. 2002, 487), zuletzt geändert mit Wirkung vom 1.10.2008 (GBl. 2008, 285).

Hamburg

- Gebührenordnung für das amtliche Vermessungswesen und den Gutachterausschuss für Grundstückswerte in Hamburg (GebOVerm) vom 5.12.2006 (GVBl. 2006, 580), zuletzt geändert durch VO vom 13.12.2011 (GVBl. 2011, 524, 544) i. V. m. der Übersicht über die Gebühren und Preise des Gutachterausschusses für Grundstückswerte in Hamburg und seiner Geschäftsstelle (Stand 1.1.2012).

Hessen

- Hessisches **Verwaltungskostengesetz** i. d. F. vom 12.1.2004 (GVBl. I 2004, 36), zuletzt geändert durch Gesetz vom 21.3.2006 (GVBl. I 2005, 229).

- RdErl. des IM vom 11.12.1963 betr. **Bodenrichtwertermittlung** (StAnz 1964, 6).

- RdErl. des IM vom 24.12.1975 (StAnz 1976, 133).

- RdErl. vom 14.4.1993 betr. Leistungen des Gutachterausschusses, die im Zusammenhang mit Sozialleistungen nötig werden, und **Gebührenbefreiung nach dem Sozialgesetzbuch** (StAnz 1993, 1482 = GuG 1994, 286).

- Schreiben des MfWVL betr. **Umsatzsteuer** vom 21.1.1998 – VIIa 61-61c 08/15 – 39/97 – (unveröffentlicht).

Mecklenburg-Vorpommern

- Landesverordnung über Verwaltungsgebühren in Angelegenheiten der Wertermittlung von Grundstücken (**WertErmGebVO**) vom 22.6.1993 (GVOBl. M-V 1993, 669).

- **Verwaltungskostengesetz** des Landes Mecklenburg-Vorpommern (**VwKostG M-V**) vom 4.10.1991 (GVOBl. M-V 1991, 366).

Gesetze, Verordnungen, Richtlinien u. Normen **Rechtsgrundlagen I**

Niedersachsen

- **Gebührenordnung für Gutachterausschüsse** und deren Geschäftsstellen nach dem Baugesetzbuch (GOGut) vom 22.4.1997 (GVBl. 1997, 119), zuletzt geändert durch VO vom 19.7.2005 (GVBl. 2005, 249).

- Gebührenverzeichnis zur **Gebührenordnung der Gutachterausschüsse** und deren Geschäftsstellen nach dem Baugesetzbuch vom 22.4.1997 (GVBl. 1997, 216), zuletzt geändert durch Verordnung vom 11.12.2002 (GVBl. 2002, 785).

- Erl. des FM betr. **gutachterlicher Äußerung** vom 12.5.1965 – 26 23 00 (GültL MF 82/87).

- Erl. des Nds. Ministeriums für Inneres und Sport vom 15.7.2011 zur Einführung der Bodenrichtwertrichtlinie (BRW-RL).

- GemRdErl. des IM, FM und SozM betr. Bodenrichtwertermittlung vom 7.9.1965 (MinBl. 1965, 1038).

- GemRdErl. des IM und SozM betr. **Gebührenfreiheit für Gutachten** nach § 136 BBauG vom 20.3.1968 (MinBl. 1968, 313).

- Allgemeine Dienstanweisung für die unteren und höheren Vermessungs- und Katasterbehörden (ADAVerm) vom 16.6.1974 (NdsMinBl. 1974, 1319).

- RdErl. des IM betr. **Hinweise zur Anwendung der Gebührenordnung** für die Erstattung von Gutachten vom 26.1.1976 (NdsMinBl. 1976, 195).

- EinfErl. zur WERTR 76 vom 14.6.1976 (NdsMinBl. 1976, 1599).

- GemRdErl. vom 15.12.1978 (NdsMinBl. 1979, 18).

- GemRdErl. des IM und SozM betr. Bodenrichtwertermittlung vom 1.8.1979 (NdsMinBl. 1979, 149).

- RdErl. des IM zur Anwendung der Vorschriften über **Bodenrichtwerte** vom 1.7.1980 (NdsGVBl. 1980, 957).

- RdErl. des IM zur Ableitung der **für die Wertermittlung wesentlichen Daten** und zur Anwendung mathematisch-statistischer Verfahren vom 1.8.1981 (NdsMinBl. 1981, 766).

- RdErl. des ML: **Waldbewertungsrichtlinien – WBR** (NdsMinBl. 1986, 936).

- Erl. des IM betr. **Gebührenordnung** vom 24.10.1986 (unveröffentlicht).

- RdErl. des MS vom 2.5.1988 – 301-21013 – (NdsMinBl. 1988, 547 Nr. 228, 2, 3 = GültL 392/17).

- RdErl. des MS vom 6.3.1991 – 301-21013 – GültL 392/19-VV BauGB Nr. 404 (NdsMinBl. 1991, 470).

- RdErl. des FM vom 23.12.1991 (NdsMinBl. 1991, 314) zur WERTR mit den ergänzenden Hinweisen des BMBau vom August 1996.

- RdErl. des IM betr. **Umsatzsteuer** vom 14.7.1994 – 67 0511/7 (NdsMinBl. 1994, 1072).

Nordrhein-Westfalen

- **Allgemeine Verwaltungsgebührenordnung (AVwGebO NRW)** vom 3.7.2001 (GVBl. 2001, 262), zuletzt geändert durch Art. 1 der VO vom 5.7.2010 (GVBl. 2010, 403, ber. 435).

I Rechtsgrundlagen Gesetze, Verordnungen, Richtlinien u. Normen

- Vermessungs- und Wertermittlungsgebührenordnung – **VermWertGebO** vom 5.7.2010 (GV NRW 2010, 390 = SGV NRW 7134), zuletzt geändert durch VO vom 3.2.2011 (GV NRW 2011, 160).

- **Gebührengesetz** für das Land Nordrhein-Westfalen vom 23.8.1999 (SGV NRW 2011).

- RdErl. vom 1.8.1963 (MinBl. NW 1963, 1627 = SMBl. NW 2315), aufgehoben mit MinBl. NW 1999, 424.

- RdErl. des FM und MfWöA betr. Zusammenarbeit und Führung von Kaufpreissammlungen für unbebaute Grundstücke vom 13.3.1964 (MinBl. NW 1964, 558).

- RdErl. des MfWöA betr. Abgabe von Kopien der Richtwertkarten an Interessenten vom 29.4.1965 (MinBl. 1965, 583).

- RdErl. des IM vom 13.8.1974 – ID 2-9213 (unveröffentlicht).

- RdErl. des IM und FM betr. Bodenrichtwertermittlung vom 14.9.1976 (MinBl. NW 1976, 2109).

- Erl. des FM betr. Steuerliche Behandlung gezahlter Entschädigungen an die Mitglieder von Umlegungs- und Gutachterausschüssen vom 5.8.1987 – S 2337-25 V B (GuG 1999, 360).

- RdErl. des IM betr. **Bodenrichtwertermittlung** vom 18.5.1998 – III C 2 – 9213.

- RdErl. des IM und JM betr. Richtlinien über die Gutachterausschüsse für Grundstückswerte (**Kaufpreissammlung-Richtlinien KPS-Richtlinien**) vom 12.2.1999 – III C 2 9210 (MinBl. NW 1999, 424).

- Bodenrichtwerterlass – BoRiWErl. vom 2.3.2004 – 36 – 9210 – (MinBl. NW 2004, 2315).

Rheinland-Pfalz

- **Landesgebührengesetz (LGebG)** vom 3.12.1974 (GVBl. 1974, 578), zuletzt geändert durch Gesetz vom 21.7.2003 (GVBl. 2003, 212).

- Landesverordnung über die Gebühren für Amtshandlungen nach dem Baugesetzbuch (**Besonderes Gebührenverzeichnis**) vom 9.9.2011 (GVBl. 2011, 353).

- **Allgemeines Gebührenverzeichnis** vom 15.1.2002 (GVBl. 2003, 212).

- **Landesverordnung über sachliche Gebührenfreiheit** vom 24.6.1977 (GVBl. 1977, 194).

- Erl. des MfFuW betr. Berücksichtigung dinglicher **Beschränkungen des Grundeigentums bei der Ermittlung des Grundstückswerts** vom 11.8.1970 (S 31o1 A-IV 2).

- **Richtlinien zur Ermittlung von Grundstückswerten** nach dem Baugesetzbuch (RiWert) vom Dezember 2012.

- RdSchr. des MIS vom 16.5.1989.

- VV des ISM, FM und IM betr. **Zusammenarbeit zwischen den Geschäftsstellen der Gutachterausschüsse, den Finanzämtern und dem Statistischen Landesamt** vom 10.11.1995 – 366/648-15/0 – (MinBl. 1995, 535).

- Richtlinien des ISM, FM und MWVLW zur Bearbeitung von Umlegungen und Grenzregelungen nach dem BauGB (**Bodenordnungsrichtlinien-RiBodO**) vom 21.12.1994 (MinBl. 1995, 5).

Gesetze, Verordnungen, Richtlinien u. Normen — Rechtsgrundlagen I

- GemRdSchr. des ISM und FM zur **Zusammenarbeit zwischen den Geschäftsstellen der Gutachterausschüsse, den Finanzämtern und dem Statistischen Landesamt** vom 13.12.1999 (MinBl. 1999, 537 = GuG 2001, 95).

- Erl. des FM betr. **Unterrichtung der Finanzämter und der Gutachterausschüsse für Grundstückswerte** über die Bauleitplanung, Maßnahmen nach den Vorschriften des besonderen Städtebaurechts und die Erschließung der Gemeinden vom 9.4.2003 (MF 3292 – 4531).

Saarland

- Erl. des MF und Bundesangelegenheiten betr. Behandlung von **Landzuteilungen im Umlegungsverfahren** nach dem BauGB vom 17.4.2000 – B/5 119/2000 – S 4500; GuG 2001, 254.

- **Gebührenordnung für Gutachterausschüsse (GutGebO)** vom 18.12.1992 (ABl. 1993/2).

Sachsen

- **Verwaltungskostengesetz** des Freistaats Sachsen (SächsVwKG) i. d. F. der Bek. vom 24.9.1999 (SächsGVBl. 1999, 545).

- Verordnung über die Festsetzung der Verwaltungsgebühren und Auslagen (4. Sächsisches Kostenverzeichnis – SächsKVZ) vom 24.10.2000 (SächsGVBl. 2000, 549) und 5. **Sächsisches Kostenverzeichnis** vom 18.7.2001.

- Erl. des StMdI zur **Veräußerung von Grundstücken und grundstücksgleichen Rechten** vom 13.10.1992 (SächsABl. 1992, 1573 = GuG 1993, 101).

Sachsen-Anhalt

- **Verwaltungskostengesetz** des Landes Sachsen-Anhalt (VwKostG LSA) vom 27.6.1991 (GVBl. LSA 1991, 154), zuletzt geändert Art. 1 des Gesetzes vom 30.3.1999 (GVBl. LSA 1999, 120).

- Richtlinien zur Bewertung des kommunalen Vermögens und der kommunalen Verbindlichkeiten (**Bewertungsrichtlinien – BewertRL**); RdErl. des MI vom 9.4.2006 – 32.3. – 10401/1-3 –, MinBl. LSA 2006, 204.

- **Bodenrichtwerterlass** vom 22.1.1993 – 46-23520 (MinBl. LSA 1993, 500).

- RdErl. des MF betr. Richtlinien für die Ermittlung des Verkehrswerts von Grundstücken (**Wertermittlungsrichtlinien**) vom 25.3.2003 (MinBl. LSA 2003, 220).

- **Gebührentabelle zur GutachterausschussVO** vom 14.6.1991 (GVBl. LSA 1994, 222).

- RdErl. des MI: Verwaltungsvorschriften zur Anwendung von automatisierten Verfahren für die Kaufpreissammlung nach § 195 BauGB (**AKS Anwendungserlass**) vom 30.12.1993 – 46-23522 (MinBl. LSA 1994, 412).

- **Allgemeine Gebührenordnung** des Landes Sachsen-Anhalt (AllGl LSA) vom 23.5.2000 (GVBl. LSA 2000, 266), zuletzt geändert durch Verordnung vom 17.12.2001 (GVBl. LSA 2001, 590).

- RdErl. des MF vom 29.3.1994 (MinBl. LSA 1994, 1298).

I Rechtsgrundlagen   Gesetze, Verordnungen, Richtlinien u. Normen

- RdErl. des IM zur Vorbereitung von Gutachten (**Gutachten-Erlass**) vom 2.9.1994 – 46.2-23 524/2- (MinBl. LSA 1994, 2528), geändert durch RdErl. des IM vom 20.11.1997 (MinBl. LSA 1998, 141) und Änderungen vom 6.4.2000.

- RdErl. des IM betr. **Gutachterausschüsse für Grundstückswerte** vom 2.9.1994 (MinBl. LSA 1994, 2528).

- RdErl. des IM betr. Verwaltungsvorschriften zur Anwendung der **Allgemeinen Gebührenordnung** durch die Gutachterausschüsse und deren Geschäftsstelle vom 26.9.1994 – 46.2-05401/10 – (MinBl. LSA 1994, 2454).

- Billigkeitsmaßnahmen nach dem VwKostenG, RdErl. des MI vom 6.3.1995 – 47-05401 (MBl. LSA 1995, 425)

- RdErl. des IM betr. **Veräußerung kommunaler Grundstücke und grundstücksgleicher Rechte** vom 1.3.1995 – 33 11-10251 – (MinBl. LSA 1995, 390 = GuG 1997, 112).

- GemRdErl. des IM und MF zur **Umsatzsteuer** für Amtshandlungen und Leistungen der Gutachterausschüsse für Grundstückswerte – 43-05401/10 vom 1.10.1997 (MinBl. LSA 1997, 1838).

- RdErl. des MI zur Änderung von GA-Erlassen vom 20.11.1997 (MinBl. LSA 1997, 141).

- GemRdErl. des MI und MF zur **Aktualisierung der amtlichen Bodenschätzung** und des Liegenschaftskatasters vom 11.2.1998 – 43-23512 45-S 3385-1 – (MinBl. LSA 1998, 478).

- RdErl. des MF zu den Grundsätzen für die Ermittlung des Verkehrswerts bei der **Veräußerung von landeseigenen Grundstücken durch Ausschreibung** vom 8.2.2000 – 54.2-27000-438 (MinBl. LSA 2000, 875 = GuG 2001, 96).

Schleswig-Holstein

- RdErl. des IM betr. **Bodenrichtwertermittlung** vom 22.4.1975 (ABl. 1975, 601).

Thüringen

- Erl. des IM zur **Zusammenarbeit zwischen den Geschäftsstellen der Gutachterausschüsse, den Finanzämtern und dem Thüringer Landesamt für Statistik** vom 19.3.1992 – 740-9611 –.

- **Thüringisches Verwaltungskostengesetz (ThürVwKostG)** vom 7.8.1991 (GVBl. 1991, 321), zuletzt geändert durch Gesetz vom 12.5.1999 (GVBl. 1999, 267).

Sachverständigenrecht

Gewerbeordnung (GewO) i. d. F. der Bek. der Neufassung vom 22.2.1999 (BGBl. I 1999, 202), zuletzt geändert durch Art. 4 des Gesetzes vom 29.7.2009 (BGBl. I 2009, 2259).

Gesetz zur vorläufigen Regelung des Rechts der Industrie- und Handelskammern (IHKG) vom 18.12.1956 (BGBl. I 1956, 920), zuletzt geändert durch Art. 5 des Dritten Gesetzes zur Änderung der Handwerksordnung und anderer handwerksrechtlicher Vorschriften vom 24.12.2003 (BGBl. I 2003, 2934).

Gesetz über die Vergütung von Sachverständigen, Dolmetscherinnen, Dolmetschern, Übersetzerinnen, Übersetzern sowie die Entschädigung von ehrenamtlichen Richterinnen, ehrenamtlichen Richtern, Zeuginnen, Zeugen und Dritten (**Justizvergütungs- und -ent-**

schädigungsgesetz – **JVEG**) vom 5.5.2004 (BGBl. I 2004, 718, 776), zuletzt geändert durch Art. 7 des zweiten Gesetzes zur Modernisierung des Kostenrechts (2. Kostenrechtsmodernisierungsgesetz – 2. KostRMoG) vom 23.7.2013 (BGBl. 2013, 2586).

Verordnung über Informationspflichten für Dienstleistungserbringer (**Dienstleistungs-Informationspflichten-Verordnung – DL-InfoV**) vom 12.3.2010 (BGBl. I 2010, 267).

Gesetz über eine Berufsordnung der Wirtschaftsprüfer (**Wirtschaftsprüferordnung – WiPrO**) i. d. F. vom 5.11.1975 (BGBl. 1975, 2803), zuletzt geändert durch Art. 3 des Gesetzes vom 17.7.2009 (BGBl. I 2009, 2091).

Zivilprozessordnung (ZPO) in der im BGBl. III Gliederungsnummer 310-4 veröffentlichten bereinigten Fassung.

Partnerschaftsgesellschaftsgesetz (PartGG) vom 25.7.1994 (BGBl. I 1994, 1744), zuletzt geändert durch Art. 1 des Gesetzes zur Einführung einer Partnerschaftsgesellschaft mit beschränkter Berufshaftung und zur Änderung des Berufsrechts der Rechtsanwälte, Patentanwälte, Steuerberater und Wirtschaftsprüfer vom 15.7.2013 (BGBl. I 2013, 2386).

Partnerschaftsregisterverordnung – PRV – vom 16.6.1995 (BGBl. I 1995, 808), zuletzt geändert durch Art. 3 der VO vom 8.12.1998 (BGBl. I 1998, 3580).

Schätzungsordnung (SchätzO) für das landwirtschaftliche Pachtwesen vom 26.11.1957 i. d. F. vom 11.11.1982.

Gesetz über die Zwangsversteigerung und die Zwangsverwaltung i. d. F. der Bek. vom 20.5.1898 (RGBl. 1898, 369, 713), zuletzt geändert durch Gesetz vom 26.3.2007 (BGBl. I 2007, 370).

Gesetz gegen den unlauteren Wettbewerb (UWG) vom 3.7.2004 (BGBl. I 2004, 1414), zuletzt geändert durch Art. 5 des Gesetzes vom 20.9.2013 (BGBl. I 2013, 2660).

Gesetz über die förmliche Verpflichtung nichtbeamteter Personen (**Verpflichtungsgesetz**) vom 2.3.1974 (BGBl. I 1974, 547 = BGBl. III 453-17), zuletzt geändert durch Gesetz vom 15.8.1974 (BGBl. I 1974, 1942).

Verordnung über die Honorare für Architekten- und Ingenieurleistungen (**Honorarordnung** für Architekten und Ingenieure – **HOAI**) vom 10.7.2013 (BGBl. I 2013, 2276).

Landesrecht:

Baden-Württemberg: Verordnung der Landesregierung über Zuständigkeiten nach der Gewerbeordnung (GewOZuVO) vom 16.12.1985 (GBl. 1985, 582), zuletzt geändert durch VO vom 1.7.2004 (GBl. 2004, 469).

Gesetz über die Industrie- und Handelskammern in Baden-Württemberg vom 27.1.1958 (GBl. 1957, 77), zuletzt geändert durch Gesetz vom 17.6.1997 (GVBl. 1997, 278).

Verordnung über die öffentliche Bestellung von Sachverständigen auf dem Gebiet der Land- und Forstwirtschaft einschließlich des Garten- und Weinbaus sowie der Fischerei vom 20.12.2004 (GVBl. 2004, 497).

Bayern: Gesetz zur Ergänzung und Ausführung des Gesetzes zur vorläufigen Regelung des Rechts der Industrie- und Handelskammern vom 25.3.1958 (BayRS 701 – 1 W) i. V. m. der Verordnung zur Durchführung der Gewerbeordnung vom 22.1.1985 (GVBl. 1985, 2 – BayRS 7101-1-W), zuletzt geändert durch Gesetz vom 27.11.2007 (GVBl. 2007, 785).

Berlin: Verordnung über die öffentliche Bestellung von Sachverständigen durch die Industrie- und Handelskammer vom 10.11.1967 (GVBl. 1967, 1571).

I Rechtsgrundlagen Gesetze, Verordnungen, Richtlinien u. Normen

Berliner Architekten- und Baukammergesetz vom 6.7.2006 (GVBl. 2006, 720) i. V. m. § 1 der Sachverständigenordnung der Baukammer Berlin vom 29.5.2002.

Brandenburg: Gesetz zur Ergänzung des Rechts der Industrie- und Handelskammern des Landes Brandenburg von 13.9.1991 (GVBl. 1991, 440), zuletzt geändert durch Gesetz vom 26.11.1998 (GVBl. 1998, 218).

Sachverständigenordnung (SVO) der Brandenburgischen Ingenieurkammer für die öffentliche Bestellung und Vereidigung vom 6.7.1995 (AmtAnz 2001, 433).

Verordnung über die Voraussetzungen für die Bestellung sowie über die Befugnisse und Verpflichtungen der öffentlich bestellten und vereidigten Sachverständigen für die Land- und Forstwirtschaft einschließlich des Garten- und Weinbaus (Sachverständigenverordnung – SVO) vom 20.1.2001 (GVBl. 2001, 14).

Brandenburgisches Architektenkammergesetz (BbgArchG) vom 8.3.2006 (GVBl. I 2006, 26).

Brandenburgisches Ingenieurgesetz vom 29.6.2004 (GVBl. 2004, 326), zuletzt geändert durch Art. 21 des Gesetzes vom 28.6.2006 (GVBl. 2006, 74).

Gesetz über die Errichtung einer Brandenburgischen Ingenieurkammer und zum Schutz der Berufsbezeichnung „Beratender Ingenieur" und „Beratende Ingenieurin" (Brandenburgisches Ingenieurkammergesetz) vom 19.10.1993 (GVBl. I 1993, 462).

Bremen: Verordnung über Zuständigkeiten nach der Gewerbeordnung vom 29.6.2004 (GVBl. 2004, 326), zuletzt geändert am 29.6.1999 (GBl. 1990, 162) und durch Geschäftsverteilung des Senats am 2.11.1999 (vgl. Bek. vom 27.6.2000, GBl. 2000, 237).

Gesetz über die Landwirtschaftskammern vom 20.3.1965 (GBl. 1965, 13), zuletzt geändert durch Gesetz vom 9.4.1957 (GBl. 1957, 41).

Verordnung über die öffentliche Bestellung und Vereidigung von Sachverständigen vom 23.5.1977 (GBl. 1977, 253).

Bremisches Ingenieurgesetz (BremIngG) vom 25.2.2003 (GBl. 2003, 67).

Hamburg: Gesetz über die vorläufige Regelung der Rechtsverhältnisse der Handelskammer Hamburg vom 27.2.1956 (GVBl. I 1956, 21), zuletzt geändert durch Gesetz vom 21.2.1983 (GVBl. 1983, 55) i. V. m. Nr. III Ziff. 5 der Anordnung zur Durchführung der Gewerbeordnung vom 22.12.1987 (AmtAnz Teil II des HmbGVBl. 1988, 9).

Satzung und Geschäftsordnung der Landwirtschaftskammer Hamburg vom 8.4.1992 (AmtAnz Teil II des HmbGVBl. vom 7.5.1992, 829) i. V. m. § 2 Abs. 1 Satz 2 Nr. 6 des Gesetzes über die Landwirtschaftskammer Hamburg (Landwirtschaftskammergesetz) vom 4.12.1990 (GVBl. 1990, 240).

Hamburgisches Architektengesetz i. d. F. vom 26.3.1991 (GVBl. 1991, 85).

Gesetz über das Ingenieurwesen (HmbIngG) vom 10.12.1996 (GVBl. 1996, 321), zuletzt geändert durch Gesetz vom 18.7.2001 (GVBl. 2001, 251, 256).

Hessen: Ortsgerichtsgesetz für das Land Hessen i. d. F. vom 2.4.1980 (GVBl. I 1980, 114), zuletzt geändert durch Art. 9 des Gesetzes vom 26.3.2010 (GVBl. I 2010, 114).

Hessisches Ausführungsgesetz zum Bundesgesetz zur vorläufigen Regelung des Rechts der Industrie- und Handelskammern vom 6.11.1957 (GVBl. 1957, 147).

Verordnung über die öffentliche Bestellung von Sachverständigen auf dem Gebiet der Land- und Forstwirtschaft, des Garten- und Weinbaus sowie der Fischerei vom 20.12.2004 (GVBl. 2004, 497).

Gesetze, Verordnungen, Richtlinien u. Normen **Rechtsgrundlagen I**

Hessisches Architekten- und Stadtplanergesetz vom 23.5.2002 (GVBl. I 2002, 182) i. V. m. § 1 Abs. 1 der Verordnung über Zuständigkeiten der Architekten- und Stadtplanerkammer Hessen und der Ingenieurkammer Hessen (AIKZustVO) vom 14.5.2008 (GVBl. 2008, 720).

Verordnung über die Bestellung von Sachverständigen nach dem Hessischen Architekten- und Stadtplanergesetz (ASSVO) vom 12.12.2002 (GVBl. I 2002, 819).

Gesetz über die Errichtung einer Ingenieurkammer und über die Berufsordnung der beratenden Ingenieure in Hessen (Ingenieurkammergesetz) vom 30.9.1986 (GVBl. I 1986, 281), zuletzt geändert durch Gesetz vom 15.11.2007 (GVBl. I 2007, 784) i. V. m. § 1 Abs. 2 der Verordnung über Zuständigkeiten der Architekten- und Stadtplanerkammer Hessen und der Ingenieurkammer Hessen (AIKZustVO) vom 14.5.2008 (GVBl. I 2008, 720).

Verordnung über die Bestellung von Sachverständigen nach dem Ingenieurkammergesetz in Hessen vom 15.3.2002 (GVBl. I 2002, 80).

Mecklenburg-Vorpommern: Gesetz über die Industrie- und Handelskammern für das Land Mecklenburg-Vorpommern vom 18.2.1992 (GVBl. 1992, 98) i. V. m. § 1 der Landesverordnung über die Regelung von Zuständigkeiten nach dem Gesetz über die Industrie- und Handelskammern vom 18.3.1992 (GVBl. 1992, 232).

§ 1 der Sachverständigen-Ermächtigungs-Verordnung (Landwirtschaft) vom 8.1.1997 (GVOBl. M-V 15) i. V. m. der Verordnung über die Bestellung sowie über die Befugnisse und Verpflichtungen der öffentlich bestellten und vereidigten Sachverständigen für die Land- und Forstwirtschaft einschließlich des Gartenbaus und der Fischerei (Landwirtschaftssachverständigenverordnung LwSachvVO M-V) vom 26.8.1997 (GVOBl. M-V 1997, 482).

Architektengesetz des Landes Mecklenburg-Vorpommern vom 12.3.1998 (GVBl. 1998, 364), zuletzt geändert durch Gesetz vom 20.7.2006 (GVBl. 2006, 576).

Ingenieurgesetz vom 8.11.1993 (GVOBl. 1993, 878), zuletzt geändert durch Art. 17 des Gesetzes vom 20.7.2006 (GVOBl. 2006, 576).

Verordnung über die Bestellung sowie über die Befugnisse und Verpflichtungen von öffentlich bestellten und vereidigten Sachverständigen für die Land- und Forstwirtschaft, einschließlich des Gartenbaus – Sachverständigenverordnung (Landwirtschaft) vom 23.10.1992 (GVBl. 1992, 632).

Landesverordnung über bauaufsichtlich anerkannte Sachverständige für die Prüfung technischer Anlagen und Einrichtungen in (Sachverständigenverordnung – SVO) vom 6.8.1992 (GVOBl. 1992, 554).

Niedersachsen: Niedersächsisches Ausführungsgesetz zum Bundesgesetz zur vorläufigen Regelung des Rechts der Industrie- und Handelskammern vom 20.12.1957 (GVBl. 1957, 136), geändert durch Art. III des Gesetzes vom 29.5.1995 (GVBl. 1995, 126).

Gesetz über die Landwirtschaftskammern i. d. F. vom 10.2.2003 (GVBl. 2003, 61).

Architektengesetz i. d. F. vom 26.3.2003 (GVBl. 2003, 177), zuletzt geändert durch Art. 1 des Gesetzes vom 12.7.2007 (GVBl. 2007, 324).

Niedersächsisches Ingenieurgesetz vom 12.7.2007 (GVBl. 2007, 324).

Nordrhein-Westfalen: Gesetz über die Industrie- und Handelskammern im Lande Nordrhein-Westfalen vom 23.7.1957 (GV NW 1957, 187), zuletzt geändert durch Art. 15 des RBG vom 6.10.1987 (GV NW 1987, 342) i. V. m. § 1 Abs. 1 der Verordnung zur Regelung der Zuständigkeiten und auf dem Gebiet der Gewerbeüberwachung vom 10.12.1974 (GVBl. 1974, 1558) i. V. m. Nr. 117 des Verzeichnisses III der Anlage.

I Rechtsgrundlagen — Gesetze, Verordnungen, Richtlinien u. Normen

Gesetz über den Schutz der Berufsbezeichnung „Architekt", „Architektin", „Stadtplaner" und „Stadtplanerin" sowie über die Architektenkammer, über den Schutz der Berufsbezeichnung „Beratender Ingenieur" und Ingenieurkammer-Bau – Baukammergesetz vom 16.12.2003 (GVBl. 2003, 786).

Gesetz zur Errichtung von Landwirtschaftskammern im Lande Nordrhein-Westfalen vom 11.2.1949 i. d. F. vom 20.6.1989 (GV NW 1989, 436).

RdErl. des Ministeriums für Umwelt, Raumordnung und Landwirtschaft über die öffentliche Bestellung und Vereidigung von Sachverständigen für die Einreihung von Fleisch in Handelsklassen und für die Gewichtsfeststellung vom 31.5.1991 (MinBl. NW vom 18.7.1991, S. 920).

Rheinland-Pfalz: Landesgesetz zur Ergänzung und Ausführung des Gesetzes zur vorläufigen Regelung des Rechts der Industrie- und Handelskammern vom 24.2.1958 (GVBl. 1958, 43) i. V. m. § 1 der Landesverordnung über die Zuständigkeiten nach § 36 Abs. 1 und 2 der Gewerbeordnung auf dem Gebiet der Wirtschaft und des Verkehrs vom 25.3.1991 (GVBl. 1991, 174).

Landesgesetz über die Berufsordnung und die Kammer der Beratenden Ingenieure vom 25.3.1991 (GVBl. 1991, 174).

Architektengesetz Rheinland-Pfalz vom 16.12.2005 (GVBl. 2005, 505) i. V. m. § 1 der Landesverordnung über die Zuständigkeit nach § 36 Abs. 1 GewO auf dem Gebiet der Architektur vom 17.4.1991 (GVBl. 1991, 227).

Ingenieurkammergesetz vom 21.12.1978 (GVBl. 1978, 763), zuletzt geändert durch Gesetz vom 12.5.2006 (GVBl. 2006, 154).

Gesetz über die Landwirtschaftskammer Rheinland-Pfalz vom 28.7.1979 (GVBl. 1979, 309) i. V. m. der Satzung über die öffentliche Bestellung landwirtschaftlicher Sachverständiger vom 1.3.1979.

Landesverordnung über die öffentliche Bestellung von Sachverständigen nach dem Vieh- und Fleischgesetz vom 16.10.1992 (GVBl. 1992, 324).

Saarland: Gesetz Nr. 707 über die Industrie- und Handelskammer des Saarlandes vom 29.3.1960 (ABl. 1960, 261), zuletzt geändert durch Gesetz Nr. 1587 vom 15.2.2006 (ABl. 2006, 474).

Gesetz Nr. 532 über die Landwirtschaftskammer des Saarlands vom 9.7.1956 i. d. F. der Bekanntmachung vom 22.10.1975 (ABl. 1975, 1150).

Verordnung zur Änderung der Verordnung über die Erhebung von Gebühren durch den Gutachterausschuss vom 12.6.2006 (ABl. 2006, 843).

Saarländisches Architekten- und Ingenieurkammergesetz (SAIKG) vom 18.2.2004 (ABl. 2004, 822), zuletzt geändert durch Gesetz vom 15.2.2006 (GVBl. 2006, 474).

Sachsen: Verordnung der sächsischen Staatsregierung zur Durchführung der Gewerbeordnung vom 28.1.1992 (GVBl. 1992, 40) i. d. F. vom 27.6.2008 (GVBl. 2008, 414).

Gesetz zur Ergänzung und Ausführung des Gesetzes zur vorläufigen Regelung des Rechts der Industrie- und Handelskammern im Freistaat Sachsen vom 18.11.1991 (GVBl. 1991, 380) i. V. m. § 5 der Verordnung der Sächsischen Staatsregierung zur Durchführung der Gewerbeordnung vom 28.1.1992 (GVBl. 1992, 40) i. d. F. vom 27.6.2008 (GVBl. 2008, 414).

Verordnung über die öffentliche Bestellung und Vereidigung von Sachverständigen auf dem Gebiet der Land- und Forstwirtschaft sowie des Garten- und Weinbaus – Sächsische Landwirtschaftssachverständigenverordnung – SächsLandwSachVO) vom 29.10.2001 (GVBl. 2001, 694).

Gesetze, Verordnungen, Richtlinien u. Normen   **Rechtsgrundlagen I**

Sachsen-Anhalt: Gesetz über die Industrie- und Handelskammern in Sachsen-Anhalt vom 10.6.1991 (GVBl. 1991, 103), zuletzt geändert durch Gesetz vom 19.3.2002 (GVBl. LSA 2002, 130).

Verordnung über die Bestellung von landwirtschaftlichen Sachverständigen (LwSVO) vom 14.10.1997 (GVBl. LSA 1997, 886).

Ingenieurgesetz des Landes Sachsen-Anhalt (IngGLSA) vom 22.1.2009 (GVBl. l LSA 2009, 6), zuletzt geändert durch Gesetz vom 2.2.2011 (GVBl. LSA 2011, 58).

Architektengesetz des Landes Sachsen-Anhalt vom 28.4.1998 (GVBl. LSA 1998, 243), zuletzt geändert durch Gesetz vom 16.12.2009 (GVBl. LSA 2009, 700).

Schleswig-Holstein: Gesetz über die Auflösung der Gauwirtschaftskammern Schleswig-Holstein und der Wirtschaftskammer Kiel vom 13.2.1954 (GVBl. 1954, 41) i. d. F. vom 31.12.1971 (GVOBl. 1971, 182) i. V. m. § 42 des Preußischen Gesetzes über die Industrie- und Handelskammern i. d. F. vom 28.12.1933 (GS 1934, 6).

Gesetz über die Landwirtschaftskammer Schleswig-Holstein i. d. F. vom 26.2.2002 (GVOBl. 2002, 28).

Landesverordnung zur Übertragung der Ermächtigung nach § 36 Abs. 1 und 3 der Gewerbeordnung vom 25.11.1987 (GVOBl. 1987, 352) i. V. m. der Landesverordnung über die Ermächtigung der Architekten- und Ingenieurkammer Schleswig-Holstein zur öffentlichen Bestellung und Vereidigung von Sachverständigen gemäß § 36 Abs. 1 der Gewerbeordnung vom 22.12.1987 (GVOBl. 1988, 5), zuletzt geändert durch VO vom 7.9.2004 (GVOBl. 2004, 357).

Architekten- und Ingenieurkammergesetz (ArchIngKG) vom 9.8.2001 (GVOBl. 2001, 116).

Landesverordnung über die Architekten- und Ingenieurkammer Schleswig-Holstein vom 7.9.2004 (GVBl. 2004, 357).

Thüringen: Landesverordnung zur Übertragung der Zuständigkeit nach § 36 Abs. 1 und 2 der Gewerbeordnung auf dem Gebiet der Wirtschaft und des Verkehrs vom 3.4.1991 (GVBl. 1991, 69).

Verordnung über die öffentliche Bestellung und Vereidigung von Sachverständigen im Bereich der Land- und Forstwirtschaft einschließlich Garten- und Weinbau vom 5.10.2005 (GVBl. 2005, 352).

Thüringer Ausführungsgesetz zum Gesetz zur vorläufigen Regelung des Rechts der Industrie- und Handelskammern (ThürAGIHKG) vom 7.12.1993 (GVBl. 1993, 715).

Thüringer Architektengesetz (ThürArchG) vom 13.6.1997 (GVBl. 1997, 210), zuletzt geändert durch Gesetz vom 24.10.2001 (GVBl. 2001, 265).

▶ *Zu den Regelwerken in der ehemaligen DDR vgl. Kleiber/Simon/Weyers, Verkehrswertermittlung von Grundstücken, 3. Aufl. Anh. 15 S. 2257 ff.*

Steuerliches Bewertungsrecht

Bewertungsgesetz (BewG) i. d. F. der Bek. vom 1.2.1991 (BGBl. I 1991, 230), zuletzt geändert durch Art. 20 des Gesetzes vom 16.6.2013 (BGBl. I 2013, 1809).

Verordnung zur Durchführung des § 55 Abs. 3 und 4 des Bewertungsgesetzes vom 27.7.1967 (BGBl. I 1967, 804, 1184), zuletzt geändert durch Art. 18 des Gesetzes vom 19.12.2000 (BGBl. I 2000, 1801).

I Rechtsgrundlagen Gesetze, Verordnungen, Richtlinien u. Normen

Bewertungsgesetz (BewG) der DDR i. d. F. vom 18.9.1970 (Sonderdruck Nr. 674 vom 2.11.1970 = BAnz Nr. 117a vom 17.6.1995).

Durchführungsverordnung zum Reichsbewertungsgesetz (RBewDV) vom 2.2.1935 (RGBl. 1935, 81 = RStBl. 1935, 189), zuletzt geändert durch VO vom 8.12.1944 (RGBl. I 1944, 338).

Rechtsverordnungen über die Bewertung bebauter Grundstücke vom 17.12.1934 (RMinBl. 1934, 785).

Richtlinien des Ministeriums der Finanzen der DDR zur Vereinfachung des Bewertungsverfahrens und zur Ermittlung des Einheitswerts des Grundvermögens vom 3.10.1975 (abgedruckt bei *Kleiber/Söfker*, Vermögensrecht, Jehle Rehm Losebl.).

Bilanz-Richtlinien Gesetz (BiRiG) vom 19.12.1985 (BGBl. I 1985, 2355).

Gesetz über die Eröffnungsbilanz in Deutscher Mark und die Kapitalneufestsetzung (**D-Mark Bilanzgesetz – DMBilG –**) i. d. F. der Bek. vom 28.7.1994 (BGBl. I 1994, 1842), zuletzt geändert durch Art. 25 des Gesetzes vom 22.6.1998 (BGBl. I 1998, 1474).

Arbeitsrichtlinie zur vorläufigen Bewertung von Grund und Boden in der DM-Eröffnungsbilanz (des Ministeriums für Wirtschaft der DDR), abgedruckt bei *Kleiber/Söfker*, Vermögensrecht, Jehle Rehm Verlag, Losebl.

Ermittlung der Wiederherstellungs-/Wiederbeschaffungskosten zum 1.7.1990 für im Beitrittsgebiet gelegene Gebäude und der AfA-Bemessungsgrundlage; Sitzung der ESt IV/94 vom 8. bis 10.6.1994 (BStBl I 1994, 599).

Grunderwerbsteuergesetz (GrEStG) i. d. F. vom 26.2.1997 (BGBl. I 1979, 418, ber. BGBl. I 1997, 1804), zuletzt geändert durch Art. 9 des Steuervereinfachungsgesetzes vom 1.11.2011 (BGBl. I 2011, 12131).

RdSchr. des BMF betr. Grunderwerbsteuer: Steuerliche **Behandlung von Landzuteilungen im Umlegungsverfahren** nach dem BauGB (§ 1 Abs. 1 Nr. 3 Buchst. B GrEStG) – IV A 4 S 4500 – 11/91 vom 11.7.1991.

Gleich lautende Erlasse der obersten Finanzbehörden der Länder betr. **Anwendung des § 1 Abs. 2a GrEStG** vom 13.6.1997 (BStBl I 1997, 632)

Erbschaft- und Schenkungsteuergesetz i. d. F. der Bekanntmachung vom 27.2.1997 (BGBl. I 1997, 378), zuletzt geändert durch Art. 8 des Steuervereinfachungsgesetzes vom 1.11.2011 (BGBl. I 2011, 12131).

Erbschaftsteuer-Durchführungsverordnung (ErbStDV) vom 9.8.1998 (BStBl I 1998, 1183), zuletzt geändert durch Art. 15 des Jahressteuergesetzes vom 8.12.2010 (BGBl. I 2010, 1768).

Allgemeine Verwaltungsvorschrift zur Anwendung des Erbschaftsteuer- und Schenkungsteuerrechts (**Erbschaftsteuer-Richtlinien – ErbStR 2011**) vom 19.12.2011 (BStBl Sondernr. 1/2011, S. 2 ff.).

Hinweise zu den Erbschaftsteuer-Richtlinien – **ErbStH 2011**) vom 19.12.2011 (BStBl Sondernr. 1/2011, S. 117 ff.).

Gleich lautender Erlass der obersten Finanzbehörden der Länder betr. **Ergänzende Hinweise zu den ErbStR** (BStBl I 1998, 1529).

Gleich lautende Erlasse der obersten Finanzbehörden der Länder zur **Umsetzung des Gesetzes zur Reform des Erbschaftsteuer- und Bewertungsrechts** vom 5.5.2009 zur Bewertung des Grundvermögens nach dem 6. Abschnitt des 2. Teils des BewG (GuG 2009, 225, 297).

Gesetze, Verordnungen, Richtlinien u. Normen **Rechtsgrundlagen I**

Gleich lautende Erlasse der obersten Finanzbehörden der Länder zur **Anwendung der geänderten Vorschriften des Erbschaftsteuer- und Schenkungsteuergesetzes** vom 25.6.2009 (BStBl I 2009, 713) – AEErb.

Grundsteuergesetz (GrStG) vom 7.8.1973 (BGBl. I 1973, 965), zuletzt geändert durch Art. 6 des Gesetzes vom 1.9.2005 (BGBl. I 2005, 2676).

Gleich lautende Ländererlasse zur **Berücksichtigung von Nießbrauchs- und anderen Nutzungsrechten** vom 1.3.2004 (BStBl I 2004, 272).

Erl. des FM Baden-Württemberg betr. **Berücksichtigung unentgeltlicher Nutzungsrechte** bei Nachweis eines niedrigeren gemeinen Werts nach § 146 Abs. 7 BewG vom 23.12.2008 (GuG 2009, 172).

Gleich lautende Erlasse der obersten Finanzbehörden der Länder zur **Umsetzung des Jahressteuergesetzes 2007** vom 2.4.2007 (BStBl I 2007, 314).

Gleich lautende Erlasse der obersten Finanzbehörden der Länder zur **Abgrenzung des Grundvermögens von den Betriebsvorrichtungen** vom 5.6.2013 (BStBl. I 2013, 752 = GuG 2013, 295).

Erl. des BMF betr. **Umsatzsteuerrechtlicher Behandlung von Erschließungsmaßnahmen** vom 4.12.2000 (BStBl I 2000, 1581 = GuG 2001, 238).

Gleich lautende Erlasse der obersten Finanzbehörden der Länder zur **Bewertung des land- und forstwirtschaftlichen Vermögens nach dem 6. Abschnitt des 2. Teils BewG** – AEBewLuF – (BStBl I 2009, 552 = GuG 2010, 99).

Richtlinien zur **Bewertung des land- und forstwirtschaftlichen Vermögens** vom 17.11.1967 (BStBl I 1967, 397) und vom 17.1.1968 (BStBl I 1968, 1529).

Erl. betr. der Einheitsbewertung von Grundbesitz, der unter **Denkmalschutz** steht, vom 21.10.1985 (BStBl I 1985, 648).

Gleich lautender Erlass der neuen Bundesländer betr. **Bewertung des Grundvermögens und der Betriebsgrundstücke** i. S. des § 99 Abs. 1 Nr. 1 BewG sowie Festsetzung des Grundsteuermessbetrags im Beitrittsgebiet vom 20.11.1990 (BStBl I 1990, 827), zuletzt geändert durch Erl. vom 21.4.1992 (BStBl I 1992, 371).

Gleich lautender Erlass der neuen Bundesländer betr. **Bewertung von Kleingärten und Gartenlauben** in Kleingartenanlagen im Beitrittsgebiet vom 1.12.1990 (BGBl. I 1990, 833).

Gleich lautender Erlass der neuen Bundesländer betr. die **Ermittlung von Ersatzwirtschaftswerten** und die Festsetzung der Grundsteuermessbeträge für Betriebe der Land- und Forstwirtschaft ab 1.1.1991 vom 11.12.1990 (BStBl I 1990, 833), geändert durch Erl. vom 1.7.1991 (BStBl I 1991, 655) und vom 1.8.1994 (BStBl I 1994, 597).

Gleich lautender Erlass der neuen Bundesländer betr. **Bewertung von Einfamilienhäusern** im Beitrittsgebiet vom 6.1.1991 (BStBl I 1991, 968), zuletzt geändert durch Erl. vom 22.7.1994 (BStBl I 1994, 499).

Gleich lautender Erlass der neuen Bundesländer betr. **Bewertung von Grundstücken mit Bank-, Versicherungs-, Verwaltungs- und Bürogebäuden sowie Hotelgebäuden** im Beitrittsgebiet vom 8.9.1992 (BStBl I 1992, 572).

Gleich lautender Erlass der neuen Bundesländer betr. die **Bewertung von Tankstellengrundstücken** im Beitrittsgebiet ab 1.1.1991 vom 9.11.1992 (BStBl I 1992, 712 = GuG 1995, 301).

I Rechtsgrundlagen   Gesetze, Verordnungen, Richtlinien u. Normen

Gleich lautender Erlass der neuen Bundesländer betr. die **Abgrenzung der wirtschaftlichen Einheit bei Einfamilienhäusern** mit räumlich getrennt liegenden Garagengrundstücken im Beitrittsgebiet vom 23.11.1992 (BStBl I 1992, 724).

Gleich lautender Erlass der neuen Bundesländer betr. die **Bewertung von Garagengrundstücken** im Beitrittsgebiet ab 1. Januar 1991 vom 24.11.1992 (BStBl I 1992, 725).

Gleich lautender Erlass der neuen Bundesländer betr. die **Abgrenzung, Entstehung und Grundstückshauptgruppen der wirtschaftlichen Einheit Wohnungs- und Teileigentum** ab 11.1991 vom 26.11.1992 (BStBl I 1993, 104), zuletzt geändert durch Erlass vom 25.7.1994 (BStBl I 1994, 502).

Gleich lautender Erlass der neuen Bundesländer betr. **Bewertung von Mietwohngrundstücken** und gemischt genutzten Grundstücken im Beitrittsgebiet ab 1.1.1991 vom 19.1.1993 (BStBl I 1993, 173 = GuG 1993, 304).

Gleich lautender Erlass der neuen Bundesländer betr. **Bewertung von Fabrikgrundstücken, Lagerhausgrundstücken, Grundstücken mit Werkstätten** und vergleichbaren Grundstücken im Beitrittsgebiet ab 1.1.1991 vom 21.5.1993 (BStBl I 1993, 467 = GuG 1994, 226).

Gleich lautender Erlass der neuen Bundesländer betr. **Bewertung von Warenhausgrundstücken, Einkaufszentren sowie Groß-, SB- und Verbrauchermärkten und Messehallen** im Beitrittsgebiet vom 25.6.1993 (BStBl I 1993, 528 = GuG 1993, 362).

Gleich lautender Erlass der neuen Bundesländer betr. **Abgrenzung des Grundvermögens vom land- und forstwirtschaftlichen Vermögen** im Beitrittsgebiet vom 22.12.1993 (BStBl I 1994, 96).

Gleich lautender Erlass der neuen Bundesländer betr. **Bewertung von übrigen Geschäftsgrundstücken und sonstigen bebauten Grundstücken** im Beitrittsgebiet vom 21.7.1994 (BStBl I 1994, 480).

Gleich lautender Erlass der neuen Bundesländer betr. die **Einheitsbewertung von Grundbesitz, der unter Denkmalschutz steht,** vom 22.12.1994 (unveröffentlicht).

Gleich lautender Erlass der neuen Bundesländer betr. die **Bewertung von Grundstücken mit aufstehenden Gebäuden, die dem Verfall preisgegeben sind,** im Beitrittsgebiet ab 1.1.1991 vom 7.3.1995 (BStBl I 1995, 247 = GuG 1995, 243).

Gleich lautender Erlass der neuen Bundesländer betr. die **Berücksichtigung von Bodenverunreinigungen** bei der Einheitsbewertung des Grundvermögens und der Betriebsgrundstücke (i. S. des § 99 Abs. 1 Nr. 1 BewG), die wie Grundvermögen zu bewerten sind, vom 20.3.1995 (unveröffentlicht).

Gleich lautender Erlass der neuen Bundesländer betr. die **Bewertung von Wochenendhäusern** im Beitrittsgebiet vom 14.12.1995 (unveröffentlicht).

Gleich lautender Erlass der neuen Bundesländer betr. die **Bewertung besonderer Außenanlagen** (Schwimmbecken im Freien, Tennisplätze) bei Einfamilienhäusern im Beitrittsgebiet vom 19.6.1996 (unveröffentlicht).

Gleich lautender Erlass der obersten Finanzbehörden der Länder betr. **Bewertung von unbebauten Grundstücken** nach dem 4. Abschn. des BewG vom 15.4.1997 (BStBl I 1997, 394 = DStR 1997, 740).

Gleich lautender Erlass der obersten Finanzbehörden der Länder betr. **Bewertung des land- und forstwirtschaftlichen Vermögens** nach dem 4. Abschn. des BewG vom 16.4.1997 (BStBl I 1997, 543).

Gleich lautender Erlass der obersten Finanzbehörden der Länder betr. **Bewertung von bebauten Grundstücken im Ertragswertverfahren** (§ 146 BewG) vom 28.5.1997 (BStBl I 1997, 592).

Gleich lautender Erlass der obersten Finanzbehörden der Länder betr. **Abgrenzung des land- und forstwirtschaftlichen Vermögens vom gewerblichen Betriebsvermögen** vom 30.5.1997 (BStBl I 1997, 600).

Gleich lautender Erlass der obersten Finanzbehörden der Länder betr. die **Sonderbewertung nach den §§ 148 bis 150 BewG** vom 17.6.1997 (BStBl I 1997, 643).

Gleich lautender Erlass der obersten Finanzbehörden der Länder betr. **Bewertung des land- und forstwirtschaftlichen Vermögens** nach dem Vierten Abschnitt des BewG (Bedarfsbewertung); Ermittlung eines Anteils am Betriebswert nach § 142 Abs. 1 i. V. m. § 49 BewG im Beitrittsgebiet vom 15.3.1999 (BStBl I 1999, 423 = GuG 1999, 367).

Bau- und Fachplanungsrecht

Baugesetzbuch (BauGB) i. d. F. der Bek. vom 23.9.2004 (BGBl. I 2004, 2414), zuletzt geändert durch Art. 1 des Gesetzes vom 11.6.2013 (BGBl. I 2013, 1548).

Verordnung über die bauliche Nutzung der Grundstücke (**Baunutzungsverordnung – BauNVO**) i. d. F. der Bek. vom 23.1.1990 (BGBl. I 1990, 132), zuletzt geändert durch Art. 2 des Gesetzes vom 11.6.2013 (BGBl. I 2013, 1548).

Verordnung über die Ausarbeitung der Bauleitpläne und die Darstellung des Planinhalts (**Planzeichenverordnung – PlanzV 90**) vom 18.12.1990 (BGBl. I 1991, 58).

Raumordnungsgesetz (ROG) vom 22.12.2008 (BGBl. I 2008, 2986), zuletzt geändert durch Art. 9 des Gesetzes vom 31.7.2009 (BGBl. I 2009, 2585).

Verordnung zu § 6a Abs. 2 des Raumordnungsgesetzes (**Raumordnungsverordnung – RoV**) vom 13.12.1990 (BGBl. I 1990, 2766), zuletzt geändert durch Art. 21 des Gesetzes vom 31.7.2009 (BGBl. I 2009, 2585).

Gesetz zum Schutz vor schädlichen Bodenveränderungen und zur Sanierung von Altlasten (**Bundes-Bodenschutzgesetz – BBodSchG**) vom 17.3.1998 (BGBl. I 1998, 502), zuletzt geändert durch Art. 3 des Gesetzes vom 9.12.2006 (BGBl. I 2006, 3214).

Erneuerbare-Energien-Gesetz (EEG) vom 25.10.2008 (BGBl. I 2008, 2074), zuletzt geändert durch Art. 2 Abs. 69 des Gesetzes vom 22.12.2011 (BGBl. I 2011, 3044).

Energieeinsparungsgesetz i. d. F. der Bekanntmachung vom 1.9.2005 (BGBl. I 2005, 2685), zuletzt geändert durch Art. 1 des Gesetzes vom 4.7.2013 (BGBl. I 2013, 2197).

Bundes-Bodenschutz- und Altlastenverordnung vom 12.7.1999 (BGBl. I 1999, 1554), zuletzt geändert durch Art. 16 des Gesetzes vom 31.7.2009 (BGBl. I 2009, 2585).

Verordnung über die Eintragung des Bodenschutzlastvermerks vom 18.3.1999 (BGBl. I 1999, 487).

Flurbereinigungsgesetz (FlurbG) i. d. F. der Bekanntmachung vom 16.3.1976 (BGBl. I 1976, 546), zuletzt geändert durch Art. 17 des Gesetzes vom 19.12.2008 (BGBl. I 2008, 2794).

Bundeskleingartengesetz (BKleingG) vom 28.2.1983 (BGBl. I 1983, 210), zuletzt geändert durch Art. 11 des Gesetzes vom 19.9.2006 (BGBl. I 2006, 2146).

Gesetz über Naturschutz und Landschaftspflege (**Bundesnaturschutzgesetz – BNatSchG**) vom 29.7.2009 (BGBl. I 2009, 2542).

I Rechtsgrundlagen — Gesetze, Verordnungen, Richtlinien u. Normen

Gesetz über die Umweltverträglichkeitsprüfung (UVPG) vom 25.6.2005 (BGBl. I 2005, 1757), zuletzt geändert durch Art. 2 des Gesetzes vom 31.7.2009 (BGBl. I 2009, 2585).

Landbeschaffungsgesetz in der im BGBl. III unter Gliederungsnummer FNA 54-3 veröffentlichten bereinigten Fassung, zuletzt geändert durch Art. 31 des Gesetzes vom 23.7.2013 (BGBl. I 2013, 2586).

Bundes-Immissionsschutzgesetz (BImSchG) vom 26.9.2002 (BGBl. I 2002), zuletzt geändert durch Art. 15b des Gesetzes vom 31.7.2009 (BGBl. I 2009, 2585).

24. Verordnung zur Durchführung des Bundes-Immissionsschutzgesetzes **(Verkehrswege-Schallschutzmaßnahmenverordnung** – 24. BImSchV) vom 4.2.1997 (BGBl. I 1997, 172, ber. BGBl. I 1997, 1259), geändert durch Art. 3 der VO vom 23.9.1997 (BGBl. I 1997, 2329).

Gesetz zur Förderung der Kreislaufwirtschaft und Sicherung umweltverträglicher Beseitigung von Abfällen **(Kreislaufwirtschafts- und Abfallgesetz – KrW-/AbfG)** vom 27.9.1994 (BGBl. I 1994, 2705), zuletzt geändert durch Art. 5 des Gesetzes vom 22.12.2008 (BGBl. I 2008, 2986).

Umwelthaftungsgesetz (UmweltHG) vom 10.12.1990 (BGBl. I 1990, 2834), zuletzt geändert durch Art. 129 des Gesetzes vom 19.4.2006 (BGBl. I 2006, 866).

Gesetz zur Ordnung des Wasserhaushalts **(Wasserhaushaltsgesetz – WHG)** i. d. F. des Art. 1 des Gesetzes vom 31.7.2009 (BGBl. I 2009, 2585).

Bundesberggesetz (BBergG) vom 13.8.1980 (BGBl. I 1980, 1310), zuletzt geändert durch Art. 15a des Gesetzes vom 31.7.2009 (BGBl. I 2009, 2585).

Gesetz zur **Vereinheitlichung der Rechtsverhältnisse bei Bodenschätzen** vom 15.4.1996 (BGBl. I 1996, 602).

Gesetz zur Erhaltung des Waldes und zur Förderung der Forstwirtschaft **(Bundeswaldgesetz)** vom 2.5.1975 (BGBl. I 1975, 1037), zuletzt geändert durch Art. 10 des Gesetzes vom 31.7.2009 (BGBl. I 2009, 2585).

Bundesjagdgesetz i. d. F. der Bek. vom 26.9.1976 (BGBl. I 1976, 2849), zuletzt geändert durch Art. 215 des Gesetzes vom 31.10.2006 (BGBl. I 2006, 2407).

Gesetz über die Anzeige und Beanstandung von Landpachtverträgen **(Landpachtverkehrsgesetz – LPachtVG)** vom 8.1.1985 (BGBl. I 1985, 2075), zuletzt geändert durch Art. 15 des Gesetzes vom 13.4.2006 (BGBl. I 2006, 855).

Bundesfernstraßengesetz (BFStrG) i. d. F. der Bek. vom 20.2.2003 (BGBl. I 2003, 287).

Gesetz zur Neuordnung des Eisenbahnwesens **(Eisenbahnneuordnungsgesetz – ENeuOG)** vom 27.12.1993 (BGBl. I 1993, 2378), zuletzt geändert durch Art. 7 Abs. 42 des Gesetzes vom 19.6.2001 (BGBl. I 2001, 1149).

Allgemeines Eisenbahngesetz in der im BGBl. III unter Gliederungsnr. 930-1 veröffentlichten bereinigten Fassung, zuletzt geändert durch Gesetz vom 16.7.2007 (BGBl. I 2007, 1383).

Telegraphenwegegesetz i. d. F. der Bek. vom 24.4.1991 (BGBl. I 1991, 1053), zuletzt geändert durch Art. 8 des Postneuordnungsgesetzes vom 14.9.1994 (BGBl. I 1994, 2377).

Luftverkehrsgesetz i. d. F. der Bek. vom 27.3.1999 (BGBl. I 1999, 550), zuletzt geändert durch Art. 6 des Gesetzes vom 22.12.2008 (BGBl. I 2008, 2986).

Gesetz zur Gründung einer Bundesanstalt für Immobilienaufgaben **(BImA-Errichtungsgesetz)** vom 9.12.2004 (BGBl. I 2004, 3235)

Gesetze, Verordnungen, Richtlinien u. Normen   **Rechtsgrundlagen I**

Richtlinien

Richtlinien für den Verkehrslärmschutz an Bundesfernstraßen in der Baulast des Bundes – **VLärmSchR** – vom 2.6.1997 (VkBl. 1997, 434), geändert durch Allgemeines RdSchr. Nr. 20/2006 vom 4.8.2006 (VkBl. 2006, 665).

Wohnungs-, Miet- und Grundstücksrecht

Gesetz zur **Reform des Wohnungsbaurechts (Wohnraumförderungsgesetz)** vom 13.9.2001 (BGBl. I 2001, 2376), zuletzt geändert durch Gesetz vom 28.3.2009 (BGBl. I 2009, 634).

Gesetz über das Wohnungseigentum und das Dauerwohnrecht **(Wohnungseigentumsgesetz – WEG)** in der im BGBl. III unter Gliederungsnr. 403-1 veröffentlichten bereinigten Fassung, zuletzt geändert durch Art. 1 des Gesetzes vom 26.3.2007 (BGBl. I 2007, 370).

Gesetz über das Erbbaurecht **(Erbbaurechtsgesetz – ErbbauRG)** vom 15.1.1919 (RGBl. I 1919, 72, 122), zuletzt geändert durch Art. 4 Abs. 7 des Gesetzes vom 1.10.2013 (BGBl. I 2013, 3719).

Gesetz über das Verbot der **Zweckentfremdung von Wohnraum** vom 4.11.1971 (BGBl. I 1971, 1745), zuletzt geändert durch Gesetz vom 24.8.1993 (BGBl. I 1993, 1525).

Verordnung zur Berechnung der Wohnfläche **(Wohnflächenverordnung – WoFlV)** vom 25.11.2003 (BGBl. I 2003, 2346).

Verordnung über die Aufstellung von Betriebskosten **(Betriebskostenverordnung – BetrKV)** vom 25.11.2003 (BGBl. I 2003, 2347), geändert durch Art. 4 des Gesetzes vom 3.5.2012 (BGBl. I 2012, 958).

Gesetz zur Sicherung der Zweckbindung von Sozialwohnungen **(Wohnungsbindungsgesetz – WoBinG)** i. d. F. der Bek. vom 13.9.2001 (BGBl. I 2001, 2404), zuletzt geändert durch Art. 2 des Dritten Gesetzes zur Änderung wohnungsrechtlicher Vorschriften vom 9.11.2012 (BGBl. I 2012, 2291).

Verordnung über wohnungswirtschaftliche Berechnungen **(Zweite Berechnungsverordnung – II. BV)** vom 12.10.1990 (BGBl. I 1990, 2178), zuletzt geändert durch Art. 78 des Gesetzes vom 23.11.2007 (BGBl. I 2007, 2614).

Erste Verordnung über die Erhöhung der Grundmieten **(Erste Grundmietenverordnung – 1. GrundMV)** vom 17.6.1991 (BGBl. I 1991, 1269).

Zweite Verordnung über die Erhöhung der Grundmieten **(Zweite Grundmietenverordnung – 2. GrundMV)** vom 27.7.1992 (BGBl. I 1992, 1416).

Verordnung über die Umlage von Betriebskosten auf die Mieter **(Betriebskosten- und Umlageverordnung – BetrKostVO)** vom 17.6.1991 (BGBl. I 1991, 1270), zuletzt geändert durch VO vom 27.7.1992 (BGBl. I 1992, 1415).

Wirtschaftsstrafgesetz vom 9.7.1954 i. d. F. der Bek. vom 3.6.1975 (BGBl. I 1975, 1313), zuletzt geändert durch Gesetz vom 13.12.2001 (BGBl. I 2001, 3574).

Verordnung über die Ermittlung der zulässigen Miete für preisgebundene Wohnungen **(Neubaumietenverordnung – NMV)** i. d. F. der Bek. vom 12.10.1990 (BGBl. I 1990, 2203), zuletzt geändert durch Art. 4 der Verordnung vom 25.11.2003 (BGBl. I 2003, 2346).

I Rechtsgrundlagen Gesetze, Verordnungen, Richtlinien u. Normen

Vermögensrecht

Einigungsvertrag vom 31.8.1990 (BGBl. II 1990, 889).

Gesetz zur Regelung offener Vermögensfragen (**Vermögensgesetz – VermG**) i. d. F. der Bek. vom 9.2.2005 (BGBl. I 2005, 206), zuletzt geändert durch Art. 5 des Gesetzes vom 1.10.2013 (BGBl. I 2013, 3727).

Verordnung zum Vermögensgesetz über die Rückgabe von Unternehmen (**Unternehmensrückgabeverordnung – URüV**) vom 13.7.1991 (BGBl. I 1991, 1542), zuletzt geändert durch Art. 26 des Gesetzes vom 22.6.1998 (BGBl. I 1998, 1474).

Verordnung über die Ablösung früherer Rechte und andere vermögensrechtliche Fragen (**Hypothekenablöseverordnung – HypAblV**) vom 10.6.1994 (BGBl. I 1994, 1253), zuletzt geändert durch Art. 209 Abs. 9 des Gesetzes vom 19.4.2006 (BGBl. I 2006, 866).

Grundstücksverkehrsordnung i. d. F. des Art. 15 des Registerverfahrensbeschleunigungsgesetzes vom 20.12.1993 (BGBl. I 1993, 2182), zuletzt geändert durch Art. 5 des Gesetzes vom 1.10.2013 (BGBl. I 2013, 3727).

Gesetz über den Vorrang für Investitionen bei Rückübertragungsansprüchen nach dem Vermögensgesetz (**Investitionsvorranggesetz – InVorG**) i. d. F. der Bek. vom 4.8.1997 (BGBl. I 1997, 1996), zuletzt geändert durch Art. 5 Abs. 1 des Gesetzes vom 19.12.2006 (BGBl. I 2006, 3230).

Zweites Vermögensrechtsänderungsgesetz (2. VermÄndG) vom 14.7.1992 (BGBl. I 1992, 1257), zuletzt geändert durch das Investitionserleichterungs- und Wohnbaulandgesetz vom 22.4.1993 (BGBl. I 1993, 466, ber. S. 1811).

Gesetz zur Anpassung vermögensrechtlicher und anderer Vorschriften (**Vermögensrechtsanpassungsgesetz – VermRAnpG**) vom 4.7.1995 (BGBl. I 1995, 895).

Gesetz über die Entschädigung nach dem Gesetz zur Regelung offener Vermögensfragen (**Entschädigungsgesetz – EntschG**) i. d. F. der Bekanntmachung vom 13.7.2004 (BGBl. I 2004, 1658), zuletzt geändert durch Art. 1 des Gesetzes vom 23.5.2011 (BGBl. I 2011, 920).

Gesetz über staatliche Ausgleichsleistungen für Enteignungen auf besatzungsrechtlicher oder besatzungshoheitlicher Grundlage, die nicht mehr rückgängig gemacht werden können (**Ausgleichsleistungsgesetz – AusglLeistG**) i. d. F. der Bekanntmachung vom 13.7.2004 (BGBl. I 2004, 1665), zuletzt geändert durch Art. 1 des Gesetzes vom 21.3.2011 (BGBl. I 2011, 450).

NS-Verfolgtenentschädigungsgesetz (NS-VEntschG) i. d. F. der Bekanntmachung vom 13.7.2004 (BGBl. I 2004, 1671), zuletzt geändert durch Art. 4 Abs. 42 des Gesetzes vom 22.9.2005 (BGBl. I 2005, 2809).

Gesetz zur Regelung in der Deutschen Demokratischen Republik nicht erfüllter Entschädigungsansprüche aus Enteignung (**DDR-Entschädigungserfüllungsgesetz – DDR-EErfG**) i. d. F. des Art. 4 des Gesetzes vom 10.12.2003 (BGBl. I 2003, 2471), ber. 13.7.2004 (BGBl. I 2004, 1654).

Gesetz zur Behandlung von Schuldbuchforderungen gegen die ehemalige Deutsche Demokratische Republik (**DDR-Schuldbuchbereinigungsgesetz – SchuldBerG**) vom 21.6.1995 (BGBl. I 1995, 846), zuletzt geändert durch Art. 3 Nr. 15 des Gesetzes vom 12.7.2006 (BGBl. I 2006, 1466).

Gesetz über eine einmalige Zuwendung an die im Beitrittsgebiet lebenden Vertriebenen (**Vertriebenenzuwendungsgesetz – VertrZuwG**) i. d. F. des Art. 9 des Entschädigungs- und Ausgleichsleistungsgesetzes vom 27.9.1994 (BGBl. I 1994, 2624, 2635).

Gesetze, Verordnungen, Richtlinien u. Normen **Rechtsgrundlagen I**

Einführungsgesetz zum Bürgerlichen Gesetzbuch (EGBGB) in der im BGBl. Teil III Gliederungsnr 400-2 veröffentlichten bereinigten Fassung, zuletzt geändert durch Art. 19 des Gesetzes vom 23.11.2007 (BGBl. I 2007, 2614).

Grundbuchbereinigungsgesetz (GBBerG) vom 20.12.1993 (BGBl. I 1993, 2182), zuletzt geändert durch Art. 41 des Gesetzes vom 17.12.2008 (BGBl. I 2008, 2586).

Verordnung über die vorrangige Bearbeitung investiver Grundbuchsachen (**Grundbuchvorrangverordnung – GBVorV**) vom 3.10.1994 (BGBl. I 1994, 2796).

Verordnung zur Durchführung der Grundbuchordnung (**Grundbuchverfügung – GBV**) i. d. F. der Bek. vom 24.1.1995 (BGBl. I 1995, 114), zuletzt geändert durch Art. 2 des Gesetzes vom 1.10.2013 (BGBl. I 2013, 3721).

Verordnung über die Anlegung und Führung von Gebäudegrundbüchern (**Gebäudegrundbuchverfügung – GGV**) i. d. F. des Art. 1 der Verordnung über Gebäudegrundbücher und andere Fragen des Grundbuchrechts vom 15.7.1994 (BGBl. I 1994, 1606), zuletzt geändert durch Art. 78 des Gesetzes vom 23.11.2007 (BGBl. I 2007, 2614).

Gesetz zur Sachenrechtsbereinigung im Beitrittsgebiet (**Sachenrechtsbereinigungsgesetz – SachenRBerG**) i. d. F. des Art. 1 des Sachenrechtsänderungsgesetzes vom 21.9.1994 (BGBl. I 1994, 2457), zuletzt geändert durch Art. 21 des Gesetzes vom 23.7.2013 (BGBl. I 2013, 2586).

Verordnung zur Durchführung des Grundbuchbereinigungsgesetzes und anderer Vorschriften auf dem Gebiet des Sachenrechts (**Sachenrechts-Durchführungsverordnung – SachenRDV**) vom 20.12.1994 (BGBl. I 1994, 3900)

Gesetz zur Anpassung schuldrechtlicher Nutzungsverhältnisse an Grundstücken im Beitrittsgebiet (**Schuldrechtsanpassungsgesetz – SchuldRAnpG**) i. d. F. des Art. 3 § 26 des Schuldrechtsänderungsgesetzes vom 21.9.1994 (BGBl. I 1994, 2538), zuletzt geändert durch Art. 7 Abs. 24 des Gesetzes vom 19.6.2001 (BGBl. I 2001, 1149).

Gesetz über die Sonderung unvermessener und überbauter Grundstücke nach der Karte (**Bodensonderungsgesetz – BoSoG**) i. d. F. des Art. 14 des Registerverfahrensbeschleunigungsgesetzes vom 20.12.1993 (BGBl. I 1993, 2182), zuletzt geändert durch Art. 32 des Gesetzes vom 21.8.2002 (BGBl. I 2002, 3322).

Gesetz zur Bereinigung der im Beitrittsgebiet zu Erholungszwecken verliehenen Nutzungsrechte (**Erholungsnutzungsrechtsgesetz – ErholNutzG**) i. d. F. des Art. 2 des Schuldrechtsänderungsgesetzes vom 21.9.1994 (BGBl. I 1994, 2538, 2548).

Gesetz zur Regelung des Eigentums an von landwirtschaftlichen Produktionsgenossenschaften vorgenommenen Anpflanzungen (**Anpflanzungseigentumsgesetz – AnpfEigentG**) i. d. F. des Art. 3 des Schuldrechtsänderungsgesetzes vom 21.9.1994 (BGBl. I 1994, 2538, 2549), zuletzt geändert durch Art. 7 Abs. 28 des Gesetzes vom 19.6.2001 (BGBl. I 2001, 1149).

Gesetz zur Regelung der Rechtsverhältnisse an Meliorationsanlagen (**Meliorationsanlagengesetz – MeAnlG**) i. d. F. des Art. 4 des Schuldrechtsänderungsgesetzes vom 21.9.1994 (BGBl. I 1994, 2538, 2550), zuletzt geändert durch Gesetz vom 17.12.1999 (BGBl. I 1999, 2450).

Verordnung über die grundbuchmäßige Behandlung von Anteilen an ungetrennten Hofräumen (**Hofraumverordnung – HofV**) vom 24.9.1993 (BGBl. I 1993, 1658).

Verordnung über die angemessene Gestaltung von Nutzungsentgelten (**Nutzungsentgeltverordnung – NutzEV**) i. d. F. der Bekanntmachung vom 24.6.2002 (BGBl. I 2002, 2562).

I Rechtsgrundlagen   Gesetze, Verordnungen, Richtlinien u. Normen

Gesetz über die Feststellung der Zuordnung von ehemals volkseigenem Vermögen (**Vermögenszuordnungsgesetz – VZOG**) i. d. F. der Bek. vom 29.3.1994 (BGBl. I 1994, 709), zuletzt geändert durch Art. 3 des Gesetzes vom 3.7.2009 (BGBl. I 2009, 1692).

Verkehrsflächenbereinigungsgesetz vom 26.10.2001 (BGBl. I 2001, 2716), zuletzt geändert durch Art. 21 des Gesetzes vom 23.7.2013 (BGBl. I 2013, 2586).

Zuordnungsergänzungsgesetz vom 20.12.1993 (BGBl. I 1993, 2232), zuletzt geändert durch Art. 3 des Gesetzes vom 9.8.1994 (BGBl. I 1994, 2062).

Gesetz zur Regelung vermögensrechtlicher Angelegenheiten der Wohnungsgenossenschaften im Beitrittsgebiet (**Wohnungsgenossenschafts-Vermögensgesetz – WoGenVermG**) i. d. F. der Bek. vom 26.6.1994 (BGBl. I 1994, 1437).

Gesetz über das Vermögen der Gemeinden, Städte und Landkreise (**Kommunalvermögensgesetz – KVG**) vom 6.7.1990 (GBl. DDR I 1990, 660), zuletzt geändert durch § 9 Abs. 2 des Vermögenszuordnungsgesetzes vom 22.3.1991 (BGBl. I 1991, 784).

Verordnung zur Verlängerung der Frist für die Stellung von Anträgen nach § 1 Abs. 4 sowie § 10 des Vermögenszuordnungsgesetzes (**Antragsfristverordnung – AnFrV**) vom 14.7.1994 (BGBl. I 1994, 1265).

Gesetz zur Privatisierung und Reorganisation des volkseigenen Vermögens (**Treuhandgesetz – THG**) vom 17.6.1990 (GBl. DDR I 1990, 300), zuletzt geändert durch Art. 341 der Verordnung vom 31.10.2006 (BGBl. I 2006, 2407).

Verordnung zur Übertragung von liegenschaftsbezogenen Aufgaben und Liegenschaftsgesellschaften der Treuhandanstalt (**Treuhandliegenschaftsübertragungsverordnung – TreuhLÜV**) vom 20.12.1994 (BGBl. I 1994, 3908), zuletzt geändert durch Art. 539 der Verordnung vom 31.10.2006 (BGBl. I 2006, 2407).

Gesetz über die Spaltung der von der Treuhandanstalt verwalteten Unternehmen (SpTrUG) vom 5.4.1991 (BGBl. I 1991, 854), zuletzt geändert durch Art. 3 des Gesetzes vom 5.10.1994 (BGBl. I 1994, 2911).

Landwirtschaftsanpassungsgesetz (LWAnpG) i. d. F. der Bek. vom 3.7.1991 (BGBl. I 1991, 1418), zuletzt geändert durch Art. 21 des Gesetzes vom 23.7.2013 (BGBl. I 2013, 2586).

Verordnung über den Erwerb land- und forstwirtschaftlicher Flächen, das Verfahren sowie den Beirat nach dem Ausgleichsleistungsgesetz (**Flächenerwerbsverordnung – FlErwV**) vom 20.12.1995 (BGBl. I 1995, 2072), zuletzt geändert durch Art. 2 Abs. 128 des Gesetzes vom 22.12.2011 (BGBl. I 2011, 3044).

Bekanntmachung der **Regionalen Wertansätze für Ackerland und Grünland** nach der Flächenerwerbsverordnung vom 17.1.2007 (BAnz Nr. 056a vom 21.3.2007).

Gesetz über die Übertragung des Eigentums und die Verpachtung **volkseigener landwirtschaftlich genutzter Grundstücke** an Genossenschaften, Genossenschaftsmitglieder und andere Bürger vom 22.7.1990 (GBl. DDR I 1990, 899), zuletzt geändert durch Art. 3 des Gesetzes vom 3.7.1991 (BGBl. I 1991, 1410, 1416).

Gesetz über Altschuldenhilfen für Kommunale Wohnungsunternehmen, Wohnungsgenossenschaften und private Vermieter in dem in Artikel 3 des Einigungsvertrages genannten Gebiet – (**Altschuldenhilfe-Gesetz**) vom 23.6.1993 (BGBl. I 1993, 986), zuletzt geändert durch Art. 2 der Verordnung vom 31.10.2006 (BGBl. I 2006, 2407).

Gesetz über Parteien und andere politische Vereinigungen (**Parteiengesetz – DDR-PartG**) vom 21.2.1990 (GBl. DDR I 1990, 60), zuletzt geändert durch Art. 1 des Gesetzes vom 19.12.2006 (BGBl. I 2006, 3230).

Gesetze, Verordnungen, Richtlinien u. Normen   **Rechtsgrundlagen I**

Verordnung über die Einrichtung und das Verfahren der unabhängigen Kommission zur Überprüfung des Vermögens der Parteien und Massenorganisationen der DDR (**Parteivermögenskommissionsverordnung – PVKV**) vom 14.6.1991 (BGBl. I 1991, 1243).

Gesetz über die Aufhebung rechtsstaatswidriger Verwaltungsentscheidungen im Beitrittsgebiet und die daran anknüpfenden Folgeansprüche (**Verwaltungsrechtliches Rehabilitationsgesetz – VwRehaG**) i. d. F. der Bek. vom 1.7.1997 (BGBl. I 1997, 1620), zuletzt geändert mit Art. 2 des Gesetzes vom 25.6.2009 (BGBl. I 2009, 1580).

Gesetz über den Ausgleich beruflicher Benachteiligungen für Opfer politischer Verfolgung im Beitrittsgebiet (**Berufliches Rehabilitierungsgesetz – BerRehaG**) i. d. F. der Bek. vom 1.7.1997 (BGBl. I 1997, 1625), zuletzt geändert durch Art. 17 des Gesetzes vom 20.12.2011 (BGBl. I 2011, 2854).

Gesetz über die Rehabilitierung und Entschädigung von Opfern rechtsstaatswidriger Strafverfolgungsmaßnahmen im Beitrittsgebiet (**Strafrechtliches Rehabilitierungsgesetz – StrRehaG**) i. d. F. der Bek. vom 17.12.1999 (BGBl. I 1999, 2664), zuletzt geändert mit Art. 11 des Gesetzes vom 22.6.2011 (BGBl. I 2011, 2202).

Verordnung über die Erfüllung von Entschädigungs- und Ausgleichsleistungsansprüchen durch Begebung und Zuteilung von Schuldverschreibungen des Entschädigungsfonds (**Schuldverschreibungsverordnung – SchuldV**) vom 21.6.1995 (BGBl. I 1995, 846), zuletzt geändert durch Art. 7 § 2 des Euro-Einführungsgesetzes vom 9.6.1998 (BGBl. I 1998, 1242).

Kirchliches Bewertungsrecht

Richtlinien der Evangelischen Kirche in Deutschland über die Verwaltung des kirchlichen Grundbesitzes i. d. F. vom 11.10.1985 (ABl. EKD 1985, 431).

Verwaltungsverordnung der Evangelischen Landeskirche in Baden über die Ermittlung der Verkehrswerte von Erbbaugrundstücken und Festsetzung der Erbbauzinsen vom 2.2.1982 (GVBl. der Evangelischen Landeskirche in Baden 1982, 82).

Europäische Rechtsnormen

Bilanzrichtlinie, Vierte Richtlinie 78/660/EWG des Rates vom 25.7.1978 aufgrund von Art. 54 Abs. 3 Buchst. g des Vertrags über den Jahresabschluss von Gesellschaften (ABl. EG Nr. L 222, S. 11).

Konzernbilanzrichtlinie, Siebente Richtlinie 83/349/EWG des Rates vom 13.6.1983 aufgrund von Art. 54 Abs. 3 Buchst. g des Vertrags über den konsolidierten Abschluss (ABl. EG Nr. L 193, S. 1).

Bankbilanzrichtlinie, Richtlinie 86/635/EWG des Rates vom 8.12.1986 über den Jahresabschluss und den konsolidierten Abschluss von Banken und anderen Finanzinstituten (ABl. EG Nr. L 372, S. 1).

Versicherungsbilanzrichtlinie, Richtlinie 91/674/EWG des Rates vom 19.12.1991 über den Jahresabschluss und den konsolidierten Abschluss von Versicherungsunternehmen (ABl. EG Nr. L 374, S. 7).

Mitteilung der Kommission betreffend Elemente staatlicher Beihilfen bei Verkäufen von Bauten oder Grundstücken durch die öffentliche Hand vom 10.7.1997 (**Grundstücksmitteilung**), GuG 1997, 363.

I Rechtsgrundlagen   Gesetze, Verordnungen, Richtlinien u. Normen

Richtlinie 98/32/EG des Europäischen Parlaments und des Rates vom 22.6.1998 zur Änderung – im Hinblick auf Hypotheken – der Richtlinie 89/647/EWG des Rates über einen **Solvabilitätskoeffizienten für Kreditinstitute** (ABl. EU L 204/26 vom 21.7.1998).

Richtlinie 2000/12/EG des Europäischen Parlaments und des Rates vom 20.3.2000 über die **Aufnahme und Ausübung der Tätigkeit der Kreditinstitute** (ABl. EU Nr. L 126/1 vom 26.5.2000).

Fair-Value-Richtlinie: Richtlinie 2001/65/EG des Europäischen Parlaments und des Rates vom 27.9.2001 zur Änderung der Richtlinien 78/660/EWG, 83/349/EWG und 86/635 EWG des Rates im Hinblick auf die im Jahresabschluss bzw. im konsolidierten Abschluss von Gesellschaften bestimmter Rechtsformen und von Banken und anderen Finanzinstituten zulässigen Wertansätzen (ABl. EG Nr. L 283, S. 28).

IAS-Verordnung: Verordnung (EG) Nr. 1606/2002 des Europäischen Parlaments und des Rates vom 19.7.2002 betr. internationaler Rechnungslegungsstandards (ABl. EG Nr. L 243, S. 1).

Modernisierungsrichtlinie: Richtlinie 2003/51/EG des Europäischen Parlaments und des Rates vom 18.6.2003 zur Änderung der Richtlinien 78/660/EWG, 83/349/EWG, 86/635/ EWG und 91/674/EWG über den Jahresabschluss und den konsolidierten Abschluss von Gesellschaften bestimmter Rechtsformen und von Banken und anderen Finanzinstituten sowie von Versicherungsunternehmen (ABl. EG Nr. L 178, S. 16).

Verordnung (EG) Nr. 211/2005 der Kommission vom 4.2.2005 zur Änderung der Verordnung (EG) Nr. 1725/2003 betr. die Übernahme bestimmter internationaler Rechnungslegungsstandards in Übereinstimmung mit der Verordnung (EG) Nr. 1606/2002 des Europäischen Parlaments und des Rates im Hinblick auf den „International Financial Reporting Standard (IFRS) Nr. 1 und 2 und die „**International Accounting Standards**" **(IAS Nr. 12, 16, 19, 32, 33 38 und 39)**; ABl. EU L 41/1 vom 11.2.2005.

Verordnung (EG) Nr. 2238/2004 der Kommission vom 29.12.2004 zur Änderung der Verordnung (EG) Nr. 1725/2003 betr. die Übernahme bestimmter internationaler Rechnungslegungsstandards in Übereinstimmung mit der Verordnung (EG) Nr. 1606/2002 des Europäischen Parlaments und des Rates betr. IFRS 1 und **IAS Nrn. 1 bis 10, 12 bis 17, 19 bis 24, 27 bis 38, 40 und 41 und SIC Nrn. 1 bis 7, 11 bis 14, 18 bis 27 und 30 bis 33** (ABl. EU Nr. L 394/1 vom 31.12.2004).

Verordnung (EG) Nr. 2236/2004 der Kommission vom 29.12.2004 zur Änderung der Verordnung (EG) Nr. 1725/2003 betr. die Übernahme bestimmter internationaler Rechnungslegungsstandards in Übereinstimmung mit der Verordnung (EG) Nr. 1606/2002 des Europäischen Parlaments und des Rates betr. „International Financial Reporting Standard" (IFRS) Nr. 1, 3 bis 5, „**International Accounting Standards" (IAS) Nr. 1, 10, 12, 14, 16 bis 19, 22, 27, 28, 31 bis 41** und die Interpretation des „Standard Interpretation Committee" (SIC) Nr. 9, 22, 28 und 32 (ABl. EU Nr. L 392/1 vom 31.12.2004).

Verordnung (EG) Nr. 1998/2006 der Kommission vom 15.12.2006 über die Anwendung der Art. 87 und 88 Europavertrag auf „**De-minimis"-Beihilfen** (ABl. EU 2006 Nr. L 379, S. 5 ff.

Gesetze, Verordnungen, Richtlinien u. Normen   **Rechtsgrundlagen I**

Normen

DIN 276/1993	Kosten im Hochbau
DIN 277/1950	Ermittlung des umbauten Raumes für ausgeführte Hochbauten
DIN 277/1987	Grundfläche und Rauminhalt
DIN 277/2005	Grundfläche und Rauminhalt
DIN 283	März 1951 Wohnungen Begriffe
DIN 18960	Nutzungskosten im Hochbau
DIN EN IEC 17011	Allgemeine Anforderungen an Stellen, die Konformitätsbewertungsstellen begutachten und akkreditieren
DIN EN IEC 17024	Allgemeine Anforderungen an Stellen, die Personen zertifizieren
DIN EN IEC 17025	Allgemeine Anforderungen an die Kompetenz von Prüf- und Kalibrierlaboratorien
DIN EN ISO 9000:2005	Qualitätsmanagementsysteme – Grundlagen und Begriffe
DIN EN ISO 9001:2008	Qualitätsmanagementsysteme – Anforderungen
DIN EN ISO 9004:2000	Qualitätsmanagementsysteme – Leitfaden zur Leistungsverbesserung
DIN EN ISO 19011:2002	Leitfaden für Audits von Qualitätsmanagement- und/oder Umweltmanagementsystemen.

IDW-Prüfungsstandard: Verwertung der Arbeit von Sachverständigen (IDW PS 322) GuG 2005, 50.

IDW-Stellungnahme zur Rechnungslegung: Berücksichtigung von strukturellem Leerstand bei zur Vermietung vorgesehenen Wohngebäuden (IDW RS WFA 1 = GuG 2005, 101).

IDW Berücksichtigung von Immobiliensicherheiten bei der Prüfung der Werthaltigkeit von ausfallgefährdeten Forderungen bei Kreditinstituten (IDW PH 9.522.1; Stand 7.7.2005 = GuG 2006, 177).

BAKred: RdSchr. 2/99 vom 21.1.1999 – (Geschäftsnummer: I 3-238-3/95) § 20 Abs. 3 Satz 2 Nr. 5 KWG betr. Anrechnungserleichterungen für Realkredite (Beleihungswert, Freibetragsregelung, Beschränkung auf inländische Beleihungen) GuG 2001, 243.

Grundsatzpapier zum Beleihungswert von Immobilien des VdH (GuG 1997, 239).

BAKred: RdSchr. 16/96 (I 3 238 – 3/95) GuG 1007, 242 zu § 20 Abs. 3 Satz 2 Nr. 4 KWG betr. Anrechnungserleichterung für dinglich auf Wohneigentum gesicherte Kredite (Verkehrswert, Freibetragsregelung, Bewertungsvorschriften).

Euro-Wechselkurs

1 Euro = 1,95583 DM (Verordnung (EG) Nr. 2866/98 des Rates vom 31.12.1998: ABl. EG Nr. L 359 vom 31.12.1999).

Teil II

Sachverständigenwesen

Teil II

Übersicht Sachverständigenwesen II

„Wenn jemand sein Haus als heilige Gabe dem Herrn weihen will, so soll der Priester es abschätzen, je nachdem es gut oder schlecht ist. Wie der Priester es abschätzt, das soll dann Geltung haben."
(3. Buch Moses, Kap. 27 Vers 14 nach der Übersetzung von Brund, Gießen 1963)

Sachverständigenwesen

Gliederungsübersicht — Rn.

1 Sachverständigenwesen
1.1 Einführung 1
1.2 Typologie der Sachverständigen
    1.2.1 Übersicht 10
    1.2.2 Freie (selbst ernannte) Sachverständige 18
    1.2.3 Amtlich anerkannte Sachverständige 26
    1.2.4 Verbandsmäßig anerkannte Sachverständige 31
    1.2.5 Gerichtlich ernannte Sachverständige
        1.2.5.1 Allgemeines 33
        1.2.5.2 Gerichtlicher Beweisbeschluss 40
        1.2.5.3 Pflichten des Gerichts 45
        1.2.5.4 Beeidigung des Sachverständigen 50
        1.2.5.5 Behandlung von Gutachtenaufträgen 52
        1.2.5.6 Ortsbesichtigung 54
        1.2.5.7 Ergänzung und Erläuterung eines Gutachtens 55
        1.2.5.8 Persönliche Vernehmung des Gutachters 56
    1.2.6 Verpflichtete Sachverständige 57
    1.2.7 Öffentlich bestellte und vereidigte Sachverständige
        1.2.7.1 Allgemeines 58
        1.2.7.2 Bestellung nach GewO 69
        1.2.7.3 Privilegierte Stellung öffentlich bestellter und vereidigter Sachverständiger 77
        1.2.7.4 Ergänzende Landesregelungen 83
        1.2.7.5 Sachverständigenordnung (SVO) 97
        1.2.7.6 Bestellungsverfahren 98
        1.2.7.7 Bestellungsverlängerung 101
        1.2.7.8 Sachverständigenpflichten 102
        1.2.7.9 Rundstempel 104
        1.2.7.10 Erlöschen der öffentlichen Bestellung 107
        1.2.7.11 Werbung 109
    1.2.8 Zertifizierte Sachverständige
        1.2.8.1 Zertifizierung 113
        1.2.8.2 Akkreditierung 116
        1.2.8.3 Deutsche Akkreditierungsstelle 119
        1.2.8.4 Zertifizierungsnormen 126
        1.2.8.5 Zertifizierungsverfahren 135
        1.2.8.6 DIA Zert 138
        1.2.8.7 Hyp Zert 140
    1.2.9 Member of the Appraisal Institute (MAI) 143
    1.2.10 Chartered Surveyors 144
    1.2.11 Wirtschafts- und vereidigte Buchprüfer 152
1.3 Organisationsformen der Sachverständigentätigkeit
    1.3.1 Allgemeine Grundsätze
        1.3.1.1 Grundsatz der Höchstpersönlichkeit 162

II Sachverständigenwesen — Übersicht

		1.3.1.2	Heranziehung von Hilfskräften	168
		1.3.1.3	Schweigepflicht	169
		1.3.1.4	Nebenpflichten	170
	1.3.2	Zusammenarbeit von Sachverständigen	
		1.3.2.1	Sachverständigengruppen und Arbeitsgemeinschaften	171
		1.3.2.2	Sachverständigen-Partnerschaften	172
		1.3.2.3	Gesellschaft bürgerlichen Rechts (GbR)	176
		1.3.2.4	Gesellschaft mit beschränkter Haftung (GmbH)	177
		1.3.2.5	Büro- und Praxisgemeinschaften	178
1.4	Ablehnung von Sachverständigen (Befangenheit)	
	1.4.1	Befangenheit	
		1.4.1.1	Allgemeines	179
		1.4.1.2	Rechtsprechung zur Befangenheit	181
		1.4.1.3	Ortstermin	182
		1.4.1.4	Ablehnungsantrag	186
	1.4.2	Ablehnung von Behörden	191
1.5	Beauftragung von Sachverständigen	193
1.6	Haftung von Sachverständigen	
	1.6.1	Sach- und Rechtsmangel	202
	1.6.2	Haftung vertraglich beauftragter Sachverständiger	
		1.6.2.1	Allgemeines	206
		1.6.2.2	Haftung aus Vertragsverhältnis	207
		1.6.2.3	Haftung nach Gesetz	219
		1.6.2.4	Haftung gegenüber Dritten (Drittwirkung)	221
	1.6.3	Haftung gerichtlicher Sachverständiger	237
	1.6.4	Streitverkündung	245
	1.6.5	Haftung von Schiedsgutachtern	246
	1.6.6	Haftung im Zwangsversteigerungsverfahren	249
	1.6.7	Haftungsbegrenzung und Haftungsausschluss	250
	1.6.8	Verjährung von Gewährleistungsansprüchen	256
1.7	Haftung des Auftraggebers	259
1.8	Vergütung von Sachverständigen	
	1.8.1	Allgemeines	260
	1.8.2	Vergütung von gerichtlich bestellten Sachverständigen	
		1.8.2.1	Rechtsgrundlage	265
		1.8.2.2	Vergütungsanspruch	267
		1.8.2.3	Vergütungsantrag	268
		1.8.2.4	Gegenstand der Vergütung	270
	1.8.3	Vergütung von Schiedsgutachtern	280
	1.8.4	Vergütung von sachverständigen Zeugen	283
1.9	Vermögensschaden-Haftpflichtversicherung	284
1.10	Gerichtsstand	286

2 Gutachten

2.1	Gutachten über Grundstückswerte	287
	2.1.1	Allgemeines	287
	2.1.2	Geschäftsbedingungen	299
	2.1.3	Schiedsgutachterabrede und Schiedsrichtervereinbarung	300
		2.1.3.1	Allgemeines	300
		2.1.3.2	Schiedsgutachten	312
		2.1.3.3	Schiedsrichterliches Verfahren	334
2.2	Allgemeine Grundsätze der Gutachtenerstattung	355
	2.2.1	Inhaltliche Anforderungen	355
		2.2.1.1	Konzentrationsgebot	355
		2.2.1.2	Objektivitätsgebot	360
		2.2.1.3	Kompetenzeinhaltungsgebot	363
		2.2.1.4	Sachaufklärungsgebot	369
		2.2.1.5	Sorgfaltspflicht	374
		2.2.1.6	Klarheits- und Transparenzgebot	383

Übersicht — Sachverständigenwesen II

		2.2.1.7	Begründungsgebot	387
		2.2.1.8	Höchstpersönlichkeitsgebot	414
	2.2.2		Aufbau und Gestaltung schriftlicher Gutachten	416
	2.2.3		Angabe des Bodenwerts eines bebauten Grundstücks im Gutachten	443

3 Grundbuch und Liegenschaftskataster
- 3.1 Grundbuch 454
  - 3.1.1 Allgemeines 454
  - 3.1.2 Aufbau 460
  - 3.1.3 Grundbuchprinzipien 470
  - 3.1.4 Einsichtsrecht 479
- 3.2 Liegenschaftskataster 484
  - 3.2.1 Allgemeines 484
  - 3.2.2 Aufbau 485
  - 3.2.3 Einsichtsrecht/Auskünfte aus dem Liegenschaftskataster 495

4 Flächen und Volumina baulicher Anlagen
- 4.1 Allgemeines 497
- 4.2 Flächeneinheiten 499
  - 4.2.1 Geschossfläche (GF) 499
  - 4.2.2 Brutto-Grundfläche (BGF) 502
    - 4.2.2.1 Allgemeines 502
    - 4.2.2.2 Begriffe 503
    - 4.2.2.3 Ermittlung der Brutto-Grundfläche (BGF) nach DIN 277 504
    - 4.2.2.4 Ermittlung der Netto-Grundfläche (NGF) 507
    - 4.2.2.5 Nutzbarer Dachraum (Spitzboden) 508
  - 4.2.3 Wohn- und Nutzfläche 512
    - 4.2.3.1 Allgemeiner Grundsatz der Wohn- und Nutzflächenermittlung 512
    - 4.2.3.2 Nutzfläche (NF) nach DIN 277 514
    - 4.2.3.3 Wohnfläche (WF) 515
    - 4.2.3.4 Mietflächen für gewerbliche Flächen (gif) 552
    - 4.2.3.5 Wohn- und Nutzflächenfaktor 554
  - 4.2.4 Ausländische Flächendefinitionen 559
- 4.3 Volumina 562
  - 4.3.1 Allgemeines 562
  - 4.3.2 Baumasse 567
  - 4.3.3 Umbauter Raum nach DIN 277/1950 569
    - 4.3.3.1 Allgemeines 569
    - 4.3.3.2 Vereinfachte Ermittlung des umbauten Raums 572
    - 4.3.3.3 Vereinfachte Ermittlung des umbauten Raums im Versicherungswesen 574
  - 4.3.4 Brutto-Rauminhalt (BRI) nach DIN 277/2005 579
- 4.4 Ausbauverhältnis 584

II Sachverständigenwesen

1   Sachverständiger

1.1   Einführung

Schrifttum: *Bayerlein,* Praxishandbuch Sachverständigenrecht, 4. Aufl. München 2008; *Bleutge,* in *Landmann/Rohmer,* Komm. zur Gewerbeordnung Losebl. München; *Bleutge, P.,* Neue gesetzliche Bestimmungen im Sachverständigenrecht, GewA 1975, 258; *Bremer, H.,* Der Sachverständige, 2. Aufl. Heidelberg 1973; *Cors, K.,* Handbuch Sachverständigenwesen, 3. Aufl. 2002; *Dölp, M.,* Der Sachverständige im Strafprozess, ZRP 2004, 235; *Garger, B.,* Das Sachverständigenverfahren im Versicherungsvertragsrecht, Wien 2002; *Haas,* Der Sachverständige des Handwerks, 5. Aufl. Stuttgart 2001; *Hinze, R.,* Begutachtung im Grenzbereich, ZSW 1980, 28; *Jansen, R.,* Regeln der Baukunst, BauR 1990, 555; *Keyserlingk, A.v.,* Die Schweigepflicht des Sachverständigen, BB 1980, 233; *Kleiber, W.,* Von Thermometermachern und anderen Berufen, GuG 1992, 241; *Koch, R.,* Immobilienwerbung und Wettbewerbsrecht, 8. Aufl. Kiel; *Lanz, H.,* Zweiklassenrecht durch Gutachterkauf, ZRP 1998, 337; *Leberecht, L.,* Betrachtungen zum technischen Sachverständigenwesen, Berlin 1984; *Manasse, B.,* Der Sachverständige, 2. Aufl. 1932; *Meyer/Höver/Bach,* Die Vergütung und Entschädigung von Sachverständigen, Zeugen, Dritten und von ehrenamtlichen Richtern nach dem JVEG, 24. Aufl. Köln 2007; *Mügel,* Der Sachverständige im Zivil- und Strafprozess, Köln 1931; Gutachten: Der süße Duft, NJW 1998, 1761; *Pause, E.,* Der unabhängige Sachverständige, NJW 1985, 2576; *Pause, E.,* Die Unabhängigkeit des Sachverständigen, GewA 1986, 218; *Scholz, R.,* Für ein Sachverständigengesetz? ZG 2000, 221; *Sendler, H.,* Richter und Sachverständiger, NJW 1986, 2907; *Seidel, A.,* Privater Sachverstand und staatliche Garantenstellung im Verwaltungsrecht, München 2000; *Staudt* (Hrsg.), Handbuch für den Bausachverständigen, Bundesanzeiger Verlag 2007; *Stober,* Der öffentlich bestellte Sachverständige zwischen beruflicher Bindung und Deregulierung, Köln 2001; *Thielmann, J.,* Von promovierten habilitierten oberflächlichen Sachverständigen, strafo 2004, 5; *Ulrich,* Der gerichtliche Sachverständige, 12. Aufl. Köln 2007; *Volze, H.,* Sachverständigenfragen, 2. Aufl. Frankfurt 1996; *Wellmann, C.,* Der Sachverständige in der Praxis, 7. Aufl. München 2004.

1   Anders als im angelsächsischen Sprachraum[1] gibt es in Deutschland keine allgemein gebräuchliche Berufsbezeichnung für die auf dem Gebiet der Grundstückswertermittlung tätigen Fachleute[2]. Der in der ersten Hälfte des letzten Jahrhunderts noch gebräuchliche Begriff des *Taxators* ist auf diesem Gebiet kaum noch anzutreffen. Die auf diesem Gebiet Tätigen bezeichnen sich heute zumeist als **Sachverständige** für die Bewertung unbebauter und bebauter Grundstücke.

Sachverständiger ist jedoch nur eine Person, die sich durch

a) **eine besondere**[3], **Sachkunde mit „erheblich" über dem Durchschnitt liegenden Fachkenntnissen auf einem bestimmten Sachgebiet** (vgl. § 3 Abs. 2 Buchst. d SVO; vgl. Rn. 68, 99 ff.),
b) **entsprechende Erfahrung auf diesem Gebiet,**
c) **höchstpersönliche Leistungserstattung und**
d) **persönliche Integrität**

---

[1] Im angelsächsischen Sprachraum vorherrschend ist der Begriff des „valuer" oder „appraiser"; der „appraiser" wird in den Uniform Standards of Professional Appraisal Practice (USPAP) definiert, als „one who is expected to perform valuation services competently and in a manner that is independent, impartial, and objective". Zum Sachverständigenwesen in Deutschland: LT-Drucks. Nds. Nr. 13/1569; LT-Drucks. Nordrh.-Westf. 11/8661; LT-Drucks. Bremen 14 (609); in Frankreich: Gerichtlich bestellte Sachverständige (expert agée par les tribunaux); Landwirtschaftliche Sachverständige (expert agricole et foncier).

[2] Nach dem vom Hauptausschuss der Trägergemeinschaft für Akkreditierung (TGA) beschlossenen Normativen Dokument (September 2005) wird unterschieden zwischen a) dem zertifizierten Immobilienbewerter, qualifiziert für die Bewertung von unbebauten Grundstücken, bebauten Wohngrundstücken (Ein- und Zweifamilienhäusern, Mehrfamilienhäusern), gemischt genutzten und einfachen gewerblichen Grundstücken sowie Wohnungs- und Teileigentum und Erbbaurechte, und b) dem zertifizierten Sachverständigen, qualifiziert (darüber hinaus) für die Bewertung aller übrigen Objekte, insbesondere auch für umfangreiche Gewerbekomplexe, Betreiberimmobilien und Immobilienportfolios.

[3] Als Sachverständiger sollte nur der „Spezialist" gelten, der auf einem eng definierten Sachgebiet besondere Sachkenntnisse hat (vgl. BVerwG, Urt. vom 11.12.1972 – 1 C 5/71 –, DÖV 1973, 313 = EzGuG 11.88a; vgl. auch § 1 SVO und Ziff. 1.3.2 Satz 2 sowie 1.3.3 der Richtlinien zu § 1 SVO; ferner BGH, Urt. vom 23.5.1984 – I ZR 140/82 –, NJW 1984, 2365 = EzGuG 11.142u –; OLG München, Urt. vom 20.10.1994 – 29 U 6380/93 –, GewA 1995, 297 = EzGuG 11.217b; OLG München, Urt. vom 23.10.1975 – 6 O 2824/75 –, WRP 1976, 202 = EzGuG 11.98a; VG Sigmaringen, Urt. vom 09.6.1980 – 1 K 514/79 –, GewA 1981, 10 = EzGuG 11.119f; LG Dortmund, Urt. vom 7.7.1992 – 19 O 59/92 –, WRP 1994, 72 = EzGuG 11.194 f.

auszeichnet und in dieser Eigenschaft für Gerichte, Behörden und Privatpersonen Gutachten zu bestimmten Problemen unparteiisch, unabhängig, weisungsfrei und gewissenhaft erstattet oder allgemein Unkundigen eine eigene Urteilsbildung ermöglicht[4]. Eine Person, die zwar über eine überdurchschnittliche Sachkunde verfügt, der es aber an Erfahrung und auch an der Vermittlungsfähigkeit ihrer Sachkunde und Erfahrung mangelt, ist damit keinesfalls von der Tätigkeit ausgeschlossen; sie kann dieser Tätigkeit z. B. als „Bewerter" oder „Schätzer" nachkommen.

Im Rahmen der **europarechtlichen Beihilfebestimmungen** ist der Sachverständige nach Nr. II 2 lit. a II der Grundstücksmitteilung[5] definiert worden als „eine Person mit einwandfreiem Leumund, die einen geeigneten Abschluss an einer anerkannten Ausbildungsstätte oder eine gleichwertige akademische Qualifikation[6] erworben hat" und „in der Ermittlung von Anlagevermögenswerten nach Standort und Kategorie des Vermögenswerts sachkundig und erfahren ist". Die Kommission verlangt bei ihren Entscheidungen zur beihilferechtlichen Beurteilung von Grundstücksveräußerungen einen belastbaren Nachweis, dass „die Sachverständigen bei ihrer Tätigkeit keiner unzulässigen Einflussnahme ausgesetzt waren"[7].

Für die Sachverständigeneigenschaft ist die überdurchschnittliche Sachkunde zwar nur auf ein bestimmtes Sachgebiet beschränkt, jedoch bedarf es dafür auch eines breiten übergreifenden Grundwissens. Die Spezialisierung darf nicht dazu führen, dass der Sachverständige „immer mehr über immer weniger" weiß[8].

Der Stadtvermessungsoberinspektor *M. Schnabel* führte in einer Studie aus dem Jahre 1913[9] zum Sachverständigenwesen Folgendes aus: „Die immer mehr ans Tageslicht gebrachten Unzuträglichkeiten und oft schweren Geldverluste, die aus unrichtigen Wertschätzungen von Grundstücken hauptsächlich im Hypothekenverkehr und in der Bilanz von Aktiengesellschaften entstehen, erfordern eine beschleunigte Einschränkung bzw. gänzliche Aufhebung des **‚wilden' Taxwesens**, das bisher als einträgliches Gewerbe von oft gar nicht dazu geeigneten Persönlichkeiten betrieben wird, denen jedes Verantwortungsgefühl eine unbekannte Gewissensregung ist: Jede Taxe wird nach Wunsch des Auftraggebers ausgeführt, wenn sie nur entsprechend honoriert wird." Die Frage nach der schon damals geforderten **Einschränkung des wilden Taxwesens** stellt sich heute in verschärftem Maße, denn Kreditgeber, Käufer, Verkäufer, Erbengemeinschaften, schlechthin das gesamte Wirtschafts- und Rechtsleben ist auf

2

---

4   BGH, Urt. vom 23.5.1984 – I ZR 140/82 –, NJW 1984, 2365.
5   Mitteilung der Kommission betreffend Elemente staatlicher Beihilfen bei Verkäufen von Bauten oder Grundstücken durch die öffentliche Hand vom 10.7.1997 (Grundstücksmitteilung), ABl. EG 97 C Nr 208/3 = GuG 1997, 363.
6   Für den Fall, dass in einem Mitgliedstaat keine geeigneten akademischen Qualifikationen erworben werden können, sieht Nr. II lit. a III der Grundstücksmitteilung vor, dass „der Sachverständige für Wertermittlung Mitglied eines anerkannten Fachorgans für die Ermittlung von Anlagevermögenswerten sein" soll und „vom Gericht oder einer gleichgestellten Behörde bestellt werden oder mindestens über eine abgeschlossene höhere Schulbildung und ein ausreichendes Ausbildungsniveau mit wenigstens dreijähriger praktischer Erfahrung nach dem Erwerb der Qualifikation und über Kenntnisse in der Wertermittlung von Grundstücken und Gebäuden der besonderen Lokalität verfügen" soll. Im Hinblick auf die erforderliche Unabhängigkeit der Gutachter verlangt Nr. II 2 lit. a V der Grundstücksmitteilung, dass öffentliche Stellen nicht berechtigt sein dürfen, „hinsichtlich des Ermittlungsergebnisses Anweisungen zu erteilen. Staatliche Bewertungsbüros, Beamte oder Angestellte gelten so lange als unabhängig, wie eine unzulässige Einflussnahme auf ihre Feststellungen effektiv ausgeschlossen ist."
7   EU-Entscheidung vom 16.5.2006 – K (2006) endg. – Staatliche Beihilfe Nr. NN 27/2007 – Deutschland Grundstücksverkauf – LG Berlin.
8   Nickolas Murray Butler; als „Experten" hat Johannes Mario Simmel solche Leute bezeichnet, die andere daran hindern, den gesunden Menschenverstand zu gebrauchen; auch wird darunter (scherzhaft) ein Mensch verstanden, „den man in letzter Minute hinzuzieht, um einen Mitschuldigen zu haben"; Benjamin Stolberg bezeichnet den „Experten als einen Menschen, der die kleinen Irrtümer vermeidet, während er dem großen Trugschluss entgegentreibt"; Lucian von Samosta (120 bis 185 n. Chr.) befand es dagegen als „seltsam, dass Männer, die sich für Sachverständige ausgeben, einander widersprechen und von einerlei Sache nicht einerlei Begriff haben". G. F. McCleary lässt dagegen einen hohen Richter damit zu Wort kommen, dass er falsche Zeugen vor Gericht in drei Klassen einteilt: den Lügner, den verdammten Lügner und den Sachverständigen (McCleary, Englische Rechtsprechung, Einführung, Heymanns Verlag Köln); Wapenhans, W., Baugutachten – gezielt hinterfragen, Bundesanzeiger Verlag 2006. Für Winston Churchill (1874–1965) ist ein Experte „ein Mann, der hinterher genau sagen kann, warum seine Prognose nicht gestimmt hat".
9   M. Schnabel, Das Taxen des Bodenwerts bebauter städtischer Grundstücke, Verlag von Breer und Thiemann, Hamm 1913; die Diskussion um eine Verbesserung und um eine qualifizierte Professionalisierung hat seinerzeit in anderen vergleichbaren Ländern zu einer vergleichsweise hoch qualifizierten Ausformung der Disziplin des „appraisers" bzw. „valuers" mit hohem Ansehen geführt (vgl. The Appraisal of Real Estate, 12. Aufl. American Institute of Real Estate Appraisers, Chicago 2002, S. 651 ff.).

II Sachverständigenwesen   Sachverständiger

verlässliche Wertgutachten für Immobilien angewiesen. Das Deutsche Institut für Wirtschaftsforschung (DIW) schätzte 1996 allein das private Immobilienvermögen zwischen 2 000 und 2 600 Mrd. € ein. Doch noch immer gilt das Wort, nach dem „Taxen = Faxen" und „Schätzer = Schwätzer" sind.

3 Anders als für Thermometermacher, Holzspielzeugmacher, Bürsten- und Pinselmacher oder Pferdewirte[10] gibt es bis zum heutigen Tage **für den Sachverständigen kein Berufsgesetz**[11]. Die Bundesregierung und auch der Bund-Länder-Ausschuss „Gewerberecht" haben unverständlicherweise bislang stets ein **Berufsgesetz für Sachverständige** ebenso wie ein Gesetz zum Schutz der Sachverständigen abgelehnt und im Übrigen auf die Gesetzgebungskompetenz der Bundesländer hingewiesen[12].

4 Wer sich als Sachverständiger betätigen und so nennen will, braucht keine behördliche Zulassung zu besitzen. Er braucht auch nicht seine persönliche Integrität oder sein Fachwissen durch Ablegung einer vorgeschriebenen Prüfung nachzuweisen. Bei alledem ist aber vom **Tatbestand einer Täuschung** (§ 132a Abs. 1 Nr. 3 und Abs. 2 StGB; vgl. Rn. 24, 67, 220) auszugehen, wenn sich jemand als Sachverständiger bezeichnet, ohne die Voraussetzung zu erfüllen[13].

„**§ 132a StGB** Missbrauch von Titeln, Berufsbezeichnungen und Abzeichen.

(1) Wer unbefugt

1. inländische oder ausländische Amts- oder Dienstbezeichnungen, akademische Grade, Titel oder öffentliche Würden führt,

2. die Berufsbezeichnung Arzt, Zahnarzt, Psychologischer Psychotherapeut, Kinder- und Jugendlichenpsychotherapeut, Psychotherapeut, Tierarzt, Apotheker, Rechtsanwalt, Patentanwalt, Wirtschaftsprüfer, vereidigter Buchprüfer, Steuerberater oder Steuerbevollmächtigter führt,

3. die Bezeichnung öffentlich bestellter Sachverständiger führt oder

4. inländische oder ausländische Uniformen, Amtskleidungen oder Amtsabzeichen trägt,

wird mit Freiheitsstrafe bis zu einem Jahr oder mit Geldstrafe bestraft.

(2) Den in Absatz 1 genannten Bezeichnungen, akademischen Graden, Titeln, Würden, Uniformen, Amtskleidungen oder Amtsabzeichen stehen solche gleich, die ihnen zum Verwechseln ähnlich sind."

---

10 Kleiber in GuG 1992, 241; VO vom 8.9.1992 (BGBl. I 1992, 1511); BürstPiMstrV vom 27.7.1993 (BGBl. I 1993, 1414); GürtMetMstV vom 9.9.1994 (BGBl. I 1994, 2316); Molkereifachmann/Molkereifachfrau vom 27.5.1994 (BGBl. I 1994, 1195); Orthopädiemechaniker- und BandagistenmeisterV – OrthBandMstV – vom 26.4.1994 (BGBl. I 1994, 885); schon vorbildlich dagegen die VO über die Berufsausbildung zum Kaufmann, Kauffrau in der Grundstücks- und Wohnungswirtschaft vom 11.3.1996 (BGBl. I 1996, 462) bzw. über die Prüfung zum anerkannten Abschluss „Geprüfte/r Immobilienfachwirt/-in" (BGBl. I 1998, 4060 = GuG 1999, 103).

11 Zum Sachverständigenwesen in Deutschland: BT-Drucks. 14/3986; 14/3987; Baden-Württemberg: LT-Drucks. 11/5775 vom 18.7.1995; Bayern: LT-Drucks. 13/2636 vom 25.9.1995; Berlin: Abgeordnetenhaus-Drucks. 13/591 und 13/615; Brandenburg: LT-Drucks. 2/376 und 2/1104 vom 14.7.1995; Bremen: Bürgerschafts-Drucks. 14/609 vom 11.3.1997; Hamburg: Bürgerschafts-Drucks. 15/2388 und 15/2642 vom 29.12.1994 und 24.1.1995; Hessen: LT-Drucks. 14/27 und 14/353 vom 2.8.1995; Mecklenburg-Vorpommern: LT-Drucks. 2/2584 und 2/2688 vom 2.6.1997; Niedersachsen: LT-Drucks. 13/1569 vom 6.12.1995; Nordrhein-Westfalen: LT-Drucks. 1/8661 und 1/8806 vom 4.5.1995; Rheinland-Pfalz: LT-Drucks. 12/5997 und 12/6314 vom 14.5.1995; Saarland: LT-Drucks. 11/605 vom 31.12.1996; Sachsen: LT-Drucks. 2/4621 vom 12.3.1997; Sachsen-Anhalt: LT-Drucks. 2/2317 und 2/2499 vom 24.7.1996; Schleswig-Holstein: LT-Drucks. 14/98 vom 18.6.1996; Thüringen: LT-Drucks. 2/1163 und 2/1348 vom 4.9.1996.

12 Vgl. BT-Drucks. 14/3986 und 14/3987.

13 BGH, Urt. vom 16.2.1989 – I ZR 72/87 –, NJW 1989, 937 = EzGuG 11.170a; AG Krefeld, Urt. vom 26.09.1960 – 2 c Ds –, BB 1991, 197 = EzGuG 11.20d; LG Bonn, Urt. vom 20.1.1978 – 3 O 281/77 –, WRP 1978, 922 = EzGuG 11.111d; OLG München, Urt. vom 23.10.1975 – 6 O 2824/75 –, WRP 1976, 202 = EzGuG 11.98a.

Wenn sich jemand als Sachverständiger bezeichnet, ohne die Voraussetzung zu erfüllen, kann darin auch eine **unlautere bzw. irreführende geschäftliche Handlung** (sittenwidrige Werbung) i. S. der §§ 1, 3 und 5 UWG liegen[14]. Des Weiteren

- ist auch anerkannt, dass unter bestimmten Voraussetzungen die Verletzung eines Schutzgesetzes zu erblicken ist, wenn sich eine Person fälschlicherweise als „bestellter" Sachverständiger ausgibt (§ 823 Abs. 2 BGB),
- ist die Aussage „Bundesvereinigung der von privaten Fachverbänden anerkannten Grundstückssachverständigen BAS" als irreführende Werbung beanstandet worden[15],
- berechtigen eine abgelegte Meisterprüfung und eine durch absolvierte Sachverständigenseminare dokumentierte Sachkunde nicht zur Führung der Bezeichnung „anerkannter Sachverständiger"[16],
- ist es einem Sachverständigen nicht erlaubt, sich als „Gerichts-Sachverständiger" zu bezeichnen[17].

Der Missbrauch von Titeln, Berufsbezeichnungen und Abzeichen und namentlich die Bezeichnung öffentlich bestellter Sachverständiger ist nach § 132a Abs. 2 StGB strafbar. Dies gilt nach Abs. 2 der Vorschrift auch für solche, die ihnen zum Verwechseln ähnlich sind[18].

Das Irreführungsverbot des § 5 UWG gebietet keine Aufklärung über das Sachgebiet der Bestellung in einer Werbung, da es nur irreführende, nicht aber auch **unvollständige oder abgekürzte Angaben** verbietet[19]. Ein öffentlich bestellter Sachverständiger muss in der Werbung auch nicht auf die Körperschaft hinweisen, die ihn bestellt hat[20]. 5

▶ *Zum Verhältnis „freier" Sachverständiger zum Gutachterausschuss für Grundstückswerte* 6
vgl. § 192 BauGB Rn. 6 ff.; Vorbem. zum BauGB Rn. 14

Eine eindeutige Definition des Begriffs des Sachverständigen gibt es nicht. Der Gesetzgeber, der diesen Begriff verwendet, setzt seinen Bedeutungsinhalt voraus (§§ 36 ff. GewO, § 91 HwO, §§ 402 bis 414 ZPO, §§ 72 bis 93 StPO; § 96 Abs. 2 und § 98 VwGO). Die Bezeichnung „Sachverständiger" ist gesetzlich auch nicht geschützt[21]. 7

In einem gerichtlichen Verfahren ist der Sachverständige **Gehilfe des Richters**.

Neben dem Sachverständigen gibt es noch den **„Untersachverständigen"**. Man versteht darunter einen Sachverständigen, der von einem gerichtlich beauftragten Sachverständigen mit der Beantwortung fachlicher Fragen beauftragt wird, für deren Beantwortung dem eigentlich beauftragten Sachverständigen die dafür erforderliche Sachkunde fehlt. Da dies nach § 407a Abs. 2 Satz 1 ZPO grundsätzlich unzulässig ist, muss davor die Genehmigung des Gerichts 8

---

14 Bock in Praxishandbuch Sachverständigenrecht °§ 6 Rn. 5; Koch, R., Immobilienwerbung und Wettbewerbsrecht, 8. Aufl. Kiel; BGH, Urt. vom 6.2.1997 – I ZR 234/94 –, BB 1997, 1760 = EzGuG 11.244b; OLG Köln, Urt. vom 8.8.1997 – 6 U 208/96 –, GewA 1998, 245 = EzGuG 11.249; OLG Dresden, Beschl. vom 4.09.1996 – 12 U 564/96 –, WRP 1996, 1168 = EzGuG 11.235c; OLG Hamm, Urt. vom 13.5.1997 – 4 U 259/96 –, GewA 1997, 350 = EzGuG 11.244k; OLG München, Urt. vom 20.10.1994 – 29 U 6380/93 –, WRP 1995, 57 = EzGuG 11.217b; LG Saarbrücken, Urt. vom 8.4.2002 – 7 II 101/01 –, WRP 2002, 1463 = EzGuG 11.325; LG München I, Urt. vom 29.09.1993 – 1 HKO 9540/93 –, DAR 1994, 121 = EzGuG 11.207c; LG Dortmund, Urt. vom 7.7.1992 – 19 O 59/92 –, WRP 1994, 72 = EzGuG 11.194f; LG Duisburg, Urt. vom 19.09.1986 – 12 O 133/86 –, GewA 1987, 20 = EzGuG 11.158b; LG München, Urt. vom 24.3.1983 – 4 HKO 1580/83 –, WRP 1984, 234 = EzGuG 11.137b; LG Frankfurt am Main, Urt. vom 22.7.1981 – 2/6 O 277/81 –, WRP 1981, 552 = EzGuG 11.125a; LG Dortmund, Urt. vom 7.5.1980 – 19 O 95/80 –, WRP 1980, 588 = EzGuG 11.119c; LG Stuttgart, Urt. vom 4.5.1979 –, VRS III 142/78 –, GewA 1979, 373 = EzGuG 11.115a; LG Regensburg, Urt. vom 28.2.2002 – 1 HKO 1970/01 –, GewA 2002, 476 = EzGuG 11.322; LG Wiesbaden, Urt. vom 19.7.1978 – 12 O 46/78 –, WRP 1979, 166 = EzGuG 11.112b; VG Oldenburg, Urt. vom 26.4.1978 – 2 A 26/77 –, GewA 1979, 92 = EzGuG 11.111i.
15 OLG Naumburg, Urt. vom 13.3.1997 – 2 U 124/95 –, GewA 1998, 421 = EzGuG 11.244 g; OLG Dresden, Beschl. vom 4.9.1996 – 12 U 564/96 –, WRP 1996, 1168 = EzGuG 11.235c.
16 LG Duisburg, Urt. vom 15.2.2002 – 22 O 169/01 –, WRP 2002, 853 = EzGuG 11.318.
17 LG München I, Urt. vom 24.3.1983 – 4 HKO 1580/83 –, WRP 1984, 235 = EzGuG 11.137c.
18 AG Krefeld, Beschl. vom 25.9.1970 – 2x Dc 43/60 –, BB 1961, 197; LG Bonn, Urt. vom 20.1.1978 – 3 O 281/77 –, WRP 1978, 922 = EzGuG 11.111 d; LG Duisburg, Urt. vom 15.12.1996 – 91 O 38/96 –, WRP 1999, 245 = EzGuG 11.239a.
19 LG Frankfurt am Main, Urt. vom 26.8.2005 – 3 – 11 O 32/05 –, GuG 2006, 52 = EzGuG 11.462.
20 LG Hamburg, Urt. vom 2.8.2005 – 312 O 211/05 –, Magazindienst 2008, 263 = EzGuG 11.485.
21 BVerfG, Beschl. vom 25.3.1992 – 1 BvR 288/86 –, BVerfGE 86, 28 = EzGuG 11.193.

II Sachverständigenwesen Sachverständiger

eingeholt werden, da sonst gegen den gerichtlich beauftragten Sachverständigen der Vorwurf erhoben werden könnte, dass sein Gutachten den Höchstpersönlichkeitsgrundsatz verletze[22].

9 Im Jahre 1996 waren in der Bundesrepublik Deutschland **schätzungsweise 40 000 Sachverständige** tätig, von denen etwa 15 000 (= 40 %) öffentlich bestellt und vereidigt waren[23]. Davon wiederum waren 1998 ca. 6 500 Sachverständige von den Industrie- und Handelskammern auf ca. 200 verschiedenen Sachgebieten öffentlich bestellt und vereidigt.

1.2 Typologie der Sachverständigen

1.2.1 Übersicht

Schrifttum: *Bleutge, K.,* Der selbständige Immobiliensachverständige – Gewerbesteuerpflichtig?, GuG 2013, 129; *Fuhr/Friauf/Stahlhacke/Leinemann,* GewO; *Tettinger/Wank/Ennuschat,* GewO 8. Aufl. 2011; *Landmann/Rohmer,* GewO, Komm. Einl Rn. 22; *Oberlander, W.:* Zunehmend komplex – freiberuflich oder gewerblich?, DS 2006, 176.

10 Die Rechtsordnung der Bundesrepublik Deutschland hat, wie schon zuvor das Deutsche Reich, keinen einheitlichen Sachverständigentyp entstehen lassen. **Typologisch lassen sich Sachverständige nach dem Umfang ihrer Tätigkeit, ihrer formalen Stellung zum Auftraggeber und ihrer institutionellen Ausrichtung untergliedern:**

11 a) Vom Umfang der Tätigkeit her wurde im § 3 Abs. 3 Buchstabe b des mit Wirkung zum 1.7.2004 abgeschafften Gesetzes über die Entschädigung von Zeugen und Sachverständigen (ZSEG) zwischen **haupt- und nebenberuflich tätigen Sachverständigen** unterschieden[24]. Eine *hauptberufliche* Tätigkeit lag vor, wenn der Sachverständige seine Berufseinkünfte „im Wesentlichen" aus gerichtlicher oder außergerichtlicher Tätigkeit erzielte[25]. Der hauptberufliche Sachverständige ist insbesondere aber durch § 36 GewO bestätigt worden. Der Sachverständige ist *nebenberuflich* tätig, wenn der Lebensunterhalt regelmäßig aus den Einkünften einer anderen hauptberuflichen Tätigkeit bestritten wird: Die wirtschaftliche Unabhängigkeit gewährleistet in diesem Fall ein Höchstmaß an Unparteilichkeit.

12 b) Im Verhältnis zum Auftraggeber wird des Weiteren zwischen **selbstständigen und unselbstständigen Sachverständigen** unterschieden. Der *selbstständige* Sachverständige ist im eigenen Namen und für eigene Rechnung freiberuflich oder gewerblich (§ 14 GewO) tätig, unabhängig davon, ob diese Tätigkeit haupt- oder nebenberuflich ausgeübt wird. Der *unselbstständige* Sachverständige ist dagegen für andere, z. B. für Kreditinstitute, Versicherungsgesellschaften, Sachverständigenbüros, staatliche Einrichtungen oder Gesellschaften, als Angestellter[26] oder Beamter tätig.

13 c) Daneben lassen sich **Sachverständige** einteilen in:

– freie oder auch selbst ernannte Sachverständige,

– (amtlich) anerkannte Sachverständige,

– verbandsmäßig anerkannte Sachverständige,

– gerichtlich ernannte Sachverständige,

– berufene Sachverständige,

– qualifizierte Sachverständige,

– zugelassene Sachverständige,

---

22 Schneider, Komm. zum JVEG, München 2007, § 12 Rn. 54; Meyer/Höver/Bach, Komm. 25. Aufl. § 12 Rn. 54.
23 Wasilewski u. a., Neue freiberufliche Dienstleistungen, Deutscher Ärzte Verlag Köln 1997; nach Angaben der BReg betrug entsprechend den Schätzungen von Berufsorganisationen und des Instituts freier Berufe die Zahl der Sachverständigen im Jahr 2000 rd. 25 000, von denen nur 16 000 öffentlich bestellt und vereidigt sind (BT-Drucks. 14/3986).
24 OVG Berlin, Beschl. vom 28.2.1969 – 6 B. 62/67 –, NJW 1970, 1390 = EzGuG 11.68a.
25 KG, Beschl. vom 24.10.1980 – 1 W 2666/80 –, JurBüro 1981, 1866 = Rpfleger 1981, 164 = EzGuG 11.120l.
26 Panse in NJW 1985, 2577.

- ermächtigte Sachverständige,
- verpflichtete Sachverständige,
- geprüfte Sachverständige[27],
- Members of the Appraisal Institute, Chartered Surveyors,
- öffentlich bestellte und vereidigte Sachverständige sowie
- zertifizierte Sachverständige, wobei zwischen einer Zertifizierung nach EU-Normen und einer anderweitigen, an Vorgaben nicht gebundenen Zertifizierung zu unterscheiden ist.

Vom Sachverständigen zu unterscheiden ist der **sachverständige Zeuge** (§ 414 ZPO, § 85 StPO). Der sachverständige Zeuge ist eine Person, die – wie jeder andere Zeuge – eine Wahrnehmung kraft besonderer Sachkunde ohne Zusammenhang mit einem gerichtlichen Gutachtenauftrag gemacht hat[28]. Äußert er sich darüber hinaus, so ist er Sachverständiger. Der sachverständige Zeuge ist gebührenrechtlich einem „normalen" Zeugen gleichgestellt und wird wie dieser entschädigt[29].

▶ *Zu den Gutachterausschüssen für Grundstückswerte vgl. § 192 BauGB Rn. 9 ff.*

Als freiberuflich im steuerlichen Sinne gilt nach § 18 EStG grundsätzlich nur, wer die Ausbildung an einer Hochschule absolviert hat. Zu den Freiberuflern gehören danach u. a. Architekten, Vermessungsingenieure, Wirtschaftsprüfer, vereidigte Buchprüfer sowie solche, die in ihrer Tätigkeit den Katalogberufen ähnlich sind[30]. 14

Als eine den Katalogberufen ähnliche Tätigkeit gilt eine solche, die mit dem typischen Bild eines Katalogberufs in allen ihren Merkmalen gesamtheitlich vergleichbar ist. Darüber hinaus gehört zu der freiberuflichen Tätigkeit auch eine wissenschaftliche, künstlerische, schriftstellerische, unterrichtende und erzieherische Tätigkeit. Eine **Sachverständigentätigkeit, die sich vornehmlich auf praktische Erfahrungen und Marktkenntnisse stützt,** gehört mithin nicht zur freiberuflichen Tätigkeit; sie **ist gewerblicher Natur.** 15

Die **gewerbliche Sachverständigentätigkeit** ist im Unterschied zur freiberuflichen Tätigkeit damit verbunden, dass der Sachverständige 16

- gemäß § 14 GewO seine gutachterliche Tätigkeit der zuständigen Behörde anzeigen muss,
- gewerbesteuerpflichtig ist und
- Pflichtmitglied der Industrie- und Handelskammer ist.

Haupt- und nebenamtlich tätige Sachverständige unterliegen bei der Erstattung ihrer Gutachten denselben Pflichten. Folgende **Besonderheiten** gelten jedoch **für hauptamtlich tätige Sachverständige:** 17

---
27 LG Duisburg, Urt. vom 15.2.2002 – 2 O 169/01 –, WRP 2002, 853 = GewA 1987, 1987 = EzGuG 11.316.
28 OLG Hamm, Beschl. vom 26.4.1972 – 23 W 2/72 –, NJW 1972, 2003; OLG Hamburg, Beschl. vom 22.2.1985 – 8 W 36/85 –, JurBüro 1985, 1218; OLG Köln, Beschl. vom 27.11.1992 – 2 Ws 465/92 –, MDR 1993, 391; OLG Zweibrücken, Beschl. vom 31.1.1981 – 2 WF 70/81 –; OLG Düsseldorf, Beschl. vom 26.9.1972 – 10 W 109/74 –, MDR 1975, 326 = Rpfleger 1975, 71 = JurBüro 1975, 96 = EzGuG 11.94i.
29 LG Heilbronn, Beschl. vom 21.1.2008 – 3 Qs 158/07 –, GuG-aktuell 2008, 39 = EzGuG 11.
30 Schneider, Der Sachverständige im Kreuzfeuer des Steuerrechts, DS 2012, 340; Balke, NWB 2011, 3474; BFH, Urt. vom 21.9.2011 – II R 52/10 –, BFHE 234, 250 = NJW 2011, 3264; BFH, Urt. vom 15.12.2010 – VIII R 50/90 –, BFHE 232, 162 = NJW 2011, 1628; BFH, Urt. vom 15.6.2010 –VIII R 14/09 –, NJW 2011, 110; BFH, Urt. vom 15.6.2010 – VIII R 10/09 –, BFHE 230, 47 = NJW 2011, 108; BFH, Urt. vom 18.5.2010 – X R 60/08 –, BFHE 229, 62; BFH, Urt. vom 22.9.2009 – VIII R 79/06 –, BFHE 227, 390 = NJW 2010, 1166; BFH, Urt. vom 23.4.2008 – X R 32/06 –, BFHE 221, 102 = NJW 2008, 3739; BFH, Urt. vom 21.6.2007 – XI B 9/07 –, EzGuG 11.589a; BFH, Urt. vom 21.9.2005 – IX B 90/05 –, BFH/NV 2006, 55; BFH, Urt. vom 4.5.2004 – XI R 9/03 –, BFHE 206, 233 = NJW 2004, 3512; BFH, Urt. vom 8.3.2004 – IV B 212/03 –, BFH/NV 2004, 954; BFH, Urt. vom 3.3.1998 – IV B 18/97 –, EzGuG 11. 262c; BFH, Urt. vom 21.3.1996 – XI R 82/94 –, BFHE 180, 318 = EzGuG 11.229; BFH, Urt. vom 29.10.1987 – IV R 79/84 –, BFH/NV 1988, 492; BFH, Urt. vom 18.7.1985 – IV R 59/83 –, BFHE 144, 233 = BStBl II 1985, 655; BFH, Urt. vom 25.10.1963- IV 373/60 U –, BStBl III 19633, 595 = NJW 1964, 1199; zur Frage der Umsatzsteuer vgl. Ulrich, J. in DS 2001, 209.

II Sachverständigenwesen Sachverständiger

- Hauptamtliche Sachverständige, und nur diese, können nach § 1 Abs. 2 Partnerschaftsgesellschaftsgesetz diese Gesellschaftsform nutzen[31].
- Die Bestellungsbehörde kann nach § 36 Abs. 3 GewO für hauptamtliche Sachverständige in ihren Satzungen besondere Bestimmungen treffen.

1.2.2 Freie (selbst ernannte) Sachverständige

18 Als freie Sachverständige gelten solche, die zwar über das erforderliche Fachwissen verfügen, jedoch keinen öffentlich-rechtlichen Nachweis (Urkunde) vorweisen können. Die **Mitgliedschaft in einem Berufsverband** ist dafür nicht ausschlaggebend. Man spricht in diesem Zusammenhang auch von selbst ernannten Sachverständigen, obwohl die Selbsternennung die Sachverständigeneigenschaft nicht begründen kann, wenn es an der erforderlichen Sachkunde mangelt (vgl. Rn. 1). Die selbst ernannten Sachverständigen unterliegen – wie andere Sachverständige – den allgemeinen einschlägigen gesetzlichen Regelungen, insbesondere dem Gesetz zur Bekämpfung des Unlauteren Wettbewerbs (UWG), und dürfen sich als solche nicht bezeichnen, wenn sie nicht die Voraussetzungen aufweisen.

19 Zu den Sachverständigen zählen darüber hinaus aber auch diejenigen der selbstständig tätigen Sachverständigen und der bei ihnen angestellten Sachverständigen, die **keine öffentlich-rechtliche Urkunde über ihre Qualifikation und Eignung** besitzen (z. B. Angehörige von Berufsverbänden), die angestellten Sachverständigen einer Sachverständigenorganisation, die Mitarbeiter von Universitätsinstituten und behördenangehörige Sachverständige[32].

20 Freie Sachverständige, die als selbst ernannte Sachverständige keine öffentlich-rechtliche Urkunde über die Qualifikation und Eignung besitzen, dürfen sich nach vorherrschender Auffassung nicht den **Anschein** der öffentlichen Bestellung oder amtlicher Anerkennung geben, was schon bei Verwendung eines Rundstempels der Fall ist[33]. Hierzu gehören vorbehaltlich einer Neuregelung nicht solche Sachverständige, die in der ehemaligen DDR vor dem Wirksamwerden des Beitritts (3.10.1990) aufgrund eines Verwaltungsakts der Deutschen Demokratischen Republik ihre Sachverständigeneigenschaft bescheinigt bekommen haben. Diese Entscheidungen galten nach Art. 19 des Einigungsvertrags vorerst fort. Sie können aber aufgehoben werden, wenn die Entscheidungen mit rechtsstaatlichen Grundsätzen oder mit den Regelungen des Einigungsvertrags unvereinbar sind[34].

21 Die **freien Sachverständigen unterliegen bei ihrer gewerbsmäßigen Tätigkeit der GewO**. Die GewO sieht weder eine Wettbewerbsbeschränkung noch eine Residenzpflicht oder eine Altersbegrenzung für die Ausübung ihrer Tätigkeit vor; sie kann allerdings nach § 35 wegen Unzuverlässigkeit des Sachverständigen ausgesprochen werden.

22 Zu den freien Sachverständigen gehören auch die **von nicht staatlichen Vereinigungen (Berufsverbänden) anerkannten Sachverständigen.** Der BGH hat solche Sachverständige unter der Voraussetzung zugelassen, dass der Verband über die erforderliche Qualifikation, Unabhängigkeit und Objektivität verfügt. Gleichzeitig muss sichergestellt sein, dass durch ein geeignetes Prüfverfahren nur besonders sachkundigen Bewerbern die Anerkennung verliehen wird[35].

---

31 BFH, Urt. vom 3.3.1998 – IV B 18/97 –, GuG 2000, 183 = EzGuG 11.262c.
32 LT-Drucks. NW 11/8661.
33 OLG Dresden, Urt. vom 4.09.1996 – 12 U 564/96 –, WRP 1996, 1168 = EzGuG 11.235c; a. A. OLG Stuttgart, Urt. vom 3.10.1986 – 2 U 105/86 –, NJW-RR 1987, 619 = EzGuG 11 159a; OLG Hamm, Urt. vom 11.3.1986 – 4 U 100/85 –, NJW-RR 1986, 1370 = GewA 1986, 333 = EzGuG 11.151b; LG Ulm, Beschl. vom 30.12.1993 – 2 Kflt 239/93 –, GuG 1995, 59 = EzGuG 11.208b; LG Heidelberg, Urt. vom 27.11.1985 – 0 140/85 KfH II –, EzGuG 11.149e; OLG München, Urt. vom 22.2.1983 – 6 W 722/83 –, WRP 1983, 528 = EzGuG 11.135k; OLG München, Urt. vom 23.2.1983 – 20 U 3018/82 –, VersR 1984, 590 = EzGuG 11.136; LG Koblenz, Urt. vom 25.2.1985 – 4 HO 167/84 –, WRP 1985, 518 = EzGuG 11.146c, zu alledem Bayerlein u.a. Praxishandbuch Sachverständigenrecht, München 1990, S. 110; Landmann/Rohmer, GewO. 14. Aufl. 1989, § 36 GewO Rn. 8g.
34 In Brandenburg haben die aufgrund der „Anordnung Nr. 2 über die Zulassung privater Architekten und Ingenieure" vom 5.2.1990 (GBl. DDR I 1990, 115) erteilten Zulassungen ihre Gültigkeit verloren (vgl. BbgIngKamG vom 19.10.1993, Bbg. GVBl. 1993, 463, § 29); GuG 1994, 103; zum Rechtsweg vgl. VerfG Brandenburg, Beschl. vom 20.10.1994 – Vf-GBbg 12/94 –, GuG 1997, 124 = EzGuG 11.216a.
35 BGH, Urt. vom 23.5.1984 – I ZR 140/82 –, NJW 1985, 2365 = EzGuG 11.142u.

Freie Sachverständige dürfen nicht das Landessiegel führen [36] und den Bundesadler bzw. seitenverkehrten ADAC-Adler benutzen[37]. 23

Auch der freie (selbst ernannte) Sachverständige unterliegt den Regelungen des § 3 UWG und des § 132 Abs. 1 Nr. 3 und Abs. 2 StGB. Das **Verbot der irreführenden Handlung (Werbung)** (§ 3 UWG) lässt es nicht zu, sich missbräuchlich als „Sachverständiger" zu bezeichnen, wenn man nicht über die erforderliche Sachkunde verfügt (vgl. Rn. 3). Demzufolge darf sich nur derjenige als Sachverständiger bezeichnen, der über einen das durchschnittliche Können und Wissen auf einem bestimmten Sachgebiet übersteigenden Sachverstand verfügt[38]. Der „Verbraucher" erwartet neben der Sachkunde einer als „Sachverständiger" auftretenden Person darüber hinaus auch, dass diese Sachkunde in einer überprüfbaren Weise angeeignet wurde; der Kunde gehe – so die Rechtsprechung[39] – davon aus, dass die ihm gegenüber als „Sachverständiger" firmierende Person die zur Ausübung dieses Berufs erforderlichen Kenntnisse in einer überprüfbaren Berufsausbildung durchlaufen und ebenso nachprüfbar abgeschlossen habe. Der BGH hat demgegenüber aber nicht ausschließen wollen, dass sich eine Sachverständigeneigenschaft auch autodidaktisch angeeignet werden kann; die Darlegungs- und Beweislast obliegt dann aber demjenigen, der als „Sachverständiger" firmiert[40]. Der BGH hat damit die von den Instanzgerichten errichtete „Papierform-Hürde" beseitigt und grundsätzlich den freien Bildungsweg akzeptiert. 24

Wie der BGH bereits 1990 entschied, genießt das **Verbot täuschender Berufsangaben** – begründet im Verbot unlauterer und irreführender Handlungen (§§ 3, 5 UWG) – keinen verfassungsrechtlichen Schutz[41]. 25

1.2.3 Amtlich anerkannte Sachverständige

Amtlich anerkannte Sachverständige sind solche, die **ihre Sachkunde vor einer staatlichen Stelle** (bzw. staatlich beliehenen Organisationen, wie dem TÜV und die GTÜ) **nachgewiesen** haben und denen die amtliche Anerkennung aufgrund besonderer gesetzlicher Bestimmungen zuerkannt wurde (z. B. nach dem Lebensmittelgesetz). Dieser Typus ist speziell für die technische Überwachung entwickelt worden (§ 24 GewO), wo der amtlich anerkannte Sachverständige als „Beliehener" i. d. R. eine hoheitliche Funktion mit unmittelbarer Wirkung für den Auftraggeber ausübt, beispielsweise die Kfz-Sachverständigen, die Sachverständigen im Bereich des präventiven Gefahrenschutzes und der Überwachungsorganisationen[42]. Im Bereich des Bauordnungsrechts ist im Zusammenhang mit der Freistellungsregelung für bestimmte Bauvorhaben, insbesondere bezüglich des Nachweises für Standsicherheit sowie des Schall- und Wärmeschutzes, auf staatlich anerkannte Sachverständige die Aufgabe übergegangen, die Einhaltung der Normen zu prüfen und zu bescheinigen[43]. Soweit amtlich anerkannte Sachverständige hoheitlich tätig werden, rechnen sie ihr Honorar nach staatlichen Gebührenordnungen ab. 26

Die **technische Überwachung**, insbesondere auf den Gebieten der überwachungsbedürftigen Anlagen nach § 11 Gerätesicherheitsgesetz und des Kraftfahrzeugwesens, wird wegen besonderer Gefahren für Beschäftigte und Dritte von amtlichen oder amtlich für diesen Zweck anerkannten Sachverständigen vorgenommen. Diese Sachverständigen sind in technischen 27

---

36 LG Duisburg, Urt. vom 19.9.1986 – 12 O 133/86 –, EzGuG 11.158b.
37 OLG Düsseldorf, Urt. vom 4.4.1996 – 10 U 101/95 –, BeckRS 2008, 05189.
38 LG Dortmund, Beschl. vom 27.5.1990 und 7.7.1992 – 16 O 1/90 –, WRP 1994, 72 = EzGuG 11.194f; LG München, Urt. vom 29.9.1993 – 1 HKO 9640/93 –, DAR 1994, 121 = EzGuG 11.207c; OLG München, Urt. vom 20.10.1994 – 29 U 6380/93 –, WRP 1995, 57 = EzGuG 11,127b; Revision: BGH, Urt. vom 6.2.1997 – I ZR 234/94 –, GRUR 1997, 758 = EzGuG 11.244a.
39 OLG Hamm, Urt. vom 13.5.1997 – 4 U 259/96 –, GewA 1997, 350 = EzGuG 11.244h.
40 BGH, Urt. vom 6.2.1997 – I ZR 234/94 –, NJW-RR 1997, 1193 = EzGuG 11.244b.
41 BGH, Urt. vom 25.1.1990 – I ZR 182/88 –, NJW-RR 1990, 678 = EzGuG 11.176c.
42 §§ 11 ff. Gerätesicherheitsgesetz, §§ 11, 18, §§ 28 f. StVZO; § 80 Abs. 1 BauO Nordrh.-Westf.; Bausachverständigenverordnung – BauSVO – Bad.-Württ. vom 15.7.1986 (GBl. 1986, 305); zur Dritthaftungssituation vgl. Werner/Reuber in BauR 1996, 796; BGH, Urt. vom 11.1.1973 – III ZR 32/71 –, NJW 1973, 458 = EzGuG 11.69, offen noch: BGH, Urt. vom 11.7.1955 – III ZR 178/53 –, BGHZ 18, 110 = EzGuG 11.7.
43 Werner/Reuber in BauR 1996, 796; Schulte in BauR 1998, 249.

II Sachverständigenwesen   Sachverständiger

Überwachungsorganisationen zusammengefasst und entsprechen in ihrer Funktion beliehenen Unternehmern (Durchführung staatsentlastender Aufgaben). In einzelnen Bereichen sind diese Sachverständigen eines Unternehmens gleichgestellt, in dem die Prüfungen durch Werksangehörige nach Art der überwachungsbedürftigen Anlagen und der Integration dieser Anlagen in Prozessanlagen angezeigt ist, soweit sie von der zuständigen Behörde für die Prüfung der in diesem Unternehmen betriebenen überwachungsbedürftigen Anlagen anerkannt sind[44].

28 **Amtlich anerkannte Sachverständige können auch private und gerichtliche Sachverständigentätigkeit** ausüben.

29 Von den *amtlich* anerkannten Sachverständigen zu unterscheiden sind solche **Sachverständige, die von einer nicht offiziell dazu bestimmten Stelle anerkannt worden sind.** Wenn dabei die die Anerkennung aussprechende Einrichtung nicht bekannt gegeben wird, so kann hierin eine wettbewerbsrechtliche Irreführung vorliegen[45]. Es kommt entscheidend darauf an, ob die Anerkennungsstelle in fachlicher und organisatorischer Hinsicht den an die Sachkompetenz, die nötige Unabhängigkeit und die erforderliche Objektivität zu stellenden Anforderungen entspricht[46].

30 Unter eingeschränkten Bedingungen hat der BGH die Anerkennung einer Sachverständigeneigenschaft durch eine nichtstaatliche Vereinigung gelten lassen, wenn diese Vereinigung über die sachliche Qualifikation, Unabhängigkeit und Objektivität verfügt, die nicht eine **Gefahr der Irreführung des ratsuchenden Publikums** entstehen lässt[47]. Zur Frage des Vertrauensschutzes, den eine Anerkennung suggeriert, auch im Hinblick auf die Haftung des anerkannten Sachverständigen gegenüber Dritten, vgl. Rn. 224 ff.

1.2.4 Verbandsmäßig anerkannte Sachverständige

31 Die **Zugehörigkeit eines Sachverständigen zu einer Sachverständigenorganisation** (Verband) **ist** selbst bei formeller Anerkennung durch die Organisation **bedeutungslos**, wenn damit nicht zugleich der Nachweis der besonderen Qualifikation, die Anerkennung und Einhaltung von Standesregeln bis hin zur Fortbildungspflicht einhergehen. Dies gilt insbesondere für freiberuflich tätige Mitglieder von Sachverständigenverbänden[48]. Die Anerkennung ist im Übrigen nicht unproblematisch[49]. Die Benutzung der Bezeichnung „anerkannter Sachverständiger"[50] oder „anerkannter Sachverständiger durch einen Fachverband"[51] ist unlauter. Die Bezeichnung muss mit einem Hinweis auf den Verband oder die Organisation gegeben werden, die die Anerkennung ausgesprochen hat[52]; des Weiteren liegt eine Irreführung vor, wenn der Sachverständige nicht mehr Mitglied der Organisation ist[53].

32 Die **Verbände erfüllen keinen gesetzlichen Auftrag** und sind zumeist privatrechtlich organisiert, häufig als eingetragener Verein.

---

44 LT-Drucks. NW 11/8661.
45 OLG Köln, Urt. vom 18.9.1998 – 6 U 25/98 –, GuG 1999, 313 = EzGuG 11.271.
46 BGH, Urt. vom 23.5.1984 – I ZR 140/82 –, NJW 1985, 2365 = EzGuG 11.142u; OLG Hamm, Urt. vom 17.7.1986 – 4 U 231/84 –, VersR 1989, 151 = EzGuG 11.156b; LG Duisburg, Urt. vom 5.12.1996 – 41 O 38/96 –, WRP 1999, 245 = EzGuG 11.239a.
47 BGH, Urt. vom 23.5.1984 – I ZR 140/82 –, NJW 1985, 2365 = EzGuG 11.142u; BGH, Urt. vom 23.1.1978 – I ZR 104/76 –, MDR 1978, 639 = EzGuG 11.111f.
48 BVerwG, Urt. vom 20.9.1985 – 1 C 22/82 –, DÖV 1986, 190 = EzGuG 11.147e; BVerwG, Urt. vom 29.9.1985 – 1 C 18/83 –, GewA 1986, 54 = EzGuG 11.147d.
49 BGH, Urt. vom 23.5.1984 – I ZR 140/82 –, NJW 1985, 2365 = EzGuG 11.142u; Bleutge in Landmann/Rohmer, Gewerbeordnung § 36 Rn. 8g; Bock in Praxishandbuch Sachverständigenrecht § 6 Rn. 18, vgl. OLG Hamm, Urt. vom 17.7.1986 – 4 U 231/84 –, VersR 1989, 151 = EzGuG 11.156b.
50 OLG München, Urt. vom 13.7.1995 – 6 U 1529/95 –; OLG Naumburg, Urt. vom 13.3.1997 – 2 U 124/95 –, GewA 1998, 421 = EzGuG 11.244g; LG Duisburg, Urt. vom 15.2.2002 – 2 O 169/01 –, WRP 2002, 853 = EzGuG 11.316; LG Bonn, Urt. vom 20.1.1978 – 3 O 281/77 –, WRP 1978, 922 = EzGuG 11.111d.
51 Grundsätze vgl. BGH, Urt. vom 23.5.1984 – I ZR 140/82 – NJW 1985, 2365 = EzGuG 11.142u; LG Essen, Urt. vom 5.3.2003 – 42 O 120/02 –, WRP 2003, 1268 = EzGuG 11.348a.
52 OLG Naumburg, Urt. vom 13.3.1997 – 2 U 124/95 –, GewArch 1998, 421 = EzGuG 11.244g; zum BVSK: OLG Hamm, Urt. vom 17.7.1986 – 4 U 231/84 –, GewArch 1987, 246 = EzGuG 11.156b.
53 LG Essen, Urt. vom 5.3.2003 – 42 O 120/02 –, WRP 2003, 1268 = EzGuG 11.348a.

Auch das von verschiedenen nicht staatlichen Organisationen entgeltlich verliehene Recht, den Titel eines *„approved valuers*[54]*"*, eines **„Recognised European Valuer"** (REV, Tegova[55]) oder manch andere wohlklingende Titel verschiedenster Organisationen zu führen, ist keine Gewähr für eine hinreichende Qualifikation, sondern allenfalls geeignet, bei einem unkundigen Dritten diesen Eindruck zu erwecken. Fachlich versierte und gestandene Sachverständige sind darauf nicht angewiesen (vgl. § 194 BauGB Rn. 227; § 8 ImmoWertV Rn. 18).

1.2.5 Gerichtlich ernannte Sachverständige

1.2.5.1 Allgemeines

Schrifttum: *Ankermann,* Das Recht der mündlichen Befragung des Sachverständigen, NJW 1985, 1204; *Erb,* Die Abhängigkeit des Richters vom Sachverständigen, ZStW 2009, 882; *Hau, W.,* Der inlandsansässige Gerichtssachverständige im Ausland, DS 2004, 92; *Krauer/Wolf* in NJW 2004, 2857; *Lehmann, F.,* Ordnungsmittel gegen Bausachverständige, Der Bausachverständige 2012, 63; *Franzki* in DRiZ 1991,1 314; *Meyer,* Übermacht des Sachverständigen, DRiZ 1992, 125; *Müller,* Der Sachverständige im gerichtlichen Verfahren, 3. Aufl. 1988; *Olzen,* Das Verhältnis von Richtern und Sachverständigen im Zivilprozess, ZZP 1980, Bd. 63, 66; *Schellhammer,* Zivilprozess, 9. Aufl. 2001; *Schikora, G.,* Einsichtnahme in die Handakten von Sachverständigen durch Gerichte und Parteien, MDR 2002, 1033; *Ulrich, J.,* Selbstständiges Beweisverfahren, ibr-Schriftenreihe 2004; *Ulrich,* Der gerichtliche Sachverständige, 12. Aufl. 2007; *Zöller/Greger,* ZPO, 23. Aufl. 2002.

Gerichtliche Sachverständige sind solche, die im Einzelfall als „Helfer des Richters" zur Entscheidung eines gerichtlichen Verfahrens herangezogen werden; zum gerichtlichen Sachverständigen wird man durch gerichtlichen Auftrag[56]. Ihnen gleichgestellt sind die von der Staatsanwaltschaft und in einem Verwaltungsverfahren herangezogenen Sachverständigen[57]. Der **Sachverständige zählt** dann **zu den Beweismitteln des gerichtlichen Verfahrens** (vgl. § 404, § 73 Abs. 2 StPO, § 36 Abs. 1 OWiG, § 96 Abs. 1 Nr. 2 VwGO u. a. sowie Rn. 196, 292 f.). Mit einer Werbung als „gerichtlich zugelassener Sachverständiger" wird gegen wettbewerbsrechtliche Vorschriften verstoßen[58]. 33

Die gerichtlich beauftragten Sachverständigen nehmen **keine hoheitlichen Aufgaben** wahr[59]. 34

Auch der häufig von Gerichten beauftragte Sachverständige darf auf Briefköpfen und sonstigen Werbeträgern nicht mit der Bezeichnung „vom Gericht bestellt", „**Gerichtssachverständiger**", „gerichtlich zugelassener Sachverständiger"[60] oder „zugelassen als Sachverständiger bei allen Amts-, Land- und Oberlandesgerichten"[61] werben.

Die ZPO kennt zwar nur Einzelpersonen als Sachverständige. Ein **Gericht ist** aber **nicht gehalten, als Sachverständige nur Einzelpersonen zu beauftragen**[62]. 35

Soweit für die zu begutachtende Materie Sachverständige öffentlich bestellt worden sind, sollen vom Gericht andere Personen nur herangezogen werden, wenn besondere Umstände es 36

---

54 Der *„Government Approved Valuer"* ist erkennbar nur in Indien von Bedeutung.
55 Fachlich findet die Organisation aus gutem Grunde hier nur „geringes Interesse" (Petersen/Schnoor/Seitz/Vogel, Verkehrswerlermittlung von Immobilien, 2. Aufl. 2013 S. 95).
56 BSG, Urt. vom 1.12.1964 – 11 RA 145/64 –; EzGuG 11.46a = NJW 1965, 368; BGH Goldammer's Archiv für Strafrecht GA 1956, 294, OVG Berlin, Urt. vom 8.3.2001 – 3 K 25/00 – JurBüro 2001, 485.
57 Jessnitzer/Frieling, Der gerichtliche Sachverständige, München, 10. Aufl. 1992, Rn. 723; Praxishandbuch Sachverständigenrecht § 12 Rn. 1 ff.; kritisch Lanz in ZRP 1998, 337; Regelungen über gerichtliche Sachverständige enthielt bereits das k. u. k.-Sanierungsgesetz für Prag (RGBl. für die im Reichsrath vertretenen Königreiche und Länder von 1893, 25 ff., 27 ff.).
58 LG Wiesbaden, Urt. vom 19.7.1978 – 12 O 46/78 –, WRP 1979, 166 = EzGuG 11.112b.
59 BGH, Urt. vom 5.10.1972 – III ZR 168/70 –, BGHZ 59, 310 = EzGuG 11.86; OLG München, Urt. vom 19.10.1973 – 8 U 4203/72 –, VersR 1977, 482 = EzGuG 11.91b; OLG Düsseldorf, Urt. vom 6.8.1986 – 4 U 41/86 –, NJW 1986, 2891 = EzGuG 11.147.
60 LG München I, Urt. vom 24.3.1983 – 4 HKO 1580/83 –, WRP 1984, 235 = EzGuG 11.137c; LG Wiesbaden, Urt. vom 19.7.1978 – 12 O 46/78 –, WRP 1979, 166 = EzGuG 11.112b; LG Leipzig, Urt. vom 1.9.2000 – O2HK O 253/00 –, WRP 2001, 840.
61 LG Frankfurt am Main, Urt. vom 30.1.2004 – 3/12 O 88/03 –, WRP 2004, 1198 = EzGuG 11.373.
62 OLG München, Urt. vom 22.9.1967 – 8 U 707/67 –, NJW 1968, 202 = EzGuG 11.59e; OLG München, Urt. vom 17.12.1973 – 11 W 655/73 –, NJW 1974, 611 = EzGuG 11.91d.

II Sachverständigenwesen

erfordern. Die **Auswahl der in einem Prozess heranzuziehenden Sachverständigen** und ihre Anzahl erfolgt durch das Prozessgericht.

37 Wird ein Sachverständiger als **sachverständiger Zeuge** vom Gericht geladen, um dort zu vergangenen Tatsachen oder Zuständen auszusagen, die er selbst in privater Eigenschaft aufgrund seiner Sachkunde wahrgenommen hat, finden die **Vorschriften über den Zeugenbeweis** Anwendung.

38 Der **Sachverständigenbeweis** ist neben dem Zeugenbeweis, dem Augenscheinsbeweis, dem Urkundenbeweis und dem Beweis durch Parteivernehmung eines der fünf klassischen Beweismittel nach der Prozessordnung. Für den Zivilprozess ist der Sachverständigenbeweis in den §§ 402 bis 414 ZPO geregelt (vgl. Anh. 1.6).

39 Darüber hinaus ist in den §§ 485 bis 494a ZPO das **selbstständige Beweisverfahren** (anstelle des früheren Beweissicherungsverfahrens) geregelt. Die Vorschriften gelten (mit Ausnahme der Strafverfahren) kraft Verweisung auch vor anderen Gerichtsverfahren.

Im **Verwaltungsprozess** (vgl. Rn. 294) sowie im **Strafverfahren** gelten eine Reihe von Besonderheiten:

Abb. 1: Synoptische Gegenüberstellung von Zivil- und Strafverfahren

Synoptische Gegenüberstellung von Zivil- und Strafverfahren	
Sachverständigenbeauftragung durch richterlichen Beweisbeschluss während des Verfahrens.	Sachverständigenbeauftragung durch Staatsanwalt oder Gericht auch schon in Vorbereitung des Verfahrens.
Vorprozessuale Tätigkeit kann Besorgnis der Befangenheit auslösen.	Beauftragung im Vorverfahren löst keine Besorgnis der Befangenheit aus.
Sachverhaltsfeststellung durch Parteivortrag.	Sachverhaltsfeststellung von Amts wegen.
Regelmäßig schriftliches Gutachten.	Regelmäßig mündliches Gutachten; schriftliches Gutachten zur Vorbereitung.
Anregung zur Tatsachenfeststellung (gegenüber Parteien) zurückhaltend.	Anregung zur Sachverhaltsermittlung im Rahmen des Auftrags.
Keine Beschlagnahme von Sachen.	Beschlagnahme von Gegenständen möglich, jedoch nicht vom Sachverständigen.
Recht der Parteien auf mündliche Erläuterung des Gutachtens durch Sachverständigen.	Ladung des Sachverständigen auch durch Beschuldigten möglich.
Kein originäres Fragerecht; notfalls aber durch Gericht.	Eigenes Fragerecht des Sachverständigen; Veranlassung von Zeugen- und Beschuldigtenvernehmung.
Ablehnung des Sachverständigen grundsätzlich nur vor Gutachtenerstattung, soweit nicht Ablehnungsgrund bei oder nach Gutachtenerstattung oder durch das Gutachten selbst entstanden ist.	Ablehnung des Sachverständigen auch nach Erstattung des Gutachtens.
Gutachtenerstattungsverweigerungsrecht weiter gehend als im Strafprozess (§ 408 i. V. m. den §§ 383 f. ZPO).	Gutachtenerstattungsverweigerungsrecht enger als im Zivilprozess (§ 76 i. V. m. den §§ 52 f. StPO).
Eidesleistung liegt im Ermessen des Gerichts und kann nicht erzwungen werden.	Eidesleistung kann vom Staatsanwalt, Angeklagten, Verteidiger, Nebenkläger und Privatkläger erzwungen werden.
Eidesleistung vor oder nach Gutachtenerstattung sehr selten.	Eidesleistung immer nach Gutachtenerstattung.
Gutachtenergebnis ist auf Sicherheit oder größte Wahrscheinlichkeit ausgerichtet.	Im Hauptverfahren: „in dubio pro reo".

Quelle: Institut für Sachverständigenwesen e. V.

1.2.5.2 Gerichtlicher Beweisbeschluss

Die **Beweisaufnahme erfolgt vor dem Prozessgericht**, soweit sie nicht einem Mitglied des Prozessgerichts oder einem anderen Gericht übertragen worden ist. An der Beweisaufnahme können die Parteien, die Prozessbevollmächtigten sowie Privatgutachter teilnehmen. 40

Beweisaufnahme und die Anordnung eines besonderen Beweisaufnahmeverfahrens erfolgen durch **Beweisbeschluss** des Gerichts. Der Inhalt des Beweisbeschlusses kann in einem besonderen Einweisungstermin mit den Sachverständigen und den Prozessparteien formuliert werden. Das Gericht soll den Sachverständigen vor Abfassung der Beweisfrage hören, ihn in seine Aufgaben einweisen und ihm auf Verlangen den Antrag erläutern, wenn es erforderlich ist. Der Beweisbeschluss kann im Übrigen auch schon vor der mündlichen Verhandlung erlassen werden. 41

Der Beweisbeschluss enthält 42

– die Bezeichnung der streitigen Tatsachen, über die Beweis erhoben werden soll,
– die Bezeichnung der Beweismittel unter Benennung der zu vernehmenden Zeugen, Sachverständigen oder der zu vernehmenden Partei und
– die Bezeichnung der Partei, die sich auf Beweismittel berufen hat.

Bei streitigem Sachverhalt bestimmt das Gericht, **welche Tatsachen der Sachverständige seinem Gutachten zugrunde legen soll.** Den Parteien werden Weisungen an den Sachverständigen mitgeteilt. 43

Mit dem gerichtlichen Auftrag entsteht zwischen dem Sachverständigen und dem Gericht **ein öffentlich-rechtliches Rechtsverhältnis**, d. h., Rechte und Pflichten der Vertragsparteien werden nicht vertraglich ausgehandelt. 44

1.2.5.3 Pflichten des Gerichts

▶ *Zu den Pflichten des Sachverständigen vgl. Rn. 102 ff.*

Das Gericht hat die Tätigkeit des Sachverständigen zu leiten und kann ihm **Weisungen über Art und Umfang seiner Tätigkeit** erteilen, wenn dadurch seine fachliche Unabhängigkeit nicht beeinträchtigt wird. Die §§ 273 ff. ZPO bestimmen hierzu: 45

„**§ 273 ZPO** Vorbereitung des Termins 46

(1) Das Gericht hat erforderliche vorbereitende Maßnahmen rechtzeitig zu veranlassen. In jeder Lage des Verfahrens ist darauf hinzuwirken, dass sich die Parteien rechtzeitig und vollständig erklären.

(2) Zur Vorbereitung jedes Termins kann der Vorsitzende oder ein von ihm bestimmtes Mitglied des Prozessgerichts insbesondere

1. den Parteien die Ergänzung oder Erläuterung ihrer vorbereitenden Schriftsätze sowie die Vorlegung von Urkunden und von anderen zur Niederlegung bei Gericht geeigneten Gegenständen aufgeben, insbesondere eine Frist zur Erklärung über bestimmte klärungsbedürftige Punkte setzen;
2. Behörden oder Träger eines öffentlichen Amtes um Mitteilung von Urkunden oder um Erteilung amtlicher Auskünfte ersuchen;
3. das persönliche Erscheinen der Parteien anordnen;
4. Zeugen, auf die sich eine Partei bezogen hat, und Sachverständige zur mündlichen Verhandlung laden sowie eine Anordnung nach § 378 treffen.

(3) Anordnungen nach Absatz 2 Nr. 4 sollen nur ergehen, wenn der Beklagte dem Klageanspruch bereits widersprochen hat. Für sie gilt § 379 entsprechend.

(4) Die Parteien sind von jeder Anordnung zu benachrichtigen. Wird das persönliche Erscheinen der Parteien angeordnet, so gelten die Vorschriften des § 141 Abs. 2, 3.

§ 274 ZPO Ladung der Parteien; Einlassungsfrist

(1) Nach der Bestimmung des Termins zur mündlichen Verhandlung ist die Ladung der Parteien durch die Geschäftsstelle zu veranlassen.

II Sachverständigenwesen

(2) Die Ladung ist dem Beklagten mit der Klageschrift zuzustellen, wenn das Gericht einen frühen ersten Verhandlungstermin bestimmt.

(3) Zwischen der Zustellung der Klageschrift und dem Termin zur mündlichen Verhandlung muss ein Zeitraum von mindestens zwei Wochen liegen (Einlassungsfrist). Ist die Zustellung im Ausland vorzunehmen, so hat der Vorsitzende bei der Festsetzung des Termins die Einlassungsfrist zu bestimmen.

§ 275 ZPO Früher erster Termin zur mündlichen Verhandlung

(1) Zur Vorbereitung des frühen ersten Termins zur mündlichen Verhandlung kann der Vorsitzende oder ein von ihm bestimmtes Mitglied des Prozessgerichts dem Beklagten eine Frist zur schriftlichen Klageerwiderung setzen. Andernfalls ist die Beklagte aufzufordern, etwa vorzubringende Verteidigungsmittel unverzüglich durch den zu bestellenden Rechtsanwalt in einem Schriftsatz dem Gericht mitzuteilen; § 277 Abs. 1 Satz 2 gilt entsprechend.

(2) Wird das Verfahren in dem frühen ersten Termin zur mündlichen Verhandlung nicht abgeschlossen, so trifft das Gericht alle Anordnungen, die zur Vorbereitung des Haupttermins noch erforderlich sind."

47 Die **Pflichten des Gerichts** ergeben sich aus § 404a ZPO[63]. Es sind dies:

a) eine Leitungs- und Weisungspflicht,

b) eine Anhörungs-, Einweisungs- und Erläuterungspflicht,

c) eine Pflicht zur Vorgabe des unstreitigen Sachverhalts sowie

d) eine Pflicht zur Regelung des Parteienverkehrs.

48 § 404a ZPO hat folgende Fassung:

„§ 404a ZPO Gerichtliche Leitung des Sachverständigen

(1) Das Gericht hat die Tätigkeit des Sachverständigen zu leiten und kann ihm für Art und Umfang seiner Tätigkeit Weisungen erteilen.

(2) Soweit es die Besonderheit des Falles erfordert, soll das Gericht den Sachverständigen vor Abfassung der Beweisfrage hören, ihn in seine Aufgabe einweisen und ihm auf Verlangen den Auftrag erläutern.

(3) Bei streitigem Sachverhalt bestimmt das Gericht, welche Tatsachen der Sachverständige der Begutachtung zugrunde legen soll.

(4) Soweit es erforderlich ist, bestimmt das Gericht, in welchem Umfang der Sachverständige zur Aufklärung der Beweisfrage befugt ist, inwieweit er mit den Parteien in Verbindung treten darf und wann er ihnen die Teilnahme an seinen Ermittlungen zu gestatten hat.

(5) Weisungen an den Sachverständigen sind den Parteien mitzuteilen. Findet ein besonderer Termin zur Einweisung des Sachverständigen statt, so ist den Parteien die Teilnahme zu gestatten."

49 Die **Pflichten des gerichtlich beauftragten Sachverständigen** ergeben sich aus § 407a ZPO; dies sind

a) die Pflicht zur Prüfung der sachlichen Zuständigkeit,

b) die Pflicht zur persönlichen Gutachtenerstattung,

c) die Pflicht zur Mitteilung von Zweifeln und besonders hohen Kosten,

d) die Pflicht zur Herausgabe von Akten,

e) die Pflicht zur Kostentragung bei Nichterscheinen oder Gutachtenverweigerung.

▶ *Zu den Pflichten des Sachverständigen vgl. Rn. 102 ff.*

---

[63] Vgl. Siegburg, Zum Beweisthema des Beweisbeschlusses beim Sachverständigenbeweis über Baumängel, BauR 2001, 875, 882; OLG Celle, Beschl. vom 30.10.1997 – 4 U 197/95 –, BauR 1998, 1281 = EzGuG 11.254a.

1.2.5.4 Beeidigung des Sachverständigen

▶ Vgl. Rn. 162 ff., 211, 238; zur Haftung von gerichtlichen Sachverständigen vgl. Rn. 237 ff.

Der Sachverständige wird nach § 410 Abs. 1 Satz 1 ZPO vor oder nach Erstattung des Gutachtens beeidigt. Bei Sachverständigen, die auf dem einschlägigen Sachgebiet bereits beeidigt sind, z. B. öffentlich bestellte und vereidigte Sachverständige, genügt die **Berufung** oder eine entsprechende Erklärung im Gutachten **auf den bereits geleisteten Eid** (§ 410 Abs. 2 ZPO). 50

§ 410 ZPO hat folgende Fassung: 51

„**§ 410 ZPO** Sachverständigenbeeidigung

(1) Der Sachverständige wird vor oder nach Erstattung des Gutachtens beeidigt. Die Eidesnorm geht dahin, dass der Sachverständige das von ihm erforderte Gutachten unparteiisch und nach bestem Wissen und Gewissen erstatten werde oder erstattet habe.

(2) Ist der Sachverständige für die Erstattung von Gutachten der betreffenden Art im Allgemeinen beeidigt, so genügt die Berufung auf den geleisteten Eid; sie kann auch in einem schriftlichen Gutachten erklärt werden."

Nach § 410 Abs. 1 Satz 2 ZPO wird der Sachverständige also darauf beeidigt, dass er das von ihm geforderte Gutachten **unparteiisch und nach bestem Wissen und Gewissen** erstatten werde oder erstattet hat[64]. Die Beeidigung ist im Hinblick auf zivilrechtliche Haftungsfolgen nach § 823 Abs. 2 BGB von Bedeutung (vgl. Rn. 162 ff., 211 ff., 238).

1.2.5.5 Behandlung von Gutachtenaufträgen

▶ Zu den Besonderheiten der Haftung vgl. Rn. 200 ff. und zur Entschädigung Rn. 260 ff.; zur Ablehnung von Sachverständigen vgl. Rn. 179 ff.; § 192 BauGB Rn. 297

Grundsätzlich hat ein zum Sachverständigen Ernannter nach § 407 ZPO (Rn. 33, 102) **dem gerichtlichen Auftrag Folge zu leisten,** wenn 52

– er zur Erstattung von Gutachten der erforderlichen Art öffentlich bestellt ist,
– er die Wissenschaft bzw. das Gewerbe, deren Kenntnis zur Erstattung des Gutachtens Voraussetzung ist, öffentlich zum Erwerb ausübt oder zur Ausübung öffentlich bestellt oder ermächtigt ist, oder
– er sich hierzu vor Gericht bereit erklärt hat.

Der **Sachverständige kann sich verweigern**

– aus Gründen, aus denen ein Zeuge von seinem Zeugnisverweigerungsrecht Gebrauch machen darf, insbesondere bei verwandtschaftlichen Beziehungen zu einer Partei, bei Verlöbnis oder Verheiratung (§ 408 ZPO),
– aus besonderen Gründen, wie Krankheit, Arbeitsüberlastung, Urlaub und mangelnder Sachkunde (vgl. § 10 SVO),
– oder wenn ihm die zur sachgerechten und zuverlässigen Beantwortung der Beweisfrage erforderlichen Kenntnisse und Erfahrungen fehlen.

Zu den Folgen der Gutachtenverweigerung und des Nichterscheinens eines Sachverständigen vgl. § 409 ZPO.

Die Verweigerung bedarf zu ihrer Wirksamkeit der **Entbindung durch das Gericht**. Die Entbindung bedarf eines Antrags, der unverzüglich unter Angabe der Gründe gestellt werden muss. Darüber hinaus muss das Gericht den Sachverständigen entbinden, wenn eine Partei ein Ablehnungsgesuch unter Angabe von Tatsachen gestellt hat, die geeignet sind, aus ihrer Sicht berechtigte Zweifel an der Unparteilichkeit des Sachverständigen aufkommen zu lassen. 53

---

64 Lanz in ZRP 1998, 337; v. Münch in NJW 1998, 1761.

II Sachverständigenwesen

Hält der Sachverständige für die Beantwortung der Beweisfragen eine **weitere Aufklärung des Sachverhalts** (z. B. durch gerichtliche Zeugenvernehmung oder Vorlage von Urkunden) für erforderlich, so hat er das Gericht hiervon zu unterrichten. Benötigt der Sachverständige noch Unterlagen, die sich in den Händen einer Partei befinden, so ist der sichere, allerdings auch zeitraubende Weg die Anforderung über das Gericht; dies gilt insbesondere dann, wenn die Partei nicht anwaltlich vertreten ist. In der Regel werden jedoch keine Bedenken bestehen, wenn der Sachverständige die Unterlagen schriftlich unmittelbar über den Prozessvertreter von der Partei erbittet und eine Abschrift seines Schreibens dem Prozessvertreter der anderen Partei und dem Gericht übersendet. Von einem einseitigen mündlichen oder fernmündlichen Kontakt mit nur einer Partei wird vom DIHT (Merkblatt)[65] dringend abgeraten (Ausnahme: Ladung zur Ortsbesichtigung). **Eigene Feststellungen zum Sachverhalt** darf der Sachverständige nur treffen, wenn sich die Befugnis hierzu aus dem Beweisbeschluss ergibt oder die ordnungsgemäße Erledigung des Auftrags dies erfordert (z. B. Notwendigkeit einer Objekt- oder Ortsbesichtigung). Bei Zweifeln, ob und wieweit der Sachverständige eigene Feststellungen zum Sachverhalt treffen darf, muss er sich beim Gericht Gewissheit verschaffen. Auf keinen Fall darf der Sachverständige selbst Zeugen vernehmen, umfangreiche Ermittlungen anstellen oder den Sachverhalt mit nur einer Partei oder nur einem Prozessbevollmächtigten erörtern oder abklären. Bei den Tatsachen, die ein gerichtlicher Sachverständiger aufgrund des Akteninhalts seinem Gutachten zugrunde legen muss, insbesondere die ihm vom Gericht mitgeteilten Tatsachen (§ 404a Abs. 3 ZPO), handelt es sich um sog. **Anknüpfungstatsachen**. Eigene tatsächliche Feststellungen des Sachverständigen, die sich objektiv nachweisen lassen und über die der Sachverständige auch als Zeuge aussagen könnte, sind dagegen **Befundtatsachen**.

Das Gericht kann sich dem Urteil des Sachverständigen anschließen, aber es auch verwerfen. **Liegt ein Gutachten vor, so darf das Gericht nicht ohne Weiteres die Möglichkeit einer sachverständigen Beratung ungenutzt lassen** und muss sich gegebenenfalls ein ihm unklar erscheinendes Gutachten ergänzen und erläutern lassen[66]. Das Gericht hat aber die Pflicht zur Aufklärung des Sachverhalts und „Erschöpfung" eines durch Gutachtenerstattung angetretenen Sachverständigenbeweises (vgl. Rn. 295 ff. m. w. N.)[67]. Es muss sich auch mit den Grundlagen einer Schätzung auseinandersetzen, wenn sie wesentlich für die Entscheidung sind[68], und seine abweichende Beurteilung begründen (§ 192 BauGB Rn. 297)[69]. Soweit **mehrere sich** widersprechende Gutachten dem Gericht vorliegen, muss der Tatrichter auf die Aufklärung von Widersprüchen zwischen den verschiedenen Sachverständigen wie auch innerhalb eines einzelnen Gutachtens hinwirken[70].

Für steuerrechtliche Streitigkeiten hat der BFH entschieden, dass das **Finanzamt bei streitigen Grundstücksbewertungen** nicht verpflichtet ist, das Gutachten eines unabhängigen Sachverständigen einzuholen. Es kann sich auch mithilfe hauseigener Bewertungssachverständiger sachkundig machen. Deren Gutachten sind im finanzgerichtlichen Prozess als Privatgutachten zu behandeln[71].

---

65 DIHT-Merkblatt: Der gerichtliche Sachverständige, Köln 1997.
66 BGH, Urt. vom 5.6.1961 – V ZR 11/80 –, NJW 1981, 2578 = EzGuG 11.124b.
67 BGH, Urt. vom 29.11.1995 – VIII ZR 278/94 –, GuG 1996, 180 = EzGuG 11.225; BGH, Urt. vom 13.10.1993 – IV ZR 220/92 –, NJW-RR 1994, 219 = EzGuG 207e; BGH, Urt. vom 11.5.1993 – VI ZR 243/92 –, NJW 1993, 2382 = EzGuG 11.205h; BGH, Urt. vom 2.11.1970 – VIII ZR 273/74 –, EzGuG 11.74; BGH, Urt. vom 2.11.1970 – III ZR 129/68 –, BRS Bd. 26 Nr. 165 = EzGuG 11.74; BGH, Urt. vom 13.7.1962 – IV ZR 21/62 –, BGHZ 37, 389 = EzGuG 11.26; BGH, Urt. vom 28.6.1961 – V ZR 14/60 –, NJW 1961, 2061 = EzGuG 11.23; BGH, Urt. vom 22.7.1959 – 4 StR 250/59 –, NJW 1959, 2315 = EzGuG 11.18d; BGH, Urt. vom 8.11.1955 – I ZR 12/54 –, VersR 1956, 63 = EzGuG 11.7a; OLG Hamburg, Urt. vom 21.12.1961 – 6 U 172/61 –, MDR 1962, 414 = EzGuG 11.24.
68 BGH, Urt. vom 17.12.1964 – III ZR 96/63 –, BRS Bd. 19 Nr. 112 = EzGuG 11.47; BGH, Urt. vom 18.12.1958 – 4 StR 399/58 –, BGHSt 12, 312 = EzGuG 11.16; BGH, Urt. vom 30.4.1952 – III ZR 198/51 –, BGHZ 6, 62 = EzGuG 11.2.
69 BGH, Urt. vom 9.5.1989 – VI ZR 268/88 –, NJW 1989, 2948 = EzGuG 11.170w.
70 BGH, Urt. vom 10.5.1994 – VI ZR 192/93 –, NJW 1994, 2419 = EzGuG 11.210; BGH, Urt. vom 23.9.1989 – VI ZR 261/85 –, NJW 1987, 442 = EzGuG 11.159; OLG Oldenburg, Urt. Vom 18.10.1995 – 2 U 130/95 –, OLGR-Oldenburg 1996, 10 = EzGuG 11.224f.
71 BFH, Urt. vom 31.8.1994 – X R 170/93 –, GuG 1995, 183 = EzGuG 11.215; FG Münster, Urt. vom 12.8.1998 – 8 K 5129/94 GrE –, UVR 1999, 252 = StE 1999, 24.

1.2.5.6 Ortsbesichtigung

▶ *Rn. 379; zu den Besonderheiten der Haftung vgl. Rn. 200 ff. und zur Entschädigung Rn. 260 ff.*

Grundlage des Ortstermins eines Sachverständigen ist ein entsprechender Auftrag des Richters, der z. B. im Beweisbeschluss erteilt werden kann. Der Ortstermin des Gerichtssachverständigen ist zwar kein Gerichtstermin, sondern lediglich eine vorbereitende Maßnahme, jedoch sind die Grundsätze eines „fairen" Gerichtsverfahrens auch hier zu beachten. Daraus folgt, dass der **Ortstermin parteiöffentlich** ist.

Die Prozessparteien, deren Rechtsanwälte und Streithelfer (Nebenintervenienten) und deren Anwälte haben ein Anwesenheitsrecht. Es empfiehlt sich zu diesem Zweck, zum Ortstermin mit einem sicheren Zugangsnachweis (Einschreiben/Rückschein) rechtzeitig zu laden (Terminmitteilung) und dem Gericht den bevorstehenden Ortstermin mitzuteilen. Sofern Parteien oder Streithelfer durch Anwälte vertreten sind, erfolgt die Ladung über die jeweiligen Anwälte (§ 176 ZPO). Zwischen dem Zugang der Terminmitteilung und dem Termin sollten mindestens zwei Wochen liegen[72]. Soweit dazu Wohnungen zu betreten sind und damit gerechnet werden muss, dass der Zugang verweigert wird, ist der Sachverhalt dem Gericht zur Klärung und Entscheidung zu unterbreiten. Das Gericht kann der beweisbelasteten Prozesspartei eine angemessene Ausschlussfrist setzen, dieses der sachverständigen Beweiserhebung entgegenstehende Hindernis zu beseitigen oder auf Duldung zu verklagen (§ 356 ZPO). Terminverlegungsgesuche sind ohne Nachprüfung der Gründe „großzügig" zu behandeln. Eine zweite Terminverlegung kann nur bei triftigen Gründen und ggf. unter Einschaltung des Gerichts in Betracht gezogen werden.

Für die vom Gerichtssachverständigen zu beachtende Parteiöffentlichkeit gemäß § 357 ZPO macht es keinen Unterschied, ob der Sachverständige einen offziellen oder einen inoffiziellen Ortstermin durchführt; auch vorbereitende Feststellungen des Sachverständigen müssen entweder unter Ausschluss oder unter Einbeziehung sämtlicher Parteien stattfinden[73].

Im Ortstermin können Hinweise zu den tatsächlichen Verhältnissen gegeben werden; der Sachverständige darf indessen nicht in Streitgespräche verwickelt oder in seiner Tätigkeit behindert werden[74]; er selbst darf sich auch nicht in Streit- oder Vergleichsgespräche einlassen. Bei einer **Störung des Ortstermins** muss dieser nach einer Abmahnung abgebrochen und das Gericht um Weisung gebeten werden, wie zu verfahren ist. Das Gericht kann in entsprechender Anwendung des § 444 ZPO (Grundsatz der Beweisvereitelungsfolgen) von einem weiteren Versuch der Beweiserhebung absehen und die gegnerische Behauptung als erwiesen ansehen. Das Gericht kann aber auch einen gerichtlichen Ortstermin unter Hinzuziehung des Sachverständigen ansetzen und zugleich ankündigen, dass es bei Störung dieses Termins nach § 444 ZPO verfahren werde.

1.2.5.7 Ergänzung und Erläuterung eines Gutachtens

Im selbstständigen Beweisverfahren können die Parteien nach Übersendung des schriftlichen Gutachtens des gerichtlichen Sachverständigen Anträge auf **Ergänzung oder Erläuterung des Gutachtens** stellen, solange das Verfahren noch nicht beendet ist[75]. Welcher Zeitraum für entsprechende Anträge als angemessen anzusehen ist, bestimmt sich nach den Umständen des Einzelfalls, wobei auch der Umfang und Schwierigkeitsgrad des Gutachtens und ein etwa gegebenes Beschleunigungsbedürfnis zu berücksichtigen sind[76].

Um erkennbare Unstimmigkeiten eines Gutachtens aufzuklären, kann auch das Gericht den Sachverständigen zur Erläuterung seines Gutachtens laden. Auf Verlangen des Gerichts hat

---

72 Im Falle eines überraschenden Ortstermins ist vorher eine gerichtliche Entscheidung herbeizuführen; vgl. Franzki in Bayerlein, Praxishandbuch, 2. Aufl., § 14 Rn. 57.
73 OLG Saarbrücken, Urt. vom 18.12.2012 – 5 W 430/12 –.
74 OLG Düsseldorf, Urt. vom 29.5.1973 – 20 W 13/73 –, BauR 1974, 72 = EzGuG 11.90 d.
75 BGH, Urt. vom 13.9.2005 – VI ZB 84/04 –, GuG 2006, 123 = EzGuG 11.466.
76 OLG Köln, Urt. vom 18.9.1996 – 2 W 151/96 –, NJW-RR 1997, 1220 = EzGuG 11.235d.

II Sachverständigenwesen Sachverständiger

der Sachverständige nach § 407a Abs. 4 ZPO (Gerichts-)**Akten und sonstige für die Begutachtung beigezogene Unterlagen und Untersuchungsergebnisse** unverzüglich herauszugeben oder mitzuteilen. Nach Auffassung von *Schikora* sind unter Bezugnahme auf die Gesetzesmaterialien auch Handakten des Sachverständigen vorzulegen[77].

1.2.5.8 Persönliche Vernehmung des Gutachters

56 Die Vorschriften der §§ 402 und 397 ZPO geben den Parteien nicht das Recht, die persönliche Vernehmung eines Privatgutachters zur Erläuterung seines Gutachtens zu verlangen[78]. In der Rechtspraxis ist es gleichwohl unbestritten, dass das Gericht auf rechtzeitig gestellten Antrag zur mündlichen Anhörung zu laden hat, selbst dann, wenn das Gericht ein Gutachten für vollständig und überzeugend erachtet hat. Nach der Rechtsprechung des BGH[79] kann von der Partei, die die Anhörung verlangt hat, nicht verlangt werden, dass sie die beabsichtigten Fragen im Voraus konkretisiert. Anhaltspunkt dafür können jedoch die Einwendungen gegen das Gutachten, die Begutachtung betreffende Anträge und Ergänzungsfragen zu dem schriftlichen Gutachten sein, die gemäß § 411 Abs. 4 innerhalb eines angemessenen Zeitraums dem Gericht mitzuteilen sind.

1.2.6 Verpflichtete Sachverständige

57 Als verpflichtete Sachverständige gelten insbesondere **Angestellte von Behörden oder sonstigen Stellen, auf die öffentliche Verwaltungsaufgaben übertragen worden sind, die nach dem** Gesetz über die förmliche Verpflichtung nicht beamteter Personen (Verpflichtungsgesetz) **verpflichtet worden sind.** In Betracht kommt eine Verpflichtung nach § 1 Abs. 1 Nr. 1 oder 3 dieses Gesetzes:

– Wer, ohne Amtsträger zu sein, bei einer Behörde oder einer sonstigen öffentlichen Stelle Aufgaben der öffentlichen Verwaltung wahrnimmt, beschäftigt oder für sie tätig ist, wird nach Nr. 1 förmlich verpflichtet.

– Die von den Industrie- und Handelskammern, den Landwirtschaftskammern, den Handwerkskammern und von Behörden bestellten und vereidigten Sachverständigen werden nach Nr. 3 förmlich verpflichtet.

1.2.7 Öffentlich bestellte und vereidigte Sachverständige

1.2.7.1 Allgemeines

Schrifttum: *Bleutge, P.,* Der öffentlich bestellte und vereidigte Sachverständige, Funktion und Inhalt seiner Berufung, BB 1973, 1416; *Bleutge, P.,* Die öffentliche Bestellung von Sachverständigen im Spiegel der Rechtsprechung, GewA 1974, 184; *Bleutge, P.,* Die besondere Sachkunde nach § 36 GewO, GewA 1975, 147; *Bleutge, P.,* Der öffentlich bestellte Sachverständige, DRiZ 1977, 10; *Bleutge, P.,* Die neuere Rechtsprechung zu § 36 GewO, GewA 1976, 363; GewA 1980, 313; GewA 1986, 145; GewA 1990, 113; *Bleutge, P.,* Der öffentlich bestellte Sachverständige nach § 36 GewO, WiVerw 1988, 1; *Bleutge, P.,* Die Novellierung des § 36 GewO, GewA 1994, 447; *Bleutge, P.,* Öffentliche Bestellung und private Zertifizierung im Wettbewerb, GuG 1997, 72; *Bleutge, P.,* Prüfung der Sachkunde bei zertifizierten Sachverständigen, Der Bausachverständige 2005, 8, 47; *Bremer, H.,* Straf- und zivilrechtliche Folgen der fälschlichen Bezeichnung „öffentlich bestellter Sachverständiger", BB 1974, 210; *Brocki, G.,* Die öffentliche Bestellung von Sachverständigen für die Wirtschaft, GewA 1961, 174; *Broß, S.,* Ist das Verfahren der Industrie- und Handelskammern für die öffentliche Bestellung von Sachverständigen verfassungswidrig?, ZfBR 1992, 51; *Broß, S.,* Die öffentliche Bestellung von Sachverständigen und Kartellrecht, GRUR 1993, 190; *Döbereiner, W.,* Die Bedürfnisprüfung bei der öffentlichen Bestellung von Sachverständigen, BB 1984, 1074; *Jahn, R.,* Zur Bedürfnisprüfung im Sachverständigenwesen, JuS 1993, 643; *Kamphausen, A.,* Zur Sachkundeprüfung bei der öffentlichen Bestellung von Sachverständigen, GewA 1991, 124; *Konstantinou, K.,* Die öffentliche Bestellung von Sachverständigen, Köln 1993;

---

77 Schikora in MDR 2002, 1033; BT Drucks. 11/3621, 40.
78 BVerwG, Beschl. vom 26.11.1980 – 6 B 16/80 –, BayVBl. 1982, 158 = EzGuG 11.121f; BGH, Urt. vom 5.12.1961 – VI ZR 261/60 –, VersR 1962, 231 = EzGuG 11.23d; BGH, Urt. vom 17.9.1963 – VI ZR 172/62 –, VRS 26, 86.
79 BGH, Beschl. vom 5.9.2006 – VI ZR 176/05 –, NJW-RR 2007, 212; BGH, Urt. vom 27.2.1957 – VI ZR 290/56 –, BGHZ 24, 9, 14 = EzGuG 11.11a; BVerwG, Urt. vom 19.3.1996 – 11 B 9/96 –, NJW 1996, 2318 = EzGuG 11.228.

Müller, K., Die Voraussetzungen für die öffentliche Bestellung eines Sachverständigen, GewA 1971, 193; *Nicklisch, F.*, Technische Überwachungsorganisationen und öffentlich bestellte Sachverständige, DB 1982, 2277; *Pause, E.*, Der unabhängige Sachverständige, NJW 1985, 2576; *Pause, E.*, Die Unabhängigkeit des Sachverständigen, GewA 1986, 218; *Stober, R.*, Der öffentlich bestellte Sachverständige zwischen beruflicher Bindung und Deregulierung, Köln 1991; *Stober, R.*, Zum Beruf des Sachverständigen nach der Novellierung des § 36 GewO, Heidelberg 1996; *Tettinger, P.*, Die öffentliche Bestellung von Sachverständigen im Lichte der jüngeren Rechtsprechung, GewA 1984, 41; *Tettinger, P./Pielow, C.*, Die aktuelle Rechtsentwicklung bei der öffentlichen Bestellung und Vereidigung von Sachverständigen, GewA 1992, 1; *Tettinger/Wank*, Kommentar zur Gewerbeordnung, 7. Aufl. München 2004; *Trauzettel, G.*, Der öffentlich bestellte und vereidigte Sachverständige im Dienste des Bürger, ZSW 1986, 141; *Weidhaas, J.*, Die Überprüfung der besonderen Sachkunde von Sachverständigen durch Fachgremien, GewA 1991, 367; *Weidhaas, J.*, Sachverständige in der elektronischen Datenverarbeitung, CR 1986, 597; *Weidhaas, J.*, Öffentlich bestellte IHK-Sachverständige, ZSW 1986, 33; *Wolter, B.*, Die Bedürfnisprüfung in § 36 GewO = GewA 1972, 321.

Um Gerichten, Unternehmen, Behörden und Privatleuten die Suche nach **fachlich besonders qualifizierten Sachverständigen mit besonders hoher Glaubwürdigkeit und Gewähr für Unparteilichkeit und Zuverlässigkeit** zu erleichtern, wurde die Institution des „öffentlich bestellten und vereidigten Sachverständigen" geschaffen. Sie bietet aufgrund ihrer Überprüfung dieser Sachverständigen durch staatliche oder halbstaatliche Stellen die Gewähr der besonderen Sachkunde auf ihrem Fachgebiet[80] sowie für eine uneingeschränkte Vertrauenswürdigkeit. Sie werden deshalb auch von Gerichten vorzugsweise herangezogen (vgl. § 104 Abs. 2 ZPO, § 73 Abs. 2 StPO, § 173 Abs. 1 VwGO). 58

Der öffentlich bestellte und vereidigte Sachverständige übt keinen besonderen, sondern einen jedermann zugänglichen Beruf des Sachverständigen aus. Rechte und Pflichten des öffentlich bestellten und vereidigten Sachverständigen ergeben sich entweder aus

a) einer aufgrund der Ermächtigung nach § 36 Abs. 3 GewO erlassenen Rechtsverordnung[81] oder

b) einer nach § 36 Abs. 4 GewO erlassenen (autonomen) Satzung einer für die Bestellung dieser Sachverständigen zuständigen Körperschaft öffentlichen Rechts (Sachverständigenordnung SVO der Industrie- und Handelskammern, Architektenkammern, Handwerkskammern).

Der öffentlich bestellte und vereidigte Sachverständige ist organisiert im **Bundesverband der Sachverständigen (BVS),** der am 27.11.1961 gegründet wurde und sich in 12 Landesverbände untergliedert[82]. Kooperativer Mitgliedsverband des BVS ist der Hauptverband der landwirtschaftlichen Buchstellen und Sachverständigen (HLBS), der 1922 als „Reichsverband landwirtschaftlicher Privat-Buchstellen e. V." gegründet wurde, im Dritten Reich als „Reichsverband für das landwirtschaftliche Buchführungs-, Betreuungs- und Schätzungswesen e. V. – angegliedert dem Reichsnährstand" geführt wurde und sich 1948 als „Hauptverband für landwirtschaftliche Buchführung und Betreuung e. V." formierte. Der BVS vertritt als Dachorganisation die Interessen von 24 Mitgliedsverbänden mit mehr als 5 000 Sachverständigen, die auf weit mehr als 100 verschiedenen Fachgebieten tätig sind, davon sind etwa 1 000 Mitglieder im Bereich der Immobilienbewertung tätig.

Die **Tätigkeit eines öffentlich bestellten und vereidigten Sachverständigen ist nicht auf den Bezirk der Kammer beschränkt,** die ihn bestellt hat (§ 2 Abs. 6 SVO). Ob er seine Tätigkeit haupt- oder nebenberuflich ausübt, liegt in seiner Entscheidung. 59

Der Sachverständige kann seine Tätigkeit allein oder zusammen mit anderen Sachverständigen in jeder Rechtsform ausüben (§ 21 SVO), wobei es sich nicht um öffentlich bestellte und vereidigte Sachverständige handeln muss. Dabei hat er darauf zu achten, dass seine Glaub-

---

80 BVerwG, Urt. vom 11.12.1972 – 1 C 5/71 –, DÖV 1973, 313 = GewA 1973, 263 = EzGuG 11.88a.
81 Verordnung über die öffentliche Bestellung und Vereidigung von Sachverständigen des Landes Bremen vom 23.5.1977 (GBl. 1977, 253); über die öffentliche Bestellung und Vereidigung von Sachverständigen auf dem Gebiet der Land- und Forstwirtschaft einschließlich des Garten- und Weinbaus sowie der Fischerei des Landes Baden-Württemberg vom 20.12.2004 (GVBl. 2004, 497).
82 Zur Chronik des BVS vgl. Rollmann, „Wir deutschen Sachverständigen ..."

II Sachverständigenwesen — Sachverständiger

würdigkeit, sein Ansehen in der Öffentlichkeit und die Einhaltung seiner Pflichten nach dieser Sachverständigenordnung gewährleistet sind.

60 Es liegt innerhalb der Ausübung sachgerechten Ermessens, wenn eine Industrie- und Handelskammer im Rahmen des § 36 GewO vom öffentlich bestellten Sachverständigen verlangt, dass er grundsätzlich nur eine **berufliche Niederlassung** haben darf, weil nur so eine ständige Überprüfung des Sachverständigen gewährleistet ist. In entsprechender Anwendung der in § 42 Abs. 2 GewO umschriebenen gewerblichen Niederlassung liegt eine berufliche Niederlassung dann vor, wenn dem Sachverständigen ein zum dauernden Gebrauch eingerichteter, ständig oder in regelmäßiger Wiederkehr von ihm benutzter Raum für Arbeiten zur Verfügung steht, die im Zusammenhang mit seiner Gutachtertätigkeit stehen[83].

61 Für die öffentliche Bestellung zum Sachverständigen gilt grundsätzlich, dass die Person eine ausreichende Lebens- und Berufserfahrung, die persönliche Eignung und die besondere Sachkunde mitbringt. Die öffentliche Bestellung wird auf fünf Jahre befristet. Die öffentliche Bestellung ist nicht von einer Mindest- oder Höchstaltersgrenze abhängig[84].

62 Bei erstmaliger Bestellung und in begründeten Ausnahmefällen, insbesondere bei Zweifeln über die Fortdauer der persönlichen und fachlichen Eignung des Sachverständigen, kann die Frist nach § 2 Abs. 4 SVO von fünf Jahren unterschritten werden. Dies stellt keinen Eingriff in die Freiheit der Berufswahl, sondern eine Regelung der Berufsausübung dar[85].

63 Die öffentliche Bestellung und Vereidigung von Sachverständigen für Grundstückswerte wird grundsätzlich als eine **Maßnahme zur Daseinsvorsorge** angesehen. § 36 GewO ist im Grundkonzept nicht als eine dem Art. 12 GG unterfallende Berufszulassungsschranke ausgestaltet. Hierin unterscheidet sich die Regelung von der öffentlichen Bestellung der Vermessungsingenieure (ÖbVI), wo sie den alleinigen Zugang zum Beruf darstellt und wo deshalb auch nicht der Sachverständigenbegriff, sondern – etwas bescheidener – die Ingenieurbezeichnung Verwendung findet. Dafür werden aber i. d. R. gleich zwei (große) Staatsprüfungen sowie Praxiserfahrung als Zulassungsvoraussetzung gefordert; ein pikanter Widerspruch.

64 Gesetzliche Grundlagen sind insbesondere § 36 GewO und § 91 Abs. 1 Nr. 8 der Handwerksordnung – HwO[86]. Die Zuständigkeit für die öffentliche Bestellung von Sachverständigen ergibt sich dabei i. d. R. aus § 36 GewO. Die öffentliche Bestellung stellt keine Berufszulassung[87] dar und **verleiht** auch **keinerlei hoheitliche Befugnisse;** infolgedessen ist sie auch kein Akt staatlicher Beleihung.

65 Die **Bezeichnung öffentlich bestellter und vereidigter Sachverständiger ist gesetzlich geschützt** und nur diesen vorbehalten (§ 3 UWG und § 132a Abs. 1 Nr. 53 StGB); führt eine

---

[83] VG Saarlouis, Urt. vom 23.6.1980 – 5 K 114/79 –, GewA 1980, 297 = EzGuG 11.119a.
[84] BVerwG, Urt. vom 1.2.2012 – 8 C 24/11 – GuG 2012, 309 = EzGuG 11.916; BVerwG, Urt. vom 26.1.2011 – 8 C 45/09 und 46/09 –, NVwZ 2011, 1023 = EzGuG 11.793; BVerfG, Beschl. vom 16.11.1990 – 1 BvR 1280/90 –, NVwZ 1991, 358 = EzGuG 11.182b; BVerfG, Urt. vom 4.5.1983 – 1 BvL 46 und 47/80 –, BVerfGE 64, 72 = EzGuG 11.137; BVerfG, Beschl. vom 19.12.1962 – 1 BvR 541/57 –, BVerfGE 15, 235 = EzGuG 11.30a; BVerfG, Beschl. vom 02.05.1961 – 1 BvR 203/53 –, BVerfGE 12,319; BVerfG, Beschl. vom 17.07.1961 – 1 BvL 44/55 –, BVerfGE 13, 97 = EzGuG 11.23b; BVerfG, Beschl. vom 20.5.1959 – 1 BvL 1/58 und 7/58 –, BVerfGE 9, 291 = EzGuG 11.18b; BVerfG, Beschl. vom 16.6.1959 – 1 BvR 71/57 –, BVerfGE 9, 338 = EzGuG 11.18c; BVerwG, Beschl. vom 6.6.1963 – 1 B 11/63 –, GewA 1963, 224 = EzGuG 11.35; VGH Mannheim, Beschl. vom 5.2.2003 – 14 S 2243/01 –, GuG 2003, 318; BayVerfGH, Entsch. vom 12.5.1989 – Vf. 6 VII 87 –, NJW 1990, 898 = EzGuG 11.171; BayVerfGH, Entsch. vom 28.7.1983 – Vf. 20-VII 81 –, BayVBl. 1983, 720 = EzGuG 11.140; BayVerfGH, Entsch. vom 17.5.1982 – Vf. 2 – VII 80 –, BayVBl. 1982, 525 = EzGuG 11.130a; OVG Münster, Urt. vom 7.7.1989 – 4 A 1787/88 –, NVwZ-RR 1990, 300 = EzGuG 11.172; OVG Lüneburg, Urt. vom 26.11.1975 – 7 A 71/75 –, GewA 1976, 126 = EzGuG 11.99; OVG Berlin, Beschl. vom 17.2.1977 – 1 S 1/77 –, GewA 1978, 293 = EzGuG 11.106a; VG Arnsberg, Urt. vom 14.12.1978 – 1 K 494/78 –, GewA 1979, 195 = EzGuG 11.114d; VG Dessau, Beschl. vom 8.11.2000 – 2 B 482/00 –, GuG 2002, 191 = EzGuG 11.289a; VG Freiburg, Urt. vom 20.8.2001 – 7 K 1673/00 –, EzGuG 11.310; VG Braunschweig, Urt. vom 8.12.1995 – 1 A 1283/94 –, GuG 1998, 62 = EzGuG 11.226a; Bleutge in GewA 1978, 284; Landmann/Rohmer, GewO § 36 Rn. 73; vgl. BT-Drucks. 14/577; BT-Drucks. 7/551; LT-Drucks. NW vom 10. 9.1999 LT-Drucks. 14/4237.
[85] BVerwG, Beschl. vom 30.12.1965 – 1 B 37/65 –, GewA 1986, 94 = EzGuG 11.49b.
[86] BGH, Urt. vom 28.6.1984 – I ZR 93/82 –, NJW 1984, 2883 = EzGuG 11.142t; VG Leipzig, Urt. vom 15.8.2000 – 5 K 429/99 –, GuG 2001, 254 = EzGuG 11.288a; VG Ansbach, Urt. vom 30.3.2000 – AN 16 K 97.0.2635 –, GuG 2001, 254 = EzGuG 11.120m.
[87] BVerwG, Urt. vom 3.2.1986 – 1 B 4/86 –, GewA 1986, 127 = EzGuG 11.150; VGH Mannheim, Urt. vom 8.12.1987 – 6 S 3097/86 –, ESVGH 38, 319 = EzGuG 11.168c.

Person gleichwohl diese Bezeichnung, so ist dies eine nach § 3 UWG **irreführende Handlung** (**Werbung**, vgl. Rn. 4)[88]. Des Weiteren dürfen nur diese Sachverständigen den von den Kammern ausgehändigten Rundstempel führen (vgl. Rn. 104).

Die öffentlich bestellten Sachverständigen sollen aufgrund ihrer besonderen Sachkunde Fragen beantworten können, deren selbstständige Beurteilung einem Gericht oder einem anderen Auftraggeber wegen fehlender Fachkenntnisse nicht möglich ist. Ihre Gutachten haben einen erheblichen, oft streitentscheidenden Einfluss auf fremde Entscheidungen, die unter Umständen schwerwiegende Folgen für die Betroffenen mit sich bringen. 66

Wegen der verantwortungsvollen Stellung des Sachverständigen sind an die von ihm zu verlangende Charakterstärke hohe Anforderungen zu stellen. Daher erfordert die öffentliche Bestellung als Sachverständiger eine uneingeschränkte **Zuverlässigkeit und Vertrauenswürdigkeit der Person**[89]. Für die **persönliche Eignung und Integrität** ist zu fordern die Gewähr für Unabhängigkeit und Unparteilichkeit sowie für die Einhaltung der Sachverständigenpflichten. Diese Voraussetzung ist nicht gegeben, wenn Tatsachen vorliegen, die die Annahme rechtfertigen, der Sachverständige werde seinen mit der öffentlichen Bestellung zusammenhängenden öffentlichen Aufgaben nicht immer ordnungsgemäß nachkommen[90]. Des Weiteren ist eine Eignung nicht gegeben, wenn der Sachverständige grundsätzlich nicht willens und in der Lage ist, die grundlegenden Pflichten seiner Tätigkeit zu beachten[91]. Vom Sachverständigen werden geordnete Vermögensverhältnisse[92] sowie die Beherrschung der deutschen Sprache in Wort und Schrift gefordert. Die gebotene **Unparteilichkeit** muss sich in Stil und Sprache widerspiegeln. Auch muss von einem öffentlich bestellten Sachverständigen erwartet werden, dass er nicht erst vor den Schranken der (Straf-)Gesetze haltmacht, sondern bereits unterhalb der Grenze des rechtlich Zulässigen sein Verhalten so einrichtet, dass – gemessen an den Geboten der Fairness, der Korrektheit und der persönlichen Integrität – Zweifel an der Zuverlässigkeit seines Tuns gar nicht erst aufkommen[93], vgl. hierzu die Bestimmungen der Muster-Sachverständigenordnung – SVO – des Industrie- und Handelskammertags. Des Weiteren ist er zur gewissenhaften Erfüllung seiner Obliegenheiten verpflichtet (§ 1 Abs. 1 Verpflichtungsgesetz). Darüber hinaus wird gefordert, dass der Sachverständige nicht einschlägig vorbestraft ist. Auch die unbefugte Verwendung von Rundstempeln kann Zweifel an den persönlichen Voraussetzungen eines Antragstellers rechtfertigen[94]. 67

Das Tatbestandsmerkmal der **persönlichen Eignung** unterliegt der uneingeschränkten gerichtlichen Überprüfung[95].

Die **besondere Sachkunde in § 36 GewO** ist ein unbestimmter Rechtsbegriff, der ebenfalls der uneingeschränkten gerichtlichen Nachprüfung unterliegt (vgl. Rn. 101). Als Bestellungsvoraussetzung wird vom Institut für Sachverständigenwesen (IfS) ein abgeschlossenes Stu- 68

---

88 OLG Dresden, Beschl. vom 4.9.1996 – 12 U 564/96 –, WRP 1996, 1168 = EzGuG 11.235c; AG Krefeld, Urt. vom 25.9.1970 – 2x DS 43/60 –, BB 1961, 197.
89 BVerwG, Urt. vom 27.6.1974 – 1 C 10/73 –, BVerwGE 45, 235 = EzGuG 11.94; OVG Münster, Urt. vom 25.11.1986 – 4 A 1673/ 85 –, GewA 1987, 160 = EzGuG 11.162a; OVG Münster, Urt. vom 31.3.1982 – 4 A 2552/80 –, GewA 1982, 266 = EzGuG 11.127f; VG Augsburg, Urt. vom 27.4.1983 – An 4 K 82 A. 205 –, GewA 1983, 299 = EzGuG 11.136j; OVG Münster, Urt. vom 21.4.1983 – 4 A 928/82 –, EzGuG 11.137g; VG Minden, Urt. vom 10.2.1982 – 2 K 2259/81 –, EzGuG 11.135c; VG Karlsruhe, Urt. vom 21.1.1982 – 6 K 325/81 –, EzGuG 11.125v; VG München, Urt. vom 23.1.1996 – M 16 K 95.617 –, GewA 1996, 248 = EzGuG 11.227a; VGH Mannheim, Urt. vom 22.9.1976 – 6 608/76 –, GewA 1977, 19 = EzGuG 11.103g; Tettinger in GewA 1984, 44 und GewA 1992, 1.
90 BVerwG, Urt. vom 27.6.1974 – 1 C 10/73 –, BVerwGE 45, 235 = EzGuG 11.94; Bleutge in Landmann/Rohmer, GewO § 36.
91 BVerwG, Urt. vom 24.4.1979 – 1 C 51/75 –, GewA 1979; 304 = EzGuG 11.114 m.
92 VG Münster, Urt. vom 9.11.1993 – 4 K 2470/92 –, GewA 1996, 380 = EzGuG 11.207i.
93 OVG Münster, Urt. vom 14.10.1985 – 4 A 1494/80 –, NJW 1987, 512 = EzGuG 11.148; OVG Lüneburg, Urt. vom 15.6.1977 – 7 A 151/75 –, GewA 1977, 377 = EzGuG 11.110; VG Berlin, Beschl. vom 19.10.1979 – 4 A 209/78 –, GewA 1980, 193 = EzGuG 11.115i; OLG Hamm, Beschl. vom 13.7.1979 – 1 W 41/79 –, VersR 1980, 722 = EzGuG 11.115d; LG Oldenburg, Beschl. vom 6.5.1971 – 1 O 196/69 –, EzGuG 11.77g; LG Berlin, Beschl. vom 17.11.1970 – 53 T 60/70 –, NJW 1971, 251 = EzGuG 11.74a.
94 VG Bayreuth, Urt. vom 17.9.1991 – B 1 K 89.607 –, GewA 1992, 104 = EzGuG 11.186d.
95 VGH München, Beschl. vom 19.9.2004 – 22 CS 04.1885 –, NVwZ-RR 2005, 242.

II Sachverständigenwesen Sachverständiger

dium oder eine sachgebietsbezogene Berufsausbildung mit Bezug zur Immobilienwirtschaft i. V. m. einer mehrjährigen immobilienbezogenen praktischen Tätigkeit gefordert[96].

1.2.7.2 Bestellung nach GewO

Schrifttum: *Bleutge, P.,* Die öffentliche Bestellung für EU-Ausländer, GuG 2010, 70.

69 Auf die Beeidigung und öffentliche Bestellung als **Sachverständiger** gemäß § 36 GewO bestand im Übrigen lange Zeit **kein** (sich auf Art. 12 Abs. 1 Satz 1 GG gründender) **Rechtsanspruch**[97]. Eine berufliche Betätigung war nämlich auf diesem Gebiet auch ohne Bestellung möglich, denn das Bewerten von Grundstücken ist weder den dafür bestellten Personen vorbehalten noch genehmigungspflichtig[98].

70 Auf die öffentliche Bestellung besteht nunmehr ein Anspruch, wenn die Bestellungsvoraussetzungen vorliegen. §§ 36 und 36a der Gewerbeordnung – GewO – (vgl. auch § 91 Abs. 1 Nr. 8 HwO) haben folgende Fassung:

„§ 36 GewO Öffentliche Bestellung von Sachverständigen

(1) Personen, die als Sachverständige auf den Gebieten der Wirtschaft einschließlich des Bergwesens, der Hochsee- und Küstenfischerei sowie der Land- und Forstwirtschaft einschließlich des Garten- und Weinbaues tätig sind oder tätig werden wollen, sind auf Antrag durch die von den Landesregierungen bestimmten oder nach Landesrecht zuständigen Stellen für bestimmte Sachgebiete öffentlich zu bestellen, sofern für diese Sachgebiete ein Bedarf an Sachverständigenleistungen besteht, sie hierfür besondere Sachkunde nachweisen und keine Bedenken gegen ihre Eignung bestehen. Sie sind darauf zu vereidigen, dass sie ihre Sachverständigenaufgaben unabhängig, weisungsfrei, persönlich, gewissenhaft und unparteiisch erfüllen und ihre Gutachten entsprechend erstatten werden. Die öffentliche Bestellung kann inhaltlich beschränkt, mit einer Befristung erteilt und mit Auflagen verbunden werden.

(2) Absatz 1 gilt entsprechend für die öffentliche Bestellung und Vereidigung von besonders geeigneten Personen, die auf den Gebieten der Wirtschaft

1. bestimmte Tatsachen in Bezug auf Sachen, insbesondere die Beschaffenheit, Menge, Gewicht oder richtige Verpackung von Waren feststellen oder

2. die ordnungsmäßige Vornahme bestimmter Tätigkeiten überprüfen.

(3) Die Landesregierungen können durch Rechtsverordnung die zur Durchführung der Absätze 1 und 2 erforderlichen Vorschriften über die Voraussetzungen für die Bestellung sowie über die Befugnisse und Verpflichtungen der öffentlich bestellten und vereidigten Sachverständigen bei der Ausübung ihrer Tätigkeit erlassen, insbesondere über

1. die persönlichen Voraussetzungen einschließlich altersmäßiger Anforderungen, den Beginn und das Ende der Bestellung,

2. die in Betracht kommenden Sachgebiete einschließlich der Bestellungsvoraussetzungen,

3. den Umfang der Verpflichtungen des Sachverständigen bei der Ausübung seiner Tätigkeit, insbesondere über die Verpflichtungen

   a) zur unabhängigen, weisungsfreien, persönlichen, gewissenhaften und unparteiischen Leistungserbringung,

   b) zum Abschluss einer Berufshaftpflichtversicherung und zum Umfang der Haftung,

   c) zur Fortbildung und zum Erfahrungsaustausch,

---

96 Fachliche Bestellungsvoraussetzungen auf dem Sachgebiet „Bewertung von bebauten und unbebauten Grundstücken" des Instituts für Sachverständigenwesen e. V. (Stand April 2013, GuG 2013, 290).
97 BVerwG, Urt. vom 26.6.1990 – 1 C 10/88 –, GuG 1992, 293 = NJW 1991, 268 = EzGuG 11.179 mit Anm. von Weidhaas in GewA 1991, 367, BVerwG, Urt. vom 3.2.1986 – 1 B 4/86 –, GewA 1986, 127 = EzGuG 11.150; BVerwG, Urt. vom 24.4.1979 – 1 C 31/75 –, EzGuG 11.114d; BVerwG, Urt. vom 24.6.1975 – 1 C 23/73 –, MDR 1976, 250 = EzGuG 11.97; BVerwG, Urt. vom 27.6.1974 – 1 C 10/73 –, BVerwGE 45, 235 = EzGuG 11.94; BVerwG, Urt. vom 6.6.1963 – 1 B 11/63 –, GewA 1963, 224 = EzGuG 11.35; OVG Münster, Urt. vom 31.3.1982 – 4 A 259/81 –, GewA 1982, 266 = EzGuG 11.127f, VG Köln, Urt. vom 27.11.1980 – 1 K 4734/79 –, GewA 1981, 264 = EzGuG 11.121h; Tettinger Im GewA 1984, 48 und GewA 1992, 1; Müller in ZSW 1983, 120.
98 BVerfG, Urt. vom 1.7.1986 – 1 BvL 26/83 –, BVerfGE 73, 301 = NJW 1987, 1255 = EzGuG 11.156; VGH München, Urt. vom 14.8.1986 – 22 B 83 A 835 –, GewA 1986, 382 = EzGuG 11.158; BVerwG, Urt. vom 24.6.1975 – 1 C 23/73 –, MDR 1976, 250 = EzGuG 11.97.

d) zur Einhaltung von Mindestanforderungen bei der Erstellung von Gutachten,

e) zur Anzeige bei der zuständigen Behörde hinsichtlich aller Niederlassungen, die zur Ausübung der in Absatz 1 genannten Sachverständigentätigkeiten genutzt werden,

f) zur Aufzeichnung von Daten über einzelne Geschäftsvorgänge sowie über die Auftraggeber,

und hierbei auch die Stellung des hauptberuflich tätigen Sachverständigen regeln.

(4) Soweit die Landesregierung weder von ihrer Ermächtigung nach Absatz 3 noch nach § 155 Abs. 3 Gebrauch gemacht hat, können Körperschaften des öffentlichen Rechts, die für die öffentliche Bestellung und Vereidigung von Sachverständigen zuständig sind, durch Satzung die in Absatz 3 genannten Vorschriften erlassen.

(5) Die Absätze 1 bis 4 finden keine Anwendung, soweit sonstige Vorschriften des Bundes über die öffentliche Bestellung oder Vereidigung von Personen bestehen oder soweit Vorschriften der Länder über die öffentliche Bestellung oder Vereidigung von Personen auf den Gebieten der Hochsee- und Küstenfischerei, der Land- und Forstwirtschaft einschließlich des Garten- und Weinbaues sowie der Landesvermessung bestehen oder erlassen werden.

§ 36a GewO Öffentliche Bestellung von Sachverständigen mit Qualifikationen aus einem anderen Mitgliedstaat der Europäischen Union oder einem anderen Vertragsstaat des Abkommens über den Europäischen Wirtschaftsraum

(1) Bei der Bewertung der nach § 36 Absatz 1 geforderten besonderen Sachkunde von Antragstellern sind auch Ausbildungs- und Befähigungsnachweise anzuerkennen, die in einem anderen Mitgliedstaat der Europäischen Union oder in einem anderen Vertragsstaat des Abkommens über den Europäischen Wirtschaftsraum ausgestellt wurden. Wenn der Antragsteller in einem der in Satz 1 genannten Staaten für ein bestimmtes Sachgebiet

1. zur Ausübung von Sachverständigentätigkeiten berechtigt ist, die dort Personen vorbehalten sind, die über eine der besonderen Sachkunde im Sinne des § 36 Absatz 1 im Wesentlichen entsprechende Sachkunde verfügen, oder

2. in zwei der letzten zehn Jahre vollzeitig als Sachverständiger tätig gewesen ist und sich aus den vorgelegten Nachweisen ergibt, dass der Antragsteller über eine überdurchschnittliche Sachkunde verfügt, die im Wesentlichen der besonderen Sachkunde im Sinne des § 36 Absatz 1 entspricht,

ist seine Sachkunde bezüglich dieses Sachgebiets vorbehaltlich des Absatzes 2 als ausreichend anzuerkennen.

(2) Soweit sich die Inhalte der bisherigen Ausbildung oder Tätigkeit eines Antragstellers auf dem Sachgebiet, für das die öffentliche Bestellung beantragt wird, wesentlich von den Inhalten unterscheiden, die nach § 36 Voraussetzung für die öffentliche Bestellung als Sachverständiger für das betreffende Sachgebiet sind, kann dem Antragsteller nach seiner Wahl eine Eignungsprüfung oder ein Anpassungslehrgang auferlegt werden. Diese Maßnahme kann insbesondere auch die Kenntnis des deutschen Rechts und die Fähigkeit zur verständlichen Erläuterung fachlicher Feststellungen betreffen.

(3) Soweit an den Antragsteller nach Absatz 1 Satz 2 in seinem Herkunftsstaat außerhalb der Sachkunde liegende Anforderungen gestellt wurden, die den nach § 36 Absatz 1 geltenden vergleichbar sind, sind diese nicht nochmals nachzuprüfen. § 13b gilt entsprechend.

(4) Die zuständige Behörde bestätigt binnen eines Monats den Empfang der von dem Antragsteller eingereichten Unterlagen und teilt gegebenenfalls mit, welche Unterlagen noch nachzureichen sind. Das Verfahren für die Prüfung des Antrags auf Anerkennung muss innerhalb von drei Monaten nach Einreichen der vollständigen Unterlagen abgeschlossen sein. Diese Frist kann in begründeten Fällen um einen Monat verlängert werden. Bestehen Zweifel an der Echtheit von vorgelegten Bescheinigungen und Nachweisen oder benötigt die zuständige Behörde weitere Informationen, kann sie durch Nachfrage bei der zuständigen Stelle des Herkunftsstaats die Echtheit überprüfen und entsprechende Auskünfte einholen. Der Fristablauf ist solange gehemmt."

Nach dem am 28.12.2009 in Kraft getretenen § 36a GewO haben **Sachverständige mit Qualifikationen aus einem anderen EU-Mitgliedstaat** in Deutschland unter erleichterten Bedingungen Anspruch auf die öffentliche Bestellung. Es reicht, wenn sie in einem anderen EU-Staat auf einem bestimmten Sachgebiet zur Ausübung der Gutachtertätigkeit berechtigt sind und „im Wesentlichen" über die hier nach § 36 GewO geforderte besondere Sachkunde verfügen. Ebenfalls eine nur „im Wesentlichen" den hiesigen Anforderungen genügende überdurchschnittliche Sachkunde benötigt für eine deutsche öffentliche Bestellung, wer in zwei der letzten zehn Jahre Vollzeit-Gutachter war. In Einzelfällen kann die Behörde solchen

II Sachverständigenwesen

Bewerbern aber eine „Eignungsprüfung" oder einen „Anpassungslehrgang" (ein dortiger Prüfungsabschluss wird nicht gefordert) auferlegen.

71 Die geltende Fassung des § 36 GewO geht auf eine Entscheidung des BVerfG zur vormals **restriktiv praktizierten Bedürfnisprüfung** zurück. Das BVerfG hatte in seinem Beschl. vom 25.3.1992[99] beanstandet, dass die öffentliche Bestellung und Vereidigung von den Industrie- und Handelskammern insofern zu restriktiv gehandhabt wurden, als sie ihre Entscheidung zunächst davon abhängig gemacht hatten, ob ein allgemeiner Bedarf dafür besteht, und der Sachverstand einer bestimmten Anzahl öffentlich bestellter Sachverständiger in ihrem Kammerbereich voll ausgelastet ist, für weitere Zulassungen also kein konkretes Bedürfnis besteht.

72 Die **konkrete Bedürfnisprüfung wurde als unvereinbar mit der grundrechtlich gewährleisteten Berufsfreiheit** (Art. 12 Abs. 1 GG) **erkannt.** Wenn der Gesetzgeber – so das Gericht – die staatliche Anerkennung einer beruflichen Qualifikation vorsehe und damit Vorteile im beruflichen Wettbewerb schaffe, so wirke sich die Verweigerung einer solchen Anerkennung als Eingriff in die Berufsfreiheit aus. Beschränkt sei damit zwar nicht die Freiheit der Berufswahl, wohl aber die der Berufsausübung. Die Intensität des Eingriffs wurde zudem als erheblich erkannt. Zudem enthalte § 36 GewO a. F. keine Ermächtigung zu einer konkreten Bedürfnisprüfung, die der Gesetzgeber nach Auffassung des Gerichts auch gar nicht schaffen dürfe, weil eine solche Bedürfnisprüfung bei der Zulassung öffentlich bestellter Sachverständiger unverhältnismäßig stark in die Freiheit der Berufsausübung eingreife. Für die Bestellung reicht demzufolge ein abstraktes Bedürfnis aus.

73 Mit dieser Entscheidung wurde die langjährige Rechtsprechung der Verwaltungsgerichte zu § 36 GewO, die die konkrete Bedürfnisprüfung als zulässig erachtet hatte, korrigiert. Ein Antragsteller hat mithin auch insofern ein **subjektives Recht auf eine fehlerfreie Prüfung seines Antrags.**

74 Mit der vorstehend abgedruckten Neufassung des § 36 GewO hat der Gesetzgeber den Bedenken des BVerfG zur Bedürfnisprüfung Rechnung getragen[100]. Wie der **Deregulierungsbericht** der BReg[101] und die Begründung zur Änderung des § 36 GewO[102] hervorheben, sollen mit der novellierten Fassung der Vorschrift die „objektiven Zulassungsbeschränkungen bei der öffentlichen Bestellung von Sachverständigen aufgehoben werden". Damit ist die **Rechtsprechung, mit der die Bedürfnisprüfung bestätigt wurde, obsolet geworden** (vgl. Rn. 72 ff.)[103].

75 Obwohl die **Bedürfnisprüfung** „gefallen" ist, wird z. B. für *Nordrhein-Westfalen* eingeräumt, dass Engpässe auf diesem Felde bestehen. Dies wird in der Antwort auf eine Kleine Anfrage auf einen Mangel an qualifizierten Sachverständigen zurückgeführt[104]; dort heißt es:

---

99 BVerfG, Beschl. vom 24.3.1992 – 1 BvR 298/86 –, GuG 1992, 287 = EzGuG 11.193.
100 BR-Drucks. 365/93; BR-Drucks. 365/93, Beschl. S. 23 f.
101 BT-Drucks. 12/7468 = GuG-aktuell 1984, 18; Boden, SBV, Stadtbau-Verlag, Dokumentation Band III, S. 47 f.; Deutscher Verband für Wohnungswesen, Städtebau und Raumplanung e. V., Bonn 1968; Aktuelle Beiträge des Presse- und Informationsamtes der BReg Nr. 16/1984 vom 23.2.1984, die die „Aufgabenverlagerung auf die wirtschaftliche Selbstverwaltung im Bereich des Sachverständigenwesens" ausdrücklich nennen; vgl. auch BT-Drucks. 11/6985, S. 18 ff.; Hoffmann in GewArch 1991, 251; vgl. auch Ossenbühl, F., Die Erfüllung von Verwaltungsaufgaben durch Private, Veröffentlichung der Vereinigung deutscher Staatsrechtslehrer Berlin 1971 Band 29; Forum 1985, 121; Siedentopf, H., Die Übertragung von öffentlichen Dienstleistungen auf öffentlich bestellte und vereidigte Sachverständige, Rechtsgutachten, Speyer 1988; Wanhoff in DOV 1982, 310; Stober, Der öffentlich bestellte Sachverständige zwischen beruflicher Bindung und Deregulierung, Köln 1991.
102 BR-Drucks. 365/93 = GuG 1993, 356.
103 OVG Lüneburg, Urt. vom 12.7.1962 – 3 A 101/61 –, GewA 1963, 30 = EzGuG 11.25b; VGH München, Urt. vom 14.8.1986 – 22 B 83 A 835 –, BayVBl. 1987, 400 = EzGuG 11.158; VGH Mannheim, Urt. vom 11.8.1986 – 6 S 938/86 –, GewA 1986, 329 = EzGuG 11.157a; BVerwG, Beschl. vom 3.2.1986 – 1 B 4/86 –, GewA 86, 127 = EzGuG 11.150; VG München, Urt. vom 19.11.1985 – M 5959 XVI/83 –, GewA 1986, 137 = EzGuG 11.149d; OVG Koblenz, Urt. vom 26.3.1985 – 6 A 101/83 –, GewA 1985, 195 = EzGuG 11.146e; VG Hannover, Urt. vom 13.3.1985 – 7 A 13/82 –, GewA 1985, 269 = EzGuG 11.146d; VG Hannover, Urt. vom 4.2.1982 – 5 A 39/79 –, EzGuG 11.125x; VG Berlin, Urt. vom 28.10.1981 – 4 A 209/79 –, GewA 1982, 157 = EzGuG 11.125h; VG Schleswig, Urt. vom 4.8.1981 – 12 A 216/81 –, GewA 1982, 25 = EzGuG 11.125c; VG Schleswig, Urt. vom 3.4.1979 – 2 A 1/78 –.
104 LT-Drucks. NW 11/8661.

„Der **Bedarf an sachverständiger Begutachtung** wird sowohl im Bereich der Wirtschaft als auch im Bereich der Gerichte in der Regel durch den Kreis der öffentlich bestellten, der amtlich anerkannten Sachverständigen sowie der sonstigen Sachverständigen gedeckt. Soweit in Einzelfällen Engpässe auftreten, liegt dies vor allem daran, dass es nicht immer möglich ist, für alle (oft sehr spezialisierte) Teilgebiete flächendeckend ausreichend qualifizierte Fachleute zu gewinnen, die den hohen Anforderungen einer Sachverständigentätigkeit gerecht werden."

Kritisch aber muss hierzu angemerkt werden, dass der beklagte **Mangel an qualifizierten Sachverständigen** zu einem nicht unerheblichen Teil auf ein nicht immer durchschaubares Bestellungs- und Prüfungssystem, eine mitnter hinhaltende Behandlung von Antragstellern, ein unzureichendes Vorbereitungsverfahren und eine „gutsherrenmäßige Verwaltungskunst" der Industrie- und Handelskammern zurückführbar ist.

1.2.7.3 Privilegierte Stellung öffentlich bestellter und vereidigter Sachverständiger

▶ *Vgl. Rn. 104; zur Haftung vgl. Rn. 200 ff.; § 195 BauGB Rn. 58 ff.*

Die Entwicklung auf dem Gebiet des Sachverständigenwesens für Grundstückswerte hat nicht zuletzt aufgrund der restriktiven Anwendung des § 36 GewO a. F. – zwar ungewollt – zu einer Situation geführt, die von vielen als **Zweiklassengesellschaft** empfunden wird:

Auf der einen Seite steht – wenn man von den Sachverständigen der Handwerkskammern, der Landwirtschaftskammern und der Architektenkammern einmal absieht – der von der Industrie- und Handelskammer **öffentlich bestellte und vereidigte Sachverständige** (organisiert im gleichnamigen BVS sowie in 14 Landesverbänden), wobei die Bestellung den Nachweis der Qualifikation in einer schriftlichen und mündlichen Prüfung vor einem Fachgremium voraussetzt.

Auf der anderen Seite stehen die sonstigen **freien oder selbst ernannten Sachverständigen**. Dabei ist trotz der „Inpflichtnahme" und eines „Werbeverbots", die unter anderem den **öffentlich bestellten und vereidigten Sachverständigen** charakterisieren[105], bei ihm eine **privilegierte Stellung**, nicht nur in formaler Hinsicht, zu erkennen; an folgenden Beispielen sei dies erläutert:

a) Der öffentlich bestellte und vereidigte Sachverständige für Grundstückswertermittlungen hat einen **erleichterten Zugang zur Kaufpreissammlung** der Gutachterausschüsse für Grundstückswerte. In den entsprechenden landesrechtlichen Regelungen wird ihm nämlich fiktiv unterstellt, dass er ein berechtigtes Interesse als Voraussetzung für Auskünfte aus der Kaufpreissammlung mitbringt[106]. In einigen Bundesländern ist sogar eine Abstufung in der Qualität der Auskunftserteilung zwischen den öffentlich bestellten und vereidigten Sachverständigen sowie den sonstigen antragstellenden Sachverständigen vorgesehen[107]. Dies ist nach Auffassung des Bundesbeauftragten für Datenschutz rechtlich nicht haltbar (vgl. § 195 BauGB Rn. 58 ff.).

b) Die öffentlich bestellten und vereidigten Sachverständigen werden **vorzugsweise** von **Gerichten herangezogen** (§ 404 Abs. 2 ZPO, § 73 Abs. 2 StPO).

---

105 § 407 Abs. 1 ZPO; § 75 Abs. 1 StPO; § 98 VwGO; § 118 SGB; Ausnahmen: § 408 Abs. 1 Satz 2 ZPO, §§ 383 f. ZPO.
106 § 13 Abs. 1 bad.-württ. GutachterausschussVO; § 10 brandb. GutachterausschussVO; § 12 Abs. 1 brem. GutachterausschussVO; § 9 Abs. 2 hess. VO zur Durchführung des BauGB; § 10 nordrh.-westf. GAVO-NW; § 13 Abs. 1 sächs. GutachterausschussVO; § 10 Abs. 1 sachs.-anh. GutachterausschussVO; allein in § 17 Abs. 3 Nr. 3 der bln. DVO-BauGB werden neben den öffentlich bestellten und vereidigten Sachverständigen auch Sachverständige „mit vergleichbarer Sachkunde" genannt.
107 § 10 Abs. 2 brem. GutachterausschussVO, nach der sie „fallbezogene schriftliche Auskunft in anonymisierter Form" erteilt bekommen (§ 10 Abs. 3); entsprechend § 10 hamb. GutachterausschussVO; § 15 rh.-pf. GutachterausschussVO, nach der den öffentlich bestellten und vereidigten Sachverständigen Namen und Anschrift des Eigentümers von Vergleichsgrundstücken zwar nicht genannt werden dürfen, jedoch weitergehende Auskünfte anderen Stellen und Personen i. S. d. § 15 Abs. 2 erteilt werden dürfen; § 13 Abs. 1 saarl. GutachterausschussVO, die eine Auskunft für den freien Sachverständigen nicht vorsieht: § 13 Abs. 1 Satz 2 i. V. m. Abs. 2 Satz 2 schl.-hol. GutachterausschussVO; Entsprechendes gilt auch nach § 16 der thüring. GutachterausschussVO. Dies alles mag mit datenschutzrechtlichen Argumenten begründet werden, jedoch gelten eine Reihe datenschutzrechtlicher Regelungen auch für „freie" Sachverständige (vgl. § 27 rh.-pf. Landesdatenschutzgesetz; vgl. auch §§ 210 ff. StGB) und sind zumindest rechtlich gestaltbar.

II Sachverständigenwesen   Sachverständiger

c) Nach Nr. 163 und 177 der ErbStR kann regelmäßig durch ein Gutachten des örtlichen Gutachterausschusses für Grundstückswerte oder eines öffentlich bestellten und vereidigten Sachverständigen in den Fällen des § 145 Abs. 3 Satz 3 BewG der Nachweis erbracht werden, dass ein niedrigerer Verkehrswert als der nach Nr. 160 bis 163 ErbStR festgestellte Wert maßgeblich ist[108].

80 Die zumindest wirtschaftlich entscheidende Privilegierung folgt aber schon daraus, dass dem öffentlich bestellten und vereidigten Sachverständigen die Sachkunde und Unparteilichkeit in herausgehobener Weise verbrieft worden sind und er damit gegenüber einem freien Sachverständigen **Wettbewerbsvorteile** hat[109]. Diese Nebenwirkung der öffentlichen Bestellung kann seine wirtschaftlichen Erwerbschancen entscheidend verbessern, zumal seine Stellung unter einem besonderen Schutz steht[110]. Er sucht sich nicht zuletzt deshalb von dem freien Sachverständigen abzugrenzen. Dies geht bis hin zu der Streitfrage, ob ein freier Sachverständiger einen „Rundstempel" verwenden darf (vgl. Rn. 104).

81 Als Beispiel der wirtschaftlichen **Privilegierung des öffentlich bestellten und vereidigten Sachverständigen** kann auch auf die Bewertungsrichtlinien der Treuhandanstalt vom 23.7.1991 verwiesen werden, in denen die öffentlich bestellten und vereidigten Sachverständigen für bebaute und unbebaute Grundstücke namentlich als berechtigt zur Erstellung eines Verkehrswertgutachtens im Auftrag der Treuhandanstalt durch die TLG hervorgehoben wurden[111].

▶ *Zur Haftung vgl. Rn. 200 ff.*

82 Nach § 36 Abs. 5 GewO findet **§ 36 Abs. 1 bis 4 GewO u. a. keine Anwendung, soweit die Länder Vorschriften über die öffentliche Bestellung und Vereidigung von Sachverständigen auf dem Gebiet** Hochsee- und Küstenfischerei, der Land- und Forstwirtschaft einschließlich des Weinbaus und des Garten- und Weinbaus sowie der Landesvermessung erlassen haben. Dies wird auf dem Gebiet der Landwirtschaft von den Landwirtschaftskammern wahrgenommen.

1.2.7.4 Ergänzende Landesregelungen

83 Die **öffentliche Bestellung landwirtschaftlicher Sachverständiger** ist in den Bundesländern unterschiedlich geregelt. Zuständig sind[112]:

Baden-Württemberg:	*Regierungspräsidenten (Freiburg, Karlsruhe, Stuttgart, Tübingen)*
Bayern:	*Regierung der Regierungsbezirke (Oberbayern, Niederbayern, Oberpfalz, Mittelfranken, Unterfranken, Schwaben)*

---

108 Vorstehendem Grundsatz tragen auch die gemeinsamen Ländererlasse der Finanzverwaltung Rechnung: vgl. Erl. des bad.-württ. FM vom 24.8.1998 – 3 S 3014/15 –, DB 1998, 1840 = GuG 1999, 55; Vfg. OFD Frankfurt am Main vom 31.10.1997 in GuG 1998, 353; vgl. hierzu gleich lautende Erlasse der obersten Finanzbehörden der Länder zur Umsetzung des Jahressteuergesetzes 2007 vom 2.4.2007 (BStBl I 2007, 314), Hinweis 124; Nachweis des niedrigeren gemeinen Werts durch Sachverständigengutachten. Im BFH, Urt. vom 10.11.2004 – II R 69/01 –, GuG 2005, 184 = BStBl II 2005, 259 = EzGuG 11.407 wird dagegen auch der Nachweis eines Sachverständigen zugelassen, der nicht ausdrücklich öffentlich bestellt sein muss.
109 BVerfG, Beschl. vom 25.3.1992 – 1 BvR 298/86 –, BVerfGE 86, 28 = EzGuG 11.193; BVerwG, Urt. vom 26.6.1990 – 1 C 10/88 –, GuG 1992, 293 = EzGuG 11.178b; BVerwG, Urt. vom 29.5.1957 – 1 C 212/54 –, BVerwGE 5, 95 = EzGuG 11.10; BVerwG, Urt. vom 24.6.1975 – 1 C 23/73 –, MDR 1976, 250 = EzGuG 11.97; hierzu Weidhaas in GewA 1991, 367; VG Stuttgart, Urt. vom 15.3.1972 – R 74/66 –, GewA 1972, 294 = EzGuG 11.83a.
110 BVerwG, Urt. vom 27.6.1974 – 1 C 10/73 –, BVerwGE 45, 235 = EzGuG 11.94; § 823 Abs. 2 BGB; §§ 1 und 4 UWG; §§ 132a, 263 StGB; LG Wiesbaden, Urt. vom 19.7.1978 – 12 O 46/78 –, WRP 1979, 166 = EzGuG 11.112b.
111 OLG Stuttgart, Urt. vom 3.10.1986 – 2 U 105/86 –, NJW-RR 1987, 619 = EzGuG 11.159b; OLG Hamm, Urt. vom 11.3.1986 – 4 U 100/85 –, NJW-RR 1986, 1370 = EzGuG 11.151b; umfassend hierzu Landmann/Rohmer, GewO, a.a.O., § 36 Rn. 8 g S. 17.
112 Leitfaden zur Anerkennung freiberuflicher landwirtschaftlicher Berater nach dem HLBS-Standard, 2. Aufl. 1993 Siegburg; zur Berechtigung der Führung der Bezeichnung „Landwirtschaftliche Buchstelle" vgl. GuG 1992, 345 und GuG 1994, 300; zum Stand Vollrath in HLBS-report 1998, 17.

Berlin:	Senator für Wirtschaft (Landesverband Gartenbau und Landwirtschaft)
Brandenburg:	Ministerium für Ernährung, Landwirtschaft und Forsten
Bremen:	Landwirtschaftskammer
Hamburg:	Hauptausschuss für Landwirtschaft und Gartenbau
Hessen:	Hessisches Landesamt für Regionalentwicklung und Landwirtschaft (Kassel) betr. Landwirtschaft und die Regierungspräsidenten betr. Forstwirtschaft sowie des Garten- und Weinbaus (VO vom 9.6.1996; VV vom 23.1.1997)
Mecklenburg-Vorpommern:	Landwirtschaftsministerium
Niedersachsen:	Landwirtschaftskammer (Hannover, Weser-Ems)
Nordrhein-Westfalen:	Landwirtschaftskammer (Rheinland, Westfalen-Lippe)
Rheinland-Pfalz:	Landwirtschaftskammer
Saarland:	Landwirtschaftskammer
Sachsen:	Staatsministerium für Landwirtschaft, Ernährung und Forsten; Regierungspräsidium Chemnitz
Sachsen-Anhalt:	Ministerium für Ernährung, Landwirtschaft und Forsten
Schleswig-Holstein:	Landwirtschaftskammer
Thüringen:	Ministerium für Landwirtschaft und Forsten

Zu den **Rechtsgrundlagen** vgl. die Übersicht in der 2. Aufl. dieses Werks. **84**

In *Berlin* gilt die Besonderheit, dass **ein öffentlich bestellter Vermessungsingenieur** in dieser Eigenschaft zugleich gutachtlich bei der Ermittlung von Grundstückswerten tätig werden darf (soweit nicht der Gutachterausschuss für Grundstückswerte nach den §§ 192 ff. BauGB zuständig ist), da diese Aufgabe[113] als „Vermessungsaufgabe" definiert ist[114]; in dieser Eigenschaft führt er das kleine Landessiegel (§ 12 ÖbVI-BO). **85**

Diesbezüglich muss man leider schon von einer gesetzlich „verbrieften" Sachkunde sprechen, die nicht immer der Realität ihrer Berufsausbildung entspricht. **Gutachten öffentlich bestellter Vermessungsingenieure wurden im Rahmen der Bedarfsbewertung** zunächst auch **nicht als Gutachten öffentlich bestellter und vereidigter Sachverständiger** von den Finanzbehörden **anerkannt;** die Entscheidung wurde dann aber revidiert[115]. **86**

In *Bayern* ist die öffentliche Bestellung von Sachverständigen im **Bayerischen Sachverständigengesetz** – BaySVG – geregelt (vgl. auch Durchführungsrichtlinien vom 28.6.1966[116]); das Gesetz findet allerdings keine Anwendung, wenn die Bestellung anderweitig geregelt ist, wie z. B. im Falle der öffentlichen Bestellung von Sachverständigen durch die Industrie- und Handelskammer aufgrund von Art. 7 Nr. 1 und 2 des Bayerischen Ausführungsgesetzes zum Gesetz über die Industrie- und Handelskammern. **87**

In *Brandenburg* kann die **Brandenburgische Ingenieurkammer** im Rahmen des § 36 GewO **Sachverständige öffentlich bestellen**[117]. **88**

In *Hamburg:* § 11 Buchst. g des Hamburgischen Architektengesetzes i. d. F. vom 26.3.1991 (GVBl. 1981, 85). **89**

In *Hessen* können weder die Architektenkammer noch die Ingenieurkammer Sachverständige öffentlich bestellen. Sie haben lediglich Mitwirkungsrechte. **90**

---

113 § 24 des Gesetzes über das Vermessungswesen in Berlin – VermGBln vom 8.4.1974 (GVBl. 1974, 806), zuletzt geändert durch Art. III des Gesetzes vom 26.1.1993 (GVBl. 1993, 40).
114 ÖbVI-Berufsordnung – ÖbVI-BO vom 31.3.1987 (GVBl. 1987, 1333); Gesetz über die öffentlich bestellten und beeidigten Sachverständigen vom 11.10.1950 (BayRS 702 – 1-W), zuletzt geändert durch § 8 des Gesetzes vom 23.3.1989 (GVBl. 1989, 89) und § 2 EWR-Anpassungsgesetz vom 24.5.1994 (GVBl. 1994, 392).
115 FM von Nds, Erl. vom 25.5.1999 – S 3014 – 9 – 34 2 –, GuG 1999, 359; Schreiben der bln. Senatsverwaltung für Finanzen vom 25.1.2000 (III B 16 S 3014 – 16/98) an den BDVI Landesgruppe Berlin; GuG 2000, 369: Revision durch Schreiben der Senatsverwaltung für Finanzen Berlin vom 7.7.2000 (III B 16 S 3014 – 16/98), GuG 2000, 369.
116 Landmann/Rohmer, GewO Bd. 2 Nr. 270.
117 Satzung der Brandenburgischen Ingenieurkammer vom 22.3.1995 (Amtl. Anz. 1995, 448, § 15).

II Sachverständigenwesen Sachverständiger

91 In *Niedersachsen* findet § 9 Abs. 1 Nr. 8 des Architektengesetzes vom 23.2.1970 (GVBl. 1970, 37), zuletzt geändert durch Gesetz vom 28.3.1990 (GVBl. 1990, 127), Anwendung. Danach muss eine Zuständigkeit verneint werden, weil der Wortlaut des § 9 Abs. 1 Nr. 8 nicht auf die öffentliche Bestellung nach § 36 GewO Bezug nimmt, sondern nur von „vorschlagen, prüfen und ernennen" spricht. Daneben gilt § 19 Abs. 1 Nr. 8 des Gesetzes über den Schutz der Berufsbezeichnung „Beratender Ingenieur" und die Errichtung einer Ingenieurkammer vom 28.3.1990 (GVBl. 1990, 132).

92 In *Nordrhein-Westfalen* und *Rheinland-Pfalz* gehört es zu den Aufgaben der Architektenkammer, Sachverständige öffentlich zu bestellen und zu vereidigen (soweit die Architektenkammer hierfür zuständig ist) und auf Verlangen von Behörden und Gerichten (sowie Dritter) zu benennen[118].

Die Architektenkammer NW und die Ingenieurkammer-Bau NW haben von der aufgrund § 9 Abs. 1 Nr. 8 und § 29 Abs. 1 Nr. 8 des Baukammergesetzes vom 15.12.1992 (GVBl. – NW 1992, 534) bestehenden Möglichkeit, Sachverständige zu bestellen und zu vereidigen, bislang keinen Gebrauch gemacht[119].

93 In *Rheinland-Pfalz* gelten § 13 Abs. 1 Nr. 9 des Architektengesetzes Rheinland-Pfalz vom 22.3.1989 (GVBl. 1989, 71) und § 12 Abs. 2 des Landesgesetzes über die Berufsordnung und die Kammer der Beratenden Ingenieure vom 25.3.1991 (GVBl. 1991, 174).

94 In *Sachsen* gehören zu den Aufgaben der **Ingenieurkammern** das Vorschlags- und **Mitwirkungsrecht bei der öffentlichen Bestellung und Vereidigung von Ingenieursachverständigen** (§ 2 Abs. 1 Nr. 6 SächsIngKG)[120].

95 In *Sachsen-Anhalt* gehört es zu den **Aufgaben der Ingenieurkammern, Sachverständige** vorzuschlagen, **zu prüfen, zu ernennen und zu vereidigen.** Die Entschädigung für die Tätigkeit in den Organen sowie der Sachverständigen wird durch Satzung der Ingenieurkammer geregelt[121].

96 In *Schleswig-Holstein* gelten § 1 Nr. 1 der Landesverordnung zur Übertragung der Ermächtigung nach § 36 Abs. 1 und 3 der GewO vom 25.11.1987 (GVOBl. 1987, 352) i. V. m. § 1 der Landesverordnung über die Ermächtigung der Architekten- und Ingenieurkammer Schleswig-Holstein zur öffentlichen Bestellung und Vereidigung von Sachverständigen gemäß § 36 Abs. 1 GewO vom 22.12.1987 (GVOBl. 1988, 5).

1.2.7.5 Sachverständigenordnung (SVO)

97 **Bei der Sachverständigenordnung**[122] **– SVO – der Industrie- und Handelskammern**[123] **handelt es sich** nicht um eine Satzung, sondern **um eine** das Gesetz auslegende und eine einheitliche Ermessensbetätigung sicherstellende **Verwaltungsvorschrift**. Zur Rechtssetzung ist die Kammer nämlich nur befugt, wenn sie durch eine entsprechende landesrechtliche Rechtsverordnung dazu ermächtigt ist[124]. Zum Erlass solcher Verwaltungsvorschriften sind die Industrie- und Handelskammern durch § 36 GewO befugt, wenn und soweit die Landesregierungen von ihrer Ermächtigung keinen Gebrauch gemacht haben, durch Rechtsverordnung

---

118 § 9 Abs. 1 Nr. 8 Baukammergesetz – BauKaG – Nordrh.-Westf. vom 15.12.1992 (GVBl. 1992, 534); Architektengesetz Rh.-Pf. vom 23.3.1989 (GVBl. 1989, 71).
119 LT-Drucks. 11/8661.
120 Sächsisches Ingenieurkammergesetz – SächsIngKG – vom 19.10.1993 (GVBl. 1993, 989).
121 Ingenieurgesetz des Landes Sachsen-Anhalt (IngG-LSA) vom 15.11.1991 (GVBl. LSA 1991, 440), § 18 Abs. 1 Nr. 8 und § 20.
122 Die Muster-Sachverständigenordnung ist im Anh. 1.1 abgedruckt; vgl. auch § 2 Abs. 1 Nr. 6 des bad.-württ. Gesetzes über die Errichtung einer Ingenieurkammer und über die Berufsordnung der Beratenden Ingenieure (Ingenieurkammergesetz) vom 8.1.1990 (GBl. 1990, 16), wonach die Kammern bei der Ernennung von Sachverständigen mitwirken.
123 Hierzu waren die Kammern bereits im Dritten Reich befugt. Im Deutschen Reichsanzeiger Nr. 132 vom 12.6.1937 heißt es: „Die Industrie- und Handelskammern sind berechtigt, Gewerbetreibende auf den Gebieten der Industrie, des Handels, des Immobilienwesens, des Banken- und Börsenwesens, der Energiewirtschaft, des Verkehrswesens und für diese Gebiete tätige Gewerbetreibende als Sachverständige zu beeidigen und öffentlich anzustellen."
124 VG Saarlouis, Urt. vom 23.6.1980 – 5 K 114/79 –, GewA 1980, 297 = EzGuG 11.119j.; VG Karlsruhe, Urt. vom 5.12.1980 – 3 K 217/80 –, EzGuG 11.120m.

die zur Durchführung des § 36 Abs. 1 und 2 GewO erforderlichen Vorschriften über die Voraussetzungen für die Bestellung sowie über die Befugnisse und Verpflichtungen der öffentlich bestellten und vereidigten Sachverständigen bei der Ausübung ihrer Tätigkeit zu erlassen (vgl. auch § 91 Abs. 1 Nr. 8 i. V. m. § 106 Abs. 1 Satz 1 Nr. 12 HwO). Demzufolge bleibt es den Kammern vorbehalten, zu regeln,

- in welcher Weise ein Bewerber seine besondere Sachkunde (vgl. Rn. 1) nachzuweisen hat,
- ob die Kammer zur Ermittlung der besonderen Qualifikation eines Bewerbers auf Auskünfte und Beratung von Fachleuten zurückgreift und deren Urteil ihrer Entscheidung zugrunde legt, und
- ob die Bestellung befristet werden kann[125].

Die Sachverständigenordnungen öffentlich-rechtlicher Körperschaften sind autonomes Satzungsrecht[126]. Die **Bestimmungen der Sachverständigenverordnung** einer Kammer **sind für den öffentlich bestellten Sachverständigen verbindlich,** wenn er sie ausdrücklich als für sich verbindlich anerkannt und er sich ihnen damit unterworfen hat[127].

1.2.7.6 Bestellungsverfahren

Schrifttum: *Bleutge, P.*, Zertifizierung und Berufsabschlüsse – Nachweis der besonderen Sachkunde?, Der Bausachverständige 2005, 5; *Bleutge, P.*, Die besondere Sachkunde und ihre Überprüfung, Der Bausachverständige 2005, 48; *Bleutge, P.*, Prüfung bei Verlängerung befristeter Bestellungen zum Sachverständigen, Der Bausachverständige 2005, 52; *Breithold, B.*, Die Eignung zum öffentlich bestellten Sachverständigen nach § 36 Abs. 1 Satz 1 GewO, MDR 1976, 462.

Die öffentliche **Bestellung und Vereidigung von Sachverständigen** gemäß § 36 GewO **erfolgt** nach den Grundsätzen der Sachverständigenordnung – SVO – grundsätzlich **durch die** Industrie- und Handelskammer (vgl. § 1 SVO, abgedruckt im Anh. 1.1), die Handwerkskammer (§ 91 Abs. 1 Nr. 8 HwO), die Landwirtschaftskammer und in 10 Ländern auch durch Architekten- und Ingenieurkammern. 2003 waren insgesamt 82 Industrie- und Handelskammern kraft Landesrecht für die öffentliche Bestellung und Vereidigung von Sachverständigen auf 200 verschiedenen Sachgebieten zuständig. **98**

Die **öffentliche Bestellung erfolgt durch Verwaltungsakt** der zuständigen öffentlich-rechtlichen Stelle. Es bestehen drei Zulassungsvoraussetzungen: **99**

- besondere Sachkunde (§ 36 Abs. 1 Satz 1 GewO), die nachzuweisen ist,
- Erfahrungen und
- die persönliche Eignung (persönliche Integrität).

Das Verfahren, das dem Nachweis der für die öffentliche Bestellung erforderlichen Sachkunde und persönlichen Eignung dient, steht (unter Beachtung der SVO) im Ermessen der Kammer[128].

Ein angehender Sachverständiger muss seine besondere Sachkunde nachweisen, die ihn aus dem Kreis seiner Kollegen hervorhebt[129]. An den **Nachweis der besonderen Sachkunde** ist ein strenger Maßstab anzulegen. Besondere Sachkunde ist nach § 3 Abs. 2 Buchst. d) SVO gegeben, wenn der Bewerber „**erheblich über dem Durchschnitt liegende Fachkenntnisse**" mitbringt. Diese sind in den Anforderungsprofilen der Fachverbände aufgelistet[130]. Darüber hinaus muss der Bewerber die Fähigkeit haben, diese in einer logischen, klaren, ver- **100**

---

125 OVG Münster, Urt. vom 21.1.1969 – 4 A 1274/67 –, GewA 1969, 155 = EzGuG 11.66a; VG Leipzig, Urt. vom 15.8.2000 – 5 K 429/99 –, GuG 2001, 255 = EzGuG 11.288a.
126 VG Hannover, Urt. vom 4.2.1982 – 5 A 39/79 –, GewA 1982, 268 = EzGuG 11.125x; VG Minden, Urt. vom 24.6.1982 – 2 K 125/81 –, GewA 1982, 375 = EzGuG 11.132b.
127 OVG Münster, Urt. vom 19.6.1963 – 4 A 346/62 –, GewA 1964, 31 = EzGuG 11.35a; OVG Münster, Urt. vom 12.1.1966 – 4 A 565/65 –, GewA 1966, 251 = EzGuG 11.50a; OVG Saarland, Urt. vom 13.8.1981 – 1 R 107/80 –, GewA 1982, 26 = EzGuG 11.125d.
128 VG Saarland, Urt. vom 13.10.1980 – 5 K 606/79 –, EzGuG 11.120k.
129 BVerwG, Urt. vom 11.12.1972 – 1 C 5/71 –, GewA 1973, 263 = EzGuG 11.88a; VG Hannover, Urt. vom 4.2.1982 – 5 A 39/79 –, GewA 1982, 268 = EzGuG 11.125x; Weidhaas in GewA 1991, 367.
130 Vgl. Fachliche Bestellungsvoraussetzungen, Anforderungen an Gutachten sowie Inhalte der fachlichen Überprüfung des Instituts für Sachverständigenwesen (abgedruckt in GuG 2013/5).

II Sachverständigenwesen

ständlichen, ergebnisorientierten und nachvollziehbaren Weise zur Beantwortung und Beurteilung ihm vorgelegter Fragen anzuwenden. Der Nachweis der besonderen Sachkunde ist vom Antragsteller zu erbringen. Allein die Tätigkeit als Immobilienmakler, der nur die für seinen Beruf notwendige Sachkunde besitzt, kann nicht als Nachweis dafür gelten, dass er für eine öffentliche Bestellung als Sachverständiger auf dem Gebiet der „Bewertung von bebauten und unbebauten Grundstücken" qualifiziert ist. Auch der Besuch einiger jeweils eine Woche andauernder Kurse kann keine erheblich überdurchschnittlichen Kenntnisse vermitteln[131].

Nach dem Untersuchungsgrundsatz des § 24 VwVerfG hat die Kammer zu prüfen, ob die erforderliche Sachkunde gegeben ist. Der **Bestellungsbehörde bleibt es überlassen, in welcher Weise ein Bewerber seine besondere Sachkunde nachzuweisen hat**[132]; bei Fehlen ausreichender Prüfungsnachweise des Bewerbers ist die Industrie- und Handelskammer befugt, den Bewerber zur Feststellung seiner Sachkunde auf ein prüfungsähnliches Verfahren vor einem Fachausschuss (als ein Hilfsorgan der Kammern) zu verweisen. Die Entscheidung bleibt gleichwohl bei der Behörde, die an die Stellungnahme des Fachausschusses nicht gebunden ist und auch sonstige Nachweise der Sachkunde in ihre Entscheidung einbeziehen kann.

Ein Antragsteller hat ein **subjektives Recht auf eine fehlerfreie Prüfung seines Antrags**[133]. Dem abgelehnten Bewerber steht der Rechtsweg auch gegen die Entscheidung des Vorprüfungsausschusses offen. Im Rahmen der Vorprüfung werden im Wesentlichen die vom Antragsteller eingereichten Gutachten geprüft. Es ist rechtlich nicht zu beanstanden, wenn die Verwaltungsbehörde zur Überprüfung eingereichter Gutachten die Mitglieder des Fachgremiums heranzieht[134]. Abzulehnen ist die Praxis, Antragsteller mit „geschmäcklerischen" Beanstandungen oder völlig überzogenen Anforderungen abzulehnen, die die Prüfer in ihrer eigenen Tätigkeit zumeist selbst nicht erfüllen.

Das Verfahren der öffentlichen Bestellung unterliegt dem **Willkürverbot.** Der Verwaltungsbehörde steht bezüglich des Sachkundenachweises kein gerichtsfreier Beurteilungsspielraum zu. Nach der Grundsatzentscheidung des BVerwG vom 26.6.1990[135] gebietet das Erfordernis des Sachkundenachweises keine „starr-schematische Handhabung". § 36 GewO gebietet es auch nicht, dass sich Bewerber einer schriftlichen und/oder mündlichen Prüfung unterziehen müssen. Qualifizierte Abschlüsse an Hochschulen und vergleichbare Zertifizierungen sind zumindest für den Sachkundenachweis geeignet und geben ein objektiveres Bild als die Beurteilung durch ein häufig unqualifiziertes Fachgremium[136], deren Mitglieder schon einmal offen zugeben, dass sich die Konkurrenzsituation mit der Bestellung neuer Sachverständiger nur verschlechtere. Mit dem Grundsatz der Verhältnismäßigkeit ist es nicht vereinbar, den Nachweis der Sachkunde ausschließlich von einem schriftlichen und mündlichen Examen abhängig zu machen und z. B. einen zertifizierten Sachverständigen einer Sachkundeprüfung zu unterziehen[137], zumal umgekehrt die öffentliche Bestellung im Hinblick auf die Vergleichbarkeit der Sachkundeprüfung als Sachkundenachweis für eine Zertifizierung ausreicht[138]. Der Bewerber kann bereits aufgrund der vorgelegten Unterlagen zu seinem beruflichen Werdegang öffentlich bestellt und vereidigt werden. Es gibt nach Ansicht des BGH[139] auch keinen allgemeinen Erfahrungssatz, wonach die für die Ausübung des Berufs erforderlichen Kenntnisse und Fähigkeiten nicht durch Selbstunterrichtung erlangt werden können. Nur wenn

---

131 OVG Münster, Urt. vom 21.4.1983 – 4 A 928/82 –, GewA 1983, 334 = EzGuG 11.137g.
132 VG Leipzig, Urt. vom 15.8.2000 – 5 K 429/99 –, GuG 2001, 255 = EzGuG 11.288a; VG Karlsruhe, Urt. vom 5.12.1980 – 3 K 217/80 –, EzGuG 11.120i.
133 OVG Koblenz, Urt. vom 26.3.1985 – 6 A 101/83 –, GewA 1985, 195 = EzGuG 11.146e.
134 VG Regensburg, Urt. vom 25.3.1996 – RN 5 K 94.327 –, GewA 1996, 280 = EzGuG 11.229b.
135 BVerwG, Urt. vom 26.6.1990 – 1 C 10/88 –, GuG 1992, 293 = EzGuG 11.178b.
136 Von Antragstellern aus gutem Grund gemieden wird z. B. das bei der IHK Potsdam angesiedelte Fachgremium.
137 Abzulehnen VG Freiburg, Urt. vom 13.4.2005 – 7 K 1366/03 –, BauR 2005, 377 = EzGuG 11.440c; Berufung nicht zugelassen VGH Mannheim, Beschl. vom 22.6.2006 – 6 S 1083/05 –, GewA 2007, 160.
138 Beschluss des Hauptausschusses der TGA aus dem Jahre 1998; vgl. auch RdSchr des DIHK vom 4.7.2000 an alle IHK, Bleutge in DS 2005, 47.
139 BGH, Urt. vom 6.2.1997 – I ZR 234/94 –, NJW-RR 1997, 1193 = EzGuG 11.244b.

andere vom Bewerber vorgelegte Unterlagen nicht ausreichen, den Nachweis der besonderen Sachkunde zu erbringen, kann dem Bewerber eine Prüfung abverlangt werden.

Zur Überprüfung der Sachkunde eines Bewerbers können sich die Kammern eines Sachverständigen bedienen[140]. In der Regel bedienen sich die Kammern dafür eingerichteter **„Fachgremien"** bzw. **„Fachausschüsse"**, die zumeist in Dreierbesetzung tätig werden. Jeder Bewerber hat mindestens die Möglichkeit, in begründeten Fällen ein Mitglied des mit der Überprüfung der Sachkunde beauftragten Fachbeirats wegen Besorgnis der Befangenheit abzulehnen[141]. Die Fachgremien beraten die Kammer; nach außen bleiben jedoch die Kammern selbst verantwortlich[142]. Die Industrie- und Handelskammern verweigern sich allerdings vielfach ihrer Eigenverantwortung mit dem Hinweis auf fehlende eigene Sachkompetenz (Quis custodiet ipsos custodes).

Ablehnungen sind unter Bekanntgabe der maßgeblichen Ablehnungsgründe zu begründen, jedoch muss dabei die Herkunft vertraulicher Auskünfte nicht mitgeteilt werden[143]. Der ablehnende Bescheid darf sich nicht auf unsachliche oder sogar falsche negative Äußerungen Dritter stützen. Gegen den Ablehnungsbescheid kann nach den §§ 68 ff. VwGO Widerspruch eingelegt und bei ablehnendem Widerspruchsbescheid eine Entscheidung durch das Verwaltungsgericht eingeholt werden. Dabei unterliegt auch das von der Kammer praktizierte Verfahren der richterlichen Überprüfung[144].

Eine Bestellungsbehörde handelt ermessensfehlerhaft, wenn sie bei der Auswahl der für eine Bestellung infrage kommenden Personen grundsätzlich freiberufliche Bewerber solchen vorzieht, die als Angestellte tätig sind. Die Zugehörigkeit zum öffentlichen Dienst steht einer Bestellung zum Sachverständigen nicht entgegen[145]. Die Unabhängigkeit eines Sachverständigen lässt sich nämlich nicht in ein bestimmtes Verhältnis zu der Art seiner Tätigkeit – freiberuflich oder angestellt – setzen. **So kann ein Angestellter mit festem Gehalt unabhängiger sein als ein Selbstständiger, der vielleicht mangels Auslastung seines Gewerbes auf die zusätzliche Einnahmemöglichkeit durch seine öffentliche Bestellung angewiesen ist.** Umgekehrt mögen für einen gut verdienenden Gewerbetreibenden die Einkünfte aus seiner Gutachtertätigkeit weniger Anreize bieten als für einen Angestellten mit mittlerem Einkommen. Von einem abhängig tätigen Bewerber wird man jedoch im Hinblick auf seine Verfügbarkeit fordern können, dass er eine Einverständniserklärung des Arbeitgebers mit einer weisungsfreien Sachverständigentätigkeit in einem dem Bedürfnis entsprechenden Ausmaß vorlegt[146].

Auch die **Mitgliedschaft im Gutachterausschuss für Grundstückswerte** oder die Zugehörigkeit zum Liegenschaftsamt steht einer öffentlichen Bestellung nicht entgegen[147].

Eine erfolgte **Zertifizierung nach DIN EN ISO/IEC 17 024** (früher EN 45 013) ist i. d. R. als Nachweis der besonderen Sachkunde anzusehen.

Die **Zertifizierung eines Sachverständigen ersetzt nicht den Nachweis der besonderen Sachkunde**[148].

---

140 VGH Mannheim, Urt. vom 10.12.1992 – 14 S 1788/90 –, BeckRS 2008, 32892.
141 VGH München, Urt. vom 14.12.1972 – 188 VI 71 –, GewA 1974, 21 = EzGuG 11.88b; VG Stuttgart, Urt. vom 9.5.2003 – 10 K 1758/01 –, GuG 2005, 117 = EzGuG 11.349c.
142 VG Oldenburg, Beschl. vom 30.4.2002 – 12 B 720/02 –, BeckRS 2005, 22394 = EzGuG 11.330a.
143 BVerwGE, Urt. vom 29.5.1957 – 1 C 212/54 –; BVerwGE 5, 95 = EzGuG 11.10; OVG Lüneburg, Urt. vom 29.2.1988 – 8 B 24/87 –, GewArch 1988, 192.
144 VG Leipzig, Urt. vom 16.11.2000 – 3 K 577/99 –, NVwZ 2001, 1186.
145 VGH München, Beschl. vom 23.12.2004 – 22 ZB 04.3216 –, GewA 2005, 122 = EzGuG 11.419; VG Schleswig, Urt. vom 25.10.1990 – 12 A 11 und 12/89 –, GuG 1992, 235 = EzGuG 11.182a; OVG Koblenz, Urt. vom 11.9.1980 – 11 A 12/80 –, EzGuG 11.120e.
146 OVG Koblenz, Urt. vom 11.9.1980 – 11 A 12/80 –, EzGuG 11.120e; a.A. VG Düsseldorf, Urt. vom 13.2.1973 – 3 K 1718/70 –, EzGuG 11.90a.
147 VGH München, Urt. vom 30.5.1973 – 129 VI 71 –, GewA 1974, 59 = EzGuG 11.90e.
148 VG Freiburg, Beschl. vom 13.4.2005 – 7 K 1366/03 –, BauR 2005, 377 = GewA 2005, 377 = EzGuG 11.440c; VGH Mannheim, Beschl. vom 22.6.2006 – 6 S 1083/05 –, GewA 2007, 160; VG Hannover, Beschl. vom 10.10.2007 – 11 A 3732/06 –, BeckRS 2007, 27533.

II Sachverständigenwesen Sachverständiger

Die persönliche Eignung setzt voraus, dass der Bewerber in **geordneten wirtschaftlichen Verhältnissen** lebt[149].

1.2.7.7 Bestellungsverlängerung

101 Die **Bestellung der öffentlich bestellten Sachverständigen ist i. d. R. in der SVO auf fünf Jahre befristet.** Die Bestellung kann jeweils um weitere fünf Jahre verlängert werden, wenn die bei der Erstbestellung gesetzlich geforderte besondere Sachkunde und persönliche Eignung nach wie vor gegeben sind.

Die Industrie- und Handelskammern haben nach dem Muster der für zertifizierte Sachverständige geltenden EN DIN 45 013 mit der Begründung, die Qualität der bestellten Sachverständigen zu sichern, das schon für die Erstbestellung undurchsichtige Prüfverfahren in kostenträchtiger und bürokratischer Weise auf bereits bestellte Sachverständige ausgedehnt. Es muss bezweifelt werden, dass es schon angesichts des damit verbundenen Prüfumfangs dafür überhaupt eine hinreichende Zahl geeigneter Prüfer gibt, denn wenn schon der Sachverständige eine „besondere Sachkunde" vorweisen muss, so müssen die Prüfer noch weit darüber stehen. Erfahrungsgemäß sind die **Prüfgremien aber qualitativ häufig überfordert** und stützen ihr Votum vielfach auf „geschmäcklerische" Feststellungen und stellen überzogene Forderungen, die sie in ihrer eigenen Praxis selbst nicht erfüllen. Überwachungsmaßnahmen der Kammern unterliegen der Bindung an den Verhältnismäßigkeitsgrundsatz[150].

Eine effektivere Qualitätssicherung ließe sich allein schon dadurch gewährleisten, wenn die Industrie- und Handelskammern in konkreten Einzelfällen Hinweisen und **Beschwerden zu der Tätigkeit von Sachverständigen** konsequenter nachgingen, was weitgehend unterbleibt.

1.2.7.8 Sachverständigenpflichten

Schrifttum: *Keyserlingk, A.,* Die Schweigepflicht des Sachverständigen, Umfang, Strafbarkeit und zivilrechtliche Haftung, BB 1980, 233; *Müller, K.,* Die Pflichten des öffentlich bestellten und vereidigten Sachverständigen, DB 1972, 1809.

▶ *Vgl. Rn. 163, 169; Teil X Anh. 1; § 192 BauGB Rn. 33 ff.*

102 **Der öffentlich bestellte und vereidigte Sachverständige unterliegt Pflichten.** Diese ergeben sich aus einer Reihe gesetzlicher Vorschriften und der Sachverständigenverordnung (SVO)[151], nämlich

a) der **persönlichen, unparteiischen, unabhängigen und weisungsfreien** Gutachtenerstattungspflicht (§ 75 Abs. 1 StPO; § 407 ZPO, § 26 VwVfG; (§ 23 SVO, Teil X Anh. 1); ein **Gutachtenverweigerungsrecht** besteht **nur in Ausnahmefällen** (§§ 76 ff. StPO und § 407 ZPO):

„**§ 407 ZPO** Pflicht zur Erstattung des Gutachtens

(1) Der zum Sachverständigen Ernannte hat der Ernennung Folge zu leisten, wenn er zur Erstattung von Gutachten der erforderten Art öffentlich bestellt ist oder wenn er die Wissenschaft, die Kunst oder das Gewerbe, deren Kenntnis Voraussetzung der Begutachtung ist, öffentlich zum Erwerb ausübt oder wenn er zur Ausübung derselben öffentlich bestellt oder ermächtigt ist.

(2) Zur Erstattung des Gutachtens ist auch derjenige verpflichtet, der sich hierzu vor Gericht bereit erklärt hat."

Öffentlich bestellte und vereidigte Sachverständige sind nach § 413 ZPO zur Erstattung von Gutachten für Gerichte nach den Bedingungen des Gesetzes über die Entschädigung

---

149 VGH Kassel, Urt. vom 24.11.2004 – 8 T 3081/04 –, BeckRS 2008, 32863; VG Berlin, Urt. vom 25.7.2003 – 10 A 329/02 –; VG Berlin, Urt. vom 5.12.2003 – 10 A 105/03 –, BeckRS 2008, 32865.
150 BVerfG, Beschl. vom 23.7.2001 – 1 BvR 873/00 –, NJW 2001, 2785 = DVBl 2001, 1583; BVerfG, Beschl. vom 12.3.2004 – 1 BvR 540/04 –, NVwZ-RR 2004, 545; BVerfG, Beschl. vom 16.1.1991 – 1 BvR 1326/90 –, NJW 1991, 1530; OVG Münster, Beschl. vom 9.12.2004 – 13 B 2200/04 –; OVG Lüneburg, Beschl. vom 16.3.2004 – 8 ME 164/03 –, NJW 2004, 1750; OVG Saarland, Beschl. vom 21.1.2004 – 1 W 29/03 –, NJW 2004, 2033.
151 LG Bochum, Urt. vom 13.10.1989 – 14 O 85/89 –, WRP 1990, 564D; VG Karlsruhe, Urt. vom 21.1.1982 – 6 K 325/81 –, GewA 1982, 156 = EzGuG 11.125v; VG Berlin, Urt. vom 13.2.1987 – 4 A 193/85.

von Zeugen und Sachverständigen (ZSEG) verpflichtet; **im Verweigerungsfall** kann gegen sie ein **Ordnungsgeld** festgesetzt werden (§ 409 ZPO).

▶ *Vgl. zum Höchstpersönlichkeitsgrundsatz Rn. 402*

Bei der Erstattung von **Gemeinschaftsgutachten** muss erkennbar sein, für welche Teile des Gutachtens der einzelne Sachverständige verantwortlich ist (vgl. Rn. 163).

b) Nach § 407a Abs. 1 Satz 1 ZPO hat ein Sachverständiger unverzüglich zu prüfen, ob ein ihm erteilter Auftrag in sein Fachgebiet fällt und ohne Hinzuziehung weiterer Sachverständiger erledigt werden kann.

„**§ 407a ZPO** Weitere Pflichten des Sachverständigen

(1) Der Sachverständige hat unverzüglich zu prüfen, ob der Auftrag in sein Fachgebiet fällt und ohne die Hinzuziehung weiterer Sachverständiger erledigt werden kann. Ist das nicht der Fall, so hat der Sachverständige das Gericht unverzüglich zu verständigen.

(2) Der Sachverständige ist nicht befugt, den Auftrag auf einen anderen zu übertragen. Soweit er sich der Mitarbeit einer anderen Person bedient, hat er diese namhaft zu machen und den Umfang ihrer Tätigkeit anzugeben, falls es sich nicht um Hilfsdienste von untergeordneter Bedeutung handelt.

(3) Hat der Sachverständige Zweifel an Inhalt und Umfang des Auftrages, so hat er unverzüglich eine Klärung durch das Gericht herbeizuführen. Erwachsen voraussichtlich Kosten, die erkennbar außer Verhältnis zum Wert des Streitgegenstandes stehen oder einen angeforderten Kostenvorschuss erheblich übersteigen, so hat der Sachverständige rechtzeitig hierauf hinzuweisen.

(4) Der Sachverständige hat auf Verlangen des Gerichts die Akten und sonstige für die Begutachtung beigezogene Unterlagen sowie Untersuchungsergebnisse unverzüglich herauszugeben oder mitzuteilen. Kommt er dieser Pflicht nicht nach, so ordnet das Gericht die Herausgabe an."

c) der Verpflichtung zur **gewissenhaften und unabhängigen Erfüllung seiner Obliegenheiten** (Sorgfaltspflicht nach § 36 Abs. 1 Satz 2 GewO; § 1 Verpflichtungsgesetz);

d) der Pflicht zur Führung der Bezeichnung „öffentlich bestellte(r) und vereidigte(r) Sachverständige(r)" auf dem jeweiligen Bestellungsgebiet;

e) der Pflicht zur **Kundmachung der öffentlichen Bestellung** (§ 12 SVO);

f) der Pflicht, die bei der Ausübung seiner Tätigkeit erlangten **Kenntnisse Dritten nicht unbefugt mitzuteilen** oder zum Schaden anderer oder zu seinem oder zum Nutzen anderer nicht unbefugt zu verwerten (**Schweigepflicht** nach § 203 Abs. 2 StGB; § 15 SVO; vgl. Rn. 169; § 192 BauGB Rn. 33 ff.);

g) der (laufenden) **Fortbildungspflicht** (§ 16 SVO);

h) der **Haftungspflicht** (§ 14 SVO) zusammen mit der Pflicht, eine angemessene Berufshaftpflichtversicherung abzuschließen und während seiner Tätigkeit zu erhalten (vgl. Rn. 250);

i) zur **Aufzeichnungs-, Aufbewahrungs- und Auskunftspflicht** (§§ 13, 19 und 20 SVO), insbesondere über angenommene und abgelehnte Aufträge auf dem Bestellungsgebiet, Auftraggeber, Gegenstand des Auftrags und Tag der Gutachtenerstattung; die Aufbewahrungspflicht der Gutachtenkopien beträgt sieben Jahre;

j) der **Niederlassungspflicht**, wobei in besonderen Fällen weitere Niederlassungen möglich sind;

k) der **Anzeigepflicht** von Änderungen in der beruflichen oder gewerblichen Tätigkeit gegenüber der bestellenden Kammer.

Der öffentlich bestellte und vereidigte Sachverständige ist demzufolge zur Erstattung von Gutachten verpflichtet. Er kann die Gutachtenerstattung nur aus „wichtigem Grund" verweigern (vgl. § 10 SVO[152]). **Die Ablehnung** ist nach § 663 BGB dem Auftraggeber unverzüglich anzuzeigen; die Vorschrift hat folgenden Wortlaut:

103

---
152 Kleiber, Wertermittlungsrichtlinien (2012), Sammlung amtlicher Texte zur Ermittlung des Verkehrswerts von Grundstücken, 11. Aufl. 2012.

„**§ 663 BGB** Anzeigepflicht bei Ablehnung
Wer zur Besorgung gewisser Geschäfte öffentlich bestellt ist oder sich öffentlich erboten hat, ist, wenn er einen auf solche Geschäfte gerichteten Auftrag nicht annimmt, verpflichtet, die Ablehnung dem Auftraggeber unverzüglich anzuzeigen. Das Gleiche gilt, wenn sich jemand dem Auftraggeber gegenüber zur Besorgung gewisser Geschäfte erboten hat."

Die berufliche Außendarstellung einschließlich der Werbung in sachlicher und nicht irreführender Form gehört zu den durch Art. 12 Abs. 1 GG geschützten berufsbezogenen Tätigkeiten[153]. Auch der **öffentlich bestellte und vereidigte Sachverständige unterliegt keinem Werbeverbot** (vgl. Rn. 109 f.). Im geschäftlichen Verkehr darf im Übrigen mit einer öffentlichen Bestellung und Vereidigung **nur auf dem Sachgebiet geworben werden, auf dem die Bestellung ausgesprochen worden ist** [154].

Nachdem der Gesetzgeber die öffentliche Bestellung nach § 36 GewO in den Anwendungsbereich der Dienstleistungsrichtlinie[155] übernommen hat, ist der **öffentlich bestellte Sachverständige** zu den sich aus der Informationspflichten-Verordnung[156] – DL-InfoV – ergebenden **Informationen verpflichtet**, insbesondere auch zur Angabe von

– Name und Anschrift der zuständigen Kammer,
– Gesetzliche Berufsbezeichnung,
– Wortlaut der Allgemeinen Geschäftsordnung,
– Name und Anschrift des Versicherers und des räumlichen Geltungsbereichs einer Berufshaftpflichtversicherung,
– Sachverständigenordnung (SVO).

---

153 BVerfG, Beschl. vom 4.8.2003 – 1 BvR 2108/02 –, unter Hinweis auf BVerfG, Urt. vom 11.2.1992 – 1 BvR 1531/90 –, BVerfGE 85, 248; BVerfG, Urt. vom 22.1.2002 – 2 BvB 3/01 –, BVerfGE 104, 372; BVerfG, Beschl. vom 28.7.2004 – 1 BvR 159/04 –, NJW 2004, 2545.
154 BGH, Urt. vom 28.6.1984 – I ZR 93/82 –, NJW 1984, 2883 = EzGuG 11.142t; LG Landshut, Urt. vom 14.8.1990 – HK O 766/90 –, WRP 1991, 676 = 11.180a; LG Coburg, Urt. vom 17.11.1988 – F 40639/88 –, WRP 1989, 284.
155 Gesetz zur Umsetzung der Dienstleistungsrichtlinie im Gewerberecht und in weitere Rechtsvorschriften vom 17.7.2009 (BGBl. I 2009, 2091).
156 Informationspflichten-Verordnung – DL-InfoV – vom 12.3.2010 (BGBl. I 2010, 267 = GuG 2010, 239); hierzu Merkblatt der IHK München GuG 2010, 337.

1.2.7.9 Rundstempel

Schrifttum: *Bleutge, P.,* Rundstempel-Verbot für selbst ernannte Sachverständige, WRP 1979, 777.

Die Verwendung von Rundstempeln, wie sie den öffentlich bestellten und vereidigten Sachverständigen durch die SVO vorgeschrieben ist, ist nur diesen vorbehalten[157]. In der Verwendung des Rundstempels durch nicht öffentlich bestellte und vereidigte Sachverständige sahen die Gerichte eine irreführende Werbung bzw. Handlung (§§ 3, 5 UWG), da der Verbraucher Rundstempel aus Notarurkunden und Urteilsabschriften kennt und entsprechende Assoziationen zwangsläufig sind. Öffentlich bestellte und vereidigte Sachverständige haben allerdings auch kein Rundstempelmonopol[158]. Auch ist die Verwendung verwechselungsfähiger Stempel unzulässig[159]. Die runde Form als solche begründet allerdings nach Auffassung der Gerichte nicht die Gefahr der Irreführung[160]. Der BGH hatte schon 1971 hierzu entschieden, dass eine Wettbewerbshandlung nicht schon deshalb unlauter sein kann, weil sie gegen Anordnungen und Richtlinien von Verbänden, Berufsvertretungen, Vereinen und sonstigen Organisationen verstößt[161]. **Ein nicht öffentlich bestellter und vereidigter Sachverständiger dürfe einen Rundstempel** deshalb **nur verwenden, wenn dieser so augenfällig von dem Erscheinungsbild der von den öffentlich bestellten und vereidigten Sachverständigen benutzten Rundstempel abweicht,** dass selbst für den flüchtigen Betrachter nicht die Gefahr entsteht, den Stempel des freien Sachverständigen für den eines öffentlich bestellten und vereidigten Sachverständigen zu halten[162]. Diese Gefahr sei besonders dann gegeben, sobald der Stempel die Worte „Sachverständiger für ..." enthält.

104

Ein **Verbandsrundstempel, in welchem lediglich die Mitgliedschaft in einem Verband dokumentiert wird,** gilt nicht als irreführend[163]. Auch die Verwendung des Rundstempels der Zertifizierungsstelle des Instituts für Sachverständigenwesen ist nach Auffassung der Rechtsprechung wettbewerbsrechtlich unbedenklich[164].

105

Die Sachverständigenverbände verwenden bei alledem in auffälliger Weise **Stempelformen, die dem Rundstempel nahekommen**; damit wird der irreführende Eindruck einer öffentlichen Bestellung erweckt, auch wenn der Stempel inhaltlich wahrheitsgemäße Angaben enthält[165].

106

---

157 OLG Naumburg, Urt. vom 13.3.197 – 2 U 124/96 –, GewA 198, 421 = EzGuG 1.24 g; OLG Düsseldorf, Urt. vom 19.2.1988 – 2 U 76/87 –, WRP 1988, 278 = EzGuG 11.169a; OLG Hamm, Beschl. vom 11.3.1986 – 4 U 100/85 –, DB 1985, 2326 = EzGuG 11.151b; OLG Stuttgart, Urt. vom 3.10.1986 – 2 U 105/86 –, NJW-RR 1987, 619 = EzGuG 11.159b; OLG München, Urt. vom 22.2.1983 – 6 W 722/83 –, WRP 1983, 528 = EzGuG 11.135k; OLG Frankfurt am Main, Urt. vom 16.8.1982 – 6 W 112/82 –, WRP 1983, 123 = EzGuG 11.132g; OLG München, Urt. vom 26.3.1981 – 6 U 4325/80 –, WRP 1981, 430 = EzGuG 11.123a; OLG Bamberg, Urt. vom 9.12.1981 – 3 U 134/81 –, WRP 1982, 158 = EzGuG 11.125q; OLG Köln, Beschl. vom 12.11.1980 – 2 W 100/80 –, VersR 1981, 756, OLGZ 1983, 121 = EzGuG 11.121d; LG Koblenz, Urt. vom 25.2.1985 – 4 HO 167/84 –, WRP 1985, 518 = EzGuG 11.146a; LG Darmstadt, Urt. vom 17.12.1985 – 16 O 579/85 –, WRP 1986, 364 = EzGuG 11.149f; LG Heidelberg, Urt. vom 27.11.1985 – O 140/85 KfH II –, EzGuG 11.149e; LG Arnsberg, Urt. vom 20.12.1984 – 8 O 215/84 –, EzGuG 11.144; LG Wiesbaden, Beschl. vom 17.12.1981 – 5 O 528/81 –, LG Wiesbaden, Beschl. vom 3.9.1981 – S O 326/81 –, EzGuG 11.125n; LG Frankfurt am Main, Urt. vom 22.7.1981 – 2/6 O 277/81 –, WRP 1981, 552 = EzGuG 11.125a; LG München, Urt. vom 12.11.1980 – 7 HKO 5084/80 –, WRP 1981, 123 = EzGuG 11.121c.

158 OLG Hamm, Urt. vom 11.3.1986 – 4 U 100/85 –, DB 1986, 2326 = EzGuG 11.151b; LG Nürnberg-Fürth, Urt. vom 22.6.2001 – 4 HKO 1239/01 –, EzGuG 11.304.

159 OLG München, Urt. vom 26.3.1981 – 6 U 4325/80 –, EzGuG 11.123a = WRP 1981, 483; OLG Köln, Urt. vom 30.1.1998 – 6 U 73/97 –, GRUR 1999, 375.

160 OLG Stuttgart, Beschl. vom 3.10.1986 – 2 U 105/86 –, WRP 1987, 334:= EzGuG 11.159b; OLG Hamm, Urt. vom 11.3.1986 – 4 U 100/85 _, EzGuG 11.151b = GewArch 1986, 332; OLG Köln, Urt. vom 17.9.1998 – 6 U 25/98 –, GRUR 1999, 375; LG Nürnberg-Fürth, Beschl. vom 22.6.2001 – 4 HK O 1230/01 –; LG Traunstein, Urt. vom 6.10.2004 – 1 HK O 2622/04 –, BeckRS 2008, 03895.

161 BGH, Urt. vom 25.6.1971 – I ZR 68/70 –, GRUR 1971, 580 = MDR 1971, 907 = BB 1971, 949; OLG Naumburg, Urt. vom 13.3.1997 – 2 U 124/95 –, EzGuG 11.244 g.

162 OLG Hamm, Urt. vom 11.3.1986 – 4 U 100/85 –, EzGuG 11.115b; einschränkend OLG Stuttgart, Urt. vom 3.10.1986 – 2 U 105/86 –, EzGuG 11.159b; LG Nürnberg-Fürth, Urt. vom 22.6.2001 – 4 HhC 1230/01 –, EzGuG 11.304.

163 OLG Stuttgart, Beschl. vom 3.10.1986 – 2 U 105/86 –, NJW-RR 1987, 619 = EzGuG 11.159b = WRP 1987, 334; OLG Hamm, Urt. vom 11.3.1986 – 4 U 100/85 –, GewArch 1985, 321 = EzGuG 11.151b.

164 LG Traunstein, Urt. vom 6.10.2004 – 1 HKO 2622/04 –, BeckRS 2008, 03895 = EzGuG 11.402b.

165 Das OLG Frankfurt am Main, Urt. vom 12.2.1987 – 6 U 7/86 –, NJW-RR 1988, 103 = EzGuG 11.163e hat einen Rundstempel mit Doppelumrandung zugelassen; OLG Hamm, Urt. vom 9.3.1995 – 4 U 121/94 –, WRP 1996, 443 = GewArch 1995, 443 = EzGuG 11.222f.

1.2.7.10 Erlöschen der öffentlichen Bestellung

Schrifttum: *Bleutge, P.,* Die Zulässigkeit einer Altersgrenze für die öffentlich bestellten Sachverständigen, GewA 1978, 284; *Jahn, R.,* Zur Höchstaltersgrenze für öffentlich bestellte und vereidigte Sachverständige, GewA 1991, 247; *Rickert, A.,* Weitere Anmerkungen zur Altersbegrenzung, DS 1996/7; *Wittkowski, K.,* Ist die Altersgrenze für Sachverständige zweckdienlich und daher vertretbar?, ZSW 1983, 245.

107 Die öffentliche Bestellung erlischt nach § 22 SVO durch

a) *Verzicht* des Sachverständigen, der nach § 22 Abs. 1 Buchst. a SVO einer schriftlichen Erklärung des Sachverständigen gegenüber der Kammer bedarf, dass er nicht mehr als öffentlich bestellter und vereidigter Sachverständiger tätig sein wolle;

b) *Aufgabe der Niederlassung im Geltungsbereich des Grundgesetzes* (vgl. § 22 Abs. 1 Buchst. b i. V. m. § 3 Abs. 2a SVO)[166];

c) *Ablauf der befristeten Bestellung,* die durch Verwaltungsakt gemäß § 2 Abs. 3 SVO zum Zwecke der Überwachung und zum Schutz der Öffentlichkeit zeitlich befristet werden kann und deren Verlängerung der Sachverständige schon vor Ablauf der Befristung beantragen kann;

d) *Rücknahme und Widerruf* der öffentlichen Bestellung durch die Kammer gemäß § 22 Abs. 1 Buchst. e SVO. **Zwischen Rücknahme und Widerruf ist** dabei **zu unterscheiden:**

- Eine **Rücknahme** kommt in Betracht, wenn der Kammer die Unrichtigkeit der Angaben und Nachweise, die Grundlage der Bestellung waren, bekannt wird. Hierzu gehören falsche Nachweise über die Vermögensverhältnisse oder durch Dritte angefertigte Gutachten. Dabei ist es unerheblich, ob den zu Unrecht ernannten Sachverständigen ein Verschulden trifft. Eine Rücknahme kommt aber auch in Betracht, wenn nachträglich Bedenken gegen die Eignung des Sachverständigen aufkommen[167].

- Ein **Widerruf** kommt in Betracht, wenn sich nachträglich herausstellt, dass der Sachverständige die erforderliche Eigenschaft nicht oder nicht mehr besitzt. Dabei ist es unerheblich, ob der Sachverständige die Eigenschaften während der öffentlichen Bestellung verloren hat; zum Widerruf können auch bekannt gewordene Tatsachen führen, die schon vorher bestanden haben (z. B. wiederholte Verletzung von Pflichten, die Voraussetzungen für eine unabhängige Tätigkeit oder mangelnde Gewähr für eine unparteiische Ausübung der Sachverständigentätigkeit).

  Die Voraussetzungen liegen z. B. auch vor, wenn sich nachträglich ergibt, dass das Gutachten eines solchen Sachverständigen nach Aufbau, Wortwahl und stilistischer Gestaltung so angefertigt ist, dass es von Personen, die auf dem jeweiligen Fachgebiet keine Fachkenntnisse besitzen, nicht verstanden werden kann[168]. Zum Widerruf können insbesondere

    - Verkehrsstrafen[169],
    - eine Verletzung der Anzeigepflichten,
    - ungeordnete wirtschaftliche Verhältnisse,

---

166 Kritik hierzu bei Stober, Der öffentlich bestellte Sachverständige zwischen beruflicher Bindung und Deregulierung, Köln 1991, S. 143; Bleutge in Landmann/Rohmer, Komm. zu § 36 GewO Rn. 124.
167 BVerwG, Urt. vom 6.11.1959 – 1 C 204/58 –, NJW 1960, 690 = EzGuG 11.19c; BVerwG, Urt. vom 29.5.1957 – 1 C 212/54 –, BVerwGE 5, 96 = EzGuG 11.10; ferner PrOVG, Urt. vom 3.3.1937 – III B 3/27 –, PrOVGE 81.399 = GewA 25.68; VG Minden, Urt. vom 10.2.1983 – 2 K 2259/81 –, GewA 1983, 301 = EzGuG 11.135h.
168 VG Sigmaringen, Urt. vom 9.6.1980 – 1 K 514/79 –, GewA 1981, 10 = EzGuG 11.119f; OVG Münster, Urt. vom 21.1.1969 – 4 A 1274/67 –, GewA 1969, 155 = EzGuG 11.66a; OVG Münster, Urt. vom 12.1.1966 – 4 A 565/65 –, GewA 1966, 251 = EzGuG 11.50a.
169 BVerwG, Beschl. vom 15.11.1991 – 1 B 136/91 –, NVwZ-RR 1992, 351 = EzGuG 11.189.

- mangelnde Eignung[170]

führen[171].

Einmalige und leichtere Pflichtverletzungen führen i. d. R. zunächst nur zu einer **Abmahnung** oder der **Erteilung von Auflagen** durch die Kammer. Erst eine erfolglose Abmahnung und wiederholte Pflichtverletzung kann in diesen Fällen zum Widerruf der Bestellung führen.

e) *Niederlegung der öffentlichen Bestellung* durch den Sachverständigen durch entsprechende nicht empfangsbedürftige Willenserklärung: Auf die Zustimmung der Bestellungskörperschaft kommt es nicht an[172].

Mit dem Widerruf bzw. der Rücknahme verliert der Sachverständige die Eigenschaft als öffentlich bestellter und vereidigter Sachverständiger. Stempel und Ausweis sind an die Kammer zurückzugeben. **108**

Rücknahme und Widerruf sind belastende Verwaltungsakte, gegen die sich der Sachverständige durch Widerspruch und bei erfolglosem Widerspruch durch Klage vor dem Verwaltungsgericht wehren kann.

Ist die öffentliche Bestellung erloschen, darf sich der Sachverständige auch nicht als Senior-Mitglied eines Verbandes öffentlich bestellter und vereidigter Sachverständiger nennen, weil dies den unzutreffenden Eindruck erweckt, er sei noch immer öffentlich bestellt und vereidigt[173].

1.2.7.11 Werbung

Schrifttum: *Bayerlein,* Praxishandbuch Sachverständigenrecht, 4. Aufl., S. 114 ff.

▶ *Vgl. Rn. 4 f., 103 und zur Werbung mit Rundstempeln Rn. 104*

Das BVerfG hat in seinem Urteil vom 26.20.2004[174] entschieden, dass die berufliche Außendarstellung eines freiberuflich Tätigen einschließlich der Werbung[175] für die Inanspruchnahme seiner Dienste in den Schutzbereich des Art. 12 Abs. 1 Satz 1 GG fällt, der die freie Berufsausübung schützt. Es gibt mithin auch **für öffentlich bestellte und vereidigte Sachverständige kein Werbeverbot**[176]. Es empfiehlt sich, mindestens Name und Anschrift, die öffentliche Bestellung und Vereidigung, den Namen der Bestellungskörperschaft sowie das Sachgebiet nach Maßgabe der Bestellungsurkunde anzugeben[177]. Nach einer Entscheidung des LG Frankfurt am Main gebietet das Irreführungsverbot des § 5 UWG allerdings keine Aufklärung über das Sachgebiet der Bestellung, da es nur irreführende, nicht aber auch unvollständige oder abgekürzte Angaben verbietet[178]. **109**

Unzulässig sind unlautere Wettbewerbshandlungen (§§ 3, 4 UWG) und irreführende Werbungen (§§ 3, 5 UWG). Zu den **unlauteren Wettbewerbshandlungen** gehören **110**

– reklamehafte Werbemittel und -methoden,

– Werbungen mit und über den Preis[179],

---

170 VGH München, Beschl. vom 19.7.2004 – 22 CS 04.1885 –, BauR 2004, 1993 = EzGuG 11.390.
171 Zum Verfahren: VG München, Urt. vom 28.8.2004 – M 16 S 03.3568 –, EzGuG 11.393.
172 VG Magdeburg, Urt. vom 3.7.2003 – 3 B 145/03 MD –, EzGuG 11.350.
173 LG Frankfurt am Main, Beschl. vom 11.6.1997 – 2 06 O 157/97 –, EzGuG 11.245a.
174 BVerfG, Urt. vom 26.10.2004 – 1 BvR 981/00 –, BVerfGE 111, 366.
175 „Werbung ist ein Verhalten, das darauf angelegt ist, andere dafür zu gewinnen, die Leistung desjenigen in Anspruch zu nehmen, für den geworben wird." (BGH, Beschl. vom 7.10.1991 – AnwZ (B) 25/91 –, NJW 1992, 45). „Werbung ist die Information (Äußerung) über ein Unternehmen und seine Leistung, mit dem Ziel, den Absatz von Waren oder die Erbringung von Dienstleistungen zu fördern." (Art. 2 Nr. 1 der Richtlinie 84/450 EWG).
176 OVG Münster, Urt. vom 4.9.2007 – 14 A 4267/05 –, DÖV 2008, 124.
177 Volze, H., Werbemöglichkeiten für den Sachverständigen, GuG 2004, 17.
178 LG Frankfurt am Main, Urt. vom 26.8.2005 – 3 – 11 O 32/05 –, GuG 2006, 52 = EzGuG 11.462; des Weiteren BGH, Urt. vom 27.1.2005 – I ZR 202/02 –, BB 2005, 1244.
179 LG Berlin, Urt. vom 25.11.2003 – 103 O 159/03 –, WRP 2004, 647 = EzGuG 11.360.

II Sachverständigenwesen   Sachverständiger

- Werbung mit Qualitätsaussagen,
- diskriminierende Werbung[180].

Irreführende Werbung ist

- die Bezeichnung als „Sachverständiger"[181],
- Anerkennung durch Fachverband[182],
- Werbung mit Zertifikaten,
- „Dekorationsgegenstände".

111 Irreführend ist eine generalisierende Werbung als „Sachverständiger für Bauwesen", weil ein Sachverständiger Spezialist und nicht Generalist ist[183]. Ein öffentlich bestellter Sachverständiger muss in der Werbung nicht auf die Körperschaft hinweisen, die ihn bestellt hat; er darf aber den Hinweis auf seine Eigenschaft als öffentlich bestellter Sachverständiger nicht mit einem Sachgebiet verknüpfen, für das er nicht bestellt worden ist (§ 12 SVO)[184]. Auch mit dem Hinweis auf eine **erloschene Sachverständigeneigenschaft** darf nicht geworben werden[185]. Die Werbung als „Gerichtssachverständiger" stellt eine irreführende Werbung dar, weil bei einem nicht unerheblichen Teil der angesprochenen Verkehrskreise der Eindruck erweckt werde, der betreffende Sachverständige sei ein öffentlich bestellter Sachverständiger[186].

112 Unzulässig ist des Weiteren eine **Inverbindungsbringung von Hinweisen auf die Sachverständigentätigkeit** einerseits **und die gewerbliche Tätigkeit** andererseits, weil diese Verbindung die Gefahr von Missverständnissen in sich birgt, und zwar jedenfalls bei dem wenig erfahrenen Teil der Kundschaft des gewerblichen Unternehmens[187].

1.2.8 Zertifizierte Sachverständige

Schrifttum: *Bleutge, P.*, Prüfung der Sachkunde bei zertifizierten Sachverständigen, Der Bausachverständige 2005, 8, 47; *Bleutge, P.*, Öffentliche Bestellung und private Zertifizierung im Wettbewerb, GuG 1997, 72; *Böshagen, U.*, Die Zertifizierung, in EU-Rechtshandbuch für die Wirtschaft, München 1996; *Emmert, U.*, Haftung der Zertifizierungsstellen, CE 1999, 244; *Hagenkötter, A.*, Zertifizierung und Verschwiegenheitspflicht, AnwBl 1997, 616; *Niebling, J.*, Rechtsfragen der Akkreditierung und Zertifizierung, WiB 1995, 737; *Werner, M.*, Zertifizierung – Vorgehen des Auditors, AnwBl 1997, 644.

1.2.8.1 Zertifizierung

▶ *Vgl. Rn. 1 ff., 109, 127*

113 Unter der „Zertifizierung"[188] versteht man ein **Verfahren, mit dem die Einhaltung und Beherrschung bestimmter Anforderungen nachgewiesen wird**. Als zertifizierter Sachverständiger kann deshalb ein solcher Sachverständiger gelten, der ein solches Verfahren erfolgreich durchlaufen hat. Da es weder für das Verfahren noch für die das Verfahren beaufsichtigende Institution vorgegebene Standards gibt, kann praktisch jeder zertifizieren („wildes Zertifizierungswesen") und die „Zertifizierung" gewährleistet für sich allein noch keine von Unkundigen jedoch erwartete Sachkunde. Wird die „Zertifizierung" i. V. m. der Bezeichnung als „Sachverständiger" verbunden („zertifizierter Sachverständiger"), kann der „Sachverständige" wegen irreführender Werbung mit einer strafbewehrten Unterlassungserklärung abge-

---

180 BGH, Urt. vom 9.12.1975 – VI ZR 157/73 –, BGHZ 65, 325 = EzGuG 11.100.
181 LG Dortmund, Urt. vom 7.5.1980 – 19 O 95/80 –, EzGuG 11.119e.
182 LG Essen, Urt. vom 5.3.2003 – 42 O 120/02 –, WRP 2003, 1268 = EzGuG 11.348a.
183 LG Regensburg, Urt. vom 28.2.2002 – 1 HKO 1970/01 –, WRP 2002, 122 = EzGuG 11.322.
184 LG Hamburg, Urt. vom 2.8.2005 – 312 O 211/05 –, Magazindienst 2006, 263 = EzGuG 11.458; OLG Hamm, Urt. vom 9.3.1995 – 4 U 121/94 –, GewArch 1995, 341 = EzGuG 11.222 f.
185 OLG Dresden, Urt. vom 4.9.1996 – 12 U 564/96 –, WRP 1996, 1168 = EzGuG 11.235c; VG Oldenburg, Urt. vom 26.4.1978 – 2 A 26/77 –, GewArch 1979, 92 = EzGuG 11.111i; LG Frankfurt am Main, Urt. vom 11.6.1997 – 2 – 06 O 157/97 –, GewArch 1997, 416 = EzGuG 11.245a.
186 LG München I, Urt. vom 24.3.1983 – 4 HKO 1580/83 –, WRP 1984, 235 = EzGuG 11.137c; LG Wiesbaden, Urt. vom 19.7.1979 – 12 O 46/78 –, WRP 1979, 166 = EzGuG 11.112b.
187 KG Berlin, Urt. vom 11.5.1976 – 5 U 2582/75 –, WRP 1977, 403 = EzGuG 11.102b.
188 Abgeleitet aus dem Lateinischen, nämlich aus dem Wort „certe" (bestimmt, sicher) und „facere" (machen).

mahnt werden, wenn die Voraussetzungen für eine Inanspruchnahme der Sachverständigeneigenschaft nicht gegeben sind.

Eine Sonderstellung nimmt die **Zertifizierung nach (europäischen) Qualitätsnormen**, wie z.B. der DIN EN ISO 9000 bis 9400, ein (vgl. Rn. 127). Mit der Zertifizierung nach der vorgegebenen Norm wird bescheinigt, dass die zertifizierte Person in ihrem Verhalten und ihrer Tätigkeit dieser Norm entspricht (Konformitätsbescheinigung). Die im Rahmen der Zertifizierung durchgeführten Konformitätsbewertungen sollen **114**

– der Vertrauensbildung im Geschäftsverkehr dienen und

– einen länderübergreifenden Wettbewerb eröffnen.

Einen länderübergreifenden Wettbewerb kann die Zertifizierung nicht gewährleisten, denn es können von der nationalen Akkreditierungsstelle keine inhaltlichen Vorgaben über die Marktwertermittlung auf länderübergreifender Ebene gemacht werden. Ein in Deutschland oder in Großbritannien nach der europäischen Norm zertifizierter Sachverständiger kann deshalb auch nicht (automatisch) in Anspruch nehmen, die erforderliche Sachkunde und Erfahrung für eine fundierte Marktwertermittlung im jeweils anderen Land aufzuweisen. Dies gilt im Übrigen auch für ein in Großbritannien ausgebildetes und ernanntes Mitglied *(member* oder *fellow)* des *Royal Institution of Charternd Surveyors* RICS)[189]. Eine **länderübergreifende Tätigkeit als Sachverständiger für Marktwertermittlungen** ist ohnehin **höchst problematisch**, denn sie setzt eine überdurchschnittliche Sachkunde auf allen einschlägigen Gebieten des Rechts- und Wirtschaftswesens, der technischen Normen, der Marktverhältnisse und vor allem auch langjährige Erfahrungen „vor Ort" voraus, die i. d. R. nur durch entsprechende Ausbildungen und langjährigen Aufenthalt erworben werden können. Wird der Sachverständige gleichwohl grenzübergreifend tätig, läuft er Gefahr, gegen das Kompetenzeinhaltungsgebot zu verstoßen und die IHKs müssten einschreiten. **115**

1.2.8.2 Akkreditierung

Akkreditierung ist die Bestätigung. dass eine Konformitätsbewertungsstelle in einem bestimmten Fachbereich **die hinreichende Fachkunde, die Zuverlässigkeit und Unabhängigkeit (Kompetenz) besitzt** sowie die notwendigen Ressourcen und das Personal hat, um Konformitätsbewertungen entsprechend den Vorgaben durchzuführen. Die Akkreditierung ist damit eine formalisierte Kompetenzfeststellung und dient der Bestätigung der Kompetenz und Qualität einer Konformitätsbewertungsstelle in Bezug auf die Durchführung bestimmter Konformitätsbewertungstätigkeiten gemäß Art. 4 Abs. 5 der Verordnung (EG) Nr. 765/2008; sie ist eine hoheitliche Tätigkeit. **116**

Die **Bewertung der Kompetenz der Konformitätsbewertungsstelle** erfolgt auf der Grundlage der einschlägigen harmonisierten Normen und gegebenenfalls weiterer Spezifikationen z. B. aus Rechtsvorschriften oder speziellen Akkreditierungsregeln, die unter Einbeziehung der interessierten Kreise erstellt wurden. Im Rahmen einer Konformitätsbewertung wird dargelegt und bestätigt, ob z. B. ein eine erbrachte Dienstleistung spezifizierten Anforderungen entspricht. **117**

Konformitätsbewertungsstelle ist nach der Definition des Art. 2 Abs. 13 der VO (EG) Nr.765/2008 eine Stelle, die Konformitätsbewertungstätigkeiten einschließlich Kalibrierungen, Prüfungen, Zertifizierungen und Inspektionen durchführt. Grundsätzlich keine Stelle i. S. dieser VO sind natürliche Personen, wenn deren Kompetenz oder Qualifikation als einzelne Person bestätigt oder festgestellt wird (z. B. Einzelsachverständige, die über bestimmte Qualifikationen verfügen müssen). Allerdings können Einzelpersonen Inhaber einer Konformitätsbewertungsstelle sein bzw. eine solche betreiben. Dann müssen die Anforderungen in der Stelle erfüllt sein. **118**

---

189 Die IHK für München und Oberbayern hat die Qualifikation als „Fellow der Royal Institution of Chartered Surveyors (FRICS)" nicht als Nachweis der für eine öffentliche Bestellung als Sachverständiger erforderlichen Sachkunde angesehen und eindrucksvoll begründet (vgl. IfS Informationen 2011/1, S. 13 ff.).

II Sachverständigenwesen

1.2.8.3 Deutsche Akkreditierungsstelle

119 Das Zertifizierungswesen ist mit dem 2009 in Kraft getretenen **Akkreditierungsstellengesetz – AkkStelleG**[190] auf eine neue Rechtsgrundlage gestellt worden. Mit dem Gesetz wird die Errichtung einer einzigen deutschen Akkreditierungsstelle i. S. von Art. 4 Abs. 1 der Verordnung (EG) Nr. 765/2008[191] vorgegeben.

120 Bislang wurde das deutsche Akkreditierungswesen weitestgehend durch den **Deutschen Akkreditierungsrat (DAR)** repräsentiert. Der DAR wurde im Jahre 1991 von Ministerien des Bundes und der Länder sowie von Vertretern der deutschen Wirtschaft mit dem Ziel gegründet, die Tätigkeiten auf dem Gebiet der Akkreditierung und Anerkennung von Konformitätsbewertungsstellen unter Beachtung einer effizienten Gestaltung der Verfahren auf einem gemeinsamen hohen Qualitätsniveau zu koordinieren.

121 Im Bereich der Zertifizierung von Sachverständigen lag die Zuständigkeit bei der **Trägergemeinschaft für Akkreditierung (TGA)**. Die vom DAR eingesetzte TGA war im sog. ungeregelten Bereich nicht alleinverantwortlich für die Akkreditierung von Zertifizierungsstellen und jeder hat das Recht, eine Akkreditierungsstelle zu gründen. Die Regeln und Vorgaben der TGA sind für andere Akkreditierungsstellen mithin nicht maßgebend[192].

Die TGA akkreditierte die Zertifizierungsstellen, bei denen Sachverständige nach der **DIN EN IEC 17024** zertifiziert werden können.

Das Zertifizierungswesen ist mit dem 2009 in Kraft getretenen **Akkreditierungsstellengesetz – AkkStelleG**[193] auf eine neue Rechtsgrundlage gestellt worden. Mit dem Gesetz wird die Errichtung einer einzigen deutschen Akkreditierungsstelle i. S. von Art. 4 Abs. 1 der Verordnung (EG) Nr. 765/2008[194] vorgegeben.

122 Nach § 1 Abs. 1 AkkStelleG wird die **Akkreditierung als hoheitliche Aufgabe des Bundes** durch eine von Bund, Ländern und Wirtschaft zu gleichen Teilen getragene und vom Bund beliehene Akkreditierungsstelle durchgeführt. Dies ist die (einzige) nationale Akkreditierungsstelle i. S. der Verordnung (EG) Nr. 765/2008 des Europäischen Parlaments und des Rates vom 9.7.2008 über die Anforderungen an Akkreditierung und Marktüberwachung bei der Vermarktung von Produkten und zur Aufhebung der Verordnung[195] und für Akkreditierungen nach Artikel 3 der Verordnung (EG Nr. 765/2008) zuständig.

123 Nach § 2 Abs. 1 AkkStelleG führt die Akkreditierungsstelle auf schriftlichen Antrag einer Konformitätsbewertungsstelle Akkreditierungen gemäß Art. 5 der VO (EG) Nr. 765/2008 durch. Sie wendet bei der Akkreditierung die nach § 5 Abs. 3 AkkStelleG bekannt gemachten Regeln an. Sie kann von der Konformitätsbewertungsstelle und ihrem mit der Leitung und der Durchführung von Fachaufgaben beauftragten Personal die zur Feststellung und Überwachung der fachlichen Kompetenz und der Eignung einer Konformitätsbewertungsstelle erforderlichen Auskünfte und sonstige Unterstützung, insbesondere die Vorlage von Unterlagen, verlangen sowie die dazu erforderlichen Anordnungen treffen (§ 3 AkkStelleG).

124 Die Bediensteten und sonstigen Beauftragten der Akkreditierungsstelle sind befugt, zu den Betriebs- und Geschäftszeiten Betriebsstätten, Geschäfts- und Betriebsräume der Konformitätsbewertungsstelle zu betreten, zu besichtigen und zu prüfen, soweit dies zur Erfüllung ihrer Aufgaben erforderlich ist; das Grundrecht der Unverletzlichkeit der Wohnung (Art. 13 GG) wird insoweit eingeschränkt.

125 Die **Akkreditierungsstelle** muss unabhängig und unparteiisch sein und darf sowohl gegenüber den Konformitätsbewertungsstellen als auch deren Kunden nicht gewinnorientiert arbeiten. Die Akkreditierung ist daher kein Selbstzweck.

---

190 Akkreditierungsstellengesetz – AkkStelleG – vom 31.7.2009 (BGBl. I 2009 Teil 1 Nr. 51); vgl. hierzu BT-Drucks. 16/12983 vom 12.5.2009.
191 EG-Verordnung (VO) Nr. 765/2008 des Europäischen Parlaments und des Rates über die Anforderungen an Akkreditierung und Marktüberwachung bei der Vermarktung von Produkten vom 9.7.2008 (ABl. EU I 218/30).
192 LG Bonn, Urt. vom 15.7.1997 – 11 O 184/96 –, GewA 1998, 152 = EzGuG 11.246c.
193 Akkreditierungsstellengesetz – AkkStelleG – vom 31.7.2009 (BGBl. I 2009 Teil 1 Nr. 51); vgl. hierzu BT-Drucks. 16/12983 vom 12.5.2009.
194 EG-Verordnung (VO) Nr. 765/2008 des Europäischen Parlaments und des Rates über die Anforderungen an Akkreditierung und Marktüberwachung bei der Vermarktung von Produkten vom 9.7.2008 (ABl. EU I 218/30).
195 EWG Nr. 339/93 (ABl. L 218 vom 13.8.2008, S. 30).

1.2.8.4 Zertifizierungsnormen

a) Allgemeines

Grundlage für die „europäische" Zertifizierung von Sachverständigen sind folgende Normen: 126

DIN EN IEC 17011	Allgemeine Anforderungen an Stellen, die Konformitätsbewertungsstellen begutachten und akkreditieren,
DIN EN IEC 17024	Allgemeine Anforderungen an Stellen, die Personen zertifizieren,
DIN EN IEC 17025	Allgemeine Anforderungen an die Kompetenz von Prüf- und Kalibrierlaboratorien.

Die genannten Normen haben den Status einer deutschen Norm. Diese Normen verlangen u. a. 127

– die Unparteilichkeit der Zertifizierungsstelle, die durch eine entsprechende Besetzung zu gewährleisten ist, und
– den Zugang zu den Diensten einer Zertifizierungsstelle durch alle Interessenten.

Von der Zertifizierung nach der DIN EN IEC 17024 zu unterscheiden ist das Qualitätssicherungssystem nach der Normreihe DIN EN ISO 9000[196] (**Qualitätsmanagement der Dienstleistung**): 128

DIN EN ISO 9000:2005	Qualitätsmanagementsysteme – Grundlagen und Begriffe,
DIN EN ISO 9001:2008	Qualitätsmanagementsysteme – Anforderungen,
DIN EN ISO 9004:2000	Qualitätsmanagementsysteme – Leitfaden zur Leistungsverbesserung,
DIN EN ISO 19011:2002	Leitfaden für Audits von Qualitätsmanagement- und/oder Umweltmanagementsystemen

Zur Feststellung der Erfüllung dieser Anforderungen werden im **gesetzlich geregelten Bereich** auch relevante technische Normen der Reihe DIN EN ISO/IEC 17000 in der jeweils aktuellen Fassung zur Auslegung herangezogen, soweit ihre Bestimmungen mit dem EG-Recht und den deutschen Rechtsvorschriften vereinbar sind. 129

b) DIN EN IEC 17024

Die wichtigste Norm der DIN EN ISO/IEC 17000 (2004)-Reihe für die Konformitätsbewertung (Allgemeine Begriffe und Grundlagen) ist die DIN EN IEC 17024 über **allgemeine Anforderungen an Stellen, die Personen zertifizieren**. Die Norm kann von jedermann angewendet werden, ohne dass die Anwendung zwingend ist. Die Bundesregierung hat es abgelehnt, die darin enthaltenen Kriterien gesetzlich festzuschreiben[197]. 130

Die Norm enthält allgemeine **Kriterien für die Begutachtung des organisatorischen Aufbaus, der Ausstattung mit Personal und technischen Einrichtungen sowie die Arbeitsweise von Akkreditierungs- und Zertifizierungsstellen**. Die Kriterien „gelten für Zertifizierungsstellen, die Systeme zur Zertifizierung von Personal betreiben und durch Begutachtung und wiederkehrende Überwachung bestätigen, dass das Personal kompetent ist, die angegebenen Dienste zu leisten. 131

Die DIN EN IEC 17024 enthält keine Kriterien für die fachlichen Anforderungen, die jeweils fachgebietsspezifisch erarbeitet werden müssen. Dies geschah durch sog. **Sektorkomitees** bei der TGA, die sich aus Vertretern der Fachinstitutionen und Vertretern von Verbänden zusammensetzte[198]. 132

---

196 Klocke in GuG 1996, 145.
197 Vgl. BT-Drucks. 14/3986.
198 Bleutge verweist hierauf mit der Bemerkung, dass die Zusammensetzung der die Qualitätsstandards festlegenden Sektorkomitees dem Zufallsprinzip überlassen wurde (DS 1999, 16). Dies gilt im Übrigen auch für die personelle Besetzung des Akkreditierungsrats im Bereich der Verkehrswertermittlung von Grundstücken.

II Sachverständigenwesen Sachverständiger

133 Die für das jeweilige Fach- und Zertifizierungsgebiet geltenden Anforderungen werden in einem **„Normativen Dokument"** zusammengestellt, das Grundlage für die Arbeit der Zertifizierungsstellen ist. Im Bereich des **Sektorkomitees „Personenzertifizierung – Grundstückswertermittlungen"** gliedert sich das Normative Dokument in drei Teilfachgebiete:

a) Verkehrs- bzw. Marktwertermittlung von bebauten und unbebauten Grundstücken (allgemeine Grundstückswertermittlung) einschließlich Bewertungen für finanzwirtschaftliche Zwecke,

b) Bewertung von landwirtschaftlichen bebauten und unbebauten Grundstücken (Grundstückswertermittlung im Agrarsektor) und

c) Beleihungswertermittlung einschließlich Bewertungen für finanzwirtschaftliche Zwecke (Kreditwirtschaftliche Grundstückswertermittlung).

Abb. 2: Zertifizierung von Sachverständigen

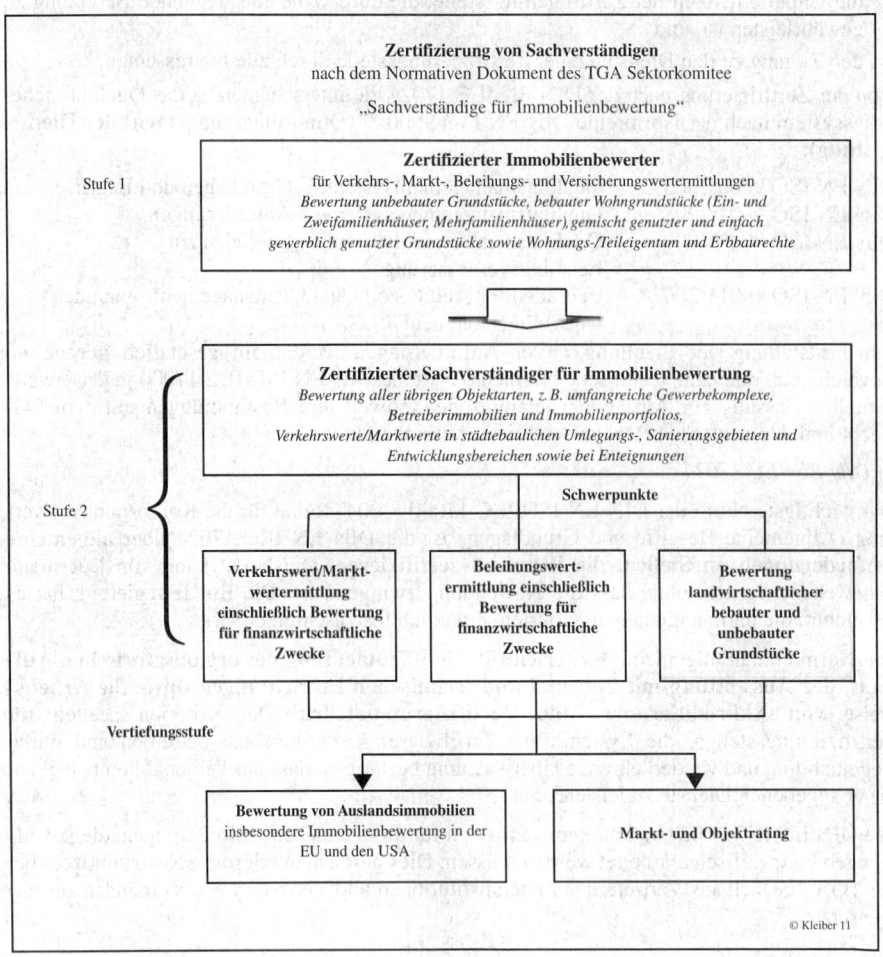

Inhaltliche Vorgaben für den Sachverständigen (für Grundstückswerte) werden durch die **DIN EN IEC 17024 nicht definiert.** Es handelt sich vielmehr um ein System, mit dem die äußeren Anforderungen an der Überprüfung der Voraussetzungen durch Fachgremien normiert werden, um den Nachweis der besonderen Sachkunde und persönlichen Eignung eines Bewerbers zu erlangen. Ob die damit privatrechtlich organisierten Überwachungsmechanismen strenger als im System der öffentlichen Bestellung nach § 36 GewO wirken werden, wird sich erst noch erweisen müssen[199]. Es wird sich damit zumindest ein weiterer Weg eröffnen, um hier auf der Grundlage europäischer Lösungen eine Zertifizierung zu erlangen, die zunächst nicht die öffentliche Bestellung ersetzt, sondern sich für den Bewerber zusätzlich anbietet. Ein Sachverständiger kann demzufolge „öffentlich bestellt und vereidigt" sowie zertifiziert sein. Umgekehrt wird die hoheitliche Anerkennung von Sachverständigen durch die öffentliche Bestellung und Vereidigung von den übrigen EU-Mitgliedstaaten nicht übernommen. Diesbezüglich handelt es sich um eine deutsche Besonderheit[200].

134

1.2.8.5 Zertifizierungsverfahren

Die **Zertifizierung erfolgt auf Antrag.** Dem Antrag sind i. d. R. beizufügen

135

– Angaben zur Person, der beruflichen Tätigkeit, ggf. dem Anstellungsverhältnis, zur Schulbildung, Fachausbildung sowie zum beruflichen Werdegang (Nachweis mit Zeugnissen),
– (mindestens fünf bzw. vier (Bewerter der Stufe 1) selbst verfasste und anonymisierte) Gutachten,
– im Bereich der landwirtschaftlichen Bewertung zu folgenden Bereichen:
  – Verkehrswertermittlung unbebauter landwirtschaftlicher Grundstücke,
  – Bewertung von Wertbeeinträchtigungen oder Entschädigungen bei bebauten und unbebauten landwirtschaftlichen Grundstücken infolge von Eingriffen Dritter,
  – Bewertung im Zusammenhang mit Parzellenpacht (örtlicher Pachtpreis, Pachtwert, Anpassung des Pachtpreises u. a.),
  – Wertermittlung landwirtschaftlicher Wirtschaftsgebäude (verschiedene Anlässe),
  – Wertermittlung landwirtschaftlicher Wohngebäude (verschiedene Anlässe).

Die eigentliche **Zertifizierungsprüfung** besteht aus einem schriftlich-theoretischen Teil und einer mündlichen Prüfung entsprechend dem Anforderungsprofil des Prüfstoffverzeichnisses.

136

Bei bestandener Prüfung wird ein **fünf Jahre gültiges Zertifikat** mit einem dieses ausweisenden Stempel vergeben. Die Zertifizierung wird von der Zertifizierungsstelle öffentlich bekannt gemacht. Der Zertifizierte wird mit seinen Angaben in jedermann zugängliche Verzeichnisse aufgenommen. Zur Sicherstellung der fachlichen Qualifikation des „Zertifizierten" muss dieser jährlich eine Fort- und Weiterbildung von mindestens drei Tagen nachweisen und auf Anforderung mindestens drei selbst verfasste Gutachten zur Kontrolle vorlegen (Abb. 3).

137

---

199 Kleiber in DS 1996, 21.
200 Bleutge in GuG 1997, 72; Wenzl, D./Meinhardt, P., Zertifizierung von Sachverständigen nach EN 45013 auf dem Gebiet der Bewertung unbebauter und bebauter Grundstücke in der Landwirtschaft, HLBS-report 1998, 12.

Abb. 3: Ablauf des Zertifizierungsverfahrens

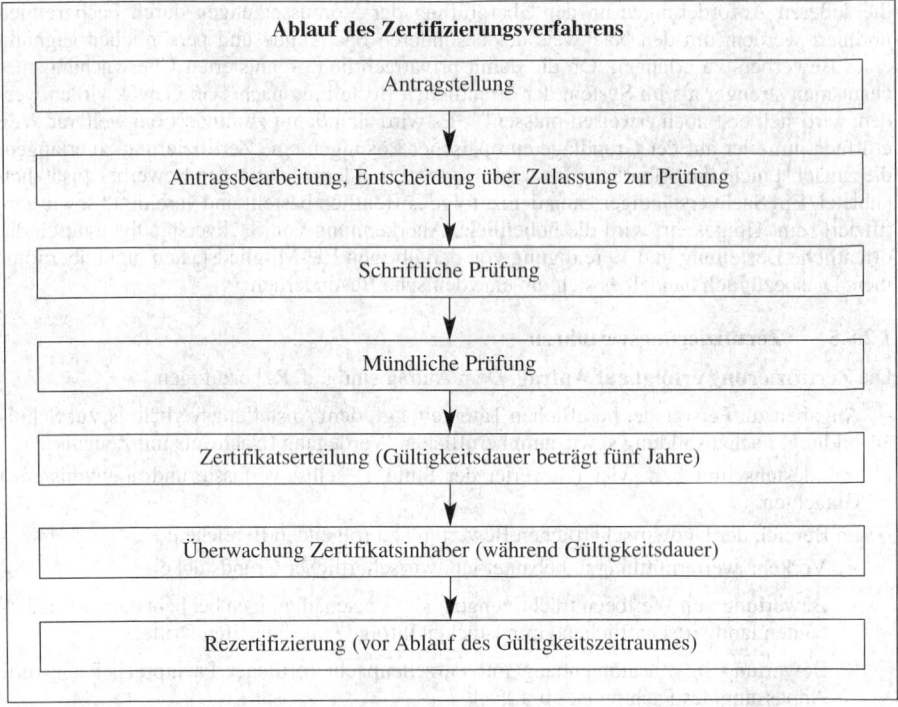

Die Zertifizierungsstellen (z. B. IfS-Zert, einziger Gesellschafter ist das Institut für Sachverständigenwesen e. V.) haben ein aktuelles Verzeichnis der zertifizierten Sachverständigen vorzuhalten.

1.2.8.6 DIA Zert

138 Die durch die Deutsche Gesellschaft für Akkreditierung (DGA) akkreditierte und beim Deutschen Akkreditierungsrat (DAR) registrierte und anerkannte Zertifizierungsstelle DIAZert der DIA Consulting AG bietet unter anderem Personenzertifizierungen in Konformität zur internationalen Norm DIN EN ISO/IEC 17024 für die Immobilien- und Finanzwirtschaft an, u. a. den **„Zertifizierten Sachverständigen für Immobilienbewertung (DIA)"** mit folgenden Tätigkeitsfeldern:

- **Wohn- und Gewerbeimmobilien** (Bewertung von insbesondere Ein-, Zwei- und Mehrfamilienwohnhäusern, Eigentumswohnungen, gemischt genutzten oder reinen Gewerbeimmobilien, grundstücksgleichen Rechten).
- **Immobilieninvestments** (Bewertung von z. B. Immobilienportfolios, „großen" Renditeund Gewerbeobjekten, Immobilienfonds, Betreiber-/Managementimmobilien).
- **Land und Forst** (Bewertungen im Außenbereich, Land- und Forstwirtschaftlicher Flächen und Gebäude).
- **Zusätzlich:**
  - Beleihungswertermittlung für Kreditinstitute gemäß BelWertV,
  - Öffentliche Grundstücksangelegenheiten für die Bewertung öffentlicher Grundstücksangelegenheiten (städtebaurechtliche Maßnahmen, unter anderem Umlegung/Sanierung/Enteignung), Gemeinbedarfsflächen,

- Beratung internationaler Kunden für nationale Investments oder nationaler Kunden für internationale Investments.

Sachverständige erhalten seitens der Zertifizierungsstelle der DIA Consulting AG zum Nachweis der Zertifizierung ein Zertifikat sowie einen die Zertifizierung ausweisenden Stempel. Zertifikat und Stempel verbleiben im Eigentum der Zertifizierungsstelle und sind bei Wegfall oder Widerruf der Zertifizierung unaufgefordert an diese zurückzugeben.

Mit der Zertifizierung ist man berechtigt, den entsprechenden Titel zu führen. Gleichzeitig ist man berechtigt, das Zeichen der Zertifizierungsstelle nach der Zeichensatzung zu verwenden.

Die Sachverständigen verpflichten sich im Rahmen ihrer Tätigkeit als zertifizierte Sachverständige, die Aufgabenerfüllung **persönlich, gewissenhaft, unabhängig und unparteiisch** vorzunehmen und die zugrunde liegenden Zertifizierungsrichtlinien unter Anwendung der erforderlichen Sorgfalt zu beachten.

Die Zertifizierungsstelle der DIA Consulting AG macht die Zertifizierung öffentlich bekannt. Name, Adresse, Telefon- und Faxnummern, E-Mail- und Internetadresse sowie die Bezeichnung des Zertifizierungsgebietes werden im Internet über eine Datenbank veröffentlicht. Auf Anfrage wird auch eine Liste aller zertifizierten Personen herausgegeben.

Zur Sicherstellung der fachlichen Qualifikation der Zertifikatsinhaber haben diese eine jährliche Fort- und Weiterbildung von mindestens drei Tagen in entsprechenden Fortbildungsveranstaltungen nachzuweisen.

Um die Qualität der von den Zertifikatsinhabern verfassten Gutachten sicherzustellen, haben diese während des Gültigkeitszeitraums des Zertifikats der Zertifizierungsstelle auf Anforderung mindestens drei selbstverfasste Wertgutachten unterschiedlicher Objektarten aus dem jeweiligen Tätigkeitsfeld in Kopie zur Überprüfung zur Verfügung zu stellen. Die Überprüfung erfolgt durch Prüfer auf der Grundlage der für die Zertifizierung geltenden Anforderungen an ein Gutachten im jeweiligen Zertifizierungsbereich. Bei Nichterfüllen der Anforderungen werden korrektive Maßnahmen gefordert.

Überwachungsbegutachtungen können bei Bekanntwerden von Mängeln oder Verfehlungen während der Gültigkeitsdauer eines Zertifikates durch von der Zertifizierungsstelle bestimmte Prüfer stattfinden und dienen der Prüfung der Einhaltung der Zertifizierungsbedingungen. Bei negativer Bewertung der Stichprobenkontrollen (Gutachtenüberprüfung) entscheidet die Zertifizierungsstelle, ob eine Überwachungsbegutachtung stattfindet.

Rechtzeitig vor Ablauf der Zertifikatsgültigkeit haben die zertifizierten Sachverständigen in einem **Fachgespräch** analog der mündlichen Prüfung nachzuweisen, dass sich ihr Wissen auf dem aktuellen Stand bewegt. Inhalt des Fachgesprächs sind vorrangig die den Sachverständigen betreffenden **Neuerungen innerhalb ihrer Zertifizierungsgebiete**.

Die Zertifizierung erlischt, wenn unter Kündigung des Zertifizierungsvertrags gegenüber der Zertifizierungsstelle der DIA Consulting AG erklärt wurde, dass die Tätigkeit eingestellt wird oder keine Rezertifizierung erwünscht wird und die Gültigkeit des Zertifikats abläuft.

139

II Sachverständigenwesen — Sachverständiger

Abb. 4: Struktur der Zertifizierungsstelle

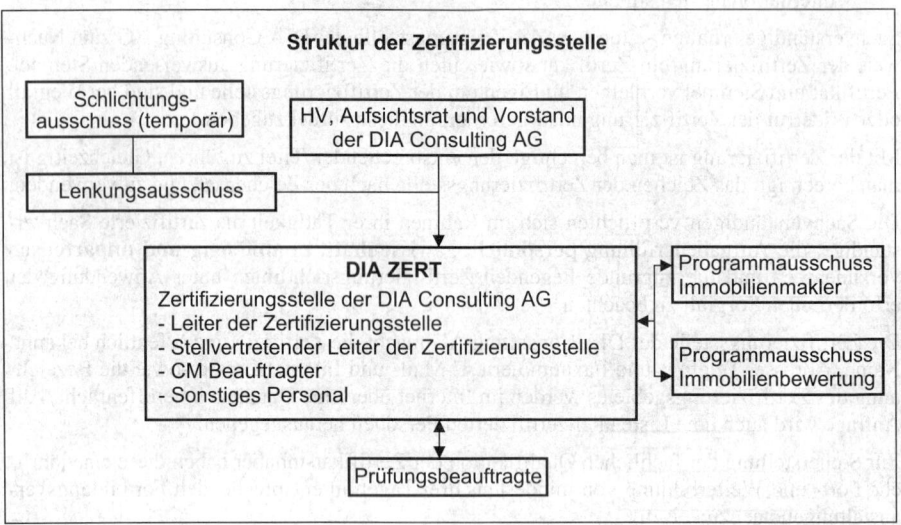

1.2.8.7 HypZert

140 Auf dem Gebiet der **hypothekarischen Immobilienbewertung** ist die HypZert GmbH (Georgenstr. 21, 10117 Berlin) als Zertifizierungsstelle seit dem 7.10.1997 nach der EN 45 013 akkreditiert. Die Akkreditierung wird auf der Basis von jährlichen Audits durch die TGA überwacht. Darüber hinaus wurde mit dem *Royal Institution of Chartered Surveyors (RICS)* eine Anerkennung des Zertifizierungsverfahrens vereinbart.

HypZert ist eine Gesellschaft mit beschränkter Haftung. Sie wurde 1996 von dem Verband deutscher Hypothekenbanken e.V., Bonn (VDH), gegründet. Gesellschafter sind der Bundesverband der Deutschen Volksbanken und Raiffeisenbanken e.V. (Schellingstr. 4, 10785 Berlin), der Bundesverband deutscher Banken e.V. – BdB – (Burgstr. 28, 10178 Berlin), der Bundesverband Öffentlicher Banken Deutschlands e.V. (Lennéstr. 11, 10785 Berlin), der Deutsche Sparkassen- und Giroverband e.V. (Simrockstr. 4, 53113 Bonn), der Verband deutscher Pfandbriefbanken e.V. (Georgenstr. 21, 10117 Berlin) und der Verband der privaten Bausparkassen e.V. (Klingelhöferstr. 4, 10178 Berlin).

Zu den **Gremien der HypZert** gehören die Gesellschafterversammlung, der Aufsichtsrat sowie ein Lenkungsgremium, das sich aus den am Zertifizierungssystem interessierten Gruppen zusammensetzt. Das Lenkungsgremium berät die Geschäftsführung hinsichtlich Fragen zum Zertifizierungsverfahren und besonderer Geschäftsbereiche sowie hinsichtlich der Behandlung von Antragstellern und der Zusammenarbeit mit anderen Stellen. Die Geschäftsführung berichtet dem Lenkungsgremium, wie die Geschäftspolitik durch die Zertifizierungsstelle umgesetzt wird. Die Zusammensetzung des Lenkungsgremiums soll gewährleisten, dass keine Einzelinteressen dominieren.

141 Die Prüfung der Sachverständigen wird durch den **Prüfungsausschuss** vorgenommen, der mit Experten auf dem Gebiet der Beleihungswertermittlung besetzt sein soll. Die Entscheidung über Erteilung bzw. Entzug des Zertifikats wird vom Zertifizierungsausschuss getroffen (Abb. 5).

Abb. 5: Organisationsstruktur der HypZert GmbH

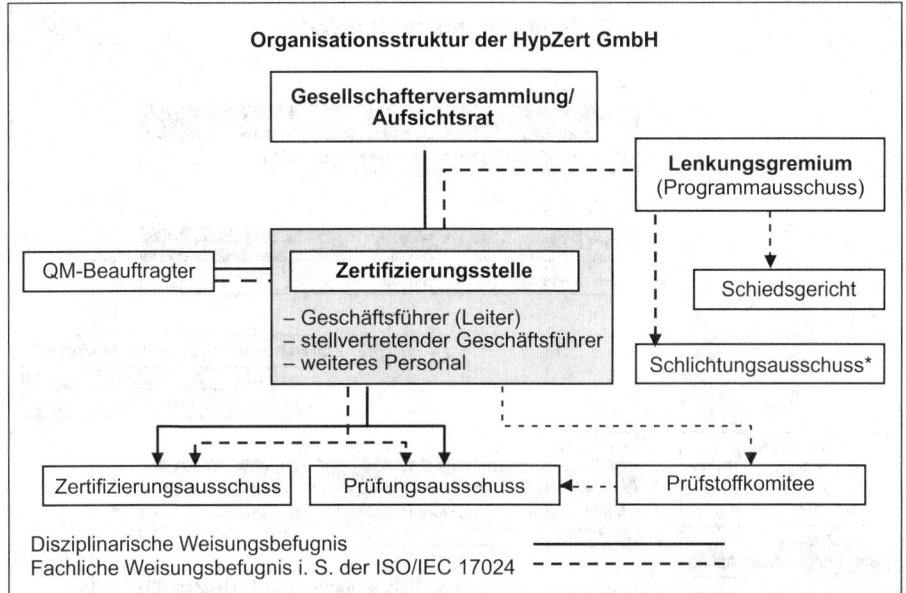

HypZert zertifiziert auf Antrag. Der Antragsteller hat im Rahmen seiner Antragstellung 142 u.a. drei Marktwertgutachten aus mindestens folgenden Objektarten in anonymisierter Form vorzulegen:

- Bewertung eines Mehrfamilienhauses (Miethaus) oder gemischt genutzten Objekts,
- Bewertung von zwei gewerblichen Geschäfts-, Industrie- oder gemischt genutzten Objekten, davon mindestens eine Betreiber-/Managementimmobilie wie z.B. Handelsimmobilie, Freizeitimmobilie, Hotel oder Pflegeheim.

Mindestens eins der vorgenannten Gutachten muss sich auf Grundstücke oder grundstücksgleiche Rechte beziehen, an denen eine wertbeeinflussende dingliche Belastung oder Begünstigung (z.B. Wohnungsrecht, Grunddienstbarkeit, Nießbrauchrecht, Reallast, Erbbaurecht) oder eine öffentlich-rechtliche Belastung oder Begünstigung (z.B. Baulast) begründet ist.

Die drei Gutachten oder Plausibilisierungsgutachten sollen den (in der ImmoWertV geregelten) international gebräuchlichen Bewertungsverfahren entsprechen bzw. solche enthalten oder eine im Ausland gelegene Immobilie zum Bewertungsgegenstand haben. Die letzte Forderung ist äußerst fragwürdig, da in diesem Fall in aller Regel sowohl die erforderliche Kompetenz als auch die Erfahrung ausgeschlossen werden muss.

Mit dem erfolgreichen Absolvieren des Zertifizierungsverfahrens wird der Titel „Immobiliensachverständiger für Beleihungswertermittlungen, zertifiziert durch HypZert" (CIS hypzert) verliehen. Das Zertifikat hat eine Gültigkeit von fünf Jahren und muss ggf. mit nicht unbeträchtlichen Gebühren erneuert werden (Rezertifizierung).

II Sachverständigenwesen Sachverständiger

Abb. 6: Zertifizierungsprüfungen

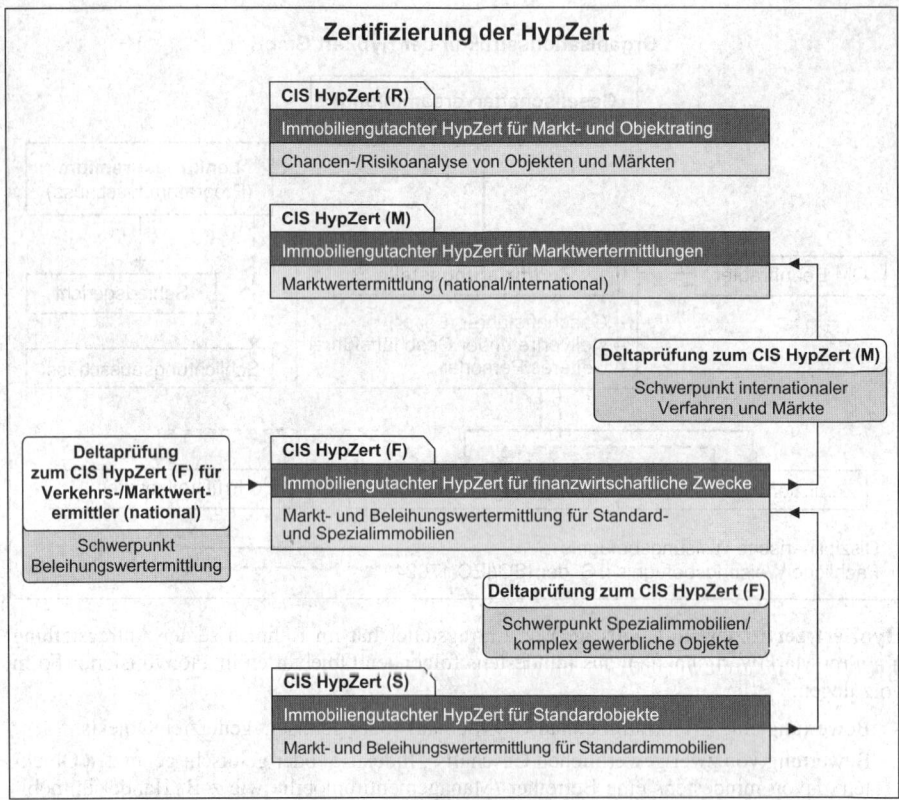

1.2.9 Member of the Appraisal Institute (MAI)

143 Ausgehend von den Ereignissen der Weltwirtschaftskrise in den Jahren 1920 bis 1930 begannen sich in den Vereinigten Staaten die Grundstückssachverständigen im Jahre 1930 zu organisieren. Erst 1987 haben sich die acht größten amerikanischen Sachverständigenorganisationen zu einer führenden nichtstaatlichen, aber vom Kongress anerkannten Organisation unter der Bezeichnung The Appraisal Foundation (TAF) zusammengeschlossen. 1989 hat die Stiftung mit dem *Appraisal Institute of Canada* gemeinsame Standards der Marktwertermittlung entwickelt, die **Uniform Standards of Professional Appraisal Practice** (USPAP), einschließlich der Definitionen, der Präambel und der Richtlinien *(Standards, Rules, Comments and Statements)*.

Die Stiftung hat drei Institutionen:

- **The Board of Trustees** (BOT), das über die Mitglieder des *The Appraisal Standards Board* (ASB) und des *The Appraisers Qualification Board* (AQB) und über die Finanzierung der *The Appraisal Foundation* (TAF) entscheidet,
- **The Appraisal Standards Board** (ASB), das die *Uniform Standards of Professional Appraisal Practice* (USPAP) überwacht; das Board veröffentlicht laufend „Statements on Appraisal Standards" (SMT) und „*Advisory Opinions*" (AO als *guidance*); darüber hinaus „Questions and Answers" (Q&A) als „*Frequently Asked Questions*" (FAQ) (http://www.appraisalfoundation.org), und
- **The Appraisers Qualification Board** (AQB), das für die Ausbildung und die Mitgliedschaft (Zertifizierung) zuständig ist.

Drei weitere Organisationen sind der *The Appraisal Foundation* (TAF) beratend zur Seite gestellt:

- The Appraisal Foundation Advisory Council (TAFAC),
- Industry Advisory Council (IAC),
- Education Council of Appraisal Foundation Sponsors (ECAFS).

Das *The Appraisal Standards Board* veröffentlicht laufend

- Statements on Appraisal Standards (SMT) und
- Advisory Opinions (AO).

1.2.10 Chartered Surveyors

▶ *Zur Verkehrswertermittlung in Großbritannien* vgl. § 194 BauGB Rn. 106

Chartered Surveyors sind Mitglieder des im Jahre 1868[201] gegründeten **Royal Institution of Chartered Surveyors** – RICS – (London), einem internationalen Verband von Immobilienfachleuten. Der Verband wurde 1868 in London gegründet und erhielt 1881 die königliche Charta. Er hatte 2011 etwa 91 000 Mitglieder[202] und ist in 160 verschiedene Fachgruppen aufgeteilt. **144**

Das **Royal Institution of Chartered Surveyors** besteht aus insgesamt 16 Fachrichtungen: **145**

1. Antiques & Fine Arts
2. Building Surveying
3. Commercial Property
4. Construction
5. Dispute Resolution
6. Environment
7. Facilities Management
8. Geomatics
9. Management Consultancy
10. Minerals & Waste Management
11. Planning & Development
12. Project Management
13. Residential Property
14. Rural
15. Valuation (Prüfungsanforderungen – T083)
16. Plant & Machinery

Oberstes Organ des RICS ist der „*General Council*" (*Bye-Law* 34 *section* 34). Mitglieder der *General Practise Division* sind berechtigt, den Titel „*Chartered (Valuation) Surveyor*" einschließlich des Zusatzes „*and Estate Agent*" zu führen.

Die Zahl der auf dem Gebiet der Grundstücksbewertung tätigen Mitglieder ist derzeit nicht bekannt.

Zum Chartered Surveyor qualifiziert man sich i. d. R. über bestimmte berufliche und praktische Erfahrung (Pflicht- und Wahlberufsfähigkeit) sowie durch das Bestehen des **Assessment of Professional Competence** (APC)[203]. **Voraussetzung** ist **146**

- die Erfüllung der Aufnahmekriterien,
- eine praktische Ausbildungsphase (von mindestens zwei Jahren), begleitet durch einen *Councellor*,
- der Nachweis über berufliche Fortbildung (*Continuing Professional Development* CPD) mit 48 Fortbildungsstunden pro Jahr,
- ein APC-Vorbereitungsseminar,
- eine Endvorlage (Lebenslauf, Tätigkeitsbericht, Projektberichte und Überblick über Fortbildungsmaßnahmen) und
- die (mündliche und schriftliche) Abschlussprüfung (dem *Final Assessment*).

---

201 Gegründet 15.6.1868, incorporated by Royal Charter 26.8.1881; Gabler/Lammel in Gondring/Lammel, Handbuch Immobilienwirtschaft, Wiesbaden 2001, S. 1182.
202 IHK München zit nach ifs-Informationen 2011,1.
203 Morgan, J., The Natural History of Professionalisation And its Relevance to Differences in Valuation Methodology and Practice in the United Kingdom and Germany, Diss 1998 Reading.

II Sachverständigenwesen   Sachverständiger

Mit dem erfolgreichen Abschluss darf der Kandidat den Titel *Member of the Royal Institution of Chartered Surveyor* (MRICS) führen.

In einem vom RICS selbst durchgeführten qualitativen Kompetenzvergleich fallen die Chartered Surveyors insbesondere auch im Vergleich zu deutschen Sachverständigen allerdings qualitativ ab[204]. Nach Auffassung der IHK München ergibt sich aus der Qualifikation als „*Fellow of the Royal Institution of The Chartered Surveyors* (FRICS)" kein ausreichender Nachweis der besonderen Sachkunde, die gemäß § 36a GewO an den öffentlich bestellten und vereidigten Sachverständigen zu stellen ist. Die IHK München hat deshalb einen unter Hinweis auf die Mitgliedschaft im RICS gestellten Antrag auf öffentliche Bestellung abgelehnt.

Von dem RICS akkreditierte Studiengänge **zum Chartered Surveyor werden in Deutschland** berufsbegleitend als Aufbaustudiengänge (*International Real Estate Business School* – Irebs – an der Universität Regensburg (Eltville/Berlin/Essen/München), der Akademie der Immobilienwirtschaft – ADI –, der Bauakademie Biberach, dem Europäischen Bildungszentrum (EBZ) in Bochum, dem Europäischen Institut für Postgraduale Bildung an der TU Dresden – Eipos – und als Vollzeitstudiengänge (*Urban Management* an der Universität Leipzig, der FHTW Berlin, der Hochschule für Wirtschaft und Umwelt, Nürtingen-Geislingen, der Berufsakademie Stuttgart) angeboten[205]. Nach der sog. 6/12 *Graduate Route* 1 können auch Bewerber ohne einschlägige Berufserfahrung zum APC antreten, wenn sie einen RICS-akkreditierten Studiengang vorweisen können und eine zweijährige praktische Ausbildung mit beruflicher Fortbildung und Abstimmung mit einem Tutor absolvieren.

147 Das **Assessment of Professional Competence** (APC) beinhaltet neben der unter Beobachtung ausgeübten Berufspraxis auch eine regelmäßige Teilnahme an Fort- und Weiterbildungsmaßnahmen. Über beide Bereiche ist der RICS gegenüber regelmäßig zu berichten.

148 Insgesamt gibt es **vier unterschiedliche Mitgliedschaften**[206]:

a) *Fellow of the Royal Institution of The Chartered Surveyors* (FRICS); Voraussetzung ist die Mitgliedschaft beim RICS und eine mindestens fünfjährige leitende Position in der Immobilienbranche;

b) *Professional Member of The Royal Institution Chartered Surveyors* (MRICS); Voraussetzung hierfür ist der erfolgreiche Abschluss der vorstehenden Fachqualifikationsprüfung;

c) *Associates;*

d) *Honorary Members of the Royal Institution of Chartered Surveyors* (HonMemb RICS).

149 Die Mitglieder unterliegen einem beruflichen Verhaltenscodex (**Rules of Conduct**[207]) mit Weiterbildungspflicht *(Continuing Professional Development)*, die allerdings im Vergleich zur deutschen Sachverständigenordnung deutlich geringere Anforderungen stellt.

Das nationale Standardwerk der Verkehrswertermittlung ist das sog. **Red Book** vom 1.5.2003 *(Appraisal and Valuation Standards)*, das allerdings keine Grundsätze der Marktwertermittlung enthält, sondern lediglich Hinweise zu Vertragsbedingungen für die Erstattung von Gutachten *(Valuation Certificate; Valuation Report)* für die verschiedensten Auftraggeber und Anlässe, Definitionen, Anweisungen zur Güterbewertung und professionelle Verhaltensregeln (Eigenverlag *The Royal Institution of Chartered Surveyors*). Der 3. *(International Practice Statements)* und 4. Teil *(International Guidance Notes)* erhebt zwar internationalen Gültigkeitsanspruch, jedoch müssen die Vorgaben zurücktreten, soweit sie gegen nationales Recht verstoßen. Die **Red-Book Standards stehen in ihren Anforderungen deutschen Regeln nach** und stellen mithin keinen „Freibrief" für die hierzulande tätigen Mitglieder des RICS dar.

---

204 Vgl. GuG 2007, 137 und GuG 2007, 51.
205 Anh. 1.11 sowie GuG 1993, 128.
206 Bye-Law 1973 s. II.
207 Vgl. GuG 2007, 230.

Das **RICS Deutschland** (früher: Deutscher Verband *Chartered Surveyors* e. V. [DVCS]) ist 150
der deutsche Nationalverband der RICS. Er nimmt insbesondere wahr

- das *Assessment of Professional Competence* – APC (Beurteilung der beruflichen Ausbildung) und die Organisation der Abschlussprüfung *(Final Assessments)*,
- die Weiterbildung *(Continuing Professional Development* – CPD).

Als europäischer Dachverband der *Chartered Surveyors* fungiert die 1993 gegründete *Euro-* 151
pean Society of Chartered Surveyors (**ESCS**) mit Sitz in Brüssel, die sich seit 2001 **RICS**
Europe nennt.

1.2.11 Wirtschafts- und vereidigte Buchprüfer

Eine Sonderstellung im Sachverständigenwesen nehmen die Wirtschaftsprüfer und vereidig- 152
ten Buchprüfer ein. Die Tätigkeit der Wirtschaftsprüfer und der vereidigten Buchprüfer ist im
Wesentlichen durch die Aufgabe geprägt, **betriebswirtschaftliche Prüfungen**, insbesondere
solche von **Jahresabschlüssen wirtschaftlicher Unternehmen**, durchzuführen und über das
Ergebnis der Prüfung zu berichten sowie einen Bestätigungsvermerk zu erteilen oder zu versagen. Wichtige Kontrollfunktionen zugunsten der Öffentlichkeit, der Unternehmen, zugunsten eines Kapitalanlegerschutzes und Gläubigerschutzes erfordern ein hohes Qualitätsniveau
des Dienstleistungsprodukts „Abschlussprüfung".

Gemäß § 15 Abs. 1 i. V. m. § 131 b Abs. 1 der Wirtschaftsprüferordnung (WPO) werden 153
Wirtschaftsprüfer und vereidigte Buchprüfer durch **Aushändigung einer von der für die**
Wirtschaft zuständigen obersten Landesbehörde ausgestellten Urkunde als Wirtschaftsprüfer oder als vereidigter Buchprüfer bestellt. Im Rahmen dieser Bestellung sind

a) Wirtschaftsprüfer u. a. gemäß § 2 Abs. 2 Nr. 1 WPO befugt, unter Berufung auf ihren Berufseid auf den Gebieten der wirtschaftlichen Betriebsführung als Sachverständige aufzutreten,

b) vereidigte Buchprüfer gemäß § 129 Abs. 1 Nr. 1 WPO u. a. befugt, unter Berufung auf ihren Berufseid auf den Gebieten des betrieblichen Rechnungswesens als Sachverständige aufzutreten.

Wirtschaftsprüfer sind Adressaten von **strengen Qualitätsmaßstäben in der** Wirtschaftsprü- 154
ferordnung. Die Pflicht zur Einhaltung dieser Maßstäbe ergibt sich aus den allgemeinen
Berufspflichten, nach denen der Wirtschaftsprüfer seinen Beruf unabhängig, gewissenhaft,
verschwiegen und eigenverantwortlich auszuüben hat (§ 43 Abs. 1 Satz 1 WPO). Die Berufssatzung der Wirtschaftsprüferkammer als materiell-rechtliche Normierung im Rahmen der
freiberuflichen Selbstverwaltung konkretisiert insbesondere den Grundsatz der gewissenhaften Berufsausübung. Sie enthält Vorschriften, die den Wirtschaftsprüfer zur Beachtung fachlicher Regeln, zur Erhaltung seiner fachlichen Kompetenz und zur Gesamtplanung aller
Aufträge (§ 4 WPO) sowie zur Aus- und Weiterbildung seiner Mitarbeiter (§ 6 WPO) verpflichten. Der Wirtschaftsprüfer hat die Einhaltung der Berufspflichten regelmäßig zu überprüfen und Mängel abzustellen (§ 7 WPO). Gemäß § 43 Abs. 1 Satz 1 WPO i. V. m. der
Berufssatzung obliegen Wirtschaftsprüfern und vereidigten Buchprüfern besondere Berufspflichten zur Sicherung der Qualität, um in der Praxis stets eine hohe Qualität bei der Durchführung von Prüfungsaufträgen zu gewährleisten.

Darüber hinaus hat der Berufsstand **Empfehlungen zur Qualitätssicherung** entwickelt. So 155
wurden von den Vorständen der Wirtschaftsprüferkammer und des Instituts der Wirtschaftsprüfer in Deutschland e. V. gemeinsam mit der Stellungnahme VO 1/95 „Zur Qualitätssicherung in der Wirtschaftsprüferpraxis" in Übereinstimmung mit dem *International Standard on*
Auditing ISA 220 *„Quality Control for Audit Work"* Grundsätze zur internen Qualitätssicherung bei der Praxisorganisation und der Abwicklung einzelner Prüfaufträge herausgegeben.

Zwischenzeitlich hat sich international die Erkenntnis durchgesetzt, dass die traditionellen 156
und bestehenden Qualitätssicherungsmaßnahmen durch eine präventive (externe) Qualitätskontrolle zu ergänzen sind, bei der durch eine außerhalb der Praxis stehende Person überprüft

II Sachverständigenwesen   Sachverständiger

wird, ob die **internen Maßnahmen zur Sicherung der Qualität** umgesetzt werden. So hat die *International Federation of Accountants* (IFAC) im Mai 1999 ein neues *Statement of Policy of Council „Assuring the Quality of Professional Services"* herausgegeben, mit dem sie ihre Mitglieder auf deutscher Seite, die Wirtschaftsprüferkammer und das Institut der Wirtschaftsprüfer in Deutschland, verpflichtet, eine obligatorische (externe) Qualitätskontrolle einzuführen.

157 Innerhalb der EU sind zwischenzeitlich in fast allen Ländern, mit Ausnahme von Österreich und Deutschland, solche Systeme der Qualitätskontrolle eingeführt worden. In Deutschland existiert bisher „extern" nur die Durchsicht der im Bundesanzeiger veröffentlichten **Abschlüsse durch die Wirtschaftsprüferkammer**. Hiermit wird überprüft, ob nach der äußeren Form die gesetzlichen Vorschriften für die Aufstellung und Prüfung dieser Abschlüsse eingehalten worden sind und ob der Inhalt des Bestätigungsvermerks den gesetzlichen Vorschriften entspricht.

158 Die **Qualität der Prüfungsleistung** ist, mit Ausnahme notwendiger gesetzlicher Vorgaben, in erster Linie **Sache des Berufsstands.** Die Einführung eines Systems auf freiwilliger Basis durch den Berufsstand oder Teile hiervon hätte jedoch zum Nachteil, dass die grundsätzliche Verbindlichkeit, die das Berufsrecht bietet, nicht gewährleistet werden kann. Die Einführung einheitlich hoher Qualitätsstandards wäre nicht zwangsläufig, die Entwicklung von Parallelsystemen wäre denkbar. Letzteres könnte wiederum einen Mangel an Transparenz und Akzeptanzprobleme sowohl in der Öffentlichkeit als auch im Berufsstand bewirken. Hinzu kommt, dass ein einheitliches und ein verbindliches System eine Zweiteilung des Berufsstands verhindern. Kleine und mittelständische Einheiten werden mit den gleichen Qualitätsmaßstäben am System teilnehmen können wie die großen Wirtschaftsprüfungsgesellschaften, die bereits über effiziente interne Qualitätskontrollsysteme verfügen.

159 Die **Einführung eines Pflichtsystems** besitzt für die geprüften Berufsangehörigen eine berufsregelnde Tendenz als Regelung der Berufsausübung. Ebenfalls haben die Normierungen von Anforderungen für die Berufsangehörigen, die die Prüfungen durchführen, eine grundrechtliche Relevanz. Die Verschwiegenheitsregelungen für die Durchführung der Kontrolle sind, soweit dies erforderlich ist, einzuschränken, wobei die Verschwiegenheit im Gesamtsystem gewährleistet bleiben muss. Die Wirtschaftsprüferkammer muss mit der Organisation des Systems betraut werden, spezielle Organe sind zu schaffen.

160 Die **Wirtschaftsprüferkammer** hat nach § 57 Abs. 1 WPO als Selbstverwaltungskörperschaft des Berufsstands die Aufgabe, die beruflichen Belange ihrer Mitglieder zu wahren und die Erfüllung der beruflichen Pflichten zu überwachen. Daher ist es nur konsequent, sie mit der Organisation und Durchführung des Systems der Qualitätskontrolle zu betrauen. Damit wird die freiberufliche Selbstverwaltung der Wirtschaftsprüfer und vereidigten Buchprüfer gestärkt.

161 Die **Wirtschaftsprüferkammer führt ein Berufsregister** u. a. für Wirtschaftsprüfer und vereidigte Buchprüfer gemäß § 37 Abs. 1 i. V. m. § 130 Abs. 1 Satz 1 WPO[208].

Wirtschaftsprüfer können nicht mit einem Sachverständigen der Grundstücksbewertung gleichgesetzt werden, insbesondere wenn sie ihre Tätigkeit nicht unter Beachtung des Höchstpersönlichkeitsgrundsatzes ausüben. Im Rahmen der steuerlichen Bedarfsbewertung ist deshalb das Gutachten eines Wirtschaftsprüfers zum Nachweis eines niedrigen gemeinen Werts nicht zugelassen[209].

---

208 LT-Drucks. Nds. 13/1569; LT-Drucks. 14/98 vom 20.6.1996 Schleswig-Holstein.
209 BFH, Urt. vom 10.11.2004 – II R 69/01 –, BStBl II 2005, 259 = BFHE 207, 352 = GuG 2005, 184 = EzGuG 11.407.

1.3 Organisationsformen der Sachverständigentätigkeit

1.3.1 Allgemeine Grundsätze

1.3.1.1 Grundsatz der Höchstpersönlichkeit

▶ Vgl. Rn. 168, 171, 207, 211, 245 ff., 414

162 Die Erstattung von Gutachten steht unter dem Grundsatz der Höchstpersönlichkeit, nach dem jede gutachterliche Leistung persönlich zu erbringen ist (vgl. § 407a Abs. 2 ZPO, §§ 613 und 664 BGB, § 12 Abs. 1 und 2 JVEG, § 9 SVO). Für den öffentlich bestellten und vereidigten Sachverständigen ergibt sich dies ausdrücklich aus der Sachverständigenordnung. Dies bedeutet allerdings nicht, dass der Gutachter alles alleine machen muss. Der **Gutachter kann sich unter bestimmten Voraussetzungen Hilfskräften**[210] **bedienen** (vgl. Rn. 168, 207, 414).

163 Im Unterschied zu dem als Kollegialorgan tätigen Gutachterausschuss für Grundstückswerte nach den §§ 192 ff. BauGB erstattet der von einem Gericht beauftragte sowie der privat beauftragte Sachverständige sein Gutachten persönlich. Der Grundsatz der Höchstpersönlichkeit[211] ist Ausfluss der Sachverständigeneigenschaft, denn ohne diese Höchstpersönlichkeit sind die Anforderungen an Unparteilichkeit, Unabhängigkeit und besondere Sachkunde sinnlos[212]. Zwar ist die Begutachtung durch Sachverständigengruppen und Arbeitsgemeinschaften in der Rechtsprechung[213] anerkannt, stets muss jedoch **aus dem Gutachten ersichtlich** sein, **für welche Teile, Feststellungen und Folgerungen der einzelne Sachverständige verantwortlich zeichnet** (vgl. Rn. 171)[214]. Entsprechendes gilt für die „Sachverständigen-Partnerschaft" in der GmbH, bei der das Innenverhältnis so gestaltet sein muss, dass der einzelne Sachverständige fachlich unabhängig bleibt[215].

164 Der Grundsatz der Höchstpersönlichkeit folgt aus dem Gebot, Gutachten **nach bestem Wissen und Gewissen** zu erstatten (vgl. Rn. 211, 245 ff.), und der „persönlichen Eignung" des Sachverständigen als Gutachter. Bei den öffentlich bestellten und vereidigten Sachverständigen wird deshalb die persönliche Gutachtenerstattung in § 9 SVO expressis verbis vorgeschrieben. Vor diesem Hintergrund verbietet sich auch grundsätzlich die Erstattung massenhafter Gutachten nach überschlägigen Verfahren[216].

165 Der beauftragte Sachverständige darf die **Auftragsausführung** nach § 664 BGB „im Zweifel" auch **nicht einem Dritten übertragen;** die Vorschrift lautet:

„**§ 664 BGB** Persönliche Verpflichtung; Haftung für Gehilfen

(1) Der Beauftragte darf im Zweifel die Ausführung des Auftrags nicht einem Dritten übertragen. Ist die Übertragung gestattet, so hat er nur ein ihm bei der Übertragung zur Last fallendes Verschulden zu vertreten. Für das Verschulden eines Gehilfen ist er nach § 278 verantwortlich.

(2) Der Anspruch auf Ausführung des Auftrags ist im Zweifel nicht übertragbar."

---

210 OLG Zweibrücken, Beschl. vom 30.1.1986 – 2 WF 179/85 –, MDR 1986, 417 = EzGuG 11.149h; OLG Celle, Beschl. vom 28.3.1985 – 12 WF 39/85 –, NdsRpflege 1985, 75 = EzGuG 11.146f; BGH, Urt. vom 28.6.1972 – VIII ZR 60/71 –, NJW 1972, 1658 = EzGuG 11.84b.
211 BVerwG, Urt. vom 9.3.1984 – 8 C 97/83 –, BVerwGE 69, 70 = EzGuG 11.142l; VGH Mannheim, Urt. vom 11.8.1986 – 6 S 958/86 –, GewA 1986, 329 = EzGuG 11.157a; OLG Celle, Beschl. vom 28.3.1985 – 12 WF 39/85 –, NdsRpflege 1985, 127 = EzGuG 11.146f; BSG, Urt. vom 28.3.1973 – 9 RV 655/72 –, NJW 1973, 1438 = EzGuG 11.90b; BGH, Urt. vom 28.6.1972 – VIII ZR 60/71 –, NJW 1972, 1658 = EzGuG 11.84b; OLG Frankfurt am Main, Beschl. vom 7.6.1977 – 2 Ws 16/77 –, JurBüro 1977, 1613 = EzGuG 11.109e.
212 Bock in Bayerlein u. a., Praxishandbuch Sachverständigenrecht, München 1990, S. 44; Bleutge in NJW 1985, Rechtshistorisch ist dies zumindest für den gerichtlichen Sachverständigen kein den Entwürfen der ZPO innewohnender Grundsatz, wie das RG unter Hinweis auf die Motive zu den Entwürfen der ZPO aus dem Jahre 1871 und 1872 feststellte (RG, Urt. vom 3.11.1882 – II 357/82 –).
213 BGH, Urt. vom 5.5.1959 – V Blw 41/58 –, NJW 1959, 1353 = EzGuG 11.18.
214 Landmann/Rohmer, GewO, 14. Aufl. 1989, § 36 GewO Rn. 34.
215 Bleutge in Informationen des Instituts für Sachverständigenwesen, OV/87 und IV/88; vgl. Roeßner in Praxishandbuch Sachverständigenrecht, München 1990, S. 204 f.
216 Bock in Bayerlein u.a., Praxishandbuch a.a.O., S. 44.

II Sachverständigenwesen   Sachverständiger

166 Mit der Sachverständigeneigenschaft ist es im Übrigen unvereinbar, wenn sich der Gutachter durch seinen Auftraggeber **vertraglich von der persönlichen Gutachtenerstattung entbindet**[217].

167 Soweit sich **Gerichte und Staatsanwaltschaften** eines Sachverständigen bedienen (§ 404 ZPO, § 73 Abs. 2 StPO, § 244 Abs. 4 Satz 2 StPO, § 36 Abs. 1 OWiG, § 96 Abs. 1 Nr. 2 VwGO u. a.), ergibt sich der Grundsatz der Höchstpersönlichkeit insbesondere aus den §§ 410 und 407a Abs. 2 ZPO[218].

Bei einem Verstoß gegen das Höchstpersönlichkeitsgebot verliert der Sachverständige i. d. R. seinen gesamten **Vergütungsanspruch**.

1.3.1.2 Heranziehung von Hilfskräften

▶ *Zur Haftung von Gehilfen vgl. Rn. 209 ff.*

168 Vom Grundsatz der Höchstpersönlichkeit (vgl. § 407a Abs. 2 ZPO, §§ 613 und 664 BGB, § 12 Abs. 1 und 2 JVEG, § 9 SVO) zu unterscheiden ist die nicht zu beanstandende „Mitarbeit anderer Personen" (vgl. § 407a Abs. 2 ZPO), d. h. die Heranziehung von „Hilfskräften" durch den Sachverständigen. Bleutge definiert die **Hilfskraft** als eine Person, „die, sei sie beim Sachverständigen angestellt oder selbständiger Unternehmer, auf demselben Sachgebiet tätig ist wie der beauftragte Sachverständige, dessen fachliche Weisung befolgen muss, seiner Kontrolle unterliegt und dem Sachverständigen entsprechend ihren fachlichen Fähigkeiten zuarbeitet. Einer Hilfskraft dürfen nur solche Aufgaben übertragen werden, die der Sachverständige aufgrund seiner Sachkunde auch hätte persönlich erledigen können."

Mit der **Übertragung von Aufgaben auf eine Hilfskraft** bleibt die persönliche Verantwortung des Sachverständigen uneingeschränkt erhalten[219].

Ob und in welchem Umfang der Sachverständige Hilfskräfte heranzieht, ist nach pflichtgemäßem Ermessen zu entscheiden[220]; dabei kann insbesondere eine Erhöhung der Qualität und eine kürzere Bearbeitungszeit von Bedeutung sein[221]. Bei der Übertragung von Aufgaben muss sichergestellt bleiben, dass die persönliche Verantwortung des Gutachters nicht ausgeschlossen wird[222]. Dies bedeutet, dass der Gutachter die Hilfstätigkeit überwacht, die **Hilfskräfte nach seinen Anleitungen tätig werden** und er selbst nach Abschluss der durch Hilfskräfte ausgeführten vorbereitenden Arbeiten sein Gutachten eigenverantwortlich erstattet. Durch den Einsatz von Hilfskräften darf also der persönliche Charakter des Gutachtens, das der Gutachter z. B. in einer mündlichen Verhandlung persönlich erläutern und vertreten muss, nicht verloren gehen. Der Auftraggeber, aber auch Dritte, die auf das Gutachten vertrauen, müssen sich darauf verlassen können, dass der Sachverständige das von ihm unterschriebene Gutachten in allen wesentlichen Teilen selbst erarbeitet hat.

1.3.1.3 Schweigepflicht

▶ *Vgl. Rn. 102; § 192 BauGB Rn. 33 ff.*

169 **Der Sachverständige unterliegt** gemäß § 203 Abs. 2 Nr. 5 StGB **der Schweigepflicht**[223].

---

217 Zu alledem Müller in ZSW 1986, 78 unter Hinweis auf OLG Zweibrücken, Urt. vom 30.1.1986 – 2 WF 179/83 –, ZSW 1986, 73 = EzGuG 11.149h.
218 Bayerlein u. a. Praxishandbuch a.a.O., S. 17, 212 ff., 246.
219 BVerwG, Urt. vom 9.3.1984 – 8 C 97/83 –, NJW 1984, 2645 = EzGuG 11.142 I; OLG Karlsruhe, Urt. vom 21.12.1990 – 1 Ws 28/90 – JurBüro 1991, 997.
220 Zur gerichtlichen Überprüfung OLG Brandenburg, Urt. vom 6.9.2001 – 8 W 208/00 –, OLGR-Brandenburg 2002, 56.
221 OLG München, Urt. vom 17.12.1973 – 11 W 655/73 –, NJW 1974, 611 = EzGuG 11.91d.
222 OLG Hamm, Urt. vom 31.7.1968 – 15 W 193/68 –, JurBüro 1969, 64 = EzGuG 11.65b; OLG Hamm, Beschl. vom 6.2.1974 – 23 W 518/73 –, Rpfleger 1974, 243 = EzGuG 11.92c; OLG München, Beschl. vom 17.12.1973 – 11 W 653/ 73 –, NJW 1974, 611 = EzGuG 11.91d; BGH, Urt. vom 13.7.1972 – II ZR 90/70 –, BGHZ 59, 175 = NJW 1972, 1754 = MDR 1973, 34 = VersR 1972, 929; Bleutge in NJW 1985, 1185.
223 OVG Koblenz, Beschl. vom 6.5.1976 – 2 B 7/76 –, NJW 1977, 266 = EzGuG 11.102a; BVerfG, Beschl. vom 11.10.1994 – I BvR 1398/93 –, BVerfGE 91, 176 = EzGuG 11.217a; OVG Münster, Urt. vom 22.9.1965 – 3 A 1360/63 –, DÖV 1966, 504 = EzGuG 11.49.

| Sachverständiger | Sachverständigenwesen II |

Dem Amtsträger, der i. S. der Abgabenordnung das **Steuergeheimnis** zu wahren hat, sind nach dem Anwendungserlass zur AO Sachverständige nur dann gleichgestellt, wenn sie von einer Behörde oder einem Gericht hinzugezogen werden[224].

1.3.1.4 Nebenpflichten

Hauptpflicht des Sachverständigen ist die Erstattung (Abgabe) seines Gutachtens mit der vertraglich vereinbarten Beschaffenheit. Daneben bestehen aber zahlreiche Nebenpflichten. Diese ergeben sich zunächst aus der Rücksichtnahme auf den Leistungs- und Vertragszweck und der Verkehrssitte (**Treuepflicht** i. S. d. § 242 BGB). Der Sachverständige ist gegenüber seinem Auftraggeber verpflichtet, auf Umstände hinzuweisen, die er nicht wissen kann, ggf. auf die Notwendigkeit von Zusatzaufträgen (Obhutspflicht i. S. von § 241 Abs. 2 BGB). **170**

1.3.2 Zusammenarbeit von Sachverständigen

1.3.2.1 Sachverständigengruppen und Arbeitsgemeinschaften

▶ *Vgl. Rn. 162, 207*

Die Erstattung von Gutachten durch Sachverständigengruppen und Arbeitsgemeinschaften ist zulässig (Gruppen- oder Gemeinschaftsgutachten)[225]. Auch der öffentlich bestellte und vereidigte Sachverständige darf sich „zur Ausübung seiner Sachverständigentätigkeit mit anderen Personen in jeder Rechtsform zusammenschließen" (§ 21 Abs. 1 MSVO). Es wird jedoch wiederum gefordert, dass nach dem Grundsatz der Höchstpersönlichkeit (vgl. Rn. 162 sowie Rn. 207) **aus dem Gutachten erkennbar ist, wer für welche Teile des Gutachtens verantwortlich zeichnet**[226]. Diese Forderung lässt sich allerdings nicht auf die Gutachterausschüsse für Grundstückswerte nach den §§ 192 ff. BauGB übertragen, die als ein Kollegialgremium angelegt sind; deren Gutachten werden von allen beteiligten Gutachtern gezeichnet, ohne dass dabei kenntlich gemacht wird, für welche Teile des Gutachtens das einzelne Mitglied verantwortlich ist. **171**

Abb. 7: Gesellschaftstypen

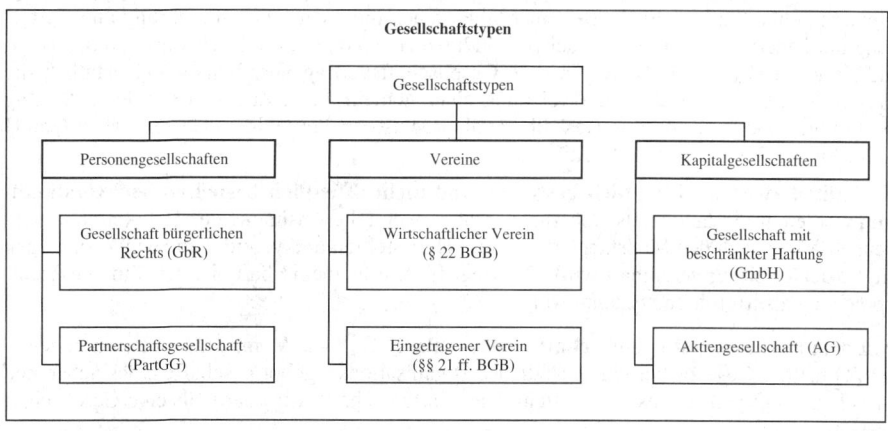

---

224 Anwendungserlass zur Abgabenordnung 1977 (AEAO) vom 15.7.1998 (BStBl I 1998, 630, Nr. 4 zu § 30), zuletzt geändert BStBl I 2000, 190.
225 BGH, Urt. vom 5.5.1959 – V BLw 41/58 –, NJW 1959, 1323 = EzGuG 11.18; OLG München, Urt. vom 22.9.1967 – 8 U 707/67 –, NJW 1968, 202 = EzGuG 11.59e; Bayerlein, Praxishandbuch Sachverständigenrecht § 14 Rn. 27; so schon RG, Urt. vom 8.6.1882 – 55/83 IV –, JW 1882, 175 und RG, Urt. vom 3.11.1882 – II 357/82 –, RGZ 8, 343.
226 Praxishandbuch Sachverständigenrecht, § 5 Rn. 15, § 9 Rn. 22 und 27, § 14 Rn. 27 sowie § 31 Rn. 17; Landmann/Rohmer, Gewerbeordnung 14. Aufl. § 36 Rn. 34.

1.3.2.2 Sachverständigen-Partnerschaften

Schrifttum: *Eggesiecker,* Die Partnerschaftsgesellschaft für Freie Berufe, Bonn 1996; *Ganten, H.,* Die Partnerschaftsgesellschaft, GuG 1995, 15; *Henssler, M.,* Partnerschaftsgesellschaftsgesetz, München 1997; *Jacobs, W.,* Die Partnerschaftsgesellschaft, Der Bausachverständige 2012, 58; *Meilicke/Graf v. Westphalen/Hoffmann/Lenz,* Partnerschaftsgesellschaftsgesetz, München 1995; *Michalski/Romermann,* Partnerschaftsgesellschaftsgesetz, 2. Aufl. Köln 1999; *Ring,* Die Partnerschaftsgesellschaft, Bonn 1997.

▶ Vgl. Rn. 162

172 Unter Sachverständigen-Partnerschaften werden Zusammenschlüsse von Sachverständigen in der Rechtsform einer **Gesellschaft bürgerlichen Rechts (GbR) oder einer GmbH** verstanden, in der sich Angehörige freier Berufe zur Ausübung ihrer Berufe zusammengeschlossen haben. Beide Rechtsformen sind auf Gemeinschaftlichkeit ausgerichtet. Um bei der Erreichung eines (gemeinsamen) Zieles nicht in Kollision mit dem Grundsatz der Höchstpersönlichkeit (vgl. Rn. 162) zu geraten und um sicherzustellen, dass der einzelne Sachverständige unparteiisch und frei von Weisungen seiner Tätigkeit nachgehen kann, sollte im Vertrag dies ausdrücklich vereinbart worden sein.

173 Die **Unabhängigkeit** ist insbesondere **bei einer GmbH**[227] **nicht unproblematisch,** da der Sachverständige hier als

– Geschäftsführer,

– freier Mitarbeiter oder

– als Angestellter

tätig werden kann. Dabei ist – wie ausgeführt – zu fordern, dass die einzelnen Mitglieder, unabhängig von ihrer Funktion, ihre Unabhängigkeit[228] bewahren, auch wenn sie nach Maßgabe des § 37 Abs. 1 und des § 46 Nr. 6 GmbHG Beschränkungen und Anweisungen unterliegen und der geschäftsführungsberechtigte Sozius den Weisungen der Geschäftsführung verpflichtet ist. Geschäftsführer und Gesellschafter einer **Sachverständigen-GmbH** können auch unmittelbar und persönlich in Anspruch genommen werden (DIHT – Kurzgutachten, 2001)[229].

174 Im Einzelnen ist also im **Gesellschaftsvertrag** die Weisungsfreiheit, Unabhängigkeit und Unparteilichkeit zu sichern[230]. Bei einer GbR stehen indessen Geschäftsführung und Vertretung der anderen Sozien jedem Sachverständigen zu, so dass diese Rechtsform kollisionsunanfälliger ist (§§ 705 ff. BGB). In dem Gesellschaftsvertrag verpflichten sich nämlich die Gesellschafter gegenseitig, die Erreichung eines gemeinsamen Zieles in der durch Vertrag bestimmten Weise zu fördern. Deshalb hat die Rechtsform der GbR im Gegensatz zur GmbH keine eigene Rechtspersönlichkeit.

Sozietäten zwischen öffentlich bestellten und nicht öffentlich bestellten Sachverständigen werden grundsätzlich als zulässig anerkannt, wenn die Ausübung der Tätigkeit in umfassender Weise nach den Maßstäben der öffentlich bestellten und vereidigten Sachverständigen im Sozietätsvertrag vereinbart wird. Der Begriff „Bürogemeinschaft" ist dabei in der Rechtsprechung als irreführend erkannt worden[231].

175 Mit dem **Partnerschaftsgesellschaftsgesetz – PartGG**[232] – i. V. m. der Partnerschaftsregister VO hat der Gesetzgeber ein zusätzliches Organisationsangebot geschaffen, das neben den bestehenden Organisationsformen steht. Die „Partnerschaft" wird darin als eine Gesellschaft

---

227 Baumbach/Huck, GmbH-Gesetz, Komm. § 36 Rn. 4; Volze, Sachverständigenfragen, 2. Aufl. 1996, S. 60 ff.; Haftung des Sachverständigen in der GmbH, IfS-Informationen 2000/2; Westermann/Mutter in DZWir 1995, 184.
228 Bayerlein, Praxishandbuch Sachverständigenrecht, § 5 Rn. 12.
229 OLG Köln, Urt. vom 21.6.2002 – 19 U 166/01 –, GuG 2004, 60 = EzGuG 11.334.
230 Muster eines Partnerschaftsgesellschaftsvertrags in Kleiber/Simon, Verkehrswertermittlung von Grundstücken 5. Aufl. 2007, S. 2988
231 LG Düsseldorf, Beschl. vom 17.8.1995 – 45 StL 8/95 –, DStR 1996, 847 = GI 1997, 50 = ZAP EN Nr. 935/96.
232 Vom 25.7.1994 (BGBl. I 1994, 1744), zuletzt geändert durch Art. 1 des Gesetzes zur Einführung einer Partnerschaftsgesellschaft mit beschränkter Berufshaftung und zur Änderung des Berufsrechts der Rechtsanwälte, Patentanwälte, Steuerberater und Wirtschaftsprüfer vom 15.7.2013 (BGBl. 2012, 2386).

definiert, „in der sich Angehörige freier Berufe zur Ausübung ihrer Berufe zusammenschließen" (§ 1 Abs. 1 Satz 1 PartGG). Den „stillen Partner", dessen Beteiligungsabsicht nur in einer Ertragsbeteiligung (gegen Gewährung finanzieller oder sächlicher Mittel) besteht, sieht das Gesetz hingegen nicht vor und stünde im Gegensatz zur freien Berufsausübung (§ 1 Abs. 2 PartGG)[233]. Partnerschaften, die nach dem 30.6.1995 gegründet wurden, können nur noch Partnerschaften i. S. des PartGG sein.

Das Partnerschaftsgesellschaftsgesetz – (PartGG) sieht die Möglichkeit einer **Partnerschaftsgesellschaft mit beschränkter Berufshaftung** vor. Damit wird die Haftung für berufliche Fehler auf das Gesellschaftsvermögen beschränkt, die Haftung für andere Schulden wie Mieten und Löhne bleibt unbeschränkt bestehen. Voraussetzung für die Haftungsbeschränkung ist, dass die Partnerschaft eine Haftpflichtversicherung abschließt und bei der Eintragung in das Partnerschaftsregister nachweist. Diese Haftpflichtversicherung dient dem Schutz des Vertragspartners. Durch die Bezeichnung „mit beschränkter Berufshaftung" ist auf die Haftungsbeschränkung aufmerksam zu machen (PartGmbH).

Die Partnerschaftsgesellschaft entsteht im Innenverhältnis mit dem Abschluss eines nach § 3 PartGG in Schriftform (jedoch nicht notariell) abgeschlossenen Partnerschaftsvertrags und wird im Außenverhältnis mit ihrer Eintragung in dem bei den Amtsgerichten geführten **Partnerschaftsregister** konstitutiv wirksam (§ 7 Abs. 1 PartGG)[234]. Mindestinhalte des Partnerschaftsvertrags sind

- Name und Sitz der Partnerschaftsgesellschaft,
- Namen und Vornamen, der oder die in der Partnerschaft ausgeübten Berufe und Wohnorte jedes Partners,
- Gegenstand der Partnerschaft.

Auf das **Ausscheiden eines Partners** sind die §§ 131 bis 144 HGB entsprechend anzuwenden.

Die **Beendigung der Partnerschaft** erfolgt durch Auflösung und Liquidation.

- Auf die Auflösung der Partnerschaft sind, soweit im Folgenden nichts anderes bestimmt ist, wiederum die §§ 131 bis 144 HGB entsprechend anzuwenden.
- Für die Liquidation der Partnerschaft sind die Vorschriften über die Liquidation der offenen Handelsgesellschaft entsprechend anwendbar (§ 10 PartGG).

Nach der Auflösung der Partnerschaft oder nach dem Ausscheiden des Partners bestimmt sich die Haftung der Partner aus Verbindlichkeiten der Partnerschaft nach den §§ 159, 160 HGB.

Die **Partnerschaft bildet eine rechtsfähige Gesamthandsgemeinschaft**, ohne eine juristische Person zu sein. Für Verbindlichkeiten haften die Partner als Gesamtschuldner.

Folgende Regelungen[235] sind besonders **hervorzuheben:**

a) Der Name der Partnerschaft muss mindestens einen Namen der Partner zusammen mit dem Zusatz „Partner" oder „Partnerschaft" enthalten (§ 2 Abs. 1 PartGG); auch der Name eines ausgeschiedenen Partners darf unbefristet geführt werden (§ 24 Abs. 2 HGB).

b) Die rechtlichen Beziehungen der Partner untereinander unterliegen der Vertragsfreiheit und ergeben sich dann aus dem Partnerschaftsvertrag, den Vorgaben des PartGG und seinen Verweisen auf die §§ 110 bis 115 sowie §§ 117 bis 119 HGB und den subsidiär geltenden Regelungen für die GbR.

---

233 Zur Abgrenzung: OVG Lüneburg, Urt. vom 15.8.1988 – 8 A 42/87 –, BauR 1989, 495; BFH, Urt. vom 17.11.1981 – VIII R 121/80 –, BStBl II 1982, 492; BFH, Urt. vom 20.4.1989 – IV R 299/83 –, NJW 1990, 343.
234 Vgl. hierzu das Merkblatt des AG Essen „als Hilfestellung bei der Abfassung der Erstanmeldung zum Partnerschaftsregister", GuG 2005, 107; GuG 2010, (Stand Januar 2007).
235 Hierzu Ganten in GuG 1995,15 und Selbert, U. in Betrieb und Wirtschaft 1995,100; ders. in DB 1994, 2381; Lenz, T. in MDR 1994, 741; Schmidt, K. in NJW 1995, 1; Bayer/Imberger in Dt. Zeitschrift für Wirtschaftsrecht 1993, 309 und 1995, 177; OLG Karlsruhe, Urt. vom 1.2.2001 – 4 U 96/00 –, NJW 2001, 1584.

c) Die Partnerschaft kann, aber muss nicht die persönliche Haftung der Mitglieder begrenzen. Für eine Haftungsbegrenzung für Schäden aus fehlerhafter Berufsausübung sieht das Gesetz zwei Möglichkeiten vor:

- Die Haftung kann unter Verwendung vorformulierter Vertragsbedingungen auf diejenigen Partner beschränkt werden, die eine Leistung erbringen oder verantwortlich zu leiten und zu überwachen haben (Haftungskonzentration nach § 8 Abs. 2 PartGG).
- § 8 Abs. 3 PartGG lässt eine summenmäßige Haftungsbegrenzung für einzelne freie Berufe wegen fehlerhafter Berufsausübung zu, wenn diese durch das jeweilige Berufsgesetz vorgesehen ist und zugleich eine Pflicht zum Abschluss einer Berufshaftpflichtversicherung der Partner oder der Partnerschaft begründet wird. Hieraus folgt, dass bei Abschluss einer Berufshaftpflichtversicherung unter Berücksichtigung des jeweiligen Haftungsrisikos der ausgeübten Sachverständigentätigkeit eine Haftungshöchstsummenbegrenzung mit dem jeweiligen Auftraggeber vereinbart werden kann, sofern die abgeschlossene Berufshaftpflichtversicherung eine übliche und angemessene Deckungssumme beinhaltet.

1.3.2.3 Gesellschaft bürgerlichen Rechts (GbR)

176 Die Gesellschaft bürgerlichen Rechts ist nach § 705 BGB ein auf einem Gesellschaftsvertrag beruhender **Zusammenschluss mehrerer Personen mit dem Ziel, durch gemeinsame Leistung auf der Grundlage des persönlichen Zusammenwirkens der Mitglieder einen gemeinsamen Zweck zu erreichen.** Sie ist – soweit sie als Außengesellschaft durch Teilnahme am Rechtsverkehr eigene Rechte und Pflichten begründet – rechtsfähig[236].

Die Gesellschaft bürgerlichen Rechts entsteht durch Abschluss eines Gesellschaftsvertrags, der grundsätzlich keiner Form bedarf. Weder eine notarielle Urkunde noch die Festlegung eines Mindesthaftkapitals oder die Eintragung ins Handelsregister ist erforderlich. Rechte und Pflichten der Gesellschafter untereinander (Innenverhältnis) ergeben sich aus dem Gesellschaftsvertrag und aus den §§ 705 ff. BGB.

Die GbR besteht in der gesamthänderischen Verbindung ihrer Gesellschafter, tritt im Rechts- und Geschäftsverkehr unter dem Namen ihrer Gesellschafter auf und hat im Gegensatz zur GmbH keine Rechtspersönlichkeit in Gestalt einer juristischen Person. Alle Gesellschafter haften unbeschränkt und persönlich als Gesamtschuldner; es kann jedoch mit einem Dritten (z. B. einem Vertragspartner) eine Haftungsbeschränkung vereinbart werden.

1.3.2.4 Gesellschaft mit beschränkter Haftung (GmbH)

177 Die Gesellschaft mit beschränkter Haftung (GmbH) kann nach §§ 1, 5, 13 GmbHG (§ 1 AktG) als eine aus einem oder mehreren Gesellschaftern bestehende durch Gesellschaftsvertrag (Satzung) gegründete **Gesellschaft mit eigener Rechtspersönlichkeit** angesehen werden, die ein in Stammeinlagen zerlegtes Stammkapital hat. Die GmbH gilt grundsätzlich als Gewerbebetrieb und ist gewerbesteuerpflichtig.

Die GmbH ist eine von ihrem Mitgliederbestand unabhängige eigenständige Organisation mit eigenem Namen und ist kraft Gesetzes juristische Person des Handelsrechts. **Für ihre Verbindlichkeiten haftet** den Gläubigern **nur das Gesellschaftsvermögen**, sofern nicht der Fall einer „Durchgriffshaftung", d. h. der Fall einer unbeschränkten Haftung eines Gesellschafters mit seinem privaten Vermögen gegeben ist. Die Durchgriffshaftung ist gegeben, wenn in rechtsmissbräuchlicher Weise zum Nachteil und zum Schaden der GmbH gehandelt wurde oder wenn durch eine mangelhafte Führung der Bücher eine Abgrenzung zwischen dem Vermögen der GmbH und der Gesellschafter nicht möglich ist[237].

---

236 BGH, Urt. vom 28.1.2001 – II ZR 331/00 –, GuG 2002, 318 = BGHZ 146, 361 = NJW 2002, 1207.
237 BGH, Urt. vom 5.11.1980 – VIII ZR 230/79 –, BGHZ 78, 318; BGH, Urt. vom 9.7.1979 – II ZR 118/77 –, NJW 1979, 1823.

Die **GmbH entsteht** mit dem Abschluss eines notariell beurkundeten Gesellschaftsvertrags, der Unterzeichnung durch sämtliche Gründungsgesellschafter und **konstitutiv mit der Eintragung in das Handelsregister** (§ 7 Abs. 1, § 11 Abs. 1 GmbHG); die Eintragung ist bekannt zu machen. Der Gesellschaftsvertrag muss folgende Mindestangaben enthalten:

- die Firma und Sitz der Gesellschaft,
- den Gegenstand des Unternehmens,
- den Betrag des Stammkapitals und
- die Zahl und die Nennbeträge der Geschäftsanteile, die jeder Gesellschafter gegen Einlage auf das Stammkapital (Stammeinlage) übernimmt.

Rechte und Pflichten der Gesellschafter bestimmen sich wiederum nach dem Gesellschaftsvertrag sowie dem GmbHG. Die GmbH ist bilanzierungspflichtig (§ 42 GmbHG).

1.3.2.5 Büro- und Praxisgemeinschaften

Die einfachste Form eines freiberuflichen Zusammenschlusses ist die Büro- und Praxisgemeinschaft, die sich i. d. R. auf die gemeinsame Nutzung von Büro- und Praxisräumen einschließlich deren Einrichtungen und die gemeinsame Beschäftigung von Mitarbeitern beschränkt. Jeder Freiberufler übt dabei seine Tätigkeit selbstständig aus, was in separaten Praxisschildern und Geschäftspapieren zum Ausdruck kommen muss.

1.4 Ablehnung von Sachverständigen (Befangenheit)

1.4.1 Befangenheit

1.4.1.1 Allgemeines

Schrifttum: *Bleutge,* Ablehnung wegen Besorgnis der Befangenheit, 2. Aufl. 1999; *Kühl,* Die Ablehnung des Sachverständigen wegen Besorgnis der Befangenheit im Sozialgerichtsprozess, NZS 2003, 579; *Pawlak,* Ablehnung des Sachverständigen im Strafverfahren wegen Befangenheit, Diss. Hamburg 1999; *Ulrich,* Der gerichtliche Sachverständige, 12. Aufl. 2007, S. 113 ff.

Der Sachverständige kann im gerichtlichen Verfahren auf Antrag einer Prozesspartei abgelehnt werden, wenn ein **Grund** vorliegt, **der aus Sicht der ablehnenden Partei bei vernünftiger Betrachtung geeignet ist, Misstrauen gegen die Unparteilichkeit des Sachverständigen zu rechtfertigen (Befangenheit).** Das gilt insbesondere

- bei verwandtschaftlichen, nahen persönlichen oder geschäftlichen Beziehungen zu einer Partei[238],
- bei Feindschaft oder Konkurrenz zu einer Partei,
- wenn der Sachverständige in derselben Sache schon als Privatgutachter entgeltlich tätig gewesen ist; Entsprechendes gilt auch, wenn der Gutachter wiederholt in anderen Sachen für eine Partei tätig geworden ist[239],
- wenn der Sachverständige einseitig zu nur einer der Parteien Kontakt aufnimmt,
- wenn der Sachverständige nur eine der Parteien an der Ortsbesichtigung teilnehmen lässt und sich dies zum Nachteil einer Partei auswirken kann[240],

---

238 OLG Köln, Beschl. vom 12.11.1980 – 2 W 100/80 –, VersR 1981, 756 = EzGuG 11.121d.
239 OLG Hamm, Beschl. vom 14.6.1999 – 13 U 11/99 –, GuG 2001, 125 = EzGuG 11.279b; OLG Oldenburg, Urt. vom 27.8.1996 – 2 W 105/96 –, OLGR-Oldenburg 1996, 273 = EzGuG 11.235b; OLG Frankfurt am Main, Urt. vom 25.7.1986 – 22 W 20/86 –, VersR 1987, 418 = EzGuG 11.156a; OLG Nürnberg, Beschl. vom 9.1.1981 – 8 W 2748/80 –, JurBüro 1981, 776 = EzGuG 11.121p; a.A.: LG Zweibrücken, Beschl. vom 22.4.1983 – 2 U 27/82 –, ZSW 1983, 265 = EzGuG 11.137h.
240 OLG Düsseldorf, Beschl. vom 29.5.1973 – 20 W 13/73 –, BauR 1994, 72 = EzGuG 11.90d; OLG Köln, Urt. vom 16.1.1974 – 2 U 33/73 –, MDR 1974, 589 = EzGuG 11.91f; LG Itzehoe, Beschl. vom 1.2.2001 – 6 OH 14/00 –, GuG 2001, 317 = EzGuG 11.296a.

II Sachverständigenwesen Sachverständiger

- wenn sich der Sachverständige von einer Partei ohne Benachrichtigung der anderen Seite Informationen beschafft[241],
- wenn der Sachverständige mit einer Partei in laufender Geschäftsbeziehung steht oder als wirtschaftlicher Konkurrent auftritt[242],
- wenn der Sachverständige ohne Benachrichtigung der anderen Partei bei einer Partei Bauteile besichtigt hat,
- wenn der Sachverständige bei seinen Ermittlungen nur eine Partei einbezogen hat[243],
- wenn der Sachverständige mit einer Partei ein Telefonat führt, ohne dem Verfahrensgegner den Inhalt desselben mitzuteilen[244],
- wenn der Sachverständige in seiner Wortwahl die gebotene Sachlichkeit verletzt (vgl. Rn. 383 ff.). Dies kann z. B. der Fall sein, wenn er in überzogener Ausdrucksweise Kritik an einem von der Partei vorgelegten Privatgutachten übt[245]. Die Ablehnung muss in Kauf genommen werden, wenn der Prozessvortrag der klagenden Parteien als „Märchenstunde" abqualifiziert wird[246].

Rechtsgrundlage der Ablehnung von Sachverständigen ist § 406 ZPO.

§ 406 ZPO Ablehnungsgründe

(1) Ein Sachverständiger kann aus denselben Gründen, die zur Ablehnung eines Richters berechtigen, abgelehnt werden. Ein Ablehnungsgrund kann jedoch nicht daraus entnommen werden, dass der Sachverständige als Zeuge vernommen worden ist.

(2) Der Ablehnungsantrag ist bei dem Gericht oder Richter, von dem der Sachverständige ernannt ist, vor seiner Vernehmung zu stellen, spätestens jedoch binnen zwei Wochen nach Verkündung oder Zustellung des Beschlusses über die Ernennung. Zu einem späteren Zeitpunkt ist die Ablehnung nur zulässig, wenn der Antragsteller glaubhaft macht, dass er ohne sein Verschulden verhindert war, den Ablehnungsgrund früher geltend zu machen. Der Antrag kann vor der Geschäftsstelle zu Protokoll erklärt werden.

(3) Der Ablehnungsgrund ist glaubhaft zu machen; zur Versicherung an Eides statt darf die Partei nicht zugelassen werden.

(4) Die Entscheidung ergeht von dem im zweiten Absatz bezeichneten Gericht oder Richter; eine mündliche Verhandlung der Beteiligten ist nicht erforderlich.

(5) Gegen den Beschluss, durch den die Ablehnung für begründet erklärt wird, findet kein Rechtsmittel, gegen den Beschluss, durch den sie für unbegründet erklärt wird, findet sofortige Beschwerde statt."

Ein **Sachverständiger kann** indessen (nach § 406 ZPO) **nicht abgelehnt werden,** wenn

1. er in der Vorweihnachtszeit ein allgemein gehaltenes Werbeschreiben an Gerichte und Rechtsanwälte schickt[247],

2. er den Umfang des Beweisthemas verkennt, es sei denn, der Irrtum ist so schwerwiegend, dass er als Anzeichen für eine vorhandene Voreingenommenheit angesehen werden muss[248],

3. er beim Ortstermin Schriftstücke der Parteien entgegennimmt; er muss dies im Gutachten festhalten[249],

4. er mit dem Privatgutachter der Gegenpartei früher gewerblich zusammengearbeitet hat[250].

---

241 Thomas/Putzo, Anm. 1b zu § 406 ZPO.
242 LG Köln, Beschl. vom 15.1.2004 – 23 T 1/04 –, DS 2005, 278 = EzGuG 11.366a.
243 OLG Hamburg, Urt. vom 17.2.1969 – 6 W 7/69 –, EzGuG, 11.67b.
244 LG Aurich, Urt. vom 30.8.1984 – 2 O 790/84 –, MDR 1985, 853 = EzGuG 11.143g.
245 OLG Oldenburg, Beschl. vom 19.1.1999 – 2 W 5/99 –, GuG 2001, 118 = EzGuG 11.275a.
246 OLG Schleswig, Urt. vom 22.11.2001 – 16 W 282/01 –, OLGR-Schleswig 2002, 463 = EzGuG 11.314a; hierzu auch LSozG Nordrhein-Westfalen, Beschl. vom 16.6.2003 – L 11 AR 490/03 – AB –, NJW 2003, 2933 = EzGuG 11.349a.
247 LG Mönchengladbach, Beschl. vom 21.4.1993 –1 O 71/92 –, DWW 1993, 264 = EzGuG 11.205.
248 BFH, Urt. vom 29.3.1999 – V B 140/98 –, GuG 2000, 59 = EzGuG 11.277c.
249 KG, Beschl. vom 15.1.2004 – 4 W 4/03 –, GuG 2005, 115 = EzGuG11.366.
250 OLG Frankfurt am Main, Beschl. vom 19.1.1981 – 17 W 1/81 –, VersR 1981, 557 = EzGuG 11.121r.

Im selbstständigen Beweisverfahren wurde die Ablehnung eines Sachverständigen lange **180**
Zeit als unzulässig angesehen[251], da sonst der Beschleunigungseffekt des Verfahrens damit
verloren gehe (vgl. § 492 Abs. 1 ZPO i. V. m. § 406 und § 402 Abs. 2 ZPO). Da bei der Einleitung eines selbstständigen Beweiserhebungsverfahrens häufig nicht bekannt ist, ob es überhaupt zu einem Hauptprozess kommt, ist die neuere Rechtsprechung aus Gründen des
Rechtsschutzes dazu übergegangen, dass eine Ablehnung des Sachverständigen bereits im
selbstständigen Beweisverfahren möglich sein muss[252].

1.4.1.2 Rechtsprechung zur Befangenheit

1. Die Ablehnung eines Sachverständigen wegen Besorgnis der Befangenheit findet nach **181**
§ 406 i. V. m. § 42 ZPO dann statt, wenn bei verständiger Würdigung der Umstände aus
der Sicht einer Partei Zweifel an einer unparteilichen Einstellung des Sachverständigen
gerechtfertigt sind. Das ist dann der Fall, wenn der Sachverständige in Gegenwart eines
Vertreters der Klägerin und ohne Hinzuziehung des Beklagten Ermittlungen anstellt[253].

2. Der Sachverständige ist befangen, wenn er in derselben Sache bereits schon früher entgeltlich ein Gutachten für eine der Parteien erstattet hat[254].

3. Die Ablehnung eines Sachverständigen wegen Besorgnis der Befangenheit ist begründet,
wenn der Sachverständige für die Gegenpartei wiederholt in anderen Fällen als Privatgutachter tätig war und weder Partei noch Sachverständiger dies angezeigt haben[255].

4. Eine berufliche Zusammenarbeit eines Gutachters mit einer Prozesspartei bei mehreren
früheren Bauobjekten führt nicht zwingend zu seiner Befangenheit als Gerichtssachverständiger[256].

5. Die Besorgnis der Befangenheit verlangt einen gegenständlichen vernünftigen Grund, der
die Partei von ihrem Standpunkt aus befürchten lassen kann, der Sachverständige werde
sein Gutachten nicht unparteiisch erstatten. Es genügt das subjektive Misstrauen einer
Partei, sofern Tatsachen vorliegen, die von ihrem Standpunkt aus die Ablehnung gerechtfertigt erscheinen lassen[257].

6. Neben der besonderen Sachkunde ist die uneingeschränkte Vertrauenswürdigkeit die
Eigenschaft, die für die Bestellung von Sachverständigen erforderlich ist und bei deren
Fehlen die Bestellung zurückgenommen werden kann. Diese uneingeschränkte Vertrauenswürdigkeit wird erschüttert, wenn das Verhalten des Sachverständigen berechtigte
Zweifel weckt, ob er stets gewillt und fähig ist, seine Gutachten vom Einfluss eigener,
insbesondere wirtschaftlicher Interessen freizuhalten[258].

7. a) Die Ablehnung eines Sachverständigen wegen Besorgnis der Befangenheit ist nicht
schon dann gerechtfertigt, wenn dieser Inhaber eines Konkurrenzbetriebs einer Partei
ist und mit dieser allgemein im Wettbewerb steht.

---

251 Röthlein, Bausachen, Jehle-Rehm 1991, 1. Aufl. S. 43; Wert/Pastor Rn. 53 ff.; Kroppen/Heyers/Schmitz Rn. 775; OLG München, Urt. vom 7.7.1977 – 7 W 1481/77 –, BauR 1978, 503 = EzGuG 11.110a; a.A.: Motzke in BauR 1983, 500; Booz in BauR 1989, 38; vgl. auch Ingenstau/Korbion B § 18, 4 Rn. 91 ff.; Hickl, S. 49 ff.; OLG München, Urt. vom 22.7.1981 – 25 W 1583/81 –, BauR 1982, 299 = EzGuG 11.124b; OLG München, Urt. vom 15.9.1983 – 9 W 2055/83 –, NJW 1984, 1048 = EzGuG 11.140a; OLG München, Urt. vom 18.3.1984 – 24 W 77/84 –, NJW 1985, 241 = EzGuG 11.124m.
252 KG, Beschl. vom 11.4.1988 – 24 W 778/88 –, MDR 1988, 680 = EzGuG 11.169h; Hesse in ZfBR 1983, 247 ff.; Weinkamm in BauR 1984, 29 f.; OLG Düsseldorf, Beschl. vom 29.12.1981 – 2 U 156/76 –, MDR 1982, 413 = EzGuG 12.32; OLG München, Urt. vom 18.3.1984 – 24 W 77/84 –, BauR 1985, 241 = EzGuG 11.142m.
253 LG Oldenburg, Beschl. vom 6.5.1971 – 1 O 196/69 –, EzGuG 11.77g.
254 BGH, Urt. vom 1.2.1972 – VI ZR 134/70 –, NJW 1972, 1133 = EzGuG 11.81c; OLG Frankfurt am Main, Urt. vom 1.7.1986 – 22 W 20/86 –, VersR 1987, 418 = EzGuG 11.156c.; OLG Celle, Beschl. vom 21.1.2005 – 3 W 6/05 –, IBR 2005, 296 = EzGuG 11.423.
255 OLG Karlsruhe, Beschl. vom 22.5.1986 – 7 W 8/86 –, BauR 1987, 599 = EzGuG 11.154.
256 BGH, Beschl. vom 9.11.2004 – X ZR 65/03 –, GRUR 2007, 264 = EzGuG 11.547.
257 OLG Karlsruhe, Beschl. vom 5.4.1973 – 10 U 180/72 –, VersR 1963, 865 = EzGuG 11.90c.
258 VGH Mannheim, Urt. vom 22.9.1976 – VI 608/76 –, GewA 1977, 19 = EzGuG 11.103g.

b) Ein Befangenheitsgrund kann in einem solchen Fall allenfalls dann in Betracht kommen, wenn der Betrieb des Sachverständigen gerade bei dem konkreten Auftrag oder sonst bei diesem Auftraggeber als Mitbewerber aufgetreten ist[259].

8. Eine frühere gewerbliche Zusammenarbeit des Sachverständigen mit dem Privatgutachter der Gegenpartei rechtfertigt keine Ablehnung[260].

9. Ein Sachverständiger ist im Rechtsstreit gegen eine Versicherung nicht schon deshalb befangen, weil er in einer Vielzahl von Fällen außergerichtlich als Gutachter für Versicherungsgesellschaften und auch für die beklagte Versicherung tätig war und weiterhin tätig sein wird[261].

10. Ein außergerichtlich für eine Versicherung tätiger Sachverständiger ist nicht befangen, wenn er seine frühere Tätigkeit auch als Tätigkeit für die spätere Prozesspartei verstanden hat[262].

11. Gegen einen öffentlich bestellten und beeidigten Sachverständigen, der vom Gericht mit der Erstellung eines Beweisgutachtens über die ortsübliche Vergleichsmiete beauftragt wurde und der einfaches Mitglied in einer Interessenvereinigung der Haus- und Grundbesitzer oder Mieter ist, ist die Besorgnis der Befangenheit wegen dessen Mitgliedschaft nicht begründet[263].

12. Ein Sachverständiger muss bereits im selbstständigen Beweisverfahren wegen Besorgnis der Befangenheit abgelehnt werden[264].

13. Die Befangenheit eines Sachverständigen gegenüber einem Streitgenossen ist geeignet, auch bei dem anderen Streitgenossen Misstrauen gegen die Unvoreingenommenheit und Unparteilichkeit zu rechtfertigen[265].

14. Bezeichnet ein gerichtlich bestellter Sachverständiger, der ein schriftliches Gutachten vorgelegt hat, ein zum Zwecke der Kritik angekündigtes Privatgutachten unbesehen als Gefälligkeitsgutachten, kann dies die Besorgnis der Befangenheit des Sachverständigen begründen[266].

15. Ein Sachverständiger wird nicht befangen, wenn er gemeinsam mit einer der Parteien zum Ortstermin erscheint und zusammen mit dieser Partei wieder geht[267].

16. Die Ablehnung eines gerichtlich bestellten Sachverständigen wegen Besorgnis der Befangenheit ist gerechtfertigt, wenn der Sachverständige sich von einer Partei mit weiteren Maßnahmen der Beweissicherung entgeltlich beauftragen lässt, auch wenn es sich dabei „überwiegend um eine Fotodokumentation handelt, die fast keine gutachterliche Bedeutung enthält"[268].

17. Der Umstand, dass ein mit der Erstellung eines Gutachtens Beauftragter kein öffentlich bestellter und vereidigter Sachverständiger ist, gibt keinen Anlass, an der Unparteilichkeit zu zweifeln"[269].

18. Die nicht offengelegte Kontaktaufnahme eines Sachverständigen mit einer Partei begründet die Besorgnis der Befangenheit[270].

---

[259] OLG Düsseldorf, Beschl. vom 4.9.1979 – 23 W 36/79 –, JurBüro 1980, 284 = EzGuG 11.115e.
[260] OLG Frankfurt am Main, Beschl. vom 19.1.1981 – 17 W 1/81 –, VersR 1981, 557 = EzGuG 11.121r; a.A. OLG Nürnberg, Beschl. vom 9.1.1981 – 8 W 1748/80 –, JurBüro 1981, 776 = EzGuG 11.120q.
[261] OLG Koblenz, Beschl. vom 10.1.1992 – 4 W 2/92 –, NJW-RR 1992, 1470 = EzGuG 11.190a.
[262] OLG Düsseldorf, Beschl. vom 31.1.1995 – 23 W 3/95 –, BauR 1995, 876 = EzGuG 11.222b.
[263] LG München, Beschl. vom 23.10.1981 – 14 S 7217/81 –, WuM 1982, 303 = EzGuG 11.125j.
[264] OLG Düsseldorf, Beschl. vom 31.1.1995 – 23 W 3/95 –, BauR 1995, 876 = EzGuG 11.222b.
[265] OLG Frankfurt am Main, Beschl. vom 16.9.1980 – 17 W 22/80 –, BauR 1982, 307 = EzGuG 11.120f.
[266] OLG Zweibrücken, Beschl. vom 16.9.1997 – 5 WF 115/96 –, GuG 1998, 254 = EzGuG 11.252; LSozG Nordrhein-Westfalen, Beschl. vom 16.6.2003 – L 11 AR 490/03 –, NJW 2003, 2933 = EzGuG 11.349f.; OLG Saarbrücken, Urt. vom 16.9.2004 – 5 W 196/04 –, MDR 2005, 648 = EzGuG 11.393: OLG Oldenburg, Urt. vom 2.1.1999 – 2 W 51/99 –, NJW-RR 2000, 1166 = EzGuG 11.275a.
[267] OLG Frankfurt am Main, Beschl. vom 2.3.1998 – 15 W 8/98 –, BauR 1998, 829 = EzGuG 11.262b.
[268] OLG Düsseldorf, Beschl. vom 8.9.2004 – I 5 W 36/04 –, EzGuG 11.396.
[269] OVG Münster, Beschl. vom 9.3.2005 – 6 E 58/05 –, EzGuG 11.406 = GuG 2005, 251.
[270] OLG Saarbrücken, Beschl. vom 28.7.2004 – 5 W 88/04 –, EzGuG 11.391a.

1.4.1.3 Ortstermin

▶ *Vgl. Rn. 180, 203, 220, 245, 379, 431*

Der **Ortstermin ist** nicht öffentlich, aber **parteiöffentlich**; die Parteien können aber von sachkundigen Mitbeobachtern begleitet werden[271]. **182**

Über **Orts- oder Objektbesichtigungen** *(inspection)* sind die Prozessvertreter und, wenn die Parteien nicht anwaltlich vertreten sind, die Parteien vom Sachverständigen zu verständigen; ihnen ist Gelegenheit zur Teilnahme zu geben. Das gilt auch für einen Streithelfer (Nebenintervenienten), der einer Partei zu deren Unterstützung im Rechtsstreit beigetreten ist. Bei der Mitteilung des Termins ist auf eine angemessene Frist zu achten, die den Beteiligten eine Teilnahme möglich macht.

Grundsätzlich empfiehlt es sich, auch das Gericht von der Orts- oder Objektbesichtigung zu unterrichten. Hält der Sachverständige eine **Teilnahme des Gerichts** für notwendig, soll er hierauf hinweisen. Notwendig ist die Benachrichtigung des Gerichts insbesondere dann, wenn der Sachverständige den Ortstermin aus besonderen Gründen (z. B. bei Messung von Lärmemissionen einer Diskothek oder Baustelle) ausnahmsweise ohne vorherige Ankündigung und Ladung der Parteien durchführen möchte; in diesen Fällen sollte der Sachverständige eine vorherige Abstimmung mit dem Gericht herbeiführen[272]. **183**

Bleibt eine Partei trotz ordnungsgemäßer Ladung unentschuldigt der Ortsbesichtigung fern, so hat sie insoweit keine Ablehnungsgründe (vgl. Rn. 180, 203, 220, 245, 379, 431). **184**

Rechtsprechung zum Ortstermin: **185**

1. Der Vorwurf der Befangenheit eines Sachverständigen, der die Hinzuziehung beider Parteien zu einer vorbereitenden Ortsbesichtigung für entbehrlich hielt, ist insbesondere dann unbegründet, wenn er dabei weder das Grundstück betreten noch mit Parteien und Zeugen Verbindung aufgenommen oder eine Partei einseitig von der Ortsbesichtigung ausgeschlossen hat[273].

2. Das Ablehnungsgesuch ist begründet, wenn der Sachverständige sich über den Sachverhalt in einem einseitigen Gespräch mit Angestellten nur der einen Partei informiert hat[274].

3. Die Ablehnung eines Sachverständigen wegen Besorgnis der Befangenheit kann nicht damit begründet werden, dass er es, obwohl eine ausdrückliche Anweisung des prozessleitenden Gerichts fehlt, unterlassen habe, die Parteien von einem Besichtigungstermin zu benachrichtigen. Nur aus den Grundsätzen der Waffengleichheit und eines fairen Verfahrens sind die Maßstäbe zu entwickeln, nach denen der Sachverständige gehalten ist, die Anwesenheit der Parteien beim Ortstermin zu gestatten. An den Grundsatz der Parteiöffentlichkeit ist der Sachverständige nicht gebunden[275].

4. Der Sachverständige wird nicht befangen, wenn er gemeinsam mit einer der Parteien zum Ortstermin erscheint und zusammen mit dieser Partei wieder geht[276].

5. Ein Sachverständiger kann von einer Partei mit Erfolg wegen Besorgnis der Befangenheit abgelehnt werden, wenn dieser einen gemeinsam vereinbarten Ortstermin auf Antrag einer Partei verschiebt, dann aber den neuen Termin trotz eines Verlegungsantrags der anderen Partei durchführt, weil er die Anwesenheit dieser Partei nicht für erforderlich hält[277].

6. a) Im selbstständigen Beweisverfahren hat jede Partei und jeder Verfahrensbevollmächtigte das uneingeschränkte Recht, bei einer Orts- oder Gegenstandsbesichtigung anwe-

---

271 LG Verden, Urt. vom 22.11.2004 – 4 O 459/02 –, IBR 2005, 1074.
272 DIHT-Merkblatt, Der gerichtliche Sachverständige, Köln 1997.
273 OLG München, Beschl. vom 11.2.1983 – 25 W 736/83 –, OLGZ 1983, 355 = EzGuG 11.135j.
274 OLG Hamm, Beschl. vom 19.5.1972 – 1 W 12/72 –, MDR 1973, 144 = EzGuG 11.84a.
275 OLG Dresden, Beschl. vom 25.11.1996 – 7 U 1608/95 –, NJW-RR 1997, 1354 = EzGuG 11.238b.
276 OLG Frankfurt am Main, Beschl. vom 2.3.1998 – 15 W 8/98 –, BauR 1998, 829 = EzGuG 11.262b.
277 LG Darmstadt, Urt. vom 14.4.1997 – 10 O 309/96 –, BauR 1997, 703 = EzGuG 11.244j.

send zu sein. Dies gilt nicht nur für die gerichtlich angeordneten, sondern auch für Termine, die der Sachverständige bei schriftlicher Begutachtung anordnet.

b) Von daher ist der Sachverständige gehalten, allen Beteiligten die Ortstermine rechtzeitig mitzuteilen. Die Herausgabe von Mitteilungen einen bzw. drei Tage vor dem anberaumten Termin ist zu kurzfristig und nicht geeignet, die den Beteiligten eingeräumten Beteiligungsrechte zu wahren. Ebenso stellt es einen Pflichtverstoß dar, wenn Terminmitteilungen nur an die Partei(en), nicht aber auch an deren Verfahrensbevollmächtigte erfolgen[278].

7. a) Ein Sachverständiger ist nicht schon deshalb befangen, weil er per Telefax zu einem zwei Tage später stattfindenden dritten Ortstermin einlädt, bei dem die Anwesenheit der Parteien nicht erforderlich ist.

b) Ein Sachverständiger ist ferner dann nicht befangen, wenn er diesen beabsichtigten dritten Ortstermin lediglich den Parteien unmittelbar bekannt gibt und die zu den vorhergehenden Ortsterminen von ihm noch eingeladenen Prozessbevollmächtigten zu den früheren Ortsterminen nicht erschienen sind[279].

8. Der Sachverständige ist nicht befangen, wenn er ohne Ladung *beider* Parteien einen Ortstermin durchführt[280] und sich dies nicht zum Nachteil einer Partei auswirken kann (vgl. Rn. 203, 220, 379). Nach einer neuen Grundsatzentscheidung des BVerfG liegt abweichend von einer in der älteren Rechtsprechung und in der älteren Literatur vertretenen Auffassung grobe Fahrlässigkeit vor, wenn ein Ortstermin in Anwesenheit nur einer Partei ohne vorherige Benachrichtigung der anderen Partei durchgeführt wird[281].

9. Ein Sachverständiger, der in einem Erbrechtsstreit den Wert von Grundstücken feststellen soll, kann von beiden Parteien wegen Besorgnis der Befangenheit abgelehnt werden, wenn er es unterlässt, die Parteien von Besichtigungsterminen zu benachrichtigen[282].

10. Aus der Nichteinhaltung der Ladungsfrist zum Ortstermin und der vergessenen Ladung der Verfahrensbevollmächtigten ergibt sich noch keine Besorgnis der Befangenheit des Sachverständigen[283].

a) Für die Frage, ob ein Sachverständiger, der die Parteien von einem Ortstermin nicht benachrichtigt hat und der deshalb mit Erfolg wegen Befangenheit abgelehnt worden ist, wegen Unverwertbarkeit seines Gutachtens seinen Entschädigungsanspruch dadurch verliert, kommt es darauf an, ob unter Abwägung aller Umstände des Einzelfalles dem Sachverständigen der Vorwurf grober Fahrlässigkeit gemacht werden kann. Ein lediglich formularmäßig ohne besondere Hervorhebung in dem Auftragsschreiben an den Sachverständigen enthaltener Hinweis „Von einem etwaigen Besichtigungstermin ist den Parteien zu Händen ihrer Prozessbevollmächtigten rechtzeitig Nachricht zu geben", reicht für sich allein nicht aus, den Vorwurf einer groben Verletzung der Pflichten des Sachverständigen zu rechtfertigen.

b) Ein Sachverständiger muss auch die Prozessvertreter der Parteien zur Ortsbesichtigung einladen. Er darf nicht weiterarbeiten, wenn er von dem Ablehnungsgesuch Kenntnis genommen hat[284].

---

278 OLG Frankfurt am Main, Urt. vom 10.2.1994 – 24 UH 1/92 –, OLGR-Frankfurt a.M. 1994, 69 = EzGuG 11.209.
279 LG Dortmund, Beschl. vom 3.5.1999 – 19 O 155/97 –, GuG 1999, 382 = EzGuG 11.278.
280 LG Konstanz, Beschl. vom 17.3.1995 – 3 O 294/91 –, BauR 1995, 887 = EzGuG 11.222g; OLG Hamm, Beschl. vom 13.7.1979 – 1 W 41/79 –, VersR 1980, 722 = EzGuG 11.115d.
281 BVerfG, Urt. vom 3.2.1998 – 1 BvR 909/94 –, GuG 2000, 178 = EzGuG 11.261b; BGH, Urt. vom 15.4.1975 – X ZR 52/75 –, NJW 1975, 1363 = EzGuG 11.95c; OLG Hamburg, Urt. vom 4.2.1969 – 6 W 123/68 –, MDR 1969, 489 = EzGuG 11.67a; Thomas Putzo 20. Aufl. Rn. 2; Baumbach/Hartmann 56. Aufl. Rn. 204; Zöller/Greger, 20. Aufl. Rn. 8; Jessnitzer, Der gerichtliche Sachverständige 10. Aufl. Rn. 204; Bayerlein, Praxishandbuch Sachverständigenrecht, 2. Aufl. § 19 Rn. 15; LG Düsseldorf, Beschl. vom 13.9.1979 – 25 T 633/79 –, JurBüro 1980, 111 = EzGuG 11.115h.
282 KG Berlin, Beschl. vom 29.4.1982 – 8 W 1013/82 –, MDR 1982, 762 = EzGuG 11.129.
283 LG Erfurt, Urt. vom 8.6.1999 – 2 T 80/99 –, BauR 1999, 1331 = EzGuG 11.278c.
284 LG Itzehoe, Beschl. vom 1.2.2001 – 6 OH 14/00 –, GuG 2001, 317 = EzGuG 11. 296a.

11. Ein Sachverständiger verliert seinen Entschädigungsanspruch nicht allein wegen einer erfolgreichen Ablehnung, sondern nur dann, wenn er die Ablehnung durch grobes Verschulden verursacht hat[285].

12. Wenn ein Sachverständiger erkennen kann, dass gegen seine Unparteilichkeit Bedenken aufkommen können, muss er vor Aufnahme seiner Tätigkeit die Reaktion der Parteien und des Gerichts abwarten[286].

13. Ein vom Gericht beauftragter Sachverständiger ist nicht ohne Weiteres deshalb befangen, weil er die von ihm zu treffenden Feststellungen in der Weise vorbereitet hat, dass er sich die für die Erstellung des Gutachtens erforderliche Kenntnis ohne Anwesenheit der Parteien, wenn auch im räumlichen Bereich einer von ihnen („vor Ort") verschafft hat[287].

14. Die Ablehnung eines Sachverständigen wegen Besorgnis der Befangenheit kann damit begründet werden, dass der Sachverständige bei längerer Fahrtdauer zu einem Ortstermin von einer Partei, z. B. in deren Pkw, mitgenommen wird[288].

15. Ein Sachverständiger ist nicht befangen, wenn er anlässlich eins Ortstermins Fotomaterial von einer verfahrensbeteiligten Partei entgegennimmt[289].

16. Der vom Gericht bestellte Sachverständige muss auch bei einem zweiten Ortstermin beiden Parteien und deren Prozessvertretern Gelegenheit zur Teilnahme geben, auch wenn das Gericht den Sachverständigen nur den Auftrag gegeben hat, nachzuschauen, ob die inzwischen durchgeführten Reinigungsarbeiten die behaupteten Mängel beseitigt haben[290].

1.4.1.4 Ablehnungsantrag

Das **Ablehnungsgesuch kann sich** zulässigerweise **nur gegen die Person des gerichtlich bestellten Sachverständigen richten;** eine Ablehnung von Hilfskräften ist indessen in § 406 ZPO nicht vorgesehen und sonach nicht zulässig[291]. Vor der Entscheidung über ein Ablehnungsgesuch, das sich auf einen Sachverständigen bezieht, hat aber das Gericht zu prüfen, ob eine Entbindung des Sachverständigen gemäß § 406 Abs. 1 Satz 2 ZPO geboten erscheint. **186**

Ein **Ablehnungsantrag**, der nicht nur offensichtlich unbegründet, sondern **dessen Begründung völlig ungeeignet ist**, eine Besorgnis der Befangenheit zu begründen, **ist unzulässig**[292]. **187**

Der Antrag auf Ablehnung eines Sachverständigen ist (auch im Falle des § 406 Abs. 2 Satz 2 ZPO) i. d. R. binnen zwei Wochen zu stellen[293]. Die **Ablehnungsgründe sind binnen zwei Wochen** nach Verkündung oder Zustellung des Beschlusses über die Ernennung des Sachverständigen **bekannt zu geben.** **188**

Sind dem **Antragsgegner erst zu einem späteren Zeitpunkt** die Ablehnungsgründe **bekannt geworden,** muss er gemäß § 294 ZPO glaubhaft machen, dass er unverschuldet verhindert war, den Ablehnungsgrund zu einem früheren Zeitpunkt geltend zu machen (vgl. § 406 Abs. 3 ZPO), insbesondere wenn die Ablehnungsgründe erst nach Erstellung eines Gutachtens, aber noch vor Beendigung des selbstständigen Beweisverfahrens bekannt werden[294]. **189**

---

285 KG, Beschl. vom 17.11.1992 – 1 W 5976/92 –, GuG 1993, 383 = EzGuG 11.197f.
286 OLG Naumburg, Urt. vom 22.11.2001 – 13 W 573/01 –, EzGuG 11.314.
287 OLG Bremen, Urt. vom 26.6.1998 – 2 W 48/98 –, OLGR-Bremen 1998, 422 = EzGuG 11.267f.
288 OLG Frankfurt am Main, Urt. vom 16.9.1959 – 2 W 102/59 –, NJW 1960, 1622 = EzGuG 11.19.
289 OLG Saarbrücken, Beschl. vom 21.1.2004 – 5 W 7/04 –, EzGuG 11.366c.
290 OLG Saarbrücken, Urt. vom 8.12.2012 – 5 W 430/12 –.
291 So OLG Zweibrücken, Beschl. vom 30.1.1986 – 2 WF 179/85 –, ZSW 1986, 63 = EzGuG 11.149h.
292 OLG Celle, Beschl. vom 30.8.2005 – 1 Ws 310/05 –, GuG 2006, 122 = EzGuG 11.463.
293 OLG München, Beschl. vom 2.9.2003 – 13 W 2082/03 –, MDR 2004, 228 = EzGuG 11.347a.
294 Schulz in NJW 1984, 1019; Müller in NJW 1982, 1961.

II Sachverständigenwesen

190 **Rechtsprechung zur Ablehnungsfrist:**

1. Wird ein Sachverständiger nach Erstattung des Gutachtens wegen des Inhaltes des Gutachtens abgelehnt, so muss die Ablehnung unverzüglich erfolgen. Eine Überlegungszeit von 2 1/2 Monaten ist in der Regel zu lang[295].

2. Ein Ablehnungsgesuch wegen Besorgnis der Befangenheit gegen einen Sachverständigen ist unverzüglich nach der Erlangung der Kenntnis vom Ablehnungsgrund zu stellen. Ein Ablehnungsgesuch nach 6 Wochen ist auch unter Berücksichtigung einer angemessenen Überlegungszeit verfristet und damit unzulässig[296].

3. Ergibt sich der Grund zur Ablehnung des Sachverständigen wegen Besorgnis der Befangenheit aus dem Inhalt des schriftlichen Gutachtens, läuft im Allgemeinen die Frist zur Ablehnung des Sachverständigen gleichzeitig mit der vom Gericht gesetzten Frist zur Stellungnahme nach § 411 Abs. 4 ZPO ab, wenn sich die Partei zur Begründung des Antrags mit dem Inhalt des Gutachtens auseinander setzen muss[297].

1.4.2 Ablehnung von Behörden

▶ *Zur Ablehnung (Befangenheit) von Mitgliedern des Gutachterausschusses für Grundstückswerte vgl. § 192 BauGB Rn. 46 ff. m. w. N.*

191 Eine **Ablehnung einer Behörde** wegen Besorgnis der Befangenheit nach § 406 ZPO ist **grundsätzlich nicht zulässig,** weil sich Ablehnungsgründe stets nur gegen eine bestimmte natürliche Person richten können. Nicht einmal der Alleinverfasser eines Behördengutachtens ist i. S. d. §§ 402 ff. ZPO als Sachverständiger ablehnbar, weil er für seine Behörde handelt, die nach außen allein die Verantwortung für das Gutachten trägt[298].

192 Im **verwaltungsgerichtlichen Verfahren** kann ein Sachverständiger regelmäßig dann wegen Befangenheit erfolgreich abgelehnt werden, wenn er der den Bescheid erteilenden Behörde angehört (Abgrenzung zum Fall des Sachverständigen, der lediglich demselben Rechtsträger wie die Partei angehört)[299].

1.5 Beauftragung von Sachverständigen

Schrifttum: *Brox/Walter*, Besonderes Schuldrecht, 29. Aufl. München 2004.

193 Die **Erstattung von Gutachten erfolgt** bei einem Privatgutachter **auf der Grundlage eines Werkvertrags**[300] nach den §§ 631 ff. BGB, den dieser mit seinem Auftraggeber schließt. Der Werkvertrag ist formfrei und kann mündlich, schriftlich oder auch über das Internet oder sonst im Fernabsatz[301] geschlossen werden. Die Wirksamkeit der elektronischen Form eines Werkvertrags setzt eine elektronische Verschlüsselung nach dem SigG voraus.

Im Werkvertrag sollten auch die **Mitwirkungspflichten des Auftraggebers** geregelt werden, insbesondere

- die Bereitstellung aller für eine ordnungsgemäße Durchführung erforderlichen Unterlagen und Auskünfte,

---

[295] OLG Koblenz, Beschl. vom 7.7.1976 – 4 W 415/76 –, OLGZ 1977, 376 = EzGuG 11.103d.
[296] OLG Naumburg, Beschl. vom 29.6.1998 – 10 W 14/98 –, OLGR-Naumburg 1998, 323 = EzGuG 11.268; LG München I, Beschl. vom 17.7.1998 – 13 T 12592/98 –, GuG 1999, 189 = EzGuG 11.270.
[297] BGH, Urt. vom 15.3.2005 – VI ZB 74/04 –, GuG 2005, 245 = EzGuG 11.433.
[298] OLG Köln, Beschl. vom 16.6.1980 – 7 W 16/80 –, BauR 1980, 588 = EzGuG 11.119e; OLG Nürnberg, Beschl. vom 19.10.1966 – 3 W 82/66 –, NJW 1967, 401 = EzGuG 11.54 (Patentanwaltskammer); KG Berlin, Beschl. vom 18.6.1971 – W 1182/71 –, NJW 1971, 1848 = EzGuG 11.78 (Gutachterausschuss).
[299] OLG Köln, Beschl. vom 16.6.1980 – 7 W 16/80 –, BauR 1980, 588 = EzGuG 11.119e; OLG Nürnberg, Beschl. vom 19.10.1966 – 3 W 82/66 –, NJW 1967, 401 = EzGuG 11.54 (Patentanwaltskammer); KG Berlin, Beschl. vom 18.6.1971 – W 1182/71 –, NJW 1971, 1848 = EzGuG 11.78 (Gutachterausschuss).
[300] BGH, Urt. vom 20.3.1974 – VIII ZR 31/73 –, WuM 1974, 252 = EzGuG 12.14a; AG Ettlingen, Urt. vom 21.6.1978 – 2 C 618/77 –, VersR 1979, 1116 = EzGuG 11.112a; BGH, Urt. vom 18.5.1978 – VII ZR 138/77 –, BauR 1978, 398 = EzGuG 11.111j.
[301] Vgl. Fernabsatzgesetz, § 312c BGB und § 1 der BGB-Infoverordnung; BGBl. 2002, 1141 und 1230.

- eine Baukostenaufstellung (technische, rechtliche und wirtschaftliche Bestandsaufnahme einschließlich der Instandhaltungspauschalen und ggf. Instandsetzungskosten),
- der Grundbuchauszug (bei Rechten einschließlich einschlägigen Auszugs aus der Grundakte),
- der Liegenschaftsauszug einschließlich Flurkarte,
- der Kaufvertrag,
- ggf. Vorgutachten,
- ggf. Erbbauverträge,
- Baulastenauszug,
- Baurecht (Flächennutzungs- und Bebauungsplan),
- Auskunft über Erschließungskostenbeiträge und sonstige öffentlich-rechtliche Beiträge,
- Auskunft aus dem Altlastenverzeichnis bzw. -kataster,
- Auskunft aus der Bodenrichtwertkarte,
- Lageplan,
- Katasterauszug,
- Baupläne, Grundrisse und Schnitte,
- Baugenehmigung,
- Baubeschreibung,
- Baugrunduntersuchung,
- Immissionsschutzrechtliche Genehmigungen,
- Mietaufstellung nebst Mietverträgen,
- Bewirtschaftungskostenaufstellungen (Verwaltungskosten, Instandhaltungskosten, Betriebskosten),
- Flächenaufstellungen (Brutto-Grundfläche, Geschossflächen, Wohn- und Nutzflächen),
- die Gewährleistung einer Ortsbesichtigung (Zugang zum Objekt),
- die Vollmacht für den Sachverständigen und eine von ihm beauftragte Person, bei den Beteiligten, Behörden, Institutionen oder dritten Personen die notwendigen Auskünfte und Unterlagen einzuholen.

Der Auftraggeber darf umgekehrt dem Sachverständigen keine Weisungen erteilen, die dessen unabhängige Wertermittlung, Feststellungen und Schlussfolgerungen verfälschen können.

Rechte und Pflichten der Vertragsparteien ergeben sich aus den §§ 631 ff. BGB einschließlich der Vorschriften über **194**

- die *Verjährung von Ansprüchen* aus Erstellung des Gutachtens *und Schadensersatzansprüchen* (§§ 195 ff. BauGB) und
- die *Leistungsstörung* für den Fall, dass der Werkvertrag nicht, schlecht oder nicht termingerecht erfüllt wird (§§ 275 ff. BGB).

„**§ 631 BGB** Vertragstypische Pflichten beim Werkvertrag

(1) Durch den Werkvertrag wird der Unternehmer zur Herstellung des versprochenen Werks, der Besteller zur Entrichtung der vereinbarten Vergütung verpflichtet.

(2) Gegenstand des Werkvertrags kann sowohl die Herstellung oder Veränderung einer Sache als ein anderer durch Arbeit oder Dienstleistung herbeizuführender Erfolg sein."

Der Sachverständige ist nach den §§ 675 ff. i. V. m. § 663 BGB verpflichtet, dem Auftraggeber unverzüglich anzuzeigen, wenn er den Auftrag ablehnt. Der **Auftrag kann aber auch ohne Annahmeerklärung durch konkludentes Handeln zustande kommen,** wenn nämlich eine solche Erklärung nach der Verkehrssitte nicht zu erwarten ist oder der Auftraggeber darauf verzichtet hat (§ 151 BGB). Ein Abschlusszwang besteht im Übrigen nicht. Der Sachverständige muss sich verweigern, wenn er sich befangen fühlt. Er muss seinen Auftraggeber auf **195**

II Sachverständigenwesen — Sachverständiger

Umstände hinweisen, die verständliche Zweifel an seiner Unvoreingenommenheit oder Misstrauen gegen seine Unparteilichkeit aufkommen lassen müssen.

196 Der Privatgutachter schuldet mit der Annahme des Auftrags seinem Auftraggeber den werkvertraglichen Erfolg.

197 Die **Leistungspflicht des Auftragnehmers** setzt sich zusammen aus
- der Herstellung des Gutachtens frei von Sach- und Rechtsmängeln und mit der vereinbarten Beschaffenheit,
- der termingerechten Ablieferung des Gutachtens.

Der Sachverständige ist nach § 271 BGB verpflichtet, sein Gutachten sofort zu erstellen, sofern er nicht einen anderen Leistungszeitpunkt bzw. Leistungszeitraum ausbedungen hat.

„**§ 271 BGB** Leistungszeit

(1) Ist eine Zeit für die Leistung weder bestimmt noch aus den Umständen zu entnehmen, so kann der Gläubiger die Leistung sofort verlangen, der Schuldner sie sofort bewirken.

(2) Ist eine Zeit bestimmt, so ist im Zweifel anzunehmen, dass der Gläubiger die Leistung nicht vor dieser Zeit verlangen, der Schuldner aber sie vorher bewirken kann."

198 Im Gegenzug besteht die **Leistungspflicht des Auftraggebers** in der Abnahme des Gutachtens und der Bezahlung. Für eine nicht rechtzeitige Ablieferung des Gutachtens kann der Auftraggeber einen **Verzögerungsschaden** geltend machen. Dafür reicht es allerdings nicht aus, dass die Leistungszeit verstrichen ist; vielmehr muss ein Verzug hinzutreten (§ 280 Abs. 2 BGB; vgl. Rn. 208). Verzug tritt bei Erstellung eines Gutachtens nach § 286 Abs. 1 BGB grundsätzlich erst durch Mahnung ein. Klageerhebung und Zustellung des Mahnbescheids stehen der Mahnung gleich. Eine Mahnung ist unter den Voraussetzungen des § 286 Abs. 2 BGB entbehrlich, insbesondere im Falle eines vertraglich vereinbarten Leistungstermins „nach dem Kalender".

199 Liefert der Sachverständige sein Gutachten bei Fälligkeit nicht oder mangelhaft (§ 633 Abs. 2 BGB) ab, so kann der Auftraggeber gemäß § 323 Abs. 1 BGB nach erfolglosem Ablauf einer angemessenen Nachfrist vom Vertrag zurücktreten, wenn er nicht weiterhin Erfüllung verlangen will. Entsprechendes gilt bei Verletzung von **Nebenpflichten des Sachverständigen**[302].

200 Liefert der Sachverständige ein mangelhaftes Gutachten ab, so stehen dem Auftraggeber nach § 634 BGB eine Reihe von Rechten zu. **Die Vorschrift** hat folgenden Wortlaut:

„**§ 634 BGB** Rechte des Bestellers bei Mängeln

Ist das Werk mangelhaft, kann der Besteller, wenn die Voraussetzungen der folgenden Vorschriften vorliegen und soweit nichts anderes bestimmt ist,

1. nach § 635 Nacherfüllung verlangen,
2. nach § 637 den Mangel selbst beseitigen und Ersatz der erforderlichen Aufwendungen verlangen,
3. nach den §§ 636, 323 und 326 Abs. 5 von dem Vertrag zurücktreten oder nach § 638 die Vergütung mindern und
4. nach den §§ 636, 280, 281, 283 und 311a Schadensersatz oder
5. nach § 284 Ersatz vergeblicher Aufwendungen verlangen.

§ 635 BGB Nacherfüllung

(1) Verlangt der Besteller Nacherfüllung, so kann der Unternehmer nach seiner Wahl den Mangel beseitigen oder ein neues Werk herstellen.

(2) Der Unternehmer hat die zum Zwecke der Nacherfüllung erforderlichen Aufwendungen, insbesondere Transport-, Wege-, Arbeits- und Materialkosten zu tragen.

(3) Der Unternehmer kann die Nacherfüllung unbeschadet des § 275 Abs. 2 und 3 verweigern, wenn sie nur mit unverhältnismäßigen Kosten möglich ist.

(4) Stellt der Unternehmer ein neues Werk her, so kann er vom Besteller Rückgewähr des mangelhaften Werks nach Maßgabe der §§ 346 bis 348 verlangen.

---

[302] Palandt/Heinrichs, BGB Ergänzungsband zur 61. Aufl. § 282 Rn. 2.

§ 636 BGB Besondere Bestimmung des Rücktritts und Schadensersatz
Außer in den Fällen des § 281 Abs. 2 und des § 323 Abs. 2 bedarf es der Fristsetzung auch dann nicht, wenn der Unternehmer die Nacherfüllung gemäß § 635 Abs. 3 verweigert oder wenn die Nacherfüllung fehlgeschlagen oder dem Besteller unzumutbar ist."

Nach § 649 BGB kann der Auftraggeber jederzeit vom Gutachterauftrag zurücktreten, wobei der bis dahin entstandene Vergütungsteil entrichtet werden muss. Hat der Sachverständige seine Pflicht nicht oder nicht vollständig erfüllt, so ist der Auftraggeber auch ohne Zahlung von Teilen der Vergütung zum **Rücktritt** berechtigt und kann ggf. auch Schadensersatzansprüche stellen.

▶ *Zum Höchstpersönlichkeitsgebot vgl. Rn. 414*

Abb. 8: **Gewährleistungsrechte des Auftraggebers**

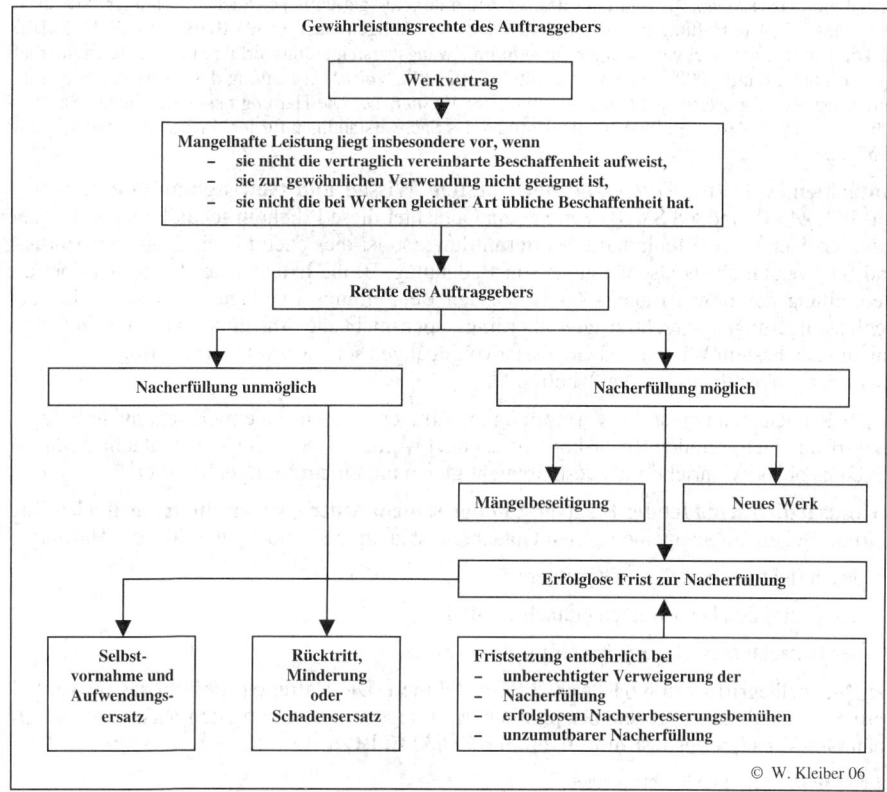

© W. Kleiber 06

1.6 Haftung von Sachverständigen

1.6.1 Sach- und Rechtsmangel

Schrifttum: *Ayad* in DB 2001, 2697; *Arndt, H.*, Die Haftung des gerichtlichen Sachverständigen, DRiZ 1973, 272; *Balzer, P.*, Zum Schutzbereich eines Gutachtenauftrags zur Wertermittlung von Grundstücken, ZfIR 2005, 101; *Bleutge, P.*, Die Haftung des Sachverständigen für fehlerhafte Gutachten, 1. Aufl. 2002; *Brandte, J.*, Die Haftung des gerichtlichen Sachverständigen im Zwangsversteigerungsverfahren – ein Fall des Unvermögens, BauR 2000, 766; *Brückner, S./Damm, R.*, Die zivilrechtliche Haftung des gerichtlichen Sachverständigen, JuS 1976, 359; *Bydinski, P.*, Die Haftung des Sachverständigen gegenüber Dritten bei fehlerhafter Erstellung eines Wertgutachtens, EWiR 1998, 683; *Däubler* in NJW 2001, 3729; *Döbereiner*, Die Haftung des gerichtlichen und außergerichtlichen Sachverständigen, BauR 1979,

II Sachverständigenwesen Sachverständiger

282; *Döbereiner, W./Keyserlink, A.*, Sachverständigen-Haftung, Wiesbaden 1979; *Emmerich, V.*, Rechtsprechungsübersicht, Haftung von Sachverständigen gegenüber Dritten, JuS 1998, 557; *Finn, M.*, Zur Haftung des Sachverständigen gegenüber Dritten, DS 2005, 11; *Glaser, H.*, Haftung des Bausachverständigen, JR 1971, 365; *Hendrix, G.*, Die Haftung des Sachverständigen für fehlerhafte Gutachten, BB 1961, 996; *Jacobs, W.*, Haftung des gerichtlichen Sachverständigen, ZRP 2001, 489; *Keilholz*, Zur Haftung des Sachverständigen in (schieds-) gerichtlichen Bausachen, BauR 1986, 377; *Kilian, M.*, Zweifelsfragen der deliktrechtlichen Sachverständigenhaftung nach § 839a BGB, ZGS 2004, 220; *Littbarski, S.*, Strenge Haftung des Sachverständigen – Sicherheit für den Auftraggeber, ZIP 1996, 812; *Mark Lee Levin*, Real Appraisers' liability, New York 1995; *Müssig, P.*, Falsche Auskunftserteilung und Haftung, NJW 1989, 1697; *Neumann, L.*, Die Haftung des Sachverständigen nach neuem Delikts- und Werkvertragsrecht, MDR 2003, 906; *Oderski, W.*, Die Berufshaftung – ein zumutbares Risiko?, NJW 1989, 1697; *Pieper*, Rechtsstellung des Sachverständigen und vertragliche Haftung von Bau- und Bewertungssachverständigen für private Gutachten und Empfehlungen, Gedächtnisschrift für Bruns 1980, 167; *Rasehorn, T.*, Zur Haftung für fehlerhafte Sachverständigengutachten, NJW 1974, 1172; *Schöpflin, R.*, Probleme der Haftung des gerichtlichen Sachverständigen nach § 839a BGB, ZfSch 2004, 241; *Sinz* in BauR 2002, 181; *Späth, W.*, Haftung des Steuerberaters als gerichtlicher Sachverständiger, StB 2002, 387; *Thole, C.*, Die Haftung des gerichtlichen Sachverständigen nach § 839a BGB, Köln 2004; *Turner, T.*, Die Haftung des Sachverständigen für sein im Zwangsversteigerungsverfahren erstattetes, fehlerhaftes Gutachten, BauR 2000, 1523; *Voit* in BauR 2002, 145; *Volze, H.*, Haftung des Sachverständigen für unrichtige Verkehrswertgutachten, GuG 2002, 28; *Wasner, G.*, Die Haftung des gerichtlichen Sachverständigen, NJW 1986, 119; *Weimar, W.*, Haftung des Sachverständigen für fehlerhafte Gutachten, VersR 1955, 263.

202 **Gutachten** (vgl. Rn. 287 ff.) **sind nach bestem Wissen und Gewissen zu erstatten** (vgl. Rn. 164, 245 ff. und § 8 SVO). Verletzt ein Gutachter diese Pflicht in schuldhafter Weise und resultiert hieraus eine fehlerhafte Wertermittlung, so ist dies auch für die Frage der Haftung und Sachverständigenentschädigung von Bedeutung. Bloße Irrtümer des Gutachters bei der Beurteilung der Beweisfrage – sei es bei den Beurteilungsgrundlagen oder sei es bei den Schlussfolgerungen – rechtfertigen allerdings noch nicht die Annahme, dass der Gutachter „nicht nach bestem Wissen und Gewissen vorgegangen sei, auch wenn sein Irrtum auf (einfacher oder grober) Fahrlässigkeit" beruht[303].

In der Rechtsprechung ist die Vermittlung unrichtigen Wissens an ein Gericht als unbefugter Eingriff in einen fremden Rechtskreis bezeichnet worden[304]; jedoch ist ein Gutachten, das im Ergebnis objektiv unrichtig ist, deshalb nicht gleich mit einem **Mangel** behaftet[305].

Grundsätzlich schuldet der Sachverständige seinem Auftraggeber ein mangelfreies Gutachten. Bei einem mängelbehafteten Gutachten ist zu unterscheiden zwischen der Haftung

1. des gerichtlich bestellten Gutachters,
2. des vertraglich beauftragten Gutachters und
3. des Gutachterausschusses für Grundstückswerte.

Der Mangelbegriff ist in § 633 Abs. 2 BGB definiert. Die Haftung *(liability)* des (privat tätigen) Sachverständigen gegenüber privaten Auftraggebern bestimmt sich nach den gesetzlichen **Gewährleistungsbestimmungen der §§ 633 ff. BGB**[306].

„**§ 633 BGB** Sach- und Rechtsmangel

(1) Der Unternehmer hat dem Besteller das Werk frei von Sach- und Rechtsmängeln zu verschaffen.

(2) Das Werk ist frei von Sachmängeln, wenn es die vereinbarte Beschaffenheit hat. Soweit die Beschaffenheit nicht vereinbart ist, ist das Werk frei von Sachmängeln,

1. wenn es sich für die nach dem Vertrag vorausgesetzte, sonst

---

303 LG Bremen, Beschl. vom 17.1.1977 – 7-3 O 1584/70 –, NJW 1977, 2126 = EzGuG 11.105.
304 LG Ansbach, Urt. vom 25.1.1956 – 2 S 106/55 –, NJW 1956, 1205 = EzGuG 11.8.
305 So aber Hartmann, Komm. zur HOAI, Losebl. Kissingen § 33 Rn. 3.
306 BGH, Urt. vom 26.10.1978 – VII ZR 249/77 –, BGHZ 72, 257 = EzGuG 11.113d; BGH, Urt. vom 20.1.1972 – VII ZR 148/70 –, BGHZ 58, 85 = EzGuG 6.146; BGH, Urt. vom 8.12.1966 – VII ZR 114/64 –, NJW 1967, 719 = EzGuG 11.55; BGH, Urt. vom 29.11.1965 – VII ZR 265/63 –, NJW 1966, 539 = EzGuG 11.49a; BGH, Urt. vom 20.10.1964 – VI ZR 101/63 –, NJW 1965, 106 = EzGuG 11.43f; OLG Düsseldorf, Urt. vom 20.12.1973 – 2 U 103/73 –; Döbereiner in BauR 1979, 282; Lüder in FWW 1970, 111; Glaser in DWW 1985, 168: Hellmer in NJW 1974, 556; Franzki in DRiZ 1976, 100; BB 1966, 1324.

2. für die gewöhnliche Verwendung eignet und eine Beschaffenheit aufweist, die bei Werken der gleichen Art üblich ist und die der Besteller nach der Art des Werks erwarten kann.

Einem Sachmangel steht es gleich, wenn der Unternehmer ein anderes als das bestellte Werk oder das Werk in geringer Menge herstellt.

(3) Das Werk ist frei von Rechtsmängeln, wenn Dritte in Bezug auf das Werk keine oder nur die im Vertrag übernommenen Rechte gegen den Besteller geltend machen können."

Zentraler Punkt eines Vertragsverhältnisses ist die vertraglich vereinbarte Beschaffenheit. Ein **Mangel i. S. von § 633 BGB** liegt insbesondere vor, wenn das Gutachten nicht die vertraglich vereinbarte Beschaffenheit hat, d. h., dem Gutachterauftrag nicht entsprochen wurde. Darüber hinaus liegt ein Mangel vor, wenn 203

- das Gutachten eine für das Ergebnis wesentliche objektiv falsche Aussage enthält und damit unverwertbar ist,
- die Feststellungen und Schlussfolgerungen nicht dem neuesten Stand der Technik und Wissenschaft entsprechen,
- der Gutachter aufgrund seiner Sachkunde hätte erkennen müssen, dass der Auftrag nicht zu dem gewünschten Erfolg führen kann,
- das Gutachten lückenhaft und unvollständig ist, insbesondere wenn zwingende Vorgaben der Verkehrswertermittlung unzureichend berücksichtigt wurden, und dem Sachverhalt nicht ausreichend Rechnung trägt,
- ein zwar fehlerfreies Gutachten aufgrund nicht unwesentlicher Mängel in der Darstellung für den „Verbraucher" unnachvollziehbar ist,
- ein zwar richtiges Ergebnis im Wege sachlich unvertretbarer Methoden gewonnen wurde, der Sachverständige jedoch in nicht nachprüfbarer Weise nur das Ergebnis seiner Untersuchung mitteilt[307].

Ein Sachmangel liegt danach vor, wenn das Gutachten nicht die vertraglich vereinbarte Beschaffenheit aufweist. **Grundsätzlich bestimmt der Auftraggeber den Inhalt der vom Gutachter zu erbringenden Leistung.** Im gerichtlichen Verfahren ergeben sich die Aufgaben aus dem Beweisbeschluss. Der Auftrag soll klar und eindeutig sein; des Weiteren sind die Tatsachen anzugeben, von denen der Sachverständige auszugehen hat, jedoch soll der Sachverständige auf Vorgaben in seinem Gutachten ausdrücklich hinweisen, die nach seiner Sachkunde geeignet sind, bei einem unbefangenen „Verbraucher" des Gutachtens Fehleinschätzungen hervorzurufen. In Zweifelsfällen soll der Sachverständige auf eine Klarstellung hinwirken, die den Zielsetzungen des Auftraggebers entspricht. Besondere Sachverhalte, die die „Verkehrsfähigkeit" des Gutachtens beeinträchtigen und sich nicht aus der Natur der Sache ergeben, sind im Interesse Dritter offenzulegen. Zur Vermeidung von Pflichtverletzungen und diesbezüglichen Streitigkeiten empfiehlt es sich, im Sachverständigenvertrag die Beschaffenheit des Gutachtens zu konkretisieren und die **konkrete Aufgabenstellung, den Zweck des Gutachtens und schließlich auch den alleinigen Adressaten des Gutachtens (Nutzungsbereich)** im Gutachten deutlich herauszustellen. Für die Weitergabe eines Gutachtens an Dritte kann die schriftliche Genehmigung des Sachverständigen ausbedungen werden. 204

Allgemein gilt ein Gutachten noch als richtig, wenn der darin **festgestellte Wert um bis zu +/− 25 v. H. von dem als richtig erkannten Wert abweicht,** wobei es letztlich auf die Verhältnisse des Einzelfalls ankommt (vgl. § 194 BauGB Rn. 129 ff.)[308]. 205

Zur Frage, wann ein **Gutachten mit einem Mangel behaftet** ist, vgl. im Übrigen die einschlägigen Ausführungen der Muster-Sachverständigenordnung des Industrie- und Handelskammertages.

---

307 OLG Düsseldorf, Beschl. vom 21.8.1995 – 10 W 66/95 –, NJW-RR 1996, 189 = EzGuG 11.224.
308 BGH, Urt. vom 26.4.1991 – V ZR 61/90 –, NJW 1991, 2761 = EzGuG 11.163k; BGH, Urt. vom 1.4.1987 – IVa ZR 139/85 –, ZSW 1988, 153 = EzGuG 11.163k; OLG Braunschweig, Urt. vom 17.4.1975 – 1 U 34/73 –, VersR 1976, 329 = EzGuG 19.26a; OLG München, Beschl. vom 15.5.1959 – 8 U 1490/56 –, VersR 1959, 1017 = EzGuG 11.18a; LG Berlin, Urt. vom 17.10.1978 – 7 O 131/78 –, VersR 1979, 365 = EzGuG 11.113c.

II Sachverständigenwesen Sachverständiger

Verweigert der Auftraggeber aufgrund solcher Mängel die Abnahme des Gutachtens und den Werklohn, indem er den Inhalt des Gutachtens nicht billigt, so liegt die **Beweislast der Mangelfreiheit des Werks beim Sachverständigen**.

Im Übrigen haftet ein **Makler** für eigene Pflichtverletzungen, wenn er sich auf ein Gutachten des Sachverständigen beruft[309].

1.6.2 Haftung vertraglich beauftragter Sachverständiger

1.6.2.1 Allgemeines

206 Ist der Sachverständige auf der Grundlage eines Vertrags tätig geworden, so ergeben sich Schadensersatzansprüche und die Haftung des „privaten" Sachverständigen aus dem Vertragsverhältnis bzw. aus unerlaubter Handlung (vgl. Rn. 219 ff., 243). Während die Schuld die Leistungspflicht begründet, besagt die Haftung, dass das **Vermögen des Verpflichteten Zugriffsobjekt für den Gläubiger** ist[310].

1.6.2.2 Haftung aus Vertragsverhältnis

207 Grundlage des privat beauftragten Sachverständigen ist der zwischen ihm und seinem Auftraggeber geschlossene Werkvertrag (vgl. Rn. 193). Ein Sachverständiger, der in einer von ihm zu verantwortenden Weise ein mangelhaftes Wertgutachten erstattet, haftet für den durch das mangelhafte Gutachten entstandenen Schaden gemäß § 280 BGB für die Verletzung einer auf einem Schuldverhältnis beruhenden Pflicht. Er ist zum Ersatz des daraus entstehenden Schadens verpflichtet (**Schadensersatz**). Die Schadensersatzpflicht ist verschuldensabhängig. Der Sachverständige haftet nicht, wenn er eine Pflichtverletzung nicht zu vertreten hat. Der Auftraggeber muss die Ursächlichkeit des mangelhaften Gutachtens für den eingetretenen Schaden nachweisen. Damit geht die Schuldvermutung des Sachverständigen einher[311].

208 Der private Sachverständige haftet für schuldhaft von ihm verursachte Mängel seines Gutachtens nicht nur seinem Auftraggeber gegenüber, sondern auch solchen Dritten gegenüber, die in den **Schutzbereich** einbezogen sind (vgl. Rn. 221 ff.; im Falle einer gerichtlichen Beauftragung vgl. Rn. 33 ff.).

Anspruchsgrundlage für den **Schadensersatzanspruch**, der auf einem fehlerhaften Gutachten beruht, ist § 634 Nr. 4 i. V. m. den §§ 280 und 281 BGB.

„**§ 634 BGB** Recht des Bestellers bei Mängeln

Ist das Werk mangelhaft, kann der Besteller, wenn die Voraussetzungen der folgenden Vorschriften vorliegen und soweit nichts anderes bestimmt ist,

1. nach § 635 Nacherfüllung verlangen,
2. nach § 637 den Mangel selbst beseitigen und Ersatz der erforderlichen Aufwendungen verlangen,
3. nach den §§ 636, 323 und 326 Abs. 5 von dem Vertrag zurücktreten oder nach § 638 die Vergütung mindern und
4. nach den §§ 636, 280, 281, 283 und 311a Schadensersatz oder nach § 284 Ersatz vergeblicher Aufwendungen verlangen.

§ 280 BGB Schadensersatz wegen Pflichtverletzung

(1) Verletzt der Schuldner eine Pflicht aus dem Schuldverhältnis, so kann der Gläubiger Ersatz des hierdurch entstehenden Schadens verlangen. Dies gilt nicht, wenn der Schuldner die Pflichtverletzung nicht zu vertreten hat.

(2) Schadensersatz wegen Verzögerung der Leistung kann der Gläubiger nur unter der zusätzlichen Voraussetzung des § 286 verlangen.

(3) Schadensersatz statt der Leistung kann der Gläubiger nur unter den zusätzlichen Voraussetzungen des § 281, des § 282 oder des § 283 verlangen."

---

309 LG Potsdam, Urt. vom 25.11.2005 – 6 O 347/02 –, GuG 2006, 255 = EzGuG 11.485.
310 Wessel, in Praxishandbuch Sachverständigenrecht, § 34 Rn. 1.
311 BGH, Urt. vom 28.9.1967 – VII ZR 81/65 –, NJW 1968, 43.

Mit der Bezugnahme auf § 280 BGB wird entscheidend auf eine **Pflichtverletzung** (vgl. SVO) des Sachverständigen abgestellt; die Pflichten ergeben sich aus § 633 Abs. 1 BGB. 209

- Nach § 633 Abs. 1 BGB hat der Sachverständige seinem Auftraggeber ein Gutachten zu erstatten, das frei von **Sach- und Rechtsmängeln** ist.
- Nach § 633 Abs. 2 BGB ist ein Gutachten frei von **Sachmängeln**, wenn es
  - die **vereinbarte Beschaffenheit** hat bzw.
  - die nach dem Vertrag vorausgesetzte Beschaffenheit hat oder
  - die für die gewöhnliche Verwendung erforderliche Eignung besitzt und eine Beschaffenheit aufweist, die bei Gutachten der gleichen Art üblich ist und die der Auftraggeber erwarten kann.
- Nach § 633 Abs. 3 BGB ist ein Gutachten frei von *Rechtsmängeln*, wenn Dritte in Bezug auf das Werk keine oder nur die im Vertrag übernommenen Rechte gegen den Besteller geltend machen können.

Die **Haftung setzt Verschulden (Pflichtverletzung) voraus,** worunter Vorsatz und Fahrlässigkeit zu verstehen sind (§ 276 Abs. 1 BGB): 210

- **Vorsatz** ist die wissentliche und gewollte Verletzung eines Rechtsguts, wie z.B. das Eigentum, ein persönliches Recht und Vermögensansprüche. Ein falsches Gutachten stellt die Verletzung eines Rechtsguts dar, wenn der Sachverständige bewusst ein falsches Gutachten erstattet hat.
- **Fahrlässigkeit** besteht, wenn die im Verkehr erforderliche Sorgfalt[312] außer Acht gelassen wird (§ 276 Abs. 1 Satz 2 BGB). Dazu gehört die Beachtung der einschlägigen Regeln und der bestehenden Ermessensbeurteilungsspielräume.
  - *Grobe* **Fahrlässigkeit** besteht, wenn die im Verkehr erforderliche Sorgfalt in besonders schwerem Maße verletzt wird[313], ganz nahe liegende Überlegungen nicht angestellt werden und nicht beachtet wird, was jedem einleuchten musste; außer einer objektiven Sorgfaltspflichtverletzung ist auch ein schweres subjektiv zurechenbares Verschulden Voraussetzung[314].
  - *Einfache (leichte)* **Fahrlässigkeit** besteht nach § 276 Abs. 2 BGB, wenn die im Verkehr erforderliche Sorgfalt außer Acht gelassen wurde, d.h., ein Fehler oder eine Pflichtwidrigkeit vorliegt, die auch einem gewissenhaften Sachverständigen einmal unterlaufen kann[315].

Unter **fahrlässigem Handeln** ist ein leichter Grad der Fahrlässigkeit zu verstehen. 211

Als **leichtfertiges und sittenwidriges Verhalten** hat es die Rechtsprechung gewertet, wenn der Sachverständige es versäumt hat, das Wertermittlungsobjekt persönlich in Augenschein zu nehmen (Ortsbesichtigung, vgl. Rn. 179 ff., 203, 220, 245, 379, 431). Der BGH[316] hat hierzu ausgeführt: 212

---

312 OVG Lüneburg, Beschl. vom 19.8.1968 – 3 D 9/68 –, GewA 1968, 287 = EzGuG 11.65c.
313 OLG Frankfurt am Main, Urt. vom 6.5.2004 – 25 W 27/04 –, DS 2005, 118 = EzGuG 11.383a; OLG Frankfurt am Main, Beschl. vom 10.5.1977 – 2 Ws 16/77 –, NJW 1977, 1502 = EzGuG 11.109a; OLG Hamburg, Beschl. vom 14.4.1965 – 8 W 54/65 –, MDR 1965, 755 = EzGuG 11.47d; OLG Naumburg, Beschl. vom 21.11.2001 – 13 W 604/01 –, GuG 2004, 53 = EzGuG 11.313b; OLG Bamberg, Beschl. vom 2.2.1989 – 2 AR 92/89 –, StV 1989, 403 = JurBüro 1989, 1169; LG Offenburg, Beschl. vom 13.12.1973 – LS 66/73 –, MDR 1974, 935 = KostRspr. § 3 Nr. 175; LG Düsseldorf, Beschl. vom 13.9.1979 – 25 T 633/79 –, JurBüro 1980, 111 = EzGuG 11.115h; LG Bielefeld, Beschl. vom 19.9.1974 – 7 O 200/71 –, MDR 1975, 238 = EzGuG 11.94b.
314 OLG Frankfurt am Main, Beschl. vom 6.5.2004 – 25 W 27/04 –, DS 2005, 118 = EzGuG 11.283a.; OLG Rostock, Urt. vom 21.3.2006 – 8 U 113/05 –, BauR 2006, 1337 = EzGuG 11.506; LG Ulm, Urt. vom 6.11.2009 – 3 O 261/09 –, EzGuG 11.715.
315 BGH, Urt. vom 15.12.1975 – X ZR 52/73 –, NJW 1976, 1154 = EzGuG 11.100a; KG, Beschl. vom 17.11.1992 – 1 W 5976/92 –, MDR 1993, 289 = GuG 1993, 383 = EzGuG 11.198; OLG München, Beschl. vom 30.12.1969 – 11 W 1212/69 –, NJW 1970, 1240 = EzGuG 11.70; OLG München, Beschl. vom 5.12.1980 – 11 W 2363/80 –, EzGuG 11.121j; OLG München, Beschl. vom 15.5.1970 – Ws 1275/69 –, NJW 1971, 257 = EzGuG 11.72; OLG Hamburg, Beschl. vom 17.10.1977 – 8 W 282/77 –, JurBüro 1978, 898 = MDR 1978, 237 = EzGuG 11.110e; OLG Stuttgart, Beschl. vom 19.1.1976 – 8 W 459/75 –, Rpfleger 1976, 189 = EzGuG 11.101b.
316 BGH, Urt. vom 28.6.1966 – VI ZR 287/64 –, WM 1966, 1150 = EzGuG 11.51.

II Sachverständigenwesen Sachverständiger

„Das BG hat dahinstehen lassen, ob der Kläger das Gutachten ganz oder teilweise bewusst falsch erstattet hat. Es hat sich aber davon überzeugt, dass er jedenfalls in besonders grober und leichtfertiger Weise gehandelt hat. In Übereinstimmung mit dem (gerichtlichen) Sachverständigen hat es angenommen, bei einem Fachmann habe kein vernünftiger Zweifel darüber aufkommen können, dass ein Neubau der Nachkriegszeit nicht vorlag. Wenn das für den Wert mitentscheidende Alter des Hauses ohne Hinweis nur aufgrund von Angaben des Eigentümers festgestellt werde, so müsse ein solches Vorgehen für einen Fachmann als besonders leichtfertig angesehen werden. Wegen des Widerspruchs zum äußeren Eindruck des Hauses habe er zum Mindesten die **Bauakten einsehen** müssen. Gleiches gelte für die – mittelbare – Angabe des Gutachtens, das gesamte Haus sei allgemein und hierbei auch auf Feuchtigkeit sowie **Schwamm** untersucht worden, während nicht nur ein Drittel aller Wohnräume, insbesondere auch eine Erdgeschoss- und eine Dachgeschosswohnung unbesichtigt blieben, die gerade für Feuchtigkeit und Schwamm von besonderer Bedeutung seien ...

Diese tatsächlichen Feststellungen des BG rechtfertigen den Schluss, dass der Beklagte sittenwidrig gehandelt hat. Wie anerkannt ist, kann ein leichtfertiges und auch grob fahrlässiges Verhalten einen Sittenverstoß darstellen. Zutreffend verweist das BG darauf, dass eine solche Beurteilung insbesondere naheliegt, wenn der Schädiger mit Rücksicht auf sein Ansehen oder seinen Beruf eine Vertrauensstellung einnimmt[317]."

213 In einer weiteren Entscheidung[318], die die Gutachtenerstattung über ein Wohnhaus zum Gegenstand hat, bei der der Gutachter das **Haus weder besichtigt** (vgl. Rn. 180, 216) **noch in die Unterlagen Einsicht genommen** hatte, wurde das Verhalten des Gutachters unter Bezugnahme auf die Rechtsprechung des BGH[319] als grob leichtfertig und als Verstoß gegen die guten Sitten i. S. des § 826 BGB erkannt. Nach Ansicht des Gerichts war der Gutachter durch die Übernahme des Schätzungsauftrags verpflichtet, sämtliche Unterlagen zu überprüfen und das Objekt persönlich zu besichtigen. Er durfte sich keinesfalls auf die Berechnungen des Vorgutachters verlassen, da es dem Wesen und der Stellung eines vereidigten Sachverständigen entspricht, als Gutachter selbstständig und unabhängig tätig zu werden. Ein Gutachter, der ein Verkehrswertgutachten für ein bebautes Grundstück im Auftrag der Eigentümer, die das Grundstück verkaufen wollen, zu erstellen hat, muss Angaben, die er von den Verkäufern über die Bebaubarkeit und die Nachhaltigkeit der zu erzielenden Mieten erhält, überprüfen[320].

Zur Sorgfaltspflicht des Gutachters, deren Missachtung die Frage der Haftung entstehen lässt, gehört auch, dass der **Sachverständige nicht ungeprüft die ihm zugänglich gemachten Unterlagen übernimmt,** so dass der Eindruck entsteht, er habe die Unterlagen geprüft oder die Anknüpfungstatsachen selbst festgestellt (vgl. Rn. 171, 249, 369 ff., 377).

Sieht der Sachverständige von der Besichtigung des Bewertungsobjekts ab, weil ihm z. B. der **Zutritt nicht gestattet** wird, und weist er in seinem Gutachten ausdrücklich darauf hin, können wegen unterbliebener Besichtigung gegen ihn keine Haftungsansprüche geltend gemacht werden[321].

214 Ein Sachverständiger macht sich auch schadensersatzpflichtig, wenn er bei seiner Ortsbesichtigung einen gravierenden Mangel (z. B. einen Schädlingsbefall im Dach an einem freiliegenden Holzbalken) nicht entdeckt und seinen Auftraggeber nicht auf das damit verbundene Risiko hinweist[322].

---

317 BGH, Urt. vom 9.7.1953 – IV ZR 242/52 –, BGHZ 10, 228 = EzGuG 11.4a; BGH, Urt. vom 13.7.1956 – VI ZR 132/55 –, NJW 1956, 1595 = EzGuG 11.8a; BGH, Urt. vom 11.10.1960 – VI ZR 137/59 –, GewA 1961, 89 = EzGuG 11.21a.
318 LG Braunschweig, Urt. vom 9.3.1966 – 2 O 166/65 –, BB 1966, 1325 = EzGuG 11.50c; OLG Köln, Urt. vom 5.2.1993 – 19 U 104/92 –, GuG 1995, 125 = EzGuG 11.200.
319 BGH, Urt. vom 17.9.1954 – V ZR 32/53 –, BGHZ 14, 313; OLG Köln, Urt. vom 16.1.1974 – 2 U 22/73 –, MDR 1974, 589 = EzGuG 11.91f; OLG München, Urt. vom 3.11.1983 – 24 U 185/83 –, NJW 1984, 807 = EzGuG 11.140k; OLG Hamburg, Beschl. vom 17.2.1969 – 6 W 7/69 –, MDR 1969, 489 = EzGuG 11.67b; OLG Düsseldorf, Beschl. vom 12.1.1995 – 10 W 135/94 –, BauR 1995, 435 = EzGuG 11.122; LG Aurich, Beschl. vom 30.8.1984 – 2 O 790/84 –, MDR 1985, 853 = EzGuG 11.143g; OLG Hamm, Beschl. vom 13.7.1979 – 1 W 41/79 –, VersR 1980, 722 = EzGuG 11.115d.
320 OLG Brandenburg, Urt. vom 10.6.2008 – 11 U 170/05 –, NJOZ 2008, 3324 = EzGuG 11.644a.
321 OLG Celle, Urt. vom 6.5.2004 – 4 U 30/04 –, EzGuG 11.383b.; auch VG Stuttgart, Urt. vom 8.7.2004 – 4 K 1554/04 –, EzGuG 11.388.
322 OLG Stuttgart, Urt. vom 26.3.1998 – 19 U 97/96 –, IBR 1998, 548 = EzGuG 11.266.

Auch bei **Gewerbebauten** hat ein (öffentlich bestellter und vereidigter) Sachverständiger im 215
Zuge der Erstattung eines Wertgutachtens eine Innenbesichtigung höchstpersönlich vorzunehmen³²³.

Für die Erstellung eines **Mietgutachtens** für in Wohnanlagen gelegene Wohnungen soll es 216
nach Auffassung des OLG Oldenburg³²⁴ regelmäßig genügen, wenn ein Sachverständiger
i. S. d. § 558a Abs. 2 Nr. 3 BGB eine Wohnung gleichen Typs besichtigt hat und der Sachverständige die Ausstattung der besichtigten Wohnung beschreibt.

Unter besonderen Voraussetzungen haftet der Sachverständige auch ohne Verschulden 217
(**Gefährdungshaftung**):

a) bei Mitwirkung von Dritten (Hilfskräften, Erfüllungsgehilfen) i. S. d. § 278 BGB (vgl. Rn. 168);

b) bei Werkverträgen für den vertraglich vereinbarten Erfolg (Erfolgshaftung)³²⁵.

Die **maßgeblichen Regelungen des BGB** sind: 218

„**§ 249 BGB** Art und Umfang des Schadensersatzes

(1) Wer zum Schadensersatze verpflichtet ist, hat den Zustand herzustellen, der bestehen würde, wenn der zum Ersatze verpflichtende Umstand nicht eingetreten wäre.

(2) Ist wegen Verletzung einer Person oder wegen Beschädigung einer Sache Schadensersatz zu leisten, so kann der Gläubiger statt der Herstellung den dazu erforderlichen Geldbetrag verlangen. Bei der Beschädigung einer Sache schließt der nach Satz 1 erforderliche Geldbetrag die Umsatzsteuer nur mit ein, wenn und soweit sie tatsächlich angefallen ist.

§ 252 BGB Entgangener Gewinn

Der zu ersetzende Schaden umfasst auch den entgangenen Gewinn. Als entgangen gilt der Gewinn, welcher nach dem gewöhnlichen Laufe der Dinge oder nach den besonderen Umständen, insbesondere nach den getroffenen Anstalten und Vorkehrungen, mit Wahrscheinlichkeit erwartet werden konnte.

§ 254 BGB Mitverschulden

(1) Hat bei der Entstehung des Schadens ein Verschulden des Geschädigten mitgewirkt, so hängt die Verpflichtung zum Ersatz sowie der Umfang des zu leistenden Ersatzes von den Umständen insbesondere davon ab, inwieweit der Schaden vorwiegend von dem einen oder anderen Teile verursacht worden ist.

(2) Dies gilt auch dann, wenn sich das Verschulden des Beschädigten darauf beschränkt, dass er unterlassen hat, den Schuldner auf die Gefahr eines ungewöhnlich hohen Schadens aufmerksam zu machen, die der Schuldner weder kannte noch kennen musste, oder dass er unterlassen hat, den Schaden abzuwenden oder zu mindern. Die Vorschrift des § 278 findet entsprechende Anwendung.

§ 276 BGB Verantwortlichkeit des Schuldners

(1) Der Schuldner hat Vorsatz und Fahrlässigkeit zu vertreten, wenn eine strengere oder mildere Haftung weder bestimmt noch aus dem sonstigen Inhalt des Schuldverhältnisses, insbesondere aus der Übernahme einer Garantie oder eines Beschaffungsrisikos zu entnehmen ist. Die Vorschriften der §§ 827 und 828 finden entsprechende Anwendung.

(2) Fahrlässig handelt, wer die im Verkehr erforderliche Sorgfalt außer Acht lässt.

(3) Die Haftung wegen Vorsatzes kann dem Schuldner nicht im Voraus erlassen werden.

§ 278 BGB Verantwortung des Schuldners für Dritte

Der Schuldner hat ein Verschulden seines gesetzlichen Vertreters und der Personen, deren er sich zur Erfüllung seiner Verbindlichkeiten bedient, in gleichem Umfange zu vertreten wie eigenes Verschulden. Die Vorschrift des § 276 Abs. 3 findet keine Anwendung."

---

323 LG Potsdam, Urt. vom 4.11.1997 – 9 S 59/96 –, EzGuG 11.255 = GuG-aktuell 1997, 38 (LS).
324 OLG Oldenburg, Beschl. vom 2.1.1981 – 5 UH 4/80 –, OLGZ 1981, 200 = EzGuG 11.120o; LG Koblenz, Urt. vom 9.7.1990 – 12 S 74/90 –, DWW 1991, 20 = EzGuG 11.179.
325 Praxishandbuch Sachverständigenrecht § 8 Rn. 10; § 34 Rn. 11 und § 35 Rn. 1 ff.; BGH, Urt. vom 17.5.1984 – VII ZR 169/82 –, BGHZ 91, 206 = EzGuG 11.142b.

1.6.2.3 Haftung nach Gesetz

219 Neben der vertraglichen Haftung kann auch eine **Haftung nach dem Recht der unerlaubten Handlung** der §§ 823 ff. BGB in Betracht kommen. Nach 823 Abs. 1 BGB ist derjenige zum Ersatz des Schadens verpflichtet, der vorsätzlich oder grob fahrlässig das Leben, den Körper, die Gesundheit, die Freiheit und das Eigentum oder ein sonstiges Recht eines anderen widerrechtlich verletzt. Werden sie verletzt, haftet der Sachverständige gemäß § 823 Abs. 1 BGB uneingeschränkt[326]. Dieser Fall kann bei einem fehlerhaften Gutachten eines Bausachverständigen, weniger dagegen bei einem Sachverständigen für Grundstückswerte auftreten, zumal das Vermögen kein „sonstiges Recht" i. S. von § 823 Abs. 1 BGB darstellt.

220 Darüber hinaus haftet der Sachverständige nach § 823 Abs. 2 BGB, wenn er gegen ein **Schutzgesetz**, d.h. gegen „den Schutz eines anderen bezweckendes Gesetz verstößt". Hier kommt insbesondere die Verletzung der Schweigepflicht nach § 203 Abs. 2 Nr. 5 StGB oder die Amtsanmaßung nach § 132a Abs. 1 Nr. 3 StGB in Betracht, wenn sich z. B. ein selbst ernannter Sachverständiger als „öffentlich bestellter und vereidigter Sachverständiger" ausweist (vgl. Rn. 4). Kein Schutzgesetz ist indessen die SVO.

Schließlich kann auch ein Schadensersatzanspruch nach § 826 BGB bei **vorsätzlicher, sittenwidriger Schädigung** in Betracht kommen.

Wird eine GmbH mit der Erstattung eines Gutachtens beauftragt, haftet für Schäden aus dem Gutachten grundsätzlich die **GmbH** und nicht der einzelne Gesellschafter, wobei auch eine Haftung nach den Grundsätzen eines Vertrags mit Schutzwirkung für Dritte ausgeschlossen ist[327]. Eine persönliche Haftung des Gesellschafters bzw. der Geschäftsführung kann allerdings in Betracht kommen, wenn diese ein persönliches Garantieversprechen abgegeben haben, den Eindruck der persönlichen Haftung bei einem gutgläubigen Auftraggeber erweckt haben, bei unerlaubter Handlung (§ 823 Abs. 2 BGB), bei einem leichtfertig oder gewissenlos fehlerhaften Gutachten (§ 826 BGB).

1.6.2.4 Haftung gegenüber Dritten (Drittwirkung)

221 Der Sachverständige haftet auch für **Mangelfolgeschäden**. Hierunter sind Schäden zu verstehen, die dem mangelhaften Gutachten unmittelbar anhaften oder eng mit diesem verbunden sind.

222 Eine **Haftung** des Sachverständigen **gegenüber Dritten besteht nach allgemeinen Vertragsgrundsätzen**, wenn dieser in den Schutzbereich des Gutachtervertrags[328] einbezogen worden ist (Vertrag mit Schutzwirkung zugunsten Dritter). Schon das RG hat deshalb den „Vertrag mit Schutzwirkung zugunsten Dritter" entwickelt[329]. Das Wesen dieses Rechtsinstituts besteht darin, dass zwar der Anspruch allein dem Auftraggeber des Gutachtens (Gläubiger) zusteht, jedoch der Dritte in der Weise in die vertraglichen Sorgfalts- und Obhutspflichten einbezogen ist, dass er bei Verletzung vertragliche Schadensersatzansprüche geltend machen kann. Diese Rechtsfigur ist vom BGH fortentwickelt[330] und zunächst auf **Personen beschränkt worden, die über eine besondere, vom Staat anerkannte Sachkunde verfügen,** wie z. B. öffentlich bestellte und vereidigte Sachverständige, Wirtschafts-

---

326 BVerfG, Urt. vom 11.10.1978 – 1 BvR 84/74 –, BVerfGE 49, 304 = EzGuG 11.114; OLG Zweibrücken, Urt. vom 20.3.2003 – 4 U 35/02 –, VersR 2004, 345 = EzGuG 11.349a.
327 OLG Köln, Urt. vom 21.6.2002 – 19 U 166/01 –, GuG 2004, 60 = GuG 2003, 184 = NJW-RR 2003, 100 = EzGuG 11.334.
328 Zur Prospekthaftung eines Wirtschaftsprüfers BGH, Urt. vom 8.6.2004 – X ZR 283/02 –, NJW 2004, 3420 = EzGuG 11.384a.
329 RG, Urt. vom 5.10.1917 – III 145/17 –, RGZ 91, 21; RG, Urt. vom 3.5.1921 – III 470/20 –, RGZ 102, 231; RG, Urt. vom 10.2.1930 – VI 270/29 –, RGZ 127, 218.
330 BGH, Urt. vom 22.1.1968 – VIII ZR 195/65 –, BGHZ 49, 350; BGH, Urt. vom 15.5.1959 – VI ZR 109/58 –, NJW 1959, 1676 = EzGuG 12.2; BGH, Urt. vom 16.10.1963 – VIII ZR 28/62 –, WM 1963, 1327 = NJW 1964, 33 = ZMR 1964, 140; BGH, Urt. vom 28.4.1982 – IVa ZR 312/80 –, NJW 1982, 2431 = EzGuG 11.128.

prüfer und Steuerberater[331]. Nach der neuen Rechtsprechung (BGH, Urt. vom 14.11.2000[332]) haftet der Sachverständige nicht auch jedem Dritten, der in den Schutzbereich eines Vertrags einbezogen wurde. Dabei kommt es nicht darauf an, ob überhaupt und inwieweit ein Vertrauenstatbestand gegeben war und ob das Vertrauen des Dritten enttäuscht wurde. Deshalb haften auch solche Sachverständige Dritten gegenüber, die nicht öffentlich bestellt oder staatlich anerkannt sind.

Nach dem ab dem 1.1.2002 geltenden § 311 Abs. 3 BGB besteht auch ein **gesetzliches Schuldverhältnis zu Personen, die selbst nicht Vertragsparteien sind**. Die Vorschrift hat folgenden Wortlaut: **223**

„(3) Ein Schuldverhältnis mit Pflichten nach § 241 Abs. 2 kann auch zu einer Person entstehen, die nicht selbst Vertragspartei werden soll. Ein solches Schuldverhältnis entsteht insbesondere, wenn der Dritte in besonderem Maße Vertrauen für sich in Anspruch nimmt und dadurch die Vertragsverhandlungen oder den Vertragsschluss erheblich beeinflusst."

Nach der Rechtsprechung sind Dritte in den Schutzbereich des Vertrags einbezogen, wenn es sich um ein Gutachten handelt, das erkennbar zum Gebrauch gegenüber Dritten bestimmt ist und deshalb i. d. R. nach dem Willen des Bestellers mit einer entsprechenden Beweiskraft ausgestattet sein soll. Die Bestimmung zum Gebrauch gegenüber Dritten muss nicht ausdrücklich genannt sein; vielmehr ist entscheidend, ob der Sachverständige nach dem Inhalt des Auftrags damit rechnen musste, sein Gutachten werde gegenüber Dritten verwendet und von diesen zur Grundlage einer Entscheidung über Vermögensdispositionen gemacht. Es kommt dabei nicht darauf an, dass die Dritten dem Sachverständigen namentlich bekannt sind. Vielmehr **muss er damit rechnen, dass auch Dritte auf die Richtigkeit des Gutachtens vertrauen, obwohl er mit diesen in keinerlei Vertragsbeziehungen steht**[333].

Sind die Voraussetzungen der Einbeziehung des Dritten in den Schutzbereich des Vertrags gegeben, so hat der Dritte einen eigenen Ersatzanspruch gegen den Sachverständigen. Voraussetzung ist, dass sich ein Dritter auf ein Gutachten verlassen und durch ein fehlerhaftes Gutachten einen Schaden erlitten hat; dabei ist schlüssig zu beweisen, dass der Schaden auf der Fehlerhaftigkeit des Gutachtens beruht. Dies kann sich ergeben, wenn Vermögensdispositionen[334] auf der Grundlage des fehlerhaften Gutachtens getroffen worden sind. **224**

Im Übrigen kann aber auch ohne Einbeziehung des Dritten in den Schutzbereich des Gutachtervertrags eine Haftung nach den §§ 823 und 826 BGB (Unerlaubte Handlung und Sittenwidrigkeit) in Betracht kommen. Dieser Fall ist gerade bei Sachverständigen für Grundstückswerte gegeben, weil im Vertrauen auf deren Gutachten Versicherungen, Kreditinstitute, Bauherrn und andere Investoren geschäftliche Dispositionen treffen. **225**

Ob und inwieweit Dritte in den Schutzbereich eines Gutachtervertrags einbezogen werden, hängt zunächst **von dem Parteiwillen, dem Zweck des Gutachtens und den im Gut- **226**

---

331 BGH, Urt. vom 2.4.1998 – III ZR 245/96 –, WM 1998, 1032; BGH, Urt. vom 19.12.1996 – IX ZR 327/95 –, WM 1997, 359; BGH, Urt. vom 2.7.1996 – X ZR 104/94 –, WM 1996, 1739; BGH, Urt. vom 10.11.1994 – III ZR 50/94 –, GuG 1995, 54 = EzGuG 11.218; BGH, Urt. vom 23.1.1985 – IVa ZR 66/83 –, NJW-RR 1986, 464 = EzGuG 11.144m; BGH, Urt. vom 26.11.1986 – IVa ZR 86/85 –, NJW 1987, 1758 = EzGuG 11.162b; BGH, Urt. vom 18.10.1988 – XI ZR 12/88 –, NJW-RR 1989, 696; OLG Dresden, Urt. vom 29.5.1996 – 8 U 531/96 –, GuG 1997, 383 = EzGuG 11.234; OLG Dresden, Urt. vom 19.11.1996 – 5 U 157/96 –, NJW-RR 1997, 1001 = EzGuG 11.238a; AG Dortmund, Urt. vom 28.6.1996 – 131 C 15915/95 –, NZV 1997, 403 = EzGuG 11.234a.
332 BGH, Urt. vom 14.11.2000 – X ZR 203/98 –, GuG 2001, 182 = EzGuG 11.290.
333 BGH, Urt. vom 7.11.1960 – VIII ZR 148/59 –, EzGuG 6.53.
334 BGH, Urt. vom 20.4.2004 – X ZR 250/02 –, BGHZ 159, 1 = EzGuG 11.381a; BGH, Urt. vom 10.11.1994 – III ZR 50/94 –, BGHZ 127, 378 = EzGuG 11.218; BGH, Urt. vom 28.4.1982 – IVa ZR 312/80 –, NJW 1982, 2431 = EzGuG 11.128; BGH, Urt. vom 30.1.1968 – VI ZR 153/66 –, NJW 1968, 787 = EzGuG 11.62c; BGH, Urt. vom 12.7.1966 – VI ZR 1/65 –, WM 1966, 1648 = EzGuG 11.51a; BGH, Urt. vom 7.1.1965 – VII ZR 28/63 –, WM 1965, 287 = EzGuG 11.47a; BGH, Urt. vom 13.5.1963 – VII ZR 236/61 –, BGHZ 39, 366 = EzGuG 11.33; BGH, Urt. vom 18.6.1962 – VII ZR 237/60 –, WM 1962, 933 = EzGuG 11.25; BGH, Urt. vom 13.12.1956 – VII ZR 22/56 –, BGHZ 22, 343 = EzGuG 11.9; BGH, Urt. vom 6.10.1954 – II ZR 149/53 –, BGHZ 15, 12 = EzGuG 11.6; OLG Düsseldorf, Urt. vom 6.8.1986 – 4 U 41/86 –, NJW 1986, 2891 = EzGuG 11.157; OLG Saarbrücken, Urt. vom 13.7.1971 – 2 U 127/70 –, NJW 1972, 55 = EzGuG 11.80; OLG Celle, Urt. vom 3.3.1961 – 11 U 230/59 –, BB 1961, 1294 = EzGuG 11.22; OLG Frankfurt am Main, Urt. vom 19.9.1974 – 6 U 5/75 –, WM 1975, 993 = EzGuG 11.94a.

II Sachverständigenwesen   Sachverständiger

achten enthaltenen Angaben ab[335]. Ergibt sich dies nicht aus dem Gutachtervertrag selbst dadurch, dass z. B. Dritte ausdrücklich aus dem Schutzbereich ausgenommen wurden, so wird man den mutmaßlichen Willen (hypothetischer Parteiwille) des Auftraggebers und den Verwendungszweck des Gutachtens mit heranziehen müssen. Ein für die Beleihung eines Grundstücks in Auftrag gegebenes Gutachten kann z. B. die ihm zugedachte Funktion nur entwickeln, wenn es auch für das beleihende Kreditinstitut Beweiskraft entwickelt[336]. Für eine solche Vertrauensschutzfunktion des Gutachtens ist es nicht erforderlich, dass der Sachverständige die Dritten namentlich kennt[337]; vielmehr reicht es aus, wenn der Sachverständige die Drittwirkung erkennen musste. Gleichwohl wurde in der Rechtsprechung in einer Reihe von Fällen Dritten ein Vertrauensschutz versagt[338] und der Drittschutz nur bejaht, wenn

- das Gutachten von dem Dritten zur Grundlage wesentlicher Entscheidungen herangezogen wurde,
- der zu schützende Dritte oder eine entsprechende Personengruppe objektiv abgrenzbar war,
- das Gutachten für den Dritten von erheblicher Bedeutung war und
- dem Sachverständigen die besondere Bedeutung und Funktion des Gutachtens für den Dritten erkennbar waren und dieser auf die Richtigkeit des Gutachtens vertrauen durfte[339].

227 Die **Rechtsprechung** hat wie folgt entschieden:

1. Beauftragt eine Bank einen Gutachter mit der Erstellung eines Beleihungswertgutachtens über ein Grundstück, das einer ihrer Kunden zu kaufen beabsichtigt, so ist der Kunde nicht derart in den Schutzbereich des Gutachtervertrags mit einbezogen, dass er aus § 635 BGB oder aus positiver Vertragsverletzung eigene Schadensersatzansprüche gegen den Gutachter geltend machen kann[340].

2. Für schädliche Auswirkungen seines Gutachtens kann auch der Gutachter einem Dritten gegenüber haften, dem die Öffentlichkeit nicht in gleicher Weise wie beispielsweise einem öffentlich bestellten und vereidigten Sachverständigen besonders hervorgehobene Kompetenz, Erfahrung und Zuverlässigkeit zutrauen kann[341].

3. In den Schutzbereich eines Gutachtens sind alle Personen einbezogen, gegenüber denen der Auftraggeber „von dem Gutachten bestimmungsmäßigen Gebrauch" macht[342]. Insoweit empfiehlt es sich, den Zweck des Auftrags im Gutachten auf den Adressaten zu begrenzen.

228 Der gerichtliche Sachverständige, der ohne sein Mitwirken einseitig vom Gericht ernannt wird, steht dagegen weder zur Justizbehörde noch zu den Prozessparteien in privatrechtlicher Beziehung. Vielmehr wird durch den Ernennungsakt zwischen dem Sachverständigen und dem Staat als Träger der Gerichtsbarkeit ein Rechtsverhältnis begründet (vgl. Rn. 33 ff.). Der Sachverständige ist in diesem Fall Beweismittel. Der **gerichtlich bestellte Sachverständige haftet** demzufolge **nicht gegenüber Dritten**, denn er steht in keinerlei Vertragsbeziehungen zu den Parteien des Rechtsstreits, sondern lediglich in einem öffentlich-rechtlichen Verhältnis zum Gericht.

Auch ein **Schiedsgutachter** haftet entsprechend dem Parteiwillen nicht für Drittschäden (Rn. 248 ff., 354).

---

335 BGH, Urt. vom 20.4.2004 – X ZR 250/02 –, BGHZ 159, 1 = EzGuG 11.381a.
336 BGH, Urt. vom 10.11.1994 – III ZR 50/94 –, GuG 1995, 54 = EzGuG 11.218.
337 A.A. noch BGH, Urt. vom 2.11.1983 – IVa ZR 20/82 –, WM 1984, 32 = EzGuG 20.103; BGH Urt. vom 25.1.1985 – IVa ZR 66/83 –, NJW-RR 1986, 481 = EzGuG 11.144m.
338 BGH, Urt. vom 17.10.2000 – X ZR 169/99 –, GuG 2001, 186 = EzGuG 11.289; OLG Stuttgart, Urt. vom 18.8.1993 – 9 U 47/83 –, GuG 1993/I = EzGuG 11.206f; OLG Hamm, Urt. vom 2.7.1992 – 22 U 55/91 –, NJW-RR 1993, 1497 = EzGuG 11.194e; OLG Hamm, Urt. vom 21.11.1988 – 22 U 77/78 –, NJW-RR 1989, 600 = EzGuG 11.170i.
339 BGH, Urt. vom 23.01.1985 – IVa ZR 66/83 –, DB 1985, 1464 = EzGuG 11.144m; BGH, Urt. vom 26.11.1986 – IVa ZR 86/85 –, NJW 1987, 1758 = EzGuG 11.162b; BGH, Urt. vom 10.11.1994 – III ZR 50/94 –, BGHZ 127,378 = NJW 1995, 392 = EzGuG 11.218; OLG Frankfurt am Main, Urt. vom 7.7.1988 – 3 U 15/87 –, NJW-RR 1989, 337 = EzGuG 11.169o.
340 OLG Köln, Urt. vom 4.12.2000 – 16 U 25/00 –, BauR 2001, 1154 = EzGuG 11.291a.
341 BGH, Urt. vom 14.11.2000 – X ZR 203/98 –, GuG 2001, 182 = EzGuG 11.289.
342 BGH, Urt. vom 20.4.2004 – X ZR 250/02 –, BGHZ 159, 1 = EzGuG 11.381a.

229 Der **aufgrund einer gesetzlichen Grundlage** (z. B. § 116 FlurbG) **von einer Behörde herangezogene Sachverständige** wird nach Maßgabe der einschlägigen gesetzlichen Vorschriften tätig.

230 In der Rechtsprechung wird neben dem hypothetischen Parteiwillen auch auf die **Stellung des Sachverständigen** und insbesondere darauf abgehoben, was der Sachverständige an Vertrauensschutz suggeriert. Diesbezüglich wird eine staatliche Anerkennung der Sachverständigeneigenschaft oder ein damit vergleichbarer Akt nachgewiesener Sachkunde hervorgehoben, wobei sich dies nicht mehr ausdrücklich auf eine öffentliche Bestellung des Sachverständigen beschränkt[343]. Insoweit gewinnt ein Dritthaftungsausschluss auch für freie Sachverständige an Bedeutung[344].

231 **Gutachten freier Sachverständiger**, die einen besonderen staatlichen Anerkennungsakt nicht für sich in Anspruch nehmen können, entwickeln für Dritte keine damit vergleichbare Schutzfunktion, selbst wenn der Sachverständige durch Verwendung eines Siegels mit Zulassungsnummer (im zu entscheidenden Fall das Siegel des „Hauptverbandes freier Sachverständiger Deutschland-Ost") Sachkunde suggeriert. Die Objektivität und Zuverlässigkeit eines öffentlich bestellten und vereidigten Sachverständigen kann jedoch nach Auffassung des Gerichts der freie Sachverständige nicht für sich in Anspruch nehmen[345].

232 Mit den öffentlich bestellten und vereidigten Sachverständigen gleichgestellt hat das OLG Dresden im Übrigen die als **„besonders verpflichteten Bausachverständigen einer Kreissparkasse"** tätigen Bausachverständigen und führt hierzu aus[346]:

233 „Der Senat verkennt hierbei nicht, dass der BGH in einer neuen Entscheidung den Anwendungsbereich des Vertrags mit Schutzwirkung zugunsten Dritter bei SV erweitert hat. So hat er entschieden, dass die vorbezeichnete Rspr. auch auf einen SV anwendbar ist, der als besonders verpflichteter Bausachverständiger einer Kreissparkasse tätig ist. Die Grundlage einer solchen Verpflichtung ergebe sich aus den jeweiligen Beleihungsgrundsätzen für die öffentlich-rechtlichen Sparkassen. § 3 dieser Beleihungsgrundsätze bestimme, dass Schätzungen des Beleihungsgegenstands, also auch Grundstücke, u.a. von einem mit den örtlichen Verhältnissen besonders vertrauten, vom Vorstand bestellten und verpflichteten SV vorgenommen werden können. Derartigen Personen werde dann – ebenso wie öffentlich bestellten und vereidigten SV – ein besonderes Vertrauen in deren Sachkunde und Zuverlässigkeit entgegengebracht. Es bestünden demnach keine Bedenken, einen derartigen SV einem öffentlich bestellten und vereidigten SV gleichzustellen."

234 **Ein Dritthaftungsausschluss ist wirkungslos, wenn es um die gesetzliche Haftung nach den §§ 823 und 826 BGB geht**, d.h. um sittenwidrige und vorsätzliche Schädigung (vgl. Rn. 250 ff.).

235 „**§ 823 BGB** Schadensersatzpflicht

(1) Wer vorsätzlich oder fahrlässig das Leben, den Körper, die Gesundheit, die Freiheit, das Eigentum oder ein sonstiges Recht eines anderen widerrechtlich verletzt, ist dem anderen zum Ersatze des daraus entstehenden Schadens verpflichtet.

(2) Die gleiche Verpflichtung trifft denjenigen, welcher gegen ein den Schutz eines anderen bezweckendes Gesetz verstößt. Ist nach dem Inhalte des Gesetzes ein Verstoß gegen dieses auch ohne Verschulden möglich, so tritt die Ersatzpflicht nur im Falle des Verschuldens ein.

§ 826 BGB Sittenwidrige vorsätzliche Schädigung

Wer in einer gegen die guten Sitten verstoßenden Weise einem anderen vorsätzlich Schaden zufügt, ist dem anderen zum Ersatze des Schadens verpflichtet."

---

343 OLG Naumburg, Urt. vom 13.12.2001 – 2 U 100/01 –, GuG 2002, 123 = EzGuG 11.316; LG Bochum, Urt. vom 24.9.1991 – 16 S 3/91 –, NJW-RR 1993, 29 = EzGuG 11.187a; OLG München, Beschl. vom 21.5.1990 – 31 U 5232/89 –, EzGuG 11.177a = ZfSchR 1990, 296.
344 BGH, Urt. vom 14.11.2000 – X ZR 203/98 –, NJW 2001, 514 = GuG 2001, 182 = EzGuG 11.290.
345 BGH, Urt. vom 10.11.1994 – III ZR 50/94 –, GuG 1995, 54 = EzGuG 11.218.
346 Vgl. auch BGH, Urt. vom 14.11.2000 – X ZR 203/98 –, EzGuG 11.290 = GuG 2001, 182 = NJW 2001, 514.

II Sachverständigenwesen

236 Ein solcher Fall tritt z. B. ein, wenn sich der Gutachter durch **nachlässige Ermittlungen der Wertermittlungsgrundlagen** seiner Sorgfaltspflicht entledigt[347], so z. B. durch unterlassene Ortsbesichtigung.

1.6.3 Haftung gerichtlicher Sachverständiger

Schrifttum: *Bleutge, P.*, Die Haftung des Gerichtssachverständigen, Festschrift Jack Mantscheff, München 2000, S. 225; *Jacobs, W.*, Haftung des gerichtlichen Sachverständigen, ZRP 2001, 489; *Thole, Ch.*, Die Haftung des gerichtlichen Sachverständigen nach § 839a BGB, Diss. Bonn 2003, Heymannns Verlag; *Wagner, G.*, Das Zweite Schadensänderungsgesetz, NJW 2002, 2049.

237 Bei einem vom Gericht berufenen Sachverständigen kommt eine **Haftung aus zivilrechtlichem Vertrag nicht in Betracht**, weil die Beziehung zwischen den Parteien des Rechtsstreits und dem beauftragten Gerichtssachverständigen öffentlich-rechtlicher Art ist; eine Anwendung des § 328 BGB scheidet auch aus[348]. Da der für ein Gericht tätige Sachverständige auch keine öffentliche Gewalt ausübt, scheidet im Übrigen auch eine Haftung des Sachverständigen aus Amtspflichtverletzung nach § 839 BGB i. V. m. Art. 34 GG aus[349]. Der Gutachterausschuss für Grundstückswerte haftet dagegen aus Amtspflichtverletzung (vgl. § 192 BauGB Rn. 52 ff.).

238 Nach dem am 1.8.2002 in Kraft getretenen **§ 839a BGB** haftet der gerichtliche Sachverständige unter Ausschluss der leichten Fahrlässigkeit für jeden Vermögensschaden. **Voraussetzung für den Schadensersatzanspruch** ist, dass

1. ein „unrichtiges Gutachten" erstattet wurde, das dem Inhalt des Auftrags nicht gerecht wird,
2. das Gutachten vorsätzlich oder grob fahrlässig erstattet wurde,
   a) einem Verfahrensbeteiligten ein Schaden entstanden ist und
   b) eine Kausalität zwischen dem Urteil und dem unrichtigen Gutachten vom Geschädigten nachgewiesen wird.

Eine Haftung des Sachverständigen wegen *einfacher* Fahrlässigkeit ist nach § 839a BGB nicht gegeben.

239 „**§ 839a BGB Haftung des gerichtlichen Sachverständigen**

(1) Erstattet ein vom Gericht ernannter Sachverständiger vorsätzlich oder grob fahrlässig ein unrichtiges Gutachten, so ist er zum Ersatz des Schadens verpflichtet, der einem Verfahrensbeteiligten durch eine gerichtliche Entscheidung entsteht, die auf diesem Gutachten beruht.

(2) § 839 Abs. 3 ist entsprechend anzuwenden."

Nach § 839 Abs. 3 BGB tritt die Ersatzpflicht nicht ein, wenn der durch Vernachlässigung der Obliegenheiten des Sachverständigen Verletzte vorsätzlich oder fahrlässig unterlassen hat, den **Schaden durch Gebrauch eines Rechtsmittels abzuwenden**. Auch ein Antrag auf Erläuterung des Gutachtens ist ein Rechtsmittel i. S. des § 839a BGB[350].

In einem Schadensersatzprozess gegen einen gerichtlichen Sachverständigen müssen die Umstände, die eine **grobe Fahrlässigkeit des Gutachters** begründen sollen, dargelegt und unter Beweis gestellt werden; allein die Behauptung von Widersprüchen zwischen dem Gerichtsgutachten und einem Privatgutachten ist für die Darlegung einer groben Fahrlässigkeit i. S. des § 839a Abs. 1 BGB nicht ausreichend[351].

---

347 BGH, Urt. vom 24.5.1991 – VI ZR 293/90 –, GuG 1992, 351 = EzGuG 11.187; OLG Köln, Urt. vom 5.2.1993 – 19 U 104/92 –, GuG 1995, 125 = EzGuG 11.199b; BGH, Urt. vom 16.9.1966 – VIII ZR 200/64 –, WM 1966, 1210 = EzGuG 11.516; BGH, Urt. vom 28.6.1966 – VI ZR 287/64 –, WM 1966, 1150 = EzGuG 11.51.
348 Glaser in JR 1971, 365; zu den Pflichten des Sachverständigen und des Gerichts vgl. § 404a, § 40a ZPO, D, Anl. 4 zu § 192.
349 BGH, Urt. vom 5.10.1972 – III ZR 168/70 –, BB 1972, 1529 = EzGuG 11.80.
350 BGH, Urt. vom 5.7.2007 – III ZR 240,06 –; GuG 2008, 50 = EzGuG 11.591; ebenso OLG Hamm, Beschl. vom 2.11.2010 – 6 U 131/10 –, IBR 2011, 1464 = EzGuG 11.768
351 OLG Hamm, Urt. vom 26.6.2009 – 9 U 239/08 –, EzGuG 11.694a; OLG Rostock, Beschl. vom 21.3.2006 – 8 U 113/05 –, EzGuG 11.506 = BauR 2006, 1137.

Die **Verjährungsfrist für die Anwendung des § 839a BGB** beginnt mit der zeitlich zuletzt ergangenen, verfahrensabschließenden gerichtlichen Entscheidung[352].

Nach § 839a BGB ist der vom Gericht ernannte Sachverständige zum **Ersatz des Schadens** verpflichtet, **der** einem Verfahrensbeteiligten **durch eine gerichtliche Entscheidung entsteht,** die auf diesem Gutachten beruht. Ein vor Gericht geschlossener Vergleich stellt keine gerichtliche Entscheidung dar (vgl. Rn. 243). **240**

Ein lediglich **falsches Gutachten** begründet keine Sachverständigenhaftung[353].

§ 839a BGB kommt nach seinem Wortlaut nur bei einem von einem Gericht ernannten Sachverständigen zur Anwendung; dabei macht es **keinen Unterschied, ob ein Sachverständiger beeidigt oder nicht beeidigt worden ist.** Im Falle der Beauftragung des Sachverständigen von einem Staatsanwalt, einer Behörde oder einem privaten Auftraggeber verbleibt es bei der Haftung nach den §§ 823 und 826 BGB (Staatsanwaltschaft), den Vorschriften zum Vertrag oder der unerlaubten Handlung (Behördenauftrag) und Privatvertrag sowie bei der Anwendung des § 839a BGB bei privaten Schiedsgerichtsverfahren. **241**

Zu den in § 839a BGB genannten gerichtlichen Entscheidungen gehören auch Zuschlagsbeschlüsse in **Zwangsversteigerungsverfahren** (vgl. Rn. 249); als Verfahrensbeteiligter gilt nach § 9 ZVG neben dem Gläubiger und Schuldner auch der Ersteigerer[354]. **242**

Haben die Parteien ihren **Streit** indessen **durch Vergleich beendet,** so kommt nicht § 829a BGB, sondern die §§ 823 und 826 BGB zur Anwendung. Im Übrigen verweist § 839a Abs. 2 BGB auf § 839 Abs. 3 BGB. Dies bedeutet, dass der Sachverständige nicht in Anspruch genommen werden kann, wenn der Geschädigte es versäumt hat, den Schaden durch Gebrauch seiner Rechtsmittel abzuwenden. Rechtsmittel sind nicht nur förmliche Rechtsbehelfe (Instanzenzug: Berufung bzw. Revision), sondern auch formlose Rechtsbehelfe jeder Art, wie Beschwerden und Hinweise gegenüber dem Sachverständigen zu den begangenen Fehlern. **243**

Darüber hinaus kommt eine **Haftung aus unerlaubter Handlung** in Betracht (§§ 823 und 826 BGB, vgl. Rn. 217, 224, 229). **244**

1.6.4 Streitverkündung

Schrifttum: *Bockholdt, F.*, Keine Streitverkündung gegenüber dem gerichtlichen Sachverständigen, NJW 2005, 122; *Bohl, Th./Heimer, Ch.*, Unzulässigkeit der Streitverkündung an den Gerichtssachverständigen im Zivilprozess, GuG 2006, 1; *Rickert/König*, Die Streitverkündung gegenüber dem gerichtlichen Sachverständigen, NJW 2005, 1829; *Ulrich*, Der gerichtliche Sachverständige, 12. Aufl. 2007, S. 225, 277, 773, 489 ff.; *Volze*, Die Streitverkündung gegenüber dem gerichtlichen Sachverständigen, DS 2005, 14.

Eine besondere rechtliche Variante, einen Sachverständigen für ein mangelhaftes Gutachten in Anspruch zu nehmen, besteht darin, dass in einem gerichtlichen Verfahren die Partei, deren Erfolgsaussichten aufgrund dessen Gutachten geschmälert sein könnten, gemäß § 72 Abs. 1 ZPO den Streit mit der Aufforderung verkündet, dem Prozess auf einer Seite beizutreten[355]. **245**

Die **Streitverkündung gegenüber** dem **gerichtlichen Sachverständigen** ist gemäß § 72 Abs. 2 ZPO **unzulässig**.

---

352 OLG Celle, Beschl. vom 5.5.2009 – 4 U 26/09 –, GuG 2010, 189 = EzGuG 11.689a.
353 OLG Celle, Beschl. vom 5.5.2009 – 4 U 26/09 –, GuG 2010, 189 = EzGuG 11.689a.
354 BGH, Urt. vom 9.3.2006 – III ZR 143/05 –, BGHZ 166, 313 = GuG 2006, 241 = EzGuG 11.503.
355 Böckermann, Ablehnung eines Sachverständigen oder Richters durch Streitverkündung oder Klageerhebung, MDR 2002, 1348; Volze in DS 2005, 13; Rickert, Ausschluss des gerichtlichen Sachverständigen mittels Streitverkündung, DS 2005, 214; OLG Frankfurt am Main, Urt. vom 7.6.2000 – 4 W 11/00 –, DS 2005, 30; OLG Frankfurt am Main, Urt. vom 15.7.2004 – 1 U 78/01 –, BauR 2005, 158; LG München, Beschl. vom 16.6.2005 – 18 O 7466/03 –, GuG 2006, 51 = EzGuG 11.451a; OLG München, Beschl. vom 29.7.2005 – 9 W 1940/05 –, GuG 2006, 52 = EzGuG 11.457; OLG Celle, Beschl. vom 14.11.2005 – 7 W 117/05 –, GuG 2006, 119 = EzGuG 11.482; LG Bayreuth, Beschl. vom 30.9.2005 – 32 O 607/03 –, EzGuG 11.481; Revision BGH Urt. vom 27.7.2006 -VII ZB 16/06 –, BGHZ 168, 380.

1.6.5 Haftung von Schiedsgutachtern

Schrifttum: *Volze, H.*, Haftung des Sachverständigen für unrichtige Verkehrswertgutachten, GuG 2002, 28.

▶ *Zum Begriff der offenbaren Unbilligkeit und Unrichtigkeit vgl. Rn. 327 ff.*

246 Im Unterschied zu der sonstigen privaten Gutachtertätigkeit haftet ein Schiedsgutachter, wenn ein nicht durch Nachbesserung beseitigter Fehler das **Gutachten offenbar unbillig oder offenbar unrichtig** erscheinen lässt (vgl. Rn. 227, 245, 348)[356].

247 Der Schiedsgutachter haftet entsprechend dem Parteiwillen grundsätzlich nicht für **Drittschäden**. Es empfiehlt sich, dies in dem Schiedsgutachten ausdrücklich hervorzuheben.

248 Der von einem **Schiedsgericht** beauftragte Sachverständige haftet im Übrigen nach denselben Grundsätzen wie der von einem Staatsgericht herangezogene Sachverständige, wenn nichts anderes vereinbart worden ist (vgl. Rn. 227, 248 ff., 354). Damit haftet der Schiedsgutachter auch in Fällen grober Fahrlässigkeit. Dem Auftraggeber eines Schiedsgutachtens stehen Gewährleistungsrechte wegen mangelhafter Leistung (nach den §§ 634 ff. BGB) nur bei offenbarer Unrichtigkeit i. S. d. § 319 BGB zu[357].

1.6.6 Haftung im Zwangsversteigerungsverfahren

▶ *Grundsätzliches hierzu § 194 BauGB Rn. 97 ff.; Teil III Rn. 477; Teil IX Rn. 216, 497; § 6 ImmoWertV Rn. 152*

249 Im Zwangsversteigerungsverfahren haftet der Sachverständige nur eingeschränkt.

Verkehrswertgutachten sind im Zwangsversteigerungsverfahren nach Auffassung des OLG Rostock lediglich als gutachterliche Schätzungen des Marktverhaltens anzusehen; die Feststellung der Sanierungskosten für vorhandene Baumängel gehört nicht zu seinen Pflichten[358]. Nur wenn der Sachverständige im Verlauf seiner Tätigkeit auf Indizien für **vorhandene Baumängel** stößt, muss er das Zwangsversteigerungsgericht z. B. durch Hinweise im Gutachten darauf aufmerksam machen[359].

Eine **vertragliche Haftung des vom Gericht eingeschalteten Sachverständigen** kommt nicht in Betracht, weil zwischen dem Gericht und dem Ersteigerer vertragliche Beziehungen fehlen. Ebenso wenig kann ein Schadensersatzanspruch auf § 839 BGB (Amtshaftung) gestützt werden, weil gerichtliche Sachverständige durch die gerichtliche Beauftragung nicht Beamte im haftungsrechtlichen Sinne werden[360]. Deliktische Schadensersatzansprüche werden in der Rechtsprechung ebenfalls abgelehnt, weil mit § 823 Abs. 1 BGB nur absolute Rechtsgüter geschützt werden und das Vermögen als Rechtsgut nicht dazugehört. Nach § 823 Abs. 2 muss ein Schutzgesetz verletzt sein. § 410 ZPO gilt nicht als Schutzgesetz. Mithin käme nur die Verletzungen der Aussagedelikte nach §§ 153 ff. StGB infrage, wenn der Sachverständige vom Gericht für den Einzelfall vereidigt worden ist.

Im Rahmen von Zwangsversteigerungsverfahren hatte der Ersteigerer bis zum 1.8.2002 keinen Schadensersatzanspruch gegen den Sachverständigen wegen möglicherweise fehlerhaften Wertgutachtens, es sei denn, es handelt sich um einen in sittenwidriger Weise vorsätzlich her-

---

356 BGH, Urt. vom 22.4.1965 – VII ZR 15/65 –, BGHZ 43, 374 = EzGuG 11.48; OLG Schleswig, Urt. vom 21.9.1988 – 4 U 141/87 –, NJW 1989, 175 = EzGuG 11.170c.
357 OLG Frankfurt am Main, Urt. vom 3.11.2004 – 7 U 194/03 –, GuG-aktuell 2005, 31 = EzGuG 11.404.
358 OLG Rostock, Urt. vom 27.6.2008 – 5 U 50/08 –, MDR 2009, 146 = EzGuG 11.649; hierzu Bleutge in IBR 2008, 545; OLG Schleswig, Urt. vom 6.7.2007 – 11 U 61/06 –, MDR 2008, 25 = EzGuG 11.592.
359 LG Karlsruhe, Urt. vom 18.2.2009 – 6 O 48/06 –, EzGuG 11.679a.
360 BGH, Urt. vom 20.5.2003 – VI ZR 312/02 –, NJW 2993, 2825 = EzGuG 11.349d; OLG Celle, Urt. vom 6.5.2004 – 4 U 30/04 –, GuG 2004, 1481 = EzGuG 11.383b.

beigeführten Schaden (§ 826 BGB)[361]. Mit dem am 1.9.2002 in Kraft getretenen § 839a BGB ist eine eigenständige Anspruchsgrundlage für die Haftung des gerichtlichen Sachverständigen geschaffen worden (vgl. Rn. 237), die in ihrem Anwendungsbereich dessen bisherige Deliktshaftung ersetzt. Aufgrund dieser Neuregelung ist ein vom Gericht ernannter Sachverständiger, der vorsätzlich oder grob fahrlässig ein unrichtiges Gutachten erstattet, zum Ersatz des Schadens verpflichtet, der einem Verfahrensbeteiligten (z. B. Ersteigerer als Meistbietendem) entsteht. Mit der Entscheidung des BGH vom 9.3.2006 wird der **Zuschlag in der Zwangsversteigerung einer gerichtlichen Entscheidung gleichgestellt**; damit wird die Sachverständigenhaftung entscheidend ausgeweitet[362].

Eine **Haftung wegen grober Fahrlässigkeit soll im Zwangsversteigerungsverfahren** indes nicht dann bereits vorliegen, wenn der Sachverständige in seinem Gutachten offenlegt, dass er die Art des Dachbelags eines Hauses allein nach den Angaben im Baugesuch bestimmt hat und das Gericht diese Vorgehensweise gebilligt hat (vgl. Rn. 213)[363]. Ein **Druckfehler** stellt im Übrigen auch keine grobe Fahrlässigkeit dar[364].

Ein Vollstreckungsschuldner kann im Übrigen gegen den Beschluss über die Festsetzung des Grundstückswerts sofortige **Beschwerde** einlegen[365].

1.6.7 Haftungsbegrenzung und Haftungsausschluss

Schrifttum: *Roeßner* in *Bayerlein*, Praxishandbuch Sachverständigenrecht, 4. Aufl. 2008, S. 545.

▶ *Vgl. Rn. 234; zu Haftungsausschlüssen öffentlich bestellter und vereidigter Sachverständiger vgl. Rn. 102 ff.*

Im Überblick kommen folgende Haftungsbegrenzungen in Betracht: **250**

a) Genereller Haftungsausschluss,

b) Summenmäßige Haftungsbeschränkung,

c) Zeitliche Haftungsbeschränkung,

d) Haftungsbegrenzung auf Personen- und Sachschäden,

e) Abbedingung der Haftung auf nicht vorhersehbare Schäden,

f) Beschränkung der Haftung auf subsidiäre Haftung und

g) Haftungsbeschränkung auf bestimmte Verschuldensformen.

Allgemein unzulässig bzw. unwirksam (nichtig) ist:

a) ein Haftungsausschluss wegen Vorsatzes (§ 276 Abs. 3 BGB); nach den Regelungen der Sachverständigenordnung (SVO) dürfen öffentlich bestellte und vereidigte Sachverständige ihre Haftung für Vorsatz und grobe Fahrlässigkeit nicht ausschließen oder der Höhe nach (z. B. auf die Höchstversicherungssumme) begrenzen. Beides gilt unabhängig davon, ob der Gutachtervertrag im Wege individualvertraglicher Abreden oder in Form von Allgemeinen Geschäftsbedingungen (AGB) zustande gekommen ist. Wird ein Haftungsausschluss gleichwohl vereinbart, ist er nach § 134 BGB nichtig.

---

361 OLG Oldenburg, Urt. vom 12.1.2001 – 6 U 231/00 –, EzGuG 11.291e; OLG Frankfurt am Main, Urt. vom 6.7.2000 – 15 U 62/99 –, GuG 2001, 120 = BauR 2000, 1251 = EzGuG 11.286d; OLG Brandenburg, Urt. vom 11.1.2000 – 11 U 137/99 –, BauR 2000, 1518 = EzGuG 11.282b; LG Köln, Urt. vom 7.1.2004 – 28 O 330/03 –, GuG 2004, 253 = EzGuG 11.365; auch LG Marburg, Urt. vom 30.9.1998 – 2 O 113/98 –, EzGuG 11.271b; LG Kiel, Urt. vom 21.11.2003 – 11 OH 43/03 –, GuG 2004, 317 = EzGuG 11.358a.
362 BGH, Urt. vom 9.3.2006 – III ZR 143/05 –, GuG 2006, 241 = NJW 2006, 1733 = EzGuG 11.503; Wagner/Thole in VersR 2004, 275, 278.
363 LG Ulm, Urt. vom 6.11.2009 – 3 O 262/09 –, GuG 2010, 190 = EzGuG 11.715.
364 LG Ulm, Urt. vom 6.11.2009 – 3 O 262/09 –, GuG 2010, 190 = EzGuG 11.715.
365 BGH, Urt. vom 27.2.2004 – IXa ZB 185/03 –, MDR 2004, 1023 = EzGuG 11.377a; OLG Hamm, Urt. vom 6.2.2004 – 9 U 97/03 –, DS 2005, 115 = EzGuG 11.373a.

b) ein genereller Haftungsausschluss nach Art: „Für jedwede Mängel aus diesem Gutachten wird nicht gehaftet." [366],

c) ein sittenwidriger Haftungsausschluss (§ 138 BGB) sowie ein Verstoß gegen den Grundsatz von Treu und Glauben[367],

d) ein einseitiger Haftungsausschluss ohne Zustimmung des Auftraggebers; dies gilt nach *Jessnitzer/Frieling*[368] für eine dahingehende Erklärung des Gutachters in seinem schriftlichen Gutachten,

e) ein Haftungsausschluss, der über die gesetzlichen Grenzen hinausgeht, insbesondere für die Fälle, in denen die im Verkehr erforderliche Sorgfalt außer Acht gelassen wird (§ 276 Abs. 2 BGB),

f) einen Haftungsausschluss (auch nicht bei leichter Fahrlässigkeit) oder eine Begrenzung der Haftung dem Umfang nach zu begrenzen für Schäden, wenn
 – der Mangel arglistig verschwiegen wird oder
 – eine Garantie für die Beschaffenheit des Gutachtens übernommen wurde (§ 639 BGB).

„§ 639 BGB Haftungsausschluss

Auf eine Vereinbarung, durch welche die Rechte des Bestellers wegen eines Mangels ausgeschlossen oder beschränkt werden, kann sich der Unternehmer nicht berufen, wenn er den Mangel arglistig verschwiegen oder eine Garantie für die Beschaffenheit des Werks übernommen hat."

251 Die **Zulässigkeit und** der **Umfang einer Haftungsbeschränkung** hängen davon ab, ob sie Gegenstand

– einer individualvertraglichen Abrede *(Einzelvertrag)*, wobei zu unterscheiden ist zwischen
 • öffentlich bestellten und vereidigten Sachverständigen und
 • nicht öffentlich bestellten und vereidigten Sachverständigen, oder

– Allgemeiner Geschäftsbedingungen *(AGB)*

sind.

In beiden Fällen wirken Haftungsbeschränkungen und Haftungsausschlüsse auch gegenüber einem unbeteiligten Dritten. **Vereinbarte Verjährungsfristen im Sachverständigenvertrag** gelten auch **für** Ansprüche dritter Personen, die aus diesem Vertrag eine Schutzwirkung für sich ableiten[369].

a) *Individualvertragliche Abrede*

252 Nach § 305b BGB haben **individuelle Vertragsabreden Vorrang vor** Allgemeinen Geschäftsbedingungen. Des Weiteren bestehen nach § 305 Abs. 1 Satz 3 BGB in den Fällen keine Allgemeinen Geschäftsbedingungen, in denen die Vertragsbedingungen zwischen den Vertragsparteien im Einzelnen ausgehandelt wurden.

Durch einen Einzelvertrag sind grundsätzlich alle haftungsbeschränkenden Abreden zulässig, sofern sie unterhalb des unzulässigen Haftungsausschlusses wegen Vorsatz (§ 276 Abs. 3 BGB) oder außerhalb zwingender Verbotsvorschriften liegen und nicht sittenwidrig sind. Der Sachverständige kann seine Haftung grundsätzlich auf **grobe Fahrlässigkeit und Vorsatz** beschränken[370] (Rn. 201).

Freien (nicht öffentlich bestellten und vereidigten) Sachverständigen wird in der Rechtsprechung[371] die Möglichkeit eingeräumt, **Dritte aus dem Schutzbereich** eines Gutachterver-

---

366 BVerwG, Urt. vom 6.7.1973 – 4 C 22/72 –, BVerwGE 42, 331 = EzGuG 12.13.
367 Volze in DS 1979, 221; Döbereiner/von Keyserlingk, Sachverständigenhaftung, Rn. 202 ff.
368 Jessnitzer/Frieling, Der gerichtliche Sachverständige, 10. Aufl. 1992, Rn. 32, 701.
369 OLG Oldenburg, Urt. vom 9.9.1997 – 9 U 36/97 –, NJW-RR 1998, 1746 = EzGuG 12.121a.
370 OLG Celle, Urt. vom 5.1.1995 – 22 U 196/93 –, BauR 1995, 715 = EzGuG 11.221.
371 BGH, Urt. vom 25.1.1985 – IVa ZR 66/83 –, NJW-RR 1986, 484 = EzGuG 11.144m.

trags sowohl im Wege einer Individualvereinbarung als auch durch Formularklauseln **auszuschließen,** soweit sie nicht nach § 826 BGB (vgl. Rn. 229) gesetzlich haften[372]. Dies sollte im Gutachten selbst vermerkt sein. Darüber hinaus kann ausdrücklich vereinbart werden, dass das Gutachten nur mit schriftlicher Genehmigung des Sachverständigen an Dritte weitergegeben werden darf[373].

Volze[374] empfiehlt, Gutachten mit folgendem Aufdruck zu versehen:

„Dieses Gutachten wurde ausschließlich zur Verwendung durch den Auftraggeber erstellt. Nur bei gesetzlicher Auskunftspflicht darf dessen Inhalt ohne meine Einwilligung zur Kenntnis gebracht werden."

Grundsätzlich sind – vom Vorsatz abgesehen (§ 276 Abs. 3 BGB) – bei einer individuellen Vertragsgestaltung **Beschränkungen der Haftung und Gewährleistung durch Verkürzung der Verjährungsfrist möglich,** z. B. Reduzierung der Verjährungsfrist auf ein Jahr, beginnend am Ende des Jahres, in dem der Anspruch entsteht[375]. Dies setzt voraus, dass Haftungsbeschränkung und das besondere Risiko in einem angemessenen Verhältnis stehen. Bezüglich eines Haftungsausschlusses sind jedoch dem Grundsatz der Vertragsfreiheit **Grenzen** gesetzt. *Bleutge*[376] empfiehlt folgende Individualabrede:

„Der Sachverständige haftet für Schäden, die auf einem mangelhaften Gutachten beruhen – gleich aus welchem Rechtsgrund –, nur dann, wenn er oder seine Erfüllungsgehilfen die Schäden durch eine vorsätzliche oder grob fahrlässige Pflichtverletzung verursacht haben. Dies gilt auch für Schäden, die der Sachverständige bei der Vorbereitung seines Gutachtens verursacht hat, sowie für Schäden, die nach erfolgter Nacherfüllung entstanden sind. § 639 BGB bleibt unberührt. Alle darüber hinausgehenden Schadensersatzansprüche werden ausgeschlossen."

Für **öffentlich bestellte und vereidigte Sachverständige** gelten die vorstehenden Ausführungen mit der Ausnahme, dass die Haftung für Vorsatz und grobe Fahrlässigkeit nicht ausgeschlossen und auch nicht der Höhe nach beschränkt werden darf (§ 14 Abs. 1, § 15 Abs. 1 SVO).

b) *Allgemeine Geschäftsbedingungen (AGB)*

Schrifttum: *Kamphausen* in IBR 1995, 167; *Meyer-Reim*, BauR 1995, 717; *Roeßner* in *Bayerlein*, Praxishandbuch Sachverständigenrecht, 4. Aufl. 2008, S. 552, *Usinger/Minuth,* Immobilien – Recht und Steuern, 3. Aufl. 2004, S. 142.

▶ *Zur Haftung des Gutachterausschusses für Grundstückswerte vgl. § 192 BauGB Rn. 52 ff.*

Ein Haftungsausschluss kann allein für einfache Fahrlässigkeit getroffen werden. Bei **Verwendung** vorformulierter Gutachterverträge (Formularmuster AGB) müssen die Bedingungen des BGB über Allgemeine Geschäftsbedingungen (§§ 305 bis 310 BGB) beachtet werden. Darüber hinaus darf der Sachverständige seine Haftung für Schäden weder ausschließen noch begrenzen, die **253**

– aus der *Verletzung des Lebens, des Körpers oder der Gesundheit* resultieren, wenn die Pflichtverletzung auf Vorsatz oder Fahrlässigkeit beruht (§ 307 Nr. 7a BGB), und zwar weder bei vorsätzlicher noch bei (leichter) Fahrlässigkeit,

– aus einer grob fahrlässigen Pflichtverletzung oder auf einer vorsätzlichen oder grob fahrlässigen Pflichtverletzung eines gesetzlichen Vertreters oder einer Hilfskraft (Erfüllungsgehilfe) resultieren (§ 309 Nr. 7b BGB); ein Haftungsausschluss und eine Haftungsbegrenzung im Mustervertrag (AGB) werden nach vorherrschender Auffassung auch nicht für die Fälle leichter Fahrlässigkeit als möglich angesehen, wenn es um die Verletzung

---

372 Locher, Festschrift für Cramshaar 1997, 393; OLG Dresden, Urt. vom 21.5.1996 – 8 U 531/96 –, GuG 1997, 384 = EzGuG 11.234.
373 OLG Oldenburg, Urt. vom 9.9.1997 – 9 U 36/97 –, EzGuG 12.121a = VersR 1998, 1563.
374 Volze in DS 2000, 30.
375 Nach einer Entscheidung des OLG Celle, Urt. vom 5.1.1995 – 22 U 196/93 –, BauR 1995, 715 = EzGuG 11.221, kann der Sachverständige seine Haftung im Individualvertrag auf Vorsatz und grobe Fahrlässigkeit beschränken.
376 Bleutge, P., Haftungsfragen für Sachverständige nach neuem Schuldrecht und nach geplantem § 839a BGB, DS 2002, 127 ff.

II Sachverständigenwesen   Sachverständiger

sog. **Kardinalpflichten** geht[377], aber auch vertraglicher **Nebenpflichten**[378]. Somit dürfen vertragstypisch vorhersehbare Schäden nicht aus der Haftung ausgenommen werden[379].

Schließlich kann sich der Sachverständige nach § 639 BGB auch nicht auf eine Vereinbarung berufen, durch welche die Rechte des Auftraggebers wegen eines Mangels ausgeschlossen oder beschränkt werden, wenn er den **Mangel arglistig verschwiegen** oder eine Garantie für die Beschaffenheit des Gutachtens übernommen hat.

Eine Verkürzung der Verjährungsfrist ist zumindest in den Fällen des § 309 Nr. 8b ff. BGB unzulässig.

254 Für **öffentlich bestellte und vereidigte Sachverständige** ist die Möglichkeit des Haftungsausschlusses und der Haftungsbeschränkung durch weitergehende standesrechtliche Regeln eingegrenzt worden.

a) Eine Haftung für Vorsatz und grobe Fahrlässigkeit darf nicht ausgeschlossen werden;
b) eine Haftung für einfache Fahrlässigkeit[380] kann im Umkehrschluss im Wege einer Individualvereinbarung ausgeschlossen werden;
c) eine Haftung für grobe Fahrlässigkeit lässt sich im Wege einer Individualvereinbarung „in angemessenem Umfang" ausschließen (vgl. § 14 SVO);
d) eine Haftung kann der Höhe nach im Wege einer Individualvereinbarung in besonderen Fällen ausnahmsweise beschränkt werden.

Ein Verstoß gegen die eingrenzenden **standesrechtlichen Regeln** hat nicht automatisch deren Nichtigkeit (§ 134 BGB) zur Folge; im Hinblick auf die besondere Stellung des öffentlich bestellten und vereidigten Sachverständigen kann aber darin ein Verstoß gegen die guten Sitten erblickt werden (§ 138 BGB). Im Übrigen hat ein Verstoß regelmäßig disziplinarische Maßnahmen der bestellenden Kammer zur Folge.

255 Die **Haftung des privat beauftragten Sachverständigen für Schäden aufgrund leichter Fahrlässigkeit kann zeitlich und der Höhe nach begrenzt** sowie insgesamt über die Allgemeinen Geschäftsbedingungen oder jeweils im Vertrag **ausgeschlossen werden**[381]. Der Ausschluss verstößt nicht gegen § 9 Abs. 2 Nr. 2 AGBG. Ein Haftungsausschluss für Schäden aus vorsätzlichem Handeln ist dagegen unzulässig. Für Schäden aus grober Fahrlässigkeit kann die Haftung

– im Individualvertrag bei ungewöhnlich hohem Risiko summenmäßig begrenzt sowie
– bei Mangelschäden auch über die Allgemeinen Geschäftsbedingungen zeitlich begrenzt werden.

Für Werte unter 25 565 € und über 25 564 594 € räumt § 34 Abs. 3 und 4 HOAI **Sonderregelungen** ein. Des Weiteren wird mit § 34 Abs. 5 und 6 HOAI die Möglichkeit freier Vereinbarungen eingeräumt; soweit es dabei um die Konkretisierung der Schwierigkeiten geht, wird mit Abs. 6 der Vorschrift kein abschließender Katalog vorgegeben.

Der **Gerichtssachverständige** hat aufgrund seines abschließend geregelten öffentlich-rechtlichen Verhältnisses **keine Möglichkeit, die Haftung auszuschließen oder der Höhe nach zu begrenzen.** Entsprechendes gilt auch für die von einem Schiedsgericht beauftragten Gutachter. Da es weder mit dem Gericht noch mit den Verfahrensbeteiligten zu einem Vertrag kommt, kann ein Haftungsausschluss oder eine Haftungsbegrenzung vertraglich vereinbart werden.

▶ *Zur Haftung des Gutachterausschusses für Grundstückswerte vgl. § 192 BauGB Rn. 52 ff.*

---

377 BGH, Urt. vom 19.1.1984 – VII ZR 220/82 –, BGHZ 89, 363 (367); BGH, Urt. vom 26.11.1984 – VIII ZR 214/83 –, BGHZ 93, 29; BGH, Urt. vom 11.11.1992 – VIII ZR 238/91 –, NJW 1993, 335.
378 BGH, Urt. vom 20.6.1984 – VIII ZR 137/83 –, NJW 1985, 914.
379 BGH, Urt. vom 14.11.2000 – X ZR 211/98 –, NJW-RR 2001, 342.
380 Ausführlich Wessel, Praxishandbuch Sachverständigenrecht, München, § 39, S. 538 ff.; BGH, Urt. vom 10.1.1974 – VII ZR 28/72 –, BGHZ 62, 83 = EzGuG 12.14.
381 OLG Celle, Urt. vom 5.1.1995 – 22 U 196/93 –, BauR 1995, 715 = EzGuG 11.221.

1.6.8 Verjährung von Gewährleistungsansprüchen

Die Verjährung von Schadensersatzansprüchen gegen einen Sachverständigen für die Fälle ab dem 1.1.2002 ist in den §§ 194 f. BGB geregelt. Die regelmäßige **Verjährungsfrist**
- von Gewährleistungs- und Schadensersatzansprüchen (aus Vertragsrecht) und
- von Ansprüchen aus unerlaubter Handlung[382]

beträgt nach § 195 BGB **drei Jahre** (§ 634a Abs. 1 Nr. 3 bzw. § 311 Abs. 2 und § 280 Abs. 1 i. V. m. § 195 BGB).

Die Verjährungsfrist beginnt am Ende des Jahres (sog. Silvesterverjährung),
- in dem der Anspruch entstanden ist und der Gläubiger Kenntnis von den anspruchsbegründenden Umständen und der Person des Schädigers erlangt hat oder
- ohne grobe Fahrlässigkeit Kenntnis hätte erlangen können (§ 199 Abs. 1 BGB).

Darüber hinaus gilt die **Kappungsgrenze (zeitliche Obergrenze)** von 10 Jahren gerechnet ab Entstehung des Anspruchs, d. h., die Verjährung endet nach 10 Jahren (§ 199 Abs. 1 Nr. 1 BGB) ohne Rücksicht auf die Kenntnis oder grob fahrlässige Unkenntnis der Umstände und die Person des Sachverständigen von der Entstehung des Anspruchs (§ 199 Abs. 3 Nr. 1 BGB).

Ist der Anspruch weder entstanden (weil noch kein Schaden eingetreten ist) und liegt auch keine Kenntnis oder grob fahrlässige Unkenntnis vor, dann verjähren Schadensersatzansprüche innerhalb von **30 Jahren** ab dem schadensauslösenden Ereignis (Erstellung des Gutachtens).

- Werden die schadensbegründenden Umstände erst im 11. Jahr erkannt, ist der Anspruch verjährt, wenn der Geschädigte bereits im 9. Jahr die schadensbegründenden Umstände kannte oder in der Form der groben Fahrlässigkeit hätte erkennen können.
- Schadensersatzansprüche wegen der **Verletzung des Lebens, des Körpers, der Gesundheit oder Freiheit** verjähren ohne Rücksicht auf die Kenntnis oder grob fahrlässige Unkenntnis in 30 Jahren ab Begehung der Handlung (§ 199 Abs. 2 BGB).
- Schadensersatzansprüche wegen **Verletzung des Eigentums oder des Vermögens** verjähren ohne Rücksicht auf die Kenntnis oder grob fahrlässige Unkenntnis in 10 Jahren ab Entstehung des Anspruchs (§ 199 Abs. 3 BGB).
- Schadensersatzansprüche aus **ungerechtfertigter Bereicherung oder aus** Geschäftsführung ohne Auftrag verjähren ebenfalls in 10 Jahren ab Entstehung des Anspruchs (§ 199 Abs. 4 BGB).
- Schadensersatzansprüche bei Mängeln an einem **Bauwerk** sowie bei Werken, deren Erfolg in der Erbringung von Planungs- und Überwachungsleistungen besteht, verjähren in fünf Jahren.

Die in § 199 BGB getroffene Regelung zur regelmäßigen Verjährungsfrist ist für Werkverträge und damit für Sachverständige im Übrigen nicht abschließend. Nach § 634a BGB verjähren Schadensersatzansprüche wegen Mängeln bei der Herstellung einer Sache, die kein Bauwerk sind, in zwei Jahren und bei Bauwerken und Werken, deren Erfolg in der Erbringung von Planungs- oder Überwachungsleistungen besteht, in fünf Jahren.

Nach § 634a Abs. 3 BGB verjähren abweichend von § 634a Abs. 1 Nr. 1 und 2 sowie Abs. 2 BGB die Ansprüche in der regelmäßigen Verjährungsfrist, wenn der Unternehmer den **Mangel arglistig verschwiegen** hat.

Durch **Allgemeine Geschäftsbedingungen** zu einem Werkvertrag können nicht ausgeschlossen werden

- die Verjährung von Ansprüchen wegen eines Mangels in den Fällen des § 309 Nr. 8b BGB,
- die Verjährung bei Haftung wegen Vorsatzes.

---

[382] Döbereiner/von Keyserlingk, a.a.O., Rn. 165 f.

II Sachverständigenwesen

1.7 Haftung des Auftraggebers

259 Der Auftraggeber haftet für die fällige vereinbarte Vergütung des Sachverständigen, aber auch für die Verletzung von Nebenpflichten. Der Vergütungsanspruch wird nach § 641 Abs. 1 BGB mit der **Abnahme des Gutachtens** fällig. Unter der Abnahme eines Gutachtens versteht man die körperliche Entgegennahme des Gutachtens zusammen mit der Erklärung, dass die Leistung als vertragsgemäß anerkannt wird.

„**§ 640 BGB** Abnahme

(1) Der Besteller ist verpflichtet, das vertragsgemäß hergestellte Werk abzunehmen, sofern nicht nach der Beschaffenheit des Werks die Abnahme ausgeschlossen ist. Wegen unwesentlicher Mängel kann die Abnahme nicht verweigert werden. Der Abnahme steht gleich, wenn der Besteller das Werk nicht innerhalb einer ihm vom Unternehmer bestimmten angemessenen Frist abnimmt, obwohl er dazu verpflichtet ist.

(2) Nimmt der Besteller ein mangelhaftes Werk gemäß Absatz 1 Satz 1 ab, obschon er den Mangel kennt, so stehen ihm die in § 634 Nr. 1 bis 33 bezeichneten Rechte nur zu, wenn er sich seine Rechte wegen des Mangels bei der Abnahme vorbehält."

Die Abnahme des Gutachtens wegen eines **unwesentlichen Mangels des Gutachtens** kann nach § 640 Abs. 1 Satz 1 BGB nicht verweigert werden. Der Sachverständige kann dem Auftraggeber eine Frist zur Abnahme des Gutachtens mit der Folge stellen, dass es dann keiner besonderen Abnahmehandlung bedarf (fingierte Abnahme nach § 640 Abs. 1 Satz 3 BGB).

Mit der Abnahme des Gutachtens

– wird die Vergütung nach § 641 Abs. 1 BGB fällig,
– ist die Vergütung gemäß § 246 BGB mit 4 % zu verzinsen,
– beginnt die Verjährungsfrist bestimmter Gewährleistungsansprüche,
– wird die Beweislast umgekehrt,
– entfällt die Kündigungsmöglichkeit des Auftraggebers nach § 649 BGB und
– geht ein Gefahrenübergang auf den Auftragnehmer einher.

Ein **Vorschuss auf die Vergütung des Gutachtens** wird nach Maßgabe des Gutachtervertrags fällig. Verzugszinsen und Verzugsschaden kann der Sachverständige erst geltend machen, wenn er den Auftraggeber durch Mahnung nach § 286 Abs. 1 BGB in Verzug gesetzt hat, sofern die Parteien im Vertrag keine Zahlungsfrist vereinbart haben (§ 286 Abs. 2 Nr. 1 BGB).

1.8 Vergütung von Sachverständigen

1.8.1 Allgemeines

▶ Zur Vergütung des Gutachterausschusses für Grundstückswerte vgl. § 192 BauGB Rn. 26 ff., 57 ff. und § 199 BauGB Rn. 51

260 Schrifttum: *Bach, W.*, Zur Entschädigung von Schreibaufwendungen nach dem ZSEG, JurBüro 1992, 6; *Baur, W.*, Vergütung eines abgelösten Sachverständigen, IBR 2004, 523; *Berg, W.*, Verfassungsfragen zur Entschädigung von Sachverständigen, GewA 1993, 265; *Bleutge, P.*, Erstattung der Schreibkosten des Sachverständigen, Rpfleger 1988, 131; *Bleutge, P.*, Der Aufwendungsersatz für Hilfskräfte nach dem ZSEG, JurBüro 1998, 340; *Bleutge, P.*, Eckpunkte für eine Novellierung des ZSEG, WiVerw 2002, 44; *Bleutge, P.*, Gebühren für Gutachter, DIHK-Publikationen, 4. Aufl. 2004; *Bleutge, P.*, Vor- und Nachteile des neuen Justizvergütungs- und -entschädigungsgesetzes, GewA 2004, 370; *Bleutge, P.*, Möglichkeiten zur Erlangung eines Vorschusses, GuG 2005, 208; *Bund, N.*, Der Übergang vom ZSEG und EhrRiEG zum JVEG, Rpfleger 2005, 132; *Hartmann, P.*, Kostengesetz, Beck Verlag 34. Aufl. 2004; *Kamphausen, P.-A.*, Praxiskommentar JVEF 2004, 1. Aufl. Hamburg 2004; *Hinze, R.*, Entschädigung von Sachverständigen, ZSW 1983, 55; *Kamphausen, P.*, Die einverständliche Vergütung des gerichtlichen Sachverständigen, ZSW 1983, 269; *Ley, M.*, Die neue Vergütung des Sachverständigen im Insolvenzverfahren, ZIP 2004, 1391; *Meyer/Höver/Bach*, Die Vergütung von Sachverständigen, Zeugen, Dritten und ehrenamtlichen Richtern nach dem JVEG, Komm., 24. Aufl. Heymanns Verlag 2007; *Müller, K.*, Das Verfahren zur Geltendmachung des Entschädigungsanspruchs für den gerichtlichen Sachverständigen, ZSW 1980, 2; *Röhrich/Krell,* Vergütung für Bausachverständige nach JVEG, Bundesanzeiger Verlag 2005; *Ronellenfitsch, M.,* Die neue Sachverständigenvergütung nach JVEG, WiVerw 2002, 1; *Schneider, H.,* Änderung bei der Zahlung von Vergütungen und Entschädigungen durch die Einführung des Justizvergütungs- und -entschädigungsgesetzes (JVEG), JurBüro 2004, 360; *Schneider,* Aktuelle Entwicklung zum JVEG 2005, Jurbüro 2006, 230; *Ulrich, J.,* Zum „Lohn" des gerichtlichen Sachverständigen, JurBüro 2003, 515; *Ulrich, J.,* Sachverständigenentschädigung: Nur für durchschnittlich schnelle Arbeit gibt es Geld, IVR 2004, 212; *Ulrich, J.,* Das neue JVEG: Bestenfalls „knapp befriedigend", IBR 2004, 137; *Ulrich, J.,* Vergütung des Sachverständigen für seine Stellungnahme zum Befangenheitsgesuch, IBR 2004, 524.

Bei einem Privatauftrag im außergerichtlichen Bereich gilt der **Grundsatz der freien Honorarvereinbarung**, die bei Abschluss des Vertrags zu treffen ist. Die Vorschriften des JVEG finden keine Anwendung. Soweit gesetzlich festgelegte Gebührensätze bestehen, kommen diese zur Anwendung. **261**

- Im Falle einer unterbliebenen Honorarvereinbarung gilt nach § 632 Abs. 1 BGB eine Vergütung als stillschweigend vereinbart, und zwar nach § 632 Abs. 2 BGB die „übliche" Vergütung[383].

- Unter der Herrschaft der HOAI a. F. war das Honorar in diesem Fall nach § 6 HOAI a. F. zu berechnen. Dabei ist **regelmäßig der Mindestsatz** maßgebend, wenn nicht Pauschalen oder abweichende Stundensätze vereinbart worden sind[384].

- Werden Nebenkosten und Ersatz der Mehrwertsteuer nicht besonders vereinbart, sind diese im Honorar enthalten[385].

Die Vergütung von Sachverständigenleistungen war im Teil IV der **Honorarordnung für Architekten und Ingenieure HOAI** a. F. geregelt[386]. Die §§ 33 und 34 HOAI a. F. fanden auf die nach diesen Vorschriften erfassten Leistungen und Gutachten Anwendung, sofern nicht Sonderregelungen maßgeblich sind. Mit der Novellierung der HOAI sind die Regelungen zur Honorierung von Wertgutachtern ersatzlos gestrichen worden. **262**

Generell konnten **Gutachten unterschieden werden nach** **263**

a) sog. *Honorargutachten* nach § 33 HOAI a. F. einschließlich entsprechender Schiedsgutachten, deren Honorierung frei vereinbart werden kann, und

b) sog. *Schadensgutachten,* die nicht dem § 33 HOAI a. F. unterliegen.

Für Wertermittlungen bestimmte § 34 HOAI a. F. i. V. m. den Honorartafeln **Mindest- und Höchstsätze,** wobei eine schriftliche Vereinbarung nach § 4 Abs. 4 HOAI a. F. für Abweichungen von den Mindestsätzen der Normalstufe Voraussetzung ist; bei abweichenden Vereinbarungen ist ggf. das maßgebliche Honorar nach § 5a HOAI a. F. durch lineare Interpolation zu ermitteln. Grundlage für die Bemessung des Honorars ist nach § 34 Abs. 2 HOAI a. F. der vom Sachverständigen ermittelte Wert des Grundstücks, Gebäudes, einer anderen baulichen Anlage oder des Rechts an einem Grundstück. Bezüglich des für den **Wert maßgeblichen Zeitpunkts** bestehen im Schrifttum unterschiedliche Auffassungen[387]. In Betracht kommt: **264**

a) der Wertermittlungsstichtag[388] oder

b) der Zeitpunkt der Wertermittlung, d. h. der Erstellung des Gutachtens entsprechend dem Wortlaut der Bestimmung[389].

---

383 BGH, Urt. vom 26.10.2000 – VII ZR 239/98 –, NJW 2001, 151; OLG München, Beschl. vom 30.3.1979 – 11 W 922/79 –, JurBüro 1979, 1059 = WRP 1979, 349 = EzGuG 11.114k; AG München, Beschl. vom 28.7.1995 SP 1996, 60.
384 Kurth in NJW 1990, 2038; AG Bonn, Urt. vom 10.9.1980 – 3 C 65/80 –,VersR 1981, 91 = EzGuG 11.120d.
385 BGH, Urt. vom 25.2.1982 – VII ZR 116/81 –, BB 1982, 768 = EzGuG 11.126e; OLG Karlsruhe, Beschl. vom 17.11.1978 – 15 U 111/79 –, DB 1979, 447.
386 OLG Düsseldorf, Urt. vom 9.2.1979 – 22 U 200/78 –, BauR 1979, 352 = EzGuG 11.114h.
387 Motzke/Wolff, Praxis der HOAI, München 1992, S. 345.
388 Hesse/Korbion/Mantscheff/Vygen, HOAI Komm. 3. Aufl. München, § 34 Rn. 11; Hartmann, Die neue Honorarordnung für Architekten und Ingenieure (HOAI), Komm. Losebl. Kissingen § 34 Rn. 12.
389 Locher/Koeble/Frik, Komm. zur HOAI 6. Aufl. Düsseldorf 1991, § 34 Rn. 3.

II Sachverständigenwesen
Sachverständiger

Ein **Verlust des Vergütungsanspruchs** tritt neben der Verjährung ein, wenn

a) der Sachverständige sein Gutachten nicht persönlich erstattet hat[390],

b) das Gutachten aufgrund inhaltlicher Mängel (vgl. Rn. 203) unverwertbar ist und die Unverwertbarkeit des Gutachtens vom Sachverständigen grob verschuldet worden ist[391],

c) der Sachverständige mit Erfolg wegen Besorgnis der Befangenheit abgelehnt wird.

Im Falle einer Beauftragung des Sachverständigen in einem Rechtsstreit kann von der obsiegenden Partei die Erstattung der Kosten eines Privatgutachtens gegenüber der unterlegenen Partei (**Kostenerstattungsanspruch**) nach § 91 ZPO geltend gemacht werden, soweit diese zur zweckentsprechenden Rechtsverfolgung erforderlich waren, daneben kann alternativ auch ein Anspruch nach § 634 BGB gegeben sein (Anspruchkonkurrenz). Die Höhe richtet sich nach der Vereinbarung zwischen Auftraggeber und Auftragnehmer bzw. nach dem üblichen Honorar, wenn keine Vereinbarung getroffen wurde.

1.8.2 Vergütung von gerichtlich bestellten Sachverständigen

Schrifttum: *Kröber*, NStZ 1999, 170; *Meyer/Höver/Bach*, Die Vergütung und Entschädigung von Sachverständigen, Zeugen, Dritten und von ehrenamtlichen Richtern nach dem JVEG, 24. Aufl. Köln 2007; *Ulrich, J.*, Zum „Lohn" des gerichtlichen Sachverständigen, JurBüro 2003, 515; *Schneider, H.*, Änderungen bei der Zahlung von Vergütungen und Entschädigungen durch die Einführung des Justizvergütungs- und -entschädigungsgesetzes (JVEG), JurBüro 2004, 360.

1.8.2.1 Rechtsgrundlage

265 Die Entschädigung oder Vergütung des gerichtlich bestellten Sachverständigen bestimmt sich ausschließlich nach dem **Justizvergütungs- und -entschädigungsgesetz – JVEG –** (abgedruckt im Anh. 1.4 = GuG 2013/6). Die Anwendung dieser Entschädigungsbestimmungen setzt nach § 1 JVEG den Auftrag eines deutschen Gerichts voraus. Das Gesetz findet nach § 1 auch Anwendung auf die Gutachtenerstattung im Auftrag

– einer Staatsanwaltschaft,

– einer selbst ermittelnden Finanzbehörde,

– einer Verwaltungsbehörde im Ordnungswidrigkeitsverfahren,

– der Polizei und

– eines Gerichtsvollziehers.

Es gilt nicht nur für öffentlich bestellte und vereidigte, sondern für alle Arten von Sachverständigen. Keine Entschädigung nach dem JVEG erhalten indessen Angehörige von Behörden, die im Rahmen ihrer Dienstaufgaben Gutachten erstatten (§ 1 Abs. 3 JVEG).

Das **JVEG** ist nach § 26 Abs. 3 Satz 2 VwVfG und den entsprechenden Landesregelungen im Verwaltungsverfahren **unter Berücksichtigung ergänzender landesrechtlicher Vorschriften anwendbar.**

---

390 KG, Beschl. vom 6.8.2004 – 6 W 135/04 –, GuG 2005, 380 = EzGuG 11.392; OLG Düsseldorf, Beschl. vom 9.3.1989 – 11 W 3/89 –, JurBüro 1989, 1169 = FamRZ 1989, 889; OLG Frankfurt am Main, Beschl. vom 7.6.1977 – 20 W 443/77 –, JurBüro 1977, 1613 = EzGuG 11.109 d; OVG Lüneburg, Beschl. vom 19.8.1968 – 2 D 9/68 –, GewArch 1968, 287 = EzGuG 11.65c.

391 BSG, Beschl. vom 15.7.2004 – B 9 V 24/03 B –, NZS 2005, 230 = EzGuG 11.389; OLG Frankfurt am Main, Urt. vom 6.5.2004 – 25 W 27/04 –, BauR 2005, 158 = EzGuG 11.383a; OLG Hamburg, Beschl. vom 2.10.1996 – 8 W 191/96 –, JurBüro 1997, 96 = MDR 1997, 102 = EzGuG 11.235f; OLG Düsseldorf, Beschl. vom 21.8.1995 – 10 W 66/95 –, MDR 1995, 1267 = EzGuG 11.224; OLG Koblenz, Beschl. vom 27.11.1992 – 5 W 637/92 –, BB 1993, 1975 = EzGuG 11.198c; OLG Koblenz, Beschl. vom 6.1.1981 – 3 U 806/79 –, Rpfleger 1981, 248; OLG Koblenz, Beschl. vom 15.8.1980 – 14 W 322, 363/80 –, VersR 1981, 756 = EzGuG 11.120b; OLG Frankfurt am Main, Beschl. vom 24.3.1977 – 20 W 108/77 –, BB 1978, 1690 = EzGuG 11.108c; LG Bremen, Beschluss vom 17.1.1977 – 7-3 O 1584/70 –, NJW 1977, 2126 = EzGuG 11.105; KG, Urt. vom 3.10.1972 – 1 W 1299/72 –, Rpfleger 1973, 38 = EzGuG 11.85a; OLG Hamm, Beschl. vom 31.3.1970 – 15 W 480/71 –, NJW 1970, 1240 = EzGuG 11.71; OLG Celle, Beschl. vom 18.10.1968 – 8 W 244/68 –, NdsRpflege 1969, 155 = EzGuG 11.65f; OLG Frankfurt am Main, Beschl. vom 18.10.1962 – 6 W 425/62 –, NJW 1963, 400 = EzGuG 11.28. Kein automatischer Wegfall des Vergütungsanspruchs: OLG Frankfurt am Main, Beschl. vom 13.1.2003 – 3 WF 226/02 –, GuG 2005, 58 = EzGuG 11.345b.

Das JVEG gilt nach § 1 Abs. 2 Satz 2 nicht für **Angehörige einer Behörde oder sonstigen** **266** **öffentlichen Stelle**, die nicht Ehrenbeamte oder ehrenamtlich tätig sind, wenn sie in Erfüllung ihrer Dienstaufgaben tätig sind[392]. Es findet jedoch Anwendung, wenn Behörden oder sonstige öffentliche Stellen von dem Gericht, der Staatsanwaltschaft, der Finanzbehörde oder der Verwaltungsbehörde zu Sachverständigenleistungen herangezogen werden (§ 1 Abs. 2 Satz 1 JVEG), wenn dies nach den einschlägigen Verfahrensvorschriften vorgesehen ist. Auf Privatgutachten findet das JVEG keine unmittelbare Anwendung.

1.8.2.2 Vergütungsanspruch

Ein **Entschädigungsanspruch** eines Sachverständigen **besteht** grundsätzlich **ohne Rück-** **267** **sicht auf die Verwertbarkeit der erbrachten Leistung**[393].

Ein Anspruch auf Vergütung besteht auch

- bei *vorzeitiger Beendigung des Auftrags* aus Gründen, die er nicht zu vertreten hat[394],
- bei *Rückgabe des Auftrags wegen Unzuständigkeit*[395] sowie
- bei einer *gutachterlichen Ergänzung* eines bereits erstatteten Gutachtens, soweit die dadurch erforderliche Tätigkeit einen neuen Sachverhalt zum Inhalt hat[396].

Nach § 407a Abs. 3 Satz 2 ZPO hat der Sachverständige das Gericht rechtzeitig darauf hinzuweisen, wenn die voraussichtlichen **Kosten seines Gutachtens erkennbar außer Verhältnis zum Wert des Streitgegenstands** stehen oder einen angeforderten Kostenvorschuss erheblich (um mehr als 25 %) übersteigen. Andernfalls läuft er Gefahr, dass das Gericht seine Vergütung kürzt[397].

Der *gerichtlich zugezogene Sachverständige,* der abgelehnt wird, verliert seinen Entschädigungsanspruch nur dann, wenn er die **Ablehnung grob fahrlässig verursacht** hat[398]. Ist ein Gutachten unbrauchbar, so ist in diesem Sinne ebenfalls ein Entschädigungsanspruch ausge-

---

392 OLG Düsseldorf, Beschl. vom 16.1.1968 – 2 Ws 570/67 –, KostRsp § 1 Nr. 29.
393 OVG Berlin, Beschl. vom 7.12.2004 – 1 K 1/04 –, GuG 2005, 319 = EzGuG 11.413a; VG Stuttgart, Urt. vom 8.7.2004 – 4 K 1554/04 –, EzGuG 11.388; OLG Düsseldorf, Beschl. vom 4.6.1992 – 11 WF 13/91 –, MDR 1992, 912 = EzGuG 11.194b; OLG Karlsruhe, Urt. vom 26.11.1998 – 3 W 66/98 –, OLGR-Karlsruhe 1999, 184 = EzGuG 11.273a; zum Fristversäumnis: BGH, Urt. vom 30.5.1962 – IV ZB 106/62 –, EzGuG 11.24g. Keine Vergütung wird gewährt für die Vorprüfung der Frage, ob der Sachverständige die notwendige Kompetenz hat, wenn er dies aus den überlassenen Unterlagen ersehen kann (OLG Düsseldorf, Beschl. vom 11.5.1993 – 10 W 12/93 –, OLGR-Düsseldorf 1994, 104 = EzGuG 11.205i).
394 OLG Hamm, Beschl. vom 16.3.1966 – 3 Ws 453/65 –, NJW 1966, 1883; OLG Bamberg, JVBl 1970, 155; KG, Beschl. vom 9.10.1970 – 1 W 5377/70 –, BB 1971, 242; VGH München, Beschl. vom 5.3.1997 – BReg 3 Z 49/71 –; OLG Bamberg, Beschl. vom 29.12.1972, JurBüro 1973, 672; OLG München, Beschl. vom 10.2.1978, Rpfleger 1978, 272; KG, Beschl. vom 24.10.1980 – 1 W 2666/80 – JurBüro 1981, 1866; OLG Frankfurt am Main, Beschl. vom 14.7.1981 – 12 U 65/80 –, JurBüro 1981, 1885 = VersR 1982, 981.
395 BGH, Beschl. vom 20.3.1979 – X ZR 21/76 –, NJW 1979, 1939 = EzGuG 11.114j; OLG Frankfurt am Main, Beschl. vom 3.8.1988 – 9 U 381/85 –, Rpfleger 1989, 304 = EzGuG 11.170a; OLG Köln, Beschl. vom 7.12.1992 – 17 W 273/92 –, MDR 1993, 1024 = GuG-aktuell 2004, 31; OLG Bamberg, Beschl. vom 29.12.1972, JurBüro 1973, 672; OLG Hamburg, Beschl. vom 23.4.1975 – 8 W 88/75 –, JurBüro 1975, 1349; LG Konstanz, Beschl. vom 20.10.1969 – III O 131/66 –, BB 1970, 641.
396 LSozG Berlin, Urt. vom 13.5.2004 – L 2 SF 23/03 – F –, EzGuG 11.383e.
397 OLG München, Beschl. vom 20.3.2008 – 11 WF 1195/07 –, EzGuG 11.633; OLG Nürnberg, Beschl. vom 10.10.2002 – 6 W 1891/02 –, GewA 2003, 343 = NJW-RR 2003, 791 = EzGuG 11.343; OLG München, Beschl. vom 11.12.1997 – 1 ZBR 143/97 – NJW 1998, 3788 = GuG-aktuell 1999, 39 = EzGuG 11.258; OLG Düsseldorf, Beschl. vom 1.6.1992 – 11 WF 14/91 –; OLG München, Beschl. vom 14.8.1981 – 3 Z 20/82 –, JurBüro 1982, 110 = EzGuG 11.125e; KG, Beschl. vom 24.10.1980 – 1 W 2666/80 –, JurBüro 1981, 1866 = EzGuG 11.120l; LG Traunstein, Beschl. vom 19.10.1978, JurBüro 1980, 109; LG Traunstein, Beschl. vom 4.8.1978 – 1 O 465/74 –, JurBüro 1980, 109 = EzGuG 11.112c = JurBüro 1980, 109; OLG München, Beschl. vom 28.11.1977 – 11 W 2244/77 –, Rpfleger 1979, 158; OLG Hamm, Beschl. vom 10.5.1972 – 10 W 65/70 –, NJW 1970, 1980 = JVBl 1972, 218; OLG München, Beschl. vom 27.6.1972 JVBl 1972, 287; OLG Düsseldorf, Beschl. vom 24.6.1970 – 10 W 65/70 –, JVBl 1970, 206; OLG Bamberg, Beschl. vom 19.1.1969, JurBüro 1969, 141; OLG Zweibrücken, Beschl. vom 25.8.1965 – 2 W 49/65 –, JurBüro 1965, 906 = EzGuG 11.48c.
398 OLG Koblenz, Beschl. vom 17.2.2004 – 14 W 199/04 –, MDR 2004, 831 = EzGuG 11.375a; OLG Koblenz, Beschl. vom 15.8.1980 – 14 W 322, 363/80 –, VersR 1981, 756 = EzGuG 11.120b; KG Berlin, Urt. vom 3.10.1972 – 1 W 1299/72 –, Rpfleger 1973, 38 = EzGuG 11.85a; OLG Köln, Urt. vom 8.5.1970 – 8 W 25/70 –, NJW 1970, 1980 = EzGuG 11.71b; BGH, Urt. vom 15.12.1975 – X ZR 52/73 –, NJW 1976, 1154 = EzGuG 11.100a.

schlossen, wenn wiederum die Unbrauchbarkeit grob fahrlässig herbeigeführt wurde[399]. Eine Entschädigung kann auch dann versagt werden, wenn der Sachverständige seine Ablehnung wegen Besorgnis der Befangenheit grob fahrlässig oder durch bewusste Pflichtwidrigkeit herbeigeführt hat[400]. Lädt ein gerichtlich bestellter Sachverständiger zu einem Ortstermin einen beigetretenen Streithelfer nicht ein, so kann er für diesen **Ortstermin** keine Entschädigung verlangen[401].

Der Sachverständige kann seinen **Vergütungsanspruch** in folgenden Fällen **verlieren:**

a) *Unverwertbarkeit von Gutachten*

Ist ein Gutachten unbrauchbar, verliert der Sachverständige seinen Anspruch auf Entschädigung, wenn er die **Unverwertbarkeit eines Gutachtens** in der Rechtsform des Vorsatzes oder der groben Fahrlässigkeit (in grob schuldhafter Weise) selbst zu verantworten hat[402]. Unverwertbar ist ein Gutachten, wenn es in einem gerichtlichen Verfahren für die Beantwortung der Beweisfragen in keiner Weise eine Grundlage bilden kann oder wenn die Schlussfolgerungen auch von einem bemühten Auftraggeber nicht zu verstehen sind. Unverständlichkeit kann sich aus Stil und Sprache der Darstellung, aber auch aus dem Fehlen wesentlicher Gutachtenteile ergeben[403]. Unverwertbar ist es insbesondere auch dann, wenn die Verwertbarkeit des Gutachtens auch nicht durch Ergänzung herzustellen ist[404]. Eine Entschädigung kann auch dann versagt werden, wenn der Sachverständige seine Ablehnung wegen Besorgnis der Befangenheit grob fahrlässig oder durch bewusste Pflichtwidrigkeit herbeigeführt hat[405]. Eine **Überschreitung des Gutachtenauftrags** führt indes nicht zwingend zum Verlust des Vergütungsanspruchs[406].

b) *Grob fahrlässig verursachte Ablehnung eines Sachverständigen*

Im Falle einer Ablehnung des gerichtlich zugezogenen Sachverständigen verliert er seinen Entschädigungsanspruch nur dann, wenn er die **Ablehnung grob fahrlässig verursacht hat**[407]. Der Vergütungsanspruch des Sachverständigen geht indessen nicht schon dadurch unter, dass er mit Erfolg einer Partei abgelehnt wurde[408].

c) *Fehlerhafte Durchführung des Ortstermins*

Lädt ein gerichtlich bestellter Sachverständiger zu einem Ortstermin einen beigetretenen Streithelfer nicht ein, so kann er für diesen **Ortstermin** keine Entschädigung verlangen[409].

---

399 OLG Düsseldorf, Beschl. vom 12.1.1995 – 10 W 135/94 –, BauR 1995, 435 = EzGuG 11.222; OLG Frankfurt am Main, Beschl. vom 6.5.2004 – 25 W 27/04 –, BauR 2005, 158 = EzGuG 11.283a.
400 OLG Düsseldorf, Beschl. vom 8.5.2001 – 10 W 33/01 –, GuG 2003, 320.
401 OLG Koblenz, Beschl. vom 17.2.2004 – 14 W 199/04 –, MDR 2004, 831 = EzGuG 11.375a; OLG Saarbrücken, Beschl. vom 27.5.2003 – 7 U 604/01 –, GuG 2004, 315 = EzGuG 11.349e.
402 OLG Brandenburg, Urt. vom 8.4.2005 – 1 W 3/05 –, MDR 2005, 1131 = EzGuG 11.440a; OLG Frankfurt am Main, Beschl. vom 6.5.2004 – 25 W 27/04 –, BauR 2005, 158 = EzGuG 11.283a; OLG Düsseldorf, Beschl. vom 31.5.2001 – 10 WF 10/01 –, GuG 2001, 63 = EzGuG 11.300; OLG München, Beschl. vom 11.10.2001 – 11 W 2467/01 –, GuG 2003, 180 = EzGuG 11.313; OLG Hamburg, Beschl. vom 4.4.2000 – 8 W 82/00 –, GuG 2001, 126 = EzGuG 11.285a; OLG Düsseldorf, Beschl. vom 12.1.1995 – 10 W 135/94 –, BauR 1995, 435 = EzGuG 11.222; zur leichten Fahrlässigkeit: OLG München, Beschl. vom 5.12.1980 – 11 W 2363/80 –, EzGuG 11.121j.
403 LSozG Schleswig-Holstein, Beschl. vom 22.4.2008 – L 1 B 89/08 SK –, GuG-aktuell 2008, 3 = EzGuG 11.635, OLG Schleswig, Beschl. vom 6.10.2006 – 15 WF 244/06 –, OLGR-Schleswig 2006, 883 = EzGuG 11.542.
404 OLG Hamburg, Urt. vom 2.10.1996 – 8 W 191/96 –, MDR 1997, 102 = EzGuG 11.235f.
405 OLG Düsseldorf, Beschl. vom 8.5.2001 – 10 W 33/01 –, GuG 2003, 320.
406 OLG Jena, Beschl. vom 2.6.2008 – 4 W 198/08 –, GuG 2009, 60 = EzGuG 11.644.
407 OLG Koblenz, Beschl. vom 17.2.2004 – 14 W 199/04 –, MDR 2004, 831 = EzGuG 11.375a; OLG Koblenz, Beschl. vom 15.8.1980 – 14 W 322, 363/80 –, VersR 1981, 756 = EzGuG 11.120a; KG Berlin, Urt. vom 3.10.1972 – 1 W 1299/72 –, Rpfleger 1973, 38 = EzGuG 11.85a; OLG Köln, Urt. vom 8.5.1970 – 8 W 25/70 –, NJW 1970, 1980 = EzGuG 11.71b; BGH, Urt. vom 15.12.1975 – X ZR 52/73 –, NJW 1976, 1154 = EzGuG 11.100a.
408 OLG Cottbus, Urt. vom 31.8.2005 – 4 O 130/02 –, GuG 2006, 121 = EzGuG 11.464.
409 OLG Koblenz, Beschl. vom 17.2.2004 – 14 W 199/04 –, MDR 2004, 831 = EzGuG 11.375a; OLG Saarbrücken, Beschl. vom 27.5.2003 – 7 U 604/01 –, GuG 2004, 315 = EzGuG 11.349e.

Ein Vergütungsanspruch entfällt auch, wenn der Sachverständige erfolgreich abgelehnt wurde, weil er in der Wohnung einer Partei einen Ortstermin durchgeführt hat, ohne die andere Partei bzw. deren Prozessbevollmächtigten davon zu unterrichten.

d) Vorprüfung

Für die **Vorprüfung** eines Sachverständigen, ob er das Gutachten erstatten kann, kann i. d. R. eine Entschädigung nicht verlangt werden, wenn er ohne Schwierigkeiten erkennen konnte, dass er das erwartete Gutachten nicht erstellen kann. Etwas anderes gilt dann, wenn der Sachverständige erst nach Aktenstudium feststellen kann, dass er aus Gründen, die er nicht zu vertreten hat, das gewünschte Gutachten nicht erstatten kann[410].

1.8.2.3 Vergütungsantrag

a) Allgemeines

Der Anspruch auf Entschädigung oder Vergütung muss nach § 2 JVEG durch **Vergütungsantrag** innerhalb einer Frist von drei Monaten geltend gemacht werden; der Antrag ist i. d. R. in zweifacher Ausfertigung bei dem Gericht einzureichen, das den Gutachter beauftragt hat. In dem Verlangen sind die Kosten zu spezifizieren und der Endbetrag anzugeben; eine Entschädigungs- oder Vergütungszuweisung „von Amts wegen" kennt das JVEG nicht. Mit dem Eingang des Vergütungsantrags ist der Vergütungsanspruch entstanden. 268

Nach § 3 JVEG kann in Ausnahmefällen ebenfalls auf Antrag ein **Vorschuss** gewährt werden[411].

– Der Sachverständige muss sich hinsichtlich der Höhe seiner Vergütung an den im Beweisbeschluss angegebenen Vorschuss halten. Bei einer Überschreitung von mehr als 20 % führt dies zum Verlust des Vergütungsanteils, der über den 20%igen Mehraufwand hinausgeht; eine Kürzung unterbleibt jedoch, wenn davon auszugehen ist, dass die Begutachtung im Falle einer rechtzeitigen Anzeige nicht durchgeführt worden wäre[412].

– Weist der Sachverständige nicht rechtzeitig darauf hin, dass der von beiden Parteien teilweise eingezahlte Vorschuss nicht ausreicht, hat er einen insolvenzbedingt nicht gezahlten Kostenanteil selbst zu tragen und sein Vergütungsanspruch ist entsprechend zu kürzen[413].

Daneben besteht die Möglichkeit, einen Antrag nach § 4 JVEG zu stellen, um auf der Grundlage einer detaillierten Kostenaufstellung einen **gerichtlichen Beschluss über die zu gewährende Entschädigung, Vergütung** herbeizuführen, wenn sonst keine Kostendeckung gewährleistet ist[414].

Der **Vergütungsanspruch unterliegt der Verjährung**. 269

a) Die *Verjährungsfrist der Geltendmachung* beträgt drei Monate (§ 2 Abs. 1 Satz 1 JVEG). Die Frist beginnt mit Eingang des Gutachtens beim Auftraggeber zu laufen; bei einer mündlichen Erstattung des Gutachtens durch den Sachverständigen beginnt die Frist des § 2 Abs. 1 JVEG mit der Beendigung seiner Hinzuziehung[415]. Wird der Berechtigte zur schriftlichen Begutachtung oder im Falle der Vernehmung als Sachverständiger bzw. Zeuge in demselben Verfahren in demselben Rechtszug mehrfach herangezogen, ist für den Beginn aller Fristen die letzte Heranziehung maßgebend (§ 2 Abs. 1 Satz 3 JVEG). Nach Ablauf der Antragsfrist erlischt der Vergütungsanspruch unwiederbringlich. War

---

410 OLG Düsseldorf, Beschl. vom 1.7.2004 – I 10 W 63/04 –, EzGuG 11.387; OLG Düsseldorf, Beschl. vom 1.7.2004 – I 10 47/04 –, DS 2005, 117 = EzGuG 11.386.
411 OLG Hamburg, Beschl. vom 20.8.1980 – 8 W 190/80 –, MDR 1981, 257 = EzGuG 11.121n.
412 AG Ludwigslust, Beschl. vom 16.4.2009 – 3 C 237/07 –, GuG-aktuell 2009, 39 = EzGuG 11.685.
413 LG Gießen 2009.
414 Zur Anfechtung von Entschädigungsfestsetzungen Müller-Brühl in DStZ 1993, 289; OLG Celle, Beschl. vom 10.5.1962 – 3 Ws 214/62 –, NJW 1962, 1785 = EzGuG 11.24e; OLG Düsseldorf, Beschl. vom 8.9.1994 – 10 W 109/94 –, GuG 1995, 377 = EzGuG 11.217a; OLG Köln, Urt. vom 6.9.2000 – 11 U 261/99 –, GuG 2001, 254 = EzGuG 11.288c; LSozG Thüringen, Urt. vom 19.9.1995 – L 5 B 17/94 –, MedSach 1996, 134 = EzGuG 11.224c; OLG München, Urt. vom 2.12.1994 – 11 W 1015/94 –, FamRZ 1995, 1598 = EzGuG 11.218b; OLG Düsseldorf, Urt. vom 19.12.1980 – 10 W 99/80 –, VersR 1981, 862 = EzGuG 11.121l.
415 LG Itzehoe, Beschl. vom 22.9.2009 – 10 O 96/08 –, EzGuG 11.708.

der Berechtigte allerdings ohne sein Verschulden an der Einhaltung der Dreimonatsfrist gehindert, gewährt ihm das Gericht gemäß § 2 Abs. 2 Satz 1 JVEG Wiedereinsetzung in den vorherigen Stand[416]. Der Gutachter ist zudem beweispflichtig dafür, dass die Rechnung für sein Gutachten innerhalb der Dreimonatspflicht des § 2 Abs. 1 Satz 1 JVEG bei Gericht eingegangen ist[417].

b) Ist die Vergütung nach ihrer Geltendmachung nicht gewährt worden, so verjährt sich sein *Entschädigungsanspruch* nach § 2 Abs. 3 JVEG nach Ablauf von drei Jahren, beginnend mit dem Schluss des Jahres, in dem der Vergütungsanspruch mit Eingang des Gutachtens bei dem Auftraggeber entstanden ist.

Im Übrigen gelten die Verjährungsbestimmungen des BGB.

1.8.2.4 Gegenstand der Vergütung

Schrifttum: *Bleutge,* Fotos, Ausdrucke und Kopien, Der Bausachverständige 2012, 58; *Schneider,* Komm. zum JVEG, 1. Aufl. München 2007; *Ulrich,* Der gerichtliche Sachverständige, 12. Aufl. Köln 2007 Rn. 901 ff.

270 **Sachverständige erhalten** nach § 8 Abs. 1 **JVEG als Vergütung:**

1. ein sich nach den §§ 9 bis 11 JVEG bemessendes Honorar für ihre Leistung,
2. einen Fahrtkostenersatz nach § 5 JVEG,
3. eine Aufwandsentschädigung nach § 6 JVEG,
4. einen Ersatz für sonstige Aufwendungen nach den §§ 7 bis 11 JVEG,
5. einen Ersatz für besondere Aufwendungen nach § 12 JVEG sowie
6. eine besondere Vergütung nach § 13 JVEG.

---

416 OLG Schleswig 2009.
417 LSozG München, Beschl. vom 23.12.2009 – L 15 SF 352/09 –, EzGuG 11.720.

Abb. 9: Sachverständigenvergütung

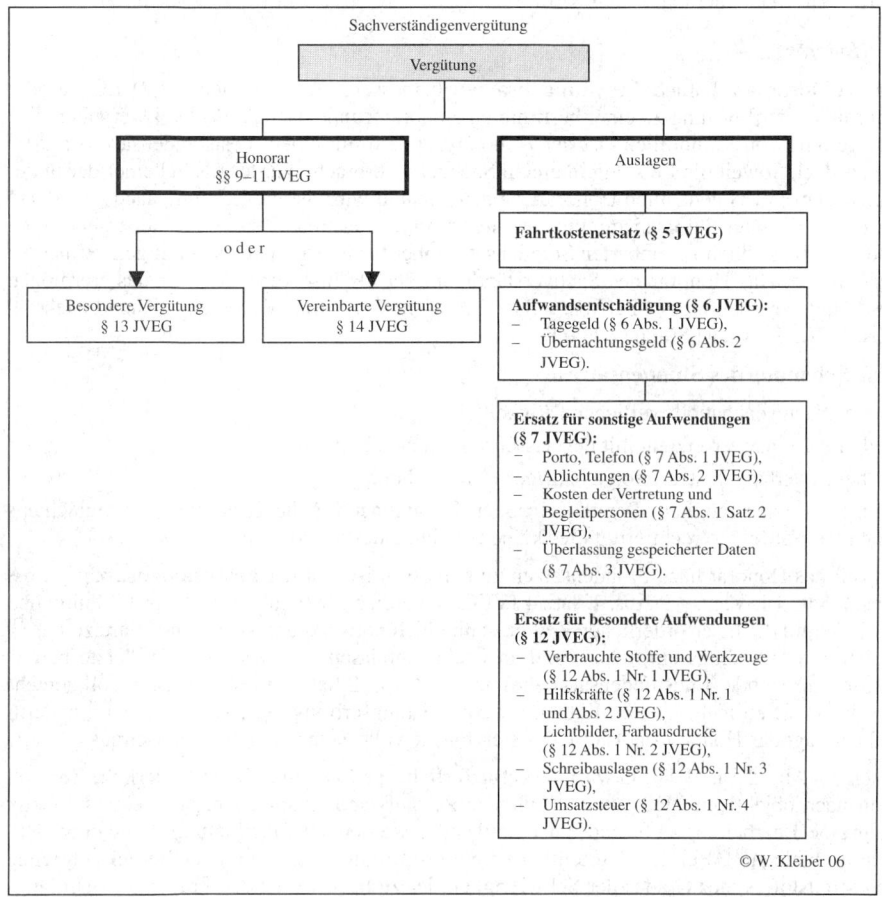

Die Prozessparteien können sich nach § 13 JVEG (bisher § 7 ZSEG) dem Gericht gegenüber mit einer bestimmten oder abweichend **von den gesetzlichen Regelungen zu bemessenden Vergütung** einverstanden erklären; dabei können auch Aufwendungen zum Gegenstand der besonderen Vereinbarung gemacht werden. Voraussetzung für eine höhere Vergütung ist, dass der Sachverständige in seinem Kostenvoranschlag die Höhe der Vergütung bestimmt hat und ein ausreichender Kostenvorschuss an die Staatskasse bezahlt wurde. Weitere Voraussetzung dafür ist, dass die Prozessparteien sich in erkennbarer Weise dem Gericht gegenüber erklären; das bloße Stillschweigen der Parteien stellt keine entsprechende Vereinbarung dar[418]. Das Gericht kann aber die Zustimmung einer anderen Partei (durch Richtervotum) ersetzen[419]. Nach § 13 Abs. 2 JVEG soll das zu vereinbarende Honorar das Eineinhalbfache des höchsten Stundensatzes nach § 9 nicht überschreiten. Die Vereinbarung ist verbindlich[420].

Darüber hinaus kann die oberste Landesbehörde oder eine von ihr bestimmte Stelle nach § 14 JVEG zur **Vereinfachung der Abrechnung** eine Vergütung im Rahmen der nach dem JVEG

---

[418] OLG Hamm, Beschl. vom 26.8.1971 – 15a W 196/71 –, JVBl 1972, 45; OLG Nürnberg, Beschl. vom 23.6.1969 – 2 W 39/68 –, JVBl 1970, 69.
[419] OLG Stuttgart, Beschl. vom 9.7.2001 – 8 W 357/01 –, NJW-RR 2002, 462 = GuG 2001, 382 = DB 2001, 1926 = EzGuG 11.306; AG Trier, Beschl. vom 1.9.2004 – 5 V 11/04 –, EzGuG 11.390; OLG Celle, Beschl. vom 28.3.1961 – 8 U 81/85 –, MDR 1961, 809.
[420] OLG Frankfurt am Main, Beschl. vom 25.9.1964 – 6 W 298/64 –, JVBl 1965, 191.

II Sachverständigenwesen Sachverständiger

zulässigen Vergütung vereinbaren, wenn der Sachverständige „häufig" zur Erledigung von Gerichtsaufträgen herangezogen wird.

a) Honorar

271 Das **Honorar** wird **nach Feststundensätzen** bemessen, die sich nach § 9 JVEG aus der Zuordnung der Leistung zu einer bestimmten Honorargruppe nach Anl. 1 zu § 9 ergeben. Die „Bewertung von Immobilien" ist der Honorargruppe 6 mit einem Feststundensatz von 90 € zugeordnet. Soweit die Leistung in einem Sachgebiet erbracht wurde, das in keiner der in der Anl. 1 zum JVEG genannten Honorargruppen genannt wird, ist die Leistung nach § 9 Abs. 1 Satz 3 JVEG unter Berücksichtigung der allgemein für Leistungen dieser Art außergerichtlich und außerbehördlich vereinbarten Stundensätze einer Honorargruppe nach billigem Ermessen zuzuordnen. Das Honorar des Sachverständigen, der als Insolvenzverwalter das Vermögen des Schuldners beurteilt (§ 22 Abs. 1 Satz 2 Nr. 3 InsO), beträgt davon abweichend nach § 9 Abs. 2 JVEG für jede Stunde 80,00 €.

272 Eine **Erhöhung des Stundensatzes**

– bei Nachweis hauptberuflicher Tätigkeit[421],

– bei Auseinandersetzung mit der wissenschaftlichen Lehre und

– bei Erwerbsverlusten infolge häufiger Heranziehung

ist nicht (mehr) möglich. Benutzt ein Sachverständiger für die Erstellung des Gutachtens einen **Computer**, so rechtfertigt dies keine Erhöhung des Stundensatzes[422].

Soweit das Honorar nach Stundensätzen zu bemessen ist, gilt der **Feststundensatz** nach § 8 Abs. 2 Satz 1 i. V. m. § 9 Abs. 1 Satz 4 JVEG einheitlich für sämtliche Arbeitsabschnitte und für jede Stunde der erforderlichen Zeit einschließlich notwendiger Reise- und Wartezeiten[423]. Dabei wird allerdings ein hoher Grad an Fachkenntnissen vorausgesetzt. Die letzte bereits begonnene Stunde (Endstundensatz) wird nach § 8 Abs. 2 Satz 2 JVEG nur dann voll gerechnet, wenn sie zu mehr als 30 Minuten für die Leistungserbringung erforderlich war; andernfalls beträgt das Honorar die Hälfte des sich für die volle Stunde ergebenden Betrags.

Nach § 8 Abs. 2 Satz 1 JVEG wird die **erforderliche Zeit** vergütet. Die erforderliche Zeit soll dem nach objektiven Maßstäben[424] üblichen Zeitaufwand entsprechen, d. h., eine subjektiv langsame Bearbeitung aufgrund einer notwendig werdenden Einarbeitung muss unberücksichtigt bleiben[425]. Bei der Beurteilung ist ein großzügiger Maßstab unter Berücksichtigung des Streitstoffes, des Grades der Schwierigkeit der zu beantwortenden Fragen, des Umfangs des Gutachtens und der Bedeutung der Streitsache anzulegen[426]. Die erforderliche Zeit ist nach der Anzahl der Stunden zu bemessen, jedoch muss dazu jeder Zeitabschnitt auf die Minute festzustellen sein. Zur erforderlichen Zeit gehören insbesondere

– das Studium der Gerichtsakten nebst Beiakten,

– Wege-, Reise- und Wartezeit (einschließlich Verkehrsstau[427]) sowie die Ortsbesichtigung,

– gedankliche Vorarbeiten, Ausarbeitung und Durchsicht des Gutachtens.

---

421 OLG München, Beschl. vom 13.2.1997 – 11 WF 823/97 –, EzGuG 11.244c; OLG Düsseldorf, Urt. vom 26.5.1983 – 10 W 43/83 –, EzGuG 11.138b; OLG Köln, Urt. vom 4.8.1979 – 1 Ws 18/79 –, JurBüro 1980, 582; OLG Düsseldorf, Beschl. vom 8.9.1994 – 10 W 109/94 –, GuG 1995, 377 = EzGuG 11.217; VGH Mannheim, Urt. vom 7.10.2002 – 14 S 702/01 –, GuG 2003, 317.
422 OLG Frankfurt am Main, Beschl. vom 12.10.1993 – 18 W 242/93 –, OLGR-Frankfurt a.M. 1994, 11 = EzGuG 11.207d.
423 Zum Stundensatz im Insolvenzverfahren: AG Hamburg, Beschl. vom 28.9.2004 – 67g IN 274/04 –, NJW-RR 2005, 60 = EzGuG 11.401.
424 BGH, Urt. vom 16.12.2003 – X ZR 206/98 –, GuG 2004, 381 = EzGuG 11.364.
425 OLG Zweibrücken, Beschl. vom 25.9.1986 – 1 Ws 222/86 –, JurBüro 1988, 247 = EzGuG 11.159a; OLG Hamm, Beschl. vom 31.3.2000 – 2 Ws 287/99 –, GuG 2001, 120 = EzGuG 11.284a; OLG Hamm, Beschl. vom 27.04.1993 – 3 Ws 328/92 –, JurBüro 1994, 564 = EzGuG 11.205c.
426 OLG Bremen, Urt. vom 28.2.2008 – 2 W 95/07 –, OLGR-Bremen 2008, 376 = GuG 2008.
427 OLG Stuttgart, Beschl. vom 19.2.1996 – 1 Ws 13/96 –, JurBüro 1996, 659 = EzGuG 11.227d.

Zur erforderlichen Zeit gehören indessen nicht

- die Aufstellung und Versendung der Rechnung[428],
- Mittagspausen von durchschnittlich einer Stunde und Übernachtungen von acht Stunden[429],
- Zeitversäumnisse durch Umwege und Pannen[430],
- Anträge auf gerichtliche Festsetzung nach § 4 Abs. 1 JVEG, Einlegung von Beschwerden nach § 4 Abs. 3 JVEG sowie Stellungnahmen zu Anträgen auf Ablehnung wegen Besorgnis der Befangenheit[431].

Kriterien des Stundensatzrahmens sind

- der Grad der erforderlichen Fachkenntnisse,
- die Schwierigkeit der Leistung[432],
- ein anderweitig nicht abgedeckter Aufwand für eine notwendigerweise in Anspruch zu nehmende technische Einrichtung sowie
- besondere Umstände, unter denen die Erarbeitung des Gutachtens erfolgen musste.

Grundsätzlich ist davon auszugehen, dass die vom Sachverständigen festgestellte Zeit auch erforderlich war, jedoch unterliegen die Zeitangaben einer **Nachprüfung** des die Vergütung festsetzenden Gerichts[433]. Das Gericht hat die Vergütung nach Art und Höhe insgesamt zu prüfen und festzusetzen und kann sich nicht auf die Bestimmung des zu zahlenden Stundensatzes beschränken[434]. Wurde ein erfahrener Sachverständiger beauftragt, so ist grundsätzlich davon auszugehen, dass die von diesem angegebene Zeit für die Erstattung des Gutachtens erforderlich gewesen ist.

b) Fahrtkostenersatz

Bei Benutzung eines eigenen oder unentgeltlich zur Nutzung überlassenen Kraftfahrzeugs wird nach § 5 Abs. 2 Nr. 2 JVEG ein **Kilometergeld** von 0,30 € gewährt, für Zeugen, sachverständige Zeugen und Dritte beträgt das Kilometergeld lediglich 0,25 €. Bei Benutzung öffentlicher Verkehrsmittel werden die Fahrtkosten bis zur 1. Wagenklasse der Bahn ersetzt[435]. Höhere Fahrtkosten (auch Flugkosten) werden nach § 5 Abs. 3 JVEG nur ersetzt, soweit dadurch Mehrbeträge an Vergütung und Entschädigung erspart werden oder höhere Fahrtkosten wegen besonderer Umstände notwendig sind[436].

Einem Sachverständigen werden auch die **Aufwendungen seiner Hilfskräfte** ersetzt, jedoch darf die Hilfskraft i. d. R. keine doppelt so hohe Kilometerpauschale in Rechnung stellen, als sie der Sachverständige selbst nach § 5 Abs. 2 Nr. 2 JVEG erhält[437].

---

428 OLG München, Beschl. vom 16.8.1973 – 2 Ws 487/72 –, MDR 1973, 1044 = EzGuG 12.9b.
429 OLG Hamm, Beschl. vom 27.4.1993 – 3 Ws 328/92 –, MDR 1993, 1025 = EzGuG 11.205c; OLG Karlsruhe, Beschl. vom 19.4.1967 – 1 Ws 257/66 –, Justiz 1967, 220; zu Übernachtungskosten: LSozG Thüringen, Urt. vom 5.4.2000 – 16 B 2/00 SF –, JurBüro 2000, 489.
430 OLG Hamm, Beschl. vom 30.9.1977 – 3 Ws 439/77 –, MDR 1978, 868.
431 OLG München, Beschl. vom 16.5.1994 – 1 W 1462/94 –, MDR 1994, 1050 = EzGuG 11.211; OLG Düsseldorf, Beschl. vom 17.5.1994 – 10 W 60/94 –, MDR 1994, 1050 = EzGuG 11.212.
432 OLG Koblenz, Beschl. vom 20.4.1999 – 1 W 97/99 –, OLGR-Koblenz 2000, 27 = EzGuG 11.277e; AG Göttingen, Beschl. vom 17.9.2004 – 74 IN 260/04 –, ZinsO 2004, 1025 = EzGuG 11.399.
433 BVerfG, Beschl. vom 26.7.2007 – 1 BvR 55/07 –, BauR 2008, 724 = EzGuG 11. 594; BGH, Beschl. vom 25.9.2007 – X ZR 52/05 –, GuG-aktuell 2008, 14; OLG Karlsruhe, Beschl. vom 23.6.1999 – 3 W 60/99 –, OLGR-Karlsruhe 1999, 403 = EzGuG 11.279c; OLG Düsseldorf, Beschl. vom 5.12.1994 – 10 W 130/94 –, JurBüro 1995, 488 = EzGuG 11.219; OLG Koblenz, Urt. vom 21.8.1975 – 6 U 657/73 –, MDR 1976, 324.; OLG Hamm, Beschl. vom 27.8.1973 – 23 W 16/73 –, JMBlNRW 1974, 56 = KostRsp § 16 Nr 43; BayVerfGH, Urt. vom 28.9.1973 – Vf 10 VI 73 –; KostRsp 16 Nr 41; LG Regensburg, Beschl. vom 22.1.1979 – 2 T 212/78 –, JurBüro 1979, 1342; LG Bochum, Beschl. vom 20.10.1975 – 7 T 30/75 –, Rpfleger 1976, 32; LG Dortmund, Beschl. vom 8.3.1966 – 9 T 479/65 –, NJW 1966, 1169; LSozG Stuttgart, Beschl. vom 1.7.1974 – L 9 Ko 10/74 –, NJW 1974, 2200.
434 OLG Düsseldorf, Beschl. vom 12.11.1980 – 1 Ws 669/80 –, JurBüro 1981, 411 = EzGuG 11.121b.
435 Zur Entschädigung einer Bahncard: OLG Koblenz, Beschl. vom 25.3.1993 – 14 W 73/93 –, Rpfleger 1994, 85; OLG Hamm, Beschl. vom 30.1.1996, – 20 U 98/95 –, JurBüro 1996, 598.
436 OLG München, Beschl. vom 22.7.1981 – 25 W 1583/81 –, BauR 1982, 299 = EzGuG 11.125b; LG Braunschweig, Beschl. vom 27.3.2002 – 2 W 95/02 –, JurBüro 2003, 311 = EzGuG 11.324b.
437 OLG Düsseldorf, Beschl. vom 24.2.2009 – I 10 W 145/08 –, GuG-aktuell 2009, 39 = EzGuG 11.680.

II Sachverständigenwesen Sachverständiger

Aufwendungen eines Sachverständigen für eine Bahncard sind – jedenfalls während ihrer Gültigkeitsdauer – auch nicht anteilig als Reisekosten erstattungsfähig[438].

c) Aufwandsentschädigung

274 Der Sachverständige, der aus Anlass der Wahrnehmung eines Termins von seiner Wohnung und seinem Tätigkeitsmittelpunkt abwesend sein muss, erhält nach § 6 Abs. 1 JVEG ein **Tagegeld** in Höhe des sich nach § 4 Abs. 5 Satz 1 Nr. 5 Satz 2 EStG bestimmenden Betrags, wenn er innerhalb der Gemeinde, in dem der Termin stattfindet, weder wohnt noch berufstätig ist. Ist eine auswärtige Übernachtung notwendig, erhält er ein **Übernachtungsgeld**, das sich nach den Bestimmungen des Bundesreisekostengesetzes bemisst.

d) Ersatz für sonstige Aufwendungen

275 Nach § 7 Abs. 1 JVEG wird auch Ersatz für die in den §§ 5, 6 und 12 nicht besonders genannten baren Auslagen ersetzt, soweit sie notwendig sind: **Porto, Telefon- und Faxkosten** werden im tatsächlich angefallenen Umfang ersetzt.

Die nach § 7 Abs. 1 JVEG zu erstattenden **Kosten einer notwendigen Vertretung und notwendiger Begleitpersonen** sind nach der Rechtsprechung nur insoweit zu erstatten, wie die vom Vertreter erzielten Einnahmen hinter der an ihn gezahlten Vergütung zurückbleiben[439].

Die Anfertigungen von **Ablichtungen (Fotokopien)** werden nach § 7 Abs. 2 JVEG mit 0,50 €/Kopie (bis zu einer Größe von DIN A3) für die ersten 50 Kopien und jede darüber hinausgehende Kopie mit 0,15 €/Kopie ersetzt. Für Ablichtungen größer als DIN A 3 werden 3 € pro Seite gewährt, für Farbkopien und -ausdrucke jeweils das Doppelte der genannten Beträge.

Die **Überlassung von elektronisch gespeicherten Daten** anstelle von Ablichtungen werden nach § 7 Abs. 3 JVEG mit 1,50 € je Datei ersetzt.

e) Ersatz für besondere Aufwendungen

276 Nach dem Grundsatz des § 12 Abs. 1 Satz 1 JVEG sind mit dem Honorar nach den §§ 9 bis 11 JVEG auch die **üblichen Gemeinkosten** (allgemeine Bürokosten, Fachliteratur, Inanspruchnahme fremder Einrichtungen[440]) sowie der mit der Gutachtenerstattung üblicherweise verbundene Aufwand abgegolten.

Als „Ersatz für besondere Aufwendungen" werden jedoch gesondert ersetzt:

1. die für die Vorbereitung und Erstattung eines Gutachtens aufgewendeten notwendigen Kosten, einschließlich der notwendigen Aufwendungen für **verbrauchte Stoffe, Werkzeuge und Hilfskräfte**;
2. die für die Vorbereitung und Erstattung eines Gutachtens erforderlichen **Lichtbilder (Fotos)**[441] oder an deren Stelle tretenden **Farbausdrucke** (in Höhe einer Pauschale von 2 € und, wenn die Fotos nicht Teil des schriftlichen Gutachtens sind (§ 7 Abs. 2 JVEG), 0,50 € für den zweiten und jeden weiteren Abzug oder Ausdruck eines Fotos, § 12 Abs. 1

---

438 OLG Düsseldorf, Beschl. vom 7.4.2009 – I 10 W 32/09 –, JurBüro 2009, 374 = EzGuG 11.686.
439 OLG Koblenz, Beschl. vom 3.4.1973 – 1 Ws 124/73 –, KostRsp 9, 11; OLG Hamm, Beschl. vom 1.4.1960 – 3 Ws 479/59 –, NJW 1960, 1406 = EzGuG 11.20a. Zur Abrechnung von **Schreibgebühren**: LG Frankfurt am Main, Beschl. vom 4.4.2005 – 2 – 12 – OH 17/05 –, IBR 2005, 613 = EzGuG 11.408; OVG Bautzen, Urt. vom 31.8.2004 – 1 B 4411 A –, EzGuG 11.394.
440 BGH, Beschl. vom 16.12.2003 – X ZR 206/98 –, GuG 2004, 381 = EzGuG 11.364.
441 AG Köln, Beschl. vom 4.4.2008 – 143 H 2/07 –, EzGuG 11.634 = GuG-aktuell 2008, 39; KG, Urt. vom 12.11.2007 – 8 W 70/07 –, GuG 2008, 245 = EzGuG 11.618.

Nr. 2 Satz 2 JVEG)[442] einschließlich der Kopierkosten für die **Handakte**[443]; das Einfügen und Bearbeiten von **Lichtbildern** wird nach § 12 Abs. 1 Nr. 2 und § 9 JVEG und nicht nach § 12 Abs. 1 Nr. 3 JVEG abgegolten; macht der Sachverständige die Erstattung von Aufwendungen für Lichtbilder geltend, die er im Gutachten nicht verwendet hat, so hat er sie auf Aufforderung des Gerichts so vorzulegen, dass das Gericht prüfen kann, ob sie zur Vorbereitung und Erstattung des Gutachtens – etwa als Gedankenstütze – erforderlich waren[444];

3. für die **Erstellung des schriftlichen Gutachtens** 0,90 € je angefangene 1 000 Anschläge (die Zahl der Anschläge ist zu schätzen, wenn diese nicht bekannt ist); dieser sich aus § 12 Abs. 1 Nr. 3 JVEG ergebende Pauschalsatz ist nach *Bleutge* nur für die Erstellung der **Reinschrift** eines schriftlichen Gutachtens einschlägig[445];

4. die auf die gesamte Vergütung (§ 8 Abs. 1 JVEG) anfallende **Umsatzsteuer**[446], sofern diese nicht nach § 19 Abs. 1 UStG unerhoben bleibt (§ 12 Abs. 1 Satz 2 Nr. 4 JVEG). Ist der Sachverständige also umsatzsteuerpflichtig, kann er auf seine gesamte Vergütung (Honorar und erstattungsfähige Auslagen) die Umsatzsteuer aufschlagen.

Vorbereitende Schreibarbeiten, wie z. B. die Einladung und Protokollierung der Ortsbesichtigung[447], Terminbenachrichtigungen und Aktenanforderungen[448], sollen auf der Grundlage des § 12 Abs. 1 Nr. 1 JVEG mit dem Stundensatz abgerechnet werden, den die Sekretärin vom Gutachter als Gehalt erhält. Kein Kostenersatz wird für das Übersendungsschreiben und die Kostenrechnung sowie für den Antrag auf richterliche Festsetzung des Entschädigungsanspruchs gewährt[449].

Die **Vergütung der Hilfskräfte** ist nicht an die Höchstsätze des JVEG gebunden[450], jedoch kann sie auch nicht die Vergütung des eigentlichen Sachverständigen überschreiten[451]; die Gemeinkosten für Hilfskräfte werden nach § 12 Abs. 2 JVEG durch einen Aufschlag von

---

[442] AG Koblenz, Beschl. vom 28.1.2011 – 131 C 3468/09 –, BeckRS 2011, 06937; LG Konstanz, Urt. vom 29.12.2010 – 62 T 125/10 A –, GuU 2011, 252; LG Berlin, Urt. vom 8.09.2010 – 22 OH 13/08 –, GuU 2011, 253 = EzGuG 11.753; LG Münster, Urt. vom 16.2.2009 – 5 T 98/09 –, GuG 2009, 333 = EzGuG 11.579; KG Berlin, Urt. vom 12.11.2007 – 8 W 70/07 –, GuG 2008, 246 = EzGuG 11.618; OLG Hamburg, Beschl. vom 21.2.2007 – 8 W 21/07 –, DS 2008, 73 = EzGuG 11.569a; OLG Hamburg, Urt. vom 6.11.2006 – 307 O 269/05 –, JurBüro 2007, 216; OLG Bamberg, Urt. vom 4.1.2006 – 4 W 151/05 –, OLGR-Bamberg 2006, 460 = EzGuG 11.493; OLG Zweibrücken, Urt. vom 13.7.2005 – 7 W 60/05 –, OLGR-Zweibrücken 2006, 88 = EzGuG 11.454b; OLG Schleswig, Urt. vom 7.6.2005 – 2 Ws 203/05 –, DS 2007, 79 = EzGuG 11.450; LG Landau, Beschl. vom 25.5.2005 – 8 OH 1/05 –, DS 2006, 37 = EzGuG 11.448a; LG Hannover, Beschl. vom 17.3.2005 – 2 OH 7/04 –, GuG 2005, 316 = EzGuG 11.435; OLG Hannover, Beschl. vom 10.3.2005 – 12 O 37/02 –, JurBüro 2005, 489 = EzGuG 11.432; AG Wiesbaden, Urt. vom 8.3.2005 – 93 H 39/04 – 19 –, EzGuG 11.430; LG Hannover, Beschl. vom 6.5.2004 – 33 AR 1/04 –, GuG 2005, 253 = EzGuG 11.383c; LSozG Rheinland-Pfalz, Urt. vom 2.4.2001 – L 4 SB 14/00 –, GuG-aktuell 2003, 23 = EzGuG 11.299a; OLG Stuttgart, Beschl. vom 12.8.1997 – 8 W 706/96 –, Justiz 1994, 443 = EzGuG 11.249a; OLG Saarbrücken, Urt. vom 20.2.1996 – 6 W 6/96 –, MDR 1996, 1077 = EzGuG 11.227e; LG Mönchengladbach, Beschl. vom 10.5.1993 – 8 O 119/91 –, EzGuG 11.205g; OLG Düsseldorf, Beschl. vom 18.5.1993 – 10 W 20/93 –, EzGuG 11.206; LG Aachen, Beschl. vom 23.5.1991 – 6 T 29/91 –, JurBüro 1991, 1130.
[443] LG Stendal, Beschl. vom 5.5.2008 – 21 O 24/05 –, GuG 2009, 63 = EzGuG 11.638; OLG Stuttgart, Beschl. vom 12.09.2005 – 1 Ws 211/05 –, EzGuG 11.465; OLG München, Beschl. vom 24.1.2006 – 3 O 554/03 –, GuG 2006, 253 = EzGuG 11.496; OLG Stuttgart, Beschl. vom 12.8.1997 – 8 W 706/96 –, Justiz 1994, 443 = EzGuG 11.249a.
[444] LG Münster 2009.
[445] Bleutge, Gebühren für Gutachter, 4. Aufl. DIHK Köln 2004, S. 42 f.
[446] OLG Oldenburg, Beschl. vom 1.4.1993 – 2 U 190/90 –, JurBüro 1994, 179 = EzGuG 11.203h; LG Göttingen, Beschl. vom 21.2.2008 – 20549/07 –, GuG-aktuell 2008, 39 = EzGuG 11.628.
[447] OLG Koblenz, Beschl. vom 14.1.1993 – 5 W 7/93 –, JurBüro 1994, 563 = GuG 1993, 121.
[448] LG Offenburg, Beschl. vom 18.2.1971 – 3 O 192/69 –, KostRsp § 8 Nr. 24.
[449] KG, Beschl. vom 21.9.1971, Rpfleger 1971, 447 = JurBüro 1972, 49; LAG Hamm, Beschl. vom 26.11.1975 – 9 Sa 989/75 –, JurBüro 1976, 491; OLG Saarbrücken, Beschl. vom 30.7.1962 – 3 U 110/58 –, JBlSaar 1962, 149.
[450] OLG Hamm, Beschl. vom 20.1.2004 – 26 U 113/01 –, GuG 2005, 252 = EzGuG 11.366b; LG Koblenz, Beschl. vom 9.11.1967 – 1 R 79/65 –, NJW 1968, 204; OLG Bamberg, Beschl. vom 11.1.1979 – 2 U 155/74 –, JurBüro 1979, 409; OLG Zweibrücken, Beschl. vom 9.12.1989 – Ws 154/69 –, EzGuG 11.69h = NJW 1970, 531; VG Hamburg, Beschl. vom 21.4.1980 – VIII VG 1390/79 –, JurBüro 1980, 1706.
[451] OLG Düsseldorf, Beschl. vom 27.4.1993 – 10 W 32/98 –, BauR 1993, 772 = EzGuG 11.205b; OLG Celle, Beschl. vom 11.4.1967 – 8 W 18/67 –, JVBl 1967, 214; LG Bielefeld, Beschl. vom 18.3.1974 – 3 Ns 50/72 –, MDR 1974, 956; OLG Braunschweig, Beschl. vom 19.5.1978 – 2 W 20/78 –, KostRsp § 8 Nr. 52; Praktische Hinweise: IfS: Der Sachverständige und seine Mitarbeiter, 2. Aufl. Köln 2003.

15 % pauschaliert, es sei denn, die Heranziehung von Hilfskräften[452] hat keine oder nur unwesentlich erhöhte Gemeinkosten veranlasst. Auf gerichtliche Anforderung ist im Einzelnen darzulegen, wieso die Zuziehung von Hilfskräften sachlich geboten war, welcher Verrichtung sie beauftragt war, welcher Zeitaufwand dafür jeweils angefallen war und in welcher Höhe dieser vergütet wurde[453].

f) Besondere Vergütung (§ 13 JVEG)

277 Der öffentlich bestellte und vereidigte Sachverständige begeht einen groben **Pflichtverstoß**, wenn er die Gutachtenerstattung von einer über den Sätzen des JVEG liegenden Vergütung abhängig macht.

Kommt es ohne Verschulden des Sachverständigen nicht zur Fertigstellung des Gutachtens, kann eine **Vergütung der Vorbereitungsarbeiten** in Betracht kommen.

Die Festsetzung einer über die gesetzliche Vergütung hinausgehende Vergütung setzt auch im Falle der Zustimmungsersetzung voraus, dass ein ausreichender Betrag für die gesamte Vergütung an die Staatskasse gezahlt wurde. Der Anspruchsberechtigte kann im Übrigen nicht darauf vertrauen, ihm werde die Vergütung, mit der sich eine Partei einverstanden erklärt hat und der das Gericht zugestimmt hat, auch dann gewährt wird, wenn ein ausreichender Betrag nicht an die Staatskasse geleistet wurde.

g) Vergütung für Stellungnahmen zu Ablehnungsgesuchen

278 Wird im Rahmen eines Befangenheitsantrags fachliche Kritik an einem Sachverständigen geübt, so ist es zwingend notwendig, dass er sich mit den Einwänden auseinandersetzt[454]. Der gerichtlich beauftragte Sachverständige erhält mangels gesetzlicher Grundlage für seine Stellungnahme zu einem Ablehnungsgesuch keine Vergütung[455].

h) Vergütung von Stellungnahmen

279 Fallen für erbetene Stellungnahmen Kosten an, die erkennbar außer Verhältnis zu dem zu begutachtenden Schaden stehen, muss der Sachverständige auch in einem strafrechtlichen Ermittlungsverfahren hierauf hinweisen (§ 407a Abs. 3 Satz 2 ZPO)[456].

Wird ein Sachverständiger **nach Ablieferung eines Gutachtens** vom Gericht aufgefordert, zusätzliche Fragen zu beantworten, einzelne Punkte seines Gutachtens zu konkretisieren oder zur Kritik einer Prozesspartei Stellung zu nehmen, wird der Sachverständige bei Aufträgen, die unter der Herrschaft des JVEG erteilt wurden, erneut i. S. des § 1 Abs. 1 Nr. 1 JVEG zu Beweiszwecken herangezogen[457]. In Zweifelsfällen ist nach Kriterien der Billigkeit zu entscheiden[458].

1.8.3 Vergütung von Schiedsgutachtern

280 Ein als Schiedsgutachter tätig werdender Sachverständiger kann seine **Vergütung frei vereinbaren.** In Betracht kommt die Vereinbarung

---

452 OLG Düsseldorf, Beschl. vom 14.4.1993 – 10 W 156/92-, MDR 1993, 804 = EzGuG 11.204a.
453 OLG Karlsruhe, Beschl. vom 11.11.2004 – 12 W 85/04 –, OLGR-Karlsruhe 2005, 45 = EzGuG 11.407a.
454 OLG Köln 2009.
455 OLG Schleswig, Beschl. vom 12.1.2009 – 1 Ws 8/09 –, BauR 2009, 1190 = EzGuG 11.671d.
456 OLG Hamburg, Beschl. vom 2.2.2009 – 2 Ws 9/09 –, IBR 2009, 1149 =EzGuG 11.674b.
457 OLG Düsseldorf, Beschl. vom 26.4.2005 – 10 W 40/05 –, DS 2005, 348; OLG Celle, Beschl. vom 6.7.2005 – 2 W 141/ 05 –, JurBüro 2005, 550, 657 = EzGuG 11.455; OVG Berlin, Beschl. vom 7.12.2004 – 1 K 1/04 –, GuG 2005, 319 = EzGuG 11.413a; KG, Beschl. vom 21.2.2007 – 26 U 230/01 –, DS 2007, 230 = EzGuG 11.569.
458 Ablehnend: LG Essen, Beschl. vom 14.7.2005 – 17 O 167/01 –, BauR 2005, 1686; OLG München, Beschl. vom 16.5.1994 – 1 W 1462/94 –, MDR 1994, 1050 = EzGuG 11.211; OLG Düsseldorf, Beschl. vom 17.5.1994 – 10 W 60/ 94 –, MDR 1994, 1050 = EzGuG 11.212; OLG Köln, Beschl. vom 14.6.1994 – 3 U 169/89 –, VersR 1995, 1508 = EzGuG 11.214b; OLG Koblenz, Beschl. vom 8.12.1999 – 10 W 788/95 –, MDR 2000, 416; LSozG Celle, Beschl. vom 5.12.2000, SGb 2001, 385; zustimmend: OLG Frankfurt am Main, Beschl. vom 24.2.1993 – 4 WF 13/93 –, MDR 1993, 484 = EzGuG 11.201; LSozG Baden-Württemberg, Beschl. vom 17.2.2004 – L 12 RA 1624/03 – KO/A –, GuG 2005, 117 = EzGuG 11.375; LSozG Sachsen, Beschl. vom 19.12.2007 – L 2 U 77/07 –, EzGuG 11.613; OLG Stuttgart, Beschl. vom 11.09.2007 – 10 W 23/07 –, JurBüro 2008, 98 = EzGuG 11.599.

- eines Pauschalhonorars oder
- eine Vergütung nach Stundensätzen,

wobei es sich empfiehlt, einen Ersatz von Auslagen für Hilfskräfte, Fahrt- und Schreibkosten sowie ggf. eine Vorauszahlung in die Vereinbarung mit aufzunehmen. Dies gilt auch bezüglich eines Anspruchs auf Zahlung der Mehrwertsteuer.

Ist eine **Vereinbarung über die Vergütung nicht getroffen** worden, hat der Sachverständige nach § 632 Abs. 2 BGB Anspruch auf die übliche Vergütung, d. h., sie bemisst sich dann nach dem Umfang der erbrachten Leistung, dem Schwierigkeitsgrad und den erforderlichen Auslagen. Die Vergütung wird nach Erstattung des Gutachtens und dessen Abnahme fällig. Vorschuss- und Abschlagszahlungen können nur verlangt werden, wenn solche vereinbart worden sind.

„**BGB § 632** Vergütung

(1) Eine Vergütung gilt als stillschweigend vereinbart, wenn die Herstellung des Werkes den Umständen nach nur gegen eine Vergütung zu erwarten ist.

(2) Ist die Höhe der Vergütung nicht bestimmt, so ist bei dem Bestehen einer Taxe die taxmäßige Vergütung, in Ermangelung einer Taxe die übliche Vergütung als vereinbart anzusehen."

Das Justizvergütungs- und -entschädigungsgesetz – JVEG – findet auf die Vergütung von Schiedsgutachtern keine Anwendung; Anwendung kann indessen die **HOAI** finden. **281**

Der **Vergütungsanspruch verjährt** gemäß **§ 195 BGB nach drei Jahren.** Nach § 199 **282** beginnt die regelmäßige Verjährungsfrist mit dem Schluss des Jahres, in dem

1. der Anspruch entstanden ist und
2. der Gläubiger von den den Anspruch begründenden Umständen und der Person des Schuldners Kenntnis erlangt oder ohne grobe Fahrlässigkeit erlangen müsste.

Fällig wird der Anspruch nach § 641 Abs. 1 BGB mit der Abnahme des Gutachtens.

Es empfiehlt sich, in dem Gutachtervertrag eine Bestimmung aufzunehmen, wer dem Sachverständigen die Vergütung schuldet. Aus der Sicht des Sachverständigen ist eine Vereinbarung sinnvoll, nach der **beide Auftraggeber für seinen Honoraranspruch als Gesamtschuldner haften.** Im Übrigen werden die Kosten des Schiedsgutachters üblicherweise von beiden Parteien je zur Hälfte getragen[459].

Ein den Vergütungsanspruch berührender Mangel eines Schiedsgutachtens liegt nur dann vor, wenn das Gutachten offenbar unrichtig ist[460].

1.8.4 Vergütung von sachverständigen Zeugen

Die Frage, ob eine Beweisperson als Zeuge oder als Sachverständiger anzusehen und zu entschädigen ist, ist weder davon abhängig, wie sie von der beweisführenden Partei bezeichnet und im Beweisbeschluss aufgeführt ist, noch davon, ob sie als sachverständiger Zeuge oder als Sachverständiger geladen wurde. **Entscheidend** ist vielmehr der **sachliche Gehalt der Vernehmung**[461]. **283**

Ob ein Sachverständiger im Einzelfall eine Vergütung als Sachverständiger oder als sachverständiger Zeuge erhält, richtet sich nach dem Inhalt des gerichtlichen Auftrags. Ein als sachverständiger Zeuge geladener Sachverständige kann als Sachverständiger eingestuft werden, wenn er im Laufe seiner Vernehmung vom Gericht (überwiegend) als Sachverständiger angehört und befragt wurde. Ein sachverständiger Zeuge ist im Übrigen grundsätzlich als „echter" Zeuge zu behandeln.

---

459 OLG Düsseldorf, Beschl. vom 20.3.1996 – 22 U 151/97 –, OLGR-Düsseldorf 1998, 279; LG Kassel, Beschl. vom 20.9.1996 – 10 S 151/96 –, VersR 1997, 1268 = EzGuG 11.235 d.
460 OLG Frankfurt am Main, Urt. vom 21.1.2006 – 26 U 24/05 –, GuG 2006, 317 = EzGuG 11.496a.
461 OLG Düsseldorf, Beschl. vom 18.11.2004 – 10 W 88/04 –, EzGuG 11.411a; LG Lüneburg, Beschl. vom 28.4.2006 – 1 T 66/05 –, GuG 2006, 321 = EzGuG 11.515; OLG Koblenz, Urt. vom 19.5.2005 – 5 U 1470/04 –, EzGuG 11.447a.

II Sachverständigenwesen Sachverständiger

1.9 Vermögensschaden-Haftpflichtversicherung

Schrifttum: Vgl. Merkblätter der Versicherungswirtschaft: abgedruckt in GuG 2008, 46; *Littbarski, S.*, Die Haftpflichtversicherung des Sachverständigen, in *Bayerlein, W.*, Praxishandbuch Sachverständigenrecht, C.H.Beck Verlag München, 4. Aufl. 2008, Kapitel § 40.

284 Für den Sachverständigen ist bei alledem eine Haftpflichtversicherung für Vermögensschäden unverzichtbar. Für solche gelten die „Allgemeinen Versicherungsbedingungen zur Haftpflichtversicherung für Vermögensschäden" – AVB –. Diese definieren **Vermögensschäden** als solche **Schäden, die weder Personenschäden** (Tötung, Verletzung des Körpers oder Schädigung der Gesundheit von Menschen) **noch Sachschäden** (Beschädigung, Verderben, Vernichtung oder Abhandenkommen von Sachen) **sind.** Beispiele für Vermögensschäden sind Fehler bei der Wertermittlung, falsche Analysen und unrichtige Messungen und Berechnungen. Darüber hinaus wird Versicherungsschutz nach Maßgabe „Besonderer Bedingungen und Risikobeschreibungen für die Vermögensschaden-Haftpflichtversicherung von Sachverständigen und Gutachtern" gewährt. Sie sehen z. B. den Versicherungsschutz für gutachterliche Feststellungen nach Maßgabe folgender Bestimmung vor: „Versichert ist die freiberufliche Beurteilung bestehender Verhältnisse einschließlich der Tätigkeit als Gerichts- und Schiedsgutachter."

285 Die Versicherer[462] bieten i. d. R. sowohl **Vorwärts- als auch Rückwärtsversicherungen** an:

- Die *Vorwärtsversicherung* umfasst die Folgen aller vom Beginn des Versicherungsschutzes ab bis zum Ablauf des Vertrags vorkommenden Verstöße.
- Die *Rückwärtsversicherung* bietet Deckung gegen in der Vergangenheit vorgekommene Verstöße, welche dem Versicherungsnehmer oder Versicherten oder seinen Sozien bis zum Abschluss der Rückwärtsversicherung nicht bekannt geworden sind. Bei Antragstellung ist die zu versichernde Zeit nach Anfang- und Endpunkt zu bezeichnen.

Nach § 14 SVO (vgl. Anh. 1.1) soll der Sachverständige eine **Haftpflichtversicherung in angemessener Höhe** abschließen. Im Hinblick auf den Haftungszeitraum von bis zu 30 Jahren muss der Sachverständige darauf achten, dass er einen Versicherungsschutz auch für Schäden erhält, die dem Versicherer später als zwei bzw. fünf Jahre nach Beendigung des Versicherungsvertrags gemeldet werden. Die Deckungssummen für Personen- und Sachschäden liegen derzeit bei 1,5 Mio. € bzw. 0,5 Mio. €. Vermögensschäden sind in Höhe von 150 000,00 bis 500 000,00 € versicherbar.

Ansonsten sind bei einer **summenmäßigen Haftungsbegrenzung** der **Grundsatz von Treu und Glauben** sowie die guten Sitten zu beachten. Maßstab dafür ist insbesondere das Sachverständigenhonorar.

1.10 Gerichtsstand

286 Nach § 12 ZPO ist das Gericht, bei dem eine Person ihren allgemeinen Gerichtsstand hat, für alle gegen sie zu erhebenden Klagen zuständig, sofern kein ausschließender Gerichtsstand begründet ist. Des Weiteren ist der allgemeine Gerichtsstand einer Person ihr Wohnsitz; dazu gehört auch ihr Geschäftssitz. Klagen auf Zahlung der Vergütung sind deshalb grundsätzlich an den Wohnsitz des Auftraggebers einzureichen. Im Gutachtervertrag kann aber eine sog. **Gerichtsstandsklausel** des Inhalts aufgenommen werden, dass „im Falle einer Klage des Sachverständigen gegen seinen Auftraggeber wegen Zahlung der Vergütung nicht das Gericht am Wohnort oder Geschäftssitz des Auftraggebers, sondern das am Wohnort oder Geschäftssitz des Sachverständigen zuständige Gericht zuständig" sein soll.

Nach § 29 Abs. 1 ZPO ist für Streitigkeiten aus einem Vertragsverhältnis und über dessen Bestehen das **Gericht des Ortes zuständig, an dem die streitige Verpflichtung zu erfüllen ist.** Eine davon abweichende Vereinbarung des Gerichtsstands kann nach § 29 Abs. 2 ZPO (i. V. m. § 38 Abs. 1 ZPO) nur begründet werden, wenn beide Vertragsparteien Kaufleute,

---

[462] Auch z. B. für landwirtschaftliche Unternehmensberater (vgl. Verlag Pflug und Feder GmbH, Postfach 20 47 in 53743 St. Augustin).

juristische Personen des öffentlichen Rechts oder öffentlich-rechtliche Sondervermögen sind. Die Vereinbarung eines anderen Gerichtsstands kann ihre Wirkung mithin nicht entfalten, wenn der Vertragspartner seinerseits ein privater Endverbraucher oder Freiberufler ist.

Darüber hinaus kann es in den Fällen, in denen der **Schuldner Ausländer ist oder ins Ausland verzogen** ist, angezeigt sein, eine Vereinbarung des Inhalts in den Gutachtervertrag aufzunehmen, dass „für den Vertrag das Recht der Bundesrepublik Deutschland" gelten soll.

II Sachverständigenwesen — Gutachten

2 Gutachten

2.1 Gutachten über Grundstückswerte

2.1.1 Allgemeines

▶ Vgl. Rn. 203 ff. sowie § 193 BauGB Rn. 7

Schrifttum: *Auernhammer, H.,* Der Wert des Sachverständigengutachtens, BauR 1983, 97; *Bayerlein, W.,* Praxishandbuch Sachverständigenrecht, 3. Aufl. 2002; *Bleutge, P.,* Urheberschutz beim Sachverständigengutachten, Wiesbaden 1989; Bundesministerium für Verkehr, Bau- und Wohnungswesen, WERTR (Anl. 24a WERTR 76); *DIHT,* Inhaltliche Anforderungen an Gutachten für bebaute und unbebaute Grundstücke (1991); *Ehlers, A.,* Medizinisches Gutachten im Prozess, 3. Aufl. München 2005; *Göppinger, H.,* Praxis der Begutachtung, Berlin 1974; *Grabe, H.,* Offenlegung von Befundtatsachen im Verkehrswertgutachten des Sachverständigen, BauR 2003, 341; *Gruhle, H.,* Gutachtentechnik, Berlin 1955; *IDW-Prüfungsstandard* (IDW PS 322 „Verwertung der Arbeit von Sachverständigen" vom 6.5.2002, GuG 2005, 47); *Kamphausen, P.,* Alternativbegutachtung durch Sachverständige, BauR 1986, 151; *Lippert, H.,* Wem stehen die Ergebnisse eines Sachverständigengutachtens zu?, NJW 1989, 2935; *Nicklisch, F.,* Das Recht im Umgang mit dem Ungewissen in Wissenschaft und Technik, NJW 1986, 2287; *Pieper, H.,* Perspektiven eines Gerichtsgutachtens, WiVerw 1988, 47; *Schulz, E.,* Modell-Gutachten, ZSW 1986, 40; *Wapenhans, W.,* Baugutachten – gezielt hinterfragen, Bundesanzeiger Verlag 2006; *Zuschlag, B.,* Das Gutachten des Sachverständigen, 2. Aufl. Göttingen 2002.

287 Bei einem **Gutachten** handelt es sich um eine **mit besonderer Sachkunde, Fachwissen und Erfahrung begründete Stellungnahme,** die entsprechend dem Auftrag (Antragstellung)

a) Tatsachenfeststellungen,

b) Erfahrungssätze sowie

c) aus Tatsachenfeststellungen gezogene Schlussfolgerungen einschließlich Werturteilen

in objektiver, begründeter, systematisch gegliederter und nachvollziehbarer Weise vermitteln soll. Ein Gutachten ist von daher eine Art Indizienbeweis.

Ein **Gutachten ist unverwertbar,** wenn es eine für das Ergebnis wesentlich objektiv falsche Aussage enthält, die Feststellungen und Schlussfolgerungen nicht dem neuesten Stand der Technik und Wissenschaft entsprechen, dem Sachverhalt nicht ausreichend Rechnung getragen wird, nicht nachvollziehbar ist, wie sachlich unvertretbare Methoden zur Anwendung gekommen sind[1]. Das Gutachten muss sich auf Tatsachen und darf sich nicht auf Mutmaßungen stützen[2]; zu sog. **Kurzgutachten, gutachtliche (sachverständige) Äußerungen und Stellungnahmen und Wertauskünften** (vgl. Erl. zu § 193 BauGB Rn. 6 ff.).

288 Ein im gerichtlichen Auftrag erstattetes **Gutachten sollte grundsätzlich keine rechtlichen Ausführungen enthalten** oder Sachverhalte rechtlich werten, da dies dem Gericht vorbehalten ist. Bei der Erstattung von Gutachten über Grundstückswerte ist dies allerdings häufig unvermeidbar, z. B. wenn es um die rechtliche Qualifizierung des Entwicklungszustands eines zu wertenden Objekts geht. Hier muss man i. d. R. erwarten können, dass ein Gutachter die geltenden Rechtssätze sachkundig beachten kann. Bei rechtlichen Wertungen, die das Ergebnis eines Gutachtens entscheidend mit beeinflussen oder gar von einer herrschenden Rechtsauffassung abweichen, sollte der Gutachter jedoch frühzeitig mit dem Gericht in Verbindung treten.

Das von einem *privat beauftragten Sachverständigen* erstellte Gutachten ist i. d. R. nicht als ein prozessuales Beweismittel anzusehen; es ist lediglich ein Instrument des „qualifizierten

---

[1] Der IDW Prüfungsstandard: Verwertung der Arbeit von Sachverständigen (IDW PS 322 – GuG 2005, 50) geben zu alledem keine neuen Erkenntnisse.

[2] BGH, Urt. vom 2.11.1983 – IVa ZR 20/82 –, NJW 1984, 355 = EzGuG 20.103; der Tübinger Rechtsprofessor Wonhard Möschel hat die Gutachten über den Telekommunikationsmarkt weniger zuversichtlich mit dem Satz kommentiert: „Mit Gutachten ist es wie mit der Liebe: Wenn man dafür bezahlt wird, verändert sich die Sicht." Ludwig Marcuse: „Werturteile sind nie Wahrheiten, sondern Wünsche, die wahr gemacht werden sollen; zum Begriff VG Stuttgart, Urt. vom 8.7.2004 – 4 K 1554/04 –, EzGuG 11.388.

Gutachten   Sachverständigenwesen II

Parteivortrags", mit dem sich der Richter allerdings auseinandersetzen muss (zum *gerichtlichen Sachverständigen* vgl. Rn. 33 ff.). Entscheidend für den Inhalt des privat erstatteten Gutachtens ist die konkrete Absprache zwischen dem Sachverständigen und seinem Auftraggeber. Die **Erstattung von Gefälligkeitsgutachten** ist gesetzlich nicht verboten[3].

Grundsätzlich kann ein Gutachten schriftlich (in Textform) oder mündlich erstattet werden. Die **schriftliche Gutachtenerstattung ist in der Grundstückswertermittlung die Regel**.   289

Gutachten sind grundsätzlich unverbindlich. Dies gilt auch für Gutachten des Gutachterausschusses für Grundstückswerte nach den §§ 192 ff. BauGB. Die Gutachten der Gutachterausschüsse für Grundstückswerte unterliegen auch nicht einem Anspruch auf Widerruf[4]. Zur Rechtsnatur der Gutachten der Gutachterausschüsse für Grundstückswerte vgl. § 193 BauGB Rn. 67 ff.   290

Zur Frage des **Urheberrechts an einem Gutachten** gehen die Rechtsauffassungen auseinander. Als nach den Bestimmungen des Urheberrechtsgesetzes (UrhG) geschützte Werke gelten gemäß § 2 Abs. 2 UrhG nur „persönlich geistige Schöpfungen". Einen Urheberschutz wird man von daher einem Gutachten nur dann zubilligen können, wenn sein Inhalt über das „alltägliche Maß" hinausgeht[5].

Eine **Verbindlichkeit** eines Gutachtens kann gegeben sein, **wenn ein Gutachten Gegenstand eines Schiedsgutachtenvertrags ist**[6].   291

▶ *Zum Gutachten bei Mieterhöhungsverlangen vgl. § 18 ImmoWertV Rn. 189*

Im gerichtlichen Verfahren werden sachverständige Gutachter als Helfer bzw. Entscheidungsgehilfen des Gerichts zur Feststellung von unbekannten Erfahrungssätzen, zur Tatsachenbeurteilung oder Tatsachenfeststellung herangezogen (vgl. Rn. 5, 20)[7].   292

Im gerichtlichen Verfahren sind die Gutachten der Sache nach als Sachverständigenbeweis i. S. des §§ 402 ff. **ZPO anerkannt** (§ 73 Abs. 2 StPO; § 36 Abs. 1 OWiG; § 96 Abs. 1 Nr. 2 VwGO[8]; bezüglich der Gutachterausschüsse für Grundstückswerte vgl. Rn. 33; § 192 BauGB Rn. 9; § 193 BauGB Rn. 67; § 198 BauGB Rn. 22).   293

---

3 Ulrich, Tätigkeit des Sachverständigen in Zivilsachen, DS 2010, 225.
4 BGH, Urt. vom 18.10.1977 – VI ZR 171/76 –, NJW 1978, 751 = EzGuG 11.111.
5 Schlatter, S., Das Urheberrecht am Sachverständigengutachten, in Bayerlein, Praxishandbuch Sachverständigenrecht 4. Aufl. § 31; Barsuhn, R., Gutachtenfotos und Urheberrecht, NZV 2010, 340; Hauck, R., Urheberrechtsschutz für Wertermittlungsgutachten, ZUM 2011, 542; BGH, Urt. vom 29.4.2010 – I ZR 68/08 –, GuG 2012, 57 = EzGuG 11.733a; LG Hamburg, Urt. vom 15.5.2009 – 308 O 58/08 –, MMR 2009, 712 = EzGuG 11.691a –; KG, Beschl. vom 11.5.2001 – 5 U 9586/00 –, NJW 2001, 3272 = K&R 2001, 519 = MMR 2001, 765.
6 BGH, Urt. vom 2.12.1982 – III ZR 85/81 –, NJW 1983, 1267 = EzGuG 11.135; BGH, Urt. vom 23.11.1972 – VII ZR 178/71 –, WM 1973, 312 = EzGuG 11.86f; BGH, Urt. vom 27.1.1971 – VIII ZR 151/69 –, BGHZ 55, 248 = EzGuG 11.77b; OLG Zweibrücken, Urt. vom 20.1.1971 – 2 U 75/70 –, NJW 1971, 943 = EzGuG 11.77a; zur Abgrenzung zum Schiedsgutachtenvertrag vgl. OLG Celle, Urt. vom 6.1.1966 – 7 U 89/64 –, BB 1966, 802 = EzGuG 11.50; BGH, Urt. vom 14.2.1968 – VII ZR 189/65 –, WM 1968, 617 = EzGuG 11.63; BGH, Urt. vom 19.11.1964 – VII ZR 8/63 –, BGHZ 42, 313 = EzGuG 11.45; vgl. Rauscher, Das Schiedsgutachterrecht, Diss. 1969.
7 BGH, Urt. vom 7.6.1956 – 3 StR 136/56 –, NJW 1956, 1526 = EzGuG 11.8c; BGH, Urt. vom 25.9.1973 – VI ZR 113/71 –, BGHZ 62, 54 = EzGuG 11.91e; BGH, Urt. vom 21.2.1976 – I StR 264/71 –, MDR 1978, 627; BGH, Urt. vom 7.6.1977 – VI ZR 77/76 –, MDR 1978, 42 = EzGuG 11.109a; BGH, Urt. vom 28.4.1977 – VI ZR 183/75 –, VersR 1977, 767 = EzGuG 11.109; BGH, Urt. vom 19.11.1964 – VII ZR 8/63 –, BGHZ 42, 313 = EzGuG 11.45; BGH, Beschl. vom 14.5.1975 – 3 StR 113/75 –; BGH, Urt. vom 15.12.1975 – X ZR 52/73 –, NJW 1976, 1154 = EzGuG 11.100a; BGH, Urt. vom 5.10.1972 – III ZR 168/70 –, BGHZ 59, 310 = EzGuG 11.86; OLG Frankfurt am Main, Beschl. vom 18.10.1962 – 6 W 425/62 –, NJW 1963, 400 = EzGuG 11.28; LG Berlin, Beschl. vom 16.09.1963 – (18) O. 1861 –, NJW 1964, 672 = EzGuG 11.37; OLG München, Beschl. vom 30.12.1969 – 11 W 1212/69 –, NJW 1970, 1240 = EzGuG 11.70; LG Bremen, Beschl. vom 17.1.1977 – 7-3 O 1584/70 –, NJW 1977, 2126 = EzGuG 11.105.
8 BGH, Urt. vom 23.1.1974 – IV ZR 92/72 –, BGHZ 62, 93 = EzGuG 11.92; BGH, Urt. vom 16.12.1974 – III ZR 39/72 –, BRS Bd. 34 Nr. 144 = EzGuG 19.26; BGH, Urt. vom 8.12.1975 – III ZR 93/73 –, BRS Bd. 34 Nr. 126 = EzGuG 20.58 (a.A. OLG Düsseldorf, Urt. vom 16.2.1968 – 7 U 166/67 –, NJW 1968, 1095 = EzGuG 11.66; LG Köln, Beschl. vom 6.1.1984 – 9 T 318/83 –, BauR 1985, 481 = EzGuG 11.142a; LG Berlin, Beschl. vom 16.9.1963 – (18) O. 18/61 –, NJW 1964, 672 = EzGuG 11.37.

II Sachverständigenwesen   Gutachten

294 Im **Verwaltungsprozess** ermittelt das Gericht den Sachverhalt von Amts wegen und kann Beweise nach den Umständen des Einzelfalls selbst erheben[9]. Nach den §§ 96 ff. VwGO kann das Tatsachengericht

- sachverständige Zeugen vernehmen,
- Sachverständige anhören und
- sich von Sachverständigen erstattete Gutachten nach § 98 VwGO i.V.m. § 411 Abs. 3 ZPO erläutern lassen.

295 Das Gericht kann sich auch auf gutachtliche Stellungnahmen anderer Behörden stützen, selbst dann, wenn die federführende Behörde die Stellungnahme schon im vorherigen Verwaltungsverfahren eingeholt hat. Nach einem Beschluss des BVerwG gilt dies auch dann, wenn der **Sachverständige als Bediensteter demselben Rechtsträger wie die am Rechtsstreit beteiligte Behörde angehört**[10].

296 Im Verwaltungsrechtsstreit kann ein **Sachverständiger** also nicht schon deshalb nach § 406 Abs. 1 Satz 1 i. V. m. § 42 Abs. 1 ZPO und § 54 Abs. 2 VwGO wegen Befangenheit abgelehnt werden, weil er bereits **im vorausgegangenen Verwaltungsverfahren eine gutachtliche Stellungnahme abgegeben hat.**

297 Nach dem Grundsatz der freien Beweiswürdigung (§ 287 ZPO) **kann sich ein Gericht dem Gutachten ganz oder teilweise anschließen; es kann das Gutachten aber auch gänzlich verwerfen** (vgl. Rn. 6)[11]. Dabei wird jedoch vorausgesetzt, dass das von den Parteien Vorgebrachte gewürdigt und die Ablehnung der Beweise begründet wird, wobei freilich der Tatrichter noch in stärkerem Umfang als nach § 286 ZPO nicht auf jedes einzelne Vorbringen und auf jedes einzelne Beweismaterial einzugehen braucht. Wenn keine Zweifel an der fachlichen Qualifikation des Sachverständigen bestehen, soll nach Auffassung des OLG Düsseldorf von einer zu eingehenden Detailprüfung abgesehen werden[12].

298 Der Tatrichter muss in seiner **Begründung** aber erkennen lassen, dass eine sachentsprechende Beurteilung überhaupt stattgefunden hat und dass nicht wesentliche, die Entscheidung bedingende Momente außer Acht gelassen worden sind[13]. Hinzu kommt, dass auch bei der grundsätzlichen Anwendung des § 287 ZPO der Tatrichter, weil er die die Entscheidung begründenden Tatsachen so weit als möglich festzustellen hat, damit seine Schätzung der Wirklichkeit tunlichst nahekommt, Tatsachen, die die Grundlage für die Ausübung des ihm eingeräumten Ermessens geben sollen, unter Heranziehung des § 286 ZPO festzustellen und zusammen mit ihrer Auswertung im Urteil darzulegen hat[14]. Will das Gericht also von einem Gutachten abweichen, muss es seine abweichende Überzeugung begründen. Die Begründung

---

9   BVerwG, Urt. vom 26.8.1998 – 11 VR 4/98 –, NVwZ 1999, 535 = UPR 1999, 145 = DVBl 1999, 898; BVerwG, Beschl. vom 7.12.1997 – 7 B 230/97 –, EzGuG 13.136.
10 BVerwG, Beschl. vom 30.12.1997 – 11 B 3/97 –, GuG 1998, 247 = EzGuG 11.259a.
11 Zur Würdigung von Sachverhalten und Ergebnissen von Sachverständigen BGH, Urt. vom 23.9.1986 – VI ZR 261/85 –, NJW 1987, 442 = EzGuG 11.159; BGH, Urt. vom 13.7.1962 – IV ZR 21/62 –, BGHZ 37, 389 = EzGuG 11.26; OLG Hamburg, Urt. vom 21.12.1961 – 6 U 172/61 –, MDR 1962, 414 = EzGuG 11.24; BGH, Urt. vom 28.6.1961 – V ZR 14/60 –, NJW 1961, 2061 = EzGuG 11.23; BGH, Urt. vom 18.12.1958 – 4 StR 399/58 –, BGHSt 12, 312 = EzGuG 11.16; BVerwG, Urt. vom 25.1.1985 – 8 C 110/83 –, NVwZ 1986, 37 = EzGuG 11.145; OLG Bamberg, Beschl. vom 29.1.1969 – 1 W 3/69 –, JurBüro 1969, 141 = EzGuG 11.67; OLG Düsseldorf, Beschl. vom 24.3.1954 – 10 W 82/54 –, Rpfleger 1955, 141 = EzGuG 11.4 d.
12 OLG Düsseldorf, Beschl. vom 17.2.1984 – 19 W 1/81 –, EzGuG 20.104b; kritisch zur Auswahl von Sachverständigen Sendler in NJW 1986, 2907; Kohnert in NVwZ 1998, 138; „Diejenigen Richter, die in weiser Einsicht in die Grenzen ihrer eigenen Sachkenntnis auf die Expertise der bestellten Gutachter vertrauen, sind gleichwohl nicht völlig von ihnen abhängig. Es mag bequeme Richter geben, die es vorziehen, sich einer vertretbaren Beweisführung eines Gutachters einfach deswegen anzuschließen, weil das einfacher ist, als letztere zu widerlegen. Die meisten Richter danken aber keineswegs zugunsten des Gutachters ab. Sie wissen durch geschickte Auswahl verschiedener Sachverständiger ihre Freiheit der Beweisführung weitgehend zu verteidigen, wie Sendler überzeugend an diversen Fällen von ‚Sachverständigen vom Dienst' oder vom eitlen ‚Professoren-Stechen' vor Gericht illustriert. Überspitzt formuliert, kommt er zu dem Ergebnis: ‚Sage mir, welchen Wissenschaftler du als Sachverständigen heranziehst, und ich sage dir, was herauskommen wird.'".
13 BGH, Urt. vom 12.7.1965 – III ZR 214/64 –, BRS Bd. 19 Nr. 96 = EzGuG 2.8.
14 BGH, Beschl. vom 18.10.1984 – III ZR 116/83 –, AVN 1985, 175 = EzGuG 15.34; BGH, Urt. vom 18.10.1984 – III ZR 134/83 –, EzGuG 20.108.

muss erkennen lassen, dass die abweichende Beurteilung nicht durch einen Mangel an Sachkunde beeinflusst ist[15].

2.1.2 Geschäftsbedingungen

Die Rechtsbeziehung des Sachverständigen zu seinem Auftraggeber wird häufig in allgemeinen Geschäftsbedingungen im Rahmen der Auftragserteilung festgelegt[16]. Mit der Eigenschaft eines Sachverständigen ist es dabei nur vereinbar, dass der Sachverständige den Auftrag persönlich und **unparteiisch nach bestem Wissen und Gewissen** ausführt und den Erfolg nur im Rahmen objektiver und unparteiischer Anwendung seiner Sachkunde gewährleistet. 299

2.1.3 Schiedsgutachterabrede und Schiedsrichtervereinbarung

2.1.3.1 Allgemeines

Schrifttum: *Bleutge, P.,* Das Schiedsgutachten, 4. Aufl. Köln 2002; *Bleutge, P.,* Der Sachverständige als Schiedsgutachter, GewA 1978, 145; *Lachmann,* Handbuch für die Schiedsgerichtspraxis, 2. Aufl. Köln 2002; *Bernuth, W.,* Schiedsgutachtenabreden und die Durchführung selbstständiger Beweisverfahren, ZIP 1998, 2081; *Bulla, W.,* Schiedsgutachterklausel in Wertsicherungsabreden, BB 1976, 389; *Bulla, W.,* Gerichtliche Nachprüfbarkeit von Schiedsgutachten, NJW 1978, 397; *Eberl, W./Friedrich, F.,* Alternative Streitbeilegung im zivilen Baurecht, BauR 2002, 250; *Gehrlein, M.,* Wirksamkeitsmängel von Schiedsgutachten, VersR 1994, 1009; *Groth, K./Bubnoff, D.v.,* Gibt es „gerichtsfeste" Vertraulichkeit bei der Mediation?, NJW 2001, 338; *Kleinewefers, H.,* Gutachter- und Schlichtungsstellen, VersR 1988, 764; *Kröll, S.,* Qualifizierung eines Vertrags als Schiedsgutachtervertrag, EWiR 1998, 1019; *Kurth, J.,* Zur Kompetenz von Schiedsrichtern und Schiedsgutachtern, NJW 1990, 2038; *Lionnet,* Handbuch der internationalen und nationalen Schiedgerichtsbarkeit, 2. Aufl. Stuttgart 2001; *Lörcher/Lörcher,* das Schiedsverfahren – national/international – nach deutschem Recht, 2. Aufl. Heidelberg 2001; *Marsilius, G.,* Schiedsgerichtsvertrag oder Schiedsgutachtervertrag, BB 1959, 1015; BB 1963, 281; *Sandrock, O.,* Gewöhnliche Fehler in Schiedssprüchen, BB 2001, 2173; *Schiffer,* Wirtschaftsschiedsgerichtsbarkeit, Köln 1999, *Schlosser, P.,* Offenbare Unrichtigkeit eines Schiedsgutachtens bei einer Überprüfbarkeit wegen lückenhafter Ausführungen, EWiR 1998, 339; *Sieben, G.,* Zu den Voraussetzungen für eine offenbare Unrichtigkeit eines Schiedsgutachtens, EWiR 1987, 227; *Sturmberg, G.,* Gehört das Schiedsgutachten der Vergangenheit an?, BauR 1992, 693; *Volmer, D.,* Das Schiedsgutachtenrecht, BB 1984, 1010; *Volze, H.,* Das Schiedsgutachten, DS 2000, 8; *Wellmann,* Der Sachverständige in der Praxis, 7. Aufl. München 2004.

Gutachten haben grundsätzlich keine bindende Wirkung, und auch die Gutachten öffentlich bestellter und vereidigter Sachverständiger oder der Gutachterausschüsse für Grundstückswerte genießen keine gesetzlich verankerte Vermutung ihrer Richtigkeit. Im Streitfalle unterliegen die Gutachten wie alle anderen Beweismittel der **richterlichen Beweiswürdigung** (vgl. Rn. 6, 297 ff.). 300

Im Rahmen der Vertragsfreiheit besteht für (streitende) Parteien die Möglichkeit, dem Gutachten eines Sachverständigen bzw. seinem „Urteil" eine verbindliche Wirkung zukommen zu lassen. Dabei ist zu unterscheiden zwischen 301

a) einer **Schiedsgutachterabrede**, die den Sachverständigen zu einem Schiedsgutachter werden lässt, und

b) einer **Schiedsrichtervereinbarung**, die dem Sachverständigen eine Schiedsrichterfunktion im Rahmen eines Schiedsgerichtsverfahrens zukommen lässt.

---

15 BGH, Urt. vom 27.5.1982 – III ZR 201/80 –, NJW 1982, 2874 = EzGuG 11.131; BGH, Urt. vom 16.1.2001 – VI ZR 408/99 –, GuG 2001, 189 = EzGuG 11.292; BGH, Urt. vom 13.2.2001 – VI ZR 272/99 –, GuG 2001, 188 = EzGuG 11.297; BGH Urt. vom 7.4.1992 – VI ZR 216/91 –, VersR 1992, 747; BGH, Urt. vom 28.4.1998 – VI ZR 403/96 –, NJW 1998, 2735; BGH, Urt. vom 9.1.1996 – VI ZR 70/95 –, MDR 1996, 1179 = BB 1996, 1032; BGH, Urt. vom 15.6.1993 – VI ZR 175/92 –, NJW 1993, 2989; BGH, Urt. vom 10.12.1991 – VI ZR 234/90 –, MDR 1992, 407 = EzGuG 11.189c.

16 Hierzu Allgemeine Geschäftsbedingungen der Gutachtenerstattung; Empfehlungen des Bundesverbandes öffentlich bestellter und vereidigter Sachverständiger e.V. vom 10.2.1981 (BAnz. Nr. 36 vom 21.2.1981; abgedruckt in der 3. Aufl. dieses Werks, S. 173 ff.).

II Sachverständigenwesen — Gutachten

302 Zwischen dem Schiedsgutachter und dem Schiedsrichter bestehen grundlegende **Unterschiede**:

a) **Gegenstand einer Schiedsgutachterabrede** ist der Auftrag der Vertrags- bzw. Streitparteien an den sachverständigen Schiedsgutachter, zur Beilegung strittiger Fragen eine für sie materiell-rechtlich verbindliche (wirksame) Entscheidung über einzelne Tatsachen, die Bewertung von Sachen und Leistungen (z. B. eine Verkehrswertermittlung) oder Ursachenzusammenhänge zu treffen. Die Schiedsgutachterabrede ist mithin eine vertragliche Vereinbarung, die ohne Beteiligung des Schiedsgutachters in einem Grundvertrag geschlossen worden ist, um Meinungsverschiedenheiten zwischen den Parteien des Grundvertrags einer verbindlichen Klärung zuzuführen. Der Schiedsgutachter wird durch den Grundvertrag nicht verpflichtet; der Grundvertrag bedarf auch nicht der Form des § 1031 ZPO.

303 Der **Schiedsgutachter hat keine prozessrechtlichen Funktionen** und ist nach allgemeiner Auffassung nicht an die Bestimmungen der ZPO gebunden. Rechtsgrundlage seiner Tätigkeit sind die §§ 317 ff. BGB, in denen er als „Dritter" bezeichnet wird.

304 **Wichtiges Merkmal einer Schiedsgutachterabrede** ist, dass das Schiedsgutachten nur insoweit verbindlich sein soll, wie es nicht bei grober Unrichtigkeit und grober Unbilligkeit angefochten werden kann (vgl. Rn. 327).

305 Man unterscheidet darüber hinaus noch nach **Schiedsgutachten im engeren und weiteren Sinne**:

- Bei einem Schiedsgutachten im *engeren Sinne* wird der Schiedsgutachter beauftragt, ein zwischen den Parteien bestehendes Vertragsverhältnis nach billigem Ermessen vertragsgestaltend zu ergänzen oder zu ändern.

- Bei einem Schiedsgutachten im *weiteren Sinne* wird der Schiedsgutachter auch damit beauftragt, eine von den Parteien absichtlich offengelassene Vertragslücke auszufüllen, worunter z. B. auch eine vertraglich unbestimmte Anpassung eines Mietzinses fällt.

306 b) **Gegenstand eines Schiedsrichterverfahrens** ist die Beauftragung eines privaten Schiedsrichters, der anstelle eines staatlichen Gerichts über Rechtsstreitigkeiten der Parteien außergerichtlich und verbindlich prozessrechtlich entscheidet. Die Entscheidung erfolgt auf der Grundlage eines materiell-rechtlichen Geschäftsbesorgungsvertrags durch Schiedsspruch. Der Schiedsspruch entfaltet die Wirkung eines gerichtlichen Urteils, aus dem Schiedsspruch kann nach Erklärung der Vollstreckbarkeit die Zwangsvollstreckung betrieben werden.

307 Kommt es im Verlauf des Schiedsrichterverfahrens zu einer vergleichsweisen Einigung **(Vergleich)** der Parteien, so erfolgt die Einigung durch den auf Antrag der Parteien vom Schiedsrichter protokollierten Schiedsspruch (Schiedsspruch mit vereinbartem Wortlaut).

308 Das **Schiedsgerichtsverfahren ist der privaten Gerichtsbarkeit zuzurechnen** und hat deshalb seine Rechtsgrundlagen in den §§ 1029 ff. ZPO.

309 **Voraussetzung für ein Schiedsgerichtsverfahren** ist eine zwischen den Parteien zu schließende **Schiedsvereinbarung**. Im Unterschied zum Schiedsgutachtervertrag, der zwar mit dem Ziel einer Einigungsgrundlage zur Beendigung eines Streits abgeschlossen wird, jedoch den Parteien den Weg zum ordentlichen Gericht offenlässt, wird das Schiedsgerichtsverfahren mit einem Schiedsspruch endgültig abgeschlossen.

310 Die **Abgrenzung zwischen Schiedsgutachtenabreden und Schiedsgerichtsvereinbarungen** ist mitunter problematisch. Wichtigstes Kriterium dafür, ob eine Schiedsgutachterabrede oder eine Schiedsgerichtsvereinbarung vorliegt, ist die von den Parteien gewollte Verbindlichkeit der Entscheidung:

- Soll eine gerichtliche Entscheidung völlig ausgeschlossen werden, so liegt i. d. R. ein Schiedsgerichtsvertrag vor.
- Soll eine gerichtliche Entscheidung für den Fall der offenbaren Unbilligkeit und Unrichtigkeit möglich bleiben, so liegt eine Schiedsgutachterabrede vor[17].

Das OLG Celle[18] führt hierzu aus: „Beide Verträge unterscheiden sich dadurch, dass im ersten Fall das **Schiedsgericht an Stelle des ordentlichen Gerichts** über einen Rechtsstreit zu entscheiden hat, während der Schiedsgutachter lediglich Tatsachen, die für die Entscheidung eines Rechtsstreits erheblich sind, oder, wie das RG[19] es ausgedrückt hat (RGZ 96, 60), die Tatbestandselemente eines Anspruchs festzustellen hat, ohne dass er selbst die abschließende Folgerung zieht, die sich aus der von ihm gegebenen Beantwortung für die endgültige Entscheidung ergibt."

2.1.3.2 Schiedsgutachten

a) *Allgemeines*

Schiedsgutachterabreden werden aus dem Bestreben streitender Parteien geschlossen, kostspielige und langwierige prozessuale Auseinandersetzungen über den streitigen Gegenstand zu vermeiden und sich dem **fachlichen Urteil des Sachverständigen** zu unterwerfen.

Typischer Anwendungsfall zur Klärung eines streitigen und sachverständig zu beurteilenden Sachverhalts ist der **Abschluss von Miet- und Pachtverträgen**, bei denen sich beide Parteien in einer Schiedsgutachterabrede darauf verständigt haben, dass nach Ablauf einer bestimmten Zeitspanne ein neuer Miet- und Pachtzins gelten soll. Des Weiteren werden Schiedsgutachterabreden zur Klärung unterschiedlicher Auffassungen über die Höhe des Verkehrswerts, über das Vorliegen von Baumängeln sowie generell zur Feststellung von Tatsachen, soweit sie für deren rechtliche Einordnung notwendig sind, geschlossen. Die Entscheidung über „bloße" Tatsachen ist dagegen für die Entscheidung durch Schiedsgutachten ungeeignet[20].

Im Unterschied zum Schiedsrichtervertrag ist die **Schiedsgutachterabrede formfrei**. Sie kann durch schriftlichen Vertrag geschlossen werden oder durch eine gemeinsame bzw. in Übereinstimmung stehende Beauftragung eines Sachverständigen. Die Schiedsgutachterabrede kann auch Gegenstand allgemeiner Geschäftsbedingungen sein, sofern sie nicht gemäß § 9 AGBGB Bestimmungen enthält, die den Vertragspartner entgegen den Geboten nach Treu und Glauben unangemessen benachteiligt. Dies bedeutet insbesondere, dass

- die Unparteilichkeit des Schiedsgutachters gewährt sein muss,
- der Vertragspartner einen Anspruch auf rechtliches Gehör hat,
- der Vertragspartner nicht darin eingeschränkt wird, bei offenbarer Unrichtigkeit des Schiedsgutachtens dieses gemäß § 319 BGB anfechten zu können, und
- etwaige aus einem unrichtigen Schiedsgutachten entstehende Nachteile nicht unverhältnismäßig hoch ausfallen.

Rechtsgrundlage für die Vereinbarung eines Schiedsgutachtens sind die §§ 317 bis 319 BGB. Die Vorschriften haben folgende Fassung:

„**§ 317 BGB** Bestimmung der Leistung durch einen Dritten

(1) Ist die Bestimmung der Leistung einem Dritten überlassen, so ist im Zweifel anzunehmen, dass sie nach billigem Ermessen zu treffen ist.

---

17 BGH, Urt. vom 4.6.1981 – III ZR 4/80 –, VersR 1981, 882 = EzGuG 11.124a; BGH, Urt. vom 13.12.1956 – VII ZR 22/56 –, BGHZ 22, 243 = EzGuG 11.9; OLG Koblenz, Beschl. vom 27.4.1995 – 5 U 1536/94 –, NJW-RR 1996, 970 = EzGuG 11.222k.
18 Zur Abgrenzung: OLG Celle, Urt. vom 6.1.1966 – 7 U 89/64 –, BB 1966, 802 = EzGuG 11.50; BGH, Urt. vom 25.6.1952 – II ZR 104/51 –, BGHZ 6, 335 = EzGuG 11.3.
19 RG, Urt. vom 23.5.1919 – II 22/12 –, RGZ 96, 57, 60.
20 BGH, Urt. vom 18.2.1955 – V ZR 110/53 –, NJW 1955, 665 = EzGuG 6.12; BGH, Urt. vom 20.3.1953 – V ZR 5/52 –, BGHZ 9, 138 = EzGuG 11.4.

(2) Soll die Bestimmung durch mehrere Dritte erfolgen, so ist im Zweifel Übereinstimmung aller erforderlich; soll eine Summe bestimmt werden, so ist, wenn verschiedene Summen bestimmt werden, im Zweifel die Durchschnittssumme maßgebend.

§ 318 BGB Anfechtung der Bestimmung

(1) Die einem Dritten überlassene Bestimmung der Leistung erfolgt durch Erklärung gegenüber einem der Vertragschließenden.

(2) Die Anfechtung der getroffenen Bestimmung wegen Irrtums, Drohung oder arglistiger Täuschung steht nur den Vertragschließenden zu; Anfechtungsgegner ist der andere Teil. Die Anfechtung muss unverzüglich erfolgen, nachdem der Anfechtungsberechtigte von dem Anfechtungsgrunde Kenntnis erlangt hat. Sie ist ausgeschlossen, wenn 30 Jahre verstrichen sind, nachdem die Bestimmung getroffen worden ist.

§ 319 BGB Unwirksamkeit der Bestimmung; Ersetzung

(1) Soll der Dritte die Leistung nach billigem Ermessen bestimmen, so ist die getroffene Bestimmung für die Vertragschließenden nicht verbindlich, wenn sie offenbar unbillig ist. Die Bestimmung erfolgt in diesem Falle durch Urteil; das Gleiche gilt, wenn der Dritte die Bestimmung nicht treffen kann oder will oder wenn er sie verzögert.

(2) Soll der Dritte die Bestimmung nach freiem Belieben treffen, so ist der Vertrag unwirksam, wenn der Dritte die Bestimmung nicht treffen kann oder will oder wenn er sie verzögert."

316 „Dritter" i. S. der Vorschriften des BGB ist der Schiedsgutachter; in der Praxis wird demgegenüber der Begriff „Dritter" für eine neutrale Stelle (z. B. Industrie- und Handelskammer[21], Handwerkskammer usw.) verwandt, die entsprechend der Schiedsgutachterabrede als Schiedsgutachter tätig werden soll[22].

317 Nach § 317 Abs. 2 BGB können auch **mehrere Sachverständige als Schiedsgutachter** beauftragt werden. In diesem Fall müssen sie grundsätzlich gemeinsam und (im Zweifel) einstimmig entscheiden. Diese Regelung ist dispositiv; das Einstimmigkeitsprinzip kann durch das Mehrheitsprinzip ersetzt werden.

318 **Schiedsgutachten** sind gemäß § 317 BGB nach billigem Ermessen und nicht nach freiem Belieben zu erstatten. Sie **müssen objektiv und unparteilich sein.** Schiedsgutachten werden rechtswirksam, wenn sie einer Partei – ggf. in der in der Schiedsgutachterabrede festgelegten Weise – zugegangen sind. Sie dürfen anschließend nur mit Zustimmung beider Parteien abgeändert werden[23]. Die Verbindlichkeit beschränkt sich allerdings auf solche Feststellungen des Schiedsgutachtens, für die eine Verbindlichkeit vereinbart wurde, und erstreckt sich nicht auf den übrigen Inhalt.

319 Ein Schiedsgutachten entfaltet für die beteiligten Parteien also eine bindende Wirkung[24]. Die Parteien können sich einvernehmlich aber auf die Unwirksamkeit des Schiedsgutachters verständigen, wenn sie beide damit nicht einverstanden sind. Darüber hinaus können sich die Parteien aber von Beginn an für den Fall, dass eine der Parteien mit dem Gutachten nicht einverstanden ist, auf die **Einholung eines Obergutachtens** verständigen. Ansonsten kann ein Schiedsgutachten nur wegen Gesetzes- und Treuwidrigkeit (§§ 134, 138, 242 BGB), wegen Irrtums, Drohung oder Täuschung (§§ 117 f., 142, 318 Abs. 2 BGB) sowie bei offenbarer Unrichtigkeit und offenbarer Unbilligkeit angegriffen werden[25].

320 Voraussetzungen für die bindende Wirkung des Schiedsgutachtens sind eine **gültige Schiedsgutachterabrede** und die vereinbarungsgemäße Nominierung des Schiedsgutachters.

321 Des Weiteren gehört zum notwendigen Inhalt einer Schiedsgutachterabrede eine **Regelung zur Auswahl des Schiedsgutachters**, die für den Fall, dass sich die Vertragspartner nicht

---

21 BGH, Urt. vom 14.2.2005 – II ZR 365/02 –, DB 2005, 823 = EzGuG 11.428.
22 BGH, Urt. vom 5.12.1979 – VIII ZR 155/78 –, WM 1980, 108 = EzGuG 11.116b.
23 BGH, Urt. vom 14.7.1986 – II ZR 249/85 –, WM 1986, 1384 = EzGuG 11.156a.
24 OLG Düsseldorf, Urt. vom 16.12.1997 – 21 U 24/97 –, GuG 1998, 375 = EzGuG 11.259.
25 BGH, Urt. vom 22.4.1965 – VII ZR 15/65 –, BGHZ 43, 374 = EzGuG 11.48; BGH, Urt. vom 21.10.1964 – VIII ZR 64/63 –, NJW 1965, 150 = EzGuG 11.44; BGH, Urt. vom 14.10.1958 – VIII ZR 118/57 –, NJW 1958, 2067 = EzGuG 11.14; BGH, Urt. vom 19.2.1957 – VIII ZR 38/56 –, BB 1957, 380 = EzGuG 11.11. Zur Vereinbarung eines Ablehnungsrechts vgl. BGH, Urt. vom 28.2.1972 – II ZR 151/69 –, NJW 1972, 827 = EzGuG 11.82.

einigen können, auf eine neutrale Stelle (z. B. die Kammer) übertragen werden kann. Die Benennung ist für die Parteien verbindlich, sofern nicht dessen Befangenheit glaubhaft dargelegt werden kann. Dem Benennungsersuchen soll darüber hinaus die Schiedsgutachterabrede (Grundvertrag) beigefügt werden. Im Übrigen stehen den Parteien für die Beauftragung Gestaltungsmöglichkeiten zu.

Eine **Aufhebung der Schiedsgutachterabrede** kann jederzeit im gegenseitigen Einvernehmen vereinbart werden. 322

b) *Ablehnung des Schiedsgutachters*

Das BGB enthält keine Regelungen zur Ablehnung des Schiedsgutachters. Dafür können allgemein folgende **Grundsätze** gelten: 323

a) Die Ablehnung eines Schiedsgutachters kann der Gegenpartei formlos erklärt werden (§ 318 Abs. 2 BGB). Das BGB enthält auch keinerlei Regelungen über das einzuhaltende Verfahren.

b) Einen inkompetenten oder parteiischen Schiedsgutachter braucht keine Partei zu akzeptieren, insbesondere bei schwerer Entgleisung.

c) Stets kann ein Schiedsgutachter gemeinsam abgelehnt werden.

d) Wird die Ablehnung des Schiedsgutachters verweigert, so kann die Gegenpartei die Mitwirkung an der Beauftragung eines Ersatzgutachters gerichtlich erzwingen.

e) Die Ablehnung muss in entsprechender Anwendung des § 406 Abs. 2 ZPO rechtzeitig vorgebracht werden. Eine Partei verliert ihr Ablehnungsrecht, wenn die Ablösung des Schiedsgutachters bereits vor Abschluss des Schiedsgutachterverfahrens möglich gewesen wäre[26]. Gründe, die zur Ablehnung des Schiedsgutachters berechtigen, können sich aber im Verlauf des Verfahrens insbesondere im Zusammenhang mit der Ortsbesichtigung ergeben.

Im Übrigen ist eine Ablehnung nur zulässig, wenn sich die Parteien in der Schiedsgutachterabrede ein Ablehnungsrecht vorbehalten haben[27].

c) *Schiedsgutachtervertrag*

Ein Sachverständiger ist nicht verpflichtet, als Schiedsgutachter tätig zu werden; lediglich der öffentlich bestellte und vereidigte Sachverständige sollte nicht ohne Grund den Auftrag ablehnen. **Erst mit der Annahme des Auftrags der Vertragspartner des Grundlagenvertrags kommt der Gutachtervertrag zustande.** Es empfiehlt sich, den Vertrag schriftlich abzuschließen und von beiden Vertragsparteien des Grundlagenvertrags unterschreiben zu lassen. Der schriftliche Vertrag sollte mindestens beinhalten: 324

- Gegenstand und Zweck des Gutachtens mit einer klar umrissenen Aufgabenstellung,
- Vertragsklauseln, die die Tätigkeit des Sachverständigen als Schiedsgutachter und nicht als Schiedsrichter klarstellen,
- Vertragsklauseln über Ablehnungsgründe und über die Unterstützung seiner Tätigkeit durch die Vertragsparteien, insbesondere über die zur Verfügung zu stellenden Unterlagen und die Mitwirkung der Vertragsparteien,
- Vertragsklauseln über die Verwendung des Schiedsgutachtens (z. B. über die Verwendung des Schiedsgutachtens untereinander),
- Vertragsklauseln über die Vergütung des Schiedsgutachters,
- Vertragsklauseln über die Zeit, in der das Gutachten vorzulegen ist, sowie
- die Unterschriften beider Vertragsparteien und des Schiedsgutachters.

---

26 BGH, Urt. vom 1.4.1987 – IVa ZR 139/85 –, NJW-RR 1987, 917 = EzGuG 11.163c.
27 BGH, Urt. vom 28.2.1972 – II ZR 151/69 –, NJW 1972, 827 = EzGuG 11.82.

325 Der Schiedsgutachtervertrag kann einen Vertrag „eigener Art", einen Geschäftsbesorgungsvertrag oder insbesondere einen **Werkvertrag** darstellen.

d) *Kündigung des Gutachtervertrags*

326 Die Parteien können jederzeit auch gegen den Willen des Schiedsgutachters den mit ihm geschlossenen Vertrag kündigen. Die **Kündigung muss von beiden Parteien ausgesprochen werden**. Der Schiedsgutachter hat in diesem Fall Anspruch auf die bis dahin verdiente Vergütung, es sei denn, der Kündigungsgrund wurde von ihm selbst verschuldet. Der **Schiedsgutachter kann umgekehrt den Vertrag kündigen**, wenn

– ihm wichtige Unterlagen oder eine sonst erforderliche Unterstützung versagt wurden,
– er in unzumutbarer Weise tatsächlichen Angriffen oder üblen Beschimpfungen ausgesetzt war oder
– sich nachträglich herausstellt, dass er die notwendige fachliche Kompetenz dafür nicht hat.

Der Schiedsgutachter kann die Parteien nicht durch Zwangsmittel zur Mitarbeit verpflichten. Verweigert sich eine Partei, kann die andere Partei auf Mitwirkung klagen.

e) *Offenbare Unrichtigkeit und Unbilligkeit*

327 Schiedsgutachten unterliegen nach § 319 BGB der **Inhaltskontrolle durch die Gerichte,** wenn das Ergebnis die als richtig erkannte Lösung offenkundig verfehlt. Unbedeutende Fehler, die das Gesamtergebnis nicht verfälschen, führen nicht zur offenbaren Unrichtigkeit[28].

328 Bei schwerwiegenden Begründungsmängeln sind Schiedsgutachten, unabhängig vom Ergebnis, offenbar unrichtig und unverbindlich[29]. Eine **offenbare Unrichtigkeit** liegt vor, wenn sich die **Fehlerhaftigkeit dem sachkundigen und unbefangenen Beobachter aufdrängt**[30]. Sind die einer Verkehrswertschätzung zugrunde gelegten Wertermittlungsmaßstäbe unrichtig oder wesentliche Wertermittlungsmaßstäbe außer Acht gelassen, dann ist auch eine dadurch hervorgerufene erhebliche Abweichung der Schätzung von der wirklichen Sachlage i. d. R. „offenbar", so dass dieser Mangel für jeden sachkundigen und unbefangenen Beurteiler bei gewissenhafter Prüfung offen zutage tritt[31]. Zur Tauglichkeit eines vom Schiedsgutachter angewandten Vergleichswertverfahrens zur Verkehrswertermittlung hat der BGH festgestellt, dass Angaben über den Kaufpreis geeigneter Grundstücke in ausreichender Zahl zur Verfügung stehen und die Vergleichsobjekte, ihre Wertmerkmale und die einzelnen Preise in dem Schiedsgutachten mitgeteilt werden, da nur dann nachprüfbar sei, ob der Schiedsgutachter einen zutreffenden Vergleichsmaßstab angewandt hat. Wenn der Schiedsgutachter nur mit-

---

28 OLG Hamm, Urt. vom 20.3.2004 – 21 U 76/02 –, BauR 2003, 1400 = EzGuG 11.379b.
29 BGH, Urt. vom 16.11.1987 – II ZR 11/87 –, MDR 1988, 381.
30 BGH, Urt. vom 27.6.2001 – VIII ZR 235/00 –, NJW 2001, 3775 = EzGuG 11.304b; BGH, Urt. vom 21.6.1995 – XII ZR 167/94 –, GuG 1996, 113 = EzGuG 20.157; BGH, Urt. vom 17.5.1991 – V ZR 104/90 –, BGH 117, 338 = EzGuG 11.183; BGH, Urt. vom 26.04.1991 – V ZR 61/90 –, GuG 1992, 165 = EzGuG 7.114; BGH, Urt. vom 1.4.1987 – IVa ZR 139/85 –, NJW-RR 1987, 917 = EzGuG 11.163k; BGH, Urt. vom 26.2.1986 – IVa ZR 138/84 –, VersR 1986, 482 = EzGuG 11.151a; BGH, Urt. vom 21.9.1983 – VIII ZR 233/82 –, BGHZ 82, 227 = EzGuG 11.140c; BGH, Urt. vom 25.1.1979 – X ZR 40/77 –, NJW 1979, 1885 = EzGuG 11.114g; BGH, Urt. vom 2.2.1977 – VIII ZR 155/75 –, NJW 1977, 801 = EzGuG 11.106; BGH, Urt. vom 19.12.1975 – IV ZR 107/73 –, WM 1976, 269 = EzGuG 11.101; BGH, Urt. vom 13.5.1974 – VII ZR 38/73 –, BGHZ 62, 314 = EzGuG 11.93h; BGH, Urt. vom 22.2.1974 – V ZR 60/72 –, BGHZ 62, 179 = EzGuG 11.93; BGH, Urt. vom 26.10.1972 – VII ZR 44/71 –, WM 1973, 311 = EzGuG 11.86b; BGH, Urt. vom 21.1.1963 – VII ZR 162/61 –, BB 1963, 281 = EzGuG 11.31; BGH, Urt. vom 3.10.1957 – II ZR 77/56 –, NJW 1957 1843 = EzGuG 11.12; BGH, Urt. vom 18.2.1955 – V ZR 110/53 –, NJW 1955, 665 = EzGuG 6.12; BGH, Urt. vom 20.3.1953 – V ZR 5/52 –, BGHZ 9, 138 = EzGuG 11.4; KG, Urt. vom 28.1.1985 – 8 U 1420/84 –, ZMR 1986, 194 = EzGuG 11.145a; KG, Urt. vom 26.5.1998 – 21 U 9234/97 –, KGR 1998, 409 = EzGuG 11.267c; OLG Schleswig, Urt. vom 9.6.1999 – 4 U 103/93 –, SchlHA 199, 236 = EzGuG 11.279a; OLG Koblenz, Urt. vom 20.9.1996 – 10 U 964/95 –, VersR 1997, 263 = EzGuG 11.235e; OLG Hamm, Urt. vom 5.11.1993 – 26 U 61/93 –, NJW-RR 1994, 1551 = EzGuG 11.207h.
31 BGH, Urt. vom 14.12.1967 – III ZR 22/66 –, WM 1968, 307 = EzGuG 11.61; BGH, Urt. vom 21.5.1975 – VIII ZR 161/73 –, NJW 1975, 1556 = EzGuG 11.96; BGH, Urt. vom 6.12.1974 – V ZR 95/73 –, WM 1975, 256 = EzGuG 11.95; BGH, Urt. vom 20.11.1975 – III ZR 112/73 –, WM 1976, 251 = EzGuG 11.98b; BGH, Urt. vom 30.3.1979 – V ZR 150/77 –, BGHZ 74, 341 = EzGuG 7.66.

teilt, dass „umfangreiche Recherchen" durchgeführt worden seien, ohne das Ergebnis dieser Recherchen darzulegen, sei das Schiedsgutachten offenbar unrichtig und unverbindlich[32]. Bezüglich der Konkretisierungspflicht von Vergleichsobjekten in Schiedsgutachten hat der BGH gegenüber der Rechtsprechung des BVerfG allerdings einschränkende Anforderungen gestellt.

Eine offenbare Unrichtigkeit kann auch dann vorliegen, wenn **Ausführungen und Begründungen so lückenhaft** sind, dass selbst ein Fachmann oder eine Fachfrau das Ergebnis nicht überprüfen kann[33]. Keine **offenbare Fehlerhaftigkeit** eines Schiedsgutachtens liegt indessen vor, wenn das rechtliche Gehör nur ungenügend gewährt wurde[34]. Eine offenbare Fehlerhaftigkeit liegt jedoch vor, wenn der Sachverständige 329

- für Vergleichsmieten keine konkreten Vergleichsobjekte benennt[35],
- sein Gutachten bei der Indexierung auf Jahresindexzahlen statt auf Monatswerten „aufbaut"[36],
- die Sanierungsmaßnahmen zur Bemessung eines Wasserschadens kostenmäßig nicht in Ansatz bringt[37].

Ein Fehler des Sachverständigen bei der Durchführung des **Besichtigungstermins** ist nicht geeignet, eine offenbare Unrichtigkeit des Schiedsgutachtens darzutun[38].

Eine offenbare Unrichtigkeit liegt auch dann vor, wenn der Sachverständige die ihm gestellte **Aufgabe überschritten** hat, **wesentliche Bewertungsmerkmale in nicht überprüfbarer Weise berücksichtigt** und **unbrauchbare Methoden** zur Anwendung gebracht hat[39]. Des Weiteren sind Schiedsgutachten auch bei schwerwiegenden Verfahrensmängeln unverbindlich. Ein schwerwiegender Verfahrensmangel in diesem Sinne liegt vor, wenn der Sachverständige wegen Besorgnis der Befangenheit abgelehnt werden kann[40]. 330

Im Übrigen hat die Rechtsprechung zum Schiedsgutachten darauf hingewiesen, dass ein Gutachten mit einer **Fehlertoleranz** von bis zu 20 % noch als richtig gelten kann[41].

f) *Haftung*

Der Schiedsgutachter haftet in den Fällen **grober Fahrlässigkeit** und des **Vorsatzes.** 331

▶ *Zur Haftung als Gutachter im Schiedsverfahren und als Schiedsgutachter vgl. Rn. 227, 387 ff. und Wessel in Bayerlein u. a., Praxishandbuch Sachverständigenrecht, 3. Aufl.*

---

32 BGH, Urt. vom 23.11.1984 – V ZR 120/83 –, WM 1985, 174 = EzGuG 11.144b; BGH, Urt. vom 21.5.1975 – VIII ZR 161/73 –, NJW 1975, 1556 = EzGuG 11.96; BGH, Urt. vom 25.1.1979 – X ZR 40/77 –, NJW 1979, 1885 = EzGuG 11.114g.
33 BGH, Urt. vom 24.9.1990 – II ZR 191/89 –, EzGuG 11.181a = NJW-RR 1991, 228, in dem zu entscheidenden Fall hatte der Sachverständige ohne eigene Überprüfung Bilanzaufstellungen übernommen, von denen er dann, ohne es begründen zu können, abwich; BGH, Urt. vom 16.11.1987 – II ZR 111/87 –, DB 1988, 752 = ZIP 1988, 162; OLG Hamm, Urt. vom 20.3.2004 – 21 U 76/02 –, EzGuG 11.379b; OLG Koblenz, Urt. vom 20.9.1996 – 10 U 964/95 –, VersR 1997, 963 = EzGuG 11.135e.
34 BGH, Beschl. vom 21.6.1995 – XII ZR 167/94 –, GuG 1996, 113 = EzGuG 20.157 –; BGH, Urt. vom 21.4.1993 – XII ZR 126/91 –, NJW-RR 1993, 1034 = EzGuG 11.205a; BGH, Urt. vom 9.6.1983 – IX ZR 41/82 –, BGHZ 87, 367 = EzGuG 11.138c; BGH, Urt. vom 21.9.1983 – VIII ZR 233/82 –, BGHZ 82, 227 = EzGuG 11.140f; BGH, Urt. vom 26.2.1982 – IVa ZR 138/84 –, EzGuG 11.151a; BGH, Urt. vom 26.10.1972 – VII ZR 44/71 –, EzGuG 11.86a; BGH, Urt. vom 23.11.1972 – VII ZR 178/71 –, WM 1973, 312 = EzGuG 11.86f; BGH, Urt. vom 20.10.1972 – V ZR 137/71 –, NJW 1973, 142 = EzGuG 7.31; BGH, Urt. vom 14.10.1958 – VIII ZR 118/57 –, NJW 1958, 2067 = EzGuG 11.14; BGH, Urt. vom 25.6.1952 – II ZR 104/51 –, BGHZ 6, 335 = EzGuG 11.3.
35 BVerfG, Beschl. vom 11.10.1994 – 1 BvR 1398/93 –, BVerfGE 91, 176 = EzGuG 11.217b; KG, Urt. vom 28.1.1985 – 8 U 1420/84 –, EzGuG 11.148a; BGH, Urt. vom 21.9.1983 – VIII ZR 233/82 –, BGHZ 82, 227 = EzGuG 11.140f; BGH, Urt. vom 2.2.1977 – VIII ZR 155/75 –, EzGuG 11.106 mit Anm. von Köhler in NJW 1979, 1435, Bulla in NJW 1978, 397, Weber in NJW 1977, 251 = EzGuG 11.140f, Marienfeld in ZMR 1977, 234 = AVN 1978, 52.
36 BGH, Urt. vom 21.3.1983 – II ZR 113/82 –, NJW 1983, 2258 = EzGuG 11.202.
37 BGH, Urt. vom 26.2.1986 – IVa ZR 138/84 –, VersR 1986, 482 = EzGuG 11.155a.
38 OLG Düsseldorf, Urt. vom 26.7.2000 – 22 U 4/00 –, GuG 2002, 319 = BauR 2000, 1771 = EzGuG 11.28a.
39 BGH, Urt. vom 3.11.1995 – V ZR 182/94 –, NJW 1996, 452 = GuG 1996, 211 = EzGuG 7.125; OLG Düsseldorf, Urt. vom 26.7.2000 – 22 U 4/00 –, BauR 2000, 1771; OLG Köln, Urt. vom 13.12.1995 – 19 U 69/94 –, BauR 1996, 582 = EzGuG 11.226b.
40 OLG Köln, Urt. vom 11.5.2002 – 19 U 27/00 –, GuG 2004, 59 = OLGR-Köln 2001, 388 = EzGuG 11.331.
41 BGH, Urt. vom 26.4.1991 – V ZR 61/90 –, BB 1991, 1448 = GuG 1992, 165 = NJW 1991, 2761 = EzGuG 7.114.

München 2002, §§ 34 f. vgl. Rn. 16; zur Substantiierungspflicht vgl. § 18 ImmoWertV Rn. 202

332 Bezüglich der Verkehrswertermittlung von Grundstücken bleibt noch darauf hinzuweisen, dass der BGH die Bestandskraft eines Schiedsgutachtens bestätigt hat, bei dem der **Aufwuchs** des Grundstücks nicht besonders veranschlagt wurde[42].

333 Die **Parteien können im Schiedsgutachtervertrag die Anfechtbarkeit** des Schiedsgutachtens **wegen offenbarer Unbilligkeit oder Unrichtigkeit** (gemeinsam) **ausschließen,** wenn sie sich dem unterwerfen. Dies kann allerdings nicht Gegenstand der allgemeinen Geschäftsbedingungen sein[43]. § 319 Abs. 1 BGB ist nämlich abdingbar. Darüber hinaus sieht § 319 Abs. 2 BGB ausdrücklich vor, dass die Parteien eine Vereinbarung treffen können, nach der der Schiedsgutachter seine Entscheidung nach freiem Belieben treffen kann, sofern diese nicht gegen ein gesetzliches Verbot (§ 134 BGB) oder gegen die guten Sitten (§ 138 BGB) verstößt. Hierzu gehören „offenbar unbillige" Bestimmungen[44].

2.1.3.3 Schiedsrichterliches Verfahren

Schrifttum: *Wellmann*, Der Sachverständige in der Praxis, 7. Aufl. 2004.

▶ *Vgl. Rn. 227, 245 ff.*

334 Streitende Parteien können sich durch eine Schiedsvereinbarung (Schiedsvertrag oder Schiedsvereinbarung) nach den §§ 1029 ff. ZPO darauf einigen, „alle oder einzelne Streitigkeiten, die zwischen ihnen in Bezug auf ein bestimmtes Rechtsverhältnis vertraglicher oder nichtvertraglicher Art entstanden sind oder künftig entstehen, der **Entscheidung durch ein Schiedsgericht** zu unterwerfen".

335 Das schiedsrichterliche Verfahren ist im **10. Buch der ZPO** geregelt. Es gliedert sich in folgende Abschnitte:

10. Buch. Schiedsrichterliches Verfahren §§ 1025–1066

1. Abschnitt. Allgemeine Vorschriften §§ 1025–1028
2. Abschnitt. Schiedsvereinbarung §§ 1029–1033
3. Abschnitt. Bildung des Schiedsgerichts §§ 1034–1039
4. Abschnitt. Zuständigkeit des Schiedsgerichts §§ 1040, 1041
5. Abschnitt. Durchführung des schiedsrichterlichen Verfahrens §§ 1042–1050
6. Abschnitt. Schiedsspruch und Beendigung des Verfahrens §§ 1051–1058
7. Abschnitt. Rechtsbehelf gegen den Schiedsspruch § 1059
8. Abschnitt. Voraussetzungen der Anerkennung und Vollstreckung von Schiedssprüchen §§ 1060, 1061
9. Abschnitt. Gerichtliches Verfahren §§ 1062–1065
10. Abschnitt. Außervertragliche Schiedsgerichte § 1066

336 Die Schiedsvereinbarung hat die **Qualität eines materiell-rechtlichen Vertrags** über die prozessualen Beziehungen der Parteien; mit ihr derogieren die Parteien die Zuständigkeit der ordentlichen Gerichte zugunsten eines „privaten" Schiedsgerichts.

337 **Rechtsgrundlage ist § 1029 ZPO**

„(1) Schiedsvereinbarung ist eine Vereinbarung der Parteien, alle oder einzelne Streitigkeiten, die zwischen ihnen in Bezug auf ein bestimmtes Rechtsverhältnis vertraglicher oder nichtvertraglicher Art entstanden sind oder künftig entstehen, der Entscheidung durch ein Schiedsgericht zu unterwerfen.

(2) Eine Schiedsvereinbarung kann in Form einer selbstständigen Vereinbarung (Schiedsabrede) oder in Form einer Klausel in einem Vertrag (Schiedsklausel) geschlossen werden."

---

42 BGH, Urt. vom 9.6.1983 – IX ZR 41/82 –, BGHZ 87, 367 = EzGuG 11.138a.
43 RG, Urt. vom 17.12.1935 – III 66/35 –, RGZ 150, 9; BGH, Urt. vom 28.02.1972 – II ZR 151/69 –, NJW 1972, 827 = EzGuG 11.82.
44 OGHZ 4, 45.

Auf das schiedsrichterliche Verfahren finden die §§ 1025 ff. ZPO Anwendung. 338

Die **Schiedsrichter** (Schiedsgericht) **entscheiden anstelle des staatlichen Gerichts** über den Rechtsstreit der Parteien endgültig. Im Unterschied hierzu befindet ein Schiedsgutachter (vgl. Rn. 313 ff.) lediglich über Tatsachen und Tatumstände (z. B. über Grundstückswerte), ohne gleichzeitig auch über die materielle Vertragsauslegung zu entscheiden. 339

Dem Schiedsrichter stehen zur Entscheidungsfindung zwar nicht dieselben Befugnisse wie dem staatlichen Gericht zu, jedoch kann er erforderlichenfalls **im Wege der Rechtshilfe staatliche Gerichte in Anspruch nehmen** (z. B. im Rahmen der Zeugenvernehmung und Zeugenvereidigung). 340

Die Schiedsrichter (Schiedsgericht) entscheiden durch **Schiedsspruch** (§§ 1051 ff. ZPO), sofern es nicht im Verlauf des Verfahrens zu einer vergleichsweisen Einigung („Schiedsvergleich") kommt. Dabei wird es i. d. R. erforderlich, Tatsachen festzustellen und sie unter rechtlichen Gesichtspunkten zu würdigen. Deshalb werden häufig Juristen und nur gelegentlich Sachverständige zu Schiedsrichtern bestellt[45]. 341

Sofern **Sachverständige als Beweismittel von Schiedsrichtern beigezogen** werden, liegt kein öffentliches Rechtsverhältnis wie bei gerichtlich bestellten Sachverständigen (i. S. d. §§ 402 ff. ZPO) vor. Insoweit besteht für den angesprochenen Sachverständigen auch keine Begutachtungspflicht. Wird der Sachverständige tätig, so liegt dem ein privatrechtlicher Gutachterauftrag zugrunde und dementsprechend haftet der Gutachter auch nur privatrechtlich, wobei die *Haftung* im Schiedsgerichtsverfahren für leichte Fahrlässigkeit durch stillschweigende Vereinbarung ausgeschlossen ist[46]. 342

Jeder vermögensrechtliche Anspruch kann nach § 1030 Abs. 1 Satz 1 ZPO **Gegenstand einer Schiedsvereinbarung sein:** 343

„§ 1030 ZPO Schiedsfähigkeit

(1) Jeder vermögensrechtliche Anspruch kann Gegenstand einer Schiedsvereinbarung sein. Eine Schiedsvereinbarung über nichtvermögensrechtliche Ansprüche hat insoweit rechtliche Wirkung, bis die Parteien berechtigt sind, über den Gegenstand des Streites einen Vergleich zu schließen.

(2) Eine Schiedsvereinbarung über Rechtsstreitigkeiten, die den Bestand eines Mietverhältnisses über Wohnraum im Inland betreffen, ist unwirksam. Dies gilt nicht, soweit es sich um Wohnraum der in § 556a Abs. 8 des Bürgerlichen Gesetzbuchs bestimmten Art handelt.

(3) Gesetzliche Vorschriften außerhalb dieses Buches, nach denen Streitigkeiten einem schiedsrichterlichen Verfahren nicht oder nur unter bestimmten Voraussetzungen unterworfen werden dürfen, bleiben unberührt."

Gegenstand einer Schiedsvereinbarung können insbesondere auch Klagen auf **Feststellung des Bestehens oder Nichtbestehens eines Mietverhältnisses** oder Untermietverhältnisses und Klagen sein, bei denen das Bestehen eines Mietverhältnisses nur inzidenter festgestellt wird, wie Räumungsklage. Gegenstand einer Schiedsvereinbarung können indessen nicht sein Streitigkeiten oder sonstige Ansprüche aus dem Mietverhältnis, die nicht unmittelbar den (Weiter-)Bestand des Rechts zur Nutzung von Räumen betreffen. 344

Die **Schiedsvereinbarung wird schriftlich** abgeschlossen; die sog. halbe Schriftform ist ausreichend. Die Schriftform kann durch die in § 126a BGB vorgesehene elektronische Form (qualifizierte elektronische Signatur) ersetzt werden. 345

„§ 1031 ZPO Form der Schiedsvereinbarung

(1) Die Schiedsvereinbarung muss entweder in einem von den Parteien unterzeichneten Schriftstück oder in zwischen ihnen gewechselten Schreiben, Fernkopien, Telegrammen oder anderen Formen der Nachrichtenübermittlung, die einen Nachweis der Vereinbarung sicherstellen, enthalten sein.

(2) Die Form des Absatzes 1 gilt auch dann als erfüllt, wenn die Schiedsvereinbarung in einem von der einen Partei der anderen Partei oder von einem Dritten beiden Parteien übermittelten Schriftstück enthal-

---
45 Albers in Baumbach/Lauterbach/Albers/Hartmann, Komm. zur ZPO, 56. Aufl. München 1997.
46 BGH, Urt. vom 19.11.1964 – VII ZR 8/63 –, BGHZ 42, 313 = EzGuG 11.45.

ten ist und der Inhalt des Schriftstücks im Fall eines nicht rechtzeitig erfolgten Widerspruchs nach der Verkehrssitte als Vertragsinhalt angesehen wird.

(3) Nimmt ein den Formerfordernissen des Absatzes 1 oder 2 entsprechender Vertrag auf ein Schriftstück Bezug, das eine Schiedsklausel enthält, so begründet dies eine Schiedsvereinbarung, wenn die Bezugnahme dergestalt ist, dass sie diese Klausel zu einem Bestandteil des Vertrages macht.

(4) ...

(5) ...

(6) Der Mangel der Form wird durch die Einlassung auf die schiedsgerichtliche Verhandlung zur Hauptsache geheilt."

346 Die **Parteien können**

- nach Maßgabe des § 1034 ZPO die Anzahl der Schiedsrichter (im Falle einer fehlenden Vereinbarung sind es drei) und
- nach Maßgabe des § 1035 ZPO das Verfahren zur Bestellung des oder der Schiedsrichter vereinbaren.

347 Die **Ablehnung eines Schiedsrichters** ist in den §§ 1036 ff. ZPO geregelt.

„**§ 1036 ZPO** Ablehnung eines Schiedsrichters

(1) Eine Person, der ein Schiedsrichteramt angetragen wird, hat alle Umstände offenzulegen, die Zweifel an ihrer Unparteilichkeit oder Unabhängigkeit wecken können. Ein Schiedsrichter ist auch nach seiner Bestellung bis zum Ende des schiedsrichterlichen Verfahrens verpflichtet, solche Umstände den Parteien unverzüglich offenzulegen, wenn er sie ihnen nicht schon vorher mitgeteilt hat.

(2) Ein Schiedsrichter kann nur abgelehnt werden, wenn Umstände vorliegen, die berechtigte Zweifel an seiner Unparteilichkeit oder Unabhängigkeit aufkommen lassen, oder wenn er die zwischen den Parteien vereinbarten Voraussetzungen nicht erfüllt. Eine Partei kann einen Schiedsrichter, den sie bestellt oder an dessen Bestellung sie mitgewirkt hat, nur aus Gründen ablehnen, die ihr erst nach der Bestellung bekannt geworden sind.

§ 1037 ZPO Ablehnungsverfahren

(1) Die Parteien können vorbehaltlich des Absatzes 3 ein Verfahren für die Ablehnung eines Schiedsrichters vereinbaren.

(2) Fehlt eine solche Vereinbarung, so hat die Partei, die einen Schiedsrichter ablehnen will, innerhalb von zwei Wochen, nachdem ihr die Zusammensetzung des Schiedsgerichts oder ein Umstand im Sinne des § 1036 Abs. 2 bekannt geworden ist, dem Schiedsgericht schriftlich die Ablehnungsgründe darzulegen. Tritt der abgelehnte Schiedsrichter von seinem Amt nicht zurück oder stimmt die andere Partei der Ablehnung nicht zu, so entscheidet das Schiedsgericht über die Ablehnung.

(3) Bleibt die Ablehnung nach dem von den Parteien vereinbarten Verfahren oder nach dem in Absatz 2 vorgesehenen Verfahren erfolglos, so kann die ablehnende Partei innerhalb eines Monats, nachdem sie von der Entscheidung, mit der die Ablehnung verweigert wurde, Kenntnis erlangt hat, bei Gericht eine Entscheidung über die Ablehnung beantragen; die Parteien können eine andere Frist vereinbaren. Während ein solcher Antrag anhängig ist, kann das Schiedsgericht einschließlich des abgelehnten Schiedsrichters das schiedsrichterliche Verfahren fortsetzen und einen Schiedsspruch erlassen.

§ 1038 ZPO Untätigkeit oder Unmöglichkeit der Aufgabenerfüllung

(1) Ist ein Schiedsrichter rechtlich oder tatsächlich außerstande, seine Aufgaben zu erfüllen, oder kommt er aus anderen Gründen seinen Aufgaben in angemessener Frist nicht nach, so endet sein Amt, wenn er zurücktritt oder wenn die Parteien die Beendigung seines Amtes vereinbaren. Tritt der Schiedsrichter von seinem Amt nicht zurück oder können sich die Parteien über dessen Beendigung nicht einigen, kann jede Partei bei Gericht eine Entscheidung über die Beendigung des Amtes beantragen.

(2) Tritt ein Schiedsrichter in den Fällen des Absatzes 1 oder des § 1037 Abs. 2 zurück oder stimmt eine Partei der Beendigung des Schiedsrichteramtes zu, so bedeutet dies nicht die Anerkennung der in Absatz 1 oder § 1036 Abs. 2 genannten Rücktrittsgründe.

§ 1039 ZPO Bestellung eines Ersatzschiedsrichters

(1) Endet das Amt eines Schiedsrichters nach den §§ 1037, 1038 oder wegen seines Rücktritts vom Amt aus einem anderen Grund oder wegen der Aufhebung seines Amtes durch Vereinbarung der Parteien, so ist ein Ersatzschiedsrichter zu bestellen. Die Bestellung erfolgt nach den Regeln, die auf die Bestellung des zu ersetzenden Schiedsrichters anzuwenden waren.

(2) Die Parteien können eine abweichende Vereinbarung treffen."

Die **Durchführung des schiedsrichterlichen Verfahrens** ist in den §§ 1042 ff. ZPO geregelt: **348**

„**§ 1042 ZPO** Allgemeine Verfahrensregeln

(1) Die Parteien sind gleich zu behandeln. Jeder Partei ist rechtliches Gehör zu gewähren.

(2) Rechtsanwälte dürfen als Bevollmächtigte nicht ausgeschlossen werden.

(3) Im Übrigen können die Parteien vorbehaltlich der zwingenden Vorschriften dieses Buches das Verfahren selbst oder durch Bezugnahme auf eine schiedsrichterliche Verfahrensordnung regeln.

(4) Soweit eine Vereinbarung der Parteien nicht vorliegt und dieses Buch keine Regelung enthält, werden die Verfahrensregeln vom Schiedsgericht nach freiem Ermessen bestimmt. Das Schiedsgericht ist berechtigt, über die Zulässigkeit einer Beweiserhebung zu entscheiden, diese durchzuführen und das Ergebnis frei zu würdigen.

§ 1043 ZPO Ort des schiedsrichterlichen Verfahrens

(1) Die Parteien können eine Vereinbarung über den Ort des schiedsrichterlichen Verfahrens treffen. Fehlt eine solche Vereinbarung, so wird der Ort des schiedsrichterlichen Verfahrens vom Schiedsgericht bestimmt. Dabei sind die Umstände des Falles einschließlich der Eignung des Ortes für die Parteien zu berücksichtigen.

(2) Haben die Parteien nichts anderes vereinbart, so kann das Schiedsgericht ungeachtet des Absatzes 1 an jedem ihm geeignet erscheinenden Ort zu einer mündlichen Verhandlung, zur Vernehmung von Zeugen, Sachverständigen oder der Parteien, zur Beratung zwischen seinen Mitgliedern, zur Besichtigung von Sachen oder zur Einsichtnahme in Schriftstücke zusammentreten.

§ 1044 ZPO Beginn des schiedsrichterlichen Verfahrens

Haben die Parteien nichts anderes vereinbart, so beginnt das schiedsrichterliche Verfahren über eine bestimmte Streitigkeit mit dem Tag, an dem der Beklagte den Antrag, die Streitigkeit einem Schiedsgericht vorzulegen, empfangen hat. Der Antrag muss die Bezeichnung der Parteien, die Angabe des Streitgegenstandes und einen Hinweis auf die Schiedsvereinbarung enthalten.

§ 1045 ZPO Verfahrenssprache

(1) Die Parteien können die Sprache oder die Sprachen, die im schiedsrichterlichen Verfahren zu verwenden sind, vereinbaren. Fehlt eine solche Vereinbarung, so bestimmt hierüber das Schiedsgericht. Die Vereinbarung der Parteien oder die Bestimmung des Schiedsgerichts ist, sofern darin nichts anderes vorgesehen wird, für schriftliche Erklärungen einer Partei, mündliche Verhandlungen, Schiedssprüche, sonstige Entscheidungen und andere Mitteilungen des Schiedsgerichts maßgebend.

(2) Das Schiedsgericht kann anordnen, dass schriftliche Beweismittel mit einer Übersetzung in die Sprache oder die Sprachen versehen sein müssen, die zwischen den Parteien vereinbart oder vom Schiedsgericht bestimmt worden sind.

§ 1046 ZPO Klage und Klagebeantwortung

(1) Innerhalb der von den Parteien vereinbarten oder vom Schiedsgericht bestimmten Frist hat der Kläger seinen Anspruch und die Tatsachen, auf die sich dieser Anspruch stützt, darzulegen und der Beklagte hierzu Stellung zu nehmen. Die Parteien können dabei alle ihnen erheblich erscheinenden Schriftstücke vorlegen oder andere Beweismittel bezeichnen, derer sie sich bedienen wollen.

(2) Haben die Parteien nichts anderes vereinbart, so kann jede Partei im Laufe des schiedsrichterlichen Verfahrens ihre Klage oder die Angriffs- und Verteidigungsmittel ändern oder ergänzen, es sei denn, das Schiedsgericht lässt dies wegen Verspätung, die nicht genügend entschuldigt wird, nicht zu.

(3) Die Absätze 1 und 2 gelten für die Widerklage entsprechend.

§ 1047 ZPO Mündliche Verhandlung und schriftliches Verfahren

(1) Vorbehaltlich einer Vereinbarung der Parteien entscheidet das Schiedsgericht, ob mündlich verhandelt werden soll oder ob das Verfahren auf der Grundlage von Schriftstücken und anderen Unterlagen durchzuführen ist. Haben die Parteien die mündliche Verhandlung nicht ausgeschlossen, hat das Schiedsgericht eine solche Verhandlung in einem geeigneten Abschnitt des Verfahrens durchzuführen, wenn eine Partei es beantragt.

(2) Die Parteien sind von jeder Verhandlung und jedem Zusammentreffen des Schiedsgerichts zu Zwecken der Beweisaufnahme rechtzeitig in Kenntnis zu setzen.

II Sachverständigenwesen — Gutachten

(3) Alle Schriftsätze, Schriftstücke und sonstigen Mitteilungen, die dem Schiedsgericht von einer Partei vorgelegt werden, sind der anderen Partei, Gutachten und andere schriftliche Beweismittel, auf die sich das Schiedsgericht bei seiner Entscheidung stützen kann, sind beiden Parteien zur Kenntnis zu bringen.

§ 1048 ZPO Säumnis einer Partei

(1) Versäumt es der Kläger, seine Klage nach § 1046 Abs. 1 einzureichen, so beendet das Schiedsgericht das Verfahren.

(2) Versäumt es der Beklagte, die Klage nach § 1046 Abs. 1 zu beantworten, so setzt das Schiedsgericht das Verfahren fort, ohne die Säumnis als solche als Zugeständnis der Behauptungen des Klägers zu behandeln.

(3) Versäumt es eine Partei, zu einer mündlichen Verhandlung zu erscheinen oder innerhalb einer festgelegten Frist ein Schriftstück zum Beweis vorzulegen, so kann das Schiedsgericht das Verfahren fortsetzen und den Schiedsspruch nach den vorliegenden Erkenntnissen erlassen.

(4) Wird die Säumnis nach Überzeugung des Schiedsgerichts genügend entschuldigt, bleibt sie außer Betracht. Im Übrigen können die Parteien über die Folgen der Säumnis etwas anderes vereinbaren."

349 Die **Beweiserhebung durch Sachverständige** ist in § 1049 ZPO geregelt. Die Vorschrift lautet:

„**§ 1049 ZPO** Vom Schiedsgericht bestellter Sachverständiger

(1) Haben die Parteien nichts anderes vereinbart, so kann das Schiedsgericht einen oder mehrere Sachverständige zur Erstattung eines Gutachtens über bestimmte vom Schiedsgericht festzulegende Fragen bestellen. Es kann ferner eine Partei auffordern, dem Sachverständigen jede sachdienliche Auskunft zu erteilen oder alle für das Verfahren erheblichen Schriftstücke oder Sachen zur Besichtigung vorzulegen oder zugänglich zu machen.

(2) Haben die Parteien nichts anderes vereinbart, so hat der Sachverständige, wenn eine Partei dies beantragt oder das Schiedsgericht es für erforderlich hält, nach Erstattung seines schriftlichen oder mündlichen Gutachtens an einer mündlichen Verhandlung teilzunehmen. Bei der Verhandlung können die Parteien dem Sachverständigen Fragen stellen und eigene Sachverständige zu den streitigen Fragen aussagen lassen.

(3) Auf den vom Schiedsgericht bestellten Sachverständigen sind die §§ 1036, 1037 Abs. 1 und 2 entsprechend anzuwenden."

350 Die **Parteien können die Bestellung eines Sachverständigen ausschließen** oder auf bestimmte Personen bzw. Personengruppen beschränken. Eine erfolglose Ablehnung kann nach § 1049 ZPO nur im Aufhebungs- oder Vollstreckbarkeitserklärungsverfahren (§§ 1059 ff. ZPO) angefochten werden. Der Schiedsrichter hat im Übrigen seine Aufgabe unter Beachtung des Höchstpersönlichkeitsgrundsatzes wahrzunehmen. Er kann sich dabei Hilfspersonen bedienen.

351 Das **Schiedsgericht entscheidet** nach Maßgabe der von den Parteien als auf den Inhalt des Rechtsstreits anwendbar bezeichneten Rechtsvorschriften mit Mehrheit der Stimmen des Schiedsgerichts **durch Schiedsspruch**. Der Schiedsspruch ist schriftlich zu erlassen und zu begründen, sofern nichts anderes vereinbart worden ist. Der Schiedsspruch hat unter den Parteien die Wirkung eines rechtskräftigen gerichtlichen Urteils (§ 1055 ZPO). Ein Rechtsbehelf gegen den Schiedsspruch ist nach Maßgabe der §§ 1059 ff. ZPO zulässig.

352 **Die Parteien können sich** während des schiedsrichterlichen Verfahrens über die Streitigkeiten auch **vergleichen**. In diesem Fall beendet das Schiedsgericht das Verfahren ohne Schiedsspruch durch Beschluss gemäß § 1056 Abs. 2 Nr. 2 ZPO. Auf Antrag der Parteien kann der Vergleich durch „Schiedsspruch mit vereinbartem Wortlaut" geschlossen werden (§ 1053 Abs. 1 Satz 2 ZPO). Damit kann die Vollstreckbarkeit des Vergleichs erleichtert werden.

353 Auf Antrag beider Parteien kann das Verfahren aber auch beendet werden durch Erlass eines Schiedsspruchs, dessen Inhalt die Parteien vereinbart haben (**Schiedsspruch mit vereinbartem Wortlaut**). Ein Schiedsspruch mit vereinbartem Wortlaut ist nach Maßgabe des § 1053 Abs. 2 i. V. m. § 1054 ZPO zu erlassen und muss angeben, dass es sich um einen Schiedsspruch handelt. Ein solcher Schiedsspruch hat dieselbe Wirkung wie jeder andere Schiedsspruch zur Sache.

Der für ein Schiedsgericht tätige Gutachter wird zwar im Auftrag und mit Vollmacht der Parteien tätig, jedoch gelten auch für ihn die **Haftungsgrundsätze**, die für einen von einem Staatsgericht beauftragten Gutachter gelten. Der BGH leitet dies aus einer entsprechenden stillschweigenden Parteienvereinbarung ab[47].

354

Der Schiedsrichter haftet bei seiner Spruchtätigkeit nicht für Fahrlässigkeit. Nach der Rechtsprechung des BGH ist die Haftungsbeschränkung des Schiedsrichters nicht aus einer analogen Anwendung des § 839 Abs. 2 BGB, sondern aus der dem Schiedsrichter vertraglich eingeräumten Stellung abzuleiten. Die **Haftungsbeschränkung** gilt auch für die Aufnahme einer verfahrensrechtlich unzulässigen Entscheidung in einen Schiedsspruch (vgl. Rn. 248 ff., 227, 245).

2.2 Allgemeine Grundsätze der Gutachtenerstattung

2.2.1 Inhaltliche Anforderungen

2.2.1.1 Konzentrationsgebot

▶ *Vgl. § 8 ImmoWertV Rn. 38 ff.*

Gutachten werden in aller Regel auf der Grundlage eines Auftrags erstattet und sollen sich nach *Mayr*[48] hierauf konzentrieren, auch wenn dem Gutachter „andere Aspekte der Sache interessanter und wichtiger erscheinen". Diesem Konzentrationsgebot kann zwar vom Grundsatz her zugestimmt werden. Auf dem Gebiet der Erstattung von Gutachten über Grundstückswerte hat es sich jedoch allzu häufig als gefährlich erwiesen, und ein Gutachter sollte sich hier nicht scheuen, **sachdienliche Ergänzungen in sein Gutachten einzubeziehen, wenn eine missbräuchliche Verwendung seines Gutachtens droht.**

355

Beispiel:

356

Gutachter Redlich wird von einem Kaufinteressenten beauftragt, den Verkehrswert eines gewerblich genutzten Grundstücks (Kammgarnfabrik) zu ermitteln, das aufgrund einer absehbaren städtebaulichen Neuordnung schon bald einer höherwertigen Nutzung zugeführt werden kann. Der Auftraggeber besteht auf der Ermittlung des Verkehrswerts der Kammgarnfabrik unter „Ausblendung" der sich abzeichnenden höheren Nutzbarkeit *(existing use value)*.

Der sich bei strenger „Konzentration" auf den Auftrag ergebende Verkehrswert wird vom Gutachter Redlich „richtig" ermittelt; der „Verkehrswert" entspricht gleichwohl nicht dem tatsächlich erzielbaren „Verkehrswert", wenn im gewöhnlichen Geschäftsverkehr die absehbare höhere Nutzbarkeit üblicherweise zu höheren Abschlüssen führt. Der Auftraggeber bringt das Gutachten in die Kaufpreisverhandlungen mit der Absicht ein, den Verkäufer von der Angemessenheit des niedrigeren „Verkehrswerts" zu überzeugen.

In derartigen Fällen empfiehlt es sich, die ohnehin im Gutachten darzulegende **Auftragserteilung** bzw. im gerichtlichen Verfahren die zu beantwortende Beweisfrage mit entsprechenden Hinweisen zu versehen, wenn sich der Gutachter fruchtlos um eine sachgerechte Beauftragung bemüht hat. Daneben kann es geboten sein, nach § 665 BGB **von den Weisungen abzuweichen**. Solche Konstellationen sind in der Praxis der Wertermittlung nicht selten. Die Problematik ist darin begründet, dass im Alltagsleben von „Verkehrswerten" in der Erwartung gesprochen wird, dass stets ein bestimmter Verkehrswert ermittelt werden muss, ohne dass daneben – je nach Vergabe – auch fiktive oder modifizierte Verkehrswerte für ein und dasselbe Grundstück ermittelbar sind, insbesondere wenn dem Gutachter besondere, vom tatsächlichen und rechtlichen Zustand des Grundstücks abweichende Vorgaben gemacht worden sind. Dies können „Außenstehende" oft nicht erkennen, weil sie eben mit dem Begriff „Verkehrswert" die Vorstellung einer eindeutigen Grundstückszuordnung verbinden.

357

---

47 BGH, Urt. vom 19.11.1964 – VII ZR 8/63 –, BGHZ 42, 313 = EzGuG 11.45; BGH, Urt. vom 6.10.1954 – II ZR 149/53 –, BGHZ 15, 12 = EzGuG 11.6; OLG Hamburg, Beschl. vom 29.1.1974 – 8 W 6/74 –, JurBüro 1975, 82 = EzGuG 11.92e.
48 Mayr in Bayerlein, Praxishandbuch Sachverständigenrecht, 4. Aufl. 2008, S. 453 ff.

358 *Beispiel:*

Gutachter Redlich blickt auf eine 20-jährige Berufspraxis zurück und wurde 1991 beauftragt, den Verkehrswert über ein „Filetgrundstück" in Berlin, Unter den Linden, zu erstellen. Schon seit geraumer Zeit werden hier Büromieten von rd. 40,00 €/m² Nutzfläche registriert und die Euphorie ist (noch) ungebrochen.

Gutachter Redlichs Wertermittlung für seinen Auftraggeber, der ein Bürogrundstück auf der Grundlage des ermittelten Verkehrswerts erwerben will, soll in „redlicher" Anwendung der Grundsätze der WertV die „nachhaltige" Rendite des Objekts zugrunde gelegt werden. Seine Erfahrung und Markteinschätzung sagen ihm, dass die registrierten Mieten zwar das Geschehen auf dem Grundstücksmarkt bislang bestimmt haben, jedoch gleichwohl nicht von Dauer sein werden; er rechnet mit einer Halbierung der Mieten schon in wenigen Jahren.

359 Ein Sachverständiger steht, wie das Beispiel zeigt, häufig vor der Frage, ob er sich auf die Ermittlung eines stichtagsbezogenen Verkehrswerts beschränken oder auch seine **weiter gehende** Markteinschätzung zum Ausdruck bringen soll. Nach angelsächsischen Berufsregeln ist dies sogar ausdrücklich geboten, jedoch sollte sich der Sachverständige dabei vor spekulativen Äußerungen hüten und sich nur von objektiven Erkenntnissen unter **Hervorhebung der Wahrscheinlichkeit** leiten lassen (Rn. 374).

2.2.1.2 Objektivitätsgebot

360 Für die von Sachverständigen erstatteten Gutachten gilt das **Gebot der unparteiischen Aufgabenerfüllung**, unabhängig davon, ob es sich um einen öffentlich bestellten und vereidigten Sachverständigen (§ 8 SVO), einen vom Gericht beauftragten Sachverständigen, einen freien (selbsternannten) Sachverständigen oder einen Schiedsgutachter handelt. Die **Erstattung parteiischer Gutachten ist schlechthin mit einer** (beanspruchten) **Sachverständigeneigenschaft unvereinbar.** Selbst der „Parteisachverständige" darf nicht parteiisch sein.

361 Die unparteiische Aufgabenerfüllung kann bereits bei der **Präzisierung des Auftrags** beginnen, d. h., der Sachverständige kann hier bereits gefordert sein, auf eine Aufgabenstellung hinzuwirken, die ein parteiisches Gutachten insoweit ausschließt, als einseitige Vorstellungen zur Vorgabe gemacht werden. Für den Sachverständigen ist das nicht immer leicht erkennbar, da er i. d. R. nur mit seinem Auftraggeber verhandelt. **Der Verwertungszweck des Gutachtens sollte deshalb zusammen mit dem Auftraggeber und der präzisen Aufgabenstellung im Gutachten dargelegt** und ggf. mit einem Hinweis versehen werden, wenn mit dem Auftraggeber eine sinnvolle und zweckentsprechende Aufgabenstellung nicht herbeigeführt werden konnte.

362 Im Rahmen der unparteiischen Aufgabenerfüllung sollte der Sachverständige **jedweden Anschein der Voreingenommenheit, irreführende und missverständliche Aussagen sowie Unvollständigkeiten vermeiden.**

2.2.1.3 Kompetenzeinhaltungsgebot

363 Die fachliche Kompetenz des Sachverständigen bestimmt den Wert des Gutachtens. Der Sachverständige muss deshalb einen **Auftrag ablehnen, soweit seine fachliche Kompetenz dem nicht gewachsen ist,** d. h., ein Gutachter darf seine fachliche Kompetenz nicht überschreiten[49].

364 Dies kann in der Grundstückswertermittlung zu vielschichtigen Konflikten führen, weil für den Grundstückswert häufig die Klärung einer Vielzahl von **Einzelfragen im rechtlichen, spezialtechnischen bis hin zum toxikologischen Bereich** (Altlasten) ausschlaggebend ist:

– Die *Bebaubarkeit* eines Grundstücks kann äußerst streitbefangen sein.
– Der *Einsatz bodenrechtlicher Instrumente* (Instrumente zur Sicherung der Bauleitplanung, des Besonderen Städtebaurechts des Zweiten Kapitels des BauGB usw.) ist häufig mit Zweifelsfragen verbunden.

---

[49] BGH, Urt. vom 10.7.2003 – VII ZR 329/02 –, GuG 2004, 123 = EzGuG 11.350b.

- Der Bestand und die rechtliche Bedeutung von *miet- und pachtrechtlichen Bindungen* können fragwürdig sein.
- Die *Eigentumsverhältnisse* können insbesondere in den neuen Bundesländern umstritten sein (sog. Vermögensrecht).
- *Altlastenverdachtsflächen* bedürfen der Untersuchung, wenn diesem Umstand präzise Rechnung getragen werden soll; selbst bei Vorliegen toxikologischer Untersuchungen ist der Sachverständige für Grundstückswerte schon mangels allgemeingültiger nutzungsabhängiger Schwellenwerte i. d. R. nicht in der Lage, die Vereinbarkeit einer Altlast mit der Nutzbarkeit des Grundstücks zu beurteilen.
- Unklarheiten, die häufig erst im Wege gerichtlicher Auseinandersetzungen geklärt werden, bestehen häufig bei der Ermittlung von *Entschädigungen* (Fragen der Vorwirkung) und insbesondere auf dem schwierigen Gebiet des Planungsschadensrechts (§§ 39 ff. BauGB); vom Sachverständigen wird häufig erwartet, dass er die Frage in sein Gutachten einbezieht, ob und in welcher Höhe planungsschadensrechtliche Ansprüche an einem Grundstück „hängen".

Allgemein muss erwartet werden, dass der **Grundstückssachverständige mit den einschlägigen Rechtsnormen und der Rechtsprechung vertraut** ist, obwohl gerade diese Fragen in der Ausbildung zu kurz kommen. Dies darf aber nicht dazu führen, dass sich der Grundstückssachverständige als „Winkeladvokat" betätigt und leichtfertig rechtliche Wertungen seinem Gutachten zugrunde legt, die außerhalb seiner Kompetenz stehen. Spricht ein gerichtlicher Sachverständiger im Zusammenhang mit der Auslegung des Beweisthemas auch rechtliche Fragen an, so begründet dies für sich allein genommen allerdings noch keine Besorgnis der Befangenheit[50]. **365**

Die Verhaltensregeln und die daraus folgenden Konsequenzen für die Gutachtenerstattung und die Sachverständigentätigkeit sind in der Fachwelt erstaunlicherweise wenig diskutiert worden, obwohl gerade diese Fragen in der jüngeren Vergangenheit immer mehr an Bedeutung gewonnen haben. Vielmehr wurden Sachverständige mit derartigen interdisziplinären Problemstellungen „allein" gelassen, und sie haben es oftmals nicht vermocht, die von anderer Seite zu vertretenden Defizite, die einer fundierten Wertermittlung entgegenstehen, deutlich zu machen. Ein hervorstechendes Beispiel ist die Verkehrswertermittlung aufgelassener Militärflächen (sog. **Konversionsflächen**), bei denen einerseits – quasi naturgesetzlich – der Verdacht (aber keinesfalls die Sicherheit) einer flächendeckenden Kontamination hochkommt und andererseits zu einem Zeitpunkt das **Verkehrswertgutachten in Auftrag gegeben wird, zu dem noch keinerlei Vorstellungen über die künftige Nutzbarkeit der Flächen** bestehen. Erwerbsinteressierte sind hier häufig zunächst nur an einem „billigen" Erwerb des Grundstücks interessiert und stellen die künftige Nutzung in Abhängigkeit von dem Erwerbspreis, dem Ergebnis der Altlastenuntersuchungen und überdies von den insgesamt anfallenden Umnutzungskosten. Bei derartig unklaren Verhältnissen muss die „Leistungsfähigkeit" der Verkehrswertermittlung begrenzt sein. Eine Verkehrswertermittlung mag zwar dann mit entsprechender Unsicherheit möglich sein; ihre (Un-)Sinnigkeit haben dann aber die Auftraggeber zu vertreten. Wer bei einer äußerst „nebulösen" Ausgangssituation ein Wertgutachten in Auftrag gibt und andererseits ein fundiertes Ergebnis mit hoher „Treffsicherheit" erwartet, muss dies als einen Akt der Selbsttäuschung begreifen. **366**

Folgende **Verhaltensgrundsätze** kommen in derartigen Fällen in Betracht: **367**

- Der **Sachverständige für Grundstückswerte** darf in rechtlichen Zweifelsfragen **kein Rechtsgutachten** (z. B. über die Bebaubarkeit eines Grundstückes) **erstellen,** er kann allenfalls darlegen, welche Bebaubarkeit auf Grund welcher Grundlagen objektiv erwartet werden kann.
- In **Zweifelsfällen** besteht die Möglichkeit,

---

50 BGH, Urt. vom 7.12.2006 – VII ZR 290/04 –, BauR 2006, 559 = EzGuG 11.533a; OLG Saarbrücken, Beschl. vom 6.12.2007 – 5 W 267/07 –, Der Bausachverständige 2008, 78 = EzGuG 11.620b; OLG Düsseldorf, Urt. vom 20.9.2005 – I 20 U 213/04 –, NzBau 2006, 517 = EzGuG 11.468; OLG Nürnberg, Beschl. vom 1.8.2001 – 4 W 2519/01 –, MDR 2002, 291 = EzGuG 11.308; OLG Karlsruhe, Beschl. vom 27.4.1993 – 18a W 9/94 –, MDR 1994, 725 = EzGuG 11.209c.

- sich mit dem Auftraggeber abzusprechen, welche rechtlichen Gesichtspunkte dem Gutachten zugrunde gelegt werden sollen; ggf. sind sachlich abweichende Vorstellungen darzulegen,
- der Hinzuziehung von weiteren Spezialsachverständigen sowie
- der Erstellung von Alternativgutachten[51].

368 Selbst in dem **Erkennen und der** Einschätzung von Baumängeln und Bauschäden ist der Grundstückswertermittler oftmals überfordert, zumal für dieses Gebiet eigenständig Sachverständige bestellt und vereidigt werden. Um sich hier vor der Haftung von Fehleinschätzungen zu schützen, werden diesbezügliche Ausführungen in den Verkehrswertgutachten von den Sachverständigen ausdrücklich unter dem Vorbehalt einer Überprüfung von dementsprechend vorgebildeten Sachverständigen gestellt.

2.2.1.4 Sachaufklärungsgebot

▶ *Vgl. Rn. 51, 207; § 6 ImmoWertV Rn. 152 ff.*

369 Der Sachverständige ist entsprechend § 410 ZPO verpflichtet, sein Gutachten **unparteiisch** und **nach bestem Wissen und Gewissen** zu erstellen (§ 410 ZPO, vgl. Rn. 51).

370 Weit verbreitet ist die **Praxis, bei zweifelhaftem Sachverhalt dem Gutachten bestimmte Sachverhalte zugrunde zu legen.** So wird z. B. in Verkehrswertgutachten über altlastenbehaftete und altlastenverdächtige Grundstücke die bekannte Formel vorausgeschickt: „Ich gehe bei meiner Wertermittlung von einem nichtkontaminierten Grundstück aus." Andere Sachverständige, die zur Einsicht gekommen sind, dass sie davon eigentlich nicht ausgehen können, formulieren etwas vorsichtiger, etwa wie folgt: „Ich bewerte das Grundstück frei von Altlasten und sonstigen Bodenverunreinigungen", und weisen darauf hin, dass der ermittelte Verkehrswert in Abhängigkeit von der Verifizierung einer Altlast möglicherweise noch zu korrigieren sei (vgl. § 6 ImmoWertV Rn. 152 ff.).

371 Diese Praxis droht in Leichtfertigkeit „abzurutschen", denn von einem Sachverständigen muss gefordert werden, dass er in seinem **Gutachten** zumindest **die Tatsachen darstellt, die für ihn erkennbar waren**[52] bzw. hätten erkannt werden müssen. Im Rahmen seiner Sorgfaltspflicht hat der Sachverständige nicht nur Verdachtsmomenten nachzugehen und die Ergebnisse offenzulegen. Er steht auch unter der Pflicht der Aufklärung des Sachverhalts, der für die Verkehrswertermittlung von Bedeutung sein kann. Die sich großer Beliebtheit erfreuende Formel „Ich gehe davon aus, ..." wird dagegen allzu oft als Freizeichnungsklausel von der notwendigen Sachverhaltsaufklärung verstanden und ist geeignet, beim „Verbraucher" eines Gutachtens den Eindruck zu erwecken, dass die Verhältnisse tatsächlich so sind, wie sie der Sachverständige im Rahmen seiner Sachverhaltsaufklärungspflicht „ausgehenderweise" unterstellt.

372 Etwas anderes mag gelten, wenn der Gutachter in **Absprache mit dem Auftraggeber** und unter Hervorhebung der Möglichkeit oder sogar Wahrscheinlichkeit anderer Verhältnisse und ihrer Folgen für das Ergebnis der Wertermittlung seine Sachaufklärungspflicht einvernehmlich einschränkt. Dies steht im Übrigen in Wechselwirkung zum vereinbarten Honorar.

373 Im Rahmen seiner Aufklärungspflicht hat der Gutachter alle ihm **zugänglichen Erkenntnisquellen** auszuwerten und zur Entscheidungsfindung heranzuziehen[53]. Als „zugängliche" Erkenntnisquellen gelten solche, die verfügbar und benutzbar sind, ohne dass sie ihm bereits

---

51 Kamphausen, BauR 1986, 151 ff.
52 So auch die Rspr. des BVerwG zur Erkennbarkeit abwägungsrechtlicher Belange in der Bauleitplanung: BVerwG, Urt. vom 9.11.1979 – 4 N 1/87 – 4 N 2-4/79 –, NJW 1980, 1061 = MDR 1980, 256 = BauR 1980, 36 = DVBl 1980, 233 = DÖV 1980, 217 = BRS Bd. 35 Nr. 24 = JZ 1980, 85 = BBauBl. 1980, 251 = BayVBl. 1980, 88 = ZfBR 1979, 255; BGH, Urt. vom 27.9.1973 – VII ZR 142/71 –, WM 1973, 1324 = EzGuG 11.91a.
53 BGH, Urt. vom 4.3.1982 – III ZR 156/80 –, BRS Bd. 45 Nr. 18 = WM 1982, 617 = EzGuG 11.127; „zugänglich" bedeutet „verfügbar", „benutzbar" (Brockhaus Wahrig „Deutsches Wörterbuch in 6 Bänden, 6. Bd), „zur Verfügung stehend" (Storig „Das große Wörterbuch der deutschen Sprache"), „So eingerichtet, dass es benutzt werden kann" Klappenbach/Steinitz (Wörterbuch der deutschen Gegenwartssprache).

zur Verfügung gestanden haben müssen. Derjenige, der zu Erkenntnisquellen gelangen will, muss sich also unter Umständen den Zugang (wie sich schon begrifflich aus dem Wort „zugänglich" ergibt) verschaffen.

Bei komplizierten Sachverhalten empfiehlt es sich, eine sog. **Immobilien-*Due-Diligence*** einzuholen. Mit einer *Due-Diligence* werden im Vorfeld einer Investition Chancen und Risiken auf den entscheidenden Feldern analysiert. Dies sind bei Immobilien insbesondere:

– die bauliche Analyse (z. B. Brand- und Schallschutzbestimmungen, Parkplätze, Gewährleistungsrechte)
– die rechtliche Analyse (Eigentumsverhältnisse, Rechte und Belastungen), einschließlich
  • der baurechtlichen Analyse (Einhaltung baurechtlicher Vorschriften)
  • der steuerrechtlichen Analyse (einschließlich steuerrechtlicher Gestaltung von Grundstückstransaktionen)
  • der miet- und pachtrechtlichen Situation; Ausstiegs- und Haftungsklauseln
– die wirtschaftliche Analyse (Standort- und Marktanalyse)
– die finanzielle Analyse (Finanzierung von Transaktionen)
– die Umweltanalyse
– die Analyse der effizienten Bewirtschaftung des Grundstücks (*Facility-Management*-Analyse), Objektmanagement, Betreiber, Personal

Es ist zwischen der Marktanalyse und einer Standortanalyse zu unterscheiden.

Abb. 10: Standortanalyse

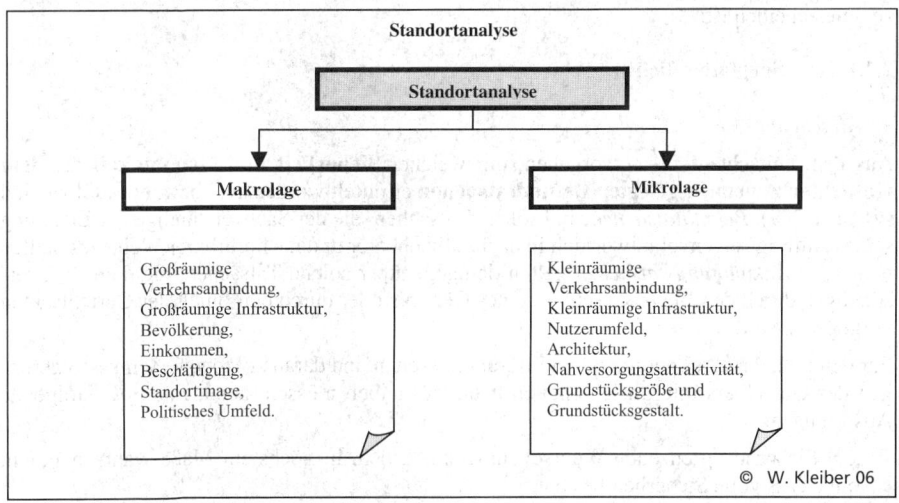

Abb. 11: Marktanalyse

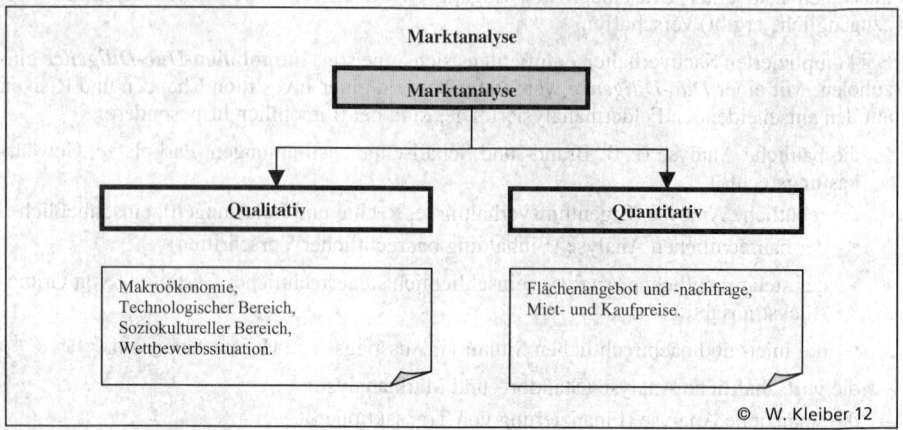

Gegenstand der Markt- und Standortanalyse ist auch die **Drittverwendungsfähigkeit** einer Immobilie, wobei zwischen

- der Drittverwendungsfähigkeit im engen Sinne, d. h. einer Drittverwendung der Immobilie *ohne* erheblichen Umbauaufwand für eine anderweitige Nutzung und
- der Drittverwendungsfähigkeit im weiten Sinne, d. h. einer Drittverwendung der Immobilie *mit* erheblichem Umbauaufwand

zu unterscheiden ist.

2.2.1.5 Sorgfaltspflicht

a) *Allgemeines*

374 Aus dem Gutachten soll hervorgehen, mit welcher **Sicherheit und Genauigkeit** die **dem Gutachten zugrunde gelegten Befundtatsachen** ermittelt worden sind bzw. ermittelbar sind (vgl. Rn. 207). *Befundtatsachen* sind solche Tatsachen, die der Sachverständige zur Erfüllung seines Auftrags eigenverantwortlich in nachvollziehbarer und nachprüfbarer Weise feststellen muss. Als *Anknüpfungstatsachen* gelten demgegenüber solche Tatsachen, die dem Sachverständigen durch den Beweisbeschluss eines Gerichts oder durch den Inhalt der Gerichtsakten vorgegeben sind.

Für den Fall, dass Anknüpfungs- und Befundtatsachen und daraus gezogene Schlussfolgerungen des Gutachters mit Unsicherheiten behaftet bleiben müssen, nennt *Rudolph*[54] folgende Abstufungen:

- „an Sicherheit grenzende Wahrscheinlichkeit", d. h. in höchstem Maße wahrscheinlich, ohne dass volle Sicherheit besteht,
- äußerst wahrscheinlich (höchstgradige Wahrscheinlichkeit),
- sehr wahrscheinlich (stark überwiegende Wahrscheinlichkeit),
- wahrscheinlich (überwiegende Wahrscheinlichkeit),
- eher wahrscheinlich (leicht überwiegende Wahrscheinlichkeit),
- unwahrscheinlich (überwiegende Unwahrscheinlichkeit),
- sehr unwahrscheinlich (stark überwiegende Unwahrscheinlichkeit),
- äußerst unwahrscheinlich (höchstgradige Unwahrscheinlichkeit).

---

[54] Mayr in Bayerlein, Praxishandbuch Sachverständigenrecht, 4. Aufl. 2008, S. 456 f.

Für Wirtschaftsprüfer hat es das OLG Düsseldorf ausdrücklich als deren Aufgabe herausgestellt, die ihnen vorgelegten **Unterlagen kritisch zu hinterfragen und durch Zusatzfragen prüfungsrelevante Einzelheiten aufzuklären,** die sich aus den Unterlagen nicht oder nicht eindeutig ergeben[55].

375

Es ist mit dem Vertrauensschutz des Rezipienten eines Gutachtens unvereinbar, wenn man bezüglich der Sorgfaltspflichten individuelle Maßstäbe gelten lässt. Zumindest bei der Gutachtenerstattung durch einen Gutachterausschuss für Grundstückswerte oder einen öffentlich bestellten und vereidigten Sachverständigen sind objektive Maßstäbe anzuhalten, die vom Auftraggeber hier erwartet werden können. Dies ergibt sich aus dem Umstand, dass es zu den Amtspflichten eines jeden Amtsträgers gehört, vor einer hoheitlichen Maßnahme (§ 192 BauGB Rn. 3), die geeignet ist, einen anderen in seinen Rechten zu beeinträchtigen, den **Sachverhalt im Rahmen des Zumutbaren so umfassend zu erforschen, dass die Beurteilungs- und Entscheidungsgrundlage nicht in wesentlichen Punkten zum Nachteil des Betroffenen unvollständig sind**[56] (vgl. Rn. 207).

376

Mündliche Auskünfte zum Planungsrecht sind nicht als Vertrauensgrundlage geeignet[57].

Zur Begutachtung reicht regelmäßig ein **visueller Augenschein ohne Öffnung von Bauteilen und Freilegung** aus[58]. Die Frage einer Bauteilöffnung ist in der Rechtsprechung mehrfach behandelt worden[59].

b) *Flächen- und Massenangaben*

Immer häufiger wird in Gutachten über Grundstückswerte *ohne* **Überprüfung von Flächen- bzw. Massenangaben**[60] des Auftraggebers bzw. überreichter Pläne baulicher Anlagen „ausgegangen". Dies kann vor allem dann beobachtet werden, wenn ein Zweitgutachten unter Verwendung eines vorhandenen Erstgutachtens erstellt wird. Indessen haben die Erfahrungen gelehrt, dass zwei unabhängig voneinander tätige Gutachter zu unterschiedlichen Flächen- und Massenangaben kommen. Falsche Massen- und Flächenangaben sind häufig auch darauf zurückzuführen, dass sich der Gutachter auf übergebene oder ihm sonsthin zugängliche Pläne verlassen hat (vgl. Rn. 207). Falsche Flächen- und Massenermittlungen können aber – wie auch die sog. Schneider-Pleite offengelegt hat – das Ergebnis erheblich verfälschen und der Sachverständige ist gehalten, die verwertbaren Anknüpfungstatsachen „herauszuarbeiten". Unsicherheitsfaktoren dürfen nicht unterdrückt werden, sondern müssen mit ihren Schwachstellen angesprochen werden. Ansehen und Glaubwürdigkeit des Sachverständigen sind bereits bei kleineren Abweichungen in Mitleidenschaft gezogen, wenn diese im Rahmen der üblichen Sorgfaltspflicht zutage treten müssen, selbst dann, wenn sie sich auf das Ergebnis einer Wertermittlung nur marginal auswirken.

377

c) *Angaben zu den Ertragsverhältnissen*

Das besondere Vertrauen, das insbesondere dem Gutachten des öffentlich bestellten und vereidigten Sachverständigen im Geschäftsverkehr beigemessen wird, setzt voraus, dass er das Gutachten nach bestem Wissen und Gewissen erstellt und dafür Dritten gegenüber einsteht. In diesem Rahmen ist der Gutachter für die **gewissenhafte Feststellung von (Befund-)Tatsachen verantwortlich.** Von einem ihm lediglich unter Angabe der Aufgabenstellung mitgeteilten Mietertrag darf ein Sachverständiger nur dann ohne Weiteres ausgehen, wenn er sich davon überzeugt hat, dass die Angaben zutreffen (vgl. Rn. 207). Verwendet er im Gutachten hingegen Tatsachenmaterialien, die er nicht oder nur teilweise selbst ermittelt oder nicht oder

378

---

55 OLG Düsseldorf, Beschl. vom 8.1.1986 – 2 W 122/85 –, NJW-RR 1986, 740 = EzGuG 11.149g.
56 Papier im Münchener Komm. Bd. 5, 3. Aufl., § 839 Nr. 595; a. A. OLG Karlsruhe, Urt. vom 19.3.1998 – 12 U 204/97 –, GuG 1998, 380 = EzGuG 11.265.
57 BVerwG, Urt. vom 5.6.2003 – 4 BN 29/03 –, GuG-aktuell 2004, 6.
58 OLG Stuttgart, Urt. vom 26.3.1998 – 19 U 97/96 –, GuG-aktuell 1999, 15 = EzGuG 11.266.
59 Zur richterlichen Anordnung einer Bauteilöffnung: OLG Frankfurt am Main, Urt. vom 26.2.1998 – 18 U 50/95 –, BauR 1998, 1052 = EzGuG 11.262a; OLG Celle, Beschl. vom 30.10.1997 – 4 U 197/95 –, BauR 1999, 436 = EzGuG 11.254a.
60 OLG Saarbrücken, Urt. vom 13.7.1971 – 2 U 127/70 –, NJW 1972, 55 = EzGuG 11.80.

II Sachverständigenwesen   Gutachten

nur teilweise überprüft hat, muss er dies mit Angabe der Quellen im Gutachten eindeutig vermerken[61].

d) *Ortsbesichtigung (vgl. Rn. 55)*

379 Die **persönliche Besichtigung** des zu begutachtenden Gegenstands ist für eine sachverständige Gutachtenerstattung grundsätzlich **unabdingbar.** Die Unterlassung kann ein leichtfertiges und auch grob fahrlässiges Verhalten darstellen. Der BGH hat da einen Sittenverstoß erkannt (vgl. Rn. 180, 203, 220, 245, 431; § 4 ImmoWertV Rn. 20).

Ein Gutachten, das infolge eines **Zutrittsverbots**[62] lediglich das äußere Erscheinungsbild eines Gebäudes berücksichtigt, ist allerdings dann nicht mangelhaft, wenn dieser Umstand im Gutachten eindeutig hervorgehoben wurde und es sich dem unbefangenen Dritten aufdrängt, dass es sich bei der Bewertung um eine Durchschnittsbewertung auf Grund der Aktenlage handelt[63].

e) *Lehrmeinungen und Vorgutachten*

380 Wissenschaftliche Auseinandersetzungen mit unterschiedlichen Lehrmeinungen sind im Gutachten nur insoweit notwendig, als sie zur Lösung der Beweisfrage beitragen. **Auf abweichende fachliche Auffassungen ist jedoch hinzuweisen,** wenn sie von einigem Gewicht sind. Vertritt der Sachverständige eine Außenseitermeinung, hat er dies kenntlich zu machen.

381 Findet der Sachverständige in den Akten bereits das **Vorgutachten eines anderen gerichtlichen Sachverständigen oder eines Privatgutachters** vor, so wird von ihm erwartet, dass er sich auch hiermit kritisch und argumentativ auseinandersetzt[64], es sei denn, das Gericht schließt eine solche Auseinandersetzung mit dem Vorgutachten im Beweisbeschluss ausdrücklich aus[65].

382 **Fazit:** Aus alledem ergibt sich, dass der Gutachter ungenügend abgesicherte Untersuchungsergebnisse und Schlussfolgerungen ausdrücklich hervorheben und Scheingenauigkeiten vermeiden muss. Der **Sachverständige muss sich gegen die vom Auftraggeber vorgegebenen** Anknüpfungstatsachen wehren und diesen unterrichten, wenn er erkennen (muss), dass diese nicht „haltbar" oder irrtümlich vergeben worden sind. Der Gutachter muss eigenverantwortlich alle für den Verkehrswert bedeutsamen Anknüpfungstatsachen erheben bzw. übernommene Anknüpfungstatsachen in gebotenem Maße überprüfen.

2.2.1.6 Klarheits- und Transparenzgebot

Schrifttum: *Fischer/Lorenz/Biederbeck*, Rpfleger 2002, 337; *Freyberger*, MDR 2000, 1281; *Ulrich,* Der gerichtliche Sachverständige, 12. Aufl. 2007, Rn. 549 ff.

383 Die Erfüllung des Transparenzgebots beginnt bei einer systematischen und übersichtlichen Gliederung des Gutachtens. Des Weiteren ist eine Rationalität der Argumentation, ihrer Schlussfolgerungen sowie der Begründung zu fordern. Die gebotene Sachlichkeit eines Gutachtens fordert schließlich auch eine **klare und präzise Sprache.** Für den „Verbraucher" eines Gutachtens **unverständliche Fachausdrücke sollen** ebenso wie begründungsersetzende Floskeln („abwegig", „offensichtlich", „zweifellos" usw.) **vermieden werden**; sie können die erforderliche Argumentation nicht ersetzen. Es muss auch vermieden werden, den gebotenen klaren Sprachduktus und die aufeinander aufbauende logische Abfolge der Tatsachenfeststellung und die daraus zu ziehenden Folgerungen durch überflüssiges „Beiwerk" zu

---

61 BGH, Urt. vom 13.11.1997 – X ZR 144/94 –, GuG 1998, 376 = NJW 1998, 1059 = EzGuG 11.256.
62 Auch das Insolvenzgericht ist im Eröffnungsverfahren nicht befugt, den mit der Erstellung eines Gutachtens beauftragten Sachverständigen zu ermächtigen, die Wohn- und Geschäftsräume des Schuldners zu betreten und dort Nachforschungen anzustellen (BGH, Beschl. vom 4.3.2004 – IX ZB 133/03 –, NZI 2004, 312 = EzGuG 11.377a); a.A. AG Duisburg, Beschl. vom 17.5.2004 – 62 IN 124/04 –, EzGuG 11.383f.
63 VG Stuttgart, Urt. vom 8.7.2004 – 4 K 1554/04 –, GuG 2005, 117 = EzGuG 11.388; OLG Celle, Urt. vom 6.5.2004 – 4 U 30/04 –, BauR 2004, 1481 = EzGuG 11.383b.
64 BVerfG, Urt. vom 7.10.1996 – 1 BvR 520/95 –, NJW 1997, 122.
65 IHK-Merkblatt „Der gerichtliche Gutachterauftrag", Köln 1997.

überladen. Es ist einem Gutachten über den Verkehrswert z. B. eines Grundstücks in Weimar abträglich, wenn der „Verbraucher" weitschweifig über die Gründung des Bauhauses und die Stadt der Dichter und Denker belehrt wird.

Eine verständliche Sprache ist durch geeignete **Lichtbilder, Karten, Pläne und Skizzen** zu ergänzen: **384**

– Übersichtspläne 1: 5 000 bis 1: 25 000,
– Flurkartenausschnitte 1: 500 bis 1: 2 500,
– Grundrisse, Schnitte, Ansichten,
– Fotos mit Eintragung des Standpunktes der Aufnahme in der Karte und Angabe des Aufnahmezeitpunktes,
– Kataster- und Grundbuchauszüge,
– Nachprüfbare Flächen- und Massenberechnungen,
– Ausschnitte der Planungsgrundlagen (z. B. Bebauungsplan).

Die **Lage des Grundstücks** und der baulichen Anlage sowie bestehende Rechte (z. B. Wegerechte) müssen aus den beigebrachten Karten und Plänen erkennbar sein. Die vom Sachverständigen **selbst erhobenen Anknüpfungstatsachen und die übernommenen bzw. vorgegebenen Anknüpfungstatsachen müssen** für den „Verbraucher" als solche **hervorgehoben werden**. **385**

Die gebotene Unparteilichkeit eines Sachverständigen muss sich in seinem Stil und seiner Sprache widerspiegeln[66]. Es empfiehlt sich, in einem Gutachten **abwertende** und emotionale **Äußerungen**[67] zu vermeiden, da solche den Sachverständigen dem Vorwurf der Befangenheit aussetzen können. Dazu gehören z. B. Begriffe, wie „Unsinn"[68], „Quatsch"[69], „verdrehte Fakten als Täuschungsmanöver"[70] usw. **386**

2.2.1.7 Begründungsgebot

▶ *Vgl. § 18 ImmoWertV Rn. 214 ff.*

a) Allgemeines

Die Begründung eines Gutachtens ist ein ureigenes Element jeder Gutachtertätigkeit. Es kommt nicht allein darauf an, dass ein **Gutachten** im Ergebnis richtig ist, es muss auch **richtig begründet** sein **und für** jeden **Verbraucher nachvollziehbar und nachprüfbar** sein. **387**

Ein Gutachten ist indessen mangelhaft, wenn es in nicht nachvollziehbarer Weise **nur das Ergebnis** mitteilt[71]. **388**

Ein Gutachter muss insbesondere die **Methodik sowie die Befund- und Anknüpfungstatsachen** offenlegen: **389**

a) Das Gutachten muss in seiner Methodik und rationalen Argumentation begründet sein, d. h., der Lösungsweg muss plausibel und nachvollziehbar sein. Mit umstrittenen Lehrmeinungen hat sich der Sachverständige auseinanderzusetzen, sofern es sich nicht um sog. Außenseitermeinungen handelt. Sofern die umstrittenen Lehrmeinungen von dem einge-

---

66 OVG Münster, Urt. vom 14.10.1985 – 4 A 149/80 –, NJW 1987, 512 = EzGuG 11.148.
67 OLG Hamm, Beschl. vom 20.1.2010 –1 W 85/09 –, GuG 2010, 34 = MDR 2010, 653 = EzGuG 11.722 („interessanter Cocktail aus subtiler Faktenverfälschung"); OLG Düsseldorf, Beschl. vom 11.6.2007 – I 21 W 19/07 –, MDR 2008, 104 = EzGuG 11.588 („sie entbehren nicht einer gewissen Komik"); LG Düsseldorf, Beschl. vom 5.4.2007 – 11 O 311/04 –, GuG 2008, 55 = EzGuG 11.577; OLG Karlsruhe, Beschl. vom 1.2.2006 – 15 W 64/05 –, EzGuG 11.499; OLG Saarbrücken, Urt. vom 16.9.2004 – 5 W 196/04 –, MDR 2005, 648 = EzGuG 11.398.
68 LSozG Nordrhein-Westfalen, Beschl. vom 16.6.2003 – L 11 AR 490/03 AB –, NJW 2003, 2933 = EzGuG 11.349f.
69 OLG Schleswig, Beschl. vom 6.9.2007 – 16 W 80/07 –, BauR 2007, 1944 = EzGuG 11.602 (keine persönliche Herabsetzung, wenn im Sinne von unsinnig oder abwegig gebraucht).
70 OLG Hamm, Beschl. vom 11.5.2006 – 32 W 30/05 –, GuG 2007, 186 = BauR 2006, 1934 = EzGuG 11.519.
71 OLG Düsseldorf, Beschl. vom 21.8.1995 – 10 W 66/95 –, NJW-RR 1996, 189 = EzGuG 11.224.

II Sachverständigenwesen   Gutachten

schlagenen Lösungsweg zwar abweichen, jedoch für das Ergebnis belanglos sind, sollte dies im Gutachten dargelegt werden.

b) Die dem Gutachten zugrunde gelegten Befund- und Anknüpfungstatsachen müssen begründet sein, was in erster Linie auf einen nachprüfbaren Nachweis hinausläuft.

390 Die Begründung soll also die tragenden Gedanken und Folgerungen des Gutachtens in nachvollziehbarer Weise erkennen lassen. Dies gilt auch für die **Wahl des Wertermittlungsverfahrens** (vgl. § 8 ImmoWertV Rn. 1 ff.). Zur Frage, ob ein nach einer verfehlten Rechenmethode oder ein sonst hin „unplausibel" abgeleiteter Wert, der zur Bemessung einer Ausgleichs- oder Entschädigungsleistung herangezogen wurde, die Rechtswidrigkeit des festgesetzten Betrags herbeiführt, ist in der Rechtsprechung im Übrigen dahingehend entschieden worden, dass nur dann Rechtswidrigkeit vorliegt, wenn das Ergebnis falsch ist[72].

b) *Begründung des Lösungswegs*

391 Die Begründung des Lösungswegs ist in der Grundstückswertermittlung in erster Linie eine Begründung der **Wahl des oder der herangezogenen Wertermittlungsverfahren.** Sie wird den Gutachterausschüssen für Grundstückswerte mit § 8 Abs. 2 letzter Halbsatz ImmoWertV expressis verbis vorgeschrieben. Dieses Gebot gilt aber generell für jede Gutachtenerstattung. **Ein Gutachten, das dem Gericht nicht ermöglicht, den Gedankengängen des Gutachters nachzugehen, sie zu prüfen und sich ihnen anzuschließen oder sie abzulehnen, ist für den Rechtsstreit wertlos**[73]. In einer Entscheidung des VG Augsburg[74] wird hervorgehoben, dass auch der Gutachterausschuss für Grundstückswerte sich seiner Begründungspflicht nicht allein unter Berufung auf seine langjährige Erfahrung entziehen kann und neben den Gedankengängen zur Wahl des oder der Wertermittlungsverfahren, den herangezogenen Vergleichspreisen, Ertragsverhältnissen und sachwertbezogenen Daten auch „sonstige" für die Wertermittlung maßgeblichen Gesichtspunkte offenlegen muss. Solche „sonstigen" Gesichtspunkte sind insbesondere die Gründe, die bei Heranziehung mehrerer Wertermittlungsverfahren für die Ableitung des Verkehrswerts aus den Ergebnissen der herangezogenen Wertermittlungsverfahren ausschlaggebend sind.

392 **Auch die Gutachten der Gutachterausschüsse für Grundstückswerte unterliegen** – wie vorstehend hervorgehoben wurde – **der Begründungspflicht.** Zwar wird dies mit dem BauGB nicht (mehr) expressis verbis vorgeschrieben, jedoch besteht die Begründungspflicht ohnehin, so dass es dahingehender klarstellender Regelungen nicht bedarf[75].

c) *Begründung der Befund-, Zusatz- und Anknüpfungstatsachen*

Schrifttum: *Grabe, H.,* Offenlegung der Befundtatsachen im Verkehrswertgutachten des Sachverständigen, BauR 2003, 341; *Ulrich,* Der gerichtliche Sachverständige, 12. Aufl. 2007, Rdnr. 321, 653, 686.

393 Die Tatsachen, die der Sachverständige zum Zwecke der Gutachtenerstattung festgestellt hat, werden als **Befundtatsachen** bezeichnet. Davon zu unterscheiden sind die einem gerichtlichen Gutachter vom Gericht ggf. durch Überlassung der Gerichtsakten gegebenen **Anknüp-**

---

72 Zum Abgabenrecht allgemein BVerwG, Urt. vom 27.1.1982 – 8 C 12/81 –, BVerwGE 64, 356 = EzGuG 9.44; BGH, Urt. vom 19.1.1984 – III ZR 185/82 –, BGHZ 89, 353 = EzGuG 17.50; OLG Saarbrücken, Urt. vom 17.9.1987 – 4 U 16/85 –, EzGuG 11.166 (zum Umlegungsmehrwertausgleich); OVG Saarland, Urt. vom 24.5.1985 – 3 U 171/83 –, SKZ 1985, 237; a. A. betr. Ausgleichsbetragsbescheide VG Köln, Urt. vom 16.5.1986 – 13 K 3039/85 –, EzGuG 15.46; VG Köln, Urt. vom 8.5.1987 – 13 K 2398/86 –, EzGuG 15.52.
73 So OLG Frankfurt am Main, Urt. vom 18.10.1962 – 6 W 425/62 –, NJW 1963, 400 = EzGuG 11.28; BGH, Urt. vom 30.5.1963 – III ZR 230/61 –, BRS Bd. 19 Nr. 75 = EzGuG 8.8; BGH, Urt. vom 17.12.1964 – III ZR 96/63 –, BRS Bd. 19 Nr. 112 = EzGuG 11.47; OLG Oldenburg, RE vom 19.12.1980 – 5 UH 13/80 –, OLGZ 1981, 194 = EzGuG 11.121o; LG Bremen, Beschl. vom 17.1.1977 – 7 – 3 O 1584/70 –, NJW 1977, 2126 = EzGuG 1.105.
74 VG Augsburg, Urt. vom 10.2.1982 – 4 K 80 A 914 –, EzGuG 11.126.
75 BGH, Urt. vom 30.4.1952 – III ZR 198/51 –, BGHZ 6, 62 = EzGuG 11.2; BGH, Urt. vom 17.12.1964 – III ZR 96/63 –, BRS Bd. 19 Nr. 112 = EzGuG 11.47; BGH, Urt. vom 4.2.1982 – III ZR 156/80 –, BRS Bd. 45 Nr. 18 = EzGuG 11.127; OLG Frankfurt am Main, Urt. vom 18.10.1962 – 6 W 425/62 –, JurBüro 1962, 676 = EzGuG 11.28; LG Bremen, Beschl. vom 17.1.1977 – 3 O 1584/70 –, NJW 1977, 2126 = EzGuG 11.105; VG Augsburg, Urt. vom 10.2.1982 – 4 K 80 A 914 –, NJW 1983, 301 = EzGuG 11.126; VG Ansbach, Beschl. vom 8.4.1971 – 9331/37 -V/71 –, EzGuG 11.77 f.

fungstatsachen. Die Anknüpfungstatsachen hat das Gericht dem Sachverständigen mitzuteilen.

Die Begründung der Befundtatsachen hat in erster Linie den Nachweis dieser Tatsachen zum Gegenstand. Dies ist noch verhältnismäßig unproblematisch, wenn es um die zugrunde gelegten **Planungsgrundlagen** und dgl. geht, da ohne Weiteres hierzu die notwendigen Angaben gemacht werden können.

Problematisch sind vor allem Angaben zu **394**

– **Vergleichspreisen von Grundstücken** sowie
– **Vergleichsmieten**,

deren Eignung regelmäßig nur beurteilt werden kann, wenn die zugehörigen Objekte in identifizierbarer Weise benannt werden. Daraus können sich nicht nur Konflikte mit dem Datenschutz (Geheimhaltungspflicht der Gutachter), sondern auch für die praktische Tätigkeit des Sachverständigen ergeben, denn personenbezogene Daten werden ihm häufig nur zur Verfügung gestellt, wenn deren Geheimhaltung gewährleistet ist. Zur Tauglichkeit eines vom Schiedsgutachter angewandten Vergleichswertverfahrens zur Verkehrswertermittlung hat der BGH festgestellt, dass Angaben über den Kaufpreis geeigneter Grundstücke in ausreichender Zahl zur Verfügung stehen und die Vergleichsobjekte, ihre Wertmerkmale und die einzelnen Preise in dem Schiedsgutachten mitgeteilt werden, da nur dann nachprüfbar sei, ob der Schiedsgutachter einen zutreffenden Vergleichsmaßstab angewandt hat. Wenn der Schiedsgutachter nur mitteilt, dass „umfangreiche Recherchen" durchgeführt worden seien, ohne das Ergebnis dieser Recherchen darzulegen, sei das Schiedsgutachten offenbar unrichtig und unverbindlich[76].

Nicht immer ist es erforderlich, Gutachten unter **Angabe der Kaufpreise und sonstiger personenbezogener Daten** der zur Wertermittlung herangezogenen Vergleichsgrundstücke (Mieten usw.) zu begründen. Die der gesetzgeberischen Entscheidung über ein Einsichtsrecht in die Kaufpreissammlung zugrunde liegenden Belange des Datenschutzes (vgl. § 195 BauGB Rn. 34 ff.) spricht sogar gegen eine Identifizierung der Vergleichsgrundstücke im Gutachten[77]. Die Weitergabe von Gutachten kann nämlich nicht verhindert werden, so dass die Preisgabe personenbezogener Daten in einem Gutachten im Vergleich zur Preisgabe an einen außerhalb der Gutachterausschüsse stehenden Sachverständigen ein weitaus schwerwiegenderer Eingriff in das informationelle Selbstbestimmungsrecht des Betroffenen wäre. **395**

Auf der anderen Seite dienen Gutachten häufig als Grundlage für **Entscheidungen, die in Grundrechte eingreifen.** Dies gilt insbesondere bei der Bemessung von *Enteignungsentschädigungen* und *Ausgleichsbeträgen* sowie bei Gutachten zur Begründung eines *Mieterhöhungsverlangens*. Die Rechtsschutzgarantie des Art. 19 Abs. 4 GG bedingt, dass Eingriffe in das Eigentum nachprüfbar und gerichtliche Entscheidungen nur auf Tatsachen gestützt werden dürfen, zu denen sich die Beteiligten äußern können (§ 108 Abs. 2 VwGO). In derartigen Fällen muss zwischen beiden Rechtsgütern abgewogen werden. In der Rechtsprechung wurde dem Datenschutz zunächst ein hohes Gewicht beigemessen. Der BGH[78] hat hierzu festgestellt, dass für die Verkehrswertermittlung durch Gutachterausschüsse für Grundstückswerte „einzelne Vergleichsobjekte nicht gesondert" aufgeführt werden müssen. Die Auffassung wurde damit begründet, dass einzelne Vergleichsobjekte ohnehin nur einen Ausschnitt dessen bieten, was Gutachter bei der Verkehrswertermittlung an Erfahrung hineinbringen können, wobei ein Großteil der persönlichen Erfahrungen sich nicht belegen ließe. **396**

---

76 BGH, Urt. vom 23.11.1984 – V ZR 120/83 –, WM 1985, 174 = EzGuG 11.144b; BGH, Urt. vom 21.5.1975 – VIII ZR 161/73 –, NJW 1975, 1556 = EzGuG 11.96; BGH, Urt. vom 25.1.1979 – X ZR 40/77 –, NJW 1979, 1885 = EzGuG 11.114g; OLG Düsseldorf, Beschl. vom 21.8.1995 – 10 W 66/95 –, NJW-RR 1996, 189 = EzGuG 11.224.

77 Nach § 6 Abs. 3 der bad.-württ. GutachterausschussVO hat der Gutachterausschuss für Grundstückswerte auf Verlangen des Antragstellers das Gutachten unter „besonderer Würdigung der Vergleichspreise" auszuarbeiten. Ob dabei die Vergleichspreise mit ihrem Personenbezug identifizierbar zu machen sind, lässt die Verordnung allerdings offen.

78 BGH, Urt. vom 4.3.1952 – III ZR 156/80 –, BRS Bd. 45 Nr. 18 = EzGuG 11.127; dagegen AG Wiesbaden, Urt. vom 10.8.1972 – 51b C 429/72 –, ZMR 1973, 217 = EzGuG 20.51b.

II Sachverständigenwesen Gutachten

397 Vom BGH sind in der Folgezeit aber **höhere Anforderungen an die Substantiierung der herangezogenen Vergleichsdaten** gestellt worden, zumindest was die Gutachten von Sachverständigen betrifft.

398 Symptomatisch ist die Entwicklung der **Rechtsprechung zur Begründung von Mieterhöhungsverlangen** (vgl. § 18 ImmoWertV Rn. 202 ff.). Im Rahmen eines Rechtsstreits über ein Mieterhöhungsverlangen nach § 2 MHG (§ 558a BGB) hatte der BGH zwar zunächst noch entschieden, dass die Anforderungen an die Substantiierungslast des Vermieters „nicht überspannt werden dürfen", soweit Vergleichsobjekte nicht zur Verfügung stehen; ein sachgemäß begründetes Gutachten eines zuverlässigen Sachverständigen könne deshalb zur Begründung eines Gutachtens ausreichen[79].

399 Im Zusammenhang mit der **Unternehmensbewertung** hat das OLG Düsseldorf verneint, dass der Sachverständige sämtliche Tatsachen, auf denen ein Gutachten beruht, durch Vorlage von Einzelerläuterungen und Zahlenwerke, insbesondere der kompletten Buchhaltung und dgl., belegt (Detailprüfung). Sofern das Gericht selbst im Rahmen seiner Sorgfaltspflicht überfordert wäre, die Grundlagen eines Gutachtens selbst zu überprüfen, müsse das Gericht vielmehr die Autorität und die persönliche und fachliche Qualität des Gutachters in seine Betrachtung einbeziehen[80].

d) *Offenbarungspflicht*

400 **Für bürgerliche Rechtsstreitigkeiten** hat das **BVerfG**[81] jedoch anlässlich eines **Rechtsstreits über ein Mieterhöhungsverlangen** entschieden, dass eine **Offenlegung der tatsächlichen Umstände im Gutachten aus rechtsstaatlichen Gründen regelmäßig geboten ist,** damit ein Gutachten verwertet werden kann. Das Gericht hat angeführt:

„Das Rechtsstaatsprinzip gewährleistet in bürgerlichen Rechtsstreitigkeiten elementare Verfahrensregeln, die für einen fairen Prozess und einen wirkungsvollen Rechtsschutz unerlässlich sind. Dazu gehört, dass das Gericht die Richtigkeit bestrittener Tatsachen nicht ohne hinreichende Prüfung bejaht. Das gilt grundsätzlich auch für konkrete Befundtatsachen, auf deren Feststellung ein Sachverständiger sein Gutachten gestützt hat. Den Parteien muss dabei die Möglichkeit gegeben werden, an dieser Prüfung mitzuwirken. Dazu müssen auch ihnen die konkreten Befundtatsachen, die das Gericht durch Übernahme des Sachverständigengutachtens verwerten will, zugänglich sein.

Eine dem Rechtsstaatsprinzip genügende Urteilsgrundlage fehlt jedoch, wenn der Richter einem Sachverständigengutachten, dessen Befundtatsachen bestritten sind, ohne nähere Prüfung dieser Tatsachen folgt und sich ohne Weiteres darauf verlässt, dass die vom Sachverständigen zugrunde gelegten und nicht im Einzelnen konkretisierten tatsächlichen Feststellungen richtig sind. Auch den Parteien wird auf diese Weise die Möglichkeit abgeschnitten, an einer Überprüfung mitzuwirken. Es wird ihnen dadurch verwehrt, gegebenenfalls die tatsächlichen Grundlagen und somit die Tauglichkeit des Gutachtens zur Streitentscheidung zu erschüttern. Das führt im Ergebnis dazu, dass nicht der Richter unter Beteiligung der Parteien, sondern der Sachverständige die tatsächlichen Urteilsgrundlagen feststellt.

Zur Nachprüfung eines Sachverständigengutachtens kann die Kenntnis der einzelnen tatsächlichen Umstände, die der Sachverständige selbst erhoben und seinem Gutachten zugrunde gelegt hat, entbehrlich sein.

---

79 BGH, Urt. vom 21.4.1982 – VIII ARZ 2/82 –, BGHZ 83, 366 = EzGuG 20.97; BGH, Urt. vom 4.2.1958 – VIII ZR 13/57 –, BGHZ 26, 310 = EzGuG 14.6; so auch noch LG Lüneburg, Urt. vom 23.3.1995 – 4 S 314/94 –, GuG 1996, 254 = EzGuG 20.156; OLG Hamburg, Urt. vom 22.6.1994 – 4 U 89/93 –, GuG 1996, 114 = EzGuG 20.152a; OLG Karlsruhe, RE vom 25.7.1982 – 3 REMiet 2/82 –, NJW 1983, 1863 = EzGuG 11.131d = 20.101; OLG Frankfurt am Main, RE vom 5.10.1981 – REMiet 2/81 –, MDR 1982, 147 = EzGuG 20.91; OLG Frankfurt am Main, Beschl. vom 24.1.1989 – 20 W 291/87 –, EzGuG 20.125a; OLG Oldenburg, RE vom 19.12.1980 – 5 UH 13/80 –, DWW 1981, 70 = EzGuG 11.121o; OLG Oldenburg, Urt. vom 30.3.1972 – 2 U 54/68 –; LG Hamburg, Urt. vom 30.4.1976 – 11 S 26/75 –, MDR 1976, 934 = EzGuG 20.61; LG Freiburg, Urt. vom 16.12.1975 – 9 S 152/75 –, WuM 1980, 182 = EzGuG 20.59; LG Frankfurt am Main, Urt. vom 16.6.1958 – 2/13 O 3/58 –, ZMR 1959, 357 = EzGuG 11.245a; LG Bonn, Urt. vom 25.6.1992 – 6 S 482/91 –, NJW-RR 1993, 1037 = EzGuG 11.194d; BGH, Urt. vom 30.6.1959 – VIII ZR 81/58 –, NJW 1959, 1634 = EzGuG 20.24; BGH, Urt. vom 26.9.1958 – VIII ZR 121/57 –, NJW 1958, 1967 = ZMR 1959, 270; BGH, Urt. vom 4.2.1958 – VIII ZR 13/57 –, BGHZ 26, 310 = EzGuG 14.6.
80 OLG Düsseldorf, Beschl. vom 17.2.1984 – 19 W 1/81 –, WM 1984, 432 = EzGuG 20.104b.
81 BVerfG, Beschl. vom 11.10.1994 – 1 BvR 1398/93 –, GuG 1995, 51 = EzGuG 11.217b.

In einem solchen Fall ist die Offenlegung dieser Tatsachen aus rechtsstaatlichen Gründen regelmäßig geboten. Ist der Sachverständige dazu nicht bereit, darf sein Gutachten nicht verwertet werden.

Ob und inwieweit das Gericht und die Verfahrensbeteiligten die Kenntnis von Tatsachen, die ein Sachverständiger seinem Gutachten zugrunde gelegt hat, für eine kritische Würdigung des Gutachtens tatsächlich benötigen, lässt sich nicht generell entscheiden.

Die Frage muss vom Richter unter Berücksichtigung der Umstände des Einzelfalles entschieden werden. Grundsätzlich wird die Forderung nach einer eigenen Überprüfung durch die Beteiligten umso berechtigter sein, je weniger das Gutachten auf dem Erfahrungswissen des Sachverständigen und je mehr es auf einzelnen konkreten Befundtatsachen aufbaut.

Je umfassender und allgemeiner der vom Sachverständigen verwertete Tatsachenstoff ist, desto deutlicher nimmt allerdings der Nutzen der Kenntnis einzelner Umstände für die kritische Auseinandersetzung mit dem Gutachten ab. Unter Umständen kann es dann ausreichen, den Beteiligten die Möglichkeit von Stichproben einzuräumen. Soweit der Sachverständige schließlich sein Gutachten auf statistisch erfasstem oder allgemein zugänglichem Tatsachenmaterial aufbaut, werden Einzelheiten für eine kritische Würdigung regelmäßig nicht benötigt. Entsprechend verhält es sich bei Erfahrungswissen und wissenschaftlich begründeten Einsichten.

Das Maß, in dem Tatsachen offengelegt werden müssen, damit ein Gutachten im Prozess verwertet werden darf, lässt sich ebenso wenig generell festlegen, sondern richtet sich nach den Umständen des Einzelfalles. Einerseits ist den Betroffenen grundsätzlich die Möglichkeit zu eröffnen, allen nicht fernliegenden Zweifeln an der Tragfähigkeit der Tatsachengrundlage eines Gutachtens nachzugehen. Doch können, insbesondere auch zur Wahrung der Privatsphäre Dritter, Grenzen gesetzt werden, wenn ein Beteiligter seine Zweifel nicht hinreichend substantiiert oder wenn bei vernünftiger Würdigung der Gesamtumstände nicht zu erwarten ist, dass durch eine Überprüfung das Gutachten infrage gestellt wird.

Abstriche an dem Offenlegungsanspruch der Parteien können allerdings gerechtfertigt sein, wenn das Schweigen des Sachverständigen auf anerkennenswerten Gründen beruht und die Nichtverwertung eines Gutachtens zum materiellen Rechtsverlust eines Beteiligten führen würde. Das kommt vor allem dann in Betracht, wenn die dem Gutachten zugrunde liegenden Tatsachen generell geheimhaltungsbedürftig sind und nicht nur der ausgewählte Sachverständige an ihrer Offenbarung gehindert ist."

401 Die für bürgerliche Rechtsstreitigkeiten herausgestellte **Offenbarungspflicht**[82] ist Ausfluss des aus Art. 2 Abs. 1 GG i. V. m. dem Rechtsstaatsprinzip abgeleiteten Anspruchs auf ein rechtsstaatliches Verfahren und muss insoweit auch für öffentlich-rechtliche Rechtsstreitigkeiten gelten. Es kann nämlich gegen Art. 2 Abs. 1 GG i. V. m. dem Rechtsstaatsprinzip verstoßen, wenn ein Gutachten über die ortsübliche Vergleichsmiete zur Grundlage eines Urteils gemacht wird, obwohl weder das Gericht noch die Prozessparteien die Möglichkeit hatten, die vom Sachverständigen zugrunde gelegten Befundtatsachen zu überprüfen[83].

402 In der vorstehenden Entscheidung des BVerfG sind **Grenzen der Offenbarungspflicht** dort erkannt worden, wo dem Gutachten zugrunde liegende Tatsachen „generell geheimhaltungsbedürftig" sind. Im Einzelfall muss zwischen den Anforderungen an ein Gutachten als Grundlage für eine in Grundrechte eingreifende Entscheidung und dem Rechtsschutzbedürfnis der von einer Offenlegung ihrer personenbezogenen Daten Betroffenen abgewogen werden, ob und in welchem Umfang der Rechtsschutz der Beteiligten eine Offenlegung von Vergleichsdaten bedingt, d. h., ob und in welchem Umfang das Recht auf informationelle Selbstbestimmung vor den Belangen der Betroffenen zurückstehen muss (Abwägungsprinzip).

Hierzu führt das BVerfG (a. a. O.) aus:

„Die im rechtsstaatlichen Fairnessgebot verankerte Pflicht des Gerichts, die tatsächlichen Grundlagen eines Gutachtens hinreichend zu überprüfen und daran auch die Parteien mitwirken zu lassen, verträgt Einschränkungen, soweit Rechte anderer beeinträchtigt würden. Das Gericht kann daher im Interesse eines beweisbelasteten Prozessbeteiligten geringere Anforderungen an die Offenlegung durch den Sachverständigen stellen, wenn die von diesem dafür vorgebrachten Gründe hinreichend gewichtig sind. Das ist insbesondere der Fall, wenn es sich um Daten aus der engsten Privat- oder Intimsphäre unbeteiligter

---

[82] So schon LG Krefeld, Beschl. vom 6.6.1978 – 3 T 39/79 –, BB 1979, 180 = EzGuG 11.111k.
[83] BVerfG, Beschl. vom 16.7.1997 – 1 BvR 860/97 –, GuG 1998, 176 = EzGuG 11.247, Ablehnung der Verfassungsbeschwerde; BVerfG, Beschl. vom 11.10.1994 – 1 BvR 1398/93 –, BVerfGE 91, 176 = EzGuG 11.217a; Ältere Rspr.; OLG Oldenburg, Beschl. vom 19.12.1980 – 5 UH 13/80 –, DWW 1981, 72 = EzGuG 11.120o; OLG Schleswig, Beschl. vom 1.6.1981 – 6 REMiet 1/81 –, NJW 1981, 2261 = EzGuG 20.89b.

Dritter handelt, deren Preisgabe niemandem zuzumuten ist. In derartigen Fällen muss regelmäßig damit gerechnet werden, dass auch ein anderer Sachverständiger nicht in der Lage sein wird, zu der Beweisfrage unter Offenlegung einschlägiger Tatsachen Stellung zu nehmen. Allein der Umstand, dass Dritte eine Bekanntgabe von Tatsachen aus ihrer Privatsphäre nicht wünschen und der Sachverständige sich daran gebunden fühlt, ist freilich kein ausreichender Grund dafür, das Urteil auf ein solches Gutachten zu stützen.

Auf eine Offenlegung von Mietpreis und Adressen der Vergleichswohnungen oder sonstiger Angaben über deren Beschaffenheit kann danach in aller Regel nicht verzichtet werden, soweit deren Kenntnis für eine Überprüfung des Gutachtens praktisch unentbehrlich ist."

403 Nach dem Grundsatz des rechtlichen Gehörs muss z. B. einem Enteignungsbetroffenen die Möglichkeit gegeben werden, zu allen entscheidungserheblichen Tatsachen Stellung zu nehmen; dies betrifft auch das bei der Ermittlung des Sachverhalts von der Enteignungsbehörde nach § 107 Abs. 1 Satz 4 BauGB einzuholende Gutachten des Gutachterausschusses. Die **Rechtsschutzgarantie des Art. 19 Abs. 4 GG bedingt, dass Eingriffe in das Eigentum nachprüfbar sind** und gerichtliche Entscheidungen nur auf Tatsachen gestützt werden dürfen, zu denen sich die Beteiligten äußern können.

404 Der Beschluss des BVerfG (a. a. O.) stellte einen vorläufigen Schlussstrich unter eine **Rechtsentwicklung** dar, die anfangs geringere Anforderungen an die Offenbarungspflicht gestellt hatte. So hatte der BGH[84] für gutachterliche Verkehrswertermittlung durch die Gutachterausschüsse für Grundstückswerte noch festgestellt, dass sie die „einzelnen" Vergleichsobjekte nicht gesondert aufzuführen „bräuchten"; das Gericht begründete die Auffassung damit, dass einzelne Vergleichsobjekte immer nur einen Abschnitt dessen bieten, was die Gutachter bei der Verkehrswertermittlung an Erfahrung hineinbringen können, wobei ein Großteil der persönlichen Erfahrung sich nicht im Einzelnen belegen ließe.

405 Des Weiteren hat das BVerfG[85] seine eigene Entscheidung vom 11.10.1994 dahingehend erläutert, dass sich dieser nicht entnehmen ließe, dass ein Sachverständiger in seinem Mietwertgutachten „stets die Vergleichswohnungen offenlegen muss, damit sein Gutachten verwertbar ist". Ob und inwieweit im Streitfalle ein Gericht und die Verfahrensbeteiligten die Kenntnis von Tatsachen, die ein Sachverständiger seinem Gutachten zugrunde gelegt hat, für eine kritische Würdigung des Gutachtens tatsächlich benötigen, ließe sich nicht generell entscheiden und müsse vom Richter unter Berücksichtigung des Einzelfalls entschieden werden. Die Grenzen würden nach Auffassung des BVerfG dann gesetzt sein, wenn ein **Beteiligter seine Zweifel an der Überzeugungskraft des Gutachtens nicht hinreichend substantiiert** oder bei vernünftiger Würdigung der Gesamtumstände nicht zu erwarten ist, dass durch eine Überprüfung das Gutachten infrage gestellt wird[86].

406 Das OLG Schleswig hat zur Wirksamkeit eines *Mieterhöhungsverlangens* sogar gefordert, dass der **Name des Wohnungsnutzers** anzugeben ist, wenn bei Angabe der Vergleichswohnung nach Straße, Hausnummer und Etage sich mehrere Wohnungen auf der angegebenen Etage befinden[87].

407 An der Rechtsprechung des BVerfG zur **Substantiierungspflicht bei** Mieterhöhungsverlangen ist von Sachverständigen Kritik geübt worden[88]. Dabei blieben die **Schwächen der Praxis**, die sich zur Begründung der gutachterlich ermittelten ortsüblichen Vergleichsmiete auf nicht offenbarte Vergleichsmieten stützte, weitgehend unausgesprochen. Man muss wohl einräumen, dass sich manch ein Gutachter allzu leichtfertig auf vorhandene Vergleichsdaten berief, die er tatsächlich hätte schwerlich vorlegen können, und es mag auch ein „Stück Bequemlichkeit" gewesen sein, sich dann pauschal auf eine Sachkunde und Geheimhaltungs-

---

84 BGH, Urt. vom 4.3.1992 – III ZR 156/80 –, BRS Bd. 45 Nr. 18 und 113 = EzGuG 11.127.
85 BVerfG, Beschl. vom 16.10.1996 – 1 BvR 1544/96 –, GuG 1997, 187 = EzGuG 20, 236.
86 LG München II, Beschl. vom 23.5.1996 – 12 S 5599/94 –, GuG-aktuell 1997, 15 = EzGuG 11.233.
87 OLG Schleswig, Beschl. vom 1.6.1981 – 6 REMiet 1/81 –, NJW 1981, 2261 = EzGuG 20.89b.
88 Streich in GuG 1995, 233; Isenmann in DWW 1995, 68; Walterscheidt, B. in WuM 1995, 83; Reinecke in WuM 1993, 101; Sternel in DS 1994, 16; Weichert in WuM 1993, 723.

pflicht „zurückzuziehen"[89]. Auch aus dieser Erfahrung heraus wird die Rechtsprechung des BVerfG verständlich.

408 Die **von Sachverständigen vorgebrachte Kritik** lässt sich im Kern dahingehend zusammenfassen, dass die vom BVerfG geforderte Offenbarungspflicht einerseits für den Sachverständigen wirtschaftlich „ruinös" sei und andererseits die gesetzlichen Möglichkeiten, ein Mieterhöhungsverlangen auf ein Sachverständigengutachten zu gründen, nunmehr „leer" liefen:

a) So wird von Sachverständigen, die sich in ihrem Berufsleben eine Datenbank aufgebaut haben, befürchtet, dass sie um die „Früchte ihres Lebens" gebracht würden, weil sie nunmehr nicht nur die im Einzelfall herangezogenen Vergleichswohnungen, sondern sogar ihre Datenbank zu offenbaren hätten, damit auch die „richtige" Auswahl der Vergleichsgrundstücke überprüft werden könne.

b) Des Weiteren wird befürchtet, dass mit der Rechtsprechung dem Sachverständigen der „Informationsfluss abgeschnitten" werde, da die Informanten nunmehr die Offenbarung ihrer Daten befürchten müssten (so z. B. Mieterlisten von Hausverwaltungen; institutionelle Wohnungsvermieter). Der Sachverständige könne sich dann fortan nur noch auf den Mietspiegel stützen. *Draber* kommt bei dieser Problematik zu der Erkenntnis, dass der Mietspiegel für den Sachverständigen die wichtigste Erkenntnisquelle sei und von Sachverständigen kaum ein methodisches Instrument vorgehalten werden könne, das dem Mietspiegel überlegen ist. Damit offenbare sich nichts anderes als die „Ohnmacht der Gerichte vor der Unfähigkeit der Sachverständigen"[90].

c) Es wird befürchtet, dass mit der Rechtsprechung eine „Verfälschung" der Sachverständigentätigkeit einhergehe, weil künftig nur noch solche Mieten offenbart werden, die besonders günstig sind, während „höhere" Mieten verschwiegen würden.

409 Bei allem Verständnis für die aufgekommene Kritik können zumindest die vorgebrachten „existenzgefährdenden" Befürchtungen nicht überzeugen, denn allein die Offenbarung der Vergleichsobjekte macht die Tätigkeit des Sachverständigen nicht entbehrlich. Der eigentliche „Wert" der Tätigkeit des Sachverständigen liegt in der sachgerechten Auswahl der Vergleichsobjekte und in der nachvollziehbaren sachkundigen „Umrechnung" der Vergleichsmieten auf das jeweilige Objekt, für das die ortsübliche Miete ermittelt werden soll. Zudem hat das BVerfG dem Sachverständigen auch **keine dogmatische Offenbarungspflicht** auferlegt. Zwar hat es sich zu der Kernaussage bekannt, dass „auf eine Offenlegung von Mietpreis und Adressen der Vergleichswohnungen oder sonstigen Angaben ... *in aller Regel* nicht verzichtet werden kann", jedoch dies wiederum auf solche Angaben eingeschränkt,

– deren Kenntnis für eine Überprüfung des Gutachtens praktisch unentbehrlich ist, und
– die nicht generell geheimhaltungsbedürftig sind und den Sachverständigen nicht an ihrer Offenbarung hindern.

410 Wenn es im Einzelfall dem Sachverständigen aus anerkennenswerten Gründen versagt ist, die dem Gutachten zugrunde gelegten Tatsachen zu offenbaren, soll es ausreichen, dass sich das Gericht zumindest Gewissheit darüber verschaffen kann, **in welcher Weise der Sachverständige die Daten erhoben hat.** Damit hat das BVerfG einen Weg aufgezeigt, wie der Sachverständige aus seiner Konfliktsituation zwischen Offenbarungspflicht und Geheimhaltungspflicht „herauskommen kann".

411 Geringere Ansprüche an die Substantiierungspflicht eines Sachverständigen stellte dagegen der BGH zunächst in seiner Rechtsprechung bei **Schiedsgutachten über Vergleichsmieten**[91]. Danach sind die herangezogenen Vergleichsobjekte hinreichend angegeben, wenn sie nach Anschrift mit der jeweiligen Straßenbezeichnung, individuellen Beschaffenheitsmerkmalen und Mietpreisen ohne weiter gehende Individualisierung offengelegt werden. Die

---
[89] Vgl. bereits BT-Drucks. 8/2610, S. 12.
[90] Draber in WuM 1996, 735.
[91] BGH, Beschl. vom 10.3.1995 – V ZR 7/94 –, BGHZ 129, 103 = WM 1996, 187; BGH, Urt. vom 21.6.1995 – XII ZR 16/94 –, GuG 1996, 113 = EzGuG 20.157.

II Sachverständigenwesen Gutachten

Offenlegung der Angaben über die genaue Lage des Hauses und der Wohnung sowie der Namen und Anschriften der Mieter und Vermieter wird nicht gefordert. Es soll genügen, dass der Gutachter die Vergleichsobjekte so beschreibt, dass die Parteien deren Gewinn beurteilen können. Würde man mehr verlangen, so würde die Erkenntnismöglichkeit des Sachverständigen erheblich eingeschränkt werden und wegen der Gefahr der Verletzung datenschutzrechtlicher Grundsätze (§§ 4 und 28 Abs. 1 BDSG) könnten nur noch Vergleichsobjekte bedenkenfrei berücksichtigt werden, für die die jeweils Betroffenen ihre Zustimmung zur Datenübermittlung erteilt hätten; dies entspräche aber nicht der allgemeinen Lebenserfahrung. Diese Rechtsauffassung trägt dem gegenseitigen Einverständnis der Parteien zur Einigung auf der Grundlage eines Schiedsgutachtens Rechnung und steht damit der Rechtsprechung des BVerfG[92] nicht entgegen.

Der BGH hat diese Rechtsprechung jedoch später dahingehend korrigiert, dass bei Mieterhöhungsverlangen, die mit Vergleichswohnungen begründet werden, diese so genau bezeichnet werden müssen, dass der Mieter sie ohne nennenswerte Schwierigkeiten auffinden kann. Dies erfordere bei einem Mehrfamilienhaus mit mehreren Wohnungen auf demselben Geschoss die **Angabe der genauen Lage der Wohnung, einer Wohnungsnummer oder des Namens des Mieters**[93].

412 Ähnliche Probleme stellen sich im **Bereich der** steuerlichen Bewertung, wenn ein Grundbesitzwert (Einheitswert) auf der Grundlage personenbezogener Daten abgeleitet worden ist. Auch hier ist der BFH[94] von dem Grundsatz ausgegangen, dass Sinn und Zweck des Steuergeheimnisses mit dem gesetzlichen Erfordernis der Einheitsbewertung abzuwägen seien. In dem zu entscheidenden Fall hätte es allerdings nach Auffassung des BFH die Offenbarungsbefugnisse überschritten, wenn bei Anwendung des Ertragswertverfahrens auf der Grundlage der üblichen Miete „das Finanzamt" die von ihm ermittelten Mieten, aus denen es die regelmäßig gezahlte Miete ableitet, bei der Bekanntgabe der Vergleichsobjekte jeweils einzeln einem bestimmten Grundstück zuordnen würde, so dass einem Dritten bekannt würde, welche Miete ein bestimmter Grundstückseigentümer im Einzelfall mit seinen Mietern vereinbart hat.

In einer weiteren Entscheidung hat der BFH[95] erkannt, dass nach dem jeweiligen Verfahrensstand zu entscheiden ist, ob im Verfahren gegen die Einheitsbewertung eines unbebauten Grundstücks glaubhaft gemacht wird, dass der zum Sachverständigen bestellte Gutachterausschuss für Grundstückswerte die genaue Lagebezeichnung von Vergleichsobjekten verweigern darf. Bei dieser Entscheidung sind insbesondere die Geheimhaltungspflicht des Gutachterausschusses und das Interesse an einer zutreffenden Besteuerung unter Berücksichtigung aller Umstände des Einzelfalls gegeneinander abzuwägen. Des Weiteren kommt das Gericht zu der Auffassung, dass der Grundsatz der Chancen und Waffengleichheit einen Prozess allein nicht rechtfertige, die Kaufpreissammlung bzw. Teile von ihr entgegen der Geheimhaltungspflicht des Gutachterausschusses den Prozessbeteiligten zugänglich zu machen. Nicht unter die Geheimhaltungspflicht fällt im Übrigen die Angabe solcher **Tatsachen, die ohne Weiteres allen lebenserfahrenen Menschen bekannt sind**[96]. Offenkundig ist z. B. eine Angelegenheit, wenn darüber in einer Tageszeitung berichtet worden ist[97]. Das Gleiche gilt für Angelegenheiten, die öffentlich beraten oder sonst wie bekannt gegeben worden sind[98].

---

92 BVerfG, Beschl. vom 11.10.1994 – 1 BvR 1398/93 –, GuG 1995, 51 = EzGuG 11.267b.
93 BGH, Urt. vom 18.12.2002 – VIII ZR 72/02 –, GuG 2003, 248.
94 BFH, Urt. vom 24.9.1976 – III B 12/76 –, BFHE 120, 270 = EzGuG 11.104; BFH, Urt. vom 21.5.1982 – III B 32/81 –, BFHE 136, 141 = EzGuG 20.99; Vorinstanz: FG Hamburg, Beschl. vom 23.6.1981 – III 119/77 –, AVN 1986, 345.
95 BFH, Beschl. vom 21.5.1982 – III B 32/81 –, BFHE 136, 141 = EzGuG 20.99.
96 RG, Urt. vom 29.1.1935 – VII 272/34 –, RGZ 147, 20; OVG Münster, Urt. vom 5.8.1960 – V 49/59 –, OVGE 15, 56.
97 OVG Münster, Urt. vom 22.9.1965 – 3a 1360/63 –, DÖV 1966, 504 = EzGuG 11.49.
98 Knack, VwVfG § 84 Rdnr. 3.22 ff.

Eine besondere Regelung über die Angabe von Daten aus der Kaufpreissammlung im Gutachten enthält **§ 9 Abs. 2 und 3 der brandenburgischen GAVOB.** Danach gilt die Kaufpreissammlung auch für die Gutachtenerstattung grundsätzlich als geheimhaltungspflichtig, jedoch dürfen Daten der Kaufpreissammlung in Gutachten angegeben werden, soweit es zu deren Begründung erforderlich ist; dies jedoch in einer auf natürliche Personen beziehbaren Form nur, wenn kein Grund zu der Annahme besteht, dass dadurch schutzwürdige Geheimhaltungsinteressen der Betroffenen beeinträchtigt werden.

Fazit: Ein Gutachten muss schlüssig sein und in nachvollziehbarer Weise die Gedankengänge und Forderungen des Gutachters erkennen lassen. Was die Angabe personenbezogener Daten zur Begründung eines Gutachters anbelangt, müssen substantielle Angaben dann gefordert werden, wenn das Gutachten Grundlage für Eingriffe in die vermögensrechtliche Position des Eigentümers ist und das Rechtsschutzbedürfnis dies erfordert.

413

2.2.1.8 Höchstpersönlichkeitsgebot

▶ *Weiteres hierzu bei Rn. 102, 162, 168 ff. und 171 ff.*

Gutachten (auch Schiedsgutachten[99]) sind vom Sachverständigen höchstpersönlich zu erstatten und (allein) mit seiner Unterschrift *(signature)*[100] zu versehen, da er wegen seiner besonderen fachlichen und persönlichen Qualifikation beauftrag wird[101]. Dies gilt insbesondere für den gerichtlich beauftragten Sachverständigen (§ 404 Abs. 1 ZPO). Für den öffentlich bestellten und vereidigten Sachverständigen ergibt sich dies aus seiner Eidesleistung nach § 36 Abs. 1 Satz 2 GewO (vgl. auch § 9 Abs. 1 SVO sowie § 410 Abs. 1 ZPO).

414

Die persönliche Gutachtenerstattung schließt nicht aus, dass er sich **Hilfskräften** bedient, für die er verantwortlich bleibt (vgl. § 407a Satz 2 ZPO und § 12 Abs. 1 Satz 2 Nr. 1 JVEG). Hilfskraft ist nach § 9 Abs. 4 SVO, wer den Sachverständigen bei der Erbringung seiner Leistung nach dessen Weisung auf dem Sachgebiet unterstützt.

Voraussetzung für den Einsatz einer Hilfskraft ist, dass

– sie auf demselben Fachgebiet tätig ist wie der Sachverständige selbst,
– sie den Weisungen des Sachverständigen unterliegt und
– ihre Tätigkeit vom Sachverständigen überwacht wird[102].

Auf Hilfskräfte kann insbesondere die Erhebung von Befund- und Anknüpfungstatsachen sowie die Zusammenstellung der für die Begutachtung erforderlichen Informationen delegiert werden[103]. Auch **Schreibkräfte** gelten als Hilfskräfte, wenn sie bei der Vorbereitung der Gutachtenerstattung eingesetzt werden[104].

Für den gerichtlichen Sachverständigen bestimmt § 407a Abs. 2 ZPO, dass der Sachverständige nicht befugt ist, einen Gutachtenauftrag auf einen anderen zu übertragen. Er kann sich aber der **Mitarbeit einer anderen geeigneten (Hilfs-)Person** bedienen. Die Mitwirkung einer solchen Hilfsperson muss die volle persönliche Verantwortung des gerichtlich ernannten Sachverständigen wahren. Der Sachverständige ist diesbezüglich anzeigepflichtig, d. h., er muss den Mitarbeiter namhaft machen, seine Qualifikation und den Umfang seiner Tätigkeit

415

---

99 Vgl. OLG Köln, Urt. vom 27.8.1999 – 19 U 198/98 –, BauR 2000, 39 = OLGR-Köln 2000, 39 = EzGuG 11.281.
100 „Personalized evidence indicating authentication"; vgl. The Appraisal of Real Estate, 12. Aufl. 2002.
101 BGH, Urt. vom 5.12.1972 – VI ZR 120/71 –, NJW 1973, 321 = EzGuG 11.88; OLG Köln, Beschl. vom 4.2.1994 – 13 W 4/94 –, OLGR-Köln 1994, 75; OLG Düsseldorf, Urt. vom 16.12.1999 – 8 U 60/99 –, OLGR – Düsseldorf 2000, 470; OLG Koblenz, Urt. vom 5.2.2002 – 10 U 1213/03 –, JurBüro 2002, 446 = EzGuG 11.320; LG Bochum, Urt. vom 13.10.1989 – 14 O 85/89 –, WRP 1990, 564; LG Koblenz, Urt. vom 29.5.1992 – 2 O 40/90, RuS 1993, 280; VG Karlsruhe, Urt. vom 21.1.1992 – 6 K 325/81 –, GewA 1982. 156 = EzGuG 11.125v.
102 OLG Hamm, Beschl. vom 31.7.1968 – 15 W 193/68 –, DB 1968, 1903 = EzGuG 11.65b; OLG Hamm, Beschl. vom 6.2.1974 – 23 W 518/73 –, Rpfleger 1974, 243 = EzGuG11.92c; OLG Bamberg, Beschl. vom 11.1.1979 – 2 U 155/74 –, JurBüro 1979, 409.
103 BSG, Beschl. vom 10.2.1993 – 9/9a BV 107/92 –; OLG Frankfurt am Main, Urt. vom 18.2.2004 – 7 U 175/02 –, VersR 2004, 1121 = EzGuG 11.376a; OLG Hamburg, Urt. vom 6.9.2000 – 14 W 34/00 –; OLGR-Hamburg 2001, 57.
104 OLG Koblenz, Beschl. vom 14.1.1993 – 5 U 1137/82 –, JurBüro 1994, 563 = GuG 1993, 121; LG Frankfurt am Main, Beschl. vom 18.2.1986 – 2/9 T 29/86 –, KostRspr § 8 Nr. 94.

II Sachverständigenwesen Gutachten

angeben[105]. Im Unterschied zur Hilfskraft kann der Mitarbeiter Handlungs-, Bewertungs- und Entscheidungsspielräume ausfüllen[106].

2.2.2 Aufbau und Gestaltung schriftlicher Gutachten

416 Gutachten über Grundstückswerte werden **regelmäßig schriftlich erstattet**.

417 Gutachten müssen nach Aufbau, Wortwahl und stilistischer Gestaltung durchweg so gestaltet sein, dass sie auch von Personen verstanden werden können, die auf dem jeweiligen Gebiet keine Fachkenntnisse besitzen[107].

418 Der Sachverständige sollte sich dabei einer systematischen und übersichtlichen **Gliederung** bedienen und das Gutachten so gestalten, dass es aus sich selbst heraus verständlich ist. Es soll eine ansprechende Form aufweisen, in der Sprache verständlich sein und sich vor allem auf sachliche Aussagen unter Vermeidung überflüssigen Beiwerks konzentrieren.

419 Als Kriterium für die **äußerliche Gestaltung eines Gutachtens** hat das OLG Koblenz[108] die vom DIN (Deutsches Institut für Normierung e. V.) für Veröffentlichungen aus Wissenschaft, Technik, Wirtschaft und Verwaltung des Normenausschusses, Bibliotheks- und Dokumentationswesen herausgegebenen Normen herangezogen: Danach sollen auf einer geschriebenen Seite links 4 cm und oben 2 cm frei bleiben. Für den Zeilenabstand werden 60 Anschläge und 30 Zeilen pro Seite empfohlen. Bei extrem großem Seitenrand, einem großen Zeilenabstand sowie einer großen Zeichengröße können die Kosten für die Erstellung des Gutachtens entsprechend gekürzt werden[109].

Die Verwendung von **Formularen für Wertgutachten** ist heute allgemein abzulehnen, wenn es um qualifizierte Gutachten geht. Allenfalls bei einfachen Fällen und Massenbewertungen können Formulare hilfreich sein. Zur Anwendung kommt hier in erster Linie das Formular der WERTR. Vom Abdruck wurde hier abgesehen. Wertermittlungsformulare können der 3. Aufl. zu diesem Werk entnommen werden:

a) Gutachtenformular der WERTR, abgedruckt in der 3. Aufl. zu diesem Werk auf S. 1760 ff. sowie in Kleiber/Simon, WertV 98, 6. Aufl. Köln 2004, S. 700, sowie Kleiber, WERTR 2006, 10. Aufl.

b) Gutachtenformular des TLG Fachbeirats, abgedruckt in der 3. Aufl., S. 1792 ff.

c) Gutachtenformular der WestLB, abgedruckt in der 3. Aufl., S. 1774 ff.

420 In einer Grobstruktur wird das sich aus Abb. 12 ergebende **Aufbauschema** empfohlen.

421 Um das Gutachten übersichtlich zu gestalten, empfiehlt es sich, größere **Zwischenberechnungen,** wie die Berechnung des umbauten Raumes, der Nutz- bzw. Geschossflächen und dgl., Kartenmaterialien, Bilder und Dokumente (Grundbuchauszüge und dgl.) **im Anhang übersichtlich zusammenzustellen.**

422 Insbesondere der gewählte Lösungsweg (Wertermittlungsverfahren), die dem Gutachten zugrunde gelegten Anknüpfungstatsachen und die Ableitung des Verkehrswerts aus den Ergebnissen des oder der gewählten Wertermittlungsverfahren sind jeweils zu begründen

---

[105] BVerwG, Urt. vom 28.2.1982 – 8 C 48/90 –, NVwZ 1993, 771 = EzGuG 11.191f; BVerwG, Urt. vom 9.3.1984 – 8 C 97/83 –, BVerwGE 69, 70 = NJW 1984, 2645 = EzGuG 11.242l; BSG, Urt. vom 27.4.1989 – 9 RV 29/88 –, VersR 1990, 992; LSozG Thüringen, Urt. vom 5.9.2001 – L 6 RA 294/97 –, Breith 2002, 18; VGH Mannheim, Urt. vom 11.8.1986 – 6 S 958/88 –, GewA 1986. 329; OLG Düsseldorf, Urt. vom 16.12.1999 – 8 U 60/99 –; OLGR-Düsseldorf 2000, 470; LG Potsdam, Urt. vom 4.11.1997 – 9 S 59/96 –, GuG 1998. 62 = EzGuG 11.255; OLG Koblenz, Urt. vom 22.2.2002 – 10 U 1213/01 – GuG 2002, 382 = EzGuG 11.320; OLG Koblenz, Urt. vom 5.2.1999 – 10 U 518/98 –, r+s 1993, 280; VG Karlsruhe, Urt. vom 21.1.1982 – 6 K 325/81 –, GewA 1982, 156; LG Bochum, Urt. vom 13.10.1989 – 14 O 85/89 –, WRP 1990, 564.
[106] Bleutge in NJW 1985, 1185; Schikora in MDR 2002, 1033; OLG Frankfurt am Main, Beschl. vom 13.2.1981 – 1 WF 28/81 –.
[107] VG Sigmaringen, Urt. vom 9.6.1980 – 1 K 514/79 –, GewA 1981, 10 = EzGuG 11.119f.
[108] OLG Koblenz, Urt. vom 29.4.1996 – 1 Ws 267/96 –, NJW-RR 2007, 448 = EzGuG 11.231a.
[109] LSozG Rheinland-Pfalz, Urt. vom 2.4.2001 – L 4 SB 14/00 –, GuG-aktuell 2003, 23 = EzGuG 11.299a = Breith 200, 679.

bzw. nachzuweisen. **Mögliche Fehlerquellen, verworfene Unterlagen sowie Gegenmeinungen von Bedeutung sind offenzulegen.**

Zur **Grobstruktur** im Einzelnen: **423**

A Deckblatt

Das Deckblatt sollte für sich oder i. V. m. einem Beiblatt neben dem **Namen und der** **424** **Adresse des Sachverständigen** (Gutachterausschuss für Grundstückswerte; bei öffentlich bestellten und vereidigten Sachverständigen auch das Bestellungsgebiet) eine Kurzbezeichnung der zu begutachtenden Liegenschaft, ein Datum, das Aktenzeichen bzw. die Geschäftsnummer, den Adressaten des Gutachtens sowie den Auftraggeber mit vollständiger Anschrift aufweisen. Weite Verbreitung hat die Praxis, daneben den ermittelten Verkehrswert der Liegenschaft zusammen mit dem Wertermittlungsstichtag und einem Lichtbild auf dem Deckblatt auszuweisen.

Bei Gutachten eines Gutachterausschusses für Grundstückswerte ist die **Besetzung des Ausschusses** ggf. unter Hinweis auf die Gutachterausschusssitzung anzugeben.

B Inhaltsangabe

Eine dem Gutachten vorangestellte **Inhaltsübersicht,** in der auch die **Anlagen** angegeben **425** werden, führt in den inhaltlichen „Ablauf" des Gutachtens ein und erleichtert dem „Verbraucher" die Benutzung.

II Sachverständigenwesen — Gutachten

Abb. 12: Grobgliederung eines Verkehrswertgutachtens

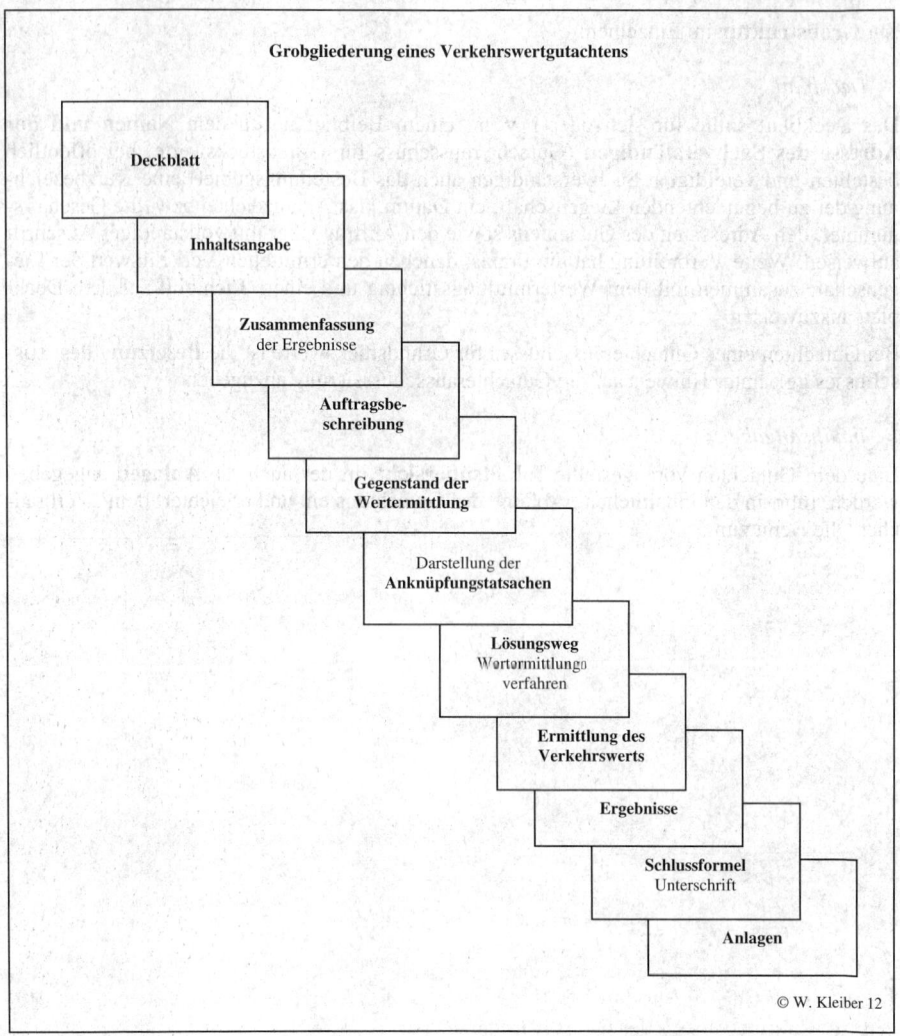

C Zusammenfassung der Ergebnisse

426 Für den „schnellen" Gebrauch eines Gutachtens und eine Plausibilitätsüberprüfung hat es sich als nützlich erwiesen, **die Ergebnisse bereits am Anfang des Gutachtens in einer Zusammenfassung vorzustellen.**

D Auftragsbeschreibung

427 Einen größeren Raum nimmt die Auftragsbeschreibung ein. Der Gutachter sollte hier **alle bedeutsamen Modalitäten** darlegen. Hierzu gehört der Gegenstand des Auftrags, d. h. die Angabe, ob es sich um ein Privat-, Behörden-, Schieds- oder Gerichtsgutachten handelt. Der Auftrag ist „originalgetreu" anzugeben, d. h. bei

a) *Gerichtsgutachten*

durch wörtliche Wiedergabe des Beweisbeschlusses, soweit der Sachverständige dazu Stellung nehmen soll,

b) *Privatgutachten*

durch wörtliche Wiedergabe des erteilten Auftrags, der ggf. mit dem Auftraggeber zuvor herausgearbeitet werden muss.

Des Weiteren sind

- der Auftraggeber (ggf. unter Angabe der Vertretungsvollmacht),
- der Zeitpunkt der Auftragserteilung,
- die Auftragsannahme bzw. die Bestätigung des Auftragseingangs,
- die Aktenzeichen, unter denen der Auftrag beim Auftraggeber und Auftragnehmer geführt wird,
- etwaige Zeitvorgaben sowie vor allem
- der Auftragsinhalt

präzise anzugeben.

Gegenstand der Beschreibung des Auftragsinhalts ist weiterhin   428

- die genaue Beschreibung der zu begutachtenden Liegenschaft bzw. des Rechts an einer Liegenschaft usw.,
- besondere Maßgaben bezüglich der zu berücksichtigenden rechtlichen Gegebenheiten, der Eigenschaft und Beschaffenheit des zu begutachtenden Objekts,
- die vom Auftraggeber ausdrücklich gewünschte Berücksichtigung bestimmter Anknüpfungstatsachen und sonstige sachlich vertretbare Anweisungen sowie
- der Wertermittlungsstichtag.

Soweit vom Auftraggeber **Vorgaben** gemacht worden sind, **die** zwar **unübliche Besonderheiten aufweisen,** gleichwohl aber nicht zur Ablehnung des Auftrags führen, weil sie zu einem fachlich nicht vertretbaren Gutachten führen würden, sind diese Besonderheiten so deutlich herauszustellen, dass ein verständiger Verbraucher des Gutachtens diese Besonderheiten mit ihren Folgen für das Wertermittlungsergebnis erkennen kann. Gleiches gilt für die vom Auftraggeber vorgegebenen Anknüpfungstatsachen, deren Richtigkeit vom Gutachter selbst nicht überprüft werden soll.   429

Des Weiteren ist in diesem Zusammenhang im Hinblick auf die Tauglichkeit und Erfolgsbezogenheit des Gutachtens i. S. d. § 631 Abs. 2 BGB und des § 633 Abs. 1 BGB (vgl. Rn. 212) der **Verwendungszweck** des Gutachtens darzulegen.   430

Besonders hervorzuheben ist der **Zeitpunkt der Ortsbesichtigung**. Soweit die zum Zeitpunkt der Ortsbesichtigung tatsächlich gegebenen Eigenschaften des Wertermittlungsobjekts von den vom Auftraggeber vorgegebenen Eigenschaften bzw. von den am Wertermittlungsstichtag gegebenen Eigenschaften abweichen, sind solche Befundtatsachen im Einzelnen darzulegen (vgl. Rn. 8, 180, 203, 220, 379).   431

Bezüglich der Besichtigung des Wertermittlungsobjekts ist darauf hinzuweisen, dass dies eine Verpflichtung des Gutachters ist und er im Fall der **Unterlassung** Gefahr läuft, sein Gutachten **sittenwidrig, leichtfertig und fahrlässig** erstattet zu haben.   432

E Gegenstand der Wertermittlung (Beschreibung)

Neben der allgemeinen Beschreibung der zu begutachtenden Liegenschaft oder des sonstigen Wertermittlungsobjekts unter Angabe   433

- von Gemeinde/Kreis/Land,

- der Straße und Hausnummer und
- der Grundstücksart

sind vor allem die genauen **Grundbuch-** und Katasterbezeichnungen anzugeben:

- Grundbuch (Grundbuchband, Grundbuchblatt, Gemarkung),
- Liegenschaftskataster (Flur, Flurstück, Liegenschaftsbuchnummer).

F   Darstellung der Befund- und Anknüpfungstatsachen

434   Alle für die Erstattung des Gutachtens wesentlichen Befund- und Anknüpfungstatsachen sind im Gutachten möglichst mit dem Nachweis ihrer Herkunft (**Quellenangaben**) darzulegen[110]. Dies betrifft die Angaben des zu begutachtenden Objekts, der zum Vergleich herangezogenen Vergleichsgrundstücke und anderer Vergleichsdaten (Mieten, Pachten, Herstellungswerte) sowie sonstiger Wertermittlungsgrundlagen (Indexreihen, Abschreibungstabellen und dgl.). Dabei sind wiederum die **von Dritten** (Auftraggeber, Vorgutachter usw.) **übernommenen Anknüpfungstatsachen** sowie die selbst erhobenen Anknüpfungstatsachen zu kennzeichnen.

435   Zu den von **Dritten übernommenen Anknüpfungstatsachen** ist zu fordern, dass sie mindestens auf **Plausibilität eigenverantwortlich überprüft** oder mit dem ausdrücklichen Hinweis versehen werden, dass der Auftraggeber die ungeprüfte Übernahme verlangt hat (vgl. Rn. 207).

436   **Flächen- und Massenberechnungen** (Bruttorauminhalt/umbauter Raum) sind in einer nachvollziehbaren Form im Gutachten nachzuweisen (Anlage zum Gutachten).

437   Im Rahmen der Plausibilitätsüberprüfung von Gutachten hat sich mitunter die **Kontrollfunktion eines ansonsten überflüssigen Wertermittlungsverfahrens** bewährt. Insbesondere bei Gutachten über Grundstücke, deren bauliche Anlagen Baumängel, Bauschäden oder einen Instandhaltungsrückstau aufweisen, kommt es erfahrungsgemäß immer wieder vor, dass der Gutachter im Rahmen des Ertrags- und des Sachwertverfahrens einerseits unterschiedliche Instandsetzungskosten angesetzt hat und andererseits die Ergebnisse dann aber zueinander wieder „stimmig" sind. Dies kann i. d. R. als ein Beleg dafür gewertet werden, dass der Gutachter die „Stimmigkeit" herbeigeführt und unbedachterweise die Schlüssigkeit des Gutachtens aufs Spiel gesetzt hat.

438   Mit der **Anwendung eines zusätzlichen** und **für die Verkehrswertermittlung entbehrlichen Verfahrens** kann sich der Gutachter im Übrigen der Gefahr einer Fehlinterpretation seines Gutachtens durch einen „unkundigen" Leser aussetzen; im Streitfall kann dies zu überflüssigen Auseinandersetzungen führen.

Beispiel:

Gutachter Redlich hat den Verkehrswert eines Ertragsobjektes im Wege des Ertragswertverfahrens zutreffenderweise mit 50 Mio. € abgeleitet. In seinem Gutachten hat er zusätzlich den Sachwert mit 100 Mio. € ermittelt und dieses Ergebnis unberücksichtigt gelassen. Die im Ertrags- und Sachwertverfahren berücksichtigten Zu- und Abschläge weisen erhebliche Unterschiede aus, da eine Reihe wertmindernder und werterhöhender Faktoren im Rahmen des Ertragswertverfahrens bereits mit der angesetzten Nettokaltmiete berücksichtigt werden, während die im Rahmen des Sachwertverfahrens angesetzten Normalherstellungskosten „lage- und objektneutral" sind. Im Rahmen der gerichtlichen Auseinandersetzung wird dem Gutachter eine in sich widersprüchliche Begründung auf der Grundlage unterschiedlicher Zu- oder Abschläge, die in den unterschiedlichen Methoden begründet sind, vorgeworfen.

439   Das Beispiel zeigt, dass mit der Anwendung eines an sich überflüssigen Wertermittlungsverfahrens ein Einfallstor für Auseinandersetzungen aufgestoßen wird, und es ist dann oft schwer, die **unterschiedliche Höhe der Zu- und Abschläge im Ertrags- und Sachwertverfahren** plausibel auf Angemessenheit zu begründen.

---

110 BGH, Urt. vom 5.6.1981 – V ZR 11/80 –, NJW 1981, 2578 = EzGuG 11.124c; BGH, Urt. vom 25.3.1993 – VII ZR 280/91 –, NJW-RR 1993, 1027 = EzGuG 11.203c; BGH, Urt. vom 28.6.1972 – VIII ZR 60/71 –, NJW 1972, 1658 = EzGuG 11.84b.

Gutachten — Sachverständigenwesen II

Zu den **wesentlichen Anknüpfungstatsachen** eines Verkehrswertgutachtens gehören insbesondere **440**

- die Grundstücksgröße (ggf. auch die Größe der bei der Wertermittlung zu unterscheidenden Teilflächen) möglichst auf der Grundlage der Angaben des Liegenschaftskatasters;
- die Eintragungen in Abt. II und III des Grundbuchs;
- der Grundstückszuschnitt (Lage, Form z. B. nach Grundstücksbreite, -tiefe und Straßenfront);
- der Entwicklungszustand (gemäß § 5 ImmoWertV) unter Angabe der maßgeblichen rechtlichen und tatsächlichen Besonderheiten; soweit Entschädigungs- oder Ausgleichsansprüche bestehen, sind sie anzugeben;
- die Festsetzungen und Darstellungen in der Bauleitplanung (Bebauungsplan und Flächennutzungsplan) sowie in Vorhaben- und Erschließungsplänen;
- Ausweisungen in *informellen* Planungen (Rahmenpläne);
- Inhalte *städtebaulicher Verträge* einschließlich der notwendigen Angaben zu diesen Plänen;
- der Erschließungszustand in tatsächlicher Hinsicht (Anschluss von Versorgungsleitungen: Wasser, Wärme, Energie, Abwasser) unter Einbeziehung der Frage einer ggf. (nur) gegebenen „gesicherten" Erschließung (vgl. § 5 ImmoWertV Rn. 182 ff.);
- der abgaben- und beitragsrechtliche Zustand, insbesondere bez. Erschließungsbeiträgen, KAG-Beiträgen, Kostenerstattungsbeträgen, Ausgleichsbeträgen, Ausgleichsleistungen in Umlegungsverfahren, Walderhaltungsabgaben und Stellplatzverpflichtungen;
- die Bodenbeschaffenheit, insbesondere Bodengüte, Oberflächenbeschaffenheit, Eignung als Baugrund, Belastungen mit Ablagerungen – ggf. Alt- oder Neulasten –, Grundverhältnisse sowie abbauwürdige Bodenvorkommen;
- die Lage des Grundstücks (Verkehrs-, Wohn- und Geschäftslage) unter Angabe der Nähe zu zentralen Einrichtungen, störenden Betrieben, der Verkehrsverbindungen sowie Umwelteinflüsse und dgl.;
- die sonstige Lage, z. B. als Eckgrundstücke;
- die Himmelsrichtung;
- die Art und das Maß der baulichen Nutzbarkeit (nach Maßgabe des § 6 Abs. 1 ImmoWertV), die Bauweise sowie – bei davon abweichender Nutzung – auch die tatsächlich realisierte und lagetypische Nutzung (realisierte GRZ, GFZ oder BMZ), Zahl der Vollgeschosse, Höhe der baulichen Anlagen;
- die Unterschiede zwischen der am Wertermittlungsstichtag rechtlich zulässigen von der tatsächlichen lageüblichen Nutzung (Unter- oder Übernutzung);
- die Rechte und Belastungen (Wegerechte, Aussichtsrechte usw.) einschließlich Baulasten;
- ein Überbau (falls gegeben);
- die sonstigen rechtlichen Gegebenheiten wie Veränderungssperren, Anbauverbote, Abbauverbote, Landschaftsschutzgebiet und dgl.;
- die Bebauung (Baujahr und Restnutzungsdauer, Bauart, Zahl der Vollgeschosse, Roh- und Ausbau-Baumängel und Bauschäden, Instandhaltung und Modernisierung, baulicher Zustand, Ausstattung, Grundrissgestaltung, Ertragsverhältnisse bzw. marktüblich erzielbare und üblicherweise anfallende Einnahmen und Ausgaben) sowie der Gesamteindruck (vgl. § 6 ImmoWertV Rn. 133 f.);
- die Berechnung des Rauminhalts (umbauter Raum) sowie Wohn-, Nutz- oder Bruttogrund- bzw. Geschossfläche nach Aufmaß bzw. nach (überprüften) Bauplänen;
- die baulichen und nichtbaulichen Außenanlagen wie Einfriedungen, Terrassen, Treppen, Pflasterungen sowie ein vorhandener Aufwuchs insbesondere im Hinblick auf seine Funktion und wertrelevanten Annehmlichkeitswert;
- die wirtschafts- und investitionsfördernden Einflüsse.

II Sachverständigenwesen   Gutachten

441 Im Rahmen des angewandten **Wertermittlungsverfahrens** sind im Gutachten darzulegen:

- Bei *Anwendung des Vergleichswertverfahrens* unter Heranziehung von Vergleichspreisen (mit Kaufdatum und wertbeeinflussenden Merkmalen) und/oder Bodenrichtwerten unter Berücksichtigung der Bezugspunkte und wertbeeinflussender Merkmale (Bodenrichtwertgrundstücke) sowie
  - Bodenpreisindexreihen,
  - Vergleichsfaktoren für bebaute Grundstücke,
  - Umrechnungskoeffizienten und dgl.

- Bei *Anwendung des Sachwertverfahrens* unter Heranziehung von Normalherstellungskosten oder entsprechender Erfahrungssätze, geeigneter Baupreisindexzahlen, der Restnutzungsdauer und Gesamtnutzungsdauer der baulichen Anlagen und besonderer Betriebseinrichtungen, der Baumängel und Bauschäden (Schadensbeseitigungskosten), Baunebenkosten und sonstigen wertbeeinflussenden Umstände, ist besonders „auszuwerfen"
  - der Bodenwert,
  - der Sachwert der baulichen Anlagen sowie
  - der Verkehrswertanteil der baulichen Außenanlagen und – vorbehaltlich § 21 Abs. 3 ImmoWertV – der sonstigen Anlagen.

- Bei *Anwendung des Ertragswertverfahrens* unter Heranziehung des jährlichen Roh- und Reinertrags (tatsächlich und marktüblich erzielbaren Erträge wie Miete und Pacht), der Bewirtschaftungskosten (Verwaltungs-, Betriebs- und Instandhaltungskosten, Mietausfallwagnis), des Liegenschaftszinssatzes und Vervielfältigers, der Restnutzungsdauer und sonstiger den Ertragswert bestimmender Angaben, ist besonders „auszuwerfen"
  - der Bodenwert,
  - Wert der baulichen Anlagen und
  - in Ausnahmefällen der Wert der sonstigen Anlagen, soweit der Verkehrswertanteil nicht bereits im Wert der baulichen Anlagen enthalten ist.

- Die Lage auf dem Grundstücksmarkt, soweit diese nicht bereits mit dem Wertermittlungsverfahren (Liegenschaftszinssatz oder Sachwertfaktor) „erfasst" ist; Zu- oder Abschläge sind ggf. zu begründen.

- Bei *Anwendung mehrerer Verfahren*: Berücksichtigung der Ergebnisse der übrigen Verfahren.

442 Bei alledem soll sich der Gutachter auf **kurze, knappe und präzise Angaben** beschränken. Es gilt der Satz von Leonardo da Vinci: „Je genauer man beschreibt, umso verwirrter wird der Leser und umso vager wird, was man zu beschreiben trachtet. Man muss daher illustrieren und beschreiben."

2.2.3   Angabe des Bodenwerts eines bebauten Grundstücks im Gutachten

443 § 141 Abs. 3 BBauG 76, nach dem in einem Gutachten über ein bebautes Grundstück der **Bodenwert mit dem** Wert eines unbebauten Grundstücks anzugeben ist, wurde mit dem BauGB aufgehoben. Bei der Ermittlung des Verkehrswerts bebauter Grundstücke wird zumindest bei Anwendung des Ertrags- oder Sachwertverfahrens nach den Vorschriften der ImmoWertV der Bodenwert i. d. R. jedoch auch künftig gesondert „auszuwerfen" sein[111]. Allerdings kann nunmehr nicht mehr ausgeschlossen werden, dass dabei ein „anderer" – in diesem Fall zumeist geminderter – Bodenwert[112] herangezogen wird, als sich für das Grundstück in unbebautem Zustand ergeben würde. In diesem Fall müsste allerdings auch bei der Ableitung der übrigen der Wertermittlung zugrunde gelegten Parameter (z. B. bei der Ableitung des Liegenschaftszinssatzes) von diesen „anderen" Bodenwerten ausgegangen worden sein; es kommt nämlich maßgeblich darauf an, dass die Ermittlungsmethodik in sich schlüssig ist. Dass diese Vorgehens-

---
111 § 17 Abs. 3 ImmoWertV.
112 Hierzu Dieterich in Ernst/Zinkahn/Bielenberg/Krautzberger, Komm. zum BauGB, Rn. 113 ff. zu § 194 BauGB und Kleiber in Ernst/Zinkahn/Bielenberg/Krautzberger, Komm. zum BauGB, § 196 BauGB, Rn. 71 ff.

weise der Transparenz der Wertermittlung nicht immer förderlich wäre, versteht sich von selbst. Sie muss für den „Verbraucher" eines Gutachtens vor allem dann verwirrend sein, wenn zur Ermittlung des Bodenwerts von Bodenrichtwerten ausgegangen wurde. Diese sind nach § 196 Abs. 1 Satz 2 BauGB in bebauten Gebieten nämlich – wie nach bisherigem Recht (§ 144 Abs. 1 Satz 2 BBauG 76) – mit dem Wert zu ermitteln, der sich ergeben würde, wenn der Boden unbebaut wäre. Wenn demgegenüber ein „anderer" – nach den unterschiedlichsten Bewertungstheorien abgeleiteter – „Bodenwert" in das Wertermittlungsverfahren eingänge, müsste dies bei jedem „Verbraucher" eines Gutachtens auf Unverständnis stoßen und bedürfte einer nachvollziehbaren Begründung (vgl. hierzu Näheres bei § 16 ImmoWertV).

Mit der Aufhebung des § 142 Abs. 3 BBauG wollte sich der Gesetzgeber offensichtlich nicht direkt in den **Meinungsstreit** einschalten, der in Fachkreisen über den Ansatz des Bodenwerts bei bebauten Grundstücken besteht. Es ist umstritten, ob der Bodenrichtwert für bebaute Grundstücke durch einen „Bebauungsabschlag" zu mindern ist oder nicht. Theoretisch gesehen kann ein Abschlag insbesondere bei Altbebauung berechtigt sein, da der Grund und Boden durch die vorhandene Bebauung in seiner Nutzbarkeit festgelegt ist. Er ist gegenüber einem unbebauten Grundstück nicht mehr frei verfügbar. Allerdings liegen über die Höhe der Bodenwertminderung keine gesicherten Erkenntnisse vor. Sie können auch nicht in Erfahrung gebracht werden, da bebaute Grundstücke nur zusammen mit dem aufstehenden Gebäude gehandelt werden. Es kann demnach nicht festgestellt werden, welchen Anteil am Gesamtkaufpreis der Käufer dem Grund und Boden beimisst. Zudem würde die Höhe eines etwaigen „Bebauungsabschlags" immer von der jeweiligen Grundstücksmarktsituation abhängen, insbesondere davon, bis zu welcher am Kaufpreis bemessenen Höhe die Grundstückssach- oder Ertragswerte am Markt realisiert werden (sind z. B. Kaufpreis und Grundstückssachwert identisch, entspricht der Bodenwert des bebauten Grundstücks dem Bodenrichtwert).

Der Meinungsstreit wurde erneut mit der Novellierung der WertV im Jahre 2009 aufgegriffen. Nunmehr wird in § 16 Abs. 1 ImmoWertV klargestellt, dass sich der Wert des Bodens „ohne Berücksichtigung der vorhandenen baulichen Anlagen ergibt". Die Begründung zu dieser Vorschrift[113] führt hierzu aus, dass die „Annahme einer generellen Bodenwertdämpfung für bebaute Grundstücke ... den gesetzlichen Vorschriften zur Wertermittlung (vgl. § 154 Absatz 1 und § 166 Absatz 3 Satz 4 BauGB i. V. m. bisherigem § 28 Absatz 3 Satz 1 WertV sowie § 196 Absatz 1 Satz 2 BauGB) widerspräche. Für sie besteht auch kein praktisches Bedürfnis."

Die oben genannten Angaben sind grundsätzlich auch für die **zum Vergleich herangezogenen** Vergleichsobjekte zu machen, jedoch reduziert sich der Katalog regelmäßig durch die Auswahl geeigneter Vergleichspreise mit der Folge, dass in erster Linie die vom Wertermittlungsgegenstand abweichenden Zustandsmerkmale zum Zwecke der Berücksichtigung dieser Abweichungen besonders herausgestellt werden.

G Lösungsweg (Wertermittlungsverfahren)

Auf der Grundlage einer Analyse der gestellten Wertermittlungsaufgabe, des erforschten Sachverhalts, der zur Verfügung stehenden Daten und der sonstigen Umstände des Einzelfalls muss der Gutachter den von ihm als sachgerecht erkannten Lösungsweg begründen. Dies betrifft in erster Linie die **Wahl des Wertermittlungsverfahrens** bzw. der von ihm herangezogenen Wertermittlungsverfahren und die Verknüpfung ihrer Ergebnisse (vgl. § 8 ImmoWertV Rn. 25 ff.).

Mit geradezu ideologischem Anspruch wird von vielen Sachverständigen die Auffassung vertreten, dass bei **bebauten Grundstücken grundsätzlich das Sach- *und* das Ertragswertverfahren zur Anwendung kommen** müssen, auch wenn sich der Gutachter a priori für ein bestimmtes Verfahren entschieden hat, aus dem er letztlich den Verkehrswert ableitet (vgl. Rn. 438). Zur Begründung wird auf die Möglichkeit zusätzlicher Erkenntnisse und eine Kontrollfunktion verwiesen. Mitunter entsteht sogar der Eindruck, das Sachwertverfahren wird bei der Verkehrswertermittlung ertragsorientierter Grundstücke geradezu als ein eindrucksvoller Beleg für die Fähigkeiten des Gutachters mitgeschleppt. Andere Gutachter lehnen kategorisch schon aus grundsätzlichen Erwägungen das „Mitschleppen" eines Verfahrens ab, das letztlich für die Ableitung des Verkehrswerts ohne Bedeutung ist (vgl. § 8 ImmoWertV Rn. 37).

---

113 BR-Drucks 296/09.

II Sachverständigenwesen Gutachten

H Ermittlung des Verkehrswerts

447 Die eigentliche Ermittlung des Verkehrswerts auf der Grundlage einer fundierten Analyse der Wertermittlungsaufgabe, einer begründeten Darstellung des Lösungswegs (Wertermittlungsverfahren), der Auswahl geeigneter Vergleichsparameter (Vergleichspreise, Vergleichsmieten, Normalherstellungskosten) und sonstiger Parameter (Liegenschaftszinssatz, Indexreihen usw.) stellt i. d. R. den einfachsten Teil eines Gutachtens dar. Für die Güte des Gutachtens ist vielmehr allein die Güte der **Eignung der in die Wertermittlung eingehenden Daten auf der Grundlage einer sachlich fundierten Problemanalyse** und des richtigen Lösungswegs ausschlaggebend, d. h., das Ergebnis einer Wertermittlung kann immer nur so gut sein, wie die eingehenden Daten sind.

Der Gutachter hüte sich bei alledem vor **übertriebener Rechengenauigkeit**. Hier gilt der Satz von Christian Friedrich *Gauß*: „Der Mangel an mathematischer Bildung gibt sich durch nichts so auffallend zu erkennen wie durch maßlose Schärfe im Zahlenrechnen."

I Ergebnisse

448 Mit dem Gutachten soll die gestellte Aufgabenstellung eine präzise Beantwortung erfahren. Am Ende eines Gutachtens über den Verkehrswert von Grundstücken steht deshalb der in Euro **ausgewiesene Verkehrswert des Grundstücks unter Angabe des Wertermittlungsstichtags.**

J Schlussformel/Unterschrift

449 Das Gutachten muss von dem beauftragten Sachverständigen **persönlich unterschrieben** (und wenn es sich dabei um einen öffentlich bestellten und vereidigten Sachverständigen handelt, mit dem Rundstempel versehen) werden.

Im Hinblick auf den **Höchstpersönlichkeitsgrundsatz** und die Eigenverantwortung des Gutachters wird folgende Schlussformel empfohlen:

450 „Das Wertermittlungsobjekt wurde am .... 20...... von mir besichtigt; das Gutachten wurde unter meiner Leitung und Verantwortung erstellt.

(Ort) ...., den .... (Unterschrift) .... Siegel"

K Anlagen

451 *Lageplan;*

- Flurkarte 1: 500 bis 1: 2 500;
- Übersichtsplan 1: 5 000 bis 1: 25 000;
- Lichtbilder;
- Grundriss- und Aufrisspläne;
- Baubeschreibung;
- Ermittlung von Nutzflächen, Rauminhalten (umbautem Raum) und dgl.;
- Aufstellung von Mieteinnahmen, Bewirtschaftungskosten und dgl.;
- Ergänzende Zusammenstellungen (ggf. der herangezogenen Vergleichspreise).

452 Entsprechende **Formulare für Verkehrswertgutachten** enthalten die Wertermittlungsrichtlinien (WERTR) des Bundes in der jeweils geltenden Fassung (vgl. Rn. 419); sie finden breite Anwendung. Die Verwendung von Formularen ist allerdings in erster Linie nur bei einfachen Wertermittlungsfällen unproblematisch; für kompliziertere Sachverhalte enthalten Formulare allein schon für eine angemessene Begründung i. d. R. nicht genügend Raum. Deshalb wird in Nr. 1.2 WERTR herausgestellt, dass die Verwendung des Vordrucks der WERTR 06 in erster Linie nur in besonders einfachen Fällen und bei Massenbewertungen in Betracht kommt (vgl. Rn. 452).

453 ▶ Zu alledem vgl. die Muster-Sachverständigenordnung – SVO – des Industrie- und Handelstages; ein Muster eines Schiedsgutachtens ist in der 6. Aufl. dieses Werkes auf Seite 293 f. abgedruckt

3 Grundbuch und Liegenschaftskataster

3.1 Grundbuch

3.1.1 Allgemeines

Schrifttum: *Bauer, H.-J./v. Oefele, H.*; Grundbuchordnung, München 1999; *Bengel/Simmerding*, Grundbuch, Grundstück, Grenze, 2000; *Schmidt/Fröhlig*, Grundbuch lesen und verstehen, 1994.

Für den Grundstücksverkehr ist das **Grundbuch** *(land register)* **zusammen mit dem Liegenschaftskataster** die wichtigste **Dokumentation** über Rechte an Grundstücken. Es ist damit für den Sachverständigen unentbehrlich. Da grundsätzlich alle Grundstücke einem Buchungszwang unterliegen, können dem Grundbuch umfassend die darin eingetragenen Rechtsverhältnisse entnommen werden. In der eindeutigen Beschreibung des Rechtszustands liegt zugleich die rechtliche Bedeutung des Grundbuchs. Die wirtschaftliche Bedeutung des Grundbuchs kann in der Sicherung von Grundpfandrechten gesehen werden. 454

Bezüglich der Rechtsgrundlagen ist zwischen dem **materiellen und formellen Liegenschaftsrecht** zu unterscheiden: 455

a) Das *materielle* Liegenschaftsrecht ist im Wesentlichen im 3. Buch (Sachenrecht §§ 854 bis 1296 BGB) des Bürgerlichen Gesetzbuchs (BGB) geregelt;

b) das *formelle* Liegenschaftsrecht wird durch die Grundbuchordnung (GBO), ergänzt durch die Grundbuchverfügung (GBV), geregelt[1].

Das **formelle Grundbuchrecht der GBO** enthält als die drei tragenden Verfahrensgrundsätze: 456

1. das Antragserfordernis,
2. den Bewilligungsgrundsatz,
3. die Notwendigkeit der Voreintragung des Betroffenen.

Wichtige Ausnahmen vom Bewilligungsgrundsatz stellen vor allem das materielle Konsensprinzip des § 20 GBO und der Unrichtigkeitsnachweis nach § 22 GBO dar.

Das **Grundbuch wird,** von wenigen Ausnahmen abgesehen, **bei den Amtsgerichten geführt** (Grundbuchämter), vgl. § 1 GBO. Die Grundbücher selbst werden für Grundbuchbezirke eingerichtet. Die Grundstücke werden im Grundbuch nach dem in den Bundesländern eingerichteten Liegenschaftskataster als das „amtliche Verzeichnis" benannt (§ 2 Abs. 1 und 2 GBO). 457

Das Grundbuch ist ein öffentliches Buch und genießt öffentlichen Glauben (§ 892 BGB)[2], d. h., jedermann, der ein im Grundbuch eingetragenes Recht durch ein Rechtsgeschäft erwirbt, kann auf die Richtigkeit des Grundbuchs vertrauen. Voraussetzung ist der gutgläubige Erwerb, bei dem die Unrichtigkeit des Grundbuchs nicht bekannt ist. Das RG hat hierzu mit Urteil vom 12.2.1910[3] entschieden, dass auch die **Bestandsangaben des Katasters über die Begrenzung des Grundstücks** am öffentlichen Glauben teilhaben. Nicht am öffentlichen Glauben partizipieren die in das Grundbuch übernommenen Angaben tatsächlicher Art, wie **Flächengröße,** Lage, Bebauung, Bewirtschaftungsart (Nutzungsart). Im Ergebnis nehmen also nur die Katasterangaben individualisierender Art am öffentlichen Glauben teil wie Name der Gemarkung, Flurnummer und Flurstücknummer. 458

---

[1] Grundbuchordnung (GBO); Grundbuchbereinigungsgesetz (GBBerG); Grundbuchvorrangverordnung (GBVorV); Grundbuchverfügung (GBV); Gebäudegrundbuchverfügung.

[2] RG, Urt. vom 18.10.1905 – V 241 –, RGZ 61, 374; RG, Urt. vom 28.11.1934 – V 216/34 –, RGZ 145, 354; Demharter GBO, 22. Aufl. 1997, S. 43.

[3] RG, Urt. vom 12.2.1910 – V 72/09 –, RGZ 73, 125; BGH, Urt. vom 1.3.1973 – III ZR 69/70 –, NJW 1973, 1077; OVG Münster, Urt. vom 12.2.1992 – 7 A 1910/89 –, NJW 1993, 217 = NVwZ 1993, 499 (LS)= DÖV 1992, 928; Bengel/Simmerding, Grundbuch, Grundstück, Grenze, Schweizer Verlag 3. Aufl. 1989, S. 87 ff.

II Sachverständigenwesen   Grundbuch

Eine im Grundbuch mit 0 m² ausgewiesene Fläche bedeutet nicht, dass das Grundstück nicht mehr besteht, vielmehr handelt es sich um eine Fläche = 0,5 m². In diesem Fall kann dem Liegenschaftskataster die Fläche mit Zehntelquadratmeter-Genauigkeit entnommen werden.

459 Neben dem Grundbuch werden gemäß § 24 und § 100 GBV nach landesrechtlichen Geschäftsordnungen sowie nach der Aktenordnung **Grundakten** geführt. Die Grundakten setzen sich aus den Schriften zu dem einzelnen Grundbuchblatt zusammen, d. h., Bestandteile der Grundakten sind

a) alle Schriften, die sich auf das Grundbuchblatt beziehen und zu Eintragungen geführt haben (Urkunden und Abschriften von solchen, die nach § 10 Abs. 1 GBO vom Grundbuchamt als Eintragungsunterlagen aufbewahrt werden; des Weiteren: Eingänge, Protokolle, Verfügungen, Entwürfe, Kostenrechnungen usw.), und

b) ein **Handblatt**, das eine laufende vervollständigte Abschrift des Grundbuchblatts darstellt.

3.1.2 Aufbau

460 Um die Auffindung der Grundstücke im Grundbuch zu erleichtern, sind die **Grundbücher für Grundbuchbezirke angelegt.** Ursprünglich stimmten die Grundbuchbezirke mit den Gemeindegebietsgrenzen überein. Aufgrund kommunaler Neugliederungen bestehen heute in den Gemeinden vielfach jedoch mehrere Grundbuchbezirke.

461 Das **Grundbuch gliedert sich in** (vgl. Abb. 14):

A ein Deckblatt (Aufschrift),

B ein Bestandsverzeichnis (Grundstücksmerkmale),

C eine Erste Abteilung (Eigentumsverhältnisse),

D eine Zweite Abteilung (Besitzungen ohne Grundpfandrechte) und

E eine Dritte Abteilung (Grundpfandrechte).

462 Zum Inhalt im Einzelnen:

A *Aufschrift des Deckblatts*

a) Amtsgericht, bei dem das Grundbuch geführt wird,

b) Gemarkung/Vermessungsbezirk,

c) Grundbuchband,

d) Grundbuchblatt.

Es dient der rechtlichen Identifizierung des Grundstücks bzw. des Wohnungseigentums oder des Erbbaurechts.

Abb. 14: Aufbau des Grundbuchs

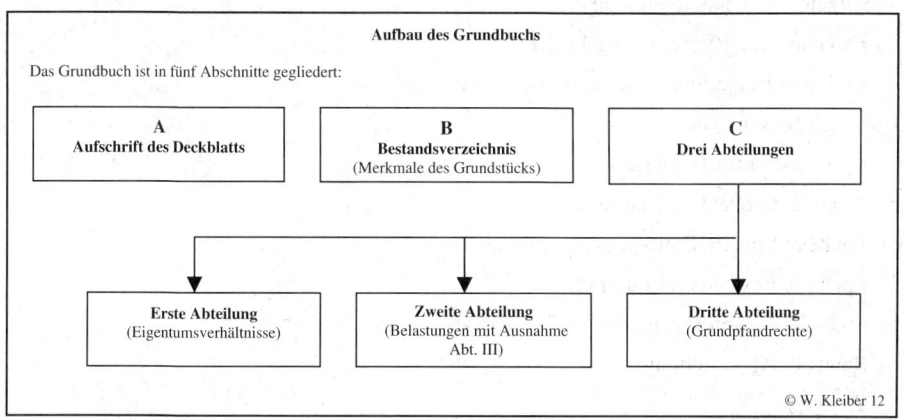

Gemarkungen stellen vermessungstechnische Bezirke (§ 6 Abs. 3 GrdbVfg.) dar, die katastertechnische Ordnungsfunktionen erfüllen und die von den Katasterbehörden festgelegt werden. Sie umfassen i. d. R. die in einem topografischen Zusammenhang liegenden Grundstücke. Die Unterbezirke der Gemarkungen werden **Flure** genannt, die ebenfalls katastertechnische Funktionen für die lagemäßige Ordnung und Nummerierung der Flurstücke erfüllen. Die Flure werden meist in der Weise nummeriert, dass die im Norden und Nordwesten der Gemarkung liegende Flur die Nr. 1 erhält. Innerhalb der Flur bilden die **Flurstücke** die katastermäßigen Flächeneinheiten, d. h., mehrere Flurstücke bilden die Flur. Das Flurstück ist ein geometrisch eindeutig begrenzter Teil der Erdoberfläche, der im Liegenschaftskataster unter einer besonderen Bezeichnung geführt wird. Flurstücke werden auf Antrag oder, wenn es für die Führung des Liegenschaftskatasters erforderlich bzw. zweckmäßig ist, von Amts wegen gebildet. Ein **Grundstück i. S. des Grundbuchrechts** kann aus mindestens einem oder mehreren Flurstücken bestehen. **463**

Die für die Bezeichnung der Grundstücke im Grundbuch maßgebliche Vorschrift ist § 2 Abs. 2 GBO, nach der die Grundstücke „in den Büchern nach einem amtlichen Verzeichnis benannt" werden, „in dem sie unter Nummern und Buchstaben aufgeführt sind". Das **Liegenschaftskataster dient als amtliches Verzeichnis der Grundstücke i. S. der Grundbuchordnung** und ermöglicht das Auffinden (die Identifizierung) der im Grundbuch verzeichneten Grundstücke in der Örtlichkeit einschließlich des Nachweises der Grundstücksgrenzen. **464**

B Bestandsverzeichnis

Das Bestandsverzeichnis dient der tatsächlichen Kennzeichnung des Grundstücks. Die **Bezeichnung der Grundstücke erfolgt nach den Angaben des Liegenschaftskatasters,** das das amtliche Verzeichnis der Grundstücke i. S. von § 2 Abs. 2 GBO darstellt. Aus den Angaben des Liegenschaftskatasters werden die Bezeichnungen der Gemarkung, der Flur, des Flurstücks, die Nummern des Liegenschaftsbuchs, die Lagebezeichnung und die Größe übernommen. **465**

Das **Bestandsverzeichnis ist in laufende Nrn. der Grundstücke unterteilt,** wobei die laufende Nr. als das Grundstück im Rechtssinne verstanden wird. **466**

a) Spalte 1: Derzeitige laufende Nummer des Grundstücks

- Jedes Grundstück wird unter einer laufenden Nummer eingetragen.
- Mehrere Grundstücke desselben Eigentümers werden unter laufenden Nummern geführt.

b) Spalte 2: Bisherige laufende Nummern des Grundstücks

II Sachverständigenwesen — Grundbuch

c) Spalte 3: Bezeichnung des Grundstücks und der mit dem Eigentum verbundenen Rechte, aufgeteilt in Unterabteilungen:

- Gemarkung/Vermessungsbezirk,
- Katasterlage/Flur- und Flurstücknummer,
- Liegenschaftsbuch,
- Wirtschaftsart und Lage.

d) Spalte 4: Größe des Grundstücks

e) Spalte 5: Frühere Eintragung des Grundstücks

f) Spalte 6: Bestand und Zuschreibung

g) Spalte 7: Neueintragung des im Bestandsverzeichnis abgeschriebenen Grundstücks

h) Spalte 8: Abschreibung.

C Erste Abteilung

467 **Gegenstand der Ersten Abteilung** (Abt. I) sind im Unterschied zum Bestandsverzeichnis, wo die Grundstücksmerkmale dargestellt sind, die **Eigentumsverhältnisse**, nämlich

a) Spalte 1: die laufende Nr. der Eintragung,

b) Spalte 2: der Grundstückseigentümer,

c) Spalte 3: die laufende Nr. der Grundstücke im Bestandsverzeichnis,

d) Spalte 4: die Grundlage der Eintragung, d. h. der Rechtsvorgang des Eigentumserwerbs, die Auflassung; rot unterstrichen der gelöschte bisherige Eigentümer.

Als Eigentümer können auch **mehrere Eigentümer** eingetragen sein, wenn

– Miteigentum bzw.
– Gesamthandeigentum

besteht.

D Zweite Abteilung

468 **Gegenstand der Zweiten Abteilung** (Abt. II) **sind in sieben Spalten sämtliche Belastungen des Grundstücks (Lasten und Beschränkungen) mit Ausnahme der** Grundpfandrechte, wie

– Erbbaurechte,
– Grunddienstbarkeiten,
– persönlich beschränkte Dienstbarkeiten,
– Nießbrauchsrechte,
– Öffentliche Lasten (Bodenschutzvermerk, vgl. § 6 ImmoWertV Rn. 140),
– Reallasten,
– Vorkaufsrechte,
– Vormerkungen,
– Widersprüche und
– Verfügungsbeschränkungen.

▶ *Zu den Rechten am Grundstück vgl. Teil VIII Rn. 1 ff.*

Nicht eingetragen sind i. d. R.[4]

- die öffentlich-rechtlichen Lasten, die Erschließungskosten, KAG-Beiträge, Kostenerstattungsbeträge, Grundsteuern usw.,
- die Baulasten (vgl. § 1 ImmoWertV Rn. 66, § 5 ImmoWertV Rn. 227),
- die Miet- und Pachtverhältnisse,
- das Baurecht,
- der Denkmalschutz.

E Dritte Abteilung

Gegenstand der Dritten Abteilung (Abt. III) **sind die sog. Grundpfandrechte** (vgl. § 1 ImmoWertV Rn. 37; § 7 ImmoWertV); dies sind 469

- die Hypotheken (§ 1113 BGB),
- die Grundschulden und
- die Rentenschulden (§ 1199 BGB).

3.1.3 Grundbuchprinzipien

Das Grundbuch ist als ein öffentliches Buch nach dem **Grundprinzip des** Realfoliums aufgebaut, d. h., **jedes Grundstück ist im Grundbuch an besonderer Stelle auf einem eigenen Grundbuchblatt ausgewiesen:** 470

„**§ 3 GBO** Grundbuchblatt; buchungsfreie Grundstücke; Buchung von Miteigentumsanteilen

(1) Jedes Grundstück erhält im Grundbuch eine besondere Stelle (Grundbuchblatt). Das Grundbuchblatt ist für das Grundstück als das Grundbuch im Sinne des Bürgerlichen Gesetzbuchs anzusehen.

(2) Die Grundstücke des Bundes, der Länder, der Gemeinden und anderer Kommunalverbände, der Kirchen, Klöster und Schulen, die Wasserläufe, die öffentlichen Wege sowie die Grundstücke, welche einem dem öffentlichen Verkehr dienenden Bahnunternehmen gewidmet sind, erhalten ein Grundbuchblatt nur auf Antrag des Eigentümers oder eines Berechtigten.

...

(7) Werden die Miteigentumsanteile an dem dienenden Grundstück neu gebildet, so soll, wenn die Voraussetzungen des Absatzes 4 vorliegen, das Grundbuchamt in der Regel nach den vorstehenden Vorschriften verfahren."

Über mehrere Grundstücke desselben Eigentümers kann ein **gemeinschaftliches Grundbuchblatt** geführt werden (Zusammenstellung i. S. d. § 4 Abs. 1 GBO). 471

Für **Wohnungs- und Sondereigentum** (Teil V Rn. 39 ff.) werden eigene Grundbücher geführt, die mit entsprechenden Aufschriften im Deckblatt versehen sind und bei denen das Wohnungs- und Sondereigentum in einem selbstständigen Bestandsverzeichnis geführt werden. Bei dem im Wohnungseigentumsgesetz (WEG) geregelten Wohnungseigentum steht jedem Miteigentümer der Wohnungseigentumsanlage ein Bruchteil am Grundstück und an den nicht im Sondereigentum stehenden baulichen Anlagen zu. Die Aufteilung erfolgt auf der Grundlage eines Einräumungsvertrags bzw. der Teilungserklärung des Eigentümers gegenüber dem Grundbuchamt, das aus dem bisherigen Bestandsverzeichnis des Grundstücks entsprechend viele Grundbuchblätter mit eigenem Bestandsverzeichnis anlegt. Voraussetzung ist die **Abgeschlossenheitsbescheinigung** der zuständigen Baubehörde. In der Teilungserklärung werden die rechtlichen Beziehungen zwischen den Miteigentümern der Wohneigentumsanlage geregelt (vgl. Teil V Rn. 46 ff., § 8 ImmoWertV Rn. 125 ff.). 472

Erbbaurechte werden grundbuchlich wie Grundstücke in einem besonderen Erbbaurechtsgrundbuch geführt, in denen im Bestandsverzeichnis das Erbbaurecht ausgewiesen wird. Im Bestandsverzeichnis werden des Weiteren insbesondere die Dauer des Erbbaurechts und der Inhalt des Erbbaurechtsvertrags ausgewiesen. 473

---

4 Kutter, U., Grundstückseigentum und öffentliche Lasten – reicht bei dem Erwerb von Grundstücken der Blick in das Grundbuch?, ZMR 1998, 601 ff.

II Sachverständigenwesen Grundbuch

Entsprechendes gilt für Wohnungs- bzw. Teilerbbaurechtsgrundbücher. Weiterhin bestehen

- Berggrundbücher,
- Eisenbahngrundbücher und
- Fischereigrundbücher (Bayern).

474 Der **Inhalt der Teilungserklärung und der Abgeschlossenheitsbescheinigung soll** bei alledem **in Gutachten über Wohnungs- und Teileigentum** genau unter Angaben der Quellen **angegeben** werden.

475 Für Eintragungen im Grundbuch gilt das **Antragsprinzip**. Eine Eintragung erfolgt demnach nur auf Antrag. **§ 13 GBO schreibt hierfür vor:**

„§ 13 GBO Antragsgrundsatz

(1) Eine Eintragung soll, soweit nicht das Gesetz etwas anderes vorschreibt, nur auf Antrag erfolgen. Antragsberechtigt ist jeder, dessen Recht von der Eintragung betroffen wird oder zu dessen Gunsten die Eintragung erfolgen soll.

(2) Der genaue Zeitpunkt, in dem ein Antrag beim Grundbuchamt eingeht, soll auf dem Antrag vermerkt werden. Der Antrag ist beim Grundbuchamt eingegangen, wenn er einer zur Entgegennahme zuständigen Person vorgelegt ist. Wird er zur Niederschrift einer solchen Person gestellt, so ist er mit Abschluss der Niederschrift eingegangen.

(3) Für die Entgegennahme eines auf eine Eintragung gerichteten Antrags oder Ersuchens und die Beurkundung des Zeitpunkts, in welchem der Antrag oder das Ersuchen beim Grundbuchamt eingeht, sind nur für die Führung des Grundbuchs über das betroffene Grundstück zuständige Personen und der von der Leitung des Amtsgerichts für das ganze Grundbuchamt oder einzelne Abteilungen zuständige Beamte (Angestellte) der Geschäftsstelle zuständig. Bezieht sich der Antrag oder das Ersuchen auf mehrere Grundstücke in verschiedenen Geschäftsbereichen desselben Grundbuchamts, so ist jeder zuständig, der nach Satz 1 in Betracht kommt."

476 Nach § 19 GBO erfolgt eine Eintragung, wenn derjenige sie bewilligt, dessen Recht von ihr betroffen ist. Im Falle der Auflassung eines Grundstücks sowie im Falle der Bestellung, Änderung des Inhalts oder Übertragung eines Erbbaurechts darf die Eintragung nach § 20 GBO (**Einigungsgrundsatz**) nur erfolgen, wenn die erforderliche Einigung des Berechtigten und des anderen Teils erklärt ist.

Abb. 15: Grundbuchprinzipien

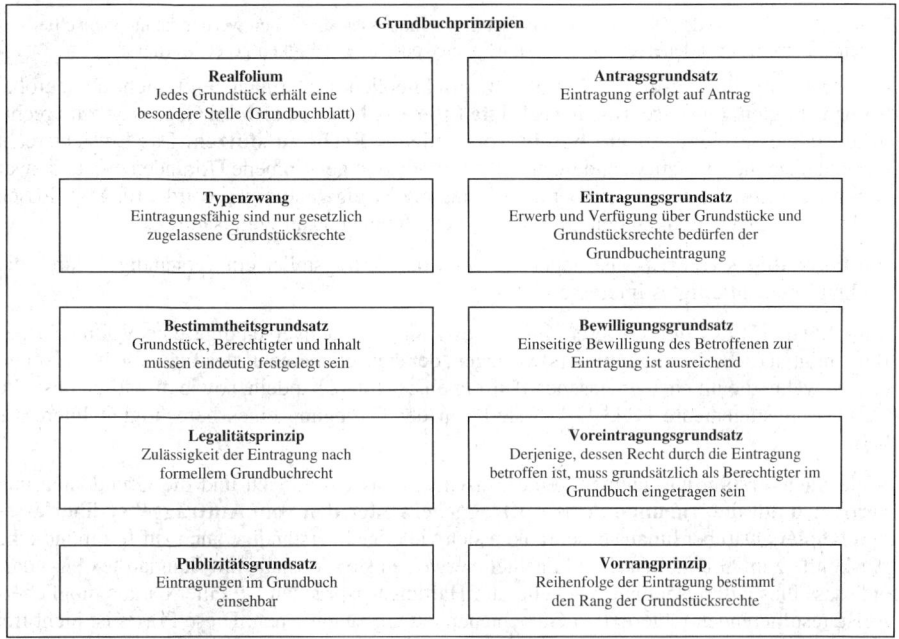

Quelle: Volhard, Beurkundungsrecht

Grundsätzlich ist eine mehrfache Belastung sowohl in Abt. II als auch in Abt. III möglich. Geht eine solche Mehrfachbelastung über den Substanzwert hinaus, ist der Befriedigungsrang der einzelnen dinglichen Belastungen maßgebend, so z. B. in der *Zwangsversteigerung*. Der Befriedigungsrang ergibt sich nach dem **Prioritätsprinzip** (Vorrangprinzip), nach dem ein früheres Recht vor dem späteren Vorrang hat.

477

Es kommt damit entscheidend auf den Zeitpunkt der Eintragung an (§§ 17, 45 GBO). Die **Eintragung hat konstitutive Wirkung**, so dass auch einer falschen Eintragung der aus dem Grundbuch ersichtliche Rang zukommt. Grundbuchrechtlich wird dem Prioritätsprinzip innerhalb derselben Abteilung durch das **Locus-Prinzip** Rechnung getragen, nach dem das vorausgehende Recht das „bessere" ist. Bei Eintragungen in verschiedenen Abteilungen gilt das **Tempus-Prinzip**.

478

3.1.4 Einsichtsrecht

Für den Grundstückssachverständigen wichtig ist das in § 12 GBO geregelte **Einsichtsrecht** und das Recht auf (beglaubigte) Abschriften. **§ 12 GBO** lautet:

479

„**§ 12 GBO** Grundbucheinsicht; Abschriften

(1) Die Einsicht des Grundbuchs ist jedem gestattet, der ein berechtigtes Interesse darlegt. Das Gleiche gilt von Urkunden, auf die im Grundbuche zur Ergänzung der Eintragung Bezug genommen ist, sowie von den noch nicht erledigten Eintragungsanträgen.

(2) Soweit die Einsicht des Grundbuchs, der im Absatz 1 bezeichneten Urkunden und der noch nicht erledigten Eintragungsanträge gestattet ist, kann eine Abschrift gefordert werden; die Abschrift ist auf Verlangen zu beglaubigen.

(3) Das Bundesministerium der Justiz kann durch Rechtsverordnung mit Zustimmung des Bundesrates bestimmen, dass

II Sachverständigenwesen — Grundbuch

1. über die Absätze 1 und 2 hinaus die Einsicht in sonstige sich auf das Grundbuch beziehende Dokumente gestattet ist und Abschriften hiervon gefordert werden können;
2. bei Behörden von der Darlegung des berechtigten Interesses abgesehen werden kann, ebenso bei solchen Personen, bei denen es aufgrund ihres Amtes oder ihrer Tätigkeit gerechtfertigt ist."

480 Das Recht auf Einsicht in das Grundbuch einschließlich der Grundakten besteht demzufolge bei berechtigtem Interesse. **Das berechtigte Interesse braucht sich** im Gegensatz zum rechtlichen Interesse **nicht auf ein bereits vorhandenes Recht zu stützen**. Das Einsichtsrecht schließt auch die Einsicht in andere zu 3den Grundakten genommene Urkunden ein, und zwar zumindest insoweit, wie auf sie bei der Eintragung Bezug genommen wurde. Eingeschlossen sind auch die noch nicht zu den Grundakten genommenen Eintragungsanträge[5].

481 Ein **berechtigtes Interesse** ist gegeben, wenn der Antragsteller ein verständiges durch die Sachlage gerechtfertigtes Interesse verfolgt[6].

482 Zum **Nachweis des berechtigten Interesses** kann der Sachverständige eine Vollmacht des Berechtigten (z. B. des Eigentümers) vorlegen, der stets ein berechtigtes Interesse hat[7]. Notare und Anwälte, die im nachgewiesenen Auftrag eines Notars handeln, sowie öffentlich bestellte Vermessungsingenieure (§ 43 GBV) sind von der Darlegung eines berechtigten Interesses befreit.

483 Viele **Sachverständige** nehmen keine Einsicht in das Grundbuch und die Grunddaten und **vertrauen auf die Angaben ihres Auftraggebers oder den vom Auftraggeber überlassenen Kopien.** Darüber hinaus beschränken sich viele Sachverständige auch auf fernmündliche Auskünfte zum Grundbuch. Im Gutachten verweisen sie – oftmals mit Standardtexten – darauf, dass dies auftragsgemäß geschehe, um Haftungsansprüchen bei einer daraus möglicherweise resultierenden fehlerhaften Gutachtenerstattung zu entgehen. Diese Praxis ist nicht frei von Bedenken, da sie mit der Sorgfaltspflicht nicht im Einklang steht und der Auftraggeber selbst nicht immer erkennen kann, ob und welche Grundbuchangaben für die Wertermittlung von Bedeutung sind, und im Übrigen damit eine Einflussnahme auf das Wertermittlungsergebnis einhergehen kann, wenn dadurch bedeutsame Grundbuchangaben „unterschlagen" werden, zumal der „Verbraucher" eines solchen Gutachtens dies nicht erkennen kann und auf die Sorgfaltspflicht des Gutachters vertraut (vgl. Rn. 207, 370).

3.2 Liegenschaftskataster

3.2.1 Allgemeines

484 Das Liegenschaftskataster *(Land Survey Register)* ist das amtliche Verzeichnis der Grundstücke, auf dem das Grundbuch aufbaut. Während das Liegenschaftskataster die Liegenschaften mit ihren tatsächlichen Eigenschaften beschreibt, gibt das Grundbuch in rechtlicher Hinsicht Auskunft über die Eigentumsverhältnisse einschließlich der auf dem Grundstück ruhenden Rechte und Belastungen. Das Liegenschaftskataster besteht aus der **Liegenschaftskarte** *(cadastral map)* einschließlich des ihm zugrunde liegenden Zahlenwerks **und dem Liegen-**

---

[5] OLG München, Urt. vom 9.2.1992 – 2 Z BR 98/92 –, NJW 1993, 171 = MittBayNot 1993, 161; OLG München, Urt. vom 14.3.1991 – BReg 2 Z 162/90 –, MDR 1991, 1172 = BWNotZ 1991, 144 = RDV 1992, 82; OLG München, Urt. vom 23.3.1983 – BReg 2 Z 12/83 –, EzGuG 11.136; OLG München, Urt. vom 14.4.1983 – 2 Z 26/83 –, BWNotZ 1983, 90 = JurBüro 1983, 1384; OLG Stuttgart, Urt. vom 17.1.1983 – 8 W 452/82 –, Justiz 1983, 80 = Rpfleger 1983, 272 = DWW 1985, 62 (LS); OLG Stuttgart, Urt. vom 28.11.1969 – 8 W 237/89 –, Justiz 1970, 92 = Rpfleger 1970, 92; OLG Hamm, Beschl. vom 15.12.1970 – 15 W 430/70, NJW 1971, 899 = MDR 1971, 403 = Rpfleger 1971, 107 = OLGZ 1971, 232 = EzGuG 11.75; LG Frankfurt am Main, Urt. vom 12.5.1978 – 2/9 T 492/78 –, Rpfleger 1978, 316; OLG Hamm, Urt. vom 14.5.1988 – 15 W 113/88 –, NJW 1988, 2482; OLG Karlsruhe, Urt. vom 13.8.1963 – 3 W 48/65 –, Justiz 1964, 43; LG Heilbronn, Urt. vom 12.7.1982 – 1 T 173/82 –, WM 1982, 971 = Rpfleger 1982, 414 = Justiz 1982, 372 = BWNotZ 1982, 150; Melchers in Rpfleger 1993, 309; Böttcher in Meikel, Grundbuchrecht § 12 Rn. 2; Haegele/Schöner/Stöber, Grundbuchrecht, 11. Aufl. Rn. 525; im Übrigen § 195 BauGB Rn. 22 ff.
[6] Schreiner in Rpfleger 1980, 51; Frohn in Rechtspfleger-Jahrbuch 1982, 343; Böttcher in Meikel, Grundbuchrecht, 7. Aufl., § 58 Rn. 58; Haegele/Schöner/Stöber, Grundbuchrecht, 11. Aufl., Rn. 524a; Balser/Rühlicke/Roser, Handbuch des Grundstücksverkehrs, 3. Aufl. Wiesbaden 1989; Lüke in NJW 1983, 1407.
[7] OLG München, Beschl. vom 23.3.1983 – BReg 2 Z 12/83 –, MDR 1983, 678 = EzGuG 11.137a; OLG Hamm, Urt. vom 15.12.1970 – 15 W 430/70 –, NJW 1971, 899 = EzGuG 11.75.

schaftsbuch. Im Liegenschaftskataster sind alle Liegenschaften (= Flurstücke und Gebäude) darzustellen und zu beschreiben. Ein Grundstück i. S. d. Grundbuchrechts kann aus (mindestens) einem oder mehreren Flurstücken als der kleinsten Buchungseinheit bestehen.

3.2.2 Aufbau

▶ *Vgl. § 5 ImmoWertV Rn. 46 ff., 56 ff., 253 ff.*

Der Nachweis des Liegenschaftskatasters lässt sich in einen *beschreibenden* und einen *darstellenden Teil* untergliedern. 485

Der *beschreibende* Teil, das **Katasterbuchwerk**, enthält im Wesentlichen Flurstücks- und Gebäudeangaben, Eigenschaftsangaben und Eigentümerangaben. Der *darstellende* Teil besteht aus den Flurkarten, den **Schätzungskarten** und dem zugrunde liegenden Zahlenwerk. In den Schätzungskarten sind allerdings nur die amtlichen Ergebnisse der Bodenschätzung landwirtschaftlich genutzten Bodens als Grundlage der Einheitsbewertung (§ 50 Abs. 1 BewG) zusammengefasst. Sie sind für die Bemessung von Ertragssteuern (§ 13a Abs. 4 EStG) und Veräußerungsgewinnen (§ 55 EStG) von Bedeutung. Schließlich findet das Ergebnis der Bodenschätzung nach § 28 Abs. 1 FlurbG auch in der Flurbereinigung Anwendung[8]. Neben der genauen Kartierung des Bodens nach seiner Beschaffenheit – ausgedrückt in Klassen – wird die Ertragsfähigkeit in Wertzahlen nachgewiesen. 486

Die Schätzungskarten gehen auf die sog. **Reichsbodenschätzung** (vgl. § 5 ImmoWertV Rn. 46 ff.) von 1934 zurück. Nach § 14 BodSchätzG in der geltenden Fassung sind die bestandskräftig festgestellten Bodenschätzungsergebnisse sowie die Lage und Bezeichnung der Bodenprofile (§ 8 BodSchätzG) in das Liegenschaftskataster zu übernehmen. Zur Sicherung der Gleichmäßigkeit der Bodenschätzung werden ausgewählte Bodenflächen als Musterstücke (vor 1975 „Reichsmusterstücke") mit rechtsverbindlicher Kraft geschätzt. Mit § 6 BodSchätzG wird das Bundesministerium der Finanzen ermächtigt, die vorgenannten Musterstücke im Bundesgesetzblatt zu benennen. Die Schätzungsergebnisse werden nach § 10 BodSchätzG in Schätzungsbüchern und -karten festgehalten. 487

Musterstücke und Vergleichsgrundstücke sind in Schätzungsbüchern und -karten darzustellen (§ 10 Abs. 3 BodSchätzG).

In den **Schätzungsbüchern** sind festzuhalten

– die Belegenheitsgemeinde oder -gemarkung,
– das Datum der Schätzung,
– die Bezeichnung der für die Schätzung maßgeblichen Nutzungsart,
– die Bezeichnung der Klassen-, Klassenabschnitts- und Sonderflächen,
– die Beschreibung der Bodenprofile (bestimmende und nicht bestimmende Grablöcher) und
– die Wertzahlen.

In den **Schätzungskarten** sind festzuhalten

– die räumliche Abgrenzung der Klassen-, Klassenabschnitts- und Sonderflächen und deren Bezeichnung,
– die Wertzahlen und
– die Lage und Nummer der Bodenprofile einschließlich der Kennzeichnung der bestimmenden und nicht bestimmenden Grablöcher.

Der Inhalt des Liegenschaftskatasters wird nach den **Flurstücks- und Gebäudeangaben**, den Eigenschaftsangaben und den Eigentümerangaben unterschieden. 488

---

8 Oppel in ZfV 1984, 634; Taschenmacher in DStZ 1965, 283 und Kühbach in NÖV 1983, 173.

II Sachverständigenwesen Grundbuch

489 a) *Flurstücks- und Gebäudeangaben (vgl. Rn. 463) sind:*
- Flurstücksbezeichnung,
- Lagebezeichnung,
- Angaben zur tatsächlichen Nutzung,
- Angaben zum Flächeninhalt,
- Angaben zur geometrischen Form und zum räumlichen Bezugssystem,
- Angaben zur Abmarkung und zu Grenzeinrichtungen,
- Angaben zu den Gemeinden, Gemeindeverbänden und Regierungsbezirken sowie zu den Ortsbezirken des Liegenschaftskatasters,
- Grundbuchbezeichnung einschließlich der Nummer des Bestandsverzeichnisses und der Buchungsart sowie das zuständige Grundbuchamt.

Für die Liegenschaften können nachgewiesen werden:
- Zugehörigkeit zu weiteren Verwaltungsbezirken und regionalen Gliederungen, wie z. B. Finanzamt, Forstamt oder Baublock,
- für die Planung wichtige topografische Merkmale,
- weitere Angaben zu den Gebäuden, wie z. B. Baujahr, Nutzung, Geschosszahlen und -flächen, umbauter Raum, Höhe und Dachform.

Die **Angaben der tatsächlichen Nutzung im Liegenschaftskataster haben keine rechtsgestaltende Wirkung;** sie sind allenfalls von nachrichtlicher Natur, wobei allerdings auch keine Aktualität erwartet werden kann. Den Angaben liegt die zum Zeitpunkt der Erhebung von der Katasterbehörde vorgefundene und vorherrschende Nutzung zugrunde (sog. Dominanzprinzip).

▶ Zu den Abkürzungen des Liegenschaftskatasters vgl. 3. Aufl. dieses Werks, S. 55; des Weiteren § 5 ImmoWertV Rn. 253

Neben der „tatsächlichen Nutzung" kann auch die **„Klassifizierung" der öffentlich-rechtlichen Festlegung nach anderen Vorschriften über das** Nutzungsartenverzeichnis nachgewiesen werden. Die Nutzungsarten sind dreistellig verschlüsselt, wobei über die zweistellige Kennung zunächst zwischen der „tatsächlichen Nutzung" und den „Klassifizierungen" zu unterscheiden ist.

490 b) *Eigenschaftsangaben sind:*
- **Ergebnisse der amtlichen Bodenschätzung** nach dem Bodenschätzungsgesetz, Klassifizierungen, insbesondere
  - der Flächen des land- und forstwirtschaftlichen Vermögens nach dem Bewertungsgesetz und dem Bodenschätzungsgesetz,
  - der Wasserflächen nach dem Bundeswasserstraßengesetz und dem Landeswassergesetz,
  - der Straßenflächen nach dem Bundesfernstraßengesetz und dem Landesstraßengesetz,
  - der Waldflächen nach dem Landesforstgesetz.
- Hinweise auf öffentlich-rechtliche Festsetzungen anderer Stellen, wie
  - Baulast,
  - Denkmalschutz,
  - Grabungsschutzgebiet,
  - Naturschutzgebiet,
  - Wasserschutzgebiet,
  - Heilquellenschutzgebiet,
  - Weinlage und Weinbausteillage,
  - Bodenordnungsverfahren,
  - Altlast.

Abb. 16: Aufbau des Nutzungsartenverzeichnisses

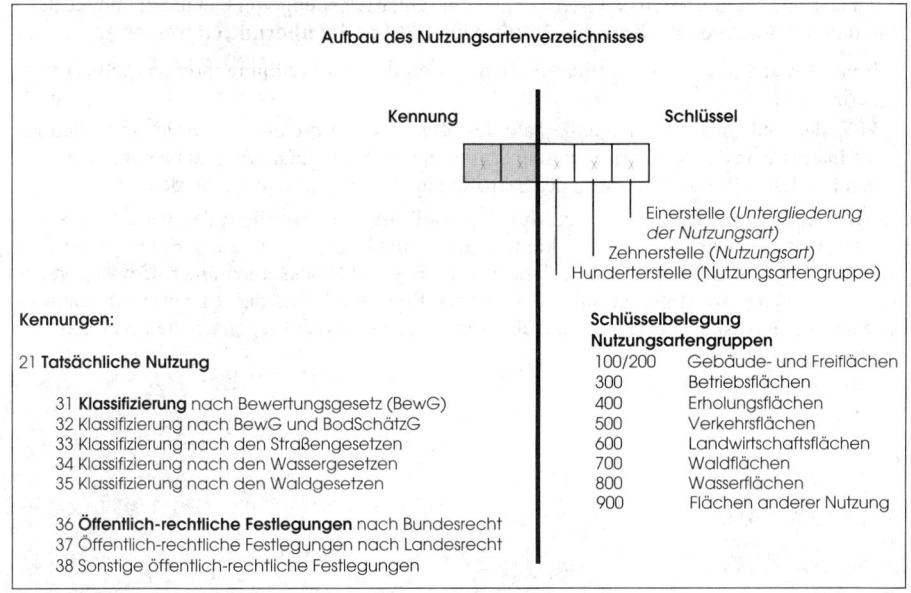

Als Eigenschaftsangaben können außerdem Hinweise auf sonstige Feststellungen von öffentlichem Interesse, wie z. B. Fernleitungen, Grunddienstbarkeiten oder Anliegervermerke, nachgewiesen werden.

c) *Eigentümerangaben* 491

Angaben zu den Grundstückseigentümern, Erbbauberechtigten und Inhabern sonstiger grundstücksgleicher Rechte sind:

– Vor-, Familien- und Geburtsnamen, Geburtsdaten,

– Bezeichnung der juristischen Personen,

– Firmennamen,

– Anteilsverhältnisse.

Diese Angaben sind bei im Grundbuch eingetragenen Grundstücken in inhaltlicher Übereinstimmung mit dem Grundbuch zu halten.

Als **Eigentümerangaben** können außerdem vermerkt werden: 492

– die Wohnanschrift der Grundstückseigentümer und Erbbauberechtigten sowie die Namen und Wohnanschriften der zur Vertretung bevollmächtigten Personen,

– Angaben zum Aufteilungsplan und zum Sondereigentum bei Wohnungs- und Teileigentum.

Katasterbehörde ist das (jeweils örtlich zuständige) **Katasteramt**. Es führt das Liegen- 493
schaftskataster. Obere Katasterbehörde – i. d. R. die örtlich zuständige höhere Verwaltungsbehörde – sowie Oberste Katasterbehörde bestimmen sich nach Landesrecht.

Das Liegenschaftskataster ist **durch Fortführung stets auf dem neuesten Stand zu halten.** 494
Diese Aufgabe obliegt den Katasterämtern. Die Fortführung oder die Erneuerung des Liegenschaftskatasters ist den Grundstückseigentümern, Erbbauberechtigten und Inhabern sonstiger grundstücksgleicher Rechte mitzuteilen oder durch Offenlegung (auf die Dauer eines Monats nach vorheriger öffentlicher Bekanntmachung) bekannt zu geben.

3.2.3 Einsichtsrecht/Auskünfte aus dem Liegenschaftskataster

495 **Daten** aus dem Liegenschaftskataster können ggf. unter Erhebung von Gebühren und Kostenerstattung für Auslagen **als Einzelauskunft oder regelmäßig übermittelt** werden an

- Behörden und sonstige öffentliche Stellen, soweit dies zur Erfüllung ihrer Aufgaben erforderlich ist,
- Personen und andere Stellen außerhalb des öffentlichen Bereichs, wenn sie ein berechtigtes Interesse an der Kenntnis der zu übermittelnden Daten glaubhaft machen und überwiegende schutzwürdige Interessen der Betroffenen nicht beeinträchtigt werden.

496 Die **Übermittlung der Daten erfolgt durch Auskünfte und Auszüge;** darüber hinaus **kann Einsicht gewährt werden.** Auszüge können auf Antrag beglaubigt werden. Eine Vervielfältigung durch andere Stellen kann zugelassen werden. Grundstückseigentümer, Erbbauberechtigte und Inhaber sonstiger grundstücksgleicher Rechte können das Liegenschaftskataster einsehen sowie Auskunft und Auszüge über die sie betreffenden Liegenschaften erhalten.

4 Flächen und Volumina baulicher Anlagen

4.1 Allgemeines

Schrifttum: *Fröhlich, P.*, Hochbaukosten – Flächen – Rauminhalte, Wiesbaden 16. Aufl. 2010; *Hartermann/Finke*, Vergleich von Immobilien mit Hilfe von Gebäude-Kennzahlen, ZfV 2001, 322; *Weiß, K.*, Normgerechtes Bauen Kosten, Grundflächen und Rauminhalte von Hochbauten, Köln 19. Aufl. 2005.

Im Rahmen der Marktwertermittlung von Grundstücken kommt den Flächen und Volumina und ihrer Berechnung eine maßgebliche Bedeutung zu, denn eine **fehlerhafte Flächen- und Volumenermittlung schlägt unmittelbar** (und mitunter in voller Höhe) **auf das Ergebnis der Wertermittlung durch**. Dies gilt gleichermaßen für die Grundstücksfläche, die bauplanungsrechtlich zulässige Geschossfläche sowie für die im Rahmen des Ertragswertverfahrens maßgebliche Mietfläche und die bei Anwendung des Sachwertverfahrens zur Anwendung kommende Brutto-Grundfläche bzw. den Brutto-Rauminhalt. **497**

Im Rahmen der Verkehrswertermittlung bebauter Grundstücke im Wege des Sachwertverfahrens kommt dem Volumen bzw. Brutto-Rauminhalt (BRI) und der Fläche einer baulichen Anlage eine besondere Bedeutung zu. Im Verhältnis zum Volumen der baulichen Anlage ist die **Fläche zumeist sogar die für die Wertbildung wichtigere Größe**, insbesondere, wenn die Geschosse einer baulichen Anlage Überhöhen aufweisen. Denn Erträge werden in erster Linie „in der Fläche" erzielt, während die Überhöhe eines Geschosses, z. B. im Hinblick auf Heizkosten und Unterhaltung, die Ertragsfähigkeit eines Gebäudes beeinträchtigen könnte.

Für eine fundierte Ermittlung des Verkehrswerts bebauter Grundstücke bedarf es einer **exakten Flächenermittlung** der baulichen Anlage **auf der Grundlage eindeutig definierter und sachgerechter Berechnungsmethoden**. Dabei können im Rahmen des Vergleichs-, Ertrags- und Sachwertverfahrens unterschiedliche Berechnungsmethoden sachlich begründet sein, obwohl grundsätzlich einheitliche Berechnungsweisen schon im Hinblick auf die Vergleichbarkeit der Verfahren anzustreben sind.

Flächen und Volumina sind nicht allein unter Anwendung der Schulmathematik (Länge × Breite [× Höhe]) zu ermitteln, vielmehr ist dafür auch die Beherrschung der dafür erlassenen **Normen und Standards** erforderlich, die die Anrechenbarkeit bestimmter Flächenteile regeln. Insoweit können sich für ein Bauwerk in Abhängigkeit von der angewandten Norm unterschiedliche Flächen ergeben.

Es gibt **international und auch auf europäischer Ebene keine einheitlichen Standards der Flächenberechnung**, so dass z. B. eine nach deutschen Berechnungsvorschriften ermittelte Wohnfläche nicht mit einer z. B. nach italienischen Normen ermittelten Wohnfläche identisch ist.

Flächenberechnungen sind insbesondere **erforderlich, um**

– die bauplanungsrechtlich ausgeübte und zulässige Grundstücksnutzung zu überprüfen,
– im Rahmen des Ertragswertverfahrens den auf die Wohn- bzw. Nutzfläche bezogenen Ertrag unter Heranziehung von Vergleichsmieten zu ermitteln und
– im Rahmen des Sachwertverfahrens den Herstellungswert der baulichen Anlage unter Heranziehung von Erfahrungssätzen gewöhnlicher Herstellungskosten (Normalherstellungskosten) zu ermitteln, die ihrerseits auf eine geeignete Flächen- bzw. Volumeneinheit bezogen sind.

Allgemein ist dabei der **Grundsatz der Kompatibilität** anzuwenden. Danach ist die Fläche (bzw. das Volumen) der zu bewertenden baulichen Anlage stets nach derselben Berechnungsmethode zu ermitteln, die den herangezogenen Vergleichsdaten zugrunde gelegt worden ist: **498**

– Werden z. B. im Rahmen des *Ertragswertverfahrens* auf den Quadratmeter Wohnfläche (WF) bezogene Vergleichsmieten herangezogen, so bedarf es zunächst der Klärung, nach welcher Berechnungsmethode die Wohnfläche ermittelt worden ist, um dann die Wohnfläche der zu wertenden baulichen Anlage nach derselben Methode festzustellen.

II Sachverständigenwesen
Flächen und Volumina

- Entsprechendes gilt auch im Rahmen des *Vergleichswertverfahrens*, z. B. bei der Ermittlung des Verkehrswerts einer Eigentumswohnung, wenn hierzu auf den Quadratmeter bezogene Vergleichswerte herangezogen werden sollen.
- Werden hingegen im Rahmen des *Sachwertverfahrens* z. B. auf den Quadratmeter Brutto-Grundfläche (BGF) bezogene Normalherstellungskosten herangezogen, so muss der Anwender solcher Daten wiederum die entsprechenden Berechnungsmodalitäten der Ermittlung der Brutto-Grundfläche des zu wertenden Objekts zugrunde legen.

4.2 Flächeneinheiten

4.2.1 Geschossfläche (GF)

▶ *Hierzu Rn. 560; § 20 BauNVO, § 6 ImmoWertV Rn. 39 ff. (dort Rn. 45 zum Begriff des Aufenthaltsraums), Vorbem. zum Vergleichswertverfahren Rn. 218*

499 Die Geschossfläche (GF) ist eine städtebaurechtlich definierte Flächeneinheit. **§ 20 Abs. 3 BauNVO** definiert die Geschossfläche wie folgt:

„(3) Die Geschossfläche ist nach den Außenmaßen der Gebäude in allen Vollgeschossen zu ermitteln. Im Bebauungsplan kann festgesetzt werden, dass die Flächen von Aufenthaltsräumen in anderen Geschossen einschließlich der zu ihnen gehörenden Treppenräume und einschließlich ihrer Umfassungswände ganz oder teilweise mitzurechnen oder ausnahmsweise nicht mitzurechnen sind."

Der in der Praxis mitunter benutzte Begriff der Brutto-Geschossfläche, der der BauNVO fremd ist, soll verdeutlichen, dass entsprechend der Definition des § 20 Abs. 3 BauNVO die Außenwände und Konstruktionsflächen mitgerechnet werden. **Die für die Brutto-Geschossfläche benutzte Abkürzung BGF darf nicht mit der** für die Brutto-Grundfläche (entsprechend der DIN 277) üblicherweise benutzten **Abkürzung „BGF" verwechselt werden** (vgl. Rn. 503).

500 Als **Vollgeschosse** definiert § 20 Abs. 1 BauNVO 90 Geschosse, die nach landesrechtlichen Vorschriften Vollgeschosse sind oder auf ihre Zahl angerechnet werden (vgl. § 6 ImmoWertV Rn. 41).

Die **Geschossfläche** ist **für die Belange der Sachwertermittlung nur im eingeschränkten Sinne** geeignet, jedoch für die Beurteilung der Grundstücksausnutzung von Bedeutung. Dies ist insbesondere darauf zurückzuführen, dass Bauherren bestrebt sind, Dach- und Kellergeschosse nicht zu Vollgeschossen werden zu lassen, um eine möglichst hohe baurechtliche Ausnutzung des Grundstücks zu erreichen. Entsprechend der landesrechtlichen Definition des Vollgeschosses kann z. B. durch Veränderung der Dachneigung, Drempel und Gauben erreicht werden, dass das Dachgeschoss mit der erforderlichen Höhe (z. B. 2,30 m) „kurz" unter der 2/3-Grenze zurückbleibt. Desgleichen kann z. B. ein Kellergeschoss eines Hanggrundstücks so errichtet werden, dass es geringfügig unter der für ein Vollgeschoss erforderlichen Geländehöhe bleibt. Wenn in diesen Fällen darüber hinaus diese Ebenen gleichwohl als „Quasi"-Vollgeschosse ausgebaut sind, gehen sie nicht in die Geschossfläche ein, obwohl sie die entsprechende Rentierlichkeit aufweisen bzw. damit der entsprechende Sachwert verkörpert wird (Abb. 17).

Abb. 17: Ausgebaute, aber nicht als Vollgeschosse geltende Grundrissebenen

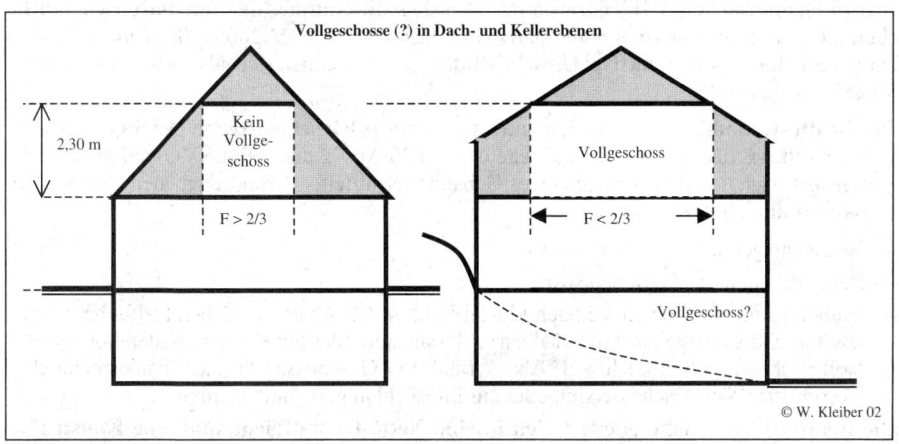

Auch **Staffelgeschosse**, die weniger als einen in der Landesbauordnung ausgewiesenen Vomhundertsatz der Grundfläche des darunter liegenden Geschosses aufweisen, gelten nicht als Vollgeschosse (z. B. zwei Drittel des darunter liegenden Geschosses nach § 2 Abs. 5 LBauO NRW). 501

§ 2 Abs. 5 BauO Nordrhein-Westfalen

(5) Vollgeschosse sind Geschosse, deren Deckenoberkante im Mittel mehr als 1,60 m über die Geländeoberfläche hinausragt und die eine Höhe von mindestens 2,30 m haben. Ein gegenüber den Außenwänden des Gebäudes zurückgesetztes oberstes Geschoss (Staffelgeschoss) ist nur dann ein Vollgeschoss, wenn es diese Höhe über mehr als zwei Drittel der Grundfläche des darunter liegenden Geschosses hat. Ein Geschoss mit geneigten Dachflächen ist ein Vollgeschoss, wenn es diese Höhe über mehr als drei Viertel seiner Grundfläche hat. Die Höhe der Geschosse wird von Oberkante Fußboden bis Oberkante Fußboden der darüber liegenden Decke, bei Geschossen mit Dachflächen bis Oberkante Dachhaut gemessen.

4.2.2 Brutto-Grundfläche (BGF)

4.2.2.1 Allgemeines

▶ *Vgl. Vorbem. Syst. Darst. des Sachwertverfahrens Rn. 89 ff.*

Die Geschossfläche (GF) nach § 20 Abs. 3 BauNVO ist vornehmlich von planungsrechtlicher Bedeutung. **Für die Belange der Bauwirtschaft ist die Geschossfläche ungeeignet**, da mit ihr lediglich die Grundrissebenen der Vollgeschosse erfasst werden und im Rahmen einer Kostenkalkulation auch die übrigen Geschosse berücksichtigt werden müssen. Dies gilt gleichermaßen für die Sachwertermittlung. Im Rahmen der Sachwertermittlung werden deshalb die gewöhnlichen Herstellungskosten auf der Grundlage von Normalherstellungskosten ermittelt, die auf die Brutto-Grundfläche (BGF) bzw. den Brutto-Rauminhalt (BRI) nach der DIN 277 (2005) abgeleitet worden sind. 502

Die **DIN 277 vom Februar 2005**[1] (vgl. Anl. 3 bei Rn. 590) hat die DIN 277 aus dem Jahre 1987 abgelöst und regelt die Ermittlung der **Brutto-Grundfläche (BGF) und des Brutto-Rauminhalts (BRI)**.

---

[1] Abgedruckt bei Kleiber, Wertmittlungsrichtlinien (2012), Sammlung amtlicher Texte zur Ermittlung des Verkehrswerts von Grundstücken, 11. Aufl. 2012.

II Sachverständigenwesen — Flächen und Volumina

4.2.2.2 Begriffe

503 **Brutto-Grundfläche (BGF) ist** nach der DIN 277 **die Summe der nutzbaren Grundflächen aller Grundrissebenen eines Bauwerks** nach DIN 277 – 2:2005 – 02, Tabelle 1, Nr. 1 bis 9 **und deren konstruktive Umschließung.** Sie berechnet sich also nach den äußeren Maßen des Bauwerks.

Die **Brutto-Grundfläche darf nicht mit der (Brutto-)Geschossfläche gleichgesetzt oder verwechselt werden.** Die Geschossfläche ist (in § 20 Abs. 2 und 3 BauNVO) definiert als die Summe der nach den Außenmaßen eines Gebäudes ermittelten Grundrissebenen aller Vollgeschosse ermittelten Fläche ohne

– Nebenanlagen i. S. d. § 14 BauNVO,

– Balkone, Loggien, Terrassen sowie

– bauliche Anlagen, soweit sie nach Landesrecht in den Abstandsflächen (seitlicher Grenzabstand und sonstige Abstandsflächen) zulässig sind oder zugelassen werden können. Als Vollgeschosse gelten nach § 20 Abs. 1 BauNVO Geschosse, die nach landesrechtlichen Vorschriften Vollgeschosse sind oder auf ihre Zahl angerechnet werden.

Die **Brutto-Grundfläche gliedert sich in eine Netto-Grundfläche und eine Konstruktions-Grundfläche.**

– Die **Netto-Grundfläche (NGF)** ist die Summe der nutzbaren, zwischen den aufgehenden Bauteilen befindlichen Grundflächen aller Grundrissebenen eines Bauwerks und gliedert sich in

– Nutzfläche (NF),

– Technische Funktionsfläche (TF) und

– Verkehrsfläche (VF)

mit Nutzungen nach DIN 277-2:2005-02 Tabelle 1, Nrn. 1 bis 9 (vgl. Syst. Darst. des Sachwertverfahrens Rn. 70). Zur Netto-Grundfläche gehören auch die Grundflächen von freiliegenden Installationen, fest eingebauten Gegenständen, wie z. B. von Öfen, Heiz- und Klimageräten, Bade- oder Duschwannen, nicht raumhohen Vormauerungen und Bekleidungen, Einbaumöbeln, nicht ortsgebundenen, versetzbaren Raumteilern, Installationskanälen und -schächten sowie Kriechkellern über 1,0 m² lichtem Querschnitt und Aufzugsschächten.

– Die **Konstruktions-Grundfläche** (KGF) ist die Summe der Grundflächen der aufgehenden Bauteile aller Grundrissebenen eines Bauwerks, z. B. von Wänden, Stützen, Pfeilern, Schornsteinen, raumhohen Vormauerungen und Bekleidungen, Installationshohlräumen der aufgehenden Bauteile, Wandnischen und -schlitzen, Wandöffnungen, z. B. Türen, Fenstern, Durchgängen, Installationskanälen und -schächten sowie Kriechkellern bis 1,0 m² lichtem Querschnitt.

Die Konstruktions-Grundfläche ist die Differenz zwischen Brutto- und Netto-Grundfläche (Abb. 18).

Mithin gilt:

$$BGF = NGF + KGF$$
$$NGF = NF + TF + VF$$

Flächen und Volumina **Sachverständigenwesen II**

Abb. 18: Begriffe

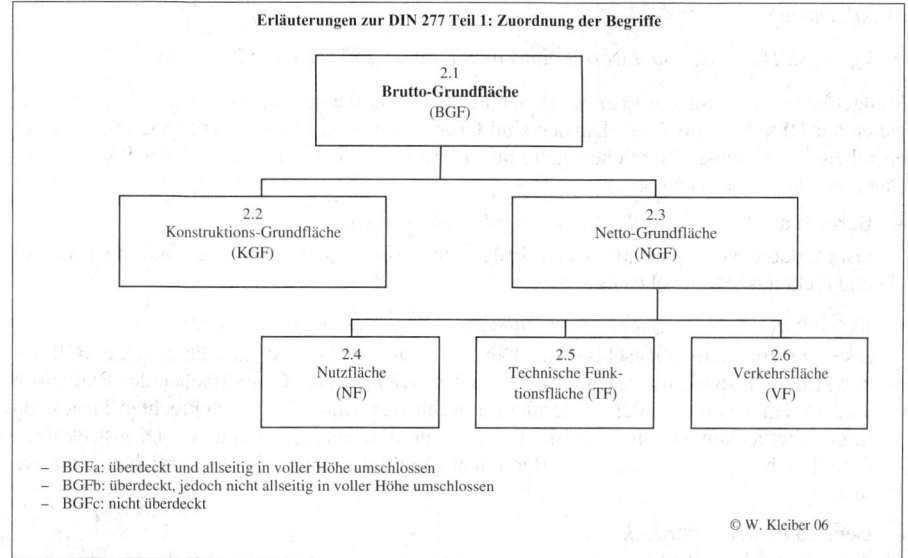

- **Nutzfläche (NF)**; sie ist derjenige Teil der Netto-Grundfläche (NGF), der die Nutzung des Bauwerks aufgrund seiner Zweckbestimmung dient. Dies sind Nutzungen nach Tabelle 1 Nrn. 1 bis 7 DIN 277 – 2:2 005 – 02 (vgl. Syst. Darst. des Sachwertverfahrens Rn. 89 ff.).

  Mit der DIN 277 wird keine Wohnfläche definiert. Gegenüber der WoFlV und der II. BV gehören nach der DIN 277 zur **Nutzfläche** auch solche **Flächen, die außerhalb der Wohnungen gelegen sind,** z. B. Wirtschaftskeller, Waschküchen, Trocken- und Abstellräume.

- **Technische Funktionsflächen (TF)**; sie umfassen denjenigen Teil der Netto-Grundfläche (NGF), der der Unterbringung zentraler betriebstechnischer Anlagen im Bauwerk dient, z. B. Heizungs- und Klimaanlagen, Hausanschlussräume, Fernmeldetechnik, Wasserver- und -entsorgung usw. Dies sind Nutzungen nach Tabelle 1 Nr. 8 DIN 277 – 2:2 005 – 02 (vgl. Syst. Darst. des Sachwertverfahrens Rn. 89 ff.).

  Sofern es die Zweckbestimmung eines Bauwerks ist, eine oder mehrere betriebstechnische Anlagen unterzubringen, die der Ver- und Entsorgung anderer Bauwerke dienen, z. B. bei einem Heizhaus, sind die dafür erforderlichen Grundflächen jedoch Nutzflächen nach DIN 277 – 1:2 005 – 02 Tabelle 1 Nr. 7.

- **Verkehrsflächen (VF)**; sie umfassen denjenigen Teil der Netto-Grundfläche (NGF), der dem Zugang zu den Räumen (NF) und dem Verkehr innerhalb des Gebäudes dient, z. B. Treppenhäuser, Fahrstühle, Flure, Eingangshallen, überdachte Garagen usw. Dies sind Nutzungen nach Tabelle 1 Nr. 9 DIN 277 – 2:2 005 – 02 (vgl. Syst. Darst. des Sachwertverfahrens Rn. 89 ff.).

Die **Bewegungsfläche innerhalb von Nutz- oder Funktionsflächen**, z. B. Gänge zwischen Einrichtungsgegenständen, **gehört nicht zur Verkehrsfläche.** Dagegen gehören Treppen und Flure innerhalb von Wohnungen zur Verkehrsfläche und nicht zur Nutzfläche.

4.2.2.3 Ermittlung der Brutto-Grundfläche (BGF) nach DIN 277

a) Allgemeines

▶ *Vgl. Syst. Darst. des Sachwertverfahrens Rn. 89 ff., 150, 175 und 223*

504 Maßgebliche Norm für die Ermittlung der Brutto-Grundfläche sind die entsprechenden Vorgaben der **DIN 277 von 2005**. Danach sind Grundflächen und Rauminhalte nach ihrer Zugehörigkeit zu folgenden Bereichen getrennt zu ermitteln (vgl. Abb. 13 bei Rn. 93 der Syst. Darst. des Sachwertverfahrens).

- **Bereich a:** *überdeckt und allseitig in voller Höhe umschlossen*

  insbesondere Kellergeschoss (KG), Erdgeschoss (EG), Obergeschosse (OG), ausgebautes und nicht ausgebautes Dachgeschoss:

- **Bereich b:** *überdeckt, jedoch nicht allseitig in voller Höhe umschlossen*

  insbesondere nicht abgeschlossene Durchfahrten im Erdgeschoss, überdachte Balkone bzw. Loggien sowie überdachte Teile von Terrassen; Brutto-Grundflächen des Bereichs b sind an den Stellen, an denen sie nicht umschlossen sind, bis zur senkrechten Projektion ihrer Überdeckungen zu rechnen. Brutto-Grundflächen von Bauteilen (Konstruktions-Grundflächen), die zwischen den Bereichen a und b liegen, sind dem Bereich a zuzurechnen.

- **Bereich c:** *nicht überdeckt*

  insbesondere überdeckte Balkone, da Dachüberstände nicht als Überdeckung gelten, und nicht überdachte Terrassenflächen.

Nicht berücksichtigt bei der Ermittlung der Brutto-Grundfläche (BGF) werden

- Kriechkeller[2]   (1),
- Kellerschächte   (2),
- Außentreppen   (3),
- nicht nutzbare Dachflächen (auch Zwischendecken)   (4).

Zur Brutto-Grundfläche gehören nicht die **Flächen, die keine *nutzbaren* Grundrissebenen** von Geschossen, Zwischengeschossen, Dachgeschossen oder Dachflächen sind, z. B. Kriechkeller, Zwischenräume bei Kaltdächern, Flächen von Hohlräumen zwischen Gelände und Unterfläche des Bauwerks sowie Flächen nicht begehbarer oder nutzbarer Dachflächen (z. B. Flächen von Flachdächern, die nicht als Dachterrasse genutzt werden, Dachflächen, die nur bei Wartung, Instandsetzungen bzw. zur Schornsteinreinigung u. Ä. betreten werden).

Als **konstruktiv bedingte Hohlräume**, deren Grundfläche nicht in die Berechnung der Brutto-Grundfläche eingeht, sind z. B. die nicht nutzbaren Hohlräume außerhalb tragender Wände anzusehen (Abb. 19).

---

[2] OVG Saarland, Urt. vom 9.3.1988 – 2 R 392/87 –, unveröffentlicht; OLG Düsseldorf, Urt. vom 23.11.1993 – 21 U 78/93 –, NJW-RR 1993, 1240 = BauR 1995, 131; BayOLG, Urt. vom 20.6.1984 – BReg 2 Z 59/83 –, Rpfleger 1994, 409 = DWW 1984, 242; OLG Hamm, Urt. vom 16.1.1974 – 11 U 193/73 –, VersR 1974, 1034.

Flächen und Volumina

Abb. 19:   Konstruktiv bedingter Hohlraum

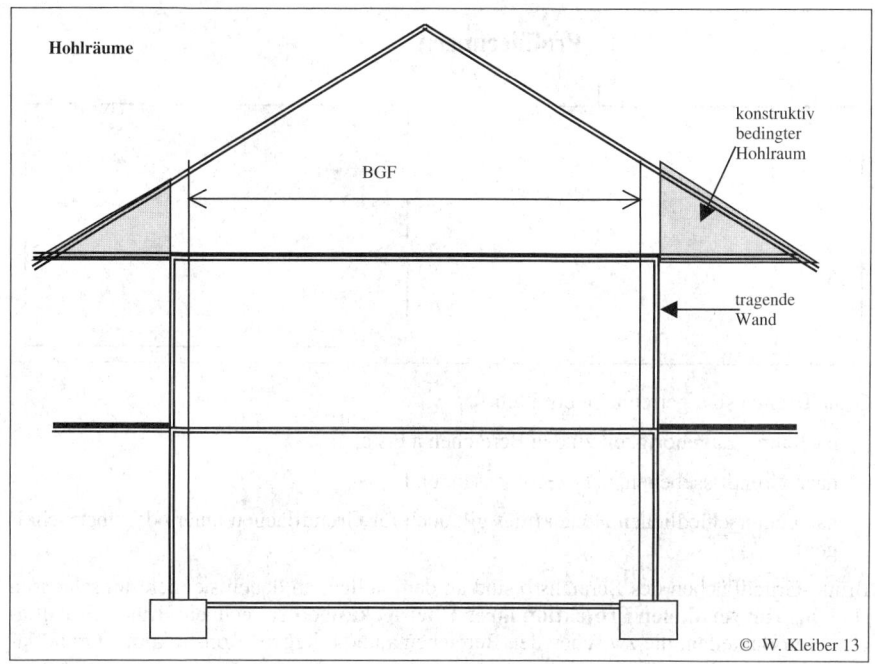

Abb. 20: Abgehängte Decken und Kriechkeller

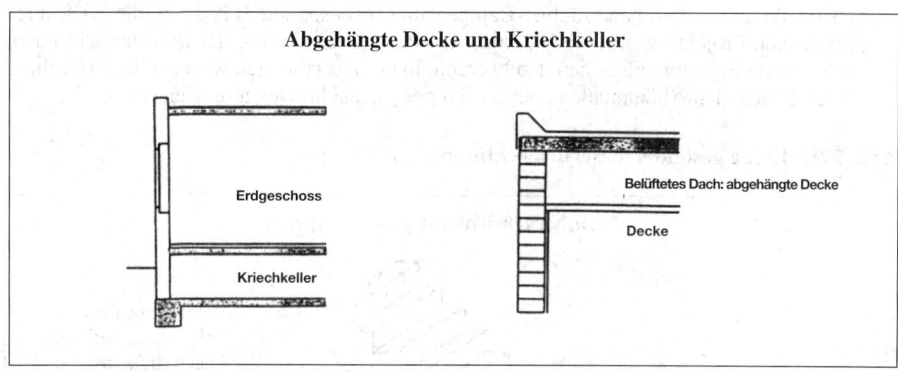

Bei der **Ermittlung der Brutto-Grundfläche** gelten folgende Grundsätze:

1) Für die Ermittlung der Brutto-Grundfläche sind die äußeren Maße der Bauteile einschließlich Bekleidung, z. B. Putz, Außenschalen mehrschaliger Wandkonstruktionen, in Höhe der Boden- bzw. Deckenbelagsoberkanten anzusetzen.

   Vor- und Rücksprünge der Grundrissflächen sowie Profilierungen bleiben zur Vereinfachung unberücksichtigt. Im Einzelnen sind dies: konstruktive Elemente, wie tragende Pfeiler, Mauerverstärkungen oder gestalterische Maßnahmen zur Belebung der Fassadenstruktur, wie Mauereinziehungen, Profile der Bekleidungselemente u. Ä., sofern die Netto-Grundfläche der dadurch verursachten Versetzung der Außenbegrenzungslinien (Vor- und Rücksprünge) nicht folgt und keine Vergrößerung oder Verkleinerung der Netto-Grundfläche damit verbunden ist (Abb. 21).

II Sachverständigenwesen Flächen und Volumina

Abb. 21: Profilierungen

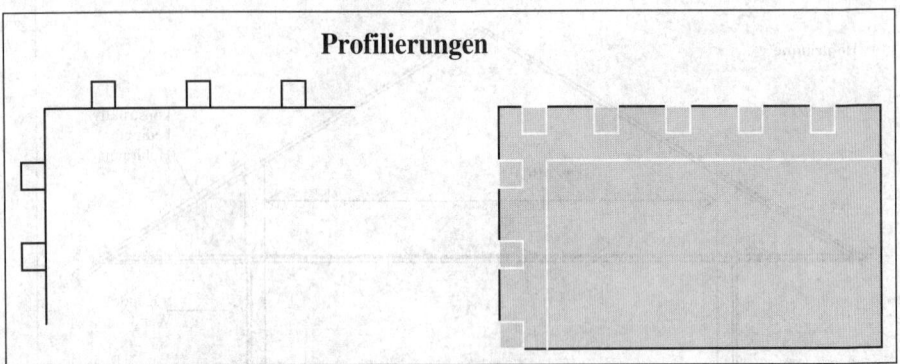

2) Grundflächen sind getrennt zu ermitteln
   - nach ihrer Zugehörigkeit zu den Bereichen a bis c,
   - nach Grundrissebenen, z. B. Geschossen, und
   - nach unterschiedlichen Höhen (dies gilt auch für Grundflächen unter oder über Schrägen).
3) Brutto-Grundflächen des Bereichs b sind an den Stellen, an denen sie nicht umschlossen sind, **bis zur vertikalen Projektion ihrer Überdeckungen** zu rechnen. Brutto-Grundflächen von Bauteilen, die zwischen den Bereichen a und b liegen (Konstruktions-Grundfläche), sind dem Bereich a zuzuordnen.
4) **Waagerechte Flächen sind aus ihren tatsächlichen Maßen, schräg liegende Flächen aus ihrer vertikalen Projektion auf eine waagerechte Ebene zu berechnen.** Dies betrifft Tribünen, Zuschauerräume, Rampen und insbesondere **Treppen**, die nach ihrer senkrechten Projektion in die BGF eingehen. Bei der Ermittlung der BGF braucht ihnen mithin keine Beachtung geschenkt zu werden. In der Horizontalen wird bei der Ermittlung der BGF nach den Außenmaßen über die Treppen quasi hinweggemessen (Abb. 22).

Abb. 22: Keine gesonderte Berücksichtigung von Treppen

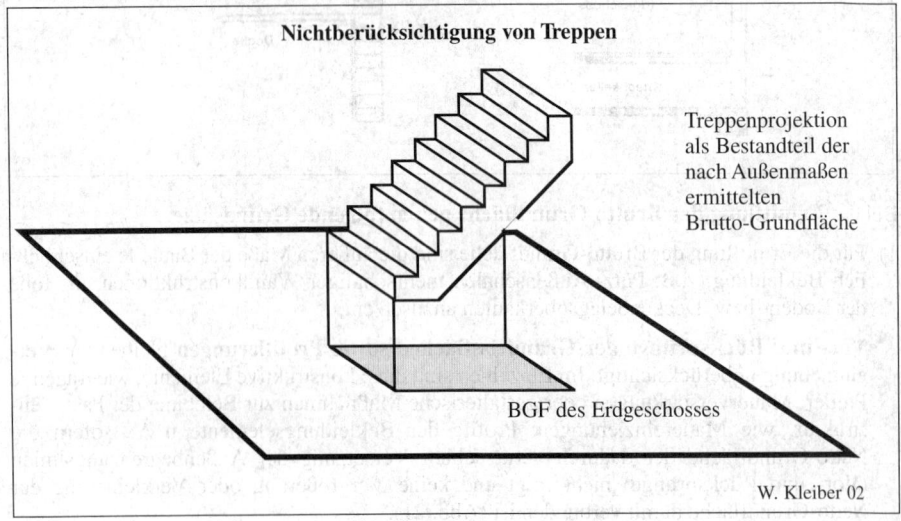

5) Nicht zur Brutto-Grundfläche gehören Flächen, die ausschließlich der Wartung, Inspektion und Instandsetzung von Baukonstruktionen und technischen Anlagen dienen, z. B. nicht nutzbare Dachflächen.

b) Reduzierte Brutto-Grundfläche (BGF) nach NHK 2010

▶ *Vgl. Syst. Darst. des Sachwertverfahrens Rn. 89 ff., 93 ff.*

Grundlage der vom Bundesministerium für Verkehr, Bau und Stadtentwicklung veröffentlichten **Normalherstellungskosten 2010 (NHK 2010)** – **ist eine reduzierte Brutto-Grundfläche (BGF_{red})**, nämlich die als Summe der Grundflächen aller Grundrissebenen eines Gebäudes definierte Brutto-Grundfläche (BGF), jedoch ohne die sog. c-Fläche und ohne die Flächen überdeckter Balkone (b-Flächen). Die c-Flächen gehen nach der DIN 277 zwar in die Brutto-Grundfläche ein, jedoch beziehen sich die in den NHK 2010 ausgewiesenen Tabellenwerte flächenmäßig auf die entsprechend reduzierte BGF (BGF_{red}). Für die Wertermittlungspraxis folgt hieraus, dass die Flächen dieser Bereiche nicht **in die Ermittlung der reduzierten Brutto-Grundfläche einbezogen werden bzw. bei Heranziehung von bereits vorliegenden Brutto-Grundflächenberechnungen herausgerechnet werden müssen.** 505

Entsprechendes gilt auch für die Heranziehung der **NHK 1995/2000**, jedoch nur in Bezug auf die c-Flächen. Die NHK 1995/2000 beziehen sich nämlich auf eine um die c-Flächen reduzierte Brutto-Grundfläche. Der mit den Normalherstellungskosten nicht erfasste **Bereich c** ist i. d. R. **kostenanteilsmäßig** schon deshalb **unbedeutsam**, weil nicht überdachte Grundflächen – wenn überhaupt – nur in wenigen Fällen auftreten (zumeist nur der sich im obersten Geschoss unter dem Dachüberstand befindliche Balkon). Sofern dieser Bereich von Bedeutung ist (Kostenanteil mehr als 1 %), wird er zusätzlich als ein besonders zu veranschlagendes Bauteil (oder über den **Gebäudemix** als Nebennutzfläche mit geringen Kosten) berücksichtigt. Insoweit ändert sich bei Heranziehung der NHK 2000 nichts gegenüber der bisherigen Wertermittlungspraxis, in der z. B. Balkone als „besonders zu veranschlagende Bauteile" wertmäßig gesondert zu erfassen waren.

c) Besonderheiten für landwirtschaftliche Gebäude

Schrifttum: *Becker, W., Olejnizak, K., Schneider, F./Tepper, D.*, Ableitung von Marktanpassungsfaktoren für aufgegebene landwirtschaftliche Hofstellen, Nachr. der Rh.-Pf. Kat- und VermVw 1999, 28–50; *Gartung, J., Uminski, K., Preiß, F.*, Landbauforschung Völkenrode, Sonderheft Nr. 174, Investitionsbedarf für Mast- und Zuchtschweineställe; *Gartung, J., Uminski, K., Preiß, F.*, Landbauforschung Völkenrode, Sonderheft Nr. 173, Investitionsbedarf für Milchviehlaufställe, Mastbullenställe sowie Kälber- und Rinder-Jungviehställe; KTBL-Taschenbuch Landwirtschaft. Daten für betriebliche Kalkulationen in der Landwirtschaft. 20. Aufl. 2000/2001; Richtpreise für den Neu- und Umbau landwirtschaftlicher Wirtschaftsgebäude und ländlicher Wohnhäuser. Arbeitsgemeinschaft für Rationalisierung, Landtechnik und Bauwesen in der Landwirtschaft Hessen e. V. (ALB).

Die DIN 277 ist unklar bezüglich der **Anrechnung der Grundrissebenen von Güllekanälen** auf die Brutto-Grundfläche, insbesondere hinsichtlich der Frage, ob diese Grundrissebenen unabhängig von ihrer Höhe in die Brutto-Grundfläche eingehen. Dieser Frage kommt eine besondere Bedeutung zu, da die Anrechnung eines Güllekanals auf die BGF im Einzelfall ins Gewicht fallen kann. Da Güllekanäle mit den im Tafelwerk der NHK 2010 angegebenen Korrekturfaktoren berücksichtigt werden sollen, dürfen sie bei Heranziehung der NHK 2010 mit der dafür angeleiteten (reduzierten) BGF flächenmäßig nicht erfasst werden. 506

II Sachverständigenwesen — Flächen und Volumina

Abb. 23: NHK 2010

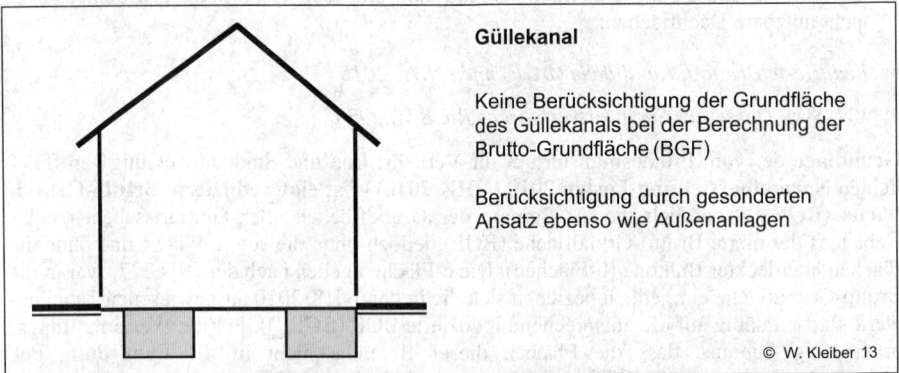

Hängeböden werden ebenfalls nicht in die BGF eingerechnet, da diese kostenmäßig nicht ins Gewicht fallen (Abb. 24). **Ansonsten werden Dachgeschosse – unabhängig, ob ausgebaut oder nicht ausgebaut und unabhängig von ihrer Höhe – immer dann angerechnet, wenn der Dachraum nutzbar ist. Nutzbar ist nicht identisch mit ausgebaut, jedoch ist für eine Nutzbarkeit stets zu fordern, dass**

- der **Dachraum begehbar** (nicht zwangsläufig mit Estrich) und
- **über eine fest eingebaute Treppe**, d. h. keine herausziehbare Leitertreppe erreichbar ist.

Die damit verbundenen Baukosten der Gewerke sollen dem sich mit der Berücksichtigung dieser Fläche ergebenden Sachwert entsprechen.

Abb. 24: Hängeboden

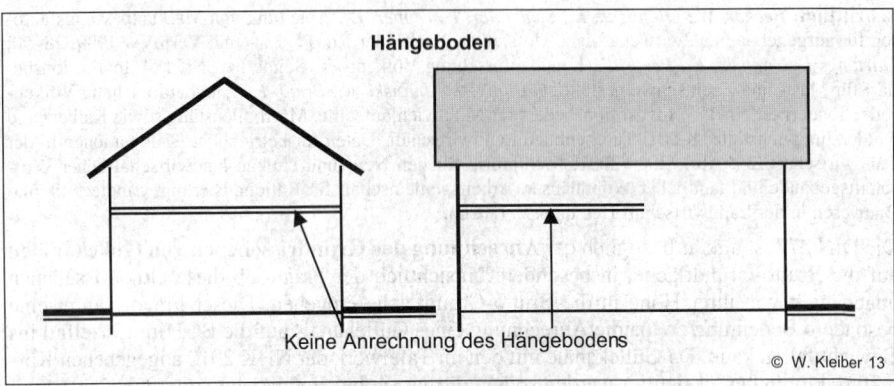

4.2.2.4 Ermittlung der Netto-Grundfläche (NGF)

507 Bei der **Ermittlung der Netto-Grundfläche gelten folgende Grundsätze:**

1) Für die Ermittlung der Netto-Grundfläche (Summe aus Technischer Funktions-, Nutz- und Verkehrsfläche) im Einzelnen sind die lichten Maße zwischen den Bauteilen in Höhe der Boden- bzw. Deckenbelagsoberkanten anzusetzen. Konstruktive und gestalterische Vor- und Rücksprünge, Fuß-Sockelleisten, Schrammborde und Überschneidungen sowie vorstehende Teile von Fenster- und Türbekleidungen bleiben unberücksichtigt.

2) Grundflächen von Treppen und Rampen sind als vertikale Projektion zu ermitteln. Diese Flächen sind, soweit sie keine eigene Ebene darstellen, der darüber liegenden Ebene zuzuordnen, sofern sie sich dort nicht mit anderen Grundflächen überschneiden.

3) Grundflächen unter der jeweils ersten Treppe oder unter der ersten Rampe werden derjenigen Grundrissebene zugerechnet, auf der die Treppe oder die Rampe beginnt. Sie werden ihrer Nutzung entsprechend zugeordnet.

4) Grundflächen von Installationskanälen und -schächten über 1,0 m² lichtem Querschnitt und von Aufzugsschächten werden in jeder Grundrissebene, durch die sie führen, ermittelt.

4.2.2.5 Nutzbarer Dachraum (Spitzboden)

▶ § 8 ImmoWertV Rn. 412, Syst. Darst. des Sachwertverfahrens Rn. 91, 124

Auf die BGF anzurechnen sind nach der DIN 277 auch die nicht ausgebauten aber *nutzbaren* Dachräume (bis zu den Außenflächen). Der **Begriff der „nutzbaren" Dachfläche darf nicht gleichgesetzt werden mit dem Begriff der „ausgebauten" Dachfläche.** 508

Im Unterschied zu der Heranziehung der 13er-Werte, bei denen die für ausgebaute und nicht ausgebaute Dachgeschosse unterschiedlichen Normalherstellungskosten dadurch berücksichtigt wurden, dass der Umbaute Raum des nicht ausgebauten Dachgeschosses mit nur 1/3 in die Volumenberechnung einging, ist bei der Berechnung der Brutto-Grundfläche des Dachgeschosses nicht mehr nach ausgebautem und nicht ausgebautem Dachgeschoss zu unterscheiden. Vielmehr geht die „nutzbare" Dachgeschossfläche in jedem Fall in die Brutto-Grundfläche ein. Unterschiede in den Normalherstellungskosten werden durch ein nach ausgebautem und nicht ausgebautem Dachgeschoss differenzierendes Tabellenwerk berücksichtigt.

Die Einbeziehung der nutzbaren Dachfläche in die Berechnung der Brutto-Grundfläche ist nach den Vorgaben der DIN 277 auch unabhängig von der **Geschosshöhe**. Bei Anwendung des Sachwertverfahrens unter Heranziehung der NHK 2010 ist jedoch die sog. reduzierte BGF maßgebend, bei deren Ermittlung nach Nr. 4.1.1.4 Abs. 6 der SachwertR Dachgeschosse mit einer lichten Höhe von ≤ 1,25 m nicht „nutzbar" sein sollen und damit auch nicht in die reduzierte BGF eingehen sollen. Bei einer lichten Höhe des Dachgeschosses von 1,25 bis 2,00 m wird in den SachwertR von einer **„eingeschränkten" Nutzbarkeit** gesprochen. 509

Die **Brutto-Grundfläche eines Spitzbodens** ist nach den Vorgaben der DIN 277 bei der Flächenermittlung grundsätzlich zu berücksichtigen, soweit die im Spitzboden zusätzlich vorhandene Grundrissebene „nutzbar" i. S. der DIN 277 ist. Es kommt auch nicht darauf an, dass der Spitzboden ausgebaut ist. Nach Nr. 4.1.1.4 Abs. 4 der SachwertR soll abweichend von den Grundsätzen der DIN 277 auch ein nutzbarer Spitzboden, d. h. ein mit einer begehbaren Decke und über eine feste Treppe erreichbarer Spitzboden nicht in die reduzierte BGF eingehen. Diese Vorgabe ist abzulehnen (vgl. Syst. Darst. des Sachwertverfahrens Rn. 124). 510

4.2.3 Wohn- und Nutzfläche

4.2.3.1 Allgemeiner Grundsatz der Wohn- und Nutzflächenermittlung

Schrifttum: *Durst/v. Zitzewitz,* in NZM 1999, 605; *Isenmann* in NZM 1998, 749; *Käser/Beck,* in BWNotZ 2001, 143; *Kramer,* in NZM 1999, 156 und NZM 2000, 1121; *Schul, A., Wichert, J.,* Berechnung und Bedeutung der Mietfläche von Gewerberäumen, ZMR 2002, 633.

▶ *Hierzu § 18 ImmoWertV Rn. 118 ff., 133; zu Abweichungen der tatsächlichen Fläche zur mietvertraglich ausgewiesenen Fläche vgl. § 18 ImmoWertV Rn. 143*

a) *Allgemeiner Grundsatz*

Vom Bereich der öffentlichen Wohnraumförderung abgesehen bestehen keine verbindlichen Vorgaben für die **Ermittlung der Wohn- oder Nutzfläche**. In der Vermietungspraxis wird jedoch zumeist auf die Berechnungsvorschriften der sozialen bzw. öffentlichen Wohnraumförderung zurückgegriffen. Dies waren bislang die Regelungen der §§ 42 bis 44 II. BV, die durch die Wohnflächenverordnung abgelöst worden sind. Die Verkehrswertermittlung von Grundstücken muss sich an dieser Vermietungspraxis orientieren, denn es kommt entschei- 512 dend auf die Berechnungsmethode der Wohn- oder Nutzfläche an, die den Vergleichsmieten zugrunde liegt. Deshalb können diesbezüglich auch keine Vorgaben gemacht werden.

Der Sachverständige muss bei alledem im Rahmen des Ertragswertverfahrens die Wohn- und Nutzfläche der zu wertenden Immobilie nach der Berechnungsmethode ermitteln, deren sich die **Vermietungspraxis** bedient und die den herangezogenen Vergleichsmieten zugrunde liegt. Dies können insbesondere sein[3]

- die Wohnfläche nach der Wohnflächenverordnung – WoFlV –,
- die Wohnfläche nach der DIN 283 vom März 1981[4],
- die Wohnfläche nach den §§ 42 bis 44 II. BV,
- die Mietfläche für Wohnraum nach den Richtlinien der gif (MF/W),
- die Nutzfläche nach der DIN 277,
- die Mietfläche für gewerblichen Raum der gif (MF/G) sowie
- die Verkaufsfläche im Einzelhandel der gif (MF/V).

513 Obwohl die DIN 283 vom März 1981 aufgehoben worden ist und sich die Berechnungsverfahren nach der WoFlV (früher §§ 42 bis 44 II. BV) allein auf die Ermittlung der Wohnfläche (WF) für den Bereich der öffentlichen Wohnraumförderung beschränken und auch nur dafür bindend sind, haben die Methoden eine darüber hinausgehende Bedeutung erlangen können und finden selbst auf die **Ermittlung von gewerblichen Flächen** (Büroflächen) weitgehend Anwendung (vgl. Rn. 520, 546). Man spricht dann allerdings von **Nutzflächen (NF)**.

4.2.3.2 Nutzfläche (NF) nach DIN 277

514 Die Nutzfläche (NF) ist nach den Ausführungen unter Rn. 503 ff. derjenige **Teil der Netto-Grundfläche (NGF), der der Nutzung des Bauwerks aufgrund seiner Zweckbestimmung dient** und die sich nach den vorstehenden Erläuterungen ermittelt. Dies sind Nutzungen nach Tabelle 1 Nrn. 1 bis 7 DIN 277 – 2:2005 – 02 (vgl. Abb. 18), die sich in die Nutzungsgruppen Wohnen und Aufenthalt, Büroarbeit, Produktion, Hand- und Maschinenarbeit, Experimente, Lagern, Verteilen und Verkaufen, Bildung, Unterricht und Kultur, Heilen und Pflegen und Sonstige Nutzflächen gliedern.

4.2.3.3 Wohnfläche (WF)

a) *Wohnraum*

515 **Wohnraum** definiert sich nach § 17 Abs. 1 des Wohnraumförderungsgesetzes als der umbaute Raum, „der tatsächlich oder rechtlich zur dauernden Wohnnutzung geeignet und vom Verfügungsberechtigten dazu bestimmt ist. Wohnraum können abgeschlossene Wohnungen oder einzelne Wohnräume sein." (vgl. § 549 BGB).

b) *Wohnung*

516 Nach der **DIN 283** von 1951, die der Normungsausschuss des Deutschen Instituts für Normung e. V. am 8. 3. 1983 (Teil I) und am 1. 6. 1989 (Teil II) ersatzlos zurückgezogen hat, gilt als **Wohnung die Summe der Räume, welche die Führung eines Haushalts ermöglichen**, darunter stets eine Küche oder ein Raum mit Kochgelegenheiten. Zu einer Wohnung gehören außerdem Wasserversorgung, Ausguss und Abort.

517 Die „**Wohnung**" selbst wird mit Nr. 1 der DIN 283 – 1 in abgeschlossene und nicht abgeschlossene Wohnungen untergliedert. Des Weiteren wird bezüglich des Wohnungsbegriffs unterschieden zwischen

---

[3] Die Normen sind abgedruckt in Kleiber, Sammlung amtlicher Texte zur Ermittlung des Verkehrswerts von Grundstücken, 11. Aufl. 2012 Köln.
[4] Zu den DIN-Normen allgemein: OLG Hamm, Urt. vom 17.2.1998 – 7 U 5/96 –, GuG-aktuell 1999, 46 (LS); BGH, Urt. vom 14.5.1998 – VII ZR 184/97 –, BGHZ 139, 16 = GuG-aktuell 1999, 31 (LS); BVerfG, Beschl. vom 29.7.1998 – 1 BvR 1143/90 –, NJW 1999, 414 = GuG-aktuell 1999, 38 (LS).

- den *Räumen* einer Wohnung (DIN 283 – 1 Nr. 2) und
- der *Ausstattung* einer Wohnung (DIN 283 – 1 Nr. 2).

In die Wohnflächenberechnung gehen davon nach DIN 283 – 2 Nr. 1 nur die Grundflächen der Räume von Wohnungen und nicht die Grundflächen ein, die der „Ausstattung der Wohnung" gemäß DIN 283 – 1 Nr. 3 zuzurechnen sind, z. B. Bodenräume, Waschküchen, Kellerräume, Trockenräume, Speicherräume, Garagen usw. Dies entspricht § 42 Abs. 4 II. BV, in der die vorgenannten Räume als „Zubehörraum" bezeichnet werden (vgl. § 18 ImmoWertV Rn. 124).

§ 181 Abs. 9 BewG definiert die **Wohnung für die steuerliche Bewertung**. Eine Wohnung ist danach die Zusammenfassung von Räumen, die in ihrer Gesamtheit so beschaffen sein müssen, dass die Führung eines selbstständigen Haushalts möglich ist. Die Zusammenfassung einer Mehrheit von Räumen muss eine von anderen Wohnungen oder Räumen, insbesondere Wohnräumen, baulich getrennte, in sich abgeschlossene Wohneinheit bilden, einen selbstständigen Zugang haben und mindestens eine Wohnfläche von 23 m² aufweisen. Außerdem ist erforderlich, dass die für die Führung eines selbstständigen Haushalts notwendigen Nebenräume (Küche, Bad oder Dusche, Toilette) vorhanden sind (vgl. ErbStR und ErbStH 2011 zu § 181 BewG Abs. 3).

Weitere Definitionen vgl. § 16 MeldeG (Berlin); § 2 Abs. 3 Zweitwohnsteuergesetz (Berlin), § 144 Abs. 1 Satz 3 ZPO[5].

Des Weiteren enthalten die Bauordnungen **Mindestanforderungen an Wohnungen**. So bestimmt § 41 der BO Brandenburg z. B.: 518

„(1) Jede Wohnung muss von anderen Wohnungen und fremden Räumen baulich abgeschlossen sein und einen eigenen, abschließbaren Zugang unmittelbar vom Freien, von einem Treppenraum, einem Flur oder einem anderen Vorraum haben. Wohnungen in Wohngebäuden mit nicht mehr als zwei Wohnungen brauchen nicht abgeschlossen zu sein. Wohnungen in Gebäuden, die nicht nur zum Wohnen dienen, müssen einen besonderen Zugang haben; gemeinsame Zugänge können gestattet werden, wenn Gefahren oder unzumutbare Belästigungen für die Benutzer der Wohnungen nicht entstehen.

(2) Jede Wohnung muss eine für ihre Bestimmung ausreichende Größe und eine entsprechende Zahl besonnter Aufenthaltsräume haben. Es dürfen nicht alle Aufenthaltsräume nach Norden liegen.

1. Einzelne Aufenthaltsräume sind in Kellergeschossen zulässig, wenn
    a) der Fußboden der Aufenthaltsräume nicht mehr als 1,50 m unter der Geländeoberfläche liegt und
    b) die Geländeoberfläche, die sich an die Außenwände mit notwendigen Fenstern anschließt, in einer Entfernung von 2 m und in Breite der Aufenthaltsräume vor den notwendigen Fenstern nicht mehr als 0,50 m über dem Fußboden der Aufenthaltsräume liegt.
2. Innerhalb jeder Wohnung müssen ein Bad und eine Toilette mit Wasserspülung sowie die technischen Voraussetzungen für den Einbau einer Küche vorhanden sein. Fensterlose Räume sind zulässig, wenn sie eine Lüftungsanlage haben.
3. Wohngebäude müssen über einen leicht erreichbaren und gut zugänglichen Abstellraum für Kinderwagen, Rollstühle und Fahrräder sowie über leicht erreichbare und witterungsgeschützte Abstellplätze für Fahrräder verfügen. Dies gilt nicht für Wohngebäude geringer Höhe."

c) *Wohnfläche*

▶ *Hierzu § 18 ImmoWertV Rn. 133 ff.; zu Flächenabweichungen § 18 ImmoWertV Rn. 143 ff.*

Die **Wohnfläche** einer Wohnung wird mit § 19 des Wohnraumförderungsgesetzes definiert als „die Summe der anrechenbaren Grundflächen der ausschließlich zur Wohnung gehörenden Räume." **§ 19 Abs. 1 des** Wohnraumförderungsgesetzes: 519

„(1) Die Wohnfläche einer Wohnung ist die Summe der anrechenbaren Grundflächen der ausschließlich zur Wohnung gehörenden Räume. Die Bundesregierung wird ermächtigt, durch Rechtsverordnung mit Zustimmung des Bundesrates Vorschriften zur Berechnung der Grundfläche und zur Anrechenbarkeit auf die Wohnfläche zu erlassen."

---

5 BGH, Urt. vom 17.7.2009 – V ZR 95/08 –, NJW-RR 2009, 1293.

II Sachverständigenwesen — Flächen und Volumina

520 Mit dem Begriff der **Wohnfläche** verbindet sich im allgemeinen Sprachgebrauch keine bestimmte Berechnungsart. Wird dieser Begriff z. B. in Mietverträgen ohne Bezugnahme auf eine bestimmte Berechnungsart verwandt, so ist der Begriff auslegungsfähig[6]. Der BGH hat hierzu festgestellt, dass der Begriff auslegungsfähig sei, weil sich kein einheitlicher Sprachgebrauch entwickelt habe[7]. In einer neueren Entscheidung hat der BGH[8] erkannt, dass dabei die Verkehrssitte zu berücksichtigen ist und infolgedessen die Gültigkeit der DIN 283 von 1951 für die Bildung der Verkehrssitte unbeachtlich sei. Auch das OLG München hat eine **Auslegung** dieses Begriffs **nach der Verkehrssitte** zugelassen und dabei auch die Heranziehung der bereits 1983 bzw. 1989 zurückgezogenen DIN 283 zugelassen[9]. Auf eine nicht mit der DIN 283 übereinstimmende Berechnung der Wohnfläche braucht nicht ausdrücklich hingewiesen zu werden[10].

521 Für eine **normgerechte Wohnflächenermittlung** kommen in Betracht

a) die Wohnflächenberechnung nach WoFlV[11],

b) die Wohnflächenberechnung nach den §§ 42 bis 44 II. BV[12] und

c) die Wohnflächenberechnung nach der DIN 283 „Wohnungen"[13].

Nur die zum Wohnen im eigentlichen Sinne bestimmten Räume sind in die Wohnflächenberechnung einzubeziehen, nicht hingegen Zusatzräume wie Keller, Waschküche, Geräteraum, Garagen, Boden, Gemeinschaftsraum usw.[14].

522 Auch nach Erlass der Wohnflächenverordnung (WoFlV) bleibt die Situation weiterhin von einem **uneinheitlichen Wohnflächenbegriff** geprägt, was die Berechnung der Wohnfläche anbelangt.

523 Die Frage nach der **im Einzelfall maßgeblichen Berechnungsnorm** ist nicht nur in der allgemeinen Vermietungspraxis, sondern auch für die Verkehrswertermittlung von Bedeutung, nämlich

– bei der Ermittlung der Wohnfläche des Wertermittlungsobjekts

– und bei der Ermittlung der Vergleichsobjekte.

524 Von Interesse ist in diesem Zusammenhang auch, welche **Berechnungsnorm den Mietspiegeln zugrunde liegt**, denn Wohn- bzw. Nutzflächen sind für die Ermittlung der Nettokaltmiete und als Umlagemaßstab von Betriebskosten von wesentlicher Bedeutung.

d) *Wohnfläche nach Wohnflächenverordnung (WoFlV)*

525 Die **Wohnfläche einer Wohnung** (eines Wohnheims) bestimmt sich bei Anwendung der Wohnflächenverordnung (WoFlV) nach den

– gemäß § 2 WoFlV zur Wohnung (zum Wohnheim) gehörenden Grundflächen, die

– gemäß § 3 WoFlV ermittelt werden und

– nach Maßgabe des § 4 WoFlV zur Anrechnung kommen.

526 Nach § 2 Abs. 1 WoFlV umfasst

– die **Wohnfläche einer Wohnung die Grundflächen** der Räume, die ausschließlich zu dieser Wohnung gehören;

---

[6] BGH, Urt. vom 30.11.1990 – V ZR 91/89 –, WM 1991, 519 = EzGuG 12.77; BGH, Urt. vom 11.7.1997 – V ZR 246/96 –, NJW 1997, 2874 = EzGuG 20.161.

[7] BGH, Urt. vom 30.11.1990 – V ZR 91/89 –, WM 1991, 519 = EzGuG 12.77.

[8] BGH, Urt. vom 11.7.1997 – V ZR 246/96 –, NJW 1997, 2874 = EzGuG 20.161.

[9] OLG München, Urt. vom 7.3.1996 – 2 Z BR 136/95 –, GuG 1996, 381 = EzGuG 20.160a.

[10] OLG Koblenz, Urt. vom 2.2.1994 – 7 U 1605/92 –, IBR 1995, 191.

[11] Die Verordnung zur Berechnung der Wohnfläche – WoFlV – vom 25.11.2003 (BGBl I 2003, 2346) ist auf der Grundlage der Ermächtigung des § 19 Abs. 1 des Wohnraumförderungsgesetzes erlassen worden.

[12] OLG Hamm, Urt. vom 7.11.1996 – 22 U 12/96 –, NJW-RR 1997, 1551 = EzGuG 20.160b; LG München, Urt. vom 5.3.1980 – 14 S 11 902/79 –, WuM 1980, 183.

[13] LG Hamburg, Urt. vom 10.4.1987 – 11 S 212/86 –, WuM 1987, 354.

[14] LG Aachen, Urt. vom 6.5.1993 – 6 S 12/93 –, ZMR 1993, 417.

- die **Wohnfläche eines Wohnheims die Grundflächen** der Räume, die zur alleinigen und gemeinschaftlichen Nutzung durch die Bewohner bestimmt sind.

Zur Wohnfläche gehören nach § 2 Abs. 2 WoFlV auch die Grundflächen von

1. Wintergärten, Schwimmbädern und ähnlichen nach allen Seiten geschlossenen Räumen sowie
2. Balkonen, Loggien, Dachgärten und Terrassen,

wenn sie ausschließlich zu der Wohnung oder dem Wohnheim gehören.

Ein **Raum mit Schwimmbecken und Sauna**[15] gehört auch nach dem **Steuerrecht** zu den *Wohnzwecken dienenden Räumen* (vgl. Rn. 518). 527

Zur Wohnfläche gehört nach § 2 Abs. 3 WoFlV indessen **nicht die Grundfläche** von 528

1. Zubehörräumen, insbesondere Kellerräumen[16], Abstellräumen und Kellerersatzräumen außerhalb der Wohnung, Waschküchen, Boden-, Trocken- und Heizungsräumen sowie Garagen;
2. Räumen, die nicht den an ihre Nutzung zu stellenden Anforderungen des Bauordnungsrechts der Länder genügen, sowie
3. Geschäftsräumen (d.h. Räumen, die nach ihrer baulichen Anlage und Ausstattung auf Dauer anderen als Wohnzwecken, insbesondere gewerblichen und beruflichen Zwecken, zu dienen bestimmt sind und solchen Zwecken dienen [§ 2 Abs. 2 Nr. 3 WoFlV]).

Im Umkehrschluss zu § 2 Abs. 3 WoFlV sind Räume im Kellergeschoss der Wohnfläche zuzurechnen, wenn sie nach ihrer Nutzung den zu stellenden Anforderungen des Bauordnungsrechts genügen (vgl. Rn. 501) und keine Zubehörräume sind. Dabei kommt es im Rahmen der Verkehrswertermittlung nicht darauf an, ob sie von der Baubehörde ausdrücklich dafür als geeignet erklärt worden sind. **Ausgebaute Kellerräume**, die zum dauernden Aufenthalt von Menschen bauordnungsrechtlich geeignet sind, müssen demzufolge auch im Rahmen der Verkehrswertermittlung der Wohnfläche zugerechnet werden[17]. Dieser Auslegung entspricht 529

- § 42 Abs. 4 Nr. 3 II. BV. Im Umkehrschluss zu dieser Vorschrift sind Räume im **Kellergeschoss** der Wohnfläche zuzurechnen, wenn sie nach ihrer Nutzung den Anforderungen des Bauordnungsrechts genügen. Dabei kommt es nicht darauf an, ob sie von der Baubehörde ausdrücklich dafür als geeignet erklärt worden sind.
- DIN 283 – 2: Diese gestattet unter Nr. 2.1.1 die Hinzurechnung von **Nebenräumen**, die nach den sonstigen Grundsätzen der DIN 283 auch im Kellergeschoss liegen können, auch wenn sie nicht zum dauernden Aufenthalt für Menschen bestimmt sind. Die Tatsache, dass Räume im Kellergeschoss liegen, macht sie nämlich nicht zum Kellerraum, wenn man von Lager- und Abstellräumen und dgl. absieht[18].

Zu **Hobbyräumen** und als Freizeitraum genutzte Kellerräume vgl. § 6 ImmoWertV Rn. 44 sowie Teil V Rn. 74. 530

Die **Grundfläche** wird nach § 3 WoFlV nach den lichten Maßen zwischen den Bauteilen ermittelt; dabei ist von der Vorderkante der Bekleidung der Bauteile auszugehen. Bei fehlenden begrenzenden Bauteilen ist der bauliche Abschluss zugrunde zu legen. Bei der Ermittlung der Grundfläche sind namentlich einzubeziehen die Grundflächen von 531

---

15 BFH, Urt. vom 9.9.1980 – VIII R 5/79 –, BFHE 132, 222 = BStBl II 1981, 258 = EzGuG 3.63b.
16 Mit der Verwendung des Begriffs „Kellerraum" statt „Keller" soll verdeutlicht werden, dass ein im Untergeschoss – z. B. in Hanglagen – für Wohnzwecke ausgebauter Raum nicht gleich Keller ist. Zum Aufenthaltsraum im Keller vgl. OVG Berlin, Beschl. vom 14.11.2003 – 2 B 6/02 –, BlnGE 2004, 356.
17 Otto, F. in AIZ 1984, 37; vgl. auch Dröge, Handbuch der Mietpreisbewertung für Wohn- und Gewerberaum, 2. Aufl., Neuwied 1999, S. 28; zur Wohnfläche im Keller, vgl. BVerwG, Urt. vom 23.8.1990 – 8 C 18/89 –, BVerwGE 85, 306 = NJW-RR 1991, 396 = BBauBl. 1991, 767 (LS)= HSGZ 1991, 62 = ZMR 1990, 43 = ZAP EN Nr. 156/91; zum Aufenthaltsraum im Keller vgl. OVG Berlin, Beschl. vom 14.11.2003 – 2 B 6/02 –, BlnGE 2004, 356.
18 OLG Frankfurt am Main, Urt. vom 23.3.1983 – 17 U 113/82 –, OLGZ 1984, 366 = MDR 1984, 754 = DWW 1985, 65; BFH, Urt. vom 27.1.1999 – II B 74/98 –, GuG 2000, 184 = EzGuG 20.169.

II Sachverständigenwesen — Flächen und Volumina

1. Tür- und Fensterbekleidungen sowie Tür- und Fensterumrahmungen,
2. Fuß-, Sockel- und Schrammleisten,
3. fest eingebauten Gegenständen, wie z. B. Öfen, Heiz- und Klimageräten, Herden, Bade- oder Duschwannen,
4. frei liegenden Installationen,
5. Einbaumöbeln und
6. nicht ortsgebundenen, versetzbaren Raumteilern.

532 Bei der Ermittlung der Grundflächen bleiben außer Betracht die Grundflächen von

1. Schornsteinen, Vormauerungen, Bekleidungen, frei stehenden Pfeilern und Säulen, wenn sie eine Höhe von mehr als 1,50 Meter aufweisen und ihre Grundfläche mehr als 0,1 Quadratmeter beträgt (§ 3 Abs. 3 Nr. 1 WoFlV),
2. Treppen mit über drei Steigungen und deren Treppenabsätzen,
3. Türnischen (§ 3 Abs. 3 Nr. 3 WoFlV) und
4. Fenster- und offenen Wandnischen, die nicht bis zum Fußboden herunterreichen oder bis zum Fußboden herunterreichen und 0,13 m oder weniger tief sind (§ 3 Abs. 3 Nr. 4 WoFlV).

533 Die Grundfläche ist durch Ausmessung im fertig gestellten Wohnraum oder aufgrund einer Bauzeichnung zu ermitteln. Wird die Grundfläche aufgrund einer Bauzeichnung ermittelt, muss diese

1. für ein Genehmigungs-, Anzeige-, Genehmigungsfreistellungs- oder ähnliches Verfahren nach dem Bauordnungsrecht der Länder gefertigt oder, wenn ein bauordnungsrechtliches Verfahren nicht erforderlich ist, für ein solches geeignet sein und
2. die Ermittlung der lichten Maße zwischen den Bauteilen i. S. des Abs. 1 ermöglichen.

Ist die **Grundfläche nach einer Bauzeichnung** ermittelt worden und ist abweichend von dieser Bauzeichnung gebaut worden, ist die Grundfläche durch Ausmessung im fertig gestellten Wohnraum oder aufgrund einer berichtigten Bauzeichnung neu zu ermitteln.

534 Anders als nach dem bisherigen § 43 Abs. 1 bis 3 II. BV wird nicht mehr zwischen Rohbaumaßen und Fertigmaßen unterschieden. Diese Unterscheidung ist nach bisherigem Recht für den bei Rohbaumaßen vorzunehmenden pauschalen sog. „Putzabzug" von 3 % von Bedeutung. Ein „**Putzabzug**" – so die Begründung – sei heute angesichts veränderter Bautechniken (Fertigbauweise, Verwendung von Fertigteilen) nicht mehr gerechtfertigt. Künftig sind daher nach Satz 1 ausschließlich die lichten Maße zwischen den Bauteilen maßgeblich. Dabei wird klargestellt, dass von der Vorderkante der Bekleidung der Bauteile auszugehen ist; Putz oder andere Wandbekleidungen – sofern vorhanden – gelten hierbei als Bestandteil der Bauteile. Aus der Begründung folgt, dass man bei älteren Bauwerken, die nicht mit den „neuen Bautechniken" errichtet worden sind, dann umgekehrt weiterhin die nach Rohbaumaßen ermittelten Flächen um den Putzabschlag (3 %) kürzen müsste.

535 Der bisherige § 43 Abs. 5 Satz 1 Nr. 2 II. BV, wonach die **Grundflächen von Erkern und Wandschränken** nur dann Berücksichtigung finden, wenn sie jeweils mindestens 0,5 m² aufweisen, ist nicht übernommen worden; künftig werden diese Grundflächen nach der Grundregel des § 3 Abs. 1 WoFlV in die Grundflächenermittlung einbezogen, ohne dass eine Mindestfläche gefordert wird.

536 Gegenüber § 43 Abs. 4 Nr. 1 II. BV sind die **Grundflächen von Schornsteinen, Vormauerungen, Bekleidungen, frei stehenden Pfeilern und Säulen** bereits dann nicht mehr in die Grundflächenermittlung einzubeziehen, wenn sie eine Höhe von mehr als 1,50 m aufweisen. Damit wird insbesondere dem Umstand Rechnung getragen, dass in neuerer Zeit vermehrt z. B. sanitäre Installationen verkleidet werden und es hier zu Unsicherheiten über die Behandlung derartiger Verkleidungen bei der Grundflächenermittlung kommt. Durch die Bestimmung soll sichergestellt werden, dass die Grundflächen solcher Raumgebilde in die Grundflächenermittlung nur einzubeziehen sind, wenn der über diesen Raumgebilden befindliche Bereich, z. B. als Ablagemöglichkeit, nutzbar bleibt.

Nach § 4 WoFlV sind **auf die Grundfläche anzurechnen die Grundflächen** 537

1. von Räumen und Raumteilen mit einer lichten Höhe von mindestens 2 m vollständig,
2. von Räumen und Raumteilen mit einer lichten Höhe von mindestens 1 m und weniger als 2 m zur Hälfte,
3. von unbeheizbaren Wintergärten, Schwimmbädern und ähnlichen nach allen Seiten geschlossenen Räumen zur Hälfte,
4. von Balkonen, Loggien, Dachgärten und Terrassen i. d. R. zu einem Viertel, höchstens jedoch zur Hälfte.

Abb. 25: Wohnfläche nach WoFlV und den §§ 42 bis 44 II. BV

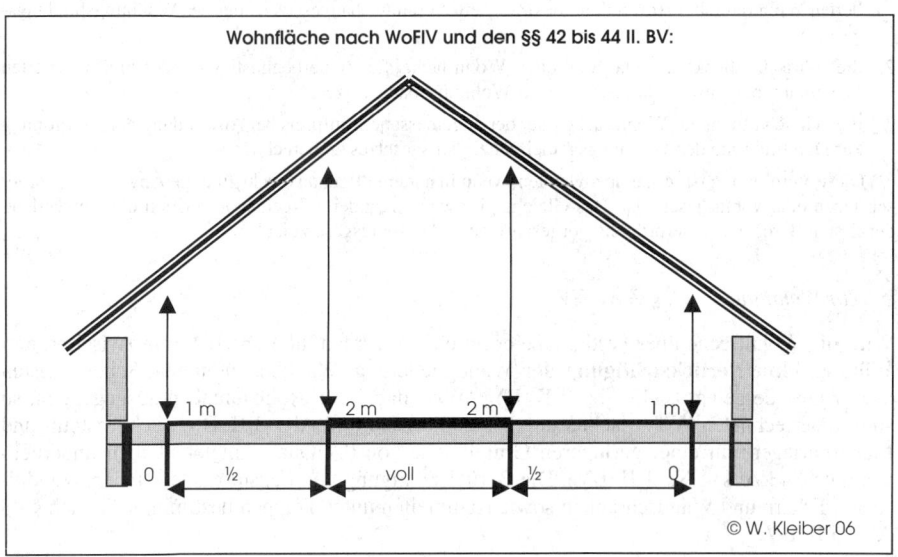

Abweichend vom früheren § 44 Abs. 2 II. BV (vgl. Rn. 550) sind die **Grundflächen von Balkonen, Loggien, Dachgärten und Terrassen** in der Regel zu einem Viertel anzurechnen. Auf den im bisherigen § 44 Abs. 1 Nr. 3 II. BV ausdrücklich enthaltenen Hinweis auf die Nichtanrechnung von Grundflächen von Räumen oder Raumteilen mit einer lichten Höhe von weniger als 1 m wird künftig verzichtet, da sich die Nichtanrechenbarkeit dieser Grundflächen bereits aus dem Regelungszusammenhang der Nummern 1 und 2 i. V. m. § 1 Abs. 2 ergibt. **Unbeheizbare Wintergärten**, d. h. Räume, die überwiegend zum Halten von Pflanzen bestimmt sind und von im Winter beheizbaren und zum Wohnen bestimmten Räumen zu unterscheiden sind, sind lediglich zur Hälfte anzurechnen. **Beheizbare Wintergärten** sind hingegen voll anzurechnen. Die hälftige Anrechnung der Grundflächen von Schwimmbädern und ähnlichen nach allen Seiten geschlossenen Räumen entspricht bisherigem Recht. 538

Anstelle des Begriffs „**Freisitz**"[19] wird der gebräuchlichere Begriff „Terrasse" verwendet. Ein Sichtschutz („gedeckt") wird nicht mehr vorausgesetzt. Da ein Sichtschutz ohne erheblichen Aufwand auch nachträglich durch Bepflanzungen oder leicht montierbare Sichtblenden errichtet oder auch wieder beseitigt werden kann, ist es nicht mehr gerechtfertigt, die Anrechenbarkeit von Terrassen vom Bestehen des Sichtschutzes abhängig zu machen. 539

---

19 Hierzu BVerwG, Urt. vom 16.3.1977 – 7 C 72/76 –, DVBl 1978, 698 = DÖV 1978, 257 = EzGuG 3.59a.

540 Ist die **Wohnfläche bis zum 31.12.2003 nach den §§ 42 ff. der II. BV** berechnet worden, bleibt es bei dieser Berechnung (§ 5 WoFlV).

e) *Wohnfläche nach den §§ 42 bis 44 II. BV (vgl. Anl. 5)*

541 **Grundsätzlich** findet die in den **§§ 42 bis 44 II. BV** geregelte **Berechnungsweise der Wohnfläche** (vgl. Anl. 5 bei Rn. 592) **nur im Bereich der öffentlichen Wohnraumförderung,** nicht jedoch bei mietpreisfreien Alt- und Neubauten **Anwendung.** Umgekehrt enthielt die DIN 283 – 1 in den Vorbemerkungen den ausdrücklichen Hinweis, dass für den öffentlich geförderten und den steuerbegünstigten Wohnungsbau die II. BV ergänzende Bestimmungen über die anrechenbare Grundfläche enthält.

542 Der **Anwendungsbereich der II. BV** ergibt sich aus § 1 II. BV:

„§ 1 Anwendungsbereich der Verordnung

(1) Diese Verordnung ist anzuwenden, wenn

1. die Wirtschaftlichkeit, Belastung, Wohnfläche oder der angemessene Kaufpreis für öffentlich geförderten Wohnraum bei Anwendung des Zweiten Wohnungsbaugesetzes oder des Wohnungsbindungsgesetzes,
2. die Wirtschaftlichkeit, Belastung oder Wohnfläche für steuerbegünstigten oder freifinanzierten Wohnraum bei Anwendung des Zweiten Wohnungsbaugesetzes, oder
3. die Wirtschaftlichkeit, Wohnfläche oder der angemessene Kaufpreis bei Anwendung der Verordnung zur Durchführung des Wohnungsgemeinnützigkeitsgesetzes zu berechnen ist.

(2) Diese Verordnung ist ferner anzuwenden, wenn in anderen Rechtsvorschriften die Anwendung vorgeschrieben oder vorausgesetzt ist. Das Gleiche gilt, wenn in anderen Rechtsvorschriften die Anwendung der Ersten Berechnungsverordnung vorgeschrieben oder vorausgesetzt ist."

543 ▶ *Zur Wohnfläche vgl. § 2 WoFlV*

544 Wird die Wohnfläche über Fertigmaße ermittelt, so werden die **lichten Maße zwischen den Wänden ohne Berücksichtigung der** Wandgliederung, Wandbekleidungen, Scheuerleisten usw. zugrunde gelegt (§ 43 Abs. 2 II. BV). Wird dabei von Rohbaumaßen ausgegangen, so sind die errechneten Wohnflächen um 3 % zu kürzen (§ 43 Abs. 3 II. BV). Schornstein- und Mauervorlagen mit einer geringeren Grundfläche von 0,1 Quadratmeter bleiben unberücksichtigt (§ 43 Abs. 4 Nr. 1 II. BV). Die Berücksichtigung von Fenstern und offenen Wandnischen, Erkern und Wandschränken sowie Raumteilen unter Treppen bestimmt sich nach § 43 Abs. 5 II. BV.

Abb. 26: Zuordnung von Grundflächen und Räumen zu den Nutzungsarten mit Beispielen[20]

Nr.	Grundflächen und Räume	Beispiele
1 Wohnen und Aufenthalt		
1.1	Wohnräume	Wohn- und Schlafräume in Wohnungen, Wohnheimen, Internaten, Beherbergungsstätten, Unterkünften, Wohndielen, Wohnküchen, Wohnbalkone, -loggien, -veranden, Terrassen
1.2	Gemeinschaftsräume	Gemeinschaftsräume in Heimen, Kindertagesstätten, Tagesräume, Aufenthaltsräume, Clubräume, Bereitschaftsräume

---

20 Die Beispiele zeigen einige typische Nutzungsfälle ohne Anspruch auf Vollzähligkeit.

Flächen und Volumina **Sachverständigenwesen II**

Nr.	Grundflächen und Räume	Beispiele
1.3	Pausenräume	Wandelhallen, Pausenhallen, -zimmer, -flächen in Schulen, Hochschulen, Krankenhäusern, Betrieben, Büros, Ruheräume
1.4	Warteräume	Warteräume in Verkehrsanlagen, Krankenhäusern, Praxen, Verwaltungsgebäuden
1.5	Speiseräume	Gast- und Speiseräume, Kantinen, Cafeterien, Tanzcafés
1.6	Afträume	Haftzellen
2 Büroarbeit		
2.1	Büroräume	Büro-, Diensträume für eine oder mehrere Personen
2.2	Großraumbüros	Flächen für Büroarbeitsplätze einschließlich der im Großraum enthaltenen Flächen für Pausenzonen, Besprechungszonen, Garderoben, Verkehrswege
2.3	Besprechungsräume	Sitzungsräume, Prüfungsräume, Elternsprechzimmer
2.4	Konstruktionsräume	Zeichenräume
2.5	Schalterräume	Kassenräume
2.6	Bedienungsräume	Schalträume und Schaltwarten für betriebstechnische Anlagen oder betriebliche Einbauten, Vorführkabinen, Leitstellen
2.7	Aufsichtsräume	Pförtnerräume, Wachräume, Haftaufsichtsräume
2.8	Bürotechnikräume	Fotolabor-Räume, Vervielfältigungsräume, Räume für EDV-Anlagen

Allgemein sind nach den **§§ 42 bis 44 II. BV** 545

a) die Grundflächen von Räumen mit einer Höhe von mindestens 2 m voll anzurechnen,

b) die Grundflächen von Räumen und Raumteilen mit einer lichten Höhe von mindestens 1 m und weniger als 2 m zur Hälfte anzurechnen, dies gilt auch für Wintergärten, Schwimmbäder und Ähnliches;

c) die Grundflächen von Räumen mit einer lichten Höhe von weniger als 1 m nicht anzurechnen und

d) die Grundflächen von Balkonen und Loggien bis zur Hälfte anzurechnen.

f) *Wohnfläche nach DIN 283/1951*

Die DIN 283 (1951, vgl. Rn. 514, 520, Anl. 5), die schon 1983 ersatzlos aufgehoben wurde, 546 enthält Methoden zur **Ermittlung der Wohn- und Nutzfläche des freifinanzierten Wohnungsbaus**. Die DIN 283 gliedert sich in

DIN 283 – 1 „Begriffe" (aufgehoben im August 1989) und

DIN 283 – 2 „Berechnung der Wohnflächen und Nutzflächen" (aufgehoben im August 1983).

Bezüglich der **Unterscheidung zwischen Wohn- und Nutzfläche** bestimmt Nr. 1 der DIN 547 283 – 2 als

– „*Wohnfläche"* die anrechenbare Grundfläche der Räume von Wohnungen, wobei die „Wohnung" selbst durch DIN 283 – 1 Nr. 1 definiert wird, und

– „*Nutzfläche"* die nutzbare Fläche von Wirtschaftsräumen und gewerblichen Räumen, die wiederum unter Nr. 4 der DIN 283 – 1 definiert sind.

g) Synoptische Gegenüberstellung

548 Die **nach der DIN 283 abgeleitete Wohnfläche unterscheidet sich von der Wohnfläche nach den §§ 42 bis 44 II. BV und der WoFlV.** Die Unterschiede sind allerdings viel geringer als vielfach behauptet[21].

549 Die **Unterschiede der Berechnungsvorschriften (WoFlV, §§ 42 ff. II. BV und DIN 283/ 1951) liegen im Wesentlichen im Ansatz der Balkon- und Terrassenflächen.** Nach DIN 283/1951 ist für diese Flächen 1/4 der Grundfläche anzunehmen (bei Terrassen und Freisitzen nur, soweit sie überdeckt sind). Nach § 44 Abs. 2 II. BV können diese Flächen entweder überhaupt nicht oder höchstens *bis* zur Hälfte ihrer Grundfläche angesetzt werden. Das führt in der Praxis dazu, dass der Bauherr von zum Verkauf bestimmten Eigentums- oder Mietwohnungsgebäuden den höchsten Flächenansatz wählt und der Bauherr eines eigengenutzten Einfamilienhauses diese Flächen nicht ansetzt. Daneben kann die Wohnfläche bei einem Einfamilienhaus nach § 44 Abs. 3 II. BV noch bis zu 10 % gemindert werden. Im Ergebnis ist danach die Wohnfläche eines Einfamilienhauses, die nach der DIN 283 berechnet wurde, gegenüber der Berechnung nach der II. BV um rd. 10 bis 20 m² größer.

550 Nach der II. BV waren die Grundflächen von **Balkonen, Loggien, Dachgärten und Terrassen** (Freisitze) eher ausnahmsweise höchstens „bis zur Hälfte" anzurechnen. Bezüglich der Anrechnung von Balkonen „bis zur Hälfte" ihrer Fläche war – je nach Himmelsrichtung und Nutzbarkeit – auf den Wohnwert abzustellen[22]. Die hälftige Anrechnung kam in Betracht, wenn der Balkon von der Straße abgelegen ist[23]. Hingegen ist der Balkon bei Nordlage und Nähe einer Verkehrsstraße nicht zu berücksichtigen[24].

551 Nach wie vor kann die Grundfläche aus der (bauordnungsrechtlich geeigneten) Bauzeichnung ermittelt werden (wenn entsprechend gebaut wurde), jedoch entfällt nach der WoFlV im Unterschied zur II. BV der sog. 3%ige **Putzabschlag**.

Abb. 27: Gegenüberstellung der WoFlV, II. BV und DIN 283 (1951)

Gegenüberstellung WoFlV, II. BV und DIN 283		
WoFlV	**II. BV**	**DIN 283**
Die Wohnfläche ... ist die Summe der anrechenbaren Grundflächen der ausschließlich zur Wohnung gehörenden Räume (§ 19 WohnraumFördG; § 2 WoFlV).	Die Wohnfläche einer Wohnung ist die Summe der anrechenbaren Grundfläche der Räume, die ausschließlich zu der Wohnung gehören.	Wohnfläche ist die anrechenbare Grundfläche der Räume von Wohnungen.
Voll berechnet werden die Grundflächen von Räumen und Raumteilen mit einer lichten Höhe von mindestens 2 m.	Voll berechnet werden die Grundflächen von Räumen und Raumteilen mit einer lichten Höhe von mindestens 2 m.	Voll berechnet werden die Grundflächen von Räumen oder Raumteilen mit einer lichten Höhe von mindestens 2 m.

---

[21] Englert in DWW 1980, 132.
[22] LG Hamburg, Urt. vom 16.2.1996 – 311 S 73/95 –,WuM 1996, 278.
[23] LG Kiel, Urt. vom 14.10.1993 – 1 S 210/91 –, WuM 1995, 307; AG Wuppertal, Urt. vom 22.4.1987 – 94 C 79/87 –, DWW 1988, 211.
[24] LG Kiel, Urt. vom 14.10.1993 – 1 S 210/91 –, WuM 1995, 307; AG Krefeld, Urt. vom 4.7.1991 – 9 C 103/91 –, DWW 1992, 243.

Flächen und Volumina — Sachverständigenwesen II

Gegenüberstellung WoFlV, II. BV und DIN 283		
WoFlV	**II. BV**	**DIN 283**
Zur Hälfte anrechenbar ist die Grundfläche von Räumen und Raumteilen mit einer lichten Höhe von mindestens 1 m und < als 2 m, von *unbeheizbaren Wintergärten*, Schwimmbädern u. Ä. nach allen Seiten geschlossenen Räumen. „In der Regel" zu einem Viertel, höchstens jedoch zur Hälfte die Grundflächen von Balkonen, Loggien, Dachgärten und Terrassen (Freisitze).	Zur Hälfte anrechenbar ist die Grundfläche von Räumen und Raumteilen mit einer lichten Höhe von mindestens 1 m und < als 2 m und von Wintergärten, Schwimmbecken u. Ä. nach allen Seiten geschlossenen Räumen. Die Grundflächen von Balkonen, Loggien, Dachgärten oder gedeckten Freisitzen können *bis zur Hälfte* angerechnet werden, wenn sie ausschließlich zu dem Wohnraum gehören.	Zur Hälfte anrechenbar ist die Grundfläche von Raumteilen mit einer lichten Höhe von mehr als 1 m und < als 2 m und von nicht ausreichend beheizbaren Wintergärten. Zu einem Viertel anrechenbar sind Hauslauben (Loggien), Balkone und gedeckte Freisitze.
Nicht zu berechnen ist die Grundfläche von Räumen oder Raumteilen mit einer lichten Höhe < als 1 m.	Nicht zu berechnen sind die Grundflächen von Räumen oder Raumteilen mit einer lichten Höhe < als 1 m.	Nicht zu berechnen sind die Grundfläche von Raumteilen mit einer lichten Höhe < als 1 m und von nicht gedeckten Terrassen und Freisitzen.
Nicht zur Wohnfläche gehören Zubehörräume, insbesondere – Kellerräume, Abstellräume, Waschküchen, Bodenräume, Trockenräume, Heizungsräume, Garagen, – Geschäftsräume und – Räume, die bauordnungsrechtlichen Anforderungen nicht genügen.	Nicht zur Wohnfläche gehören Zubehörräume, wie Keller, Abstellräume, Waschküchen, Dachböden usw. außerhalb der Wohnung.	Nutzflächen von Wirtschaftsräumen und gewerblichen Räumen, die mit einer Wohnung im Zusammenhang stehen, sind nach den Grundsätzen für die Ermittlung von Wohnflächen zu berechnen.

Gegenüberstellung WoFlV, II. BV und DIN 283

WoFlV	II. BV	DIN 283
Bei der Grundflächenermittlung sind einzubeziehen die Grundflächen von – Tür- und Fensterbekleidungen, – Fußsockel- und Schrammleisten, – fest eingebauten Gegenständen (Öfen, Herden, Klimageräten usw.), – Einbaumöbeln, – frei liegenden Installationen, – nicht ortsgebundenen Raumteilern.	Bei der Grundflächenermittlung sind einzubeziehen die Grundflächen von – Tür- und Fensterbekleidungen, – Fußsockel- und Schrammleisten, – fest eingebauten Gegenständen (Öfen, Herden, Klimageräten usw.), – Erkern und Wandschränken, die eine Mindestgrundfläche von 0,5 m² haben, – Raumteilern unter Treppen mit lichter Höhe von mindestens 2 m.	Bei der Grundflächenermittlung sind einzubeziehen die Grundflächen von – Tür- und Fensterbekleidungen und -umrahmung, – Scheuerleisten, – Öfen, Kochherden, Kaminen, Heizkörpern – Einbaumöbeln, – Wandgliederung in Stuck, Mörtel oder Gips.
Bei der Grundflächenermittlung bleiben außer Betracht die Grundflächen von – Schornsteinen, Pfeilern, Vormauerungen und Bekleidungen mit einer Höhe von > 1,50 m und einer Grundfläche von > 0,1 m², – Treppen mit über 3 Steigungen und deren Treppenabsätzen, – Türnischen, – Fenster- und Wandnischen, die nicht zum Fußboden herunterreichen oder bis zum Fußboden herunterreichen und 0,13 m oder weniger tief sind.	Bei der Grundflächenermittlung bleiben außer Betracht die Grundflächen von – Schornstein- und Mauervorlagen mit einer Grundfläche > von 0,1 m² (§ 43 Abs. 4 Nr. 1 II. BV). – Fenster- und offenen Wandnischen, die bis zum Fußboden herunterreichen und weniger als 0,13 m tief sind.	Bei der Grundflächenermittlung bleiben außer Betracht die Grundflächen von – Schornsteinen, Pfeilern, Säulen, Mauervorlagen mit einer Grundfläche von > 0,1 m², die in ganzer Raumhöhe durchgehen, – Treppen bis zu 3 Steigungen, Türnischen, – Fenster- und Wandnischen, die nicht zum Fußboden herunterreichen oder bis zum Fußboden herunterreichen und weniger als 0,13 m tief sind.
Die Grundfläche ist zu ermitteln durch – Ausmessung am fertig gestellten Wohnraum oder – nach bauordnungsrechtlich geeigneter Bauzeichnung, wenn entsprechend gebaut wurde, ohne Abzug von 3 % für Putz.	– Wird die Wohnfläche über Fertigmaße ermittelt, so werden die lichten Maße zwischen den Wänden ohne Berücksichtigung der Wandgliederung, Wandbekleidungen, Scheuerleisten usw. zugrunde gelegt (§ 43 Abs. 2 II. BV). – Wird bei der Grundflächenermittlung von Rohbaumaßen ausgegangen, so sind die errechneten Wohnflächen um 3 v. H. zu kürzen (§ 43 Abs. 3 II. BV).	– Die Grundflächen sind aus Fertigmaßen (lichte Maße zwischen den Wänden) zu ermitteln. – Wird bei der Grundflächenermittlung von Bauzeichnungen ausgegangen, so sind bei verputzten Wänden die aus Rohbaumaßen ermittelten Flächen um 3 v. H. zu kürzen (§ 43 Abs. 3 II. BV).

Abb. 28: Gegenüberstellung der WoFlV und DIN 277

Gegenüberstellung WoFlV und DIN 277			
Gebäudeteil		WoFlV	DIN 277
Abstellraum	im Wohnbereich	100 %	100 %
	außerhalb des Wohnbereichs	nicht anzurechnen	100 %, sofern dieser zweckbestimmt ist
Terrasse		25 %, höchstens 50 %	100 %
Balkon		25 %, höchstens 50 %	100 %
Wintergarten	beheizt	100 %	100 %
	unbeheizt	50 %	100 %
Dachschrägen bis zu	1 bis 2 m	50 %	100 %
	unter 1 m	nicht anzurechnen	100 %
Keller und Waschküche		nicht anzurechnen	

4.2.3.4 Mietflächen für gewerbliche Flächen (gif)

Die Gesellschaft für Immobilienwirtschaftliche Forschung (gif) hat für die Berechnung der Mietfläche von gewerblichen Räumen die **Richtlinie MF/G** vom Mai 2012 und für die Berechnung der Verkaufsfläche im Einzelhandel die **Richtlinie MF/V** vom 1.5.2012 vorgelegt[25]. 552

Die Richtlinie MF/G für gewerbliche Räume will regeln, welche Flächen der DIN 277 als „Mietfläche" und wie die gemeinschaftlich genutzten Flächen der Mietfläche zuzuordnen sind. Dementsprechend wird unterschieden nach

– MF/G-Flächen; dies ist die Mietfläche, die sich aus der BGF i. S. der DIN 277 abzüglich der MF-0-Flächen,

– MF-0 Flächen; dies sind Flächen, die keine Mietfläche sind, insbesondere die technischen Funktionsflächen (TF), die anteiligen Verkehrsflächen (VF) und die Konstruktionsflächen (KGF) i. S. der DIN 277,

– MF-G1 Flächen; dies sind Mietflächen, die einem Mieter exklusiv zugeordnet sind, und

– MF-G2 Flächen; dies sind Mietflächen, die mehreren oder allen Mietern anteilig mit gemeinschaftlichem Nutzungsrecht zugeordnet sind (z. B. Müllräume, Anlieferung usw.).

Die Richtlinien haben bislang nur in einem verhältnismäßig kleinen Marktsegment Anerkennung[26] **gefunden** und sind im Begriff, sich durchzusetzen[27].

Die Bedeutung dieser Richtlinien liegt vor allem im Rahmen des Ertragswertverfahrens, wenn sie zur Ermittlung der vermieteten Fläche, z. B. des zu bewertenden Objekts, herangezogen werden sollen. Vor Anwendung dieser Richtlinie muss man sich aber Gewissheit verschaffen, dass die im Einzelfall zum Vergleich herangezogenen (auf den Quadratmeter Mietfläche bezogenen) Vergleichserträge ebenfalls auf der Grundlage der nach diesen Richt- 553

---

25 Die Richtlinien sind abgedruckt bei Kleiber, Sammlung amtlicher Texte zur Ermittlung des Verkehrswerts von Grundstücken, 11. Aufl. Bundesanzeiger Verlag 2012; vgl. die vorangegangene Richtlinie vom 1.11.2004: GuG 2005, 221.
26 Schul/Wichert in ZMR 2002, 633.
27 Der Normenausschuss Bauwesen (NABau) im Deutschen Institut für Normung e.V. (DIN) vertritt die Auffassung, dass für gewerblich genutzte Flächen DIN 277 – 1 und DIN 277 – 2 anzuwenden sind, die auch für Wohnungen anwendbar sein sollen, wenn dies vertraglich vereinbart ist, und dass die Wohnungsdefinition den jeweiligen Landesbauordnungen sowie deren Durchführungsverordnungen zu entnehmen wäre. Die zurückgezogenen DIN 283 – 1 und DIN 283 – 2 können nach Meinung des NABau im DIN auch als Vertragsgrundlage dienen, sofern sie beiden Vertragsparteien zugänglich sind (Isermann in NZM 1998, 749).

linien ermittelten Mietfläche vereinbart worden sind. Es gilt auch hier der **Grundsatz der Kompatibilität, dass die Mietflächenermittlungsmethode maßgeblich sein muss, die auch bei den zum Vergleich herangezogenen Vergleichsmieten zugrunde gelegt worden ist** (vgl. Rn. 498).

4.2.3.5 Wohn- und Nutzflächenfaktor

▶ *Vgl. auch § 8 ImmoWertV Rn. 254 sowie zum Ausbauverhältnis Rn. 554*

554 Als **Nutzflächenfaktor** NFF wird das Verhältnis der Geschossfläche (GF) bzw. seiner Brutto-Grundfläche (BGF) zu seiner Wohn- bzw. Nutzfläche eines Gebäudes definiert.

$$\text{Nutzflächenfaktor NFF}_{BGF} = \frac{\text{Brutto-Grundfläche (BGF)}}{\text{Wohn- bzw. Nutzfläche}}$$

Die Höhe des Nutzflächenfaktors ist von der Nutzungsart, der Anzahl der Geschosse sowie der Gebäudetiefe und der Bauperiode abhängig.

555 *Beispiel*

Wohnhaus aus dem Jahre 1955

Brutto-Grundfläche:	1 000 m²
Wohnfläche:	800 m²
Nutzflächenfaktor:	1,25

556 Für **Wohn- und Geschäftshäuser sowie Büro- und Geschäftsimmobilien** wurden vom Gutachterausschuss in *Berlin* folgende Nutzflächenfaktoren (näherungsweise) abgeleitet:

Abb. 29: Geschossflächenbezogene Nutzflächenfaktoren in Berlin

Nutzflächenfaktoren (NFF) bezogen auf Geschossfläche (GF)			
Teilmarkt	Wohn- bzw. Nutzfläche /Geschossfläche		
	Wohnhäuser und Wohn-/ Geschäftshäuser	Büro- und Geschäftshäuser	Objekte des Einzelhandels
Altbauten vor 1919	1,388	1,282	Keine Angabe
Zwischenkriegsbauten 1919–1948	1,315	1,298	Keine Angabe
Nachkriegsbauten 1949–1989	1,315	1,234	1,205
Nachkriegsbauten ab 1990	1,250	1,234	1,205

Quelle: Grundstücksmarktbericht 2008/2009

Vgl. die Ergebnisse älterer Untersuchungen in Kleiber/Simon, 5. Aufl. Teil III Rn. 559 = ABl. Berlin 2000, 1067 sowie die älteren Untersuchungen von Udart, München (in VR 1976, 291) und Vogels, Grundstücks- und Gebäudebewertung marktgerecht, 5. Aufl. 1996, S. 21.

557 Für die Belange der Bauwirtschaft sind folgende **Funktions- und Nutzungskennzahlen**, bezogen auf die Brutto-Grundfläche, ermittelt worden:

Flächen und Volumina Sachverständigenwesen II

Abb. 30: Funktions- und Nutzungskennzahlen

Büro- und Nutzungskennzahlen						
Verhältnis	Büro- und Verwaltungsgebäude			Wohn- und Wohnungsgeschäftsgebäude		
Qualifizierung	gut	mittel	schlecht	gut	mittel	schlecht
Netto-Grundfläche (NFG) Brutto-Grundfläche (BGF)	0,94	0,91	0,88	0,88	0,83	0,78
Verkehrsfläche (VF) Brutto-Grundfläche (BGF)	0,14	0,19	0,27	0,007	0,11	0,15
Nutzfläche (NF) Brutto-Grundfläche (BGF)	0,76	0,65	0,54	0,78	0,70	0,62
Hauptnutzfläche (HNF)* Brutto-Grundfläche (BGF) * Gebäude ohne Tiefgarage	0,69	0,55	0,40	0,68	0,57	0,46
Geschosshöhe im Normalgeschoss* Zellenbüro (ohne Unterdecke) 2,80 * nicht klimatisiert	2,95	2,95	3,10	–	–	–
Geschosshöhe im Normalgeschoss* Zellenbüro * klimatisiert	3,20	3,30	3,40	–	–	–
Brutto-Rauminhalt (BRI)* Brutto-Grundfläche (BGF) * Gebäude ohne Tiefgarage	3,00	3,80	4,60	2,50	2,85	3,20
Brutto-Rauminhalt (BRI)* Hauptnutzfläche (HNF) * Gebäude ohne Tiefgarage	5,40	7,40	9,30	3,80	4,80	5,80
Nebennutzfläche (NNF) m² je Wohneinheit (WE)	–	–	–	12	19	26
Hüllfläche (HF) Brutto-Grundfläche (BGF)	–	–	–	1,0	1,3	2,6
Hüllfläche (HF) Hauptnutzfläche (HNF)	–	–	–	1,5	2,2	2,9

Quelle: Gärtner, S., Beurteilung und Bewertung alternativer Planungsentscheidungen im Immobilienbereich mithilfe eines Kennzahlensystems, 1. Aufl. 1996

Mithilfe des Nutzflächenfaktors lässt sich die Nutz- bzw. Wohnfläche aus der Brutto-Grundfläche (BGF) bzw. der Geschossfläche nach § 20 BauNVO ausrechnen, d. h., die Geschossfläche wird um die nicht anrechenbaren Grundflächen (Mauerwerk, Verkehrsflächen usw.) reduziert. 558

$$\text{Wohn- bzw. Nutzfläche (WF bzw. NF)} = \frac{\text{Brutto-Grundfläche (BGF)}}{\text{NFF}}$$

wobei NFF = Nutzflächenfaktor

II Sachverständigenwesen　　　　　　　　　　Flächen und Volumina

4.2.4　Ausländische Flächendefinitionen

559　a) *Frankreich*

Der Brutto-Grundfläche (BGF) entspricht in Frankreich die *Surface Hors Oeuvre Brute (SHOB)*. Die SHOB berechnet sich nach Art. R 112 – 2 des Planungsgesetzbuchs[28]. Sie bestimmt sich wie die BGF nach der Gesamtfläche aller Grundrissebenen, gemessen zwischen den unverkleideten Außenfassaden einschließlich Balkonen, Loggien, betretbaren Dachterrassen, Mansarden unter Untergeschossen, jedoch ohne nicht überdachte Terrassen im Erdgeschoss, Treppen und Aufzugsschächte.

Die *Surface Hors Oeuvre Nette (SHON)* ergibt sich aus der SHOB abzüglich Balkonen, Dachterrassen, Garagenanlagen, Technikräumen, nicht ausbaubaren Unter- und Dachgeschossen sowie Flächen mit einer lichten Höhe < 1,5 m. Die SHON ist zugleich die vermietbare Fläche bei industriell genutzten Gebäuden, Lagerhallen, Logistikimmobilien und auch bei Gewerbeobjekten (Bürohäusern) mit Einzelmietern.

Die *Surface Utile Brute (SUB)* ergibt sich aus der SHON abzüglich tragender Wände und Stützen. Die SUB ist zugleich die vermietbare Fläche bei gewerblich genutzten Gebäuden außer industriell genutzten Gebäuden, Lagerhallen und Logistikimmobilien.

Die *Surface Utile Nete (SUN)* ergibt sich aus der SUB abzüglich aller Nebenflächen. Die SUN ist die Nettomietfläche insbesondere für Büros, Werkstätten und Labors.

Die *Surface Habitable (Wohnfläche)* ist die Gesamtfläche aller Fußböden abzüglich Mauern, Trennwänden, Treppenanlagen, Aufzugsschächten, Fenstern, Toren, Balkonen, Dachterrassen, Garagenanlagen, nicht ausbaubaren Unter- und Dachgeschossen sowie Nebenflächen und Flächen mit einer lichten Höhe < 1,8 m.

b) *Großbritannien*

560　Der Brutto-Grundfläche (BGF) entspricht in Großbritannien die *Gross Internal Area (GIA)*. Die GIA berechnet sich nach den „RICS *Code of Measuring Practice*"[29] und ist nach „vor Ort gemessenen Maßen" zu ermitteln, d. h., die Maße dürfen nicht Grundrissplänen entnommen werden. Die *Gross Internal Area (GIA)* bestimmt sich wie die BGF nach der Gesamtfläche aller Grundrissebenen, jedoch gemessen zwischen den Innenkanten der Außenfassade. Keine Berücksichtigung finden mithin die Wandstärken der Umfassungsflächen und außen liegende aufgehende Bauteile (offene Balkone, Loggien, überdachte Gänge und außen liegende Fluchttreppen, Vordächer (*canopies*) sowie Zwischen- und Hohlräume, Gewächshäuser, Geräteschuppen, Lagerräume für Brennstoffe und Ähnliches. Die GIA ist zugleich die vermietbare Fläche bei industriell genutzten Gebäuden, Lagerhallen, Selbstbedienungs-Warenhäusern und ähnlichen Nutzungen.

Die *Net Internal Area (NIA)* bestimmt sich nach der Gesamtfläche aller Grundrissebenen, gemessen zwischen Putz oder Verkleidung der Innenseite der Außenfassade ohne Berücksichtigung von Technik- und Sanitärräumen, Treppenhäusern, Aufzugsschächten, tragenden Wänden, Stützen und Pfeilern sowie dauerhaften technischen Anlagen (z. B. Klimaanlagen); Gemeinschaftsräume, gemeinschaftliche Verkehrsflächen und Flächen mit einer lichten Höhe < 1,5 m werden gesondert angegeben. Die GEA ist zugleich die vermietbare Fläche für Geschäfte, Supermärkte und Büros.

Die *Gross External Area (GEA)* bestimmt sich nach der Gesamtfläche aller bebauten Grundrissebenen, gemessen von Außenfassade zu Außenfassade ohne Berücksichtigung offener Balkone und Loggien; Flächen mit einer lichten Höhe < 1,5 m werden gesondert angegeben.

Die Gross Leasable Area (GLA) definiert sich nach der zur exklusiven Nutzung durch den Mieter verfügbaren Fläche einschließlich Konstruktions-, Verkehrs- und sonstiger vermieteter Flächen; Trennwände, Lufträume und Treppenanlagen werden übermessen. Lediglich die

---
[28] Charte de l'Expertise en évaluation immobilière des IFEI (3. Aufl.) des Institut Francaise l'Expertise Immobilière.
[29] RICS Guidance Note: Code of Measuring Practice, A guide for Property Professionals, 6th edition Cambridge, University Press 2007.

Trennwände zu benachbarten Einheiten werden hälftig berücksichtigt (Mietfläche). Es gibt jedoch keine verbindlichen Berechnungsgrundlagen („*Gross leasable area is the total area (square feed) that is used for rental space in building*").

c) Niederlande

Der Brutto-Grundfläche (BGF) entspricht in den Niederlanden die **Bruto Vloeroppervlakte (b.v.o.)**. Die b.v.o. bestimmt sich gemäß NEN 2580[30] wie die BGF nach der Gesamtfläche aller Grundrissebenen, gemessen von Außenfassade nach Außenfassade. Die **Netto Vloeroppervlakte (n.v.o.)** ermittelt sich aus der b.v.o. abzüglich der Konstruktionsflächen (Stützen, Pfeilern und sonstigen Konstruktionselementen mit einer Grundfläche $\geq 0{,}5$ m² und Flächen mit einer lichten Höhe $< 1{,}5$ m sowie Lufträumen ≥ 4 m². Die **Verhuurbare Vloeroppervlakte (v.v.o.)** ist die vermietbare Fläche, bestehend aus den Hauptnutzflächen einschließlich Sanitärflächen, internen Fluren und Abstellkammern, jedoch ohne Funktionsflächen, Treppenhäuser, Aufzugsschächte sowie Flächen mit einer lichten Höhe $< 1{,}5$ m sowie Lufträume ≥ 4 m.

561

4.3 Volumina

4.3.1 Allgemeines

Im Allgemeinen wird bei der **Ermittlung des Volumens** einer baulichen Anlage lediglich zwischen

562

– dem *umbauten Raum* nach der DIN 277 von 1950 und
– dem *Rauminhalt* nach der DIN 277 von 1973/1987/2005

unterschieden. Die städtebaurechtlich bedeutsame Volumenermittlung nach **Baumasse** spielt hingegen im Rahmen der Verkehrswertermittlung eine untergeordnete Bedeutung. Der Vollständigkeit halber soll sie gleichwohl erwähnt werden (vgl. Rn. 567 ff.).

Für die **Volumenberechnung im Hochbau** ist die vom Deutschen Institut für Normung e. V. herausgegebene Vorschrift DIN 277 maßgebend.

563

Im Rahmen der Verkehrswertermittlung von Grundstücken muss unbedingt zwischen dem umbauten Raum nach der DIN 277 von 1950 und dem Rauminhalt nach der DIN 277 von 1973/1987/2005 unterschieden werden. Diese Unterscheidung spielt insbesondere bei Anwendung des Sachwertverfahrens eine bedeutsame Rolle, weil im Rahmen der Baugenehmigung das Volumen der baulichen Anlage i. d. R. heute nach der aktuellen DIN 277 ermittelt wird, während vor allem die sog. 13er-Normalherstellungskosten auf der Grundlage der DIN 277 von 1950 ermittelt worden sind. Im Unterschied zur aktuellen DIN 277/2005 verwendet die DIN 277 von 1950 zur Bezeichnung des Volumens der baulichen Anlage den Begriff „umbauter Raum". Wer vom „umbauten Raum" spricht, unterstellt damit zugleich die Berechnung des Bauvolumens nach der DIN 277 von 1950.

Die DIN 277 wurde erstmals 1934 zur Schaffung eines einheitlichen Verfahrens zur Ermittlung der Kosten im Hochbau geschaffen. Sie wurde in den Jahren 1936, 1940 und 1950 präzisiert und ergänzt. Dabei wurden insbesondere die **Berechnungen des Dachraums** und der unteren Gebäudebegrenzungen geändert. Im Mai 1973 wurde sie durch eine neue Vorschrift ersetzt (DIN 277, 1973), die im Jahr 1987 geringfügig erweitert[31] und im Jahre 2005 novelliert worden ist.

In Fachkreisen sind die unterschiedlichen Berechnungsweisen der Ausgaben 1950 und 1973/87 und 2005 weitgehend bekannt, aber offensichtlich nicht die Konsequenzen, die sich aus der Anwendung beider Vorschriften bei der Sachwertermittlung ergeben. Die Differenzen sind zum Teil erheblich und so unterschiedlich, dass eine allgemeine **Umrechnungsformel**,

564

---

30 Nederlandse Norm des Nederlands Normalisatie Instituut, Vlinderweg 5 in 2623 AX Delft.
31 Kleiber/Simon/Weyers, Verkehrswertermittlung von Grundstücken, 4. Aufl. 2002, DIN 277, 1987; vgl. Anl. 3 bei Rn. 590.

II Sachverständigenwesen — Flächen und Volumina

nach der der umbaute Raum (DIN 277, 1950) **aus dem Brutto-Rauminhalt** (DIN 277, 1973/1987/2005) **errechnet wird,** nicht angegeben werden kann. Die DIN 277 (1973/1987/2005) ist vorwiegend für genaue Kostenberechnungen entwickelt worden und geht oftmals über die für eine Verkehrswertermittlung geforderte Genauigkeit hinaus.

565 **Ein formelmäßig erfassbares Verhältnis des umbauten Raums zum Rauminhalt**, das dem Einzelfall genügt, **kann es nicht geben.** Aus diesem Grunde wird auch vor der Heranziehung von mitunter veröffentlichten Umrechnungsformeln gewarnt, die allenfalls ein überschlägiges Verhältnis angeben können. Im Einzelfall können die Abweichungen jedoch erheblich sein.

566 In der Wertermittlungspraxis sind Normalherstellungskosten bislang weitgehend auf der Grundlage von Volumeneinheiten herangezogen worden. Dafür kamen insbesondere der Umbaute Raum nach der DIN 277 aus dem Jahre 1950 und der Brutto-Rauminhalt (BRI) nach der DIN 277 (2005) in Betracht. Mit der Abkehr von den überholten sog. 13er-Werten als Grundlage der Ermittlung der Normalherstellungskosten, die noch auf den Kubikmeter Umbauten Raums nach der DIN 277 von 1950 bezogen waren, ist auch eine Abkehr von dieser schon seit langem nicht mehr gültigen DIN verbunden.

4.3.2 Baumasse

▶ *Zur Baumassenzahl (BMZ) vgl. § 6 ImmoWertV Rn. 47*

567 Die Baumasse ist das Volumen einer baulichen Anlage, die im Rahmen der Festsetzung des zulässigen Maßes der baulichen Nutzung für Industriegebiete (GI) i. S. d. § 9 BauNVO von Bedeutung ist. **§ 21 Abs. 2 BauNVO** definiert die Baumasse wie folgt:

„(2) Die Baumasse ist nach den Außenmaßen der Gebäude vom Fußboden des untersten Vollgeschosses bis zur Decke des obersten Vollgeschosses zu ermitteln. Die Baumassen von Aufenthaltsräumen in anderen Geschossen einschließlich der zu ihnen gehörenden Treppenräume und einschließlich ihrer Umfassungswände und Decken sind mitzurechnen. Bei baulichen Anlagen, bei denen eine Berechnung der Baumasse nach Satz 1 nicht möglich ist, ist die tatsächliche Baumasse zu ermitteln."

568 Bei der Ermittlung der Baumasse bleiben **Nebenanlagen** (§ 6 ImmoWertV Rn. 39), Balkone, Loggien, Terrassen sowie bauliche Anlagen, die nach Landesrecht im Bauwich oder in den Abstandsflächen zulässig sind oder zugelassen werden können, unberücksichtigt (§ 21 Abs. 3 i. V. m. § 19 Abs. 4 und § 14 BauNVO).

4.3.3 Umbauter Raum nach DIN 277/1950

4.3.3.1 Allgemeines

569 Die **Ermittlung des umbauten Raums auf der Grundlage der DIN 277** von 1950 ist nach den vorstehenden Ausführungen weitgehend obsolet geworden, weil der umbaute Raum als Bezugsgrundlage der Normalherstellungskosten in der modernen Wertermittlungslehre aufgegeben worden ist und selbst die Versicherungswirtschaft davon abgeht.

570 Die lange Zeit zur Anwendung gekommenen **Normalherstellungskosten aus dem Jahre 1913** (die tatsächlich sogar auf handschriftliche Aufzeichnungen von Ross aus dem 19. Jahrhundert zurückgehen [!]), waren noch auf den umbauten Raum bezogen, obwohl

a) die Berechnungsmodalitäten des umbauten Raums aufgrund permanenter Änderungen der DIN 277 in den Jahren 1934, 1936, 1940 und 1950 geändert wurden,

b) die Regelbauleistungen, die Bauwerkstypen und das Wägungsschema ebenfalls permanent (in den Jahren 1914, 1938, 1950, 1958, 1962, 1970, 1976, 1980, 1985, 1991 und 2005) neueren Bauweisen angepasst wurden und

c) die bis auf 1913 zurückgehende Baupreisindexreihe des Statistischen Bundesamtes für eine Umrechnung der 1913er-Normalherstellungskosten völlig ungeeignet ist[32].

Die **Sachwertermittlung vollzieht sich** heute **auf der Grundlage der auf die Brutto-Grundfläche bezogenen Normalherstellungskosten** (NHK 2000). 571

Die DIN 277 von 1950 – umbauter Raum – ist gleichwohl in Anl. 2 unter Rn. 589 abgedruckt.

4.3.3.2 Vereinfachte Ermittlung des umbauten Raums

Der **umbaute Raum** lässt sich **ausgehend von der bebauten Fläche des Gebäudes** – ermittelt aus den gemessenen oder aus Bauzeichnungen abgegriffenen **Außenmaßen** – überschlägig ermitteln, wenn man das mittlere Baujahr des Gebäudes kennt; *Vogels* gibt hierfür folgende Geschosshöhen an (Abb. 31)[33]: 572

Abb. 31: Mittlere Geschosshöhe nach Vogels bei Wohngebäuden

Mittlere Geschosshöhe für Wohngebäude		
Baujahr	Geschosshöhe	
	Kellergeschoss	Wohngeschoss
um 1900	2,80 m	3,50 m
um 1930	2,50 m	3,00 m
um 1950	2,50 m	2,75 m

Für das ausgebaute sowie für das **nicht ausgebaute Dachgeschoss** müssen in Abhängigkeit von der Dachneigung, der Haustiefe und der Drempelhöhe zusätzlich mittlere Geschosshöhen angesetzt werden. 573

Beispiel:

Wohnhaus aus dem Jahre 1955 mit Flachdach: unterkellert
Bebaute Fläche (Außenmaße): 20 m × 15 m = 300 m²
Anzahl der Vollgeschosse: III
Umbauter Raum = (300 m² × 3 × 2,75 m) + (300 m² × 2,50 m)

Umbauter Raum = 3 225 m³ (überschlägig).

4.3.3.3 Vereinfachte Ermittlung des umbauten Raums im Versicherungswesen

Für die Ermittlung des umbauten Raumes werden von Versicherungsgesellschaften **vereinfachte Berechnungsweisen** vorgegeben. Diese Berechnungsmethoden entsprechen den in der Wertermittlungspraxis angewandten Methoden, als sich die Sachwertermittlung noch auf die sog. 13er-Normalherstellungskosten stützte. 574

Der **umbaute Raum** wird **überschlägig nach den Gebäudeabmessungen** ermittelt: 575

Grundfläche (m²) = Länge × Breite
Höhe (m) = Summe der Höhen der einzelnen Geschosse einschließlich Dachraum
Länge und Breite von Außenkante zu Außenkante der Umfassungsmauern

---

32 Metzmacher/Krikler, Gebäudeschätzung über die Bruttogeschossfläche, Köln 1996, S. 14 f.; FG Düsseldorf, Urt. vom 10.9.1993 – 14 K 255/88 F –, GuG 1994, 253 = EzGuG 20.148.
33 Vogels, Grundstücks- und Gebäudebewertung marktgerecht a.a.O., S. 23.

II Sachverständigenwesen Flächen und Volumina

Höhe von der Oberkante des Kellerfußbodens bis zur Oberkante der Decke des obersten Vollgeschosses. Sie lässt sich am besten im Treppenhaus messen. Ist eine genaue Ermittlung nicht möglich, so können bei Wohngebäuden folgende Höhen angenommen werden:
- Kellergeschoss: rd. mit 2,5 m
- Erdgeschoss und Obergeschosse: je rd. mit 3 m

576 Der **umbaute Raum** wird errechnet:

Länge × Breite × Höhe = m³

Wenn das **Dach** im Querschnitt ein Dreieck ist, darf die Höhe für den Dachraum nur zur Hälfte berücksichtigt werden, d. h., die Dachhöhe kann überschlägig mit der Hälfte der Gebäudebreite angenommen werden.

Das **Keller-**, das **Erdgeschoss** und die **Obergeschosse** sind mit ihrem vollen Volumen anzusetzen, ein **Dachgeschoss** nur, wenn es ausgebaut ist. Der nicht ausgebaute Dachraum wird im Rahmen der Heranziehung von 13er-Normalherstellungskosten nur mit einem Drittel seines umbauten Raums berücksichtigt.

577 *Beispiel*

2-geschossiges Wohngebäude, unterkellert, mit Satteldach (Abb. 32)

Abb. 32: Wohngebäude

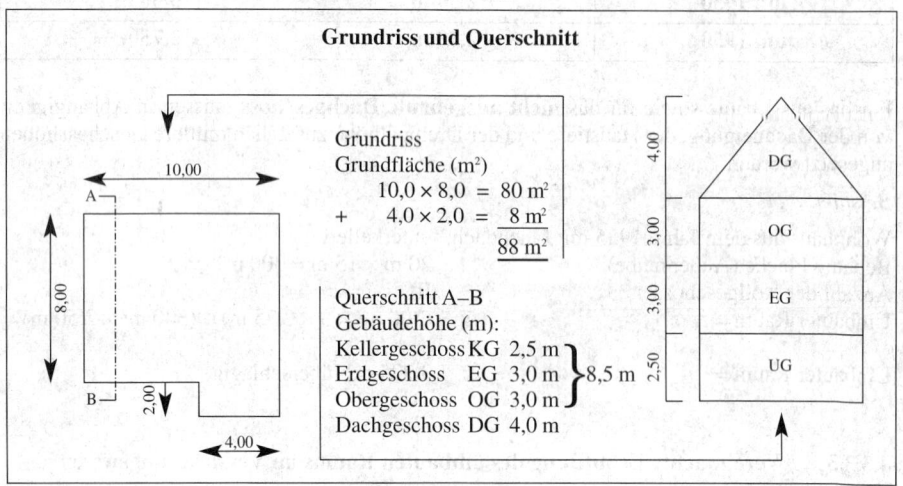

Berechnung des umbauten Raums

bei ausgebautem Dachgeschoss:

$$88 \times 8{,}5 = 748 \text{ m}^3$$
$$+ \text{DG } 88 \times 4/2 = 176 \text{ m}^3$$
$$= 924 \text{ m}^3$$

bei nicht ausgebautem Dachgeschoss:

$$88 \times 8{,}5 = 748 \text{ m}^3$$
$$+ \text{DG } 88 \times 4/2 \times \mathbf{\mathit{1/3}} = 59 \text{ m}^3$$
$$= 807 \text{ m}^3$$

578 Was die Ermittlung des Herstellungswerts auf der Grundlage der 13er auf den umbauten Raum bezogenen Normalherstellungskosten anbelangt, sei auf einen besonders ins Gewicht fallenden Unterschied zur Ermittlung des Herstellungswerts auf der Grundlage der NHK 2000 hingewiesen:

Grundsätzlich weisen ein ausgebautes und nicht ausgebautes Dachgeschoss das gleiche Raumvolumen auf. Da jedoch der Herstellungswert bei ausgebautem und nicht ausgebautem

Dachgeschoss unterschiedlich ist, enthalten die **Tabellenwerke aktueller** (auf 2000 bezogener) **Normalherstellungskosten für Objekte mit ausgebautem und nicht ausgebautem Dachgeschoss jeweils gesonderte Tabellen.** Die auf den Kubikmeter umbauten Raum bezogenen Tabellenwerke der 13er-Normalherstellungskosten enthielten dagegen keine gesonderten Tabellenwerke für ausgebaute und nicht ausgebaute Dachgeschosse. Um den unterschiedlichen Ausbauzustand zu berücksichtigen, bediente man sich eines „Tricks", indem man das Volumen eines nicht ausgebauten Dachgeschosses nur mit einem Drittel zum Ansatz brachte. Im Ergebnis reduzierte man also das Dachvolumen, statt die Normalherstellungskosten des nicht ausgebauten Dachgeschosses zu reduzieren.

4.3.4 Brutto-Rauminhalt (BRI) nach DIN 277/2005

Die DIN 277 von 2005 **unterscheidet zwischen folgenden Volumina:** 579

a) *Brutto-Rauminhalt (BRI);* er definiert sich als die Summe der Rauminhalte des Bauwerks über Brutto-Grundflächen und ergibt sich aus der Brutto-Grundfläche multipliziert mit der zugehörigen Höhe. Die zugehörige Höhe berechnet sich

- im *untersten Geschoss:* die Länge von der Unterkante (UK) der konstruktiven Bauwerkssohle bis zur Oberkante (OK) des Bodenbelags des darauffolgenden Geschosses,

- in den *mittleren Geschossen:* jeweils zwischen den Oberkanten (OK) des Bodenbelags,

- im *obersten Geschoss:* von der Oberkante des Bodenbelags bis zur Oberkante des Dachbelags,

- in *Flächenbereichen:* bis zur Oberkante der umschließenden Bauteile wie Brüstungen, Attiken und Geländer.

Unberücksichtigt bleiben Tief- und Flachgründungen, Lichtschächte, Außentreppen und Außenrampen, Eingangsüberdachungen, Dachüberstände, soweit sie nicht Überdeckungen für den Bereich b (vgl. Rn. 504) darstellen, auskragende Sonnenschutzanlagen, über den Dachbelag aufgehende Schornsteinköpfe, Lüftungsrohre und -schächte.

b) *Netto-Rauminhalt (NRI);* er definiert sich als die Summe der lichten Rauminhalte aller Räume, deren Grundflächen zur Netto-Grundfläche gehören, und ergibt sich aus der Netto-Grundfläche, multipliziert mit der zugehörigen lichten Raumhöhe.

Nicht zum Netto-Rauminhalt gehört z. B. der Rauminhalt über abgehängten Decken, in Doppelböden und in mehrschaligen Fassaden.

c) *Konstruktions-Rauminhalt (KRI);* er definiert sich als die Summe der Rauminhalte der Bauteile, die Netto-Rauminhalte umschließen. Der Konstruktions-Rauminhalt schließt die Rauminhalte ein von

- abgehängten Decken,

- Doppelböden,

- mehrschaligen Fassaden,

- Installationskanälen und -schächten mit einem lichten Querschnitt bis 1,0 m².

Der Konstruktions-Rauminhalt ist die Differenz zwischen Brutto-Rauminhalt und Netto-Rauminhalt.

Bei der **Ermittlung des Brutto-Rauminhalts gelten folgende Grundsätze:** 580

1) Der Brutto-Rauminhalt ist aus den Brutto-Grundflächen und den dazugehörenden Höhen zu ermitteln. Als Höhen für die Ermittlung des Brutto-Rauminhaltes gelten die vertikalen Abstände zwischen den Deckenbelagsoberkanten der jeweiligen Grundrissebenen bzw. bei Dächern die Dachbelagsoberkanten.

2) Für die Höhen des Bereichs c sind die Oberkanten begrenzender Bauteile, z. B. Brüstungen, Attiken, Geländer, maßgebend.

II Sachverständigenwesen
Flächen und Volumina

3) Bei untersten Geschossen gilt als Höhe der Abstand von der Unterkante der konstruktiven Bauwerkssohle bis zur Deckenbelagsoberkante der darüberliegenden Grundrissebene.

4) Bei Bauwerken oder Bauwerksteilen, die von nicht vertikalen und/oder nicht waagerechten Flächen begrenzt werden, ist der Rauminhalt nach entsprechenden geometrischen Formeln zu ermitteln.

581 Bei der Berechnung des Brutto-Rauminhalts ergeben sich mindestens drei **getrennte Volumina** (bei Gebäuden mit Satteldächern vier Rauminhalte) von unterschiedlicher Wertigkeit, für die jeweils getrennte Raummeterpreise anzusetzen sind:

a) Brutto-Rauminhalt von allseitig umschlossenen und überdeckten Bauteilen,

b) Brutto-Rauminhalt von nicht allseitig in voller Höhe umschlossenen, jedoch überdeckten Bauteilen,

c) Brutto-Rauminhalt von Bauwerken/Teilen von Bauwerken, die von Bauwerken umschlossen, jedoch nicht überdeckt sind.

582 Um die **Größenordnung der Differenz zwischen dem umbauten Raum und dem Brutto-Rauminhalt überschlägig** abschätzen zu können, geben folgende **Richtzahlen** einen Anhalt:

– Gebäudeform: Abschlag in % des Brutto-Rauminhalts (DIN 277, 2005)
– Gebäude mit Flachdach: ca. 3 bis 8 (Abschlag ist abhängig von der Höhe der Dachaufkantung und der Unterkante der den Fußboden tragenden Konstruktion)
– Gebäude mit offenem Dachraum: ca. 3 bis 8
– Gebäude mit nicht ausgebautem Dachgeschoss (Dachneigung 45 °): bis ca. 50
– Gebäude mit ausgebautem Dachgeschoss: ca. 3 bis 8

Für genauere Sachwertermittlungen sind die Richtzahlen jedoch nicht brauchbar.

Um erkennen zu können, nach welcher **DIN-Vorschrift** das Volumen berechnet wurde, ist auf Folgendes zu achten:

– Datum der Berechnung: Volumen für Bauten ab 1974 wurden im Allgemeinen nach DIN 277 (2005) berechnet.
– Die Berechnung des Dachraumes bei Gebäuden mit Satteldächern erfolgt nach DIN 277 (1973/1987/2005) mit dem Höhenansatz 1/2, nach DIN 277 (1950), davon 1/3, wenn das Dach nicht ausgebaut ist (1/3 × 1/2) = 1/6.
– Bei der Berechnung nach DIN 277 (1950) liegen Baurichtmaße zugrunde.
– Bei Berechnung nach DIN 277 (1973/87) muss die Aufteilung in getrennte Volumina erkennbar sein.

583 Die **Berechnung des Volumens nach DIN 277/2005** führt im Regelfall zu einem anderen Ergebnis als die Volumenberechnung nach DIN 277 (1950); vgl. Abb. 33.

DIN 277 (1950)	DIN 277 (2005)
12,00 m × 12,00 m = 144,00 m²	12,06 m × 12,06 m = 145,44 m²
H1 = 3,00 m	H1 = 3,00 m
H2 = 6,0 m	H2 = 6,00 m
Umbauter Raum:	Rauminhalt
144,00 m² × 3,00	145,44 m² × 3,00
+ 144,00 × 1/2 × 1/3 × 6,00 = 576,00 m²	+ 145,44 × 1/2 × 6,05 = 876,28 m²
= 100,00 %	= 152,00 %

4.4 Ausbauverhältnis

▶ Zur Bedeutung vgl. *§ 8 ImmoWertV Rn. 251 ff.; zum Nutzflächenfaktor Rn. 554*

584 Die **Wirtschaftlichkeit eines Gebäudes** ergibt sich aus dem Verhältnis

- der Brutto-Grundfläche zur Netto-Grundfläche und
- der Hauptnutzfläche zur Nebennutzfläche.

Insbesondere das zuletzt genannte Verhältnis stellt in der Bauwirtschaft die heute maßgebliche Kenngröße dar. In der bisherigen Wertermittlungspraxis wurde diesbezüglich vor allem das sog. Ausbauverhältnis herangezogen.

Als das Ausbauverhältnis bezeichnet man das **Verhältnis zwischen dem Rauminhalt (umbauter Raum) und der Wohn- bzw. Nutzfläche** 585

$$\text{Ausbauverhältnis [m]} \quad \frac{\text{Rauminhalt (umbauter Raum) [m}^3\text{]}}{\text{Wohn-/Nutzfläche [m}^2\text{]}}$$

Das **Ausbauverhältnis** ist insbesondere **vom Baujahr des Gebäudes** abhängig, da im Laufe der Zeit immer effizientere Gebäudeaufteilungen erreicht werden konnten. Eine hohe Ausbauverhältniszahl zeigt i. d. R. eine wertmindernde Überhöhe der Geschosse an. 586

Das Ausbauverhältnis ist eine Kennzahl, mit der **unwirtschaftlichen Geschosshöhen** und einem unwirtschaftlich hohen Anteil an Funktions- und Verkehrsflächen Rechnung getragen werden kann. Unwirtschaftliche Geschosshöhen finden bei Anwendung flächenbezogener Normalherstellungskosten ohnehin keinen Eingang in die Gebäudesachwertermittlung. Einem **unwirtschaftlich hohen Anteil an Funktions- und Verkehrsflächen** muss dagegen weiterhin Rechnung getragen werden. Darüber hinaus ist aber noch wertmäßig einem ungünstigen Verhältnis zwischen Haupt- und Nebennutzflächen Rechnung zu tragen. Bei alledem ist solchen wertmindernden Umständen im Rahmen des § 8 Abs. 3 ImmoWertV (wirtschaftliche Wertminderung) Rechnung zu tragen. 587

Teil III

Gutachterausschusswesen und Verkehrswert
(§§ 192 bis 199 Baugesetzbuch – BauGB)

Teil III

> *Die Wertermittlung von Grundstücken ist der Versuch,*
> *mit theoretischen Modellen ökonomische Prozesse abzubilden.*
> *Im Zentrum dieser Theorie stehen aber nicht Zahlen,*
> *sondern Menschen und Märkte. Menschen handeln aber*
> *nicht immer ökonomisch.*
> *(Eine Definition der Wirtschaftswissenschaften)*

Das Gutachterausschusswesen und der Verkehrswert; das Recht der Wertermittlung des Baugesetzbuchs BauGB – (§§ 192 bis 199 BauGB)

1 Vorbemerkungen zum Wertermittlungsrecht des BauGB

Gliederungsübersicht — Rn.
1.1 Wertermittlungsrecht des Bundes
    1.1.1 Allgemeines 1
    1.1.2 Gesetzgebungskompetenz und Gesetzgebungsmotive 4
    1.1.3 Inkrafttreten 19
    1.1.4 Annex: Treutax 23
1.2 Wertermittlungsrecht der Länder 27

1.1 Wertermittlungsrecht des Bundes

1.1.1 Allgemeines

Schrifttum: *Petersen, H.* u.a., Verkehrswertermittlung von Immobilien, 2. Aufl. 2013, S. 70 ff.; *Schaar, H.-W.*, Gutachterausschüsse online – Neue Dimensionen der Markttransparenz, GuG 2002, 30.

Das Recht der Wertermittlung ist im Baugesetzbuch – BauGB – im Ersten Teil des Dritten Kapitels (§§ 192 bis 199 BauGB) geregelt. Die §§ 192 ff. BauGB enthalten im Wesentlichen Regelungen über die **Einrichtung der Gutachterausschüsse für Grundstückswerte und deren Aufgaben, die materielle Definition des** im Städtebaurecht maßgeblichen **Marktwerts (Verkehrswerts) von Grundstücken** sowie die **Ermächtigungsgrundlagen** zum Erlass von Vorschriften über **1**

a) die Anwendung gleicher Grundsätze bei der Ermittlung der Verkehrswerte (Immobilienwertermittlungsverordnung durch die Bundesregierung) und

b) die Bildung und das Tätigwerden von Gutachterausschüssen, Oberen Gutachterausschüssen und Zentralen Geschäftsstellen (Gutachterausschussverordnung) durch die Landesregierungen.

Die Regelungen finden insbesondere Anwendung bei der Ermittlung der in § 217 Abs. 1 Satz 1 und 2 BauGB genannten Entschädigungs- und sonstigen Geldleistungen (vgl. § 1 ImmoWertV Rn. 5).

III Gutachterausschusswesen Vorbem. BauGB

2 Der im BauGB definierte Marktwert (**Verkehrswert,** § 194 BauGB) **hat im allgemeinen Wirtschafts- und Rechtsleben eine allgemeingültige Bedeutung erlangt.** Der Verkehrswert ist zudem identisch mit dem im Steuerrecht maßgeblichen gemeinen Wert und dem in der Rechnungslegung maßgeblichen „beizulegenden Zeitwert" *(fair value)*; vgl. § 194 BauGB Rn. 154 ff., Vorbem. zur ImmoWertV Rn. 1 f. Die ImmoWertV (vormals WertV) enthält ergänzend hierzu allgemeine Grundsätze für die Ermittlung des Verkehrswerts. Die AusführungsVOen der Länder enthalten dagegen Vorschriften, die die Tätigkeit der Gutachterausschüsse – ergänzend zu den bundesrechtlichen Vorschriften des BauGB – regeln. Darüber hinaus haben Bund und Länder im untergesetzlichen Bereich eine Reihe von Verwaltungsanweisungen erlassen, die auch für die außerhalb der Gutachterausschüsse für Grundstückswerte tätigen Sachverständigen eine nicht unerhebliche Bedeutung erlangen konnten (vgl. Vorbem. zur ImmoWertV Rn. 40 ff.)

3 Zur **Einordnung der zum BauGB erlassenen ImmoWertV,** der GutachterausschussV sowie der hierzu erlassenen Richtlinien (Abb. 1).

Abb. 1: Bundes- und landesrechtliche Regelungen zur Wertermittlung

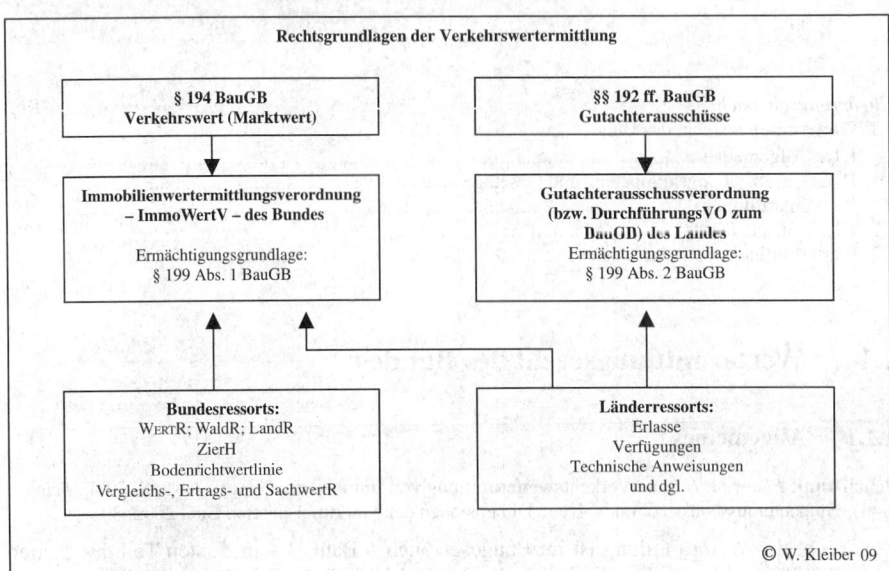

1.1.2 Gesetzgebungskompetenz und Gesetzgebungsmotive

▶ *Zu den Ermächtigungsgrundlagen vgl. § 199 BauGB Rn. 4 ff.; Vorbem. zur ImmoWertV Rn. 17 ff.; Teil VI Rn. 271 ff.*

4 Die **Gesetzgebungskompetenz des Bundes** zum Erlass von Vorschriften über die Wertermittlung von Grundstücken stützt sich auf Art. 74 Nr. 18 GG. Das Bundesverfassungsgericht – BVerfG – hatte im Jahre 1954 auf Antrag des Bundestags, des Bundesrates und der Bundesregierung ein Gutachten über die Erfordernisse der Bau- und Bodengesetzgebung erstattet und führt hierin wie folgt aus: „Bodenbewertung kann nicht Selbstzweck sein. Sie ist für die verschiedensten Zwecke erforderlich, außer für die in dem Gutachtenantrag genannten bau- und bodenrechtlichen Vorgänge z. B. auch für die Vermögensteuer, die Grundsteuer und die Grunderwerbsteuer. Sie stellt daher kein selbstständiges Rechtsgebiet dar. Darum ist eine Zuständigkeit des Bundes zur Gesetzgebung über die Bodenbewertung nur soweit zu bejahen, als diese im Zusammenhang steht mit Materien, für die eine Gesetzgebungszuständigkeit des

Bundes gegeben ist. Soweit in diesem Gutachten die Bundeszugehörigkeit für einzelne Materien bejaht ist, ist daher auch die Zuständigkeit des Bundes für die Gesetzgebung über Bodenbewertung gegeben; sie kann einheitlich oder für die einzelnen Materien gesondert geregelt werden"[1].

Die Einrichtung „Gutachterausschüsse für Grundstückswerte" geht – gestützt auf dieses Gutachten – in ihrer heutigen Form auf das im Jahre 1960 erlassene Bundesbaugesetz (BBauG)[2] zurück. Das BBauG 1960 hat mit Wirkung vom 30.10.1960 erstmals nach dem Krieg die bis dahin geltende, aus dem Jahre 1936 stammende Preisstoppregelung für das Gebiet der alten Bundesländer (vgl. Rn. 6) vollständig aufgehoben[3]. Mit der **Aufhebung des Preisstopps** war die Notwendigkeit verbunden, die terra incognita des Grundstücksmarktes transparent zu machen und Vorkehrungen zu treffen, um Veräußerer und Erwerber in Unkenntnis der Wertverhältnisse auf dem Grundstücksmarkt vor Übervorteilung zu schützen[4]. Dies war das entscheidende Motiv für die Einrichtung von Gutachterausschüssen für Grundstückswerte mit den ihnen übertragenen Pflichten, eine Kaufpreissammlung zu führen und auf dieser Grundlage Gutachten über Grundstückswerte und jedermann zugängliche Bodenrichtwerte zu ermitteln[5]. Hingegen wurde damit nicht das Ziel verfolgt, mit der Tätigkeit der Gutachterausschüsse Einfluss auf die Preisentwicklung auf dem Grundstücksmarkt auszuüben. Mit der aufklärenden Tätigkeit sollte allenfalls „übermäßigen Pendelausschlägen der Preise nach oben und nach unten im Sinne einer Beruhigung des Marktes" entgegengewirkt werden. In diesem Zusammenhang wurde auch von einem „Schwingungsdämpfer" gesprochen[6].   5

Historisch gesehen war das Bedürfnis nach mehr **Transparenz des Grundstücksmarktes** bei Erlass des BBauG 1960 besonders ausgeprägt, weil das aus dem Jahre 1936 stammende Verbot von Preiserhöhungen gemäß Preisstopp vom 26.11.1936[7] sowie aufgrund der §§ 2 und 3 des Preisgesetzes vom 10.4.1948[8] nach § 185 BBauG 1960 erst mit Wirkung vom 30.10.1960 aufgehoben wurde, nachdem der Preisstopp nur kurzfristig und vorübergehend aufgrund des sog. Leitsätzegesetzes vom 24.6.1948 aufgehoben war. Demzufolge bestand im Jahre 1960 kein eigentlicher dem freien Spiel der Kräfte ausgesetzter Baubodenmarkt. Die völlige Frei-   6

---

1 Rechtsgutachten des BVerfG über die Zuständigkeit des Bundes zum Erlass eines Baugesetzes vom 16.6.1954 – 1 P BvV 2/52 –, BVerfGE 3, 407 = EzGuG 19.3e.
2 Bundesbaugesetz (BBauG) vom 23.6.1960 (BGBl. I 1960, 341).
3 § 186 Nr. 65 bis 67 BBauG 1960.
4 3. Buch Mose, Kapitel 25 Vers 14.
5 Wissenschaftlicher Beirat für Fragen der Bodenbewertung beim Bundesminister für Wohnungsbau: Vorschläge zur Ordnung des Baulandmarktes, Schriftenreihe des BMWo Bd. 12 S. 3.59; BT-Drucks. III/336, S. 105; Hauptkommission für die Baugesetzgebung beim BMWo: Entwurf eines Baugesetzes, Schriftenreihe des BMWo, Bd. 7, S. 133 ff., Bd. 9, S. 69 ff.
6 BT-Drucks. III/336, S. 105 ff.; zu BT-Drucks. III/1794, S. 26 ff.; Bundesminister Lücke sprach anlässlich der 3. Lesung von einer „Überführung des Grundstücksmarktes in die soziale Marktwirtschaft, gleichzeitig Einbau von Bestimmungen, die sicherstellen, dass dem Bodenwucher wirksam entgegengetreten wird ..." (116. Sitzung des BT vom 20.5.1960; StenProt. S. 6635 C).
7 Verordnung über das Verbot von Preiserhöhungen vom 26.11.1936 – PreisstoppVO – (RGBl. I 1936, 955 = RVI 42 Dok II); Erste AusführungsVO vom 30.11.1936 (RGBl. II 1936, 956 = RVI 42 a Dok II); RdErl. Nr. 155/37 vom 6.10.1937 betr. Preisbildung und Preisüberwachung des Reichskommissars für Preisbildung; VO über die Preisüberwachung und die Rechtsfolgen von Preisverstößen im Grundstücksverkehr vom 7.7.1942 (RGBl. I 1942, 451 und MittBl. I S. 482 = RVI 43 Dok II, zuletzt i.d. Erl. vom 28.11.1952 (RGBl. I 1952, 792); Erl. vom 24.2.1955 betr. Antragsrecht des beurkundenden Notars (MittBl. I, S. 110); Erl. über Mitwirkung der Notare bei der Preisüberwachung im Grundstücksverkehr vom 8.7.1942 (Deutsche Justiz, S. 473); RdErl. Nr. 64/41 vom 10.6.1941 (MittBl. I 1941, 350) betr. Preisbildung und Preisüberwachung bei Bauland i. V. m. RdErl. 66/42 vom 1.7.1942 (MittBl. I 1942, 438) betr. Festsetzung von Richtpreisen; GemErl. zur Ausführung der VO über die Preisüberwachung und Rechtsfolgen von Preisverstößen im Grundstücksverkehr vom 7.7.1942 (RGBl. I 1942, 451) sowie vom 18./27.10.1943 (Deutsche Justiz, S. 489 und MittBl. I, S. 689); GemErl. zur Ausführung der VO über die Preisüberwachung vom 7.7.1942 und die Rechtsfolgen von Preisverstößen im Grundstücksverkehr vom 8.7.1942 (RGBl. I 1942, 451); RdErl. vom 6.10.1937 (T.-Nr. IV/5 – 21 – 2575) über Preisbildung und Preisüberwachung (alle abgedruckt bei Legler, Preisbildung und -überwachung für Grundstücke, Mieten und Pachten. VEB Dt. Zentralverlag Dresden 1956) sowie Weil, Th., Grundstücksschätzung, 5. Aufl. Düsseldorf 1958; des Weiteren wurde die Preisüberwachung für land- und forstwirtschaftliche Grundstücke mit Bauland in „Richtpreisplänen" festgesetzt (vgl. RdErl. 64/41 und 66/62 des Reichskommissars für die Preisbildung vom 10.6.1941; MittBl. I, S. 350); hierzu Pinkwart in ZfV 1954, 47 ff.); Richtlinien über die Waldbewertung, Erl. vom 17.1.1944 (MittBl. II 1944, 12); Erl. vom 4.6.1942 (Az. IX – 16 – 2508/42) zur Bewertung bebauter Grundstücke (Sonderausgabe); lesenswert: Potthoff, Schwarzes über schwarze Käufe, in NJW 1958, 2044: Ule in VerwArch 1963, 347; Stahlkopf in AVN 1940, 246.
8 WiGBl. 1948, 2.

III Gutachterausschusswesen

gabe des Grundstücksmarktes verlangte ausreichende Transparenz, um i. S. marktwirtschaftlicher Prinzipien funktionsfähig zu werden. Auch wenn nunmehr der Bodenmarkt im Prinzip schon vier Dezennien dem freien Spiel der Kräfte überlassen ist, macht es eine spezifische Eigenart[9] nach wie vor erforderlich, der allgemein stärkeren Position des Verkäufers bei steigenden Bodenpreisen durch größere Transparenz der Grundstücksmarktverhältnisse ausgleichend entgegenzuwirken; Entsprechendes gilt im Übrigen auch bei fallenden Bodenpreisen.

Preisstoppregelungen haben sich **bodenpolitisch** als ein **untaugliches Instrument** erwiesen. Sie können die Lage auf dem Grundstücksmarkt ebenso wenig verbessern, wie sich Fieber durch Zerschlagen des Fieberthermometers heilen ließe. Dennoch wurden die Preisstoppregelungen nach dem Krieg verhältnismäßig **spät und erst schrittweise aufgehoben**. Erst nach einer über 50-jährigen Preisstoppregelung war der Grundstücksmarkt im vereinten Deutschland wieder gänzlich dem freien Spiel der Marktkräfte ausgesetzt.

a) In den **alten Bundesländern** wurden die Preisvorschriften für den Verkehr mit Grundstücken vom 26.11.1936[10] sowie die Preisvorschriften nach den §§ 2 und 3 des Preisgesetzes vom 10.4.1948[11] mit Wirkung vom 30.10.1960 durch § 185 BBauG 60 und die VO über die Preisüberwachung vom 7.7.1942[12] mit § 186 Nr. 65 BBauG 60 aufgehoben[13]. Zuvor wurden

- mit Verordnung PR Nr. 75/52 vom 28.11.1952[14] die Preise bebauter Grundstücke sowie sog. Trümmergrundstücke und
- mit Verordnung PR Nr. 1/55 vom 17.4.1955[15] die Preise im Rahmen von Zwangsversteigerungsverfahren

freigegeben.

b) Auf dem Gebiet der **neuen Bundesländer** wurden die Preisvorschriften mit der Verordnung über die Aufhebung bzw. Beibehaltung von Rechtsvorschriften auf dem Gebiet der Preise vom 25.6.1990[16] mit Wirkung vom 1.7.1990 aufgehoben, nachdem bereits im 1. Staatsvertrag vom 18.5.1990[17] im Zusammenhang mit der Umstellung der auf Mark der DDR laufenden Verbindlichkeiten und Forderungen auf Deutsche Mark (DM-Eröffnungsbilanz) u. a. vereinbart wurde, dass der Wert von Grund und Boden zum aktuellen Verkehrswert zu ermitteln ist. Auf der Grundlage des vorstehenden Gesetzes sowie des Gesetzes über die Preisbildung und die Preisüberwachung beim Übergang zur sozialen Marktwirtschaft – Preisgesetz – vom 22.6.1990[18] ist insbesondere die auf den Ministerratsbeschluss der DDR vom 15.2.1990 zurückgehende Ergänzung zur Preisverfügung 3/87 – Bewertung von unbebauten und bebauten Grundstücken und Feststellung der Höhe der Entschädigung – vom 30.4.1987 einschließlich der Preisverfügung 3/87 selbst und der hierzu erlassenen „Grundsätze" des Amtes für Preise aufgehoben worden. Auch § 6 der Durchführungsverordnung zum Gesetz über den Verkauf volkseigener Gebäude vom 15.3.1990[19] war damit ab dem 1.7.1990 nicht mehr anwendbar. Aufgehoben wurden ferner die Bewertungsrichtlinien vom 20.6.1984, die Preisverfügung Nr. 3/82 vom 9.12.1982 einschließlich der hierzu ergangenen Hinweise des Amtes für Preise sowie die Richtlinie über die Preisprüfung vom 15.2.1979 des Ministeriums der Finanzen der DDR.

7 Die Integration des Wertermittlungsrechts in das Städtebaurecht des Bundesbaugesetzes (BBauG) von 1960 war der Schlussstein einer langen im Zusammenhang mit der Aufhebung des Preisstopps geführten politischen Auseinandersetzung[20]. Ursprünglich bestand die Vor-

---

9 BVerfG, Beschl. vom 12.1.1967 – 1 BvR 169/63 – BVerfGE 21, 73 = EzGuG 6.96.
10 RGBl. I 1936, 955.
11 WiGBl. 1948, 27.
12 RGBl. I 1942, 451.
13 Bekanntmachung betr. Aufhebung der Preisvorschriften für den Verkehr mit Grundstücken des BMWi vom 5.9.1960 (MinBl. des BMWi 1960, 418 = HGBR 1961 – B – 10.2); StenBer. der 270, BT-Sitzung 1. WP S. 13364 C): Gesetzentwurf der FDP über die Beseitigung von Preisbindungen vom 7.11.1957 (BT-Drucks. III/13); Brückner, Grundstücks- und Gebäudewerte in der Rechts-, Bau- und Wirtschaftspraxis, 3. Aufl. 1974, S. 33 ff.
14 Verordnung PR Nr. 75/52 vom 28.11.1952 (BGBl. I 1952, 792).
15 Verordnung PR Nr. 1/55 vom 17.4.1955 (BAnz Nr. 75 vom 20.4.1955).
16 GBl. DDR I 1990, 471. Die wichtigsten Rechtsgrundlagen und Fachanweisungen für Preisermittlungen in der ehemaligen DDR sind im Anhang 15 zur 3. Aufl. dieses Werks chronologisch zusammengestellt.
17 1. Staatsvertrag vom 18.5.1990, Anl. 7 der Anl. I § 3 Abs. 2 lit. f. BGBl. II 1990, 518.
18 GBl. DDR I 1990, 471.
19 GBl. DDR I 1990, 158.
20 Der Referentenentwurf für ein Reichsstädtebaugesetz von 1931 enthielt keine „Vorbildregelung"; §§ 85 ff. dieses Entwurfs regelten die Wertermittlung in Anlehnung an das Reichsbewertungsgesetz (RArbBl. I 1931, 266), jedoch war für Entschädigungsfestsetzungen im § 69 eine **Schätzbehörde** vorgesehen, deren Festsetzungen **nicht** verbindlich sein sollten.

stellung, ein eigens über den städtebaulichen Bereich hinausgehendes **Verkehrswertgesetz** zu schaffen[21]. Dagegen sah der Erste Referentenentwurf eines „Baugesetzes für die Bundesrepublik Deutschland"– sog. Dittus-Entwurf – bereits in einem eigenen (Fünften) Teil Vorschriften für die Ermittlung von Grundstückswerten vor (Bonn 1950). Der später von 127 Abgeordneten aller Parteien eingebrachte Initiativentwurf eines BBauG vom 26.10.1955[22] übernahm diesen Vorschlag ebenso wie der Entwurf eines Baugesetzes, der am 2.3.1956 von der beim Bundesministerium für Wohnungsbau gebildeten Hauptkommission für die Baugesetzgebung vorgelegt wurde[23]. Der von der Bundesregierung vorgelegte Referentenentwurf folgte schließlich diesem Beispiel. Er wurde am 26.7.1956 vom Bundeskabinett beschlossen und dem Bundesrat am 25.9.1956 zugeleitet.

Daneben hat es eine Reihe parlamentarischer Initiativen zur Bodenbewertung und über die Einführung einer **Grundrentenabgabe**[24], über die Bemessung von Enteignungsentschädigungen[25] sowie zur Beseitigung von Preisbindungen (Preisstopp) gegeben[26].

Die **Notwendigkeit einer Verankerung des Wertermittlungsrechts im Bundesbaugesetz** war in der Beratung des RegE von 1956 nicht unumstritten. Während der Finanzausschuss eine Streichung der Wertermittlungsvorschriften empfahl, sah der Agrar- und Wirtschaftsausschuss des Deutschen Bundestags und vor allem der Ausschuss für Wiederaufbau und Wohnungswesen[27] ein dringendes Bedürfnis für diese Vorschriften, um Spekulationsgewinne im Zusammenhang mit der Aufhebung des Preisstopps zu verhindern[28]. In unveränderter Fassung wurde der RegE am 13.12.1956 dem Deutschen Bundestag zugeleitet (BT-Drucks. II/3028), der ihn in seiner 183. Sitzung am 11.1.1957[29] an die Ausschüsse überwies[30]. **8**

Nachdem der RegE von 1956 in der 2. Legislaturperiode nicht mehr zur Verabschiedung gelangte, legte die BReg anfangs der 3. Legislaturperiode erneut eine überarbeitete Fassung des RegE von 1956 vor[31]. Der überarbeitete Entwurf wurde vom Deutschen Bundestag in seiner 33. Sitzung erneut beraten[32]. Aufgrund der Beratung wurde vom Bundesministerium für Wohnungswesen ein **Wissenschaftlicher Beirat für Fragen der Bodenbewertung** eingesetzt, der die BReg und die gesetzgebenden Körperschaften über weitere Fragen des Bodenmarktes beraten sollte. Dieser erstattete am 25.9.1958 ein Gutachten über „Vorschläge zur Ordnung des Baulandmarktes"[33]. **9**

Im Kern ging es bei den weiteren Beratungen weniger um die Fragen der Bodenbewertung im engeren Sinne als um Fragen der **bodenordnerischen Flankierung der Aufhebung des Preisstopps** insbesondere durch Einführung einer Baulandsteuer[34]. Die Ergebnisse der Beratungen zum RegE von 1958 sind im sog. Hesberg-Bericht des federführenden 24. BT-Ausschusses zusammengefasst[35]. **10**

Mit der Verabschiedung des BBauG im Jahre 1960 und dem **„Scheitern" der Baulandsteuer** wollte die bodenpolitische Diskussion nicht verstummen. Auf der Grundlage des Beschlusses des Deutschen Bundestags vom 18.5.1962[36] hat der damalige Wohnungsbauminister Lücke **11**

---

21 StenProt. der 270. BT-Sitzung, S. 13355 vom 11.6.1953.
22 BT-Drucks. II/1813.
23 Hauptkommissionsentwurf, Schriftenreihe des BMWo Bd. 7 und 9.
24 Gesetzentwurf der Fraktion des GB/BHE vom 27.2.1956, BT-Drucks. II/2132.
25 Antrag der Abgeordneten Huth, Schneider, Wittenberg und Genossen vom 27.5.1953, BT-Drucks. II/1426.
26 Antrag der FDP vom 7.11.1957, BT-Drucks. III/13.
27 Sitzung am 8.3.1958, BR-Drucks. 47/1/58.
28 Vgl. auch 270. Sitzung der 1. WP des Deutschen Bundestags (BT-Drucks. II/3028).
29 183. Sitzung am 11.1.1957, StenBer S. 10160 B.
30 Keine zwingenden Gründe für die Einrichtung von Gutachterausschüssen konstatierte die CDU (Rheinland – Wirtschaftsausschuss) in ihrer Stellungnahme zum Entw. des BBauG; abgedruckt in Boden, SBV Stadtbau-Verlag Dokumentation Bd. III, S. 47 f. Dt. Verband für Wohnungswesen, Städtebau und Raumplanung e. V., Bonn 1968.
31 RegE vom 16.4.1958 – BT-Drucks. III/336.
32 StenProt. der 33. Sitzung, S. 1838 ff.; vgl. Boden – eine Dokumentation Bd. III, S. 15.
33 Schriftenreihe des BMWo Bonn 1958, Bd. 12.
34 BT-Drucks. III/1794, S. 2436 StenProt. der 114. Sitzung des Deutschen Bundestags, S. 8164.
35 BT-Drucks. III/1794, S. 102 ff.; BT-Drucks. III/zu 1794, S. 26; StenProt. der 116. Sitzung des Deutschen Bundestags vom 20.5.1960, S. 6635 C; BT-Drucks. III/1861.
36 BT-Drucks. IV/212 Umdruck 103.

III Gutachterausschusswesen

erneut einen Bericht über Maßnahmen zur raumordnerisch wirksamen Förderung einer verstärkten Ausweisung und Erschließung neuen Baulands in Randgebieten der Schwerpunkte des Wohnungsbedarfs vorgelegt[37].

12 Mit der **BBauG-Novelle 1976** wurde das gesetzgeberische Motiv von 1960 aufgegriffen und die Institution „Gutachterausschuss" gestärkt. Der Aufgabenkatalog der Gutachterausschüsse wurde erweitert[38]. Darüber hinaus wurden die Rechtsgrundlagen mit dem Ziel einer Verbesserung der materiellen Grundlagen der Wertermittlung fortentwickelt[39].

13 Im Verlauf der Vorbereitung des BauGB wurde von Fachleuten aus Ländern und Verbänden übereinstimmend festgestellt, dass sich die seit 1960 bestehende Institution Gutachterausschuss bewährt habe[40]. Die bei den Gutachterausschüssen eingerichteten und von ihnen ausgewerteten Kaufpreissammlungen sowie die aus ihnen abgeleiteten Bodenrichtwerte, die überwiegend jährlich abgeleitet und veröffentlicht werden, die ebenfalls vom Gutachterausschuss abgeleiteten und dem Bürger zugänglichen Bodenpreisindexreihen, Umrechnungskoeffizienten, Liegenschaftszinssätze usw. tragen wesentlich zur Transparenz auf den örtlichen Bodenmärkten – erklärtes Ziel des BBauG 1960 – bei. Diese Daten geben nämlich einen Einblick in das Geschehen auf dem Grundstücksmarkt, wie er sonst nicht vermittelt werden kann. Deren Veröffentlichungen sichern die **Transparenz des Grundstücksmarktes** und wirken einer „ungesunden Entwicklung" auf diesem Markt entgegen. Vor allem aber ist die Tätigkeit der Gutachterausschüsse – auch im Bewusstsein der Fachleute und Bürger – für Wertermittlungen allgemein und für Wertermittlung z. B. im Rahmen von Maßnahmen der Bauleitplanung, der Bodenordnung und bei der Bemessung der Enteignungsentschädigung unentbehrlich. Gleichzeitig wird hierdurch ein hohes Maß an Chancengleichheit verwirklicht, weil diese Daten jedermann zugänglich sind. Hieraus resultiert eine allgemeine Anerkennung der Gutachterausschüsse und ihrer Tätigkeit nicht nur unter Fachleuten, sondern auch in weiten Kreisen der Bevölkerung. Die Gutachterausschüsse sind deshalb als mittlerweile schon traditionelle Einrichtungen mit gewachsener Verwaltungsstruktur anzusehen, die wegen ihrer Kompetenz allseitig stark frequentiert werden.

14 Unter Hinweis auf die Regierungserklärung vom 4.5.1983, in der der „Verlagerung öffentlicher Dienstleistungen auf freiberuflich Tätige" besondere Bedeutung beigemessen wurde[41], sowie auf eine steuerliche Subventionierung[42] der Tätigkeit der Gutachterausschüsse wurde im Verlauf des Gesetzgebungsverfahrens zum BauGB eine Einschränkung des Aufgabenbe-

---

37 BT-Drucks. IV/707.
38 Vgl. § 136 BBauG 76.
39 Vgl. § 143a BBauG 76; BT-Drucks. 7/4793 S. 51 ff.; BR-Drucks. 190/1/76, S. 433; BT-Sitzung vom 9.4.1976 Sten-Prot. S. 145 ff.; BT-Drucks. 7/5059, S. 10; 435. BR-Sitzung vom 4.6.1976, S. 229 ff.; 227. BT-Sitzung vom 11.3.1976, StenProt. S. 15870, 15845.
40 Materialien zum Baugesetzbuch, Schriftenreihe des BMBau, 03.108, Bonn 1984, S. 209 ff.; als Vorläufer kann das Pr. Schätzungsamtsgesetz – SchAG – vom 8.6.1918 (ABl. 1918, 463, Pr. GS I 1918. 83 = Jahrbuch der Bodenreform 1919. 47) gelten; vgl. Teil II Rn. 44.
41 Aktuelle Beiträge des Presse- und Informationsamtes der BReg Nr. 16/1984 vom 23.2.1984; darin wird die „Aufgabenverlagerung auf die wirtschaftliche Selbstverwaltung im Bereich des Sachverständigenwesens" ausdrücklich genannt; vgl. auch Wanhoff, DÖV 1982, 310; BT-Drucks. 11/6985, S. 18 ff.; BT-Drucks. 12/21, S. 42; BT-Drucks. 12/7468 = GuG-aktuell 1994, 88; Hoffmann in GewA 1991, 251; vgl. auch sog. „15-Punkte-Programm" des Bundesverbands mittelständische Wirtschaft – BVMW – „Privatisierung und Deregulierung für die Freien Berufe" in GuG-aktuell 1994, 34; Ossenbühl, F., Die Erfüllung von Verwaltungsaufgaben durch „Private"; Veröffentlichung der Vereinigung Deutscher Staatsrechtslehrer Berlin 1971, Bd. 29; Forum 1985, 121; Siedentopf, H., Die Übertragung von öffentlichen Dienstleistungen auf öffentlich bestellte und vereidigte Sachverständige, Rechtsgutachten, Speyer 1988; vgl. auch die Stellungnahme des Bundes der Steuerzahler in AVN 1968, 580.
42 Hierzu: Antwort des parl. Staatssekretärs des BMF vom 25.7.1987 auf eine entsprechende parlamentarische Anfrage (BT-Drucks. 11/658, S. 4 f.): „Eine besondere Umsatzsteuerbefreiung für die Leistungen der Gutachterausschüsse gibt es weder im Umsatzsteuergesetz noch im Baugesetzbuch. Auf die Gutachterausschüsse als öffentlich-rechtliche Einrichtungen sind die umsatzsteuerlichen Vorschriften anzuwenden, die allgemein für die Umsatzbesteuerung der öffentlichen Hand gelten (vgl. § 2 Abs. 3 UStG). Danach unterliegen die Ausschüsse mit den Leistungen nicht hoheitlicher Natur der Umsatzsteuer, soweit die Voraussetzungen eines Betriebs gewerblicher Art im Sinne des Körperschaftsteuerrechts erfüllt sind. Dazu müssen die wirtschaftlichen Tätigkeiten des jeweiligen Ausschusses (z. B. bei Verkehrswertermittlungen zu privaten Zwecken) die in § 4 Körperschaftsteuergesetz und Abschnitt 5 Körperschaftsteuer-Richtlinien bezeichneten Merkmale vorliegen. Insbesondere muss grundsätzlich die Bagatellgrenze von 60 000 DM Jahresumsatz überschritten sein. Ist dies der Fall, so sind die im Rahmen des Betriebs gewerblicher Art ausgeführten Leistungen der Umsatzsteuer zu unterwerfen."

reichs der Gutachterausschüsse gefordert[43] (vgl. § 193 BauGB Rn. 45 ff.). Nach Ansicht der damaligen Bundesregierung durften jedoch größere Wettbewerbsverzerrungen in diesem Bereich nicht vorhanden sein; sie stützte sich dabei auf die Beschlussempfehlung und den Bericht des Bundestagsausschusses für Raumordnung, Bauwesen und Städtebau zu dem von der Bundesregierung eingebrachten Entwurf eines Gesetzes über das Baugesetzbuch. Der Ausschuss sah in der **Tätigkeit der Gutachterausschüsse keine ernsthafte Konkurrenz zu der Tätigkeit der freien Sachverständigen,** weil dazu der Anteil der von den Ausschüssen erstellten Gutachten mit weniger als 10 v. H. der Gesamtzahl der von den selbstständigen Sachverständigen erstellten Gutachten zu gering sei (vgl. § 193 BauGB Rn. 48)[44].

15 Bei der Erarbeitung des Baugesetzbuchs bestand nach dem Vorhergesagten keine Veranlassung, die Vorschriften über die „Wertermittlung" nicht in das Gesetzbuch aufzunehmen. Dies umso weniger, als weder von den Ländern noch von den kommunalen Spitzenverbänden oder den sonstigen Verbänden eine solche Forderung erhoben worden ist. Eine Abschaffung hätte auf Unverständnis stoßen müssen, weil sie der **Zersplitterung** eines bisher **einheitlichen Rechts** auf einem wichtigen Gebiet Vorschub leisten würde und ganz eindeutig der Intention des BBauG 1960 (Schaffung solider Grundlagen einer Verkehrswertermittlung) zuwiderliefe.

16 Insgesamt „leidet" die Verkehrswertermittlung, trotz einer permanenten und mehr dem modischen Zeitgeist Rechnung tragenden „Deregulierungsdiskussion", nicht an einem Übermaß staatlicher Vorgaben, sondern eher an **berufsständischen Defiziten der maßgeblichen Verbände**[45].

17 Die Wertermittlungsvorschriften des BauGB zielen auf eine „kompakte" **Gliederung und Straffung der Regelungen** ab: Vor allem sollen die wesentlichen Institutionen für die Wertermittlung, deren Organisation und materielle Grundlagen erhalten bleiben. Der Gesetzgeber hat sich bei der Regelung der Grundstückswertermittlung erklärtermaßen aber dort zurückgehalten, wo er im Rahmen des Gesetzgebungsverfahrens eine größere Sachkompetenz bei den Ländern erblickte und wo es sich um Selbstverständlichkeiten oder reine Verwaltungsabläufe handelt. Das gilt insbesondere hinsichtlich der Regelung über das Tätigwerden der Gutachterausschüsse im Einzelnen und der Organisation der Gutachterausschüsse.

18 Das **BauGB** hält nach wie vor an den Eckpunkten des BBauG fest, nach dem

– für die Ermittlung von Grundstückswerten selbstständige und unabhängige Gutachterausschüsse gebildet werden (§ 192 Abs. 1 BauGB),

– die Gutachterausschüsse jeweils aus einem Vorsitzenden und ehrenamtlichen weiteren Gutachtern bestehen (§ 192 Abs. 2 BauGB),

– der Vorsitzende und die weiteren Gutachter Sachkunde und Erfahrungen haben sollen (§ 192 Abs. 3 BauGB),

– dem Gutachterausschuss eine Geschäftsstelle zur Seite gestellt wird (§ 192 Abs. 4 BauGB) und

– die Gutachterausschüsse insbesondere eine Kaufpreissammlung führen, Bodenrichtwerte und auf Antrag Verkehrswerte von Grundstücken gutachtlich ermitteln sowie sonstige für die Wertermittlung erforderliche Daten ableiten (§ 193 Abs. 3 BauGB).

Mit Art. 4 des **Erbschaftsteuerreformgesetzes – ErbStRG** vom 24.12.2008 (BGBl. I 2008, 3018) sind die Wertermittlungsvorschriften des BauGB den Bedürfnissen der steuerlichen Bewertung angepasst worden[46]. Die Änderungen zielen im Wesentlichen auf eine flächendeckende Bodenrichtwertermittlung für alle Grundstücksarten ab[47]. Um dafür eine „bundesweit einheitliche Datengrundlage" (so die amtliche Begründung) zu schaffen, wurde die bisherige

---

[43] Vgl. § 193 BauGB Rn. 45 ff.
[44] BT-Drucks. 11/658, S. 5 sowie BT-Drucks. 10/6166, S. 137 f.
[45] Kleiber in DS 1996, 21.
[46] Vgl. GuG 2009, 113.
[47] Vgl. § 196 BauGB in der ab 1.7.2009 geltenden Fassung.

III Gutachterausschusswesen

Ermächtigung der Länder, die Ableitung der Bodenrichtwerte zu regeln, auf die Bundesregierung übertragen[48].

Im Zuge dieser Reform wurde die WertV vom 6.12.1988 (BGBl. I 1988, 2209), zuletzt geändert durch Art. 3 des Gesetzes zur Änderung des Baugesetzbuchs und zur Neuregelung des Rechts der Raumordnung (Bau- und Raumordnungsgesetz 1998 – BauROG) vom 18.8.1997 (BGBl. I 1997, 2081), durch die am 1.7.2010 in Kraft getretene Immobilienwertermittlungsverordnung – ImmoWertV– vom 19.5.2010 (BGBl I 2010, 639) ersetzt.

Mit dem sog. Gesetz zur Stärkung der Innenentwicklung in Städten und Gemeinden vom 11.6.2013 („Innenentwicklungsnovelle", BGBl. I 2013, 1548) wurden u. a. die Wertermittlungsvorschriften des BauGB erneut unter Hinweis auf das ErbStRG geändert[49]. Danach sind u. a.[50]

– Bedienstete der Finanzbehörden nicht mehr nur zur Ermittlung von Bodenrichtwerten, sondern auch zur **Ableitung der sog. „sonstigen Daten der Wertermittlung"** als Gutachter heranzuziehen[51] und

– die Finanzbehörden zur **erweiterten Auskunft** verpflichtet[52].

1.1.3 Inkrafttreten

19 Das mit dem Erbschaftsteuerreformgesetz – ErbStRG – geänderte Wertermittlungsrecht des BauGB ist gemäß Art. 6 Abs. 2 ErbStRG am 1.7.2009 in Kraft getreten; die einschlägigen Änderungen der Innenentwicklungsnovelle sind am 21.6.2013 in Kraft getreten.

Die zuvor geltenden Regelungen des BauGB a. F. sind in den alten und neuen Bundesländern zu unterschiedlichen Zeitpunkten in Kraft getreten:

a) *Alte Bundesländer*

20 Das BauGB ist am *1. Juli* 1987 in Kraft getreten und hat das Bundesbaugesetz – BBauG –, das Städtebauförderungsgesetz – StBauFG – sowie die Ausgleichsbetragsverordnung abgelöst. Nach dem Überleitungsrecht des § 243 BauGB 87 waren jedoch zunächst die bisherigen materiellen Bestimmungen des BBauG über die Wertermittlung von Grundstücken (§§ 136 bis 144 BBauG) noch bis zum Inkrafttreten der in § 199 BauGB vorgesehenen Verordnungen, nämlich

– der Wertermittlungsverordnung – WertV – des Bundes und

– der Durchführungs- bzw. Gutachterausschussverordnung des Landes,

anzuwenden, bis die genannten Verordnungen im jeweiligen Bundesland in Kraft getreten waren. Des Weiteren schrieb § 243 BauGB 87 vor, dass spätestens ab dem *1. Januar* 1990 das Recht der Wertermittlung des BauGB (§§ 192 bis 199 BauGB) die bisherigen Regelungen des BBauG ablöst, auch wenn eine der genannten Verordnungen nicht vorher in Kraft getreten ist. Auch die Wertermittlungsverordnung vom 6.12. 1988 – WertV 88 – ist nach der Überleitungsregelung des § 31 WertV im einzelnen Bundesland zugleich mit dessen nach § 199 Abs. 2 BauGB a. F. erlassener Durchführungs- bzw. Gutachterausschussverordnung, spätestens jedoch am 1. Januar 1990 in Kraft getreten. **Seit dem 1. Januar 1990 fanden mithin die Vorschriften des BauGB und der WertV 88 über die Wertermittlung von Grundstücken in den alten Bundesländern einheitliche Anwendung.**

---

48 Vgl. § 199 in der ab 1.7.2009 geltenden Fassung.
49 Hierzu Krautzberger, Die „Innenentwicklungsnovelle 2013, GuG 2013, 193.
50 Vgl. hierzu die Synopse zu den in die Novellierung eingebrachten Vorschlägen zu den §§ 192 bis 199 BauGB in GuG 2013, 233.
51 § 192 Abs. 3 Satz 2 BauGB 2013.
52 § 197 Abs. 2 BauGB 2013.

b) *Neue Bundesländer*

Mit dem Vertrag zwischen der Bundesrepublik Deutschland und der Deutschen Demokratischen Republik über die Herstellung der Einheit Deutschlands – **Einigungsvertrag** – wurde u. a. auch das BauGB mit Wirkung vom 3. Oktober 1990 für das Gebiet der Länder **Brandenburg, Mecklenburg-Vorpommern, Sachsen, Sachsen-Anhalt, Thüringen und des östlichen Teils von Berlin übernommen.** Die bis dahin dort geltende Verordnung zur Sicherung einer geordneten städtebaulichen Entwicklung und der Investitionen in den Gemeinden (Bauplanungs- und Zulassungsverordnung – BauZVO) vom 20.6.1990[53] (GBl. DDR I 1990, 739) gilt indessen nicht fort.

21

Um den Besonderheiten in dem der Bundesrepublik Deutschland beigetretenen Gebiet Rechnung zu tragen, enthielt die in das BauGB 93 eingefügte **Überleitungsregelung** des § 246a jedoch eine Reihe von Maßgaben, die in den beigetretenen Gebieten anstelle oder ergänzend zu den Vorschriften des BauGB befristet bis zum 31. Dezember 1997 anzuwenden waren; hierzu gehörten auch Regelungen der BauZVO[54]; sie sind mit dem BauGB 93 zum Teil wieder aufgehoben worden, soweit sie ihre Bedeutung verloren haben.

22

Die mit dem BauROG aufgehobenen Überleitungsregelungen des § **246a BauGB 93** sind in der 2. Aufl. auf S. 144 wiedergegeben.

1.1.4 Annex: Treutax

Anfang der 70er Jahre wurde vom damaligen Bundesbauministerium die Gründung einer **bundesweit tätigen Bewertungsgesellschaft** unter der Bezeichnung „Treutax" geplant (Grund- und Bauwert, Gesellschaft zur Wertermittlung von Grundstücken und baulichen Anlagen m.b.H., Bonn, Chlodwigplatz 1). Aufgabe dieser Gesellschaft sollte eine Verbesserung der Transparenz des Grundstücksmarktes sein. Zu diesem Zweck sollte die Gesellschaft Informationen über den Grundstücksmarkt sammeln, Fortbildungsveranstaltungen durchführen, Gutachten erstatten und Bewertungsrichtlinien erarbeiten. Man ging seinerzeit davon aus, dass die Gutachterausschüsse für Grundstückswerte dieser Aufgabe schon im Hinblick auf das seinerzeit verabschiedete Städtebauförderungsgesetz nicht gewachsen seien, und erwartete einen starken Anstieg der Gutachtertätigkeit auch für Zwecke der Besteuerung und Beleihung von Grundstücken[55].

23

Die Treutax sollte in der **Rechtsform einer gemeinnützigen Gesellschaft als Organ der staatlichen Wohnungspolitik** gegründet werden, der die Deutsche Bau- und Bodenbank AG, die Deutsche Siedlungs- und Landesrentenbank, Bonn, der Gesamtverband gemeinnütziger Wohnungsunternehmen e. V., Köln, der Deutsche Sparkassen- und Giroverband, Bonn, der Verband freier Wohnungsunternehmen e. V., Hamburg, das Beamtenheimstättenwerk, Hameln, der Verband öffentlich-rechtlicher Körperschaften e. V., Bonn-Bad Godesberg, der Zentralverband der Deutschen Haus-, Wohnungs- und Grundstückseigentümer, die Deutsche Grundbesitz-Investmentgesellschaft mbH, Köln, die Stadtsparkasse Osnabrück, der Verband privater Bausparkassen e. V., Bonn, die Bundesvereinigung Deutscher Heimstätten e. V., Bonn, und der Bundesverband privater Wohnungsunternehmen e. V., Bonn, angehören sollten. Wertermittlungen sollten durch die Gesellschaft selbst nicht durchgeführt werden, sondern durch öffentlich bestellte und vereidigte Sachverständige.

24

Weiter hieß es in einem Informationsblatt der Gesellschaft zum **Aufgabenbereich:**

25

„Die Tätigkeit der Gesellschaft wird sich erstrecken auf:

1) Veranstaltung von Seminaren und Kolloquien;
2) regelmäßige Zusammenkünfte der regionalen Verbindungsleute (Beirat der Obleute);

---

53 GBl. DDR I 1990, 739.
54 Vgl. Anl. I. Kapitel XIV Abschnitt II Nr. 1 des Einigungsvertrags vom 31. August 1990, BGBl. 1990, 885 sowie GuG 1990, 110.
55 Protokoll der 46. Sitzung des UA „Kommunales Vermessungs- und Liegenschaftswesen" des Deutschen Städtetags vom 4. und 5.11.1971 (Umdruck Nr. C 2926).

III Gutachterausschusswesen

3) Fachgespräche und Erfahrungsaustausch fachlicher Gruppen (Fachbeiräte);
4) Austausch von Berichten und Statistiken;
5) Informationen aller Art, die die Gesellschaft in Form von Mitteilungen, Grundsätzen, Literatur und Hinweisenden Gutachtern liefert.

Die mit der Gesellschaft zusammenarbeitenden Sachverständigen werden Wertermittlungen in ihrer eigenen Verantwortung erstellen. Soweit die Sachverständigen die von der Gesellschaft erarbeiteten Methoden und Grundsätze ihren Gutachten zugrunde legen, sollen sie darauf hinweisen.

Die Gesellschaft erhält neutrale Ergebnisberichte, die sie nach verschiedenen fachlichen Gesichtspunkten, auch in Hinsicht auf Abweichungen von ihren Unterlagen, auswertet. Die daraus resultierenden Erkenntnisse fließen an die Sachverständigen zurück. Diese Rückkopplung vermittelt nicht nur Erkenntnisse, sondern gibt den Gutachtern auch die Möglichkeit einer laufenden Selbstkontrolle. Die Gesellschaft finanziert sich durch Entgelte für ihre Dienstleistungen.

Bei der Gesellschaft ist eine Fachkommission gebildet worden, die sie bei der Aufstellung von Grundsätzen zur Wertermittlung beraten soll. Die Mitglieder sind Sachverständige aus verschiedenen Institutionen und Verbänden, die Wertermittlungen als Entscheidungsunterlagen benötigen, und sie sind Sachverständige, die selbst Wertermittlungen aufstellen. Durch den engen Kontakt mit der Gesellschaft und den Sachverständigen soll sowohl gleichbleibende Qualität als auch Transparenz der Wertermittlungen angestrebt werden. Auf der Ebene der Fachkommission soll der Ausgleich in schwierigen Problemen und grundsätzlichen Fragen zustande kommen; damit sollen die Sachverständigen im Einzelfall notwendige Hilfen für ihre Arbeit erhalten."

26 Die Gesellschaft wurde mit einem Stammkapital von 300 000 DM gegründet, von dem die Deutsche Bau- und Bodenbank 50 % hielt. Die Anlaufzeit der Gesellschaft hatte sich jedoch nach ihrer Gründung verzögert und sie drohte an ihrer Aufgabe zu scheitern. Der Aufsichtsrat der Gesellschaft hat deshalb der Gesellschafterversammlung die **Liquidation** empfohlen; die Gesellschafterversammlung ist dieser Empfehlung schließlich gefolgt[56].

1.2 Wertermittlungsrecht der Länder

▶ Vgl. § 199 BauGB Rn. 1 ff.

27 Die **auf der Grundlage der Ermächtigungen des BBauG erlassenen Verordnungen der Länder** zur Wertermittlung von Grundstücken blieben von den Überleitungsregelungen des § 243 BauGB 87 und § 31 WertV 88 zunächst unberührt. Dies betrifft die zu den §§ 136 bis 144 BBauG erlassenen **Durchführungs- bzw. Gutachterausschussverordnungen** der Länder. Sie fanden deshalb grundsätzlich auch nach dem 1. Januar 1990 (noch) Anwendung, sofern sie nicht von den auf der Grundlage des § 199 Abs. 2 BauGB erlassenen Nachfolgeregelungen abgelöst wurden.

28 **Alle Bundesländer haben** inzwischen **auf der Grundlage der neuen Ermächtigungsnorm des § 199 Abs. 2 BauGB** neue **Gutachterausschussverordnungen** bzw. Durchführungsverordnungen zum BauGB **erlassen und gleichzeitig die bisherigen Verordnungen aufgehoben.** Die geltenden landesrechtlichen Vorschriften zur Bildung und zum Tätigwerden von Gutachterausschüssen und Oberen Gutachterausschüssen sind in der Gesetzesübersicht am Anfang dieses Werks abgedruckt.

---

56 BT-Drucks. 7/1014, S. 33 ff.

§ 192
Gutachterausschuss

(1) Zur Ermittlung von Grundstückswerten und für sonstige Wertermittlungen werden selbstständige, unabhängige Gutachterausschüsse gebildet.

(2) Die Gutachterausschüsse bestehen aus einem Vorsitzenden und ehrenamtlichen weiteren Gutachtern.

(3) Der Vorsitzende und die weiteren Gutachter sollen in der Ermittlung von Grundstückswerten oder sonstigen Wertermittlungen sachkundig und erfahren sein und dürfen nicht hauptamtlich mit der Verwaltung der Grundstücke der Gebietskörperschaft, für deren Bereich der Gutachterausschuss gebildet ist, befasst sein. Zur Ermittlung der Bodenrichtwerte sowie der in § 193 Absatz 5 Satz 2 genannten sonstigen für die Wertermittlung erforderlichen Daten ist ein Bediensteter der zuständigen Finanzbehörde mit Erfahrung in der steuerlichen Bewertung von Grundstücken als Gutachter hinzuzuziehen.

(4) Die Gutachterausschüsse bedienen sich einer Geschäftsstelle.

Gliederungsübersicht Rn.

1	Übersicht	1
2	Aufgaben, Bildung und Eigenschaften der Gutachterausschüsse für Grundstückswerte (§ 192 Abs. 1 BauGB)	
	2.1 Aufgabe der Gutachterausschüsse für Grundstückswerte	8
	2.2 Bildung der Gutachterausschüsse für Grundstückswerte	11
	2.3 Selbstständigkeit und Unabhängigkeit des Gutachterausschusses	12
	2.4 Räumlicher Tätigkeitsbereich	16
3	Zusammensetzung des Gutachterausschusses (§ 192 Abs. 2 BauGB)	
	3.1 Allgemeines	21
	3.2 Vorsitzende(r)	22
	3.3 Stellvertreter	27
	3.4 Ehrenamtliche Gutachter	28
	3.5. Bedienstete der zuständigen Finanzbehörde	30
4	Bestellung und Abberufung von Gutachtern	
	4.1 Bestellung von Gutachtern	35
	4.2 Abberufung von Gutachtern und Amtsniederlegung	38
5	Geschäftsstelle des Gutachterausschusses (§ 192 Abs. 4 BauGB)	41
6	Geheimhaltungspflicht	46
7	Befangenheit von Gutachtern und deren Ablehnung	52
8	Haftung des Gutachterausschusses	59
9	Entschädigung von Mitgliedern des Gutachterausschusses	64
10	Gebühren des Gutachterausschusses	
	10.1 Übersicht	68
	10.2 Gebührenbefreiung	85
	10.3 Umsatzsteuer	100
11	Rechts- und Dienstaufsicht	109

1 Übersicht

Schrifttum: *Kleiber*, AVN 1987, 33; *Wanhoff*, Privatisierung der Wertermittlung von Grundstücken, DÖV 1982, 310.

§ 192 BauGB regelt im **Überblick** 1

a) in *Absatz 1* die Aufgaben und die Eigenschaften der Gutachterausschüsse sowie die Einrichtung von Gutachterausschüssen,

III § 192 BauGB

b) in *Absatz* 2 die Zusammensetzung der Gutachterausschüsse,

c) in *Absatz* 3 die Anforderungen an den Vorsitzenden und die weiteren Gutachter des Gutachterausschusses sowie die Hinzuziehung von Bediensteten der zuständigen Finanzbehörde zur Ermittlung von Bodenrichtwerten sowie zur Ableitung sonstiger für die Wertermittlung erforderlicher Daten und

d) in *Absatz* 4 die Funktion der Geschäftsstelle des Gutachterausschusses.

Das Nähere wird mit den aufgrund der Ermächtigung des § 199 Abs. 2 BauGB erlassenen Rechtsverordnungen der Landesregierung geregelt (**Gutachterausschussverordnungen**). Sie betreffen im Wesentlichen Organisations- und Verfahrensfragen.

2 **Die Gutachterausschüsse für Grundstückswerte sind** als **eine Behörde** einzuordnen. Dies ist darin begründet, dass nach § 1 Abs. 4 VwVfG eine Behörde (i. S. dieses Gesetzes) jede Stelle ist, die Aufgaben der öffentlichen Verwaltung wahrnimmt. – Der BGH[1] hat in seiner Rechtsprechung eine Behörde als ein in den allgemeinen Organismus der Anstalten und Körperschaften des öffentlichen Rechts eingefügtes Organ der Staatsgewalt bezeichnet, das dazu berufen ist, unter öffentlicher Autorität für die Erreichung der Zwecke des Staates unmittelbar oder mittelbar tätig zu sein. – Ähnlich das BayObLG[2]: „Als eine ‚öffentliche Behörde' ist ein in den allgemeinen Organismus der Behörden eingefügtes Organ der Staatsverwaltung anzusehen, das dazu berufen ist, unter öffentlicher Autorität nach eigenem Ermessen für die Herbeiführung der Zwecke des Staates oder doch der nach den Aufgaben des Staates von diesem zu fördernden Zwecke tätig zu sein, gleichviel, ob das Organ unmittelbar vom Staate oder von einer dem Staate untergeordneten Korporation zunächst für deren Angelegenheiten bestellt ist, sofern diese Angelegenheiten grundsätzlich zugleich in den Bereich der staatlichen oder staatlich geförderten Zwecke fallen. Nicht erforderlich für den Begriff der öffentlichen Behörde ist, dass ihre Befugnisse sich als Hoheitsrechte, als obrigkeitliche Gewalt darstellen."

3 Bundesweit gibt es derzeit 1 380 örtliche Gutachterausschüsse, wobei sich die Anzahl zwischen den Bundesländern stark unterscheidet. Bei dem Gutachterausschuss handelt es sich dabei grundsätzlich um eine **Landesbehörde** und nicht um eine Kommunalbehörde; dies ist z. B. für die Frage der Haftung von Bedeutung (vgl. Rn. 52 ff.). Lediglich die besondere Stellung der Gutachterausschüsse im Land *Baden-Württemberg* erlaubt es dort, von einer Kommunalbehörde zu sprechen[3]. Als Landesbehörde führen die Gutachterausschüsse auch das **Landessiegel**. Im Land *Sachsen-Anhalt* führt der Gutachterausschuss für Grundstückswerte als Einrichtung des Landes jedoch das Dienstsiegel des Katasteramtes (vgl. § 1 VO Gut LSA)[4].

---

1 BGH, Urt. vom 13.11.1963 – V ZR 8/62 –, BGHZ 40, 225 = WM 1964, 65; BGH, Beschl. vom 16.10.1963 – IV ZB 171/63 –, NJW 1964, 299 = EzGuG 11.38a; BGH, Urt. vom 12.7.1951 – IV ZB 5/51 –, BGHZ 3, 110 = NJW 1951, 799; BGH, Urt. vom 20.9.1957 – V ZB 19/57 –, BGHZ 25, 186; BGH, Urt. vom 12.10.1954 – V ZB 21/53 –, WM 1955,185; als „kollegiale" Behörde wird der Gutachterausschuss bezeichnet in BGH, Urt. vom 23.1.1974 – IV ZR 92/72 –, BGHZ 62, 93 = EzGuG11.92; OLG Düsseldorf, Urt. vom 16.2.1967 – 7 U 166/67 –, NJW 1868, 1095 = EzGuG 11.63a; LG Mainz, Urt. vom 25.10.1979, Nachr. der rh.-pf. Kat.- und VermVw. 1983, 102; VG Gelsenkirchen, Urt. vom 21.6.1978 – 5 K 2977/78 –, MittDSt 1985, 1186 = EzGuG 4.57; a. A. VG Düsseldorf, Urt. vom 22.12.1960 – 1 K 1991/60 –, DVBl. 1962, 104; VG Leipzig, Beschl. vom 27.7.1994 – 4 K 1992/93 –, GuG 1985, 382 –, EzGuG 11.214b.

2 OLG München, Beschl. vom 25.3.1969 – BReg 2 Z 96/68 –, BayObLGZ 69, 93; OLG München, Urt. vom 30.12.1954 – BReg 2 Z 171/54 –, BayObLGZ 322/325; KG, Urt. vom 17.2.1927 – 1 X 922 –, JFG 4, 262/263; KG, Urt. vom 6.11.1930 – 1 X 672/30 –, JFG, 8, 306/308; KG, Urt. vom 6.10.1936 – 1 Wx 322/36 –, JFG 14, 220/221; Keidel FGG 9. Aufl. § 29 Rn. 19.

3 Nach § 1 Abs. 1 der bad.-württ. GutachterausschussVO vom 11.12.1989 (GBl. 1989, 541), zuletzt geändert durch die Verordnung vom 15.2.2005 (GBl. 2005, 167), sind die Gutachterausschüsse „bei" den Gemeinden zu bilden; vgl. auch Erl. des bad.-württ. IM vom 7.6.1978, GeschZ: V 2072.1/101 (GABl. 1978, 490); Erl. des bad.-württ. IM vom 12.11.1979, GeschZ: V 2072.1/119 (GABl. 1979, 1241).

4 Hoheitszeichenverordnung des Landes Mecklenburg-Vorpommern vom 8.10.1997 (GVBl. 1997, 536), zuletzt geändert durch VO vom 27.10.2008 (GVBl. 2008, 431); § 2 Abs. 1 Nr. 8).

Muster des kleinen Landessiegels

Muster 8

Beispiel für Dienstsiegel der Gemeinden, Ämter und Landkreise des Landesteils Mecklenburg, welche kein eigenes Wappen führen

Muster 9

Beispiel für Dienstsiegel der Gemeinden, Ämter und Landkreise des Landesteils Vorpommern, welche kein eigenes Wappen führen

Gutachterausschüsse für Grundstückswerte sind zugleich **öffentliche Stellen und** damit **Normadressat der jeweiligen Datenschutzgesetze der Länder.** Aufgrund ihrer Eigenständigkeit sind sie auch eigenständig verantwortlich für die Einhaltung datenschutzrechtlicher Bestimmungen. Da die Gutachten der Gutachterausschüsse wegen der fehlenden Bindungswirkung keine Verwaltungsakte i. S. d. § 35 VwVfG (Begriff des Verwaltungsaktes) darstellen, kann die **Erstattung des Gutachtens** allerdings **nicht als Verwaltungsverfahren** i. S. d. § 9 VwVfG angesehen werden.

Der **Gutachterausschuss wird** im Rahmen der ihm mit § 193 BauGB zugewiesenen Aufgaben **hoheitlich tätig**[5]. Hoheitliche Aufgaben werden wahrgenommen, wenn es sich um Tätigkeiten handelt (vgl. Rn. 92 ff., 54), durch die der Staat oder eine andere öffentlich-rechtliche Körperschaft im Rahmen der gesetzlichen Befugnisse Anordnungen trifft, deren Durchführung erforderlichenfalls erzwungen werden kann[6].

Hoheitliche Tätigkeit i. S. des § 4 Abs. 5 KStG ist

– die Führung und Auswertung der Kaufpreissammlung,

– die Ableitung und Veröffentlichung von Bodenrichtwerten,

– die Aufgaben nach § 193 Abs. 1 Nr. 1 und 2 sowie Abs. 2 und 5 BauGB,

– die Gutachtertätigkeit nach § 5 Abs. 2 BKleingG usw.

Im Hinblick auf die umsatzsteuerliche Behandlung stellt die Gutachtenerstattung nach § 193 Abs. 1 Nr. 3 und 4 BauGB eine wirtschaftliche Betätigung i. S. des Abschn. 5 Abs. 2 KStR dar (vgl. Rn. 87 ff.).

Gutachterausschüsse für Grundstückswerte sind nach Auffassung des OLG Düsseldorf **keine Sachverständigen i. S. der §§ 402 ff. ZPO**[7]. Der BGH hat indessen entschieden, dass zumindest deren **Gutachten ihrer Natur nach Sachverständigengutachten sind** und ein „Gericht ... nicht gegen § 404 ZPO" verstoße, „wenn es auf Antrag einer Partei ... den Gutachterausschuss mit der Erstattung eines Gutachtens beauftragt" (vgl. § 193 BauGB Rn. 54)[8]. Auch finden die Vorschriften des § 406 ZPO über die Ablehnung keine Anwendung.

---

5 BGH, Urt. vom 4.3.1982 – III ZR 156/80 –, NVwZ 1982, 395 = EzGuG 11.127; OLG Hamm, Urt. vom 29.11.2000 – 11 U 68/00 –, GuG 2001, 189 = EzGuG 11.291 = NVwZ-RR 2001, 493; so schon KG Berlin, Beschl. vom 18.6.1971 – W 1182/71 –, NJW 1971, 1848 = EzGuG 11.78.

6 BFH, Urt. vom 22.8.1957 – IV 255/56 U –, BFHE 65, 424 = BStBl III 1957, 395; BFH, Urt. vom 26.1.1962 – VI 141/60 S –, BFHE 74, 540 = BStBl III 1962, 201.

7 OLG Düsseldorf, Urt. vom 16.12.1968 – 7 U 166/67 –, NJW 1968, 1095 = EzGuG 11.63a; LG Berlin, Beschl. vom 16.9.1963 – (18) O.18/61 –, NJW 1964, 672 = EzGuG 11.37; so noch Baumbach/Lauterbach ZPO § 406 Rn. 1.

8 BGH, Urt. vom 23.1.1974 – IV ZR 92/72 –, BGHZ 62, 93 = EzGuG 11.92.

2 Aufgaben, Bildung und Eigenschaften der Gutachterausschüsse für Grundstückswerte (§ 192 Abs. 1 BauGB)

2.1 Aufgabe der Gutachterausschüsse für Grundstückswerte

▶ *Zu Fragen der Haftung vgl. Rn. 52 ff.; § 193 BauGB Rn. 3 sowie Teil II Rn. 200 ff.; zu den ausgeschlossenen Personen nach § 20 VwVfG Rn. 48 ff.*

8   Als Aufgabe der Gutachterausschüsse werden in § 192 Abs. 1 BauGB genannt:

a) die Ermittlung von Grundstückswerten und

b) sonstige Wertermittlungen (vgl. § 193 BauGB Rn. 3).

9   Zu den **„sonstigen Wertermittlungen"** gehören neben den in § 193 Abs. 1 und 2 BauGB genannten Aufgaben sowie der mit § 193 Abs. 5 BauGB aufgegebenen Ermittlung von Bodenrichtwerten und „sonstiger für die Wertermittlung erforderlicher Daten" (Liegenschaftszinssätze, Marktanpassungsfaktoren, Umrechnungskoeffizienten, Indexreihen usw.) auch die gemäß der Rechtsverordnung des Landes (Gutachterausschussverordnung) ihnen übertragenen Aufgaben.

10 Die in Absatz 1 genannte **„Ermittlung von Grundstückswerten"** ist nicht allein auf die Ermittlung des in § 194 BauGB definierten Marktwerts (Verkehrswert) ausgerichtet. Grundsätzlich fällt damit auch die Ermittlung anderer Grundstückswerte zum Aufgabenbereich des Gutachterausschusses. Soweit es um die Ermittlung des Marktwerts (Verkehrswert) geht, ist die nach § 199 Abs. 1 BauGB erlassene Rechtsverordnung (Immobilienwertermittlungsverordnung) zu beachten.

2.2 Bildung der Gutachterausschüsse für Grundstückswerte

11 Die nach § 192 Abs. 1 BauGB zu bildenden Gutachterausschüsse für Grundstückswerte *(Municipal Valuation Committee)* wurden bereits auf der **Grundlage der entsprechenden Vorschriften des BBauG 60** gebildet (§§ 136 ff. BBauG). Lediglich in den der Bundesrepublik Deutschland beigetretenen Gebieten wurden die Gutachterausschüsse für Grundstückswerte auf der Grundlage des dort am 3.10.1990 in Kraft getretenen BauGB eingerichtet; dort war jedoch schon vorher auf der Grundlage der §§ 50 ff. BauZVO zur Vorbereitung der Bildung von Gutachterausschüssen mit der Einrichtung von Geschäftsstellen begonnen worden. Die Vorschriften sind mit dem BauGB 93 aufgehoben worden.

2.3 Selbstständigkeit und Unabhängigkeit des Gutachterausschusses

▶ *Zur Ablehnung im Einzelfall vgl. Rn. 52 ff., 87 ff. sowie Teil II Rn. 191 zur Ablehnung von Behörden*

12 Seinem Wesen nach handelt es sich bei dem Gutachterausschuss für Grundstückswerte um ein **Kollegialorgan unabhängiger Gutachter**. Nach § 192 Abs. 1 BauGB ist der Gutachterausschuss und damit auch jedes seiner Mitglieder selbstständig und unabhängig. Der Gutachterausschuss steht außerhalb der Hierarchie des Behördenaufbaus und ist nicht Teil der Verwaltung der Städte oder der Kreise, für deren Bereich er gebildet worden ist[9]. Dies soll gewährleisten, dass die Gutachterausschüsse ihrer Tätigkeit unparteiisch und ohne Ansehen der Person aus freier Überzeugung nachkommen können.

---

9   LG Berlin, Beschl. vom 16.9.1963 – (18) O. 18/61 –, NJW 1964, 672 = EzGuG 11.37.

Mit § 193 Abs. 3 BauGB sind von der Mitwirkung ausdrücklich ausgeschlossen Personen (Bedienstete), die hauptamtlich mit der Verwaltung der Grundstücke der Gebietskörperschaft (insbesondere Bedienstete des Liegenschaftsamts) einschließlich der Amtsträger, die diesen gegenüber weisungsbefugt sind (z. B. Beigeordnete, Bürgermeister), für deren Bereich der Gutachterausschuss gebildet ist, befasst sind aber auch Gemeinderats- und Ausschussmitglieder. Nach der Rechtsprechung des BGH soll jedoch die Zugehörigkeit eines Beamten zu einer nicht beteiligten Fachverwaltung dessen Unabhängigkeit bei der Mitwirkung im Gutachterausschuss nicht beeinträchtigen[10].

Die **Gutachterausschüsse unterliegen** hinsichtlich der Erfüllung ihrer **Aufgaben der Fach- und Rechtsaufsicht des Landes.**

Im Zusammenhang mit der beihilferechtlichen Prüfung des Verkaufs von Grundstücken der öffentlichen Hand ist die Unabhängigkeit der Gutachterausschüsse, die regelmäßig in den Verkauf eingeschaltet worden sind, ratione personae (europarechtlich) unbeanstandet geblieben[11], und lediglich die Maßstäbe ihrer Wertermittlungen wurden ratione materiae korrigiert. **13**

Die Unabhängigkeit von **sonstigen „Bewertungsstellen"**, die neben den Gutachterausschüssen bei einigen Kommunen eingerichtet sind, ist von der EU-Kommission dagegen in Zweifel gezogen worden. In der Kommissionsentscheidung vom 14.4.1992 (a. a. O.) heißt es in Bezug auf die Erstellung eines Wertgutachtens durch die Senatsverwaltung für Bau- und Wohnungswesen zum Potsdamer Platz, dass „diese öffentliche Stelle bei Grundstücksverkäufen des Berliner Senats unter Umständen nicht als ein unabhängiger Gutachterausschuss nach dem Baugesetzbuch *(BauGB)* anzusehen ist, weil sie Teil der Berliner Senatsverwaltung ist und keine Eigenständigkeit besitzt". In einer weiteren Entscheidung ist die Unabhängigkeit des Bewertungsausschusses der Stadt Dresden, die den Wert des von der Stadt Dresden verkauften Grundstücks („Gläserne Manufaktur") ermittelt hatte, in Zweifel gezogen worden[12]. Nicht betroffen von diesen Entscheidungen sind Gutachten unabhängiger Sachverständiger i. S. der Grundstücksmitteilung (vgl. Syst. Darst. des Vergleichswertverfahrens Rn. 73)[13]. **14**

Die mit § 192 Abs. 1 BauGB herausgestellte Unabhängigkeit und Selbstständigkeit gebietet eine entsprechende Gewährleistung bei der Berufung der Ausschussmitglieder, ihrer Zusammensetzung bis hin zu deren Abberufung und dgl. Diesbezüglich sind nach § 199 Abs. 2 Nr. 1 bis 3 BauGB die Landesregierungen gefordert, Regelungen zu treffen, die sowohl bezüglich der **Mitglieder des Gutachterausschusses als auch der Einrichtung seiner Geschäftsstelle höchste Gewähr für dessen Unabhängigkeit** und insbesondere die persönliche Unabhängigkeit jedes einzelnen Mitglieds des Gutachterausschusses **bieten.** Die dafür sensibelsten „Elemente" des Gutachterausschusses sind **15**

a) der Vorsitzende des Gutachterausschusses und sein(e) Stellvertreter sowie

b) die verwaltungsmäßige Verankerung der Geschäftsstelle des Gutachterausschusses im Behördenaufbau.

Zwar nimmt die Geschäftsstelle „nur" Hilfsfunktionen wahr, jedoch bestimmt sie unter der Leitung des Vorsitzenden mit nicht unerheblichen landesrechtlich ausformulierten Leitungskompetenzen die inhaltliche Arbeit des Gutachterausschusses. Vorsitzender und Geschäftsstelle bilden auch die Präsenz des Gutachterausschusses, während die ehrenamtlichen Gutachter fallbezogen hinzugezogen werden und die Gesamttätigkeit des Gutachterausschusses nur in eingeschränktem Maße überblicken können.

---

10 BGH, Beschl. vom 14.7.1994 – III ZR 128/93 –, EzGuG 11.113e; BGH, Beschl. vom 21.9.1989 – III ZR 15/88 –, BRS Bd.53 Nr. 139; BGH, Urt. vom 2.11.1970 – III ZR 129/68 –, BauR 1971, 46 = EzGuG 11.74.
11 Entscheidung der EU-Kommission vom 14.4.1992 (Abl. EG 1992 L 263/15 (20) – „Potsdamer Platz"); Entscheidung der EU-Kommission vom 17.7.1996 (ABl. EG 1996 L 283/43 (47) – „Fort Malakoff"); Entscheidung der EU-Kommission vom 25.11.1998 (Abl. EG 1999 L 108/44 (47) „Draiswerke"); Koenig/Kühling, Grundstücksveräußerungen der öffentlichen Hand, planerischer Wandel und EG-Beihilferecht, NZBau 2001, 409.
12 Aufforderung der Kommission vom 3.2.2000 (ABl. EG 2000 C 78/8 (15 – Nr 59).
13 Mitteilung der Kommission betreffend Elemente staatlicher Beihilfen bei Verkäufen von Bauten oder Grundstücken durch die öffentliche Hand vom 10.7.1997 (Grundstücksmitteilung), ABl. EG 97 C Nr 208/3 = GuG 1997, 363; Aufforderung der Kommission zur „Dessauer Geräteindustrie" (ABl. EG 1999 C 213/12 (14), Fn 8).

2.4 Räumlicher Tätigkeitsbereich

16 Der **räumliche Tätigkeitsbereich der Gutachterausschüsse** wird mit dem Baugesetzbuch **bundesrechtlich nicht** mehr **vorgegeben**[14].

17 Nach früherem Recht wurden Gutachterausschüsse für den **Bereich einer kreisfreien Stadt oder eines Landkreises** gebildet, wobei die Landesregierungen lediglich im Einzelfall den Gutachterausschuss auch bei kreisangehörigen Gemeinden einrichten konnten (§ 137 Abs. 1 BBauG 76)[15]. Der Fortfall dieser Bestimmungen bedeutet nach der Begründung des Gesetzentwurfs zum BauGB keine inhaltliche Änderung, sondern ist lediglich ein Ausdruck der Zurückhaltung des Bundesgesetzgebers in der Erwartung einer verantwortlichen und sachgerechten Regelung durch die Länder[16]. Der räumliche Zuständigkeitsbereich ist demzufolge den auf der Grundlage der Ermächtigung des § 199 Abs. 2 BauGB zum BauGB erlassenen Rechtsverordnungen zu entnehmen (vgl. Vorbem. zum BauGB Rn. 27).

18 Die Regelung über den **Zuständigkeitsbereich der Gutachterausschüsse,** für den sie einzurichten sind (kreisfreie Städte und Landkreise), ist in der Vergangenheit mehrfach geändert worden.

Nach dem **BauGB von 1960** bestand der Grundsatz, dass die Gutachterausschüsse für den Bereich kreisfreier Städte und Landkreise einzurichten sind. Dies ging auf eine Empfehlung des 24. BT-Ausschusses zurück und wurde damit begründet, dass „die Gutachterausschüsse ... ein erhebliches Erfahrungsmaterial" benötigen, „um zu zuverlässigen Wertermittlungen zu kommen" (BT-Drucks. III/zu 1794, zu § 161a). Eine abweichende Regelung sah der Entwurf zum BauGB in § 164 Abs. 2 (später § 144 Abs. 2 BBauG 60) in der Weise vor, dass die Landesregierungen im Wege der Rechtsverordnung regeln konnten, dass Gutachterausschüsse auch bei kreisangehörigen Gemeinden eingerichtet werden durften. Hiervon hatte insbesondere *Baden-Württemberg* aufgrund der Tradition ortsgerichtlicher Schätzungen Gebrauch gemacht.

Mit dem **BBauG 1976** wurde diese Regelung ersetzt: Nach dem § 137 Abs. 1 BBauG 76 war den Ländern nahegelegt worden, die Einrichtung von Gutachterausschüssen mit kleinerem Einzugsbereich zu vermeiden und nur noch im Einzelfall den Verbleib oder die Neueinrichtung von Gutachterausschüssen bei kreisangehörigen Gemeinden zuzulassen, **wenn die Erfüllung der Aufgaben der Gutachterausschüsse dort gewährleistet ist.**

Mit dem **BBauG 1976** wurde der alte Rechtszustand durch Streichung der Worte „im Einzelfall" wiederhergestellt (BT-Drucks. 7/4793, zu § 137). Der genannte Ausschussbericht führt hierzu aus: „Da sich in der Praxis gezeigt hat, dass Gutachterausschüsse, die entsprechend den Vorschriften des § 144 Abs. 2 (BBauG 60) für den Bereich einer oder mehrerer kleiner Gemeinden gebildet sind, in der Regel keine befriedigende Arbeit leisten können, weil ihr Einzugsgebiet zu klein und das Vergleichsmaterial zu gering ist, war ursprünglich vorgeschlagen worden, dass § 144 Abs. 2 (BBauG 60) entfallen solle, dass die Landesregierungen nur noch ein Verbleiben schon bestehender Gutachterausschüsse bei kreisangehörigen Gemeinden verordnen könnten, wenn die Erfüllung der Aufgaben des Gutachterausschusses gewährleistet war. Diese im Hinblick auf die Gebietsreform in verschiedenen Ländern und die durch sie vielfach vorgenommene Einkreisung großer leistungsfähiger Städte gemachte Einschränkung wurde von der Mehrheit des Ausschusses dahin abgemildert, dass die ‚Einrichtung' von Gutachterausschüssen auch dann von der Landesregierung verordnet werden kann, wenn die Erfüllung ihrer Aufgaben gesichert ist."

Das **BauGB 87** beließ es bei den Regelungen des BBauG 76; in der Begründung wird auf die Verantwortung der Länder für eine effiziente Organisationsstruktur hingewiesen (BT-Drucks. 10/4630, II 8, S. 59 sowie zu Nr. 97 zu § 192, S. 149). Ob dies zumindest in *Baden-Württemberg* wahrgenommen wurde, bleibt aber fraglich. In Baden-Württemberg verblieb es mit rd. 1 100 Gutachterausschüssen zumindest zahlenmäßig bei der Einrichtung von mehr Gutachterausschüssen als im gesamten übrigen Bundesgebiet; selbst Kleinstgemeinden (wie Simonswald und Glottertal) haben dort einen Gutachterausschuss. Empirische Untersuchungen lassen begründete Zweifel an der Funktionsfähigkeit solcher Gutachterausschüsse

---

14 Mit der Zurückhaltung des Bundes bezüglich der Regelung des räumlichen Zuständigkeitsbereichs der Gutachterausschüsse hat der Bundesgesetzgeber seine Absicht aufgegeben, die Sachkompetenz des Gutachterausschusses durch Zuordnung eines möglichst großen Zuständigkeitsbereichs zu stärken; eine Lockerung ging auf diesem Gebiet bereits mit der Beschleunigungsnovelle vom 6.7.1979 (BGBl. I 1979, 949) zum BBauG 1976 einher; vgl. BT-Drucks. 7/4793, S. 51 f.; BT-Drucks. 8/2451, S. 25; BT-Drucks. 8/2885, S. 44; Gutachten der AdV „Gutachterausschüsse nach dem BBauG und ihre Geschäftsstelle", S. 7; auch LT-Drucks. Bad.-Württ 7/4208.
15 Einer „Atomisierung" des Zuständigkeitsbereichs der Gutachterausschüsse stand ein von der AdV erarbeitetes Gutachten entgegen (vgl. ZfV 1976, 160).
16 BT-Drucks. 10/4630, S, 148.

aufkommen (vgl. Schmidt in GuG 1992, 330, GuG 1995, 279 und in GuG 1996, 351). Demgegenüber wurde insbesondere vom bad.-württ. Städte- und Gemeindebund die Funktionsfähigkeit der gemeindeangehörigen Gutachterausschüsse aus vordergründigen Motiven bestätigt (vgl. Gt-info 578/96 des GemTg Bad.-Württ. vom 20.8.1996).

Im Hinblick auf die zusätzlichen Aufgaben des Gutachterausschusses, die mit der Neufestsetzung steuerlicher Grundbesitzwerte (in Fortsetzung der Einheitsbewertung) hinzugekommen sind, nämlich die Ermittlung von Bodenrichtwerten bezogen auf den 31.12.1995 für steuerliche Zwecke, sah der von der BReg vorgelegte **Entwurf eines Jahressteuergesetzes – JStG 97 –** vor, § 192 Abs. 1 BauGB durch folgende Sätze zu ergänzen: „Die Gutachterausschüsse werden für den Bereich einer kreisfreien Stadt oder eines Landkreises eingerichtet. Die Landesregierungen können durch die aufgrund der Ermächtigung nach § 199 Abs. 2 (BauGB) erlassene Rechtsverordnung bestimmen, dass Gutachterausschüsse im Einzelfall bei kreisangehörigen Gemeinden verbleiben oder eingerichtet werden, wenn die Erfüllung ihrer Aufgaben gewährleistet ist (BR-Drucks. 390/96, S. 35)."

Die **Begründung** (BR-Drucks. 390/96, S. 89 f.) führt hierzu aus:

„Durch den neuen Satz 2 soll die Regelung über die Einrichtung der Gutachterausschüsse für Grundstückswerte wieder der Regelung des § 137 Bundesbaugesetz in der Fassung der Bekanntmachung vom 18.8.1976 (BGBl. I 1976, 2257) angepasst werden. Bereits nach dieser Vorschrift waren die Gutachterausschüsse grundsätzlich für den Bereich einer kreisfreien Stadt oder eines Landkreises einzurichten, da eine Zersplitterung der Tätigkeit der Gutachterausschüsse auf kleine kreisangehörige Gemeinden schon aufgrund der ihnen nicht ausreichend zur Verfügung stehenden Vergleichsmaterialien einer sachgerechten Erfüllung der Aufgaben abträglich ist (vgl. BT-Drucks. 7/4793). Durch den neuen Satz 3 sollen die Landesregierungen ermächtigt sein, durch die Verordnung nach § 199 Abs. 2 zu bestimmen, dass Gutachterausschüsse im Einzelfall bei kreisangehörigen Gemeinden verbleiben oder eingerichtet werden, wenn die Erfüllung ihrer Aufgaben gewährleistet ist. Mit der vorgesehenen Ergänzung soll zugleich die Stellung der Gutachterausschüsse im Hinblick auf die anstehenden Aufgaben, die sich im Zusammenhang mit der steuerlichen Neubewertung des Grundbesitzes ergeben, gestärkt werden."

Das **Wirtschaftsministerium des Landes Baden-Württemberg** hat mit Schreiben vom 26.8.1996 Nr. 6 – 406/7 hierzu Stellung genommen und auf die unzureichende personelle und fachliche Ausrichtung der Gutachterausschüsse des Landes hingewiesen[17].

Die vorgesehene Änderung fand im Deutschen Bundestag vornehmlich auf Betreiben der betroffenen Gutachterausschüsse keine Mehrheit. Damit wurde die Chance vertan, die Gutachterausschüsse in *Baden-Württemberg* mit einer Konzentration bei den kreisfreien Städten und bei den Landkreisen durch Rationalisierungseffekte bei gleichzeitiger Effizienzsteigerung zu stärken, **während mit der Einrichtung der Gutachterausschüsse bei Kleinstgemeinden zwangsläufig eine eingeschränkte Leistungsfähigkeit verbunden sein muss,** insbesondere weil dort

– nur wenig Vergleichsmaterial für eine fundierte Verkehrswertermittlung vorliegen kann und

– häufig auch nicht die notwendige Fachkunde zur Verfügung stehen kann (die nach dem Gesetzeswortlaut unabhängigen Gutachterausschüsse setzen sich dort überwiegend aus Gemeinderatsmitgliedern zusammen und stellen damit faktisch Ausschüsse des Gemeindeparlaments dar)[18].

In anderen Bundesländern ist dagegen eine Entwicklung zur Konzentration von Gutachterausschüssen bzw. deren Geschäftsstellen erkennbar. So wurden z. B. für Südhessen die Ämter für Bodenmanagement (AfB), die für die Landkreise Bergstraße, Darmstadt-Dieburg, Groß-Gerau, dem Odenwaldkreis sowie für die kreisfreien Städte Darmstadt und Offenbach zuständig waren, zusammengeführt. Für diese Bereiche sind die Geschäftsstellen der Gutachterausschüsse im AfB Heppenheim zusammengefasst.

---

17 LT-Drucks. 12/275 vom 1.8.1996.
18 Die Oberste Rechtsaufsichtsbehörde (IM Baden-Württemberg) ist nach amtlichen Verlautbarungen (LT-Drucks. 13/1478 vom 8.11.2002) offensichtlich auch nicht an einer Verbesserung der Situation interessiert; vgl. im Übrigen Kleine Anfrage im Landtag Baden-Württemberg vom 8.11.2002 Nr. 13/1478 (vgl. GuG 2005, 43).

3 Zusammensetzung des Gutachterausschusses (§ 192 Abs. 2 BauGB)

3.1 Allgemeines

21 Die **Gutachterausschüsse bestehen** nach § 192 Abs. 2 BauGB **aus**
- einem Vorsitzenden,
- einem Stellvertreter und
- „ehrenamtlichen weiteren Gutachtern"[19] einschließlich eines Bediensteten der zuständigen Finanzbehörde mit Erfahrung in der steuerlichen Bewertung von Grundstücken.

Im Rahmen der Erstattung von Gutachten werden sie zumeist als Kollegialorgan mit mindestens drei Gutachtern tätig.

3.2 Vorsitzende(r)

▶ *Vgl. § 199 BauGB Rn. 31 ff.*

22 Der **Vorsitzende ist Repräsentant des Gutachterausschusses,** dessen Aufgaben nach § 199 Abs. 2 Nr. 2 BauGB durch Landesrecht geregelt werden. Anders als die „ehrenamtlichen weiteren Gutachter" kann der Vorsitzende auch haupt- oder nebenamtlich bestellt werden, wobei er aber in jedem Fall die Voraussetzungen eines Gutachters erbringen muss, d. h., er muss die erforderliche Sachkunde aufweisen[20]. Die Bestellung von stellvertretenden Vorsitzenden sieht das Gesetz nicht ausdrücklich vor, schließt es aber auch nicht aus.

Nach § 16 Satz 1 Nr. 4 der nds DVO-BauGB werden im verwaltungsrechtlichen Vorverfahren in *Niedersachsen* auch **Widersprüche** gemäß § 73 VwGO vom Vorsitzenden erteilt.

23 Auch der Vorsitzende des Gutachterausschusses muss nach Maßgabe des § 192 Abs. 1 BauGB seine Aufgaben unabhängig erfüllen und erfüllen können. § 192 Abs. 3 BauGB schließt nicht ausdrücklich aus, dass in der Landesverordnung nach § 199 Abs. 2 BauGB zugelassen wird, dass der Vorsitzende des Gutachterausschusses **Bediensteter der Verwaltung** ist, bei der der Gutachterausschuss eingerichtet wurde. Die bundesrechtlich gebotene Unabhängigkeit und die zu wahrende Interessensneutralität gebieten diesbezüglich allerdings eine Zurückhaltung des Landesgesetzgebers. Dessen ungeachtet haben mit Ausnahme des Landes *Baden-Württemberg* und *Hessen* alle Landesregierungen in den Gutachterausschüssen bestimmt, dass der Vorsitzende Bediensteter bzw. Beamter der Gebietskörperschaft bzw. des Katasteramtes ist, für deren Bereich der Gutachterausschuss gebildet wurde. In *Brandenburg*, *Rheinland-Pfalz* und in *Thüringen* muss (soll) nach § 2 Abs. 3 der GutachterausschussVO der Vorsitzende Bediensteter des Katasteramtes, das die Aufgaben der Geschäftsstelle des Gutachterausschusses wahrnimmt, bzw. der entsprechenden Vermessungsdienststelle, sein. Bundesrechtlich wird mit § 192 Abs. 3 Satz 1 BauGB darüber hinaus aber auch Sachkunde und Erfahrung „in der Ermittlung von Grundstückswerten" gefordert (vgl. § 2 Abs. 5 thür. GutachterausschussVO). Diese Kompetenz haben die genannten Bediensteten aber nicht allein aufgrund ihrer Amtszugehörigkeit[21].

---

19 Nicht zu verwechseln mit der Berufung zum Ehrenbeamten nach den §§ 5 ff. und 177 BBG; vgl. § 3 Abs. 2, § 115 BRRG.
20 BT-Drucks. III/zu 1974, zu § 161b.
21 § 2 Abs. 2 bay. GutachterausschussVO; § 9 Abs. 2 bln. DVO-BauGB; § 2 Abs. 2 bdb. GAV (Sollvorschrift); § 2 Abs. 1 Satz 3 brem. GutachterausschussV; § 3 Abs. 2 hbg. GutachterausschussV; § 2 Abs. 3 meck.-vorp. GutAVO; § 10 Abs. 2 Satz 2 nds. DVO-BauGB; § 2 Abs. 2 nordrh.-westf. GAVO NW (Sollvorschrift); § 2 Abs. 2 rh.-pf. GutachterausschussVO; § 4 Abs. 2 saarl. GutVO; § 2 Abs. 2 sächs. GutachterausschussVO; § 2 Abs. 2 VOGut LSA; § 2 Abs. 3 GutachterausschussVO SH; § 2 Abs. 2 thür. GutachterausschussVO; Schmidt in GuG 1992, 330.

Eine ähnliche Problematik stellt sich bezüglich der Zusammensetzung der Umlegungsausschüsse[22]. **Wo Bedienstete der Verwaltung und dazu noch in leitender Funktion dem Gutachterausschuss angehören, kann die Interessenneutralität beeinträchtigt werden,** auch wenn sie nicht die Stimmenmehrheit haben. Dies gilt insbesondere dann, wenn dem Vorsitzenden zugleich die Geschäftsstelle des Gutachterausschusses untergeordnet ist, die die Arbeitsergebnisse des Gutachterausschusses, z. B. ein Verkehrswertgutachten, vorbereitet. Es wäre auch weltfremd zu glauben, dass sich ein sich aufdrängender Verdacht einer Verletzung der Interessensneutralität in den Fällen, in denen es z. B. um ein Verkehrswertgutachten geht, von dem die jeweilige Gebietskörperschaft betroffen ist, dadurch vermeiden ließe, dass der Vorsitzende bei der Besetzung des Gutachterausschusses (im Einzelfall) den Vorsitz möglicherweise an den stellvertretenden Vorsitzenden abgibt, der möglicherweise sogar noch als Bediensteter der Nachbargemeinde dort Vorsitzender des Gutachterausschusses ist, und umgekehrt.

24

Man kann in diesem Zusammenhang nicht deutlich genug herausstellen, welche Bedeutung Verkehrswertgutachten (des Gutachterausschusses) im Rechtsverkehr einnehmen, und dabei insbesondere das Anliegen des Bundesgesetzgebers herausstellen, mit den Gutachterausschüssen eine Stelle einrichten zu wollen, die gerade in kritischen Fällen, z. B. zur Bemessung von Abgaben (Ausgleichsbeträge) und Enteignungsentschädigungen oder bei einfachen Grundstücksveräußerungen, die für das Fiskalvermögen einer Gebietskörperschaft mittelbar oder unmittelbar von Bedeutung sind, höchste Gewähr für Unparteilichkeit bietet[23]. Dies betrifft nicht nur die Gutachtenerstattung, sondern vielfach in noch bedeutsamerer Weise die Führung und Auswertung der Kaufpreissammlung. Der ungehinderte Zugang des Gutachterausschusses (und seiner Geschäftsstelle) zu der von ihm geführten Kaufpreissammlung sowie das Hintergrundwissen bezüglich der von ihm abgeleiteten erforderlichen Daten der Wertermittlung verschaffen ihm im Streitfalle Vorteile, da externe Sachverständige hinsichtlich der veröffentlichten „Daten der Wertermittlung" schon aufgrund der häufig unzureichenden Zusatzinformationen über deren Ableitung und der in aller Regel in anonymisierter Weise erteilten Auskünfte über Vergleichspreise nach § 195 Abs. 3 BauGB hier leicht ins Hintertreffen geraten (müssen). Dies beginnt bei einem häufig langwierigen und kostspieligen **Auskunftsverfahren** und einer mitunter wenig „kundenfreundlich" aufbereiteten Auskunft.

25

Nicht untypisch ist der Fall, dass der Gutachterausschuss für Grundstückswerte zwecks gemeindlichen Ankaufs eines Grundstücks ein Gutachten erstattet hat oder einen zu diesem Zwecke beauftragten Sachverständigen mit entsprechenden Vergleichsdaten aus der von ihm geführten Kaufpreissammlung „versorgt" hat und der Gegengutachter nunmehr selbst Auskunft aus der Kaufpreissammlung begehrt. Dieser ist dann im besonderen Maße an solchen Vergleichsdaten interessiert, die geeignet sind, das Gutachten des Gutachterausschusses „auszuhebeln". In solchen Fällen wird häufig auch die **anonymisierte Auskunftserteilung** zu einem weiteren Problem, denn wenn in Angelegenheiten der Gebietskörperschaft, für deren Bereich der Gutachterausschuss eingerichtet und in deren Verwaltungsaufbau seine Geschäftsstelle integriert ist, der Gutachterausschuss und seine Geschäftsstelle den vollständigen Zugriff zur Kaufpreissammlung einschließlich der Angaben hat, die der anderen Seite aus datenschutzrechtlichen Gründen nicht zugänglich sind, so liegt auch hierin eine Benachteiligung dessen, der sich „gegen" ein Gutachten der Behörde „Gutachterausschuss" (vgl. Rn. 2 ff.) wendet, während umgekehrt bei dem Vorsitzenden des Gutachterausschusses und seiner Geschäftsstelle auch nicht die Gefahr einer Pflichtenkollision auszuschließen ist. Diese Konstellationen sind nicht dadurch zu überwinden, dass man dem Gutachterausschuss mit § 192 Abs. 1 BauGB Unabhängigkeit und Selbstständigkeit vorgibt oder auf den Umstand hinweist, dass er eine Landeseinrichtung darstelle. Letztlich lassen sich solche **Interessenkollisionen** nur vermeiden, indem man den Gutachterausschuss und vor allem seine Geschäfts-

26

---

[22] Bielenberg stellt bezüglich der Umlegungsausschüsse in VR 1995, 13 fest, dass die Eigenschaft als Bediensteter der Verwaltung mit der Mitgliedschaft im Umlegungsausschuss bundesrechtlich unvereinbar sei.

[23] Nicht grundlos schreibt z. B. § 2 Abs. 2 Satz 1 der Umlegungsausschussverordnung des Landes Mecklenburg-Vorpommern vor, dass das Mitglied, das über Sachkunde in der Bewertung von Grundstücken und Gebäuden verfügt, weder der Gemeindevertretung noch der Gemeindeverwaltung angehören darf.

stelle weit aus der Behördenhierarchie auslagert oder ihn generell nicht in Angelegenheiten tätig werden lässt, die mittelbar oder unmittelbar die Interessen der jeweiligen Gebietskörperschaft berühren. Die Ansiedlung der Geschäftsstelle des Gutachterausschusses bei den kommunalen Kataster- und Vermessungsämtern ist bei alledem eine nicht bedenkenfreie Regelung.

3.3 Stellvertreter

27 Das BauGB sieht die Bestellung eines oder mehrerer Stellvertreter nicht ausdrücklich vor und schließt dies aber nicht aus.

3.4 Ehrenamtliche Gutachter

▶ *Vgl. Rn. 55 ff., § 199 BauGB, Rn. 24 ff.*

28 In welcher **Besetzung der Gutachterausschuss im Einzelfall** zusammentritt, ist ebenfalls Gegenstand landesrechtlicher Bestimmungen:

– Für die *Erstattung von Gutachten* besteht die Regelbesetzung aus einem Vorsitzenden und zwei weiteren ehrenamtlichen Gutachtern (tres faciunt collegium)[24].

– Für die *Ermittlung von Bodenrichtwerten* besteht die Regelbesetzung aus einem Vorsitzenden (oder einem Stellvertreter) und mindestens drei bzw. vier weiteren ehrenamtlichen Gutachtern[25].

Die ehrenamtlichen Gutachter müssen nach § 193 Abs. 3 Satz 1 BauGB in der Wertermittlung sachkundig und erfahren sein.

Um eine unabhängige Gutachtenerstattung zu gewährleisten, sind in entsprechender Anwendung des § 20 VwVfG im Einzelfall Mitlieder von der Mitwirkung ausgeschlossen (so z. B. ausdrücklich § 3 Abs. 4 der bbg. GutachterauschussVO):

„**§ 20 VwVfG** Ausgeschlossene Personen

(1) In einem Verwaltungsverfahren darf für eine Behörde nicht tätig werden,

1. wer selbst Beteiligter ist;
2. wer Angehöriger eines Beteiligten ist;
3. wer einen Beteiligten kraft Gesetzes oder Vollmacht allgemein oder in diesem Verwaltungsverfahren vertritt;
4. wer Angehöriger einer Person ist, die einen Beteiligten in diesem Verfahren vertritt;
5. wer bei einem Beteiligten gegen Entgelt beschäftigt ist oder bei ihm als Mitglied des Vorstands, des Aufsichtsrates oder eines gleichartigen Organs tätig ist; dies gilt nicht für den, dessen Anstellungskörperschaft Beteiligte ist;
6. wer außerhalb seiner amtlichen Eigenschaft in der Angelegenheit ein Gutachten abgegeben hat oder sonst tätig geworden ist.

Dem Beteiligten steht gleich, wer durch die Tätigkeit oder durch die Entscheidung einen unmittelbaren Vorteil oder Nachteil erlangen kann. Dies gilt nicht, wenn der Vor- oder Nachteil nur darauf beruht, dass jemand einer Berufs- oder Bevölkerungsgruppe angehört, deren gemeinsame Interessen durch die Angelegenheit berührt werden.

(2) Absatz 1 gilt nicht für Wahlen zu einer ehrenamtlichen Tätigkeit und für die Abberufung von ehrenamtlich Tätigen.

---

24 Die Gutachtenerstattung durch ein Kollegium hatte schon A. Weber (Bodenrechte und Bodenspekulation in der modernen Stadt Leipzig, S. 175) gefordert, da die Wertermittlung „in weitem Umfang lediglich Gefühlssache" sei.

25 § 5 Abs. 2 bad.-württ. GutachterausschussVO; § 7 Abs. 3 bay. GutachterausschussVO; § 6 Abs. 2 bln. DVO-BauGB; § 16 bbg. GutachterausschussVO; § 5 Abs. 1 hamb. GutachterausschussVO; § 2 Abs. 4 hess. DV BauGB; § 16 GAVO NW; § 3 Abs. 2 rh.-pf. GutachterausschussVO; § 4 Abs. 3 saarl. GutVO; § 9 Abs. 1 schl.-hol. GutachterausschussVO; § 14 Abs. 2 thür. GutachterausschussVO; die Möglichkeit einer „erweiterten" Besetzung anzuordnen sieht § 1 Abs. 2 Satz 4 brem. GutachterausschussVO und § 16 Abs. 1 GutAVO LSA vor.

(3) Wer nach Absatz 1 ausgeschlossen ist, darf bei Gefahr im Verzug unaufschiebbare Maßnahmen treffen.

(4) Hält sich ein Mitglied eines Ausschusses (§ 88) für ausgeschlossen oder bestehen Zweifel, ob die Voraussetzungen des Absatzes 1 gegeben sind, ist dies dem Vorsitzenden des Ausschusses mitzuteilen. Der Ausschuss entscheidet über den Ausschluss. Der Betroffene darf an dieser Entscheidung nicht mitwirken. Das ausgeschlossene Mitglied darf bei der weiteren Beratung und Beschlussfassung nicht zugegen sein.

(5) Angehörige im Sinne des Absatzes 1 Nr. 2 und 4 sind:

1. der Verlobte,
2. der Ehegatte,
2a. der Lebenspartner
3. Verwandte und Verschwägerte gerader Linie,
4. Geschwister,
5. Kinder der Geschwister,
6. Ehegatten der Geschwister und Geschwister der Ehegatten,
6a. Lebenspartner der Geschwister und Geschwister der Lebenspartner
7. Geschwister der Eltern,
8. Personen, die durch ein auf längere Dauer angelegtes Pflegeverhältnis mit häuslicher Gemeinschaft wie Eltern und Kind miteinander verbunden sind (Pflegeeltern und Pflegekinder).

Angehörige sind die in Satz 1 aufgeführten Personen auch dann, wenn

1. in den Fällen der Nummern 2, 3 und 6 die die Beziehung begründende Ehe nicht mehr besteht;
1a. in den Fällen der Nummern 2a, 3 und 6a die die Beziehung begründende Lebenspartnerschaft nicht mehr besteht;
2. in den Fällen der Nummern 3 bis 7 die Verwandtschaft oder Schwägerschaft durch Annahme als Kind erloschen ist;
3. im Falle der Nummer 8 die häusliche Gemeinschaft nicht mehr besteht, sofern die Personen weiterhin wie Eltern und Kind miteinander verbunden sind."

Ausgeschlossen ist darüber hinaus ein **wirtschaftlich abhängiger Beschäftigter eines Beteiligten** sowie wer aus seiner amtlichen Eigenschaft in der Angelegenheit ein Gutachten abgegeben oder sonst tätig geworden ist[26].

Bundesrechtlich ist des Weiteren vorgeschrieben, dass **für die Ermittlung der Bodenrichtwerte sowie sonstiger erforderlicher Daten ein Bediensteter der zuständigen Finanzbehörde mit Erfahrungen in der steuerlichen Bewertung als Gutachter vorzusehen** ist.

3.5. Bedienstete der zuständigen Finanzbehörde

▶ *Vgl. § 193 BauGB Rn. 37*

Nach § 192 Abs. 2 Satz 2 BauGB in der ab 21.6.2013 geltenden Fassung sind Bedienstete der zuständigen Finanzbehörde[27] mit Erfahrung in der steuerlichen Bewertung von Grundstücken nicht nur zur Ermittlung von Bodenrichtwerten[28], sondern auch zur Ableitung der in § 193 Abs. 5 Satz 2 BauGB genannten „sonstigen für die Wertermittlung erforderlichen Daten" „als Gutachter hinzuzuziehen". Die Regelung zielt darauf ab, die Belange der Finanzverwaltung in die Ableitung der Bodenrichtwerte und der sonstigen erforderlichen Daten, insbesondere zur Ableitung von Umrechnungskoeffizienten, Liegenschaftszinssätzen, Sachwertfaktoren und Vergleichsfaktoren bebauter Grundstücke, einzubringen, denn diese werden insbesondere im Bereich des Erbschaft- und Schenkungsteuerrechts herangezogen. Auf die Regelungen der §§ 183, 188 und 191 BewG wird verwiesen.

---

26 Nach altem Recht: § 139 Abs. 4 Satz 3 BBauG 76.
27 Während es sich nach § 139 BauGB 1976 noch um „Bedienstete der örtlichen Finanzämter" handelte, soll dies nach dem BauGB „ein Bediensteter der zuständigen Finanzbehörde" sein (§ 192 Abs. 3 Satz 2 BauGB).
28 Die Regelung geht auf einen Vorschlag des Bundesrates in der 10. Legislaturperiode zurück. Dem Vorschlag des Bundesrates hat sich seinerzeit der federführende BT-Ausschuss (BT-Drucks. 10/6166, S. 162) angeschlossen.

III § 192 BauGB   Gutachterausschuss

Nach dem Regierungsentwurf zu § 192 BauGB (2012/13) sollte der Bedienstete der zuständigen Finanzbehörde mit Erfahrung in der steuerlichen Bewertung von Grundstücken Mitglied des Gutachterausschusses sein. § 192 Abs. 2 BauGB sollte deshalb folgende Fassung erhalten (BT-Drucks. 17/11468; BR-Drucks. 474/12): *„(2) Die Gutachterausschüsse bestehen aus einem Vorsitzenden und ehrenamtlichen weiteren Gutachtern einschließlich eines Bediensteten der zuständigen Finanzbehörde mit Erfahrung in der steuerlichen Bewertung von Grundstücken."* In der Stellungnahme des Bundesrates (BT-Drucks. 17/11468) wurde darauf hingewiesen, dass es zwar sachgerecht sei, wenn der Bedienstete der Finanzbehörde auch bei der Ermittlung sonstiger für die Wertermittlung erforderlicher Daten mitwirkt, jedoch eine regelmäßige Mitwirkung bei der Erstattung von Gutachten bundesrechtlich nicht vorgegeben werden soll, zumal seine Mitwirkung durch die Landesverordnung nach § 199 Abs. 2 Nr. 1 BauGB geregelt werden kann. „Die zusätzliche Nennung des Bediensteten der zuständigen Finanzbehörde in § 192 Abs. 2 BauGB ist hierzu nicht erforderlich. Sie würde (nach Auffassung des Bundesrates) auch nicht der Systematik der Vorschrift entsprechen, denn andernfalls müssten auch die übrigen Mitglieder des Gutachterausschusses in Absatz 2 aufgezählt werden. Auf die §§ 183, 188 und 191 des Bewertungsgesetzes wird hingewiesen." Der federführende Ausschuss des Deutschen Bundestages ist der Empfehlung des Bundesrates gefolgt. Danach ist der Bedienstete der Finanzbehörde auch zur Ableitung erforderlicher Daten lediglich *„hinzuzuziehen"*, ohne dass er deshalb Mitglied des Gutachterausschusses ist (BT-Drucks. 17/13272).

31 Hat der Bedienstete der zuständigen Finanzbehörde an der Bodenrichtwertermittlung bzw. der Ableitung der erforderlichen Daten nicht mitgewirkt, so sind die genannten erforderlichen Daten der Wertermittlung nicht ordnungsgemäß zustande gekommen[29].

32 Nach der Systematik der Vorschrift des § 192 Abs. 2 sowie des Abs. 3 Satz 2 BauGB ist **zwischen den „ehrenamtlichen Gutachtern des Gutachterausschusses" und den „Bediensteten der zuständigen Finanzbehörde" zu unterscheiden**:

- § 192 Abs. 2 und Abs. 3 Satz 2 BauGB sprechen lediglich von einem „Bediensteten der zuständigen Finanzbehörde" und vermeiden diesbezüglich den ansonsten für die Mitgliedschaft im Gutachterausschuss gebrauchten Begriff des „Gutachters".

- Es kommt hinzu, dass abweichend von den in § 192 Abs. 3 Satz 1 BauGB genannten Voraussetzungen für eine Mitgliedschaft im Gutachterausschuss des Bediensteten der Finanzverwaltung lediglich „Erfahrungen in der steuerlichen Bewertung" gefordert werden und dieser nicht allgemein „in der Ermittlung von Grundstückswerten oder sonstigen Wertermittlungen sachkundig" sein muss. Die Bediensteten sind deshalb auch nicht zur Erstattung von Gutachten über den Verkehrswert (Marktwert) von Grundstücken heranzuziehen.

33 Im Umkehrschluss zu § 192 Abs. 3 Satz 2 BauGB ist die Hinzuziehung des „Bediensteten der zuständigen Finanzbehörde" zu anderen Aufgaben des Gutachterausschusses und insbesondere zur Erstattung von Gutachten grundsätzlich ausgeschlossen. Dementsprechend wird in der Begründung zu dieser Vorschrift vom Bundesrat daraufhin gewiesen, dass „die *regelmäßige* Mitwirkung bei der Erstattung von Gutachten ... dagegen nicht vorgesehen" sei, jedoch in der **Landesverordnung über Gutachterausschüsse** nach § 199 Abs. 2 Nr. 1 BauGB vorgesehen werden könne[30]. So können Bedienstete der örtlich zuständigen Finanzämter beispielsweise nach Maßgabe landesrechtlicher Vorschriften auch bei der Erstellung von Mietwertübersichten und den Übersichten über Bodenrichtwerte mitwirken[31]. Für eine Mitwirkung an der Erstellung von Gutachten über den Verkehrswert (Marktwert) von Grundstücken und Rechten an Grundstücken wird man fordern müssen, dass der Bedienstete dieselben Voraussetzungen erfüllt, die die ehrenamtlichen Gutachter nach § 192 Abs. 3 Satz 2 BauGB erfüllen müssen.

34 Die mit § 192 Abs. 3 Satz 2 BauGB vorgeschriebene „Hinzuziehung" eines Bediensteten der zuständigen Finanzbehörde „als Gutachter" bedeutet nicht, dass der Bedienstete Mitglied des

---

29 Dieterich in Ernst/Zinkahn/Bielenberg/Krautzberger, § 192 BauGB Rn. 35.
30 BR-Drucks. 474/1/12 S. 23.
31 Nach § 2 Abs. 4 der nordrh.-westf. GutachterausschussVO werden diese Mitglieder ausschließlich zur Ermittlung von Bodenrichtwerten, bei der Erstellung von Bodenrichtwertübersichten und des Grundstücksmarktberichtes herangezogen; sie können bei der Erstellung von Mietwertübersichten und Mietspiegeln herangezogen werden.

Gutachterausschusses ist. Auch müssen, wie vorstehend ausgeführt, die Voraussetzungen für eine **Bestellung des Bediensteten der zuständigen Finanzbehörde als Vollmitglied des Gutachterausschusses** nicht vorliegen. Liegen die Voraussetzungen vor, kann der Bedienstete als Mitglied des Gutachterausschusses bestellt werden. Als Vollmitglied des Gutachterausschusses für Grundstückswerte wird der Bedienstete der zuständigen Finanzbehörde im Übrigen ehrenamtlich statt nebenamtlich oder ggf. innerhalb seines Hauptamtes tätig. Er ist dann grundsätzlich als ehrenamtliches Vollmitglied i. d. R. für seine Tätigkeit zu entschädigen[32].

4 Bestellung und Abberufung von Gutachtern

4.1 Bestellung von Gutachtern

▶ *Vgl. Vorbem. zum BauGB Rn. 27*

Das BauGB enthält keine Bestimmung über die **Bestellung von** Gutachtern[33]. Aufgrund der Ermächtigung des § 199 Abs. 2 BauGB **regeln dies die Landesregierungen durch Rechtsverordnung**. Bundesrechtlich schreibt § 192 Abs. 3 Satz 1 BauGB lediglich vor, dass 35

– die Gutachter in der Grundstückswertermittlung und sonstigen Wertermittlungen erfahren sein sollen und

– nicht hauptamtlich mit der Verwaltung der Grundstücke der Gebietskörperschaft befasst sein dürfen, für deren Bereich der Gutachterausschuss gebildet worden ist **(Inkompatibilitätsbestimmung)**.

Bezüglich der für die Bestellung von Gutachtern vorgeschriebenen Sachkunde und Erfahrung in der Ermittlung von Grundstückswerten sollten ähnliche Maßstäbe gelten, wie sie von den Industrie- und Handelskammern mit den in der Sachverständigenordnung – SVO[34] – formulierten Grundsätzen über die öffentliche Bestellung und Vereidigung von Sachverständigen vorgegeben sind. Die Gutachterausschussverordnungen schließen Personen von der Bestellung aus, die nach § 21 Nrn. 1 bis 3 VwGO vom Richteramt ausgeschlossen sind[35]. Auf die Bestellung als Gutachter des Gutachterausschusses besteht kein Rechtsanspruch. 36

Die **Bestellung zum Gutachter des Gutachterausschusses für Grundstückswerte** (nach den §§ 192 ff. BauGB) ist **landesrechtlich wie folgt** geregelt (Abb. 1): 37

---

32 Vgl. hierzu den nicht vom Bundesrat übernommenen Vorschlag des Finanzausschusses des Bundesrates vom 10.9.2012 (BR-Drucks. 474/1/12 S. 23).
33 Mit dem BauGB wurde mit der Bestimmung des § 138 Abs. 2 BBauG 76 über die Bestellung von Gutachtern aufgehoben; nach dieser Vorschrift wurden Gutachter von der höheren Verwaltungsbehörde auf vier Jahre bestellt. Die Nachfolgeregelungen der Landesregierungen sollten sicherstellen, dass die Bestellung von Gutachtern frei von politischen und nach fachlich vertretbaren Erwägungen erfolgen kann. Ob dies damit tatsächlich sichergestellt werden konnte, mag bezweifelt werden. So gehören dem Gutachterausschuss für Grundstückswerte für den Bereich der Landeshauptstadt Stuttgart im Jahre 2004 u. a. eine Ärztin und Medizinjournalistin, ein Polizist, ein Berufsschullehrer und ein selbstständiger Schreinermeister an, die zumindest von ihrer beruflichen Herkunft nicht ihre besondere Sachkunde erkennen lassen, aber allesamt zugleich Stadträte sind.
34 Vgl. Kleiber, W., Sammlung amtlicher Vorschriften über die Wertermittlung von Grundstücken, 11. Aufl., Bundesanzeiger Verlag 2012.
35 Vgl. § 2 Abs. 2 bad.-württ. GutachterausschussVO; § 3 Abs. 2 bay. GutachterausschussVO; § 2 Abs. 6 bbg. GutachterausschussVO; § 10 Abs. 2 nds. DVO-BauGB; § 2 nordrh.-westf. GutachterausschussVO; § 3 Abs. 3 rh.-pf. GutachterausschussVO; § 3 Abs. 4 Nr. 2 thür. GutachterausschussVO; § 2 Abs. 3 sächs. GutachterausschussVO; § 5 schl.-hol. GutachterausschussVO.

III § 192 BauGB Gutachterausschuss

Abb. 1: Bestellung zum Gutachter des Gutachterausschusses

Land	Bestellungsbehörde	Zeitraum	Rechtsgrundlage*
Baden-Württemberg	Gemeinde/Verwaltungsgemeinschaft	4 Jahre	§ 2
Bayern	Kreisverwaltung	4 Jahre	§ 3
Berlin	Für das Vermessungswesen zuständiges Mitglied des Senats	4 Jahre	§ 9
Brandenburg	Ministerium des Innern	5 Jahre	§ 2
Bremen	Senat bzw. Senator für Bauwesen	4 Jahre	§ 2 Abs. 2 f.
Hamburg	Senat	unbefristet	§ 3 Abs. 1
Hessen	Präsident des Hess. Landesamtes für Bodenmanagement und Geoinformation bzw. der Vorsitzende	5 Jahre	§ 3 Abs. 1
Mecklenburg-Vorpommern	Innenminister	4 Jahre	§ 3 Abs. 1
Niedersachsen	Für das Vermessungs- und Katasterwesen zuständiges Ministerium	5 Jahre	§ 10
Nordrhein-Westfalen	Bezirksregierung	5 Jahre	§ 2 Abs. 1
Rheinland-Pfalz	Landesamt für Vermessung und Geobasisinformationen	5 Jahre	§§ 1, 3
Saarland	Umweltministerium auf Vorschlag nach Maßgabe der GutVO	4 Jahre	§ 6, § 1 Abs. 3
Sachsen	Regierungspräsidium	5 Jahre	§ 2
Sachsen-Anhalt	Bezirksregierung	4 Jahre	§ 2
Schleswig-Holstein	Bürgermeister/Landrat	4 Jahre	§ 3 Abs. 1 und 2
Thüringen	Obere Katasterbehörde	5 Jahre	§ 3 und § 1 Abs. 3

* Rechtsgrundlagen vgl. Gesetzeszusammenstellung am Anfang dieses Werks.

4.2 Abberufung von Gutachtern und Amtsniederlegung

38 Die **Bestellung eines Gutachters endet, wenn er sein Amt niederlegt;** dafür bedarf es keiner Abberufung.

39 Die **Bestellungsbehörde hat** einen **Gutachter abzuberufen, wenn die Voraussetzungen seiner Bestellung entfallen sind** oder er nicht hätte bestellt werden dürfen. Die Voraussetzungen können insbesondere vorliegen, wenn

a) der Gutachter seine Pflichten (wiederholt) gröblich verletzt und gegen Rechtsvorschriften verstößt oder sich sonstwie als unwürdig erweist,

b) der Gutachter seine Tätigkeit nicht mehr ordnungsgemäß ausüben kann.

40 Das Nähere ist in den Gutachterausschussverordnungen der Länder geregelt[36].

---

36 Vgl. § 4 Abs. 4 bbg. GutachterausschussVO; § 4 Abs. 4 nordrh.-westf. GutachterausschussVO; § 4 Abs. 4 thür. GutachterausschussVO; § 5 Abs. 4 schl.-hol. GutachterausschussVO.

5 Geschäftsstelle des Gutachterausschusses (§ 192 Abs. 4 BauGB)

Die Gutachterausschüsse bedienen sich nach § 192 Abs. 4 BauGB einer Geschäftsstelle. Dies ist die einzige Vorschrift, in der im BauGB von der Geschäftsstelle des Gutachterausschusses die Rede ist. Ansonsten betreffen die Regelungen des BauGB nur den Gutachterausschuss, obwohl die Geschäftsstelle wesentliche Arbeiten des Gutachterausschusses vorbereitet und betreut. **Die Geschäftsstelle ist ein Organ des Gutachterausschusses und nimmt innerhalb der Behörde Gutachterausschuss-Hilfsfunktionen wahr,** die hinsichtlich Inhalt und Umfang in der Verantwortung und der Entscheidung des Gutachterausschusses stehen[37]. Der Gutachterausschuss bestimmt deshalb auch, in welchem Rahmen und in welchem Umfang seine Geschäftsstelle tätig wird. Der Bundesgesetzgeber hat mit dem BauGB infolgedessen nicht einzelne Tätigkeiten der Geschäftsstelle durch Bundesgesetz festschreiben wollen, wie es der Deutsche Städtetag vorgeschlagen hatte[38]. Er hat vielmehr die umfassende Verantwortung des Gutachterausschusses auch für diesen Aufgabenbereich dadurch unterstreichen wollen, dass er im Gesetzbuch die Geschäftsstelle des Gutachterausschusses an dieser Stelle nicht mehr – wie noch in § 143 a Abs. 2 BBauG 76 – ausdrücklich anspricht.

41

In *Hessen* ist gemäß § 10 der GutachterausschussVO eine „**Zentrale Geschäftsstelle der Gutachterausschüsse für Grundstückswerte** des Landes Hessen – ZGGH" beim Hessischen Landesamt für Bodenmanagement und Geoinformation eingerichtet worden. Ihr obliegt die Festlegung verbindlicher Standards im Hinblick auf die Bereitstellung eines aktuellen flächendeckenden und einheitlichen Datenangebots in Abstimmung mit den Geschäftsstellen der Gutachterausschüsse, um insbesondere

42

– die landesweite Einheitlichkeit der von den Gutachterausschüssen zu erhebenden und von den Geschäftsstellen geführten Daten und erstellten Produkte sicherzustellen,

– Daten zu Kaufpreisobjekten, die in den Gutachterausschüssen nur vereinzelt auftreten, zu sammeln, auszuwerten und bereitzustellen,

– die Abgabe von Daten, die den räumlichen Zuständigkeitsbereich eines einzelnen Gutachterausschusses überschreiten, an Dritte zu koordinieren und sicherzustellen,

– den Grundstücksmarktbericht für das Land Hessen sowie sonstige Übersichten und Analysen zu erstellen und zu vertreiben,

– verbindliche Standards und Geschäftsmodelle für die Datenvermarktung durch Dritte zu entwickeln,

– die landesweite Öffentlichkeitsarbeit zu koordinieren und durchzuführen,

– die generalisierten Bodenwerte nach § 15 Abs. 4 zu veröffentlichen,

– den zentralen Internetauftritt sowie die Möglichkeit eines Online-Datenabrufs einzurichten und zu betreuen,

– wertrelevante Daten in Form von Indexreihen, Umrechnungskoeffizienten, Liegenschaftszinssätzen, Marktanpassungsfaktoren und Vergleichsfaktoren landesweit aufzubereiten,

– die Gutachterausschüsse und Geschäftsstellen bei der Fortbildung zu unterstützen.

Zu den **Aufgaben der Geschäftsstelle** gehört:

43

– die Entgegennahme und Registrierung der Anträge;

– die Prüfung der Antragsberechtigung und der örtlichen und sachlichen Zuständigkeit;

---

37 OLG Stuttgart, Beschl. vom 25.10.1993 – 1 Ws 232/93 –, GuG 1994, 379 = EzGuG 11.207e; VG Düsseldorf, Urt. vom 3.7.1980 – 9 K 182/80 –, AVN 1981, 191 = EzGuG 11.120.
38 BT-Drucks. 10/6166, S. 162.

III § 192 BauGB Gutachterausschuss

- die Sachverhaltsaufklärung einschließlich Beschaffung erforderlicher Unterlagen (Pläne, Lichtbilder, Grundbuchauszüge, Verträge, Mieten usw.);
- die verwaltungsmäßige Vorbereitung und Abwicklung der Ausschusssitzungen (Entwurf für die Tagesordnung, Einladung der ehrenamtlichen Gutachter, Benachrichtigung der Grundstückseigentümer, Fertigung der Sitzungsniederschriften und dgl.);
- die Festsetzung der Entschädigungen der ehrenamtlichen Gutachter;
- die Festsetzung und Veranlagung der Gebühren;
- die Ausfertigung und Übersendung der Wertgutachten;
- die Erstattung von Berichten und Zusammenstellungen an die zuständige Aufsichtsbehörde (über erstattete Wertgutachten, Bodenrichtwertauskünfte usw.);
- die Führung der Verwaltungsgeschäfte für den Gutachterausschuss bzw. den Vorsitzenden;
- die Vorbereitung und Veröffentlichung von Grundstücksmarktberichten;
- die Vorbereitung von Wertgutachten, insbesondere durch Aufklärung des Sachverhalts[39];
  - Klarstellung von Aufgabe und Zweck des Wertgutachtens;
  - Erforschung der im Einzelfalle zu berücksichtigenden Wertermittlungsmerkmale (Aufzählung beispielhaft);
  - Sichtung und Prüfung, ob vorliegende Unterlagen ausreichen; evtl. Beschaffung fehlender Unterlagen;
  - Feststellung von Grundstücksbezeichnung und -größe sowie Erschließungszustand;
  - Ermittlung des Lagewerts für den Grund und Boden sowie der Zu- oder Abschläge wegen spezieller Merkmale des Grundstücks;
  - Ermittlung der Massen der Gebäude und sonstigen baulichen Anlagen;
  - Ermittlung der Wohn-, Geschoss- bzw. Nutzflächen der Gebäude;
  - Ableitung der speziellen Normalherstellungswerte, der Abschreibungssätze und sonstigen Wertminderungen;
  - Ableitung der speziellen angemessenen Mietwerte;
  - Ermittlung der Bewirtschaftungskosten, der angemessenen Verzinsung (Liegenschaftszinssätze), der Restnutzungsdauer, des Vervielfältigers;
  - Ableitung evtl. besonderer Minder- oder Mehrwerte (wegen Bauschäden oder Baumängeln, Sondererträgen u. a.);
  - Konzipierung eines vollständigen, diskussionsfähigen Entwurfs des gesamten Gutachtens;
- die Führung der Kaufpreissammlung nach Weisung des Gutachterausschusses einschließlich der Prüfung und „Berichtigung" der Kaufpreise im Hinblick auf den gewöhnlichen Geschäftsverkehr sowie auf ungewöhnliche und persönliche Verhältnisse und ggf. Zurückführung der berichtigten Kaufpreise auf Vergleichsgrundstücke mit gebietstypischen Eigenschaften;
- die antragsgemäße Übermittlung der Kaufpreissammlung an das zuständige Finanzamt; die Urkunden- und Aktenvorlage an Gerichte und Staatsanwaltschaften;
- die fachliche Vorbereitung der Bodenrichtwertermittlung einschließlich der Fertigung von Bodenrichtwertkarten, Übersichten usw., Veranlassung der Offenlage, Bodenrichtwertauskünfte;

---

[39] OLG Stuttgart, Urt. vom 25.11.1993 – 1 Ws 232/93 –, Rpfleger 1994, 183 = EzGuG 11.207e.

- die fachliche Vorbereitung und Ableitung „erforderlicher Daten der Wertermittlung" für den Gutachterausschuss;
- die Beschaffung und Erarbeitung allgemeiner Wertermittlungsgrundlagen (z. B. Sammlung von Mieten, Erarbeitung von Mietwerten, Normalherstellungskosten und sonstigen Wertermittlungsdaten, Sammlung und Nachweis der erstatteten Gutachten) und
- der Material- und Erfahrungsaustausch mit anderen Gutachterausschüssen.

Die **Geschäftsstelle** ist nach Maßgabe landesrechtlicher Bestimmungen **bei einer Behörde** eingerichtet. Als Organ des Gutachterausschusses nimmt die Geschäftsstelle nicht Aufgaben der Städte und Kreise wahr, für deren Bereich der Gutachterausschuss gebildet wurde. 44

Dies bedeutet, dass die Bediensteten der Geschäftsstelle – soweit sie im Behördenaufbau anderen Tätigkeiten nachgehen – gleichzeitig Geschäftsstellenaufgaben für den Gutachterausschuss quasi in Doppelfunktion wahrnehmen. Bei der Ausübung ihrer Hilfstätigkeit als **Geschäftsstelle des Gutachterausschusses** ist sie nicht an **Weisungen** ihrer Anstellungsbehörde gebunden, sondern **allein** denjenigen **des Gutachterausschusses unterworfen,** sofern das Weisungsrecht nicht auf den Vorsitzenden des Gutachterausschusses übertragen wurde[40]. 45

6 Geheimhaltungspflicht

▶ *Weiteres zum Bundesdatenschutzgesetz § 195 BauGB Rn. 80 ff.*

Die Gutachter der Gutachterausschüsse für Grundstückswerte sind zur Geheimhaltung der ihnen bekannt gewordenen personenbezogenen Daten verpflichtet. Anders als noch § 138 Abs. 3 BBauG 76 enthält die Nachfolgeregelung keine dies klarstellende Regelung. Die Begründung zu § 192 BauGB verweist lediglich auf entsprechende **Grundsätze in den Verwaltungsverfahrensgesetzen des Bundes und der Länder**[41]. 46

Neben den Vorschriften der Verwaltungsverfahrensgesetze sind die Regelungen der Datenschutzgesetze und der GutachterausschussVOen der Länder zu beachten: 47

a) Von den **Vorschriften des Verwaltungsverfahrensgesetzes** – VwVfG – sind vor allem die Vorschriften des § 83 und § 84 VwVfG (Verschwiegenheitspflicht) über die ehrenamtliche Tätigkeit einschlägig. Diese Vorschriften sind nach dem Wortlaut des § 81 VwVfG allerdings nur auf die ehrenamtliche Tätigkeit in einem „Verwaltungsverfahren" anzuwenden, das in § 9 VwVfG als eine „nach außen wirkende Tätigkeit der Behörden" definiert ist, „die auf die Prüfung der Voraussetzungen, die Vorbereitung und den Erlass eines Verwaltungsakts oder auf den Abschluss eines öffentlich-rechtlichen Vertrags gerichtet ist"[42]. Die Gutachten des Gutachterausschusses stellen nach der höchstrichterlichen Rechtsprechung indessen keinen Verwaltungsakt dar; sie können allenfalls der Vorbereitung von Verwaltungsakten dienen (§ 193 BauGB Rn. 67). Soweit demzufolge noch ein Regelungsbedarf über die Geheimhaltungspflichten der Gutachter besteht, sind die Landesregierungen mit § 199 Abs. 2 Nr. 1 BauGB ermächtigt worden, die Bildung und das Tätigwerden der Gutachterausschüsse sowie die Mitwirkung der Gutachter und deren

---

40 Zum Beispiel RdErl. des IMLSA vom 2.9.1994 – 46.2 – 235 24/2 –, MBl. LSA 1994, 2528.
41 BT-Drucks. 10/4630, S. 149.
42 Ausgenommen ist damit jedwedes Verwaltungshandeln, dem kein Regelungscharakter zukommt (z. B. behördliche Auskünfte), einschließlich sog. Verwaltungsvorakte (vgl. Achterberg in DÖV 1971, 397 ff.). Nach Wortlaut und Entstehungsgeschichte der Vorschrift entspricht dies dem gesetzgeberischen Willen. Der Gesetzgeber hat erklärtermaßen rechtsdogmatisch unverfestigte Formen des Verwaltungshandelns nicht einbeziehen wollen. Er hat allerdings auch nicht verkannt, dass eine Reihe von Vorschriften des VwVfG über den engeren Anwendungsbereich dieses Gesetzes hinaus allgemeine Bedeutung für nicht erfasste Verfahrensarten erlangen werden (vgl. BR-Drucks. 227/73, S. 41 f.). Dies könnte auch für die Gutachterausschüsse gelten. § 9 VwVfG muss angesichts seines eindeutigen Wortlauts gleichwohl eher restriktiv ausgelegt werden.

III § 192 BauGB — Gutachterausschuss

Ausschluss im Einzelfall zu regeln[43]. Auch wenn nach den vorstehenden Ausführungen die §§ 83 f. VwVfG bei strenger Betrachtungsweise nicht auf die Gutachter anzuwenden sind, empfiehlt es sich, in den Landesverordnungen entsprechend der Regelung des § 83 Abs. 2 VwVfG die Gutachter bei Übernahme ihrer Aufgaben zur Verschwiegenheit besonders zu verpflichten, zumal es fraglich sein mag, dass alle Gutachter Amtsträger i. S. d. § 11 Abs. 1 Nr. 2 StGB sind und schon deshalb bei Verletzung von Geheimhaltungspflichten die strafrechtlichen Folgen des § 203 StGB greifen (vgl. § 195 BauGB Rn. 84).

b) Die **Datenschutzgesetze der Länder** verpflichten die Gutachterausschüsse für Grundstückswerte, alle technischen und organisatorischen Maßnahme zu treffen, um insbesondere bereits beim Aufbau der Kaufpreissammlung und ihrer Nutzung datenschutzrechtliche Belange sicherzustellen (vgl. z. B. § 10 nordrh.-westf. DSB). Die Dokumentation der organisatorischen Maßnahmen stellt hier bereits ein wesentliches Element dar[44].

c) In Ansehung dieser Rechtslage legen eine Reihe von **GutachterausschussVOen der Länder** den Gutachtern besondere Geheimhaltungspflichten auf[45]. Dementsprechend muss z. B. im Lande *Rheinland-Pfalz* der **auskunftsbegehrende Sachverständige** schriftlich versichern, dass er

- alle mündlich oder durch Auskunft erhaltenen Angaben streng vertraulich behandelt und diese zu keinem anderen als dem zur sachgerechten Aufgabenerfüllung gehörenden Zweck verarbeitet, bekannt gibt oder zugänglich macht,
- in das/die zu erstellende(n) Gutachten nur anonymisierte Daten der Vergleichsgrundstücke aufnimmt (z. B. ohne Flurstück- und Hausnummern),
- die Daten bis zu ihrer Vernichtung so aufbewahrt, dass Unbefugte keine Kenntnis davon erhalten,
- die zur Verfügung gestellten Daten nach Auswertung (z. B. in einem Gutachten) zum frühestmöglichen Zeitpunkt vernichtet.

48 Die Vernichtung personenbezogener Daten, die der auskunftsberechtigte Sachverständige erhalten hat, schließt indessen nicht aus, dass er dieses Wissen in seinen Erfahrungsschatz aufnimmt und in seiner weiteren Tätigkeit hierauf aufbaut[46].

49 Des Weiteren ist auch auf die strafrechtlichen Folgen bei **Verletzung des Datengeheimnisses nach den Bestimmungen der Landesdatenschutzgesetze** hinzuweisen: so bestimmt z. B. § 27 des rh.-pf. Landesdatenschutzgesetzes – LDatG (vgl. auch § 27 saarl. DatG, vgl. auch § 14 nordrh.-westf. DSG):

„(1) Wer unbefugt von diesem Gesetz geschützte personenbezogene Daten, die nicht offenkundig sind,

1. übermittelt, verändert oder sonst wie verwendet oder
2. abruft oder sich sonst wie verschafft oder
3. den Zugriff auf solche Daten gewährt, wird mit Freiheitsstrafe bis zu einem Jahr oder mit Geldstrafe bestraft.

---

43 Zur Geheimhaltung bei der steuerlichen Bedienung vgl. BFH, Beschl. vom 21.5.1982 – III B 32/81 –, BFHE 136, 141 = EzGuG 20.99; Vorinstanz: FG Hamburg, Beschl. vom 23.6.1981 – III 199/77 –, AVN 1986, 345; BFH, Urt. vom 24.9.1976 – III B 12/76 –, BFHE 120, 270 = EzGuG 11.104; § 30 AO sowie § 10 Abs. 1 Satz 2 und die §§ 41 f. BDSG.
44 Musterdienstanweisung der AGVGA Nordrh.-Westf.; 11. und 12. Tätigkeitsbericht des nordrh.-westf. Landesbeauftragten für den Datenschutz, Sammelband Datensicherung und Organisationshilfen.
45 § 3 Abs. 1 bad.-württ. GutachterausschussVO; § 4 bay. GutachterausschussVO; § 10 bln. DVO-BauGB; § 4 Abs. 1 brem. GutachterausschussVO; § 3 Abs. 4 hamb. GutachterausschussVO; § 4 Abs. 2 hess. DV BauGB; § 3 Abs. 3 GAVO NW; §§ 7, 16 saarl. GutVO; § 4 schl.-hol. GutachterausschussVO.
46 OLG München, Beschl. vom 23.7.1987 – REMiet 2/87 –, NJW-RR 1987, 1302 = EzGuG 20.121.

(2) Handelt der Täter gegen Entgelt oder in der Absicht, sich oder einen anderen zu bereichern oder einen anderen zu schädigen, so ist die Strafe Freiheitsstrafe bis zu zwei Jahren oder Geldstrafe.

(3) Die Bestimmungen der Absätze 1 und 2 gelten nur, soweit die Tat nicht in anderen Vorschriften mit höheren Strafen bedroht ist.

(4) Die Tat wird nur auf Antrag verfolgt. Den Antrag kann auch die Datenschutzkommission stellen."

Auch das **Strafgesetzbuch** – StGB – **enthält Vorschriften über die Geheimhaltung**; einschlägig sind insbesondere 50

– § 353b StGB über die Verletzung des Dienstgeheimnisses und einer besonderen Geheimhaltungspflicht;
– § 355 StGB über die Verletzung des Steuergeheimnisses (im Hinblick auf die Mitwirkung von Bediensteten der Finanzbehörde nach § 192 Abs. 3 Satz 2 BauGB und die Übermittlung der Kaufpreissammlung an das Finanzamt nach § 195 Abs. 2 Satz 1 BauGB);
– §§ 201 ff. StGB über die Verletzung des persönlichen Lebens- und Geheimbereichs (insbesondere die Vorschriften über die unbefugte Offenbarung geschützter Daten nach § 203 Abs. 2 StGB)[47]; vgl. hierzu § 195 BauGB Rn. 80 ff.

Für ehrenamtlich tätige Gutachter ist schließlich auf die **Bestimmungen der Gemeindeordnungen** – GO – hinzuweisen. So ist z. B. nach § 22 Abs. 1 Satz 1 der GO *Nordrhein-Westfalen* derjenige, der zu ehrenamtlicher Tätigkeit oder zu einem Ehrenamt berufen worden ist, zur Verschwiegenheit über solche Angelegenheiten verpflichtet, deren Geheimhaltung ihrer Natur nach erforderlich ist[48]. 51

7 Befangenheit von Gutachtern und deren Ablehnung

▶ *Allgemeines vgl. Teil II Rn. 191 ff.*

Aus der Eigenschaft des Gutachterausschusses für Grundstückswerte als Kollegialorgan folgt nicht, dass dieser in seiner Gesamtheit wegen Besorgnis der Befangenheit abgelehnt werden kann[49]. Im gerichtlichen Verfahren ist **§ 406 ZPO,** der die Ablehnung von Sachverständigen regelt, **auf den Gutachterausschuss für Grundstückswerte nicht anwendbar**[50]. 52

---

47 § 4 Abs. 3 hess. DV BauGB.
48 OVG Münster, Urt. vom 22.9.1965 – 3 A 1360/63 –, DÖV 1966, 504 = EzGuG 11.49.
49 BFH, Beschl. vom 9.7.1981 – IV B 44/80 –, BFHE 133, 500 = EzGuG 11.125; BGH, Urt. vom 23.1.1974 – IV ZR 92/72 –, BGHZ 62, 93 = EzGuG 11.92; BGH, Urt. vom 2.11.1970 – III ZR 129/68 –, BRS Bd. 26 Nr. 165 = EzGuG 11.74; OLG Oldenburg, Urt. vom 9.12.1991 – 12 WF 138/91 –, FamRZ 1992, 451 = EzGuG 11.189b; OLG Köln, Beschl. vom 16.6.1980 – 7 W 16/80 –, BauR 1980, 588 = EzGuG 11.119b; OLG München, Beschl. vom 26.1.1959 – 6 W 1733/58 –, MDR 1959, 667 = EzGuG 11.17; LG Berlin, Beschl. vom 16.9.1963 – (18) O.18/61 – NJW 1964, 672 = EzGuG 11.37; OLG Hamm, Beschl. vom 28.4.1964 – 6 W 1/63 –, AVN 1964, 383 = EzGuG 11.46; KG Berlin, Urt. vom 3.7.1964 – 9 U 2340/63 –, AVN 1966, 103 = EzGuG 11.42; anders aber: KG Berlin, Beschl. vom 18.6.1971 – W 1182/71 –, NJW 1971, 1848 = EzGuG 11.78; LG Osnabrück, Beschl. vom 27.1.1999 – U 146 O 17.2 –, GuG 2001, 58 = EzGuG 11.276a; LG Kaiserslautern, Beschl. vom 14.5.1986 – 1 T 90/86 –, VR 1987, 132 = EzGuG 11.153; OLG Frankfurt am Main, Urt. vom 18.5.1931 – 4 W 65/31 –, JW 1931, 2042.
50 BGH, Urt. vom 27.11.1963 – V ZR 6/62 –, MDR 1964, 223 = EzGuG 11.39; OLG Nürnberg, Beschl. vom 19.10.1966 – 3 W 82/66 –, NJW 1967, 401 = EzGuG 11.54; OLG Frankfurt am Main, Beschl. vom 23.11.1999 – 1 W 17/64 –, NJW 1965, 306 = EzGuG 11.46. OLG Oldenburg, Beschl. vom 17.4.1997 – 5 W 51/97 –, EzGuG 11.244k; OLG Hamm, Beschl. vom 28.12.1989 – 1 W 111/89 –, NJW-RR 1990, 1471; OLG Stuttgart, Urt. vom 29.10.1986 – 8 W 491/86 –, NJW-RR 1987, 190; KG, Urt. vom 18.6.1971 – W 1182/71 –, NJW 1971, 1848 = EzGuG 11.78; LG Rostock, Urt. vom 12.7.2002 – 2 T 199/92 –, NJOZ 2002, 2437; Gleiches gilt für die Ablehnung nach § 86 FGO (BFH, Urt. vom 2.8.1996 – IX B 71/96 –, BStBl II 1997, 290 = DStRE 1997, 223f.).

III § 192 BauGB Gutachterausschuss

53 **Wegen Besorgnis der Befangenheit** können nur einzelne Mitglieder des Gutachterausschusses abgelehnt werden[51]. Das BauGB enthält keine Vorschriften über die **Befangenheit und** den **Ausschluss** von Gutachtern **im Einzelfall**[52].

54 Die **bloße Eigenschaft als Bediensteter der Gebietskörperschaft** kann bei sinngemäßer Auslegung des BauGB nach Auffassung des BGH[53], Urt. vom 2.11.1970, kein Ausschließungsgrund sein. Auch die Doppelmitgliedschaft im Gutachter- und Umlegungsausschuss ist kein Grund zur Ablehnung wegen Befangenheit[54].

55 Einschlägig sind hier wiederum im Rahmen eines Verwaltungsverfahrens (§ 9 VwVfG) die **Vorschriften der §§ 20 f. VwVfG** (vgl. Rn. 28, Ausgeschlossene Personen). Eine Ablehnung ist hingegen nicht mit der Behauptung möglich, dass eine **Verletzung von Betriebs- und Geschäftsgeheimnissen** nicht ausgeschlossen werden kann[55].

56 Nach § 20 VwVfG steht dem Beteiligten gleich, wer durch die Tätigkeit oder durch die Entscheidung einen *unmittelbaren* Vor- oder Nachteil erlangen kann; damit sind auch die ausgeschlossen, die nach bisherigem Recht an dem Grundstück „wirtschaftlich" interessiert (vgl. nach altem Recht: § 139 Abs. 4 Satz 1 BBauG 76) oder mit der **Verwaltung des Grundstücks, auf das sich die Wertermittlung bezieht,** befasst sind (vgl. nach altem Recht: § 139 Abs. 3 Satz 1 Halbsatz 1 BBauG 76). Das bisherige Recht ging freilich insofern weiter, als danach auch die von der Mitwirkung ausgeschlossen sind, die „nur" *mittelbar* Vor- oder Nachteile erlangen können. Im Unterschied zum Wortlaut des bisherigen Rechts gehören aufgrund der Anwendung des VwVfG auch Verlobte zu den Angehörigen (§ 20 Abs. 5 Nr. 1 VwVfG), die jedoch nach der im Schrifttum vertretenen Auffassung[56] auch schon bisher von der Mitwirkung ausgeschlossen waren. Im Übrigen gelten die obigen Ausführungen zu § 9 VwVfG entsprechend (vgl. Rn. 34).

57 Nach § 192 Abs. 3 Satz 2 BauGB dürfen **Gutachter nicht hauptamtlich mit der Verwaltung der Grundstücke der Gebietskörperschaften, für deren Bereich der Gutachterausschuss gebildet ist, befasst sein.** Eine Befassung mit der Verwaltung im Nebenamt oder eine hauptamtliche Verwaltung von Grundstücken in anderen Gebietskörperschaften bewirkt hingegen nicht den Ausschluss. Eine hauptamtliche Verwaltungstätigkeit wird immer bei dem Bürgermeister (Oberbürgermeister) bzw. dem Landrat der Gebietskörperschaft, für deren Bereich der Gutachterausschuss gebildet worden ist, gegeben sein. Sie wird insbesondere auch gegeben sein, wenn der Person als Beigeordneter oder als sonstiger Bediensteter der Gebietskörperschaft, für deren Bereich der Gutachterausschuss gebildet ist, die Verwaltung der der Gebietskörperschaft gehörenden Grundstücke obliegt.

58 Nach dem Ausschussbericht[57] zu § 139 BBauG 76, aus dem § 192 BauGB hervorgegangen ist, wollte der Gesetzgeber die Mitwirkung solcher Personen im Gutachterausschuss nicht zulassen. Ausgehend vom Grundsatz, dass die Unabhängigkeit der Gutachter zu stärken und der Anschein einer Interessenkollision zwischen den „örtlich betroffenen Gebietskörperschaften und den Gutachterausschüssen" zu vermeiden sei, dürfen nach dem Wortlaut des Aus-

---

51 LG Kaiserslautern, Beschl. vom 14.5.1986 – 1 T 90/86 –, VR 1987, 132 = EzGuG 11.153; OLG Karlsruhe, Beschl. vom 22.5.1986 – 7 W 8/86 –, BauR 1987, 599 = EzGuG 11.154; KG Berlin, Beschl. vom 22.9.1987 – 21 W 4289/87 –, ZfBR 1988, 161 = EzGuG 11.167; LG Aurich, Beschl. vom 30.8.1984 – 2 O 790/84 –, MDR 1985, 853 = EzGuG 11.143g; OLG Frankfurt am Main, Beschl. vom 8.11.1982 – 17 W 53/82 –, NJW 1983, 581 = EzGuG 11.133; KG Berlin, Beschl. vom 29.4.1982 – 8 W 1013/82 –, MDR 1982, 762 = EzGuG 11.129; OLG Düsseldorf, Beschl. vom 29.9.1972 – U 2/71 –, WM 1972, 1291 = EzGuG 11.85; OLG München, Beschl. vom 22.12.1970 – 12 W 1645/70 –, MDR 1971, 494 = EzGuG 11.76; OLG München, Beschl. vom 20.5.1963 – 6 W 807/63 –, NJW 1963, 1682 = EzGuG 11.34.
52 Entsprechende Regelungen des bisherigen Rechts (§ 139 Abs. 4 BBauG 76) sind mit der Begründung aufgehoben worden, dass künftig die Grundsätze der Verwaltungsverfahrensgesetze des Bundes und der Länder zur Anwendung kommen sollen und es ihrer „Wiederholung in einem Baugesetzbuch" nicht bedarf (BT-Drucks.10/4630, S. 149).
53 BGH, Urt. vom 2.11.1970 – III ZR 129/68 –, BRS Bd. 26 Nr. 165 = EzGuG 11.74; VGH München, Beschl. vom 1.8.2000 – 2 B 96.1682 –, NVwZ-RR 2001, 207 = EzGuG 11.288.
54 LG Osnabrück, Beschl. vom 27.1.1999 – U 146 O 17.2 –, GuG 2001, 58 = EzGuG 11.276a.
55 BFH, Beschl. vom 13.8.1996 – IX B 71/96 –, BStBl II 1997, 290 = DStR 1997, 223.
56 Dieterich in Ernst/Zinkahn/Bielenberg/Krautzberger, BauGB, § 193 BBauG Rn. 17.
57 BT-Drucks. 7/4793, S. 52.

schussberichtes „der Vorsitzende und die Gutachter nicht mit der Verwaltung des betroffenen Grundstücks oder sonstiger Gegenstände oder überhaupt hauptamtlich mit der Verwaltung von Grundstücken der Gebietskörperschaften im Zuständigkeitsbereich des Ausschusses befasst sein". Im Unterschied zum gesetzlichen Wortlaut soll hiernach ein Gutachter also schon dann von der Mitwirkung ausgeschlossen sein, wenn er irgendwo im Zuständigkeitsbereich des Ausschusses hauptamtlich mit der Verwaltung von Grundstücken einer zugehörigen Gebietskörperschaft befasst ist.

8   Haftung des Gutachterausschusses

▶ *Zur Rechtsnatur des Gutachtens eines Gutachterausschusses vgl. Rn. 2, § 193 BauGB Rn. 67 ff.; zur Haftung des Gutachterausschusses bei fehlerhafter Auskunftserteilung § 195 BauGB Rn. 34; zur Haftung allgemein Teil II Rn. 200 ff.*

Zu den Amtspflichten des Gutachterausschusses gehört u. a. die unparteiische Erstattung von Gutachten nach bestem Wissen und Gewissen unter Ausschöpfung aller in Betracht kommenden und zu berücksichtigenden Erkenntnisquellen. Die Amtspflicht des Gutachterausschusses wird weder dadurch eingeschränkt, dass die Gutachten nach § 193 Abs. 4 BauGB keine bindende Wirkung haben, noch dadurch, dass er sich zur Erstellung des Gutachtens der Geschäftsstelle des Gutachterausschusses bedient[58]. 59

Entsprechend der Einordnung des Gutachterausschusses in den Behördenaufbau haftet für **Amtspflichtverletzungen des Gutachterausschusses** gemäß Art. 34 GG i. V. m. § 839 BGB das Land[59]. Dort, wo der Gutachterausschuss eine Behörde des Landkreises oder der Gemeinde ist, haftet die jeweilige Gebietskörperschaft (vgl. Rn. 3). Sofern gesetzlich nichts anderes bestimmt ist, haftet als Dienstherr des Gutachterausschusses derjenige, der dem Amtsträger die Aufgaben, bei denen eine Amtspflichtverletzung vorgenommen wurde, übertragen hat[60].

§ 839a BGB findet nach der Rechtsprechung des BGH keine Anwendung auf die Gutachterausschüsse[61].

Amtspflichten des Gutachterausschusses, die er intern mit der Erstattung eines Gutachtens für die Gemeinde wahrnimmt, können auch zugunsten eines außenstehenden „Dritten" bestehen, wenn sich die Gemeinde gegenüber diesem auf das Gutachten des Gutachterausschusses stützt, so z. B. wenn die Gemeinde im Rahmen der sanierungsrechtlichen Preisprüfung nach den §§ 144 f. i. V. m. § 153 Abs. 2 BauGB[62] verfährt. Eine Dritthaf- 60

---

58 OLG Stuttgart, Beschl. vom 25.10.1993 – 1 Ws 232/93 –, GuG 1994, 379 = EzGuG 11.207e.
59 BGH, Urt. vom 1.2.2001 – III ZR 193/99 –, GuG 2001, 180 = NVwZ 2001, 1074 = EzGuG 11.296; BGH, Urt. vom 4.3.1982 – III ZR 156/80 –, BRS Bd. 45 Nr. 18 und 113 = EzGuG 11.127; BGH, Urt. vom 23.1.1974 – IV ZR 92/72 –, BGHZ 62, 93 = BRS Bd. 34 Nr. 198 = EzGuG 11.92; OLG Frankfurt am Main, Urt. vom 23.11.1964 – 1 W 17/64 –, NJW 1965, 542 = EzGuG 11.46; OLG Köln, Beschl. vom 16.6.1980 – 7 W 16/80 –, BauR 1980, 588 = EzGuG 11.119h; OLG Hamm, Urt. vom 29.11.2000 – 11 U 68/00 –, GuG 2001, 189 = EzGuG 11.290; RdErl. des hess. IM vom 24.12.1975, StAnz. 1976, 131; RdErl. des nordrh.-westf. MfL WöA vom 10.9.1964, MinBl. 1964, 1366.
60 BGH, Urt. vom 6.2.2003 – III ZR 44/02 –, GuG 2003, 382 = EzGuG 11.346d; BGH, Urt. vom 15.1.1981 – III ZR 18/80 –, NJW 1981, 1096 = EzGuG 11.121q; BGH, Urt. vom 26.4.1972 – III ZR 100/77 –, BRS Bd. 34 Nr. 60 = EzGuG 11.115; BGH, Urt. vom 12.2.1970 – III ZR 231/68 –, BGHZ 53, 217 = MDR 1970, 490; BGH, Urt. vom 30.11.1967 – VII ZR 34/65 –, BGHZ 49, 108 = EzGuG 11.60; BGH, Urt. vom 1.4.1963 – III ZR 4/62 –, VersR 1963, 677 = EzGuG 11.32; BGH, Urt. vom 5.6.1952 – III ZR 151/51 –, BGHZ 6, 215; BGH, Urt. vom 21.6.1951 – III ZR 134/50 –, BGHZ 2, 350; zu Amtspflichtverletzungen des Umlegungsausschusses: BGH, Urt. vom 27.4.1981 – III ZR 71/79 –, NJW 1981, 2122 = EzGuG 11.124; zu Amtspflichtverletzungen der Baugenehmigungsbehörden: BGH, Urt. vom 10.4.1986 – III ZR 209/84 –, BRS Bd. 46 Nr. 41 = EzGuG 11.152; BGH, Urt. vom 29.9.1975 – III ZR 40/73 –, BGHZ 65, 182 = BRS Bd. 34 Nr. 209 = EzGuG 11.98.
61 BGH, Urt. vom 19.3.2006 – III ZR 143/05 –, GuG 2006, 241 = NJW 2006, 1733 = EzGuG 11.503; BGH, Urt. vom 6.2.2003 – III ZR 44/02 –, GuG 2003, 382 = EzGuG 11.346d.
62 BGH, Urt. vom 1.2.2001 – III ZR 193/99 –, BGHZ 147, 365 = GuG 2001, 180, 247 = EzGuG 11.296 (in Modifizierung der Rspr. BGH, Urt. vom 5.7.1990 – III ZR 190/88 –, NVwZ 1991, 707).

III § 192 BauGB   **Gutachterausschuss**

tung aus Amtspflichtverletzung besteht auch gegenüber dem Ersteigerer eines Grundstücks im Zwangsversteigerungsverfahren.[63]

61   Es gehört zu den Amtspflichten eines jeden Amtsträgers, bei hoheitlichen Maßnahmen (vgl. Rn. 7), die geeignet sind, einen Anderen in seinen Rechten zu beeinträchtigen, den **Sachverhalt im Rahmen des Zumutbaren so umfassend zu erforschen, dass die Beurteilungs- und Entscheidungsgrundlage nicht in wesentlichen Punkten zum Nachteil des Betroffenen unvollständig bleibt**[64].

62   Auch für die Gutachterausschüsse für Grundstückswerte gilt, dass sie

– ihre Gutachten **nach bestem Wissen und Gewissen** abzugeben und zu begründen haben und

– verpflichtet sind, ihnen zugängliche Erkenntnisquellen vollständig und sachgerecht auszuwerten[65].

63   Bei Ansprüchen nach § 839 BGB beginnt die **Verjährungsfrist** des § 852 Abs. 1 BGB im Übrigen erst, wenn ein Geschädigter Kenntnis erlangt, dass eine Amtshandlung widerrechtlich und schuldhaft war und deshalb eine zum Schadensersatz verpflichtende Amtspflichtverletzung darstellt[66]. Wer sich auf die Voraussetzung der Verjährung beruft, hat die Beweislast[67].

9   Entschädigung von Mitgliedern des Gutachterausschusses

64   Die Entschädigung der Mitglieder des Gutachterausschusses bestimmt sich nach **landesrechtlichen Vorschriften,** zu deren Erlass die Landesregierungen mit § 199 Abs. 2 Nr. 7 BauGB ermächtigt worden sind (vgl. § 199 BauGB Rn. 51 ff.).

65   Die landesrechtlichen Regelungen knüpfen dabei zumeist an die im **Justizvergütungs- und -entschädigungsgesetz vorgesehenen Mindeststundensätze an** und sehen unterschiedliche Regelungen für den Vorsitzenden und die weiteren ehrenamtlichen Gutachter vor:

Baden-Württemberg:	§ 14 GutachterausschussVO
Bayern:	§ 7 GutachterausschussVO
Berlin:	§ 12 DVO-BauGB
Brandenburg[68]:	§ 19 GAV
Bremen:	§ 7 GutachterausschussVO
Hamburg[69]:	§ 8 GutachterausschussVO
Hessen:	§ 20 DurchführungsVO zum BauGB
Mecklenburg-Vorpommern:	§ 6 GutachterausschussVO
Niedersachsen:	§ 26 DVO-BauGB
Nordrhein-Westfalen:	§ 19 GAVO NW
Rheinland-Pfalz:	§ 4 GutachterausschussVO
Saarland:	§ 11 GutVO

---

63   BGH, Urt. vom 6.2.2003 – III ZR 44/02 –, GuG 2003, 382 = EzGuG 11.346d.
64   Papier in MünchKomm Bd. 5, 3. Aufl. § 839 BGB Rn. 95.
65   Nicht überzeugend a. A. OLG Karlsruhe, Urt. vom 19.3.1998 – 12 U 204/97 –, GuG 1998, 380 = EzGuG 11.265 (nicht rechtskräftig).
66   BGH, Urt. vom 24.2.1994 – III ZR 76/92 –, NJW 1994, 3164.
67   Stein in MünchKomm., 3. Aufl. Bd. 3, § 852 Rn. 71.
68   Richtlinien des MdI über die Entschädigung der Gutachter des Gutachterausschusses für Grundstückswerte des Landes Brandenburg vom 28.9.2004 mit Ergänzungen vom 27.2.2006.
69   In Hamburg werden die Gutachter nach § 2 Abs. 1 und 4 sowie nach den §§ 3 und 4 des Gesetzes über Entschädigungsleistungen anlässlich ehrenamtlicher Tätigkeit in der Verwaltung vom 1.7.1963 (Hamb. GVBl. 163, 111), zuletzt geändert am 9.12.1976 (Hamb. GVBl. 1976, 237), in der jeweils geltenden Fassung entschädigt (vgl. § 8 hamb. GutachterausschussVO, a. a. O.)

Sachsen:	§ 14 GutachterausschussVO
Sachsen-Anhalt:	§ 18 VO Gut
Schleswig-Holstein:	§ 6 GutachterausschussVO
Thüringen:	§ 16 GutachterausschussVO

Die den ehrenamtlichen Gutachtern gezahlten Entschädigungen stellen einen Auslagenersatz und eine angemessene Entschädigung für Zeitversäumnisse und sonstige Aufwendungen[70] dar. 66

Die Entschädigung kann nicht als Einkunft aus selbstständiger Arbeit angesehen werden, da sie lediglich an einem Gutachten des Gutachterausschusses mitwirken und die Gutachten nicht in deren Namen erstattet werden. Es kommt hinzu, dass für die Gutachten eine öffentlich-rechtliche Gebühr erhoben wird. Die Entschädigung wird den **Einkünften aus sonstiger selbstständiger Arbeit** i. S. d. § 18 Abs. 1 Nr. 3 EStG zugerechnet, soweit sie nicht unter die Einkünfte aus freiberuflicher Tätigkeit fällt[71]. 67

Die **Entschädigung wird** gemäß § 2 Mitteilungsverordnung – MV[72] – **gemeldet.**

10 Gebühren des Gutachterausschusses

10.1 Übersicht

▶ *Zur Amtshilfe vgl. Rn. 52; § 193 BauGB Rn. 67; § 197 BauGB Rn. 25 ff.*

Für die Gutachten der Gutachterausschüsse für Grundstückswerte nach den §§ 192 ff. BauGB werden **Gebühren nach Landesrecht bzw. nach Kommunalrecht** *(Baden-Württemberg; Schleswig-Holstein)* erhoben; § 199 Abs. 2 Nr. 6 BauGB, unabhängig davon, ob der Gutachterausschuss für einen privaten oder öffentlichen Auftraggeber tätig wird.[73] 68

Die **Gebühren** sind wie folgt geregelt in:

Baden-Württemberg: 69

Es gelten die Vorschriften des § 4 der Gemeindeordnung[74] des Landesgebührengesetzes, des Landesjustizkostengesetzes[75]. Nach § 8a KAG können die Gemeinden für die Erstattung von Gutachten durch den Gutachterausschuss auf der Grundlage einer Satzung Verwaltungsgebühren erheben. § 8 Abs. 1, 2, 3 Satz 2 und 4 KAG und §§ 4, 8, 9 Abs. 1, §§ 15 und 16 des Landesgebührengesetzes von Baden-Württemberg gelten entsprechend. Ferner kann in jedem Fall der Ersatz der Auslagen für besondere Sachverständige gesondert verlangt werden (§ 8a Abs. 2 KAG). Werden besondere Sachverständige bei der Wertermittlung zugezogen (§ 197 BauGB), so sind sie nach den Bestimmungen des Justizvergütungs- und -entschädigungsgesetzes zu vergüten.

Mit dieser Regelung, die in keinem anderen Bundesland anzutreffen ist, bekräftigt das baden-württembergische Landesrecht den Charakter der dort vielerorts bestehenden Gutachterausschüsse als kommunale Einrichtungen.

Um eine Zersplitterung des Gebührenwesens zu verhindern, haben die kommunalen Landesverbände Baden-Württembergs eine Mustersatzung über die Erhebung von Gebühren für die

---

70 Zu Aufwandsentschädigungen vgl. BFH, Urt. vom 15.3.1968 – VI R 288/66 –, BStBl. II 1968, 437 = EzGuG 11.64.
71 So Erl. des nordrh.-westf. FM vom 5.8.1987 – S 2337 – 25 V B (VI 921 – 00/1 – GuG 1999, 360 = EilDStNWNr. 620/87 vom 5.11.1987.
72 Verordnung über Mitteilungen an die Finanzbehörden – MV – vom 7.9.1993 (BGBl. I 1993, 1554).
73 OLG Stuttgart, Beschl. vom 25.10.1993 – 1 Ws 232/93 –, GuG 1994, 379 = EzGuG 11.209e.
74 Gemeindeordnung i. d. F. vom 24.7.2000 (GBl 2000, 582, 698) i. V. m. den §§ 8 und 8a des Kommunalabgabengesetzes i. d. F. vom 28.5.1996 (GBl 1996, 481).
75 Landesjustizkostengesetz und andere kommunalsteuerliche Vorschriften vom 25.4.1978, zuletzt geändert durch Gesetz vom 29.6.1998 (GBl 1998, 358).

III § 192 BauGB   Gutachterausschuss

Erstattung von Gutachten des Gutachterausschusses (MGebS) erarbeitet[76]. Es bleibt abzuwarten, ob dadurch verhindert werden kann, dass sich die Gebührenbestimmungen im Lande auseinanderentwickeln[77].

70 *Bayern:*

Anzuwenden ist das Kostengesetz (KG)[78] sowie § 19 GutachterausschussV[79].

71 *Berlin:*
- Gesetz über Gebühren und Beiträge[80],
- Verwaltungsgebührenordnung (VGebO)[81],
- Vermessungswesengebührenordnung – VermGebO[82].

72 *Brandenburg:*
- Gebührengesetz – GebG[83],
- Allgemeine Verwaltungsgebührenordnung (§ 20 Abs. 2 der Gutachterausschussverordnung B-GAVOB),
- Gebührenordnung für die Gutachterausschüsse für Grundstückswerte und deren Geschäftsstellen GAGebO Bbg. vom 19.11.2003 (GVBl. 2003, 678).

73 *Bremen:*
- Bremische Verwaltungsgebührenordnung i. d. F. des Gesetzes zur Änderung der Verwaltungsgebührenordnung vom 22.12.1978 (Brem. GBl 1978, 249),
- Kostenordnung für das amtliche Vermessungswesen und die Gutachterausschüsse nach dem Baugesetzbuch (VermKostV)[84].

74 *Hessen:*
- Gebühren nach § 15 der VO zur Durchführung des BauGB[85],
- Hessisches Verwaltungskostengesetz (HVwKostG)[86].

75 *Hamburg:*
- Gebührengesetz vom 9.6.1968 (GVBl. 1968, 103),
- Gebührenordnung für das amtliche Vermessungswesen und den Gutachterausschuss für Grundstückswerte in Hamburg (GebOVerm)[87].

---

76 Abgedruckt in BWGZ 1979, 748 ff.
77 Vgl. im Übrigen Erl. des IM vom 19.4.1979 betr. Förderungsfähigkeit der Gutachten.
78 Bay. Kostengesetz (KG) vom 20.2.1998 (GVBl. 1998, 43), zuletzt geändert durch Gesetz vom 27.12.1999 (GVBl. 1999, 554).
79 Verordnung über die Gutachterausschüsse, die Kaufpreissammlungen und die Bodenrichtwerte nach dem Bundesbaugesetz (GutachterausschussV) vom 23.6.1992 (GVBl. 1992, 167).
80 Gesetz über Gebühren und Beiträge vom 22.5.1957 in Berlin (GVBl. 1957, 516), zuletzt geändert durch Gesetz vom 15.4.1996 (GVBl. 1996, 121).
81 Verwaltungsgebührenordnung (VGebO) von Berlin vom 27.6.1972 (GVBl. 1972, 1098, 2198) i. d. F. der Bekanntmachung vom 13.11.1978 (GVBl. 1978, 2410), zuletzt geändert durch § 5 des Vermessungsgebührengesetzes vom 4.3.2008 (GVBl. 2008, 62).
82 Verordnung über die Erhebung von Gebühren im Vermessungswesen (Vermessungswesengebührenordnung – VermGebO) von Berlin vom 22.8.2005 (GVBl. 2005, 449), geändert durch VO vom 4.3.2008 (GVBl. 2008, 62, 92).
83 Bbg. Gebührengesetz – GebG – vom 18.10.1991 (GVBl. 1991, 452), zuletzt geändert durch Art. 11 des Gesetzes vom 17.12.2003 (GVBl. 2003, 289).
84 Brem. Kostenordnung für das amtliche Vermessungswesen und die Gutachterausschüsse nach dem Baugesetzbuch (VermKostV, GBl 2002, 487), zuletzt geändert mit Wirkung vom 1.10.2008 (GBl 2008, 285).
85 Hess. VO zur Durchführung des BauGB vom 21.2.1990 (GVBl. 1990, 49), geändert durch VO vom 17.12.1998 (GVBl. I 1998, 562).
86 Hessisches Verwaltungskostengesetz (HVwKostG) i. d. F. vom 12.1.2004 (GVBl. I 2004, 36), zuletzt geändert durch Gesetz vom 21.3.2006 (GVBl. I 2005, 229).
87 Gebührenordnung für das amtliche Vermessungswesen und den Gutachterausschuss für Grundstückswerte in Hamburg (GebOVerm) vom 5.12.2006 (GVBl. 2006, 580), zuletzt geändert durch VO vom 13.12.2011 (GVBl. 2011, 524, 544) i. V. m. der Übersicht über die Gebühren und Preise des Gutachterausschusses für Grundstückswerte in Hamburg und seiner Geschäftsstelle (Stand 1.1.2012).

Gutachterausschuss § 192 BauGB III

Mecklenburg-Vorpommern: 76
- Landesverordnung über Verwaltungsgebühren in Angelegenheiten der Wertermittlung von Grundstücken (WertErmGebVO) vom 22.6.1993 (GVOBl. M-V 1993, 669),
- Verwaltungskostengesetz des Landes Mecklenburg-Vorpommern (VwKostG M-V) vom 4.10.1991 (GVOBl. M-V 1991, 366).

Niedersachsen: 77
- Niedersächsisches Verwaltungskostengesetz (VerwKG)[88],
- Gebührenordnung für Gutachterausschüsse und deren Geschäftsstellen nach dem Baugesetzbuch (GOGut)[89],
- Gesetz über die Erhebung von Gebühren und Auslagen in der Verwaltung, wenn die Amtshandlung in Ausübung öffentlicher Gewalt veranlasst wurde,
- Gem. RdErl. des MI und SozM vom 20.3.1968 betr. Gebührenfreiheiten für Gutachten nach § 136 BBauG (MinBl. 1968, 313),
- RdErl. des MI vom 26.1.1976 betr. Hinweise zur Anwendung der Gebührenordnung für die Erstattung von Gutachten (MinBl. 1976, 195),
- RdErl. des MI betr. Gebührenordnung vom 24.10.1986 (unveröffentlicht).

Nordrhein-Westfalen: 78
- Gebührengesetz (GebG NRW) i. d. F. der Bekanntmachung vom 23.8.1999 (GV NW 1999, 524),
- Allgemeine Verwaltungsgebührenordnung (AVwGebO NW)[90],
- Vermessungs- und Wertermittlungsgebührenordnung – VermWertGebO[91],
- RdErl. des IM betr. Gebühren der Gutachterausschüsse bei Maßnahmen nach dem Städtebauförderungsgesetz – unveröffentlicht.

Rheinland-Pfalz: 79
- Landesgebührengesetz (LGebG)[92],
- Landesverordnung über die Gebühren für Amtshandlungen allgemeiner Art – Allgemeines Gebührenverzeichnis vom 15.1.2002 (GVBl. 2003, 212),
- Landesverordnung über sachliche Gebührenfreiheit vom 24.6.1977 (GVBl. 1977, 194),
- Landesverordnung über Gutachterausschüsse, Kaufpreissammlungen und Bodenrichtwerte (Gutachterausschussverordnung) vom 20.4.2005 (GVBl. 2005, 139), zuletzt geändert durch 2. Verordnung vom 21.8.2012 (GVBl. 2012, 307)[93],
- Landesverordnung über die Gebühren der Vermessungs- und Katasterbehörden und die Gutachterausschüsse (Besonderes Gebührenverzeichnis) vom 9.9.2011 (GVBl. 2011, 353)[94],
- Richtlinien zur Ermittlung von Grundstückswerten nach dem Baugesetzbuch vom 1.6.1988 – 363/648 – 15/0 –,

---

[88] Niedersächsisches Verwaltungskostengesetz (VerwKG) vom 7.5.1962 (GVBl. 1972, 43), zuletzt geändert durch Art. 3 des Gesetzes vom 17.12.1997 (GVBl. 1997, 539).
[89] Niedersächsische Gebührenordnung für Gutachterausschüsse und deren Geschäftsstellen nach dem Baugesetzbuch (GOGut) vom 22.4.1997 (GVBl. 1997, 119), zuletzt geändert durch Verordnung vom 19.7.2005 (GVBl. 2005, 249).
[90] Allgemeine Verwaltungsgebührenordnung (AVerwGebO NRW) vom 3.7.2001 (GVBl. 2001, 262), zuletzt geändert durch Art. 1 der VO vom 5.7.2010 (GVBl. 2010, 403, ber. 435).
[91] Vermessungs- und Wertermittlungsgebührenordnung – VermWertGebO vom 5.7.2010 (GV NRW 2010, 390 = SGV NRW 7134), zuletzt geändert durch VO vom 3.2.2011 (GV NRW 2011, 160).
[92] Landesgebührengesetz (LGebG) vom 3.12.1974 (GVBl. 1974, 578), zuletzt geändert durch Gesetz vom 21.7.2003 (GVBl. 2003, 212).
[93] VerfGH Rheinland-Pfalz, Beschl. vom 6.12.1996 – VGH B 13/96 –, GuG 1997, 123 = EzGuG 11.240.
[94] Zur Verfassungskonformität vgl. VerfGH Rheinland-Pfalz, Beschl. vom 6.12.1996 – VGH B 13/96 –, GuG 1997,123 = EzGuG 11.240.

III § 192 BauGB   **Gutachterausschuss**

- Verwaltungsvorschrift über die Zusammenarbeit zwischen den Geschäftsstellen der Gutachterausschüsse, den Finanzämtern und dem Statistischen Landesamt vom 1.12.1981 (MinBl. 1981, 799),
- RdSchr. vom 1.10.1996 – 356 4/641 – 08/05, RdSchr. des Ministeriums für Inneres, Sport und Infrastruktur vom 26.9.2011.

80 *Saarland:*
- Gesetz über die Erhebung von Verwaltungs- und Benutzungsgebühren im Saarland (SaarlGebG)[95],
- Verordnung über die Erhebung von Gebühren durch die Gutachterausschüsse[96].

81 *Sachsen:*
- Verwaltungskostengesetz des Freistaats Sachsen (SächsVwKG)[97],
- Verordnung über die Festsetzung der Verwaltungsgebühren und Auslagen (2. Sächsisches Kostenverzeichnis – SächsKVZ)[98].

82 *Sachsen-Anhalt:*
- Allgemeine Gebührenordnung des Landes Sachsen-Anhalt[99],
- Verwaltungskostengesetz des Landes Sachsen-Anhalt (VwKostG LSA)[100],
- Verwaltungsvorschrift zur Anwendung der Allgemeinen Gebührenordnung des Landes Sachsen-Anhalt durch die Gutachterausschüsse für Grundstückswerte und deren Geschäftsstellen (RdErl. des MI vom 26.9.1994 – 46.2 – 05401/10 – (MBl. LSA 1994, 2454),
- Verwaltungsvollstreckungsgesetz des Landes Sachsen-Anhalt[101],
- Gebührentabelle zur GutachterausschussVO vom 14.6.1994 (GVBl. LSA 1994, 222),
- Billigkeitsmaßnahmen nach dem VwKostenG, RdErl. des MI vom 6.3.1995 – 47 – 05401 (MBl. LSA 1995, 425).

83 *Schleswig-Holstein:*
Eigene Gebührenordnungen der Gemeinden und Kreise.

84 *Thüringen:*
- Thüringisches Verwaltungskostengesetz (ThürVwKostG)[102],
- Allgemeine Verwaltungskostenverordnung vom 27.9.1993 (GVBl. 1993, 619).

10.2 Gebührenbefreiung

▶ *Zur Amtshilfe vgl. Rn. 2, 52; § 193 BauGB Rn 67; § 197 BauGB Rn. 25 ff.*

85 Im Überblick bestehen folgende Regelungen zur **persönlichen oder generellen Gebührenbefreiung** in den Ländern (Abb. 2):

---

[95] Gesetz über die Erhebung von Verwaltungs- und Benutzungsgebühren im Saarland (SaarlGebG) vom 24.6.1964 (ABl. 1964, 629), zuletzt geändert durch Gesetz Nr. 1108 vom 24.6.1998 (ABl. 1998, 518).
[96] Saarländische Verordnung über die Erhebung von Gebühren durch die Gutachterausschüsse vom 18.12.1992 (ABl. 1993/2), zuletzt geändert durch Verordnung zur Änderung der Verordnung über die Erhebung von Gebühren durch den Gutachterausschuss vom 12.6.2006 (ABl. 2006, 843).
[97] Verwaltungskostengesetz des Freistaats Sachsen (SächsVwKG) i. d. F. der Bekanntmachung vom 24.9.1999 (SächsGVBl. 1999, 545) i. V. m. dem Vierten Sächsischen Kostenverzeichnis vom 24.10.2000 (SächsGVBl. 2000, 549).
[98] Verordnung über die Festsetzung der Verwaltungsgebühren und Auslagen (2. Sächsisches Kostenverzeichnis – SächsKVZ) vom 24.10.2000 (SächsGVBl. 2000, 549) und 5. Sächsisches Kostenverzeichnis vom 18.7.2001.
[99] Allgemeine Gebührenordnung des Landes Sachsen-Anhalt (AllGO LSA) vom 23.5.2000 (GVBl. LSA 2000, 266).
[100] Verwaltungskostengesetz des Landes Sachsen-Anhalt (VwKostG LSA) vom 27.6.1991 (GVBl. LSA 1991, 154), zuletzt geändert durch Art. 1 des Gesetzes vom 30.3.1999 (GVBl. LSA 1999, 120).
[101] Verwaltungsvollstreckungsgesetz des Landes Sachsen-Anhalt vom 18.12.1997 (GVBl. LSA 1997, 1073), zuletzt geändert durch Gesetz vom 17.11.1998 (GVBl. 1998, 461).
[102] Thüringisches Verwaltungskostengesetz (ThürVwKostG) vom 23.9.2005 (GVBl. 2005, 325).

Abb. 2: Generelle und persönliche Gebührenbefreiung

Land	Rechtsgrundlagen		
	persönliche Gebührenbefreiung	generelle Gebührenbefreiung	abweichende Regelungen
Berlin	§ 3 Abs. 1 Nr. 1 VGebO		
Brandenburg	§ 8 Abs. 1 Nr. 3 GebG Bbg.		§ 8 Abs. 4 GebG Bbg. i. V. m. § 2 GAGebO
Hessen	§ 8 Abs. 1 Nr. 2 HVwKostG	§ 8 Abs. 1 Nr. 2 HVw-KostG	§ 15 der BauGB-DurchführungsVO i. V. m. Gesetz über die Erhebung von Gebühren für die Erstattung von Wertgutachten vom 13.3.1972
Mecklenburg-Vorpommern	§ 8 Verwaltungskostengesetz		
Niedersachsen	§ 2 Abs. 1 Nr. 2 des Gesetzes über die Erhebung von Gebühren und Auslagen in der Verwaltung, wenn die Amtshandlung in Ausübung öffentlicher Gewalt veranlasst wurde		
Nordrhein-Westfalen	§ 8 Abs. 1 Nr. 3 GebG NRW		§ 8 Abs. 4 Satz 1 Nr. 9 GebG NRW
Rheinland-Pfalz	§ 8 Abs. 1 Nr. 3 Landesgebührengesetz		
Saarland	§ 3 Abs. 1 Nr. 3 des Gesetzes über die Erhebung von Verwaltungs- und Benutzungsgebühren		
Sachsen	§ 4 Abs. 1 Nr. 5 Verwaltungskostengesetz		
Thüringen	§ 3 Abs. 2 Verwaltungskostengesetz		

Zur Frage, ob die Gutachterausschüsse für Grundstückswerte **Gebührenbefreiung** zu gewähren haben, wenn sie **für Sozialämter** tätig sind, wird zunächst festgestellt, dass die Gutachterausschüsse i. S. der Landesverwaltungsverfahrensgesetze sowie des Amtshilfe- und Gebührenrechts als Behörde anzusehen sind (vgl. Rn. 2 und § 193 BauGB Rn. 67 ff.). 86

Nach § 64 Abs. 2 SGB X sind **Geschäfte und Verhandlungen, die aus Anlass der Beantragung, Erbringung und Erstattung von Sozialleistungen nötig werden, kostenfrei.** Einen dahingehenden Antrag kann der Eigentümer nach § 193 Abs. 1 Nr. 3 stellen bzw. muss ihn auf Verlangen des Sozialamtes stellen. Er kann aber auch dem Sozialamt die notwendige Vollmacht erteilen, damit der Gutachterausschuss insoweit für ihn tätig wird. Die Sozialämter sind nach § 193 Abs. 1 Nr. 2 BauGB antragsberechtigt. Soweit die Länder nicht ergänzende Regelungen über die Gebührenfreiheit in derartigen Sozialangelegenheiten haben[103], ist gleichwohl die Frage der Anwendung des § 64 Abs. 2 SGB X strittig. 87

---

103 Z. B. Rheinland-Pfalz: § 8 Abs. 1 Nr. 4 Landesgebührengesetz.

III § 192 BauGB · Gutachterausschuss

88 Für eine Gebührenbefreiung bei der Erstattung eines Wertgutachtens im Zusammenhang mit der Heranziehung des Grundvermögens nach § 88 Abs. 2 Nr. 7 BSHG (**kleines Hausgrundstück**) spricht zunächst der Wortlaut des § 64 Abs. 1 SGB X, nach dem für das Verfahren bei den „Behörden" nach diesem Gesetzbuch keine Gebühren und Auslagen erhoben werden dürfen[104]. Mit dem Verfahren i. S. dieser Vorschrift ist nicht nur das Verwaltungsverfahren nach § 8 SGB X angesprochen. Vielmehr fallen darunter auch Tätigkeiten der Sozialbehörden im Vorfeld der Beantragung von Sozialleistungen. Insofern sind die „Geschäfte und Verhandlungen", die von der Sozialbehörde aus Anlass der Beantragung einer Sozialleistung mit anderen Behörden erfolgen, bereits von § 8 Abs. 1 SGB X erfasst. Als Verfahren kommt eine Wertermittlung nach § 88 Abs. 2 Nr. 7 BSHG in Betracht, denn dieses Gesetz gilt – sofern nicht abweichende Regelungen gelten – als Verfahren i. S. d. § 64 SGB X (vgl. Art. 2 § 1 Nr. 15 SGB I). Die als Spezialregelung in Betracht kommende Vorschrift des § 37 SGB I sieht bezüglich § 64 SGB X keine Ausnahmeregelung vor, sodass das **Verfahren nach § 88 Abs. 2 Nr. 7 BSHG ein Verfahren** i. S. d. § 64 Abs. 1 SGB X bleibt, **das auf die Gutachterausschüsse unmittelbar anzuwenden ist.** [105]

89 § 8 Abs. 2 SGB X betrifft andere Behörden. Die auf die alte Regelung des § 118 BSHG zurückgehende Formulierung „Geschäfte und Verhandlungen" lässt schon durch die Verwendung unbestimmter Rechtsbegriffe erkennen, dass insoweit eine einengende Auslegung nicht angezeigt ist. **Unter Geschäfte werden deshalb alle Amtsgeschäfte verstanden, die die mit der Durchführung des SGB befassten Behörden aus Anlass der Beantragung, Erbringung oder Erstattung einer Sozialleistung für notwendig halten.** Die Kostenfreiheit in diesem Zusammenhang bedeutet, dass die anderen Behörden ebenso wie die Sozialbehörden nach Abs. 1 weder Gebühren noch Auslagen verlangen dürfen.

90 Auch zu der insoweit inhaltsgleichen früheren Regelung in **§ 118 Abs. 1 BSHG** bestand die Auffassung, dass diese weitgefasste Vorschrift alle Geschäfte und Verhandlungen einschließen sollte, die mit der Durchführung des Bundessozialhilfegesetzes notwendig wurden. Anhaltspunkte, die für eine andere Auslegung von § 64 Abs. 2 SGB X sprechen würden, sind nicht ersichtlich. Auch der Hinweis von *Gottschick/Giese*[106] rechtfertigt keine andere Betrachtung. Bei den dort angesprochenen fachärztlichen Tätigkeiten handelt es sich zumeist um Leistungen niedergelassener Ärzte; diese sind mit der Tätigkeit des Gutachterausschusses nicht vergleichbar.

91 Die **Vorschrift des § 64 SGB X** regelt die Kostenfreiheit im gesamten Sozialleistungsbereich und **ist** insoweit **als „lex specialis" anzusehen.** Es ist deshalb rechtlich unerheblich, dass in der Verordnung für die Leistungen der Gutachterausschüsse eine Gebührenbefreiung nicht vorgesehen ist. Darüber hinaus handelt es sich bei dem Sozialgesetzbuch um höherrangiges Recht. Zum Zeitpunkt des Erlasses der genannten Verordnung im Jahre 1972 war das Sozialgesetzbuch im Übrigen noch nicht in Kraft (Inkrafttreten am 1.1.1981).

92 Der Umstand, dass die Gutachterausschüsse selbstständig handeln, steht der Kostenfreiheit im Rahmen des § 64 SGB X nicht im Wege. Das Land oder die Kommunalbehörde sind Kostenträger für diese Einrichtungen; dem Land bzw. der Kommune stehen auch die Gebühren zu, die für die Gutachten gezahlt werden. Die Mitglieder der Gutachterausschüsse erhalten lediglich Sitzungsgelder für ihre Tätigkeit im Ausschuss. Die **Tätigkeit der Gutachterausschüsse muss bei alledem den Geschäften und Verhandlungen i. S. d. § 64 Abs. 2 SGB X zugerechnet werden.**

93 Auf der anderen Seite hat das OVG Rheinland-Pfalz 1985 entschieden, dass es sich bei der Erteilung von Auskünften an Sozialversicherungsträger aus der Fahrzeugkartei nicht um Amtshilfe handle, sondern eine eigene Aufgabe der zuständigen Behörde vorliege. Weiterhin hat der VGH Mannheim in seinem Urt. vom 16.7.1985 – 14 S 227/84 – festgestellt: „Für die Erteilung von Auszügen aus dem Liegenschaftskataster durch Vermessungsbehörden auf

---

104 VGH Mannheim, Urt. vom 16.7.1985 – 14 S 227/84 –, BWVPr. 1985, 255 = EzGuG 1.29a.
105 Hess. RdErl.; StAnz 1993, 1482 = GuG 1994, 286.
106 Gottschick/Giese, Bundessozialhilfegesetz § 118 BSHG Rn. 4.

Antrag anderer Behörden (hier: einer auf dem Gebiet des Sozialversicherungsrechts tätigen Körperschaft des öffentlichen Rechts) können Verwaltungsgebühren erhoben werden, weil gemäß § 4 Abs. 2 Nr. 2 LVwVfG/§ 3 Abs. 2 Nr. 2 SGB X (gebührenfreie) Amtshilfe nicht vorliegt." Auch im Bereich der Auskünfte aus dem Melderegister an Sozialversicherungsträger hat der VGH Mannheim mit seinem Urt. vom 31.7.1985 entschieden, dass die Gemeinden hierfür Verwaltungsgebühren erheben können. Der VGH hat dabei auch festgestellt, eine Gebührenfreiheit könne nicht aus § 64 SGB X hergeleitet werden.

Die Problematik entschärft sich immer dann, wenn der Gutachterausschuss und seine Geschäftsstelle in Sozialhilfefällen durch **einfache Auskünfte** von vorneherein ohne Wertermittlung feststellen kann, dass der Grundstückswert unter den im Einzelfall maßgeblichen Wertgrenzen anzusetzen ist. 94

Weitere Vorschriften, die eine **Freiheit von Gebühren, Kosten, Steuern und Abgaben** vorsehen: 95

§ 67 des Landwirtschaftsanpassungsgesetzes LwAnpG sieht für Bodenordnungsverfahren, einschließlich der Regelung von Rechtsverhältnissen zwischen Nutzungsberechtigten (Nutzern) und den Eigentümern von mit Nutzungsrechten belasteten Grundstücken, Freiheit von Steuern und Abgabenfreiheit vor; die Vorschrift lautet:

„**§ 67 LwAnpG** Freiheit von Steuern und Abgaben

(1) Die zur Durchführung dieses Gesetzes vorgenommenen Handlungen, einschließlich der Auseinandersetzungen nach § 49, sind frei von Gebühren, Steuern, Kosten und Abgaben.

(2) Die Gebühren-, Kosten-, Steuer- und Abgabenfreiheit ist von der zuständigen Behörde ohne Nachprüfung anzuerkennen, wenn die zuständige Landwirtschaftsbehörde, in Verfahren nach den §§ 54, 56 und 64 die zuständige Flurneuordnungsbehörde bestätigt, dass eine Handlung der Durchführung dieses Gesetzes dient."

Die vom **Bundesministerium für Ernährung, Landwirtschaft und Forsten** veröffentlichten Empfehlungen zur Zusammenführung von Boden- und Gebäudeeigentum nach § 64 LwAnpG[107] gehen unter Nr. 6.6.3 davon aus, dass der Gutachterausschuss für Grundstückswerte in den einschlägigen Fällen keine Gebühren erhebt. 96

Vorstehende Regelung ist **§ 79 BauGB** nachgebildet, der **für** städtebauliche **Umlegungsverfahren** folgende Regelung zur Abgaben- und Auslagenbefreiung enthält: 97

„**§ 79 BauGB** Abgaben und Auslagenbefreiung

(1) Geschäfte und Verhandlungen, die der Durchführung oder Vermeidung der Umlegung dienen, einschließlich der Berichtigung der öffentlichen Bücher, sind frei von Gebühren und ähnlichen nicht steuerlichen Abgaben sowie von Auslagen; dies gilt nicht für die Kosten eines Rechtsstreits. Unberührt bleiben Regelungen nach landesrechtlichen Vorschriften.

(2) Die Abgabenfreiheit ist von der zuständigen Behörde ohne Nachprüfung anzuerkennen, wenn die Umlegungsstelle versichert, dass ein Geschäft oder eine Verhandlung der Durchführung oder Vermeidung der Umlegung dient."

Im Unterschied zu § 67 LwAnpG lässt das BauGB aber ausdrücklich die für die Gebührenerhebung der Gutachterausschüsse für Grundstückswerte maßgeblichen **landesrechtlichen Regelungen unberührt.** Mit § 67 LwAnpG hat demgegenüber also der Gesetzgeber Gebrauch von einem konkurrierenden Gesetzgebungsrecht machen wollen[108]. 98

Landesrechtliche Gebührenregelungen bleiben auch nach § 151 BauGB unberührt; die Vorschrift regelt die Abgaben- und Auslagenbefreiung für **städtebauliche Sanierungs- und Entwicklungsmaßnahmen**[109]. 99

---

107 GemMinBl. 1992, 1095, abgedruckt bei Kleiber/Söfker, Vermögensrecht, Eigentum am Grund und Boden, Jehle Rehm Verlag München; vgl. auch GuG 1993, 163 und 229.
108 Kostenermächtigungs-Änderungsgesetz vom 23.6.1970 (BGBl. I 1970, 805); hierzu BT-Drucks. VI/329 zu Art. 23; BVerfG, „Kartell"-Beschl. vom 11.10.1966 – 2 BvR 477/64 –, BGBl. I 1966, 138 = BVerfGE 20, 257.
109 Ernst/Zinkahn/Bielenberg/Krautzberger, BauGB, Komm. zu § 151 BauGB.

10.3 Umsatzsteuer

100 Bei der Tätigkeit der Gutachterausschüsse für Grundstückswerte nach § 193 Abs. 1 Nr. 3 und 4 BauGB, d. h. der Wertermittlungstätigkeit **für Privatpersonen,** Behörden und Gerichte, sowie für weitere ihnen mit der GutachterausschussVO übertragene Tätigkeiten **handelt es sich um eine wirtschaftliche Tätigkeit i. S. des Abschn. 5 Abs. 2 KStR.** Ein Betrieb gewerblicher Art wird mit dieser Tätigkeit der juristischen Person des öffentlichen Rechts (§ 1 Abs. 1 Nr. 6 i. V. m. § 4 Abs. 1 KStG) mindestens dann begründet, wenn bei Vorliegen der übrigen Voraussetzungen des Abschn. 5 KStR die Umsatzgrenze nach Abs. 5 in Höhe von 60 000 DM *nachhaltig* überschritten wird. Wird diese Umsatzgrenze nicht erreicht, kann im Einzelfall auf Antrag gleichwohl ein Betrieb gewerblicher Art angenommen werden, wenn hierfür von der juristischen Person des öffentlichen Rechts besondere Gründe vorgetragen werden (vgl. Abschn. 5 Abs. 5 Satz 6 KStG).

101 Liegt ein Betrieb gewerblicher Art vor, kann – auch wenn zum Beispiel wegen Beachtung des jeweiligen Gebührengesetzes keine Gewinne erzielt werden – nicht generell von der Abgabe einer **Körperschaftsteuer-Erklärung** abgesehen werden.

102 Nach den vorstehenden Grundsätzen muss auch in allen offenen Fällen verfahren werden. In Einzelfällen kann aus Vertrauensschutzgründen (zum Beispiel wenn bei bisheriger anderer steuerlicher Behandlung durch die Finanzverwaltung eine **rückwirkende Anpassung der Gebührenordnungen und -bescheide** nicht möglich ist oder unverhältnismäßig wäre) von einer rückwirkenden Änderung abgesehen werden.

103 Nach § 2 Abs. 3 Satz 1 UStG unterliegen die **Umsätze der Gutachterausschüsse für Grundstückswerte** sowohl bei Verkehrswertermittlungen für private als auch für öffentliche Auftraggeber grundsätzlich **der Umsatzsteuer,** unabhängig davon, ob die Umsatzgrenze im Einzelfall nicht überschritten wird[110].

104 **Wird der Gutachterausschuss für Grundstückswerte in Konkurrenz zu privaten Sachverständigen tätig, liegt also eine umsatzsteuerpflichtige Tätigkeit vor.** Die Tätigkeit für andere juristische Personen des öffentlichen Rechts im Wege der Amtshilfe ist nach Auffassung des Hess. Ministeriums für Wirtschaft, Verkehr und Landesentwicklung dagegen nicht der Umsatzsteuer unterworfen. Diese Auslegung läuft insofern „leer", als der Gutachterausschuss abweichend von § 4 Abs. 1 VwVfG nicht zur Amtshilfe verpflichtet ist (vgl. § 197 BauGB Rn. 28 ff.)[111].

105 Bei den Gutachterausschüssen für Grundstückswerte handelt es sich um **Einrichtungen (des Landes, der Kommune** bzw. Landkreise, vgl. Rn. 3) **mit Behördeneigenschaft.** Als juristische Personen des öffentlichen Rechts sind die Ausschüsse nach § 2 Abs. 3 UStG nur im Rahmen ihrer Betriebe gewerblicher Art unternehmerisch tätig[112]. Nur die in diesen Betrieben und Tätigkeitsbereichen ausgeführten Umsätze unterliegen der Umsatzbesteuerung (steuerbare Umsätze). Wirtschaftliche Tätigkeiten der Ausschüsse (z. B. Verkehrswertermittlungen zu privaten Zwecken) können steuerbare Umsätze im Rahmen eines Betriebs gewerblicher Art sein. Ob im Einzelfall ein Betrieb gewerblicher Art vorliegt, ist nach den §§ 1 Abs. 1 Nr. 6 und 4 KStG zu beurteilen. **Soweit die Ausschüsse im hoheitlichen Bereich tätig werden, werden keine steuerbaren Umsätze ausgeführt** (vgl. Rn. 7).

---

110 Vgl. Abschn. 5 Abs. 5 Satz 7 KStR 1995, BAnz Nr. 4a vom 6.1.1996. Zum Besteuerungsverfahren vgl. Fn. 20 sowie RdErl. des MI LSA vom 1.10.1997 (43-05401/10) betr. Umsatzsteuer für Amtshandlungen und Leistungen der Gutachterausschüsse für Grundstückswerte (MBl. LSA 1997,1838 = GuG 1998, 155); Nds. RdErl. des MI vom 14.7.1994 – 67 0511/7 (Nds. MinBl. 1994, 1072) Erl. des nordrh.-westf. FM vom 23.12.1998 – S 2706-81 – V B 4 –, GuG 1999, 306 i. V. m. RdErl. IM vom 23.12.1998 – III C 2-9210 – vom 1.2.1999 – III C 2 – 921060.
111 Hess. Ministerium für Wirtschaft, Verkehr und Landesentwicklung, Schreiben vom 21.1.1998 (VIIa 61 – 61c08/15 – 39/97) an die Geschäftsstellen der Gutachterausschüsse (unveröffentlicht); vgl. auch Merkblatt zur umsatzsteuerlichen Behandlung der Gutachterausschüsse ab dem 1.1.1998, GuG 1999, 306.
112 BT-Drucks. 11/658 Parl. Anfrage MdB Gattermann.

106 Auch nach einer Entscheidung der obersten Finanzbehörden des Bundes und der Länder aus dem Jahre 1986 unterliegen die Gutachterausschüsse für Grundstückswerte der Umsatzsteuer, soweit die Voraussetzungen nach Abschn. 5 der Körperschaftsteuerrichtlinien – KStR – für einen Betrieb gewerblicher Art vorliegen[113]. Ob ein Betrieb gewerblicher Art vorliegt, ist nach den Grundsätzen des Umsatzsteuergesetzes – UStG – in Anknüpfung an das Körperschaftsteuergesetz – KStG – zu entscheiden. Da die **Tätigkeit der Gutachterausschüsse als eine wirtschaftliche Tätigkeit anzusehen ist, unterliegen die Gutachterausschüsse mithin der Umsatzbesteuerung.** Auf die Frage einer Wettbewerbssituation im Verhältnis zu den freiberuflich tätigen Sachverständigen kommt es nicht an. Von daher kann dahinstehen, ob Wettbewerbsverzerrungen i. S. der Rechtsprechung des BFH[114] bestehen, aufgrund derer eine unterschiedliche umsatzsteuerliche Behandlung intensive und nachhaltige Auswirkungen in der Branche zur Folge hat, oder eine solche Wettbewerbssituation a priori auszuschließen ist[115]. Auch steht die 6. EG-Richtlinie einer Besteuerung nicht entgegen, weil nur bei einer *nicht* wirtschaftlichen Tätigkeit für eine Umsatzbesteuerung erforderlich ist, dass die Nichtbesteuerung zu größeren Wettbewerbsverzerrungen i. S. des Art. 4 Abs. 5 (2) der 6. EG-Richtlinie führt und die Tätigkeit nicht im Anh. 6 der 6. EG-Richtlinie aufgeführt ist[116]; zur Frage des Wettbewerbs vgl. Vorbem. zum BauGB Rn. 8 ff.

107 Als eine *nicht* wirtschaftliche Tätigkeit gilt eine Tätigkeit im Rahmen der Ausübung der öffentlichen Gewalt. Der Begriff **Ausübung öffentlicher Gewalt** ist gesetzlich nicht definiert, jedoch kann nach der gefestigten Rechtsprechung von einer solchen i. S. d. Steuerrechts ausgegangen werden, wenn die Tätigkeit von einer juristischen Person des öffentlichen Rechts wahrgenommen wird, die dem Träger der öffentlichen Gewalt eigentümlich und vorbehalten ist. Dafür reicht die bloße gesetzliche Zuweisung entsprechend den Regelungen der §§ 192 ff. BauGB einer Tätigkeit als Pflichtaufgabe einer Körperschaft des öffentlichen Rechts nicht aus[117].

108 Für die „Ausübung öffentlicher Gewalt" ist kennzeichnend die Erfüllung öffentlich-rechtlicher Aufgaben, die aus der Staatsgewalt abgeleitet sind und wenn die gesetzlich zugewiesenen Aufgaben von einem privatrechtlich tätigen Unternehmer nicht erfüllt werden können. Es kommt also entscheidend darauf an, dass die Tätigkeit nicht von einem privaten Unternehmer ausgeführt werden kann[118]. Unerheblich bleibt indessen die Frage, ob eine Tätigkeit, die von einem privaten Unternehmer ausgeführt werden könnte, und ein konkurrierender Privatunternehmer nicht tätig ist[119]. Der **Gutachterausschuss für Grundstückswerte übt demzufolge** zumindest i. S. des Steuerrechts **keine öffentliche Gewalt aus,** denn die Tätigkeit der Gutachterausschüsse kann – was die Erstattung von Gutachten (nicht dagegen die Ableitung wesentlicher Daten nach § 193 Abs. 3 BauGB i. V. m. den §§ 9 ff. ImmoWertV angeht – auch von privaten Sachverständigen ausgeübt werden; lediglich im Falle der Enteignung muss die Enteignungsbehörde nach § 107 Abs. 1 Satz 3 BauGB bei der Ermittlung des Sachverhalts ein Gutachten des Gutachterausschusses einholen. Demgegenüber hat die Rechtsprechung des BGH die Tätigkeit der Gutachterausschüsse als *hoheitliche* Tätigkeit angesehen[120].

---

113 FG Baden-Württemberg, Gerichtsbeschl. vom 28.10.1997 – 12 K 201/95 –, GuG 1998, 52 = EzGuG 11.237 (nicht rechtskräftig, vgl. Beschl. des FG Baden-Württemberg vom 12.1.1998).
114 BFH, Urt. vom 11.6.1997 – II B 93/96 –, BFHE 183, 236 = BStBl II 1997, 527.
115 OFD Saarbrücken, Vfg. vom 22.4.1986 – S 7106 – 52 St 241.
116 EuGH, Urt. vom 17.10.1989 – Rs. 231/87 –, GuG 1994, 112 = EzGuG 11.174 a; EuGH, Urt. vom 15.5.1990 – C 4/98 –, DB 1991, 80.
117 Birkenfeld, Juristische Personen des öffentlichen Rechts als Unternehmer, Umsatzsteuer-Rundschau 1989, 6; BFH, Urt. vom 22.9.1976 – I R 102/74 –, BStBl II 1976, 793 = EzGuG 18.71 a; BFH, Urt. vom 18.8.1966 – V 21/64 –, BStBl III 1967, 100.
118 BFH, Urt. vom 7.11.1991 – IV R 50/90 –, BStBl II 1993, 380.
119 BHF, Urt. vom 30.6.1988 – V R 79/84 –, BStBl II 1988, 910.
120 BGH, Urt. vom 4.3.1982 – III ZR 156/80 –, BRS Bd. 45 Nr. 18 = EzGuG 11.127; KG, Urt. vom 18.6.1971 – W 1182/71 –, NJW 1971, 1848 = EzGuG 11.78.

11 Rechts- und Dienstaufsicht

▶ *Vgl. Vorbem. zur ImmoWertV Rn. 40 ff.; § 1 ImmoWertV Rn. 1*

109 Die **Gutachterausschüsse sind** – wie dargelegt – selbstständig und weisungsunabhängig. Sie sind dabei jedoch **an die materiellen und formellen Regelungen des BauGB, der ImmoWertV und der GutachterausschussVO gebunden**; sie sind hingegen nicht an Anweisungen bundes- oder landesministerieller Richtlinien zur Verkehrswertermittlung gebunden.

110 Die Tätigkeit des Gutachterausschusses unterliegt gleichwohl der Aufsicht, und zwar insbesondere im Hinblick auf die Einhaltung von Rechtsvorschriften bei der Wahrnehmung der Aufgaben des Gutachterausschusses, die Einhaltung der den Gutachtern auferlegten Pflichten, die gewissenhafte Erfüllung der dem Gutachterausschuss obliegenden Aufgaben sowie die Geschäftsführung der Gutachterausschüsse und ihrer Geschäftsstellen (Abb. 3).

Abb. 3: Rechts- und Dienstaufsichtsbehörden

Rechts- und Dienstaufsichtsbehörden		
Land	Behörde	Rechtsgrundlage
Brandenburg	Ministerium des Innern	§ 3 Abs. 1 GutachterausschussVO
Niedersachsen	Für das Vermessungs- und Katasterwesen zuständige Ministerium	§ 10 DVO-BauGB
Rheinland-Pfalz	Landesamt für Vermessung und Geoinformation	§ 3 Abs. 4 GutachterausschussVO
Thüringen	Obere Katasterbehörde	§ 3 Abs. 7 GutachterausschussVO

§ 193
Aufgaben des Gutachterausschusses

(1) Der Gutachterausschuss erstattet Gutachten über den Verkehrswert von bebauten und unbebauten Grundstücken sowie Rechten an Grundstücken, wenn

1. die für den Vollzug dieses Gesetzbuchs zuständigen Behörden bei der Erfüllung der Aufgaben nach diesem Gesetzbuch,

2. die für die Feststellung des Werts eines Grundstücks oder der Entschädigung für ein Grundstück oder ein Recht an einem Grundstück aufgrund anderer gesetzlicher Vorschriften zuständigen Behörden,

3. die Eigentümer, ihnen gleichstehende Berechtigte, Inhaber anderer Rechte am Grundstück und Pflichtteilsberechtigte, für deren Pflichtteil der Wert des Grundstücks von Bedeutung ist, oder

4. Gerichte und Justizbehörden

es beantragen. Unberührt bleiben Antragsberechtigungen nach anderen Rechtsvorschriften.

(2) Der Gutachterausschuss kann außer über die Höhe der Entschädigung für den Rechtsverlust auch Gutachten über die Höhe der Entschädigung für andere Vermögensnachteile erstatten.

(3) Die Gutachten haben keine bindende Wirkung, soweit nichts anderes bestimmt oder vereinbart ist.

(4) Eine Abschrift des Gutachtens ist dem Eigentümer zu übersenden.

(5) Der Gutachterausschuss führt eine Kaufpreissammlung, wertet sie aus und ermittelt Bodenrichtwerte und sonstige zur Wertermittlung erforderliche Daten. Zu den sonstigen für die Wertermittlung erforderlichen Daten gehören insbesondere

1. Kapitalisierungszinssätze, mit denen die Verkehrswerte von Grundstücken im Durchschnitt marktüblich verzinst werden (Liegenschaftszinssätze), für die verschiedenen Grundstücksarten, insbesondere Mietwohngrundstücke, Geschäftsgrundstücke und gemischt genutzte Grundstücke,

2. Faktoren zur Anpassung der Sachwerte an die jeweilige Lage auf dem Grundstücksmarkt (Sachwertfaktoren), insbesondere für die Grundstücksarten Ein- und Zweifamilienhäuser,

3. Umrechnungskoeffizienten für das Wertverhältnis von sonst gleichartigen Grundstücken, z. B. bei unterschiedlichem Maß der baulichen Nutzung, und

4. Vergleichsfaktoren für bebaute Grundstücke, insbesondere bezogen auf eine Raum- oder Flächeneinheit der baulichen Anlage (Gebäudefaktor) oder auf den nachhaltig erzielbaren jährlichen Ertrag (Ertragsfaktor).

Gliederungsübersicht Rn.

1	Übersicht		1
2	Gutachtenerstattung (Abs. 1 und 2)		
	2.1	Gutachten	
		2.1.1 Allgemeines	5
		2.1.2 Gutachten über Grundstückswerte (§ 193 Abs. 1 BauGB)	11
		2.1.3 Gutachten über die Entschädigung von Vermögensnachteilen (§ 193 Abs. 2 BauGB)	21
	2.2	Antragsberechtigte	
		2.2.1 Allgemeines	24
		2.2.2 Antragsberechtigung der das BauGB vollziehenden Behörden (§ 193 Abs. 1 Satz 1 Nr. 1 BauGB)	25

III § 193 BauGB Aufgaben des Gutachterausschusses

	2.2.3	Antragsberechtigung sonstiger Behörden (§ 193 Abs. 1 Satz 1 Nr. 2 BauGB)	
		2.2.3.1 Allgemeines	34
		2.2.3.2 Finanzbehörden	37
		2.2.3.3 Enteignungsbehörden	39
		2.2.3.4 Sozial- und Arbeitsämter	42
		2.2.3.5 Sonstige Behörden	44
	2.2.4	Antragsberechtigung Privater (§ 193 Abs. 1 Satz 1 Nr. 3 BauGB)	
		2.2.4.1 Eigentümer	47
		2.2.4.2 Nutzungsberechtigte	51
		2.2.4.3 Kaufbewerber	53
	2.2.5	Antragsberechtigung von Gerichten und Justizbehörden (§ 193 Abs. 1 Satz 1 Nr. 4 BauGB)	54
	2.2.6	Unberührte Antragsberechtigungen nach anderen Rechtsvorschriften (§ 193 Abs. 1 Satz 2 BauGB)	60
3	Rechtsnatur der von den Gutachterausschüssen erstatteten Gutachten (§ 193 Abs. 3 BauGB)		67
4	Übersendungspflicht an die Eigentümer (§ 193 Abs. 4 BauGB)		
	4.1	Allgemeines	69
	4.2	Rechtsnatur, Kosten	70
5	Führung und Auswertung der Kaufpreissammlung (§ 193 Abs. 5 BauGB)		
	5.1	Übersicht	
		5.1.1 Allgemeines	71
		5.1.2 Kaufpreiskarte	81
		5.1.3 Kaufpreiskartei (-datei)	86
		5.1.4 Sonstige Bestandteile	88
	5.2	Auswertung von Kaufverträgen	91
6	Weitere Aufgaben		
	6.1	Allgemeines	101
	6.2	Bodenrichtwertübersichten	102
	6.3	Grundstücksmarktberichte	103

1 Übersicht

▶ *Zu den Aufgaben der Geschäftsstelle vgl. § 192 BauGB Rn. 41 ff.; § 196 BauGB Rn. 1 ff; § 198 BauGB Rn. 24*

Schrifttum: Dengler, A., Auskünfte aus der Kaufpreissammlung, GuG 2010, 340.

1 Nach § 192 Abs. 1 BauGB sind **Gutachterausschüsse für die Ermittlung von Grundstückswerten** und für sonstige Wertermittlungen eingerichtet worden. § 193 BauGB behandelt hierzu die wesentlichen Aufgaben des Gutachterausschusses, namentlich

– die Erstattung von Gutachten über den Verkehrswert von Grundstücken und Rechten an Grundstücken (§ 193 Abs. 1 BauGB),

– die Erstattung von Gutachten über die Höhe der Entschädigung für sonstige Vermögensnachteile insbesondere nach § 93 Abs. 2 Nr. 2 i. V. m. § 96 BauGB (§ 193 Abs. 2 BauGB),

– die Wirkung von Gutachten (§ 193 Abs. 3 BauGB),

– die Übersendung von Gutachten an die Eigentümer (§ 193 Abs. 4 BauGB) und

– die Führung und Auswertung der Kaufpreissammlung (§ 193 Abs. 5 i. V. m. § 195 BauGB; vgl. Rn. 71 ff.).

Es handelt sich dabei nicht um eine abschließende Aufgabenbeschreibung, denn nach § 193 Abs. 1 Satz 2 BauGB bleiben Antragsberechtigungen nach anderen Rechtsvorschriften unberührt. Darüber hinaus haben die Gutachterausschüsse nach § 198 Abs. 2 BauGB die Aufgabe, **überregionale Auswertungen und Analysen des Grundstücksmarktgeschehens** zu erstel-

Aufgaben des Gutachterausschusses **§ 193 BauGB III**

len, wenn kein Oberer Gutachterausschuss oder keine Zentrale Geschäftsstelle gebildet worden ist (vgl. § 198 BauGB Rn. 24).

Die geltende Fassung des § 193 BauGB geht auf das am 1.1.2008 in Kraft getretenen **Erbschaftsteuerreformgesetz** [1] – ErbStRG – zurück und ist am 1.7.2009 in Kraft getreten (Art 6 Nr. 2 ErbStRG).

Mit der ab 1.7.2009 geltenden Fassung werden als „sonstige Wertermittlungen" herausgestellt

1. die Ermittlung von **Bodenrichtwerten** (§ 193 Abs. 3 i. V. m. § 196; vgl. § 196 BauGB Rn. 1 ff.) und

2. die Ermittlung **sonstiger zur Wertermittlung erforderlicher Daten,** insbesondere

   – Kapitalisierungszinssätze, mit denen die Verkehrswerte von Grundstücken im Durchschnitt marktüblich verzinst werden *(Liegenschaftszinssätze)*, für die verschiedenen Grundstücksarten, insbesondere Mietwohngrundstücke, Geschäftsgrundstücke und gemischt genutzte Grundstücke;

   – Faktoren zur Anpassung der Sachwerte an die jeweilige Lage auf dem Grundstücksmarkt *(Sachwertfaktoren),* insbesondere für die Grundstücksarten Ein- und Zweifamilienhäuser;

   – *Umrechnungskoeffizienten* für das Wertverhältnis von sonst gleichartigen Grundstücken, z. B. bei unterschiedlichem Maß der baulichen Nutzung; und

   – *Vergleichsfaktoren für bebaute Grundstücke,* insbesondere bezogen auf eine Raum- oder Flächeneinheit der baulichen Anlage (Gebäudefaktor) oder auf den nachhaltig erzielbaren jährlichen Ertrag (Ertragsfaktor).

Es handelt sich auch hierbei nicht um einen abschließenden Katalog der vom Gutachterausschuss zu ermittelnden „sonstigen zur Wertermittlung erforderlichen Daten". § 143a Abs. 3 des bis zum Inkrafttreten des BBauG von 1976 führte darüber hinaus ausdrücklich die Ermittlung von **Bewirtschaftungskosten** und **Bodenpreisindexreihen** auf. Die Ableitung der in § 193 Abs. 5 BauGB genannten erforderlichen Daten ist in den §§ 9 bis 14 ImmoWertV einschließlich der Ermittlung von Indexreihen geregelt.

§ 193 Abs. 5 BauGB ist missverständlich formuliert, da nach dem Einleitungssatz die Ermittlung von Bodenrichtwerten und die Ermittlung sonstiger zur Wertermittlung erforderlicher Daten nebeneinander genannt werden und die „sonstigen" Daten auch noch ohne Erwähnung der Bodenrichtwerte konkretisiert werden. Tatsächlich gehören aber die Bodenrichtwerte zu den sonstigen erforderlichen Daten (§§ 8 bis 14 ImmoWertV).

Es handelt sich bei alledem um **Pflichtaufgaben des Gutachterausschusses** für Grundstückswerte. Lediglich die Erstattung von Gutachten über die Höhe der Entschädigung für andere Vermögenswerte im Zusammenhang mit der Ermittlung der Entschädigung für den Rechtsverlust ist als „Kann-Bestimmung" ausgestaltet (§ 193 Abs. 2 BauGB).

Darüber hinaus werden die Landesregierungen mit § 199 Abs. 2 Nr. 6 BauGB ermächtigt, weitere Aufgaben auf den Gutachterausschuss zu übertragen. Hervorzuheben ist insbesondere die Erstellung von Grundstücksmarktberichten[2]. Nach Maßgabe **landesrechtlicher Vorschriften** kommen insbesondere folgende Aufgaben in Betracht:

a) Erstattung von *Gutachten über Miet- und Pachtwerte*,

b) Erstellung von *Mietwertübersichten,*

c) Führung einer *Mietdatenbank* auf Antrag der zuständigen Stelle und Erstellung eines Mietspiegels,

---

1 Erbschaftsteuerreformgesetz – ErbStRG – vom 24.12.2008 (BGBl. I 2008, 3018).
2 § 13 bbg. GutachterausschussVO; § 22 nds. DVO-BauGB; § 13 Abs. 2 nordrh.-wstf. GutachterausschussVO; § 14 Abs. 5 rh.-pf. GutachterausschussVO; § 13 Abs. 3 thür. GutachterausschussVO.

d) Erteilung von *Wertauskünften* und Stellungnahmen über Grundstückswerte,

e) Individuelle Auswertungen der Kaufpreissammlung (in anonymisierter und aggregierter Form) sowie

f) Führung weiterer Datensammlungen über Mieten und Bewirtschaftungskosten.

Bei der Erfüllung dieser Aufgaben bedient sich der Gutachterausschuss gemäß § 192 Abs. 4 BauGB seiner **Geschäftsstelle**.

2 Gutachtenerstattung (Abs. 1 und 2)

2.1 Gutachten

2.1.1 Allgemeines

Schrifttum: *Körner, R.*, Rechtsschutz bei Untätigkeit des Gutachterausschusses, BlnGE 2005, 530.

▶ *Zum Grundsätzlichen vgl. Teil II Rn. 287 ff.*

5   Zu den wesentlichen Aufgaben des Gutachterausschusses gehört die Erstattung von **Gutachten über den Verkehrswert von Grundstücken.** § 193 Abs. 1 BauGB bestimmt, wer bundesrechtlich antragsberechtigt ist. Darüber hinaus hat der Gutachterausschuss ein Gutachten zu erstatten, wenn die Enteignungsbehörde im Rahmen eines Enteignungsverfahrens nach den §§ 104 ff. BauGB ihn zur **Ermittlung des Sachverhalts** nach § 107 Abs. 1 Satz 3 BauGB entsprechend beauftragt[3].

6   Als **Gutachten** sind dabei mit einer besonderen Sachkunde, Fachwissen und Erfahrung abgegebene und begründete Stellungnahmen zu verstehen, die – je nach Auftragserteilung – sowohl Tatsachenfeststellungen, Erfahrungssätze und Wertungen vermitteln sowie aus Tatsachenfeststellungen gezogene Schlussfolgerungen und Wertungen einschließlich Werturteilen vermitteln.

Von einem Gutachten zu unterscheiden sind

a) sog. Kurzgutachten,

b) gutachtliche (sachverständige) Äußerungen und Stellungnahmen und

c) Wertauskünfte[4].

7   Ein **Kurzgutachten** steht schon rein begrifflich im Widerspruch zu dem Begriff des Gutachtens, wenn hierunter ein irgendwie ausgestaltetes Quasi-Gutachten verstanden wird, bei dem aber auf wesentliche Elemente eines Gutachtens verzichtet werden soll bzw. verzichtet worden ist. Dies kann in Betracht kommen, wenn bei einem begrenzten Gutachtenauftrag und einem geringfügigen Anlassdelikt sich der gutachterliche Prüfungs- und Dokumentationsaufwand auf ein möglichst geringes Maß beschränken soll und die „kurze gutachterliche Stellungnahme" nur solche Teile eines vollständigen Gutachtens beinhaltet[5].

---

3   Zum Rechtsschutz bei Untätigkeit des Gutachterausschusses vgl. Körner, R. in BlnGE 2005, 530.
4   Vgl. § 5 Abs. 5b nordrh.-westf. GutachterausschussVO.
5   LG Hamburg 2008, OLG Hamburg 2009.

Aufgaben des Gutachterausschusses § 193 BauGB III

Eine **gutachtliche Äußerung** sah die „Allgemeine Dienstanweisung für die unteren und höheren Vermessungs- und Katasterbehörden (ADAVerm)" für *Niedersachsen* vor[6]. Sie wurde mit Erl. des nds. Innenministeriums im Jahre 1986 zwar formal wieder abgeschafft[7], jedoch kann jede behördliche Auskunft nach wie vor inhaltlich in einer gutachtlichen Äußerung bestehen.[8] 8

Der **Begriff der Wertauskunft** wird im Bereich der nds. Kataster- und Vermessungsverwaltung i. S. einer „erweiterten Auskunft aus der Kaufpreissammlung" verstanden, die mit Ziff. 7.2 des nds. Gebührenverzeichnisses der Gebührenordnung für Gutachterausschüsse und deren Geschäftsstellen nach dem BauGB eingeführt wurde. In der Praxis wird dabei neben den Vergleichsdaten auch eine (mathematisch-statistische) Analyse der Stichprobe ohne jede Wertung mitgeliefert. 9

Nach § 14 Nr. 2b der DVO-BauGB kann der Gutachterausschuss in *Niedersachsen* (auf Kreisebene) auf Antrag von Behörden zur Erfüllung ihrer Aufgaben auch „Gutachten über den Bodenwert von Grundstücksgruppen" erstatten (**Gruppengutachten**)[9]. Da sich bei solchen Gutachten der ermittelte Wert naturgemäß nicht auf ein spezifisches Grundstück bezieht, wird es in aller Regel unvermeidlich sein, statt eines Punktwerts eine Wertspanne im Gruppengutachten auszuweisen. Die Ableitung des Verkehrswerts eines konkreten Grundstücks aus einem Gruppengutachten kann dann nach den Regeln erfolgen, die bei Heranziehung von Bodenrichtwerten gängig sind. Bei einem Gruppengutachten wird man dabei stets den Geltungsbereich mit Gebietsabgrenzung angeben müssen. 10

2.1.2 Gutachten über Grundstückswerte (§ 193 Abs. 1 BauGB)

▶ *Zu den inhaltlichen und sonstigen Anforderungen an Gutachten vgl. Teil II Rn. 287 ff.; weiterhin Teil VI Rn. 29*

Die Erstattung von Gutachten über den Verkehrswert von bebauten und unbebauten Grundstücken ist dem Gutachterausschuss für Grundstückswerte mit § 193 Abs. 1 Satz 1 BauGB als eine Pflichtaufgabe aufgegeben, auch wenn der Einleitungssatz die **zwingende Rechtsverpflichtung** weniger deutlich als im bisherigen Recht erkennen lässt[10]. Die Pflicht zur Gutachtenerstattung beschränkt sich allerdings auf die Fälle, in denen nach § 193 BauGB (auch § 107 Abs. 1 Satz 4 BauGB) oder anderen Rechtsvorschriften ein Antragsrecht besteht (vgl. § 193 Abs. 1 Satz 2 BauGB). 11

Umgekehrt hat der Antragsberechtigte in den gesetzlich geregelten Fällen einen **Rechtsanspruch auf Gutachtenerstattung**, den er im Wege einer Leistungsklage nach der VwVO bzw. auch im Wege einer Amtshaftungsklage durchsetzen kann; sie ist an Fristen nicht gebunden[11]. Der Gutachterausschuss kann sich dem auch nicht mit dem Hinweis auf Arbeitsüberlastung entziehen[12]. 12

---

6 Allgemeine Dienstanweisung für die unteren und höheren Vermessungs- und Katasterbehörden (ADAVerm) vom 12.6.1974 (Nds. MinBl. 1974, 1319). Als eine „amtliche Arbeit" eines Katasteramtes war die „gutachtliche Äußerung" gemäß RdErl. des FM vom 17.3.1928 – KV 2.692 – (FinMinBl. 1928, 57) zur Durchführung der Bewertung des Grundbesitzes nach Maßgabe des Reichsbewertungsgesetzes vom 10.8.1925 (RGBl. I 1925, 214) im Feststellungs- und Rechtsmittelverfahren zugelassen. Das Gleiche galt für gutachtliche Äußerungen auf Anforderung von Reichs-, Staats- und Kommunalbehörden für andere als steuerliche Zwecke (RdErl. des FM vom 22.2.1929 – KV 2 – 530 betr. gutachtliche Äußerungen und Gutachten über Grundstückswerte; FinMinBl. 1928, 30). Anträgen privater Grundeigentümer war dagegen nur zu entsprechen, wenn sie sich auf den eigenen Grundbesitz des Antragstellers bezogen; ansonsten waren Anträge auf Erstattung gutachtlicher Äußerungen, aber auch Gutachten grundsätzlich abzulehnen.

7 Erl. des nds. FM vom 12.5.1965 – 26 23 00 – GültL MF 82/97; Erl. des nds. IM vom 24.10.1985 (unveröffentlicht); Schönherr in Nachr. der nds. Kat.- und VermVw. 1976, 159.

8 BVerwG, Urt. vom 26.1.1996 – 8 C 19/94 –, NJW 1996, 2046 = EzGuG 20.159b; BVerwG, Urt. vom 31.7.1985 – 9 B 71/85 –, NJW 1986, 3221 = BayVBl. 1986, 478 = EzGuG 11.146l; BGH, Urt. vom 7.3.2001 – X ZR 176/99 –, GuG-aktuell 2001. 39 = BauR 2001, 1532.

9 GOGut vom 22.4.1997 (Nds. GVBl. 1997, 119).

10 § 136 Abs. 1 BBauG 76 begann wie folgt: „Der Gutachterausschuss hat über den Wert ... ein Gutachten zu erstatten, wenn ..."; unklar bleibt allerdings, warum es in § 198 Abs. 2 BauGB im Vergleich zum bisherigen Recht (§ 137a Abs. 2 BBauG 76) bei der stringenten Formulierung geblieben ist, nach der der Obere Gutachterausschuss auf Antrag eines Gerichts ein Obergutachten zu erstatten „hat".

11 Zum Rechtsschutz bei Untätigkeit des Gutachterausschusses vgl. Körner, R., in BlnGE 2005, 530.

12 LG Berlin: BauI O 1/02.

III § 193 BauGB   **Aufgaben des Gutachterausschusses**

13   Die Pflicht zur Gutachtenerstattung beschränkt sich nicht auf Gutachten über den „Verkehrswert von bebauten und unbebauten Grundstücken".

14   Nach § 200 BauGB erstreckt sich das **Antragsrecht** auch **auf** die **Begutachtung von Grundstücksteilen und grundstücksgleichen Rechten**[13]. Dies entspricht auch Sinn und Zweck der Vorschrift, denn im Zuge der Vorbereitung und Durchführung städtebaulicher Maßnahmen nach dem BauGB kann z. B.

- die Ermittlung von Bodenwerten (bebauter Grundstücke)[14],
- die Verkehrswertermittlung von Rechten, auch grundstücksgleichen Rechten[15],
- die Ermittlung des Verkehrswertanteils für bauliche Anlagen, Anpflanzungen und sonstige Einrichtungen[16]

erforderlich werden. Dementsprechend stellt § 1 Abs. 2 ImmoWertV klar, dass die Verordnung auf die Wertermittlung von grundstücksgleichen Rechten, Rechten an diesen und Rechten an Grundstücken entsprechend anzuwenden ist und Gegenstand der Wertermittlung auch ein Grundstücksteil, einschließlich seiner Bestandteile sowie des Zubehörs, sein kann[17].

15   Der Gutachterausschuss für Grundstückswerte wird im Rahmen der Erstattung von Gutachten erst auf Antrag tätig **(fakultative Wertermittlung)**.

16   **Rang und Autorität der Gutachten der Gutachterausschüsse** sind allgemein anerkannt (vgl. Rn. 47 ff. und Vorbem. zum BauGB Rn. 13). Gleichwohl kann sich z. B. eine Gemeinde schuldhaft amtswidrig verhalten, wenn sie sich bei ihren Entscheidungen „schematisch auf das von ihr eingeholte Gutachten des Gutachterausschusses stützt" und ihr gleichzeitig ein (gerichtliches) Gutachten eines Sachverständigen vorlag, das zu einem wesentlich abweichenden Wert gelangte.

17   Ein **Anspruch auf die Ermittlung bestimmter Wertanteile am Verkehrswert,** d. h. des Werteinflusses, der ursächlich auf bestimmte Einflüsse zurückführbar ist, wurde bislang in der Rechtsprechung nicht bejaht:

a) So ist nach einer Entscheidung des OVG Münster[18] der Gutachterausschuss für Grundstückswerte nicht verpflichtet, zusätzlich zu dem Verkehrswert eines in einem Bergschadensgebiet gelegenen Grundstücks ein Gutachten über eine etwaige **Wertminderung aufgrund bergbaulicher Einwirkungen** zu erstatten. In der Angelegenheit sah sich der Gutachterausschuss für Grundstückswerte schon deshalb dazu nicht in der Lage, weil er den bergbaulichen Einfluss bereits durch Heranziehung von Vergleichspreisen aus dem Bergschadensgebiet berücksichtigt hatte.

b) Das BVerwG[19] hat des Weiteren einen Anspruch auf **Ermittlung der sanierungsbedingten Werterhöhung** abgelehnt, wenn der Käufer ein im Sanierungsgebiet gelegenes Grundstück i. V. m. der Ablösung des Ausgleichsbetrags zum Neuordnungswert erworben hat.

18   In beiden Fällen ging es um die Ermittlung eines ursächlich auf bestimmte wertbildende Faktoren zurückführbaren Einflusses auf den Verkehrswert. Der Wortlaut des § 193 Abs. 1 BauGB sieht hierfür keinen Wertermittlungsanspruch vor. Gleichwohl ist in beiden Fällen der ablehnenden Haltung des Gutachterausschusses für Grundstückswerte nicht zu folgen; sie mag allenfalls insoweit verständlich sein, als die gebührenrechtlichen Regelungen diese Zusatzleistung nicht abdecken. Bemerkenswert in diesem Zusammenhang ist, dass keines der Gerichte die Gutachtenerstattungspflicht für den Fall verneint hat, dass die Antragsteller ein

---

13   Kleiber in Ernst/Zinkahn/Bielenberg/Krautzberger, BauGB, Komm. zu § 1 ImmoWertV Rn. 10, 28.
14   §§ 57, 58, § 153 Abs. 5, § 154 BauGB.
15   § 59 Abs. 3, 4, § 61 BauGB.
16   § 60 BauGB.
17   Nicht ausdrücklich angesprochen ist die Verkehrswertermittlung von Miteigentumsanteilen (vgl. § 1 WertV Rn. 18) 11.
18   OVG Münster, Urt. vom 23.1.1984 – 10 A 2366/79 –, MittDST 1985, 1186 = EzGuG 4.95; Vorinstanz: GV Gelsenkirchen, Urt. vom 21.6.1978 – 5 K 2977/78 –, MittDST 1985, 1186 = EzGuG 4.57.
19   BVerwG, Beschl. vom 19.11.1997 – 4 B 182/97 –, GuG 1998, 179 = EzGuG 15.90.

Zweitgutachten mit der **Maßgabe** in Auftrag geben, jeweils den Verkehrswert des Grundstücks ohne Berücksichtigung des bergbaulichen Einflusses bzw. der sanierungsbedingten Werterhöhung zu ermitteln.

Nach § 193 Abs. 4 BauGB ist eine **Abschrift des Gutachtens nur dem Eigentümer** zu übersenden[20]. Aufgehoben wurde die noch nach dem BBauG 76 bestehende Übersendungspflicht für ein dem Eigentümer erstattetes Gutachten an

– sonstige Rechtsinhaber sowie an

– Personen, soweit sie ein „berechtigtes Interesse haben", wenn keine berechtigten Interessen anderer beeinträchtigt werden (§ 136 Abs. 5 BBauG 76).

Das bisherige Recht war problematisch, weil im Falle der Bekanntgabe des Gutachtens und eines Widerspruchs durch den Eigentümer die **Möglichkeit des Rechtsschutzes** nur **unzureichend** gewahrt werden konnte[21].

2.1.3 Gutachten über die Entschädigung von Vermögensnachteilen (§ 193 Abs. 2 BauGB)

▶ *Zur Bemessung von Vermögensnachteilen vgl. Teil VI Rn. 42 ff., 105 ff.*

Bei **Enteignungen** ist **nach § 93 BauGB** Entschädigung

– für den durch die Enteignung eintretenden und sich nach dem Verkehrswert zu bemessenden Rechtsverlust und

– für andere durch die Enteignung eintretende Vermögensnachteile

zu gewähren.

In der Praxis können schon aus wertermittlungstechnischen Gründen die Entschädigungen für den Rechtsverlust und für andere Vermögensnachteile anteilsmäßig nicht immer voneinander hinreichend abgegrenzt werden. Dies gilt insbesondere bei Anwendung des Differenzwertverfahrens, z. B. bei der Entschädigung für abzutretende Vorgartenflächen. Deshalb ist es sachgerecht, derartige Entschädigungsermittlungen in einer Hand durchzuführen, um so Doppelentschädigungen zu vermeiden. Bundesgesetzlich ist daher dem **Gutachterausschuss** mit der **„Kann-Vorschrift"** des § 192 Abs. 2 BauGB die Möglichkeit eröffnet worden, „außer über die Höhe der Entschädigung für den Rechtsverlust auch **Gutachten über die Höhe der Entschädigung für andere Vermögensnachteile zu erstatten**". Die als „Kann-Vorschrift" ausgestaltete bundesgesetzliche Regelung kann aufgrund der Ermächtigung des § 199 Abs. 2 Nr. 6 BauGB durch Landesrecht zu einer Pflichtaufgabe ausgestaltet werden, so z. B. in *Brandenburg* (§ 5 GutachterausschussVO), *Nordrhein-Westfalen* (§ 5 Abs. 3 GAVO NW) und *Thüringen* (§ 5 GutachterausschussVO) bei städtebaulichen oder sonstigen Maßnahmen im Zusammenhang mit dem Grunderwerb oder mit Bodenordnungsmaßnahmen sowie der Aufhebung oder **Beendigung von Miet- und Pachtverhältnissen.**

Eine entsprechende Regelung enthält auch § 7 Abs. 2 der schl.-hol. GutachterausschussVO. Wie nach § 193 Abs. 2 BauGB ist diese Regelung als „Kann-Bestimmung" ausgestaltet, wobei im Falle der Gutachtenerstattung **im Zusammenhang mit der Aufhebung oder Beendigung von Miet- oder Pachtverhältnissen** das **Antragsrecht** über die Antragsberechtigung nach § 193 Abs. 1 Nr. 3 BauGB ausdrücklich auch für die jeweiligen **Mieter oder Pächter** besteht (vgl. § 5 Abs. 6 GutachterausschussVO NW).

---

20 Frühere Entwürfe sahen sogar vor, das „Schätz*ergebnis*" bei der Schätzstelle zu jedermanns Einsicht offenzulegen und darüber hinaus jedem, der ein berechtigtes Interesse darlegt, Einsicht in das Schätzgutachten zu gewähren (BT-Drucks. II/1813 § 183 Abs. 5 BBauG; so auch 1959 Begr. zu § 176); die Voraussetzungen für das Auskunftsverlangen sind der Grundbuchordnung nachgebildet.

21 Welche Konsequenzen ein sog. Verwaltungsakt mit Drittwirkung für das Verwaltungsverfahren und im Rechtsstreit hat, ist umstritten; vgl. Dörffler in NJW 1963, 14 ff., Haueisen in NJW 1964, 2037 ff., Fromm in DVBl. 1966, 241 ff. und Bender in NJW 1966, 1989 ff.

2.2 Antragsberechtigte

2.2.1 Allgemeines

▶ *Vgl. § 1 ImmoWertV Rn. 63 ff.; Teil VII*

24 **Antragsberechtigt** nach § 193 Abs. 1 BauGB **sind**

- die für den Vollzug des Baugesetzbuchs (BauGB) zuständigen Behörden, soweit es um die Erfüllung von Aufgaben nach dem BauGB geht,
- die für die Feststellung eines Grundstückswerts oder der Entschädigung aufgrund anderer gesetzlicher Vorschriften (z. B. nach dem Bundesberggesetz oder dem Enteignungsgesetz des Landes) zuständigen Behörden,
- die Eigentümer, ihnen gleichstehende Berechtigte, Inhaber anderer Rechte am Grundstück, z. B. Mieter oder Pächter[22], und Pflichtteilsberechtigte, für deren Pflichtteil der Wert des Grundstücks von Bedeutung ist, oder
- Gerichte und Justizbehörden.

Im Zusammenhang mit Ermittlung von **Miet- und Pachtwerten** sowie der Aufhebung oder Beendigung von Miet- oder Pachtverhältnissen besteht ein Antragsrecht ausdrücklich auch für die jeweiligen Mieter oder Pächter[23].

Die bundesrechtliche Antragsberechtigung wird in *Berlin* mit § 7 Satz 2 der bln. DVO-BauGB (a. a. O.) eingeschränkt. Im Unterschied zu § 193 Abs. 1 Nr. 3 BauGB sollen nach dieser Vorschrift die „Inhaber anderer Rechte am Grundstück" nicht berechtigt sein, einen Antrag auf Gutachtenerstattung zu stellen[24].

2.2.2 Antragsberechtigung der das BauGB vollziehenden Behörden (§ 193 Abs. 1 Satz 1 Nr. 1 BauGB)

25 Das Antragsrecht der Behörden (zum Begriff vgl. § 192 BauGB Rn. 2) nach § 193 Abs. 1 Satz 1 BauGB beschränkt sich zunächst allein auf die **das BauGB vollziehenden Behörden**[25]. Antragsberechtigungen (auch von Behörden) nach anderen gesetzlichen Vorschriften bleiben nach § 193 Abs. 1 Satz 2 BauGB allerdings unberührt.

26 Die **Antragsberechtigung von Behörden** wird mit § 193 Abs. 1 Satz 1 Nr. 1 BauGB in zweifacher Hinsicht beschränkt: Zum einen beschränkt sie das Antragsrecht auf die für den Vollzug dieses Gesetzbuchs (BauGB) „zuständigen Behörden". Zum anderen wird das Antragsrecht dieser Behörden darüber hinaus auf Wertermittlungen „bei der Erfüllung der Aufgaben nach diesem Gesetzbuch" (BauGB) beschränkt.

27 Zu den **Antragsberechtigten i. S.d.** § **193 Abs. 1 Satz 1 Nr. 1 BauGB** zählen u. a.

a) die Planungsverbände (§ 205 BauGB),

b) die Sanierungsträger (§ 158 BauGB),

c) die Entwicklungsträger (§ 167 BauGB),

d) die Enteignungsbehörde (§ 104 BauGB),

e) der Umlegungsausschuss (§ 46 Abs. 2 Nr. 1 BauGB),

f) eine geeignete Behörde i. S. des § 46 Abs. 4 BauGB, soweit diese Stellen mit der Durchführung einer Maßnahme nach dem BauGB beauftragt sind[26].

---

22 §§ 7, 19 bln. DVO-BauGB; § 3 Abs. 2 Nr. 6 i. V. m. § 8 Abs. 1 hess. DV BauGB.
23 Vgl. § 5 Abs. 6 GutachterausschussVO NW; § 7 Abs. 2 Nr. 2 schl.-hol. GutachterausschussVO.
24 Zur Konkurrenz mehrerer Rechtssätze vgl. Wolff/Bachof, Verwaltungsrecht I, 9. Aufl., S. 164; Larenz, Methodenlehre der Rechtswissenschaft, 4. Aufl. Bln., S. 250 ff.
25 So schon § 171 des Hauptkommissionsentwurfs (Schriftenreihe des BMWo Bd. 7 und 9); RegEntw. BBauG § 161 (BT-Drucks. III/336).
26 RdErl. des MI des Landes Sachsen-Anhalt vom 2.9.1994 MinBl. LSA 1994, 2528.

Daneben kommen auch noch Wertermittlungen **im Zusammenhang mit** den **entschädigungsrechtlichen Regelungen** des BauGB in Betracht, u. a.

– Entschädigungen bei länger als vier Jahren dauernden Veränderungssperren nach § 18 BauGB,

– Entschädigung bei Versagung der Baugenehmigung trotz Erteilung einer Bodenverkehrsgenehmigung nach § 21 BauGB,

– Limitierungen des Vorkaufsrechts nach § 28 BauGB,

– Übernahmeansprüche nach den planungsschadensrechtlichen Regelungen, in Sanierungsgebieten, Entwicklungsbereichen, Geltungsbereichen von Erhaltungssatzungen sowie bei Bau- und Rückbaugeboten,

– Ersatzansprüche bei der Aufhebung von Nutzungsverhältnissen nach § 185 BauGB,

– Verkehrswertermittlung von Flächen, die von der Gemeinde für die Erschließung bereitgestellt werden (§ 128 BauGB), sowie

– bei der Ermittlung des Sachverhalts nach § 107 Abs. 1 Satz 4 BauGB.

Soweit es entschädigungsrechtlich um die „Feststellung des Werts eines Grundstücks oder der Entschädigung für ein Grundstück oder ein Recht an einem Grundstück aufgrund anderer gesetzlicher Vorschriften" geht, ergibt sich die Antragsberechtigung aus § 193 **Abs. 1 Satz 1 Nr. 2 BauGB**.

Die Antragsberechtigung der „für den Vollzug" des BauGB zuständigen Behörden „bei der Erfüllung von Aufgaben nach dem Gesetzbuch" erstreckt sich auch auf die **Fälle, in denen die zuständige Behörde ihren (städtebaurechtlichen) Aufgaben mit Mitteln des Privatrechts nachkommt.**

Sanierungs- und Entwicklungsträger nach den §§ 157 ff. BauGB sind selbst nicht antragsberechtigt, da sie mit der Erfüllung gemeindlicher Aufgaben betraut sind. Das Antragsrecht der Gemeinde kann aber auf den Sanierungs- oder Entwicklungsträger übertragen werden. In diesem Fall empfiehlt sich die Vorlage einer Bescheinigung der Gemeinde, nach der sie in Zweifelsfällen zur Beantragung von Gutachten von der Gemeinde beauftragt werden können.

Im Übrigen sind bezüglich der Beauftragung des Gutachterausschusses für Grundstückswerte beziehungsweise freier Sachverständiger folgende **Landesregelungen** beachtlich[27].

Die vom Gutachterausschuss für Grundstückswerte im Rahmen der Vorbereitung und Durchführung von städtebaulichen Sanierungs- und Entwicklungsmaßnahmen erstatteten **Gutachten können auch für steuerliche Zwecke Bedeutung erlangen.** Der BFH hat jedenfalls bestätigt, dass es einem Finanzgericht als Tatsacheninstanz nicht verwehrt sei, ein solches Gutachten seiner Schätzung zugrunde zu legen[28].

2.2.3 Antragsberechtigung sonstiger Behörden (§ 193 Abs. 1 Satz 1 Nr. 2 BauGB)

2.2.3.1 Allgemeines

Nach Abs. 1 Satz 1 Nr. 2 sind neben den das BauGB vollziehenden Behörden (§ 193 Abs. 1 Satz 1 Nr. 1 BauGB) auch **andere Behörden** antragsberechtigt, wenn sie für die „Feststellung"

a) des Werts eines Grundstücks oder

b) der Entschädigung für ein Grundstück oder ein Recht an einem Grundstück

aufgrund anderer gesetzlicher Vorschriften zuständig sind.

---

27 Z.B. Mecklenburg-Vorpommern: Städtebauförderungsrichtlinien vom 15.3.2000 (ABl. M-V 2000, 709) Nr. 5.4 und 6.2.
28 BFH, Urt. vom 29.8.1996 – VIII R 15/93 –, BFHE 1882, 21 = BStBl II 1997, 313 = EzGuG 15.86b.

III § 193 BauGB   **Aufgaben des Gutachterausschusses**

35 Die Antragsberechtigung nach § 193 Abs. 1 Satz 1 Nr. 2 BauGB hat erst mit dem BBauG 76 Eingang in das Städtebaurecht gefunden und wurde in das BauGB überführt. Nach den Gesetzesmaterialien sollte mit dieser Vorschrift das Antragsrecht „vor allem... *(auf)* die für die Feststellung von Enteignungsentschädigungen aufgrund anderer gesetzlicher Vorschriften außerhalb des Städtebauförderrechts zuständigen Behörden *(erweitert werden)*. Diese Erweiterung des Kreises der Antragsberechtigten kommt den Erfahrungen und Forderungen der Praxis entgegen und soll vor allem auch dazu beitragen, die **Zersplitterung des Bewertungs- und Wertermittlungswesens** in den verschiedenen Rechtsgebieten allmählich abzubauen"[29].

36 Der Wortlaut der Vorschrift und ihre Begründung legen es nahe, dass nach § 193 Abs. 1 Satz 1 Nr. 2 BauGB nur solche **Behörden** antragsberechtigt sind, **die** tatsächlich auch **mit Rechtswirkung Grundstückswerte feststellen und nicht nur ermitteln,** ohne dass hiervon unmittelbar Rechtswirkung ausgeht. Dafür spricht der nur an dieser Stelle gebrauchte Begriff der „Feststellung" (vgl. § 19 BewG), während ansonsten das Gesetzbuch stets nur von „Wert"-Ermittlung spricht.

2.2.3.2 Finanzbehörden

37 Antragsberechtigt sind die *Finanzbehörden*, denen die **Feststellung von Einheits- bzw. Grundbesitzwerten** nach § 19 BewG (§ 180 Abs. 1 Nr. 1 AO) obliegt, wobei Gegenstand des Wertermittlungsantrags der Verkehrswert bezogen auf einen vorgegebenen Wertermittlungsstichtag ist; dies kann auch der Hauptfeststellungszeitpunkt bzw. Bedarfsbewertungszeitpunkt sein. Dieser Verkehrswert ist nach seiner materiell-rechtlichen Definition (§ 194 BauGB) mit dem in § 9 BewG definierten gemeinen Wert identisch (vgl. Vorbem. zur ImmoWertV Rn. 1). Der gemeine Wert ist in der steuerlichen Bewertung nach § 9 Abs. 1 BewG der Bewertung zugrunde zu legen, soweit nichts anderes vorgeschrieben ist.

38 Nach § 7 der bln. DVO-BauGB (a. a. O.) sind zudem die Finanzgerichte berechtigt, ein Gutachten über Grundstücksteilwerte zu beantragen. **Grundstücksteilwert** ist der Betrag, den ein Erwerber eines (ganzen) gewerblichen Betriebs im Rahmen des Gesamtkaufpreises für das einzelne Wirtschaftsgut ansetzen würde (§ 10 BewG).

2.2.3.3 Enteignungsbehörden

39 Die Antragsberechtigung der Enteignungsbehörden bei dem Vollzug des Baugesetzbuchs ergibt sich bereits aus § 193 Abs. 1 Satz 1 Nr. 2 BauGB. Mit dieser Vorschrift wird die Antragsberechtigung auf **Behörden** ausgedehnt, **die Entschädigungen aufgrund anderer Gesetze** (z. B. Fachplanungsgesetze) **durchführen.**

40 Der Wortlaut der Regelung beschränkt das Antragsrecht nicht auf Enteignungen nach Bundesgesetzen. Im Hinblick auf die Gesetzgebungskompetenz des Bundes – beschränkt auf das Gebiet des Bodenrechts (Art. 74 Nr. 18 GG) – ist dabei gleichwohl keine einengende Auslegung geboten[30].

41 Zu den **Antragsberechtigten**[31] i. S. d. § 193 Abs. 1 Satz 1 Nr. 2 BauGB zählen auch

     a) die Enteignungsbehörden nach dem Enteignungsgesetz der Länder, soweit die Gutachterausschussverordnungen ein Antragsrecht vorsehen[32],

     b) die Finanzämter im Rahmen der Einheitsbewertung,

     c) die Landesbehörden nach § 64 Abs. 3 der Landeshaushaltsordnung des *Landes Sachsen-Anhalt*[33].

---

29 BT-Drucks. 7/4793, zu § 136.
30 Dieterich in Der Landkreis 1978, 397.
31 RdErl. des MI des Landes Sachsen-Anhalt vom 2.9.1994 MinBl. LSA 1994, 2528.
32 § 5 Abs. 3 bbg. GutachterausschussVO; § 14 nds. DVO-BauGB; § 5 Abs. 4 nordrh.-westf. GutachterausschussVO; § 5 Abs. 4 thür. GutachterausschussVO; Sachsen-Anhalt, VO vom 13.4.1994 (GVBl. LSA 1994, 508).
33 Landeshaushaltsordnung des Landes Sachsen-Anhalt vom 30.4.1991 (GVBl. LSA 1991, 35).

2.2.3.4 Sozial- und Arbeitsämter

▶ *Zur Frage, ob die Gutachterausschüsse im Wege der Amtshilfe tätig werden, vgl. § 197 BauGB Rn. 28 ff.*

Nach § 88 Abs. 2 des Bundessozialhilfegesetzes (BSHG) darf die Sozialhilfe u. a. nicht vom Einsatz oder von der Verwertung eines angemessenen Hausgrundstücks abhängig gemacht werden, das vom Hilfesuchenden oder einer anderen in den §§ 11 und 28 BSHG genannten Person allein oder zusammen mit Angehörigen ganz oder teilweise bewohnt wird und nach seinem Tod bewohnt werden soll[34]. Die Angemessenheit bestimmt sich nach der Zahl der Bewohner, dem Wohnbedarf (zum Beispiel Behinderter, Blinder oder Pflegebedürftiger), der Grundstücksgröße, der Hausgröße, dem Zuschnitt und der Ausstattung des Wohngebäudes sowie dem Wert des Grundstücks einschließlich des Wohngebäudes. Familienheime und Eigentumswohnungen i. S. der §§ 7 und 12 des Zweiten Wohnungsbaugesetzes sind i. d. R. nicht unangemessen groß, wenn ihre Wohnfläche die Grenzen des § 39 Abs. 1 Satz 1 Nr. 1 und 3 i. V. m. Abs. 2 des Zweiten Wohnungsbaugesetzes, bei der häuslichen Pflege (§ 69 BSHG) die Grenzen des § 39 Abs. 1 Nr. 1 und 3 i. V. mit § 82 des Zweiten Wohnungsbaugesetzes nicht übersteigt (§§ 88 Abs. 2 Nr. 7 BSHG).

42

Das Antragsrecht der Sozialämter zielt auf die Feststellung ab, ob es sich bei dem genannten Grundbesitz um sog. **kleine Hausgrundstücke** i. S. d. § 88 Abs. 2 Nr. 7 BSHG handelt.

43

2.2.3.5 Sonstige Behörden

Zur Frage der **Antragsberechtigung von Straßenbauämtern,** die nicht entsprechend § 193 Abs. 1 Nr. 1 BauGB im Vollzug des BauGB tätig sind, ist festzustellen, dass bei enger Auslegung des Wortlauts der Vorschrift eine Antragsberechtigung nicht besteht. Diese Behörden sind wiederum bei enger Auslegung der Vorschrift auch nicht für die „Feststellung des Werts eines Grundstücks" zuständig (vgl. § 193 Abs. 1 Nr. 2 BauGB). Jedoch sind auch diese Behörden gehalten, z. B. für Straßenlandabtretungen im Zuge der Verbreiterung einer Straße den betroffenen Eigentümern ein angemessenes Angebot zu unterbreiten, und müssen hierfür die Grundstückswerte (Entschädigung für den Rechtsverlust) „feststellen" bzw. „feststellen lassen". Bei enger Auslegung kann mithin einem Wertermittlungsantrag von Straßenbaubehörden nicht entsprochen werden. § 5 Abs. 3 Nr. 2 der thür. GutachterausschussVO sieht in diesem Zusammenhang ausdrücklich vor, dass der Gutachterausschuss Gutachten über

44

– den Restwert eines Gebäudes und sonstiger Grundstückseinrichtungen sowie über Bodenwerte nach den §§ 5 und 6 VerkFlBG sowie

– nach dem SachenRBerG

erstatten kann.

In Zweifelsfällen ist der **Wertermittlungsantrag** nach § 193 Abs. 1 Nr. 3 BauGB **von den betroffenen Eigentümern zu stellen,** wobei die Kosten von der Straßenbaubehörde übernommen werden.

45

Im Übrigen kann den Belangen der Straßenbauämter in recht unkomplizierter Weise schon dadurch entsprochen werden, dass der Gutachterausschuss für Grundstückswerte entsprechende Bodenrichtwerte ableitet. In Ergänzung des § 196 Abs. 1 Satz 5 BauGB wurde z. B. in *Niedersachsen* mit § 14 Nr. 2a DVO-BauGB für „Behörden" ein **Antragsrecht für die Ableitung besonderer Bodenrichtwerte** i. S. d. § 196 Abs. 5 BauGB eingeführt (vgl. § 196 BauGB Rn. 33 ff.), dem der Gutachterausschuss entsprechen „kann". Darüber hinaus kann er nach dieser Vorschrift Gutachten über den Bodenwert von Grundstücksgruppen erstatten.

46

---

34 Hierzu Erl. des IM NW vom 29.9.1999 – III C 2 – 9210 – sowie nds. Merkblatt zu den Möglichkeiten einer überschlägigen Wertermittlung durch die Sozialämter auf der Grundlage von Auskünften der Gutachterausschüsse.

2.2.4 Antragsberechtigung Privater (§ 193 Abs. 1 Satz 1 Nr. 3 BauGB)

2.2.4.1 Eigentümer

47 Die **Antragsberechtigung** nach § 193 Abs. 1 Satz 1 Nr. 3 BauGB geht über **Anlässe** hinaus, **die mit der Vorbereitung und Durchführung städtebaulicher Maßnahmen in einem unmittelbaren Zusammenhang stehen.** Danach sind antragsberechtigt

- private Eigentümer von Grundstücken,
- ihnen gleichstehende Berechtigte[35],
- Inhaber anderer Rechte am Grundstück und
- Pflichtteilsberechtigte, für deren Pflichtteil der Wert des Grundstücks von Bedeutung ist.

Die **Pflichten des Gutachterausschusses** erstrecken sich damit auch auf Wertermittlungen, deren Bedeutung in erster Linie dem **allgemeinen Wirtschafts- und Rechtsleben** zugeordnet werden muss, so z. B. bei Erbauseinandersetzungen, Vermögensauseinandersetzungen und bei Scheidungen usw. Hieran ist im Gesetzgebungsverfahren zum BauGB Kritik geübt worden.

48 Auf die **Antragsberechtigung Privater** konnte der Gesetzgeber nicht verzichten, weil diese dem Gutachterausschuss gegenüber weitgehende Auskunftspflichten (§ 140 BauGB) haben und ihnen deswegen billigerweise auch zuerkannt werden muss, dass der Gutachterausschuss für sie tätig wird, wenn es um die Ermittlung des Werts ihrer Grundstücke geht. Auch der federführende BT-Ausschuss[36] hat sich hierzu ausdrücklich bekannt. Er war dabei in der Tätigkeit der Gutachterausschüsse keine ernsthafte Konkurrenz zu der Tätigkeit der freien Sachverständigen gesehen, weil der Anteil der von den Gutachterausschüssen erstellten Gutachten mit weniger als 10 v. H. der Gesamtzahl der von den selbstständigen Sachverständigen erstellten Gutachten gering sei; nach einer neueren niedersächsischen Untersuchung hat sich seither der Anteil sogar noch vermindert (1996). Gleichwohl hat es der federführende BT-Ausschuss begrüßt, dass der Kreis derjenigen, die ein Gutachten beantragen können, gegenüber dem geltenden Recht auf das Notwendige eingeschränkt wird; der BT-Ausschuss befand sich damit in Übereinstimmung mit dem Wirtschaftsausschuss, der um Prüfung von Vorschlägen gebeten hatte, die auf eine weitere Begrenzung des Kreises der Antragsberechtigten hinauslaufen und insbesondere die Eigentümer von der Antragsberechtigung ausschließen wollten[37]. Diese Vorschläge konnte der federführende BT-Ausschuss aus den dargelegten Gründen nicht billigen. Dabei fiel nach Auffassung des Ausschusses für die Beibehaltung der schon im RegE vorgesehenen Antragsberechtigung ganz entscheidend ins Gewicht, dass der Gutachterausschuss seit seiner Einrichtung im Jahr 1960 eine unabhängige Behörde ist. Auch aus diesem Grunde müsse der Gutachterausschuss dem Bürger zur Verfügung stehen[38]. In den zur Vorbereitung des Baugesetzbuchs durchgeführten Sachverständigengesprächen wurde die Beibehaltung der Gutachterausschüsse sogar damit begründet, dass „private Sachverständige die Wertermittlung auf dem hohen Qualitätsniveau, wie sie heute von den Gutachterausschüssen überwiegend geleistet werde, nicht leisten können".

49 **Inhaber oder Inhaberinnen eines grundstücksgleichen Rechts** sind sowohl für die Ermittlung des Verkehrswerts des Rechts als auch für die Ermittlung des Verkehrswerts des Grundstücks, an dem das Recht besteht, antragsberechtigt.

50 Bei **Wohnungs- und Teileigentum** beschränkt sich das Antragsrecht i. d. R. auf das Sondereigentum, es sei denn, ein qualifizierter Beschluss der Wohnungseigentümerversammlung nach § 23 WEG gestattet eine Gutachtenerstellung über das Gesamteigentum.

---

35 Zum Wertermittlungsanspruch pflichtteilsberechtigter Erben BGH, Urt. vom 9.11.1983 – IVa ZR 151/82 –, BGHZ 89, 24 = EzGuG 11.141; BGH, Urt. vom 8.7.1985 – II ZR 150/84 –, NJW 1986, 17 = EzGuG 11.146k; BGH, Urt. vom 6.5.1982 – IX ZR 36/81 –, BGHZ 84, 31 = EzGuG 11.130.
36 BT-Drucks. 10/6166, S. 137 f.
37 BT-Drucks. 10/6166, S. 123.
38 Materialien zum Baugesetzbuch; Schriftenreihe des BMBau a. a. O., S. 215.

2.2.4.2 Nutzungsberechtigte

Inhaber oder Inhaberinnen von Nutzungsrechten nach dem ZGB der DDR[39] sind für die Ermittlung des Verkehrswerts des Rechts und für die Ermittlung des Verkehrswerts für den Teil des Grundstücks, auf den sich das Nutzungsrecht bezieht, antragsberechtigt[40].

Im Übrigen sehen verschiedene Gesetze und Verordnungen vielfach mehr i. S. einer Klarstellung zu § 193 Abs. 1 Nr. 1 und 2 BauGB Antragsberechtigungen vor:

a) Vertragsparteien nach § 5 Abs. 2 BKleingG,

b) Vertragsparteien nach § 7 NutzEV,

c) Notare in einem Vermittlungsverfahren nach Maßgabe des § 97 Abs. 2 SachenRBerG.

▶ *Näheres vgl. Rn. 60 ff.*

2.2.4.3 Kaufbewerber

Das **Recht von Kaufbewerbern und Bewerbern um eine Dienstbarkeit auf Erstattung von Gutachten** nach § 136 Abs. 1 Nr. 5 BBauG 76 ist indessen mit dem BauGB aufgehoben worden. Dieses Antragsrecht war in der Praxis bedeutungslos und bestand ohnehin nur solange, wie der Bewerber mit dem Eigentümer in ernsthaften Verhandlungen stand. Die Voraussetzungen waren zumeist nur in Verbindung mit dem Eigentümer nachweisbar. Da in diesen Fällen auch der Eigentümer einen entsprechenden Antrag stellen und mit dem Bewerber die Übernahme der Kosten vereinbaren kann, wird die Tätigkeit des Gutachterausschusses mit der Aufhebung dieses Antragsrechts praktisch nur unwesentlich eingegrenzt.

2.2.5 Antragsberechtigung von Gerichten und Justizbehörden (§ 193 Abs. 1 Satz 1 Nr. 4 BauGB)

Antragsberechtigt sind Gerichte und Justizbehörden, wobei sich deren Antragsberechtigung nicht auf Verkehrswertermittlungen im Vollzug städtebaulicher Sachverhalte nach dem BauGB beschränkt. Demzufolge kommen neben den **ordentlichen Gerichten** und den **Verwaltungsgerichten** auch die **Arbeits-, Sozial- und Finanzgerichte** in Betracht (vgl. Rn. 38, § 192 BauGB Rn. 9).

Justizbehörden sind seit 1976 ebenfalls antragsberechtigt. In Betracht kommen hier

– Staatsanwaltschaften,

– Behörden in Vormundschafts- und Nachlassangelegenheiten,

– Bezirksnotare und

– Bezirksrevisoren.

Die Gutachterausschüsse für Grundstückswerte werden hier insbesondere als **Sachverständige in Zwangsangelegenheiten** beauftragt[41].

Im gerichtlichen Verfahren sind die für Sachverständige geltenden prozessrechtlichen Vorschriften anzuwenden. Das von einem Gericht eingeholte Gutachten eines Gutachterausschusses für Grundstückswerte ist seiner Natur nach ein **Sachverständigengutachten, auf das die Vorschriften der §§ 402 ff. ZPO angepasst angewendet werden können**[42].

---

39 Zivilgesetzbuch (ZGB) der DDR vom 19.6.1975 (GBl. I DDR 1975, 465), zuletzt geändert durch Gesetz vom 22.7.1990 (GBl I DDR 1990, 903).
40 RdErl. des sächs.-anh. MI vom 2.9.1994 – 46.2. – 23 524/2 – (MBl. LSA 1994, 2528).
41 Zeller, ZVG Rn. 10.4.
42 BGH, Urt. vom 23.1.1974 – IV ZR 92/72 – BGHZ 62, 93 = EzGuG 11.92; Das KG hat in seinem Beschl. vom 18.6.1971 – W 1182/71 –, NJW 1971, 1848 = EzGuG 11.78 die Gutachten der Gutachterausschüsse noch als behördliche Auskünfte qualifiziert. Das OLG Düsseldorf hat darüber hinaus den Gutachterausschüssen die Eigenschaft als Sachverständige i. S. der §§ 402 ff. ZPO abgesprochen (OLG Düsseldorf, Urt. vom 16.2.1968 – 7 U 166/67 –, NJW 1968, 1095 = EzGuG 11.63a); vgl. auch BFH, Urt. vom 9.7.1981 – IV B 44/80 –, BFHE 133, 500 = EzGuG 11.124e.

III § 193 BauGB   **Aufgaben des Gutachterausschusses**

57   Zur Frage der Ablehnung des Gutachterausschusses für Grundstückswerte wegen Besorgnis der Befangenheit bzw. zur Ablehnung von einzelnen Gutachtern des Gutachterausschusses und deren Haftung gelten einige Besonderheiten (vgl. § 192 BauGB Rn. 52 f.).

58   Für die Erstattung von Gutachten in **Verfahren vor den Baulandgerichten** gelten auch die Bestimmungen des Justizvergütungs- und -entschädigungsgesetz – JVEG – (zuvor des Gesetzes über die Entschädigung von Zeugen und Sachverständigen)[43].

59   Im Übrigen können sich die Parteien gegen die gerichtliche Beauftragung des Gutachterausschusses für Grundstückswerte nicht mit der Begründung wehren, dass die Entschädigung damit niedriger ausfällt, wenn das Gericht einen einzelnen Sachverständigen mit der Gutachtenerstattung beauftragt hätte[44].

2.2.6 Unberührte Antragsberechtigungen nach anderen Rechtsvorschriften (§ 193 Abs. 1 Satz 2 BauGB)

60   Der Katalog der Antragsberechtigten nach § 193 Abs. 1 BauGB ist nicht abschließend. Nach Satz 2 der Vorschrift bleiben Antragsberechtigungen nach anderen Rechtsvorschriften unberührt. Zudem eröffnet § 199 Abs. 2 Nr. 6 BauGB den **Landesregierungen** die Möglichkeit, dem Gutachterausschuss **durch Rechtsverordnung „weitere Aufgaben" zu übertragen**.

Nachstehend werden **Antragsberechtigungen nach anderen Rechtsvorschriften** behandelt:

a) *Kleingartengesetz (KleingG)*

▶ *Zu den Besonderheiten auch im Hinblick auf die neuen Bundesländer vgl. § 20a BKleinG bei § 5 ImmoWertV Rn. 295 ff.*

61   Nach § 5 Abs. 2 des Bundeskleingartengesetzes (BKleinG) hat der Gutachterausschuss auf Antrag einer Vertragspartei eines Kleingartenpachtvertrags „ein **Gutachten über den ortsüblichen Pachtzins im erwerbsmäßigen Obst- und Gemüsebau zu erstatten**.[45] Den zulässigen Pachtzins eines einzelnen Kleingartens hat der Gutachterausschuss nach dem Wortlaut dieser Vorschrift nicht zu ermitteln.

▶ *Zu den Besonderheiten auch im Hinblick auf die neuen Bundesländer vgl. § 20a BKleingG bei § 5 ImmoWertV Rn. 295 ff.*

b) *Gesetz über die freiwillige Gerichtsbarkeit*

62   Für *Baden-Württemberg* wird mit den §§ 44 f. des **Landesgesetzes über die freiwillige Gerichtsbarkeit**[46] bestimmt:

„**§ 44**

(1) Die Gutachterausschüsse für Grundstückswerte nach dem Baugesetzbuch sind für die Wertermittlungen von Grundstücken, grundstücksgleichen Rechten und Rechten an Grundstücken sowie von Grundstückszubehör allgemein zuständig. Es kann ein Gutachten über den Verkehrswert oder einen anderen Wert verlangt werden.

(2) Das Gutachten ist auf Antrag von Gerichten oder Behörden zu erstatten oder auf Antrag von Personen, die ein berechtigtes Interesse nachweisen.

---

43 KG Berlin, Beschl. vom 22.1.1964 – 9 U 1194/62 –, Rpfleger 1964, 156 = EzGuG 11.40b; LG Münster, Beschl. vom 11.10.1966 – 5 T 229/66 –, NJW 1967, 637 = EzGuG 11.53; OLG Schleswig, Beschl. vom 8.7.1964 – 1 B 764/64 –, SchlH 1965, 85 = EzGuG 11.43; LG Koblenz, Beschl. vom 25.7.1966 – 4 T 266/66 –, Rpfleger 1967, 235 = EzGuG 11.52; OLG Karlsruhe, Beschl. vom 14.12.1967 – 9 W 131/67 –, Rpfleger 1968, 234 = EzGuG 11.62; OLG München, Beschl. vom 13.4.1976 – 11 W 888/76 –, Rpfleger 1976, 264 = EzGuG 11.102.
44 OLG Celle, Beschl. vom 21.5.1968 – 8 W 114/68 –, NJW 1968, 2067 = EzGuG 11.64a.
45 BR-Drucks. 13/83; BT-Drucks. 9/2232, S. 18 f.; Sitzung des 16. BT-Ausschusses vom 24.11.1982 und 1.12.1982; Rothe, BKleingG, Komm. Wiesbaden, S. 60 ff.; Otte in Ernst/Zinkahn/Bielenberg/Krautzberger, BauGB, Komm. zum BKleinG.
46 Landesgesetz über die freiwillige Gerichtsbarkeit (LFGG) vom 12.2.1975 (GBl 1975, 116), zuletzt geändert durch Art. 3 des Gesetzes vom 30.11.1987 (GBl 1987, 534).

Aufgaben des Gutachterausschusses § 193 BauGB III

§ 45

Der Gutachterausschuss soll die für die Wertermittlung maßgeblichen Gesichtspunkte schriftlich niederlegen. Im Übrigen finden auf das Verfahren des Gutachterausschusses die Vorschriften entsprechend Anwendung, die für seine Tätigkeit nach dem Baugesetzbuch gelten."

c) *Gutachterausschussverordnungen der Länder*

Daneben ergeben sich aus den Gutachterausschussverordnungen der Länder (vgl. Vorbem. zum BauGB Rn. 27) weitere Aufgaben des Gutachterausschusses, die den Katalog des § 192 BauGB landesspezifisch ergänzen. Die dort geregelten Aufgaben sind teilweise auf die Antragsberechtigung bestimmter Personen beschränkt: 63

– **Gutachten über Miet- und Pachtwerte** oder ähnliche Nutzungsentgelte[47];
– Mietwertübersichten[48]; Mietspiegel und Mietdatenbanken[49];
– Zustandsfeststellungen bei vorzeitiger Besitzeinweisung nach § 116 Abs. 5 BauGB[50], insbesondere zum Zwecke der Beweissicherung;
– Zustandsfeststellungen nach dem Landesenteignungsgesetz[51];
– Gutachten über Entschädigung nach dem Landesenteignungsgesetz[52];
– Gutachten über den merkantilen Minderwert von Grundstücken (bei enteignenden Eingriffen)[53];
– Gutachten über Grundstücksteilwerte[54]; **Teilwert** ist nach § 10 BewG der Betrag, den ein (gedachter) Erwerber eines ganzen Unternehmens im Rahmen des Gesamtkaufpreises für das einzelne Wirtschaftsgut ansetzen würde. Dabei ist davon auszugehen, dass der Erwerber das Unternehmen fortführt (vgl. § 6 Abs. 1 Nr. 1 Satz 3 EStG).

d) *Nutzungsentgeltverordnung*

Nach § 7 Abs. 1 Satz 1 der Nutzungsentgeltverordnung – NutzEV – hat der örtlich zuständige Gutachterausschuss auf Antrag ein **Gutachten über die ortsüblichen Nutzungsentgelte** für die Nutzung von Bodenflächen aufgrund von Verträgen nach § 312 ZGB (DDR)[55] zu erstatten. Des Weiteren hat er auf Verlangen in anonymisierter Form Auskunft über die in seinem Geschäftsbereich vereinbarten Entgelte zu erteilen (§ 7 Abs. 1 Satz 2 NutzEV). Diese Aufgabe betrifft die nach Maßgabe des § 3 der VO zulässige schrittweise Erhöhung der Entgelte bis zur Höhe der „ortsüblichen Entgelte"; das ortsübliche Entgelt ist in § 3 Abs. 2 als das nach dem 2.10.1990 in der Gemeinde oder in vergleichbaren Gemeinden für vergleichbar genutzte Grundstücke vereinbarte Entgelt definiert, wobei für die Vergleichbarkeit die tatsächliche Nutzung unter Berücksichtigung der Art und des Umfangs der Bebauung der Grundstücke maßgebend ist. 64

---

47 §§ 7, 19 bln. DVO-BauGB; § 3 Abs. 2 Nr. 6 i. V. m. § 8 Abs. 1 hess. DVBauGB; als „Kann-Bestimmung": § 5 Abs. 5 GAVO NW; § 19 nds. DVBauGB, § 7 Abs. 2 Nr. 2 schl.-hol. GutachterausschussVO.
48 § 5 Abs. 4 bbg. GutachterausschussVO; § 7 bln. DVO-BauGB: als „Kann-Bestimmung": § 5 Abs. 5 GAVO NW.
49 § 5 Abs. 5 nordrh.-westf. GutachterausschussVO.
50 § 1 Abs. 2 bay. GutachterausschussVO; § 7 bln. DVO-BauGB; § 5 Abs. 4 GAVO NW; als „Kann-Bestimmung" § 14 nds. DVO-BauGB.
51 § 5 Abs. 3 bbg. GutachterausschussVO; § 5 Abs. 4 GAVO NW i. V. m. § 37 Abs. 4 EEG NW vom 20.6.1989 (GVBl. 1989, 366); als „Kann-Bestimmung": § 14 nds. DVO-BauGB.
52 § 5 Abs. 2 GAVO NW i. V. m. § 24 Abs. 1 EEG NW; § 19 nds. DVBauGB; § 5 Abs. 4 thür. GutachterausschussVO.
53 Zum Begriff des „merkantilen Minderwerts" vgl. § 194 BauGB Rn. 144 ff.; § 7 bln. DVO-BauGB.
54 § 7 bln. DVO-BauGB; § 5 Abs. 3 Nr. 3 thür. GutachterausschussVO; hierzu: Schreiben des BMF vom 30.3.1990 zur Ermittlung des Teilwerts (GeschZ: IV B2 – S2171 – 12/90); zur Ermittlung: Die vereinfachte Ermittlung der Teilwerte für den Grundbesitz: Schriftenreihe des Gesamtverbandes der Wohnungswirtschaft, Bd. 33 Wissen 1990: Voss in BBauBl. 1990, 326.
55 ZGB (DDR) vom 19.6.1975 (GBl. I DDR 1975, 465).

e) *Sachenrechtsbereinigungsgesetz*

65 Nach § 97 Abs. 2 SachenRBerG kann ein mit einem notariellen Vermittlungsverfahren nach diesem Gesetz beauftragter **Notar** auf Antrag eines der Beteiligten nach Erörterung der Angelegenheit ein **schriftliches Gutachten des Gutachterausschusses** einholen, und zwar über

- den Verkehrswert des belasteten Grundstücks,

- das in § 36 Abs. 1 und § 63 Abs. 3 SachenRBerG bestimmte Verhältnis des Werts der mit einem Erbbaurecht belasteten oder zu veräußernden Fläche zu dem des Gesamtgrundstücks und

- den Umfang und den Wert baulicher Maßnahmen i. S. d. § 12 SachenRBerG.

66 Das sich aus § 97 Abs. 2 SachenRBerG ergebende **Antragsrecht des beauftragten Notars stellt** für den örtlichen Gutachterausschuss für Grundstückswerte zugleich eine **Gutachtenerstattungspflicht dar.**

3 Rechtsnatur der von den Gutachterausschüssen erstatteten Gutachten (§ 193 Abs. 3 BauGB)

▶ *Allgemeines zu Gutachten vgl. Rn. 58, Teil II Rn. 287 ff., 290 ff.*

Schrifttum: *Dieterich, H./Kniep, K.*, Anfechtbarkeit von Gutachten der Gutachterausschüsse?, GuG 2002, 193.

67 Die **Gutachten der Gutachterausschüsse haben** nach § 193 Abs. 3 BauGB **keine bindende Wirkung,** soweit nichts anderes bestimmt oder vereinbart worden ist. Derartige Bestimmungen enthalten z. B.

- die Förderungsrichtlinien der Länder, insbesondere für Sanierungsmaßnahmen nach den §§ 136 ff. BauGB[56], und

- die Bestimmungen, die eine Veräußerung von Grundstücken der öffentlichen Hand unterhalb des Verkehrswerts insbesondere für deren Bebauung im Bereich der sozialen Wohnraumförderung zulassen[57].

Eine verbindliche Wirkung kann privat- oder öffentlich-rechtlich vereinbart werden, z. B. mit einer **Schiedsgutachtervereinbarung** (§§ 317 bis 319 BGB).

Die von den Gutachterausschüssen in hoheitlicher Tätigkeit erstatteten Gutachten stellen keine Einzelfallregelung auf dem Gebiet des öffentlichen Rechts dar, die auf unmittelbare Rechtswirkung nach außen gerichtet ist (vgl. § 35 VwVfG). **Gutachten des Gutachterausschusses für Grundstückswerte** sind mithin **keine anfechtbaren Verwaltungsakte**[58]. Sie unterliegen im gerichtlichen Verfahren – wie andere Sachverständigengutachten – der freien Beweiswürdigung (§ 287 ZPO).

---

56 Z.B. bad.-württ. Verwaltungsvorschrift Städtebauliche Erneuerung vom 15.6.1987 – VwV-StBauF – GABl.BW 1987, 609, Nr. 7.1.2; bay. StBauFR i. d. F. der Bekanntm. des IM vom 29.11.1981, Nr. 9.4.1. (MABl. 1981, 763), zuletzt geändert durch Bekanntm. des IM vom 22.1.1987 (MABl. 1987, 400); RdErl. des hess. IM vom 22.1.1991 – V C 41, 61a 24 – 1/91 –, GuG 1991, 166; Nds. VV BauGB, RdErl. vom 2.5.1988 – 301 – 21013 –, GültL 392/17 – Nr. 228.; schl.-hol. StBauFR vom 14.1.1982 in der ab 1.4.1988 geltenden Fassung – 17 IV 540 – 513.035 – 18 –, Nr. 5.25.

57 Z.B. nordrh.-westf. Haushaltsgesetz vom 14.12.1988 (GVBl. 1988, 518); § 6 Abs. 3 Satz 2: vgl. die umfassende Zusammenstellung bei Kleiber in Krautzberger, Städtebauförderungsrecht, Bd. II Teil I Ziff. 15.

58 BVerwG, Urt. vom 21.8.1981 – 4 C 16/78 –, BRS Bd. 38 Nr. 217 = EzGuG 15.18; BVerwG, Beschl. vom 29.11.1972 – 4 B 102/72 –, BRS Bd. 26 Nr. 146 = EzGuG 11.87 hierzu Wendt in DÖV 1963, 89; BVerwG, Urt. vom 30.9.1960 – 1 B 97/59 –, DVBl 1961, 87 = EzGuG 11.21; OVG Lüneburg, Urt. vom 15.12.1977 – 1 A 311/74 –, BRS Bd. 32 Nr. 201 = EzGuG 15.7; OVG Bremen, Urt. vom 15.5.1972 – 2 BA 114/72 –, BRS Bd. 26 Nr. 139 = EzGuG 11.84; zu alledem Jessnitzer in BauR 1977, 98; Selige in BIGBW 1970, 166; ders. in BIGBW 1973, 166 und Freuding in BayVBl. 1980, 715.

Das Gutachten ist – wie andere Sachverständigengutachten – lediglich ein **unverbindliches Werturteil**[59] über ein Grundstück oder ein Recht an einem Grundstück. Dies ergibt sich im Übrigen auch aus § 217 BauGB, der für den Fall der Anfechtbarkeit eines Gutachtens z. B. im Rahmen eines Umlegungs- oder Enteignungsverfahrens nur die Zuständigkeit der Baulandgerichte hätte vorsehen können. Die Tatsache, dass der Gesetzgeber davon abgesehen hat (vgl. § 217 Abs. 1 BauGB), lässt den Rückschluss zu, dass der Gesetzgeber eine *unmittelbare gerichtliche* Kontrolle der Gutachten überhaupt nicht begründen wollte[60].

Auch wenn **Gutachten** nach § 194 Abs. 3 BauGB keine bindende Wirkung haben und **keine Verwaltungsakte** sind, haben sie oftmals eine „mittelbare" nach außen gerichtete Wirkung; insbesondere wenn sie die Grundlage für in Grundrechte eingreifende Entscheidungen von Gerichten und Behörden bilden, ist eine inzidente Überprüfung eines Gutachtens durch die Gerichte nicht ausgeschlossen, z. B. wenn der Betroffene einen Verwaltungsakt angreift, der auf ein Gutachten aufbaut. Hieraus folgt, dass die Gutachten der Gutachterausschüsse grundsätzlich nicht auf dem Verwaltungsweg angreifbar sind, auch wenn dem Gutachterausschuss gemäß § 1 Abs. 4 VwVfG Behördeneigenschaften zugesprochen werden müssen. Den Betroffenen verbleibt lediglich die Inzidenzprüfung, wenn die Gutachten Grundlage hoheitlichen Handelns geworden sind.

Die Gutachten entfalten z. B. eine Wirkung nach außen, wenn sie im Rahmen der Ausgleichsbetragserhebung Bestandteil des **Ausgleichsbetragsbescheids** nach § 154 Abs. 4 Satz 1 BauGB sind; insoweit unterliegt das Ergebnis im Streitfall der tatrichterlichen Überprüfung, denn aus dem Rechtsschutzgebot des Art. 19 Abs. 4 GG folgt, dass Hoheitsakte in tatsächlicher und rechtlicher Hinsicht vollständig (und damit auch die ihnen zugrunde liegenden Wertermittlungen) der richterlichen Rechtskontrolle unterliegen[61].

Dieterich/Kniep[62] verweisen zu alledem darauf, dass zwar das Gutachten des Gutachterausschusses selbst nicht, jedoch der entsprechende **Gebührenbescheid rechtsmittelfähig** ist und hierin eine Indizkontrolle gesehen werde[63].

Bei alledem ist es dem Betroffenen unbenommen, ein **Gutachten von Amts wegen oder aufgrund von Gegenvorstellungen** zu **überprüfen und zu widerlegen**.

4 Übersendungspflicht an die Eigentümer (§ 193 Abs. 4 BauGB)

4.1 Allgemeines

Nach § 193 Abs. 4 BauGB ist ein Gutachten abschriftlich dem Eigentümer zu übersenden, wenn Behörden und sonstige Dritte nach Maßgabe des § 193 Abs. 1 BauGB die Erstattung des Gutachtens beantragt haben. Dies sind die in Abs. 1 genannten Behörden, Gerichte, dem Eigentümer gleichstehende Berechtigte, Inhaber anderer Rechte am Grundstück (vgl. § 200 Abs. 2 BauGB) und Pflichtteilsberechtigte, für deren Pflichtteil der Wert des Grundstücks von Bedeutung ist. Die Vorschrift zielt darauf ab, den Eigentümer in den gleichen Informationsstand zu versetzen wie die Antragsberechtigten.

Die Mitteilungspflicht gilt für **Einzelgutachten, Sammelgutachten sowie Gutachten über andere Vermögensnachteile**. § 193 Abs. 5 BauGB spricht allgemein von Gutachten und schließt damit die zuvor in § 193 Abs. 2 BauGB angesprochenen Gutachten über die Höhe der Entschädigung für andere Vermögensnachteile nicht aus.

---

59 BGH, Urt. vom 18.10.1977 – VI ZR 171/76 –, NJW 1978, 751 = EzGuG 11.111.
60 Zur Anfechtung von Amtshandlungen, die keine rechtlich verbindlichen Wirkungen haben: BVerwG, Urt. vom 18.4.1969 – 7 C 58/67 –, BVerwGE 32, 21 = EzGuG 11.69; BVerwG, Urt. vom 20.7.1962 – 7 C 57/61 –, BVerwGE 14, 323 = EzGuG 11.27; BVerwG, Urt. vom 29.6.1954 – 1 C 169/53 –, BVerwGE 1, 169 = EzGuG 11.5.
61 BVerfG, Beschl. vom 17.4.1991 – 1 BvR 23/83 –, NJW 1991, 2005 = DVBl. 1991, 801; vgl. Mampel in DÖV1992, 562.
62 Dieterich in GuG 2002, 193.
63 VG Augsburg, Urt. vom 10.2.1982 – Au 4 K 80 A 914 –, NJW 1983, 301 = EzGuG 11.126c.

III § 193 BauGB   Aufgaben des Gutachterausschusses

Gehört das Grundstück mehreren **Miteigentümern nach Bruchteilen,** ist jedem Miteigentümer das Gutachten zu übersenden. Bei **Gesamthandseigentum** reicht es zwar aus, wenn der Gemeinschaft das Gutachten abschriftlich übersandt wird, jedoch wird mit einer Übersendung des abschriftlichen Gutachtens an alle Eigentümer der Zielsetzung der Vorschrift entsprochen.

4.2 Rechtsnatur, Kosten

70 Da das Gutachten selbst kein Verwaltungsakt ist (vgl. § 217 Abs. 1 BauGB; vgl. Rn. 67), kann nach *Dieterich*[64] auch die **Mitteilung eines Gutachtens an den Eigentümer kein Verwaltungsakt** sein. Dies bedeutet im Hinblick auf den Rechtsschutz, dass kein Vorverfahren durchzuführen ist. Praktisch ist auch nicht erkennbar, dass der Eigentümer mit der Mitteilung des von Dritten beantragten Gutachtens an ihn selbst in seiner Rechtsposition beeinträchtigt wäre; vielmehr wäre eine solche Beeinträchtigung eher denkbar, wenn ihm das Gutachten nicht zur Kenntnis gegeben würde.

Dem Eigentümer, der ein Gutachten nicht beantragt hat, können für die Mitteilung des von Dritten beantragten Gutachtens **keine Kosten** auferlegt werden.

5 Führung und Auswertung der Kaufpreissammlung (§ 193 Abs. 5 BauGB)

5.1 Übersicht

5.1.1 Allgemeines

▶ *Vorbem. zum BauGB Rn. 27; zur Kaufpreissammlung vgl. § 195 BauGB*

71 Der Verkehrswert eines Grundstücks, Bodenrichtwerte und die zur Wertermittlung „erforderlichen Daten"[65] können nur sachgerecht und entsprechend der Lage auf dem Grundstücksmarkt ermittelt werden, wenn die das Geschehen auf dem Grundstücksmarkt wiedergebenden Vorgänge (Kauf und Tausch von Grundstücken) bekannt sind. Bereits **mit dem BBauG 1960 wurde deshalb den Gutachterausschüssen die Führung und Auswertung einer Kaufpreissammlung aufgegeben.** Es handelt sich hierbei um ein unter besonderen Schutz gestelltes Register, das deshalb nicht mit dem Liegenschaftskataster oder dem Grundbuch vergleichbar ist.

72 Der RegE[66] zum BBauG 60 enthielt noch keinerlei bundesrechtliche Vorschriften über die Einrichtung und Führung von Kaufpreissammlungen sowie über die Ermittlung von Bodenrichtwerten; entsprechende Regelungen sollten den Ländern vorbehalten bleiben. Erst während der **Beratung dieses Gesetzentwurfs** entschied sich der 24. BT-Ausschuss auf Antrag der CDU/CSU-Fraktion einstimmig für dahingehende Regelungen, um auf diese Weise der „Übersichtlichkeit des Grundstücksmarktes" zu dienen[67].

73 Das **Institut der Kaufpreissammlung** geht dennoch keineswegs originär auf das BBauG 60 zurück. Der Gesetzgeber hat in der 3. Legislaturperiode vielmehr bewährte Erfahrungen aufgegriffen, die sich **in das 19. Jahrhundert zurückverfolgen** lassen.

---

64 Dieterich in Ernst/Zinkahn/Bielenberg/Krautzberger, § 193 BauGB Rn. 142.
65 Der im bisherigen Recht enthaltene Begriff der für die Wertermittlung „wesentlichen" Daten (§ 143a Abs. 3 und § 144 Abs. 1 Nr. 2 BBauG 76) wird durch den Begriff der „erforderlichen" Daten ersetzt (§ 193 Abs. 3 und § 199 Abs. 2 Nr. 4 BauGB), der „nur" von den sonstigen Daten der Wertermittlung spricht.
66 BT-Drucks. III/336.
67 BT-Drucks. III/zu 1794, S. 27.

Aufgaben des Gutachterausschusses § 193 BauGB III

Schon 1833 waren für die westlichen Provinzen Preußens **Leitlinien für die Sammlung von Pacht- und Kaufpreisen** bei den Katasterbeamten erlassen worden[68]. Auch das Pr. Kommunalabgabengesetz vom 14.7.1893 und das Pr. Ergänzungsteuergesetz vom gleichen Tage, die eine Besteuerung nach dem „gemeinen Wert" einführten, bedingten eine Verbesserung der bewertungstechnischen Grundlagen. Zur Schaffung der für die Wertermittlung erforderlichen Vergleichsdaten hatte der Pr. Finanzminister v. Miquel in der Technischen Anleitung vom 26.12.1893 i. V. m. dem RdErl. betr. Sammlung von Grundstückskaufpreisen vom 12.3.1897 eine fortlaufende periodische Sammlung und eine übersichtliche Zusammenstellung aller zu dem vorerwähnten Zwecke verwendbaren Kaufpreise angeordnet. Die Fortsetzung dieser Sammlung wurde mit der allgemeinen Verfügung des Finanzministers vom 1.12.1896 angeordnet[69]. In der **Technischen Anleitung vom 26.12.1893** für die erstmalige Schätzung des Werts der Grundstücke behufs Veranlagung der Ergänzungsteuer (Art. 22.1 der Ergänzungsteueranweisung vom 6.7.1900) wurden mit Art. 1 den Katasterämtern die Vorarbeiten für die Schätzung übertragen. Zugleich wurde mit der Technischen Anleitung eine fortlaufende periodische Sammlung und übersichtliche Zusammenstellung aller Kaufpreise angeordnet:

Nach 1919 wurden die von den Grundbuchämtern mitgeteilten Kaufpreise in Kaufpreislisten gesammelt[70]. Die Verwendung der Kaufpreisnachweise und Grundwertkarten kam vornehmlich bei folgenden Steuerarten in Betracht[71]: Pr. Erbschaftsteuergesetz vom 24.5.1891 (§ 14), Reichs-Erbschaftsteuergesetz i. d. F. vom 3.6.1906 (§ 16), Besitzsteuergesetz vom 3.7.1913 (RGBl. 1913, 524), Pr. Stempelsteuergesetz vom 30.6.1909 (§ 6) und Reichsstempelgesetz vom 15.7.1909 (§ 67). Im Zuge der Erzbergischen Finanzreform ging die Finanzverwaltung auf das Reich über und die Reichsfinanzverwaltung setzte sowohl die Vermögensteuer als auch die Werte des Grundvermögens in den Jahren von 1919 bis 1924 selbstständig fest. § 155 der Reichsabgabenordnung (RAO) vom 13.12.1919 (RGBl. 1919, 1993) schrieb für diese Zwecke vor, überall Verzeichnisse über den Wert der Grundstücke anzulegen. § 157 RAO bestimmt, dass die für die Führung der Verzeichnisse über den Wert der Grundstücke zuständigen Landesbehörden, soweit es sich um die Ermittlung des Steuerwerts handelte, die Befugnisse haben, die den Finanzämtern bei der Ermittlung und Festsetzung der Steuern zustehen. Zugleich wurde die Schaffung eines besonderen Ausschusses zur Festsetzung der Werte und die Leitung dieses Ausschusses gesetzlich begründet[72].

Kaufpreissammlungen enthalten alle dem Gutachterausschuss nach § 195 BauGB zur Kenntnis gelangenden Angaben einschließlich der in die Sammlung übernommenen Auswertungsergebnisse. Sie stellen damit ein **originäres Abbild des Geschehens auf dem Grundstücksmarkt** dar. Im statistischen Sinne bilden sie eine Stichprobe für die Wertvorstellungen im gewöhnlichen wie aber auch im ungewöhnlichen Grundstücksverkehr. Die Kaufpreissammlungen sind unabdingbar, da sich die Tätigkeit des Gutachterausschusses – insbesondere durch die Verkehrswertdefinition des § 194 BauGB vorgegeben – am tatsächlichen Geschehen auf dem Grundstücksmarkt orientieren muss. Der gesammelte Kaufpreis stellt hierbei ein Eingangsdatum dar, in dem Verkäufer und Käufer in ihren Wertvorstellungen übereinstimmen; er ist ein intersubjektives Maß für eine verobjektivierende Wertermittlung. Die Sammlung und Aufbereitung von Kaufverträgen ist deshalb der erste Arbeitsschritt einer Wertermittlung. Erst durch die Kaufpreissammlungen einschließlich der Auswertung von Kaufverträgen werden die Verhältnisse auf dem Grundstücksmarkt durchsichtig und empirisch belegbar. Gutachterausschüsse können daher ihre Aufgaben immer nur so gut bzw. so schlecht erfüllen, wie es um ihre Kaufpreissammlung bestellt ist[73]. **74**

Wert und Aussagekraft von Kaufpreissammlungen werden entscheidend durch die für die Einrichtung und Führung angewandte Methodik bestimmt. Um ihren Zweck erfüllen zu kön- **75**

---

68 Spillecke, in Mitt.Bl. aus dem Verm. Wesen Bln. 1979, S. 29.
69 Verbandsnachr. der Pr. Katasterkontrolleure 1908, S. 7, 31, 62, 104; Schlüter: Handbuch für Kataster- und Vermessungsbeamte, Landmesser etc. in Preußen, Liebenwerda 1908, S. 266, 1648; AVN 1912, 73 ff., 324 ff. und 553 ff.
70 RdErl. des Pr. FM vom 13.6.1919 (Pr. MinBl. Fin. 1919, 252).
71 AVN 1912, 354.
72 Hause in ZfV 1920, 741; Blattau in ZfV 1930, 915
73 Die Auffassung, Kaufpreissammlungen der Gutachterausschüsse seien als „Taxationsgrundlage" unbrauchbar (vgl. Bewer in AgrarR 1975, 85), kann als überholt gelten. Auch der Auffassung, dass „etwa in der Hälfte aller Landkauffälle die Preise um bis zu 30 %, gelegentlich stärker, verkürzt angegeben werden, mit der Folge, dass sog. ‚Schwarzpreise' in die Kaufpreissammlung Eingang finden" (vgl. Faßbender in AgrarR 1985, 279, der wohl meint, dass „unechte" Preise in die Kaufpreissammlung Eingang fänden, während die „Schwarzpreise" unbekannt bleiben), ist nur der Wert subjektiver Einschätzung beizumessen. Selbst vor Aufhebung des Preisstopps ist der Anteil der sog. „Schwarzmarktpreise" von Sachkennern auf 10 %, höchstens 30 % des Umsatzes beziffert worden (vgl. BT-Drucks. III, S. 8197), sodass er heute noch erheblich niedriger sein dürfte.

nen, müssen Kaufpreissammlungen vor allem systematisch gegliedert sein, gute Zugriffsmöglichkeiten zu den gesammelten Daten haben und eine hohe Aussagefähigkeit besitzen. Sie sollen gewährleisten, dass die für die Erfüllung der Aufgabe der Gutachterausschüsse erforderlichen Daten abrufbereit zur Verfügung stehen[74]. Für Gutachterausschüsse von einer gewissen Größenordnung bietet sich eine automatisierte Datenverarbeitung an[75], mit deren Hilfe sich die Zugriffszeit verringern, die Selektionsfähigkeit verbessern und überdies die Auswertung der Kaufverträge und die Ableitung erforderlicher Daten für die Wertermittlung rationell und gründlich durchführen lässt.

76 Das Gesetz beschränkt sich darauf, nur einen verhältnismäßig groben bundesrechtlichen Rahmen mit allgemein gehaltenen Regelungen vorzugeben. Es enthält nicht einmal eine Definition der Kaufpreissammlung. Auch hat der Bundesgesetzgeber darauf verzichtet, im BauGB Mindestanforderungen an die Auswertung der Kaufpreise vorzugeben, wie dies noch in § 143a Abs. 2 Satz 3 bis 5 BBauG 76 geregelt war. Bundesrechtlich ist z. B. die Pflicht entfallen, diejenigen **Kaufpreise in der Kaufpreissammlung zu kennzeichnen, von denen anzunehmen ist, dass ungewöhnliche oder persönliche Verhältnisse** i. S. des § 7 ImmoWertV ihre Höhe **beeinflusst haben.** Dies zu regeln, hat der Bundesgesetzgeber mit § 199 Abs. 2 Nr. 4 BauGB in die Hände des Landesgesetzgebers gelegt. Hiervon ist nur vereinzelt Gebrauch gemacht worden[76].

77 Das BauGB beschränkt sich auf den Hinweis, dass die Kaufpreissammlung zu „führen" und „auszuwerten" ist. Zwar muss eine ordentliche Führung der Kaufpreissammlung bis zu einem gewissen Grad auch deren Auswertung bedeuten, jedoch soll die ausdrückliche Hervorhebung der Auswertung sicherstellen, dass eine bedarfsgerechte **Auswertung der Kaufpreissammlung** überall durchgeführt wird. Unter Auswertung ist die Erfassung und Würdigung aller zur sachgerechten Einschätzung der erfassten Vorgänge (insbesondere Kaufverträge) notwendigen Eigenschaften der Grundstücke einschließlich der rechtlichen Gegebenheiten zu verstehen, die zur Interpretation der Kaufpreise erforderlich sind. Angesichts der Bedeutung dieser Auswertung wurde noch anlässlich der Novellierung des BBauG in der 7. Legislaturperiode die Forderung erhoben, die Zuständigkeit des Bundes für den Erlass einer Rechtsverordnung über die Führung und Auswertung der Kaufpreissammlung zu begründen. Hierzu ist es nicht gekommen; stattdessen wurde die Regelungskompetenz in die Hände der Länder gelegt mit der Folge, dass die aufgrund der Ermächtigung des § 199 Abs. 2 Nr. 4 BauGB erlassenen Rechtsverordnungen (vgl. Vorbem. zum BauGB Rn. 27) Führung und Auswertung der Kaufpreissammlung voneinander abweichend regeln. Tendenzen der Vereinheitlichung sind aber erkennbar.

78 Auswertung ist nicht identisch mit dem in § 3 Abs. 5 BDSG gebrauchten Begriff der „Verarbeitung" (personenbezogener Daten), der das Speichern, Verändern, Übermitteln, Sperren und Löschen personenbezogener Daten umfasst.

79 **Kaufpreissammlungen bestehen** nach den Rechtsverordnungen der Länder **aus einem**

- **kartenmäßigen Nachweis** – der Kaufpreiskarte – **und** einem
- **beschreibenden Nachweis** – der Kaufpreiskartei (bzw. -datei)[77].

80 Bestandteil der Kaufpreissammlung können auch ergänzende Datensammlungen sein, die Grundlage für die Wertermittlung im Einzelfall und für die Ableitung erforderlicher Daten sein können[78]. Kaufpreiskarte und Kaufpreiskartei bilden eine funktionale Einheit und sind so

---

74 Oelfke in Nachr. der nds. Kat.- und VermVw 1982, 2 ff.
75 Möckel in ZfV 1980, 63; Battelle-Institut, Entwicklung eines EDV-unterstützten Verfahrens zur Bestimmung von Grundstückswerten, Stufe II, Frankfurt am Main 1977.
76 § 8 Abs. 4 Satz 3 GAVO NW; § 10 Abs. 5 Satz 2 bay. GutachterausschussVO.
77 § 11 Abs. 2 bad.-württ. GutachterausschussVO; § 11 Abs. 1 brem. GutachterausschussVO; § 8 Abs. 2 bbg. GutachterausschussVO; § 9 hamb. GutachterausschussVO; § 12 Abs. 3 hess. DV BauGB; § 12 Abs. 2 saarl. GutVO; § 12 Abs. 2 schl.-hol. GutachterausschussVO.
78 § 16 bln. DVO-BauGB; § 11 brem. GutachterausschussVO; § 11 bad.-württ. GutachterausschussVO; anders: § 9 GAVO NW, nach der „neben der Kaufpreissammlung weitere Datensammlungen" über Mieten und Bewirtschaftungskosten geführt werden.

zu führen, dass eine Verbindung zwischen beiden gewährleistet ist, z. B. mithilfe von Ordnungsmerkmalen. **Ordnungsmerkmale** dienen der eindeutigen Kennzeichnung eines „Falles" in der Kaufpreissammlung. Dies sind insbesondere

- die Angaben des Liegenschaftskatasters,
- die Angaben des Grundbuchs,
- die Bezeichnung der Gemeinde und des Gemeindeteils,
- die Straße und Hausnummer sowie
- die Flurstückskoordinaten.

5.1.2 Kaufpreiskarte

Die **Kaufpreiskarte ist der kartenmäßige Nachweis der Kaufpreissammlung**, der nach Maßgabe landesrechtlicher Vorschriften die Vorgänge i. S. des § 195 Abs. 1 BauGB mit dem Entgelt und dem Zeitpunkt der Preisbestimmung enthält sowie den Zuschnitt der Grundstücke erkennen lassen „soll"[79]. In *Schleswig-Holstein* kann in Gemeinden unter 1 000 Einwohnern mit geringem Grundstücksverkehr auf die Anlegung einer Kaufpreiskarte verzichtet werden (§ 12 Abs. 2 GutachterausschussVO). In der Kaufpreiskarte sind die Verkaufsfälle mit dem Zeitpunkt der Bestimmung des Entgelts einzutragen. Die Entgelte sind auf die für die Objektgruppen geeigneten Vergleichsmaßstäbe zu beziehen. 81

Grundlage für die Kaufpreissammlungen sind in erster Linie die dem Gutachterausschuss nach § 195 **Abs. 1 BauGB mitgeteilten Rechtsvorgänge** (vgl. § 195 BauGB Rn. 1 f.). Darüber hinaus räumt der Gesetzgeber dem Gutachterausschuss in § 197 Abs. 1 BauGB das Recht ein, für die Führung der Kaufpreissammlungen sowie zur Begutachtung von den Eigentümern und sonstigen Inhabern von Rechten an Grundstücken die Vorlage dafür notwendiger Unterlagen zu fordern und die Grundstücke zur Auswertung von Kaufverträgen zu betreten. 82

Die Rechts- und Amtshilfepflicht der Gerichte und Behörden nach § 197 Abs. 2 Satz 1 BauGB gilt im Rahmen der Auswertung von Kaufverträgen grundsätzlich auch für die **Erfassung der wertbeeinflussenden Umstände, die ergänzend zu den Angaben der Kaufverträge sachdienlich und erforderlich sind,** insbesondere bezüglich 83

- der Bauleitpläne und anderer planerischer Grundlagen, die für den Entwicklungszustand, die Art und das Maß einer baulichen Nutzung und sonst hin für den Grundstückszustand maßgeblich sind,
- Angaben über Erschließungsbeiträge nach dem BauGB und sonstige Beiträge und Abgaben i. S. des § 127 Abs. 4 BauGB,
- Angaben über Naturschutzabgaben und Kostenerstattungsbeträge nach den §§ 135a ff. BauGB,
- Angaben über Ausgleichsbeträge nach den §§ 153 f. BauGB und § 25 BodSchG sowie Ausgleichsleistungen nach § 64 BauGB,
- Angaben des Liegenschaftskatasters und des Grundbuchs, des Baulastenverzeichnisses, der Bauakten, Baugrundkarten und dgl.,
- Angaben zur Stellplatzpflicht und ggf. deren Ablösung.

Durch eigene Ermittlungen, ggf. durch örtliche Feststellungen, erfassbar sind schließlich insbesondere: 84

- die tatsächliche Nutzung der Grundstücke,
- der Zustand vorhandener baulicher Anlagen (vgl. § 5 ImmoWertV Rn. 113), Anpflanzungen und sonstiger Einrichtungen, vor allem aus wirtschaftlicher und technischer Sicht,

---

[79] § 11 Abs. 3 bad.-württ. GutachterausschussVO; § 12 Abs. 5 hess. DVBauGB; § 13 Abs. 4 rh.-pf. GutachterausschussVO; § 12 Abs. 3 saarl. GutVO; § 12 Abs. 3 schl.-hol. GutachterausschussVO; § 9 Abs. 3 hamb. GutachterausschussVO.

- die Lage, der Erschließungszustand sowie sonstige Umstände tatsächlicher Art,
- Umstände, die lediglich preis- und nicht wertbeeinflussender Art sind.

85 Der besondere **Wert der Kaufpreiskarte liegt darin, dass sie die Lage (räumliche Zuordnung) und den Zuschnitt der Grundstücke erkennen lässt.** Es ist zweckmäßig, die räumliche Begrenzung der registrierten Objekte in einfacher Form kartenmäßig zu verdeutlichen. Dass die Kaufpreiskarte einerseits einen räumlichen Überblick über das Preisverhältnis auf dem Grundstücksmarkt ermöglicht, andererseits auch den Grundstückszuschnitt erkennen lassen soll, erfordert einen hinreichend großen Maßstab mit Darstellung der Eigentums- und Nutzungsverhältnisse der Grundstücke sowie der topografischen Gegebenheiten. Besonders geeignet sind Katasterkarten (Flurkarten), amtliche Stadtkarten und – in Gebieten mit geringem Grundstücksverkehr (z. B. in land- oder forstwirtschaftlich genutzten Gebieten) – die Deutsche Grundkarte 1:5000 oder eine vergleichbare Karte (vgl. Musterrichtlinien über Kaufpreissammlungen, Bodenrichtwerte und Ableitung wesentlicher Daten für die Wertermittlung der Fachkommission Städtebau der ARGEBAU). Der Nachweis der eingetragenen Vorgänge auf demselben Kaufpreiskartenblatt soll sich über einen längeren Zeitraum erstrecken, um den Benutzern der Kaufpreiskarte (insbesondere Gutachterausschuss, Geschäftsstelle des Gutachterausschusses und Finanzamt) einen räumlichen Überblick über zeitnahe wie auch über zurückliegende Vorgänge zu vermitteln. Als zweckdienlich hat sich erwiesen, wenn in der Kaufpreiskarte die Grenzen der Bau-, Umlegungs-, Sanierungs-, Ersatz- und Ergänzungsgebiete sowie der Entwicklungsbereiche eingetragen werden und dabei auf die für die Wertermittlung bedeutsamen Umstände, die das besondere Gebiet betreffen, hingewiesen wird. Umfang und Form sonstiger in der Kaufpreiskarte darzustellender Daten sind in den verschiedenen Bundesländern in den einschlägigen Erlassen geregelt.

5.1.3 Kaufpreiskartei (-datei)

▶ *Vgl. Vorbem. zum BauGB Rn. 27*

86 Die **Kaufpreiskartei ist der beschreibende Nachweis der Kaufpreissammlung,** aus dem sich nach den weitgehend übereinstimmenden Definitionen der Länderverordnungen die Vertragsmerkmale, die wertbeeinflussenden Umstände und die geeigneten Ordnungsmerkmale des übertragenen Eigentums an Grundstücken sowie die jeweiligen Objektgruppen ergeben.

- *Vertragsmerkmale* sind die Vertragsart oder der sonstige Grund des Rechtsübergangs (z. B. Kauf, Tausch, Zwangsversteigerung, Enteignung, Umlegung, Bestellung von Erbbaurechten), die Gruppen der Vertragsparteien (zumeist gegliedert nach Privatpersonen, Wohnungsbaugesellschaften, Stadt/Gemeinde und sonstigen öffentlichen Körperschaften), das Entgelt, die Zahlungsbedingungen sowie Besonderheiten der Preisvereinbarung und ungewöhnliche oder persönliche Verhältnisse.

- *Wertbeeinflussende Umstände* sind insbesondere Entwicklungszustand (Flächen der Land- oder Forstwirtschaft, Bauerwartungsland, Rohbauland und baureifes Land), Lage, Größe, (Art und Maß der) Nutzung, Nutzungsmöglichkeit, gezahlte oder nicht gezahlte Erschließungsbeiträge oder andere Beiträge sowie ferner bei baulichen Anlagen Alter, baulicher Zustand und etwaiger Ertrag.

- *Ordnungsmerkmale* (vgl. Rn. 79).

- *Objektgruppen* sind Gruppen von Grundstücken, für die nach den örtlichen Marktverhältnissen Teilmärkte bestehen.

87 Der beschreibende Nachweis der Kaufpreissammlung besteht (noch) überwiegend aus Kaufpreiskarteikarten. Für Angaben zu Gebäuden, zum Wohnungseigentum/Teileigentum und zu Erbbaurechten werden in *Niedersachsen* **Folgekarteikarten** angelegt, die dem Aufbau von Gebäudetypensammlungen dienen. Wegen weiterer Einzelheiten zur Anlage von Kaufpreiskarteien wird auf die jeweiligen Landesregelungen verwiesen (vgl. Vorbem. zum BauGB Rn. 27).

5.1.4 Sonstige Bestandteile

Neben Kaufpreiskarte und -kartei (-datei) werden vielfach ergänzende **Kaufpreislisten** angelegt[80]. Hierzu gehören auch Listen, in denen die Kaufpreise bestimmter Objektgruppen in einer für die Erfüllung der Aufgaben des Gutachterausschusses zweckmäßigen Weise in Beziehung zu ihren maßgeblichen wertbeeinflussenden Merkmalen registriert werden. Begrifflich stellt dies bereits eine Auswertung i. S. des § 193 Abs. 3 BauGB dar; auch **Gebäudetypensammlungen** fallen hierunter. Ferner werden **Grundwertakten** geführt, in denen alle wertrelevanten Unterlagen gesammelt werden[81].

88

Ob und in welchem Umfang die Kaufpreissammlung neben Kaufpreiskarte und Kaufpreiskartei noch **weitere Bestandteile** enthält, kann selbst innerhalb eines Bundeslandes von Gutachterausschuss zu Gutachterausschuss unterschiedlich sein, wenn landesrechtliche Regelungen eine unterschiedliche Ausgestaltung der Kaufpreissammlungen zulassen[82].

89

Das **Ergebnis der Auswertung von Kaufverträgen** auf der Grundlage dieser Datensammlungen wird in die Kaufpreissammlung übernommen und wird damit deren Bestandteil[83]. Diese Verpflichtung ist im Hinblick auf die Vorschrift des § 195 Abs. 2 BauGB beachtlich, weil mit der Übernahme auch dieser Bestandteil dem Finanzamt zugänglich wird. In Ländern, in denen Kaufpreissammlungen nur „mindestens" aus Kaufpreiskarte und -kartei (-datei) bestehen, können auch die beschriebenen Datensammlungen als solche und nicht nur das Ergebnis ihrer Auswertung Bestandteil der Kaufpreissammlung sein, soweit sie begrifflich nicht unter die besonderen, die Kaufpreissammlungen ergänzenden Datensammlungen fallen, deren Führung in verschiedenen Gutachterausschussverordnungen vorgesehen ist.

90

5.2 Auswertung von Kaufverträgen

Während das BBauG 60 lediglich von der Einrichtung und Führung der Kaufpreissammlungen sprach, stellte bereits das BBauG 76 in § 143a Abs. 2 die Auswertung als eine besondere Aufgabe heraus. Hieran hält § 193 Abs. 5 BauGB fest. Zur Auswertung der Kaufpreissammlung gehört insbesondere eine **ergänzende Erfassung aller preis- bzw. wertbeeinflussenden Umstände**, die den zu sammelnden Kaufpreisen zugrunde lagen. Sie lassen sich i. d. R. den eingegangenen Kaufverträgen nicht unmittelbar entnehmen, sondern müssen ergänzend festgestellt werden. Dazu müssen insbesondere bei den einschlägigen Ämtern ergänzende Informationen aber auch von den Vertragsparteien eingeholt werden. Bewährt hat sich hierbei, die sich aus den Vertragsunterlagen nicht ergebenden Angaben durch persönliches Anschreiben mit beigefügtem Fragebogen von den Grundeigentümern zu erbitten[84]. Die Durchsetzung der Auskunftsrechte mit Zwangsmitteln nach § 197 BauGB ist i. d. R. nicht erforderlich.

91

Die Auswertung von Kaufverträgen war den Gutachterausschüssen schon vor Inkrafttreten des BBauG 76 keinesfalls fremd. Im **Ausschussbericht zum BBauG 76**[85] wird darauf hingewiesen, dass „entsprechend den Erfahrungen in der Praxis ... das Schwergewicht von der bloßen Sammlung weg auf die Auswertung der Kaufpreise verlagert" wurde, „denn nicht die Sammlung gibt wesentliche Erkenntnisse über den Bodenmarkt wieder, sondern die Ergebnisse der Auswertung der Kaufpreise. Diese soll insbesondere Aufschluss geben über den Einfluss der verschiedenen wertbildenden Faktoren auf den Preis der einzelnen Grundstücke".

92

---

80 Oelfke in Nachr. der nds. Kat.- und VermVw. 1972, 2.
81 Romunde, Die Grundstücksbewertung in Köln, 100 Jahre stadtkölnisches Vermessungs- und Liegenschaftswesen, Köln 1975, S. 119.
82 Brand in NÖV 1976, 90.
83 § 16 bln. DVO-BauGB.
84 Vgl. Kleiber/Simon, Verkehrswertermittlung von Grundstücken, 5. Aufl., Anh. zu § 195 und zu § 197 BauGB.
85 BT-Drucks. 7/4793, S. 53.

III § 193 BauGB   Aufgaben des Gutachterausschusses

93 Zur Auswertung der Kaufpreissammlung gehört begrifflich auch die in der Vorschrift hervorgehobene **Ermittlung** von Bodenrichtwerten und **der sonstigen zur Wertermittlung erforderlichen Daten,** insbesondere der in § 193 Abs. 5 BauGB unter Nr. 1 bis 4 genannten Liegenschaftszinssätze, der Marktanpassungsfaktoren des Sachwertverfahrens (Sachwertfaktoren), der Umrechnungskoeffizienten für das Wertverhältnis von sonst gleichartigen Grundstücken sowie der Vergleichsfaktoren für bebaute Grundstücke. Die namentliche Hervorhebung dieser Daten geht auf das Erbschaftsteuerreformgesetz – ErbStRG – vom 24.12.2008 (BGBl. I 2008, 3018) zurück und soll eine flächendeckende Ableitung dieser Daten auch für steuerliche Zwecke gewährleisten[86].

94 Auch wenn sich die „Auswertung der Kaufpreissammlungen" und die „Ableitung erforderlicher Daten für die Wertermittlung" nicht in jeder Hinsicht begrifflich eindeutig voneinander abgrenzen lassen, ergibt sich folgende inhaltliche und für den Gesetzgeber hinreichend bestimmte **Abgrenzung:**

95 Dem **Begriff Führung und Auswertung der Kaufpreissammlungen** sind alle aus der Einrichtung und der Führung der Kaufpreissammlung nach Weisung der Gutachterausschüsse ergebenden Tätigkeiten einschließlich der Erfassung der den Zustand des Grundstücks (§§ 5 und 6 ImmoWertV) bestimmenden Grundstücksmerkmale zuzuordnen, die nach Weisung der Gutachterausschüsse in Beziehung zum gezahlten Kaufpreis zu setzen sind. Soweit anzunehmen ist, dass ungewöhnliche oder persönliche Verhältnisse die Höhe der vereinbarten Kaufpreise beeinflusst haben, waren nach dem BBauG von 1976 die Kaufpreise noch in den Sammlungen unter Hinweis auf diese Umstände zu kennzeichnen (§ 143a Abs. 2 BBauG 76).

96 Im Einzelnen gehören **zur Führung und Auswertung der Kaufpreissammlung:**

– Aufbereitung, Zuordnung und Auswahl geeigneter Kaufpreise zu Objektgruppen für Wertermittlungen, zur Ermittlung von Bodenrichtwerten sowie zur Ableitung erforderlicher Daten nach § 193 Abs. 5 BauGB;

– Umrechnung der Kaufpreise entsprechend den Marktgepflogenheiten – auf geeignete Vergleichsmaßstäbe; Kaufpreise unbebauter Grundstücke werden i. d. R. auf einen Quadratmeter Grundstücksfläche bezogen, während für Kaufpreise bebauter Grundstücke als Vergleichsmaßstab (ggf. nach Abzug des Bodenwertanteils) der Quadratmeter Geschossfläche, Wohnfläche, Nutzfläche oder der Kubikmeter umbauten Raumes (Brutto-Rauminhalt), die Normalherstellungskosten, der Roh- oder Reinertrag in Betracht kommen;

– Kennzeichnung der besonderen Art der Übertragung bzw. Begründung von Eigentum entsprechend § 195 Abs. 1 BauGB;

– Aufspaltung von Kaufpreisen bzw. Enteignungsentschädigungen in Wertanteile für das Grundstück und sonstige Vermögensnachteile;

– Kennzeichnung und ggf. Umrechnung von Kaufpreisen mit Besonderheiten i. S. des § 7 ImmoWertV;

– Erfassung des Zustands des Grundstücks (§§ 5 f. ImmoWertV) sowie die Zuordnung der wertbeeinflussenden Umstände zum gezahlten Kaufpreis bzw. Kaufpreisanteil;

– Umrechnung des Kaufpreises (bzw. Kaufpreisanteils) auf eine geeignete Bezugsgrundlage (z. B. €/m² Grundstücksfläche; €/m² Wohn- oder Nutzfläche);

– Darstellung der Kauf- und Tauschfälle in der Kaufpreiskarte;

– Auswahl von besonders geeigneten Kauf- und Tauschfällen zum Zwecke der Wertermittlung und der Ableitung erforderlicher Daten für die Wertermittlung;

– Aufbereitung der Kauf- und Tauschfälle (einschließlich der zusätzlich erforderlichen Erfassung wertbeeinflussender Umstände) für die Ermittlung von Bodenrichtwerten (§ 196 BauGB), die Ableitung erforderlicher Daten der Wertermittlung (§ 193 Abs. 3 BauGB) und „sonstiger" Daten der Wertermittlung i. S. des § 199 Abs. 2 Nr. 4 BauGB;

---

86 Erbschaftsteuerreformgesetz – ErbStRG – vom 24.12.2008 (BGBl. I 2008, 3018); BT-Drucks. 16/7918, S. 48.

Aufgaben des Gutachterausschusses § 193 BauGB III

- bei Wohnungseigentum/Teileigentum (einschließlich Mieteigentum an gemeinschaftlichen Anlagen) werden Kaufpreise, ggf. nach Abzug der Wertanteile für Garage oder Stellplatz, auf einen Quadratmeter Geschossfläche bzw. auf einen Quadratmeter Wohn- oder Nutzfläche bezogen;
- bei der Bestellung von Erbbaurechten wird der Erbbauzins auf den Quadratmeter Grundstücksfläche oder auf den Verkehrswert des unbelasteten Grundstücks bezogen. Bei der Übertragung von Erbbaurechten kann der Bodenwertanteil auf den Verkehrswert gleichartiger unbelasteter und unbebauter Grundstücke bezogen werden;
- die „Bereinigung" von Kaufpreisen um die *Mehrwertsteuer,* die bei der Veräußerung gewerblicher Objekte i. d. R. als „durchlaufender Posten" anfällt. Wird die Mehrwertsteuer im Grundstücksverkehr ersetzt, so kann dies als Erstattung von Grundstückswechselkosten angesehen werden, die sich nicht im Verkehrswert auswirkt.

Die Auswertung erfolgt heute in aller Regel mithilfe der elektronischen Datenverarbeitung; früher wurden dafür Kaufpreiskarteikarten mit kodierten Lochrändern angelegt, die es dem Benutzer erlaubten, mithilfe von Nadeln die Vergleichskauffälle aus der Sammlung auszusortieren, die nach ihren Eigenschaften dem zu wertenden Objekt entsprechen. 97

Der **Begriff Ableitung erforderlicher Daten für die Wertermittlung** war mit dem am 1.1.1990 außer Kraft getretenen § 143a Abs. 3 BBauG 76 verhältnismäßig klar umschrieben. 98

Das Gesetz verstand darunter insbesondere die Ableitung von Bodenpreisindexreihen, Umrechnungskoeffizienten, Bewirtschaftungsdaten (Daten über Einnahmen und Ausgaben der Grundstücksbewirtschaftung)[87], Liegenschaftszinssätze, Marktanpassungsfaktoren und Vergleichsfaktoren für bebaute Grundstücke.

Sowohl die Führung und Auswertung der Kaufpreissammlung als auch die Ableitung erforderlicher Daten der Wertermittlung sind nach § 193 Abs. 3 BauGB eine **Aufgabe des Gutachterausschusses.** 99

Zu den **Verwaltungsvorschriften der Länder** vgl. Übersicht in Teil I dieses Werks. 100

6 Weitere Aufgaben

6.1 Allgemeines

Weitere Aufgaben des Gutachterausschusses **nach Maßgabe landesrechtlicher Vorschriften** sind: 101

a) die Erstellung von *Übersichten über den Grundstücksmarkt*[88] (Grundstücksmarktberichte, vgl. Rn. 104), die insbesondere Angaben über die Umsatz- und Preisentwicklung enthalten sollen;

b) die Erstellung von *Übersichten über Bodenrichtwerte* für typische Orte, wobei diese für baureifes Land nach
  - Wohnbauflächen für den individuellen Wohnungsbau,
  - Wohnbauflächen für den Geschosswohnungsbau und
  - gewerblichen Bauflächen gegliedert werden[89]. Dabei soll (nach Möglichkeit) zwischen guter, mittlerer und mäßiger Lage unterschieden werden;

---

[87] § 16 bln. DVO-BauGB; § 11 Abs. 1 Satz 5 brem. GutachterausschussVO.
[88] § 20 Abs. 2 bln. DVO-BauGB; § 13 Abs. 2 brem. GutachterausschussVO; § 13 bbg. GutachterausschussVO; § 22 nds. DVO-BauGB; § 13 Abs. 2 GAVO NW; § 14 Abs. 5 rh.-pf. GutachterausschussVO; § 13 thür. GutachterausschussVO.
[89] BVerwG, Urt. vom 27.2.1969 – 4 B 248/68 –, BRS Bd. 26 Nr. 80 = EzGuG 11.68; BGH, Urt. vom 2.11.1970 – III ZR 129/68 –, BauR 1971, 46 = EzGuG 11.74; BGH, Urt. vom 23.1.1974 – IV ZR 92/72 –, BGHZ 62, 93 = EzGuG 11.92.

III § 193 BauGB Aufgaben des Gutachterausschusses

c) die *Mitteilung von Bodenrichtwerten* zur Erstellung von Übersichten über die Bodenrichtwerte gemäß Buchstabe b)[90].

6.2 Bodenrichtwertübersichten

▶ *Näheres zu den Bodenrichtwertübersichten vgl. § 196 BauGB Rn. 73 ff.*

102 In einer Reihe von **Gutachterausschussverordnungen der Landesregierungen** wird dem Gutachterausschuss für Grundstückswerte bzw. dem Oberen Gutachterausschuss aufgegeben, Bodenrichtwerte i. S. des § 196 BauGB für die Erstellung von Bodenrichtwertübersichten zusammenzutragen (vgl. zur Ermächtigung § 199 BauGB Rn. 20 ff.).

6.3 Grundstücksmarktberichte

▶ *Weitere Ausführungen bei § 199 BauGB Rn. 46 ff.*

103 Die unter Buchstabe a) bei Rn. 101 genannten **Grundstücksmarkt-** bzw. **Jahresberichte** informieren über Anzahl der Kauffälle und Grundstücksarten (baureifes Land, bebaute Grundstücke, Flächen der Land- oder Forstwirtschaft, Wohnungseigentum), die verkaufte Fläche und den Umsatz in Euro und stellen einen Vergleich zu den Vorjahren her. Des Weiteren wird häufig auf den Grundstücksverkehr im Jahresablauf (je Quartal) und nach Grundstücksgröße, Kaufpreishöhe sowie Marktteilnehmer eingegangen. Auch hier wird auf Veränderungen gegenüber Vorjahren Bezug genommen, sodass Trends sichtbar werden. Insbesondere die Gutachterausschüsse größerer Städte veröffentlichen in den jährlichen Grundstücksmarktberichten zunehmend die erforderlichen Daten für die Wertermittlung gemäß § 193 Abs. 3 BauGB[91].

104 Von besonderer Bedeutung sind **Bodenpreisindexreihen,** überwiegend abgeleitet aus Kaufpreisen für Mietwohngrundstücke sowie Ein- und Zweifamilienhausgrundstücke, durchschnittliche Kaufpreise von Eigentumswohnungen bei Erstverkäufen und Wiederverkäufen bzw. Umwandlungen von Mietwohnungen in Eigentumswohnungen, durchschnittliche Kaufpreise von schlüsselfertigen Reiheneigenheimen und Liegenschaftszinssätze als Durchschnittswerte gewichtet nach der Anzahl der Verkaufsfälle in den vorkommenden Objektarten (z. B. Mietwohnhäuser nach Verkaufsjahr, frei finanziert und mit öffentlichen Mitteln gefördert; gemischt genutzte Grundstücke; Geschäftsgrundstücke).

Anzutreffen sind auch Mietspiegel (Vergleichsmiettabellen) für nicht öffentlich geförderte Wohnungen, **Mietübersichten** über gewerbliche Räume nach Standort/Lage, Nutzungsart (Büro- und Praxisräume, Ladenlokale, Industrie- und Gewerbehallen), durchschnittliche Nutzfläche und Preisspannen in €/m² Nutzfläche monatlich (ohne Mehrwertsteuer, jedoch meist einschließlich Bewirtschaftungskosten wie Grundsteuer und Prämien für die Sach- und Haftungsversicherung) und nunmehr auch Mietrichtwertkarten für Ladenräume.

---

90 BGH, Urt. vom 28.9.1993 – III ZR 91/92 –, GuG 1994, 311 = EzGuG 15.78.
91 Jäger, U., Markttransparenz durch Grundstücksmarktberichte, NÖV 1998, 39; Baumann, Grundstücksmarktberichte, Nachr. der Kat.- und VermVW. Rh.-Pf. 1993, 131; Jäger, U., Weiterentwicklung der Markttransparenz auf dem Grundstücksmarkt, NÖV 1998, 44.

§ 194
Verkehrswert

Der Verkehrswert (Marktwert) wird durch den Preis bestimmt, der in dem Zeitpunkt, auf den sich die Ermittlung bezieht, im gewöhnlichen Geschäftsverkehr nach den rechtlichen Gegebenheiten und tatsächlichen Eigenschaften, der sonstigen Beschaffenheit und der Lage des Grundstücks oder des sonstigen Gegenstands der Wertermittlung ohne Rücksicht auf ungewöhnliche oder persönliche Verhältnisse zu erzielen wäre.

Gliederungsübersicht

			Rn.
1	Allgemeines		1
2	Normative Vorgaben für die Verkehrswertermittlung (Marktwertermittlung)		
	2.1	Übersicht	7
	2.2	Gewöhnlicher Geschäftsverkehr	
		2.2.1 Allgemeines	14
		2.2.2 Teilmarkt: Gewöhnlicher Geschäftsverkehr für ungewöhnliche oder persönliche Verhältnisse?	31
		2.2.3 Gewöhnlicher Geschäftsverkehr bei Massenverkäufen	37
	2.3	Allgemeine Wertverhältnisse zum Wertermittlungsstichtag	
		2.3.1 Allgemeines	41
		2.3.2 Verkehrswert als Zukunftserfolgswert	44
	2.4	Wertbestimmende Grundstücksmerkmale	
		2.4.1 Allgemeines	47
		2.4.2 Entwicklungspotenzial als Grundstücksmerkmal	49
		2.4.3 Grunderwerbsnebenkosten	60
	2.5	Verkehrswert-Derivate	
		2.5.1 Allgemeines	62
		2.5.2 Verwandte Wertbegriffe	67
3	Verkehrswertermittlung (Marktwertermittlung)		
	3.1	Allgemeines	71
	3.2	Genauigkeit und Leistungsfähigkeit der Verkehrswertermittlung	72
	3.3	Auf- und Abrundung	73
	3.4	Konsistenz der Verkehrswertermittlung	74
	3.5	Merkantiler Mehr- und Minderwert	75
4	Verkehrswerte in anderen Rechtsbereichen		
	4.1	Entschädigungsrecht	77
	4.2	Ausübung von Vorkaufsrechten	80
	4.3	Haushaltsrecht	84
	4.4	Bergrecht	90
	4.5	Steuerliches Bewertungsrecht (Gemeiner Wert)	
		4.5.1 Allgemeines	91
		4.5.2 Öffnungsklausel (sog. escape-Klausel)	94
	4.6	Zwangsversteigerungsrecht	
		4.6.1 Allgemeines	97
		4.6.2 Rechtsgrundlagen	99
		4.6.3 Verfahrensablauf	101
		4.6.4 Beteiligte	103
		4.6.5 Verkehrswertfestsetzungsbeschluss	
		4.6.5.1 Grundstückswert	104
		4.6.5.2 Wertermittlungsstichtag	112
		4.6.5.3 Wertermittlungsgrundlagen	113
		4.6.5.4 Versteigerungstermin	119
	4.7	Kreditwirtschaftsrecht (Beleihungswert)	120
	4.8	Flurbereinigungsrecht	143
	4.9	Landwirtschaftsanpassungsgesetz	146
	4.10	Kapitalanlagenrecht (Investmentvermögen)	147
	4.11	Bilanzrecht	
		4.11.1 Allgemeines	153
		4.11.2 Nationale Bewertungsstandards	154

	4.11.3 Internationale Bewertungsstandards (IFRS/IAS)	160
	4.11.4 Versicherungsbilanzrichtlinie	190
4.12	Weitere Rechtsbereiche	193
5	Ausländische Definitionen des Verkehrswerts bzw. Marktwerts *(Market Value)*	
5.1	Vorbemerkung	197
5.2	Marktwert nach EU-Recht	198
5.3	Frankreich (valeur vénale)	200
5.4	Großbritannien *(Market Value)*	204
5.5	Niederlande (onderhands veerkoopwaarde)	216
5.6	Österreich (Verkehrswert)	219
5.7	Russische Föderation	222
5.8	Schweiz (Verkehrswert)	223
5.9	USA (Market Value)	224
5.10	Tegova*(Market Value)*	227

1 Allgemeines

Schrifttum: *Aristoteles*, Politica Buch 1 Kap. 9; *Ehrenfels, Chr. v.*, System der Werttheorie, Bd. 1 Leipzig 1897; *Hartermann, W.*, Wenn vom Wert keine Rede mehr ist, GuG 2012, 89; *Heyde, J. E.*, Wert, eine philosophische Grundlegung, Erfurt 1926; *Kraft, V.*, Die Grundlagen einer wissenschaftlichen Wertlehre, 2. Aufl. Wien 1951; *Maar*, Staatslexikon 6. Bd. Freiburg, S. 443; Gablers Wirtschaftslexikon, Wiesbaden 1979, S. 2160; *Niederée, L.*, Einwendungen gegen den Verkehrswert, ZfR 2000, 1; *Pausenberger, E.*, Wert und Bewerten, Betriebswirtschaftliche Studienbücher, Hrsg. Seischab, H., Stuttgart 1962; *Pausenberger*, Wert und Bewertung, Stuttgart 1962; *Reininger, R.*, Wertphilosophie und Ethik, 3. Aufl. Wien-Leipzig 1947; *Ruf, W.*, Die Grundlagen eines betriebswirtschaftlichen Wertbegriffes, Bern 1955; *Spiller, K.*, Der betriebswirtschaftliche Wert und seine Arten in der Bilanz, Diss. Hamburg 1962; *Münstermann*, Philosophie der Werte 1921.

▶ *Allgemeines zum Verkehrswert, sonstigen Wertbegriffen und zum Grundstücksmarkt sowie zur Entwicklung der Wertlehre vgl. Vorbem. zur ImmoWertV Rn. 1 ff., 6*

1 Die mit § 194 BauGB gegebene materiell-rechtliche **Definition des Verkehrswerts (Marktwerts) ist von zentraler Bedeutung für das gesamte Wirtschafts- und Rechtsleben.** Es handelt sich hierbei zwar um eine dem Städtebaurecht zugeordnete Definition; sie hat aber eine allgemeine Anerkennung gefunden. Infolgedessen findet auch die ImmoWertV, die die Ermittlung des Verkehrswerts regelt, breite Anwendung. Sie kann u. a. auch im Rahmen der Bilanzierung von Grundstücken und im Rechnungswesen herangezogen werden, soweit dort auf den Marktwert bzw. den beizulegenden Zeitwert *(Fair Value)* Bezug genommen wird (vgl. Rn. 154 ff.).

2 Die Definition des Marktwerts in § 194 BauGB ist im Übrigen materiell identisch mit der in § 16 Abs. 2 Satz 4 PfandBG gegebenen Definition des Marktwerts. Der **Verkehrswert** ist des Weiteren **identisch mit** dem in der höchstrichterlichen Rechtsprechung verwandten Begriff des **„wahren"**, **„wirklichen"** oder **„inneren"** Werts **sowie** des **„vollen"** Werts i. S. des Haushaltsrechts des Bundes und der Länder (vgl. Rn. 84).

3 Einer materiellen Definition des Verkehrswerts bedarf es in einer Rechts- und Wirtschaftsordnung, weil Grundstücke und auch Rechte an Grundstücken keinen absoluten Wert haben. **Der Wert** eines Wirtschaftsgutes **ist** nämlich **keine dem Gut innewohnende Eigenschaft,** die objektiv existiert und die von der bewertenden Person unabhängig ist. Vielmehr hängt der Wert von einer bestimmten Beziehung zwischen dem Bewertenden und dem zu bewertenden Gut in einer bestimmten Situation und den in dieser Situation gegebenen Entscheidungsmöglichkeiten ab[1]. Die Dinge haben insoweit nur den Wert, den man ihnen verleiht[2]. Im allgemeinen Sprachgebrauch wird unter dem „Wert" eines Grundstücks deshalb das verstanden, was

---

[1] Wöhe, Einführung in die allgemeine Betriebswirtschaftslehre, München.
[2] Jean-Baptiste Poquel (Molière).

Verkehrswert § 194 BauGB III

der Mensch ihm i. d. R. monetär nach seiner Anschauung zuordnet. Im Vordergrund steht dabei der künftige Nutzen: „*Value is created by the anticipation of future benefits*"[3] (vgl. Rn. 44 ff.; Vorbem. zur ImmoWertV Rn. 10). Vor diesem Hintergrund werden im amerikanischen Schrifttum zwei Grundprinzipien der Wertbildung herausgestellt:

a) *principle of Anticipation*

b) *principle of Substitution*

Mit dem zweiten Grundsatz soll herausgekehrt werden, dass nach den Preismechanismen des Grundstücksmarktes im Falle der **Substituierbarkeit eines Grundstücks** die am Markt angebotenen Kaufpreise wertbestimmend sind, die für vergleichbare Grundstücke zum niedrigsten Preis angeboten werden. Gleichwohl gilt auch für diese Grundstücke das Prinzip des „*highest and best use*" (vgl. Rn. 49; Vorbem. zur ImmoWertV Rn. 6 f.).   **4**

Aus den vorstehenden Gründen hat der Gesetzgeber im Zusammenhang mit der Baugesetzgebung auf der Grundlage des Art. 74 Nr. 18 GG (Bodenrecht) durch normative Vorgaben einen Wert definieren müssen, der im Vollzug hoheitlicher Maßnahmen bodenrechtlicher Art Grundlage von Ausgleichs- und Entschädigungsleistungen sein soll, so z. B. zur Bemessung der Entschädigung für hoheitliche Eingriffe in das Grundeigentum oder zum Ausgleich bei bodenordnerischen Maßnahmen. Art. 14 Abs. 3 GG fordert dabei eine Entschädigung zu einem Wert, der „unter gerechter Abwägung der Interessen der Allgemeinheit und der Beteiligten zu bestimmen" ist. Mit § 194 BauGB hat sich der Gesetzgeber für einen Wert entschieden, der im Falle einer Enteignung den zu entschädigenden Eigentümer „bildhaft" in die Lage versetzt, sich für die **Entschädigung gleichwertigen Ersatz zu verschaffen**[4]. Diese Ausgleichsfunktion erfüllt ein **als Marktwert definierter Verkehrswert**. Der im Städtebaurecht mit § 194 BauGB definierte Verkehrswert hat deshalb in der Wirtschafts- und Rechtsordnung breite Anerkennung gefunden und ist ein Marktwert.   **5**

Zuweilen sind im politischen Raum Ansätze erkennbar, die im Ergebnis auf einen „anderen Verkehrswert" ausgerichtet sind. Diese Ansätze zielen vordergründig auf die Verfahren der Verkehrswertermittlung. Bauland soll im Wege der Verkehrswertermittlung billiger und williger werden[5]. Da die Höhe des Verkehrswerts letztlich aber vom Markt bestimmt wird und die Verkehrswertermittlung dem Verhalten des Grundstücksmarktes folgen muss, müssen solche Vorschläge auf eine Manipulation des Marktgeschehens über die Verkehrswertermittlung hinauslaufen. Wenn die Bodenpreise politisch als „zu hoch" erscheinen, so kann dem nur bodenpolitisch, aber nicht über die Verkehrswertermittlung entgegengewirkt werden.

Der Verkehrswert i. S. des § 194 BauGB ist der Wert, an den zahlreiche Rechtsvorschriften anknüpfen (so z. B. das Entschädigungsrecht). Auch in der Immobilienwirtschaft ist der Verkehrswert (Marktwert) von zentraler Bedeutung. Die Ermittlung des Verkehrswerts steht deshalb im Mittelpunkt der Wertermittlungspraxis. Gleichwohl bleibt daran zu erinnern, dass die Ermittlung auch anderer vom Verkehrswert im strengen Sinne abgewandelter Werte im Wirtschaftsleben durchaus ihre Berechtigung haben kann (**Verkehrswert–Derivate**, vgl. Rn. 94). Anders als in der angelsächsischen Wertermittlungslehre haben sich dafür allerdings noch keine allgemein anerkannten Begriffe durchsetzen können.   **6**

Begrifflich hat der Verkehrswert/Marktwert seine Wurzeln im **gemeinen Wert**. Dieser stellt die historisch ältere und schon in § 111 des Allgemeinen Preußischen Landrechts gebrauchte Bezeichnung dar, die auch noch heute mit materiell identischem Inhalt in einer Reihe von Vorschriften verwandt wird[6]. Neben dem § 9 Abs. 2 BewG sind hier insbesondere zu nennen:

---

[3] The Appraisal of Real Estate, 12. Aufl. Chicago, S. 35.
[4] BGH, Urt. vom 16.11.1953 – GST 5/53 –, BGHZ 11, 156; BGH, Urt. vom 22.1.1959 – III ZR 186/57 –, BGHZ 29, 217; BGH, Urt. vom 8.11.1962 – III ZR 86/61 –, BGHZ 39, 198; BGH, Urt. vom 8.4.1965 – VII ZR 246/93 –, BGHZ 43, 300.
[5] BT-Drucks. 13/6384 sowie BT-Drucks. 13/7589, S. 30 zum Antrag der Fraktion Bündnis 90/Die Grünen; hierzu Kleiber in NZM 1999, 133; GuG-aktuell 1996, 1; Möckel in GuG 1996, 274; Kleiber in Ernst/Zinkahn/Bielenberg/Krautzenberger § 196 BauGB Rn. 15
[6] § 142 des Bundesbaugesetzes hatte zur Verdeutlichung der materiellen Identität den Begriff des gemeinen Werts als Klammerzusatz der Verkehrswertdefinition zugeordnet.

III   § 194 BauGB

§ 19 KostO[7],
§ 32 ErbbauG[8],
§ 18 LBG.

2   Normative Vorgaben für die Verkehrswertermittlung (Marktwertermittlung)

2.1   Übersicht

7   § 194 BauGB definiert den Verkehrswert als einen nach normierten Grundsätzen erzielbaren Preis (pretium). Da es sich bei den (auch im gewöhnlichen Geschäftsverkehr) auf dem Grundstücksmarkt erzielten Entgelten um intersubjektive Preise[9] handelt, sind die kodifizierten Vorgaben einer verobjektivierenden Wertlehre folgend darauf gerichtet, als **Verkehrswert (Marktwert) einen frei von subjektiver Betrachtungsweise allein an den objektiven Merkmalen eines Grundstücks orientierten Wert zu ermitteln** (verum rei pretium).

8   Der Verkehrswert (Marktwert) bemisst sich dabei nach folgenden **normativen Vorgaben:**

   a) Der Verkehrswert (Marktwert) bestimmt sich auf der Grundlage aller wertbeeinflussenden tatsächlichen und rechtlichen *Merkmale* eines Grundstücks.

   b) Der Verkehrswert (Marktwert) bestimmt sich nach dem Preis, der im *„gewöhnlichen Geschäftsverkehr ... ohne Rücksicht auf ungewöhnliche oder persönliche Verhältnisse"* zu erzielen wäre (vgl. Rn. 14).

   c) Der Verkehrswert (Marktwert) bestimmt sich nach den *allgemeinen Wertverhältnissen* (Lage auf dem Grundstücksmarkt; vgl. § 3 Abs. 2 ImmoWertV), die in dem Zeitpunkt, auf den sich die Verkehrswertermittlung bezieht (= Wertermittlungsstichtag; vgl. § 3 Abs. 1 ImmoWertV), auf dem Grundstücks(teil-)markt vorherrschen; es handelt sich somit um einen stichtagsbezogenen Wert (vgl. Rn. 12 ff.).

9   Der nach vorstehenden Normierungen abgeleitete **Verkehrswert (Marktwert) stellt einen verobjektivierten Tauschwert dar**, wie er sich im freien Spiel zwischen Angebot und Nachfrage für jedermann[10] bildet, wobei es hierbei jeweils nur um die Interessenten eines bestimmten Grundstücksteilmarktes geht.

10   Dies alles darf jedoch nicht den Blick dafür verstellen, dass in der Praxis auch ein versubjektivierter Wert seine Bedeutung hat. Hierunter soll ein Wert verstanden werden, der einem Grundstück aus der subjektiven Sicht eines Käufers, aber auch Verkäufers unter Berücksichtigung seiner subjektiven Absichten und Möglichkeiten nach ansonsten wiederum objektiven Kriterien beizumessen ist, d. h., es soll dann entscheidend auf die Funktion des Werts als Entscheidungsgrundlage für eine konkrete subjektive Situation

---

7   OLG München, Beschl. vom 9.7.1998 – 3 Z BR 8/98 –, GuG 1999, 119 = EzGuG 19.46; KG, Beschl. vom 26.3.1996 – 1 W 1810/95 –, VIZ 1997, 57 = EzGuG 10.11.
8   BGH, Urt. vom 3.10.1980 – V ZR 125/79 –, NJW 1981, 1045 = EzGuG 7.77.
9   BGH, Urt. vom 25.10.1967 – VIII ZR 215/66 –, BGHZ 48, 344 = EzGuG 19.11; zur geschichtlichen Entwicklung des Verkehrswertbegriffs vgl. § 138 Abs. 1 RAO vom 13.12.919; zuvor RG, Urt. vom 19.11.1879 (Gruchot Beitr. Bd. 24, 409); Bonczek, Stadt und Boden, 1978; Freudling in BayVBl. 1982, 108 sowie die Zusammenstellung der reichsgerichtlichen Rechtsprechung, aus der die heutige Definition hervorgegangen ist, in AVN 1920, 326 ff.; die Subjektivität der Werteinschätzung illustriert Antoine de Saint-Exupéry in „Das Wunder des heimatlichen Hauses" mit den Worten: „Das Wunder des heimatlichen Hauses besteht nicht darin, dass es uns schützt und wärmt, es besteht auch nicht im Stolz des Besitzes – seinen Wert erhält es dadurch, dass es in langer Zeit einen Vorrat von Beglückung aufspeichert, dass es tief im Herzen die dunkle Masse sammelt, aus der wie Quellen die Träume entspringen!"
10   BGH, Urt. vom 22.4.1982 – III ZR 131/80 –, BRS Bd. 45 Nr. 192 = EzGuG 17.44; BGH, Urt. vom 24.3.1977 – III ZR 32/75 –, WM 1977, 676 = EzGuG 6.190; BGH, Urt. vom 25.6.1964 – III ZR 111/61 –, BRS Bd. 19 Nr. 128 = EzGuG 20.37 = 4.22; PrOVG, Urt. vom 18.1.1902 in EzGuG 20.6a; RG, Urt. vom 19.11.1879 in EzGuG 19.2 = AVN 1929, 327.

ankommen, wobei aber auch hier wirtschaftlich vernünftiges Handeln als Maßstab zu fordern ist (sog. **funktionale Werttheorie**)[11].

Neben der objektivistischen Betrachtungsweise, wie sie dem Verkehrswert zugrunde liegt, hat also die subjektive und **auftragsgeberorientierte Wertlehre** nicht nur ihre Berechtigung, sondern stellt dabei einen vernachlässigten Bereich der Wertermittlungspraxis dar. Es kann allerdings nicht nachdrücklich genug gefordert werden, dass Wertermittlungen auf der Grundlage subjektiver Betrachtungsweisen (funktionale Wertlehre) eindeutig und unmissverständlich im Gutachten darzulegen sind, damit keine Verwechslung mit dem Verkehrswert aufkommen kann.

Für die Ermittlung des Verkehrswerts eines Grundstücks ist das vorstehende Problem letztlich unbeachtlich. Es kommt hier allein darauf an, den sich nach der vorgefundenen Situation ergebenen Verkehrswert zu ermitteln. In den im gewöhnlichen Geschäftsverkehr sich manifestierenden Preisen und sonstigen Marktindikatoren für ein Grundstück kommt diese Situation am augenscheinlichsten zum Ausdruck, und zwar umso besser, je mehr Vergleichspreise vorliegen. In diesem Sinne ist der **Verkehrswert ermittlungstechnisch auch als ein statistischer Wert zu verstehen,** d. h. als Wert, der sich auf der Grundlage des ausgewogenen Mittels der zum Vergleich herangezogenen Daten ergibt. Im A-Bericht zum BauGB wurde in diesem Zusammenhang darauf hingewiesen, dass der Ausschuss unter dem Verkehrswert begrifflich den Wert versteht, der im allgemeinen Grundstücksverkehr am **wahrscheinlichsten** zu erzielen ist[12]. 11

Der **Verkehrswert (Marktwert) eines Grundstücks ist eine zeitabhängige Größe,** und zwar in doppelter Hinsicht: 12

1. Einerseits ist der Zustand eines Grundstücks in seinen Eigenschaften regelmäßig Änderungen ausgesetzt, so z. B. durch bauliche und sonstige Maßnahmen auf dem Grundstück, aber auch durch entsprechende Maßnahmen in der Umgebung des Grundstücks (externe Effekte), die zu Änderungen der Lagemerkmale des Grundstücks führen. Solche Einflüsse bestehen mehr oder minder ständig und können „über Nacht" oder auch erst allmählich die verkehrswertbeeinflussenden Eigenschaften und Merkmale eines Grundstücks und damit auch seinen Verkehrswert (Marktwert) „nach oben oder nach unten" verändern.

2. Andererseits ändert sich der Verkehrswert selbst bei gleich bleibenden Eigenschaften des Grundstücks (Zustand) und seiner Umgebung regelmäßig allein schon aufgrund der durch die allgemeine Wirtschaftslage, der allgemeinen rechtlichen (einschließlich steuerrechtlichen) Rahmenbedingungen, der allgemeinen (auch städtebaulichen) Verhältnisse in der Gemeinde und der sonstigen die allgemeine Lage auf dem Grundstücksmarkt bestimmenden Rahmenbedingungen.

Dementsprechend stellt die **Definition des Verkehrswerts (Marktwerts)** heraus, dass er sich maßgeblich nach 13

a) dem Zeitpunkt, auf den sich die Ermittlung bezieht, und

b) den rechtlichen Gegebenheiten und tatsächlichen Eigenschaften, der sonstigen Beschaffenheit und der Lage des Grundstücks

bemisst.

Zur richtigen Einschätzung eines Verkehrswerts gehört deshalb begriffsnotwendigerweise **die Angabe des Wertermittlungsstichtags und des maßgeblichen Grundstückszustands** mit seinen wertbeeinflussenden Merkmalen.

---

[11] In der Unternehmensbewertung wird dieser Methodenstreit (objektive oder subjektive Betrachtungsweise) schon seit Langem geführt (vgl. Künnemann, Unternehmensbewertung 1995, S. 30 ff.); für diesen Streit gibt es keinen Anlass, da beide Methoden ihre Berechtigung haben und es nur darum geht, die Fälle voneinander abzugrenzen. Vgl. auch Paul, E., Bewertungsmethoden im Kontext der funktionalen Werttheorie, GuG 1998, 84.
[12] BT-Drucks. 10/6166, S. 137 f.

2.2 Gewöhnlicher Geschäftsverkehr

2.2.1 Allgemeines

▶ *Vorbem. zur ImmoWertV Rn. 3 ff.; § 3 ImmoWertv Rn. 5; § 8 ImmoWertV Rn. 41 ff. sowie § 7 ImmoWertV Rn. 29*

14 Die Definition des Verkehrswerts/Marktwerts und seine Ableitung aus dem Geschehen auf dem Grundstücksmarkt setzt grundsätzlich einen **Grundstücksmarkt mit freier Preisbildung** voraus, wobei für die Verkehrswertermittlung allein die Preisbildung im „gewöhnlichen Geschäftsverkehr" maßgeblich ist. Deshalb ist der Verkehrswert – allerdings irreführend – auch als der „Preis für jedermann" bezeichnet worden[13].

15 Unter dem **gewöhnlichen Geschäftsverkehr** wird dabei der Handel auf einem freien Markt verstanden, wobei weder Käufer noch Verkäufer unter Zeitdruck, Zwang oder Not stehen und allein objektive Maßstäbe preisbestimmend sind[14].

Auf **subjektive Verwertungsabsichten** und Einschätzungen künftiger Entwicklungen soll es dabei nicht ankommen[15].

16 Elementarer Bestandteil des gewöhnlichen Geschäftsverkehrs ist die Berücksichtigung verkehrswertbeeinflussender Umstände, die von der Wirtschafts- und Rechtsordnung gesetzt sind. In der Verkehrswertdefinition wird daher die **Berücksichtigung der „rechtlichen Gegebenheiten"** besonders herausgestellt. Bleiben im Einzelfall die rechtlichen Gegebenheiten bei der Preisbildung unberücksichtigt, so kann dieser Kaufpreis i. d. R. nicht dem gewöhnlichen Geschäftsverkehr zugerechnet werden.

17 Neben dem gewöhnlichen Geschäftsverkehr fordert die Verkehrswertdefinition, dass bei der Verkehrswertermittlung „**ungewöhnliche oder persönliche Verhältnisse**" unberücksichtigt bleiben müssen. Diese sind nach der Definition des Verkehrswerts vom „gewöhnlichen Geschäftsverkehr" zu unterscheiden und sind immer dann zu vermuten, wenn ein Kaufpreis nicht unter normal üblichen Verhältnissen zustande gekommen ist. Ungewöhnliche oder persönliche Verhältnisse sollen keinen Einfluss auf die Preisgestaltung haben. Zur Erläuterung dieser zentralen Begriffe wird auf die Erläuterungen in den Vorbem. zur ImmoWertV (Rn. 3) sowie bei § 7 ImmoWertV (Rn. 29) verwiesen.

18 Die nach der Verkehrswertdefinition auszuschließenden „ungewöhnlichen oder persönlichen Verhältnisse" werden im Verhältnis zum gewöhnlichen Geschäftsverkehr als Tautologie gesehen[16]. Dieser Auffassung scheint auch die geltende ImmoWertV zu folgen. **§ 7 ImmoWertV** schreibt lediglich vor, dass zur Wertermittlung und zur Ableitung der erforderlichen Daten Kaufpreise und andere Daten heranzuziehen sind, bei denen angenommen werden kann, dass sie nicht durch „ungewöhnliche oder persönliche Verhältnisse beeinflusst worden sind". Die Vorgängerregelung – § 4 Abs. 3 WertV 72 – hat in Anlehnung an § 194 BauGB darüber hinaus auch noch ausdrücklich die Verwendung von Kaufpreisen ausgeschlossen, die „nicht im gewöhnlichen Geschäftsverkehr" zustande gekommen sind. Der Verordnungsgeber hatte dies seinerzeit damit begründet, dass „beide Voraussetzungen ... vorliegen müssen".

19 Tatsächlich ist **zwischen** dem „**gewöhnlichen Geschäftsverkehr**" **und** der Frage **der Berücksichtigung** „**ungewöhnlicher oder persönlicher Verhältnisse**" **zu unterscheiden**. Während die Ermittlung des Verkehrswerts auf der Grundlage des „gewöhnlichen Geschäftsverkehrs" ein geradezu wesensimmanentes Merkmal der Verkehrswertermittlung ist, muss der

---

13 BGH, Urt. vom 25.6.1964 - III ZR 111/61 –, BRS Bd. 19 Nr. 128 = EzGuG 20.37; BGH, Urt. vom 30.11.1959 - III ZR 130/59 –, BGHZ 31, 238 = EzGuG 19.5.
14 BFH, Urt. vom 23.2.1979 – III R 44/77 –, BFHE 128, 254 = BStBl II 1979, 618 = EzGuG 19.35; BFH, Urt. vom 14.2.1969 – III R 88/65 –, BFHE 95, 334 = BStBl II 1969, 395 = EzGuG 19.16.
15 BFH, Urt. vom 23.2.1979 – III R 44/77 –, BFHE 128, 254 = EzGuG 19.35; BFH, Urt. vom 14.2.1969 – III 88/65 –, BFHE 85, 334 = EzGuG 19.16.
16 So ausdrücklich BR-Drucks. 265/72, S. 9 ff.; zur Frage einer Tautologie Dieterich in Ernst/Zinkahn/Bielenberg/Krautzberger, BauGB, Komm. zu § 194 Rn. 39; vgl. auch § 20 Abs. 1 Satz 3 nds. DVBauGB.

apodiktische Befehl zur Nichtberücksichtigung „ungewöhnlicher oder persönlicher Verhältnisse" differenziert betrachtet werden[17].

Darüber hinaus bereitet es Schwierigkeiten, die **ungewöhnlichen** von den **persönlichen Verhältnissen** abzugrenzen. In der Rechtsprechung werden deshalb beide Begriffe in aller Regel als **einheitliches Begriffspaar** verwandt. Es ist aber nicht auszuschließen, dass eine Unterscheidung zwischen beiden Begriffen durchaus einmal sinnvoll sein kann. 20

Zweckmäßiger erscheint es bei alledem, zwischen „ungewöhnlichen oder persönlichen Verhältnissen" 21

– in den *objektiven Eigenschaften* des Gegenstands der Wertermittlung und

– in der *subjektiven Kaufpreisgestaltung*

zu unterscheiden.

Grundsätzlich sind nämlich **ungewöhnliche Eigenschaften eines Grundstücks**, z. B. ein ungewöhnlicher Grundstückszuschnitt, ein besonders problembehafteter Baugrund oder eine besondere rechtliche Belastung eines Grundstücks, als tatsächliche Eigenschaft des Grundstücks bei der Verkehrswertermittlung zu berücksichtigen. Nur der ungewöhnliche Geschäftsverkehr würde darüber nämlich hinwegsehen. 22

Nach § 4 Abs. 3 Satz 2 Nr. 6 WertV 72 konnten dagegen ungewöhnliche oder persönliche Verhältnisse vorliegen, wenn **wertbeeinflussende Rechte und Belastungen** bestanden haben. Die Vorschrift war sachlich nicht haltbar und ist mit der geltenden WertV aufgehoben worden. Denn die genannten rechtlichen Gegebenheiten müssen i. d. R. im gewöhnlichen Geschäftsverkehr den Verkehrswert eines Grundstücks beeinflussen. Die Definition des Verkehrswerts (§ 194 BauGB) stellt zu Recht darauf ab, dass sich der Verkehrswert (Marktwert) unter Berücksichtigung rechtlicher Gegebenheiten ergibt, sodass schon ein ungewöhnlicher Geschäftsverkehr vorliegen müsste, wenn die genannten rechtlichen Gegebenheiten bei der Kaufpreisbemessung unberücksichtigt blieben. Hierauf kann zurückgeführt werden, dass sich die Rechtsprechung über die Regelung des § 4 Abs. 1 Satz 2 Nr. 6 WertV 72 hinweggesetzt hatte[18]. § 6 Abs. 2 ImmoWertV führt die wertbeeinflussenden Rechte und Belastungen deshalb als bei der Verkehrswertermittlung zu berücksichtigende Zustandsmerkmale ausdrücklich auf (vgl. § 6 ImmoWertV Rn. 99). 23

Als „*ungewöhnliche* Verhältnisse" könnte aber auch eine **Kaufpreisvereinbarung** verstanden werden, **bei der die Vertragsparteien oder eine der Vertragsparteien unter Zwang, aus Not oder unter besonderer Rücksichtnahme gehandelt haben.** Dieser Fall ist jedoch in zutreffender Weise den „*persönlichen* Verhältnissen" zuzuordnen. Bei der Verkehrswertermittlung sollen derartige Umstände unberücksichtigt bleiben, denn der Verkehrswert ist mit der Maßgabe zu ermitteln, dass die Entscheidung über Kauf und Verkauf freiwillig in Wahrung eigener wirtschaftlicher Interessen getroffen wird[19]. 24

Darüber hinaus muss aber auch ernsthaft die Frage gestellt werden, ob nicht auch **persönliche Verhältnisse** den Verkehrswert (Marktwert) eines Grundstücks oder Rechte an einem Grundstück beeinflussen können. So ist z. B. eine von der durchschnittlichen Lebenserwartung 25

---

17 Nach § 142 Abs. 1 BBauG 76, aus dem § 194 BauGB hervorgegangen ist, waren bei der Verkehrswertermittlung „besondere Vorschriften über die Berücksichtigung und Nichtberücksichtigung bestimmter Umstände" zu beachten (Reduktionsklausel). Diese seinerzeit mit dem BBauG 76 eingeführte Bestimmung sollte insbesondere den Gutachter an Regelungen i. S. d. §§ 57 f., 93 ff. und der §§ 153 ff. BauGB erinnern. In der Beschlussempfehlung des federführenden BT-Ausschusses wurde hierzu ausgeführt, dass der Hinweis nur deklaratorische Bedeutung habe, denn bei der Wertermittlung seien immer alle wertbeeinflussenden Umstände und damit auch die in § 194 BauGB ausdrücklich angesprochenen „rechtlichen Gegebenheiten" zu berücksichtigen (vgl. BT-Drucks. 7/4793, S. 53). Mit der Aufhebung dieser Bestimmungen gehen deshalb keine materiellen Änderungen einher.
18 OLG Bremen, Urt. vom 14.1.1970 – UB 13/68 –, BauR 1970, 103 = BRS Bd. 26 Nr. 98 = EzGuG 18.47; OLG Nürnberg, Urt. vom 24.9.1969 – 4 U 40/69 –, BRS Bd. 26 Nr. 122 = EzGuG 14.38, vgl. auch FWW 1970, 425; anders noch der BFH, Urt. vom 14.8.1953 – III 33/53 U –, BFHE 57, 733 = EzGuG 20.16a, der von einem Üblichen abweichendes Mietverhältnis als „ungewöhnliche Verhältnisse" im Rahmen der Einheitsbewertung ansah.
19 BFH, Urt. vom 23.2.1979 – III R 44/77 –, BFHE 128, 254 = EzGuG 19.35; BFH, Urt. vom 14.2.1969 – III 88/65 –, BFHE 95, 334 = EzGuG 19.16.

III § 194 BauGB — Verkehrswert

abweichende Lebenserwartung eines Wohn- oder Nießbrauchsberechtigten durchaus ein Umstand, der im gewöhnlichen Geschäftsverkehr preis- und damit wertbeeinflussend sein kann. Problematischer wird es da schon bei der Verkehrswertermittlung von erbbaurechtsbelasteten Grundstücken. Hier kann beobachtet werden, dass im gewöhnlichen Geschäftsverkehr höhere Preise regelmäßig dann erzielt werden, wenn das erbbaurechtsbelastete Grundstück an den Erbbauberechtigten veräußert wird. Dieser Grundstücksteilmarkt ist sogar dominierend im Grundstücksverkehr mit erbbaurechtsbelasteten Grundstücken. Die **persönlichen Beziehungen** sind in derartigen Fällen damit geradezu **charakteristisch für den gewöhnlichen Geschäftsverkehr.**

26 Ähnlich stellt sich insbesondere die Situation bei der Verkehrswertermittlung von Rechten an Grundstücken, für die oftmals ein besonderer persönlicher Vorteil geradezu charakteristisch ist, dar. Besteht z. B. ein **Vorkaufsrecht** an einem Grundstück, das zusammen mit dem Grundeigentum des Vorkaufsberechtigten dessen Wert erheblich erhöht (Arrondierungsvorteil; Vereinigungsvorteil), so ist es gerade eben diese persönliche Beziehung, die den Wert eines stets zu einer bestimmten Person prägenden Vorkaufsrechts bestimmt[20]. Der Vorkaufsberechtigte mag deshalb sogar einen hohen Preis für die Einräumung dieses Vorkaufsrechts entrichtet haben (vgl. Teil VIII Rn. 475 ff.).

27 Bei der **Verkehrswertermittlung von Rechten an Grundstücken** und grundstücksgleichen Rechten, die ihrer Natur nach darauf angelegt sind, die Beziehung zwischen zwei Rechtsinhabern zu regeln, ist die Berücksichtigung der hieraus resultierenden persönlichen Belange rational verständlich und insoweit nicht ungewöhnlich.

28 Hiervon zu unterscheiden sind solche persönlichen Merkmale, wie sie § 138 BGB als kennzeichnend für sittenwidrige Rechtsgeschäfte herausstellt, nämlich die **Ausbeutung einer Zwangslage, Unerfahrenheit, Mangel an Urteilsvermögen, erhebliche Willensschwäche.**

29 Bei alledem ist die sich aus § 194 BauGB i. V. m. § 7 ImmoWertV ergebende Maßgabe, den Verkehrswert (Marktwert) „ohne Rücksicht auf ungewöhnliche oder persönliche Verhältnisse" zu ermitteln, vornehmlich dahingehend auszulegen, dass grundsätzlich nur **Kaufpreise** heranzuziehen sind, **die nicht durch besondere Aufwendungen oder Abschläge mitbestimmt worden sind,**

- die aus Anlass des Erwerbs aus persönlichen Umständen entstanden sind
- bzw. nicht zu den sonst üblicherweise vertraglich vereinbarten Entgelten auf dem jeweiligen Grundstücksteilmarkt gehören oder
- durch Liebhaberei gekennzeichnet sind.

Dies schließt insbesondere Preise aus, die durch Nebenabreden oder besondere Umstände erhöht oder gesenkt werden, bspw. untypische Finanzierungen, *Sale-and-Lease-back*-Vereinbarungen oder besondere i. V. m. dem Verkauf gewährte Vergünstigungen oder Zugeständnisse.

30 Derartige Umstände müssen also bei der Verkehrswertermittlung unberücksichtigt bleiben. Allein die **objektiven Eigenschaften des Grundstücks, mögen sie auch als ungewöhnlich zu bezeichnen sein, bestimmen den Verkehrswert.**

2.2.2 Teilmarkt: Gewöhnlicher Geschäftsverkehr für ungewöhnliche oder persönliche Verhältnisse?

Schrifttum: *Schwarz, E.,* Teilmarktproblematik im Rahmen der Grundstückswertermittlung, GuG 2003, 100.

▶ Vgl. *§ 5 ImmoWertV Rn. 317, 336, 342 ff.*

---

[20] BGH, Urt. vom 23.3.1976 – 5 StR 82/76 –, NJW 1977, 155 = EzGuG 14.54a.

Wie vorstehend dargelegt, bestimmt sich der Verkehrswert nach dem Preis, der nach der **31**
Gesamtheit aller Eigenschaften des Grundstücks im „gewöhnlichen" Geschäftsverkehr zu
erzielen wäre. Darüber hinaus bestimmt § 194 BauGB, dass *ungewöhnliche oder persönliche
Verhältnisse* unberücksichtigt bleiben müssen. In dieser Maßgabe wurde – wie ausgeführt –
im Schrifttum eine Tautologie zum *gewöhnlichen Geschäftsverkehr* erblickt. Dem kann
zunächst gefolgt werden, wenn es um **ungewöhnliche oder persönliche Verhältnisse geht,
die den Preis im Einzelfall aus der Person des Käufers bzw. des Verkäufers** in dem Sinne
beeinflusst haben, wie dies der Regelung des § 7 ImmoWertV zugrunde liegt. Ungewöhnliche Verhältnisse in den Eigenschaften des Grundstücks müssen dagegen berücksichtigt werden, denn es wäre mit dem gewöhnlichen Geschäftsverkehr unvereinbar, wenn z. B. der ungewöhnliche Umstand, dass ein Grundstück einen besonders *schwierigen Baugrund* aufweist, unberücksichtigt bliebe. Dies stellt eine Eigenschaft dar, die, wie z. B. ein Recht an einem Grundstück, zu berücksichtigen ist. Mit der ImmoWertV hat der Verordnungsgeber klargestellt, dass *Rechte am Grundstück* zu berücksichtigen sind und nicht als ungewöhnliche Verhältnisse außer Betracht bleiben. Gleiches muss für sonstige ungewöhnliche Eigenschaften eines Grundstücks gelten.

Bezüglich der Berücksichtigung bzw. Nichtberücksichtigung persönlicher Verhältnisse stellt **32**
sich die Situation erheblich problematischer dar. Zunächst muss diesbezüglich dem Trugschluss widersprochen werden, dass sich der Verkehrswert (Marktwert) als der Preis definiert, der im gewöhnlichen Geschäftsverkehr von jedermann zu erzielen wäre (**sog. Jedermanns-Preis**) [21].

Der **Grundstücksmarkt zerfällt** bekanntlich **in eine Vielzahl sektoraler und regionaler** **33**
Teilmärkte mit jeweils spezifischen Käuferpotenzialen. Jedermann ist nicht daran interessiert, jedes Grundstück allerorts zu erwerben.

Darüber hinaus ist es aufgrund der Immobilität von Grundstücken durchaus gewöhnlich, dass **34**
Eigentümer bestimmter Grundstücke oder bestimmter Rechte an einem Grundstück ein besonderes (gesteigertes) Interesse am Erwerb bestimmter anderer Grundstücke, Grundstücksteile oder Rechte an Grundstücken haben. So werden im **gewöhnlichen Geschäftsverkehr von
Erbbauberechtigten** deutlich höhere Kaufpreise entrichtet, wenn das jeweilige mit einem Erbbaurecht belastete Grundstück zum Verkauf gelangt (vgl. Teil VIII Rn. 145 ff., 213 ff.). Ein ähnliches Phänomen hat sich auch beim Grunderwerb von Grundstücken mit bergfreien Bodenschätzen in den neuen Bundesländern offenbart (§ 5 ImmoWertV Rn. 342 ff.). Schließlich muss man auch erkennen, dass für sog. „Schikanierzwickel" von den „schikanierten" Grundstückseigentümern in aller Regel deutlich höhere Kaufpreiszugeständnisse gemacht werden.

Bei alledem muss man einräumen, dass der **Eigentümer eines** „**Schikanierzwickels", eines** **35**
mit einem Erbbaurecht belasteten Grundstücks oder eines Grundstücks mit bergfreien Bodenschätzen die höheren Preise so lange nicht realisieren kann, wie die damit in persönlicher Beziehung stehenden Berechtigten nicht kaufwillig sind, jedoch ist zumindest im Falle des mit einem Erbbaurecht belasteten Grundstücks in aller Regel ein Eigentümer an dem Verkauf zunächst auch gar nicht interessiert. Wer die Bestellung eines Erbbaurechts an seinem Grundstück und dessen Verkauf betrieben hat, will ja sein Eigentum längerfristig gerade nicht aufgeben und stattdessen sich des Erbbauzinses erfreuen. Wenn er also schon mit der Bestellung des Erbbaurechts auf die Realisierung des vollen Verkehrswerts mit der Absicht verzichtet, dass ihm wieder das „Volleigentum" nach Ablauf des Erbbaurechts zufällt, so erscheint es durchaus verständlich, dass er im Falle des Verkaufs des erbbaurechtbelasteten Grundstücks den höheren (i. d. R. nur vom Erbbauberechtigten erzielbaren) Verkaufserlös erwartet. Von daher kann durchaus von einem gewöhnlichen Geschäftsverkehr gesprochen werden, wenn der Verkehrswert aus den ohnehin nur zur Verfügung stehenden deutlich höheren Preisen ermittelt wird, die allein die Erbbauberechtigten (und nicht Dritte) in aller Regel zu zahlen

---

21 Pr OVG, Urt. vom 18.1.1902, EzGuG 20.6a; BGH, Urt. vom 25.6.1964 – III ZR 111/61 –, BRS Bd. 19 Nr. 128 =
EzGuG 20.37; BGH, Urt. vom 30.11.1959 – III ZR 130/59 –, BGHZ 31, 238 = EzGuG 19.5; BGH, Urt. vom 19.9.1966
– III ZR 216/63 –, BRS Bd. 19 Nr. 136 = EzGuG 6.92.

bereit sind. Ungewöhnlich ist in solchen Fällen dagegen der Verkauf des Erbbaurechts an Dritte. Der gewöhnliche Geschäftsverkehr, so er überhaupt bei dieser Konstellation besteht, „schrumpft" in solchen Fällen auf einen bipolaren Teilmarkt zusammen.

36 Im Falle der im Zuge des **Grunderwerbs von Grundstücken mit bergfreien Bodenschätzen** am Markt zu beobachtenden deutlich höheren Preise, die die Bergwerkseigentümer üblicherweise zahlen, ist in der Rechtsprechung der Theorie von einem spezifischen Teilmarkt (**Teilmarkttheorie**) mit der Begründung widersprochen worden, dass hier aus ökonomischen Zwängen kein freier Markt entstehe und die überhöhten Preise nur zur Vermeidung zeitaufwendiger Erwerbsverhandlungen hingenommen werden[22]. Das LG Potsdam hat demgegenüber erkannt, dass eine **Verengung des Grundstücksmarktes auf wenige Interessenten durchaus dem gewöhnlichen Geschäftsverkehr zuzurechnen** sei, wenn kein Abschlusszwang bestehe[23]. Es gibt auch nach der Rechtsprechung des BGH keinen Erfahrungssatz des Inhalts, dass selbst die unter dem Druck einer Enteignung ausgehandelten Preise „unangemessen" seien[24]. Dass selbst bei bestehenden Enteignungsmöglichkeiten das Marktgeschehen durch überhöhte Preise gekennzeichnet ist, mag auf ein unzweckmäßig geregeltes Enteignungsverfahren zurückzuführen sein. Gleichwohl kann es in Zeiten steigender Baukosten sinnvoll sein, solche Preise zur Vermeidung von Verzögerungen hinzunehmen[25]. Bei alledem kann in der Praxis zunehmend eine Hinwendung zu der Teilmarkttheorie festgestellt werden. Der BGH[26] ist allerdings in Bezug auf den Teilmarkt für Flächen über bergfreien Bodenschätzen ohne nähere Auseinandersetzung entgegengetreten (zur Verkehrswertermittlung vgl. § 5 ImmoWertV Rn. 317, 336)

2.2.3 Gewöhnlicher Geschäftsverkehr bei Massenverkäufen

▶ *Hierzu vgl. § 8 ImmoWertV Rn. 109 ff.*

37 Immobilien werden i. d. R. längerfristig gehalten und gelangen nur „stückweise" auf den Markt. Verkäuferseitig wird häufig eine „hausse" abgewartet, und nur bei einer lang anhaltenden „baisse" schwindet die Hoffnung auf die Rentierlichkeit weiteren Zuwartens. Dies zeigen auch die auf den einzelnen regionalen und sektoralen Teilmärkten zu beobachtenden Umsatzentwicklungen: Sie weisen gegenüber der Immobilienpreisentwicklung deutlich höhere Ausschläge der Umsatzentwicklung, häufig verbunden mit einer Phasenverschiebung, auf; Wertsteigerungen wirken also selten umsatzstimulierend, während **Wertrückgänge einen Attentismus zur Folge haben.**

38 Nicht selten können solche „Normalverhältnisse" dadurch „gestört" werden, dass überdurchschnittlich große Grundstücksbestände mehr oder minder schlagartig zum Verkauf gelangen (Massenangebot), die aus der üblichen Umsatzentwicklung singulär herausfallen. Diese **Grundstücksbestände** können **so groß** sein, **dass** im Falle ihrer „stückweisen" Veräußerung der **Verkäufermarkt in einen Käufermarkt mit drastischem Preisverfall umschlagen würde.** Die bei Verkäufen von großen Immobilienbeständen (Blockverkäufe von Immobilienportfolios) auftretenden Marktkonstellationen sind von denen der Einzelveräußerung grundsätzlich zu unterscheiden. Deshalb ist auch der „gewöhnliche Geschäftsverkehr" von „Massenverkäufen" ein anderer als bei der Veräußerung einzelner Grundstücke. Dem muss auch im Rahmen einer sog. Massenbewertung Rechnung getragen werden.

---

22 LG Neuruppin, Urt. vom 9.4.1997 – 1a O 658/96 –, GuG 1997, 254 = EzGuG 4.166b (nicht rechtskräftig); hierzu Gutbrod/Töpfer, Praxis des Bergrechts, RWS Köln 1996, S. 512; Aust/Jacobs/Pasternak, Die Enteignungsentschädigung 5. Aufl. 2002 Rn. 497 ff. und 705 f.
23 LG Potsdam, Urt. vom 21.8.1997 – 7 S 276/96 –, GuG-aktuell 1997, 38 = EzGuG 19.75.
24 BGH, Urt. vom 28.4.1966 – III ZR 24/65 –, WM 1966, 774 = EzGuG 19.9; BGH, Urt. vom 12.10.1970 – III ZR 117/67 –, BRS Bd. 26 Nr. 83 = EzGuG 6.128; BGH, Urt. vom 1.7.1982 – III ZR 10/81 –, BRS Bd. 45 Nr. 147 = EzGuG 4.86; BGH, Urt. vom 23.5.1985 – III ZR 10/84 –, BGHZ 95, 1 = EzGuG 6.228; BGH, Urt. vom 20.4.1989 – II ZR 237/87 –, BRS Bd. 53 Nr. 129 = EzGuG 18.110a; anders LG Koblenz, Urt. vom 1.10.1979 – 4 O 11/79 –, EzGuG 19.35 b; vgl. auch BR-Drucks. 205/72 zu § 4 Abs. 3c.
25 Salzwedel in Erichsen (Hrsg.), Allgemeines Verwaltungsrecht, 10. Aufl. 1995, § 49 Rn. 31; OLG Frankfurt am Main, Urt. vom 20.3.1980 – 1 U 198/77 –, BRS Bd. 45 Nr. 116 = EzGuG 19.35a.
26 BGH, Beschl. vom 19.12.2002 – III ZR 41/02 –, NJW-RR 2003, 374 = EzGuG 4.186.

- Dies betrifft insbesondere die jeweils zu berücksichtigenden besonderen objektspezifischen Grundstücksmerkmale. Bei einer Einzelbewertung werden in dem für den Verkehrswert maßgebenden „gewöhnlichen Geschäftsverkehr" die besonderen objektspezifischen Grundstücksmerkmale weitaus umfänglicher berücksichtigt als bei der Ermittlung des Verkehrswerts eines Immobilienportfolios. So werden z. B. bei der Verkehrswertermittlung eines einzelnen Verwaltungsgebäudes ein vom übrigen Objekt abweichender Instandhaltungszustand, ein bestehendes Wegerecht oder andere Besonderheiten konkret berücksichtigt, während solche Besonderheiten bei dem Erwerb der Immobilie als Bestandteil eines Immobilienportfolios im „gewöhnlichen Geschäftsverkehr" gar keine Beachtung finden. Dies gilt sowohl für werterhöhende als auch wertmindernde Besonderheiten. Der gewöhnliche Geschäftsverkehr lässt sich hier von dem Gedanken leiten, der auch bei Massenbewertungsverfahren zum Tragen kommt, nämlich von dem Gedanken, dass sich solche Besonderheiten in der Summe ausgleichen. Wenn bei Anwendung von Massenbewertungsverfahren im Unterschied zu Einzelbewertungen derartigen Besonderheiten nicht Rechnung getragen wird, so gehen damit eigentlich keine den Verkehrswert verfälschenden Vereinfachungen einher, vielmehr ist diese Vorgehensweise sogar i. S. der Verkehrswertermittlung eines Immobilienportfolios sachgerecht und sogar geboten. Die bei Massenbewertungsverfahren zur Anwendung kommenden „Vereinfachungen" und „Pauschalierungen" sind von daher „verkehrswertimmanent", wenn es um den Verkehrswert des Gesamtpakets geht. **39**

- Bei **Blockverkäufen** gelangen häufig nicht nur Immobilien, sondern vielfach Unternehmen ganz oder teilweise zum Verkauf, ohne dass die auf den jeweiligen Verkaufsgegenstand entfallenden Preisanteile ausgewiesen werden. Die erzielten Kauferlöse werden vereinzelt zwar auch von den Gutachterausschüssen registriert, jedoch aus den vorstehenden Gründen nicht ausgewertet[27]. **40**

2.3 Allgemeine Wertverhältnisse zum Wertermittlungsstichtag

2.3.1 Allgemeines

▶ *Näheres zu den allgemeinen Wertverhältnissen auf dem Grundstücksmarkt vgl. Rn. 3; § 3 ImmoWertV Rn. 5 ff., zum missverstandenen Stichtagsprinzip Vorbem. zur ImmoWertV Rn. 9 sowie zur Konsistenz der Verkehrswertermittlung vgl. Vorbem. zur ImmoWertV Rn. 15*

Unter dem Einfluss der in § 3 Abs. 2 ImmoWertV definierten allgemeinen Wertverhältnisse auf dem Grundstücksmarkt sind Grundstückswerte im freien Spiel zwischen Angebot und Nachfrage i. d. R. auch Werteinflüssen ausgesetzt, die nicht unmittelbar auf die objektiv vorhandenen Merkmale des Grundstücks zurückführbar sind. Dass der Verkehrswert über längere Zeit auch bei gleich bleibenden Zustandsmerkmalen konstant bleibt, ist die Ausnahme. In der Rechtsprechung wird in diesem Zusammenhang von „Zeiten schwankender Preis- und Wertverhältnisse" und auch von „konjunkturellen Weiterentwicklungen" gesprochen. Infolgedessen ist der **Verkehrswert** (Marktwert) **ein stichtagsbezogener Wert**, wobei der maßgebliche Zeitpunkt in § 3 Abs. 1 ImmoWertV als „Wertermittlungsstichtag" bezeichnet wird. Auch wenn der **Verkehrswert damit eine Momentaufnahme (Zeitwert) ist, wird seine Höhe maßgeblich von der Zukunftserwartung** der Erwerber **bestimmt**. Dies wird besonders bei Renditeobjekten deutlich (vgl. Rn. 3, Syst. Darst. des Ertragswertverfahrens Rn. 2 ff.). **41**

Dass sich der Verkehrswert (Marktwert) nach dem Wortlaut der Definition des § 194 i. V. m. § 3 Abs. 1 ImmoWertV auf die allgemeinen Wertverhältnisse eines bestimmten Wertermittlungsstichtags bestimmt, darf nicht dahingehend missverstanden werden, dass es „messerscharf" allein auf die Wertverhältnisse dieses Tages ankommt. Die Verkehrswertermittlung könnte das nicht leisten und schon gar keine „seismologische" Fortschreibung des Verkehrs- **42**

---
[27] Vgl. Grundstücksmarktbericht von Essen 2007.

werts eines Grundstücks zum „Tageskurs". Dies wäre im Übrigen auch mit der Definition des Verkehrswerts unvereinbar. Denn im gewöhnlichen Geschäftsverkehr werden Grundstücke weder bei kurzfristigen Preisausschlägen „nach oben" gekauft noch bei kurzfristigen Preisausschlägen „nach unten" verkauft (vgl. Rn. 13 ff.). Der BGH hat zu alledem zutreffenderweise in seiner Chruschtschow-Entscheidung[28] erkannt, dass kurzfristige Preissenkungen auf dem Grundstücksmarkt außer Betracht bleiben müssen, wenn der spätere Wegfall der Preissenkung bei vernünftiger wirtschaftlicher Betrachtungsweise für einen durchschnittlich besonnenen, nüchternen Betrachter erkennbar war. Gleiches muss entsprechend für kurzfristige Spitzenausschläge gelten. Soweit die einem „durchschnittlich besonnenen, nüchternen Betrachter" am Wertermittlungsstichtag erkennbare Entwicklung außer Betracht bliebe, müsste von einem **missverstandenen Stichtagsprinzip** gesprochen werden. Der in § 3 Abs. 1 ImmoWertV verwandte Begriff des Wertermittlungsstichtags mag hierzu beigetragen haben (vgl. hierzu Syst. Darst. des Ertragswertverfahrens Rn. 2).

43 Zur **retrograden (retrospektiven) Ermittlung von Verkehrswerten** (Marktwerten) vgl. § 3 ImmoWertV Rn. 4 ff.

2.3.2 Verkehrswert als Zukunftserfolgswert

▶ *Vgl. Rn. 3; § 2 ImmoWertV Rn. 4 ff., § 8 ImmoWertV Rn. 23, 37 ff.; Syst. Darst. des Ertragswertverfahrens Rn. 4 ff.; § 14 ImmoWertV Rn. 148 ff.*

44 Der **Grundstücksmarkt ist ein Markt, auf dem die Zukunft gehandelt wird**. Wenn es um die Ermittlung des im gewöhnlichen Geschäftsverkehrs erzielbaren Verkehrswert (Marktwert) geht, darf die Zukunft allerdings nicht nach der Einschätzung von Marktanalysten gehen, sondern nach der Zukunftseinschätzung des Grundstücksmarktes selbst und die kommt am besten in dem stichtagsbezogenen Marktverhalten einschließlich der getätigten Kaufabschlüsse zum Ausdruck (vgl. § 14 ImmoWertV).

45 Der **Verkehrswert** stellt bei alledem **trotz seiner Bezugnahme auf den Zeitpunkt**, auf den sich die Ermittlung bezieht (Wertermittlungsstichtag), gewissermaßen **das Kondensat der Zukunft** dar (Zukunftserfolgswert)[29]. Der Wert eines Grundstücks wird nämlich durch Zukunftserwartungen bestimmt (*value is created by the anticipation of future benefits*). Dies wird besonders deutlich bei Anwendung des Ertragswertverfahrens. Der Ertragswert wird dabei letztlich als Barwert aller künftigen Erträge ermittelt. Auch bei Anwendung des Sachwertverfahrens sind die Herstellungskosten der Vergangenheit von untergeordneter Bedeutung. Als nach der Einheit Deutschlands die frühere Stalinallee zum Verkauf gestellt wurde, waren die geringen Löhne der damaligen Bauarbeiter, die zu den Ereignissen von 1953 beigetragen haben, kein Maßstab für die Verkehrswertermittlung.

a) Bei **Anwendung des Vergleichswertverfahrens** wird der Verkehrswert zwar (in Bezug auf den Wertermittlungsstichtag) aus möglichst gegenwartsnah zustande gekommenen Vergleichspreisen abgeleitet. Gleichwohl ist auch dieser Wert ein zukunftsorientierter Wert, denn die Vergleichspreise werden maßgeblich durch die Zukunftserwartungen der Käufer geprägt.

b) Bei **Anwendung des Ertragswertverfahrens** wird allein schon dadurch der Blick in die Zukunft in den Vordergrund gerückt, dass ausdrücklich die künftigen Erträge die Grundlage der Wertermittlung sein sollen. Damit sind bei einem bebauten Grundstück die Erträge angesprochen, die über die gesamte Zeitschiene der wirtschaftlichen Nutzbarkeit vor allem des Gebäudes erwartet werden können. Dies kann ein sehr langer, kaum übersehbarer Zeitraum sein, jedoch ist der Anwender damit gehalten, das in die Wertermittlung einzustellen, was er bei wirtschaftlich vernünftiger Betrachtung am Wertermittlungsstichtag hätte erkennen können. Grundsätzlich kann der Sachverständige darauf vertrauen,

---

[28] BGH, Urt. vom 31.5.1965 – III ZR 214/63 –, NJW 1965, 1589 = EzGuG 19.8; BGH, Urt. vom 22.10.1986 – IVa ZR 143/85 –, BGHZ 98, 382 = EzGuG 20.117.
[29] „Value is created by the anticipation of future benefits", The Appraisal of Real Estate, 12. Aufl. Chicago, S. 35.

dass er mit den am Wertermittlungsstichtag marktüblich erzielbaren Ertragsverhältnissen die nachhaltige Ertragssituation „einfängt", wenn er zur Kapitalisierung dieser Erträge den (dynamischen) Liegenschaftszinssatz heranzieht, der auf dem Grundstücksmarkt im Hinblick auf die nachhaltige Entwicklung ermittelt wurde.

Steht eine Immobilie indessen zur Umnutzung an, so muss der Sachverständige das in einer Immobilie „schlummernde" **Entwicklungspotenzial als Bestandteil der nachhaltigen Ertragsfähigkeit** erkennen. Das Gleiche gilt, wenn die am Wertermittlungsstichtag tatsächlich gegebenen Ertragsverhältnisse aufgrund vertraglicher Bindungen bzw. des geltenden Mietrechts von den marktüblich erzielbaren Erträgen über eine zeitliche Bindungsfrist in einem für das Ergebnis der Ertragswertermittlung bedeutsamen Maße abweichen[30].

Dass insbesondere bei Anwendung des Ertragswertverfahrens die Zukunftserwartungen (anticipation) von maßgeblicher Bedeutung sind, wird auch dadurch deutlich, dass der zur Ermittlung des Ertragswerts heranzuziehende Liegenschaftszinssatz darauf angelegt ist, die künftige Entwicklung in die Verkehrswertermittlung einzustellen (vgl. Erläuterungen zu § 14 Abs. 3 ImmoWertV).

Bei Anwendung des Ertragswertverfahrens lässt sich die Erwartung an die Zukunft besonders plausibel in das Verfahren „einbringen", weil das **Verfahren a priori darauf angelegt** ist, den **Verkehrswert aus der künftigen Nutzung (bzw. Nutzungsfähigkeit) abzuleiten**. Entsprechend der Definition des Verkehrswerts ist dabei von nachhaltigen Erträgen auszugehen, wie sie ohne Rücksicht auf ungewöhnliche oder persönliche Verhältnisse nach den rechtlichen und tatsächlichen Gegebenheiten erzielbar sind.

c) Der Sachwert baulicher Anlagen wird zwar i. d. R. mithilfe von Normalherstellungskosten der Vergangenheit abgeleitet, die zunächst auf den Wertermittlungsstichtag mithilfe von Baupreisindexreihen umgerechnet wurden. Diese Kosten haben im Rahmen der Verkehrswertermittlung nur insoweit Bedeutung, wie sie das abbilden, was **der Grundstückseigentümer heute (am Wertermittlungsstichtag) mit Blick auf die zukünftige Nutzung an eigenen Aufwendungen erspart.** Wer heute in den jungen Bundesländern ein Einfamilienhaus erwirbt, fragt – wie dargelegt – nicht danach, wie der Bauarbeiter in der DDR entlohnt wurde und was ihn heute das Einfamilienhaus kosten würde. Bei alledem geht es nicht um die „historischen Rekonstruktionskosten" nach den Verhältnissen zum Zeitpunkt der Errichtung des Gebäudes, sondern um die **Ersatzbeschaffungskosten** (*replacement costs*) nach den Verhältnissen am Wertermittlungsstichtag. Insoweit ist auch bei Anwendung des Sachwertverfahrens die Vergangenheit nur von begrenzter Bedeutung.

Für das Gewesene gibt der Kaufmann nichts! Im Kern geht es deshalb bei Anwendung des Sach-, Vergleichs- und Ertragswertverfahrens darum, möglichst wertermittlungsstichtagsnahe Erfahrungssätze über die auf dem Grundstücksmarkt vorherrschende Wertschätzung des Objekts (Vergleichspreise), die Herstellungskosten (Normalherstellungskosten) und Erträge unter Berücksichtigung der künftigen Nutzung in das Verfahren einzuführen.

Dies betrifft nicht nur die zur Verkehrswertermittlung heranziehbaren Vergleichspreise, sondern auch die **sonstigen Grundlagen der Verkehrswertermittlung,** insbesondere die künftigen Ertragsverhältnisse einschließlich der Erkenntnisse über den Grundstückszustand.

2.4 Wertbestimmende Grundstücksmerkmale

2.4.1 Allgemeines

▶ *Vgl. hierzu §§ 5 und 6 ImmowertV*

Der Verkehrswert (Marktwert) bestimmt sich auf der Grundlage aller (tatsächlichen und rechtlichen) *Merkmale* eines Grundstücks. Als **wertbestimmende Grundstücksmerkmale** führt § 194 BauGB an:

---
30 BerlVerfGH, Beschl. vom 23.3.2003 – VerfGH 60/01 –, GuG 2003, 250.

- die rechtlichen Gegebenheiten[31],
- die tatsächlichen Eigenschaften,
- die sonstige Beschaffenheit und
- die Lage des Grundstücks.

Aufzählung und Untergliederung der aufgeführten Merkmale sind unsystematisch und gesetzgeberisch nur aus der Rechtstradition der Verkehrswertdefinition erklärbar[32]. Die aufgeführten **Grundstücksmerkmale lassen sich nicht eindeutig voneinander abgrenzen;** sie weisen vielmehr Überschneidungen auf. Entscheidend ist allein an, dass alle wertbeeinflussenden Grundstücksmerkmale – allerdings aber auch nicht doppelt – berücksichtigt werden.

48 **Eigenschaft ist jedes einer Kaufsache auf gewisse Dauer anhaftende Grundstücksmerkmal,** das für deren Wert, ihren im Falle des Ankaufs vertraglich vorausgesetzten Gebrauchs oder aus sonstigen Gründen für den Käufer erheblich ist[33].

Der Begriff der Eigenschaften umfasst im **Werkvertrags- und Kaufrecht** üblicherweise auch „unkörperliche Werkleistungen", d. h., es sind darunter alle Verhältnisse zu verstehen, die nach Art und Dauer nach der allgemeinen Verkehrsauffassung geeignet sind, Einfluss auf die Wertschätzung und Brauchbarkeit der Sache auszuüben, ohne dass der „bloße Wert" oder der Preis einer Sache zu den Eigenschaften zu rechnen ist[34]. Nach der Verkehrswertdefinition sollen in Abgrenzung zu den „rechtlichen Gegebenheiten" aber hierunter nur die „tatsächlichen" Eigenschaften verstanden werden. Gleichwohl weist dieser Begriff Überschneidungen mit der „sonstigen Beschaffenheit" und „Lage des Grundstücks" auf.

Zu den Eigenschaften gehören u. a.

a) die Nutzbarkeit, insbesondere Bebaubarkeit[35],

b) die Entwicklungspotenziale, soweit sie im gewöhnlichen Geschäftsverkehr zum Wertermittlungsstichtag ihren Niederschlag im Verkehrswert finden,

c) eine öffentliche Förderung[36],

d) steuerliche Abschreibungsmöglichkeiten[37],

e) Rechte an Grundstücken.

---

31 Nach § 142 Abs. 1 BBauG 76, aus dem § 194 BauGB hervorgegangen ist, waren bei der Verkehrswertermittlung „besondere Vorschriften über die Berücksichtigung und Nichtberücksichtigung bestimmter Umstände" zu beachten (Reduktionsklausel). Diese seinerzeit mit dem BBauG 76 eingeführte Bestimmung sollte insbesondere den Gutachter an Regelungen i. S. d. §§ 57 f., 93 ff. und der §§ 153ff. BauGB erinnern. In der Beschlussempfehlung des federführenden BT-Ausschusses wurde hierzu ausgeführt, dass der Hinweis nur deklaratorische Bedeutung habe, denn bei der Wertermittlung seine immer alle wertbeeinflussenden Umstände und damit auch die in § 194 BauGB ausdrücklich angesprochenen „rechtlichen Gegebenheiten" zu berücksichtigen (vgl. BTDrucks. 7/4793, S. 53). Mit der Aufhebung dieser Bestimmungen gehen deshalb keine materiellen Änderungen einher.
32 Die Definition wurde erstmals vom RG im Urt. vom 19.11.1879 (EzGuG 19.2) verwandt (Gruchot 24.409 = AVN 1920, 327 [LS]); später RG, Urt. vom 11.10.1880 – Va 245/79 –, EzGuG 19.2a: RG, Urt. vom 4.11.1893 _ V 175/93 –, RGZ 32, 298; RG, Urt. vom 11.6.1874 – V 175/93 –, RGZ 32, 298; später BT-Drucks. II/1813,S. 45, § 184 Abs. 2; BT-Drucks. II/3028, S. 52, § 168 Abs. 2; BT-Drucks. III/336, S. 46, § 163 Abs. 2.
33 Palandt/Putzo, BGB, 57. Aufl. § 459 Rn. 20; OLG Frankfurt am Main, Urt. vom 30.4.1998 – 15 U 65/97 –, GuG 1989, 121 = EzGuG 4.171.
34 RG, Urt. vom 24.6.1927 – VI 135/27 –; RGZ 117, 315; Münchener Komm. BGB 2. Aufl. München 1985 § 633 Rn. 26; Ingenstau, H./Korbion, H., Verdingungsordnung für Bauleistungen, 12. Aufl. Düsseldorf 1993 B § 13, 1 Rn. 116; Palandt/Putzo BGB § 459 Rn. 20.
35 OLG Frankfurt am Main, Urt. vom 30.4.1998 – 15 U 65/97 –, GuG 1999, 121 = EzGuG 4.171.
36 BFH, Urt. vom 18.12.1985 – II R 229/83 –, BFHE 146, 95 = EzGuG 20.111.
37 BGH, Urt. vom 6.12.1985 – V ZR 2/85 –, BGHZ 79, 183 = EzGuG 12.43b; BGH, Urt. vom 13.2.1981 – V ZR 25/80 –, BGHZ 79, 183 = EzGuG 14.65a; BGH, Urt. vom 19.2.1980 – V ZR 185/79 –, MDR 1981, 659 = BGHZ 79, 183; kritisch: Brych in ZfBR 1981, 153; Koller in NJW 1981, 1768.

2.4.2 Entwicklungspotenzial als Grundstücksmerkmal

▶ Vgl. *§ 1 ImmoWertV Rn. 9 ff.; Vorbem. zur ImmoWertV Rn. 7, 9 ff.*

Aus der Erkenntnis, dass der Verkehrswert als Zukunftserfolgswert verstanden werden muss, folgt, dass bei der Verkehrswertermittlung von **Grundstücken, bei denen mit der tatsächlichen Nutzung ein am Wertermittlungsstichtag vorhandenes Entwicklungspotenzial nicht ausgeschöpft wird**, die (künftige) Nutzung in die Wertermittlung eingehen muss, die sich einem verständigen Eigentümer unter Berücksichtigung der rechtlichen Möglichkeiten und der Präferenzen des Grundstücksmarktes aufdrängt (**Grundsatz des *highest and best use*)**[38]. Die vorhandene Nutzung kann sich dabei als hinderlich erweisen; auch dies muss ggf. berücksichtigt werden. Es handelt sich in solchen Fällen um Immobilien mit Entwicklungspotenzial *(property in transition),* wobei sich vielfach verschiedene Alternativnutzungen anbieten. In solchen Fällen kann regelmäßig die Nutzung der Verkehrswertermittlung zugrunde gelegt werden, die bei geringstem Risiko die höchste Ertragsfähigkeit *(maximally productive)* verspricht. Der Verkehrswertermittlung muss in solchen Fällen eine Kosten-Nutzen-Analyse vorausgehen. Bei alledem kann es nicht auf bloße Wunschvorstellungen des Eigentümers ankommen; vielmehr sind die vorhandenen und absehbaren **rechtlichen und wirtschaftlichen Möglichkeiten realitätsbezogen, ohne spekulative Momente anzuhalten** *(physically possible, legally permissible und financially feasible).* **49**

Dass die Verkehrswertermittlung, wie im Übrigen auch andere Wertermittlungen, auf einen bestimmten Wertermittlungsstichtag bezogen werden muss, führt im Übrigen bei Laien immer wieder zu dem Trugschluss, dass damit **Zukunftserwartungen (positiver und negativer Art)** von ihrer Einbeziehung in die Verkehrswertermittlung ausgenommen seien (Missverstandenes Stichtagsprinzip). Der stichtagsbezogene Verkehrswert ist nach seinem materiellen Gehalt eine Größe, in der sich Zukunftserwartungen „kondensieren", wobei hierbei vor allem das sog. Nachhaltigkeitsprinzip zu beachten ist. **50**

Dass Entwicklungspotenziale bei der Verkehrswertermittlung berücksichtigt werden müssen, folgt aus der Definition des Verkehrswerts als dem im gewöhnlichen Geschäftsverkehr erzielbaren Preis. Im gewöhnlichen Geschäftsverkehr wird nämlich neben der tatsächlichen Nutzung auch die Nutzungsfähigkeit eines Grundstücks berücksichtigt. **Zu den „tatsächlichen Eigenschaften" i. S. d. § 194 BauGB gehört mithin nicht nur das tatsächlich „Vorhandene", sondern auch das bei nüchterner Betrachtung unter Berücksichtigung der rechtlichen und wirtschaftlichen Gegebenheiten „Mögliche"**, selbst dann, wenn sich dies noch nicht rechtlich verfestigt hat. Maßgeblich ist dabei die gesunde Verkehrsauffassung. Der BGH[39] hat in seiner Rechtsprechung auch deutlich gemacht, dass sich der Verkehrswert nicht allein nach der ausgeübten Nutzung, sondern auch unter Einbeziehung der Nutzungsfähigkeit bemisst: **51**

„Die Entschädigung für das Grundstück ist vielmehr nach der durch seine Beschaffenheit und Lage bedingten Nutzungsfähigkeit – nicht allein nach der ausgeübten Nutzung – des Grundstücks am Tage der Inanspruchnahme zu bemessen (vgl. BGH, Urt. vom 8.11.1962 – III ZR 86/61 –, *BGHZ 39, 198 = EzGuG 8.5).*"

In dieser Rechtsprechung ging es zwar um die Verkehrswertermittlung landwirtschaftlicher Grundstücke, jedoch kann dies gleichermaßen für die **Nutzungsfähigkeit bebauter Grundstücke** gelten, zumindest dann, wenn nicht ein entschädigungslos hinzunehmender Planungsschaden für eine nicht ausgeübte Nutzung i. S. des § 42 BauGB droht. **52**

---

[38] Highest and best use is the reasonably probable and legal use of vacant or an improved property that is physically possible, legally permissible, appropriately supported, financially feasible, and that results in the highest value (The Appraisal of Real Estate, The American Institue, 12. Aufl., S. 306).

[39] BGH, Urt. vom 6.12.1962 – III ZR 113/61 –, BRS Bd. 19 Nr. 109 = EzGuG 6.65; LG Bremen, Urt. vom 5.11.1954 – 1 O 749/54 (B) –, EzGuG 6.10; BGH, Urt. vom 17.12.1964 – III ZR 96/63 –, BRS Bd. 19 Nr. 112 = EzGuG 11.47; BGH, Urt. vom 8.11.1962 – III ZR 86/61 –, BGHZ 39, 198 = EzGuG 8.5.

III § 194 BauGB Verkehrswert

Diese Auslegung führt im Übrigen zum Ergebnis, dass insoweit keine Disparität zur Beleihungswertermittlung besteht, bei der die sog. **Drittverwendungsmöglichkeit** seit jeher Berücksichtigung findet[40].

53 Diese Vorgehensweise ist z. B. bei Immobilien angezeigt, die sich in einem (potenziellen) Umbruch befinden (*property in transition*). So wie der Eigentümer in solchen Fällen verschiedene Optionen der Grundstücksnutzung hat und sich aus einem gesunden Interesse an einer Gewinnmaximierung überlegen kann, welche Nutzung zu bevorzugen ist, muss dies auch bei der Wertermittlung berücksichtigt werden.

54 Dabei müssen aber gewissenhaft einige Regeln beachtet werden, wenn solche Überlegungen zum Verkehrswert (Marktwert) führen sollen:

a) Bei der Berücksichtigung zukünftiger Nutzungsmöglichkeiten kann nur das zugrunde gelegt werden, was nach den **rechtlichen und tatsächlichen Gegebenheiten ohne spekulative Elemente erwartet werden kann,** wobei Erwartungen nicht unumstößlich abgesichert sein müssen.

b) Es dürfen nur solche Nutzungsmöglichkeiten berücksichtigt werden, die im Immobilienverkehr nach den Verwertungsmöglichkeiten des Objekts „gewöhnlich" und damit markt- und wertbestimmend sind; auf **persönliche Nutzungsabsichten eines Erwerbers kommt es** also **nicht an.**

c) **Alle in die Wertermittlung eingehenden Daten müssen**, auch soweit es dabei um eine fiktive Verkehrswertermittlung für den Umnutzungsfall geht, **dem gewöhnlichen Geschäftsverkehr entsprechen** und von ungewöhnlichen oder persönlichen Verhältnissen unbeeinflusst sein.

55 **Die höchste und beste Nutzung der Verkehrswertermittlung zugrunde zu legen, kann also als ein der Verkehrswertdefinition innewohnender Grundsatz angesehen werden.** Dies ist keinesfalls eine der angelsächsischen Bewertungslehre ureigene Auffassung, sondern lag stets auch dem deutschen Verständnis vom Verkehrswert zugrunde[41].

56 Die höchste Nutzung wird nicht ganz befriedigend vom *International Valuation Standards Committee* (**IVSC**) wie folgt definiert:

> „Die wahrscheinlichste Nutzung einer Immobilie, die physisch möglich, angemessen gerechtfertigt, rechtlich zulässig und finanziell durchführbar ist und die der bewerteten Immobilie den höchsten Wert verleiht."

57 Das Verständnis von einem Verkehrswert (Marktwert), der sich nach dem *„best use"* eines wirtschaftlich vernünftig Handelnden bemisst, hat seit jeher die Wertermittlungspraxis bestimmt[42]. Bestimmte **Spielarten der klassischen Wertermittlungsverfahren** sind gezielt darauf gerichtet, den für eine vorgefundene immobilienwirtschaftliche Situation erzielbaren *„best use value"* zu ermitteln, so z. B.

– das Liquidationswertverfahren,

– die sog. „Zerlegungs- oder Zerschlagungstaxe" oder

– die Berücksichtigung von „Verschmelzungswertrelationen".

▶ *Hierzu § 8 ImmoWertV Rn. 41, 89 ff., 120; § 6 ImmoWertV Rn. 400; § 16 ImmoWertV Rn. 133; Teil V Rn. 294*

---

40 So auch ausdrücklich die Interpretation des marché normal in Art. 2 des Règlement no 99 – 10 du Comité de la réglementation bancaire et financière sur les sociétés de crédit foncière (Journal officiel de la République Francaise 1999 vom 27.7.1999); auch die englische Interpretation des Verkehrswerts im *Red Book* (2002), nach der der Verkehrswert „the prospect of development where there is no current permission for that development" einschließt.

41 So schon bei Kleiber/Simon, WertV 98 5. Aufl., Köln 1999; so aber auch Tegova, Anerkannte Europäische Standards für die Immobilienbewertung, London 1997, S. 20.

42 Auch und vor allem in der Unternehmensbewertung: BGH, Urt. vom 30.3.1967 – II ZR 141/64 –, NJW 1967 = MDR 1967, 566; OLG Düsseldorf, Beschl. vom 17.2.1984 – 19 W 1/81 –, WM 1984, 732 = EzGuG 20.104b.

Verkehrswert § 194 BauGB III

Das Verständnis des Verkehrswerts vom *„highest and best use value"* darf bei alledem jedoch nicht schematisch überstrapaziert werden. Es muss mit **großer Sensibilität zur Anwendung** kommen. 58

Eine Ausnahme ist z. B. in den in § 6 Abs. 1 Satz 2 ImmoWertV geregelten Fällen bezüglich des der Verkehrswertermittlung zugrunde zu legenden Maßes der baulichen Nutzung (GFZ) gegeben. Danach ist die **lagetypische Nutzung** und nicht die höchstzulässige Nutzung der Verkehrswertermittlung zugrunde zu legen, wenn üblicherweise die lagetypische Nutzung am Wertermittlungsstichtag realisiert wird und für die Preisbildung maßgebend ist. 59

2.4.3 Grunderwerbsnebenkosten

▶ *Vgl. Rn. 170; Vorbem. zur ImmoWertV Rn. 10; Syst. Darst. des Vergleichswertverfahrens Rn. 537*

Grunderwerbsnebenkosten bzw. Grundstücksnebenkosten sind die im Zusammenhang mit der Veräußerung von Grundstücken auftretenden Grundstückstransaktionskosten. Es handelt sich hierbei zumindest in Deutschland um Kosten, die, von den Besonderheiten der Maklerprovision abgesehen, üblicherweise dem Käufer entstehen. 60

Die **Grundstückstransaktionskosten sind von der Höhe des Kaufpreises abhängig:**

Abb. 1: Grundstückstransaktionskosten (ohne Maklerkosten)

Kaufpreis oder Grundschuldbetrag	Notarkosten						Grundbuchkosten				Finanzamt
	Kaufvertrag					Grundschuld	Kaufvertrag			Grundschuld	
	Vertragsgebühr (Beratung, Beurkundung)	Bei Eigentumswohnung: Verwalterzustimmung	Bei Grundstücken: Vorkaufsrechtanfrage	Überwachung Kaufpreisfälligkeit; Vollzugsüberwachung, Eigentumsumschreibung	Dokumentenpauschale; Auslagen; Mehrwertsteuer 16 %	Grundschuld einschließlich Dokumentenpauschale; Auslagen; Mehrwertsteuer	Eintragung und Löschung der Auflassungsvormerkung	Eigentumsumschreibung	Katasterfortführungsgebühr	Grundschuld	Grunderwerbsteuer 3,5 % des Kaufpreises
€	€	€	€	€	€	€	€	€	€	€	€
100 000	414	103	21	ca 120	ca 160	ca 280	155	207	62	207	3500
150 000	564	141	28	ca 160	ca 200	ca 360	211	282	85	282	5250
200 000	714	178	36	ca 190	ca 230	ca 450	268	357	107	357	7000
250 000	864	216	43	ca 230	ca 270	ca 540	324	432	130	432	8750
300 000	1014	253	51	ca 260	ca 300	ca 620	380	507	152	507	10500
350 000	1164	291	58	ca 300	ca 340	ca 710	436	582	175	582	12250
400 000	1314	328	66	ca 330	ca 370	ca 800	493	657	197	657	14000
450 000	1464	366	73	ca 360	ca 410	ca 880	549	732	220	732	15750
500 000	1614	403	81	ca 400	ca 450	ca 970	605	807	242	807	17500

III § 194 BauGB Verkehrswert

Abb. 2: Grundstückstransaktionskosten

Grundstückstransaktionskosten				
Grundstücks-preis €	Maklerkosten ohne Umsatz-steuer	Notar- und Grundbuch-kosten	Grunderwerb-steuer	insgesamt
< 0,75 Mio €	4,3 bis 5,2 %	Max. 2 %	3,5 %	9,8 bis 10,7 %
0,75 – 1,0 Mio €	4,3 bis 5,3 %	Max. 1,5 %	3,5 %	9,3 bis 10,2 %
2,5 – 5 Mio €	4,3 bis 5,3 %	Max. 1 %	3,5 %	8,8 bis 9,7 %
5 – 7,5 Mio €	3,4 bis 4,3 %	0,5 %	3,5 %	7,4 bis 8,3 %
> 7,5 Mio €	2,6 bis 3,4 %	0,5 %	3,5 %	6,6 bis 7,4 %
bis 50 Mio €	1,3 bis 1,7 %	0,5 %	3,5 %	4,3 bis 5,7 %

61 Bezüglich der Bedeutung der Grundstückstransaktionskosten muss zwischen der Frage unterschieden werden, *ob* diese Kosten den Verkehrswert beeinflussen *und wie* diese Kosten ggf. bei der Verkehrswertermittlung zu berücksichtigen sind[43].

a) **Grundsätzlich wird der Verkehrswert durch die üblicherweise anfallenden Grundstückstransaktionskosten beeinflusst.** Angesichts der nicht unerheblichen Höhe der Transaktionskosten muss nämlich davon ausgegangen werden, dass im Rahmen der Preisbildung auf dem Grundstücksmarkt diese Kosten vom Erwerber in seine Gesamtkalkulation (kaufpreismindernd) eingestellt worden sind. Der im Kaufvertrag schließlich vereinbarte und ausgewiesene Kaufpreis stellt gewissermaßen das Ergebnis dieser Gesamtkalkulation dar. Diese Kaufpreise gehen nun als Vergleichspreise in die Kaufpreissammlung ein und bilden die Grundlage der Verkehrswertermittlung. Damit wird deutlich, dass die Transaktionskosten durchaus den Verkehrswert beeinflussen, und zwar in der üblicherweise und objektspezifischen Höhe. Diesen Gedankengängen folgend, stellte § 6 Abs. 3 WertV 88/98 richtigerweise heraus, dass nur die aus Anlass des Erwerbs und der Veräußerung entstehenden **Aufwendungen, die nicht üblicherweise entstehen,** bezüglich ihres Einflusses auf den (Vergleichs- bzw.) Kaufpreis unberücksichtigt bleiben müssen. Um den allgemeinen Einfluss der üblicherweise anfallenden Transaktionskosten auf den Verkehrswert an einem drastischen Beispiel zu verdeutlichen, sei auf den Fall hingewiesen, dass die Grunderwerbsteuer auf 50 v. H. (!) heraufgesetzt würde, was zu deutlich niedrigeren Kaufabschlüssen führen würde.

b) Eine ganz andere Frage ist die, ob und **wie die verkehrswertbeeinflussenden Transaktionskosten bei der Verkehrswertermittlung zu berücksichtigen sind.** Aus den vorherigen Ausführungen ergibt sich, dass die Transaktionskosten i. d. R. nicht mehr berücksichtigt werden dürfen, soweit sie bereits indirekt, z. B. mit den Vergleichspreisen berücksichtigt sind, und zwar in marktkonformer Höhe. Eine zusätzliche Berücksichtigung der Grundstücksnebenkosten, die überdies je nach persönlichen Umständen unterschiedlich ausfallen können, ist von daher abzulehnen. Vielmehr sind diese den ungewöhnlichen oder persönlichen Verhältnissen zuzuordnen, wenn sie von den üblichen Kosten abweichen (§ 7 Satz 2 ImmoWertV). Kein Grundstückseigentümer wäre zum Verkauf „unter" Verkehrswert nur deshalb bereit, weil ein bestimmter Erwerber aus seiner persönlichen Situation heraus besonders hohe Nebenkosten hat.

c) Bei Anwendung der in Abschnitt 3 der ImmoWertV geregelten Wertermittlungsverfahren (Vergleichs-, **Ertrags- und Sachwertverfahren**) brauchen die Grundstückstransaktionskosten nicht berücksichtigt zu werden, da sie indirekt mit den Vergleichspreisen, dem Liegenschaftszinssatz bzw. dem Sachwertfaktor in die Marktwertermittlung eingehen (vgl. Vorbem. zur ImmoWertV Rn. 10).

---

43 Vgl. Kleiber in GuG 2000, 321 ff.

Abb. 3: Rahmenbedingungen für den Erwerb von Gewerbeimmobilien im Euro-Raum

Land	Grunderwerbsteuer	Maklergebühr	Übliche Mietvertragslaufzeit in Jahren (Büro) [a]
Deutschland	3,5 %	3–6 %	5–10
Belgien	12,5 %	3 %	3/6/9
Finnland	4,0 %	2–4 %	3–5
Frankreich	4,8 %	2–5 %	3/6/9
Irland	bis zu 6 %	1–2 %	5–25
Italien	10,0 %	2–3 %	6
Luxemburg	7,0–11,0 % [b]	3 %	3/6/9
Niederlande	6,0 %	1,25–2 %	5–10
Österreich	3,5 %	3 %	3–5
Portugal	10,0 %	3–5 %	5
Spanien	6,0 %	1–5 %	3–5

a. branchenspezifische Abweichungen möglich, Maklergebühr z. T. zahlbar von Verkäufer
b. je nach Standort

Quelle: Maklerangaben; Deutsche Bank Immobiliengruppe RESEARCH 2000

2.5 Verkehrswert-Derivate

2.5.1 Allgemeines

Auf dem Grundstücksmarkt treten zusammenfassend zahlreiche mit der vorstehend erläuterten Konstellation vergleichbare Fallgestaltungen auf:

- **Erwerb eines mit einem Erbbaurecht belasteten Grundstücks durch den Erbbauberechtigten**, der i. d. R. ebenfalls zu höheren Preiszugeständnissen als jeder Dritte bereit ist.

- **Erwerb von vermieteten Eigentumswohnungen und Eigenheimen** durch den Mieter. Auch in diesen Fällen wird im Falle eines Erwerbs durch Dritte, sofern es sich nicht um typische Vermietungsobjekte handelt, mit Preisabschlägen zu rechnen sein, wenn es sich um typischerweise eigengenutzte Objekte handelt, weil ein solcher Erwerber nur begrenzte und schwerfällige Möglichkeiten hat, seinen Eigenbedarf durchzusetzen.

Der Verkehrswertbegriff hat sich auch für andere Fallgestaltungen als zu eng und unpraktikabel erwiesen, ohne dass das Sachverständigenwesen in einer dienstleistungsorientierten Weise hierauf reagiert hat: Die Immobilienbranche einschließlich der Kreditinstitute ist häufig z. B. auch an dem **Wert einer Immobilie** interessiert, **der z. B. im Falle eines Notverkaufs oder in einem bestimmten Zeitrahmen realisierbar ist**. Demgegenüber impliziert der „gewöhnliche Geschäftsverkehr", dass der Verkäufer nicht unter Zwang oder zeitlichem Druck handelt. Wie ausgeführt, nimmt nach Untersuchungen amerikanischer Makler allein schon der Verkauf eines Einfamilienhauses etwa drei Monate in Anspruch. Hochkarätige Immobilien gelangen dagegen im gewöhnlichen Geschäftsverkehr häufig erst in Jahren zum Verkauf. Hieran ist die Verkehrswertermittlung ausgerichtet, und der Sachverständige gerät nicht selten unter Druck, wenn sich für eine hochkarätige Immobilie der ermittelte Verkehrswert nicht sofort realisieren lässt.

III § 194 BauGB   Verkehrswert

64 Entsprechend den Bedürfnissen der Immobilienwirtschaft sind für solche Fälle, in denen der Veräußerungswillige an einem schnellen Verkauf interessiert ist, durchaus **modifizierte Wertbegriffe** sinnvoll:

65 Für derartige Konstellationen werden im *Red Book* des *Royal Institution of Chartered Surveyors*[44] neben dem (strengen) Verkehrswert *(Market Value – MV)* die *Depreciated Replacement Cost (DRC = Sachwert)*, der *Existing Use Value (EUV)*, der *Projected Market Value (PMV)*, die *Market Rent (MR)* – Mietwert – angeboten[45].

a) **Depreciated Replacement Costs** (DRC)[46], die genau genommen als ein Näherungsverfahren zur Marktwertermittlung im Wege des Sachwertverfahrens definiert werden, das sich auf der Grundlage der bestehenden Nutzung an den Kosten der Wiederherstellung und Wertverbesserungen orientiert.

„*A method of valuation which provides a recognized proxy for the Market Value of Specialized Properties. It is an estimate of the Market Value for the existing use of the land, plus the current gross replacement (or reproduction) costs of improvements, less allowances for physical deterioration and all relevant forms of obsolescence and optimization.*"

b) **Existing Use Value** (EUV) als den (für Bilanzierungszwecke) gebrauchten Marktwert unter der Voraussetzung, dass die gegenwärtige Nutzung (ggf. durch Dritte) fortgeführt wird (vgl. Rn. 165).

„*The estimated amount for which a property should exchange on the date of valuation between a willing buyer and a willing seller in an arm's length transaction, after proper marketing wherein the parties had acted knowledgeably, prudently and without compulsion, assuming that the buyer is granted vacant possession of all parts of the property required by the business and disregarding potential alternative uses and any other characteristics of the property that would cause its Market Value to differ from the needed to replace the remaining service potential at least cost.*"

c) **Projected Market Value** (PMV) als den voraussichtlichen Marktwert.

„*The estimated amount for which a property is expected to exchange at a date, after the date of valuation and specified by a valuer, between a willing buyer and a willing seller in an arm's length transaction, after proper marketing wherein the parties had acted knowledgeably, prudently and without compulsion.*"

d) **Market Rent** als den Mietwert.

„*The estimated amount for which a property, or space within the property, should lease (let) on the date of valuation between a willing buyer and a willing lessee on appropriate lease terms in an arm's length transaction, after proper marketing wherein the parties had acted knowledgeably, prudently and without compulsion.*"

66 Das *American Institute of Real Appraisers*[47] unterscheidet des Weiteren noch nach:

e) **Use Value** (Gebrauchswert).

„*The value of property as it is currently used, not is value considering alternative uses, may be used where legislation has been enacted to preserve farmland, timberland, or other open space on urban fringes, also known as value in use.*"

f) **Investment Value** (Investitionswert).

„*The specific value of a property to a particular investor or class of investors based on individual investment requirements; distinguished from market value, which is impersonal and detached.*"

g) **Going – concern Value.**

„*The market value of all tangible and intangible assets of an established and operating business with an indefinite life, as if sold in aggregate.*"

---

44 Red Book des Royal Institution of Chartered Surveyors, London 1995, VAS 4.6, VAS 4.7, VAS 4.11.
45 Daneben seien genannt der „*Estimated Realization Price*" (geschätzter Verkaufspreis). bzw. der eingeschränkte geschätzte Verkaufspreis (*Estimated Restricted Realization Price*).
46 Red Book Teil I PS 3.3.
47 The Appraisal of Real Estate, 12. Aufl. Chicago 2001: USPAP – Uniform Standards of Professional Practice; Appraisal Institute Chicago, S. 25.

h) *Public Interest Value,*

der im amerikanischen Schrifttum[48] auch als ein „*non-market value*" für Grundstücke bezeichnet wird, die dem sog. bleibenden Gemeinbedarf zuzurechnen sind, d. h. für Grundstücke, die dem üblichen Marktgeschehen entzogen sind. Die Festsetzung eines Werts für derartige Flächen war, wie in Deutschland, auch in den Vereinigten Staaten stets kontrovers[49].

2.5.2 Verwandte Wertbegriffe

▶ *Zum **Begriff des Zeitwerts** vgl. Vorbem. zur ImmoWertV Rn. 2 sowie zum **Begriff des Investitionswerts** Rn. 66; § 8 ImmoWertV Rn. 17 sowie Syst. Darst. des Ertragswertverfahrens Rn. 50*

Der in der Versicherungswirtschaft gebrauchte **Begriff des Versicherungswerts** ist bei Gebäuden (im Falle von Neuwertversicherungen) der ortsübliche Neubauwert, der sich im Wesentlichen nach dem Sachwert des Gebäudes bemisst, wobei die Ermittlung des Sachwerts im Versicherungswesen von der Sachwertermittlung nach den Grundsätzen der ImmoWertV abweicht[50]. Entsprechendes gilt auch für den Ersatzwert, der als der Versicherungswert im Zeitpunkt des Schadens definiert ist (§ 51 Abs. 1 VVG i. V. m. § 52 und den §§ 86, 88, 140, 141 VVG). Im VVG wird darüber hinaus der Begriff des Handelswerts gebraucht (vgl. § 140 VVG). **67**

Mit dem wirtschaftstheoretischen **Begriff des Gebrauchswerts** (*use value*) wird der subjektive Nutzen eines Gutes nach seiner objektiven Eignung bezeichnet. Der Gebrauchswert steht komplementär zum objektiven Wert und in keinem quantitativen Zusammenhang zum Tauschwert[51]. Der Begriff „Gebrauchswert" wird auch vielfach als Synonym zum Nutzwert und im Zusammenhang mit dem Modernisierungsbegriff verwendet (vgl. § 19 ImmoWertV Rn. 117; § 7 Abs. 3 NdsDSchG). **68**

Im steuerlichen Bereich wird dagegen der Begriff **Nutzwert** bzw. **Nutzungswert** i. S. des gemeinen Werts (Verkehrswert) z. B. im Rahmen der Nutzungswertbesteuerung für eigengenutzte Wohnungen gebraucht[52]; er wird nach fiktiven Einkünften ermittelt (vgl. § 13 Abs. 2 Nr. 2 EStG). **69**

Im nichtsteuerlichen Bereich wird der Begriff „Nutzungswert"[53] dagegen vielfach zur Unterscheidung der Werthaltigkeit eines Grundstücks aufgrund der tatsächlich ausgeübten Nutzung von dem höheren sich nach anderen Kriterien bildenden Verkehrswert verwandt[54]; z. B. zur Abgrenzung des landwirtschaftlichen Nutzungswerts vom Verkehrswert. **70**

---

48 *The Appraisal of Real Estate* 12. Aufl. Chicago, S. 649.
49 *Woodward, S., Public Interest Value and Non-Economic Highest and Best Use, The Appraisals Institute's Position, Valuation Insights and Perspectives* Bd. 1 Nr. 2 (1996, S. 27); *United States General Accounting Office, Federal Land Management: Consideration of Proposed Alaska Land Exchanges Should be Discontinued*, GAO/RCED 88 – 179 Washington, DC December 1988.
50 Vgl. Kleiber/Simon/Weyers, Verkehrswertermittlung von Grundstücken, 3. Aufl. Teil XI.
51 Opitz, Nutzwertanalyse von Immobilien in GuG 2000, 82.
52 BFH, Urt. vom 11.8.1989 - IX R 87/86 -, BFHE 158, 240 = BStBl II 1990, 59 = EzGuG 12.58; BFH, Urt. vom 20.1.1978 - III R 120/75 –, BStBl II 1978, 257 = 14.58a; BFH, Urt. vom 11.10.1977 - VIII R 20/75 –, BFHE 123, 347 = BStBl II 1977, 860 = EzGuG 20.68; BFH, Urt. vom 30.1.1974 - IV R 110/73 –, BStBl II 1975, 3 = EzGuG 20.56a; BFH, Urt. vom 30.1.1974 - IV R 105/72 –, BFHE 112, 35 = BStBl II 1974, 608 = EzGuG 3.42a; BFH, Urt. vom 10.8.1972 - VIII R 82/71 –, BFHE 106, 543 = BStBl II 1972, 833 = EzGuG 20.53; BFH, Urt. vom 10.8.1972 - VIII R 80/69 –, BFHE 107, 199 = BStBl II 1973, 70 = 20.52; BFH, Urt. vom 17.10.1969 - VI R17/67 –, BFHE 97, 117 = BStBl II 1970, 60 = EzGuG 20.45; BFH, Urt. vom 20.10.1965 - VI 292/64 U –, BFHE 8, 437 = BStBl III 1966, 13 = EzGuG 20.42; BFH, Urt. vom 29.7.1960 - III 206/56 U –, BStBl III 1960, 456 = EzGuG 14.13; BFH, Urt. vom 30.7.1991 - IX R 49/90 –, BStBl II 1992, 27 = EzGuG 3.99; BFH, Urt. vom 30.6.1966 - VI 292/65 –, BStBl III 1966, 541 = 2.8a.
53 Zum „Nutzungswert": OLG Düsseldorf, Urt. vom 24.2.1994 - 16 U 135/93 –, GuG 1995, 125 = EzGuG 20.150b, Weyers in GuG 1994, 353.
54 OLG Köln, Urt. vom 9.4.1963 - 9 U 2/63 –, RdL 1963,159 = EzGuG 14.15b; BVerwG, Urt. vom 9.6.1959 - 1 C B 27/58 –, BVerwGE 8, 343 = EzGuG 17.13; BGH, Urt. vom 22.11.1991 - V ZR 160/90 –, NJW 1992, 892 = EzGuG 3.103.

3 Verkehrswertermittlung (Marktwertermittlung)

3.1 Allgemeines

▶ *Weitere Ausführungen hierzu in Vorbem. zur ImmoWertV Rn. 12*

71 Der **Verkehrswert ist keine mathematisch exakt ermittelbare Größe** und die Ermittlung von Verkehrswerten (Marktwerten) bleibt **letztlich stets eine Schätzung,** auch wenn mit der Verordnung über die Grundsätze für die Ermittlung der Verkehrswerte von Grundstücken (Immobilienwertermittlungsverordnung) allgemeine methodische Grundsätze vorgegeben werden (vgl. hierzu die Erläuterungen).

3.2 Genauigkeit und Leistungsfähigkeit der Verkehrswertermittlung

▶ *Vgl. hierzu Vorbem. zur ImmoWertV Rn. 14; zur Leistungsfähigkeit vgl. auch § 10 ImmoWertV Rn. 9 ff.; zum Missverhältnis zwischen Kaufpreis und Wert des Grundstücks § 5 ImmoWertV Rn. 22*

72 Die Leistungsfähigkeit der Verkehrswertermittlung **von Grundstücken** wird **in der Rechtsprechung für** unter „Normalverhältnissen" und ohne Unsicherheiten bezüglich der Nutzbarkeit **von einer Genauigkeit** *(range of valuation)* **von „bis zu + 20 bis + 30 %"** ausgegangen; dies sind jedoch keine starren, sondern vom Einzelfall abhängige Toleranzgrenzen.

3.3 Auf- und Abrundung

73 ▶ *Vgl. Teil IV, Vorbem. zur ImmoWertV Rn. 15*

3.4 Konsistenz der Verkehrswertermittlung

74 Mit dem vorstehend angesprochenen sprachlichen Problem steht auch die Frage nach der zeitlichen Konsistenz einer Verkehrswertermittlung im Zusammenhang. Dies ist z. B. in den Fällen von Bedeutung, in denen sich Kaufverhandlungen auf der Grundlage eines vorher erstellten Verkehrswertgutachtens über eine längere Zeit hinziehen. Nr. 3.1 der TLG-Verkaufsrichtlinie[55] misst **Verkehrswertgutachten als Entscheidungsgrundlage für den Grundstücksverkauf** grundsätzlich **eine sich auf 8 Monate erstreckende Gültigkeit** bei, wobei dieser Zeitraum für *Berlin* allerdings auf vier Monate beschränkt wird[56]. Der Zeitraum soll sich nach dem Wertermittlungsstichtag und dem Beurkundungstag bemessen und ist durchaus realistisch, wenn man einmal von dem Sonderfall sich kurzfristig und zugleich nachhaltig verändernder allgemeiner Wertverhältnisse auf dem Grundstücksmarkt absieht.

3.5 Merkantiler Mehr- und Minderwert

▶ *Weiteres hierzu bei § 8 ImmoWertV Rn. 418 ff., § 5 ImmoWertV Rn. 417*

75 Zu den tatsächlichen Eigenschaften und der sonstigen Beschaffenheit i. S. der Verkehrswertdefinition des § 194 BauGB gehört ggf. auch ein merkantiler Mehr- oder Minderwert des Grundstücks. Er ist integraler Bestandteil des Verkehrswerts.

---

[55] TLG-Verkaufsrichtlinie (Stand 10.2.1996), abgedruckt bei Bielenberg/Kleiber/Söfker, Vermögensrecht, Jehle Rehm, II 4.2.13.
[56] Für Gutachten eines Mieterhöhungsverlangens wurde vom LG Berlin im Urt. vom 3.2.1998 – 63 S 364/97 –, NJW-RR 1999, 91 = EzGuG 11.262 von einer zweijährigen Aktualität des Gutachtens ausgegangen.

Unter einem merkantilen Minderwert ist dabei der Betrag zu verstehen, um den sich der Verkehrswert eines Grundstücks, das einen Mangel aufwies, trotz vollständiger Beseitigung dieses Mangels in technisch einwandfreier Weise (auch z. B. aufgrund eines Bauschadens) **in der allgemein verbliebenen Befürchtung mindert, dass sich ein Folgeschaden irgendwie auch künftig auswirken könnte, auch wenn diese Befürchtung tatsächlich unbegründet ist**[57]. Der merkantile Minderwert wird auch als psychologischer Minderwert bezeichnet.

4 Verkehrswerte in anderen Rechtsbereichen

4.1 Entschädigungsrecht

▶ *Weitere Ausführungen im Teil VI Rn. 30 ff.*

Der in § 194 BauGB definierte **Verkehrswert** (Marktwert) **ist bei Enteignungen** nach § 95 Abs. 1 Satz 1 BauGB (auch § 10 LBeschG) **Bemessungsgrundlage für die Entschädigung des Rechtsverlusts**[58]. Der Verkehrswert bildet sich daher in Wechselbeziehung zu der Entschädigung, die im Falle einer Enteignung zu gewähren ist. Die Entschädigungsvorschriften sind deshalb bei der Verkehrswertermittlung zu beachten, denn ein vernünftig handelnder Erwerber wird bei der Kaufpreisbemessung das berücksichtigen, was er im Enteignungsfall als Entschädigung beanspruchen kann. Dies gehört zu den nach § 194 BauGB zu berücksichtigenden rechtlichen Gegebenheiten.

Auch die sich an die entschädigungsrechtlichen Bestimmungen des BauGB anlehnenden **Enteignungsgesetze der Länder** knüpfen an den Verkehrswertbegriff des § 194 BauGB an[59].

Der **Verkehrswert** (Marktwert) **ist begrifflich identisch mit dem „vollen Gegenwert"** eines Grundstücks, der auch Maßstab für ein angemessenes Angebot (vgl. Rn. 5, Teil VI Rn. 30 ff.) ist, das im Vorfeld einer Enteignung nach den §§ 87 f. BauGB unterbreitet werden muss[60].

---

57 BGH, Urt. vom 24.2.1972 – VII ZR 177/70 –, BGHZ 58, 181 = EzGuG 3.38b.
58 Die gegebene Rechtslage ist verfassungsrechtlich nicht vorgegeben, denn Art. 14 Abs. 3 Satz 3 GG verlangt nicht, dass die Entschädigung stets nach dem Marktwert bemessen wird (vgl. BVerfG, Urt. vom 18.12.1968 – 1 BvR 638, 673/64 –, BVerfGE 24, 367 = EzGuG 6.117; BVerfG, Beschl. vom 26.10.1977 – 1 BvL 9/72 –, BVerfGE 46, 268 = 6.195; BGH, Urt. vom 18.10.1979 – III ZR 68/77 –, NJW 1980, 888 = EzGuG 6.202a; BGH, Urt. vom 28.9.1972 – III ZR 44/70 –, BGHZ 59, 250 = EzGuG 14.47; zu den Grenzen des Gesetzgebers aufgrund der besonderen Stellung des Grund und Bodens, Inhalt und Schranken des Eigentums zu bestimmen, grundsätzlich BVerfG, Beschl. vom 12.1.1967 – 1 BvR 169/63 –, BVerfGE 21, 73 = EzGuG 6.96 und BGH, Urt. vom 26.11.1954 – V ZR 58/53 –, BGHZ 15, 268 = EzGuG 6.11.
59 § 7 Abs. 4 des hamb. Enteignungsgesetzes i. d. F. vom 11.11.1980 (GVBl. 1980, 305), zuletzt geändert durch Gesetz vom 1.7.1993 (GVBl. 1993, 149), wonach die Vorschriften über die Gutachterausschüsse und die der hierzu ergangenen Rechtsverordnung „sinngemäß" in Enteignungsverfahren anzuwenden sind; Art. 10 Abs. 1 Satz 2 des bay. Enteignungsgesetzes vom 25.7.1978 (GVBl. 1978, 625 = BayRS 2141 - 1-I) enthält eine § 194 BauGB entsprechende Verkehrwertdefinition, die allerdings nicht die Berücksichtigung der „rechtlichen Gegebenheiten" ausdrücklich vorschreibt; Verwendung findet der Verkehrswertbegriff auch im hess. Enteignungsgesetz vom 4.4.1973 (GVBl. 1973, 107), im nds. Enteignungsgesetz i. d. F. vom 6.4.1981 (GVBl. 1981, 83), zuletzt geändert durch das Gesetz vom 19.9.1989 (GVBl. 1989, 345), im rh.-pf. Landesenteignungsgesetz vom 22.4.1966 (GVBl. 1966, 103), geändert durch das Gesetz vom 27.6.1974 (GVBl. 1974, 290) und § 9 Abs. 1 Satz 2 des bad.-württ. Landesenteignungsgesetzes vom 6.4.1982 (GBl. 1982, 97), geändert durch das Gesetz vom 25.2.1992 (GVBl. 1992, 145), und im nordrh.-westf. Landesenteignungs- und -entschädigungsgesetz – EEG – vom 20.6.1989 (GVBl. 1989, 366, ber. GVBl. 1989, 570).
60 BGH, Urt. vom 16.12.1982 – III ZR 123/81 –, BRS Bd. 45 Nr. 105 = EzGuG 6.218; BGH, Urt. vom 09.11.1959 – III ZR 149/58 –, WM 1960, 71 = EzGuG 14.11; BGH, Urt. vom 31.5.1965 – III ZR 214/63 –, NJW 1965, 1589 = EzGuG 19.8; BGH, Urt. vom 22.5.1967 – III ZR 145/66 –, BGHZ 48, 46 = EzGuG 6.99; BGH, Urt. vom 8.6.1959 – III ZR 66/58 –, BGHZ 30, 281 = EzGuG 6.41; OLG Düsseldorf, Urt. vom 18.10.1979 – 18 U 78/79 –, BRS Bd. 45 Nr. 182 = EzGuG 16.24.

III § 194 BauGB Verkehrswert

4.2 Ausübung von Vorkaufsrechten

▶ Vgl. hierzu Teil VI Rn. 252 f., 292, 304; Teil VIII Rn. 475

80 Der Verkehrswert ist nach § 28 Abs. 3 BauGB auch **Bemessungsgrundlage bei Ausübung des preislimitierenden Vorkaufsrechts** nach dem BauGB.

81 Schon bei Ausübung des **allgemeinen Vorkaufsrechts nach § 3 des Maßnahmengesetzes zum Baugesetzbuch** (BauGB-MaßnahmenG 93)[61] war der Verkehrswert Bemessungsgrundlage, wenn der vereinbarte Kaufpreis den Verkehrswert (Marktwert) in einer dem Rechtsverkehr erkennbaren Weise deutlich überschritt.

82 Mit **§ 28 Abs. 3 BauGB 98** findet diese Regelung seit dem 1.1.1998 generell Anwendung bei Ausübung des Vorkaufsrechts nach dem BauGB.

83 Wann eine **deutliche Überschreitung des Verkehrswerts** (Marktwerts) vorliegt, soll nach der Begründung zu dieser Vorschrift in Anlehnung an die Rechtsprechung des BVerwG zur sog. Preisprüfung in Sanierungsgebieten beurteilt werden; danach liegt der vereinbarte Kaufpreis so lange nicht über dem Verkehrswert, wie nicht Werte vereinbart oder zugrunde gelegt werden, die in einer dem Rechtsverkehr erkennbaren Weise deutlich verfehlen, was auch sonst, nämlich im gewöhnlichen Geschäftsverkehr, ohne Rücksicht auf ungewöhnliche oder persönliche Verhältnisse zu erzielen wäre (vgl. Rn. 14 ff., Vorbem. zur ImmoWertV Rn. 198; Teil VI 292)[62].

4.3 Haushaltsrecht

Schrifttum: Kommunales Vermögen – richtig bewertet, Haufe Verlag 2004.

▶ Vgl. Teil V Rn. 636

84 Der Verkehrswert (Marktwert) ist auch identisch mit dem **„vollen Wert"** i. S. der Bundes- und Landeshaushaltsordnungen sowie der Gemeindeordnungen der Länder[63]; er ist damit Bemessungsgrundlage für die Überlassung und Nutzung von Vermögensgegenständen der öffentlichen Hand. Solche darf die öffentliche Hand nur unter besonderen Voraussetzungen verbilligt abgeben[64]; die Ausnahmen werden im Haushaltsplan zugelassen. Der Verkauf öffentlichen Vermögens unter dem „vollen" Wert (= Verkehrswert) stellt nach der Rechtsprechung des BGH eine teilweise unentgeltliche und verbotene Zuwendung dar, wenn er nicht ausnahmsweise einem legitimen öffentlichen Zweck dient[65]; dies kann gemäß § 134 BGB die Nichtigkeit des Kaufvertrags zur Folge haben.

„§ 63 BHO Erwerb und Veräußerung von Vermögensgegenständen

(1) Vermögensgegenstände sollen nur erworben werden, soweit sie zur Erfüllung der Aufgaben des Bundes in absehbarer Zeit erforderlich sind.

---

[61] BGBl. I 1993, 622.
[62] BT-Drucks. 11/5972, S. 13; BGH, Urt. vom 05.7.1990 – III ZR 229/89 –, NJW 1991, 293 = GuG 1990, 161 = EzGuG 14.94; BVerwG, Urt. vom 24.11.1978 – 4 C 56/76 –, BVerwGE 57, 87 = EzGuG 15.9; BVerwG, Urt. vom 21.8.1981 – 4 C 16/78 –, BRS Bd. 38 Nr. 217 = EzGuG 15.18; LG Karlsruhe, Urt. vom 24.6.1994 – O 12/94 –, GuG 1995, 383 = EzGuG 14.122; ferner BT-Drucks. 11/6636, S. 26 f.
[63] Bundeshaushaltsordnung – BHO –, dort § 63 Abs. 3 BHO; vgl. auch § 63 Abs. 3 brem. LHO; BGH, Urt. vom 30.1.1967 – III ZR 35/65 –, BGHZ 47, 30 = EzGuG 1.6; OVG Münster, Urt. vom 5.8.1982 – 15 A 1634/81 –, NJW 1983. 2517 = EzGuG 1.21; OVG Münster, Urt. vom 17.7.1981 – 15 A 2672/78 –; Bekanntm. des bay. Staatsministeriums des Innern vom 15.11.1988 (AllMBl. 1988, 895); Art. 75 der bay. GemO vom 11.9.1989 (GVBl. 1989. 585); bad.-württ. VwVGemO vom 1.12.1985 (GABl. 1985, 1113, zu § 92); § 6 des nordrh.-westf. Haushaltsgesetzes vom 14.12.1988 (GVBl. 1988, 518), auch RdErl. des nordrh.-westf. MSWV vom 16.3.1988 – 1 C 1 – 60.00 – 204/88 –, (MBl.1988, 534), Tz. 6.2.18.23.
[64] Zusammenstellung bei Kleiber in Krautzberger, Städtebauförderungsrecht, a. a. O., Bd. II, Nr. 15; vgl. BT-Drucks. 11/8403, S. 3; Gesetz über die Veräußerung von Grundstücken Berlins (GVBl. Bln 1992, 304).
[65] BGH, Beschl. vom 28.9.1993 – III ZR 91/92 –, NJW 1994, 1403 = GuG 1994, 311 = EzGuG 15.77; BGH, Urt. vom 30.1.1967 – III ZR 35/65 –, BGHZ 47, 30 = EzGuG 1.6; OVG Münster, Urt. vom 5.8.1982 – 15 A 1634/81 –, KStZ 1983, 98 = NJW 1983, 2517 = EzGuG 1.21.

(2) Vermögensgegenstände dürfen nur veräußert werden, wenn sie zur Erfüllung der Aufgaben des Bundes in absehbarer Zeit nicht benötigt werden. Unbewegliche Vermögensgegenstände, die zur Erfüllung der Aufgaben des Bundes weiterhin benötigt werden, dürfen zur langfristigen Eigennutzung veräußert werden, wenn auf diese Weise die Aufgaben des Bundes nachweislich wirtschaftlicher erfüllt werden können.

(3) Vermögensgegenstände dürfen nur zu ihrem vollen Wert veräußert werden. Ausnahmen können im Haushaltsplan zugelassen werden. Ist der Wert gering oder besteht ein dringendes Bundesinteresse, so kann das Bundesministerium der Finanzen Ausnahmen zulassen.

(4) Für die Überlassung der Nutzung eines Vermögensgegenstandes gelten die Absätze 2 und 3 entsprechend."

So darf z. B. nach § 77 Abs. 1 Satz 2 der nordrh.-westf. GO ein Vermögensgegenstand i. d. R. nur zu seinem „vollen Wert" veräußert werden[66]. Dies gilt im Übrigen entsprechend für die Überlassung der Nutzung eines Vermögensgegenstands[67]; des Weiteren sind auch die Verschenkung und die unentgeltliche Überlassung von Gemeindevermögen unzulässig[68]. Der öffentlichen Hand ist damit untersagt, Einzelne dadurch zu begünstigen, ihnen Vermögensgegenstände ohne entsprechende Gegenleistung, d. h. unter ihrem objektiven Wert, zuzuwenden. Dies ist Ausfluss des Rechtsstaatsprinzips und des Willkürverbots[69]. Aus diesem Grunde ist es auch grundsätzlich unzulässig, bei der Erhebung von Erschließungsbeiträgen und Ausgleichsbeträgen „Nachlässe" einzuräumen. Nur im Einzelfall kann die Gemeinde legitimiert sein, zur Erfüllung von Gemeindeaufgaben Vermögensgegenstände „unter Wert" zu überlassen. Nach der Bekanntmachung des Bay. Staatsministerium des Innern vom 15.11.1988[70] sollen z. B. Gemeinden geeignete, ihnen gehörende Grundstücke im Vollzug des § 89 Abs. 1 II. WoBauG zu „angemessenen" Preisen als Bauland für den Wohnungsbau zu Eigentum oder in Erbbaurecht überlassen oder als Bauland ungeeignete Grundstücke zum Austausch gegen geeignetes Bauland bereitstellen[71].

85

Der **Verkehrswert (= voller Wert) als Bemessungsgrundlage für die Veräußerung von Grundstücken** gemäß § 63 Abs. 3 BHO **gilt** nach § 105 BHO im Übrigen **auch für bundesunmittelbare juristische Personen des öffentlichen Rechts**, jedoch kann der für sie jeweils zuständige Bundesminister im Einvernehmen mit dem Bundesministerium der Finanzen und dem Bundesrechnungshof auch hierfür Ausnahmen zulassen, soweit kein erhebliches finanzielles Interesse des Bundes besteht. Mithin fällt unter diese Regelung auch die Treuhandanstalt, die nach § 2 des Treuhandgesetzes – TG – eine Anstalt des öffentlichen Rechts ist.

86

Für die **neuen Bundesländer bestimmt § 49 Kommunalverfassung (KV)**[72] vom 17.5.1990, dass die Gemeinde Vermögensgegenstände, die sie zur Erfüllung ihrer Aufgaben nicht braucht, i. d. R. nur zu ihrem vollen Wert veräußern darf[73].

87

Auch nach der **vor dem 1.7.1990 gegebenen Rechtslage waren die DDR-Behörden** im Übrigen zum sparsamen Umgang mit öffentlichen Geldern verpflichtet[74]. Ein Kaufvertrag, durch welchen öffentliches Vermögen verschleudert wird, war nach § 68 Abs. 1 Nr. 1 ZGB im Gebiet der jungen Bundesländer sowie im Ostteil Berlins schon bisher „nichtig, wenn sein Inhalt gegen ein in Rechtsvorschriften enthaltenes Verbot verstößt" (vgl. auch § 134 BGB).

88

---

66 Vgl. auch Art. 75 Abs. 1 Satz 2 bay. GO; § 109 Abs. 1 hess. GO.
67 Vgl. Art. 75 Abs. 2 BayGO.
68 Vgl. Art. 75 Abs. 3 Satz 1 BayGO.
69 BGH, Urt. vom 30.1.1967 – III ZR 35/65 –, BGHZ 47, 30 = EzGuG 1.6 vgl. BGH, Beschl. vom 11.11.1993 – V ZR 284/92 – VIZ 1994, 131 = EzGuG 10.7.
70 AllMBl.1988, 895.
71 A. A. OVG Münster, Urt. vom 5.8.1982 – 15 A 1634/81 –, KStZ 1983, 98 = NJW 1983, 2517 = EzGuG 1.21; OVG Münster, Urt. vom 17.7.1981 – 15 A 2672/78 –.
72 GBl. DDR I 1990, 255 i. V. m. Anl. II Kap. II Sachgebiet B Abschnitt II des Einigungsvertrages vom 31.8.1990 (BGBl. II 1990, 885); vgl. RdErl. des IM von Sachsen-Anhalt vom 1.3.1995 – 33.11 – 10251 – (MBl. LSA 1995, 390 = GuG 1997, 112); vgl. §§ 55 Abs. 2, § 56 Abs. 3 der Haushaltsordnung vom 15.6.1990, GBl. DDR I 1990 Nr. 33.
73 Vgl. BT-Drucks. 11/8403, S. 3.
74 Vgl. z. B. §§ 1 Abs. 4, § 5 Abs. 1 und 2, § 8 Abs. 1, §§ 11, 15 Abs. 5, § 23 Abs. 1 und 2 Gesetz über die Staatshaushaltsordnung der DDR vom 13.12.1968 (GBl. DDR I 1968, 383) und § 3 Anordnung über die Rechtsträgerschaft an volkseigenen Grundstücken vom 7.7.1969 (GBl. DDR II 1969, 433).

III § 194 BauGB   Verkehrswert

Soweit Verträge zwischen dem 19.3.1990[75] und dem 30.6.1990 abgeschlossen, aber bis zum 30.6.1990 noch nicht erfüllt wurden, gelten die Ausführungen unter Rn. 103 des Teils II (Einführung). Nach § 4 Abs. 2 der Verordnung zum Preisgesetz vom 25.6.1990[76] greift diese nämlich in noch nicht erfüllte Verträge ein. Ist also der Kaufpreis erst nach dem 30.6.1990 entrichtet worden oder die Eigentumseintragung im Grundbuch (vgl. § 297 ZGB) nach dem 30.6.1990 vorgenommen worden, hätte die Kaufsumme neu ausgehandelt werden müssen.

89 Haushaltsrechtlich war dies auch in der DDR beim Verkauf volks- bzw. republikeigenen Vermögens nach § 55 Abs. 3 und § 56 Abs. 3 des Gesetzes über die Haushaltsordnung der Republik vom 15.6.1990 verboten[77]; die genannten Vorschriften entsprechen den §§ 63 und 64 BHO. Mit Wirkung vom 1.7.1990 an waren auf dem Gebiet der neuen Bundesländer sowie im Ostteil Berlins (grundsätzlich) sämtliche staatliche Preisvorschriften aufgehoben worden[78].

4.4 Bergrecht

▶ *Nähere Ausführungen zum Abbauland vgl. § 5 ImmoWertV Rn. 306 ff.*

90 § 194 BauGB definiert den Verkehrswert (Marktwert) wortgleich mit **§ 85 Abs. 1 des Bundesberggesetzes BBergG,** wo er ebenfalls Bemessungsgrundlage der Entschädigung für den Rechtsverlust ist.

4.5 Steuerliches Bewertungsrecht (Gemeiner Wert)

4.5.1 Allgemeines

▶ *Vgl. Vorbem. zur ImmoWertV Rn. 1; § 1 ImmoWertV Rn. 21, 27 ff.; § 5 ImmoWertV Rn. 454; § 6 ImmoWertV Rn. 242, 384, 431, 446; § 10 ImmoWertV Rn. 33; § 13 ImmoWertV Rn. 49, 51; § 14 ImmoWertV Rn. 20, 123; Syst. Darst. zum Vergleichswertverfahren Rn. 15; § 16 ImmoWertV Rn. 18, 88 ff., 129, 219, 249; Syst. Darst. zum Ertragswertverfahren Rn. 117, 196, 262, 271; Syst. Darst. zum Sachwertverfahren Rn. 42, 50, 224, 269; § 22 ImmoWertV Rn. 37; § 23 ImmoWertV Rn. 20, 23*

91 Trotz unterschiedlichen Wortlauts ist der Verkehrswert auch materiell identisch mit dem in § 9 Abs. 2 BewG bestimmten **gemeinen Wert des Steuerrechts.**

„**§ 9 BewG Bewertungsgrundsatz, gemeiner Wert**

(1) Bei Bewertungen ist, soweit nichts anderes vorgeschrieben ist, der gemeine Wert zugrunde zu legen.

(2) Der gemeine Wert wird durch den Preis bestimmt, der im gewöhnlichen Geschäftsverkehr nach der Beschaffenheit des Wirtschaftsgutes bei einer Veräußerung zu erzielen wäre. Dabei sind alle Umstände, die den Preis beeinflussen, zu berücksichtigen. Ungewöhnliche oder persönliche Verhältnisse sind nicht zu berücksichtigen.

(3) Als persönliche Verhältnisse sind auch Verfügungsbeschränkungen anzusehen, die in der Person des Steuerpflichtigen oder eines Rechtsvorgängers begründet sind. Das gilt insbesondere für Verfügungsbeschränkungen, die auf letztwilligen Anordnungen beruhen."

92 Der BFH hat in einer Entscheidung von 1990[79] festgestellt, dass der wahre Wert des Grundvermögens dem Verkehrswert entspricht. Der als „**gemeiner Wert**" nach den Regeln des Bewertungsgesetzes abgeleitete Einheitswert unterscheidet sich vom aktuell ermittelten Verkehrswert lediglich hinsichtlich des Wertermittlungsstichtags und der Wertermittlungsmetho-

---

75 Dies ist das Datum des Inkrafttretens des Gesetzes über den Verkauf volkseigener Gebäude vom 7.3.1990 (GBl. DDR I 1990, 157).
76 GBl. DDR I 1990, 172 f.
77 GBl. DDR I 1990, Nr. 33.
78 Vgl. Preisgesetz vom 22.6.1990 sowie die Verordnung über Aufhebung bzw. Beibehaltung von Rechtsvorschriften auf dem Gebiet der Preise vom 25.6.1990 (GBl. DDR I 1990, 471); § 6 der Durchführungsverordnung zum Gesetz über den Verkauf volkseigener Gebäude vom 15.3.1990 (GBl. DDR I 1990, 158) war ab dem 1.7.1990 im Übrigen nicht mehr anwendbar.
79 BFH, Urt. vom 2.2.1990 – III R 173/86 –, EzGuG 20.131 = GuG 1992, 217.

Verkehrswert § 194 BauGB III

dik[80]. Die steuerliche Bewertung ist, da es sich um eine Massenbewertung handelt, auf pauschalierende Vereinfachungen gegenüber der „spitzen" Verkehrswertermittlung angelegt. Zudem wird sie nach dem Steuerrecht (als Einheits- bzw. Grundbesitzwert) mit Rechtswirksamkeit festgesetzt. Die Einheitswerte – bis zum Inkrafttreten des Jahressteuergesetzes Bemessungsgrundlage für alle einheitswertabhängigen Steuern (Grund-, Vermögen-, Erbschaft- und Schenkungsteuer) – wurden auf den 1.1.1964 festgestellt und fanden – außer bei der Grundsteuer – mit einem Zuschlag von 40 % Anwendung, obwohl zwischenzeitlich erhebliche Werterhöhungen zu verzeichnen waren. Deshalb sowie aufgrund der (notwendigerweise) pauschalierenden Bewertungsmethodik des Steuerrechts müssen die festgestellten Einheitswerte erhebliche Diskrepanzen zu den (im Städtebaurecht) zumeist zeitnah ermittelten Verkehrswerten aufweisen[81].

Gleichwohl besteht **Begriffsidentität** zwischen dem gemeinen Wert und dem Verkehrswert (Marktwert). Die aus vorstehenden Gründen auftretenden Disparitäten lassen sich allerdings nicht dadurch überbrücken, dass in § 194 BauGB (wie noch in § 142 Abs. 1 BBauG 76) der gemeine Wert namentlich hervorgehoben wird. Vielmehr wäre zu fordern, die Begriffsbestimmungen des § 9 BewG dem § 194 BauGB anzupassen.

Anstelle dieser Einheitswerte (und Ersatzwirtschaftswerte) wird bei der Erbschaftsteuer (§ 12 Abs. 3 ErbStG) ab 1. Januar 1996 und bei der Grunderwerbsteuer (§ 8 Abs. 2 GrEStG) ab 1. Januar 1997 eine sog. **Bedarfsbewertung** nach Maßgabe der §§ 138 ff. BewG unter Berücksichtigung der tatsächlichen Verhältnisse zum Besteuerungszeitpunkt und der Wertverhältnisse zum 1. Januar 1996 durchgeführt. Wie die Einheitsbewertung erfolgt auch die Bedarfsbewertung nach einer typisierten und pauschalierten Bewertungsmethodik. **93**

4.5.2 Öffnungsklausel (sog. *escape*-Klausel)

▶ § 1 ImmoWertV Rn. 11

Der Gesetzgeber hat dem Steuerpflichtigen mit einer Öffnungsklausel (sog. *escape*-Klausel) die Möglichkeit des Nachweises eingeräumt, dass der gemeine Wert des Grundstücks (Verkehrswert) niedriger als der Bedarfswert ist. Die Modalitäten des **Nachweises des niedrigeren Werts** sind in den Ziff. 163 und 177 der ErbStR geregelt. Nach Ziff. 163 Abs. 1 Satz 2 ErbStR und Ziff. 177 Abs. 1 Satz 2 ErbStR ist dafür regelmäßig ein Gutachten des örtlich zuständigen Gutachterausschusses oder eines Sachverständigen für die Bewertung von Grundstücken erforderlich; nicht zugelassen ist das Gutachten eines Wirtschaftsprüfers[82]. **94**

Das zum Nachweis eines niedrigeren gemeinen Werts (Verkehrswert) vorgelegte Gutachten ist für die Feststellung des Grundbesitzwerts nicht bindend und unterliegt der **Beweiswürdigung durch das Finanzamt** nach den Prüfkriterien der Ziff. 177 Abs. 1 Satz 4 ErbStR. Danach ist das Gutachten auf inhaltliche Richtigkeit und Schlüssigkeit zu prüfen. Ein Gegengutachten des Finanzamtes ist nicht erforderlich[83]. **95**

Neben dem Nachweis durch Gutachten kann der Nachweis nach Ziff. 163 Abs. 2 Satz 1 und Ziff. 177 Abs. 2 Satz 1 ErbStR auch ein vor oder nach dem Besteuerungszeitpunkt im gewöhnlichen Geschäftsverkehr zustande gekommener Kaufpreis über das zu bewertende **96**

---

80 So auch Rössler/Troll, Bewertungs- und Vermögensteuergesetz, Komm. 14. Aufl. § 9 BewG Rn. 1 ff., sowie Klein, Erläut. zum BewG in: Das Dt. Bundesrecht 462. Lfg. März 1981: auch der RegE zum BBauG 1960 ging in seiner Begründung von der Begriffsidentität aus – vgl. BT-Drucks. III/336 zu § 163, S. 107: Begriffsidentität erkannte schließlich auch der BGH im Urt. vom 1.7.1982 – III ZR 10/81 –, BRS Bd. 45 Nr. 147 = 4.86; BGH, Urt. vom 25.6.1964 – III ZR 111/61 –, BRS Bd. 19 Nr. 128 = EzGuG 20.37; BGH, Urt. vom 2.7.1968 – V Blw 10/68 –, BGHZ 50, 297 = NJW 1968, 2056 = EzGuG 19.14, vgl. BT-Drucks. III/1794: im Übrigen auch die Rspr. des RG, Urt. vom 19.11.1879, EzGuG 19.2 und RG, Urt. vom 20.9.1880 – Va 390/79 –, RGZ 3, 230 [241] sowie des PrOVG, Urt. vom 10.6.1910 – VIII C 99/09 –, PrVerwBl. 32, 71 = EzGuG 20.8; und PrOVG, Urt. vom 19.5.1911 – VIII C 315/10 –, EzGuG 20.9; auch ALR I §§ 83 und 112, Zweifel an der Begriffsidentität erscheinen von daher abwegig.
81 Baulandbericht 1986; Schriftenreihe des Bundesministeriums für Raumordnung, Bauwesen und Städtebau 03.100, S. 52; vgl. GuG 1992, 42.
82 BFH, Urt. vom 10.11.2004 – II R 69/01 –, BStBl II 2005, 259 = BFHE 207, 352 = GuG 2005, 184 = EzGuG 11.407.
83 Erl. des FM Baden-Württemberg vom 24.8.1998 – S 3014 –, DB 1998, 1840.

III § 194 BauGB Verkehrswert

Grundstück dienen. Dieser Einjahreszeitraum ist in der Rechtsprechung unter bestimmten Voraussetzungen auf bis zu drei Jahre ausgedehnt worden[84].

4.6 Zwangsversteigerungsrecht

Schrifttum: *Metz, H.*, Zur Anfechtbarkeit der Verkehrswertfestsetzung im Zwangsversteigerungsverfahren von Privathotels aus verfassungsrechtlicher Sicht, Rpfleger 2010, 13; *Ulrich, P.*, Die Teilungsversteigerung von Immobilien, GuG 2003, 282; *Tillmann, H.-G.*, Verkehrswertgutachten für die Zwecke der Zwangsversteigerung, GuG 2011, 80, 283; *Stumpe/Tillmann*, Zwangsversteigerung und Wertermittlung, Bundesanzeiger 2009.

▶ *Teil II Rn. 249 ff.; § 6 ImmoWertV Rn. 152 ff.; zur Berücksichtigung von Rechten am Grundstück vgl. Teil VIII Rn. 29 (Baulast), Teil VIII Rn. 52 ff. (Erbbaurecht), Teil VIII Rn. 459 ff. (Altenteilrecht), Teil VIII Rn. 475 ff. (Vorkaufsrecht und Beleihungspraxis) sowie in der Beleihung Teil VIII Rn. 490 ff.*

4.6.1 Allgemeines

97 Im Rahmen der **Vollstreckungsversteigerung** aufgrund einer grundbuchlich gesicherten Geldforderung hat der Gläubiger gegenüber dem Schuldner, der Eigentümer von Immobilien ist, folgende Möglichkeiten:

a) die Eintragung einer *Zwangshypothek* zur Sicherung des Zahlungsanspruchs,

b) die *Zwangsverwaltung*, um den Gläubiger aus den laufenden Miet- und Pachteinnahmen unter Abzug der Mittel für die Objekterhaltung zu befriedigen, und

c) die *Zwangsversteigerung*, um den Gläubiger aus dem Erlös zu befriedigen.

Die Maßnahmen können vom Gläubiger einzeln und gleichzeitig ergriffen werden.

98 Die Zwangsversteigerung kann z. B. bei Ehescheidungen und Erbstreitigkeiten zum Zwecke der Aufhebung der Gemeinschaft als sog. Teilungsversteigerung betrieben werden.

4.6.2 Rechtsgrundlagen

99 Rechtsgrundlage der **Zwangsversteigerung** sind das BGB und das Gesetz über die Zwangsversteigerung und die Zwangsverwaltung (Zwangsvollstreckungsgesetz – ZVG). Die **Zwangsvollstreckung** wegen Geldforderungen richtet sich nach den §§ 864 bis 871 ZPO.

100 Allgemeine **Grundsätze:**

a) *Deckungsgrundsatz:* Danach dürfen Rechte der dem betreibenden Gläubiger im Rang vorgehenden Berechtigten nicht berührt werden und es werden daher nur Gebote zugelassen, durch die deren Ansprüche sowie die Verfahrenskosten gedeckt werden.

b) *Übernahmegrundsatz:* Im Grundbuch eingetragene und gegenüber dem betreibenden Gläubiger vorrangige Rechte bleiben grundsätzlich bestehen und gehen auf den Ersteher über.

c) *Rangklassensystem:* Danach wird bei der Verteilung des Versteigerungserlöses der Anspruch einer späteren Rangklasse erst befriedigt, wenn die Ansprüche der vorrangigen Rangklassen voll befriedigt sind.

d) *Surrogationsprinzip:* Der vom Ersteher zu zahlende Versteigerungserlös tritt für den früheren Grundstückseigentümer – belastet mit den Rechten und Ansprüchen – an die Stelle des Grundeigentums.

e) *Anmeldungsgrundsatz:* Aus dem Grundbuch nicht ersichtliche Ansprüche sowie Rechte, die erst nach dem Versteigerungsvermerk im Grundbuch eingetragen werden, sind spätes-

---

[84] BFG, Urt. vom 2.7.2004 – II R 55/01 –, BStBl II 2004, 703 = BFHE 205, 492 = EzGuG 19.49d; BFH, Beschl. vom 22.7.2004 – II B 176/02 – BFH/NV 2004, 1628.

4.6.3 Verfahrensablauf

Schrifttum: *Budde* in Rpfleger 1991, 189; *Stöber,* ZVG, 18. Aufl.; *Storz,* Praxis des Zwangsversteigerungsverfahrens, 9. Aufl.

Der Verfahrensablauf der Zwangsversteigerung ist darauf ausgerichtet, den Belangen des Schuldners in ausreichendem Maße Rechnung zu tragen, insbesondere eine angemessene Verwertung seiner Grundstücke zu gewährleisten und einer Verschleuderung entgegenzuwirken[85]. **101**

Die Zwangsversteigerung wird auf Antrag angeordnet und von Amts wegen durchgeführt. Hierzu erlässt der das Verfahren betreibende Rechtspfleger den Anordnungsbeschluss und ersucht das Grundbuchamt, einen **Versteigerungsvermerk** in Abteilung II des Grundbuchs einzutragen. Dem Versteigerungsvermerk kommt eine Warnfunktion zu (keine Grundbuchsperre), da nachfolgende Grundbucheintragungen zwar möglich sind, jedoch im Versteigerungsverfahren nur auf Anmeldung berücksichtigungsfähig sind. **102**

4.6.4 Beteiligte

Beteiligte sind der Grundstückseigentümer (als Schuldner), alle das Verfahren betreibende Gläubiger und die Inhaber von Rechten am Grundstück. **103**

4.6.5 Verkehrswertfestsetzungsbeschluss

4.6.5.1 Grundstückswert

Schrifttum: *Metz, H.,* Zur Anfechtbarkeit der Verkehrswertfestsetzung im Zwangsversteigerungsverfahren von Privathotels aus verfassungsrechtlicher Sicht, Rpfleger 2010, 13.

Der in der Zwangsversteigerung maßgebliche **Grundstückswert** wird nach § 74a Abs. 5 ZVG vom Vollstreckungsgericht (Amtsgericht) **„festgesetzt"**[86]. Als Grundstückswert wird nach dem ergänzenden Klammerzusatz dieser Vorschrift der **Verkehrswert (Marktwert) i. S. des** § 194 BauGB[87], bezogen auf den Zeitpunkt der Versteigerung, festgesetzt, jedoch bleiben die in Abteilung II des Grundbuchs eingetragenen Rechte unberücksichtigt (**Zwangsversteigerungsverkehrswert** bzw. „unbelasteter" Verkehrswert). Das Gleiche gilt für grundstücksgleiche Rechte, die der Versteigerung unterliegen[88]. Die Wertfestsetzung soll der Verschleuderung des beschlagnahmten Grundstücks entgegenwirken (Schuldnerschutz), Bietinteressenten eine Orientierungshilfe für ihre Entscheidung sein (Bieterschutz) und auf eine sachgerechte Bewertung ausgerichtet sein (Gläubigerschutz)[89]. **104**

§ 74a Abs. 5 ZVG hat folgende Fassung: **105**

„(5) Der Grundstückswert (Verkehrswert) wird vom Vollstreckungsgericht, nötigenfalls nach Anhörung von Sachverständigen, festgesetzt. Der Wert der beweglichen Gegenstände, auf die sich die Versteigerung erstreckt, ist unter Würdigung aller Verhältnisse frei zu schätzen. Der Beschluss über die Festsetzung des Grundstückswerts ist mit der sofortigen Beschwerde anfechtbar; eine weitere Beschwerde findet nicht statt. Der Zuschlag oder die Versagung des Zuschlags können mit der Begründung, dass der Grundstückswert unrichtig festgesetzt sei, nicht angefochten werden."

Verkehrswertgutachten sind im Zwangsversteigerungsverfahren nach Auffassung des OLG Rostock lediglich als gutachterliche Schätzungen des Marktverhaltens anzusehen[90]. **106**

---

85 BVerfG, Urt. vom 7.12.1977 – 1 BvR 734/77 – , BVerfGE 46, 325 = EzGuG 19.33; BVerfG, Urt. vom 27.9.1978 – 1 BvR 361/78 –, BVerfGE 49, 220; BGH, Urt. vom 5.11.2004 – IXa ZB 27/04 –, WM 2005, 136.
86 Hierzu Ulrich in GuG 1992, 314.
87 Hintzen, Immobiliarzwangsvollstreckung, Jehle-Rehm, München 1991, S. 90.
88 Zeller/Stöber, Zwangsversteigerungsgesetz 13. Aufl. 1989, § 74 a Rn. 7.7.
89 BGH, Urt. vom 18.5.2006 – V ZB 142/05 –, GuG 2006, 318 = EzGuG 4.196.
90 OLG Rostock, Urt. vom 27.6.2008 – 5 U 50/08 –, MDR 2009, 146 = EzGuG 11.649; hierzu Bleutge in IBR 2008, 545.

III § 194 BauGB   Verkehrswert

107 Der vom Vollstreckungsgericht festgesetzte **Verkehrswert** (Marktwert) **ist in folgenden Fällen von Bedeutung:**

a) für die Errechnung der sog. 7/10-*Grenze* nach § 74a Abs. 1 ZVG: Nach dieser Vorschrift kann ein Berechtigter, dessen Anspruch ganz oder teilweise durch das Meistgebot nicht gedeckt ist, aber bei einem Gebot in der genannten Höhe (7/10) voraussichtlich gedeckt sein würde, die Versagung des Zuschlags beantragen, wenn das abgegebene Meistgebot einschließlich des Kapitalwerts der nach den Versteigerungsbedingungen bestehen bleibenden Rechte unter sieben Zehntteilen des Grundstückswerts (Verkehrswert) bleibt;

b) für die Errechnung der sog. 5/10-*Grenze* nach § 85a Abs. 1 ZVG: Nach dieser Vorschrift ist der Zuschlag von Amts wegen zu versagen, wenn das abgegebene Meistgebot einschließlich des Kapitalwerts der nach den Versteigerungsbedingungen verbleibenden Rechte die Hälfte des Grundstückswerts (Verkehrswert) nicht erreicht;

c) für die Verteilung eines im *geringsten Gebot* stehenden Gesamtrechts (vgl. § 64 ZVG);

d) für die *Verteilung des Erlöses bei Gesamtausgebot* nach § 112 Abs. 2 ZVG: Nach dieser Vorschrift wird bei einer Versteigerung mehrerer Grundstücke der Erlös aus einem Zuschlag (aufgrund eines Gesamtausgebots) um den Betrag gemindert, der zur Deckung der Kosten sowie zur Befriedigung derjenigen bei der Feststellung des geringsten Gebots berücksichtigten und durch Zahlung zu deckenden Rechte erforderlich ist, für welche die Grundstücke ungeteilt haften. Der Überschuss wird sodann auf die einzelnen Grundstücke nach den Verhältnissen des Werts der Grundstücke verteilt;

e) für die Feststellung des Rechts, Antrag auf *Versagung des Zuschlags* nach § 85 Abs. 1 ZVG zu stellen. Nach dieser Vorschrift ist der Zuschlag zu versagen, wenn vor dem Schluss der Verhandlung ein Beteiligter, dessen Rechte durch Zuschlag beeinträchtigt werden würden und der nicht zu den Berechtigten nach § 74a Abs. 1 gehört, die Bestimmung eines neuen Versteigerungstermins beantragt hat und dem stattgegeben wurde;

f) für eine *fiktive Befriedigung des Grundpfandrechtsgläubigers* als Ersteher des Grundstücks (§ 114a ZVG)[91] und

g) für die Stellung eines *Vollstreckungsschutzantrags* des Schuldners nach § 765a ZVG mit dem Ziel der Zuschlagsversagung bei Verschleuderung des Grundstücks[92].

108 Vor Zuschlagserteilung muss die „Festsetzung" des Grundstückswerts rechtskräftig sein; andererseits muss die Entscheidung über den Zuschlag bis zur Rechtskraft ausgesetzt werden[93].

109 Im Rahmen der Festsetzung ist allen Verfahrensbeteiligten **rechtliches Gehör** zu gewähren.

110 Der Beschluss ist allen Beteiligten von Amts wegen zuzustellen (§ 74a Abs. 5 Satz 3 ZVG). Alle Verfahrensbeteiligten (Gläubiger und Schuldner), nicht aber Mieter und Pächter, können im Übrigen gegen den Beschluss über die Festsetzung des Grundstückswerts sofortige Beschwerde einlegen[94].

111 Die Festsetzung des Verkehrswerts (Marktwerts) erfolgt für und wider aller das Zwangsversteigerungsverfahren betreibender Gläubiger und steht **regelmäßig für das gesamte Verfahren** fest[95]. Die formelle Rechtskraft eines Beschlusses über die Festsetzung des Grundstückswerts steht aber einer Änderung der Festsetzung nicht entgegen, wenn neue Tatsachen die

---

[91] BGH, Urt. vom 13.11.1986 – IX ZR 26/86 –, WM 1987, 80 = ZIP 1987, 156.
[92] Für den Verschleuderungsfall gibt es keine „feste" Grenze. Die Umstände des Einzelfalls müssen jeweils berücksichtigt werden: LG Krefeld, Urt. vom 27.1.1988 – 6 T 346/87 –, Rpfleger 1988, 375; OLG Koblenz, Urt. vom 23.4.1986 – 4 W 286/86 –, JurBüro 1986, 158; OLG Schleswig, Beschl. vom 21.5.1975 – 1 W 53/75 –, Rpfleger 1975, 372.
[93] OLG Düsseldorf, Urt. vom 13.10.1980 – 3 W 208/80 –, EzGuG 12.29c; OLG München, Beschl. vom 6.9.1968 – 12 W 1328/68 –, NJW 1968, 2249 = EzGuG 19.15; OLG Schleswig, Urt. vom 9.9.1980 – 1 W 83/80 –, JurBüro 1981, 115 = EzGuG 12.29b.
[94] BGH, Urt. vom 27.2.2004 – IXa ZB 185/03 –, WM 2004, 1040 = EzGuG 11.377; OLG Hamm, Urt. vom 6.2.2004 – 9 U 97/03 –, DS 2005, 115 = EzGuG 11.373a; Zeller/Stöber, Zwangsversteigerungsgesetz 13. Aufl. 1989, § 74a Rn. 9; 2.5; ders. § 114 a Rn. 3.1.
[95] Steiner/Storz, Zwangsversteigerungsrecht 9. Aufl. 1984/86, § 74 Rn. 98 f., 77.

Festsetzung eines anderen Werts erfordern[96]. Die Ermittlung durch das Vollstreckungsgericht ist nach Auffassung des BGH[97] für das über die Reichweite der Befriedigungswirkung des § 114a ZVG entscheidende Prozessgericht nicht bindend[98]. Lediglich bei veränderten Verhältnissen und langer Verfahrensdauer (veränderte Baurechtssituation bzw. fünfjährige Verfahrensdauer) erfolgt eine Wertanpassung[99].

4.6.5.2 Wertermittlungsstichtag

Wertermittlungsstichtag ist damit der Zeitpunkt der Versteigerung. 112

Die Wertermittlung muss jedoch vor dem Versteigerungstermin erfolgen und der Verkehrswertfestsetzungsbeschluss muss bei Zuschlagserteilung rechtskräftig sein.

4.6.5.3 Wertermittlungsgrundlagen

Nach § 74a Abs. 5 Satz 1 ZVG wird der Grundstückswert (Verkehrswert) vom Vollstreckungsgericht, nötigenfalls nach Anhörung von Sachverständigen, festgesetzt. **§ 404 Abs. 2 ZPO** bestimmt hierzu ergänzend: 113

„(2) Sind für gewisse Arten von Gutachten Sachverständige öffentlich bestellt, so sollen andere Personen nur dann gewählt werden, wenn besondere Umstände es erfordern."

Im **Zwangsversteigerungsverfahren** können das Gericht und der Sachverständige den Zutritt zum Bewertungsobjekt nicht erzwingen[100]. 114

Zur Ermittlung des Verkehrswerts (Marktwerts) werden die Vorschriften der (Immo)WertV herangezogen[101]. Nach § 74a Abs. 5 Satz 2 ZVG ist der Wert der beweglichen Gegenstände, auf die sich die Versteigerung erstreckt, unter Würdigung aller Verhältnisse frei zu schätzen. 115

Die Kosten der Verkehrswertermittlung werden aus dem Veräußerungserlös aufgebracht. Kosten für Spezialgutachten sind zumindest dann aufzubringen, wenn sie in einem angemessenen Verhältnis zu den Auswirkungen stehen, die das Ergebnis des Gutachtens auf den festzusetzenden Verkehrswert des Gutachtens haben kann. Besteht bei einem Grundstück z. B. ein ernstzunehmender **Altlastenverdacht**, muss das Vollstreckungsgericht bei der Verkehrswertermittlung den Verdachtsmomenten nachgehen und alle zumutbaren Erkenntnisquellen über die Bodenbeschaffenheit nutzen[102]. 116

Dass im Zwangsversteigerungsverfahren Gebote unterhalb des Verkehrswerts üblich sind, darf nicht dazu führen, die wertbeeinflussenden Umstände dabei anders zu beurteilen als bei der Verkehrswertermittlung schlechthin[103]. Ein **Abschlag wegen des „Makels der Zwangsversteigerung"** (Zwangsversteigerungs- und Zwangsverwaltungsvermerk) ist **bei der Verkehrswertermittlung** deshalb **nicht zulässig**. Eine fehlerhafte Festsetzung des Grundstückswerts hat auf die Wirksamkeit des Zuschlagsbeschlusses aber keinen Einfluss[104]. 117

Bei den Meistgeboten in **Zwangsversteigerungsverfahren** handelt es sich um Netto-Kaufpreise[105]. Ist ein Grundstück in einem Zwangsversteigerungsverfahren erworben worden, so 118

---

96 LG Mönchengladbach, Beschl. vom 20.2.2003 – 5 T 404/02 –, GuG 2003, 408 = EzGuG 20.190.
97 BGH, Urt. vom 13.11.1986 – IX ZR 26/86 –, WM 1987, 80.
98 BT-Drucks. 8/693, S. 52; WM 1988, 1 ff.
99 OLG Hamm, Beschl. vom 8.7.1977 – 15 W 133/77 –, Rpfleger 1977, 452; OLG Koblenz, Urt. vom 13.5.1985 – 4 W 199/84 –, Rpfleger 1985, 410; OLG Köln, Urt. vom 1.6.1983 – 2 W 59/83 –, MDR 1983, 851 = Rpfleger 1983, 362 = ZIP 1983, 999; Hamelbeck in DWW 1959, 131; Spiels in NJW 1955, 184; OLG Schleswig, Urt. vom 9.9.1980 – 1 W 83/80 –, JurBüro 1981, 115 = EzGuG 12.29b; kritisch hierzu WM 1988, 1 ff.; Hamelbeck in DWW 1959, 131; Spiels in NJW 1955, 184.
100 Steiner/Storz, Zwangsversteigerungsrecht, 9. Aufl. 1984/86, § 74a Rn. 86; OLG Koblenz, Beschl. vom 5.12.1967 – 4 W 476/67 –, NJW 1968, 897 = EzGuG 11.60 a.
101 Schulz im Rpfleger 1987, 441.
102 BGH, Urt. vom 18.5.2006 – V ZB 142/05 –, GuG 2006, 316 = EzGuG 4.196.
103 LG Münster, Beschl. vom 23.4.1985 – 5 T 359/85 – 8 K 38 + 47/84 II –, EzGuG 19.39b.
104 BGH, Urt. vom 19.3.1971 – V ZR 153/68 –, NJW 1971, 1751 = MDR 1971, 567 = EzGuG 19.24; BGH, Urt. vom 7.11.1969 – V ZR 85/66 –. BGHZ 53, 57 = NJW 1970, 656.
105 BGH, Urt. vom 3.4.2003 – IX ZR 93/02 –, BGHZ 154, 327 = BGHZ 154, 336 = EzGuG 20.190a.

ist nach der Rechtsprechung davon auszugehen, dass der Kaufpreis durch ungewöhnliche Verhältnisse bestimmt worden ist (vgl. § 7 ImmoWertV Rn. 21); dies bestätigen auch empirische Untersuchungen[106].

4.6.5.4 Versteigerungstermin

119 Mit dem Verkehrswertfestsetzungsbeschluss bzw. spätestens nach Rechtskraft des Verkehrswertfestsetzungsbeschlusses wird dann der **Versteigerungstermin** bestimmt. Die Entscheidung über den Zuschlag (Erteilung oder Versagung) wird in dem Versteigerungstermin oder in einem gesonderten Verkündungstermin bekannt gegeben, an das sich ggf. das Verteilungsverfahren anschließt (Teilungsplan)[107].

4.7 Kreditwirtschaftsrecht (Beleihungswert)

▶ *Vgl. Vorbem. zur ImmoWertV Rn. 1 f.; nähere Ausführungen zum Beleihungswert Teil IX, Rn. 1 ff.*

Schrifttum: *Bienert, K.*, Zum Beleihungswertbegriff, GuG 2005, 344; *Europäisches Parlament und Rat*, Richtlinie 98/32/EG vom 22.6.1998 (Hypothekardarlehensrichtlinie) zur Änderung der Richtlinie 89/647 EWG des Rates über einen Solvabilitätskoeffizienten für Kreditinstitute; *BAKred*, RdSchr. vom 30.12.1996 an alle Kreditinstitute in der Bundesrepublik Deutschland zu § 20 Abs. 3 Satz 2 Nr. 4 des Gesetzes über das Kreditwesen (KWG); *BAKred*, RdSchr. 16/96 vom 30.12.1996; *BAKred*, RdSchr. bezüglich Verkehrswert, Freibetragsregelung und Bewertungsvorschriften GuG 1997, 242; *BAKred*, RdSchr. 16/96, GuG 1997, 238; *BAKred*, RdSchr. Nr. 14 vom 28.8.1998 und Nr. 2/99 vom 21.1.1999; *BAKred*, RdSchr. 16/96 vom 30.12.1996 zu § 20 Abs. 2 Satz 2 Nr. 4 KWG. Anrechnungserleichterung für dinglich auf Wohnungseigentum gesicherte Kredite (GuG 1997, 242); *BAKred*, RdSchr. 14/98 vom 26.8.1998 zum Grundsatz I (GS I) gem. §§ 10 Abs. 1 und 10a Abs. 1 KWG; *BAKred*, RdSchr. 2/99 vom 21.1.1999 zu § 20 Abs. 3 Satz 2 Nr. 5 KWG; *BAKred*, RdSchr. vom 10.3.1999 zu Eigennutzung oder Vermietung als Erläuterung zu den RdSchr. 14/98 und 2/99; Auszug aus den Erläuterungen zu den Meldungen der Institute zum GS I vom 18.3.1999; *BAKred*, Schreiben vom 7.9.1999 an die Deutsche Bundesbank wegen Anforderungen an die Eignung der Gutachter für die Wertermittlung nach den Richtlinien zu § 20 Abs. 3 Satz 2 Nr. 5 KWG, GuG 2001, 243; *BAKred*, Schreiben zur Ermittlung des Beleihungswerts gemäß § 12 HBG Kleindarlehensgrenze, GuG 2000, 298; *BAKred*, Schreiben vom 22.6.1999 an den Verband deutscher Hypothekenbanken betr. Kleindarlehensgrenze, GuG 2000, 374; *BAKred*, Schreiben vom 21.12.1999 an die Deutsche Bundesbank wegen Anrechnung gewerblicher Realkredite gem. RdSchr. 14/98 vom 26.8.1998; *BAKred*, Schreiben vom 17.4.2000 an die Deutsche Bundesbank bez. Anrechnungserleichterungen für gewerbliche Realkredite im GS I und den Großkreditvorschriften sowie Anforderungen an die Eignung als Gutachter für die Wertermittlung nach den Richtlinien gem. § 20 Abs. 3 Satz 2 Nr. 5 KWG; Vorschlag zur Behandlung und Kriterien zur Festlegung einer Ausnahmebehandlung von gewerblichen Immobilienkrediten des Baseler Ausschusses für Bankaufsicht; *BAKred*, Erläuterungen vom 20.7.2000 zur Bek. über die Änderung und Ergänzung der Grundsätze über die Eigenmittel und die Liquidität der Institute, RdSchr. des BFin 13/2009 vom 8.9.2009 (BA 32 FR 2670–2008/0001) GuG 2009, 368; Vereinbarung zur Zusammenarbeit zwischen dem Bundesaufsichtsamt für das Kreditwesen, dem Bundesaufsichtsamt für das Versicherungswesen, dem Bundesaufsichtsamt für den Wertpapierhandel und der Deutschen Bundesbank vom 3.11.2000; Einheitliche Wertermittlungsanweisung des genossenschaftlichen Finanzverbundes für das Realkreditgeschäft nach den §§ 11 und 12 HBG, GuG 2001, 93; *Werth, A.*, Vom Verkehrswert unabhängige Beleihungswerte im Blickfeld der Europäischen Union, GuG 1998, 257; *Weyers, G.*, Kreditwirtschaftliche Immobilienbewertung in Deutschland, GuG 2000, 267; Beleihungsgrundsätze für Sparkassen, ABl. für Brandenburg 1991, 409; VO über die Organisation und den Geschäftsbetrieb der Sparkassen (SparkassenVO) in Bayern vom 1.12.1997 (Bay. GVBl 1997, 816); *Verband der deutschen Hypothekenbanken*, Grundsatzpapier zum Beleihungswert von Immobilien, GuG 1997, 239; Wesentliche Aspekte der Beleihungswertermittlung vom 3.6.1998.

---

106 GuG-aktuell 2010, 38.
107 LG Koblenz, Beschl. vom 27.6.2003 – 2 T 372/02 –, JurBüro 2003, 551.

Verkehrswert § 194 BauGB III

Für die Beleihung von Grundstücken ist der Beleihungswert maßgebend (*Mortgage Lending Value, MLV*). Mit dem **Pfandbriefgesetz (PfandBG)** ist die Ermittlung des Beleihungswerts auf eine neue Rechtsgrundlage gestellt worden. Wie die damit abgelöste Regelung des § 12 Hypothekenbankgesetz (HBG) enthält allerdings auch das Pfandbriefgesetz keine materielle Definition des Beleihungswerts. **120**

Synoptischer Vergleich § 16 PfandBG und § 12 HBG	
§ 16 PfandBG	**§ 12 HBG**
(2) Der Beleihungswert darf den Wert nicht überschreiten, der sich im Rahmen einer vorsichtigen Bewertung der zukünftigen Verkäuflichkeit einer Immobilie und unter Berücksichtigung der langfristigen, nachhaltigen Merkmale des Objektes, der normalen regionalen Marktgegebenheiten sowie der derzeitigen und möglichen anderweitigen Nutzungen ergibt. Spekulative Elemente dürfen dabei nicht berücksichtigt werden. **Der Beleihungswert darf einen auf transparente Weise und nach einem anerkannten Bewertungsverfahren ermittelten Marktwert nicht übersteigen.** Der Marktwert ist der geschätzte Betrag, für welchen ein Beleihungsobjekt am Bewertungsstichtag zwischen einem verkaufsbereiten Verkäufer und einem kaufbereiten Erwerber, nach angemessenem Vermarktungszeitraum, in einer Transaktion im gewöhnlichen Geschäftsverkehr verkauft werden könnte, wobei jede Partei mit Sachkenntnis, Umsicht und ohne Zwang handelt.	(1) Der bei der Beleihung angenommene Wert des Grundstücks darf den durch sorgfältige Ermittlung festgestellten Verkaufswert nicht übersteigen. Bei der Feststellung dieses Werts sind nur die dauernden Eigenschaften des Grundstücks und der Ertrag zu berücksichtigen, welchen das Grundstück bei ordnungsmäßiger Wirtschaft jedem Besitzer nachhaltig gewähren kann.
	(2) Liegt eine Ermittlung des Verkehrswerts aufgrund der Vorschriften der §§ 192 bis 199 des Baugesetzbuchs vor, so soll dieser bei der Ermittlung des Beleihungswerts berücksichtigt werden.

§ 16 PfandBG gibt lediglich vor, dass der **Beleihungswert** (bisher „der bei der Beleihung angenommene Wert") **zwei Schranken nicht überschreiten darf**, nämlich **121**

a) den Wert, der sich im Rahmen einer vorsichtigen Bewertung der zukünftigen Verkäuflichkeit einer Immobilie und unter Berücksichtigung der langfristigen, nachhaltigen Merkmale des Objektes, der normalen regionalen Marktgegebenheiten sowie der derzeitigen und möglichen anderweitigen Nutzungen ergibt, sowie

b) den Marktwert.

Darüber hinaus dürfen nach § 16 Abs. 2 Satz 2 PfandBG spekulative Elemente nicht berücksichtigt werden, was aber jedem Sachverständigen für Beleihungs- und Verkehrswertermittlung ein Selbstverständnis ist und sich bereits aus der Definition des Marktwerts (Verkehrswerts) ergibt. Dies ausdrücklich vorzugeben, erschien dem Gesetzgeber wohl geboten. **122**

Im Unterschied zur Vorgängerregelung, nach der der Beleihungswert nicht den durch „sorgfältige Ermittlung festgestellten **Verkaufswert**" übersteigen durfte, wird mit dem geltenden Recht erfreulicherweise dieser „Verkaufswert" durch den „Marktwert" ersetzt, der materiell mit dem „Verkehrswert" i. S. des § 194 BauGB identisch definiert wird. Dass der „Verkaufswert", wie er in § 12 HBG erläutert wurde, mit dem Verkehrswert identisch ist, wurde schon **123** in den Vorauflagen zu diesem Kommentar vertreten[108]. Dessen ungeachtet wollte das Beleihungswesen unter dem „Verkaufswert" einen Wert verstehen, der unterhalb des Verkehrswerts zu definieren ist, was der § 12 HBG aber nicht „leiste".

124 Dieser **Verkehrswert (Marktwert) soll** nach § 16 Abs. 2 Satz 3 PfandBG **die oberste Grenze des Beleihungswerts bilden.**

125 Der **Beleihungswert wird in** § 3 BelWertV ohne verfassungsrechtliche Grundlage wie folgt **definiert:**

„(1) Der Wert, der der Beleihung zugrunde gelegt wird (Beleihungswert), ist der Wert einer Immobilie, der erfahrungsgemäß unabhängig von vorübergehenden, etwa konjunkturell bedingten Wertschwankungen am maßgeblichen Grundstücksmarkt und unter Ausschaltung von spekulativen Elementen während der gesamten Dauer der Beleihung bei einer Veräußerung voraussichtlich erzielt werden kann."[109]

Abb. 4: Beleihungswert

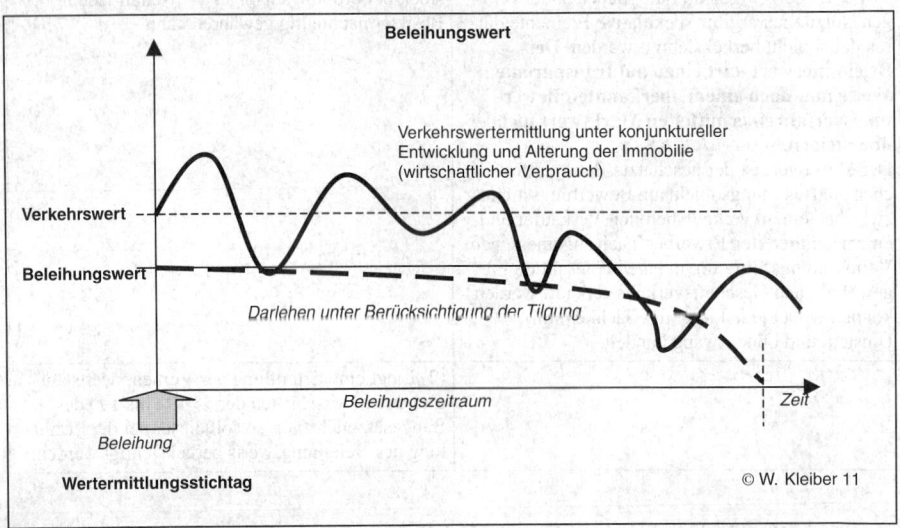

126 Kennzeichnend für den Beleihungswert ist, dass es sich hierbei um einen „Dauerwert" handelt, der zur Absicherung der Unsicherheiten, die in der zukünftigen Grundstückswertentwicklung liegen, das für das Objekt bestehende Risiko berücksichtigt. Marktgängigkeit und Dauerhaftigkeit des Wertermittlungsobjekts finden deshalb besondere Beachtung. Als Ausgangsgröße für die Ermittlung des Beleihungswerts ist der Verkehrswert (Marktwert) durchaus geeignet. Wenn in der Vergangenheit seitens der Kreditwirtschaft die Heranziehung von Verkehrswerten als Ausgangswert für die Ableitung des Beleihungswerts mit dem unzutreffenden Hinweis abgelehnt wurde, (nur) dieser sei „zeitraumbezogen", während der Verkehrs-

---

108 GuG-aktuell 1995, 1, 17; Kleiber in DLK 1996, 200; in der Rechtsprechung ist der „Verkaufswert" schon immer mit dem „Verkehrswert" gleichgesetzt worden, und zwar schon zu einer Zeit, als das auf das Jahr 1899 zurückgehende Hypothekenbankgesetz erlassen wurde (PrOVG, Urt. vom 11.3.1897 – VII a 66 –, EzGuG 19.2c; PrOVG, Urt. vom 17.6.1918 – VIII C 89/18 –, EzGuG 19.2e; so schon Spohr in AVN 1937, 605; Rothkegel in AVN 1952, 105). Hieran hat auch die höchstrichterliche Rechtsprechung bis heute festgehalten. Der BGH hat im Urt. vom 28.6.1966 – VI ZR 287/64 –, WM 1966, 1150 = EzGuG 11.51 (so auch BGH, Urt. vom 22.10.1986 – IVa ZR 143/85 –, BGHZ 98, 382 = EzGuG 20.117b; BGH, Urt. vom 22.10.1986 – IVa ZR 76/85 –, BGHZ 98, 375 = EzGuG 20.117a; LG Darmstadt, Beschl. vom 16.10.1958 – 5 T 18/58 –, MDR 1959, 224 = EzGuG 19.4) völlig unmissverständlich die Gleichung Verkaufswert = Verkehrswert aufgestellt (Goldberg/Müller, Versicherungsaufsichtsgesetz Bln. 1980, S. 484). Eindeutig wird auch in der Vfg. des Justizministeriums vom 18.3.1914 (ABl. 1914, 37) zur „Schätzung zum Zweck einer Beleihung", in deren Ergänzungen zu § 4 vom 16.9.1918, in der Vfg. vom 17.12.1919 sowie in der Vfg. vom 17.12.1919 (ABl. 1921, 153) die Identität von Verkehrs- und Verkaufswert herausgestellt, sodass Zweifel hieran abwegig sind. Werth in GuG 1998, 257.
109 Inhaltlich ist die Definition auf dem alten Stand des Grundsatzpapiers zum Beleihungswert von Immobilien des VdH (GuG 1997, 238) – die Philosophie des Beleihungswerts im Sinne von § 12 HBG – stehen geblieben.

wert stichtagsbezogen sei, so liegt darin eine grundlegende Verkennung des Verkehrswerts. Dabei wird häufig verschwiegen, dass auch der Beleihungswert auf einen Stichtag bezogen werden muss und die Zukunftserwartungen von den Kreditinstituten auch nicht besser abgeschätzt werden können. So vermeidet auch die Definition des § 3 BelWertV die Bezugnahme auf einen **Wertermittlungsstichtag**, und das dürfte wohl nicht auf ein Versäumnis, sondern eher auf ein beharrliches und gleichwohl unverständliches Festhalten an dem das Beleihungswesen beherrschenden kollektiven Irrtum zurückzuführen sein, der Beleihungswert kenne keinen Bezugsstichtag.

Der **Beleihungswert ist – wie der Verkehrswert** und letztlich jeder andere Wert – ein **stichtagsbezogener Wert**, selbst dann, wenn vorübergehende Schwankungen unberücksichtigt bleiben[110]. Wenn nach alter Schule immer wieder darauf verwiesen wird, dass der Beleihungswert kein stichtagsbezogener Wert sei[111], so wird diese Auffassung durch die Verordnung selbst widerlegt. So sind z. B. die der Beleihungswertermittlung zugrunde zu legenden Parameter allesamt stichtagsbezogen (Kapitalisierungszinssatz, Bodenwert usw.). In einer Reihe von Einzelregelungen wird demzufolge konsequent auf stichtagsbezogene Verhältnisse abgestellt. Nach § 4 Abs. 5 BelWertV ist z. B. die Wertminderung wegen Baumängeln und Bauschäden nach Erfahrungssätzen oder auf der Grundlage der für ihre Beseitigung „zum Zeitpunkt der Bewertung" erforderlichen Aufwendungen zu berücksichtigen[112]. Wie sonst sollte die auch für die Beleihungswertermittlung maßgebliche Restnutzungsdauer im Rahmen des Ertragswertverfahrens oder die Alterswertminderung ermittelt werden, wenn nicht zuvor ein Wertermittlungsstichtag bestimmt werden würde. Zu jeder Beleihungswertermittlung gehört schließlich auch die Angabe eines Bezugsstichtags und von daher ist es abwegig, den Beleihungswert als nicht stichtagsbezogenen Wert zu bezeichnen. 127

Der **Beleihungswert ist im Verhältnis zum Verkehrswert** sogar **noch stärker auf die am Wertermittlungsstichtag gegebenen Verhältnisse fixiert**, denn nach § 20 Satz 3 BelWertV darf nur ein (am Wertermittlungsstichtag) „gesichertes Bebauungsrecht ... berücksichtigt werden", während z. B. bei der Verkehrswertermittlung von Bauerwartungsland auch eine (am Wertermittlungsstichtag) aus einer entsprechenden Darstellung im Flächennutzungsplan resultierende Aussicht auf eine zulässige Nutzung berücksichtigt wird. 128

Der wesentliche Unterschied ist deshalb in seinem eigentlichen Kern darin begründet, dass die Kreditinstitute die Zukunft eher vorsichtig und verhalten abschätzen, was im Interesse der Kreditsicherung begründet ist. Von daher ist nicht die Beleihungswertermittlung, sondern die Verkehrswertermittlung vom Nachhaltigkeitsprinzip geprägt, während für die Beleihungswertermittlung eher das „Vorsichtsprinzip" oder allenfalls ein **gezügeltes Nachhaltigkeitsprinzip** kennzeichnend ist. Infolgedessen wird der Beleihungswert als der Wert einer Immobilie zu einem bestimmten Wertermittlungsstichtag definiert, der erfahrungsgemäß unabhängig von **vorübergehenden, etwa konjunkturell bedingten Wertschwankungen** am maßgeblichen Grundstücksmarkt und unter Ausschaltung von spekulativen Elementen[113] während der gesamten Dauer der Beleihung bei einer Veräußerung voraussichtlich erzielt werden kann. 129

Beleihungswert ist bei alledem der Verkehrswert, gemindert um einen angemessenen Risikoabschlag (**Sicherheitsabschlag**) zur Berücksichtigung des Kreditrisikos grundpfandrechtlich gesicherter Darlehen. 130

Das Bundesministerium der Finanzen ist nach § 16 Abs. 4 Satz 1 PfandBG ermächtigt, im Einvernehmen mit dem Bundesministerium der Justiz durch Rechtsverordnung, die nicht der Zustimmung des Bundesrates bedarf, Einzelheiten der Methodik und Form der Beleihungs- 131

---

110 Vgl. Kleiber GuG 2006, 69.
111 Abwegig: Wilms, U., in Münscher, Praktikerhandbuch Baufinanzierung Heidelberg 2007, S. 190; abwegig auch Pohnert u. a., Kreditwirtschaftliche Wertermittlung, 7. Aufl., S. 2.
112 Mit dieser Vorschrift wird deutlich, dass auch der Beleihungswert stichtagsbezogen sein muss, wobei allerdings in der Bewertung zwischen dem „Zeitpunkt der Bewertung" und dem „Wertermittlungsstichtag", d. h. dem Zeitpunkt, auf den sich die Bewertung bezieht, zu unterscheiden ist. Auf den Zeitpunkt der Bewertung kommt es diesbezüglich nicht an.
113 Die Berücksichtigung „spekulativer Elemente" ist auch der Verkehrswertermittlung fremd.

III § 194 BauGB Verkehrswert

wertermittlung sowie die Mindestanforderungen an die Qualifikation des Gutachters zu bestimmen. Die Rechtsverordnung kann nach § 16 Abs. 4 Satz 2 PfandBG für die Bewertung von überwiegend zu Wohnzwecken genutzten Beleihungsobjekten Erleichterungen vorsehen. Nach § 16 Abs. 4 Satz 4 PfandBG kann das BMF die Ermächtigung durch Rechtsverordnung auf die Bundesanstalt für Finanzdienstleistungsaufsicht übertragen. Mit § 1 Nr. 4 der Verordnung zur Übertragung von Befugnissen zum Erlass von Rechtsverordnungen auf die Bundesanstalt für Finanzdienstleistungsaufsicht[114] ist hiervon Gebrauch gemacht worden. Die geltende „Verordnung über die Ermittlung der Beleihungswerte von Grundstücken gemäß § 16 Abs. 1 und 2 des Pfandbriefgesetzes (Beleihungswertermittlungsverordnung – BelWertV)" vom 12.5.2006 (BGBl. I 2006, 1175) ist von der Bundesanstalt für Finanzdienstleistungsaufsicht im Einvernehmen mit dem Bundesministerium der Justiz jedoch ohne Abstimmung mit dem Bundesministerium für Verkehr, Bau und Stadtentwicklung nach Anhörung der Spitzenverbände der Kreditwirtschaft erlassen worden. Mit Inkrafttreten der Rechtsverordnung wurden nach § 16 Abs. 4 Satz 5 PfandBG die nach § 13 HBG genehmigten Wertermittlungsanweisungen unwirksam.

132 Die BelWertV ist grundsätzlich nur im Rahmen der Pfandbriefrefinanzierung verbindlich; andere Kreditinstitute lehnen sich jedoch an die BelWertV an: Darüber hinaus wird in anderen Rechtsvorschriften lediglich auf die Vorschriften des § 16 Abs. 1 bis 3 PfandBG verwiesen.

133 Auch wenn die BelWertV mit der Vorgabe von Verfahrensvorschriften[115] den Eindruck zu erwecken trachtet, die Ermittlung des Beleihungswerts eigenständig zu regeln, so handelt es sich um Regelungen, die weitgehend mit denen der ImmoWertV deckungsgleich sind, und auch die vorgegebenen Bandbreiten und Grenzwerte entsprechen weitgehend der allgemeinen Praxis der Verkehrswertermittlung. Der eigentliche Unterschied ergibt sich aus den Sicherheitsabschlägen bzw. -zuschlägen. Bei gesamtheitlicher Betrachtung sind es insbesondere drei „Stellschrauben", die zu einem im Verhältnis zum Verkehrswert abgeminderten Beleihungswert führen:

134 Die **wesentlichen Stellschrauben** sind bei Anwendung des

- *Ertragswertverfahrens* die Anwendung eines Kapitalisierungszinssatzes, der im Verhältnis zum Liegenschaftszinssatz nach § 14 Abs. 3 ImmoWertV um einen (Mindest-) Risikozuschlag erhöht wird,
- *Sachwertverfahrens* die 10%ige Kürzung des Herstellungswerts und
- *Vergleichswertverfahrens* die Minderung des Vergleichswerts um einen Sicherheitsabschlag von mindestens 10 %.

135 Darüber hinaus werden für das Ertragswertverfahren Mindestansätze für die Bewirtschaftungskosten (z. B. 25 % bzw. 30 %) – ggf. unter Einbeziehung eines Modernisierungsrisikos – und Mindestansätze für den Liegenschaftszinssatz – dort Kapitalisierungszinssatz genannt – (z. B. für Wohnobjekte 5 % und Gewerbeobjekte 6 %) vorgegeben.

136 Die allein im Rahmen des Ertrags-, Sach- und Vergleichswertverfahrens angesprochenen Sicherheitsabschläge (bzw. -zuschläge) dürfen aber bei richtigem Verständnis des Beleihungswerts nicht schematisch zur Anwendung kommen. Entscheidend ist das für das Kreditinstitut bestehende **objektbezogene Risiko**. Zu diesem eigentlichen Kern des Beleihungswerts gibt die BelWertV allerdings keinerlei Hinweise.

---

114 Verordnung zur Übertragung von Befugnissen zum Erlass von Rechtsverordnungen auf die Bundesanstalt für Finanzdienstleistungsaufsicht vom 13.12.2002 (BGBl. I 2003, 3), § 1 Nr. 4, zuletzt geändert durch Artikel 7 Nr. 1 des Gesetzes vom 22.6.2005 (BGBl. I 2005, 1373).
115 Mit den Verfahrensvorschriften der BelWertV wird das sog. Zwei-Säulen-Prinzip aufgegeben (vgl. GuG 2006, 69).

Abb. 5: **Wesentliche Stellschrauben der Beleihungswertermittlung**

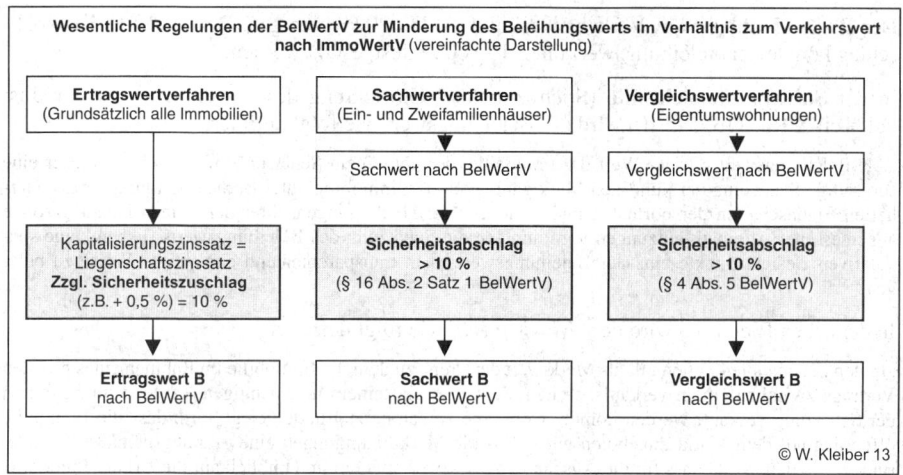

Bei alledem ist alternativ zur Ermittlung des Beleihungswerts nach den Vorschriften der BelWertV in der Praxis direkt vom Verkehrswert ausgegangen worden, an den je nach **Objekt-Risikokategorien** Sicherheitsabschläge angebracht wurden[116].

– Einfamilienhäuser	10 bis 15 %
– Mehrfamilienwohnhäuser	15 bis 25 %
– gemischt genutzte Objekte	20 bis 30 %
– gewerblich genutzte Objekte	25 bis 40 %

Beispiele:

a) Einfamilienhaus mit geringem Risiko (1)

Bodenwert	150 000 €	(30 %)
Bauwert	+ 350 000 €	(70 %)
Sachwert	500 000 €	(100 %)
Verkehrswert = Beleihungswert	**500 000 €**	

Es kann ein Risikoabschlag von bis zu 10 % des Verkehrswerts vorgenommen werden. Der Beleihungswert im Fallbeispiel (gutes Objekt mit geringem Beleihungs- und Verwertungsrisiko) könnte in Höhe des Verkehrswerts (500 000 €) festgesetzt werden.

b) Gemischt genutztes Grundstück mit durchschnittlichem Risiko (2)

Bodenwert	275 000 €	(11 %)
Bauwert	+ 2 225 000 €	(89 %)
Sachwert	2 500 000 €	(100 %)
Ertragswert	2 400 000 €	
Verkehrswert	2 400 000 €	
Beleihungswert	**2 150 000 €**	
(Sicherheitsabschlag = 10,4 %)		

---

116 Vgl. Kleiber/Simon/Weyers, Verkehrswertermittlung von Grundstücken, 5. Aufl., Teil VII Rn. 12, 154, 311, Abb. 12, 19 sowie Weyers in GuG 1990, 74 und GuG 2000, 257.

III § 194 BauGB   Verkehrswert

Der Risikoabschlag vom Verkehrswert darf 10 bis 20 % betragen. Bei rd. 10 % Risikoabschlag könnte der Beleihungswert mit 2 150 000 € festgesetzt werden.

Der Risikoabschlag vom Verkehrswert darf 10 bis 20 % betragen. Bei rd. 10 % Risikoabschlag könnte der Beleihungswert mit 2 150 000 € festgesetzt werden.

138 In der **Solvabilitätsrichtlinie** (Stichwort: 50%-Gewichtung des gewerblichen Realkredits; vgl. Teil X Rn. 113, 545 ff.) wird der Beleihungswert wie folgt definiert:

„Als Beleihungswert gilt der Wert der Immobilie, der von einem Schätzer ermittelt wird, welcher eine sorgfältige Schätzung der künftigen Marktgängigkeit der Immobilie unter Berücksichtigung ihrer dauerhaften Eigenschaften der normalen und örtlichen Marktbedingungen, ihrer derzeitigen Nutzung sowie angemessener Alternativnutzungen vornimmt. In die Schätzung des Beleihungswerts fließen keine spekulativen Gesichtspunkte ein. Der Beleihungswert ist in transparenter und eindeutiger Weise zu belegen."

139 In derselben Richtlinie wird der **„Marktwert"** wie folgt definiert:

„In den ... genannten Fällen gilt als Marktwert der Preis, zu dem die Immobilie im Rahmen eines privaten Vertrags zwischen einem verkaufsbereiten Verkäufer und einem unabhängigen Käufer zum Zeitpunkt der Schätzung verkauft werden könnte, wobei die Annahme zugrunde gelegt wird, dass die Immobilie öffentlich auf dem Markt angeboten wird, dass die Marktbedingungen eine ordnungsgemäße Veräußerung ermöglichen und dass für die Aushandlung des Verkaufs ein im Hinblick auf die Art der Immobilie normaler Zeitraum zur Verfügung steht."

140 Der in Art. 62 Abs. 1 der Richtlinien 2000/12/EG des Europäischen Parlaments und des Rates vom 20.3.2000 über die Aufnahme und Ausübung der Tätigkeit der Kreditinstitute[117] nahezu wortgleich definierte Marktwert (Verkehrswert) ist zugleich auch für die **Beleihung von Grundstücken** der Bezugswert.

141 Eine Sachverständigengruppe des Europäischen Hypothekenverbandes hat darüber hinaus Grundsätze für einen **Europäischen Beleihungswert** (*European Mortgage Lending Value*, EMLV) erarbeitet, nach denen der Europäische Beleihungswert

- „eine vorsichtige Bewertung der künftigen Marktfähigkeit der Immobilie einschließt;

- versucht, spekulative Elemente zu ermitteln und zu eliminieren (z. B. Risiken, die sich aus der Volatilität der Immobilienmärkte ergeben);

- die normale und lokale Marktlage widerspiegelt (Grundlage für die Bewertung ist die gegenwärtige Marktsituation);

- hauptsächlich auf langfristigen (nachhaltigen) Aspekten basiert (z. B. Qualität der Lage und des Gebäudes, seine Art und Größe, Bebauungsplan/Flächenaufteilungsstand [*zoning status*], baulicher Zustand, nachhaltiger Mietwert);

- die derzeitige Verwendung und nach Möglichkeit geeignete alternative Verwendungen berücksichtigt;

- auf transparenten und deutlich erklärten Bewertungsmethoden beruht;

- von Gutachtern mit angemessener Sachkenntnis ermittelt wird".

142 Bei der Ermittlung von Beleihungswerten bleiben Belastungen mit **Grundpfandrechten** außer Betracht. Die in Abt. II des Grundstücks eingetragenen Rechte sind indessen zu berücksichtigen. Grundpfandrechte beeinflussen im Allgemeinen nämlich nicht den Verkehrswert, sondern allenfalls den Preis eines Grundstücks. **Banken und Kreditinstitute „bewerten" jedoch die Grundpfandrechte bei der Ermittlung des Beleihungswerts.** Ausgehend vom Verkehrswert für das vergleichsweise unbelastete Grundstück wird über Risikoabschläge der Beleihungswert ermittelt. Hier ist vor allem die Rangstelle der unterschiedlichen Vorlasten (Eintragungen) im Grundbuchwert bestimmend, da nach § 11 HGB die Beleihung die ersten drei Fünftel des Beleihungswerts (60 %) nicht übersteigen darf.

---

[117] ABl. EG L 126/2.

4.8 Flurbereinigungsrecht

In der landwirtschaftlichen Flurbereinigung wird im Unterschied zur städtebaulichen Umlegung (§§ 45 ff. BauGB) mit § 27 des Flurbereinigungsgesetzes – FlurbG – vom Verkehrswertprinzip abgewichen, als hier die Bewertung in der Weise zu erfolgen hat, dass der **„Wert" der Grundstücke eines Teilnehmers** am Verfahren **im Verhältnis zu dem „Wert" aller Grundstücke** des Flurbereinigungsgebiets **zu „bestimmen"** ist. Dabei wird also nicht ein strenger Maßstab i. S. der Verkehrswertdefinition des § 194 BauGB angesetzt; vielmehr geht es um die „Bestimmung" eines relativen, auf die Verhältnisse der Wertigkeiten im jeweiligen Flurbereinigungsgebiet bezogenen Werts (Tauschwerte)[118]. Für landwirtschaftlich genutzte Grundstücke kommt es hier maßgeblich auf den Nutzen an, den die Flächen bei gemeinüblicher ordnungsgemäßer Bewirtschaftung jedem Besitzer ohne Rücksicht auf ihre Entfernung vom Wirtschaftshofe oder von der Ortslage nachhaltig gewähren können (vgl. § 28 FlurbG). Das Wertverhältnis wird durch Wertverhältniszahlen ausgedrückt, die aus dem Nutzungswert (Reinertrag) je Flächeneinheit des Bodens abgeleitet werden.

143

Für **Bauflächen** und **Bauland** sowie für **bauliche Anlagen** wird dagegen nach § 29 Abs. 1 FlurbG der Verkehrswert i. S. d. § 194 BauGB abgeleitet; er wird jedoch abweichend hiervon – unter Ausschluss flurbereinigungsbedingter Werterhöhungen – definiert. Die angesprochenen Bestimmungen haben folgenden Wortlaut:

144

„§ 27 FlurbG

Um die Teilnehmer mit Land von gleichem Wert abfinden zu können, ist der Wert der alten Grundstücke zu ermitteln. Die Wertermittlung hat in der Weise zu erfolgen, dass der Wert der Grundstücke eines Teilnehmers im Verhältnis zu dem Wert aller Grundstücke des Flurbereinigungsgebietes zu bestimmen ist.

§ 28 FlurbG

(1) Für landwirtschaftlich genutzte Grundstücke ist das Wertverhältnis in der Regel nach dem Nutzen zu ermitteln, den sie bei gemeinüblicher ordnungsmäßiger Bewirtschaftung jedem Besitzer ohne Rücksicht auf ihre Entfernung vom Wirtschaftshofe oder von der Ortslage nachhaltig gewähren können. Hierbei sind die Ergebnisse einer Bodenschätzung nach dem Bodenschätzungsgesetz vom 20. Dezember 2007 (BGBl. I S. 3150, 3176) in der jeweils geltenden Fassung zugrunde zu legen; Abweichungen sind zulässig.

(2) Wesentliche Bestandteile eines Grundstücks, die seinen Wert dauernd beeinflussen, sowie Rechte nach § 49 Abs. 3 sind, soweit erforderlich, in ihrem Wert besonders zu ermitteln.

§ 29 FlurbG

(1) Die Wertermittlung für Bauflächen[119] und Bauland sowie für bauliche Anlagen hat auf der Grundlage des Verkehrswertes zu erfolgen[120].

(2) Der Verkehrswert wird durch den Preis bestimmt, der in dem Zeitpunkt, auf den sich die Ermittlung bezieht, im gewöhnlichen Geschäftsverkehr nach den Eigenschaften, der sonstigen Beschaffenheit und der Lage des Grundstücks ohne Rücksicht auf ungewöhnliche oder persönliche Verhältnisse zu erzielen wäre; Wertänderungen an baulichen Anlagen, die durch die Aussicht auf die Durchführung der Flurbereinigung entstanden sind, bleiben außer Betracht.

(3) Bei bebauten Grundstücken ist der Verkehrswert des Bodenanteils und der Bauteile getrennt zu ermitteln, wenn dies aufgrund von Vergleichspreisen möglich ist; die Verkehrswerte sind gesondert anzugeben.

(4) Die Ermittlung des Verkehrswerts der baulichen Anlagen soll nur dann vorgenommen werden, wenn die baulichen Anlagen einem neuen Eigentümer zugeteilt werden."

Neben dem **Gesetz über die Schätzung des Kulturbodens** (Bodenschätzungsgesetz – BodSchätzG) sind die Bestimmungen der ImmoWertV, WERTR, WaldR 2000 und LandR 78 von Bedeutung.

145

---

118 BVerwG, Urt. vom 14.2.1963 – 1 C 56/61 –, MDR 1963, 703 = EzGuG 17.24a.
119 Hier wohl begrifflich nicht dem Bauland zugerechnet (sic!).
120 BT-Drucks VI/2204 zu § 57.

4.9 Landwirtschaftsanpassungsgesetz

146 Die Grundsätze der ImmoWertV finden ggf. unter ergänzender Heranziehung der WERTR auch bei der Ermittlung von **Abfindung in Geld, Abfindung in Land sowie bei der Ersatzlandbereitstellung** nach Maßgabe des LwAnpG Anwendung. Grundsätzlich erfolgt dabei die Wertermittlung für

– Anpflanzungen nach § 63 Abs. 2 LwAnpG i. V. m. § 28 Abs. 2 FlurbG sowie

– Bauflächen, Bauland, bauliche Anlagen sowie für Rechte an Grundstücken nach § 63 Abs. 2 LwAnpG i. V. m. § 29 FlurbG.

Eine **Verfahrens*empfehlung*** enthalten die hierzu vom Bundesministerium für Ernährung, Landwirtschaft und Forsten veröffentlichten Hinweise[121].

4.10 Kapitalanlagenrecht (Investmentvermögen)

Schrifttum: *Archner, G.*, Die Bewertung von Immobilien der offenen Immobilienfonds nach neuem Recht, GuG 2008, 266; *Holzner, P.*, Der offene Immobilienfonds – eine interessante Kapitalanlage, GuG 1992, 5; *Holzner, P.*, Zur Kritik an der Bewertung der Liegenschaften offener Immobilienfonds, GuG 2000, 78; *Kleiber, W.*, Qualitas occultas, GuG-aktuell 2006, 16; *Renner, U.*, Die Bedeutung des Sachverständigengutachtens beim offenen Immobilienfonds, GuG 1993, 139; *Schneider, D.*, Ertragsanalyse der Liegenschaften eines offenen Immobilienfonds, GuG 2001, 338; *Simon, J.*, Verkehrswertermittlung offener Immobilienfonds, GuG 1999, 129; *Volze, H.*, Die Sachverständigenhaftung bei offenen Immobilienfonds, GuG 1993, 68.

147 Das Recht der Kapitalanlage ist geregelt im **Kreditwesengesetz (KWG) sowie im Kapitalanlagegesetzbuch (KAGB)**[122], mit dem das Investmentgesetz aufgehoben wurde. Mit dem KAGB wird die EU Richtlinie über „Alternative Investment Funds Manager" (AIFM-Richtlinie) in nationales Recht umgesetzt. Des Weiteren wurden neue Regelungen zu offenen Immobilienfonds und geschlossenen Fonds geschaffen. Von besonderer Bedeutung sind hier die Regelungen der §§ 230 bis 260 KAGB über Immobilien-Sondervermögen.

148 Das KAGB reguliert alle Beteiligungsmodelle, die gemäß § 1 Abs. 1 KAGB vom Begriff des „Investmentvermögens" erfasst werden. Ein **Investmentvermögen** i. S. des § 1 Abs. 1 Satz 1 KAGB ist jeder Organismus für gemeinsame Anlagen, der von einer Anzahl von Anlegern Kapital einsammelt, um es gemäß einer festgelegten Anlagestrategie zum Nutzen dieser Anleger zu investieren und der kein operativ tätiges Unternehmen außerhalb des Finanzsektors ist.

Die **Bewertung der Vermögensgegenstände** ist gemäß § 216 KAGB durchzuführen

1. entweder durch einen externen Bewerter, der eine natürliche oder juristische Person oder eine Personenhandelsgesellschaft ist, die unabhängig vom offenen Publikums-AIF, von der AIF-Kapitalverwaltungsgesellschaft und von anderen Personen mit engen Verbindungen zum Publikums-AIF oder zur AIF-Kapitalverwaltungsgesellschaft ist, oder

2. von der AIF-Kapitalverwaltungsgesellschaft selbst, vorausgesetzt die Bewertungsaufgabe ist von der Portfolioverwaltung und der Vergütungspolitik funktional unabhängig und die Vergütungspolitik und andere Maßnahmen stellen sicher, dass Interessenkonflikte gemindert und ein unzulässiger Einfluss auf die Mitarbeiter verhindert werden.

Die für einen Publikums-AIF bestellte Verwahrstelle kann nicht als externer Bewerter dieses Publikums-AIF bestellt werden, es sei denn, es liegt eine funktionale und hierarchische Trennung der Ausführung ihrer Verwahrfunktionen von ihren Aufgaben als externer Bewerter vor

---

121 Empfehlungen des Bundesministeriums für Ernährung, Landwirtschaft und Forsten, GemMBl. 1992, 1095; abgedruckt bei Kleiber/Söfker, Vermögensrecht, Eigentum an Grund und Boden, Verlag Jehle-Rehm, München; GuG 1993, 163, 229; Thöne in GuG 1993, 279.

122 Kapitalanlagegesetzbuch (KAGB) vom 4.7.2013 (BGBl. I 2013, 1981), zuletzt geändert durch Art. 6 Abs. 11 des Gesetzes vom 28.8.2013 (BGBl. I 2013, 3395). Hierzu auch Auslegungsschreiben des BaFin vom 14.6.2013 (vgl. GuG 2013/6).

und die potenziellen Interessenkonflikte werden ordnungsgemäß ermittelt, gesteuert, beobachtet und den Anlegern des Publikums-AIF gegenüber offengelegt.

Wird ein externer Bewerter für die Bewertung herangezogen, so weist die AIF-Kapitalverwaltungsgesellschaft nach, dass

1. der externe Bewerter einer gesetzlich anerkannten obligatorischen berufsmäßigen Registrierung oder Rechts- und Verwaltungsvorschriften oder berufsständischen Regeln unterliegt,
2. der externe Bewerter ausreichende berufliche Garantien vorweisen kann, um die Bewertungsfunktion wirksam ausüben zu können, und
3. die Bestellung des externen Bewerters den Anforderungen des § 36 Abs. 1, 2 und 10 KAGB entspricht.

Die Kriterien und der Inhalt der erforderlichen beruflichen Garantien des externen Bewerters nach Nr. 2 bestimmen sich nach Art. 73 der Delegierten Verordnung (EU) Nr. 231/2013.

Ein bestellter externer Bewerter darf die Bewertungsfunktion nicht an einen Dritten delegieren.

Die AIF-Kapitalverwaltungsgesellschaft teilt die Bestellung eines externen Bewerters der Bundesanstalt mit. Liegen die Voraussetzungen von § 216 Abs. 2 KAGB nicht vor, kann die Bundesanstalt die Bestellung eines anderen externen Bewerters verlangen. Wird die Bewertung nicht von einem externen Bewerter vorgenommen, kann die Bundesanstalt verlangen, dass die Bewertungsverfahren sowie Bewertungen der AIF-Kapitalverwaltungsgesellschaft durch den Abschlussprüfer im Rahmen der Jahresabschlussprüfung des Publikums-AIF zu überprüfen sind.

Zur **Haftung** bestimmt § 216 Abs. 7 KAGB, dass der externe Bewerter für vorsätzliche und fahrlässige Fehlbewertungen haftet und nicht vertraglich limitiert oder ausgeschlossen werden darf.

„(7) Die AIF-Kapitalverwaltungsgesellschaft bleibt auch dann für die ordnungsgemäße Bewertung der Vermögensgegenstände des Publikums-AIF sowie für die Berechnung und Bekanntgabe des Nettoinventarwerts verantwortlich, wenn sie einen externen Bewerter bestellt hat. Ungeachtet des Satzes 1 und unabhängig von anders lautenden vertraglichen Regelungen haftet der externe Bewerter gegenüber der AIF-Kapitalverwaltungsgesellschaft für jegliche Verluste der AIF-Kapitalverwaltungsgesellschaft, die sich auf fahrlässige oder vorsätzliche Nichterfüllung der Aufgaben durch den externen Bewerter zurückführen lassen."

Nach § 236 KAGB ist der Wert der Immobilien-Gesellschaft von einem Abschlussprüfer i. S. d. § 319 Abs. 1 Satz 1 und 2 HGB zu ermitteln, bevor die AIF-Kapitalverwaltungsgesellschaft[123] die Beteiligung an einer Immobilien-Gesellschaft erwirbt. Bei der Wertermittlung ist von dem letzten mit dem Bestätigungsvermerk eines Abschlussprüfers versehenen Jahresabschluss der Immobilien-Gesellschaft auszugehen. Liegt der Jahresabschluss mehr als drei Monate vor dem Bewertungsstichtag, ist von den Vermögenswerten und Verbindlichkeiten der Immobilien-Gesellschaft auszugehen, die in einer vom Abschlussprüfer geprüften aktuellen Vermögensaufstellung nachgewiesen sind. Für die Bewertung gelten die §§ 248 und 250 Abs. 1 Nr. 2 und Abs. 2 KAGB mit der Maßgabe, dass die im Jahresabschluss oder in der Vermögensaufstellung der Immobilien-Gesellschaft ausgewiesenen Immobilien mit dem Wert anzusetzen sind, der

1. zuvor bei einem Wert der Immobilie von

    a) bis zu einschließlich 50 Millionen Euro von einem externen Bewerter, der die Anforderungen nach § 216 Abs. 1 Satz 1 Nr. 1 und Satz 2, Abs. 2 bis 5 KAGB erfüllt, oder

---

[123] Alternative Investmentfonds (AIF) sind alle Investmentvermögen, die keine Organismen für gemeinsame Anlagen in Wertpapieren (OGAW) sind; dies sind Investmentvermögen, die die Anforderungen der Richtlinie 2009/65/EG des Europäischen Parlaments und des Rates vom 13.7.2009 zur Koordinierung der Rechts- und Verwaltungsvorschriften betreffend bestimmte Organismen für gemeinsame Anlagen in Wertpapieren (OGAW) (ABl. L 302 vom 17.11.2009, S. 1) erfüllen.

b) mehr als 50 Millionen Euro von zwei externen, voneinander unabhängigen Bewertern, die die Anforderungen nach § 216 Abs. 1 Satz 1 Nr. 1 und Satz 2, Abs. 2 bis 5 KAGB erfüllen und die die Bewertung der Vermögensgegenstände unabhängig voneinander vornehmen,

festgestellt wurde und wobei

2. der Bewerter i. S. von Nr. 1 Buchstabe a oder die Bewerter i. S. von Nr. 1 Buchstabe b

   a) Objektbesichtigungen vorgenommen hat oder haben,

   b) nicht zugleich die regelmäßige Bewertung gemäß den §§ 249 und 251 Abs. 1 KAGB durchführt oder durchführen und

   c) nicht zugleich Abschlussprüfer ist oder sind.

150 Nach § 249 KAGB ist für das **Bewertungsverfahren** § 169 KAGB[124] mit der Maßgabe anzuwenden, dass die Bewertungsrichtlinien für Immobilien-Sondervermögen zusätzlich vorzusehen haben, dass

1. die Vermögensgegenstände i. S. d. § 231 Abs. 1 KAGB sowie des § 234 KAGB von zwei externen, voneinander unabhängigen Bewertern, die die Anforderungen nach § 216 Abs. 1 Satz 1 Nr. 1 und Satz 2, Abs. 2 bis 5 KAGB erfüllen und die die Bewertung der Vermögensgegenstände unabhängig voneinander vornehmen, bewertet werden und

2. die externen Bewerter i. S. Objektbesichtigungen vornehmen.

Für den Bewerter ist § 216 KAGB mit der Maßgabe anzuwenden, dass

1. die Bewertung der Vermögensgegenstände i. S. d. § 231 Abs. 1 KAGB nur durch zwei externe Bewerter erfolgen darf,

2. der Wert der Beteiligung an einer Immobilien-Gesellschaft durch einen Abschlussprüfer i. S. d. § 319 Abs. 1 Satz 1 und 2 HGB zu ermitteln ist (§ 250 KAGB).

151 Ein **externer Bewerter** darf für eine AIF-Kapitalverwaltungsgesellschaft für die Bewertung von Immobilien-Sondervermögen nur für einen Zeitraum von maximal drei Jahren tätig sein. Die Einnahmen des externen Bewerters aus seiner Tätigkeit für die AIF-Kapitalverwaltungsgesellschaft dürfen 30 Prozent seiner Gesamteinnahmen, bezogen auf das Geschäftsjahr des externen Bewerters, nicht überschreiten. Die Bundesanstalt kann verlangen, dass ihr entsprechende Nachweise vorgelegt werden. Die AIF-Kapitalverwaltungsgesellschaft darf einen externen Bewerter erst nach Ablauf von zwei Jahren seit Ende des Zeitraums nach Satz 1 erneut als externen Bewerter bestellen.

152 Nach der Sonderregelung des § 251 KAGB ist § 217 KAGB mit der Maßgabe anzuwenden, dass der Wert der Vermögensgegenstände i. S. d. § 231 Abs. 1 und des § 234 KAGB innerhalb eines Zeitraums von drei Monaten zu ermitteln ist. Sehen die Anlagebedingungen eines Immobilien-Sondervermögens gemäß § 255 Abs. 2 KAGB die Rücknahme von Anteilen seltener als alle drei Monate vor, ist der Wert der Vermögensgegenstände i. S. d. § 231 Abs. 1 und des § 234 KAGB innerhalb eines Zeitraums von drei Monaten vor jedem Rücknahmetermin zu ermitteln. Abweichend von Satz 1 und 2 ist der Wert stets erneut zu ermitteln und anzusetzen, wenn nach Auffassung der AIF-Kapitalverwaltungsgesellschaft der zuletzt ermit-

---

124 § 169 KAGB Bewertungsverfahren: (1) Die Kapitalverwaltungsgesellschaft hat eine interne Bewertungsrichtlinie zu erstellen. Die Bewertungsrichtlinie legt geeignete und kohärente Verfahren für die ordnungsgemäße, transparente und unabhängige Bewertung der Vermögensgegenstände des Investmentvermögens fest. Die Bewertungsrichtlinie soll vorsehen, dass für jeden Vermögensgegenstand ein geeignetes, am jeweiligen Markt anerkanntes Wertermittlungsverfahren zugrunde zu legen ist und dass die Auswahl des Verfahrens zu begründen ist.
(2) Die Bewertung der Vermögensgegenstände hat unparteiisch und mit der gebotenen Sachkenntnis, Sorgfalt und Gewissenhaftigkeit zu erfolgen.
(3) Die Kriterien für die Verfahren für die ordnungsgemäße Bewertung der Vermögensgegenstände und für die Berechnung des Nettoinventarwertes pro Anteil oder Aktie sowie deren konsistente Anwendung und die Überprüfung der Verfahren, Methoden und für Berechnungen bestimmen sich nach den Artikeln 67 bis 74 der Delegierten Verordnung (EU) Nr. 231/2013. Für das Bewertungsverfahren bei inländischen OGAW sind die Artikel 67 bis 74 der Delegierten Verordnung (EU) Nr. 231/2013 entsprechend anzuwenden.

telte Wert auf Grund von Änderungen wesentlicher Bewertungsfaktoren nicht mehr sachgerecht ist; die AIF-Kapitalverwaltungsgesellschaft hat ihre Entscheidung und die Gründe dafür nachvollziehbar zu dokumentieren.

4.11 Bilanzrecht

Schrifttum: *Baetge, J.*, Bilanzen, 4. Aufl. Düsseldorf 1996, S. 263 ff.; *Baumunk, H./Böckem, H./Schurbohm, E.*, Die Bilanzierung von Immobilien nach International Accounting Standards, GuG 2002, 354; *Baumunk, H*, Immobilienbewertung und internationale Standards, GuG 2004, 224; *Budde, W.*, Beckische Bilanz-Komm. §§ 238 und 239 HGB, 4. Aufl. 1999 § 253 HGB Rn. 290; *Kleiber, W.*, Die „europäischen Bewertungsstandards" des Blauen Buchs, GuG 2000, 321; *Böcking, H-J./Sittmann-Haury, C.*, Forderungsbewertung – Anschaffungskosten versus Fair Value, BB 2003, 195; *Döring, U.*, Komm. zu § 253 HGB in Küting/Weber, Handbuch der Rechnungslegung, 4. Aufl. Stuttgart; *Glade, A.*, Praxishandbuch der Rechnungslegung und Prüfung, 2. Aufl. Berlin 1995, § 253 Rn. 38 ff. und 42; *Trappmann, H./Rauber, D.*, Fair Value von Immobilien in der Finanzkrise, GuG 2009, 193; *Weber/Baumunk*, IFRS Immobilien, Luchterhand 2005; *Winnefeld, R.*, Bilanz-Handbuch, München 1997 E 1060 ff.; *Dusemond, M./Kessler, H.*, Rechnungslegung kompakt: Einzel- und Konzernabschluss nach HGB und Erläuterungen abweichender Rechnungslegungspraktiken nach IAS und US-GAPP, 2. Aufl. Oldenbourg 2001 S. 42 ff. Kommunales Vermögen – richtig bewertet, Haufe Verlag 2004.

▶ *Vgl. Vorbem. zur ImmoWertV Rn. 1; § 8 ImmoWertV Rn. 18; § 16 ImmoWertV Rn. 23, Rn. 103*

4.11.1 Allgemeines

In der **Handels- und Steuerbilanz** sind einige weitere spezifische Wertbegriffe bedeutsam, insbesondere

– der *Handelsbilanzwert*: Dies ist der in der Handelsabilanz ausgewiesene Wert eines Wirtschaftsguts, der nach den §§ 252 ff. des Handelsgesetzbuchs – HGB – in Anlehnung an den Steuerbilanzwert ermittelt wird;

– der *Steuerbilanzwert*: Dies ist der in der Steuerbilanz ausgewiesene Wert, der nach den Vorschriften des Bilanzrechts ermittelt wird (Bilanzrichtliniengesetz);

– der *Festwert*: Dies ist der Wert, der in der Handels- und Steuerbilanz für bestimmte Wirtschaftsgüter (Betriebsvorrichtungen) ermittelt wird und für einen längeren Zeitraum unverändert bleibt;

– der *Buchwert*: Dies ist der Wert, mit dem ein Wirtschaftsgut in der Handels- und Steuerbilanz auf der Aktiv- und Passivseite ausgewiesen ist. Obergrenze für den Buchwert sind die Anschaffungs- oder Herstellungskosten. Untergrenze sind bei abnutzbaren Gütern die Anschaffungs- oder Herstellungskosten vermindert um die Abschreibung;

– der *Höchstwert*: Dies ist der in der Handels- und Steuerbilanz für bestimmte Wirtschaftsgüter maximal ansetzbare Wert. Bei nicht abnutzbaren Wirtschaftsgütern sind die ursprünglichen Anschaffungs- oder Herstellungskosten zugleich der Höchstwert (§ 6 Abs. 1 Nr. 2 EStG); bei abnutzbaren Wirtschaftsgütern stellen die Anschaffungs- oder Herstellungskosten vermindert um die Abschreibung den Höchstwert dar (vgl. § 6 Abs. 1 Nr. 1 EStG);

– der *Teilwert*: Dies ist der Betrag, den ein Erwerber eines ganzen Unternehmens im Rahmen des dafür zu zahlenden Gesamtkaufpreises für das einzelne zum Betriebsvermögen gehörende Wirtschaftsgut ansetzen würde (§ 6 Abs. 1 Nr. 1 EStG, § 10 Abs. 2 BewG; vgl. § 193 BauGB Rn. 12, 30); dabei ist davon auszugehen, dass der Erwerber den Betrieb (das Unternehmen) fortführt;

– der *Zwischenwert*: Dies ist der Wert, der in bestimmten Fällen in der Handels- und Steuerbilanz angesetzt werden kann: entsprechend seiner Bezeichnung liegt er zwischen den Anschaffungs- oder Herstellungskosten und dem Teilwert;

III § 194 BauGB Verkehrswert

- der *Erinnerungswert*: Dies ist (immer) der Wert von 1 €, der in der Handels- und Steuerbilanz für ein zwar abgeschriebenes, aber noch zum Betriebsvermögen gehörendes Wirtschaftsgut ausgewiesen ist, und

- der *Wiederbeschaffungs- und Wiederherstellungswert*: Dies ist der Neuwert, der z. B. bei der DM-Bilanzeröffnung in den neuen Bundesländern um den Betrag zu vermindern ist, der die zwischenzeitliche Nutzung des Vermögensguts und ein Zurückbleiben hinter dem technischen Fortschritt berücksichtigt (§ 7 DMBilG).

4.11.2 Nationale Bewertungsstandards

▶ Vgl. *§ 8 ImmoWertV Rn. 110; Vorbem. zur ImmoWertV Rn. 1*

154 Bei der **handelsrechtlichen Eröffnungsbilanz** eines Unternehmens bestimmt sich der Wertansatz nach den Vorschriften der §§ 7, 9, 10 und 12 des DM-Bilanzgesetzes (DMBilG).

- § 7 DMBilG enthält **allgemeine Grundsätze zur Neubewertung von Vermögensgegenständen,** die durch die Spezialregelungen der §§ 9 und 10 DMBilG zur Bewertung von Grund und Boden sowie Gebäuden ergänzt werden. Zentraler Wertmaßstab für die Neubewertung ist der (beizulegende) „Zeitwert"[125]. Danach ist zu unterscheiden zwischen Vermögensgegenständen, die

  - im Unternehmen Verwendung finden und

  - die nicht mehr verwendet werden.

  Vermögensgegenstände, die im Unternehmen nicht mehr verwendet werden, sind nach § 7 Abs. 5 DMBilG mit dem zu erwartenden **Verkaufspreis nach Abzug der noch anfallenden Kosten** anzusetzen (**Veräußerungswert**). Vermögensgegenstände, die noch genutzt werden, aber vor dem 1.7.1990 bereits vollständig abgeschrieben worden sind, dürfen höchstens mit ihrem Veräußerungswert angesetzt werden.

- Als Wert der **Gebäude und anderer Bauten** kann nach § 10 Abs. 2 DMBilG der Verkehrswert angesetzt werden. Der Zeitwert von Gebäuden und anderer Bauten kann nach § 10 Abs. 1 DMBilG auch aus den *Wiederherstellungskosten* (§ 7 Abs. 3 DMBilG) oder ihren *Wiederbeschaffungskosten* (§ 7 Abs. 2 DMBilG) abgeleitet werden, sofern nicht ein anderer Wertansatz bestimmt ist. Ausgehend vom Neuwert ist die zwischenzeitliche Nutzung und ein Zurückbleiben hinter dem technischen Fortschritt (Wertminderung wegen Alters [Abschreibung i. S. d. § 253 Abs. 2 HGB], Baumängeln und Bauschäden sowie sonstige wertbeeinflussende Umstände i. S. der §§ 23 ff. WertV) zu berücksichtigen. In diesem Rahmen sind auch unterlassene Instandhaltungen und Großreparaturen zur Erhaltung der Bausubstanz wertmindernd zu berücksichtigen, soweit keine entsprechenden Rückstellungen gebildet worden sind. Die Vermögensgegenstände sind jedoch höchstens mit dem Wert anzusetzen, der ihnen unter der Annahme der Unternehmensfortführung am Bewertungsstichtag beizulegen ist. In diesem Zusammenhang wird auch der Begriff des Zeitwerts gebraucht.

---

[125] Vgl. „*Fair Value*", der keinesfalls eine „Erfindung" der *International Accounting Standards* ist. Es handelt sich um einen unbestimmten Rechtsbegriff, für dessen Ermittlung Hilfswerte diskutiert werden: Baetge, J., Bilanzen, 4. Aufl. Düsseldorf 1996, S. 263 ff.; Döring, U., Komm. zu § 253 HGB in Küting/Weber, Handbuch der Rechnungslegung, 4. Aufl. Stuttgart; Glade, A., Praxishandbuch der Rechnungslegung und Prüfung, 2. Aufl. Berlin 1995, § 253 Rn. 38 ff.; Winnefeld, R., Bilanz-Handbuch, München 1997 E 1060 ff.; Dusemond, M./Kessler, H., Rechnungslegung kompakt: Einzel- und Konzernabschluss nach HGB und Erläuterungen abweichender Rechnungslegungspraktiken nach IAS und US-GAPP, 2. Aufl. Oldenburg 2001 S. 42 ff.

Verkehrswert § 194 BauGB III

- Nach § 9 DMBilG[126] ist der **Grund und Boden** (nur[127]) mit seinem „Verkehrswert"[128] unter Berücksichtigung wesentlicher Beeinträchtigungen (Nutzungs-, Verfügungs- und Verwertungsbeschränkungen) anzusetzen. Entsprechendes gilt auch für künftige Rekultivierungs- und Entsorgungspflichten, soweit für sie keine entsprechenden Rückstellungen gebildet worden sind. Für unentgeltlich eingeräumte grundstücksgleiche Nutzungsrechte darf nach § 9 Abs. 3 DMBilG unter bestimmten Voraussetzungen der Barwert der üblichen Nutzungsentschädigung zum Ansatz gebracht werden.

Im Handelsrecht ist zu unterscheiden zwischen der **Zugangsbewertung** und der **Folgebewertung**. 155

- *Zugangsbewertung* ist die erstmalige Bewertung bei Zugang eines Vermögensgegenstands zum Betriebsvermögen.
- *Folgebewertung* ist die dem folgende Bewertung des Vermögensgegenstands zu jedem Bilanzstichtag.

Nach den „Allgemeinen Bewertungsgrundsätzen" des § 252 HGB gelten für die Bewertung der im Jahresabschluss ausgewiesenen Vermögensgegenstände und Schulden insbesondere folgende Grundsätze: 156

- Es ist von der Fortführung der Unternehmenstätigkeit auszugehen (*Going-concern*-Prinzip), sofern dem nicht tatsächliche oder rechtliche Gegebenheiten entgegenstehen (§ 252 Abs. 1 Nr. 2 HGB),
- die Vermögensgegenstände sind einzeln zu bewerten (Grundsatz der Einzelbewertung § 252 Abs. 1 Nr. 3 HGB) und
- die Vermögensgegenstände sind vorsichtig zu bewerten, namentlich sind alle vorhersehbaren Risiken und Verluste, die bis zum Abschlussstichtag entstanden sind, zu berücksichtigen, selbst wenn diese erst zwischen dem Abschlussstichtag und dem Tag der Aufstellung des Jahresabschlusses bekannt geworden sind (Vorsichtsprinzip § 252 Abs. 1 Nr. 4 HGB).

Vermögensgegenstände sind nach § 253 Abs. 1 HGB höchstens mit den Anschaffungs- oder Herstellungskosten, vermindert um Abschreibungen nach den § 253 Abs. 2 und 3 anzusetzen. Bei **Vermögensgegenständen des Anlagevermögens**, deren Nutzung zeitlich begrenzt ist, sind die Anschaffungs- oder Herstellungskosten nach § 253 Abs. 2 HGB um planmäßige Abschreibungen zu auf den niedrigeren „beizulegenden Zeitwert" (Marktwert gleichartiger Unternehmen, der dem beizulegenden Zeitwert nach IFRS entspricht)[129] vermindern. Der Plan muss die Anschaffungs- oder Herstellungskosten auf die Geschäftsjahre verteilen, in denen der Vermögensgegenstand voraussichtlich genutzt werden kann. Ohne Rücksicht darauf, ob ihre Nutzung zeitlich begrenzt ist, können bei Vermögensgegenständen des Anlagevermögens außerplanmäßige Abschreibungen vorgenommen werden, um die Vermögensgegenstände mit dem niedrigeren Wert anzusetzen, der ihnen am Abschlussstichtag beizulegen ist; sie sind vorzunehmen bei einer *voraussichtlich dauernden Wertminderung*. 157

Eine **voraussichtlich dauernde Wertminderung** liegt bei abnutzbaren Wirtschaftsgütern des Anlagevermögens vor, wenn der beizulegende Zeitwert (Marktwert) den Buchwert, der sich bei planmäßiger Abschreibung ergibt, zum Bilanzstichtag mindestens für die halbe Restnutzungsdauer unterschreitet[130]. 158

---

126 Es handelt sich um eine Spezialvorschrift zu den allgemeinen Regelungen des § 7 DMBilG; vgl. Forster, W./Gelhauser/Wagner in Budde/Forster, D-Mark-Bilanzgesetz, Komm. München 1991 § 7 Rn. 4.
127 Forster/Kämpfer in Budde/Förster, D-Mark-Bilanzgesetz, Komm. München 1991, Rn. 12 zu § 9.
128 In der amtlichen Begründung wird hierzu ausgeführt: „Der Verkehrswert wird grundsätzlich durch den am Markt erzielbaren Preis bestimmt" (BT-Drucks. 11/7817 S. 65 ff.).
129 Berger/Ring, Beck'scher Bilanzkommentar, 6. Aufl. 2006 § 263 Rn. 297; Küting DB 2005, 1124; Baetge/Dörner/Wollmert/Kirsch, Rechnungslegung nach internationalen Standards, 2. Aufl. 2006.
130 Analoge Auslegung der Rechtsprechung des BFH zum Ansatz eines niedrigeren Teilwerts gemäß § 6 Abs. 1 Nr. 1 Satz 2 EStG; vgl. BFH, Urt. vom 14.3.2006 – I R 22/05 –, BStBl II 2006, 680 = EzGuG 20.200d.

159 Bei **Vermögensgegenständen des Umlaufvermögens** sind nach § 253 Abs. 3 HGB Abschreibungen vorzunehmen, um diese mit einem niedrigeren Wert anzusetzen, der sich aus einem Börsen- oder Marktpreis am Abschlussstichtag ergibt. Ist ein Börsen- oder Marktpreis nicht festzustellen und übersteigen die Anschaffungs- oder Herstellungskosten den Wert, der den Vermögensgegenständen am Abschlussstichtag beizulegen ist, so ist auf diesen Wert abzuschreiben. Außerdem dürfen Abschreibungen vorgenommen werden, soweit diese nach vernünftiger kaufmännischer Beurteilung notwendig sind, um zu verhindern, dass in der nächsten Zukunft der Wertansatz dieser Vermögensgegenstände aufgrund von Wertschwankungen geändert werden muss. Abschreibungen sind nach § 253 Abs. 4 HGB außerdem im Rahmen vernünftiger kaufmännischer Beurteilung zulässig.

4.11.3 Internationale Bewertungsstandards (IFRS/IAS)

Schrifttum: *Baumunk, H.,* Die Bilanzierung von Immobilien nach International Accounting Standards, GuG 2002, 354; *Böcking, H-J./Sittmann-Haury, C.,* Forderungsbewertung – Anschaffungskosten versus Fair Value, BB 2003, 195; *Frieß, R.,* Ansatz und Auswirkungen aktiver latenter Steuern nach IAS 12 am Beispiel ehemals gemeinnütziger Wohnungsbaugesellschaften, GuG 2005, 264; *Kölschbach J.,* Offenlegung des Zeitwerts von Immobilien im Jahresabschluss von Versicherungsunternehmen, GuG 1999, 202; *Kühnberger/Werling,* Immobilienbewertung nach IFRS 13 „Fair Value Measurement" für bilanzielle Zwecke, GuG 2011, 279; *Geib,* Die Pflicht zur Offenlegung des Zeitwerts von Kapitalanlagen der Versicherungsunternehmen nach Umsetzung der Versicherungsbilanzrichtlinie; Versicherungswirtschaft, hrsg. Farny Bd. 20 Köln 1997; *Ranker, D.,* Immobilienbewertung nach HGB und IFRS, 2006; *Schaar, H-W.,* Bilanzierungsbewertung – eine neue Aufgabe für kommunale Bewertungsstellen, GuG 1999, 298; *Weber/Baumunk,* IFRS Immobilien, Luchterhand 2005; *Zurhorst* in Immobilien Zeitung 1999, Nr. 27 S. 12; IDW PS 322 Verwertung der Arbeit von Sachverständigen, WPg 2002, 689.

▶ *Vgl. Vorbem. zur ImmoWertV Rn. 1; § 8 ImmoWertV Rn. 16 ff.; § 14 ImmoWertV Rn. 111 ff.*

160 Alle kapitalmarktorientierten Gesellschaften in der EU haben nach der EU-Verordnung 1606/2002 ihre Konzernabschlüsse nach internationalen Rechnungslegungsvorschriften aufzustellen[131]. Ab dem Jahre 2002 waren alle börsennotierten EU-Unternehmen verpflichtet, bis zum Jahre 2005 ihre **konsolidierten Jahresabschlüsse (Konzernabschlüsse)** nach den *International Accounting Standards* (IFRS)[132] aufzustellen. Den Mitgliedsstaaten wird darüber hinaus ein Wahlrecht eingeräumt, die Anwendung der IAS auf nicht börsennotierte Unternehmen und auf Einzelabschlüsse auszudehnen.

161 Bei bilanzieller Bewertung von unbebauten und bebauten Grundstücken unterscheiden die IAS zwischen

a) (eigenbetrieblichen) Sachanlagen nach IAS 16,

b) langfristigen Finanzanlagen (z. B. als Finanzinvestition gehaltene Immobilien; *investment property*) nach IAS 40 zur Erzielung laufender Einnahmen und/oder Wertsteigerungen,

c) Immobilien, die sich in der Entwicklungs- oder Bauphase befinden, um sie eigenbetrieblich (IAS 16) oder als Finanzanlage (IAS 40) zu nutzen (IAS 2). Bis zum Zeitpunkt ihrer bestimmungsgemäßen Nutzung werden sie nach IAS 16 bilanziert (Umlaufvermögen),

---

[131] Die europarechtlichen Grundlagen der Bewertung von Anlagevermögen bei Jahresabschlüssen und die Bilanzierungsprinzipien der Europäischen Union gehen auf die Vierte Richtlinie des Rates vom 25.7.1978 (ABl. EG vom 14.8.1978 Nr. L 222/11.) zurück. Es handelt sich hier um bilanzielle Spezialregelungen, die nicht unmittelbar mit der klassischen Verkehrswertermittlung gleichzusetzen sind. Nach Art. 35 der Richtlinie sind Gegenstände des Anlagevermögens zu den Anschaffungs- und Herstellungskosten zu bewerten. Des Weiteren sehen die Vorschriften besondere Maßgaben zur Berücksichtigung von Zinsen für Fremdkapital vor, sofern sie auf den Zeitpunkt der Herstellung entfallen (Art. 35 Abs. 4), wenn am Tag, zu dem die Bilanz aufgestellt wird, Grundstücke oder Gebäude verkauft sind oder binnen kurzem verkauft werden sollen (Art. 49 Abs. 5).

[132] Herausgegeben vom *International Accounting Standards Committee* (IASC), seit 2001 *„International Accounting Standards Board"* (IASB); die IAS wurden in *„International Financial Reporting Standards"* (IFRS) umbenannt.

Verkehrswert § 194 BauGB III

Entscheidend ist der Zweck, zu dem die Immobilie gehalten wird. 162

– **Sachanlagen**[133] (IAS 16) umfassen materielle Vermögenswerte
  a) zum Zwecke der Herstellung oder Lieferung von Gütern oder
  b) zum Zwecke der Herstellung oder Lieferung von Dienstleistungen
  c) zur Vermietung an Dritte oder
  d) für Verwaltungszwecke.

– **Finanzanlagen**[134] (IAS 40) sind Investitionen, die zur Erzielung von Mieteinnahmen und/oder zum Zwecke der Wertsteigerung getätigt wurden (IAS 40 § 5, 7).

Daneben unterscheiden die IAS noch nach 163

– **Vorräten** (IAS 2), d. h. Immobilien, die im Rahmen der normalen Geschäftstätigkeit in naher Zukunft (innerhalb von zwölf Monaten) zum Verkauf bestimmt sind, und

– **Langfristfertigungen** (IAS 11), d. h. (Fremd-) Immobilien, die langfristig (aufgrund eines Fertigungsauftrags) für einen Dritten erstellt werden (IAS 11).

Gemischt genutzte Immobilien, deren einzelne Bestandteile gesondert verkauft oder vermietet werden können, sind entsprechend aufzuteilen. Eine eigenbetriebliche Nutzung von untergeordneter Bedeutung (5 % bis maximal 30 %) bleibt außer Betracht. 164

---

133 „Sachanlagen" umfassen nach IAS 16 § 6 materielle Vermögenswerte,
134 Als „Finanzinvestition gehaltene Immobilien" gelten nach IAS 40 § 5 „als Immobilien (Grundstücke oder Gebäude – oder Teile von Gebäuden – oder beides), die (vom Eigentümer oder vom Leasingnehmer im Rahmen eines Finanzierungsleasingverhältnisses) zur Erzielung von Mieteinnahmen und/oder zum Zwecke der Wertsteigerung gehalten werden und nicht:
(a) zur Herstellung oder Lieferung von Gütern bzw. der Erbringung von Dienstleistungen oder für Verwaltungszwecke oder
(b) zum Verkauf im Rahmen der gewöhnlichen Geschäftstätigkeit des Unternehmens".

Abb. 6: Maßgeblicher Bewertungsstandard bei unterschiedlicher Immobilienverwendung nach IAS

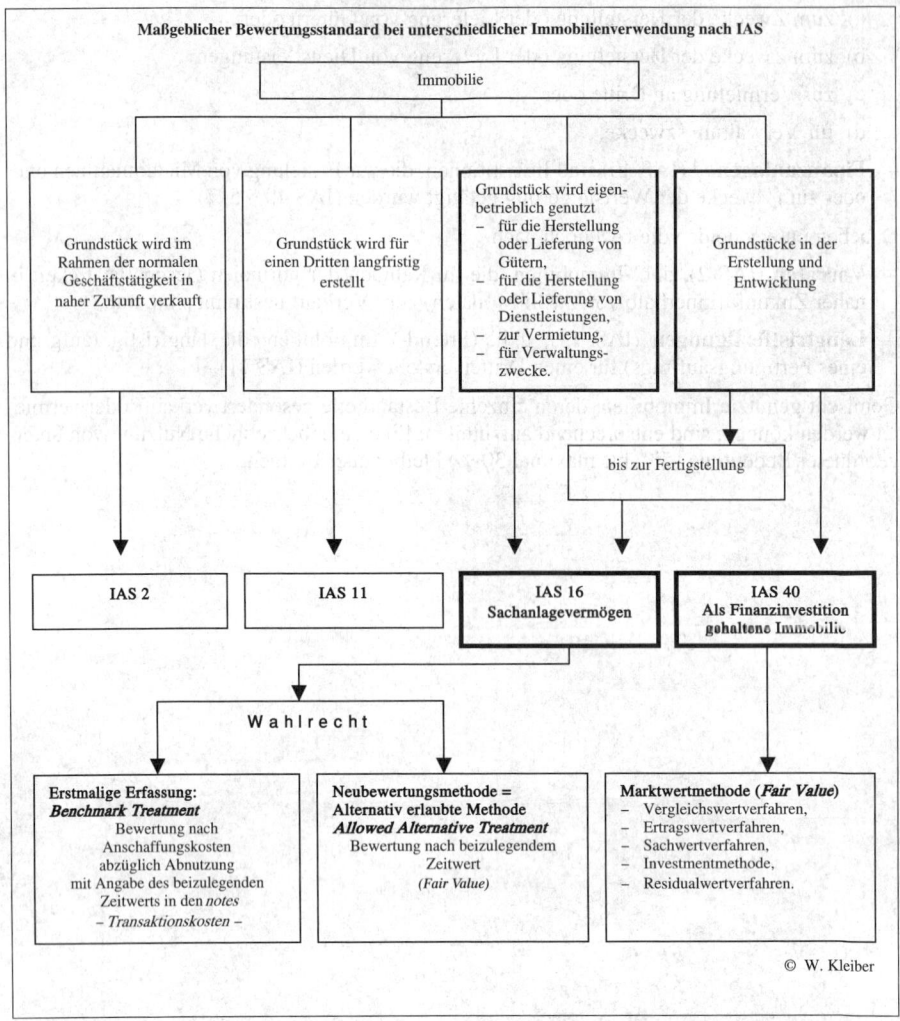

a) *Sachanlagen*

165 Nach **IAS 16 § 6 (Bilanzierung von Sachanlagen)** und **IAS 40 § 5 (Bilanzierung von als Finanzinvestition gehaltenen Immobilien)** definiert sich der (erklärungsbedürftige und geheimnisvolle[135]) beizulegende Zeitwert (*Fair Value*) allgemein wie folgt:

„Der beizulegende Zeitwert (*Fair Value*) ist der Betrag, zu dem ein Vermögenswert zwischen sachverständigen, vertragswilligen und voneinander unabhängigen Geschäftspartnern getauscht werden könnte."

166 Die mit dem Marktwert (Verkehrswert) identische Definition wird durch eine Reihe materieller Maßgaben und bewertungstechnischer Hinweise ergänzt.

---

135 Groh in DB 1985, 1851.

IAS 16 §§ 32 und 33 ergänzen diese Definition des beizulegenden Zeitwerts (*Fair Value*) um die **Spezialregelung** 167

a) zur Ermittlung des beizulegenden Zeitwerts von Grundstücken und Gebäuden und

b) zur Ermittlung technischer Anlagen und Betriebs- und Geschäftsausstattungen

wie folgt:

„32. Der beizulegende Zeitwert von Grundstücken und Gebäuden wird in der Regel nach den auf dem Markt basierenden Daten ermittelt, wobei man sich normalerweise der Berechnungen hauptamtlicher Gutachter bedient. Der beizulegende Zeitwert für technische Anlagen und Betriebs- und Geschäftsausstattung ist in der Regel der durch Schätzungen ermittelte Marktwert.

33. Gibt es aufgrund der speziellen Art der Sachanlage und ihrer seltenen Veräußerung, ausgenommen als Teil eines fortbestehenden Geschäftsbereiches, keine marktbasierten Nachweise für den beizulegenden Zeitwert, muss ein Unternehmen eventuell den beizulegenden Zeitwert unter Anwendung eines Ertragswertverfahrens oder der abgeschriebenen Wiederbeschaffungswertmethode schätzen."

Eine **Sachanlage** (z. B. unbebaute Grundstücke sowie Grundstücke und Gebäude) ist nach IAS 16 § 7 als Vermögenswert anzusetzen, wenn

(a) es wahrscheinlich ist, dass ein mit ihm verbundener künftiger wirtschaftlicher Nutzen dem Unternehmen zufließen wird, und wenn

(b) seine Anschaffungs- und Herstellungskosten verlässlich ermittelt werden können.

Eine **Sachanlage**, die als Vermögenswert anzusetzen ist, ist nach **IAS 16 § 15** bei der **erstmaligen Erfassung** mit ihren Anschaffungs- und Herstellungskosten[136] zu bewerten.

Eine **Sachanlage** ist **nach ihrem erstmaligen Ansatz als Vermögenswert (Folgebewertung)** nach IAS 16 § 30 zu ihren Anschaffungskosen abzüglich der kumulierten Abschreibungen und kumulierten Wertminderungsaufwendungen anzusetzen (*Benchmark-Methode*).

Als *alternativ zulässige Methode – Wahlrecht – (Allowed Alternative Treatment)* ist eine Sachanlage nach IAS 16 § 31 nach dem erstmaligen Ansatz als Vermögenswert zu einem **Neubewertungsbetrag** anzusetzen, der seinem beizulegenden Zeitwert am Tage der Neubewertung abzüglich nachfolgender kumulierter planmäßiger Abschreibungen und nachfolgender kumulierter Wertminderungsaufwendungen entspricht. Neubewertungen sind in regelmäßigen Abständen vorzunehmen, um sicherzustellen, dass der Buchwert nicht wesentlich von dem Wert abweicht, der unter Verwendung des beizulegenden Zeitwerts am Bilanzstichtag ermittelt werden würde.

Als alternativ zulässige Methode (*Allowed Alternative Treatment*) zur Bewertung einer Sachanlage bzw. der Neubewertung einer langfristigen Finanzanlage wird damit der **Marktwert auf der Grundlage der ausgeübten oder einer ähnlichen Nutzung abzüglich der kumulierten planmäßigen Abschreibung** zugelassen (Wahlrecht). 168

b) *Vermögensanlage (als Finanzinvestition gehaltene Immobilie)*

Als Finanzinvestition gehaltene Immobilien sind nach IAS 40 § 16 dann und nur dann **als Vermögenswert** in der Bilanz **anzusetzen**, wenn: 169

(a) es wahrscheinlich ist, dass dem Unternehmen der zukünftige wirtschaftliche Nutzen, der mit den als Finanzinvestition gehaltenen Immobilien verbunden ist, zufließen wird, und

(b) die *Anschaffungs- und Herstellungskosten* der als Finanzinvestition gehaltenen Immobilien zuverlässig bemessen werden können.

Eine als Finanzinvestition gehaltene Immobilie ist nach IAS 40 § 20 bei Zugang mit ihren Anschaffungs- und Herstellungskosten zu bewerten. *Die* **Transaktionskosten** *sind in die erstmalige Bewertung mit einzubeziehen.* 170

---

[136] „Anschaffungs- und Herstellungskosten" einer Sachanlage umfassen nach IAS 16 § 16: „(a) den Kaufpreis einschließlich Einfuhrzölle und nicht erstattungsfähiger Umsatzsteuern nach Abzug von Rabatten, Boni und Skonti. (b) alle direkt zurechenbaren Kosten. die anfallen, um den Vermögenswert zu dem Standort und in den erforderlichen vom Management beabsichtigten betriebsbereiten Zustand zu bringen. (c) die erstmalig geschätzten Kosten für den Abbruch und das Abräumen des Gegenstandes und die Wiederherstellung des Standortes, an dem er sich befindet. die Verpflichtung, die ein Unternehmen entweder bei Erwerb des Gegenstandes oder als Folge eingeht. wenn es während einer gewissen Periode ihn zu anderen Zwecken als zur Herstellung von Vorräten benutzt hat."

III § 194 BauGB **Verkehrswert**

171 Im Rahmen einer **Folgebewertung** hat das Unternehmen nach IAS 40 § 30

a) entweder das Modell des beizulegenden Zeitwerts entsprechend IAS 40 §§ 33 bis 55 oder

b) das Anschaffungskostenmodell nach IAS 40 § 50 als Bilanzierungs- und Bewertungsmethode zu wählen

und diese Methode für alle als Finanzinvestition gehaltenen Immobilien anzuhalten.

172 Nach IAS 40 § 33 hat ein Unternehmen, das nach der erstmaligen Erfassung das Modell des beizulegenden Zeitwerts gewählt hat, alle als Finanzinvestition gehaltenen Immobilien mit Ausnahme der in IAS 40 § 53 beschriebenen besonderen Fälle zum **beizulegenden Zeitwert** zu bewerten. Ein Gewinn oder Verlust, der durch die Änderung des beizulegenden Zeitwerts der als Finanzinvestition gehaltenen Immobilien entsteht, ist nach IAS 40 § 35 im Ergebnis in der Periode erfolgswirksam zu berücksichtigen, in dem er entstanden ist.

173 Sofern sich ein Unternehmen nach dem erstmaligen Ansatz für das **Anschaffungsmodell** entscheidet, hat es nach IAS 40 § 56 seine gesamten als Finanzinvestition gehaltenen Immobilien nach den Vorschriften der IAS 16 für dieses Modell zu bewerten, d. h. zu Anschaffungs- und Herstellungskosten abzüglich der kumulierten Abschreibungen und kumulierten Wertminderungsaufwendungen.

174 Der **beizulegende Zeitwert einer als Finanzinvestition gehaltenen Immobilie ist** nach IAS 40 §§ 5, 36 (auch IAS 16 § 6) **der Betrag, zu dem ein Vermögensgegenstand zwischen sachverständigen, vertragswilligen und voneinander unabhängigen Geschäftspartnern getauscht werden kann. Er entspricht damit in der Regel dem Marktwert (Verkehrswert).** Diese Definition schließt insbesondere geschätzte Preise aus, die durch Nebenabreden oder besondere Umstände erhöht oder gesenkt werden, beispielsweise untypische Finanzierungen, *Sale-and-Lease-back*-Vereinbarungen oder besondere in Verbindung mit dem Verkauf gewährte Vergünstigungen oder Zugeständnisse.

175 Des Weiteren heißt es in IAS 40 §§ 36 ff.:

„36. Der beizulegende Zeitwert von als Finanzinvestition gehaltenen Immobilien entspricht dem Preis, zu dem die Immobilien zwischen sachverständigen, vertragswilligen und voneinander unabhängigen Geschäftspartnern getauscht werden könnten (siehe § 5). Der beizulegende Zeitwert schließt insbesondere geschätzte Preise aus, die durch Nebenabreden oder besondere Umstände erhöht oder gesenkt werden, bspw. untypische Finanzierungen, Sale-and-Lease-back-Vereinbarungen oder besondere in Verbindung mit dem Verkauf gewährte Vergünstigungen oder Zugeständnisse.

37. Ein Unternehmen bestimmt den **beizulegenden Zeitwert ohne Abzug der dem Unternehmen gegebenenfalls beim Verkauf oder bei einem anders gearteten Abgang entstehenden Transaktionskosten.**

38. Der beizulegende Zeitwert von als Finanzinvestition gehaltenen Immobilien spiegelt die **Marktbedingungen am Bilanzstichtag** wider.

39. Der **beizulegende Zeitwert bezieht sich auf einen bestimmten Zeitpunkt.** Da sich die Marktbedingungen ändern können, kann der als beizulegender Zeitwert ausgewiesene Betrag bei einer Schätzung zu einem anderen Zeitpunkt falsch oder unangemessen sein. Die Definition des beizulegenden Zeitwerts geht zudem vom gleichzeitigen Austausch und der Erfüllung des Kaufvertrags ohne jede Preisänderung aus, die zwischen sachverständigen, vertragswilligen und voneinander unabhängigen Geschäftspartnern vereinbart werden könnte, wenn Austausch und Erfüllung nicht gleichzeitig stattfinden.

40. Der beizulegende Zeitwert der als Finanzinvestition gehaltenen Immobilien berücksichtigt neben anderen Dingen die **Mieterträge aus den gegenwärtigen Mietverhältnissen** sowie angemessene und vertretbare Annahmen, die dem entsprechen, was sachverständige und vertragswillige Geschäftspartner für Mieterträge aus zukünftigen Mietverhältnissen nach den aktuellen Marktbedingungen annehmen würden. Außerdem gibt er auf einer ähnlichen Grundlage alle Mittelabflüsse (einschließlich Mietzahlungen und anderer Abflüsse) wieder, die in Bezug auf die Immobilie zu erwarten sind. Einige dieser Mittelabflüsse sind als Verbindlichkeiten erfasst, während andere erst zu einem späteren Zeitpunkt im Abschluss ausgewiesen werden (z. B. regelmäßige Zahlungen wie Eventualmietzahlungen).

42. Die Definition des beizulegenden Zeitwerts bezieht sich auf „sachverständige und vertragswillige Geschäftspartner". In diesem Zusammenhang bedeutet **sachverständig**, dass sowohl der vertragswillige Käufer als auch der vertragswillige Verkäufer ausreichend über die Art und die Merkmale der als Finanzinvestition gehaltenen Immobilien, ihre gegenwärtige und mögliche Nutzung und über die Marktbedingungen zum Bilanzstichtag informiert sind. Ein vertragswilliger Käufer ist jemand, der zum Kauf motiviert, aber nicht gezwungen ist. Ein solcher Käufer ist weder übereifrig noch entschlossen, um jeden Preis zu kaufen. Der angenommene Käufer würde keinen höheren Preis als den bezahlen, der von einem Markt, bestehend aus sachverständigen und vertragswilligen Käufern und Verkäufern, gefordert würde.

43. Ein **vertragswilliger Verkäufer** ist weder übereifrig noch zum Verkauf gezwungen, er ist weder bereit, zu jedem Preis zu verkaufen, noch wird er einen unter den aktuellen Marktbedingungen als unvernünftig angesehenen Preis verlangen. Der vertragswillige Verkäufer ist daran interessiert, die als Finanzinvestition gehaltenen Immobilien zu dem nach den Marktgegebenheiten bestmöglichen erzielbaren Preis zu verkaufen. Die tatsächlichen Verhältnisse des gegenwärtigen Eigentümers der als Finanzinvestition gehaltenen Immobilien sind nicht Teil dieser Betrachtung, da der vertragswillige Verkäufer ein hypothetischer Eigentümer ist. (Ein vertragswilliger Verkäufer würde beispielsweise nicht die besondere steuerliche Situation des gegenwärtigen Immobilieneigentümers berücksichtigen.)

44. Die Definition des beizulegenden Zeitwerts bezieht sich auf Transaktionen zwischen **unabhängigen Geschäftspartnern**. Eine solche Transaktion ist ein Geschäftsabschluss zwischen Parteien, die keine besondere oder spezielle Beziehung zueinander haben, die marktuntypische Transaktionspreise begründet. Es ist zu unterstellen, dass die Transaktion zwischen einander nicht nahestehenden, voneinander unabhängig handelnden Unternehmen stattfindet.

45. Den bestmöglichen substanziellen Hinweis für den beizulegenden Zeitwert erhält man durch auf einem aktiven Markt notierte aktuelle Preise ähnlicher Immobilien, die sich am gleichen Ort und im gleichen Zustand befinden und Gegenstand vergleichbarer Mietverhältnisse und anderer, mit den Immobilien zusammenhängender Verträge sind. Ein Unternehmen hat dafür Sorge zu tragen, jegliche Unterschiede hinsichtlich Art, Lage oder Zustand der Immobilien in den Vertragsbedingungen der Mietverhältnisse und in anderen, mit den Immobilien zusammenhängenden Verträgen festzustellen.

46. Liegen aktuelle Preise eines aktiven Markts in der nach § 45 verlangten Art nicht vor, berücksichtigt ein Unternehmen Informationen verschiedenster Quellen, einschließlich:

– **(a)** aktueller Preise eines aktiven Marktes für Immobilien abweichender Art, anderen Zustands oder Standorts (oder solche, die abweichenden Leasingverhältnissen oder anderweitigen Verträgen unterliegen), die angepasst wurden, um diese Unterschiede widerzuspiegeln;

– **(b)** der vor Kurzem auf einem weniger aktiven Markt erzielten Preise für ähnliche Immobilien, die angepasst wurden, um die Änderungen der wirtschaftlichen Rahmenbedingungen seit dem Zeitpunkt der Transaktion, zu dem diese Preise erzielt wurden, widerzuspiegeln;

und

– **(c)** diskontierter Cash Flow Prognosen, die auf einer verlässlichen Schätzung von zukünftigen Cash Flows beruhen, gestützt durch die Vertragsbedingungen bestehender Mietverhältnisse und anderer Verträge sowie durch (wenn möglich) externe substanzielle Hinweise wie aktuelle marktübliche Mieten für ähnliche Immobilien am gleichen Ort und im gleichen Zustand und für die Abzinsungssätze verwendet wurden, die die gegenwärtigen Bewertungen des Marktes hinsichtlich der Unsicherheit der Höhe und des zeitlichen Anfalls künftiger Cash Flows widerspiegeln."

Nach den §§ 36 ff. (IAS 40) bestimmt sich der beizulegende Zeitwert als Marktwert 176
(*Market Value*), der materiell identisch mit dem Verkehrswert i. S. d. § 194 BauGB definiert wird. Die Erläuterungen zum **„vertragswilligen Käufer"** (IAS 40 § 35), zum „vertragswilligen Verkäufer" (IAS 40 § 36) sowie zum „angemessenen *Marketing*" (IAS 40 § 37) sind Interpretationen, die auch für den „gewöhnlichen Geschäftsverkehr" i. S. d. § 194 BauGB stehen.

III § 194 BauGB   Verkehrswert

177 **Materiell** sind bei der Ermittlung des beizulegenden Zeitwerts folgende sich aus IAS 40 §§ 49 ff. ergebende **Maßgaben** zu beachten:

„IAS 40 §§ 49 und 50

Der beizulegende Zeitwert berücksichtigt beispielsweise nicht die folgenden Faktoren, soweit sie sachverständigen und vertragswilligen Käufern und Verkäufern nicht ohne Weiteres zur Verfügung stehen würden;

(a) den zusätzlichen Wert, der sich aus der Bildung eines Portfolios von Immobilien an unterschiedlichen Standorten ergibt;

(b) **Synergieeffekte** zwischen als Finanzinvestition gehaltenen Immobilien und anderen Vermögenswerten;

(c) Rechtsansprüche oder gesetzliche Einschränkungen, die lediglich für den gegenwärtigen Eigentümer gelten;

und

(d) Steuervorteile oder Steuerbelastungen, die nur für den gegenwärtigen Eigentümer bestehen.

50. Bei der Bestimmung des beizulegenden Zeitwerts von als Finanzinvestition gehaltenen Immobilien hat das Unternehmen Vermögenswerte und Schulden, die bereits als solche einzeln erfasst wurden, nicht erneut anzusetzen. Zum Beispiel:

(a) Ausstattungsgegenstände wie Aufzug oder Klimaanlage sind häufig ein integraler Bestandteil des Gebäudes und im Allgemeinen in den beizulegenden Zeitwert der als Finanzinvestition gehaltenen Immobilien mit einzubeziehen und nicht gesondert als Sachanlage zu erfassen.

(b) Der beizulegende Zeitwert eines im möblierten Zustand vermieteten Bürogebäudes schließt im Allgemeinen den beizulegenden **Zeitwert der Möbel** mit ein, da die Mieteinnahmen sich auf das möblierte Bürogebäude beziehen. Sind Möbel im beizulegenden Zeitwert der als Finanzinvestition gehaltenen Immobilien enthalten, erfasst das Unternehmen die Möbel nicht als gesonderten Vermögenswert.

(c) Der beizulegende Zeitwert der als Finanzinvestition gehaltenen Immobilien beinhaltet nicht im Voraus bezahlte oder abgegrenzte Mieten aus Operating-Leasingverhältnissen, da das Unternehmen diese als gesonderte Schuld oder gesonderten Vermögenswert erfasst.

(d) Der beizulegende Zeitwert von geleasten als Finanzinvestition gehaltenen Immobilien spiegelt die erwarteten *Cash Flows* wider (einschließlich erwarteter Eventualmietzahlungen). Wurden bei der Bewertung einer Immobilie die erwarteten Zahlungen nicht berücksichtigt, müssen daher zur Bestimmung des beizulegenden Zeitwerts der als Finanzinvestition gehaltenen Immobilien für Rechnungslegungszwecke alle erfassten Schulden aus dem Leasingverhältnis wieder hinzugefügt werden.

51. Der beizulegende Zeitwert der als Finanzinvestition gehaltenen Immobilien spiegelt weder zukünftige Ausgaben zur Verbesserung oder Wertsteigerung noch den damit einhergehenden künftigen Nutzen wider."

178 Die **methodischen Hinweise der IAS-Bestimmungen zur Ermittlung des beizulegenden Zeitwerts** sind leider etwas ungeordnet, jedoch **entsprechen** sie **voll und ganz den Grundsätzen der zu** § 194 BauGB **erlassenen ImmoWertV** (vgl. Syst. Darst. des Ertragswertverfahrens Rn. 54):

– Methodisch wird für die Ermittlung dieses Werts dem *Vergleichswertverfahren* Vorrang eingeräumt (IAS 40 § 39), und zwar möglichst im Wege des „unmittelbaren Preisvergleichs" und nachrangig im Wege des „mittelbaren Preisvergleichs" (IAS 40 § 40a und b).

– Nachrangig ist das *Ertragswertverfahren*, und zwar zunächst auf der Grundlage der gegenwärtigen Mietverhältnisse (IAS 40 § 33; auch IAS 16 § 33).

– Eine *Ertragswertermittlung auf der Grundlage von Prognosen* ist zulässig, soweit sie auf „verlässlichen" Schätzungen von zukünftigen *Cash Flows* beruht, gestützt durch die **Vertragsbedingungen bestehender Mietverhältnisse** und anderer Verträge sowie durch (wenn möglich) externe substanzielle Hinweise, wie **aktuelle Mieten** für ähnliche Immobilien am gleichen Ort und im gleichen Zustand (IAS 40 § 40c).

Verkehrswert § 194 BauGB III

– Zur Abzinsung gibt IAS 40 § 40c) vor, dass solche Zinssätze zu verwenden sind, die die gegenwärtigen Bewertungen des Marktes hinsichtlich der Unsicherheit der Höhe und des zeitlichen Anfalls künftiger *Cash Flows* widerspiegeln.

Die Berücksichtigung von „Prognosen", *die auf Vertragsbedingungen gestützt werden*, sind im eigentlichen Sinne keine Prognosen; die Berücksichtigung von Vertragsbedingungen ist auch dem Ertragswertverfahren (nach ImmoWertV) immanent (§ 4 Abs. 3, § 6 Abs. 2 und § 8 Abs. 3 ImmoWertV). Das Gleiche gilt für die Vorgaben der IAS-Regelung zum Abzinsungszinssatz, die dem Liegenschaftszinssatz i. S. des § 14 Abs. 3 ImmoWertV entsprechen. Die ImmoWertV ist mit diesen Regelungen materiell identisch und substanzieller. [179]

Fazit: Die Begriffe „beizulegender Zeitwert", „Marktwert" und „Verkehrswert" werden synonym gebraucht, denn der Verkehrswert ist in der Tat der im gewöhnlichen Geschäftsverkehr auf dem Grundstücksmarkt erzielbare Preis[137]. **Marktwert i. S. des EG-Rechts ist mithin kein Aliud im Verhältnis zum Verkehrswert.** Dies gilt grundsätzlich auch für die Bilanzierungsbestimmungen, die mit dem beizulegenden Zeitwert (*fair value*) an den aktuellen Marktwert (Verkehrswert) anknüpfen[138]. [180]

Art. 49 Abs. 2 der Direktive des Europäischen Rates von 1991 (91/647/EEC) definiert den Marktwert wie folgt (EG-Definition genannt): [181]

„Der Marktwert soll den Preis bezeichnen, zu welchem Grundstücke und Gebäude gemäß privatem Vertrag von einem verkaufsbereiten Veräußerer an einen unabhängigen Käufer am Tag der Bewertung verkauft werden können, wobei die Annahme zugrunde gelegt wird, dass die Immobilie öffentlich auf dem Markt angeboten wird, dass die Marktbedingungen eine ordnungsgemäße Veräußerung ermöglichen und dass für die Aushandlung des Verkaufs ein im Hinblick auf die Art der Immobilie normaler Zeitraum zur Verfügung steht."[139]

Die Definition ist materiell **mit dem in § 194 BauGB definierten Verkehrswert (Marktwert) identisch**[140]. [182]

Soweit bei der Ermittlung dieses Marktwerts nach den bilanzrechtlichen Vorschriften Besonderheiten zum Tragen kommen (z. B. **Ermittlung des beizulegenden Zeitwerts = *Fair Value***), mag man auch von einem modifizierten (bilanziellen) Marktwert (Verkehrswert) sprechen. Diese sind in den Besonderheiten der Vermögensbilanz begründet und dürfen nicht zum allgemeinen Maßstab der Verkehrswertermittlung gemacht werden, zumal sie auch in der bilanziellen Bewertung nur unter engen Voraussetzungen zur Anwendung kommen. So können international tätige Konzerne im Rahmen des Konzernabschlusses von der Möglichkeit des **§ 292a HGB** Gebrauch machen, im Rahmen der Umstellung der Bilanzierung und Rechnungslegung von Grundstücken einschließlich Gebäuden diese bei langfristiger Kapitalanlage auf der Grundlage des *Fair Value* i. S. der *International Accounting Standards* (IFRS/IAS) zu bewerten. Es handelt sich hierbei um einen Sammelbegriff, dessen Präzisierung das *International Accounting Standards Committee* (IASC) den Berufsverbänden überlässt[141]. [183]

In den internationalen Rechnungslegungsstandards wird zunehmend von der Bewertung von Finanzinstrumenten (einschließlich Immobilien) zu historischen Kosten abgerückt und eine [184]

---

137 Vgl. 1999/275/EG, ABl. Nr. L 108 vom 27.4.1999, S. 44 ff.; 96/631/EG, ABl. L 283 vom 5.11.1996, S. 43 ff.; 96/631/EG, ABl. L 283 vom 5.11.1996, S. 43 ff.; 92/465/EWG, ABl. L 295 vom 20.10.1987, S. 25 ff.; EG VO Nr. 2909/2000, ABl. L 336 vom 30.12.2000, S. 75 ff.
138 Richtlinie 78/660/EWG Art. 42a, b, c bzw. 91/674/EWG Art. 49 Abs. 5.
139 „Market Value shall mean the price at which land and buildings could be sold under private contract between a willing seller and an arm's length buyer on the date of valuation, it being assumed that the property is publicly exposed to the market, that the market conditions permit orderly disposal on that a normal period having regard to the nature of the property, is available for the negotiation of the sale."; vgl. auch Rn. 193; vgl. Richtlinie 78/660/EWG Art. 42 a, b, c; Stellungnahme des EG-Wirtschafts- und Sozialausschusses ABl. C 268 vom 19.9.2000, S. 1 ff.
140 *Weber/Baumunk*, IFRS Immobilien, Luchterhand 2005, S. 78 ff. Die Auffassung, dass aus einer materiell identischen, aber sprachlich vom Verkehrswert abweichenden Definition die Anwendung bestimmter Wertermittlungsverfahren folge, ist geradezu absurd (so aber noch Lux für den Bereich der Hypert in Pohnert; klarstellend hierzu Weber/Baumunk, IFRS Immobilien, Luchterhand 2005 S. 88 ff.).
141 Kritisch hierzu selbst das englischsprachige Schrifttum, vgl. Crosby, N., in Estates Gazette 2000, 71: „*Something strange is going on in the world of valuation practice statements and guidance notes worldwide*"; Kleiber in GuG 2000, 321; Hök in GuG 2001, 65; Hommel/Berndt in BB 2000, 1184.

III § 194 BauGB Verkehrswert

Rechnungslegung auf der Grundlage aktueller Zeitwerte befürwortet. Mit der Richtlinie 2001/65/EG des Europäischen Parlaments und des Rates vom 27.9.2001 wurden die Vierte Richtlinie über den Jahresabschluss („Bilanz-Richtlinie" – 78/660/EWG) und die „Konzern-Richtlinie" (83/349 EWG und 86/635 EWG) so geändert, dass bestimmte **Finanzinstrumente** fortan zum „**beizulegenden Zeitwert**" bewertet werden können, soweit weitgehend Einvernehmen darüber besteht, dass dieser Wertansatz angemessen ist. Der „beizulegende Zeitwert" (Abschn. 7a; Art. 42a ff. der Richtlinie) wird auch als *Fair Value* bezeichnet. Mit der Richtlinie wird das Ziel verfolgt, dass Unternehmen die internationalen Rechnungslegungsstandards (*International Accounting Standards – IAS*, inzwischen als *International Financial Reporting Standard – IFRS* bezeichnet) einschließlich IAS 39 für die **Bewertung von Finanzinstrumenten** uneingeschränkt anwenden können. Der beizulegende Zeitwert (*Fair Value*) wird auf der Grundlage des Verkehrswerts (Marktwerts) ermittelt oder – falls es an einem verlässlichen Markt mangelt – auf der Grundlage allgemein anerkannter Bewertungsmodelle ermittelt.

185 Art. 42b der Richtlinie 2001/65/EG bestimmt hierzu:

„(1) Der **beizulegende Zeitwert** gemäß Artikel 42a wird nach folgenden Methoden bestimmt:

a) Bei Finanzinstrumenten, für die sich ein verlässlicher Markt ohne Weiteres ermitteln lässt, entspricht er dem Marktwert. Lässt sich der Marktwert für das Finanzinstrument als Ganzes nicht ohne Weiteres bestimmen, wohl aber für seine einzelnen Bestandteile oder für ein gleichartiges Finanzinstrument, so kann der Marktwert des Instruments aus den jeweiligen Marktwerten seiner Bestandteile oder dem Marktwert des gleichartigen Finanzinstrumentes abgeleitet werden.

b) Bei Finanzinstrumenten, für die sich ein verlässlicher Markt nicht ohne Weiteres ermitteln lässt, wird dieser Wert mithilfe allgemein anerkannter Bewertungsmodelle und -methoden bestimmt. Diese Bewertungsmodelle und -methoden müssen eine angemessene Annäherung an den Marktwert gewährleisten."

186 Den beizulegenden Zeitwert (*Fair Value*) definiert die deutsche Ausgabe der IAS (= IFSR *International Financial Reporting Standards*) als „den Betrag, zu dem ein Vermögenswert zwischen sachverständigen, vertragswilligen und voneinander unabhängigen Geschäftspartnern ausgetauscht wird". IAS 40 § 29 konkretisiert den beizulegenden Zeitwert einer als Finanzinvestition gehaltenen Immobilie i. d. R. als den Marktwert (Verkehrswert). Nach IAS 40 § 31 hat der beizulegende Zeitwert die **aktuelle Marktlage und die Umstände zum Bilanzstichtag** und nicht zu einem vorangegangenen oder zukünftigen Zeitpunkt widerzuspiegeln.

187 16 § 7 und 25 § 4 IAS definieren den *Market Value* (**Marktwert**) in materieller Identität mit dem Verkehrswert wie folgt:

„.... *the amount for which an asset could be exchanged between a knowledgeable, willing buyer and a knowledgeable willing seller in an arm's length transaction.*"

188 16 § 30 IAS definiert den **beizulegenden Zeitwert (*Fair Value*)** wie folgt:

„*The fair value of land and buildings is usually its Market Value for Existing Use which presupposes continued use of the asset in the same or similar business. This value is determined by appraisal normally undertaken by professionally qualified valuers.*"

189 Der **beizulegende Zeitwert (*Fair Value*)** ist regelmäßig der Marktwert auf der Grundlage der ausgeübten Nutzung. Dabei wird unterstellt, dass die Nutzung der Immobilie im gleichen oder im ähnlichen Geschäftsbetrieb fortgesetzt wird,

– ohne Berücksichtigung von unternehmensspezifischen Wertpotenzialen durch Risikoverteilung durch Portfoliobildung, Synergieeffekte und einer besonderen Steuer und Finanzierungssituation (IAS 40 § 36) und

– ohne Berücksichtigung von Transaktionskosten (IAS 40 § 37).

Verkehrswert § 194 BauGB III

4.11.4 Versicherungsbilanzrichtlinie

Nach den Bewertungsregeln des Abschnitts 7 der Versicherungsbilanzrichtlinie (VersBiRiLi) **190** der EG[142] sind im Rahmen des **Jahresabschlusses von Versicherungsunternehmen** Kapitalanlagen wechselseitig zum **Zeitwert** bzw. nach den Anschaffungskosten auszuweisen und anzugeben (vgl. Art. 46 Abs. 3 und 4 VersBiRiLi; zur Bewertung von Kapitalanlagen nach dem Zeitwert vgl. Art 33 Abs. 2 und 3 der Richtlinie 78/660/EWG). Der Zeitwert von „Bauten und Gebäuden" bestimmt sich grundsätzlich nach dem Marktwert, der wie folgt definiert wird: Art. 49 Abs. 2 der Direktive des Europäischen Rates vom 19.12.1991 über den Jahresabschluss und den konsolidierten Abschluss von Versicherungsunternehmen (91/647/EEC ABl. Nr. L 374 vom 31.12.1991 S. 7 ff.) definiert den Marktwert wie folgt (EG-Definition genannt)[143]:

„Art. 49 VersBiRiLi[144]

(2) Unter Marktwert ist der Preis zu verstehen, der zum Zeitpunkt der Bewertung aufgrund eines privatrechtlichen Vertrags über Bauten oder Grundstücke zwischen einem verkaufswilligen Verkäufer und einem ihm nicht durch persönliche Beziehungen verbundenen Käufer unter den Voraussetzungen zu erzielen ist, dass das Grundstück offen am Markt angeboten wurde, dass die Marktverhältnisse einer ordnungsgemäßen Veräußerung nicht im Wege stehen und dass eine der Bedeutung des Objekts angemessene Verhandlungszeit zur Verfügung steht."[145]

Insoweit besteht wiederum **Identität zwischen Marktwert, Verkehrswert und Zeitwert** **191** (Art. 49 Abs. 1 und 2 VersBiRiLi). Nach Art. 49 Abs. 1 i. V. m. Abs. 4 und 5 VersBiRiLi ist dieser Marktwert (Brutto-Zeitwert) jedoch zu vermindern (Netto-Zeitwert), wenn

- sich der „Wert eines Gebäudes oder Grundstücks" seit der letzten Schätzung vermindert hat (Art. 49 Abs. 4 VersBiRiLi) bzw.
- „zum Zeitpunkt der Bilanzaufstellung Gebäude oder Grundstücke verkauft worden" sind oder in nächster Zeit verkauft werden sollen; in diesem Fall ist der festgesetzte Marktwert (Verkehrswert) – ggf. unter Berücksichtigung der Minderung nach Art. 49 Abs. 4 VersBiRiLi – um die angefallenen oder geschätzten Realisierungsaufwendungen herabzusetzen.

„Art. 49 Abs. 4 und 5 VersBiRiLi

(4) Hat sich seit der letzten Schätzung gemäß Absatz 3 der Wert eines Gebäudes oder Grundstücks vermindert, so ist eine entsprechende Wertberichtigung vorzunehmen. Der berichtigte Wert ist bis zur nächsten, nach den Absätzen 2 und 3 vorzunehmenden Marktwertfeststellung beizubehalten.

(5) Sind zum Zeitpunkt der Bilanzaufstellung Gebäude oder Grundstücke verkauft worden oder sollen sie in der nächsten Zeit verkauft werden, dann ist der nach den Absätzen 2 festgesetzte Wert um die angefallenen oder geschätzten Realisationsaufwendungen abzusetzen."

Fazit: International und in der EG werden die Begriffe „Marktwert" und „Verkehrswert" syn- **192** onym gebraucht, denn der Verkehrswert ist in der Tat der im gewöhnlichen Geschäftsverkehr auf dem Grundstücksmarkt erzielbare Preis[146]. **Marktwert i. S. d. EG-Rechts und der IAS ist mithin kein Aliud im Verhältnis zum Verkehrswert.** Dies gilt grundsätzlich auch für die Bilanzierungsbestimmungen, die mit dem *fair value* an den Marktwert (Verkehrswert) anknüpfen und nach der Richtlinie 78/660/EWG[147] für bestimmte Fallgestaltungen eine Modifikation des Marktwerts (Verkehrswerts) vorgeben.

---

142 ABl. EG Nr. L 374 vom 19.12.1991, S. 7 ff.
143 91/647/EEC ABl. Nr. L 374 vom 31.12.1991, S. 7 ff.
144 Vgl. Richtlinie 78/660/EWG Art. 42a, b, c; Stellungnahme des EG-Wirtschafts- und Sozialausschusses ABl. C 268 vom 19.9.2000, S. 1 ff.; vgl. Art. 43 Abs. 1 Buchstabe a und b in ABl. EG Nr. L 374 vom 19.12.1991, S. 7 ff.
145 „Market Value shall mean the price at which land and buildings could be sold under private contract between a willing seller and an arm's length buyer on the date of valuation, it being assumed that the property is publicly exposed to the market, that the market conditions permit orderly disposal and that a normal period having regard to the nature of the property, is available for the negotiation of the sale."; vgl. Richtlinie 78/660/EWG Art. 42 a, b, c; Stellungnahme des EG-Wirtschafts- und Sozialausschusses ABl. C 268 vom 19.9.2000, S. 1 ff.
146 Vgl. 1999/275/EG, ABl. Nr. L 108 vom 27.4.1999, S. 44 ff.; 96/631/EG, ABl. L 283 vom 5.11.1996, S. 43 ff.; 96/631/ EG, ABL. L 283 vom 5.11.1996, S. 43 ff.; 92/465/EWG, ABl. L 295 vom 20.10.1987, S. 25 ff.; EG VO Nr. 2909/2000, ABl. L 336 vom 30.12.2000, S. 75 ff.
147 Art. 42a, 42b, 42c bzw. 91/674/EWG Art. 49 Abs. 5.

III § 194 BauGB Verkehrswert

4.12 Weitere Rechtsbereiche

▶ *Hierzu Vorbem. zur ImmoWertV Rn. 1*

Schrifttum: *Maaß, M.,* Grundstückskauf nur noch mit Wertgutachten?, NJW 2001, 3467.

193 Der **Verkehrswert** ist auch als **„Wert des Grundstücks" i. S. d. bürgerlichen Rechts** anzusehen, z. B. nach § 453 und § 2311 BGB bei Erbauseinandersetzungen, nach § 2325 BGB bei Pflichtteilsergänzungen (vgl. Teil VII)[148] oder bei Abwendung der Herausgabe noch vorhandener Nachlassgegenstände zum Zwecke der Befriedigung eines Nachlassgläubigers durch Zahlung des Werts nach § 1973 Abs. 2 BGB (des Weiteren § 1515 Abs. 1 und 3 BGB, §§ 2049 und 2312 BGB).

194 Auf den **Verkehrswert** nach § 194 BauGB nimmt auch **§ 6 der II. Berechnungsverordnung** Bezug; die Vorschrift regelt den Wert des Baugrundstücks bei der Berechnung der Gesamtkosten.

195 **Erbbaurecht** (vgl. z. B. § 19 ErbbauG).

196 Ermittlung des **Wirtschaftswerts** und des **Höfewerts** nach der Höfeordnung i. V. m. § 48 BewG.

5 Ausländische Definitionen des Verkehrswerts bzw. Marktwerts (Market Value)

5.1 Vorbemerkung

▶ *Zu den Begriffen der Internationalen Rechnungslegung und der Bilanzierung Rn. 162 ff.*

197 Der im englischsprachigen Schrifttum verwandte Begriff des *Market Value* ist materiell identisch mit dem Verkehrswert, wie er in § 194 BauGB definiert ist. Das BauGB hat der Definition des Verkehrswerts den Begriff „Marktwert" zugeordnet, um die materielle Identität klarzustellen. Der **Verkehrswert (Marktwert) ist auch identisch mit dem Marktwert *(Market Value)* der IAS** (vgl. Rn. 160 ff.) des internationalen Bilanzrechts, insbesondere mit dem Marktwert des IASC, **sowie dem Marktwert der EU-Richtlinie 2000 vom 20.3.2000 (ABl. EG L 126/1) für das Beleihungswesen** (vgl. Rn. 139 ff.).

5.2 Marktwert nach EU-Recht

▶ *Vgl. Vorbem. zur ImmoWertV Rn. 1; § 5 ImmoWertV Rn. 29; Syst. Darst. des Vergleichswertverfahrens Rn. 73 ff.*

198 In **Art. 49 Abs. 2 der Richtlinie 91/647/EWG des EU-Rates** wird der Marktwert wie folgt definiert:

„Unter Marktwert ist der Preis zu verstehen, der zum Zeitpunkt der Bewertung aufgrund eines privatrechtlichen Vertrags über Bauten oder Grundstücke zwischen einem verkaufsbereiten Verkäufer und einem ihm nicht durch persönliche Beziehungen verbundenen Käufer unter den Voraussetzungen zu erzielen ist, dass das Grundstück offen am Markt angeboten wurde, dass die Marktverhältnisse einer ordnungsgemäßen Veräußerung nicht im Wege stehen und dass eine der Bedeutung des Objekts angemessene Verhandlungszeit zur Verfügung steht."

---

[148] OLG München, Beschl. vom 11.10.1924 – Reg Vi 32/24 –, BayObLGZ, Bd. 23 A, S. 192.

Verkehrswert § 194 BauGB III

Der hier gebrauchte **Marktwertbegriff** entspricht dem der EU-Grundstücksmitteilung[149] und wird **synonym zum Verkehrswertbegriff** verwendet. Die Definition gibt auch keine Grundlage für die Heranziehung unterschiedlicher Daten zur Ermittlung des Verkehrs- bzw. Marktwerts, wie dies im Zusammenhang mit der Verkehrswertermittlung landwirtschaftlicher Flächen im Rahmen des Ausgleichsleistungsgesetzes einschließlich der Flächenerwerbsverordnung diskutiert worden ist[150]. 199

5.3 Frankreich (valeur vénale)

Schrifttum: *Adolf, W.*, Bewertungsrelevante Grundlageninformation über den Auslandsmarkt Frankreich, GuG 2004, 282; *Hök, G.-S.*, Überblick über die rechtlichen Grundlagen der Flächenberechnung bei Immobilien im französischen Recht und die Folgen der Nichtbeachtung, GuG 2004, 269; *Hök, G. S.*, Zur Entschädigung bei der Enteignung von Grundstücken in Frankreich, GuG 2001, 20; *Hök, G.-S.*, Immobilienbewertung in Frankreich, GuG 2000, 193; *Hök, G.-S.*, Neues Bauplanungsrecht in Frankreich, GuG 2001, 168; *Hök, G.-S.*, Neues Planungsrecht in Frankreich, GuG 2003/3; *Hök, G.-S.*, Das französische Grundstücksrecht im Überblick, GuG 2000, 349; *Kleiber, W.*, Wertermittlung in Frankreich, GuG 2004, 298; *Hök, G.-S.*, Sachverständigenwesen und Bewertung in der französischen Gerichtspraxis, GuG 2003, 45; *Hök, G.-S.*, Aktuelles Gewerberaummietrecht in Frankreich, GuG 2002, 205.

In einer **französischen Definition** des Kreditwesens **wird** – ähnlich wie in Deutschland – der Verkehrswert mit **dem abstrakten Begriff** des *marché normale* **charakterisiert**. Zum Verkehrswert *(valeur vénale)* wird im *Règlement No. 99 – 10 du Comité de la règlementation bancaire et financière sur les sociétés de credit foncier (Journal officiel de la République Francaise* 1999 vom 27.7.1999) ausgeführt: 200

„Art. 2 201

L'évaluation est réalisée sur la base des caractéristiques durables à long terme de l'immeuble, des conditions de marché normales et locales, de l'usage actuel du bien et des autres usages qui pourraient lui être donnés."

Ergänzend heißt es dazu in der **Charte de l'Expertise** (IFEI – Institut Francais de l'Expertise Immobilière) vom 4.1.2000: 202

„C'est le prix auquel un droit de propri

a) *la libre volonté du vendeur et de l'acquéreur,*

b) *un délai raisonnable par la négociation, compte tenu de la nature du bien et de la situation du marché,*

c) *que la valeur soit à un niveau sensiblement stable pendant ce délai,*

d) *que le bien ait été proposé à la vente dans les conditions du marché, sans réserves, avec une publicité adéquate,*

e) *l'absence de facteurs de convenance personnelle."*

Es gibt keine amtlichen Wertermittlungsrichtlinien, sondern nur allgemeine Wertermittlungsgrundsätze der französischen Gutachterverbände: 203

– Charte de l'Expertise en Evaluation Immobilière,

– Guide de l'Evaluation des Biens,

– Conditions générales d'exercice de l'expertise en évaluation immobilière,

– Guide méthodologique relative à l'évaluation des actifs immobilière,

– Guide des diligences,

– Principes déontologiques communs s'appliquant aux experts en évaluation immobilière,

---

[149] Mitteilung der Kommission betreffend Elemente staatlicher Beihilfe bei Verkäufen von Bauten und Grundstücken durch die öffentliche Hand Nr. 97C 209/03 vom 10.7.1997 (ABl. 1997 C 209 S. 3 = Grundstücksmarkt und Grundstückswert; GuG 1997, 363); vgl. auch Art. 49 Abs. 2 der Richtlinie 91/674 EWG des Rates (ABl. Nr. L 374 vom 31.12.1991, S. 7).

[150] Hinweise des Fachausschusses Sachverständigenwesen im Hauptverband der landwirtschaftlichen Buchstellen und Sachverständigen e.V. vom 20.9.2010.

III § 194 BauGB   Verkehrswert

- Rapport du groupe de travail sur l'expertise immobilière du patrimoine des sociétés faisant publiquement apel à l'épargne.

5.4 Großbritannien (Market Value)

Schrifttum: *Millington,* An Introduction to Property Valuation, London.

▶ *Zu den Chartered Surveyors vgl. Teil II Rn. 144*

204 Das „Rote Buch" des *Royal Institution of Chartered Surveyors (RICS)* definiert den *Market Value* unter VS 3.2 wie folgt:

„The estimated amount for which a property should exchange on the date of valuation between a willing buyer and a willing seller in an arm's-length transaction after proper marketing wherein the parties had each acted knowledgeably, prudently and without compulsion."[151]

205 Das *Royal Institution of Chartered Surveyors* hat im Jahre 2002 die Definition des dahin gehenden *Open Market Value* (OMV[152]) aufgegeben und diese durch den vorstehenden „*Market Value (MV)*" ersetzt. Nach der bis 2002 geltenden angelsächsischen Definition des *Open Market Value* definierte sich dieser als der „**beste Preis**"[153]. Hieran ist von deutscher Seite Kritik[154] geübt worden. Die neue Definition entspricht der Interpretation des für die Ermittlung des Verkehrswerts (Marktwerts) maßgeblichen gewöhnlichen Geschäftsverkehrs, wie sie schon vom BFH vor über 30 Jahren herausgestellt wurde. Dies ist eine erfreuliche Entwicklung, jedoch ist das *Royal Institution of Chartered Surveyors* insoweit noch in seiner Entwicklung halbherzig, als im Teil I Ziff. 3.2.1 der Erläuterungen des *Red Book* zum *Market Value* noch immer verschwommen herausgestellt wird, dass es der „*best price*" sei, „*reasonably obtained by the seller and the most advantageous price reasonably obtainable by the buyer*".

206 Bei genauerer Betrachtung fallen die **Unterschiede des *Market Value*** (als der nach den gegebenen Erläuterungen *best price*) **zum deutschen Verkehrswert** geringer aus, als es auf den ersten Blick erscheint:

a) Zum Ersten wird der *Market Value* auch in der angelsächsischen Wertermittlungslehre nicht als der „*best price*" definiert, wie er sich unter mehr oder minder spekulativen Erwartungen ergibt. Vielmehr geht es auch hier um den „*best price*" unter gemeingewöhnlichen Verhältnissen.

b) Des Weiteren darf nicht übersehen werden, dass auch der Verkehrswert – zumindest bei Anwendung des Vergleichswertverfahrens – aus den „*best prices*" abgeleitet wird, denn die in die Kaufpreissammlung eingehenden Vergleichspreise stellen i. d. R. solche „Bestpreise" dar. Grundstücke werden nämlich in aller Regel erst nach zähen Verhandlungen an den Höchstbietenden veräußert, sodass insofern auch die Kaufpreissammlung durch Höchstpreise geprägt wird. Wenn dann der Verkehrswert im Wege der Aggregation der zum Vergleich in Betracht kommenden „Höchstpreise" abgeleitet wird, so kann darin ein statistisch abgesichertes Höchstpreisprinzip erblickt werden.

---

151 Der Marktwert ist der geschätzte Betrag, zu dem eine Vermögensanlage oder Verbindlichkeit zum Wertermittlungsstichtag zwischen einem verkaufsbereiten Verkäufer und einem kaufbereiten Erwerber nach angemessenem Vermarktungszeitraum in einer Transaktion im gewöhnlichen Geschäftsverkehr verkauft werden könnte, wobei jede Partei mit Sachkenntnis, Umsicht und ohne Zwang handelt.
152 VAS 4.2 RICS Statement of Valuation; London 1996: „*Open market value means the best price at which the sale of an interest in property might reasonably be expected to have been completed unconditionally for each consideration on the date of valuation assuming: a) a willing seller; b) that, prior to the date of valuation, there had been a reasonable period (having regard to the nature of the property and the state of the market) for the proper marketing of the interest, for the agreement of price and terms and for the completion of the sale; c) that the state of the market, level of values and other circumstances were, on any earlier assumed date of exchange of contracts, the same as on the date of valuation; and that no account is taken of any additional bid by a purchaser with a special interest.*"
153 „*Best price*" wurde allerdings von englischen Sachverständigen unterschiedlich interpretiert. Einerseits wurde der „*best price*" im wörtlichen Sinne als der höchste Preis verstanden, andere Sachverständige haben ihn als den „wahrscheinlichsten Preis" verstanden. Dann allerdings hätte der *Open Market Value* dem deutschen Verkehrswert entsprochen und die damalige Kritik an der deutschen Verkehrswertdefinition wäre unsinnig gewesen.
154 Kleiber in GuG 2000, 321.

c) Sofern ein Grundstück Entwicklungspotenziale aufweist, folgt – wie dargestellt – auch die deutsche Wertermittlungslehre dem Prinzip des *„highest and best use"* (so z. B. bei Anwendung des Ertragswertverfahren vgl. Rn. 85 ff.).

Die ausdrückliche Hervorhebung des *„best price"* in den Erläuterungen des *Red Book* (2002) ist bei alledem nicht ungefährlich, da sie dazu verführen muss, aus einer Vielzahl von zum Preisvergleich sich anbietenden Kaufpreisen einen **spekulativ überhöhten Kaufpreis** zum Maßstab der Verkehrswertermittlung zu machen.

Während nämlich in der deutschen Praxis der Verkehrswertermittlung dieser als (gewogenes) Mittel aus einer Vielzahl von Vergleichspreisen abgeleitet wird, die ohnehin schon allesamt regelmäßig als Höchstpreise Eingang in die Kaufpreissammlung gefunden haben, legen die Erläuterungen zum *Market Value* nahe, diesen allein aus dem **höchsten der in Betracht kommenden Vergleichspreise abzuleiten**. Bodenpolitisch abträglich ist dies mit einem sog. Leitereffekt verbunden und steht dem Gedanken der Ausgleichsfunktion einer sich nach dem Verkehrswert bemessenden Enteignungsentschädigung entgegen. Darüber hinaus ist die Interpretation auch wertermittlungstechnisch bedenklich. Geht man nämlich davon aus, dass sich auch der *Market Value* nicht auf sog. „Ausreißer" stützen soll, die nicht mehr dem gewöhnlichen Geschäftsverkehr zuzurechnen sind, so spitzt sich die kritische Frage der Ermittlung des *Market Value* auf die entscheidende Frage zu, wo die Grenze zu ziehen ist, die zum Ausschluss solcher Ausreißer führt.

Abb. 7: Ableitung des Verkehrswerts i. S. der angelsächsischen Verkehrswertdefinition

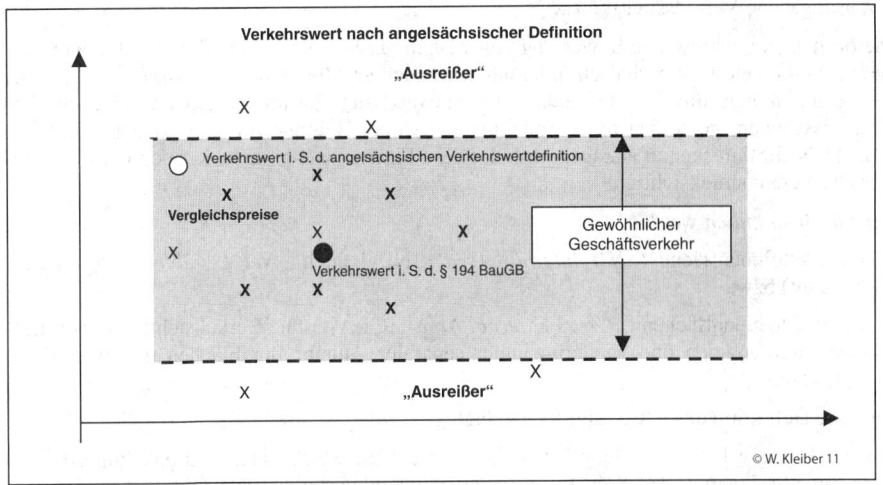

Selbst wenn es nun aber gelingt, die Ausreißer in zutreffender Weise auszugrenzen, so verbleibt es dann bei dem unbefriedigenden Ergebnis, dass sich die **Ermittlung** des *Market Value* **auf einen einzigen,** nämlich den verbleibenden *best price* **stützt**, während sich der deutsche Verkehrswert in einer vertrauenswürdigeren Weise auf das (gewogene) Mittel der verbleibenden Vergleichspreise stützen kann.

Die im *Red Book* des *Royal Institution of Chartered Surveyors* weiterhin vorgegebene **Unterscheidung** in

– einen *Existing Use Value* (EUV, vgl. Rn. 67) und
– einen *Projected Market Value* (PMV)

muss bei alledem als eine Antinomie zur angelsächsischen Definition des Verkehrswerts (*Market Value*) als *the best price* **angesehen werden.** Denn wenn schon im Verhältnis zur

III § 194 BauGB   Verkehrswert

bestehenden Nutzung eine sich aufdrängende höherwertigere Alternativnutzung im gewöhnlichen Geschäftsverkehr die Preisbildung maßgeblich beeinflusst, so kann der *Existing Use Value* gerade nicht als allgemein gültiger Verkehrswert angesehen werden; dieser Wert kann allenfalls als **modifizierter Verkehrswert** angesehen werden. Im Übrigen ist die Unterscheidung auch der deutschen Wertermittlungspraxis nicht fremd. Auch in Deutschland werden Verkehrswerte nach bestimmten (vom Auftraggeber vorgegebenen) Maßgaben ermittelt. Die ImmoWertV ist diesbezüglich sogar praxisnäher und umfassender, als nach § 4 Abs. 1 Satz 2 ImmoWertV generell jeder von dem am Wertermittlungsstichtag abweichende Grundstückszustand der Wertermittlung zugrunde gelegt werden kann, also nicht nur der *existing use*, sondern z. B. auch ein **künftiger** *(projected)* **Grundstückszustand**, wie es z. B. bei der Verkehrswertermittlung in Umlegungs- und Sanierungsgebieten sowie in Entwicklungsbereichen erforderlich werden kann.

211 Was in § 194 BauGB mit dem abstrakten Rechtsbegriff des „**gewöhnlichen Geschäftsverkehrs**" umschrieben ist, erfährt mit dem *Market Value* **eine wohl weitgehend identische Interpretation**. Immerhin war das *Royal Institution of Chartered Surveyors* mit der Abkehr vom *Open Market Value* einsichtig genug, seine im Vergleich zur deutschen Gesetzgebung geradezu wortreiche und geradezu lyrische Umschreibung des Verkehrswerts aufzugeben, und hat sich deutschen und internationalen Standards angeglichen. Zur Ermittlung des Verkehrswerts kommen in Großbritannien vergleichsweise einfache Varianten des Ertragswertverfahrens auf der Grundlage „stark vereinfachter realitätsfremder Annahmen" und „geschätzter Liegenschaftszinssätze" *(„all risks yields")* zur Anwendung[155].

212 Für die Flächenermittlung gibt es in Großbritannien im Übrigen auch keine gesetzliche Norm. Grundlage der **Flächenermittlung** für Bewertungszwecke ist der von RICS und der ISVA herausgegebene Vermessungskodex[156].

213 Die oftmals vorgenommene Bewertung von *Wohnimmobilien* nach der Zahl der Zimmer statt nach Quadratmetern ist archaisch; mitunter wird auch auf die „*Gross External Area*" (GEA) Bezug genommen, die der BGF entspricht. Sie setzt sich zusammen aus den Flächen aller Grundrissebenen, gemessen nach Außenmaßen, wobei Balkone, Loggien und Flächen mit einer Höhe 1,50 m separat anzugeben sind. Diese Flächen werden i. d. R. auch nur mit reduzierten Mieten berücksichtigt.

214 Bei *Büroimmobilien* werden

– die Nettoinnenfläche *(„Net Internal Area"* [NIA] auch *„Net Lettable Area"* [NLA] genannt) bzw.

– die Bruttoaußenflächen *(„Gross External Area"* [GEA]) ohne Berücksichtigung von Balkons und Loggien und wiederum unter separater Angabe der Flächen mit einer Höhe = 1,50 m

nach der Definition des RICS zugrunde gelegt.

215 Foyers, Eingangshallen, Toiletten, Putzkammern, Treppenschächte, Betriebsräume, Feuerflure, interne Tragmauern, Stützen und Pfeiler, Gemeinschaftsräume und -gänge, Spalten, Luftschächte, Technik-, Sanitär- und Treppenräume, Aufzugsschächte, Aufzugsvorräume, Technikräume, Windfänge gehören nicht zur NLA, jedoch werden gemeinschaftlich genutzte Empfangshallen entsprechend der Zahl der Nutzer mit einem reduzierten Mietansatz berücksichtigt.

5.5   Niederlande (onderhands veerkoopwaarde)

216 „Der Verkehrswert ist der wahrscheinlichste Betrag, der bei privatem Verkauf in einer dem Objekt am meisten angemessenen Weise, nach bester Vorbereitung durch die meist bietende Partei, die nicht zugleich Mieter ist, bezahlt wird."

---
155 White, Internationale Bewertungsverfahren für das Investment in Immobilien, 1999, S. 20.
156 Code of measuring practice, 5th edition (2001).

Zusätzlich wird unterschieden nach dem Verkehrswert im bezugsfreien (vrij van huur en gebruik) und vermieteten (in verhuurde staat) Zustand sowie unter Berücksichtigung der vom Käufer oder Verkäufer zu tragenden gesetzlichen Erwerbskosten („kosten koper, k. k." oder „vrij op naam, v. o. n.").

Enge Verwandtschaft mit dem deutschen Verkehrswert weist auch die **niederländische Verkehrswertdefinition** in Art. 40b des Enteignungsgesetzes auf[157]:

„Artikel 40b OW Enteignungsgesetz

Der wirkliche Wert der zu enteignenden Sache wird vergütet, nicht der eingebildete Wert, den die Sache aus ausschließlich persönlichen Gründen nur für den Berechtigten hat.

Bei der Festsetzung des wirklichen Werts wird von dem Preis ausgegangen, der bei einem zu unterstellenden Verkauf im freien Geschäftsverkehr zwischen dem zu Enteignenden als redlich handelndem Verkäufer und dem Enteignungsbegünstigten als redlich handelndem Käufer zustande gekommen wäre.

In besonderen Fällen wird der wirkliche Wert nach anderen Maßstäben bestimmt.

Artikel 40a OW

Bei der Festlegung des Entschädigungsbetrags wird von dem Tag ausgegangen, an dem das Enteignungsurteil gemäß Art. 37 Abs. 2 oder Art. 54t Abs. 2 ausgesprochen worden ist, mit der Maßgabe, dass in den Fällen, in denen das Gericht eine Entscheidung gemäß Art. 54i Abs. 1 getroffen hat (Ausspruch der Enteignung nach Festsetzung eines unstreitigen Mindestbetrags der Entschädigung) und diese Entscheidung durch Eintragung in die öffentlichen Bücher binnen der in Art. 54m bezeichneten Frist zur Ausführung gelangt ist, von dem Tag ausgegangen wird, an dem die Eintragung erfolgt ist."

5.6 Österreich (Verkehrswert)

Schrifttum: *Hök, S.,* Zur Grundstücksbewertung in Österreich, GuG 2003, 205; *Kranewitter, H.,* Liegenschaftsbewertung, 5. Aufl. 2008, Wien; *Stubentheiner, J.,* Liegenschaftsbewertungsgesetz, 2. Aufl. Wien 2005; *Werling, U./Malinek, M.,* Wertermittlung in Österreich, GuG 2011, 210; Österreichisches Sachverständigen- und Dolmetschergesetz (SDG)[158] sowie die Verordnung über die Gebühren der Zeugen, Sachverständigen, Dolmetscher, Geschworenen und Schöffen in gerichtlichen Verfahren und der Vertrauenspersonen (Gebührenanspruchsgesetz 1975 – GebAG 1975); vgl. www.ris.bla.gv.at; www.webserviceunited.com.

In **§ 2 des österreichischen Bundesgesetzes über die gerichtliche Bewertung von Liegenschaften**[159] wird der Verkehrswert wie folgt definiert:

„(2) Verkehrswert ist der Preis, der bei einer Veräußerung der Sache üblicherweise im redlichen Geschäftsverkehr für sie erzielt werden kann.

(3) Die besondere Vorliebe und andere ideelle Wertzumessungen einzelner Personen haben bei der Ermittlung des Verkehrswerts außer Betracht zu bleiben."

Die **österreichische Gesetzgebung** spricht, ähnlich wie die deutsche Gesetzgebung, vom „üblicherweise im *redlichen Grundstücksverkehr* erzielbaren Preis" (vgl. Rn. 44).

Die **österreichischen Sachverständigen** sind organisiert im Hauptverband der „Allgemein Beeideten und Gerichtlich zertifizierten Sachverständigen (www.sachverstaendige.at).

5.7 Russische Föderation

Schrifttum: *Iwanow, N.,* Grunderwerb in der Russischen Föderation, Haarmann-Hemmelrath-Schriftenreihe Band 2, 2003 Immobilien, S. 181; *Khlopzow, D.,* Der Grundstücksmarkt und die Grund- und Bodenpolitik Russlands, GuG 2009, 146; *Volovitch, N.,* Die Entwicklung der russischen Boden- und Bewertungsgesetzgebung, GuG 2005, 269.

---

157 Übersetzung von Schmidt-Eichstaedt.
158 Österreichisches Sachverständigen- und Dolmetschergesetz (SDG) in der ab 1.1.2005 geltenden Fassung: BG 19.2.1975 (BGBl. 1975, 136) i. d. F BG BGBl. 1989, 343, 1994, 623, BGBl. I 1997, 140 und BGBl. I 2001, 98, BGBl. I 2004/1, BGBl. I 2004, 58 und BGBl. I 2004, 71, BGBl. 1979, 358, 1982/333, 1987, 177, 1992, 214 und BGBl. II 1997, 407.
159 Bundesgesetz über die gerichtliche Bewertung von Liegenschaften (Liegenschaftsbewertungsgesetz – LBG) sowie über Änderungen des Außerstreitgesetzes und der Exekutionsordnung (BGBl. für die Republik Österreich 1992, 745); ÖNORM B 1802 (Fassung vom 1.12.1997 – Liegenschaftsbewertung – Grundlagen).

5.8 Schweiz (Verkehrswert)

Schrifttum: *Loderer/Jörg/Pichler/Roth/Zgraggen*, Handbuch der Bewertung, 2. Aufl. Zürich 2002; Schätzerhandbuch (Bewertung von Immobilien) der schweizerischen Vereinigung kantonaler Grundstücksbewertungsexperten (SVKG), Schweizerische Schätzungsexperten-Kammer, Schweizerischer Verband der Immmobilien-Treuhänder (SEK/SVIT); *Canonica, F.,* Konventionelle Schätzungsmethoden, Schweizerischer Immobilienschätzer-Verband 2000; Verordnung über das Verfahren von den eidgenössischen Schätzungskommissionen vom 13.2.2013 (Stand: 1.4.2013) AS 2013, 719.

223 Der Verkehrswert definiert sich wie folgt:

„Der Verkehrswert entspricht dem unter normalen Verhältnissen erzielbaren Kaufpreis ohne Rücksicht auf ungewöhnliche oder persönliche Verhältnisse. Er wird unter Würdigung der Wirtschaftlichkeit in der Regel aus Real- und Ertragswert ermittelt."

5.9 USA (Market Value)

Schrifttum: American Institute of Real Appraisers, The Appraisal of Real Estate, 12. Aufl. Chicago 2001; *Lusht, Kenneth M.,* Real estate valuation principles and applications, Chicago 1997.

224 Die *Uniform Standards of Professional Appraisal Practice* (USPAP – Chicago)[160] definieren den Marktwert wie folgt:

„*The most probable price, as of a specified date, in cash or in terms equivalent to cash, or in other precisely revealed terms, for which the specific property rights shield sell after reasonable exposure in a competitive market under all conditions requisite to a fair sale, with the buyer and seller each acting prudently, knowledgeably, and for self-interest, and assuming that neither is under undue duress.*"

225 Eine der bisherigen Definition des RICS entsprechende Definition des *Market Value* ist vom **Supreme Court of California**[161] gegeben worden:

„*The highest price estimated in terms of money which the land would bring if exposed for sale in the open market, with reasonable time allowed in which to find a purchaser, buying with knowledge of all of the uses and purposes to which it is adapted and for which it was capable of being used.*"

226 Diese Definition geht sogar noch weiter, als hier wiederum vom „höchsten" Preis gesprochen wird und der „beste" Preis nicht zugleich der „höchste" Preis sein muss. International gesehen, fand die Definition des *Open Market Value* als der „*höchste* Preis" keine Anerkennung.

5.10 Tegova (Market Value)

▶ *Vgl. Teil II Rn. 32; § 8 ImmoWertV Rn. 18*

227 Die von der Tegova[162] vorgelegte Definition des „Marktwerts" orientiert sich an der deutschen Definition des Verkehrswerts[163]:

„**Marktwert** ist der geschätzte Betrag, für welchen ein Vermögen am Tag der Bewertung zwischen einem verkaufsbereiten Veräußerer und einem kaufbereiten Abnehmer in einer Transaktion auf rein geschäftlicher Basis nach ordnungsgemäßen Verkaufsverhandlungen, bei welchen jede Partei mit Sachkenntnis, Vorsicht und ohne Zwang gehandelt hat, ausgetauscht werden sollte."

---

[160] American Institute of Real Appraisers, The Appraisal of Real Estate, 12. Aufl. Chicago 2001: USPAP – Uniform Standards of Professional Practice (Appraisal Institute Chicago), 12. Aufl. S. 22.

[161] Sacramento Southern RR Co v. Heilbron 156 Cal. 408, 104 p. 979 (1909); vgl. weiterführend: The Appraisal of Real Estate, 12. Aufl. Chicago 2001.

[162] Die Tegova findet in Deutschland aus gutem Grunde geringes Interesse und ist aus fachlicher Sicht bedeutungslos (Petersen/Schnoor/Seitz/Vogel, Verkehrswertermittlung von Immobilien, 2. Aufl. 2013, S. 95). Von daher ist es allzu verständlich, dass der Deutsche Verein für Vermessungswesen (DVW) aus dieser Vereinigung ausgeschieden ist.

[163] Obgleich heute allgemein anerkannt ist, dass Verkehrswert und Marktwert materiell identisch sind, besteht hierzu insbesondere im Bereich der HypZert vereinzelt noch immer eine abweichende Auffassung. Abwegig hierzu die Auffassung von Lux, die materielle Definition oder auch nur die Verwendung des Begriffes Markt- oder Verkehrswert führe zu unterschiedlichen Wertermittlungsverfahren (vgl. Pohnert, Kreditwirtschaftliche Wertermittlungen, 6. Aufl. 2004, S. 4).

Verkehrswert § 194 BauGB III

Die **internationalen Rechnungslegungsstandards** des IASC haben eine wenig zufriedenstellende Ergänzung in den Standards der Tegova *(Approval European Valuation Standards – Blue Book)* gefunden. Abweichend vom Wortlaut der Definition des IASC werden dort (überflüssigerweise) folgende Definitionen gegeben: 228

„Market Value shall mean the price at which land and buildings could be sold under private contract between a willing seller and an arm's length buyer on the date of valuation, it being assumed that the property is publicly exposed to the market, that the market conditions permit orderly disposal and that a normal period having regard to the nature of the property, is available for the negotiation of the sale."

Mit dieser Definition ist der Verkehrswert (Marktwert) i. S. d. § 194 BauGB **durchaus vereinbar;** mit ihr wird lediglich wortreich das umschrieben, was unter den Begriff des gewöhnlichen Geschäftsverkehrs fällt. Darüber hinaus wird für bilanzielle Zwecke als ein modifizierter Marktwert (Verkehrswert) definiert: 229

„Market Value for the existing use is the estimated amount for which an asset should exchange on the date of valuation based on continuation of its existing use, but assuming the asset is unoccupied, between a willing buyer and a willing seller in an arm's length transaction after proper marketing wherein the parties had each acted knowledgeably, prudently and without compulsion."

Es handelt sich hierbei letztlich um einen **Verkehrswert (Marktwert) nach Maßgabe der bilanziellen Besonderheiten,** der sich nicht in die allgemeine Verkehrswertermittlungspraxis übertragen lässt. 230

§ 195
Kaufpreissammlung

(1) Zur Führung der Kaufpreissammlung ist jeder Vertrag, durch den sich jemand verpflichtet, Eigentum an einem Grundstück gegen Entgelt, auch im Wege des Tausches, zu übertragen oder ein Erbbaurecht erstmalig oder erneut zu bestellen, von der beurkundenden Stelle in Abschrift dem Gutachterausschuss zu übersenden. Dies gilt auch für das Angebot und die Annahme eines Vertrags, wenn diese getrennt beurkundet werden, sowie entsprechend für die Einigung vor einer Enteignungsbehörde, den Enteignungsbeschluss, den Beschluss über die Vorwegnahme einer Entscheidung im Umlegungsverfahren, den Beschluss über die Aufstellung eines Umlegungsplans, den Beschluss über eine vereinfachte Umlegung und für den Zuschlag in einem Zwangsversteigerungsverfahren.

(2) Die Kaufpreissammlung darf nur dem zuständigen Finanzamt für Zwecke der Besteuerung übermittelt werden. Vorschriften, nach denen Urkunden oder Akten den Gerichten oder Staatsanwaltschaften vorzulegen sind, bleiben unberührt.

(3) Auskünfte aus der Kaufpreissammlung sind bei berechtigtem Interesse nach Maßgabe landesrechtlicher Vorschriften zu erteilen (§ 199 Abs. 2 Nr. 4).

Gliederungsübersicht Rn.

				Rn.
1	Übersicht			1
2	Übersendungspflichten von Grundstückskauf- und -tauschverträgen (§ 195 Abs. 1 BauGB)			
	2.1	Umfang der Übersendungspflicht		5
	2.2	Einschränkung der Übersendungspflicht		11
3	Zugang zu den Daten der Kaufpreissammlung (§ 195 Abs. 2 und 3 BauGB)			
	3.1	Einsicht in die Kaufpreissammlung und deren Weitergabe		
		3.1.1	Allgemeines	14
		3.1.2	Einsicht in die Kaufpreissammlung	19
		3.1.3	Übermittlung der Kaufpreissammlung	
			3.1.3.1 Finanzamt (§ 195 Abs. 2 Satz 1 BauGB)	24
			3.1.3.2 Oberer Gutachterausschuss	26
			3.1.3.3 Staatliche Bauverwaltung	27
			3.1.3.4 Kommunale Bewertungsstelle	28
			3.1.3.5 Statistische Ämter	29
		3.1.4	Vorlage von Urkunden und Akten des Gutachterausschusses (§ 195 Abs. 2 Satz 2 BauGB)	
			3.1.4.1 Allgemeines	30
			3.1.4.2 Zivilprozessordnung (ZPO)	31
			3.1.4.3 Verwaltungsgerichtsordnung (VwGO)	32
			3.1.4.4 Strafprozessordnung (StPO)	33
	3.2	Auskünfte aus der Kaufpreissammlung (§ 195 Abs. 3 BauGB)		
		3.2.1	Bundesrechtliche Regelung	
			3.2.1.1 Allgemeines	34
			3.2.1.2 Berechtigtes Interesse	36
			3.2.1.3 Anonymisierte und nicht anonymisierte Auskunftserteilung	44
			3.2.1.4 Privilegierte Auskunftsberechtigung	51
		3.2.2	Landesrechtliche Regelung	
			3.2.2.1 Allgemeines	55
			3.2.2.2 Gebühren	60
	3.3	Amtshilfeverpflichtungen des Gutachterausschusses		80
4	Verletzung datenschutzrechtlicher Bestimmungen			84

Kaufpreissammlung § 195 BauGB III

1 Übersicht

▶ *Zur Kaufpreissammlung vgl. § 193 BauGB Rn. 71 ff.*

Der Gutachterausschuss für Grundstückswerte führt nach § 193 Abs. 5 Satz 1 BauGB eine Kaufpreissammlung, wertet sie aus und ermittelt Bodenrichtwerte und sonstige zur Wertermittlung erforderliche Daten. 1

Ergänzend zu der mit § 193 Abs. 3 BauGB dem Gutachterausschuss für Grundstückswerte auferlegten Pflicht zur Führung und Auswertung von Kaufpreissammlungen regelt § 195 BauGB 2

a) in *Absatz 1,* dass jeder Vertrag, durch den sich jemand verpflichtet, Eigentum gegen Entgelt, auch im Wege des Tausches, zu übertragen oder **ein Erbbaurecht erstmalig oder erneut zu bestellen**[1], von der beurkundenden Stelle in Abschrift zu übersenden ist; dies gilt des Weiteren für entsprechende Einigungen vor einer Enteignungsbehörde, Enteignungsbeschlüsse, Beschlüsse über die Vorwegnahme einer Entscheidung im Umlegungsverfahren, Beschlüsse über die Aufstellung eines Umlegungsplans, Beschlüsse über eine vereinfachte Umlegung und für den Zuschlag in einem Zwangsversteigerungsverfahren,

b) in *Absatz 2* die Weitergabe der Kaufpreissammlung und

c) in *Absatz 3* die Erteilung von Auskünften aus der Kaufpreissammlung.

§ 195 BauGB regelt nicht, wie die Kaufpreissammlung zu führen ist. **Führung und Auswertung der Kaufpreissammlung** regeln die Landesregierungen durch Rechtsverordnung nach § 199 Abs. 2 Nr. 4 BauGB. Mit der Übersendungspflicht nach § 195 Abs. 1 BauGB werden die Gutachterausschüsse für Grundstückswerte noch nicht einmal verpflichtet, die dort genannten Vorgänge in die Kaufpreissammlung in toto einzupflegen. Mit der Regelung werden die Gutachterausschüsse jedoch in die Lage versetzt, dass alle Grundstückstransaktionen, die für die Aufgabenerfüllung der Gutachterausschüsse nützlich sein können, in die Kaufpreissammlung aufgenommen werden können. Es bleibt dabei der Entscheidung der Gutachterausschüsse vorbehalten, ob der Vertrag zur Aufnahme in die Kaufpreissammlung und zur Auswertung geeignet ist. 3

Eine möglichst vollständige Sammlung aller Grundstückstransaktionen und ihre Verfügbarkeit ist eine wesentliche Voraussetzung für marktgerechte Wertermittlungen. **Die Kaufpreissammlung stellt** nämlich **ein originäres Abbild des Geschehens auf dem Grundstücksmarkt dar.** Sie bestehen i. d. R. aus 4

– einem kartenmäßigen Nachweis der dokumentierten Rechtsvorgänge (Kaufpreiskarte) und

– einem beschreibenden Nachweis (Kaufpreiskartei, -datei)

der gesammelten Grundstückstransaktionen einschließlich der ergänzenden Angaben insbesondere zu den Vertragsmerkmalen und den wertbeeinflussenden Grundstücksmerkmalen.

---

1 Die namentliche Erwähnung der erneuten Bestellung geht auf die sog Innenentwicklungsnovelle zum BauGB 2013 zurück und soll klarstellen, dass nicht nur im Fall der erstmaligen Begründung bzw. Bestellung, sondern auch in den Fällen der erneuten Bestellung des Erbbaurechts die Gutachterausschüsse Vertragsabschriften erhalten (Begründung des RegEntw – BR-Drucks. 474/12). Der Bundesrat hat in seiner Stellungnahme (BT-Drucks. 17/11468) eine Ergänzung des § 195 Abs. 1 Satz 2 BauGB gefordert, nach der auch „ Anlagen zum Vertrag und weitere Urkunden mit Informationen über das Grundstück oder das Erbbaurecht, auf die sich die Verträge beziehen". dem Gutachterausschuss vorzulegen sind, weil diese aufgrund der dort enthaltenen Informationen über das Grundstück oder das Erbbaurecht für die sachgerechte Auswertung von erheblicher Bedeutung sein können. Das Gleiche gelte für Informationen in Anlagen zum Kaufvertrag. Der Bundestag ist diesem Vorschlag nicht gefolgt.

2 Übersendungspflichten von Grundstückskauf- und -tauschverträgen (§ 195 Abs. 1 BauGB)

2.1 Umfang der Übersendungspflicht

▶ Vgl. § 199 BauGB Rn. 41 f.

5 Die **Übersendungspflichten der beurkundenden Stellen von Grundstückskauf- und -tauschverträgen** sowie anderen Vorgängen der Übertragung von Eigentum an Grundstücken sind umfassend. Zu übersenden sind

– jeder Vertrag, durch den sich jemand verpflichtet, Eigentum an einem Grundstück gegen Entgelt, auch im Wege des Tausches, zu übertragen oder ein Erbbaurecht erstmalig oder erneut zu bestellen (§ 311b BGB bzw. § 11 Abs. 2 ErbbauRG),

– das Angebot und die Annahme eines Vertrags, wenn diese getrennt beurkundet werden,

– die Einigung vor einer Enteignungsbehörde (§§ 110 und 111 BauGB),

– der Enteignungsbeschluss (§ 113 BauGB),

– den Beschluss über die Vorwegnahme einer Entscheidung im Umlegungsverfahren (§ 76 BauGB),

– der Beschluss über die Aufstellung eines Umlegungsplans (§§ 66 bis 68 BauGB),

– der Beschluss über eine vereinfachte Umlegung (§ 82 BauGB) und

– der Zuschlag in einem Zwangsversteigerungsverfahren.

6 **Die Übersendungspflicht** ist auf keine besonderen Grundstücksarten beschränkt und **betrifft auch Kauffälle für land- oder forstwirtschaftlich genutzte oder nutzbare Grundstücke**, die im Übrigen auch von den Kreisstellen der Landwirtschaftskammern gesammelt werden, soweit eine Genehmigungspflicht nach dem GrdstVG besteht[2].

7 Die Landesregierungen werden zudem mit § 199 Abs. 2 Nr. 5 BauGB ermächtigt, auch die Übermittlung von **Daten der Flurbereinigungsbehörde** zur Führung und Auswertung der Kaufpreissammlungen durch Rechtsverordnung zu regeln (vgl. § 199 BauGB Rn. 41 f.).

8 Auch Verträge über gemischte Schenkungen, Scheidungsvereinbarungen, Ehegattenüberlassungen, Betriebsübergaben und die Einbringung von Grundstücken in eine Gesellschaft fallen unter die Übersendungspflicht, wenngleich diese Verträge oftmals keine für den gewöhnlichen Geschäftsverkehr repräsentativen Entgelte ausweisen.

9 Die Übersendungspflicht der in § 195 Abs. 1 BauGB genannten Verträge richtet sich in erster Linie an die Notare und bricht als lex specialis § 18 der Bundesnotarordnung, der diese zur Verschwiegenheit über die bei ihrer Berufsausübung bekannt gewordenen Angelegenheiten gegenüber jedermann verpflichtet. Die **Verträge sind in Abschrift zu übersenden**.

10 Bei den Meistgeboten in **Zwangsversteigerungsverfahren**, die zum Zuschlag führen, handelt es sich um Netto-Kaufpreise[3].

2.2 Einschränkung der Übersendungspflicht

11 Gegen die Übersendung der vollständigen Kaufverträge an die Gutachterausschüsse sind **datenschutzrechtliche Bedenken** vom Bundesbeauftragten für Datenschutz erhoben worden. Diese können nicht überzeugen, da das informationelle Selbstbestimmungsrecht des

---

[2] In Bayern werden Kaufpreise land- und forstwirtschaftlicher Grundstücke auch von den Geschäftsstellen des Bayerischen Bauernverbandes (als Körperschaft des öffentlichen Rechts) gesammelt; Mantau/Lipinsky, Ermittlung von Bodenpreisen, Bonn 1975, S. 28 f., 39.
[3] BGH, Urt. vom 3.4.2003 – IX ZR 93/02 –, BGHZ 154, 327 = EzGuG 20.190a.

Kaufpreissammlung § 195 BauGB III

Bürgers durch die Übersendung der Kaufverträge an die Gutachterausschüsse nicht berührt wird, zumal die Kaufverträge mit den persönlichen Angaben unmittelbar nach ihrer Auswertung vernichtet werden und ein allgemeines Einsichtsrecht in die Kaufpreissammlung nicht besteht. Der weiter gehende Vorschlag, die Übersendung der vollständigen Kaufverträge durch die auszugsweise Übermittlung ausgewählter, nicht personenbezogener Daten zu ersetzen, musste abgelehnt werden, weil die Kenntnis der vollständigen Kaufvertragsinhalte einschließlich der Namen der betroffenen Vertragsparteien eine zwingende Voraussetzung für eine erfolgreiche Erfüllung der den Gutachterausschüssen mit § 193 BauGB gesetzlich übertragenen Aufgabe der Auswertung der Kaufpreissammlung ist.

Dies ist darin begründet, dass **12**

- Name und Anschrift der Vertragsparteien am ehesten darauf hinweisen, ob der Kaufpreis durch **ungewöhnliche oder persönliche Verhältnisse** beeinflusst sein kann und damit von Preisvergleichen auszunehmen ist (z. B. firmeninterner Kauf/Verkauf, Arrondierungszukauf, preisgeförderter Verkauf der öffentlichen Hand, Verwandtschaftskauf, Kauf durch Pächter, Mieter etc.);

- eine preiserhebliche und zutreffende Zuordnung zu Grundstücksarten, Objektgruppen oder Käufergruppen meistens nur über die Namen der Vertragspartner möglich ist. So lässt sich z. B. ein unverhältnismäßig geringer Kaufpreis für ein bebautes Grundstück ohne Weiteres als ein noch um die Rückbaukosten zu bereinigender Kaufpreis für ein unbebautes Grundstück qualifizieren, sofern die Erwerberin an Hand ihres Namens als Wohnungsbaugesellschaft identifiziert werden kann. Andererseits lässt sich z. B. ein **unangemessen hoher Kaufpreis** für ein gewerblich nutzbares Grundstück allein am Namen des Erwerbers mit ganz spezieller Branchenkultur und ganz besonderen Standortvorlieben erkennen;

- es bei unbebauten Grundstücken wichtig sein kann, von den Erwerbern Einzelheiten über die beabsichtigte **Art und das Maß der baulichen Nutzung** zu erfahren;

- es ebenfalls der Information über **Name und Adresse der Vertragsparteien** bedarf, um die Erlaubnis zur Ortsbesichtigung beim Kaufobjekt einzuholen, die für eine sachgerechte Auswertung häufig erforderlich ist;

- nach § 197 Abs. 1 Satz 2 BauGB der Gutachterausschuss verlangen kann, dass Eigentümer und sonstige Inhaber von Rechten an einem Grundstück die zur Führung der Kaufpreissammlung und zur Begutachtung notwendigen Unterlagen vorlegen; eine Anonymisierung der Daten über Name und Anschrift der Vertragsparteien vor Übersendung an die Gutachterausschüsse würde dazu führen, dass evtl. notwendig werdende **Auskünfte** bei den Betroffenen nicht eingeholt werden können;

- der vereinbarte Kaufpreis aus dem Kaufvertrag nicht immer ohne Weiteres ersichtlich ist; so werden neben einem Barpreisanteil häufig auch **andere Leistungen** vereinbart, z. B. die Übernahme von Grundpfandrechten, eine Anrechnung von Belastungen in Abteilung II des Grundbuchs, Rentenverpflichtung, Sachleistungen oder Restkaufgelder; solche Sondervereinbarungen sind durchweg nur aus den individuellen Gegebenheiten des jeweiligen Einzelfalls heraus auch für die Zwecke des Gutachterausschusses nur von erfahrenem Fachpersonal hinreichend qualifizierbar und quantifizierbar;

- besonders bei Verkäufen durch die Gemeinde die vereinbarten Kaufpreise häufig mit **Auflagen oder Bedingungen** verbunden sind; im gewerblichen Bereich sind z. B. Auflagen zur Schaffung neuer Arbeitsplätze, einen bestimmten Geschäftsbetrieb auf dem Grundstück aufrechtzuerhalten, Nachbesserungs- und Rücktrittsklauseln, Vorkaufs- und Wiederkaufsrechte, Ablösungsbeträge, Altlasten betreffende Regelungen, Konkurrenzschutzklauseln, Miet- oder Pachtrechtsvereinbarungen einschließlich der konkreten Anpassungsmodalitäten üblich. Bei Wohngrundstücken spielen Wohnrechte, Miet- und Mietpreisbindungen, Erbbaurechtsvereinbarungen einschließlich der zugehörigen Abreden über Laufzeiten, Rückvergütungen bei Vertragsablauf oder Heimfall, Erbbauzins- und Anpassungsklauseln eine große Rolle. Ob und in welchem Maße die individuelle Vereinbarung des Kaufvertrags wertrelevant ist, lässt sich meist nur von fachkompetenter Stelle und nur bei Kenntnis des vollständigen Vertragsinhalts zuverlässig beantworten;

- auch die **Zahlungsfristen und Übergabezeitpunkte** von Bedeutung sind, damit den Gutachterausschüssen auch Rückkoppelungen möglich sind; so kann nachgeprüft werden, ob der Kaufvertrag auch im Grundbuch vollzogen wurde. Denn die Kaufpreissammlung soll nicht irgendwelche fiktiven Kaufpreise, sondern die tatsächlich gezahlten enthalten. Deshalb ist es auch notwendig zu wissen, ob der Kaufvertrag eine Auflassung enthält;

- die oft schon zum Kaufzeitpunkt vorhandenen **preiserheblichen Verwertungsabsichten** häufig nur aus dem ganzen Vertragskontext zu entnehmen sind.

13 Weiterhin stehen gegen die **Verwendung eines Formulars zur Übermittlung einzelner Daten an die Gutachterausschüsse** folgende Gründe:

a) Es ist in Fachkreisen bekannt, dass die Kaufpreise für Grundstücke von einer Vielzahl von Merkmalen beeinflusst werden. Diese Einflussfaktoren entstehen laufend neu, genauso wie sie an Aussagekraft verlieren. Sie unterliegen den Änderungen des Marktverhaltens und entziehen sich daher einer unflexiblen Regelung durch Verwendung eines Formblatts. Wegen der unterschiedlichen Einflussfaktoren müssten auch die Inhalte der Formblätter regional und von Stadt zu Stadt unterschiedlich sein. Eine Vereinheitlichung dieser Merkmale auf bundesweiter Ebene würde die ortsnahe Arbeit der Gutachterausschüsse erschweren.

b) Das Ausfüllen von Formblättern führt zu erheblich größerem Verwaltungsaufwand als das einfache Ablichten der Kaufverträge. Zudem würde das mit einem Formblatt – verbunden mit den Auskunftsrechten nach § 197 BauGB – einerseits datenschutzrechtlich keine Verbesserung bedeuten, da die Gutachterausschüsse dann die Verträge zur Erledigung ihrer Aufgaben von den Notariaten anfordern müssten, und andererseits den Verwaltungsaufwand sowohl bei den Notariaten als auch bei den Geschäftsstellen der Gutachterausschüsse wesentlich erhöhen. Hinzu kommt das Risiko einer Fehlinterpretation bei der Übertragung der Daten aus den Kaufverträgen in die Formblätter. Den Notariaten fehlt es an ausgebildeten Fachleuten, die eine Übertragung von Kaufvertragsdaten in Formblätter fehlerfrei gewährleisten.

c) Bei den Erschwernissen, die sich durch die Mehrarbeit bei der Übertragung von Daten in die Formblätter ergeben, besteht zudem die Gefahr, dass die beurkundenden Stellen ihrer Übersendungspflicht nicht mehr nachkommen. Bereits heute zeigen Stichproben, dass einige Notare ihren Verpflichtungen nach dem BauGB nicht vollständig nachkommen. Diese Tendenz würde durch die Einführung eines Formblatts noch verschärft.

d) Es besteht bereits heute Einigkeit darüber, dass selbst die Informationen aus den Kaufvertragsabschriften für eine qualifizierte Wertermittlung der Kaufpreise zum Teil nicht ausreichen. In der Vergangenheit wurde dennoch von den Rechten des § 197 Abs. 1 (Auskunfts-, Vorlage- und Betretungsrechte) nur in wenigen Einzelfällen Gebrauch gemacht. Würde man anstelle der Kaufvertragsabschriften künftig nur noch Datenextrakte übermitteln, dann müssten die Möglichkeiten des § 197 Abs. 1 BauGB in weitaus größerem Umfang ausgeschöpft und die Grundstückseigentümer und Besitzer weitaus häufiger zu Auskünften sowie zur Vorlage von Unterlagen aufgefordert werden. Dies ist sicher nicht i. S. einer bürgernahen Verwaltung. Wenn nämlich in Zukunft mangels ausreichender Informationen der Gutachterausschüsse verstärkt von den Möglichkeiten des § 197 Abs. 1 BauGB Gebrauch gemacht werden müsste, würde dies mit Sicherheit zu einer entsprechenden negativen Reaktion in der Öffentlichkeit führen. Das Ziel einer leistungsfähigen und transparenten Information über den Grundstücksmarkt würde dadurch außerdem erheblich gefährdet.

e) Die Verwendung eines Formblatts, das die wesentlichen Inhalte des Kaufvertrags beinhaltet, würde weiterhin bedeuten, dass die Auswertung der Kaufverträge de facto auf die Notare bzw. indirekt auch auf die Vertragsparteien übertragen würde. Es ist aber eine unabdingbare Aufgabe der Gutachterausschüsse, selbst zu beurteilen, welche Daten für die Beurteilung im Einzelfall ausreichen und ob es erforderlich ist, ggf. weitere Daten heranzuziehen. Insbesondere die Beantwortung der Frage, ob ungewöhnliche oder persönliche Verhältnisse vorliegen, erfordert Sachverstand und Kenntnis auf dem Gebiet der Wertermittlung. Sie lässt sich nicht einfach mit einem Kreuz auf einem Formblatt beantworten. Außerdem kann die Auswirkung der ungewöhnlichen oder persönlichen Verhältnisse oft nur abgeschätzt und erst berücksichtigt werden, wenn der Vertragsinhalt bekannt ist. Durch die Übertragung der Daten auf ein Formblatt wird die Auswertung des Vertrags eigentlich von einer Stelle ausgeführt, die hierzu erstens nicht befugt ist und zweitens auch nicht die notwendige Sachkenntnis besitzt. Das aber wollte der Gesetzgeber gerade nicht, als er mit dem BBauG 60 die Gutachterausschüsse ins Leben rief.

3 Zugang zu den Daten der Kaufpreissammlung (§ 195 Abs. 2 und 3 BauGB)

3.1 Einsicht in die Kaufpreissammlung und deren Weitergabe

3.1.1 Allgemeines

Grundsätzlich ist die **Kaufpreissammlung nur dem Gutachterausschuss im Vollzug ihrer Obliegenheiten** und – sofern ein Oberer Gutachterausschuss nach § 198 BauGB gebildet worden ist – dem Oberen Gutachterausschuss **direkt zugänglich**. Mit § 195 Abs. 2 Satz 1 BauGB wird die **Weitergabe der Kaufpreissammlung** (durch „Übermittlung") aus Gründen des Datenschutzes auf bestimmte Finanzämter beschränkt. 14

Darüber hinaus bleiben nach § 195 Abs. 2 Satz 2 BauGB Vorschriften, nach denen Urkunden oder Akten den Gerichten oder Staatsanwaltschaften vorzulegen sind, unberührt.

Mit § 195 Abs. 2 BauGB wird die **Übermittlung im sog. „öffentlichen Bereich"** zusammengefasst, auf die grundsätzlich die landesrechtlichen Verfahrensvorschriften anzuwenden sind (vgl. § 14 nordrh.-westf. DSG). Grundsätzlich gilt auch hierfür das Erforderlichkeitsprinzip, nach dem sich der Umfang der Übermittlung auf das unabweisbar Notwendige beschränken muss.

Von der Weitergabe der Kaufpreissammlung (durch deren „Übermittlung") zu unterscheiden ist die **Einsicht in die Kaufpreissammlung** (Rn. 19 ff.). Darunter ist der direkte Zugang zur Kaufpreissammlung zu verstehen. Eine allgemeine Einsichtnahme in die Kaufpreissammlung lässt das Baugesetzbuch aus Gründen des Datenschutzes nicht zu. Nach § 195 Abs. 3 BauGB besteht bei berechtigtem Interesse jedoch ein Rechtsanspruch auf Auskunft aus der Kaufpreissammlung nach Maßgabe landesrechtlicher Vorschriften nach § 199 Abs. 2 Nr. 4 BauGB (vgl. Rn. 34 ff.). Im Übrigen kommt eine Auskunft nach den Vorschriften der Amtshilfe nicht in Betracht (vgl. Rn. 80 ff.). Während bei der Erteilung von Auskünften Teile der Kaufpreissammlung zu bestimmten Fragen bekannt gegeben werden, ermöglicht das Einsichtsrecht naturgemäß die Kenntnisnahme aller in der Kaufpreissammlung enthaltenen Angaben und bedeutet deshalb einen weitaus stärkeren Eingriff in die informationelle Selbstbestimmung des Bürgers. 15

An dem gesetzlich eingeschränkten Zugang zur Kaufpreissammlung ist insbesondere von privat tätigen Sachverständigen, aber auch von anderen Stellen des Bundes und der Länder Kritik geübt worden. Verkehrswerte können nämlich marktgerecht nur auf der Grundlage von Vergleichsdaten wie Kaufpreise, Mieten und Pachten, ermittelt werden, sodass der Zugangsberechtigte in Konkurrenz zu anderen eine bevorzugte Stellung hat; in diesem Zusammenhang wird sogar von einer Monopolstellung gesprochen. Wesentlicher Grund für den eingeschränkten Zugang zur Kaufpreissammlung ist die Tatsache, dass hierin auch **personenbezogene Daten** eingehen. Personenbezogene Daten sind dabei Einzelangaben über persönliche oder sachliche Verhältnisse einer bestimmten oder bestimmbaren natürlichen Person (vgl. § 3 Abs. 1 des Bundesdatenschutzgesetzes – BDSG –). Die dem Gutachterausschuss nach 16

III § 195 BauGB   Kaufpreissammlung

§ 195 Abs. 1 BauGB zugehenden Verträge enthalten derartige Angaben. Darüber hinaus finden weitere personenbezogene Daten über das Auskunftsrecht nach § 197 BauGB Eingang in die Kaufpreissammlung.

17 Im Gesetzgebungsverfahren hat die Frage der **Öffnung der Kaufpreissammlung durch Übermittlung oder Einsichtgewährung**, insbesondere zugunsten der öffentlich bestellten und vereidigten Sachverständigen, eine bedeutende Rolle gespielt. Dabei wurde das **Urteil des Bundesverfassungsgerichts** vom 15.12.1983 **zum Volkszählungsgesetz 1983**[4] eingehend geprüft. In diesem Urt. hat das Gericht das Recht auf informationelle Selbstbestimmung des Bürgers hervorgehoben. Die Verpflichtung zur Übersendung von Abschriften der Kaufverträge usw. gemäß § 195 Abs. 1 BauGB stellt für den Betroffenen bereits eine Beschränkung dieses Rechts dar. Wie das Gericht weiter betont hat, habe das Recht auf informationelle Selbstbestimmung jedoch gegenüber der Preisgabe personenbezogener Daten an eine Datensammelstelle – Kaufpreissammlung – zurückzutreten, wenn ein überwiegendes Allgemeininteresse dies unter Beachtung des Grundsatzes der Verhältnismäßigkeit rechtfertige. Das ist beachtlich, da in der vom Gutachterausschuss geführten Kaufpreissammlung nicht nur alle Daten gesammelt werden, die sich aus Kaufverträgen und sonstigen dem Gutachterausschuss zu übermittelnden Verträgen und Rechtsgeschäften ergeben, sondern auch personenbezogene Daten, die der Gutachterausschuss aufgrund seiner Auskunftsbefugnis von den Vertragspartnern und sonstigen auskunftspflichtigen Personen anfordert.

18 Die Kaufpreissammlung stellt damit eine **Datensammelstelle** dar, **die** nach den Grundsätzen des BVerfG **unter Beachtung** des **informationellen Selbstbestimmungsrechts** des Bürgers Dritten nur unter Beachtung des Grundsatzes der Verhältnismäßigkeit, d. h. im überwiegenden Allgemeininteresse, **zugänglich gemacht werden darf.** Unter Beachtung dieser Grundsätze kam der federführende BT-Ausschuss[5] zur Auffassung, dass eine über die im Regierungsentwurf gegenüber dem Finanzamt vorgesehene weitere Öffnung der Kaufpreissammlung nicht in Betracht komme, „insbesondere nicht für eine Wertermittlung, die ein öffentlich bestellter und vereidigter Sachverständiger im Einzelfall durchzuführen hat. Ein Einsichtsrecht eines öffentlich bestellten vereidigten Sachverständigen würde in diesem Fall einen unverhältnismäßigen, vom überwiegenden Allgemeininteresse nicht gerechtfertigten Eingriff in das informationelle Selbstbestimmungsrecht des Bürgers bedeuten. Hieran ändert auch nichts die Tatsache, dass der öffentlich bestellte vereidigte Sachverständige besonders zur Verschwiegenheit und Geheimhaltung verpflichtet ist. Gegenstand des Datenschutzes ist vielmehr die Verwendung personenbezogener Daten schlechthin." In diesem Sinne hat sich auch der Bundesbeauftragte für den Datenschutz in zwei dem Ausschuss vorgelegten Schreiben (vom 29.1. und 22.4.1986) geäußert. Der Bundesbeauftragte für den Datenschutz weist in diesen Schreiben außerdem darauf hin, dass aus Gründen des Datenschutzes Auskünfte aus der Kaufpreissammlung stets nur in anonymisierter Form gegeben werden dürften. Dies würde allerdings bedeuten, dass neben den die Person direkt bezeichnenden Angaben, wie Name und Anschrift, auch die genauen Grundstücksbezeichnungen, wie Flurstücke und Grundbuchblatt, Straße und Hausnummer, nicht weitergegeben werden dürfen[6].

Nach Maßgabe datenschutzrechtlicher Regelungen sind für Kaufpreissammlungen wie für andere automatisiert geführte Dateien mit personenbezogenen Daten sog. **Datenbeschreibungen** zu führen und dem Landesbeauftragten für den Datenschutz vorzulegen; die Datenbeschreibung ist fortzuführen.

---

4 BVerfG, Urt. vom 15.12.1983 – 1 BvR 209/83 –, BVerfGE 65, 1 = EzGuG 11.142.
5 BT-Drucks. 10/6166, S. 137 f.
6 5. Tätigkeitsbericht des Landesbeauftragten für Datenschutz des Landes Schleswig-Holstein: LT-Drucks. 9/1738, S. 31 f., auch 5. Tätigkeitsbericht des hamburgischen Datenschutzbeauftragten vom 1.1.1987, S. 52; Bericht des nds. Datenschutzbeauftragten, LT-Drucks. 9/1300, S. 31; 9. Tätigkeitsbericht des Bundesbeauftragten für Datenschutz, BT-Drucks. 10/6816; BT-Drucks. 13/6392, S. 117.

3.1.2 Einsicht in die Kaufpreissammlung

Ein **allgemeines Recht auf Einsichtnahme** in die Kaufpreissammlung sieht das Gesetzbuch aus den dargelegten **datenschutzrechtlichen Gründen nicht** vor[7]. Dies gilt auch für öffentlich bestellte und vereidigte Sachverständige, die von Privatpersonen mit der Erstattung eines Gutachtens beauftragt worden sind[8]. Lediglich die **vom Gericht beauftragten öffentlich bestellten Sachverständigen** dürfen nach der Rechtsprechung des BGH[9] unter Hinweis auf die Regelung des § 195 Abs. 2 Satz 2 BauGB in die Kaufpreissammlung Einsicht nehmen.

In der Vergangenheit wurde in einigen Bundesländern nach **überholtem Recht** Einsicht in die Kaufpreissammlung gewährt[10]. Zum Erlass dieser Vorschriften waren und sind die Länder weder mit dem inzwischen abgelösten BBauG noch mit dem BauGB ermächtigt worden. Das Gesetzbuch eröffnet den Ländern zwar nunmehr die Möglichkeit, unter bestimmten Voraussetzungen Auskünfte zu gewähren, nicht hingegen die Einsicht in die Kaufpreissammlung landesrechtlich zu regeln[11].

Die Frage eines Einsichtsrechts wurde im Verlauf des Gesetzgebungsverfahrens mehrfach mit **dem Bundesbeauftragten für den Datenschutz** erörtert. Nach dessen Auffassung besteht kein überwiegendes Allgemeininteresse, das ein solches Einsichtsrecht begründen könnte (vgl. dessen o. a. Schreiben Rn. 9). Hinzu kommt, dass das Gebot der Normenklarheit den Bundesgesetzgeber dazu verpflichtet, über die Verwertung von Daten abschließend zu entscheiden, die aufgrund eines Bundesgesetzes erhoben werden, sei es durch ausdrückliche gesetzliche Regelung oder durch eine bis ins Einzelne gehende Ermächtigungsvorschrift zugunsten der Länder. Bei multifunktionaler Verwendung erhobener Daten sind dabei entsprechend höhere Anforderungen zu stellen. Wie ausgeführt, sah sich der Bundesgesetzgeber aber gehindert, die Einsicht in die Kaufpreissammlung zuzulassen. Ein Einsichtsrecht datenschutzrechtlich dadurch zu ermöglichen, dass nur anonymisierte Daten in die Kaufpreissammlung aufgenommen werden, konnte im Übrigen nicht in Betracht gezogen werden, weil dies den Informationsgehalt der Kaufpreissammlung und damit deren eigentlichen Wert erheblich beeinträchtigen würde.

Mit der Frage eines Einsichtsrechts in die Kaufpreissammlung hat sich im Übrigen der VGH München in seinem Urt. vom 10.2.1986[12] ausführlich befasst. Das Gericht hat diesbezüglich darauf hingewiesen, dass es allein dem Gutachterausschuss obliege, auf der Grundlage der von ihm geführten Kaufpreissammlung den Wert der Grundstücke zu ermitteln (vgl. § 136 Abs. 2 BBauG). Hierfür sind die Kaufverträge nach Weisung der Gutachterausschüsse von ihren Geschäftsstellen auszuwerten. Die **öffentlich bestellten und vereidigten Sachverständigen** für die Bewertung von Grundstücken seien nach Auffassung des Gerichts vom Gesetzgeber nicht dazu berufen, Kaufverträge bzw. Kaufpreissammlungen nach entsprechender Einsichtnahme auszuwerten, auch soweit sie nach der vom Deutschen Industrie- und Handelstag erlassenen Sachverständigenverordnung (vgl. Anh. 1.1) eingeschworen und somit zur Verschwiegenheit verpflichtet seien. Im Übrigen hatte das Gericht bei dieser Sach- und

---

7   Ein Einsichtsrecht sieht gleichwohl § 23 der nds. GutachterausschussVO vor, und zwar bezüglich der Ermittlung von Bodenrichtwerten, der Aufstellung von Grundstücksmarktberichten und Bodenrichtwertübersichten sowie der Ableitung erforderlicher Daten der Wertermittlung. Vgl. auch § 12 Abs. 1 brem. GutachterausschussVO.
8   BVerwG, Urt. vom 6.10.1989 – 4 C 11/86 –, GuG 1990, 36 = EzGuG 11.173.
9   BGH, Urt. vom 27.9.1990 – III ZR 97/89 –, GuG 1991, 38 = EzGuG 2.51.
10 Nach § 7 Abs. 3 Satz 2 der bad.-württ. GutachterausschussVO a. F. bad.-württ. GutachterausschussVO vom 30.5.1978 (GBl 1978, 314), geändert durch VO vom 20.4.1982 (GBl 1982, 142) und aufgehoben durch VO vom 11.12.1989 (GBl 1989, 541) konnten öffentlich bestellte vereidigte Sachverständige gegen Gebühr Einsicht in die Kaufpreissammlung nehmen. Nach § 11a Abs. 1 der bayer. GutachterausschussVO a. F. bay. GutachterausschussVO vom 5.3.1980 (GVBl. 1980, 153), geändert durch VO vom 15.6.1982 (GVBl. 1982, 335) konnte ebenfalls – soweit „im Einzelfall" zu Zwecken der Wertermittlung erforderlich war – in die Kaufpreissammlung Einsicht genommen werden, von den Gerichten, den mit der Wertermittlung an bebauten und unbebauten Grundstücken sowie von Rechten an Grundstücken befassten Behörden sowie den öffentlich bestellten und vereidigten Sachverständigen für die Bewertung von bebauten und unbebauten Grundstücken sowie von Rechten an Grundstücken.
11 Ein Einsichtsrecht sieht gleichwohl § 23 der nds. GutachterausschussVO vor, und zwar bezüglich der Ermittlung von Bodenrichtwerten, der Aufstellung von Grundstücksmarktberichten und Bodenrichtwertübersichten sowie der Ableitung erforderlicher Daten der Wertermittlung.
12 VGH München, Urt. vom 10.2.1986 – 14 B 84 A.1629 –, BayVBl. 1986, 306 = EzGuG 11.151 – nicht rechtskräftig – zuvor schon VGH München, Beschl. vom 16.6.1983 – CE 83 A.349 –, AVN 1986, 105 = EzGuG 11.139.

III § 195 BauGB Kaufpreissammlung

Rechtslage ungeprüft gelassen, ob das in § 11a Abs. 1 bay. GutachterausschussVO a. F. geregelte Einsichtsrecht datenschutzrechtlichen Bedenken standhält.

22 Das **BVerwG**[13] hat die Revision gegen diese Entscheidung zurückgewiesen und festgestellt, dass das BauGB auch für öffentlich bestellte und vereidigte Sachverständige ein allgemeines Einsichtsrecht ausgeschlossen hat. Dies verstößt nicht gegen höherrangiges Recht, insbesondere nicht gegen Art. 12 Abs. 1 oder Art. 3 Abs. 1 GG. Zwar sind die öffentlich bestellten Sachverständigen ebenso wie die Mitglieder des Gutachterausschusses für Grundstückswerte zur Verschwiegenheit verpflichtet; jedoch ist gleichwohl mit dem ausgeschlossenen Anspruch auf Einsicht in die Kaufpreissammlung keine verfassungswidrige Benachteiligung ihrer Berufsausübung verbunden. Dies wird wie folgt begründet: „Die Mitglieder der Gutachterausschüsse werden nach besonderen Qualifikationsmerkmalen ausgewählt (§ 192 Abs. 1 bis 3 BauGB und die Regelungen der Länder gemäß § 199 Abs. 2 Nr. 1 BauGB; früher eingehend: §§ 138, 139 BBauG), die deren Unabhängigkeit und die Einhaltung der Verschwiegenheitspflicht in besonderer Weise gewährleisten sollen. Damit sind sie – anders als die Sachverständigen und einem öffentlichen Dienstverhältnis angenähert – in eine herausgehobene Verantwortlichkeit eingebunden. Von daher erscheint es nicht sachwidrig, die Kenntnis der personenbezogenen Daten in der Kaufpreissammlung auf diesen Personenkreis zu begrenzen. Es kommt hinzu, dass die Verweigerung eines Rechts auf Einsicht in die Kaufpreissammlung nicht geeignet erscheint, die berufliche Tätigkeit der Sachverständigen in beachtlichem Maße zu beeinträchtigen." Ein allgemeiner auf Art. 12 Abs. 1 GG zu stützender Anspruch auf Einsicht in bestimmte bei öffentlichen Behörden oder anderen öffentlichen Stellen geführte Akten, Vorschriften und andere Vorgänge zum Zwecke der Ausübung beruflicher Tätigkeiten besteht nach Auffassung des Gerichts im Übrigen nicht[14].

23 **Fazit:** Ein **Einsichtsrecht in die Kaufpreissammlung haben** bei alledem grundsätzlich **nur die dem Gutachterausschuss für Grundstückswerte angehörenden Gutachter im Vollzug ihrer Obliegenheiten.** Dies ergibt sich aus der Ihnen obliegenden Führung und Auswertung der Kaufpreissammlung. § 10 Abs. 1 der hamb. GutachterausschussVO (a. a. O.), der dies ausdrücklich regelt, stellt deshalb nur eine klarstellende Bestimmung dar. Die außerhalb der Gutachterausschüsse tätigen Gutachter haben indessen kein Einsichtsrecht.

3.1.3 Übermittlung der Kaufpreissammlung

3.1.3.1 Finanzamt (§ 195 Abs. 2 Satz 1 BauGB)

24 § 195 Abs. 2 Satz 1 BauGB ist lex specialis zu § 16 Abs. 1 BDSG. Nach dieser Vorschrift ist eine Datenübermittlung auch an nicht öffentliche Stellen dann zulässig, wenn sie zur Erfüllung der in der Zuständigkeit der übermittelnden Stelle liegenden Aufgaben erforderlich ist und die Voraussetzungen vorliegen, die eine Nutzung zulassen würden, oder der Empfänger ein berechtigtes Interesse an der Kenntnis der zu übermittelnden Daten glaubhaft darlegt und der Betroffene kein schutzwürdiges Interesse an dem Ausschluss der Übermittlung hat. Die darin angelegte Interessenabwägung hat der Gesetzgeber mit § 195 Abs. 2 Satz 1 BauGB offenbar vorgenommen und **nur eine Übermittlung an das zuständige Finanzamt für Zwecke der Besteuerung** zugelassen.

25 „Übermitteln" bedeutet dabei auch das Bekanntgeben gespeicherter oder durch Datenverarbeitung unmittelbar gewonnener Daten an Dritte in der Weise, dass die Daten durch die speichernde Stelle weitergegeben oder zur Einsichtnahme, insbesondere zum Abruf, bereitgehalten werden[15]. Mit der Beschränkung der Zulässigkeit einer Übermittlung der Kaufpreissammlung

---

[13] BVerwG, Urt. vom 6.10.1989 – 4 C 11/86 –, GuG 1990, 36 = EzGuG 11.172.
[14] BVerwG, Urt. vom 16.9.1980 – 1 C 52/75 –, BVerwGE 61,15 = NJW 1981, 535; BVerwG, Urt. vom 5.6.1984 – 5 C 73/82 –, BVerwGE 69, 278 = EzGuG 11.142v.
[15] § 2 Abs. 2 Nr. 2 des Gesetzes zum Schutz vor Missbrauch personenbezogener Daten bei der Datenverarbeitung.

wird wiederum der Rechtsprechung zum Volkszählungsurteil Rechnung getragen (vgl. auch § 138 Abs. 2 Satz 4 BauGB). Die Übermittlung ist in Verwaltungsvorschriften geregelt[16].

Die **Finanzämter** wiederum sind durch § 22 AO verpflichtet, die ihnen bekannt gewordenen Daten aufgrund des Steuergeheimnisses geheim zu halten, jedoch sind sie nach § 7 Abs. 2 des Preisstatistikgesetzes gegenüber Statistischen Ämtern auskunftspflichtig.

3.1.3.2 Oberer Gutachterausschuss

Die Daten der Kaufpreissammlung werden nach Maßgabe landesrechtlicher Vorschriften dem Oberen Gutachterausschuss zur Nutzung für deren Aufgaben auf Anforderung übermittelt oder im automatischen Abrufverfahren bereitgehalten (vgl. § 22 sächs. GutVO). 26

3.1.3.3 Staatliche Bauverwaltung

Keine Übermittlungspflicht besteht bezüglich der staatlichen Bauverwaltungen, wie dies noch vom Bundesrat[17] gefordert wurde. Der Bundesgesetzgeber hätte den Zugang zur Kaufpreissammlung auch diesbezüglich nur insoweit öffnen können, wie dies im überwiegenden Allgemeininteresse erforderlich ist. Eine unbeschränkte Zugänglichkeit der Kaufpreissammlung für bestimmte Stellen und Personengruppen würde jedoch einen wirksamen Datenschutz unmöglich machen und den Schutz der Daten der datenverwaltenden Stelle entziehen. Bedenken bestehen diesbezüglich auch bei den Datenschutzbeauftragten[18]. Es verbleibt hier aber das Auskunftsrecht. 27

3.1.3.4 Kommunale Bewertungsstelle

Neben dem Gutachterausschuss sind zur Unterstützung kommunaler Ämter und Dienststellen städtische Bewertungsstellen eingerichtet worden, die bei der Erfüllung ihrer Aufgaben auf die Daten des Gutachterausschusses zurückgreifen. Die für den Bereich des Gutachterausschusses geltenden Geheimhaltungsvorschriften (vgl. z. B. §§ 9 und 10 GAVO NW) müssen dabei grundsätzlich auch gegenüber der städtischen Bewertungsstelle beachtet werden. Organisatorisch lässt sich dies dadurch sicherstellen, dass Mitarbeiter nichtgleichzeitig für die städtische Bewertungsstelle und den Gutachterausschuss tätig sind[19]. 28

3.1.3.5 Statistische Ämter

Die Statistik über Kaufwerte für Bauland des **Statistischen Bundesamtes und** der **Statistischen Landesämter** wird insbesondere auf der Grundlage der Auskünfte der Finanzämter geführt, die nach § 7 Abs. 2 des Preisstatistikgesetzes auskunftspflichtig sind; von den Grundstücksverkäufen erhalten die Finanzämter Kenntnis aufgrund von Veräußerungsanzeigen der Gerichte, Behörden und Notare nach § 18 GrEStG. Daneben können auch entsprechende Auskünfte nach § 195 Abs. 3 BauGB i. V. m. landesrechtlichen Vorschriften direkt von den Gutachterausschüssen für Grundstückswerte erteilt werden. 29

Von der Möglichkeit der Zusammenarbeit haben die Länder Niedersachsen, Rheinland-Pfalz, Sachsen-Anhalt und Thüringen Gebrauch gemacht:

Niedersachsen: Verwaltungsvorschrift zum BauGB (VV-BauGB)[20].

Rheinland-Pfalz: VV des Min. für Inneres und Sport und des FM zur Zusammenarbeit zwischen den Geschäftsstellen der Gutachterausschüsse, den Finanzämtern und dem Statistischen Landesamt vom 13.12.1999 (MinBl. 1999, 537).

---

16 VV über die Zusammenarbeit in Rh.-Pf. vom 10.11.1995, MinBl. 1995, 535; Erl. des thür. IM vom 19.3.1992 – 740 – 9611 –.
17 BT-Drucks. 10/5027, S.19.
18 LT-Drucks. Schl.-H. 9/1738, S. 32 f.
19 Vgl. auch Muster-Dienstanweisung der AG Datenschutz der AGVGA-NW.
20 Verwaltungsvorschrift zum BauGB (VV-BauGB) i. d. F. der 2. Änderung vom 6.3.1991 (301-21013-GültL 392/19; Nds. MinBl. 1991, 470).

III § 195 BauGB Kaufpreissammlung

Sachsen-Anhalt: Erl. des IM vom 19.12.1994 (46–23522) zur Baulandpreisstatistik (unveröffentlicht).

Thüringen: Erl. des thür. IM vom 19.3.1992 zur Zusammenarbeit zwischen den Geschäftsstellen der Gutachterausschüsse, den Finanzämtern und dem Thüringer Landesamt für Statistik (740–9611).

3.1.4 Vorlage von Urkunden und Akten des Gutachterausschusses (§ 195 Abs. 2 Satz 2 BauGB)

3.1.4.1 Allgemeines

30 Nach § 195 Abs. 2 Satz 2 BauGB bleiben Rechtsvorschriften unberührt, nach denen **„Urkunden oder Akten Gerichten oder Staatsanwaltschaften vorzulegen sind"**. Es handelt sich hierbei im eigentlichen Sinne nicht um den Fall eines allgemeinen Einsichtsrechts oder gar einer laufenden Übermittlung der Kaufpreissammlung. Vielmehr geht es hier lediglich um das Recht der Gerichte oder der Staatsanwaltschaften auf Hinzuziehung von Urkunden und Akten im Einzelfall. Vom Umfang her ist das Recht auf Vorlage solcher Akten und Urkunden beschränkt, deren Hinzuziehung aufgrund anderer Rechtsvorschriften zulässig ist. Mit dieser Regelung soll die Funktionsfähigkeit der Rechtspflege gewährleistet werden, da sonst die Anwendung der Sonderbestimmungen des Prozessrechts infrage gestellt wäre.

Was im Einzelnen unter den Begriff der **Akten und Urkunden** fällt, ergibt sich aus diesen Begriffen selbst. Akten sind solche Unterlagen, die unmittelbar zur Erfüllung einer öffentlichen Aufgabe geeignet und bestimmt sind. Hierzu zählen nicht Vorentwürfe und Notizen des Bearbeiters. Akten und auch Aktensammlungen sind im Übrigen keine Dateien i. S. des Bundesdatenschutzes, es sei denn, sie können durch automatisierte Verfahren umgeordnet und ausgewertet werden (vgl. § 3 Abs. 2 und 3 BDSG). Die Vorlagepflicht geht deshalb über die ansonsten bestehende Auskunftspflicht hinaus, da sie auch Akten und Urkunden[21] zum Gegenstand hat, die nicht Bestandteil der Kaufpreissammlung sein müssen[22].

Nach § 415 ZPO sind **Urkunden,** die von einer öffentlichen Behörde innerhalb der Grenzen ihrer Amtsbefugnisse in der vorgeschriebenen Form aufgenommen sind, öffentliche Urkunden. Diese für das Gebiet des Zivilprozesses geltende Begriffsbestimmung hat Bedeutung für das gesamte Rechtsgebiet. Auch Urkunden über grundbuchmäßige Erklärungen, die von einer Behörde in ihren eigenen Angelegenheiten ausgestellt werden, sind öffentliche Urkunden. Solche Urkunden begründen vollen Beweis der darin bezeugten Erklärungen der Behörde (§ 418 ZPO) und bedürfen weder der notariellen Beglaubigung, der Unterschrift noch des Nachweises, dass der Unterzeichner der Urkunden eine zur Vertretung der Behörde befugte Person ist[23].

In der **Verwaltungsvorschrift** des Landes *Niedersachsen*[24] heißt es hierzu:

„402.4.1 Gerichte oder Staatsanwaltschaften sind berechtigt, die Vorlage von Urkunden oder Akten zu verlangen, soweit es in dem jeweils anzuwendenden Verfahrensrecht (VwGO, StPO, ZPO) vorgesehen ist und wenn von Amtswegen ermittelt wird. Auf Anordnung eines Gerichts kann der zugezogene Sachverständige die Unterlagen erhalten.

402.4.2 Aus der Kaufpreissammlung werden die Daten eines konkret zu benennenden Objektes oder eine auf das zu begutachtende Objekt bezogene Stichprobe (siehe Nr. 403.1) in dem Umfang abgegeben, der

---

21 § 299 Abs. 2, §§ 415, 417 f. ZPO, § 96 Abs. 5 und § 96 Abs. 1 VwVO und § 249 StPO; zum Begriff vgl. Thomas/Putzo, ZPO 17. Aufl., Vorb. zu § 415.
22 Zur Frage einer amtspflichtwidrigen Verletzung des Steuergeheimnisses bei Übersendung von Akten an die Staatsanwaltschaft BGH, Urt. vom 12.2.1981 – III ZR 123/79 –, MDR 1981, 914 = EzGuG 11.122; BVerfG, Beschl. vom 27.10.1999 – 1 BvR 385/90 –, NJW 2000, 1175 – NVwZ 2000, 428.
23 OLG München, Beschl. vom 25.3.1969 – BReg 2 Z 96/68 –, BayObLGZ 69, 89; OLG München, Urt. vom 3.11.1954 – BReg 2 Z 121/54 –, BayObLGZ 1954, 322; Güthe/Triebel, a. a. O. § 29 Rn. 21 ff., 151 ff.; Horber, a. a. O. § 29 Rn. 7 f.; Stein/Jonas 18. Aufl. § 415 Anm. I, 2.
24 VV-BauGB vom 6.3.1991, MinBl. 1991, 471.

für eine sachgerechte Wertermittlung erforderlich ist. Die Angaben und Daten der Stichprobe müssen nicht anonymisiert werden."

§ 195 Abs. 2 Satz 2 BauGB war im Verlauf des Gesetzgebungsverfahrens nicht unumstritten[25]. Nach Auffassung des Bundesrates sollte die Bestimmung gestrichen werden, da nicht gewährleistet sei, dass die Daten der Kaufpreissammlung vertraulich behandelt werden, denn die im Prozess vorgelegten Akten und Urkunden sind parteiöffentlich zu machen, wobei die Datenschutzgesetze zwar zu beachten, aber nicht vorrangig sind; dies muss vom Gericht im Einzelfall geprüft werden[26]. An der Regelung wurde schließlich festgehalten, weil sie einerseits dem geltenden Recht entspreche und andererseits der Grundsatz des rechtlichen Gehörs seine dahin gehende Öffnung der Kaufpreissammlung verlange. Mit dieser nunmehr ausdrücklich im Gesetzbuch enthaltenen Klarstellung soll sichergestellt werden, dass bei gerichtlichen Auseinandersetzungen auch die Urkunden und Akten des Gutachterausschusses zugänglich sind. Die **Unterlagen sind in diesem Zusammenhang auch öffentlich bestellten und vereidigten Sachverständigen zugänglich zu machen,** soweit sie vom Gericht beauftragt wurden[27]. Die Funktionsfähigkeit der Rechtspflege ist nämlich von weit überwiegendem Allgemeininteresse und muss deshalb hinter datenschutzrechtlichen Erwägungen zurücktreten. Ohne diese Regelung würde das BauGB möglicherweise als „lex specialis" den Regelungen des Prozessrechts (Zivilprozessordnung, Strafprozessordnung, Verwaltungsgerichtsordnung usw.) vorgehen und deren Anwendung ausschließen[28].

Der **Umfang der Vorlagepflicht** richtet sich nach den einschlägigen Bestimmungen des Prozessrechts.

3.1.4.2 Zivilprozessordnung (ZPO)

Die Zivilprozessordnung – ZPO[29] – regelt das Verfahren der ordentlichen Gerichte in bürgerlichen Rechtsstreitigkeiten; sie geht grundsätzlich von dem Beibringungsgrundsatz der für den Streitfall wichtigen Tatsachen aus. Die **Parteien sind** danach **verpflichtet,** die streitige Materie und **Beweismittel in den Prozess einzubringen** (vgl. aber die §§ 142 ff. und 448 ZPO). Im Rahmen der Beweisaufnahme nach den §§ 355 ff. ZPO sind für die Vorlage von Urkunden und Akten § 273 Abs. 2 Nr. 2, § 358a Nr. 2 ZPO sowie die §§ 432, 616 Abs. 1 und § 915 Abs. 3 ZPO einschlägig. Im Beweisbeschluss (§ 359 ZPO) muss die streitige Tatsache zusammen mit den erforderlichen Beweismitteln enthalten sein, wobei sich das Gericht über die Erheblichkeit des Beweispunktes und über die Beweislast im Klaren sein muss[30].

3.1.4.3 Verwaltungsgerichtsordnung (VwGO)

Das verwaltungsgerichtliche Verfahren wird von der Offizialmaxime beherrscht (§ 86 VwGO). Das Gericht klärt von Amts wegen den Sachverhalt auf. Hierzu gehört auch die Beiziehung aller für die Entscheidung wichtigen Akten und Urkunden einschließlich der der Kaufpreissammlung. Die Beweiserhebung richtet sich im Übrigen – soweit nichts anderes bestimmt ist – nach den Bestimmungen der ZPO. Nach den Bestimmungen der §§ 96 ff. VwGO, insbesondere nach den **§§ 99 und 100 VwGO, sind Behörden zur Vorlage von Akten und Urkunden verpflichtet,** soweit dies nicht dem Wohl des Staates schadet oder die Vorgänge aufgrund eines Gesetzes oder ihrem Wesen nach geheim gehalten werden müssen (vgl. auch die §§ 26, 29 und 50 VwGO). Als Behörde ist in diesem Zusammenhang auch der

---

25 BT-Drucks. 10/5027, S 20; BT-Drucks. 10/5111, S. 13: hierzu Kleiber in Ernst/Zinkahn/Bielenberg/Krautzberger, BauGB § 195 Rn. 65 ff. m. w. N.
26 Baumbach/Lauterbach/Albers/Hartmann, ZPO.
27 22. BT-Drucks. 10/4630, S. 151; vgl. bereits RdErl. des nordrh.-westf. IM vom 13.8.1974 – ID 2 – 9213 –, zu Nr. 5 Abs. 1 des RdErl. vom 1.8.1963 (MBl, Nordrh.-Westf. S. 1627/SMBl. NW 2315); RdSchr. des rh.-pf. MIS vom 16.5.1989, a. a. O., Tz. 2.2. sowie RiWert des rh.-pf. MIS vom 1.6.1988, zuletzt geändert durch RdSchr. vom 20.11.1996 – 3564/648 – 15/0; BGH, Urt. vom 27 9.1990 – III ZR 97/89 –, GuG 1991, 38 = EzGuG 2.51.
28 OLG Karlsruhe, RDV 1986, 18.
29 Zu den Änderungen Jessnitzer in DS 1991, 8 ff.
30 Zur Einsicht von Akten bei Gericht vgl. im Übrigen OLG Hamm, Beschl. vom 17.3.1989 – 14 W 21/89 –, NJW 1990, 843 = EzGuG 11.170r.

Gutachterausschuss anzusehen (vgl. § 192 BauGB Rn. 2). § 29 VwGO gilt im Übrigen nur für die Akteneinsicht in einem laufenden Verwaltungsverfahren[31], und es kann auch genügen, wenn in der mündlichen Verhandlung der Inhalt der Akten vom Vorsitzenden oder dem Berichterstatter vorgetragen wird (§ 103 Abs. 2 VwGO).

3.1.4.4 Strafprozessordnung (StPO)

33 Auch die Strafprozessordnung – StPO – geht von dem Untersuchungsgrundsatz aus. **Zur Beweiserhebung kann die Staatsanwaltschaft Auskünfte von Behörden oder die Ermittlung von Behörden** verlangen (§ 161 StPO). Dies betrifft auch den Gutachterausschuss, wobei das Auskunftsverlangen an einen bestimmten Zweck, nämlich die Beweiserhebung bei einer Straftat, gebunden sein muss (§ 160 StPO)[32].

3.2 Auskünfte aus der Kaufpreissammlung (§ 195 Abs. 3 BauGB)

3.2.1 Bundesrechtliche Regelung

3.2.1.1 Allgemeines

34 Das Gesetzbuch führt mit § 195 Abs. 3 BauGB erstmalig bundesrechtlich ein **allgemeines Auskunftsrecht** aus der Kaufpreissammlung ein, und zwar **nach Maßgabe landesrechtlicher Vorschriften**. Die Ermächtigung ergibt sich aus § 199 Abs. 2 Nr. 4 BauGB. Das Baugesetzbuch zielt damit erklärtermaßen auf eine Verbesserung der Übersichtlichkeit des Grundstücksmarktes. Gleichzeitig soll dem Informationsbedürfnis, insbesondere der öffentlich bestellten und vereidigten Sachverständigen, Rechnung getragen werden.

35 Nach § 195 Abs. 3 BauGB sind **Auskünfte aus der Kaufpreissammlung nur bei berechtigtem Interesse** zu erteilen. Welche Anforderungen dabei zu stellen sind, ist im Gesetzbuch nicht näher umschrieben. Der Ausschussbericht stellt lediglich heraus, dass der Begriff des „berechtigten Interesses" umfassender als der des „rechtlichen Interesses" sei; d. h., im Interesse des Auskunftsbedürfnisses von Sachverständigen soll es ausreichen, dass der Auskunftsbegehrende ein verständliches, durch die Sachlage gerechtfertigtes Interesse verfolgt[33].

§ 10 Abs. 4 der nordrh.-westf. **GutachterausschussVO** geht von dem Verständnis aus, dass mit § 195 Abs. 3 BauGB stets nur die nicht anonymisierte Auskunftserteilung geregelt ist und die anonymisierte Auskunftserteilung auch ohne berechtigtes Interesse zulässig ist. Im Ergebnis gehen aber auch die Länder von einer nicht anonymisierten Auskunftserteilung aus, die schon bisher „grundstücksbezogene" Auskünfte erteilt haben (vgl. Rn. 45).

3.2.1.2 Berechtigtes Interesse

36 Der Begriff des „berechtigten Interesses" geht nach der Rechtsprechung zur Einsicht in das Grundbuch nach § 12 Abs. 1 Satz 1 GBO weiter als der des **„rechtlichen" Interesses** und umfasst auch wirtschaftliche Interessen. Es braucht sich auch nicht auf ein vorhandenes Recht zu begründen. Dies muss man auch hier gelten lassen, da bei der Verkehrswertermittlung wirtschaftliche Interessen sogar überwiegend im Vordergrund stehen. Nach der in Schrifttum und Rechtsprechung vertretenen Auffassung genügt es, dass der Antragsteller ein verständliches, durch die Sachlage gerechtfertigtes Interesse verfolgt. Es wird i. d. R. – anders als nach § 34 FGG – keine allgemeine Glaubhaftmachung gefordert werden können. Vielmehr genügt die Darlegung von Tatsachen in der Weise, dass ohne begründete Bedenken der Gutachterausschuss von der Verfolgung berechtigter Interessen überzeugt sein muss.

---

[31] BVerwG, Urt. vom 30.6.1983 – 2 C 11/83 –, [DöD] 1984, 23 = VR 1984, 70 = ZBR 1984, 42; Parallelverfahren; BVerwG, Urt. vom 30.6.1983 – 2 C 76/81 –, DöD 1984, 23 = VR 1984, 70 = ZfBR 1984, 42.
[32] Vgl. im Übrigen § 94 Abs. 1, § 95 Abs. 1 und § 221 ZPO.
[33] BT-Drucks. 10/6166, S. 163.

Rechtsprechung und Schrifttum verlangen das Vorbringen von **Tatsachen, die ein berechtigtes Interesse begründen,** in solcher Art, dass daraus ein überzeugender Anhalt für die Richtigkeit der Angaben gewonnen werden kann. Danach ist zu prüfen, ob das dargelegte Interesse als berechtigtes Interesse anzuerkennen ist und ob gegen die tatsächlichen Angaben des Antragstellers derartige Bedenken sprechen, dass sie eines überzeugenden Anhalts für ihre Richtigkeit entbehren. Kann aufgrund erheblicher Bedenken eine hinreichende Wahrscheinlichkeit, dass die tatsächlichen Angaben des Antragstellers richtig sind, nicht festgestellt werden, so kann nach herrschender Auffassung die Vorlage weiterer Unterlagen, ggf. auch die Glaubhaftmachung oder der Vollbeweis verlangt werden[34]. 37

Vor allem in **Zweifelsfällen** ist demnach zu verlangen, dass das berechtigte Interesse ggf. durch Vortrag von Tatsachen und Gründen dargetan wird, sodass die Richtigkeit nicht angezweifelt werden kann. So steht z. B. einem Makler ein *allgemeines* Recht aufgrundbucheinsicht zu. In der Rechtsprechung wird aber auch nicht ausgeschlossen, dass auch in diesem Fall *berechtigte* Interessen vorliegen können. 38

Ein berechtigtes Interesse liegt insbesondere vor, wenn es zu den **beruflichen Obliegenheiten des Anfragenden** gehört, Gutachten über den Verkehrswert von Grundstücken zu erstatten. Andererseits genügt nicht jedes beliebige Interesse und vor allem nicht die Auskunft zu unlauteren Zwecken oder aus reiner Neugier. Eine missbräuchliche Auskunftserteilung muss vermieden werden (vgl. § 193 BauGB Rn. 75). 39

Bei **Behörden**[35] und sonstigen öffentlichen Stellen (z. B. Enteignungs-, Straßenbau- und Flurbereinigungsbehörden) ist ein berechtigtes Interesse zu unterstellen, wenn die beantragten Daten zur Erfüllung der in der Zuständigkeit des Empfängers liegenden Aufgaben erforderlich sind. Soweit gefordert wird, dass eine sachgerechte Verwendung der Daten gewährleistet ist, kann dies regelmäßig angenommen werden, wenn die Stelle im Rahmen ihrer Aufgabenerfüllung mit der Verwaltung oder Wertermittlung von Liegenschaften befasst ist. Als Behörde gelten auch Gutachterausschüsse (vgl. § 192 BauGB Rn. 2), sodass auch bei benachbarten Gutachterausschüssen ein berechtigtes Interesse auf Auskunftserteilung zu unterstellen ist. 40

Auch bei **wissenschaftlichen Instituten** ist ein berechtigtes Interesse zu unterstellen, wenn die Auskünfte für Forschungszwecke benötigt werden; ein direkter Personenbezug wird dabei i. d. R. nicht erforderlich sein. Des Weiteren gilt dies für **öffentlich bestellte und vereidigte** oder gerichtlich bestellte Sachverständige sowie für **Grundstückssachverständige** mit vergleichbarer Sachkunde für die Erstattung von Gutachten[36]. 41

Ein berechtigtes Interesse auf Auskünfte aus der Kaufpreissammlung besteht nach § 97 SachenRBerG für Notare, die mit einem **notariellen Vermittlungsverfahren** nach den §§ 87 ff. SachenRBerG beauftragt worden sind und wenn von den Beteiligten ein entsprechender Antrag gestellt wurde (§ 97 Abs. 1 SachenRBerG). Des Weiteren besteht nach **§ 7 NutzEV** ein Auskunftsrecht für die Vertragsparteien zwecks Anpassung der Nutzungsentgelte (Pachtzinsen) für Erholungs- und Freizeitgrundstücke, namentlich für sog. Datschengrundstücke. 42

Bundesrechtlich besteht bei berechtigtem Interesse (vgl. Rn. 36 ff.) **ein Rechtsanspruch auf Auskunftserteilung,** der ggf. im Wege der Leistungsklage durchsetzbar ist (vgl. § 193 BauGB Rn. 13). Der Landesverordnungsgeber wird mit § 199 Abs. 2 Nr. 4 BauGB nicht 43

---

34 Zur Rechtsprechung auf Einsicht in das Grundbuch vgl. Teil II Rn. 479 ff.; ferner: OLG München, Beschl. vom 31.3.1928 – Reg 35/28 –, BayObLGZ 28 A S. 309; OLG München, Beschl. vom 28.5.1975 – 2 Z 38/75 –, Rpfleger 1975, 361; OLG München, Urt. vom 23.3.1983 – BReg 2 Z 12/83 –, MDR 1983, 678 = EzGuG 11.137a; OLG München, Urt. vom 9.2.1937 – 8 WX 460/36 –, HRR 1937 Nr. 739; OLG Hamm, Urt. vom 18.12.1985 – 15 W 417/85 –, BNotZ 1986, 497 = Rpfleger 1986, 128; OLG Düsseldorf, Urt. vom 15.10.1986 – 3 Wx 340/86 –, Rpfleger 1987, 199.
35 § 13 Abs. 1 Satz 2 bad.-württ. GutachterausschussVO; § 11 Abs. 1 bay. GutachterausschussVO; § 17 bln. DVO-BauGB; § 12 brem. GutachterausschussVO; § 10 hamb. GutachterausschussVO; § 9 Abs. 2 hess. DV BauGB; § 10 GAVO NW; § 13 Abs. 1 saarl. GutVO; § 13 Abs. 1 schl.-hol. GutachterausschussVO.
36 § 13 Abs. 1 bad.-württ. GutachterausschussVO; § 17 Abs. 3 bln. DVO BauGB; § 11 bay. GutachterausschussVO; § 12 Abs. 2 brem. GutachterausschussVO; § 9 Abs. 2 hess. DV BauGB; § 10 GAVO NW; § 13 Abs. 1 rh.-pf. GutachterausschussVO; § 11 saarl. GutVO.

ermächtigt, das Auskunftsrecht auf bestimmte natürliche oder juristische Personen einzuschränken. Der Anspruch ist aber sachlich auf solche Auskünfte begrenzt, für die im Einzelfall ein berechtigtes Interesse gegeben ist, d. h., Auskünfte können nur in dem Umfang gegeben werden, für den ein berechtigtes Interesse zu bejahen ist. Dies muss jeweils vom Gutachterausschuss geprüft werden. Das Auskunftsrecht kann als datenschutzrechtlich zulässiger Ersatz für ein umfassendes Einsichtsrecht angesehen werden. Nach Sinn und Zweck der Regelung muss gefordert werden, dass im Rahmen des berechtigten Interesses Auskünfte in umfassender Weise erteilt werden. Hieraus folgt, dass der Gutachterausschuss die ihm nach § 195 BauGB zugehenden Verträge so auswertet, dass sie auch Gegenstand einer umfassenden Auskunftserteilung sein können (vgl. Rn. 49 ff.).

3.2.1.3 Anonymisierte und nicht anonymisierte Auskunftserteilung

44 **Bundesrechtlich wird auch nicht ausdrücklich vorgeschrieben, dass Auskünfte stets nur in anonymisierter Form gewährt werden dürfen.** Lediglich mit § 7 Abs. 1 Satz 2 NutzEV ist die Anonymisierung ausdrücklich vorgegeben. Der federführende BT-Ausschuss ging bei seiner Beratung dieser Vorschrift ebenso wie der Bundesbeauftragte für Datenschutz allerdings davon aus, dass Auskünfte aus der Kaufpreissammlung stets nur unter Wahrung datenschutzrechtlicher Belange, d. h. stets nur in anonymisierter und in einer solchen Form gegeben werden, dass der Eigentümer des betreffenden Grundstücks nicht erkannt werden kann[37].

45 Auskünfte aus der Kaufpreissammlung gelten als **anonymisiert, wenn die angegebenen Daten derart verändert worden sind, dass sie Rückschlüsse auf Eigentümer, Erbbauberechtigte oder Inhaber dinglicher Rechte und auf die exakte Lage des Bezugsobjektes nicht oder nur mit einem unverhältnismäßig großen Aufwand an Zeit, Kosten und Arbeitskraft ermöglichen, d. h., dass die Daten einer bestimmten oder bestimmbaren natürlichen Person nicht zugeordnet werden können** (§ 3 Abs. 7 DDSG). Dies bedeutet insbesondere, dass der Name, die Anschrift des Eigentümers oder sonstiger berechtigter Personen sowie Flurstücknummer, Straße und Hausnummer, Grundbuchblatt- oder Liegenschaftsbuchnummer nicht angegeben werden dürfen. In der Praxis wird es zur Anonymisierung i. d. R. ausreichen, die Daten lagemäßig auf Straßen zu beziehen, wobei bei langen Straßenzügen der Bezug auf Straßenabschnitte zu fordern wäre. Die Möglichkeiten der Anonymisierung sind generell desto geringer, je individueller das Grundstück und je detaillierter die beantragte Auskunft ist.

46 In den GutachterausschussVO wird das Wie der Auskunftserteilung unterschiedlich geregelt, und zwar

a) Auskunftserteilung grundsätzlich nur in anonymisierter Form[38],

b) Grundstücksbezogene Auskunftserteilung[39],

c) Blockbezogene Auskunftserteilung[40],

d) nichtanonymisierte Auskunftserteilung[41] und

e) nichtanonymisierte (grundstücksbezogene) Auskunftserteilung für privilegierte Personen[42].

---

37 BT-Drucks. 10/6166, S. 137 f. und 162 f.; wie der Bundesbeauftragte hatte bereits der schl.-hol. Datenschutzbeauftragte in seinem 5. Tätigkeitsbericht vom 20.1.1983 darauf hingewiesen, dass einer Verwendung der Daten aus der Kaufpreissammlung „in anonymisierter Form nichts im Wege" stünde, dies allerdings voraussetze, dass neben den die Person direkt bezeichnenden Angaben, wie Name und Anschrift, auch die genauen Grundstücksbezeichnungen, wie Flurstück oder Grundbuchblattnummer, Straße und Hausnummer, nicht genannt werden dürfen (Schl.-Holst. LT-Drucks 9/1738, S. 32 f.; BT-Drucks. 10/6816, S. 21 f. Vgl. jedoch § 10 Abs. 4 nordrh.-westf. GutachterausschussVO; LT-Saarland LT-Drucks 12/860 Nr. 1610).
38 § 19 bbg. GutachterausschussVO.
39 § 15 Satz 3 rh.-pf. GutachterausschussVO; § 10 thür. GutachterausschussVO; § 13 Abs. 1 Satz 2 GutachterausschussVO Schl.-Hol.; § 13 Abs. 3 Satz 2 GutachterausschussVO Meckl.-Vorp.
40 § 18 Bln DVO-BauGB.
41 § 10 nordrh.-westf. GutachterausschussVO.
42 § 12 Abs. 2 schl.-hol. GutachterausschussVO.

Auskünfte über Daten, die einen Antragsteller selbst betreffen (Auskünfte über eigenes Grundstück), sind generell nicht zu anonymisieren, denn insoweit sind diese Daten nicht geheimhaltungsfähig. Nach den Datenschutzgesetzen ergibt sich bezüglich der Eigentümer und Erbbauberechtigten sogar eine Auskunftspflicht.

Die **grundstücksbezogene Auskunftserteilung** steht einer nicht anonymisierten Auskunftserteilung gleich, denn mit der konkreten Angabe eines Grundstücks ist ohne großen Aufwand auch dessen Eigentümer feststellbar, d. h. Auskünfte, die eine eindeutige lagemäßige Zuordnung des Grundstücks erlauben, können nicht als anonymisiert gelten. Wenn also nach der GutachterausschussVO eines Landes Auskünfte **grundstücksbezogen** erteilt werden, handelt es sich hierbei **im Ergebnis** aber um **eine nicht anonymisierte Auskunftserteilung**, auch wenn in den Vorschriften der Länder zusätzlich bestimmt wird, dass Name und Anschrift des Grundstückseigentümers nicht mitgeteilt werden dürfen[43].

47

Nur eine nicht anonymisierte Auskunft gewährleistet eine sachgerechte Verwendung der Auskunft. Wenn die Auskunftserteilung in der GutachterausschussVO von einer sachgerechten Verwendung der Auskunft abhängig gemacht wird[44], folgt daraus nicht nur, dass der Empfänger der Auskunft eine sachgerechte Verwendung der Auskunft gewährleistet, sondern auch, dass die Auskunft in nicht anonymisierter Form erteilt wird[45]. Darüber hinaus ist zu fordern, dass mit der Auskunft auch umfassend alle erforderlichen Begleitinformationen mitgegeben werden. Eine Auskunft ist z. B. unvollständig, wenn im Rahmen der Anwendung des Vergleichswertverfahrens (§§ 15 f. ImmoWertV) es nicht möglich ist, die Vergleichbarkeit von Kaufpreisen mit dem zu wertenden Grundstück hinreichend beurteilen zu können, um Unterschiede gemäß § 15 Abs. 1 Satz 4 ImmoWertV sachgemäß berücksichtigen zu können. Es ist nicht auszuschließen, dass sich der Gutachterausschuss Haftungsforderungen aussetzt, wenn aufgrund unvollständiger oder unrichtiger Auskünfte Schadensersatz geltend gemacht wird[46].

48

Eine nicht anonymisierte Auskunftserteilung ist im Hinblick auf die Begründung von Gutachten und deren Qualität zu fordern. In der Rechtsprechung ist die **Substantiierungs- bzw. Offenbarungspflicht** insbesondere für solche Gutachten herausgestellt worden, die Grundlage für Eingriffe in das Eigentum sind und aus rechtsstaatlichen Gründen geboten sind (vgl. Teil II Rn. 394 ff). Der BGH hat diese Frage im Hinblick auf die allgemeine Gutachtenerstattung bislang unentschieden gelassen; in einer **Entscheidung des BGH**[47] heißt es hierzu wörtlich:

49

„Die vom Sachverständigen ausgewerteten acht vergleichbaren Verkaufsfälle beruhen auf einer Auskunft des Gutachterausschusses in R. Dabei entsprach es der gesetzlichen Regelung des § 195 Abs. 3 BauGB, dass diese Auskunft nur unter Wahrung datenschutzrechtlicher Belange, d. h. nur in anonymisierter und in einer solchen Form gegeben wurde, die den Eigentümer des betreffenden Grundstücks nicht erkennen ließ (BerlKomm/Stich, § 195 Rn. 6; ferner Battis/Krautzberger/Löhr, BauGB 2 Aufl. 1987, § 195 Rn. 3). Dies schließt allerdings – worauf die Revision zu Recht hinweist – bedeutet, dass die fehlende genauere Kennzeichnung der Vergleichsobjekte es den Prozessparteien insgesamt unmöglich macht, sie auf ihre Vergleichbarkeit nachzuprüfen. Ob dies die Folge haben muss, dass solchermaßen beschränkte Auskünfte aus der Kaufpreissammlung als Beweismittel im Prozess untauglich werden, weil durch die Beschränkung der Anspruch der Parteien auf rechtliches Gehör verletzt wird, braucht im vorliegenden Fall nicht entschieden zu werden.

Der Sachverständige hat sich allerdings nicht auf eine anonymisierte Auswertung der Angaben des Gutachterausschusses beschränkt, sondern ist einen wesentlichen Schritt weiter gegangen, indem er die topografische Lage der Vergleichsobjekte bezeichnet und von jedem Objekt Lichtbilder gerechtfertigt und zu

---

43 § 10 Abs. 2 Satz 3 hbg. GutachterausschussVO; § 15 Abs. 2 rh.-pf. GutachterausschussVO; § 10 thür. GutachterausschussVO.
44 § 10 bbg. GutachterausschussVO, § 13 Abs. 1 Nr. 3 bad-württ. GutachterausschussVO; § 10 GAVO NW; § 15 Abs. 1 Satz 1 rh.-pf. GutachterausschussVO; § 13 Abs. 1 saarl. GutVO; § 13 Abs. 1 Satz I schl.-hol. GutachterausschussVO, § 10 GutachterausschussVO Th.
45 Insoweit widersprüchlich § 15 Abs. 1 GutachterausschussVO Rh.-Pf., § 10 GutachterausschussVO Th.
46 Müssig in NJW 1989, 1697; OLG Celle, Urt. vom 3.3.1961 – 11 U 230/59 –, BB 1961, 1142 = EzGuG 11.22 m. w. N.: schon RG, Urt. vom 16.5.1934 – V 45/34 –, JW 1934, 2398; vgl. § 192 BauGB Rn. 20.
47 BGH, Urt. vom 27.9.1990 – III ZR 97/89 –, GuG 1991, 38 = EzGuG 4.134.

den Akten gereicht hat. Aus diesen Angaben ergibt sich jedoch, dass zumindest bei einem großen Teil der Vergleichsobjekte die Vergleichbarkeit mit dem Grundstück der Klägerin nicht gewährleistet ist (insbesondere bei den in der Übersichtskarte mit Nr. 1, 3, 4, 5, 8 und 9 bezeichneten Objekten). Denn das Grundstück der Klägerin wurde wesentlich durch seine unmittelbare Nachbarschaft zu dem beplanten Stadtteil E und durch die Anbindung an das angrenzende Wohngebiet geprägt, während die Vergleichsgrundstücke teilweise fernab von jeder zusammenhängenden Bebauung liegen. Daher hätten die individuellen Besonderheiten des Grundstücks der Klägerin stärker als geschehen gewichtet werden müssen, möglicherweise auch unter Heranziehung und Auswertung der Bodenrichtwerte (§ 196 BauGB, §§ 5, 7 WertV 72). Wenn Vergleichspreise überhaupt nicht zu ermitteln sein sollten, ist die Vergleichswertmethode im vorliegenden Fall unanwendbar, und es bedarf zur Wertermittlung einer ins Einzelne gehenden Prüfung der Faktoren, welche die Qualität und den Preis des Entschädigungsobjektes bestimmen, um auf diese Weise den – fiktiven – Preis zu ermitteln, der gezahlt werden würde, wenn für das Objekt ein Markt existierte (Krohn/Löwisch, a. a. O. Rn. 390 m. w. N.)."

50 Die Auskunftserteilung wird in einer Reihe von GutachterausschussVOen von bestimmten **Voraussetzungen** abhängig gemacht:

a) Im Hinblick auf datenschutzrechtliche Belange kann die **Auskunftserteilung von der Zusicherung der Einhaltung datenschutzrechtlicher Bestimmungen abhängig** gemacht werden[48].

b) dass die übermittelten **Daten nur für den Zweck verwendet werden, zu dessen Erfüllung sie übermittelt werden**[49] bzw. mit dem das berechtigte Interesse begründet wurde[50].

c) Gewährleistung der sachgerechten Verwendung[51].

3.2.1.4 Privilegierte Auskunftsberechtigung

51 Die GutachterausschussVOen der Länder halten ergänzend zum Bundesrecht eine Reihe von Privilegierungen für die Auskunftserteilung vor:

a) In einer Reihe von GutachterausschussVOen wird i. S. eines Vermutungstatbestandes ein *berechtigtes Interesse an der Erteilung von Auskünften* konstituiert, und zwar insbesondere für

– Behörden zur Erfüllung ihrer Aufgaben[52],

– Öffentlich bestellte Vermessungsingenieure[53],

– Notare bei Ermittlungen nach § 97 Abs. 1 SachenRBerG[54],

– öffentlich bestellte und vereidigte Sachverständige[55] sowie

– nach DIN EN 45013 zertifizierte Sachverständige[56].

b) In einer Reihe von GutachterausschussVOen wird i. S. eines Vermutungstatbestandes die *sachgerechte Verwendung der erteilten Auskünfte* konstituiert, und zwar insbesondere für

– Behörden zur Erfüllung ihrer Aufgaben[57],

---

48 § 10 Abs. 2 GutachterausschussVO NW.
49 § 10 Abs. 2 thür. GutachterausschussVO; § 15 Abs. 1 Satz 4 rh.-pf. GutachterausschussVO.
50 § 20 Abs. 2 nds. DVO-BauGB.
51 § 13 Abs. 1 schl.-hol. GutachterausschussVO.
52 § 10 bbg. GutachterausschussVO; § 13 Abs. 1 schl.-hol. GutachterausschussVO.
53 § 18 Abs. 2 Nr. 4 bln. DVO-BauGB;
54 § 18 Abs. 2 Nr. 6 bln. DVO-BauGB.
55 § 10 bbg. GutachterausschussVO; § 10 Abs. 2 GutachterausschussVO NW; § 13 Abs. 1 schl.-hol. GutachterausschussVO.
56 § 10 Abs. 2 GutachterausschussVO NW; das Niedersächsische Ministerium für Inneres und Sport im Schreiben vom 12.5.2003 an die HypZert GmbH (Aktenzeichen 34 – 23525), in dem die nach EN 45013 zertifizierten Sachverständigen den öffentlich bestellten und vereidigten Sachverständigen gleichgestellt werden. Dies ist nicht unproblematisch, denn nach § 558a BGB kann ein Mieterhöhungsverlangen u. a. nur durch den mit einem Gutachten versehenen eines öffentlich bestellten und vereidigten Sachverständigen begründet werden. Das Gutachten eines zertifizierten Sachverständigen wurde im Gesetzgebungsverfahren abgelehnt.
57 § 10 bbg. GutachterausschussVO.

- öffentlich bestellte und vereidigte Sachverständige[58] sowie
- nach DIN EN 45013 zertifizierte Sachverständige[59].

c) Von besonderer Problematik sind die GutachterausschussVOen der Länder, die bei der Auskunftserteilung bezüglich einer *Anonymisierung der Daten* „qualitativ" zwischen den Auskunftsbegehrenden unterscheiden[60]. Dies führt zu einer Benachteiligung derjenigen, die nur anonymisierte Daten erhalten, was sich nicht immer durch Geheimhaltungsgründe rechtfertigen lässt.

Datenschutzrechtlich lässt sich z. B. eine **Privilegierung der öffentlich bestellten und vereidigten Sachverständigen oder der nach DIN EN 45013 zertifizierten Sachverständigen** gegenüber anderen Sachverständigen per se nicht begründen. Datenschutzrechtlich relevant ist die konkrete Einzelfallkonstellation und insbesondere die Frage, ob der Sachverständige als „Beliehener" in hoheitlichem Auftrag oder als gewerbetreibender Freiberufler privatwirtschaftlich handelt[61].

Wird beispielsweise ein **Sachverständiger mit der Wahrnehmung einer hoheitlichen Aufgabe der öffentlichen Verwaltung beauftragt** (z. B. Erstellung von Gutachten in Enteignungsverfahren, Vermessungsarbeiten für das Liegenschaftskataster oder Abgabe gutachterlicher Stellungnahmen in Gerichtsverfahren), ist er als „Beliehener" öffentliche Stelle i. S. des § 2 Abs. 4 Satz 2 Bundesdatenschutzgesetz (BDSG). Seine Rechte und Pflichten im Hinblick auf die Erhebung, Speicherung, Veränderung, Nutzung und Übermittlung personenbezogener Daten ergeben sich sodann aus den §§ 13 bis 17 BDSG bzw. den entsprechenden landesrechtlichen Regelungen, die den Umgang mit personenbezogenen Daten eng an die konkrete hoheitliche Aufgabenerfüllung binden und in diesem Rahmen zulassen.

Wird ein Sachverständiger andererseits in privatwirtschaftlichem Auftrag tätig (z. B. als **Gutachter für eine Wohnungsbau- oder Sanierungsgesellschaft**), ist er datenschutzrechtlich als nicht-öffentliche Stelle nach § 2 Abs. 4 Satz 1 BDSG anzusehen. Seine Rechte und Pflichten bestimmen sich dann in erster Linie nach § 28 BDSG, der hohe Anforderungen an das schutzwürdige Interesse der Betroffenen stellt, deren personenbezogene Daten zu geschäftsbzw. gewerbemäßigen Zwecken erhoben, gespeichert oder verarbeitet werden sollen.

3.2.2 Landesrechtliche Regelung

3.2.2.1 Allgemeines

Die Länder sind ermächtigt, das Wie der Auskunftserteilung zu regeln und dabei auch die Frage einer Anonymisierung der bei der Auskunftserteilung anfallenden personenbezogenen Daten einer Klärung zuzuführen (§ 199 Abs. 2 Nr. 4 BauGB).

In verschiedenen Ländern wird bei alledem die **Erteilung von grundstücksbezogenen Auskünften auf Behörden und öffentlich bestellte und vereidigte Sachverständige beschränkt**[62].

Des Weiteren kann landesrechtlich geregelt werden, wem die Entscheidung über Auskünfte aus der Kaufpreissammlung obliegt. § 11 Nr. 9 der rh.-pf. GutachterausschussVO bestimmt diesbezüglich, dass es der Geschäftsstelle des Gutachterausschusses obliegt, Auskünfte aus der Kaufpreissammlung „**nach Weisung des Vorsitzenden**" des Gutachterausschusses zu erteilen.

---

58 § 10 bbg. GutachterausschussVO.
59 § 18 Abs. 2 Nr. 5 bln. DVO-BauGB; § 10 GAVO NW.
60 § 12 brem. GutachterausschussVO; § 10 hamb. GutachterausschussVO; § 13 Abs. 3 Satz 2 GutachterausschussVO M-V; § 13 Abs. 2 schl.-hol. GutachterausschussVO.
61 So auch der Bundesbeauftragte für Datenschutz im Schreiben vom 13.11.1997 – IV 510/10 – an das BMBau (GuG 2000, 105); Bleutge in Landmann/Rohmer, GewO § 36 Rn. 46; a. A. Sieg/Leiferman/Tettinger, GewO, 5. Aufl. 1988 München § 36 Rn. 2.
62 § 13 Abs. 2 Satz 2 GutachterausschussVO Schl.-Hol.; § 13 Abs. 3 Satz 2 GutachterausschussVO M-V.

III § 195 BauGB   Kaufpreissammlung

58 **Auskünfte werden auf Antrag erteilt.** Der Antrag sollte das Objekt, für dessen Wertermittlung Auskunft begehrt wird, benennen.

59 Die Auskünfte dürfen nur für den Zweck verwendet werden, zu dessen Erfüllung sie erteilt wurden. Eine **Weitergabe an Dritte** ist unzulässig.

3.2.2.2 Gebühren

▶ *Zur Verwendung und Geheimhaltung von Auskünften vgl. § 192 BauGB Rn. 33; zu Gebühren und zur Gebührenbefreiung § 192 BauGB Rn. 57 ff., 74*

60 Die **Erhebung von Gebühren** für die Auskunftserteilung **ist landesrechtlichen Regelungen vorbehalten** (vgl. § 199 BauGB).

61 **Es bestehen folgende landesrechtliche Regelungen:**

62 *Baden-Württemberg:* Name und Anschrift des Eigentümers oder sonstiger berechtigter Personen dürfen nicht mitgeteilt werden (§ 13 Abs. 1 Satz 3 GutachterausschussVO); die Angabe von Straße, Hausnummer und Flurstücksnummer (grundstücksbezogene Angaben) wird hingegen nicht ausdrücklich ausgeschlossen.

63 In *Bayern* werden nach § 11 Abs. 2 der GutachterausschussVO Auskünfte bei nachgewiesenem berechtigtem Interesse erteilt, wobei hiervon i. d. R. auszugehen ist, wenn die Auskunft von einem öffentlich bestellten und vereidigten Sachverständigen oder einer mit der Wertermittlung von Grundstücken befassten Behörde begehrt wird. Die Auskünfte dürfen nach Abs. 3 der Vorschrift nur insoweit erteilt werden, wie sie für die Wertermittlung erforderlich sind und dürfen auch nur zu diesem Zweck Verwendung finden. Bezüglich der Frage einer Anonymisierung schreibt Abs. 2 Satz 3 vor, dass „der Name und die Anschrift des jetzigen und der früheren Eigentümer sowie sonstiger berechtigter Personen nicht mitgeteilt" werden dürfen, woraus im Umkehrschluss gefolgert werden kann, dass die einem Kaufpreis zuzuordnenden **Lagebezeichnungen eines Grundstücks** (Straße und Hausnummer) angegeben werden dürfen. Ein Musterbeispiel für eine Vorschrift, die auf den ersten Blick den Eindruck eines hoch angesetzten Datenschutzes erweckt, tatsächlich aber mit der Angabe von Straße und Hausnummer letztlich die Herausgabe personenbezogener Daten erlaubt.

64 *Berlin:* Auskünfte aus der Kaufpreissammlung werden nach § 18 der bln. DVO-BauGB bei Darlegung eines berechtigten Interesses für den angegeben Verwendungszweck als „Rechercheergebnisse" „grundstücksbezogen" und „blockbezogen" (ohne Angaben der unmittelbaren Grundstückslagedaten, wie Straßenname, Grundstücksnummer) analog oder in digitaler Form erteilt.[63]

   – *Grundstücksbezogene Auskünfte* erhalten öffentlich bestellte und vereidigte Sachverständige, auf dem Gebiet tätige Behörden, öffentlich bestellte Vermessungsingenieure, nach der EN DIN 45013 zertifizierte Sachverständige und Notare bei Ermittlungen nach § 97 Abs. 1 SachenRBerG.

   – *Blockbezogene Auskünfte* erhalten Dritte.

65 *Brandenburg:* Auskünfte aus der Kaufpreissammlung sind nur zu erteilen, wenn ein berechtigtes Interesse dargelegt worden ist und sichergestellt ist, dass diese keine personenbezogenen Daten enthalten und die sachgerechte Verwendung gewährleistet erscheint (§ 10 GAV). Im Übrigen ist eine sachgerechte Verwendung regelmäßig anzunehmen, wenn die Auskunft von Behörden zur Erfüllung ihrer Aufgaben oder von öffentlich bestellten Sachverständigen für Grundstückswertermittlung zur Begründung ihrer Gutachten beantragt wird[64].

66 *Bremen:* Öffentlich bestellten und vereidigten Sachverständigen, die aufgrund eines gerichtlichen Beweisbeschlusses tätig werden, sowie Bediensteten der Katasterbehörden, die Aufga-

---

63 Vgl. GuG 2001, 175.
64 Verwaltungsvorschrift des MI zur Durchführung des bbg. Datenschutzgesetzes (VV zum BbgDSG) vom 17.12.1997 (ABl. 1998, 94).

ben nach § 64 Abs. 2 der Landeshaushaltsordnung wahrnehmen, wird nach § 12 Abs. 1 der brem. GutachterausschussVO durch Gewährung *fallbezogener* Einsichtnahme in die Kaufpreissammlung Auskunft erteilt. Darüber hinaus werden schriftliche Auskünfte in anonymisierter Form an denjenigen erteilt, der ein berechtigtes Interesse nachweisen kann.

Hamburg: Den mit der Durchführung des BauGB befassten Behörden und Gerichten sowie öffentlich bestellten und vereidigten Sachverständigen, die aufgrund eines **gerichtlichen Beweisbeschlusses** tätig werden, wird fallbezogene Auskunft aus der Kaufpreissammlung erteilt, wenn die sachgerechte Verwendung der Daten gewährleistet erscheint. Die Auskünfte dürfen nur grundstücksbezogen erteilt werden; der Name und die Anschrift des Eigentümers dürfen nicht mitgeteilt werden. Darüber hinaus werden fallbezogene schriftliche Auskünfte in anonymisierter Form an denjenigen erteilt, der ein berechtigtes Interesse darlegt (vgl. § 10 Abs. 2 und 3 GutachterausschussVO). 67

Hessen: Nach § 9 Abs. 2 Satz 5 hess. DVBauGB dürfen der Name und die Anschrift des Eigentümers oder sonstiger Personen, die Rechte an Grundstücken haben, aus der Auskunft nicht erkennbar sein. Ansonsten schreibt die Verordnung aber nicht ausdrücklich vor, dass die Daten zu anonymisieren sind, und schließt insbesondere die Erteilung grundstücksbezogener Auskünfte nicht ausdrücklich aus. 68

Mecklenburg-Vorpommern: Die Kaufpreissammlung ist mit ihren ergänzenden Datensammlungen grundsätzlich geheim zu halten. Neben den Mitgliedern des Gutachterausschusses und seiner Geschäftsstelle sind Auskünfte bei berechtigtem Interesse so zu erteilen, dass sie nicht auf bestimmte, aber bestimmbare Personen und Grundstücke bezogen werden können, jedoch können Behörden und öffentlich bestellten und vereidigten Sachverständigen grundstücksbezogene Auskünfte erteilt werden, wenn dies zur Erfüllung der Bewertungsaufgabe erforderlich ist (§ 13 GutAVO). 69

Niedersachsen: Mit Ausnahme von Auskünften an Eigentümer und Erbbauberechtigte (über die zu ihrer Person gespeicherten Daten) sind sonstigen Personen, die ein berechtigtes Interesse im Einzelfall nachweisen, Auskünfte so zu erteilen, dass sie nicht auf bestimmte oder bestimmbare Personen oder Grundstücke bezogen werden können (§ 20 DVO-BauGB)[65]. Nach § 20 DVO-BauGB sind die Daten der Kaufpreissammlung benachbarter Gutachterausschüsse und dem Oberen Gutachterausschuss zur Erfüllung von deren Obliegenheiten auf Anforderung regelmäßig zu übermitteln oder im automatisierten Abrufverfahren nicht anonymisiert bereitzuhalten[66]. 70

Nordrhein-Westfalen: Auskünfte aus der Kaufpreissammlung sind zu erteilen, wenn ein berechtigtes Interesse dargelegt wird und der Empfänger der Daten die Einhaltung datenschutzrechtlicher Bestimmungen zusichert. Auskünfte aus der Kaufpreissammlung in anonymisierter Form sind nach § 10 GAVO ohne Darlegung eines berechtigten Interesses zulässig. Die anonymisierte Auskunft aus der Kaufpreissammlung stellt nach § 10 Abs. 4 Satz 2 GAVO keine Auskunft aus der Kaufpreissammlung des § 195 Abs. 3 BauGB dar. Darüber hinaus wird in § 10 Abs. 3 GAVO der Hinweis gegeben, dass Daten aus der Kaufpreissammlung in Gutachten angegeben werden dürfen, soweit es zu deren Begründung erforderlich ist. Die Angabe in einer auf natürliche Personen beziehbaren Form ist jedoch nur zulässig, wenn kein Grund zu der Annahme besteht, dass dadurch schutzwürdige Belange der Betroffenen beeinträchtigt werden. 71

Rheinland-Pfalz: Auf schriftlich gestellten Antrag dürfen nach § 15 Abs. 1 Satz 2 und 3 GutachterausschussVO Auskünfte „nur grundstücksbezogen erteilt werden. Der Name und die Anschrift des Eigentümers oder sonstiger berechtigter Personen dürfen nicht mitgeteilt werden." Anderen Stellen und Personen sind nach Maßgabe dieser Vorschrift nur solche Auskünfte zu erteilen, die Rückschlüsse auf die Eigentümer nicht ermöglichen. 72

---

65 Hierzu Nr. 401 des nds. RdErl. des MS vom 6.3.1991 – 301 – 21013 –, GültL 392/19.
66 Vgl. hierzu Nr. 403 der Verwaltungsvorschrift zum Baugesetzbuch (VV-BauGB; RdErl. des MS vom 2.5.1988 (Nds. MBl. 1988, 547), zuletzt geändert durch RdErl. vom 18.4.1996 (Nds. MBl. 1996, 835).

III § 195 BauGB Kaufpreissammlung

Die rh.-pf. GutachterausschussVO erlaubt im Umkehrschluss zu § 15 Abs. 2 der VO, dass öffentlich bestellte und vereidigte Sachverständige grundstücksbezogene Auskünfte aus der Kaufpreissammlung erhalten, die Rückschlüsse auf den Grundstückseigentümer ermöglichen. § 15 der rh.-pf. GutachterausschussVO unterscheidet zwischen Auskünften

a) an Behörden und sonstige öffentliche Stellen sowie öffentlich bestellte und vereidigte Sachverständige und

b) andere Stellen und Personen.

Während im ersten Fall Auskünfte „grundstücksbezogen" (§ 15 Abs. 1 Satz 3 GutachterausschussVO) erteilt werden „dürfen", sind im zweiten Fall nur „solche Auskünfte zu erteilen, die Rückschlüsse auf den Eigentümer nicht ermöglichen (§ 15 Abs. 2 GutachterausschussVO). Behörden, sonstige öffentliche Stellen sowie **öffentlich bestellte und vereidigte Sachverständige sind damit gegenüber anderen Auskunftsberechtigten** dadurch **privilegiert,** dass ihnen im Ergebnis nicht anonymisierte Daten aus der Kaufpreissammlung zugänglich gemacht werden dürfen", denn aufgrund der vom Verordnungsgeber geforderten „grundstücksbezogenen" Auskunftserteilung können die Daten nach dem vorher Gesagten nicht als anonymisiert gelten. Hieran ändert nichts, dass Name und Anschrift des Eigentümers oder sonstiger berechtigter Personen nicht mitgeteilt werden dürfen, denn aufgrund des Grundstücksbezugs sind diese „bestimmbar".

73 Auf der Grundlage des § 18 der rh.-pf. GutachterausschussVO hat das rh.-pf. Ministerium des Inneren und für Sport entsprechende **Ausführungsbestimmungen** erlassen[67]. Danach muss sich der öffentlich bestellte Sachverständige unter Hinweis auf die strafrechtlichen Folgen von Zuwiderhandlungen nach § 27 rh.-pf. LDatG verpflichten,

– alle erhaltenen Angaben streng vertraulich zu behandeln und diese zu keinem anderen als dem zur sachgerechten Aufgabenerfüllung gehörenden Zweck zu verarbeiten, bekannt zu geben oder zugänglich zu machen,

– in das zu erstellende Gutachten nur anonymisierte Daten der Vergleichsgrundstücke aufzunehmen (z. B. Vergleichsgrundstück ohne Flurstücks- und Hausnummer),

– die Daten bis zu ihrer Vernichtung so aufzubewahren, dass Unbefugte keine Kenntnis davon erhalten,

– die zur Verfügung gestellten Daten nach Auswertung (z. B. in einem Gutachten) zum frühestmöglichen Zeitpunkt zu vernichten; diese Verpflichtung ist auch dann erfüllt, wenn der Sachverständige in Kenntnis eines bevorstehenden Gerichtsverfahrens die Daten erst nach Rechtskraft des Urteils/Vergleichs vernichtet.

74 *Saarland:* Behörden und sonstigen öffentlichen Stellen sowie öffentlich bestellten und vereidigten oder gerichtlich bestellten Sachverständigen sind im Einzelfall auf schriftlichen Antrag Auskünfte zu erteilen, wenn ein berechtigtes Interesse nachgewiesen wird und die sachgerechte Verwendung der Daten gewährleistet ist. Die Auskünfte dürfen (nur) grundstücksbezogen erteilt werden; Name und Anschrift des Eigentümers oder sonstiger berechtigter Personen dürfen nicht mitgeteilt werden. Der Empfänger darf die übermittelten Daten nur für den Zweck verwenden, zu dessen Erfüllung sie ihm übermittelt werden (§ 13 saarl. GutVO).

75 *Sachsen:* Grundstücksbezogene Auskünfte dürfen ohne Mitteilung des Namens und der Anschrift des Eigentümers oder einer sonstigen berechtigten Person auf Antrag erteilt werden, soweit der Empfänger ein berechtigtes Interesse an der Kenntnis der Daten glaubhaft macht, überwiegende schutzwürdige Interessen des Betroffenen dem nicht entgegenstehen und eine sachgerechte Verwendung der Daten gewährleistet erscheint (§ 10 GutachterausschussVO). Vom Vorliegen eines berechtigten Interesses und der sachgerechten Verwendung der Daten ist dabei regelmäßig auszugehen, wenn die Auskunft von einer mit der Wertermittlung von Grundstücken und grundstücksgleichen Rechten befassten Behörde oder von einem öffentlich bestellten und vereidigten Sachverständigen beantragt wird.

---

67 Erl. des rh.-pf. MIS vom 16.5.1989 – 363/648 – 15/0.

Kaufpreissammlung § 195 BauGB III

Das Sächsische Staatsministerium des Innern geht im Schreiben vom 17.5.1999 – 51 – 2505, 70/122 – davon aus, dass nach § 10 Abs. 1 Satz 3 der Landesverordnung lediglich die Mitteilung des Namens und der Anschrift des Eigentümers oder sonstiger berechtigter Personen unzulässig sei und damit die **Bekanntgabe der Flurstücksnummer (und der angrenzenden Straßen) bei jeder Auskunft aus der Kaufpreissammlung zulässig** sei und nicht ausgeschlossen ist, dass sich durch die Bekanntgabe grundstücksbezogener Daten, wie Flurstücksnummer oder Grundbuchblatt, ein Personenbezug (z. B. durch Einsicht in das Grundbuch) herstellen lässt[68].

Sachsen-Anhalt: Auskünfte dürfen nur in anonymisierter Form erteilt werden, wobei die Daten als anonymisiert gelten, wenn sie Eigentümer, Erbbauberechtigten oder Inhaber anderer dinglicher Rechte am Grundstück nur mit einem verhältnismäßig hohen Aufwand zugeordnet werden können. Die Auskünfte werden auf den mit der Durchführung des BauGB befassten Behörden und Gerichten sowie öffentlich bestellten und vereidigten Sachverständigen, die aufgrund eines gerichtlichen Beweisbeschlusses tätig werden, erteilt, soweit die sachgerechte Verwendung der Daten gewährleistet erscheint. Darüber hinaus werden Auskünfte an diejenigen erteilt, die ein berechtigtes Interesse darlegen. Ein berechtigtes Interesse liegt nach § 10 der VOGut insbesondere vor, wenn es zur beruflichen Obliegenheit des Anfragenden gehört, Gutachten über den Verkehrswert von Grundstücken zu erstatten oder der Anfragende in Bezug auf seinen eigenen Grundbesitz auf die Kenntnis von Vergleichspreisen angewiesen ist. **76**

In einem **RdErl.** des Landes **(MBl. LSA 1994, 414)** heißt es: **77**

„5.1 Gegenstand der Auskunft nach § 10 VOGut sind Kaufpreise und Daten über wert- und preisbeeinflussende Merkmale solcher Grundstücke, die nach den Angaben des Antragstellers mit dem Objekt, für dessen Wertermittlung Auskunft begehrt wird, vergleichbar sind.

5.2 Umfang und Inhalt der Auskunft müssen so beschaffen sein, dass der Antragsteller mithilfe der ihm übermittelten Daten den mit der Auskunft verfolgten Zweck sachgerecht erreichen kann.

5.3 Der Antrag auf Auskunft aus der Kaufpreissammlung muss das Objekt, für dessen Wertermittlung Auskunft begehrt wird, benennen und hinsichtlich der wertrelevanten Daten beschreiben. Mängel in der Beschreibung, die sich auf den Inhalt der Auskunft auswirken, hat der Antragsteller zu vertreten. Es ist sicherzustellen, dass die gegebene Auskunft jederzeit nachvollzogen werden kann.

5.4 Die Auskunft aus der Kaufpreissammlung erstreckt sich auf die in der Kaufpreisdatei gespeicherten Elemente zu den Vertragsmerkmalen und dem Grundstückszustand, soweit nicht § 10 Abs. 3 VOGut dem entgegensteht.

5.5 Der Anspruch auf Auskunft aus der Kaufpreissammlung erstreckt sich nicht auf

a) die Ordnungsmerkmale der Kaufpreisdatei,

b) die Kaufpreiskarte und

c) die ergänzenden weiteren Datensammlungen."

Schleswig-Holstein: Auskünfte sind so zu erteilen, dass sie sich nicht auf bestimmte oder bestimmbare Personen und Grundstücke beziehen. **Grundstücksbezogene Auskünfte** können erteilt werden bei **78**

– Behörden zur Erfüllung ihrer Aufgaben oder

– öffentlich bestellten und vereidigten Sachverständigen zur Erstattung von Wertgutachten für die in § 193 Abs. 1 BauGB genannten Personen und Stellen,

wenn dies zur Erfüllung der Bewertungsaufgaben erforderlich ist (§ 13 Abs. 1 und 2 GutachterausschussVO).

Thüringen: Auskünfte dürfen grundstücksbezogen ohne Name und Anschrift des Eigentümers oder sonstiger berechtigter Personen mitgeteilt werden; der Empfänger darf die übermittelten Daten nur für den Zweck verwenden, zu dessen Erfüllung sie ihm übermittelt wurden (§ 10 GutachterausschussVO). Im Übrigen sind Behörden und sonstigen öffentlichen Stellen **79**

---

68 GuG 2000, 105.

III § 195 BauGB Kaufpreissammlung

sowie öffentlich bestellten und vereidigten Sachverständigen auf Antrag Auskünfte zu erteilen, wenn ein berechtigtes Interesse dargelegt wird und die sachgerechte Verwendung der Daten gewährleistet ist[69].

3.3 Amtshilfeverpflichtungen des Gutachterausschusses

▶ Vgl. Rn. 12; zur Amtshilfe vgl. § 197 BauGB Rn. 25 ff.

80 Nach § 1 Abs. 4 des Bundesdatenschutzgesetzes – BDSG – finden die Vorschriften dieses Gesetzes auf personenbezogene Daten nur soweit Anwendung, wie nicht besondere Rechtsvorschriften des Bundes auf in Dateien gespeicherte personenbezogene Daten anzuwenden sind. Derartige Spezialregelungen enthält § 195 Abs. 2 und 3 BauGB, der den Zugang zur Kaufpreissammlung regelt. Der sich aus § 1 Abs. 3 BDSG ergebende Vorrang des BauGB gilt auch dann, wenn er Regelungen betrifft, die nicht als Datenschutzregelungen zu verstehen sind und den Datenschutz mindern[70].

81 Aus vorstehenden Ausführungen folgt, dass der **Gutachterausschuss nicht befugt ist, die von ihm gespeicherten Daten** innerhalb des öffentlichen Bereichs **im Wege der Amtshilfe an Behörden und sonstige öffentliche Stellen** nach den §§ 15 bis 17 BDSG **zu übermitteln.**

„§ 15 Datenübermittlung an öffentliche Stellen

(1) Die Übermittlung personenbezogener Daten an öffentliche Stellen ist zulässig, wenn

1. sie zur Erfüllung der in der Zuständigkeit der übermittelnden Stelle oder des Dritten, an den die Daten übermittelt werden, liegenden Aufgaben erforderlich ist und
2. die Voraussetzungen vorliegen, die eine Nutzung nach § 14 zulassen würden.

(2) Die Verantwortung für die Zulässigkeit der Übermittlung trägt die übermittelnde Stelle. Erfolgt die Übermittlung auf Ersuchen des Dritten, an den die Daten übermittelt werden, trägt dieser die Verantwortung. In diesem Falle prüft die übermittelnde Stelle nur, ob das Übermittlungsersuchen im Rahmen der Aufgaben des Dritten, an den die Daten übermittelt werden, liegt, es sei denn, dass besonderer Anlass zur Prüfung der Zulässigkeit der Übermittlung besteht. § 10 Abs. 4 bleibt unberührt.

(3) Der Dritte, an den die Daten übermittelt werden, darf diese für den Zweck verarbeiten oder nutzen, zu dessen Erfüllung sie ihm übermittelt werden. Eine Verarbeitung oder Nutzung für andere Zwecke ist nur unter den Voraussetzungen des § 14 Abs. 2 zulässig.

(4) Für die Übermittlung personenbezogener Daten an Stellen der öffentlich-rechtlichen Religionsgesellschaften gelten die Absätze 1 bis 3 entsprechend, sofern sichergestellt ist, dass bei diesen ausreichende Datenschutzmaßnahmen getroffen werden.

(5) Sind mit personenbezogenen Daten, die nach Absatz 1 übermittelt werden dürfen, weitere personenbezogene Daten des Betroffenen oder eines Dritten so verbunden, dass eine Trennung nicht oder nur mit unvertretbarem Aufwand möglich ist, so ist die Übermittlung auch dieser Daten zulässig, soweit nicht berechtigte Interessen des Betroffenen oder eines Dritten an deren Geheimhaltung offensichtlich überwiegen; eine Nutzung dieser Daten ist unzulässig.

(6) Absatz 5 gilt entsprechend, wenn personenbezogene Daten innerhalb einer öffentlichen Stelle weitergegeben werden.

§ 16 Datenübermittlung an nicht-öffentliche Stellen

(1) Die Übermittlung personenbezogener Daten an nicht-öffentliche Stellen ist zulässig, wenn

1. sie zur Erfüllung der in der Zuständigkeit der übermittelnden Stelle liegenden Aufgaben erforderlich ist und die Voraussetzungen vorliegen, die eine Nutzung nach § 14 zulassen würden, oder
2. der Dritte, an den die Daten übermittelt werden, ein berechtigtes Interesse an der Kenntnis der zu übermittelnden Daten glaubhaft darlegt und der Betroffene kein schutzwürdiges Interesse an dem Ausschluss der Übermittlung hat. Das Übermitteln von besonderen Arten personenbezogener Daten (§ 3 Abs. 9) ist abweichend von Satz 1 Nr. 2 nur zulässig, wenn die Voraussetzungen vorliegen, die eine Nutzung nach § 14 Abs. 5 und 6 zulassen würden oder soweit dies zur Geltendmachung, Ausübung oder Verteidigung rechtlicher Ansprüche erforderlich ist.

---

69 Vgl. Nr. 8 der Anl. 4 zur Richtlinie über Einrichtung und Führung der Kaufpreissammlung; RiWert des IM.
70 Lüke in NJW 1983, 1407.

(2) Die Verantwortung für die Zulässigkeit der Übermittlung trägt die übermittelnde Stelle.

(3) In den Fällen der Übermittlung nach Absatz 1 Nr. 2 unterrichtet die übermittelnde Stelle den Betroffenen von der Übermittlung seiner Daten. Dies gilt nicht, wenn damit zu rechnen ist, dass er davon auf andere Weise Kenntnis erlangt, oder wenn die Unterrichtung die öffentliche Sicherheit gefährden oder sonst dem Wohle des Bundes oder eines Landes Nachteile bereiten würde.

(4) Der Dritte, an den die Daten übermittelt werden, darf diese nur für den Zweck verarbeiten oder nutzen, zu dessen Erfüllung sie ihm übermittelt werden. Die übermittelnde Stelle hat ihn darauf hinzuweisen. Eine Verarbeitung oder Nutzung für andere Zwecke ist zulässig, wenn eine Übermittlung nach Absatz 1 zulässig wäre und die übermittelnde Stelle zugestimmt hat."

Darüber hinaus ist der Gutachterausschuss auch nicht befugt, die personenbezogenen Daten nach § 16 BDSG an Stellen außerhalb des öffentlichen Bereichs zu übermitteln. Die einschlägigen Bestimmungen des § 195 BauGB **i. V. m. der nach § 199 Abs. 2 Nr. 4 BauGB erlassenen Landesverordnung regeln den Zugang zur Kaufpreissammlung abschließend.** 82

Wie ausgeführt, ist der Gutachterausschuss also nicht verpflichtet, die gespeicherten Daten anderen Stellen im Wege der **Amtshilfe** zu übermitteln: Es ist ihm sogar versagt, soweit sich dies nicht ausdrücklich aus § 195 Abs. 2 und 3 BauGB ergibt (vgl. Rn. 12 ff.). Eine Verletzung der Geheimhaltungspflicht kann Strafverfolgung und Haftungsfragen auslösen. Grundsätzlich gilt dies auch innerhalb des Verwaltungsaufbaus, in den der Gutachterausschuss und seine Geschäftsstelle eingegliedert sind. 83

4 Verletzung datenschutzrechtlicher Bestimmungen

▶ *Vgl. § 192 BauGB Rn. 31*

Nach den vorherigen Ausführungen lässt sich feststellen, dass der Gesetzgeber die Kaufpreissammlung aus datenschutzrechtlichen Gründen gegen unberechtigten Zugang absichern wollte und die strafrechtlichen Vorschriften der **§§ 202a bis 205 StGB** hier von besonderer Bedeutung sind: 84

„**§ 202a StGB** Ausspähen von Daten

(1) Wer unbefugt sich oder einem anderen Zugang zu Daten, die nicht für ihn bestimmt und die gegen unberechtigten Zugang besonders gesichert sind, unter Überwindung der Zugangssicherung verschafft, wird mit Freiheitsstrafe bis zu drei Jahren oder mit Geldstrafe bestraft.

(2) Daten im Sinne des Absatzes 1 sind nur solche, die elektronisch, magnetisch oder sonst nicht unmittelbar wahrnehmbar gespeichert sind oder übermittelt werden.

§ 203 StGB Verletzung von Privatgeheimnissen

(1) Wer unbefugt ein fremdes Geheimnis, namentlich ein zum persönlichen Lebensbereich gehörendes Geheimnis oder ein Betriebs- oder Geschäftsgeheimnis, offenbart, das ihm als

1. Arzt, Zahnarzt, Tierarzt, Apotheker oder Angehörigem eines anderen Heilberufs, der für die Berufsausübung oder die Führung der Berufsbezeichnung eine staatlich geregelte Ausbildung erfordert,
2. Berufspsychologen mit staatlich anerkannter wissenschaftlicher Abschlussprüfung,
3. Rechtsanwalt, Patentanwalt, Notar, Verteidiger in einem gesetzlich geordneten Verfahren, Wirtschaftsprüfer, vereidigtem Buchprüfer, Steuerberater, Steuerbevollmächtigten oder Organ oder Mitglied eines Organs einer Rechtsanwalts-, Patentanwalts-, Wirtschaftsprüfungs-, Buchprüfungs- oder Steuerberatungsgesellschaft,
4. Ehe-, Familien-, Erziehungs- oder Jugendberater sowie Berater für Suchtfragen in einer Beratungsstelle, die von einer Behörde oder Körperschaft, Anstalt oder Stiftung des öffentlichen Rechts anerkannt ist,
4a. Mitglied oder Beauftragten einer anerkannten Beratungsstelle nach den §§ 3 und 8 des Schwangerschaftskonfliktgesetzes,[71]
5. staatlich anerkanntem Sozialarbeiter oder staatlich anerkanntem Sozialpädagogen oder

6. Angehörigem eines Unternehmens der privaten Kranken-, Unfall- oder Lebensversicherung oder einer privatärztlichen, steuerberaterlichen oder anwaltlichen Verrechnungsstelle

anvertraut worden oder sonst bekannt geworden ist, wird mit Freiheitsstrafe bis zu einem Jahr oder mit Geldstrafe bestraft.

(2) Ebenso wird bestraft, wer unbefugt ein fremdes Geheimnis, namentlich ein zum persönlichen Lebensbereich gehörendes Geheimnis oder ein Betriebs- oder Geschäftsgeheimnis, offenbart, das ihm als

1. Amtsträger,
2. für den öffentlichen Dienst besonders Verpflichteten,
3. Person, die Aufgaben oder Befugnisse nach dem Personalvertretungsrecht wahrnimmt,
4. Mitglied eines für ein Gesetzgebungsorgan des Bundes oder eines Landes tätigen Untersuchungsausschusses, sonstigen Ausschusses oder Rates, das nicht selbst Mitglied des Gesetzgebungsorgans ist, oder als Hilfskraft eines solchen Ausschusses oder Rates,
5. öffentlich bestelltem Sachverständigen, der auf die gewissenhafte Erfüllung seiner Obliegenheiten aufgrund eines Gesetzes förmlich verpflichtet worden ist, oder
6. Person, die auf die gewissenhafte Erfüllung ihrer Geheimhaltungspflicht bei der Durchführung wissenschaftlicher Forschungsvorhaben aufgrund eines Gesetzes förmlich verpflichtet worden ist,

anvertraut worden oder sonst bekannt geworden ist. Einem Geheimnis im Sinne des Satzes 1 stehen Einzelangaben über persönliche oder sachliche Verhältnisse eines anderen gleich, die für Aufgaben der öffentlichen Verwaltung erfasst worden sind; Satz 1 ist jedoch nicht anzuwenden, soweit solche Einzelangaben anderen Behörden oder sonstigen Stellen für Aufgaben der öffentlichen Verwaltung bekannt gegeben werden und das Gesetz dies nicht untersagt.

(3) Einem in Absatz 1 Nr. 3 genannten Rechtsanwalt stehen andere Mitglieder einer Rechtsanwaltskammer gleich. Den in Absatz 1 und Satz 1 Genannten stehen ihre berufsmäßig tätigen Gehilfen und die Personen gleich, die bei ihnen zur Vorbereitung auf den Beruf tätig sind. Den in Absatz 1 und den in Satz 1 und 2 Genannten steht nach dem Tod des zur Wahrung des Geheimnisses Verpflichteten ferner gleich, wer das Geheimnis von dem Verstorbenen oder aus dessen Nachlass erlangt hat.

(4) Die Absätze 1 bis 3 sind auch anzuwenden, wenn der Täter das fremde Geheimnis nach dem Tod des Betroffenen unbefugt offenbart.

(5) Handelt der Täter gegen Entgelt oder in der Absicht, sich oder einen anderen zu bereichern oder einen anderen zu schädigen, so ist die Strafe Freiheitsstrafe bis zu zwei Jahren oder Geldstrafe.

§ 204 StGB Verwertung fremder Geheimnisse

(1) Wer unbefugt ein fremdes Geheimnis, namentlich ein Betriebs- oder Geschäftsgeheimnis, zu dessen Geheimhaltung er nach § 203 verpflichtet ist, verwertet, wird mit Freiheitsstrafe bis zu zwei Jahren oder mit Geldstrafe bestraft.

(2) § 203 Abs. 4 gilt entsprechend."

---

71 Die anerkannten Beratungsstellen nach § 218b Abs. 2 Nr. 1 StGB stehen den anerkannten Beratungsstellen nach § 3 des Gesetzes über die Aufklärung, Verhütung, Familienplanung und Beratung gleich gem. BVerfGE v. 4.8.1992 1 1585 – 2 BvO 16/92 u. a.

§ 196
Bodenrichtwerte

(1) Aufgrund der Kaufpreissammlung sind flächendeckend durchschnittliche Lagewerte für den Boden unter Berücksichtigung des unterschiedlichen Entwicklungszustands zu ermitteln (Bodenrichtwerte). In bebauten Gebieten sind Bodenrichtwerte mit dem Wert zu ermitteln, der sich ergeben würde, wenn der Boden unbebaut wäre. Es sind Richtwertzonen zu bilden, die jeweils Gebiete umfassen, die nach Art und Maß der Nutzung weitgehend übereinstimmen. Die wertbeeinflussenden Merkmale des Bodenrichtwertgrundstücks sind darzustellen. Die Bodenrichtwerte sind jeweils zum Ende jedes zweiten Kalenderjahres zu ermitteln, wenn nicht eine häufigere Ermittlung bestimmt ist. Die Bodenrichtwerte sind, soweit nichts anderes bestimmt ist, jeweils zum Ende eines jeden Kalenderjahres zu ermitteln. Für Zwecke der steuerlichen Bewertung des Grundbesitzes sind Bodenrichtwerte nach ergänzenden Vorgaben der Finanzverwaltung zum jeweiligen Hauptfeststellungszeitpunkt oder sonstigen Feststellungszeitpunkt zu ermitteln. Auf Antrag der für den Vollzug dieses Gesetzbuchs zuständigen Behörden sind Bodenrichtwerte für einzelne Gebiete bezogen auf einen abweichenden Zeitpunkt zu ermitteln.

(2) Hat sich in einem Gebiet die Qualität des Bodens durch einen Bebauungsplan oder andere Maßnahmen geändert, sind bei der nächsten Fortschreibung der Bodenrichtwerte auf der Grundlage der geänderten Qualität auch Bodenrichtwerte bezogen auf die Wertverhältnisse zum Zeitpunkt der letzten Hauptfeststellung oder dem letzten sonstigen Feststellungszeitpunkt für steuerliche Zwecke zu ermitteln. Die Ermittlung kann unterbleiben, wenn das zuständige Finanzamt darauf verzichtet.

(3) Die Bodenrichtwerte sind zu veröffentlichen und dem zuständigen Finanzamt mitzuteilen. Jedermann kann von der Geschäftsstelle Auskunft über die Bodenrichtwerte verlangen.

Gliederungsübersicht

		Rn.
1	Bodenrichtwert	
	1.1 Übersicht	1
	1.2 Flächendeckende Bodenrichtwertermittlung (§ 196 Abs. 1 BauGB)	
	1.2.1 Allgemeines	9
	1.2.2 Bodenrichtwerte für bebaute Gebiete	11
	1.2.3 Bodenrichtwerte für land- oder forstwirtschaftliche Flächen	14
	1.2.4 Bodenrichtwerte für steuerliche Bewertungen (§ 196 Abs. 1 Satz 6 BauGB)	15
	1.2.5 Besondere Bodenrichtwerte für städtebauliche Zwecke (§ 196 Abs. 1 Satz 7 BauGB)	16
2	Publizität der Bodenrichtwerte (§ 196 Abs. 3 BauGB)	
	2.1 Übersicht	17
	2.2 Veröffentlichung (§ 196 Abs. 3 Satz 1 BauGB)	19
	2.3 Mitteilung an das Finanzamt (§ 196 Abs. 3 Satz 1 BauGB)	20
	2.4 Auskunft über Bodenrichtwerte (§ 196 Abs. 3 Satz 2 BauGB)	25
3	Bodenrichtwertübersicht	30

1 Bodenrichtwert

1.1 Übersicht

Schrifttum: *Bizer, K., Joeris, D.*, in GuG 1998, 132; *Dicke, M.*, Ermittlung von Bodenrichtwerten bei eingeschränkter Verfügbarkeit von Kaufpreisen, NÖV 1998, 57; *Küting/Trappmann/Kessler*, Die Eignung von Bodenrichtwerten zur Ausfüllung der bilanziellen Bewertungsmaßstäbe bei Grundstücken nach HGB und den IFRS, BB 2006, 1853.

III § 196 BauGB Bodenrichtwerte

▶ *Zur Bodenwertermittlung mittels Bodenrichtwerten vgl. Syst. Darst. des Vergleichswertverfahrens Rn. 152 ff.; § 16 ImmoWertV Rn. 7 ff.; § 10 ImmoWertV Rn. 14 ff., 42 ff.; Teil VI Rn. 460 ff., 603 ff.*

1 Unter Bodenrichtwerten *(reference land values)* ist der **durchschnittliche Lagewert des Grund und Bodens pro Quadratmeter bebauter oder unbebauter Grundstücksfläche in einem Gebiet mit im Wesentlichen gleichen Lage- und Nutzungsverhältnissen** zu verstehen (zum Bezugsstichtag vgl. § 10 ImmoWertV Rn. 14 ff.).

2 Bodenrichtwerte sind nach § 196 Abs. 1 Satz 3 und 4 BauGB mit den wertbeeinflussenden Merkmalen des **Bodenrichtwertgrundstücks** für Bodenrichtwertzonen darzustellen, in denen Art und Maß der Nutzung weitgehend übereinstimmen.

3 Die **Ermittlung von Bodenrichtwerten ist eine der Pflichtaufgaben der Gutachterausschüsse für Grundstückswerte** (vgl. § 193 Abs. 5 BauGB)[1]. Grundlage der Bodenrichtwertermittlung ist nach Abs. 1 Satz 1 i. V. m. § 9 Abs. 1 Satz 1 ImmoWertV die Kaufpreissammlung (§ 195 BauGB). Im Grenzbereich zweier Gutachterausschüsse kommt hierbei nicht nur die eigene Kaufpreissammlung, sondern auch die der benachbarten Gutachterausschüsse in Betracht.

Entsprechend der Definition des Bodenrichtwerts werden zur Bildung eines für die jeweilige Bodenrichtwertzone repräsentativen Durchschnitts nach Möglichkeit eine hinreichende Anzahl geeigneter Verkaufsfälle herangezogen. Für die Bodenrichtwertermittlung geeignet sind in erster Linie **Verkaufsfälle unbebauter Grundstücke**, die in der jeweiligen Bodenrichtwertzone gelegen sind und die innerhalb des Erhebungszeitraums veräußert wurden. Die Kaufpreise dürfen nicht durch ungewöhnliche oder persönliche Verhältnisse beeinflusst sein (§ 7 ImmoWertV).

Die Ermittlung von Bodenrichtwerten ist in § 10 ImmoWertV geregelt. Ergänzend zu dieser Vorschrift ist vom Bundesministerium für Verkehr, Bau- und Stadtentwicklung die Richtlinie zur Ermittlung von Bodenrichtwerten (**Bodenrichtwertrichtlinie** – BRW-RL)[2] erlassen worden, mit denen die Ermittlung und Darstellung der Bodenrichtwerte nach „einheitlichen und marktgerechten Grundsätzen und Verfahren" sichergestellt werden soll.

4 In der Rechtsprechung ist ein **Anspruch auf Ermittlung und Veröffentlichung von Bodenrichtwerten** im Hinblick auf die Möglichkeit des Eigentümers, ein Gutachten über den Verkehrswert seines Grundstücks zu beantragen, bislang verneint worden[3]. Dabei wurde darauf verwiesen, dass Bodenrichtwerte zur Verbesserung der Übersichtlichkeit des Grundstücksmarktes beitragen sollen. Dennoch bleibt zu fragen, ob nicht ein einklagbarer Leistungsanspruch besteht, wenn der Gutachterausschuss gerade dieser gesetzlich verankerten Aufgabe nicht nachgekommen ist.

5 Die Ermittlung von Bodenrichtwerten ist ergänzend in § 10 ImmoWertV geregelt. Das Ergebnis der Bodenrichtwertermittlung muss begründet sein. Eine **formale Begründung sieht das Gesetz** allerdings **nicht vor.**

---

1 Das Institut der Bodenrichtwerte geht auf eine Initiative der CDU/CSU-Fraktion zum BBauG 1960 zurück (vgl. BT-Drucks. III/zu 1794, zu § 162a BBauG 1960). Auf ihren Antrag wurde der von der Bundesregierung in der 3. Legislaturperiode eingebrachte RegE eines BBauG (BT-Drucks. III/336) durch Vorschriften über Richtwerte ergänzt; hierüber beschloss der seinerzeit federführende 24. BT-Ausschuss einstimmig. Das Institut hat sich grundsätzlich bewährt und wurde mit dem BBauG 1976 unter Berücksichtigung der Erfahrungen fortentwickelt; auch das BauGB hält an den in 25-jähriger Praxis bewährten Regelungen fest (BT-Drucks. 10/4630, S. 59). Die im Rahmen der Vorbereitung des RegE zum BauGB durchgeführten Erörterungen mit Fachleuten aus den Ländern und dem kommunalen Bereich hatten bestätigt, dass die Ermittlung von Bodenrichtwerten, deren Fortschreibung und Veröffentlichung für die Transparenz des Bodenmarktes und jede künftige Wertermittlungsregelung unverzichtbar sei (vgl. Materialien zum BauGB; Schriftenreihe des BMBau 03.108, Bonn 1984, S. 217); dem hat sich der federführende (16.) BT-Ausschuss für Raumordnung, Bauwesen und Städtebau angeschlossen (BT-Drucks. 10/6166, S. 137 ff.).
2 Bodenrichtwertrichtlinie – BRW-RL vom 11.1.2011, BAnz Nr. 24 S. 597 = GuG 2011, 165 ff.
3 VG Stuttgart, Urt. vom 4.11.1986 – 13 K 241/86 –, GuG 1990, 103 = EzGuG 11.160.

Bodenrichtwerte und ihre Veröffentlichung sind ein Instrument zur Verbesserung der Transparenz des Grundstücksmarktes, der als eine terra incognita bezeichnet wird (vgl. § 10 ImmoWertV Rn. 4). 6

Bodenrichtwerte haben sich auch als **Grundlage der Verkehrswertermittlung** bewährt (vgl. § 10 ImmoWertV Rn. 7 ff.). § 16 Abs. 1 Satz 2 ImmoWertV schreibt deshalb klarstellend vor, dass zur Ermittlung von Bodenwerten auch geeignete Bodenrichtwerte herangezogen werden können (Bodenrichtwertverfahren). Bodenrichtwerte sind „geeignet", wenn die Merkmale des zugrunde gelegten Bodenrichtwertgrundstücks hinreichend mit den Grundstücksmerkmalen des zu bewertenden Grundstücks übereinstimmen. 7

Bodenrichtwerte sind wie die Gutachten der Gutachterausschüsse **unverbindlich**; dies gilt grundsätzlich auch für die Finanzverwaltung (§ 10 ImmoWertV Rn. 10)[4]. In verschiedenen Rechtsvorschriften wird gleichwohl bestimmt, dass die Bodenrichtwerte der Bewertung zugrunde zu legen sind: 8

1. In **§ 19 Abs. 5 des Sachenrechtsbereinigungsgesetzes (SachenRBerG)** wird bestimmt, dass zur Ermittlung des Bodenwerts nach § 19 SachenRBerG zunächst ein vorhandener Bodenrichtwert herangezogen werden „soll", jedoch kann jeder Beteiligte eine „abweichende Bestimmung" (besser: Ermittlung) des Bodenwerts verlangen, wenn

   – Anhaltspunkte dafür vorliegen, dass die Bodenrichtwerte nicht den tatsächlichen Marktverhältnissen entsprechen, oder

   – aufgrund untypischer Lage und Beschaffenheit des Grundstücks die Bodenrichtwerte als Ermittlungsgrundlage ungeeignet sind.

2. Die von den Gutachterausschüssen abgeleiteten Bodenrichtwerte werden auch in der **steuerlichen Bewertung** ohne eigene Überprüfung herangezogen (vgl. § 10 ImmoWertV Rn. 33 f.). Der Steuerpflichtige hat jedoch die Möglichkeit, den Nachweis zu erbringen, dass der gemeine Wert (Verkehrswert/Marktwert) niedriger als die auf der Grundlage der Bodenrichtwerte vorgenommene Wertfeststellung ist (§ 145 Abs. 3 Satz 3 BewG; § 198 BewG).

1.2 Flächendeckende Bodenrichtwertermittlung (§ 196 Abs. 1 BauGB)

1.2.1 Allgemeines

Nach der ab 1.7.2009 geltenden Fassung des § 196 BauGB sind **Bodenrichtwerte flächendeckend für alle Grundstücksarten „unter Berücksichtigung des unterschiedlichen Entwicklungszustands" zu ermitteln.** Diese Vorgabe des Gesetzgebers ersetzt die bis dahin geltende Fassung des Abs. 1 Satz 1, nach der Bodenrichtwerte „mindestens für erschließungsbeitragspflichtiges *oder* erschließungsbeitragsfreies Bauland" (baureifes Land) zu ermitteln waren. Künftig kann hieraus nicht mehr im Umkehrschluss gefolgert werden, dass die Ableitung von Bodenrichtwerten für andere Grundstücksarten im Ermessen des Gutachterausschusses steht. Mit der Verpflichtung der Gutachterausschüsse zur flächendeckenden und periodischen Ableitung von Bodenrichtwerten hat der Gesetzgeber sicherstellen wollen, dass Bodenrichtwerte abgeleitet und veröffentlicht werden, um eine allgemeine Transparenz des Grundstücksmarktes zu gewährleisten, und speziell als Grundlage steuerlicher Bewertungen zur Verfügung stehen. 9

Bodenrichtwerte sind auch **für förmlich festgelegte Sanierungsgebiete** (§ 142 BauGB) **und städtebauliche Entwicklungsbereiche** (§ 165 BauGB) zu ermitteln. Dies folgt unmittelbar aus der Verpflichtung des § 196 Abs. 1 Satz 1 BauGB und unbeschadet der Regelung des § 196 Abs. 1 Satz 7 BauGB, nach dem auf Antrag der für den Vollzug dieses Gesetzbuchs zuständigen Behörden Bodenrichtwerte für einzelne Gebiete bezogen auf einen abweichenden Zeitpunkt zu ermitteln sind. Die Praxis, förmlich festgelegte Sanierungsgebiete und städ-

---

[4] BT-Drucks. 7/4793, zu § 143b BBauG 76.

tebauliche Entwicklungsbereiche als „weiße Fenster" in der Bodenrichtwertkarte darzustellen oder die förmliche Festlegung gänzlich außer Betracht zu lassen, ist unzulässig. § 10 Abs. 1 Nr. 3 ImmoWertV erlaubt es den Gutachterausschüssen, dabei entweder den Bodenrichtwert für den Grundstückszustand vor Beginn der Maßnahme, den Bodenrichtwert nach Abschluss der Maßnahme sowie beide Bodenrichtwerte darzustellen.

10 In der Begründung der RegVorl zu dieser Vorschrift[5] wurde die Ableitung von Bodenrichtwerten auch für land- und forstwirtschaftliche Grundstücke als Pflichtaufgabe ausdrücklich hervorgehoben und zudem die Forderung erhoben, dass für **Bauerwartungsland und Rohbauland** „zumindest zu gewährleisten (ist), dass die Bodenrichtwerte deduktiv ermittelbar sind". Die demgegenüber nach dem Gesetzeswortlaut zwingende Verpflichtung zur Ableitung von Bodenrichtwerten auch für Bauerwartungsland und Rohbauland sollte nach Vorstellung des Bundesrates dahingehend „aufgeweicht" werden, dass diese Verpflichtung nur gegeben sei, „soweit geeignete Daten aus der Kaufpreissammlung vorliegen"[6]. Zur Begründung wurde ergänzend darauf hingewiesen, dass bei „werdendem Bauland schwer kalkulierbar" sei, „wann und mit welcher Wahrscheinlichkeit das Land tatsächlich Baureife erlangen wird. Infolgedessen können die Preise in diesen Gebieten erheblich streuen und sich sprunghaft verändern. Aufgrund dieser Unwägbarkeiten ist es in der Praxis z. T. unmöglich, gesicherte Bodenrichtwerte für diese Flächen zu erheben." Die BReg hat diesen Vorschlag in widersprüchlicher Weise mit dem Hinweis abgelehnt, dass sich Bodenrichtwerte für diesen Entwicklungszustand „auch auf der Basis überörtlicher Marktdaten ermitteln lassen" und im Übrigen es dieser Einschränkung nach allgemeinen Rechtsgrundsätzen nicht bedarf, wenn die „Erfüllung der gesetzlichen Verpflichtung unmöglich" sei[7].

1.2.2 Bodenrichtwerte für bebaute Gebiete

11 **Für bebaute Gebiete sind** nach dem BauGB ebenfalls **Bodenrichtwerte** abzuleiten, und zwar **mit dem Wert, der sich ergeben würde, wenn der Boden unbebaut wäre.** Die Ableitung eines anderen Bodenrichtwerts – z. B. ein gegenüber dem unbebaut gedachten Grundstück gedämpfter Bodenrichtwert (vgl. § 16 ImmoWertV Rn. 36 ff.) – ist nicht zulässig und bedürfte einer eindeutigen Erläuterung, wenn dieser Bodenrichtwert einem nicht in der Grundstückswertermittlung vorgebildeten Bürger die Transparenz über den Bodenmarkt verschaffen soll, die Sinn und Zweck der Regelung ist.

12 Eine **Besonderheit** sieht diesbezüglich § 14 der GutachterausschussVO[8] für das Land *Bremen* vor. Danach können dort zusätzlich zu den Bodenrichtwerten i. S. des § 196 BauGB noch **„Sonstige Richtwerte"** abgeleitet und als nachrichtliche Mitteilung in den Bodenrichtwertkarten veröffentlicht werden. Als „Sonstige Richtwerte" sieht die Verordnung solche „für den Grund und Boden von Grundstücken mit älterer Bebauung" vor. Diese aus sich selbst heraus unverständliche Vorschrift soll ersichtlich Rechtsgrundlage für die Ableitung von durchschnittlichen Lagewerten für den Grund und Boden sein, die im Unterschied zu § 196 Abs. 1 Satz 2 BauGB wohl mit einem geringeren Wert angesetzt werden, als es dem Bodenwert eines unbebaut gedachten Grundstücks entsprechen würde. Es geht dabei also um die Ermittlung „gedämpfter" Richtwerte für den Grund und Boden (vgl. § 16 ImmoWertV Rn. 36 ff.; Teil II Rn. 443).

13 Höchst problematisch ist dabei allerdings, dass die Vorschrift keine Regelungen enthält, in welcher Weise der „Bodenrichtwert" i. S. des § 196 Abs. 1 BauGB zu „dämpfen" wäre, damit sich der „Richtwert" i. S. des § 14 brem. GutachterausschussVO ergibt. Auch enthält die Verordnung keinerlei Hinweise darauf, wie bei Heranziehung solcher „Richtwerte" zur Ermittlung von Verkehrswerten bezüglich anderer Wertermittlungsparameter (z. B. Liegenschafts-

---

[5] BT-Drucks. 16/7918, S. 48.
[6] BR-Drucks. 16/8547, S. 9.
[7] BT-Drucks. 16/8547, S. 13.
[8] § 14 brem. GutachterausschussVO: Sonstige Richtwerte: „Sonstige Richtwerte, insbesondere solche für den Grund und Boden von Grundstücken mit älterer Bebauung, können ermittelt und als nachrichtliche Mitteilung in den Bodenrichtwertkarten veröffentlicht werden."

zinssatz) zu verfahren ist, denn die **Systematik der ImmoWertV** geht grundsätzlich davon aus, dass als Bodenwert eines bebauten Grundstücks der Wert anzusetzen wäre, den das Grundstück im unbebauten Zustand hätte (vgl. § 16 Abs. 1 Satz 1 ImmoWertV). Bei Heranziehung solcher „Richtwerte" muss also gefordert werden, dass im Gutachten detailliert dargelegt wird, nach welchen Grundsätzen der Bodenwert gedämpft wurde. Des Weiteren muss auch dargetan werden, dass dies dem tatsächlichen Geschehen auf dem Grundstücksmarkt entspricht und ob dem auch bei der Ableitung anderer zur Wertermittlung erforderlicher Daten (z. B. bei der Ermittlung des Liegenschaftszinssatzes) in gleicher Weise Rechnung getragen wurde (vgl. § 14 ImmoWertV Rn. 216 ff., § 16 ImmoWertV Rn. 66 ff.). Andernfalls wäre ein Gutachten nicht hinreichend begründet und würde zudem einer Verfälschung des Ergebnisses Tür und Tor öffnen.

Die Gutachterausschüsse von *München* und von *Stuttgart*[9] hatten vor Jahren noch Bodenrichtwerte für bebaute Grundstücke mit einem um einen bestimmten Vomhundertsatz gegenüber dem Bodenwert unbebauter Grundstücke verminderten Wert (bis 40 %) in der Bodenrichtwertkarte ausgeworfen. Die Gutachterausschüsse in München und Stuttgart haben, wie im Übrigen auch andere Gutachterausschüsse[10], die Praxis der „Bodenwertdämpfung" aufgegeben, da sie nicht zur Transparenz beiträgt und wertermittlungsmethodisch zu Irritationen führen musste (vgl. § 14 ImmoWertV Rn. 90 ff., § 16 ImmoWertV Rn. 20 ff.).

1.2.3 Bodenrichtwerte für land- oder forstwirtschaftliche Flächen

Schrifttum: *Kindler, R.*, Zur Ermittlung von Bodenrichtwerten für landwirtschaftliche Flächen im Landkreis Potsdam-Mittelmark, GuG 2002, 264; *Dittrich/Uherek/Plewka*, Pachtprägung der Bodenrichtwerte für Ackerland in den neuen Bundesländern, GuG 2009, 101.

Generell sind auch für land- oder forstwirtschaftliche Flächen (§ 5 Abs. 1 ImmoWertV), wie im Übrigen auch für andere Entwicklungszustände des Grund und Bodens, Bodenrichtwerte abzuleiten und zu veröffentlichen. Nach Abs. 1 Satz 1 ist nämlich „flächendeckend" für alle Entwicklungszustände die Ableitung von Bodenrichtwerten zwingend vorgeschrieben (vgl. Rn. 9). **14**

1.2.4 Bodenrichtwerte für steuerliche Bewertungen (§ 196 Abs. 1 Satz 6 BauGB)

▶ *Vgl. Syst. Darst. des Vergleichswertverfahrens Rn. 167 ff., § 10 ImmoWertV Rn. 33 ff.*

Bodenrichtwerte sind für die steuerliche Bewertung von besonderer Bedeutung[11]. Die Finanzverwaltung ist deshalb mit § 196 Abs. 1 Satz 6 BauGB ausdrücklich ermächtigt worden, dem Gutachterausschuss ergänzende Vorgaben für die Bodenrichtwertermittlung für Zwecke der steuerlichen Bewertung des Grundbesitzes zu machen. Der **Gutachterausschuss kann sich seiner Verpflichtung, für jedes Gemeindegebiet** nach ergänzenden Vorgaben der Finanzverwaltung **einen Bodenrichtwert zu ermitteln**, nicht mit dem Hinweis darauf entziehen, die Ermittlung sei nicht möglich[12]. Auch können Meinungsäußerungen der Geschäftsstelle des Gutachterausschusses die Ermittlung durch den Gutachterausschuss nicht ersetzen. **15**

---

9 Die Landeshauptstadt Stuttgart hat mit dem Grundstücksmarktbericht 2003 die Praxis der Bodenwertdämpfung aufgegeben.
10 Gutachterausschüsse von Lübeck und Darmstadt.
11 Im Vorfeld der Verabschiedung des JStG wurden vom BMF folgende Hinweise gegeben (RdSchr. des Bundesministeriums für Raumordnung, Bauwesen und Städtebau v. 4.2.1996):
  a) Bodenrichtwerte sollen flächendeckend für das Bauland im gesamten Gemeindegebiet für bebaute und für unbebaute Grundstücke abgeleitet werden.
  b) Gebiete, in denen kein Grundstücksverkehr stattgefunden hat, sollen grundsätzlich von der Ermittlung der Bodenrichtwerte nicht ausgenommen sein (GuG-aktuell 1995, 41).
  c) Die Bodenrichtwertzonen sollen räumlich abgegrenzt und insbesondere hinsichtlich Art und Maß der baulichen Nutzung homogen sein (GuG-aktuell 1995, 41).
  d) In bebauten Gebieten sollen die Bodenrichtwerte mit dem Wert abgeleitet werden, der sich für unbebaute Grundstücke ergibt.
12 BFH, Urt. vom 25.8.2010 – II R 42/09 –, GuG 2011, 185.

III § 196 BauGB Bodenrichtwerte

1.2.5 Besondere Bodenrichtwerte für städtebauliche Zwecke (§ 196 Abs. 1 Satz 7 BauGB)

▶ *Vgl. § 10 ImmoWertV Rn. 28; Teil VI Rn. 460*

16 Nach § 196 Abs. 1 Satz 7 BauGB sind auf Antrag der für den Vollzug dieses Gesetzbuchs zuständigen Behörden Bodenrichtwerte für einzelne Gebiete bezogen auf einen abweichenden Zeitpunkt zu ermitteln. Die Vorschrift ersetzt die allgemeine Verpflichtung zur flächendeckenden Ermittlung von Bodenrichtwerten nach § 196 Abs. 1 Satz 1 bis 5 BauGB nur bezüglich des Bezugsstichtages der Bodenrichtwerte. Sie ist insbesondere **für förmlich festgelegte Sanierungsgebiete** (§ 142 BauGB) **und städtebauliche Entwicklungsbereiche** (§ 165 BauGB) von Bedeutung (vgl. Rn. 11).

2 Publizität der Bodenrichtwerte (§ 196 Abs. 3 BauGB)

2.1 Übersicht

Schrifttum: *Hansche, H.*, Anmerkungen zu den Veröffentlichungen der Gutachterausschüsse in den neuen Ländern, GuG 2002, 37.

17 Nach **§ 196 Abs. 3 Satz 1 BauGB** sind **Bodenrichtwerte**

a) zu veröffentlichen und

b) dem zuständigen Finanzamt mitzuteilen.

Darüber hinaus kann nach § 196 Abs. 1 Satz 2 BauGB jedermann von der Geschäftsstelle des Gutachterausschusses **Auskünfte über die Bodenrichtwerte** verlangen.

18 Die von den Gutachterausschüssen herausgegebene **Bodenrichtwertsammlung stellt weder eine amtliche Bekanntmachung** i. S. des § 5 Abs. 1 UrhG **noch ein amtliches Werk** i. S. des § 5 Abs. 2 UrhG **dar**[13], weil die Bodenrichtwertsammlung lediglich einer allgemeinen Information ohne regelnden Charakter diene. Die Bodenrichtwertsammlung ist damit urheberrechtlich geschützt.

2.2 Veröffentlichung (§ 196 Abs. 3 Satz 1 BauGB)

▶ *Vgl. § 10 ImmoWertV Rn. 42 ff.*

19 Bodenrichtwerte werden in Bodenrichtwertkarten und Bodenrichtwertlisten veröffentlicht. Das Nähere wird in den auf der Grundlage des § 199 Abs. 2 Nr. 4 BauGB von den Landesregierungen erlassenen **Gutachterausschussverordnungen** geregelt.

2.3 Mitteilung an das Finanzamt (§ 196 Abs. 3 Satz 1 BauGB)

20 Neben der Veröffentlichung der Bodenrichtwerte schreibt § 196 Abs. 3 Satz 1 BauGB auch ihre **Mitteilung an das zuständige Finanzamt** vor. In der Regel erfolgt die Mitteilung durch Übersendung einer Vervielfältigung der Bodenrichtwertkarte. Die Mitteilung dient der Unterrichtung dieser Stellen über das Geschehene auf dem Grundstücksmarkt.

21 Die bisher vorgeschriebene **Mitteilung der Bodenrichtwerte an die höhere Verwaltungsbehörde** konnte mit dem BauGB **ersatzlos entfallen,** da das Bundesrecht die höhere Verwaltungsbehörde nicht mehr zur Zusammenstellung von Übersichten über die Bodenrichtwerte verpflichtet.

---

13 BGH, Urt. vom 20.7.2006 – I ZR 185/03 –, GuG 2007, 121 = EzGuG 11.529.

Bodenrichtwerte § 196 BauGB III

Die **Mitteilung an das Finanzamt** wurde erstmalig durch das BBauG 1976 vorgeschrieben. Schon vorher wurden aber dem Finanzamt Bodenrichtwertkarten zur Verfügung gestellt. 22

Die Gutachterausschussverordnungen der Länder sehen neben der Mitteilung an das zuständige Finanzamt auch eine Mitteilung an 23

– den Landkreis *(Baden-Württemberg)* bzw.

– die Regierungspräsidien *(Hessen, Sachsen)* bzw. die Bezirksregierung *(Rheinland-Pfalz)*

vor. Es empfiehlt sich im Übrigen, den mit der städtebaulichen Planung befassten Behörden die Bodenrichtwertkarte zugänglich zu machen.

Die **Mitteilung obliegt grundsätzlich dem Gutachterausschuss**; bei Delegation aufgrund einer Rechtsverordnung nach § 199 Abs. 2 Nr. 2 und 3 dem Vorsitzenden des Gutachterausschusses oder der Geschäftsstelle. 24

2.4 Auskunft über Bodenrichtwerte (§ 196 Abs. 3 Satz 2 BauGB)

Der Zweck der Bodenrichtwerte, den **Grundstücksmarkt transparent** zu halten, lässt sich nur erreichen, wenn die vom Gutachterausschuss ermittelten Bodenrichtwerte allgemein zugänglich sind. Dafür reicht allein die Veröffentlichung der Bodenrichtwerte nicht aus. Entscheidend ist vielmehr, dass jedermann die Möglichkeit hat, sich auch noch nach der Veröffentlichung über die Wertverhältnisse auf dem Grundstücksmarkt zu informieren. 25

Jedermann kann nach § 196 Abs. 3 Satz 2 BauGB **von der Geschäftsstelle Auskünfte über Bodenrichtwerte verlangen.** Dazu gehören auch Notare, wenn sie z. B. im Zuge eines notariellen Vermittlungsverfahrens nach dem SachenRBerG tätig werden. Insoweit kommt der ergänzenden Regelung des § 97 Abs. 1 Satz 2 Nr. 1 SachenRBerG nur klarstellende Bedeutung zu. 26

Das **Auskunftsrecht** nach § 196 Abs. 3 Satz 2 BauGB steht neben der in Satz 1 vorgeschriebenen Veröffentlichung; es steht jedermann (auch Ortsfremden) selbst dann noch zu, wenn z. B. die ortsübliche Bekanntmachung der Bodenrichtwerte im Wege einer Auslegung durchgeführt ist. Im Interesse der Markttransparenz sollen die Allgemeinheit wie auch öffentliche Stellen ganzjährig die Möglichkeit haben, sich über die Grundstückswertverhältnisse orientieren zu können. 27

Zur Erteilung von Auskünften über die Bodenrichtwerte ist nach § 196 Abs. 3 Satz 2 BauGB **die Geschäftsstelle des Gutachterausschusses verpflichtet,** in dessen Zuständigkeitsbereich die Bodenrichtwertermittlung jeweils fällt. Die Auskunft kann durch Gewährung von Einsichtnahme in die Bodenrichtwertkarte sowie durch mündliche, fernmündliche oder schriftliche Einzelauskünfte erteilt werden. Die schriftliche Erteilung von Auskünften über Bodenrichtwerte ist nach landesrechtlichen Vorschriften i. d. R. kostenpflichtig. Soweit Gutachterausschüsse darüber hinaus dazu übergegangen sind, als besondere Leistung eine Vervielfältigung der Bodenrichtwertkarten (ggf. auf CD-ROM[14]) abzugeben, werden auch hierfür Kosten erhoben. 28

Das Auskunftsrecht nach § 196 Abs. 3 Satz 2 BauGB erstreckt sich auf die **Bodenrichtwerte und ihre sachlichen und zeitlichen Bezüge.** Es findet spätestens dort seine Grenzen, wo die Gutachter verpflichtet sind, persönliche und wirtschaftliche Verhältnisse, die ihnen durch ihre Tätigkeit zur Kenntnis gelangen, geheim zu halten. Dies betrifft Auskünfte über Vergleichspreise, die zum Inhalt der Kaufpreissammlung gehören, insbesondere auch solche, die der Bodenrichtwertermittlung zugrunde liegen (vgl. die Entschließung des bay. IM vom 23.4.1968 betr. Geheimhaltung der Unterlagen für die Richtwerte). Diese Auffassung findet in den zu § 143b BBauG 1976 erlassenen Gutachterausschussverordnungen der Länder darin Ausdruck und Bestätigung, dass sie die Ermittlung von Bodenrichtwerten in nicht öffentlicher Beratung vorschreiben. 29

---

14 Vgl. Kertscher in Nachr. der nds. Kat- und VermVw. 2001, 24.

III § 196 BauGB **Bodenrichtwerte**

3 Bodenrichtwertübersicht

▶ *Näheres hierzu bei § 199 BauGB Rn. 20 ff. und § 193 BauGB Rn. 101*

30 Die früher im BBauG 76 verankerte Verpflichtung (§ 143b Abs. 4 Satz 2 und 3 sowie Abs. 5 BBauG 76), **Übersichten über die Bodenrichtwerte, gegliedert nach Orten, typischem Entwicklungszustand und Art der Nutzung der Grundstücke**, zusammenzustellen und zu veröffentlichen, hat das BauGB nicht übernommen. Zur Begründung des bundesrechtlichen „Verzichts" wird darauf verwiesen, dass es den Ländern überlassen bleiben müsse, ob und inwieweit sie solche Übersichten für erforderlich halten[15]. § 199 Abs. 2 Nr. 6 BauGB eröffnet den Landesregierungen hierzu die Möglichkeiten, dem Gutachterausschuss die für die Erstellung von überörtlichen Bodenrichtwertübersichten erforderlichen Vorarbeiten zu übertragen. Die Bedeutung dieser Übersichten, insbesondere für die Landesplanung und die Raumordnung, muss aber eher kritisch beurteilt werden.

31 Von dieser Möglichkeit haben eine Reihe von Ländern Gebrauch gemacht und den Gutachterausschüssen für Grundstückswerte aufgegeben, auf der Grundlage der Bodenrichtwerte Übersichten über die Bodenrichtwerte typischer Orte für baureifes Land zumeist der Mittelbehörde (Regierung, Regierungspräsident bzw. Landesvermessungsamt) zwecks Zusammenfassung in Übersichten mitzuteilen.

32 Bei der Erstellung von **Bodenrichtwertübersichten** für typische Orte wird i. d. R. unterschieden nach baureifem Land für

– Wohnbauflächen des individuellen Wohnungsbaus,

– Wohnbauflächen des Geschosswohnungsbaus und

– gewerbliche Bauflächen.

Die Bodenrichtwertübersichten sind Grundlage des Grundstücksmarktberichtes des Landes.

33 Dabei wird zwischen guter, mittlerer und mäßiger **Lage** unterschieden; solche Bodenrichtwertübersichten sind vorgeschrieben in

– *Brandenburg:* § 15 GutachterausschussVO,
– *Hamburg:* § 12 GutachterausschussVO,
– *Hessen:* § 15 hess. DVO-BauGB,
– *Mecklenburg-Vorpommern:* § 16 GutachterausschussVO,
– *Niedersachsen:* § 22 Abs. 5 nds. DVBauGB,
– *Nordrhein-Westfalen:* § 13 GAVO NRW,
– *Rheinland-Pfalz:* § 16 GutachterausschussVO,
– *Sachsen:* § 13 GutachterausschussVO,
– *Sachsen-Anhalt:* § 13 GutachterausschussVO,
– *Schleswig-Holstein:* § 15 GutachterausschussVO und
– *Thüringen:* § 13 Abs. 3 GutachterausschussVO.

34 Die Bodenrichtwertübersichten sollten nach den Grundgedanken des BBauG einen **überörtlichen Überblick über das Bodenwertgefüge** vermitteln. In *Niedersachsen* werden Bodenrichtwertübersichtskarten im Maßstab 1: 200 000 als Sonderausgabe der Gemeindegrenzkarte gleichen Maßstabs geführt. Dieser Maßstab bedingte eine Generalisierung der zur Verfügung stehenden originären Bodenrichtwerte. Hierbei standen die Übersichtlichkeit, Anschaulichkeit und vor allem die Repräsentativität und Bedeutung der Aussage solcher Bodenrichtwertübersichtskarten für die Allgemeinheit im Vordergrund. Der Inhalt solcher Karten beschränkte sich daher aufgrundstücksarten, die für die Allgemeinheit von besonderem Interesse sind. Dargestellt wurden Bodenrichtwerte für Bauland (baureifes Land) der Nutzung als

---

[15] BT-Drucks. 10/4630, S. 152.

reines oder allgemeines Wohngebiet bezogen auf normal geschnittene Grundstücke mittlerer Lage. Je nach der Höhe der Bodenrichtwerte für die einzelnen Ortschaften waren kleinere oder größere gelbe Kreise in die Karte eingezeichnet. Die Karte ist insbesondere für die Raumplanung von erheblicher Bedeutung gewesen: So lässt sie die Auswirkung von Verkehrswegen auf das Bodenwertgefüge deutlich erkennen. Auch strukturschwache Gebiete fielen auf der Karte ins Auge. Landesplanerische Entscheidungen konnten durch die Kartenbenutzung unterstützt werden (Abb. 1).

Abb. 1:   **Bodenrichtwertübersicht**

§ 197
Befugnisse des Gutachterausschusses

(1) Der Gutachterausschuss kann mündliche oder schriftliche Auskünfte von Sachverständigen und von Personen einholen, die Angaben über das Grundstück und, wenn das zur Ermittlung von Geldleistungen im Umlegungsverfahren, von Ausgleichsbeträgen und von Enteignungsentschädigungen erforderlich ist, über ein Grundstück, das zum Vergleich herangezogen werden soll, machen können. Er kann verlangen, dass Eigentümer und sonstige Inhaber von Rechten an einem Grundstück die zur Führung der Kaufpreissammlung und zur Begutachtung notwendigen Unterlagen vorlegen. Der Eigentümer und der Besitzer des Grundstücks haben zu dulden, dass Grundstücke zur Auswertung von Kaufpreisen und zur Vorbereitung von Gutachten betreten werden. Wohnungen dürfen nur mit Zustimmung der Wohnungsinhaber betreten werden.

(2) Alle Gerichte und Behörden haben dem Gutachterausschuss Rechts- und Amtshilfe zu leisten. Die Finanzbehörden erteilen dem Gutachterausschuss auf Ersuchen Auskünfte über Grundstücke, soweit ihnen die Verhältnisse der Grundstücke bekannt sind und dies zur Ermittlung von Ausgleichsbeträgen und Enteignungsentschädigungen sowie zur Ermittlung von Verkehrswerten und der für die Wertermittlung erforderlichen Daten einschließlich der Bodenrichtwerte erforderlich ist. Die Auskunftspflicht besteht nicht, soweit deren Erfüllung mit einem unverhältnismäßigen Aufwand verbunden wäre.

Gliederungsübersicht

		Rn.
1	Übersicht	1
2	Umfang der Befugnisse des Gutachterausschusses (§ 197 Abs. 1 BauGB)	
	2.1 Allgemeines	7
	2.2 Auskunftsrechte (§ 197 Abs. 1 Satz 1 BauGB)	8
	2.3 Vorlagepflichten der Betroffenen (§ 197 Abs. 1 Satz 2 BauGB)	14
	2.4 Duldungspflichten der Betroffenen; Betretungsrechte (§ 197 Abs. 1 Satz 3 und 4 BauGB)	18
3	Amtshilfe	
	3.1 Rechts- und Amtshilfepflichten gegenüber dem Gutachterausschuss § 197 Abs. 2 BauGB	25
	3.2 Amtshilfe durch den Gutachterausschuss	34
4	Rechtsmittel	38

1 Übersicht

1 § 197 BauGB regelt in seinem Abs. 1 den Umfang der Befugnisse des Gutachterausschusses für Grundstückswerte zur Einholung von Informationen über Grundstücke zum Zwecke der Ermittlung des Verkehrswerts (Marktwerts) von Grundstücken bzw. Rechten an Grundstücken sowie in Abs. 2 die Rechts- und Amtshilfepflichten der Gerichte.

2 Die Vorschrift ist aus § 140 BBauG 76 (Auskunfts- und Vorlagepflicht) hervorgegangen, wobei die Überschrift nunmehr „Befugnisse des Gutachterausschusses" lautet. Mit der Änderung der Überschrift zu dieser Vorschrift, die ausdrücklich auf eine Auskunfts- und Vorlage*pflicht* hinwies, ist der materielle Inhalt nicht von einer Verpflichtungsnorm in eine Befugnisnorm abgewandelt worden. Die Begründung geht weiterhin von der **Verpflichtung der auskunftsfähigen Personen** aus, indem sie darauf hinweist, dass die noch in § 140 BBauG 76 ausdrücklich geregelte Auskunftspflicht der Gerichte und Behörden in der Nachfolgevorschrift nur deshalb nicht mehr geregelt sei, weil dies bereits durch die Verwaltungsverfahrensgesetze der Länder geregelt sei. Art. 35 GG begründet darüber hinaus eine *Amtshilfeverpflichtung* der Gerichte *gegenüber* dem Gutachterausschuss[1].

---
1 BR-Drucks. 575/85, S. 15.

Befugnisse des Gutachterausschusses § 197 BauGB III

Mit dem BauGB 2013 sind die Auskunftspflichten der Finanzbehörden über die Auskünfte zur Ermittlung von Ausgleichsbeträgen und Enteignungsentschädigungen hinaus auf **Auskünfte zur Ermittlung von Verkehrswerten und der für die Wertermittlung erforderlichen Daten einschließlich der Bodenrichtwerte** erweitert worden, soweit die Auskunftspflicht mit einem verhältnismäßigen Aufwand erfüllt werden kann und den Finanzbehörden die einschlägigen Verhältnisse der Grundstücke bekannt sind.

3

Die Regelungen werden ergänzt durch die §§ 208 und 209 BauGB, die aufgrund der Behördeneigenschaften des Gutachterausschusses Anwendung finden[2]. § 197 BauGB stellt **im Verhältnis zu den §§ 208 und 209 BauGB** eine Vorschrift dar, die lediglich die allgemeinen Regelungen dieser Vorschriften verdrängen (vgl. Rn. 33).

4

„§ 208 BauGB Anordnungen zur Erforschung des Sachverhalts

5

Die Behörden können zur Erforschung des Sachverhalts auch anordnen, dass

1. Beteiligte persönlich erscheinen,
2. Urkunden und sonstige Unterlagen vorgelegt werden, auf die sich ein Beteiligter bezogen hat,
3. Hypotheken-, Grundschuld- und Rentenschuldgläubiger die in ihrem Besitz befindlichen Hypotheken-, Grundschuld- und Rentenschuldbriefe vorlegen.

Für den Fall, dass ein Beteiligter der Anordnung nicht nachkommt, kann ein Zwangsgeld bis zu 500 Euro angedroht und festgesetzt werden. Ist Beteiligter eine juristische Person oder eine nichtrechtsfähige Personenvereinigung, so ist das Zwangsgeld dem nach Gesetz oder Satzung Vertretungsberechtigten anzudrohen und gegen ihn festzusetzen. Androhung und Festsetzung können wiederholt werden.

§ 209 BauGB Vorarbeiten auf Grundstücken

(1) Eigentümer und Besitzer haben zu dulden, dass Beauftragte der zuständigen Behörden zur Vorbereitung der von ihnen nach diesem Gesetzbuch zu treffenden Maßnahmen Grundstücke betreten und Vermessungen, Boden- und Grundwasseruntersuchungen oder ähnliche Arbeiten ausführen. Die Absicht, solche Arbeiten auszuführen, ist den Eigentümern oder Besitzern vorher bekannt zu geben. Wohnungen dürfen nur mit Zustimmung der Wohnungsinhaber betreten werden.

(2) Entstehen durch eine nach Absatz 1 zulässige Maßnahme dem Eigentümer oder Besitzer unmittelbare Vermögensnachteile, so ist dafür von der Stelle, die den Auftrag erteilt hat, eine angemessene Entschädigung in Geld zu leisten; kommt eine Einigung über die Geldentschädigung nicht zustande, so entscheidet die höhere Verwaltungsbehörde; vor der Entscheidung sind die Beteiligten zu hören. Hat eine Enteignungsbehörde den Auftrag erteilt, so hat der Antragsteller, in dessen Interesse die Enteignungsbehörde tätig geworden ist, dem Betroffenen die Entschädigung zu leisten; kommt eine Einigung über die Geldentschädigung nicht zustande, so setzt die Enteignungsbehörde die Entschädigung fest; vor der Entscheidung sind die Beteiligten zu hören."

Die Befugnisse nach § 197 BauGB stellen zudem eine **Ergänzung der allgemeinen verwaltungsverfahrensrechtlichen Regelungen dar**, nach denen der Gutachterausschuss als hoheitlich tätige Behörde verpflichtet ist, den Sachverhalt von Amts wegen zu erforschen (§§ 24 bis 26 VwVfG). Darüber hinaus finden auf die in § 197 Abs. 2 BauGB geregelte Amtshilfe die §§ 4 bis 18 VwVfG sowie die Verwaltungsverfahrensgesetze der Länder Anwendung.

6

---

2 Kalb in Ernst/Zinkahn/Bielenberg/Krautzberger, BauGB § 208 Rn. 7.

2 Umfang der Befugnisse des Gutachterausschusses (§ 197 Abs. 1 BauGB)

2.1 Allgemeines

▶ *Vgl. Rn. 18, 38*

7   Mit § 197 Abs. 1 BauGB werden drei Sachverhalte geregelt:

a) in *Satz 1:* **Auskunftsrechte des Gutachterausschusses** (vgl. Rn. 7),

b) in *Satz 2:* **Vorlagepflichten der Betroffenen** (vgl. Rn. 14) sowie

c) in *Satz 3:* **Duldungspflichten** der Betroffenen; Betretungsrechte des Gutachterausschusses (vgl. Rn. 18).

Wohnungen dürfen nach § 197 Abs. 1 Satz 4 BauGB nur mit Zustimmung der Wohnungsinhaber betreten werden.

Auskunfts-, Vorlage- und Duldungspflichten nach § 197 Abs. 1 BauGB werden durch Verwaltungsakte konkretisiert. Zur Durchsetzung vgl. Rn. 38.

2.2 Auskunftsrechte (§ 197 Abs. 1 Satz 1 BauGB)

8   Normativ gründet sich das Auskunftsrecht einerseits auf die Aufgabenzuweisung des § 193 BauGB, nach dem der Gutachterausschuss zur Erstattung von Gutachten, zur Führung und Auswertung der Kaufpreissammlung einschließlich der Ermittlung von Bodenrichtwerten und der sonstigen für die Wertermittlung erforderlichen Daten verpflichtet ist, und andererseits auf die Befugnisnorm des § 197 BauGB. Nach der „Kann-Bestimmung" des § 197 Abs. 1 Satz 1 BauGB kann der Gutachterausschuss **mündliche oder schriftliche Auskünfte** über „das Grundstück" einholen. Die Vorschrift lässt dabei offen, ob es sich dabei um Auskünfte über

– ein zu bewertendes Grundstück,

– ein als Vergleichsgrundstück in Betracht kommendes Grundstück oder um

– ein Grundstück handeln soll, das im Rahmen der Führung der Kaufpreissammlung nach § 195 BauGB ausgewertet werden soll.

9   Aus dem Nachsatz des § 197 Abs. 1 Satz 1 kann jedoch geschlossen werden, dass sich die Auskunftspflicht grundsätzlich auf ein zu bewertendes Grundstück beziehen soll. Nach dem Nachsatz kann der Gutachterausschuss Auskünfte über Vergleichsgrundstücke nur dann einholen, wenn dies zur Ermittlung von

– Geldleistungen im Umlegungsverfahren (§ 64 BauGB),

– Ausgleichsbeträgen (§ 154 BauGB) und

– von Enteignungsgrundstücken

erforderlich ist.

10   Der **Erhebungsumfang ist** im Hinblick auf datenschutzrechtliche Belange **auf den unerlässlichen Datenumfang beschränkt,** der zur sachlichen und zeitgerechten Aufgabenerfüllung erforderlich ist (Erforderlichkeitsprinzip des Datenschutzes).

11   Das Auskunftsrecht des Gutachterausschusses begründet zugleich eine **Auskunftspflicht** der in der Vorschrift genannten Personen. Zur Auskunft verpflichtet sind Sachverständige und Personen, „die Angaben über das Grundstück" machen können. Dies sind neben dem Eigentümer, dem Besitzer alle natürlichen, aber auch juristischen Personen, wie Mieter, Verwalter, dinglich Berechtigte, Banken und Behörden, wobei § 197 Abs. 2 Satz 2 BauGB die Auskunftspflicht der Finanzbehörden gegenüber dem Gutachterausschuss eingrenzt (vgl. Rn. 25).

Befugnisse des Gutachterausschusses § 197 BauGB III

Die **Auskunftspflicht der Betroffenen** kann ggf. mit Zwangsmitteln durchgesetzt werden (vgl. Rn. 38 ff.). Der Auffassung, dass § 197 Abs. 1 BauGB lediglich ein Auskunftsrecht und nicht eine Auskunftspflicht der betroffenen Grundeigentümer begründe, kann nicht gefolgt werden. Wenn nach § 197 Abs. 1 Satz BauGB der Eigentümer und der Inhaber von Rechten am Grundstück sogar zur Vorlage von Unterlagen verpflichtet ist, so kann das Auskunftsrecht nach Sinn und Zweck der Regelung nicht dahinter treten. Im Übrigen empfiehlt es sich, die datenschutzrechtlichen Aufklärungs- und Hinweispflichten bei der Einholung von Auskünften zu beachten (vgl. § 12 nordrh.-westf. DSG). 12

§ 197 BauGB geht über die Regelungen des § 208 Satz 1 Nr. 1 BauGB hinaus. Nach dieser Vorschrift ist der Beteiligte nur zum **persönlichen Erscheinen** und nicht zu einer Auskunft verpflichtet. Nach dem Vorhergesagten kann das persönliche Erscheinen angeordnet werden[3]. Der Gutachterausschuss hat indessen nicht das Recht, die Personen zu vernehmen, zu beeidigen oder von ihnen eine eidesstattliche Erklärung zu verlangen; dies kann der Gutachterausschuss nur im Wege der Rechts- und Amtshilfe durch ein ersuchtes Gericht vornehmen[4]. Bei falscher Auskunft kann sich ein vereidigter Sachverständiger nach § 353b StGB strafbar machen. Ansonsten kommt für unrichtige Auskünfte die Verhängung eines Bußgeldes nach § 213 Abs. 1 BauGB nicht in Betracht. 13

2.3 Vorlagepflichten der Betroffenen (§ 197 Abs. 1 Satz 2 BauGB)

Nach § 197 Abs. 1 Satz 2 BauGB kann der Gutachterausschuss verlangen, dass Eigentümer und sonstige Inhaber von Rechten an einem Grundstück die 14

– zur Führung der Kaufpreissammlung und
– zur Begutachtung (Erstattung von Gutachten)

notwendigen **Unterlagen** vorlegen.

Notwendige Unterlagen können insbesondere sein: 15

– Angaben über Mieten, Pachten und sonstige Nutzungsentgelte,
– Bewirtschaftungsdaten (§ 19 ImmoWertV),
– Angaben über den baulichen Zustand von Gebäuden bis hin zu Kostenbelegen über die Herstellung, Instandhaltung, Modernisierung und Schadensbeseitigungsmaßnahmen,
– Baugenehmigungen.

Auch wenn die Vorschrift im Unterschied zu § 193 Abs. 5 BauGB nur auf Unterlagen zur „Führung" und nicht auch zur **Auswertung der Kaufpreissammlung** abstellt, fallen alle hierzu erforderlichen Unterlagen unter die Vorlagepflicht. 16

§ 208 Satz 1 Nr. 2 BauGB ergänzt die Regelung durch die **Verpflichtung Dritter, Unterlagen vorzulegen.** 17

2.4 Duldungspflichten der Betroffenen; Betretungsrechte (§ 197 Abs. 1 Satz 3 und 4 BauGB)

Nach § 197 Abs. 1 **Satz 3** BauGB haben Eigentümer, Inhaber vergleichbarer Rechte (§ 200 Abs. 2 BauGB) und Besitzer des Grundstücks zu dulden[5], dass Grundstücke 18

– zur Auswertung von Kaufpreisen und
– zur Vorbereitung von Gutachten

betreten werden. **Wohnungen dürfen** allerdings **nur mit Zustimmung der Wohnungsinhaber betreten werden.**

---

3 Dieterich in Ernst/Zinkahn/Bielenberg/Krautzberger, BauGB § 197 Rn. 8; Schrödter, BauGB 6. Aufl. § 197 Rn. 2.
4 OLG Düsseldorf, Beschl. vom 8.1.1957 – 12 W 24/56 –, NJW 1957, 1036.
5 Zu diesem Begriff § 36 Abs. 2 Nr. 4 VwVerfG sowie § 6 Verwaltungsvollstreckungsgesetz.

19 Im Übrigen findet **§ 209 BauGB Anwendung** (vgl. Rn. 6). Die Vorschrift bestimmt:

„**§ 209 BauGB** Vorarbeiten auf Grundstücken

(1) Eigentümer und Besitzer haben zu dulden, dass Beauftragte der zuständigen Behörden zur Vorbereitung der von ihnen nach diesem Gesetzbuch zu treffenden Maßnahmen Grundstücke betreten und Vermessungen, Boden- und Grundwasseruntersuchungen oder ähnliche Arbeiten ausführen. Die Absicht, solche Arbeiten auszuführen, ist den Eigentümern oder Besitzern vorher bekannt zu geben. Wohnungen dürfen nur mit Zustimmung der Wohnungsinhaber betreten werden.

(2) Entstehen durch eine nach Absatz 1 zulässige Maßnahme dem Eigentümer oder Besitzer unmittelbare Vermögensnachteile, so ist dafür von der Stelle, die den Auftrag erteilt hat, eine angemessene Entschädigung in Geld zu leisten; kommt eine Einigung über die Geldentschädigung nicht zustande, so entscheidet die höhere Verwaltungsbehörde; vor der Entscheidung sind die Beteiligten zu hören. Hat eine Enteignungsbehörde den Auftrag erteilt, so hat der Antragsteller, in dessen Interesse die Enteignungsbehörde tätig geworden ist, dem Betroffenen die Entschädigung zu leisten; kommt eine Einigung über die Geldentschädigung nicht zustande, so setzt die Enteignungsbehörde die Entschädigung fest; vor der Entscheidung sind die Beteiligten zu hören."

20 Unter den Voraussetzungen des § 209 Abs. 2 BauGB ist eine **Entschädigung für Vermögensnachteile** infolge der Ausübung von Vorarbeiten auf dem Grundstück zu gewähren.

21 **Vor der Besichtigung sind der Eigentümer und der Besitzer zu benachrichtigen;** die Benachrichtigung kann auch mündlich erfolgen[6].

22 Fraglich bleibt, ob die gesetzliche Duldungspflicht ausreichend oder darüber hinaus der Erlass eines Verwaltungsaktes erforderlich ist[7], der die zunächst jedermann treffende Duldungspflicht konkretisiert. *Stelkens* vertritt hierzu die Auffassung, dass die Behörde in jedem Fall dann einen **Verwaltungsakt zur Konkretisierung der Duldungspflicht erlassen** muss, wenn sie die Duldungspflicht zwangsweise durchsetzen will, wenn es also als Vollstreckungstitel oder auch nur zur Klarstellung der Rechtslage erforderlich wird[8].

23 Im **Zwangsversteigerungsverfahren** können das Gericht und der Sachverständige den Zutritt nicht erzwingen[9].

24 Mit dem **eingeschränkten Betretungsrecht für Wohnungen** wird dem Grundrecht der Unverletzlichkeit der Wohnung (Art. 13 GG) Rechnung getragen. Im gerichtlichen Verfahren darf das Betreten einer Wohnung durch einen Sachverständigen, der vom Gericht im Rahmen eines schwebenden Zivilprozesses bestellt worden ist, grundsätzlich nur nach vorheriger Anhörung der Wohnungsinhaber angeordnet werden[10].

---

6 Fislake im BerlKom § 209 Rn. 10.
7 So OVG Saarland, Beschl. vom 23.12.1977 – 2 W 129/77 –, NJW 1978, 1598 = EzGuG 11.111b; OVG Berlin, Urt. vom 24.11.1987 – 2551/87 –, NVwZ 1988, 844 = BRS Bd. 47 Nr. 189; VGH München, Urt. vom 10.4.1986 – 8 B 85 A.630 –, BRS Bd. 46 Nr. 199; vgl. VG Berlin, Beschl. vom 19.6.1984 – 13 A 455/81 –, EzGuG 11.142s.; OVG Münster, Urt. vom 27.10.1981 – 11 A 1757/79 –, im Falle einer Betretung durch die Naturschutzbehörde bzw. zum Gebot nach LBauO.
8 Forsthoff, Lehrbuch des Verwaltungsrechts, § 15. 3; Stelkens in NuR 1983, 261.
9 Steiner/Storz, Zwangsversteigerungsrecht, 9. Aufl. 1984/86, § 74a Rn. 86; OLG Koblenz, Beschl. vom 5.12.1967 – 4 W 476/67 –, NJW 1968, 897 = EzGuG 11.60a.
10 BVerfG, Beschl. vom 5.5.1987 – 1 BvR 1113/85 –, NJW 1987, 2500 = EzGuG 11.164; BVerfG, Urt. vom 13.10.1971 – 1 BvR 280/66 –, BVerfGE 32, 54; BVerfG, Urt. vom 3.4.1979 – 1 BvR 994/76 –, BVerfGE 51, 79; Redeker in DVBl 1981, 83.

3 Amtshilfe

3.1 Rechts- und Amtshilfepflichten gegenüber dem Gutachterausschuss (§ 197 Abs. 2 BauGB)

▶ *§ 195 BauGB Rn. 80 ff.*

Nach § 197 Abs. 2 Satz 1 BauGB haben alle Gerichte und Behörden dem Gutachterausschuss Rechts- und Amtshilfe zu leisten (vgl. Rn. 2 und Art. 35 GG). Darüber hinaus wird mit § 7 Abs. 2 NutzEV klargestellt, dass diese Amtshilfepflicht auch für Gemeinden zum Zwecke der Ermittlung des ortsüblichen Entgelts nach der **NutzEV** gilt. Daneben sind die für die Anzeige von Landpachtverträgen zuständigen Behörden nach § 5 Abs. 2 Satz 2 **BKleingG** verpflichtet, auf Antrag des Pächters oder Verpächters eines Kleingartens Auskünfte über die ortsüblichen Pachtzinsen im erwerbsmäßigen Obst- und Gemüseanbau zu erteilen. 25

Vergleichbare **Regelungen enthalten** auch **die §§ 4 bis 8 VwVfG, die §§ 156 ff. GVG und § 14 VwVO**. Im Hinblick auf diese Regelungen hat der Gesetzgeber § 152 BBauG 76 gestrichen, der allgemein die Rechts- und Amtshilfe bei der Durchführung des Städtebaurechts ausdrücklich regelte. Wegen des spezialrechtlichen Regelungsgehalts des § 197 Abs. 2 BauGB über die dem Gutachterausschuss zu leistende Rechts- und Amtshilfe wurde diese Vorschrift nicht durch Art. 49 Nr. 4 des Ersten Gesetzes zur Bereinigung des Verwaltungsverfahrensrechts vom 18.2.1986 (BGBl. I 1986, 265) gestrichen[11]. Gestützt auf § 197 Abs. 2 BauGB können u. a. Auskünfte über Mieten bei einer Wohngeldstelle eingeholt werden[12]. 26

Die **Auskunftspflicht der Finanzbehörden** erstreckt sich nach § 197 Abs. 2 Satz 2 BauGB auf Auskünfte über Grundstücke zur Ermittlung von 27

a) Ausgleichsbeträgen nach den §§ 154 f. BauGB,

b) Enteignungsentschädigungen,

c) Verkehrswerten (Marktwerten) und

d) zur Ableitung der für die Wertermittlung erforderlichen Daten einschließlich der Bodenrichtwerte.

Die **Auskunft** wird **auf Ersuchen des Gutachterausschusses** erteilt und nur insoweit, wie 28

– die Auskunft für die vorstehenden Zwecke erforderlich ist,

– die Verhältnisse der Grundstücke der Finanzbehörde bekannt sind und

– die Erteilung der Auskunft nicht mit einem unverhältnismäßigen Aufwand verbunden ist (§ 197 Abs. 2 Satz 3 BauGB).

Die **Erteilung von Auskünften über Grundstücke zur Ermittlung von Verkehrswerten und der für die Wertermittlung erforderlichen Daten einschließlich der Bodenrichtwerte** ist erst mit dem BauGB 2013 in die Vorschrift eingeführt worden und wurde in der RegVorl[13] damit begründet, dass „Bodenrichtwerte und die sonstigen zur Wertermittlung erforderlichen Daten steuerartenübergreifend, insbesondere für die Grundbesitzbewertung für Zwecke der Erbschaftsteuer, benötigt" werden. Namentlich bei einheitlichen Kaufverträgen käme „es mangels wirtschaftlicher Kaufpreisaufteilung zu Fehlern in der Führung und Auswertung der Kaufpreissammlung und infolgedessen bei der Ermittlung der Bodenrichtwerte. Soweit die Finanzverwaltung beispielsweise im Bereich der Land- und Forstwirtschaft unter wirtschaftlichen Gesichtspunkten Kaufpreisaufteilungen vornehme, könne sie ihre Ermitt- 29

---

11 BT-Drucks. 10/1232, S. 84, und BT-Drucks. 10/4630, S. 154; zum Auskunftsrecht in Sanierungsgebieten vgl. § 138 BauGB.
12 Nds. LT-Drucks. 11/740, Nr. 18.3.
13 BR-Drucks. 474/12.

III § 197 BauGB — Befugnisse des Gutachterausschusses

lungsergebnisse künftig den Gutachterausschüssen zur Verfügung stellen. Dadurch werde der Gleichmäßigkeit der Besteuerung in angemessener Weise Rechnung getragen."

30 In der **Stellungnahme des Bundesrates**[14] wurde ergänzend darauf hingewiesen, dass ein Auskunftsbedürfnis vor allem auch bei Anwendung des Ertragswert- und des Vergleichswertverfahrens auf der Grundlage von Ertragsfaktoren i. S. des § 13 ImmoWertV sowie bei der Bodenrichtwertermittlung in kaufpreisarmen Innenstadtlagen nach dem Mietsäulenverfahren bestünde. „Alle diese Verfahren benötigen gesicherte Erkenntnisse über ortsübliche marktkonforme Mieten. Die Erkenntnisse aus Kauffällen und aus wenig spezifizierten Mietangeboten in Internetportalen reichen vielfach nicht aus. Um gesicherte Erkenntnisse zu gewinnen, sind teilweise spezielle Mieterhebungen erforderlich. Um diese Mieterhebungen auf einer einwandfreien rechtlichen Grundlage durchführen zu können, bedarf es eines entsprechenden Auskunftsrechts."

31 Mit der Auskunftserteilung nach § 197 Abs. 2 BauGB ist eine Lockerung des Steuergeheimnisses (vgl. § 30 AO) verbunden. Der Gesetzgeber wollte deshalb die Auskunftspflicht auf die Fälle beschränken, wo ein **öffentliches Interesse an der Auskunftspflicht** besteht. Ein öffentliches Interesse ist gegeben im Falle der Auskunftserteilung zur Ermittlung von Ausgleichsbeträgen, Enteignungsentschädigungen sowie aus den vorstehend genannten Gründen auch zur Ableitung der für die Wertermittlung erforderlichen Daten einschließlich der Bodenrichtwerte. Ein öffentliches Interesse ist dagegen nicht gegeben, wenn nach § 192 Abs. 2 Satz 2 BauGB von den Finanzbehörden Auskünfte zum Zwecke einer privatwirtschaftlich veranlassten Ermittlung des Verkehrswerts eines Grundstücks oder eines Rechts an einem Grundstück nach § 193 Abs. 1 Nr. 3 BauGB erteilt werden sollen, auch wenn die Auskunft dafür erforderlich wäre.

32 Die Finanzbehörde erteilt nach § 197 Abs. 2 BauGB erst auf Ersuchen die Auskunft, und zwar ausdrücklich nur soweit dies erforderlich ist. Damit wird gewährleistet, dass die Finanzverwaltung Auskünfte nur zum Zwecke der Erfüllung der in dieser Vorschrift genannten gesetzlichen Aufgaben der Gutachterausschüsse erteilt. Darüber hinaus wird nach § 197 Abs. 2 Satz 2 BauGB eine Auskunft nur erteilt, soweit dies nicht mit einem unverhältnismäßigen Aufwand verbunden ist. Ein **ständiger Zugriff der Gutachterausschüsse für Grundstückswerte auf die Daten der Finanzverwaltung ist damit ausgeschlossen.**

33 Die **Verwendung dieser Auskünfte** muss nach denselben Grundsätzen der Geheimhaltung erfolgen, wie sie für die Finanzverwaltung gelten.

3.2 Amtshilfe durch den Gutachterausschuss

▶ § 195 BauGB Rn. 80 ff.; § 192 BauGB Rn. 67, 74

34 Nach § 4 Abs. 1 VwVfG leistet jede Behörde anderen Behörden Amtshilfe. Da der Gutachterausschuss für Grundstückswerte als Behörde zu qualifizieren ist (vgl. § 192 BauGB Rn. 2), wäre von daher eine Amtshilfepflicht des Gutachterausschusses abzuleiten, zumal er darüber hinaus hoheitlich tätig wird.

35 Der Gesetzgeber hat jedoch im **Gutachterausschuss für Grundstückswerte** eine Behörde sui generis gesehen, die abweichend von § 4 Abs. 1 VwVfG nicht zur Amtshilfe und infolgedessen **nicht zur kostenlosen Erstattung von Gutachten für andere Behörden** verpflichtet ist. Dies folgt aus § 193 Abs. 1 Satz 1 Nr. 1, 2 und 4 BauGB, der die antragsberechtigten Behörden aufzählt und im Umkehrschluss hierzu andere Behörden vom Antragsrecht ausschließt. Der Gesetzgeber hat damit das allgemeine Recht auf Amtshilfeersuchen durch ein Antragsrecht ersetzt. Die auf Antrag von Behörden erstatteten Gutachten sind damit kostenpflichtig. Dieser Antrag ist nach Auffassung des LG Berlin einem Amtshilfeersuchen gleich

---

14 BT-Drucks. 17/11468.

Befugnisse des Gutachterausschusses § 197 BauGB III

zu achten[15]. Besondere Regelungen enthalten landesrechtliche Regelungen bei Amtshandlungen nach dem Grundsatz der Gegenseitigkeit (vgl. § 192 BauGB Rn. 67, 74).

Aus vorstehenden Gründen ist der **Gutachterausschuss** für Grundstückswerte auch **nicht befugt, im Wege der Amtshilfe personenbezogene Daten anderen Behörden preiszugeben** (vgl. § 195 BauGB Rn. 80 ff.).   36

Davon **unberührt** ist die **Verpflichtung** der Behörde „Gutachterausschuss" **zur Erteilung von Auskünften und Akteneinsicht nach § 99 VwGO**.   37

4   Rechtsmittel

▶ *Vgl. Rn. 5 ff. und Rn. 12; § 192 BauGB Rn. 2*

Wie vorstehend erläutert wurde, begründet § 197 BauGB einerseits eine Auskunfts- und Vorlagepflicht der Betroffenen und andererseits einen Rechtsanspruch des Gutachterausschusses. Das **Auskunftsverlangen des Gutachterausschusses stellt einen Verwaltungsakt dar,** gegen den Rechtsmittel zulässig sind (vgl. §§ 68 und 41 VwGO, ggf. § 80 Abs. 2 Nr. 4 VwGO).   38

Der Gutachterausschuss ist eine Behörde (vgl. § 192 BauGB Rn. 2), die entsprechend dieser Vorschrift nach § 208 BGB (vgl. Rn. 5) ein **Zwangsgeld zur Durchsetzung ihres Auskunftsrechts** androhen und festsetzen kann.   39

Im Übrigen finden zur Durchsetzung der Befugnisse des Gutachterausschusses die **Verwaltungsvollstreckungsgesetze der Länder** Anwendung (vgl. § 70 Abs. 1 nds. VwVG)[16].   40

Der Verwaltungsakt, mit dem der Gutachterausschuss Maßnahmen nach § 197 Abs. 1 BauGB durchsetzen will, ist nach § 211 BauGB mit einer **Rechtsmittelbelehrung** zu versehen. Widerspruchs- und Anfechtungsklage haben aufschiebende Wirkung, soweit nicht nach § 80 Abs. 2 Nr. 4 VwGO seine sofortige Vollziehung angeordnet wird. Ob für die Anfechtungsklage die Verwaltungsgerichte oder die Baulandgerichte zuständig sind, ist strittig[17].   41

---

15   LG Berlin, Beschl. vom 16.9.1963 – (18) 0.18/61 –, NJW 1964, 672 = EzGuG 11.37.
16   Krautzberger in Battis/Krautzberger/Löhr, BauGB § 191 Rn. 6; Dieterich in Ernst/Zinkahn/Bielenberg, BauGB § 197 Rn. 19.
17   Näheres hierzu Schrödter, BauGB § 197 Rn. 7.

III § 198 BauGB Oberer Gutachterausschuss

§ 198
Oberer Gutachterausschuss

(1) Für den Bereich einer oder mehrerer höherer Verwaltungsbehörden sind Obere Gutachterausschüsse oder Zentrale Geschäftsstellen zu bilden, wenn in dem Bereich der höheren Verwaltungsbehörde mehr als zwei Gutachterausschüsse gebildet sind. Auf die Oberen Gutachterausschüsse sind die Vorschriften über die Gutachterausschüsse entsprechend anzuwenden.

(2) Der Obere Gutachterausschuss oder die Zentrale Geschäftsstelle haben insbesondere die Aufgabe, überregionale Auswertungen und Analysen des Grundstücksmarktgeschehens zu erstellen, auch um zu einer bundesweiten Grundstücksmarkttransparenz beizutragen. Ist nach Absatz 1 kein Oberer Gutachterausschuss oder keine Zentrale Geschäftsstelle zu bilden, gilt Satz 1 für die Gutachterausschüsse entsprechend.

(3) Der Obere Gutachterausschuss hat auf Antrag eines Gerichts ein Obergutachten zu erstatten, wenn schon das Gutachten eines Gutachterausschusses vorliegt.

Gliederungsübersicht Rn.
1 Übersicht 1
2 Einrichtung Oberer Gutachterausschüsse oder Zentraler Geschäftsstellen (§ 198 Abs. 1 BauGB)
   2.1 Allgemeines 3
   2.2 Oberer Gutachterausschuss
      2.2.1 Allgemeines 8
      2.2.2 Geschäftsstelle des Oberen Gutachterausschusses 12
   2.3 Zentrale Geschäftsstelle 15
   2.4 Überblick über die Landeseinrichtungen 17
3 Aufgaben des Oberen Gutachterausschusses und der Zentralen Geschäftsstellen (§ 198 Abs. 2 BauGB)
   3.1 Überregionale Marktanalysen (§ 198 Abs. 2 Satz 1 BauGB) 19
   3.2 Marktanalysen durch Gutachterausschüsse (§ 198 Abs. 2 Satz 2 BauGB) 24
   3.3 Erstattung von Obergutachten (§ 198 Abs. 3 BauGB)
      3.3.1 Allgemeines 25
      3.3.2 Antragsberechtigung 26
      3.3.3 Rechtliche Bedeutung des Obergutachtens 32

1 Übersicht

1 Die Vorschrift regelt die Einrichtung Oberer Gutachterausschüsse oder Zentraler Geschäftsstellen und ihre Aufgaben. Sie sollen insbesondere überregionale **Auswertungen und Analysen des Grundstücksmarktgeschehens** erstellen (Abs. 2). Der Obere Gutachterausschuss hat darüber hinaus die Aufgabe, auf Antrag eines Gerichts ein **Obergutachten** zu erstatten, wenn schon das Gutachten eines Gutachterausschusses vorliegt (§ 198 Abs. 3 BauGB). Vornehmlich aus diesem Grunde sind nach § 198 Abs. 1 Satz 2 BauGB die Vorschriften über die Gutachterausschüsse auf die Oberen Gutachterausschüsse entsprechend anzuwenden.

2 Darüber hinaus sind die Länder mit § 199 Abs. 2 Nr. 1, 6 und 7 BauGB ermächtigt worden, **weitere Bestimmungen** über

1. die Bildung und das „Tätigwerden" der Oberen Gutachterausschüsse und der Zentralen Geschäftsstelle,

2. die Übertragung weiterer in § 198 Abs. 2 BauGB nicht genannter Aufgaben auf den Oberen Gutachterausschuss und

3. die Entschädigung der Mitglieder des Oberen Gutachterausschusses

zu erlassen.

2 Einrichtung Oberer Gutachterausschüsse oder Zentraler Geschäftsstellen (§ 198 Abs. 1 BauGB)

2.1 Allgemeines

▶ *Vgl. § 199 Rn. 25 ff.*

§ 198 **Abs. 1 Satz 1 BauGB gibt den Ländern auf,** für den Bereich einer oder mehrerer höherer Verwaltungsbehörden (Regierungspräsident) 3

– entweder **Obere Gutachterausschüsse**

– *oder* **Zentrale Geschäftsstellen**

mit den in § 198 Abs. 2 Satz 1 und Abs. 3 BauGB konkretisierten Aufgaben **einzurichten.**

Zur Einrichtung von Oberen Gutachterausschüssen oder Zentralen Geschäftsstellen sind die Länder erst durch das Erbschaftsteuerreformgesetz 2008[1] verpflichtet worden. Nach dem bis zum 1.7.2009 geltenden Recht waren die Länder lediglich zur Einrichtung Oberer Gutachterausschüsse ermächtigt, ohne davon Gebrauch machen zu müssen. Die alternative Einrichtung Zentraler Geschäftsstellen war bis zum 1.7.2009 bundesrechtlich nicht vorgesehen[2]. 4

Die Verpflichtung zur Einrichtung Oberer Gutachterausschüsse oder Zentraler Geschäftsstellen besteht nach § 198 Abs. 1 Satz 1 Halbsatz 2 BauGB nur, wenn in dem Bereich der höheren Verwaltungsbehörde mehr als zwei Gutachterausschüsse gebildet sind. Damit sind die **Stadtstaaten** (*Berlin, Bremen* und *Hamburg*) von der Verpflichtung ausgenommen. 5

Die Möglichkeit, an Stelle von Oberen Gutachterausschüssen „Zentrale Geschäftsstellen der Gutachterausschüsse" einzurichten, wurde den Ländern eingeräumt, nachdem sie im Rahmen der Erbschaftsteuerreform 2009 der von der BReg[3] vorgesehenen Verpflichtung zur flächendeckenden Einrichtung von Oberen Gutachterausschüssen im Gesetzgebungsverfahren widersprochen haben. Die Länder haben diese Verpflichtung insbesondere nicht für erforderlich angesehen, um die **Bodenrichtwertermittlung** zu vereinheitlichen und die Abstimmung zwischen den örtlichen Gutachterausschüssen zu verbessern und insbesondere auch bei örtlich unzureichender Datengrundlage aus regionalen und überregionalen Daten flächendeckende Daten für die Wertermittlung ableiten zu können. Nach Auffassung der Länder könne eine Vereinheitlichung der Bodenrichtwertermittlung nicht vom Oberen Gutachterausschuss geleistet werden, weil ihm „keinerlei Kontroll- und Weisungsbefugnis gegenüber den örtlichen Gutachterausschüssen zustehe"[4]. Im weiteren Gesetzgebungsverfahren wurde deswegen den Ländern alternativ die Möglichkeit eingeräumt, zentrale Geschäftsstellen nach hessischem Vorbild zu bilden[5]. 6

Der **Obere Gutachterausschuss und die Zentrale Geschäftsstelle haben** im Übrigen **keine Fachaufsicht** oder allgemeine Weisungsbefugnis gegenüber den örtlichen Gutachterausschüssen. Die Geschäftsstellen des örtlichen Gutachterausschusses wirken jedoch im Wege der Amtshilfe an den vom Oberen Gutachterausschusses bzw. der Zentralen Geschäftsstelle zu erfüllenden Aufgaben mit. 7

---

1 Art. 4 des Erbschaftsteuerreformgesetzes (ErbStRG) vom 24.12.2008 (BGBl. I 2008, 3018). Die Vorschrift ist nach Art. 6 ErbStRG am 1.7.2009 in Kraft getreten. Zu alledem vgl. BT-Drucks. 16/7918 vom 28.1.2008, S. 48 zu Nr. 3.
2 Die Einrichtung von Oberen Gutachterausschüssen geht auf die Novellierung des BBauG im Jahre 1976 zurück (§ 137a BBauG); vgl. BT-Drucks. 7/4793 zu § 137a).
3 BT-Drucks. 16/7918, S. 22, 48.
4 BT-Drucks. 16/8547, S. 11.
5 BT-Drucks. 16/8547, S. 13.

III § 198 BauGB — Oberer Gutachterausschuss

2.2 Oberer Gutachterausschuss

2.2.1. Allgemeines

8 Der Obere Gutachterausschuss ist wie die nach § 192 BauGB eingerichteten Gutachterausschüsse für Grundstückswerte als eine selbstständige und unabhängige Behörde einzuordnen (vgl. § 192 BauGB Rn. 2). Er setzt sich zusammen aus einem Vorsitzenden und ehrenamtlichen weiteren Gutachtern. Er **unterscheidet sich von der** mit § 198 Abs. 1 BauGB alternativ zugelassenen **Zentralen Geschäftsstelle insbesondere darin, dass die Mitglieder des Oberen Gutachterausschusses**

– in der Ermittlung von Grundstückswerten oder sonstigen Wertermittlungen sachkundig und erfahren sein müssen und

– ihre Aufgaben unabhängig und selbstständig wahrnehmen.

Dies ergibt sich aus § 198 Abs. 2 Satz 2 BauGB, nach dem die Vorschriften über die Gutachterausschüsse nur auf den Oberen Gutachterausschuss und nicht auch auf die Zentrale Geschäftsstelle entsprechend anzuwenden sind. Dementsprechend wird mit § 198 Abs. 3 BauGB nur dem Oberen Gutachterausschuss die Aufgabe zugewiesen, auf Antrag eines Gerichts ein Obergutachten zu erstatten, wenn schon das Gutachten eines Gutachterausschusses vorliegt.

9 Die „entsprechende" Anwendung der Vorschriften über die Gutachterausschüsse bedeutet u. a., dass die Vorschriften nur insoweit auf den Oberen Gutachterausschuss anzuwenden sind, wie es dessen Aufgabenbereich entspricht. Der Obere Gutachterausschuss hat im Rahmen der Erfüllung seiner Aufgaben beispielsweise die Befugnisse nach § 197 BauGB. Die Mitglieder des Oberen Gutachterausschusses unterliegen – wie die der Gutachterausschüsse selbst – der Verpflichtung, ihnen bekannt gewordene (personenbezogene) Daten geheim zu halten, und dürfen nicht hauptamtlich mit der Verwaltung der Grundstücke der Gebietskörperschaft, für deren Bereich der Gutachterausschuss gebildet ist, befasst sein.

10 Weitere Vorgaben für die Bildung und das Tätigwerden der Oberen Gutachterausschüsse einschließlich der ihnen ergänzend übertragenen weiteren Aufgaben sowie die Entschädigung der Mitglieder des Oberen Gutachterausschusses ergeben sich aus den nach § 199 Abs. 2 BauGB erlassenen **Gutachterausschussverordnungen der Länder**.

11 **Von der Ermächtigung** ist wie folgt Gebrauch gemacht worden:

a) *Erstattung von Obergutachten auf Antrag einer Behörde in einem gerichtlichen Verfahren,* wenn das Gutachten eines Gutachterausschusses bereits vorliegt[6];

b) *Erstattung von Obergutachten für einen nach § 193 Abs. 1 BauGB Antragsberechtigten*, wenn für das Obergutachten eine bindende Wirkung bestimmt oder vereinbart worden ist[7];

c) *Erarbeitung eines Landesgrundstücksmarktberichtes*[8];

d) *Erarbeitung von Übersichten und Analysen*[9];

e) *Empfehlungen zu besonderen Problemstellungen* für die Gutachterausschüsse[10];

f) *Erarbeitung von verbindlichen Standards für die Auswertung der wesentlichen Daten aus der Kaufpreissammlung*[11];

---

[6] § 23 Abs. 1 nordrh.-westf. GutachterausschussVO; § 20 thür. GutachterausschussVO; § 21 GutachterausschussVO LSA.
[7] § 25 nds. DVO-BauGB; § 23 Abs. 1 nordrh.-westf. GutachterausschussVO.
[8] § 20 thür. GutachterausschussVO; § 23 Abs. 4 nordrh.-westf. GutachterausschussVO; § 21 GutachterausschussVO LSA.
[9] § 20 thür. GutachterausschussVO.
[10] § 20 thür. GutachterausschussVO.
[11] § 23 Abs. 2 nordrh.-westf. GutachterausschussVO.

g) *Beratung der Gutachterausschüsse*[12];

h) *Unterstützung der Aus- und Fortbildung der Gutachterausschüsse*[13];

i) *Führung eines Bodenrichtwertinformationssystems*[14];

j) *Obergutachten auf Antrag einer für die Vorbereitung, Durchführung, Abwicklung oder Förderung städtebaulicher Sanierungsmaßnahmen zuständigen Behörde*, wenn ein Gutachten des Gutachterausschusses bereits vorliegt[15];

k) *Datensammlung und Auswertung von Kaufpreisobjekten, die bei den Gutachterausschüssen nur vereinzelt auftreten.*

2.2.2 Geschäftsstelle des Oberen Gutachterausschusses

Der Obere Gutachterausschuss bedient sich in entsprechender Anwendung des § 192 Abs. 4 BauGB einer **Geschäftsstelle**, der insbesondere die Geschäfte der laufenden Verwaltung des Oberen Gutachterausschusses obliegen und die nach Weisung des Oberen Gutachterausschusses das Grundstücksmarktgeschehen überregional auswertet und analysiert, Landesgrundstücksmarktberichte sowie die vom Oberen Gutachterausschuss zu erstattenden Obergutachten vorbereitet. Die endgültige Auswertung und Analyse des Grundstücksmarktgeschehens und deren Zusammenfassung im Landesmarktbericht sowie die Erstattung der Obergutachten bleibt aber in der Verantwortung des Oberen Gutachterausschusses.

Des Weiteren kann die Geschäftsstelle[16] beauftragt werden,

– Daten von Objekten zu sammeln, die bei den Gutachterausschüssen nur vereinzelt vorhanden sind, sie auszuwerten und bereitzustellen (z. B. § 15 bbg. GAV; § 24 nds. DVO-BauGB; § 23 Abs. 2 nordrh.-westf. GAVO; § 22 thür. GutVO),

– zur Sicherstellung der Einheitlichkeit der Tätigkeit der Gutachterausschüsse des Landes im Einvernehmen mit den Vorsitzenden Mitgliedern der Gutachterausschüsse verbindliche Standards für die Auswertung der wesentlichen Daten aus der Kaufpreissammlung zu erarbeiten (§ 23 Abs. 2 nordrh.-westf. GAVO).

Eine umfangreiche Aufgabenzuweisung enthalten § 23 der meckl.-vorp. GutachterausschussVO, § 18 der rh.-pf. GutVO und § 23 der sächs. GutachterausschussVO.

2.3 Zentrale Geschäftsstelle

Die Zentrale Geschäftsstelle ist eine **Einrichtung des Landes**, die nach § 198 Abs. 2 Satz 1 BauGB insbesondere überregionale Auswertungen und Analysen des Grundstücksmarktgeschehens erstellen soll. Das Nähere über die Bildung und das Tätigwerden der Zentralen Geschäftsstelle zu regeln, ist nach § 199 Abs. 2 Nr. 1 den Landesregierungen vorbehalten.

Zentrale Geschäftsstellen sind in Hessen und im Saarland eingerichtet worden. Nach § 10 Abs. 2 der hess. GutachterausschussVO nimmt die Zentrale Geschäftsstelle folgende **Aufgaben** wahr:

(2) Die zentrale Geschäftsstelle legt in Abstimmung mit den Geschäftsstellen der Gutachterausschüsse verbindliche Standards im Hinblick auf die Bereitstellung eines aktuellen, flächendeckenden und einheitlichen Datenangebots fest. Sie ist zentrale Ansprechstelle für Informationen über die Gesamtheit der Gutachterausschüsse und hat insbesondere

1. die landesweite Einheitlichkeit der von den Gutachterausschüssen zu erhebenden und von den Geschäftsstellen geführten Daten und erstellten Produkte sicherzustellen,

---

12 § 23 Abs. 5 nordrh.-westf. GutachterausschussVO.
13 § 23 Abs. 5 nordrh.-westf. GutachterausschussVO.
14 § 23 bbg. GutachterausschussVO; § 23 Abs. 6 nordrh.-westf. GutachterausschussVO.
15 § 25 Nr. 2 nds. DVO-BauGB; RdErl. des nds. MS vom 2.5.1988 – 301 – 21013 –, Nds. MBl. 1988, 547, Nr. 228, 2.3; vgl. auch GemRdErl. vom 15.12.1978, Nds. MBl. 1979, 18.
16 Zu den Motiven vgl. BT-Drucks. 16/11107, S. 24; BT-Drucks. 16/8547 S. 13 sowie BT-Drucks. 16/7918, S. 48.

2. Daten zu Kaufpreisobjekten, die in den Gutachterausschüssen nur vereinzelt auftreten, zu sammeln, auszuwerten und bereitzustellen,
3. die Abgabe von Daten, die den räumlichen Zuständigkeitsbereich eines einzelnen Gutachterausschusses überschreiten, an Dritte zu koordinieren und sicherzustellen,
4. den Grundstücksmarktbericht für das Land Hessen sowie sonstige Übersichten und Analysen zu erstellen und zu vertreiben,
5. verbindliche Standards und Geschäftsmodelle für die Datenvermarktung durch Dritte zu entwickeln,
6. die landesweite Öffentlichkeitsarbeit zu koordinieren und durchzuführen,
7. die generalisierten Bodenwerte nach § 15 Abs. 4 zu veröffentlichen,
8. den zentralen Internetauftritt sowie die Möglichkeit eines Online-Datenabrufs einzurichten und zu betreuen,
9. wertrelevante Daten in Form von Indexreihen, Umrechnungskoeffizienten, Liegenschaftszinssätzen, Marktanpassungsfaktoren und Vergleichsfaktoren landesweit aufzubereiten,
10. die Gutachterausschüsse und Geschäftsstellen bei der Fortbildung zu unterstützen.

2.4 Überblick über die Landeseinrichtungen

17 Die Länder sind der Pflicht zur Einrichtung von Oberen Gutachterausschüssen oder Zentralen Geschäftsstellen wie folgt nachgekommen:

– In *Brandenburg* ist ein Oberer Gutachterausschuss für den Bereich des Landes gebildet worden (§ 21 Abs. 1 GAV). Die Mitglieder des Oberen Gutachterausschusses werden vom Ministerium des Innern bestellt und sollen Mitglieder eines Gutachterausschusses sein. Als Mitglied des Oberen Gutachterausschusses können auch Bedienstete des Landes bestellt werden. Von der Mitwirkung an einem Obergutachten ist ein Gutachter des Oberen Gutachterausschusses jedoch ausgeschlossen, wenn er an dem Gutachten des örtlich zuständigen Gutachterausschusses mitgewirkt hat.

– In *Hessen* ist an Stelle eines Oberen Gutachterausschusses gemäß § 10 der GutachterausschussVO eine „**Zentrale Geschäftsstelle der Gutachterausschüsse für Grundstückswerte** des Landes Hessen – ZGGH" beim Hessischen Landesamt für Bodenmanagement und Geoinformation eingerichtet worden.

– In *Mecklenburg-Vorpommern* ist der Obere Gutachterausschuss für Grundstückswerte am 1.2.2012 gebildet worden.

– In *Nordrhein-Westfalen* ist gemäß § 21 GAVO NW für den Bereich des Landes ein Oberer Gutachterausschuss gebildet worden. Die Mitglieder des Oberen Gutachterausschusses werden vom Innenministerium für die Dauer von fünf Jahren bestellt. Sie sollen Mitglieder eines Gutachterausschusses sein. Von der Mitwirkung an einem Obergutachten sind sie aber ausgeschlossen, wenn sie an dem Gutachten des örtlich zuständigen Gutachterausschusses mitgewirkt haben.

– In *Niedersachsen* wurde ein Oberer Gutachterausschuss für den Bereich des Landes gebildet. Die Mitglieder der Oberen Gutachterausschüsse werden von den Bezirksregierungen für die Dauer von fünf Jahren bestellt. Sie können gleichzeitig einem Gutachterausschuss angehören. Von der Mitwirkung an einem Obergutachten sind sie ausgeschlossen, wenn sie an dem Gutachten des örtlich zuständigen Gutachterausschusses mitgewirkt haben[17].

– In *Rheinland-Pfalz* wurde für den Bereich des Landes ein Oberer Gutachterausschuss gebildet, dessen Mitglieder von dem für das Vermessungs- und Katasterwesen zuständigen Ministerium bestellt und abberufen werden (§§ 17 bis 21 GAAVO).

– Im *Saarland* ist mit § 17 GutachterausschussVO eine Zentrale Geschäftsstelle beim Landesamt für Kataster-, Vermessungs- und Kartenwesen eingerichtet worden. Sie ist zentrale Ansprechstelle für Informationen über die Gesamtheit der Gutachterausschüsse und hat insbesondere verbindliche Standards für die Bereitstellung eines aktuellen, flächendeckenden und landeseinheitlichen Datenangebots festzulegen, Daten zu Kaufpreisobjekten,

---

17 Hierzu RdErl. d. Nds. MS vom 6.3.1991 – 301 – 21013 –, GültL 392/19 –, Nds. MBl. 1991, 470 Tz. 404.

die in den Gutachterausschüssen nur vereinzelt auftreten, zu sammeln, auszuwerten und bereitzustellen, die von den Gutachterausschüssen nach § 193 Abs. 5 BauGB ermittelten sonstigen zur Wertermittlung erforderlichen Daten landesweit aufzubereiten und alljährlich einen Grundstücksmarktbericht zu veröffentlichen.

- In *Sachsen-Anhalt* wurde für den Bereich des Landes ein Oberer Gutachterausschuss gebildet, dessen Mitglieder vom Ministerium des Innern bestellt werden. Der Vorsitzende soll Bediensteter der obersten oder einer höheren Vermessungs- und Katasterbehörde des Landes sein. Die Amtsperiode des Oberen Gutachterausschusses beträgt vier Jahre. Im Übrigen ist ein Mitglied des Oberen Gutachterausschusses von der Mitwirkung an einem Gutachten ausgeschlossen, wenn er an dem Gutachten des örtlich zuständigen Gutachterausschusses mitgewirkt hat.

- In *Thüringen* wurde ein Oberer Gutachterausschuss gebildet, deren Mitglieder von dem für die Gutachterausschüsse zuständigen Ministerium berufen werden. Sie sind von der Mitwirkung an einem Obergutachten ausgeschlossen, wenn sie an dem Gutachten des örtlich zuständigen Gutachterausschusses mitgewirkt haben.

Baden-Württemberg, *Bayern* und *Schleswig-Holstein* sind der seit dem 1.7.2009 bestehenden bundesrechtlichen Verpflichtung, einen Oberen Gutachterausschuss oder eine Zentrale Geschäftsstelle einzurichten, nicht nachgekommen. **18**

3 Aufgaben des Oberen Gutachterausschusses und der Zentralen Geschäftsstellen (§ 198 Abs. 2 BauGB)

3.1 Überregionale Marktanalysen (§ 198 Abs. 2 Satz 1 BauGB)

Mit § 198 Abs. 2 Satz 1 BauGB wird dem Oberen Gutachterausschuss oder der Zentralen Geschäftsstelle insbesondere die Erstellung überregionaler Auswertungen und Analysen des Grundstücksmarktgeschehens aufgetragen. In der Begründung zum Erbschaftsteuerreformgesetz 2008, mit dem – alternativ zur Bildung Oberer Gutachterausschüsse – die Einrichtung der Zentralen Geschäftsstelle ausdrücklich zugelassen wird, werden neben der überregionalen Auswertung und Analyse des Grundstücksmarktes folgende Hauptaufgaben herausgestellt: **19**

a) die Veröffentlichung der Grundstücksmarktanalyse im **Landesgrundstücksmarktbericht**[18],

b) die Vereinheitlichung und **Standardisierung der Auswertung der Kaufpreissammlung** einschließlich der erforderlichen Daten der Wertermittlung und

c) die Ableitung **flächendeckender Daten der Wertermittlung** (i. S. d. § 193 Abs. 5 BauGB) aus aggregierten regionalen und überregionalen Daten vor allem dort, wo auf örtlicher Ebene die Datengrundlage unzureichend ist[19].

Die Grundstücksmarktberichte sind eine unverzichtbare Entscheidungsgrundlage für eine große Zahl von Akteuren aus Wirtschaft, Politik und Verwaltung. Sie dienen auch den Gutachterausschüssen selbst als Arbeitsgrundlage für die amtliche Grundstückswertermittlung[20].

Mit § 198 Abs. 2 BauGB wird darauf hingewiesen, dass Auswertungen und Analysen des Grundstücksmarktgeschehens **zur bundesweiten Grundstücksmarkttransparenz** beitragen. Dieser mit dem BauGB 2013 auf Empfehlung des Bundesrates[21] in die Vorschrift eingeführten Ergänzung bedurfte es nicht, denn dies entspricht der originären Zielsetzung, die mit **20**

---
18 § 20 thür. GutachterausschussVO; § 23 Abs. 4 nordrh.-westf. GutachterausschussVO; § 21 GutachterausschussVO LSA.
19 Zu den Motiven vgl. BT-Drucks. 16/11107, S. 24; BT-Drucks. 16/8547, S. 13 sowie BT-Drucks. 16/7918, S. 48.
20 BT-Drucks. 17/11468.
21 BR-Drucks. 474/12 [Beschluss].

III § 198 BauGB Oberer Gutachterausschuss

der Bildung von Gutachterausschüssen stets verbunden war (vgl. Vorbem. zu den §§ 192 ff. BauGB Rn. 6). Der federführende Ausschuss des Deutschen Bundestages[22] hat deshalb darauf hingewiesen, dass die Förderung der Grundstücksmarkttransparenz keine selbstständig neue Aufgabe darstellt.

21 Weitere Aufgaben ergeben sich aus den nach § 199 Abs. 2 BauGB erlassenen Gutachterausschussverordnungen der Länder. **Von der Ermächtigung ist wie folgt Gebrauch** gemacht worden:

a) *Erarbeitung von Übersichten und Analysen*[23];

b) *Empfehlungen zu besonderen Problemstellungen für die Gutachterausschüsse*[24];

c) *Erarbeitung von verbindlichen Standards für die Auswertung der wesentlichen Daten aus der Kaufpreissammlung*[25];

d) *Beratung der Gutachterausschüsse*[26];

e) *Unterstützung der Aus- und Fortbildung der Gutachterausschüsse*[27];

f) *Führung eines Bodenrichtwertinformationssystems*[28];

g) *Datensammlung und Auswertung von Kaufpreisobjekten, die bei den Gutachterausschüssen nur vereinzelt auftreten.*

22 Die mit § 198 Abs. 2 Satz 1 BauGB dem Gutachterausschuss gestellte Aufgabe, überregionale Auswertungen und Analysen des Grundstücksmarktgeschehens zu erstellen, gehört seit jeher zu den vornehmsten Aufgaben des Oberen Gutachterausschusses bzw. einer Zentralen Geschäftsstelle. Dieser Aufgabe kommen sie durch Vorlage von **Landesgrundstücksmarktberichten** nach.

23 Die Bedeutung dieser überregionalen Auswertung liegt vor allem darin, dass die Auswertungen der örtlichen Gutachterausschüsse zusammengefasst werden. Daten von Objekten, die bei den einzelnen Gutachterausschüssen nur vereinzelt vorhanden sind, können von dem Oberen Gutachterausschuss oder der Zentralen Geschäftsstelle gesammelt und ausgewertet und in dem **Grundstücksmarktbericht des Landes zusammen mit Bodenrichtwertübersichten** veröffentlicht werden[29]. Die Auswertungsergebnisse sind den Gutachterausschüssen mitzuteilen.

3.2 Marktanalysen durch Gutachterausschüsse (§ 198 Abs. 2 Satz 2 BauGB)

▶ Vgl. Rn. 12, 19

24 Nach § 198 Abs. 2 Satz 2 BauGB ist die dem Oberen Gutachterausschuss oder der Zentralen Geschäftsstelle obliegende Aufgabe, überregionale Auswertungen und Analysen des Grundstücksmarktgeschehens zu erstellen, auch um damit zu einer bundesweiten Grundstücksmarkttransparenz beizutragen, von den Gutachterausschüssen wahrzunehmen, wenn nach § 198 Abs. 1 BauGB kein Oberer Gutachterausschuss oder keine Zentrale Geschäftsstelle gebildet worden ist. Da sich aus § 198 Abs. 1 Satz 1 BauGB für die Länder eine zwingende Verpflichtung zur Einrichtung von Oberen Gutachterausschüssen oder Zentralen Geschäftsstellen ergibt, kann sich der Befehl des Satzes 2 nur an solche Länder richten, die nach Satz 1 nicht zur Einrichtung Oberer Gutachterausschüsse oder Zentraler Geschäftsstellen verpflichtet sind, d. h. an die Stadtstaaten Berlin, Hamburg und Bremen.

---

22 BT-Drucks. 17/13272.
23 § 20 thür. GutachterausschussVO.
24 § 20 thür. GutachterausschussVO.
25 § 23 Abs. 2 nordrh.-westf. GutachterausschussVO.
26 § 23 Abs. 5 nordrh.-westf. GutachterausschussVO.
27 § 23 Abs. 5 nordrh.-westf. GutachterausschussVO.
28 § 23 bbg. GutachterausschussVO; § 23 Abs. 6 nordrh.-westf. GutachterausschussVO.
29 § 24 nds. DVO-BauGB; § 23 Abs. 3 nordrh.-westf. GutachterausschussVO; § 22 thür. GutachterausschussVO.

3.3 Erstattung von Obergutachten (§ 198 Abs. 3 BauGB)

3.3.1 Allgemeines

Die **Erstattung von Obergutachten** ist nach § 198 Abs. 3 BauGB **nur dem Oberen Gutachterausschuss vorbehalten,** denn mit dem in § 198 Abs. 1 Satz 2 BauGB enthaltenen Verweis ist nur für den Oberen Gutachterausschuss gewährleistet, dass dessen Mitglieder die für die Erstattung von Gutachten erforderliche Sachkunde und Erfahrung aufweisen: 25

a) *Erstattung von Obergutachten auf Antrag einer Behörde in einem gerichtlichen Verfahren,* wenn das Gutachten eines Gutachterausschusses bereits vorliegt[30];

b) *Erstattung von Obergutachten für einen nach § 193 Abs. 1 BauGB Antragsberechtigten,* wenn für das Obergutachten eine bindende Wirkung bestimmt oder vereinbart worden ist[31];

c) *Obergutachten auf Antrag einer für die Vorbereitung, Durchführung, Abwicklung oder Förderung städtebaulicher Sanierungsmaßnahmen zuständige Behörde,* wenn ein Gutachten des Gutachterausschusses bereits vorliegt[32].

3.3.2 Antragsberechtigung

Schrifttum: *Frohberg* in DWW 1977, 101.

Nach § 198 Abs. 3 BauGB hat der Obere Gutachterausschuss auf Antrag eines Gerichts ein Obergutachten zu erstatten, wenn schon das Gutachten eines Gutachterausschusses vorliegt. Im Unterschied zu § 193 Abs. 1 Nr. 4 BauGB sind nach § 198 BauGB ausdrücklich nur die Gerichte und nicht auch die sonstigen Justizbehörden zur Beantragung eines Gutachtens des Oberen Gutachterausschusses ermächtigt; **ausgeschlossen sind** damit **die Staatsanwaltschaften,** sofern denen nicht ein Antragsrecht durch Landesrecht eingeräumt wird. 26

Antragsberechtigt ist also nur ein Gericht und auch nur dann, **wenn** ein **Gutachten bereits vorliegt.** Der Gesetzgeber wollte damit den Gerichten die Möglichkeit eröffnen, ein Gutachten des „Oberen Gutachterausschusses" einzuholen, wenn der örtlich zuständige Gutachterausschuss bereits „verbraucht" ist. Ob dafür eine zwingende Notwendigkeit besteht, muss aber bezweifelt werden. Zum einen kann das Gericht auf freie und auch auf öffentlich bestellte und vereidigte Sachverständige in derartigen Fällen zurückgreifen. Zum anderen kann sich das Gericht im verwaltungsrechtlichen Verfahren ohne Verstoß gegen seine Aufklärungspflicht nach § 86 Abs. 1 VwGO auch auf gutachtliche Stellungnahmen anderer Behörden stützen, wenn die federführende Behörde die Stellungnahme schon im vorherigen Verwaltungsverfahren eingeholt hat[33]. 27

Die gerichtliche Entscheidung darüber, **ob ein weiteres Gutachten eingeholt werden soll, steht im Rahmen der freien Beweiswürdigung** (vgl. § 108 Abs. 1 VwGO) **im pflichtgemäßen Ermessen** des Tatsachengerichts. Dieses Ermessen wird nur dann verfahrensfehlerhaft ausgeübt, wenn das Gericht von der Einholung eines weiteren Gutachtens oder eines Obergutachtens (z. B. nach Maßgabe des § 198 BauGB) absieht, obwohl die Notwendigkeit dieser weiteren Beweiserhebung (vgl. Rn. 9) sich ihm hätte aufdrängen müssen. Reicht indessen bereits ein eingeholtes Gutachten aus, um das Gericht in die Lage zu versetzen, die entscheidungserheblichen Fragen sachkundig beurteilen zu können, ist die Einholung eines weiteren Gutachtens oder Obergutachtens weder notwendig noch veranlasst[34]. 28

---

30 § 23 Abs. 1 nordrh.-westf. GutachterausschussVO; § 20 thür. GutachterausschussVO; § 21 GutachterausschussVO LSA.
31 § 25 nds. DVO-BauGB; § 23 Abs. 1 nordrh.-westf. GutachterausschussVO.
32 § 25 Nr. 2 nds. DVO-BauGB; RdErl. des nds. MS vom 2.5.1988 – 301-21013 –, Nds. MBl. 1988, 547 Nr. 228, 2.3; vgl. auch GemRdErl. vom 15.12.1978, Nds. MBl. 1979, 18.
33 BVerwG, Beschl. vom 30.12.1997 – 11 B 3/97 –, GuG 1998, 247 = EzGuG 11.259a.
34 BVerwG, Urt. vom 6.2.1985 – 8 C 15/84 –, BVerwGE 71, 38 = EzGuG 11.146.

III § 198 BauGB   Oberer Gutachterausschuss

29   Ob ein Gericht unter den Voraussetzungen des § 198 BauGB ein Obergutachten einholt, steht nach dem vorher Gesagten (Rn. 16) im tatrichterlichen Ermessen des Gerichts (§ 412 Abs. 1 ZPO). Vor allem wenn das vorliegende Gutachten keine groben Fehler aufweist, besteht kein Anlass zur Einholung eines Obergutachtens[35]. Die Einschaltung eines Obergutachtens setzt vielmehr voraus, dass ein vorliegendes **Gutachten grobe Mängel aufweist oder die Beweisfrage besonders schwierig** ist[36]. Des Weiteren wird dies bejaht, wenn ein neuer Gutachter über überlegene Forschungsmittel verfügt[37]. Vorhandene weitere Aufklärungsmöglichkeiten müssen sogar genutzt werden, wenn sie sich anbieten und Erfolg versprechen[38].

30   Besteht Anlass, ein weiteres Gutachten einzuholen, ist **nicht ausgeschlossen, dass** das Gericht nach § 412 Abs. 1 ZPO oder § 83 Abs. 1 StPO **eine neue Begutachtung** durch einen privat tätigen Sachverständigen oder eine andere Behörde **anordnet**[39].

31   Von der Möglichkeit, ein **Gutachten des Oberen Gutachterausschusses** einzuholen, wurde bislang nur **in verhältnismäßig geringem Umfang** Gebrauch gemacht. Die Notwendigkeit der Einrichtung Oberer Gutachterausschüsse muss deshalb auch unter Berücksichtigung der Kosten infrage gestellt werden. Einer personellen und sächlichen Stärkung der örtlichen Gutachterausschüsse ist von daher der Vorzug zu geben.

3.3.3   Rechtliche Bedeutung des Obergutachtens

Schrifttum: *Bodenstein* in Nachr. der nds. Kat- und VermVw 1983, 148; *Frohberg* in DWW 1977, 100 f.; Gewos-Gutachten: Bodenrechtsreform im sozialen Rechtsstaat, Gewos-Schriftenreihe Neue Folge Bd. 9 Rn. 352, 125.

▶ *Vgl. § 193 BauGB Rn. 67 ff.; Teil II Rn. 293 ff.*

32   **Der Obere Gutachterausschuss stellt** in Bezug auf ein vorliegendes Gutachten eines Gutachterausschusses **keine Rechtsmittelinstanz dar,** da nach § 193 Abs. 4 BauGB Gutachten ohnehin unverbindlich und keine anfechtbaren Verwaltungsakte sind (vgl. § 193 BauGB Rn. 67 ff.)[40]. Mit der Einrichtung der Oberen Gutachterausschüsse sollte vielmehr lediglich für die Fälle, in denen der Gutachterausschuss bereits „verbraucht" ist, ein weiteres Kollegialgremium sachkundiger und erfahrener Gutachter geschaffen werden, das angerufen werden kann und dem für seine Gutachtenerstattung die Kaufpreissammlung des Gutachterausschusses zugänglich ist. Deswegen muss vom Oberen Gutachterausschuss gefordert werden, dass er auf der Grundlage größerer Sachkunde und besserer Erkenntnisquellen die Sachkompetenz aufweist, die bestehende Zweifel an einem vorliegenden Gutachten und möglicherweise gegensätzliche Auffassungen mehrerer vorher gehörter Sachverständiger auszuräumen vermag.

33   Hat ein Gericht ein Obergutachten des Oberen Gutachterausschusses eingeholt, so ist es auch hieran nicht gebunden. Der Sache nach handelt es sich auch bei den **Obergutachten um Sachverständigenbeweise** i. S. der §§ 402 ff. ZPO, denen sich ein Gericht anschließen kann, die aber in freier Beweiswürdigung auch ganz oder in Teilen unberücksichtigt bleiben können (vgl. Teil II Rn. 293 ff.).

---

35 BVerwG, Urt. vom 17.12.1959 – 4 C 278/57 –, DVBl 1960, 287; OLG Frankfurt am Main, Beschl. vom 4.2.2010 – 5 W 7/10 –, GuG-aktuell 2010, 32; LG Münster, Urt. vom 7.8.1963 – 8 S 153/63 –, WM 1963, 186 = EzGuG 11.36.
36 BGH, Urt. vom 10.3.1977 – III ZR 195/74 –, BRS Bd. 34 Nr. 139 = EzGuG 18.72; BGH, Urt. vom 17.2.1970 – III ZR 139/67 –, BGHZ 53, 245 = NJW 1970, 146.
37 BGH, Urt. vom 4.3.1980 – VI ZR 6/79 –, VersR 1980, 533 = EzGuG 11.118; BGH, Urt. vom 5.12.1961 – VI ZR 261/60 –, VersR 1962, 231 = EzGuG 11.23d; BGH, Urt. vom 9.2.1971 – VI ZR 142/69 –, VersR 1971, 472 = EzGuG 11.77c; BGH, Urt. vom 18.3.1974 – III ZR 48/73 –, VersR 1974, 804 = MDR 1974, 739.
38 BGH, Urt. vom 12.1.1976 – VIII ZR 273/74 –, BB 1976, 480 = EzGuG 11.101a.
39 § 404 Abs. 1 ZPO; § 73 Abs. 1 StPO.
40 Zur Frage eines „Instanzenzuges" für die Verkehrswertermittlung der Gutachterausschüsse mit feststellender Wirkung, vgl. Bielenberg, empfehlen sich weitere bodenrechtliche Vorschriften im städtebaulichen Bereich, Rechtsgutachten zum 49. Dt. Juristentag Gutachten B 1972, S. B 121; Kleiber in Krautzberger, Städtebauförderungsrecht Bd. I § 153 BauGB Rn. 114; Ernst/Hoppe, Das öffentliche Bau- und Bodenrecht, Raumplanungsrecht, 2. Aufl., München 1981 Rn. 775; Gewos-Gutachten, Bodenrechtsreform im sozialen Rechtsstaat, Gewos-Schriftenreihe Bd. 9 1973, S. 125.

§ 199
Ermächtigungen

(1) Die Bundesregierung wird ermächtigt, mit Zustimmung des Bundesrates durch Rechtsverordnung Vorschriften über die Anwendung gleicher Grundsätze bei der Ermittlung der Verkehrswerte und bei der Ableitung der für die Wertermittlung erforderlichen Daten einschließlich der Bodenrichtwerte zu erlassen.

(2) Die Landesregierungen werden ermächtigt, durch Rechtsverordnung

1. die Bildung und das Tätigwerden der Gutachterausschüsse und der Oberen Gutachterausschüsse sowie der Zentralen Geschäftsstellen, soweit in diesem Gesetzbuch nicht bereits geschehen, die Mitwirkung der Gutachter und deren Ausschluss im Einzelfall,

2. die Aufgaben des Vorsitzenden,

3. die Einrichtung und die Aufgaben der Geschäftsstelle,

4. die Führung und Auswertung der Kaufpreissammlung, die Häufigkeit der Bodenrichtwertermittlung sowie die Veröffentlichung der Bodenrichtwerte und sonstiger Daten der Wertermittlung und die Erteilung von Auskünften aus der Kaufpreissammlung,

5. die Übermittlung von Daten der Flurbereinigungsbehörden zur Führung und Auswertung der Kaufpreissammlung,

6. die Übertragung weiterer Aufgaben auf den Gutachterausschuss und den Oberen Gutachterausschuss und

7. die Entschädigung der Mitglieder des Gutachterausschusses und des Oberen Gutachterausschusses

zu regeln.

Gliederungsübersicht Rn.

1	Übersicht	1
2	Ermächtigung der Bundesregierung (§ 199 Abs. 1 BauGB)	
	2.1 Entstehungsgeschichte..	5
	2.2 Geltende Ermächtigungsnorm	
	2.2.1 Allgemeines	10
	2.2.2 Erforderliche Daten der Wertermittlung...	12
	2.2.3 Wertermittlungsvorschriften für Sanierungsgebiete und Entwicklungsbereiche...	18
	2.2.4 Bodenrichtwertübersicht	20
3	Ermächtigungen der Landesregierungen (§ 199 Abs. 2 BauGB)	
	3.1 Übersicht	22
	3.2 Bildung und Tätigwerden der Gutachterausschüsse, Oberen Gutachterausschüsse und der Zentralen Geschäftsstellen (§ 199 Abs. 2 Nr. 1 BauGB)	
	3.2.1 Allgemeines	24
	3.2.2 Bildung von Gutachterausschüssen, Oberen Gutachterausschüssen und Zentralen Geschäftsstellen	25
	3.2.3 Tätigwerden von Gutachterausschüssen, Oberen Gutachterausschüssen sowie Zentralen Geschäftsstellen	28
	3.3 Aufgaben des Vorsitzenden (§ 199 Abs. 2 Nr. 2 BauGB)...	31
	3.4 Einrichtung und Aufgabe der Geschäftsstelle (§ 199 Abs. 2 Nr. 3 BauGB).............	32
	3.5 Ergänzende Ermächtigung zur Kaufpreissammlung sowie zur Veröffentlichung von Bodenrichtwerten und sonstiger Daten (§ 199 Abs. 2 Nr. 4 BauGB)	
	3.5.1 Allgemeines	33
	3.5.2 Veröffentlichung sonstiger Daten der Wertermittlung..............................	38
	3.6 Übermittlung von Daten der Flurbereinigungsbehörden (§ 199 Abs. 2 Nr. 5 BauGB).	41
	3.7 Übertragung weiterer Aufgaben (§ 199 Abs. 2 Nr. 6 BauGB)..................................	44

III § 199 BauGB — Ermächtigungen

    3.7.1   Allgemeines 44
    3.7.2   Grundstücksmarktbericht 46
    3.7.3   Bodenrichtwertübersicht 50
  3.8   Entschädigung der Mitglieder des Gutachterausschusses (§ 199 Abs. 2 Nr. 7 BauGB)   51

1 Übersicht

1 § 199 BauGB enthält **Ermächtigungen des Bundes und der Länder zum Erlass von Rechtsverordnungen** zum Recht der Wertermittlung.

– § 199 Abs. 1 BauGB ermächtigt die Bundesregierung zum Erlass von Vorschriften über die Anwendung gleicher Grundsätze bei der Ermittlung der Verkehrswerte und bei der Ableitung erforderlicher Daten.

– § 199 Abs. 2 BauGB ermächtigt die **Landesregierungen, Organisation und Verfahren der Gutachterausschüsse zu regeln (Durchführung des Wertermittlungsrechts** des Bundes).

2 Die Ermächtigung geht auf die Entscheidung des Gesetzgebers zum BBauG von 1960 zurück, **bundeseinheitliche Verfahrensgrundsätze zur Ermittlung des Verkehrswerts** in einer Rechtsverordnung vorzugeben (§ 144 BBauG).

3 In den RegEntw zum BBauG waren dagegen noch Bestimmungen über Verfahrensgrundsätze zur Verkehrswertermittlung oder zumindest der Hinweis auf die Anwendung des Vergleichs-, Ertrags- oder Sachwertverfahrens im Gesetz selbst enthalten[1]. Aus Gründen der Vollzugsfähigkeit des Städtebaurechts wurde seinerzeit die Notwendigkeit gesehen, auf der Grundlage des Art. 84 Abs. 2 GG weiter gehende Vorschriften über die Verkehrswertermittlung zu erlassen[2]. Der seinerzeit federführende 24. BT-Ausschuss hat hieran anknüpfend der Bundesregierung den Erlass einer Rechtsverordnung empfohlen, um die Anwendung gleicher Grundsätze bei der Verkehrswertermittlung sicherzustellen[3].

2 Ermächtigung der Bundesregierung (§ 199 Abs. 1 BauGB)

2.1 Entstehungsgeschichte

▶ *Hierzu vgl. Vorbem. zum BauGB Rn. 4 ff.; Vorbem. zur ImmoWertV Rn. 17 ff.; Teil VI Rn. 271 ff.*

4 Die Bundesregierung wurde erstmals zum Erlass einer Rechtsverordnung über die Ermittlung von Verkehrswerten[4] mit **§ 141 Abs. 4 BbauG 60** ermächtigt. Die Ermächtigung hatte folgenden Wortlaut:

„Die Bundesregierung wird ermächtigt, mit Zustimmung des Bundesrates durch Rechtsverordnung Vorschriften zu erlassen, um die Anwendung gleicher Grundsätze bei der Ermittlung der Verkehrswerte zu sichern."

---

1   Initiativentwurf zum BBauG vom 26.10.1955, BT-Drucks. II/1813, § 184 und S. 74; Entwurf eines Gesetzes zur Bodenbewertung und über Grundrentenabgabe des GB/BHE, BT-Drucks. II/2132, vgl. auch Hauptkommissionsentwurf vom 2.3.1956, § 173, Schriftenreihe des BMWo Bd. 7, Begründung hierzu in Schriftenreihe des BMWo Bd. 9, S. 140.
2   Begründung zu § 168 des RegE eines BBauG vom 13.12.1956, BT-Drucks. II/3028, S. 136 und RegE eines BBauG von 1958, BT-Drucks. III/336, zu § 163.
3   BT-Drucks. III/1794, S. 102 ff. und BT-Drucks. III/zu 1794, zu § 161, S. 26.
4   Zur Regelungskompetenz vgl. Rechtsgutachten des BVerfG vom 16.6.1954 – 1 PBvV 2/52 –, BVerfGE 3, 407 = Schriftenreihe des BMWo Bd. 5, Bonn 1954.

Die Ermächtigungsnorm wurde in der Folgezeit mehrfach geändert.

Die heute geltende Immobilienwertermittlungsverordnung ist aus der Wertermittlungsverordnung hervorgegangen, deren **Ursprungsfassung vom 7.8.1961** auf der Grundlage der vorstehenden Ermächtigung erlassen wurde[5].

Mit Inkrafttreten des StBauFG vom 15.8.1972 (BGBl. I 1972, 1416) war erstmals Anlass für eine Novellierung der WertV von 1961 gegeben. Der Aufgabenbereich der Gutachterausschüsse wurde mit diesem Gesetz auf **die Ermittlung sanierungs- und entwicklungsunbeeinflusster Grundstückswerte** i. S. der § 153 Abs. 1 und § 169 Abs. 4 BauGB (§§ 23 und 57 Abs. 4 StBauFG), Neuordnungswerte i. S. der § 153 Abs. 4 und § 169 Abs. 8 BauGB (§ 25 Abs. 6 und § 59 Abs. 5 StBauFG), die Ermittlung von Ausgleichsbeträgen i. S. d. §§ 154 f. BauGB (§ 41 Abs. 4 bis 11 StBauFG) sowie auf die für die Überführung von Grundstücken in das Treuhandvermögen eines Sanierungsträgers oder für die Rücküberführung maßgeblichen Werte i. S. d. § 160 Abs. 5 und 7 BauGB (§ 36 Abs. 5, 7 und 8 StBauFG) erweitert. Die Ermächtigungsgrundlage des BBauG 1961 (vgl. Rn. 4) wurde hierfür durch die Ermächtigungen des § 91 Nr. 1 und Nr. 2 StBauFG ergänzt; sie hatten folgenden Wortlaut:

„Die Bundesregierung wird ermächtigt, mit Zustimmung des Bundesrates durch Rechtsverordnung Vorschriften zu erlassen über

1. die Anwendung gleicher Grundsätze bei der Ermittlung der nach § 23 Abs. 1 bis 3 und nach § 57 Abs. 4 maßgeblichen Grundstücks- und Gebäudewerte,
2. die Anwendung gleicher Grundsätze bei der Ermittlung der Verkehrswerte nach § 25 Abs. 6 und § 59 Abs. 5 sowie der Erhöhung der Grundstückswerte nach § 41 Abs. 5."

Die **Begründung zu dieser Vorschrift** vermerkt lediglich, dass die Bundesregierung zusätzlich ermächtigt werde, „Vorschriften zu erlassen über die Anwendung gleicher Grundsätze bei der Ermittlung der maßgeblichen Grundstückswerte, wenn land- und forstwirtschaftliche Flächen in Anspruch genommen und wenn Grundstücke nach § 25 oder nach § 59 StBauFG veräußert werden"[6].

Die Novellierung wurde zum Anlass genommen, über eine Ergänzung der ImmoWertV durch Vorschriften zur Wertermittlung in förmlich festgelegten Sanierungsgebieten und Entwicklungsbereichen hinaus, „gewisse Klarstellungen und **Verbesserungen der bisherigen Vorschriften**" vorzunehmen (vgl. Vorbem. zur ImmoWertV Rn. 8)[7].

▶ Zur Bedeutung dieser Ermächtigungsvorschrift vgl. Rn. 18 ff.

2.2 Geltende Ermächtigungsnorm

2.2.1 Allgemeines

Mit § 199 **Abs. 1 BauGB** wird die Bundesregierung ermächtigt, „mit Zustimmung des Bundesrates durch Rechtsverordnung Vorschriften über die Anwendung gleicher Grundsätze bei der Ermittlung der Verkehrswerte und bei der Ableitung der für die Wertermittlung erforderlichen Daten einschließlich der Bodenrichtwerte" zu erlassen. Der Wortlaut der (ab 1.7.2009) geltenden Ermächtigungsvorschrift lehnt sich damit an die vorangegangene Regelung an. In der **Begründung**[8] zu § 199 BauGB a. F. wird hierzu ausgeführt, dass sich die Ermächtigung darauf beschränkt, „im Interesse einer einheitlichen Rechtsanwendung nur Vorschriften über allgemeine Grundsätze der Wertermittlung zu erlassen. Darin sollen die allgemein anerkannten und überall angewandten Regeln und Verfahren für die Wertermittlung und die Ableitung der für die Wertermittlung erforderlichen Daten niedergelegt werden. Die Hinzufügung der

---

5 WertV 61; BGBl. I 1961, 1183; die Begründung zur WertV von 1961 ist im BAnz. Nr. 154 vom 12.8.1961, S. 3 abgedruckt. Der Bundesrat hatte dem Verordnungsentwurf der Bundesregierung (BT-Drucks. 261/61) ohne Änderungen in seiner 236. Sitzung am 14.7.1961 gem. Art. 80 Abs. 2 GG mehrlich zugestimmt, nachdem der BR-Ausschuss für Wiederaufbau und Wohnungswesen in seiner 108. Sitzung am 6.7.1961 keine Änderungsanträge beschlossen und dem Bundesrat die Zustimmung empfohlen hatte (vgl. auch Sitzung des Unterausschusses vom 28.6.1961).
6 BT-Drucks. zu VI/2204, S. 30.
7 BR-Drucks. 265/72, S. 3 ff.
8 BT-Drucks. 10/4630, zu § 199.

III § 199 BauGB Ermächtigungen

„Ableitung der für die Wertermittlung erforderlichen Daten" ist nur aus Gründen der Klarstellung erfolgt. Dass gleiche Grundsätze auch hierfür gelten müssen, wenn die Wertermittlung und ihre Ergebnisse bundesweit im Interesse einheitlicher Lebens- und Wirtschaftsverhältnisse gleichmäßig und vergleichbar sein sollen, ist selbstverständlich."

11 Der klarstellenden Hinweis in § 199 Abs. 1 BauGB, nach dem **zu den „für die Wertermittlung erforderlichen Daten" auch** die **„Bodenrichtwerte" gehören**, ist erst mit dem Erbschaftsteuerreformgesetz[9] in die Ermächtigungsnorm eingefügt worden. Dies wurde für erforderlich gehalten, um bundesrechtlich eine für die steuerliche Bewertung sachgerechte Ableitung der Bodenrichtwerte zu gewährleisten, denn die Ableitung von Bodenrichtwerten erfolgte in den Ländern nach teilweise erheblich voneinander abweichenden Grundsätzen. Grundlage war § 199 Abs. 2 Nr. 4 BauGB in der bis 31.12.2007 geltenden Fassung, der die Länder ermächtigte, die Ableitung der Bodenrichtwerte zu regeln. Die nunmehr geltende Fassung dieser Vorschrift ermächtigt die Länder nur noch, die *Veröffentlichung der Bodenrichtwerte* und sonstiger Daten der Wertermittlung zu regeln. Der Erlass von Vorschriften über die Ableitung von Bodenrichtwerten fällt nunmehr in die Bundeskompetenz.

Eine bundesrechtliche Einheitlichkeit ist z. B. hinsichtlich der Ermittlung und Veröffentlichung der Bodenrichtwerte darin begründet, dass die Bodenrichtwerte **Grundlage der steuerlichen Bewertung** (§ 145 Abs. 3 und § 179 BewG) sind. In diesem Rahmen sind erhebliche Defizite sichtbar geworden, die einerseits in einer vielerorts unzureichenden Dichte und andererseits in Mängeln der eindeutigen Darstellung („Attributierung" der qualitativen Eigenschaften des Bodenrichtwertgrundstücks) gesehen werden müssen. Die Länder haben sich auch nicht zu einer einheitlichen Darstellungstechnik untereinander und selbst innerhalb eines Landes verständigen können. Bodenrichtwerte werden deshalb von den Gutachterausschüssen in den unterschiedlichsten und für überörtlich tätige Sachverständige oftmals missverständlichen Weisen publiziert[10]. Hierauf kann u. a. die aufgekommene Kritik an den Gutachterausschüssen zurückgeführt werden. Dass die Regelungskompetenz für die **Veröffentlichung von Bodenrichtwerten** im Rahmen der Erbschaftsteuerreform bei den Ländern geblieben ist, muss von daher als „halbherziger Schritt" betrachtet werden.

2.2.2 Erforderliche Daten der Wertermittlung

▶ *Vgl. hierzu § 9 ImmoWertV Rn. 5, 10; § 14 ImmoWertV; § 193 BauGB Rn. 16, 38 ff., 97*

12 Der **Begriff der erforderlichen Daten** wird in § 193 Abs. 5 BauGB konkretisiert. Die Vorschrift nennt daneben die eigenständig in § 196 BauGB geregelte Ableitung von Bodenrichtwerten. Gleichwohl sind auch diese den „für die Wertermittlung erforderlichen Daten" zuzurechnen.

13 Der Verordnungsgeber hat mit den §§ 9 bis 14 ImmoWertV von der Ermächtigung Gebrauch gemacht, die **Ableitung dieser Daten** zu regeln. Die Ableitung **obliegt** nach § 193 Abs. 5 BauGB **den Gutachterausschüssen;** für diese sind die Vorschriften verbindlich.

14 Gegenüber der Ermächtigungsnorm von 1976 wird in der geltenden Ermächtigungsvorschrift nicht mehr ausdrücklich die „Fortschreibung" der abgeleiteten erforderlichen Daten der Wertermittlung genannt. Bezüglich der **Fortschreibung dieser Daten** ist das darin begründet, dass die erforderlichen Daten zeitabhängige Größen sind und die Ableitung begrifflich auch deren Fortschreibung einbeziehen muss. Hierfür bedurfte es demzufolge keiner ausdrücklichen Ermächtigung. Die Fortschreibung der abgeleiteten Daten wird den Gutachterausschüssen für Grundstückswerte mit § 9 ImmoWertV bundesrechtlich in der Weise aufgegeben, dass die Daten „unter Berücksichtigung der *allgemeinen Wertverhältnisse"* auf dem Grundstücksmarkt abzuleiten sind, d. h., Änderungen der Lage auf dem Grundstücksmarkt verpflichten die Gutachterausschüsse zur Fortschreibung (§ 9 ImmoWertV Rn. 10).

---

9 Erbschaftsteuerreformgesetz – ErbStRG – vom 24.12.2008 (BGBl. I 2008, 3018).
10 Kleiber in NZM 1999, 777; Deutscher Landkreistag in GuG 2000, 164.

Grundsätzlich kann dies auch für die ausdrücklich nicht mehr hervorgehobene **Veröffentli-** 15
chung der erforderlichen Daten der Wertermittlung so gesehen werden, zumal an einheitlichen Grundsätzen der Veröffentlichungspraxis ein Bundesinteresse bestehen muss. Diese Daten sollen nämlich die Praxis der Gutachterausschüsse mit der der freien Sachverständigen verzahnen. Die Zurückhaltung des Bundes, Vorschriften über die Veröffentlichung dieser Daten zu erlassen, hat jedoch zu einer für außenstehende Sachverständige uneinheitlichen und schon deshalb mitunter missverständlichen Veröffentlichungspraxis der Gutachterausschüsse geführt. **Die von den Gutachterausschüssen für Grundstückswerte veröffentlichten erforderlichen Daten lassen oftmals nicht hinreichend die Ableitungsgrundlagen und die der Ableitung zugrunde liegende Wertermittlungsmethodik erkennen.** Dies ist aber unter dem Grundsatz der Modellkonformität (zwischen Ableitung und Anwendung der erforderlichen Daten) eine grundlegende Voraussetzung für eine sachgerechte Anwendung dieser Daten. Es kommt hinzu, dass die von den einzelnen Gutachterausschüssen für Grundstückswerte abgeleiteten „erforderlichen Daten" nur eingeschränkt vergleichbar sind, weil sie für unterschiedliche und nicht mehr unmittelbar vergleichbare Objektgruppen abgeleitet werden. Wenn dies mit dem Hinweis auf regional unterschiedliche Verhältnisse begründet wird, so ist dies nicht gerade überzeugend und eher Ausdruck mangelnder Bereitschaft zur Zusammenarbeit. Die Gutachterausschüsse für Grundstückswerte haben sich bisher leider nicht auf einen einheitlichen Rahmen verständigen können, der es ihnen durchaus auch ermöglichen würde, die abgeleiteten erforderlichen Daten entsprechend den örtlichen Besonderheiten zu „verdichten".

Ob bei alldem der Bund ermächtigt ist, die Veröffentlichung der abgeleiteten erforderlichen 16
Daten zu regeln, mag rechtlich problematisch sein, denn § 199 Abs. 2 Nr. 4 BauGB ermächtigt die Landesregierungen zum **Erlass von Vorschriften über die Veröffentlichung der Bodenrichtwerte und der *sonstigen*** (nicht der „erforderlichen") **Daten der Wertermittlung.** Diese stellen zumindest nach dem Wortlaut der Ermächtigungsnorm des § 199 BauGB ein Aliud gegenüber den erforderlichen Daten der Wertermittlung dar (vgl. Rn. 7, 39 f., § 9 ImmoWertV Rn. 5 sowie § 193 BauGB Rn. 16, 38 ff.).

Im Übrigen bleibt fraglich, ob es einer besonderen **Ermächtigung zum Erlass von Vor-** 17
schriften über die Ableitung der für die Wertermittlung erforderlichen Daten überhaupt bedurft hätte, da diese zum Zwecke der Verkehrswertermittlung abgeleitet werden und es insoweit einer besonderen Ermächtigung wohl nicht bedarf. Dass gleiche Grundsätze auch hierfür gelten müssen, wenn Wertermittlungen und ihre Ergebnisse bundesweit im Interesse einheitlicher Lebens- und Wirtschaftsverhältnisse vergleichbar sein sollen, ist selbstverständlich. Die ausdrückliche Erwähnung der „Ableitung erforderlicher Daten" kann deshalb nur als Klarstellung angesehen werden.

2.2.3 Wertermittlungsvorschriften für Sanierungsgebiete und Entwicklungsbereiche

▶ *Vgl. Teil VI Rn. 278 ff., 309 ff., 415 ff.*

Im Unterschied zu den früheren Ermächtigungsgrundlagen enthält das BauGB **keine aus-** 18
drückliche Ermächtigung zum Erlass von Vorschriften über Wertermittlungen in förmlich festgelegten Sanierungsgebieten und Entwicklungsbereichen (bisher: § 91 Nr. 1 und 2 StBauFG; vgl. Rn. 6). Der Gesetzgeber hat eine dahingehende Ermächtigung als überflüssig angesehen, da die Grundsätze der Verkehrswertermittlung auch in diesen Veranstaltungsgebieten Anwendung finden. Das BauGB verwendet zwar in den §§ 153 ff. BauGB verschiedentlich den Begriff „Wert" anstelle des Begriffs „Verkehrswert" (vgl. § 153 Abs. 1 und 5 BauGB), jedoch wird das Verkehrswertprinzip auch in diesem Rechtsbereich nicht aufgegeben. Es geht auch in den förmlich festgelegten Sanierungsgebieten und Entwicklungsbereichen um die Ermittlung eines normativ festgelegten Verkehrswerts. Der A-Ber. zum StBauFG spricht im Hinblick auf den Ausschluss von Werterhöhungen aufgrund der Aussicht auf die Sanierung, ihre Vorbereitung und Durchführung von einem „modifizierten Verkehrswert"[11].

III § 199 BauGB — Ermächtigungen

Dass eine Wertermittlung nach Maßgabe des § 153 Abs. 1 BauGB als eine modifizierte Verkehrswertermittlung anzusehen ist, wird heute nicht mehr ernsthaft infrage gestellt. Im Hinblick auf die Erhebung von Ausgleichsbeträgen nach Abschluss des Sanierungsverfahrens müssen nach dieser Vorschrift zwar sanierungsbedingte Bodenwerterhöhungen unberücksichtigt bleiben; andererseits entspräche es jedoch nicht dem gewöhnlichen Geschäftsverkehr, wenn beim Erwerb eines ausgleichsbetragspflichtigen Grundstücks in erkennbarer Weise sanierungsbedingte Werterhöhungen in den Kaufpreis eingingen, obwohl der Erwerber insoweit der Ausgleichsbetragspflicht nach den §§ 154 ff. BauGB unterliegt. Im Ergebnis würde nämlich der **Fall eines überhöhten Kaufpreises vorliegen, der nach der Definition des § 194 BauGB nicht für den Verkehrswert repräsentativ sein kann.** Schon bei der Verabschiedung des StBauFG ist deshalb darauf hingewiesen worden, dass es der besonderen Ermächtigung des § 91 Nr. 1 und 2 StBauFG nicht bedurft hätte, um die ImmoWertV durch Vorschriften über Wertermittlungen in förmlich festgelegten Sanierungsgebieten und städtebaulichen Entwicklungsbereichen zu ergänzen.

19 Generell kann auch darauf hingewiesen werden, dass die **Preisbildung auf dem Grundstücksmarkt durch eine Vielzahl abgabenrechtlicher Vorschriften gekennzeichnet ist** und die Erhebung von Ausgleichsbeträgen keinesfalls als eine Besonderheit mehr anzusehen ist. Genannt seien hier nur die Erhebung von Erschließungsbeiträgen, KAG-Beiträgen, naturschutzrechtlichen Kostenerstattungsbeträgen, Stellplatzabgaben, Versiegelungsabgaben und vieles mehr. Für den gewöhnlichen Geschäftsverkehr ist es von daher geradezu „alltäglich", solche Abgaben in die Preisbildung einzubeziehen, und kaum ein Sachverständiger spricht in diesem Zusammenhang mehr von einem „modifizierten" Verkehrswert. Der Bundesgesetzgeber, der noch mit dem BBauG von 1976 dies als eine Besonderheit gesehen hatte und die Verkehrswertdefinition (damals § 142 Abs. 1 BBauG 1976) mit einem ergänzenden Absatz versehen hatte, nach dem „insbesondere Vorschriften über die Berücksichtigung und Nichtberücksichtigung bestimmter Umstände" bei der Ermittlung des Verkehrswerts (gemeinen Werts) zu beachten sind (§ 142 Abs. 1 Satz 2 BBauG 76), hatte deshalb diese Regelung mit dem BauGB als eine „unbestrittene Selbstverständlichkeit" entfallen lassen[12].

2.2.4 Bodenrichtwertübersicht

▶ *Hierzu Allgemeines bei § 196 BauGB Rn. 30 ff. und § 193 BauGB*

20 Bundesrechtlich enthält das BauGB keine Regelungen zur Zusammenstellung und Veröffentlichung von Übersichten über Bodenrichtwerte (Bodenrichtwertübersichten). Zum einen ist eine noch im BBauG 76 enthaltene ausdrückliche Ermächtigung zum Erlass entsprechender Vorschriften durch die Bundesregierung aufgegeben worden. Zum anderen werden mit § 199 Abs. 2 BauGB aber auch die **Landesregierungen nicht mehr zum Erlass entsprechender Regelungen** ausdrücklich **ermächtigt.** § 199 Abs. 2 Nr. 6 BauGB lässt dies jedoch als eine „weitere Aufgabe" des Gutachterausschusses, des Oberen Gutachterausschusses bzw. der Zentralen Geschäftsstelle (§ 198 BauGB) zu. Dies ist in der Zielsetzung des Bundesgesetzgebers begründet, das bundesrechtliche Wertermittlungsrecht zu straffen und sich bei Verfahrens- und Organisationsangelegenheiten zurückzuhalten[13].

21 **In den Bodenrichtwertübersichten,** die als

– Karten oder

– Listen

geführt werden, **werden für typische Orte oder Ortsteile typische Bodenrichtwerte zusammengestellt**[14].

---

11 BT-Drucks. VI/2204, zu § 57; so auch BVerwG, Urt. vom 24.11.1978 – 4 C 56/76 –, BVerwGE 57, 88 = EzGuG 15.9.
12 BT-Drucks. 10/4630 Nr. 97 zu § 194; abwegig von daher die Kritik von Zimmermann, WertV 88 1. Aufl. München 1998, S. 445 ff.
13 BR-Drucks. 575/85, S. 153, 59.
14 Übersicht über die Bodenrichtwerte für typische Orte und Ortsteile, Bek. des IM von Meckl.-Vorp. vom 23.5.2000 – II 730 – (ABl. 2000, 1076).

3 Ermächtigungen der Landesregierungen (§ 199 Abs. 2 BauGB)

3.1 Übersicht

Mit § 199 Abs. 2 BauGB werden die Landesregierungen ermächtigt, Regelungen zu treffen, wie Organisation und Aufgabenbereich der Gutachterausschüsse es gebieten (Gutachterausschussverordnungen). Der Gesetzgeber geht dabei davon aus, dass die Gutachterausschüsse die Regeln eines geordneten Verwaltungshandelns auch dann beachten, wenn ihre Tätigkeit nicht durch detaillierte bundesgesetzliche Anweisungen bestimmt wird, sondern durch Verordnungen und Richtlinien geordnet wird. Demgemäß überlässt es der Bundesgesetzgeber weitgehend den Ländern, was sie für regelungsbedürftig halten. § 199 Abs. 2 BauGB stellt einen Katalog regelungsbedürftiger Punkte dar, von dem die Nr. 4 besonders zu erwähnen ist, weil hiermit die wichtigen **Veröffentlichungspflichten des Gutachterausschusses** den Ländern übertragen worden sind.

▶ *Die Fundstellen der Landesverordnungen sind am Anfang dieses Werks in der Gesetzesübersicht abgedruckt.*

Im Einzelnen werden die **Landesregierungen in § 199 Abs. 2 BauGB ermächtigt, folgende Rechtsmaterien durch Rechtsverordnung zu regeln:**

– die Bildung und das Tätigwerden der Gutachterausschüsse und der Oberen Gutachterausschüsse (§ 199 Abs. 2 Nr. 1 BauGB)[15],
– die Mitwirkung der Gutachter und deren Ausschluss im Einzelfall (§ 199 Abs. 2 Nr. 1 BauGB),
– die Aufgaben des Vorsitzenden des Gutachterausschusses (§ 199 Abs. 2 Nr. 2 BauGB),
– die Einrichtung und die Aufgaben der Geschäftsstelle des Gutachterausschusses (§ 199 Abs. 2 Nr. 3 BauGB),
– die Führung und Auswertung der Kaufpreissammlung (§ 199 Abs. 2 Nr. 4 BauGB),
– die Veröffentlichung der Bodenrichtwerte und „sonstiger" Daten der Wertermittlung (§ 199 Abs. 2 Nr. 4 BauGB),
– die Erteilung von Auskünften aus der Kaufpreissammlung (§ 199 Abs. 2 Nr. 4 BauGB),
– die Übermittlung von Daten der Flurbereinigungsbehörden zur Führung und Auswertung der Kaufpreissammlung (§ 199 Abs. 2 Nr. 5 BauGB),
– die Übertragung weiterer Aufgaben auf den Gutachterausschuss und den Oberen Gutachterausschuss (§ 199 Abs. 2 Nr. 6 BauGB) und
– die Entschädigung der Mitglieder des Gutachterausschusses und des Oberen Gutachterausschusses (§ 199 Abs. 2 Nr. 7 BauGB).

3.2 Bildung und Tätigwerden der Gutachterausschüsse, Oberen Gutachterausschüsse und der Zentralen Geschäftsstellen (§ 199 Abs. 2 Nr. 1 BauGB)

3.2.1 Allgemeines

Die Ermächtigung des § 199 Abs. 2 Nr. 1 BauGB betrifft zwei Bereiche:

a) die *Bildung*, d. h. die Einrichtung der Gutachterausschüsse, der Oberen Gutachterausschüsse sowie der Zentralen Geschäftsstellen, womit vor allem der räumlicher Zuständig-

---

[15] Der Gesetzgeber hat es versäumt, in die Regelung die mit dem ErbStRG in § 198 BauGB bundesrechtlich zugelassene Einrichtung Zentraler Geschäftsstellen aufzunehmen.

keitsbereich der Gutachterausschüsse und ihre rechtliche Eingliederung in Land-, Kreis- und Gemeindeebene angesprochen sind, sowie

b) das *Tätigwerden,* d. h. die Organisation der Gutachterausschüsse, der Oberen Gutachterausschüsse sowie der Zentralen Geschäftsstellen.

Zu beiden Bereichen sehen die Vorschriften der §§ 192 ff. BauGB bereits eine Reihe bundesrechtlicher Mindestanforderungen vor, zu deren Ergänzung die Landesregierungen ermächtigt sind.

3.2.2 Bildung von Gutachterausschüssen, Oberen Gutachterausschüssen und Zentralen Geschäftsstellen

▶ *Vgl. § 198 BauGB Rn. 3 ff., 19 ff.; § 192 BauGB Rn. 16 ff.*

25 Bundesrechtlich wird mit § 192 Abs. 1 BauGB lediglich vorgegeben, dass zur Ermittlung von Grundstückswerten und für sonstige Wertermittlungen **selbstständige und unabhängige Gutachterausschüsse** (flächendeckend) **im gesamten Bundesgebiet** einzurichten sind. Dieser Vorgabe sind die Länder nachgekommen. Man kann davon ausgehen, dass für das gesamte Bundesgebiet Gutachterausschüsse gebildet worden sind, und zwar entweder als Landesbehörden oder als kommunale Einrichtungen (*Baden-Württemberg* vgl. Erl. zu § 192 BauGB).

26 Eine Ausnahme besteht allenfalls für **gemeindefreie Bereiche**, in denen das BauGB keine Anwendung findet[16].

27 Zum **räumlichen Tätigkeitsbereich** enthält § 192 Abs. 1 BauGB keine Vorgaben mehr (vgl. hierzu § 192 BauGB Rn. 16 ff.).

3.2.3 Tätigwerden von Gutachterausschüssen, Oberen Gutachterausschüssen sowie Zentralen Geschäftsstellen

28 Die Regelungskompetenz über das Tätigwerden des Gutachterausschusses betrifft in erster Linie

- die Zuständigkeit des Gutachterausschusses,
- die Zusammensetzung des Gutachterausschusses,
- die Bestellung, Mitwirkung und Abberufung von Gutachtern des Gutachterausschusses,
- die Zusammenarbeit des Gutachterausschusses mit seiner Geschäftsstelle,
- die Regelung von Rechten und Pflichten der Mitglieder des Gutachterausschusses,
- die verfahrensrechtliche Ausgestaltung der Aufgabenerfüllung.

29 Nach dem Verfassungsgrundsatz „Bundesrecht vor Landesrecht" findet die **Landeskompetenz dort** ihre **Grenzen, wo bundesrechtliche Vorschriften Vorgaben** bereits gemacht haben. Dies sind vor allem die Regelungen der §§ 192 ff. BauGB selbst, die zum Tätigwerden des Gutachterausschusses bereits zahlreiche Vorgaben enthalten. Des Weiteren sind die Vorschriften des Strafgesetzbuchs über die Geheimhaltung zu erwähnen.

30 Darüber hinaus steht die Ermächtigung der Länder in **Konkurrenz zu landesrechtlichen Vorschriften**, insbesondere den Verwaltungsverfahrensgesetzen, Datenschutzgesetzen und Gemeindeordnungen der Länder.

---

16 BVerwG, Urt. vom 21.8.1995 – 4 N 1/95 –, BVerwGE 99, 127 = NVwZ 1996, 265 = RdL 1995, 277 = BBauBl. 1995, 888 = UPR 1995, 446 = BauR 1995, 804 = DÖV 1995, 1044 = DVBl 1996, 47 = BRS Bd. 57 Nr. 115 = DWW 1997, 48.

3.3 Aufgaben des Vorsitzenden (§ 199 Abs. 2 Nr. 2 BauGB)

Ergänzend zu § 192 Abs. 2 und 3 BauGB werden die Landesregierungen ermächtigt, die Aufgaben des Vorsitzenden zu regeln. Es handelt sich hier um eine **Klarstellung zur Ermächtigung der Nr. 1**.

31

3.4 Einrichtung und Aufgabe der Geschäftsstelle (§ 199 Abs. 2 Nr. 3 BauGB)

§ 199 Abs. 2 Nr. 3 BauGB ermächtigt ergänzend zu § 192 Abs. 3 und § 196 Abs. 3 BauGB die Landesregierung, die Einrichtung und die Aufgaben der Geschäftsstelle des Gutachterausschusses zu regeln.

32

3.5 Ergänzende Ermächtigung zur Kaufpreissammlung sowie zur Veröffentlichung von Bodenrichtwerten und sonstiger Daten (§ 199 Abs. 2 Nr. 4 BauGB)

3.5.1 Allgemeines

▶ *Vgl. § 10 ImmoWertV Rn. 24 ff.*

§ 199 Abs. 2 Nr. 4 BauGB ermächtigt die Landesregierung, durch Rechtsverordnung

33

– die Führung und Auswertung der Kaufpreissammlung,
– die Häufigkeit der Bodenrichtwertermittlung,
– die Veröffentlichung der Bodenrichtwerte und sonstiger Daten der Wertermittlung und
– die Erteilung von Auskünften aus der Kaufpreissammlung

zu regeln. Davon haben die Länder im Rahmen der von ihnen erlassenen **Gutachterausschussverordnungen** sowie durch **technische Anleitungen** Gebrauch gemacht[17].

Die Ermächtigungsnorm war im Rahmen der Novellierung des materiellen Wertermittlungsrechts des BauGB/BBauG schon im Jahre 1987 nicht unumstritten. Nach den Vorstellungen der Bundesregierung bestand Veranlassung, diese **Materie bundeseinheitlich zu regeln**, um hier eine Einheitlichkeit und nachhaltige Qualitätsverbesserung zu sichern. Auf der Ebene des Referentenentwurfs wurde diese Auffassung von den großen Städten auch unterstützt. Bereits nach den Empfehlungen des beratenden 15. BT-Ausschusses sollten jedoch die Landesregierungen hierfür Verantwortung tragen[18]. Hierbei ist es geblieben. Im Rahmen der Erbschaftsteuerreform 2009 war es erneut ein Anliegen der BReg[19], die Regelungskompetenz über die „Führung und Auswertung" der Kaufpreissammlung auf den Bund zu verlagern, um „die Umsetzung der im Bewertungsrecht bundesgesetzlich geregelten steuerlichen Bewertung" zu gewährleisten sowie im Hinblick auf das generelle Erfordernis „größerer Transparenz auf dem Grundstücksmarkt" auf eine „bundesweit einheitliche Datengrundlage" zu stützen. Dafür sei entscheidend, dass der Bund die Grundsätze für die Ableitung bzw. Ermittlung aller für die Wertermittlung erforderlichen Daten einschließlich der Bodenrichtwerte regeln könne. Die Länder haben dem erneut widersprochen und darauf bestanden, die Führung und Auswertung der Kaufpreissammlung weiterhin zu regeln; lediglich die „Ermittlung der Bodenrichtwerte" wurde aus der Ermächtigungsnorm der Länder herausgenommen. Mit dem gleichzeitig geänderten § 199 Abs. 1 BauGB ist der Bund erstmals ausdrücklich ermächtigt worden, Vorschriften über die **„Anwendung gleicher Grundsätze bei der Ermittlung ... der Bodenrichtwerte"** zu erlassen.

34

Mit dem BauGB 2013 ist in § 199 Abs. 2 Nr. 4 BauGB redaktionell klargestellt worden, dass die Länder eine **häufigere Ermittlung der Bodenrichtwerte als den zweijährigen Turnus** nach § 196 Abs. 1 Satz 5 BauGB bestimmen können. Eine solche Klarstellung ist in der

---

17 Zum Beispiel RiWert Rh.-Pf. und RdErl. des nordrh.-westf. MI und MJ vom 12.2.1999 (Kaufpreissammlung-Richtlinien; MinBl. NW 1999, 424 ff.).
18 § 144b BBauG des Referentenentwurfs; AK Gutachterausschüsse der FK Städtebau der Argebau Sitzung am 19. bis 21.9.1974 in Ludwigshafen; BT-Drucks. 7/4793.
19 BT-Drucks. 16/7918, S. 48.

III § 199 BauGB — Ermächtigungen

Begründung zum RegEntw[20] als erforderlich angesehen worden, da unterschiedliche Auffassungen darüber bestünden, „ob eine häufigere Ermittlung der Bodenrichtwerte im Bundesrecht oder im Landesrecht geregelt werden müsse". Die häufigere Ermittlung – so der Bericht des federführenden BT-Ausschusses – könne aber sinnvollerweise nur im Landesrecht angeordnet werden, da bundesrechtlich die Ermittlungshäufigkeit bereits in § 196 Absatz 1 Satz 5 BauGB bestimmt sei.

35 Wie unter Rn. 11 dargelegt, ist nach wie vor eine bundesrechtliche Einheitlichkeit nicht nur bei der Ermittlung, sondern auch der Veröffentlichung der Bodenrichtwerte fachlich geboten. Das Gleiche gilt für die Veröffentlichung der aus der Kaufpreissammlung abgeleiteten erforderlichen Daten der Wertermittlung (§§ 9 ff. ImmoWertV). Aus den Veröffentlichungen sind für außenstehende Sachverständige, denen sie zu dienen bestimmt sind, oftmals die **Eigenschaften der Grundstücke, aus denen diese Daten abgeleitet worden sind** und auf die sie sich infolgedessen (nur) beziehen können, nicht erkennbar, um ggf. Unterschiede des im Einzelfall damit zu wertenden Grundstücks in angemessener Weise berücksichtigen zu können. Dabei muss auch die vom Gutachterausschuss angewandte Wertermittlungsmethodik einschließlich der zum Ansatz gekommenen Ausgangsparameter (z. B. Normalherstellungskosten) offengelegt werden, weil die abgeleiteten erforderlichen Daten nur im Zusammenhang mit der **angewandten Methodik** aussagekräftig sind.

36 Auch kann festgestellt werden, dass in einer Reihe grundsätzlicher Fragen die Gutachterausschüsse unter Hinweis auf ihre Unabhängigkeit und Weisungsungebundenheit oftmals örtlichen Neigungen folgend **methodische Sonderwege** beschreiten. Es gibt diesbezüglich in Deutschland leider kein länderübergreifendes koordinierendes Gremium mit „Leitplankenfunktion". Die Gutachterausschüsse sind da weitgehend sich selbst überlassen und überörtlich tätige Organisationen, wie z. B. der IVD, finden in der Öffentlichkeit größere Aufmerksamkeit, obwohl sie bei Weitem nicht über das Kaufpreismaterial verfügen, das den Gutachterausschüssen zugänglich ist und mit öffentlichen Mitteln ausgewertet wird.

37 Die bisherigen Ansätze zu einer sinnvollen Vereinheitlichung und qualitativen Verbesserung der Ableitung und Veröffentlichung von Bodenrichtwerten und sonstigen Daten der Wertermittlung haben sich bei alledem auch auf Länderebene als unzureichend erwiesen und bedürfen einer **länderübergreifenden Bereitschaft**, die über Lippenbekenntnisse hinausgehen muss. Auch auf diesem Gebiet mangelt es an einem aufeinander abgestimmten Vorgehen der für das Gutachterausschusswesen zuständigen Ministerien der Länder.

3.5.2 Veröffentlichung sonstiger Daten der Wertermittlung

▶ *§ 193 BauGB Rn. 63; Vorbem. zur ImmoWertV Rn. 34 ff.; § 9 ImmoWertV Rn. 23 ff.; § 14 ImmoWertV Rn. 92 ff., 224 ff.; § 10 ImmoWertV Rn. 49*

38 § 199 Abs. 2 Nr. 4 BauGB ermächtigt des Weiteren die Landesregierungen im Wege einer **Rechtsverordnung**, die Veröffentlichung von „sonstigen" Daten der Wertermittlung zu regeln, ohne diese Daten selbst zu definieren.

39 Was als **sonstige Daten** i. S. d. § 199 Abs. 2 Nr. 4 BauGB (vgl. § 193 BauGB Rn. 63; § 9 ImmoWertV Rn. 4) in Abgrenzung zu den „erforderlichen Daten" der Wertermittlung i. S. d. § 199 Abs. 1 BauGB i. V. m. § 193 Abs. 3 BauGB zu verstehen ist, bedarf der Auslegung, denn der Gesetzgeber hat die Regelungskompetenz zwischen Bundes- und Landesregierung aufteilen wollen. Fest steht, dass der Begriff der „sonstigen" Daten umfassender als der Begriff der „erforderlichen" Daten ist. Allein vom Wortlaut her wäre daher der Schluss zu ziehen, dass der Bundesgesetzgeber die Landesregierungen zum Erlass von Vorschriften über die Ableitung sonstiger, aber zur Wertermittlung *nicht* erforderlicher Daten ermächtigt hat (argumentum e contrario).

40 Im Unterschied zur Ermächtigungsgrundlage des § 144 Abs. 1 Nr. 2 i. V. m. § 143a Abs. 3 BBauG 76 ermächtigt das BauGB die Bundesregierung nicht mehr zum Erlass von Vorschrif-

---

20 BR-Drucks. 474/12.

ten über die Fortschreibung und **Veröffentlichung der** mit den „wesentlichen" Daten der Wertermittlung i. S. d. § 143a Abs. 3 BBauG 76 materiell identischen **erforderlichen Daten der Wertermittlung.** Mit § 199 Abs. 2 Nr. 4 BauGB hat der Bundesgesetzgeber neben der Veröffentlichung von Bodenrichtwerten expressis verbis nur die Veröffentlichung der „sonstigen Daten der Wertermittlung" der Regelung durch die Landesregierung unterstellt (vgl. hierzu auch die amtliche Begründung zur WertV 88 – Teil A Allgemeines –, in der auf die Verbindung von § 199 Abs. 2 Nr. 4 BauGB zu § 196 Abs. 3 BauGB – Veröffentlichung von Bodenrichtwerten –, nicht aber zu § 193 Abs. 3 BauGB – Ermittlung erforderlicher Daten – hingewiesen wird). Bezüglich der Veröffentlichung der Daten der Wertermittlung schließt die Ermächtigung des § 199 Abs. 2 Nr. 4 BauGB dennoch die nach § 193 Abs. 3 BauGB abgeleiteten „erforderlichen" Daten ein, denn dies zu regeln, hat der Bundesgesetzgeber ersichtlich den Landesregierungen überlassen (vgl. § 9 ImmoWertV Rn. 2)[21].

3.6 Übermittlung von Daten der Flurbereinigungsbehörden (§ 199 Abs. 2 Nr. 5 BauGB)

▶ *Vgl. § 195 BauGB Rn. 7*

Nach § 199 Abs. 2 Nr. 5 BauGB sind die Landesregierungen zum Erlass von Vorschriften über die **Übermittlung von Daten der Flurbereinigungsbehörde** ermächtigt. Die Bestimmung geht auf einen Vorschlag des Bundesrates zurück, dem sich der federführende BT-Ausschuss[22] im Hinblick auf die Auswertung des Flurbereinigungsplans „mit seinen Grundstücksübertragungen und Grundstückstauschvorgängen einschließlich der Geldabfindungen und Masselandverkäufen" angeschlossen hat. Vor allem der Grundstücksmarkt im „ländlichen Gebiet mit den teilweise spärlichen Verkaufsfällen" soll damit besser erfasst werden können. In diesem Zusammenhang ist auch darauf hinzuweisen, dass **Grundstücksan- und -verkäufe im Rahmen von Flurbereinigungsverfahren bereits von der Regelung des § 195 Abs. 1 BauGB miterfasst sind.** Ob und inwieweit die verschiedenen Arten des Landerwerbs über die Vorschriften der §§ 40, 44, 52, 54 Abs. 2, § 55 Abs. 1, § 88 Nr. 4 und § 89 FlurbG dem Gutachterausschuss mitzuteilen sind, sollen die Landesregierungen unter Berücksichtigung der landesspezifischen Besonderheiten bei der Durchführung der Verfahren nach dem FlurbG entscheiden. **41**

Hierbei ist **entscheidungserheblich:** **42**

– Die §§ 40, 88 Nr. 4 und 89 FlurbG regeln die Geldentschädigungen für Anlagen, die dem öffentlichen Verkehr, einem anderen öffentlichen Interesse dienen sowie für enteignungsgleiche Eingriffe bei sog. Unternehmensflurbereinigungen nach § 87 FlurbG. Die Übernahme dieser Entschädigung steht den Regelungen des § 195 Abs. 1 BauGB gleich.

– Die Geldabfindung nach § 52 FlurbG bei Aufgabe des Landanspruchs orientiert sich am Verkehrswert oder einem ihm „nahe kommenden Kapitalbetrag"; von daher bedarf die Heranziehung solcher Abfindungen zur Verkehrswertermittlung einer sorgfältigen Prüfung[23].

– Der Geldausgleich für Mehr- oder Minderzuteilungen nach § 44 Abs. 3 FlurbG sowie Verwertungserlöse aus Masselandverkäufen nach den §§ 54 f. FlurbG orientieren sich ebenfalls am Verkehrswert, sodass auch derartige Entgelte als Vergleichspreise geprüft werden müssen.

Im Einzelnen ist **von der Ermächtigung,** Daten der Flurbereinigung dem Gutachterausschuss zur Verfügung zu stellen, **wie aus Abb. 1 ersichtlich, Gebrauch gemacht worden.** Die Länder Brandenburg (§ 8 GutachterausschussVO) und Thüringen (§ 9 Abs. 8 GutachterausschussVO) geben ohne nähere Differenzierung den Flurbereinigungsbehörden die Übermittlung der zur Führung und Auswertung der Kaufpreissammlung erforderlichen Daten auf. **43**

---

21 Hierzu Vorbem. zur ImmoWertV Rn. 15 ff.; auch amtl. Begründung zu Allgemeines (Teil A) zur WertV 88.
22 BT-Drucks. 10/6166, S. 163.
23 Erlenbach in ZfV 1985, 557; Weiß in VR 1984, 30.

III § 199 BauGB — Ermächtigungen

Abb. 1: Übermittlung von Daten der Flurbereinigung

Land	Landw-AnpG § 58	§ 40	§ 52	§ 54	§ 55	§ 88	§ 89	Rechts-grundlagen*
Baden-Württemberg	–	–	x	–	–	–	x	§ 9
Bayern	–	x	–	x	x	x	x	§ 10 Abs. 10
Berlin	–	–	–	–	–	–	–	–
Bremen	–	–	–	–	–	–	–	–
Hamburg	–	–	–	–	–	–	–	–
Hessen	–	x	–	x	x	x	x	§ 12 Abs. 2
Mecklenburg-Vorpommern	–	–	–	–	–	–	–	–
Niedersachsen	–	x	–	x	x	x	x	§ 18
Nordrhein-Westfalen	–	x	–	x	x	x	x	§ 8 Abs. 3
Rheinland-Pfalz	–	x	–	x	–	x	x	§ 17
Saarland	–	x	–	x	–	x	x	§ 15
Sachsen	x	x	x	x	x	x	x	§ 12
Sachsen-Anhalt	–	–	–	–	–	–	–	–
Schleswig-Holstein	–	–	–	–	–	–	–	–

* Fundstellen vgl. Zusammenstellung der Gesetze am Anfang dieses Werkes

3.7 Übertragung weiterer Aufgaben (§ 199 Abs. 2 Nr. 6 BauGB)

3.7.1 Allgemeines

44 Die Ermächtigung des § 199 Abs. 2 Nr. 6 BauGB zur Übertragung weiterer Aufgaben auf den Gutachterausschuss und den Oberen Gutachterausschuss lässt Inhalt, Zweck und Ausmaß allenfalls aus dem „Sinnzusammenhang der Norm mit anderen Vorschriften" und dem Ziel, das die gesetzliche Regelung insgesamt verfolgt, herleiten[24]. **Art. 80 Abs. 1 GG** fordert dagegen, dass Inhalt, Zweck und Ausmaß der erteilten Ermächtigung im Gesetz bestimmt werden und für eine „weitere" im Gesetz vorgesehene Übertragung der Ermächtigung es einer Rechtsverordnung bedarf. Bei dieser Sachlage werden in nicht unbegründeter Weise im Schrifttum Zweifel dargelegt, ob die Ermächtigung einer weiteren Übertragung von Aufgaben einer verfassungsrechtlichen Prüfung standhält[25].

45 **Weitere Aufgaben** sind die Erstellung von

a) Grundstücksmarktberichten (§ 193 BauGB Rn. 103) und

b) Bodenrichtwertübersichten (§ 196 BauGB Rn. 30 ff.; § 193 BauGB Rn. 101 ff.).

3.7.2 Grundstücksmarktbericht

▶ *Weitere Ausführungen bei § 193 BauGB Rn. 103 ff.*

46 Das BauGB spricht expressis verbis lediglich die Veröffentlichung der Bodenrichtwerte (§ 196 Abs. 3 sowie § 199 Abs. 2 Nr. 4 BauGB) und „sonstiger Daten der Wertermittlung"

---

[24] BVerfG, Beschl. vom 12.11.1958 – 2 BvL 4, 26, 40/56 –, BVerfGE 8, 274 (307).
[25] Dieterich in Ernst/Zinkahn/Bielenberg, BauGB § 199 Rn. 28.

Ermächtigungen § 199 BauGB III

(§ 196 Abs. 2 Nr. 4 BauGB) an und ermächtigt ansonsten die Landesregierungen, das **Tätigwerden der Gutachterausschüsse** durch Rechtsverordnung zu regeln.

In der Praxis haben sich diesbezüglich Grundstücksmarktberichte bewährt, die von vielen Gutachterausschüssen, aber auch von Oberen Gutachterausschüssen (Brandenburg, Niedersachsen, Nordrhein-Westfalen) erstellt werden. Ein **Rahmenkonzept für den Aufbau von Grundstücksmarktberichten** hat eine Expertengruppe „Grundstückswertermittlung" im Arbeitskreis Liegenschaftskataster der Arbeitsgemeinschaft der Vermessungsverwaltungen der Länder der Bundesrepublik Deutschland (AdV) vorgelegt, das allerdings insbesondere im Hinblick auf die anzustrebende überregionale Vergleichbarkeit der Grundstücksmarktberichte als überholt gelten muss. 47

In den Gutachterausschussverordnungen der Länder ist die **Erstellung von Grundstücksmarktberichten unterschiedlich geregelt:** 48

Eine Reihe von Verordnungen sprechen die Erstellung von Grundstücksmarktberichten nicht direkt an, sondern weisen allenfalls auf die „Veröffentlichung der zur Wertermittlung erforderlichen Daten" hin. In anderen Bundesländern wird entweder die Geschäftsstelle des Gutachterausschusses (ggf. nach Weisung des Vorsitzenden) bzw. der Gutachterausschuss selbst zur Erstellung und Veröffentlichung von Grundstücksmarktberichten ausdrücklich verpflichtet oder es wird ihm als „Kann-Bestimmung" anheimgestellt.

Ausdrückliche **Regelungen, die den Gutachterausschuss bzw. seine Geschäftsstelle zur Erstellung von Grundstücksmarktberichten verpflichten,** enthalten folgende Gutachterausschussverordnungen: 49

Bayern: Die erforderlichen Daten sind „in geeigneter Weise" bekannt zu machen (§ 14 GAAVO).

Berlin: Nach § 15 Abs. 2 Nr. 4 der DVO-BauGB „hat" die Geschäftsstelle des Gutachterausschusses einen Grundstücksmarktbericht zu erstellen und zu veröffentlichen.

Brandenburg: Nach § 13 GutachterausschussVO „soll" der Gutachterausschuss Feststellungen über den Grundstücksmarkt, insbesondere über Umsatz- und Preisentwicklung, in einer Übersicht über den Grundstücksmarkt zusammenfassen und veröffentlichen.
Verwaltungsvorschrift zur Erstellung der Grundstücksmarktberichte im Land Brandenburg (Grundstücksmarktbericht-Richtlinie – GMB-RL).

Bremen: Nach § 15 Abs. 2 GAAVO „ist" über den Grundstücksmarkt regelmäßig, mindestens jährlich, durch Veröffentlichungen zu berichten. Dabei sind die Verhältnisse auf den Teilmärkten ... gesondert darzustellen.

Hamburg: Der Geschäftsstelle obliegt nach Weisung des Gutachterausschusses die Veröffentlichung der sonstigen erforderlichen Daten in einem jährlichen Grundstücksmarktbericht (§ 2 Abs. 2 Nr. 2 GAAVO).

Hessen: Die Geschäftsstelle hat nach Weisung des Gutachterausschusses die sonstigen Daten der Wertermittlung in Form eines Grundstücksmarktberichtes zu veröffentlichen (§ 9 Nr. 5 der hess. DVBauGB).

Mecklenburg-Vorpommern: Nach § 10 Abs. 3 Nr. 5 GutVO „obliegt" der Geschäftsstelle des Gutachterausschusses die Erstellung und Veröffentlichung des Grundstücksmarktberichtes.

Niedersachsen: Nach § 13 Abs. 1 Nr. 2 DVO-BauGB ist die Erstellung von Grundstücksmarktberichten Aufgabe des Gutachterausschusses.

Nordrhein-Westfalen: Nach § 13 Abs. 2 GutachterausschussVO „soll" der Gutachterausschuss Feststellungen über den Grundstücksmarkt, insbesondere über Umsatz- und Preisentwicklungen, in einer Übersicht über den Grundstücksmarkt zusammenfassen und veröffentlichen.

Rheinland-Pfalz: Nach § 11 Nr. 7 GAAVO „obliegt" der Geschäftsstelle des Gutachterausschusses nach Weisung des Vorsitzenden die Erstellung und Veröffentlichung des Grundstücksmarktberichtes.

III § 199 BauGB — Ermächtigungen

Sachsen: Der Gutachterausschuss „kann" Berichte über den Grundstücksmarkt erstellen (§ 12 GAAVO).

Sachsen-Anhalt: Nach § 13 Abs. 4 VOGut „soll" der Gutachterausschuss Feststellungen über den Grundstücksmarkt, insbesondere über Umsatz- und Preisentwicklung, in einer Übersicht über den Grundstücksmarkt zusammenfassen (Grundstücksmarktbericht).

Thüringen: Nach § 13 GutachterausschussVO obliegt dem Gutachterausschuss die Veröffentlichung eines Grundstücksmarktberichtes (vgl. § 8 Nr. 6).

Die von den Gutachterausschüssen herausgegebenen **Grundstücksmarktberichte** stellen **weder eine amtliche Bekanntmachung** i. S. d. § 5 Abs. 1 UrhG **noch ein amtliches Werk** i. S. d. § 5 Abs. 2 UrhG dar[26], weil sie lediglich einer allgemeinen Information ohne regelnden Charakter dienen.

3.7.3 Bodenrichtwertübersicht

▶ *Erläuterungen hierzu bereits Rn. 20, 45 sowie bei § 196 BauGB Rn. 73 ff.; § 193 BauGB Rn. 101*

50 Die Vorschrift sieht **keine ausdrückliche Ermächtigung** zum Erlass von Regelungen über die Zusammenstellung und Veröffentlichung von Bodenrichtwertübersichten vor, schließt dies aber auch nicht aus.

3.8 Entschädigung der Mitglieder des Gutachterausschusses (§ 199 Abs. 2 Nr. 7 BauGB)

▶ *Weitere Ausführungen zu den Gebühren der Gutachterausschüsse vgl. § 192 BauGB Rn. 57 ff. und zur Entschädigung der Gutachter vgl. § 192 BauGB Rn. 26, 57*

51 Mit § 199 Abs. 2 Nr. 7 BauGB werden die Landesregierungen ermächtigt, durch Rechtsverordnung die Entschädigung für die Mitglieder des Gutachterausschusses und des Oberen Gutachterausschusses zu regeln, wobei sich die Ermächtigung nicht auf die ehrenamtlichen Mitglieder i. S. d. § 192 Abs. 2 BauGB beschränkt, sondern auch den Vorsitzenden einschließt. Dies kann aus der **Sicht der Rechnungsämter** zumindest in den ohnehin nicht unproblematischen Fällen bedenklich sein, in denen der Vorsitzende der Verwaltung angehört und seinen Aufgaben während der allgemeinen Dienstzeit auch nur teilweise nachkommt.

52 Nach § 1 Abs. 2 JVEG kommen die Entschädigungsvorschriften der Vergütungsvorschriften des **Justizvergütungs- und -entschädigungsgesetzes (JVEG)** auch zur Anwendung, wenn Behörden oder sonstige öffentliche Stellen von Gerichten zu Sachverständigenleistungen herangezogen werden[27]. Diese Regelung stellt nach *Dieterich*[28] eine **Einschränkung der landesrechtlichen Regelungskompetenz** dar (Art. 31 GG), jedoch muss in diesen Fällen unterschieden werden zwischen

– dem Entschädigungsanspruch der Behörde „Gutachterausschuss" nach § 1 Abs. 2 JVEG einerseits und

– dem Entschädigungsanspruch des Mitglieds der Behörde Gutachterausschuss nach Landesrecht andererseits.

---

26 BGH, Urt. vom 20.7.2006 – I ZR 185/03 –, GuG 2007, 121 = EzGuG 11.530.
27 OLG Stuttgart, Urt. vom 19.6.1987 – 1 Ws 195/87 –, MDR 1987, 1051; OLG München, Beschl. vom 13.4.1976 – 11 W 888/76 –, JurBüro 1976, 1362 = EzGuG 11.102; OLG Kiel, Beschl. vom 8.7.1964 – 1 B 7b 4/64 –, SchlH 1965, 85 = EzGuG 11.43; OLG Karlsruhe, Beschl. vom 14.12.1967 – 9 W 131/67 –, Rpfleger 1968, 234 = EzGuG 11.62; OLG Saarbrücken, Beschl. vom 8.2.1965 – 5 W 96/64 –, KostRspr. § 1 ZuSEG Nr. 10; LG Münster, Beschl. vom 11.10.1966 – 5 T 229/66 –, NJW 1967, 637 = EzGuG 11.53.
28 Dieterich in Ernst/Zinkahn/Bielenberg/Krautzberger, BauGB § 199 Rn. 39, so jedenfalls zur Vorgängerregelung (§ 1 Abs. 2 ZSEG).

Teil IV

Verkehrswertermittlung nach den Grundsätzen der
Immobilienwertermittlungsverordnung

*"Man muss die Dinge ändern,
damit sie die gleichen bleiben."
(Wahlspruch des Fürsten Fabrizio aus Tomosa
de Lampedusa, Der Leopard)*

Verkehrswertermittlung nach den Grundsätzen der Immobilienwertermittlungsverordnung

Gliederungsübersicht   Rn.
1 Vorbemerkungen zur ImmoWertV
1.1 Marktwert (Verkehrswert)
    1.1.1 Marktwert und andere Wertbegriffe 1
    1.1.2 Normative Vorgaben für die Marktwertermittlung (Verkehrswertermittlung)
        1.1.2.1 Allgemeines 2
        1.1.2.2 Gewöhnlicher Geschäftsverkehr 3
        1.1.2.3 Allgemeine Wertverhältnisse des Wertermittlungsstichtags 4
        1.1.2.4 Grundstücksmerkmale des Qualitätsstichtags 5
        1.1.2.5 Berücksichtigung von Zukunftserwartungen 6
        1.1.2.6 Missverstandenes Stichtagsprinzip 9
        1.1.2.7 Grundstückstransaktionskosten 10
        1.1.2.8 Ungewöhnliche oder persönliche Verhältnisse 11
        1.1.2.9 Teilmarkttheorie 12
1.2 Marktwertermittlung (Verkehrswertermittlung)
    1.2.1 Marktwertspanne 13
    1.2.2 Genauigkeit und Leistungsfähigkeit der Marktwertermittlung 14
    1.2.3 Auf- oder Abrundung 15
    1.2.4 Konsistenz der Marktwertermittlung 16
1.3 Immobilienwertermittlungsverordnung (ImmoWertV)
    1.3.1 Rechtsgrundlagen 17
    1.3.2 Entstehungsgeschichte
        1.3.2.1 Allgemeines 18
        1.3.2.2 Vorbereitung 19
        1.3.2.3 Erster Regierungsentwurf 20
        1.3.2.4 Zweiter Regierungsentwurf 21
    1.3.3 Allgemeine Zielsetzungen 22
    1.3.4 Aufbau der ImmoWertV 23
    1.3.5 Grundsatz der Modellkonformität 34
    1.3.6 Sonstige Wertermittlungsverfahren 37
1.4 Ergänzende Wertermittlungsrichtlinien
    1.4.1 Allgemeines 40
    1.4.2 Wertermittlungsrichtlinien (WERTR) 41
    1.4.3 Weitere die WERTR ablösende Richtlinien
        1.4.3.1 Bodenrichtwertrichtlinie (BRW-RL) 47
        1.4.3.2 Sachwertrichtlinie (SW-RL) 48
        1.4.3.3 Vergleichswertrichtlinie (VW-RL) und alii ....
    1.4.4 WaldR 2000, LandR 78, ZierH 2000 und JagdH 01 54
    1.4.5 Bedeutung der ergänzenden Richtlinien 57
1.5 Beleihungswertermittlungsverordnung (BelWertV) 59

1 Vorbemerkungen zur Immobilienwertermittlungsverordnung (ImmoWertV)

1.1 Marktwert (Verkehrswert)

1.1.1 Marktwert und andere Wertbegriffe

▶ § 194 BauGB Rn. 1 ff., 72 ff., 91 ff., 154 ff.; zum Gebrauchswert vgl. § 1 ImmoWertV Rn. 10 f., § 19 ImmoWertV Rn. 117, § 194 BauGB Rn. 66, 69; zum Investitionswert vgl. § 8 ImmoWertV Rn. 17 sowie Syst. Darst. des Ertragswertverfahrens Rn. 30, 50, 350; zum Nutzwert vgl. § 194 BauGB Rn. 69 f.; zum Bilanzwert vgl. § 8 ImmoWertV Rn. 18, § 16 ImmoWertV Rn. 23, 103, § 194 BauGB Rn. 153; zum Versicherungswert vgl. § 194 BauGB Rn. 67

Schrifttum: *Fischer/Lorenz/Biederbeck/Astl,* Verkehrswertermittlung von bebauten und unbebauten Grundstücken, *Kleiber,* Verkehrswertermittlung von Grundstücken, 6. Aufl. 2010 Köln; *Kleiber,* Immobilienbewertung in der Bundesrepublik Deutschland, Buchbeitrag für Francke, H.-H./Rehkugler, H., Immobilienmärkte und Immobilienbewertung, Vahlen Verlag, 2. Aufl. 2011; *Kleiber,* Komm. zur ImmoWertV in Ernst/Zinkahn/Bielenberg/Krautzberger, BauGB, Beck Verlag; *Kröll/Hausmann,* Rechte und Belastungen bei der Verkehrswertermittlung von Grundstücken, 4. Aufl.; *Pohnert/Ehrenberg/Haase/Joeris,* Kreditwirtschaftliche Wertermittlungen, 7. Aufl. 2011; *Sommer/Kröll,* Lehrbuch der Immobilienbewertung, 3. Aufl. 2011; *Zimmermann, P.,* ImmoWertV, Beck Verlag 2011.

1 Der **Verkehrswert** wird nach § 194 des Baugesetzbuchs (BauGB)

„*durch den Preis bestimmt, der in dem Zeitpunkt, auf den sich die Ermittlung bezieht, im gewöhnlichen Geschäftsverkehr nach den rechtlichen Gegebenheiten und tatsächlichen Eigenschaften, der sonstigen Beschaffenheit und der Lage des Grundstücks oder des sonstigen Gegenstands der Wertermittlung ohne Rücksicht auf ungewöhnliche oder persönliche Verhältnisse zu erzielen wäre*".

Der so definierte Verkehrswert nimmt im Wirtschafts- und Rechtsleben eine allgemein gültige Bedeutung ein. Er ist mit dem „wahren", „inneren", „wirklichen" oder schlicht mit dem „Wert" des Grundstücks gleichzusetzen. Der Verkehrswert (Marktwert) ist auch als **„Wert des Grundstücks" i. S. des bürgerlichen Rechts** anzusehen, z. B. nach § 453 und § 2311 BGB bei Erbauseinandersetzungen, nach § 2325 BGB bei Pflichtteilsergänzungen oder bei Abwendung der Herausgabe noch vorhandener Nachlassgegenstände zum Zwecke der Befriedigung eines Nachlassgläubigers durch Zahlung des Werts nach § 1973 Abs. 2 BGB (des Weiteren § 1515 Abs. 1 und 3 BGB, §§ 2049 und 2312 BGB; auch §§ 385, 764, 1221 und 1235 BGB sowie § 821 ZPO).

Der um die auf einem Grundstück lastenden **Schulden und Verbindlichkeiten** verminderte Verkehrswert wird in der Immobilienwirtschaft auch als *Net Asset Value*[1] bezeichnet.

Mit dem Europarechtsanpassungsgesetz[2] hat der Gesetzgeber klargestellt, dass der **„Verkehrswert" materiell identisch mit dem „Marktwert"** ist, wie dies schon mit den Wertermittlungsrichtlinien 2002 (WERTR 02) herausgestellt wurde. Die Begriffe werden synonym gebraucht. Ein Unterschied zwischen dem Verkehrswert nach § 194 BauGB und dem Marktwert i. S. europäischer Vorgaben besteht nicht[3].

---

1 Der Ausdruck *property valuation* hat sich gegenüber dem Begriff *asset valuation* durchgesetzt.
2 Europarechtsanpassungsgesetz (EAG Bau) vom 24.6.2004 (BGBl. I 2004, 1359).
3 BGH, Beschl. vom 28.4.2011 – V ZR 192/10 –, GuG 2011, 319 = EzGuG 19.57; EuGH, Urt. vom 16.12.2010 – RS C 239/09 –, NL-BzAR 2011, 33; KG Urt. vom 26.8.2010 – 22 U 179/09 –; GuG-aktuell 2013, 6 = EzGuG 19.56.

Der Markt- bzw. Verkehrswert entspricht materiell auch der Direktive des Europäischen Rates von 1991[4], der EU- Grundstücksmitteilung[5] und **international gebräuchlichen Marktwertdefinitionen** (§ 194 BauGB Rn 72 ff.). Ein Unterschied zwischen dem Verkehrswert nach § 194 BauGB und dem Marktwert i. S. der Direktive des Europäischen Rates von 1991[6] sowie europäischer Vorgaben besteht nicht[7]. Die deutsche Definition des Verkehrswerts (Marktwert) hat sich als modern und international vorbildlich erwiesen.

Materiell identisch mit dem in § 194 definierten Markt- bzw. Verkehrswert ist auch der in § 16 Abs. 2 Satz 4 des Pfandbriefgesetzes – PfandBG – beschriebene Marktwert als

„der geschätzte Betrag, für welchen ein Beleihungsobjekt am Bewertungsstichtag zwischen einem verkaufsbereiten Verkäufer und einem kaufbereiten Erwerber, nach angemessenem Vermarktungszeitraum, in einer Transaktion im gewöhnlichen Geschäftsverkehr verkauft werden könnte, wobei jede Partei mit Sachkenntnis, Umsicht und ohne Zwang handelt".

Der Beleihungswert selbst wird in der Beleihungswertermittlungsverordnung (BelWertV) definiert. § 3 Abs. 1 BelWertV definiert den der Beleihung zugrunde zu legenden **Beleihungswert** als

„den Wert der Immobilie, der erfahrungsgemäß unabhängig von vorübergehenden, etwa konjunkturell bedingten Wertschwankungen am maßgeblichen Grundstücksmarkt und unter Ausschaltung von spekulativen Elementen während der gesamten Dauer der Beleihung bei einer Veräußerung voraussichtlich erzielt werden kann".

Wie sich der Beleihungswert ermittelt, ist in der in Teil I Nr. 2 abgedruckten Verordnung über die Ermittlung der Beleihungswerte von Grundstücken gemäß § 16 Abs. 1 und 2 des PfandBG (Beleihungswertermittlungsverordnung – BelWertV) vom 12.5.2006 (BGBl. I 2006, 1175) geregelt.[8]

Die Definition des Markt- bzw. Verkehrswerts in § 194 BauGB entspricht trotz abweichendem Wortlauts im Übrigen auch der **Definition des „gemeinen Werts" des Steuerrechts** (§ 9 Abs. 2 des Bewertungsgesetzes – BewG –)[9] **und dem „vollen Wert"** i. S. der Bundes- und Landeshaushaltsordnungen sowie der Gemeindeordnungen der Länder.

- Der *gemeine Wert* ist Bewertungsmaßstab für verschiedene **steuerliche Werte des Grundvermögens** (§ 68 bis 94 BewG)[10], nämlich für

    a) den auf die Grund- und Gewerbesteuer anzuwendenden *Einheitswert*[11] nach den *§§ 19 ff. BewG*,

    b) den auf die Grunderwerbsteuer anzuwendenden *Grundbesitzwert nach den §§ 138 ff. BewG* und

    c) den auf die Erbschaft- und Schenkungsteuer anzuwendenden *Grundbesitzwert nach § 157 und §§ 176 ff. BewG.*

---

4 Art. 49 Abs. 2 – 91/647/EEC.
5 Mitteilung der Kommission betreffend Elemente staatlicher Beihilfe bei Verkäufen von Bauten und Grundstücken durch die öffentliche Hand, Nr. 97C vom 10.7.1997 (ABl. 1997 C 209 S. 3 = Grundstücksmarkt und Grundstückswert; GuG 1997, 363); vgl. auch Art. 49 Abs. 2 der Richtlinie 91/674 EWG des Rates (ABl. Nr. L 374 vom 31.12.1991, S. 7); § 5 ImmoWertV Rn. 29; Syst. Darst. Des Vergleichswertverfahrens, Rn. 73.
6 Art. 49 Abs. 2 – 91/647/EEC.
7 Die materielle Identität ist herrschende Auffassung in Rechtsprechung und Schrifttum und braucht von daher nicht weiter erörtert zu werden (vgl. Ernst/Zinkahn/Bielenberg/Krautzberger, BauGB, § 194 BauGB Rn. 23ff.; Krautzberger in Battis/Krautzberger/Löhr, BauGB 11. Aufl. Rn. 1; Federwisch in Spannowsky/Uechtritz, BauGB, § 194 BauGB Rn. 3; BGH, Beschl. vom 28.4.2011 – V ZR 192/10 –, GuG 2011, 319 = EzGuG 19.57; KG Urt. vom 26.8.2010 – 22 U 179/09 –, GuG-aktuell 2013, 6 = EzGuG 19.56; EuGH, Urt. vom 16.12.2010 – RS C 239/09 –, NL-BzAR 2011, 33; BGH, Urt. vom 13.6.2001 – XII ZR 49/99 –, GuG 2001, 302 = EzGuG 20.181; BGH, Urt. vom 30.6.2004 – XII ZR 11/01 –, GuG 2004, 359 = EzGuG 20.192.
8 Crimman, W., Die neue ImmoWertV und ihre Auswirkungen auf die Beleihungswertermittlung und BelWertV, GuG 2012, 333; Ott, R., Hat der Beleihungswert ein Verhältnis, GuG 2013, 342.
9 BFH, Urt. vom 2.2.1990 – III R 173/86 –, BFHE 159, 505 = BStBl. II 1990, 497 = GuG 1992, 217 = EzGuG 20.131.
10 Grundvermögen i. S. des BewG ist der Grundbesitz, der weder dem land- und forstwirtschaftlichen Vermögen (§ 33 BewG) noch dem Betriebsvermögen (§ 99 BewG) zuzurechnen ist.
11 BVerfG, Beschl. vom 22.6.1995 – 2 BvL 37/91 –, BVerfGE 95, 309 = GuG 1995, 309 = EzGuG 1.61; BVerfG, Beschl. vom 7.11.2006 – 1 BvL 10/02 –, BVerfGE 117, 1 = EzGuG 1.71a.

IV ImmoWertV — Marktwert

Der gemeine Wert wird mit § 9 Abs. 2 BewG als der Preis definiert, „der im gewöhnlichen Geschäftsverkehr nach der Beschaffenheit des Wirtschaftsgutes bei seiner Veräußerung zu erzielen wäre. Dabei sind alle Umstände, die den Preis beeinflussen, zu berücksichtigen. Ungewöhnliche oder persönliche Verhältnisse sind nicht zu berücksichtigen." Der als „gemeiner Wert" nach den Regeln des BewG abgeleitete Einheits- bzw. Grundbesitzwert unterscheidet sich vom aktuell ermittelten Verkehrswert lediglich hinsichtlich des Wertermittlungsstichtags und der zur Anwendung kommenden Wertermittlungsmethodik. Die steuerliche Bewertung ist, da es sich um eine „Massenbewertung" handelt, auf pauschalierende Vereinfachung gegenüber der „spitzen" Verkehrswertermittlung angelegt. Aufgrund der (notwendigerweise) pauschalierenden Bewertungsmethodik des Steuerrechts müssen die festgestellten Einheitswerte erhebliche Disparitäten zu den (im Städtebaurecht) zumeist zeitnah ermittelten Verkehrswerten aufweisen[12]. Eine Angleichung des Wortlauts der Definition des „gemeinen Werts" (§ 9 BewG) an § 194 BauGB wäre bei alledem zu fordern (vgl. § 194 BauGB Rn. 91).

- Der Verkehrswert/Marktwert ist als **„voller Wert"** Bemessungsgrundlage für die Überlassung und Nutzung von Vermögensgegenständen der öffentlichen Hand. Solche darf die öffentliche Hand nur unter besonderen Voraussetzungen verbilligt abgeben; die Ausnahmen werden im Haushaltsplan zugelassen[13].

Auch das Bilanzrecht orientiert sich in zunehmendem Maße – alternativ zum Buchwert und den Anschaffungs- und Herstellungskosten – am Marktwert. Soweit dort (nur) vom Marktwert die Rede ist, handelt es sich um den Verkehrswert. In den aktuellen Verordnungen der Europäischen Kommission zur „Übernahme bestimmter Rechnungslegungsstandards, die auf die *„International Financial Reporting Standards"* (IFRS) und die *„International Accounting Standards"* (IAS) zurückgehen, ist allerdings vom „Marktwert" (*market value*) nur noch peripher die Rede. Die Bilanzierung von Sachanlagen wird dort zum sog. „beizulegenden Zeitwert" zugelassen.

Der **„beizulegende Zeitwert"** (*fair value*) definiert sich nach IAS 16 § 6, IAS 32 § 11 und IAS 38 § 8, IAS 40 § 5 als

„der Betrag, zu dem ein Vermögenswert zwischen sachverständigen, vertragswilligen und voneinander unabhängigen Geschäftspartnern getauscht werden könnte"[14].

Der **beizulegende Zeitwert definiert sich damit materiell identisch mit dem Verkehrs- bzw. Marktwert** (§ 194 BauGB) und auch die in den IAS vorgegebenen Ermittlungsgrundsätze entsprechen den materiellen Grundsätzen der für die Verkehrs- bzw. Marktwertermittlung maßgeblichen Grundsätze der ImmoWertV.

- IAS 16 § 31 bestimmt für die **Bilanzierung von Sachanlagen**, dass der beizulegende Zeitwert von Grundstücken und Gebäuden i. d. R. nach den auf dem Markt basierenden Daten ermittelt wird, wobei man sich normalerweise der Berechnungen hauptamtlicher Gutachter bedient. Der beizulegende Zeitwert für technische Anlagen und Betriebs- und

---

12 Baulandbericht 1986: Schriftenreihe des Bundesministeriums für Raumordnung, Bauwesen und Städtebau 03.100, S. 52, sowie Baulandbericht 1993.
13 Kleiber in Krautzberger, Städtebauförderungsrecht Bd. II Nr. 15 I.
14 Verordnung (EG) Nr. 211/2005 der Kommission vom 4.2.2005 zur Änderung der Verordnung (EG) Nr. 1725/2003 betr. die Übernahme bestimmter internationaler Rechnungslegungsstandards in Übereinstimmung mit der Verordnung (EG) Nr. 1606/2002 des Europäischen Parlaments und des Rates im Hinblick auf die „International Financial Reporting Standards (IFRS) Nr. 1 und 2 und die „International Accounting Standards" (IAS) Nr. 12, 16, 19, 32, 33, 38 und 39 (ABl. EU L 41/1 vom 11.2.2005).
Verordnung (EG) Nr. 2238/2004 der Kommission vom 29.12.2004 zur Änderung der Verordnung (EG) Nr. 1725/2003 betr. die Übernahme bestimmter internationaler Rechnungslegungsstandards in Übereinstimmung mit der Verordnung (EG) Nr. 1606/2002 des Europäischen Parlaments und des Rates betr. IFRS 1 und IAS Nrn. 1 bis 10, 12 bis 17, 19 bis 24, 27 bis 38, 40 und 41 und SIC Nrn. 1 bis 7, 11 bis 14, 18 bis 27 und 30 bis 33 (ABl. EU Nr. L 394/1 vom 31.12.2004). Verordnung (EG) Nr. 2236/2004 der Kommission vom 29.12.2004 zur Änderung der Verordnung (EG) Nr. 1725/2003 betr. die Übernahme bestimmter internationaler Rechnungslegungsstandards in Übereinstimmung mit der Verordnung (EG) Nr. 1606/2002 des Europäischen Parlaments und des Rates betr. „International Financial Reporting Standards" (IFRS) Nr. 1, 3 bis 5, „International Accounting Standards" (IAS) Nr. 1, 10, 12, 14, 16 bis 19, 22, 27, 28, 31 bis 41 und die Interpretation des „Standard Interpretation Committee" (SIC) Nr. 9, 22, 28 und 32 (ABl. EU Nr. L 392/1 vom 31.12.2004).

Geschäftsausstattungen ist i. d. R. der durch Schätzungen ermittelte Marktwert. Gibt es aufgrund der speziellen Art der Sachanlage und ihrer seltenen Veräußerung, ausgenommen als Teil eines fortbestehenden Geschäftsbereiches, keine marktbasierten Nachweise für den beizulegenden Zeitwert, muss ein Unternehmen den beizulegenden Zeitwert „eventuell" unter Anwendung eines Ertragswertverfahrens oder der abgeschriebenen Wiederbeschaffungswertmethode schätzen (IAS 16 § 33).

- Der **beizulegende Zeitwert von als Finanzinvestition gehaltenen Immobilien** entspricht nach IAS 40 § 36 wiederum dem Preis, zu dem die Immobilien zwischen sachverständigen, vertragswilligen und voneinander unabhängigen Geschäftspartnern getauscht werden könnten. Er bildet nach IAS 40 § 38 die Marktbedingungen am Bilanzstichtag nicht dagegen zukünftige Ausgaben zur Verbesserung oder Wertsteigerung noch den damit einhergehenden künftigen Nutzen ab (IAS 40 § 51). Eine Transaktion zwischen unabhängigen Geschäftspartnern ist nach IAS 40 § 40 ein Geschäftsabschluss zwischen Parteien, die keine besondere oder spezielle Beziehung zueinander haben, die marktuntypische Transaktionspreise begründet. Der beizulegende Zeitwert der als Finanzinvestition gehaltenen Immobilien berücksichtigt neben anderen Dingen die Mieterträge aus den gegenwärtigen Mietverhältnissen sowie angemessene und vertretbare Annahmen, die dem entsprechen, was sachverständige und vertragswillige Geschäftspartner für Mieterträge aus zukünftigen Mietverhältnissen nach den aktuellen Marktbedingungen annehmen würden (IAS 40 § 40). Er wird ohne Abzug der dem Unternehmen gegebenenfalls beim Verkauf oder bei einem anders gearteten Abgang entstehenden Transaktionskosten bestimmt (IAS 40 § 37).

Der beizulegende Zeitwert ist vornehmlich nach dem Vergleichswertverfahren zu ermitteln. In IAS 40 § 45 heißt es hierzu: „Den bestmöglichen substanziellen Hinweis für den beizulegenden Zeitwert erhält man durch auf einem aktiven Markt notierte aktuelle Preise ähnlicher Immobilien, die sich am gleichen Ort und im gleichen Zustand befinden und Gegenstand vergleichbarer Mietverhältnisse und anderer, mit den Immobilien zusammenhängender Verträge sind. Ein Unternehmen hat dafür Sorge zu tragen, jegliche Unterschiede hinsichtlich Art, Lage oder Zustand der Immobilien in den Vertragsbedingungen der Mietverhältnisse und in anderen, mit den Immobilien zusammenhängenden Verträgen festzustellen."

1.1.2 Normative Vorgaben für die Marktwertermittlung (Verkehrswertermittlung)

1.1.2.1 Allgemeines

Der Marktwert eines Grundstücks wird in § 194 BauGB als der nach normierten Grundsätzen erzielbare Preis (pretium) des Grundstücks definiert. Der Marktwert (Verkehrswert) bemisst sich dabei nach folgenden **normativen Vorgaben**: **2**

a) Der Marktwert bestimmt sich nach dem Preis, der im *„gewöhnlichen Geschäftsverkehrs ... ohne Rücksicht auf ungewöhnliche oder persönliche Verhältnisse"* zu erzielen wäre (vgl. Rn. 11); von ungewöhnlichen oder persönlichen Verhältnissen beeinflusste Vergleichspreise, Ertragsverhältnisse und Herstellungskosten müssen dabei grundsätzlich ebenso außer Betracht bleiben wie die in Abteilung 3 des Grundbuchs eingetragenen Grundpfandrechte (§ 7 ImmoWertV);

b) der Marktwert bestimmt sich nach den *allgemeinen Wertverhältnissen* (Lage auf dem Grundstücksmarkt i. S. des § 3 Abs. 2 ImmoWertV) des Zeitpunkts, auf den sich die Marktwertermittlung bezieht (= Wertermittlungsstichtag i. S. des § 3 Abs. 1 ImmoWertV);

c) der Marktwert bestimmt sich auf der Grundlage aller am Qualitätsstichtag gegebenen wertbeeinflussenden tatsächlichen und rechtlichen *Grundstücksmerkmale* eines Grundstücks. Zu den tatsächlichen Grundstücksmerkmalen gehört auch die Erwartung anderweitiger Nutzungen, jedoch sollen künftige Entwicklungen nach § 2 Satz 2 ImmoWertV allerdings nur zu berücksichtigt werden, wenn sie mit hinreichender Sicherheit aufgrund konkreter Tatsachen zu erwarten sind;

d) der Marktwert bestimmt sich nach § 194 BauGB als ein nach den vorgegebenen Normen verobjektivierter Tauschwert definiert, der unabhängig von der angewandten Wertermittlungsmethodik in der Synthese aller Wertmomente „im gewöhnlichen Geschäftsverkehr" am wahrscheinlichsten zu erzielen ist[15]. Als der im gewöhnlichen Geschäftsverkehr „am wahrscheinlichsten" zu erzielende Kaufpreis (*„most probable selling price"*) kann der Verkehrswert ermittlungstechnisch zugleich als statistischer Durchschnittswert angesehen werden.

Der **Verkehrswert (Marktwert) eines Grundstücks ist mithin eine zeitabhängige Größe**, und zwar in doppelter Hinsicht:

1. Einerseits ist der Zustand eines Grundstücks in seinen Eigenschaften regelmäßig Änderungen ausgesetzt, so z. B. durch bauliche und sonstige Maßnahmen auf dem Grundstück, aber auch durch entsprechende Maßnahmen in der Umgebung des Grundstücks (externe Effekte), die zu Änderungen der Lagemerkmale des Grundstücks führen. Solche Einflüsse bestehen mehr oder minder ständig und können „über Nacht" oder auch erst allmählich die verkehrswertbeeinflussenden Eigenschaften und Merkmale eines Grundstücks und damit auch seinen Verkehrswert (Marktwert) „nach oben oder nach unten" verändern.

2. Andererseits ändert sich der Verkehrswert selbst bei gleich bleibenden Eigenschaften des Grundstücks (Zustand) und seiner Umgebung regelmäßig allein schon aufgrund der durch die allgemeine Wirtschaftslage, der allgemeinen rechtlichen (einschließlich steuerrechtlichen) Rahmenbedingungen, der allgemeinen (auch städtebaulichen) Verhältnisse in der Gemeinde und der sonstigen die allgemeine Lage auf dem Grundstücksmarkt bestimmenden Rahmenbedingungen.

Zur richtigen Einschätzung eines Verkehrswerts (Marktwerts) gehört deshalb begriffsnotwendigerweise **die Angabe des Wertermittlungsstichtags und des maßgeblichen Grundstückszustands** mit seinen wertbeeinflussenden Merkmalen.

Nach Maßgabe vorstehender Erläuterungen kann der Verkehrswert (Marktwert) als ein „Zeitwert" angesehen werden. Der **Begriff des Zeitwerts** ist allerdings **wegen seiner materiellen Unschärfe streitbefangen und sollte aufgegeben werden**[16]. Mit dem Begriff des „Zeitwerts" wird zunächst lediglich verdeutlicht, dass es sich um einen auf einen bestimmten Zeitpunkt bezogenen Wert handeln soll.

Bei dem „Zeitwert" handelt es sich im Übrigen um einen schillernden Begriff, denn als Zeitwert kann jeder Wert in Betracht kommen, der auf einen bestimmten Stichtag bzw. Zeitpunkt bezogen ist. Von daher sind neben dem Verkehrswert (Marktwert) auch der Beleihungswert, die auf einen bestimmte Hauptfeststellungszeitpunkt bzw. Feststellungszeitpunkt bezogenen steuerlichen Werte (Einheitswert, Grundbesitzwert) und selbst die sog. Stopppreise „Zeitwerte". Welcher Wert im materiellen Sinne als „Zeitwert" maßgeblich ist, muss aus den jeweiligen Rechtsgrundlagen abgeleitet werden. Soweit im Rechtsverkehr z. B. in Verträgen auf den „Zeitwert" Bezug genommen wird, muss letztlich aus den Willen der Vertragsparteien sein Sinngehalt abgeleitet werden. Im Grundstücksverkehr wird der Begriff allerdings häufig eingeschränkt auf den Wertanteil einer baulichen Anlage verwandt. Soll es dabei um den Verkehrswertanteil des Gebäudes gehen, so sind die allgemeinen Grundsätze des § 8 ImmoWertV für die Wahl des Wertermittlungsverfahrens maßgebend. Soll es dagegen um den Substanzwert einer baulichen Anlage unabhängig von dem Marktgeschehen gehen, so ist

---

[15] BT-Drucks. 10/6166, S. 123. Hierin unterscheidet sich die angelsächsischen Anschauung nicht mehr von der deutschen Wertermittlungslehre nach dem das Royal Institution of Chartered Surveyors – die Definition des „Open Market Value" als den „besten Preis" aufgegeben und sich mit dem „Market Value" der deutschen Verkehrswertdefinition angeglichen hat (vgl. § 194 BauGB Rn. 204).

[16] So schon Brückner, Wertermittlung von Grundstücken, 4. Aufl. 1973, S. 295 f., 320; auf die Unbestimmtheit weist auch Kähne hin; Landwirtschaftliche Taxationslehre, 3. Aufl. 1999, S. 14 abzulehnend die überholte Auffassung von Ross/Brachmann, nach dem der Zeitwert einseitig der Neubauwert abzüglich Alterswertminderung sei (Ross/Brachmann, Ermittlung des Bauwerts, 24. Aufl. S. 24).

der im Sachwertverfahren zu ermittelnde Ersatzbeschaffungswert ggf. unter Berücksichtigung einer Wertminderung infolge Alters und Baumängel sowie Bauschäden maßgebend. Der Begriff des Zeitwerts wird leider auch in einer Reihe von gesetzlichen Vorschriften gebraucht, so z. B. in

- § 7 Abs. 1 Satz 2 sowie § 10 Abs. 1 und 2 DMBilG, nach dem als „Zeitwert" der höhere Verkehrswert angesetzt werden kann[17],
- § 12 Abs. 2 Satz 1 und § 48 Abs. 2 Satz 2 SchuldRAnpG[18],
- der Preisverfügung Nr. 3/82 der DDR, die dem Beschluss des Ministerrates der DDR vom 28.7.1977 entspricht[19] und schließlich
- wird auch in der internationalen Bilanzbewertung vom „beizulegenden Zeitwert" (fair value) gesprochen.

Daneben fand der Begriff **„Zeitwert" vor allem in der Versicherungswirtschaft Anwendung** (§ 1 Abs. 1 a VGB i. V. m. § 7 Abs. 3 b VGG), wobei sich sein materieller Gehalt aus den maßgeblichen Versicherungsbestimmungen erschloss[20].

Da es sich bei den (auch im gewöhnlichen Geschäftsverkehr) auf dem Grundstücksmarkt erzielten Entgelten um intersubjektive Preise[21] handelt, sind die kodifizierten Vorgaben einer verobjektivierenden Wertlehre folgend darauf gerichtet, als **Marktwert** (Verkehrswert) **einen frei von subjektiver Betrachtungsweise allein an den objektiven Merkmalen eines Grundstücks orientierten Wert zu ermitteln** (verum rei pretium).

Der nach vorstehenden Normierungen abgeleitete Marktwert (Verkehrswert) stellt einen verobjektivierten Tauschwert dar, wie er sich im freien Spiel zwischen Angebot und Nachfrage bildet. Der Marktwert (Verkehrswert) lässt sich allerdings auch nicht als der von jedermann zu erzielende Preis definieren (**sog. Jedermanns-Preis**)[22]. Der Grundstücksmarkt zerfällt nämlich in eine Vielzahl sektoraler und regionaler Teilmärkte mit jeweils spezifischen Käuferpotenzialen und nicht jeder ist daran interessiert, jedes Grundstück zu erwerben. Deshalb bestimmt sich der Marktwert (Verkehrswert) nach den Usancen des Teilmarktes, wobei auch ein eingeschränkter Käuferkreis den Markt bilden kann (**Teilmarkttheorie**, vgl. Rn. 12)[23].

---

17 BFH, Urt. vom 27.3.2001 – IR 42/99 –, OB 2001, 1229.
18 Nach der Begründung zu § 12 Abs. 2 SchuldRAnpG (BT-Drucks. 12/7135, S. 47) wird der Begriff „Zeitwert" als Synonym zum Verkehrswert (-anteil) gebraucht, der aus dem Ertrags- oder Sachwert – je nach Nutzungsart des Gebäudes – nach den Regeln der WertV abzuleiten ist. Die genannten Vorschriften verwenden diesen Begriff i. S. des „Verkehrswertanteils" baulicher Anlagen (vgl. Zimmermann in RVI, B 412 § 12 Rn. 27 ff., 23 ff.).
19 Nach Abschnitt III b war die Entschädigung für ein Mietwohngrundstück als „Zeitwert" das Mittel aus Sach- und Ertragswert zu bilden (vgl. BVerwG, Urt. vom 7.6.1999 – 8 B 99/99 –, GuG 2000, 58 = EzEuG; BVerwG, Urt. vom 16.3.1995 – 7 C 39/93 –, GuG 1995, 264 = EzEuG 1 0.9; BVerwG, Urt. vom 24.6.1993 –7 C 27/92 –, BVerwGE 94, 16; vgl. BT-Drucks. 12/2480, S. 38).
20 BGH, Urt. vom 6.6.1984 – IVa ZR 149/82 –, NJW 1984, 843; BGH, Urt. vom 8.7.1992 – IV ZR 229/91 –, NJW-RR 1992, 1376 = MDR 1993, 31; BGH, Urt. vom 16.3.1994 – IV ZR 282/92 –, NJW-RR 1994, 986 = VersR 1994, 1103; DMBilG: BFH, Urt. vom 27.03.2001 – I R 42/99 –, BFHE 195, 234.
21 BGH, Urt. vom 25.10.1967 – VIII ZR 215/66 –, BGHZ 19, 11 = EzEuG 19.11; zur geschichtlichen Entwicklung des Verkehrswertbegriffs vgl. § 138 Abs. 1 RAO vom 13.12.1919; zuvor RG, Urt. vom 19.11.1879 (Gruchot Beitr. Bd. 24, 409); Bonczek, Stadt und Boden, 1978; Freudling in BayVBl. 1982, 108 sowie die Zusammenstellung der reichsgerichtlichen Rechtsprechung, aus der die heutige Definition hervorgegangen ist, in AVN 1920, 326 ff.; die Subjektivität der Werteinschätzung illustriert Antoine de Saint-Exupéry in „Das Wunder des heimatlichen Hauses" mit den Worten: „Das Wunder des heimatlichen Hauses besteht nicht darin, dass es uns schützt und wärmt, es besteht auch nicht im Stolz des Besitzes – seinen Wert erhält es dadurch, dass es in langer Zeit einen Vorrat von Beglückung aufspeichert, dass es tief im Herzen die dunkle Masse sammelt, aus der wie Quellen die Träume entspringen!"
22 PrOVG, Urt. vom 18.1.1902, EzEuG 20.6a; RG, Urt. vom 19.11.1879 in EzEuG 19.2 = AVN 1920, 327; BGH, Urt. vom 30.11.1959 – III ZR 130/59 –, BGHZ 31, 238 = EzEuG 19.5; BGH, Urt. vom 25.6.1964 – III ZR 111/61 –, BRS Bd. 19 Nr. 128 = EzEuG 20.37; BGH, Urt. vom 19.9.1966 – III ZR 216/63 –, NJW 1967, 1085 = BRS Bd. 19 Nr. 136 = EzEuG 6.92; BGH, Urt. vom 24.3.1977 – III ZR 32/75 –, WM 1977, 676 = BRS Bd. 34 Nr. 88 = EzEuG 6.190; BGH, Urt. vom 22.4.1982 – III ZR 131/80 –, BRS Bd. 45 Nr. 192 = EzEuG 17.44.
23 BGH, Urt. vom 23.5.1995 – III ZR 10/84 –, BGHZ 95, 1 = EzEuG 6.228; BGH, Urt. vom 18.4.1991 – III ZR 79/90 –, GuG 1992, 125 = BRS Bd. 53 Nr. 127 = EzEuG 18.114; BFH, Urt. vom 29.4.1987 – X R 2/80 –, BFHE 150, 453 = EzEuG 19.39b; BFH, Urt. vom 27.9.1979 – III R 44/77 –, BFHE 128, 254 = EzEuG 19.35; RFH, Urt. vom 8.10.1926 – II A 429/26 –, JW 1928, 44 = ZfV 1928, 117 = EzEuG 14.1a; PrOVG, Urt. vom 14.1.1916 – VII C 291/14 –, PrVBl. 37, 569. Abzulehnen ist die Entscheidung des OLG Brandenburg, Urt. vom 29.12.2001 – 2 U 126/97 –, GuG 2002, 117 = EzEuG 19.49. Das Gericht hat in dem zu entscheidenden Fall einen Teilmarkt u. a. damit verneint, dass die Gutachterausschüsse dafür keine Bodenrichtwerte ausgewiesen hätten (sic !).

IV ImmoWertV　　　　　　　　　　　　　　　　　　　　　　　　　　　Marktwert

The Appraisal of Real Estate, Chicago[24] stellt neben dem allgemeinen Grundstücksmarkt im vorstehenden Sinne als weitere Teilmärkte heraus:

a) *Limited-market property: A property that has relatively few potential buyers at a particular time.*

b) *Special-purpose property: A limited-market property with a unique physical design, special construction materials or a layout that restricts its utility to the use for which it was built; also called specialdesign property.*

Der aus Vergleichspreisen, vergleichbaren Ertrags- und Kostenverhältnissen abgeleitete Marktwert **(Verkehrswert) ist aus ermittlungstechnischer Sicht auch als ein statistischer Wert bezeichnet worden,** d. h. als Wert, der sich auf der Grundlage des ausgewogenen Mittels der zum Vergleich herangezogenen Daten ergibt. Im A-Bericht zum BauGB wurde in diesem Zusammenhang darauf hingewiesen, dass der Ausschuss unter dem Verkehrswert begrifflich den Wert versteht, der im allgemeinen Grundstücksverkehr am **wahrscheinlichsten** zu erzielen ist[25].

Auf die irgendwie definierte **„Angemessenheit" dieses Tauschwerts kommt es nicht an**[26]. „Ob die Preise dem Gemeinwohl, dem Wohlergehen der Gesamtheit entsprechen oder nicht, darüber zu befinden ist nicht Sache der Tatsachengerechtigkeit", hat *Nell-Breuning* schon 1928 festgestellt. Bodenpolitisch kann es auch nicht darauf ankommen, Grund und Boden möglichst zu verbilligen, wie von demselben festgestellt worden ist; es komme vielmehr auf den „richtigen" Bodenwert an[27]. Wenn bei ansteigenden Bodenwerten die Funktionsfähigkeit des Bodenmarktes bemängelt wird, so wird mit dieser Kritik übersehen, dass gerade damit die Funktionsfähigkeit unter Beweis gestellt wird. Denn steigende Preise stellen einen marktkonformen Ausgleich zwischen einem sich verkleinernden Angebot einerseits und einer sich verstärkenden Nachfrage andererseits her[28].

Das BauGB enthält nur eine materielle Definition des Markt- bzw. Verkehrswerts. Die Ermittlung des Markt- bzw. Verkehrswerts ist in der „Verordnung über Grundsätze für die Ermittlung der Verkehrswerte von Grundstücken (Immobilienwertermittlungsverordnung – ImmoWertV)" geregelt (abgedruckt in Teil I Nr. 1). Die Verordnung enthält nur allgemeine Grundsätze zur Ermittlung des Verkehrswerts, die keinen Anspruch auf Vollständigkeit erheben und auch nach allgemein anerkannten Grundsätzen modifizierbar sind. Darüber enthält das BauGB in seinem Ersten Teil des Dritten Kapitels Regelungen zur Einrichtung der Gutachterausschüsse für Grundstückswerte und zu ihren Aufgaben.

Grundstücke stellen Unikate dar. Deshalb ist die Verkehrswertermittlung eines Grundstücks regelmäßig mit der Notwendigkeit einer Einzelbewertung verbunden.

1.1.2.2　Gewöhnlicher Geschäftsverkehr

▶ *Vgl. § 194 BauGB Rn. 14 ff., § 3 ImmoWertV Rn. 5; § 8 ImmoWertV Rn. 39 ff.*

3　Der Marktwert (Verkehrswert) bestimmt sich nach dem Vorhergesagten als der im gewöhnlichen Geschäftsverkehr erzielbare Preis. Der „gewöhnliche Geschäftsverkehr" (*arms length transaction*[29]) kann als das wichtigste Kriterium des Marktwerts gelten. Die Gepflogenheiten des gewöhnlichen Geschäftsverkehrs sind mithin auch für die **Wahl des anzuwendenden Wertermittlungsverfahrens** maßgebend.

---

[24] The Appraisal of Real Estate 12. Aufl. Chicago 2001: USPAP – Uniform Standards of Professional Practice; Appraisal Institute, S. 25.
[25] BT-Drucks. 10/6166, S. 137 f.
[26] Volkstümlich heißt es: „Verkehrswert ist das, was der dümmste Anleger zahlt"; im Rheinland: „Verkehrswert is dat, wat der Jeck zahlt."
[27] Nell-Breuning: Grundzüge der Börsenmoral, Freiburg 1928.
[28] Nell-Breuning in BBauBl. 1952, 181; zur Diskussion über den sittlich „gerechten" und wirtschaftlich „richtigen" Grundstückspreis Lütge, „Wohnungswirtschaft", Stuttgart 1949, S. 101, 163 ff. m. w. N.
[29] „Arm's-length transaction": A transaction between unrelated parties under no duress; The Appraisal of Real Estate, Chicago 2001, 12. Aufl., S. 150.

Gewöhnlicher Geschäftsverkehr[30] – gleichbedeutend mit den vom BGH oft auch gebrauchten Begriffen des „gesunden"[31] und des „allgemeinen" Geschäftsverkehrs[32] – ist der Handel

- auf einem freien Markt, wobei weder Käufer noch Verkäufer unter Zeitdruck, Zwang oder Not stehen und allein objektive Maßstäbe preisbestimmend sind,
- zwischen vertragswilligen und voneinander unabhängigen Geschäftspartnern, die hinreichend und ggf. sachverständig aufgeklärt sind und
- die Marktteilnehmer in einer Situation der Markt- und Wettbewerbsauthentizität mit anderen Marktteilnehmern interagieren[33].

Im gewöhnlichen Geschäftsverkehr werden Grundstücke offen am Markt angeboten. Für die Aushandlung des Verkaufs soll ein der Art des Grundstücks angemessener Zeitraum zur Verfügung stehen; die Verkaufsmodalitäten müssen eine ordnungsgemäße Veräußerung ermöglichen. Die in den IFRS 40 gegebenen Erläuterungen zur Bestimmung des beizulegenden Zeitwerts (*fair value*) sind mit den für die Ermittlung des Verkehrswerts (Marktwert) maßgeblichen Kriterien des gewöhnlichen Geschäftsverkehrs deckungsgleich (vgl. § 194 BauGB Rn. 160 ff.). Danach ist

- ein Käufer „vertragswillig", wenn er zum Kauf motiviert, aber nicht gezwungen ist; ein solcher Käufer ist weder übereifrig noch entschlossen, um jeden Preis zu kaufen; der angenommene Käufer würde keinen höheren Preis als den bezahlen, der von einem Markt, bestehend aus sachverständigen und vertragswilligen Käufern und Verkäufern, gefordert würde;
- ein Verkäufer „vertragswillig", wenn er zum Verkauf motiviert, aber weder übereifrig noch zum Verkauf gezwungen ist; er ist weder bereit, zu jedem Preis zu verkaufen, noch wird er einen unter den aktuellen Marktbedingungen als unvernünftig angesehenen Preis verlangen; der vertragswillige Verkäufer ist daran interessiert, ein Grundstück zu dem nach den Marktgegebenheiten bestmöglichen erzielbaren Preis zu verkaufen.

Die Parteien handeln

- „*unabhängig*" voneinander, wenn sie keine besonderen oder speziellen Beziehungen zueinander haben, die marktuntypische Transaktionspreise begründet. Es ist zu unterstellen, dass die Transaktion zwischen einander nicht nahe stehenden, voneinander unabhängig handelnden Parteien stattfindet,
- „*sachverständig*", wenn sowohl der vertragswillige Käufer als auch der vertragswillige Verkäufer ausreichend über die Art und die Merkmale des Grundstücks, seine gegenwärtige und mögliche Nutzung und über die Marktbedingungen zum Zeitpunkt des Verkaufs informiert ist.

Der gewöhnliche Geschäftsverkehr wird des Weiteren dadurch bestimmt, dass **ungewöhnliche oder persönliche Verhältnisse** keinen Einfluss auf die Preisgestaltung haben (vgl.

---

30 BGH, Urt. vom 1.3.1984 – III ZR 197/82 –, BGHZ 90, 243 = EzGuG 6.224; BGH, Urt. vom 20.3.1975 – III ZR 153/72 –, BRS Bd. 34 Nr. 120 = EzGuG 18.64; BGH, Urt. vom 29.1.1970 – III ZR 30/69 –, BRS Bd. 26 Nr. 97 = EzGuG 18.48; BGH, Urt. vom 25.6.1964 – III ZR 111/61 –, BRS Bd. 19 Nr. 128 = EzGuG 4.22; BGH, Urt. vom 8.6.1959 – III ZR 66/58 –, BGHZ 30, 281 = EzGuG 6.41.

31 BGH, Urt. vom 14.6.1984 – III ZR 41/83 –, BRS Bd. 45 Nr. 133 = EzGuG 8.61; BGH, Urt. vom 1.7.1982 – III ZR 10/81 –, NJW 1982, 2491 = BRS Bd. 45 Nr. 147 = EzGuG 4.86; BGH, Urt. vom 3.6.1982 – III ZR 98/79 –, NJW 1982, 2730 = BRS Bd. 45 Nr. 148 = EzGuG 4.8; BGH, Urt. vom 13.7.1978 – III ZR 166/76 –, MDR1979, 650 = EzGuG 18.84; BGH, Urt. vom 22.6.1978 – III ZR 92/75 –, BGHZ 72, 51 = EzGuG 17.35; BGH, Urt. vom 10.1.1972 – III ZR 61/68 –, BRS Bd. 26 Nr. 15 = EzGuG 16.18; BGH, Urt. vom 8.5.1967 – III ZR 148/65 –, BRS Bd. 19 Nr. 73 = EzGuG 14.82; BGH, Urt. vom 20.12.1963 – III ZR 60/63 –, BGHZ 40, 312 = EzGuG 14.17; BGH, Urt. vom 8.11.1962 – III ZR 86/61 –, BGHZ 39, 198 = EzGuG 8.5.

32 BGH, Urt. vom 22.2.1971 – III ZR 131/70 –, BRS Bd. 26 Nr. 56 = EzGuG 8.34a; BGH, Urt. vom 8.2.1971 – III ZR 200/69 –, BRS Bd. 26 Nr. 60 und 93 = EzGuG 6.134; BGH, Urt. vom 13.12.1962 – III ZR 164/61 –, BRS Bd. 19 Nr. 110 = EzGuG 6.67.

33 Entsprechend dem EG-beihilferechtlichen Paradigma des „market economy vendor; vgl. EuGH, Urt. vom 21.3.1991 – Rs C 305/89 –, EuGHE I 1991, 1603 Rn. 19 ff.; Rs C 303/89 –, ENI-Lanerossi Slg. 1991 – I 1433 Rn. 20 ff.

Rn. 11 ff.). Auf subjektive Verwertungsabsichten und Einschätzungen künftiger Entwicklungen soll es dabei nicht ankommen[34].

Was in der Definition des § 194 BauGB mit dem abstrakten Begriff des „gewöhnlichen Geschäftsverkehrs" umfassend umschrieben ist, entspricht dem *marché normale* der französischen Gesetzgebung und dem *Market Value des Royal Institution of Chartered Surveyors*.

Die Definition des Verkehrswerts und seine Ableitung aus dem Geschehen auf dem Grundstücksmarkt setzt grundsätzlich einen **Grundstücksmarkt mit freier Preisbildung** voraus, wobei für die Verkehrswertermittlung allein die Preisbildung im „gewöhnlichen Geschäftsverkehr" maßgeblich ist. Im gewöhnlichen Geschäftsverkehr werden Grundstücke – unabhängig von der Form ihrer Vermarktung – in aller Regel zu dem Höchstpreis veräußert, der entsprechend der Art des Grundstücks nach angemessenem Vermarktungszeitraum und angemessenen Verkaufsmodalitäten erzielt werden kann. Dementsprechend handelt es sich auch bei den in der Kaufpreissammlung der Gutachterausschüsse für Grundstückswerte nach § 195 BauGB registrierten Kaufpreisen i. d. R. um die im gewöhnlichen Geschäftsverkehr erzielten Höchstpreise. Auch der Verkauf eines Grundstücks zu dem aus einer Ausschreibung bzw. Versteigerung resultierenden Höchstgebot stellt insofern keine Besonderheit dar; der entsprechende Kaufpreis ist deshalb auch in die Kaufpreissammlung einzupflegen. Ist indessen ein Grundstück zu einem Kaufpreis veräußert worden, der erheblich von dem in vergleichbaren Fällen üblicherweise erzielten und erzielbaren Höchstpreis abweicht, muss von einem Vertragsabschluss ausgegangen werden, der durch ungewöhnliche oder persönliche Verhältnisse i. S. des § 7 ImmoWertV beeinflusst ist.

Bei den im gewöhnlichen Geschäftsverkehr erzielbaren Höchstpreisen handelt es sich in aller Regel zudem um Höchstpreise, die nach dem Prinzip des sog. *„highest and best use"* unter Berücksichtigung der Nutzung und Nutzbarkeit eines Grundstücks sowie absehbarer anderweitiger Nutzungen erzielbar sind, wenn diese Nutzungen mit hinreichender Sicherheit aufgrund konkreter Tatsachen zu erwarten sind (vgl. Rn. 7).

Auch wenn Grundstücke in aller Regel zu dem nach vorstehenden Grundsätzen erzielbaren Höchstpreis veräußert werden, bildet dieser im Einzelfall erzielte Höchstpreis nicht direkt den Marktwert ab, denn auf dem allgemeinen Grundstücksmarkt streuen die unabhängig voneinander abgegebenen Höchstgebote in einer dem gewöhnlichen Geschäftsverkehr zurechenbaren Bandbreite (Toleranzbereich). Dem wird in der allgemein anerkannten Praxis der Marktwertermittlung dadurch Rechnung getragen, dass der Marktwert aus einer hinreichenden Anzahl von Vergleichspreisen abgeleitet wird, die regelmäßig aus Vermarktungen von vergleichbaren Grundstücken zum jeweiligen Höchstgebot stammen. **Marktwert ist mithin der ggf. gewogene Durchschnitt aller zur Marktwertermittlung herangezogenen Höchstpreise.** Als Marktwert (Verkehrswert) wird deshalb nicht der höchste im gewöhnlichen Geschäftsverkehr erzielbare Preis, sondern – wie vorstehend bereits erläutert – der ggf. gewogene Durchschnitt aller zur Marktwertermittlung heranziehbaren Höchstpreise vergleichbarer Grundstücke bezeichnet. In diesem Sinne ist der Marktwert zugleich auch der am wahrscheinlichsten erzielbare Wert (vgl. Rn. 2).

Erfahrungsgemäß geht der wirtschaftlich kalkulierende Grundstückskäufer bei der Bemessung seines Kaufpreises vom Nutzen aus (Reinertrag, Wertzuwachs, steuerliche Entlastung), den er von dem Objekt erwartet. Durch Kapitalisierung des Reinertrags findet er im Allgemeinen seine Wertvorstellung. Je größer nun von ihm der Reinertrag veranschlagt wird und je geringer der Zinssatz ist, mit dem er sich zufriedengeben möchte, umso höher ist der Preis, den er dem Verkäufer bieten kann. Nicht jede Wertvorstellung (Kaufpreiserwartung) führt jedoch zu einem entsprechenden Preis (Kaufabschluss) und nicht jeder Preis entspricht dem Wert des Objektes. Der Kaufpreis ist der durch die individuellen Wertvorstellungen sowohl auf der Seite des jeweiligen Käufers als auch auf der Seite des Verkäufers sich ergebende Tauschpreis. Demgegenüber ergibt sich der Verkehrswert aus der allgemeinen Angebots- und

---

[34] BFH, Urt. vom 23.2.1979 – III R 44/77 –, BFHE 128, 254 = BStBl II 1979, 618 = EzGuG 19.35; BFH, Urt. vom 14.2.1969 – III R 88/65 –, BFHE 95, 334 = EzGuG 19.16.

Nachfragesituation auf dem Grundstücksmarkt. **Kaufpreise und Verkehrswert (Marktwert) sind deshalb nur selten identisch.**

Der unter bestimmten normativen Vorgaben als Preis definierte **Verkehrswert (Marktwert)** ist aus den vorstehenden Gründen **nicht mit dem** im Einzelfall auf dem Grundstücksmarkt ausgehandelten **Kaufpreis gleichzusetzen,** denn dieser muss nicht dem Verkehrswert entsprechen. Der im Einzelfall ausgehandelte Preis ist lediglich ein intersubjektives Maß für den Verkehrswert, wobei sowohl auf der Seite des Verkäufers als auch des Käufers Zufälligkeiten nie ganz ausgeschlossen werden können[35]. Der BGH[36] hat hierzu treffend ausgeführt:

„Der Preis einer Sache muss nicht ihrem Wert entsprechen. Er richtet sich gerade bei Grundstücken und vor allem, wie hier, bei luxuriösen Villen-Grundstücken nach Angebot und Nachfrage und wird jeweils zwischen Käufer und Verkäufer ausgehandelt. „Marktpreis" und objektiver Verkehrswert spielen keine entscheidende Rolle, vielmehr sind oft spekulative Momente (Kaufkraft, Geldwert usw.) von erheblicher Bedeutung, häufig auch die persönlichen Vorstellungen und Wünsche des Kaufinteressenten. Der Verkäufer versucht den höchstmöglichen Preis zu erzielen, mag dieser auch unvernünftig sein. Der Käufer ist bestrebt, möglichst wenig zu zahlen, mag dabei das Grundstück auch „verschenkt" sein. Wer bei diesem Ringen um den Preis den Gegner in seine Karten blicken lässt, hat bald verspielt."[37].

Nach der Rechtsprechung des BGH sind Rechtsgeschäfte bei einem **besonders groben Missverhältnis zwischen Leistung und Gegenleistung** sittenwidrig. Ein grobes Missverhältnis liegt insbesondere vor, wenn der vereinbarte Kaufpreis weniger als die Hälfte des Verkehrswerts eines Grundstücks ausmacht und dies offenkundig ist[38]. In derartigen Fällen der Sittenwidrigkeit des Rechtsgeschäftes darf vom Notar die Beurkundung des Rechtsgeschäfts nicht vorgenommen werden. Ein im Vorfeld der Baulandausweisung geschlossener städtebaulicher Vertrag ist nichtig, wenn die Gemeinde ein Grundstück unter dem bei der Annahme geltenden Verkehrswert erwirbt[39].

Von einem sittenwidrigen **Missverhältnis zwischen dem Marktwert einer Immobilie und dem dafür als Gegenleistung vereinbarten Kaufpreis** spricht der BGH, wenn der Kaufpreis 100 % über dem tatsächlichen Wert liegt[40]. Ein **grobes Missverhältnis zwischen Leistung und Gegenleistung** kann in folgenden Fällen auftreten:

- bei (gemischten) Schenkungen[41],
- bei Miet- und Pachtverhältnissen (Verhältnis der Vermieterleistung zur gezahlten Miete)[42],
- bei Zwangsversteigerungen (Verhältnis zwischen Grundstückswert und Meistgebot)[43],

---

35 BGH, Urt. vom 13.3.1991 – IV ZR 52/90 –, WM 1991, 1352 = EzGuG 20.134b; BGH, Urt. vom 25.3.1954 – IV ZR 146/53 –, BGHZ 13, 45 = EzGuG 20.17; BGH, Urt. vom 4.6.1954 – V ZR 10/54 –, BGHZ 13, 378 = EzGuG 6.7d; BGH, Urt. vom 30.9.1954 – IV ZR 43/54 –, BGHZ 14, 368 = WM 1955, 342 = BB 1954, 1009.
36 BGH, Urt. vom 25.10.1967 – VIII ZR 215/66 –, BGHZ 48, 344 = EzGuG 19.11; LG Darmstadt, Beschl. vom 16.10.1958 – 5 T 18/58 –, MDR 1959, 225 = EzGuG 19.4.
37 Anders bezüglich des Geschäftswerts OLG München, Urt. vom 5.1.1995 – 3 Z BR 291/94 –, DNotZ 1995, 778 = EzGuG 19.44.
38 BGH, Urt. vom 2.7.2004 – V ZR 213/03 –, BGHZ 160, 8 = EzGuG 19.50; BGH, Urt. vom 18.1.1980 – V ZR 34/78 –, WM 1980, 587; BGH, Urt. vom 30.1.1981 – V ZR 7/80 –, WM 1981, 404; BGH, Urt. vom 18.1.1985 – V ZR 123/83 –, WM 1985, 948 = EzGuG 12.40; BGH, Urt. vom 12.12.1986 – V ZR 100/85 –, WM 1987, 352 = 12.44a; BGH, Urt. vom 18.1.1991 – V ZR 171/89 –, NJW-RR 1991, 589 = EzGuG 12.80; BGH, Urt. vom 8.11.1991 – V ZR 160/90 –, NJW 1992, 892 = GuG 3.103; BGH, Urt. vom 19.1.2001 – V ZR 437/99 –, BGHZ 146, 298 = NJW 2001, 1127; LG Berlin, Urt. vom 3.12.1991 – 20 O 388/91 –, AgrarR 1992, 105.
39 OLG München, Beschl. vom 12.4.1999 – 31 U 5443/98 –, MittBayNot 1999, 586 = NotBZ 1999, 177= ZfIR 2000, 389.
40 BGH, Urt. vom 10.2.2012 – V ZR 51/11 –, NJW 2012, 1570; KG, Urt. vom 15.6.2012 – 11 U 18/11 –, IMR 2013, 34; OLG Celle, Urt. vom 30.8.2012 – 1 U 135/11 –, IMR 2013, 33; BGH, Urt. vom 9.10. 2009 – V ZR 178/08 –, NJW 2010, 363; BGH, Urt. vom 19.7.2002 – V ZR 240/01 –, NJW 2002, 3165.
41 OLG Köln, Urt. vom 26.3.1992 – 18 U 123/91 –, AgrarR 1993, 1 = EzGuG 12.106b.
42 LG Köln, Urt. vom 18.2.1975 – 39 – 2/74 –, WuM 1976, 34 = EzGuG 3.55a; LG Darmstadt, Urt. vom 14.1.1972 – 2 Kla 2/71 –, NJW 1972, 1244 = EzGuG 3.38a; OLG Köln, Urt. vom 22.8.1978 – 1 Ss 381/78 –, WuM 1980, 36 = EzGuG 20,77; OLG Frankfurt am Main, Beschl. vom 1.6.1994 – 2 Ws (B) 335/94 –, GuG 1995, 125 = EzGuG 20.151; zur EOP-Methode; BGH, Urt. vom 13.6.2001 – XII ZR 49/99 –, GuG 2011, 302 = EzGuG 10.178 = GuG 2001, 303; OLG Stuttgart, Beschl. vom 19.6.2001 – 5 U 121/00 –, EzGuG 20.179 = GuG 2001, 313.
43 BVerfG, Beschl. vom 7.12.1977 – 1 BvR 734/77 –, BVerfGE 46, 325 = EzGuG 19.33.

- bei Erbbaurechten (Verhältnis zwischen dem Grundstückswert angemessenen und dem tatsächlichen Erbbauzins)[44],
- bei Denkmälern (Verhältnis zwischen Erhaltungsaufwand und Verkehrswert bei Erhaltungsgebot)[45],
- bei Bierbezugsverträgen[46],
- bei Abfindungen eines Gesellschafters bei dessen Ausscheiden aus der Gesellschaft[47].

Im **Grundstücksverkehr mit land- oder forstwirtschaftlichen Grundstücken** ist bei Vorliegen eines groben Missverhältnisses zwischen Leistung und Gegenleistung das Rechtsgeschäft nach § 9 Abs. 1 Nr. 3 GrstVG nicht genehmigungsfähig[48].

Lässt sich ein ermittelter Verkehrswert trotz geschäftsüblicher Veräußerungsanstrengungen am Markt nicht „realisieren", so kann dies als deutlicher Hinweis auf eine nicht marktgerechte Verkehrswertermittlung oder auf signifikante Änderungen der Marktverhältnisse gegenüber den zum Zeitpunkt der Wertermittlung vorherrschenden Marktverhältnissen verstanden werden. Bei Maklern gilt der Satz, dass jedes Objekt zu verkaufen ist, wenn der Preis stimmt. Umgekehrt kann eine sehr schnelle Veräußerung eines Grundstücks zum ermittelten Verkehrswert auch auf eine sehr „moderate" (fehlerhafte) Verkehrswertermittlung deuten. Es gehört zum Marktgeschehen, dass Grundstücke erst in „zähen" Verhandlungen zwischen Verkäufer und potenziellen Erwerbern zum Verkauf gelangen[49]. Angebote werden vom Verkäufer regelmäßig als zu niedrig beurteilt, während die Kaufpreisforderungen von potenziellen Käufern als zu hoch beklagt werden. Der Ausgleich unterschiedlicher Interessenlagen erfolgt schließlich über den Preis. Damit stellt die Preisbildung zugleich auch einen Ausgleich zwischen Angebot und der Nachfrage her (**Marktausgleichsfunktion**). Des Weiteren stellt der **Markt** im Rahmen der landesplanerischen und städtebaulichen Rechtsordnung (Allokation) den **Verteilungsmechanismus** (Distribution) dar, d. h., über den Preis gelangt der Grund und Boden – wenn er zum Verkauf ansteht – regelmäßig dorthin, wo er am effektivsten genutzt wird, soweit nicht in diesen Prozess, z. B. über sog. „**Einheimischenmodelle**"[50], durch direkte oder indirekte Förderungen (Gewerbeansiedlungspolitik) oder durch planerische Nutzungsbindungen eingegriffen wird. Neben der Anreiz-, Koordinations- und Marktausgleichsfunktion gehen von den Preisen auch wichtige Signal- und Informationsfunktionen aus (Abb. 1).

---

44 BGH, Urt. vom 5.10.2001 – V ZR 237/00 –, GuG 2002, 113 = EzGuG 7.133; BGH, Urt. vom 20.10.1972 – V ZR 196/71 –, WM 1973, 42 = EzGuG 7.31a; OLG Celle, Urt. vom 20.2.1962 – 4 U 184/61 –, AVN 1968, 125 = EzGuG 7.6; OLG Hamburg, Urt. vom 22.2.1972 – 4 U 155/73 –, MDR 1973, 851 = EzGuG 7.32.
45 VGH München, Beschl. vom 5.5.1980 – 14 CS 80 A.99 –, EzGuG 5.8a.
46 BGH, Urt. vom 7.10.1970 – VIII ZR 202/68 –, WM 1970, 1402 = EzGuG 14.41a.
47 BGH, Urt. vom 16.12.1991 – II ZR 58/91 –, BGHZ 116, 359 = EzGuG 20.138.
48 BGH, Beschl. vom 2.7.1968 – V Blw 10/68 –, BGHZ 50, 297 = EzGuG 19.14; OLG Frankfurt am Main, Beschl. vom 15.9.1955 – 6 Wb 26/54 –, RdL 1955, 309; OLG Stuttgart, Beschl. vom 29.11.1965 – 10 WLw 21/65 –, RdL 1966, 98 = EzGuG 19.8a; OLG Celle in RdL 1964, 324.
49 Eine „zügige" Veräußerung fordert das OVG Bremen im Urt. vom 10.12.2001 – 1 D 203/01 –, EzGuG 15.102 im Rahmen von städtebauliche Entwicklungsmaßnahmen (vgl. BVerwG, Urt. vom 17.12.2003 – 4 BN 54/03 – BRS Bd. 66 Nr. 230 = EzGuG 15.109a; BVerfG, Urt. vom 2.6.2008 – 1 BvR 349/04 –, NVwZ 2008, 1229).
50 Baulandbericht 1986: Bundesministerium für Raumordnung, Bauwesen und Städtebau. Schriftenreihe 03.116, Bonn 1986, S. 131; ders.: Baulandbericht 1993, Bonn 1993; Glück, Wege zum Bauland, München 1994; Kleiber in Bauen in Städten und Gemeinden. KAS Kommunal-Verlag in Düsseldorf 1991; Beck, M., Die Einheimischenmodelle Bayerns, Diss. 1993 Regensburg; BGH, Urt. vom 29.11.2002 – V ZR 105/02 –, DVBl 2003, 519 = EzGuG 3.127a; BGH, Urt. vom 2.10.1998 – V ZR 45/98 –, NJW 1999, 208 = BauR 1999, 235 = GuG-aktuell 1999, 31; VGH München, Urt. vom 22.12.1998 – 1 B 94.3288 –, BayVBl 1999, 399 = GuG-aktuell 1999, 46; VGH München, Urt. vom 11.4.1990 – 1 B 85 A. 14/80 –, BayVBl. 1991, 47 = EzGuG12.69a; BVerwG, Urt. vom 11.2.1993 – 4 C 18/91 –, GuG 1993, 250 = EzGuG 12.116; OLG Hamm, Urt. vom 11.1.1996 – 22 U 67/95 –, BayVBl. 1997, 536; VG Minden, Urt. vom 27.2.1996 – M 1 K 95.174 –, BayVBl. 1997, 533 = NVwZ-RR 1997, 357; OLG München, Urt. vom 20.1.1998 – 25 U 4623/97 –, GuG 1999, 64, 125 = EzGuG 14.131; LG Karlsruhe, Urt. vom 13.2.1997 – 80516/96 –, DNotZ 1998, 483 = EzGuG 12.121; OLG München, Urt. vom 27.6.1994 – 30 U 974/93 –, BayVBl. 1995, 282 = EzGuG 14.122a; OLG Koblenz, Urt. vom 5.11.1997 – 7 U 370/97 –, DNot-report 1998, 25 = EzGuG 12.122; LG Traunstein, Urt. vom 29.10.1998 – 7 o 3458/98 –, GuG-aktuell 1999 = NZM 1999, 383, 47; Burgi, M., Die Legitimität von Einheimischenprivilegierungen im globalen Dorf, JZ 1999, 873.

Abb. 1: Marktausgleichsfunktion des Grundstücksmarktes (Schema)

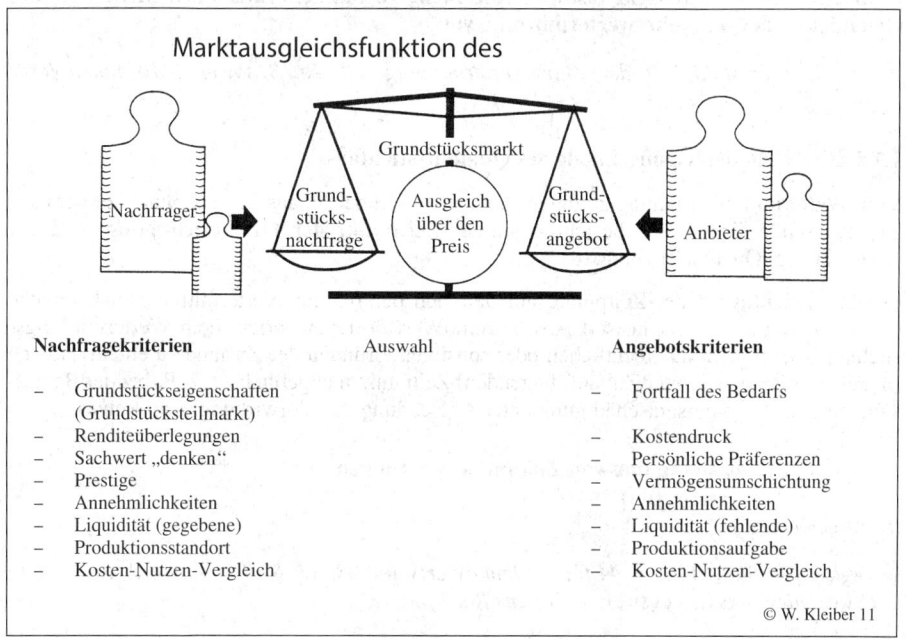

© W. Kleiber 11

Der „gewöhnliche Geschäftsverkehr"[51] ist im Übrigen gleichbedeutend mit den vom BGH oft auch gebrauchten Begriffen des „gesunden"[52] und des „allgemeinen" Geschäftsverkehrs[53].

1.1.2.3 Allgemeine Wertverhältnisse des Wertermittlungsstichtags

Der **Markt- bzw. Verkehrswert ist eine vom Geschehen auf dem Grundstücksmarkt bestimmte und von der am Wertermittlungsstichtag** (§ 3 Abs. 1 ImmoWertV) **gegebenen Lage auf dem Grundstücksmarkt abhängige Größe.** Wertermittlungsstichtag ist der Zeitpunkt, auf den sich die Wertermittlung in Bezug auf die der Wertermittlung zugrunde liegenden allgemeinen Wertverhältnisse auf dem Grundstücksmarkt (§ 3 Abs. 2 ImmoWertV) bezieht und nicht mit dem Zeitpunkt der Ermittlung des Markt- bzw. Verkehrswerts, d. h. dem Zeitpunkt der Erstellung eines entsprechenden Gutachtens gleichzusetzen (Ausfertigungsdatum eines Gutachtens). Nach § 194 BauGB bestimmt sich der Verkehrswert (Marktwert) durch einen nach normativen Vorgaben auf einen Zeitpunkt ermittelten Preis. § 3 Abs. 1 Satz 1 ImmoWertV präzisiert diesen **Zeitpunkt** als den Wertermittlungs*tag*, obwohl kein Sachverständiger angesichts der allgemeinen Schätzungsgenauigkeit in der Lage wäre, einen Verkehrswert – quasi seismografisch – mit der Genauigkeit eines Tages zu ermitteln. Selbst die auf einen bestimmten Wertermittlungsmonat bezogene Marktwertermittlung dürfte in aller

---

51 BGH, Urt. vom 1.3.1984 – III ZR 197/82 –, BGHZ 90, 243 = EzGuG 6.224; BGH, Urt. vom 20.3.1975 – III ZR 153/72 –, BRS Bd. 34 Nr. 120 = EzGuG 18.64; BGH, Urt. vom 29.1.1970 – III ZR 30/69 –, BRS Bd. 26 Nr. 97 = EzGuG 18.48; BGH, Urt. vom 25.6.1964 – III ZR 111/61 –, BRS Bd. 19 Nr. 128 = EzGuG 20.37; BGH, Urt. vom 8.6.1959 – III ZR 66/58 –, BGHZ 30, 281 = EzGuG 6.41.
52 BGH, Urt. vom 14.6.1984 – III ZR 41/83 –, BRS Bd. 45 Nr. 133 = EzGuG 8.61; BGH, Urt. vom 1.7.1982 – III ZR 10/81 –, BRS Bd. 45 Nr. 186 = EzGuG 4.86; BGH, Urt. vom 3.6.1982 – III ZR 98/79 –, BRS Bd. 45 Nr. 148 = EzGuG 4.83; BGH, Urt. vom 13.7.1978 – III ZR 166/76 –, WM 1979, 952 = EzGuG 18.84; BGH, Urt. vom 22.6.1978 – III ZR 92/75 –, BGHZ 72, 51 = EzGuG 17.35; BGH, Urt. vom 10.1.1972 – III ZR 61/68 –, BRS Bd. 26 Nr. 15 = EzGuG 16.18; BGH, Urt. vom 8.5.1967 – III ZR 148/65 –, BRS Bd. 19 Nr. 73 = EzGuG 14.28; BGH, Urt. vom 20.12.1963 – III ZR 60/63 –, BGHZ 40, 312 = EzGuG 14.17; BGH, Urt. vom 8.11.1962 – III ZR 86/61 –, BGHZ 39, 198 = EzGuG 8.5.
53 BGH, Urt. vom 22.2.1971 – III ZR 131/70 –, BRS Bd. 26 Nr. 56 = EzGuG 8.34a; BGH, Urt. vom 8.2.1971 – III ZR 200/69 –, BRS Bd. 26 Nr. 60 = EzGuG 6.134; BGH, Urt. vom 13.12.1962 – III ZR 164/61 –, BRS Bd. 19 Nr. 110 = EzGuG 6.67.

IV ImmoWertV Wertermittlungsstichtag

Regel problematisch sein. **Der als Bezugszeitpunkt der ImmoWertV vorgegebene Wertermittlungs**stichtag **täuscht insoweit eine nicht vorhandene und auch nicht leistbare Genauigkeit der Verkehrswertermittlung vor.**

▶ *Zur Leistungsfähigkeit der Marktwertermittlung vgl. Rn. 8 sowie § 10 ImmoWertV Rn. 9 ff.*

1.1.2.4 Grundstücksmerkmale des Qualitätsstichtags

5 Vom Wertermittlungsstichtag zu unterscheiden ist darüber hinaus der Zeitpunkt, zu dem das zu bewertende Grundstück besichtigt wurde (**Zeitpunkt der Ortsbesichtigung**) und vor allem der sog. Qualitätsstichtag.

Qualitätsstichtag ist der Zeitpunkt, auf den sich der für die Wertermittlung maßgebliche Grundstückszustand bezieht (§ 4 Abs. 1 ImmoWertV). Er entspricht dem Wertermittlungsstichtag, sofern nicht aus rechtlichen oder sonstigen Gründen der Zustand zu einem anderen (in der Vergangenheit oder Zukunft liegenden) Zeitpunkt maßgeblich ist, z. B. bei der Bemessung einer Enteignungsentschädigung unter Anwendung des Vorwirkungsgrundsatzes.

1.1.2.5 Berücksichtigung von Zukunftserwartungen

a) Allgemeines

▶ *Vgl. § 194 BauGB Rn. 3, 44 ff.; § 8 ImmoWertV Rn. 23, 37; § 14 ImmoWertV Rn. 148 ff.; Syst. Darst. des Ertragswertverfahrens Rn. 2 ff.*

6 Auch wenn der **Verkehrswert eine auf den Wertermittlungsstichtag** (§ 3 Abs. 1 ImmoWertV) **bezogene „Momentaufnahme" (Zeitwert) ist, wird seine Höhe maßgeblich von der** den gewöhnlichen Geschäftsverkehr beherrschenden **Zukunftserwartung bestimmt** (*anticipation*). Dies wird besonders bei Renditeobjekten deutlich.

Für das Gewesene gibt der Kaufmann nichts! Im gewöhnlichen Geschäftsverkehr bestimmt sich der Markt- bzw. Verkehrswert eines Grundstücks deshalb nach seiner künftigen Nutzbarkeit, sofern nicht rechtliche „Gegebenheiten" i. S. der Verkehrswertdefinition dies ausschließen. Solche rechtlichen Gegebenheiten sind insbesondere die nach dem Städtebaurecht ausgeschlossenen Werterhöhungen, z. B. der Ausschluss sanierungs- oder entwicklungsbedingter Werterhöhungen nach § 153 Abs. 1 BauGB bzw. der Ausschluss von Werterhöhungen nach § 95 Abs. 2 BauGB bei enteignungsbefangenen Grundstücken. Künftige Entwicklungen, wie beispielsweise absehbare anderweitige Nutzungen, sind deshalb nach Maßgabe des § 4 Abs. 3 Nr. 1 ImmoWertV zu berücksichtigen, wenn sie mit hinreichender Sicherheit aufgrund konkreter Tatsachen zu erwarten sind (§ 2 Satz 2 ImmoWertV). Auf die bisherige Nutzung kommt es nur insoweit an, wie dadurch die künftige Nutzung beeinflusst wird.

Der **Marktwert (Verkehrswert) stellt trotz seiner Bezugnahme auf den Zeitpunkt**, auf den sich die Ermittlung bezieht (Wertermittlungsstichtag), gewissermaßen **das Kondensat der Zukunft** dar (Zukunftserfolgswert, vgl. § 8 ImmoWertV Rn. 37 ff.)[54]. Der Wert eines Grundstücks wird nämlich durch Zukunftserwartungen bestimmt (*value is created by the anticipation of future benifits*). Dies wird besonders deutlich bei Anwendung des Ertragswertverfahrens. Der Ertragswert wird dabei letztlich als Barwert aller künftigen Erträge ermittelt.

a) Bei **Anwendung des Vergleichswertverfahrens** wird der Marktwert zwar (in Bezug auf den Wertermittlungsstichtag) aus möglichst gegenwartsnah zustande gekommenen Vergleichspreisen abgeleitet. Gleichwohl ist auch dieser Wert ein zukunftsorientierter Wert, denn die Vergleichspreise werden maßgeblich durch die Zukunftserwartungen der Käufer geprägt.

---

[54] „Value is created by the anticipation of future benefits", The Appraisal of Real Estate, 12. Aufl., Chicago, S. 35.

b) Bei **Anwendung des Ertragswertverfahrens** wird allein schon dadurch der Blick in die Zukunft in den Vordergrund gerückt, weil das **Verfahren a priori darauf angelegt** ist, **den Marktwert aus der künftigen Nutzung (bzw. Nutzungsfähigkeit) abzuleiten**. Damit sind bei einem bebauten Grundstück die Erträge angesprochen, die über die gesamte Zeitschiene der wirtschaftlichen Nutzbarkeit vor allem des Gebäudes erwartet werden können. Dies kann ein sehr langer, kaum übersehbarer Zeitraum sein, jedoch ist der Anwender damit gehalten, das in die Wertermittlung einzustellen, was er bei wirtschaftlich vernünftiger Betrachtung am Wertermittlungsstichtag hätte erkennen können. Grundsätzlich kann der Sachverständige darauf vertrauen, dass er mit den am Wertermittlungsstichtag marktüblich erzielbaren Ertragsverhältnissen die nachhaltige Ertragssituation „einfängt", wenn er zur Kapitalisierung dieser Erträge den (dynamischen) Liegenschaftszinssatz heranzieht, der auf dem Grundstücksmarkt im Hinblick auf die nachhaltige Entwicklung ermittelt wurde. Der zur Ermittlung des Ertragswerts heranzuziehende Liegenschaftszinssatz ist darauf angelegt, die künftige Entwicklung in die Verkehrswertermittlung einzustellen (vgl. Erläuterungen zu § 14 Abs. 3 ImmoWertV).

c) Der Sachwert baulicher Anlagen wird zwar i. d. R. mithilfe von Normalherstellungskosten der Vergangenheit abgeleitet, die zunächst auf den Wertermittlungsstichtag mithilfe von Baupreisindexreihen umgerechnet wurden. Diese Kosten haben im Rahmen der Marktwertermittlung nur insoweit Bedeutung, wie sie das abbilden, was **der Grundstückseigentümer heute (am Wertermittlungsstichtag) mit Blick auf die zukünftige Nutzung an eigenen Aufwendungen erspart**. Bei alledem geht es nicht um die „historischen Rekonstruktionskosten" nach den Verhältnissen zum Zeitpunkt der Errichtung des Gebäudes, sondern um die **Ersatzbeschaffungskosten** (*replacement costs*) nach den Verhältnissen am Wertermittlungsstichtag. Insoweit ist auch bei Anwendung des Sachwertverfahrens die Vergangenheit nur von begrenzter Bedeutung.

Im Kern geht es deshalb bei Anwendung des Sach-, Vergleichs- und Ertragswertverfahrens darum, möglichst wertermittlungsstichtagsnahe Erfahrungssätze und Marktindikatoren über die auf dem Grundstücksmarkt vorherrschende Wertschätzung des Objekts (Vergleichspreise), die Herstellungskosten (Normalherstellungskosten) und Erträge unter Berücksichtigung der künftigen Nutzung in das Verfahren einzuführen.

b) Highest and best use value

▶ *§ 6 ImmoWertV Rn. 400; § 8 ImmoWertV Rn. 41, 92, 120; § 16 ImmoWertV Rn. 133; Teil V Rn. 294; § 194 BauGB Rn. 57; Syst. Darst. des Ertragswertverfahrens Rn. 102*

Aus der Erkenntnis, dass der Marktwert (Verkehrswert) als Zukunftserfolgswert verstanden werden muss, folgt, dass bei der Marktwertermittlung von **Grundstücken, bei denen mit der tatsächlichen Nutzung ein am Wertermittlungsstichtag vorhandenes** (schlummerndes) **Entwicklungspotenzial nicht ausgeschöpft wird**, die (künftige) Nutzung in die Wertermittlung eingehen muss, die sich einem verständigen Eigentümer unter Berücksichtigung der rechtlichen Möglichkeiten und der Präferenzen des Grundstücksmarktes aufdrängt (Grundsatz des *highest and best use*): „*Highest and best use is the reasonably probable and legal use of vacant or an improved property that is physically possible, legally permissible, appropriately supported, financially feasible, and that results in the highest value*[55]. Die vorhandene Nutzung kann sich dabei als hinderlich erweisen; auch dies muss ggf. berücksichtigt werden. Es handelt sich in solchen Fällen um Immobilien mit Entwicklungspotenzial (*property in transition*), wobei sich vielfach verschiedene Alternativnutzungen anbieten. In solchen Fällen kann regelmäßig die Nutzung der Marktwertermittlung zugrunde gelegt werden, die bei geringstem Risiko die höchste Ertragsfähigkeit (*maximally productive*) verspricht. Der Marktwertermittlung muss in solchen Fällen eine Kosten-Nutzen-Analyse vorausgehen. Bei alledem kann es nicht auf bloße Wunschvorstellungen des Eigentümers ankommen; vielmehr sind die vorhandenen und absehbaren **rechtlichen und wirtschaftlichen Möglichkeiten** rea-

---

[55] The Appraisal of Real Estate, The American Institute, 12. Aufl., S. 306.

IV ImmoWertV — Wertermittlungsstichtag

litätsbezogen ohne spekulative Momente anzuhalten (*physically possible, legally permissible und financially feasible*).

Abb. 2: Verkehrswert von Immobilien mit Entwicklungspotenzial

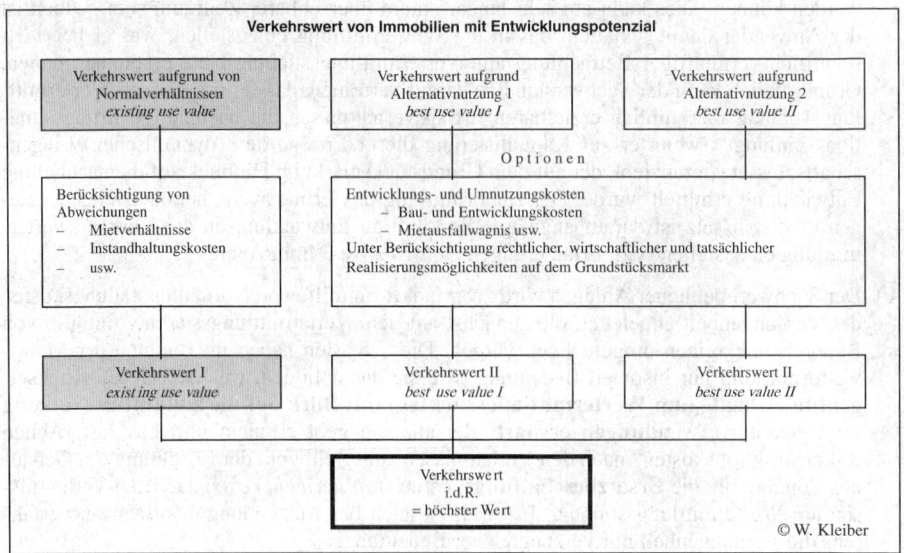

Dass Entwicklungspotenziale bei der Marktwertermittlung berücksichtigt werden müssen, folgt aus der Definition des Marktwerts als dem im gewöhnlichen Geschäftsverkehr erzielbaren Preis. Im gewöhnlichen Geschäftsverkehr wird nämlich neben der tatsächlichen Nutzung auch die Nutzungsfähigkeit eines Grundstücks berücksichtigt. **Zu den „tatsächlichen Eigenschaften" i. S. des § 194 BauGB gehört mithin nicht nur das tatsächlich „Vorhandene", sondern auch das bei nüchterner Betrachtung unter Berücksichtigung der rechtlichen und wirtschaftlichen Gegebenheiten „Mögliche",** selbst dann, wenn sich dies noch nicht rechtlich verfestigt hat. Maßgeblich ist dabei die gesunde Verkehrsauffassung. Der BGH[56] hat in seiner Rechtsprechung auch deutlich gemacht, dass sich der Marktwert nicht allein nach der ausgeübten Nutzung, sondern auch unter Einbeziehung der Nutzungsfähigkeit bemisst:

„Die Entschädigung für das Grundstück ist vielmehr nach der durch seine Beschaffenheit und Lage bedingten Nutzungsfähigkeit – nicht allein nach der ausgeübten Nutzung – des Grundstücks am Tage der Inanspruchnahme zu bemessen (vgl. BGH, Urt. vom 8.11.1962 – III ZR 86/61 –, EzGuG 8.5)."

In dieser Rechtsprechung ging es zwar um die Verkehrswertermittlung landwirtschaftlicher Grundstücke, jedoch kann dies gleichermaßen für die **Nutzungsfähigkeit bebauter Grundstücke** gelten, zumindest dann, wenn nicht ein entschädigungslos hinzunehmender Planungsschaden für eine nicht ausgeübte Nutzung i. S. des § 42 BauGB droht.

Diese Auslegung führt im Übrigen zum Ergebnis, dass insoweit keine Disparität zur Beleihungswertermittlung besteht, bei der die sog. **Drittverwendungsmöglichkeit** seit jeher Berücksichtigung findet[57].

---

56 BGH, Urt. vom 6.12.1962 – III ZR 113/61 –, BRS Bd. 19 Nr. 109 = EzGuG 6.65; LG Bremen, Urt. vom 5.11.1954 – 1 O 749/54 (B) –, EzGuG 6.10; BGH, Urt. vom 17.12.1964 – III ZR 96/63 –, BRS Bd. 19 Nr. 112 = EzGuG 11.47; BGH, Urt. vom 8.11.1962 – III ZR 86/61 –, BGHZ 39, 198 = EzGuG 8.5.

57 So auch ausdrücklich die Interpretation des marché normal in Art. 2 des Règlement no 99 – 10 du Comité de la réglementation bancaire et financière sur les sociétés de crédit foncière (Journal officiel de la République Française 1999 vom 27.7.1999); auch die englische Interpretation des Verkehrswerts im Red Book (2002), nach der der Verkehrswert „the prospect of development where there is no current permission for that development" einschließt.

Diese Vorgehensweise ist z. B. bei Immobilien angezeigt, die sich in einem (potenziellen) Umbruch befinden *(property in transition)*. So wie der Eigentümer in solchen Fällen verschiedene Optionen der Grundstücksnutzung hat und sich aus einem gesunden Interesse an einer Gewinnmaximierung überlegen kann, welche Nutzung zu bevorzugen ist, muss dies auch bei der Wertermittlung berücksichtigt werden.

Dabei müssen aber gewissenhaft einige Regeln beachtet werden, wenn solche Überlegungen zum Marktwert (Verkehrswert) führen sollen:

a) Bei der Berücksichtigung zukünftiger Nutzungsmöglichkeiten kann nur das zugrunde gelegt werden, was nach den **rechtlichen und tatsächlichen Gegebenheiten ohne spekulative Elemente erwartet werden kann,** wobei Erwartungen nicht unumstößlich abgesichert sein müssen.

b) Es dürfen nur solche Nutzungsmöglichkeiten berücksichtigt werden, die im Immobilienverkehr nach den Verwertungsmöglichkeiten des Objektes „gewöhnlich" und damit markt- und wertbestimmend sind; auf **persönliche Nutzungsabsichten eines Erwerbers kommt es** also **nicht an.**

c) **Alle in die Wertermittlung eingehenden Daten müssen**, auch soweit es dabei um eine fiktive Verkehrswertermittlung für den Umnutzungsfall geht, **dem gewöhnlichen Geschäftsverkehr entsprechen** und von ungewöhnlichen oder persönlichen Verhältnissen unbeeinflusst sein.

Die „höchste und beste Nutzung" der Marktwertermittlung zugrunde zu legen, kann also als ein der Marktwertdefinition innewohnender Grundsatz angesehen werden. Dies ist keinesfalls eine der angelsächsischen Bewertungslehre ureigene Auffassung, sondern lag stets auch dem deutschen Verständnis vom Marktwert zugrunde[58].

Die höchste Nutzung wird nicht ganz befriedigend vom *International Valuation Standards Committee (IVSC)* wie folgt definiert:

„Die wahrscheinlichste Nutzung einer Immobilie, die physisch möglich, angemessen gerechtfertigt, rechtlich zulässig und finanziell durchführbar ist und die der bewerteten Immobilie den höchsten Wert verleiht."

Das Verständnis von einem Marktwert (Verkehrswert), der sich nach dem *„best use"* eines wirtschaftlich vernünftig Handelnden bemisst, hat seit jeher die Wertermittlungspraxis bestimmt[59]. Bestimmte **Spielarten der klassischen Wertermittlungsverfahren** sind gezielt darauf gerichtet, den für eine vorgefundene immobilienwirtschaftliche Situation erzielbaren „*best use value*" zu ermitteln, so z. B.

– das Liquidationswertverfahren (vgl. § 8 ImmoWertV Rn. 89 ff.),
– die sog. „Zerlegungs- oder Zerschlagungstaxe" oder
– die Berücksichtigung von „Verschmelzungswertrelationen".

Das Verständnis des Marktwerts vom *„highest and best use value"* darf bei alledem jedoch nicht schematisch überstrapaziert werden. Er muss mit **großer Sensibilität zur Anwendung** kommen.

c) Wurzeltheorie

▶ *Vgl. § 3 ImmoWertV Rn. 4, Syst. Darst. des Vergleichswertverfahrens Rn. 67*

Die vornehmlich im Rahmen der Unternehmensbewertung entwickelte **Wurzeltheorie** gilt auch für die Marktwertermittlung. Der BFH hat zutreffend festgestellt, dass sich auf den Marktwert nur solche Verhältnisse und Gegebenheiten auswirken können, die zum Wertermittlungsstichtag hinreichend konkretisiert sind und zumindest mit ihrer Tatsache gerechnet

8

---

58 So schon bei Kleiber/Simon, WertV 98 5. Aufl., Köln 1999; so aber auch Tegova, Anerkannte Europäische Standards für die Immobilienbewertung, London 1997, S. 20.
59 Auch und vor allem in der Unternehmensbewertung: BGH, Urt. vom 30.3.1967 – II ZR 141/64 –, NJW 1967, 1464 = MDR 1967, 566; OLG Düsseldorf, Beschl. vom 17.2.1984 – 19 W 1/81 –, DB 1984, 817 = EzGuG 20.104b.

werden konnte (Wurzeltheorie)[60]. Sie liegt im Wesen des Marktwerts (Verkehrswerts), der maßgeblich durch die künftige am Wertermittlungsstichtag mit hinreichender Sicherheit erkennbare Nutzbarkeit bestimmt ist (Zukunftserfolgswert)[61]. **Spätere Entwicklungen**, deren Wurzeln in der Zeit nach dem Wertermittlungsstichtag liegen, **müssen** dagegen **außer Betracht bleiben**[62]. Außer Betracht müssen – auch bei retrograder Marktwertermittlung (ex post) dagegen Erkenntnisse über Tatsachen bleiben, die zwar am Wertermittlungsstichtag gegeben waren, jedoch nicht erkannt werden konnten. Deshalb ist bei retrograder Marktwertermittlung ein **später aufkommender Altlastenverdacht** selbst dann nicht berücksichtigt worden, wenn er sich später verifiziert hat.

1.1.2.6 Missverstandenes Stichtagsprinzip

9 Dass sich der Marktwert (Verkehrswert) wie auch andere Werte (nach dem Wortlaut des § 194 BauGB i. V. m. § 3 Abs. 1 ImmoWertV) auf die allgemeinen Wertverhältnisse eines bestimmten Wertermittlungsstich*tags* bezieht, führt im Übrigen bei Laien immer wieder zu einer Reihe von Trugschlüssen, die hier als missverstandenes Stichtagsprinzip bezeichnet sind.

– Mit der Bezugnahme auf einen Wertermittlungsstichtag sind einerseits – wie vorstehend ausgeführt – **Zukunftserwartungen (positiver und negativer Art)** von ihrer Einbeziehung in die Marktwertermittlung nicht ausgenommen. Es ist daher abwegig, unter Hinweis auf den Wertermittlungsstichtag die Berücksichtigung von Zukunftserwartungen auszuschließen. Der stichtagsbezogene Marktwert ist nach seinem materiellen Gehalt eine Größe, in der sich Zukunftserwartungen „kondensieren", wobei hierbei vor allem das sog. Nachhaltigkeitsprinzip zu beachten ist (vgl. § 2 ImmoWertV Rn. 4 ff.).

– Des Weiteren darf die vorgegebene Bezugnahme auf die allgemeinen Wertverhältnisse eines bestimmten Wertermittlungsstich*tags* nicht dahingehend missverstanden werden, dass es „messerscharf" allein auf die Wertverhältnisse dieses Tages ankommt. Die Marktwertermittlung könnte das nicht leisten und schon gar keine „seismologische" Fortschreibung des Marktwerts eines Grundstücks zum „Tageskurs". Dies wäre im Übrigen auch mit der Definition des Marktwerts unvereinbar.

Denn im gewöhnlichen Geschäftsverkehr wird der Grundstückskauf bei kurzfristigen (möglicherweise spekulativ überhitzten) Preisausschlägen „nach oben" ebenso zurückgestellt wie der Verkauf bei kurzfristigen Preisausschlägen „nach unten", d. h., der Grundstücksverkehr ist in diesen Phasen „gestört". Verkäufer und Käufer werden nicht zu „jedem Preis" handelseinig. Schon der RFH[63] hat im Zusammenhang mit der Ermittlung des gemeinen Werts (Marktwert) von Anlagegegenständen entschieden, „dass geringfügige Schwankungen und vorübergehende Erscheinungen regelmäßig noch nicht genügen, um den gemeinen Wert jener Gegenstände zu steigern und zu senken". Der BGH hat zu alledem zutreffender Weise in seiner Chruschtschow-Entscheidung[64] erkannt, dass kurzfristige Preissenkungen auf dem Grundstücksmarkt außer Betracht bleiben müssen, wenn der spätere Wegfall der Preissenkung bei vernünftiger wirtschaftlicher Betrachtungsweise für einen durchschnittlich besonnenen, nüchternen Betrachter erkennbar war. Gleiches muss entsprechend für kurzfristige Spitzenausschläge gelten. Soweit die einem „durchschnittlich besonnenen, nüchternen Betrachter" am Wertermittlungsstichtag erkennbare Entwicklung außer Betracht bliebe,

---

60 BFH, Urt. vom 1.4.1998 – X R 150/95 –, EzGuG 19.45 = GuG 1998, 372; BFH, Urt. vom 27.2.1992 – IV R 71/90 –, BFHE 167, 140 = BStBl. II 1992, 554 = BB 1992, 1178; BGH, Urt. vom 17.1.1973 – IV ZR 142/70 –, NJW 1973, 509 = EzGuG 20.53b; BayObLG, Urt. vom 11.7.2001 – 3 Z BR 153/00 –, DB 2001, 1928; BGH, Urt. vom 4.3.1998 – II ZB 5/97 –, BGHZ 138, 690 = ZIP 1998, 690 = NZG 1998, 379 auch Emmerich/Habersack, § 305 AktG Rn. 58.

61 Bereits: RG, Urt. vom 3.4.1897 – V 341/96 –, Gruchot 41, 1002; BGH, Beschl. vom 8.5.1998 – Blw. 18/97 –, GuG 1998, 377 = EzGuG 20.163; BGH, Beschl. vom 16.2.1973 – I ZR 74/71 –, DB 1973, 565; OLG Düsseldorf, Urt. vom 17.2.1984 – 19 W 1/81 –, WM 1984, 732 = EzGuG 20.104b; OLG Düsseldorf, Urt. vom 29.10.1976 – 19 W 6/73 –, WM 1977,797 = DB 1977, 296; OLG Celle, Urt. vom 4.4.1979 – 9 Wx 2/77 –, DB 1979, 1031 = EzGuG 20.80a; LG Frankfurt am Main, Urt. vom 8.12.1982 – 3/3 AktE 104/79 –, BB 1983, 1244 = EzGuG 20.101c.

62 BGH, Urt. vom 17.1.1973 – IV ZR 142/70 –, NJW 1973, 509 = EzGuG 20.53b.

63 RFH, Urt. vom 24.1.1935 – III A 406 –, StW 1935, 413 = EzGuG 19.3a.

64 BGH, Urt. vom 31.5.1965 – III ZR 214/63 –, NJW 1965, 1599 = EzGuG 19.8; BGH, Urt. vom 22.10.1986 – IVa ZR 143/85 –, BGHZ 98, 382 = EzGuG 20.117b.

müsste von einem **missverstandenen Stichtagsprinzip** gesprochen werden. Der in § 3 Abs. 1 ImmoWertV verwandte Begriff des Wertermittlungsstichtags mag hierzu beigetragen haben (vgl. hierzu Syst. Darst. des Ertragswertverfahrens Rn. 2).

Im gewöhnlichen Geschäftsverkehr nehmen sich sowohl Käufer als auch Verkäufer bei dem Erwerb bzw. der Veräußerung einer Immobilie Zeit. Nach Untersuchungen amerikanischer Makler gelangen z. B. Einfamilienhäuser erst nach durchschnittlich drei Monaten zum Verkauf, d. h., das Geschehen auf dem Grundstücksmarkt ist im gewöhnlichen Geschäftsverkehr durch einen relativ langen Verhandlungszeitraum und dem Objekt angemessene Vermarktungsmodalitäten gekennzeichnet. Größere Immobilien gelangen sogar erst nach weitaus längeren Zeiträumen zum Verkauf.

Dass der gewöhnliche Geschäftsverkehr i. S. des § 194 BauGB durch einen **objektadäquaten Vermarktungszeitraum** geprägt ist, wird in den außergesetzlichen englischen und französischen Normen wortreich umschrieben. Die französischen Erläuterungen fordern, *„que le bien ait été proposé à la vente dans les conditions du marché, sans réserves, avec une publicité adéquate"*. Die Definition des *Market Value* fordert ein *„proper marketing"* und versteht u. a. darunter ein dem Objekt angemessenen Vermarktungszeitraum[65].

Aus Kaufpreis- und Umsatzuntersuchungen der Gutachterausschüsse ist darüber hinaus bekannt, dass in Zeiten der Preisberuhigung und des Preisrückgangs auf dem Grundstücksmarkt (sog. **Flaute auf dem Immobilienmarkt**) die Umsätze zurückgehen, während sie bei Preissteigerungen wieder anziehen. Auch hieraus folgt, dass seitens der Verkäufer Preiseinbrüche durch Zurückhaltung überbrückt werden. Im gewöhnlichen Geschäftsverkehr handeln weder Käufer noch Verkäufer unter zeitlichem Druck, d. h., bei vorübergehenden Preisausschlägen wird entweder vom Käufer oder vom Verkäufer zugewartet. Aus diesem Grunde dürfen kurzfristige und vorübergehende Preiseinbrüche im Hinblick auf das **(missverstandene) Stichtagsprinzip**[66] nicht zur Grundlage der Marktwertermittlung gemacht werden. Das Gleiche gilt im Hinblick auf das Käuferverhalten für kurzfristige und vorübergehende Preisausschläge „nach oben".

Im Rahmen der Rechtsprechung des BGH zur **Ermittlung des Zugewinnausgleichs und von Pflichtteilsansprüchen** wird deshalb auf das Verhalten eines „nüchternen Käufers bzw. Verkäufers" abgestellt, der außergewöhnliche allgemeine Wertverhältnisse auf dem Grundstücksmarkt (z. B. die Flaute auf dem Grundstücksmarkt) ausschaltet. Der BGH spricht in diesem Zusammenhang vom „wahren" und „inneren" Wert[67]. Es handelt sich dabei nach Einschätzung des BGH um eine „Denkfigur, mit deren Hilfe bei außergewöhnlichen allgemeinen Wertverhältnissen auf dem Grundstücksmarkt" i. S. des § 3 Abs. 2 ImmoWertV, d. h. bei **„Preisverhältnissen unter Ausnahmebedingungen** (Stopppreise; Chruschtschow-Ultimatum und Berliner Grundstückspreise)" unangemessenen Ergebnissen der Verkehrswertermittlung, z. B. im Interesse der Pflichtteilsberechtigten, entgegenzuwirken versucht wird.

Der BGH[68] hatte zu alledem u. a. dargelegt, dass der für die Berechnung des Zugewinns maßgebende wirkliche Wert eines Grundstücks nicht stets mit dem hypothetischen Verkaufswert am Stichtag übereinstimmen muss, sondern dass der wirkliche Wert höher sein kann als der aktuelle Veräußerungswert. Insbesondere ist bei der Wertermittlung ein **vorübergehender Preisrückgang** nicht zu berücksichtigen, wenn er bei nüchterner Beurteilung schon am Stichtag als vorübergehend erkennbar war. Eine strengere Orientierung an dem tatsächlich erziel-

---

65 Red Book Teil II, Ziff. 3.2.7.
66 BGH, Urt. vom 31.5.1965 – III ZR 214/63 –, NJW 1965, 1589 = EzGuG 19.8; BGH, Urt. vom 1.4.1992 – XII ZR 146/91 –, GuG 1995, 56 = NJW-RR 1992, 899 = EzGuG 20.139a, hierzu Kleiber in GuG-aktuell 1995, 1998, 9.
67 BGH, Urt. vom 1.4.1992 – XII ZR 146/91 –, GuG 1995, 56 = NJW-RR 1992, 899 = EzGuG 20.139a; BGH, Urt. vom 23.10.1985 – IVb ZR 62/84 –, NJW-RR 1986, 226 = EzGuG 20.110b; BGH, Urt. vom 31.5.1965 – III ZR 214/63 –, NJW 1965, 1589 = EzGuG 19.8; BGH, Urt. vom 14.2.1975 – IV ZR 28/73 –, NJW 1965, 1123; BGH, Urt. vom 17.3.1982 – IVa ZR 27/81 –, WM 1982, 692 = EzGuG 20.94a; BGH, Urt. vom 1.10.1992 – IV ZR 211/91 –, MDR 1993, 245 = EzGuG 20.143; BGH, Urt. vom 13.3.1991 – IV ZR 52/90 –, WM 1991, 1352 = EzGuG 20.134b; BGH, Urt. vom 25.3.1954 – IV ZR 146/53 –, BGHZ 134, 45 = EzGuG 20.17; BGH, Urt. vom 4.6.1954 – V ZR 10/54 –, BGHZ 13, 378 = EzGuG 6.7d; BGH, Urt. vom 30.9.1954 – IV ZR 43/54 –, BGHZ 14, 368 = WM 1955, 342 = BB 1954, 1009; Kleiber in GuG-aktuell 1995, 1.
68 BGH, Urt. vom 23.10.1985 – IVb ZR 62/84 –, NJW-RR 1986, 226 = EzGuG 20.110b.

baren Verkaufserlös ist nur dann geboten, wenn das Grundstück zur Veräußerung bestimmt ist oder als Folge des Zugewinnausgleichs veräußert werden muss[69]. In einer neueren Entscheidung hat der BGH[70] bekräftigt, dass nur dann, wenn im Rahmen des Zugewinnausgleichs der Ausgleichspflichtige gezwungen ist, Gegenstände seines Endvermögens unwirtschaftlich zu liquidieren, dieser Umstand im Rahmen einer **sachverhaltsspezifischen Wertermittlung** zu berücksichtigen ist; dabei ist vorab zu prüfen, ob eine unwirtschaftliche Liquidierung durch eine Stundung gemäß § 1382 BGB vermieden werden kann.

In einer weiteren **Entscheidung des BGH**[71] wird zu alledem ausgeführt:

„Der Zugewinnausgleich soll beide Ehegatten gleichermaßen an den während der Ehe geschaffenen Werten beteiligen. Würde insbesondere ein Familienheim, bei dem es sich vielfach um das Hauptvermögensstück handelt, nur mit einem Wert angesetzt, der durch eine **vorübergehende ungünstige Marktlage** beeinflusst ist, erlangte der ausgleichsberechtigte Ehegatte keinen angemessenen Anteil an dessen wirklichem, bleibendem Wert, während der andere Ehegatte, der im Besitz des Objekts bleiben will und kann, aus eher zufälligen Umständen Nutzen zöge. Entgegen der Auffassung des BG kommt es deswegen auch nicht darauf an, ob eine ungünstige Marktlage auf örtlich begrenzte Umstände zurückzuführen ist oder auf eine gesamtwirtschaftliche Entwicklung. Entscheidend ist, ob sie aus der Sicht eines nüchternen Betrachters am Bewertungsstichtag als temporär einzuschätzen war und deswegen einen wirtschaftlich Denkenden veranlasst hätte, eine Veräußerung zurückzustellen, soweit nicht besondere Umstände dazu zwängen."

1.1.2.7 Grundstückstransaktionskosten

▶ *§ 194 BauGB Rn. 60, Syst. Darst. des Vergleichswertverfahrens Rn. 447 ff., 537; Syst. Darst. des Ertragswertverfahrens Rn. 56 ff.; zur Umsatz- bzw. Mehrwertsteuer vgl. §§ 22 ImmoWertV Rn. 11; § 18 ImmoWertV Rn. 11; § 19 ImmoWertV Rn. 11; zur Beleihungswertermittlung Teil IX Rn. 232*

10 Der Marktwert (Verkehrswert) einer Immobilie wird durch die üblicherweise anfallenden Grundstückstransaktionskosten (Grunderwerbsnebenkosten bzw. Grundstücksnebenkosten) i. d. R. beeinflusst. Angesichts der nicht unerheblichen Höhe der Transaktionskosten muss nämlich davon ausgegangen werden, dass im Rahmen der Preisbildung auf dem Grundstücksmarkt diese Kosten vom Erwerber in seine Gesamtkalkulation eingestellt worden sind. Der im Kaufvertrag schließlich vereinbarte und ausgewiesene Kaufpreis stellt gewissermaßen das Ergebnis dieser Gesamtkalkulation dar. Diese Kaufpreise gehen nun als Vergleichspreise in die Kaufpreissammlung ein und bilden die Grundlage der Marktwertermittlung. Damit wird deutlich, dass die Transaktionskosten durchaus den Marktwert beeinflussen, und zwar in der üblicherweise und objektspezifischen Höhe[72]. Um den allgemeinen Einfluss der üblicherweise anfallenden Transaktionskosten auf den Marktwert an einem drastischen Beispiel zu verdeutlichen, sei auf den Fall hingewiesen, dass die Grunderwerbsteuer auf 50 v. H. (!) heraufgesetzt würde, was zu deutlich niedrigeren Kaufabschlüssen führen würde.

Grunderwerbsnebenkosten bzw. Grundstücksnebenkosten sind die im Zusammenhang mit der Veräußerung von Grundstücken auftretenden Grundstückstransaktionskosten. Die DIN 276/1993 führt unter Ziff. 4.3 hierzu auf:

- Vermessungsgebühren,
- Gerichtsgebühren,
- Notariatsgebühren (*legal and registration fees*),
- Maklerprovision (*agents fees*),
- Grunderwerbsteuer (*transfer tax; stamp duty*),
- Wertermittlungen/Untersuchungen (z. B. bez. Altlasten),
- Genehmigungsgebühren,

---

69 Schwab, Hdb des ScheidungsR 2. Aufl. Teil VII Rn. 72.
70 BGH, Urt. vom 15.1.1992 – XII ZR 247/90 –, BGHZ 117, 70 = NJW 1992, 1103 = FamRZ 1992, 411.
71 BGH, Urt. vom 1.4.1992 – XII ZR 146/91 –, GuG 1995, 56 = EzGuG 20.139a.
72 Diesen Gedankengängen folgend stellte § 6 Abs. 3 WertV 88/98 richtigerweise heraus, dass nur die aus Anlass des Erwerbs und der Veräußerung entstehenden Aufwendungen, die nicht üblicherweise entstehen, bezüglich ihres Einflusses auf den (Vergleichs- bzw.) Kaufpreis unberücksichtigt bleiben müssen.

Transaktionskosten **ImmoWertV IV**

- Bodenordnung/Grenzregulierung,
- sonstige Grundstücksnebenkosten (Kosten für die Bestellung von Grundschulden und Hypotheken zur Kaufpreisfinanzierung; Kosten der Löschung von Belastungen im Grundbuch, die der Käufer nicht trägt; § 449 BGB).

Die **Grundstückstransaktionskosten** werden **durchschnittlich mit ca. 12 Prozent des Kaufpreises** eingeschätzt (1,5 % Notar, Grundbuch, ca. 4,0 % Grunderwerbsteuer; 6 % Maklerprovision; 1 % Bank- und Bearbeitungsgebühren) sowie ggf. zusätzliche Kosten für die Risikoabdeckung durch Lebensversicherung und Arbeitslosigkeit[73].

Grundstückstransaktionskosten werden in marktkonformer Höhe zumeist bereits indirekt mit den herangezogen Vergleichsdaten „im" Wertermittlungsverfahren berücksichtigt[74]. Eine zusätzliche Berücksichtigung der Grundstücksnebenkosten, die überdies je nach persönlichen Umständen unterschiedlich ausfallen können, ist von daher abzulehnen. Vielmehr sind diese den ungewöhnlichen oder persönlichen Verhältnissen zuzuordnen, wenn sie von den üblichen Kosten abweichen (§ 7 Satz 2 ImmoWertV). Kein Grundstückseigentümer wäre zum Verkauf „unter" Verkehrswert nur deshalb bereit, weil ein bestimmter Erwerber aus seiner persönlichen Situation heraus besonders hohe Nebenkosten hat.

Bei der Marktwertermittlung von Grundstücken nach den klassischen Wertermittlungsverfahren ist regelmäßig davon auszugehen, dass die Grundstückstransaktionskosten „automatisch" Eingang in die Wertermittlung finden, weil

- bei **Anwendung des Vergleichswertverfahrens** bereits von Vergleichspreisen ausgegangen wird, die i. d. R. unter dem Einfluss der üblicherweise vom Erwerber aufzubringenden Grunderwerbskosten bereits gemindert sind,
- bei **Anwendung des Ertragswertverfahrens** auf der Grundlage marktkonformer Liegenschaftszinssätze von Zinssätzen ausgegangen wird, die aus Kaufpreisen bebauter Grundstücke abgeleitet worden sind, für die der Erwerber die Grunderwerbskosten aufzubringen hat und die, wie im vorstehenden Fall bereits mit dem Kaufpreis berücksichtigt werden,
- bei **Anwendung des Sachwertverfahrens** insbesondere im Hinblick auf die aus Vergleichspreisen abgeleiteten Bodenwerte sowie im Hinblick auf die zur Anwendung kommenden Marktanpassungsfaktoren, die wiederum aus Vergleichspreisen bebauter Grundstücke abgeleitet worden sind, bei denen der Erwerber die Grunderwerbskosten berücksichtigt hat.

Anders stellt sich die Situation bei Anwendung des **prognosegestützten Ertragswertverfahrens (Discounted Cash Flow-Verfahrens)** auf der Grundlage von Diskontierungszinssätzen dar, die sich am Zins für langfristige Kapitalanlagen (z. B. Bundesobligationen) orientieren (vgl. Syst. Darst. des Ertragswertverfahrens Rn. 56 ff.). Diese Zinssätze werden für Geldanlagen gewährt, die im Vergleich zu Immobilienanlagen verhältnismäßig geringe Transaktionskosten aufweisen, sodass der Ertrag um die Transaktionskosten vermindert werden muss, wenn man diese Zinssätze hilfsweise auf die Verkehrswertermittlung von Grundstücken überträgt. Wendet man das prognosegestützte Ertragswertverfahren (*Discounted Cash Flow*-Verfahren) in der Weise an, dass man nur den Investitionszeitraum der ersten (zehn) Jahre (Betrachtungszeitraum, *holding period*) auf der Grundlage der bankenüblichen Zinssätze kapitalisiert und den Restwert auf der Grundlage des Liegenschaftszinssatzes kapitalisiert, so hat man bezüglich dieses Wertanteils aber – wie bei Anwendung des klassischen Ertragswertverfahrens – die Transaktionskosten mit dem Liegenschaftszinssatz berücksichtigt.

Eine Besonderheit liegt auch bei Anwendung des **Extraktionsverfahrens (Residualwertverfahrens)** vor (vgl. Syst. Darst. des Vergleichswertverfahrens Rn. 447 ff.). Bei Anwendung dieses Verfahrens will man den Verkehrswert – aus den Kosten der Grundstücksentwicklung – ableiten und wenn in diesem Rahmen ein (zusätzlicher) Grunderwerb erforderlich ist, so ist darin eine gesonderte Berücksichtigung der Grunderwerbskosten – quasi als unvermeidliche Entwicklungskosten im erweiterten Sinne – begründet. Im Zuge

---

73 BT-Drucks. 15/3928 S. 2.
74 Vgl. Kleiber in GuG 2000, 321 ff.

der Grundstücksentwicklung wird dann nämlich ein zusätzlicher Zwischenerwerb erforderlich. Die Grunderwerbskosten werden deshalb auch nur einmal und nicht im Hinblick auf den Verkauf der Immobilie an den „Enderwerber" ein zweites Mal berücksichtigt. Der „Endverkauf" z. B. eines neu errichteten Wohnhauses zum Marktwert unter Abzug der Grunderwerbsnebenkosten wäre nicht dem gewöhnlichen Geschäftsverkehr zuzurechnen[75].

Die Grunderwerbskosten haben darüber hinaus im Rahmen der Investitionsberechnung Bedeutung für die sog. Nettoanfangsrendite. Die **Nettoanfangsrendite** (*initial rent*) ergibt sich – bezogen auf den Zeitpunkt des Grundstückserwerbs – aus:

Nettoanfangsrendite = Reinertrag (RE) gemäß Vertragsmiete / Gesamtinvestitionskosten (einschließlich Grundstückstransaktionskosten)

Zusammenfassend ist festzustellen, dass Grundstückstransaktionskosten generell den Marktwert beeinflussen. Einer besonderen Berücksichtigung dieses Einflusses bedarf es bei Anwendung der gängigen Wertermittlungsverfahren jedoch nicht, da der Einfluss bereits implizit mit den Wertermittlungsparametern berücksichtigt wird. Wenn jedoch in Einzelfällen bei Anwendung besonderer Wertermittlungsverfahren die Grunderwerbskosten nicht indirekt Eingang in die Marktwertermittlung finden, so kann ein gesonderter Abzug in Betracht kommen.

Abzulehnen ist die mit dem Hinweis auf „**internationale Bewertungsstandards**" erhobene pauschale Forderung, die Grunderwerbskosten bei der Ermittlung des Verkehrswerts stets zum Abzug zu bringen. Dabei wird unzulässigerweise der Begriff der „internationalen Bewertungs*standards*" als internationale Bewertungs*verfahren* verstanden. Als „internationalen Bewertungs*standards*" können nun allenfalls die Regelungen für die internationalen Rechnungslegung und Bilanzierung verstanden werden. In die internationale und im Übrigen auch in die deutsche Rechnungslegung und Bilanzierung wird nun zunehmend das Verkehrswertprinzip (Marktwertprinzip) eingeführt und auch dann sind Grunderwerbskosten nicht gesondert zum Ansatz zu bringen. Nur in besonderen Ausnahmefällen der internationalen und deutschen Bilanzierung sind jedoch die Grunderwerbskosten gesondert abzusetzen, z. B. wenn eine anstehende Grundstückstransaktion zu einer Vermögensminderung führt. So soll nach Abschn. 7 Art. 49 Abs. 5 der EG-Richtlinie von 1991 (91/647/EEC) im Rahmen der Rechnungslegung und Bilanzierung von Unternehmenswerten der Marktwert ... um die tatsächlichen oder geschätzten Verkaufskosten reduziert werden ..., wo der Wert an dem Tag festgesetzt wurde, an dem die Bilanzen aufgestellt werden, an dem Land und Gebäude verkauft wurden oder binnen kurzer Zeit verkauft werden.

Bei alledem ist die Forderung abwegig, die ImmoWertV und WERTR dahingehend zu ergänzen, dass bei der Verkehrswertermittlung die Grunderwerbskosten zum Abzug zu bringen sind. Wie die deutsche Definition des Verkehrswerts enthält im Übrigen auch die **angelsächsische Definition** des *Market Value* **keine Vorgaben zu einer besonderen Berücksichtigung der Transaktionskosten bei der Verkehrswertermittlung**. Immerhin hat sich selbst die Tegova zu der in Deutschland seit jeher herrschenden Auffassung bekannt, dass der „Marktwert ... nicht um die Transaktionskosten" zu berichtigen ist[76]. Dementsprechend wird selbst im **Blauen Buch** der Tegova[77] herausgestellt, dass als Marktwert (und der Verkehrswert ist ein Marktwert sic!) der „geschätzte Wert einer Immobilie *ohne Berücksichtigung der Kosten von Verkauf oder Kauf und ohne Aufrechnung irgendwelcher mit in Zusammenhang stehender Steuern*" zu verstehen sei.

1.1.2.8 Ungewöhnliche oder persönliche Verhältnisse

▶ *§ 7 ImmoWertV Rn. 1 ff.*

a) Allgemeines

11 Neben dem **gewöhnlichen Geschäftsverkehr** fordert die Marktwertdefinition des § 194 BauGB, dass bei der Marktwertermittlung „ungewöhnliche oder persönliche Verhältnisse"

---

75 Hierzu die Glosse in GuG-aktuell 2000, 9.
76 Tegova, Anerkannte Europäische Standards für die Immobilienbewertung, 1. Aufl. 1997, S. 100.
77 Tegova, Anerkannte Europäische Standards für die Immobilienbewertung, 1. Aufl. 1997, S. 18 der 1. Aufl. London 1997 und auf S. 105 ff. der 2. Aufl. 2003.

unberücksichtigt bleiben müssen. § 7 Satz 1 ImmoWertV[78] gibt ergänzend vor, dass zur Wertermittlung nur Kaufpreise (Vergleichspreise) und andere Daten wie Mieten und Bewirtschaftungskosten heranzuziehen sind, bei denen angenommen werden kann, dass sie nicht durch ungewöhnliche oder persönliche Verhältnisse beeinflusst worden sind. Bei alledem ist im „gewöhnlichen Geschäftsverkehr" unter Ausschluss „ungewöhnlicher oder persönlicher Verhältnisse eine Tautologie erblickt worden"[79].

In der Rechtsprechung werden die **„ungewöhnlichen"** und die **„persönlichen" Verhältnisse** in aller Regel als **einheitliches Begriffspaar** verwandt. Eine Unterscheidung zwischen beiden Begriffen kann aber durchaus sinnvoll sein.

b) Ungewöhnliche Verhältnisse

Grundsätzlich bestimmen die im Einzelfall objektiv gegebenen Merkmale eines Grundstücks seinen Marktwert, auch wenn sie als „ungewöhnlich" zu bezeichnen sein mögen. Ungewöhnliche Verhältnisse in den Eigenschaften des Grundstücks müssen deshalb entgegen dem Wortlaut des § 194 BauGB berücksichtigt werden, denn es wäre mit dem gewöhnlichen Geschäftsverkehr unvereinbar, wenn z. B. ein ungewöhnlicher Grundstückszuschnitt, ein besonders problembehafteter Baugrund oder eine besondere rechtliche Belastung eines Grundstücks[80] als tatsächliche Eigenschaft des Grundstücks bei der Marktwertermittlung unberücksichtigt blieben. Mit der ImmoWertV hat der Verordnungsgeber klargestellt, dass *Rechte am Grundstück* zu berücksichtigen sind und nicht als ungewöhnliche Verhältnisse außer Betracht bleiben (§ 6 Abs. 2 ImmoWertV). Gleiches muss für sonstige ungewöhnliche Eigenschaften eines Grundstücks gelten. Auch besondere rechtliche Gegebenheiten stellen keine ungewöhnlichen Verhältnisse dar[81].

c) Persönliche Verhältnisse

Als persönliche Verhältnisse können persönliche Beziehungen zu einer Immobilie verstanden werden. Sie können aus tatsächlichen Gegebenheiten, aber vor allem aus rechtlichen Beziehungen resultieren. Insbesondere bei der **Marktwertermittlung von Rechten an Grundstücken** und grundstücksgleichen Rechten, die ihrer Natur nach darauf angelegt sind, die Beziehung zwischen zwei Rechtsinhabern zu regeln und oftmals besondere persönliche Vorteile zum Gegenstand haben.

– Die persönliche von der durchschnittlichen Lebenserwartung abweichende Lebenserwartung eines Wohn- oder Nießbrauchsberechtigten kann im gewöhnlichen Geschäftsverkehr preis- und damit wertbeeinflussend sein.

– Besteht z. B. ein **Vorkaufsrecht** an einem Grundstück, das zusammen mit dem Grundeigentum des Vorkaufsberechtigten dessen Wert erheblich erhöht (Arrondierungsvorteil; Vereinigungsvorteil), so ist es gerade eben diese persönliche Beziehung, die den Wert eines stets zu einer bestimmten Person prägenden Vorkaufsrechts bestimmt[82]. Der Vor-

---

78 Die Vorgängerregelung (§ 4 Abs. 3 WertV 72) hat in Anlehnung an § 194 BauGB darüber hinaus auch noch ausdrücklich die Verwendung von Kaufpreisen ausgeschlossen, die „nicht im gewöhnlichen Geschäftsverkehr" zustande gekommen sind. Der Verordnungsgeber hatte dies seinerzeit damit begründet, dass „beide Voraussetzungen ... vorliegen müssen".
79 So ausdrücklich BR-Drucks. 265/72, S. 9 ff.; zur Frage einer Tautologie Dieterich in Ernst/Zinkahn/Bielenberg/Krautzberger, BauGB, Komm. zu § 194 Rn. 39.
80 OLG Bremen, Urt. vom 11.1.1970 – UB 13/68a –, BRS Bd. 26 Nr. 98 = EzGuG 18.47; OLG Nürnberg, Urt. vom 24.9.1969 – 4 U 40/69 –, BRS Bd. 26 Nr. 122 = EzGuG 14.38, vgl. auch FWW 1970, 425; anders noch der BFH, Urt. vom 14.8.1953 – III 33/53 U –, BFHE 57, 733 = EzGuG 20.16a, der ein vom Üblichen abweichendes Mietverhältnis als „ungewöhnliche Verhältnisse" im Rahmen der Einheitsbewertung ansah.
81 Nach § 142 Abs. 1 BBauG 76, aus dem § 194 BauGB hervorgegangen ist, waren bei der Verkehrswertermittlung „besondere Vorschriften über die Berücksichtigung und Nichtberücksichtigung bestimmter Umstände" zu beachten (Reduktionsklausel). Diese seinerzeit mit dem BBauG 76 eingeführte Bestimmung sollte insbesondere den Gutachter an Regelungen i. S. der §§ 57 f., 93 ff. und § 153 ff. BauGB erinnern. In der Beschlussempfehlung des federführenden BT-Ausschusses wurde hierzu ausgeführt, dass der Hinweis nur deklaratorische Bedeutung habe, denn bei der Wertermittlung seien immer alle wertbeeinflussenden Umstände und damit auch die in § 194 BauGB ausdrücklich angesprochenen „rechtlichen Gegebenheiten" zu berücksichtigen (vgl. BT-Drucks. 7/4793, S. 53). Mit der Aufhebung dieser Bestimmungen gehen deshalb keine materiellen Änderungen einher.
82 BGH, Urt. vom 23.3.1976 – 5 StR 82/70 –, NJW 1977, 155 = EzGuG 14.54a.

kaufsberechtigte mag deshalb sogar einen hohen Preis für die Einräumung dieses Vorkaufsrechts entrichtet haben.
- Problematischer ist die **Marktwertermittlung von erbbaurechtsbelasteten Grundstücken**. Hier kann beobachtet werden, dass im gewöhnlichen Geschäftsverkehr höhere Preise regelmäßig dann erzielt werden, wenn das erbbaurechtsbelastete Grundstück an den Erbbauberechtigten veräußert wird. Im Falle des mit einem Erbbaurecht belasteten Grundstücks ist ein Eigentümer in aller Regel an dem Verkauf seines Grundstücks nämlich gar nicht interessiert. Wer ein Erbbaurecht an seinem Grundstück einräumt, will ja sein Eigentum längerfristig gerade nicht aufgeben und stattdessen sich des Erbbauzinses erfreuen, auch wenn dieser nicht dem „vollen" Grundstückswert entsprechen mag. Wenn er also schon mit der Bestellung des Erbbaurechts auf die Realisierung des vollen Marktwerts mit der Absicht verzichtet, dass ihm wieder das „Volleigentum" nach Ablauf des Erbbaurechts zufällt, so erscheint es durchaus verständlich, dass er im Falle des Verkaufs des erbbaurechtbelasteten Grundstücks den höheren (i. d. R. nur vom Erbbauberechtigten erzielbaren) Verkaufserlös erwartet. Von daher kann durchaus von einem gewöhnlichen Geschäftsverkehr gesprochen werden, wenn der Marktwert aus den ohnehin nur zur Verfügung stehenden deutlich höheren Preisen ermittelt wird, die allein die Erbbauberechtigten (und nicht Dritte) in aller Regel zu zahlen bereit sind. Ungewöhnlich ist in solchen Fällen dagegen der Verkauf des Erbbaurechts an Dritte. Dieser Grundstücksteilmarkt ist sogar dominierend im Grundstücksverkehr mit erbbaurechtsbelasteten Grundstücken.

In derartigen Fällen ist die Berücksichtigung der hieraus resultierenden persönlichen Beziehungen rational verständlich und geradezu **charakteristisch für den gewöhnlichen Geschäftsverkehr**. Der gewöhnliche Geschäftsverkehr, so er überhaupt bei dieser Konstellation besteht, „schrumpft" in solchen Fällen auf einen bipolaren Teilmarkt zusammen.

d) Zusammenfassung

Nach den vorstehenden Ausführungen sind als *„ungewöhnliche oder persönliche* Verhältnisse", die nicht dem gewöhnlichen Geschäftsverkehr zuzurechnen sind, vornehmlich besondere Kaufpreisvereinbarung zu verstehen, die von den üblichen Kaufpreisvereinbarungen abweichen. Diese können aus sittenwidrigen Rechtsgeschäften (§ 138 BGB) resultieren, nämlich der „Ausbeutung einer Zwangslage, Unerfahrenheit, Mangel an Urteilsvermögen, erheblichen Willensschwäche" oder schlichtweg aus einer Situation, bei der die **Vertragsparteien oder eine der Vertragsparteien unter Zwang, aus Not oder unter besonderer Rücksichtnahme gehandelt haben**. Derartige Umstände müssen also bei der Marktwertermittlung unberücksichtigt bleiben (vgl. § 7 ImmoWertV Rn. 1 ff.).

1.1.2.9 Teilmarkttheorie

Schrifttum: *Schwarz, E.,* Teilmarktproblematik im Rahmen der Grundstückswertermittlung, GuG 2003, 100.

▶ *Vgl. § 194 BauGB Rn. 16, 219; § 8 ImmoWertV Rn. 92 ff.*

a) Allgemeines

12 Wie vorstehend bereits angesprochen, kann sich auch aus der örtlichen Situation ein besonderes Interesse an dem Erwerb eines bestimmten Grundstücks, Grundstücksteils oder eines Rechts an einem Grundstück ergeben. Die besondere Interessenlage kann einen erheblich höheren Kaufpreis rechtfertigen, als er von Dritten erzielt werden könnte. Aus der Sicht dieses Erwerbers liegen jedenfalls keinesfalls spekulative Gründe für die Preiszugeständnisse vor; für ihn stellen die höheren Preise den gewöhnlichen Geschäftsverkehr dar.

The Appraisal of Real Estate, Chicago[83] stellt neben dem allgemeinen Grundstücksmarkt im vorstehenden Sinne als weitere **Teilmärkte** heraus:

---

[83] The Appraisal of Real Estate, 12. Aufl. Chicago 2001: USPAP – Uniform Standards of Professional Practice; Appraisal Institute, S. 25.

a) Limited-market property: A property that has relatively few potential buyers at a particular time.

b) Special-purpose property: A limited-market property with a unique physical design, special construction materials or a layout that restricts its utility to the use for which it was built; also called special-design property.

In dem nachfolgenden *Beispiel* der Abb. 3 soll für den Eigentümer des Grundstücks A die Möglichkeit bestehen, sein Grundstück, das mangels Erschließung als Rohbauland einzustufen wäre, durch Zukauf des Flurstücks 14/2 vom Eigentümer B baureif zu machen. Durch den Zukauf erhöhe sich der Marktwert seines Grundstücks in den derzeitigen Grenzen (Rohbauland) um 200 €/m², d. h. um 200 000 €. In solchen Fällen müsse man schon vom **ungewöhnlichen Geschäftsverkehr** sprechen, wenn der Eigentümer B beim Verkauf des Flurstücks 14/2 an diesem Wertsprung nicht partizipieren wollte.

Abb. 3:   Lageplan

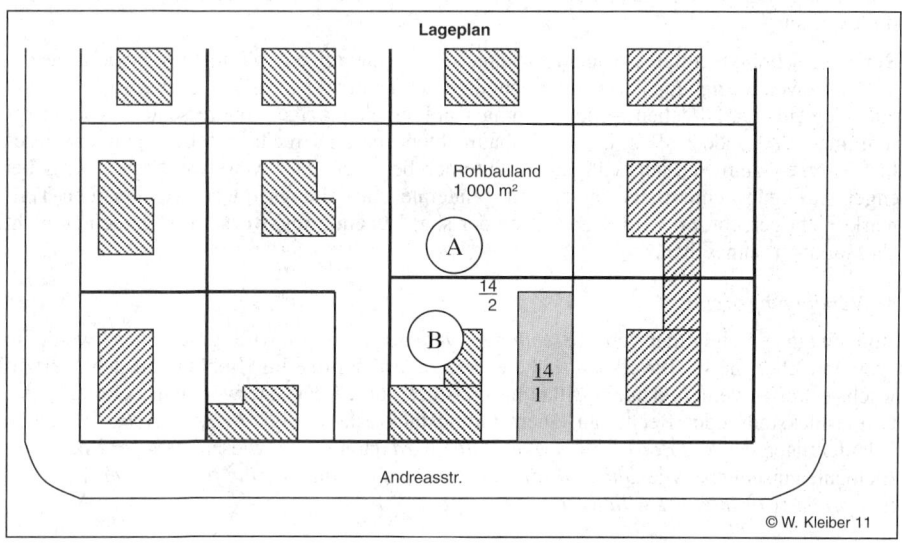

Im Rahmen einer objektiven Wertlehre lässt sich die Wertermittlung nicht von den jeweiligen Entscheidungsträgern abstrahieren. Diese müssen vielmehr explizit Berücksichtigung finden, wobei **subjektiv rationales Verhalten** unterstellt wird (sog. gerundive Wertermittlung)[84]. In diesem Sinne müssen nach § 2 Abs. 3 des österreichischen Bundesgesetzes über die gerichtliche Bewertung von Liegenschaften bei der Marktwertermittlung zwar „die besondere Vorliebe und andere ideelle Wertzumessungen einzelner Personen" (**Affektionswerte**) außer Betracht bleiben. Nach der Begründung zu dieser Vorschrift gilt dies jedoch nur für „besondere insbesondere ideelle Wertzumessungen", während subjektive Wertzumessungen einzelner Personen dann jedoch in die Verkehrswertermittlung eingehen, wenn sie für wirtschaftliche Gegebenheiten berücksichtigt werden sollen[85]. Als Beispiel für solche wirtschaftlichen Gegebenheiten wird der Fall genannt, dass die Sache für einen bestimmten Interessenten deshalb von besonderem vermögensrechtlichen Interesse ist, weil er sie zu seinem wirtschaftlichen Vorteil besonders günstig in sein sonstiges Vermögen einfügen könnte[86]. Dies wiederum sind die vorstehend diskutierten Fallgestaltungen. Im Übrigen wird mit Recht

---

[84] Wöhe, Einführung in die allgemeine Betriebswirtschaftslehre, München; Engels, W., Betriebswirtschaftliche Bewertungslehre im Lichte der Entscheidungstheorie, Beiträge zur betriebswirtschaftlichen Forschung; Hrsg. Gutenberg u. a., Köln und Opladen 1962; Spiller, K., Der betriebswirtschaftliche Wert, Diss. Hamburg 1962; Metz, Entscheidungsorientierte Wertermittlung von Grundstücken, Diss. Berlin 1979.
[85] Beilage zu den StenProt des Nationalrats XVIII GP 333, abgedruckt am 7.1.1992, Erläuterungen zu § 2.
[86] Spielbüchler in Rummel ABGB Rn. 2 ff. zu § 305.

in der Begründung darauf hingewiesen, dass eine allgemeine, im affektiven (ideellen) Bereich begründete Bereitschaft zur Leistung eines höheren Preises bei der Ermittlung des Marktwerts „in Anschlag zu bringen" ist.

Dass sich der gewöhnliche Geschäftsverkehr auf einen kleinen Kreis von Interessenten (**eingeschränkter Interessentenkreis**) verengen kann, ist in der Rechtsprechung seit jeher anerkannt (vgl. § 7 ImmoWertV Rn. 21 Nr. 10 sowie die Rechtsprechung zum Kostenrecht). So hat das LG Potsdam erkannt, dass eine **Verengung des Grundstücksmarktes auf wenige Interessenten durchaus dem gewöhnlichen Geschäftsverkehr zuzurechnen** sei, wenn kein Abschlusszwang bestehe[87]. Es gibt auch nach der Rechtsprechung des BGH keinen Erfahrungssatz des Inhalts, dass selbst die unter dem Druck einer Enteignung ausgehandelten Preise „unangemessen" seien[88]. Dass selbst bei bestehenden Enteignungsmöglichkeiten das Marktgeschehen durch überhöhte Preise gekennzeichnet ist, mag auf ein unzweckmäßig geregeltes Enteignungsverfahren zurückzuführen sein. Gleichwohl kann es in Zeiten steigender Baukosten sinnvoll sein, solche Preise zur Vermeidung von Verzögerungen hinzunehmen[89]. Bei alledem kann in der Praxis zunehmend eine Hinwendung zu der Teilmarkttheorie festgestellt werden.

Der eingeschränkte Interessentenkreis kann sich sogar auf ein **bilaterales Beziehungsgeflecht** („Zweierbeziehung") **verengen**, bei dem der Teilmarkt – wie der „Grundstücksmarkt" von Gemeinbedarfsflächen – praktisch nur auf einen einzigen Interessenten zusammenschrumpft und anders als z. B. bei Erbbaurechten keinerlei rechtliche Beziehungen dieses Interessenten zum verkaufswilligen Eigentümer bestehen. Der Marktwertbegriff wird bei enger Auslegung einem sich bis auf ein bilaterales Beziehungsgeflecht verengenden Teilmarkt nicht gerecht. So wird derzeit auch der sog. **Vereinigungswert** im Allgemeinen nicht als Marktwert angesehen.

b) Vereinigungswert

Von einem Vereinigungswert (*assemblage: marriage value*) wird gesprochen, wenn im „gewöhnlichen Geschäftsverkehr" höhere Preiszugeständnisse im Hinblick auf den Wertzuwachs erwartet werden, den ein „Stammgrundstück" durch den Zuerwerb eines Grundstücks, Grundstücksteils oder Rechts an einem Grundstück erfährt (vgl. *Beispiel Abb. 4*). In den Erläuterungen des *Red Book* zum *Market Value wird* darauf hingewiesen, dass der Marktwert Elemente einschließe, wie „*the realisation of ‚marriage value' arising from merger with another property or interests within the same property*"[90].

---

[87] LG Potsdam, Urt. vom 21.8.1997 – 7 S 276/96 –, GuG-aktuell 1997, 38 = EzGuG 19.45.
[88] BGH, Urt. vom 28.4.1966 – III ZR 24/65 –, WM 1966, 794 = EzGuG 19.9; BGH, Urt. vom 12.10.1970 – III ZR 117/67 –, BRS Bd. 26 Nr. 83 = BauR 1971, 47 = EzGuG 6.128; BGH, Urt. vom 1.7.1982 – III ZR 10/81 –, BRS Bd. 45 Nr. 147 = NJW 1982, 2491 = EzGuG 4.86; BGH, Urt. vom 23.5.1985 – III ZR 10/84 –, BGHZ 95, 1 = EzGuG 6.228; BGH, Urt. vom 20.4.1989 – III ZR 237/87 –, BRS Bd. 53 Nr. 129 = EzGuG 18.110a; anders LG Koblenz, Urt. vom 1.10.1979 – 4 O 11/79 –, EzGuG 19.35b; vgl. auch BRDrucks. 205/72 zu § 4 Abs. 3c.
[89] Salzwedel in Erichsen (Hrsg.), Allgemeines Verwaltungsrecht, 10. Aufl. 1995, § 49 Rn. 31; OLG Frankfurt am Main, Urt. vom 20.3.1980 – 1 U 198/77 –, BRS Bd. 45 Nr. 116 = EzGuG 19.35c.
[90] Red Book Teil I Ziff. 3.3; in der Enteignungsrechtsprechung englischer Gerichte ist die Partizpation bestätigt worden: 1961 Stokes v Cambridge Corporation, 30 %–33 %; 1988 Ozanne v Hertfordshire County Council (Lands Tribunal Decision – 1st Court level) 50 % for ransom, the whole of the ransom was apportioned amongst the multiple owners; 1989 Batchelor v Kent County Council (Lands Tribunal Decision) 15 % was the ransom amount appropriate to the owner, as there was a possible alternative access; 1991 Ozanne v Hertfordshire County Council (Lands Tribunal Decision November 1991 House of Lords); 1991 Batchelor v Kent County Council (Lands Tribunal Remission October 1991 – Court of Appeal 1990 & 1992); 1997 Crown House Developments v Chester City Council (Lands Tribunal Decision 1996) 30 % ransom following from Stokes; 2004 Snook v Somerset Council (Lands Tribunal Decision 2004) 50 % for ransom.

Abb. 4: Lageplan

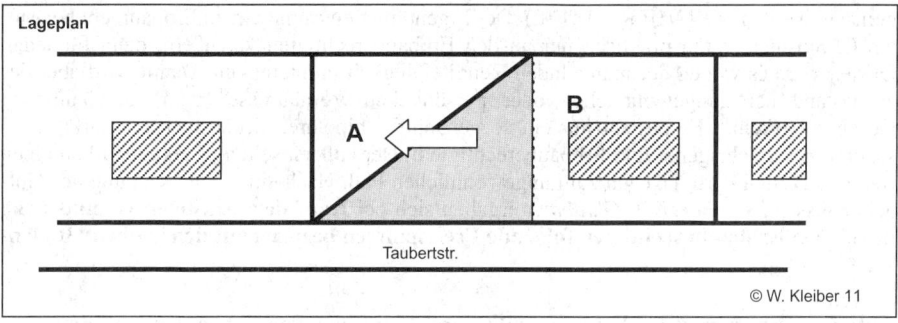

© W. Kleiber 11

Die in dem *Beispiel* hervorgehobene Teilfläche des Grundstücks B weist eine besondere Lagegunst in Bezug auf den Eigentümer A auf, dessen Grundstück mit dem Erwerb des Grundstücks baureif wird. Der **Vereinigungswert** des Grundstücks würde mit dem Zukauf der Teilfläche erheblich über das ansteigen, was sich auf der Grundlage eines Erwerbspreises der Teilfläche zu dem üblichen Bodenwert für die unbebaubare Teilfläche ergäbe. Mit der Vereinigung werden nämlich die Fläche A und B zugleich von einer Rohbaulandqualität in die Qualität des baureifen Landes hineinwachsen. In der Praxis ist es deshalb durchaus üblich, den Wertzuwachs als Verhandlungsbasis für eine Aufteilung des Zugewinns seitens des Verkäufers ins Feld zu führen. Die ansonsten – zumindest baulich – nicht selbstständig nutzbare Fläche des Grundstücks B hat insoweit für den Eigentümer des Grundstücks keinen gegenüber seiner Hauptfläche geminderten Wert, sondern sogar einen höheren Wert. Dass für solche Teilflächen üblicherweise auch höhere Preise erzielt werden, zeigt die Praxis. Würde diese Fläche „nur" zu dem Preis an den Eigentümer des Grundstücks A zum Verkauf gelangen, der dem üblichen Preis für unbebaubare Teilflächen entspricht, müsste auch ein erhebliches Abweichen von den üblichen Kaufpreisen i. S. des § 7 Satz 2 ImmoWertV konstatiert werden, denn in derartigen Fällen kommt es regelmäßig nur zum Verkauf an die jeweiligen Nachbarn, und die sind im Hinblick auf den Wertzuwachs des Gesamtgrundstücks regelmäßig zu höheren Preiszugeständnissen bereit. Umgekehrt müsste man es auch als ungewöhnlichen Geschäftsverkehr bezeichnen, wenn sich der Eigentümer A diesem Begehren verweigert und auf eine Realisierung des Vereinigungswerts verzichtete.

Dem kann auch nicht entgegengehalten werden, dass am Wertermittlungsstichtag der Eigentümer des Grundstücks A erklärtermaßen gar nicht zum Kauf bereit wäre und der Eigentümer des Grundstücks B auf das angewiesen wäre, was ein Dritter ohne den besonderen Vorteil für das Grundstück A zu bezahlen bereit wäre. Zum einen ist der gewöhnliche Geschäftsverkehr für solche Teilflächen durch einen langen Atem des Grundstückseigentümers A gekennzeichnet, denn er wird bereit sein, auf seine Chance zu warten, zumal ein Dritter in einem solchen Fall allenfalls nur einen besonders niedrigen Preis zu zahlen bereit wäre, wenn eine Weiterveräußerung an A gänzlich ausgeschlossen wäre. Zum anderen ist es aber auch nicht ausgeschlossen, dass ein Dritter eine solche Teilfläche ankauft, um dann zu gegebener Zeit einen Teil des Vereinigungswerts gegenüber dem Eigentümer A zu „realisieren".

Wie und nach welchen Grundsätzen der aus dem Vereinigungswert resultierende Wertzuwachs in den Teilflächenwert einfließt, ist häufig das Ergebnis des **Verhandlungsgeschicks der Beteiligten** und stellt ein dunkles Kapitel der Wertermittlungslehre dar. In der Vergangenheit sind solche Fälle vornehmlich aber möglicherweise allzu unbedacht a priori als „ungewöhnliche oder persönliche Verhältnisse" abgehandelt worden; ihre Berücksichtigung wurde mit diesem Argument verworfen. Gleichwohl muss man aber in Anbetracht des Geschehens auf dem Grundstücksmarkt hier fragen, ob sich die Verkehrswertlehre für das tatsächliche Geschehen auf dem Grundstücksmarkt nicht als zu starr erwiesen hat.

IV ImmoWertV — Persönliche Verhältnisse

Von einem Vereinigungswert kann auch gesprochen werden, wenn bei dem Erwerb von Erbbaugrundstücken durch den Erbbauberechtigten höhere Preiszugeständnisse als von Dritten gemacht werden (Teil VIII Rn. 141 ff.). Der Eigentümer eines mit einem Erbbaurecht belasteten Grundstücks kann praktisch nur an den Erbbauberechtigten veräußern, denn für jeden Dritten wäre es wegen der mangelnden Renditefähigkeit uninteressant. Damit wird aber der Tatbestand der „ungewöhnlichen oder persönlichen Verhältnisse" zum „gewöhnlichen Geschäftsverkehr". Es besteht nur ein so genannter „bipolarer Grundstücksteilmarkt" zwischen Erbbaurechtsgeber und Erbbauberechtigtem. Der äußerst seltene Verkaufsfall an einen fremden Dritten wird dagegen zum ungewöhnlichen Fall. Nach einer Untersuchung des Gutachterausschusses *Bergisch Gladbach* ergaben sich bei **Kauf der belasteten Grundstücke durch den Erbbauberechtigten folgende Preisspannen bezogen auf den „vollen" Bodenwert.**

Abb. 5: Kaufpreise für Erbbaurechtsgrundstücke, die vom Erbbauberechtigten erworben wurden

Bebauung	Kauffälle	Spanne (Bodenwert = 100 %)	Mittelwert (Bodenwert = 100 %)
Eigenheime	69	50 % – 91 %	70 %
Geschäftshäuser, Gewerbe	10	85 % – 120 %	102 %
Die Untersuchung stützt sich auf 75 Kauffälle, in denen der Erbbauberechtigte 10 bis 40 Jahre nach der Bestellung des Erbbaurechts den Grund und Boden erworben hat (Laufzeit der Erbbaurechts 99 Jahre).			

Quelle: Grundstücksmarktbericht 2013

Aus dieser Aufstellung wird ersichtlich, dass bei den Eigenheimen immerhin zwischen 50 % und 91 % im Mittel 70 % des Bodenwerts von dem Erbbauberechtigten gezahlt werden. Bei Geschäftshäusern und im gewerblichen Bereich wird annähernd z. T. sogar ein höherer Bodenwert akzeptiert. Das mag daran liegen, dass bei den Wohn- und Geschäftshäusern im Gegensatz zum Eigenheim eine höhere Rendite erwirtschaftet wird. Im Übrigen decken sich diese Abschläge mit Erfahrungen von Kommunalen Einrichtungen, Stiftungen und Genossenschaften, die Erbbaurechtsgrundstücke vermarkten[91], wobei die Abschläge z. T. von verschiedenen Parametern abhängig sind.

c) *Bodenschätze*

▶ *§ 5 ImmoWertV Rn. 342 ff.*

Von einem Vereinigungswert kann auch im Falle des **Grunderwerbs von Grundstücken mit bergfreien Bodenschätzen** in den neuen Bundesländern gesprochen werden. Die Grundstücke wurden von den Bergwerkseigentümern zu deutlich höheren Preisen erworben, als sie sonst für land- oder forstwirtschaftliche Flächen erzielt werden konnten. Der Rechtsprechung der Theorie von einem spezifischen Teilmarkt (**Teilmarkttheorie**) ist mit der Begründung widersprochen worden, dass hier aus ökonomischen Zwängen kein freier Markt entstehe und die überhöhten Preise nur zur Vermeidung zeitaufwendiger Erwerbsverhandlungen hingenommen würden[92]. Dem kann nicht gefolgt werden, zumal auch der BGH dem in Bezug auf

---

[91] Stadt Wolfsburg bis zu 30 %, Land Baden-Württemberg seit 2005 pauschal 20 %, (Drucksache 14/420 vom 11.10.2006), Land Berlin rd. 10 % bei sehr wenigen Verkäufen, sodass davon ausgegangen werden muss, dass bei 10 % Abschlag der Anreiz zu erwerben zu gering ist (Pressemitteilung Dez. 2003 Liegenschaftsfonds Berlin).
[92] LG Neuruppin, Urt. vom 9.4.1997 – 1a O 658/96 –, ZfB 1998, 74 = EzGuG 4.167 (nicht rechtskräftig); hierzu Gutbrod/Töpfer, Praxis des Bergrechts, RWS Köln 1996, S. 512; Aust/Jacobs/Pasternak, Die Enteignungsentschädigung 5. Aufl. 2002 Rn. 497 ff. und 705 f.

den Teilmarkt für Flächen über bergfreien Bodenschätzen ohne nähere Auseinandersetzung entgegengetreten ist[93].

d) Schikanierzwickel

▶ *Syst. Darst. des Vergleichswertverfahrens Rn. 304, 312 ff.*

Auch bei dem Erwerb sog. „Schikanierzwickel" werden dem „schikanierenden" Grundstückseigentümer in aller Regel deutlich höhere Kaufpreiszugeständnisse gemacht, jedoch wäre es abwegig, diesbezüglich vom gewöhnlichen Geschäftsverkehr zu sprechen. Die „harmlosere" Form des Schikanierzwickels sind **Arrondierungsflächen**, unter denen gemeinhin selbstständig nicht bebaubare Teilflächen verstanden werden, die zusammen mit einem angrenzenden Grundstück dessen bauliche Ausnutzbarkeit erhöhen oder einen ungünstigen Grenzverlauf verbessern. Hier besteht bei der Interpretation des gewöhnlichen Geschäftsverkehrs eine Grauzone.

1.2 Marktwertermittlung (Verkehrswertermittlung)

1.2.1 Marktwertspanne

▶ *Syst. Darst. zum Vergleichswertverfahren Rn. 87*

Aufgrund der Vielzahl unbestimmter Rechtsbegriffe, die die Definition des Marktwerts kennzeichnen, kann es nicht wundernehmen, dass der **Marktwert** trotz der detaillierten Verfahrensvorschriften der ImmoWertV **keine mathematisch exakt ermittelbare Größe**[94] ist. Voneinander unabhängige Gutachter gelangen selbst bei Anwendung gleicher Grundsätze für ein und dasselbe Wertermittlungsobjekt regelmäßig zu voneinander divergierenden Marktwerten[95] (sog. „Unmöglichkeit exakter Wertermittlungen"). Diese Situation kommt auch in nachstehender sicherlich nicht ganz ernst gemeinten Definition des Marktwerts zum Ausdruck: „Da es den Wert des Objektes nicht gibt, bedarf es einer ganzen Reihe von Denkmanipulationen, um einen theoretischen Wert zu ermitteln, den wir dann vor Freude, ihn gefunden zu haben, Verkehrswert nennen"[96]: „Wertermittlung eine rechnerische Verschleierung der Unsicherheit" (Engels 1962)? Eine ebenfalls nicht ernst gemeinte Auffassung definiert als Verkehrswert den Preis, den ein hoch interessierter Käufer nach langem Zaudern „mit schmerzverzerrtem Gesicht" noch akzeptiert.

13

Keine Marktwertermittlung kann für sich in Anspruch nehmen, dass sie mit absoluter Gewissheit zum „richtigen" Marktwert (Verkehrswert) führt. Es kann stets nur darum gehen, den Marktwert so genau wie möglich unter Ausschöpfung aller zugänglicher Marktindikatoren zu ermitteln[97]. Um subjektive Einschätzungen eines einzelnen Gutachters möglichst auszuschalten, wurden die **Gutachterausschüsse für Grundstückswerte mit** dem BauGB **als Kollegi-**

---

93 BGH, Beschl. vom 19.12.2002 – III ZR 41/02 –, NJW-RR 2003, 374 = EzGuG 4.186.
94 Erichsen in VerwArch. III 23, S. 337; Vogel in DStZ A 1979, 28.
95 BGH, Urt. vom 22.1.1959 – III ZR 186/57 –, WM 1959, 408 = EzGuG 6.38; BGH, Urt. vom 9.11.1959 – III ZR 148/58 –, BGHZ 32, 1 = EzGuG 14.12; BGH, Urt. vom 13.12.1962 – III ZR 97/61 –, MDR 1963, 569 = EzGuG 14.15; BGH, Urt. vom 23.11.1962 – V ZR 259/60 –, MDR 1963, 396; BGH, Urt. vom 20.12.1963 – III ZR 112/63 –, BGHZ 40, 312 = BRS Bd. 19 Nr. 138 = EzGuG 14.18; BGH, Urt. vom 20.12.1963 – III ZR 60/63 –, BGHZ 40, 312 = EzGuG 14.17; BGH, Urt. vom 31.3.1977 – III ZR 10/75 –, BRS Bd. 34 Nr. 160 = EzGuG 14.56; BGH, Urt. vom 25.6.1964 – III ZR 111/61 –, BRS Bd. 19 Nr. 128 = WM 1964, 1099 = EzGuG 20.37; BGH, Urt. vom 2.7.1968 – V BLw 10/68 –, WM 1968, 943 = BGHZ 50, 297 = EzGuG 19.14; BGH, Urt. vom 4.3.1982 – III ZR 156/80 –, BRS Bd. 45 Nr. 18 = EzGuG 11.127; BGH, Urt. vom 18.10.1984 – III ZR 116/83 –, AVN 1985, 175 = EzGuG 15.34; BGH, Urt. vom 1.2.1982 – III ZR 93/80 –, BGHZ 83, 61 = EzGuG 14.69; BGH, Urt. vom 1.2.1982 – III ZR 100/80 –, WM 1982, 545 = BRS Bd. 45 Nr. 67 = EzGuG 14.70; BGH, Urt. vom 8.2.1965 – III ZR 174/63 –, WM 1965, 460 = EzGuG 14.22; BVerwG, Urt. vom 24.11.1978 – 4 C 56/78 –, BVerwGE 57, 88 = EzGuG 15.9.
96 OLG Saarbrücken, Urt. vom 13.7.1971 – 2 U 127/70 –, NJW 1972, 55 = EzGuG 11.80 unter Berufung auf BGH.
97 LG Berlin, Urt. vom 13.1.2004 – 9 O 42/02 –, GuG 2004, 185 = EzGuG 10.24.

IV ImmoWertV — Marktwertspanne

alorgane ausgestaltet; der **selbstständig tätige Sachverständige ist dagegen** i. d. R. „**Einzelkämpfer**".

Dass die **Ermittlung von Marktwerten** (Verkehrswerten) **letztlich stets eine Schätzung**[98] bleibt, hat der Gesetzgeber gesehen und gewissermaßen billigend in Kauf genommen, sei es, dass es um die Ermittlung von Enteignungsentschädigungen oder von Ausgleichsbeträgen oder um die Begutachtung von Grundstücken im privaten Bereich geht[99]. Auch wenn der Marktwert keine mathematisch exakt ermittelbare Größe sein kann, ist es im Wirtschafts- und Rechtsleben unumgänglich, **Entscheidungen auf der Grundlage eines** „spitz" ermittelten **Marktwerts** (Verkehrswerts) zu treffen. Irgendwie geartete Marktwert*spannen* wären für den Grundstücksverkehr gemeinhin völlig unbrauchbar. Auch bei der Bemessung von Enteignungsentschädigungen kann man sich im Übrigen letztlich nur auf einen bestimmten Wert und nicht auf Wertspannen einigen. § 194 BauGB definiert deshalb den Marktwert (Verkehrswert) als einen bestimmten Preis und nicht als Preisspanne.

Dem vielfach gebrauchten Begriff der **Wertschätzung** bzw. **Schätzung** von Grundstückswerten, unter Einbeziehung von Wahrscheinlichkeitsableitungen und unter Einkalkulierung und Abwägung der Möglichkeiten bis hin zur Berufung auf Erfahrungssätze, kann sogar vielfach eine größere Realitätsnähe als dem Begriff der „Wertermittlung" beigemessen werden. Mit diesem Begriff werden oftmals unerfüllbare Erwartungen geweckt. Im bürgerlichen Recht hat der Begriff der Schätzung wohlbedacht seinen Platz gefunden[100]; Begriffe, wie „Schätzwert" oder *„Schätzungswert"* (§ 1048 Abs. 2; §§ 501 und 2312 Abs. 1 Satz 2 BGB), haben dabei allerdings keine eigentliche materielle Bedeutung, sondern sind von methodischer Natur. Eine Schätzung kann erforderlich sein, „wenn die individuelle Ermittlung des Werts eines einzelnen Bewertungsobjekts unmöglich oder nur mit einem unvertretbaren Zeit- und Kostenaufwand möglich ist[101]."

Die Schätzung stellt ihrer Natur eine Art Beweiswürdigung dar, wobei auch dafür zu fordern ist, dass zuvor der Sachverhalt vollständig aufgeklärt worden ist und die Schätzung in sich schlüssig sein muss (vgl. Rn. 14)[102].

In jedem Fall muss es bei der **Ermittlung des Marktwerts** (Verkehrswerts) u**m die Ableitung eines „spitz"** – wenngleich abgerundeten **abgeleiteten Werts** („Punktwert") – **und nicht etwa um die Ermittlung einer Marktwert***spanne* **gehen**, die im Übrigen ebenfalls mit Unsicherheiten behaftet wäre. Hieran muss schon aus rechtspolitischen Gründen festgehalten werden, auch wenn mehrere Gutachter bei der Ermittlung des Marktwerts (Verkehrswerts) für ein und dasselbe Grundstück zu unterschiedlichen Ergebnissen kommen und Abweichungen in der Rechtsprechung in Kauf genommen werden. Im Streitfalle muss nolens volens das als Verkehrswert angesehen werden, was letztinstanzlich Bestand hat und die größte Gewähr für Richtigkeit bietet. Der nach den Grundsätzen der ImmoWertV bei angemessener Berücksichtigung aller wertbeeinflussender Umstände „geschätzte" Marktwert findet in der Wirtschaft und im Rechtsleben breite Anerkennung. Er ist insbesondere nach § 95 Abs. 1 BauGB Grundlage für die Bemessung der Enteignungsentschädigung. Wie dort muss sich auch die Ermittlung des Ausgleichsbetrags auf den nach den anerkannten Grundsätzen der ImmoWertV ermittelten Marktwert stützen.

Probleme können bei alledem auftreten, wenn es im Grundstücksverkehr **preisprüfungsrechtliche Vorschriften** wie z. B. § 153 Abs. 2 BauGB zu beachten gilt. Nach dieser Vor-

---

98 Haas, Rechtsfragen der Bodenwertermittlung und Entschädigung, ISW München; Städtebauliche Beträge 1967, Heft 1, S. 224; zu dieser Problematik auch Schmidt-Eichstaedt in DÖV 1978, 130; Gaentzsch, Die Bodenwertabschöpfung im StBauFG, Siegburg 1975, S. 152; Engelken in NJW 1977, 413; Niehans, J., Die Preisbildung bei unsicheren Erwartungen, SZVS 1948, 433; Wittmann, Der Wertbegriff in der Betriebswirtschaftslehre, Köln 1956, S. 84.
99 BVerwG, Urt. vom 24.11.1978 – 4 C 56/76 –, BVerwGE 57, 87 = EzGuG 15.9; vgl. auch zur Kostenermittlung im Erschließungsbeitragsrecht BVerwG, Urt. vom 16.8.1985 – 8 C 120-122/83 –, NJW 1986, 1122 = EzGuG 9.59.
100 Nach § 738 Abs. 2 BGB ist der Wert des Gesellschaftsvermögens „im Wege der Schätzung zu ermitteln". Des Weiteren § 287 und § 587 ZPO; im Steuerrecht: § 217 AO.
101 Adler/Düring/Schmaltz, Rechnungslegung und Prüfung der Unternehmen, 6. Aufl. Stuttgart 1998 Rn. 57 zu § 252 HGB.
102 Im römischen Recht gilt die Formel: Ex sententia animi tui te aestimare oportere, quid aut credas aut parum probatum ibi opinaeis.

schrift ist in Sanierungsgebieten und städtebaulichen Entwicklungsbereichen die Genehmigung der Veräußerung eines Grundstücks nach den §§ 144 f. BauGB zu versagen, wenn der vereinbarte Kaufpreis den sanierungs- bzw. entwicklungsunbeeinflussten Grundstückswert übersteigt. Die Besonderheit, die es bei der Preisprüfung zu berücksichtigen gilt, besteht darin, dass es im Geschäftsverkehr weder dem Erwerber noch dem Veräußerer angesichts der bestehenden Unsicherheiten bei der Verkehrswertermittlung zugemutet werden kann, sich an den „spitz" ermittelten Marktwert heranzutasten oder von vornherein „**Sicherheitsabschläge**" in Kauf zu nehmen, damit der Kaufpreis genehmigungsfähig ist.

Das BVerwG[103] hat in Bezug auf den **sanierungsunbeeinflussten Grundstückswert** i. S. des § 153 Abs. 1 BauGB ausgeführt, dass der Wert – mehr oder weniger – ungewiss sei und sich nicht einfach „ausrechnen" oder seiner Höhe nach einer Tabelle entnehmen lasse, sondern aus einem Ermittlungsverfahren hervorgehe, das zumindest praktisch vielfältige Gelegenheit bietet, so oder anders vorzugehen.

Im Anschluss an die Rechtsprechung des BVerwG hat das OVG Lüneburg[104] festgestellt, dass es der Gemeinde bei der Ermittlung des Ausgleichsbetrags nicht verwehrt sein könne, „die **mit der Ermittlung des Verkehrswerts notwendig verbundenen Ungewissheiten** durch eine vorsichtige, an die untere Grenze des Vertretbaren heranreichende Veranschlagung aufzufangen". Rechtlich und rechtspolitisch bedenklich wäre aber, wenn hieraus ein Rechtsanspruch des Ausgleichsbetragspflichtigen abgeleitet wird. In einer Entscheidung des VG Münster[105] wird unter Bezugnahme auf die o. a. Rechtsprechung des BVerwG ausgeführt: „Die Entscheidung des Gesetzgebers für die sog. ‚Wertlösung' ist angesichts der dargestellten Bewertungsunsicherheiten nur hinnehmbar, wenn die – mathematischen nun einmal nicht ‚auszurechnenden' – Bewertungsgesichtspunkte so angesetzt werden, dass Unsicherheiten nicht zu Lasten des Abgabepflichtigen ausschlagen. Die im vorliegenden Fall nach den vorstehenden Erörterungen sowohl hinsichtlich des Endwerts als auch mit Bezug auf den Anfangswert bestehenden Unsicherheiten bewertet die Kammer in Anwendung der ihr zustehenden Schätzungsbefugnis gemäß § 287 ZPO auf 20 v. H. der sich nach den zonalen Grundwerten ergebenden Differenz. Damit ist den im Einzelnen dargelegten Unsicherheiten der Verkehrswertermittlung in erforderlichem – aber auch ausreichendem – Maße Rechnung getragen"[106].

Dieser Auffassung kann nicht beigetreten werden; auch die Bemessung der Enteignungsentschädigung nach dem Verkehrswert gemäß § 95 Abs. 1 BauGB stellt im gleichartigen Sinne eine Wertlösung dar. Die vorstehenden Überlegungen müssten mit dieser Begründung dazu führen, dass auch bei der Bemessung der Enteignungsentschädigung Bewertungsunsicherheiten nicht zu Lasten des Enteigneten ausschlagen, d. h. bestehende Unsicherheiten müssten bei der Bemessung der Enteignungsentschädigung durch entsprechende Zuschläge berücksichtigt werden. Im Ergebnis würde das zu einer Aufweichung des auf das Marktwertprinzip aufbauenden boden-, enteignungs- und ausgleichsrechtlichen Systems des Städtebaurechts führen. Wertermittlungstechnisch wäre die Frage aufgeworfen, welche Unsicherheitsmarge mit welcher statistischen Genauigkeit (Konvergenzintervall) z. B. bei der Enteignungsentschädigung zusätzlich zu berücksichtigen ist. In der höchstrichterlichen Rechtsprechung zur Enteignungsentschädigung ist dies bislang nicht gefordert worden. Als **Marktwert** (Verkehrswert) **ist hier der „volle Wert"**[107] oder der „wahre" bzw. „innere" Wert (vgl. Rspr. des BGH im Zusammenhang mit Auseinandersetzungen zum Zugewinnausgleich) maßgebend; an diesem muss sich auch das „angemessene Angebot" nach § 87 Abs. 2 Satz 1 BauGB orientieren[108].

Was bei der Enteignung als Bemessungsgrundlage der **Entschädigung für das „Genommene"** verfassungsrechtliche Anerkennung gefunden hat, muss verfassungsrechtlich auch als Bemessungsgrundlage zum Ausgleich für die durch gemeindliche Sanierungsmaßnahmen

---

103 Kremers in BlGBW 1969, 129, und Hintzsche in BlGBW 1969, 233.
104 OVG Lüneburg, Urt. vom 30.10.1986 – 6 A 32/85 –, EzGuG 15.50.
105 VG Münster, Urt. vom 18.2.1988 – 3 K 2268/86 –, KStZ 1988, 211 = EzGuG 15.60.
106 Kritisch hierzu Mampel in DÖV 1992, 562.
107 BGH, Urt. vom 9.11.1959 – III ZR 149/58 –, WM 1960, 71 = EzGuG 14.11.
108 BGH, Urt. vom 16.12.1982 – III ZR 123/81 –, BRS Bd. 45 Nr. 105 = EzGuG 6.128.

dem Eigentümer „gegebene" Werterhöhung Bestand haben; für eine unterschiedliche Betrachtungsweise bestehen keine rechtfertigenden Gründe.

Tatsächlich werden in der vorstehenden Entscheidung des VG Münster zwei klar zu unterscheidende Probleme unzulässigerweise aufeinander bezogen, nämlich die Ermittlung der sanierungsbedingten Bodenwerterhöhungen einerseits und die vom BVerwG entwickelten Prinzipien zur Preisprüfung nach § 153 Abs. 2 BauGB (= § 15 Abs. 3 Satz 2 StBauFG) andererseits. Die oben genannte Rechtsprechung des BVerwG zur Preisprüfung rechtfertigt nämlich keineswegs, vom strikten Verkehrswertprinzip bei der Ausgleichsbetragserhebung abzuweichen: Bei dem zu entscheidenden Fall ging es um die Genehmigung eines Rechtsgeschäfts, wobei der Versagungsgrund (§ 153 Abs. 2 BauGB) nach Auffassung des Gerichts nur scheinbar an die Genehmigungsbehörde adressiert ist, in seinem Kern jedoch ein an den Rechtsverkehr gerichtetes Verbot sei, bei der rechtsgeschäftlichen Veräußerung des Grundstücks mit dem vereinbarten Gegenwert den sanierungsunbeeinflussten Grundstückswert zu überschreiten. Da dieser Marktwert im mathematischen Sinne keine exakt errechenbare Größe darstelle, nötige die Versagung der Genehmigung bei unwesentlicher Überschreitung des sanierungsunbeeinflussten Grundstückswerts den Veräußerer in verfassungswidriger Weise, bei der Preisvereinbarung „sicherheitshalber" auch unter dem sanierungsunbeeinflussten Grundstückswert zu bleiben, wenn er der Genehmigung sicher sein wolle. In der „Nötigung" zur Inkaufnahme einer „freiwilligen Vermögenseinbuße" sah das Gericht eine Verletzung des Eigentums nach Art. 14 GG.

Anders stellt sich jedoch die Situation bei **Grundstücksverhandlungen zur Vermeidung einer Enteignung, bei Wertermittlungen** im Rahmen von **Umlegungsverfahren und** auch bei der **Ausgleichsbetragserhebung** dar. Durch Unsicherheiten bei der Verkehrswertermittlung wird der Betroffene hier nicht zur „Inkaufnahme" einer „freiwilligen" Vermögenseinbuße genötigt. Der Vollzug der einschlägigen Bestimmungen stellt ihn hier auch nicht vor das Problem, sich an einen mit einer Unsicherheitsmarge behafteten Wert herantasten zu müssen. Sofern der Betroffene in den genannten Verfahren den zugrunde gelegten Wert nicht akzeptieren will, steht ihm der Rechtsweg offen. Dies gilt auch für die Ausgleichsbetragserhebung, ohne dass damit die freie Verfügbarkeit des Eigentums eingeschränkt wird. Von daher besteht keine Rechtfertigung, das im Städtebaurecht geltende Verkehrswertprinzip für die Ausgleichsbetragserhebung zu modifizieren.

Fraglich bleibt, bis zu welcher Grenze eine Überschreitung des sanierungsunbeeinflussten Grundstückswerts als „unwesentlich" bezeichnet werden kann. Das BVerwG (a. a. O.) hat hierzu lediglich ausgeführt, dass der **vereinbarte Gegenwert** i. S. des § 153 Abs. 2 BauGB so lange nicht über dem gemäß § 153 Abs. 1 BauGB ermittelten sanierungsunbeeinflussten Grundstückswert liegt, wie nicht Werte vereinbart wurden, die **in einer für den Rechtsverkehr erkennbaren Weise deutlich das verfehlten, was auch sonst, nämlich im gewöhnlichen Geschäftsverkehr, ohne Rücksicht auf ungewöhnliche oder persönliche Verhältnisse zu erzielen wäre**. Feste Margen können nicht vorgegeben werden, da es wesentlich auf das allgemeine (absolute) Bodenwertniveau sowie auf die Homogenität des örtlichen Grundstücksmarktes ankommt[109]. In der Rechtsprechung sind **Überschreitungen** von 7,6 % als unschädlich erachtet worden[110]; die Grenze wird man eher bei 20 % ziehen müssen *(spread interval)*.

---

[109] Ähnlich stellt sich diese Frage bei Anwendung der sog. Bagatellklausel des § 155 Abs. 3 BauGB: hierzu Kleiber in Ernst/Zinkahn/Bielenberg/Krautzberger, BauGB, § 155, Rn. 92 ff.

[110] VG Neustadt, Urt. vom 17.10.1975 – 8 K 192/74 –; VG Bremen, Urt. vom 27.10.1982 – 1 A 503/82 –, EzGuG 15.23; nicht genehmigungsfähig bei Überschreitung von 7 % (absolut: 10 000 DM); VGH München,, Urt. vom 16.11.1989 – 2 B 89.1217 –, GuG 1991, 102 = EzGuG 15.65: 5 %; LG Darmstadt, Urt. vom 28.4.1993 – 9 017/92 –, GuG 1994, 62 = EzGuG 15.86.

1.2.2 Genauigkeit und Leistungsfähigkeit der Marktwertermittlung

▶ *Zur Leistungsfähigkeit vgl. auch § 10 ImmoWertV Rn. 9 ff., 63; zum groben Missverhältnis zwischen Kaufpreis und Wert eines Grundstücks vgl. § 5 ImmoWertV Rn. 21 ff.; § 194 BauGB Rn. 71*

Schrifttum: *Brückner/Neumann,* MDR 2003, 906; *Jester, S./Roesch,G.,* Der Verkehrswert als Näherungswert, GuG 2006, 157; *Haack, B.,* Sensitivitätsanalyse zur Verkehrswertermittlung von Grundstücken, Diss. Bonn 2006; *Soergel/Spickhoff* BGB 13. Aufl. § 839a Rn. 30; *Zimmerling,* BGB 2. Aufl. 2004 § 839a Rn. 13.

Die Leistungsfähigkeit der Marktwertermittlung wird im Hinblick auf Genauigkeitsanforderungen immer wieder infrage gestellt. Wiederholt wird von fachlich unkundiger Seite auf Beispielfälle verwiesen, in denen **Gutachter für ein und dasselbe Grundstück** auch schon mitunter **zu um ein Mehrfaches unterschiedlichen Ergebnissen** gelangten (vgl. Rn. 13). Solche Fälle mögen in Einzelfällen tatsächlich auch auftreten, wobei dies vielfach nicht in der doch weit entwickelten Wertermittlungslehre, sondern in der unsachgerechten Anwendung der Wertermittlungslehre durch den eingeschalteten Gutachter begründet ist. In solchen Fällen wird auch schon einmal von „Schlechtachtern" gesprochen. **14**

Häufiger gibt es aber für deutlich voneinander abweichende Ergebnisse der eingeschalteten Sachverständigen auch andere plausible Gründe, die unberechtigterweise dem Sachverständigenwesen angelastet werden. Dies betrifft insbesondere die Verkehrswertermittlung solcher **Immobilien, die zur Umnutzung anstehen**, wenn letztlich von keiner Seite verlässliche Erkenntnisse darüber vorliegen, welche Nutzung künftig zu erwarten ist (vgl. Rn. 6). Hier liegt es zum einen sogar in der Hand des Auftraggebers, direkt auf das Ergebnis der Verkehrswertermittlung dadurch Einfluss zu nehmen, dass er dem Sachverständigen bestimmte Vorgaben macht, während ein anderer Auftraggeber einem anderen Sachverständigen andere Vorstellungen aufgibt, die der Sachverständige dann zur Grundlage seiner Verkehrswertermittlung macht (**Verkehrswertermittlung nach sog. Maßgaben**). In solchen Fällen müssen die Sachverständigen zu unterschiedlichen Ergebnissen gelangen, was für Außenstehende oftmals unverständlich ist, denn sie verbinden mit dem Begriff des „Verkehrswerts" die Vorstellung, dass es für ein Grundstück nur einen Verkehrswert geben könne. Man muss einräumen, dass Sachverständige häufig selbst zu diesem Missverständnis dadurch beigetragen haben, dass sie das Ergebnis ihrer Marktwertermittlung nicht deutlich genug mit dem Hinweis versehen, auf welchen Maßgaben ihre Marktwertermittlung beruht.

Allzu häufig sehen sich die Auftraggeber aber auch nicht in der Lage, die künftige Nutzung vorzugeben, und überlassen dies dem Sachverständigen. Sicherlich kann von einem Sachverständigen grundsätzlich auch erwartet werden, dass er die **künftige Nutzung aufgrund bestehender oder sich mit Sicherheit bzw. zumindest mit hinreichender Wahrscheinlichkeit abzeichnender Nutzungsmöglichkeiten** fachkundig einschätzen kann. Immer wieder wird der Sachverständige aber mit der Erstellung von Marktwertgutachten bereits zu einem Zeitpunkt „gefordert", wo keinerlei oder allenfalls nur grobe Vorstellungen über die künftige Nutzbarkeit vorliegen und man erwartet vom Grundstückssachverständigen im Kern das, was der Planer, der Investor bzw. die planende Gemeinde selbst noch nicht leisten konnte. Hier soll der Sachverständige in die „Bresche" springen und ist überfordert. Wenn gleichwohl ihm ein Gutachten abverlangt wird, so kann von solchen Gutachten keine „Treffsicherheit" erwartet werden. Schaltet man dann auch noch mehrere Gutachter mit unterschiedlichen Nutzungsvorstellungen ein, so müssen die jeweils für sich schon zwangsläufig unsicheren Gutachten voneinander abweichen.

Im Ergebnis muss in solchen Fällen bedacht werden, dass der **Marktwert** (Verkehrswert) als stichtagsbezogener, aber dennoch zukunftsorientierter Wert **mit einer umso höheren Sicherheit und Genauigkeit ermittelt werden kann, je konkreter sich die Zukunft abzeichnet und bei der Wertermittlung berücksichtigt werden kann.** In den angesprochenen Fällen empfiehlt es sich daher, die Verkehrswertermittlung nicht allzu früh „in Auftrag" zu geben und dem Gutachter die künftige Nutzung möglichst auf der Grundlage qualifizierter Nutzungsvorstellungen an die Hand zu geben – im Idealfalle wäre dies der rechtsverbindliche Bebauungsplan.

Die Marktwertermittlung von Grundstücken, die sich noch im Vorfeld der Konkretisierung ihrer künftigen Nutzbarkeit befinden, kann sich (und muss sich) im Übrigen auf das stützen, was ohne spekulative Erwartungen im gewöhnlichen Geschäftsverkehr unter Berücksichtigung der rechtlichen und tatsächlichen Gegebenheiten (Situationsgebundenheit) erwartet werden kann[111]. Des Weiteren muss dabei der **Zeitraum** berücksichtigt werden, **in dem die Umsetzung einer beabsichtigten Folgenutzung erwartet werden kann**. Zwangsläufig wird die Marktwertermittlung umso „schwammiger", je unsicherer die künftige Nutzung ist. Wenn bei alledem in der Praxis sog. Risikoabschläge berücksichtigt werden, so trägt dies dem Wagnis Rechnung, das ein Investor als Erwerber auf sich nimmt; dieses Wagnis kann bereits mit einer entsprechenden Wartezeit i. d. R. berücksichtigt werden[112].

Sieht man einmal von den vorstehend behandelten Fallgestaltungen ab, so wird **in der Rechtsprechung für die Marktwertermittlung von Grundstücken** unter „Normalverhältnissen" und ohne Unsicherheiten bezüglich der Nutzbarkeit **von einer Genauigkeit** (*range of valuation*) **von „bis zu + 20 bis + 30 %"** ausgegangen[113]; dies sind jedoch keine starren, sondern vom Einzelfall abhängige Toleranzgrenzen. Die Erheblichkeit oder Unerheblichkeit einer Schätzungsabweichung darf nicht schematisch nach einem festen Prozentsatz beurteilt werden[114]:

a) BGH, Urt. vom 26.4.1991 – V ZR 61/90 –, GuG 1992, 165 = EzGuG 7.114:

„Zwischen dem vom Schiedsgutachter ermittelten jährlichen Erbbauzins von 12 320 € und der im Berufungsurteil festgestellten Höhe von 10 250 € besteht eine Differenz von 2 070 €, also von 16,79 %. Dazu verweist die Revision auf eine im Schrifttum vertretene Auffassung, wonach Abweichungen bis zu 25 % im Allgemeinen hinzunehmen seien (so z. B. Laule, DB 1966, 769, 770; von Hoyningen-Huene, Die Billigkeit im Arbeitsrecht 1978, S. 38; Soergel-Wolf, BGB 12. Aufl., § 319 Rn. 8; ähnlich OLG München, Urt. vom 15.5.1959 – 8 U 1490/56 –, EzGuG 11.18a; **20 – 25 %**). Der erkennende Senat hat in dem Urt. vom 26.4.1961 – V ZR 183/59 – jedenfalls eine Abweichung von ca. **18 %** nicht als offenbar unbillig angesehen."

b) BGH, Urt. vom 1.4.1987 – IVa ZR 139/85 –, EzGuG 11.163k:

„Daher ist erst dann von der Unverbindlichkeit einer Sachverständigenfeststellung auszugehen, wenn die Feststellung erheblich außerhalb des an sich üblichen Toleranzbereichs entsprechender Schätzungen liegt. Das wird bei Abweichungen in einer Größenordnung von **unter 15 %** (Berechnungsmethode: geforderter höherer Betrag mit 100 % gleichgesetzt) regelmäßig zu verneinen sein."

c) BGH, Urt. vom 28.6.1966 – VI ZR 287/64 –, WM 1966, 1150 = EzGuG 11.51:

Eine Abweichung von 78 % ist nach Ansicht des Gerichts „grob falsch". Das Gericht führt aus: „Der Revision kann nicht zugegeben werden, dass sich der Unterschied im Rahmen des Vertretbaren halte. Der Sachverständige hat ausgeführt, bei Schätzungen von Altbau-Grundstücken, deren Gebäude kriegsbeschädigt und wie hier teilweise mit alten Baustoffen wiederhergestellt sind, könne nur ein Genauigkeitsgrad von ± **20 Prozent bis 30 Prozent** erwartet werden. Die Grenze ist weit überschritten."

---

[111] BGH, Urt. vom 8.11.1962 – III ZR 86/61 –, BGHZ 39, 198 = EzGuG 8.5; BGH, Urt. vom 25.3.1975 – V ZR 92/74 –, MDR 1977, 827 = EzGuG 4.50; BGH, Urt. vom 28.10.1971 – III ZR 84/70 –, BRS Bd. 37 Nr. 61 = EzGuG 8.37; BGH, Urt. vom 20.12.1963 – III ZR 60/63 –, BGHZ 40, 312 = EzGuG 14.17; BGH, Urt. vom 30.9.1963 – III ZR 59/61 –, NJW 1964, 202 = EzGuG 8.9; BVerwG, Urt. vom 27.1.1967 – 4 C 33/65 –, BVerwGE 26, 111 = EzGuG 8.20; BVerwG, Urt. vom 9.6.1959 – 1 CB 27/58 –, BVerwGE 8, 343 = NJW 1959, 1649 = EzGuG 17.13.

[112] Haas, Rechtsfragen der Bodenwertermittlung und Entschädigung. ISW München. Städtebauliche Beträge 1967, Heft 1, S. 224; zu dieser Problematik auch Schmidt-Eichstaedt in DÖV 1978, 130; Gaentzsch. Die Bodenwertabschöpfung im StBauFG, Siegburg 1975, S. 152; Engelken in NJW 1977, 413; Niehans, J., Zur Preisbildung bei unsicheren Erwartungen, SZVS 1948, 433; Wittmann, Der Wertbegriff in der Betriebswirtschaftslehre, Köln 1956, S. 84.

[113] Vgl. Studer, Th., Stand und Entwicklungsmöglichkeiten der Immobilienbewertung – Schwerwiegende konzeptionelle Mängel des Realwerts, http://www1.treuhaender.ch/artikel(6dstudeq/htm Stand 27.8.2001; Laule, G., Zur Bestimmung der Summe durch mehrere Dritte nach billigem Ermessen, DB 1966, 769.

[114] BGH, Urt. vom 1.4.1987 – IV a ZR 139/85 –, MDR 1987, 914 = EzGuG 11.163k.

d) BGH, Urt. vom 30.5.1963 – III ZR 230/61 –, BRS Bd. 19 Nr. 75 = EzGuG 8.8:

„Hier ist die Entschädigungsfestsetzung der Verwaltungsbehörde um etwas über 100 % von dem wirklichen durch das Berufungsgericht festgestellten Wert der Grundstücke abgewichen. Es trifft zwar zu, dass der erkennende Senat die Verschiebung des Berechnungszeitpunkts schon in Fällen für erforderlich gehalten hat, in denen die Differenz zwischen der administrativen Festsetzung und dem objektiv richtigen Wert des Grundstücks **unter 10 %** lag. ... Zu beachten ist hierbei jedoch, dass es auf die Prozentzahl allein nicht entscheidend ankommen kann, sondern dass auch die konkreten Werte, die der Prozentzahl zugrunde liegen, mit in die Betrachtung hineinzuziehen sind."

Das Gericht ließ in diesem Fall bei einem Grundstückswert von 2 040 € eine Abweichung von **12 %** gelten.

e) BGH, Urt. vom 26.4.1961 – V ZR 183/59 –, MDR 1961, 670 = EzGuG 19.5:

Der BGH hat eine Abweichung von ca. 18 % von der untersten Grenze eines zweiten, als richtig befundenen Wertgutachtens nicht beanstandet:

„... unter Zugrundelegung der Schätzung des Gemeinderats insgesamt 38 400 DM für die zu übernehmende Liegenschaft zu zahlen, während er nach der Ersatzbestimmung durch das Berufungsgericht insgesamt 47 000 DM zu leisten hätte. Auch wenn man in Betracht zieht, dass der Gemeinderat nach der Schätzverfügung den Verkehrswert zu bestimmen hat, und der Tatrichter bei der Ersatzbestimmung seinerseits einen „vorsichtigen Maßstab" angewendet hat, also an der unteren Grenze des Werts geblieben ist, kann bei einer Abweichung in Höhe von nur 8 600 DM nicht festgestellt werden, dass sich der vom Gemeinderat geschätzte Teil des Übernahmepreises in dem dargelegten Maße als verfehlt offenbart und die Schätzung des vom Gemeinderat hier zu beachtenden Grundsatzes von Treu und Glauben in grober Weise verletzt."

f) OLG Köln, Urt. vom 25.8.2009 – 14 U 11/05 –, EzGuG 11.705 f.:

In Verbindung mit einem Wertgutachten kann dem Gutachter ein erheblicher Beurteilungsspielraum zustehen, der jedoch bei einem angesetzten Verkehrswert, der um 37,5 % über dem vom gerichtlichen Sachverständigen ermittelten Wert liegt, eindeutig überschritten ist.

g) OLG Brandenburg, Urt. vom 10.6.2008 – 11 U 170/05 –, NJOZ 2008, 3324 = EzGuG 11.644a:

Ein Verkehrswertgutachten ist falsch, wenn es um ca. 50 % von dem wirklichen Verkehrswert abweicht.

h) OLG Nürnberg, Urt. vom 14.4.1987:

„Bei einer Abweichung der Schätzung um nur **2,4 %** liegt sie damit in einem Ungenauigkeitsbereich, der gering und angesichts der Gesamthöhe wirtschaftlich unerheblich ist. Die Abweichung im Gutachten des Beklagten kann unter diesen Umständen nicht als vertragswidrige Schadenszuführung eingestuft werden."

i) LG Berlin, Urt. vom 17.10.1978 – 7 O 131/78 –, VersR 1979, 365 = EzGuG 11.113c:

„Die Kammer hält danach eine erhebliche Abweichung frühestens dann für gegeben, wenn die Abweichungen aufgrund nachgewiesener offensichtlicher Fehler der Sachverständigen insgesamt – d. h. unter Zusammenrechnung aller Einzelpunkte und Berücksichtigung eventueller Ausgleichspositionen – **mindestens 10 %** der festgestellten Schadenssumme ausmachen."

j) OLG Frankfurt am Main, Urt. vom 19.9.1974 – 6 U 5/74 –, WM 1975, 993 = EzGuG 11.94a:

Das Gutachten eines „grob nachlässig handelnden" öffentlich bestellten und vereidigten Sachverständigen hat nach Feststellung des Gerichts zu einer Überbewertung des Verkehrswerts um 200 bis 300 % geführt.

k) LG Braunschweig, Urt. vom 17.4.1975 – 1 U 34/73 –, VersR 1976, 329 = EzGuG 19.26a:

Im **Versicherungswesen** wird von einer allgemeinen Schätzungsunschärfe von **20 bis 25 %** ausgegangen und erst bei einer größeren Abweichung zwischen Versicherungssumme und Versicherungswert eine Berufung des Versicherers auf Unterversicherung anerkannt (so auch OLG München, Urt. vom 15.5.1959 – 8 U 1490/56 –, VersR 1959, 1017 = EzGuG 11.18a und OLG Schleswig, Urt. vom 26.10.1953 – 4 U 82/53 –, VersR 1954, 506 sowie BGH, Urt. vom 1.4.1953 – II ZR 88/52 –, BGHZ 9, 195).

IV ImmoWertV — Genauigkeit

l) LG Hamburg, Urt. vom 31.10.1960 – 10 O 30/60 –, BBauBl. 1961, 376 = EzGuG 18.15:

„Erfahrene Sachverständige haben dem Gericht immer wieder bestätigt, dass Abweichungen in der Bewertungshöhe **um 10 % nach oben und nach unten** auch bei sorgfältigen Feststellungen und Bemühungen gar nicht zu vermeiden wären. Häufig ist der Ungenauigkeitsbereich noch größer."

m) LG Berlin, Urt. vom 22.11.1955 – 4 O 338/54 –:

Nach dieser Entscheidung können die Abweichungen **bis ± 15 %** ausmachen.

n) VGH München, Urt. vom 13.6.1990 – M 9 K 89.2465 –, GuG 1992, 29 = EzGuG 11.178:

„Schätzgutachten von Grundstücken und Bauten können niemals – etwa rein rechnerisch – den exakten Wert einer Immobilie bestimmen. Wenn der von der Klägerin beauftragte B. also zu anderen Werten gekommen ist als der Gutachterausschuss in dem streitgegenständlichen Gutachten, so besagt dies nichts darüber aus, dass das Gutachten des Gutachterausschusses völlig daneben liegt. Bei Gutachten über den Wert von Immobilien haben die Gerichte nach den allgemein gemachten Erfahrungen von Abweichungen im Bereich **bis zu 20 %** auszugehen. Die von B. beanstandeten Werte in den streitgegenständlichen Gutachten bewegen sich nicht in einem solchen Bereich, dass die Kammer davon ausgehen könnte, eines der beiden Gutachten sei völlig falsch. Bei zwei verschiedenen Gutachten muss immer gedacht werden, dass das eine Gutachten die Spanne der möglichen Abweichungen voll nach oben und das andere voll nach unten in Anspruch nimmt ... ."

o) VG Münster, Urt. vom 18.2.1988 – 3 K 2268/86 –, KStZ 1988, 211 = EzGuG 15.60:

„Berücksichtigt man ferner, dass die gerichtlichen Sachverständigen mit jeweils vertretbarer Begründung zu abweichenden Ergebnissen gelangt sind und nicht selten die Auffassung der jeweils anderen Sachverständigen als durchaus auch vertretbar gekennzeichnet haben, so hält es die Kammer für geboten, den unter Berücksichtigung der zonalen Grundwerte sich ergebenden Differenzbetrag mit einem allgemeinen Wertabschlag zu berücksichtigen. Die Entscheidung des Gesetzgebers für die sog. „Wertlösung" ist angesichts der dargestellten Bewertungsunsicherheit nur hinnehmbar, wenn die – mathematisch nun einmal nicht „auszurechnenden" – Bewertungsgesichtspunkte so angesetzt werden, dass Unsicherheiten nicht zu Lasten des Abgabepflichtigen ausschlagen. Die im vorliegenden Fall nach den vorstehenden Erörterungen sowohl hinsichtlich des Endwerts als auch mit Bezug auf den Anfangswert bestehenden Unsicherheiten bewertet die Kammer in Anwendung der ihr zustehenden Schätzungsbefugnis gemäß § 287 ZPO auf **20 v. H.** der sich nach den zonalen Grundwerten ergebenden Differenzen ... ."

p) Auch im **Erschließungsbeitragsrecht** wird den Gemeinden im Übrigen bei der Kostenermittlung eine „Schätzbefugnis" eingeräumt, die ihnen einen „gewissen Spielraum" und aus Gründen der Verwaltungspraktikabilität dem Grundsatz der „pfenniggenauen" Kostenermittlung eine Grenze setzt[115].

Die Praxis muss sich hierauf einstellen, ohne dass damit die Definition des Verkehrswerts (Marktwerts) als ein „spitz" im gewöhnlichen Geschäftsverkehr erzielbarer Preis (Punktwert) infrage gestellt werden kann. Rechts- und Wirtschaftsleben kommen grundsätzlich nicht an der Notwendigkeit eines Verkehrswerts vorbei, denn eine sich an der Genauigkeit der Verkehrswertermittlung orientierende **Wertermittlungsspanne (Rahmenwert)** kann den zu zahlenden Kaufpreis, auf den sich Käufer und Verkäufer einigen wollen, oder die im Einzelfall am Verkehrswert orientierte Enteignungsentschädigung nicht ersetzen[116]. Es kommt vor allem hinzu, dass es eine klar definierte **Wertspanne (Rahmenwert)** gar nicht geben kann, denn auch im Falle einer Ermittlung der „Wertspanne" müssen wiederum Unsicherheiten auftreten.

---

115 BVerwG, Urt. vom 16.8.1985 – 8 C 120-122/83 –, BRS Bd. 43 Nr. 51 = EzGuG 9.59; weitere Rspr.: BGH, Urt. vom 10.6.1976 – VII ZR 129/74 –, BGHZ 67, 1 = EzGuG 11.103; LG Braunschweig, Urt. vom 9.3.1966 – 2 O 116/65 –, BB 1966, 1325 = EzGuG 11.50a; OLG Düsseldorf, Urt. vom 11.3.1988 – 7 U 4/86 –, BB 1988, 1001 = EzGuG 20.124; LG Arnsberg, Urt. vom 28.5.1985 – 5 T 150/85 –, DWW 1986, 43 = EzGuG 5.19; BGH, Urt. vom 28.6.1966 – VI ZR 287/64 –, WM 1966, 1150 = ZMR 1967, 83 = EzGuG 11.51; BGH, Urt. vom 2.11.1983 – IVa ZR 20/82 –, NJW 1984, 355 = EzGuG 20.103.

116 Im Ergebnis so auch Mampel in DÖV 1992, 556; vgl. auch Reisnecker im Kohlhammer-Komm., BauGB § 95 Rn. 16; a. A. Gronemeyer in BauR 1979; 112 sowie in NVwZ 1986, 92; Krit. Leisner im AgrarR 1977, 356 und BB 1975, 1.

Bei Anwendung statistischer Methoden wäre die Ermittlung einer Wertspanne (**Konvergenzintervall**) **eine Funktion der geforderten statistischen Sicherheit**, jedoch sind die statistischen Methoden i. d. R. ohnehin nur bedingt und eher nur i. S. einer Operationalisierung des Verfahrens anwendbar, denn die strengen statistischen Anforderungen an die Normalverteilung des Vergleichsmaterials sind allenfalls in Ausnahmefällen voll erfüllt.

Die in der Rechtsprechung für die Marktwertermittlung von Grundstücken unter „Normalverhältnissen" und ohne Unsicherheiten bezüglich der Nutzbarkeit **herausgestellte Genauigkeit** (*range of valuation*) **von „bis zu ± 20 bis ± 30 %"** ist nicht in der Ungenauigkeit der Wertermittlungsmethodik, sondern in dem zu ermittelnden Marktwert selbst begründet. Der Marktwert ist ein Abbild des künftigen Nutzens einer Immobilie (Zukunftserfolgswert) und die Zukunftserwartungen sind nun einmal auf dem allgemeinen Grundstücksmarkt unterschiedlich ausgeprägt. Davon zeugen die **Streuung der Vergleichspreise** und die sog. 2-Sigma-Regel zum Ausschluss von Kaufpreisen, die nicht (mehr) dem gewöhnlichen Geschäftsverkehr zuzurechnen sind. Des Weiteren ist die Ungenauigkeit der in die Marktwertermittlung eingehenden Parameter begründet. Diese wiederum ist das Resultat der allgemeinen im gewöhnlichen Geschäftsverkehr hinzunehmenden aleatorischen „Preismechanismen".

- Bei **Anwendung des Vergleichswertverfahrens** stellt man sehr schnell fest, dass die Vergleichspreise auch unter Ausschaltung ungewöhnlicher und persönlicher Verhältnisse und unter Berücksichtigung von Abweichungen in den Zustandsmerkmalen „streuen". Diese „Streuung" ist einerseits auf die Intransparenz des Grundstücksmarktes und andererseits auf unterschiedliche Anschauungen zurückzuführen. So ist ein unmittelbar in der Nachbarschaft eines Wohnhauses gelegener Kinderspielplatz für den einen Käufer ein werterhöhender Umstand und für den anderen Käufer ein wertmindernder Umstand. **Aus der Streuung der Vergleichspreise resultiert zwangsläufig eine Unsicherheitsmarge der Marktwertermittlung aus Vergleichspreisen.** Käufer und Verkäufer tasten den Grundstücksmarkt mit unterschiedlichen Erfahrungen ab, taktieren bei Preisverhandlungen mit unterschiedlichem Verhalten nach divergierenden Mustern, agieren nach unterschiedlichen rationalen, aber auch emotionalen Maßstäben. Dies alles ist geradezu kennzeichnend für den gewöhnlichen Geschäftsverkehr und daraus resultiert die Streuung der Vergleichspreise für ein und dieselbe Immobilie, sodass die darauf aufbauende Marktwertermittlung mit einer nicht unerheblichen in der „Unschärfe des Marktes" begründeten Unsicherheitsmarge verbunden ist.

- Bei **Anwendung des Ertragswertverfahrens** ist aus den gleichen Gründen auch der anzusetzende Reinertrag aufgrund der *Streuung der Vergleichsmieten* mit einer Unsicherheit behaftet[117]. Des Weiteren weisen auch *Flächenermittlungen* eine Unsicherheit auf. Dies ist in der Auslegung der maßgeblichen Flächenberechnungsnorm begründet. Zwar lassen sich Länge und Breite fehlerfrei multiplizieren, jedoch führen allein die Zuordnung und Berücksichtigung einzelner Teilflächen nach Maßgabe der zur Anwendung kommenden Flächenberechnungsnorm zwangsläufig zu unterschiedlichen Ergebnissen. Diesbezüglich kann man eine Ungenauigkeit von mindestens +/- 10 % unterstellen, wobei diese oftmals sogar deutlich höher ausfällt. Diese Unsicherheitsmargen wirken sich gleich doppelt auf die Ertragswertermittlung aus. Zum einen finden sie direkt mit dem im Einzelfall angesetzten Reinertrag und der angesetzten Nutzfläche Eingang in die Ertragswertermittlung. Zum anderen kommen diese Unsicherheiten auch bei der Ableitung des Liegenschaftszinssatzes zum Tragen. Es ist mithin kaum möglich, den *Liegenschaftszinssatz* auf 0,5 Prozentpunkte mathematisch exakt zu bestimmen. Allein eine Unsicherheit von 0,5 Prozentpunkten im Liegenschaftszinssatz führt zwangsläufig zu einer Unsicherheit von rd. 10 % des Ergebnisses. Aus alledem ergibt sich, dass der Ertragswert – selbst wenn das Wertermittlungsverfahren exakt zur Anwendung gekommen ist – mit einer Unsicherheitsmarge von +/- 30 % behaftet ist. Im Übrigen gilt dies für alle zur Anwendung kommenden Ertragswertverfahren und insbesondere für die sich auf prognostizierte Ertragsentwicklung stützende Ertragswertvermittlung (*Discounted Cash Flow Verfahren*).

---

[117] Engels in GuG 2008, 271.

IV ImmoWertV Genauigkeit

- Entsprechendes gilt auch bei **Anwendung des Sachwertverfahrens**.
- Ein weiterer oftmals unterschätzter Unsicherheitsfaktor stellt ggf. die bei dem jeweiligen Verfahren angesetzte Wertminderung wegen Baumängeln und Bauschäden bzw. eines Instandhaltungsrückstaus dar. Diese lehnt sich in der gutachterlichen Praxis an „Kostenschätzungen" an, wobei auch dabei erhebliche Unsicherheiten hinzunehmen sind, denn für eine fundierte **Kostenschätzung** bedarf es ggf. eines Sondergutachtens (z. B. auf der Grundlage der Bauteilmethode). Kostenschätzungen sind aufgrund vielfältiger Unwägbarkeiten nur mit relativ hoher Ungenauigkeit von +/- 25 % möglich[118].

Am letztlich doch **bewährten Marktwertprinzip führt** deshalb grundsätzlich **kein vernünftiger Weg vorbei**. Die realistische Einschätzung über die Genauigkeit der Marktwertermittlung, die in der Rechtsprechung möglicherweise noch nicht einmal voll durchgeschlagen hat – die allgemeine Spanne dürfte sich nämlich eher an der oberen Grenze der genannten Zahlen, und zwar nach oben *und* unten (±) bewegen und im Einzelfall auch darüber liegen –, muss aber umso mehr den Sachverständigen zu höchster Sorgfalt und Gewissenhaftigkeit zwingen. Wenn schon die Verkehrswertermittlung in weiten Bereichen auf Schätzelementen beruht und die Erfahrung von ausschlaggebender Bedeutung ist, dann müssen auch alle Werteinflüsse erfasst und in begründeter Weise in die Verkehrswertermittlung eingebracht werden. Als **Marktwert ist** dann im Streitfalle **der Wert** anzusetzen, **der die größte Gewähr der Richtigkeit bietet.**

Im Übrigen hat die Rechtsprechung Wege aufgezeigt, wie dem **Problem der Unsicherheiten bei der Verkehrswertermittlung ohne Aufgabe des Verkehrswertprinzips** im Interesse des Rechtsfriedens und der Praxis **Rechnung getragen werden** kann (Teil VI Rn. 292 ff.):

a) Bei der sich am sanierungsunbeeinflussten (Verkehrs-)Wert orientierenden Preisprüfung nach § 142 BauGB i. V. m. § 153 Abs. 2 BauGB dürfen unwesentliche Überschreitungen des „spitz" ermittelten Verkehrswerts nicht zur Versagung der sanierungsrechtlichen Grundstücksverkehrsgenehmigung führen[119].

b) Bei der Ermittlung von Ausgleichsbeträgen in Sanierungsgebieten soll es nach Auffassung des OVG Lüneburg den Gemeinden nicht verwehrt sein, „die mit der Ermittlung des Verkehrswerts notwendig verbundenen Ungewissheiten ... durch eine vorsichtige, an die untere Grenze des Vertretbaren heranreichende Veranschlagung aufzufangen"[120].

Die in der zuletzt genannten Entscheidung vertretene Auffassung[121] ist allerdings abzulehnen, denn sie würde konsequenterweise dazu führen, dass man im Enteignungsfall die Höhe der Entschädigung ebenfalls durch eine vorsichtige, an die obere Grenze des Vertretbaren heranreichende Veranschlagung umgekehrt auffangen müsste, und dies ist in der höchstrichterlichen Rechtsprechung bislang jedenfalls nicht gefordert worden.

Im Bereich der **Einheitsbewertung** ist hervorgehoben worden, dass Unsicherheiten der **Schätzung** hinzunehmen sind, wenn zuvor der Sachverhalt vollständig aufgeklärt und die Schätzung in sich schlüssig ist. Der BFH[122] hat hierzu ausgeführt:

„Die Schätzung ist ein Verfahren, Besteuerungsgrundlagen mithilfe von Wahrscheinlichkeitsüberlegungen zu ermitteln, wenn eine sichere Feststellung trotz des Bemühens um Aufklärung nicht möglich ist. Dabei sind alle Umstände zu berücksichtigen, die für ein solches Verfahren von Bedeutung sein können. Auszugehen ist von dem aufgeklärten Sachverhalt. Es bedarf weiterhin der Feststellung, dass eine weitere Sachaufklärung nicht möglich oder zumutbar ist. Erst in diesem Stadium setzten die Schätzungsüberlegungen ein, die aus dem festgestellten Sachverhalt folgern, dass die Besteuerungsgrundlagen in einer wahrscheinlichen Höhe verwirklicht worden sind (BFH, Urt. vom 2.2.1982 – VIII R 65/80 –, BFHE 135, 185 = *EzGuG 20.93b)*[123].

Die durch Schätzung ermittelte Besteuerungsgrundlage enthält einen **Unsicherheitsbereich**, der vom Wahrscheinlichkeitsgrad der Schätzung abhängig ist. Die Wahrscheinlichkeit, dass eine Schätzung

---
118 Schmitz/Krings/Dahlhaus/Meisel, Baukosten 2011, Verlag Wingen, 21. Aufl., S. 10.
119 BVerwG, Urt. vom 24.11.1978 – 4 C 56/76 –, BVerwGE 57, 87 = EzGuG 15.9.
120 OVG Lüneburg, Urt. vom 30.10.1986 – 6 A 32/85 –, ZfBR 1987, 206 = EzGuG 15.50.
121 So zuvor schon VG Münster, Urt. vom 18.2.1988 – 3 K 2268/86 – (KStZ 1988, 211 = EzGuG 15.60) mit einem Abschlag von 20 % des ermittelten Ausgleichsbetrags.
122 BFH, Urt. vom 18.12.1984 – VIII R 195/82 –, BFHE 142, 558 = EzGuG 20.108b.
123 Tipke, K., Über Schätzung im Verwaltungsverfahren und im Verwaltungsprozess, VerwArch 1969, 136.

zutreffend ist, wird umso größer sein, je umfangreicher der zugrunde gelegte gewisse Sachverhalt und je zuverlässiger die angewandte Schätzungsmethode ist. Eine genaue Bestimmung der Besteuerungsgrundlage kann im Schätzwege trotz Bemühens um Zuverlässigkeit allenfalls zufällig erreicht werden.

Diese **Unschärfe, die jeder Schätzung anhaftet,** kann im Allgemeinen vernachlässigt werden. Soweit sie sich zugunsten des Steuerpflichtigen auswirkt, muss er sie hinnehmen, zumal wenn er den Anlass für die Schätzung gegeben hat (BFH, Urt. vom 26.4.1983 – VIII R 38/82 –, BFHE 138, 323; *EzGuG 11.137 f.*).

Welche Schätzungsmethode dem Ziel, die Besteuerungsgrundlagen durch Wahrscheinlichkeitsüberlegungen so zu bestimmen, dass sie der Wirklichkeit möglichst nahekommen, am besten gerecht wird, ist grundsätzlich eine Frage der Tatsachengerechtigkeit ...

Schätzungen müssen insgesamt in sich schlüssig sein; ihre Ergebnisse müssen darüber hinaus wirtschaftlich vernünftig und möglich sein ..."

Eine **Schätzung**[124] erweist sich **erst dann** als **rechtswidrig, wenn sie den durch die Umstände des Falles gezogenen Schätzungsrahmen verlässt** (vgl. Syst. Darst. des Vergleichswertverfahrens, Rn. 83).

1.2.3 Auf- oder Abrundung

▶ *Zum Aufrundungsverbot bei der Beleihungswertermittlung vgl. Teil IX Rn. 174*

Die Forderung nach der Ableitung eines „spitz" ermittelten Marktwerts findet ihre Begründung in der Marktwertdefinition des § 194 BauGB und bedeutet allerdings nicht, dass **Marktwerte mit einer „Pfenniggenauigkeit"** ermittelt werden können. Wie im Grundstücksverkehr sind auch bei der Marktwertermittlung die „rechnerischen" Ergebnisse der Wertermittlung entsprechend abzurunden. Folgende **Auf- und Abrundungen** (*rounding*) sind gebräuchlich (Abb. 6).

Abb. 6: Auf- oder Abrundung bei der Marktwertermittlung

Auf- oder Abrundung bei der Marktwertermittlung	
Höhe des Verkehrswerts	Auf- oder Abrundung auf
bis 10 000 €	volle Hunderter
10 000 bis 500 000 €	volle Tausender
500 000 bis 1 000 000 €	volle Zehntausender
über 1 000 000 €	volle Hunderttausender

© W. Kleiber 2011

1.2.4 Konsistenz der Marktwertermittlung

Mit dem vorstehend angesprochenen sprachlichen Problem steht auch die Frage nach der zeitlichen Konsistenz einer Marktwertermittlung im Zusammenhang. Dies ist z. B. in den Fällen von Bedeutung, in denen sich Kaufverhandlungen auf der Grundlage eines vorher erstellten Marktwertgutachtens über eine längere Zeit hinziehen. Nr. 3.1 der TLG-Verkaufsrichtlinie[125] misst **Marktwertgutachten als Entscheidungsgrundlage für den Grundstücksverkauf** grundsätzlich **eine sich auf 8 Monate erstreckende Gültigkeit** bei, wobei dieser Zeitraum für *Berlin* allerdings auf vier Monate beschränkt wird[126]. Der Zeitraum soll sich nach dem Wertermittlungsstichtag und dem Beurkundungstag bemessen und ist durchaus realistisch, wenn man einmal von dem Sonderfall sich kurzfristig und zugleich nachhaltig verändernder allgemeiner Wertverhältnisse auf dem Grundstücksmarkt absieht.

---

124 Zur Leistungsfähigkeit der Wertermittlung im Rahmen der Einheitsbewertung: BFH, Urt. vom 1.10.1992 – IV R 34/90 –, BFHE 169, 503 = BB 1993, 719; BFH, Urt. vom 18.12.1984 – VIII R 195/82 –, BFHE 142, 558 = EzGuG 20.108b; BFH Urt. vom 2.2.1982 – VIII R 65/80 –, BStBl II 1982, 408 = EzGuG 20.93b; BFH, Urt. vom 26.4.1983 – VIII R 38/82 –, BFHE 138, 323 = BStBl II 1983, 618 = EzGuG 11.137i; vgl. auch BGH, Urt. vom 22.1.1959 – III ZR 148/57 –, BGHZ 29, 217 = EzGuG 6.37.

125 TLG-Verkaufsrichtlinie (Stand 10.2.1996), abgedruckt bei Bielenberg/Kleiber/Söfker, Vermögensrecht, Jehle Rehm, II 4.2.13.

126 Für Gutachten eines Mieterhöhungsverlangens wurde vom LG Berlin im Urt. vom 3.2.1998 – 6 S 364/97 –, NJW-RR 1999, 91 = EzGuG 11.262 von einer zweijährigen Aktualität des Gutachtens ausgegangen.

1.3 Immobilienwertermittlungsverordnung (ImmoWertV)

1.3.1 Rechtsgrundlagen

Schrifttum: *Ernst/Zinkahn/Bielenberg/Krautzberger*, BauGB, Komm. zur ImmoWertV; *Zimmermann, P.*, ImmoWertV, München 2010.

▶ *Zu den Ermächtigungsgrundlagen vgl. Vorbem. zum BauGB Rn. 17, § 199 BauGB Rn. 4 ff.; Teil VI Rn. 271 ff.*

17 Das BauGB enthält nur die materielle Definition des Marktwerts (Verkehrswerts), ohne seine Ermittlung verfahrensmäßig zu regeln. Das **BauGB ermächtigt** jedoch **mit seinem § 199 Abs. 1** die **Bundesregierung** mit Zustimmung des Bundesrates **durch Rechtsverordnung**,

- **die Ermittlung des Verkehrswerts (Marktwert) und**
- **die Ableitung der für die Wertermittlung erforderlichen Daten einschließlich der Bodenrichtwerte**

zu regeln. Es bleibt fraglich, ob es einer besonderen Ermächtigung zum Erlass von Vorschriften über die Ableitung der für die Wertermittlung erforderlichen Daten überhaupt bedarf, da diese zum Zwecke der Verkehrswertermittlung abgeleitet werden und insoweit unter die dafür einschlägige Ermächtigung fallen. Dass gleiche Grundsätze auch hierfür gelten müssen, wenn Wertermittlungen und ihre Ergebnisse im Interesse einheitlicher Lebens- und Wirtschaftsverhältnisse bundesweit vergleichbar sein sollen, ist selbstverständlich. Die ausdrückliche Erwähnung der „Ableitung erforderlicher Daten" kann deshalb nur als Klarstellung angesehen werden (Abb. 7).

Abb. 7: Rechtsgrundlagen der Verkehrswertermittlung

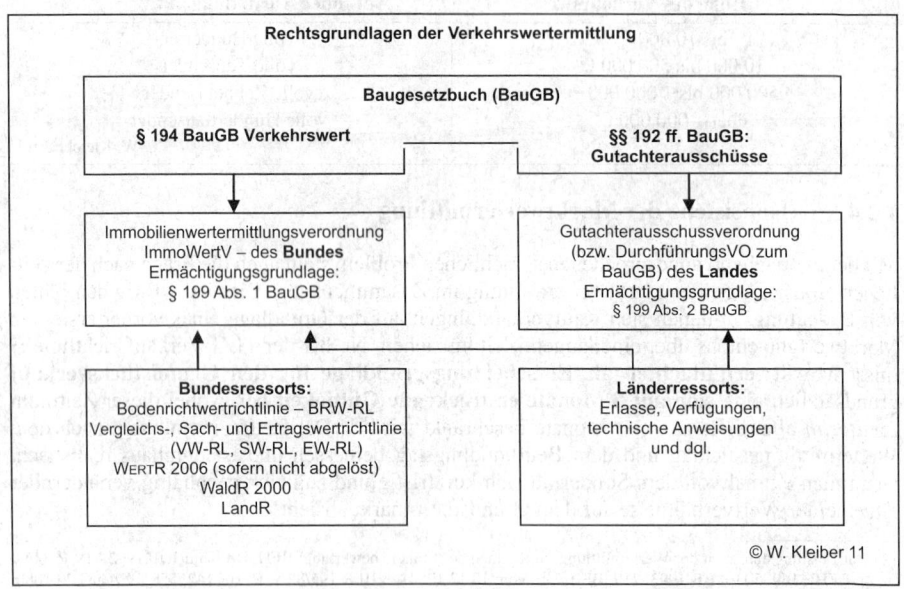

Das BauGB enthält daneben im Ersten Teil („Wertermittlung") des Dritten Kapitels (§§ 192 bis 199 BauGB) Vorschriften über die Einrichtung von Gutachterausschüssen für Grundstückswerte und ihre Tätigkeit. Das Nähere haben die Landesregierungen auf der Grundlage der Ermächtigung des § 199 Abs. 2 BauGB durch Rechtsverordnung geregelt (Gutachterausschussverordnungen).

Entstehungsgeschichte ImmoWertV IV

Die Bundesregierung hat die Ermittlung des Verkehrswerts (Marktwert) und die Ableitung der für die Wertermittlung „erforderlichen" Daten einschließlich der Bodenrichtwerte in der **am 1.7.2010 in Kraft getretenen Immobilienwertermittlungsverordnung (ImmoWertV)** geregelt. Die Verordnung regelt

a) Grundsätze für die Ermittlung des – *materiell* – in § 194 BauGB definierten Verkehrswerts von Grundstücken (auch von Teilen von Grundstücken) sowie von Rechten an Grundstücken – ausdrücklich auch von grundstücksgleichen Rechten und Rechten an diesen (vgl. § 1 Abs. 2 ImmoWertV sowie § 200 Abs. 2 BauGB, der allerdings nur die grundstücksgleichen Rechte anspricht) – in *verfahrensrechtlicher* Hinsicht;

b) die nach § 193 Abs. 3 BauGB den Gutachterausschüssen obliegende Ermittlung[127] „sonstiger erforderlicher Daten" der Wertermittlung einschließlich der Bodenrichtwerte (vgl. § 9 ImmoWertV Rn. 1 ff.);

c) Begriffsbestimmungen, die für die vorstehenden Wertermittlungen im Interesse einer einheitlichen Handhabung erforderlich sind.

Der Immobilienwertermittlungsverordnung (ImmoWertV) des Bundes kommt im Rechts- und Wirtschaftsleben eine breite Allgemeingültigkeit zu. Sie enthält Verfahrensvorschriften, die auf jahrzehntelangen Erfahrungen beruhen und sich in der Praxis bewährt haben. Auch wenn in der Rechtsprechung betont wird, dass die Verordnung nicht für Gerichte verbindlich sei, so wurden deren Verfahrensvorschriften als im gerichtlichen Verfahren grundsätzlich verwertbar bezeichnet und den in der ImmoWertV normierten Grundsätzen der Verkehrswertermittlung eine solche Bedeutung beigemessen, dass sich der Richter damit auseinanderzusetzen hätte[128].

1.3.2 Entstehungsgeschichte

1.3.2.1 Allgemeines

Die geltende Immobilienwertermittlungsverordnung (ImmoWertV) ist aus der **Wertermittlungsverordnung von 1961 – WertV 61**[129] hervorgegangen. Diese hatte bereits in den Jahren 1988 (WertV 88)[130] und 1998 (WertV 98)[131] grundlegende Änderungen erfahren. 18

1.3.2.2 Vorbereitung

Im Jahre 2007 hat das BMVBS eine erneute Novellierung der WertV eingeleitet, um die Entwicklungen auf dem Grundstücksmarkt, die zunehmende Internationalisierung der Immobilienwirtschaft und die Weiterentwicklung von Wissenschaft und Praxis der Wertermittlung zu berücksichtigen. **Erklärte Leitthemen** dieser Überlegungen waren: 19

– Verwaltungsvereinfachung,
– Verbesserung der Transparenz auf dem Grundstücksmarkt,
– bessere Vergleichbarkeit der Wertermittlungsergebnisse,

---

127 Gesetz- und Verordnungsgeber benutzen die Begriffe „Ermittlung" und „Ableitung" der erforderlichen Daten im Übrigen mit identischem Inhalt (vgl. einerseits §193 Abs. 3 BauGB und andererseits § 199 Abs. 1 BauGB); unterschiedlich auch die WertV (einerseits Vorblatt der amtl. Begründung zur WertV, § 6 Abs. 1 Satz 1, § 8 Abs. 1 Satz 1 und § 9 Abs. 4 WertV und andererseits: § 11 Abs. 2 WertV).
128 BGH, Urt. vom 24.1.1966 – III ZR 15/66 –, BB 1969, 197 = EzGuG 6.85; BGH, Urt. vom 27.4.1964 – III ZR 136/63 –, BRS Bd. 19 Nr. 131 = EzGuG 6.75; BGH, Urt. vom 26.10.1972 – III ZR 78/71 –, BRS Bd. 26 Nr. 106 = EzGuG 18.57; BGH, Urt. vom 20.3.1975 – III ZR 153/72 –, BRS Bd. 34 Nr. 120 = EzGuG 18.64; BGH, Beschl. vom 11.3.1993 – III ZR 24/92 –, GuG 1994, 116 = EzGuG 20.144b.
129 Verordnung über die Grundsätze für die Ermittlung der Verkehrswerte von Grundstücken – WertV 61 – vom 7.8.1961 (BGBl. I 1961, 1183).
130 Verordnung über die Grundsätze für die Ermittlung der Verkehrswerte von Grundstücken – WertV 88 – vom 6.12.1988 (BGBl. I 1988, 2209).
131 Verordnung über die Grundsätze für die Ermittlung der Verkehrswerte von Grundstücken – WertV 98 – vom 6.12.1988 (BGBl. I 1988, 2209), zuletzt geändert durch Art. 3 des Gesetzes vom 18.8.1997 (BGBl. I 1997, 2081).

- Berücksichtigung weiterer Verfahrensvarianten im Ertragswertverfahren,
- Deregulierung[132].

Im hierzu vorgelegten „Bericht des Sachverständigengremiums zur Überprüfung des Wertermittlungsrechts"[133] wurden eine Reihe von Vorschlägen unterbreitet, die in die Praxis bereits Einzug gehalten haben und in den Vorauflagen dieses Werks bereits entsprechend so dargestellt wurden. Zusammenfassend wurde vom Gremium festgestellt, dass sich die WertV 88 bewährt habe und die deutsche Wertermittlung im internationalen Vergleich eine führende Rolle einnimmt.

Die weitergehenden Überlegungen für die Novellierung der WertV haben gezeigt, dass die von der Arbeitsgruppe gemachten Vorschläge in weiten Bereichen fachlich nicht tragfähig sind[134].

1.3.2.3 Erster Regierungsentwurf

20 Die Bundesregierung ist zunächst mit dem am 1. April 2009 beschlossenen **1. Regierungsentwurf**[135] erheblich von den Vorschlägen der eingesetzten Arbeitsgruppe abgewichen. Es wurden insbesondere die Vorschläge zum Bodenrichtwertverfahren, Kapitalisierungszinssatz, Nachhaltigkeitspostulat usw. nicht aufgegriffen.

Im Rahmen des außergewöhnlich langwierigen Verordnungsgebungsverfahrens ist die BReg mit ihrem 1. RegE gescheitert. Der Bundesrat hat am 15.5.2009 in seiner 858. Sitzung dem 1. RegE vom 1. April 2009[136] nur mit einer Reihe materiell bedeutsamer Maßgaben zustimmen können[137]:

1. Der Bundesrat hat die Zusammenfassung der bisherigen Regelungen der §§ 19, 24 und 25 WertV 88 über die subsidiäre Berücksichtigung besonderer objektspezifischer Grundstücksmerkmale in § 8 Abs. 3 ImmoWertV begrüßt, jedoch die vorgeschlagene Herausnahme dieses für nahezu jede Marktwertermittlung wichtigen Verfahrensschrittes aus den jeweiligen Wertermittlungsverfahren abgelehnt. Nach dem Beschluss des Bundesrates sind entsprechend der bisherigen Systematik der WertV die besonderen objektspezifischen Grundstücksmerkmale „in" den jeweiligen Wertermittlungsverfahren zu berücksichtigen.

   Der Beschluss des Bundesrates trägt der berechtigten Kritik am 1. RegE Rechnung, denn die darin vorgesehene Herausnahme der Berücksichtigung besonderer objektspezifischer Grundstücksmerkmale aus den Wertermittlungsverfahren hätte bedeutet, dass sich bei Anwendung des Vergleichs-, Ertrags- und Sachwertverfahrens ein anderer Vergleichs-, Ertrags- und Sachwert als nach bisherigem Recht ergibt. Nach dem 1. RegE hätte sich beispielsweise als „Sachwert" des Grundstücks lediglich ein sachwertorientierter Wert ergeben, mit dem wesentliche wertbestimmende Grundstücksmerkmale nicht berücksichtigt werden.

2. Vom Bundesrat wurde jedoch neben einer fakultativen Attributierung der Bodenrichtwerte (§ 10 Abs. 2 ImmoWertV) empfohlen, die in § 10 Abs. 3 des 1. RegE vorgesehene Regelung zur Abgrenzung von Bodenrichtwertzonen dahingehend abzuändern, dass eine Abweichung der Bodenwerte der einzelnen Grundstücke einer Zone bis zu 30 % ober- oder unterhalb des Bodenrichtwerts (anstelle 20 %) zulässig sein soll (vgl. § 10 ImmoWertV Rn. 2, 8, 63 ff.).

---

132 Vgl. GuG-aktuell 2008, 18.
133 Simon in GuG 2008, 132, 210.
134 Fischer, Ist eine Neufassung der WertV erforderlich? GuG 2009, 106; Kleiber, Novellierung der WertV: Neuer Wein in alten Schläuchen?, AIZ Das Immobilienmagazin 2009, 27 und 52; Bundesvereinigung Spitzenverbände der Immobilienwirtschaft (BSI) und der GdW (GuG 2008, 299); Esser, Anforderungen der Wohnungswirtschaft an eine Novellierung der WertV, GuG 2008, 263, Kleiber, Novellierung der Wertermittlungsverordnung (WertV), vhw-Veranstaltung am 8.11.2008; ders. Immobilien- und Schadensbewertung II, expert-Verlag Forum Eipos Bd. 18; Dieterich, in GuG 2010, 86.
135 BR-Drucks. 296/09 vom 3.4.2009, BR-Drucks. 296/09 (Beschluss) vom 15.5.2009, BR-Drucks. 171/10.
136 BR-Drucks. 296/09 vom 3.4.2009, BR-Drucks. 171/10 vom 26.3.2010.
137 BR-Drucks. 296/09 (Beschluss) vom 15.5.2009.

Entstehungsgeschichte ImmoWertV IV

3. Die weitergehenden **Empfehlungen der Ausschüsse**[138] wurden nicht vom Bundesrat übernommen.

1.3.2.4 Zweiter Regierungsentwurf

Das Bundeskabinett hat am 24.3.2010 einen 2. RegE beschlossen und dem Bundesrat erneut zugeleitet[139]. Die BReg hat mit dem 2. RegE der vom Bundesrat vorgeschlagenen Heraufsetzung der Abweichungsquote (einzelnen Grundstücken vom Bodenrichtwert) unverständlicherweise nicht zustimmen wollen. Im 2. RegE wurde § 10 Abs. 3 i. d. F. des 1. RegE ersatzlos fallen gelassen (vgl. § 10 ImmoWertV Rn. 2, 8, 63 ff.). 21

Der Bundesrat hat dem 2. RegE in seiner 869. Sitzung am 7.5.2010 ohne Maßgaben zugestimmt[140]. Zuvor hatten der Ausschuss für Agrarpolitik und Verbraucherschutz, der Finanzausschuss und der Ausschuss für Städtebau, Wohnungswesen und Raumordnung am 22.4.2010 dem 2. RegE einstimmig zugestimmt; lediglich im Finanzausschuss gab es eine Enthaltung.

Die **ImmoWertV** vom 27.5.2010 **ist** im BGBl. I Nr. 25 vom 27.5.2010 auf S. 639 verkündet worden und **am 1.7.2010 in Kraft getreten.**

1.3.3 Allgemeine Zielsetzungen

Bezüglich der allgemeinen mit der ImmoWertV verfolgten Zielsetzungen erscheint es angezeigt, zunächst auf die in der Begründung zur Ursprungsfassung (WertV 1961) herausgestellten Ziele hinzuweisen. Mit der WertV sollten (erstmals) **einheitliche Methoden der Verkehrswertermittlung** geschaffen werden, da die Ergebnisse der Verkehrswertermittlung allein schon aufgrund unterschiedlicher Ermittlungsmethoden nicht unerheblich voneinander abwichen. Dem sollte durch einheitliche Rechtsgrundlagen entgegengewirkt werden[141]. Neben einheitlichen Ermittlungsmethoden war es auch Ziel der WertV 1961, im Interesse einer gleichmäßigen Handhabung und einer besseren Vergleichbarkeit der Ergebnisse die erforderlichen Begriffsbestimmungen zu geben, da gerade die Verwendung gleicher Begriffe, wenn sie verschieden verstanden werden, häufig Ursache von unterschiedlichen Ermittlungsergebnissen ist. 22

Diese Zielsetzung ist bereits in dem von der Bundesregierung beschlossenen Entwurf eines Bundesbaugesetzes[142], der noch keine Ermächtigungsvorschrift enthielt, erkennbar. § 168 Abs. 3 des Entwurfs regelt im Einzelnen, auf welchem Weg die Schätzstelle zu dem Verkehrswert zu gelangen hat. Der Gesetzesentwurf lehnt im Wesentlichen an den von der Hauptkommission für die Baugesetzgebung beim Bundesminister für Wohnungsbau vorgelegten Entwurf eines Baugesetzes vom 2. März 1956[143] an. Bereits in der Begründung des Gesetzentwurfs wird festgestellt, dass die allgemeinen Grundsätze des § 168 naturgemäß nicht ausreichen, „um zu gewährleisten, dass die Schätzstelle auch tatsächlich nach den gleichen Methoden und nach den gleichen Gesichtspunkten schätzen" und es allgemeiner Verwaltungsvorschriften bedarf, „die sich bis in die technischen Einzelheiten erstrecken müssen". Es war vorgesehen, über Art. 84 Abs. 2 GG zu gegebener Zeit entsprechende Vorschriften zu erlassen. Anstelle der im RegE vorgeschlagenen Festlegung der anzuwendenden Ermittlungsmethoden hat der Gesetzgeber die Bundesregierung schließlich ermächtigt, durch Rechtsverordnung mit Zustimmung des Bundesrates Vorschriften zu erlassen, um die Anwendung gleicher Grundsätze bei der Ermittlung der Verkehrswerte zu sichern. Eine einheitliche Regelung konnte bis dahin nur durch Verwaltungsvorschriften erreicht werden. Für den Bereich der Bundesvermögens- und Bauverwaltung waren deshalb vom BMF die Richtlinien für die Wertermittlung von Grundstücken vom 16.4.1955[144] erlassen worden, aus der die WertV 1961 hervorgegangen ist.

---

138 BR-Drucks. 296/1/09 vom 4.5.2009, BR-Drucks. 171/10 vom 26.3.2010.
139 BR-Drucks. 171/10 vom 26.3.2010.
140 BR-Drucks. 171/10 (Beschluss) vom 7.5.2010.
141 Begründung zur WertV 61, BAnz. Nr. 154 vom 12.8.1961, S. 3. Der Bundesrat hat dem Verordnungsentwurf der Bundesregierung (BT-Drucks. 261/61) ohne Änderungen in seiner 236. Sitzung am 14.7.1961 (S. 205) gem. Art. 80 Abs. 2 GG mehrheitlich zugestimmt, nachdem der BR-Ausschuss für Wiederaufbau und Wohnungswesen in seiner 108. Sitzung am 6.7.1961 keine Änderungsanträge beschlossen und der Bundesrat die Zustimmung empfohlen hatte (vgl. auch Sitzung des Unterausschusses vom 28.6.1961).
142 BR-Drucks. 352/56 vom 28.9.1956.
143 Schriftenreihe des BMWo Bd. 7 Köln.

Als **Eckpunkte der Neuregelungen** wurden herausgestellt:

1. Einbeziehung künftiger Entwicklungen

Klarstellung, dass die Verkehrswertermittlung nicht nur auf Ereignisse in der Vergangenheit reagiert, sondern immer die künftige Entwicklung, wenn sie sich anhand konkreter Anknüpfungstatsachen hinreichend sicher feststellen lässt, einbezogen werden muss (vgl. § 194 BauGB Rn. 44 ff.).

2. Berücksichtigung besonderer Flächen

Da mit den in der WertV 88 geregelten Entwicklungsstufen keine (unmittelbare) Aussage zur Wertigkeit der Flächen verbunden ist, soll klargestellt werden, dass die konkrete städtebauliche Situation beispielsweise von Brachflächen, Konversionsflächen, Stadtumbaugebieten, Flächen für die Nutzung von erneuerbaren Energien (z. B. Windparks zur Gewinnung von Windenergie) oder von Ausgleichsflächen für Eingriffe in Natur und Landschaft zu berücksichtigen sind (vgl. hierzu bereits § 5 ImmoWertV Rn. 14 f.).

3. Marktanpassung in der Verkehrswertermittlung

Zur Marktanpassung sind – entgegen den Regelungen der WertV 88 – zunächst die Lage auf dem Grundstücksmarkt und anschließend ggf. besondere objektspezifische Grundstücksmerkmale (z. B. Baumängel, Bauschäden) zu berücksichtigen.

4. Praxisgerechtere Ausgestaltung der Vorschriften zu den erforderliche Daten

In den Vorschriften über die erforderlichen Daten sollen Regelungen zu Bodenrichtwerten (§ 196 BauGB) und Marktanpassungsfaktoren aufgenommen werden, weil diese bislang trotz ihrer überragenden praktischen Bedeutung nicht als erforderliche Daten in den §§ 8 ff. WertV 88 geregelt sind.

5. Eigenständige Regelung der Ermittlung des Bodenwerts

Die in der WertV 88 verstreuten Vorschriften zur Bodenwertermittlung sollen in einer einzigen Vorschrift zusammengefasst und gestrafft werden. In der neuen Vorschrift soll als Grundsatz vorgegeben werden, dass der Bodenwert ohne Berücksichtigung der Bebauung (keine generelle „Bodenwertdämpfung") zu ermitteln ist.

6. Einbeziehung weiterer Varianten des Ertragswertverfahrens

Das in diesem Werk seit der 1. Auflage behandelte „vereinfachte Ertragswertverfahren", das bislang „amtlich" nur durch die WERTR 2006 eingeführt ist, soll in die ImmoWertV aufgenommen werden. Es kommt im Gegensatz zu dem bislang in der WertV geregelten umfassenden Ertragswertverfahren ohne Bodenwertverzinsungsbetrag aus. Entsprechendes gilt auch für das mehrperiodische Ertragswertverfahren. Es handelt sich hierbei stets um ein und dasselbe Verfahren und die „mathematischen" Varianten müssen deshalb zu ein und demselben Ergebnis führen[145].

7. Bessere Verständlichkeit/Straffung der Vorschriften zum Sachwertverfahren

Die Regelung zur Berücksichtigung von Baumängeln und Bauschäden soll nicht mehr im Abschnitt zum Sachwertverfahren, sondern bei der Vorschrift über die Verkehrswertermittlung (§ 8 ImmoWertV) im Anschluss an die Regelung zur Marktanpassung erfolgen. Dies, so der wohl mehr politische Hinweis des federführenden Bundesministeriums, entspräche der für das Sachwertverfahren gängigen und bewährten Praxis, Baumängel und Bauschäden erst nach der Marktanpassung anzusetzen, und stellt sicher, dass diese auch in anderen Wertermittlungsverfahren sachgerecht in Ansatz gebracht werden. Tatsächlich können die nach der Verordnung unter konsequenter Beachtung des Modellkonformitätsgrundsatzes erstatteten Gutachten auch für einen vorgebildeten Leser nicht mehr ohne Weiteres verständlich sein.

---

144 BAnz Nr. 91 vom 12.5.1955.
145 GuG 2008, 223.

8. Deregulierung

Durch einen insgesamt klareren systematischen Aufbau sowie Straffung und Zusammenfassung von Einzelregelungen soll eine Verringerung der Anzahl der Vorschriften in der ImmoWertV erreicht werden.

1.3.4 Aufbau der ImmoWertV

Die **ImmoWertV entspricht materiell der WertV 88/98** und sieht im Wesentlichen einen veränderten systematischen Aufbau und eine Verschlankung bestehender Regelung sowie die weitgehende Aufhebung der Regelungen zur Wertermittlung in Sanierungsgebieten und Entwicklungsbereichen sowie zur Enteignungsentschädigung vor.

Wie schon die WertV von 1961 hält auch die geltende ImmoWertV im Kern an der Unterteilung zwischen Vergleichs-, Ertrags- und Sachwertverfahren fest. Die Verfahren sind in ihren Grundzügen im **Abschnitt 3** geregelt, der als einziger Teil in Unterabschnitte untergliedert ist. Ihnen sind im **Abschnitt 1** allgemeine Grundsätze (Anwendungsbereich, Begriffsbestimmungen und allgemeine Verfahrensgrundsätze) sowie im **Abschnitt 2** die Grundsätze für die Ableitung der „Bodenrichtwerte und sonstiger erforderlicher Daten" vorangestellt. **Abschnitt 4** enthält „Schlussvorschriften" (Abb. 8):

Abb. 8: Aufbau der ImmoWertV

```
Aufbau der ImmoWertV

    ABSCHNITT 1
    Anwendungsbereich, Begriffsbestimmungen und allgemeine Verfahrensgrundsätze und (§§ 1 bis 8
    ImmoWertV)

    ABSCHNITT 2
    Bodenrichtwerte und sonstige erforderliche Daten (§§ 9 bis 14 ImmoWertV)

    ABSCHNITT 3
    Wertermittlungsverfahren (§§ 15 bis 23 ImmoWertV)

        Unterabschnitt 1:    Vergleichswertverfahren       (§§ 15, 16 ImmoWertV)
        Unterabschnitt 2:    Ertragswertverfahren          (§§ 17 bis 20 ImmoWertV)
        Unterabschnitt 3:    Sachwertverfahren             (§§ 21 bis 23 ImmoWertV)

    ABSCHNITT 4
    Schlussvorschrift (§ 24 ImmoWertV)

    ANLAGEN: Barwertfaktoren für die Kapitalisierung und Abzinsung
                                                                        © W. Kleiber 11
```

Abschnitt 1 der ImmoWertV regelt den Anwendungsbereich, Begriffsbestimmungen und allgemeine Verfahrensgrundsätze. Dabei wurde der Tatsache Rechnung getragen, dass bei jeder Verkehrswertermittlung grundsätzlich zwischen dem für

– die Qualifizierung des tatsächlichen und rechtlichen Zustands des zu bewertenden Grundstücks maßgeblichen Zeitpunkts (Qualitätsstichtag) und

– dem Zeitpunkt, auf den sich die Wertermittlung beziehen soll (Wertermittlungsstichtag),

unterschieden werden muss (§ 3 ImmoWertV). Während bei Wertermittlungen zu privaten Zwecken (z. B. bei Verkaufsabsichten) beide Stichtage i. d. R. zusammenfallen, muss im öffentlich-rechtlichen Bereich, wie bei Wertermittlungen im Zuge von Umlegungs-, Enteignungs- und Sanierungsverfahren nach den §§ 45 ff., 93 ff. und 136 ff. BauGB, im Regelfall zwischen beiden Stichtagen unterschieden werden, allerdings zumeist nur in Bezug auf den Entwicklungszustand des Grund und Bodens.

IV ImmoWertV — Aufbau

Da bei allen zur Anwendung kommenden Wertermittlungsverfahren gleichermaßen von jeweils **marktorientierten Daten auszugehen** ist, sind mit den §§ 4 bis 6 ImmoWertV – quasi vor die Klammer gezogen – die Vorschriften zusammengefasst worden, die die für die Vergleichbarkeit von Grundstücken wesentlichen Zustandsmerkmale tatsächlicher und rechtlicher Art namentlich aufführen.

Von besonderer Bedeutung ist dabei § 5 ImmoWertV, mit dem unter der Überschrift „Entwicklungszustand" bundeseinheitlich für Zwecke der Verkehrswertermittlung **Begriffsbestimmungen für Flächen der Land- oder Forstwirtschaft, Rohbauland, Bauerwartungsland und für baureifes Land** vorgegeben werden.

Die **Wahl der zur Anwendung kommenden Wertermittlungsverfahren**[146] oder eines einzelnen Wertermittlungsverfahrens ist in § 8 Abs. 1 ImmoWertV geregelt. Sie stellt eine entscheidende Weichenstellung für die Verkehrswertermittlung dar. Die ImmoWertV nennt hier das Vergleichs-, Ertrags- und das Sachwertverfahren. Die Verfahren selbst sind im Abschnitt 3 der ImmoWertV geregelt. Nach den in § 8 Abs. 1 ImmoWertV genannten Grundsätzen bestimmt sich das Wertermittlungsverfahren nach:

a) den im gewöhnlichen Geschäftsverkehr bestehenden Gepflogenheiten, d. h. nach den Überlegungen, die im Grundstücksverkehr nach Art des Grundstücks für die Preisbemessung maßgebend sind, sowie

b) den sonstigen Umständen des Einzelfalls, worunter in erster Linie die dem Sachverständigen für die Wertermittlung zur Verfügung stehenden Vergleichsdaten zu verstehen sind.

Nach der Art des Gegenstands der Wertermittlung kann es beispielsweise angezeigt sein, das Vergleichswertverfahren anzuwenden. Stehen dem Sachverständigen aber keine geeigneten Vergleichspreise in ausreichender Zahl zur Verfügung, so sind dies Umstände, die ein **Ausweichen auf weniger geeignete Verfahren** rechtfertigen.

25 Abschnitt 2 der ImmoWertV regelt zur Verbesserung der Wertermittlungsgrundlagen die Ableitung der „Bodenrichtwerte und sonstiger erforderlicher Daten der Wertermittlung". Es handelt sich dabei in erster Linie um (Bodenpreis-)Indexreihen, Umrechnungskoeffizienten, Liegenschaftszinssätze und Vergleichsfaktoren für bebaute Grundstücke. Nach § 9 ImmoWertV „sind" diese Daten (vom Gutachterausschuss) abzuleiten und sollen vor allem beim Vergleichswertverfahren zur Berücksichtigung von Abweichungen der wertbeeinflussenden Merkmale der Vergleichsgrundstücke von dem zu bewertenden Grundstück herangezogen werden (vgl. §§ 11, 12 und 14 ImmoWertV).

26 Abschnitt 3 der ImmoWertV regelt in drei Unterabschnitten allgemeine Grundsätze des

– Vergleichswertverfahrens (*Comparison Approach*),

– Ertragswertverfahrens (*Rental Method*) und

– Sachwertverfahrens (*Cost Approach*).

Die verfahrensrechtlichen Regelungen stehen in einem engen Zusammenhang mit § 8 des Abschnitts 1, der die Wahl des Wertermittlungsverfahrens und die Ableitung des Verkehrswerts aus dem Ergebnis des angewandten Verfahrens regelt (vgl. Rn. 28 ff.).

a) Das **in den §§ 15 und 16 ImmoWertV geregelte Vergleichswertverfahren** wurde gegenüber dem bisherigen Recht unwesentlich modifiziert und durch eine eigenständige Vorschrift über die Bodenwertermittlung ergänzt.

b) Das **in den §§ 17 bis 20 ImmoWertV geregelte Ertragswertverfahren** entspricht in seinen Grundzügen dem bisherigen Recht der WertV 88/98. Das bisherige Ertragswertverfahren wird jedoch **in drei** materiell identischen Varianten geregelt, die schon seit jeher Gegenstand dieses Werks waren[147]:

---

[146] Wertermittlungsverfahren stellen Hilfswege für die Ableitung des normativ an dem Geschehen auf dem Grundstücksmarkt orientierten Marktwerts dar, vgl. Begründung zur WertV 61, BAnz. Nr. 154 vom 12.8.1961; Begründung zur WertV 72, BR-Drucks. 265/72, S. 3.
[147] GuG 2007, 223.

- das sog. „*zweigleisige*" Ertragswertverfahren unter Aufspaltung in einen Boden- und Gebäudewertanteil (*Allgemeines [umfassendes] Standardverfahren*),
- das sog. „*eingleisige*" Ertragswertverfahren ohne Aufspaltung in einen Boden- und Gebäudewertanteil (fälschlicherweise als „*vereinfachtes Ertragswertverfahren*" bezeichnet) und
- das sog. *mehrperiodische* Ertragswertverfahren – auch Phasenmodell genannt – nach der allgemeinen Barwertformel.

Die in § 17 ImmoWertV geregelten **drei Varianten des Ertragswertverfahrens stellen lediglich mathematisch unterschiedliche Ausformungen ein und desselben Verfahrens dar und führen** „auf den Cent genau" **zu exakt identischen Ergebnissen.** Das bisher in § 20 WertV 88/98 geregelte Liquidationswertverfahren ist in § 16 Abs. 3 ImmoWertV aufgegangen. Bei Anwendung des Ertragswertverfahrens ist in diesen Fällen von dem sich nach dieser Vorschrift ergebenden Bodenwert auszugehen.

Bei allen Verfahren soll – ausgehend von **marktüblich erzielbaren Erträgen** – die allgemein erwartete Ertragsentwicklung – anders als bei dem auf prognostische Ansätze basierenden *Discounted Cash Flow* Verfahren – nach dem diesbezüglich eindeutigen Wortlaut der Verordnung mithilfe des Liegenschaftszinssatzes berücksichtigt werden. Von daher sind die zahlreichen Hinweise in der Begründung auf das *Discounted Cash Flow* Verfahren fachlich irreführend[148] und sind von der Fachwelt mit großer Verwunderung aufgenommen worden („Türkennovelle"[149]).

c) Das **in den §§ 21 bis 23 ImmoWertV geregelte Sachwertverfahren** wurde gegenüber dem bisherigen Recht in einer Reihe von Punkten geändert. Der Sachwert setzt sich wie bisher aus dem Wert der baulichen Anlagen, dem Wert der sonstigen Anlagen und dem Bodenwert zusammen. Der unter Berücksichtigung der (künftig linearen) Alterswertminderung ermittelte (vorläufige) Sachwert ist sodann mithilfe der von den Gutachterausschüssen abgeleiteten Sachwertfaktoren an die Lage auf dem Grundstücksmarkt anzupassen (§ 8 Abs. 2 Nr. 1 ImmoWertV). Besondere objektspezifische Grundstücksmerkmale sind, soweit sie noch nicht berücksichtigt worden sind, sodann in einem zweiten Schritt zu berücksichtigen (§ 8 Abs. 2 Nr. 2 ImmoWertV) und in den Sachwert einzubeziehen. Diese Reihenfolge entspricht der Praxis und ist geboten, denn die Sachwertfaktoren werden regelmäßig aus Vergleichsdaten ohne besondere objektspezifische Grundstücksmerkmale abgeleitet.

Die in Abschnitt 3 geregelten Wertermittlungsverfahren sind nach Maßgabe der **zentralen Regelung des § 8 ImmoWertV** anzuwenden. Die in § 8 Abs. 2 und 3 ImmoWertV vorgeschriebene Marktanpassung sowie die Berücksichtigung „besonderer objektspezifischer Grundstücksmerkmale" sind integraler Bestandteil der Wertermittlungsverfahren. Daraus folgt, dass jeweils ergänzend zu den Regelungen des Vergleichswertverfahrens (§§ 15 und 16 ImmoWertV), des Ertragswertverfahrens (§§ 17 bis 20 ImmoWertV) und des Sachwertverfahrens (§§ 21 bis 23 ImmoWertV) insbesondere die „besonderer objektspezifischer Grundstücksmerkmale" berücksichtigt werden müssen, um zum Vergleichs-, Ertrags- oder Sachwert zu gelangen.

Dementsprechend ergibt sich unter Anwendung der Regelungen des Dritten Abschnitts lediglich der **„vorläufige" Vergleichs-, Ertrags- oder Sachwert**. Diese sind möglichst unter Berücksichtigung der jeweiligen Lage auf dem Grundstücksmarkt zu ermitteln, jedoch wird mit § 8 Abs. 2 ImmoWertV die ergänzende Berücksichtigung der Lage auf dem Grundstücksmarkt ausdrücklich für den Fall vorgeschrieben, dass die Lage auf dem Grundstücksmarkt noch nicht hinreichend „im" Wertermittlungsverfahren berücksichtigt worden ist.

- Bei Anwendung des *Vergleichswertverfahrens* geht die Lage auf den Grundstücksmarkt grundsätzlich bereits mit den Vergleichspreisen bzw. mit den Vergleichsfaktoren bebauter

---

148 Vgl. auch Stellungnahme des GdW in GuG 2008, 299 und Esser in GuG 2008, 263.
149 Vgl. Glosse in GuG-aktuell 2009, 9; Moll-Amrein, M., Der Liegenschaftszinssatz in der Immobilienbewertung, Diss. 2009, Wiesbaden.

IV ImmoWertV — Aufbau

Grundstücke „in" das Wertermittlungsverfahren ein, jedoch kann auch hier eine Anpassung erforderlich werden, wenn zwischenzeitliche Änderungen der allgemeinen Wertverhältnisse auf dem Grundstücksmarkt zu berücksichtigen sind.

– Bei Anwendung des *Ertragswertverfahrens* geht die Lage auf dem Grundstücksmarkt grundsätzlich bereits mit marktgerechten Ertragsverhältnissen (Nutzungsentgelte und Bewirtschaftungskosten) und vor allem mit dem herangezogenen Liegenschaftszinssatz „in" das Wertermittlungsverfahren ein, jedoch können auch diesbezüglich Änderungen der allgemeinen Wertverhältnisse auf dem Grundstücksmarkt noch zu berücksichtigen sein, soweit sie nicht in den Liegenschaftszinssatz eingegangen sind bzw. eingestellt worden sind.

– Bei Anwendung des *Sachwertverfahrens* ist die Lage auf dem Grundstücksmarkt unter Heranziehung von Sachwertfaktoren i. S. des § 14 Abs. 2 Nr. 1 ImmoWertV zu berücksichtigen. Dies ist darin begründet, dass schon per definitionem die nach § 22 ImmoWertV anzusetzenden gewöhnlichen Herstellungskosten nicht zwangsläufig dem entsprechen, was im gewöhnlichen Geschäftsverkehr wertmäßig für das damit hergestellte Werk erzielt werden kann, und auch die Alterswertminderung gewährleistet noch keine Anpassung an den Marktwert.

– Auch bei Anwendung des *Extraktionsverfahrens* (Residualwertverfahren) kann das ermittelte Residuum im Übrigen keinesfalls „automatisch" dem Verkehrswert gleichgesetzt werden. Auch hier müssen ggf. das Ergebnis anderer angewandter Verfahren sowie die Lage auf dem Grundstücksmarkt berücksichtigt werden, um daraus den Verkehrswert abzuleiten.

29 Unter Berücksichtigung der Lage auf dem Grundstücksmarkt ergibt sich der **marktangepasste vorläufige Vergleichs-, Ertrags- und Sachwert**.

30 Im Anschluss an die subsidiäre Berücksichtigung der Lage auf dem Grundstücksmarkt sind nach § 8 Abs. 2 ImmoWertV ergänzend die **besonderen objektspezifischen Grundstücksmerkmale** zu berücksichtigen, soweit sie nicht wiederum bereits „im" Wertermittlungsverfahren berücksichtigt worden sind. Besondere objektspezifische Grundstücksmerkmale sind insbesondere die bislang in den §§ 19, 24 und 25 WertV 88/98 angesprochenen Baumängel und Bauschäden, sonstige wertbeeinflussende Grundstücksmerkmale (insbesondere eine wirtschaftliche Überalterung, ein überdurchschnittlicher Erhaltungszustand, von den marktüblich erzielbaren Erträge abweichende Erträge) sowie solche Grundstücksmerkmale, die bei konsequenter Beachtung des Grundsatzes der Modellkonformität zunächst unberücksichtigt geblieben sind und nachträglich berücksichtigt werden (vgl. § 8 ImmoWertV Rn. 179 ff.). Soweit sich daraus eine Werterhöhung oder eine Wertminderung ergibt, sind sie in einer den Marktwert beeinflussenden Höhe zu ermitteln; die Schadensbeseitigungskosten können dafür nur einen Anhalt bieten.

31 Der sich unter Berücksichtigung der „Lage auf dem Grundstücksmarkt" sowie der besonderen objektspezifischen Grundstücksmerkmale ergebende Vergleichs-, Ertrags- und Sachwert ist zugleich der Marktwert (Verkehrswert), wenn die Lage auf dem Grundstücksmarkt und die Grundstücksmerkmale in marktkonformer Weise berücksichtigt worden sind. Von allgemeinen Rechnungsgenauigkeiten abgesehen, müssen Vergleichs-, Ertrags- und Sachwert sogar identisch sein[150], denn es gibt nun einmal nur einen Marktwert (Verkehrswert). Der Verordnungsgeber hat aber seine Augen nicht davor verschließen können, dass die vorstehende Zielsetzung in der Praxis nicht immer erreichbar sein wird. **§ 8 Abs. 1 Satz 3 ImmoWertV** enthält diesbezüglich eine **Angstklausel**. Danach ist der Verkehrswert aus dem Ergebnis des oder der herangezogenen Verfahren unter Würdigung seiner oder ihrer Aussagefähigkeit zu ermitteln (vgl. Abb. 9).

---

150 BR-Drucks. 352/88, S. 43 f.

Abb. 9: Ableitung des Verkehrswerts aus dem Vergleichs-, Ertrags- und/oder Sachwertverfahren nach § 8 ImmoWertV

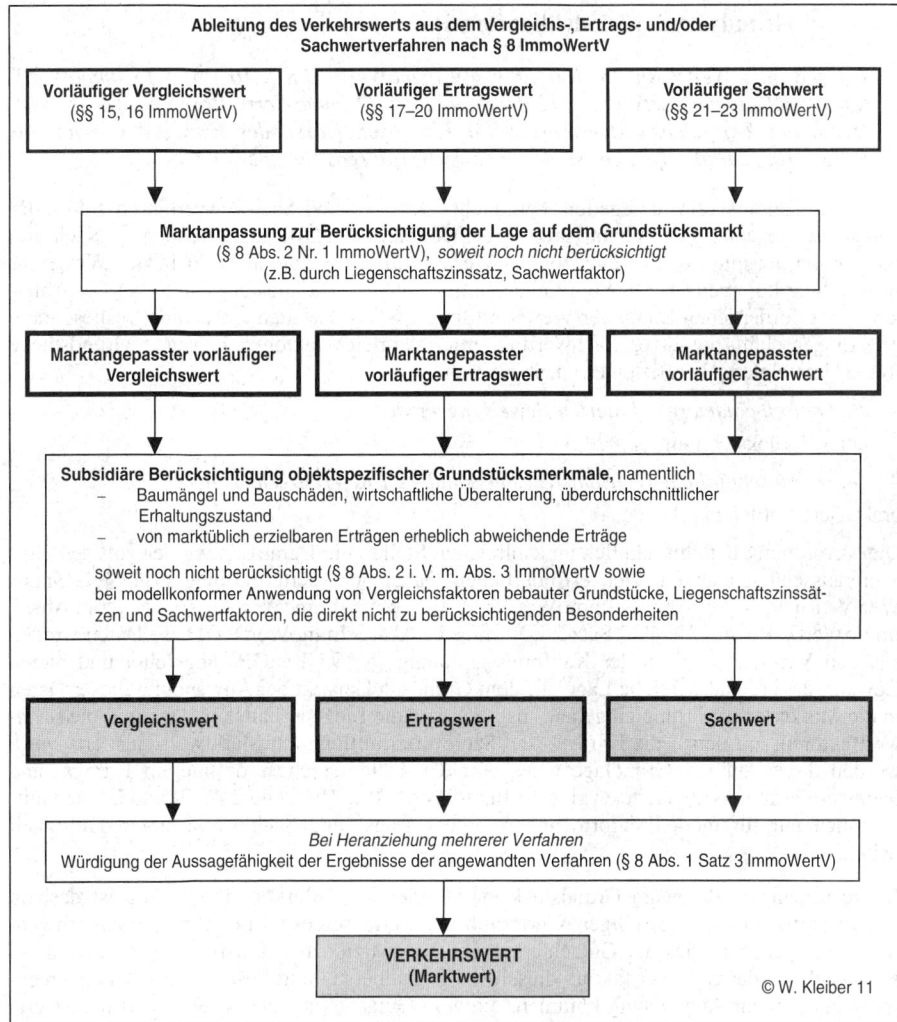

Abschnitt 4 der ImmoWertV (Schlussvorschrift) regelt nur noch das Inkrafttreten der ImmoWertV und das Außerkrafttreten der WertV.

Die ImmoWertV hat eine Reihe von Vorschriften der WertV 88/89 nicht übernommen.

Fortgefallene Regelungen:

– Die bisher in den §§ 26 bis 28 WertV 88/98 geregelte Ermittlung des sanierungs- bzw. entwicklungsunbeeinflussten Grundstückswerts, des Neuordnungswerts i. S. des § 153 Abs. 1 und Abs. 4 BauGB sowie die Ermittlung von Ausgleichsbeträgen nach den §§ 154 f. BauGB sind nicht in die ImmoWertV übernommen worden, da sie dem materiellen Recht des BauGB entsprechen.

– Auch die Vorschrift des § 29 WertV 88/89 über das Verbot von Doppelentschädigungen bei der **Ermittlung von Vermögensnachteilen** nach § 96 BauGB unter Berücksichtigung

1.3.5 Grundsatz der Modellkonformität

▶ *Vgl. § 8 ImmoWertV Rn. 73, 180, 389; § 9 ImmoWertV Rn. 4, 16, 25; § 13 ImmoWertV Rn. 17; § 14 ImmoWertV Rn. 2, 12 ff., 25, 94 ff.; § 22 ImmoWertV Rn. 18 ff., 27, 35; Syst. Darst. des Vergleichswertverfahrens Rn. 176; Syst. Darst. des Ertragswertverfahrens Rn. 33, 103, 249 ff.; Syst. Darst. des Sachwertverfahrens Rn. 235*

34 Die in der ImmoWertV geregelten Vergleichs-, Ertrags- und Sachwertverfahren sind unter stringenter Beachtung des **Grundsatzes der Modellkonformität** anzuwenden[151]. Nach diesem Grundsatz muss das herangezogene Wertermittlungsverfahren exakt in der Weise zur Anwendung kommen, wie es vom Gutachterausschuss für Grundstückswerte bei der Ableitung der erforderlichen Daten der Wertermittlung i. S. des Zweiten Abschnitts (insbesondere der Liegenschaftszinssätze, Sachwertfaktoren, Vergleichsfaktoren bebauter Grundstücke sowie Umrechnungskoeffizienten) nach einem

– *methodisch eindeutig definierten Bewertungsmodell*

unter Berücksichtigung

– *der (durchschnittlichen) Grundstücksmerkmale der Referenzgrundstücke*

praktiziert worden ist.

Die Verordnung befiehlt nämlich an zahlreichen Stellen die Heranziehung der von den Gutachterausschüssen abgeleiteten erforderlichen Daten der Wertermittlung (vgl. § 9 ImmoWertV Rn. 9; § 11 Abs. 1 ImmoWertV; § 12, § 13 ImmoWertV Rn. 5; § 14 Abs. 1 ImmoWertV Rn. 4, 137; § 20 Satz 2 i. V. m. § 14 Abs. 3 ImmoWertV). Diese Daten werden aus den Vergleichspreisen der Kaufpreissammlung (§ 195 BauGB) abgeleitet und bieten Gewähr, dass die tatsächliche Lage auf dem Grundstücksmarkt bei Anwendung dieser Daten in die Marktwertermittlung eingehen. Insbesondere die Liegenschaftszinssätze und die Sachwertfaktoren, mit denen die Ertrags- und Sachwertermittlung am Marktwert „justiert" wird, werden direkt auf der Grundlage eines vom Gutachterausschuss definierten Ertrags- und Sachwertverfahrens abgeleitet (vgl. § 14 ImmoWertV Rn. 21 ff. und 207 ff.) und können mithin auch nur für modellkonform angewandte Ertrags- und Sachwertverfahren Gültigkeit haben.

35 Voraussetzung für eine am Grundstücksmarkt orientierte Marktwertermittlung ist deshalb zwangsläufig, dass die jeweiligen Wertermittlungsverfahren exakt in der Weise zur Anwendung kommen, wie dies der Gutachterausschuss praktiziert hat. Beispielsweise müssen bei Heranziehung des Sachwertfaktors dieselben Normalherstellungskosten und Flächenberechnungsnormen zur Anwendung kommen, die vom Gutachterausschuss für Grundstückswerte bei der Ableitung des Sachwertfaktors herangezogen wurden. Überspitzt formuliert müssen die Normalherstellungskosten noch nicht einmal „richtig" sein. Die angewandte Methode der Sachwertermittlung kann falsch oder richtig sein. Eine **methodische falsche Sachwertermittlung kann gleichwohl zum „richtigen" Verkehrswert führen, wenn der Sachwertfaktor das „falsche" (vorläufige) Sachwertergebnis „richtet"**, d. h. an den Verkehrswert (Marktwert) justiert. Die Frage, was methodisch der „richtige" oder „falsche" Sachwert ist, kann bei alledem unbeantwortet bleiben, wenn man nur in demselben System bleibt (Grundsatz der Modell- bzw. Systemkonformität).

Vornehmste Pflicht der Gutachterausschüsse ist es daher, bei der **Veröffentlichung der für die Wertermittlung erforderlichen Daten** (Liegenschaftszinssätze, Sachwertfaktoren usw.) sämtliche Bezüge und Verfahrensgrundsätze umfassend offen zu legen, denn nur so ist eine sachgerechte Anwendung dieser Daten innerhalb des **Bezugssystems dieser Daten** gewährleistet.

---

[151] So nunmehr auch ausdrücklich Nr. 1 Abs. 2 der SachwertR.

Richtlinien **ImmoWertV IV**

Die **den Sachwertfaktoren, dem Liegenschaftszinssatz, den Vergleichsfaktoren bebauter Grundstücke und den sonstigen „erforderlichen Daten der Wertermittlung" zugrundeliegenden Bezugssysteme (Inertialsysteme) können sich erheblich unterscheiden,** denn weder mit der ImmoWertV noch mit den dazu vom BMVBS gegebenen Empfehlungen (Wertermittlungsrichtlinien) werden die von der Praxis erwarteten Vorgaben für die Ableitung dieser Daten gemacht. Aufgrund der Verschiedenartigkeit der **Bezugssysteme (Inertialsysteme)** sind die von den verschiedenen Gutachterausschüssen abgeleiteten „erforderlichen Daten der Wertermittlung" nur sehr beschränkt vergleichbar.

Die **strikte Beachtung des Grundsatzes der Modellkonformität hat zur Folge, dass** die nach Abschnitt 3 ermittelten „vorläufigen marktangepassten Vergleichs-, Ertrags-, Sachwerte" z.B. den Wertanteil des Grund und Bodens sowie der baulichen und sonstigen Anlagen nur noch in dem Umfang berücksichtigen, wie dies den durchschnittlichen Grundstücksmerkmalen der Grundstücke (bzw. des Referenz- oder Normgrundstücks) entspricht, die, z. B. der Ableitung des einschlägigen Liegenschaftszinssatzes bzw. des Vergleichs- oder Sachwertfaktors zugrunde liegen. Besondere objektspezifische Merkmale des Grund und Bodens sowie der baulichen und sonstigen Anlagen müssen dann ergänzend nach § 8 Abs. 3 ImmoWertV berücksichtigt werden. Damit wird insbesondere **die Ermittlung des anteiligen Boden- und Gebäudewerts auseinandergerissen** und die Lesbarkeit und das Verständnis einer Wertermittlung erheblich beeinträchtigt (vgl. die näheren Erläuterungen zu § 8 Abs. 3 ImmoWertV). 36

1.3.6 Sonstige Wertermittlungsverfahren

▶ *Vgl. § 8 ImmoWertV Rn. 32; Syst. Darst. des Ertragswertverfahrens unter den Rn. 24, 35; Syst. Darst. des Vergleichswertverfahrens Rn. 447 ff.*

Die **Wertermittlungsverfahren** werden in Abschnitt 3 der ImmoWertV entsprechend der vollständigen Bezeichnung der Verordnung lediglich **in ihren Grundzügen ohne Anspruch auf Vollständigkeit** geregelt. Damit ist die Anwendung anderer in der ImmoWertV nicht ausdrücklich geregelter Methoden nicht ausgeschlossen. Dies bedeutet aber andererseits auch nicht, dass damit jedes andere Verfahren zur Anwendung kommen kann; vielmehr muss es sich um geeignete Verfahren handeln, die zu einem sachgerechten Ergebnis i. S. der Verkehrswertdefinition führen. 37

Aufbauend auf den anerkannten Grundsätzen der in der ImmoWertV geregelten Vergleichs-, Ertrags- und Sachwertverfahren haben sich die Wertermittlungsverfahren in der Praxis fortentwickelt. Das BVerwG[152] hat hierzu festgestellt, dass zumindest in den Fällen, in denen eine der in der WertV vorgesehenen Methoden nicht angewendet werden kann, **auch andere geeignete Methoden** zur Anwendung kommen und entwickelt werden können. Auch lassen sich die geregelten Verfahren modifizieren. Zu fordern ist jedoch, dass das angewandte Verfahren in sich „schlüssig" ist[153] und nicht das Wertbild verzerrt (vgl. § 8 ImmoWertV Rn. 32).[154] 38

a) In der Wertermittlungspraxis werden bei Anwendung des in den §§ 17 bis 20 ImmoWertV geregelten Ertragswertverfahrens die Möglichkeiten der Vereinfachungen, die dieses Verfahren insbesondere bei Objekten, deren Bebauung eine lange Restnutzungsdauer aufweist, bietet, oftmals nicht erkannt. Hierauf wird in der Syst. Darst. des Ertragswertverfahrens hingewiesen. Im Hinblick auf die bestehenden Möglichkeiten, bei Anwendung des Ertragswertverfahrens auf die Ermittlung des Bodenwerts zu verzichten, spricht man auch

---

[152] BVerwG, Urt. vom 16.1.1996 – 4 B 69/95 –, GuG 1996, 111 = EzGuG 15.83.
[153] BFH, Urt. vom 18.12.1984 – VIII R 195/82 –, BFHE 142, 558 = EzGuG 20.108b.
[154] BGH, Urt. vom 29.5.1967 – III ZR 126/66 –, BGHZ 48, 65 = EzGuG 18.35; BGH, Urt. vom 2.2.1971 – III ZR 165/69 –, BGHZ 57, 108 = NJW 1971, 2226 = EzGuG 20.51; BGH, Urt. vom 26.10.1972 – III ZR 78/71 –, BRS Bd. 26 Nr. 106 = NJW 1973, 287 = EzGuG 18.57; BGH, Urt. vom 20.3.1975 – III ZR 153/72 –, BRS Bd. 34 Nr. 120 = NJW 1975, 1406 = EzGuG 18.64; BGH, Urt. vom 14.12.1978 – III ZR 6/77 –, NJW 1980, 39 = BRS Bd. 34 Nr. 152 = EzGuG 4.63; BGH, Urt. vom 23.6.1983 – III ZR 39/82 –, BRS Bd. 45 Nr. 102 = MDR 1984, 124 = WM 1983, 997 = EzGuG 20.102; vgl. auch Maunz/Dürig/Herzog/Scholz, GG, Art. 14, S. 66.

IV ImmoWertV — Richtlinien

vom **Vereinfachten Ertragswertverfahren**, das in der Syst. Darst. des Ertragswertverfahrens unter den Rn. 24 und 35 behandelt wird.

b) Des Weiteren kommt z. B. im Rahmen von Investitionsüberlegungen hilfsweise auch das **Extraktionsverfahren (Residualwertverfahren)** insbesondere dann zur Anwendung, wenn es um die Marktwertermittlung umnutzungsbefangener Immobilien mit Entwicklungspotenzial geht. Bei Anwendung dieses Verfahrens wird – vereinfacht ausgedrückt – der Verkehrswert eines Grundstücks aus dem z. B. im Wege des Vergleichs- oder Ertragswertverfahrens ermittelten Verkehrswert, der sich fiktiv nach Durchführung einer beabsichtigten Entwicklung ergibt, unter Berücksichtigung der Entwicklungs- und ggf. Herstellungskosten abgeleitet. Auch der Marktwert von wartestem Bauland wird ähnlich abgeleitet, wenn dafür keine geeigneten Vergleichspreise zur Verfügung stehen. Dabei wird vom Verkehrswert für baureifes Land ausgegangen, der um die Kosten der Baulandentwicklung vermindert wird. Der Differenzbetrag stellt in solchen Fällen das Residuum dar, das dann Grundlage der Wertermittlung sein soll. Die Extraktion (Residualwertverfahren) ist allerdings nur dann geeignet, wenn sich die miteinander in Beziehung gesetzten Größen am Verkehrswert orientieren (vgl. Syst. Darst. des Vergleichswertverfahrens Rn. 447 ff.).

39 **Die ImmoWertV enthält keinerlei Regelungen über ein auf Prognosen gestütztes Ertragswertverfahren (Discounted Cash Flow Verfahren).** Diesbezüglich hat es in der Fachwelt erhebliche Irritationen gegeben, weil im Bericht der Arbeitsgruppe der Eindruck erweckt wurde, dass ein prognosegestütztes Ertragswertverfahren *(Discounted Cash Flow Verfahren)* in die Verordnung aufgenommen werden solle. Tatsächlich hat das Gremium dies aber gerade nicht vorgeschlagen; vielmehr hält es an dem international gebräuchlichen Ertragswertverfahren auf der Grundlage des Liegenschaftszinssatzes *(all over capitalization rate)* und der am Wertermittlungsstichtag „marktüblich" erzielbaren Erträge unmissverständlich fest. Die Irritationen sind durch fachlich unzutreffende Begründungen im Bericht der Arbeitsgruppe entstanden und haben in einer für ein Bundesministerium auffälligen Weise Eingang in die amtliche Begründung des RegE gefunden.

a) Im Schrifttum und in der Praxis wird unter einem *Discounted Cash Flow* Verfahren eine besondere Variante des Ertragswertverfahrens verstanden, bei dem nicht von den am Wertermittlungsstichtag marktüblich erzielbaren Erträgen, sondern von prognostizierten Erträgen ausgegangen wird. Diese Erträge werden konsequenterweise nicht unter Heranziehung des Liegenschaftszinssatzes *(all over capitalization rate)*, sondern mit einem besonderen kapitalmarktorientierten Diskontierungs- bzw. Kapitalisierungszinssatz kapitalisiert. Es handelt sich um ein anerkanntes Verfahren der Unternehmensbewertung und der Ermittlung von Investitionswerten.

b) Da es derzeit kein für die Verkehrswertermittlung (Marktwertermittlung) geeignetes prognosegestütztes Ertragswertverfahren *(Discounted Cash Flow* Verfahren*)* gibt, ist die Aufnahme des Verfahrens in die ImmoWertV von dem im Vorfeld der Novellierung einberufenen Gremium abgelehnt worden.

c) Das in der ImmoWertV geregelte Ertragswertverfahren lässt grundsätzlich nur eine sich auf marktüblich erzielbare Erträge stützende Ertragswertermittlung zu und schreibt für deren Kapitalisierung ausdrücklich die Heranziehung von Liegenschaftszinssätzen vor.

d) Demzufolge wird mit der ImmoWertV – entgegen zahlreichen fachlich unzutreffenden Ausführungen ihrer Begründung[155] – kein prognoseorientiertes Ertragswertverfahren *(Discounted Cash Flow* Verfahren*)* eingeführt. Die Begründung stützt sich dabei auf fachlich unzutreffende Ausführungen in dem vom BMVBS veröffentlichten Bericht des Sachverständigengremiums zur Überprüfung des Wertermittlungsrechts, mit dem schon zuvor der unzutreffende Eindruck erweckt wurde, die ImmoWertV führe das *Discounted Cash*

---

[155] Vgl. BT-Drucks. 296/09 sowie BT-Drucks. 171/10, Begründung Ziff. III zum allgemeinen Teil und Begründungen zu den §§ 16 und 17.

Flow Verfahren ein. *Geppert/Werling*[156] bemerken hierzu, dass man dann auch eine „Packung Fischstäbchen als normierten Kabeljau" bezeichnen könnte.

e) Wegen der dadurch eingetretenen Irritationen („Mogelpackung") ist vom Bund der öffentlich bestellten Sachverständigen (BVS)[157] eine Berichtigung der amtlichen Begründung gefordert worden, dem das Ministerium unverständlicherweise nicht nachgekommen ist.

f) Gleichwohl schließt die ImmoWertV ein prognosegestütztes Ertragswertverfahren *(Discounted Cash Flow Verfahren)* auch nicht aus. Die vorstehend genannte Entscheidung des BVerwG[158], nach der weitere in der Wertermittlungspraxis unter anderer Bezeichnung angewandte Verfahren grundsätzlich anwendbar sind, gilt auch bezüglich des *Discounted Cash Flow* Verfahrens. Allerdings haben sich in der Wertermittlungspraxis noch keine allgemein anerkannten Verfahrensgrundsätze eines prognoseorientierten Ertragswertverfahrens *(Discounted Cash Flow Verfahren)* herausgebildet und auch die von der gif und dem BIIS entwickelten Verfahren haben keine allgemeine Anerkennung finden können. Abzulehnen sind insbesondere kommerziell angebotene „*Black Box*"-Verfahren, die vor deutschen Gerichten schon deshalb kaum Bestand haben können, weil dem Anwender und „Verbraucher" dieser Rechenverfahren die gemachten Ansätze undurchsichtig und unbegründet sind.

1.4 Ergänzende Wertermittlungsrichtlinien

1.4.1 Allgemeines

Schrifttum: *Bundesverband Deutscher Grundstückssachverständiger (BDGS)*, Vorschläge zur Überarbeitung des Teils II WERTR 96, GuG 1999, 1; *Bertz, U.*, Neubekanntmachung der WERTR 02, GuG 2003, 22; *Schmalgemeier, H.*, Neue Wertermittlungsrichtlinien – Anforderungen der Praxis, GuG 1991, 41; *Simon, J.*, Anmerkungen zu den Wertermittlungs-Richtlinien, GuG 1992, 68; *Simon, J.*, Bewertung von Erbbaurechten nach WERTR 06, GuG 2006, 129; *Simon, J.*, Verkehrswert von Wohnungsrecht und Nießbrauch nach WERTR 06, GuG 2006, 211; *Stemmler, J./ Menning, U.*, Zur Novellierung der Wertermittlungsrichtlinien, GuG 2006, 61.

Noch vor dem erstmaligen Erlass der Wertermittlungsverordnung (WertV) im Jahre 1961 hat das Bundesministerium der Finanzen (BMF) für den Bereich der Bundesvermögens- und Bauverwaltung bereits im Jahre 1955 Wertermittlungsrichtlinien[159] – WERTR – herausgegeben. Bei diesen Richtlinien handelte es sich mithin um eine verbindliche Verwaltungsanweisung des Bundes, die sich allerdings nur an die Bundesverwaltung richtete. Adressat der WERTR war in erster Linie die das Fiskalvermögen des Bundes verwaltende Bundesvermögensverwaltung, insbesondere die Oberfinanzdirektionen (OFD). Ihnen wurden mit den Richtlinien Grundsätze der Verkehrs- bzw. Marktwertermittlung einschließlich eines von ihnen anzuwendenden Wertermittlungsformulars vorgegeben. Die Aufgaben und das Personal der ehemaligen Bundesvermögensverwaltung (früher ein Teil der Bundesfinanzverwaltung), für die die WERTR erlassen wurden, sind zwischenzeitlich auf die Bundesanstalt für Immobilienaufgaben (BImA) übertragen worden. Die BImA agiert seit dem 1. Januar 2005 weitgehend selbstständig „am Markt". Die WERTR haben von daher ihre genuine Bedeutung verloren.

40

Eine unmittelbare **Geltung der Wertermittlungsrichtlinien für Landesbehörden** besteht nur im Rahmen der Erledigung von Bauaufgaben des Bundes im Bereich der Finanzbauver-

---

156 Petersen/Schnoor/Seitz/Vogel, Verkehrswertermittlung von Immobilien, 2. Aufl. 2013, S. 454, Geppert/Werling, Praxishandbuch, Wertermittlung von Immobilieninvestments 2009, S. 48; Bobka, Der schwierige Weg zur neuen Verordnung, Immobilienwirtschaft 2009, 57.
157 Schreiben des BVS vom 26.3.2009 an das BMVBS, vgl. GuG 2010, 231; auch Immobilien Zeitung vom 28.5.2009.
158 BVerwG, Beschl. vom 16.1.1996 – 4 B 69/95 –, GuG 1996, 111 = EzGuG 15.83.
159 Richtlinien zur Wertermittlung von Grundstücken herausgegeben – WERTR vom 16.4.1955 – BAnz Nr. 91 vom 12.5.1955.

waltung im Wege der Organleihe. Das Institut der Organleihe ist dadurch gekennzeichnet, dass das Organ eines Rechtsträgers ermächtigt und beauftragt wird, einen Aufgabenbereich eines anderen Rechtsträgers wahrzunehmen. Das entliehene Organ wird als Organ des Entleihers tätig, dessen Weisungen es unterworfen ist und dem die von diesem Organ getroffenen Maßnahmen und Entscheidungen zugerechnet werden[160]. Die im Wege der Organleihe in Anspruch genommenen Landesbehörden handeln in Bezug auf die konkrete Aufgabe nicht als Behörde des Landes, sondern als Bundesbehörde.

Erlass und Änderungen der Wertermittlungsrichtlinien bedürften im Übrigen **nicht der Zustimmung des Bundesrates**. Dabei kann dahinstehen, ob es sich bei den Wertermittlungsrichtlinien um eine allgemeine Verwaltungsvorschrift im Rechtssinne handelt[161]. Für den Erlass der Wertermittlungsrichtlinien ist mithin Art. 86 Satz 1 GG und nicht Art. 84 Abs. 2 bzw. Art. 85 Abs. 2 Satz 1 GG einschlägig. Demzufolge ergeben sich auch aus der Entscheidung des BVerfG vom 2.3.1999 – 2 BvF 1/94 – keine Konsequenzen für die Wertermittlungsrichtlinien.

Die zum Zeitpunkt des Erlasses der ImmoWertV geltende WERTR 06 ist mit dem Erlass der Verordnung nicht aufgehoben und auch nicht geändert worden und ist mithin entsprechend anzuwenden. Demzufolge wurden mit der später erlassenen Sachwertrichtlinien nur einzelne Abschnitte der WERTR 06 ersetzt (Nr. 1.5.5 Abs. 4, 3.1.3, 3.6 – 3.6.2 sowie die Anl. 4, 6, 7 und 8 WERTR).

1.4.2 Wertermittlungsrichtlinien (WERTR)

a) Vorläufer

41 Für den Bereich der Bundesvermögens- und Bauverwaltung hat das Bundesministerium der Finanzen (BMF) erstmals im Jahre 1955 Wertermittlungsrichtlinien (WERTR) erlassen (vgl. Rn. 40). Diese Richtlinien wurden der später erlassenen WertV insbesondere mit der fortgeschriebenen Fassung der WERTR vom 31.5.1976 (WERTR 76)[162] angepasst.

b) WERTR 91

42 Die Richtlinie wurde vom Bundesministerium für Raumordnung, Bauwesen und Städtebau im Jahre 1991 erneut überarbeitet und neu bekannt gemacht. Mit den **Wertermittlungsrichtlinien vom 11.6.1991 – WERTR 91)**[163] wurde allerdings nur der Erste Teil der WERTR 76 novelliert.

Die WERTR i. d. F. von 1991 fand – wie die WertV – grundsätzlich in den alten und den jungen Bundesländern Anwendung. Da jedoch der Grundstücksmarkt in den jungen Bundesländern eine Reihe von Besonderheiten aufwies, die insbesondere darin begründet waren, dass sich ein Grundstücksmarkt dort erst noch voll entwickeln musste und die dort im Altbestand zulässigen Mieten für Wohngebäude (noch) nicht den nachhaltigen Ertrag darstellten, weil durch § 11 des Miethöhengesetzes – MHG – vorgegeben war, dass sie erst allmählich durch Mieterhöhungen – abhängig von der Einkommensentwicklung – in das Vergleichssystem überführt werden, hatte das Bundesministerium für Raumordnung, Bauwesen und Städtebau **Ergänzende Hinweise zu den Wertermittlungsrichtlinien 1991 für das Gebiet der neuen Länder** vom 17.3.1992[164] erlassen. Diese Hinweise hatten nur ergänzenden und vorübergehenden Charakter, soweit die seinerzeitige WERTR 91 für die besonderen Verhältnisse auf den Grundstücksmärkten der jungen Länder nicht ausreichten; sie wurden mit BMBau-Erl vom 1.8.1996 wieder aufgehoben[165].

Mit den WERTR 91 wurden die Regelungen des Zweiten Teils der Richtlinien zur **Marktwertermittlung von Erbbaurechten** und mit Erbbaurecht belasteten Grundstücken sowie zur

---

160 BVerfG, Urt. vom 12.1.1983 – 2 BvL 23/81 –, BVerfGE 63,1.
161 Hierzu Definition bei Maunz/Dürig-Lerche, GG Art. 84 Rn. 96.
162 WERTR 76 vom 31.5.1976; BAnz Nr. 146 vom 6.8.1976 (Beil. 21/76).
163 WERTR 91 vom 11.6.1991 (BAnz Nr. 182a vom 27.9.1991).
164 Ergänzende Hinweise zu den WERTR 91 für das Gebiet der neuen Länder vom 17.5.1992 (BAnz. Nr. 86 vom 8.5.1992); abgedruckt bei Kleiber, Sammlung amtlicher Texte zur Wertermittlung von Grundstücken, 4. Aufl. 1992; Näheres hierzu Kleiber/Simon/Weyers, WertV 88, 3. Aufl. 1993 Rn. 38 ff.
165 GuG 1996, 298.

Marktwertermittlung eines Nießbrauchs oder Wohnrechts nicht geändert, obwohl wiederholt Kritik an den einschlägigen Regelungen der WERTR 76 geübt worden ist. Die Zurückstellung ist damit begründet worden, dass von der Fachwelt hierzu keine breite Anerkennung findenden Änderungsvorschläge vorgelegt werden konnten[166]. Der **Arbeitskreis Wertermittlung des Deutschen Städtetags** hatte sich bereits im Vorfeld der Novellierung der WERTR 76 auch recht vorsichtig zur Novellierung des Zweiten Teils der WERTR (wie folgt) geäußert: „Im Rahmen der Besonderen Vorschriften (*der WERTR*) hatten in der Vergangenheit die Verfahren zur Ermittlung von Erbbaurechten großen Anklang gefunden. Es ist zu prüfen, ob diese Verfahren – auch aufgrund der Erkenntnisse der Umfrage des Deutschen Städtetags – noch praxisgerechter gestaltet werden können"[167].

Auf nochmalige Anfrage beim Deutschen Städtetag wurde von diesem am 5.8.1998 dem Bundesministerium für Raumordnung, Bauwesen und Städtebau (unter dem Aktenzeichen 61.5.70) mitgeteilt, dass **nach überwiegender Auffassung seiner Mitgliedsstädte die Anwendung des Teils II der WERTR „der Praxis im Grundsatz keine Probleme" bereite**, wenngleich dieser Teil veraltet erscheine. Der Arbeitskreis „Wertermittlung" des Deutschen Städtetags ist dann in seiner Sitzung am 15. und 16.3.1999 in Hamburg zum Ergebnis gekommen, dass eine „Überarbeitung der Aussagen (*der WERTR*) zum Erbbaurecht derzeit nicht erforderlich" sei. Ebenso wurde vom Bundesverband der öffentlich bestellten und vereidigten Sachverständigen durch den Fachbereichsleiter Wertermittlung BVS dem Bundesministerium für Raumordnung, Bauwesen und Städtebau (mit Schreiben vom 21.8.1998) mitgeteilt, dass „keine Empfehlungen zur WERTR gegeben werden sollten".

Der **Erste Teil der WERTR** und ihre Anlagen wurden in der Folgezeit nicht mehr durch Neubekanntmachungen, sondern **durch eine Reihe von Einzelerlassen des Bundesministeriums für Raumordnung, Bauwesen und Städtebau fortgeschrieben**: **43**

– Bekanntmachung des BMBau vom 28.7.1993 (BAnz Nr. 146, 7347 = GuG 1993, 356),
– Erlass des BMBau vom 2.8.1993 (GuG 1993, 356), Bekanntmachung des BMBau vom 7.8.1993 (BAnz Nr. 169, 9890),
– Erlass des BMBau vom 12.10.1993 (BAnz Nr. 199 vom 21.10.1993, 9630 = GuG 1994, 42), – Erl des BMBau vom 7.3.1994 (BAnz Nr. 58 vom 24.3.1994 = GuG 1994, 168),
– Erlass des BMBau vom 1.8.1996 (BAnz Nr. 150 vom 13.8.1996 = GuG 1996, 289),
– Erlass des BMBau vom 1.8.1997 (RS I 3 – 630504-4), zur Einführung der NHK 95 (vgl. VV 5334 des BMF vom 17.7.1998),– Erlass des BMBau vom 2.9.1998 (BAnz Nr. 170 vom 11.9.1998, ber. BAnz Nr. 179 vom 24.9.1998 = GuG 1998, 301, und GuG 1998, 352),
– Erlass des BMVBW vom 3.5.2001 (BAnz Nr. 109 vom 16.6.2001 = GuG 2001, 240).

c) WERTR 02

Im Jahre 2002 wurden die Wertermittlungsrichtlinien redaktionell überarbeitet und aktualisiert. Die **Neubekanntmachung der Wertermittlungsrichtlinien vom 19.7.2002 ist im BAnz Nr. 238a vom 20.12.2002 unter der Bezeichnung WERTR 02 veröffentlicht worden.** Die wohl weitreichendste Ergänzung der Neubekanntmachung ist nach erfolgreicher Erprobung die Integration der Normalherstellungskosten 2000 (NHK 2000). Diese wurden zuvor allerdings bereits mit Erlass des BMBau vom 1.8.1997 (RS I 3 – 630504-4) in die WERTR integriert[168]. In Ergänzung zu Nr. 3.6.1.1 der WERTR werden dem Sachverständigen aktualisierte Normalherstellungskosten nach dem Preisstand 2000 – NHK 2000 – vorgegeben. Sie ersetzen die lange Zeit verbreiteten Normalherstellungskosten von 1913. **44**

---

166 Schmalgemeier in GuG 1992, 132; Vogels in GuG 1990, 128; Simon in GuG 1992, 68 sowie 1999, 1.
167 Vorbericht zur Sitzung des AK Wertermittlung am 23. und 24.4.1990.
168 Die seinerzeit aktualisierte Fassung der WERTR (WERTR 76/96) wurde zusammen mit dem BMBau-Erlass vom 1.8.1997 über die aktualisierten Normalherstellungskosten (NHK 95) in der 7. Aufl. der beim Bundesanzeiger Verlag erschienenen Schrift „WERTR 76/96" veröffentlicht (BAnz Nr. 150 vom 13.8.1996, S. 9133 = GuG 1996, 298).

IV ImmoWertV — Richtlinien

d) WertR 06

45 Im Jahre 2006 wurde die WERTR erneut novelliert und zum 1.3.2006 bekannt gegeben[169]. Im Mittelpunkt dieser Novellierung steht der Zweite Teil (Rechte und Belastungen). Inhaltlich gehen die Änderungen auf Stellungnahmen der Bundesressorts und Verbände sowie auf Beratungen in einer beim Arbeitskreis „Wertermittlung" der Fachkommission „Kommunales Vermessungs- und Liegenschaftswesen" des Deutschen Städtetags gebildeten Arbeitsgruppe zurück. Mit der neuen Fassung der Wertermittlungsrichtlinien (WERTR 06) ist

1. der *Erste Teil* der Wertermittlungsrichtlinien über die Verkehrswertermittlung von Grundstücken redaktionell unter Beibehaltung vorstehender Grundsätze überarbeitet worden,
2. der *Zweite Teil* der Wertermittlungsrichtlinien über die Verkehrswertermittlung von Rechten und Belastungen an Grundstücken neu gefasst worden. **Die Hinweise zur Bodenwertermittlung in besonderen Fällen (Nr. 5 des Zweiten Teils) sind dabei weitgehend unverändert geblieben.**

46 Im Zweiten Teil wird insbesondere die **Verkehrswertermittlung von Erbbaurechten und Erbbaugrundstücken**, Wohnungsrechten, Grunddienstbarkeiten und beschränkten persönlichen Dienstbarkeiten, Wegen und Leitungsrechten sowie des Überbaus und des Nießbrauchs geregelt.

– Wie nach den bisher geltenden Richtlinien ist bei der Wertermittlung von **Rechten oder Belastungen** der jährliche Vor- bzw. Nachteil über die Restlaufzeit zu kapitalisieren, wobei danach unterschieden werden muss, ob sie auf einen festen Zeitraum bezogen sind oder mit dem Ableben des Berechtigten erlöschen.

– Sind Rechte oder Belastungen auf feste Zeiträume bezogen, soll nach der Neufassung zur Kapitalisierung der Vor- und Nachteile der Zeitrentenbarwertfaktor herangezogen werden.

– Die Hinweise zur **Verkehrswertermittlung von Erbbaurechten und Erbbaugrundstücken** wurden durch Grundsätze des Vergleichswertverfahrens ergänzt, für dessen Anwendung es allerdings entsprechender Marktfaktoren bedarf. Die Anwendung der finanzmathematischen Methoden wurde dahingehend umgestellt, dass sich der Ertragswert nach dem abgezinsten Bodenwert zuzüglich der kapitalisierten Erbbauzinsen bemisst; dabei soll künftig „in der Regel" der jeweils angemessene, nutzungstypische Liegenschaftszinssatz (i. S. des § 14 Abs. 3 ImmoWertV) herangezogen werden, der originär für die Marktwertermittlung bebauter Grundstücke im Wege des Ertragswertverfahrens abgeleitet wird.

1.4.3 Weitere die WERTR ablösende Richtlinien

1.4.3.1 Bodenrichtwertrichtlinie (BRW-RL)

47 In Ergänzung zu § 10 ImmoWertV hat das Bundesministerium für Verkehr, Bau- und Stadtentwicklung die Richtlinie zur Ermittlung von Bodenrichtwerten – Bodenrichtwertrichtlinie BRW-RL[170] – erlassen. Die Richtlinie löst die Musterrichtlinie über Bodenrichtwerte der ARGEBAU[171] aus dem Jahre 2001 ab, nachdem die Zuständigkeit für den Erlass von Vorschriften über die Ableitung von Bodenrichtwerten von den Landesregierungen auf die Bundesregierung übertragen wurde. Mit der Richtlinie soll die Ermittlung und Darstellung von Bodenrichtwerten vereinheitlicht werden.

1.4.3.2 Sachwertrichtlinie (SW-RL)

▶ *Vgl. § 14 ImmoWertV Rn. 38 f.*

---

[169] BAnz Nr. 108a vom 10.6.2006.
[170] Richtlinien zur Ermittlung von Bodenrichtwerten – Bodenrichtwertrichtlinie BRW-RL vom 11.1.2011 (BAnz Nr. 25 vom 11.2.2011, S. 597 = GuG 2011, 165); abgedruckt in Kleiber, Sammlung amtlicher Texte zur Ermittlung des Verkehrswerts von Grundstücken, 11. Aufl. 2012.
[171] Musterrichtlinien über Bodenrichtwerte GuG 2001, 44.

Die zur WertV 98 erlassene WERTR 06 ist mit Inkrafttreten der ImmoWertV weder aufgehoben, noch den neuen Rechtsgrundlagen angepasst worden. Die WERTR 06 können mithin solange entsprechend Anwendung finden, wie sie nicht formell aufgehoben oder durch neue Richtlinien ersetzt werden. Für einen Ersatz besteht auch kein unmittelbares Bedürfnis mehr, nachdem der Bundesanstalt für Immobilien (BImA) die Aufgaben der Bundesvermögensverwaltung übertragen wurden. Die Bundesanstalt verwaltet nunmehr eigenverantwortlich die Liegenschaften, die von Dienststellen der Bundesverwaltung zur Erfüllung ihrer Aufgaben genutzt werden (Dienstliegenschaften). Die WERTR haben von daher ihre genuine Bedeutung verloren (Rn. 40). **48**

Es kommt hinzu, dass nach der Systematik der ImmoWertV die Wertermittlungsverfahren nach den Grundsätzen zur Anwendung kommen müssen, wie sie von örtlichen Gutachterausschüssen für Grundstückswerte bei der Ableitung insbesondere der Liegenschaftszinssätze und der Sachwertfaktoren praktiziert worden sind (vgl. zum **Grundsatz der Modellkonformität** der Anwendung Rn. 34).

Gleichwohl sollen sukzessiv die einschlägigen Hinweise der WERTR 06 durch Richtlinien zum Vergleichs-, Ertrags- und Sachwertverfahren ersetzt werden. Im ersten Schritt wurde im Jahre 2012 vom BMVBW die Richtlinie zur Ermittlung des Sachwerts – Sachwertrichtlinie (SachwertR) – veröffentlicht. Eigentlicher Adressat der SachwertR sind nach den vorstehenden Ausführungen die nach den §§ 192 ff. BauGB eingerichteten Gutachterausschüsse für Grundstückswerte. Diese geben unter dem Grundsatz der Modellkonformität den Takt für alle vor, die die Sachwertfaktoren des Gutachterausschusses heranziehen (müssen). Der frei praktizierende Sachverständige hängt an der Nabelschnur des Gutachterausschusses. Das von ihm praktizierte Sachwertmodell ist die eigentliche Richtschnur des Sachverständigen.

Die mit den Wertermittlungsrichtlinien bzw. mit den sie ersetzenden Richtlinien, wie z. B. die Sachwertrichtlinie (SachwertR) und die geplante Vergleichs- und Ertragswertrichtlinie (ErtragswertR), verfolgte Zielsetzung muss sich deshalb neu definieren; sie lässt sich auch neu definieren. Im Vordergrund der Nachfolgeempfehlungen steht, was vielfach verkannt wird, nicht mehr die Empfehlung an den frei praktizierenden Sachverständigen für Grundstückswerte, sondern der Vollzug staatlicher Aufgaben durch die Gutachterausschüsse für Grundstückswerte, und zwar speziell die Ableitung von Sachwertfaktoren i. S. des § 14 Abs. 2 Nr. 1 ImmoWertV. Eigentlicher Adressat der Richtlinien sind damit die selbstständigen und unabhängigen Gutachterausschüsse für Grundstückswerte (§ 192 Abs. 1 BauGB) und diese stehen unter der Rechts- und Fachaufsicht der Länder und sind nicht an die Richtlinien gebunden. Für den freien Sachverständigen sind die Hinweise nur mittelbar von Bedeutung, nämlich insoweit, wie sie von den Gutachterausschüssen für Grundstückswerte bei der Ableitung von Sachwertfaktoren zur Anwendung kommen, denn die dabei zur Anwendung kommenden Grundsätze müssen bei Heranziehung der Sachwertfaktoren spiegelbildlich auch vom Sachverständigen zur Anwendung gebracht werden.

Mit der **Richtlinie zur Ermittlung des Sachwerts (Sachwertrichtlinie – SW-RL)**[172] vom 5.9.2012 werden in erster Linie die Normalherstellungskosten 2000 (NHK 2000) durch die **Normalherstellungskosten 2010 (NHK 2010)** abgelöst. Darüber hinaus werden nur allgemeine Hinweise zur Anwendung des Sachwertverfahrens gegeben. Konkret werden mit den SachwertR die Nrn. 1.5.5 Abs. 4, Nrn. 3.1.3 und 3.6 bis 3.6.2 der WERTR 06 ersetzt. **49**

Neu eingefügt werden **50**

Anlage 1   Normalherstellungskosten 2010
Anlage 2   Beschreibung der Gebäudestandards
Anlage 3   Orientierungswerte für die übliche Gesamtnutzungsdauer bei ordnungsgemäßer Instandhaltung

---

172 Kleiber, W., Aktuelle Normalherstellungskosten (NHK 2010) – eine neue Chance für das Sachwertverfahren?, GuG 2012, 193; Kleiber, W., Sachwertrichtlinien – ein altes Verfahren soll neu laufen lernen, AiZ Immobilienmagazin 2012/9.

IV ImmoWertV

Anlage 4 Modell zur Ableitung der wirtschaftlichen Restnutzungsdauer für Wohngebäude unter Berücksichtigung von Modernisierungen

Anlage 5 Modellparameter für die Ermittlung des Sachwertfaktors

Den in Anlage 5 aufgeführten **Modellparametern für die Ermittlung des Sachwerts** lassen sich eine Reihe von Grundsätzen entnehmen, die im Rahmen der Ableitung von Sachwertfaktoren bei der Ermittlung des vorläufigen Sachwerts standardmäßig zur Anwendung kommen können.

1.4.3.3 Vergleichswertrichtlinie (VW-RL – Entwurf –) und alii

▶ *Syst. Darst. des Vergleichswertverfahrens Rn. 238; § 8 ImmoWertV Rn. 394; § 16 ImmoWertV Rn. 238 ff.; Syst. Darst. des Ertragswertverfahrens Rn. 63, 140 ff.*

51 Mit der **Richtlinie zur Ermittlung des Vergleichswerts einschließlich des Bodenwerts (Vergleichswertrichtlinie – VW-RL)**, die zum Zeitpunkt der Drucklegung nach dem Entwurfsstand vom 9.7.2013 vorlag, sollen in erster Linie allgemeine Grundsätze des Vergleichswertverfahrens sowie zur Bodenwertermittlung empfohlen werden. Konkret werden mit dieser Richtlinie das Kapitel 2.3 sowie die Nrn. 1.5.5 Abs. 2, 3.1.1, 3.1.4.2 und Nr. 3.4 sowie Anl. 11 der WERTR 06 ersetzt.

Von besonderer Bedeutung sind die mit Anl. 1 bis 3 des Entwurfs empfohlenen Umrechnungskoeffizienten zur Berücksichtigung

– abweichender wertrelevanter Geschossflächenzahlen bei Baugrundstücken für Mehrfamilienhäuser (Anl. 1) und

– abweichender Flächengrößen bei Baugrundstücken für Eigenheime (Anl. 2)

52 Einschränkend wird unter Ziff. 4.4 Abs. 2 der VergleichswertR – Entwurf – darauf hingewiesen, dass nur geeignete **Umrechnungskoeffizienten** zur Anwendung kommen dürfen und dies voraussetzt, dass „sie **für einen regional und sachlich abgegrenzten Teilmarkt ermittelt** wurden, **für den eine gleichartige Entwicklung vorliegt, und das Ableitungsmodell und die Datengrundlage bekannt sind**". Nach diesen Anforderungen dürfen bundeseinheitliche Umrechnungskoeffizienten eigentlich gar nicht zur Anwendung kommen, zumal deren Ableitungsmodelle und Datengrundlagen nicht hinreichend bekannt sind.

53 Des Weiteren können die Hinweise der VergleichswertR zur Bodenwertermittlung bebauter Grundstücke für die Praxis Bedeutung erlangen, soweit diese Empfehlungen von den Gutachterausschüssen für Grundstückswerte bei der Ableitung von Vergleichsfaktoren bebauter Grundstücke, Liegenschaftszinssätzen sowie Sachwertfaktoren tatsächlich auch umgesetzt werden. In diesem Fall wäre aus Gründen der Modellkonformität abweichend von den Vorgaben der ImmoWertV nicht der nach § 6 Abs. 1 ImmoWertV (ggf. i. V. m. § 16 Abs. 3 und/oder Abs. 4 ImmoWertV) maßgebliche Bodenwert, sondern der sich auf der Grundlage der tatsächlich realisierten Nutzung ergebende „nutzungsabhängige" Bodenwert in das angewandte Wertermittlungsverfahren einzuführen.

1.4.4 WaldR 2000, LandR 78, ZierH 2000 und JagdH 01

54 Ergänzend zu den Wertermittlungsrichtlinien (WERTR) wurden vom Bundesministerium der Finanzen im Einvernehmen mit dem Bundesministerium für Verkehr, Bau- und Wohnungswesen die **Hinweise zur Wertermittlung von Ziergehölzen als Bestandteil von Grundstücken** (Schutz- und Gestaltungsgrün) vom 20. März 2000 – **Ziergehölzhinweise 2000** – erlassen[173].

55 Darüber hinaus hat das Bundesministerium der Finanzen die **Waldwertermittlungsrichtlinien**[174] – **WaldR** – sowie – im Einvernehmen mit den genannten Ressorts, dem Bundesminis-

---

173 BAnz Nr. 94 vom 18.5.2000 = GuG 2000, 155; vormals Kleiber, WERTR 76/96, 6. Aufl. 1997, Köln, S. 438; BAnz Nr. 94 vom 18.5.2000 = GuG 2000, 155; Wilbat/Bracke in GuG 2001, 74.
174 Waldwertermittlungsrichtlinien 2000 – WaldR 2000 – i. d. F. vom 12.7.2000 (BAnz Nr. 168 = GuG 2000, 301), Vorgängerin: Waldwertermittlungsrichtlinien i. d. F. vom 25.2.1991 (WaldR 91; BAnz Nr. 100a vom 5.6.1991).

terium für Ernährung, Landwirtschaft und Forsten sowie dem Bundesministerium für Raumordnung, Bauwesen und Städtebau – die **Entschädigungsrichtlinien Landwirtschaft**[175] – **LandR 78** – bekannt gegeben. Schließlich hat das Bundesministerium der Finanzen im Einvernehmen mit dem Bundesministerium für Verkehr, Bau- und Wohnungswesen **Hinweise zur Ermittlung von Entschädigungen für die Beeinträchtigungen von gemeinschaftlichen Jagdbezirken (JagdH 01)**[176] bekannt gemacht.

Für die Praxis sind auch diese Richtlinien von großer Bedeutung, da sie die Grundsätze über die Ermittlung des Verkehrswerts von Grundstücken, Rechten an Grundstücken sowie die Ermittlung der Entschädigung für andere Vermögensnachteile für besondere Fälle konkretisieren. Die zuletzt genannten Richtlinien bedürfen noch der Anpassung an die ImmoWertV. **56**

1.4.5 Bedeutung der ergänzenden Richtlinien

Die bundesministeriellen Richtlinien bilden zusammen **ein Regelwerk, an das die Gerichte** – wie schon in Bezug auf die Immobilienwertermittlungsverordnung – **in keiner Weise gebunden sind, auf die bislang aber in der Rechtsprechung zurückgegriffen wurde**[177]. Ihr Inhalt wurde bislang als geltender „Bewertungsgrundsatz" betrachtet[178]. Wegen ihrer übergreifenden Bedeutung haben sich bislang auch frei praktizierende Sachverständige für Grundstückswerte und auch die Gutachterausschüsse für Grundstückswerte ihrer bedient. Die Voraussetzungen für ihre Anwendbarkeit in möglichst allen Bereichen wurden dadurch geschaffen, dass die Wertermittlungsrichtlinien in Zusammenarbeit mit Vertretern der zuständigen Bundes- und Landesressorts, den Vertretern der kommunalen Spitzenverbände sowie der Fachkommission „Städtebau" in der Arbeitsgemeinschaft der für das Bau-, Wohnungs- und Siedlungswesen zuständigen Ministern der Länder (Argebau) entstanden sind[179]. Schon bald nach ihrem erstmaligen Erscheinen sind die Richtlinien den Gutachterausschüssen für Grundstückswerte vom Deutschen Städtetag zur Anwendung empfohlen worden[180]. **57**

Die **Bedeutung der zur ImmoWertV erlassenen Richtlinien** (einschließlich der entsprechend anzuwendenden WERTR) **hat sich** allerdings **erheblich gewandelt**: **58**

1. Mit dem Gesetz zur Gründung einer Bundesanstalt für Immobilienaufgaben (BImAErrichtungsgesetz) der „Bundesanstalt für Immobilienaufgaben" (BImA)[181] hat der Bund seine liegenschaftsbezogenen Aufgaben auf diese Anstalt übertragen. Die Bundesanstalt verwaltet nunmehr eigenverantwortlich die Liegenschaften, die von Dienststellen der Bundesverwaltung zur Erfüllung ihrer Aufgaben genutzt werden (Dienstliegenschaften). Die Bundesanstalt hat das Ziel, eine einheitliche Verwaltung des Liegenschaftsvermögens des Bundes nach kaufmännischen Grundsätzen vorzunehmen und nicht betriebsnotwendiges Vermögen wirtschaftlich zu veräußern. Die WERTR, die sich in erster Linie an die dem Bund nachgeordneten Dienststellen richtete, damit diese Verkehrswerte nach einheitlichen Grundsätzen ermitteln, haben von daher ihre genuine Bedeutung verloren (vgl. Rn. 40).

2. Da die in der ImmoWertV geregelten Vergleichs-, Ertrags- und Sachwertverfahren unter stringenter Beachtung des **Grundsatzes der Modellkonformität** (vgl. Rn. 34) anzuwenden sind, müssen die Wertermittlungsverfahren nach dem Bewertungsmodell zur Anwen-

---

175 Entschädigungsrichtlinien Landwirtschaft vom 28.7.1978 (LandR 78) i. d. F. der Bek. vom 28.7.1978 (BAnz Nr. 181 vom 26.9.1978), zuletzt geändert durch Bek. des BMF vom 4.2.1997 (GuG 1997, 183); zur Novellierung Köhne in GuG 1997, 133.
176 Hinweise zur Ermittlung von Entschädigungen für die Beeinträchtigungen von gemeinschaftlichen Jagdbezirken – JagdH 01 – i. d. F. vom 7.6.2001 (BAnz Nr. 146a vom 8.8.2001 = GuG 2003, 104).
177 BGH, Urt. vom 28.9.1972 – III ZR 44/70 –, BGHZ 59, 250 = EzGuG 14.47; BGH, Beschl. vom 11.3.1993 – III ZR 24/92 –, GuG 1994, 116 = EzGuG 20.144a.
178 OVG Lüneburg, Urt. vom 15.12.1977 – 1 A 311/74 –, NJW 1979, 1316 = BRS Bd. 32 Nr. 201 = EzGuG 15.7; Revision: BVerwG, Urt. vom 24.11.1978 – 4 C 56/76 –, BVerwGE 57, 87 = EzGuG 15.9.
179 Kleiber in BBauBl. 1976, 299; vgl. auch zur Bewertung von abgebenden Konversionsflächen (Gemeinbedarf) RdSchr des Deutschen Städtetags (Umdruck Nr. H 4814) – Az 61.5.70/62.63.30 vom 17.1.1994.
180 MittDST Nr. 564/76; vgl. Richtlinien zur Ermittlung von Grundstückswerten nach dem BauGB; VV des Ministeriums des Innern und für Sport in Rh.-Pf. vom 1.6.1988, geändert durch RdSchr vom 10.9.1989 und vom 10.4.1991.
181 Gesetz zur Gründung einer Bundesanstalt für Immobilienaufgaben (BImA-Errichtungsgesetz) vom 9.12.2004 (BGBl. I 2004, 3235).

dung kommen, wie sie vom Gutachterausschuss für Grundstückswerte bei der Ableitung der erforderlichen Daten der Wertermittlung i. S. des Zweiten Abschnitts (insbesondere Liegenschaftszinssätze, Sachwertfaktoren, Vergleichsfaktoren bebauter Grundstücke, Umrechnungskoeffizienten) zur Anwendung gekommen sind. Daraus folgt, dass der Gutachterausschuss für Grundstückswerte künftig die maßgeblichen Grundsätze vorgibt und die zur ImmoWertV erlassenen Richtlinien für den Sachverständigen nur noch insoweit von Bedeutung sind, wie sich der einschlägige Gutachterausschuss daran hält. Eigentlicher Adressat der Richtlinie sind daher die örtlichen Gutachterausschüsse für Grundstückswerte, die allerdings der Fachaufsicht der Länder und nicht des Bundes unterworfen sind.

1.5 Beleihungswertermittlungsverordnung (BelWertV)

▶ *Vgl. Teil IX*

59 Ermächtigungsgrundlage für die „Verordnung über die Ermittlung der Beleihungswerte von Grundstücken" gemäß § 16 Abs. 1 und 2 des Pfandbriefgesetzes (**Beleihungswertermittlungsverordnung – BelWertV**) ist § 16 Abs. 4 des Pfandbriefgesetzes (PfandBG):

„(4) Das Bundesministerium der Finanzen wird ermächtigt, im Einvernehmen mit dem Bundesministerium der Justiz durch Rechtsverordnung, die nicht der Zustimmung des Bundesrates bedarf, Einzelheiten der Methodik und Form der Beleihungswertermittlung sowie die Mindestanforderungen an die Qualifikation des Gutachters zu bestimmen. Die Rechtsverordnung kann für die Bewertung von überwiegend zu Wohnzwecken genutzten Beleihungsobjekten Erleichterungen vorsehen. Vor Erlass der Rechtsverordnung sind die Spitzenverbände der Kreditwirtschaft anzuhören. **Das Bundesministerium der Finanzen kann diese Ermächtigung durch Rechtsverordnung auf die Bundesanstalt für Finanzdienstleistungsaufsicht übertragen.** Mit Inkrafttreten der Rechtsverordnung nach Satz 1 werden die nach § 13 des Hypothekenbankgesetzes genehmigten Wertermittlungsanweisungen unwirksam."

60 Mit § 1 Nr. 4 der Verordnung zur Übertragung von Befugnissen zum Erlass von Rechtsverordnungen auf die Bundesanstalt für Finanzdienstleistungsaufsicht vom 13.12.2002 (BGBl. I 2002, 3) ist die Ermächtigung auf die Bundesanstalt für Finanzdienstleistungsaufsicht – BaFin – übertragen worden. Die Übertragung der Zuständigkeit auf die BaFin war keine gute Entscheidung, denn die BaFin

1. verfügt nicht über die notwendige Fachkompetenz über die Verkehrs- und Beleihungswertermittlung und

2. ist auch in der Gesetzgebung unerfahren. Entsprechend den Ermächtigungsgrundlagen wurden im Verordnungsgebungsverfahren allein die Spitzenverbände der Kreditwirtschaft beteiligt.

Gegenstand der BelWertV sind jedoch wertermittlungstechnische Fragen und die die üblicherweise zu beteiligenden Ressorts sowie die wesentlichen Fachverbände wurden förmlich „geschnitten"; darauf können die Unzulänglichkeiten der BelWertV zurückgeführt werden[182].

---

182 Vgl. GuG 2006, 69.

2 Die Rechtsgrundlagen der Immobilienwertermittlungsverordnung im Einzelnen

Abschnitt 1 ImmoWertV: Anwendungsbereich, Begriffsbestimmungen und allgemeine Verfahrensgrundsätze

§ 1 ImmoWertV
Anwendungsbereich

(1) Bei der Ermittlung der Verkehrswerte (Marktwerte) von Grundstücken, ihrer Bestandteile sowie ihres Zubehörs und bei der Ableitung der für die Wertermittlung erforderlichen Daten einschließlich der Bodenrichtwerte ist diese Verordnung anzuwenden.

(2) Die nachfolgenden Vorschriften sind auf grundstücksgleiche Rechte, Rechte an diesen und Rechte an Grundstücken sowie auf solche Wertermittlungsobjekte, für die kein Markt besteht, entsprechend anzuwenden. In diesen Fällen kann der Wert auf der Grundlage marktkonformer Modelle unter besonderer Berücksichtigung der wirtschaftlichen Vor- und Nachteile ermittelt werden.

Gliederungsübersicht   Rn.
1 Anwendungsbereich
  1.1 ImmoWertV 1
  1.2 BelWertV 9
  1.3 Steuerliche Bewertung
    1.3.1 Übersicht über Einheits- und Grundbesitzwerte 10
    1.3.2 Nachweis des niedrigeren Steuerwerts (Öffnungsklauseln, Escape-Klausel) . 11
2 Anwendung der Verordnung auf Grundstücke, Grundstücksbestandteile und Zubehör (§ 1 Abs. 1 ImmoWertV)
  2.1 Grundstück und Grundstücksteil
    2.1.1 Übersicht 12
    2.1.2 Grundstück 18
    2.1.3 Grundstücksteil 19
    2.1.4 Bruchteils-, Gesamthands- und Miteigentum 20
    2.1.5 Gegenstand der Wertermittlung nach BelWertV 21
  2.2 Wirtschaftliche Einheit 22
  2.3 Bestandteile des Grundstücks
    2.3.1 Übersicht 29
    2.3.2 Bauliche und sonstige Anlagen 37
    2.3.3 Besondere Betriebseinrichtungen
      2.3.3.1 Verkehrswertermittlung 57
      2.3.3.2 Steuerliche Bewertung 59
      2.3.3.3 Beleihungswertermittlung 60
    2.3.4 Zubehör 61
    2.3.5 Kunstgegenstände 62
3 Anwendung der Verordnung auf Grundstücksrechte (§ 1 Abs. 2 ImmoWertV)
  3.1 Allgemeines 63
  3.2 Beschränkt dingliche Rechte 72
  3.3 Nutzungsrechte 73
  3.4 Sicherungs- und Verwertungsrechte
    3.4.1 Übersicht 80
    3.4.2 Grundpfandrechte 81
  3.5 Erwerbsrechte 83
4 Anwendung der Verordnung auf nicht marktgängige Wertermittlungsobjekte ... 84

1 Anwendungsbereich

1.1 ImmoWertV

▶ *Zur Anwendung der zur ImmoWertV erlassenen Richtlinien vgl. Vorbem. zur ImmoWertV Rn. 50 ff.*

1 Nach § 1 ImmoWertV ist die **ImmoWertV** anzuwenden bei
- der Ermittlung des materiell in § 194 BauGB definierten Marktwerts (Verkehrswerts) von Grundstücken (Abs. 1; zum Begriff des Grundstücks vgl. Rn. 19) und auch Teilen von Grundstücken (vgl. Rn. 20 ff.),
- der eigenständigen Ermittlung des Marktwerts von Grundstücksbestandteilen und von Zubehör (Abs. 1),
- der den Gutachterausschüssen für Grundstückswerte nach § 193 Abs. 3 BauGB obliegenden Ableitung erforderlicher Daten der Wertermittlung i. S. des Zweiten Abschnitts der Verordnung (Abs. 1),
- der Ermittlung des Marktwerts (Verkehrswerts) von „Wertermittlungsobjekten, für die kein Markt besteht" (Abs. 2) sowie
- der Ermittlung des Marktwerts (Verkehrswerts) von Rechten an Grundstücken, ausdrücklich auch von grundstücksgleichen Rechten und Rechten an diesen (Abs. 2).

2 Für die **Marktwertermittlung von Rechten an Grundstücken** enthält die ImmoWertV keine unmittelbar geltenden Vorschriften. Die für Grundstücke geltenden Grundsätze finden vielmehr nur entsprechend Anwendung. Teil II der WERTR 06 schließt diese Lücke. Für die Verkehrswertermittlung grundstücksgleicher Rechte (Erbbaurecht) sowie für eine Reihe ausgewählter Rechte an Grundstücken sind dort weiterführende Grundsätze zu finden (vgl. Rn. 68 ff.).

3 Die **Anwendung der Verordnung** ist insbesondere **den** nach den §§ 192 ff. BauGB eingerichteten **Gutachterausschüssen für Grundstückswerte vorgeschrieben**. Auch wenn in der Rechtsprechung betont wurde, dass die **Verordnung „nur für die Gutachterausschüsse"** nach den §§ 192 ff. BauGB **und nicht für Gerichte verbindlich sei**[1], so hat die Rechtsprechung die Verfahrensvorschriften der ImmoWertV dennoch als im gerichtlichen Verfahren „grundsätzlich verwertbar" bezeichnet und den in der ImmoWertV normierten Grundsätzen der Verkehrswertermittlung eine solche Bedeutung beigemessen, dass ihre Anwendbarkeit im Streitfall nicht auf die Gutachterausschüsse beschränkt sei und sich der Richter damit auseinander zu setzen hätte[2], denn sie enthalte „allgemein anerkannte Regeln der Wertermittlungslehre"[3]. Die breite Anerkennung der ImmoWertV ist darin begründet, dass deren Verfahrensvorschriften auf jahrzehntelangen Erfahrungen beruhen und sich in der Praxis bewährt haben.

4 Der BGH hat deshalb erkannt, dass die ImmoWertV allgemein anerkannte Grundsätze der Marktwertermittlung enthalte, deren Anwendbarkeit sich nicht auf die Gutachterausschüsse für Grundstückswerte beschränke[4]:
- **Privat tätige Sachverständige** sind zumindest de facto an die Vorschriften der ImmoWertV gebunden, insbesondere, wenn sie nach der für sie einschlägigen Sachverständigenordnung zur Anwendung der ImmoWertV ausdrücklich verpflichtet sind[5].

---

1 BGH, Urt. vom 4.3.1982 – III ZR 156/80 –, BRS Bd. 45 Nr. 18 = EzGuG 11.127; BGH, Urt. vom 26.10.1972 – III ZR 78/71 –, BRS Bd. 26 Nr. 106 = EzGuG 18.57; BGH, Urt. vom 20.3.1975 – III ZR 153/72 –, BRS Bd. 34 Nr. 120 = EzGuG 18.64; BGH, Urt. vom 9.12.1968 – III ZR 114/66 –, BRS Bd. 26 Nr. 96 = EzGuG 4.28; BGH, Urt. vom 24.1.1966 – III ZR 15/66 –, BB 1969, 197 = EzGuG 6.85; Reisnecker im Kohlhammer Kommentar BauGB § 95 Rn. 19; Runkel in Ernst/Zinkahn/Bielenberg/Krautzberger BauGB § 95 Rn. 6.
2 BGH, Urt. vom 27.4.1964 – III ZR 136/63 –, BRS Bd. 19 Nr. 131 = EzGuG 6.75.
3 BGH, Urt. vom 4.3.1982 – III ZR 156/80 –, BRS Bd. 45 Nr. 19 = EzGuG 11.127.
4 BGH, Urt. vom 12.1.2001 – V ZR 420/99 –, GuG 2001, 181 = EzGuG 20.176.
5 Hamb. Sachverständigenordnung (Hamb. Amtl. Anz. vom 7.7.1989, S. 1345, Nr. 11 j).

Anwendungsbereich § 1 ImmoWertV IV

– Die Anwendung der ImmoWertV wird in einer Reihe von Verwaltungsanweisungen anderen Stellen vorgeschrieben[6].

Die Bedeutung der ImmoWertV ist auch nicht auf Wertermittlungen nach dem Städtebaurecht beschränkt. Da der in § 194 BauGB definierte Marktwert (Verkehrswert) identisch mit einer Vielzahl anderer Wertbegriffe ist, kommt den Vorschriften der ImmoWertV auch von daher eine **breite Allgemeingültigkeit im Rechts- und Wirtschaftsleben** zu. Allgemein kann festgestellt werden, dass die ImmoWertV für nahezu alle Bereiche **anerkannte Grundsätze für die Ermittlung des Verkehrswerts** (= Marktwert = voller Wert = Verkaufswert = angemessener Wert = Wert) enthält, gleichgültig von wem oder welcher Stelle der Verkehrswert (Marktwert) ermittelt wird; insoweit entfaltet die ImmoWertV eine mittelbare Bindungswirkung.

5

Anders als noch mit § 1 WertV 72 wird der Anwendungsbereich im geltenden Recht der ImmoWertV nicht mehr damit umschrieben, dass die Verordnung bei **Wertermittlungen nach dem Städtebaurecht** anzuwenden ist. Die Begründung zur WertV 88 führt hierzu aus, dass die Beibehaltung der bisherigen Formulierung missverständlich wäre, da die Verordnung nicht nur bei Wertermittlungen in Durchführung des BauGB angewendet werden soll, sondern bei allen nach den §§ 192, 193 und 199 BauGB vom Gutachterausschuss vorzunehmenden Wertermittlungen. Hierzu gehören neben Wertermittlungen auf Antrag von Gerichten und Behörden, insbesondere solche nach Maßgabe der §§ 18 (längere Dauer von Veränderungssperren) und 21 Abs. 2 und 3, § 22 Abs. 7; § 28 Abs. 3, 4 und 6 (gemeindliches Vorkaufsrecht), §§ 39 und 40 Abs. 3, § 41 Abs. 2, §§ 42 bis 44 (Planungsschaden), § 57 bis 61, §§ 93 bis 103, § 126 Abs. 2, § 128 Abs. 1, § 145 Abs. 5, §§ 149, 153 bis 155, § 160 Abs. 5 und 7, § 164 Abs. 4 und 5, § 165 Abs. 3 Nr. 3, § 166 Abs. 3 und 4, § 168 Abs. 2 (Übernahmeverlangen), §§ 169 und 173 Abs. 2, § 176 Abs. 4, (Entschädigungs- und Übernahmeanträge), § 176 Abs. 5 (Baugebot), § 179 Abs. 3 (Rückbau- und Entsiegelungsgebot), § 181 BauGB (Bemessung des Härteausgleichs), § 185 Abs. 1 BauGB (Aufhebung von Miet- und Pachtverhältnissen), § 190 BauGB (Geldentschädigung bei städtebaulich veranlassten Flurbereinigungen), § 209 Abs. 2 BauGB (Entschädigung für Schäden durch Vorarbeiten auf Grundstücken) und § 210 Abs. 2 BauGB (Entschädigung bei Wiedereinsetzung in den vorigen Stand), u. a. auch Wertermittlungen auf Antrag des Grundstückseigentümers (vgl. auch § 217 Abs. 1 Satz 1 und 2 BauGB). Denn auch in diesem Fall kann die Gutachtenerstattung als „Wertermittlung nach dem Städtebaurecht" angesehen werden, da sich das Antragsrecht und die Erstattungspflicht aus dem Städtebaurecht ergeben (§ 193 Abs. 1 Nr. 3 BauGB). Das geltende Recht stellt deshalb eine Klarstellung gegenüber § 1 WertV 72 und keine materielle Änderung dar.

Im Mittelpunkt der Regelungen der ImmoWertV steht die Ermittlung des Marktwerts (Verkehrswerts) von Grundstücken, die im Eigentum einer natürlichen oder juristischen Person stehen. Die ImmoWertV enthält nur allgemeine Grundsätze der Marktwertermittlung. Die verfahrensrechtlichen Regelungen sind nicht abschließend[7]. Kann z. B. ein in der ImmoWertV vorgesehenes Wertermittlungsverfahren nicht angewandt werden, hindert dies nicht, **andere geeignete Methoden** zu entwickeln und anzuwenden.

6

Die Verordnung findet insbesondere auch in folgenden Rechtsbereichen Anwendung:

7

a) Nach § 85 Abs. 3 **BBergG**[8] ist die ImmoWertV bei der Bemessung von Entschädigungen nach diesem Gesetz entsprechende anzuwenden.

b) Des Weiteren ist der Gutachterausschuss für Grundstückswerte nach § 7 **NutzEV** verpflichtet, Gutachten über ortsübliche Nutzungsentgelte zu erstatten (vgl. § 193 BauGB Rn. 29); darüber hinaus sind Gutachten nach § 92 Abs. 2 **SachenRBerG** unter Anwendung der ImmoWertV zu erstatten.

---

6 Vgl. Rn.1; Baden-Württemberg: Schreiben des FM vom 22.4.1992 (GeschZ VV 2030-19) – abgedruckt in GuG 1992, 278 sowie GuG 1993, 42 (in der Darstellung etwas unentschlossen); Niedersachsen: RdErl des nds. MF vom 23.12.1991 – Gütl. 151/666 –, abgedruckt in GuG 1992, 209; Schleswig-Holstein: Schreiben des FM vom 19.8.1991 (GeschZ 596-3540), abgedruckt in GuG 1992, 277; Thüringen: Schreiben des FM vom 12.8.1991 (GeschZ 42.01), abgedruckt in GuG 1992, 277; Rheinland-Pfalz: Schreiben des Ministeriums des Innern und für Sport vom 12.07.1991 (GeschZ 366/ 648-15/0), abgedruckt in GuG 1992, 278; Hessen: Erl des IM vom 22.01.1991 (GeschZ 4161a 24-1/91), abgedruckt in GuG 1991, 166; Sachsen-Anhalt: Erl. des MF vom 6.7.1992 (MBl.LSA 1992, 1100 = GuG 1993, 42).
7 BVerwG, Beschl. vom 16.1.1996 – 4 B 96/95 –, GuG 1996, 111 = EzGuG 15.83.
8 Boldt/Weller, BBergG, Berlin – New York, Ergänzungsbd. 1992, § 85 Rn. 1 ff.

IV § 1 ImmoWertV — Anwendungsbereich

c) Die Vorschriften der ImmoWertV sind im Zusammenhang mit der Prüfung eines Anspruchs nach § 16 Abs. 1 Satz 1 des **Investitionsvorranggesetzes (InVorG)** anzuwenden[9].

d) Die Vorschriften der ImmoWertV sind bei der Bestimmung des **Wertausgleichs gemäß § 25 Abs. 1, Abs. 2 BBodSchG** maßgebliche Erhöhung des Verkehrswerts eines Grundstücks durch Sanierungsmaßnahmen anzuwenden; die freihändige Schätzung des Verkehrswerts durch die zuständige Behörde, auch aufgrund von Angaben der Vertragsparteien in einem Kaufvertrag über das sanierte Grundstück, genügt dem nicht[10].

8 Schließlich sind die Vorschriften der ImmoWertV mittelbar auch in sonstigen Rechtsbereichen zu beachten, wenn der Gutachterausschuss wertermittlerisch tätig wird. So ist der Gutachterausschuss nach § 5 Abs. 2 **KleingG** verpflichtet, Gutachten über den ortsüblichen **Pachtzins** im erwerbsmäßigen Obst- und Gemüsebau zu erstatten.

1.2 BelWertV

9 ▶ *Weitere Hinweise vgl. Teil IX, § 1 BelWertV Rn. 132*

Die Vorschriften der BelWertV sind nach § 1 BelWertV „bei der Ermittlung der Beleihungswerte nach § 16 Abs. 1 und 2 des Pfandbriefgesetzes und bei der Erhebung der für die Wertermittlung erforderlichen Daten ... anzuwenden".

1.3 Steuerliche Bewertung

1.3.1 Übersicht über Einheits- und Grundbesitzwerte

Schrifttum: *Halaczinsky, R.,* Der bewertungsrechtliche Grundbesitzwert; ein falscher Verkehrswert?, GuG 2004, 291; *Halaczinsky, R./Teß,* Grundbesitzbewertung für Erbfall und Schenkung, 2. Aufl. Bundesanzeiger Verlag 2003; *Höll, K./Moench, D.,* Die neue Erbschaftsteuer, Luchterhand Verlag 1997; *Klein, F.,* Erbschaft- und Schenkungsteuergesetz Nomos 1997; *Meincke, J-P.,* Erbschaft- und Schenkungsteuergesetz, Beck Verlag 2002; *Rössler/Troll,* Bewertungsgesetz, Vahlen-Verlag; *Schneider, N.,* Erbschaft-/Schenkungsteuerrecht, 2. Aufl. Haus- und Grund; *Weinmann, N.,* Das neue Erbschaftsteuerrecht 1997, Beck-Verlag.

▶ *Vgl. Rn. 22 ff.; § 194 BauGB Rn. 91; Vorbem. zur ImmoWertV Rn. 1; § 5 ImmoWertV Rn. 454; § 6 ImmoWertV Rn. 242, 384, 431, 446; § 10 ImmoWertV Rn. 33; § 13 ImmoWertV Rn. 49, 51; § 14 ImmoWertV Rn. 20, 123; Vorbem. zum Vergleichswertverfahren Rn. 15; § 16 ImmoWertV Rn. 18, 88 ff., 129, 219, 249; Vorbem. zum Ertragswertverfahren Rn. 117, 196, 262, 271; Vorbem. zum Sachwertverfahren Rn. 42, 50, 224, 269; § 22 ImmoWertV Rn. 37; § 23 ImmoWertV Rn. 20, 23*

10 Im Rahmen der steuerlichen Bewertung von Immobilien sind grundsätzlich die **Regelungen des Bewertungsgesetzes (BewG)** auf alle Steuerarten anzuwenden; dabei wird der ImmoWertV die Bedeutung einer anerkannten Schätzungsmethode beigemessen[11].

Nach dem BewG werden für das steuerliche Grundvermögen (§ 68 bis 94 BewG)[12] verschiedene steuerliche Werte ermittelt, nämlich

a) der auf die Grund- und Gewerbesteuer anzuwendende Einheitswert nach den §§ 19 ff. BewG,

---

9   BGH, Urt. vom 12.1.2001 – V ZR 420/99 –, GuG 2001, 181 = NJW-RR 2001, 732 = EzGuG 20.176.
10 VGH Kassel, Urt. vom 5.4.2011 – 2 A 2931/09 –, GuG 2013, 63.
11 BFH, Urt. vom 17.8.1999 – IV B 116/98–, GuG 2000,236 = EzGuG; 20.173; BFH, Urt. vom 24.4.1998 – IV B 42/97 –, BFH/NV 1998, 1214; BFH, Urt. vom 15.1.1985 – IX R 81/83 –, BFHE 143, 61 = BStBl II 1985, 252 = EzGuG 20.109; BFH. Urt. vom 28.3.1984 – IV R 224/81 – EzGuG 20.106; FG Nürnberg, Urt. vom 29.3.2001 – IV 419/99–, GuG 2002,62 = EFG 2001, 62 = EzGuG 4.181.
12 Grundvermögen i. S. des BewG ist der Grundbesitz, der weder dem land- und forstwirtschaftlichen Vermögen (§ 33 BewG) noch dem Betriebsvermögen (§ 99 BewG) zuzurechnen ist.

b) der auf die Grunderwerbsteuer anzuwendende Grundbesitzwert nach den §§ 138 ff. BewG und

c) der auf die Erbschaft- und Schenkungsteuer anzuwendende Grundbesitzwert nach § 157 und §§ 176 ff. BewG.

Davon zu unterscheiden ist die **steuerliche Bewertung von Immobilien im Ertragsteuerrecht**. Hierbei geht es insbesondere um die Ermittlung der Anschaffungskosten und der Herstellungskosten als Bemessungsgrundlage der Abschreibung (Absetzung für Abnutzung AfA, § 253 Abs. 2 HGB, § 7 EStG), die Ermittlung der um die Abschreibung verminderten Anschaffungs- und Herstellungskosten (Buchwert) sowie um die Ermittlung von Teilwerten. Teilwert ist der Betrag, den ein Erwerber eines ganzen Betriebs im Rahmen des Gesamtkaufpreises für das einzelne Wirtschaftsgut unter der Voraussetzung einer Fortführung des Betriebs ansetzen würde (§ 6 Abs. 1 Nr. 1 Satz 3 EStG).

Der **Einheitswert** wird nach den §§ 19 ff. BewG festgestellt für Betriebe der Land- und Forstwirtschaft sowie für Grundstücke einschließlich Betriebsgrundstücke bezogen auf den Zeitpunkt der letzten Hauptfeststellung (1.1.1964), wobei in den neuen Bundesländern die Einheitswerte der Hauptfeststellung zum 1.1.1935 mit den sich aus § 133 BewG ergebenden Zuschlägen zur Anwendung kommen[13].

Der **Grundbesitzwert** wird bei Bedarf (Bedarfsbewertung) nach den §§ 148 ff. BewG festgestellt **für Zwecke der Grunderwerbsteuer** unter Berücksichtigung der tatsächlichen Verhältnisse hinsichtlich der Beschaffenheit des Grundstücks und des Ausbauzustands eines Gebäudes zum Zeitpunkt, an dem die Grunderwerbsteuer entstanden ist (Besteuerungszeitpunkt), und zwar

– bis zum 31.12.2006 bezogen auf die allgemeinen Wertverhältnisse zum 1.1.1996 und

– ab dem 1.1.2007 bezogen auf die allgemeinen Wertverhältnisse zum Besteuerungszeitpunkt.

Der **Grundbesitzwert** wird des Weiteren bei Bedarf (Bedarfsbewertung) nach § 157 BewG und den §§ 176 ff. BewG festgestellt **für Zwecke der Erbschaft- und Schenkungsteuer** unter Berücksichtigung der tatsächlichen Verhältnisse hinsichtlich der Beschaffenheit des Grundstücks und des Ausbauzustands eines Gebäudes zum Zeitpunkt der Entstehung der Erbschaft- und Schenkungsteuer (Besteuerungszeitpunkt) unter Berücksichtigung der am Besteuerungszeitpunkt herrschenden allgemeinen Wertverhältnisse.

Mit dem Erbschaftsteuerreformgesetz ist die erbschaftsteuerliche Bewertung auf eine neue Rechtsgrundlage gestellt worden. Nach den Vorgaben des BVerfG[14] soll die erbschaftsteuerlichen Bemessungsgrundlage trotz erforderlicher Typisierungen und Pauschalierungen mit einem Wert erfasst werden, der sich an dem gemeinen Wert (§ 9 BewG) orientiert. Dementsprechend regelt daher § 177 BewG, dass der steuerlichen Bewertung des Grundvermögens der gemeine Wert zugrunde zu legen ist. Der gemeine Wert entspricht inhaltlich dem Verkehrswert nach § 194 BauGB. Mit den §§ 176 bis 200 BewG werden die entsprechenden erbschaftsteuerlichen Bewertungsverfahren vorgegeben. Die dabei anzusetzenden Liegenschaftszinssätze, Bewirtschaftungskosten und die Gesamtnutzungsdauer sind im Zusammenhang mit den in der Verkehrswertermittlung üblichen Daten abgedruckt.

Der **Einheits- und Grundbesitzwert** ist **nach** den einschlägigen **Vorgaben des BewG zu ermitteln**. Bewertungsmaßstab ist jeweils der gemeine Wert nach § 9 BewG. Die Feststellung der Werte erfolgt durch das Finanzamt des Bezirks, in dem das betreffende Grundstück liegt (Lagefinanzamt) in Form eines Feststellungsbescheids, der den Einheits- bzw. Grundbe-

---

13 Gemäß § 23 BewG werden sog. Nachfeststellungen vorgenommen, wenn eine wirtschaftliche Einheit bzw. Untereinheit nach dem Hauptfeststellungszeitpunkt neu entstanden ist und ein Einheitswert erstmals nachträglich festgestellt werden muss. Ein festgestellter Einheitswert ist des Weiteren nach § 22 BewG fortzuschreiben, wenn eine Anpassung an geänderte Verhältnisse oder eine Berichtigung von Fehlern notwendig ist. Hierbei wird nach Wert-, Art- und Zurechnungsfortschreibung unterschieden. Ein Einheitswert ist aufzuheben, wenn die wirtschaftliche Einheit/Untereinheit weggefallen ist oder der Einheitswert nicht mehr benötigt wird.

14 BVerfG, Urt. Vom 7.11.2006 – 1 BvL 10/02 –, BVerfGE 117, 1 = EzGuG 1.71a.

sitzwert, die Grundstücksart und die Zurechnung bezüglich des oder der Eigentümer ausweist. Es handelt sich hierbei um einen Grundlagenbescheid mit bindender Wirkung für Folgebescheide; bei festgestellten Einheitswerten ist der Bescheid auch für jeden Rechtsnachfolger bindend. Einwendungen gegen die im Feststellungsbescheid ausgewiesenen Feststellungen des Finanzamtes müssen durch Einspruch bzw. ggf. durch Klage geltend gemacht werden.

Bewertungsobjekt ist jeweils das Grundstück als **wirtschaftliche Einheit** (§ 2 BewG, vgl. Rn. 21, 27 ff.). Was als wirtschaftliche Einheit zu gelten hat, ist dabei **nach den Anschauungen des Verkehrs (Verkehrsauffassung)** zu entscheiden.

1.3.2 Nachweis des niedrigeren Steuerwerts (Öffnungsklauseln, Escape-Klausel)

Schrifttum: *Halaczinsky, R./Teß*, Grundbesitzbewertung für Erbfall und Schenkung, 2. Aufl. Bundesanzeiger Verlag 2004, 2. 42.

▶ *§ 5 ImmoWertV Rn. 26; § 8 ImmoWertV Rn. 246; § 10 ImmoWertV Rn. 36; § 194 BauGB Rn. 94 ff.*

11 Für den Fall, dass das typisierte Bewertungsverfahren des Bewertungsgesetzes zu einem steuerlichen Wertansatz führt, der über dem Verkehrswert (Marktwert) des Grundstücks liegt, eröffnet das BewG dem Steuerpflichtigen die Möglichkeit des Nachweises, dass der „gemeine Wert der wirtschaftlichen Einheit" i. S. des § 9 BewG (Markt- bzw. Verkehrswert)

– im Rahmen der Grundbesitzbewertung niedriger als der nach § 143 sowie den §§ 145 bis 149 BewG bzw.

– im Rahmen der Erbschaft- und Schenkungsteuer niedriger als der nach § 179 sowie den §§ 182 bis 196 BewG

festgestellte Wert ist. Kann der Nachweis erbracht werden, ist der Markt- bzw. Verkehrswert festzusetzen (sog. **Escape-Klausel**); zur Bewertung land- und forstwirtschaftlichen Vermögens im Rahmen der Erbschaft- und Schenkungsteuer vgl. § 165 Abs. 3 und § 167 Abs. 4 BewG.

Das Gesetz fordert nur den Nachweis, dass der gemeine Wert im Vergleich zu dem nach einem typisierenden Verfahren festgestellten Grundbesitzwert „niedriger" ist, ohne dass dieser nach dem Wortlaut der Öffnungsklausel exakt ermittelt werden muss. Der Steuerpflichtige ist grundsätzlich frei in der Wahl der Mittel zum Nachweis eines geringeren Werts. Dem vom Gesetz geforderten „Nachweis" genügt eine bloße Darlegung anderer Wertvorstellungen bzw. die Vorlage von Auszügen aus der Kaufpreissammlung allerdings nicht. Vielmehr ist als Nachweis regelmäßig ein Gutachten des zuständigen Gutachterausschusses für Grundstückswerte oder eines Sachverständigen für die Bewertung von Grundstücken erforderlich[15].

Auch ein im gewöhnlichen Geschäftsverkehr **zeitnah zum maßgeblichen Besteuerungsstichtag** (Zeitpunkt der Entstehung der Steuer: § 9 ErbStG) **erzielter Kaufpreis** für das zu bewertende Grundstück kann als Nachweis dienen[16]. Ein zeitnah erzielter Kaufpreis ist regelmäßig ein solcher, der innerhalb eines Jahres vor oder nach dem Besteuerungszeitpunkt zustande gekommen ist. Grundstücksverkäufe, die eine wesentlich längere Zeit als ein Jahr entfernt liegen, bilden im Allgemeinen keine geeignete Grundlage zur unmittelbaren Ableitung des gemeinen Werts[17]. Die durch zeitlichen Abstand zum maßgeblichen Besteuerungszeitpunkt nachlassende Indizwirkung des Kaufpreises für den gemeinen Wert kann jedoch

---

[15] ErbStR2011 vom 19.12.2011 (BStBl. Sondernr. 1, S. 2; bzw. ErbStH 2011 vom 19.12.2011 (BStBl Sondernr. 1/2011 S. 117 = GuG 2012, 167 ff. 228ff; zu § 196 BewG RB 198 – GuG 2012, 234); BFH, Beschl. vom 9.9.2009 – II B 69/09 –, GuG-aktuell 2010, 23 = EzGuG 20.208.

[16] BFH, Urt. vom 8.10.2003 – II R 27/02 –, BFHE 204, 306 = BStBl II 2004. 179

[17] Vgl. zur Einheitsbewertung BFH, Urt. vom 26.9.1980-111 R 21/78 –, BFHE 132, 101 = BStBl II 1981, 153 = EzGuG 20.86

durch ein Gutachten des Gutachterausschusses zur Entwicklung der Bodenwerte und durch unveränderte erzielte Jahresmieten ausgeglichen werden[18].

Führt der Steuerpflichtige den Nachweis eines niedrigeren gemeinen Werts durch ein Gutachten, so handelt es sich um ein Privatgutachten und damit um substantiiertes, urkundlich belegtes Parteivorbringen[19], das für die Feststellung des Grundbesitzwerts nicht bindend ist. Ob das zum Nachweis eines niedrigeren Steuerwerts erbrachte Gutachten, bzw. vorgelegten Verkaufspreise innerhalb eines Jahres vor bzw. nach dem Bewertungsstichtag den geforderten Nachweis erbringt, unterliegt der freien Beweiswürdigung[20], insbesondere muss das angewandte Wertermittlungsverfahren für das zu bewertende Grundstück geeignet sein und es muss die Lage auf dem Grundstücksmarkt (z.B. durch marktgerechte Liegenschaftszinssätze und Sachwertfaktoren) berücksichtigt worden sein[21]. Hierbei ist zu entscheiden, ob das vorgelegte Gutachten plausibel ist oder einen anderen als den vom Finanzamt ermittelten Wert rechtfertigt.

Im Rahmen des Nachweises des niedrigeren gemeinen Werts für Zwecke der Erbschaft- und Schenkungsteuer sowie der Grunderwerbsteuer ist des Weiteren zu beachten, dass nach § 68 Abs. 2 Satz 1 Nr. 2 BewG Maschinen und sonstige Vorrichtungen aller Art, die zu einer Betriebsanlage gehören (**Betriebsvorrichtungen**), nicht in das Grundvermögen einzubeziehen und damit nicht als Gegenstand der Bewertung des Grundvermögens zu erfassen sind[22].

2 Anwendung der Verordnung auf Grundstücke, Grundstücksbestandteile und Zubehör (§ 1 Abs. 1 ImmoWertV)

2.1 Grundstück und Grundstücksteil

2.1.1 Übersicht

Am Anfang einer jeden Wertermittlung muss zunächst festgestellt werden, was „Gegenstand der Wertermittlung" ist, d. h., der Gutachter muss sich Klarheit über das Wertermittlungsobjekt verschaffen. Dabei geht es in der Praxis nicht nur um die Ermittlung des Verkehrswerts von Grundstücken oder von den bereits mit § 1 Abs. 2 ImmoWertV angesprochenen grundstücksgleichen Rechten bzw. Rechten an Grundstücken. Häufig geht es auch um die Verkehrswertermittlung von Grundstücksteilen oder um Bestandteile eines Grundstücks. **Gegenstand der Wertermittlung** kann sein:

a) das Grundstück einschließlich seiner Bestandteile sowie des Zubehörs,

b) ein Grundstücksteil einschließlich seiner Bestandteile sowie des Zubehörs,

c) einzelne Bestandteile oder sogar ein einzelnes Zubehör.

---

18 BFH, Urt. vom 2.7.2004 – II R 55/01 –, BFHE 205, 492 = BStBl II 2004, 703 = EzGuG 19.49d: Der BFH führt hierzu aus: „Wird der Nachweis eines niedrigeren gemeinen Werts durch einen nach fast drei Jahren im gewöhnlichen Geschäftsverkehr erzielten Kaufpreis für ein bebautes Grundstück durch eine gutachterliche Äußerung des Gutachterausschusses für Grundstückswerte ergänzt, aus der sich ergibt, dass die Bodenwerte – nicht nur die Bodenrichtwerte – seit dem maßgeblichen Besteuerungszeitpunkt unverändert geblieben sind, und ist auch die für § 146 Abs. 2 BewG maßgebliche erzielte Jahresmiete gleich geblieben, so ist die Schlussfolgerung, dass der Kaufpreis dem gemeinen Wert zum Besteuerungszeitpunkt entspricht, nach Denkgesetzen und allgemeinen Erfahrungssätzen möglich (vgl. BFH, Urt. vom 6.11.2001 – IX R 97/00-, BFHE 197, 151 = BStBl II 2002, 726, m.w.N.)."
19 BFH, Urt. vom 4.3.1993 – IV R 33/92 –, BFH/NV 1993, 739; BGH, Urt. vom 27.5.1982 – III ZR 201/80 –, NJW 1982, 2874 = EzGuG 11.131; BFH, Urt. vom 9.12.1982 – IV R 176/78 –, BFHE 138, 33 = BStBl II 1983, 417.
20 BFH, Urt. vom 3.12.2008 – II R 19/08 –, GuG 2009, 248 = BFHE 224, 268 = BStBl II 2009, 403 = EzGuG 20.206; BFH, Urt. vom 10.11 2004 – II R 69/01 –, GuG 2005, 184 = BFHE 207, 352 = BStBl II 2005. 259 = EzGuG 11.407; FG Nürnberg, Urt. vom 29.3.2001 – IV R 419/99 –, EFG2001, 960 = EzGuG 20.179;
21 BFH. Urt. vom 3.12.2008 – II R 19/08 –, GuG 2009, 248 = BFHE 224, 268 = BStBl II 2009, 403 = EzGuG 20.207.
22 Gleich lautende Erlasse der obersten Finanzbehörden der Länder zur Abgrenzung des Grundvermögens von den Betriebsvorrichtungen vom 5.6.2013 (GuG 2013/5); vgl. BGH, Urt. vom 9.7.2009 – II R 7/08 –, BFH/NV 2009, 1609.

IV § 1 ImmoWertV — Anwendungsbereich

13 Die **Marktwertermittlung von Bestandteilen** eines Grundstücks ist bei alledem nur möglich, wenn es sich um Bestandteile handelt, die eigenständig handelbar sind, denn nur dafür kann sich ein Marktwert tatsächlich bilden. Wesentliche Bestandteile i. S. des § 93 BGB, die nicht voneinander getrennt werden können, ohne dass der eine oder andere Teil zerstört oder in seinem Wesen verändert wird, können begrifflich keinen eigenen Marktwert (Verkehrswert) haben; sie haben allenfalls einen Anteil am Marktwert (Marktwertanteil). Dies betrifft insbesondere den auf einem Grundstück vorhandenen Aufwuchs sowie bauliche Außenanlagen.

14 Gegenstand der Wertermittlung kann aber auch eine in der Vorschrift unerwähnt gebliebene **wirtschaftliche Einheit** im steuerlichen Sinne, aber auch im allgemein verstandenen Sinne sein (vgl. Rn. 27 ff.).

15 Der Gegenstand der Wertermittlung bestimmt sich maßgeblich nach dem **Wertermittlungsantrag** bzw. **Wertermittlungsauftrag** (vgl. § 4 ImmoWertV Rn. 3 ff.). Dieser soll

a) das *Wertermittlungsobjekt* eindeutig bezeichnen; dabei ist besonders anzugeben, wenn sich die Wertermittlung auf

– den Grund und Boden eines Grundstücks (ohne bauliche oder sonstige Anlagen),

– Teile des Grundstücks mit oder ohne bauliche und sonstige Anlagen,

– einzelne bauliche oder sonstige Anlagen oder

– auf das Zubehör

beschränken soll;

b) den *Wertermittlungsstichtag* (§ 3 Abs. 1 ImmoWertV) enthalten; erscheint der Wertermittlungsantrag nicht sachgerecht, so sollte sich der Gutachter mit dem Antragsteller ins Benehmen setzen und ihn veranlassen, den Wertermittlungsantrag entsprechend zu ändern[23] und

c) den Qualitätsstichtag *nennen*, d. h. den Zeitpunkt, auf den sich der für die Wertermittlung maßgebliche Grundstückszustand beziehen soll (§ 4 Abs. 1 Satz 1 ImmoWertV).

16 § 665 BGB schreibt für die Beauftragung vor:

„**§ 665 BGB** Abweichung von Weisungen
Der Beauftragte ist berechtigt, von den Weisungen des Auftraggebers abzuweichen, wenn er den Umständen nach annehmen darf, dass der Auftraggeber bei Kenntnis der Sachlage die Abweichung billigen würde. Der Beauftragte hat vor der Abweichung dem Auftraggeber Anzeige zu machen und dessen Entschließung abzuwarten, wenn nicht mit dem Aufschube Gefahr verbunden ist."

17 **In verbleibenden Zweifelsfällen** wird es unvermeidbar sein, **von plausiblen Annahmen** auszugehen und **im Gutachten zu erläutern,** ob und inwieweit bei der Wertermittlung eines Grundstücks dessen Bestandteile und das Zubehör erfasst worden sind und welcher Wertermittlungsstichtag zugrunde gelegt wurde (vgl. Teil II Rn. 355).

2.1.2 Grundstück

18 In den meisten Fällen wird es sich bei dem Wertermittlungsobjekt um ein Grundstück im grundbuchrechtlichen Sinne handeln, das im Gutachten durch

– seine Lagebezeichnung (Ort, Straße, Hausnummer),

– seine Grundbuchbezeichnungen (Grundbuch, Grundbuchblatt, Nr. eines gemeinschaftlichen Grundbuchblatts) und

– seine Katasterbezeichnung (Gemarkung, Flur, Flurstück[e])

bestimmt wird. Die Anwendung der ImmoWertV auf die Marktwertermittlung von Grundstücken im Rechtssinne zu beschränken, wäre nicht sachgerecht[24]. Der in der ImmoWertV ver-

---

23 BR-Drucks. 352/88, S. 32 f.
24 So auch in der steuerlichen Bewertung (vgl. § 70 BewG; hierzu BewR Gr. vom 19. 9.1966 [BAnz Nr. 183 Beil. BStBl I 1966, 890]); ErbStR zu § 145 BewG.

wendete **Grundstücksbegriff ist deshalb untechnisch auszulegen.** Wertermittlungsobjekt kann z. B. im Zuge bodenordnerischer Maßnahmen ein fiktives und einer sachgerechten Auslegung des hier verwandten Grundstücksbegriffs Rechnung tragendes Grundstück sein. Auch bei derartigen Grundstücken ist allerdings eine eindeutige Beschreibung des Grundstücks nach Lage und Größe im Gutachten erforderlich[25].

2.1.3 Grundstücksteil

Neben den Bestandteilen eines Grundstücks kann ausdrücklich auch ein Grundstücksteil Gegenstand der Wertermittlung sein. Damit sind im Wesentlichen Grundstücksteilflächen angesprochen, die z. B. bei Abtretung von Straßenverbreiterungsflächen zu entschädigen sind. Die **Grundstücksteilfläche muss im Marktwertgutachten beschrieben werden,** wobei es sich nicht um eine bereits vermessene Teilfläche handeln muss. Mitunter mag sogar eine Flächenangabe genügen, wenn die genaue Festlegung der Teilflächenbegrenzung für das Ergebnis der Wertermittlung unerheblich ist.

19

2.1.4 Bruchteils-, Gesamthands- und Miteigentum

▶ *Teil V Rn. 39 ff.*

Steht das Eigentum am Grundstück mehreren Personen zu, so besteht unter ihnen eine Gemeinschaft, und zwar

20

a) nach Bruchteilen (Bruchteilseigentum §§ 1008 bis 1011 BGB – Miteigentum nach Bruchteilen –; die Vorschriften über die Bruchteilsgemeinschaft ergeben sich aus den §§ 741 ff. BGB) oder

b) (ausnahmsweise, weil nur in bestimmten, durch Gesetz zugelassenen Fällen) zur gesamten Hand (Gesamthandseigentum).

Das **Bruchteilseigentum oder Miteigentum nach Bruchteilen** ist eine besondere Form des Eigentums, bei der die Sache mehreren Personen gehört, wobei die Eigentumsanteile sich nach Bruchteilen bestimmen. Jeder kann dabei über seinen Anteil selbst verfügen. Jeder Anteil ist ideell und die Eigentümer bilden eine Bruchteilsgemeinschaft.

Bei **Gesamthandeigentum** steht den Gesamthändern dagegen kein ideeller Eigentumsanteil am Grundstück zu. Ihnen gehört das Eigentum zur gesamten Hand. Jeder ist Eigentümer und über das Eigentum kann nur gemeinschaftlich verfügt werden kann, weil Bruchteile nicht existieren (Miteigentümergemeinschaft). Das Rechtsverhältnis zwischen den Gesamthändern ist in den §§ 2058 ff. BGB abschließend geregelt. Gesamthandseigentum besteht bei der BGB-Gesellschaft (§§ 705 ff. BGB), bei der ehelichen Gütergemeinschaft (§§ 1415 ff. BGB), der Erbengemeinschaft (§§ 2032 ff. BGB, gesamtschuldnerische Haftung nach § 2058 BGB) und bei der OHG (§§ 105 ff. HGB). Wie beim Bruchteilseigentum ergibt sich das Gesamthandseigentum aus der Eintragung im Grundbuch.

Eine besondere Form des Miteigentums nach Bruchteilen an einem Grundstück ist das **Wohnungseigentum** nach § 1 Abs.2 WEG (vgl. Teil V Rn. 39 ff.). Das Wohnungseigentum ist das Sondereigentum an einer Wohnung i. V. m. dem Miteigentum (nach Bruchteilen und nicht als Gesamthandseigentum) am gemeinschaftlichen Grundstück (§ 1 Abs. 2 WEG)[26]. Es ist belastbar, kann vermietet und verpachtet werden (§ 13 Abs. 1 WEG), Gegenstand der Zwangsversteigerung sein und ist vererbbar. Das Wohnungseigentum setzt sich zusammen aus

---

25 Das US-amerikanische Rechtssystem unterscheidet interessanterweise zwischen: – real estate = Physical land and appurtenances attached to the land, e.g. structures; – real property: All interests, benefits, and rights inherent in the ownership of physical real estate; the bundle of rights with which the ownership of the real estate is endowed; American Institute of Real Appraisers, The Appraisal of Real Estate, 12. Aufl. Chicago 2001: USPAP – Uniform Standards of Professional Practice (Appraisal Institute Chicago).
26 Fritz, Gewerberaummietrecht, Beck-Verlag München, 2. Aufl. 1995, Rn. 460 ff.

IV § 1 ImmoWertV — Anwendungsbereich

- dem *Sondereigentum an einer Wohnung* (einschließlich der dazugehörigen Nebenräume wie Kellerräume, Bodenräume und Garagen, sofern sie nicht selbstständiges Teileigentum sind) i. V. m.
- dem *Miteigentum* (nach Bruchteilen und nicht als Gesamthandseigentum) am gemeinschaftlichen Grundstück.

Der **Verkehrswert eines Miteigentumsanteils** ist im Allgemeinen geringer als der entsprechende Bruchteil des Verkehrswerts (Marktwerts) des Grundstücks, weil der Miteigentümer in seiner Verfügungsmacht über das Grundstück erheblich eingeschränkt ist und der Kreis möglicher Käufer für solche Miteigentumsanteile sehr begrenzt ist[27]. In der Rechtsprechung blieb es bei alledem unbeanstandet, wenn aufgrund fehlender Vergleichspreise der Abschlag für derartige Miteigentumsanteile nur aus allgemeinen Erfahrungssätzen abgeleitet wird[28].

2.1.5 Gegenstand der Wertermittlung nach BelWertV

▶ *Vgl. Teil IX, § 2 BelWertV Rn. 132 ff.*

21 Gegenstand der Beleihungswertermittlung ist nach § 2 BelWertV „das Grundstück, grundstücksgleiche Recht oder vergleichbare Recht einer ausländischen Rechtsordnung, das mit dem Grundpfandrecht belastet ist oder belastet werden soll".

2.2 Wirtschaftliche Einheit

22 In der steuerlichen Bewertung ist Gegenstand der Bewertung i. d. R. die wirtschaftliche Einheit (vgl. Rn. 17, 21). **Was als wirtschaftliche Einheit zu gelten hat, ist** nach § 2 Abs. 1 Satz 2 BewG **nach den Anschauungen des Verkehrs unter Berücksichtigung der örtlichen Gewohnheit, der tatsächlichen Übung, der Zweckbestimmung und der wirtschaftlichen Zusammengehörigkeit der einzelnen Wirtschaftsgüter zu entscheiden** (§ 2 Abs. 1 Satz 3 und 4 BewG). Die örtliche Gewohnheit, die tatsächliche Übung, die Zweckbestimmung und die wirtschaftliche Zusammengehörigkeit der einzelnen Wirtschaftsgüter sind dabei zu berücksichtigen[29]. Bezüglich der Zweckbestimmung kommt es darauf an, dass der subjektive Wille des Eigentümers mit der Anschauung des Verkehrs im Einklang steht[30].

23 Zu einer wirtschaftlichen Einheit kann jedoch nach § 2 Abs. 2 BewG nur der Grundbesitz (bzw. die Wirtschaftsgüter) zusammengefasst werden, der demselben Eigentümer gehört[31].

„(1) Grundbesitz kann nur zu einer **wirtschaftlichen Einheit zusammengefasst** werden, wenn er zu derselben Vermögensart (entweder ausschließlich Betriebsgrundstück i. S. des § 99 Abs. 2 BewG oder ausschließlich Grundvermögen) gehört. Grenzt eine unbebaute Fläche an eine Grundstücksfläche, die zum Beispiel mit einem Einfamilienhaus bebaut ist, können beide Flächen auch bei so genannter offener Bauweise selbstständige wirtschaftliche Einheiten bilden. Wird von einem größeren Grundstück eine Teilfläche verpachtet und errichtet der Pächter auf dieser Fläche ein Gebäude, ist die Teilfläche als besondere wirtschaftliche Einheit zu bewerten.

---

27 BGH, Urt. vom 12.1.2001 – V ZR 420/99 –, GuG 2001, 181 = EzGuG 20.176; VGH München, Urt. vom 13.6.1990 – M 9 K 89.2465 –, GuG 1992, 29, 32 = EzGuG 11.178 (dort mit 25 % geschätzt).
28 VGH München, Urt. vom 13.6.1990 – M 9 K 89.2465 –, GuG 1992, 29, 32 = EzGuG 11.178.
29 RFH, Urt. vom 22.11.1934 – III A 176 und 247/34 –, RStBl 1935, 109; BFH, Urt. vom 20.1.1955 – V 120/54 U –, BStBl III 1955, 93; BFH, Urt. vom 3.3.1955 – VZ 119/54 U –, BStBl III 1955, 179; BFH, Urt. vom 3.2.1956 – III 206/55 U –, EzGuG 20.18; BFH, Urt. vom 19.5.1967 – III 50/61 –, BStBl III 1967, 510; BFH, Urt. vom 13.6.1969 – III 17/65 –, BStBl II 1969, 517; BFH, Urt. vom 13.6.1969 – III R 132/67 –, BStBl II 1969, 612; BFH, Urt. vom 7.12.1973 – III R 158/72 –, BFHE 111, 264 = BStBl II 1974, 195; BFH, Urt. vom 2.7.1976 – III R 54/75 –, BStBl II 1976, 640 = BFHE 119, 294.
30 RFH, Urt. vom 26.3.1931 – III A 567/30 –, RStBl. 1931, 802; RFH, Urt. vom 10.4.1930 – III A 294/30 –, RStBl 1930, 298; BFH, Urt. vom 15.10.1954 – III 148/54 U –, BStBl III 1955, 2; RFH, Urt. vom 20.10.1938 – III 148/38 –, RStBl 1938, 1155; BFH, Urt. vom 4.10.1974 – III R 127/73 –, BStBl II 1975, 302; BFH, Urt. vom 23.2.1979 – III R 44/77 –, BFHE 128, 254 = EzGuG 19.35.
31 ErbStR 2011 R B 181.1; RB 180 Abs. 3; R B 176 Abs. 2; R B 168 Abs. 2; ErbStR Nr. 152 Abs. 2 und 3, Nr. 164 Abs. 2.

Anwendungsbereich § 1 ImmoWertV IV

Der Anteil des Eigentümers an gemeinschaftlichen Hofflächen oder Garagen ist nach § 138 Abs. 3 Satz 2 BewG in das Grundstück einzubeziehen, wenn der Anteil zusammen mit diesem genutzt wird. Dabei ist es unerheblich, ob zum Beispiel einzelne Garagen unabhängig von einem Hauptgebäude genutzt werden.

(2) Zur wirtschaftlichen Einheit eines bebauten Grundstücks gehören der Grund und **Boden, die Gebäude, die Außenanlagen, sonstige wesentliche Bestandteile** und das Zubehör. Nicht einzubeziehen sind Maschinen und Betriebsvorrichtungen, auch wenn sie wesentliche Bestandteile sind. Verstärkungen von Decken und die nicht ausschließlich zu einer Betriebsanlage gehörenden Stützen und sonstige Bauteile wie Mauervorlagen und Verstrebungen gehören zum Grundstück (vgl. § 68 Abs. 2 BewG)."

Zum **Wohnungs- und Teileigentum** heißt es hierzu in den ErbStR 2011:

„(1) Jedes Wohnungseigentum und jedes Teileigentum gilt als ein Grundstück im Sinne des Bewertungsgesetzes (§ 176 Absatz 1 Nummer 3 BewG). Wohnungseigentum und Teileigentum werden nach § 2 WEG entweder durch vertragliche Einräumung von Sondereigentum (§ 3 WEG) oder durch Teilung (§ 8 WEG) begründet. Nach § 3 WEG kann Sondereigentum auch an Räumen in einem erst zu errichtenden Gebäude eingeräumt werden. Ebenso ist die Teilung durch den Eigentümer auch bei einem erst noch zu errichtenden Gebäude möglich (§ 8 Absatz 1 WEG). Die rechtliche Zusammenführung von Sondereigentum und Miteigentumsanteil bildet von Beginn an Wohnungseigentum oder Teileigentum im Sinne des § 1 Absatz 2 und 3 WEG.

(2) Das Wohnungs-/Teileigentum entsteht zivilrechtlich mit der Anlegung des Wohnungs- oder Teileigentumsgrundbuchs. Schenkungssteuerrechtlich gilt das Wohnungs-/Teileigentum bereits dann als entstanden, wenn die Teilungserklärung beurkundet ist und die Anlegung des Grundbuchs beantragt werden kann (> R E 9.1 Absatz 1). Dies gilt sowohl für am Bewertungsstichtag noch nicht bezugsfertige Gebäude als auch für bereits bestehende Gebäude.

(3) Die **wirtschaftliche Einheit des Wohnungs-/Teileigentums** setzt sich aus dem Sondereigentum und dem Miteigentumsanteil an dem gemeinschaftlichen Eigentum zusammen, zu dem es gehört. Sind bei einem Wohnungseigentum mehrere Wohnungen mit nur einem Miteigentumsanteil verbunden, sind sie grundsätzlich zu einer wirtschaftlichen Einheit zusammengefasst. Eine Ausnahme besteht jedoch dann, wenn die tatsächlichen Gegebenheiten der Verkehrsanschauung entgegenstehen. Liegen die Wohnungen in demselben Haus unmittelbar übereinander oder nebeneinander und sind sie so miteinander verbunden, dass sie sich als ein Raumkörper darstellen, bilden sie eine wirtschaftliche Einheit. Besteht keine derartige Verbindung, weil sich die Wohnungen getrennt von anderen im Sondereigentum stehenden Wohnungen im Gebäude befinden, sind nach der Verkehrsanschauung mehrere wirtschaftliche Einheiten anzunehmen.

(4) Handelt es sich dagegen um **mehrere Wohnungen, die jeweils mit einem Miteigentumsanteil am Grundstück verbunden sind,** und liegen mithin zivilrechtlich mehrere selbstständige Wohnungseigentumsrechte vor, ist trotz des tatsächlichen Aneinandergrenzens und der Eintragung auf ein gemeinsames Wohnungsgrundbuchblatt eine Zusammenfassung zu einer einheitlichen wirtschaftlichen Einheit nicht möglich. Werden mehrere Wohnungen durch größere bauliche Maßnahmen zu einer einzigen Wohnung umgestaltet und sind sie danach nicht mehr ohne größere bauliche Veränderungen getrennt veräußerbar, bilden sie nur eine wirtschaftliche Einheit. Dies gilt entsprechend für die bauliche Zusammenfassung von Wohnung und Gewerberaum.

(5) **Zubehörräume,** insbesondere Kellerräume und sonstige Abstellräume, die der Grundstückseigentümer gemeinsam mit seinem Miteigentumsanteil nutzt, sind ohne Rücksicht auf die zivilrechtliche Gestaltung in die wirtschaftliche Einheit einzubeziehen. Gehören zu der Wohnung auch Garagen, sind sie in die wirtschaftliche Einheit des Wohnungseigentums einzubeziehen (§ 138 Abs. 3 Satz 2 in Verbindung mit § 70 Abs. 1 und 2 BewG). Hierbei ist es unerheblich, wie das Eigentum des Wohnungseigentümers an den Garagen gestaltet ist. Es kommt auch nicht darauf an, ob sich die Garagen auf dem Grundstück der Eigentumswohnungsanlage oder auf einem Grundstück in der näheren Umgebung befinden. An Abstellplätzen außerhalb von Sammelgaragen kann kein Sondereigentum begründet werden. Derartige Abstellplätze sind Gemeinschaftseigentum, die jedoch mittels einer Nutzungsvereinbarung einem bestimmten Wohnungseigentums- oder Teileigentumsrecht zugeordnet werden können[32]."

Die **wirtschaftliche Einheit eines Gewerbegrundstücks** oder eines sonstigen Grundstücks umfasst regelmäßig den Grund und Boden, die Gebäude, die Außenanlagen, insbesondere Wege- und Platzbefestigungen sowie Einfriedungen, die sonstigen wesentlichen Bestandteile und das Zubehör. Der Umstand, dass die Gebäude zu unterschiedlichen Zwecken genutzt werden, steht der Annahme einer wirtschaftlichen Einheit nicht entgegen.

24

---
[32] ErbStR 2011 R B 181.2.

Nicht in die wirtschaftliche Einheit einzubeziehen sind Maschinen und sonstige Vorrichtungen aller Art, die zu einer Betriebsanlage gehören.

25 Zum **Grund und Boden** gehören die im räumlichen Zusammenhang stehenden bebauten und unbebauten Flächen. Demnach sind auch die unbebauten Flächen zwischen Fabrikgebäuden sowie Lagerflächen, die innerhalb des Fabrikgeländes liegen, der wirtschaftlichen Einheit des zu bewertenden Grundstücks zuzurechnen.

26 Die **räumliche Trennung von Flächen** steht der Annahme einer wirtschaftlichen Einheit grundsätzlich entgegen. Grundstücke, die räumlich getrennt liegen, können nicht deshalb zu einer wirtschaftlichen Einheit zusammengefasst werden, weil sie zu demselben Gewerbebetrieb gehören. Sind die Flächen eines Gewerbebetriebs durch eine öffentliche Straße voneinander getrennt, können sie regelmäßig nicht als eine wirtschaftliche Einheit angesehen werden. Hiervon kann jedoch in den Fällen abgewichen werden, in denen nach der Verkehrsauffassung (§ 2 BewG) wegen der örtlichen Gewohnheit und der tatsächlichen Nutzung eine wirtschaftliche Zusammengehörigkeit derart besteht, dass sich die Zusammenfassung zu einer wirtschaftlichen Einheit für einen Außenstehenden aufdrängt (z. B. bei Verbindung von räumlich getrennt liegenden Produktionsstätten durch einen Tunnel oder eine Brücke).

27 Ob mehrere Grundstücke zusammen oder Teile eines Grundstücks jeweils für sich eine wirtschaftliche Einheit bilden, hängt nicht von der tatsächlichen Nutzung ab und damit auch nicht von der aus ihr abgeleiteten und deshalb nur **auf dem Willen des Eigentümers beruhenden Zusammengehörigkeit oder Selbstständigkeit.** Dies ist vielmehr ausschließlich nach bauplanungsrechtlichen Gegebenheiten zu beurteilen. Ein ausreichender Grund für die Annahme einer wirtschaftlichen Einheit ist gegeben, wenn wegen verbindlicher planerischer Vorstellungen oder tatsächlicher Geländeverhältnisse ein Teil eines Grundstücks nur selbstständig baulich genutzt werden kann und deshalb sinnvollerweise einen eigenen Anschluss an eine öffentliche Einrichtung zur Wasserversorgung erhalten muss oder wenn mehrere Grundstücke desselben Eigentümers nicht jeweils für sich, sondern nur zusammen baulich genutzt werden können und deshalb nur einen Anschluss benötigen[33].

28 **Stückländereien** sind einzelne land- und forstwirtschaftlich genutzte Flächen, bei denen die Wirtschaftsgebäude oder die Betriebsmittel oder beide Arten von Wirtschaftsgütern nicht dem Eigentümer des Grund und Bodens gehören. Stückländereien bilden steuerlich eine gesonderte selbstständig zu bewertende wirtschaftliche Einheit dar[34].

2.3 Bestandteile des Grundstücks

2.3.1 Übersicht

▶ *Vgl. Rn. 67; § 6 ImmoWertV Rn. 94 ff.*

29 Als Bestandteil ist allgemein jeder Teil einer einheitlichen oder zusammengesetzten Sache anzusehen. Das Bürgerliche Gesetzbuch unterscheidet in den §§ 93 bis 95 zwischen den wesentlichen und den unwesentlichen Bestandteilen. Die **Bestandteile** eines Grundstücks lassen sich **untergliedern in**

- wesentliche Bestandteile,
- unwesentliche Bestandteile und
- Scheinbestandteile.

30 **Wesentliche Bestandteile** einer Sache sind solche, die voneinander nicht getrennt werden können, ohne dass der eine oder andere Teil zerstört oder in seinem Wesen verändert wird (§ 93 BGB). Zu den wesentlichen Bestandteilen eines Grundstücks gehören die mit dem Grund und Boden fest verbundenen Sachen, insbesondere Gebäude, sowie die Erzeugnisse des Grundstücks, solange sie mit dem Boden zusammenhängen. Samen wird mit dem Aus-

---
[33] VGH München, Urt. vom 11.1.1985 – 23 B 83 A. 1017 –, NVwZ 1987, 348 = EzGuG 9.54.
[34] Vgl. § 160 Abs. 7 BewG i. V. m. ErbStR 2011 R B 160.1 Abs. 6 (vorher GuG 2010, 99) sowie § 34 Abs. 7 BewG.

säen, eine Pflanze wird mit dem Einpflanzen wesentlicher Bestandteil des Grundstücks (§ 94 Abs. 1 BGB). Demzufolge gehören auch Bäume zu den wesentlichen Bestandteilen[35]. Ein auf einem Erbbaurecht errichtetes Gebäude ist allerdings nur Scheinbestandteil des mit dem Erbbaurecht belasteten Grundstücks.

Zu den wesentlichen Bestandteilen eines Gebäudes gehören nach § 94 Abs. 2 BGB die zur Herstellung des Gebäudes eingefügten Sachen, insbesondere Werkstoffe, aus denen Mauern, Fußböden, Decken, Verputz, Treppen, Fenster, Türen usw. hergestellt sind. 31

Zu den **unwesentlichen Bestandteilen** eines Grundstücks gehören umgekehrt solche, die voneinander getrennt werden können, ohne dass sie das andere Teil zerstören oder sein Wesen verändern. 32

Nach § 96 BGB gelten als Bestandteil des Grundstücks auch **Rechte, die mit dem Eigentum an einem Grundstück verbunden sind:** z. B. Grunddienstbarkeiten[36], dingliche Vorkaufsrechte, Reallasten, Jagdrechte sowie der in das Grundbuch eingetragene Erbbauzinsanspruch[37]. 33

Nicht zu den Bestandteilen eines Grundstücks gehören nach § 95 BGB **solche Sachen, die nur zu einem vorübergehenden Zwecke mit dem Grund und Boden verbunden sind.** Das Gleiche gilt für ein Gebäude oder anderes Werk, das in Ausübung eines Rechts an einem fremden Grundstück von dem Berechtigten mit dem Grundstück verbunden worden ist **(Scheinbestandteile).** Entsprechendes gilt also für Gebäude, die in Ausübung eines Rechts an einem fremden Grundstück (Erbbaurecht[38], Nießbrauch, Dienstbarkeit, Überbaurecht und dgl.) vom Berechtigten mit dem Grund und Boden verbunden worden sind. 34

Dass ein **Recht an einem Grundstück eigenständiger Gegenstand der Wertermittlung** sein kann, bedeutet nicht, dass dabei eine vorhandene Beziehung zu einem „dienenden" oder „herrschenden" Grundstück außer Betracht bleibt (vgl. Rn. 67; § 6 ImmoWertV Rn. 94 ff.). 35

Nach § 5 Art. 231 des Einführungsgesetzes zum BGB gehören in den der **Bundesrepublik Deutschland beigetretenen Gebieten** nicht zu den Bestandteilen eines Grundstücks Gebäude, Baulichkeiten, Anlagen, Anpflanzungen oder Einrichtungen, die gemäß dem am Tag vor dem Wirksamwerden des Beitritts (2.10.1990) geltenden Recht vom Grundstückseigentum unabhängiges Eigentum sind. Das Gleiche gilt, wenn solche Gegenstände am Tag des Wirksamwerdens des Beitritts (3.10.1990) oder danach errichtet oder angebracht werden, soweit dies aufgrund eines vor dem Wirksamwerden des Beitritts begründeten Nutzungsrechts an dem Grundstück oder Nutzungsrecht nach den §§ 312 bis 315 des Zivilgesetzbuchs der DDR zulässig ist. Das Nutzungsrecht an dem Grundstück und die erwähnten Anlagen, Anpflanzungen oder Einrichtungen gelten als wesentliche Bestandteile des Gebäudes[39]. 36

2.3.2 Bauliche und sonstige Anlagen

2.3.2.1 Allgemeines

Die **ImmoWertV unterscheidet** grundsätzlich **nach *baulichen* und *sonstigen* Anlagen** (§ 2 Abs. 1 Satz 1 ImmoWertV). Die Unterscheidung ist insbesondere **bei Anwendung des Sachwertverfahrens** von Bedeutung. 37

---

35 BGH, Urt. vom 13.5.1975 – VI ZR 85/74 –, NJW 1975, 2061 = EzGuG 2.14; OVG Koblenz, Urt. vom 25.4.1963 – 3 C 97/61 –, ZMR 1964, 155 = EzGuG 2.6; LG Tübingen, Urt. vom 14.2.1986 – 2 O 1/86 –, VersR 1986, 982 = EzGuG 2.42.
36 KG Berlin, Urt. vom 10.7.1967 – U 485/67 –, NJW 1968, 2014 = EzGuG 14.30; Pr. OVG, Urt. vom 10.6.1932 – VII C 183/31 –, AVN 1967, 405 = EzGuG 14.2.
37 §§ 96, 94 BGB, § 9 Abs. 1 Satz 1, Abs. 2 Satz 1 ErbbauG, § 1105 BGB; vgl. BFH, Beschl. vom 28.11.1986 – II R 32/83 –, BFHE 148, 80 = BStBl II 1987, 101 = BB 1987, 886 = EzGuG 7.101
38 BGH, Urt. vom 28.5.1971 – V ZR 121/68 –, MDR 1971, 997 = EzGuG 19.25; BGH, Urt. vom 12.4.1961 – VIII ZR 152/60 –, NJW 1961, 1251 = EzGuG 3.16; BGH, Urt. vom 9.3.1960 – V ZR 189/58 –, NJW 1960, 1003 = EzGuG 3.14a; BGH, Urt. vom 27.5.1959 – V ZR 173/57 –, NJW 1959, 1487; BGH, Urt. vom 31.10.1952 – V ZR 36/51 –, BGHZ 8,1 = EzGuG 3.2.
39 BGBl. II 1990, 942.

2.3.2.2 Bauliche Anlagen

▶ *Vgl. hierzu § 21 ImmoWertV Rn. 2 ff.*

38 Was unter **baulichen Anlagen** und unter diesen Begriff fallende „Gebäude" zu verstehen ist, ergibt sich aus dem Bundesrecht[40] i. V. m. den Bestimmungen der Landesbauordnungen[41]. § 2 Abs. 1 und 2 der Bauordnung Brandenburg vom 16.7.2003 bestimmt z. B.:

„(1) *Bauliche Anlagen* sind mit dem Erdboden verbundene, aus Bauprodukten hergestellte Anlagen. Eine Verbindung mit dem Boden besteht auch dann, wenn die Anlage durch eigene Schwere auf dem Erdboden ruht oder auf ortsfesten Bahnen begrenzt beweglich ist, oder wenn die Anlage nach ihrem Verwendungszweck dazu bestimmt ist, überwiegend ortsfest benutzt zu werden. Zu den baulichen Anlagen zählen auch

1. Aufschüttungen und Abgrabungen,
2. Lager-, Abstellplätze und Ausstellungsplätze,
3. Campingplätze, Wochenendhausplätze, Spielplätze und Sportplätze,
4. Stellplätze für Kraftfahrzeuge und Abstellplätze für Fahrräder,
5. Gerüste,
6. Hilfseinrichtungen zur statischen Sicherung von Bauzuständen,
7. künstliche Hohlräume unter der Geländeoberfläche,
8. Seilbahnen.

(2) *Gebäude* sind selbstständig benutzbare, überdeckte bauliche Anlagen, die von Menschen betreten werden können und geeignet oder bestimmt sind, dem Schutz von Menschen, Tieren oder Sachen zu dienen."

39 Das **Gebäude** ist auch in den Richtlinien zum Bewertungsrecht definiert[42]:

„(1) Nach den in der höchstrichterlichen Rechtsprechung aufgestellten Grundsätzen ist ein Bauwerk als Gebäude anzusehen, wenn es Menschen oder Sachen durch räumliche Umschließung Schutz gegen Witterungseinflüsse gewährt, den Aufenthalt von Menschen gestattet, fest mit dem Grund und Boden verbunden, von einiger Beständigkeit und ausreichend standfest ist[43]. Bestehen Zweifel, ob ein bestimmtes Merkmal des Gebäudebegriffs vorliegt, so ist nach der Verkehrsauffassung zu entscheiden. Zum Begriff der Verkehrsauffassung vgl. BFH, Urt. vom 3.2.1956 – III 206/55 U –, BStBl III 1956, 78 = StZB. Bln. 1956, 1093 = EzGuG 20.18.

(2) Der Begriff des Gebäudes setzt nicht voraus, dass das Bauwerk über die Erdoberfläche hinausragt. Auch unter der Erdoberfläche befindliche Bauwerke, z. B. Tiefgaragen, unterirdische Betriebsräume, Lagerkeller, Gärkeller, können Gebäude im Sinne des Bewertungsgesetzes sein. Das Gleiche gilt für Bauwerke, die ganz oder zum Teil in Berghänge eingebaut sind. Ohne Einfluss auf den Gebäudebegriff ist auch, ob das Bauwerk auf eigenem oder fremdem Grund und Boden steht."

40 Die Definition ist im Übrigen auch für das **Einkommensteuer- und Körperschaftsteuerrecht** maßgeblich[44].

41 Neben dem Gebäude gehören zu den baulichen Anlagen auch die **baulichen Außenanlagen.** Die Außenanlagen werden in verschiedenen Regelwerken definiert (z. B. Zweite Berechnungsverordnung [II BV]; vgl. Anl. 1 Nr. 2 und 4 zu § 5 Abs. 5 II BV; dem entspricht Nr. 5 der DIN 276, Teil 2 [April 1981]). Die dem ebenfalls entsprechende Anl. 2 und § 15 Abs. 3 WertV 72 gehen noch auf die DIN 276 i. d. F. vom März 1954 zurück; diese Anl. ist nicht in die WertV 88 übernommen worden.

---

40 BVerwG, Urt. vom 17.12.1976 – 4 C 6/75 –, NJW 1977, 2090 = BauR 1977, 109; BVerwG, Urt. vom 31.8.1973 – 4 C 33/71 –, BVerwGE 44.59 = BayVBl 1974, 108 = BauR 1973, 366 = DVBl 1974, 236 = DÖV 1974, 200; BVerwG, Urt. vom 10.12.1971 – 4 C 33 – 35/69 –, BVerwGE 39, 154 = MDR 1972, 444 = BBauBl. 1972, 426 = BauR 1972, 100 = DVBl. 1972, 211 = DÖV 1972, 496.
41 GVBl. 1984, 419.
42 RdErl. vom 31. 3.1967 – S 3190 – 1-V1 – BStBl II 1967, 127; BFH, Urt. vom 30.1.1991 – II R 48/88 –, GuG 1991, 341; vgl. BewR Gr vom 19.9.1966 (BAnz Nr. 183 Beil. = BStBl I 1966, 890).
43 BFH, Urt. vom 24.5.1963 – III 140/60 U –, BFHE 77, 156 = BStBl III 1963, 376.
44 Vgl. im Übrigen zum Begriff: BFH, Beschl. vom 26.11.1973 – GrS 5/71 –, BFHE 111, 242 = EzGuG 20.56.

Anwendungsbereich § 1 ImmoWertV IV

Die **Außenanlagen waren in der DIN 276/1954/81** (vgl. Anl. 2 zur WertV 72) **wie folgt definiert:** 42

„**2.2** Kosten der Außenanlagen

Das sind die Kosten sämtlicher Bauleistungen, die für die Herstellung der Außenanlagen erforderlich sind, gegliedert nach den Technischen Vorschriften für Bauleistungen (VOB Teil C, neueste Ausgabe):

Hierzu gehören die:

2.2.1 Kosten der Entwässerungs- und Versorgungsanlagen vom Hausanschluss ab bis an das öffentliche Netz oder an nicht öffentliche Anlagen, die Daueranlagen sind, außerdem alle anderen Entwässerungs- und Versorgungsanlagen außerhalb der Gebäude, Kleinkläranlagen, Sammelgruben, Brunnen, Zapfstellen usw.

2.2.2 Kosten für das Anlegen von Höfen, Wegen und Einfriedungen, nicht öffentlichen Spielplätzen usw.

2.2.3 Kosten der Gartenanlagen und Pflanzungen, die nicht zu den besonderen Betriebseinrichtungen gehören (vgl. Abschn. 2.4), der nicht mit einem Gebäude verbundenen Freitreppen, Stützmauern, fest eingebauten Flaggenmasten, Teppichklopfstangen, Wäschepfähle usw.

2.2.4 Kosten sonstiger Außenanlagen, z. B. Luftschutzaußenanlagen, Kosten für Teilabbrüche außerhalb der Gebäude, soweit diese nicht in den Abschn. 1.3.2 gehören.

Bei den Kosten der Außenanlagen sind zu berücksichtigen:

- die Kosten aller eingebauten oder mit den Außenanlagen fest verbundenen Sachen (Bestandteile);
- die Kosten aller vom Bauherrn erstmalig zu beschaffenden nicht eingebauten oder nicht fest verbundenen Sachen an und in den Außenanlagen (Zubehör), z. B. Aufsteckschlüssel für äußere Leitungshähne und -ventile, Feuerlöschanlagen (Schläuche, Stand- und Stahlrohre für äußere Feuerlöschanlagen)."

In der DIN 276 Teil 2 Nr. 5 vom April 1991 werden die Außenanlagen wie folgt definiert: 43

„Hierzu gehören die Kosten für die Herstellung aller Anlagen außerhalb des Bauwerks, einschließlich der Verbindung mit den öffentlichen oder nichtöffentlichen Erschließungsanlagen, ferner die Kosten, die durch die Erschließung (siehe Abschnitt 2.2 Absatz 3) und die Oberflächengestaltung des Baugrundstücks entstehen.

Es sind dies in der Regel Kosten für: Einfriedungen, Geländebearbeitung, Versorgungs- und Abwasseranlagen, Wirtschaftsvorrichtungen, Straßen, Wege, Plätze, Treppen, Grünflächen, ferner Außenanlagen für besondere Zweckbestimmungen.

Bei größeren baulichen Anlagen können die jeweiligen Kosten der Außenanlagen auch einzelnen Bauwerken bzw. Baukörpern zugeordnet werden.

Beim Umbau von Außenanlagen gehören hierzu auch die Kosten von Teilabbruch-, Sicherungs- und Demontagearbeiten.

Der Wert wiederverwendeter Bauteile ist gesondert auszuweisen. Werden Eigenleistungen erbracht, so sind dafür die Kosten einzusetzen, die für die entsprechenden Auftragnehmerleistungen entstehen würden."

Die **DIN 276 nach dem Stand Juni 1993** hat diese Definition erheblich erweitert und zählt unter Ziff. 4.3 Tabelle 1 Kostengruppe 500 auf: 44

„Kosten der Bauleistungen und Lieferungen für die Herstellung aller Gelände- und Verkehrsflächen, Baukonstruktionen und technischen Anlagen außerhalb des Bauwerks, soweit nicht in Kostengruppe 200 erfasst. In den einzelnen Kostengruppen sind die zugehörigen Leistungen, wie z. B. Erdarbeiten, Unterbau und Gründungen, enthalten."

Die **Kostengruppe 500** gliedert die Außenanlagen auf nach den Positionen 45

510 Geländeflächen

520 Befestigte Flächen

530 Baukonstruktionen in Außenanlagen

540 Technische Anlagen in Außenanlagen

IV § 1 ImmoWertV Anwendungsbereich

550 Einbauten in Außenanlagen sowie

590 Sonstige Maßnahmen für Außenanlagen

46 Die DIN 276 (Stand Juni 1993) ist für die Belange der Verkehrswertermittlung in ihrer Detailliertheit unpraktikabel, wenngleich sie in Zweifelsfällen herangezogen werden kann. Praktikabler ist hier schon die **Anl. 1** zu § 5 Abs. 5 II BV. Dort sind als Kosten der Außenanlage sämtliche Bauleistungen definiert, die für die Herstellung der Außenanlagen erforderlich sind:

„Hierzu gehören

a) die Kosten der Entwässerungs- und Versorgungsanlagen vom Hausanschluss ab bis an das öffentliche Netz oder an nichtöffentliche Anlagen, die Daueranlagen sind (13 d), außerdem alle anderen Entwässerungs- und Versorgungsanlagen außerhalb der Gebäude, Kleinkläranlagen, Sammelgruben, Brunnen, Zapfstellen usw.,

b) die Kosten für das Anlegen von Höfen, Wegen und Einfriedungen, nicht öffentlichen Spielplätzen usw.,

c) die Kosten der Gartenanlagen und Pflanzungen, die nicht zu den besonderen Betriebseinrichtungen gehören, der nicht mit einem Gebäude verbundenen Freitreppen, Stützmauern, fest eingebauten Flaggenmaste, Teppichklopfstangen, Wäschepfähle usw.,

d) die Kosten sonstiger Außenanlagen, z. B. Luftschutzaußenanlagen, Kosten für Teilabbrüche außerhalb der Gebäude, soweit sie nicht zu den Kosten für das Herrichten des Baugrundstücks gehören.

Zu den Kosten der Außenanlagen gehören auch

a) die Kosten aller eingebauten oder mit den Außenanlagen fest verbundenen Sachen,

b) die Kosten aller vom Bauherrn erstmalig zu beschaffenden, nicht eingebauten oder nicht fest verbundenen Sachen an und in den Außenanlagen, z. B. Aufsteckschlüssel für äußere Leitungshähne und -ventile, Feuerlöschanlagen (Schläuche, Stand- und Strahlrohre für äußere Feuerlöschanlagen)."

2.3.2.3   Sonstige Anlagen (Aufwuchs)

▶ *Vgl. Syst. Darst. des Sachwertverfahrens Rn. 200 ff., 219; § 8 ImmoWertV Rn. 414; § 19 ImmoWertV Rn. 4, 51; § 21 ImmoWertV Rn. 11; Syst. Darst. des Ertragswertverfahrens, Rn. 32, 84, 112*

Schrifttum: *Aust,* Zur Bewertung von Ziergehölzen, GuG 1991, 90; *Aust/Jacobs,* Die Enteignungsentschädigung, 4. Aufl., S. 221; *Büchs,* Grunderwerb und Entschädigung beim Straßenbau, 2. Aufl. Rn. 155; *Berndt, M.,* Ertragswert einer Gärtnerei, SVK-Verlag 1988; *Berndt, M.,* HLBS-Report, Heft 1998/11, Verlag Pflug und Feder, St. Augustin 1998; *Breloer, H.,* Was ist mein Baum wert?, Thalacker Medien, 3. Aufl. 1995; *Breloer, H.,* Wertermittlung von Bäumen und Sträuchern, SVK Verlag 1988; *Breloer, H./ Koch,* Baumwert und Baumschutzsatzungen, SVK-Verlag 1986; *Buchwald,* Wertermittlung von Ziergehölzen, St. Augustin 1987; *Dieterich, H.,* in Ernst/Zinkahn/Bielenberg/Krautzberger, Komm. zum BauGB § 194 Rn. 120 ff.; *Dieterich, H.,* in BuG 1971, 21; *Dieterich, H.,* „Baulandumlegung" 3. Aufl. München 1996, Rn. 314; *Fleckenstein, K.,* in VersR 1987, 236; *Fleckenstein, K.,* Sachgerechte Ermittlung von Gehölzwerten, Verlag Pflug und Feder 1987; *Fleckenstein, K.,* Ermittlung von Schadensursachen und Gehölzwerten, Verlag Pflug und Feder 1992; *Franzki* in DRiZ 1976, 113; *Friedrich, K.,* in VR 1981, 426, 438; *Hötzel, H.-J.,* Der Zinssatz bei der Gehölzwertermittlung nach der Methode Koch, HLBS-report 2001, 136 = DS 2001, 314; *Hötzel, H.-J.,* in AgrarR 1997, 369; *Kamphausen* in GuG 1993, 31; *Kappus,* VersR 1984, 1021; *Koch, W./Breloer, H.,* Aktualisierte Gehölzwerttabellen 3. Aufl. 1997 m. w. N.; *Köhne, M.,* Landwirtschaftliche Taxationslehre, 3. Aufl. Berlin 2000, S. 413; *Kleiber, W.,* Das Gartenamt 1981, 525; *Köhne, M.,* in AgrarR 1978, 127, 244, 272, 274 und AgrarR 1979, 36; *Palandt,* BGB, 49. Aufl. § 249 Anm. 5 b; *Rauw.,* in WF 1984, 171 und WF 1985, 77; *Schmid,* MDR 1980, 191; *Schulz, H.-J.,* Die Ziergehölzhinweise (ZierH 2000) im Vergleich zur Methode Koch, GuG 2002, 212; *Schulz-Kleeßen* in DS 1989, 15; *Staudinger-Medicus,* Komm. zum BGB 12. Aufl. § 251 Rn. 78; *Wedemeyer* in HLBS-Report 1998, 15; *Wedemeyer* in Einzelbaumbewertung in Theorie und Praxis, Verlag Pflug und Feder, St. Augustin 1999; *Wilbat, D./Bracke, J.,* Die neuen Ziergehölzhinweise des Bundesministeriums der Finanzen, GuG 2002, 74; dagegen Amtliche Verlautbarungen zur Ermittlung von Aufwuchswerten: Schreiben des BMBau vom 23.5.1980, abgedruckt in ZSW 1981, 25 = BWGZ 1980, 637 = MittDSt vom 10.7.1980 Nr. 819/80; Verfügung des BMF vom 12.12.1980 – VIB 2 – VV 3610 – 23/80 –; Baumwertrichtlinien des Deutschen Städtetags in MittDSt vom 20.12.1983 Nr. 1028/84; MittDSt vom 11.2.1987 Nr. 155/87; Bearbeitungshinweise des BMV, BMF und BMVg i. d. F. der

Anwendungsbereich § 1 ImmoWertV IV

Bekanntmachung vom 5.2.1985, BAnz Nr. 41a vom 28.2.1985, abgedruckt bei Kleiber, WERTR 76/96, Bundesanzeiger Verlag, 6. Aufl. 1997 – nunmehr ZierH 2000, WERTR 06, 10. Aufl. Bundesanzeiger Verlag 2010; Berechnungsgrundlagen für die Ermittlung von Schäden an landwirtschaftlichen Kulturen und Grundstücken, Verb. der Landwirtschaftskammern, Bonn 1986; abgedruckt im Anh. 14.1 der 3. Aufl.

§ 21 Abs. 1 ImmoWertV unterscheidet zwischen *baulichen* und *sonstigen* Anlagen. Die **Außenanlagen werden** wiederum in § 21 Abs. 3 ImmoWertV **nach den *baulichen* und sonstigen Außenanlagen untergliedert.** Hieraus folgt, dass mit „sonstigen Anlagen" i. S. dieser Vorschrift insbesondere der auf einem Grundstück vorhandene Aufwuchs angesprochen ist. Dem entspricht auch die Begründung zu § 21 WertV 88[45], die als „sonstige Anlagen" ausdrücklich „Gartenanlagen, Anpflanzungen und Parks" herausstellt. Hieran ist Kritik mit der Begründung geübt worden, dass auch im Garten- und Landschaftsbau „*gebaut*" werde[46]. **47**

Tatsächlich schließt der Garten- und Landschafts*bau* auch **Pflanzarbeiten** ein; auf der anderen Seite definieren die Landesbauordnungen – wie ausgeführt – als *bauliche* Anlagen[47] lediglich die mit dem Erdboden verbundenen, „aus Baustoffen und Bauteilen hergestellten Anlagen", und der Verordnungsgeber hat ersichtlich hierauf abgestellt: Im Umkehrschluss hierzu hat er in naturverbundener Weise den nicht aus Bauteilen und Baustoffen hergestellten Aufwuchs (in der Begründung zu § 21) nicht als *bauliche* Außenanlage herabsetzen wollen. Im Übrigen wäre ein solcher Streit um begriffliche Zuordnungen überflüssig, wo es dem Verordnungsgeber um eine sinnvolle Aufteilung ging. **48**

Im Unterschied zur ImmoWertV gehören nach den **Grundsätzen der BelWertV** die Außenanlagen zu den baulichen Anlagen, ohne dass zwischen baulichen und „sonstigen Anlagen" unterschieden wird (§ 14 BelWertV). Zu den baulichen Anlagen gehören nach den Grundsätzen der BelWertV indessen nicht **„Maschinen und besondere Betriebseinrichtungen"**, die nach § 23 BelWertV bei der Ermittlung des Sachwerts grundsätzlich unberücksichtigt bleiben. **49**

Aufwuchs sind nach der **steuerlichen,** aber auch hier sachgerechten **Definition** lebende, im Boden verwurzelte Pflanzen, insbesondere das stehende Holz und Dauerkulturen[48]. **50**

Mit § 21 Abs. 3 ImmoWertV hat der Verordnungsgeber bestimmt, dass eine besondere **Erfassung des Wertanteils von baulichen Außenanlagen und sonstigen Anlagen entfällt, soweit dieser bereits mit dem Bodenwert erfasst** wird. Nach der amtlichen Begründung zu der entsprechenden Regelung der WertV 88 betrifft dies insbesondere die „üblichen Zier- und Nutzgärten", die im gewöhnlichen Geschäftsverkehr bereits vom Bodenwert miterfasst werden. Lediglich bei außergewöhnlichen Anlagen und besonders wertvollen Anpflanzungen soll sich – so die Begründung – ihr Herstellungswert nach Erfahrungssätzen oder „*notfalls* aus den gewöhnlichen Herstellungskosten" ergeben[49]. Des Weiteren wird in der Begründung darauf hingewiesen, dass die „sonstigen Anlagen" (Aufwuchs) für das Ertragswertverfahren „in der Regel ... nicht von Bedeutung sind und gegebenenfalls über § 8 Abs. 3 ImmoWertV (§ 19 WertV 88) erfasst werden können"[50]. **51**

---

45 BR-Drucks. 352/88.
46 DIN 18915 Vegetationstechnik im Landschaftsbau; Bodenarbeiten; DIN 18916 Vegetationstechnik im Landschaftsbau; Pflanzen und Pflanzarbeiten; DIN 18917 Vegetationstechnik im Landschaftsbau; Rasen und Saatarbeiten; DIN 18918 Vegetationstechnik im Landschaftsbau; Ingenieurbiologische Sicherungsbauweisen, Sicherungen durch Aussaaten, Bepflanzungen, Bauweisen mit lebenden und nichtlebenden Stoffen und Bauteilen, kombinierte Bauweisen; DIN 18919 Vegetationstechnik-Landschaftsbau; Entwicklungs- und Unterhaltungspflege von Grünflächen; DIN 18920 Vegetationstechnik im Landschaftsbau; Schutz von Bäumen, Pflanzenbeständen und Vegetationsflächen bei Baumaßnahmen; BMV STLK Standardleistungskatalog für den Straßen- und Brückenbau (Leistungsbereich 1017, Juni 1986); Musterleistungsverzeichnis Freizeitanlagen – MLV – Ausgabe 1990 der Forschungsgesellschaft Landschaftsentwicklung – Landschaftsbau e.V. Bonn 1990.
47 BVerwG, Urt. vom 17.12.1976 – 4 C 6/75 –, BauR 1977, 109; BVerwG, Urt. vom 1.11.1974 – 4 C 13/73 –, BauR 1975, 108; BVerwG, Urt. vom 31.8.1973 – 4 C 33/71 –, BVerwGE 44, 49; BVerwG, Urt. vom 26.6.1970 – 4 C 116/68 –, BRS Bd. 23 Nr. 129.
48 BFH, Urt. vom 7.5.1987 – IV R 150/84 –, BFHE 150, 130 = BStBl II 1987, 130 = DStR 1987, 656 = HFR 1987, 566.
49 BR-Drucks. 352/88, S. 56.
50 BR-Drucks. 352/88, S. 61; vom wertmindernden Einfluss spricht Dresen in Nachr. der rh.-pf. Kat.- und VermVw. 1988, 184; vgl. auch Parl. Anfrage in BT-Drucks. 27/1298, GuG-aktuell 2010, 18 sowie GuG-aktuell 2010, 17 und 21.

IV § 1 ImmoWertV — Anwendungsbereich

52 Die genannte Vorschrift zielt im Kern darauf ab, eine **doppelte Berücksichtigung des Wertanteils von Außenanlagen und sonstigen Anlagen** bei der Verkehrswertermittlung des Grundstücks zu vermeiden, und zwar in den Fällen, in denen sich der zum Vergleich herangezogene Bodenwert auf ein Grundstück bezieht, das z. B. eine mit dem zu wertenden Grundstück vergleichbare Bepflanzung aufweist. Dies kann insbesondere bei geringfügig und in ortsüblicher Weise bepflanzten Grundstücken der Fall sein[51].

53 Fragen der **Wertermittlung von Aufwuchs** und des **Schadenersatzes** für Aufwuchs werden im Schrifttum im Übrigen äußerst kontrovers und nicht immer mit der gebotenen Sachlichkeit und Nüchternheit behandelt. Im Vordergrund steht dabei das von den Anhängern der Methode Koch geradezu mit einem Alleinvertretungsanspruch vertretene spezielle Sachwertverfahren, das im Schrifttum auf Kritik gestoßen ist.

54 Im Zuge der manchmal sogar emotional überladen geführten Diskussion zur Wertermittlung von Aufwuchs blieb manche beachtenswerte – selbst höchstrichterliche – **Rechtsprechung** unbeachtet oder wurde nicht immer hinreichend genau zitiert. Vor allem wird vielfach nicht beachtet, dass sich die Rechtsprechung des BGH[52], soweit sie die Methode Koch bestätigt hat, auf Fälle bezieht, in denen Schadensersatz für die Beschädigung von Aufwuchs zu leisten war und damit nur von eingeschränkter Bedeutung für die Marktwertermittlung eines Grundstücks ist. Der Umfang der vorinstanzlichen Rechtsprechung mit erheblich divergierenden Auffassungen macht zudem deutlich, dass die Methode nicht nur von den Grundstücksbewertern, sondern auch in der Rechtsprechung gleichwohl nicht überzeugen kann. Damit sich der Anwender hierüber ein objektives Bild verschaffen kann, soll hierauf nur unter Angabe der Fundstellen verwiesen werden[53].

▶ *Zur Verkehrswertermittlung von Waldgrundstücken vgl. § 5 ImmoWertV Rn. 85 ff.*

---

51 Kleiber in Ernst/Zinkahn/Bielenberg/Krautzberger, BauGB § 21 ImmoWertV Rn. 21 ff.
52 Zuletzt BGH, Urt. vom 25.1.2013 – V ZR 222/12 –, GuG 2013/4.
53 BGH, Urt. vom 9.4.1956 – III ZR 135/55 –, WM 1956, 929 = EzGuG 2.1; BGH, Urt. vom 15.3.1962 – III ZR 211/60 –, BGHZ 37, 44 = EzGuG 2.2; BGH, Urt. vom 7.5.1962 – III ZR 35/61 –, MDR 1962, 803 = EzGuG 2.3; OLG Stuttgart, Urt. vom 7.3.1962 – 1 U 1/62 –, BWGZ 1965, 215 = EzGuG 2.5; OVG Koblenz, Urt. vom 25.4.1963 – 3 C 97/61, 46/62 –, ZMR 1964, 155 = EzGuG 2.6; BGH, Urt. vom 19.3.1964 – III ZR 141/63 –, MDR 1964, 662 = EzGuG 2.7; BGH, Urt. vom 12.7.1965 – III ZR 214/64 –, BRS Bd. 19 Nr. 96 = EzGuG 2.8; BFH, Urt. vom 15.10.1965 – VI 181/65 U –, BFHE 84, 83 = EzGuG 20.41; BFH, Urt. vom 30.6.1966 – VI 292/65 –, BStBl III 1966, 541 = EzGuG 2.8a; OLG Hamburg, Urt. vom 10.10.1969 – 1 U 61/68 –, MDR 1970, 150 = EzGuG 2.9; BGH, Urt. vom 12.10.1970 – III ZR 117/67 –, BRS Bd. 26 Nr. 83 = EzGuG 6.128; OLG Köln, Urt. vom 10.3.1972 – 4 U 183/71 –, BRS Bd. 26 Nr. 103 = EzGuG 2.11; BGH, Urt. vom 5.4.1973 – III ZR 74/72 –, WM 1974, 696 = EzGuG 2.12; KG Berlin, Urt. vom 21.2.1974 – 12 U 1762/73 –, DAR 1974, 159 = EzGuG 2.13; BGH, Urt. vom 13.5.1975 – VI ZR 85/74 –, NJW 1975, 2061 = EzGuG 2.14; OLG Düsseldorf, Urt. vom 26.10.1976 – 4 U 41/76 –, VersR 1977, 1107 = EzGuG 2.15a; KG Berlin, Urt. vom 21.6.1977 – 9 U 253/77 –, VersR 1978, 871 = EzGuG 2.16; KG Berlin, Urt. vom 17.11.1977 – 12 U 1543/77 –, DAR 1978, 103 = EzGuG 2.17; LG Berlin, Urt. vom 20.1.1978 – 2 S 152/77 –, VersR 1980, 1053 = EzGuG 2.18; KG Berlin, Urt. vom 2.10.1978 – 22 U 1867/78 –, NJW 1979, 1167 = EzGuG 2.19; KG Berlin, Urt. vom 20.11.1968 – 12 U 1974/78 –, NJW 1979, 1168 = EzGuG 2.20; OLG Hamburg, Urt. vom 6.12.1978 – 5 U 237/77 –, NJW 1979, 1168 = EzGuG 2.22; LG Heilbronn, Urt. vom 6.2.1979 – 4 O 1843/77 –, AgrarR 1979, 236 = EzGuG 2.23; LG Hannover, Urt. vom 7.3.1979 – 16 S 297/78 –, VersR 1979, 678 = EzGuG 2.24; OLG Köln, Urt. vom 22.12.1980 – 7 U 209/79 –, VersR 1984, 71 = EzGuG 2.25; LG Detmold, Urt. vom 4.6.1981 – 1 O 181/81 –, VersR 1982, 253 = EzGuG 2.26; LG Kassel, Urt. vom 12.1.1982 – 6 O 98/81 –, VersR 1984, 92 = EzGuG 2.27; OLG Koblenz, Urt. vom 13.1.1982 – 1 U 6/80 –, AVN 1988, 158 = EzGuG 2.28; LG Baden-Baden, Urt. vom 22.1.1982 – 1 O 257/81 –, VersR 1984, 72 = EzGuG 2.29; OLG Celle, Urt. vom 9.12.1982 – 5 U 69/82 –, NJW 1983, 2391 = EzGuG 2.30; LG Mannheim, Urt. vom 15.12.1982 – 4 O 30/82 –, Justiz 1984, 200 = EzGuG 2.30a; OLG Frankfurt am Main, Urt. vom 14.3.1983 – 1 U 6/81 –, BRS Bd. 45 Nr. 118 = EzGuG 2.31; BGH, Urt. vom 9.6.1983 – IX ZR 41/82 –, BGHZ 87, 367 = EzGuG 91.138c; AG Wiesbaden, Urt. vom 21.6.1983 – 97 C395/83 –, VersR 1984, 72 = EzGuG 2.32; LG Itzehoe, Urt. vom 22.6.1983 – 2 O 104/81 –, VersR 1984, 92 = EzGuG 2.33; BGH, Beschl. vom 29.9.1983 – III ZR 66/83 –, AgrarR 1987, 250 = EzGuG 2.34; OLG Lüneburg, Urt. vom 26.10.1983 – 9 U 11/83 –, SchlHA 1984, 14 = EzGuG 2.35; OLG Lüneburg, Urt. vom 6.12.1983 – 6 O 124/82 –, VersR 1986, 1165 = EzGuG 2.36; OLG Zweibrücken, Urt. vom 14.12.1983 – 2 U77/83 –, BRS Bd. 45 Nr. 117 = EzGuG 2.37; LG Freiburg, Urt. vom 6.3.1984 – 10 80/82 –, VersR 1986, 1007 = EzGuG 2.38; BGH, Beschl. vom 29.11.1984 – III ZR 181/83 –, VersR 1990, 576; LG Osnabrück, Urt. vom 24.1.1985 – 9 O 231/83 –, VersR 1986, 398 = EzGuG 2.39; OLG Celle, Urt. vom 19.3.1985 – 16 U 228/84 –, EzGuG 2.40 = GuG 1990, 49; OLG Oldenburg, Urt. vom 7.6.1985 – 6 U 246/84 –, ZSchR 1986, 366 = EzGuG 2.40a; OLG Nürnberg, Urt. vom 25.07.1985 – 2 U 1585/83 –, MDR 1986, 233 = EzGuG 2.40b; OLG Celle, Urt. vom 27.1.1986 – 19 U 5/85 –, VersR 1986, 973 = EzGuG 2.41; LG Tübingen, Urt. vom 14.2.1986 – 2 O 1/86 –, VersR 1986, 298 = EzGuG 2.42; OLG Karlsruhe, Urt. vom 11.7.1986 – 10 U 28/86 –, VersR 1990, 576; OLG Düsseldorf, Urt. vom 24.10.1986 – 22 U 104/86 –, VersR 1987, 1139; LG Karlsruhe, Urt. vom 13.2.1987 – 35/85 –, NVwZ 1989, 188 = EzGuG 2.43; OVG Bremen, Beschl. vom 4.12.1987 – 1 B 84/87 –, NVwZ 1988,

Anwendungsbereich § 1 ImmoWertV IV

Zu alledem wird im *Palant* [54] ausgeführt: „Bei der Schadensbemessung folgt die Rechtsprechung z. T. den Veröffentlichungen von Koch[55]. Dessen Methode führt aber zu übersetzten Entschädigungsbeträgen, die mit den Mehrpreisen, die bei Grundstücksverkäufen für Baumbestand zusätzlich bezahlt werden, offensichtlich unvereinbar sind." Der Kommentar nimmt Bezug auf entsprechende Ausführungen in *Staud/Medicus*[56]. Dieser führt hierzu aus, dass sich die Methode *Koch* von § 251 Abs. 2 BGB weit entferne und daher bedenklich sei. Wörtlich heißt es u. a. dort: „Denn wenn man zunächst die Kosten einer Teilherstellung zuspricht und dann auch noch die verbleibende Wertminderung nach den Kosten einer (freilich modifizierten) Herstellung berechnet, wird der als Schadensersatz geschuldete Betrag doch *erheblich durch die Kosten der unverhältnismäßig teuren Herstellung* bestimmt. Zu rechtfertigen wäre, dass allenfalls mit der *ökologischen Bedeutung* von Bäumen ...". Das OLG Zweibrücken hat im Urt. vom 25.1.2005 (a. a. O.) hierzu festgestellt, dass bei der Bewertung von Bäumen nach der Methode Koch eine Reduktion auf null sachgerecht sein kann. 55

Für die Marktwertermittlung von Ziergehölzen als Bestandteile von Grundstücken (Schutz- und Gestaltungsgrün) sind vom BMF die **Ziergehölzhinweise 2000 – ZierH 2000 –** erlassen worden[57]. 56

▶ *Weitere Hinweise zur Wertermittlung von Aufwuchs vgl. § 8 ImmoWertV Rn. 403; Syst. Darst. des Vergleichswertverfahrens Rn. 113 ff., Syst. Darst. des Ertragswertverfahrens Rn. 32, 84; Syst. Darst. des Sachwertverfahrens Rn. 199 ff.; § 21 ImmoWertV Rn. 11 ff., 16 und bei Kleingärten vgl. Kleiber/Simon/Weyers, Verkehrswertermittlung von Grundstücken, 3. Aufl., S. 2247 ff.; zur Bewertung mehrjähriger Kulturen in Baumschulbetrieben nach § 6 Abs. 1 Nr. 2 EStG vgl. BMF-Schreiben vom 8.9.2009 – IV C 2163/08/10001 – GuG 2010, 108*

– Fortsetzung Fn. 53 –
742 = EzGuG 15.58; OLG Karlsruhe, Urt. vom 20.4.1988 – 13 U 61/85 –, ZSchR 1989, 305 = EzGuG 2.44; OLG München, Urt. vom 18.11.1988 – 21 U 5260/87 –, NVwZ 1989, 187 = EzGuG 2.45; BGH, Beschl. vom 7.3.1989 – VI ZR147/88 –, NuR 1991, 94 = EzGuG 2.46; LG Mainz, Urt. vom 6.6.1989 – 2 O 45/89 –, NuR 1991, 96 = EzGuG 2.47; LG Oldenburg, Urt. vom 24.7.1989 – 7 O 1037/79 –, EzGuG 2.48; LG Stuttgart, Urt. vom 20.11.1989 – 15 O 188/89 –, NuR 1991, 96 = EzGuG 2.49; OLG Celle, Urt. vom 17.7.1990 – 4 U 27/90 –, GuG 1991, 41 = NJW 1992, 2880 = EzGuG 2.50 – Rev: BGH, Urt. vom 2.7.1992 – III ZR 162/90 –, EzGuG 2.54; BGH, Urt. vom 27.9.1990 – III ZR 97/89 –, EzGuG 2.51 = GuG 1991, 38; LG Bielefeld, Urt. vom 14.5.1991 – 23 O 186/96 –, NJW-RR 1992, 26 = EzGuG 2.51a; OLG Düsseldorf, Urt. vom 27.5.1991 – 1U 36/90 –, GuG 1993, 382 = 2.51b; VGH München, Urt. vom 1.8.1991 – 13 A 89.2413 –, NVwZ 1992, 214 = EzGuG 2.52; OLG Düsseldorf, Urt. vom 18.10.1991 – 22 U 220/90 –, EzGuG 2.53 = GuG 1993, 61; BGH, Urt. vom 2.7.1992 – III ZR 162/90 –, BGHZ 119, 62 = EzGuG 2.54 = GuG 1993, 524; BVerwG, Beschl. vom 3.9.1992 – 11 B 2/92 –, NVwZ 1992, 214 = EzGuG 2.55; OLG Karlsruhe, Urt. vom 19.10.1993 – 17 U 29/91 –, GuG 1994, 119 = EzGuG 2.56; LG Arnsberg, Urt. vom 12.11.1993 – 5 S 96/92 –, VersR 1995, 844 = EzGuG 2.57; LG Berlin, Urt. vom 11.1.1994 – 31 O 266/93 –, VersR 1995, 107 = EzGuG 2.58; OLG München, Urt. vom 28.4.1994 – 1 U 6995/93 –, VersR 1995, 843 = EzGuG 2.58a; BVerwG, Urt. vom 16.6.1994 – 4 C 2/94 –, EzGuG 2.59; OLG Düsseldorf, Urt. vom 12.12.1996 – 18 U 1181/95 –, AgrarR 1997, 188 = NJW-RR 1997, 856 = VersR 1997, 501; OLG Koblenz, Urt. vom 13.6.1997 – 8 U 1009/96 –, OLGR Koblenz 1997, 138 = EzGuG 2.60; OLG Oldenburg, Urt. vom 4.9.1998 – LA 12/98 –; OLG Köln, Urt. vom 13.11.1998 – 20 U 66/98 –, NZM 2000, 108 = EzGuG 2.58; OLG Köln, Urt. vom 13.11.1998 – 20 U 66/98, NZM 2000, 108 = EzGuG 1.65a; KG; Urt. vom 22.2.1999 – 25 U 6860/98 –, NJW-RR 2000, 160 = NZM 2000, 109; LG Traunstein, Urt. vom 27.5.1999 – 2 O 1849/98 –, MDR 1999, 1446 = EzGuG 2.61; OLG Hamm 24.9.2001 – 5 U 298/00 –; OLG Hamm, Urt. vom 18.2.2002 – 5 U 129/01 –; OLG Düsseldorf, Urt. vom 28.7.2003 – 7 U 12/03 –, DS 2004, 64; OLG Zweibrücken, Urt. vom 25.1.2005 – 8 U 105/04 –, DS 2005, 146 = NZM 2005, 438 = EzGuG 2.64a; BGH, Urt. vom 27.1.2006 – V ZR 46/05 –, NJW 2006, 1424 = EzGuG 2.65a; BGH, Beschl. vom 30.11.2006 – V ZB 44/06 –, GuG 2008, 122 = EzGuG 2.66, OLG Brandenburg, Urt. vom 24.3.2009 – 2 U 17/08 –, GuG 2010, 58 = EzGuG 2.67; OLG Düsseldorf, Urt. vom 5.8.2009 – 15 U 100/08 –, EzGuG 2.68; LG Dortmund, Urt. vom 3.11.2009 – 5 O 229/08 –, AUR 6/2010, 171 = EzGuG 2.69; BGH, Urt. vom 25.1.2013 – V ZR 222/12 –, EzGuG 2.70 = GuG 2013/5.

54 BGB, 64. Aufl. § 251 Rn. 11; vgl. GuG-aktuell 2008, 18.
55 Zuletzt VersR 1985, 213.
56 Staud/Schiemann, Komm. zum BGB § 251 Rn. 91.
57 Ziergehölzhinweise vom 20.3.2000, BAnz Nr. 94 vom 18.5.2000; abgedruckt in GuG 2000, 155 und Kleiber, WERTR 06, 10. Aufl. Bundesanzeiger Verlag 2010; hierzu Wilbat/Bracke in GuG 2001, 74.

2.3.3 Besondere Betriebseinrichtungen

2.3.3.1 Verkehrswertermittlung

Schrifttum: *Dippold, R.,* Wertermittlung von Hochregallagern für kreditwirtschafliche Zwecke, GuG 2013/4; *Pohnert,* Kreditwirtschaftliche Wertermittlung, 7. Aufl. 2010, S. 440.

▶ *Vgl. § 8 ImmoWertV Rn. 393 ff.; Teil V Rn. 218 (Hochregal)*

57 Der **Begriff der besonderen Betriebseinrichtungen** *(special equipment and mechanical systems)* ist der DIN 276 (vom März 1954) entliehen. In Anlehnung hieran rechneten nach **Anl. 2 zur WertV 72**[58] hierzu:

a) bei Wohngebäuden: Personen- und Lastenaufzüge, Müllbeseitigungsanlagen, Hausfernsprecher, Uhrenanlagen, gemeinschaftliche Wasch- und Badeeinrichtungen usw.;

b) bei öffentlichen Bauten, Anstalten und Gebäuden für Sonderzwecke: Anlagen und Einrichtungen, die für die Zweckbestimmung des Gebäudes notwendig sind, z. B. Einrichtungen für Lehr- und Hörsäle, Meldeanlagen, Einrichtungen für Archive und Büchereien, Einrichtungen für Kassen- und Tresoreinrichtungen, Tankanlagen;

c) bei gewerblich genutzten Gebäuden usw.: Anlagen und Einrichtungen, die für die Zweckbestimmung des Gebäudes notwendig sind, z. B. Schankanlagen, Back-, Koch-, Kühlanlagen, Hebevorrichtungen, Gleisanlagen, Förderanlagen, Hochregale sowie Kühlanlagen. Dazu gehören insbesondere auch Kühlaggregate, Dämm-Einhausung usw., die nicht mit dem Gebäude fest verbunden sind (modular als „Haus in Haus"-Technik ggf. auch vom Mieter).

Zur Abgrenzung von Gebäuden und **besonderen Betriebseinrichtungen** in der Wohnungswirtschaft vgl. im Übrigen RdErl. der Länder vom 31.3.1967 (BStBl II 1967, 127).

58 Im Unterschied zu § 21 Abs. 1 WertV 88/98 werden in § 21 ImmoWertV die „besonderen Betriebseinrichtungen" nicht mehr als Gegenstand der Verkehrswertermittlung genannt. Daraus kann jedoch nicht geschlossen werden, dass die besonderen Betriebseinrichtungen nicht mehr zu berücksichtigen sind. Ihre besondere Hervorhebung konnte entfallen, da sie bereits in der **DIN 276 (vom Juni 1993)** als Bestandteile der „Kosten des Bauwerks" (Kostengruppe 400 ff.) aufgegangen sind.

Hinweise zur **technischen Lebensdauer der besonderen Betriebseinrichtungen** enthielt Anl. 8 zur WERTR 96, die später ersatzlos fortgefallen ist.

2.3.3.2 Steuerliche Bewertung

59 Besondere Betriebseinrichtungen („Maschinen und sonstigen Vorrichtungen aller Art, die zu einer Betriebsanlage gehören [Betriebsvorrichtungen]) sind nach § 68 Abs. 2 Satz 1 Nr. 2 BewG nicht in das Grundvermögen einzubeziehen, auch wenn sie wesentliche Bestandteile sind. Sie sind damit nicht als Gegenstand der Bewertung des Grundvermögens zu erfassen.[59]

Dementsprechend ist ein **Hochregallager** steuerrechtlich eine besondere Betriebseinrichtung[60].

Ein Hochregallager ist steuerrechtlich kein Gebäude, sondern eine Betriebsvorrichtung. Es weist nicht alle für die **bewertungsrechtliche Zuordnung** zu einem Gebäude erforderlichen Gebäudemerkmale auf.

---

58 BT-Drucks. 352/88, S. 61.
59 Gleichlautende Erlasse der obersten Finanzbehörden der Länder zur Abgrenzung des Grundvermögens von den Betriebsvorrichtungen vom 5.6.2013 (BStBl I 2013 = GuG 2013, 295); vgl. GuG 2013/4 sowie BFH, Urt. vom 9.7.2009 – II R 7/08 –, BFH/NV 2009, 1609.
60 BFH, Urt. vom 28.5.2003 – II R 41/01 –, BFHE 202, 376 = BStBl II 2003, 693; BFH, Urt. vom 9.12.1998 – II R 1/96 –, BFH/NV 1999, 909; BFH, Urt. vom 30.1.1991 – II R 48/88 –, GuG 1991, 341 = BFHE 163, 236 = BStBl II 1991, 618; BFH, Urt. vom 29.9.1989 – III R 186/85 –, BFH/NV 1990, 453; BFH, Urt. vom 18.3.1987 – II R 222/84 –. BFHE 150, 62 = BStBl II 1987, 551; BFH, Urt. vom 25.3.1977 – III R 5/75 –, BFHE 122, 150 = BStBl II 1977, 584; BFH, Urt. vom 5.3.1971 – III R 90/69 –, BFHE 102, 107 = BStBl II 1971, 455; BFH, Urt. vom 13.6.1969 – III R 132/67 –, BFHE 96, 365 = BStBl II 1969, 612; BFH, Urt. vom 13.6.1969 – III 17/65 –,BFHE 96, 56 = BStBl II 1969, 517; Vgl. Erlass zur Abgrenzung des Grundvermögens von den Betriebsvorrichtungen vom 31.3.1992 (BGBl. I 1992, 342).

Insbesondere ist es nicht selbständig standfest. Es würde zusammenbrechen, wenn man das als Betriebsvorrichtung angesehene Regal entfernen würde. Zudem ist der nicht nur vorübergehende Aufenthalt von Menschen nicht gewährleistet, da sich in dem im Betrieb befindlichen Hochregallager keine Menschen aufhalten dürfen. Bei der Grundstückswertermittlung ist deshalb zu beachten, dass im Normalfall das Hochregallager eines Betriebs bei den Betriebsvorrichtungen erfasst und abgeschrieben wird. Eine gleichzeitige Berücksichtigung des Baukörpers bei der Verkehrswertermittlung des Grundstücks führt danach möglicherweise zu einer Doppelberücksichtigung. Soll das Hochregallager dennoch bei der Grundstückswertermittlung erfasst werden, ist im Gutachten auf diesen Umstand hinzuweisen. Bei Wertermittlungen für Versicherungszwecke spielt die steuerrechtliche Abgrenzung keine Rolle.

2.3.3.3 Beleihungswertermittlung

▶ *Vgl. Teil IX, § 23 BelWertV Rn. 397 ff.*

Im Rahmen der Beleihungswertermittlung sind Maschinen und Betriebseinrichtungen nach § 24 BelWertV **bei der Ermittlung des Sachwerts grundsätzlich unberücksichtigt** zu lassen, sofern sie nicht wesentliche Bestandteile des Gegenstandes der Beleihungswertermittlung i. S. des § 2 BelWertV sind. Der Wert solcher wesentlicher Bestandteile ist, wenn sich das Grundpfandrecht darauf erstreckt, unter Berücksichtigung einer normalen Abschreibung und ausreichender Abschläge für Abnutzung und technische Entwertung gesondert zu schätzen. Sofern bei Maschinen infolge der technischen Entwicklung mit einer schnellen Überalterung zu rechnen ist, können diese wertmäßig nicht angesetzt werden. 60

Als Betriebseinrichtungen sind Hochregallager nicht realkreditfähig. Nur wenn das Lager als Gebäude auch ohne die besonderen Betriebseinrichtungen wirtschaftlich tragfähig ist, kann für das Lagergebäude ein **Beleihungswert** ermittelt werden.

2.3.4 Zubehör

Zubehör sind nach § 97 BGB bewegliche **Sachen, die, ohne Bestandteil der Hauptsache zu sein, dem wirtschaftlichen Zwecke der Hauptsache zu dienen bestimmt sind und zu ihr in einem dieser Bestimmung entsprechenden räumlichen Verhältnis stehen.** Zubehör sind danach dem Eigentümer gehörende Beleuchtungskörper, Mülltonnen, Treppenläufer und dgl. Eine Sache ist allerdings nicht Zubehör, wenn sie im Verkehr nicht als Zubehör angesehen wird[61]. Ergänzend zu § 97 BGB schreibt § **98 BGB** vor: 61

„Dem wirtschaftlichen Zweck der Hauptsache sind zu dienen bestimmt:

1. bei einem Gebäude, das für einen gewerblichen Betrieb dauernd eingerichtet ist, insbesondere bei einer Mühle, einer Schmiede, einem Brauhaus, einer Fabrik, die zu dem Betriebe bestimmten Maschinen und sonstigen Gerätschaften;
2. bei einem Landgute, das zum Wirtschaftsbetriebe bestimmte Gerät und Vieh, die landwirtschaftlichen Erzeugnisse, soweit sie zur Fortführung der Wirtschaft bis zu der Zeit erforderlich sind, zu welcher gleiche oder ähnliche Erzeugnisse voraussichtlich gewonnen werden, sowie der vorhandene, auf dem Gute gewonnene Dünger."

2.3.5 Kunstgegenstände

Schrifttum: *Heuer, C.-H.,* Der gemeine Wert von Kunstgegenständen, DStR 2002, 845; *Heuer, C.-H.,* in DStR 1995, 438 und 1999, 1389; *Wolff-Diepenbrock,* DStR 1987, Beilage zu Heft 12.

Die Verkehrswertermittlung von Kunstgegenständen gehört in aller Regel nicht zum Aufgabenbereich des Sachverständigen für Grundstückswerte. In Einzelfällen kann jedoch die Frage nach dem Wert von Kunstgegenständen aufgeworfen sein, so z. B. bei einer in die bauliche Anlage oder in einen Garten integrierten künstlerisch wertvollen Skulptur. Wie im Steuerrecht[62] ist dann gegebenenfalls der **Verkehrswert** (gemeiner Wert) des Kunstgegenstands maßgebend. Der BFH misst dabei dem Vergleichswertverfahren eine herausgehobene Stellung bei. 62

---

61 BewR Gr vom 19.9.1966 zu § 68 BewG, BAnz Nr. 193 Beil. = BStBl I 1966, 890.
62 BFH, Urt. vom 6.6.2001 – II R 7/98 –, ZEV 2002, 331; BFH, Urt. vom 14.11.1980, BStBl II 1981, 251: RFH, Urt. vom 24.6.1929, RStBl 1929, 497; FG München, Urt. vom 10.12.1998 – 4 V 1954/98 –, DStR 1999, 1389.

3 Anwendung der Verordnung auf Grundstücksrechte (§ 1 Abs. 2 ImmoWertV)

3.1 Allgemeines

▶ *Zum Miteigentumsanteil vgl. Rn. 20; § 5 ImmoWertV Rn. 232; § 6 ImmoWertV Rn. 94 ff.; zur Verkehrswertermittlung von Baulasten vgl. Teil VIII Rn. 29 ff. und von Wohnungseigentum vgl. Teil V Rn. 39 ff.*

63 § 1 Abs. 2 ImmoWertV bestimmt i. S. einer Klarstellung, dass die ImmoWertV **entsprechend Anwendung** findet auf die Wertermittlung von

- Rechten an Grundstücken,
- grundstücksgleichen Rechten,
- Rechten an grundstücksgleichen Rechten und
- auf Objekte, für die kein Markt besteht.

Rechte und Belastungen sind, soweit sie nicht Gegenstand einer eigenständigen Wertermittlung sind, als Zustandsmerkmal des davon betroffenen Grundstücks zu berücksichtigen. Dies folgt aus § 6 Abs. 2 ImmoWertV.

64 Unter **grundstücksgleichen Rechten** sind solche zu verstehen, die

- ihrer Ausgestaltung nach dem Eigentum am Grundstück nahekommen, also dinglichen Charakter haben,
- eine möglichst unbeschränkte Herrschaftsbefugnis verleihen und
- in das Grundbuch oder ein entsprechendes öffentliches Buch eingetragen werden.

65 Zu den grundstücksgleichen Rechten, die rechtlich wie Grundstücke behandelt werden, zählen das **Erbbaurecht** (vgl. Teil VIII Rn. 52 ff.) mit den Unterabteilungen Wohnungs- und Teilerbbaurecht, das **Jagd- und Fischereirecht, das Bergrecht.** Schiffseigentums-, Jagd- und Fischereirechte gehören nach dem EGBG nur noch teilweise und nach Bundesländern unterschiedlich zu den grundstücksgleichen Rechten.

66 **Baulasten** sind freiwillig übernommene öffentlich-rechtliche Verpflichtungen, die den Grundstückseigentümer zu einem sein Grundstück betreffenden Tun, Dulden oder Überlassen verpflichten (vgl. § 5 ImmoWertV Rn. 232; Teil VIII Rn. 52).

67 Für die **Verkehrswertermittlung von Rechten an Grundstücken** enthält die ImmoWertV keine unmittelbar geltenden Vorschriften; die für Grundstücke geltenden Grundsätze finden vielmehr nur entsprechend Anwendung. Bei der Verkehrswertermittlung von Grundstücken, die

- mit einem Recht zugunsten eines anderen Grundstücks bzw. zugunsten eines Dritten belastet sind bzw.
- aufgrund eines Rechts an einem anderen Grundstück einen besonderen Vorteil haben,

muss **zwischen dem Vorteil für das herrschende Grundstück und dem Nachteil für das dienende Grundstück unterschieden werden**[63]. Die Werterhöhung aufgrund eines Vorteils und die Wertminderung aufgrund einer dienenden Funktion können um ein Vielfaches auseinandergehen.

a) *Wertminderung eines dienenden Grundstücks*

68 Die Belastung eines Grundstücks z. B. mit einer Grunddienstbarkeit mindert im Allgemeinen dessen Verkehrswert. Eine Ermäßigung des Grundstückswerts kommt allerdings nur dann in Betracht, wenn die Belastung des Grundstücks mit der Grunddienstbarkeit seine Nutzung

---

[63] KG Berlin, Urt. vom 10.7.1967 – U 485/67 –, NJW 1968, 2014 = EzGuG 14.30.

Anwendungsbereich § 1 ImmoWertV IV

wesentlich beschränkt. Das Ausmaß der Ermäßigung bestimmt sich nach den Umständen des Einzelfalls. Es richtet sich danach, welche Bedeutung der Belastung bei einer Veräußerung des dienenden Grundstücks beigemessen werden würde.

In der **steuerlichen Bewertung**[64] von unbebauten Grundstücken ist die Belastung mit einer Grunddienstbarkeit bei der Ermittlung des Bodenwerts zu berücksichtigen[65]. In den Fällen der Bewertung der bebauten Grundstücke im Ertragswertverfahren kommt ein Abschlag nach § 82 Abs. 1 BewG nur insoweit in Betracht, als die Wertminderung infolge der Belastung nicht bereits in der Höhe der Jahresrohmiete berücksichtigt ist. Die Ermäßigung des Grundstückswerts unterliegt hier keiner Begrenzung (§ 82 Abs. 3 BewG). In den Fällen der Bewertung der bebauten Grundstücke im Sachwertverfahren wirkt sich eine Wertminderung im Allgemeinen im Bodenwert aus[66]. 69

b) *Werterhöhung eines herrschenden Grundstücks*

Die Belastung eines Grundstücks z. B. mit einer Grunddienstbarkeit führt für das herrschende Grundstück nur dann zu einer Werterhöhung, wenn die Belastung „für die Benutzung des Grundstücks des Berechtigten Vorteil bietet" (§ 1019 BGB), der den Verkehrswert des herrschenden Grundstücks beeinflusst (vgl. § 9 Abs. 2 BewG). Das Ausmaß der Werterhöhung richtet sich nach den Umständen des Einzelfalles. Im Allgemeinen ist der Wert des dienenden Grundstücks um den Betrag zu erhöhen, um den der Wert des dienenden Grundstücks gemindert ist[67]. 70

In den Fällen der **steuerlichen Bewertung** von unbebauten Grundstücken wirkt sich eine Werterhöhung für das herrschende Grundstück im Bodenwert aus. In den Fällen der Bewertung der bebauten Grundstücke im Ertragswertverfahren wirkt sich eine Werterhöhung bereits in der Höhe der Jahresrohmiete aus. Eine Erhöhung des Grundstückswerts nach § 82 Abs. 2 BewG ist dagegen ausgeschlossen. Bei der Bewertung eines bebauten Grundstücks im Sachwertverfahren wirkt sich eine Werterhöhung im Allgemeinen im Bodenwert aus. 71

3.2 Beschränkt dingliche Rechte

Bei den beschränkt dinglichen Rechten (Abb. 1) ist zu unterscheiden zwischen 72

a) Nutzungsrechten (Rn. 73),

b) Sicherungs- und Verwertungsrechten (Rn. 80 ff.) sowie

c) Erwerbsrechten (Rn. 84 ff.).

Abb. 1: Übersicht über die beschränkt dinglichen Rechte

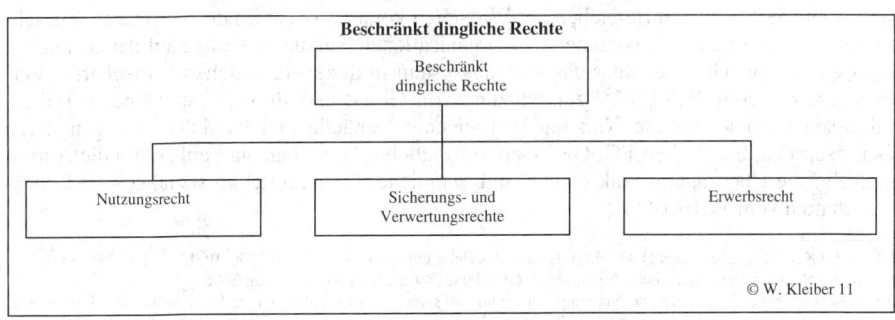

---

64 Erl. des MfFuW des Landes Rheinland-Pfalz vom 11.8.1970 (S. 3101 A – IV/2).
65 Abschn. 10 Abs. 4 Satz 1 BewG Gr.
66 Abschn. 35 Abs. 2 BewR Gr.
67 Vgl. Abschn. 10 Abs. 4 Satz 3 BewR Gr.

3.3 Nutzungsrechte

▶ *Zur Verkehrswertermittlung vgl. Teil VIII Rn. 310 ff.*

73 Zu den Nutzungsrechten gehören insbesondere das Altenteil (Auszug, Leibgeding, Leibzucht), das **Dauerwohnrecht** (§§ 31 ff. WEG), das **Wohnungsrecht** (§ 1039 BGB), das **Aussichtsrecht**, das **Leitungsrecht**, der **Nießbrauch** (§§ 1030 ff. BGB).

74 Auf dem Gebiet der **neuen Bundesländer und im Ostteil Berlins gehören** nach Art. 231 § 5 des Einführungsgesetzes zum Bürgerlichen Gesetzbuch – EGBGB[68] – **nicht zu den Bestandteilen eines Grundstücks Gebäude, Baulichkeiten, Anlagen, Anpflanzungen und Einrichtungen,** die am Tag vor dem Wirksamwerden des Beitritts (2. Oktober 1990) errichtet waren oder danach errichtet oder angebracht wurden, soweit dies aufgrund eines vor dem Wirksamwerden des Beitritts begründeten Nutzungsrechts an dem Grundstück oder eines Nutzungsrechts nach §§ 312 bis 315 des Zivilgesetzbuchs der Deutschen Demokratischen Republik zulässig war. Das Nutzungsrecht an dem Grundstück und die erwähnten Anlagen, Anpflanzungen oder Einrichtungen gelten nach Art. 231 § 5 Abs. 2 EGBGB als wesentliche Bestandteile des Gebäudes[69].

75 **Solche Rechte können dingliche Nutzungsrechte sein** auf der Grundlage
- des Gesetzes über die Verleihung von Nutzungsrechten an volkseigenen Grundstücken[70];
- des Zivilgesetzbuchs vom 19.6.1975[71];
- der Verordnung über die Bereitstellung von genossenschaftlich genutzten Bodenflächen für die Einrichtung von Eigenheimen auf dem Lande vom 9.9.1976[72].

76 Rechte der genannten Art wurden insbesondere verliehen für den **Bau von Eigenheimen auf volkseigenem Grund und Boden** – in seltenen Fällen auch für andere persönlichen Zwecken dienende Gebäude – sowie für Mietwohngebäude und Nebengebäude (Garagen, Gemeinschaftswaschküchen) der Arbeiterwohnungsbaugenossenschaften (AWG) auf volkseigenem Grund und Boden.

77 Nutzungsrechte nach dem ZGB wurden auch verliehen, wenn aufgrund eines früheren Erbbaurechts, Erbpachtvertrags oder Pachtvertrags ein Eigenheim auf einem **Grundstück** errichtet wurde, **das später Volkseigentum** wurde. Die landwirtschaftlichen Produktionsgenossenschaften konnten dingliche Nutzungsrechte aus einer genossenschaftlich genutzten Fläche (unabhängig vom Eigentum daran) zur Errichtung von Eigenheimen vergeben.

78 **Obligatorische (schuldrechtliche) Nutzungsrechte** wurden bis zum Inkrafttreten des Zivilgesetzbuchs (ZGB) am 1.1.1976 auf der Grundlage des Bürgerlichen Gesetzbuchs (BGB) begründet. Ab 1.1.1976 konnte vertraglich ein obligatorisches Nutzungsverhältnis nach den §§ 312 bis 315 des ZGB für Zwecke der kleingärtnerischen Nutzung, der Erholung und Freizeitgestaltung (Wochenendgrundstück, Bootshäuser, Garagen und dgl.) für Bürger abgeschlossen werden. In den Bereichen der Wirtschaft konnten zwischen den Wirtschaftseinrichtungen, Institutionen, Staatsorganen und Organisationen Nutzungsverträge auf der Grundlage der §§ 71 ff. des Gesetzes über das Vertragssystem in der sozialistischen Wirtschaft – Vertragsgesetz – vom 25.3.1982[73] zur Nutzung von Grund und Boden bzw. Gebäuden abgeschlossen werden. Für die Nutzung volkseigener Gebäude und baulicher Anlagen durch Genossenschaften (PGH, LPG, GPG) auf vertraglicher Grundlage galt außerdem die Anordnung für die Übertragung volkseigener unbeweglicher Grundmittel an sozialistische Genossenschaften vom 11.10.1974[74].

---
68 Anl. I Kapitel III Sachgebiet B Abschnitt II Nr. 1 des Einigungsvertrags vom 31.8.1990, BGBl. I 1990, 885, 941.
69 Kleiber/Söfker, Vermögensrecht, Eigentum an Grund und Boden, Jehle/Rehm Verlag 2006.
70 Gesetz über die Verleihung von Nutzungsrechten an volkseigenen Grundstücken vom 14.12.1970 (GBl. I 1970, 372) i. d. F. des Gesetzes über den Verkauf volkseigener Eigenheime, Miteigentumsanteile und Gebäude für Erholungszwecke vom 19.12.1973 (GBl. I 1973, 578).
71 GBl. I 1975, 465.
72 GBl. I 1976, 426, 500.
73 GBl. I 1982, 293.
74 GBl. I 1974, 489, GBl. I 1975, 344.

Anwendungsbereich § 1 ImmoWertV IV

Zusätzlich zu der im Teil II der WERTR behandelten Verkehrswertermittlung von Rechten an Grundstücken enthielten die hierzu erlassenen **Ergänzenden Hinweise für das Gebiet der neuen Länder** Grundsätze für die Ermittlung von Nutzungsrechten und für Grundstücke, die mit einem Nutzungsrecht belastet sind. Es handelte sich hier um eine aus der Rechtsentwicklung der DDR hervorgegangene Besonderheit auf dem Gebiet der ehemaligen DDR; sie sind mit BMBau-Erl. vom 1.8.1996[75] aufgehoben worden. 79

▶ *Weitere Hinweise hierzu in GuG 1992, 256; Empfehlungen des BML (GemMBl. 1992, 1095 = GuG 1993, 163 = Kleiber/Söfker, Vermögensrecht, Eigentum an Grund und Boden II 4.6)*

3.4 Sicherungs- und Verwertungsrechte

3.4.1 Übersicht

▶ *Vgl. § 6 ImmoWertV Rn. 100; Teil VIII Rn. 510 ff.*

Die unterschiedlichen Sicherungs- und Verwertungsrechte sind aus Abb. 2 ersichtlich (vgl. § 6 ImmoWertV Rn. 99 und Teil VIII Rn. 510 ff.). 80

Abb. 2: Sicherungs- und Verwertungsrechte

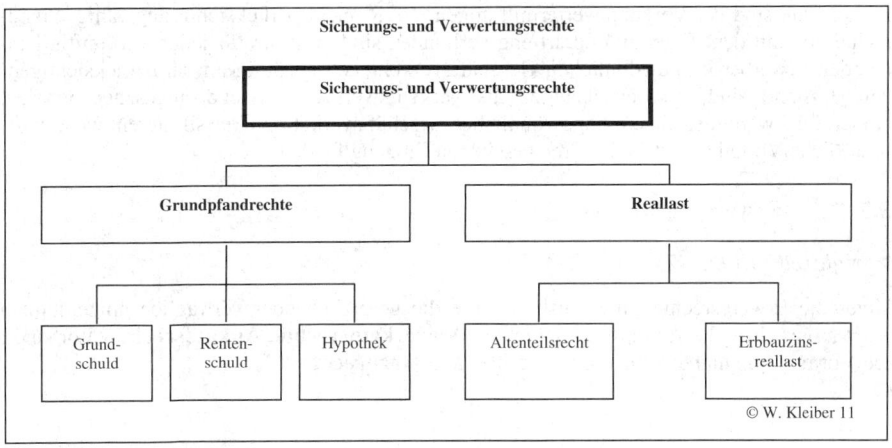

3.4.2 Grundpfandrechte

▶ *Vgl. Teil VIII Rn. 511 ff.*

Grundpfandrechte dienen der Darlehenssicherung. Das BGB kennt den Begriff „Grundpfandrechte" nicht. Er hat sich aber im allgemeinen Sprachgebrauch eingebürgert und bezeichnet zusammenfassend die so genannten **Verwertungsrechte wie Hypotheken** (§§ 1133 bis 1190 BGB), **Grundschulden** (§§ 1191 bis 1198 BGB) und **Rentenschulden** (§§ 1199 bis 1203 BGB). Sie geben dem Berechtigten ein dingliches Verwertungsrecht am belasteten Grundstück und sind zur Sicherung von Krediten in Abteilung III des Grundbuchs eingetragen. Sie beeinflussen im Allgemeinen nur den Barpreis, nicht jedoch den Verkehrswert des Grundstücks. 81

Nach § 1113 Abs. 1 BGB kann zu diesem Zweck ein Grundstück in der Weise belastet werden, dass an denjenigen, zu dessen Gunsten die Belastung erfolgt, eine bestimmte Geldsumme zur Befriedigung einer ihm zustehenden Forderung aus dem Grundstück zu zahlen ist. 82

---
75 GuG 1996, 298.

Im Gegensatz zur Grundschuld ist die Hypothek abhängig von dem tatsächlichen Bestand der Forderung. Der Zusammenhang von Forderung und Grundschuld wird durch den Sicherungsvertrag (Darlehensvertrag) hergestellt, wobei ein Wechsel der Forderung jedes Mal durch Grundbucheintragung hergestellt werden muss.

Die in Abt. III eingetragenen **Pfandrechte werden im** Verkaufsfall i. d. R. „verrechnet"[76] und wirken sich nach vorherrschender Auffassung nicht auf den Marktwert (Verkehrswert) aus.

Nach vorherrschender Auffassung sollen Finanzierungskosten die Höhe des Marktwerts (Verkehrswerts) nicht beeinflussen[77]. In der Rechtsprechung wird diesem Grundsatz nicht immer konsequent gefolgt[78]. Zumindest können die auf einem Grundstück lastenden dinglichen Belastungen z. B. einen höheren Kaufpreis, nicht aber Verkehrswert rechtfertigen, wenn sie besonders günstig sind und vom Erwerber übernommen werden. Derartig beeinflusste Kaufpreise mögen zwar grundsätzlich dem gewöhnlichen Geschäftsverkehr zuzurechnen sein, sie können gleichwohl nicht ohne Weiteres als Vergleichspreise herangezogen werden. Eine **Verkehrswertbeeinflussung kann sich aber ergeben, wenn z. B. die auf einem bestimmten Objekt üblicherweise ruhenden Belastungen vergleichsweise besonders günstig und von jedem Erwerber zu übernehmen sind**. Im Rahmen der *Verkehrswertermittlung von Grundstücken im Bereich der sozialen Wohnraumförderung* ist die Berücksichtigung günstiger Kredite sogar üblich, denn – wirtschaftlich betrachtet – stellen zinsgünstige öffentliche Darlehen ein Äquivalent für mietpreisrechtliche Bindungen dar[79].

Pfandrechte sind bei Verkehrswertermittlungen i. d. R. nicht berücksichtigungsfähig. Pfandrechte, die mit dem Eigentum derart eng verbunden sind, dass sie für jeden vernünftig handelnden Erwerber im gewöhnlichen Geschäftsverkehr zwangsläufig ein zu berücksichtigender Umstand sind, müssen dagegen als verkehrswertbeeinflussend angesehen werden. Andernfalls wäre dies als ein ungewöhnlicher Geschäftsverkehr zu klassifizieren, wenn wirtschaftliche Vorteile nicht in das Preisgeschehen Eingang fänden.

3.5 Erwerbsrechte

▶ *Vgl. Teil VIII Rn. 473*

83 Unter die Erwerbsrechte fallen insbesondere die gesetzlich oder vertraglich eingeräumten **Vorkaufsrechte,** die Anwartschaftsrechte (**Wiederkaufsrechte, Ankaufsrechte,** Vorhand), die Vormerkung und die Aneignungsrechte (z. B. **Jagdrechte**).

---

76 BGH, Urt. vom 2.4.1954 – V ZR 135/52 –, NJW 1954, 955 = EzGuG 19.3d; BGH, Beschl. vom 13.6.1958 – V ZR 268/56 –, NJW 1958, 1397 = EzGuG 14.8; OLG Köln, Beschl. vom 18.10.1958 – 9 W 20/58 –, MDR 1959, 223 = EzGuG 20.23; OLG München, Beschl. vom 13.1.1981 – 5 W 2607/80 –, MDR 1981, 501 = EzGuG 19.35e; OLG Köln, Urt. vom 16.9.1960 – 4 U 152/59 –, NJW 1961, 785 = EzGuG 20.27.

77 Einen gewissen „Einbruch" in diese Auffassung stellt die erstmals mit § 22 Abs. 2 WertV 88 in das Wertermittlungsrecht eingeführte Ergänzung der Baunebenkosten um die „in unmittelbarem Zusammenhang mit den Herstellungskosten einer baulichen Anlage" anfallenden Finanzierungskosten (vgl. auch Beschl. 1 Ziff. 3 zu § 5 Abs. 5 II. BV sowie DIN 276). Im Rahmen der Anwendung des Extraktionsverfahrens (Residualwertverfahrens) werden abweichend von dem hier vorgestellten Grundsatz die Finanzierungskosten zum Ansatz gebracht.

78 BFH, Urt. vom 14.8.1953 – III 33/53 U –, BFHE 57, 733 = EzGuG 20.16a; RFH, Urt. vom 8.10.1926 – II A 429/26 –, ZfV 1928, 117 = JW 1928, 44 = EzGuG 14.1a; LG Köln, Beschl. vom 21.7.1976 – 70 O 40/76 –, NJW 1977, 255 = EzGuG 19.26.

79 Kleiber in Ernst/Zinkahn/Bielenberg/Krautzberger, BauGB, Komm. § 28 WertV Rn. 57 ff.; BFH, Urt. vom 18.12.1985 – II R 229/83 –, BFHE 146, 95 = EzGuG 29.111. Der Hinweis von Zimmermann/Heller (Der Verkehrswert von Grundstücken, München 1995, S. 196), nach dem dies zu einer in der Praxis nicht handhabbaren Kasuistik führe, ist nicht überzeugend. Wer sich bei der Verkehrswertermittlung von Grundstücken nicht der Kasuistik des Einzelfalls stellt, sollte sich dieser Aufgabe dann nämlich gar nicht erst annehmen.

4 Anwendung der Verordnung auf nicht marktgängige Wertermittlungsobjekte

84 § 1 Abs. 2 ImmoWertV erklärt deklaratorisch die entsprechende Anwendbarkeit der Regelungen der ImmoWertV auf Wertermittlungsobjekte, für die kein Markt besteht[80]. Nach der Begründung zu dieser Vorschrift sollen damit insbesondere Rechte wie das **Wohnungsrecht** (§ 1093 BGB) als beschränkte perfsönliche Dienstbarkeit und der **Nießbrauch** (§§ 1030 ff. BGB) angesprochen werden, die nur, wenn sie juristischen Person zustehen, unter bestimmten Voraussetzungen übertragbar sind (§§ 1059 Satz 2, 1059a, 1092 Abs. 2 BGB)[81]. Dafür hätte es dieser mit der ImmoWertV erstmals eingeführten Ergänzung nicht bedurft, denn die ImmoWertV ist – wie schon die WertV 88/98 – ohnehin auf die Verkehrswertermittlung von Rechten an Grundstücken „entsprechend" anzuwenden[82].

85 Das Spektrum nicht marktgängiger bzw. -fähiger Wertermittlungsobjekte geht allerdings weit über die genannten Rechte hinaus (z. B. sog. bleibende Gemeinbedarfsflächen usw.) und wird den Sachverständigen auch weiterhin vor Probleme stellen. Denn allein mit dem Hinweis darauf, dass der Marktwert in diesen Fällen **„unter Berücksichtigung wirtschaftlicher Vor- und Nachteile"** und unter Zugrundelegung des **„wahrscheinlichsten Marktverhaltens der Beteiligten"** ermittelt werden kann, werden ihm keine neuen Erkenntnisse gegeben.

---

80 Dazu gehören auch „Ladenhüter".
81 BR-Drucks. 171/10; BR-Drucks. 296/09.
82 Von einer irreführenden und blamablen Doppelregelung spricht auch Zimmermann in HLBS 2011, 170.

§ 2 ImmoWertV
Grundlagen der Wertermittlung

Der Wertermittlung sind die allgemeinen Wertverhältnisse auf dem Grundstücksmarkt am Wertermittlungsstichtag (§ 3) und der Grundstückszustand am Qualitätsstichtag (§ 4) zugrunde zu legen. Künftige Entwicklungen wie beispielsweise absehbare anderweitige Nutzungen (§ 4 Absatz 3 Nummer 1) sind zu berücksichtigen, wenn sie mit hinreichender Sicherheit aufgrund konkreter Tatsachen zu erwarten sind. In diesen Fällen ist auch die voraussichtliche Dauer bis zum Eintritt der rechtlichen und tatsächlichen Voraussetzungen für die Realisierbarkeit einer baulichen oder sonstigen Nutzung eines Grundstücks (Wartezeit) zu berücksichtigen.

Gliederungsübersicht Rn.
1 Zustand und allgemeine Wertverhältnisse
   1.1 Allgemeine Grundsätze (§ 2 Satz 1 ImmoWertV).. 1
   1.2 Qualifizierte Erwartung künftiger Entwicklungen (§ 2 Satz 2 ImmoWertV) 4
2 Wartezeit (§ 2 Satz 3 ImmoWertV)... 10

1 Zustand und allgemeine Wertverhältnisse

1.1 Allgemeine Grundsätze (§ 2 Satz 1 ImmoWertV)

1 Der **Verkehrswert** (Marktwert) **ist ein stichtagsbezogener Wert**. Er bestimmt sich nach § 194 BauGB einerseits nach den „rechtlichen Gegebenheiten und tatsächlichen Eigenschaften, der sonstigen Beschaffenheit und der Lage des Grundstücks", d. h. der Gesamtheit der Grundstücksmerkmale (dem Zustand des Grundstücks) und andererseits nach den zum vorgegebenen Wertermittlungsstichtag vorherrschenden allgemeinen Wertverhältnissen auf dem Grundstücksmarkt.

2 **Ausgangspunkt einer jeden Verkehrswertermittlung** ist deshalb zunächst

a) **die Qualifizierung des Zustands des zu bewertenden Grundstücks** zum *Qualitätsstichtag* sowie

b) die Feststellung des **Zeitpunkts, auf den sich die Wertermittlung beziehen soll** (*Wertermittlungsstichtag*).

Nicht immer sind der Wertermittlung die Grundstücksmerkmale (Zustandsmerkmale) zugrunde zu legen, die am Wertermittlungsstichtag tatsächlich gegeben sind (vgl. § 4 ImmoWertV Rn. 1 ff.); d. h., nicht immer ist der Wertermittlungsstichtag zugleich Qualitätsstichtag. Hieraus folgt, dass grundsätzlich zwischen zwei Zeitpunkten unterschieden werden muss,

– dem Zeitpunkt, der für die Qualifizierung des Zustands des Grundstücks – sog. *Qualitätsstichtag* (auch Qualitätsfestschreibungszeitpunkt genannt) – und

– dem Zeitpunkt, der für die der Wertermittlung zugrunde zu legenden allgemeinen Wertverhältnisse auf dem Grundstücksmarkt (*Wertermittlungsstichtag*) maßgebend ist[1].

Wie sich der Grundstückszustand und die der Wertermittlung zugrunde zu legenden „allgemeinen Wertverhältnisse auf dem Grundstücksmarkt" bestimmen, ergibt sich nach § 3 Abs. 2 und § 4 Abs. 2 ImmoWertV.

3 Der der Wertermittlung zugrunde zu legende Grundstückszustand wird vielfach ohne Angabe eines Bezugsstichtages (Qualitätsstichtag) deskriptiv bzw. normativ vorgegeben (vgl. § 154 Abs. 2 BauGB). Grundsätzlich reicht dies für eine fundierte Verkehrswertermittlung auch

---
[1] BGH, Urt. vom 22.4.1982 – III ZR 131/80 –, BRS Bd. 45 Nr. 192 = EzGuG 17.44; BGH, Urt. vom 13.7.1978 – III ZR 112/75 –, BRS Bd. 34 Nr. 80 = EzGuG 6.200 = EzGuG 19.34; BGH, Urt. vom 25.9.1958 – III ZR 82/57 –, BGHZ 28, 160 = EzGuG 6.35; OLG München, Urt. vom 27.1.1987 – RReg 1 Z 167/86 –, BayVBl. 1987, 472 = EzGuG 6.233.

aus. § 2 Satz 1 ImmoWertV bestimmt auch für diesen Fall, dass sich der der Wertermittlung zugrunde zu legende Grundstückszustand generell nach den tatsächlichen oder fiktiven Verhältnissen eines im Gutachten anzugebenden Qualitätsstichtags bestimmt. Vielfach ist es aber zweckmäßig oder aus rechtlichen Gründen geboten, den der Wertermittlung zugrunde zu legenden Grundstückszustand nach einem bestimmten Qualitätsstichtag zu bestimmen, so z. B. im Rahmen der Bemessung von Enteignungsentschädigungen nach dem Vorwirkungsstichtag (Zeitpunkt des Ausschlusses von der sog. konjunkturellen [besser: qualitativen] Weiterentwicklung).

Die Vorschrift ist im Übrigen aus § 5 Abs. 4 WertV 88/98 hervorgegangen[2].

1.2 Qualifizierte Erwartung künftiger Entwicklungen (§ 2 Satz 2 ImmoWertV)

▶ *Vgl. § 194 BauGB Rn. 75; § 4 ImmoWertV Rn. 23, Vorbem. zur ImmoWertV Rn. 2 ff.; § 14 ImmoWertV Rn. 161 ff.; § 17 ImmoWertV Rn. 32*

Auch wenn sich der **Verkehrswert (Marktwert)** nach § 194 BauGB „durch den Preis bestimmt, der in dem Zeitpunkt, auf den sich die Ermittlung bezieht, im gewöhnlichen Geschäftsverkehr nach den rechtlichen Gegebenheiten und tatsächlichen Eigenschaften, der sonstigen Beschaffenheit und der Lage des Grundstücks" bestimmt, **wird er maßgeblich von der Zukunftserwartung** (anticipation) der Erwerber **bestimmt**[3]. Der Verkehrswert definiert sich damit als Zukunfserfolgswert. Im amerikanischen Schrifttum[4] heißt es dazu: *„Anticipation is the perception that value is created by the expectation of benefits to be derived in the future. In the real estate market, the current value of a property is not based on its historical prices or the costs of its creation; rather, value is based on market participants, perception of the future benefits of acquisition ... The value of owner-occupied property is primarily based on the expected future advantages, amenities and pleasures of ownership and occupancy."*

Dies ist insbesondere dann von Bedeutung, wenn

– am Wertermittlungsstichtag bereits vorhandene Nutzungspotenziale nicht „ausgeschöpft" werden (Fehlnutzungen) bzw. die ausgeübte Nutzung auf Dauer nicht gewährleistet ist, oder

– am Wertermittlungsstichtag bereits erkennbar ist, dass sich die Nutzbarkeit z. B. aufgrund anstehender Planungsentscheidungen oder sonstiger Gegebenheiten verbessern wird oder – umgekehrt – beeinträchtigt werden kann (z. B. durch Herabzonung).

Im Kern geht es darum, ein in der Immobilie „schlummerndes" **Entwicklungspotenzial als Bestandteil der nachhaltigen Ertragsfähigkeit** ebenso zu erkennen wie eine zu erwartende Beeinträchtigung der am Wertermittlungsstichtag zulässigen und ausgeübten Nutzung. Dementsprechend ist in der Enteignungsrechtsprechung des BGH darauf hingewiesen worden, dass „die Entschädigung für das Grundstück ... nach der durch seine Beschaffenheit und Lage bedingten Nutzungsfähigkeit – nicht allein nach der ausgeübten Nutzung – des Grundstücks am Tage der Inanspruchnahme zu bemessen" ist[5].

Nach § 2 Satz 2 ImmoWertV sind deshalb künftige Entwicklungen wie beispielsweise absehbare anderweitige Nutzungen zu berücksichtigen; es muss sich dabei um **qualifizierte Erwartungen** handeln, d. h. um solche, die „mit hinreichender Sicherheit aufgrund konkreter Tatsachen" zu erwarten sind. Eine entsprechende Regelung enthält im Übrigen auch § 4 Abs. 3 Nr. 1 ImmoWertV; insofern liegt eine Doppelregelung vor.

Dies ist z. B. bei Immobilien angezeigt, die ein Entwicklungspotenzial aufweisen und sich in einem (potenziellen) Umbruch befinden (*property in transition*). So wie der Eigentümer in solchen Fällen verschiedene Optionen der Grundstücksnutzung hat und sich aus einem gesun-

---

2   Vgl. BR-Drucks. 352/88, S. 32.
3   Vgl. Kleiber, Verkehrswertermittlung von Grundstücken, 6. Aufl. 2010, § 194 BauGB Rn. 75 ff.
4   The Appraisal of Real Estate, American Institute of Real Estate Appraisers, 9. Aufl. Chicago 1987, S. 32.
5   Vgl. BGH, Urt. vom 8.11.1962 – III ZR 86/61 –, BGHZ 39, 198 = EzGuG 8.5.

den Interesse an einer Gewinnmaximierung überlegen kann, welche Nutzung zu bevorzugen ist, muss dies bei der Wertermittlung berücksichtigt werden.

8 Dabei müssen aber gewissenhaft einige Regeln beachtet werden, wenn solche Überlegungen zum Verkehrswert führen sollen:

a) Bei der Berücksichtigung zukünftiger Nutzungsmöglichkeiten kann nur das zugrunde gelegt werden, was nach den **rechtlichen und tatsächlichen Gegebenheiten ohne spekulative Elemente erwartet werden** kann. Die Erwartungen müssen dabei nicht unumstößlich abgesichert sein, jedoch fordert § 2 Satz 2 ImmoWertV im vorstehenden Sinne eine qualifizierte sich auf „konkrete Tatsachen" stützende Erwartung.

b) Es dürfen nur solche Nutzungsmöglichkeiten berücksichtigt werden, die im Immobilienverkehr nach den Verwertungsmöglichkeiten des Objekts „gewöhnlich" und damit markt- und wertbestimmend sind; auf **persönliche Nutzungsabsichten eines Erwerber**s kommt es nicht an.

c) Alle **in die Wertermittlung eingehenden Daten müssen**, auch soweit es dabei um fiktive Verkehrswertermittlungen für den Umnutzungsfall geht, **dem gewöhnlichen Geschäftsverkehr entsprechen** und von ungewöhnlichen oder persönlichen Verhältnissen unbeeinflusst sein.

9 Als ein typischer Anwendungsfall kann z. B. ein heruntergekommenes Miet- bzw. Geschäftshaus gelten, bei dem sich für jeden Eigentümer die Frage stellt, ob das Objekt instandsetzungs- und modernisierungsfähig ist oder ein Abriss vorzuziehen ist (**modernisieren oder abreißen?**). In solchen Fällen kann es angezeigt sein, gleich mehrere (fiktive) Ertragswerte auf der Grundlage verschiedener rechtlich zulässiger und tatsächlich realisierbarer Nutzungskonzepte und den jeweils dafür aufzubringenden Entwicklungskosten neben dem Liquidationswert zu ermitteln, um sich aus einer sorgfältigen Analyse der Ergebnisse für das letztlich tragende Verfahren entscheiden zu können (vgl. Abb. 1). Dies stellt den Sachverständigen häufig vor schwierige Probleme, da hier – sowohl was die künftigen Nutzungskonzepte als auch die zu deren Umsetzung erforderlichen Kosten anbelangt – besonders besonnen und mit viel Realitätssinn vorgegangen werden muss. Die Anwendung des Ertragswertverfahrens schlägt dabei häufig in eine äußerst fehleranfällige Extraktion (Residualwertmethode) um.

Abb. 1: Verkehrswert von Immobilien mit Entwicklungspotenzial

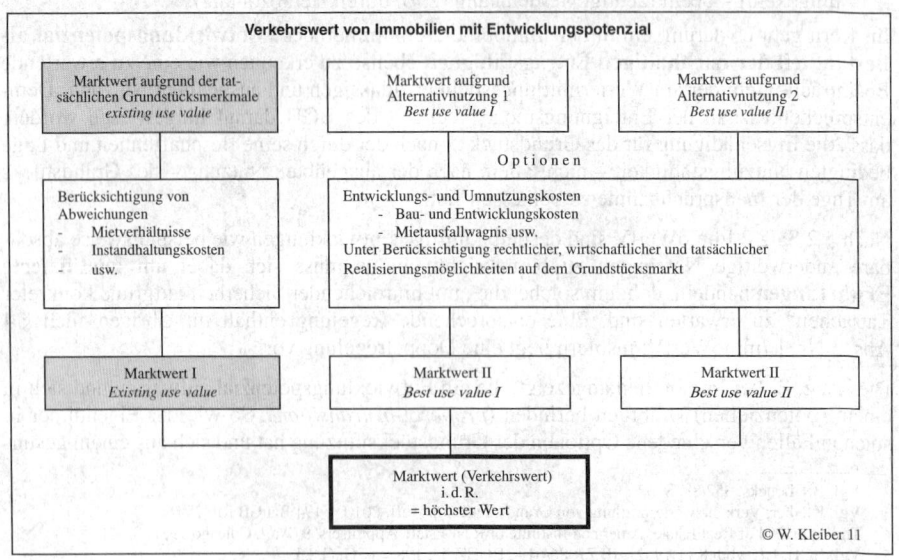

Grundlagen der Wertermittlung § 2 ImmoWertV IV

2 Wartezeit (§ 2 Satz 3 ImmoWertV)

▶ *Hierzu allgemeine Ausführungen bei § 5 ImmoWertV Rn. 15 ff., 144, 159, 286 ff.; Syst. Darst. des Vergleichswertverfahrens Rn. 184 ff., 204 ff.; Teil VI Rn. 443 ff.*

Unter § 5 ImmoWertV Rn. 16 wurde darauf hingewiesen, dass vor allem bei der Klassifizierung des werdenden Baulands neben dem Entwicklungszustand eines Grundstücks die Wartezeit bis zu einer baulichen oder sonstigen Nutzung mitberücksichtigt werden muss. Konkret geht es nach § 2 Satz 3 ImmoWertV um die voraussichtliche Dauer bis zum Eintritt der rechtlichen und tatsächlichen Voraussetzungen für die Realisierbarkeit einer baulichen oder sonstigen Nutzung eines Grundstücks. Es kann aber auch umgekehrt um die voraussichtliche Dauer bis zum Fortfall der rechtlichen und tatsächlichen Voraussetzungen für die Fortführung einer ausgeübten Nutzung gehen. **10**

Die **Abschätzung der Wartezeit** erfordert vom Sachverständigen viel Einfühlungsvermögen in den „Baulandproduktionsprozess" und eingehende Kenntnisse der bodenrechtlichen Zusammenhänge, wobei er sich vor allem frei von spekulativen Erwägungen machen muss. So sich das alltägliche Morgengebet eines schwäbischen Landwirts („Lieber Gott, schenk uns Regen und einen reichen Planungssegen", die sog. vierte Fruchtfolge) erfüllt, ist der „Baulandproduktionsprozess" von den ersten Überlegungen, eine „grüne Wiese" für eine bauliche oder sonstige Nutzung aufzubereiten, bis hin zum Verkauf des fertigen Bauplatzes i. d. R. gleichwohl langwierig und scheitert auch schon einmal. **11**

Verfahrensmäßig können die zu erwartenden „**künftigen Entwicklungen**" nach unterschiedlichen Methoden berücksichtigt werden: **12**

- Bei Anwendung des *Vergleichswertverfahrens* nach § 15 ImmoWertV sind möglichst Vergleichsgrundstücke heranzuziehen, die dieselbe Wartezeit i. S. des § 2 Satz 3 ImmoWertV aufweisen wie das zu bewertende Grundstück. Stehen entsprechend geeignete Vergleichspreise zur Verfügung, wird die Wartezeit bereits mit den herangezogenen Vergleichspreisen hinreichend berücksichtigt. Weisen indessen die zum Preisvergleich herangezogenen Vergleichsgrundstücke eine kürzere oder längere Wartezeit auf, so ist der sich daraus ergebende Wertunterschied in einem angemessenen Verhältnis auf die Wartezeit des zu bewertenden Grundstücks umzurechnen.

- *Finanzmathematisch* können die nach § 2 Satz 2 ImmoWertV in die Verkehrswertermittlung gegebenenfalls gesondert einzustellenden „künftigen Entwicklungen" berücksichtigt werden, indem der Unterschied zwischen dem Wert des Grundstücks auf der Grundlage des am Qualitätsstichtag tatsächlich gegebenen Grundstücksmerkmale (ohne Berücksichtigung der künftigen Entwicklungen) und dem Wert, der sich für das Grundstück unter Berücksichtigung der künftiger Entwicklungen ergibt, über die voraussichtliche Wartezeit nach Satz 3 nach den Rechenregeln der Zinseszinsrechnung abgezinst wird.

Danach lässt sich der Barwert eines Kapitals, das bei einem gegebenen Zinssatz erst nach n Jahren zufließt, nach folgender Formel berechnen: **13**

$$K_0 = \frac{1}{q^n} \times K_n \quad \text{wobei} \quad q = 1 + \frac{p}{100} \text{ ist}$$

K_0 Anfangskapital
K_n Endkapital
n   Laufzeit = Anzahl der Jahre
p   Zinssatz

Der **Abzinsungsfaktor** $1/q^n$ ist mit Tischrechnern leicht zu ermitteln und kann auch Anh. 2 zur ImmoWertV entnommen werden.

14 *Beispiel:*

Ein Grundstück wird unter Berücksichtigung seiner zu erwartenden Wertverbesserung nach den konjunkturellen Verhältnissen am Wertermittlungsstichtag zu einem Preis von 500 000 € verkauft, unter Berücksichtigung einer Wartezeit von 2 Jahren ergibt sich bei einer 6%igen Verzinsung

$$K_o = \frac{1}{\left(1 + \frac{6}{100}\right)^2} \times 500\,000 = \mathbf{445\,000\ €}$$

15 In der Wertermittlungspraxis wird neben der Wartezeit bis zu einer baulichen oder sonstigen Nutzung auch das damit verbundene **Wagnis** berücksichtigt, dass die bauliche oder sonstige Nutzung auch tatsächlich eintritt. I. d. R. ist dabei die Wartezeit umso risikobehafteter, je länger die Wartezeit ist. Insbesondere im gewerblichen Bereich sind Investoren nicht zuletzt aufgrund der „Demokratisierung der Planung" auf Planungssicherheit bedacht und an einer „gebrauchsfertigen" Immobilie interessiert[6]. Dieses Wagnis wird in der Wertermittlungspraxis mit sog. Risikoabschlägen zusätzlich berücksichtigt.

16 Besondere Bedeutung haben vorstehende Ausführungen vor allem bei **Wertermittlungen in Sanierungsgebieten und in Entwicklungsbereichen** im Zusammenhang mit der Ermittlung des Neuordnungswerts vor Abschluss der Sanierung. Im nds. RdErl vom 2.5.1988[7] ist deshalb ausdrücklich vorgeschrieben, dass in diesen Fällen neben der Wartezeit bis zum Abschluss der von der Gemeinde geplanten Ordnungs- und Baumaßnahmen auch das für die Durchführung dieser Einzelmaßnahmen bestehende Wagnis in Abschlag zu bringen ist. Satz 3 schreibt eine zusätzliche Berücksichtigung des Wagnisses nicht ausdrücklich vor, schließt dies aber auch nicht ausdrücklich aus. Die Vorschrift lässt es vor allem auch zu, einen dem gewöhnlichen Geschäftsverkehr entsprechenden Wagnisabschlag schon bei der Abschätzung der Wartezeit mit zu berücksichtigen. Lange Wartezeiten werden deshalb im Hinblick auf das erhöhte Risiko „großzügig" anzusetzen sein (vgl. Teil VI Rn. 434, 443 ff.).

---

6 Vgl. Güttler/Kleiber, BBauBl 1989, 236.
7 GeschZ: 301, 21013; nds. MBl. 1988, 547, Tz. 228, 3.4.

§ 3 ImmoWertV
Wertermittlungsstichtag und allgemeine Wertverhältnisse

(1) Der Wertermittlungsstichtag ist der Zeitpunkt, auf den sich die Wertermittlung bezieht.

(2) Die allgemeinen Wertverhältnisse auf dem Grundstücksmarkt bestimmen sich nach der Gesamtheit der am Wertermittlungsstichtag für die Preisbildung von Grundstücken im gewöhnlichen Geschäftsverkehr (marktüblich) maßgebenden Umstände wie nach der allgemeinen Wirtschaftslage, den Verhältnissen am Kapitalmarkt sowie den wirtschaftlichen und demographischen Entwicklungen des Gebiets.

Gliederungsübersicht Rn.
1 Wertermittlungsstichtag (§ 3 Abs. 1 ImmoWertV)
   1.1 Allgemeines 1
   1.2 Retrograder Wertermittlungsstichtag.. 4
2 Allgemeine Wertverhältnisse auf dem Grundstücksmarkt (§ 3 Abs. 2 ImmoWertV)............ 5

1 Wertermittlungsstichtag (§ 3 Abs. 1 ImmoWertV)

1.1 Allgemeines

▶ *Vgl. § 194 BauGB Rn. 31 ff.; zum Wertermittlungsstichtag bei der Enteignung vgl. Teil VI Rn. 74 ff.; zum Wertermittlungsstichtag in Sanierungsgebieten und Entwicklungsbereichen vgl. Teil VI Rn. 556 ff., 714, 838 ff. sowie § 16 ImmoWertV Rn. 252; § 6 ImmoWertV Rn. 35, 75 ff.; § 8 ImmoWertV Rn. 387; § 15 ImmoWertV Rn. 5 ff.*

Wertermittlungsstichtag ist nach § 3 Abs. 1 ImmoWertV **der Zeitpunkt, auf den sich die Wertermittlung beziehen soll**, d. h., die zu diesem Zeitpunkt auf dem Grundstücksmarkt vorherrschenden allgemeinen Wertverhältnisse sollen maßgebend sein. Dies kann ein gegenwärtiger, aber auch – im Falle einer sog. retrograden Verkehrswertermittlung – ein zurückliegender Zeitpunkt, jedoch kein in der Zukunft liegender Zeitpunkt sein. Denn der Gutachter kann nicht „vorhersehend" mit der gebotenen Sicherheit die künftige Entwicklung auf dem Grundstücksmarkt prognostizieren. Indessen kann der Wertermittlung aber durchaus ein Zustand des Grundstücks zugrunde gelegt werden, wie er sich nach konkreten Anhaltspunkten voraussichtlich in der Zukunft darstellt. Dies kann zum Beispiel auf der Grundlage eines zur Realisierung anstehenden Bebauungsplans erfolgen.   **1**

Der **Wertermittlungsstichtag muss von dem Zeitpunkt der Wertermittlung** (bzw. Zeitpunkt der Bewertung), d. h. dem Zeitpunkt der An- und Ausfertigung z. B. eines Gutachtens sowie dem Zeitpunkt der Ortsbesichtigung **unterschieden werden**.   **2**

Der vom Verordnungsgeber eingeführte Begriff des Wertermittlungsstichtags ist irreführend, wenngleich unvermeidlich. Auf der einen Seite kommt man im allgemeinen Rechtsverkehr und insbesondere auch bei der Durchführung städtebaulicher Maßnahmen nicht umhin, die Verkehrswertermittlung auf einen bestimmten Zeitpunkt zu beziehen (z. B. im Rahmen der Enteignungsentschädigung, der Verkehrswertermittlung in Umlegungs- und Sanierungsgebieten sowie Entwicklungsbereichen). Auf der anderen Seite muss man mit Blick auf die Leistungsfähigkeit der Wertermittlung aber auch klar sehen, dass es **in Zeiten sich verändernder allgemeiner Wertverhältnisse auf dem Grundstücksmarkt keinem Sachverständigen gelingen kann, den „Tages-Verkehrswert" zu ermitteln** und vielleicht sogar noch täglich fortzuschreiben. Insoweit gaukelt der Begriff „Wertermittlungs*stichtag*" eine nicht leistbare Genauigkeit vor und selbst die Bezugnahme auf einen Bezugs*monat* wäre ein kaum stets erfüllbares Versprechen.   **3**

1.2 Retrograder Wertermittlungsstichtag

▶ *Vgl. Vorbem. zur ImmoWertV Rn. 8, Syst. Darst. des Vergleichswertverfahrens Rn. 67*

4 Bei der retrograden (retrospektiven) Ermittlung von Verkehrswerten (Marktwerten), d. h. bei einer auf einen zurückliegenden Stichtag bezogenen Wertermittlung (ex post), sind die **zum Wertermittlungsstichtag gegebenen Grundstücksmerkmale**, die zu diesem Zeitpunkt **herrschenden allgemeinen Wertverhältnisse auf dem Grundstücksmarkt** (Lage auf dem Grundstücksmarkt) sowie auch sonstige zu diesem Zeitpunkt zugängliche Erkenntnisse Grundlagen der Wertermittlung. Entwicklungen, die zu dem zurückliegenden Wertermittlungsstichtag nicht erkennbar waren, müssen außer Betracht bleiben. Indessen sind Entwicklungen zu berücksichtigen, mit denen zum Wertermittlungsstichtag aufgrund konkreter Tatsachen im gewöhnlichen Geschäftsverkehr gerechnet werden musste (**Wurzeltheorie**)[1]. Spätere Entwicklungen, deren Wurzeln in der Zeit nach dem Wertermittlungsstichtag liegen, müssen außer Betracht bleiben[2].

Die vornehmlich im Rahmen der Unternehmensbewertung entwickelte **Wurzeltheorie** gilt auch für die Verkehrswertermittlung. Sie liegt im Wesen des Verkehrswerts (Marktwerts), der maßgeblich durch die künftige Nutzbarkeit bestimmt ist (Zukunftserfolgswert)[3]. Auch in der Rechtsprechung des BGH zur Ermittlung des Zugewinnausgleichs findet die Wurzeltheorie deshalb Beachtung.

Der Sachverständige hat sich in solchen Fällen in den Erkenntnisstand zu versetzen, den er am Wertermittlungsstichtag haben konnte.

- Die sich in „jüngeren" Preisvereinbarungen manifestierenden Preisentwicklungen, die für einen „durchschnittlich besonnenen, nüchternen Betrachter" am Wertermittlungsstichtag nicht erkennbar waren bzw. sein konnten, müssen außer Betracht bleiben.

- Entsprechendes gilt auch für die der Wertermittlung zugrunde zu legenden Grundstücksmerkmale (Zustand des Grundstücks). **Nachträglich bekannt gewordene Grundstücksmerkmale** (z. B. über Altlasten) machen ein Verkehrswertgutachten nicht fehlerhaft, zumindest dann, wenn die nachträglich bekannt gewordenen Tatsachen am Wertermittlungsstichtag nicht erkennbar waren.

- **Auch neuere Erkenntnisse über die Lebenserwartung von Nutzungsberechtigten sind bei der retrograden Verkehrswertermittlung** (ex post) **nicht zu berücksichtigen**, wenn es z. B. um die Verkehrswertermittlung eines Wohnrechts oder eines Nießbrauchs geht. In diesem Fall sind mithin die jeweiligen Sterbetafeln heranzuziehen, die zum Wertermittlungsstichtag dem Sachverständigen zugänglich waren (vgl. § 15 ImmoWertV Rn. 10 ff.).

---

1 Zu einem späteren Altlastenverdacht: BFH, Urt. vom 1.4.1998 – X R 150/95 –, GuG 1998, 373 = BStBl. II 1998, 519 = EzGuG 19.45; BFH, Urt. vom 27.2.1992 – IV R 71/90 –, BFHE 167, 140 = BStBl II 1992, 554 = BB 1992, 1178; BGH, Urt. vom 17.1.1973 – IV ZR 142/70 –, NJW 1973, 509 = WM 1973, 306 = EzGuG 20.53b; BGH, Urt. vom 4.3.1998 – II ZB 5/97 –, ZIP 1998, 690 = NZG 1998, 379; LG Frankfurt am Main, Urt. vom 8.12.1982 – 3/3 AktE 104/79 –, BB 1983, 1244, 1432 = EzGuG 20.101b; OLG München, Urt. vom 11.7.2001 – 3 Z BR 153/00 –, DB 2001, 1928; auch Emmerich/Habersack, § 305 AktG Rn. 58.

2 BGH, Urt. vom 17.1.1973 – IV ZR 142/70 –, NJW 1973, 509 = EzGuG 20.53b.

3 Bereits: RG, Urt. vom 3.4.1897 – V 341/96 –, Gruchot 41, 1002; BGH, Beschl. vom 8.5.1998 – Blw. 18/97 –, GuG 1998, 377 = EzGuG 20.163; BGH, Beschl. vom 16.2.1973 – I ZR 74/71 –, DB 1973, 565; OLG Düsseldorf, Urt. vom 17.2.1984 – 19 W 1/81 –, BB 1984, 742 = EzGuG 20.104b; OLG Düsseldorf, Urt. vom 29.10.1976 – 19 W 6/73 –, WM 1977,797 = DB 1977, 296; OLG Celle, Urt. vom 4.4.1979 – 9 Wx 2/77 –, WM 1979, 1336 = EzGuG 20.80a; LG Frankfurt am Main, Urt. vom 8.12.1982 – 3/3 AktE 104/79 –, BB 1983, 1244 = EzGuG 20.101c.

2 Allgemeine Wertverhältnisse auf dem Grundstücksmarkt (§ 3 Abs. 2 ImmoWertV)

▶ *Vgl. § 194 BauGB Rn. 14 ff.; Vorbem. zur ImmoWertV Rn. 3; § 8 ImmoWertV Rn. 41 ff.*

Die allgemeinen Wertverhältnisse auf dem Grundstücksmarkt werden mit § 3 Abs. 2 ImmoWertV als die **Gesamtheit der am Wertermittlungsstichtag für die Preisbildung von Grundstücken im gewöhnlichen Geschäftsverkehr (marktüblich) maßgebenden Umstände** definiert, wie die allgemeine Wirtschaftslage, den Verhältnissen am Kapitalmarkt sowie den wirtschaftlichen und demographischen Entwicklungen. Die „allgemeinen Wertverhältnisse auf dem Grundstücksmarkt" werden häufig auch als „allgemeine Preis- und Währungsverhältnisse" oder als „Lage auf dem Grundstücksmarkt" bezeichnet.

Der Begriff der „allgemeinen Wertverhältnisse auf dem Grundstücksmarkt" wurde vom Gesetzgeber erstmals in § 23 Abs. 2 Satz 2 StBauFG[4] verwandt. In der Rechtsprechung fand der Begriff schon früher Verwendung. Unter „allgemeine Wertverhältnisse" wurden dort „alle Umstände tatsächlicher und rechtlicher Art (wie die Lage des Grundstücks), aber auch die Baulust, Knappheit von Baugelände, Abnahme der Kaufkraft usw." verstanden[5].

Die **„allgemeinen Wertverhältnisse auf dem Grundstücksmarkt" bzw. die „Lage auf dem Grundstücksmarkt" soll bei der Marktwertermittlung** (Verkehrswertermittlung) nach § 14 Abs. 1 ImmoWertV mit den von den Gutachterausschüssen für Grundstückswerte abgeleiteten **Marktanpassungsfaktoren (z. B. Sachwertfaktoren) und Liegenschaftszinssätzen erfasst werden**, soweit diese nicht in anderer Weise zu berücksichtigen sind. Die Vorschrift steht des Weiteren in einem engen Zusammenhang mit § 11 ImmoWertV, nach dem bei Anwendung des Vergleichswertverfahrens Änderungen der allgemeinen Wertverhältnisse auf dem Grundstücksmarkt mit Indexreihen erfasst werden „sollen".

Die Vorschrift ist aus § 3 Abs. 3 WertV 88/98 hervorgegangen; die mit der ImmoWertV vorgenommenen Änderungen sind materiell unbedeutend.

In der Definition der „allgemeinen Wertverhältnisse auf dem Grundstücksmarkt (Lage auf dem Grundstücksmarkt) wurde die „Entwicklung am Ort" durch die nunmehr ausdrücklich genannte „demographische Entwicklung" ersetzt. Dies stellt lediglich eine Klarstellung dar, die sich insbesondere an die Gutachterausschüsse für Grundstückswerte richtet. Sie müssen nämlich die Lage auf dem Grundstücksmarkt (Allgemeine Wertverhältnisse auf dem Grundstücksmarkt) insbesondere bei der Ableitung der Bodenrichtwerte und der sonstigen für die Wertermittlung erforderlichen Daten i. S. des Zweiten Abschnitts der ImmoWertV angemessen berücksichtigen, damit diese mit den genannten Daten in die Marktwertermittlung Eingang finden können. Ansonsten sind im Rahmen der Gutachtenerstattung bei der Darstellung der Makro- und Mikrolage ergänzende Hinweise zur demographischen Entwicklung insoweit darzulegen, wie daraus für die Marktwertermittlung konkrete Schlussfolgerungen gezogen werden müssen; auf überflüssige und letztlich belanglose Darstellungen sollte dagegen verzichtet werden.

Die demographische Entwicklung kann abgerufen werden unter www.wegweiser-kommune.de.

Der klarstellende Hinweis auf die Berücksichtigung demographischer Verhältnisse geht auf eine allgemeine Kritik an die Gutachterausschüsse für Grundstückswerte zurück, die angeblich überhöhte Bodenrichtwerte für leerstandsbetroffene Gebiete abgeleitet hätten und den Funktionsverlust aufgrund zurückgehender Bevölkerungszahlen unzureichend berücksichtigt hätten. Dies habe, so die damalige Kritik, den **Stadtumbau** insbesondere im Hinblick auf Entschädigungsansprüche erschwert.

---

[4] Vgl. § 153 Abs. 1 Satz 2 BauGB; vgl. zu BT-Drucks. VI/2204, S. 12.
[5] BGH, Urt. vom 30.11.1959 – III ZR 122/59 –, BGHZ 31, 244 = EzGuG 6.45; BGH, Urt. vom 30.11.1959 – III ZR 130/59 –, BGHZ 31, 238 = EzGuG 19.5.

6 Mit den in § 3 Abs. 2 ImmoWertV angesprochenen wirtschaftlichen und demographischen **Entwicklungen** „des Gebiets" ist auch die allgemeine Entwicklung des Ortes angesprochen, die sich durch die Bevölkerungsentwicklung, Wirtschaftskraft und sonstigen Standortbedingungen (Olympiastadt-, Hauptstadt- oder Zentralfunktionen) ergibt. Daneben sind aber auch allgemeine immobilienwirtschaftlich bedeutsame vorteilhafte oder nachteilige überregionale Entwicklungen angesprochen; nicht dagegen eine kleinräumige städtebauliche Entwicklung (z. B. in einem Sanierungsgebiet).

7 Die „allgemeinen Wertverhältnisse auf dem Grundstücksmarkt" müssen gerade im Hinblick auf städtebauliche Veränderungen gegenüber Zustandsänderungen abgegrenzt werden.

8 **Einzelne, die allgemeinen Wertverhältnisse auf dem Grundstücksmarkt beeinflussende Umstände**, wie namentlich das Wirtschaftswachstum, die Bevölkerungsentwicklung, Änderungen im (konsumptiven) Verhalten der Marktteilnehmer und der Einkommensverhältnisse, die Entwicklung der Geldzinspolitik und der Kaufkraft, das Aufkommen einer Sachwertpsychose[6] sowie die Entwicklung der allgemeinen städtebaulichen und stadtwirtschaftlichen Verhältnisse können dagegen i. d. R. für sich allein nicht als repräsentativ für die Entwicklung der allgemeinen Wertverhältnisse auf dem Grundstücksmarkt gelten. Infolge der Komplexität des Geschehens auf dem Bodenmarkt wird dieser vielmehr durch die Gesamtheit der für die Preisbildung maßgeblichen Umstände bestimmt, die mit fortschreitender Zeit bei gleich bleibendem Zustand des Grund und Bodens dessen Wert im gewöhnlichen Geschäftsverkehr mehr oder weniger beeinflussen.

---

6 Niehans in SZVS 1966, 195; Sieber, ebenda, S. 1; ders., Bodenpolitik und Bodenrecht, Bern 1970, S. 51 ff., S. 73 ff.

§ 4 ImmoWertV
Qualitätsstichtag und Grundstückszustand

(1) Der Qualitätsstichtag ist der Zeitpunkt, auf den sich der für die Wertermittlung maßgebliche Grundstückszustand bezieht. Er entspricht dem Wertermittlungsstichtag, es sei denn, dass aus rechtlichen oder sonstigen Gründen der Zustand des Grundstücks zu einem anderen Zeitpunkt maßgebend ist.

(2) Der Zustand eines Grundstücks bestimmt sich nach der Gesamtheit der verkehrswertbeeinflussenden rechtlichen Gegebenheiten und tatsächlichen Eigenschaften, der sonstigen Beschaffenheit und der Lage des Grundstücks (Grundstücksmerkmale). Zu den Grundstücksmerkmalen gehören insbesondere der Entwicklungszustand (§ 5), die Art und das Maß der baulichen oder sonstigen Nutzung (§ 6 Absatz 1), die wertbeeinflussenden Rechte und Belastungen (§ 6 Absatz 2), der abgabenrechtliche Zustand (§ 6 Absatz 3), die Lagemerkmale (§ 6 Absatz 4) und die weiteren Merkmale (§ 6 Absatz 5 und 6).

(3) Neben dem Entwicklungszustand (§ 5) ist bei der Wertermittlung insbesondere zu berücksichtigen, ob am Qualitätsstichtag

1. eine anderweitige Nutzung von Flächen absehbar ist,
2. Flächen auf Grund ihrer Vornutzung nur mit erheblich über dem Üblichen liegenden Aufwand einer baulichen oder sonstigen Nutzung zugeführt werden können,
3. Flächen von städtebaulichen Missständen oder erheblichen städtebaulichen Funktionsverlusten betroffen sind,
4. Flächen einer dauerhaften öffentlichen Zweckbestimmung unterliegen,
5. Flächen für bauliche Anlagen zur Erforschung, Entwicklung oder Nutzung von Erneuerbaren Energien bestimmt sind,
6. Flächen zum Ausgleich für Eingriffe in Natur und Landschaft genutzt werden oder ob sich auf Flächen gesetzlich geschützte Biotope befinden.

Gliederungsübersicht	Rn.
1 Übersicht	1
2 Qualitätsstichtag (§ 4 Abs. 1 ImmoWertV)
2.1 Allgemeines	2
2.2 Identität von Wertermittlungs- und Qualitätsstichtag	5
2.3 Unterschiedlicher Wertermittlungs- und Qualitätsstichtag
2.3.1 Übersicht	8
2.3.2 Rückwärtiger Zeitpunkt der Zustandsqualifizierung (Qualitätsstichtag)	11
2.3.3 Zukünftiger Zeitpunkt der Zustandsqualifizierung (Qualitätsstichtag)	13
3 Zustand (§ 4 Abs. 2 ImmoWertV)	16
4 Besonderheiten der Zustandsqualifizierung (§ 4 Abs. 3 ImmoWertV)
4.1 Allgemeines	21
4.2 Absehbare anderweitige Nutzungen (§ 4 Abs. 3 Nr. 1 ImmoWertV)	23
4.3 Überdurchschnittlicher Aufwand (§ 4 Abs. 3 Nr. 2 ImmoWertV)	24
4.4 Städtebauliche Missstände und Funktionsverluste (§ 4 Abs. 3 Nr. 3 ImmoWertV)
4.4.1 Städtebauliche Missstände	25
4.4.2 Funktionsverluste	34
4.4.3 Baurechtswidriger Zustand	35
4.5 Dauerhafte öffentliche Zweckbindung/Gemeinbedarfsflächen (§ 4 Abs. 3 Nr. 4 ImmoWertV)	36
4.6 Erneuerbare Energien (§ 4 Abs. 3 Nr. 5 ImmoWertV)	38
4.7 Naturschutzrechtliche Ausgleichsflächen (§ 4 Abs. 3 Nr. 6 ImmoWertV)	39

IV § 4 ImmoWertV — Qualitätsstichtag

1 Übersicht

1 § 4 definiert den Qualitätsstichtag (§ 4 Abs. 1 ImmoWertV) und den Grundstückszustand (§ 4 Abs. 2 ImmoWertV); darüber hinaus werden eine Reihe von Hinweisen zur **Berücksichtigung weiterer** in § 4 Abs. 2 ImmoWertV nicht ausdrücklich genannter **Grundstücksmerkmale** gegeben (§ 4 Abs. 3 ImmoWertV).

Die Vorschrift ist aus § 3 WertV 88/98 ohne materiell bedeutsame Änderungen hervorgegangen; lediglich § 4 Abs. 3 ImmoWertV wurde mit der Begründung[1] angefügt, dass damit zum Entwicklungszustand hinzutretende Besonderheiten angesprochen werden, die wie eingangs des Abs. 3 zur Klarstellung bestimmt werden, am Qualitätsstichtag vorliegen müssen.

2 Qualitätsstichtag (§ 4 Abs. 1 ImmoWertV)

▶ *Vgl. Rn. 11, § 1 ImmoWertV Rn. 22; § 2 ImmoWertV Rn. 2 ff.*

2.1 Allgemeines

2 **Qualitätsstichtag ist** nach § 4 Abs. 1 Satz 1 ImmoWertV **der Zeitpunkt, auf den sich der für die Wertermittlung „maßgebliche" Grundstückszustand i. S. des Abs. 2 bezieht**. Der Begriff des Qualitätsstichtags, auch Qualitätsfestschreibungszeitpunkt genannt, ist in der Entschädigungsrechtsprechung[2] und im Schrifttum entwickelt worden und hat allgemein Anerkennung gefunden. Mit dem Begriff soll in prägnanter Weise der Zeitpunkt fixiert werden, nach dem sich die für die Wertermittlung maßgeblichen Grundstücksmerkmale bestimmen[3], die von den am Wertermittlungsstichtag tatsächlich gegebenen Zustandsmerkmalen abweichen können, insbesondere wenn die der Wertermittlung zugrunde zu legenden Grundstücksmerkmale von den am Wertermittlungsstichtag (§ 3 Abs. 1 ImmoWertV) tatsächlich gegebenen Grundstücksmerkmalen

– aufgrund besonderer Vorgaben des Auftraggebers,
– aufgrund rechtlicher Bestimmungen oder
– sonstiger Gründe

abweichen. Unter „sonstigen Gründen" i. S. des Abs. 1 Satz 2, die zu einem Auseinanderfallen des Wertermittlungs- und Qualitätsstichtags führen können, nennt die Begründung zu § 3 Abs. 1 WertV 88/98 ein ausdrücklich von dem Antragsberechtigten geäußertes Begehren, z. B. bei Vermögensauseinandersetzungen[4].

3 Die Definition des Qualitätsstichtags als den „Zeitpunkt, auf den sich der für die Wertermittlung maßgebliche Grundstückszustand bezieht", hat in der Praxis zu einer Reihe von Missverständnissen führen müssen, weil nach dem Wortlaut der gegebenen Definition grundsätzlich

---

[1] Vgl. BR-Drucks. 171/10.
[2] Der BGH spricht im Rahmen der Enteignungsentschädigung vom „Zeitpunkt des Eingriffs" BGH, Urt. vom 17.11.1988 – III ZR 210/87 –, BRS Bd. 53 Nr. 130 = EzGuG 18.109; BGH, Urt. vom 11.2.1988 – III ZR 64/87 –, BRS Bd. 48 Nr. 115 = EzGuG 5.30; BGH, Urt. vom 19.6.1986 – III ZR 22/85 –, NVwZ 1986, 1053 = EzGuG 6.229; BGH, Urt. vom 22.4.1982 – III ZR 131/80 –, BRS Bd. 45 Nr. 192 = EzGuG 17.44; BGH, Urt. vom 13.7.1978 – III ZR 112/75 –, BRS Bd. 34 Nr. 80 = EzGuG 6.200; BGH, Urt. vom 24.3.1977 – III ZR 32/75 –, BRS Bd. 34 Nr. 188 = EzGuG 6.190; BGH, Urt. vom 24.3.1977 – III ZR 32/75 –, BRS Bd. 34 Nr. 188 = EzGuG 6.190; BGH, Urt. vom 8.5.1967 – III ZR 148/65 –, BRS Bd. 19 Nr. 73 = EzGuG 14.28; BGH, Urt. vom 29.11.1965 – III ZR 34/64 –, BRS Bd. 19 Nr. 72 = EzGuG 6.82; BGH, Urt. vom 25.9.1958 – III ZR 82/57 –, BGHZ 28, 160 = MDR 1959, 74 = EzGuG 6.35; OLG München, Urt. vom 27.1.1987 – RReg 1 Z 167/86 –, BayVBl. 1987, 472 = EzGuG 6.233.
[3] BGH, Urt. vom 19.6.1986 – III ZR 22/85 –, NVwZ 1986, 1053 = EzGuG 6.229; BGH, Urt. vom 24.3.1977 – III ZR 32/75 –, BRS Bd. 34 Nr. 188 = EzGuG 6.190; BGH, Urt. vom 29.11.1965 – III ZR 34/64 –, BRS Bd. 19 Nr. 72 = EzGuG 6.82; OLG München, Urt. vom 27.1.1987 – RReg 1 Z167/86 –, BayVBl. 1987, 472 = EzGuG 6.233; Schmidt-Aßmann in Ernst/Zinkahn/Bielenberg/Krautzberger, BauGB Komm § 93 BauGB Rn. 69 ff.
[4] BR-Drucks. 352/88, S. 32 f.

die Gesamtheit aller am Qualitätsstichtag tatsächlich gegebenen Grundstücksmerkmale der Wertermittlung zugrunde zu legen ist. In den Fällen, in denen der Qualitätsstichtag praktische Bedeutung hat, ist dies aber keineswegs der Fall. Auch in der Entschädigungsrechtsprechung ist der **Begriff in erster Linie nur für die Qualifizierung des Entwicklungszustands i. S. des § 5 ImmoWertV** eines zu entschädigenden Grundstücks geprägt worden. Für die auf dem Grundstück vorhandene bauliche Anlage kann indessen ein anderer (zumeist mit dem Wertermittlungsstichtag identischer) Qualitätsstichtag maßgeblich sein. In diesem Fall gibt es also zwei Zeitpunkte, „auf den sich der für die Wertermittlung maßgebliche Grundstückszustand" i. S. des § 4 Abs. 1 Satz 1 ImmoWertV bezieht (gemischte Qualitätsstichtage), d. h., in diesem Fall muss zwischen dem Boden und den darauf befindlichen baulichen Anlagen und sonstigen Einrichtungen differenziert werden. Mit dem Qualitätsstichtag wird vor allem nicht zwangsläufig die zu diesem Zeitpunkt gegebene Restnutzungsdauer der baulichen Anlage „eingefroren" (Abb. 1).

Abb. 1: Gemischte Qualitätsstichtage

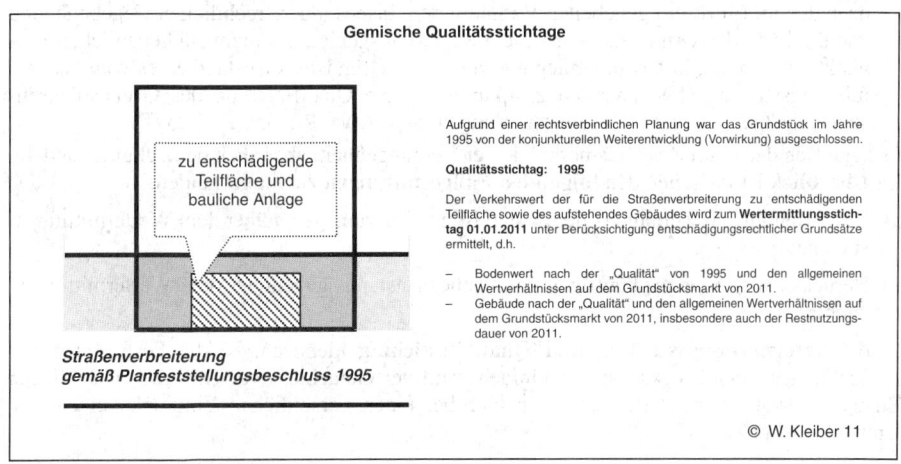

Der Qualitätsstichtag kann grundsätzlich mit dem Wertermittlungsstichtag identisch sein, er kann in der Vergangenheit, aber auch in der Zukunft liegen. Es ist **nicht stets erforderlich, den Qualitätsstichtag mit einem Kalenderdatum vorzugeben**; dies wird, insbesondere bei Qualitätsstichtagen, die in der Zukunft liegen, auch gar nicht möglich sein. Es kann ausreichen, den Qualitätsstichtag z. B. abstrakt mit dem „Ereignis" vorzugeben, zu dem der maßgebliche Grundstückszustand gegeben ist. Qualitätsstichtag kann z. B. der Tag sein, an dem eine bestimmte Modernisierung, Instandsetzung und derartige Maßnahmen oder eine städtebauliche Maßnahme abgeschlossen worden sind.

Ein vom Wertermittlungsstichtag abweichender Qualitätsstichtag kann sich insbesondere aus den Zielen und Zwecken der Marktwertermittlung ergeben und der Sachverständige ist gut beraten, sich mit dem Auftraggeber ins Benehmen zu setzen, wenn dessen Vorgaben nicht dem der Gutachtenerstattung entsprechen (vgl. unten Rn. 8, § 1 ImmoWertV Rn. 22).

Beispiel:

Qualitätsstichtag für die Ermittlung des Neuordnungswerts im Rahmen von Sanierungs- bzw. Entwicklungsmaßnahmen: Zeitpunkt nach Abschluss der Sanierungs- bzw. Entwicklungsmaßnahme (Aufhebung der förmlichen Festlegung).

2.2 Identität von Wertermittlungs- und Qualitätsstichtag

▶ *Vgl. Rn. 11 ff.; § 1 ImmoWertV Rn. 22; § 2 ImmoWertV Rn. 19; Teil VI Rn. 556 ff., 823 ff.*

5   Im Allgemeinen ist bei der Marktwertermittlung der Grundstückszustand „maßgeblich", der den tatsächlichen Verhältnissen am Wertermittlungsstichtag (§ 3 Abs. 1 ImmoWertV) entspricht, wobei künftige Entwicklungen nach allgemeinen Grundsätzen der Verkehrswertermittlung als Zustandsmerkmale zu berücksichtigen sind (vgl. § 2 Satz 2 ImmoWertV). **Wertermittlungsstichtag und Qualitätsstichtag sind dann identisch.** In der Regel wird bei der Beauftragung eines Sachverständigen noch nicht einmal der Qualitätsstichtag vorgegeben, selbst dann nicht, wenn nach Sinn und Zweck des Auftrags ein vom Wertermittlungsstichtag abweichender Qualitätsstichtag maßgebend ist.

6   Von dem am Wertermittlungsstichtag gegebenen Grundstückszustand ist deshalb grundsätzlich auszugehen, soweit nicht

- der Auftraggeber dem Sachverständigen andere „maßgebliche" Vorgaben macht oder
- nach den im Einzelfall gegebenen Verhältnissen, insbesondere rechtlichen Gegebenheiten wie die Lage des Grundstücks in einem Sanierungsgebiet, in einem städtebaulichen Entwicklungsbereich, in einem Umlegungsgebiet der Grundstückszustand eines vom Wertermittlungsstichtag abweichenden Zeitpunkts für die Qualifizierung des Grundstückszustands maßgeblich ist (vgl. die Erläuterungen im Teil VI, Rn. 556 ff., 823 ff.)

Es kann sich dabei um Zustandsmerkmale der Vergangenheit, aber auch der Zukunft handeln. Im **Überblick** ist zwischen den **folgenden Fallgestaltungen** zu unterscheiden:

a) Vorverlegung des Zeitpunkts der Zustandsqualifizierung gegenüber dem Wertermittlungsstichtag;

b) Berücksichtigung eines künftigen Grundstückszustands gegenüber dem Wertermittlungsstichtag.

Sind **Wertermittlungsstichtag und Qualitätsstichtag** identisch, ist die Feststellung des maßgeblichen Grundstückszustands einfach, weil der Gutachter „vor Ort" die tatsächlichen Zustandsmerkmale feststellen und sich hierüber einen persönlichen Eindruck verschaffen kann (vgl. Abb. 2).

Abb. 2:   Identität von Wertermittlungs- und Qualitätsstichtag

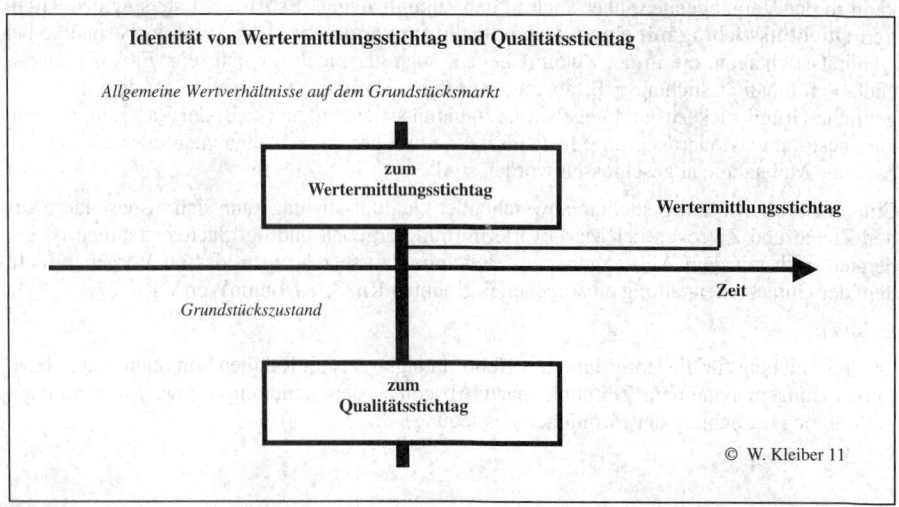

Qualitätsstichtag § 4 ImmoWertV IV

Die Verkehrswertermittlung auf der Grundlage des am Wertermittlungsstichtag vorhandenen Grundstückszustands darf nicht dahingehend missverstanden werden, dass im Falle von absehbaren Nutzungsänderungen diese grundsätzlich außer Betracht bleiben. Obwohl der Verkehrswert (in § 194 BauGB) als ein stichtagsbezogener Wert definiert ist, müssen grundsätzlich die **in absehbarer Zeit**[5] **zu erwartenden Änderungen** insoweit berücksichtigt werden, wie dies dem gewöhnlichen Geschäftsverkehr entspricht. Spekulative Erwartungen müssen dagegen außer Betracht bleiben. Die Berücksichtigung von absehbaren Entwicklungen gilt insbesondere für baurechtlich bedeutsame Nutzungsänderungen. Im Hinblick auf eine Änderung der baulichen Nutzbarkeit ist dies darin begründet, dass das deutsche Städtebaurecht eine allgemeine maßnahmenbedingte „Wertabschöpfung", insbesondere einen Planungswertausgleich, nicht kennt. Deshalb müssen in absehbarer Zeit zu erwartende Nutzungsänderungen grundsätzlich berücksichtigt werden, und zwar nach möglichst konkreten Anhaltspunkten wie z. B. der Entwurf eines Flächennutzungs- oder Bebauungsplans, „qualifizierte" Rahmenpläne, d. h. solche, die von der Gemeinde beschlossen oder zustimmend zur Kenntnis genommen worden sind, oder ein sonstiges konkludentes Handeln der Gemeinde (vgl. § 194 BauGB Rn. 75 ff.).

Anstehende **Nutzungsänderungen bleiben** indessen immer insoweit **außer Betracht, wie der Gesetzgeber ihre Nichtberücksichtigung vorgeschrieben hat oder hierfür besondere Ausgleichsleistungen zu erbringen sind:** 7

1. Bei der *Bemessung der Enteignungsentschädigung* bemisst sich die Entschädigung für den Rechtsverlust nach dem Verkehrswert des Grundstücks unter Ausschluss von Wertänderungen infolge der bevorstehenden Enteignung (nach dem Grundsatz der enteignungsrechtlichen Vorwirkung) auf der Grundlage des Zustands, der zu dem Zeitpunkt bestand, als die Enteignung mit Sicherheit und hinreichender Bestimmtheit feststand.
2. In Gebieten, die unter *Anwendung der besonderen sanierungsrechtlichen Vorschriften* der §§ 152 ff. BauGB saniert werden, sowie in Entwicklungsbereichen sind grundsätzlich die Verkehrswerte unter Ausschluss der sanierungs- oder entwicklungsbedingten Werterhöhung maßgebend.
3. In *Umlegungsgebieten* nach den §§ 45 ff. BauGB sind die Einwurfswerte unter Ausschluss der umlegungsbedingten Werterhöhung zu ermitteln.
4. Umgekehrt bleiben im Falle einer *Herabzonung des Grundstücks* (§§ 39 ff. BauGB) die dadurch bedingten Wertminderungen insoweit und so lange außer Betracht, wie der Eigentümer noch einen Anspruch auf Entschädigung eines Planungsschadens hat.
5. Werterhöhende Maßnahmen bleiben insoweit auch außer Betracht, wie der *Eigentümer des Grundstücks* dafür *beitrags- oder abgabepflichtig* ist. Dies betrifft insbesondere Erschließungsmaßnahmen nach den §§ 126 ff. BauGB in Bezug auf den zu erwartenden Erschließungsbeitrag. Ist eine Erschließungsmaßnahme, mit der Rohbauland baureif gemacht wird, absehbar, ist die damit einhergehende Verkürzung der Wartezeit nach § 2 Abs. 2 ImmoWertV jedoch zu berücksichtigen.

2.3 Unterschiedlicher Wertermittlungs- und Qualitätsstichtag

2.3.1 Übersicht

Wie dargelegt, sind im „Normalfall" der Wertermittlungsstichtag und der Zeitpunkt, der für die Qualifizierung des Grundstückszustands maßgeblich ist (Qualitätsstichtag), identisch. Aus verschiedenen Anlässen können jedoch 8

- der Wertermittlungsstichtag und
- der für die Qualifizierung des Grundstückszustands maßgebliche Zeitpunkt (Qualitätsstichtag)

---

5 Zum Begriff der „absehbaren Zeit" vgl. § 5 ImmoWertV Rn. 28 ff., 159 ff.

auseinanderfallen. Deshalb bestimmt § 4 Abs. 1 Satz 2 ImmoWertV, dass der Wertermittlung **ein vom Wertermittlungsstichtag abweichender Grundstückszustand zugrunde zu legen ist, wenn dies aus rechtlichen oder sonstigen Gründen geboten ist**. Grundsätzlich kann es sich dabei um jeden fiktiven – vernünftigen Gesichtspunkten Rechnung tragenden – Grundstückszustand handeln, der dann in dem Gutachten hinreichend genau qualifizierend beschrieben werden muss. In den einschlägigen Fällen wird der Gutachter aber schon aus praktischen und rechtlichen Erwägungen danach trachten, den maßgeblichen Grundstückszustand nach den Verhältnissen eines bestimmten in der Vergangenheit oder in der Zukunft liegenden Zeitpunkts zu qualifizieren[6]:

9 *Beispiel:*

Ein Erblasser hinterlässt zwei Erben ein Wohngebäude, in dem einer der Erben wohnt. Im Zuge der Erbauseinandersetzung soll der andere Erbe auf der Grundlage des aktualisierten Wertanteils ausgezahlt werden. Zwischenzeitlich wurden aber von dem im Gebäude wohnenden Erben erhebliche bauliche Änderungen vorgenommen. Die damit bewirkten Wertverbesserungen sollen ihm aber in voller Höhe erhalten bleiben. Zur Ermittlung des Erbanteils ist deshalb der heutige Verkehrswert des Grundstücks nach dessen Zustand zum Zeitpunkt des Erbgangs zu ermitteln.

10 Vor **allem im öffentlich-rechtlichen Bereich fallen** – wie unter Rn. 26 ff. erläutert – **der Wertermittlungsstichtag und der für die Qualifizierung des Grundstückszustands maßgebliche Zeitpunkt auseinander.**

2.3.2 Rückwärtiger Zeitpunkt der Zustandsqualifizierung (Qualitätsstichtag)

▶ *Zum Qualitätsstichtag bei der Enteignung vgl. Teil VI Rn. 74 ff.*

11 Bei der Bemessung von Enteignungsentschädigungen sowie im Zuge städtebaulicher Veranstaltungen wie

- Sanierungsverfahren unter Anwendung der besonderen sanierungsrechtlichen Vorschriften der §§ 152 ff. BauGB (klassisches bzw. umfassendes Sanierungsverfahren),
- Entwicklungsmaßnahmen nach den §§ 165 ff. BauGB sowie
- Umlegungsverfahren nach den §§ 45 ff. BauGB

stellt sich die Aufgabe, den Verkehrswert des Grundstücks oder den jeweiligen Bodenwert (des bebauten Grundstücks) auf der Grundlage der Zustandsmerkmale des Grundstücks zu einem (gegenüber dem Wertermittlungsstichtag) zurückliegenden Zeitpunkt zu ermitteln. Man spricht in diesem Fall – etwas vereinfacht – vom Verkehrswert des Grundstücks „nach den **Zustandsmerkmalen von gestern und den allgemeinen Wertverhältnissen von heute**". In diesen Fällen müssen die Zustandsmerkmale des Grundstücks zu einem „historischen", d. h. zu einem zurückliegenden Zeitpunkt festgestellt werden. Der Verkehrswert wird dann unter Zugrundelegung dieses Zustands und der aktuellen allgemeinen Wertverhältnisse auf dem Grundstücksmarkt ermittelt (Abb. 3).

---

[6] Grundsätzlich muss zur Qualifizierung des maßgeblichen Grundstückszustands nicht unbedingt ein bestimmter Stichtag vorgegeben werden; es reicht aus, die wertbestimmenden Merkmale eines der Wertermittlung zugrunde zu legenden Grundstückszustands „qualitativ" vorzugeben (vgl. Kleiber in Ernst/Zinkahn/Bielenberg/Krautzberger, BauGB, § 153 Rn. 38 ff. zur Wertermittlungspraxis in Sanierungsgebieten).

Abb. 3: Verkehrswertermittlung auf der Grundlage eines „historischen" Grundstückszustands

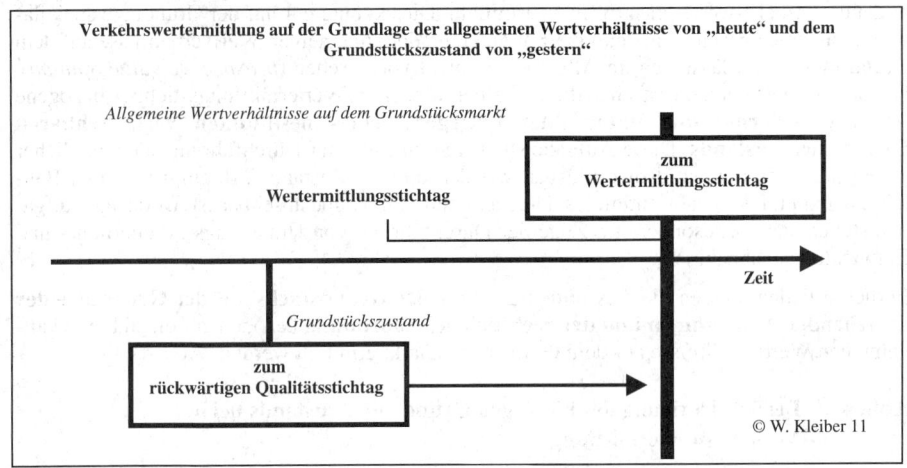

Bei der **Bemessung von Enteignungsentschädigungen** bestimmen sich nach § 93 Abs. 4 und § 95 Abs. 1 BauGB zwar sowohl der maßgebliche Grundstückszustand als auch die der Wertermittlung zugrunde zu legenden allgemeinen Wertverhältnisse übereinstimmend nach dem Zeitpunkt, in dem die Enteignungsbehörde über den Enteignungsantrag entscheidet[7], jedoch führt insbesondere bei der Enteignung künftiger Gemeinbedarfsflächen das Institut der enteignungsrechtlichen Vorwirkung zu einer Zurückverlegung des Stichtags, nach dem sich der Zustand des zu enteignenden Grundstücks bestimmt. Danach ist also die Grundstücksqualität (Zustand des Grundstücks) maßgebend, die für das **Grundstück in dem Zeitpunkt** bestand, **in dem eine Enteignung mit Sicherheit und hinreichender Bestimmtheit zu erwarten war** (Zeitpunkt des enteignenden Eingriffs, § 6 ImmoWertV Rn. 8 ff., Teil VI Rn. 557 ff.).

a) Auch bei der Bemessung der **Enteignungsentschädigung nach dem Landbeschaffungsgesetz – LBG –** bestimmt sich gemäß § 17 Abs. 3 LBG der Grundstückszustand nach den Verhältnissen zum Zeitpunkt des Enteignungsbeschlusses. Bei vorzeitiger Besitzeinweisung ist gemäß § 39 Abs. 1 Nr. 5 LBG der Zeitpunkt maßgebend, in dem diese wirksam wird.

b) Im Falle einer **Umlegungsmaßnahme** nach den §§ 45 ff. BauGB ist der Grundstückszustand nach Maßgabe des § 57 BauGB zum Zeitpunkt des Umlegungsbeschlusses unter Ausschluss der umlegungsbedingten Werterhöhung (Rohbauland) maßgebend.

c) Im Falle einer **„klassischen" Sanierungsmaßnahme oder einer Entwicklungsmaßnahme** nach Maßgabe des § 153 Abs. 1 bzw. § 169 Abs. 1 Nr. 7 oder Abs. 4 BauGB ist der Grundstückszustand zum Zeitpunkt des beginnenden Sanierungs- oder Entwicklungseinflusses maßgebend.

---

7 Zeitpunkt der letzten Tatsachenverhandlung; vgl. BGH, Urt. vom 29.4.1968 – III ZR 177/65 –, BRS Bd. 19 Nr. 122 = EzGuG 16.8; BGH, Urt. vom 27.6.1963 – III ZR 165/61 –, BRS Bd. 19 Nr. 76 = EzGuG 6.69; BGH, Urt. vom 27.6.1963 – III ZR 166/61 –, BGHZ 40, 87 = EzGuG 6.70; BGH, Urt. vom 28.6.1954 – III ZR 49/53 –, BGHZ 14, 106 = NJW 1954, 1485 = DÖV 1954, 635 (LS); BGH, Urt. vom 23.9.1957 – III ZR 224/56 –, BGHZ 25, 225 = EzGuG 6.23; BGH, Urt. vom 24.2.1958 – III ZR 181/56 –, BGHZ 26, 373 = EzGuG 6.29; BGH, Urt. vom 22.1.1959 – III ZR 186/57 –, BGHZ 29, 217 = EzGuG 6.38.

2.3.3 Zukünftiger Zeitpunkt der Zustandsqualifizierung (Qualitätsstichtag)

13 Eine marktkonforme Verkehrswertermittlung erlaubt es nicht, in der Zukunft sich erst (noch) bildende Verkehrswerte präskriptiv zu ermitteln. Dies könnte nur auf der Grundlage spekulativer Annahmen geschehen, denn die Entwicklung der allgemeinen Wertverhältnisse auf dem Grundstücksmarkt lässt sich im Allgemeinen nicht voraussehen (*prospective value opinion*). Davon zu unterscheiden ist aber die auf einen aktuellen Wertermittlungsstichtag bezogene **Verkehrswertermittlung unter Zugrundelegung eines bestimmten vorhersehbaren Grundstückszustands**. Diese Aufgabe stellt sich im Zuge der Durchführung städtebaulicher Veranstaltungen und ist insoweit lösbar, wie der künftige Zustand z. B. aufgrund einer Bauleitplanung und der beabsichtigten städtebaulichen Maßnahme absehbar ist. Derartige Aufgaben stellen sich insbesondere im Zuge der Durchführung von Umlegungs-, Sanierungs- und Entwicklungsmaßnahmen.

14 In diesen Fällen müssen die **Zustandsmerkmale des Grundstücks auf der Grundlage der anstehenden Maßnahmen und der rechtlichen Neuordnung** bezogen auf die aktuellen allgemeinen Wertverhältnisse auf dem Grundstücksmarkt ermittelt werden (Abb. 4).

Abb. 4: Berücksichtigung des künftigen Grundstückszustands bei der Verkehrswertermittlung

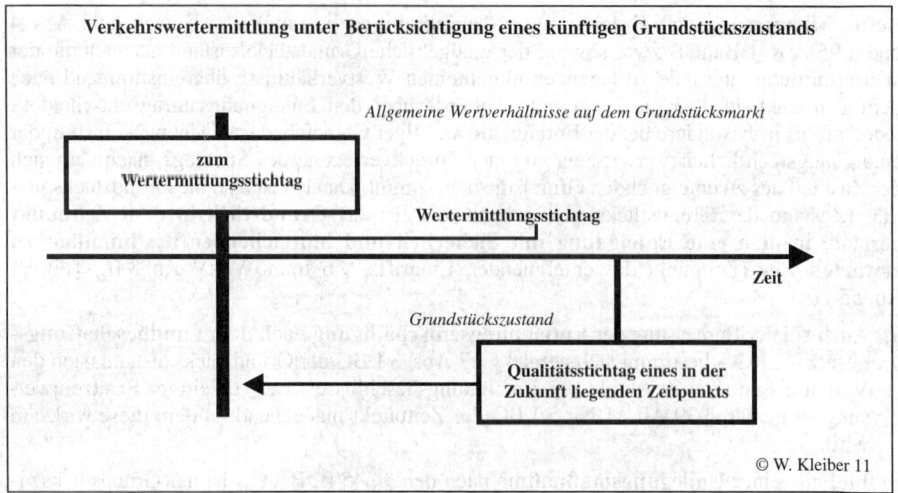

15 Bei alledem ist es **nicht erforderlich, den Zeitpunkt genau bestimmen zu können, zudem der nach der Planung und den beabsichtigten Maßnahmen zugrunde zu legende Zustand tatsächlich verwirklicht worden ist**. Es reicht aus, wenn sich der künftige Zustand insbesondere auf der Grundlage einer Bauleitplanung und den anstehenden Maßnahmen qualifizieren lässt. Im Falle der Durchführung von Sanierungs- und Entwicklungsmaßnahmen ist dies der Verkehrswert unter Berücksichtigung der rechtlichen und tatsächlichen Neuordnung nach Maßgabe des § 153 Abs. 4 und des § 169 Abs. 8 BauGB. Im Falle der Durchführung einer Umlegungsmaßnahme nach den §§ 45 ff. BauGB ist dies der auf den Umlegungsbeschluss bezogene Verkehrswert (Zuteilungswert) unter Berücksichtigung der umlegungsbedingten Werterhöhung. Soll zudem die Wartezeit bis zum Eintritt des zugrunde gelegten Grundstückszustands berücksichtigt werden, muss allerdings diese vom Gutachter geschätzt werden (vgl. § 2 Satz 3 ImmoWertV).

▶ *Weitere Ausführungen hierzu im Teil VI (Sanierungs- und Entwicklungsmaßnahmen)*

3 Zustand (§ 4 Abs. 2 ImmoWertV)

▶ *Vgl. Teil III Rn. 8, 180, 220, 379, 431*

Was in der Verkehrswertdefinition des § 194 BauGB mit den sich überschneidenden und nicht sauber voneinander abgrenzbaren Begriffen der „rechtlichen Gegebenheiten", „tatsächlichen Eigenschaften", „sonstige Beschaffenheit" und „Lage" umschrieben ist, wird in der Sprache der ImmoWertV mit dem **Sammelbegriff „Zustand"** des Grundstücks zusammengefasst. Der Zustand bestimmt sich nicht nur nach den sichtbaren Eigenschaften, sondern auch den rechtlichen Gegebenheiten und Nutzungspotenzialen, deren Realisierung in absehbarer Zeit „mit hinreichender Sicherheit aufgrund konkreter Tatsachen" (§ 2 Satz 2 ImmoWertV, § 4 Abs. 3 Nr. 1 ImmoWertV) zu erwarten ist.

Als Zustand des Grundstücks bezeichnet § 4 Abs. 2 ImmoWertV die **Gesamtheit der den Verkehrswert beeinflussenden rechtlichen Gegebenheiten und tatsächlichen Eigenschaften, der sonstigen Beschaffenheit und der Lage des Grundstücks**. Mit diesem Tripel knüpft die Verordnung ersichtlich an die Definition des Verkehrswerts in § 194 BauGB an.

Der Begriff des Zustands stellt nicht allein auf die äußere Beschaffenheit, d. h. auf physische und körperliche Merkmale (wie Grenzen, natürliche Bebaubarkeit, Alter und Mängel eines Gebäudes) ab, sondern auch auf die **durch die Beschaffenheit und Lage** des Grundstücks **vorgegebene Nutzungsfähigkeit im Rahmen der baurechtlichen Ordnung**. Dementsprechend hat der BGH[8] in seiner Rechtsprechung unter Hinweis auf keine Geringeren als Goethe und Schiller zum Zustandsbegriff ausgeführt: „Die deutsche Sprache lässt unter diesem Begriff eine vollständige, allseitige Betrachtung durchaus zu, fordert sie geradezu, wenn dies im Sinne der Betrachtung liegt; hier mag der Hinweis auf das Goethewort ‚Wie selten ist der Mensch mit dem Zustand zufrieden, in dem er sich befindet', und darauf genügen, dass Friedrich Schiller eine seiner historischen Schriften mit ‚Übersicht des Zustandes von Europa zur Zeit des ersten Kreuzzuges' überschrieben hat"[9].

„Zustand" (Qualität) des Grundstücks ist – wie bereits herausgestellt – ein Sammelbegriff, der sich aus der Gesamtheit der wertbildenden Grundstücksmerkmale bzw. der Summe aller marktwertbildenden Rechts- und Realfaktoren ergibt[10]. Die Zustandsmerkmale werden in den §§ 5 und 6 ImmoWertV konkretisiert. An erster Stelle ist hier der **Entwicklungszustand** (§ 5 ImmoWertV) zu nennen. Auch dies ist ein Sammelbegriff für die unterschiedlichsten Entwicklungszustandsstufen, der angefangen von den „Flächen der Land- oder Forstwirtschaft" das gesamte Spektrum des werdenden Baulandes bis hin zum „Baureifen Land" umfasst. Für die Belange der Verkehrswertermittlung gibt § 5 ImmoWertV für die wichtigsten Entwicklungszustandsstufen normierte Inhalte vor. Weitere Zustandsmerkmale werden in § 4 Abs. 3 und § 6 ImmoWertV zusammen mit entsprechenden wertermittlungstechnischen Hinweisen erläutert.

Zur Erfassung des Zustands ist unbedingt eine **Ortsbesichtigung** erforderlich. Der Gutachter läuft sonst Gefahr, sein Gutachten sittenwidrig, leichtfertig und fahrlässig erstattet zu haben, und setzt sich Haftungsansprüchen aus. Des Weiteren müssen alle rechtlichen Qualifikationsmerkmale bei den zuständigen Ämtern eingeholt werden.

---

[8] BGH, Urt. vom 9.1.1969 – III ZR 51/68 –, BRS Bd. 26 Nr. 56 = EzGuG 6.119; BGH, Urt. vom 8.11.1962 – III ZR 86/61 –, BGHZ 39, 198 = EzGuG 8.5.

[9] BGH, Urt. vom 30.6.1966 – III ZR 3/64 –, BRS Bd. 19 Nr. 114 = EzGuG 19.10, auch unter Hinweis auf das deutsche Wörterbuch der Gebrüder Grimm Bd. 16 (1954).

[10] BGH, Urt. vom 30.6.1966 – III ZR 3/64 –, BRS Bd. 19 Nr. 114 = EzGuG 19.10; BGH, Urt. vom 3.3.1977 – III ZR 36/75 –, BRS Bd. 34 Nr. 84.

4 Besonderheiten der Zustandsqualifizierung (§ 4 Abs. 3 ImmoWertV)

4.1 Allgemeines

21 § 4 Abs. 3 ImmoWertV enthält eine ergänzende Regelung zu § 5 ImmoWertV. Danach sind neben dem Entwicklungszustand u. a. die dort aufgeführten **Grundstücksmerkmale zu berücksichtigen, soweit sie am Qualitätsstichtag** (§ 4 Abs. 1 ImmoWertV) **vorhanden sind**. Die ergänzenden Hinweise des § 4 Abs. 3 ImmoWertV sind mit der Novellierung der WertV im Jahre 2010 erstmals in die Verordnung aufgenommen worden. Es handelt sich um eine missglückte Vorschrift, deren Inhalt anderen Vorschriften zuzuordnen ist.

22 Mit der Regelung des § 4 Abs. 3 ImmoWertV will der Verordnungsgeber auf eine Reihe von **Besonderheiten** hinweisen, ohne dass er konkrete Hinweise geben konnte, wie diese Besonderheiten zu berücksichtigen sind.

4.2 Absehbare anderweitige Nutzungen (§ 4 Abs. 3 Nr. 1 ImmoWertV)

▶ *Vgl. § 2 ImmoWertV Rn. 4; § 194 BauGB Rn. 49*

23 Dass nach § 4 Abs. 3 Nr. 1 ImmoWertV bei der Wertermittlung die Absehbarkeit einer „anderweitigen" Nutzung zu berücksichtigen ist, ergibt sich bereits aus § 2 Satz 2 ImmoWertV. Es handelt sich von daher um eine überflüssige Doppelregelung, wobei auch nach § 4 Abs. 1 Nr. 1 ImmoWertV „anderweitige" Entwicklungen nur zu berücksichtigen sind, wenn sie aufgrund qualifizierter Entwicklungserwartungen i. S. des § 2 Satz 2 ImmoWertV „absehbar" sind (vgl. § 2 ImmoWertV Rn 4)

4.3 Überdurchschnittlicher Aufwand (§ 4 Abs. 3 Nr. 2 ImmoWertV)

24 Nach § 4 Abs. 3 Nr. 2 ImmoWertV soll ein **erheblich über dem Üblichen liegender Aufwand** berücksichtigt werden, wenn dieser erforderlich ist, um eine Fläche aufgrund ihrer Vornutzung einer baulichen oder sonstigen Nutzung zuzuführen. Dies ergibt sich wiederum aus § 6 Abs. 5 ImmoWertV unabhängig davon, ob der Aufwand aufgrund der Vornutzung erforderlich ist, und ist auch nicht davon abhängig, dass der Aufwand „erheblich über dem Üblichen" liegt.

4.4 Städtebauliche Missstände und Funktionsverluste (§ 4 Abs. 3 Nr. 3 ImmoWertV)

4.4.1 Städtebauliche Missstände

Schrifttum: *Berkemann* DVBl 1999, 1285; *Söfker* in DVBl 179, 107; *Uechtritz* in BauR 1983, 523; *Went* in DVBl 1978, 356.

▶ *Vgl. Teil VI Rn. 215 ff., 637 ff.; § 15 ImmoWertV Rn, 7; § 6 ImmoWertV Rn. 379*

25 Nach § 4 Abs. 3 Nr. 3 ImmoWertV ist bei der Marktwertermittlung der Tatsache Rechnung zu tragen, dass ein Grundstück

– von einem städtebaulichen Missstand oder
– von erheblichen Funktionsverlusten

betroffen ist.

Zustandsqualifizierung § 4 ImmoWertV IV

Was als **städtebaulicher Missstand** anzusehen ist, wird in § 136 Abs. 2 und 3 BauGB definiert. Danach ist bei den städtebaulichen Missständen zwischen Substanz- und Funktionsschwächen zu unterscheiden; in der Praxis treten regelmäßig Mischformen auf. — 26

Eine **Substanzschwäche** liegt nach § 136 Abs. 2 Nr. 1 i. V. m. Abs. 3 BauGB vor, wenn das Gebiet nach seiner vorhandenen Bebauung oder nach seiner sonstigen Beschaffenheit den allgemeinen Anforderungen an gesunde Wohn- und Arbeitsverhältnisse oder an die Sicherheit der in ihm wohnenden oder arbeitenden Menschen nicht entspricht, insbesondere in Bezug auf — 27

a) die Belichtung, Besonnung und Belüftung der Wohnungen und Arbeitsstätten,

b) die bauliche Beschaffenheit von Gebäuden, Wohnungen und Arbeitsstätten,

c) die Zugänglichkeit der Grundstücke,

d) die Auswirkungen einer vorhandenen Mischung von Wohn- und Arbeitsstätten,

e) die Nutzung von bebauten und unbebauten Flächen nach Art, Maß und Zustand,

f) die Einwirkungen, die von Grundstücken, Betrieben, Einrichtungen und Verkehrsanlagen ausgehen, insbesondere durch Lärm, Verunreinigungen und Erschütterungen, sowie

g) die vorhandene Erschließung.

Eine **Funktionsschwäche** liegt nach § 136 Abs. 2 Nr. 2 i. V. m. Abs. 3 BauGB vor, wenn das Gebiet in der Erfüllung der Aufgaben erheblich beeinträchtigt ist, die ihm nach seiner Lage und Funktion obliegen, insbesondere in Bezug auf — 28

a) den fließenden und ruhenden Verkehr,

b) die wirtschaftliche Situation und Entwicklungsfähigkeit des Gebiets unter Berücksichtigung seiner Versorgungsfunktion im Verflechtungsbereich und

c) die infrastrukturelle Erschließung des Gebiets, seine Ausstattung mit Grünflächen, Spiel- und Sportplätzen und mit Anlagen des Gemeinbedarfs, insbesondere unter Berücksichtigung der sozialen und kulturellen Aufgaben dieses Gebiets im Verflechtungsbereich.

Liegen städtebauliche Missstände vor, so sind die Voraussetzungen für eine **städtebauliche Sanierungsmaßnahme** nach den §§ 136 ff. BauGB gegeben; dies muss im konkreten Einzelfall verifiziert werden (vgl. Teil VII Rn. 215 ff.). Ist eine städtebauliche Sanierungsmaßnahme beschlossen worden, finden die zu beachtenden Vorschriften der §§ 136 ff. BauGB Anwendung. — 29

Darüber hinaus sind städtebauliche Missstände auch planungsschadensrechtlich von Bedeutung. Nach § 43 Abs. 4 BauGB sind Bodenwerte nicht zu entschädigen, soweit sie darauf beruhen, dass in dem Gebiet städtebauliche Missstände i. S. des § 136 Abs. 2 und 3 BauGB und die Nutzung des Grundstücks zu diesen Missständen wesentlich beiträgt. — 30

§ 43 Abs. 4 BauGB; die Vorschrift hat folgenden Wortlaut:

„(4) Bodenwerte sind nicht zu entschädigen, soweit sie darauf beruhen, dass

1. die zulässige Nutzung auf dem Grundstück den allgemeinen Anforderungen an gesunde Wohn- und Arbeitsverhältnisse oder an die Sicherheit der auf dem Grundstück oder im umliegenden Gebiet wohnenden oder arbeitenden Menschen nicht entspricht oder

2. in einem Gebiet städtebauliche Missstände im Sinne des § 136 Abs. 2 und 3 bestehen und die Nutzung des Grundstücks zu diesen Missständen wesentlich beiträgt."

Der **Verzahnung der Verkehrswertermittlung mit den planungsschadensrechtlichen Regelungen des § 43 Abs. 4 Nr. 1 und 2 BauGB**, nach denen die genannten Umstände bereits bei der Ermittlung des Bodenwerts in der Weise zu berücksichtigen sind, dass Nutzungen bei der Bodenwertermittlung unberücksichtigt bleiben, soweit sie darauf beruhen, dass sie den allgemeinen Anforderungen an gesunde Wohn- und Arbeitsverhältnisse oder an die Sicherheit der auf dem Grundstück oder im umliegenden Gebiet wohnenden oder arbeitenden Menschen nicht entsprechen, ist bei der Bodenwertermittlung Rechnung zu tragen. — 31

IV § 4 ImmoWertV Zustandsqualifizierung

32 *Beispiel:*

In einem Gebiet sind durch (unzulässige) Maßnahmen der Verdichtung Wertminderungen i. S. des § 43 Abs. 4 BauGB eingetreten, die durch eine Blockentkernung behoben werden sollen. Das tatsächlich realisierte Nutzungsmaß ist auch ohne herabzonenden Bebauungsplan nicht zu berücksichtigen (Abb. 5):

Abb. 5: **Nichtberücksichtigung der realisierten Nutzung**

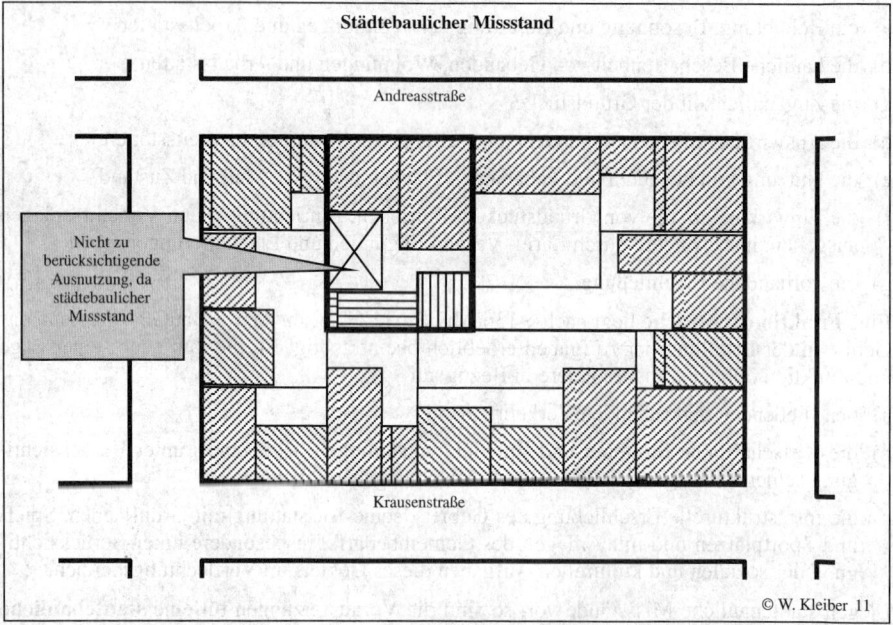

33 Die realisierte Bebauung bleibt bei der Bodenwertermittlung insoweit unberücksichtigt, wie sie zum **städtebaulichen Missstand i. S. des § 136 Abs. 2 und 3 BauGB** wesentlich beiträgt oder nicht den allgemeinen Anforderungen an gesunde Wohn- und Arbeitsverhältnisse oder an die Sicherheit der auf dem Grundstück oder im umliegenden Gebiet wohnenden und arbeitenden Menschen entspricht.

4.4.2 Funktionsverluste

▶ *Teil VI Rn. 935 ff.*

34 Ist das zu bewertende Grundstück in einem Gebiet gelegen, das von „erheblichen Funktionsverlusten" betroffen ist, soll nach § 4 Abs. 3 Nr. 3 ImmoWertV auch dies bei der Marktwertermittlung berücksichtigt werden. **Erhebliche städtebauliche Funktionsverluste** liegen nach § 171a Abs. 2 Satz 2 BauGB „insbesondere vor, wenn ein dauerhaftes Überangebot an baulichen Anlagen für bestimmte Nutzungen, namentlich für Wohnzwecke besteht oder zu erwarten ist". Im Kern geht es dabei um die Leerstandsproblematik.

Der **Funktionsverlust** eines Gebiets wirkt sich auf die allgemeinen Marktverhältnisse aus und ist deshalb schon **nach allgemeinen Grundsätzen zu berücksichtigen**. Soweit das Belegenheitsgebiet in eine Stadtumbaumaßnahme nach den §§ 171a bis d BauGB einbezogen worden ist, sind die dann zur Anwendung kommenden Rechtsvorschriften zu beachten.

Zustandsqualifizierung § 4 ImmoWertV IV

4.4.3 Baurechtswidriger Zustand

▶ *Zum Bestandsschutz vgl. § 5 ImmoWertV Rn. 191, 243, 334; § 6 ImmoWertV Rn. 86, 369; Teil V Rn. 680; Teil VI Rn. 759*

Ein baurechtswidriger Zustand bleibt, soweit er nicht unter Bestandsschutz fällt, bei der Verkehrswertermittlung grundsätzlich unberücksichtigt. Dies betrifft auch die Regelung des Bauordnungsrechts, wie z. B. die Bebauung eines Grundstücks, die die bauordnungsrechtlichen Vorgaben der **öffentlichen Sicherheit oder Ordnung** nicht berücksichtigt. 35

4.5 Dauerhafte öffentliche Zweckbindung/Gemeinbedarfsflächen (§ 4 Abs. 3 Nr. 4 ImmoWertV)

▶ *Teil V Rn. 595 ff.*

Mit § 4 Abs. 3 Nr. 4 ImmoWertV sind Gemeinbedarfsflächen angesprochen. Unter Gemeinbedarfsflächen werden **Grundstücke verstanden, die durch eine dauerhafte Zweckbindung**, insbesondere durch Festsetzungen i. S. des § 4 Abs. 2 Nr. 3, § 4a Abs. 2 Nr. 5, § 5 Abs. 2 Nr. 7, § 6 Abs. 2 Nr. 5 und § 7 Abs. 2 Nr. 4 BauNVO, **privatwirtschaftlichem Gewinnstreben entzogen sind**, ohne jedoch i. S. eines Gemeingebrauchs jedermann ohne Weiteres zugänglich sein zu müssen[11]. Es kommt nicht darauf an, dass der Gemeinbedarfszweck durch einen öffentlichen Träger wahrgenommen wird. 36

Gemeinbedarfsflächen bilden einen Grundstücksteilmarkt sui generis. (Die Grundsätze ihrer Bewertung werden im Teil V unter Rn. 595 ff. erläutert.) 37

4.6 Erneuerbare Energien (§ 4 Abs. 3 Nr. 5 ImmoWertV)

▶ *§ 5 ImmoWertV Rn. 451; § 8 ImmoWertV Rn. 402*

Mit § 4 Abs. 3 Nr. 5 ImmoWertV wird auf Flächen hingewiesen, die für bauliche Anlagen zur Erforschung, Entwicklung oder Nutzung von Erneuerbaren Energien bestimmt sind. Hierzu zählen z. B. **Flächen, die der Gewinnung von Wasserkraft, Windenergie, solarer Strahlungsenergie, Geothermie sowie von Energie aus Biomasse und der Verwertung des biologisch abbaubaren Anteils von Abfällen aus Haushalten und Industrie** dienen (vgl. § 3 Abs. 1 des Erneuerbare-Energien-Gesetzes); nicht jedoch reine Anbauflächen für Pflanzen, die zur Energiegewinnung bestimmt sind. Die Vorschrift gibt keinerlei Hinweise über die zu berücksichtigenden Besonderheiten; ihre bloße Erwähnung soll der ImmoWertV einen politisch erwünschten Anstrich verleihen. 38

4.7 Naturschutzrechtliche Ausgleichsflächen (§ 4 Abs. 3 Nr. 6 ImmoWertV)

▶ *Näheres hierzu bei § 5 ImmoWertV Rn. 254 ff.*

Schließlich wird in § 4 Abs. 3 Nr. 6 ImmoWertV auf Flächen hingewiesen, die zum Ausgleich für Eingriffe in Natur und Landschaft genutzt werden oder auf denen sich gesetzlich geschützte **Biotope** befinden. 39

---

11 Zum Begriff: BVerwG, Beschl. vom 18.5.1994 – 4 NB 15/94 –, DVBl 1994, 1139 = BRS Bd. 56 Nr. 31 = GuG 1995, 53; Kleiber, Verkehrswertermittlung von Grundstücken, 6. Aufl. 2010, Teil VI Rn. 595 ff.

§ 5 ImmoWertV
Entwicklungszustand

(1) Flächen der Land- und Forstwirtschaft sind Flächen, die, ohne Bauerwartungsland, Rohbauland oder baureifes Land zu sein, land- oder forstwirtschaftlich nutzbar sind.

(2) Bauerwartungsland sind Flächen, die nach ihren weiteren Grundstücksmerkmalen (§ 6), insbesondere dem Stand der Bauleitplanung und der sonstigen Entwicklung des Gebiets, eine bauliche Nutzung auf Grund konkreter Tatsachen mit hinreichender Sicherheit erwarten lassen.

(3) Rohbauland sind Flächen, die nach den §§ 30, 33 und 34 des Baugesetzbuchs für eine bauliche Nutzung bestimmt sind, deren Erschließung aber noch nicht gesichert ist oder die nach Lage, Form oder Größe für eine bauliche Nutzung unzureichend gestaltet sind.

(4) Baureifes Land sind Flächen, die nach öffentlich-rechtlichen Vorschriften und den tatsächlichen Gegebenheiten baulich nutzbar sind.

Gliederungsübersicht Rn.
1 Allgemeines
   1.1 Regelungsübersicht und allgemeine Zielsetzung 1
   1.2 Sonstige Entwicklungszustandsstufen 5
   1.3 Systematik der Regelung 9
2 Flächen der Land- oder Forstwirtschaft (§ 5 Abs. 1 ImmoWertV)
   2.1 Vorbemerkungen
      2.1.1 Land- und Forstwirtschaft 20
      2.1.2 Besonderheiten des land- und forstwirtschaftlichen Grundstücksmarktes 21
      2.1.3 Land- und forstwirtschaftliche Flächen nach ImmoWertV 24
      2.1.4 Land- und forstwirtschaftliche Flächen nach BelWertV 25
      2.1.5 Land- und forstwirtschaftliches Vermögen in der steuerlichen Bewertung 26
   2.2 Reine Flächen der Land- und Forstwirtschaft
      2.2.1 Allgemeines 27
      2.2.2 Flächenerwerbsverordnung 29
      2.2.3 Acker- und Grünland
          2.2.3.1 Allgemeines 30
          2.2.3.2 Wertbestimmende Grundstücksmerkmale 37
      2.2.4 Grundstücksgröße und Grundstücksgestalt (-zuschnitt) 38
      2.2.5 Bonität
          2.2.5.1 Allgemeines 41
          2.2.5.2 Schätzungsrahmen 51
          2.2.5.3 Ertragsmesszahl 67
      2.2.6 Ertragswertermittlung 77
      2.2.7 Waldfläche
          2.2.7.1 Allgemeines 80
          2.2.7.2 Waldboden 82
          2.2.7.3 Grundstücksgröße 88
          2.2.7.4 Besonderheiten für Erholungswälder 89
          2.2.7.5 Waldbestand 92
      2.2.8 Gestaute Wasserflächen, Fischteiche 116
   2.3 Besondere Flächen der Land- oder Forstwirtschaft
      2.3.1 Allgemeines 117
      2.3.2 Sanierungsgebiete und Entwicklungsbereiche 121
      2.3.3 Qualifikationsmerkmale 128
   2.4 Hofstelle, Hofanschlussflächen, hofnahe und -ferne Flächen
      2.4.1 Allgemeines 133
      2.4.2 Hofstelle 135
      2.4.3 Hofanschlussfläche, hofnahe und -ferne Fläche 136
3 Bauerwartungsland (§ 5 Abs. 2 ImmoWertV)
   3.1 Materielle Definition 138

	3.2	Stand der Bauleitplanung	157
	3.3	Städtebauliche Entwicklungen	162
	3.4	Einer Bauerwartung entgegenstehende Gegebenheiten	164
	3.5	Bauerwartung in der steuerlichen Bewertung	165
4	Rohbauland (§ 5 Abs. 3 ImmoWertV)		
	4.1	Materielle Definition	166
	4.2	Brutto- und Nettorohbauland	173
	4.3	Bauliche Nutzung	174
	4.4	Besonderheiten für Umlegungsgebiete	181
5	Baureifes Land (§ 5 Abs. 4 ImmoWertV)		
	5.1	Materielle Definition	
		5.1.1 Allgemeines	183
		5.1.2 Bebaute Grundstücke	191
		5.1.3 Baulücke	194
		5.1.4 Faktisches Bauland im Außenbereich (§ 35 Abs. 2 BauGB)	195
		5.1.5 Steuerliche Bewertung	196
		5.1.6 Beleihungswertermittlung	197
	5.2	Baureife begründende rechtliche Gegebenheiten	
		5.2.1 Bauplanungsrecht	198
		5.2.2 Zulässigkeit von Vorhaben im Geltungsbereich eines Bebauungsplans nach § 30 BauGB	203
		5.2.3 Zulässigkeit von Vorhaben bei Planreife nach § 33 BauGB	205
		5.2.4 Zulässigkeit von Vorhaben im unbeplanten Innenbereich nach § 34 BauGB	208
		5.2.5 Innenbereichssatzungen	210
	5.3	Der Baureife entgegenstehende rechtliche Gegebenheiten	
		5.3.1 Öffentlich-rechtliche Nutzungsbeschränkungen	215
		5.3.2 Sonstige rechtliche Gegebenheiten	216
	5.4	Außenbereich	
		5.4.1 Allgemeines	230
		5.4.2 Zulässige Vorhaben	
		5.4.2.1 Privilegierte Vorhaben	237
		5.4.2.2 Sonstige Vorhaben	240
		5.4.2.3 Begünstigte Vorhaben	242
		5.4.3 Bodenwertermittlung	245
		5.4.4 Bodenwert von im Außenbereich baurechtswidrig bebauten Grundstücken	246
6	Sondernutzungen		
	6.1	Öd-, Un- und Geringstland	249
	6.2	Erbschaftsteuer-Richtlinien	252
7	Schutzgebiete		
	7.1	Allgemeines	253
	7.2	Naturschutzrechtliche Ausgleichsflächen und -maßnahmen	
		7.2.1 Allgemeines	254
		7.2.2 Grundstücksintegrierte Ausgleichsflächen und -maßnahmen	260
		7.2.3 Zugeordnete Ausgleichsflächen und -maßnahmen	261
		7.2.4 Ausgleichsflächen in Sanierungsgebieten und Entwicklungsbereichen	266
	7.3	Landschafts- oder Naturschutzgebiete (Flora-Fauna-Habitat)	
		7.3.1 Allgemeines	267
		7.3.2 Flora-Fauna-Habitat (FFH)-Richtlinie	269
	7.4	Wasserschutz-, Überschwemmungs- und Heilquellengebiet	
		7.4.1 Übersicht	272
		7.4.2 Wasserschutzgebiet	273
		7.4.3 Überschwemmungsgebiet (Hochwassergebiet)	276
		7.4.4 Vorranggebiet, Vorbehaltsgebiet, Eignungsgebiet	277
		7.4.5 Wertminderung infolge Natur- und Wasserschutzauflagen	278
	7.5	Lärmschutzgebiet	279
8	Gartenland		
	8.1	Allgemeines	280
	8.2	Kleingarten	
		8.2.1 Begriffe	281
		8.2.2 Pachtbeschränkungen	284

	8.2.3	Ermittlung der ortsüblichen Pacht	292
	8.2.4	Kaufpreise von Kleingärten	300
	8.2.5	Steuerliche Zurechnung von Baulichkeiten in Kleingärten	302
	8.2.6	Ermittlung des Wertanteils von Baulichkeiten und Aufwuchs in Kleingärten	303
8.3	Sonstiges Gartenland		304
9 Abbauland			
9.1	Allgemeines		306
9.2	Grundeigene und bergfreie Bodenschätze		
	9.2.1	Allgemeines	317
	9.2.2	Besonderheiten in den neuen Bundesländern	
		9.2.2.1 Rechtsentwicklung	321
		9.2.2.2 Bergrechtsvereinheitlichung	333
		9.2.2.3 Bergfreie Bodenschätze	336
9.3	Verkehrswertermittlung		
	9.3.1	Allgemeines	340
	9.3.2	Vergleichswertverfahren	347
	9.3.3	Ertragswertverfahren	359
	9.3.4	Beleihungsbeschränkung für Sparkassen	364
9.4	Bergschaden		
	9.4.1	Allgemeines	381
	9.4.2	Bergschaden an Gebäuden und Außenanlagen	
		9.4.2.1 Allgemeines	395
		9.4.2.2 Bergschadensersatzanspruch	397
	9.4.3	Nicht behebbare Bergschäden (Minderwert)	
		9.4.3.1 Allgemeines	404
		9.4.3.2 Ermittlung des Minderwerts (Minderwertregelung)	408
		9.4.3.3 Steuerliche Bewertungspraxis	411
	9.4.4	Anpassungs- und Bergschadenssicherungsmaßnahmen	412
	9.4.5	Behebbare Bergschäden	413
	9.4.6	Bodenwertermittlung in Bergschadensgebieten	414
	9.4.7	Merkantiler Mehr- und Minderwert	417
	9.4.8	Bergschadensgefahr und Bergschadensverzicht	
		9.4.8.1 Allgemeines	423
		9.4.8.2 Steuerliche Bewertung	434
10 Wasserfläche			
10.1	Allgemeines		435
10.2	Hafen		448
11 Erneuerbare Energien			
11.1	Allgemeines		451
11.2	Windenergieanlagen		452
11.3	Biogasanlagen		453
11.4	Solar- und Photovoltaikanlagen		454

1 Allgemeines

1.1 Regelungsübersicht und allgemeine Zielsetzung

1 Mit § 5 ImmoWertV werden für die Belange der Wertermittlung von Grundstücken bundeseinheitliche Begriffsbestimmungen für die unterschiedlichen Entwicklungszustandsstufen des Grund und Bodens, angefangen von den Flächen der Land- oder Forstwirtschaft über das „werdende Bauland" (Bauerwartungsland und Rohbauland) bis hin zum baureifen Land, gegeben. Dies dient der **Qualifizierung des Grundstücks, das zur Wertermittlung ansteht, und der Auswahl geeigneter Vergleichsgrundstücke** z. B. bei Anwendung des Vergleichswertverfahrens.

2 Der Verordnungsgeber will damit „Missverständnissen" und Trugschlüssen in der Rechtsprechung und im Schrifttum entgegenwirken, die sich aus unterschiedlichen Auffassungen zu diesen Begriffen gebildet hätten[1]. Ansonsten sind **mit der Klassifizierung des Entwicklungszustands nach** § 5 ImmoWertV **keine Rechtsfolgen** im Hinblick auf bestehende oder nicht bestehende Baurechte oder Entschädigungsansprüche **verbunden.**

Einheitliche Begriffsbestimmungen für den Entwicklungszustand von Grundstücken dienen insbesondere

– bei der *Verkehrswertermittlung* der Qualifizierung des Wertermittlungsobjekts und der Auswahl der zum Preisvergleich heranzuziehenden Grundstücke,

– bei der *Bodenrichtwertermittlung* nach § 196 BauGB der Qualifizierung des Bodenrichtwertgrundstücks (vgl. Syst. Darst. des Vergleichswertverfahrens Rn. 183 ff., § 196 BauGB Rn. 5 ff.),

– bei der *Ableitung erforderlicher Daten der Wertermittlung* nach Abschnitt 2 der ImmoWertV der Auswahl geeigneter (gleichartiger) Grundstücke.

3

Das Fehlen derartiger Begriffsbestimmungen hat in der Tat in Rechtsprechung und Schrifttum zu Irritationen geführt. Der BGH[2] hat hierzu ausgeführt: „Unjuristische, vom Gesetz nicht umrissene, örtlich vielfach unterschiedlich angewandte Ausdrücke – wie ‚Bauerwartungsland' oder ‚werdendes oder **merkantiles Bauland**' oder ‚Baurohland'[3] –, die lediglich eine höhere Qualifikation als Ackerland besagen wollen, haben für sich keine selbstständige Bedeutung, sie enthalten eine typische Wertung; es fehlt ihnen das für eine Tatsache wesentliche Element der Bestimmtheit." Dem Mangel hatten die Länder für Zwecke der Bodenrichtwertermittlung in ihren aufgrund der Ermächtigung des BBauG 76 erlassenen Gutachterausschussverordnungen abhelfen wollen[4]. Die Verordnungen sind durch die zum BauGB erlassenen Nachfolgeverordnungen abgelöst.

4

Die Vorschrift ist im Übrigen aus **§ 4 WertV 88/98** ohne wesentliche materielle Änderungen hervorgegangen. Nach der Begründung zu § 4 WertV 88 soll sich der Entwicklungszustand vornehmlich nach rechtlichen Vorgaben richten[5], wobei die Definition des Rohbaulands an die bauplanungsrechtlichen Zulässigkeitsvorschriften der §§ 30, 33 und 34 BauGB anknüpft.

1.2 Sonstige Entwicklungszustandsstufen

▶ *Vgl. zum Öd- und Umland Rn. 249, 311 ff. (Abbauland), 435 (Wasserflächen); § 8 ImmoWertV Rn. 130 ff.; Teil V Rn. 225, 230 (Deponien), 596 ff. (Gemeinbedarf)*

Der **Katalog der in § 5 ImmoWertV definierten Entwicklungszustandsstufen**[6] **ist unvollständig.** Die Vorschrift beschränkt sich auf Definitionen zu den Flächen der Land- oder Forstwirtschaft sowie zum werdenden Bauland bis hin zum baureifen Land. Andere Flächen werden nicht definiert. Deshalb wäre es verfänglich, wollte man z. B. das **Öd- oder Unland** (vgl. §§ 44 f. BewG; vgl. Rn. 249), Geringstland oder auch **Wasserflächen** in eine der Definitionen „hineinpressen". Im Einzelfall kann dies Probleme aufwerfen.

5

---

1 Dies gilt im Bereich der Beleihungswertermittlung nach den Studienbriefen der HypZert leider noch immer. So entsprechen die Hinweise von Rüchardt (Studienbriefe HypZert 2001, S. 47) weder den gesetzlichen Definitionen noch der allgemein anerkannten Auffassung.
2 BGH, Urt. vom 28.4.1966 – III ZR 24/65 –, WM 1966, 774 = EzGuG 19.9; BGH, Urt. vom 20.12.1963 – III ZR 60/63 –, BGHZ 40, 312 = EzGuG 14.17; BGH, Urt. vom 8.11.1962 – III ZR 86/61 –, BGHZ 39, 198 = EzGuG 8.5.
3 RG, Urt. vom 30.5.1911 – VII 568/10 –, Gruchot, Bd. 55, 1176 = EzGuG 20.10.
4 § 13 Abs. 3 bay. GutachterausschussVO vom 5.3.1980 (GVBl. 1980, 153); geändert durch VO vom 15.6.1982 (GVBl. 1982, 335); § 13 Abs. 2 bis 4 rh.-pf. GutachterausschussVO vom 5.6.1978 (GVBl. 1978, 331); § 12 Abs. 2 saarl. GutachterausschussVO vom 15.12.1982 (ABl. 1982, 1002); alle Verordnungen wurden durch die Nachfolgeverordnungen zum BauGB abgelöst.
5 BR-Drucks. 352/88, S. 34.
6 Unter den Begriff „Entwicklungszustand" fallen nach Auffassung des Bundesrates nur das Bauerwartungsland, Rohbauland und das baureife Land, während die Flächen der Land- oder Forstwirtschaft keine Entwicklungsstufe bilden. Anders als nach dem RegE zur WertV (BR-Drucks. 352/88, S. 4), nach dem die Überschrift zu § 4 noch „Entwicklungszustand" lautete, wurde diese auf Empfehlung des Bundesrates in „Zustand und Entwicklung des Grund und Bodens" abgeändert, denn es dürfe nicht der Eindruck entstehen, „alles Agrarland" befände sich in einer Vorstufe zum Bauland (vgl. BR-Drucks. 352/1/88, S. 1).

a) *Flächen, die einer öffentlichen Nutzung vorbehalten sind* (Gemeinbedarfsflächen)[7], fallen grundsätzlich nicht unter die Definitionen des § 5 ImmoWertV (vgl. § 4 Abs. 3 Nr. 4 ImmoWertV). Bei erstmaligem Erwerb dieser Flächen durch die öffentliche Hand oder bei der Verkehrswertermittlung der aus der öffentlichen Zweckbindung „entlassenen" Flächen wird aber hilfsweise auf die Definitionen des § 5 ImmoWertV zurückgegriffen werden können.

b) Die nach den tatsächlichen Zustandsmerkmalen land- oder forstwirtschaftlich nutzbaren, aber rechtlich einer derartigen Nutzung entzogenen Flächen (z. B. **Biotope** vgl. § 4 Abs. 3 Nr. 5 ImmoWertV) sind, soweit sie nicht unter die Definitionen des § 5 Abs. 2 bis 4 ImmoWertV fallen, nicht als „Flächen der Land- oder Forstwirtschaft" einzustufen, denn für diese liegen die mit § 5 Abs. 1 ImmoWertV ausdrücklich geforderten Voraussetzungen nicht vor. Sie sind von einer land- oder forstwirtschaftlichen Nutzung ausgeschlossen. Ist also aus ökologischen Gründen ein derartiger „Dienst" i. S. des § 5 Abs. 1 ImmoWertV nicht zulässig, kann die betroffene Fläche auch nicht als derartige Fläche eingestuft werden[8].

c) Ob eine *Fläche mit abbauwürdigen Bodenschätzen* (**Abbauland**, vgl. § 43 BewG), für die eine Bauerwartung nicht besteht, als „Fläche der Land- oder Forstwirtschaft" oder als „ausgebeutetes Grundstück" einzustufen ist, beantwortet sich nach der Rechtsprechung des BGH[9] danach, „ob und gegebenenfalls in welchem Umfang der Grundstücksverkehr als den Verkehrswert mindernd berücksichtigt, dass das Grundstück während der Dauer des Kiesabbaues und der Rekultivierung forstwirtschaftlich nicht genutzt werden kann"; eine daraus resultierende Werterhöhung sollte allerdings auch nicht außer Betracht bleiben (vgl. Rn. 311 ff.).

d) Sonstige Sondernutzungen, wie **Deponien** (vgl. Rn. 253 ff.; Teil V Rn. 230), Müllverbrennungsanlagen, Kernkraftwerke, Anlagen der Ver- und Entsorgung, Golf und Bolzplätze, Wochenend- und Ferienhausgebiete sowie Kleingärten, werfen besondere Fragen auf.

6 Neben den „Flächen der Land- oder Forstwirtschaft" werden nur solche Entwicklungszustandsstufen definiert, die ausdrücklich nur auf eine **bauliche Nutzung** ausgerichtet sind. Baurechtlich sind damit nur solche Nutzungen angesprochen, die auf die Errichtung oder Änderung baulicher Anlagen ausgerichtet sind, wobei grundsätzlich nicht allein der bauordnungsrechtliche Begriff maßgebend ist[10]. Vielmehr ist auf die bauliche Nutzbarkeit nach allen öffentlich-rechtlichen Vorschriften zumindest bei der Einstufung des „baureifen Landes" abzustellen.

7 Nicht zu den land- oder forstwirtschaftlich genutzten oder nutzbaren Flächen gehören solche, die eine bauliche Nutzung aufweisen oder in absehbarer Zeit aufgrund konkreter Tatsachen mit hinreichender Sicherheit erwarten lassen. Dies sind Flächen, auf denen bauliche Anlagen zulässigerweise vorhanden sind oder errichtet werden dürfen. Als bauliche Anlage gelten dabei nicht nur Gebäude, sondern bauliche Anlagen i. S. des Bauordnungsrechts. **Flächen für Aufschüttungen und Abgrabungen, Lager-, Abstell- und Ausstellungsplätze, Camping- und Wochenendplätze, Sport- und Spielplätze, Stellplätze für Kraftfahrzeuge sowie Kleingärten** (vgl. § 9 Abs. 1 Nr. 15 und § 5 Abs. 1 Nr. 5 BauGB) **fallen mithin nicht unter die land- oder forstwirtschaftlich nutzbaren Flächen.**

---

7 Hierunter werden solche verstanden, die einer dauerhaften öffentlichen Zweckbindung, insbesondere aufgrund eines Bebauungsplans, unterworfen (vor allem bei Festsetzungen nach § 4 Abs. 2 Nr. 3, § 4a Abs. 2 Nr. 5 und Nr. 8, § 6 Abs. 2 Nr. 5 und § 7 Abs. 2 Nr. 4 BauNVO) und damit jedwedem privaten Gewinnstreben entzogen sind.
8 So auch Zimmermann in WertV 88, S. 83.
9 BGH, Urt. vom 14.12.1978 – III ZR 6/77 –, BRS Bd. 34 Nr. 152 = EzGuG 4.63.
10 Hiervon zu unterscheiden ist der vom Landesrecht unabhängige Begriff der baulichen Anlage in § 29 BauGB (vgl. BVerwG, Urt. vom 31.8.1973 – 4 C 33/81 –, BVerwGE 44, 59 = BayVBl. 1974, 108 = BauR 1973, 366 = DVBl 1974, 236 = DÖV 1974, 200 = BRS Bd. 27 Nr. 122; BVerwG, Urt. vom 1.11.1974 – 4 C 13/73 –, BauR 1975, 108 = DVBl 1975, 497; zu den Unterschieden: Ernst/Zinkahn/Bielenberg/Krautzberger, BauGB § 29 Rn. 2 ff.).

Entwicklungszustand § 5 ImmoWertV IV

Zur Bestimmung des maßgeblichen **Entwicklungszustands und zur Ermittlung des Werts von Gemeinbedarfsflächen** – auch soweit sie als Sondergebiet (§ 6 ImmoWertV Rn. 30 ff.) festgesetzt sind – wird auf die Ausführungen bei Rn. 187, 195; § 8 ImmoWertV Rn. 131 ff. sowie im Teil V Rn. 596 ff. verwiesen.

1.3 Systematik der Regelung

Ausgehend von den „Flächen der Land- oder Forstwirtschaft" folgt § 5 ImmoWertV in seinem Aufbau der Baulandentwicklung. Nach der **Systematik der Vorschrift** bestimmt sich der Entwicklungszustand entsprechend den vorliegenden objektiven Zustandsmerkmalen nach der „ranghöchsten" Stufe (vgl. Abb. 1).

Abb. 1: Übersicht über die in § 5 ImmoWertV definierten Entwicklungszustandsstufen

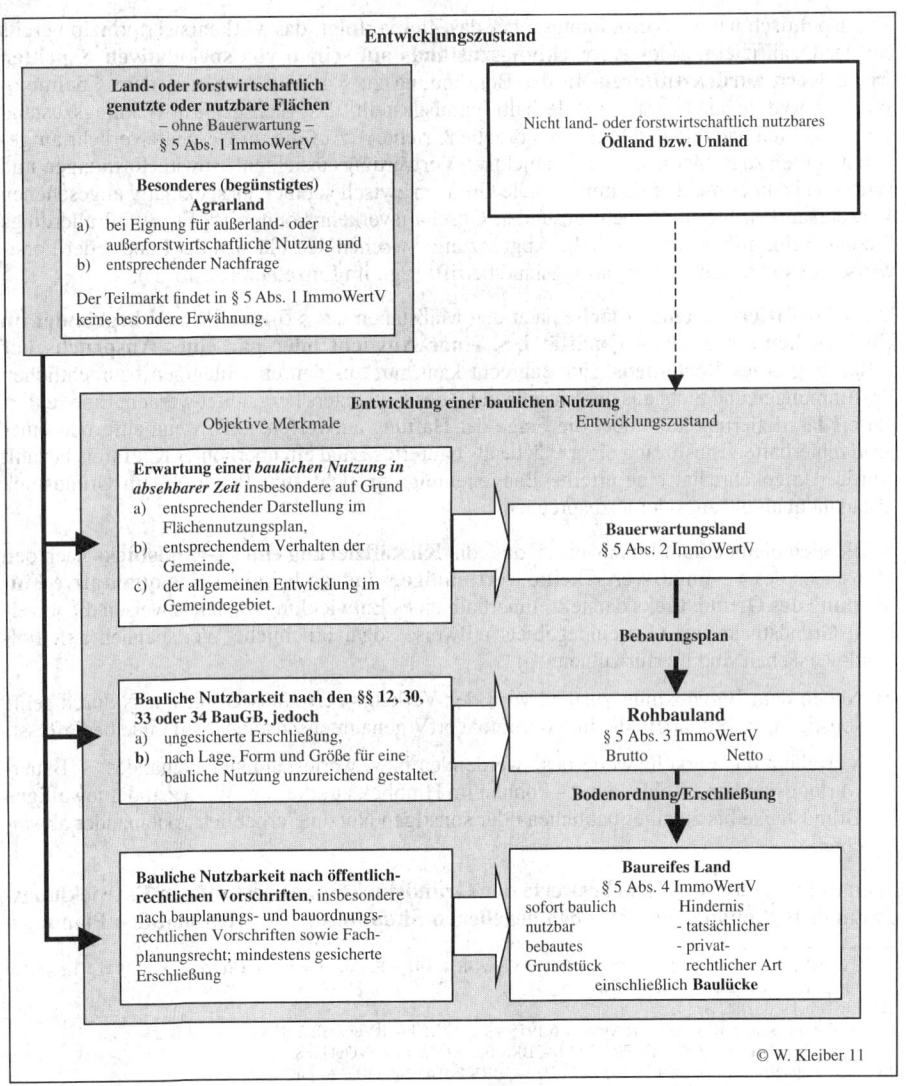

10 Bei der Qualifizierung des Entwicklungszustands eines Grundstücks ist seit jeher der sog. **Verkehrsauffassung** und den sich darauf gründenden Kaufpreisen für ein Grundstück[11] eine maßgebliche Bedeutung beigemessen worden. In unzulässiger Vereinfachung wurde z. B. eine Fläche pauschal als Bauerwartungsland eingestuft, von der man glaubte, dass sie der Grundstücksverkehr unabhängig von den qualitativen Eigenschaften als solche betrachtet habe. Dies hat nicht selten zu Fehleinschätzungen geführt. Spekulativ überhöhte und nicht auf Einzelfälle beschränkte Preise haben dazu verleitet, von einer höherwertigen Grundstücksqualität auszugehen, auch wenn alle sonstigen für einen gesunden Geschäftsverkehr ausschlaggebenden Anhaltspunkte dagegen sprachen.

11 Die **Qualifizierung einer Fläche** nach Maßgabe des § 5 ImmoWertV soll deshalb **ausschließlich nach objektiven Gegebenheiten erfolgen**, wobei vor allem die „ungesunde" Verkehrsauffassung keine Rolle spielen darf, die sich mitunter schon auch einmal über die Grundsätze einer geordneten städtebaulichen Entwicklung hinwegsetzt und ein kollektives – gleichwohl spekulatives – Meinungsmonopol bilden kann.

12 Rechtspolitisch hat der Verordnungsgeber das Ziel verfolgt, das Verkehrswertprinzip bereits bei der Qualifizierung des **Entwicklungszustands auf seinen von spekulativen Aspekten freien Kern zurückzuführen**. In der Begründung zu § 4 WertV 88, aus dem § 5 ImmoWertV hervorgegangen ist, wird deshalb herausgestellt, dass sich der Entwicklungszustand „grundsätzlich nach den rechtlichen Vorgaben" richte[12]. Auf die im Geschäftsverkehr aufgetretenen Preiszugeständnisse[13] auf subjektive Verwertungsabsichten[14] sowie Hoffnungen und Wünsche kann es nicht ankommen[15]. Die Grenzen zwischen einer als spekulativ angesehenen Verkehrsauffassung und einem gesunden Geschäftsverkehr können im Einzelfall allerdings fließend sein, insbesondere was die Abgrenzung zwischen den Flächen der Land- oder Forstwirtschaft sowie dem Bauerwartungsland betrifft (vgl. im Einzelnen Rn. 15 ff.).

13 Die **Klassifizierung einer Fläche** nach den Maßstäben des § 5 ImmoWertV **begründet im Übrigen keine rechtliche Qualität i. S. einer Aussicht oder gar eines Anspruchs auf Zulassung eines Vorhabens**. Ein Baurecht kann nur aus den einschlägigen baurechtlichen Bestimmungen und nicht aus der Einschätzung des Gutachters hergeleitet werden. Eine fehlerhafte Klassifizierung kann aber die Frage der Haftung aufwerfen, z. B. wenn aufgrund einer grob fehlerhaften Einstufung einer Fläche als baureifes Land ein überhöhter Kaufpreis bezahlt wurde. Umgekehrt hat eine erteilte Baugenehmigung nicht zum Inhalt, einem Grundstück „Baulandqualität" zu- oder abzusprechen[16].

14 Schließlich bleibt darauf hinzuweisen, dass die **Klassifizierung eines Grundstücks** nach den Maßstäben des § 5 ImmoWertV **keine wertmäßige, sondern lediglich eine qualitative Einordnung des Grundstücks** darstellt. Innerhalb eines Entwicklungszustands weisen die jeweiligen Grundstücke des Gemeindegebiets teilweise sogar erhebliche Wertspannen auf. Folgende Ursachen sind hierfür zu nennen:

a) Neben dem Entwicklungszustand wird der Verkehrswert eines Grundstücks durch seine sonstigen, insbesondere die in § 6 ImmoWertV genannten Zustandsmerkmale beeinflusst.

b) Vor allem die Verkehrswerte des „werdenden bzw. warteständigen Baulandes" – Bauerwartungsland und Rohbauland – können im Hinblick auf die sog. Wartezeit der jeweiligen Grundstücke bis zu einer baulichen oder sonstigen Nutzung erheblich voneinander abweichen.

15 Hieraus folgt, dass die **Verkehrswerte der Grundstücke eines bestimmten Entwicklungszustands in Abhängigkeit von den gegebenen Situationsmerkmalen und den Planungs-**

---

[11] BVerwG, Urt. vom 6.12.1956 – 1 C 75/55 –, BVerwGE 4, 191 = EzGuG 8.3; BGH, Urt. vom 28.10.1971 – III ZR 84/70 –, BRS Bd. 26 Nr. 61 = EzGuG 8.37.
[12] BR-Drucks. 352/88, S. 34.
[13] So allerdings noch BVerwG, Urt. vom 21.6.1955 – 1 C 173/54 –, BVerwGE 2, 154 = EzGuG 17.2.
[14] BGH, Urt. vom 30.5.1963 – III ZR 230/61 –, BRS Bd. 19 Nr. 75 = EzGuG 8.8.
[15] OLG München, Urt. vom 29.11.1979 – U 3/79 –, BRS Bd. 45 Nr. 110 = EzGuG 8.55.
[16] BVerwG, Beschl. vom 12.4.1976 – 4 B 123/75 –, EzGuG 8.48.

aussichten eine große Bandbreite aufweisen können. Es gibt deshalb nicht „den" Wert des Bauerwartungslandes. Der Wert des Bauerwartungslandes wird vielmehr maßgeblich von der konkreten Aussicht bestimmt, dass das Grundstück in das Rohbauland „hineinwächst" oder – umgekehrt – seine Eigenschaft als Bauerwartungsland verliert. In diesem Zusammenhang wird auch von der „Reife" des Grundstücks gesprochen. Um dem Rechnung zu tragen, hat der Verordnungsgeber in § 2 Satz 2 und 3 ImmoWertV sowie § 4 Abs. 3 Nr. 1 ImmoWertV bestimmt, dass neben dem Entwicklungszustand u. a. „die Wartezeiten bis zu einer baulichen *und sonstigen* Nutzung" als weiteres Zustandsmerkmal zu berücksichtigen sind.

Nach § 2 Satz 3 ImmoWertV bestimmt sich die **Wartezeit bis zu einer baulichen Nutzung** eines Grundstücks nach der voraussichtlichen Dauer bis zum Eintritt der rechtlichen und tatsächlichen Voraussetzungen für die Realisierbarkeit einer baulichen oder sonstigen Nutzung. Im Unterschied zur bisherigen Praxis[17], in der neben der Wartezeit als eine besondere Komponente auch das **für den Vollzug der erforderlichen Maßnahmen bestehende Wagnis** berücksichtigt wurde (Risikoabschläge), wird mit der in § 2 Satz 3 ImmoWertV gegebenen Definition unter der Wartezeit auch das Wagnis subsumiert (vgl. hierzu die näheren Erläuterungen bei Rn. 144, 159 ff.; § 6 ImmoWertV Rn. 108 ff.; Syst. Darst. des Vergleichswertverfahrens Rn. 441 ff., 513 und Teil VI Rn. 443 ff.).

16

Die wohl erstmals von *Bonczek*[18] vorgestellte bildliche Darstellung der Baulandentwicklung – die sog. **Bonczek'sche Treppenkurve** (in der nachfolgenden Abb. 2 mit der durchbrochenen Linie angedeutet) – vermittelt schon nach dem Vorhergesagten ein völlig falsches Bild von der tatsächlichen Bodenwertentwicklung. Obwohl diese „Treppenkurve" schon seinerzeit nur – grob vereinfachend – zur Veranschaulichung des Baulandentwicklungsprozesses und seines Einflusses auf die Bodenwertentwicklung vorgestellt wurde, erfährt sie immer wieder unkritisch im Schrifttum eine persönliche Neuauflage des jeweiligen Verfassers. Tatsächlich verläuft die Wertentwicklung in den meisten Fällen nämlich weitaus kontinuierlicher, wobei bestimmte rechtliche und tatsächliche Maßnahmen durchaus auch schon einmal einen Wertschub bewirken können, der sich zumeist nur in „abgefederter Weise" niederschlägt, denn z. B. ein Bebauungsplan wird nicht „über Nacht" aufgestellt.

17

Entsprechend den vorstehenden Ausführungen wird in der Abb. 2 die **Entwicklung eines Grundstücks von der land- oder forstwirtschaftlichen Nutzung bis hin zur Baureife** dargestellt:

18

---

17 Nds. RdErl. vom 2.5.1988 – 301-21013 –, Nds. MBl. 1988, 547, Nr. 228.3.4.
18 Erstmalig wohl bei Bonczek, W./Halstenberg, F., Bau-Boden, Hamburg 1963.

Abb. 2: Wertentwicklung einer land- oder forstwirtschaftlichen Fläche im Verlauf ihres Überganges zum baureifen Land

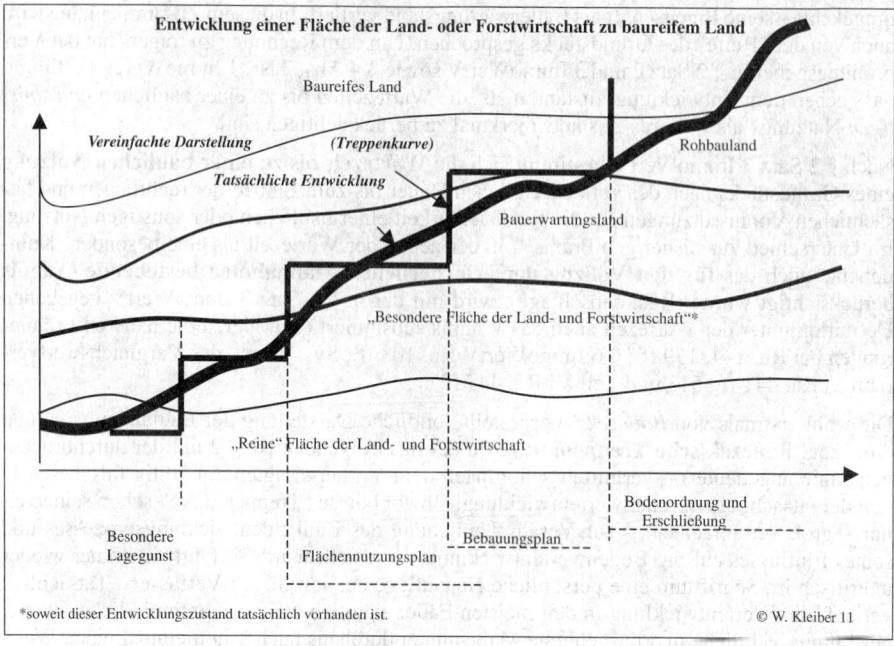

19 Auf das mit der Bonczek'schen Treppenkurve vermittelte unzutreffende Bild der tatsächlichen Bodenwertentwicklung mag auch die bequeme, aber abzulehnende Praxis der Wertermittlung zurückzuführen sein, den Verkehrswert z. B. von Bauerwartungsland mit einem der Literatur entnommenen **Vomhundertsatz des Bodenwerts für baureifes Land** schematisch abzuleiten. Dies stellt eine äußerst fragwürdige Methode (vgl. Syst. Darst. des Vergleichswertverfahrens Rn. 429 ff.) dar, die oft genug mit dem Scheinargument begründet wird, dass keine Vergleichspreise für Bauerwartungsland vorlägen. Vielfach konnten in derartigen Fällen aber lediglich Bequemlichkeiten des Sachverständigen ausgemacht werden.

2 Flächen der Land- oder Forstwirtschaft (§ 5 Abs. 1 ImmoWertV)

2.1 Vorbemerkungen

Schrifttum: *Bewer, C.,* Der Verkehrswert landwirtschaftlicher Grundstücke, AgrarR 1975, 85; *Feuerstein, H.,* Bodenpreis und Bodenmarkt; Strothe Hannover 1971; *Feuerstein, H.,* Bestimmungsgründe der Preise und des Transfers land- und forstwirtschaftlich genutzten Bodens, Agrarwirtschaft 1970, 22; *Fischer, R./Lorenz, H.-J./Biederbeck, M., Astl, B.,* Verkehrswertermittlung bebauter und unbebauter Grundstücke, Bundesanzeiger 2005; *Kindler, R.,* Zur Ermittlung von Bodenrichtwerten für landwirtschaftliche Flächen, GuG 2002, 264; *Klages, B.,* Kaufwertpauschalierung für landwirtschaftliche Nutzflächen im Rahmen des Flächenerwerbsprogramms, GuG 1996, 65; *Köhne, M.,* Novellierung der Entschädigungsrichtlinien Landwirtschaft von 1978, GuG 1997, 133; *Mantau, R.,* Bestimmung der Bodenpreise für landwirtschaftlich genutzte Flächen, AgrarR 1980, 67; *Semmelroggen, K.,* Bodenwerte landwirtschaftlich genutzter Flächen im Landkreis Göttingen, Nachr. Der nds. KatVermVw 1985, 211; *Stock, Kl.-D.,* Probleme der Bewertung landwirtschaftlicher Betriebe in den neuen Bundesländern, GuG 1992, 73; *Stock, Kl.-D.,* Verkehrswertermittlung für landwirtschaftliche Nutzflächen unter Beachtung spezieller betriebswirtschaftlicher Einflüsse, GuG 1993, 83; *Ternes, H.-P.*, Wertermittlung im ländlichen Raum, ZfV 1988, 44; *Uherek, H., Vonran, Y.*, Kaufpreisanalyse stadtnaher landwirtschaftlicher Flächen, untersucht am Umfeld der Stadt Leipzig, GuG 1996, 83; *Dittrich/Uherek/Plewka*, Pachtprägung der Bodenrichtwerte in den neuen Bundesländern, GuG 2009, 101.

▶ *Zum Entzug landwirtschaftlicher Fläche Teil VI Rn. 105 ff., 118 ff., 183 ff., 631 ff.; § 8 ImmoWertV Rn. 139; Syst. Darst. des Vergleichswertverfahrens Rn. 308*

2.1.1 Land- und Forstwirtschaft

Landwirtschaft i. S. des BauGB ist insbesondere der Ackerbau, die Wiesen- und Weidewirtschaft einschließlich Tierhaltung, soweit das Tierfutter auf den zum landwirtschaftlichen Betrieb gehörenden Flächen erzeugt werden kann, die gartenbauliche Erzeugung, der Erwerbsobstbau, der Weinbau, die berufsmäßige Imkerei und die berufsmäßige Binnenfischerei (§ 201 BauGB)[19]. **20**

Nach § 1 Abs. 2 des **Grundstücksverkehrsgesetzes (GrdstVG)** ist „Landwirtschaft die Bodenbewirtschaftung und die mit der Bodennutzung verbundene Tierhaltung, um pflanzliche oder tierische Erzeugnisse zu gewinnen, besonders der Ackerbau, die Wiesen- und Weidewirtschaft, der Erwerbsgartenbau, der Erwerbsobstbau und der Weinbau sowie die Fischerei in Binnengewässern".

Forstwirtschaft kann allgemein als planmäßige Waldbewirtschaftung durch Anbau, Pflege und Abschlag verstanden werden. In § 22 Abs. 6 Satz 2 WertV 72 war sie als die Erzeugung und Gewinnung von Rohholz definiert. Diese Definition erwies sich als zu eng, denn zunehmend steht bei Wäldern die Erholungs- und Schutzfunktion im Vordergrund. Diese Wälder sind zumindest forstwirtschaftlich nutzbar. Von daher fallen die entsprechenden Flächen unter die Definition des § 5 Abs. 1 ImmoWertV, auch wenn die ImmoWertV – anders als das BauGB[20] – den Wald nicht ausdrücklich nennt. In der Begründung zur WertV 88 wird aber ausdrücklich darauf hingewiesen, dass der Wert eines Erholungswalds unter den Wert einer „rein" forstwirtschaftlichen Fläche absinken kann[21].

Im Übrigen kann allgemein festgestellt werden, dass auch die Preisbildung auf dem landwirtschaftlichen Grundstücksmarkt zwar mit der **Ertragsfähigkeit** korreliert, gleichwohl aber davon abgekoppelt ist (vgl. Rn. 131).

2.1.2 Besonderheiten des land- und forstwirtschaftlichen Grundstückmarktes

▶ *Syst. Darst. des Vergleichswertverfahrens Rn. 74; zum Missverhältnis vgl. Vorbem. zur ImmoWertV Rn. 14 sowie § 194 BauGB Rn. 71; zur Ausschreibung vgl. Syst. Darst. des Vergleichswertverfahrens Rn. 74*

Schrifttum: *Netz*, Grundstücksverkehrsgesetz, 5. Aufl.

Nach § 2 Abs. 2 Satz 1 GrdstVG bedürfen die rechtsgeschäftliche **Veräußerung eines Grundstücks** und der schuldrechtliche Vertrag hierüber vorbehaltlich der in § 4 GrdstVG geregelten Fälle[22] der Genehmigung einer nach Landesrecht zuständigen Behörde (Genehmigungsbehörde), soweit nicht das Gericht zu entscheiden hat (§ 3 GrdstVG). **21**

---

19 Köhne/Moser/Kleiber, Entwicklungslinien der landwirtschaftlichen Sachverständigenpraxis, HLBS 2005 Heft 171 S. 90.
20 § 1 Abs. 5 Satz 3, § 5 Abs. 2 Nr. 9b, § 9 Abs. 1 Nr. 18b BauGB; vgl. hierzu BVerwG, Beschl. vom 19.2.1996 – 4 B 20/96 –, DÖV 1996, 608 = BRS Bd. 58 Nr. 98; OVG Münster, Urt. vom 11.1.1988 – 10 A 1299/87 –, NVwZ 1988, 84 = EzGuG 8.64; mit der Übernahme des Begriffs „Wald" in das BauGB hat der Gesetzgeber den Begriffsbestimmungen der Waldgesetze des Bundes und der Länder Rechnung tragen und eine klare Flächenzuordnung dort ermöglichen wollen, wo die Erholungs- und Schutzfunktion im Vordergrund steht (BT-Drucks. 10/4630, S. 62 und 68); zum Begriff vgl. landesrechtliche Vorschriften, z. B. § 2 bbg. Landeswaldgesetz (GVBl. 1991, 213).
21 BR-Drucks. 352/88, S. 37.
22 Z.B. Veräußerungen des „Bundes"; vgl. BGH, Beschl. vom 27.11.2009 – BLw 4/09 –, AUR 2011, 43 = NL-BzAR 2010, 81.

Nach § 9 Abs. 1 Nr. 3 GrdstVG darf die Genehmigung nur versagt oder durch Aufhebung (§ 10 GrdstVG) oder Bedingungen (§ 11 GrdstVG) eingeschränkt werden, wenn Tatsachen vorliegen, aus denen sich ergibt, dass der Gegenwert – also der **Kaufpreis – in einem groben Missverhältnis zum Wert des Grundstücks** steht.

„**§ 9 Abs. 1 bis 7 GrdstVG:**

(1) Die Genehmigung darf nur versagt oder durch Auflagen (§ 10) oder Bedingungen (§ 11) eingeschränkt werden, wenn Tatsachen vorliegen, aus denen sich ergibt, dass

1. die Veräußerung eine ungesunde Verteilung des Grund und Bodens bedeutet oder
2. durch die Veräußerung das Grundstück oder eine Mehrheit von Grundstücken, die räumlich oder wirtschaftlich zusammenhängen und dem Veräußerer gehören, unwirtschaftlich verkleinert oder aufgeteilt würde oder
3. der Gegenwert in einem groben Missverhältnis zum Wert des Grundstücks steht.

(2) Eine ungesunde Verteilung des Grund und Bodens im Sinne des Absatzes 1 Nr. 1 liegt in der Regel dann vor, wenn die Veräußerung Maßnahmen zur Verbesserung der Agrarstruktur widerspricht.

(3) Eine unwirtschaftliche Verkleinerung oder Aufteilung im Sinne des Absatzes 1 Nr. 2 liegt in der Regel dann vor, wenn durch Erbauseinandersetzung, Übergabevertrag oder eine sonstige rechtsgeschäftliche Veräußerung

1. ein selbstständiger landwirtschaftlicher Betrieb seine Lebensfähigkeit verlieren würde;
2. ein landwirtschaftliches Grundstück kleiner als ein Hektar wird;
3. ein forstwirtschaftliches Grundstück kleiner als dreieinhalb Hektar wird, es sei denn, dass seine ordnungsgemäße forstliche Bewirtschaftung gewährleistet erscheint;
4. in einem Flurbereinigungsverfahren zugeteilte oder anlässlich einer mit öffentlichen Mitteln geförderten Aufstockung oder Aussiedlung eines landwirtschaftlichen Betriebes erworbene Grundstücke in der Weise geteilt werden, dass die Teilung diesen Maßnahmen zur Verbesserung der Agrarstruktur widerspricht.

(4) Wird das Grundstück für andere als land- oder forstwirtschaftliche Zwecke veräußert, so darf die Genehmigung aus Absatz 1 Nr. 3 nicht versagt werden.

(5) Liegen die Voraussetzungen vor, unter denen das Vorkaufsrecht nach dem Reichssiedlungsgesetz ausgeübt werden kann, so darf, wenn das Vorkaufsrecht nicht ausgeübt wird, die Genehmigung aus Absatz 1 Nr. 1 nur versagt oder durch Auflagen oder Bedingungen eingeschränkt werden, falls es sich um die Veräußerung eines land- oder forstwirtschaftlichen Betriebes handelt.

(6) Bei der Entscheidung über den Genehmigungsantrag muss auch allgemeinen volkswirtschaftlichen Belangen Rechnung getragen werden, insbesondere wenn Grundstücke zur unmittelbaren Gewinnung von Roh- und Grundstoffen (Bodenbestandteile) veräußert werden.

(7) Die Genehmigung soll, auch wenn ihr Bedenken aus den in Absatz 1 aufgeführten Gründen entgegenstehen, nicht versagt werden, wenn dies eine unzumutbare Härte für den Veräußerer bedeuten würde."

22 Von einem **groben Missverhältnis** i. S. des § 9 Abs. 1 Nr. 3 GrdstVG ist i. d. R. auszugehen, wenn der vereinbarte Kaufpreis den „Wert des Grundstücks" um mehr als 50 % übersteigt.

Als „Wert des Grundstücks" i. S. des § 9 Abs. 1 Nr. 3 GrdstVG wird in der Rechtsprechung der **„landwirtschaftliche Verkehrswert"** genannt, der sich als der Wert definieren soll, „der bei einem Verkauf von einem Landwirt an einen anderen Landwirt durchschnittlich erzielt wird"[23]. Nach dieser Definition handelt es sich bei dem „landwirtschaftlichen Verkehrswert" um einen Marktwert sui generis, nämlich um einen Marktwert, der auf einem Grundstücksmarkt erzielt werden kann, auf dem nur Landwirte als Käufer und Verkäufer handeln. Nach dem Grundgedanken dieser Vorschrift wird davon ausgegangen, dass die in einem derart eingeschränkten Grundstücksverkehr ausgehandelten Kaufpreise allein im Hinblick auf eine Fortsetzung der land- und forstwirtschaftlichen Nutzung entrichtet worden sind und somit Kaufpreise ausgeschlossen werden, die im Hinblick auf ertragreichere Nutzungen entrichtet würden. Damit sollen sog. Spekulationsgeschäfte mit landwirtschaftlichen Grundstücken und überhöhte und mit einer landwirtschaftlichen Nutzung nicht begründete Kaufpreisforderungen ausgeschlossen werden[24].

---

23 BGH, Beschl. vom 27.4.2001 – BLw 14/00 –, NJW-RR 2001, 1021 = NL-BzAR 2001, 329 = EzGuG 19.48.
24 BGH, Beschl. vom 2.7.1968 – V BLw 10/68 –, BGHZ 50, 297 = WM 1968, 943 = EzGuG 19.14.

Flächen d. Land- oder Forstwirtschaft § 5 ImmoWertV IV

§ 9 Abs. 1 GrdstVG schließt indessen nicht aus, dass dem „Verkauf von einem Landwirt an einen anderen Landwirt" eine **Ausschreibung** vorangegangen ist und der vereinbarte Kaufpreis aus dem daraus erzielten Höchstgebot hervorgegangen ist. Zwischen einer förmlichen Ausschreibung und einer Vermarktung unter Einschaltung von Maklern oder etwa Annoncen in Tages- und Fachzeitschriften bestehen allenfalls graduelle Unterschiede.

§ 9 Abs. 1 Nr. 3 GrdstVG ist im Übrigen nicht anzuwenden, wenn ungünstige **Auswirkungen auf die Agrarstruktur** nicht zu erwarten sind[25].

Nach der Rechtsprechung soll der „landwirtschaftliche Verkehrswert" nicht gleichbedeutend mit dem „Marktwert" sein, wie ihn die Kommission der Europäischen Gemeinschaften insbesondere in ihrer sog. **EU-Grundstücksmitteilung**[26] versteht. Das wird unverständlicherweise damit begründet, dass nach dieser Grundstücksmitteilung der in einem bedingungsfreien Biet(er)verfahren (Ausschreibung) für ein Grundstück erzielte Höchstpreis in der Tat nicht identisch mit seinem Marktwert sein muss (vgl. Syst. Darst. des Vergleichswertverfahrens Rn. 74). Dennoch muss die in der Rechtsprechung[27] vertretende Auffassung entschieden abgelehnt werden, denn auch mit der Grundstücksmitteilung wird dieser „Höchstpreis" nicht mit dem „Marktwert" (Verkehrswert) gleichgesetzt, wie er von der EU in Übereinstimmung mit der Definition des Verkehrswerts in § 194 BauGB definiert wird[28]. Der in einem bedingungsfreien Biet(er)verfahren erzielte Höchstpreis kann nach der Grundstücksmitteilung jedoch in aller Regel die Vermutung für sich in Anspruch nehmen, dass mit dem Verkauf des Grundstücks zum Höchstpreis keine unzulässige Beihilfe einhergeht. Und dies entspricht der mit der Grundstücksmitteilung verfolgten Zielsetzung. Der „Marktwert", wie ihn die Kommission der Europäischen Gemeinschaften versteht, bleibt gleichwohl mit dem Verkehrswert bzw. Marktwert i. S. des § 194 materiell identisch[29].

2.1.3 Land- und forstwirtschaftliche Flächen nach ImmoWertV

▶ *Zum „reinen" Agrarland vgl. anschließend Rn. 26 ff.; zu den besonderen land- oder forstwirtschaftlichen Flächen vgl. Rn. 117 ff.; zum Wald Rn. 80 ff.*

§ 5 Abs. 1 ImmoWertV definiert die Flächen der Land- oder Forstwirtschaft als **land- oder forstwirtschaftlich nutzbare Flächen, die nicht bereits Bauerwartungsland, Rohbauland oder baureifes Land sind**. Materiell sind damit auch Flächen erfasst, die land- oder forstwirtschaftlich *genutzt* werden. In jedem Fall sind jedoch Flächen ausgeschlossen, die bereits Bauerwartungsland, Rohbauland oder baureifes Land sind, denn grundsätzlich sind auch derartige Flächen land- und forstwirtschaftlich nutzbar[30].

Mit § 5 Abs. 1 ImmoWertV ist die bislang vorgegebene Unterscheidung zwischen „reinen" und „besonderen" Flächen der Land- oder Forstwirtschaft ohne überzeugende Begründung aufgegeben worden[31]. § 4 Abs. 1 WertV 88 in der bis zum Inkrafttreten der ImmoWertV geltenden Fassung definierte land- und forstwirtschaftliche Flächen wie folgt:

---

25 BGH, Beschl. vom 27.4.2001 – BLw 14/00 –, NJW-RR 2001, 1021 = NL-BzAR 2001, 329 = EzGuG 19.48.
26 Mitteilung der Kommission betreffend Elemente staatlicher Beihilfe bei Verkäufen von Bauten und Grundstücken durch die öffentliche Hand Nr. 97 C 209/03 vom 10.71997 (ABl. 1977 C 209 S. 3 = GuG 1997, 363.
27 Vgl. z. B. OLG Naumburg, Beschl. vom 31.7.2012 – 2 Ww2/10 –, NL-BzAR 2012, 468 = GuG 2013, 124.
28 Art. 49 Abs. 2 der Richtlinie 91/674 EWG des Rates (ABl. Nr. L 374 vom 31.12.1991 S. 7).
29 BGH, Beschl. vom 28.4.2011 – V ZR 192/10 –, GuG 2012, 308 = GuG 2011, 319 = EzGuG 19.57; EuGH, Urt. vom 16.12.2010 – C 4 480/09 P – ABl. EU 2011 Nr. C 55, 15.
30 Der mit der WertV 88 neu eingeführte Begriff lehnt sich an § 1 Abs. 5 Nr. 8, § 5 Abs. 1 Nr. 9a, § 9 Abs. 1 Nr. 18a und § 35 Abs. 1 Nr. 1 BauGB sowie an § 69 BewG an; § 69 Abs. 1 BewG lautet: „(1) Land- und forstwirtschaftlich genutzte Flächen sind dem Grundvermögen zuzurechnen, wenn nach ihrer Lage, den im Feststellungszeitpunkt bestehenden Verwertungsmöglichkeiten oder den sonstigen Umständen anzunehmen ist, dass sie in absehbarer Zeit anderen als land- und forstwirtschaftlichen Zwecken, insbesondere als Bauland, Industrieland oder Land für Verkehrszwecke, dienen werden."
31 BVerwG, Urt. vom 22.2.1995 – 11 C 20/90 –, GuG 1995, 372 = EzGuG 4.160; BFH, Urt. vom 26.1.1973 – III R 122/71 –, BStBl II 1973, 282; BFH, Urt. vom 16.12.1978 – IV R 191/74 –, BFHE 126, 220; BFH, Urt. vom 5.12.1980 – III R 56/77 –, BStBl II 1981, 498; vgl. auch § 1 Abs. 2 GrdstVG.

IV § 5 ImmoWertV — Flächen d. Land- oder Forstwirtschaft

„(1) Flächen der Land- und Forstwirtschaft sind entsprechend genutzte oder nutzbare Flächen,

1. von denen anzunehmen ist, dass sie nach ihren Eigenschaften, der sonstigen Beschaffenheit und Lage, nach ihren Verwertungsmöglichkeiten oder den sonstigen Umständen in absehbarer Zeit nur land- und forstwirtschaftlichen Zwecken dienen werden,
2. die sich, insbesondere durch ihre landschaftliche oder verkehrliche Lage, durch ihre Funktion oder durch ihre Nähe zu Siedlungsgebieten geprägt, auch für außerlandwirtschaftliche oder außerforstwirtschaftliche Nutzungen eignen, sofern im gewöhnlichen Geschäftsverkehr eine dahin gehende Nachfrage besteht und auf absehbare Zeit keine Entwicklung zu einer Bauerwartung bevorsteht."

Die Nachfolgeregelung unterscheidet im Unterschied zu § 4 Abs. 1 der bisherigen Fassung der WertV nicht mehr zwischen

a) den **reinen Flächen der Land- oder Forstwirtschaft** (§ 4 Abs. 1 Nr. 1 WertV 88) ohne anderweitige Eignungen (sie entsprechen dem sog. innerlandwirtschaftlichen Verkehrswert) und

b) den **besonderen Flächen der Land- oder Forstwirtschaft** (§ 4 Abs. 1 Nr. 2 WertV 88[32]) mit einer Eignung für außerland- und außerforstwirtschaftliche Zwecke ohne Bauerwartung (sie entsprechen dem außerlandwirtschaftlichen Verkehrswert).

In der **Begründung**[33] wird hierzu ausgeführt, dass die „besonderen" Flächen der Land- oder Forstwirtschaft (begünstigtes Agrarland) in ihrer Bedeutung häufig missverstanden und einseitig als Beschreibung eines „begünstigten", d. h. höherwertigen Agrarlands, interpretiert werden. Dabei werde vielfach übersehen, dass diese Flächen „durch ihre besondere Situation auch nachteilig betroffen sein können"[34]. Überdies bestünden auch inhaltliche Abgrenzungsschwierigkeiten zwischen § 4 Abs. 1 Nr. 2 und Abs. 2 WertV 88, die damit im Zusammenhang stehen, dass das sog. „begünstigte" Agrarland zutreffenderweise keine sonstige Entwicklungsstufe des werdenden Baulands darstellt. Der Verordnungsgeber hat es nicht vermocht, die angesprochenen Abgrenzungsschwierigkeiten zu lösen. In der Begründung wird gleichwohl die Existenz eines dualen Marktes für land- und forstwirtschaftliche Flächen mit dem Hinweis eingeräumt, dass „eine differenzierte Behandlung des Agrarlands entsprechend seiner jeweiligen Wertigkeit wie nach geltendem Recht im Übrigen zulässig" bleibe[35]; dies werde auch durch den neuen § 4 Abs. 3 ImmoWertV verdeutlicht.

Die Aufgabe der Unterscheidung zwischen einem inner- und außerlandwirtschaftlichen Verkehrswert ist fachlich auf Kritik gestoßen, denn tatsächlich haben die Gutachterausschüsse für Grundstückswerte die **Existenz eines dualen Marktes für land- und forstwirtschaftliche Flächen** empirisch nachgewiesen und in ihren Marktberichten dargestellt[36]. Zudem hat der Entwicklungszustand der besonderen Flächen der Land- und Forstwirtschaft" zwischenzeitlich Eingang in die allgemeine Wertermittlungspraxis gefunden (z. B. bei Golfplätzen)[37]. Aus diesem Grunde ist nach wie vor von entsprechenden Teilmärkten auszugehen, auch wenn der

---

32 In Anlehnung an § 9 Abs. 1 Nr. 3 GrdstVG; (vgl. auch Begründung zu dieser Vorschrift in BR-Drucks. 265/72, S. 30) durch den Preis, „der im gewöhnlichen Geschäftsverkehr zwischen Landwirten nach den Eigenschaften, der sonstigen Beschaffenheit und der Lage des Grundstücks ohne Rücksicht auf ungewöhnliche oder persönliche Verhältnisse im Hinblick auf eine dauernde landwirtschaftliche Nutzung zu erzielen wäre". Da die den Grund und Boden handelnden Vertragsparteien allenfalls nur ein Indiz für einen bestimmten Entwicklungszustand sein können, wird mit der Nachfolgeregelung an diesem Tatbestand nicht mehr festgehalten. Ausschlaggebend soll vielmehr sein, dass die Flächen nach allen objektiven Gegebenheiten nur land- oder forstwirtschaftlichen Zwecken dienen werden. In der Nachfolgeregelung wurde nicht mehr ausdrücklich bestimmt, dass ungewöhnliche oder persönliche Verhältnisse bei der Qualifizierung des Grundstücks unberücksichtigt bleiben müssen. Mit der damaligen Regelung hat der Verordnungsgeber ausschließen wollen, dass hohe Preiszugeständnisse, die Landwirte als Käufer deshalb gemacht haben, weil sie ihrerseits zu noch höheren Preisen ihre Grundstücke als Bauerwartungsland oder zu ähnlichen Zwecken veräußert haben und nun den Gewinn zu einem Teil in den Erwerb von nahe liegendem Ersatzland anlegen, bei der Ermittlung des innerlandwirtschaftlichen Verkehrswerts berücksichtigt werden. Diese Regelung konnte entfallen, weil ungewöhnliche oder persönliche Verhältnisse ohnehin schon nach § 194 BauGB und § 7 ImmoWertV bei der Verkehrswertermittlung unberücksichtigt bleiben müssen und Besonderheiten bei der Preisgestaltung für die Qualifizierung eines Entwicklungszustands bedeutungslos sind (vgl. BR-Drucks. 265/72, S. 30).

33 BR-Drucks. 171/10.

34 Vgl. Nr. 2.2.1.1 WERTR 06 i. d. F. vom 1.3.2006, BAnz Nr. 108a ber. BAnz Nr. 121.

35 Vgl. BR-Drucks. 171/10.

36 Fischer, Ist die Neufassung der Wertermittlungsverordnung erforderlich?, GuG 2009, 106.

37 BVerwG, Urt. vom 22.2.1995 – 11 C 20/94 –, GuG 1995, 372 = EzGuG 4.160; BVerwG, Beschl. vom 4.2.1991 – 5 B 91/90 –, NVwZ 1992, 768; BVerwG, Beschl. vom 29.5.1991 – 5 B 27/91 –, GuG 1992, 224 = EzGuG 17.67; BVerwG, Urt. vom 16.12.1992 – 11 C 3/92 –, GuG 1994, 184 = EzGuG 17.70; VGH Mannheim, Urt. vom 11.5.1995 – 7 S 2194/94 –, GuG 1996, 181 = EzGuG 4.162.

Verordnungsgeber daran gescheitert ist, die bisherige Definition der besonderen land- und forstwirtschaftlichen Flächen zu verbessern.

Zu den landwirtschaftlichen Flächen gehören auch die bewirtschafteten und nicht bewirtschafteten **Gewässerflächen** sowie im erweiterten Sinne auch die land- und forstwirtschaftliche Wegeflächen und der Hofraum. Auch die brach gefallenen land- und forstwirtschaftlichen Flächen im Außenbereich sind land- oder forstwirtschaftlichen Flächen.

Mit der Definition der Flächen der Land- oder Forstwirtschaft als die Flächen, die land- und forstwirtschaftlich *„nutzbar"* sind, werden auch entsprechend land- und forstwirtschaftlich *„genutzte"* Flächen erfasst. Mithin kommt es auf eine **tatsächlich ausgeübte land- oder forstwirtschaftliche Nutzung nicht** an; wohl muss aber eine land- oder forstwirtschaftliche Nutzung zulässig sein. Auf der anderen Seite darf für diese Flächen eine Entwicklung zu einer Bauerwartung nicht bevorstehen.

Die Unterscheidung zwischen „reinen" und „besonderen" Flächen der Land- und Forstwirtschaft ist auch bei Wertermittlungen nach dem Flurbereinigungsrecht geboten[38]. Im Übrigen ist bei **Wertermittlungen in Flurbereinigungsverfahren** § 28 Abs. 1 FlurbG zu beachten:

„**§ 28 Abs. 1 FlurbG:** (1) Für landwirtschaftlich genutzte Grundstücke ist das Wertverhältnis in der Regel nach dem Nutzen zu ermitteln, den sie bei gemeinüblicher ordnungsgemäßer Bewirtschaftung jedem Besitzer ohne Rücksicht auf ihre Entfernung vom Wirtschaftshofe oder von der Ortslage nachhaltig gewähren können. Hierbei sind die Ergebnisse einer Bodenschätzung nach dem Bodenschätzungsgesetz vom 20. Dezember 2007 (BGBl. I S. 3150, 3176) in der jeweils geltenden Fassung zugrunde zu legen; Abweichungen sind zulässig."

2.1.4 Land- und forstwirtschaftliche Flächen nach BelWertV

▶ *Vgl. Teil IX Rn. 42; § 22 BelWertV Rn. 388*

Nach § 22 **Abs. 1 BelWertV** sind landwirtschaftlich genutzte Objekte „solche, deren überwiegender Teil des Rohertrags durch land- oder forstwirtschaftliche Nutzung erzielt wird". Der Wert von Acker, Grünland, Obst- und Weinbauflächen sowie Wald ist nach § 22 Abs. 2 BelWertV unter Berücksichtigung der vorgefundenen Grundstücksmerkmale aus geeigneten Vergleichspreisen abzuleiten; § 15 BelWertV ist entsprechend anzuwenden. Dabei sind Art, Struktur und Größe des Grundstücks im Hinblick auf regionale Gegebenheiten unter besonderer Berücksichtigung der Bodenqualität und der klimatischen Bedingungen im Gutachten besonders zu würdigen und bei der Ableitung des Bodenwerts zu berücksichtigen.

2.1.5 Land- und forstwirtschaftliches Vermögen in der steuerlichen Bewertung

Schrifttum: Gleich lautender Erl. zur Reform des Erbschaftsteuer- und Bewertungsrechts vom 1.4.2009 (GuG 2010, 99 = BStBl I 2009, 552); *Wiegand, S.,* Die Bewertung des land- und forstwirtschaftlichen Vermögens für Zwecke der Erbschaft- und Schenkungsteuer, GuG 2011 ,268; *Wiegand, St.,* Praxisrelevante Einzelfragen zur Bewertung land- und forstwirtschaftlichen Vermögens HLBS Report 2010, 80.

▶ *Zur Wirtschaftlichen Einheit sowie zu Stückländereien § 1 ImmoWertV Rn. 28 ff.; zur Öffnungsklausel vgl. § 1 ImmoWertV Rn. 11; zur Bewertung mehrjähriger Kulturen in Baumschulbetrieben nach § 6 Abs. 1 Nr. 2 EStG vgl. BMF-Schreiben vom 8.9.2009 – IV C 2 2163/09/10001- GuG 2010, 108; § 8 ImmoWertV Rn. 47*

Im Rahmen der **Einheitsbewertung** gehören nach § 33 Abs. 1 und 2 BewG zum land- und forstwirtschaftlichen Vermögen alle Wirtschaftsgüter, die einem Betrieb der Land- und Forstwirtschaft dauernd zu dienen bestimmt sind. Zu den Wirtschaftsgütern, die einem Betrieb der Land- und Forstwirtschaft dauernd zu dienen bestimmt sind, gehören insbesondere der Grund und Boden, die Wohn- und Wirtschaftsgebäude, die stehenden Betriebsmittel und ein normaler Bestand an umlaufenden Betriebsmitteln; als normaler Bestand gilt ein solcher, der zur gesicherten Fortführung des Betriebs erforderlich ist.

---

[38] BVerwG, Urt. vom 22.2.1995 – 11 C 20/94 –, GuG 1995, 372 = EzGuG 4.160; BFH, Urt. vom 26.1.1973 – III R 122/71 –, BStBl II 1973, 282; BFH, Urt. vom 15.11.1978 – IV R 191/74 –, BFHE 126, 230; BFH, Urt. vom 5.12.1980 – III R 56/77 –, BStBl II 1981, 498; vgl. auch § 1 Abs. 2 GrdstVG.

IV § 5 ImmoWertV Flächen d. Land- oder Forstwirtschaft

Betrieb der Land- und Forstwirtschaft ist die wirtschaftliche Einheit des land- und forstwirtschaftlichen Vermögens.

Der **Einheitswert land- oder forstwirtschaftlicher Betriebe** erfasst gemäß § 36 BewG grundsätzlich den Ertragswert. I. d. R. wird der Ertrag durch ein Vergleichswertverfahren ermittelt, das in knappen Grundsätzen in den §§ 38 bis 40 BewG normiert ist, seine eigentliche Erkenntnisquelle jedoch erst in der allgemeinen Verwaltungsvorschrift über Richtlinien zur Bewertung des land- und forstwirtschaftlichen Vermögens findet[39]. Land- und forstwirtschaftliche Grundstücke werden danach nicht als solche bewertet, sondern gehen indirekt über die Unternehmensbewertung des land- und forstwirtschaftlichen Vermögens in den insgesamt nach Gesichtspunkten des Ertragswerts ermittelten Einheitswert ein. Die in § 40 Abs. 2 BewG festgelegten Einheitswerte stützen sich auf einen abgesenkten Reinertrag[40].

Im Rahmen der **Ermittlung des grunderwerbsteuerlichen Grundbesitzwerts** sind nach § 138 Abs. 1 BewG für die wirtschaftlichen Einheiten des land- und forstwirtschaftlichen Vermögens und für Betriebsgrundstücke i. S. des § 99 Abs. 1 Nr. 2 BewG die land- und forstwirtschaftlichen Grundbesitzwerte unter Anwendung der §§ 139 bis 144 BewG zu ermitteln.

Im Rahmen der **Ermittlung des erbschaft- und schenkungsteuerlichen Grundbesitzwerts** ist nach § 158 Abs. 2 BewG die wirtschaftliche Einheit des land- und forstwirtschaftlichen Vermögens der Betrieb der Land- und Forstwirtschaft. Wird ein Betrieb der Land- und Forstwirtschaft in Form einer Personengesellschaft oder Gemeinschaft geführt, sind in die wirtschaftliche Einheit auch die Wirtschaftsgüter einzubeziehen, die einem oder mehreren Beteiligten gehören, wenn sie dem Betrieb der Land- und Forstwirtschaft auf Dauer zu dienen bestimmt sind.

Synopse zum land- und forstwirtschaftlichen Vermögen im Steuerrecht		
Einheitsbewertung	Grunderwerbsteuerlicher Grundbesitzwert	Erbschaftsteuerlicher Grundbesitzwert
§§ 33 bis 67 BewG	§§ 140 bis 144 BewG	§ 158 bis 175 BewG
Ein Betrieb der Land- und Forstwirtschaft umfasst:		
nach § 34 Abs. 1 BewG: 1. den Wirtschaftsteil und 2. den Wohnteil.	nach § 141 BewG: 1. den Betriebsteil, 2. die Betriebswohnungen und 3. den Wohnteil.	nach § 160 Abs. 1 BewG: 1. den Wirtschaftsteil, 2. die Betriebswohnungen und 3. den Wohnteil.
Umfang des Wirtschafts- bzw. Betriebsteils:		

§ 34 Abs. 2 BewG:
Der Wirtschaftsteil eines Betriebs der Land- und Forstwirtschaft umfasst
1. die land- und forstwirtschaftlichen Nutzungen:
  a) die landwirtschaftliche Nutzung,
  b) die forstwirtschaftliche Nutzung,
  c) die weinbauliche Nutzung,
  d) die gärtnerische Nutzung,
  e) die sonstige land- und forstwirtschaftliche Nutzung;
	§ 141 Abs. 2 und 3 BewG:
	Der Betriebsteil umfasst den Wirtschaftsteil eines Betriebs der Land- und Forstwirtschaft (§ 34 Abs. 2 BewG), jedoch ohne die Betriebswohnungen (§ 141 Abs. 3 BewG). § 34 Abs. 4 bis 7 BewG ist bei der Ermittlung des Umfangs des Betriebsteils anzuwenden; Betriebswohnungen sind Wohnungen einschließlich des dazugehörigen Grund und Bodens, die einem Betrieb der Land- und Forstwirtschaft zu dienen bestimmt, aber nicht dem Wohnteil zuzurechnen sind.
		§ 160 Abs. 2 BewG: Der Wirtschaftsteil eines Betriebs der Land- und Forstwirtschaft umfasst nach § 160 Abs. 2 BewG
		1. die land- und forstwirtschaftlichen Nutzungen:
		  a) die landwirtschaftliche Nutzung,
		  b) die forstwirtschaftliche Nutzung,
		  c) die weinbauliche Nutzung,
		  d) die gärtnerische Nutzung,
		  e) die übrigen land- und forstwirtschaftlichen Nutzungen,

---

[39] Teil 1 bis 4 und 8, BStBl I 1967, 397; Teile 5 bis 7 BStBl I 1968, 223.
[40] Schriftlicher Bericht des Finanzausschusses des Bundestags, zu BT-Drucks. IV /3508, S. 3 f.; Gürsching/Stenger, BewG, VermG 9. Aufl. 1992, § 40 Rn. 4 ff.; BVerfG, Beschl. vom 22.6.1995 – 2 BvL 37/91 –, GuG 1995, 309 = EzGuG 1.61.

Synopse zum land- und forstwirtschaftlichen Vermögen im Steuerrecht		
Einheitsbewertung §§ 33 bis 67 BewG	Grunderwerbsteuerlicher Grundbesitzwert §§ 140 bis 144 BewG	Erbschaftsteuerlicher Grundbesitzwert § 158 bis 175 BewG
2. die folgenden nicht zu einer Nutzung nach Nummer 1 gehörenden Wirtschaftsgüter: a) Abbauland (§ 43 BewG), b) Geringstland (§ 44 BewG), c) Unland (§ 45 BewG); 3. die Nebenbetriebe (§ 42 BewG).		2. die Nebenbetriebe, 3. die folgenden nicht zu einer Nutzung nach den Nummern 1 und 2 gehörenden Wirtschaftsgüter: a) Abbauland (vgl. Rn. 306), b) Geringstland (vgl. Rn. 249), c) Unland (vgl. Rn. 249).
Bewertungsgrundsätze		
Nach § 36 BewG ist bei der Bewertung unbeschadet der Regelung, die in § 47 BewG für den Wohnungswert getroffen ist, der Ertragswert zugrunde zu legen. Bei der Ermittlung des Ertragswerts ist von der Ertragsfähigkeit auszugehen. Ertragsfähigkeit ist der bei ordnungsmäßiger und schuldenfreier Bewirtschaftung mit entlohnten fremden Arbeitskräften gemeinhin und nachhaltig erzielbare Reinertrag. Ertragswert ist das Achtzehnfache dieses Reinertrags. Bei der Beurteilung der Ertragsfähigkeit sind die Ertragsbedingungen zu berücksichtigen, soweit sie nicht unwesentlich sind.	Für die wirtschaftlichen Einheiten des land- und forstwirtschaftlichen Vermögens und für Betriebsgrundstücke i. S. des § 99 Abs. 1 Nr. 2 BewG sind nach § 138 Abs. 2 BewG die land- und forstwirtschaftlichen Grundbesitzwerte unter Anwendung der §§ 139 bis 144 BewG zu ermitteln. Für die wirtschaftlichen Einheiten des Grundvermögens und für Betriebsgrundstücke i. S. des § 99 Abs. 1 Nr. 1 BewG sind nach § 138 Abs. 3 BewG Grundstückswerte abweichend von § 9 BewG mit einem typisierenden Wert unter Anwendung der §§ 68, 69 und 99 Abs. 2 und der §§ 139 und 145 bis 150 BewG zu ermitteln. § 70 BewG gilt mit der Maßgabe, dass der Anteil des Eigentümers eines Grundstücks an anderem Grundvermögen (zum Beispiel an gemeinschaftlichen	Nach § 162 Abs. 1 BewG ist bei der Bewertung des Wirtschaftsteils der gemeine Wert zugrunde zu legen. Dabei ist davon auszugehen, dass der Erwerber den Betrieb der Land- und Forstwirtschaft fortführt. Bei der Ermittlung des gemeinen Werts für den Wirtschaftsteil sind die land- und forstwirtschaftlichen Nutzungen, die Nebenbetriebe, das Abbau-, Geringst- und Unland jeweils gesondert mit ihrem Wirtschaftswert (§ 163 BewG) zu bewerten. Dabei darf ein Mindestwert nicht unterschritten werden (§ 164 BewG).
Der Ertragswert der Nutzungen wird nach § 37 BewG durch ein vergleichendes Verfahren (§§ 38 bis 41 BewG) ermittelt. Das vergleichende Verfahren kann auch auf Nutzungsteile angewendet werden. Kann ein vergleichendes Verfahren nicht durchgeführt werden, so ist der Ertragswert nach der Ertragsfähigkeit der Nutzung unmittelbar zu ermitteln (Einzelertragswertverfahren).	Hofflächen oder Garagen) abweichend von § 138 Abs. 2 Satz 1 BewG in das Grundstück einzubeziehen ist, wenn der Anteil zusammen mit dem Grundstück genutzt wird. § 20 Satz 2 BewG ist entsprechend anzuwenden.	Der Wirtschaftsteil des Betriebs ist nach § 162 Abs. 2 BewG mit dem unter Anwendung des sog. Reingewinnverfahrens nach § 163 Abs. 1 bis 14 BewG ermittelten gemeinen Wert des Betriebs unter dem Gesichtspunkt der Betriebsfortführung zu bewerten. Nach dem Nachbewertungsvorbehalt des § 162 Abs. 3 BewG ist hiervon abweichend im Falle der Veräußerung des gesamten Betriebs der Liquidationswert nach § 166 BewG anzusetzen.

IV § 5 ImmoWertV — Flächen d. Land- oder Forstwirtschaft

Synopse zum land- und forstwirtschaftlichen Vermögen im Steuerrecht		
Einheitsbewertung §§ 33 bis 67 BewG	**Grunderwerbsteuerlicher Grundbesitzwert** §§ 140 bis 144 BewG	**Erbschaftsteuerlicher Grundbesitzwert** § 158 bis 175 BewG
	Der Wert des Betriebsteils (Betriebswert) wird nach § 142 Abs. 1 und 2 BewG unter sinngemäßer Anwendung der §§ 35 und 36 Abs. 1 und 2 BewG, der §§ 42, 43 und 44 Abs. 1 BewG und der §§ 45, 48a, 51, 53, 51a, 54, 56, 59 und 62 Abs. 1 BewG ermittelt. Abweichend von § 36 Abs. 2 Satz 3 BewG ist der Ertragswert das 18,6fache des Reinertrags.	
	(2) Der Betriebswert setzt sich zusammen aus den Einzelertragswerten für Nebenbetriebe (§ 42 BewG), das Abbauland (§ 43), die gemeinschaftliche Tierhaltung (§ 51a) und die in Nummer 5 nicht genannten Nutzungsteile der sonstigen land- und forstwirtschaftlichen Nutzung sowie den in § 142 Abs. 2 BewG aufgeführten Ertragswerten	
§ 35 BewG: Bewertungsstichtag: Für die Größe des Betriebs sowie für den Umfang und den Zustand der Gebäude und der stehenden Betriebsmittel sind die Verhältnisse im Feststellungszeitpunkt maßgebend. Für die umlaufenden Betriebsmittel ist der Stand am Ende des Wirtschaftsjahres maßgebend, das dem Feststellungszeitpunkt vorangegangen ist.	§ 138 Abs. 1 BewG: Abweichend von § 19 Abs. 1 und § 126 Abs. 2 BewG werden land- und forstwirtschaftliche Grundbesitzwerte für das in § 138 Abs. 2 BewG und Grundstückswerte für das in § 138 Abs. 3 BewG bezeichnete Vermögen unter Berücksichtigung der tatsächlichen Verhältnisse zum Besteuerungszeitpunkt und der Wertverhältnisse zum 1.1.1996 festgestellt.	§ 161 BewG: Bewertungsstichtag: Für die Größe des Betriebs, für den Umfang und den Zustand der Gebäude sowie für die stehenden Betriebsmittel sind die Verhältnisse am Bewertungsstichtag maßgebend. Für die umlaufenden Betriebsmittel ist der Stand am Ende des Wirtschaftsjahres maßgebend, das dem Bewertungsstichtag vorangegangen ist.
	§ 138 Abs. 4 BewG: Die Wertverhältnisse zum 1.1.1996 gelten für Feststellungen von Grundbesitzwerten bis zum 31.12.2006.	

Der **Betrieb des land- und forstwirtschaftlichen Vermögens** besteht **im Rahmen der erbschaft- und schenkungsteuerlichen Grundbesitzbewertung** aus

- dem **Wirtschaftsteil**, der nach einem typisierten Ertragswertverfahren gemäß den §§ 162 ff. BauGB als „Fortführungswert" entweder
  - nach dem sog. *Reingewinnverfahren* (§ 163 BewG) oder
  - dem *Mindestwertverfahren* (§ 164 BewG) bewertet wird, und
- den **Betriebswohnungen** sowie dem **Wohnteil**, die wie Grundvermögen mit einem Abschlag von 15 % bewertet werden.

Das **Reingewinnverfahren** nach § 163 BewG ist das Regelverfahren der Ertragswertermittlung. Der Regelertragswert wird danach ermittelt, indem der maßgebliche Reingewinn aus dem durchschnittlichen Reingewinn der letzten fünf Jahre je Hektar Eigentumsfläche multipliziert wird mit der Eigentumsfläche und einem Kapitalisierungsfaktor von 18,6:

Abb. 3: Reingewinnverfahren nach § 163 BewG

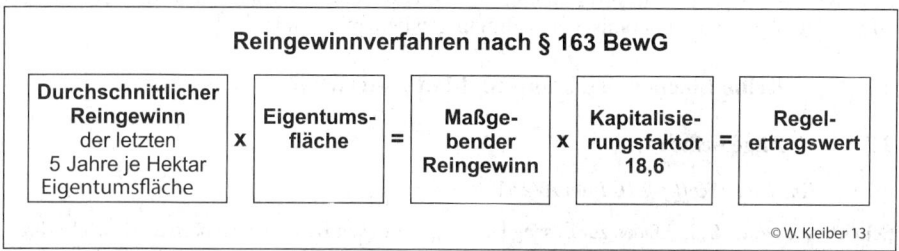

Bei Anwendung des **Mindestwertverfahrens** nach § 164 setzt sich der Ertragswert der Wirtschaftsgüter zunächst aus dem Wert des Grund und Bodens und dem Wert der übrigen Wirtschaftsgüter (Besatzkapital) zusammen. Mindestwert ist der mit einem Kapitalisierungsfaktor von 18,8 kapitalisierte Ertragswert der Wirtschaftsgüter unter Berücksichtigung von Zu- und Abschlägen für die damit in unmittelbarem wirtschaftlichem Zusammenhang stehenden Verbindlichkeiten.

Abb. 4: Mindestwertverfahren nach § 164 BewG

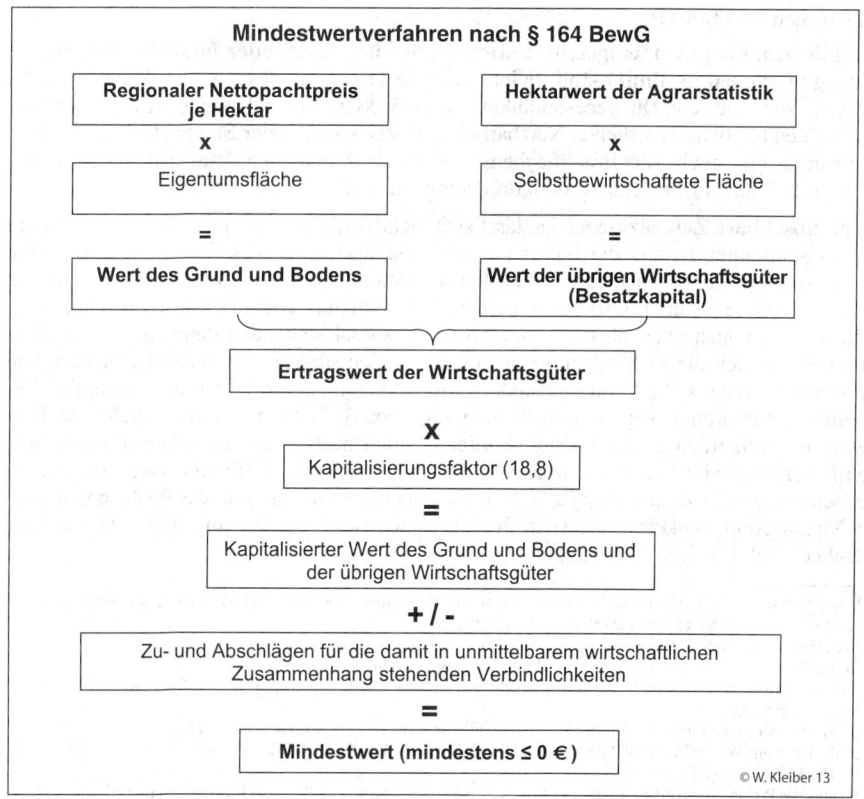

Die **Öffnungsklausel** (*Escape*-Klausel) findet jeweils nach § 165 Abs. 3 bzw. § 167 Abs. 4 BewG Anwendung, d. h. dass auch für einzelne Teile des Betriebs der Land- und Forstwirtschaft der niedrigere Wert nachgewiesen werden kann (vgl. § 1 ImmoWertV Rn. 11).

Der Wirtschaftsteil unterliegt einem **Bewertungsvorbehalt** von 15 Jahren (§§ 13a, 13b ErbStG).

Fortführungswert ist der Wert des Betriebs, der den Nutzungen, Nebenbetrieben und übrigen Wirtschaftsgütern im fortgeführten land- und forstwirtschaftlichen Betrieb auf der Grundlage objektiver ökonomischer Bedingungen beizumessen ist.[41]

2.2 Reine Flächen der Land- und Forstwirtschaft

2.2.1 Allgemeines

▶ *Vgl. Rn. 138, 150 ff.; § 16 ImmoWertV Rn. 26*

Schrifttum: Gekle, L., Leitfaden zur Lösung landwirtschaftlicher Bewertungsprobleme, HLBS Verlag 1. Aufl. 2002; Köhne, M., Landwirtschaftliche Taxationslehre, Parey Buchverlag 3. Aufl. 2000; Stock, K.-D., Wertveränderungen an einem Anwesen sowie Feststellung des Verkehrswerts von Grundstücksflächen, HLBS Verlag 1. Aufl. 1995.

27 § 5 Abs. 1 ImmoWertV definiert Flächen der Land- und Forstwirtschaft als land- oder forstwirtschaftlich nutzbare Flächen. Im Umkehrschluss zur Definition des Bauerwartungslands kann eine bauliche Nutzung nicht erwartet werden. Dies kann allerdings oftmals nur über einen „absehbaren" Zeitraum ausgeschlossen werden. Insoweit ist die bisherige Definition nach wie vor sachgerecht, dass es sich dabei um solche Flächen handelt, die nach ihren Eigenschaften, der sonstigen Beschaffenheit und ihrer Lage, ihren Verwertungsmöglichkeiten oder den sonstigen Umständen *in absehbarer Zeit* **nur land- oder forstwirtschaftlich nutzbar sind** (so auch § 69 BewG).

Auch **Flächen, die nur in eingeschränktem Maße einer land- oder forstwirtschaftlichen Nutzung zu dienen bestimmt sind,** fallen unter die Definition des § 5 Abs. 1 ImmoWertV. Dies kann sich z. B. aus Düngebeschränkungen in Wasserschutzgebieten oder aus einer eingeschränkten forstwirtschaftlichen Nutzbarkeit z. B. als Schutz- oder Bannwald ergeben. Entsprechendes gilt auch für Brachflächen, die durch Maßnahmen zur Reduzierung der landwirtschaftlichen Überschussproduktion betroffen sind[42].

28 Was als **absehbare Zeit** anzusehen ist, lässt sich nicht vorgeben[43]. Es handelt sich hierbei um einen unbestimmten Rechtsbegriff, der nach den Gegebenheiten des Einzelfalls auszulegen ist[44]. In strukturschwachen landwirtschaftlich orientierten Gebieten sind die Zeiträume, in denen eine andere als land- oder forstwirtschaftliche Nutzung erwartet werden könnte, generell langfristiger anzusetzen als in den unter Siedlungsdruck stehenden Räumen. Aus der Situationsgebundenheit dieser Flächen heraus müssen in den strukturschwachen Gebieten schon sehr konkrete Anhaltspunkte für eine anderweitige Nutzung gefordert werden, wenn der Fläche eine Bauerwartung beigemessen werden soll. Der BGH hat nicht ausschließen wollen, dass landwirtschaftlich genutzte Gebiete ihrer Qualität nach in die Zwischenstufe gehören, also im weitesten Sinne als Bauland anzusehen sind, „wenn innerhalb von etwa sechs Jahren eine Bebauung nicht zu erwarten ist"[45]. Auf der anderen Seite wurde in der Rechtsprechung[46] eine Nutzungsmöglichkeit, die erst in 30 Jahren realisiert werden soll, nicht als absehbar bezeichnet (vgl. Rn. 138, 150, 159)[47].

---

41 Vgl. Abschn. 28 Nr. 1 der gleich lautenden Erlasse zur Bewertung land- und forstwirtschaftlicher Vermögen vom 1.4.2009 – AEBewLuF (BStBl I 2009, 552 = GuG 2010, 99).
42 BR-Drucks. 352/88, S. 35 f.
43 BGH, Urt. vom 8.11.1962 – III ZR 86/61 –, BGHZ 39, 198 = EzGuG 8.5.
44 Zur „Absehbarkeit" im Erschließungsbeitragsrecht vgl. BVerwG, Urt. vom 22.2.1985 – 8 C 114/83 –, BRS Bd. 43 Nr. 126 = EzGuG 9.55.
45 BGH, Urt. vom 8.11.1962 – III ZR 86/61 –, BGHZ 39, 198 = EzGuG 8.5; wird dort näher ausgeführt.
46 BGH, Urt. vom 18.9.1986 – III ZR 83/85 –, BGHZ 98, 341 = EzGuG 4.111; BGH, Urt. vom 1.2.1982 – III ZR 93/80 –, BGHZ 83, 61 = EzGuG 14.69.
47 So aber die Praxis in dem dem Urt. des LG Koblenz vom 6.3.1989 – 4 O 18/88 –, EzGuG 8.66 zugrunde liegenden Fall.

Flächen d. Land- oder Forstwirtschaft § 5 ImmoWertV IV

In der **Rechtsprechung der Finanzgerichte** ist die absehbare Zeit ein Zeitraum, für den die Entwicklung mit einiger Wahrscheinlichkeit übersehen werden kann, besonders in der Richtung, dass sich der Übergang von der landwirtschaftlichen zu einer anderen Nutzung vollziehen werde[48]. In § 69 Abs. 1 BewG wird in Übereinstimmung mit dieser Rechtsprechung ein Zeitraum von 6 Jahren als absehbar angesehen.

Zur Wertermittlung können hilfsweise die **regionalen Wertansätze** i. S. von § 5 Abs. 1 Satz 2 der **Flächenerwerbsverordnung** herangezogen werden[49]. Diese werden im Wesentlichen aus den Bodenrichtwerten nach § 196 BauGB hergeleitet und weisen daher eine geringe Aktualität auf. Dies ist einerseits darauf zurückzuführen, dass in die Bodenrichtwertableitung die Ergebnisse abgeschlossener und dem Gutachterausschuss übermittelter und von diesem ausgewerteter Kaufverträge eingehen und die Bodenrichtwerte im 1- bis 2-Jahres-Rhythmus aktualisiert veröffentlicht werden. Grundlage der Bodenrichtwerte ist mithin das Marktgeschehen, das i. d. R. zwei Jahre oder mehr zurückliegt. Schon aus diesem Grund bilden sie das aktuelle Marktgeschehen nur unzureichend ab. Für die Ermittlung der EALG-Kaufpreise spielen die regionalen Wertansätze deshalb inzwischen nur noch eine untergeordnete Rolle.

2.2.2 Flächenerwerbsverordnung

Schrifttum: *Zimmermann* in RVI, Flächenerwerbsverordnung, München Losebl.

▶ *Zum Bieterverfahren vgl. Syst. Darst. des Vergleichswertverfahrens Rn. 73*

Die auf das Entschädigungs- und Ausgleichsleistungsgesetz (EALG) gestützte **Flächenerwerbsverordnung** sieht in § 5 Abs. 1 folgende Regelung für die Ermittlung des Verkehrswerts vor, von dem der EALG-Kaufpreis durch Abzug von 35 % hergeleitet wird[50]: 29

„**Kaufpreis für landwirtschaftliche Flächen**

Der Verkehrswert für landwirtschaftliche Flächen nach § 3 Abs. 7 Satz 1, Satz 6 und § 3a Abs. 2 des Ausgleichsleistungsgesetzes wird ermittelt nach den Vorgaben der Wertermittlungsverordnung (...). Soweit für Acker- und Grünland regionale Wertansätze vorliegen, soll der Wert hiernach bestimmt werden. Die regionalen Wertansätze werden vom Bundesminister der Finanzen im Bundesanzeiger veröffentlicht. Wenn tatsächliche Anhaltspunkte dafür vorliegen, dass die regionalen Wertansätze als Ermittlungsgrundlage ungeeignet sind, unterbreitet die Privatisierungsstelle ein die Wertentwicklung berücksichtigendes Angebot. Kommt eine Einigung nicht zustande, können der Kaufbewerber oder die Privatisierungsstelle eine Bestimmung des Verkehrswertes durch ein Verkehrswertgutachten des nach § 192 des Baugesetzbuchs eingerichteten und örtlich zuständigen Gutachterausschusses oder eines öffentlich bestellten und vereidigten Sachverständigen, bei dem auch die aktuelle Wertentwicklung nach Bieterverfahren für vergleichbare Flächen für die Verkehrswertermittlung heranzuziehen ist, verlangen."

2.2.3 Acker- und Grünland

2.2.3.1 Allgemeines

▶ *Vgl. Teil VI Rn. 132 ff., 157 ff.; Teil VII Rn. 22, 51*

Zur Verkehrswertermittlung landwirtschaftlicher Nutzflächen kann hier nur ein allgemeiner Überblick gegeben und auf die weiterführende Literatur verwiesen werden[51]. Als amtliche Hinweise können die **Entschädigungsrichtlinien Landwirtschaft vom 28.7.1978 – LandR 78** – herangezogen werden. 30

---

48 RFH, Urt. vom 30.4.1931 – III A 1283/30 –, RStBl. 1932, 110 = EzGuG 4.2e; RFH, Urt. vom 21.7.1932 – III A 679/31 –, RStBl. 1932, 980 = EzGuG 4.2g; RFH, Entsch. vom 27.7.1938 – III 322/37 –, RFHE 33, 279 = EzGuG 8.1c; BFH, Urt. vom 4.8.1972 – III R 47/72 –, BStBl II 1972, 849 = EzGuG 4.36a; BewR Gr vom 19.9.1966 (BAnz Nr. 183 Beil. = BStBl I 1966, 890) zu Nr. 3 Abs. 7 schon der Reichskommissar für die Preisbildung verstand darunter eine Frist von sechs Jahren (Erl Nr. 66/42 vom 1.6.1942 (MittBl I 1942, 466).
49 Bekanntmachung der Regionalen Wertansätze 2006 für Ackerland und Grünland nach der Flächenerwerbsverordnung vom 24.5.2004 (BAnz Nr. 145a vom 4.8.2006).
50 Das EALG wurde im Jahre 2000 bei der Kommission der Europäischen Gemeinschaften notifiziert und von dieser genehmigt. Die EALG-Verkäufe an Pächter sind bis zum 31.12.2009 abzuschließen.
51 Köhne, M., Landwirtschaftliche Taxationslehre, 3. Aufl. Hamburg/Berlin 2000 m. w. N.

31 Generell wird bei der Verkehrswertermittlung land- oder forstwirtschaftlicher Nutzflächen (NF) nach folgenden **Nutzungsarten** unterschieden:
- landwirtschaftliche Nutzflächen (LN oder LF),
- forstwirtschaftliche Nutzflächen (FN),
- bewirtschaftete und nicht bewirtschaftete Gewässerflächen,
- Ödlandflächen,
- Unlandflächen und
- sonstige Flächen, wie Wege, Hofraum, Gebäude, Gräben, Hecken und dgl. einschließlich Abbauland.

32 Als **Kulturflächen** bezeichnet man davon diejenigen Flächen, die bewirtschaftet werden (land- oder forstwirtschaftliche Flächen einschließlich bewirtschafteter Gewässer).

Zu den **landwirtschaftlichen Nutzflächen** gehören
- das Ackerland,
- das Dauergrünland, Hutungen (= Grünlandflächen mit geringer natürlicher Ertragsfähigkeit),
- das Wechselland, auf dem ein Wechsel von ackerbaulicher und Grünlandnutzung in einem geringen Wechsel stattfindet,
- das Gartenland (Haus- und Erwerbsgärten),
- die Obstanlagen,
- das Rebland,
- die Hopfengärten,
- die Baumschulen und
- die Korbweidenanlagen.

33 Die **Verkehrswertermittlung land- oder forstwirtschaftlicher Nutzflächen** muss deutlich abgegrenzt werden von der

34 – steuerlichen Ermittlung des gemeinen Werts (Einheits- bzw. Grundbesitzbewertung) dieser Grundstücke und
- der Ertragswertermittlung im Rahmen des Erbrechts bzw. für die Ermittlung des Zugewinnausgleichs nach bürgerlichem Recht.

35 Im Rahmen des **Erbrechts und der Bemessung des Zugewinnausgleichs sowie des ehelichen Güterrechts** bemisst sich der Wert eines Landguts nach den § 1376 Abs. 4, § 2049 Abs. 2 und § 2312 Abs. 1 BGB zum Zwecke des Erhalts landwirtschaftlicher Betriebe grundsätzlich nach dem im Vergleich zum Verkehrswert niedrigeren Ertragswert (vgl. Teil VII Rn. 22 ff., 51 ff.).

36 Generell ist aber auch bei der Ermittlung des Verkehrswerts landwirtschaftlicher Betriebe zu beachten, dass der **Wertanteil des Grund und Bodens** am Verkehrswert des Betriebs nicht losgelöst vom landwirtschaftlichen Betrieb abgeleitet wird; vielmehr steht auch hier eine betriebsbezogene Verkehrswertermittlung im Vordergrund.

2.2.3.2 Wertbestimmende Grundstücksmerkmale

37 Die **allgemeinen wertbestimmenden Merkmale** sind
- die allgemeine Lage des Grundstücks, insbesondere auch zum Ort,
- die planerischen Ausweisungen in der Regional- und Landesplanung, der Bauleitplanung (Flächennutzungs- und Bebauungsplan) und dgl.,
- Nutzungseinschränkungen (Wasserschutz-, Naturschutzgebiete),
- langfristige Pachtverträge,

- Nutzungsart (wobei im Wesentlichen zwischen Acker- und Grünland sowie Sonderkulturen unterschieden wird),
- Größe und Form des Grundstücks (Einsetzbarkeit von Maschinen),
- Erschließung des Grundstücks (Zuwege),
- Oberflächengestalt (z. B. Hängigkeit),
- Bodenwert und Bodenqualität (Bonität),
- Bodenverbesserungsmaßnahmen (z. B. Drainage),
- Klima,
- Waldnähe und sonstige Beeinträchtigungen und Hindernisse,
- besondere Nutzungsmöglichkeiten für Intensivkulturen,
- die allgemeine Nachfrage im sog. „innerland- oder forstwirtschaftlichen Grundstücksverkehr" sowie für außerland- oder forstwirtschaftliche Nutzungen (Zahl der Vollerwerbsbetriebe, vergleichbares Pachtpreisniveau),
- Verbund mit Produktionsquoten (z. B. für Milch und Zuckerrüben),
- Aussicht auf eine Flurneuordnung (Flurbereinigungsverfahren),
- Schadstoffbelastungen.

2.2.4 Grundstücksgröße und Grundstücksgestalt (-zuschnitt)

Schrifttum: *Kindler, R.,* Zum Vergleichspreissystem der BVVG, GuG 2009, 280; *Koepke,* Kaufpreise für Ackerland in Ausschreibung der BVVG, GuG 2010, 257; *Müller, W.,* Niveau und Entwicklung von Kaufpreisen, Neue Landwirtschaft: Bodenmarkt 2009, 8; *Reinhard, W.,* Die Fläche als wertrelevante Größe für individuelles Wohnbauland in ländlichen Bereichen, GuG 2008, 321.

▶ *Zur Abhängigkeit bei forstwirtschaftlich genutzten Grundstücken vgl. Rn. 88, vgl. Syst. Darst. des Vergleichswertverfahrens Rn. 247, 275, 306 ff.*

Bei der **Berücksichtigung von Lagemerkmalen** landwirtschaftlicher Grundstücke gelten folgende **Grundsätze:** 38

a) *Grundstücksgröße:* Allgemein gilt im landwirtschaftlichen Bereich schon im Hinblick auf die Mechanisierung, dass **größere Grundstücke zumeist auch zu deutlich höheren Preisen gehandelt werden**[52].

Für das Land *Brandenburg* hat *Kindler*[53] festgestellt, dass umgekehrt nur für Flächen unter 1 ha Größe höhere Kaufpreise erzielt werden, während darüber hinaus der Einfluss der Flächengröße unwesentlich sei[54]. Bei Flächen unter 1 ha ist der Mittelwert der Flächen bei Ackerland um 75 % und bei Grünland um 29 % höher als für Flächen ab 1 ha Größe.

Aus Verkäufen der Jahre 2008 bis 2010 hat der Obere Gutachterausschuss für Grundstückswerte in *Brandenburg* die sich aus Abb. 5 ergebende Abhängigkeit des Kaufpreises von der Flächengröße festgestellt.

---

52 Stock, GuG 1993, 87, 355; Meinhardt in GuG 1993, 329 ff.; Kindler in Neue Landwirtschaft 1992, 15; Klare/Koch in DLG Mitteilungen 1993, 44; Weber in AgE 1993/14; Uherek in GuG 1993, 277.
53 Kindler, R., Zur Ermittlung von Bodenrichtwerten für landwirtschaftliche Flächen, GuG 2002, 263.
54 Der Obere Gutachterausschuss für Grundstückswerte stellt in seinem Marktbericht 2007 (S. 48) fest, dass keine signifikante Abhängigkeit des Bodenpreises von der Flächengröße festgestellt werden konnte.

Abb. 5: Abhängigkeit des Kaufpreises von der Flächengröße bei Ackerlandverkäufen 2008-2010 im Land Brandenburg

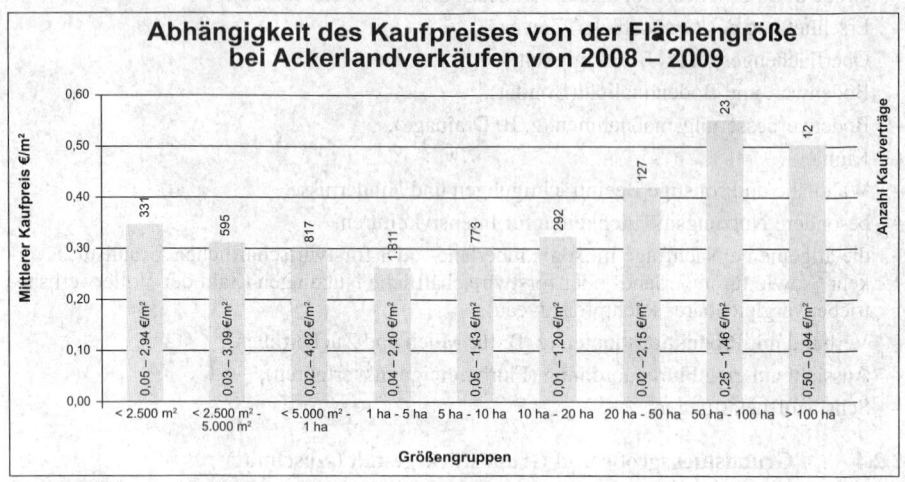

Quelle: Grundstücksmarktbericht 2011 des Oberen Gutachterausschusses in Brandenburg

39 Der Gutachterausschuss in *Bergisch Gladbach* hat die aus Abb. 6 ersichtliche Abhängigkeit empirisch abgeleitet.

Abb. 6: Abhängigkeit des Quadratmeterwerts landwirtschaftlich genutzter Grundstücke von der Grundstücksgröße

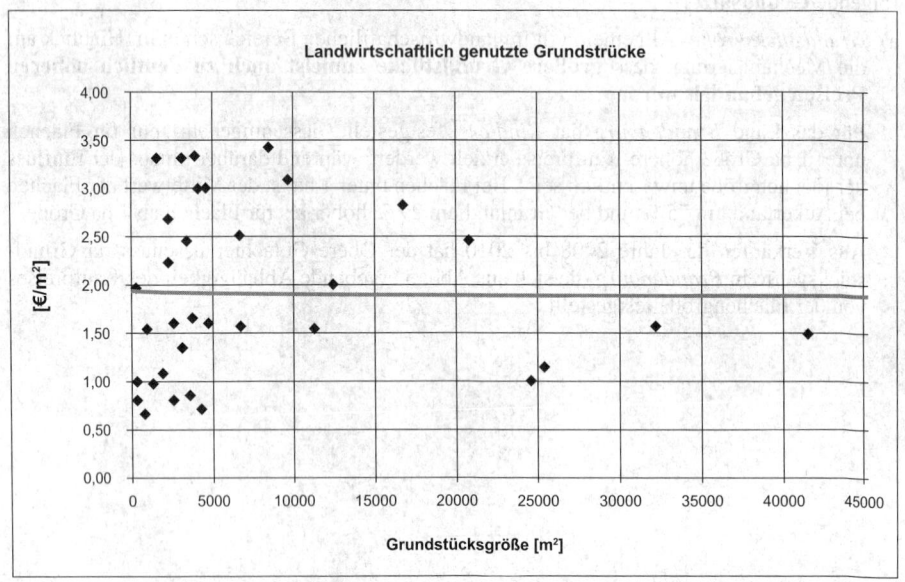

Quelle: Grundstücksmarktbericht 2013 Bergisch Gladbach

Flächen d. Land- oder Forstwirtschaft § 5 ImmoWertV IV

Abb. 7: Umrechnungskoeffizienten für die Abhängigkeit des Bodenwerts von der Grundstücksgröße von Ackergrundstücken

Umrechnungskoeffizienten für die Abhängigkeit des Bodenwerts von der Grundstücksgröße im landwirtschaftlichen Bereich											
Fläche		LK* Oberspreewald-Lausitz	Region Hannover	LK Holzminden	LK Diepholz	LK Osterode Harz	LK Northeim	LK Göttingen	LK Hameln-Pyrmont	Köln	Paderborn
in ha	in m²	2011		2004	2013	2012	2012	2012	2006	2013	1995
0,05	500	1,083	-	-	-	-	-	-	-	-	-
0,10	1 000	1,062	-	-	-	-	-	-	-	-	-
0,20	2 000	1,020	-	-	-	0,85	0,84	0,87	-	0,90	-
0,25	2 500	1,000	0,89	0,88	-	0,88	-	0,91	-	0,90	0,94
0,30	3 000	0,980	-	-	-	-	-	-	-	0,90	-
0,40	4 000	0,942	-	-	-	0,91	0,89	0,91	-	0,90	-
0,50	5 000	0,905	0,94	0,96	0,88	-	-	-	0,89	0,90	0,97
0,60	6 000	0,869	-	-	-	0,93	0,92	0,94	-	0,95	-
0,75	7 500	0,819	0,97	-	-	-	-	-	-	0,95	0,99
0,80	8 000	0,803	-	-	-	0,95	0,94	0,95	-	0,95	-
1,00	**10 000**	0,741	**1,00**	**1,00**	0,93	0,97	0,95	0,97	0,95	**1,00**	**1,00**
1,25	12 500	-	1,02	-	-	-	-	-	-	1,00	-
1,50	15 000	0,607	1,04	-	0,97	0,99	0,98	0,98	-	1,00	1,02
1,75	17 500	-	1,05	1,04	-	-	-	-	-	1,00	-
2,00	**20 000**	-	1,06	1,06	**1,00**	**1,00**	**1,00**	**1,00**	**1,00**	1,00	1,03
2,25	22 500	-	1,07	-	-	-	-	-	-	1,00	-
2,50	25 000	-	1,08	-	1,03	1,01	1,01	1,01	-	1,00	-
2,75	27 500	-	1,09	-	-	-	-	-	-	1,00	-
3,00	30 000	-	1,10	-	1,06	1,01	1,02	1,04	1,03	1,00	-
3,25	32 500	-	1,11	-	-	-	-	-	-	1,05	-
3,50	35 000	-	1,11	-	-	-	1,03	1,02	-	1,05	-
3,75	37 500	-	1,12	-	-	-	-	-	-	1,05	-
4,00	40 000	-	1,13	1,09	1,08	-	1,04	1,03	1,05	1,05	-
4,25	42 500	-	1,13	-	-	-	-	-	-	1,05	-
4,50	45 000	-	1,14	-	-	-	1,05	-	-	1,05	-
4,75	47 500	-	1,15	-	-	-	-	-	-	1,05	-
5,00	50 000	-	1,15	-	1,11	-	-	-	1,06	1,05	-
6,00	60 000	-	-	1,11	-	-	-	-	1,07	1,10	-
7,00	70 000	-	-	-	-	-	-	-	1,08	1,10	-
7,50	75 000	-	-	-	1,15	-	-	-	-	-	-
8,00	80 000	-	-	1,12	-	-	-	-	-	1,10	-
10,00	100 000	-	-	-	1,18	-	-	-	-	-	-

Quelle: Landesgrundstücksmarktberichte der angegebenen Jahre
* ortsnahe landwirtschaftliche Flächen

Der Gutachterausschuss von *Hildburghausen* unterscheidet zwischen Acker- und Grünlandflächen:

Abb. 8: Umrechnungskoeffizienten für die Abhängigkeit des Bodenwerts von der Grundstücksgröße von Acker- und Grünlandflächen

Umrechnungskoeffizienten für die Abhängigkeit des Bodenwerts von der Grundstücksgröße für Acker- und Grünland in Hildburghausen		
Fläche	Umrechnungskoeffizient	
ha	Ackerfläche	Grünlandfläche
1	1,00	1,00
2	0,95	0,95
3	0,94	0,91
4	0,92	-

Quelle: Grundstücksmarktbericht 2012

40 b) *Grundstücksgestalt (Zuschnitt):* Ein rechteckiges Grundstück mit geraden Grenzverläufen bietet die besten Bewirtschaftungsvoraussetzungen. Nachteile bieten dreieckige Grundstücke und Grenzversprünge (vgl. Syst. Darst. des Vergleichswertverfahrens Rn. 247 ff.).

Wertminderungen, die sich aus einer **ungünstigen Grundstücksform** ergeben, lassen sich aus den zusätzlichen Bewirtschaftungskosten, z. B.

- Arbeitszeitverlusten,
- Maschinenkosten,
- Saatverlusten, Düngeverlusten und dgl. im Randstreifen,

ermitteln. Die kapitalisierten zusätzlichen Bewirtschaftungskosten können Minderwerte von 0,50 bis 1,50 €/m² ausmachen und bei kleinen Flächen sogar den Restwert übersteigen. Die Wertminderung beläuft sich auf -5 bis -15 %.

c) *Geländeneigung*

Der Wert der Fläche mindert sich mit der Geländeneigung

Geländeneigung	Prozentuale Auswirkung
5 %	-4 %
10 %	-7 %

▶ Zur Arrondierung land- und forstwirtschaftlicher Flächen vgl. Syst. Darst. des Vergleichswertverfahrens Rn. 312; zu Leitungsdurchschneidungen vgl. Teil VIII Rn. 373 ff.

2.2.5 Bonität

2.2.5.1 Allgemeines

▶ Vgl. Teil II Rn. 486

41 Für Zwecke der Besteuerung sowie nichtsteuerliche Zwecke, insbesondere der Agrarordnung, dem Bodenschutz und Bodeninformationssystemen, wurden in Fortführung der Reichsbodenschätzung (1934) nach Maßgabe des **Bodenschätzungsgesetzes (BodSchätzG)** einheitliche Bewertungsgrundlagen für landwirtschaftlich nutzbare Flächen des Bundesgebiets geschaffen. Zur Sicherung der Gleichmäßigkeit der Bodenschätzung wurden ausgewählte Bodenflächen als Musterstücke geschätzt, die einen Querschnitt über die im Bundesgebiet hauptsächlich vorhandenen Böden hinsichtlich ihrer natürlichen Ertragsfähigkeit abbilden sollen. Darüber hinaus sind nach § 7 BodSchätzG in jeder Gemarkung für die wichtigsten und besonders typischen Böden Vergleichsstücke auszuwählen, zu beschreiben und in Anlehnung

an die Musterstücke zu bewerten. Die Systematik der Bodenschätzung ist darauf angelegt, alle Grundstücke ins Verhältnis zu einem Musterstück bzw. Vergleichsstück zu setzen und zu bewerten. Das Mustergrundstück mit den besten natürlichen Standortbedingungen und Ertragsverhältnissen erhielt dazu die Vergleichszahl 100[55]. Die gesetzlichen Grundlagen der Reichsbodenschätzung sind im **Bodenschätzungsgesetz**[56] aufgegangen.

Nach § 2 BodSchätzG ist zwischen folgenden landwirtschaftlichen **Kulturarten (Nutzungs-** **42** **arten) zu unterscheiden:**

Ackerland A
Grünland Gr

Das **Ackerland (A)** umfasst die Bodenflächen zum feldmäßigen Anbau von Getreide, Hül- **43** sen- und Ölfrüchten, Hackfrüchten, Futterpflanzen, Obst- und Sonderkulturen sowie von Gartengewächsen. Außerdem gehören zum Ackerland auch das Acker-Grünland, das durch einen Wechsel in der Nutzung von Ackerland und Grünland gekennzeichnet ist.

Das **Grünland (Gr)** umfasst die Dauergrasflächen, die i. d. R. gemäht und geweidet werden, **44** sowie den **Grünland-Acker**, der durch einen Wechsel in der Nutzung von Grünland und Ackerland gekennzeichnet ist. Von dem Grünland sind besonders zu bezeichnen:

– als *Grünland-Wiese* (GrW) diejenigen Dauergrasflächen, die infolge ihrer feuchten Lage nur gemäht werden können (absolutes Dauergrünland),

– als *Grünland-Streuwiese* (GrStr) diejenigen stark vernässten Dauergrünlandflächen, die ausschließlich oder in der Hauptsache durch Entnahme von Streu genutzt werden können,

– als *Grünland-Hutung* (GrHu) diejenigen Flächen geringer Ertragsfähigkeit, die nicht bestellt werden können und im Allgemeinen nur eine Weidenutzung zulassen.

Für Acker- und Grünland sind einheitliche **Schätzungsrahmen** aufgestellt worden, die die **45** *Wertzahlen* ausweisen.

Abb. 9: Auszug aus der Liegenschaftskarte mit Angaben zur Bonität

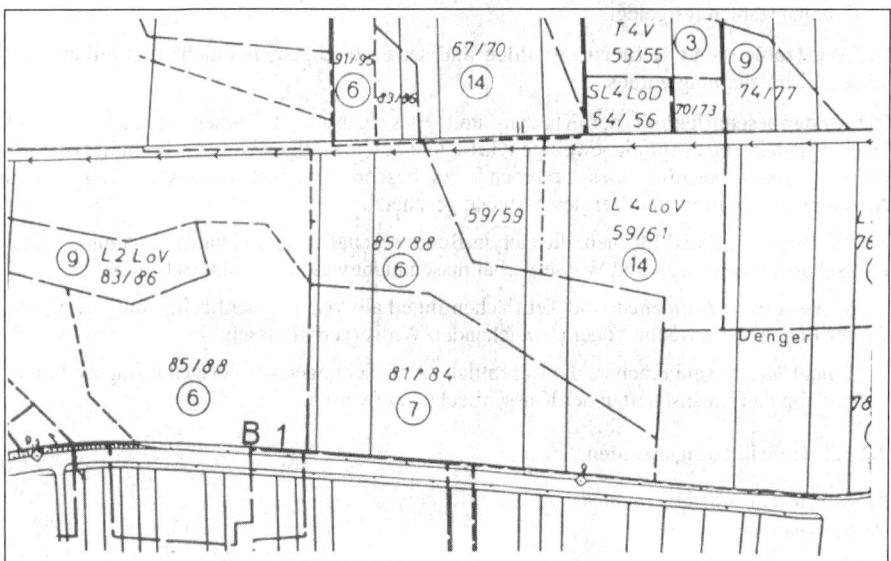

---

55 Umfassend Rösch, A./Kurandt, F., Bodenschätzung und Liegenschaftskataster, 3. Aufl. Nachdruck 1968 Carl Heymanns Verlag Berlin 1950.
56 Gesetz zur Schätzung des landwirtschaftlichen Kulturbodens (Bodenschätzungsgesetz – BodSchätzG) i. d. F. vom 20.12.2007 (BGBl. I 2007, 3150).

IV § 5 ImmoWertV   **Flächen d. Land- oder Forstwirtschaft**

46   Die **Wertzahl** ist in § 3 Satz 2 BodSchätzG als Verhältniszahl definiert, die Unterschiede im Reinertrag bei gemeinüblicher und ordnungsgemäßer Bewirtschaftung zum Ausdruck bringt. Bei der Ermittlung der Wertzahlen sind alle die natürliche Ertragsfähigkeit beeinflussenden Umstände zu berücksichtigen, insbesondere

– bei Ackerland Bodenart, Zustandsstufe und Entstehung;

– bei Grünland Bodenart, Bodenstufe, Klima- und Wasserverhältnisse.

47   a) Für das **Ackerland** können dem Liegenschaftskataster zwei Wertzahlen entnommen werden:

- Die **Bodenzahl** bringt die durch die Verschiedenheit der Bodenbeschaffung im Zusammenhang mit den Grundwasserverhältnissen bedingten Ertragsunterschiede zum Ausdruck.
- Die **Ackerzahl** berücksichtigt außerdem noch die Ertragsunterschiede, die auf das Klima, die Geländegestaltung und andere natürliche Ertragsbedingungen zurückführbar sind. Boden- und Ackerzahl gelten nicht stets für das gesamte Flurstück, sondern gelten häufig nur jeweils für Teilflächen.
- Boden- und Ackerzahl gelten nicht stets für das gesamte Flurstück, sondern gelten häufig nur jeweils für Teilflächen.

48   b) Für das **Grünland** können dem Liegenschaftskataster ebenfalls zwei Wertzahlen entnommen werden:

- Die **Grünlandgrundzahl** bringt die aufgrund der Beurteilung von Bodenbeschaffenheit, Klima und Wasserverhältnissen sich ergebenden Ertragsunterschiede zum Ausdruck.
- Die **Grünlandzahl** berücksichtigt außerdem die Ertragsunterschiede, die auf Geländegestaltung und andere natürliche Ertragsbedingungen zurückzuführen sind[57], durch prozentuale Abrechnungen an der Grünlandgrundzahl.

Bei der Schätzung von Grünland-Hutungen und Grünland-Streuwiesen werden nur die Grünlandzahlen festgelegt.

49   Die **Wertzahlen sind Reinertragszahlen** und setzen eine gemeinübliche und ordnungsgemäße Bewirtschaftung voraus.

50   Die **Bodenbeschaffenheit** der Klassen- und Klassenabschnittsflächen ist nach § 8 BodSchätzG anhand eines für die jeweilige Klasse und den jeweiligen Klassenabschnitt typischen **Bodenprofils** – bestimmendes Grabloch – zu beschreiben; ihre Ertragsfähigkeit wird in Anlehnung an Muster- und Vergleichsstücke geschätzt.

Klassenflächen sind Flächen, die sich in Bodenbeschaffenheit, Geländegestaltung, klimatischen Verhältnissen und Wasserverhältnissen nicht wesentlich unterscheiden.

Klassenabschnittsflächen sind Teilflächen innerhalb von Klassenflächen mit abweichender Bodenbeschaffenheit oder abweichenden Wasserverhältnissen.

Sonderflächen sind Flächen, die wesentliche Abweichungen der übrigen Ertragsbedingungen von den Eigenschaften der Klassenflächen aufweisen.

2.2.5.2 Schätzungsrahmen

a) Der Ackerschätzungsrahmen
Bodenarten:

51   Der Ackerschätzungsrahmen (Abb. 10) untergliedert sich in der Hauptsache nach **Bodenarten**, wobei der bodenartige Gesamtcharakter einschließlich Steingehalt und Grobkörnigkeit ausschlaggebend ist:

---

57 Nr. 12 Abs. 2 BodSchätzTechnAnw.

Flächen d. Land- oder Forstwirtschaft § 5 ImmoWertV IV

S   Sand
Sl   anlehmiger Sand
lS   lehmiger Sand
SL   stark lehmiger Sand
sL   sandiger Lehm   } mineralische Bodenarten
L   Lehm
LT   schwerer Lehm
T   Ton
Mo   Moor

Abb. 10: Ackerschätzungsrahmen[58]

Bodenart	Ent-stehung	(Boden-)Zustandsstufe						
		1	2	3	4	5	6	7
S	D		41–34	33–27	26–21	20–16	15–12	11–7
	Al		44–37	36–30	29–24	23–19	18–14	13–9
	V		41–34	33–27	26–21	20–16	15–12	11–7
Sl (S/lS)	D		51–43	42–35	34–28	27–22	21–17	16–11
	Al		53–46	45–38	37–31	30–24	23–19	18–13
	V		49–43	42–36	35–29	28–23	22–18	17–12
lS	D	68–60	59–51	50–44	43–37	36–30	29–23	22–16
	Lö	71–63	62–54	53–46	45–39	38–32	31–25	24–18
	Al	71–63	62–54	53–46	45–39	38–32	31–25	24–18
	V		57–51	50–44	43–37	36–30	29–24	23–17
	Vg		47–41	40–34	33–27	26–20	19–12	
SL (lS/sL)	D	75–68	67–60	59–52	51–45	44–38	37–31	30–23
	Lö	81–73	72–64	63–55	54–47	46–40	39–33	32–25
	Al	80–72	71–63	62–55	54–47	46–40	39–33	32–25
	V	75–68	67–60	59–52	51–44	43–37	36–30	29–22
	Vg		55–48	47–40	39–32	31–24	23–16	
sL	D	84–76	75–68	67–60	59–53	52–46	45–39	38–30
	Lö	92–83	82–74	73–65	64–56	55–48	47–41	40–32
	Al	90–81	80–72	71–64	63–56	55–48	47–41	40–32
	V	85–77	76–68	67–59	58–51	50–44	43–36	35–27
	Vg			64–55	54–45	44–36	35–27	26–18
L	D	90–82	81–74	73–66	65–58	57–50	49–43	42–34
	Lö	100–92	91–83	82–74	73–65	64–56	55–46	45–36
	Al	100–90	89–80	79–71	70–62	61–54	53–45	44–35
	V	91–83	82–74	73–65	64–56	55–47	46–39	38–30
	Vg			70–61	60–51	50–41	40–30	29–19
LT	D	87–79	78–70	69–62	61–54	53–46	45–38	37–28
	Al	91–83	82–74	73–65	64–57	56–49	48–40	39–29
	V	87–79	78–70	69–61	60–52	51–43	42–34	33–4
	Vg			67–58	57–48	47–38	37–28	27–17
T	D		71–64	63–56	55–48	47–40	39–30	29–18
	Al		74–66	65–58	57–50	49–41	40–31	30–18
	V		71–63	62–54	53–45	44–36	35–26	25–14
	Vg			59–51	50–42	41–33	32–24	23–14
Mo	–		54–46	45–37	36–29	28–22	21–16	15–10

---

[58] Richtlinien zur Bewertung land- und forstwirtschaftlicher Grundstücke (BAnz Nr. 224 vom 30.11.1967, BStBl I 1967, 3973).

IV § 5 ImmoWertV Flächen d. Land- oder Forstwirtschaft

52 **Übergänge und Schichtwechsel zwischen Mineral- und Moorböden** werden durch Kombinationen bezeichnet, z. B. SMo, LMo, TMo oder MoS, MoL und MoT.

53 Die **Hauptuntergliederung nach Bodenarten** unterscheidet zusätzlich noch nach
- Entstehungsarten und
- (Boden-)Zustandsstufen.

Entstehungsarten

54 Mit der Entstehungsart werden die für die Entstehung des Bodens maßgeblichen Kräfte beschrieben. Es sind dies:

D = Diluvium (Lockersediment und -gestein eiszeitlich und tertiären Ausgangsmaterials)
Al = Alluvium (nacheiszeitliches Lockersediment aus Abschwemmmassen und Ablagerungen von Fließgewässern)
Lö = Löß (Lockersediment aus Windablagerung)
V = Verwitterungsboden (Bodenentwicklung aus anstehendem Festgestein)
Vg = stark steinige Verwitterungs- und Gesteinsböden
G = Zusatz bei hohem Gribbodenanteil von D- und Al-Böden (führt zur Wertminderung).

55 **Moorböden** nehmen dabei eine Sonderstellung ein; sie zählen nicht zu den mineralischen Bodenarten. Ihre Bonität wird maßgeblich durch den Grad der Zersetzung bestimmt.

Bodenzustandsstufen

56 Mit der Einteilung in (Boden-)Zustandsstufen werden die **Bodeneigenschaften** beschrieben, die durch lang dauernde Einwirkungen von Klima, früherem Pflanzenbestand, Geländegestaltung, Grundwasser, Art der Nutzung und Gestein bedingt sind.

57 Es wird zwischen **sieben Zustandsstufen** unterschieden, von denen die Stufe 1 den günstigsten und die Stufe 7 den ungünstigsten Zustand beschreibt.

Beispiel:

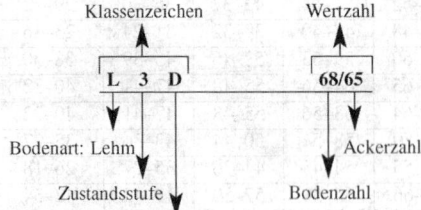

b) *Der Grünlandschätzungsrahmen*

58 Der Grünlandschätzungsrahmen (Abb. 11) untergliedert sich in der Hauptsache wiederum nach den Bodenarten, die auch für den Ackerschätzungsrahmen maßgeblich sind; er beschränkt sich allerdings auf nur **fünf Bodenarten**:

S   Sand
LS lehmiger Sand
L   Lehm
T   Ton
Mo Moor

Abb. 11: Grünlandschätzungsrahmen[59]

Bodenklima			Wasserverhältnisse				
Art	Stufe		1	2	3	4	5
S	I (45–40)	a	60–51	50–43	42–35	34–28	27–20
		b	52–44	43–36	35–29	28–23	22–16
		c	45–38	37–30	29–24	23–19	18–13
	II (30–25)	a	50–43	42–36	35–29	28–23	22–16
		b	43–37	36–30	29–24	23–19	18–13
		c	37–32	31–26	25–21	20–16	15–10
	III (20–15)	a	41–34	33–28	27–23	22–18	17–12
		b	36–30	29–24	23–19	18–15	14–10
		c	31–26	25–21	20–16	15–12	11–7
lS	I (60–55)	a	73–64	63–54	53–45	44–37	36–28
		b	65–56	55–47	46–39	38–31	30–23
		c	57–49	48–41	40–34	33–27	26–19
	II (45–40)	a	62–54	53–45	44–37	36–30	29–22
		b	55–47	46–39	38–32	31–26	25–19
		c	48–41	40–34	33–28	27–23	22–16
	III (30–25)	a	52–45	44–37	36–30	29–24	23–17
		b	46–39	38–32	31–26	25–21	20–14
		c	40–34	33–28	27–23	22–18	17–11
L	I (75–70)	a	88–77	76–66	65–55	54–44	43–33
		b	80–70	69–59	58–49	48–40	39–30
		c	70–61	60–52	51–43	42–35	34–26
	II (60–55)	a	75–65	64–55	54–46	45–38	37–28
		b	68–59	58–50	49–41	40–33	32–24
		c	60–52	51–44	43–36	35–29	28–20
	III (45–40)	a	64–55	54–46	45–38	37–30	29–22
		b	58–50	49–42	41–34	33–27	26–18
		c	51–44	43–37	36–30	29–23	22–14
T	I (70–65)	a	88–77	76–66	65–55	54–44	43–33
		b	80–70	69–59	58–48	47–39	38–28
		c	70–61	60–52	51–43	42–34	33–23
	II (55–50)	a	74–64	63–54	53–45	44–36	35–26
		b	66–57	56–48	47–39	38–30	29–21
		c	57–49	48–41	40–33	32–25	24–17
	III (40–35)	a	61–52	51–43	42–35	34–28	27–20
		b	54–46	45–38	37–31	30–24	23–16
		c	46–39	38–32	31–25	24–19	18–12

---

59 Richtlinien zur Bewertung land- und forstwirtschaftlicher Grundstücke (BAnz Nr. 224 vom 30.11.1967, BStBl I 1967, 3973).

IV § 5 ImmoWertV — Flächen d. Land- oder Forstwirtschaft

Grünlandschätzungsrahmen							
Bodenklima			Wasserverhältnisse				
Art	Stufe		1	2	3	4	5
Mo	I (45–40)	a	60–51	50–42	41–34	33–27	26–19
		b	57–49	48–40	39–32	31–25	24–17
		c	54–46	45–38	37–30	29–23	22–15
	II (30–25)	a	53–45	44–37	36–30	29–23	22–16
		b	50–43	42–35	34–28	27–21	20–14
		c	47–40	39–33	32–26	25–19	18–12
	III (20–15)	a	45–38	37–31	30–25	24–19	18–13
		b	41–35	34–28	27–22	21–16	15–10
		c	37–31	30–25	24–19	18–13	12–7
Klima:		a = 7,9 °C Jahreswärme und darüber; b = 7,9 bis 7,0 °C Jahreswärme; c = 6,9 bis 5,7 °C Jahreswärme					
Bei besonders ungünstigen klimatischen Verhältnissen in Gebirgslagen mit einer Jahresdurchschnittstemperatur unter 5,7 °C kann eine weitere Klimastufe d gebildet werden, die eine entsprechend geringere Bewertung zulässt.							

59 Die **Hauptuntergliederung** nach Bodenarten unterscheidet zusätzlich noch nach

– Bodenzustandsstufen,
– Klimastufen und
– Wasserverhältnissen.

60 Eine weitere Untergliederung des Grünlandschätzungsrahmens nach **Entstehungsarten des Bodens** ist für die Bonitierung bedeutungslos; der Grünlandschätzungsrahmen verzichtet deshalb hierauf.

Bodenzustandsstufen

61 Der Grünlandschätzungsrahmen sieht lediglich **drei Bodenzustandsstufen** vor, wobei gegenüber dem Ackerschätzungsrahmen mehrere Zustandsstufen zusammengefasst werden konnten:

Zustandsstufe I   = Zustandsstufe 2 und 3 des Ackerschätzungsrahmens
günstigster Zustand (günstige Basenverhältnisse, durchlässig)

Zustandsstufe II = Zustandsstufe 4 und 5 des Ackerschätzungsrahmens

Zustandsstufe III = Zustandsstufe 6 und 7 des Ackerschätzungsrahmens
ungünstigster Zustand (sauer, dicht)

62 Lediglich für **Moorböden** besteht Identität der Zustandsstufen; Stufe 1 kann im Übrigen bei der Einteilung des Grünlandes entfallen.

Wasserverhältnisse

63 Der **Feuchtigkeitsgrad** des Grünlandes wird im Wesentlichen durch das Grundwasser, den Niederschlag und die Bodenverhältnisse bestimmt. Der Grünlandschätzungsrahmen sieht insgesamt fünf Wasserzustandsstufen vor, die wie folgt charakterisiert sind:

Wasserstufe 1:   Frische, gesunde Lagen mit gutem Süßgräserbestand (besonders günstig)
Wasserstufe 2:   Zwischenlage

Flächen d. Land- oder Forstwirtschaft § 5 ImmoWertV IV

Wasserstufe 3: Feuchte Lagen, aber noch keine stauende Nässe; weniger gute Gräser mit nur geringem Anteil an Sauergräsern. Trockene Lagen mit noch verhältnismäßig guten, aber harten Gräsern

Wasserstufe 4: Zwischenlage (bei besonders trockenen Lagen ergänzend mit einem Minuszeichen gekennzeichnet)

Wasserstufe 5: Ausgesprochen nasse bis sumpfige Lagen mit stauender Nässe; schlechte Gräser mit starkem Hervortreten der Sauergräser. Sehr trockene, dürre Lagen (häufig scharfe, leicht ausbrennende Südhänge) mit weniger guten und harten Gräsern (besonders ungünstig). Besonders trockene Lagen werden wiederum mit einem Minuszeichen gekennzeichnet.

Klimaverhältnisse

Für die Bonitierung sind die Klimaverhältnisse von Bedeutung. Im Vordergrund steht dabei die **Jahreswärme** und nicht die bereits durch die Unterteilung nach Wasserverhältnissen berücksichtigten Niederschlagsverhältnisse. Der Grünlandschätzungsrahmen sieht **drei Klimastufen** vor:

Klimastufe a: Durchschnittliche Jahreswärme 7,9 °C
Klimastufe b: Durchschnittliche Jahreswärme 7,9 ° bis 7,0 °C
Klimastufe c: Durchschnittliche Jahreswärme 6,9 ° bis 5,7 °C

Klimatische Sonderverhältnisse müssen allerdings berücksichtigt werden:

Klimastufe d: Ungünstige Klimaverhältnisse in hohen Gebirgslagen mit einer durchschnittlichen Jahreswärme 5,6 °C

Gemäß § 11 des Bodenschätzungsgesetzes sind die rechtskräftig festgestellten Schätzungsergebnisse in das Liegenschaftskataster zu übernehmen. Sie wurden in **Schätzungskarten** übernommen[60].

Beispiel:

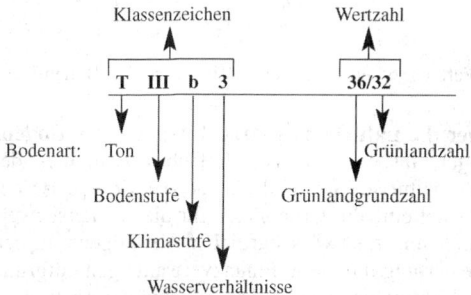

2.2.5.3 Ertragsmesszahl

Schrifttum: *Böhme, K.*, Kaufwerte für landwirtschaftliche Grundstücke abhängig von Ertragsmesszahl und Größe der verkauften Fläche, NL-BzAR 2008, 417.

Die **Ertragsmesszahl definiert sich als Produkt der Fläche in Ar und der Acker- und Grünlandzahl** (§ 9 Abs. 1 Satz 2 BodSchätzG) und beschreibt die natürliche Ertragsfähigkeit dieser Fläche in Abhängigkeit von der zu wertenden Fläche. Bestehen innerhalb einer Fläche mehrere Teilflächen unterschiedlicher Acker- oder Grünlandzahlen (Wertzahlen), so bildet

---

60 RdErl. des RMI vom 8.6.1937 – VI A 5223/6833 –, zuletzt ergänzt durch Erl. vom 28.3.1939, RMBl. 1939, 971.

IV § 5 ImmoWertV — Flächen d. Land- oder Forstwirtschaft

die Summe der Produkte der einzelnen Flächen in Ar und der jeweiligen Wertzahl die Ertragsmesszahl der Gesamtfläche (Bonität).

$$\text{EMZ [m}^2\text{]} = \text{Fläche} \times \text{Acker- oder Grünlandzahl}/100 \qquad (1)$$

Die **Ackerzahl** (1 bis 120) ergibt sich unter Berücksichtigung der Bodenart, der Entstehung und der Zustandsstufe aus der dem Ackerschätzungsrahmen entnommenen Bodenzahl (von 7 bis 100) zuzüglich bzw. abzüglich eines Zu- oder Abschlags zur Berücksichtigung des Klimas, der Geländegestaltung (u. a.) von maximal +/- 20.

Die **Grünlandzahl** (1 bis 100) ergibt sich unter Berücksichtigung der Bodenart, der Bodenstufe, der Klima- und Wasserverhältnisse aus der dem Grünlandschätzungsrahmen entnommenen Grünlandgrundzahl (von 7 bis 88) zuzüglich bzw. abzüglich eines Zu- oder Abschlags zur Berücksichtigung der Geländegestaltung (u. a.) von maximal +/- 12.

Die Ertragsmesszahl ist im Liegenschaftsbuch angegeben.

Beispiel:

Gemeindebezirk .... **Grundbuch** .... **Erbbaugrundbuch** ....
                                    Bd. ...... Bl. ......   Bd. .... Bl. ....

Jahrgang der Entstehung	Nummer der Flur	Nummer des Flurstücks	Lage	Nutzungsart (Nr. des Gebäudebuchs)	Fläche Gesamtfläche des Flurstücks ha	a	qm	Ertragsmesszahl	Fortführung Jahr	von Nummer	an Nummer	Hinweis auf die Fortführungsunterlagen	Bestand Bemerkungen
1	2		3	4	5			6	7				8
	4	57	In der Sonne	A	12	47	83	50713					

68 Die EMZ definiert sich damit als die in **Quadratmetern angegebene Größe einer Bodenfläche höchster Ertragsfähigkeit** (mit der Wertzahl 100), die in Bezug auf den Reinertrag der Fläche gleichwertig mit der jeweiligen Fläche ist:

Beispiel:

Größe der Fläche   1 400 m²
Ackerzahl der Fläche   65
EMZ = 1400 m² × 65/100 = 910 m²

d. h., die 1 400 m² große Bodenfläche mit der Wertzahl 65 entspricht einer 910 m² großen Bodenfläche mit der Wertzahl 100.

69 Die **Ertragsmesszahl (EMZ)** kennzeichnet die natürliche Ertragsfähigkeit des Bodens aufgrund der natürlichen Ertragsbedingungen, insbesondere der Bodenbeschaffenheit, der Geländegestaltung und der klimatischen Verhältnisse. Sie wird anhand der Ergebnisse der amtlichen Bodenschätzung berechnet und bildet eine der Grundlagen für die Einheitsbewertung und damit für die Besteuerung des land- und forstwirtschaftlichen Vermögens. In den neuen Bundesländern erfolgt die Einheitsbewertung durch die Finanzverwaltungen aufgrund ungeklärter Eigentumsverhältnisse und aus Vereinfachungsgründen gegenwärtig noch überwiegend anhand gemeindedurchschnittlicher Ertragsmesszahlen.

70 Besteht ein Flurstück bzw. **Grundstück aus mehreren Nutzungsarten** mit verschiedenen Teilen von Klassenflächen, so sind die Flächen und Ertragsmesszahlen (EMZ) der einzelnen Nutzungsarten für jedes Teilstück summarisch auszuweisen[61]. Die Summe aller Ertragsmesszahlen eines Grundstücks dividiert durch seine Fläche in Ar ergibt die **durchschnittliche Ertragsmesszahl,** aus der die Bonität erkennbar wird.

---

[61] Nr. 52 f. des Bodenschätzungsübernahmeerlasses – BodSchätzÜbernErl des RdI vom 23.9.1936, zuletzt ergänzt durch RdErl vom 22.2.1938 – VI a 4074/38-6833.

Flächen d. Land- oder Forstwirtschaft   § 5 ImmoWertV IV

Die große Bedeutung, die der Ertragsmesszahl für die Wertfindung beigemessen wird, trifft nach *Köhne*[62] nur für Standorte mit bindigen Böden und nicht für Standorte mit hoher Viehdichte, leichteren Böden mit Beregnung sowie für Grünland zu. 71

Der **Verkehrswert landwirtschaftlicher Flächen kann nach Vergleichspreisen oder aufgrund von Bodenrichtwerten abgeleitet** werden, die sich im Allgemeinen auf ein landwirtschaftlich genutztes Grundstück von ca. 2 ha Größe, in regelmäßiger Grundstücksform und in einem normalen Kulturzustand beziehen: 72

Beispiel für Bodenrichtwerte gemäß BRW-RL:

Erläuterung:

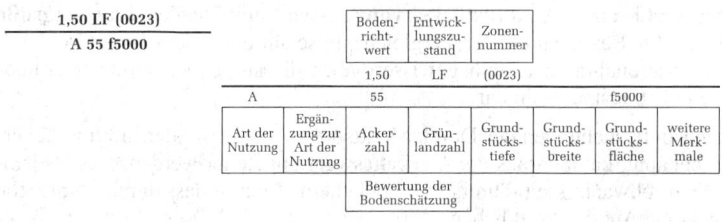

	Bodenrichtwert
...	Bodenrichtwert in Euro je Quadratmeter
	Entwicklungszustand
LF	Flächen der Land- oder Forstwirtschaft
	Art der Nutzung
LW	landwirtschaftliche Fläche
A	Acker
GR	Grünland
EGA	Erwerbsgartenanbaufläche
SK	Anbaufläche für Sonderkulturen
WG	Weingarten
KUP	Kurzumtriebsplantagen/Agroforst
UN	Unland, Geringstland, Bergweide, Moor
F	forstwirtschaftliche Fläche

	Ergänzung zur Art der Nutzung
OG	Obstanbaufläche
GEM	Gemüseanbaufläche
BLU	Blumen- und Zierpflanzenanbaufläche
BMS	Baumschulfläche
SPA	Spargelanbaufläche
HPF	Hopfenanbaufläche
TAB	Tabakanbaufläche
FL	Weingarten in Flachlage
HL	Weingarten in Hanglage
STL	Weingarten in Steillage
	Bewertung der Bodenschätzung
...	Ackerzahl
...	Grünlandzahl
	Angaben zum Grundstück
t...	Grundstückstiefe in Metern
b...	Grundstücksbreite in Metern
f...	Grundstücksfläche in Quadratmetern

Für die **Verkehrswertermittlung landwirtschaftlicher Flächen im Wege des Vergleichswertverfahrens** bietet es sich an, Vergleichspreise, bezogen auf die Ertragsmesszahl, zu ermitteln, denn die landwirtschaftlichen Verkehrswerte sind vielfach eine Funktion der Ertragsfähigkeit des Bodens, wobei eine regional unterschiedliche Abhängigkeit festgestellt worden ist. Untersuchungen für den Landkreis *Müritz* haben z. B. ergeben, dass die Bodenpreise ausgehend von einem Grundwert eine Bonitätsabhängigkeit aufweisen. Folgende Empfehlung wurde im Grundstücksmarktbericht 2003 gegeben:

$$\text{Ackerland (€/ha)} = 1\,000\text{ €} + 72\text{ €/ha} \times \text{Ackerzahl}$$

Allein mit der einfachen Bildung eines Quotienten aus Kaufpreis und Bonität ist noch keine funktionale Abhängigkeit des Bodenwerts von der Bonität nachgewiesen. Von vielen Gutachterausschüssen für Grundstückswerte werden Untersuchungen über die Abhängigkeit des Bodenwerts von der Ertragsfähigkeit mit unterschiedlichen Ergebnissen veröffentlicht. Soweit eine Abhängigkeit nachgewiesen werden konnte, kann eine Anpassung der Bodenwerte in **Abhängigkeit von der Acker- und Grünlandzahl** mit folgender Gleichung vorgenommen werden.

---

62 Köhne, Landwirtschaftliche Taxationslehre, 3. Aufl. 2000, S. 59.

IV § 5 ImmoWertV — Flächen d. Land- oder Forstwirtschaft

Aus (1): EMZ = Flächen m² × Acker- oder Grünlandzahl/100

folgt (2): $\boxed{\text{EMZ}_{1\,m^2} = 1\,m^2 \times \text{Acker- oder Grünlandzahl}/100}$

73 *Beispiel:*

Grundstücksgröße	1 m² (fiktiv)
Ackerzahl	65

Ertragsmesszahl (EMZ)$_{1\,m^2}$ = 65/100 × 1 m² = 0,65 m²

Da die **Ertragsmesszahl eines Grundstücks von** dessen individueller **Flächengröße abhängt**, bietet die direkte Bezugnahme der Vergleichspreise auf die Acker- bzw. Grünlandzahl eine größere Operationalität. Sie stellt gewissermaßen die auf 1 Quadratmeter Grundstücksfläche bezogene Ertragsmesszahl dar.

74 Ist nun aus Vergleichsuntersuchungen der Durchschnittspreis in €/EMZ oder in €/m² Acker- oder Grünlandzahl bekannt, kann daraus der **Verkehrswert** abgeleitet werden. Das Preisniveau von Ackerflächen schwankt kleinräumig in erheblichem Maße, sodass durchschnittliche Preise einer Region keine Aussagekraft haben.

75 *Beispiel A:*

EMZ (Ertragsmesszahl) des Grundstücks	910 m²
Durchschnittspreis je EMZ (von 1 m²)	0,75 €/m² EMZ
Grundstücksgröße	1 400 m²

Vergleichswert: 910 m² × 0,75 €/m² = 682,50 €
Umgerechnet auf den Quadratmeter Grundstücksfläche:
Vergleichswert: 682,50 €/1 400 m² = 0,49 €/m² ≈ **0,50 €/m²**

76 *Beispiel B:*

Ackerzahl (AZ) der Fläche	65
Durchschnittspreis je AZ	0,0076 €/m²
Grundstücksgröße	1 400 m²
Vergleichswert:	0,0076 €/m² × 65 ≈ **0,50 €/m² AZ**
	1 400 m² × 0,50 €/m² AZ = 700 €

Im *Beispiel A* erhält man direkt den Gesamtwert des Grundstücks; im Beispiel B zunächst den auf den Quadratmeter Grundstücksfläche bezogenen Bodenwert, der zunächst vielleicht anschaulicher ist.

Nachfolgend sind regionale Untersuchungsergebnisse abgedruckt:

Flächen d. Land- oder Forstwirtschaft § 5 ImmoWertV IV

Abb. 12: Umrechnungskoeffizienten Abhängigkeit des Bodenwerts von der Ackerzahl

Ackerzahl	Regionalbereich Anhalt	LK Hildesheim	LK Holzminden	LK Diepholz	LK Oberspreewald Lausitz	LK Osterode Harz	LK Northeim	Köln	LK Göttingen	Paderborn
	2011	2005	2004	2013	2011	2012	2012	2013	2012	1995
10	–	–	–	–	0,591	–	–	–	–	–
15	–	–	–	–	0,693	–	–	–	–	-
20	0,574	–	–	0,88	0,795	–	–	–	–	-
25	0,638	0,60	–	0,92	0,898	–	–	–	–	-
30	0,681	0,64	–	0,95	1,000	–	–	–	–	0,88
35	0,745	0,86	0,65	0,98	1,102	0,80	–	–	–	0,92
40	0,809	0,72	0,72	1,00	1,205	0,85	0,79	0,75	0,78	0,96
45	0,894	0,76	0,78	1,03	1,307	0,90	0,84	0,80	0,83	1,00
50	0,936	0,80	0,85	1,05	1,409	0,95	0,89	0,85	0,89	1,04
55	1,000	0,84	0,92	1,08	1,511	1,00	0,94	0,90	0,94	1,08
60	1,085	0,88	1,00	1,10	1,614	1,05	1,00	0,95	1,00	1,12
65	1,170	0,92	1,08	–	–	1,11	1,05	–	1,06	-
70	1,234	0,96	1,15	–	–	1,16	1,11	1,00	1,13	-
75	1,319	1,00	1,24	–	–	1,23	1,17	–	1,20	-
80	1,404	1,05	1,44	–	–	1,29	1,24	1,05	1,27	-
85	1,468	1,10	–	–	–	1,35	1,30	–	1,35	-
90	1,574	1,15	–	–	–	–	1,37	–	1,43	-
95	1,660	1,20	–	–	–	–	–	1,10	–	-
100	1,745	1,25	–	–	–	–	–	–	–	-
105	–	1,30	–	–	–	–	–	–	–	-
110	–	1,35	–	–	–	–	–	–	–	-

Quelle: Landesgrundstücksmarktberichte der angegebenen Jahre

Beispiel:

Zu bewertendes Grundstück: 20 000 m² – Ackerzahl 55
Bodenrichtwertgrundstück: 10 000 m² – Ackerzahl 40
Bodenrichtwert: 1,75 €/m²

Wertermittlung

Bodenwert: 1,75 €/m² × 1,03 / 1,00 × 1,08 / 0,96 = 2,03 €/m²

Im Gutachterausschussmarktbericht 2005 von *Kleve* wird folgender Zusammenhang zwischen dem Bodenwert für Ackerland und der Bodenpunktzahl angegeben:

Wert in €/m² = 0,0266 × Bodenpunktzahl + 1,4385

Im Grundstücksmarktbericht 2010 des Oberen Gutachterausschusses für das Land *Brandenburg* wird im Unterschied zu früheren Marktberichten darauf hingewiesen, dass sich keine signifikante Abhängigkeit des Bodenpreises für Ackerland von der Ackerzahl nachweisen lasse (Abb. 13)[63].

Abb. 13: Umrechnungskoeffizienten Abhängigkeit des Bodenwerts von Grünlandgrundstücken von der Bonitierung

Umrechnungskoeffizienten Abhängigkeit des Bodenwerts von der Bonitierung			
Grünlandzahl	LK Hildesheim	Hildburghausen 2012	LK Oberspreewald Lausitz 2011
10	–	-	0,490
15	–	0,94	0,618
20	–	-	0,745
25	0,79	0,97	0,873
30	0,82	-	**1,000**
35	0,85	**1,00**	1,127
40	0,88	-	1,255
45	0,91	1,03	1,382
50	0,94	-	1,510
55	0,97	1,06	1,637
60	**1,00**	-	1,764
65	1,04	-	–
70	1,08	-	–
75	1,12	-	–
80	1,16	-	–
85	1,20	-	–

Quelle: Landesgrundstücksmarktberichte

2.2.6 Ertragswertermittlung

77 Nach allgemeinen Grundsätzen errechnet sich der Ertragswert durch Kapitalisierung der Reinerträge. Diese ergeben sich aus den (Roh-)Erträgen abzüglich des gewöhnlichen Aufwands während eines Wirtschaftsjahres. Bei **betriebswirtschaftlicher Betrachtungsweise** (Unternehmensbewertung) werden Zins- und Pachtaufwendungen berücksichtigt. Des Weiteren wird zur Ermittlung des Reinertrags auch der Lohnansatz für den Betriebsleiter und seine mitarbeitenden nicht entlohnten Betriebsangehörigen in Abzug gebracht. Der sich daraus ergebende Reinertrag wird als Erfolgsanteil des im Betrieb eingesetzten Kapitals einschließlich des Grund und Bodens, der Gebäude, des Viehs, der Vorräte und aller Betriebseinrichtungen (Geräte und Maschinen) angesehen.

Die Höhe der **Pacht** orientiert sich an dem erzielbaren Einkommen, insbesondere nach den

– grundstücksindividuellen Besonderheiten, wie Nutzungsart (Acker- bzw. Grünland) der natürlichen Ertragskraft des Bodens und den Lieferrechten,

– betriebsindividuellen Besonderheiten, wie die Qualifikation des Betriebsleiters, der Auslastung vorhandener Gebäude und Maschinen sowie deren technischer Stand und den Flächenbedarf für die Dungverwertung bei Veredelungsbetrieben,

– lokalen und regionalen Gegebenheiten, wie die naturräumlichen und klimatischen Verhältnisse, den regionalen Auflagen und regionalen Ausgleichszahlungen,

– fiskalischen Faktoren, wie z. B. der EU-Agrarreform, Investitionsförderung, struktur-, sozial-, steuer- und umweltpolitischen Maßnahmen (Ausgleichszahlungen),

– gesamtwirtschaftlichen Verhältnissen (z. B. Arbeitslosigkeit, Investitionsneigung usw.).

78 Der Reinertrag ist unter Berücksichtigung gesetzlicher Vorgaben zu kapitalisieren; der kapitalisierte Reinertrag ist der Ertragswert. Der **Reziprokwert des Verzinsungssatzes stellt den Kapitalisierungsfaktor dar**:

---

[63] Grundstücksmarktbericht 2010, S. 56; vgl. Grundstücksmarktbericht 2007 in Kleiber, Verkehrswertermttlung von Grundstücken, 6. Aufl., S. 646.

Flächen d. Land- oder Forstwirtschaft § 5 ImmoWertV IV

$$\text{Kapitalisierungsfaktor} = \frac{100}{\text{Verzinsungssatz}}$$

Für *Nordrhein-Westfalen* beträgt die Verzinsung 4%;

$$\text{Kapitalisierungsfaktor } \textit{Nordrhein-Westfalen} = \frac{100}{4} = 25$$

Für *Bayern* beträgt die Verzinsung 5,5 %; hieraus ergibt sich ein Kapitalisierungsfaktor von 18. Dieser auf die Einheitsbewertung zurückführbare Zinssatz wird dort auf einen stark reduzierten Hektar-Reinertragssatz angewandt, sodass sich tatsächlich eine wesentlich niedrigere Verzinsung von etwa 2,75 % ergibt.

Bei **Erbauseinandersetzungen** gehen die Gerichte zur Ermittlung des Ertragswerts in Bayern vom 18fachen, in den meisten anderen Bundesländern vom 25fachen Jahresreinertrag aus[64]. 79

2.2.7 Waldfläche

2.2.7.1 Allgemeines

Schrifttum: *Bewer, S.,* Minderung des Werts von Jagdbezirken durch Straßen- oder Bahntrassen, Wertermittlungsforum SVK Verlag 1988, Heft 4, S. 180; *Bewer, S.,* Jagdwertminderung, Wertermittlungsforum SVK Verlag 1994, Heft 1, S. 13; *Bormann, G.,* Analyse des forstwirtschaftlichen Bodenverkehrs in Sachsen-Anhalt, Universität Göttingen; *Harbort, H.-K.,* Bewertung von Waldgrundstücken, Nachr. der nds. Kat.- und VermVw 1988, 318; *König, K.-H.,* Die Wertermittlung von Waldboden und Holzbeständen bei Berücksichtigung der Richtlinien zur Waldbewertung in Nordrhein-Westfalen, GuG 1991, 83; *Mantel, W.,* Waldbewertung – Einführung und Anleitung, BLV Verlagsgesellschaft, 6. Aufl. 1982; *Möhrung/Leefken,* Bewertung von forstlichem Vermögen für Zwecke der Erbschaft- und Schenkungsteuer, HLBS-report 2009, 119; *Moog, M.,* Überlegungen zum Verkehrswert von Waldflächen und zur Anwendung des Vergleichswertverfahrens in der Waldbewertung; Forstarchiv S. 272 ff.; *Sagl, W.,* Bewertung in Forstbetrieben, Blackwell Wissenschaftsverlag 1995; *Sagl, W.,* Entschädigung für Grundbeanspruchung, Universität für Bodenkultur, Bd. 15, Wien 1992; Bewertung in Forstbetrieben, Wien 1995; *Thies, H.J.,* Rechtliche und ökonomische Probleme bei der Beurteilung von Jagdwertminderungen, AgrarR 1991, 85; *Wolf, Th.,* Bewertung von Jagdschäden beim Grunderwerb für den Neubau von Bundesfernstraßen, AFZ 1969, Heft 44, S. 866–869; aktualisiert in: *Meyer-Ravenstein, Köhne, Wolf, Wenzl, Wolfram,* Jagdwertminderung Heft 121 der HLBS-Schriftenreihe, 1987; *Ohrmann, S.,* Analyse wertbestimmender Faktoren von Waldgrundstücken, Universität Göttingen; *Wagner,* Bestimmungsgründe von Waldgrundstückspreisen in Hessen, J. D. Sauerländer's Verlag Frankfurt am Main, Bd. 37.

▶ *Zum Begriff der Forstwirtschaft vgl. Rn. 25*

Nach der Legaldefinition des § 2 BWaldG ist Wald jede mit Forstpflanzen bestockte Grundfläche. Als Wald gelten auch kahlgeschlagene oder verlichtete Grundflächen, Waldwege, Waldeinteilungs- und Sicherungsstreifen, Waldblößen und Lichtungen, Waldwiesen, Wildäsungsplätze, Holzlagerplätze sowie weitere mit dem Wald verbundene und ihm dienende Flächen; dabei kommt es für die Qualifizierung einer Fläche als Wald allein auf die tatsächlichen Verhältnisse an[65]. In der Flur oder im bebauten Gebiet gelegene kleinere Flächen, die mit einzelnen Baumgruppen, Baumreihen oder mit Hecken bestockt sind oder als Baumschulen verwendet werden, sind nicht Wald i. S. des BWaldG. 80

Unter den **Begriff Wald** fallen nach Maßgabe landesrechtlicher Vorschriften die beholzten und nichtbeholzten Waldflächen; § 2 LWaldG M-V definiert den Wald z. B. wie folgt:

---

64 Sichtermann, Das Grundstücksverkehrsgesetz, 3. Aufl. Stuttgart 1980, S. 19.
65 Vgl. OVG Münster, Urt. vom 21.11.1991 – 20 A 2063/90 –.

IV § 5 ImmoWertV Flächen d. Land- oder Forstwirtschaft

„§ 2 LWaldG M-V [66]

(1) Wald im Sinne dieses Gesetzes ist jede mit Waldgehölzen bestockte Grundfläche. Waldgehölze sind alle Waldbaum- und Waldstraucharten. Bestockung ist der flächenhafte Bewuchs mit Waldgehölzen, unabhängig von Regelmäßigkeit und Art der Entstehung.

(2) Als Wald gelten auch kahl geschlagene oder verlichtete Grundflächen, Waldwege, Waldeinteilungs- und Sicherungsstreifen, Waldwiesen, Waldblößen, Lichtungen, Waldpark- und Walderholungsplätze. Als Wald gelten ferner im Wald liegende oder mit ihm verbundene und ihm dienende Flächen wie insbesondere:

– Wildäsungsflächen und Holzlagerplätze,
– Pflanzgärten und Leitungsschneisen,
– Weihnachtsbaum- und Schmuckreisigkulturen,
– Teiche, Weiher, Gräben und andere Gewässer von untergeordneter Bedeutung sowie deren Uferbereiche, unbeschadet der wasser-, fischerei-, landeskultur- und naturschutzrechtlichen Vorschriften,
– Moore, Heiden und sonstige ungenutzte Ländereien (Ödflächen).

(3) Nicht als Wald gelten:

– in der Feldflur oder im bebauten Gebiet gelegene kleinere Flächen, die mit einzelnen Baumgruppen, Baumreihen oder Hecken bestockt sind,
– in der Feldflur gelegene Weihnachtsbaum- und Schmuckreisigkulturen, Baumschulen und zum Wohnbereich gehörende Parkanlagen sowie
– mit Waldgehölzen bestockte Friedhöfe, sofern die Waldfunktionen eingeschränkt sind,
– mit Waldgehölzen bestockte Grundflächen, die die Mindestgröße von 0,2 Hektar nicht erreichen,
– Grundflächen, auf denen Baumarten mit dem Ziel baldiger Holzentnahme angepflanzt werden und deren Bestände eine Umtriebszeit von nicht länger als 20 Jahren haben (Kurzumtriebsplantagen),
– Flächen mit Baumbestand, die gleichzeitig dem Anbau landwirtschaftlicher Produkte dienen (agroforstliche Nutzung), und
– mit Forstpflanzen bestockte Flächen, die am 6. August 2010 in dem in § 3 Satz 1 der InVeKoS-Verordnung bezeichneten Flächenidentifizierungssystem als landwirtschaftliche Flächen erfasst sind, solange deren landwirtschaftliche Nutzung andauert.

(4) Bestehen im Rahmen der Gesetzesanwendung Zweifel über die Zuordnung einer Grundfläche zu Wald, so ist für die Entscheidung die oberste Forstbehörde zuständig."

Für die **Qualifizierung einer Fläche als Wald** kommt es nach der Rechtsprechung allein auf die tatsächlichen Verhältnisse an; dabei sei es unerheblich, wie die Bestockung der Fläche mit Forstpflanzen entstanden ist. Eine unbebaute Fläche, auf der sich im Wege ungestörter natürlicher Sukzession Forstpflanzen ansiedeln, kann auch dann zu einem Wald im Rechtssinne heranwachsen, wenn sie in einem Bebauungsplan als Wohngebiet ausgewiesen ist[67].

Grundsätze und Hinweise für die **Ermittlung des Verkehrswerts von Waldflächen** enthalten die Waldwertermittlungsrichtlinien 2000 – WaldR 2000 – (vgl. Vorbem. zur ImmoWertV Rn. 181). Es handelt sich dabei um „Formelverfahren", die vornehmlich für die Enteignungsentschädigung entwickelt worden sind. Nach den WaldR setzt sich der Waldwert zusammen aus

– dem Wertanteil für den Boden und
– dem Holzbestand[68].

Der Wert bestimmt sich maßgeblich durch den Bestand, insbesondere Alter, Oberhöhe, den Brusthöhendurchmesser (BhD) und Bestockungsgrad (B).

81 Von besonderer Bedeutung ist die vorherige Genehmigung der Forstbehörden im Falle einer **Umwandlung des Waldes** (Rodung und Überführung in eine andere Nutzungsart). Soweit nachteilige Wirkungen einer ständigen oder befristeten Umwandlung nicht ausgeglichen wer-

---

66 Landeswaldgesetz – LWaldG M-V vom 8.2.1993 (GVOBl. M-V 1993, 90), zuletzt geändert durch Gesetz vom 2.3.1993 (GVOBl. M-V 1993, 178).
67 BVerwG, Beschl. vom 14.5.1985 – 4 B 76/85 –, NVwZ 1986, 206; OVG Münster, Urt. vom 6.7.2000 – 7a D 101/97 –, BRS Bd. 63 Nr. 16 = EzGuG 2.61a; OVG Münster, Urt. vom 22.1.1988 – 10 A 1299/87 –, NVwZ 1988, 1048 = EzGuG 8.64; OVG Münster, Urt. vom 21.11.1991 – 20 A 2063/90 –; OVG Münster, Urt. vom 11.6.1985 – 20 A 460/84 –.
68 Vgl. auch Waldbewertungsrichtlinien (WBR) des LM Niedersachsen vom 1.9.1986; NdsMinBl. 1986, 936; WBR NRW 2005, Hrsg. Landesamt für Ökologie, Bodenordnung und Forsten Nordrhein-Westfalen, 2005.

den können, muss bei der Wertermittlung geprüft werden, ob und in welcher Höhe eine **Walderhaltungsabgabe** zu entrichten ist, die neben Ersatzmaßnahmen verlangt werden kann (vgl. Syst. Darst. des Vergleichswertverfahrens Rn. 374).

2.2.7.2 Waldboden

Der „Wert des Waldbodens" bestimmt sich nach Nr. 5 WaldR in Anlehnung an § 104 BauGB durch den Preis, der am Wertermittlungsstichtag im gewöhnlichen Geschäftsverkehr ohne Rücksicht auf ungewöhnliche oder persönliche Verhältnisse für Waldboden zu erzielen wäre. Der **Waldbodenverkehrswert (Bodenwertanteil)** ist grundsätzlich aus Vergleichspreisen von Verkäufen vergleichbarer Waldflächen abzuleiten, wobei Vergleichbarkeit insbesondere hinsichtlich

– Lage (Nr. 2.3.1 WaldR 2000), insbesondere Nähe zum Ballungsraum mit einem i. d. R. höheren Waldbodenwert, Absatzmarkt und Erholungsraum,
– Funktion,
– Größe,
– Flächengestalt (Arrondierungsgrad),
– Erschließungszustand,
– Bodenbeschaffenheit,
– Ertragsfähigkeit sowie
– Art und Maß der tatsächlichen und rechtlichen Nutzung

gegeben sein soll (Nr. 5.1 WaldR 2000).

I.d.R. liegen keine Vergleichspreise über „waldleere" Vergleichsgrundstücke vor, da Waldgrundstücke überwiegend als Einheit von Boden und Waldbestand verkauft werden. Deshalb können **hilfsweise landwirtschaftliche Vergleichspreise** herangezogen werden[69]. Auf der Grundlage des Verhältnisses des mittleren landwirtschaftlichen Bodenverkehrswerts zum mittleren Waldbodenpreis wird dabei der örtlich einschlägige landwirtschaftliche Bodenverkehrswert durch Multiplikation mit diesem Prozentsatz abgeleitet. Die in den WaldR angegebene Verhältniszahl von 45 % stellt lediglich einen Beispielsfall dar und darf nicht als Normalwert missverstanden werden (Abb. 14).

---

[69] OLG Zweibrücken, Urt. vom 14.12.1983 – 2 U 77/83 –, BRS Bd. 45 Nr. 111 = EzGuG 2.37; zum Wertverhältnis zwischen land- oder forstwirtschaftlichen Flächen vgl. BGH, Urt. vom 5.4.1973 – III ZR 74/72 –, WM 1874, 696 = EzGuG 2.12; ferner Leisner in AgrarR 1977, 356.

Abb. 14: Land- und forstwirtschaftlich genutzte Grundstücke im Ennepe-Ruhr-Kreis

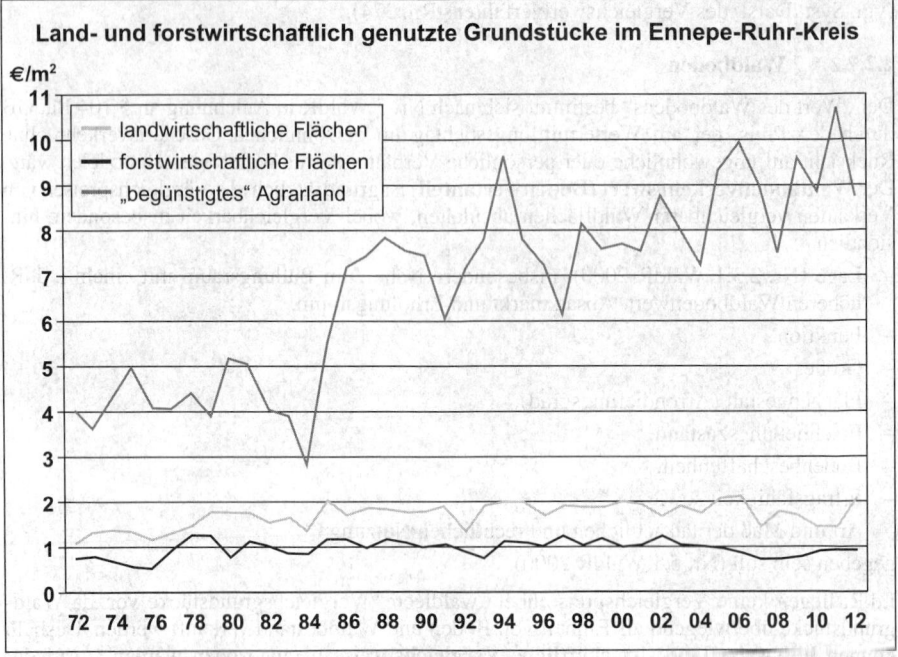

Quelle: Grundstücksmarktbericht Ennepe-Ruhr-Kreis 2013

83 Sofern die herangezogenen Kaufpreissammlungen oder auf sonstige Weise ermittelten Vergleichspreise auch bei Einholung ergänzender Informationen keine hinreichenden Aufschlüsse über die im gewöhnlichen Geschäftsverkehr für Waldflächen gezahlten Preise versprechen, kommt eine Wertermittlung

– nach den Waldbewertungsrichtlinien des Bundes (WaldR) oder

– nach Bewertungsrichtlinien des Landes (z. B. WB 95 von Sachsen-Anhalt)

in Betracht[70].

84 Als vergleichbar können **Vergleichspreise** aus Gebieten herangezogen werden, **die hinsichtlich**

– Gemeindegröße i. V. m. der Bevölkerungsdichte und

– **Ertragsfähigkeit ihrer landwirtschaftlichen Flächen** (gemessen an der Ertragsmesszahl)

vergleichbar sind.

85 *Beispiel:*

– Örtlich maßgebender landwirtschaftlicher Bodenwert: 9 000 €/ha
– Verhältnis der Waldbodenpreise zu den landwirtschaftlichen Bodenpreisen in vergleichbaren Gebieten 45 : 100

Der **Waldbodenwert** beträgt mithin: 9 000 €/ha × 45/100 = **4 050 €/ha**

---

[70] BGH, Urt. vom 5.7.2002 – V ZR 97/01 –, GuG 2003, 178 = EzGuG 12.126; BGH, Urt. vom 2.7.1992 – III ZR 162/90 –, GuG 1993, 52 = EzGuG 2.54.

Flächen d. Land- oder Forstwirtschaft   § 5 ImmoWertV IV

Als Vergleichspreise besonders geeignet sind solche, die sich auf Böden mit gleichwertigem Waldbestand beziehen. Dementsprechend definiert Nr. 2.1 WaldR den **Waldwert** als den Wert, der die Wertanteile für den Boden und für den Waldbestand umfasst. Die häufig gewählte Methode, den Waldbodenwert schematisch mit dem Wert des Waldes aufzuaddieren, darf nicht ungeprüft zur Anwendung kommen, weil beide Wertanteile nicht dem Gesamtwert entsprechen müssen. Bevor man zu dieser Methode greift, sollte sie deshalb auf Plausibilität geprüft werden. 86

Der Waldwert wird insbesondere beeinflusst von 87

– der Lage (Nähe zu Siedlungsgebieten, Ballungsräumen, Erholungszentren usw.),

– der Erschließung, der Größe und dem Arrondierungsgrad der Waldflächen,

– dem tatsächlichen Zustand des Waldbestands und seinem Betriebsziel,

– den gegendüblichen Preis- und Lohnverhältnissen,

– den besonderen Umständen, die den Waldwert beeinflussen können, wie z. B. Dienstbarkeiten, rechtliche Gegebenheiten, Erholungsfunktion des Waldes.

2.2.7.3 Grundstücksgröße

▶ *Vgl. Syst. Darst. des Vergleichswertverfahrens Rn. 247, 275, 306 ff.*

Schrifttum: *Wagner*, Bestimmungsgründe von Waldgrundstückspreisen in Hessen, J. D. Sauerländer's Verlag Frankfurt am Main, Bd. 37.

Der auf den Quadratmeter bezogene **Grundstückswert steigt** im Hinblick auf die forstwirtschaftliche Nutzung – wie im Grundstücksverkehr mit rein landwirtschaftlichen Flächen – nach allgemeiner Auffassung auch bei forstwirtschaftlichen Flächen **mit der Grundstücksgröße** an. Aus Abb. 15 sind allerdings andere Ergebnisse einer hierzu durchgeführten empirischen Untersuchung des Gutachterausschusses für den Bereich von *Bergisch Gladbach* ersichtlich. 88

Abb. 15: Abhängigkeit des Quadratmeterwerts forstwirtschaftlich genutzter Grundstücke (Waldflächen) von der Grundstücksgröße

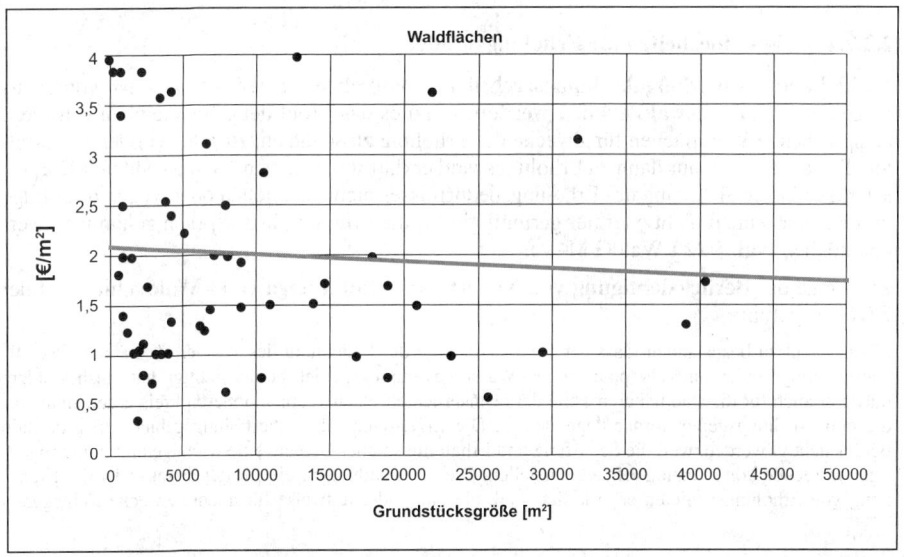

Quelle: Grundstücksmarktbericht Bergisch Gladbach 2013

Abb. 16: Abhängigkeit des Bodenwerts von der Grundstücksgröße (ortsnahe Waldflächen)

Abhängigkeit des Bodenwerts von der Grundstücksgröße (ortsnahe Waldflächen)	
Größe (m²)	LK Oberspreewald Lausitz 2011
500	2,245
1 000	1,498
1 500	1,183
2 000	**1,000**
2 500	0,878
3 000	0,789
3 500	0,722
4 000	0,667
4 500	0,623
5 000	0,586
6 000	0,527
7 000	0,482
8 000	0,446
9 000	0,416
10 000	0,391

Nach Untersuchungen des Oberen Gutachterausschusses für Grundstückswerte im Land *Brandenburg* besteht folgende Abhängigkeit des Bodenpreises (y) von der Flächengröße (x) bei Flächen bis 25 Hektar:

– Laubholz und Mischwaldbestand: $y = 8E - 0{,}5x + 0{,}2087$
– Nadelholzbestand: $y = 0{,}004x + 0{,}204$

2.2.7.4 Besonderheiten für Erholungswälder

89 **Wald kann nach Maßgabe landesrechtlicher Vorschriften** auf Antrag oder von Amts wegen **zu Erholungswald erklärt werden**, wenn es das Wohl der Allgemeinheit erfordert, entsprechende Waldflächen für Zwecke der Erholung zu schützen, zu pflegen oder zu gestalten. Privatwald darf nur dann zu Erholungswald erklärt werden, wenn Staatswald und Körperschaftswald zur Sicherung des Erholungsbedürfnisses nicht ausreichen oder wegen ihrer Lage und Beschaffenheit nicht oder nur geringfügig für die Erholung in Anspruch genommen werden können (vgl. § 22 LWaldG M–V).

Zur Frage der **Berücksichtigung von Naherholungsfunktionen eines Waldgebiets** hat der **BGH** ausgeführt:

„Es ist nicht zu beanstanden, dass der Sachverständige die Bedeutung des Waldes als Landreserve, als Naherholungsgebiet und als potenzielles Wassergewinnungsgebiet berücksichtigt hat. Insbesondere durfte er auch für die stadtnäheren Teile der beanspruchten Flächen einen höheren Preis ansetzen als für die dem Siedlungsgebiet ferner liegenden. ... Die Eigenschaft als Naherholungsgebiet durfte deshalb berücksichtigt werden, weil die Schaffung und Erhaltung solcher Gebiete eine wichtige und immer wichtiger werdende kommunale Aufgabe darstellen. Die Aufwendungen, die für den Ersatz oder die Ergänzung von Erholungsgebieten erforderlich sind, die ganz oder teilweise für andere Zwecke freigegeben werden mussten, geben daher für die abgebende Körperschaft einen berechtigten Grund ab, bei freihändigem Verkauf ihre Preisforderung entsprechend zu gestalten[71]."

Bei Heranziehung dieser Entscheidung darf allerdings nicht übersehen werden, dass es bei dem zu entscheidenden Fall um die **Bemessung der Enteignungsentschädigung** ging, die den Enteigneten in den Stand setzen soll, sich für die Entschädigung gleichwertiges Ersatzland zu kaufen. Die für das Gemeinwesen in dieser Entscheidung herausgestellten Eigenschaften sind bei privatwirtschaftlichem Erwerb derartiger Flächen dagegen i. d. R. nicht bzw. nur in dem Maße kaufpreisbeeinflussend, wie sie wirtschaftlich „realisierbar" sind. 90

Zu der **Naherholungsfunktion des Waldes** gehört auch seine Nutzbarkeit im privaten Bereich. So hat der BGH[72] in einer Entscheidung darauf hingewiesen, dass die Lage eines Waldgrundstücks in der Nähe einer guten Straße, das zum Abstellen von Wohnwagen (an Wochenenden) dient, ihren Wert so erhöhen kann, dass es dem Wert von landwirtschaftlich genutzten Grundstücken selbst dann gleichkommt, wenn es in einem Landschaftsschutzgebiet liegt. 91

2.2.7.5 Waldbestand

Schrifttum: *Baader,* Untersuchungen über Randschäden, Schriftenreihe der forstlichen Universität Göttingen 1952, Bd. 3, Frankfurt am Main; *Haub/Weimann,* Neue Alterswertfaktoren der Bewertungsrichtlinien; *Köhne,* Landwirtschaftliche Taxationslehre, Hamburg; *Sagl,* Bewertung in Forstbetrieben, Berlin, Blackwell Wissenschafts-Verlag; *Speidel,* Forstwirtschaftliche Betriebswirtschaftslehre, Parey Berlin.

Bezüglich der **Berücksichtigung des Holzbestands** (vgl. Rn. 101 ff.) ist der maßgebliche Entwicklungszustand der Waldfläche von Bedeutung. Grundsätzlich ist der Ertragswert des Aufwuchses im Falle einer Enteignung des Grundstücks nicht gesondert zu entschädigen, wenn das Grundstück z. B. als baureifes Land eingestuft wurde, weil der Verkehrswert derartiger Grundstücke in ausschlaggebender Weise durch die bauliche und nicht durch die forstwirtschaftliche Nutzbarkeit bestimmt wird[73]. Kann jedoch der Bewuchs vor der baulichen Nutzung zusätzlich wirtschaftlich verwertet werden, so schließt dies infolgedessen nicht aus, „dass der Grundeigentümer aus forstlichem Gelände den Nutzen zieht, auf den es nach seiner bisherigen und gegenwärtigen ... Bewirtschaftungsform angelegt ist. Die Erwartung einer baulichen Nutzung und der Hiebreife können nämlich nebeneinander bestehen"[74]. Die zur Erzielung des Nutzens erforderlichen Aufwendungen müssen dabei allerdings berücksichtigt werden. 92

Im Bereich der **Beleihungswertermittlung** bleiben im Übrigen Holzbestände unberücksichtigt[75].

Bei der **Verkehrswertermittlung der Waldbestände** (Bestandswald) wird unterschieden zwischen 93

– dem Altersklassenwald (Rn. 94 ff.),

– dem Plenterwald (Rn. 113),

– dem Mittelwald (Rn. 113),

– dem Niederwald (Rn. 114) und

– dem Bauernwald (Rn. 115).

---

71 BGH, Urt. vom 12.10.1970 – III ZR 117/67 –, BRS Bd. 26 Nr. 83 = EzGuG 2.10; BGH, Urt. vom 5.4.1973 – III ZR 74/72 –, WM 1974, 696 = EzGuG 2.12; BGH, Urt. vom 24.1.1972 – III ZR 166/69 –, BGHZ 58, 96 = NJW 1972, 577.
72 BGH, Urt. vom 14.3.1968 – III ZR 200/65 –, RdL 1969, 327 = EzGuG 4.27a.
73 OLG Hamburg, Urt. vom 10.10.1969 – 1 U 61/68 –, MDR 1970, 150 = EzGuG 6.186a unter Bezugnahme auf BGH, Urt. vom 12.7.1965 – III ZR 214/64 –, EzGuG 2.8; vgl. auch OLG Stuttgart, Urt. vom 7.3.1962 – 1 U 1/62 –, BWGZ 1965, 215 = EzGuG 2.5.
74 BGH, Urt. vom 28.4.1969 – III ZR 189/66 –, BRS Bd. 26 Nr. 102 = EzGuG 6.121a; BGH, Urt. vom 7.10.1976 – III ZR 60/73 –, NJW 1977, 191 = BRS Bd. 34 Nr. 123 = EzGuG 6.188.
75 Rüchardt, Studienbriefe HypZert 2001, S. 46.

a) Altersklassenwald

94 Für **Waldbestände eines Altersklassenwaldes, der die Umtriebszeit (U) erreicht oder überschritten hat, ist nach den Vorgaben der WaldR als Bestandswert der Abtriebswert zu ermitteln. Für jüngere Waldbestände des Altersklassenwaldes ist der Bestandswert nach dem Alterswertfaktorverfahren (vgl. Nr. 6.6 WaldR) zu ermitteln.** Ist jedoch der Abtriebswert größer als der nach dem Alterswertfaktorverfahren ermittelte Wert, so ist als Bestandswert der Abtriebswert anzusetzen. In den Fällen, in denen das Alterswertfaktorverfahren nicht durchgeführt werden kann, ist der Bestandswert nach einem anderen anerkannten Verfahren zu ermitteln. Dabei ist zu beachten, dass der Bestandswert i. d. R. nicht niedriger liegt als die Kosten, die für die Wiederbegrünung eines Bestands gleicher Holzart, Wuchsleistung und Qualität bei ordnungsgemäßer Bewirtschaftung gegendüblich aufgewendet werden würden.

95 Der **Abtriebswert eines Waldbestands** entspricht dem Marktpreis, der beim Verkauf des gefällten und aufgearbeiteten Holzes nach Abzug der Holzerntekosten erzielbar wäre.

Bei der **Ermittlung des Abtriebswerts** ist im Einzelnen wie folgt zu verfahren:

96 Der **Holzvorrat** ist nach Handelsklassen zu sortieren. Weicht die Aushaltungsgrenze von der nach Nr. 4.3 Abs. 3 WaldR 2000 zugrunde gelegten Grenze ab, ist der Vorrat im Bereich der betroffenen Sortimente entsprechend zu korrigieren.

97 Die **Waldbestände sind** entsprechend ihrem tatsächlichen Zustand **nach der gegendüblichen Sortierung** oder im Anhalt an Sortenertragstafeln **einzuschätzen**. Besondere Gütemerkmale sind zu berücksichtigen.

98 Die **Sortenanteile** sind mit den in der jeweiligen Gegend nachhaltig erzielbaren Bruttoholzpreisen (Nettoholzpreis + Umsatzsteuer) anzusetzen. Der Forstabsatzfondsbeitrag wird nicht abgezogen. Bei der Ermittlung der nachhaltigen Holzpreise ist von den in größeren Forstverwaltungen im Durchschnitt mehrerer, dem Wertermittlungsstichtag vorangegangener Forstwirtschaftsjahre erzielten Holzpreisen auszugehen. Die allgemeine Entwicklungstendenz der Holzpreise und die besonderen, gegendüblichen Verhältnisse sind angemessen zu berücksichtigen.

99 Auf der Grundlage des ermittelten Holzvorrats, seiner Sortierung und der nachhaltigen Holzpreise ist der **Bruttoverkaufserlös des Waldbestands** zu ermitteln.

100 Als Holzerntekosten sind die zum Wertermittlungsstichtag in der jeweiligen Gegend üblichen **Holzerntekosten** anzusetzen. Hierzu gehören **die Kosten des Holzeinschlags** unter Berücksichtigung der besonderen Hiebs- und Arbeitsbedingungen, **der Holzvermessung, der Holzbringung und** die **anteiligen Lohnnebenkosten**. Soweit in der jeweiligen Gegend bei der Holzernte Unternehmereinsatz üblich ist, ist auch die dabei anfallende Umsatzsteuer zu den Holzerntekosten zu rechnen.

101 Der **Bestandswert nach dem Alterswertfaktorverfahren** ist nach der sog. Blume'schen Formel

$$H_a = [(A_u - c) \times f + c] \times B$$

H_a = Bestandswert für 1 ha im Alter a
A_u = Abtriebswert je ha eines Waldbestandes im Alter der Umtriebszeit U
c = Kulturkosten je ha
f = Alterswertfaktor für das Alter a
B = Bestockungsfaktor (Wertrelation zu einem vollbestockten Bestand) im Alter a (siehe auch Nr. 6.6.1 WaldR 2000)
A = Alter a (ggf. wirtschaftliches Alter der Pflanzen)

zu ermitteln.

Flächen d. Land- oder Forstwirtschaft § 5 ImmoWertV IV

Abtriebswert im Alter U (A_u) ist die Differenz zwischen dem Bruttoverkaufserlös für das im Alter U gefällte und aufgearbeitete Holz eines Waldbestands (Nr. 6.5.1 WaldR 2000) und den dabei anfallenden Holzerntekosten (Nr. 6.5.2 WaldR 2000). **102**

Die **Umtriebszeit U** ist grundsätzlich nach dem Betriebswerk bzw. Betriebsgutachten oder nach der gegendüblichen Umtriebszeit anzusetzen. Soweit für Einzelbestände ein wesentlich abweichendes Endnutzungsalter zu erwarten ist, gilt dieses für diese Bestände als Umtriebsalter. **103**

Der **Bestockungsfaktor** soll im Gegensatz zu dem bei der Waldaufnahme festgestellten Bestockungsgrad in der Formel so angesetzt werden, dass Regenerationsfähigkeit und Lichtungszuwachs sowie eine von der angewendeten Ertragstafel abweichende waldbauliche Zielbestockung des Bestandes angemessen berücksichtigt werden. **104**

Kulturkosten sind die gegendüblichen Kosten der Wiederbegründung eines Waldbestandes. Dazu sind zu rechnen: die Kosten für Schlagräumung und etwaige Bodenbearbeitung, für Pflanzenbeschaffung und Pflanzung, für etwa erforderlichen Schutz der Kultur (Einzelschutz oder Flächenschutz), zur Abwendung sonstiger Risiken und für Kulturpflege (Freischneiden, chemische Unkrautbekämpfung) bis zur Sicherung der Kultur. Zu den Kulturkosten rechnen auch die anteiligen Lohnnebenkosten und die anteilige Umsatzsteuer. Für Unternehmereinsatz gilt Nr. 6.5.2 WaldR letzter Satz entsprechend. **105**

Kosten, die erst nach der Sicherung der Kultur auftreten, wie z. B. Pflege, Säuberungs- und Läuterungskosten, rechnen nicht zu den Kulturkosten i. S. der WaldR 2000. **106**

Der **Alterswertfaktor für das Alter a** ist in den Tabellen der Anl. 1 WaldR 2000[76] = Abb. 17 für die betreffende Umtriebszeit zu entnehmen. **107**

Abb. 17: Alterswertfaktoren zu den Waldwertermittlungsrichtlinien 2000 (Anl. 1)

Alterswertfaktoren zu den Waldwertermittlungsrichtlinien 2000											
Alter	Eiche	Buche	Fichte	Kiefer	Alter	Eiche	Buche	Fichte	Kiefer	Alter	Eiche	Buche
1	0,005	0,007	0,007	0,007	61	0,367	0,480	0,603	0,528	121	0,761	0,932
2	0,011	0,013	0,013	0,014	62	0,374	0,488	0,616	0,538	122	0,767	0,938
3	0,016	0,020	0,020	0,020	63	0,381	0,497	0,628	0,548	123	0,773	0,943
4	0,021	0,027	0,027	0,027	64	0,387	0,506	0,640	0,558	124	0,779	0,948
5	0,027	0,033	0,034	0,034	65	0,394	0,515	0,652	0,568	125	0,784	0,952
6	0,032	0,040	0,041	0,041	66	0,401	0,523	0,664	0,578	126	0,790	0,957
7	0,037	0,047	0,048	0,048	67	0,408	0,532	0,676	0,588	127	0,796	0,961
8	0,043	0,054	0,055	0,055	68	0,415	0,541	0,688	0,598	128	0,801	0,966
9	0,048	0,060	0,062	0,062	69	0,422	0,549	0,700	0,608	129	0,807	0,970
10	0,053	0,067	0,070	0,069	70	0,429	0,558	0,712	0,617	130	0,812	0,974
11	0,059	0,074	0,078	0,076	71	0,436	0,567	0,724	0,627	131	0,818	0,977
12	0,064	0,081	0,085	0,084	72	0,442	0,575	0,736	0,637	132	0,823	0,981
13	0,070	0,088	0,093	0,091	73	0,449	0,584	0,748	0,647	133	0,829	0,984
14	0,075	0,095	0,102	0,099	74	0,456	0,592	0,760	0,656	134	0,834	0,987
15	0,080	0,102	0,110	0,106	75	0,463	0,601	0,771	0,666	135	0,839	0,990
16	0,086	0,109	0,118	0,114	76	0,470	0,609	0,783	0,676	136	0,845	0,993
17	0,091	0,116	0,127	0,122	77	0,477	0,617	0,794	0,685	137	0,850	0,995
18	0,097	0,123	0,135	0,129	78	0,484	0,626	0,806	0,695	138	0,855	0,997
19	0,103	0,131	0,144	0,137	79	0,491	0,634	0,817	0,704	139	0,860	0,999
20	0,108	0,138	0,153	0,145	80	0,497	0,642	0,828	0,714	140	0,865	1,000
21	0,114	0,146	0,162	0,153	81	0,504	0,651	0,839	0,723	141	0,870	
22	0,120	0,153	0,171	0,162	82	0,511	0,659	0,850	0,733	142	0,875	
23	0,125	0,161	0,180	0,170	83	0,518	0,667	0,860	0,742	143	0,880	

---

76 Kleiber, WERTR 2006, Sammlung amtlicher Vorschriften, 10. Aufl., Köln 2010 Bundesanzeiger Verlag; Königs in GuG 1991, 83; Mantel/Weinmann, Waldbewertung, 6. Aufl., München 1982.

IV § 5 ImmoWertV — Flächen d. Land- oder Forstwirtschaft

Alterswertfaktoren zu den Waldwertermittlungsrichtlinien 2000												
Alter	Eiche	Buche	Fichte	Kiefer	Alter	Eiche	Buche	Fichte	Kiefer	Alter	Eiche	Buche
24	0,131	0,168	0,190	0,178	84	0,525	0,675	0,871	0,751	144	0,885	
25	0,137	0,176	0,199	0,187	85	0,531	0,683	0,881	0,761	145	0,890	
26	0,143	0,183	0,209	0,195	86	0,538	0,691	0,891	0,770	146	0,894	
27	0,148	0,191	0,219	0,204	87	0,545	0,699	0,901	0,779	147	0,899	
28	0,154	0,199	0,229	0,212	88	0,552	0,707	0,911	0,788	148	0,904	
29	0,160	0,207	0,239	0,221	89	0,558	0,715	0,920	0,797	149	0,908	
30	0,166	0,215	0,249	0,230	90	0,565	0,723	0,929	0,805	150	0,913	
31	0,172	0,223	0,259	0,239	91	0,572	0,731	0,938	0,814	151	0,917	
32	0,178	0,231	0,269	0,248	92	0,578	0,739	0,946	0,823	152	0,921	
33	0,184	0,239	0,280	0,257	93	0,585	0,746	0,954	0,831	153	0,926	
34	0,190	0,247	0,290	0,266	94	0,592	0,754	0,962	0,840	154	0,930	
35	0,197	0,255	0,301	0,275	95	0,598	0,761	0,970	0,848	155	0,934	
36	0,203	0,264	0,312	0,284	96	0,605	0,769	0,977	0,856	156	0,938	
37	0,209	0,272	0,323	0,294	97	0,612	0,776	0,983	0,865	157	0,942	
38	0,215	0,280	0,334	0,303	98	0,618	0,784	0,989	0,873	158	0,946	
39	0,222	0,289	0,345	0,312	99	0,625	0,791	0,995	0,880	159	0,949	
40	0,228	0,297	0,356	0,322	100	0,631	0,798	1,000	0,888	160	0,953	
41	0,234	0,306	0,367	0,331	101	0,638	0,806		0,896	161	0,957	
42	0,241	0,314	0,378	0,341	102	0,644	0,813		0,903	162	0,960	
43	0,247	0,323	0,390	0,351	103	0,650	0,820		0,911	163	0,963	
44	0,254	0,331	0,401	0,360	104	0,657	0,827		0,918	164	0,967	
45	0,260	0,340	0,413	0,370	105	0,663	0,834		0,925	165	0,970	
46	0,267	0,348	0,424	0,380	106	0,670	0,841		0,931	166	0,973	
47	0,273	0,357	0,436	0,389	107	0,676	0,847		0,938	167	0,976	
48	0,280	0,366	0,448	0,399	108	0,682	0,854		0,944	168	0,979	
49	0,286	0,375	0,459	0,409	109	0,688	0,861		0,950	169	0,981	
50	0,293	0,383	0,471	0,419	110	0,695	0,867		0,956	170	0,984	
51	0,299	0,392	0,483	0,429	111	0,701	0,874		0,962	171	0,986	
52	0,306	0,401	0,495	0,439	112	0,707	0,880		0,968	172	0,988	
53	0,313	0,409	0,507	0,449	113	0,713	0,886		0,973	173	0,990	
54	0,320	0,418	0,519	0,459	114	0,719	0,892		0,978	174	0,992	
55	0,326	0,427	0,531	0,469	115	0,725	0,898		0,982	175	0,994	
56	0,333	0,436	0,543	0,478	116	0,731	0,904		0,986	176	0,996	
57	0,340	0,445	0,555	0,488	117	0,737	0,910		0,990	177	0,997	
58	0,347	0,453	0,567	0,498	118	0,743	0,916		0,994	178	0,998	
59	0,353	0,462	0,579	0,508	119	0,749	0,922		0,997	179	0,999	
60	0,360	0,471	0,591	0,518	120	0,755	0,927		1,000	180	1,000	

108 Das **Alter a ist das Kulturalter des Bestands**. Ist das Kulturalter eines Bestands nicht zu ermitteln, können vom festgestellten Pflanzenalter zur hilfsweisen Ermittlung des Kulturalters bei den einzelnen Baumartengruppen die nachstehend aufgeführten Jahre vom Pflanzenalter abgesetzt werden:

Eiche   3
Buche   3
Fichte   4
Kiefer   2

Bei deutlich abweichendem Wuchsverlauf ist das wirtschaftliche Alter anzusetzen.

Flächen d. Land- oder Forstwirtschaft § 5 ImmoWertV IV

Die **Zuordnung zu den Baumartengruppen** erfolgt im Regelfall wie folgt: 109

Eiche	alle Eichenarten
Buche	alles Laubholz, außer Eichenarten
Fichte	alle Nadelbaumarten, außer den bei der Baumartengruppe Kiefer aufgeführten
Kiefer	alle Kiefern- und Lärchenarten

Folgende **Umtriebszeiten** liegen den Alterswertfaktoren zugrunde: 110

Eiche	180 Jahre
Buche	140 Jahre
Fichte	100 Jahre
Kiefer	120 Jahre

Bei **Abweichungen** von den vorstehenden Umtriebszeiten (höher und niedriger) ist zunächst 111
ein Korrekturfaktor (k) aus der Umtriebszeit der Standardtabelle (U_S) dividiert durch die
wirkliche Umtriebszeit (U_W) zu bilden. Durch Multiplikation des Alters (a) mit k ergibt sich
ein verändertes Eingangsalter, mit dem der Alterswertfaktor (f) in der entsprechenden Baumartengruppe abgelesen wird.

Beispiel: 112

Für die Berechnung eines Bestandswerts nach dem Alterswertfaktorverfahren bei abweichender Umtriebszeit:
Wertermittlungsgrundlagen:
Esche 1,0 ha, Alter 80 Jahre, Bestockungsfaktor 0,9, Umtriebszeit 120 Jahre.
A_{120} = 11 000 €/ha   c = 3 000 €/ha
K = Us/Uw = 140/120 = 1,16
Alter = 80 Jahre × 1,167 = 93,4 Jahre

Durch Verwendung der Standardtabelle für die Baumartengruppe Buche und Interpolation zwischen
f_{93} = 0,746 und f_{94} = 0,754 ergibt sich f = 0,749

Rechengang:
H_{80} = [(11 000 – 3 000) × 0,749 + 3 000] × 0,9
H_{80} = [8 000 × 0,749 + 3 000] × 0,9
H_{80} = [5 992 + 3 000] × 0,9
H_{80} = 8 992 × 0,9
H_{80} = 8 093 €

Der nach dem Alterswertfaktorverfahren hergeleitete Bestandswert für eine noch nicht gesicherte Kultur ist um den Teilbetrag der nach Nr. 6.6.2 WaldR (vgl. Rn. 110) zugrunde gelegten Kulturkosten zu kürzen, der bis zum Wertermittlungsstichtag noch nicht aufgewendet sein kann.

b) *Plenterwald und Mittelwald*

Für Waldbestände des Plenterwaldes und des Mittelwaldes ist zunächst der Abtriebswert 113
(Rn. 100) des haubaren und annähernd haubaren Holzvorrats zu ermitteln. Sodann ist nach
dem Alterswertfaktorverfahren (Rn. 106) der Wert des nicht hiebsreifen Unter- und Zwischenstands auf der ihm zuzurechnenden Anteilfläche (ideelle Teilfläche) zu ermitteln. Die
Summe aus dem Abtriebswert und dem Wert des nicht hiebsreifen Unter- und Zwischenstands ergibt den Bestandswert des Plenterwaldes bzw. Mittelwaldes.

c) *Niederwald*

114 Für Waldbestände des Niederwaldes ist als **Bestandswert der Abtriebswert** (Rn. 100) zu ermitteln. Anstelle des Abtriebswerts können gegendübliche Erfahrungswerte angesetzt werden.

d) *Bauernwald*[77]

115 „Bauernwald" ist ein „bäuerlicher Waldbesitz" bis 200 ha Größe, der mit einem **landwirtschaftlichen Betriebsteil** zusammen als ein Betrieb durch die Person des Betriebsinhabers und seiner Familienangehörigen **bewirtschaftet wird**. In der historischen Entwicklung wurde dem bäuerlichen Waldbesitz eine Ausgleichsfunktion für ungünstige landwirtschaftliche Standort- und damit Produktionsbedingungen zugewiesen. Waldbesitz sollte über seine verschiedenen Nutzungsmöglichkeiten – neben der Holznutzung auch als Waldweide, Streulieferant und als zeitweiliges Ackerland im Wald-Feldbaubetrieb – das Überleben von landwirtschaftlichen Betrieben in den zahlreichen Mittelgebirgslagen des Landes sichern.

Es handelt sich um wildwachsende Waldflächen mit Stockausschlag. Als **Stockausschlag** wird die natürliche Verjüngung eines Waldbestandes durch die Fähigkeit mancher Laubbaumarten (z. B. Eiche, Buche, Hainbuche, Linde, Birke, die verschiedenen Erlenarten, Weide) sowie weniger Nadelbaumarten (z. B. Eibe) zur vegetativen Vermehrung bezeichnet, insbesondere durch Ausschlagung der sogenannten schlafenden Augen des Stockes. Diese Erscheinung tritt besonders nach einer Winterfällung auf. Diese Art der Verjüngung wurde im heute forstwirtschaftlich nicht mehr aktuellen Niederwald ausgenutzt und als „auf den Stock setzen" bezeichnet. Da Bäume aus Stockausschlag aber meist nur minderwertige Stammqualität aufweisen, wird der Stockausschlag in der modernen Forstwirtschaft kaum noch genutzt. Die Rekultivierung der Flächen als landwirtschaftliche Flächen ist zumeist unrentierlich, sodass sie i. d. R. als landwirtschaftliche Flächen bewertet werden.

▶ *Zur Verkehrswertermittlung von Waldgebieten mit Naherholungsfunktion vgl. Rn. 89 ff.*

2.2.8 Gestaute Wasserflächen, Fischteiche

▶ *Zur Verkehrswertermittlung von Wasserflächen vgl. Rn. 5, 272, 435; Syst. Darst. des Vergleichswertverfahrens Rn. 401; § 6 ImmoWertV Rn. 117 ff.; Teil IX Rn. 329*

116 Den land- und forstwirtschaftlichen Grundstücken sind auch entsprechend genutzte Wasserflächen zuzurechnen.

2.3 Besondere Flächen der Land- oder Forstwirtschaft

2.3.1 Allgemeines

Schrifttum: *Dieterich, H.*, Gibt es kein begünstigtes Agrarland mehr? GuG 2010, 86; *Fischer, R.*, in GuG 2009, 106; *Schaper, D.*, Bewertung von begünstigtem Agrarland, GuG 2013, 174.

▶ *Hierzu bereits allgemeine Hinweise bei Rn. 20 ff., 129 ff.; Teil VI Rn. 284, Rn. 385 ff.*

117 § 4 Abs. 1 Nr. 2 WertV 88/98 definierte die besonderen Flächen der Land- oder Forstwirtschaft als entsprechend genutzte oder nutzbare Flächen, die sich aufgrund

a) **besonderer Eigenschaften auch für außerland- und forstwirtschaftliche Nutzungen eignen und**

b) **für die** im gewöhnlichen Geschäftsverkehr **eine** dahingehende **Nachfrage besteht.**

118 Der **Wert dieser Flächen** wird im Unterschied zum innerlandwirtschaftlichen Verkehrswert **auch als außerlandwirtschaftlicher Verkehrswert bezeichnet.** Auch wurde in der Vergan-

---

[77] OLG Düsseldorf, Urt. vom 26.10.1976 – 4 U 41/76 –, VersR 1977, 1107 = EzGuG 2.15a.

genheit vom begünstigten Agrarland gesprochen; dieser von *Seele*[78] vorgeschlagene unscharfe Begriff hat sich aber nicht durchsetzen können.

Die ImmoWertV hat die Regelung ersatzlos gestrichen, obwohl die Existenz dieses Grundstücksteilmarktes und ihre Bedeutung alljährlich in den Grundstücksmarktberichten der Gutachterausschüsse für Grundstückswerte dokumentiert worden ist und auch noch nach Inkrafttreten der ImmoWertV dokumentiert wird; so wird z. B. im bln. Grundstücksmarktbericht 2010/2011 darauf hingewiesen, dass die in Berlin auf den Markt kommenden land- und forstwirtschaftlichen Flächen i. d. R. als „begünstigtes Agrarland" gehandelt werden. Die Definition hat zu Missverständnissen Anlass gegeben, denn die in der Definition hervorgehobene „Eignung für außerland- und außerforstwirtschaftliche Nutzungen" öffnete allzu breite Interpretationsspielräume und wurde mit einer Bauerwartung gleichgesetzt, obwohl die Definition klarstellend darauf hinwies, dass eine **„Entwicklung zu einer Bauerwartung" nicht gegeben sein darf.**

Dass die ImmoWertV die besonderen land- und forstwirtschaftlichen Flächen nicht mehr definiert, bedeutet nicht, dass dieser Grundstücksteilmarkt nicht existiert. Die Nachfolgeregelung schließt die besonderen Flächen der Land- oder Forstwirtschaft ein, ohne sie ausdrücklich hervorzuheben. Von daher ist in den einschlägigen Fällen die ersatzlos gestrichene Definition der WertV 88/98 weiterhin von Bedeutung. Als **besondere Flächen der Land- oder Forstwirtschaft kommen** – wie für die „reinen" land- und forstwirtschaftliche Flächen – nur solche land- und forstwirtschaftlich nutzbaren **Flächen in Betracht, die** nach dem Stand der Bauleitplanung und der sonstigen Entwicklung des Gebiets **auf absehbare Zeit eine bauliche Nutzung nicht erwarten lassen.**

Zum **Wertverhältnis der besonderen land- und forstwirtschaftlichen Flächen zu den „reinen" land- und forstwirtschaftliche Flächen** vgl. die nachfolgende Veröffentlichung des Gutachterausschusses des Kreises Borken (Abb. 18):

---

78 BT-Drucks. 7/4739, § 135b, § 143b Abs. 3, S. 46, 53: Seele in VR 1974, 161; allein schon die begriffliche Beschränkung auf Agrarland stellt eine unzutreffende Einengung dar; in der Rechtsprechung ist auch von „höherwertigem Agrarland", „Bauhoffnungsland", „spekulativem Ackerland" und „stadtnahem Ackerland" gesprochen worden; vgl. BGH, Urt. vom 28.1.1974 – III ZR 11/72 –, BGHZ 62, 96 = EzGuG 8.42; BGH, Urt. vom 12.6.1975 – III ZR 25/73 –, BGHZ 64, 382 = EzGuG 4.44; OLG Koblenz, Urt. vom 28.8.1985 – 1 U 95/84 –, VR 1988, 130 = EzGuG 8.62; OLG München, Urt. vom 18.5.1977 – 2 Z 108/76 –, BayVBl. 1977, 574 = EzGuG 8.51; OLG Köln, Urt. vom 21.11.1972 – 4 U 199/71 –, BRS Bd. 26 Nr. 125 = EzGuG 8.39; auch Gelzer in NJW Schriftenreihe Heft 2 Rn. 13.

Abb. 18: Wertverhältnis der besonderen land- und forstwirtschaftlichen Flächen zum „reinen" Agrarland im Kreis Borken

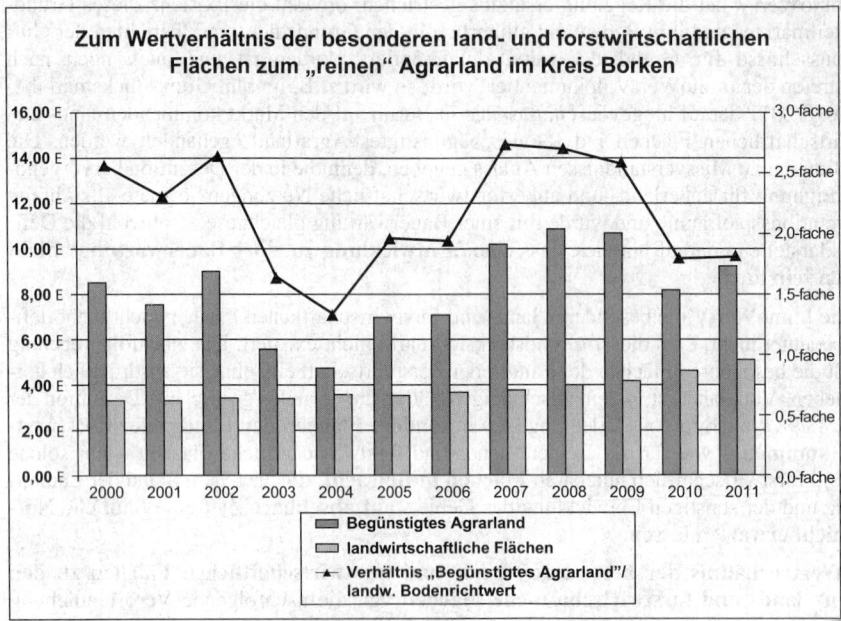

Bei der im alten Recht genannten Eignung für **„außerland- und außerforstwirtschaftliche Nutzungen"** muss es sich also um Nutzungen handeln, die nicht unter die Bestimmungen der §§ 30, 33 und 34 BauGB fallen (vgl. hierzu Rn. 129 ff.).

120 Die „Eignung für eine „außerland- und außerforstwirtschaftliche Nutzung" allein reicht nicht aus, um ein Grundstück als besondere land- und forstwirtschaftliche Fläche zu qualifizieren. Es muss auch eine dem gewöhnlichen Geschäftsverkehr zurechenbare Nachfrage nach diesen Flächen im Belegenheitsgebiet bestehen. **Beide Voraussetzungen müssen kumulativ erfüllt sein.**

Abb. 19: Fläche der Land- oder Forstwirtschaft

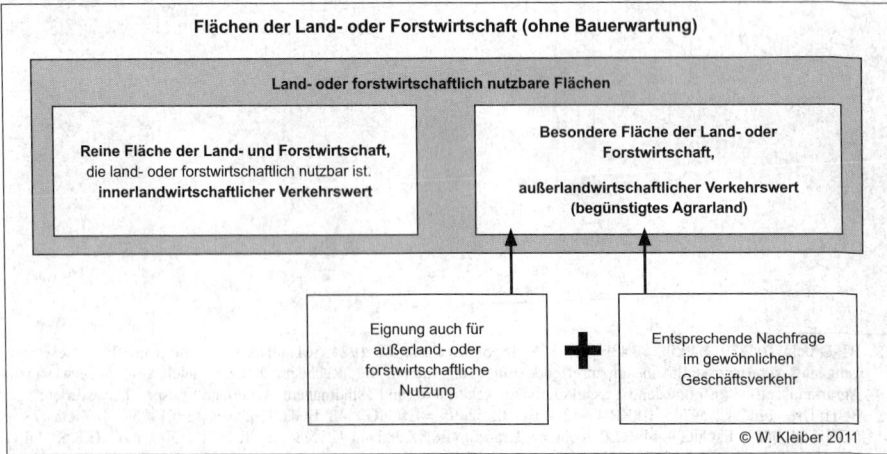

2.3.2 Sanierungsgebiete und Entwicklungsbereiche

▶ *Vgl. Rn. 25 sowie Teil VI Rn. 385 ff.*

Rechtshistorisch ist die **Definition der besonderen Flächen der Land- oder Forstwirtschaft aus dem städtebaulichen Entwicklungsmaßnahmenrecht** der §§ 165 ff. BauGB (vormals §§ 53 ff. StBauFG) **hervorgegangen.** Nach § 169 Abs. 4 BauGB (vormals § 57 Abs. 4 StBauFG) ist nämlich die entschädigungsrechtliche Reduktionsklausel des § 153 Abs. 1 BauGB (vormals § 23 StBauFG) in städtebaulichen Entwicklungsbereichen mit besonderer Maßgabe anzuwenden: 121

a) Grundsätzlich bemessen sich auch in den städtebaulichen Entwicklungsbereichen die Ausgleichs- und Entschädigungsleistungen in entsprechender Anwendung des § 153 Abs. 1 BauGB; dies folgt aus § 169 Abs. 1 Nr. 6 BauGB[79]. 122

§ 153 Abs. 1 BauGB hat folgenden Wortlaut:

„(1) Sind aufgrund von Maßnahmen, die der Vorbereitung oder Durchführung der Sanierung im förmlich festgelegten Sanierungsgebiet dienen, nach den Vorschriften dieses Gesetzbuchs Ausgleichs- und Entschädigungsleistungen zu gewähren, werden bei deren Bemessung Werterhöhungen, die lediglich durch die Aussicht auf die Sanierung, durch ihre Vorbereitung oder Durchführung eingetreten sind, nur insoweit berücksichtigt, als der Betroffene diese Werterhöhung durch eigene Aufwendungen zulässigerweise bewirkt hat. Änderungen in den allgemeinen Wertverhältnissen auf dem Grundstücksmarkt sind zu berücksichtigen."

b) Ergänzend hierzu bestimmt **§ 169 Abs. 4 BauGB** für städtebauliche Entwicklungsbereiche: 123

„(4) Auf land- oder forstwirtschaftlich genutzte Grundstücke ist § 153 Abs. 1 mit der Maßgabe entsprechend anzuwenden, dass in den Gebieten, in denen sich kein von dem innerlandwirtschaftlichen Verkehrswert abweichender Verkehrswert gebildet hat, der Wert maßgebend ist, der in vergleichbaren Fällen im gewöhnlichen Geschäftsverkehr auf dem allgemeinen Grundstücksmarkt dort zu erzielen wäre, wo keine Entwicklungsmaßnahmen vorgesehen sind."

c) Hieraus folgt, dass **§ 169 Abs. 4 BauGB nur zur Anwendung kommt, wenn sich im städtebaulichen Entwicklungsbereich kein vom innerlandwirtschaftlichen Verkehrswert abweichender Wert" gebildet hat.** Des Weiteren findet das Bewertungsprivileg nach dem ausdrücklichen Wortlaut des § 169 Abs. 4 BauGB **nur auf land- oder forstwirtschaftlich genutzte Grundstücke** Anwendung. 124

Ein derartiger Fall ist allenfalls die **Ausnahme**, weil sich erfahrungsgemäß in den Städten, in denen die Durchführung städtebaulicher Entwicklungsmaßnahmen erforderlich wird, regelmäßig höhere Verkehrswerte gebildet haben, sodass dort bei einer entsprechenden Anwendung des § 153 Abs. 1 BauGB bereits ein Entwicklungszustand i. S. der besonderen land- oder forstwirtschaftlichen Flächen mit einem außerlandwirtschaftlichen Verkehrswert bzw. sogar ein „höherer" Entwicklungszustand maßgeblich ist[80]. 125

Im Übrigen ist in der Rechtsprechung darauf hingewiesen worden, dass sich selbst die Preise „rein" **landwirtschaftlicher Grundstücke im Ausstrahlungsbereich von Großstädten ohnehin nicht mehr am Ertragswert orientieren** (vgl. Rn. 25)[81]. 126

Obwohl bei dieser Sachlage die Regelungen des § 169 Abs. 4 BauGB weitgehend „leer" laufen, ist die Frage kontrovers behandelt worden, welcher Entwicklungszustand in den äußerst 127

---

79 Vgl. Parlamentarische Anfrage vom 14.3.2006 (BT-Drucks. 16/1043 = GuG 2007, 49).
80 OVG Lüneburg, Urt. vom 15.12.1977 – 1 A 311/74 –, BRS Bd. 32 Nr. 201 = EzGuG 15.7.
81 BGH, Urt. vom 1.2.1982 – III ZR 100/80 –, BRS Bd. 45 Nr. 167 = EzGuG 14.70; BGH, Urt. vom 30.9.1976 – III ZR 149/75 –, BGHZ 67, 190 = EzGuG 20.64; BGH, Urt. vom 8.11.1962 – III ZR 86/61 –, BGHZ 39, 198 = EzGuG 8.5; BGH, Urt. vom 9.11.1959 – III ZR 149/58 –, MDR 1960, 119 = EzGuG 14.12; BGH, Urt. vom 17.12.1964 – III ZR 96/63 –, BRS Bd. 19 Nr. 112 = EzGuG 11.47; BGH, Urt. vom 20.12.1963 – III ZR 60/63 –, BGHZ 40, 312 = EzGuG 14.17; BGH, Urt. vom 8.5.1967 – III ZR 148/65 –; BRS Bd. 19 Nr. 73 = EzGuG 14.28; OLG München, Beschl. vom 23.11.1967 – X X V 2/66 –, RdL 1967, 121 = EzGuG 8.23.

seltenen Anwendungsfällen des § 169 Abs. 4 BauGB zu entschädigen ist[82]. Ursächlich dafür ist letztlich die als politischer Kompromiss zu erklärende „unscharfe" gesetzliche Regelung des § 169 Abs. 4 BauGB (vormals § 57 Abs. 4 StBauFG)[83]. Nach dieser Vorschrift wird für die Bemessung der Mindestentschädigung nicht auf den Entwicklungszustand „Bauerwartung" abgehoben. Dies wurde im Verlauf des Gesetzgebungsverfahrens zwar mit Nachdruck gefordert, jedoch hat der Gesetzgeber diesen ansonsten gängigen Begriff vermieden und stattdessen auf den Wert abgehoben, der „auf dem allgemeinen Grundstücksmarkt dort zu erzielen wäre, wo keine Entwicklungsmaßnahme vorgesehen ist". Zur Klarstellung ist aber noch einmal darauf hinzuweisen, dass dieses **Bewertungsprivileg** nur in den seltenen Fällen „greift", wo sich tatsächlich nur der innerlandwirtschaftliche Verkehrswert gebildet hat.

2.3.3 Qualifikationsmerkmale

128 Als besondere Flächen der Land- oder Forstwirtschaft sind zunächst nur solche Flächen einzustufen, die aufgrund objektiver Kriterien besondere Eigenschaften aufweisen. Die Vorschrift nennt

– die landschaftliche oder verkehrliche Lage,

– die Funktion der Flächen und

– ihre Nähe zu Siedlungsgebieten,

die eine **Eignung für außerlandwirtschaftliche oder außerforstwirtschaftliche Nutzungen** begründen. Der Verordnungsgeber hat es nicht vermocht, diese Nutzungen positiv zu definieren. Dies ergibt sich aus der Begründung[84]: In Betracht kommen vor allem Nutzungen für Freizeit- und Erholungszwecke, als Ausflugsziel für Ausflügler[85], die Hobbypferdehaltung insbesondere aufgrund

– der Beschaffenheit des Grundstücks, wie dessen Geländeform und Besonnung,

– der besonderen Anziehungskraft der Umgebung, insbesondere einer landschaftlich schönen Gegend,

– der Erreichbarkeit z. B. durch Erholungsuchende (auch aufgrund der Verkehrsverhältnisse) und der Nähe zu Ballungsgebieten.

129 Neben den genannten Nutzungen kommt auch die **Eignung für eine zulässige und befristete Nutzung** solcher Flächen **aus bestimmten Anlässen**, wie z. B. als Versammlungsfläche, für Jahrmärkte und Schützenfeste, Dorf- und Bürgerfeste, aber auch als befristete Park- und Abstellplätze, in Betracht. Ausgeschlossen bleibt die Eignung der Fläche für eine unzulässige Nutzung.

130 Liegen diese Voraussetzungen vor, so bildet sich in weiten Bereichen des Ausstrahlungsbereichs großer Ballungszentren für derartige Flächen regelmäßig ein höheres Bodenwertniveau selbst dort, wo eine Bauerwartung nicht besteht[86].

131 Allein die Eignung einer land- oder forstwirtschaftlichen Fläche auch für **außerlandwirtschaftliche oder außerforstwirtschaftliche Nutzungen** führt nicht automatisch zu deren

---

82 Giehl in BayVBl. 1973, 311; Heinemann in AgrarR 1973, 172; Seele in VR 1974, 161, und VR 1975, 53; Gaentzsch, Die Bodenwertabschöpfung im StBauFG, Siegburg 1975, S. 112; Janning, Bodenwert und Städtebaurecht, Berlin 1976, S. 276; Reisnecker in BayVBl. 1977, 655; Stich in DVBl 1976, 139; Schlichter in BerlKomm. zum BauGB, § 169 Rn. 25 ff.

83 Rechtlich geht es dabei um die Frage, ob für eine bestimmte Gruppe von Enteignungsbetroffenen eine höhere Enteignungsentschädigung vorgesehen werden kann, als sonsthin gewährt wird (vgl. im Einzelnen Kleiber in Ernst/Zinkahn/Bielenberg/Krautzberger, BauGB, Komm. zu § 5 ImmoWertV Rn. 23 ff.); vgl. BT-Drucks. VI/510, S. 66, 76; BT-Drucks. VI/2204, S. 23; Prot. der 127. BT-Sitzung am 16.6.1971, S. 7328, 7339; BT-Ausschuss für Städtebau und Wohnungswesen, Sitzung am 26.4.1970, S. 148, am 23.4.1970, S. 106 und 116, am 29.4.1971, S. 22; BT-Rechtsausschuss, Sitzung am 29.4.1971, S. 104.

84 BR-Drucks. 352/88, S. 37.

85 BR-Drucks. 352/88, S. 36 f.

86 BGH, Urt. vom 28.4.1969 – III ZR 189/66 –, BRS Bd. 26 Nr. 102 = EzGuG 6.121a; vgl. auch 48. Sitzung des BT-Ausschusses für Raumordnung, Bauwesen und Städtebau vom 21.4.1975, S. 21 ff.

Flächen d. Land- oder Forstwirtschaft § 5 ImmoWertV IV

Einstufung als besondere Fläche der Land- oder Forstwirtschaft. Es muss eine dahingehende **Nachfrage** hinzutreten, und zwar **im gewöhnlichen Geschäftsverkehr**. Einzelne Ankäufe zu diesen Zwecken reichen also nicht aus, wenn ansonsten der Grundstücksverkehr durch „rein" land- oder forstwirtschaftliche Nutzungsabsichten beherrscht wird. Dass der Verordnungsgeber allein bei der Definition der besonderen Flächen der Land- oder Forstwirtschaft neben objektiven Zustandsmerkmalen auch das Geschehen auf dem Grundstücksmarkt hier eingebunden hat, ist darin begründet, dass ansonsten jede landschaftlich schöne und verkehrsgünstig gelegene land- oder forstwirtschaftliche Fläche in diese Qualität einzuordnen wäre, auch wenn diese Vorteile nicht „marktgängig" sind.

Die für die Qualifizierung einer Fläche als „besondere Fläche der Land- und Forstwirtschaft" **geforderte Nachfrage setzt nicht voraus, dass das Grundstück oder die in der Umgebung gelegenen Grundstücke auch tatsächlich Gegenstand des Grundstücksverkehrs waren.** Der Entwicklungszustand kann auch gegeben sein, wenn die übrigen Voraussetzungen vorliegen und in der weiteren Umgebung vergleichbare Grundstücke entsprechend gehandelt werden. Es genügt also die bloße Nachfrage in vergleichbaren Gebieten. Indessen können insbesondere naturbedingte oder sonstige Hindernisse, wie z. B. eine Autobahntrasse, Verhältnisse schaffen, die ansonsten vergleichbare land- oder forstwirtschaftliche Grundstücke von der Nachfrage abschneiden. Das Gleiche gilt für Grundstücke, die durch planerische Festsetzungen z. B. als Naturschutzgebiet von der Nachfrage abgeschnitten sind (vgl. Abb. 20). 132

Abb. 20: Besondere land- oder forstwirtschaftliche Flächen

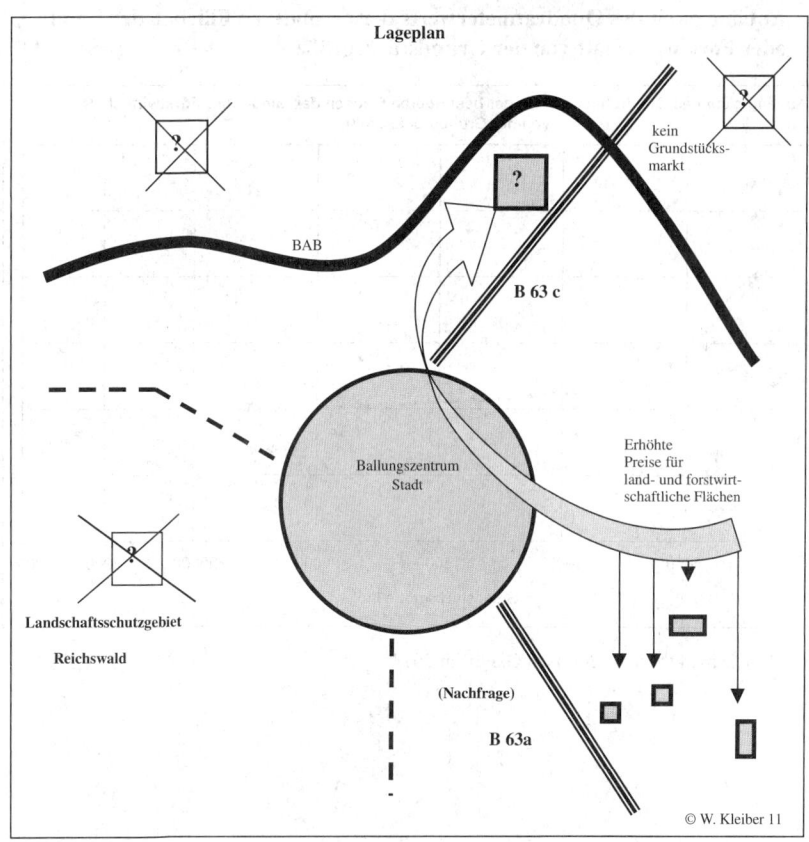

Grundstücke, die als **Landschafts- oder Naturschutzgebiet** festgesetzt sind, sind indessen nicht davon ausgenommen, dass für diese erhöhte Grundstückspreise im Hinblick auf eine außerland- oder außerforstwirtschaftliche Nutzung entrichtet werden[87].

Auf der anderen Seite kann aber nicht davon ausgegangen werden, dass im **Umland großer Ballungszentren** für außerland- und außerforstwirtschaftlich nutzbare Grundstücke auch eine entsprechende Nachfrage besteht und die Flächen stets und ausschließlich als besondere Flächen der Land- und Forstwirtschaft zu qualifizieren sind. Vielmehr können im Umland der Ballungszentren sowohl reine als auch besondere Flächen der Land- und Forstwirtschaft gelegen sein. Diesbezüglich können topografische und naturbedingte Hindernisse die Grenze ziehen (z. B. eine Autobahn- und Eisenbahntrasse)[88].

Der **Verkehrswert der besonderen land- oder forstwirtschaftlichen Flächen** (Wert des „begünstigten Agrarlands") weist nach den Erfahrungen der Gutachterausschüsse etwa den **zwei- bis dreifachen, mitunter auch vierfachen Betrag des Werts der reinen land- oder forstwirtschaftlichen Flächen** (innerlandwirtschaftlicher Verkehrswert) **auf**.

Im Unterschied zu den reinen land- oder forstwirtschaftlichen Flächen, deren Quadratmeterwert im Hinblick auf die land- oder forstwirtschaftliche Nutzung mit der Größe des Grundstücks leicht ansteigt, vermindert sich nach empirischen Untersuchungen der **auf den Quadratmeter bezogene Wert der besonderen land- oder forstwirtschaftlichen Flächen,** je größer das Grundstück ist (vgl. Syst. Darst. des Vergleichswertverfahrens Rn. 306 ff., Abb. 21):

Abb. 21: **Abhängigkeit des Quadratmeterwerts der besonderen Flächen der Land- oder Forstwirtschaft von der Grundstücksgröße**

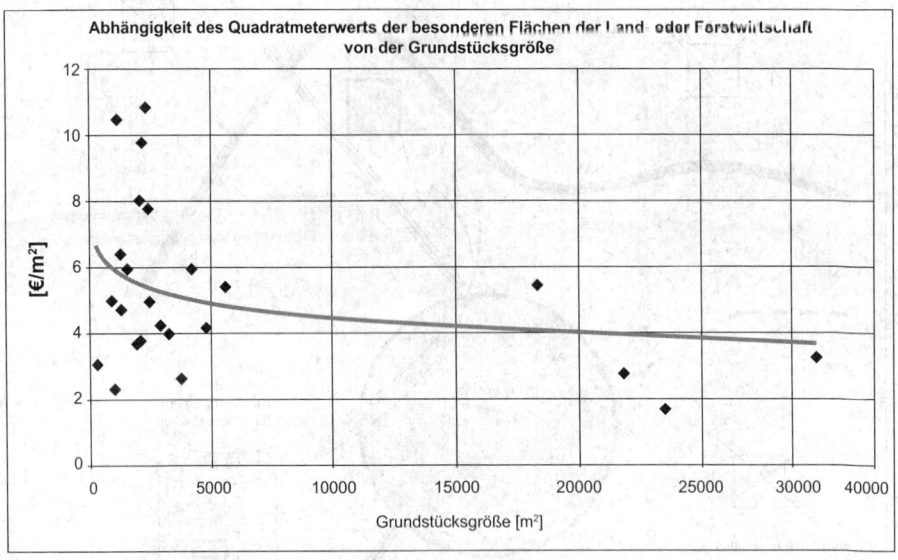

Quelle: Grundstücksmarktbericht Bergisch Gladbach 2013

---
87 BGH, Urt. vom 20.10.1967 – V ZR 78/65 –, BGHZ 48, 340 = EzGuG 4.27.
88 LG Hannover, Urt. vom 5.8.1998 – 43 O 7/97 –, GuG 2000, 379; LG, Hannover, Urt. vom 14.10.1998 – 43 O 8-10/97 –.

2.4 Hofstelle, Hofanschlussflächen, hofnahe und -ferne Flächen

2.4.1 Allgemeines

▶ *Vgl. Rn. 210, 229, 245; § 6 ImmoWertV Rn. 68; § 16 ImmoWertV Rn. 120 sowie zur Ermittlung von Resthofschäden bei Enteignungen Teil VI Rn. 152 ff.*

Unter einer Hofstelle wird eine Einheit eines Grundstücks verstanden, das mindestens mit einem Wohnhaus und einem oder mehreren im ursprünglichen landwirtschaftlichen Betrieb genutzten Wirtschaftsgebäuden bebaut ist. Sie können innerhalb der Ortslage, am Ortsrand oder in freier Feldflur liegen. Der wohl häufigste Fall ist die im Außenbereich gelegene **Hofstelle**. Es handelt sich hierbei lediglich um eine katasterrechtlich festgestellte Nutzungsart, die keinerlei Bedeutung für die baurechtliche Einordnung der Hofstelle hat[89]. Flächenmäßig werden der Hofstelle die Gesamtheit der Gebäude- und Freiflächen (insbesondere der Wohn- und Wirtschaftsgebäude) zugeordnet, die einem land- oder forstwirtschaftlichen Betrieb zugeordnet sind und miteinander in einem engen funktionalen Zusammenhang stehen. Es empfiehlt sich, vor allem im Falle einer auseinandergerissenen Bebauung die Grenzen der Umgriffsfläche eng zu ziehen, ohne dass sich die Umgriffsfläche entsprechend dem verwirklichten Maß der Bebauung auf die entsprechende baurechtlich erforderliche Mindestfläche beschränken muss. Damit lassen sich entsprechende Abschläge vermeiden, die sonst bei der Bodenwertermittlung übergroßer Umgriffsflächen auf der Grundlage von Vergleichspreisen normal geschnittener Grundstücke berücksichtigt werden müssten. 133

Hofstelle[90] ist diejenige Stelle, von der aus land- und forstwirtschaftliche Flächen ordnungsgemäß nachhaltig bewirtschaftet werden. Umfang und Ausstattung der Hofstelle richten sich grundsätzlich nach den Erfordernissen und der Größe der von dieser Stelle aus bewirtschafteten Fläche. Eine Hofstelle umfasst die Wirtschaftsgebäude und die dazugehörigen Nebenflächen (ErbStR 130 Abs. 4 und 5). Hecken, Gräben, Grenzraine und dergleichen gehören nur dann zur Hofstelle, wenn sie in räumlicher Verbindung mit den Wirtschaftsgebäuden stehen.

Als **Hofstelle** i. S. des § 35 Abs. 4 Satz 1 Nr. 1e BauGB gelten **nur solche Gebäude, die einem landwirtschaftlichen Betrieb dienen**, wenn mindestens eines der Gebäude ein landwirtschaftliches Wohngebäude ist[91].

▶ *Zur Verkehrswertermittlung der Umgriffsflächen vgl. Rn. 245 ff.*

Eine **Resthoffläche** ist ein ehemaliger landwirtschaftlicher Betrieb, der i. d. R. ein Bauernhaus und landwirtschaftliche Nebengebäude mit einer ebenerdigen Nutzfläche von mindesten 100 m² aufweist, dessen Werthaltigkeit sich nach den Verwendungsmöglichkeiten z. B. für Hobby- und Freizeittierhalter oder Handwerker (Werkstatt, Lager) bemisst.

Bei der Verkehrswertermittlung von *Hofflächen im Außenbereich* ist zwischen zwei **Teilmärkten** zu unterscheiden: 134

a) dem Teilmarkt für Landwirte, für die der Hof eine landwirtschaftliche Fläche mit einer privilegierten Bebauung darstellt und dessen Verkehrswert sich nach landwirtschaftlichen Kriterien bemisst, und

b) dem Teilmarkt für Nichtlandwirte, für die sich der Verkehrswert nach den nichtlandwirtschaftlichen Nutzungsmöglichkeiten (Wohnen und Gewerbe) der Hofflächen bemisst.

Planungsrechtlich empfiehlt sich, neben dem Flächennutzungs- und Bebauungsplan auch in den Gebietsentwicklungsplan einzusehen, der die großräumige Entwicklung des Gebiets darstellt. Darüber hinaus ist zu prüfen, ob über die Privilegierung des § 35 BauGB hinaus andere Nutzungsmöglichkeiten im Rahmen des § 35 Abs. 4 und 6 BauGB möglich sind; dabei ist insbesondere nach einer

---

89 Zum Begriff vgl. ErbStR 130 Abs. 4 und 5.
90 § 157 Abs. 2 ErbStR.
91 BVerwG, Beschl. vom 14.3.2006 – 4 B 10/06 –, NVwZ 2006, 696 = GuG-aktuell 2006, 31.

IV § 5 ImmoWertV   Flächen d. Land- oder Forstwirtschaft

– Nutzbarkeit für Wohnzwecke und

– gewerblichen Zwecken zu unterscheiden.

Bei **Hofflächen im Innenbereich ist** die Möglichkeit einer Teilung des Grundstücks und die dabei anfallenden Teilungskosten (ggf. auch Erschließungskosten) zu berücksichtigen.

Im Rahmen der **Beleihungswertermittlung** sind bei bebauten Grundstücken der Landwirtschaft, sofern sie in die „Bewertung einbezogen werden sollen, ... für diese jeweils der Ertragswert und der Sachwert zu ermitteln (§ 23 BelWertV). Den Gebäuden kann ein eigenständiger Wert, der bei der Beleihungswertermittlung berücksichtigt werden kann, nur dann beigemessen werden, wenn sie selbstständig und auch außerhalb des jeweiligen landwirtschaftlichen Betriebs genutzt werden können. § 4 Abs. 4 BelWertV ist entsprechend anzuwenden."

2.4.2 Hofstelle

Schrifttum: *Fischer, R.*, Bewertung von landwirtschaftlichen Liegenschaften und Betrieben in Bienert, Bewertung von Spezialimmobilien; *Köhne M.*, landwirtschaftliche Taxationslehre, 3. Aufl. Berlin; *Krietsch*, Ableitung von Marktanpassungsfaktoren für Resthofstellen in Sachsen-Anhalt, GuG 2010, 203.

▶ Vgl. Rn. 229 ff., 244 ff. sowie Syst. Darst. des Vergleichswertverfahrens Rn. 306; Teil VI Rn. 120 ff., 163 ff.

135 Nach § 35 Abs. 1 BauGB sind privilegiert bebaute Flächen im Außenbereich de facto nach Maßgabe des § 16 Abs. 1 Satz 1 i. V. m. § 16 Abs. 2 ImmoWertV als baureifes Land i. S. des § 5 Abs. 4 ImmoWertV zu bewerten. Dazu gehören insbesondere die Hofstellen (**landwirtschaftliche Hof- und Gebäudeflächen**).

Der **Bodenwert landwirtschaftlicher Hofstellen** wird in der Praxis in Anlehnung an den Bodenwert bebauter Grundstücke im Außenbereich ermittelt. Daneben wird der Bodenwert häufig auch mit dem zwei- bis vierfachen Bodenwert landwirtschaftlicher Flächen angesetzt. Je höher der landwirtschaftliche Bodenwert ist, desto kleiner ist dabei der Vervielfacher. Auch die Kombination beider Verfahren ist gebräuchlich.

Der **Bodenwert landwirtschaftlicher Hofstellen** (i. d. R. > 3 000 m²) **im Außenbereich** bestimmt sich in Abhängigkeit von

– der Größe des Grundstücks
– der Lage im Innen- oder Außenbereich, wobei wiederum zwischen Ortsrandlage und freier Feldflur zu unterscheiden ist,
– der Entfernung zur nächsten Ortslage bzw. Stadt,
– der verkehrsmäßigen Anbindung und der vorhandenen Infrastruktur,
– der Beschaffenheit, u. a. dem Erschließungszustand (Wasser-, Elektro- und Kommunikationsanschlüsse),
– den (außerlandwirtschaftlichen) Nutzungsmöglichkeiten (Flächennutzungs- und Bebauungsplan, § 35 BauGB) und
– der Höhe des Bodenrichtwerts

nach einem Vomhundertsatz des nächstliegenden Bodenrichtwerts (ebf, jedoch ohne Berücksichtigung von Kanalbaubeiträgen) vergleichbarer Lage.

Als **Richtgrößen** können gelten:

30 % – 40 % des Bodenrichtwerts des Dorfgebiets bei Lage im Außenbereich,

60 % – 70 % des Bodenrichtwerts des Dorfgebiets bei Lage im Innenbereich.

Der Vomhundertsatz steigt allerdings deutlich mit geringer werdenden Bodenrichtwerten an.

Im Hinblick auf vielfach vorgefundene Hofstellenflächen von 3 000 bis 5 000 m² sind Abschläge bis zu 50 % wegen Übergröße anzubringen. Darüber hinaus ist ein umso höherer Abschlag anzusetzen, je weiter das Grundstück von der Ortsbebauung entfernt liegt.

Flächen d. Land- oder Forstwirtschaft   § 5 ImmoWertV IV

Vereinzelt werden von den Gutachterausschüssen für Grundstückswerte für den Teilmarkt „Hofstellen landwirtschaftlicher Betriebe" aus den Kaufpreissammlungen **durchschnittliche Bodenwerte** entsprechender Flächen abgeleitet und im Grundstücksmarktbericht jährlich veröffentlicht. So werden vom Gutachterausschuss des Landkreises *Wesel* folgende Bodenwerte in Abhängigkeit von der zugehörigen Grundstücksfläche angegeben:

Bodenwerte für landwirtschaftliche Hof- und Gebäudeflächen im Außenbereich (Landkreis Wesel 2011)	
Bodenwert in €/m²	Zugehörige Grundstücksfläche in m²
8	3 500
10	2 750
12	2 000

Quelle: Grundstücksmarktbericht 2011

Der Gutachterausschuss von *Moers* gibt für 2 000 bis 3 500 m² große landwirtschaftlich genutzte Hof- und Gebäudeflächen in seinem Grundstücksmarktbericht 2011 einen Bodenwert von 10 bis 20 €/m² an.

Für die Stadt und den *Landkreis Osnabrück* wurde ermittelt:

Durchschnittliche Bodenwerte von Hofstellen landwirtschaftlicher Betriebe im Außenbereich der Stadt und des Landkreises Osnabrück (2007)			
Nordkreis und Bramsche	8 €/m²	bis	13 €/m²
Altkreis Wittlage und Meile	15 €/m²	bis	25 €/m²
Südkreis	15 €/m²	bis	23 €/m²
Stadtrandgemeinden	20 €/m²	bis	30 €/m²

Folgende **Vergleichsfaktoren** sind für die *LK Aurich, Leer* und *Wittmund* sowie für die Stadt *Emden* abgeleitet worden:

Umrechnungskoeffizienten zur Ermittlung des Bodenwerts bebauter Wohngrundstücke sowie von landwirtschaftlichen Hofstellen im Außenbereich		
Bodenrichtwert bebauter bzw. bebaubarer Grundstücke der benachbarten Ortslage – erschließungsbeitragsfrei – [€/m²]	Vergleichsfaktor	
	bebaute Wohngrundstücke	landwirtschaftliche Hofstelle
15,00	0,73	0,31
20,00	0,71	0,29
25,00	0,70	0,27
30,00	0,65	0,25
35,00	0,63	0,22
40,00	0,60	0,20
45,00	0,57	0,19
50,00	0,55	0,18
55,00	0,52	–
60,00	0,49	–
65,00	0,47	–

Quelle: Grundstücksmarktbericht Niedersachsen 2006 (LK Aurich, Leer und Wittmund, Stadt Emden) ohne Berücksichtigung der Kanalbaubeiträge

IV § 5 ImmoWertV   Flächen d. Land- oder Forstwirtschaft

Im Landesgrundstücksmarktbericht werden für niedersächsische Gemeinden folgende **Richtzahlen** veröffentlicht:

Abb. 22: Richtzahlen für landwirtschaftliche Hofstellen im Außenbereich

Landkreis, kreisfreie Stadt, Region	Richtzahlen	
	Wohnnutzung	Landwirtschaftliche Hofstelle
Gutachterausschuss für Grundstückswerte Aurich		
Landkreis Aurich	47–73 % des Bodenrichtwerts der benachbarten Bodenrichtwertzone	18–31% des Bodenrichtwerts der benachbarten Bodenrichtwertzone
Landkreis Wittmund	47–73 % des Bodenrichtwerts der benachbarten Bodenrichtwertzone	18–31% des Bodenrichtwerts der benachbarten Bodenrichtwertzone
Stadt Emden	47–73 % des Bodenrichtwerts der benachbarten Bodenrichtwertzone	18–31% des Bodenrichtwerts der benachbarten Bodenrichtwertzone
Gutachterausschuss für Grundstückswerte Cloppenburg		
Landkreis Cloppenburg, auch in Splittersiedlungen	10–35 €/m²	3–10 €/m² im Durchschnitt der 2,2fache Wert der landwirtschaftlichen NF.
Landkreis Oldenburg, auch in Splittersiedlungen	24–35 €/m²	
Landkreis Vechta, auch in Splittersiedlungen	12–35 €/m²	3-10 €/m² im Durchschnitt der 2,2fache Wert der landwirtschaftlichen NF.
Gutachterausschuss für Grundstückswerte Hameln		
Landkreis Hameln-Pyrmont	8–15 €/m²	
Landkreis Holzminden, auch in Splittersiedlungen	30–70 % des Bodenrichtwerts der benachbarten Ortslage	
Gutachterausschuss für Grundstückswerte Hannover		
Region Hannover	50–70 % des Bodenrichtwerts für erschließungsbeitragsfreie Grundstücke	
Gutachterausschuss für Grundstückswerte Meppen		
Landkreis Grafschaft Bentheim	7,0–10 €/m²	7,0–10 €/m²
Gutachterausschuss für Grundstückswerte Northeim		
Landkreis Göttingen	40–60 % des Bodenrichtwerts der benachbarten Ortslage	
Landkreis Northeim	40–60 % des Bodenrichtwerts der benachbarten Ortslage	
Landkreis Osterode/Harz	40–60 % des Bodenrichtwerts der benachbarten Ortslage	
Gutachterausschuss für Grundstückswerte Oldenburg		
Landkreis Ammerland, auch in Splittersiedlungen	20 €/m²	10 €/m²
Landkreis Friesland, auch in Splittersiedlungen in den Gemeinden Wangerland, Nordost, Küstennähe	15–18 €/m²	6–7 €/m² 8–9 €/m²
Landkreis Wesermarsch, auch in Splittersiedlungen	7,5–10 €/m²	4–6 €/m²

Flächen d. Land- oder Forstwirtschaft § 5 ImmoWertV IV

Landkreis, kreisfreie Stadt, Region	Richtzahlen	
	Wohnnutzung	Landwirtschaftliche Hofstelle
Stadt Oldenburg, auch in Splittersiedlungen	40 €/m²	
Stadt Wilhelmshaven, auch in Splittersiedlungen	18 €/m²	6 €/m²
Gutachterausschuss für Grundstückswerte Osnabrück		
Stadt- und Landkreis, in Splittersiedlungen	13–100 €/m² (Stadtrandgemeinden)	8–30 €/m²
Gutachterausschuss für Grundstückswerte Sulingen		
Landkreis Diepholz		
Nördlicher Landkreis		30–60 % des Bodenrichtwerts für erschließungsbeitragsfreie Grundstücke in vergleichbarer Lage
Südlicher Landkreis, in Splittersiedlungen		20–60 % des Bodenrichtwerts für erschließungsbeitragsfreie Grundstücke in vergleichbarer Lage (vgl. Grundstücksmarktbericht 2013 des Gutachterausschusses Sulingen S. 30).
Nördlicher Landkreis	40–60 % des angrenzenden Bodenrichtwerts für erschließungsbeitragsfreie Grundstücke im Dorfgebiet	
Südlicher Landkreis	40–80 % des angrenzenden Bodenrichtwerts für erschließungsbeitragsfreie Grundstücke im Dorfgebiet	
Landkreis Nienburg/Weser, in Splittersiedlungen	50–80 % des angrenzenden Bodenrichtwerts für erschließungsbeitragsfreie Grundstücke im Dorfgebiet	4,5–14 €/m²

Neben den Bodenrichtwerten bzw. Vergleichspreisen für baureifes Land angrenzender Baugebiete werden auch **Vergleichspreise angrenzender landwirtschaftlicher Flächen** herangezogen, die **mit einem Zuschlag von 100 bis 300 %** versehen werden, wobei der Zuschlag um so niedriger ist, je höher das Preisniveau der herangezogenen Vergleichspreise ist.

Für die unterschiedlichen Betriebstypen, Betriebsgrößen und Betriebsleitungen können regionale **Deckungsbeiträge** aus den Sammlungen aktueller Buchführungsergebnisse entnommen werden[92]. Die sich auf der Grundlage von Deckungsbeiträgen ergebenden wirtschaftlichen Nachteile sind dann mit Ausgleichs- und Entschädigungsleistungen zu verrechnen (vgl. Teil VI Rn. 163 ff.).

Landwirtschaftliche Hofräume im Innenbereich mit einer Flächengröße bis zu 3 000 m² weichen in ihrer Wertigkeit aufgrund ihrer Größe und ihrer Bebauung mit landwirtschaftlichen Nebengebäuden von den sonst im Dorfgebiet gelegenen Grundstücken ab. Vom Gutachterausschuss in Sulingen werden folgende Bodenwerte in Relation zu den Bodenrichtwerten angegeben:

---

92 Z. B. Buchführungsergebnisse des Bay. Staatsministeriums für Ernährung, Landwirtschaft und Forsten; Riemann, A., Rechtliche Grundlagen und Berechnungsmethoden für den Ausgleich von wirtschaftlichen Nachteilen in Wasserschutzgebieten in Nordrhein-Westfalen, WF 1991, 62.

IV § 5 ImmoWertV   Flächen d. Land- oder Forstwirtschaft

Bodenwerte von landwirtschaftlichen Hofräumen im Innenbereich in Relation zu den Bodenrichtwerten						
Bodenrichtwert im Dorfgebiet (€/m²)	10	20	30	40	50	60
Bodenwert von Hofraumflächen bis 3 000 m² (€/m²)	7	12	17	20	24	26

Quelle: Grundstücksmarktbericht Sulingen 2013

2.4.3 Hofanschlussfläche, hofnahe und -ferne Fläche

▶ *Vgl. Teil VI Rn. 120 ff.*

136 Als ein wertbeeinflussendes Merkmal mit individueller Ausprägung gilt die **Lage einer landwirtschaftlichen Nutzfläche zur Hofstelle** und auch zur Ortslage. Man unterscheidet hier zwischen

– Hofanschlussflächen,

– hofnahen und

– hoffernen Flächen.

Hofanschlussflächen sind solche, die einen unmittelbaren Anschluss an die Hofstelle haben und ohne Benutzung öffentlicher Wege über private Wirtschaftswege erreichbar sind. Eine landwirtschaftliche Fläche weist einen Hofanschluss auf, wenn die Fläche unmittelbar mit dem Hof verbunden ist; sie kann also ohne Benutzung von Flächen und Wegen, die im Eigentum anderer stehen, erreicht werden. Die Fläche ist insoweit nicht für jedermann wertvoller, wohl aber für den Eigentümer der Hofstelle.

Im Unterschied zu einer Hofanschlussfläche weist eine **hofnahe Fläche** keinen unmittelbaren Anschluss an den Hof auf; sie ist aber vom Hof aus auf kurzem Weg erreichbar. Auch solche Flächen sind nicht für jedermann deshalb wertvoller, wohl aber wiederum für den Eigentümer des Hofes. Im Falle des Entzugs hofnaher Flächen wird nach der Rechtsprechung des BGH ein **Hofnähezuschlag** nicht anerkannt[93]. Der betroffene Eigentümer hat nämlich keinen Rechtsanspruch auf Erhalt einer günstigen Wegeverbindung. Im Übrigen ist der Verlust der Hofnähe weitgehend mit der Inkaufnahme von Mehrwegen identisch.

Beckmann[94] nennt als **Vorteile**:

– Maschinenfahrten ohne Umrüstung auf die im Straßenverkehr zulässigen Breiten und Beförderungsarten,

– Lastfuhren ohne die im Straßenverkehr erforderlichen Lastensicherungen,

– keine Rückleuchtenmontagen an Feldmaschinen, die ihrer Bauart und Verwendungsart wegen keine festen Rückleuchten tragen,

– Traktorführen ohne Führerschein,

– keine Reinigung nach Fahrten mit verschmutzten Reifen,

– keine Wartezeiten an Kreuzungen bzw. Abbiegungen,

– in den Mittagspausen und Unterbrechungen verbleiben die Maschinen auf dem Feld,

– die Mitnahme von Abdeckplanen für das erdroschene Erntegut bei unbestimmter Witterung ist nicht erforderlich,

– gute Beobachtungsmöglichkeiten von der Hofstelle, wenn Kornwagen gefüllt und leere Wagen zum Feld gebracht werden müssen,

– Wegstreckenvorteile gegenüber entlegenen Parzellen,

– problemloser Eintrieb von Milchkühen und anderem Vieh,

– kurze Entfernung für die Verlegung von Versorgungsleitungen (Weidezaunstrom, Tränkwasser, Beregnungswasser).

---

93 BGH, Urt. vom 6.3.1986 – III ZR 146/84 –, BRS Bd. 45 Nr. 131 = EzGuG 13.76; Köhne, Landwirtschaftliche Taxationslehre, 3. Aufl. 2000, S. 172 f.
94 AgrarR 1979, 73.

Bauerwartungsland § 5 ImmoWertV IV

Der **Wegekostenvorteil der Hofanschlussflächen** kann analog zum Wegekostennachteil für 137
hoffernere Flächen ermittelt werden, er kann bis zu 1,50 €/m² betragen und bemisst sich nach
Nr. 3.1 ff. LandR 78 nach:
– Wegestrecke,
– der Größe der Fläche, die über diesen Weg zu erreichen ist,
– der Intensität und Art der Bewirtschaftung der Fläche und der sich hieraus ergebenden
  Arbeitskraft- und Maschinenkosten sowie aus
– evtl. Wartezeiten beim Überqueren und Einbiegen stark befahrener öffentlicher Straßen,
– im Weg vorhandenen Steigungen.

Der Wegekostenvorteil steigt mit größer werdender Fläche degressiv, weil umgekehrt der Wegekostennachteil für hofferne Flächen mit der Größe dieser Flächen abnimmt. Im Gutachten wird der Wegekostenvorteil gesondert als **Sonderwert für Hofanschlussflächen** ausgewiesen.

Folgende **Fallgestaltungen** haben eine rechtliche Klärung bei der Bemessung der Enteignungsentschädigung von Höfen erfahren:

a) Der Gemeingebrauch eines öffentlichen Wegs, der eine günstige Verbindung zwischen zwei zu demselben landwirtschaftlichen Betrieb gehörenden Grundstücken gewährleistet, begründet kein verfassungsrechtlich geschütztes Vertrauen darauf, dass seine solche dem Betrieb nützliche Linienführung erhalten bleibt. Geschützt ist dagegen die Zugänglichkeit eines Betriebs nach außen[95].

b) Zusätzliche Straßenüberquerungen eines Altwagenverschrottungsbetriebs infolge Zerschneidung des Grundstücks durch eine Straße[96].

3 Bauerwartungsland (§ 5 Abs. 2 ImmoWertV)

3.1 Materielle Definition

Schrifttum: *Burkhard,* Die Baulandqualität von Grundstücken und ihre Behandlung nach dem BauGB, BlGBW 1987, 87; *Hintzsche, M.,* Bauerwartungsland und Rohbauland als Wertbegriffe, NJW 1968, 1269; *Jonas, C.,* Der Ärger mit dem Bauerwartungsland, Der Städtetag 1988, 458, hierzu *Hintzsche, M.,* ebenda; *Koenig* in AVN 1966, 2 = Staats- und Kommunalverwaltung 1965, 141; *Kröner,* Die Eigentumsgarantie in der Rechtsprechung des BGH, 2. Aufl., Berlin 1969; *Krüger* in BuG 1971, 19; *Jung* in BB 1964, 112; *Wilsing, H.,* Das Bauerwartungsland, das Bundesbaugesetz und das Grundstücksverkehrsgesetz, AVN 1964, 131.

▶ *Zu den deduktiven Verfahren zur Ermittlung von werdendem Bauland vgl. Syst. Darst. des Vergleichswertverfahrens Rn. 425 ff.*

Bauerwartungsland sind nach § 5 Abs. 2 ImmoWertV **Flächen, die** nach ihren Grund- 138
stücksmerkmalen (§ 6 ImmoWertV), insbesondere dem Stand der Bauleitplanung und der sonstigen städtebaulichen Entwicklung des Gebiets, **eine bauliche Nutzung** (vgl. § 1 ImmoWertV Rn. 40 ff.) **aufgrund konkreter Tatsachen mit hinreichender Sicherheit erwarten lassen.** Die Vorschrift fordert für die Qualifizierung eines Grundstücks als Bauerwartungsland objektive und nachprüfbare Kriterien; auf eine „spekulative" Verkehrsauffassung soll es nicht ankommen (vgl. Rn. 10 ff.).

Im Bereich der **Beleihungswertermittlung** gibt es den Entwicklungszustand „Bauerwartungsland" nicht, da nach § 21 Satz 2 BelWertV nur ein „gesichertes Bebauungsrecht" bei der Beleihungswertermittlung berücksichtigt werden darf.

---
95 BGH, Urt. vom 13.3.1975 – III ZR 152/72 –, BRS Bd. 34 Nr. 127 = EzGuG 4.43; BGH, Urt. vom 29.5.1967 – III ZR 126/66 –, BGHZ 48, 65 = EzGuG 18.35; BGH, Urt. vom 8.2.1971 – III ZR 33/68 –, BGHZ 55, 261 = EzGuG 18.54.
96 BGH, Urt. vom 9.11.1978 – III ZR 91/77 –, WM 1979, 168 = EzGuG 20.78.

IV § 5 ImmoWertV — Bauerwartungsland

§ 5 Abs. 2 ImmoWertV definiert das **Bauerwartungsland als Vorstufe zum Rohbauland**, das gemäß § 5 Abs. 3 ImmoWertV „nach den §§ 30, 33 und 34 des Baugesetzbuchs für eine bauliche Nutzung" bestimmt ist. Demzufolge handelt es sich um Flächen, die außerhalb
- eines Bebauungsplans nach § 30 BauGB,
- eines im Zusammenhang bebauten Ortsteils nach § 34 BauGB,
- eines Vorhaben- und Erschließungsplans und
- eines Gebiets liegen, für das ein Beschluss über die Aufstellung eines Bebauungsplans gefasst wurde (§ 33 BauGB).

Hieraus folgt, dass mit der Bezugnahme auf den Stand der Bauleitplanung in erster Linie die Flächennutzungsplanung angesprochen ist, d. h. auf eine Darstellung der Fläche im Flächennutzungsplan als Bauland. Eine derartige Darstellung führt jedoch nur dann zu einer Bauerwartung, wenn **„eine bauliche Nutzung mit hinreichender Sicherheit"** erwartet werden **kann.** Nicht jede Darstellung einer baulichen Nutzung im Flächennutzungsplan bietet indessen die Gewähr einer baulichen Nutzung und vor allem nicht in absehbarer Zeit. Eine Darstellung, deren Realisierung nicht absehbar ist oder deren Realisierung nach der städtebaulichen Situation sogar eher unwahrscheinlich ist, lässt eine Bauerwartung nicht aufkommen. Dementsprechend ist in entsprechender Anwendung des in § 2 Satz 2 ImmoWertV und § 4 Abs. 3 Nr. 1 BauGB normierten Grundsatzes, nach dem in Bezug auf künftige Entwicklungen die Wartezeit zu berücksichtigen ist, der Zeitfaktor zu berücksichtigen. Die mit § 5 Abs. 2 ImmoWertV geforderte „hinreichende Sicherheit" der Realisierbarkeit einer baulichen Nutzung ist bei einer **in absehbarer Zeit** nicht zu erwartenden baulichen Nutzung nicht gegeben. Insoweit war die Vorgängerregelung (§ 4 Abs. 2 WertV 88), die ausdrücklich die Erwartung einer baulichen Nutzung in „absehbarer Zeit" forderte, klarer (vgl. Rn. 26 ff.).

139 Neben einer entsprechenden Darstellung im Flächennutzungsplan kann sich eine Bauerwartung auch aus der **„sonstigen städtebaulichen Entwicklung des Gebiets"** ergeben; auf eine entsprechende Darstellung im Flächennutzungsplan kommt es mithin nicht ausschließlich an. Eine Bauerwartung kann sich jedoch auch in diesem Falle nur dann ergeben, wenn die „sonstigen städtebaulichen Entwicklungen des Gebiets" eine bauliche Nutzung aufgrund konkreter Tatsachen mit hinreichender Sicherheit in absehbarer Zeit erwarten lassen.

140 Die Vorschrift fordert **„konkrete Tatsachen"**, aus denen sich mit hinreichender Sicherheit die Erwartung einer baulichen Nutzung ergibt; auf bloße Einschätzungen soll es nicht ankommen. Dies entspricht einer Forderung, die bereits zu der Vorgängerregelung (§ 4 Abs. 2 WertV 88) erhoben wurde[97].

141 Wie das Rohbauland i. S. des § 5 Abs. 3 ImmoWertV weist auch das **Bauerwartungsland** innerhalb des Gemeindegebiets i. d. R. kein einheitliches Wertniveau auf; seine Wertigkeit bestimmt sich vielmehr entsprechend den jeweiligen Gegebenheiten rechtlicher und tatsächlicher Natur nach der zu erwartenden Wartezeit bis zur tatsächlichen baulichen Nutzbarkeit und den damit verbundenen Realisierungsrisiken (Wagnis, vgl. Rn. 16, 150 ff.; § 6 ImmoWertV Rn. 108; Syst. Darst. des Vergleichswertverfahrens Rn. 425 ff.).

142 Allgemein gilt, dass die preisdämpfende Wirkung des Risikos, das mit der Erwartung einer baulichen Nutzung in absehbarer Zeit verbunden ist, i. d. R. mit der Verkürzung der Wartezeit (einschließlich des damit verbundenen Wagnisses) möglicherweise bis auf ein „Restrisiko" schwindet. Die Wartezeit ist damit ein entscheidender Faktor für die Wertigkeit des Bauerwartungslandes, wobei unter „absehbarer Zeit" Zeiträume bis acht Jahre und auch mehr verstanden werden (vgl. Rn. 28, 158 ff.; Syst. Darst. des Vergleichswertverfahrens Rn. 425 ff.). Das **Bauerwartungsland weist** demzufolge **eine breite Spanne der Wertigkeit auf.**

143 Bei einer entsprechenden **Darstellung im Flächennutzungsplan** (§ 5 Abs. 2 Nr. 1 BauGB) besteht lediglich eine „Chance" (Rn. 153 ff.), dass die Fläche in „absehbarer Zeit" tatsächlich einer baulichen Nutzung zugeführt werden kann. Diese Chance kann sich mitunter „über Nacht" zerschlagen, ohne dass Entschädigungsansprüche für derartige „Herabzonungen" geltend gemacht werden können.

---

[97] BR-Drucks. 352/1/88, S. 2.

144 Die **Möglichkeit einer entschädigungslosen Änderung entsprechender Darstellungen in Flächennutzungsplänen wirkt sich im Geschäftsverkehr preisdämpfend aus**. Es kommt hinzu, dass bei der Preisbildung für Bauerwartungsland berücksichtigt wird, dass für naturschutzrechtliche Ausgleichsmaßnahmen, Erschließungsmaßnahmen und sonstige Gemeindebedarfszwecke in erheblichem Umfang Flächen bereitgestellt werden müssen. Im Hinblick auf den gewachsenen Gemeindebedarf und – darüber hinaus – auf die naturschutzrechtliche Eingriffsregelung wird dabei die für Erschließungsumlegungen nach den §§ 45 ff. BauGB geltende Flächenbeitragsbegrenzung von 30 % als oft nicht mehr als ausreichend anzusehen sein. Neben der Wartezeit und dem Verwirklichungsrisiko wirkt sich auch dies preisdämpfend auf die Verkehrswertbildung für Bauerwartungsland aus.

145 Umgekehrt kann sich der **Wert des Bauerwartungslands kurzfristig nicht unerheblich erhöhen**, wenn aufgrund unerwarteter Entwicklungen eine langfristig erwartete bauliche Nutzung in greifbare Nähe rückt, z. B. wenn aufgrund der Initiative eines Investors (*„developer"*) in Kooperation mit dem Planungsträger die bauliche Nutzbarkeit herbeigeführt wird. Dies gilt grundsätzlich auch dann, wenn der Investor (bzw. *„developer"*) im Rahmen städtebaulicher Verträge die damit verbundenen Kosten, die sonst der Gemeinde entstehen, in einem angemessenen und durch die Entwicklung bedingten Umfang übernimmt. Es entspricht den Usancen des Grundstücksmarktes, dass in derartig gelagerten Fällen die vom Investor (*„developer"*) initiierte Bodenwertsteigerung insoweit beim Grunderwerb – quasi kompensatorisch – unberücksichtigt bleibt.

146 Im Kern kommt eine fundierte Wertermittlung von Bauerwartungsland nicht umhin, **Chancen, Risiken, die voraussichtliche Entwicklungszeit (Wartezeit) und die zu erwartenden Kosten** individuell **abzuschätzen,** um sich die notwendige Klarheit zu verschaffen, ob die vom Verordnungsgeber geforderte „hinreichende Sicherheit" einer zu erwartenden baulichen Nutzung tatsächlich gegeben ist.

147 Für den Regelfall kann davon ausgegangen werden, dass der Grundstücksverkehr der in absehbarer Zeit erwarteten Ausweisung einer Fläche als Bauland einen steigenden Einfluss auf Preisforderung und Preisbewilligung einräumt[98]. Voraussetzung ist allerdings, dass die Ausweisung „so sicher unmittelbar" bevorsteht, dass sie sich bereits als wertbildender Faktor auswirkt, der allgemeine Grundstücksverkehr ihnen also schon Rechnung trägt."[99] **Auf bloße Hoffnungen und Wünsche soll es für die Einstufung einer Fläche als Bauerwartungsland** schon nach dem Wortlaut der Vorschrift **nicht ankommen**.

148 Demgegenüber war in der Rechtsprechung anerkannt, dass bei der Wertermittlung (noch) landwirtschaftlich genutzter Grundstücke eine Bauerwartung zu berücksichtigen sei, „wenn die Verwirklichung der Bauabsicht in absehbarer Zeit, wenn auch nicht innerhalb eines genauen Zeitraums zu erhoffen ist, wobei das Vorwirkungsrisiko in Kauf genommen wird"[100]. Zumindest bei der Bemessung einer Enteignungsentschädigung stehen der Berücksichtigung von „Bauhoffnungen" nach Auffassung des OLG München[101] die zwischenzeitlich mit dem BBauG 76 geänderten Entschädigungsvorschriften entgegen. Die Auffassung wird mit dem Hinweis auf **§ 94 Abs. 2 Nr. 1 BBauG** (= BauGB) begründet, der folgenden Wortlaut hat:

„(2) Bei der Festsetzung der Entschädigung bleiben unberücksichtigt
1. Wertsteigerungen eines Grundstücks, die in der Aussicht auf eine Änderung der zulässigen Nutzung eingetreten sind, wenn die Änderung nicht in absehbarer Zeit zu erwarten ist."

149 Wenn also durch konkrete Anhaltspunkte begründbare **Bauhoffnungen** schon nicht zu entschädigen sind, müssen sie auch bei der Klassifizierung einer Fläche nach den Maßstäben des § 5 Abs. 2 ImmoWertV außer Betracht bleiben. Bei alledem gilt es in Abwandlung eines

---

98 RG, Urt. vom 30.5.1911 – VII 368/10 –, JW 1911, 726 = EzGuG 20.10; BGH, Urt. vom 7.10.1976 – III ZR 60/73 –, BGHZ 67, 200 = EzGuG 6.188.
99 BGH, Urt. vom 9.1.1969 – III ZR 51/68 –, BRS Bd. 26 Nr. 56 = EzGuG 6.119.
100 BGH, Urt. vom 8.2.1971 – III ZR 200/69 –, BRS Bd. 26 Nr. 60 = EzGuG 6.134; BGH, Urt. vom 8.2.1971 – III ZR 65/70 –, BGHZ 55, 294 = EzGuG 6.133; OLG Celle, Urt. vom 28.2.2002 – 4 U 125/01 –, GuG-aktuell 2002, 31 = EzGuG 6.291a.
101 OLG München, Urt. vom 29.11.1979 – U 3/79 –, AVN 1984, 143 = BRS Bd. 45 Nr. 110 = EzGuG 8.55.

IV § 5 ImmoWertV — Bauerwartungsland

Schillerwortes für jeden Investor hier zu bedenken, nach dem mit des Marktes Mächten nicht immer ein edler Bund zu flechten ist.

150 Bauerwartungsland i. S. des § 5 Abs. 2 ImmoWertV stellt bei alledem eine **Zwischenstufe zwischen den sog. Flächen der Land- oder Forstwirtschaft** nach § 5 Abs. 1 ImmoWertV **und dem Rohbauland** nach § 5 Abs. 3 ImmoWertV dar. Es handelt sich um einen äußerst **„labilen" und risikobehafteten Übergangsbereich** im untersten Bereich des „werdenden Baulands".

151 Wegen der Vielfalt der häufig nicht abschätzbaren Einflüsse und der unterschiedlichsten Situationsverhältnisse kann selbst im Wege einer individuellen Wertermittlung der Verkehrswert von **Bauerwartungsland nicht exakt „berechnet"** werden und die ermittelten Verkehrswerte können sich schon im Hinblick auf die mit der Bauleitplanung und anderen Planungsgrundlagen verbundenen Unsicherheiten bereits nach kurzer Zeit „verflüchtigen" bzw. stark ansteigen. Bauerwartungsland stellt insofern trotz der vom Verordnungsgeber geforderten „hinreichenden Sicherheit" der Erwartung einer baulichen Nutzung einen „flüchtigen" Entwicklungszustand dar. Bei der Verkehrswertermittlung von Bauerwartungsland geht es deshalb in erster Linie darum, eine Vielzahl einzelner „Indizien", die für oder gegen die Erwartung einer baulichen Nutzung sprechen, zu aggregieren, um daraus den **Grad der Bauerwartung** und damit die Wertigkeit des Bauerwartungslands möglichst objektiv abzuleiten.

152 Zusammenfassend bleibt festzustellen, dass eine Bauerwartung gegeben ist, sobald eine **bauliche Nutzung** nach allen Umständen tatsächlicher und rechtlicher Art aufgrund konkreter Tatsachen mit hinreichender Sicherheit zu erwarten und **„greifbar"**[102] ist.

153 Nutzungsmöglichkeiten, deren Verwirklichung nicht in „greifbarer" Nähe liegen, beeinflussen nämlich nicht die Höhe des Verkehrswerts[103]. Der BGH hat den **Begriff der „greifbaren Nähe" im gleichen Sinne wie** den **Begriff der „absehbaren Zeit"** benutzt (so auch Begründung zu § 4 Abs. 2 WertV 88, a. a. O.), wobei in der Rechtsprechung nicht gefordert wird, dass die bauliche Nutzung „mit Sicherheit" erwartet werden kann. Der BGH[104] hat hierzu ausgeführt: „Es (das RG im Urt. vom 30.5.1911 – VII568/10 – in Gruchot 55/1176 = EzGuG 20.10) hat ausdrücklich hervorgehoben, dass die künftige Bebauung innerhalb einer absehbaren Zeit ‚nicht unumstößlich sicher feststehen müsse', es genüge vielmehr, dass ‚sie mit mehr oder weniger großer Wahrscheinlichkeit zu erwarten oder (sogar nur) zu erhoffen sei'. Es hat also die Übernahme eines gewissen Risikos, ob in Zukunft in der Tat eine Bebauung eintreten wird, bei Erwerb solchen Geländes zu höheren als Ackerlandpreisen als einem ‚gesunden Grundstücksverkehr' entsprechend angesehen; so bezeichnet es[105] solches werdendes Bauland sogar als ‚Spekulationsland', billigt ihm aber trotzdem eine höhere Qualität als reinem Ackerland zu. Auf die Sicherheit der künftigen Bebauung ist demnach nicht abzustellen. Eine Unsicherheit hinsichtlich der künftigen Bebauung braucht der Einbeziehung eines Grundstücks in die hier zur Erörterung stehende qualitätsmäßige Zwischenstufe nicht entgegenzustehen." Was als „absehbare Zeit" zu gelten hat, entzieht sich dabei einer Verallgemeinerung[106]. Im Unterschied zu dieser Rechtsprechung soll künftig eine bauliche Nutzung mit „hinreichender Sicherheit" zu erwarten sein, um ein Grundstück als „Bauerwartungsland" zu qualifizieren.

---

102 So ausdrücklich die Begründung zu § 4 Abs. 2; BR-Drucks. 352/88, S. 37 in Anlehnung an BGH, Urt. vom 10.4.1997 – III ZR 111/96 –, GuG 1998, 55 = EzGuG 6.284; BGH, Urt. vom 25.9.1958 – III ZR 82/57 –, BGHZ 28, 160 = EzGuG 6.35; BGH, Urt. vom 8.11.1962 – III ZR 86/61 –, BGHZ 39, 198 = EzGuG 8.5; OLG München, Urt. vom 27.11.1969 – 1a Z 13/68 –, BRS Bd. 26 Nr. 95 = EzGuG 19.20; OLG Hamm, Urt. vom 25.3.1971 – 10 U 62/70 –, RdL 1971, 302 = EzGuG 8.35; OLG Celle; Urt. vom 1.2.1963 – 4 U 211/60 –, MDR 1963, 842 = EzGuG 8.6.
103 BGH, Urt. vom 6.12.1962 – III ZR 113/61 –, BRS Bd. 19 Nr. 109 = EzGuG 6.65; BGH; Urt. vom 28.10.1971 – III ZR 84/70 –, BRS Bd. 26 Nr. 61 = EzGuG 8.37.
104 BVerwG, Urt. vom 16.9.1975 – 5 C 32/75 –, RdL 1976, 74 = EzGuG 17.32d; BVerwG, Urt. vom 27.1.1967 – 4 C 33/65 –, BVerwGE 26, 111 = EzGuG 8.20; BGH, Urt. vom 8.11.1962 – III ZR 86/61 –, BGHZ 39, 198 = EzGuG 8.5; BGH, Urt. vom 8.6.1959 – III ZR 66/58 –; BGHZ 30, 281 = EzGuG 6.41; BVerwG, Urt. vom 9.6.1959 – 1 CB 27/58 –, BVerwGE 8, 343 = EzGuG 17.13; BVerwG, Urt. vom 21.6.1955 – 1 C 173/54 –, BVerwGE 2, 154 = EzGuG 17.2 auch RG, Urt. vom 1.7.1931 – V 95/31 –, EzGuG 4.2f.
105 Z. B. im RG, Urt. vom 7.5.1909 – VII 358/08 –, PrVBl. 1910, 262.
106 BVerwG, Beschl. vom 23.7.1993 – 4 NB 26/93 –, Buchholz 406.15 Nr. 4 zu § 5 StBauFG = EzGuG 17.76b; FG München, Urt. vom 20.11.2000 – I 3 K 2630/95 –, GuG-aktuell 2001, 31: 145 Jahre sind absehbar; FG Düsseldorf, Urt. vom 7.10.2004 – 11 K 757/02 –, GuG-aktuell 2006, 15 = EzGuG 4.189.

Die **absehbare Zeit** i. S. der Rechtsprechung entspricht im Regelfall der Wartezeit i. S. des § 2 Satz 2 ImmoWertV[107], die von wesentlicher Bedeutung für den Wert des Bauerwartungslandes ist (vgl. Rn. 28, 187). Bei der Ermittlung des Verkehrswerts von Bauerwartungsland aus Vergleichspreisen für baureifes Land unter Abzug anfallender Kosten und unter Berücksichtigung der Wartezeit (Investitionsrechnung) wird in der Praxis mitunter noch ein **Wagnisabschlag** (von ca. 10 %) angebracht. Diesbezüglich muss vor einer schematischen Vorgehensweise gewarnt werden (vgl. Rn. 16, 144; Syst. Darst. des Vergleichswertverfahrens Rn. 291 ff.; § 6 ImmoWertV Rn. 108). 154

Es kommt hinzu, dass die angesetzte **Wartezeit und** ein zusätzlich angesetzter **Risikoabschlag in Wechselbeziehung** zueinander stehen können. Die Wartezeit wird regelmäßig im Wege der Schätzung angesetzt und kann zu recht langen Zeithorizonten von 10 Jahren und sogar mehr führen. Grundsätzlich kann ein verbleibendes Wagnis z. B. derart, dass sich eine erwartete bauliche Nutzung aufgrund unvorhersehbarer Ereignisse verzögert – zumindest vom Ergebnis her –, bereits durch eine entsprechend „großzügig" bemessene Wartezeit berücksichtigt werden. Dies bedeutet, dass in solchen Fällen die Wartezeit umso enger zu bemessen ist, je höher der angesetzte Risikoabschlag eingeführt wird. Verfahrenstechnisch dürfte es jedoch praktikabler sein, mit einer entsprechend großzügig kalkulierten Wartezeit das Risiko uno actu zu subsumieren. Im Rahmen von Investitionsberechnungen wird damit zugleich der Gefahr begegnet, dass sich mit dem Ansatz einer Vielzahl von jeweils für sich kleinen Einzelpositionen diese zusammen zu einem Betrag aufsummieren, der dann zu unrealistischen Ergebnissen führt. 155

▶ *Zur Verkehrswertermittlung warteständigen Baulandes mithilfe deduktiver Verfahren vgl. Syst. Darst. des Vergleichswertverfahrens Rn. 184 ff.*

Der **Entwicklungszustand Bauerwartungsland stellt für den Eigentümer des Grundstücks keine geschützte Rechtsposition** in dem Sinne **dar,** dass für die sich nicht erfüllenden Erwartungen eine Entschädigung beansprucht werden kann. Für wegfallende „Chancen" kann der Eigentümer nämlich nur dann einen Wertausgleich beanspruchen, wenn sein Grundstück unmittelbar dem enteignenden Zugriff ausgesetzt und damit der privaten Nutzung entzogen wird[108]. Art. 14 GG schützt nur konkrete Rechtspositionen und nicht bereits „Chancen". Dies gilt selbst in den Fällen, in denen „bloße" Erwartungen aufgrund von Maßnahmen der hohen Hand wegfallen[109]. 156

3.2 Stand der Bauleitplanung

▶ *Vgl. § 6 ImmoWertV Rn. 7 ff.*

Ein Grundstück ist nach § 5 Abs. 2 ImmoWertV als Bauerwartungsland zu qualifizieren, wenn es „insbesondere nach dem **Stand der Bauleitplanung**" eine bauliche Nutzung „aufgrund konkreter Tatsachen mit hinreichender Sicherheit" erwarten lässt. Nach dem Wortlaut der Vorschrift stehen der „Stand der Bauleitplanung" und die Sicherheit verleihenden „konkreten Tatsachen" nebeneinander, d. h., der Stand der Bauleitplanung allein kann noch keine Bauerwartung begründen. Es müssen kumulativ weitere „konkrete" Anhaltspunkte hinzukommen, die die sichere Erwartung einer baulichen Nutzung rechtfertigen. 157

Mit der Bezugnahme auf den „Stand der Bauleitplanung" kann nur die Darstellung der Fläche im Flächennutzungsplan als Bauland[110] angesprochen sein, denn ein Planungsstand nach den 158

---

107 FG Düsseldorf, Urt. vom 7.10.2004 – 11 K 757/02 –, EFG 2005, 94 = EzGuG 4.190.
108 BGH, Urt. vom 7.1.1982 – III ZR 114/80 –, BGHZ 83, 1 = EzGuG 6.213a; BGH, Urt. vom 10.3.1977 – III ZR 195/74 –, BRS Bd. 34 Nr. 139 = EzGuG 18.72; BGH, Urt. vom 29.3.1976 – III ZR 98/73 –, BGHZ 66, 173 = EzGuG 8.47; BGH, Urt. vom 12.6.1975 – III ZR 25/73 –, BGHZ 64, 382 = EzGuG 4.44; BGH, Urt. vom 25.11.1974 – III ZR 42/73 –, BGHZ 63, 240 = EzGuG 6.174; BGH, Urt. vom 28.1.1974 – III ZR 11/76 –, BGHZ 62, 96 = EzGuG 8.42; BGH, Urt. vom 14.12.1970 – III ZR 102/67 –, BGHZ 55, 82 = EzGuG 6.131; BGH, Urt. vom 4.5.1972 – III ZR 11/70 –, WM 1972, 890.
109 BGH, Urt. vom 29.3.1976 – III ZR 98/73 –, BGHZ 66, 173 = EzGuG 8.47; BGH, Urt. vom 28.1.1974 – III ZR 11/72 –, BGHZ 62, 96 = EzGuG 8.42; BGH, Urt. vom 12.6.1975 – III ZR 25/73 –, BGHZ 64, 382 = EzGuG 4.44; BGH, Urt. vom 7.10.1976 – III ZR 60/73 –, BGHZ 67, 200 = EzGuG 6.188.
110 BFH, Urt. vom 27.1.1978 – III R 101/75 –, BStBl II 1978, 292 = EzGuG 4.54a.

§§ 30, 33 oder 34 BauGB führt nach § 5 Abs. 3 und 4 ImmoWertV zu einem höherwertigeren Entwicklungszustand.

159 Allgemein wird angenommen, dass die **Darstellung einer Baufläche oder eines Baugebiets in einem Flächennutzungsplan** nach § 5 BauGB Bauerwartungslandqualität begründet. Tatsächlich kann dies aber keinesfalls als unumstößliche Regel gelten, und zwar sowohl was den Ausschluss einer Fläche von einer baulichen Nutzung als auch die Darstellung einer Fläche als Baugebiet oder Baufläche im Flächennutzungsplan anbelangt:

a) Eine die Bebauung ausschließende vorläufige oder endgültige Planung steht *nicht unbedingt* einer zu erwartenden Bebauung entgegen, weil Planungen auch geändert werden können[111].

b) Die Planung ist zwar erforderlich, um „ein gesundes, sicheres, ungestörtes Zusammenleben mit Rücksicht auf die Knappheit des Grund und Bodens zu ermöglichen"[112], und es liegt auch in der Natur der Sache, dass „planerische Festsetzungen auf Markt- und Erwerbschancen Einfluss nehmen"[113], jedoch wurde in der Rechtsprechung auch darauf hingewiesen, dass die Ausweisung eines Grundstücks als Bauland allein nicht genüge, um die Eigenschaft als Bauland zu bejahen. Es muss hinzukommen, dass aufgrund der tatsächlichen Entwicklung mit der Bebauung in absehbarer Zeit gerechnet werden kann[114].

c) Auch das Fehlen einer Bebauungsplanung sowie die Lage eines Grundstücks außerhalb eines im Zusammenhang bebauten Ortsteils nach § 34 BauGB schließen nicht aus, dass für ein Grundstück eine bauliche Nutzung in absehbarer Zeit erwartet werden kann[115].

160 Ausschlaggebend sollen demnach die sich aus der **Situationsgebundenheit des Grundstücks** ergebenden tatsächlichen Eigenschaften sein, die nach der in der Rechtsprechung zum Ausdruck kommenden Auffassung zumindest in Ausnahmefällen einer Planung zuwiderlaufen können. Damit darf aber der kommunalen Bauleitplanung nicht die Steuerungsfunktion abgesprochen werden, die aus guten Gründen auch gegen den „Trend" gerichtet sein kann. Eine geordnete städtebauliche Entwicklung ist nämlich nicht denkbar, wenn sich mit ihr vermeintlich aufdrängende Entwicklungen nicht verhindern ließen. Immerhin ist auch vom Grundsatz anerkannt, dass die Darstellungen in Flächennutzungsplänen unter bestimmten Voraussetzungen zum Ausschluss von der konjunkturellen Weiterentwicklung führen können. Dennoch bleibt aber festzuhalten, dass allein die Darstellung einer baulichen Nutzung im Flächennutzungsplan i. d. R. keine unumstößliche Sicherheit verleiht, dass die bauliche Nutzung auch „tatsächlich" zu erwarten ist[116].

161 Spätestens mit dem **Beschluss der Gemeinde, einen Bebauungsplan aufzustellen**, werden Umstände geschaffen, die mit mehr oder minder großer Wahrscheinlichkeit es erwarten oder erhoffen lassen, dass ein Grundstück einer Bebauung zugänglich gemacht wird, und es ist von daher gerechtfertigt, von Bauerwartungsland zu sprechen[117].

---

111 BGH, Urt. vom 20.12.1963 – III ZR 60/63 –, BGHZ 40, 312 = EzGuG 14.17; OLG Bremen, Urt. vom 5.4.1967 – UB (c) 10/65 –, EzGuG 9.21a.
112 BGH, Urt. vom 28.4.1966 – III ZR 24/65 –, WM 1966, 774 = EzGuG 19.9; BGH, Urt. vom 25.6.1959 – III ZR 220/57 –, EzGuG 6.43.
113 BVerwG, Beschl. vom 9.11.1979 – 4 N 1/78, 4 N 2 – 4 –, BVerwGE 59, 87 = NJW 1980, 1061 = BauR 1980, 36 = DVBl 1980, 233.
114 BGH, Urt. vom 8.11.1962 – III ZR 86/61 –, BGHZ 39, 198 = EzGuG 8.5; BGH, Urt. vom 25.3.1977 – V ZR 92/74 –, MDR 1977, 827 = EzGuG 4.50; BGH, Urt. vom 28.10.1971 – III ZR 84/70 –, BRS Bd. 26 Nr. 61 = EzGuG 8.37; BGH, Urt. vom 20.12.1963 – III ZR 60/63 –, BGHZ 40, 312 = EzGuG 14.13; BGH, Urt. vom 30.9.1963 – III ZR 59/61 –, NJW 1964, 202 = EzGuG 8.9; BVerwG, Urt. vom 27.1.1967 – 4 C 33/65 –, BVerwGE 26, 211 = EzGuG 8.20; OVG Lüneburg, Urt. vom 11.1.1962, AVN 1963, 274 = EzGuG 8.4.
115 BVerwG, Urt. vom 9.6.1959 – 1 CB 27/58 –, BVerwGE 8, 343 = EzGuG 17.13; OLG München, Urt. vom 27.11.1969 – I a Z 13/68 –, BRS Bd. 26 Nr. 95 = EzGuG 19.20; OVG Greifswald, Urt. vom 4.7.1996 – 9 K 5/94 –, GuG 1997, 190 = EzGuG 4.166.
116 BGH, Urt. vom 25.11.1974 – III ZR 42/73 –, BGHZ 63, 240 = EzGuG 6.174.
117 OLG Frankfurt am Main, Urt. vom 30.4.1998 – 15 U 65/97 –, GuG 1999, 121 = EzGuG 4.171.

3.3 Städtebauliche Entwicklungen

Nach § 5 Abs. 2 ImmoWertV kann sich eine Bauerwartung auf **„sonstige städtebauliche Entwicklungen"** gründen. Diese kann sich z. B. in sog. informellen Planungen, z. B. Struktur- und Rahmenplänen, aber auch in einer Investitionsplanung konkretisieren. Schon im Hinblick auf die ausstehende formelle Bauleitplanung, verbunden mit einer Öffentlichkeits- und Behördenbeteiligung nach den §§ 34, 13 Abs. 2 und 3 sowie § 4a BauGB, wird sich eine Bauerwartung nicht auf einzelne Planungsvorstellungen gründen können. Zumindest ist zu fordern, dass eine informelle Planung vom Gemeinderat zustimmend zur Kenntnis genommen wurde und auch die tatsächlichen Verhältnisse eine Bauerwartung rechtfertigen.

162

Darüber hinaus soll sich eine Bauerwartung[118] auch auf „weitere Grundstücksmerkmale" i. S. des § 6 ImmoWertV gründen. Hieraus folgt, dass es bei der Klassifizierung einer Fläche als Bauerwartungsland maßgeblich auf die mit dem gegebenen Hinweis auf die „weiteren Grundstücksmerkmale" nach § 6 ImmoWertV angesprochenen tatsächlichen Zustandsmerkmale und nicht entscheidend auf formale Gesichtspunkte (Ortsplanung, Festsetzung von Fluchtlinien) ankommt. Von maßgeblicher Bedeutung sind die aus der Natur der Sache gegebenen Möglichkeiten der Benutzung und der wirtschaftlichen Ausnutzung, wie sie sich aus der örtlichen Lage des Grundstücks bei wirtschaftlicher Betrachtungsweise objektiv anbieten. Nach ständiger Rechtsprechung ist also die sog. **Situationsgebundenheit des Grundstücks** ausschlaggebend[119].

163

Von Bedeutung ist in diesem Zusammenhang vor allem ein in einer Gemeinde bestehender **Siedlungsdruck** aufgrund von Wanderungen oder der Zunahme der Bevölkerung oder im gewerblich-industriellen Bereich und im sich daraus ergebenden Baulandbedarf. Hinzu kommt die Nähe der Gemeindebesiedlungsgrenze[120] oder eine **günstige Lage innerhalb des Siedlungsgebiets** z. B. aufgrund vorhandener Infrastruktureinrichtungen einschließlich günstiger Verkehrsverhältnisse durch Straßen-, Eisenbahn-, Omnibus- oder Straßenbahnlinien. Umgekehrt stehen naturbedingte Hindernisse, ein Bevölkerungsrückgang sowie der Abzug von Industrie und Gewerbe einer Bauerwartung entgegen. Ökologische, einer Bebauung entgegenstehende Belange haben manche Bauflächenausweisungen in Flächennutzungsplänen obsolet werden lassen. Es verbietet sich bei alledem, allein aus der **Großstadtnähe** „quasi naturgesetzlich" auf eine Bauerwartung zu schließen[121].

3.4 Einer Bauerwartung entgegenstehende Gegebenheiten

Die Ausweisung einer Fläche als Landschafts- oder Naturschutzgebiet sowie ihre Einbeziehung in den Geltungsbereich einer **Flora-Fauna-Habitat-Richtlinie**[122] (**Natura 2000**) bzw. der **Vogelschutzrichtlinie**[123] steht einer Bauerwartung grundsätzlich entgegen (vgl. Rn. 258 ff.).

164

3.5 Bauerwartung in der steuerlichen Bewertung

Schrifttum: *Gürschin/Stenger*, BewG und VermStG.

---

118 BGH, Urt. vom 14.6.1984 – III ZR 41/83 –, BRS Bd. 45 Nr. 133 = EzGuG 8.61; BGH, Urt. vom 25.3.1977 – V ZR 92/74 –, MDR 1977, 827 = EzGuG 4.50; BGH, Urt. vom 22.2.1965 – III ZR 126/63 –, BRS Bd. 19 Nr. 108 = EzGuG 8.14; OLG München, Urt. vom 27.11.1969 – 1a Z – 13/68 –, NJW 1970, 864 = EzGuG 19.20; BGH, Urt. vom 17.12.1964 – III ZR 96/63 –, BRS Bd. 19 Nr. 112 = EzGuG 11.47.
119 BGH, Urt. vom 14.6.1984 – III ZR 41/83 –, BRS Bd. 45 Nr. 133 = EzGuG 8.61; BGH, Urt. vom 22.4.1982 – III ZR 131/80 –, BRS Bd. 45 Nr. 192 = EzGuG 17.44; BGH, Urt. vom 15.11.1979 – III ZR 78/78 –, EzGuG 17.36; BGH, Urt. vom 12.2.1976 – III ZR 184/73 –, EzGuG 19.28; BGH, Urt. vom 25.11.1974 – III ZR 42/73 –, BGHZ 63, 240 = EzGuG 6.174; BGH, Urt. vom 28.4.1966 – III ZR 24/65 –, WM 1966, 774 = EzGuG 19.9; BGH, Urt. vom 30.9.1963 – III ZR 59/61 –, NJW 1964, 202 = EzGuG 8.9.
120 LG Koblenz, Urt. vom 6.3.1989 – 4. 0. 18/88 –, EzGuG 8.66.
121 OLG Frankfurt am Main, Urt. vom 8.3.1976 – 1 U 4/74 –, EzGuG 18.67a.
122 FFH-Richtlinie 92/43/EWG vom 21.5.1992.
123 Vogelschutzrichtlinie 79/409/EWG vom 2.4.1979.

165 Nach § 69 Abs. 1 BewG sind land- und forstwirtschaftlich genutzte Flächen dem Grundvermögen zuzurechnen, wenn nach ihrer Lage, den im Feststellungszeitpunkt bestehenden Verwertungsmöglichkeiten oder den sonstigen Umständen anzunehmen ist, dass sie **in absehbarer Zeit** (vgl. Rn. 159) **anderen als land- und forstwirtschaftlichen Zwecken, insbesondere als Bauland dienen werden**. Ob ein Grundstück dauernd einem Betrieb der Land- und Forstwirtschaft zu dienen bestimmt ist, ist nach objektiven Gesichtspunkten, insbesondere nach der Zweckbestimmung durch den Eigentümer zu entscheiden. Die Zweckbestimmung durch den Eigentümer muss nach außen erkennbar in Erscheinung getreten sein[124].

4 Rohbauland (§ 5 Abs. 3 ImmoWertV)

4.1 Materielle Definition

166 § 5 Abs. 3 ImmoWertV definiert das Rohbauland als **Flächen, die nach den bauplanungsrechtlichen Bestimmungen** der §§ 30, 33 oder 34 BauGB **für eine bauliche Nutzung bestimmt sind**,

a) deren Erschließung aber noch nicht gesichert ist *oder*

b) die nach Lage, Form oder Größe für eine bauliche Nutzung (noch) unzureichend gestaltet sind.

167 Im Unterschied zur Definition des „baureifen Landes" (§ 5 Abs. 4 ImmoWertV) soll es auf die **(sofortige) Zulässigkeit einer baulichen Nutzung** nach sonstigen öffentlich-rechtlichen Vorschriften (vgl. Rn. 188 ff.) nicht ankommen. Auch sind privatrechtliche Hinderungsgründe, wie z. B. eine die Bebauung ausschließende Grunddienstbarkeit, oder tatsächliche Hindernisse außer Betracht zu lassen.

Die angeführten **§§ 30, 33 und 34 BauGB** sind im Teil I unter Fn. 2 zur ImmoWertV abgedruckt.

168 **Im Außenbereich gelegene Grundstücke** stehen nach einer geordneten städtebaulichen Entwicklung gemäß § 35 BauGB grundsätzlich nicht zur Bebauung an[125]. § 5 Abs. 3 ImmoWertV lässt die **Zulässigkeit einer baulichen Nutzung nach § 35 BauGB** unerwähnt, weil sich die Bebaubarkeit eines im Außenbereich gelegenen Grundstücks nur unter bestimmten sich aus § 35 BauGB[126] ergebenden Voraussetzungen ergeben kann.

169 Im Außenbereich sind zunächst nur die in § 35 Abs. 1 BauGB enumerativ und abschließend aufgeführten *„privilegierten Vorhaben"* zulässig sind. *„Sonstige Vorhaben"* können nach § 35 Abs. 2 unter bestimmten Maßgaben im Einzelfall zugelassen werden (vgl. Rn. 195). Darüber hinaus hat der Gesetzgeber ein grundsätzliches Bauverbot mit Ausnahmevorbehalt für bestimmte Vorhaben der Nutzungsänderung, der Ersatzbauten, des Wiederaufbaus und der Erweiterung sowie Änderung oder Nutzungsänderung erhaltenswerter Gebäude ausgesprochen. Damit sind die sog. *„begünstigen Vorhaben"* nach § 35 Abs. 4 BauGB angesprochen.

170 Vorstehende die Zulässigkeit von Vorhaben regelnde Bestimmungen sind bei der Qualifizierung des Zustands eines Grundstücks nach Maßgabe des § 5 ImmoWertV zu berücksichtigen, auch wenn § 5 Abs. 3 ImmoWertV hierauf nicht expressis verbis verweist; dabei ist die **zeitliche Befristung** angemessen zu berücksichtigen.

171 Entsprechend dem Regelungsgehalt dieser Vorschrift kann auch nach § 5 Abs. 4 ImmoWertV **im Außenbereich** nur von baureifem Land gesprochen werden, wenn für ein privilegiertes

---

[124] FG Düsseldorf, Urt. vom 7.10.2004 – 11 K 757/02 –, EFG 2005, 94 = EzGuG 4.190.
[125] BVerwG, Urt. vom 25.6.1969 – 4 C 14/68 –, BVerwGE 32, 226 = EzGuG 9.7.
[126] Zum Rechtsanspruch auf Zulassung eines Vorhabens vgl. BGH, Urt. vom 26.10.1970 – III ZR 132/67 –, BRS Bd. 23 Nr. 51 = EzGuG 8.32; zur Bebaubarkeit nach § 35 Abs. 2 BauGB; BGH, Urt. vom 1.12.1977 – III ZR 130/75 –, BRS Bd. 34 Nr. 141 = EzGuG 18.78.

Vorhaben die Zulassung eines Vorhabens unmittelbar ansteht oder **vorhandene bauliche Anlagen auf einem Grundstück rechtlich und wirtschaftlich weiterhin nutzbar sind**. Von dahingehenden theoretischen Erwägungen zur Erlangung einer höheren Entschädigung auszugehen, wäre abwegig. Im Übrigen besagt die im Einzelfall gegebene Einstufung einer Außenbereichsfläche als „baureif" für ein privilegiertes, sonstiges oder begünstigtes Vorhaben noch nichts über die Höhe des Verkehrswerts. Im Hinblick auf die eingeschränkte Nutzbarkeit derartiger Flächen für privilegierte oder begünstigte Vorhaben orientiert sich der Wert ohnehin nicht etwa an dem im Innenbereich gelegenen baureifen Land.

▶ *Weitere Hinweise bei Rn. 177, 195, 210 ff., 229, 246 ff.; zur Bodenwertermittlung Rn. 245 ff.; § 6 ImmoWertV Rn. 68 ff., § 16 ImmoWertV Rn. 120*   **172**

4.2 Brutto- und Nettorohbauland

Rohbauland stellt eine Zwischenstufe vom Bauerwartungsland zum baureifen Land dar.   **173**
Dementsprechend lässt sich das **Rohbauland begrifflich zwischen dem Brutto- und Nettorohbauland unterscheiden**[127]. Das Bruttorohbauland umfasst (noch) die für öffentliche Zwecke, insbesondere die Erschließung benötigten Flächen des Plangebiets, während sich das Nettorohbauland auf die verbleibenden Baugrundstücke bezieht (Abb. 23):

Abb. 23:   **Aufteilung des Rohbaulands in Brutto- und Nettorohbauland**

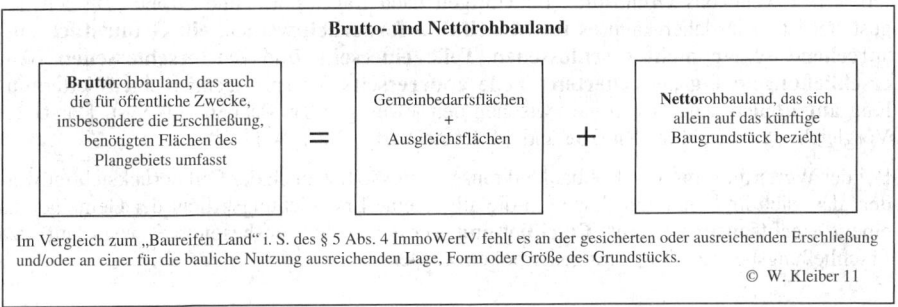

4.3 Bauliche Nutzung

▶ *Vgl. § 6 ImmoWertV Rn. 7 ff.; § 8 ImmoWertV Rn. 393 ff.*

Voraussetzung für die Einstufung einer Fläche als Rohbauland ist nach dem vorher Gesagten,   **174**
dass einerseits eine **bauliche Nutzung der Fläche** nach:

– den Festsetzungen eines Bebauungsplans i. S. des § 30 BauGB oder

– den Festsetzungen eines Vorhaben- und Erschließungsplans i. S. des § 12 BauGB oder

– ihrer Lage innerhalb eines im Zusammenhang bebauten Ortsteils gemäß § 34 BauGB oder

– ihrer Lage innerhalb eines Gebiets, für das die Aufstellung eines Bebauungsplans beschlossen worden ist, nach Maßgabe des § 33 BauGB

zulässig ist, andererseits **jedoch** die **Erschließung nicht gesichert oder das Grundstück nach Lage, Form oder Größe** (noch) **unzureichend gestaltet ist.**

---

127 Zur Beziehung vgl. Hoenig, Der Städtebau 1920, 177.

IV § 5 ImmoWertV — Rohbauland

175 **Bebauungspläne, die wegen Funktionslosigkeit außer Kraft getreten sind,** müssen bei der Klassifizierung einer Fläche nach § 5 ImmoWertV außer Betracht bleiben[128]. Hierzu gehören nicht die Bebauungspläne, mit denen die Gemeinde das Ziel verfolgt, preisgünstiges Bauland für Einheimische bereitzustellen und zur Dämpfung der Bodenpreise beizutragen[129].

176 ▶ *Zum Begriff der baulichen Nutzung vgl. Rn. 6, 185; § 1 ImmoWertV Rn. 38 ff.; § 8 ImmoWertV Rn. 393 ff.*

177 Eine **gesicherte Erschließung** gehört nach § 30 Abs. 1 letzter Satz, § 33 Abs. 1 Nr. 4 und § 34 Abs.1 Satz 1 BauGB zu den bauplanungsrechtlichen Voraussetzungen für die Zulässigkeit einer baulichen Nutzung[130]. Unter der Erschließung ist eine ordnungsgemäß benutzbare verkehrsmäßige Anbindung eines Baugrundstücks durch Straßen, Wege oder Plätze sowie durch ordnungsgemäß benutzbare Ver- und Entsorgungsleitungen für Elektrizität, Wasser und Abwasser zu verstehen.

„Erschlossen" ist ein Grundstück nach § 131 Abs. 1 BauGB, wenn der Eigentümer die Möglichkeit hat, von einer Erschließungsanlage aus eine Zufahrt bzw. einen Zugang zu einem Grundstück zu nehmen. Nach den bauordnungsrechtlichen Vorschriften der Länder ist die Erschließung „gesichert", wenn bis zum Beginn der Benutzung eines zur Errichtung anstehenden Gebäudes Zufahrtswege, Wasserversorgungs- und Abwasserbeseitigungsanlagen in dem erforderlichen Umfang benutzbar sind[131].

178 Liegen diese Voraussetzungen nicht vor, so ist die Fläche insoweit als Rohbauland einzustufen, selbst wenn das Grundstück im Übrigen nach Lage, Form und Größe „zureichend" gestaltet ist. Von daher kann es **im Einzelfall erforderlich** werden, **ein Grundstück entsprechend seiner nicht erschlossenen Teile einerseits und der erschlossenen bzw. erschließungsmäßig „gesicherten" Teile andererseits** für eine sachgerechte Wertermittlung **aufzuteilen**. Zur Trennlinie zwischen den jeweiligen Teilflächen vgl. Syst. Darst. des Vergleichswertverfahrens Rn. 265 und § 8 ImmoWertV Rn. 149 ff.

179 Bei der Wertermittlung von Rohbauland muss grundsätzlich auch der Fall berücksichtigt werden, dass sich im konkreten Einzelfall die allgemeine Erschließungspflicht der Gemeinde zu einem **Rechtsanspruch auf Erschließung** verdichtet hat, insbesondere wenn auf den Erschließungsbeitrag Vorleistungen erhoben worden sind[132].

---

128 BVerwG, Urt. vom 3.8.1990 – 7 C 41 – 43/89 –, GuG 1991, 105 = BVerwGE 85, 273; BVerwG, Urt. vom 31.8.1989 – 4 B 161/88 –, UPR 1990, 27 = BayVBl. 1990, 90; BVerwG, Urt. vom 21.11.1986 – 4 C 22/83 –, BBauBl. 1987, 245 = DVBl 1987, 481; BVerwG, Urt. vom 21.11.1986 – 4 C 60/84 –, BayVBl. 1987, 312; BVerwG, Beschl. vom 12.8.1985 – 4 B 115/85 –, AgrarR 1986, 90; BVerwG, Beschl. vom 5.8.1983 – 4 C 96/79 –, BVerwGE 67, 334 = NJW 1984, 138 = MDR 1984, 428 = BRS Bd. 40 Nr. 6 = ZfBR 1983, 243 = JuS 1984, 488 = DVBl 1984, 143 = DÖV 1984, 295; BVerwG, Urt. vom 29.4.1977 – 4 C 39/75 –, BVerwGE 54, 5 = NJW 1977, 2325 = MDR 1977, 957 = BauR 1977, 248 = JuS 1978, 207 = BayVBl. 1977, 23 = DVBl 1977, 768 = DÖV 1978, 142; BVerwG, Urt. vom 22.2.1974 – 4 C 6/73 –, BRS Bd. 28 Nr. 3 = BauR 1974, 181; BVerwG, Urt. vom 10.3.1967 – 4 C 87/65 –; BVerwGE 26, 282 = MDR 1967, 695; BGH, Urt. vom 28.6.1984 – III ZR 35/83 –, BRS Bd. 42 Nr. 5; BGH, Urt. vom 25.11.1982 – III ZR 55/81 –, BRS Bd. 39 Nr. 169 = BauR 1983, 231 = ZfBR 1983, 143 = UPR 1983, 195 = DWW 1983, 46; OVG Berlin, Urt. vom 20.2.1987 – 2 A 4/83 –, BauR 1987, 419; VGH München, Urt. vom 30.10.1986 – 2 B 86.01790 –, UPR 1987, 232; OVG Greifswald, Urt. vom 4.7.1996 – 9 K 5/94 –, GuG 1997, 190 = EzGuG 10.12.
129 OVG Lüneburg, Urt. vom 20.5.1987 – 1 C 23/86 –, MittDST vom 5.2.1988.
130 Für privilegierte Vorhaben nach § 35 BauGB ist hingegen eine „ausreichende" Erschließung erforderlich (hierzu: OVG Lüneburg, Urt. vom 29.8.1988 – I A 5/87 –, BRS Bd. 48 Nr. 79).
131 BVerwG, Urt. vom 8.5.2002 – 9 C 5/01 –, KStZ 2002, 232 = EzGuG 8.72; BVerwG, Urt. vom 17.6.1994 – 8 C 24/92 –, BVerwGE 96, 116 = EzGuG 9.86c; BVerwG, Urt. vom 4.6.1993 – 8 C 33/91 –, BVerwGE 92, 304 = EzGuG 9.86; BVerwG, Urt. vom 3.5.1988 – 4 C 54/85 –, BRS Bd. 48 Nr. 92 = EzGuG 9.65a; BVerwG, Urt. vom 25.1.1984 – 8 C 77/82 –, BRS Bd. 43 Nr. 62 = EzGuG 9.50; BVerwG, Beschl. vom 24.3.1982 – 8 B 94/81 –, BRS Bd. 43 Nr. 66 = EzGuG 8.58; BVerwG, Urt. vom 14.3.1975 – 4 C 44/72 –, BVerwGE 48, 117 = EzGuG 9.23; BVerwG, Urt. vom 27.1.1967 – 4 C 33/65 –, BVerwGE 26, 111 = EzGuG 8.68; OVG Münster, Urt. vom 31.1.1989 – 3 A 922/87 –, KStZ 1990, 117 = EzGuG 8.68; Art. 4 Abs. 1 Nr. 3 BayBauO.
132 BVerwG, Urt. vom 28.10.1981 – 8 C 4/81 –, BVerwGE 64, 186 = EzGuG 9.42; BVerwG, Urt. vom 26.11.1976 – 4 C 79/74 –, BRS Bd. 37 Nr. 175 = EzGuG 9.30; BVerwG, Urt. vom 2.2.1978 – 4 B 122/77 –, BRS Bd. 37 Nr. 7 = EzGuG 9.33; BVerwG, Urt. vom 10.9.1976 – 4 C 5/76 –, BRS Bd. 37 Nr. 6 = EzGuG 9.2; BVerwG, Urt. vom 4.10.1974 – 4 C 59/72 –, BRS Bd. 28 Nr. 19 = EzGuG 9.23; in der Umlegung nach den §§ 45 ff. BauGB: BVerwG, Urt. vom 4.2.1981 – 8 C 13/81 –, BVerwGE 61, 316 = EzGuG 17.39; OVG Münster, Urt. vom 16.6.1988 – 7 A 675/87 –, BRS Bd. 48 Nr. 93 = EzGuG 9.65b.

Rohbauland § 5 ImmoWertV IV

Umgekehrt ist bei einer zumindest gesicherten Erschließung eine nach den §§ 30, 33 oder 34 BauGB für eine bauliche Nutzung bestimmte Fläche als „Rohbauland" einzustufen, wenn sie dafür nach ihrer **Lage, Form und Größe unzureichend gestaltet ist** (vgl. Rn. 192, 203). In diesem Fall bedarf es noch einer Bodenordnung. Die Definition des Rohbaulandes knüpft damit an bauordnungsrechtliche Bestimmungen an, nach denen Gebäude u. a. nur errichtet werden dürfen, wenn das „nach Lage, Form, Größe und Beschaffenheit für die beabsichtigte Bebauung geeignet ist"[133]. Auch diesbezüglich kann es erforderlich werden, die Gesamtfläche eines Grundstücks nach solchen Teilflächen aufzugliedern, die z. B. als baureif i. S. des § 5 Abs. 4 ImmoWertV und als Rohbauland einzustufen sind, soweit die Teilfläche noch einer Bodenordnung bedarf. **180**

4.4 Besonderheiten für Umlegungsgebiete

▶ *Weitere Ausführungen bei Rn. 8, 195; § 8 ImmoWertV Rn. 13 ff., 619 ff.; Teil VI Rn. 491, 540, 773 ff.*

Für die in ein Umlegungsverfahren bzw. in ein Grenzregelungsverfahren nach den §§ 45 ff. und den §§ 80 ff. BauGB einbezogenen Grundstücke gelten eine Reihe von **Besonderheiten**. Grundsätzlich ist hier zwischen **181**

– dem Einwurfswert und
– dem Zuteilungswert

zu unterscheiden. Eine weitere Besonderheit besteht für Umlegungsverfahren in förmlich festgelegten Sanierungsgebieten, wo sich Einwurfs- und Zuteilungswerte nach Maßgabe des § 153 Abs. 5 BauGB bemessen.

Gemeinbedarfsflächen, die im Falle ihres Erwerbs unter Anwendung des Vorwirkungsgrundsatzes zu erwerben wären, werden im Rahmen von Umlegungsverfahren regelmäßig als Rohbauland qualifiziert. **182**

---

[133] Art. 4 Abs. 1 BayBauO; zum Begriff vgl. auch § 45 Abs. 1 BauGB.

5 Baureifes Land (§ 5 Abs. 4 ImmoWertV)

5.1 Materielle Definition

5.1.1 Allgemeines

▶ *Zur Verkehrswertermittlung im Einzelnen vgl. Syst. Darst. des Vergleichswertverfahrens Rn. 11 ff.; § 6 ImmoWertV Rn. 7 ff.; § 8 ImmoWertV Rn. 393 ff.*

183 Als baureifes Land werden mit § 5 Abs. 4 ImmoWertV Flächen definiert, für die **nach der Gesamtheit der öffentlich-rechtlichen Vorschriften und den tatsächlichen Gegebenheiten ein Anspruch auf Zulassung einer baulichen Anlage** besteht (§ 29 BauGB)[134].

Zu den **ausdrücklich genannten tatsächlichen Gegebenheiten** gehören z. B. naturbedingte Hindernisse, die einer Baureife entgegenstehen. Dies entspricht dem Bauordnungsrecht, denn für die Zulassung eines Vorhabens wird auch bauordnungsrechtlich gefordert, dass ein Grundstück nicht nur nach „Lage, Form und Größe", sondern auch nach seiner „Beschaffenheit" für eine beabsichtigte Bebauung geeignet ist[135]. Tatsächliche Gegebenheiten können vielfach technisch oder sonstwie überwunden werden. Soweit tatsächliche Gegebenheiten technisch und wirtschaftlich überwindbar sind, stehen sie der Einordnung der Fläche als baureifes Land nicht entgegen; sie sind dann lediglich wertmindernd zu berücksichtigen. Der Baureife stehen nur die technisch und wirtschaftlich nicht überwindbaren tatsächlichen Gegebenheiten entgegen.

Bezüglich der „rechtlichen Gegebenheiten", die nach der Definition des § 194 BauGB von den „tatsächlichen Eigenschaften" zu unterscheiden sind, spricht die Vorschrift ausdrücklich nur *„öffentlich-rechtliche Vorschriften"* und nicht auch privatrechtliche Rechtsverhältnisse an. Wird die bauliche Nutzung eines Grundstücks z. B. durch ein Wege- oder Aussichtsrecht eingeschränkt, ist deshalb „formal" von baureifem Land auszugehen, dessen Marktwert sich indessen aufgrund dieser Einschränkung entsprechend vermindert.

184 Grundsätzlich wird die Zulässigkeit einer baulichen Anlage in einem **Baugenehmigungsverfahren** geprüft. In diesem Verfahren wird geprüft, ob das Bauvorhaben oder eine planungsrechtlich relevante Nutzungsänderung

– planungsrechtlichen und

– bauordnungsrechtlichen

Vorschriften entspricht. Das Baugenehmigungsverfahren ist antragsgebunden.

185 Zum **Begriff der baulichen Nutzung** vgl. Rn. 6, 174; § 1 ImmoWertV Rn. 38 ff.; § 8 ImmoWertV 393 ff.

186 Für Vorhaben, welche die **Errichtung, Änderung oder Nutzungsänderung** baulicher Anlagen zum Inhalt haben, gelten nach § 29 Abs. 1 BauGB die planungsrechtlichen Zulässigkeitsvorschriften der §§ 30 bis 37 BauGB[136]. Auf der Grundlage der mit dem BauROG geänderten Fassung des § 29 Abs. 1 BauGB steht es den Ländern frei, ob und in welchem Umfang sie die genannten Maßnahmen von einem präventiven Zulassungsverfahren abhängig machen. Grundsätzlich sind auch nach den Bauordnungen der Länder die Errichtung, Änderung oder Nutzungsänderung baulicher Anlagen genehmigungsbedürftig, jedoch ist für Vorhaben mit

---

134 BVerwG, Urt. vom 14.1.1983 – 8 C 81/81 –, BRS Bd. 43 Nr. 109 = EzGuG 9.48; BVerwG, Urt. vom 27.1.1967 – 4 C 33/65 –, BVerwGE 26, 111 = EzGuG 8.20; BVerwG, Urt. vom 12.12.1957 – 1 C 87/57 –, BVerwGE 6, 56 = DÖV 1958, 398; BVerwG, Urt. vom 27.6.1957 – 1 C 3/56 –, BVerwGE 5, 143 = EzGuG 16.3; a. A. OLG Köln, Beschl. vom 25.6.1964 – 9 WI 1/64 –, AVN 1966, 101 = EzGuG 8.12; unter Hinweis auf RG, Urt. vom 28.2.1930 – III 87/29 –, RGZ 128, 18.

135 Vgl. OLG Köln, Beschl. vom 25.6.1964 – 9 W 11/64 –, AVN 1966, 101 = EzGuG 8.12 unter Hinweis auf BGH, Urt. vom 14.12.1960 – V ZR 40/60 –, BGHZ 34, 32 = MDR 1961, 215 = EzGuG 12.4.

136 Die Zulässigkeit eines Vorhabens i. S. des § 29 BauGB ergibt sich nach den im Teil I unter Fn. 2 zur ImmoWertV abgedruckten genannten Vorschriften (Abb. 19 bei Rn. 207).

nicht wesentlicher städtebaulicher Bedeutung ein Anzeigeverfahren vorgesehen bzw. die Maßnahmen sind gänzlich von der Genehmigung freigestellt (Freistellungsregelung). Soweit weitere Genehmigungen und Zulassungen erforderlich sind, so bestimmt sich das Verhältnis der Baugenehmigung zu diesen fachgesetzlichen Genehmigungen und Zulassungen nach den jeweiligen Gesetzen, wobei die Baugenehmigung von diesen Genehmigungen grundsätzlich abhängig sein soll (Schlusspunkttheorie Abb. 24).

Abb. 24: Genehmigungs-, Zustimmungs- und Anzeigeverfahren

```
                    Genehmigungs-, Zustimmungs- und Anzeigeverfahren
                                        |
   ┌──────────────┬──────────────┬──────────────┬──────────────┬──────────────┐
 genehmigungs-   anzeige-      genehmigungs-   zustimmungs-   spezialgesetzliche
 bedürftige     bedürftige     freie           bedürftige     Vorhaben
 Vorhaben       Vorhaben       Vorhaben        Vorhaben von
                                               Bund und Ländern
                      |              |                |              |
                Vorhaben von    Vorhaben von    Vorhaben des    Vorhaben, die von
                nicht           zumeist geringer Bundes und der  Genehmigung
                wesentlicher    städtebaulicher  Länder, die     ausgenommen,
                städtebaulicher Bedeutung        keiner          weil bereits in
                Bedeutung                       Genehmigung      anderem Verfahren
                                                bedürfen         zugelassen, z. B.
                                                                 Planfest-
                                                                 stellungsverfahren
```

Nach bauordnungsrechtlichen Vorschriften ist Voraussetzung für die Zulassung eines Vorhabens jedoch, dass das **Grundstück „nach Lage, Form, Größe und Beschaffenheit für die beabsichtigte Bebauung geeignet** ist" (vgl. Rn. 192, 203). Insoweit kann es erforderlich werden, eine übergroße Grundstücksfläche in Teilflächen unterschiedlichen Entwicklungszustands für eine sachgerechte Wertermittlung (gedanklich) aufzuteilen (vgl. § 8 ImmoWertV Rn. 149 ff.). **187**

Mit der Qualifizierung einer Fläche als „baureifes Land" wird lediglich der Entwicklungszustand bestimmt. Der Zustand muss für die Belange der Wertermittlung konkretisiert werden, insbesondere im Hinblick auf **Art und Maß der baulichen Nutzung** (vgl. hierzu § 6 ImmoWertV Rn. 3 ff.). **188**

Der **Begriff des „Baulandes" schließt** auch **bebaute Grundstücke ein** (vgl. Rn. 191 ff.). **189**

Zwischen „baureifem Land" und dem im Baurecht, im Steuerrecht (§ 189 Abs. 3 BewG) und in der Beleihungswertermittlung (§ 20 BelWertV) mitunter noch genutzten **Begriff des Baulandes** besteht vielfach Begriffsidentität, jedoch wird der Begriff vielfach auch als Sammelbegriff unter Einbeziehung des Bauerwartungslandes und des Rohbaulandes benutzt. Zum Bauland gehören die Flächen, die nach ihrer Zweckbestimmung für eine Bebauung mit baulichen Anlagen im planungsrechtlichen Sinne vorgesehen sind. Dies sind in erster Linie die im Bebauungsplan als Baugebiet festgesetzten Flächen und entsprechende Flächen nach Maßgabe des § 34 BauGB. Nicht zum Bauland gehören hingegen die nicht für eine Bebauung vorgesehenen Flächen, wie private Grünflächen[137] und die der straßenmäßigen Erschließung (auch von Hinterliegergrundstücken) dienenden Flächen. Die dem Bauland zurechenbare Fläche wird zur Straße hin entweder von der festgesetzten Straßenbegrenzungslinie oder der tatsächlichen Straßengrenze begrenzt (§ 19 Abs. 3 BauNVO).

---

137 BVerwG, Beschl. vom 24.4.1991 – 4 NB 24/90 –, NVwZ 1991, 877 = BauR 1991, 426 = BRS Bd. 52 Nr. 19 = ZfBR 1991, 177.

IV § 5 ImmoWertV   Baureifes Land

Wenn auch nicht mit gänzlich identischem Inhalt, lehnt sich der für die Belange der Wertermittlung definierte Begriff des „baureifen Landes" an den im **Erschließungsbeitragsrecht** gebrauchten Baulandbegriff an[138].

– Wie im Erschließungsbeitragsrecht[139] steht auch hier z. B eine privatrechtliche, durch beschränkt persönliche Dienstbarkeit gesicherte Verpflichtung, ein Grundstück nicht zu bebauen, der Baureife nicht entgegen[140].

– Im Unterschied zum Erschließungsbeitragsrecht soll nach der Begründung zu § 4 Abs. 4 WertV 88 auch ein bebautes Grundstück, das am Wertermittlungsstichtag nicht mehr bebaut werden dürfte, für die Belange der Wertermittlung als baureif gelten[141].

– Ansonsten wird auch im Erschließungsbeitragsrecht auf das Merkmal der „Baureife" abgestellt.

Der **Begriff des „Baulands"** (vgl. § 19 Abs. 3 BauNVO, hierzu § 5 ImmoWertV Rn. 189) geht zurück auf § 9 Abs. 1 Nr. 1 BBauG in der bis zur BBauG-Novelle 1976 geltenden Fassung und wird in der Nachfolgeregelung nicht mehr gebraucht. Neben dem § 19 Abs. 3 Satz 1 BauNVO wird er noch in § 133 Abs. 1 Satz 2 BauGB gebraucht. Zum Bauland gehören auch die nicht überbaubaren Grundstücksflächen nach § 9 Abs. 1 Nr. 2 BauGB i. V. m. § 23 BauNVO, denn mit der überbaubaren Grundstücksfläche wird nur der Standort von baulichen Anlagen und nicht die dem Bauland zurechenbare Fläche begrenzt[142]. Dies gilt selbst dann, wenn der Bebauungsplan für diese Flächen zusätzliche Festsetzungen wie Pflanzgebote oder Pflanzbindungen nach § 9 Abs. 1 Nr. 25 BauGB trifft. Das Gleiche gilt für bauliche Anlagen, soweit sie nach Landesrecht in den Abstandsflächen zulässig sind oder zugelassen werden können[143].

190 **Gemeinbedarfsflächen** (vgl. § 8 ImmoWertV Rn. 131 ff.; Rn. 187 ff., Rn. 475 ff., Teil V Rn. 596) werden üblicherweise nicht dem baureifen Land zugerechnet (vgl. Rn. 8 sowie § 73 Abs. 2 Satz 2 BewG).

5.1.2 Bebaute Grundstücke

▶ *Vgl. zum Bestandsschutz Rn. 209, 246 ff.; § 4 ImmoWertV Rn. 35; § 6 ImmoWertV Rn. 86 ff., 366; § 13 ImmoWertV Rn. 66; Teil V Rn. 680; Teil VI Rn. 759*

191 **Bebaute Grundstücke** werden in § 5 ImmoWertV nicht als eigenständiger Entwicklungszustand definiert. Sie **sind grundsätzlich dem Entwicklungszustand „baureifes Land" zuzuordnen**. Bei übergroßen Grundstücken gilt dies allerdings zunächst nur für die der Bebauung zuzurechnende Grundstücksteilfläche. Der Entwicklungszustand der darüber hinausgehenden Teilfläche bestimmt sich dagegen nach allgemeinen Grundsätzen.

Im Einzelfall ist auch zu prüfen, ob nach den zum Wertermittlungsstichtag maßgebenden Umständen die bauliche Nutzung auf Dauer oder nur vorübergehend aufgrund des **Bestands-**

---

138 In der Rspr. ist der Baulandbegriff unterschiedlich zumeist sogar im erweiterten Sinne unter Einbeziehung des werdenden Baulandes gebraucht worden; BVerwG, Urt. vom 27.6.1957 – 1 C 3/56 –, BVerwGE 5, 143 = EzGuG 16.3; BVerwG, Urt. vom 27.1.1967 – 4 C 33/65 –, BVerwGE 26, 111 = EzGuG 8.20; OLG Köln, Beschl. vom 25.6.1964 – 9 W I 1/64 –, AVN 1966, 101 = EzGuG 8.12; vgl. Burkhardt in BlGBW 1967, 87; zum Baulandbegriff vgl. auch VGH Mannheim, Beschl. vom 4.7.2003 – 8 S 1251/03 –, GuG 2004, 248 = EzGuG 4.187.
139 BVerwG, Urt. vom 27.1.1967 – 4 C 33/65 –, BVerwGE 26, 111 = EzGuG 8.20; BVerwG, Urt. vom 27.6.1957 – 1 C 3/56 –, BVerwGE 5, 143 = EzGuG 16.3; BVerwG, Urt. vom 12.12.1957 – 1 C 87/57 –, BVerwGE 6, 56.
140 BVerwG, Beschl. vom 24.3.1982 – 8 B 94/81 –, BRS Bd. 43 Nr. 66 = EzGuG 8.58; OVG Berlin, Urt. vom 5.2.1971 – 2 B 37/69 –, NJW 1971, 410 = EzGuG 8.34.
141 BGH, Urt. vom 2.2.1978 – III ZR 90/76 –, BRS Bd. 34 Nr. 116 = EzGuG 18.81; BGH, Urt. vom 8.12.1977 – III ZR 163/75 –, BGHZ 71, 1 = EzGuG 18.82; BVerwG, Urt. vom 20.9.1974 – 4 C 70/72 –, BRS Bd. 37 Nr. 151 = EzGuG 9.20; abweichend: BVerwG, Urt. vom 12.11.1971 – 4 C 11/70 –, BRS Bd. 37 Nr. 316 = ZMR 1972, 156 = DÖV 1972, 503.
142 Stock, BauNVO, § 19 BauNVO Rn. 13a und § 23 BauNVO Rn. 10 ff.; OVG Bautzen, Beschl. vom 17.11.1998 – 1 S 669/ 98 –, BRS Bd. 60 Nr. 167 = SächsVBl. 1999, 146.
143 VGH Mannheim, Beschl. vom 4.7.2003 – 8 S 1251/03 –, GuG 2004, 248 = EzGuG 4.187.

schutzes einer baulichen Anlage[144] gewährleistet ist[145]. Dieser Bestandsschutz besteht allerdings nur für zulässigerweise errichtete Anlagen. Für die in einem Gebäude ausgeübte Nutzung endet der Bestandsschutz mit dem tatsächlichen Beginn einer andersartigen Nutzung, sofern diese nicht nur vorübergehend ausgeübt werden soll[146].

Ist danach die Fortführung der bisherigen baulichen Nutzung „auf Dauer" gewährleistet, kommt ein Risikoabschlag im Hinblick auf einen unvorhersehbaren Unglücksfall entsprechend den Gepflogenheiten des gewöhnlichen Geschäftsverkehrs in Betracht. Im Übrigen ist – vom Planungsschadensersatz abgesehen – der **Fortfall von Baurechten** aufgrund des Bestandsschutzes gänzlich oder teilweise dadurch berücksichtigungsfähig, dass der Unterschied zwischen dem Bodenwert aufgrund der derzeitigen und der künftigen (d. h. der sich nach Abgang der baulichen Anlage ergebenden) Nutzbarkeit über die Restnutzungsdauer diskontiert wird (vgl. hierzu die Wertermittlungshinweise bei § 15 ImmoWertV Rn. 223 ff.). 192

Im Unterschied zur ImmoWertV wurde in einigen zwischenzeitlich außer Kraft getretenen Gutachterausschussverordnungen der Länder zwischen dem baureifen Land und dem **bebauten Land** unterschieden, wobei dieses jedoch materiell nicht definiert wurde[147]. Eine Definition enthält § 74 BewG, nach der bebaute Grundstücke solche sind, auf denen sich benutzbare Gebäude befinden, sofern deren Zweckbestimmung und Wert gegenüber der Zweckbestimmung und dem Wert des Grund und Bodens nicht von untergeordneter Bedeutung sind (§ 72 Abs. 2 BewG) oder in dem Gebäude sich aufgrund des Verfalls des Gebäudes keine sich auf Dauer benutzbaren Räume befinden (§ 72 Abs. 3 BewG). 193

5.1.3 Baulücke

Baulücken sind ebenfalls dem baureifen Land zuzurechnen. Unter Baulücken im engeren Sinne werden nämlich „unbebaute Grundstücke" verstanden[148]. Ausschlaggebend ist, inwieweit die aufeinanderfolgende Bebauung trotz vorhandener Baulücken den **Eindruck der Geschlossenheit (Zusammengehörigkeit)** vermittelt, wofür letztlich die „Verkehrsauffassung" maßgebend ist[149]. Im Verhältnis zu dem weiträumig unbebauten baureifen Land weisen Baulücken i. d. R. jedoch eine höhere Wertigkeit auf, wenn durch die Nachbarschaftsbebauung eine geordnete städtebauliche Einbindung mit allen ihren Lagevorteilen einhergegangen ist. 194

5.1.4 Faktisches Bauland im Außenbereich (§ 35 Abs. 2 BauGB)

▶ *Vgl. Rn. 168, 172, zur Bodenwertermittlung Rn. 245 sowie § 16 ImmoWertV Rn. 120*

Bebaute, im Außenbereich (§ 35 BauGB) gelegene Grundstücke sind nach § 16 Abs. 2 ImmoWertV sog. faktisches Bauland bzw. sog. „De-facto-Bauland"; der BGH spricht in diesem Zusammenhang auch vom „speziellen Verkehrswert als Bauland für landwirtschaftliche Nutzung"[150]. Diese Eigenschaft resultiert aus der vorhandenen Bebauung, wenn diese **zulässigerweise errichtet wurde** und nach den Regelungen des § 35 BauGB über privilegierte bzw. begünstigte Vorhaben **wirtschaftlich genutzt werden kann** (Bestandsschutz). Entsprechend 195

---

144 BVerwG, Urt. vom 24.5.1988 – 4 CB 12/88 –, BRS Bd. 48 Nr. 137; BVerwG, Urt. vom 17.1.1986 – 4 C 80/82 –, BVerwGE 72, 362 = EzGuG 3.70; BVerwG, Urt. vom 24.10.1980 – 4 C 81/77 –, BRS Bd. 36 Nr. 99 = BauR 1981, 180; BVerwG, Urt. vom 23.1.1981 – 4 C 83/77 –, BRS Bd. 38 Nr. 89 = BauR 1981, 246; BVerwG, Beschl. vom 20.3.1981 – 4 B 195/80 –, BRS Bd. 38 Nr. 102; BVerwG, Urt. vom 18.10.1974 – 4 C 75/71 –, BVerwGE 47, 126 = EzGuG 3.49; BVerwG, Urt. vom 22.9.1967 – 4 C 109/65 –, EzGuG 3.30; BVerwG, Urt. vom 19.10.1966 – 4 C 16/66 –, BRS Bd. 18 Nr. 24 = EzGuG 3.29; BGH, Urt. vom 28.6.1984 – III ZR 68/83 –, BRS Bd. 42 Nr. 5 = BauR 1985, 480.
145 BT-Drucks. 352/88, S. 35; vgl. zur Fortentwicklung Sarnighausen in DÖV 1993, 758.
146 BVerwG, Urt. vom 25.3.1988 – 4 C 21/85 –, BRS Bd. 48 Nr. 138 = EzGuG 3.27.
147 § 13 Abs. 1 rh.-pf. GutachterausschussVO; § 14 saarl. GutVO.
148 BVerwG, Urt. vom 6.11.1968 – 4 C 2/66 –, BVerwGE 31, 20 = EzGuG 8.27; BVerwG. Urt. vom 2.7.1963 – 1 C 110/62 –, DVBl 1964, 184 = BRS Bd. 14, S. 51 = BBauBl. 1963, 605; OVG Lüneburg, Urt. vom 13.12.1963 – 1 A 150/62 –, DÖV 1964, 392 = BBauBl. 1964, 351; VGH Mannheim, Urt. vom 9.3.1950 – III 280/49 –, DÖV 1950, 505.
149 BVerwG, Urt. vom 6.12.1967 – 4 C 94/66 –, BVerwGE 28, 268 = DVBl 1968, 521; BVerwG, Beschl. vom 12.2.1968 – 4 B 47/67 –, BIGBW 1968, 157; BVerwG, Urt. vom 14.4.1967 – 4 C 134/65 –, BRS Bd. 18 Nr. 23; BVerwG, Beschl. vom 25.5.1967 – 4 B 184/66 –; BVerwG, Urt. vom 10.3.1967 – 4 C 32/66 –, Buchholz 406.11 § 35 BauGB Nr. 30.
150 BGH, Urt. vom 26.10.1999 – LwZR 9/99 –, WM 2000, 322 = EzGuG 19.47b.

bebaute Flächen sind dem „baureifen Land" nach § 5 Abs. 4 ImmoWertV zuzurechnen; denn es handelt sich um „nach öffentlich-rechtlichen Vorschriften und den tatsächlichen Gegebenheiten baulich nutzbare" Flächen. Soweit mit dem Fortfall der baulichen Nutzung zu rechnen ist, muss dies allerdings nach Maßgabe des § 2 Satz 2 ImmoWertV berücksichtigt werden.

Dem faktischen Bauland sind insbesondere die nach **§ 35 Abs. 2 BauGB bebauten Grundstücke** zuzurechnen. Danach können „neben den privilegierten Vorhaben im Einzelfall auch *‚sonstige Vorhaben'* zugelassen werden, wenn ihre Ausführung oder Benutzung öffentliche Belange nicht beeinträchtigt und die Erschließung gesichert ist". Nach der Rechtsprechung des BGH und des BVerwG gewährt die Vorschrift BauGB trotz ihres Wortlauts („können") einen Rechtsanspruch auf Zulassung eines Vorhabens, wenn öffentliche Belange nicht beeinträchtigt werden[151].

Zur Marktwertermittlung bebauter Grundstücke im Außenbereich, deren bauliche Anlagen rechtlich und wirtschaftlich weiterhin nutzbar sind, wird in **der VergleichswertR** (Entwurf v. 9.7.2013) lediglich darauf hingewiesen, dass sie i. d. R. einen höheren Bodenwert als unbebaute Grundstücke im Außenbereich hätten und der Bodenwert auf der Grundlage des Bodenwerts vergleichbarer baureifer Grundstücke benachbarter Baugebiete unter Berücksichtigung von wertbeeinflussenden Merkmalen, wie Entfernung zur Ortslage, besondere Lagemerkmale, Erschließungssituation, eingeschränkte Nutzungsänderungs- bzw. Erweiterungsmöglichkeiten oder Grundstücksgröße ermittelt werden könnte.

Von den Gutachterausschüssen für Grundstückswerte werden vielfach die Ergebnisse entsprechender Marktanalysen angegeben.

– Nach Untersuchungen des Gutachterausschusses von *Bergisch Gladbach* (2012) weist z. B. das „**faktische Bauland**" (§ 35 Abs. 2 BauGB) ein Wertniveau von rd. 85 €/m² bis 220 €/m² (im Mittel 160 €/m²) bei einer angesetzten Baugrundstücksgröße von 800 m² auf (Hausnahes Gartenland: 5 €/m² für die überschießenden Flächenanteile).

– Der Gutachterausschuss von *Bielefeld* hat einen entsprechenden Prozentsatz von 65 % des nächstgelegenen Bodenrichtwerts für baureifes Land ermittelt[152].

– Die Gutachterausschüsse von *Köln* und der linksrheinischen Gemeinden und Kreise gehen hingegen von einem Bodenwert aus, der nur 25 % des ansonsten vergleichbaren Baulands ausmacht.

– Vom Gutachterausschuss in *Moers* wurden 2011 erstmals 17 Bodenrichtwertzonen für „Wohnen im Außenbereich" mit einer Preisspanne von 60–190 €/m² festgestellt.

– Vom Gutachterausschuss des Landkreises *Wesel*[153] werden die Prozentsätze in Abhängigkeit vom Rand des nächstgelegenen bebauten Ortsteils der Gemeinde und des dafür maßgebenden Bodenrichtwerts (erschließungsbeitrags- und kostenerstattungsbetragsfreier Grundstücke) wie folgt angegeben:

---

151 BGH, Urt. vom 5.2.1981 – III ZR 119/79 –, NJW 1981, 982 = EzGuG 8.57; BGH, Urt. vom 12.2.1976 – III ZR 184/73 –, BRS Bd. 34 Nr. 166 = EzGuG 19.28; BVerwG, Urt. vom 29.4.1964 – 1 C 30/62 –, BRS Bd. 15 Nr. 49 = EzGuG 8.11; a. A. Gaentzsch im Berliner Komm. § 42 Rn. 9. Nach Driehaus (Erschließungs- und Straßenausbaubeitragsrecht in Aufsätzen, vhw-Verlag 2004, S. 145) handelt es sich zumindest beitragsrechtlich nicht um „Bauland", da sie nicht im Rahmen einer „geordneten baulichen Entwicklung der Gemeinde" zur Bebauung anstehen (§ 133 Abs. 1 Satz 2 BauGB).
152 Grundstücksmarktbericht 2007.
153 Grundstücksmarktbericht 2011.

Bodenwert von im Außenbereich gelegenen Wohnbaugrundstücken (§ 35 Abs. 2 BauGB)			
Entfernung zum nächstgelegenen bebauten Ortsteil in m	Bodenwert in % des Bodenrichtwerts für den nächstgelegenen Ortsteil	Bodenwert in €/m²	Fläche, auf die sich der abgeleitete Bodenwert bezieht
bis 100	90	-	500
100 bis 500	75	-	550
500 bis 1 000	65	-	600
1 000 bis 2 000	50	-	700
2 000 bis 3 000	-	45	1 100
mehr als 3 000	-	30	1 400
Bei darüber hinausgehenden Grundstücksflächen, die als unbebaute Flächen tatsächlich ebenfalls der Wohnnutzung dienen, sind diese überschüssigen Flächen mit 25 % des zuvor ermittelten Bodenwerts des Wohngrundstücks in Ansatz zu bringen.			

Quelle: Grundstücksmarktbericht 2011 des Gutachterausschusses des Landkreises Wesel

5.1.5 Steuerliche Bewertung

▶ Vgl. § 8 ImmoWertV Rn. 47 ff.

Für den Bereich der steuerlichen Bewertung definiert § 73 Abs. 2 BewG als „baureifes Grundstück" solche unbebauten Grundstücke, die in einem Bebauungsplan als Bauland festgesetzt sind, deren sofortige Bebauung möglich ist und die Bebauung innerhalb des Plangebiets in benachbarten Bereichen begonnen hat oder schon durchgeführt ist. Diese Definition ist aus steuerlichen Gründen zu einengend, da sie auf die „bauliche Akzeptanz" abstellt, die nicht für den maßgeblichen Entwicklungszustand, sondern allenfalls für die Wertigkeit steht.

Inhaltlich ist das in § 5 Abs. 4 ImmoWertV definierte „baureife Land" nicht identisch mit dem im Steuerrecht maßgeblichen Begriff des „baureifen Grundstücks" nach § 73 BewG, weil mit dieser Vorschrift allein die in Bebauungsplänen als Bauland festgesetzten Flächen und nicht auch das in „§-34er-Gebieten" gelegene „baureife Land" erfasst wird.

Das steuerliche Bewertungsrecht unterscheidet in § 75 BewG nach folgenden Grundstücksarten:

1. Mietwohngrundstücke,
2. Geschäftsgrundstücke,
3. gemischt genutzte Grundstücke,
4. Einfamilienhäuser,
5. Zweifamilienhäuser,
6. sonstige bebaute Grundstücke.

Mitwohngrundstücke sind Grundstücke, die zu mehr als achtzig vom Hundert, berechnet nach der Jahresrohmiete (§ 79 BewG), Wohnzwecken dienen mit Ausnahme der Einfamilienhäuser und Zweifamilienhäuser;

Geschäftsgrundstücke sind Grundstücke, die zu mehr als achtzig vom Hundert, berechnet nach der Jahresrohmiete (§ 79 BewG), eigenen oder fremden gewerblichen oder öffentlichen Zwecken dienen;

Gemischt genutzte Grundstücke sind Grundstücke, die teils Wohnzwecken, teils eigenen oder fremden gewerblichen oder öffentlichen Zwecken dienen und nicht Mietwohngrundstücke, Geschäftsgrundstücke, Einfamilienhäuser oder Zweifamilienhäuser sind;

Einfamilienhäuser sind Wohngrundstücke, die nur eine Wohnung enthalten. Wohnungen des Hauspersonals (Pförtner, Heizer, Gärtner, Kraftwagenführer, Wächter usw.) sind nicht mitzurechnen. Eine zweite Wohnung steht, abgesehen von Satz 2, dem Begriff „Einfamilienhaus" entgegen, auch wenn sie von untergeordneter Bedeutung ist. Ein Grundstück gilt auch dann als Einfamilienhaus, wenn es zu gewerblichen oder öffentlichen Zwecken mitbenutzt wird und dadurch die Eigenart als Einfamilienhaus nicht wesentlich beeinträchtigt wird;

Zweifamilienhäuser sind Wohngrundstücke, die nur zwei Wohnungen enthalten;

Sonstige bebaute Grundstücke sind solche Grundstücke, die nicht unter die vorstehenden Definitionen fallen.

5.1.6 Beleihungswertermittlung

▶ *Vgl. Teil IX Rn. 44 ff.*

197 § 21 BelWertV, nach dem bei der Wertermittlung von Bauland „sowohl dessen Entwicklungszustand als auch der künftige Bedarf an Bauland" zu prüfen ist, lässt nicht erkennen, ob unter den Begriff „Bauland" nur das Bauland im engeren Sinne (baureifes Land) oder im erweiterten Sinne unter Einschluss des Bauerwartungslands und des Rohbaulands angesprochen ist. Nach Satz 2 dieser Vorschrift ist nur ein **„gesichertes Bebauungsrecht"** bei der Beleihungswertermittlung zu berücksichtigen; darüber hinaus darf bei der Bodenwertermittlung nach § 15 Abs. 2 Satz 2 BelWertV „keine höherwertige Nutzung als zulässig zugrunde gelegt werden".

5.2 Baureife begründende rechtliche Gegebenheiten

5.2.1 Bauplanungsrecht

▶ *Vgl. zum Außenbereich Rn. 234 ff.; § 6 ImmoWertV Rn. 10 ff.*

198 Wesentliche **Merkmale der Baureife** aufgrund öffentlich-rechtlicher Vorschriften:

a) Nach den §§ 30, 33, 34 und 35 BauGB besteht **ein Anspruch auf Genehmigung eines baulichen Vorhabens** (§ 29 BauGB), das die Errichtung, Änderung oder Nutzungsänderung einer baulichen Anlage zum Inhalt hat.

In diesem Rahmen kann sich der Anspruch auf Genehmigung eines Vorhabens nach § 30 Abs. 2 BauGB auch aus einem **vorhabenbezogenen Bebauungsplan** bestimmen, der auf der Grundlage eines Vorhaben- und Erschließungsplans und eines Durchführungsvertrags erlassen wurde. Grundsätzlich gehören hierzu auch die nach § 37 BauGB zulässigen baulichen Maßnahmen des Bundes und der Länder sowie solche baulichen Maßnahmen, deren Zulässigkeit nach § 38 BauGB von den §§ 29 ff. BauGB unberührt sind. Die Begründung zu § 4 Abs. 4 WertV 88 (entspricht § 5 Abs. 4 ImmoWertV) weist ausdrücklich darauf hin, dass als baureifes Land auch solche Flächen einzustufen sind, auf denen nur bestimmte Nutzungen, wie Sonderbauflächen (§§ 10 f. BauNVO), zulässig sind[154].

b) Im Allgemeinen liegt das baureife Land an endgültig oder vorläufig ausgebauten bzw. zum Ausbau vorgesehenen Straßen. Es genügt aber nach den §§ 30, 33, 34 und 35 BauGB, dass die **Erschließung gesichert bzw. ausreichend** ist (vgl. Rn. 182 ff., 209).

Ob ein Erschließungsbeitrag bereits entstanden, durch Bescheid fällig gestellt oder bereits entrichtet wurde, ist für die Einstufung einer Fläche als baureifes Land grundsätzlich unerheblich. Nichtsdestoweniger ist der beitrags- und abgabenrechtliche Zustand des Grundstücks (§ 6 Abs. 3 ImmoWertV) bei der Verkehrswertermittlung zu berücksichtigen. Dies gilt im Übrigen auch für Umlegungsleistungen nach § 64 BauGB, Ausgleichsbeträge nach den §§ 154 f. BauGB sowie für KAG-Beiträge (vgl. Syst. Darst. des Vergleichswertverfahrens Rn. 321 ff.).

c) Der Zulassung einer baulichen Nutzung steht entgegen, wenn ein Grundstück oder ein Grundstücksteil nach **Lage, Form, Größe und Beschaffenheit** „unzureichend" gestaltet ist (vgl. Rn. 185, 192); diesbezüglich können die Vorschriften der BauO des Landes einer Bebauung entgegenstehen.

---

154 BR-Drucks. 352/88, S. 38.

Bauplanungsrechtlich kommt es für die Einordnung einer Fläche als baureifes Land nicht darauf an, dass die **Fläche zum Zwecke der Bebauung katasteramtlich vermessen und im Grundbuch eingetragen** ist[155]. 199

Nach § 29 Abs. 1 BauGB bestimmt sich die **Zulässigkeit von Vorhaben**, welche die Errichtung, Änderung oder Nutzungsänderung zum Inhalt haben, nach den §§ 30 bis 37 BauGB. 200

Das BauGB unterscheidet dabei nach Vorhaben

– im Geltungsbereich eines qualifizierten Bebauungsplans nach § 30 Abs. 1 BauGB,
– im unbeplanten Innenbereich nach § 34 BauGB und
– im Außenbereich nach § 35 BauGB.

Qualifiziert ist ein Bebauungsplan, der allein oder gemeinsam mit sonstigen baurechtlichen Vorschriften mindestens Festsetzungen über 201

a) die Art und das Maß der baulichen Nutzung,
b) die überbaubaren Grundstücksflächen und
c) die örtlichen Verkehrsflächen

enthält.

Die Zulässigkeit kann sich auch aus einem **Bebauungsplan der Innenentwicklung nach § 13a BauGB** bestimmen, der in einem beschleunigten Verfahren aufgestellt wurde.

Im **unbeplanten Innenbereich** ist ein Vorhaben nach § 34 Abs. 1 BauGB zulässig, wenn es sich 202

– nach Art und Maß der baulichen Nutzung,
– der Bauweise und
– der Grundstücksfläche, die überbaut werden soll,

in die Eigenart der näheren Umgebung einfügt und die Erschließung gesichert ist. Für Vorhaben im Geltungsbereich eines einfachen Bebauungsplans ist § 34 BauGB ergänzend heranzuziehen (Abb. 25):

---

155 BVerwG, Beschl. vom 28.9.1988 – 4 B 175/88 –, NVwZ 1989, 354 = EzGuG 8.65; BVerwG, Urt. vom 12.6.1970 – 4 C 77/68 –, BVerwGE 35, 256 = EzGuG 16.12; BVerwG, Urt. vom 3.3.1972 – 4 C 4/69 –, BRS Bd. 25 Nr. 39 = EzGuG 8.38; BVerwG, Urt. vom 22.2.1963 – 4 C 249/61 –, NJW 1963, 1515 = EzGuG 8.7; vgl. auch BewR Gr vom 19.9.1966 (BAnz Nr. 183 Beil. = BStBl I 1966, 890, zu § 69 zu Nr. 2).

Abb. 25: Zulässigkeit von Vorhaben

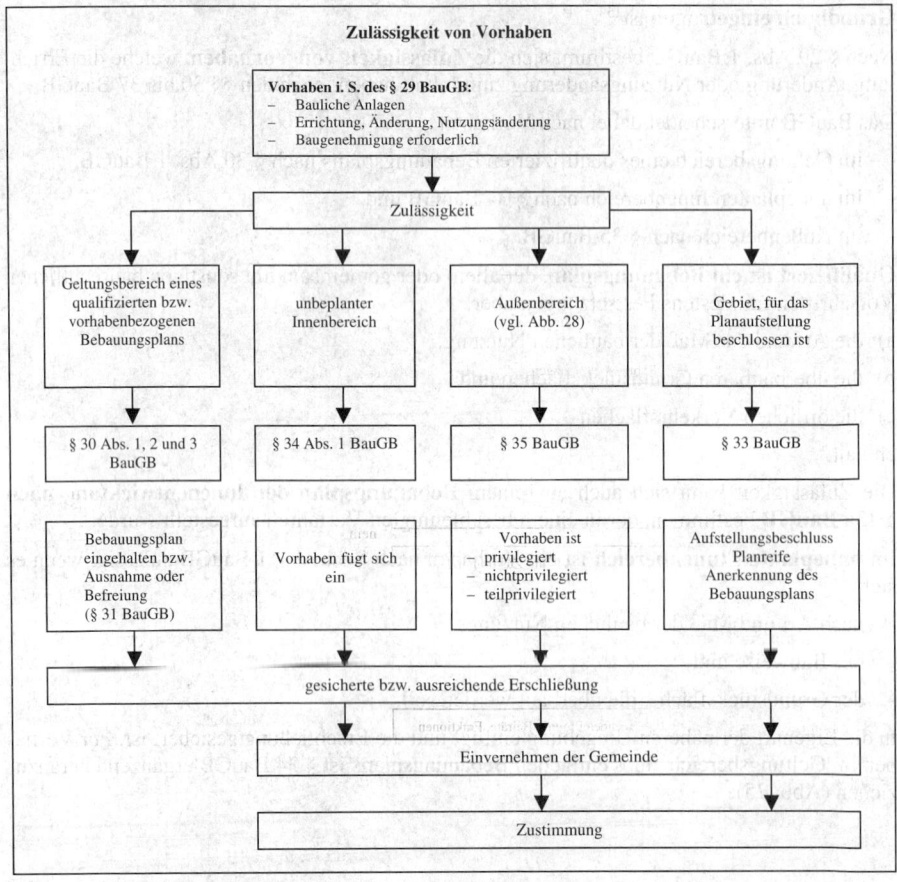

5.2.2 Zulässigkeit von Vorhaben im Geltungsbereich eines Bebauungsplans nach § 30 BauGB

▶ *Hierzu auch § 6 ImmoWertV Rn. 10 ff.*

203 Ein **Vorhaben ist nach § 30 Abs. 1 BauGB bauplanungsrechtlich zulässig, wenn es sämtlichen Festsetzungen eines qualifizierten Bebauungsplans entspricht und die Erschließung gesichert ist.** Nach § 31 BauGB können Ausnahmen und Befreiungen im Einvernehmen mit der Gemeinde gewährt werden (§ 36 BauGB).

204 Des Weiteren ist **nach § 30 Abs. 2 BauGB ein Vorhaben** bauplanungsrechtlich **zulässig, wenn es im Geltungsbereich eines vorhabenbezogenen Bebauungsplans liegt, ihm nicht widerspricht und die Erschließung gesichert ist.** Weitere Voraussetzungen sind

– ein Vorhaben- und Erschließungsplan des Investors,

– ein Durchführungsvertrag zwischen Investor und Gemeinde sowie

– eine Satzung über den vorhabenbezogenen Bebauungsplan (Abb. 26):

Abb. 26: Verfahrensablauf eines Vorhaben- und Erschließungsplans

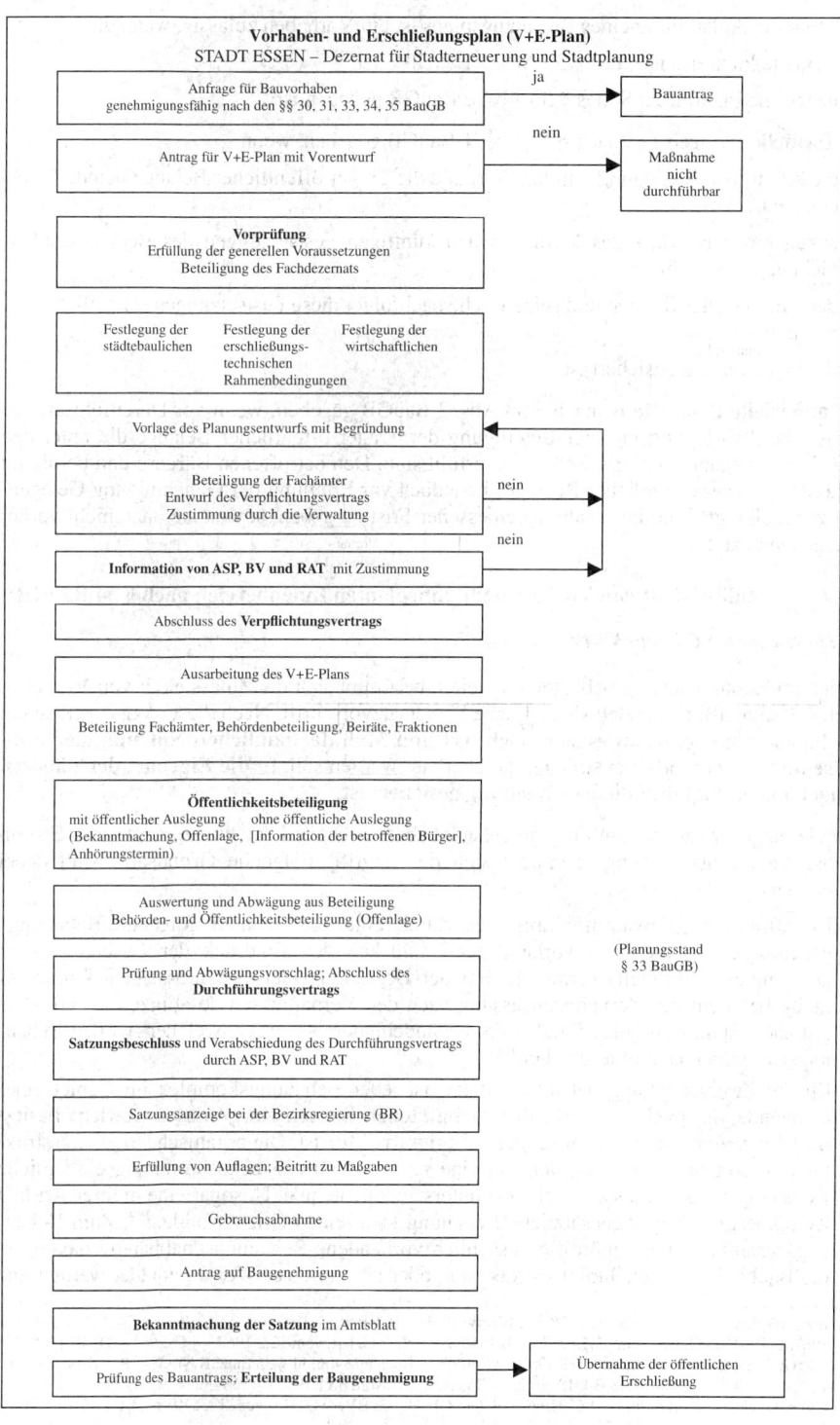

5.2.3 Zulässigkeit von Vorhaben bei Planreife nach § 33 BauGB

205 Während der Aufstellung eines Bebauungsplans ist ein Vorhaben zulässig, wenn die
- formelle Planreife i. S. des § 33 Abs. 1 BauGB oder
- materielle Planreife i. S. des § 33 Abs. 2 BauGB gegeben ist.

206 Die **formelle Planreife** ist nach § 33 Abs. 1 BauGB gegeben, wenn
1. die öffentliche Auslegung durchgeführt und die Träger öffentlicher Belange beteiligt worden sind,
2. anzunehmen ist, dass das Vorhaben den künftigen Festsetzungen des Bebauungsplans nicht entgegensteht,
3. der Antragsteller für sich und seine Rechtsnachfolger diese Festsetzungen schriftlich anerkennt und
4. die Erschließung gesichert ist.

207 Die **materielle Planreife** ist nach § 33 Abs. 2 BauGB gegeben, wenn vor Durchführung der öffentlichen Auslegung und der Beteiligung der Träger öffentlicher Belange die unter den Nrn. 2 bis 4 genannten Voraussetzungen erfüllt sind. Den betroffenen Bürgern und berührten Behörden (Träger öffentlicher Belange) ist jedoch vor Erteilung der Genehmigung Gelegenheit zur Stellungnahme innerhalb angemessener Frist zu geben, soweit sie dazu nicht vorher Gelegenheit hatten.

5.2.4 Zulässigkeit von Vorhaben im unbeplanten Innenbereich nach § 34 BauGB

▶ *Hierzu auch § 6 ImmoWertV Rn. 58 ff.*

208 In den im Zusammenhang bebauten Ortsteilen bestimmt sich die Zulässigkeit von Vorhaben nach § 34 BauGB. Es handelt sich um eine Planersatzvorschrift. Nach dieser Vorschrift ist ein **Vorhaben zulässig, wenn es sich nach Art und Maß der baulichen Nutzung, der Bauweise und der Grundstücksfläche,** die überbaut werden soll, **in die Eigenart der näheren Umgebung einfügt und die Erschließung gesichert ist.**

209 Der Gesetzgeber hat den „im Zusammenhang bebauten Ortsteil" nicht näher definiert. Erst im Lichte der Rechtsprechung erschließt sich der Begriff. Folgende Grundsätze sind dabei beachtlich:

a) Ein **„Bebauungszusammenhang"** ist durch eine „aufeinander folgende Bebauung" gekennzeichnet, die trotz vorhandener Baulücken den Eindruck der Geschlossenheit (Zusammengehörigkeit) vermittelt. Bei der Beurteilung der Geschlossenheit kommt es maßgebend auf die Verkehrsauffassung nach den Verhältnissen des Einzelfalls an. Dies gilt auch dann, wenn eine Straße oder Geländehindernisse irgendwelcher Art den Bebauungszusammenhang unterbrechen[156].

b) Ein im Zusammenhang bebauter Ortsteil ist jeder Bebauungskomplex im Gebiet einer Gemeinde, der **nach der Zahl der vorhandenen Bauten ein gewisses Gewicht besitzt und Ausdruck einer organischen Siedlungsstruktur** ist. Die organische Siedlungsstruktur erfordert nicht, dass es sich um eine nach Art und Zweckbestimmung einheitliche Bebauung handeln müsse. Auch eine unterschiedliche, ja u. U. sogar eine in ihrer Art und Zweckbestimmung gegensätzliche Bebauung kann einen Ortsteil bilden[157]. Zum Bebauungszusammenhang gehört die tatsächlich vorhandene Bebauung unabhängig davon, ob die Baulichkeiten genehmigt worden sind oder aber in einer Weise geduldet werden, die

---

[156] BVerwG, Urt. vom 6.11.1968 – 4 C 2/66 –, BVerwGE 31, 20; BVerwG, Urt. vom 22.4.1966 – 4 C 34/65 –, BBauBl. 1967, 117; BVerwG, Urt. vom 25.5.1967 – 4 B 184/66 –; BVerwG, Urt. vom 12.2.1967 – 4 C 47/67 –, DVBl 1968, 521 = EzGuG 9.5; BVerwG, Urt. vom 10.3.1967 – 4 C 32/66 –, Buchholz 406, 11 § 35 BauGB Nr. 38 –; BVerwG, Urt. vom 14.4.1967 – 4 C 134/65 –, BRS Bd. 18 Nr. 23 –, BVerwG, Urt. vom 6.12.1967 – 4 C 94/66 –, BVerwGE 28, 268.
[157] BVerwG, Urt. vom 6.11.1968 – 4 C 31/66 –; BVerwGE 31, 22; BVerwG, Urt. vom 17.2.1984 – 4 C 56/79 –, NVwZ 1984, 434.

keinen Zweifel daran lässt, dass sich die zuständigen Behörden mit ihrem Vorhandensein abgefunden haben.

c) Ein Grundstück liegt nicht schon deshalb innerhalb eines Bebauungszusammenhangs, weil es von Bebauung umgeben ist. Erforderlich ist vielmehr weiter, dass das **Grundstück selbst einen Bestandteil des Zusammenhangs** bildet. **Eine nach § 34 BauGB bebaubare Baulücke** ist nicht gegeben, wenn die Fläche so groß ist, dass sie in den Möglichkeiten ihrer Bebauung von der bereits vorhandenen Bebauung nicht mehr geprägt wird[158].

d) **Ob eine bauliche Anlage einem im Zusammenhang bebauten Ortsteil zuzurechnen ist, hängt nicht davon ab, ob sie Bestandsschutz** genießt[159].

e) Ob ein Grundstück dem Innen- oder dem Außenbereich zugehört, kann nicht von der Art der auf ihm **beabsichtigten Nutzung** abhängig sein[160].

f) Ob ein Bebauungskomplex nach seinem Gewicht ein Ortskern oder eine (unerwünschte) Splittersiedlung ist, beurteilt sich nach der **Siedlungsstruktur in der jeweiligen Gemeinde.** Für die Beurteilung, ob eine zusammenhängende Bebauung einen Ortsteil i. S. des § 34 Abs. 1 BauGB ist, ist nur auf die Bebauung im jeweiligen Gemeindegebiet abzustellen. Nur ein Bebauungszusammenhang, der auch Ortsteil ist, vermittelt ein Baurecht nach § 34 BauGB. Bei der Beurteilung der Bebauung kommt es auf die äußerlich (mit dem Auge) wahrnehmbaren Gegebenheiten der vorhandenen Bebauung und der übrigen Geländeverhältnisse an[161].

g) Die Frage der überwiegenden Prägung durch gewerbliche Nutzungen i. S. des § 6 Abs. 2 Nr. 8 BauNVO ist nicht stets dann zu verneinen, wenn der prozentuale Anteil der jeweils grundstücksbezogen ermittelten gewerblich genutzten Geschossflächen gegenüber dem Anteil der der Wohnnutzung dienenden Geschossflächen rechnerisch kein Übergewicht hat. Die Beurteilung einer prägenden Wirkung erfordert eine Gesamtbetrachtung und dabei die Einbeziehung auch weiterer – gebietsprägender – Faktoren; dabei kann auch von Bedeutung sein, in welchem Maße die **Erdgeschossebene** gewerblich genutzt ist und inwieweit die gewerbliche Nutzung bis in die Obergeschosse reicht[162].

h) Ein im Zusammenhang bebauter Ortsteil i. S. des § 34 Abs. 1 BauGB kann sich auch über **Gemeindegrenzen** hinaus erstrecken[163].

i) Ein an einem im Zusammenhang bebauten Ortsteil angrenzendes Grundstück gehört nicht schon deshalb zu diesem Bebauungszusammenhang, weil es mit seiner anderen Seite an eine Gemeindegrenze reicht[164].

j) Bei der Entscheidung, ob i. S. des § 34 BauGB ein Bebauungszusammenhang gegeben ist, sind unbebaute Grundstücke nicht deshalb wie bebaute zu behandeln, weil ihre **Bebauung beabsichtigt und** auch schon **genehmigt** ist[165].

k) Dem Eindruck eines geschlossenen Bebauungszusammenhangs steht auch nicht entgegen, wenn die **Nutzungen sehr unterschiedlich** sind. Entsprechendes gilt z. B. auch, wenn ein Baukörper zwar als Fremdkörper anzusehen ist, jedoch die übrige Bebauung den im Zusammenhang bebauten Ortsteil prägt. Ein zum Zwecke der Wiederbebauung eines

---

158 BVerwG, Urt. vom 1.12.1972 – 4 C 6/71 –, BVerwGE 41, 227 –; BVerwG, Beschl. vom 30.3.1972 – 4 C 4/69 –, BRS Bd. 24 Nr. 112 = DVBl 1972, 684; BVerwG, Beschl. vom 8.11.1967 – 4 C 19/66 –, BRS Bd. 20 Nr. 67; BVerwG, Beschl. vom 16.2.1988 – 4 B 19/88 –, BRS Bd. 48 Nr. 44 = BauR 1988, 315; BVerwG, Beschl. vom 10.3.1994 – 4 B 50/94 –, Buchholz 406, 11 § 34 BauGB Nr. 165; BVerwG, Beschl. vom 4.1.1995 – 4 B 273/94 –, BRS Bd. 57 Nr. 93 –; BVerwG, Beschl. vom 1.4.1997 – 4 B 11/97 –, BRS Bd. 59 Nr. 75 = NVwZ 1997, 899.
159 BVerwG, Urt. vom 14.9.1992 – 4 C 15/90 –, BRS Bd. 54 Nr. 64 = NVwZ 1993, 985; BVerwG, Urt. vom 6.11.1968 – 4 C 31/66 –, BVerwGE 31, 26.
160 BVerwG, Urt. vom 12.12.1990 – 4 C 40/87 –, BRS Bd. 50 Nr. 72 = EzGuG 13.115.
161 BVerwG, Beschl. vom 3.12.1998 – 4 C 7/98 –, GuG 1999, 112 = NVwZ 1999, 527; BVerwG, Urt. vom 14.9.1992 – 4 C 15/90 –, BRS Bd. 54 Nr. 64 = NVwZ 1993, 985.
162 BVerwG, Urt. vom 7.2.1994 – 4 B 179/93 –, DVBl 1994, 711.
163 VGH München, Urt. vom 18.12.1997 – 1 B 95.2014 –, DVBl 1998, 601.
164 BVerwG, Beschl. vom 15.5.1997 – 4 B 74/97 –, BauR 1997, 805.
165 BVerwG, Urt. vom 26.11.1976 – 4 C 69/74 –, NJW 1977, 1978; BVerwG, Urt. vom 31.10.1975 – 4 C 16/73 –, BRS Bd. 29 Nr. 33; BVerwG, Urt. vom 29.11.1974 – 4 C 10/73 –, BRS Bd. 28 Nr. 28; BVerwG, Urt. vom 12.6.1970 – 4 C 77/68 –, BVerwGE 35, 256 = EzGuG 16.12.

Innenbereichsgrundstücks beseitigter Altbestand verliert nicht dadurch seine die Innenbereichsqualität des Grundstücks wahrende und die „Eigenart der näheren Umgebung" mitprägende Wirkung, dass über die Art und Weise der Bebauung mit der Gemeinde und der Bauaufsichtsbehörde jahrelang erfolglos verhandelt wurde[166].

l) Bei der Ermittlung der Eigenart der näheren Umgebung i. S. von § 34 Abs. 1 und Abs. 2 BauGB sind **singuläre Anlagen**, die in einem auffälligen Kontrast zu der sie umgebenden im Wesentlichen homogenen Bebauung stehen, regelmäßig **als Fremdkörper unbeachtlich**, soweit sie nicht ausnahmsweise ihre Umgebung beherrschen oder mit ihr eine Einheit bilden (Unbeachtlichkeit singulärer Anlagen)[167].

m) Bei der Beurteilung eines geschlossenen Bebauungszusammenhangs wirkt auch eine bereits abgerissene und den im Zusammenhang bebauten Ortsteil bislang prägende Bebauung fort, wenn **Rückbau (Abriss) und Ersatzbau in einem engen zeitlichen Zusammenhang** stehen und nach der Verkehrsauffassung mit einer Wiederbebauung zu rechnen war, d. h., die Prägung durch eine aufgegebene Nutzung ist zu berücksichtigen. Indessen verliert eine tatsächliche und endgültig beendete bauliche Nutzung ihre die übrige Bebauung mitprägende Kraft. Die Beseitigung des letzten zum Bebauungszusammenhang gehörenden Gebäudes zum Zwecke der alsbaldigen Errichtung eines Ersatzbauwerks bewirkt nicht, dass das Grundstück seine Innenbereichsqualität einbüßt und zu einem Außenbereichsgrundstück wird[168].

n) Auch **unbebaute Flächen, die zwischen bebauten Grundstücken liegen**, können am Bebauungszusammenhang teilhaben, sofern durch sie der Eindruck der Zusammengehörigkeit und Geschlossenheit nicht verloren geht[169].

o) Selbst ein nicht als Bahnanlage zu qualifizierender **Schrottplatz auf ehemaligem Bahngelände**, der jahrzehntelang entsprechend einer (sogar) der Rechtslage widersprechenden Praxis sowohl von der Bahn als auch von der zuständigen Bauaufsichtsbehörde als legal angesehen wurde, prägt als vorhandene Bebauung auch nach der Entwidmung die Eigenart der näheren Umgebung i. S. von § 34 BauGB[170].

p) Ein Grundstück wird nur dann zum Bebauungszusammenhang, wenn es selbst einen Bestandteil des Zusammenhangs bildet und am **Eindruck der Geschlossenheit** teilnimmt; andererseits handelt es sich um ein Außenbereichsgrundstück[171].

q) Ob eine Überschreitung des Maßes der in der näheren Umgebung vorhandenen Bebauung den für die Frage des Einfügens (§ 34 Abs. 1 BauGB) erheblichen Rahmen sprengt, kann nicht allgemein an Hand eines **prozentualen Maßstabs** bestimmt werden[172].

r) Die **Ansammlung von nur vier Wohngebäuden** besitzt regelmäßig nicht das für einen im Zusammenhang bebauten Ortsteil i. S. des § 34 BauGB erforderliche Gewicht[173].

s) Eine Gesamtheit von **Bauten, die kleingärtnerischen Zwecken dienen**, bildet keinen im Zusammenhang bebauten Ortsteil[174].

t) Das **Erfordernis des Einfügens** schließt nicht aus, dass auch etwas verwirklicht werden kann, was in der Umgebung bisher nicht vorhanden ist, d. h., es **zwingt** also **nicht zur Uniformität**[175].

u) Eine Bebauung oder **bauliche Nutzung, die in früherer Zeit zwar genehmigt worden ist**, die in den tatsächlichen Gegebenheiten aber deshalb keinen Niederschlag mehr findet,

---
166 BVerwG, Urt. vom 19.9.1986 – 4 C 15/84 –, BVerwGE 75, 34 = NJW 1987, 1656.
167 BVerwG, Urt. vom 15.2.1990 – 4 C 23/86 –, BVerwGE 84, 322.
168 BVerwG, Urt. vom 12.9.1980 – 4 C 75/77 –, BRS Bd. 36 Nr. 55; BVerwG, Urt. vom 15.1.1982 – 4 C 58/79 –, NVwZ 1982, 312; BVerwG, Urt. vom 3.2.1984 – 4 C 25/82 –, BVerwGE 68, 360; BVerwG, Urt. vom 19.9.1986 – 4 C 15/ 84 –, BVerwGE 75, 34.
169 OVG Berlin, Beschl. vom 8.4.1994 – 2 S 29/93 –, NuR 1995, 41.
170 OVG Münster, Urt. vom 27.4.1998 – 7 A 3814/96 –, BRS Bd. 60 Nr. 165.
171 BVerwG, Urt. vom 1.12.1972 – 4 C 6/71 –, BVerwGE 41, 227 = NJW 1973, 1014.
172 BVerwG, Beschl. vom 29.4.1997 – 4 B 67/97 –, BRS Bd. 59 Nr. 80 = NVwZ-RR 1998, 94.
173 BVerwG, Beschl. vom 19 4.1994 – 4 B 77/94 –, BVerwGE 95, 167.
174 OVG Greifswald, Urt. vom 16.12.1997 – 3 K 17/97 –, LKV 1999, 68.
175 BVerwG, Urt. vom 26.5.1978 – 4 C 9/77 –, BVerwGE 55, 369.

weil sie später wieder beseitigt oder eingestellt worden ist, hat bei der Qualifizierung der „Eigenart der näheren Umgebung" grundsätzlich außer Betracht zu bleiben[176].

5.2.5 Innenbereichssatzungen

Da die **Abgrenzung des Innenbereichs vom Außenbereich** in der Praxis zu erheblichen Schwierigkeiten führen kann, hat der Gesetzgeber die Gemeinden mit § 34 Abs. 4 BauGB ermächtigt, verschiedene Innenbereichssatzungen zu erlassen. § 34 Abs. 4 BauGB unterscheidet zwischen

a) *Klarstellungssatzungen* (Nr. 1), mit denen die Gemeinde – deklaratorisch – die Grenzen für die im Zusammenhang bebauten Ortsteile oder Teile davon festlegen kann;

b) *Entwicklungssatzungen* (Nr. 2), mit denen bebaute Bereiche im Außenbereich festgelegt werden, wenn die Flächen im Flächennutzungsplan als Bauflächen dargestellt sind; mit der Satzung werden diese Flächen konstitutiv zum Innenbereich erklärt;

c) *Ergänzungssatzungen* (Nr. 3), mit denen einzelne Außenbereichsflächen in den im Zusammenhang bebauten Ortsteil einbezogen werden, wobei einzelne Festsetzungen nach § 9 Abs. 1, 2 und 4 BauGB getroffen werden können (Abb. 27):

Abb. 27: Innenbereichssatzungen

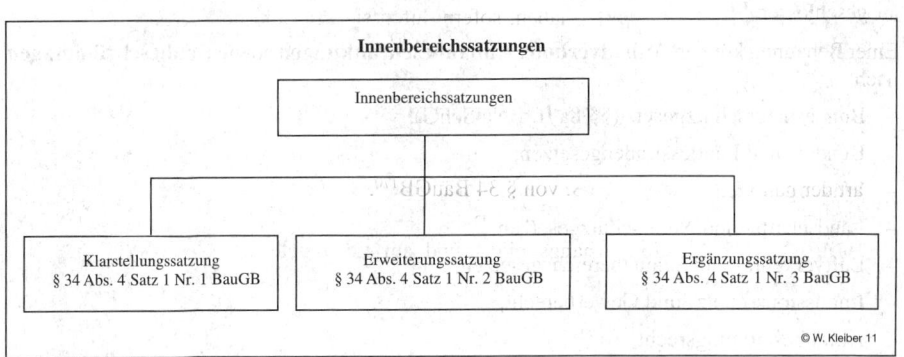

Ansonsten darf bei einer unregelmäßigen Bebauung des Ortsrandes die **Grenze zwischen Außen- und Innenbereich** keinesfalls entlang der am weitesten in den Außenbereich hineinragenden Gebäude gezogen werden. Vielmehr ist die Grenze entlang der einzelnen Gebäude gezogen, auch wenn sich dadurch ein unregelmäßiger Grenzverlauf ergibt. Im Übrigen lässt sich die Abgrenzung zwischen Innenbereich (§ 34 BauGB) und Außenbereich (§ 35 BauGB) nicht unter Anwendung geographisch-mathematischer Maßstäbe allgemein bestimmen. Zu einer sachgerechten Entscheidung führt nur eine die gesamten örtlichen Verhältnisse würdigende Betrachtung[177].

5.3 Der Baureife entgegenstehende rechtliche Gegebenheiten

5.3.1 Öffentlich-rechtliche Nutzungsbeschränkungen

An öffentlich-rechtlichen Nutzungsbeschränkungen sind insbesondere zu nennen:

a) Festsetzungen von **Wasserschutz- und Überschwemmungsgebieten** nach den §§ 19 und 32 WHG i. V. m. dem Landesrecht (vgl. Rn. 277 ff.),

---

176 BVerwG, Urt. vom 27.8.1998 – 4 C 5/98 –, NVwZ 1999, 523 = BRS Bd. 60 Nr. 83; BVerwG, Urt. vom 6.11.1968 – 4 C 2/66 –, BVerwGE 31, 20; BVerwG, Urt. vom 14.1.1993 – 4 C 19/90 –, BRS Bd. 55 Nr. 175 = NVwZ 1993, 1184.
177 BVerwG, Urt. vom 1.4.1997 – 4 B 11/97 –, BRS Bd. 59 Nr. 75 = NVwZ 1997, 899.

b) Festsetzungen von **Naturschutzgebieten, Landschaftsschutzgebieten, Nationalparks, Naturparks, Flora-Fauna-Habitat-Gebieten und geschützten Landschaftsbestandteilen** nach den §§ 12 ff. BNatSchG i. V. m. dem Landesrecht (vgl. Rn. 274).

5.3.2 Sonstige rechtliche Gegebenheiten

216 Die **Erteilung einer Teilungsgenehmigung (Wohnsiedlungsgenehmigung)** wirkt nach Auffassung des BGH nicht „dinglich" in dem Sinne, dass sie einem Grundstück eine Qualität geben könnte, die es nicht hatte; die Rechtsprechung verwendet in diesem Zusammenhang den Begriff einer *„relativen Baulandqualität"* und verweist auf den Rechtsanspruch, dass die Bebauungsgenehmigung erteilt wird, sofern nicht besondere Gründe entgegenstehen[178]. Andernfalls war in Anwendung des mit dem BauROG aufgehobenen § 21 BauGB eine Entschädigung zu gewähren[179].

217 Zur **Ermittlung des Verkehrswerts eines unbeplanten Grundstücks, für das die Gemeinde die Haftung für dessen Bebaubarkeit privatrechtlich übernommen hat**, kann es zweckmäßig sein, von Vergleichspreisen für baureifes Land auszugehen und die Wartezeit durch Abschläge zu berücksichtigen. Dabei muss allerdings auch berücksichtigt werden, unter welchen Voraussetzungen die Gemeinde z. B. durch Zeitablauf und durch Veränderung der Planungskonzeption von der Haftung befreit werden kann. Nach den allgemeinen Auslegungskriterien von Treu und Glauben mit Rücksicht auf die Verkehrssitte hat der BGH[180] eine zeitlich unbeschränkte Haftung ohne Rücksicht auf die spätere Entwicklung der Marktverhältnisse ausgeschlossen.

218 Einer Bebauung können **Anbauverbote, Anbaubeschränkungen** sowie **Baubeschränkungen** nach

– Bundesnaturschutzgesetz (§§ 8a ff. BNatSchG),

– Bundes- und Landesstraßengesetzen,

– Wassergesetzen,

– Landschafts- und Naturschutzgesetzen,

– Luftverkehrs- und Schutzbereichsgesetzen,

– Immissionsschutz- und Gewerberecht,

– Abfallbeseitigungsrecht,

– Zivilschutz- und Atomrecht,

– Denkmalschutzrecht

entgegenstehen[181].

---

178 BGH, Urt. vom 27.6.1968 – III ZR 93/65 –, BGHZ 50, 338 = EzGuG 8.25; BVerwG, Urt. vom 12.8.1977 – 4 C 48 u. 49/75 –, NJW 1978, 340 = BauR 1977, 405; BGH, Urt. vom 20.12.1973 – III ZR 85/70 –, NJW 1974, 638 = WM 1974,566 = DVBl 1974, 432; auch: BVerwG, Urt. vom 14.7.1972 – 4 C 68/70 –, BRS Bd. 25 Nr. 163 = MDR 1978, 164.
179 BGH, Urt. vom 12.1.1978 – III ZR 98/76 –, WM 1978, 990 = MDR 1978, 821.
180 BGH, Urt. vom 11.5.1989 – III ZR 88/87 –, NJW 1990, 245 = EzGuG 8.67; BGH, Urt. vom 9.12.1982 – III ZR 41/81 –, WM 1983, 622; BGH, Urt. vom 20.12.1973 – III ZR 85/70 –, NJW 1974, 638 = EzGuG 8.41a.
181 Zur Frage der Vorwirkung und entschädigungsrechtlichen Ansprüchen vgl. u. a.: BVerwG, Urt. vom 27.6.1957 – 1 C 3/56 –, BVerwGE 5, 143 = EzGuG 16.3; BVerwG, Beschl. vom 25.6.1968 – 4 B 181/67 –, BRS Bd. 20 Nr. 208 = BRS Bd. 19 Nr. 9 = EzGuG 16.9; BGH, Urt. vom 29.4.1968 – III ZR 177/65 –, BRS Bd. 19 Nr. 122 = EzGuG 16.8; BGH, Urt. vom 25.1.1973 – III ZR 113/70 –, BGHZ 60, 126 = EzGuG 4.39; BGH, Urt. vom 20.9.1971 – III ZR 18/70 –, BGHZ 57, 278 = BRS Bd. 26 Nr. 13 = AgrarR 1972, 816 = EzGuG 16.15; BGH, Urt. vom 20.12.1971 – III ZR 83/69 –, BRS Bd. 26 Nr. 14 = EzGuG 16.17; BGH, Urt. vom 29.4.1968 – III ZR 141/65 –, BRS Bd. 19 Nr. 117 = EzGuG 16.7; BGH, Urt. vom 10.1.1972 – III ZR 61/68 –, BRS Bd. 26 Nr. 15 = EzGuG 16.18; BGH, Urt. vom 18.6.1973 – III ZR 122/72 –, BRS Bd. 26 Nr. 130 = EzGuG 16.20; BGH, Urt. vom 1.12.1977 – III ZR 130/75 –, BRS Bd. 34 Nr. 141 = EzGuG 18.78; BGH, Urt. vom 8.11.1962 – III ZR 86/61 –, BGHZ 39, 198 = EzGuG 8.5; BGH, Urt. vom 13.7.1978 – III ZR 28/76 –, BGHZ 84, 223 = EzGuG 4.59; BGH, Urt. vom 26.11.1981 – III ZR 49/80 –, NVwZ 1983, 118 EzGuG 14.67; OLG Köln, Urt. vom 21.11.1972 – 4 U 199/71 –, BRS Bd. 26 Nr. 125 = EzGuG 8.39; BVerwG, Beschl. vom 14.11.1975 – 4 C 2/74 –, BVerwGE 49, 365 = EzGuG 16.21; BVerwG, Urt. vom 24.2.1978 – 4 C 12/76 –, BVerwGE 55, 272 = EzGuG 16.32; BGH, Urt. vom 2.2.1978 – III ZR 15/76 –, MDR 78, 647 = EzGuG 16.22; BGH, Urt. vom 25.1.1973 – III ZR 118/70 –, BGHZ 60, 145 = EzGuG 16.19.

▶ *Weitere Ausführungen zu Bodenvorkommen (Abbauland) vgl. Rn. 311 ff.; Teil V Rn. 226 ff.*   **219**

a) *Anbauverbote nach Straßenrecht*

Als Beispiel sei hier auf das **Anbauverbot**[182] **nach § 9 FStrG** verwiesen. Abs. 1 und 2 der Vorschrift haben folgenden Wortlaut: **220**

„(1) Längs der Bundesfernstraßen dürfen nicht errichtet werden
1. Hochbauten jeder Art in einer Entfernung bis zu 40 m bei Bundesautobahnen und bis zu 20 m bei Bundesstraßen außerhalb der zur Erschließung der anliegenden Grundstücke bestimmten Teile der Ortsdurchfahrten, jeweils gemessen vom äußeren Rand der befestigten Fahrbahn,
2. bauliche Anlagen, die außerhalb der zur Erschließung der anliegenden Grundstücke bestimmten Teile der Ortsdurchfahrten über Zufahrten oder Zugänge an Bundesstraßen unmittelbar oder mittelbar angeschlossen werden sollen.

Satz 1 Nr. 1 gilt entsprechend für Aufschüttungen oder Abgrabungen größeren Umfangs. Weiter gehende bundes- oder landesrechtliche Vorschriften bleiben unberührt.
(2) Im Übrigen bedürfen Baugenehmigungen oder nach anderen Vorschriften notwendige Genehmigungen der Zustimmung der obersten Landesstraßenbaubehörde, wenn
1. bauliche Anlagen längs der Bundesautobahnen in einer Entfernung bis zu 100 m und längs der Bundesstraßen außerhalb der zur Erschließung der anliegenden Grundstücke bestimmten Teile der Ortsdurchfahrten bis zu 40 m, gemessen vom äußeren Rand der befestigten Fahrbahn, errichtet, erheblich geändert oder anders genutzt werden sollen,
2. bauliche Anlagen auf Grundstücken, die außerhalb der zur Erschließung der anliegenden Grundstücke bestimmten Teile der Ortsdurchfahrten über Zufahrten oder Zugänge an Bundesstraßen unmittelbar oder mittelbar angeschlossen sind, erheblich geändert oder anders genutzt werden sollen.

Die Zustimmungsbedürftigkeit nach Satz 1 gilt entsprechend für bauliche Anlagen, die nach Landesrecht anzeigepflichtig sind. Weiter gehende bundes- oder landesrechtliche Vorschriften bleiben unberührt."

b) *Veränderungssperre*

Vorübergehenden und entschädigungslos hinzunehmenden Baubeschränkungen wird man nicht die rechtliche Qualität beimessen können, die Veranlassung geben könnte, eine ansonsten baureife Fläche einem anderen Entwicklungszustand zuzuordnen. Zu erwähnen sind hier   **221**

– die Zurückstellung eines Baugesuchs nach § 15 BauGB,
– die Veränderungssperre nach den §§ 16 ff., 51 oder 144 BauGB; vgl. auch § 86 WHG[183] (vgl. Rn. 274) sowie **§ 9a Abs. 2 FStrG,** der folgende Fassung hat:

„(2) Dauert die Veränderungssperre länger als vier Jahre, so können die Eigentümer für die dadurch entstandenen Vermögensnachteile vom Träger der Straßenbaulast eine angemessene Entschädigung in Geld verlangen. Sie können ferner die Übernahme der vom Plan betroffenen Flächen verlangen, wenn es ihnen mit Rücksicht auf die Veränderungssperre wirtschaftlich nicht zuzumuten ist, die Grundstücke in der bisherigen oder einer anderen zulässigen Art zu benutzen. Kommt keine Einigung über die Übernahme zustande, so können die Eigentümer die Entziehung des Eigentums an den Flächen verlangen. Im Übrigen gilt § 19 (Enteignung)."

c) *Die Genehmigungspflicht in Erhaltungsgebieten nach § 172 BauGB (vgl. § 172 Abs. 1 Satz 2 BauGB)*

▶ *Vgl. Teil VI Rn. 83 ff.; Rn. 897 ff.*

Durch derartige **Bausperren betroffene Flächen** sind (zunächst nur vorübergehend) von einer Bebauung ausgeschlossen[184]. Die genannten Bestimmungen stehen nach dem Wortlaut   **222**

---

182 Zur Frage der Entschädigung bei einem Wiederaufbauverbot BGH, Urt. vom 13.7.1967 – III ZR 11/65 –, BRS Bd. 19 Nr. 4 = EzGuG 18.39.
183 BVerwG, Beschl. vom 28.3.1989 – 4 NB 39/88 –, NVwZ-RR 1989, 617 = EzGuG 6.244; im immissionsschutzrechtlichen Genehmigungsverfahren VGH Mannheim, Urt. vom 6.7.1989 – 10 S 2687/88 –, ZfBR 1990, 50 = EzGuG 6.246.
184 BVerwG, Urt. vom 12.12.1969 – 4 C 100/68 –, NJW 1970, 417 = ZMR 1970, 141 = BauR 1970, 43 = DVBl 1970, 417 = ID 1970, 109 = DÖV 1970, 425 = GemTg 1970, 75.

des Abs. 4 zwar einer baulichen Nutzung entgegen, jedoch wird man zumindest so lange weiterhin von baureifem Land sprechen können, wie nicht als Vorwirkung der späteren Enteignung ein Entschädigungsanspruch auf der Grundlage des Ausschlusses von der konjunkturellen Weiterentwicklung ausgelöst wird[185].

223 Nach § 17 BauGB tritt eine **Veränderungssperre** grundsätzlich nach Ablauf von zwei Jahren außer Kraft. Die Frist kann von der Gemeinde um ein Jahr verlängert werden. Wenn besondere Umstände es erfordern, kann die Gemeinde mit Zustimmung der nach Landesrecht zuständigen Behörde die Frist nochmals bis zu einem weiteren Jahr verlängern. Dauert die Veränderungssperre länger als vier Jahre über den Zeitpunkt ihres Beginns oder der ersten Zurückstellung eines Baugesuchs nach § 15 Abs. 1 BauGB hinaus, ist den Betroffenen nach § 18 BauGB für dadurch entstandene Vermögensnachteile eine angemessene Entschädigung nach Maßgabe der entschädigungsrechtlichen Bestimmungen des BauGB zu gewähren.

224 Dies schließt nicht aus, dass schon vorher von einer **Bausperre** betroffene Flächen im gewöhnlichen Geschäftsverkehr zu entsprechend verminderten Preisen gehandelt werden.

225 Dabei wird u. a. darauf abzuheben sein, welches Gewicht der **gesunde Grundstücksverkehr** im Rahmen einer sinnvollen Nutzung des Grundstücks den bestehenden Planungsvorstellungen der Gemeinde beimisst[186]. Nicht auszuschließen ist im Übrigen auch, dass eine höherwertige Nutzbarkeit erwartet wird, die sich ebenfalls auf die Preisgestaltung auswirken kann.

226 **Fazit: Entschädigungslos hinzunehmende Bausperren**[187] stehen zwar formell einer baulichen Nutzung entgegen; im Rahmen der Wertermittlung wird man davon betroffene Flächen dennoch als „baureifes Land" einstufen und ausgehend von entsprechenden Vergleichspreisen die (vorübergehenden) Einschränkungen wertmindernd im angemessenen Umfang berücksichtigen. Sofern sich in Erwartung einer höherwertigen Nutzbarkeit auch Werterhöhungen ergeben, sind sie mit den vorübergehenden Einschränkungen einer baulichen Nutzbarkeit zu „verrechnen". Erst bei länger als vier Jahre dauernden Veränderungssperren i. S. der §§ 16 ff. BauGB entsteht ein Entschädigungsanspruch für die dem Betroffenen entstandenen Vermögensnachteile (§ 96 BauGB). Dies setzt voraus, dass materiell dem Betroffenen ein ansonsten jederzeit durchsetzbarer Rechtsanspruch auf Bebauung gegeben war[188]. Im Übrigen bemisst sich die Entschädigung für eine Änderung oder Aufhebung einer zulässigen Nutzung nach den §§ 39 ff. BauGB.

d) *Baulasten*

▶ *Vgl. § 1 ImmoWertV Rn. 23 und Teil VIII Rn. 29 ff.*

Schrifttum: *Dageförde,* H.-J., Die öffentlich-rechtliche Baulast und ihre Möglichkeiten, Bln GE 2004, 524; *Döring, Ch.,* Die öffentlich-rechtliche Baulast und das nachbarrechtliche Grundverhältnis, Werner Verlag 1. Aufl. 1994; *Meendermann, D.,* Die öffentlich-rechtliche Baulast, Waxmann Verlag 2003; *Sandner/Weber* (Hrsg.), Lexikon der Immobilienwertermittlung, 2. Aufl. Bundesanzeiger Verlag 2005., S. 92; *Serong,* Anspruch auf Bewilligung einer Baulast, BauR 2004, 433; *Schwarz, B.,* Baulasten im öffentlichen Recht und im Privatrecht, Bauverlag Berlin 1995; *Weismann,* Anspruch des Grundeigentü-

---

185 BGH, Urt. vom 20.3.1975 – III ZR 16/72 –, BRS Bd. 34 Nr. 104 = EzGuG 6.178.
186 BGH, Urt. vom 29.5.1972 – III ZR 188/70 –, WM 1972 1030 = EzGuG 6.152; BGH, Urt. vom 13.7.1978 – III ZR 166/76 –, NJW 1979, 2303 = EzGuG 18.84; BGH, Urt. vom 12.7.1973 – III ZR 111/71 –, BRS Bd. 26 Nr. 86 = EzGuG 6.160.
187 Zur Entschädigung bei rechtswidrigen faktischen Bausperren vgl. BGH, Urt. vom 15.12.1988 – III ZR 110/87 –, EzGuG 6.243; BGH, Urt. vom 1.12.1983 – III ZR 38/82 –, BRS Bd. 45 Nr. 23 = EzGuG 8.60.
188 BGH, Urt. vom 18.11.1982 – III ZR 24/82 –, DWW 1983, 96 = EzGuG 6.217; BGH, Urt. vom 25.9.1980 – III ZR 18/79 –, BGHZ 78, 152 = EzGuG 6.208; BGH, Urt. vom 8.11.1979 – III ZR 51/78 –, MDR 1980, 560 = EzGuG 6.203; BGH, Urt. vom 14.12.1978 – III ZR 77/76 –, BGHZ 73, 161 = EzGuG 6.202; BGH, Urt. vom 12.2.1976 – III ZR 184/73 –, BRS Bd. 34 Nr. 136 = EzGuG 19.28; BGH, Urt. vom 10.7.1975 – III ZR 161/72 –, BRS Bd. 34 Nr. 76 = EzGuG 6.180; BGH, Urt. vom 3.7.1972 – III ZR 134/71 –, BRS Bd. 25 Nr. 90 = EzGuG 6.152; BGH, Urt. vom 26.6.1972 – III ZR 203/68 –, BRS Bd. 26 Nr. 85 = EzGuG 6.155; BGH, Urt. vom 19.6.1972 – III ZR 18/70 –, BRS Bd. 26 Nr. 19 = EzGuG 6.154; BGH, Urt. vom 10.2.1972 – III ZR 188/69 –, BGHZ 58, 124 = EzGuG 6.149; BGH, Urt. vom 10.2.1972 – III ZR 139/70 –, BRS Bd. 26 Nr. 90 = EzGuG 6.144a; BGH, Urt. vom 20.9.1971 – III ZR 18/70 –, BGHZ 57, 278 = EzGuG 16.15; BGH, Urt. vom 4.6.1962 – III ZR 163/61 –, BGHZ 37, 269 = EzGuG 6.57; auch BGH, Urt. vom 17.11.1988 – III ZR 210/87 –, BRS Bd. 53 Nr. 130 = EzGuG 18.109.

mers auf Löschung der Baulast, NJW 1997, 2857; *Wenzel, G.,* Baulasten in der Praxis, 2. Aufl. Bundesanzeiger Verlag 2006.

Die Baulast ist eine freiwillig übernommene **öffentlich-rechtliche Verpflichtung, die den Grundstückseigentümer zu einem sein Grundstück betreffendes Tun, Dulden oder Überlassen verpflichtet,** das sich nicht bereits aus dem öffentlichen Baurecht ergibt. Rechtsgrundlage ist das Bauordnungsrecht der Länder. Mit Ausnahme von Bayern und Brandenburg sind die Baulasten in den Landesbauordnungen (LBO) geregelt[189]. 227

Baulasten können öffentlich-rechtliche Baubeschränkungen zum Inhalt haben.

Die **Minderung des Verkehrswerts** aufgrund einer Eintragung einer Baulast[190] lässt sich auf der Grundlage 228

– der i. d. R. damit einhergehenden Einschränkungen der Nutzbarkeit nach Art und Umfang sowie

– der voraussichtlichen Dauer der Einschränkungen

ermitteln.

e) *Wasserschutzgebiete*

Eine Reihe von Besonderheiten gilt für ausgewiesene **Wasser- und Heilquellenschutzgebiete.** Die für diese Gebiete geltenden (Wasser-)Schutzauflagen beschränken die Grundstücksnutzung (vgl. Rn. 274). 229

5.4 Außenbereich

5.4.1 Allgemeines

▶ *Näheres hierzu bei Rn. 135, 168, 172, 177, 195, 210 ff., 246 ff.; § 6 ImmoWertV Rn. 68 ff.; § 16 ImmoWertV Rn. 120*

Als **Außenbereich** definieren sich diejenigen **Gebiete, die weder innerhalb des räumlichen Geltungsbereichs eines (qualifizierten) Bebauungsplans** i. S. des § 30 Abs. 1 BauGB, **noch innerhalb eines im Zusammenhang bebauten Ortsteils** i. S. des § 34 BauGB **gelegen sind**[191]. Problematisch kann die Grenzziehung zwischen Außen- und Innenbereich in den Fällen sein, in denen es sich um Außenbereichsflächen innerhalb eines unbeplanten Innenbereichs i. S. des § 34 BauGB handelt. 230

Die im Außenbereich gelegenen Grundstücke sollen nach dem BauGB **grundsätzlich von einer Bebauung freigehalten** werden; insofern können dort gelegene Grundstücke nicht dem baureifen Land zugerechnet werden. § 35 BauGB enthält gleichwohl eine Reihe von Vorschriften, 231

– die den Erhalt bestehender Gebäude,

– die Änderung und Nutzungsänderung bestehender Gebäude,

– die Neuerrichtung und Erweiterung bestehender Gebäude und

– die Neuerrichtung bestimmter baulicher Anlagen im Einzelfall zulassen.

---

[189] Baden-Württemberg: § 71 LBauO; Berlin: § 82 Bln BauO; Bremen: § 85 Brem. LBauO; Hamburg: § 79 LBauO; Hessen: § 75 HBO; Mecklenburg-Vorpommern: § 83 LBauO M.-V.; Niedersachsen: §§ 92 f. NBauO; Nordrhein-Westfalen: LBauO NRW; Rheinland-Pfalz: § 86 LBauO; Saarland: § 83 LBauO; Sachsen: § 83 SächsBauO; Sachsen-Anhalt: § 87 LBauOLSA; Schleswig-Holstein: § 89 LBauO; Thüringen: § 80 ThürBauO; vgl. auch § 79 MBO.
[190] Meterkamp in Nachr. der nds. Kat.- und VermVw 1986, 36; Bodenstein in Nachr. der nds. Kat.- und VermVw. 1987, 152.
[191] BVerwG, Urt. vom 1.12.1972 – 4 C 6/71 –, BVerwGE 41, 227.

232 Die **Einordnung der Fläche als Außenbereichsfläche schließt nicht aus, dass es sich dennoch um warteständiges Bauland handeln kann**, insbesondere, wenn eine bauliche Nutzung aufgrund konkreter Tatsachen mit hinreichender Sicherheit erwartet werden kann. Dies kann z. B. durch eine entsprechende Darstellung im Flächennutzungsplan begründet sein. Daneben können es auch tatsächliche und sonstige Gegebenheiten sein, die eine Bauerwartung begründen. Auch § 5 Abs. 2 ImmoWertV fordert dafür nicht zwingend die entsprechende Darstellung in einem Flächennutzungsplan. Hier muss die Rechtsprechung des BGH zur allgemeinen Bauerwartung aufgrund eines Siedlungsdrucks, der Lage des Grundstücks innerhalb des Siedlungsgebiets, die vorhandene Infrastruktur einschließlich günstiger Verkehrsverhältnisse beachtet werden. Danach steht selbst eine die Bebauung (noch) ausschließende Planung einer Bauerwartung nicht entgegen, weil Planungen auch geändert[192] werden können (vgl. Rn. 141 ff.).

233 **Zum Außenbereich gehören auch abgrenzbare Militärflächen innerhalb im Zusammenhang bebauter Ortsteile**, die von ihrer Größenordnung eine zwanglose Fortsetzung der vorhandenen Bebauung nicht aufdrängen[193]. Sie stellen einen „Außenbereich im Innenbereich" dar, wobei solche Militärflächen auch am Ortsrand gelegen sein können. Sie haben grundsätzlich keinen Bestandsschutz, jedoch können an den Grenzrändern die vorerwähnten Probleme auftreten.

234 Im Außenbereich gelegene **Militärflächen**, die nicht das gemäß § 34 Abs. 1 BauGB erforderliche Bebauungsgewicht aufweisen (z. B. Flugplätze, Depots, Bunkeranlagen, Kasernenanlagen mit Übungsplätzen), bleiben demzufolge nach Aufgabe der militärischen Nutzung Außenbereich, wenn nicht ein Bebauungsplan mit ziviler Anschlussnutzung aufgestellt werden soll oder bereits aufgestellt ist. Ausnahmen stellen die bereits angesprochenen im Außenbereich gelegenen reinen Wohnanlagen dar, die für zivile Wohnzwecke eine Anschlussnutzung finden.

235 **Im Außenbereich kann eine Bebaubarkeit gegeben sein** für

a) die *privilegierten* Vorhaben nach § 35 Abs. 1 BauGB,

b) die *„sonstigen" nichtprivilegierten Vorhaben* nach § 35 Abs. 2 BauGB, die nach § 35 Abs. 3 BauGB regelmäßig unzulässig sind, und

c) die teilprivilegierten *begünstigten* Vorhaben nach § 35 Abs. 4 BauGB, bei denen entgegenstehende Belange überwunden werden können[194].

236 Darüber hinaus kann sich die Bebaubarkeit nach § 35 Abs. 6 BauGB aus der **Lage des Grundstücks im Geltungsbereich einer Außenbereichssatzung ergeben**, ohne dass damit die Fläche zum Innenbereich wird (Abb. 28):

---

[192] BGH, Urt. vom 20.12.1963 – III ZR 60/63 –, BGHZ 40, 312 = EzGuG 14.17.
[193] BVerwG, Urt. vom 6.11.1968 – 4 C 2/66 –, BVerwGE 31, 20 = EzGuG 8.27.
[194] Krautzberger in Battis/Krautzberger/Löhr, § 35 Rn. 1 ff.; Brügelmann, § 35 Rn. 1 ff.; Cholewa/David/Dyong/von der Heide, § 35 Rn. 1 ff.; Dyong in Ernst/Zinkahn/Bielenberg/Krautzberger, § 35 BauGB Rn. 1 ff.; Gaentzsch, § 35 Rn. 1 ff.; Schlichter/Stich, BK, § 35 Rn. 1 ff.; Schrödter, § 35 Rn. 1 ff.; Schütz/Frohberg, § 35 Rn. 1 ff.

Abb. 28: Außenbereich

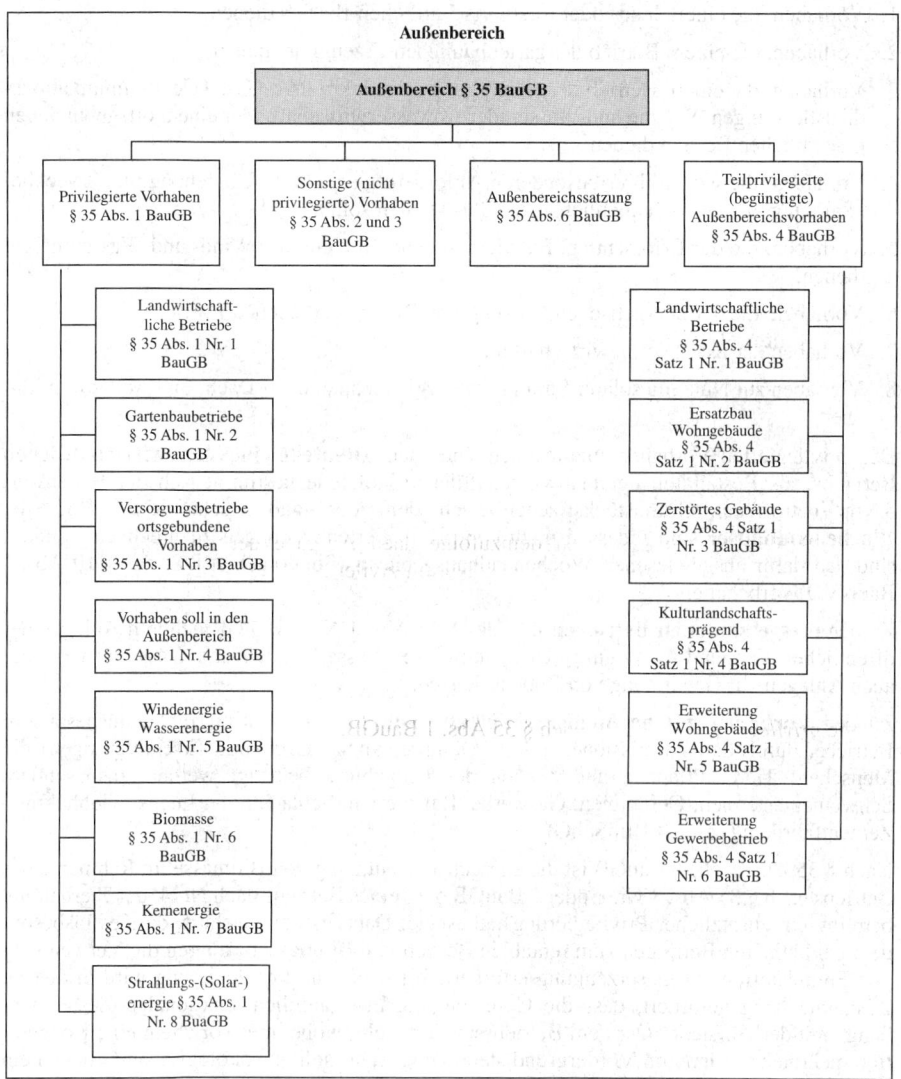

5.4.2 Zulässige Vorhaben

5.4.2.1 Privilegierte Vorhaben

▶ *Zum Begriff der Land- und Forstwirtschaft vgl. Rn. 24 f.*

Für privilegierte Vorhaben besteht ein Rechtsanspruch auf Zulassung des Vorhabens, sofern die in § 35 BauGB hervorgehobenen Voraussetzungen erfüllt sind. Insbesondere dürfen öffentliche Belange dem Vorhaben nicht entgegenstehen und es muss eine ausreichende Erschließung gesichert sein (vgl. Rn. 203).

237

238 Als **privilegierte Vorhaben** führt § 35 Abs. 1 BauGB auf:

1. Vorhaben, die einem land- oder forstwirtschaftlichen Betrieb dienen,
2. Vorhaben, die einem Betrieb der gartenbaulichen Erzeugung dienen,
3. Vorhaben, die einem Betrieb der Versorgung mit Elektrizität, Gas, Telekommunikationsdienstleistungen, Wärme und Wasser, der Abwasserwirtschaft oder einem ortsgebundenen gewerblichen Betrieb dienen,
4. Vorhaben, die wegen ihrer besonderen Anforderungen an ihre Umgebung und Zweckbestimmung nur im Außenbereich ausgeführt werden sollen,
5. Vorhaben, die der Erforschung, Entwicklung und Nutzung der Wind- und Wasserenergie dienen,
6. Vorhaben, die der energetischen Nutzung von Biomasse dienen,
7. Vorhaben der Kernenergiewirtschaft und
8. Vorhaben zur Nutzung solarer Strahlungsenergie in, an und auf Dach- und Außenwandflächen.

239 Den privilegierten Vorhaben zuzurechnen sind auch **Altenteile eines landwirtschaftlichen Betriebs**; als Bestandteil der landwirtschaftlichen Hofstelle bestimmt sich der Bodenwert davon betroffener Grundstücksflächen nach dem der landwirtschaftlichen Hofstelle. **Wochenendhäuser** sind indessen nicht den privilegierten Vorhaben zuzurechnen, sondern sind den dafür ausgewiesenen Wochenendhausgebieten (Sondergebiet i. S. des § 10 Abs. 1 BauNVO) vorbehalten.

Zu den **ortsgebundenen Betrieben** i. S. des § 35 Abs. 1 Nr. 3 BauGB gehören Anlagen der öffentlichen Ver- und Entsorgung (Umspannwerke, Wasserbehälter und Wassertürme), aber auch Anlagen zur Gewinnung von Bodenschätzen.

Zu den **Vorhaben mit nachteiliger Wirkung auf ihre Umgebung** zählen insbesondere Betriebe, durch deren Emissionen (Gase, Dämpfe, Staub, Lärm und Erschütterungen) die Menschen, Tiere, Pflanzen und Sachen der Umgebung belästigt werden, insbesondere Schweinemästereien, Gerbereien, Gaswerke, Raffinerien, Schlachthöfe, Intensivviehhaltung, Zementfabriken (vgl. § 4 BImSchG).

Nach § 35 Abs. 1 Nr. 6 BauGB ist die energetische Nutzung von Biomasse im Rahmen eines Betriebs nach § 35 Abs. 1 Nr. 1 oder 2 BauGB oder eines Betriebs nach Nr. 4, der Tierhaltung betreibt, ein zusätzlicher Privilegierungstatbestand. Dabei ist zu beachten, dass es insbesondere bei kleineren Betrieben zum rentablen Betrieb von **Biomassenanlagen** die Verwendung von Fremdstoffen zur Gaserzeugung erforderlich ist. Für die Privilegierung wird in diesem Zusammenhang gefordert, dass die Gaserzeugung im „räumlich-funktionalen Zusammenhang" mit der Hofstelle oder dem Betriebsstandort steht, wobei hier vor allem eine Kooperation mehrerer Betriebe im Vordergrund steht. Umgekehrt soll aus ökologischen Gründen ein solcher Zusammenhang nicht bestehen, wenn zum Betrieb der Anlage lange Transporte erforderlich sind.

5.4.2.2 Sonstige Vorhaben

▶ *Vgl. Rn. 195; § 6 ImmoWertV Rn. 7 ff., Rn. 68*

240 Neben den privilegierten Vorhaben nach § 35 Abs. 1 BauGB sind auch „sonstige Vorhaben" nach Maßgabe des § 35 Abs. 2 BauGB zulässig.

§ 35 Abs. 2 BauGB: „Sonstige Vorhaben können im Einzelfall zugelassen werden, wenn ihre Ausführung oder Benutzung öffentliche Belange nicht beeinträchtigt und die Erschließung gesichert ist."

Sonstige Vorhaben sind mithin bereits unzulässig, wenn sie öffentliche Belange beeinträchtigen, was regelmäßig der Fall ist, insbesondere **wenn sie den Darstellungen des Flächennutzungsplans widersprechen**.

Baureifes Land § 5 ImmoWertV IV

Bei den „sonstigen Vorhaben" handelt es sich zumeist um verhältnismäßig große, mit Eigenheimen bebaute Grundstücke, die bei Übergröße wertmäßig sondiert werden müssen. 241

5.4.2.3 Begünstigte Vorhaben

▶ *Zum Bestandsschutz vgl. Rn. 191, 246 ff.; § 6 ImmoWertV Rn. 68 ff., 366; Teil V Rn. 680; § 4 ImmoWertV Rn. 34; Teil VI Rn. 759*

Begünstigte Vorhaben sind nach § 35 Abs. 4 BauGB: 242

1. Vorhaben zur *Änderung eines bisher einem land- oder forstwirtschaftlichen Betrieb dienenden Grundstücks*, wenn es öffentliche Belange i. S. des § 35 Abs. 3 nicht beeinträchtigt, die Erschließung gesichert ist und es die Voraussetzungen des § 35 Abs. 4 Nr. 1 BauGB erfüllt (**Entprivilegierung landwirtschaftlicher Gebäude**),

2. *Neuerrichtung eines gleichartigen Gebäudes* an gleicher Stelle (**Neuerrichtung von Wohngebäuden** Satz 1 Nr. 2), wenn es die genannten öffentlichen Belange nicht beeinträchtigt, die Erschließung gesichert ist und die Voraussetzung des § 35 Abs. 4 Satz 1 Nr. 2 erfüllt,

3. die alsbaldige Neuerrichtung eines zulässigerweise errichteten, durch Brand, Naturereignisse oder andere außergewöhnliche Ereignisse zerstörten gleichartigen Gebäudes an gleicher Stelle (**Wiederaufbau zerstörter Gebäude** Satz 1 Nr. 3),

4. *die Änderung und Nutzungsänderung von erhaltenswerten Gebäuden* (Satz 1 Nr. 4),

5. *die Erweiterung eines Wohngebäudes* (Satz 1 Nr. 5) bis auf höchstens zwei Wohnungen unter den Voraussetzungen des § 35 Abs. 4 Nr. 5 BauGB,

6. *die Erweiterung gewerblicher Betriebe* (Satz 1 Nr. 6).

Es handelt sich vornehmlich um Vorhaben, die aus dem **Bestandsschutz der zulässigerweise errichteten baulichen Anlage** resultieren. Ihnen kann nicht der Flächennutzungs- oder Landschaftsplan, die natürliche Eigenart der Landschaft oder die Entstehung einer Splittersiedlung entgegengehalten werden. Es kommt entscheidend auf die materielle Legalität der baulichen Anlage an, die auch dann gegeben sein kann, wenn die Errichtung des Gebäudes nach Landesrecht genehmigungs- und anzeigenfrei war[195]. Weitere Voraussetzung ist, dass die zulässige Errichtung vor dem 27.8.1996 erfolgte. 243

Die Gemeinde kann nach § 35 Abs. 6 BauGB für bebaute Bereiche im Außenbereich, die nicht überwiegend landwirtschaftlich geprägt sind und eine Wohnbebauung von einigem Gewicht aufweisen, durch eine **Außenbereichssatzung** die Errichtung von **Wohnhäusern, kleinen Handwerks- und Gewerbebetrieben** ermöglichen. 244

5.4.3 Bodenwertermittlung

Schrifttum: *Bolin/Müller*, Bewertung des Grund und Bodens landwirtschaftlicher Hofstellen, HLBS-Report 2002, 144; *Reinhardt, W.*, Die Fläche als wertrelevante Größe für individuelles Wohnbauland in ländlichen Bereichen, GuG 2008, 321.

▶ *Vgl. Rn. 195, zu den Hofstellen vgl. Rn. 133 ff., 170 ff., 210, 22 sowie § 6 ImmoWertV Rn. 68; § 16 ImmoWertV Rn. 120; Syst. Darst. des Vergleichswertverfahrens Rn. 149 ff.*

Der **Bodenwert bebauter Außenbereichsgrundstücke** kann nach allgemeinen Grundsätzen im Wege des Vergleichswertverfahrens ermittelt werden, wobei hierbei stets die Eigentümlichkeiten des jeweiligen speziellen Teilmarktes berücksichtigt werden müssen. 245

Für die den **im Außenbereich zulässigerweise errichteten Gebäuden zurechenbaren Umgriffsflächen** kann von einer „Quasi-Baulandqualität" (faktisches Bauland) ausgegangen werden, wenn die bauliche Anlage zulässigerweise errichtet wurde und sie rechtlich und wirt-

---

[195] BVerwG, Beschl. vom 27.7.1994 – 4 B 48/94 –, BRS Bd. 56 Nr. 85 = NVwZ-RR 1995, 68; BVerwG, Urt. vom 12.3.1998 – 4 C 10/97 –, NJW 1998, 3136 = BRS Bd. 60 Nr. 98.

schaftlich weiterhin nutzbar ist (§ 16 Abs. 2 ImmoWertV). Allerdings können die Flächen damit in ihrer Wertigkeit nicht unmittelbar dem Grundstücksmarkt für bebaute Grundstücke bzw. für baureife Grundstücke im Innenbereich gleichgesetzt werden. Allgemein kann hierzu gesagt werden, dass sich die Bodenwerte für bebaute Außenbereichsgrundstücke nach

– der Lage des Grundstücks zum nächsten Ort (Baugebiet),
– der äußeren und inneren Erschließung und
– der Verwendungsfähigkeit des Grundstücks im Rahmen der Zulässigkeitsregelung des § 35 BauGB und der Marktgängigkeit

bestimmt.

Im Schrifttum werden **Bodenpreise** angegeben, die sich zwischen dem 2- (bei hohen Preisen landwirtschaftlicher Grundstücke) bis 3-fachen Ackerlandwert und bis zu 60 % des Bodenwerts für vergleichbare Grundstücke in Ortslage liegen, wobei dann schon die Bodenpreise des nächsten Ortsrandes heranzuziehen sind[196]. Dabei ist jeweils von Vergleichspreisen solcher Grundstücke auszugehen, die nach Art und Maß der künftigen Nutzung des Außenbereichsgrundstücks entsprechen. Ist z. B. im Rahmen des § 35 BauGB die Umnutzung eines bislang als Wirtschaftsgebäude genutzten Gebäudes zulässig und kann auch davon ausgegangen werden, dass von dieser Möglichkeit üblicherweise Gebrauch gemacht wird, so ist die künftige Nutzung maßgebend. Damit verbundene Kosten der baulichen Umnutzung müssen dann zusätzlich – zweckmäßigerweise bei der Gebäudewertermittlung – berücksichtigt werden.

Bei entsprechenden Vorhaben im Außenbereich kann diese Qualität im Hinblick auf den Ausnahmecharakter der Zulässigkeit allerdings nur den Flächen zugeordnet werden, für die mindestens ein **Bauvorbescheid** vorliegt. Andernfalls wäre der gesamte Außenbereich potenziell Bauland. Darüber hinaus wird vielfach eine Zerlegung der Hofstelle in Zonen unterschiedlicher Wertigkeiten sinnvoll sein.

5.4.4 Bodenwert von im Außenbereich baurechtswidrig bebauten Grundstücken

▶ *Vgl. Rn. 191, 243, 334; § 16 ImmoWertV Rn. 120; zum Bestandschutz vgl. § 6 ImmoWertV Rn. 86 ff.; § 16 ImmoWertV Rn. 120; Teil VI Rn. 680, 759*

246 Nach § 16 Abs. 2 ImmoWertV sind bei der Bodenwertermittlung eines im Außenbereich gelegenen bebauten Grundstücks die vorhandenen baulichen Anlagen grundsätzlich zu berücksichtigen. Voraussetzung ist jedoch, dass die **baulichen Anlagen rechtlich und wirtschaftlich weiterhin nutzbar** sind.

Im Außenbereich baurechtswidrig errichtete Gebäude können mithin nicht eine Baulandqualität der betroffenen Fläche begründen. Eine **Abrissanordnung** für ein baurechtswidriges Gebäude wäre selbst dann generell nicht unzulässig, wenn das Gebäude lange Zeit geduldet worden ist oder weil der Eigentümer einen Antrag auf Genehmigung einer privilegierten Nutzung gestellt hat, über den noch nicht rechtskräftig entschieden worden ist[197].

247 Es handelt sich hierbei um Umstände, die im Rahmen der Ermessensausübung der Bauaufsichtsbehörde im Einzelfall eine Rolle spielen können. Diesbezüglich verlangt der Gleichheitssatz des Art. 3 Abs. 1 GG eine willkürfreie Ermessensausübung. Das BVerwG hat sich damit mehrfach befasst und folgende Grundsätze zum **Bestandsschutz** aufgestellt:

248 1. Eine **Beseitigungsanordnung** verstößt nur dann gegen den Gleichheitsgrundsatz, wenn sie angesichts vergleichbarer baurechtswidriger Bauten in dem betreffenden Gebiet willkürlich und systemlos ergangen ist. Das ist dann nicht der Fall, wenn die Verwaltungspraxis darin besteht, vor einem bestimmten Zeitpunkt errichtete Bauten zu dulden, soweit an ihnen keine Baumaßnahmen vorgenommen werden[198].

---
196 Gütter in HLBS-Report 1998, 13.
197 BVerwG, Beschl. vom 15.5.1990 – 4 B 77/90 –, unveröffentlicht.
198 BVerwG, Beschl. vom 13.2.1989 – 4 B 16/89 –, EzGuG 6.243a.

2. Gegen den Gleichheitssatz des Art. 3 Abs. 1 GG verstößt eine Beseitigungsanordnung nur dann, wenn sie angesichts vergleichbarer baurechtswidriger Bauten in dem betreffenden Gebiet willkürlich und systemlos ergangen ist. Im Hinblick auf die grundsätzliche bauordnungsrechtliche Befugnis der Behörden, gegen ungenehmigte Vorhaben mit dem Mittel der Beseitigungsanordnung vorzugehen, besteht ein Verstoß gegen Art. 3 Abs. 1 GG nur dann, wenn die Behörde – schreitet sie bei einem verbreiteten ordnungswidrigen Zustand nur gegen einen der Störer ein – nicht zu rechtfertigen vermag, weshalb sie gerade gegen diesen eingeschritten ist[199].

3. Verlangt die Behörde die Beseitigung eines ungesetzlichen Bauwerks, so liegt es i. d. R. nicht im Rahmen der Erforschungspflicht des Gerichts, die Möglichkeiten einer Abänderung des Bauwerks zur Behebung eines etwaigen Übermaßes von Amts wegen zu prüfen. Dem liegt die Erwägung zugrunde, dass das öffentliche Baurecht rechtswidriges Bauen grundsätzlich missbilligt[200].

4. Ein Bestandsschutz, soweit damit eine eigenständige Anspruchsgrundlage gemeint sein soll, besteht nicht, wenn eine gesetzliche Regelung i. S. des Art. 14 Abs. 1 Satz 2 GG vorhanden ist[201].

5. Dem allgemeinen Willkürverbot lässt sich nicht in konkretisierender Weise entnehmen, in welcher Art und Weise eine Behörde gegen **Schwarzbauten** vorgehen darf[202].

6. Der Pflicht, die Ermessensausübung bei Erlass einer Beseitigungsanordnung i. S. fehlender Willkür zu rechtfertigen, genügt es, wenn die Behörde im Laufe eines etwaigen Verwaltungsstreitverfahrens darlegt, weshalb sie gerade gegen die Kläger vorgeht[203].

7. Der Gleichheitssatz gebietet nicht, dass von der Bauaufsichtsbehörde mit Beseitigungsverfügungen gegen unterschiedlich gelagerte Fälle in gleicher Weise vorgegangen werden muss, geschweige denn im gleichen Zeitpunkt. Geboten ist lediglich ein systemgerechtes Vorgehen. Dieses kann selbst dann bejaht werden, wenn eine Behörde gegen „Schwarzbauten" gleichsam Schritt für Schritt vorgeht[204].

8. Eine Baumaßnahme an einem Wohnhaus im Außenbereich, die mit wesentlichen Änderungen und einer nicht unerheblichen Erweiterung verbunden ist, kann nicht unter dem Gesichtspunkt des Bestandsschutzes genehmigt werden[205].

9. Der Bestandsschutz, den ein ursprünglich in Einklang mit dem materiellen Baurecht errichtetes Gebäude aufgrund des Art. 14 Abs. 1 GG genießt, berechtigt nicht nur dazu, die Anlage in ihrem Bestand zu erhalten und sie wie bisher zu nutzen, sondern auch dazu, die zur Erhaltung und zeitgemäßen Nutzung notwendigen Maßnahmen durchzuführen. Er deckt eine Erweiterung des Bestehenden, wenn hierdurch öffentlich-rechtliche Vorschriften nicht über das hinaus verletzt würden, was die Erhaltung des Bestands und seine weitere Nutzung bereits mit sich bringen[206].

---

[199] BVerwG, Beschl. vom 22.12.1989 – 4 B 116/89 –, unveröffentlicht; BVerwG, Beschl. vom 19.7.1976 – 4 B 22/76 –, Buchholz 406.17 Bauordnungsrecht Nr. 5.
[200] BVerwG, Urt. vom 8.2.1994 – 4 B 21/94 –, BVerwGE 95, 167; BVerwG, Beschl. vom 29.9.1965 – 4 B 214/65 –, DÖV 1966, 249.
[201] BVerwGE, Urt. vom 16.5.1991 – 4 C 17/90 –, BVerwGE 88, 191.
[202] BVerwG, Urt. vom 11.1.1994 – 4 B 231/93 –, Buchholz 407.4 § 19 FStrG Nr. 6.
[203] BVerwG, Beschl. vom 18.12.1991 – 4 B 208/91 –, unveröffentlicht –; BVerwG, Beschl. vom 19.7.1976 – 4 B 22/76 –, Buchholz 406.17 Bauordnungsrecht Nr. 5.
[204] BVerwG, Beschl. vom 21.12.1990 – 4 B 184/90 –, unveröffentlicht.
[205] OVG Lüneburg, Urt. vom 10.1.1986 – 1 A 165/84 –, BRS Bd. 46 Nr. 71 und 150.
[206] BVerwG, Urt. vom 12.3.1998 – 4 C 10/97 –, BVerwGE 106, 228 = BRS Bd. 60 Nr. 98.

6 Sondernutzungen

6.1 Öd-, Un- und Geringstland

249 Der Entwicklungszustand von Ödland, Unland sowie Geringstland lässt sich auf der Grundlage des § 5 ImmoWertV nur qualifizieren, wenn eine bauliche Nutzung nach Maßgabe des § 5 Abs. 2 bis 4 ImmoWertV erwartet werden kann bzw. nach den §§ 30, 33 oder 34 BauGB zulässig ist. Die Flächen können indessen nicht als Fläche der Land- oder Forstwirtschaft eingestuft werden, da z. B. vom Ödland (Unland) ex definitionem nicht angenommen werden kann, dass es nach seinen Eigenschaften, der sonstigen Beschaffenheit und Lage, nach seinen Verwertungsmöglichkeiten oder den sonstigen Umständen i. S. des § 5 Abs. 1 ImmoWertV land- oder forstwirtschaftlich nutzbar ist.

250 Als **Unland** werden in § 45 BewG[207] Betriebsflächen definiert, die auch bei geordneter Wirtschaftsweise keinen Ertrag abwerfen können. In der steuerlichen Einheitsbewertung wird es deshalb nicht bewertet (vgl. auch § 1 Abs. 2 Satz 1 FlErwV)[208]. Es unterscheidet sich damit vom sog. **Geringstland**, das in § 44 BewG als Betriebsfläche „geringster Ertragsfähigkeit" definiert ist, für die nach dem Bodenschätzungsgesetz keine Wertzahlen festzustellen sind. Geringstland wird in der steuerlichen Bewertung mit einem Hektarwert von 25 € bewertet[209].

251 Zum **Unland** gehören ertraglose Böschungen, ausgebeutete und **stillgelegte Kiesgruben und dgl. sowie Steinbrüche**, soweit diese nicht kulturfähig sind.

Im Landesgrundstücksmarktbericht von *Niedersachsen* werden für Öd- und Unland einschließlich **Heide und Moor** folgende Durchschnittspreise ausgewiesen:

Abb. 29: Heide, Moor, Ödland, Unland in Niedersachsen

Durchschnittspreise für Öd- und Unland einschließlich Heide und Moor in Niedersachsen (2012)		
Landkreis, kreisfreie Stadt, Region	Nutzung	Preise
Gutachterausschuss für Grundstückswerte Braunschweig		
Landkreis Goslar	Ödland und Unland	0,25–1,50 €/m² (Ø 0,60 €/m²)
Stadt Braunschweig	Ödland und Unland	0,80–1,00 €/m² (Ø 0,93 €/m²)
Landkreis Peine	Ödland und Unland	durchschnittlich 0,80 €/m²
Landkreis Wolfenbüttel	Ödland und Unland	0,11–2,03 €/m² (Ø 1,02 €/m²)
Gutachterausschuss für Grundstückswerte Cloppenburg (2013)		
Landkreis Cloppenburg	Öd- und Unland, Heide, Moor	0,05–1,50 €/m² (Ø 0,75 €/m²)
Landkreis Odenburg	Öd- und Unland, Heide, Moor	0,10–1,55 €/m² (Ø 0,75 €/m²)
Landkreis Vechta	Öd- und Unland, Heide, Moor	0,20–2,50 €/m² (Ø 0,75 €/m²)
Gutachterausschuss für Grundstückswerte Northeim		
Landkreise Göttingen, Northeim und Osterode am Harz	Unland, Geringstland	durchschnittlich 0,30 €/m²
Gutachterausschuss für Grundstückswerte Ottendorf		
Landkreis Cuxhaven	Heide, Ödland und Unland	0,05–0,81 €/m² (Ø 0,28 €/m²)
Landkreis Osterholz	Heide, Ödland und Unland	0,08–2,15 €/m² (Ø 0,49 €/m²)

---

207 § 13 Abs. 2 Ziff. 1 RBewG 1935 sowie § 15 Abs. 2 RBewG.
208 RdErl des nordrh.-westf. IM vom 14.2.1979 (SMBl. NW 71342; § 17 BodSchätzÜbernErl).
209 BGBl. I 1994, 1089 = GuG 1994, 171; vgl. Rösch/Kurandt, Bodenschätzung und Liegenschaftskataster, Heymann's Verlag, Köln, Nachdruck 1968; vgl. auch Ergänzende Vorschriften II vom 28.3.1939 zum RdErl des RMdI zur Übernahme der Bodenschätzungsergebnisse in das Liegenschaftskataster (BodSchätzÜbernErl; RdErl des RMdI vom 27.1.1937 (Ziff. 3 Abschn. D BodSchätzTechnAnw. 11).

Sondernutzungen § 5 ImmoWertV IV

Durchschnittspreise für Öd- und Unland einschließlich Heide und Moor in Niedersachsen (2012)		
Landkreis, kreisfreie Stadt, Region	Nutzung	Preise
Landkreis Stade	Heide, Ödland und Unland	0,18–0,84 €/m² (Ø 0,44 €/m²)
Gutachterausschuss für Grundstückswerte Sulingen		
Landkreis Diepholz	Moor und Ödland	0,01–0,50 €/m² (Ø 0,25 €/m²)
Landkreis Nienburg/Weser	Moor und Ödland	0,03–0,50 €/m² (Ø 0,22 €/m²)
Gutachterausschuss für Grundstückswerte Verden		
Landkreis Heidekreis	Öd- und Unland, Heide, Moor	0,10–0,90 €/m² (Ø 0,35 €/m²)
Landkreis Rotenburg (Wümme)	Öd- und Unland, Heide, Moor	0,03–0,91 €/m² (Ø 0,29 €/m²)
Landkreis Verden	Öd- und Unland, Heide, Moor	0,06–0,99 €/m² (Ø 0,41 €/m²)

Quelle: Grundstücksmarktbericht Niedersachsen 2012

Der Gutachterausschuss des Landkreises *Wesel* gibt in seinem Grundstücksmarktbericht 2011 einen Bodenpreis von durchschnittlich 0,5 €/m² an.

6.2 Erbschaftsteuer-Richtlinien

In den Erbschaftsteuer-Richtlinien[210] (ErbStR) heißt es zum **Geringstland:** 252

„Betriebsflächen geringster Ertragsfähigkeit (Geringstland) sind unkultivierte, jedoch kulturfähige Flächen, deren Ertragsfähigkeit so gering ist, dass sie in ihrem derzeitigen Zustand nicht regelmäßig land- und forstwirtschaftlich genutzt werden können; dazu gehören insbesondere unkultivierte Moor- und Heideflächen sowie die ehemals bodengeschätzten Flächen und die ehemaligen Weinbauflächen, deren Nutzungsart sich durch Verlust des Kulturzustands verändert hat. Der Verlust des Kulturzustands ist dann als gegeben anzusehen, wenn der kalkulierte Aufwand zur Wiederherstellung des Kulturzustands in einem Missverhältnis zu der Ertragsfähigkeit steht, die nach der Rekultivierung zu erwarten ist. Das ist regelmäßig dann der Fall, wenn der Aufwand den einer Neukultivierung übersteigen würde. Bei bodengeschätzten Flächen kann der nachhaltige Verlust des Kulturzustands insbesondere erst nach folgenden Ereignissen eintreten:

1. Ansiedlung von Gehölzen infolge Nichtnutzung bei Hutungen und Hackrainen,
2. Versteinung und Vernässung infolge Nichtnutzung, z. B. bei Hochalmen,
3. Ansiedlung von Gehölzen und Verschlechterung der Wasserverhältnisse infolge Nichtnutzung, z. B. bei Streuwiesen,
4. nachhaltige Verschlechterung des Pflanzenbestandes und der Wasserverhältnisse infolge zunehmender Überflutungsdauer und steigender Wasserverschmutzung bei Überschwemmungsgrünland oder Staunässe in Bodensenkungsgebieten,
5. Vergiftung und Vernichtung des Pflanzenbestandes infolge schädlicher Industrieemissionen.

Bei Weinbauflächen, insbesondere in Steilhanglagen, kann der Verlust des Kulturzustands durch Ansiedlung von Gehölzen, Bodenabtrag sowie Einsturz von Mauern und Treppen infolge Nichtnutzung eintreten."

---

210 Erbschaftsteuer-Richtlinien – ErbStR 2011 – vom 17.3.2003 R N 160.20; vgl. GuG 2012.

7 Schutzgebiete

7.1 Allgemeines

▶ *Vgl. Rn. 215*

253 In besonderen Schutzgebieten ist eine bauliche, aber auch land- und forstwirtschaftliche Nutzung besonderen Einschränkungen unterworfen, insbesondere aufgrund von

a) Festsetzungen naturschutzrechtlicher Ausgleichsflächen und -maßnahmen (vgl. Rn. 254),

b) Festsetzungen von **Naturschutzgebieten, Landschaftsschutzgebieten, Nationalparks, Naturparks, Flora-Fauna-Habitat-Gebiet und geschützten Landschaftsbestandteilen** (vgl. Rn. 269 ff.).

c) Festsetzungen von **Wasserschutz- und Überschwemmungsgebieten** (vgl. Rn. 273 ff.),

d) Festsetzungen von **Lärmschutzbereichen** nach dem Gesetz gegen Fluglärm (Fluglärmgesetz) für Flugplätze (vgl. Teil V Rn. 700).

Für den land- und forstwirtschaftlichen Bereich können sich insbesondere folgende Beschränkungen ergeben:

– Einschränkungen bezüglich des Pflanzenschutzes,

– Einschränkungen bezüglich Düngung,

– Gebot bestimmter Nutzungen,

– Verbot bestimmter Nutzungen,

– Verbot jeder Nutzung und dgl.

Im Einzelnen ergeben sich die Beschränkungen aus den jeweiligen Gesetzen und Verordnungen.

Konkrete Nutzungsbeschränkungen, die über das allgemein übliche Maß hinausgehen, lösen i. d. R. eine Ausgleichs- und Entschädigungspflicht aus, mit der eine Minderung des Verkehrswerts aufgefangen wird, wenn damit auf Dauer zu rechnen ist. Ausgleich und Entschädigung sind landesrechtlich unterschiedlich geregelt. Eine Minderung des Verkehrswerts kann aber bereits durch ein **Verbot der Nutzungsänderung** eintreten, wenn dadurch eine Intensivierung der vorhandenen Nutzung bzw. eine Anpassung an ertragreichere Nutzung verhindert wird. Diese Wertminderung lässt sich im Wege des Vergleichswertverfahrens ermitteln.

Ansonsten lässt sich die Wertminderung mithilfe des Deckungsbeitrags ermitteln. Der **Deckungsbeitrag** (vgl. Rn. 38) bestimmt sich aus der Differenz zwischen

– dem Erlös aus den auf der Fläche gewonnenen Erzeugnissen und

– den dafür aufgebrachten Produktionskosten (spezialkostenfreier Rohertrag).

Einer Bebauung können **Anbauverbote**, **Anbaubeschränkungen** sowie **Baubeschränkungen** nach

– Bundesnaturschutzgesetz (§§ 8a ff. BNatSchG),

– Bundes- und Landesstraßengesetzen,

– Wassergesetzen,

– Landschafts- und Naturschutzgesetzen,

– Luftverkehrs- und Schutzbereichsgesetzen,

– Immissionsschutz- und Gewerberecht,

– Abfallbeseitigungsrecht,

– Zivilschutz- und Atomrecht,
– Denkmalschutzrecht

entgegenstehen[211].

7.2 Naturschutzrechtliche Ausgleichsflächen und -maßnahmen

7.2.1 Allgemeines

Schrifttum: *Jahn, F.,* Kaufpreisanalyse zu Ausgleichsflächen in Niedersachsen, Nachr. der nds. Kat- u. VermVw 2001/4, S. 4.

▶ *Zum Kostenerstattungsbetrag vgl. Syst. Darst. des Vergleichswertverfahrens Rn. 359 ff.; Teil VI Rn. 586*

Naturschutzrechtliche Ausgleichs*flächen* sind Flächen, die zum Ausgleich für „Eingriffe in Natur und Landschaft" etwa in Gestalt von Grünflächen, Biotopen und extensiv genutzten (Streuobst-)Wiesen vorgehalten werden. Naturschutzrechtliche Ausgleichs*maßnahmen* sind entsprechende Bepflanzungen von Grundstücken. **Rechtsgrundlage für naturschutzrechtliche Ausgleichsflächen und -maßnahmen** sind u. a. § 1a BauGB und die §§ 135a ff. BauGB. Den Gemeinden ist danach vorgegeben, im Rahmen der Abwägung nach § 1 Abs. 6 BauGB im Bauleitplanverfahren dem damit verbundenen **Eingriff in Natur und Landschaft** durch entsprechende Festsetzungen von

– Ausgleichsflächen und
– Ausgleichsmaßnahmen

Rechnung zu tragen.

In den Bebauungsplänen kommen folgende **Festsetzungen nach § 9 Abs. 1 BauGB** in Betracht:

Nr. 15   die öffentlichen und privaten Grünflächen, wie Parkanlagen, Dauerkleingärten, Sport-, Spiel-, Zelt- und Badeplätze, Friedhöfe;

Nr. 16   die Wasserflächen sowie die Flächen für die Wasserwirtschaft, für Hochwasserschutzanlagen und für die Regelung des Wasserabflusses;

Nr. 18   a) die Flächen für die Landwirtschaft und
b) Wald;

Nr. 20   die Flächen oder Maßnahmen zum Schutz, zur Pflege und zur Entwicklung von Boden, Natur und Landschaft;

Nr. 22   die Flächen für Gemeinschaftsanlagen für bestimmte räumliche Bereiche wie Kinderspielplätze, Freizeiteinrichtungen, Stellplätze und Garagen;

Nr. 24   die von der Bebauung freizuhaltenden Schutzflächen und ihre Nutzung, die Flächen für besondere Anlagen und Vorkehrungen zum Schutz vor schädlichen Umwelteinwirkungen und sonstigen Gefahren im Sinne des Bundes-Immissionsschutzgesetzes sowie die zum Schutz vor solchen Einwirkungen oder zur Vermeidung oder Minderung solcher Einwirkungen zu treffenden baulichen und sonstigen technischen Vorkehrungen;

---

211 Zur Frage der Vorwirkung und entschädigungsrechtlichen Ansprüchen vgl. u. a.: BVerwG, Urt. vom 27.6.1957 – 1 C 3/56 –, BVerwGE 5, 143 = EzGuG 16.3; BVerwG, Beschl. vom 25.6.1968 – 4 B 181/67 –, BRS Bd. 20 Nr. 208 = EzGuG 16.9; BGH, Urt. vom 29.4.1968 – III ZR 177/65 –, BRS Bd. 19 Nr. 122 = EzGuG 16.8; BGH, Urt. vom 25.1.1973 – III ZR 113/70 –, BGHZ 60, 126 = EzGuG 4.39; BGH, Urt. vom 20.9.1971 – III ZR 18/70 –, BGHZ 57, 278 = EzGuG 16.15; BGH, Urt. vom 20.12.1971 – III ZR 83/69 –, BRS Bd. 26 Nr. 14 = EzGuG 16.17; BGH, Urt. vom 29.4.1968 – III ZR 141/65 –, BRS Bd. 19 Nr. 117 = EzGuG 16.7; BGH, Urt. vom 10.1.1972 – III ZR 61/68 –, BRS Bd. 26 Nr. 15 = EzGuG 16.18; BGH, Urt. vom 18.6.1973 – III ZR 122/72 –, BRS Bd. 26 Nr. 130 = EzGuG 16.20; BGH, Urt. vom 1.12.1977 – III ZR 130/75 –, BRS Bd. 34 Nr. 141 = EzGuG 18.78; BGH, Urt. vom 8.11.1962 – III ZR 86/61 –, BGHZ 39, 198 = EzGuG 8.5; BGH, Urt. vom 13.7.1978 – III ZR 84/76 –, BGHZ 84, 223 = EzGuG 4.59; BGH, Urt. vom 26.11.1981 – III ZR 49/80 –, NVwZ 1983, 118 = EzGuG 14.16; OLG Köln, Urt. vom 21.11.1972 – 4 U 199/71 –, BRS Bd. 26 Nr. 125 = EzGuG 8.39; BVerwG, Beschl. vom 14.11.1975 – 4 C 2/74 –, BVerwGE 49, 365 = EzGuG 16.21; BVerwG, Urt. vom 24.2.1978 – 4 C 12/76 –, BVerwGE 55, 272 = EzGuG 16.32; BGH, Urt. vom 2.2.1978 – III ZR 15/76 –, MDR 1978, 647 = EzGuG 16.22; BGH, Urt. vom 25.1.1973 – III ZR 118/70 –, BGHZ 60, 145 = EzGuG 16.19.

IV § 5 ImmoWertV   Schutzgebiete

Nr. 25   für einzelne Flächen oder für ein Bebauungsplangebiet oder Teile davon sowie für Teile baulicher Anlagen mit Ausnahme der für landwirtschaftliche Nutzungen oder Wald festgesetzten Flächen
          a) das Anpflanzen von Bäumen, Sträuchern und sonstigen Bepflanzungen,
          b) Bindungen für Bepflanzungen und für die Erhaltung von Bäumen, Sträuchern und sonstigen Bepflanzungen sowie von Gewässern.

Die **Festsetzung von Grünflächen** in einem Bebauungsplan muss ihre – ggf. durch Auslegung zu ermittelnde – Qualifizierung als öffentlich oder privat enthalten. Die Abgrenzung von öffentlichen und privaten Grünflächen erfordert die Verwendung geeigneter Planzeichen[212].

255   Diese **Festsetzungen können**

a) auf den Eingriffsgrundstücken selbst oder auf den ihnen zugeordneten Flächen,

b) als *Einzelzuordnung oder als Sammelzuordnung*,

c) als *private oder öffentliche* Fläche den Eingriffsgrundstücken zugeordnet werden.

256   Die **Durchführung von Ausgleichsmaßnahmen und die Bereitstellung von Ausgleichsflächen obliegen grundsätzlich dem Vorhabenträger** (Eigentümer). Soweit Augleichsmaßnahmen und -flächen an anderer Stelle den (Eingriffs-)Grundstücken nach § 9 Abs. 1a BauGB zugeordnet sind, soll jedoch die Gemeinde diese an Stelle und auf Kosten der Eigentümer der Grundstücke, denen die Ausgleichsmaßnahmen und -flächen zugeordnet sind, durchführen. In diesen Fällen sind die Kosten auf die zugeordneten Grundstücke unter Berücksichtigung der überbaubaren Grundstücksfläche, der zulässigen Grundfläche, der zu erwartenden Versiegelung oder der Schwere der zu erwartenden Beeinträchtigungen nach Maßgabe einer gemeindlichen Satzung zu verteilen (§ 135a Abs. 2 BauGB). Die Kosten werden mit einem Kostenerstattungsbetragsbescheid geltend gemacht.

257   Der **Verkehrswert eines kostenerstattungsbetragspflichtigen Eingriffsgrundstücks** vermindert sich in analoger Anwendung der Grundsätze, die in der Wertermittlungspraxis zur Umrechnung erschließungsbeitragsfreier in erschließungsbeitragspflichtige Grundstücke zur Anwendung kommen, um den zu erwartenden Kostenerstattungsbetrag, wenn von Vergleichspreisen für kostenerstattungsbetragsfreie Grundstücke ausgegangen wird (vgl. § 6 Abs. 3 ImmoWertV). Bei der Verkehrswertermittlung von kostenerstattungsbetragspflichtigen Grundstücken muss die „Belastung" dann außer Betracht bleiben, wenn Kaufpreise vergleichbarer Grundstücke herangezogen werden, die – unmittelbar vergleichbar – gleichermaßen „belastet" sind. Entsprechendes gilt für die Heranziehung von Bodenrichtwerten. Werden indessen Vergleichspreise oder Bodenrichtwerte „unbelasteter" Grundstücke herangezogen, muss die „Belastung" des zu wertenden Grundstücks in Anlehnung an den monetären Wert dieser „Belastung" zusätzlich berücksichtigt werden.

258   Festsetzungen zum Ausgleich für Eingriffe in Natur und Landschaft können nach dem vorher Gesagten zum Inhalt haben, dass der Eigentümer eines Grundstücks (Vorhabenträger als Verursacher) entweder

a) mit seinem Baugrundstück die festgesetzten **Ausgleichsflächen** aufbringt und sich somit im Ergebnis die Grundstücksfläche entsprechend vergrößert oder

b) auf seinem Baugrundstück die festgesetzten **Ausgleichsmaßnahmen** (Bepflanzungen) durchführt oder

c) die dem Baugrundstück (ggf. als Sammelzuordnung) zugeordneten *privaten* Ausgleichsflächen aufbringt bzw. für die öffentlichen Ausgleichsflächen „über den Kostenerstattungsbetrag" aufkommt oder

---

[212] OVG Münster, Urt. vom 15.1.1991 – 11a NE 26/88 –, BRS Bd. 53 Nr. 22.

d) die dem Baugrundstück zugeordneten privaten Ausgleichsflächen *einschließlich* der dafür festgesetzten Ausgleichsmaßnahmen (z. B. Bepflanzungen) aufbringt bzw. für die *öffentlichen* Ausgleichsflächen einschließlich der dafür festgesetzten Ausgleichsmaßnahmen aufkommt.

Daraus folgt, dass zwischen **Ausgleichsflächen und -maßnahmen** zu unterscheiden ist, 259

1. **die am Eingriffsort** (bzw. im Eingriffsbereich) aufzubringen bzw. durchzuführen sind, und
2. solchen Ausgleichsflächen und -maßnahmen, die aufgrund entsprechender Zuordnungsfestsetzungen an anderer Stelle durchzuführen sind.

7.2.2 Grundstücksintegrierte Ausgleichsflächen und -maßnahmen

In den erstgenannten Fällen **(Fall a und b)** ist die Frage nach dem Verkehrswert noch verhältnismäßig leicht zu beantworten. Werden zur Wertermittlung Vergleichspreise von Grundstücken herangezogen, die hinsichtlich der naturschutzrechtlichen Ausgleichs- und Ersatzregelung „unbelastet" sind, kann davon ausgegangen werden, dass die demgegenüber für das Wertermittlungsobjekt bereitgestellte Ausgleichsfläche zu einer Vergrößerung der Grundstücksfläche führt. Dies wiederum führt im Ergebnis zu einer entsprechenden **Absenkung des Quadratmeterwerts**, denn es entspricht einem alten Erfahrungssatz, dass der Quadratmeterwert eines Grundstücks desto höher ausfällt, je kleiner die Grundstücksfläche ist und umgekehrt. Ausgleichsmaßnahmen (Bepflanzungen) werden hingegen den Grundstückswert gegenüber kostenerstattungsbetragsfreien Vergleichspreisen nur dann „absenken", wenn sie ungewöhnlich hoch sind und das Maß dessen überschreiten, was der Grundeigentümer auch sonst an Anpflanzungen vornehmen würde. Soweit hier also eine Bodenwertminderung überhaupt erwartet werden kann, wäre sie an den zusätzlichen Kosten zu orientieren. 260

7.2.3 Zugeordnete Ausgleichsflächen und -maßnahmen

Problematisch sind die Fälle, in denen die Ausgleichsflächen und -maßnahmen einem Baugrundstück an anderer Stelle zugeordnet sind **(Fall c und d)** und sich nicht im Eigentum dessen befinden, der auf dem Eingriffsgrundstück ausgleichspflichtig wird. Hier stellt sich die Aufgabe, den **Verkehrswert eigenständiger Ausgleichsflächen** zu ermitteln. 261

Handelt es sich dabei um eine *öffentliche Ausgleichsfläche*, so bemisst sich der **Verkehrswert dieser Ausgleichsfläche** in Anwendung der entschädigungsrechtlichen Grundsätze der §§ 93 ff. BauGB, d. h. **nach dem Vorwirkungsgrundsatz**. 262

Handelt es sich dabei um eine *öffentliche Ausgleichsfläche*, so bemisst sich der **Verkehrswert dieser Ausgleichsfläche** in Anwendung der entschädigungsrechtlichen Grundsätze der §§ 93 ff. BauGB, d. h. **nach dem Vorwirkungsgrundsatz**. Wird im Bebauungsplan ein Grundstück als Ausgleichsfläche festgesetzt, das nach den Festsetzungen eines Bebauungsplans oder nach § 34 BauGB bebaubar war, müssen bei der Verkehrswertermittlung die planungsschadensrechtlichen Regelungen bezüglich fremdnütziger Nutzungen und eines Übernahmeanspruchs beachtet werden (§§ 39 ff. BauGB, insbesondere § 40 BauGB; BGH, Urt. vom 9.10.1997 – III ZR 148/96 –). Im Außenbereich gelegene private Ausgleichsflächen, die Eingriffsgrundstücken an anderer Stelle zugeordnet sind, wurden i. d. R. mit dem Wert des begünstigten Agrarlands (Besondere Flächen der Land- oder Forstwirtschaft) „eingestuft", zumindest dann, wenn die Flächen nicht zuvor eine allgemeine Bauerwartung aufwiesen. Nach *Stich*[213] ist eine Enteignung von Grundflächen, auf denen nach den Festsetzungen eines Bebauungsplans oder nach den Bestimmungen einer Satzung mit Vorhaben- und Erschließungsplan im „sonstigen Geltungsbereich" der Planung Ausgleichsmaßnahmen durchgeführt werden sollen, zulässig, wenn das Wohl der Allgemeinheit es erfordert. Die Bauleitplanung und damit die Schaffung von Bauland für Wohn-, Gewerbe-, Industrie- und sonstige Zwecke gehören nämlich zu den wichtigsten Aufgaben, die die Gemeinden im Interesse der Allgemeinheit zu erfül- 263

---

[213] Stich, GuG 1997, 301; ders. Ber. Komm. zum BauGB, § 8 a BNatSchG, Rn. 67; auch Dieterich, Baulandumlegung, München, 5. Aufl. 2005, S. 128; Porger in UPR-Special Bd. 8, München 1995, S. 81 ff.

len haben. Sie haben die Bauleitpläne und anderen städtebaulichen Planungen nach § 1 Abs. 3 BauGB aufzustellen, zu ändern, zu ergänzen und aufzuheben, sobald und soweit es für die städtebauliche Entwicklung und Ordnung erforderlich ist. Sind rechtsverbindliche städtebauliche Planungen aufgestellt, ist es im Interesse der Allgemeinheit grundsätzlich geboten, dass ihre Festsetzungen und Bestimmungen verwirklicht werden (vgl. auch die städtebaulichen Gebote in den §§ 175 ff. BauGB). Die Enteignungsmöglichkeit sei – nach *Stich* – dabei zumindest für die Flächen zu bejahen, auf denen Anlagen hergestellt oder Maßnahmen durchgeführt werden sollen, von denen die geordnete städtebauliche Entwicklung im Baugebiet und in der Gemeinde abhängt. Im Ergebnis stellt auch die Ausweisung einer privat nutzbaren Fläche im Bebauungsplan als eine andere (Eingriffs-) Grundstücken zugeordnete Ausgleichsfläche eine fremdnützige Festsetzung i. S. des § 40 Abs. 1 BauGB dar. Der Verkehrswert von Ausgleichsflächen, für die diese Voraussetzungen vorliegen, bemisst sich dann konsequenterweise wiederum nach den entschädigungsrechtlichen Vorschriften, die auch im Falle eines Übernahmeanspruchs zur Anwendung kommen.

Die wohl größte Unsicherheit besteht bei der Verkehrswertermittlung von *privaten* **Ausgleichsflächen**, die Eingriffsgrundstücken an anderer Stelle zugeordnet sind, insbesondere für die **im Außenbereich** gelegenen Flächen, wenn sie in einem Gebiet liegen, für das nach allgemeinen Grundsätzen möglicherweise sogar aufgrund ihrer Lage (in der Nähe zum Siedlungsgebiet) eine allgemeine Bauerwartung bestand. Die Höhe des Verkehrswerts solcher Flächen wird letztlich vom Grundstücksmarkt bestimmt, an dem sich die Verkehrswertermittlung orientieren muss.

264 Der BGH[214] hat in einer **fremdnützigen Ausweisung einer Fläche** (in einem Bebauungsplan) **als Grünfläche** i. S. einer naturschutzrechtlichen Ausgleichsfläche als eine fühlbare und nicht unerhebliche „mithin bei vernünftiger wirtschaftlicher Betrachtung die enteignungsrechtliche Opferschwelle überschreitende" Festsetzung erblickt, wobei dabei auf die dadurch eintretenden Vermögensnachteile verwiesen wird. Der BGH hat aber auch herausgestellt, dass in dem zu entscheidenden Fall der Verkehrswert der davon betroffenen Fläche, die vorher eine Bauerwartungslandqualität aufwies, durch die „planerische Herabzonung ganz erheblich gesunken" sei; die bisher ausgeübte landwirtschaftliche Nutzung entfalle nämlich mit der Durchführung des Bebauungsplans, dem die Ausgleichsfläche zugeordnet war.

Darüber hinaus hat der BGH die Anrechnung eines Vorteilsausgleichs bejaht, wenn ein funktioneller Zusammenhang zwischen dem Enteignungsunternehmen (der Bereitstellung einer naturschutzrechtlichen Ausgleichsfläche) und der Ausweisung der dahinterliegenden Fläche als Bauland zu sehen ist, und zwar zumindest dann, wenn ein überschaubarer Kreis von Eigentümern mit den Planungsvorteilen zugleich Sondervorteile erfährt.

265 Die Gutachterausschüsse werten den **Teilmarkt der „Ausgleichsflächen"** zunehmend aus und veröffentlichen das festgestellte Bodenwertniveau. So hat z. B. der Gutachterausschuss von *Moers* in seinem Grundstücksmarktbericht einen durchschnittlichen Bodenwert von 4,00 bis 16,40 €/m² (Mittel 7,70 €/m²) für ökologische Ausgleichsflächen festgestellt. Das von der Gemeinde eingerichtete „Öko-Konto" kann dagegen mit 5,00 bis 7,70 €/m² in Anspruch genommen werden.

7.2.4 Ausgleichsflächen in Sanierungsgebieten und Entwicklungsbereichen

▶ *Nähere Ausführungen vgl. Teil VI Rn. 438 ff. sowie Rn. 586 ff.*

266 Unproblematisch im Hinblick auf den bodenordnerischen Vollzug und auch auf die Verkehrswertermittlung sind schließlich die Fälle, in denen Ausgleichsflächen in einem städtebaulichen Sanierungsgebiet oder Entwicklungsbereich gelegen sind. Hier bemisst sich der

---

[214] BGH, Urt. vom 9.10.1997 – III ZR 148/96 –, GuG 1998, 175 = EzGuG 4.170 unter Hinweis auf BGH, Urt. vom 29.4.1968 – III ZR 80/67 –, BGHZ 50, 93 = EzGuG 6.114; BGH, Urt. vom 25.11.1974 – III ZR 42/73 –, BGHZ 83, 240 = EzGuG 6.174; BGH, Urt. vom 8.11.1990 – III ZR 364/89 –, EzGuG 6.257; BGH, Urt. vom 13.12.1984 – III ZR 175/83 –, BGHZ 93, 165 = EzGuG 6.227; BGH, Urt. vom 19.9.1985 – III ZR 162/84 –, BGHZ 97,1; BGH, Urt. vom 13.12.1984 – III ZR 175/83 –, BGHZ 93, 165 = EzGuG 6.227.

Verkehrswert, unabhängig davon, ob es sich um private oder öffentliche Ausgleichsflächen handelt, nach dem Verkehrswert, der sich in Anwendung des § 153 Abs. 1 BauGB ergibt; das ist der **sanierungs- bzw. entwicklungsunbeeinflusste Grundstückswert**.

7.3 Landschafts- oder Naturschutzgebiete (Flora-Fauna-Habitat)

7.3.1 Allgemeines

Nach § 22 BNatSchG können die Länder bestimmen, dass Teile von Natur und Landschaft zum

1. Naturschutzgebiet, Nationalpark, Biosphärenreservat, Landschaftsschutzgebiet, Naturpark oder
2. Naturdenkmal oder geschützten Landschaftsbestandteil

erklärt werden können.

„§ 23 BNatSchG Naturschutzgebiete
(1) Naturschutzgebiete sind rechtsverbindlich festgesetzte Gebiete, in denen ein besonderer Schutz von Natur und Landschaft in ihrer Ganzheit oder in einzelnen Teilen erforderlich ist
1. zur Erhaltung, Entwicklung oder Wiederherstellung von Lebensstätten, Biotopen oder Lebensgemeinschaften bestimmter wild lebender Tier- und Pflanzenarten,
2. aus wissenschaftlichen, naturgeschichtlichen oder landeskundlichen Gründen oder
3. wegen ihrer Seltenheit, besonderen Eigenart oder hervorragenden Schönheit.
(2) Alle Handlungen, die zu einer Zerstörung, Beschädigung oder Veränderung des Naturschutzgebiets oder seiner Bestandteile oder zu einer nachhaltigen Störung führen können, sind nach Maßgabe näherer Bestimmungen verboten. Soweit es der Schutzzweck erlaubt, können Naturschutzgebiete der Allgemeinheit zugänglich gemacht werden.

§ 24 BNatSchG Nationalparke, Nationale Naturmonumente
(1) Nationalparke sind rechtsverbindlich festgesetzte einheitlich zu schützende Gebiete, die
1. großräumig, weitgehend unzerschnitten und von besonderer Eigenart sind,
2. in einem überwiegenden Teil ihres Gebiets die Voraussetzungen eines Naturschutzgebiets erfüllen und
3. sich in einem überwiegenden Teil ihres Gebiets in einem vom Menschen nicht oder wenig beeinflussten Zustand befinden oder geeignet sind, sich in einen Zustand zu entwickeln oder in einen Zustand entwickelt zu werden, der einen möglichst ungestörten Ablauf der Naturvorgänge in ihrer natürlichen Dynamik gewährleistet.
(2) Nationalparke haben zum Ziel, im überwiegenden Teil ihres Gebiets den möglichst ungestörten Ablauf der Naturvorgänge in ihrer natürlichen Dynamik zu gewährleisten. Soweit es der Schutzzweck erlaubt, sollen Nationalparke auch der wissenschaftlichen Umweltbeobachtung, der naturkundlichen Bildung und dem Naturerlebnis der Bevölkerung dienen.
(3) Nationalparke sind unter Berücksichtigung ihres besonderen Schutzzwecks sowie der durch die Großräumigkeit und Besiedlung gebotenen Ausnahmen wie Naturschutzgebiete zu schützen.
(4) Nationale Naturmonumente sind rechtsverbindlich festgesetzte Gebiete, die
1. aus wissenschaftlichen, naturgeschichtlichen, kulturhistorischen oder landeskundlichen Gründen und
2. wegen ihrer Seltenheit, Eigenart oder Schönheit
von herausragender Bedeutung sind. Nationale Naturmonumente sind wie Naturschutzgebiete zu schützen.

§ 25 BNatSchG Biosphärenreservate
(1) Biosphärenreservate sind einheitlich zu schützende und zu entwickelnde Gebiete, die
1. großräumig und für bestimmte Landschaftstypen charakteristisch sind,
2. in wesentlichen Teilen ihres Gebiets die Voraussetzungen eines Naturschutzgebiets, im Übrigen überwiegend eines Landschaftsschutzgebiets erfüllen,
3. vornehmlich der Erhaltung, Entwicklung oder Wiederherstellung einer durch hergebrachte vielfältige Nutzung geprägten Landschaft und der darin historisch gewachsenen Arten- und Biotopvielfalt, einschließlich Wild- und früherer Kulturformen wirtschaftlich genutzter oder nutzbarer Tier- und Pflanzenarten, dienen und

4. beispielhaft der Entwicklung und Erprobung von die Naturgüter besonders schonenden Wirtschaftsweisen dienen.

(2) Biosphärenreservate dienen, soweit es der Schutzzweck erlaubt, auch der Forschung und der Beobachtung von Natur und Landschaft sowie der Bildung für nachhaltige Entwicklung.

(3) Biosphärenreservate sind unter Berücksichtigung der durch die Großräumigkeit und Besiedlung gebotenen Ausnahmen über Kernzonen, Pflegezonen und Entwicklungszonen zu entwickeln und wie Naturschutzgebiete oder Landschaftsschutzgebiete zu schützen.

(4) Biosphärenreservate können auch als Biosphärengebiete oder Biosphärenregionen bezeichnet werden.

§ 26 BNatSchG Landschaftsschutzgebiete

(1) Landschaftsschutzgebiete sind rechtsverbindlich festgesetzte Gebiete, in denen ein besonderer Schutz von Natur und Landschaft erforderlich ist

1. zur Erhaltung, Entwicklung oder Wiederherstellung der Leistungs- und Funktionsfähigkeit des Naturhaushalts oder der Regenerationsfähigkeit und nachhaltigen Nutzungsfähigkeit der Naturgüter, einschließlich des Schutzes von Lebensstätten und Lebensräumen bestimmter wild lebender Tier- und Pflanzenarten,
2. wegen der Vielfalt, Eigenart und Schönheit oder der besonderen kulturhistorischen Bedeutung der Landschaft oder
3. wegen ihrer besonderen Bedeutung für die Erholung.

(2) In einem Landschaftsschutzgebiet sind unter besonderer Beachtung des § 5 Abs. 1 und nach Maßgabe näherer Bestimmungen alle Handlungen verboten, die den Charakter des Gebiets verändern oder dem besonderen Schutzzweck zuwiderlaufen.

§ 27 BNatSchG Naturparke

(1) Naturparke sind einheitlich zu entwickelnde und zu pflegende Gebiete, die

1. großräumig sind,
2. überwiegend Landschaftsschutzgebiete oder Naturschutzgebiete sind,
3. sich wegen ihrer landschaftlichen Voraussetzungen für die Erholung besonders eignen und in denen ein nachhaltiger Tourismus angestrebt wird,
4. nach den Erfordernissen der Raumordnung für die Erholung vorgesehen sind,
5. der Erhaltung, Entwicklung oder Wiederherstellung einer durch vielfältige Nutzung geprägten Landschaft und ihrer Arten- und Biotopvielfalt dienen und in denen zu diesem Zweck eine dauerhaft umweltgerechte Landnutzung angestrebt wird und
6. besonders dazu geeignet sind, eine nachhaltige Regionalentwicklung zu fördern.

(2) Naturparke sollen entsprechend ihren in Absatz 1 beschriebenen Zwecken unter Beachtung der Ziele des Naturschutzes und der Landschaftspflege geplant, gegliedert, erschlossen und weiterentwickelt werden.

§ 28 BNatSchG Naturdenkmäler

(1) Naturdenkmäler sind rechtsverbindlich festgesetzte Einzelschöpfungen der Natur oder entsprechende Flächen bis fünf Hektar, deren besonderer Schutz erforderlich ist

1. aus wissenschaftlichen, naturgeschichtlichen oder landeskundlichen Gründen oder
2. wegen ihrer Seltenheit, Eigenart oder Schönheit.

(2) Die Beseitigung des Naturdenkmals sowie alle Handlungen, die zu einer Zerstörung, Beschädigung oder Veränderung des Naturdenkmals führen können, sind nach Maßgabe näherer Bestimmungen verboten.

§ 29 BNatSchG Geschützte Landschaftsbestandteile

(1) Geschützte Landschaftsbestandteile sind rechtsverbindlich festgesetzte Teile von Natur und Landschaft, deren besonderer Schutz erforderlich ist

1. zur Erhaltung, Entwicklung oder Wiederherstellung der Leistungs- und Funktionsfähigkeit des Naturhaushalts,
2. zur Belebung, Gliederung oder Pflege des Orts- oder Landschaftsbildes,
3. zur Abwehr schädlicher Einwirkungen oder
4. wegen ihrer Bedeutung als Lebensstätten bestimmter wild lebender Tier- und Pflanzenarten.

Der Schutz kann sich für den Bereich eines Landes oder für Teile des Landes auf den gesamten Bestand an Alleen, einseitigen Baumreihen, Bäumen, Hecken oder anderen Landschaftsbestandteilen erstrecken.

(2) Die Beseitigung des geschützten Landschaftsbestandteils sowie alle Handlungen, die zu einer Zerstörung, Beschädigung oder Veränderung des geschützten Landschaftsbestandteils führen können, sind nach Maßgabe näherer Bestimmungen verboten. Für den Fall der Bestandsminderung kann die Verpflichtung

zu einer angemessenen und zumutbaren Ersatzpflanzung oder zur Leistung von Ersatz in Geld vorgesehen werden.

(3) Vorschriften des Landesrechts über den gesetzlichen Schutz von Alleen bleiben unberührt."

Die Ausweisung einer Fläche als **Naturschutzgebiet, Nationalpark, Biosphärenreservat, Landschaftsschutzgebiet, Naturpark, Naturdenkmal oder geschützter Landschaftsbestandteil** nach den §§ 12 ff. BNatSchG i. V. m. dem Landesrecht, **Naturpark** sowie ihre Einbeziehung in den Geltungsbereich einer **Flora-Fauna-Habitat-Richtlinie**[215] (**Natura 2000**) bzw. der **Vogelschutzrichtlinie**[216] ist mit erheblichen Nutzungsbeschränkungen und ggf. Ausgleichs- bzw. Entschädigungsansprüchen[217] verbunden und steht einer Bauerwartung grundsätzlich entgegen. Soweit mit der Ausweisung in unzumutbarer Weise in bestehende Baurechte eingegriffen wird, können im Rahmen des Art. 14 GG zur Kompensation Ausgleichsleistungen beansprucht werden[218]. **268**

Die **Belegenheit eines Grundstücks in einem Naturschutz- bzw. Landschaftsschutzgebiet steht einer Einstufung der Fläche als besondere land- oder forstwirtschaftliche Fläche nicht entgegen** (vgl. Rn. 132).

Eine aus Gründen des Landschaftsschutzes ausgesprochene Versagung der Genehmigung zur Ausbeutung eines sand- und kieshaltigen Grundstücks kann der Situationsgebundenheit und damit der Sozialbindung des Eigentums entsprechen. Sie kann jedoch einen **entschädigungspflichtigen Eingriff** darstellen, wenn die eigentumskräftig verfestigte Anspruchsposition des Grundeigentümers angetastet wird[219].

7.3.2 Flora-Fauna-Habitat (FFH)-Richtlinie

Schrifttum: *Stüer*, Handbuch des Bau- und Fachplanungsrechts, 2. Aufl. München, S. 858.

Die Einbeziehung eines Grundstücks in die Schutzgebietskulisse eines **Flora-Fauna-Habitats (FFH)** oder eines Vogelschutzgebiets (vgl. Rn. 168) durch Aufnahme in eine gemeinschaftliche Liste der EU schließt nicht die Einstufung einer Fläche als land- oder forstwirtschaftliche Fläche a priori aus. Die Mitgliedstaaten sind in diesem Fall verpflichtet, diese Gebiete als besondere Schutzgebiete „so schnell wie möglich" auszuweisen. Mit der Unterschutzstellung besteht die Verpflichtung zu Maßnahmen, die einen günstigen Erhaltungszustand der natürlichen Lebensräume und der Populationen gewähren bzw. den natürli- **269**

---

215 FFH-Richtlinie 92/43/EWG vom 21.5.1992 (ABl. EG Nr. L 206/7).
216 Vogelschutzrichtlinie 79/409/EWG vom 2.4.1979 (ABl. EG Nr. L 103 vom 25.4.1979).
217 § 39 HENatG: Sonstige entschädigungspflichtige Maßnahmen
(1) Eine angemessene Entschädigung in Geld ist unter den Voraussetzungen des Art. 14 des Grundgesetzes zu leisten, wenn aufgrund des Gesetzes oder aufgrund einer auf diesem Gesetz beruhenden Rechtsverordnung der Eigentümer dadurch schwer und unzumutbar betroffen wird, weil
1. eine rechtmäßig ausgeübte Nutzung nicht mehr fortgesetzt werden darf oder eingeschränkt wird und hierdurch die wirtschaftliche Nutzbarkeit eines Grundstückes erheblich beschränkt wird oder schutzwürdige Aufwendungen an Wert verlieren;
2. eine beabsichtigte Nutzung unmöglich gemacht wird, die sich nach Lage und Beschaffenheit des Grundstückes unmittelbar anbietet und die der Eigentümer sonst unbeschränkt hätte. Die Entschädigung wird auf schriftlichen Antrag des Eigentümers gezahlt. Der Antrag muss erkennen lassen, welche Grundstücke betroffen sind, welche Beschränkungen als entschädigungspflichtig angesehen werden und welcher Betrag für angemessen gehalten wird. Der Entschädigungsbetrag ist ab dem Zeitpunkt der Antragstellung mit zwei vom Hundert über dem Basiszinssatz nach § 1 des Diskontsatz-Überleitungsgesetzes vom 9. Juni 1998 (BGBl. I S. 1242), geändert durch Gesetz vom 22. Juni 2000 (BGBl. I S. 897) zu verzinsen. Die Entschädigung wird vom Land Hessen geschuldet. Zugunsten des Landes ist eine Nutzungseinschränkung nach Satz 1 durch die Eintragung einer beschränkten persönlichen Dienstbarkeit zu sichern.
(2) Der Grundstückseigentümer kann anstelle einer Entschädigung die Übernahme des Grundstückes verlangen, soweit ihm eine weitere Nutzung des Grundstückes nicht mehr zumutbar ist.
(3) Das Land kann nach Maßgabe des Haushaltsgesetzes natürlichen Personen, die nicht Eigentümer sind, insbesondere den Pächtern land- und forstwirtschaftlich genutzter Grundstücke auf Antrag einen Härteausgleich für erhebliche und nicht nur vorübergehende wirtschaftliche Nachteile gewähren. Bei der Gewährung eines Härteausgleichs ist insbesondere zu berücksichtigen, in den Fällen, in denen der Eigentümer eine Entschädigung nach Abs. 1 erhalten hat, eine angemessene Pachtzinsanpassung stattgefunden hat.
218 BVerfG, Beschl. vom 15.7.1981 – 1 BvL 77/78 –, BVerfGE 58, 137 = EzGuG 4.78; BVerwG, Urt. vom 15.2.1990 – 4 C 47/89 –, BVerwGE 84, 361 = DVBl 1990, 585; = EzGuG 6.251; BVerwG, Urt. vom 24.6.1993 – 7 C 26/92 –, BVerwGE 94, 1 = NJW 1993, 2949.
219 BVerfG, Beschl. vom 15.7.1981 – 1 BvL 77/78 –, BVerfGE 58, 137 = EzGuG 4.78; BGH, Urt. vom 22.5.1980 – III ZR 175/78 –, BGHZ 77, 351 = EzGuG 4.74.

chen Lebensraum wiederherstellen werden. Zur Abschätzung der Folgen für die betroffenen Flächen kann z. B. der „Managementplan" der Landesregierung herangezogen werden[220].

Generell gilt für solche Gebiete:

a) ein **Verschlechterungsverbot**[221], d. h., es sind in solchen Gebieten Veränderungen und Störungen verboten, mit denen die für die Erhaltungsziele maßgeblichen Bestandteile erheblich oder nachhaltig beeinträchtigt werden können. Nicht darunter fallen umgekehrt Maßnahmen der „ordnungsgemäßen land-, forst- und fischereiwirtschaftlichen Nutzung, soweit die Erhaltungsziele für das Gebiet berücksichtigt werden". Die bay. Bekanntmachung vom 4.8.2000[222] nennt hierzu beispielsweise privilegierte Vorhaben, den Wegebau, die Schnitthäufigkeit und den Schnittzeitpunkt von Grünland, Verjüngungsverfahren in der Waldbewirtschaftung sowie die Wiederaufnahme und Intensivierung der Düngung und des Pflanzenschutzes,

b) eine **Verträglichkeitsprüfung** für Pläne und Projekte, die zu einer Beeinträchtigung der gemeinschaftlichen Gebiete führen können.

Weitere Einschränkungen ergeben sich aus anderen EU-Rechtsnormen, die auf die FFH- und Vogelschutzgebiete Bezug nehmen (z. B. EU-Wasserrahmenrichtlinie).

270 Für die Land- und Forstwirtschaft folgt aus der Unterschutzstellung, dass entsprechend Art. 3 der EU-Verordnung Nr. 1782/2003 der Bezug betrieblicher Prämien von der Einhaltung der FFH- bzw. Vogelschutzrichtlinie abhängig ist und ein Verstoß zur Prämienkürzung führt (*„Cross Compliance"* – **Überkreuzverpflichtung**). Soweit die genannten Richtlinien nicht in bestehende Baurechte eingreifen und lediglich Bauerwartungen genommen werden, ist dies im Rahmen der Sozialpflichtigkeit des Grund und Bodens entschädigungslos hinzunehmen. Art. 2 Abs. 4 der FFH-Richtlinie stellt hierzu lapidar fest, dass die aufgrund dieser Richtlinie „getroffenen Maßnahmen ... den Anforderungen von Wirtschaft, Gesellschaft und Kultur sowie den regionalen und örtlichen Besonderheiten Rechnung" trage. Die damit einhergehenden Beeinträchtigungen sowie sonstige Bewirtschaftungsauflagen führen gegenüber den nicht betroffenen Flächen zu einer Wertminderung.

271 Das **Verhältnis des Habitatschutzes zum Baurecht** ist in § 19d BNatSchR geregelt.

7.4 Wasserschutz-, Überschwemmungs- und Heilquellengebiet

7.4.1 Übersicht

Schrifttum: *Knopp, G. M./Schröder, F.,* Wasserrecht, Bay. Verwaltungsschule (Hrsg.), Bd. 30, München 2004; *Meinhardt, P.,* Auswirkungen von Gewässerschutzauflagen auf die Ertrags- und Vermögenslage landwirtschaftlicher Betriebe, Schriftenreihe des HLBS St. Augustin 1991, *Stüer, B.,* Handbuch des Bau- und Fachplanungsrechts, 2. Aufl. München, S. 749; TU München, Wertänderung von Grundstücken in Wasserschutzgebieten, Überschwemmungsgebieten sowie Vorrang- und Vorbehaltsgebieten für die öffentliche Wasserversorgung und den Hochwasserabfluss und -rückhalt, Endbericht 2006, Lehrstuhl für Wirtschaftslehre des Landbaus.

▶ *Zu Brunnenrechten Vgl. Teil VIII Rn. 305; zu Wasserflächen vgl. Rn. 228, 435; Syst. Darst. des Vergleichswertverfahrens Rn. 401 ff.; § 6 ImmoWertV Rn. 117 ff.*

272 Die Festsetzung einer Fläche als **Wasserschutz- und Überschwemmungsgebiete** (§ 51 WHG) **sowie Heilquellenschutzgebiet** (§ 53 WHG) ist mit erheblichen Nutzungsbeschränkungen verbunden und steht einer Bauerwartung grundsätzlich entgegen. Die für diese Gebiete geltenden (Wasser-)Schutzauflagen beschränken die Grundstücksnutzung.

---

220 Z. B. Bayern: Gem. Bekanntmachung Nr. 6.1 des Bay. Umweltministeriums vom 4.8.2000: http://www.umweltministerium.bayern.de.
221 Vgl. Art. 13c BayNatSchG.
222 Z. B. Bayern: Gem. Bekanntmachung Nr. 10 des Bay. Umweltministeriums vom 4.8.2000: http://www.umweltministerium.bayern.de.

Schutzgebiete § 5 ImmoWertV IV

Die Einbeziehung eines Grundstücks in ein Wasserschutz-, Risiko- und festgesetztes Überschwemmungsgebiet ergibt sich aus dem Wasserbuch.

„**§ 87 WHG** Wasserbuch

(1) Über die Gewässer sind Wasserbücher zu führen.

(2) In das Wasserbuch sind insbesondere einzutragen.

1. nach diesem Gesetz erteilte Erlaubnisse, die nicht nur vorübergehenden Zwecken dienen, und Bewilligungen sowie alte Rechte und alte Befugnisse, Planfeststellungsbeschlüsse und Plangenehmigungen nach § 68,
2. Wasserschutzgebiete,
3. Risikogebiete und festgesetzte Überschwemmungsgebiete.

Von der Eintragung von Zulassungen nach Satz 1 Nummer 1 kann in Fällen von untergeordneter wasserwirtschaftlicher Bedeutung abgesehen werden.

(3) Unrichtige Eintragungen sind zu berichtigen. Unzulässige Eintragungen und Eintragungen zu nicht mehr bestehenden Rechtsverhältnissen sind zu löschen.

(4) Eintragungen im Wasserbuch haben keine rechtsbegründende oder rechtsändernde Wirkung."

7.4.2 Wasserschutzgebiet

Schrifttum: *Huber, M.,* Wertveränderung landwirtschaftlich genutzter Grundstücke durch Wasserschutzgebietsausweisung, TU München, 2007.

Soweit es das Wohl der Allgemeinheit erfordert, 273

1. Gewässer im Interesse der derzeit bestehenden oder künftigen öffentlichen Wasserversorgung vor nachteiligen Einwirkungen zu schützen,
2. das Grundwasser anzureichern oder
3. das schädliche Abfließen von Niederschlagswasser sowie das Abschwemmen und den Eintrag von Bodenbestandteilen, Dünge- oder Pflanzenschutzmitteln in Gewässern zu vermeiden,

kann die Landesregierung nach § 51 Abs. 1 WHG durch Rechtsverordnung Wasserschutzgebiete[223] festsetzen. Die Ausweisung zielt darauf ab, das Einsickern von wassergefährdenden Stoffen in den Untergrund und damit in das Grundwasser zu verhindern.

Trinkwasserschutzgebiete sollen nach Maßgabe der allgemein anerkannten Regeln der Technik in Zonen mit unterschiedlichen Schutzbestimmungen unterteilt werden (§ 53 Abs. 2 WHG). Die Wasserschutzgebiete gliedern sich in drei Bereiche:

– *Wasserschutzzone I* (rot), in der sich der Förderbrunnen befindet und die als besonders geschützter und eingezäunter Bereich nur von berechtigten Personen zur Wartung der Anlagen betreten werden darf.

– *Wasserschutzzone II* (grün), die von der Grenze der Wasserschutzzone I bis zu einer Linie reicht, von der das Grundwasser etwa 50 Tage braucht, bis es die Brunnen erreicht hat (hier steht der Schutz des Grundwassers vor gesundheitsgefährdenden Keimen im Vordergrund. Es darf beispielsweise keine Gülle ausgebracht werden), und

– *Wasserschutzzone IIIa* (gelb)/ *IIIb* (braun), in der das Grundwasser vor weit reichenden Beeinträchtigungen geschützt werden soll (hierzu gehören insbesondere nicht oder nur schwer abbaubare chemische oder radioaktive Verunreinigungen und demzufolge gelten spezielle Regelungen für die Ansiedlung von Industrieunternehmen und die Lagerung wassergefährdender Stoffe).

Wasserschutzgebiete werden i. d. R. von der Unteren Wasserbehörde kontrolliert.

---

223 Zur Frage der Ausweisung von Wasserschutzgebieten durch die Gemeinde: BVerwG, Beschl. vom 2.2.2005 – 7 BN 4/04 –; BVerwG, Urt. vom 9.2.2005 – 9 A 62/03 –, NVwZ 2005, 813; BVerwG, Urt. vom 15.12.2006 – 7 C 1/06 –, BVerwGE 127, 259; BVerwG, Urt. vom 15.5.2003 – 6 CN 9/01 –, BVerwGE 118, 181.

Die in dem **Wasserschutzgebiet** herrschenden Duldungs- und Handlungspflichten ergeben sich nach Maßgabe des § 52 WHG aus der Rechtsverordnung nach § 51 Abs. 1 WHG oder durch behördliche Entscheidung:

„**§ 52 WHG** Besondere Anforderungen in Wasserschutzgebieten
(1) In der Rechtsverordnung nach § 51 Absatz 1 oder durch behördliche Entscheidung können in Wasserschutzgebieten, soweit der Schutzzweck dies erfordert,
1. bestimmte Handlungen verboten oder für nur eingeschränkt zulässig erklärt werden,
2. die Eigentümer und Nutzungsberechtigten von Grundstücken verpflichtet werden,
   a) bestimmte auf das Grundstück bezogene Handlungen vorzunehmen, insbesondere die Grundstücke nur in bestimmter Weise zu nutzen,
   b) Aufzeichnungen über die Bewirtschaftung der Grundstücke anzufertigen, aufzubewahren und der zuständigen Behörde auf Verlangen vorzulegen,
   c) bestimmte Maßnahmen zu dulden, insbesondere die Beobachtung des Gewässers und des Bodens, die Überwachung von Schutzbestimmungen, die Errichtung von Zäunen sowie Kennzeichnungen, Bepflanzungen und Aufforstungen,
3. Begünstigte verpflichtet werden, die nach Nummer 2 Buchstabe c zu duldenden Maßnahmen vorzunehmen.

Die zuständige Behörde kann von Verboten, Beschränkungen sowie Duldungs- und Handlungspflichten nach Satz 1 eine Befreiung erteilen, wenn der Schutzzweck nicht gefährdet wird oder überwiegende Gründe des Wohls der Allgemeinheit dies erfordern. Sie hat eine Befreiung zu erteilen, soweit dies zur Vermeidung unzumutbarer Beschränkungen des Eigentums erforderlich ist und hierdurch der Schutzzweck nicht gefährdet wird.

(2) In einem als Wasserschutzgebiet vorgesehenen Gebiet können vorläufige Anordnungen nach Absatz 1 getroffen werden, wenn andernfalls der mit der Festsetzung des Wasserschutzgebiets verfolgte Zweck gefährdet wäre. Die vorläufige Anordnung tritt mit dem Inkrafttreten der Rechtsverordnung nach § 51 Absatz 1 außer Kraft, spätestens nach Ablauf von drei Jahren. Wenn besondere Umstände es erfordern, kann die Frist um höchstens ein weiteres Jahr verlängert werden. Die vorläufige Anordnung ist vor Ablauf der Frist nach Satz 2 oder Satz 3 außer Kraft zu setzen, sobald und soweit die Voraussetzungen für ihren Erlass weggefallen sind.

(3) Behördliche Entscheidungen nach Absatz 1 können auch außerhalb eines Wasserschutzgebiets getroffen werden, wenn andernfalls der mit der Festsetzung des Wasserschutzgebiets verfolgte Zweck gefährdet wäre.

(4) Soweit eine Anordnung nach Absatz 1 Satz 1 Nummer 1 oder Nummer 2, auch in Verbindung mit Absatz 2 oder Absatz 3, das Eigentum unzumutbar beschränkt und diese Beschränkung nicht durch eine Befreiung nach Absatz 1 Satz 3 oder andere Maßnahmen vermieden oder ausgeglichen werden kann, ist eine Entschädigung zu leisten.

(5) Setzt eine Anordnung nach Absatz 1 Satz 1 Nummer 1 oder Nummer 2, auch in Verbindung mit Absatz 2 oder Absatz 3, erhöhte Anforderungen fest, die die ordnungsgemäße land- oder forstwirtschaftliche Nutzung eines Grundstücks einschränken, so ist für die dadurch verursachten wirtschaftlichen Nachteile ein angemessener Ausgleich zu leisten, soweit nicht eine Entschädigungspflicht nach Absatz 4 besteht."

274 Zur Sicherung einer Planung für die räumliche und sachliche Ausweisung eines Wasserschutzgebiets ohne Veränderung einer Wassergewinnungsanlage kann auch eine **Veränderungssperre** nach § 86 WHG festgelegt werden[224].

„**§ 86 WHG** Veränderungssperre zur Sicherung von Planungen
(1) Zur Sicherung von Planungen für
1. dem Wohl der Allgemeinheit dienende Vorhaben der Wassergewinnung oder Wasserspeicherung, der Abwasserbeseitigung, der Wasseranreicherung, der Wasserkraftnutzung, der Bewässerung, des Hochwasserschutzes oder des Gewässerausbaus,

---

[224] BVerwG, Beschl. vom 26.8.1993 – 7 NB 1/93 –, GuG 1994, 53 = EzGuG 4.154a; BVerwG, Beschl. vom 28.3.1989 – 4 NB 39/98 –, NVwZ-RR 1989, 617 = EzGuG 6.244; BVerwG, Urt. vom 10.2.1978 – 4 C 71/75 –, BRS Bd. 33 Nr. 191 = EzGuG 4.55; OVG Lüneburg, Beschl. vom 8.11.1990 – 3 K 2/89 –, NuR 1991, 440 = EzGuG 16.33; OLG Düsseldorf, Beschl. vom 25.8.1986 – 5 Ss 291/86 –, MDR 1987, 346 = EzGuG 16.31; VGH Mannheim, Beschl. vom 24.3.1986 – 5 S 2831/84 –, NVwZ 1987, 241 = EzGuG 16.29; OVG Koblenz, Urt. vom 2.12.1985 – 10 c 26/85 –, NVwZ 1987, 243 = EzGuG 16.28; OLG Düsseldorf, Urt. vom 28.10.1979 – 18 U 78/79 –, BRS Bd. 45 Nr. 182 = EzGuG 16.24; BGH, Urt. vom 25.1.1973 – III ZR 118/70 –, BGHZ 60, 145 = EzGuG 16.19; BGH, Urt. vom 25.1.1973 – III ZR 113/70 –, BGHZ 60, 125 = EzGuG 4.39; OLG Köln, Urt. vom 16.8.1973 – 7 U 18/73 –, BRS Bd. 34 Nr. 117 = EzGuG 19.25a; LG Kiel, Urt. vom 3.11.1989 – 19 O 3/83 –, GuG 1990, 103 = EzGuG 15.64.

Schutzgebiete § 5 ImmoWertV IV

2. Vorhaben nach dem Maßnahmenprogramm nach § 82
kann die Landesregierung durch Rechtsverordnung Planungsgebiete festlegen, auf deren Flächen wesentlich wertsteigernde oder die Durchführung des geplanten Vorhabens erheblich erschwerende Veränderungen nicht vorgenommen werden dürfen (Veränderungssperre). Sie kann die Ermächtigung nach Satz 1 durch Rechtsverordnung auf andere Landesbehörden übertragen.
(2) Veränderungen, die in rechtlich zulässiger Weise vorher begonnen worden sind, Unterhaltungsarbeiten und die Fortführung einer bisher ausgeübten Nutzung werden von der Veränderungssperre nicht berührt.
(3) Die Veränderungssperre tritt drei Jahre nach ihrem Inkrafttreten außer Kraft, sofern die Rechtsverordnung nach Absatz 1 Satz 1 keinen früheren Zeitpunkt bestimmt. Die Frist von drei Jahren kann, wenn besondere Umstände es erfordern, durch Rechtsverordnung um höchstens ein Jahr verlängert werden. Die Veränderungssperre ist vor Ablauf der Frist nach Satz 1 oder Satz 2 außer Kraft zu setzen, sobald und soweit die Voraussetzungen für ihren Erlass weggefallen sind.
(4) Von der Veränderungssperre können Ausnahmen zugelassen werden, wenn dem keine überwiegenden öffentlichen Belange entgegenstehen."

Wasserschutzgebiete werden in verschiedene Zonen mit unterschiedlichen Schutzauflagen untergliedert (vgl. Abb. 30):

Abb. 30: Wasserschutzzonen

Zone I	Zone II	Zone III A	Zone III B
Unmittelbare Brunnenanlage Grundsätzlich eingezäunt Jedwede Benutzung ausgeschlossen Eigentum Wasserversorgungsunternehmen	Einzugsbereich des Wassers mit 50-tägiger Fließzeit zum Brunnen (durchschnittlich 250 000 m^3)	Bereich bis 2 km Radius um Brunnen	Bei größeren Wasserschutzgebieten: Bereich über 2 km Radius

An **bodenbezogenen Wasserschutzauflagen** sind hier zu nennen:
- Gebot ganzjähriger Bodenbedeckung, soweit fruchtfolge- und witterungsbedingt möglich,
- Verbot landwirtschaftlicher Nutzung ab Gewässerrändern und um Brunnenanlage,
- Anbaubeschränkung für Ackerland,
- Verbot intensiver Grünlandnutzung,
- Verbot des Abbaus von Bodenschätzen (Kies, Sand, Torf u. a.),
- Umwandlungs- und Umbruchsverbot,
- Rückumwandlungsgebot für Ackerland,
- Erosionsschutzmaßnahmengebot,
- Ernterückständebeseitigungsgebot,
- Bodenuntersuchungsgebot bzw. Duldungspflicht,
- Abbauverbot für Bodenschätze (Kies, Torf usw.),
- Errichtungs- und Erweiterungsverbot für bauliche Anlagen,
- Verbot bzw. Beschränkung des Einsatzes von Produktionsmitteln (Gülle, Jauche, Pflanzenschutzmittel, Dünger, Klärschlamm, Biokompost, Grünabfall, Beregnung, Abwasserverregnung).

An **baulichen Schutzauflagen** sind hier zu nennen:
- Güllebehälter, Festmistlagerstätten, Gärfuttersilos,
- Lagerstätten für flüssige Brennstoffe, Dünge- und Pflanzenschutzmittel,
- Maschinenwaschplätze,
- Verbot von Feldmieten oder Zwischenlagerung von Festmist auf dem Feld,
- Erweiterung oder Erneuerung von Drainagen und Vorflutgräben,
- Viehställe, Viehpferche,
- Verbote oder besondere Vorschriften bei der Errichtung und Erweiterung baulicher Anlagen zur Pelztierhaltung, Viehtränken an oberirdischen Gewässern, Intensivnutzung von Tieren.

Die mit der Ausweisung von Wasserschutzgebieten verbundenen **Verbote sind entschädigungslos hinzunehmen, soweit sie sich im Rahmen der Sozialpflichtigkeit halten.**

Soweit eine Anordnung nach § 51 Abs. 1 Satz 1 Nr. 1 oder Nr. 2 WHG, auch i. V. m. § 51 Abs. 2 oder Abs. 3 WHG, § 51 Abs. 1 Satz 3 WHG oder andere Maßnahmen vermieden oder ausgeglichen werden kann, ist eine Entschädigung zu leisten[225].

Eine nach dem WHG zu leistende Entschädigung hat den eintretenden Vermögensschaden angemessen auszugleichen. Art und Umfang von Entschädigungspflichten bemessen sich nach den §§ 97 ff. WHG. Für den Ausgleich von Nutzungsbeschränkungen sind Kooperationsmodelle oder der Abschluss freiwilliger Vereinbarungen anzustreben; soweit diese nicht zustande kommen, ist ein einzelbetrieblicher Ausgleich zu leisten[226].

7.4.3 Überschwemmungsgebiet (Hochwassergebiet)

276 § 76 WHG definiert das Überschwemmungsgebiet als ein **Gebiet zwischen oberirdischen Gewässern und Deichen oder Hochufern** sowie ein sonstiges Gebiet, das bei Hochwasser überschwemmt oder durchflossen oder das für Hochwasserentlastung oder Rückhaltung beansprucht wird (vgl. Art. 61 BayWG). § 76 WHG hat folgende Fassung:

„§ 76 WHG Überschwemmungsgebiete an oberirdischen Gewässern

(1) Überschwemmungsgebiete sind Gebiete zwischen oberirdischen Gewässern und Deichen oder Hochufern sowie sonstige Gebiete, die bei Hochwasser überschwemmt oder durchflossen oder die für Hochwasserentlastung oder Rückhaltung beansprucht werden. Dies gilt nicht für Gebiete, die überwiegend von den Gezeiten beeinflusst sind, soweit durch Landesrecht nichts anderes bestimmt ist.

(2) Die Landesregierung setzt durch Rechtsverordnung

1. innerhalb der Risikogebiete oder der nach § 73 Absatz 5 Satz 2 Nummer 1 zugeordneten Gebiete mindestens die Gebiete, in denen ein Hochwasserereignis statistisch einmal in 100 Jahren zu erwarten ist, und
2. die zur Hochwasserentlastung und Rückhaltung beanspruchten Gebiete

als Überschwemmungsgebiete fest. Gebiete nach Satz 1 Nummer 1 sind bis zum 22. Dezember 2013 festzusetzen. Die Festsetzungen sind an neue Erkenntnisse anzupassen. Die Landesregierung kann die Ermächtigung nach Satz 1 durch Rechtsverordnung auf andere Landesbehörden übertragen.

(3) Noch nicht nach Absatz 2 festgesetzte Überschwemmungsgebiete sind zu ermitteln, in Kartenform darzustellen und vorläufig zu sichern.

(4) Die Öffentlichkeit ist über die vorgesehene Festsetzung von Überschwemmungsgebieten zu informieren; ihr ist Gelegenheit zur Stellungnahme zu geben. Sie ist über die festgesetzten und vorläufig gesicherten Gebiete einschließlich der in ihnen geltenden Schutzbestimmungen sowie über die Maßnahmen zur Vermeidung von nachteiligen Hochwasserfolgen zu informieren."

Mit dem novellierten Wasserhaushaltsgesetz wurden neue städtebaurechtlich bedeutsame Gebietstypen geschaffen, die zu einer weiteren Ergänzung des BauGB geführt haben[227]:

a) *festgesetzte Überschwemmungsgebiete* nach § 76 Abs. 2 WHG,

b) *noch nicht festgesetzte Überschwemmungsgebiete* i. S. des § 76 Abs. 3 WHG und

c) *Risikogebiete* i. S. des § 73 Abs. 1 Satz 1 WHG.

Nach § 73 Abs. 1 Satz 1 i. V. m. § 74 Abs. 1 WHG bewerten die zuständigen Behörden das Hochwasserrisiko, bestimmen danach die Gebiete mit signifikantem Hochwasserrisiko (**Risikogebiete**) und erstellen für die Risikogebiete in den nach § 73 Abs. 3 WHG maßgebenden Bewirtschaftungseinheiten **Gefahrenkarten** und Risikokarten in dem Maßstab, der hierfür

---

225 BVerwG, Urt. vom 27.1.1967 – 4 C 228/65 –, BVerwGE 25, 131 = DVBl 1967, 777; BVerwG, Urt. vom 15.2.1990 – 4 C 47/89 –, BVerwGE 84, 361 = DVBl 1990, 586; BVerwG, Beschl. vom 30.9.1996 – 4 NB 45/92 –, NuR 1997, 240 = RdL 1997, 105.
226 Bayerische Staatsministerien für Landesentwicklung und Umweltfragen und für Ernährung, Landwirtschaft und Forsten: „Ausgleich für Landwirte und Waldbesitzer in Wasser- und Heilquellenschutzgebieten", Allg. ABl. 1997 Nr. 15; Knopp/Schröder, Wasserrecht, Bayerische Verwaltungsschule (Hrsg.), Bd. 30, München 2004, 102 ff.
227 Zur Frage der Festsetzung von Überschwemmungsgebieten für im Zusammenhang bebaute Ortsteile nach § 34 BauGB: BVerwG, Urt. vom 22.7.2004 – 7 CN 1.04 –, BVerwGE 121, 283 = EzGuG 4.188.

am besten geeignet ist. Die Gefahrenkarten erfassen nach § 74 Abs. 2 WHG die Gebiete, die bei folgenden Hochwasserereignissen überflutet werden:

1. Hochwasser mit niedriger Wahrscheinlichkeit oder bei Extremereignissen,
2. Hochwasser mit mittlerer Wahrscheinlichkeit (voraussichtliches Wiederkehrintervall mindestens 100 Jahre),
3. soweit erforderlich, Hochwasser mit hoher Wahrscheinlichkeit.

Nach § 78 WHG dürfen grundsätzlich keine neuen Baugebiete für **förmlich festgesetzte Überschwemmungsgebiete** ausgewiesen werden. Ausnahmen sind unter bestimmten Voraussetzungen zulässig (§ 78 Abs. 2 WHG).

Bei bereits bestehenden *Baurechten nach den §§ 33 bis 35 BauGB* bedarf die **Errichtung und die Erweiterung einer baulichen Anlage in jedem Fall einer Genehmigung**. Die Genehmigung darf nach § 78 Abs. 3 WHG nur erteilt werden, wenn im Einzelfall das Vorhaben

1. die Hochwasserrückhaltung nicht oder nur unwesentlich beeinträchtigt und der Verlust von verloren gehendem Rückhalteraum zeitgleich ausgeglichen wird,
2. den Wasserstand und den Abfluss bei Hochwasser nicht nachteilig verändert,
3. den bestehenden Hochwasserschutz nicht beeinträchtigt und
4. hochwasserangepasst ausgeführt wird

oder wenn die nachteiligen Auswirkungen durch Nebenbestimmungen ausgeglichen werden können.

Festgesetzte Überschwemmungsgebiete i. S. des § 76 Abs. 2 WHG sollen nach § 5 Abs. 4a und § 9 Abs. 6a BauGB nachrichtlich in den Flächennutzungs- bzw. Bebauungsplan übernommen werden. Noch nicht festgesetzte Überschwemmungsgebiete i. S. des § 76 Abs. 3 WHG sowie als **Risikogebiete** i. S. des § 73 Abs. 1 Satz 1 WHG bestimmte Gebiete sollen im Flächennutzungs- bzw. Bebauungsplan vermerkt werden.

Der Lage eines Grundstücks im Überschwemmungsgebiet bzw. Risikogebiet kann durch Heranziehungen von Vergleichspreisen aus gleichartigen Gebieten Rechnung getragen werden. Wird von Vergleichspreisen aus anderen Gebieten ausgegangen, kann der Überschwemmungsgefährdung durch einen **Wertabschlag** (wegen Hochwasser) Rechnung getragen werden, der sich an den zu erwartenden Kosten insbesondere hinsichtlich der Beseitigung von Hochwasserschäden, den Kosten für Sicherungsmaßnahmen, der Enträumung, Lagerung und Wiedereinrichtung des Hausrats sowie dem Mietausfallwagnis orientiert. Die im Einzelfall zu erwartenden Kosten fallen jährlich aber nur insoweit an, wie nach den im Einzelfall bestehenden Erfahrungen Hochwasser zu erwarten sind. Bei fünfmaligem Hochwasser in 20 Jahren sind dies z. B. 25 % (= 5 × 100/20 Jahre); d. h., jährlich fallen nur 25 % der im Überschwemmungsfall anfallenden Kosten an. Diese Kosten ergeben kapitalisiert über eine unendliche Restnutzungsdauer den Wertabschlag.

7.4.4 Vorranggebiet, Vorbehaltsgebiet, Eignungsgebiet

Nach § 7 Abs. 2 und 3 ROG sollen **Raumordnungspläne** Festlegungen zur Raumstruktur enthalten. Hierzu gehören auch Festlegungen über Freiräume zur Gewährleistung des vorbeugenden Hochwasserschutzes. Neben den Darstellungen in Fachplänen des Verkehrsrechts sowie des Wasser- und Immissionsschutzrechts gehören hierzu insbesondere die raumbedeutsamen Erfordernisse und Maßnahmen des vorbeugenden Hochwasserschutzes nach den Vorschriften des WHG.

Nach § 7 Abs. 4 ROG können die Festlegungen nach den Absätzen 2 und 3 auch Gebiete bezeichnen,

1. die für bestimmte, raumbedeutsame Funktionen oder Nutzungen vorgesehen sind und andere raumbedeutsame Nutzungen in diesem Gebiet ausschließen, soweit diese mit den

vorrangigen Funktionen, Nutzungen oder Zielen der Raumordnung nicht vereinbar sind (**Vorranggebiete**),

2. in denen bestimmten, raumbedeutsamen Funktionen oder Nutzungen bei der Abwägung mit konkurrierenden raumbedeutsamen Nutzungen besonderes Gewicht beigemessen werden soll (**Vorbehaltsgebiete**),

3. die für bestimmte, raumbedeutsame Maßnahmen geeignet sind, die städtebaulich nach § 35 BauGB zu beurteilen sind und an anderer Stelle im Planungsraum ausgeschlossen werden (**Eignungsgebiete**).

Es kann vorgesehen werden, dass Vorranggebiete für raumbedeutsame Nutzungen zugleich die Wirkung von Eignungsgebieten für raumbedeutsame Maßnahmen nach § 7 Abs. 4 Satz 1 Nr. 3 ROG haben können.

Die Festlegung von Vorranggebieten erfolgt im Rahmen der Regionalplanung zur Erhaltung bzw. Sicherung von Funktionen und Nutzungen. Sie wird u. a. zur Sicherung von Landschaftsräumen sowie des Abbaus oberflächennaher Bodenschätze, zur überörtlichen Steuerung von Siedlungsentwicklungen, zur Sicherung von Wasservorkommen und auch zur Sicherung von Gebieten für den vorbeugenden Hochwasserschutz eingesetzt. Auf dieser Rechtsgrundlage werden außerhalb der bestehenden Wasserschutzgebiete zur Sicherung bestehender Wassergewinnungsanlagen und künftig nutzbarer Grundwassergewinnungsgebiete Vorrang- und Vorbehaltsgebiete für die öffentliche Wasserversorgung (**Vorranggebiet Wasserversorgung**) und **Vorranggebiete für den Hochwasserabfluss und -rückhalt** ausgewiesen.

7.4.5 Wertminderung infolge Natur- und Wasserschutzauflagen

a) *Wasserschutzgebiet*

278 Generell kann davon ausgegangen werden, dass sich Natur- und Wasserschutzauflagen wertmindernd auswirken, wenngleich empirische Untersuchungen dafür nur bedingt den Nachweis erbringen konnten. Nach *Köhne*[228] haben Natur- und Wasserschutzauflagen keinen „sehr großen Einfluss auf die Bodenpreise." Nach einer Befragung von *Meinhardt*[229] halten die befragten Landwirte „Vermögensverluste infolge von Verkehrswertminderungen der in Wasserschutzgebieten gelegenen Flächen und Betriebe für möglich". Nach einer Untersuchung der TU *München*[230] aus dem Jahre 2005 wird lediglich für Ackerflächen in Wasserschutzgebieten im Schnitt 24 % weniger bezahlt als für Vergleichsflächen, und zwar in Abhängigkeit von der Ertragsminderung bzw. Aufwandserhöhung, während für Grünlandflächen die Wertminderung deutlich geringer ausfällt und teilweise auch höhere Preise erzielt wurden; Ausgleichszahlungen haben indessen keinen oder nur einen geringen wertstabilisierenden Einfluss. Eine Wertminderung geht allein schon durch die Ausweisung der Flächen selbst dann einher, wenn derzeit damit keine direkten Nachteile verbunden sind. Die rein planerische Kennzeichnung eines Überschwemmungsgebiets löst nach dieser Untersuchung, soweit diese nicht mit Nutzungsauflagen oder sonstigen Einschränkungen verbunden ist, allenfalls nur eine sehr geringe Wertminderung aus.

Des Weiteren kommt die vorstehende Untersuchung zum Ergebnis, dass sich die Pachtpreise landwirtschaftlicher Flächen in Wasserschutzgebieten nicht ändern, wenn Ausgleichszahlungen gewährt werden.

---

228 Köhne, M., Landwirtschaftliche Taxationslehre, 3. Aufl. Berlin 2000, S. 59.
229 Meinhardt, P., Auswirkungen von Gewässerschutzauflagen auf die Ertrags- und Vermögenslage landwirtschaftlicher Betriebe, Schriftenreihe des HLBS Heft 1333, St. Augustin 1991.
230 TU München, Werteänderungen von Grundstücken in Wasserschutzgebieten, Überschwemmungsgebieten sowie Vorrang- und Vorbehaltsgebieten, 2005 (Lehrstuhl für Wirtschaftslehre des Landbaus).

b) *Überschwemmungsgebiet*

Die formale Ausweisung eines Überschwemmungsgebiets lässt eine Wertminderung und auch eine Pachtpreisminderung erwarten, die bislang allerdings empirisch nicht bestätigt werden konnte.

7.5 Lärmschutzgebiet

▶ *Näheres § 6 ImmoWertV Rn. 293 und im Teil VI Rn. 700 ff.* 279

8 Gartenland

8.1 Allgemeines

Gartenland sind gartenbaulich genutzte oder nutzbare Flächen einschließlich Haus- und 280 Ziergärten, Flächen des Gemüse-, Blumen- und Zierpflanz- und Obstbaus und der Baumschulen sowie gärtnerische Parkanlagen.

Gartenland im steuerrechtlichen Sinne sind das Kleingarten- und Dauerkleingartenland nach § 158 Abs. 4 Nr. 2 BewG.

8.2 Kleingarten

8.2.1 Begriffe

Eine besondere Bedeutung nimmt der **Kleingarten** ein. § 1 des BKleingG definiert als Kleingarten einen Garten, der dem Nutzer (Kleingärtner) zur nicht erwerbsmäßigen gärtnerischen Nutzung, insbesondere zur Gewinnung von Gartenbauerzeugnissen für den Eigenbedarf und zur Erholung dient sowie in einer Anlage liegt[231]. Ein weiteres Wesensmerkmal des Kleingartens ist die Nutzung fremden Landes, d. h. Kleingärten i. S. des BKleingG können nur Pachtgärten sein. Ein Kleingarten soll 400 m² Grundstücksfläche nicht überschreiten und darf mit einer Laube bis zu 24 m² bebaute Fläche (einschließlich überdachten Freisitz; Terrasse) bebaut werden. Diese Laube darf weder von der Ausstattung noch von der Einrichtung her zum dauernden Wohnen geeignet sein (§ 3 Abs. 2 BKleingG). 281

Bei Kleingärten ist grundsätzlich zwischen

a) dem Dauerkleingarten und

b) dem Kleingarten

zu unterscheiden.

Dauerkleingärten sind für eine dauernde kleingärtnerische Nutzung bestimmt und werden als Grünflächen im Flächennutzungsplan gemäß § 5 Abs. 2 Nr. 5 BauGB dargestellt bzw. im Bebauungsplan gemäß § 9 Abs. 1 Nr. 15 BauGB festgesetzt. Kleingartenflächen, die nicht als solche in Bebauungsplänen festgesetzt sind, müssen stets dem Außenbereich zugerechnet werden. Sie stellen zumindest kein Baugebiet i. S. des § 1 Abs. 2 BauNVO dar[232]. Dabei ist grundsätzlich vom Bestandsschutz der errichteten Baulichkeiten auszugehen, wobei sich dieser an den Grundsätzen des Außenbereichs und nicht des Innenbereichs orientieren muss.

---

231 BGH, Urt. vom 17.6.2004 – III ZR 281/03 –, Bln GE 2004, 960 = EzGuG 3.135.
232 Vgl. Dienstbl. des Senats von Berlin, Teil I – Inneres, Finanzen, Justiz und Wirtschaft, Nr. 7 vom 20.10.1995.

Kleingärten sind dagegen in § 1 BKleingG als Gärten definiert, die

- dem Nutzer (Kleingärtner) zur nichterwerbsmäßigen gärtnerischen Nutzung, insbesondere zur Gewinnung von Gartenerzeugnissen für den Eigenbedarf und zur Erholung dienen (kleingärtnerische Nutzung), und
- in einer Anlage liegen, in der mehrere Einzelgärten mit gemeinschaftlichen Einrichtungen, zum Beispiel Wegen, Spielflächen und Vereinshäusern, zusammengefasst sind (Kleingartenanlage).

Vom Dauerkleingarten unterscheidet sich der **Kleingarten** dadurch, dass der Bebauungsplan für die Belegenheitsfläche nicht die Festsetzung „Dauerkleingarten" getroffen hat.

282 Des Weiteren sind Kleingärten von den sog. **Datschen** zu unterscheiden. Dies sind Nutzungsrechte an Grundstücken und Baulichkeiten für Erholungszwecke nach den §§ 312 bis 315 ZGB. Zu den **Kleingärten in den neuen Bundesländern** vgl. die Hinweise in Kleiber, Marktwertermittlung von Grundstücken, 7. Aufl. 2012, § 5 ImmoWertV Rn. 295 ff.

283 Grundsätzlich muss bei der **Verkehrswertermittlung von (Dauer-)Kleingartenanlagen** zwischen dem Wert der Einzelparzelle und dem Wert einer Kleingartenanlage unterschieden werden. Diese umfasst üblicherweise auch die Flächen der Gemeinschaftsanlagen, insbesondere die inneren Erschließungswege, Stellplätze, Vereinsanlagen und sonstige Einrichtungen in einem Umfang von rd. 10 %.

8.2.2 Pachtbeschränkungen

284 Der Marktwert (Verkehrswert) von Kleingärten bestimmt sich nach der erzielbaren Pacht und den jeweils bestehenden **Pachtbeschränkungen**. § 5 BKleingG[233] bestimmt hierzu:

„**§ 5 BKleingG** Pacht

(1) Als Pacht darf höchstens der vierfache Betrag der ortsüblichen Pacht im erwerbsmäßigen Obst- und Gemüseanbau, bezogen auf die Gesamtfläche der Kleingartenanlage, verlangt werden. Die auf die gemeinschaftlichen Einrichtungen entfallenden Flächen werden bei der Ermittlung der Pacht für den einzelnen Kleingarten anteilig berücksichtigt. Liegen ortsübliche Pachtbeträge im erwerbsmäßigen Obst- und Gemüseanbau nicht vor, so ist die entsprechende Pacht in einer vergleichbaren Gemeinde als Bemessungsgrundlage zugrunde zu legen. Ortsüblich im erwerbsmäßigen Obst- und Gemüseanbau ist die in der Gemeinde durchschnittlich gezahlte Pacht.

(2) Auf Antrag einer Vertragspartei hat der nach § 192 des Baugesetzbuchs eingerichtete Gutachterausschuss ein Gutachten über die ortsübliche Pacht im erwerbsmäßigen Obst- und Gemüseanbau zu erstatten. Die für die Anzeige von Landpachtverträgen zuständigen Behörden haben auf Verlangen des Gutachterausschusses Auskünfte über die ortsübliche Pacht im erwerbsmäßigen Obst- und Gemüseanbau zu erteilen. Liegen anonymisierbare Daten im Sinne des Bundesdatenschutzgesetzes nicht vor, ist ergänzend die Pacht im erwerbsmäßigen Obst- und Gemüseanbau in einer vergleichbaren Gemeinde als Bemessungsgrundlage heranzuziehen.

(3) Ist die vereinbarte Pacht niedriger oder höher als die sich nach den Absätzen 1 und 2 ergebende Höchstpacht, kann die jeweilige Vertragspartei der anderen Vertragspartei in Textform erklären, dass die Pacht bis zur Höhe der Höchstpacht herauf- oder herabgesetzt wird. Aufgrund der Erklärung ist vom ersten Tage des auf die Erklärung folgenden Zahlungszeitraums an die höhere oder niedrigere Pacht zu zahlen. Die Vertragsparteien können die Anpassung frühestens nach Ablauf von drei Jahren nach Vertragsschluss oder der vorhergehenden Anpassung verlangen. Im Falle einer Erklärung des Verpächters über eine Pachterhöhung ist der Pächter berechtigt, das Pachtverhältnis spätestens am 15. Werktag des Zahlungszeitraums, vom dem an die Pacht erhöht werden soll, für den Ablauf des nächsten Kalendermonats zu kündigen. Kündigt der Pächter, tritt eine Erhöhung der Pacht nicht ein.

(4) Der Verpächter kann für von ihm geleistete Aufwendungen für die Kleingartenanlage, insbesondere für Bodenverbesserungen, Wege, Einfriedungen und Parkplätze, vom Pächter Erstattung verlangen, soweit die Aufwendungen nicht durch Leistungen der Kleingärtner oder ihrer Organisationen oder durch

---

[233] Mit dieser am 1.5.1994 in Kraft getretenen Neufassung hat der Gesetzgeber auf die Entscheidung des BVerfG (BVerfG, Beschl. vom 23.9.1995 – 1 BvL 15/85 –, GuG 1993, 120 = EzGuG 3.109) reagiert, in der die frühere Höchstpachtzinsregelung, nach der der doppelte Betrag des ortsüblichen Pachtpreises im erwerbsmäßigen Obst- und Gemüseanbau verlangt werden durfte, als unvereinbar mit Art. 14 Abs. 1 GG erkannt wurde.

Zuschüsse aus öffentlichen Haushalten gedeckt worden sind und soweit sie im Rahmen der kleingärtnerischen Nutzung üblich sind. Die Erstattungspflicht eines Kleingärtners ist auf den Teil der ersatzfähigen Aufwendungen beschränkt, der dem Flächenverhältnis zwischen seinem Kleingarten und der Kleingartenanlage entspricht; die auf die gemeinschaftlichen Einrichtungen entfallenden Flächen werden der Kleingartenfläche anteilig zugerechnet. Der Pächter ist berechtigt, den Erstattungsbetrag in Teilleistungen in Höhe der Pacht zugleich mit der Pacht zu zahlen.

(5) Der Verpächter kann vom Pächter Erstattung der öffentlich-rechtlichen Lasten verlangen, die auf dem Kleingartengrundstück ruhen. Absatz 4 Satz 2 ist entsprechend anzuwenden. Der Pächter ist berechtigt, den Erstattungsbetrag einer einmalig erhobenen Abgabe in Teilleistungen, höchstens in fünf Jahresleistungen, zu entrichten."

Die **Pacht** i. S. des § 5 Abs. 1 BKleingG **ist das Entgelt für die Überlassung (Bereitstellung) von Grund und Boden zur kleingärtnerischen Nutzung** (§ 546 BGB). Die Pacht umfasst nicht die sog. Nebenleistungen, zu denen der Pächter unter bestimmten Voraussetzungen neben der Pacht verpflichtet sein kann. Hierzu gehören insbesondere die Erstattung von bestimmten Aufwendungen des Verpächters, ferner die Verpflichtung – soweit sie der Pächter übernommen hat –, Lasten zu tragen, die auf dem Kleingartengrundstück ruhen, und schließlich die Entrichtung von Beiträgen zur Finanzierung des Verwaltungsaufwands des Zwischenpächters[234].

Nach § 5 Abs. 5 BKleingG besteht die Möglichkeit der Überwälzung öffentlich-rechtlicher Lasten, die auf dem Kleingartengrundstück ruhen, vom Verpächter auf den Pächter[235].

Der **Pachtpreis** beinhaltet dagegen die Pacht zuzüglich der i. d. R. vernachlässigbaren Objektkosten, zu denen die Grundsteuer, die Umlagen zur Landwirtschaftskammer sowie die Beiträge zu den Berufsgenossenschaften zählen. Die am Markt gezahlten Pachtpreise müssen ggf. daraufhin untersucht werden, welche Positionen vom Pächter bzw. Verpächter getragen werden[236]. **285**

Als Pacht darf nach § 5 Abs. 1 Satz 1 BKleingG[237] – wie bereits erläutert – höchstens der vierfache Betrag der sog. „**ortsüblichen Pacht** im erwerbsmäßigen Obst- und Gemüseanbau bezogen auf die Gesamtfläche der Kleingartenanlage" verlangt werden. Nach der Vorschrift wird von einer ortsüblichen Pacht für die Gemeinde insgesamt ausgegangen; eine Differenzierung der ortsüblichen Pacht innerhalb der Gemeinde nach räumlicher Lage soll nicht in Betracht kommen[238]. Kann *die* ortsübliche Pacht nicht unter Heranziehung von Vergleichspachten, die in der Belegenheitsgemeinde vereinbart worden sind, abgeleitet werden, so ist nach § 5 Abs. 1 Satz 3 BKleingG auf *die* ortsübliche Pacht einer vergleichbaren Gemeinde zurückzugreifen (**Pachtadaptionsregelung**). Nach der Begründung zu dieser Adaptionsregelung kommen Gemeinden gleicher Größenordnung in vergleichbar strukturierter Region unter Berücksichtigung raumordnerischer und landesplanerischer Gesichtspunkte, wie Wirtschaftsleistung, Einkommensverhältnisse, Branchenstruktur und Beschäftigungsverhältnisse in Betracht. **286**

Die **Pachtadaptionsregelung** des § 5 Abs. 1 Satz 3 BKleingG soll nach Abs. 2 Satz 3 **auch gelten, wenn aus der Belegenheitsgemeinde** z. B. **nur ein einziger** oder **nur sehr wenige** (drei) **Vergleichspachten zur Ermittlung** *der* **ortsüblichen Pacht zur Verfügung stehen** und deshalb zu besorgen ist, dass mit der Ableitung datenschutzrechtliche Belange berührt sind, weil das Ergebnis der Ableitung *der* ortsüblichen Pacht damit einem oder wenigen Grundstücken konkret zugeordnet werden könnte. Deswegen bestimmt § 6 Abs. 2 Satz 3 BKleingG, dass auch in solchen Fällen zum Zwecke der Anonymisierung „ergänzend" Pachten aus vergleichbaren Gemeinden als Bemessungsgrundlage mit heranzuziehen sind. Dies ist letztlich vor allem auch wertermittlungstechnisch geboten und hätte eigentlich nicht der Klarstellung bedurft. **287**

---

234 Maincyk, KleingG. Komm. 7. Aufl., 1997, § 5 Rn. 26 f., 36 ff.; ders. GuG 1994, 193.
235 § 135 Abs. 4 Satz 3 BauGB; vgl. BR-Drucks. 616/93.
236 Faßbender/Hötzel/Lukanow, Landpachtrecht, 2. Aufl. 1993 Aschendorff, S. 32.
237 BGH, Urt. vom 12.11.1998 – III ZR 87/98 –, NJW-RR 1999, 237 = GuG-aktuell 1999, 46 (LS).
238 BT-Drucks. 12/6154; BT-Drucks. 12/6782.

288 Unter der „ortsüblichen" Pacht ist

- ein repräsentativer Querschnitt der Pachtbeträge zu verstehen,
- die in der Gemeinde für Flächen mit vergleichbaren wertbestimmenden Merkmalen
- unter gewöhnlichen Umständen tatsächlich und üblicherweise

gezahlt werden; auf regionale oder bundesdurchschnittliche Pachten kommt es somit nicht an. Als vergleichbare wertbestimmende Merkmale können folgende Kriterien gelten: Wege- und Erschließungsbedingungen, Entfernungen zu den Absatzmärkten, werbe- und verkaufswirksame Lage, Entfernung zum Betrieb, Bewässerungsmöglichkeiten, Einfriedung, Bodenqualität, Klima, Pachtlandbedarf, Möglichkeiten der Unterglaskultur, Entfernung zu Ballungsräumen, Lage, Bodenbeschaffenheit, Größe und Grundstücksgestalt[239].

289 In einem Gutachten des Gutachterausschusses *Hamburg* wird hierzu zutreffenderweise ausgeführt:

„Hierzu ist zu bemerken, dass der Standort und die Bodenqualität die Pacht beeinflussen. Die Pacht in einem Obst- oder Gemüseanbaugebiet wird sehr wesentlich von dem Angebot und der Nachfrage nach Pachtflächen bestimmt. Mit entscheidend ist ferner die wirtschaftliche Situation der Betriebe. Darüber hinaus wird die Pacht zu einem wesentlichen Teil von den erzielbaren Erträgen und den sich daraus ergebenden Familieneinkommen bestimmt. Die ortsübliche Pacht ist daher auch von den lokal vorherrschenden Merkmalen der Pachtgrundstücke und den landwirtschaftlichen Ertragsbedingungen abhängig. Eine getrennte Ermittlung einer ortsüblichen Pacht im erwerbsmäßigen Obstanbau und einer ortsüblichen Pacht im erwerbsmäßigen Gemüseanbau und anschließende arithmetische Mittelung ist nur gerechtfertigt, wenn sich die Verpachtungen für den Obst- und Gemüseanbau die Waage halten. Überwiegt z. B. – wie in Hamburg – der Obstanbau, so ist dieser auch entsprechend stärker zu berücksichtigen."

290 Diese **Auslegung des Begriffes Ortsüblichkeit** ermöglicht eine sinnvolle Anwendung des BKleingG auch insofern, als dann auch für Gebiete, in denen zwar Kleingärten verpachtet werden, jedoch kein Obst- und Gemüseanbau auf Pachtland betrieben wird, dennoch eine ortsübliche Pacht ermittelt werden kann. Im Übrigen ist der Pachtbegriff i. S. des bürgerlichen Rechts zu verstehen, d. h. als Summe der Gegenleistungen, die der Pächter schuldet, auch wenn darin Nebenleistungen wie Abgaben usw. enthalten sind.

291 Im Übrigen kann ein Kleingartenpachtvertrag – vorbehaltlich einer einvernehmlichen **Aufhebung des Pachtvertrags** – nur aus den im BKleingG ausdrücklich genannten Gründen durch die Verpächter gekündigt werden (§§ 8 bis 10 BKleingG).

8.2.3 Ermittlung der ortsüblichen Pacht

292 **Die ortsübliche Pacht ist** nach § 5 Abs. 2 Satz 1 BKleingG **auf Antrag** einer Vertragsartei **vom Gutachterausschuss für Grundstückswerte gutachterlich zu ermitteln**. Es handelt sich hierbei um eine Pflichtaufgabe, die den Aufgabenkatalog des § 193 BauGB ergänzt.

293 Nach § 5 Abs. 2 Satz 2 BKleingG sind die für die Anzeige von Landpachtverträgen[240] zuständigen Behörden[241] (**Grundstücksverkehrsausschüsse**) im Wege der Amtshilfe **verpflichtet**, auf Verlangen des Gutachterausschusses für Grundstückswerte diesem **Auskünfte über die ortsüblichen Pachten im erwerbsmäßigen Obst- und Gemüseanbau zu erteilen**.

294 Für die Ermittlung der ortsüblichen Pacht kommen als **Datengrundlage** insbesondere in Betracht:
- Angaben der Unteren Landwirtschaftsbehörde, denen nach § 2 des Landpachtverkehrsgesetzes i. V. m. dem Landesgesetz über die Anzeigenpflicht der Abschluss von Pachtverträgen anzuzeigen ist,
- Angaben der Bundesvermögens- und Liegenschaftsämter,

---

239 Vgl. Anl. 6.1 zur rh.-pf. RiWert vom 1.6.1988, a. a. O.
240 Gesetz über die Anzeige und Beanstandung von Landpachtverträgen (Landpachtverkehrsgesetz – LPachtVG) vom 8.11.1985 (BGBl. I 1985, 2075), zuletzt geändert durch Gesetz vom 29.7.1994 (BGBl. I 1994, 1890, 1942).
241 Diese ergeben sich aus den landesrechtlichen Durchführungsverordnungen zum Landpachtverkehrsgesetz (vgl. z. B. Nds. GVBl. 1987, 157).

Gartenland § 5 ImmoWertV IV

- Angaben des Bauernverbandes,
- Angaben freiberuflich tätiger Sachverständiger für Obst- und Gemüseanbau,
- Umfrageergebnisse bei Obst- und Gemüseanbaubetrieben sowie
- Angaben der Kirchen.

Abb. 31: Typische Pachten für Kleingärten[242]

Stadt	Ortsübliche Pacht in €/m² im Jahr
Aachen	0,10 €/m²
Berlin/West	0,35 €/m²
Bochum[a]	0,24 €/m²
Bremen	0,18 €/m²
Chemnitz	0,035 €/m²
Dortmund	0,15 €/m²
Düsseldorf	0,24 €/m²
Duisburg	0,22 €/m²
Dresden	0,16 €/m²
Essen	0,23 €/m²
Frankfurt am Main	0,50 €/m²
Hagen	0,20 €/m²
Halle	0,07 €/m²
Hamburg	0,10 €/m²
Köln	0,26 €/m²
Leipzig[b]	0,12 €/m²
Mainz[c]	0,03 €/m²
München	0,40 €/m²
Nürnberg	0,36 €/m²
Schwerin	0,06 €/m²

a. Grundstücksmarktbericht 2011.
b. Grundstücksmarktbericht 2011, bei einem „fiktiven Bodenwert" von 3,00 €/m².
c. Grundstücksmarktbericht 2008,

Quellen: auch Pachtzins-Spiegel des Bundesverbandes Deutscher Gartenfreunde e. V.; Der Fachberater 1992, 20 f.; Aktuelle Grundstücksmarktberichte (z. B. Hagen)

Nach Angaben des Materialienbands zum Agrarbericht 1996 der BReg[243] lagen die Pachtpreise in den alten **Ländern** im Durchschnitt bei 0,045 €/m².

Es empfiehlt sich, die herangezogenen **Pachtpreise über die Fläche zu mitteln:** **295**

$$\text{Ortsübliche Pacht pro m}^2 = \frac{\text{Summe der Pachten}}{\text{Summe der Pachtflächen}}$$

Sofern eine **Beziehung zwischen üblichen Ackerpreisen und den Pachtverhältnissen im** **296**
erwerbsmäßigen Obst- und Gemüseanbau als realistisch angesehen werden kann, soll auch diese Möglichkeit zur Bestimmung des Pachtpreises ausgeschöpft werden.

Pachtbeträge, bei denen anzunehmen ist, dass sie **nicht im gewöhnlichen Geschäftsver-** **297**
kehr zustande gekommen oder durch ungewöhnliche oder persönliche Verhältnisse beeinflusst worden sind, dürfen zum Vergleich nur herangezogen werden, wenn diese Besonderheiten in ihrer Auswirkung auf die Pachthöhe erfasst werden können und beim Pachtvergleich unberücksichtigt bleiben.

---

242 Vgl. GuG 2000, 110.
243 BT-Drucks. 13/3681, S. 260, 256, 178.

298 **Besonderheiten** können insbesondere vorliegen, wenn

- die vereinbarte Pacht erheblich von den Pachtbeträgen vergleichbarer Fälle abweicht,
- ein außergewöhnliches Interesse des Pächters an der Anpachtung des Grundstücks bestand,
- dringende Gründe für einen alsbaldigen Vertragsabschluss vorgelegen haben,
- besondere Bedingungen verwandtschaftlicher, wirtschaftlicher oder sonstiger Art zwischen den Vertragsparteien bestanden haben.

299 Zur Frage der Ermittelbarkeit von Pacht hat der Deutsche Städtetag 1986 umfassend Stellung genommen, die wegen ihrer grundsätzlichen Bedeutung auszugsweise wiedergegeben werden soll[244]. Danach komme als **Bemessungstatbestand für die Pacht nicht der Betrag in Betracht, der für Grundstücke** zu entrichten wäre (Wochenendhausgrundstücke), **die einem mit Kleingärten vergleichbaren Erholungszweck dienen.** Denn Wochenendhausgrundstücke weisen ganz andere Strukturen und Möglichkeiten als Kleingartenflächen auf (vgl. § 10 BauNVO). Grundsätzlich wird eine Bemessung der Pacht anhand von Verkehrswerten für möglich gehalten.

8.2.4 Kaufpreise von Kleingärten

300 Kaufpreise für mit Kleingärten vergleichbaren „Freizeitgärten" i. S. des § 1 Abs. 2 Nr. 1 BKleingG variieren in Abhängigkeit von ihren Standorten zwischen 6 bis 15 €/m² (*Bochum, Hannover*) und ca. 20 bis 40 €/m² (Berlin); für *Hagen* wird im Grundstücksmarktbericht 2004 ein Wert von 10 bis 15 €/m² (im Durchschnitt 10 €/m²) ausgewiesen. Zumeist werden jedoch Preise zwischen 15 und 25 €/m² verlangt. Legt man den Kaufpreis von 15 €/m² zugrunde, sind für den Erwerb eines Freizeitgartens 4 500 € aufzuwenden; bei 25 €/m² müssten 7 500 € gezahlt werden. Bei einer angemessenen Verzinsung dieses Grundstückswerts in Höhe von 6 % bedeutete dies für einen 300 m² großen Kleingarten eine Jahrespacht von 270 € bzw. 450 € im Jahr.

301 Preise von Dauerkleingärten

Frankfurt an der Oder (2011)	0,90 bis 1,50 €/m²	
Potsdam (2011) gesamtes Stadtgebiet	1,50 bis 18,00 €/m²	
Leipzig (2011)	3,00 €/m²	
Landkreis Wesel (2011)	10 bis 20 €/m²	Einzelparzellen

8.2.5 Steuerliche Zurechnung von Baulichkeiten in Kleingärten

302 Zur **steuerlichen Zurechnung von Gartenlauben**[245] hat das FG Münster im rechtskräftigen Urt. vom 25.11.1982 – III 845/79 EW – entschieden, dass das Gartenhaus mit einem Einheitswert von 1 250 €, das der Kleingärtner auf der ihm vom als gemeinnützig anerkannten Kleingärtnerverein zugewiesenen Kleingartenparzelle errichtete, dem Grundvermögen – Gebäude auf fremdem Grund und Boden – zuzuordnen ist. Entgegen der bisherigen Zurechnung derartiger Gartenlauben auf den Kleingärtner durch die Finanzämter hat das Finanzgericht jedoch entschieden, dass das wirtschaftliche Eigentum an der Gartenlaube aufgrund der in der Gartenordnung des Kleingärtnervereins enthaltenen Beschränkungen hinsichtlich der Vornahme von baulichen Veränderungen und des Abrisses der Gartenlaube sowie der Beschränkung in den Fällen der Mitgliedschaft nicht dem Kleingärtner zustehe.

Der Bundesfinanzhof[246] hat, obwohl die Zurechnung der Gartenlaube nicht unmittelbar Gegenstand des Verfahrens gewesen ist, in einem Urteil entschieden, dass der Kleingärtner als wirtschaftlicher Eigentümer der Gartenlaube angesehen werden muss und ihm dieses

---
244 Deutscher Städtetag, Stellungnahme vom 24.9.1986 – 6/45-01-Z 5299 –; zur Verfassungsmäßigkeit: BVerfG, Beschl. vom 23.9.1992 – 1 BvL 15/85 –, GuG 1993, 121 = EzGuG 3.109.
245 Erl. des FM von Nordrhein-Westfalen vom 23.7.1984 – S 3199 – 1 – V A 4 –.
246 BFH, Urt. vom 19.1.1979 – III R 42/77 –, BStBl. II 1979, 398.

Gebäude daher zu Recht als selbstständige wirtschaftliche Einheit zugerechnet worden ist. Obwohl das Finanzgericht Münster vom beklagten Finanzamt auf dieses Urteil aufmerksam gemacht worden ist, ist das Finanzamt in seiner Urteilsbegründung auf dieses BFH-Urteil nicht eingegangen.

Nach *Tipke/Kruse*, Tz. 32 zu § 39 AO, ist ein Gebäude auf fremdem Grund und Boden im Regelfall stets dem Erbauer zuzurechnen; auch *Rössler/Troll/Langner* kommen in den Textziffern 51 bis 55 zu § 70 BewG für die Frage der **Zurechnung eines Gebäudes auf fremdem Grund und Boden** zu dem Ergebnis, dass neben der Verfügungsbefugnis von der wirtschaftlichen Interessenlage der Beteiligten auszugehen ist. Es würde der bewertungs- und vermögenssteuerrechtlichen Systematik widersprechen, wenn die Aufwendungen des Kleingärtners für die Errichtung einer Gartenlaube einerseits sein Vermögen schmälern, das mit diesen Aufwendungen geschaffene sogenannte Einheitswert-Vermögen aber einem Anderen zugerechnet werden sollte.

Die Entscheidung des Finanzgerichts Münster ist hinsichtlich der Zurechnung als Einzelfallentscheidung zu behandeln und kann deshalb nicht allgemein angewendet werden. Anträge auf Zurechnungsfortschreibung oder Aufhebung der Einheitswerte sind mit rechtsbehelfsmäßigen Bescheiden abzulehnen und gegebenenfalls die Frage der Zurechnung in einem Musterprozess durch den Bundesfinanzhof entscheiden zu lassen.

8.2.6 Ermittlung des Wertanteils von Baulichkeiten und Aufwuchs in Kleingärten

Zur **Verkehrswertermittlung von Aufwuchs und Baulichkeiten** werden weitergehende Hinweise in amtlichen Vorschriften sowie in Richtlinien der Landesverbände gegeben:

Schrifttumshinweise

Bayern: *Richtlinien des Landesverbandes bayerischer Kleingärtner e. V. für die Bewertung von Anpflanzungen und Anlagen nach § 11 Abs. 1 des BKleingG, Bewertungsrichtlinien – (Oktober 2000, AllMBl. 2000, 729); vorher Bekanntm. des Staatsministeriums des Innern vom 14.2.1985 – II C 4 – 4709.9-3 – (MABl. 1985, 52), vom 28.11.1986 (MABl. 1986, 579), vom 28.1.1991 (AllMBl. 1991, 105) und vom 8.6.1993 (AllMBl. 1993, 780).*

Berlin: *Verwaltungsvorschrift über Kündigungsentschädigungen auf Kleingartenland vom 11.2.2003 (ABl. 2003, 814, DBl. VI Nr. 1, S 2).*

Brandenburg: *Richtlinien des Landesverbandes Brandenburg der Gartenfreunde e. V. für die Bewertung von Anpflanzungen, Gartenlauben, Garteneinrichtungen und sonstigen Anlagen in Kleingärten bei Kündigungsentschädigung nach § 11 Abs. 1 des BKleingG; Genehmigung vom 1.3.2006 (Amtl. Anz 2006, 267).*

Hamburg: *Richtlinien für die gutachterliche Schätzung bei Räumung von Kleingärten vom 30.9.1983. Bewertungsgrundlage des Fachamtes für Stadtgrün und Erholung der Behörde für Umwelt und Gesundheit zur Entschädigung von gekündigten Kleingartenflächen vom 15.5.2002 (nicht bekannt gemacht).*

Hessen: *Grundsätze und Richtlinien für die Wertermittlung von Aufwuchs, Baulichkeiten und sonstigen Einrichtungen in Kleingärten (1983) vom 10.11.1983 (StAnz 1983, 2318); aktueller Stand Juni 2008, nicht bekannt gemacht). Bewertung von Anpflanzungen und Anlagen gemäß § 11 Abs. 1 BKleingG vom 12.2.1993 (StAnz 1993, 767).*

Mecklenburg-Vorpommern: *Bekanntmachung des Landwirtschaftsministeriums über die Genehmigung der Richtlinien des Landesverbands der Gartenfreunde Mecklenburg und Vorpommern e. V. über die Bewertung von Anpflanzungen und Anlagen (Schätzungsrichtlinie) vom 16.9.1992 (ABl. 1992, 988; zuletzt geändert am 25.8.2006 ABl. 2006, 578).*

Rheinland-Pfalz: *Richtlinien des Landesverbandes Rheinland der Kleingärtner e. V.*[247].

Saarland: *Richtlinie über die Bewertung von Anpflanzungen und Anlagen nach § 11 Abs. 1 des BKleingG vom 1.1.1987 (GMBl. 1987, 31, zuletzt geändert am 19.2.1997 GMBl. 1997, 95).*

Sachsen: *Richtlinie für die Wertermittlung gemäß § 11 Abs. 1 Satz 2 BKleingG; Bekanntmachung der Genehmigung des Sächsischen Staatsministeriums für Umwelt und Landwirtschaft vom 22.7.2009 (ABl. 2009, 1279).*

---

247 Abgedruckt in Kleiber/Simon/Weyers, Verkehrswertermittlung von Grundstücken, 3. Aufl., S. 2247.

IV § 5 ImmoWertV — Gartenland

Sachsen-Anhalt: *Erl. des FM vom 4.10.1991 – 45 – S 3191 – betr. Bewertung von Kleingartenland und von Kleingartenlauben in Kleingartenanlagen. Rahmenrichtlinie für die Wertermittlung in Kleingärten; Bekanntmachung der Genehmigung vom 18.3.1997 (MinBl. 1997, 918; zuletzt geändert am 25.9.2001 MinBl. 2001, 950).*

Schleswig-Holstein: *Richtlinie über die Bewertung und Entschädigung von Anpflanzungen und Anlagen nach § 11 Abs. 1 des BKleingG vom 13.12.1985 – VIII 360a – 4360.1 – (ABl. 1986, 13) i. d. F. vom 11.7.2008 – V 233 – 4360.12 (ABl. 2008, 691).*

Thüringen: *VV des FM vom 14.12.1995 – 14 S 3106b A 2 201.5 betr. Bewertung von Wochenendhäusern. Bewertungsrichtlinien nach § 11 Abs. 1 Satz 2 BKleingG; Bekanntmachung der Genehmigung des Thüringer Ministeriums für Landwirtschaft, Naturschutz und Umwelt vom 13.4.2004 (StAnz 2004, 1342).*

Bundesverband Deutscher Gartenfreunde e. V., *Wertermittlung bei Pächterwechsel*, GuG 2001, 42.

8.3 Sonstiges Gartenland

▶ *Vgl. Rn. 178 sowie Syst. Darst. des Vergleichswertverfahrens Rn. 264; § 8 ImmoWertV Rn. 149 ff.*

304 Für das sonstige Gartenland werden von den Gutachterausschüssen für Grundstückswerte nur vereinzelt Angaben gemacht. Allgemein ist festzustellen, dass das **Gartenland in den innerstädtischen Bereichen** deutlich höher als im städtischen Weichbild gehandelt wird.

Das Preisniveau von **Gartenland** wird von vielen Gutachterausschüssen mit einem Wert von 25 % des nächstgelegenen Rohbaulands angegeben.

Abb. 32: Gartenland

	Garten- und Erholungsflächen		
	Inneres Stadtgebiet	Äußeres Stadtgebiet Stadtrandlage	Bemerkungen
Bergisch Gladbach	5 €/m²		
Bremen 2000	11,00 bis 13,50 €/m²		
Landkreis Dahme-Spreewald	0,29 bis 40 €/m² (Durchschnitt 9,35 €/m²)		
Frankfurt 2012 (Erwerbsgartenbauland)		17,00 €/m²	
Dresden 2000	17,50 bis 22,50 €/m²	2,50 bis 12,50 €/m²	Im Umland je nach Lage
Göttingen (2012)	23,94 €/m² bei Ø 728 m²		Ca. 10–15 % des benachbarten Bodenrichtwerts
LK Göttingen	5,17 €/m² bei Ø 670 m²		
Leipzig (2011)	1,00 bis 25,00 €/m²		
LK Northeim (2012)	4,93 €/m² bei Ø 1 203 m²		Ca. 10–15 % des benachbarten Bodenrichtwerts
LK Osterode am Harz (2012)	3,15 €/m² bei Ø 1 043 m²		
Land Brandenburg (2012)	0,35 bis 20 €/m² (Durchschnitt 4,55 €/m²)		
Potsdam 2011	4,60–40,00 €/m²	2,65–35,00 €/m²	
Potsdam-Mittelmark (2011)			ca. 17–34 % des benachbarten Bodenrichtwerts für Wohnbauland

▶ *Vgl. auch die Durchschnittswerte für Gartenflächen in Brandenburg (2003) in Kleiber, Verkehrswertermittlung von Grundstücken, 6. Aufl. 2010, S. 736*

Gartenland § 5 ImmoWertV IV

Im Immobilienmarktbericht 2011[248] für *Südhessen* wird als Ergebnis einer Untersuchung für vornehmlich im Außenbereich gelegenes und in der Flächennutzungsplanung u. a. als „Freizeit- und Kleingärten" ausgewiesenes sog. „wohnungsfernes Gartenland" eine Abhängigkeit des Bodenwerts vom Bodenrichtwert landwirtschaftlicher Flächen festgestellt (Abb. 33):

Abb. 33: Bodenwert wohnungsfernen Gartenlands (2011)

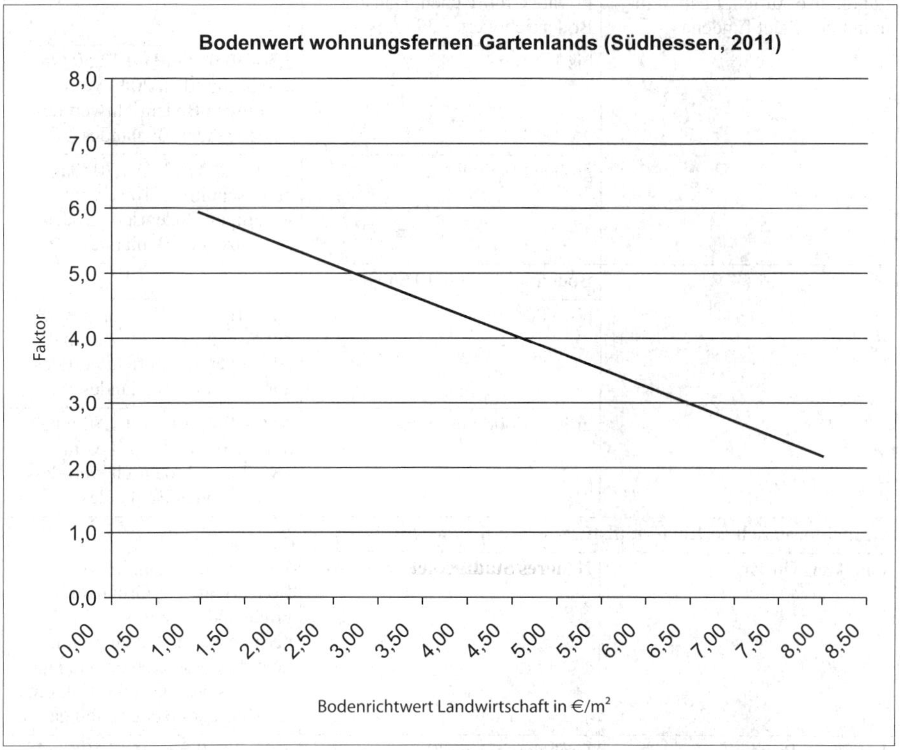

Quelle: Grundstücksmarktbericht 2011 Amt für Bodenmanagement Heppenheim

Der Landesgrundstücksmarktbericht von *Niedersachsen* weist folgende Grundstückspreise aus (Abb. 34):

---

[248] Immobilienmarktbericht 2011 der Gutachterausschüsse für Grundstückswerte für den Bereich des Amtes für Bodenmanagement Heppenheim; vgl. GuG 2011, 296.

Abb. 34: Grundstückspreise für Gartenland

Grundstückspreise für Gartenland in Niedersachsen 2012		
Landkreis, kreisfreie Stadt, Region	Nutzung und ggf. Lage	Preise
Gutachterausschuss für Grundstückswerte Aurich		
Landkreise Aurich, Leer, Wittmund und Stadt Emden	Private Grünflächen, Hausgarten Bodenrichtwert > 39 €/m²	
	bis 1 000 m²	3,50–39,00 €/m² (Ø 12,50 €/m²) durchschnittlich 20 % vom jeweiligen Bodenrichtwert des angrenzenden Baulandes
	größer 1 000 m²	1,30–9,00 €/m² (Ø 4,70 €/m²) durchschnittlich 10 % vom jeweiligen Bodenrictwert des angrenzenden Baulandes
	Bodenrichtwert < 40 €/m²	
	bis 1 000 m²	1,25–16,90 €/m² (Ø 6,75 €/m²) durchschnittlich 24 % vom jeweiligen Bodenrichtwert des angrenzenden Baulandes
	größer 1 000 m²	1,50–10,20 €/m² (Ø 3,80 €/m²) durchschnittlich 16 % vom jeweiligen Bodenrichtwert des angrenzenden Baulandes
Gutachterausschuss für Grundstückswerte Braunschweig		
Landkreis Goslar	Hausgarten, Kleingarten	Preisniveau abhängig von Bodenrichtwert, Grundstücksgröße und Lage innerhalb geschlossener Bebauung und dem Außenbereich gemäß Diagramm sowie Korrekturfaktoren für Hausgärten oder Kleingarten
Landkreis Peine	Grabeland/Dauerkleingarten	1,45–29,40 €/m² (Ø 7,60 €/m²)
Landkreis Wolfenbüttel	Grabeland/Dauerkleingarten	0,50–26,00 €/m² (Ø 6,00 €/m²)
Stadt Braunschweig	private Grünflächen	3,00–20,00 €/m² (Ø 10,00 €/m²)
	private Kleingartenflächen	5,00–20,00 €/m² (Ø 10,00 €/m²)
Stadt Salzgitter	Gartenland bzw. private Grünfläche je nach Lage im dörflichen Randbereich oder innerhalb der größeren Stadtteile	1,50–8,00 €/m² (Ø 3,60 €/m²)
Gutachterausschuss für Grundstückswerte Cloppenburg (2013)		
Landkreis Cloppenburg	Hausgarten	Durchschnittlich 28 % des Wohnbaulandwerts (ebf) in der Nachbarschaft
Landkreis Oldenburg	Hausgarten	Durchschnittlich 26 % des Wohnbaulandwerts (ebf) in der Nachbarschaft
Landkreis Vechta	Hausgarten	Durchschnittlich 21 % des Wohnbaulandwerts (ebf) in der Nachbarschaft

Gartenland § 5 ImmoWertV IV

Grundstückspreise für Gartenland in Niedersachsen 2012		
Landkreis, kreisfreie Stadt, Region	**Nutzung und ggf. Lage**	**Preise**
Stadt Delmenhorst	Hausgarten	Durchschnittlich 28 % des Wohnbaulandwerts (ebf) in der Nachbarschaft
Gutachterausschuss für Grundstückswerte Hameln		
Landkreis Hameln-Pyrmont	Hausgarten/Grabeland oder Kleingartenanlage	
	in Hameln	2,44–25,80 €/m² (Ø 7,37 €/m²) durchschnittlich 13 % vom jeweiligen Bodenrichtwertniveau der angrenzenden Baulandfläche
	im übrigen Landkreis	0,54–20,00 €/m² (Ø 5,90 €/m²) durchschnittlich 18 % vom jeweiligen Bodenrichtwertniveau der angrenzenden Baulandfläche
Landkreis Hildesheim	Hausgarten/Grabeland oder Kleingartenanlage	
	in der Stadt Hildesheim	3,35–38,30 €/m² (Ø 14,50 €/m²) durchschnittlich 7 % vom jeweiligen Bodenrichtwertniveau der angrenzenden Baulandfläche
	in Kleinstädten	2,05–15,20 €/m² (Ø 6,55 €/m²) durchschnittlich 10 % vom jeweiligen Bodenrichtwertniveau der angrenzenden Baulandfläche
	in ländlichen Gemeinden	1,70–14,30 €/m² (Ø 5,55 €/m²) durchschnittlich 14 % vom jeweiligen Bodenrichtwertniveau der angrenzenden Baulandfläche
Landkreis Holzminden	Hausgarten/Grabeland oder Kleingartenanlage	
	in den Städten	2,10–9,80 €/m² (Ø 4,36 €/m²) durchschnittlich 9 % vom jeweiligen Bodenrichtwertniveau der angrenzenden Baulandfläche
	im übrigen Landkreis	1,20–3,90 €/m² (Ø 2,56 €/m²) durchschnittlich 13 % vom jeweiligen Bodenrichtwertniveau der angrenzenden Baulandfläche

Grundstückspreise für Gartenland in Niedersachsen 2012		
Landkreis, kreisfreie Stadt, Region	Nutzung und ggf. Lage	Preise
Landkreis Schaumburg	Hausgarten/Grabeland oder Kleingartenanlage	
	in ländlichen Gemeinden	1,50–9,00 €/m² (Ø 4,45 €/m²) 10 bis 20 % vom jeweiligen Bodenrichtwertniveau der angrenzenden Baulandfläche
	in den Stadtrandlagen	2,50–10,00 €/m² (Ø 5,75 €/m²) 8 bis 25 % vom jeweiligen Bodenrichtwertniveau der angrenzenden Baulandfläche
	in den Innenstädten	10,00–15,00 €/m² (Ø 11,90 €/m²) 8 bis 25 % vom jeweiligen Bodenrichtwertniveau der angrenzenden Baulandfläche
Gutachterausschuss für Grundstückswerte Hannover		
Region Hannover (2011)	**Eigentümergärten**	
	– in der Stadt Hannover und direkt angrenzenden Ortsteilen	15,00–35,00 €/m²
	– stadtnahe Region und Zentren in der übrigen Region	10,00–20,00 €/m²
	– ländlich strukturierte Gebiete in der übrigen Region	7,50–15,00 €/m²
	Sonstiges Gartenland	
	– in der Stadt Hannover und direkt angrenzenden Ortsteilen	6,00–17,50 €/m²
	– stadtnahe Region und Zentren in der übrigen Region	5,00–13,00 €/m²
	– ländlich strukturierte Gebiete in der übrigen Region	3,50–8,00 €/m²
	Grabeland	
	– in der Stadt Hannover und direkt angrenzende Ortsteile	4,00–8,00 €/m²
	– stadtnahe Region und Zentren in der übrigen Region	3,00–6,00 €/m²
	– ländlich strukturierte Gebiete in der übrigen Region	2,00–4,00 €/m²
	Kleingarten	3,00–14,00 €/m²
Gutachterausschuss für Grundstückswerte Lüneburg		
Landkreis Harburg	Hausgarten, Grünanlagen, Eigentumsgarten	1,30–31,26 €/m² (Ø 7,82 €/m²) durchschnittlich ca. 6–8 % des Wohnbaulandwerts (ebf) in der Nachbarschaft
Landkreis Lüneburg	Hausgarten, Grünanlagen, Eigentumsgarten	1,00–25,20 €/m² (Ø 8,04 €/m²) durchschnittlich ca. 8–13 % des Wohnbaulandwerts (ebf) in der Nachbarschaft

Gartenland § 5 ImmoWertV IV

Grundstückspreise für Gartenland in Niedersachsen 2012		
Landkreis, kreisfreie Stadt, Region	**Nutzung und ggf. Lage**	**Preise**
Landkreis Uelzen	Hausgarten, Grünanlagen, Eigentumsgarten	0,50–15,00 €/m² (Ø 4,21 €/m²) durchschnittlich ca. 13–14 % des Wohnbaulandwerts (ebf) in der Nachbarschaft
Landkreis Lüchow-Dannenberg	Hausgarten, Grünanlagen, Eigentumsgarten	0,50–10,40 €/m² (Ø 4,20 €/m²) durchschnittlich ca. 25 % des Wohnbaulandwerts (ebf) in der Nachbarschaft
Gutachterausschuss für Grundstückswerte Northeim		
Landkreis Göttingen	Gartenland	
	in der Stadt Göttingen	durchschnittlich 13,56 €/m²
	im Landkreis Göttingen	durchschnittlich 3,45 €/m² durchschnittlich 8–15 % des benachbarten Bodenrichtwerts für erschließungsbeitragsfreies Wohnbauland
Landkreis Northeim	Gartenland	durchschnittlich 4,50 €/m² durchschnittlich 8–15 % des benachbarten Bodenrichtwerts für erschließungsbeitragsfreies Wohnbauland
Landkreis Osterode am Harz	Gartenland	durchschnittlich 2,88 €/m² durchschnittlich 8–15 % des benachbarten Bodenrichtwerts für erschließungsbeitragsfreies Wohnbauland
Gutachterausschuss für Grundstückswerte Oldenburg		
LK Ammerland	Hausgarten oder private Grünfläche	
	in bebauten Ortslagen	Ø 25 % des Baulandwerts
	im Außenbereich	2,50–5,00 €/m²
Landkreis Wesermarsch	Hausgarten oder private Grünfläche	
	in bebauten Ortslagen	10–20 % des Baulandwerts
	im Außenbereich	abhängig auch von der Grundstücksgröße bis auf Niveau der landwirtschaftlichen Preise
Stadt Oldenburg	Hausgarten oder private Grünfläche	
	in bebauten Ortslagen	Ø 25 % des angrenzenden Baulandwerts
	im Außenbereich	2,50–5,00 €/m²
Gutachterausschuss für Grundstückswerte Osnabrück		
Landkreis Osnabrück	Gartenland als Zukauf bei landwirtschaftlichen Hofstellen im Außenbereich	3,00–6,00 €/m²
Stadt Osnabrück	Hausgarten/Grabeland und Dauerkleingarten	Darstellung der Kaufpreise in €/m² aus Diagramm

Grundstückspreise für Gartenland in Niedersachsen 2012		
Landkreis, kreisfreie Stadt, Region	Nutzung und ggf. Lage	Preise
Gutachterausschuss für Grundstückswerte Ottendorf		
Landkreis Cuxhaven	Gartenland	0,77–19,10 €/m² (Ø 4,50 €/m²) durchschnittlich 17,4 % des jeweils benachbarten Baulandrichtwerts
Landkreis Osterholz	Gartenland	1,00–47,39 €/m² (Ø 12,96 €/m²) durchschnittlich 18,2 % des jeweils benachbarten Baulandrichtwerts
Landkreis Stade	Gartenland	1,50–12,00 €/m² (Ø 6,05 €/m²) durchschnittlich 14,5 % des jeweils benachbarten Baulandrichtwerts
Gutachterausschuss für Grundstückswerte Sulingen		
Landkreis Diepholz	Gartenland	
	im südlichen Bereich	durchschnittlich 5,50 €/m² 10–90 % (Ø 35–40 %) des Baulandrichtwerts (ebf)
	im nördlichen Bereich	durchschnittlich 11,00 €/m² 10–60 % (Ø 25–30 %) des Baulandrichtwerts (ebf)
Landkreis Nienburg/Weser	Gartenland	durchschnittlich 15,50 €/m² durchschnittlich 35 % des mittleren Baulandrichtwerts (ebf)
Gutachterausschuss für Grundstückswerte Verden		
Landkreis Heidekreis	Gartenland bis 500 m²	1,50–47,00 €/m² (Ø 15,53 €/m²) durchschnittlich 30 % des jeweils benachbarten Baulandrichtwerts
	500–1 000 m²	Ø 10,17 €/m² durchschnittlich 22 % des jeweils benachbarten Baulandrichtwerts
Landkreis Rotenburg (Wümme)	Gartenland	5,00–30,00 €/m² (Ø 12,27 €/m²) durchschnittlich 26 % des jeweils benachbarten Baulandrichtwerts
Landkreis Verden	Gartenland	1,00–43,00 €/m² (Ø 8,70 €/m²) durchschnittlich 11 % des jeweils benachbarten Baulandrichtwerts
Landkreis Celle	Private Grünfläche, Gartenland	0,55–39,00 €/m² (Ø 13,70 €/m²)
Landkreis Gifhorn	Private Grünfläche, Gartenland	0,15–23,00 €/m² (Ø 7,60 €/m²)
Landkreis Helmstedt	Private Grünfläche, Gartenland	0,20–12,10 €/m² (Ø 3,10 €/m²)
Stadt Wolfsburg	Private Grünfläche, Gartenland	1,70–40,00 €/m² (Ø 14,30 €/m²)

Quelle: Landesgrundstücksmarktbericht Niedersachsen 2012

305 Eine besondere Kategorie bilden das **Gartenbauland bzw. Gärtnereiflächen**. Verschiedene Gutachterausschüsse veröffentlichen für diese Kategorie Durchschnittswerte (Abb. 35):

Abb. 35: Durchschnittswerte für Gärtnereiflächen in Kleve

Jahr	1991	1992	1993	1994	1995	1996	1997	1998	1999	2000	2001	2002	2003	2004
€/m²	4,11	4,73	4,47	4,87	4,39	4,06	4,79	4,70	4,62	5,83	5,13	5,69	5,33	4,79
Anzahl								8	16	10	6	5	8	

Quelle: Marktbericht des Gutachterausschusses in Kleve 2006

Des Weiteren wird als eigene Kategorie z. B. auch über Durchschnittspreise von **Obstbauland** berichtet, z. B. Grundstücksmarktbericht *Potsdam-Mittelmark* 2003: 0,45 bis 1,30 €/m² (Mittel 0,75 €/m²).

9 Abbauland

9.1 Allgemeines

Schrifttum: *Balloff, H.*, Besonderheiten der Wertermittlung für die Begründung schadensersatzrechtlicher Forderungen in Bergbaugebieten, GuG 1999, 44; *Drisch/Schürken*, Bewertung von Bergschäden und Setzungsrissen von Gebäuden, 1995 Hannover; *Finke*, Bergschäden GuG 1999, 266; *Hoffmann, D.*, Wertermittlung von Abbauland, GuG 2004, 156; *Uherek, H.-W./Kölberl, D.*, Verkehrswert von Grundstücken über Kiesvorkommen in den neuen Bundesländern, Verlag Pflug und Feder, 1. Aufl. 1993.

▶ Vgl. Teil V Rn. 225 ff.; Vorbem. zur ImmoWertV Rn. 12; § 196 BauGB Rn. 16 zur Teilmarktrechtsprechung; zur Beleihungswertermittlung vgl. Teil IX Rn. 40

Als Abbauland werden in § 43 BewG Betriebsflächen definiert, die **durch Abbau von Bodensubstanz überwiegend für den Betrieb nutzbar gemacht** werden; das Gesetz nennt Sand-, Kies-, Lehmgruben, Steinbrüche, Torfstiche und dgl.; z. B. Grauwacke, Bims, Basalt und Ton (vgl. Rn. 7)[249]. In der steuerlichen Bewertung wird das Abbauland gesondert mit dem Einzelertragswert bewertet. Das Abbauland ist grundsätzlich den Flächen der Land- oder Forstwirtschaft zuzurechnen, soweit es land- oder forstwirtschaftlich nutzbar ist. Größere Betriebe werden allerdings in der steuerlichen Bewertung i. d. R. nicht dem land- oder forstwirtschaftlichen Vermögen zugerechnet[250].

Bei Abgrabungsgrundstücken handelt es sich regelmäßig um (ehemals) landwirtschaftliche Nutzflächen, die **in regionalen Raumordnungsplänen als „Vorrangfläche für die Rohstoffgewinnung"** bzw. in Flächennutzungsplänen der Gemeinden als Fläche für Abgrabungen oder für die Gewinnung von Bodenschätzen, z. B. Kiesabbau, **dargestellt sind.**

---

[249] Vgl. ErbStGR 2011 R B 160.19: „Zum Abbauland gehören Sandgruben, Kiesgruben, Steinbrüche und dergleichen, wenn sie durch Abbau der Bodensubstanz überwiegend für den Betrieb der Land- und Forstwirtschaft nutzbar gemacht werden. Stillgelegte Kiesgruben und Steinbrüche eines Betriebs der Land- und Forstwirtschaft, die weder kulturfähig sind noch bei geordneter Wirtschaftsweise Ertrag abwerfen können, gehören zum Unland und nicht zum Abbauland."
[250] Def. 17 des BodSchätzÜbernErl.; RFH, Urt. vom 12.1.1939 – III 157/38 –, RStBl. 1939, 605; RFH, Urt. vom 20.3.1931 – III A 386 –, RStBl. 1932, 106; vgl. Erl. FM NW vom 6.1.1971 – S 3124 – 3 – VC 1.

IV § 5 ImmoWertV **Abbauland**

308 Bei **Abgrabungsgrundstücken** handelt es sich häufig um 100 000 bis 300 000 m² große Grundstücke, die an der **Oberfläche im Tagebauverfahren** (Trockenabbau, Abbau unter der Wasseroberfläche) abgegraben oder ausgebeutet werden. Allgemein hat sich hierfür der Begriff „Abgrabungsgrundstücke" durchgesetzt. Gemeint ist nicht die Gewinnung von Bodenschätzen in größerer Tiefe (z. B. Kohle, Braunkohle im großflächigen Tagebau, Erze, Mineralien, Salze, Öl, Erdgas), insbesondere also nicht die förderbaren Vorkommen, die dem Bergrecht oder der Bergaufsicht durch das Bergamt unterliegen. Vorwiegend kommen für die Gewinnung im Tagebau folgende Bodensubstanzen/-schätze (Grundstoffe) in Betracht:

– Lehm, Ton, Sand[251], Quarzsand, Kies, Torf,
– Bims, Kalk, Gesteine, die in Brüchen abgebaut werden, Braunkohle.

309 Normalerweise erfolgt im Tagebau eine **Abgrabung bis zu einer Tiefe von 20 bis 40 m**. Es werden hauptsächlich Schaufelbagger, Schwimmbagger, Kräne, Brech- und Bohrmaschinen eingesetzt; hinzu kommt meist ein umfangreicher Fuhrpark, insbesondere von Schwer-Lkw und Spezialfahrzeugen. Bei großen Abbautiefen (möglich sind Tiefen bis zu 200 m, beispielsweise bei Quarzsandgruben) unterliegen diese Förderstätten der Aufsicht des zuständigen Bergamts. Hierfür ist eine Zulassung (Genehmigung) dieser Stelle u. a. für die Ausführung von Rahmenbetriebsplan (langfristige Abbauplanung) und Hauptbetriebsplan (mittelfristige Abbauplanung für fünf Jahre) erforderlich.

310 Die *oberirdische* **Gewinnung von Bodenschätzen** (Abgrabung) ist im Bundesberggesetz (BBergG) und in den Abgrabungsgesetzen der Länder geregelt (z. B. Gesetz zur Ordnung von Abgrabungen – Abgrabungsgesetz– in Nordrhein-Westfalen), soweit sie in der Verfügungsgewalt des Grundeigentümers steht. Bodenschätze sind insbesondere Kies, Sand, Ton, Lehm, Dolomit, sonstige Gesteine, Moorschlamm und Torf. Davon zu unterscheiden sind die zumeist *unterirdischen* Abgrabungen, die der Aufsicht der Bergbehörde unterliegen.

311 Die **oberirdische Abgrabung bedarf** (ebenfalls) **der Genehmigung**, die zu erteilen ist, wenn

– ein vollständiger Abgrabungsplan vorliegt,
– die Ziele der Raumordnung und Landesplanung sowie die Belange der Bauleitplanung, des Naturhaushalts, der Landschaft und der Erholung beachtet sind und
– andere öffentliche Belange im Einzelfall nicht entgegenstehen.

Die Genehmigung berührt grundsätzlich nicht das Recht, den Eigentümer bzw. dinglich Nutzungsberechtigten der Feldgrundstücke eine dem Gewinnungsberechtigten nachteilige Benutzung der Grundstücksoberfläche (z. B. Verlegung einer Leitung) zu verbieten[252].

312 In einigen Ländern gelten für die **Genehmigung** spezielle Gesetze, so z. B. in

– *Bayern*: Bay. Abgrabungsgesetz vom 27.12.1999 (GVBl. 1999, 352), zuletzt geändert durch Gesetz vom 20.12.2007 (GVBl. 2007, 858).
– *Rheinland-Pfalz*: Landesgesetz über den Abbau und die Verwertung von Bimsvorkommen (Bimsgesetz) vom 13.4.1949 (GVBl. 1949, 143), zuletzt geändert durch Gesetz vom 6.2.2001 (GVBl. 2001, 29).
– *Niedersachsen*: Nds. Naturschutzgesetz vom 11.4.1994 (GVBl. 1994, 155), zuletzt geändert durch Gesetz vom 23.6.2005 (GVBl. 2005, 210).
– *Nordrhein-Westfalen*: Gesetz zur Ordnung von Abgrabungen (Abgrabungsgesetz – AbgrG) i. d. F. der Bekanntmachung vom 23.11.1979 (GVBl. 1979, 922), zuletzt geändert durch Gesetz vom 19.6.2007 (GVBl. 2007, 226).

Nach dem Landesplanungsgesetz Nordrhein-Westfalen ist im **Braunkohlenplanverfahren** ein besonderes Verfahren von dem dafür eingesetzten Braunkohlenausschuss (BKA) durchzuführen. Die von ihm aufzustellenden Braunkohlenpläne legen auf der Grundlage des Landes-

---
251 BGH, Urt. vom 25.11.1975 – III ZR 92/73 –, BRS Bd. 34 Nr. 188 = EzGuG 4.45.
252 BGH, Urt. vom 23.11.2000 – III ZR 342/99 –, BGHZ 146, 98 = EzGuG 4.178.

entwicklungsprogramms und von Landesentwicklungsplänen sowie in Abstimmung mit den Gebietsentwicklungsplänen im Braunkohlenplangebiet die Ziele der Raumordnung und Landesplanung fest. Dabei ist zwischen Braunkohlenplänen zu unterscheiden, die
- ein Abbauvorhaben und
- die eine Darstellung von Umsiedlungsorten

zum Gegenstand haben.

Nach dem BBergG hat ein Umsiedler Anspruch auf Entschädigung des Verkehrswerts und der Folgekosten, wobei Einflüsse aus dem bevorstehenden Braunkohletagebau unberücksichtigt bleiben. In der **Entschädigungspraxis** (z. B. der RWE Power) kommt dabei eine Reihe von Besonderheiten zur Anwendung:
- Entschädigung der Differenz zwischen Verkehrswert und festgestelltem Sachwert (Marktanpassung),
- Nichtabschreibung der Baunebenkosten sowie
- Entschädigung des Aufwuchses ausgerichtet auf eine Neuanlage des alten Gartens in handelsüblicher Ausführung, ggf. unter Anrechnung der Aufwuchsentschädigung (vgl. Syst. Darst. des Sachwertverfahrens Rn. 219 ff.).

Die Gesetze stellen an die Betreiber von Abbauunternehmen **Rekultivierungsanforderungen**. Es wird auf die **Beseitigung der infolge der Abgrabungen verursachten Landschaftsschäden** durch eine sinnvolle Herrichtung des ausgebeuteten Geländes auf Kosten des Abbauunternehmens besonderer Wert gelegt. Hierzu werden Sicherheitsleistungen (Bargeld oder selbstschuldnerische unbefristete Bankbürgschaften) verlangt[253].

In den anderen Bundesländern finden sich zumeist in der **Bauordnung** besondere Vorschriften, die wie § 1 und § 2 AbgrG NW den Unternehmer und subsidiär den Eigentümer zur Herrichtung des Geländes während und nach Abschluss der Abgrabungen verpflichten. Die **Rekultivierung von ausgebeuteten Kies- und Sandgruben** ist i. d. R. in den landesrechtlichen Naturschutzgesetzen geregelt.

Zuständig für die Genehmigung der Abgrabung sind die in den Vorschriften für die einzelnen Bundesländer genannten Behörden[254]. Mit einer **Genehmigung von Abgrabung und Herrichtung (Rekultivierung)** kann im Allgemeinen gerechnet werden, wenn die nachstehend aufgeführten Unterlagen vorliegen.

Belange des Naturhaushalts und der Landschaft sind i. d. R. beachtet, wenn durch die Nutzung und Herrichtung des Abbau- und Betriebsgeländes

a) der Naturhaushalt durch Eingriffe in die Tier- und Pflanzenwelt, die Grundwasserverhältnisse, das Klima und den Boden nicht nachhaltig geschädigt wird,

b) eine Verunstaltung des Landschaftsbildes auf Dauer vermieden wird,

c) Landschaftsteile von besonderem Wert nicht zerstört werden und

d) den Entwicklungszielen und besonderen Festsetzungen eines aufgrund des Landschaftsgesetzes erlassenen rechtsverbindlichen Landschaftsplanes nicht nachhaltig und erheblich zuwidergehandelt wird.

---

253 Vgl. hierzu z. B. § 10 AbgG NW.
254 In Nordrhein-Westfalen ist dies z. B. der Regierungspräsident.

9.2 Grundeigene und bergfreie Bodenschätze

9.2.1 Allgemeines

▶ *Vgl. § 194 BauGB Rn. 36*

317 Bei der **Verkehrswertermittlung von Grundstücken mit Bodenschätzen** ist entsprechend dem BBergG zwischen

– bergfreien Bodenschätzen (§ 3 Abs. 3 BBergG) und
– grundeigenen Bodenschätzen (§ 3 Abs. 4 BBergG)

zu unterscheiden.

318 **Grundeigene Bodenschätze stehen** nach § 3 Abs. 2 Satz 1 BBergG im **Eigentum des Grundeigentümers**. Nach Satz 2 dieser Vorschrift erstreckt sich das Grundeigentum nicht auf die bergfreien Bodenschätze. Welche bergfreien Bodenschätze hierunter fallen, ergibt sich abschließend aus § 3 Abs. 3 BBergG. Die Aufsuchung von bergfreien Bodenschätzen setzt nach den §§ 3 ff. BBergG eine Erlaubnis voraus. Die Förderung bedarf zudem der Bewilligung oder des Bergwerkeigentums (Bergrecht). Es verleiht dem Bergbauberechtigten nicht das Eigentum am Grundstück, sondern ein eigentumsähnliches Aneignungsrecht im Umfang der Bewilligung und Verleihung unter Ausschluss des Grundeigentümers. Das Bergrecht geht also von dem Grundsatz aus, dass sich das Grundeigentum nicht auf die bergfreien Bodenschätze erstreckt und jeder, der solche Bergschätze aufsuchen will, einer Erlaubnis bedarf[255]. Bergrechtliche Duldungspflichten des Eigentümers können enteignenden Charakter haben[256].

319 Die **Zuordnung von grundeigenen und bergfreien Bodenschätzen** ergibt sich aus § 3 Abs. 3 und § 4 BBergG, der folgende Fassung hat:

„**§ 3 BBergG** Bergfreie und grundeigene Bodenschätze
(1) Bodenschätze sind mit Ausnahme von Wasser alle mineralischen Rohstoffe in festem oder flüssigem Zustand und Gase, die in natürlichen Ablagerungen oder Ansammlungen (Lagerstätten) in oder auf der Erde, auf dem Meeresgrund, im Meeresuntergrund oder im Meerwasser vorkommen.
(2) **Grundeigene Bodenschätze** stehen im Eigentum des Grundeigentümers. Auf bergfreie Bodenschätze erstreckt sich das Eigentum an einem Grundstück nicht.
(3) **Bergfreie Bodenschätze** sind, soweit sich aus aufrecht erhaltenen alten Rechten (§§ 149 bis 159) oder aus Absatz 4 nichts anderes ergibt:
Actinium und die Actiniden, Aluminium, Antimon, Arsen, Beryllium, Blei, Bor, Caesium, Chrom, Eisen, Francium, Gallium, Germanium, Gold, Hafnium, Indium, Iridium, Kadmium, Kobalt, Kupfer, Lanthan und die Lanthaniden, Lithium, Mangan, Molybdän, Nickel, Niob, Osmium, Palladium, Phosphor, Platin, Polonium, Quecksilber, Radium, Rhenium, Rhodium, Rubidium, Ruthenium, Scandium, Schwefel, Selen, Silber, Strontium, Tantal, Tellur, Thallium, Titan, Vanadium, Wismut, Wolfram, Yttrium, Zink, Zinn, Zirkonium – gediegen und als Erze außer in Raseneisen-, Alaun- und Vitriolerzen –;
Kohlenwasserstoffe nebst den bei ihrer Gewinnung anfallenden Gasen;
Stein- und Braunkohle nebst den im Zusammenhang mit ihrer Gewinnung auftretenden Gasen; Graphit;
Stein-, Kali-, Magnesia- und Borsalze nebst den mit diesen Salzen in der gleichen Lagerstätte auftretenden Salzen; Sole;
Flussspat und Schwerspat.
Als **bergfreie Bodenschätze** gelten:
1. alle Bodenschätze im Bereich des Festlandsockels und,
2. soweit sich aus aufrechterhaltenen alten Rechten (§§ 149 bis 159) nichts anderes ergibt,
   a) alle Bodenschätze im Bereich der Küstengewässer sowie
   b) Erdwärme und die im Zusammenhang mit ihrer Gewinnung auftretenden anderen Energien (Erdwärme).

---

255 § 97 EGBGB.
256 BVerfG, Beschl. vom 20.10.1987 – 1 BvR 1048/87 –, NJW 1988, 1076; Hoppe-Beckmann in DÖV 1988, 893; Leisner in DVBl 1988, 555; Lange in DÖV 1988, 805.

(4) **Grundeigene Bodenschätze** im Sinne dieses Gesetzes sind nur, soweit sich aus aufrechterhaltenen alten Rechten (§§ 149 bis 159) nichts anderes ergibt:
1. Basaltlava mit Ausnahme des Säulenbasaltes; Bauxit; Bentonit und andere montmorillonitreiche Tone; Dachschiefer; Feldspat; Kaolin; Pegmatitsand; Glimmer; Kieselgur; Quarz und Quarzit, soweit sie sich zur Herstellung von feuerfesten Erzeugnissen oder Ferrosilizium eignen; Speckstein, Talkum; Ton, soweit er sich zur Herstellung von feuerfesten, säurefesten oder nicht als Ziegeleierzeugnisse anzusehenden keramischen Erzeugnissen oder zur Herstellung von Aluminium eignet; Trass;
2. alle anderen nicht unter Absatz 3 oder Nummer 1 fallenden Bodenschätze, soweit sie untertägig aufgesucht oder gewonnen werden."

Während die grundeigenen Bodenschätze im Eigentum des Grundeigentümers stehen[257], sind die bergfreien Bodenschätze nicht Bestandteil des Eigentums. **Der Abbau grundeigener Bodenschätze bedarf der Genehmigung** (Erlaubnis, Bewilligung) nach verschiedenen bundes- und landesrechtlichen Vorschriften. Sie kann versagt werden, wenn dem das Wohl der Allgemeinheit entgegensteht.

Steuerrechtlich stellen Bodenschätze so lange ein vom Grund und Boden getrenntes Wirtschaftsgut nicht dar, wie

a) eine zum Abbau erforderliche behördliche Genehmigung nicht erteilt wird oder

b) die Ausweisungen im Flächennutzungs- bzw. Bebauungsplan einen Abbau nicht möglich machen[258].

9.2.2 Besonderheiten in den neuen Bundesländern

9.2.2.1 Rechtsentwicklung

In den Ländern *Brandenburg, Sachsen, Sachsen-Anhalt, Thüringen* sowie im *Ostteil Berlins* gilt mit bestimmten Maßgaben[259] das Berggesetz der DDR vom 12.5.1969[260] fort. Das Bundesberggesetz[261] ist dort gleichzeitig mit Maßgaben in Kraft getreten. Dieses bestimmt zur **Einordnung von Bodenschätzen in bergfreie und grundeigene Bodenschätze** Folgendes:

„Mineralische Rohstoffe im Sinne des § 3 des Berggesetzes der Deutschen Demokratischen Republik vom 12. Mai 1969 (GBl. I Nr. 5 S. 29) und der zu dessen Durchführung erlassenen Vorschriften sind bergfreie Bodenschätze im Sinne des § 3 Abs. 3. Geologische Formationen und Gesteine der Erdkruste, die sich zur unterirdischen behälterlosen Speicherung eignen, gelten als bergfreie Bodenschätze im Sinne des § 3 Abs. 3. Die anderen mineralischen Rohstoffe im Sinne des § 2 des Berggesetzes der Deutschen Demokratischen Republik sind grundeigene Bodenschätze im Sinne des § 3 Abs. 4."

Die genannten **Vorschriften des Berggesetzes der DDR** haben folgende Fassung:

„**§ 2 BergG** der DDR

(1) Mineralische Rohstoffe im Sinne dieses Gesetzes sind die festen, flüssigen und gasförmigen natürlichen Bestandteile der Erdkruste sowie die Bestandteile von Halden und Rückständen der Aufbereitung, soweit die Bestandteile gegenwärtig oder in Zukunft volkswirtschaftlich genutzt werden können. Ausgenommen ist der Boden als die belebte Verwitterungsrinde der Erdkruste.

(2) Lagerstätten sind räumlich begrenzte Abschnitte der Erdkruste, in denen natürliche Konzentrationen von mineralischen Rohstoffen (Lagerstättenvorräte) enthalten sind. Halden und Rückstände der Aufbereitung, die mineralische Rohstoffe enthalten, sind wie Lagerstätten zu behandeln.

---

257 In den Ländergesetzen (vgl. das nordrh.-westf. Abgrabungsgesetz vom 21.11.1972) sind die Gewinnung der Bodenschätze, die Oberflächengestaltung und die Rekultivierung der Grundstücke geregelt; daneben sind das Wasserrecht, das Naturschutz- und Landschaftsschutzpflegegesetz sowie das Raumordnungs- und Landesplanungsrecht zu nennen (vgl. Dingethal/Jürging/Kaule/Weinzierl, Kiesgrube und Landschaft, 2. Aufl. Hamburg, Berlin 1985); zur ertragssteuerlichen Behandlung vgl. Schreiben des BMF vom 9.8.1993 – IV B 2 S 2134 – 208/93.
258 BFH, Urt. vom 29.10.1993 – III R 36/93 –, BFH/NV 1994, 473 = EzGuG 4.154b.
259 Anl. II Kap. V Sachgeb. D Abschn. III Nr. 1b) des Einigungsvertrages (BGBl. II 1990, 1202); vgl. Boldt/Weller, BBergG, de Gruyter, Berlin 1992, S. 209 ff.
260 GBl. DDR 1969, 29.
261 BBergG vom 23.8.1980 (BGBl. 1980, 1310), zuletzt geändert durch Gesetz vom 12.2.1990 (BGBl. I 1990, 215); vgl. Anl. I Kap. V Sachgeb. D Abschn. III Nr. I des Einigungsvertrages (BGBl. II 1990, 1003 ff.).

§ 3 BergG der DDR

Mineralische Rohstoffe, deren Nutzung von volkswirtschaftlicher Bedeutung ist, sind Bodenschätze und – unabhängig vom Grundeigentum – Volkseigentum."

323 Das Gesetz gibt **keine klare Aufteilung der Bodenschätze** in

– „volkseigene" bergfreie mineralische Rohstoffe und

– „sonstige" (grundeigene) mineralische Rohstoffe;

es fehlt eine eindeutige enumerative Aufzählung[262].

324 Erst mit der Anl. zur Verordnung über die Verleihung von Bergwerkseigentum vom 15.8.1990 (GBl. DDR I 1990, 1071) ist eine eindeutige **Bestimmung der bergfreien Bodenschätze** für die jungen Bundesländer vorgenommen worden, die weit über das hinausgeht, was als bergfreie Bodenschätze nach dem BBergG gilt. Danach gelten u. a. Minerale und Gesteine, aus denen chemische Erzeugnisse oder ihre Verbindungen gewonnen werden können (Erze, Salze, Spate), als bergfrei[263].

325 Nach den genannten Vorschriften des Einigungsvertrages galten in den neuen Bundesländern sowie im Ostteil Berlins die in § 2 Abs. 1 des BergG der DDR definierten mineralischen Rohstoffe, die nach § 3 dieses Gesetzes im Volkseigentum standen, als bergfreie Bodenschätze i. S. des § 3 Abs. 3 BBergG. Das Gleiche galt für geologische Formationen und Gesteine der Erdkruste, die sich zur unterirdischen behälterlosen Speicherung eignen[264]. Die anderen mineralischen Rohstoffe i. S. des § 2 des BergG der DDR sind dagegen grundeigene Bodenschätze i. S. des § 3 Abs. 4 BBergG und standen im Eigentum des Grundeigentümers.

326 Des Weiteren blieben nach dem Einigungsvertrag **Untersuchungs-, Gewinnungs- und Speicherrechte des Staates** i. S. des § 5 Abs. 2 bis 4 des BergG der DDR, die Dritten zur Ausübung übertragen worden sind (sog. alte Rechte), bestehen. Dagegen erlosch das Untersuchungs-, Gewinnungs- und Speicherrecht des Staates i. S. des § 5 des BergG der DDR, soweit sich daraus nichts anderes ergibt.

327 Die genannte Bestimmung hat folgende Fassung:

„**§ 5 BergG** der DDR

(1) Das Recht zu Untersuchungsarbeiten (Untersuchungsrecht), zu Gewinnungsarbeiten (Gewinnungsrecht) und zur unterirdischen Speicherung (Speicherrecht) steht dem Staat zu.

(2) Das Untersuchungs-, Gewinnungs- und Speicherrecht wird grundsätzlich durch staatliche Organe oder volkseigene Betriebe ausgeübt. Untersuchungs- und Gewinnungsarbeiten sowie die unterirdische Speicherung dürfen nur im Rahmen der betrieblichen Pläne auf der Grundlage der staatlichen Plankennziffern durchgeführt werden. Vor Aufnahme der Untersuchungsarbeiten hat das staatliche Organ oder der ausübende volkseigene Betrieb die Abstimmung mit dem Rat des Bezirkes herbeizuführen.

(3) Die staatlichen Organe können das Gewinnungsrecht genossenschaftlichen oder anderen sozialistischen Einrichtungen übertragen.

(4) Das Gewinnungsrecht an mineralischen Rohstoffen, die nicht unter § 3 fallen, kann durch die staatlichen Organe auch an Betriebe mit staatlicher Beteiligung sowie an private Industrie- und Handwerksbetriebe übertragen werden."

328 Des Weiteren sieht der Einigungsvertrag für die neuen Bundesländer sowie den Ostteil Berlins folgende **Sonderregelungen über die Untersuchungs-, Gewinnungs- und Speicherrechte** vor:

„c) **Untersuchungsrechte** erlöschen zwölf Monate nach dem Tage des Wirksamwerdens des Beitritts. § 14 Abs. 1 ist für die Erteilung einer Erlaubnis und insoweit mit der Maßgabe entsprechend anzu-

---

[262] Auch in der hierzu erlassenen Dritten DVO zum BergG vom 12.8.1976 (GBl. DDR I 1976, 403) findet die Frage keine eindeutige Beantwortung. So wird dort im § 1 bei Mineralien und Gesteinen zwischen „hochwertigen" und sonstigen unterschieden, wobei „Hochwertigkeit" zugleich „Volkseigentum" bedeutete.

[263] Boldt/Weller a. a. O., S. 214 ff.; die gegen die Regelung des Einigungsvertrags eingebrachte Klage wurde vom BVerfG mit dem Beschl. vom 24.6.1992 – 1 BvR 1028/91 –, BVerfGE 86, 382 = EzGuG 14.114, abgewiesen; es wurde auf den Instanzenweg verwiesen; des Weiteren BGH; Urt. vom 17.5.2001 – III ZR 249/00 –, NJW 2001, 3049 = GuG-aktuell 2001, 47 = EzGuG 4.182.

[264] BezG Schwerin, Urt. vom 24.4.1991 – S 10/91 –, VIZ 1991, 68 = EzGuG 4.143.

wenden, dass an die Stelle des Inhabers einer Erlaubnis der durch ein Lagerstätteninteressengebiet Begünstigte tritt, das auf der Grundlage der Lagerstättenwirtschaftsanordnung vom 15. März 1971 (GBl. II Nr. 34 S. 279) festgelegt worden ist.

d) (1) **Gewinnungsrechte** an mineralischen Rohstoffen im Sinne des § 3 des Berggesetzes der Deutschen Demokratischen Republik kann der zur Ausübung Berechtigte innerhalb einer Frist von sechs Monaten nach dem Tage des Wirksamwerdens des Beitritts bei der für die Zulassung von Betriebsplänen zuständigen Behörde zur Bestätigung anmelden.

(2) Die **Bestätigung** ist zu erteilen, wenn

1. das Gewinnungsrecht

1.1. dem Antragsteller am 31. Dezember 1989 zur Ausübung nach § 5 des Berggesetzes der Deutschen Demokratischen Republik wirksam übertragen war oder

1.2. dem Antragsteller nach dem 31. Dezember 1989

– aufgrund der Vierten Durchführungsbestimmung zur Verordnung über die Gründung und Tätigkeit von Unternehmen mit ausländischer Beteiligung in der Deutschen Demokratischen Republik – Berechtigung zur Gewinnung mineralischer Rohstoffe – vom 14. März 1990 (GBl. I Nr. 21 S. 189),

– aufgrund der Verordnung über die Verleihung von Bergwerkseigentum vom 15. August 1990 (GBl. I Nr. 53 S. 1071) als Bergwerkseigentum oder

– sonst von der zuständigen Behörde übertragen wurde und

1.3. bis zum Tage des Wirksamwerdens des Beitritts nicht aufgehoben worden ist und

2. der Antragsteller das Vorliegen der Voraussetzungen nach Nummer 1 sowie den Umfang der aufgrund der Vorratsklassifikationsanordnung vom 28. August 1979 (Sonderdruck Nr. 1019 des Gesetzblattes), bei radioaktiven Bodenschätzen aufgrund einer entsprechenden methodischen Festlegung, bestätigten und prognostizierten Vorräte sowie

2.1. in den Fällen der Nummer 1.2. erster und dritter Anstrich das Vorliegen einer Bescheinigung der Staatlichen Vorratskommission über die ordnungsgemäße Übertragung des Gewinnungsrechts,

2.2. in den Fällen der Nummer 1.2. zweiter Anstrich die Eintragung des Bergwerkseigentums in das Bergwerksregister

mit den für die Bestätigung erforderlichen Unterlagen nachweist.

(3) Das **Gewinnungsrecht** ist im beantragten Umfang, höchstens im Umfang der bestätigten und prognostizierten Vorräte sowie

1. in den Fällen des Absatzes 2 Nr. 1.1. und 1.2. erster und dritter Anstrich für eine zur Durchführung der Gewinnung der Vorräte angemessene Frist, die 30 Jahre nicht überschreiten darf,

2. in den Fällen des Absatzes Nr. 1.2. zweiter Anstrich unbefristet in einer Form zu bestätigen, die den sich aus § 8 oder § 151 in Verbindung mit § 4 Abs. 7 ergebenden Anforderungen entspricht.

(4) Ein **bestätigtes Gewinnungsrecht** gilt für die Bodenschätze, die Zeit und den Bereich, für die es bestätigt wird,

1. in den Fällen des Absatzes 2 Nr. 1.1. und 1.2. erster und dritter Anstrich als Bewilligung im Sinne des § 8,

2. im Falle des Absatzes 2 Nr. 1.2. zweiter Anstrich als Bergwerkseigentum im Sinne des § 151.

(5) Die §§ 75 und 76 gelten für bestätigte alte Rechte sinngemäß.

(6) Nicht oder nicht fristgemäß angemeldete Rechte erlöschen mit Fristablauf, Rechte, denen die Bestätigung versagt wird, erlöschen mit dem Eintritt der Unanfechtbarkeit der Versagung.

(7) **Bergrechtliche Pflichten** aus einem bis zum Tage des Wirksamwerdens des Beitritts ausgeübten Gewinnungsrecht bleiben von einer das bisherige Gewinnungsrecht nicht voll umfassenden Bestätigung unberührt. Ist die Rechtsnachfolge in bergrechtlichen Pflichten strittig, stellt die für die Bestätigung zuständige Behörde die Verantwortung fest. Die Rechtsnachfolger sind verpflichtet, die dazu erforderlichen Auskünfte zu erteilen.

e) Für **Gewinnungsrechte** an anderen mineralischen Rohstoffen gilt Buchstabe d) entsprechend mit folgenden Maßgaben:

    aa) Der Antragsteller muss zusätzlich nachweisen, dass er sich mit dem Grundeigentümer über eine angemessene Entschädigung für die Gewinnung der Bodenschätze ab dem Tage des Wirksamwerdens des Beitritts geeinigt hat. Ist eine Einigung trotz ernsthafter Bemühungen nicht zustande gekommen, kann der Antragsteller bei der für die Bestätigung zuständigen Behörde eine Entscheidung über die Entschädigung beantragen. Die Behörde entscheidet nach Anhörung des Grundeigentümers in entsprechender Anwendung der §§ 84 bis 90.

    bb) Die Bestätigung setzt die Einigung oder die Unanfechtbarkeit der Entscheidung über die Entschädigung voraus.

    cc) Die Übertragung der Bewilligung (§ 22) bedarf der Zustimmung des Grundeigentümers. Eine Verleihung von Bergwerkseigentum ist ausgeschlossen. § 31 findet keine Anwendung.

f) Für **Speicherrechte** gilt Buchstabe d) entsprechend mit der Maßgabe, dass an die Stelle der Gewinnung das Errichten und Betreiben eines Untertagespeichers und an die Stelle der bestätigten und prognostizierten Vorräte die vom Antragsteller nachzuweisende voraussichtlich größte Ausdehnung der in Anspruch genommenen geologischen Speicherformation oder des Kavernenfeldes treten. Auf Untersuchungen des Untergrundes und auf Untergrundspeicher findet § 126 mit der Maßgabe Anwendung, dass auch die Vorschriften der §§ 107 bis 125 entsprechende Anwendung finden."

329 **Festgesetzte Bergbauschutzgebiete** i. S. des § 11 BergG der DDR, bei denen nach Feststellung der für die Zulassung von Betriebsplänen zuständigen Behörde innerhalb der nächsten 15 Jahre eine bergbauliche Inspruchnahme von Grundstücken zu erwarten ist, gelten nach dem Einigungsvertrag für den Bereich des Feldes, für das das Gewinnungsrecht bestätigt worden ist, als Baubeschränkungsgebiete nach §§ 107 bis 109 mit der Maßgabe, dass § 107 Abs. 4 unabhängig von den Voraussetzungen für die Festsetzung der Bergbauschutzgebiete gilt, aber erstmalig ab 1. Januar 1995 anzuwenden ist, es sei denn, dass der durch die Baubeschränkung begünstigte Unternehmer eine frühere Aufhebung beantragt. Im Übrigen gelten Bergbauschutzgebiete mit dem Tage des Wirksamwerdens des Beitritts als aufgehoben. Das Register der nach Satz 1 als Baubeschränkungsgebiete geltenden Bergbauschutzgebiete gilt als archivmäßige Sicherung nach § 107 Abs. 2 BergG.

330 Der genannte **§ 11 des BergG der DDR** hat folgende Fassung:

„§ 11 BergG der DDR

(1) Zur Einordnung des Abbaus von mineralischen Rohstoffen in die gesellschaftliche und volkswirtschaftliche Entwicklung des Territoriums, zur langfristigen Koordinierung des Abbaus von mineralischen Rohstoffen in den betreffenden Bereichen sowie zur Abwendung gesellschaftlicher Nachteile, die sich durch gegenwärtige oder künftige bergbauliche Einwirkungen ergeben können, sind Bergbauschutzgebiete festzusetzen.

(2) Ein Bergbauschutzgebiet ist auch dann festzusetzen, wenn durch die unterirdische Speicherung keine Einwirkungen auf die Tagesoberfläche zu erwarten sind, jedoch der Schutz der speicherfähigen Gesteine vor Beeinträchtigung notwendig ist.

(3) Zur Abstimmung der für den Abbau von mineralischen Rohstoffen erforderlichen Maßnahmen mit den volkswirtschaftlichen und territorialen Erfordernissen in den Bereichen sind die Betriebe oder die ihnen übergeordneten wirtschaftsleitenden Organe verpflichtet, Bergbauschutzgebiete bei den Räten der Bezirke zu beantragen.

(4) Die Bezirkstage entscheiden über den Antrag und setzen die Bergbauschutzgebiete fest. Bergbauschutzgebiete von überbezirklicher Bedeutung werden durch den Ministerrat festgesetzt.

(5) Die Absätze 1 bis 4 gelten nicht für Lagerstätten medizinisch nutzbarer mineralischer Rohstoffe. Für diese Lagerstätten gelten die hierfür erlassenen Bestimmungen."

331 Die genannten **Sonderregelungen stehen unter** dem **Vorbehalt** der Ermächtigung des Bundesministeriums für Wirtschaft, durch Rechtsverordnung mit Zustimmung des Bundesrates Vorschriften zu erlassen über

    a) eine andere Zuordnung der in Buchstabe a) erfassten mineralischen Rohstoffe, soweit dies die im Verhältnis zu § 3 Abs. 3 und 4 geltenden anderen oder unbestimmten Kriterien erfordern,

b) eine Verlängerung der in diesem Gesetz geforderten Fristen um höchstens sechs Monate, soweit das mit Rücksicht auf die erforderliche Anpassung geboten ist,

c) nähere Einzelheiten zur Aufrechterhaltung und Bestätigung alter Rechte i. S. des Buchstaben b) sowie für die nach Buchstabe b) als Baubeschränkungsgebiete geltenden Bergbauschutzgebiete und zu deren Aufhebung.

Bezüglich der Verfassungsmäßigkeit der Zuordnung von Bodenvorkommen in den neuen Bundesländern stand lange Zeit eine grundsätzliche Klärung noch aus. Das **BVerfG hat in** seinem **Beschl. vom 24.6.1992** eine Klage gegen die Bestimmungen des Einigungsvertrags hinsichtlich der Abgrabung von Bodenvorkommen mit Hinweis auf den Instanzenweg abgewiesen[265]. Mit Beschl. vom 24.9.1997 hat das BVerfG die Regelung des Einigungsvertrags, nach der Kiese und Kiessande im Beitrittsgebiet vom Grundeigentum abgespaltene bergfreie Bodenschätze sind, als verfassungskonform erkannt[266]. 332

9.2.2.2 Bergrechtsvereinheitlichung

Mit dem Gesetz zur Vereinheitlichung der Rechtsverhältnisse bei Bodenschätzen, das am 23.4.1996 in Kraft getreten ist, wurde die **Fortgeltung des Berggesetzes der DDR nach den im Einigungsvertrag vorgegebenen Maßgaben aufgehoben**, jedoch bleiben bestehende Bergbauberechtigungen (Erlaubnis, Bewilligung, Bergwerkseigentum) auf Bodenschätze, die nicht in § 3 Abs. 3 BBergG (vgl. Rn. 324) aufgeführt sind, unberührt. Entsprechendes gilt für fristgemäß zur Bestätigung angemeldete Gewinnungs- und Speicherrechte, über deren Bestätigung noch nicht unanfechtbar entschieden worden ist. 333

Mit Verkündung des Gesetzes finden die Bestimmungen des § 3 BBergG über die Zuordnung von bergfreien und grundeigenen Bodenschätzen im gesamten Bundesgebiet Anwendung. Die in den neuen Bundesländern mit dem Einigungsvertrag zunächst als bergfreie Bodenschätze übergeleiteten „Steine-Erden-Rohstoffe" wurden damit dem Eigentum am Grund und Boden zugeordnet. Davon ausgenommen ist jedoch das **Eigentum an mineralischen Rohstoffen, an denen zum Zeitpunkt des Inkrafttretens des Gesetzes Bergbauberechtigungen bestanden (Bestandsschutz).** Weiterhin bergfrei bleiben nach § 2 des Gesetzes vom 15.4.1996 Bodenschätze, auf die sich eine Bergbauberechtigung oder ein Gewinnungsrecht bezieht, für die Geltungsdauer einer bereits bestehenden Bergbauberechtigung. Der Eigentümer des Grund und Bodens hat insoweit weiterhin keine Rechte an diesen Bodenschätzen. 334

Der **Bestandsschutz** bezieht sich des Weiteren nach § 2 des Gesetzes vom 15.4.1996 auf 335

a) das von der DDR der Treuhandanstalt verliehene Bergwerkseigentum, wenn es im Rahmen der Privatisierung auf Dritte übertragen wurde, sowie

b) auf neu nach dem 3.10.1990 verliehenes Bergwerkseigentum.

9.2.2.3 Bergfreie Bodenschätze

Schrifttum: *Linke, Ch.*, Teilmarkt Flächen über Lagerstätten von Kiesen und Sanden unter Bezug auf das Land Brandenburg, GuG 1997, 278; *Schröder, U.*, Abbauland in Brandenburg, GuG 1997, 278; GuG 2000, 352; *Töpfer, F.-R., Butler, J.*, Kein Teilmarkt für Grundstücke über Bodenschätzen in den neuen Bundesländern, GuG 2003, 65; *Uherek, H.-W./Kölbel, D.*, Bewertung von Grundstücken mit Kies und Kiessanden in den neuen Bundesländern, GuG 1993, 274; *Uherek, H.-W./Dittrich, F.*, Wertermittlung von Flächen über ausgewählten bergfreien Bodenschätzen in den neuen Bundesländern, GuG 1995, 297; *Uherek, H.-W./Dittrich, F.*, Die aktuelle bergrechtliche Situation in den neuen Bundesländern aus der Sicht des Grundstückssachverständigen, GuG 1997, 214; *Wienzek, K.*, Verkehrswertermittlung von Grundstücken über Bodenschätzen in den neuen Bundesländern, GuG 1999, 76; *Wiesner, T.*, Besonderheiten der Wertermittlung für die Begründung schadensersatzrechtlicher Forderungen in Bergbaugebieten, GuG 1999, 44.

---

[265] BVerfG, Beschl. vom 24.6.1992 – 1 BvR 1028/91 –, BVerfGE 86, 382 = EzGuG 14.114.
[266] BVerfG, Beschl. vom 24.9.1997 – 1 BvR 647/91 –, GuG 1998, 184.

IV § 5 ImmoWertV — Abbauland

▶ *Vgl. Teil V Rn. 225 ff.; zum Grundsätzlichen zur Teilmarktrechtsprechung vgl. Vorbem. zur ImmoWertV Rn. 12 sowie § 194 BauGB Rn. 16*

336 Für die neuen Bundesländer folgt aus den vorstehenden Überleitungsregelungen die Erhebung einer **Feldes- und Förderabgabe** i. S. der §§ 30 bis 33 BBergG, weil z. B. Kiesvorkommen in der ehemaligen DDR auch nach dem Beitritt weiterhin wie Volkseigentum zu behandeln sind[267]. Nach § 31 Abs. 2 BBergG beträgt die Förderabgabe 10 v. H. des Marktwerts der Bodenschätze (vgl. Teil VI Rn. 225 ff.; § 196 BauGB Rn. 36 zur Teilmarktrechtsprechung).

337 Der Umstand, dass in den neuen Bundesländern (zunächst) fast alle nutzbaren Bodenschätze bergfrei waren, hat nach Beobachtungen des Bodenmarktes nicht dazu geführt, dass die Flächen im Grundstücksverkehr wertmäßig wie Flächen ohne Bergschätze gehandelt werden; d. h., die **Existenz von Bodenschätzen wirkt sich nicht wertneutral aus**. Es handelt sich hier um einen besonderen Teilmarkt, der dem gewöhnlichen Geschäftsverkehr zuzurechnen ist.

338 *Uherek/Hennig/Kölbel*[268] haben verwertbare Kaufpreise von landwirtschaftlichen Nutzflächen über Kiesen und Kiessanden in den Ländern *Sachsen*, *Sachsen-Anhalt* und *Thüringen* im Zeitraum 2. Hj. 1990 bis 2. Hj. 1992 untersucht. Die Kauffläche hat 697,2 ha betragen; etwa 53 % dieser Fläche wurden zu Preisen von 2,00 bis 2,50 €/m² gehandelt, das Vielfache der mittleren Preise für landwirtschaftliche Nutzflächen bewegte sich im Wesentlichen zwischen dem 2- und 6-Fachen.

339 In einer älteren Untersuchung[269] über Kies- und Kiessandvorkommen, bei der insgesamt 255 Kauffälle in 48 Gemarkungen mit einer Flächengröße von rd. 7 Mio. Quadratmetern untersucht wurden, ergaben sich Kaufpreise in einer Spanne von 0,50 bis 7,50 €/m². Der mittlere Kaufpreis betrug 2,30 €/m² bei einer Standardabweichung von 0,91 €/m². Mit zunehmender Größe der Fläche sinkt dabei der Kaufpreis, wobei Käufe von Flächen über 20 ha ein deutliches Absinken erkennen ließen[270].

In *Brandenburg* lagen die Kaufpreise bei Flächenverkäufen zur Sand- und Kiesgewinnung im Jahre 2010 im Landesdurchschnitt bei 0,45 €/m², bei einer Preisspanne von 0,13 €/m² bis 1,16 €/m², abhängig von den Standorten.

9.3 Verkehrswertermittlung

9.3.1 Allgemeines

340 Der Wert eines Abgrabungsgrundstücks richtet sich in erster Linie nach **Art, Qualität und Volumen des Abbaustoffs**. Hiervon ausgehend sollten sowohl der Ertrags- als auch der Sach- und Verkehrswert ermittelt werden. Bei noch „unverritzten" Grundstücken ist der Verkehrswert aus Kaufpreisen geeigneter Vergleichsgrundstücke abzuleiten, wobei auf Kaufpreise von landwirtschaftlichen Nutzflächen zurückgegriffen wird.

341 Bei der Wertermittlung müssen die **Abgrabungsgenehmigung** und die in diesem Zusammenhang gemachten **Auflagen** (vgl. Rn. 317 ff.) ebenso beachtet werden wie auch Fragen der Verkehrsanbindung der Abgrabungsstätte, Absatzlage, Abgrabungs- und Rekultivierungskosten sowie die Preisentwicklung des Abbaustoffes.

342 Maßgeblich für die Wertermittlung ist der **Abgrabungsplan**, aus dem Art und Umfang der abzubauenden Bodenschätze sowie die zeitliche Durchführung hervorgehen. Die Rechte aus

---

267 BezG Schwerin, Urt. vom 24.4.1991 – S. 10/91 –, EzGuG 4.143.
268 Uherek/Hennig/Kölbel: Bewertung von Grundstücken mit Kies und Kiessanden in den neuen Bundesländern, GuG 1993, 274 ff.; GuG 1995, 257 und GuG 1997, 214; hierzu LG Neuruppin, Urt. vom 9.4.1997 – 1a O658/96 –, GuG 1997, 253; LG Neuruppin, Urt. vom 12.3.1997 – 1a O 658/96 –, EzGuG 4.166a = EzGuG 19.44b; LG Potsdam, Urt. vom 21.8.1997 – 7 S 276/96 –, EzGuG 19.45; Schrödter in GuG 1997, 20 ff., 258 ff., GuG 1998, 266 ff.; Linke in GuG 1999, 226; Wienzek in GuG 1999, 76.
269 Diplomarbeit an der Universität Leipzig, Agrarwissenschaftliche Fakultät.
270 Vgl. Kleiber, Verkehrswertermittlung von Grundstücken, 6. Aufl. 2010, S. 746 f.

einer genehmigten Abgrabung erlöschen, wenn nicht innerhalb von zumeist drei Jahren nach Erteilung der Genehmigung begonnen wurde.

Abbauwürdige Bodenvorkommen gehören zur Beschaffenheit von Grundstücken; sie erhöhen den Verkehrswert des Grundstücks i. d. R. um den kapitalisierten Reinertrag. Dieser werterhöhende Faktor kann sich auch dann bilden, wenn die **Ausbeutung** zum Wertermittlungsstichtag zwar noch nicht begonnen, dies aber **in absehbarer Zeit geschehen kann**[271]. Bodenvorkommen können den Verkehrswert allerdings nur erhöhen, soweit der Abbau nach den örtlichen Verhältnissen wirtschaftlich rentabel ist, der Abbau zur geschützten Rechtsposition des Eigentümers gehört und die wasserrechtliche Genehmigung nicht versagt werden kann (vgl. Rn. 322 ff.). 343

Nach der Grundsatzentscheidung des BVerfG[272] steht es nämlich mit dem Grundgesetz im Einklang, das unterirdische Wasser zur Sicherung einer funktionsfähigen Wasserwirtschaft mit dem Wasserhaushaltsgesetz – WHG – einer vom Grundstückseigentum getrennten öffentlich-rechtlichen Benutzungsordnung zu unterstellen. Die **Versagung der wasserrechtlichen Genehmigung** zur Vermeidung schädlicher Auswirkungen auf das Grundwasser stellt deshalb keinen zu entschädigenden Eingriff dar, auch wenn sich infolgedessen der Verkehrswert des Grundstücks mindert (vgl. Rn. 395). Nur wenn dem Vorhaben wasserwirtschaftliche Gründe i. S. des § 6 WHG nicht entgegenstehen, fällt die Versagung einer wasserrechtlichen Genehmigung unter den Schutz des Art. 14 GG[273]. 344

Nach *Köhne*[274] ist danach zu unterscheiden, ob mit dem **Abbau begonnen werden kann oder ob der Abbau bereits im Gange** ist. 345

– Im ersten Fall muss geprüft werden, ob eine entsprechende Genehmigung bereits erteilt worden ist bzw. aufgrund eines Rechtsanspruchs erteilt werden müsste. Liegt dies nicht vor, so hat die Behörde die Beweislast, dass die Genehmigung zu versagen (gewesen) wäre, wenn die Bodenschätze nicht entschädigt werden sollen[275]. Im Falle eines Entzugs solcher Flächen sind ggf. nur solche Bodenschätze zu entschädigen, denen der Rechtsverkehr am Wertermittlungsstichtag Rechnung getragen hätte; bloße Zukunftschancen ohne eine entsprechende Rechtsposition begründen hingegen keine Entschädigungspflicht.

– Im zweiten Fall muss zunächst geprüft werden, auf welche Teile des zu entziehenden Grundstücks sich eine erteilte Abbaugenehmigung bezieht. Für die nicht betroffenen Teile gelten die vorherigen Ausführungen. Für die betroffenen Teile sind der Verlust der Rechtsposition mit der Verkehrswertentschädigung sowie etwaige Folgeschäden zu entschädigen[276].

Fazit: Für die Verkehrswertermittlung von Abbauland kommen grundsätzlich das **Vergleichs- und das Ertragswertverfahren** in Betracht. Eine Berücksichtigung der Bodenschätze bei der Verkehrswertermittlung setzt – wie dargelegt – in jedem Falle voraus, dass mit der Abbaugenehmigung gerechnet werden kann und dies wirtschaftlich sinnvoll ist. Das setzt eine entsprechende rechtliche und physische Vorklärung über Umfang und Qualität der 346

---

271 BGH, Urt. vom 18.9.1986 – III ZR 83/85 –, BGHZ 98, 341 = EzGuG 4.111.
272 BVerfG, Beschl. vom 15.7.1981 – 1 BvL 77/78 –, BVerfGE 58, 300 = EzGuG 4.78.
273 Der „Differenzmethode" wird in der Rspr. gegenüber der „Proportionalmethode" (vgl. Köhne, Landwirtschaftliche Taxationslehre, 3. Aufl., S. 742) der Vorzug gegeben; vgl. BGH, Beschl. vom 27.9.1990 – III ZR 57/89 –, GuG 1991, 31 = EzGuG 4.134; a. A. BFH, Urt. vom 16.12.1981 – I R 131/78 –, BStBl II 1982, 320 = EzGuG 4.80 m. w. N.; BGH, Urt. vom 2.2.1984 – III ZR 170/82 –, BRS Bd. 45 Nr. 71 = EzGuG 4.98; BGH, Urt. vom 26.1.1984 – III ZR 179/82 –, BGHZ 90, 4 = EzGuG 4.97; BGH, Urt. vom 26.1.1984 – III ZR 178/82 –, NVwZ 1984, 819 = EzGuG 16.26; BGH, Urt. vom 14.7.1983 – III ZR 215/82 –, BRS Bd. 45 Nr. 156 = EzGuG 4.92; BGH, Urt. vom 29.9.1983 – III ZR 170/82 –, BRS Bd. 45 Nr. 71 = EzGuG 18.94; BVerwG, Urt. vom 13.4.1983 – 4 C 21/79 –, BVerwGE 67, 84 = EzGuG 4.91; BVerwG, Urt. vom 13.4.1983 – 4 C 76/80 –, BVerwGE 67, 93 = EzGuG 8.59; BGH, Urt. vom 3.3.1983 – III ZR 93/81 –, BGHZ 87, 66 = EzGuG 4.89; BGH, Urt. vom 3.3.1983 – III ZR 94/81 –, BRS Bd. 45 Nr. 154 = EzGuG 4.90; BGH, Urt. vom 1.7.1982 – III ZR 10/81 –, BRS Bd. 45 Nr. 147 = EzGuG 4.86; BGH, Urt. vom 3.6.1982 – III ZR 28/76 –, BGHZ 84, 223 = EzGuG 4.82; BGH, Urt. vom 3.6.1982 – III ZR 98/79 –, BRS Bd. 45 Nr. 148 = EzGuG 4.83; BGH, Urt. vom 3.6.1982 – III ZR 197/78 –, BGHZ 84, 230 = EzGuG 4.85; BGH, Urt. vom 3.6.1982 – III ZR 170/77 –, MDR 1982, 913 = EzGuG 4.84.
274 Köhne, Landwirtschaftliche Taxationslehre, Hamburg/Berlin, 3. Aufl. 2000, S. 324.
275 Krohn/Löwisch, Eigentumsgarantie, Enteignung, Entschädigung, 3. Aufl. Köln 1984, Rn. 270.
276 Aust/Jacobs, Die Enteignungsentschädigung, 4. Aufl. Berlin 1996, S. 185 ff.; Büchs, Grunderwerb und Entschädigung beim Straßenbau, 2. Aufl. Stuttgart 1980, Rn. 14.174 ff. Zur Berücksichtigung bei Erbauseinandersetzungen vgl. Köhne, a. a. O., S. 145.

Bodenschätze voraus. Des Weiteren ist zu klären, ob und in welchem Umfang die in Betracht kommenden Vergleichspreise sich auf Grundstücke beziehen, die gleichermaßen zulässigerweise abbaubare Bodenschätze aufweisen. In diesem Fall kann direkt von diesen Vergleichspreisen ausgegangen werden, wobei allenfalls noch Unterschiede hinsichtlich Umfang und Qualität der Bodenschätze zu berücksichtigen sind (vgl. Rn. 364).

9.3.2 Vergleichswertverfahren

347 Bei Anwendung des Vergleichswertverfahrens werden der Einfluss vorhandener Mineralien und der Zustandsmerkmale der Oberfläche auf den Wert des Grundstücks in einem Zuge gemeinsam erfasst. Bei Grundstücksflächen, die eine über die für die wirtschaftliche Nutzung der Bodenschätze hinausgehende Flächengröße aufweisen, nimmt dabei erfahrungsgemäß der **Quadratmeterwert mit der Größe des Grundstücks** ab (vgl. Rn. 344, 355). Die **Preise** für Kies bzw. Sand **je m³ bzw. je t ab Grube/Kieswerk** orientieren sich an Korngröße und Materialbeschaffenheit (ungewaschen/gewaschen).

348 Bei **Heranziehung von Vergleichspreisen** land- oder forstwirtschaftlicher Flächen werden im Schrifttum für Sand- und Kiesgruben folgende Preisrelationen genannt (Abb. 36):

Abb. 36: Preisrelation land- oder forstwirtschaftlicher Flächen zu Sand- und Kiesgruben

Region	land- oder forstwirtschaftliche Flächen	Sand- und Kiesgruben
Nordrhein-Westfalen	100 %	300 %[a]
Raum Hannover	100 %	200–300 %[b]
Raum Hannover	100 %	150–500 %[c]

Quellen: (a) Vogels, a. a. O., S. 65; (b) Gerhard, a. a. O. III F3; (c) Kummer, Nachr. der nds. Kat.- und VermVw 1989, 90

349 Im Allgemeinen gilt, dass landwirtschaftliche Nutzflächen (LN), für die eine Abgrabungserlaubnis zu erwarten ist, zu einem **Vielfachen des Ackerlandpreises** gehandelt werden. In der Literatur wird hierfür der zwei- bis sechsfache Ackerlandpreis genannt, wobei gebietstypische Abbauverhältnisse wie Abbaubedingungen (trocken, nass), Abbaumenge, Materialqualität, Absatzwege und Konjunkturlage den Ausschlag geben.

350 Nach einer vom Oberen Gutachterausschuss für den **Regierungsbezirk Hannover** veröffentlichten Untersuchung sind auf der Grundlage von Kaufpreisen – bezogen auf den Jahresbeginn 1996 – die sich aus Abb. 40 ergebenden Faktoren für das Verhältnis

$$\frac{\text{Kaufpreis pro Quadratmeter}}{\text{Bodenrichtwert für landwirtschaftliche Flächen}}$$

abgeleitet worden.

Abbauland § 5 ImmoWertV IV

Abb. 37: Preisspannen für Abbauland nach Bodenschätzen 2012 Hannover

Boden-schatz	Anzahl	Kaufpreis		Preisanteil			
		Min [€/m²]	Max [€/m²]	Bodenschatz		Bodenkrume	
				Min [€/m²]	Max [€/m²]	Min [€/m²]	Max [€/m²]
Sand	83	2,40	7,10	1,60	6,30	0,50	2,70
Kies	95	3,50	14,20	2,60	11,70	0,50	3,60

Quelle: Grundstücksmarktbericht 2012 des Gutachterausschusses für Grundstückswerte Hannover

Als Richtwerte für Abbauland für Kies- und Sandgruben (einschließlich Bodenschatz) in der **Region Hannover** werden angegeben (2012): 351

1. nördlich und nordwestlich von Hannover in den Gemeinden Neustadt und Wedemark (Nordwest)

   Mächtigkeit ca. 17 m   4,40 €/m² (15 % Anteil der Körnung > 2 mm in %)

2. südlich von Hannover im Bereich der Leine in den Gemeinden Hemmingen, Pattensen und Laatzen (Süd)

   Mächtigkeit ca. 5 m   9,80 €/m² (40 % Anteil der Körnung > 2 mm in %)

3. östlich von Hannover in den Gemeinden Lehrte, Burgdorf und Uetze

   Mächtigkeit ca. 15 m   5,10 €/m² (10 % Anteil der Körnung > 2 mm in %).

Wesentlichen Einfluss auf den Bodenwert hat der Anteil der Körnung größer als 2 mm. Im Bereich unter 30 % Körnungsanteil größer als 2 mm werden je 10 % höherem Anteil 20 bis 30 % höhere Kaufpreise gezahlt. Für Grundstücke mit 30 bis 50 % Körnungsanteil über 2 mm werden je 10 % höherem Anteil etwa 15 % mehr gezahlt.

Pohnert[277] hat 1992 im **Raum Augsburg** bei der Fläche von 230 992 m² einen Marktpreis von 9,50 €/m² ermittelt. 1996 bewegten sie sich in diesem Raum zwischen 6,00 bis 7,00 €/m²: 352

Für *Niedersachsen* weist der Landesgrundstücksmarktbericht folgende Angaben aus (Abb. 38):

Abb. 38: Preise in Niedersachsen 2012

Landkreis, kreisfreie Stadt, Region	Nutzung	Preise
Gutachterausschuss für Grundstückswerte Aurich		
Landkreis Aurich	Kies	
	Sand	0,68–6,74 €/m² (Ø 3,49 €/m² einschl. Abbaugut) durchschnittlich 390 % des landwirtschaftlichen Bodenrichtwerts
	Ton	1,02–2,15 €/m² (Ø 1,91 €/m² einschl. Abbaugut) durchschnittlich 217 % des landwirtschaftlichen Bodenrichtwerts
	Torf	0,56–2,36 €/m² (Ø 1,31 €/m² einschl. Abbaugut) durchschnittlich 217 % des landwirtschaftlichen Bodenrichtwerts

---

277 Pohnert, Kreditwirtschaftliche Wertermittlungen, 5. erweiterte und aktualisierte Aufl. 1996, S. 303 f.

Landkreis, kreisfreie Stadt, Region	Nutzung	Preise
Landkreis Leer	Kies	1,90–5,42 €/m² (Ø 4,08 €/m² einschl. Abbaugut) durchschnittlich 343 % des landwirtschaftlichen Bodenrichtwerts
	Sand	0,77–2,56 €/m² (Ø 1,68 €/m² einschl. Abbaugut) durchschnittlich 343 % des landwirtschaftlichen Bodenrichtwerts
	Torf	0,40–1,37 €/m² (Ø 0,87 €/m² einschl. Abbaugut) durchschnittlich 161 % des landwirtschaftlichen Bodenrichtwerts
Landkreis Wittmund	Sand	1,18–3,11 €/m² (Ø 1,89 €/m² einschl. Abbaugut) durchschnittlich 236 % des landwirtschaftlichen Bodenrichtwerts
	Ton	1,38–1,64 €/m² (Ø 1,57 €/m² einschl. Abbaugut) durchschnittlich 218 % des landwirtschaftlichen Bodenrichtwerts
Gutachterausschuss für Grundstückswerte Braunschweig		
Landkreis Goslar	Kies	3,80–6,15 €/m²
Landkreis Peine	Kies/Sand	0,20–7,70 €/m² (Ø 4,60 €/m²)
Landkreis Wolfenbüttel	Kies/Sand	1,00–5,50 €/m² (Ø 3,70 €/m²)
Stadt Braunschweig	Kies/Sand	6,00–15,00 €/m² (Ø 10,00 €/m²)
Gutachterausschuss für Grundstückswerte Cloppenburg (2013)		
Landkreis Cloppenburg	Sand	0,85–6,90 €/m² (Ø 3,95 €/m² einschl. Abbaugut)
	Torf	0,50–3,15 €/m² (Ø 1,90 €/m² einschl. Abbaugut)
Landkreis Oldenburg	Sand	0,25–12,00 €/m² (Ø 5,25 €/m² einschl. Abbaugut)
	Torf	0,30–1,15 €/m² (Ø 0,75 €/m² einschl. Abbaugut)
Landkreis Vechta	Sand	4,05–13,90 €/m² (Ø 7,60 €/m² einschl. Abbaugut)
	Torf	0,10–4,65 €/m² (Ø 1,80 €/m² einschl. Abbaugut)
Gutachterausschuss für Grundstückswerte Hameln		
Landkreis Hameln-Pyrmont	Kies	3,90–27,70 €/m² (Ø 10,60 €/m² einschl. Abbaugut) durchschnittlich 470 % des Ackerlandrichtwerts
Landkreis Hildesheim	Kies	7,50–11,00 €/m² (Ø 9,25 €/m² einschl. Abbaugut) durchschnittlich 310 % des Ackerlandrichtwerts
Landkreis Schaumburg	Kies	4,80–8,00 €/m² (Ø 7,27 €/m² einschl. Abbaugut) durchschnittlich 280 % des Ackerlandrichtwerts
Gutachterausschuss für Grundstückswerte Hannover		
Region Hannover (2011)	Kies	3,50–14,60 €/m² (einschl. Abbaugut) im Mittel werden für die Bodenkrume 80 % des landwirtschaftlichen Bodenrichtwerts für Ackerland gezahlt.
	Sand	3,50–14,60 €/m² (einschl. Abbaugut) im Mittel werden für die Bodenkrume 80 % des landwirtschaftlichen Bodenrichtwerts für Ackerland gezahlt.
Gutachterausschuss für Grundstückswerte Northeim		
Landkreise Göttingen, Northeim und Osterode am Harz	Kreide	0,78–28,53 €/m² (Ø 13,00 €/m²)
	Mergel	0,44–17,09 €/m² (Ø 6,00 €/m²)
	Stein	1,20–5,37 €/m² (Ø 2,00 €/m²)
Gutachterausschuss für Grundstückswerte Otterndorf		
Landkreis Cuxhaven	Sand/Kies	1,00–9,70 €/m² (Ø 2,28 €/m² einschließlich Abbaugut)
	Torf	0,30–1,00 €/m² (Ø 0,82 €/m² einschließlich Abbaugut)
Landkreis Osterholz	Sand	2,42–13,00 €/m² (Ø 6,47 €/m² einschließlich Abbaugut)

Abbauland § 5 ImmoWertV IV

Landkreis, kreisfreie Stadt, Region	Nutzung	Preise
Landkreis Stade	Sand/Kies	3,39–7,95 €/m² (Ø 5,88 €/m² einschließlich Abbaugut)
Gutachterausschuss für Grundstückswerte Sulingen		
Landkreis Diepholz	Sand	3,45–7,90 €/m² (Ø 4,70 €/m², davon entfielen im Mittel 3,80 €/m² auf den Anteil des Abbaugutes)
	Torf	0,50–1,75 €/m² (Ø 1,30 €/m², davon entfielen im Mittel 1,05 €/m² auf den Anteil des Abbaugutes)
Landkreis Nienburg/ Weser	Kies	6,30–11,00 €/m² (Ø 8,30 €/m², davon entfielen im Mittel 6,00 €/m² auf den Anteil des Abbaugutes)
	Sand	3,00–7,70 €/m² (Ø 4,90 €/m², davon entfielen im Mittel 3,30 €/m² auf den Anteil des Abbaugutes)
	Torf	0,60–1,10 €/m² (Ø 0,90 €/m², davon entfielen im Mittel 0,75 €/m² auf den Anteil des Abbaugutes)
Gutachterausschuss für Grundstückswerte Verden		
Landkreis Heidekreis	Sand/Kies	0,25–4,60 €/m² (2,05 €/m² einschl. Abbaugut)
Landkreis Rotenburg (Wümme)	Sand/Kies	1,05–14,26 €/m² (5,17 €/m² einschließlich Abbaugut Durchschnittswerte von 1998 bis 2010)
Landkreis Verden	Sand	Durchschnittlich 0,81 €/m² (ohne Abbaugut)

Quelle: Landesgrundstücksmarktbericht Niedersachsen 2012

Für den Kölner Süden wird für Kiesgewinnungsflächen ein durchschnittlicher Kaufpreis von rd. 19 €/m² angegeben (2013). An der **Rheinschiene** werden für Abbauland 8,00 bis 15,00 €/m² bezahlt (2011)[278]; so z. B. *Goch/Weeze* rd. 7,90 €/m²; *Wachtendonk* rd. 12,00 €/m². Die Preise für „reines" **Ackerland** (Eigenschaften: Größe ein Hektar, Ackerzahl 60, regelmäßiger Zuschnitt) bewegen sich zwischen 3,25 und 4,50 €/m². Der Grundstücksmarktbericht 2006 von *Kleve* gibt ein durchschnittliches Preisniveau von 7,20 bis 12,50 €/m² an. **353**

Abb. 39: Durchschnittswerte für Abgrabungsflächen (Abbauland) im Kreis Kleve 2006

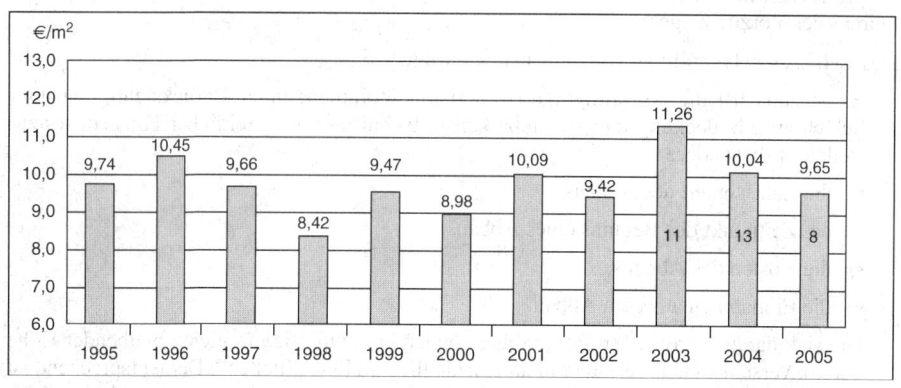

Quelle: Grundstücksmarktbericht Kleve 2006

Ausgekieste Areale im stadtnahen Bereich mit meist unterschiedlichen Anteilen an Flächen über und unter Grundwasserspiegel sowie Böschungsflächen werden mit 1,50 bis 2,50 €/m² gehandelt, wenn die Folgenutzung Naherholungszwecken dient. **354**

---

[278] Grundstücksmarktbericht des Landkreises Wesel 2011.

IV § 5 ImmoWertV — Abbauland

355 Ist der Kies- und Sandgrubenbetreiber nicht auch Grundstückseigentümer, so erhält der Verpächter eine **Pacht**, die sich i. d. R. an der Entnahme orientiert.

356 Beispielhaft werden die **Pachtpreise von Gruben an Erft- und Rheinscholle** genannt. Die Preise verstehen sich ohne MwSt. und beziehen sich auf einen m³ Kies bzw. Sand in fester Masse.

- Erftscholle: 1,00 bis 1,50 €/m³
- Rheinscholle: 2,00 bis 3,00 €/m³

357 Bezogen auf **Gewicht in t** (bei einem spezifischen Gewicht von 1,8) sind dies:

- Erftscholle: 0,55 bis 0,85 €/t (gerundet)
- Rheinscholle: 1,10 bis 1,65 €/t (gerundet)

358 **Abbauflächen über Braunkohle** wurden im Land *Brandenburg* im Jahre 2012 durchschnittlich zu einem Bodenpreis von 0,75 €/m² bei einer Spanne von 0,50 €/m² bis 1,01 €/m² vorwiegend im Landkreis *Spree-Neiße* veräußert[279]. Flächen zur Sand- und Kiesgewinnung wurden in *Brandenburg* im Jahre 2012 im Landesdurchschnitt bei 1,01 €/m² gehandelt, und zwar abhängig von den Standorten eine Preisspanne von 0,20 €/m² bis 2,50 €/m². Abbauflächen über Braunkohle im Landkreis *Spree-Neiße* wurden durchschnittlich mit einem Bodenpreis von 0,77 €/m² bei einer Spanne von 0,50 €/m² bis 1,07 €/m² veräußert. Abbauland (bergfreie Bodenschätze) wurden im Landkreis *Oberspreewald-Lausitz* in den Jahren 2007 bis 2011

- für Braunkohle mit einer durchschnittlichen Flächengröße von 35,5 ha mit 0,29 bis 1,00 €/m² und
- für Gesteine (Schotter/Splitt) mit einer durchschnittlichen Flächengröße von 1,1 ha mit 0,33 bis 1,97 €/m²

gehandelt.

9.3.3 Ertragswertverfahren

359 Neben dem Vergleichswertverfahren kommt für die Ermittlung des Verkehrswerts von Abbauland das Ertragswertverfahren[280] zur Anwendung (vgl. Rn. 351). Das **Verfahren ist sehr fehleranfällig**, da bereits geringfügige Differenzen in den Ansätzen zu recht erheblichen Unterschieden im Ertragswert führen; von daher ist der Anwendung des Vergleichswertverfahrens der Vorzug zu geben.

360 Das **Ertragswertverfahren** vollzieht sich wie folgt:

a) Es ist zunächst die **Abbaumenge** (förderbares Volumen) unter Berücksichtigung ihrer Schichtung, Bedeckung und Abbaubarkeit in technischer und zeitlicher Hinsicht festzustellen; insbesondere

- die Zulässigkeit des Abbaus,
- der Zeitpunkt des Beginns eines Abbaus,
- die Kosten des Abbaus,
- die Einnahmen aus dem Abbau.

Die sich daraus ergebenden Reinerträge können kontinuierlich in gleich bleibender Höhe oder in verschiedenen Perioden in unterschiedlicher Höhe „fließen". Dementsprechend ist bei der Ermittlung des kapitalisierten Reinertrags aus dem Abbaugut danach zu unterscheiden, ob

- er sich durch „einfache" Kapitalisierung über die Gesamtdauer des Abbaus oder
- jeweils durch Kapitalisierung des Reinertrags der zu unterscheidenden Perioden i ergibt, wobei dann der jeweilige kapitalisierte Reinertrag vom Beginn der Periode i auf

---

[279] Marktbericht 2012 des Oberen Gutachterausschusses für Grundstückswerte 2012, 65.
[280] KG, Urt. vom 21.12.1965 – 6 U 1901/61 –, EzGuG 4.26a.

den Wertermittlungsstichtag zu diskontieren ist und die diskontierten Reinerträge aufzusummieren sind (mehrperiodisches Ertragswertverfahren).

Das Wertermittlungsverfahren vereinfacht sich, wenn aufgrund der Gegebenheiten eine **gleich bleibende jährliche Fördermenge** zu erwarten ist; ansonsten finden also verfahrensmäßig die Grundsätze der allgemeinen Barwertmethode (*Discounted Cash Flow* Verfahren) Anwendung. Hilfsweise sind hierzu

- die Fördermengen von Vergleichsbetrieben bzw.
- die Fördermenge desselben Betriebs heranzuziehen, der andernorts vergleichbar tätig ist.

b) Die **Reinerträge** lassen sich über Pachtgebühren (vgl. Rn. 361 ff.) oder aus der Bilanz ermitteln, wobei dann aber der Unternehmergewinn in Abzug zu bringen wäre. I.d.R. wird der sog. Grubenzins auf den Kubikmeter des geförderten Minerals bezogen. Soweit der bekannte Grubenzins auf eine Gewichtseinheit (z. B. t) bezogen wird, muss das Gewicht z. B. des auszubeutenden Minerals mithilfe seines *spezifischen Gewichts* auf den Kubikmeter umgerechnet werden:

$$\text{Spezifisches Gewicht} = \frac{\text{Gewicht}}{\text{Volumen}} \quad \left[\frac{t}{m^3}\right]$$

$$\text{Volumen} = \frac{\text{Gewicht}}{\text{Spezifisches Gewicht}}$$

1 t = 1 000 kg

c) Der **wirtschaftlich absetzbare Jahresbedarf im Liefergebiet** ist für die Marktgängigkeit des Abbaugutes nach Angebot und Verbrauch entscheidend. Bei Sanden und Kiesen ist wegen der hohen Transportkosten von einem Liefergebiet im Radius von ca. 20 km auszugehen. Bei einem Jahresbedarf von ca. 8 t pro Einwohner (Bayern) für Sande und Kiese sowie einer bekannten Einwohnerzahl pro km² bemisst sich der **Jahresbedarf im Liefergebiet** nach:

$$\text{Jahresbedarf im Liefergebiet [t]} = r^2 \times \pi \times E \times 8 \text{ t/Jahr}$$

wobei r = Radius des Liefergebiets in km
 E = Einwohner pro km²
 t = Tonne

Bei bedarfsgerechter Förderung ergibt dies zugleich den **wirtschaftlichen Grenzwert des Jahresförderungsvolumens.** Ob dieses nach den vorhandenen Möglichkeiten des Grundstücks erreicht werden kann, bedarf weiterer Untersuchungen.

d) Zur Ermittlung des abbaufähigen Förderungsvolumens (insgesamt) sind Gutachten von Sonderfachleuten (Bohrunternehmen) erforderlich, die aufgrund von Bohrungen und Bodenuntersuchungen klären, in welcher Tiefe, in welcher Mächtigkeit und in welcher Qualität (Körnung) abbauwürdiges Material ansteht. Regelmäßig sind dem Sachverständigengutachten folgende Unterlagen beigefügt:
- Betriebsbeschreibung des Abbaubetriebs;
- Messtischblatt im Maßstab 1 : 25 000;
- Kataster-Flurkarte, Auszug aus dem Liegenschaftsbuch;
- Bohrprofile, Schichtverzeichnisse, Schnitte;
- Massenberechnung;
- Abgrabungsplan (z. B. gem. § 4 Abs. 2 AbgG NW) und Rekultivierungsplan im Maßstab 1: 500.

Diese Unterlagen müssen dem Antrag auf Abbaugenehmigung, beispielsweise für Kies und Sand, beigefügt werden.

IV § 5 ImmoWertV — Abbauland

361 Bei der **Berechnung des Förderungsvolumens (Abbaumasse)** sind die Abstandsflächen zu den unbebauten Nachbargrundstücken und das notwendige Neigungsverhältnis der Böschungen zu berücksichtigen. Das Ergebnis in m³ fester Masse wird durch Anwendung des Auflockerungsfaktors in lose Abbaumasse umgerechnet (bei Kies z. B. Faktor 1,2) und sodann das Gewicht in Tonnen (t) durch Multiplizierung mit dem spezifischen Gewicht des Abbaumaterials (bei trockenem Kies 1,6 und bei nassem Kies 2,0) ermittelt. Bei der Umrechnung von fester Masse m³ in t ist das spezifische Gewicht mit 1,8 anzusetzen (Abb. 40):

$$Y_{(lose\ Masse)} = V_{(feste\ Masse)} \times \text{Auflockerungsfaktor} \times \text{spezifisches Gewicht (g)}$$

Abb. 40: Spezifische Gewichte

Spezifisches Gewicht (Wichte) $\frac{g}{cm^3} = \frac{t}{m^3}$

Alaun	1,7	Magnesia	3,2
Anthrazit	1,6 ± 0,1	Magneteisenstein	5,0
		Manganerz	3,8 ± 0,3
Basalt	3,0 ± 0,2	Marmor	2,7 ± 0,1
Bergkristall (rein)	2,6	Mauerwerk	
Bimsstein	0,6 ± 0,2	Bruchstein	2,4
Braunkohle	1,4 ± 0,1	Sandstein	2,1
Braunstein	4,2 ± 0,4	Ziegel	1,5
		Mergel	2,4 ± 0,1
Calciumkarbit	2,3	Meteorstein	3,6
Chilisalpeter	2,3		
		Pech	1,1
Dolomit	2,9	Porphyr	2,8 ± 0,1
		Pottasche	2,3
Erde	1,7 ± 0,3		
		Quarz	2,6 ± 0,1
Feldspat	2,6		
Feldsteine	2,5 ± 0,3	Salpeter	2,1 ± 0,1
Feuerstein	2,7 ± 0,1	Sand	1,7 ± 0,3
		Sandstein	2,4 ± 0,1
Gips (ungebrannt)	2,2	Schamottestein	2,0
Gips (gebrannt)	1,8	Schiefer	2,7
Glaubersalz	1,4	Schlacke (Hochofen)	2,8
Glimmer	2,9 ± 0,3	Schwefelkies	5,0
Gneis	2,6 ± 0,1	Serpentin	2,6 ± 0,1
Graphit	2,1 ± 0,2	Siedlungsabfall	1,2
Kalk (ungebrannt)	2,6 ± 0,1	Töpferton	2,0
Kalk (gebrannt)	1,4 ± 0,1	Torf (trocken)	0,6 ± 0,3
Kalksandstein	1,9	Trass (gemahlen)	0,9
Kaolin	2,2	Tuffstein	1,3
Kies	1,9 ± 0,1		
Kreide	2,2 ± 0,4	Zement	1,4 ± 0,5
		Ziegel (gewöhnlich)	1,5 ± 0,1
Lava (basaltisch)	2,9 ± 0,1	Ziegel (Klinker)	1,8 ± 0,1
Lava (trachytisch)	2,4 ± 0,3	Zinkblende	4,0
Lehm	1,6	Zinnstein	6,7 ± 0,3

Abbauland § 5 ImmoWertV IV

e) *Das Jahresfördervolumen ergibt multipliziert mit dem Grubenzins den* **Jahreswert** *z. B.* **eines zur Ausbeutung anstehenden Minerals***:*

> Jahreswert = Grubenzins × Jahresfördervolumen

Die Kapitalisierung des Jahreswerts hat zur Folge, dass der Wertzuwachs des abbaubaren Bodenvorkommens mit zunehmender Größe des Grundstücks abnimmt (gegen Null tendiert), wenn sich damit auch die Förderzeit entsprechend verlängert. Dies ist finanzmathematisch darin begründet, dass sich der Barwert der Jahreseinnahmen mit zunehmender zeitlicher Ferne dieser Einnahmen vermindert.

f) Für die Kapitalisierung haben sich **Zinssätze von mindestens 10 %** und mehr als marktgängig erwiesen (vgl. Rn. 368)[281].

g) Neben den Einnahmen aus dem Abbaugut sind auch **Einnahmen aus Kippgebühren** für die Verfüllung zu berücksichtigen; sie fallen regelmäßig zu einem späteren Zeitpunkt an, wenn nämlich mit der Verfüllung[282] begonnen werden kann. Je nachdem, ob diese Einnahmen kontinuierlich in gleicher Höhe oder in unterschiedlichen Perioden in unterschiedlicher Höhe zu „fließen" beginnen, sind die Einnahmen auf den Wertermittlungsstichtag wiederum zu diskontieren.

h) Schließlich ist der sich nach der Ausbeutung und Verfüllung ergebende **Restwert unter Berücksichtigung der Folgenutzung** zu ermitteln. Dieser Restwert ist wiederum von dem Zeitpunkt, zu dem das Grundstück wieder disponibel ist, auf den Wertermittlungsstichtag zu diskontieren. Entsprechendes gilt auch für die dann anfallenden Rekultivierungskosten.

i) Die **Dauer der Abgrabung** (Restnutzungsdauer) ergibt sich aus der insgesamt vorhandenen Abbaumenge und der beabsichtigten Jahresentnahme, die sich i. d. R. am Jahresbedarf orientiert. Bei der Bestimmung der **Restnutzungsdauer** ist der nachhaltig erzielbare Marktanteil zu berücksichtigen; die jährlich erzielbaren Möglichkeiten der Ausbeute sind nicht allein entscheidend. Demzufolge kann die wirtschaftliche Restnutzungsdauer wie folgt ermittelt werden:

$$\text{Restnutzungsdauer} = (V \times g)/A$$

wobei
g = spezifisches Gewicht des Rohstoffs in t/m³
V = abbaubares Nettovolumen in m³
A = nachhaltiger Marktanteil unter gewöhnlichen Verhältnissen in t/Jahr.

Die **vereinfachte Ermittlung des Bodenwerts von Abbauland** (€/m²) stellt sich damit in Formeln wie folgt dar: 362

$$BW = \frac{t \times P}{a} \times V_1 + \frac{t \times KG}{b} \times V_2 \times q^{-a} - R \times q^{-(a+b)} + BW' \times q^{-(a+b)}$$

wobei

t mittlere Abbautiefe unter Berücksichtigung der Böschungen in [m]
P nachhaltig erzielbare Pacht in € pro m³
a Dauer des Abbaues in Jahren
b Dauer der Verfüllung in Jahren
V_1 Vervielfältiger für den Zeitraum des Abbaus a
V_2 Vervielfältiger für den Zeitraum der Verfüllung b

---

[281] Simon/Kleiber: Schätzung und Ermittlung von Grundstückswerten, Neuwied, 8. Aufl. 2004, S. 139 ff.; Vogels: Grundstücks- und Gebäudebewertung marktgerecht, 5. Aufl. 1996, S. 68 ff.; Stanniol/Kremer/Weyers halten bei der Beleihung von speziellen Produktionsstätten 7,5 bis 9,0 % für angebracht; Köhne hält aus der Sicht der verpachteten Landwirte eher einen Zinssatz für geboten, der langfristigen Finanzanlagen entspricht, beispielsweise 6 bis 8 % (GuG 1993, 268).
[282] KG, Urt. vom 21.12.1965 – 6 U 1901/61 –, EzGuG 4.26a.

IV § 5 ImmoWertV — Abbauland

a + b Zeitraum des Abbaues und der Verfüllung in Jahren (= n)
q Zinsfaktor = 1 + p/100
p Zinssatz
KG nachhaltig erzielbare Kippgebühren in € pro m³
R Rekultivierungskosten in €/m²
BW' Bodenwert der rekultivierten Fläche in €/m²

Ein **Schema des Verfahrens** ist in Abb. 41 dargestellt.

Abb. 41: Schema für die Anwendung des Ertragswertverfahrens auf Abbauland

Ertragswert von Abbauland

Barwert der Reinerträge
a) bei gleichbleibenden jährlichen Reinerträgen
   Barwert = RE x V

b) bei zeitlich unterschiedlichen Reinerträgen:
$$\text{Barwert} = RE_1 \times \frac{V_1}{q^{d1}} + RE_2 \times \frac{V_2}{q^{d2}} + \ldots\ldots RE_n \times \frac{V_n}{q^{dn}}$$

wobei
$RE_{1,2\ldots}$ = Barwert nachhaltig, bzw. in Periode i
$V_{1,2\ldots}$ = Vervielfältiger nachhaltig, bzw. in Periode i
q = Zinsfaktor = 1 + p
p = Kapitalisierungszinssatz/100 = q − 1
$d_{1,2\ldots}$ = Zeitspanne zwischen Wertermittlungsstichtag und Beginn des „Ertragsflusses" der Periode i

Barwert der Kippgebühren (Verfüllung)
a) bei gleich bleibenden jährlichen Reinerträgen
   Barwert = $1 / q^m$ Kippgebühren x V

wobei
V = Vervielfältiger für Anzahl der Jahre der Verfüllung
m = Zeitspanne zwischen Wertermittlungsstichtag und Beginn der Verfüllung

b) bei zeitlich unterschiedlichen Kippgebühren (KGi)
   Barwert = $KG_1 \times V_1 / q^{m1} + KG_2 \times V_2 / q^{m2} + \ldots KG_n \times V_n / q^{m2}$

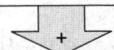

Barwert des Restwerts
Barwert = Restwert/q^n

Restwert = Verkehrswert nach Ausbeutung unter Berücksichtigung der Folgenutzung
n = Dauer des Abbaus und der Verfüllung (= a + b)

Barwert der Rekultivierungskosten
Barwert = Rekultivierungskosten/q^n

n = Dauer des Abbaus und der Verfüllung
bei zeitlich unterschiedlichem Anfall: Summe aller diskontierten Kosten

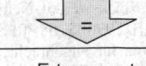

Ertragswert

© W. Kleiber 11

Abbauland § **5 ImmoWertV IV**

Die Ermittlung des Ertragswerts nach vorgestelltem Schema ist durch eine Reihe von Unwägbarkeiten bezüglich der anzusetzenden Größen bestimmt. Die Erfahrungen haben aber gezeigt, dass zur **Kapitalisierung** der Liegenschaftszinssatz hier ungeeignet ist, da es hier um eine vornehmlich ertragswirtschaftliche Nutzung geht und daher die **banküblichen Kapitalmarktzinsen** für die Investition ausschlaggebend sind (vgl. Rn. 366). Bezüglich der Kostenseite ist das vorgestellte Schema auch nicht vollständig, da z. B. Sicherungsmaßnahmen und dgl. ertragsmindernd in die Betrachtung einbezogen werden müssen.

9.3.4 Beleihungsbeschränkung für Sparkassen

In früheren Beleihungsgrundsätzen für Sparkassen (i. d. F. von 1957 und früher) bestand bezüglich der Abgrabungsgrundstücke wegen der Gefahr der Wertminderung und der Ertragslosigkeit ein striktes Beleihungsverbot. Insoweit bedeutet die seit 1970 geltende Musterfassung des § 17 BelG, die für fast alle Länder gültig ist, eine vorsichtige, aber vertretbare Erweiterung der Beleihungsmöglichkeiten. Hierbei findet die Tatsache Berücksichtigung, dass sogenannte Ausbeutegrundstücke durch die Abgrabung nicht in jedem Fall wertlos werden, sondern meistens nur in ihrer Nutzungsart einer zeitweisen – allerdings längeren – Veränderung unterliegen. Eine Beleihung wird daher für zulässig gehalten, wenn die durch **erlaubte Abgrabung** zu erwartende Wertminderung in der Höhe des Beleihungswerts und der Festlegung der Tilgungsdauer ausreichend berücksichtigt wird. Das soll durch **Wertabschläge nach § 18 Abs. 1 BelG**, durch die **Begrenzung der Darlehenshöhe nach § 19 BelG**, die **abnutzungs-**(abbau-)**konforme Tilgung** des Darlehens und durch Kreditkontrollen gewährleistet werden. Es handelt sich in solchen Fällen regelmäßig um Personalkredite.

Für Geschäftsbanken, **Hypothekenbanken und Versicherungen** gelten grundsätzlich ähnliche Regelungen, doch dürfen Hypotheken an Ausbeutegrundstücken nicht zur Deckung herangezogen werden[283].

Bei der Ertragswertermittlung dürfen als Erlöse nur auf Dauer erzielbare durchschnittliche Produktpreise angesetzt werden bzw. bei Verpachtung die vertraglich ausbedungenen (nachhaltig erzielbaren) Pachteinnahmen. Auch aus der Aufschüttung (Verfüllung) der Fördergrube nach Ausbeute können sich in Stadtnähe bei Freigabe des Geländes z. B. als Mülldeponie oder zur Nutzung als Freizeitgelände u. U. nicht unwesentliche Erträge ergeben, die, wenn sie längerfristig (zumindest für die Dauer der Beleihung) mit Sicherheit anfallen, in die Ertragsüberlegungen einbezogen werden können.

Die Kosten für Abgrabung, notwendige **Sicherungsmaßnahmen** wie Abstützungen, Umzäunungen und dergleichen, ferner für Rekultivierungsmaßnahmen sind – wie schon erwähnt wurde – bei der Wertermittlung zu berücksichtigen. Wenn mit der Rekultivierung noch nicht begonnen wurde, müssen zeit- oder wertanteilig ermittelte Beträge einer entsprechenden Rücklage oder Rückstellung zugeführt werden.

Der **Ertragswert** des als abbaufähig ermittelten losen Materialvorkommens ergibt sich aus folgenden Daten (Stand 1984; alte Bundesländer):

Grundlagen (Wertverhältnis 1984)	Beispieldaten
– abbaufähige Grundstücksfläche	140 000 m²
– Abbauvorkommen (z. B. Feinkies, Abgrabungstiefe etwa 20 m) 5 000 000 t (feste Masse 2 600 000 m² × 1,2 × 1,6)	
– Jahres-Abbauleistung (voraussichtlich)	500 000 t
– Dauer des Abbaues (restlich)	10 Jahre
– Betriebsgebäude: kleine massive Fuhrwerks-Waage mit Abfertigungsbüro, überdachter, betonierter Stellplatz für Kfz und Geräte	
– Lkw- und Abbaugeräte-Park	

---

[283] § 12 Abs. 3 Satz 2 HBG; § 54 Abs. 2 VAG.

IV § 5 ImmoWertV — Abbauland

- Ergebnisse der letzten drei Jahre
- durchschnittlich erzielter Kies-Verkaufspreis o. MwSt. 3,25–3,75 €/t = i. M. 3,50 €/t (100 %)
- durchschnittliche Förderkosten einschließlich Rücklage für die Rekultivierung o. MwSt. 2,60–2,80 €/t = i. M. 2,70 €/t (77 %)
- Durchschnittsgewinn der letzten 3 Jahre 0,80 €/t (23 %)
  (lt. Buchführung und Kostenstellenrechnung nur für diese Kiesgrube und vor Steuern)
- Kapitalisierungszinssatz 8 v. H.
- Vervielfältiger (Vervielfältigertabelle zur ImmoWertV) 6,71
- Ertragswert somit = 2 684 000 €
  (500 000 t × 0,80 €/t* = 400 000 € × 6,71)
- Verkehrswert (gerundet) 2 650 000 €
= je m² Grundstücksfläche 18,93 €

* Damit das Wertermittlungsergebnis nicht den Firmenwert der Kiesbaggerei verkörpert, ist zunächst ein Vergleich mit **gezahlten Pachtpreisen (Auskiesungszins)** der Region vorzunehmen. Diese bewegten sich 1984 zwischen 0,70 und 0,80 €/t. Mitte der 90er-Jahre lagen die Auskiesungszinsen zwischen 1,25 und 1,40 €/m².

Anmerkung: Eine Abzinsung des Reinertrags ist erforderlich, weil die Nettoerlöse sukzessive im Verlaufe der nächsten zehn Jahre anfallen. Als Kapitalisierungszinssatz für diese spezielle gewerbliche Nutzung wurden 8 v. H. angenommen.

369 Das **Risiko der gewerblichen Beleihung ist durch einen angemessenen Abschlag** zu berücksichtigen. Auf der Grundlage der Buchführungsergebnisse des Unternehmens in den letzten Jahren wird im Hinblick auf die in den Jahren 1981 bis 1983 schwache Baukonjunktur mit 0,27 €/t ein Drittel aus dem Gewinn von 0,80 €/t als risikobedingte Minderung angenommen. Die verbleibenden 0,54 €/t multipliziert mit 500 000 t Jahresförderung und Ertragsfaktor 6,71 (vgl. oben) ergeben einen **Ertragswert von rd. 1 795 000 €.** Das entspricht einem m²-Preis für die abbaufähige Grundstücksfläche von **12,82 €.**

370 Für **Kiesböden** ähnlicher Qualität und vergleichbarer Verkehrsanbindung wurden 1982 in dieser Gegend 15 bis 17 €/m² gezahlt. Bei Zugrundelegung eines mittleren Preises von 16 €/m² (Sachwert) ergibt die Berechnung – nach Durchführung des Gewerbeabschlags um ein Drittel – einen m²-Satz von rund **10,50 €.** Da dieser Betrag niedriger ist als der aus der Ertragswertermittlung, erscheint es im Hinblick auf die gegenwärtige Konjunkturlage (1984) ratsam, den **Beleihungswert** am niedrigeren **Sachwert** zu orientieren, wie die folgende Berechnung zeigt:

371 Fortführung des Beispiels

- 140 000 m² Boden mit Feinkiesvorkommen bei einem Marktpreis im Durchschnitt von 16 €/m² = 2 240 000 €
- Zeitwert der Waagenstation und des Stellplatzes + 35 000 €

  2 275 000 €

./. Gewerbeabschlag von einem Drittel rd. 775 000 €

Sachwert (vor Beginn der Auskiesung) 1 500 000 €
(= 10,72 €/m²)

Beleihungswertvorschlag: 1 500 000 €

372 Für **massive Lastwagen- und Gerätehallen sowie Bürogebäude mit Wiegevorrichtungen** kann der Zeitwert angesetzt werden, wenn die Gebäude baurechtlich genehmigt sind und eine weitere Nutzung nach Beendigung der Abgrabung möglich ist. Das regelmäßig wertmäßig nicht unbedeutende **Zubehör** des Abgrabungsbetriebs (z. B. Kies-, Förderungs- und Aufbereitungsanlagen, Fuhrwerkswaage usw.) ist nicht in die Sachwertermittlung einzubeziehen. Vor einer gesonderten Sicherungsübereignung ist zu prüfen, ob noch Eigentumsvorbehalte bestehen oder die Gegenstände geleast sind.

Abbauland § 5 ImmoWertV IV

Wenn der **Kreditnehmer Eigentümer des Abgrabungsgrundstücks** ist und es zur Ausbeute 373
an ein bonitätsmäßig einwandfreies Unternehmen verpachtet hat, lässt sich der **Ertragswert
aus der Jahrespacht** abzüglich der vom Eigentümer zu tragenden Bewirtschaftungskosten
und Abgaben ermitteln. Die Höhe der Pachtzahlung (Förderzins) richtet sich i. d. R. nach der
tatsächlichen Förderleistung. Für die Ausbeutung von Kiesgruben werden derzeit (1982/83)
0,50 €/t bis 0,70 € je t, bei Quarzsandgruben 0,45 €/t bis 0,60 €/t und bei Steinbrüchen 0,55 €/
t bis 0,65 €/t als Förderzins gezahlt. Häufig ist eine Mindestpacht vereinbart. Mitunter sehen
Pachtverträge auch eine feste Jahrespacht vor. Teilweise sind in diesen Fällen bei langfristigen Vereinbarungen auch Wertsicherungsklauseln anzutreffen. Anhand eines Pachtvertrags
mit einem Steinbruchbetrieb für Straßenbaustoffe soll dies illustriert werden.

Der **Pachtvertrag** weise in dem Beispielfall die folgenden Kriterien auf: 374

– Pachtdauer restlich 15 Jahre

– Förderzins 0,60 € je t tatsächlicher Ausbeute (Preisbasis 1983)

– Mindestpacht = 150 000 € (das entspricht 250 000 t)

– Tatsächliche Ausbeute 1981: 310 000 t, daher erhaltene Jahrespacht 1981 186 000 €

– Wertsicherungsklausel: Veränderung des Förderzinses und der Mindestpachtsumme um
10 v. H., wenn Baukostenindex für Tiefbauarbeiten lt. Statistischem Bundesamt um 10
v. H. steigt oder fällt.

Bei Zugrundelegung nur der **Mindestpacht**, einer aufgrund von Garantien sicher zu erwar- 375
tenden zehnprozentigen Anhebung nach fünf und zehn Jahren (Durchschnitt 165 000 €) sowie
unter Berücksichtigung der ermittelten durchschnittlichen Ausgaben des Grundstückseigentümers pro Jahr von 22 % verbleibt ein

jährlicher Reinertrag (165 000 € abzüglich 22 %) von:	128 700 €
nach Abzug eines Risikoabschlags für die gewerbliche Nutzung in Höhe von 20 %	rd. 25 700 €
ergibt sich ein Betrag von:	103 000 €
Unter Zugrundelegung eines Zinssatzes von 7,5 % und einer Restnutzungsdauer von 15 Jahren (Faktor 8,83) beläuft sich der **Ertragswert** (103 000 € × 8,83) auf	rd. 910 000 €
Beleihungswertvorschlag:	**900 000 €**

Auch in diesem Falle sollten der Sachwert und/oder der Verkehrswert vor Festsetzung des
Beleihungswerts als Vergleichswerte herangezogen und entsprechend berücksichtigt werden.

Die **nicht ausbeutbaren Teile eines Abgrabungsgrundstücks** sollten im Allgemeinen nicht 376
in die Wertermittlung einbezogen werden, sofern sie im Wesentlichen aus Böschungen,
Abstandsflächen und schon ausgebeutetem Grund und Boden bestehen. Denn ausgebeutete
und wieder verfüllte Abgrabungsgrundstücke dürften – soweit Baurecht besteht – im Allgemeinen nicht vor Ablauf von 20 Jahren bebaut werden können. Hier gilt als Richtschnur für
die Bebauung nach Abgrabung: 1 m Füllhöhe entspricht einem Jahr Wartezeit. Bei einer Auskiesung bis 20 m Tiefe besteht also eine Bebauungsmöglichkeit erst in 20 Jahren nach
Abschluss der Verfüllung. Eine ausgebeutete Abgrabungsstätte hat daher zwar einen (ungewissen) Wert, aber wegen geringer Verkaufsmöglichkeiten und der unüberschaubaren Zeit
bis zur neuen Verwendbarkeit zunächst selten einen Preis. Zu bedenken ist auch der Mehraufwand bei der Gründung für Gebäude gegenüber solchen auf gewachsenem Grund. Durch Altlasten (Ablagerungen) können Verfüllungsgrundstücke jedoch wertlos werden, wenn die
Sanierungskosten den realen Grundstückswert übersteigen. Bei mit Hausmüll verfüllten
Abgrabungsgrundstücken muss zudem mit Methanausbrüchen (ca. 30 Jahre) gerechnet werden. Je nach Menge können diese abgefackelt oder wirtschaftlich genutzt werden.

377 *Beispiel:*

Im folgenden *Beispiel* aus 1992 werden die Förderkosten einer Kiesbaggerei bei einer Jahresleistung (Verkauf) von 250 000 t und einem durchschnittlich erzielten Kiesverkaufspreis ohne MwSt. von 7,50 €/t ab Grube analysiert. Der Anteil der Korngrößen 2 bis 32 mm beträgt in diesem Fall rd. 45 %.

Kostenstelle	Anteile in v. H. am Verkaufspreis je t	Anteil €/t
– Personalkosten, Beiträge Berufsgenossenschaft	30	2,25
– Reparaturen, lfd. Unterhaltung, Energiekosten	6	0,45
– Zinsen Fremdkapital, Kosten Geldverkehr	5	0,37
– Versicherungsprämien, Rechtsberatung, Verwaltungskosten etc.	9	0,67
– Allgemeine Geschäftskosten, Rücklage Rekultivierung	30	2,25
– Abschreibung (bleibt unberücksichtigt, da im Vervielfältiger enthalten)		
– Betriebskosten insgesamt (Förderkosten):	80	6,00
Reinerlös (vor Steuern)	**20**	**1,50***
	100	7,50

* Für die Ermittlung des Ertragswerts der Immobilie können jedoch nur die üblichen Pachtpreise der Region herangezogen werden.

378 Bei der Ermittlung von **Beleihungswerten** muss die durch die Ausnutzung zu erwartende Wertminderung des Grundstücks ausreichend berücksichtigt werden. Demzufolge ist die Tilgung so festzulegen, dass sie dem voraussichtlichen Aus- oder Abnutzungsgrad des Beleihungsgegenstandes entspricht. Die Verminderung des Kredits muss also (wertmäßig gesehen) mit der Abtragung der Bodenvorkommen in Einklang stehen. Wird mehr abgegraben als nach dem der Beleihung zugrunde gelegten Plan, so muss die Tilgung entsprechend erhöht werden.

379 Zur **Kontrolle der Kreditsicherheit** sind die Kenntnis des Abbaustandes und der aktuelle Einblick in die wirtschaftlichen Verhältnisse des Kreditnehmers analog § 18 KWG erforderlich. Unerlässlich ist auch die Kontrolle über Bildung der notwendigen Rücklagen und Rückstellungen für die Rekultivierungsverpflichtungen im Verlaufe der Abbauzeit und die Beachtung der Auflagen der Genehmigungsbehörden. Grobe Verstöße können die Einstellung der Abgrabung und erhebliche Haftungsansprüche zur Folge haben (Beispiele: vorzeitige oder unsachgemäße Ablagerung von Hausmüll, Deponierung von gefährlichem Industriemüll etc.). Eine Kopie der Genehmigung von Abgrabung und Herrichtung (Rekultivierung) gehört auf jeden Fall in die Kreditakte.

380 Eine sichere Aussage zum Abgrabungsstand und zur Beachtung der Auflagen ermöglicht die **jährliche Inspektion der Abbaustätte** durch einen öffentlich bestellten Vermessungsingenieur. Hat ein Kreditnehmer beispielsweise das Abgrabungsgrundstück an einen Dritten verpachtet, so erhält er i. d. R. monatliche Abschlagszahlungen auf den vereinbarten Förderzins. Das Entnahmeergebnis des Vermessungsingenieurs ist dann die Grundlage für die Berechnung des Jahresförderzinses. Erfolgt der Vertrieb ausschließlich über eine Fuhrwerkswaage, so kann dieses Ergebnis für die Einschätzung der jährlichen Wertminderung mit herangezogen werden. Zur Berücksichtigung der Rekultivierungsverpflichtungen im Jahresabschluss des Abbauunternehmens kann sich der mit der Prüfung beauftragte Wirtschaftsprüfer äußern[284].

---

[284] Adler/Düring/Schmaltz, Rechnungslegung und Prüfung der Aktiengesellschaft, 4. Aufl. Stuttgart 1968, § 152 AktG, Tz. 151.

9.4 Bergschaden

9.4.1 Allgemeines

Schrifttum: *Balloff, H.*, Besonderheiten der Wertermittlung für die Begründung schadensersatzrechtlicher Forderungen in Bergbaugebieten, GuG 1999, 44; *Schürken/Finke*, Bewertung von Bergschäden, 3. Aufl. Hannover 2008; *Finke*, Bergschäden GuG 1999, 266; *Hoffmann, D.*, Wertermittlung von Abbauland, GuG 2004, 156; *Schürken, J.*, Technischer und merkantiler Minderwert bei Bergschäden, GuG 2003, 154.

▶ *Zum Beleihungswert vgl. Teil IX Rn. 376 ff.*

Ein **Bergschaden** liegt nach § 114 Abs. 1 BBergG u. a. vor, wenn infolge der Ausübung einer bergbaulichen Tätigkeit oder durch eine bergbauliche Betriebseinrichtung eine Sache (oder Person) beschädigt wird. Voraussetzung ist ein adäquater Ursachenzusammenhang[285]. Ein Bergschaden wirkt sich sowohl auf den Verkehrswert als auch i. d. R. auf den Einheitswert[286] des Grundstücks aus. 381

Nicht zum Bergschaden gehören nach § 114 Abs. 2 BBergG

– Nachteile als Folge von Planungsentscheidungen, die mit Rücksicht auf Lagerstätten und den Bergbaubetrieb getroffen werden, und
– unerhebliche Nachteile bzw. Aufwendungen im Zusammenhang mit Anpassungsmaßnahmen i. S. des § 110 BBergG,
– ferner Vermögensschäden.

Diesbezüglich bemisst sich der Schadensersatzanspruch nach den §§ 849 ff. BGB i. V. m. § 117 Abs. 1 Satz 1 BBergG.

Zur Auslegung des Begriffs „Bergschaden" sind die **allgemeinen im Schadensersatzrecht geltenden Grundsätze der §§ 249 ff. BGB** anzuwenden[287]. Der schädigende Bergbaubetrieb schuldet demzufolge nach § 249 Satz 1 BGB grundsätzlich die „Wiederherstellung in Natur" bzw. nach § 249 Satz 2 BGB den zur Herstellung erforderlichen Geldbetrag. Dieser Geldbetrag bzw. der Zahlungsanspruch des Geschädigten stellte dabei lediglich eine besondere Form des Herstellungsanspruchs dar[288]. 382

„**§ 114 BBergG** Bergschaden 383

(1) Wird infolge der Ausübung einer der in § 2 Abs. 1 Nr. 1 und 2 bezeichneten Tätigkeiten oder durch eine der in § 2 Abs. 1 Nr. 3 bezeichneten Einrichtungen (Bergbaubetrieb) ein Mensch getötet oder der Körper oder die Gesundheit eines Menschen verletzt oder eine Sache beschädigt (Bergschaden), so ist für den daraus entstehenden Schaden nach den §§ 115 bis 120 Ersatz zu leisten.
(2) Bergschaden im Sinne des Absatzes 1 ist nicht
1. ein Schaden, der an im Bergbaubetrieb beschäftigten Personen oder an im Bergbaubetrieb verwendeten Sachen entsteht,
2. ein Schaden, der an einem anderen Bergbaubetrieb oder an den dem Aufsuchungs- oder Gewinnungsrecht eines anderen unterliegenden Bodenschätzen entsteht,
3. ein Schaden, der durch Einwirkungen entsteht, die nach § 906 des Bürgerlichen Gesetzbuchs nicht verboten werden können,
4. ein Nachteil, der durch Planungsentscheidungen entsteht, die mit Rücksicht auf die Lagerstätte oder den Bergbaubetrieb getroffen werden, und
5. ein unerheblicher Nachteil oder eine unerhebliche Aufwendung im Zusammenhang mit Maßnahmen der Anpassung nach § 110."

Für den Bereich des untertägigen Bergbaus gilt nach § 120 BBergG die sog. **Bergschadens-vermutung**. 384

---
285 Boldt/Weller, BBergG. 1. Aufl. 1984, Rn. 10 ff. zu § 114 BBergG.
286 OFD Düsseldorf, Erl vom 25.6.1968 – S 3204/3210 A-St 211; OFD Münster, Erl vom 9.7.1968 – S 3204 – 19-St 21 –; OFD Köln, Erl vom 9.7.1968 – S 3204-2 St 211 –, alle abgedruckt StEK BewG 1965 § 82 Nr. 15.
287 Boldt/Weller, § 114 BBergG Rn. 11; Finke in ZfB 1992, 170.
288 Piens/Schulte/Vilzhum, § 117 BBergG Rn. 6.

385 **Für Bergschäden haftet das bergbauberechtigte Unternehmen**, wobei das BBergG zur Vermeidung von Bergschäden z. B. Bauherrn zu vorbeugenden Maßnahmen verpflichtet, für deren Kosten der bergbauberechtigte Unternehmer aufkommt (§§ 110 ff. BBergG)[289]. Dabei ist die Duldungspflicht des Grundeigentümers „nur dann als sachgerecht und im Lichte des Art. 14 GG erträglich" erachtet worden, wenn die tiefgreifende Belastung des Grundeigentums zugunsten des – privaten und mit Gewinnstreben betriebenen – Bergbaus durch eine umfassende Entschädigung des Grundeigentümers ausgeglichen wird[290].

Die **Haftung** nach § 18 BBergG **setzt voraus, dass das in Anspruch genommene Unternehmen den Schaden durch eigene Tätigkeit herbeigeführt** oder zumindest mit verursacht hat, falls es nicht Rechtsnachfolger des ursprünglich verantwortlichen Betriebs ist. Gegenüber den gesetzlichen Vorschriften über den Ersatz von Bergschäden tritt der nachbarrechtliche Ausgleichsanspruch analog § 906 Abs. 2 Satz 2 BGB auch dann zurück, wenn der Bergwerkunternehmer im Einzelfall für den Schaden nicht verantwortlich ist[291].

386 „**§ 115 BBergG** Ersatzpflicht des Unternehmers
(1) Zum Ersatz eines Bergschadens ist der Unternehmer verpflichtet, der den Bergbaubetrieb zur Zeit der Verursachung des Bergschadens betrieben hat oder für eigene Rechnung hat betreiben lassen.
(2) Ist ein Bergschaden durch zwei oder mehrere Bergbaubetriebe verursacht, so haften die Unternehmer der beteiligten Bergbaubetriebe als Gesamtschuldner. Im Verhältnis der Gesamtschuldner zueinander hängt, soweit nichts anderes vereinbart ist, die Verpflichtung zum Ersatz sowie der Umfang des zu leistenden Ersatzes von den Umständen, insbesondere davon ab, inwieweit der Bergschaden vorwiegend von dem einen oder anderen Bergbaubetrieb verursacht worden ist; im Zweifel entfallen auf die beteiligten Bergbaubetriebe gleiche Anteile.
(3) Soweit in den Fällen des Absatzes 2 die Haftung des Unternehmens eines beteiligten Bergbaubetriebs gegenüber dem Geschädigten durch Rechtsgeschäft ausgeschlossen ist, sind bis zur Höhe des auf diesen Bergbaubetrieb nach Absatz 2 Satz 2 entfallenden Anteils die Unternehmer der anderen Bergbaubetriebe von der Haftung befreit.
(4) Wird ein Bergschaden durch ein und denselben Bergbaubetrieb innerhalb eines Zeitraums verursacht, in dem der Bergbaubetrieb durch zwei oder mehrere Unternehmer betrieben wurde, so gelten die Absätze 2 und 3 entsprechend.

§ 116 BBergG Ersatzpflicht des Bergbauberechtigten
(1) Neben dem nach § 115 Abs. 1 ersatzpflichtigen Unternehmer ist auch der Inhaber der dem Bergbaubetrieb zugrunde liegenden Berechtigung zur Aufsuchung oder Gewinnung (Bergbauberechtigung) zum Ersatz des Bergschadens verpflichtet; dies gilt bei betriebsplanmäßig zugelassenem Bergbaubetrieb auch, wenn die Bergbauberechtigung bei Verursachung des Bergschadens bereits erloschen war oder wenn sie mit Rückwirkung aufgehoben worden ist. Der Unternehmer und der Inhaber der Bergbauberechtigung haften als Gesamtschuldner. Soweit die Haftung eines Gesamtschuldners gegenüber dem Geschädigten durch Rechtsgeschäft ausgeschlossen ist, ist auch der andere Gesamtschuldner von der Haftung befreit."

387 Eine **Bergschadensgefahr** liegt vor, wenn der Bergschaden zwar noch nicht eingetreten ist, jedoch aufgrund der Art und Weise des umgegangenen Bergbaus, der durchgeführten Sicherungsmaßnahmen, der Abbauteufe (Tiefe) und dem Zeitpunkt die Gefahr eines Bergschadens besteht. Auch eine Bergschadensgefahr kann zu einer Wertminderung führen.

---

289 OLG Hamm, Urt. vom 14.7.1986 – 13 U 283/85 –, VersR 1987, 914; OVG Münster, Urt. vom 29.3.1984 – 12 A 2194/82 –, NVwZ 1985, 355 = EzGuG 4.100; OVG Münster, Urt. vom 23.1.1984 – 10 A 23 66/79 –, MittDST 1985, 116 = EzGuG 4.95; BGH, Urt. vom 1.6.1978 – III ZR 158/75 –, BGHZ 71, 329 = EzGuG 20.75; BGH, Urt. vom 22.2.1973 – III ZR 28/71 –, NJW 1973, 656 = EzGuG 20.54; BGH, Urt. vom 16.10.1972 – III ZR 176/70 –, BGHZ 59, 332 = EzGuG 4.37; BGH, Urt. vom 3.7.1972 – III ZR 192/70 –, BGHZ 59, 151 = EzGuG 4.36; BGH, Urt. vom 26.6.1972 – III ZR 114/70 –, NJW 1972, 1493 = EzGuG 4.35; VG Gelsenkirchen, Urt. vom 21.6.1978 – 5 K 2977/78 –, MittDST 1985, 1186 = EzGuG 4.57 - Vorinstanz zu OVG Münster, Urt. vom 23.1.1984, a. a. O.; BGH, Urt. vom 15.6.1965 – V ZR 24/63 –, MDR 1965, 899 = EzGuG 20.39; BGH, Urt. vom 18.3.1964 – V ZR 20/62 –; OLG Saarbrücken, Urt. vom 20.5.1960 – 3 U 45/95 –, AVN 1963, 123 = BIGBW 1961, 174 = EzGuG 4.14; OLG Hamm, Urt. vom 2.2.1960 – 7 U 244/58 –, AVN 1967, 541 = EzGuG 4.12; weiterführendes Schrifttum: Finkel in DWW 1978; 332; Lindner in DWW 1987, 310; Schürken in DWW 1987, 324, ders. in GuG 1997, 129 und GuG 1994, 324; MittDST 1985, 1185; Balloff, H./Wiesner, Th., in GuG 1999, 44; Dittrich/Böhlitz-Ehrenberg in GuG 1995, 257 und GuG 1997, 214; Finke in GuG 1999, 266.

290 BGH, Urt. vom 16.2.1970 – III ZR 136/68 –, BRS Bd. 19 Nr. 131 = EzGuG 4.30; BGH, Urt. vom 16.2.1970 – III ZR 169/68 –, ZfBR 1970, 446.

291 BGH, Urt. vom 17.5.2002 – III ZR 249/00 –, NJW 2001, 3049 = EzGuG 4.182 abweichend von BGH, Urt. vom 20.11.1998 – V ZR 411/97 –, WM 1999, 554.

Andere öffentliche Belange stehen einer Abgrabung insbesondere entgegen, wenn   388

a) das Ortsbild auf Dauer verunstaltet und

b) der Nachweis ausreichender Ab- und Zufahrtswege nicht erbracht wird.

Gegenstand der Genehmigung sind die Abgrabung und die Herrichtung (Rekultivierung) auf den konkret mit Gemarkung, Flurstück- bzw. Parzellennummer zu bezeichnenden Grundstücken.

Im städtischen Nahbereich werden Genehmigungen zur **Abgrabung von Grundstoffvorkommen** inzwischen nur noch sehr zögernd erteilt. **Abbaugrundstoffe in Stadtnähe** verfügen jedoch über günstigere Absatzchancen, weil die Entfernung der Förderstätten von den Verwertungsstellen (Baustellen) kostenmäßig eine große Rolle spielt. Andererseits erweisen sich die in Stadtnähe notwendigen Umweltschutzerfordernisse kostenaufwendiger als in ländlichen Gebieten. Abgrabungsflächen in Stadtnähe werden nach Beendigung der Förderung häufig von Zweckverbänden zur Anlage von Erholungszentren übernommen.   389

Ob die Abgrabung außerdem gemäß § 7 WHG der **wasserrechtlichen Erlaubnis** der zuständigen Unteren Wasserbehörde bedarf, ist mit dieser abzustimmen. In dieser Erlaubnis können zusätzliche Bedingungen und Auflagen festgesetzt werden. So kann beispielsweise das Ausbaggern eines Grundstücks bis in den Grundwasserbereich untersagt werden (vgl. Rn. 349).   390

Die Behörden genehmigen die Abgrabung und die Rekultivierung im Allgemeinen für einen **Zeitraum von 10 bis 15 Jahren**, wobei für die Herrichtung meist ein Jahr angesetzt wird. I.d.R. geschieht dies unter Bedingungen (z. B. Sicherstellung der Rekultivierungsverpflichtung durch Bankbürgschaft; Absteckung und Markierung der Abgrabungsgrenzen durch einen öffentlich bestellten Vermessungsingenieur) und Auflagen (z. B. Schutzstreifen, Neigungsverhältnis der Böschungen, Vermeidung von unzumutbaren durch die Wasch-, Sieb- und Silo-Anlagen, Schutz des Abgrabungsgrundstücks gegen das Einbringen von Industriemüll und grundwassergefährdenden Stoffen). Mit der Abgrabung darf vor Erfüllung der Bedingungen nicht begonnen werden. Die Bauerlaubnis für Gebäude, beispielsweise Büro-, Sozial-, Werkstatt-, Wiege- und Trafogebäude sowie Aufbereitungsanlagen auf dem Abgrabungsgrundstück, muss gesondert eingeholt werden.   391

Die **Rechte aus der Abgrabungsgenehmigung erlöschen** schließlich, **wenn nicht innerhalb einer bestimmten Frist** (in Nordrhein-Westfalen z. B. drei Jahre) **mit der Abgrabung begonnen wird**. Die Frist kann auf Antrag des Unternehmers verlängert werden.   392

Die Betreiber von Kiesgruben sind häufig nicht auch Grundstückseigentümer. Die notwendigen **Grundstücke** sind in solchen Fällen (meist langfristig) von Gemeinden und Privatpersonen (Landwirten) **gepachtet**. Notwendige Kiesförder- und Aufbereitungsanlagen sowie Fuhrwerks-, Waagen- und Wiegehäuser sind im Eigentum der Abbauunternehmer oder geleast. Zu würdigen sind demnach Wertermittlungsansätze sowohl aus Sicht der verpachtenden Grundstückseigentümer als auch der Abbauunternehmen[292]. In diesem Zusammenhang sind noch die land- und forstwirtschaftlichen Nebenbetriebe i. S. des § 42 BewG hervorzuheben, die dem land- und forstwirtschaftlichen Hauptbetrieb zu dienen bestimmt sind und nicht einen selbstständigen Gewerbebetrieb darstellen. Bei solchen Betrieben handelt es sich aber meist um Gewerbebetriebe. Steuerlich wird im Wesentlichen zwischen zwei Arten von Nebenbetrieben unterschieden: 393

– den Be- oder Verarbeitungsbetrieben (z. B. Brennereien, Keltereien, Sägewerke) und

– den Substanzbetrieben (z. B. Sandgruben, Kiesgruben, Torfstiche u. Ä.).

Da **Mineralienvorkommen im steuerlichen Sinne** nicht zum Grundstück gehören (§ 68 Abs. 2 BewG), muss hier eine Abgrenzung vorgenommen werden, d. h., es muss ein gesonderter Wert festgestellt werden (Wert des Mineraliengewinnungsrechts i. S. von § 100 BewG). Dieses Recht unterliegt der Gewerbesteuer und nicht der Grundsteuer[293].   394

---

[292] Köhne in GuG 1993, 268 ff.
[293] Simon/Cors/Troll: Handbuch der Grundstückswertermittlung, München, 3. Aufl. 1993, S. 715 ff.

Für die **neuen Bundesländer** hat der BGH in seiner Rechtsprechung[294] herausgestellt:

a) Die Vorschriften des BBergG über die Haftung für Bergschäden gelten für Bergschäden im Beitrittsgebiet nicht, wenn auch nur eine mitwirkende Ursache vor dem 3.10.1990 gesetzt worden ist[295]. Ursache ist dabei die bergbauliche Betriebshandlung. Als mitwirkende Bedingung in diesem Sinn sind lediglich Umstände anzusehen, die konkret die Gefahr von Bergschäden erhöht haben.

b) Das Berggesetz der ehemaligen DDR gilt auch für Bergschäden, die vor einem Inkrafttreten verursacht worden sind, sofern der Schaden erst danach entstanden ist.

9.4.2 Bergschaden an Gebäuden und Außenanlagen

Schrifttum: *Baloff/Wiesner*, Besonderheiten der Wertermittlung für die Begründung schadensrechtlicher Forderungen in Bergbaugebieten, GuG 1999, 44; *Schürken/Finke*, Bewertung von Bergschäden, Hannover 2008.

9.4.2.1 Allgemeines

395 **Bergschäden an Gebäuden und Außenanlagen sind Bauschäden.** Es muss unterschieden werden zwischen nicht behebbaren und behebbaren Bauschäden sowie dem merkantilen Minderwert. Bergschäden sind nicht behebbar, wenn sie durch Ausbesserung auf Dauer nicht beseitigt werden können. Den nicht behebbaren Bergschäden gleichgestellt sind Bergschäden, die nur mit unverhältnismäßig hohen Kosten beseitigt werden können.

396 I. d. R. lassen sich die Bergschäden nicht vollständig beheben, sodass **nicht behebbare und behebbare Bergschäden an einem Grundstück nebeneinander** vorliegen können.

9.4.2.2 Bergschadensersatzanspruch

397 Zur Vermeidung bzw. Verringerung künftiger Bergschäden können nach den §§ 110 ff. BBergG unter bestimmten Voraussetzungen vom Bauherrn **Anpassungs- und Sicherungsmaßnahmen** verlangt werden.

398 Der Bergschadensersatzanspruch kann sich in diesen Fällen vermindern bzw. sogar entfallen, wenn der Bauherr dem nicht nachkommt. Ansonsten hat die Bergwerkgesellschaft grundsätzlich die Kosten von Bergschadensvormaßnahmen zu tragen, so dass derartige zu erwartende Kosten nicht zu einer Wertminderung führen[296].

399 **Rechtsgrundlage für Bergschadensersatzansprüche** ist § 114 BBergG. In der Regulierungspraxis wird unterschieden zwischen

a) ehebbaren Schäden, wie Setzungsrisse einschließlich Folgeschäden, und

b) nicht behebbaren Dauerschäden, wie Schiefstellungen von Gebäuden, die zu Minderwerten führen.

Darüber hinaus besteht ein Anspruch der vom Bergbau betroffenen Grundeigentümer gegenüber dem Bergbauunternehmer, die **Kosten für Anpassungs- und Sicherungsmaßnahmen** zu übernehmen, ausgenommen sind lediglich unerhebliche Nachteile und Aufwendungen. Aufwendungen und Nachteile sind unerheblich, wenn sie 1,5 % der Gesamtherstellungskosten einer baulichen Anlage nicht überschreiten. Hat der Grundstückseigentümer die geforderten Maßnahmen unterlassen, verwirkt er seinen Schadenersatzanspruch (§ 112 BBergG).

400 **Ein Bergschadensersatzanspruch steht grundsätzlich nur demjenigen zu, der zum Zeitpunkt des Eintritts eines Bergschadens Eigentümer war.** Ein Bergschaden, dem noch ein entsprechender Schadensersatzanspruch gegenübersteht, verliert insoweit seine Wertneutrali-

---

294 BGH, Urt. vom 17.5.2001 – III ZR 249/00 –, NJW 2001, 3049 = EzGuG 4.182.
295 Vgl. Anl. 1 Kap. V Sachgeb. D Abschn. III Nr. 1 lit k Sätze 32 und 3 des Einigungsvertrags.
296 Schürken in GuG 1994, 324 ff.; Schürken in GuG 1997, 129 ff.; Baloff/Wiesner in GuG 1999, 2 ff.; Finke in GuG 1999, 266 ff.; Finke in ZfB Bd. 133, 1992, S. 170 ff. = DWW 1992, 259.

tät für Dritte. Ein Erwerber kann nur bei neuen Schäden Ersatzansprüche gegenüber dem Bergbauunternehmer geltend machen.

Nach der Rechtsprechung des BGH[297] kann ein Schadensersatzanspruch im Verkaufsfalle nicht mehr auf den Käufer übertragen werden, sodass ein bereits entstandener Wiederherstellungsanspruch mit dem Verkauf des Grundstücks untergeht. Für den Sachverständigen kann sich hieraus die Aufgabe ergeben, **alte und neue Schäden voneinander abzugrenzen** (vgl. § 6 ImmoWertV Rn. 299; § 8 ImmoWertV Rn. 137 ff.)[298]. 401

In der **Gesamtschau** sind bei der Verkehrswertermittlung bergschadensbehafteter und bergschadensgefährdeter Grundstücke neben den Bergschäden an baulichen Anlagen Bodenwertminderungen, Bergschadensgefahren und Bergschadensverzichte zu berücksichtigen (Abb. 42): 402

Abb. 42: Übersicht

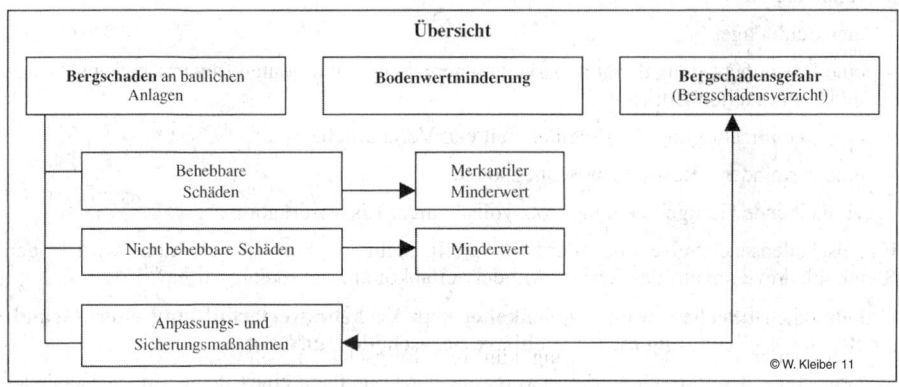

Der Bergschadensersatzanspruch verjährt im Übrigen nach § 117 Abs. 2 BBergG **nach drei Jahren**, gerechnet zum Zeitpunkt, zu dem der Ersatzberechtigte vom Schaden und der Person des Ersatzpflichtigen Kenntnis erlangt hat. Der Schadensersatzanspruch verjährt dagegen kenntnisunabhängig in dreißig Jahren nach Schadensentstehung[299]. 403

9.4.3 Nicht behebbare Bergschäden (Minderwert)

9.4.3.1 Allgemeines

▶ *Zum merkantilen Minderwert vgl. § 8 ImmoWertV Rn. 418 ff.*

Ist die Behebung eines Bergschadens nicht oder nur zu einem Teil möglich (vgl. § 251 BGB), kann zur wertmäßigen Erfassung des Bergschadens nicht auf die Schadensbeseitigungskosten zurückgegriffen werden. In diesem Fall muss der **Minderwert** direkt ermittelt werden. 404

Nicht **behebbare oder nur mit unverhältnismäßig hohen Kosten zu beseitigende Bergschäden**[300] sind insbesondere: 405

---

297 BGH, Urt. vom 2.10.1981 – V ZR 147/80 –, BGHZ 81, 385 = EzGuG 12.31a; BGH, Urt. vom 5.3.1993 – V ZR 87/91 –, NJW 1993, 1793 = EzGuG 12.115a.
298 Zum Bergschaden auf einem gepachteten Grundstück: BGH, Urt. vom 21.4.1993 – XII ZR 126/91 –, NJW-RR 1993, 1034 = EzGuG 11.205a.
299 Finke, Die Verjährung von Bergschadensansprüchen, ZfB Bd. 137/1966, S. 197 ff.
300 Rdvfg der OFD Düsseldorf vom 25.6.1968 (S 3204/3210 A St. 211).

Schieflage	= eine durch ungleichmäßige Absenkung hervorgerufene Veränderung der Normallage eines Grundstücks, wobei aufstehende Gebäude diese Bewegung mitmachen;
Gefügelockerung	= eine auch nach Ausführung von Reparaturarbeiten verbleibende Lockerung des Mauerwerkverbands;
Deformierung	= Veränderung der ursprünglichen und baugerechten Lage von Bauwerkteilen (Verdrehung, Verdrillung, z. B. hervorgerufen durch unterschiedliche Absenkungen aus verschiedenen Richtungen und zu verschiedenen Zeiten);
Versumpfung	= stauende Nässe, die die Nutzung des Grundstücks oder den Gebäudewert mindernd beeinträchtigt.

406 Zur Ermittlung des Minderwerts eines bergschadensbefangenen Grundstücks sind die **nicht behebbaren Bergschäden zu qualifizieren und ggf. messtechnisch zu erfassen**. Dies sind insbesondere

– eine Schieflage,

– eine Beeinträchtigung der Nutzbarkeit einhergehend mit erhöhten Bewirtschaftungskosten und verminderten Erträgen,

– eine Beeinträchtigung der Beleihbarkeit und Verkäuflichkeit,

– eine verminderte Restnutzungsdauer sowie

– verbleibende Gefügelockerung trotz vollständiger Rissbeseitigung.

Einzelschadensnachweise sind allerdings häufig nicht möglich. In der Praxis wird in den Steinkohlenrevieren auf das Gesamt-Minderwertabkommen zurückgegriffen[301].

407 Grundsätzlich bestehen zwei **Möglichkeiten zur Verkehrswertermittlung eines Grundstücks, dessen Bebauung nicht behebbare Bergschäden aufweist**:

a) Ermittlung des fiktiven Verkehrswerts auf der Grundlage eines mangelfreien Gebäudes sowie die gesonderte Ermittlung des Minderwerts:

> Verkehrswert des mangelfreien Grundstücks
> – Minderwert
> = Verkehrswert des mangelbehafteten Grundstücks

b) Direkte Ermittlung des mangelbehafteten Grundstücks. Der Minderwert ergibt sich dann aus dem Unterschied zwischen dem Verkehrswert des (fiktiv) mangelfreien sowie des mangelbehafteten Grundstücks.

9.4.3.2 Ermittlung des Minderwerts (Minderwertregelung)

408 In der Regulierungspraxis der großen Bergsenkungsgebiete ist nach dem Minderungsabkommen die **isolierte Ermittlung des Minderwerts vorherrschend**. Der Verkehrswert des mangelbehafteten Grundstücks ergibt sich dann durch Abzug des Minderwerts von dem Verkehrswert, der für das fiktiv mangelfreie Grundstück ermittelt worden ist. Die Verkehrswertermittlung vollzieht sich demzufolge in drei Schritten (ohne Bodenwert):

– Ermittlung des Gebäudesachwerts eines (fiktiv) mangelfreien Gebäudes,

– Ermittlung des Bergschadens, z. B. einer Schieflage,

– Ermittlung des Minderwerts als Vomhundertsatz des Gebäudesachwerts entsprechend dem Schadensgrad.

---

301 Gesamt-Minderwertabkommen zwischen dem Verband bergbaugeschädigter Bau- und Grundeigentümer e. V. (VBHG) und der Ruhrkohle AG (RAG) vom 15./29.6.1987 i. d. F. vom 2.12.1984, ZfB 1995, 154; hierzu Finke in ZfB 1995, 154.

Abbauland § 5 ImmoWertV IV

Beispiel: 409

a) **Ermittlung der Schieflage**

Das zu wertende Gebäude weise eine Schieflage auf.
Die Schieflage wird nach dem sog. **„Drei-Strahl-Verfahren"** [302] ermittelt.
Zur Ermittlung der Schieflage wird ausgehend von dem Höchstpunkt
- die Entfernung zu den übrigen drei Ecken in [m] und
- die Höhendifferenz der drei angemessenen Punkte in [mm] gegenüber dem Höchstpunkt gemessen (Abb. 43).

Abb. 43: Drei-Strahl-Verfahren

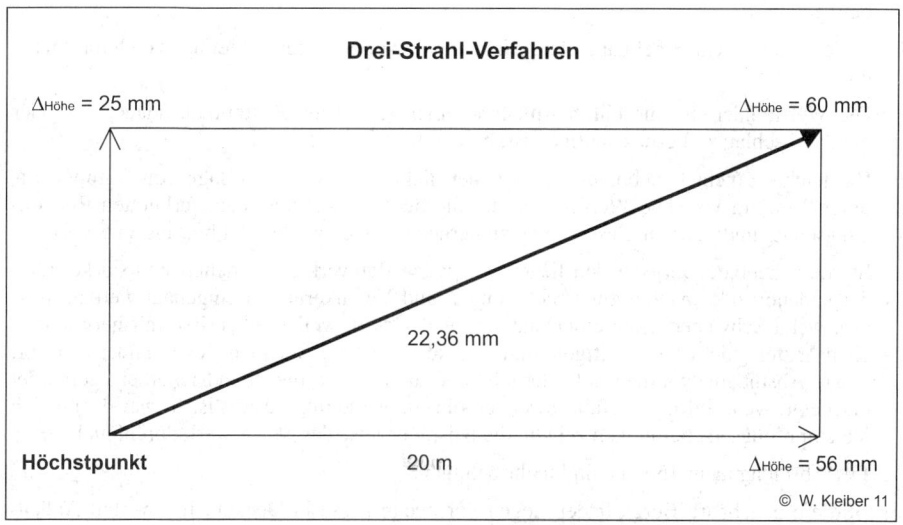

Die mittlere Schieflage ergibt sich dann aus dem arithmetischen Mittel der Quotienten aus der Höhendifferenz aller Strahlen zu ihrer jeweiligen Entfernung zum Höchstpunkt: 410

```
25 mm : 10,00 m  = 2,50 mm/m
60 mm : 22,36 m  = 2,68 mm/m
56 mm : 20,00 m  = 2,80 mm/m
Summe            = 7,98 mm/m   : 3   = 2,66 mm/m
```

Die Schieflage wird in mm/m gemessen, d. h. in Promille angegeben. Will man zusätzlich noch eine etwaige Krümmung erfassen, muss mindestens ein vierter Punkt angemessen werden.

b) **Ermittlung des Gebäudesachwerts (mangelfrei)**

Der mangelfreie Gebäudesachwert sei mit 1 Mio. € ermittelt.

c) **Ermittlung des Minderwerts**

Der Minderwert wird mithilfe eines Vomhundertsatzes des Gebäudesachwerts ermittelt. Üblich ist

Mittlere Schieflage	Minderwertausgleich
bis 2 mm/m	kein Minderwertausgleich
ab 2 mm/m bis 15 mm/m	je 2 mm/m 1 % des Sachwerts
ab 15 mm/m bis 25 mm/m	je 1 mm/m 1,75 % des Sachwerts
über 25 mm/m	statt Minderung: Hebung

---

302 Eine einheitliche Vorgehensweise ist anzustreben. Das OLG Saarbrücken hat im Urt. vom 20.5.1960 – 3 U 45/95 –, EzGuG 4.14. beklagt, dass Sachverständige bei unterschiedlicher Vorgehensweise zu unterschiedlichen Schieflagewerten kommen.

9.4.3.3 Steuerliche Bewertungspraxis

411 In der **steuerlichen Bewertungspraxis** (vgl. a. a. O.) sind folgende Abschläge üblich:

a) Ein starker *nicht behebbarer Bergschaden* liegt vor bei einer Schieflage von 20 mm/m und mehr, bei starker Gefügelockerung, bei Deformierung von Bauwerkteilen sowie bei Versumpfung.

Die Wertminderung, die durch Annahme einer verkürzten Restnutzungsdauer und/oder durch Abschlag zu berücksichtigen ist, beträgt hier 15 bis 25 v. H., in besonders begründeten Fällen jedoch auch mehr als 25 v. H. Bei einer Schieflage von mehr als 440 mm/m kann davon ausgegangen werden, dass die Restnutzungsdauer nicht mehr als zehn Jahre betragen wird.

b) Ein mittlerer, nicht behebbarer Bergschaden liegt vor bei einer Schieflage von 8 mm/m bis unter 20 mm/m.

Die Wertminderung, die durch Annahme einer verkürzten Restnutzungsdauer und/oder durch Abschlag zu berücksichtigen ist, beträgt hier 5 bis 15 v. H.

c) Ein leichter, nicht behebbarer Bergschaden liegt bei einer Schieflage von 2 mm/m bis unter 8 mm/m vor. Die Wertminderung, die durch Annahme einer verkürzten Restnutzungsdauer und/oder durch Abschlag zu berücksichtigen ist, beträgt hier bis zu 5 v. H.

d) Starke behebbare Bergschäden liegen vor, wenn Bauwerkteile erneuert und starke Risse ausgemauert oder nachträglich Sicherungen und Verankerungen eingebaut werden müssen, wenn Schwebedecken eingebaut werden müssen, weil Deckenrisse mit herkömmlichen Mitteln nicht zu beseitigen sind. Starke behebbare Schäden liegen außerdem vor, wenn Abstützmaßnahmen erforderlich sind und wenn die Standsicherheit gefährdet erscheint; wenn infolge Gefällestörungen die Entwässerung gestört ist; ferner, wenn sich Versumpfungserscheinungen zeigen, die beispielsweise das Mauerwerk durchfeuchten.

Der Abschlag kann 15 v. H. und mehr betragen.

e) Mittlere behebbare Bergschäden liegen vor, wenn Risse in Decken, Innen- und Außenwänden auftreten, die durch Ausfüllen mit Mörtel oder mit anderem Material abgedichtet werden müssen, aber noch nicht unter a) fallen.

Der Abschlag kann 5 bis 15 v. H. betragen.

f) Von leichten behebbaren Bergschäden kann gesprochen werden, wenn Risse lediglich in Innenräumen auftreten.

Der Abschlag darf höchstens 5 v. H. betragen.

9.4.4 Anpassungs- und Bergschadenssicherungsmaßnahmen

412 **Maßnahmen zur Bergschadenssicherung** sind bei Anwendung des Ertrags- und Sachwertverfahrens unterschiedlich zu berücksichtigen:

– Bei Anwendung des *Ertragswertverfahrens* können Maßnahmen zur Bergschadenssicherung außer Betracht bleiben, da für den Gebäudeertragswert allein die künftige Rendite unabhängig von den aufgebrachten Kosten entscheiden ist. Allenfalls bei Maßnahmen, die auf Dauer die Bebaubarkeit des Grundstücks sichern und dem Grund und Boden zuzurechnen sind, können solche Maßnahmen eine sonst dafür anzusetzende Bodenwertminderung ausgleichen. In diesem Fall kann von dem Bodenwert eines unbelasteten Grundstücks ausgegangen werden.

– Bei Anwendung des *Sachwertverfahrens* sind außergewöhnliche Gründungen durch besonderen Zuschlag zu erfassen. Deshalb ist im Einzelfall zu prüfen, ob vorhandene Bergschadenssicherungen als außergewöhnliche Gründungen anzusehen sind (vgl. auch Abschn. 39 Abs. 1 BewR Gr.). Der Zuschlag für außergewöhnliche Gründungen (Bergschadenssicherungen) darf den Abschlag vom Bodenwert wegen Bergschäden und Bergschadensgefahren nicht übersteigen. Oftmals werden sich die Bergschäden und Bergschadensgefahren schon im durchschnittlichen Bodenwert (Bodenrichtwert) mindernd ausgewirkt haben. Dann kommt bei der Verkehrswertermittlung des Einzelgrundstücks ein besonderer Abschlag vom Bodenwert wegen des Bergschadens und der Bergschadensgefahr nicht in Betracht. In solchen Fällen ist der Zuschlag für außergewöhnliche Gründungen (Bergschadenssicherungen) auf den Betrag zu begrenzen, um den der Bodenwert des Einzelgrundstücks höher liegen würde, wenn Bergschäden und Bergschadensgefahren bei der Ermittlung durchschnittlicher Bodenwerte (Bodenrichtwerte) unberücksichtigt geblieben wären.

9.4.5 Behebbare Bergschäden

Behebbare Bergschäden werden zweckmäßigerweise durch einen entsprechenden **Abschlag vom Ertrags- oder Sachwert** berücksichtigt (vgl. § 82 Abs. 3 und § 87 BewG). Dies gilt bei Anwendung des Ertragswertverfahrens insbesondere dann, wenn der Bergschaden keinen Einfluss auf die Ertragsverhältnisse hat. Wertneutralität ist gegeben, wenn ein Anspruch auf Schadensbeseitigung gegenüber dem Bergwerksunternehmer besteht. Da dieser Anspruch dem Eigentümer ad personam zusteht, muss dies allerdings bei der Verkehrswertermittlung in aller Regel unbeachtlich bleiben. 413

9.4.6 Bodenwertermittlung in Bergschadensgebieten

Ein Bergschaden findet bei der Bodenwertermittlung nur dann eine besondere Berücksichtigung, wenn von **Vergleichspreisen bzw. Bodenrichtwerten ausgegangen** wurde, **die nicht durch Bergschäden beeinflusst sind.** Dies ist insbesondere bei Anwendung des Sachwertverfahrens von Bedeutung, weil bei Anwendung des Ertragswertverfahrens, wenn von der Anwendung dieses Verfahrens auf Grundstücke abgesehen wird, deren Bebauung nur noch eine kurze Restnutzungsdauer aufweist, ohnehin die Bodenwertermittlung für das Gesamtergebnis von eher untergeordneter Bedeutung ist. 414

In der **steuerlichen Bewertung** werden Abschläge bis zu 10 v. H. an den Bodenwert eines unbelasteten Grundstücks angebracht. 415

Insbesondere im Hinblick darauf, dass in Gebieten, die allgemein bergbaulichen Einflüssen unterworfen sind, die herangezogenen Vergleichspreise etwaige Bodenwertminderungen bereits im allgemeinen Sinne „innehaben", hat die Rechtsprechung einen Anspruch gegenüber dem Gutachterausschuss für Grundstückswerte abgelehnt, die **Wertminderung in einem Gutachten gesondert „auszuwerfen"** oder darüber ein eigenständiges Gutachten zu erstatten[303]. 416

9.4.7 Merkantiler Mehr- und Minderwert

▶ *Allgemeines zum merkantilen Minderwert vgl. § 8 ImmoWertV Rn. 396*

Nach den §§ 249 und 251 BGB ist ein merkantiler Minderwert ersatzfähig. Ein merkantiler Minderwert ist die **Minderung des Verkehrswerts**, die im Grundstücksverkehr trotz ordnungsgemäßer Instandsetzung eines behebbaren Bergschadens schon im Hinblick auf den Verdacht verborgen gebliebener Schäden eintritt. 417

Ein ersatzfähiger merkantiler Minderwert liegt also vor, wenn der Grundstücksverkehr ein Bauwerk im Hinblick auf die Einwirkungen des Bergbaus und seiner Folgen wertmäßig geringer einschätzt als vor dem Eingriff. Gemäß den §§ 114 und 117 BBergG ist deshalb neben dem Wiederherstellungsaufwand für die Beseitigung bergbaubedingter Substanzschä- 418

---

303 OVG Münster, Urt. vom 23.1.1984 – 10 a 23 66/79 –, MittDST 1985, 1186 = EzGuG 4.95; Vorinstanz: VG Gelsenkirchen, Urt. vom 21.6.1978 – 5 K 29 77/78 –, MittDST 1985, 1186 = EzGuG 4.57.

den an dem betroffenen Gebäude der **Minderwert** zu ersetzen, **der trotz ordnungsgemäßer Beseitigung der Schäden verbleibt**[304].

419 Ein merkantiler Minderwert setzt dabei allerdings nach Schadensart und Schadensumfang ein **schädigendes Ereignis von Gewicht** voraus, z. B. Eingriffe in die Tragwerkskonstruktion oder eine durch Unterfangen eines Gebäudes bzw. Hebung ausgeglichene Schieflage. Eingriffe in die Tragkonstruktion oder die Hebung des Gebäudes sind allerdings nicht Voraussetzung für einen merkantilen Minderwert[305].

420 **Bei Bergschäden wird der merkantile Minderwert i. d. R. in einem Vomhundertsatz des Gebäudesachwerts ermittelt**. Diese Praxis ist insbesondere bei Gebäuden, die in besonders hochwertiger Lage errichtet worden sind, nicht unproblematisch, da Gebäude und Boden in einer Schicksalsgemeinschaft stehen. In solchen Fällen ist deshalb die besondere Lagewertigkeit des Grund und Bodens zusätzlich zu berücksichtigen.

421 Nach der Rechtsprechung des OLG Düsseldorf[306] ist ein merkantiler Minderwert zu gewähren, der der Höhe nach durch die in einem Zeitraum von ca. 5 bis 10 Jahren zu erwartenden Schädigungen geprägt ist.

422 Das zwischen dem Verband bergbaugeschädigter Haus- und Grundeigentümer e. V. (VBHG) und der Ruhrkohle AG (RAG) ausgehandelte **Gesamtwertminderungsabkommen**[307] sieht zur Ermittlung des merkantilen Minderwerts von Bergschäden folgendes Verfahren vor:

a) Bei *Schieflagen unter 2 mm/m* wird ein Minderwertausgleich grundsätzlich nicht geleistet.

b) Bei *Schieflagen zwischen 2 mm/m und 15 mm/m* beträgt der Minderwert je 2 mm/m Schieflage 1 % des im Wege des Sachwertverfahrens ermittelten Gebäudewerts.

c) Bei *Schieflagen über 15 mm/m* wird der Minderwert im Wege einer Einzelfallregelung vereinbart. Regelmäßig soll bei Schieflagen über 15 mm/m bis 25 mm/m der Minderwert je 1 mm/m Schieflage 1,75 % des im Wege des Sachwertverfahrens ermittelten Gebäudewerts betragen. Bei Schieflagen von 25 mm/m und mehr, bei denen eine Hebung nicht möglich oder der RAG nicht zumutbar ist, soll die Zunahme des Minderwerts je 1 mm/m Schieflage 2,75 % des im Wege des Sachwertverfahrens ermittelten Gebäudewerts betragen.

Sind bereits Minderwerte abgegolten worden, sind zusätzliche Minderwertausgleiche nur bei Zunahme der Schieflage ab 2 mm/m nach den Grundsätzen der lit. b und c zu leisten; dabei werden bereits geleistete Minderwertausgleiche angerechnet.

Weiterhin gelten folgende **Anhaltswerte**, wenn eine Einigung nach vorstehenden Grundsätzen nicht erzielt werden kann:

– Bei Schieflagen unter 5 mm/m beträgt der Minderwert in Abhängigkeit von Gebäude- und Nutzungsart je 3 bis 4 mm/m Schieflage 1 % des im Wege des Sachwertverfahrens ermittelten Gebäudewerts.

– Bei Schieflagen ab 5 mm/m beträgt der Minderwert in Abhängigkeit von Gebäude- und Nutzungsart je 3 bis 4 mm/m Schieflage 1 % des im Wege des Sachwertverfahrens ermittelten Gebäudewerts.

– Sind bereits Minderwerte abgegolten worden, sind zusätzliche Minderwertausgleiche nur bei Zunahme der Schieflage ab 3 bis 4 mm/m nach den vorstehenden Grundsätzen für die volle Schieflage vorzunehmen; dabei werden bereits geleistete Minderwertausgleiche (ausgedrückt in % des im Wege des Sachwertverfahrens ermittelten Gebäudewerts) angerechnet.

---

304 Boldt/Weller, § 144 BBergG Rn. 48; Piens/Schulte/Bilzhum, § 117 BBergG Rn. 8; Schürken in DWW 1987, 134 ff., OLG Saarbrücken, Beschl. vom 16.5.1994 – 4 W 174/94 –, GuG 1995, 314 = EzGuG 4.157; BGH, Urt. vom 20.4.1981 – III ZR 186/79 –, BRS Bd. 45 Nr. 173 = EzGuG 4.75; BGH, Urt. vom 19.9.1985 – VII ZR 158/84 –, NJW 1986, 428 = BB 1986, 764.
305 OLG Düsseldorf, Urt. vom 4.2.2000 – 7 U 67/98 –, GuG 2001, 123 = EzGuG 4.176a.
306 OLG Düsseldorf, Urt. vom 4.2.2000 – 7 U 67/98 –, GuG 2001, 123 = EzGuG 4.176a.
307 Abkommen vom 12.12.2001, GuG 2002, 176.

Abbauland § 5 ImmoWertV IV

Ein Anspruch auf Ersatz eines **bergbaubedingten merkantilen Minderwerts** kommt insbesondere in Betracht:

- nach einer Hebung des Gebäudes,
- nach einem sonstigen erheblichen Eingriff in die Tragwerkskonstruktion,
- bei anderweitigen, erheblichen Substanzschäden, die einzeln oder kumuliert objektiv geeignet erscheinen, bei Dritten ernsthafte und nachvollziehbare Befürchtungen aufkommen zu lassen.

Der merkantile Minderwert – ausgedrückt in einem Vomhundertsatz des im Wege des Sachwertverfahrens ermittelten Gebäudewerts – ergibt sich als Produkt der Faktoren A 1/A 2 (Reparaturaufwand und Verhältnis zum Gebäudewert), dem Faktor B (Art der Schadensbeseitigung) und dem Faktor C (Verkäuflichkeit des Gebäudes). Bei **Gebäuden mit einer Restnutzungsdauer** von < 50 Jahren wird grundsätzlich kein merkantiler Minderwert anerkannt (Abb. 44 f.):

Abb. 44: Faktor A 1 und A 2 zur Berechnung des merkantilen Minderwerts gem. Anlage des Gesamtminderwertabkommens VBHG/RAG

Anlage zum Gesamt-Minderwertabkommen VBHG/RAG Berechnungstabelle „merkantiler Minderwert" zu Teil 2 Ziffer II des Abkommens					
	Faktor A 1 [%] Erheblicher Substanzschaden Reparaturaufwand		Faktor A 2 [%] Erheblicher Eingriff in die Tragwerkskonstruktion Reparaturaufwand		
	> 30 und < 50 % des GW oder 75 000 €	> 50 % des Gebäudewerts	> 10 und < 30 % des GW, mindestens 20 000 €	> 30 und < 60 % des GW, mindestens 30 000 €	< 60 % des Gebäudewerts, mindestens 40 000 €
RND in Jahren	Schadensgrad in % des GW		Schadensgrad in % des GW		
50–69	3	4	2	3	4
70–79	4	5	3	4	5
80–89	5	6	4	5	6
90–99	6	7	5	6	7

Abb. 45: Faktor B und C zur Berechnung des merkantilen Minderwerts gem. Anlage des Gesamt-Minderwertabkommens VBHG/RAG

Anlage zum Gesamt-Minderwertabkommen VBHG/RAG Berechnungstabelle „merkantiler Minderwert" zu Teil 2 Ziffer II des Abkommens							
	Faktor B Art der Schadensbeseitigung Reparaturverfahren				Faktor C Verkäuflichkeit des Grundstücks Einordnung		
Restnutzungsdauer in Jahren	Standard	Hebung		Ausgleichselemente	gut	normal	schlecht
		unter Fundament	unter Decke				
	Korrekturfaktor				Korrekturfaktor		
50–69	1	1	1,2	1,3–1,5	0,8	1	1,1
70–79	1	1	1,2	1,3–1,5	0,8	1	1,1
80–89	1	1	1,2	1,3–1,6	0,8	1	1,1
90–99	1	1	1,2	1,3–1,6	0,8	1	1,1

9.4.8 Bergschadensgefahr und Bergschadensverzicht

9.4.8.1 Allgemeines

▶ *In der Beleihungswertermittlung vgl. Teil IX Rn. 119 ff.*

423 Außer der Wertermäßigung wegen Bergschäden kann auch eine Wertermäßigung wegen **Bergschadensgefahr** (auch wegen der als Folge bereits eingetretener Bergschäden mit Sicherheit noch zu erwartenden weiteren Schäden) für Grundstücke in Gebieten in Betracht kommen, in denen Bergbau umgegangen war.

424 Bei der **Verkehrswertermittlung** unbebauter Grundstücke kommt eine Ermäßigung wegen Bergschadensgefahr nur dann in Betracht, wenn sich die Schadensgefahr nicht schon in den durchschnittlichen Bodenwerten (Bodenrichtwerten) mindernd ausgewirkt hat.

425 Für die **Bemessung der Ermäßigung** sind bedeutsam:

a) Art des Abbaus,

b) Ausmaß der Bergschadenssicherungen,

c) Bergschadensverzicht.

426 **Beim oberflächennahen Abbau** (bei einer Teufe bis ca. 100 m) **ist die Gefahr einer Schädigung zeitmäßig nicht zu begrenzen**. Die durch Bergbau geschaffenen Hohlräume brechen infolge des geringen Gebirgsdrucks häufig erst nach Jahrzehnten zusammen. In Einzelfällen sind Hohlräume selbst nach mehr als hundert Jahren festgestellt worden. Beim Abbau in mittlerer Teufe (von ca. 100 m bis ca. 400 m) oder in größerer Teufe (mehr als 400 m) wird wegen des zunehmenden Gebirgsdrucks der Zeitfaktor der Einwirkungen verkürzt.

427 Bei den **Bergschadenssicherungen** ist zu unterscheiden zwischen Vollsicherung und Teilsicherung. Vollsicherungen sind Maßnahmen, die grundsätzlich Schäden bergbaulicher Art verhindern sollen (Dreipunktlagerung). In Ausnahmefällen werden jedoch trotz Vollsicherung Schäden entstehen können (z. B. Versumpfung, Tagesbrüche). Bei Teilsicherungen wird die schädliche Einwirkung des Bergbaus gemindert, jedoch nicht verhindert. Teilsicherungen sind beispielsweise eine Betonplatte, Fundamentverstärkungen, Betonwannen, Ringverankerungen und Trennfugen.

428 Verschiedentlich verzichtet ein Grundstückseigentümer gegenüber dem Bergbau vertraglich auf Ersatz von Bergschaden (**Bergschadensverzicht**). Zu unterscheiden ist zwischen Vollverzicht und Teilverzicht sowie zwischen dinglich gesichertem und schuldrechtlich vereinbartem Verzicht. Die dingliche Sicherung erfolgt durch Begründung einer Grunddienstbarkeit am Grundstück zugunsten des Bergwerkseigentümers, die im Grundbuch eingetragen wird. Bei schuldrechtlich vereinbartem Verzicht gilt der Verzicht lediglich zwischen den Vertragsparteien.

429 **Maßstab für den Bergsschadensverzicht** sind i. d. R. die Kosten der Bergschadenssicherungsmaßnahmen:

– Bei *Wohngebäuden* ist eine Beschränkung des Nichtersatzes von Bergschadenssicherungsmaßnahmen auf 3 % der Herstellungskosten üblich.

– Bei empfindlich auf Bodenbewegungen reagierenden *Gewerbe- und Industriegebäuden* ist ein Nichtersatz bis zu einer Höhe von 7,5 % der Herstellungskosten üblich[308].

430 Der Abschlag wegen Bergschadensgefahr ist auch dann zu gewähren, wenn eine Wertermäßigung wegen Bergschäden in Betracht kommt.

---

[308] Weiterführend Schürken in GuG 1997, 129; Mühlenbeck, Bewertung von Bergschadensverzichten, Das Markscheidenwesen. Verlag Glückauf Essen 1997, 2; Drisch/Schürken, Bewertung von Bergschäden und Setzungsschäden an Gebäuden, Hannover 1988.

Beim Vorliegen eines **Vollverzichts** beträgt der Abschlag i. d. R. 10 v. H. (in Ausnahmefällen auch bei Vollsicherung). In besonders begründeten Einzelfällen kann der Abschlag jedoch noch höher bemessen werden. 431

– Im Falle des dinglich gesicherten Vollverzichts besteht keinerlei Anspruch auf Bergschadensersatz.

– Im Falle des schuldrechtlich vereinbarten Vollverzichts kann ein Einzelrechtsnachfolger des Verzichtenden u. U. vom Eigentumserwerb an neue Schadensersatzansprüche geltend machen. Das gilt aber nur dann, wenn der Einzelrechtsnachfolger nicht an die schuldrechtliche Vereinbarung gebunden ist.

Beim Vorliegen eines **Teilverzichts** kann der Abschlag bis auf 10 v. H. erhöht werden (in Ausnahmefällen auch bei Vollsicherung). 432

Der Teilverzicht ist i. d. R. beschränkt auf Ersatz in Höhe des infolge bergbaulicher Einwirkungen geminderten Verkehrswerts des Grundstücks. 433

9.4.8.2 Steuerliche Bewertung

In der steuerlichen Bewertungspraxis[309] werden folgende **Abschläge wegen Bergschadensgefahr** angesetzt (Abb. 46.): 434

Abb. 46: Abschläge wegen Bergschadensgefahr

	bei oberflächennahem Abbau v. H.	bei Abbau in mittlerer Teufe v. H.*)	bei Abbau in größerer Teufe v. H. **)
bei bebauten Grundstücken			
bei Vollsicherung	i. d. R. 0	i. d. R. 0	i. d. R. 0
bei Teilsicherung	bis höchstens 7	bis höchstens 5	bis höchstens 3
ohne Bergschadenssicherung	bis höchstens 10	bis höchstens 7	bis höchstens 5
bei unbebauten Grundstücken	bis höchstens 10	bis höchstens 7	bis höchstens 5

*) Wenn 10 Jahre lang nach Beendigung des Abbaus keine Bergschäden eingetreten sind, kommen im Allgemeinen Abschläge wegen Bergschadensgefahr nicht in Betracht.
**) Wenn 5 Jahre lang nach Beendigung des Abbaus keine Bergschäden eingetreten sind, kommen im Allgemeinen Abschläge wegen Bergschadensgefahr nicht in Betracht.

Bei unbebauten Grundstücken können in besonders begründeten Einzelfällen **die Abschläge höher als 10, 7 oder 5 v. H. sein,** wenn nachgewiesen wird, dass bei einer Bebauung Sicherungsmaßnahmen erforderlich sein werden, deren Kosten die vorbezeichneten Abschläge bei weitem übersteigen werden.

10 Wasserfläche

10.1 Allgemeines

Schrifttum: *Hugel, G.,* Bewertung von Wasserkraftanlagen und Wirtschaftlichkeitsbetrachtung bei kleinen und mittleren Anlagegrößen, GuG 2007, 75; *Jens, G.,* Die Bewertung der Fischgewässer; *Pahl, G.,* Steuerliche Bewertung von Baggerseen, BKS-Informationen 2009/2; *Upmeyer, B.,* Wert einer Flutrinne (Wasserlauf), GuG 2002, 33.

▶ *Zur Verkehrswertermittlung von Ufergrundstücken vgl. Syst. Darst. des Vergleichswertverfahrens Rn. 401; § 6 ImmoWertV Rn. 117 ff.; zu Wasserschutz-, Überschwemmungs- und Heilquellengebieten vgl. Rn. 272; zu Brunnenrechten vgl. Teil VIII Rn. 305*

---
[309] Zur Verkehrswertermittlung und Einheitsbewertung vgl. Spraje in DWW 1992, 281.

IV § 5 ImmoWertV   **Wasserfläche**

435   Wasserflächen werden unter Nr. 5.3.1 WERTR 06 als **von oberirdischen Gewässern ständig bedeckte Flächen** definiert. Hierzu gehören insbesondere Seen, Teiche, frei fließende und stauregelte Flüsse, Kanäle, Häfen, Talsperren und Meeresteile. Die Abgrenzung der Gewässer gegen ihre Ufer richtet sich nach den wasserrechtlichen Vorschriften. Der Verkehrswertermittlung ist i. d. R. die zuletzt ermittelte Uferlinie, bei stauregelten Flüssen und Kanälen die Wasserlinie bei Normalstau zugrunde zu legen. Auskunft über den Verlauf der Begrenzungslinien erteilen die zuständigen Stellen, z. B. die Wasserbehörden.

436   In den WERTR (Nr. 5.3.3) wird im Hinblick auf die Preisbildung für **Wasserflächen** ausgeführt:

„Der Verkehrswert von Wasserflächen hängt vor allem ab von der rechtlich zulässigen Nutzungsmöglichkeit; ggf. ist der Herrichtungsaufwand zu berücksichtigen. Eine über den Gemeingebrauch bzw. Eigentümer- oder Anliegergebrauch hinausgehende Nutzungsmöglichkeit entsteht in der Regel durch öffentlich-rechtliche Erlaubnisse, Bewilligungen und Genehmigungen."

437   Zur Ermittlung des **Verkehrswerts aus benachbarten Landflächen** heißt es des Weiteren:

„Vielfach besteht eine Abhängigkeit zwischen dem Verkehrswert einer Wasserfläche und dem Verkehrswert einer mit dieser Wasserfläche in unmittelbarem wirtschaftlichen Zusammenhang stehenden Landfläche. Diese liegt in aller Regel in dem der Wasserfläche benachbarten Uferbereich. Unmittelbare Nachbarschaft braucht nicht zu bestehen.

Im Normalfall wird der Verkehrswert der Wasserfläche niedriger sein als der Verkehrswert der Bezugsfläche an Land, weil die Nutzung der Wasserfläche durch die Natur der Gewässer eingeschränkt oder erschwert ist. Der Verkehrswert der Wasserfläche ist ein mit sachverständigem Ermessen ermittelter Vomhundertsatz des Verkehrswerts der Bezugsfläche an Land. Die Höhe dieses Vomhundertsatzes bestimmt sich insbesondere nach dem Grad des wirtschaftlichen Zusammenhangs der Wasserfläche mit der Bezugsfläche. In der Regel liegt der Verkehrswert der Wasserfläche bei 50 v. H. des Verkehrswerts der Bezugsfläche."

438   Dabei stehen insbesondere folgende **Nutzungen** im Vordergrund:

- Umschlag, Industrie (z. B. Werften), Lagerei, Restaurants,
- Liegeplätze und Landeanlagen für Personenschifffahrt, Bootsverleih, Bootshäuser, Camping (privat) und dgl.,
- Gewinnung von Bodenschätzen, Bodenentnahmen, Bodenablagerungsflächen,
- Fischerei, Schilf-, Weidenanpflanzungen,
- sonstige private Nutzungen (z. B. Triebkraft, Wasserentnahme, Gartenanlagen),
- Sport und Erholung (nicht gewerblich),
- Kreuzungen, wie Ein- und Durchleitungen (z. B. Ein- oder Auslassbauwerke) u. Ä.,
- Anlagen des öffentlichen Verkehrs sowie Hochwasserschutzanlagen.

439   Zur **Ermittlung des Verkehrswerts** aus Vergleichspreisen bzw. dem Ertrag sowie der baulichen Anlagen und von Rechten und Belastungen geben **Nr. 5.3.6 f. WERTR** folgende Hinweise:

„Wenn kein wirtschaftlicher Zusammenhang zwischen den Wasser- und Landflächen besteht, bilden Vergleichspreise die Grundlage für die Ermittlung des Verkehrswerts der Wasserfläche.

Bei ertragsorientierten Nutzungen, wie z. B. Häfen und Fischteichen, kann der Verkehrswert der Wasserfläche aus dem daraus erzielten Ertrag ermittelt werden.

Für die Ermittlung des Werts von Anlagen, wie z. B. Uferbefestigungen und Dalben, kommt das Sachwertverfahren in Betracht. Aufwendungen des Gewässereigentümers für Ausbau und Unterhaltung bleiben im Regelfall außer Betracht.

Zu- und Abschläge sind vorzunehmen, wenn z. B. rechtliche Belastungen oder tatsächliche Nutzungserschwernisse einen wesentlichen Einfluss auf die rechtlich zulässige Nutzungsmöglichkeit haben.

Selbstständige Fischereirechte, Berechtigungen zur Gewinnung von Bodenschätzen u. ä. sind gesondert zu werten, wenn sie mit dem Verkehrswert der Wasserfläche nicht abgegolten sind."

Wasserfläche   **§ 5 ImmoWertV IV**

Des Weiteren ist beachtlich, dass über den Gemeingebrauch hinausgehende Nutzungsmöglichkeiten i. d. R. erst durch Erteilung einer **wasser- bzw. baurechtlichen Genehmigung** entstehen. **440**

Der unter Nr. 6.6.5 WERTR 96 für die Wasserfläche als Regelwert (noch) angegebene Verkehrswert von „etwa 25 v. H. des Werts der Landfläche (ebpf)" ist in der Praxis der Wasser- und Schifffahrtsämter schon seit Langem überholt und wird in Nr. 5.3.4 WERTR 06 mit 50 v. H. der Bezugsfläche angesetzt. Der BMV hatte schon gemäß RdErl. vom 4.6.1991 zur VV-WSV 2608 – Nutzungsentgelte – den Wertansatz auf „bis zu 50 v. H." erhöht. Zuvor hatte bereits der BMF mit Schreiben vom 22.2.1988 (VI C 1 P 3000 – 1/88) an die Oberfinanzdirektionen diesen Satz in den Fällen anzuhalten, in denen eine funktionelle Verknüpfung von Land- und Wasserflächen (z. B. bei Werftanlagen, gewerblich genutzten Yachtflächen) gegeben ist, wobei der Grad der funktionellen Verknüpfung als Anhaltspunkt „der Feineinordnung" dienen soll. Den seither auf dieser Grundlage allgemein vereinbarten Nutzungsentgelten entspricht seither ein Wasserflächenwert in Höhe des hälftigen Bodenwerts der zugeordneten Landfläche.

Wirtschaftlich selbstständige Wasserflächen sind insbesondere Fischgewässer sowie Flächen des Wassersports und des Badebetriebs. Ihr **Wert bestimmt sich** vornehmlich **nach der erzielbaren Pacht,** die regional stark streuen kann und bei etwa einem Drittel des Jahresrohertrags liegt (vgl. Rn. 75)[310]. **441**

Wirtschaftlich selbstständige, jedoch wirtschaftlich **nicht nutzbare Wasserflächen werden im Allgemeinen mit mindestens 10 % und höchstens dem hälftigen Bodenwert der angrenzenden Landfläche bewertet.**

Vergleichspreise für Wasserflächen treten sehr selten auf und streuen zumeist nicht unerheblich: **442**

– Der Grundstücksmarktbericht 2010 des Gutachterausschusses in *Bergisch Gladbach* verzeichnet als Mittelwert für Wasserflächen im Stadtgebiet 4,50 €/m² (Streubreite 2,90 bis 5,60 €/m² aus elf Kaufpreisen).

– Der Grundstücksmarktbericht 2008 des Gutachterausschusses im *Oberbergischen Kreis* weist für private Fischteiche einen Mittelwert von 2,60 €/m² (2 700 m²) und für gewerbliche Fischteiche einen Mittelwert von 4,15 €/m² (1 300 m²) aus, wobei die Höhe des Verkaufspreises mit der Größe des Fischteiches sinkt.

– Der Grundstücksmarktbericht 2011 des Gutachterausschusses in *Moers* verzeichnet als Mittelwert für privatwirtschaftlich genutzte Wasserflächen, deren Dauerhaftigkeit sicher ist, Werte zwischen 0,80 bis 1,50 €/m².

– Für Einzelparzellen mit Erholungsfunktion und der Möglichkeit einer **Wassersportnutzung** werden als Anhalt für *Berlin* (1999) im Bodenrichtwertatlas 150 bis 250 €/m² genannt.

– Für im Außenbereich gelegene Wasserflächen, deren Dauerhaftigkeit sicher ist, zahlen eingetragene Angelsportvereine 0,75 bis 1,50 €/m² (1996).

– Im Kreis *Kleve*: 0,50 €/m² für Wasserflächen ohne Freizeitwert (2006), d. h. für Gräben, Sumpfflächen und rekultivierte Abgrabungsflächen, für Flächen mit Freizeitwert vorwiegend an Badeseen mit rd. 90 % Wasser- und 10 % Uferanteil 3,00 bis 14,50 €/m².

– Für Wasserflächen in *Brandenburg* gibt der Grundstücksmarktbericht *Brandenburg* 2012 Preise zwischen 0,01 bis 1,57 €/m² (im Mittel 0,22 €/m²), für Wasserflächen einschließlich Kaufpreise von Gräben an.

– In *Frankfurt an der Oder* wurden nach dem Grundstücksmarktbericht 2011 Kaufpreise von 0,25 bis 0,33 €/m² für Wasserflächen registriert.

– Im Landkreis *Dahme-Spreewald* wurden (im Jahre 2003) Gräben innerhalb von landwirtschaftlichen Nutzflächen in einer Preisspanne von 0,05 bis 0,26 €/m² bei einem Durch-

---

310 Jens, Die Bewertung der Fischgewässer, Verlag Paul Parey, Hamburg/Berlin 1969; Upmeyer, Der Wert einer Flutrinne, GuG 2001, 33; Ertragsverhältnisse von Yachthäfen in GuG 2001, 52.

schnitt von 0,09 €/m² gehandelt. Teiche und Seen, die zum Teil auch bewirtschaftet werden, wurden in einer Preisspanne von 0,07 bis 1,02 €/m² gehandelt; das Mittel lag bei 0,39 €/m².

- Im Landkreis *Oberspreewald-Lausitz* wurden im Jahr 2011 Wasserflächen vornehmlich von Zuchtteichen sowie der Fischerei- und Teichwirtschaft zu Kaufpreisen von 0,15 €/m² bis 0,35 €/m² (im Mittel zu 0,24 €/m²) bei einer Flächengröße von 500 bis 178 000 m² gehandelt.

Für **Vorfluter und Gräben** werden – sofern sie nicht als fischbare Gewässer verpachtet werden können – 0,10 bis 0,25 €/m² in Abhängigkeit vom ortsüblichen Ackerlandwert bzw. rd. 10 v. H. des Gartenlandpreises angenommen.

Der Landesgrundstücksmarktbericht von *Niedersachsen* macht folgende Angaben (Abb. 47):

Abb. 47: Preise für Wasserflächen in Niedersachsen (2012)

Landkreis, kreisfreie Stadt, Region	Nutzung	Preise
Gutachterausschuss für Grundstückswerte Braunschweig		
Landkreis Goslar	Wasserflächen 1 000 m²	0,65 – 5,00 €/m² (Ø 1,45 €/m²)
Landkreis Peine	Wasserflächen	0,35 – 4,50 €/m² (Ø 2,20 €/m²)
Landkreis Wolfenbüttel	Wasserflächen	0,40 – 3,44 €/m² (Ø 1,50 €/m²)
Stadt Braunschweig	Wasserflächen	0,50 – 8,00 €/m² (Ø 4,00 €/m²)
Stadt Salzgitter	Wasserflächen	1,00 – 2,00 €/m²
Gutachterausschuss für Grundstückswerte Cloppenburg (2013)		
Landkreis Cloppenburg	nicht gewerbliche Teilflächen ≥ 1 000 m²	0,86 – 4,85 €/m² (Ø 2,35 €/m²)
	Graben	0,10 – 4,00 €/m² (Ø 1,30 €/m²)
Landkreis Oldenburg	nicht gewerbliche Teilflächen ≥ 1 000 m²	1,15 – 3,50 €/m² (Ø 1,90 €/m²)
	Graben	0,50 – 0,75 €/m² (Ø 0,70 €/m²)
Landkreis Vechta	nicht gewerbliche Teilflächen ≥ 1 000 m²	1,75 – 4,10 €/m² (Ø 2,95 €/m²)
Gutachterausschuss für Grundstückswerte Hameln		
Landkreis Hameln-Pyrmont	Wasserflächen für Fischerei und Freizeit	0,55 – 12,50 €/m² (Ø 3,30 €/m²)
Landkreis Hildesheim	Wasserflächen für Fischerei und Freizeit	0,20 – 1,98 €/m² (Ø 1,20 €/m²)
Landkreis Holzminden	Wasserflächen für Fischerei und Freizeit	0,12 – 3,80 €/m² (Ø 1,70 €/m²)
Landkreis Schaumburg	Wasserflächen für Fischerei und Freizeit	0,67 – 8,75 €/m² (Ø 2,95 €/m²)
Gutachterausschuss für Grundstückswerte Northeim		
Landkreis Göttingen	Teichgrundstück 1 000 m²	0,35 – 4,00 €/m² (Ø 1,93 €/m²)
Landkreis Northeim	Teichgrundstück 1 000 m²	0,16 – 15,03 €/m² (Ø 2,89 €/m²)
Landkreis Osterode am Harz	Teichgrundstück 1 000 m²	0,10 – 7,78 €/m² (Ø 2,23 €/m²)
Gutachterausschuss für Grundstückswerte Otterndorf		
Landkreis Cuxhaven	Teichflächen ohne Fischbewirtschaftung	0,30 – 3,67 €/m² (Ø 1,69 €/m²)
Landkreis Osternholz	Teichflächen ohne Fischbewirtschaftung	1,04 – 14,12 €/m² (Ø 3,58 €/m²)
Landkreis Stade	Teichflächen ohne Fischbewirtschaftung	0,64 – 2,59 €/m² (Ø 1,27 €/m²)
Gutachterausschuss für Grundstückswerte Sulingen		
Landkreis Diepholz	Teiche bis 2 500 m²	0,50 – 7,70 €/m² (Ø 3,10 €/m²)
	Teiche/Seen über 2 500 m²	0,10 – 8,80 €/m² (Ø 2,40 €/m²)
LK Nienburg/Weser	Teiche/Seen über 2 500 m²	durchschnittlich 1,00 €/m² Eine Abhängigkeit zwischen der Größe der Teichflächen sowie der Art der Anlagen und des Preises wurde festgestellt.

Wasserfläche § 5 ImmoWertV IV

Landkreis, kreisfreie Stadt, Region	Nutzung	Preise
Gutachterausschuss für Grundstückswerte Verden		
Landkreis Heidekreis	Teiche/Seen	0,45 – 5,50 €/m² (Ø 1,92 €/m²) Eine Abhängigkeit zwischen der Größe der Teichflächen, der Lage sowie der Art der Außenanlagen und des Preises wurde festgestellt.
Landkreis Rotenburg (Wümme)	Teiche/Seen	0,23 – 4,65 €/m² (Ø 1,64 €/m²) Eine Abhängigkeit zwischen der Größe der Teichflächen, der Lage sowie der Art der Außenanlagen und des Preises wurde festgestellt.
Landkreis Verden		0,60 – 3,32 €/m² (Ø 2,02 €/m²) Eine Abhängigkeit zwischen der Größe der Teichflächen, der Lage sowie der Art der Außenanlagen und des Preises wurde festgestellt.

Quelle: Landesgrundstücksmarktbericht Niedersachsen 2012

Die Vergleichspreise sind insbesondere von

– der Lage,
– der Erschließung der Wasserfläche,
– dem Wasserzufluss und
– dem Verhältnis der Wasserfläche zur Umgebung

abhängig.

Die WERTR 06 führen zu alledem aus:

„**5.3.5 Ermittlung des Verkehrswerts aus Vergleichspreisen:** Wenn kein wirtschaftlicher Zusammenhang zwischen den Wasser- und Landflächen besteht, bilden Vergleichspreise die Grundlage für die Ermittlung des Verkehrswerts der Wasserfläche.
5.3.6 Ermittlung des Verkehrswerts aus dem Ertrag: Bei renditeorientierten Nutzungen wie z. B. Häfen und Fischteichen kann der Verkehrswert der Wasserfläche aus dem daraus erzielten Ertrag ermittelt werden.
5.3.7 Wert vorhandener Anlagen: Die Wertermittlung für Anlagen wie z. B. Uferbefestigungen und Dalben erfolgt nach dem Sachwertverfahren. Aufwendungen des Gewässereigentümers für Ausbau und Unterhaltung bleiben im Regelfall außer Betracht sind.
5.3.8 Zu- und Abschläge: Zu- und Abschläge sind vorzunehmen, wenn z. B. rechtliche Belastungen oder sächliche Nutzungserschwernisse einen wesentlichen Einfluss auf die rechtlich zulässige Nutzungsmöglichkeit haben.
5.3.9 Bewertung von Rechten und Belastungen: Selbständige Fischereirechte, Berechtigungen zur Gewinnung von Bodenschätzen u. Ä. sind gesondert zu bewerten, wenn sie mit dem Verkehrswert der Wasserfläche nicht abgegolten sind."

Soweit Vergleichspreise nicht zur Verfügung stehen, lässt sich der Verkehrswert selbständig nutzbarer Wasserflächen auch im Wege der **Kapitalisierung nachhaltiger Pachteinnahmen und Nutzungsentgelte** ermitteln. Hilfsweise kann auch die Kapitalisierung der für Agrarland durchschnittlicher Beschaffenheit erzielbaren Pacht in Betracht kommen[311].

Zur Bemessung der Nutzungsentgelte vgl. die Verwaltungsvorschrift der Wasser- und Schifffahrtsverwaltung des Bundes (VV-WSV 2608 vom 16.1.1987; hrsg. vom Bundesministerium für Verkehr = http://www.bmvbw.bund.de).

---

311 Hierzu GuG 2001, 52.

446 **Wasserflächen, die keinen nachhaltigen Ertrag erwirtschaften können**, werden im Wege des Preisvergleichs mit landwirtschaftlich unrentablem Agrarland (auch Öd- und Unland) bewertet.

447 Die **Aufhebung der unmittelbaren Nachbarschaft eines Wasserlaufs** führt zwar zu einem Verlust des durch den Wasserlauf bedingten wirtschaftlichen Reizes und mag im Einzelfall auch die tatsächlichen Möglichkeiten des Grundstücksgebrauchs mindern, jedoch führt sie i. d. R. nicht zu Entschädigungsansprüchen, soweit – anders als bei einer Zufahrtsverschlechterung – die Benutzbarkeit des Grundstücks nicht beeinträchtigt wird. Insoweit ist der daraus resultierende Mehrwert nicht Bestandteil des Grundstücks, der zu entschädigen ist[312].

10.2 Hafen

448 Als **Nutzungsentgelt für Hafenflächen** sehen die Verwaltungsvorschriften des Bundes[313] 7 % des halben Bodenwerts des angrenzenden Ufergrundstücks vor.

Beispiel:

Das an eine Hafenfläche angrenzende Ufergrundstück wird als Gewerbe- und Industriefläche mit einem Verkehrswert von 15 €/m² genutzt.

Bei 7 % des hälftigen Werts als dem gedanklichen Wert der Wasserfläche ergibt sich ein jährliches Nutzungsentgelt von:

$$15 \text{ €/m}^2 / 2 \times 7/108 = 0{,}52 \text{ €/m}^2 \text{ p. a.}$$

Soweit diese Grundsätze allgemein zur Anwendung kommen und das Geschehen auf dem „Grundstücksmarkt für Wasserflächen in Häfen" bestimmen, lässt sich umgekehrt bei bekannten Nutzungsentgelten der **Wert der Wasserfläche**[314] wie folgt bestimmen:

$$\text{Wert der Wasserfläche}_{\text{Hafen}} = (\text{Jahresnutzungsentgelt} \times 100)/7$$

449 Hinweise zur Ermittlung des Verkehrswerts von unbebauten See-Hafengrundstücken können den steuerlichen **Richtlinien** der OFD Hamburg **für die Bewertung der Hafengrundstücke in Seehäfen (BewRSh)** vom 9.2.1971[315] entnommen werden. Nach diesen Richtlinien gelten als Hafengrundstück nur Grundstücke, die dem Betrieb, der Erhaltung und der Verwaltung eines Hafens dienen und in räumlichem Zusammenhang mit den Hafenanlagen stehen; dient ein Grundstück auch anderen Zwecken und ist dieser Teil nicht räumlich abgrenzbar, so soll es auf die überwiegende Nutzung ankommen. Nach den Richtlinien ist der Bodenwert wiederum aus Bodenwerten benachbarter Industriegrundstücke abzuleiten und erst, wenn geeignete Vergleichsflächen nicht zur Verfügung stehen, kann vom Verkehrswert baureifer Grundstücke anderer Nutzung ausgegangen werden, der dann durch Abschläge auf den Verkehrswert von Industrieland umzurechnen ist. Weitere Maßgaben dieser Richtlinien sind:

(a) Der Wert „der mit Wasser bedeckten Fläche des Hafens" erhöht sich in Abhängigkeit von der Ausbaggerung nach diesen Richtlinien durch folgende auf den Quadratmeter bezogene Zuschläge (Abb. 48):

---

312 BGH, Urt. vom 20.10.1967 – V ZR 78/65 –, BGHZ 48, 340 = EzGuG 4.27.
313 BMV: VV Nutzungsentgelte VV-WSV 2608 (1987).
314 Klocke in GuG 1994, 222.
315 S 3014 – 4/70 – St 31; abgedruckt auf S. 2168 der 3. Aufl. dieses Werks.

Wasserfläche § 5 ImmoWertV IV

Abb. 48: Zuschläge

Tiefe des Hafenbeckens bis	Zuschlag €/m² Stand 1971	Zuschlag €/m² Stand 1995
3,00 m	1,25	3,75
4,00 m	1,50	4,50
5,00 m	1,75	5,00
6,00 m	2,00	6,00
8,00 m	3,00	9,00
10,00 m	4,00	12,00
12,50 m	5,00	15,00
15,00 m	6,00	17,50
17,50 m	6,75	20,00
20,00 m und mehr	7,50	22,50

(b) Die **Zweckgebundenheit der mit Wasser bedeckten Fläche** des Hafens ist durch einen Abschlag von 40 v. H. von dem sich nach vorstehender Textziffer ergebenden Wert zu berücksichtigen. Bei öffentlichen Häfen erhöht sich der Abschlag auf 80 v. H. Der Abschlag ist auch auf den Wert der Grundflächen der Kaimauern sowie den Wert der Böschungen und der anderen Ufereinfassungen zu erstrecken.

Beispiel:

Für die Berechnung des Quadratmeterpreises der mit Wasser bedeckten Fläche eines öffentlichen Hafens:

Durchschnittlicher Wert für benachbartes Industrieland 5,00 € pro m², Tiefe des Hafenbeckens 4 m.

Durchschnittlicher Wert für Industrieland pro m²	15,00 €
Abschlag wegen Größe, Zuschnitt, Gestaltung angenommen 30 v. H.	– 4,50 €
	10,50 €
Zuschlag wegen Tiefe des Hafenbeckens	+ 4,50 €
	15,00 €
Abschlag wegen Zweckgebundenheit: 80 v. H.	-12,00 €
Wert pro m² der mit Wasser bedeckten Fläche	**3,00 €**

Das Verfahren versagt, wenn ein ortsübliches Nutzungsentgelt nicht ermittelt werden kann, wie z. B. an den Bundeswasserstraßen, wo die Wasser- und Schifffahrtsverwaltung einziger Anbieter ist. In der Praxis wird hier von dem nächsten **Bodenrichtwert** für ein Grundstück vergleichbarer Nutzung ausgegangen.

In der **steuerlichen Bewertung** werden **Boots- und Yachthäfen** sowie Häfen der See- und Binnenschifffahrt mit **450**

– 60 % des Werts der Ufergrundstücke bzw.

– 25 % des Werts des angrenzenden Baulands

bewertet[316].

---

316 Vgl. GuG 2001, 52; zu einer Steganlage vgl. BerlVerfGH, Urt. vom 23.3.2003 – VerfGH 60/01 –, GuG 2003, 250.

11 Erneuerbare Energien

11.1 Allgemeines

▶ Vgl. *§ 4 ImmoWertV Rn. 38; § 8 ImmoWertV Rn. 402 ff.*

451 Von den Gutachterausschüssen werden zunehmend Verkäufe vornehmlich land- und forstwirtschaftlicher Grundstücke zur Bebauung mit Anlagen zur Energiegewinnung ausgewertet, insbesondere für

– Windenergieanlagen,

– Biogasanlagen und

– Solaranlagen.

11.2 Windenergieanlagen

452 Der Obere Gutachterausschuss für Grundstückswerte im Lande *Brandenburg* hat 2013 einen durchschnittlichen Kaufpreis von 4,32 €/m² (0,47 €/m² bis 15,14 €/m²) für Windenergieanlagen registriert.

Der Gutachterausschuss des Landkreises *Oberspreewaldkreis-Lausitz* hat Kaufpreise für Windenergieanlagen (WEA) der Jahre 2007 bis 2011 wie folgt analysiert:

Flächen für Windenergieanlagen 2007 bis 2011							
10 Kauffälle für in 17 WEA	Vielfaches des Ackerpreises	Durchschnittlicher Kaufpreis €/m²	Kaufpreis	Anteiliger Bodenpreis des reinen Agrarlandes	Kaufpreis abzüglich des reinen Agrarlandes	Anzahl der WEA	Kaufpreis je Standort 1 WEA
Minimalwert	7,9-fache	2,21 €/m²	62 900 €	1 207 €	60 969 €	1 WEA	28 758 €
Mittelwert	35,0-fache	9,68 €/m²	151 678 €	7 515 €	144 163 €	überwiegend 1 WEA	111 278 €
Maximalwert	83,0-fache	24,91 €/m€	334 500 €	22 121 €	325 606 €	6 WEA	217 026 €

Quelle: Grundstücksmarktbericht des Landkreises Oberspreewald-Lausitz 2011

11.3 Biogasanlagen

Schrifttum: *Döhler, H./Döhler, S./Niebaum a. Wirth, B.,* Faustzahlen Biogas, 2. Aufl. KTBL-Taschenbuch Darmstadt 2009; *Eder, B./Schulz, H.,* Biogas Praxis, 4. Aufl. 2007; *Homes, M.,* Biogasanlagen – Grundlagen und Wertermittlungsaufgaben, Nachr. der Nds.Kat- und VermVw. 2007, 26; *Karg, H.,* Wertermittlung landwirtschaftlicher Biogasanlagen, 1. Aufl. HLBS Verlag 2007; *Troff., H.,* Biogasanlagen – Grundlagen und Wertermittlung, GuG 2013, 145; *Roos, P.,* Verkehrswertgutachten einer Biogasanlagen GuG 2007, 202.

453 Der Obere Gutachterausschuss für Grundstückswerte im Lande *Brandenburg* hat 2013 einen durchschnittlichen Kaufpreis von 3,61 €/m² (1,00 €/m² bis 10,00 €/m²) für den Bau von Biogasanlagen registriert.

Der Gutachterausschuss des Landkreises *Oberspreewaldkreis-Lausitz* hat Kaufpreise für zum Bau von Biogasanlagen in dörflicher Lage (unweit einer bestehenden Milchviehanlage) des Jahres 2011 wie folgt analysiert:

Erneuerbare Energien § 5 ImmoWertV IV

Flächen für Biogasanlagen 2007 bis 2011			
zulässige Nutzung	Anzahl der Kauffälle	durchschnittlicher Preis (Spanne) €/m²	durchschnittlicher Preis (Spanne) €/m²
überwiegend landwirtschaftliche sFlächen	3	2,26 (2,08 bis 2,41D)	4 300 4 000–6 600

Quelle: Grundstücksmarktbericht des Landkreises Oberspreewald-Lausitz 2011

11.4 Solar- und Photovoltaikanlagen

Schrifttum: *Kolb, H.*, Bewertung von Immobilien mit Photovoltaikanlagen, GuG 2013, 137 ff.

▶ *Vgl. § 8 ImmoWertV Rn. 407; Teil IX Rn. 114*

Der Obere Gutachterausschuss für Grundstückswerte im Lande *Brandenburg* hat 2013 einen durchschnittlichen Kaufpreis von 3,91 €/m² (1,00 €/m² bis 9,36 €/m²) für die Errichtung von Solar- und Photovoltaikanlagen registriert. **454**

Der Gutachterausschuss des Landkreises *Oberspreewaldkreis-Lausitz* hat Kaufpreise für die Errichtung von Solaranlagen (2010) analysiert, wobei es sich um Zukäufe von „Splitterflächen" innerhalb eines bestehenden Solarfeldes und um den Bau einer Trafostation (im Außenbereich) gehandelt hat:

Flächen für Solaranlagen 2010				
zulässige Nutzung	Anzahl der Kauffälle	durchschnittlicher Preis (Spanne) €/m²	v. H. des Bodenrichtwerts (Spanne) %	durchschnittlicher Preis (Spanne) €/m²
Gewerbliche Baufläche	6	4,30 (2,55–7,00)	53 (32–75)	2,2 (0,4–5,5)
Landwirtschaftliche Fläche	2	1,39 (0,30–1,52)	364 (120–608)	4,5 (1,0–8,0)

Quelle: Grundstücksmarktbericht des Landkreises Oberspreewald-Lausitz 2011)

§ 6 ImmoWertV
Weitere Grundstücksmerkmale

(1) Art und Maß der baulichen oder sonstigen Nutzung ergeben sich in der Regel aus den für die planungsrechtliche Zulässigkeit von Vorhaben maßgeblichen §§ 30, 33 und 34 des Baugesetzbuchs und den sonstigen Vorschriften, die die Nutzbarkeit betreffen. Wird vom Maß der zulässigen Nutzung in der Umgebung regelmäßig abgewichen, ist die Nutzung maßgebend, die im gewöhnlichen Geschäftsverkehr zugrunde gelegt wird.

(2) Als wertbeeinflussende Rechte und Belastungen kommen insbesondere Dienstbarkeiten, Nutzungsrechte, Baulasten sowie wohnungs- und mietrechtliche Bindungen in Betracht.

(3) Für den abgabenrechtlichen Zustand des Grundstücks ist die Pflicht zur Entrichtung von nichtsteuerlichen Abgaben maßgebend.

(4) Lagemerkmale von Grundstücken sind insbesondere die Verkehrsanbindung, die Nachbarschaft, die Wohn- und Geschäftslage sowie die Umwelteinflüsse.

(5) Weitere Merkmale sind insbesondere die tatsächliche Nutzung, die Erträge, die Grundstücksgröße, der Grundstückszuschnitt und die Bodenbeschaffenheit wie beispielsweise Bodengüte, Eignung als Baugrund oder schädliche Bodenveränderungen. Bei bebauten Grundstücken sind dies zusätzlich insbesondere die Gebäudeart, die Bauweise und Baugestaltung, die Größe, Ausstattung und Qualität, der bauliche Zustand, die energetischen Eigenschaften, das Baujahr und die Restnutzungsdauer.

(6) Die Restnutzungsdauer ist die Zahl der Jahre, in denen die baulichen Anlagen bei ordnungsgemäßer Bewirtschaftung voraussichtlich noch wirtschaftlich genutzt werden können; durchgeführte Instandsetzungen oder Modernisierungen oder unterlassene Instandhaltungen oder andere Gegebenheiten können die Restnutzungsdauer verlängern oder verkürzen. Modernisierungen sind beispielsweise Maßnahmen, die eine wesentliche Verbesserung der Wohn- oder sonstigen Nutzungsverhältnisse oder wesentliche Einsparungen von Energie oder Wasser bewirken.

Gliederungsübersicht Rn.
1 Allgemeines
2 Art und Maß der baulichen und sonstigen Nutzung (§ 6 Abs. 1 ImmoWertV)
   2.1 Allgemeines (§ 6 Abs. 1 Satz 1 ImmoWertV) 3
   2.2 Rechtliche Gegebenheiten
      2.2.1 Übersicht 7
      2.2.2 Flächennutzungsplan 9
      2.2.3 Bebauungsplan 10
      2.2.4 Im Zusammenhang bebaute Ortsteile nach § 34 BauGB 58
      2.2.5 Außenbereich nach § 35 BauGB 68
      2.2.6 Sanierungsgebiete und städtebauliche Entwicklungsbereiche 70
      2.2.7 Sonstige öffentlich-rechtliche und privatrechtliche Vorschriften 71
   2.3 Tatsächliche Gegebenheiten
      2.3.1 Übersicht 74
      2.3.2 Lagetypische Nutzung (§ 6 Abs. 1 Satz 2 ImmoWertV) 75
      2.3.3 Bestandsschutz 86
   2.4 Erhebliches Abweichen der tatsächlichen Nutzung von der zulässigen bzw. lagetypischen Nutzung 89
   2.5 Flächen, auf denen nach den Festsetzungen des Bebauungsplans nur bestimmte Wohngebäude errichtet werden dürfen
      2.5.1 Übersicht 91
      2.5.2 Soziale Wohnraumförderung (Sozialer Wohnungsbau) 92
      2.5.3 Personengruppen mit besonderem Wohnbedarf 95
      2.5.4 Baurecht auf Zeit 99
3 Wertbeeinflussende Rechte und Belastungen (§ 6 Abs. 2 ImmoWertV)
   3.1 Allgemeines 100
   3.2 Pfandrechte 106

Übersicht § 6 ImmoWertV IV

4	Abgabenrechtlicher Zustand (§ 6 Abs. 3 ImmoWertV)			107
5	Lage (§ 6 Abs. 4 ImmoWertV)			
	5.1	Allgemeines		118
	5.2	Lagetypen		123
	5.3	Beeinträchtigungen der Lageverhältnisse		
		5.3.1	Allgemeines	124
		5.3.2	Baumaßnahmen	127
		5.3.3	Standfestigkeit	129
		5.3.4	Zugänglichkeit des Grundstücks	130
		5.3.5	Verkehrslage	132
		5.3.6	Immissionslage	137
6	Lärm			
	6.1	Allgemeines		138
	6.2	Verkehrslärm (Straßen und Schienen)		
		6.2.1	Imisionsrichtwerte [schreibgeschützt]	141
		6.2.2	Verkehrswertermittlung	151
		6.2.3	Wertminderung	155
		6.2.4	Lärmvorsorge	166
		6.2.5	Entschädigung für verbleibende Beeinträchtigungen	199
	6.3	Gewerbelärm		225
	6.4	Fluglärm		
		6.4.1	Allgemeines und Entschädigungsgrundsätze	228
		6.4.2	Wertminderung wegen Fluglärms	238
		6.4.3	Steuerliche Bewertung	242
	6.5	Spiel- und Sportlärm		243
	6.6	Manöver- und Schießlärm		256
	6.7	Baulärm		258
7	Geruchsimmission			261
8	Staubimmission			264
9	Erschütterungen			267
10	Elektrosmog			
	10.1	Grenzwerte		273
	10.2	Mindestfläche		283
	10.3	Nutzungsentgelte		284
	10.4	Minderung der Nutzungsentgelte		287
	10.5	Rechtsprechung zum Mobilfunk		291
11	Beschaffenheit und tatsächliche Eigenschaften (§ 6 Abs. 5 ImmoWertV)			
	11.1	Allgemeines		292
	11.2	Bodenverunreinigung		
		11.2.1	Allgemeines	298
		11.2.2	Belastete Flächen in der Bauleitplanung	302
		11.2.3	Verkehrswertermittlung	314
		11.2.4	Verifizierung von Ablagerungen	330
		11.2.5	Sanierungsmaßnahmen	344
		11.2.6	Sanierungslast [schreibgeschützt]	345
		11.2.7	Berücksichtigung von Altlasten bei Grundstücksveräußerungen des Bundes	357
		11.2.8	Bodenverunreinigung im Bewertungsrecht	363
	11.3	Beschaffenheit der baulichen Anlage		
		11.3.1	Allgemeines	364
		11.3.2	Bauordnungsrechtliche Anforderung	366
12	Gesamt- und Restnutzungsdauer (§ 6 Abs. 6 ImmoWertV)			
	12.1	Begriffe		
		12.1.1	Gesamt- und Restnutzungsdauer, Nutzungsdauer	370
		12.1.2	Gesamt- und Restlebensdauer	376
	12.2	Übliche Gesamtnutzungsdauer (Nutzungsdauer)		
		12.2.1	Verkehrswertermittlung	378
		12.2.2	Beleihungswertermittlung	383
		12.2.3	Steuerliche Bewertung	384

12.3 Übliche Restnutzungsdauer
    12.3.1 Allgemeines 386
    12.3.2 Vorläufige Restnutzungsdauer 388
12.4 Abweichungen von der üblichen Restnutzungsdauer
    12.4.1 Allgemeines 389
    12.4.2 Unterlassene Instandhaltungen 391
    12.4.3 Durchgeführte Instandsetzungen 393
    12.4.4 Modernisierung 396
    12.4.5 Andere Gegebenheiten 401
    12.4.6 Gesamtbetrachtung 403
12.5 Verlängerung der Restnutzungsdauer durch Modernisierungen
    12.5.1 Verkehrswertermittlung 405
    12.5.2 Steuerliche Bewertung 431
12.6 Abschätzung der Restnutzungsdauer bei Gebäudemix 436
    12.6.1 Verkehrswertermittlung 436
    12.6.2 Steuerlicher Bereich 446

1 Allgemeines

▶ *Zu Rechten an Grundstücken: § 1 ImmoWertV Rn. 63 ff.; Teil VIII*

1 § 6 ImmoWertV enthält zusammen mit § 5 ImmoWertV ergänzende **Bestimmungen zu** dem mit § 4 Abs. 2 ImmoWertV vorgegebenen Katalog von **Grundstücksmerkmalen**. Im Einzelnen geht es um Regelungen

– zur Art und zu dem Maß der baulichen Nutzung (§ 6 Abs. 1 ImmoWertV Rn. 3 ff.),

– zu den wertbeeinflussenden Rechten und Belastungen (§ 6 Abs. 2 ImmoWertV),

– zu den abgabenrechtlichen Verhältnissen, vor allem im Hinblick auf Pflichten zur Entrichtung von Erschließungsbeiträgen (§§ 127 ff. BauGB), Ausgleichsleistungen in der Umlegung (§ 64 BauGB), Ausgleichsbeträgen (§§ 154 f. BauGB sowie § 25 BodSchG), Kostenerstattungsbeträgen und KAG-Beiträgen (§ 6 Abs. 3 ImmoWertV Rn. 111 ff.),

– zur Lage des Grundstücks (§ 6 Abs. 4 ImmoWertV Rn. 119 ff.),

– zur Beschaffenheit und zu den tatsächlichen Eigenschaften des Grundstücks, wobei namentlich auch die Belastung mit Ablagerungen und die Umwelteinflüsse hervorgehoben werden (§ 6 Abs. 5 ImmoWertV Rn. 365 ff.) sowie

– zur Restnutzungsdauer einer baulichen Anlage (§ 6 Abs. 6 ImmoWertV Rn. 370).

2 Mit der Hervorhebung dieser Zustandsmerkmale enthält die Vorschrift **keine abschließende Aufzählung**. Dies macht schon die Überschrift des § 6 Abs. 1 ImmoWertV deutlich, in der von „weiteren" und nicht von „sonstigen" Zustandsmerkmalen gesprochen wird. Mit der namentlichen Hervorhebung hat der Verordnungsgeber praxisrelevante Hinweise geben wollen.

Die Vorschrift ist im Übrigen ohne wesentliche Änderungen aus § 5 WertV hervorgegangen.

2 Art und Maß der baulichen und sonstigen Nutzung (§ 6 Abs. 1 ImmoWertV)

2.1 Allgemeines (§ 6 Abs. 1 Satz 1 ImmoWertV)

▶ *Zur Abweichung der tatsächlichen Nutzung von der zulässigen bzw. lagetypischen Nutzung vgl. § 8 ImmoWertV Rn. 345, 384; § 16 ImmoWertV Rn. 222 ff., 368; Teil VI Rn. 578 ff.; zur Berücksichtigung von Art und Maß der baulichen Nutzung bei Anwendung des Vergleichswertverfahrens vgl. Syst. Darst. des Vergleichswertverfahrens Rn. 215 ff.; Teil VI Rn. 578 ff.*

Art der baulichen Nutzung § 6 ImmoWertV IV

Art und Maß der baulichen und sonstigen Nutzung ergeben sich nach § 6 Abs. 1 Satz 1 Immo- 3
WertV grundsätzlich aus dem Bebauungsplan bzw. Vorhaben- und Erschließungsplan nach
§ 30 BauGB (bei Planreife nach § 33 BauGB) und den Vorschriften für „im Zusammenhang
bebaute Ortsteile" (unbeplanter Innenbereich) des § 34 BauGB, wobei

a) sonstige Vorschriften,

b) einschließlich privatrechtliche Vorschriften,

die die Nutzbarkeit betreffen und Art und Maß der baulichen Nutzung mitbestimmen, zu
berücksichtigen sind.

Damit stellt die Verordnung deutlich heraus, dass i. d. R. die **baurechtlichen Vorgaben für** 4
sich allein nicht maßgebend sind. In der Praxis wird vielfach nicht hinreichend beachtet,
dass auch die sonstigen öffentlich-rechtlichen Vorschriften, wie z. B. die des Denkmalschutzes, und auch privatrechtliche Vorschriften, wie z. B. eine eingeschränkte Nutzbarkeit infolge
eines Wege- oder Aussichtsrechts, aber auch ein Bestandsschutz beachtlich sind. Sie können
für die Verkehrswertermittlung die Zugrundelegung

– einer höheren Art bzw. eines höheren Maßes der baulichen Nutzung oder

– einer minderen Art bzw. eines minderen Maßes der baulichen Nutzung

erforderlich machen, als sich allein nach baurechtlichen Vorschriften ergibt. Besteht die
Abweichung nur vorübergehend, z. B. im Hinblick auf den Bestandsschutz der baulichen
Anlage, so kann der Wertunterschied gegenüber der (zum Zeitpunkt der Wertermittlung) dauerhaften Art oder dem Maß der baulichen Nutzung aufgrund des Baurechts durch Abzinsung
des Wertunterschieds berücksichtigt werden.

Der BGH hat in seiner Rechtsprechung mit Recht wiederholt darauf hingewiesen, dass sich 5
der **Verkehrswert maßgeblich nach der Nutzungsfähigkeit des Grund und Bodens**
bemisst[1]. Der Verordnungsgeber hat deshalb mit § 6 Abs. 1 ImmoWertV die Grundsätze zur
Berücksichtigung von Art und Maß der baulichen Nutzung bei der Verkehrswertermittlung an
den Anfang dieser Vorschrift gestellt.

Art und Maß der baulichen Nutzung bestimmen sich anknüpfend an die bauplanungsrechtli- 6
chen Vorschriften des BauGB i. V. m. den Vorschriften der **Baunutzungsverordnung** –
BauNVO.

2.2 Rechtliche Gegebenheiten

2.2.1 Übersicht

Entwicklungszustand sowie Art und Maß der baulichen Nutzung bestimmen sich nach den 7
rechtlichen *und* tatsächlichen Merkmalen (Situationsgebundenheit) des zu bewertenden
Grundstücks. Bauplanungsrechtlich ist dabei nach der Lage eines Grundstücks zu unterscheiden, nämlich

– im Geltungsbereich eines **Flächennutzungsplans nach § 5 BauGB**, der für das ganze
  Gemeindegebiet die beabsichtigte städtebauliche Entwicklung durch entsprechende *Darstellungen* ausweist,

– in einem **Bebauungsplangebiet nach § 30 BauGB**; der Bebauungsplan enthält entsprechende *Festsetzungen* über die Nutzbarkeit des Grundstücks, einschließlich der Voraussetzungen nach § 33 BauGB für die Zulässigkeit einer baulichen Nutzung (vgl. Rn. 10 ff.
  und § 5 ImmoWertV Rn. 208 ff.),

---

1 BGH, Urt. vom 6.12.1962 – III ZR 113/61 –, BRS Bd. 19 Nr. 109 = EzGuG 6.65; LG Bremen, Urt. vom 5.11.1954 – 1
O 749/54 (B) –, EzGuG 6.10; BGH, Urt. vom 17.12.1964 – III ZR 96/63 –, BRS Bd. 19 Nr. 112 = EzGuG 11.47; BGH,
Urt. vom 8.11.1962 – III ZR 86/61 –, BGHZ 39, 198 = EzGuG 8.5; vgl. Dieterich in Ernst/Zinkahn/Bielenberg/Krautzberger, BauGB § 194 BauGB Rn. 65 ff.

- in einem **„im Zusammenhang bebauten"** Ortsteil nach § 34 BauGB (vgl. Rn. 58 ff. und § 5 ImmoWertV Rn. 213 ff.),

- im unbeplanten **Außenbereich** nach § 35 BauGB (vgl. Rn. 68 ff. sowie § 5 ImmoWertV Rn. 215 ff. und 234).

Entsprechendes gilt für **Grundstücke im Geltungsbereich entsprechender übergeleiteter Pläne** (z. B. Baustufenplan[2]. Baunutzungspläne, Generalbebauungspläne, Fluchtlinienpläne, vgl. Rn. 57).

Darüber hinaus ist insbesondere die Lage eines Grundstücks in einem **Sanierungsgebiet oder städtebaulichen Entwicklungsbereich** nach den §§ 136 und 165 BauGB, einem Umlegungsgebiet nach den §§ 45 ff. BauGB oder im Geltungsbereich einer städtebaulichen Satzung nach den §§ 172 ff. BauGB (Erhaltungsgebiete, Stadtumbaugebiete) von Bedeutung (vgl. Teil VI).

Für die Preisbildung von Grundstücken und damit auch für die Verkehrswertermittlung nicht unbedeutend sind darüber hinaus auch sog. **informelle Planungen** (Bereichsplanung, Rahmenplanung, Gebietsentwicklungsplanung usw.), insbesondere wenn sie zur Vorbereitung der Bauleitplanung einen „qualifizierten" Stand beispielsweise in der Weise erlangt haben, dass sie von der Gemeinde zustimmend zur Kenntnis genommen wurden und die Verwaltung mit ihrer Umsetzung in eine Bebauungsplanung beauftragt wurde. Sogenannte Schubladenpläne sind dagegen in aller Regel unbedeutend.

Beispiel:

In Berlin werden beispielsweise **Bereichsentwicklungspläne (BEP)** aufgestellt. Gegenstand der Bereichsentwicklungsplanung (Nutzungskonzept) ist insbesondere die Ermittlung und räumliche Zuordnung der Flächenbedarfe für Einrichtungen der sozialen Infrastruktur, für Grün- und Erholungsflächen, für gewerbliche Betriebe, für den öffentlichen Raum und die verkehrliche Infrastruktur sowie für das Wohnen, ausgerichtet auf einen mittel- bis langfristigen Planungshorizont. Für unterschiedliche Lösungen können Alternativen dargestellt werden. Nicht konsensfähige Abweichungen von beschlossenen gesamtstädtischen Planungen werden als Dissensflächen dargestellt. Der BEP ist eine textliche Erläuterung auf der Grundlage einer einheitlichen Legende im Maßstab 1:10 000 zu erarbeiten.

Zuständig für die Bereichsentwicklungsplanung (BEP) sind seit Anfang der 90er Jahre die Bezirke. Die Aufgabe der Hauptverwaltung beschränkt sich auf die Regelung von Grundsatzangelegenheiten sowie auf die Einbringung gesamtstädtischer Ziele in den Planungsprozess. Die Ergebnisse des BEP sollen vom Bezirk beschlossen werden; sie sollen einer sonstigen städtebaulichen Planung (§ 1 Abs. 5 Nr. 10 BauGB) entsprechen, sind verwaltungsintern bindend und in der verbindlichen Bauleitplanung bei der Abwägung zu berücksichtigen (§ 4 Abs. 2 Satz 4 AGBauGB). Von der Planung betroffene Träger öffentlicher Belange sind zu beteiligen. Die BEPs benachbarter Bezirke sind aufeinander abzustimmen. Über die Inhalte der Bereichsentwicklungsplanung ist die Öffentlichkeit zu informieren. Vor Beschluss des Bezirksamtes ist die BEP der für die vorbereitende Planung zuständigen Hauptverwaltung zuzuleiten. Diese benennt mögliche Dissensflächen. Bezirkliche Beschlüsse zur BEP werden im Amtsblatt veröffentlicht. Die Bereichsentwicklungsplanung wird in Form eines Abschlussberichts (Text und Pläne) veröffentlicht sowie an beteiligte Verwaltungen und öffentliche Stellen verteilt.

8 Bei **Flächen**, die von dem Bedarfsträger auch **im Wege der Enteignung erworben werden können**, ist nach der gefestigten höchstrichterlichen Rechtsprechung zum Ausschluss von der konjunkturellen (besser: qualitativen) Weiterentwicklung (Vorwirkung) der Entwicklungszustand nach den rechtlichen Gegebenheiten zu ermitteln, wie sie rückblickend zum Qualitätsstichtag vorlagen, als mit hinreichender Sicherheit und Bestimmtheit erwartet werden konnte, dass die Flächen ggf. im Wege der Enteignung erworben werden können (vgl. Teil VI Rn. 74 ff.). Daneben gilt es für sog. **städtebauliche Veranstaltungsgebiete, insbesondere für Umlegungsgebiete** nach den §§ 45 ff. BauGB, eine Reihe von Besonderheiten zu beachten, auf die hier nicht näher eingegangen werden kann.

---

[2] Zum Beispiel Lage des Grundstücks im Bereich eines Baustufenplans nach der Baupolizeiverordnung (BPVO) der Freien und Hansestadt Hamburg vom 6.6.1938 (Slg. des bereinigten hamburgischen Landesrechts I 21 302-n), deren bauordnungsrechtliche Vorschriften zwar durch § 117 Abs. 1 Nr. 23 HBauO 1969 und § 185 BBauG 1960 aufgehoben wurde, jedoch sind die Vorschriften in Bezug auf die fortgeführten Bebauungspläne alten Rechts in Kraft geblieben.

Art der baulichen Nutzung § **6 ImmoWertV IV**

Nach § **85 Abs. 1 BauGB** können Flächen enteignet werden, um

„1. entsprechend den Festsetzungen des Bebauungsplans ein Grundstück zu nutzen oder eine solche Nutzung vorzubereiten,

2. unbebaute oder geringfügig bebaute Grundstücke, die nicht im Bereich eines Bebauungsplans, aber innerhalb im Zusammenhang bebauter Ortsteile liegen, insbesondere zur Schließung von Baulücken, entsprechend den baurechtlichen Vorschriften zu nutzen oder einer baulichen Nutzung zuzuführen,

3. Grundstücke für die Entschädigung in Land zu beschaffen,

4. durch Enteignung entzogene Rechte durch neue Rechte zu ersetzen,

5. Grundstücke einer baulichen Nutzung zuzuführen, wenn ein Eigentümer die Verpflichtung nach § 176 Abs. 1 oder 2 nicht erfüllt, oder

6. im Geltungsbereich einer Erhaltungssatzung eine bauliche Anlage aus den in § 172 Abs. 3 bis 5 bezeichneten Gründen zu erhalten."

2.2.2 Flächennutzungsplan

▶ *Hierzu auch § 5 ImmoWertV Rn. 208 ff. und Syst. Darst. des Vergleichswertverfahrens Rn. 198 ff.*

Im Flächennutzungsplan (*land use plan*) ist nach § 5 BauGB die sich aus der beabsichtigten städtebaulichen Entwicklung ergebende Art der Bodennutzung in ihren Grundzügen für das ganze Gemeindegebiet dargestellt (§ 5 Abs. 2 und 2a BauGB, § 1 Abs. 1 und 2 BauNVO). Die *allgemeine* Art der baulichen Nutzung wird als „**Baufläche**" ausgewiesen. Davon zu unterscheiden ist die Ausweisung der *besonderen* Art der baulichen Nutzung als „**Baugebiet**" in Bebauungsplänen. Soweit erforderlich kann die besondere Art der baulichen Nutzung (Baugebiete) auch im Flächennutzungsplan dargestellt werden. **9**

Der Flächennutzungsplan enthält keine verbindlichen „Festsetzungen", sondern nur „**Darstellungen**". Die Darstellungen sind insoweit behördenverbindlich, als der Bebauungsplan aus den Darstellungen zu entwickeln ist („vorbereitender Bebauungsplan"). Eine mittelbare Rechtswirkung kann gleichwohl vom Flächennutzungsplan ausgehen. So kann sich z. B. für privilegierte Vorhaben im Außenbereich aus dem Flächennutzungsplan eine Beeinträchtigung „öffentlicher Belange" nach § 35 Abs. 3 BauGB ergeben, nämlich dann, wenn das Vorhaben den Darstellungen des Flächennutzungsplans widerspricht (vgl. auch § 35 Abs. 4 BauGB).

Die Darstellung eines **Landschaftsschutzgebiets im Flächennutzungsplan** begründet dabei allerdings allein noch keine Darstellung als öffentlicher Belang i. S. des § 35 Abs. 3 BauGB[3], jedoch ist ein Vorhaben, das nach landesrechtlichem Natur- und Landschaftsschutzrecht nicht genehmigungsfähig ist, bereits nach § 29 Abs. 2 BauGB i. V. m. den jeweiligen landesrechtlichen Vorschriften nicht genehmigungsfähig.

2.2.3 Bebauungsplan

2.2.3.1 Allgemeines

▶ *Hierzu auch § 5 ImmoWertV Rn. 198 ff., 208 ff. und Syst. Darst. des Vergleichwertverfahrens Rn. 215 ff.*

Im Bebauungsplan wird die **Art der baulichen und sonstigen Nutzung** nach § 1 Abs. 3 BauNVO durch Ausweisung von Baugebieten und sonstigen Bodennutzungen festgesetzt (§ 9 Abs. 1 und 1a BauGB). Die §§ 2 bis 14 BauNVO werden durch diese Festsetzung Bestandteil des Bebauungsplans, soweit nicht aufgrund § 1 Abs. 4 bis 9 BauNVO etwas anderes bestimmt wird. **10**

---

3 VGH Mannheim, Urt. vom 6.8.1985 – 5 S 2639/84 –, BRS Bd. 44 Nr. 90 = NVwZ 1986, 53 = RdL 1985, 267 = AgrarR 1086, 45.

Der **Bebauungsplan ist** grundsätzlich **aus dem Flächennutzungsplan zu entwickeln** (§ 8 Abs. 2 Satz 1 BauGB). Ein Flächennutzungsplan ist allerdings nicht erforderlich, wenn der Bebauungsplan ausreicht, um die städtebauliche Entwicklung zu sichern. Mit der Aufstellung, Änderung, Ergänzung oder Aufhebung eines Bebauungsplans kann im Parallelverfahren auch der Flächennutzungsplan aufgestellt, geändert oder ergänzt werden (§ 8 Abs. 3 BauGB). *Bebauungspläne der Innenentwicklung* i. S. des § 13a BauGB können im vereinfachten Verfahren nach § 13 Abs. 2 und 3 Satz 1 BauGB auch abweichend von den Darstellungen des Flächennutzungsplans aufgestellt werden, wenn die städtebauliche Entwicklung des Gemeindegebiets dadurch nicht beeinträchtigt wird (§ 13a Abs. 2 Nr. 2 BauGB).

Der Verkehrswertermittlung ist grundsätzlich die in einem Bebauungsplan (*Detailed Local Development Plan*) festgesetzte und zu erwartende Nutzung zugrunde zu legen. Soweit ein Grundstück nach den Festsetzungen des Bebauungsplans und nach sonstigen öffentlich-rechtlichen Vorschriften bebaubar ist, handelt es sich dann um **baureifes Land**, wenn die Erschließung gesichert ist, die Grundstücke nach Lage, Form und Größe bauordnungsrechtlich ausreichend zugeschnitten sind und das Grundstück nach den sonstigen tatsächlichen Gegebenheiten baulich nutzbar ist. Ist das Grundstück nach Lage, Form und Größe jedoch unzureichend gestaltet oder ist die Erschließung (noch) nicht gesichert, muss die Fläche nach § 5 Abs. 3 ImmoWertV als Rohbauland eingestuft werden. Dabei ist die Wartezeit nach § 2 Satz 2 ImmoWertV bis zur Baureife des Grundstücks zu berücksichtigen.

11 Nach § 30 BauGB wird zwischen vorhabenbezogenen, qualifizierten und einfachen Bebauungsplänen unterschieden (Abb. 1).

Ein **Bebauungsplan ist qualifiziert,** wenn er mindestens Festsetzungen trifft über

- die Art der baulichen Nutzung (*Wohngebiet, Mischgebiet, Gewerbegebiet*),
- das Maß der baulichen Nutzung (*Zahl der zulässigen Vollgeschosse, Gebäudehöhe, Grund- und Geschossflächenzahl*),
- die überbaubaren Grundstücksflächen (*Baugrenzen und Baulinien*),
- die örtlichen Verkehrsflächen (öffentliche Straßen).

Fehlen eine oder mehrere dieser Festsetzungen, handelt es sich nicht um einen qualifizierten, sondern um einen **einfachen Bebauungsplan** (§ 30 Abs. 2 BauGB), der nur im Zusammenhang mit § 34 BauGB planungsrechtliche Grundlage für Vorhaben sein kann.

Abb. 1: Übersicht über Bebauungspläne

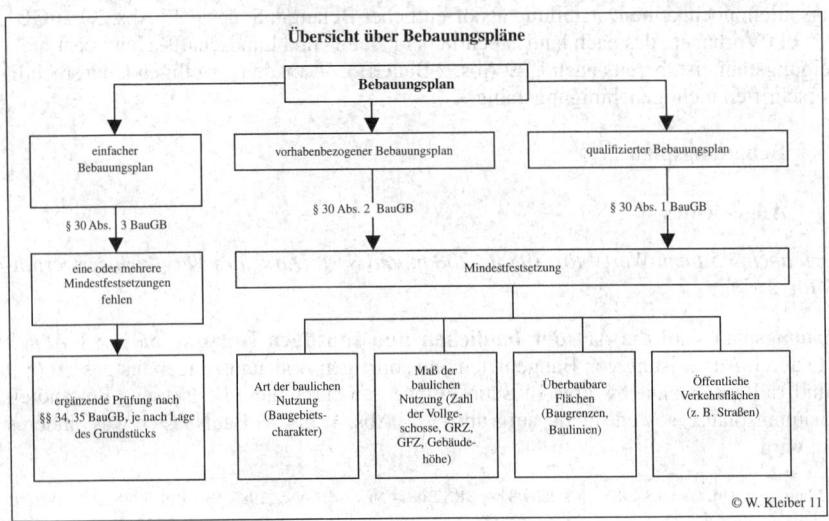

Art der baulichen Nutzung § 6 ImmoWertV IV

Abb. 2: Muster eines Bebauungsplans (Auszug)

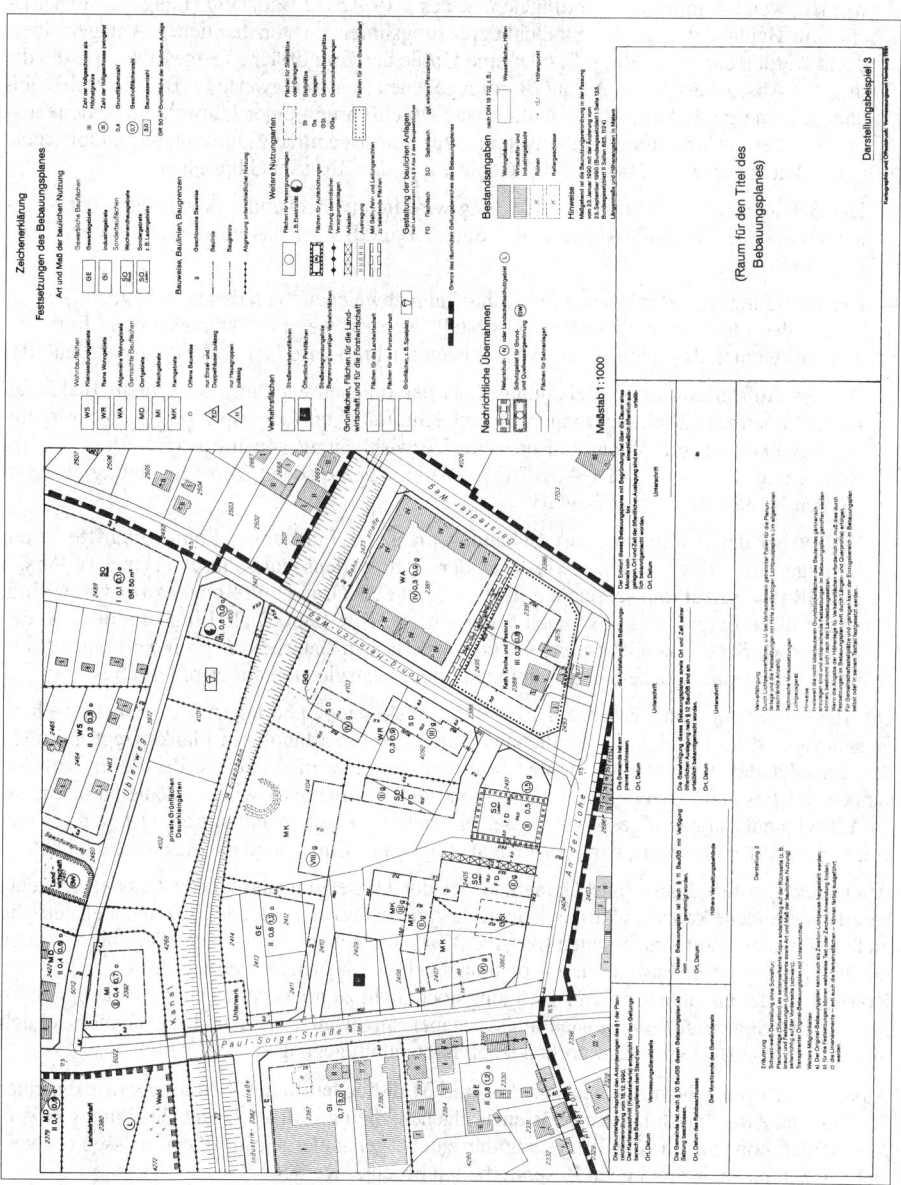

Darüber hinaus ist in § 13a BauGB der „**Bebauungsplan der Innenentwicklung**" geregelt[4]. Darunter versteht das Gesetzbuch einen Bebauungsplan für „die Wiedernutzbarmachung von Flächen, die Nachverdichtung oder andere Maßnahmen der Innenentwicklung". Für die Aufstellung eines Bebauungsplans der Innenentwicklung gelten eine Reihe besonderer verfahrensrechtlicher Vorschriften:

---

[4] Eingeführt mit Gesetz zur Erleichterung von Planungsvorhaben für die Innenentwicklung der Städte vom 21.12.2006 (BGBl. I 2007, 3316 – BauGB 2007).

- Der Bebauungsplan der Innenentwicklung kann im **beschleunigten Verfahren** aufgestellt werden, wenn in ihm die Grundfläche i. S. des § 19 Abs. 2 BauNVO (Baugrundstücksfläche) im Bauland hinter der Straßenbegrenzungslinie, die von baulichen Anlagen überdeckt werden darf (vgl. Rn. 37), oder eine Größe der Grundfläche festgesetzt wird, die die in § 13a Abs. 1 Satz 2 und 3 BauGB vorgegebenen Schwellenwerte (z. B. 20 000 m²) einhalten, keine gesetzliche Verpflichtung zur Durchführung einer Umweltverträglichkeitsprüfung besteht und keine Anhaltspunkte für eine Beeinträchtigung der Erhaltungsziele und Schutzzwecke der Natura-2000-Gebiete i. S. des BNatSchG bestehen.

- Der Bebauungsplan der Innenentwicklung wird in entsprechender Anwendung der Regelungen des § 13 BauGB Abs. 2 und 3 Satz 1 BauGB über das **vereinfachte Verfahren** aufgestellt.

- Der Bebauungsplan der Innenentwicklung kann abweichend von den bestehenden Darstellungen des Flächennutzungsplans aufgestellt werden, wenn die städtebauliche Entwicklung des Gemeindegebiets dadurch nicht beeinträchtigt wird (§ 13a Abs. 2 Nr. 2 BauGB).

- Bei der Aufstellung eines Bebauungsplans der Innenentwicklung soll einem Bedarf an Investitionen zur Erhaltung, Sicherung und Schaffung von Arbeitsplätzen, zur Versorgung der Bevölkerung mit Wohnraum oder zur Verwirklichung von Infrastrukturvorhaben im Rahmen der Abwägung (§ 1 Abs. 7 BauGB) in angemessener Weise Rechnung getragen werden (§13a Abs. 2 Nr. 3 BauGB).

- Soweit bei der Aufstellung des Bebauungsplans der Innenentwicklung Eingriffe in die Belange des Umweltschutzes, insbesondere der Bodenschutzklausel nach § 1a Abs. 2 BauGB (sparsamer und schonender Umgang mit dem Grund und Boden) zu erwarten sind, gelten diese Eingriffe (fiktiv) nach § 13a Abs. 2 Nr. 4 BauGB als Eingriffe, die i. S. des § 1a Abs. 3 Satz 5 BauGB bereits vor der planerischen Entscheidung mit der Folge erfolgt und zulässig sind, dass ein naturschutzrechtlicher Ausgleich nicht erforderlich ist.

Die Bauleitplanung kann durch ein **Einzelhandelskonzept** überlagert sein. Ein Einzelhandelskonzept ist im Bereich des Städtebaus und der Raumordnung ein Plankonzept, mit dem der Einzelhandel in einem bestimmten Raum gesteuert werden soll. Ist der Raum, auf den sich ein solches Plankonzept bezieht, eine Kommune (Gemeinde), wird von einem kommunalen Einzelhandelskonzept gesprochen. Bezieht sich das Plankonzept auf eine Region (Gebiet von mehreren Kommunen), wird der Plan als regionales Einzelhandelskonzept bezeichnet.

Allein der Umstand, dass eine Gemeinde bei der Umsetzung ihres Einzelhandelskonzepts bereits vorhandene konzeptwidrige, jedoch Bestandsschutz genießende Einzelhandelsbetriebe nicht auf den eigentumsrechtlichen (passiven) Bestandsschutz verweist, sondern diese – ohne die Möglichkeit einer Erweiterung – planungsrechtlich absichert, vermag das Gewicht ihres Konzepts in der bauplanerischen Abwägung noch nicht zu mindern, wenn dieses lediglich im Sinne einer Steuerung von Ansiedlungsvorhaben angewandt wird und die Gemeinde sich nicht dazu äußert, wie mit dem vorhandenen Bestand umgegangen werden soll[5].

12 Aus dem Bebauungsplan ergeben sich **Art und Maß der baulichen Nutzung** sowie die einer öffentlichen Zweckbindung unterworfenen Flächen, die ggf. im Wege der Enteignung erworben werden können. Zur Qualifizierung der zuletzt genannten Grundstücke müssen die vorstehend bereits angesprochenen Besonderheiten beachtet werden.

13 Handelt es sich bei dem zu bewertenden Grundstück um ein bebautes Grundstück, das nach **Art und/oder Maß der auf dem Grundstück realisierten Bebauung Abweichungen gegenüber der bauplanungsrechtlichen Nutzbarkeit** aufweist, müssen die bei § 8 ImmoWertV Rn. 345, 384 sowie bei § 16 ImmoWertV unter Rn. 223 ff. angesprochenen Besonderheiten beachtet werden.

---

5 VGH Mannheim, Urt. vom 27.10.2010 – 5 S 875/09 –, GuG-aktuell 2011, 46 = EzGuG 6.299.

2.2.3.2 Art der baulichen Nutzung

▶ Vgl. § 8 ImmoWertV Rn. 345, 384; § 16 ImmoWertV unter Rn. 247 ff.; zu den Besonderheiten in Berlin vgl. Rn. 57 ff., Syst. Darst. des Vergleichswertverfahrens Rn. 199

Nach der **allgemeinen Art der baulichen Nutzung** werden in § 1 Abs. 1 BauNVO folgende Bauflächen definiert und in *Flächennutzungsplänen* dargestellt: **14**

1. Wohnbauflächen (W)
2. Gemischte Bauflächen (M)
3. Gewerbliche Bauflächen (G)
4. Sonderbauflächen (S)

Nach der **besonderen Art der baulichen Nutzung** werden in den §§ 2 bis 11 BauNVO folgende *Baugebiete* definiert und in *Bebauungsplänen* festgesetzt: **15**

1. Kleinsiedlungsgebiete (WS)
2. Reine Wohngebiete (WR)
3. Allgemeine Wohngebiete (WA)
4. Besondere Wohngebiete (WB)
5. Dorfgebiete (MD)
6. Mischgebiete (MI)
7. Kerngebiete (MK)
8. Gewerbegebiete (GE)
9. Industriegebiete (GI)
10. Sondergebiete (SO)

Nachfolgend sind die einschlägigen **Bestimmungen der BauNVO** über die verschiedenen **Gebietstypen** abgedruckt (vgl. hierzu auch die Ausführungen in der Syst. Darst. des Vergleichswertverfahrens Rn. 199): **16**

„**§ 2 BauNVO** Kleinsiedlungsgebiete

(1) Kleinsiedlungsgebiete dienen vorwiegend der Unterbringung von Kleinsiedlungen einschließlich Wohngebäuden mit entsprechenden Nutzgärten und landwirtschaftlichen Nebenerwerbsstellen.

(2) Zulässig sind

1. Kleinsiedlungen einschließlich Wohngebäude mit entsprechenden Nutzgärten, landwirtschaftliche Nebenerwerbsstellen und Gartenbaubetriebe,
2. die der Versorgung des Gebiets dienenden Läden, Schank- und Speisewirtschaften sowie nicht störenden Handwerksbetriebe.

(3) Ausnahmsweise können zugelassen werden

1. sonstige Wohngebäude mit nicht mehr als zwei Wohnungen,
2. Anlagen für kirchliche, kulturelle, soziale, gesundheitliche und sportliche Zwecke,
3. Tankstellen,
4. nicht störende Gewerbebetriebe.

§ 3 BauNVO Reine Wohngebiete

(1) Reine Wohngebiete dienen dem Wohnen.

(2) Zulässig sind

1. Wohngebäude,
2. Anlagen zur Kinderbetreuung, die den Bedürfnissen der Bewohner des Gebiets dienen.

(3) Ausnahmsweise können zugelassen werden

1. Läden und nicht störende Handwerksbetriebe, die zur Deckung des täglichen Bedarfs für die Bewohner des Gebiets dienen, sowie kleine Betriebe des Beherbergungsgewerbes,
2. sonstige Anlagen für soziale Zwecke sowie den Bedürfnissen der Bewohner des Gebiets dienende Anlagen für kirchliche, kulturelle, gesundheitliche und sportliche Zwecke.

(4) Zu den nach Absatz 2 sowie den §§ 2, 4 bis 7 zulässigen Wohngebäuden gehören auch solche, die ganz oder teilweise der Betreuung und Pflege ihrer Bewohner dienen.

§ 4 BauNVO Allgemeine Wohngebiete

(1) Allgemeine Wohngebiete dienen vorwiegend dem Wohnen.

(2) Zulässig sind

1. Wohngebäude,
2. die der Versorgung des Gebiets dienenden Läden, Schank- und Speisewirtschaften sowie nicht störenden Handwerksbetriebe,
3. Anlagen für kirchliche, kulturelle, soziale, gesundheitliche und sportliche Zwecke.

(3) Ausnahmsweise können zugelassen werden

1. Betriebe des Beherbergungsgewerbes,
2. sonstige nicht störende Gewerbebetriebe,
3. Anlagen für Verwaltungen,
4. Gartenbaubetriebe,
5. Tankstellen.

§ 4a BauNVO Gebiete zur Erhaltung und Entwicklung der Wohnnutzung (besondere Wohngebiete)

(1) Besondere Wohngebiete sind überwiegend bebaute Gebiete, die aufgrund ausgeübter Wohnnutzung und vorhandener sonstiger in Absatz 2 genannter Anlagen eine besondere Eigenart aufweisen und in denen unter Berücksichtigung dieser Eigenart die Wohnnutzung erhalten und fortentwickelt werden soll. Besondere Wohngebiete dienen vorwiegend dem Wohnen; sie dienen auch der Unterbringung von Gewerbebetrieben und sonstigen Anlagen im Sinne der Absätze 2 und 3, soweit diese Betriebe und Anlagen nach der besonderen Eigenart des Gebiets mit der Wohnnutzung vereinbar sind.

(2) Zulässig sind

1. Wohngebäude,
2. Läden, Betriebe des Beherbergungsgewerbes, Schank- und Speisewirtschaften,
3. sonstige Gewerbebetriebe,
4. Geschäfts- und Bürogebäude,
5. Anlagen für kirchliche, kulturelle, soziale, gesundheitliche und sportliche Zwecke.

(3) Ausnahmsweise können zugelassen werden

1. Anlagen für zentrale Einrichtungen der Verwaltung,
2. Vergnügungsstätten, soweit sie nicht wegen ihrer Zweckbestimmung oder ihres Umfangs nur in Kerngebieten allgemein zulässig sind,
3. Tankstellen.

(4) Für besondere Wohngebiete oder Teile solcher Gebiete kann, wenn besondere städtebauliche Gründe dies rechtfertigen (§ 9 Abs. 3 des Baugesetzbuchs), festgesetzt werden, dass

1. oberhalb eines im Bebauungsplan bestimmten Geschosses nur Wohnungen zulässig sind oder
2. in Gebäuden ein im Bebauungsplan bestimmter Anteil der zulässigen Geschossfläche oder eine bestimmte Größe der Geschossfläche für Wohnungen zu verwenden ist.

§ 5 BauNVO Dorfgebiete

(1) Dorfgebiete dienen der Unterbringung der Wirtschaftsstellen land- und forstwirtschaftlicher Betriebe, dem Wohnen und der Unterbringung von nicht wesentlich störenden Gewerbebetrieben sowie der Versorgung der Bewohner des Gebiets dienenden Handwerksbetrieben. Auf die Belange der land- und forstwirtschaftlichen Betriebe einschließlich ihrer Entwicklungsmöglichkeiten ist vorrangig Rücksicht zu nehmen.

(2) Zulässig sind

1. Wirtschaftsstellen land- und forstwirtschaftlicher Betriebe und die dazugehörigen Wohnungen und Wohngebäude,
2. Kleinsiedlungen einschließlich Wohngebäuden mit entsprechenden Nutzgärten und landwirtschaftliche Nebenerwerbsstellen,
3. sonstige Wohngebäude,
4. Betriebe zur Be- und Verarbeitung und Sammlung land- und forstwirtschaftlicher Erzeugnisse,
5. Einzelhandelsbetriebe, Schank- und Speisewirtschaften sowie Betriebe des Beherbergungsgewerbes,
6. sonstige Gewerbebetriebe,
7. Anlagen für örtliche Verwaltungen sowie für kirchliche, kulturelle, soziale, gesundheitliche und sportliche Zwecke,

8. Gartenbaubetriebe,
9. Tankstellen.

(3) Ausnahmsweise können Vergnügungsstätten im Sinne des § 4a Abs. 3 Nr. 2 zugelassen werden.

§ 6 BauNVO Mischgebiete

(1) Mischgebiete dienen dem Wohnen und der Unterbringung von Gewerbebetrieben, die das Wohnen nicht wesentlich stören.

(2) Zulässig sind

1. Wohngebäude,
2. Geschäfts- und Bürogebäude,
3. Einzelhandelsbetriebe, Schank- und Speisewirtschaften sowie Betriebe des Beherbergungsgewerbes,
4. sonstige Gewerbebetriebe,
5. Anlagen für Verwaltungen sowie für kirchliche, kulturelle, soziale, gesundheitliche und sportliche Zwecke,
6. Gartenbaubetriebe,
7. Tankstellen,
8. Vergnügungsstätten im Sinne des § 4a Abs. 3 Nr. 2 in den Teilen des Gebiets, die überwiegend durch gewerbliche Nutzungen geprägt sind.

(3) Ausnahmsweise können Vergnügungsstätten im Sinne des § 4a Abs. 3 Nr. 2 außerhalb der in Absatz 2 Nr. 8 bezeichneten Teile des Gebiets zugelassen werden.

§ 7 BauNVO Kerngebiete

(1) Kerngebiete dienen vorwiegend der Unterbringung von Handelsbetrieben sowie der zentralen Einrichtungen der Wirtschaft, der Verwaltung und der Kultur.

(2) Zulässig sind

1. Geschäfts-, Büro- und Verwaltungsgebäude,
2. Einzelhandelsbetriebe, Schank- und Speisewirtschaften, Betriebe des Beherbergungsgewerbes und Vergnügungsstätten,
3. sonstige nicht wesentlich störende Gewerbebetriebe,
4. Anlagen für kirchliche, kulturelle, soziale, gesundheitliche und sportliche Zwecke,
5. Tankstellen im Zusammenhang mit Parkhäusern und Großgaragen,
6. Wohnungen für Aufsichts- und Bereitschaftspersonen sowie für Betriebsinhaber und Betriebsleiter,
7. sonstige Wohnungen nach Maßgabe von Festsetzungen des Bebauungsplans.

(3) Ausnahmsweise können zugelassen werden

1. Tankstellen, die nicht unter Absatz 2 Nr. 5 fallen,
2. Wohnungen, die nicht unter Absatz 2 Nr. 6 und 7 fallen.

(4) Für Teile eines Kerngebiets kann, wenn besondere städtebauliche Gründe dies rechtfertigen (§ 9 Abs. 3 des Baugesetzbuchs), festgesetzt werden, dass

1. oberhalb eines im Bebauungsplan bestimmten Geschosses nur Wohnungen zulässig sind oder
2. in Gebäuden ein im Bebauungsplan bestimmter Anteil der zulässigen Geschossfläche oder eine bestimmte Größe der Geschossfläche für Wohnungen zu verwenden ist.

Dies gilt auch, wenn durch solche Festsetzungen dieser Teil des Kerngebiets nicht vorwiegend der Unterbringung von Handelsbetrieben sowie der zentralen Einrichtungen der Wirtschaft, der Verwaltung und der Kultur dient."

Bei der **bauplanungsrechtlichen Qualifizierung von Gewerbeflächen** gehört zu den wichtigsten Unterscheidungsmerkmalen die **Unterscheidung zwischen** 17

a) **Gewerbegebieten** i. S. des § 8 BauNVO (GE) und

b) **Industriegebieten** i. S. des § 9 BauNVO (GI),

die teilweise sich überschneidende Nutzungsmöglichkeiten aufweisen.

IV § 6 ImmoWertV — Art der baulichen Nutzung

18 Die planungsrechtliche **Ausweisung von Gewerbe- und Industrieflächen** nach den Grundsätzen der BauNVO lässt **aus wirtschaftlicher Sicht recht unterschiedliche Nutzungen** zu. Dies reicht oftmals vom Schrottplatz bis zu einer hochwertigen Büronutzung (Abb. 3).

Abb. 3: Gewerbliche und industrielle Nutzung GE/GI nach BauNVO

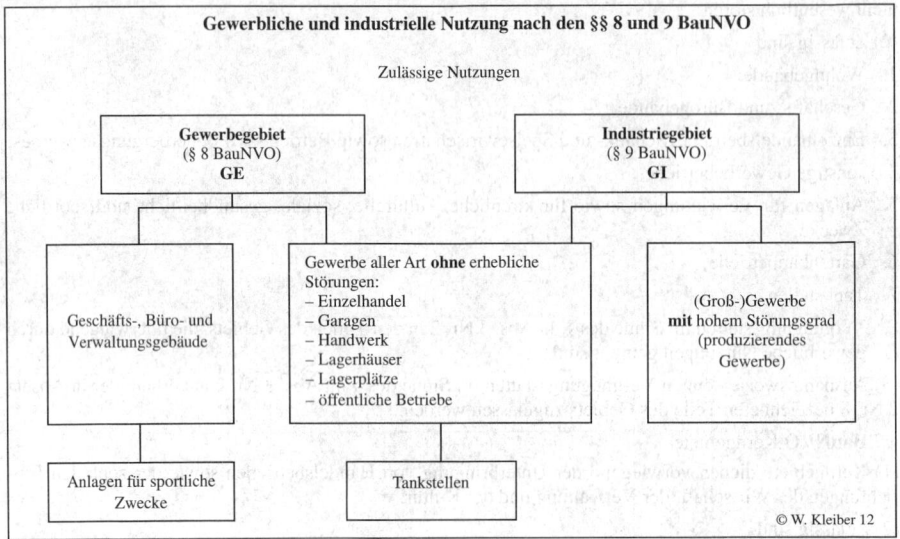

19 „§ 8 BauNVO Gewerbegebiete

(1) Gewerbegebiete dienen vorwiegend der Unterbringung von nicht erheblich belästigenden Gewerbebetrieben.

(2) Zulässig sind

1. Gewerbebetriebe aller Art, Lagerhäuser, Lagerplätze und öffentliche Betriebe,
2. Geschäfts-, Büro- und Verwaltungsgebäude,
3. Tankstellen,
4. Anlagen für sportliche Zwecke.

(3) Ausnahmsweise können zugelassen werden

1. Wohnungen für Aufsichts- und Bereitschaftspersonen sowie für Betriebsinhaber und Betriebsleiter, die dem Gewerbebetrieb zugeordnet und ihm gegenüber in Grundfläche und Baumasse untergeordnet sind,
2. Anlagen für kirchliche, kulturelle, soziale, gesundheitliche und sportliche Zwecke,
3. Vergnügungsstätten.

20 § 9 BauNVO Industriegebiete

(1) Industriegebiete dienen ausschließlich der Unterbringung von Gewerbebetrieben, und zwar vorwiegend solcher Betriebe, die in anderen Baugebieten unzulässig sind.

(2) Zulässig sind

1. Gewerbebetriebe aller Art, Lagerhäuser, Lagerplätze und öffentliche Betriebe,
2. Tankstellen.

(3) Ausnahmsweise können zugelassen werden

1. Wohnungen für Aufsichts- und Bereitschaftspersonen sowie für Betriebsinhaber und Betriebsleiter, die dem Gewerbebetrieb zugeordnet und ihm gegenüber in Grundfläche und Baumasse untergeordnet sind,
2. Anlagen für kirchliche, kulturelle, soziale, gesundheitliche und sportliche Zwecke."

Art der baulichen Nutzung § 6 ImmoWertV IV

Die bauplanungsrechtliche **Unterscheidung zwischen GE- und GI-Gebieten** i. S. der §§ 8 und 9 BauNVO **führt häufig bereits zu Wertunterschieden von 100 %,** d. h., Industriegebiete weisen dann den hälftigen Wert von sonstigen Gewerbegebieten auf. Allein die Unterscheidung nach GE und GI beschreibt die im Einzelfall maßgeblichen Wertverhältnisse gleichwohl nur unzureichend, denn Gewerbebetriebe ohne erhebliche Störungen sind sowohl im GE- als auch im GI-Gebiet zulässig. In den GE-Gebieten sind darüber hinaus hochwertige Büronutzungen zulässig, sodass GE-Gebiete infolgedessen ebenfalls – je nach Nutzung – große Wertunterschiede aufweisen können. Das **geringste Bodenwertniveau weisen die mit hohem Störungsgrad** zumeist **produktiv genutzten GI-Gebiete** auf. 21

Gewerbebetriebe sind insgesamt zulässig in 22

– Besonderen Wohngebieten,
– Mischgebieten,
– Gewerbegebieten und
– Industriegebieten.

Nicht störende Gewerbebetriebe sind des Weiteren zulässig in 23

– Kerngebieten, *ausnahmsweise* – in Kleinsiedlungsgebieten,
– im Allgemeinen Wohngebiet.

Nicht störende Handwerksbetriebe sind zulässig im 24

– Kleinsiedlungsgebiet,
– Allgemeinen Wohngebiet, *ausnahmsweise* – im Reinen Wohngebiet.

Geschäfts-, Büro- und Verwaltungsgebäude sind zulässig in 25

– Besonderen Wohngebieten,
– Mischgebieten,
– Kerngebieten und
– Gewerbegebieten.

Tankstellen[6] sind zulässig in 26

– Gewerbegebieten,
– Industriegebieten,
– Dorfgebieten, *ausnahmsweise*
  - in Kleinsiedlungsgebieten,
  - im Allgemeinen Wohngebiet,
  - im Besonderen Wohngebiet,
  - im Kerngebiet, ansonsten im Zusammenhang mit Parkhäusern und Garagen.

Unter die in GE-Gebieten zulässigen „Gewerbebetriebe aller Art" fallen im Übrigen auch **Einzelhandelsbetriebe**. Dagegen sind großflächige Einzelhandelsbetriebe mit mehr als 1 500 m² Geschossfläche in einem GI-Gebiet unzulässig[7]. 27

Bei Heranziehung von Bodenrichtwerten und von Vergleichspreisen müssen Unterschiede in der gewerblichen Nutzung berücksichtigt werden, weil die **Wertunterschiede zwischen den genannten Lagen recht hoch** ausfallen können. Entsprechend den jeweiligen Nutzungsanteilen sind die Abweichungen im Wege der Interpolation berücksichtigungsfähig. 28

---

6 GuG 1995, 301 = Kleiber/Söfker, Vermögensrecht (a. a. O.), II 7.3.11.
7 BVerwG, Urt. vom 3.2.1984 – 4 C 54/80 –, BVerwGE 68, 343 = NJW 1984, 1768 = BauR 1984, 380 = DVBl 1984, 62 = ZfBR 1984, 135 = UPR 1984, 225 = DÖV 1984, 849 = BRS Bd. 42 Nr. 50 = BayVBl. 1984, 726.

IV § 6 ImmoWertV — Art der baulichen Nutzung

29 In der Verkehrswertermittlung werden **Gewerbeflächen** unter Berücksichtigung der Situationsgebundenheit, der allgemeinen Verkehrsauffassung und der lagetypischen Nutzung **wie folgt unterschieden:**

– *klassische Gewerbeflächen* für das produzierende Gewerbe, Großhandel, Lagerplätze, Speditionen, die zumeist ebenerdig bebaut sind und größere Freiflächen aufweisen (Büroflächenanteil i. d. R. < 30 %); die Verkehrswerte weisen in diesen Gebieten zumeist eine geringe „Empfindlichkeit" gegenüber einem unterschiedlichen Maß der baulichen Nutzbarkeit von i. d. R. (GFZ) 0,4 bis 1,0 auf;

– *„verdichtetes klassisches Gewerbe"*, in zumeist mehrgeschossig bebauten älteren und nicht selten mit „Wohnen" durchmischten Baugebieten;

– *Büro- und Geschäftslage* mit i. d. R. mehrgeschossiger Bebaubarkeit (typische GFZ von 2,0); die Verkehrswerte weisen in diesen Gebieten häufig eine lineare Empfindlichkeit gegenüber der Geschossfläche (GF) auf;

– *„Shopping-Center"* in zumeist peripher gelegener Lage, zumeist autogerecht mit einem breiten Parkangebot und mit sehr geringer baulicher Ausnutzung (GFZ 0,2 bis 0,6) ausgelegt, insbesondere für Gartencenter, Autohändler und den sog. „*(Fast-)Food*-Bereich";

– *Läden*, wobei zwischen „klassischen" Zentrumslagen und Einkaufszentren unterschieden wird (vgl. Teil V Rn. 274 ff.).

▶ *Zur Qualifizierung von gewerblich-industriellen Flächen vgl. Syst. Darst. des Vergleichswertverfahrens Rn. 198 ff.; Teil V Rn. 131 ff.*

30 Flächen, die in der Bauleitplanung als **Sonderbaufläche oder Sondergebiet** ausgewiesen sind, können entsprechend der Konkretisierung ihrer Nutzung erhebliche Wertunterschiede aufweisen. Dies ist darin begründet, dass das Spektrum der unter den Begriff des Sondergebiets fallenden Nutzungen durch die §§ 10 und 11 BauNVO sehr breit angelegt ist, angefangen bei den der Erholung dienenden Sondergebieten des § 10 BauNVO (Wochenendhausgebiete, Ferienhausgebiete und Campingplatzgebiete) über Fremdenverkehrsgebiete bis hin zu hochwertigen Ladengebieten und Einkaufszentren (sonstige Sondergebiete). Bei der **Qualifizierung von Sonderbauflächen**, sei es im Rahmen der Auswahl von Vergleichspreisen oder sei es bei der Qualifizierung des zu wertenden Grundstücks, muss zunächst unbedingt beachtet werden, dass es sich bei den Sondergebieten um privatwirtschaftlich nutzbare Flächen oder aufgrund eines entsprechenden Zusatzes um Gemeinbedarfsflächen handeln kann, die jedwedem privatem Gewinnstreben entzogen sind, ohne dass es dabei erforderlich ist, dass das SO-Gebiet einer „öffentlichen" Zweckbindung, etwa i. S. des § 37 Abs. 1 BauGB, dient.

31 „**§ 10 BauNVO** Sondergebiete, die der Erholung dienen

(1) Als Sondergebiete, die der Erholung dienen, kommen insbesondere in Betracht

– Wochenendhausgebiete,

– Ferienhausgebiete,

– Campingplatzgebiete.

(2) Für Sondergebiete, die der Erholung dienen, sind die Zweckbestimmung und die Art der Nutzung darzustellen und festzusetzen. Im Bebauungsplan kann festgesetzt werden, dass bestimmte, der Eigenart des Gebiets entsprechende Anlagen und Einrichtungen zur Versorgung des Gebiets und für sportliche Zwecke allgemein zulässig sind oder ausnahmsweise zugelassen werden können.

(3) In Wochenendhausgebieten sind Wochenendhäuser als Einzelhäuser zulässig. Im Bebauungsplan kann festgesetzt werden, dass Wochenendhäuser nur als Hausgruppen zulässig sind oder ausnahmsweise als Hausgruppen zugelassen werden können. Die zulässige Grundfläche der Wochenendhäuser ist im Bebauungsplan, begrenzt nach der besonderen Eigenart des Gebiets, unter Berücksichtigung der landschaftlichen Gegebenheiten festzusetzen.

(4) In Ferienhausgebieten sind Ferienhäuser zulässig, die aufgrund ihrer Lage, Größe, Ausstattung, Erschließung und Versorgung für den Erholungsaufenthalt geeignet und dazu bestimmt sind, überwiegend und auf Dauer einem wechselnden Personenkreis zur Erholung zu dienen. Im Bebauungsplan kann

die Grundfläche der Ferienhäuser, begrenzt nach der besonderen Eigenart des Gebiets, unter Berücksichtigung der landschaftlichen Gegebenheiten festgesetzt werden.

(5) In Campingplatzgebieten sind Campingplätze und Zeltplätze zulässig.

§ 11 BauNVO Sonstige Sondergebiete

(1) Als sonstige Sondergebiete sind solche Gebiete darzustellen und festzusetzen, die sich von den Baugebieten nach den §§ 2 bis 10 wesentlich unterscheiden.

(2) Für sonstige Sondergebiete sind die Zweckbestimmung und die Art der Nutzung darzustellen und festzusetzen. Als sonstige Sondergebiete kommen insbesondere in Betracht

– Gebiete für den Fremdenverkehr, wie Kurgebiete und Gebiete für die Fremdenbeherbergung, Ladengebiete,

– Gebiete für Einkaufszentren und großflächige Handelsbetriebe,

– Gebiete für Messen, Ausstellungen und Kongresse,

– Hochschulgebiete,

– Klinikgebiete,

– Hafengebiete,

– Gebiete für Anlagen, die der Erforschung, Entwicklung oder Nutzung erneuerbarer Energien, wie Wind- und Sonnenenergie, dienen.

(3)
1. Einkaufszentren,
2. großflächige Einzelhandelsbetriebe, die sich nach Art, Lage oder Umfang auf die Verwirklichung der Ziele der Raumordnung und Landesplanung oder auf die städtebauliche Entwicklung und Ordnung nicht nur unwesentlich auswirken können,
3. sonstige großflächige Handelsbetriebe, die im Hinblick auf den Verkauf an letzte Verbraucher und auf die Auswirkungen den in Nummer 2 bezeichneten Einzelhandelsbetrieben vergleichbar sind,

sind außer in Kerngebieten nur in für sie festgesetzten Sondergebieten zulässig. Auswirkungen im Sinne des Satzes 1 Nr. 2 und 3 sind insbesondere schädliche Umwelteinwirkungen im Sinne des § 3 des Bundes-Immissionsschutzgesetzes sowie Auswirkungen auf die infrastrukturelle Ausstattung, auf den Verkehr, auf die Versorgung der Bevölkerung im Einzugsbereich der in Satz 1 bezeichneten Betriebe, auf die Entwicklung zentraler Versorgungsbereiche in der Gemeinde oder in anderen Gemeinden, auf das Orts- und Landschaftsbild und auf den Naturhaushalt. Auswirkungen im Sinne des Satzes 2 sind bei Betrieben nach Satz 1 Nr. 2 und 3 in der Regel anzunehmen, wenn die Geschossfläche 1 200 m² überschreitet. Die Regel des Satzes 3 gilt nicht, wenn Anhaltspunkte dafür bestehen, dass Auswirkungen bereits bei weniger als 1 200 m² Geschossfläche vorliegen oder bei mehr als 1 200 m² Geschossfläche nicht vorliegen; dabei sind in Bezug auf die in Satz 2 bezeichneten Auswirkungen insbesondere die Gliederung und Größe der Gemeinde und ihrer Ortsteile, die Sicherung der verbrauchernahen Versorgung der Bevölkerung und das Warenangebot des Betriebs zu berücksichtigen."

Die Frage, ob **ein Sondergebiet als Gemeinbedarfsfläche** einzustufen ist, beantwortet sich in erster Linie nach den Festsetzungen des Bebauungsplans. § 11 BauNVO stellt hierfür lediglich die Rahmenvorschrift dar und ermächtigt den Planungsträger, „die Zweckbindung und die Art der Nutzung" darzustellen und festzusetzen (vgl. § 10 Abs. 2 Satz 1 BauNVO, der insoweit wörtlich mit § 11 Abs. 2 Satz 1 BauNVO übereinstimmt). Auf dieser Grundlage kann die Festsetzung mit der gleichzeitigen Festsetzung von Flächen für den Gemeinbedarf verbunden werden[8]. Im Falle einer Festsetzung des Sondergebiets für Gemeinbedarfszwecke (z. B. **Kaserne**) sind die im Teil V unter Rn. 606 ff. dargelegten Bewertungsgrundsätze maßgebend. Auf die tatsächliche Nutzung kommt es in diesem Fall nur noch in Bezug auf den Bestandsschutz und etwaige Planungsschadensansprüche an.

▶ *Zur Qualifizierung der Art der baulichen Nutzung bei der Wertermittlung nach Maßgabe des § 6 Abs. 1 ImmoWertV vgl. Rn. 75 ff.*

---

8 Zur erforderlichen Bestimmtheit vgl. Fickert/Fieseler, BauNVO 6. Aufl. Köln § 11 Rn. 8.

2.2.3.3 Maß der baulichen Nutzung

Schrifttum: *Bister, H.-B.,* Modifizierte Geschossflächenzahl, VR 1978, 124; *Blum, A.,* Wirtschaftlichkeit von Wohngebäuden mit unterschiedlichen Geschosszahlen, BBauBl. 1977, 260; *Böser, W./Schwaninger, B.,* Zur Ermittlung und Anwendung von Geschossflächenzahl (GFZ) – Umrechnungskoeffizienten in der Grundstücksbewertung, AVN 1984, 412; *Hildebrandt, H.,* Geschossflächenzahl und Grundstücksmarkt, ZfV 1995, 620; *Junge, V.,* Die Geschossflächenzahl (GFZ) als wertbeeinflussendes Merkmal, GuG 1996, 27; *Kellermann, F.;* Bodenwert und Baunutzbarkeit, ZfV 1962, 343; *Schulz, W.-E.,* Zur Abhängigkeit des Bodenpreises von der beim Kauf erhofften Ausnutzbarkeit, VR 1977, 78; *Nuber, G.,* Geschossflächenzahl (GFZ) – Ermittlung in Berlin, GuG 2004, 75; *Seitz, W.,* Zur Praxistauglichkeit der wertrelevanten GFZ – Überforderung oder Notwendigkeit, GuG 2012, 321; *Tiemann, M.,* Zur Beziehung von Baunutzbarkeit und Bodenwert, Ermittlung von Umrechnungskoeffizienten, VR 1976, 365.

▶ *Vgl. § 10 ImmoWertV Rn. 74, zur Berücksichtigung des Maßes der baulichen Nutzung bei der Verkehrswertermittlung vgl. Syst. Darst. des Vergleichswertverfahrens Rn. 218 ff.; § 16 ImmoWertV Rn. 244*

35 Im **Flächennutzungsplan** wird nach § 5 Abs. 1 BauGB die Art der Bodennutzung und insbesondere die allgemeine Art der baulichen Nutzung (*Bauflächen*) dargestellt (vgl. Rn. 9). Soweit die *besondere* Art der baulichen Nutzung (*Baugebiete*) **dargestellt wird,** genügt es nach § 16 Abs. 1 BauNVO, **das allgemeine Maß** der baulichen Nutzung darzustellen durch Angabe

– der Geschossflächenzahl (Rn. 39),

– der Baumassenzahl (Rn. 47) oder

– der Höhe der baulichen Anlagen (Rn. 50).

36 Im **Bebauungsplan kann das Maß der baulichen Nutzung bestimmt werden** durch Festsetzung der

a) **Grundflächenzahl** (GRZ) *oder* der Größe der Grundflächen der baulichen Anlagen (GR), vgl. Rn. 37;

b) **Geschossflächenzahl** (GFZ) oder der Größe der Geschossflächen (GF) der baulichen Anlagen, vgl. Rn. 39;

c) **Baumassenzahl** (BMZ) oder die Baumasse (BM), vgl. Rn. 47;

d) **Zahl der Vollgeschosse** (Z), vgl. Rn. 48;

e) **Höhe der baulichen Anlagen**, vgl. Rn. 50.

Bei Festsetzungen des Maßes der baulichen Nutzung im Bebauungsplan ist gemäß § 16 Abs. 3 BauNVO festzusetzen:

1. stets die Grundflächenzahl oder die Größe der Grundflächen der baulichen Anlagen,

2. die Zahl der Vollgeschosse oder die Höhe baulicher Anlagen, wenn ohne ihre Festsetzung öffentliche Belange, insbesondere das Orts- und Landschaftsbild beeinträchtigt werden können.

a) Grundflächenzahl (GRZ)

37 Die Grundflächenzahl (GRZ) gibt an, wie viel Quadratmeter „Grundfläche" der baulichen Anlagen je Quadratmeter „Grundstücksfläche" zulässig sind. Auch die **Größe der Grundflächen der baulichen Anlagen** (GR) kann festgesetzt werden. § 19 BauNVO definiert die Grundflächenzahl und die Grundfläche wie folgt:

„**§ 19 BauNVO** Grundflächenzahl, zulässige Grundfläche

(1) Die Grundflächenzahl gibt an, wie viele Quadratmeter Grundfläche je Quadratmeter Grundstücksfläche im Sinne des Absatzes 3 zulässig sind.

(2) Zulässige Grundfläche ist der nach Absatz 1 errechnete Anteil des Baugrundstücks, der von baulichen Anlagen überdeckt werden darf.

Maß der baulichen Nutzung § 6 ImmoWertV IV

(3) Für die Ermittlung der zulässigen Grundfläche ist die Fläche des Baugrundstücks maßgebend, die im Bauland und hinter der im Bebauungsplan festgesetzten Straßenbegrenzungslinie liegt. Ist eine Straßenbegrenzungslinie nicht festgesetzt, so ist die Fläche des Baugrundstücks maßgebend, die hinter der tatsächlichen Straßengrenze liegt oder die im Bebauungsplan als maßgebend für die Ermittlung der zulässigen Grundfläche festgesetzt ist."

Die zulässige **Grundfläche i. S. des § 19 Abs. 2 BauNVO** ist mithin die Baugrundstücksfläche im Bauland hinter der Straßenbegrenzungslinie, die von baulichen Anlagen überdeckt werden darf.

Die Grundflächenzahl bezieht sich nach § 19 Abs. 1 BauNVO auf das **„Baugrundstück"**. Das Baugrundstück ist von dem grundbuchrechtlichen Grundstücksbegriff und ggf. auch von dem fiktiven Grundstück zu unterscheiden, das Gegenstand der Wertermittlung ist. Hieraus folgt, dass der Sachverständige ggf. in seinem Gutachten das Grundstück im baurechtlichen Sinne nach Bauland und Nichtbauland sondieren muss.

▶ Zu dem in § 19 Abs. 3 BauNVO gebrauchten Begriff des Baulandes vgl. § 5 ImmoWertV Rn. 189

Abb. 4: Anrechenbare Baugrundstücksfläche (GRZ)

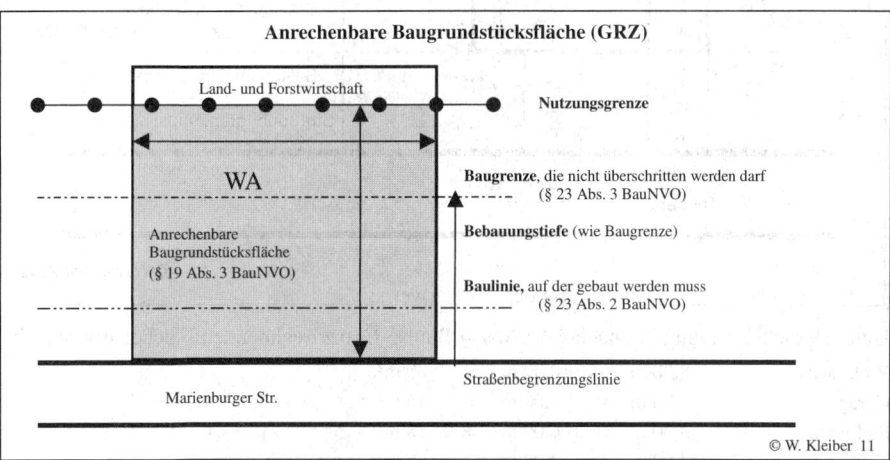

Die sich **aus der festgesetzten GRZ ergebende bauplanungsrechtlich zulässige Nutzbarkeit bezieht sich auf sämtliche bauliche Anlagen** und nicht nur auf Gebäude. Daraus folgt, dass zunächst auch die Grundflächen von

– Garagen und Stellplätzen mit ihren Zufahrten,

– Nebenanlagen i. S. des § 14 BauNVO und

– bauliche Anlagen unterhalb der Geländeoberfläche

mitzurechnen sind (§ 19 Abs. 4 Satz 1 BauNVO). Die zulässige GRZ kann diesbezüglich jedoch nach Maßgabe des § 19 Abs. 4 Satz 2 bis 4 BauNVO überschritten werden:

„§ 19 Abs. 4 BauNVO

(4) Bei der Ermittlung der Grundfläche sind die Grundflächen von

1. Garagen und Stellplätzen mit ihren Zufahrten,
2. Nebenanlagen im Sinne des § 14,
3. baulichen Anlagen unterhalb der Geländeoberfläche, durch die das Baugrundstück lediglich unterbaut wird,

mitzurechnen. Die zulässige Grundfläche darf durch die Grundflächen der in Satz 1 bezeichneten Anlagen bis zu 50 vom Hundert überschritten werden, höchstens jedoch bis zu einer Grundflächenzahl von

0,8; weitere Überschreitungen in geringfügigem Ausmaß können zugelassen werden. Im Bebauungsplan können von Satz 2 abweichende Bestimmungen getroffen werden. Soweit der Bebauungsplan nichts anderes festsetzt, kann im Einzelfall von der Einhaltung der sich aus Satz 2 ergebenden Grenzen abgesehen werden

1. bei Überschreitungen mit geringfügigen Auswirkungen auf die natürlichen Funktionen des Bodens oder
2. wenn die Einhaltung der Grenzen zu einer wesentlichen Erschwerung der zweckentsprechenden Grundstücksnutzung führen würde."

Abb. 5: Grundfläche

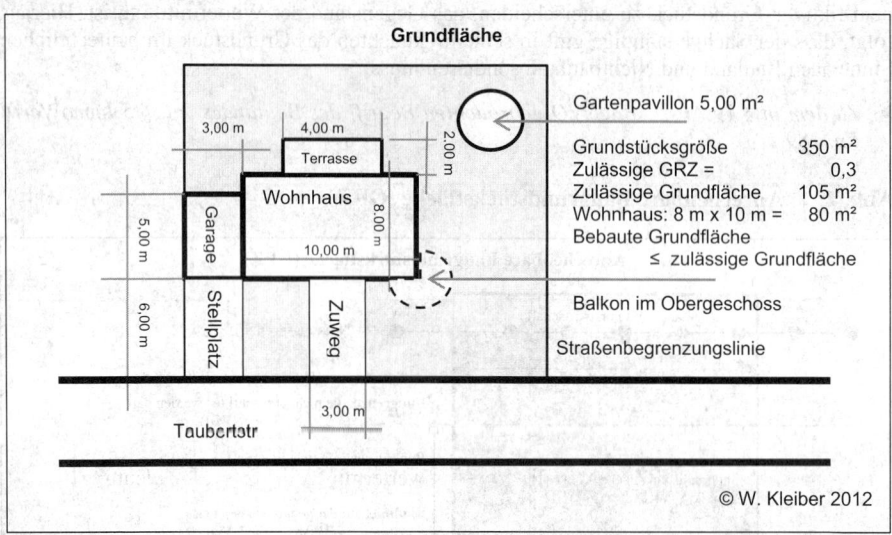

Unter Berücksichtigung der nach § 19 Abs. 4 BauNVO anzurechnenden Flächen ergibt sich:

Wohnhaus	8,00 m	×	10,00 m	= 80 m²
Garage	3,00 m	×	5,00 m	= 15 m²
Stellplatz	3,00 m	×	6,00 m	= 18 m²
Terrasse	4,00 m	×	2,00 m	= 8 m²
Zuweg	3,00 m	×	6,00 m	= 18 m²
Gartenpavillon				= 5 m²
zusammen				144 m²

Nach § 19 Abs. 4 Satz 2 BauNVO darf die zulässige Grundfläche durch die Grundflächen der in Satz 1 bezeichneten Anlagen bis zu 50 vom Hundert überschritten werden, höchstens jedoch bis zu einer Grundflächenzahl von 0,8. Hieraus folgt für das vorstehende *Beispiel:*

Die zulässige Grundfläche wurde ermittelt mit 105 m²
Bei Überschreitung um 50 %: × 1,5 = 157,5 m²

Die GRZ ist für die **Preisbildung von Grundstücken in den Innenstädten** von vielfach unterschätzter Bedeutung. Die hohen Mieterträge, die ebenerdig in einer Einzelhandelslage erzielt werden, machen nämlich ein Vielfaches von dem aus, was im Verhältnis zur GFZ in den oberen Stockwerken erzielbar ist[9].

---

9 Eine geringe GRZ für Wohngegenden führt nach Untersuchungen der kanadischen University of British Columbia zur Fettleibigkeit der Bevölkerung.

Nebenanlagen i. S. des § 14 BauNVO sind hierbei: 38

„**§ 14 BauNVO** Nebenanlagen, Anlagen zur Nutzung solarer Strahlungsenergie und Kraft-Wärme-Koppelungsanlagen

(1) Außer den in den §§ 2 bis 13 genannten Anlagen sind auch untergeordnete Nebenanlagen und Einrichtungen zulässig, die dem Nutzungszweck der in dem Baugebiet gelegenen Grundstücke oder des Baugebiets selbst dienen und die seiner Eigenart nicht widersprechen. Soweit nicht bereits in den Baugebieten nach dieser Verordnung Einrichtungen und Anlagen für die Tierhaltung, einschließlich der Kleintierhaltungszucht, zulässig sind, gehören zu den untergeordneten Nebenanlagen und Einrichtungen im Sinne des Satzes 1 auch solche für die Kleintierhaltung. Im Bebauungsplan kann die Zulässigkeit der Nebenanlagen und Einrichtungen eingeschränkt oder ausgeschlossen werden.

(2) Die der Versorgung der Baugebiete mit Elektrizität, Gas, Wärme und Wasser sowie zur Ableitung von Abwasser dienenden Nebenanlagen können in den Baugebieten als Ausnahme zugelassen werden, auch soweit für sie im Bebauungsplan keine besonderen Flächen festgesetzt sind. Dies gilt auch für fernmeldetechnische Nebenanlagen sowie für Anlagen für erneuerbare Energien, soweit nicht Absatz 1 Satz 1 Anwendung findet.

(3) Soweit baulich untergeordnete Anlagen zur Nutzung solarer Strahlungsenergie in, an oder auf Dach- und Außenwandflächen oder Kraft-Wärme-Koppelungsanlagen innerhalb von Gebäuden nicht bereits nach den §§ 2 bis 13 zulässig sind, gelten sie auch dann als Anlagen im Sinne des Absatzes 1 Satz 1, wenn die erzeugte Energie vollständig oder überwiegend in das öffentliche Netz eingespeist wird."

b) *Geschossflächenzahl (GFZ)*

▶ *§ 8 ImmoWertV Rn. 345, 368, Syst. Darst. des Vergleichswertverfahrens Rn. 215 ff., § 10 ImmoWertV Rn. 70 ff.; § 16 ImmoWertV Rn. 223, Teil II Rn. 502 ff.*

Die Geschossflächenzahl (GFZ) ist in § 20 Abs. 2 BauNVO definiert und **gibt an, wieviel** 39
Quadratmeter Geschossfläche (GF) **je Quadratmeter „Grundstücksfläche"** (i. S. des § 19 BauNVO) zulässig sind. Neben der vorstehend definierten bauplanungsrechtlichen Geschossflächenzahl (GFZ) sind in der Verkehrswertermittlung noch von Bedeutung

a) die *tatsächlich realisierte Geschossflächenzahl* (GFZ_{real}) i. S. des § 16 Abs. 4 Immo-WertV. Die tatsächlich realisierte Geschossflächenzahl wird auch als „**nutzungsabhängige Geschossflächenzahl**" bezeichnet; vgl. § 16 ImmoWertV Rn. 222;

b) die *lagetypische Geschossflächenzahl* (GFZ_{lag}) i. S. des § 6 Abs. 1 Satz 2 ImmoWertV; vgl. Rn. 75, sowie

c) die *wertrelevante Geschossflächenzahl* (WGFZ) i. S. der BRW-RL; vgl. § 10 Immo-WertV Rn. 74 ff. sowie Syst. Darst. des Vergleichswertverfahrens Rn. 221.

Darüber hinaus wird vom Gutachterausschuss in Köln auch noch die sog. „**gewogene Geschossflächenzahl**" (gew GFZ) ermittelt. Dabei werden zusätzlich zur wertrelevanten WGFZ die Erdgeschossflächen sowie teilweise auch die Geschossflächen der Obergeschosse aufgrund ihrer gewerblichen Nutzung mit einem Mietgewichtsfaktor gewichtet. Der Berliner Gutachterausschuss wiederum berücksichtigt nur ausgebaute Dachgeschosse (!). Der Dresdner Gutachterausschuss arbeitet weiterhin mit „**gewünschten**" **Geschossflächenzahlen** (Grundstücksmarktbericht 2013, S. 65), während der Gutachterausschuss von Düsseldorf an seinen „**Düsseldorfer Türmchen**" festhält.

Die Geschossfläche (GF) einer baulichen Anlage ergibt sich aus der Summe der nach den Außenmaßen ermittelten Flächen der Grundrissebenen aller Vollgeschosse eines Gebäudes (§ 20 Abs. 3 BauNVO). Des Weiteren kann nach § 20 Abs. 3 Satz 2 BauNVO im Bebauungsplan festgesetzt werden, „dass die Flächen von Aufenthaltsräumen in anderen Geschossen einschließlich der zu ihnen gehörenden Treppenräume und einschließlich ihrer Umfassungswände ganz oder teilweise mitzurechnen oder ausnahmsweise nicht mitzurechnen sind."

„**§ 20 Abs. 3 BauNVO**

(3) Die Geschossfläche ist nach den Außenmaßen der Gebäude in allen Vollgeschossen zu ermitteln. Im Bebauungsplan kann festgesetzt werden, dass die Flächen von Aufenthaltsräumen in anderen Geschossen einschließlich der zu ihnen gehörenden Treppenräume und einschließlich ihrer Umfassungswände ganz oder teilweise mitzurechnen oder ausnahmsweise nicht mitzurechnen sind."

IV § 6 ImmoWertV — Maß der baulichen Nutzung (GFZ)

Der in der Praxis benutzte Begriff der Brutto-Geschossfläche, der der BauNVO fremd ist, soll verdeutlichen, dass entsprechend der Definition des § 20 Abs. 3 BauNVO die Außenwände und Konstruktionsflächen mitgerechnet werden. Ansonsten handelt es sich dabei um einen bauplanungsrechtlichen Begriff, aus dem sich die zulässige Nutzung ergibt. Die für die „Brutto-Geschossfläche" i. S. der DIN 277 **benutzte Abkürzung BGF darf nicht mit derselben zur Abkürzung der Brutto-Grundfläche** (entsprechend der DIN 277) **herangezogenen Abkürzung BGF verwechselt werden.**

Als Maß der baulichen Nutzung kann auch die **Größe der Geschossflächen (GF)** der baulichen Anlagen vorgegeben werden.

Eine GFZ von 2,0 besagt also, dass auf der betreffenden Grundstücksfläche – verteilt auf alle Vollgeschosse – doppelt so viel Fläche realisiert werden darf, wie das gesamte Baugrundstück groß ist (Abb. 6).

Abb. 6: Berechnungsbeispiel für die Grundflächenzahl (GRZ) und die Geschossflächenzahl (GFZ)

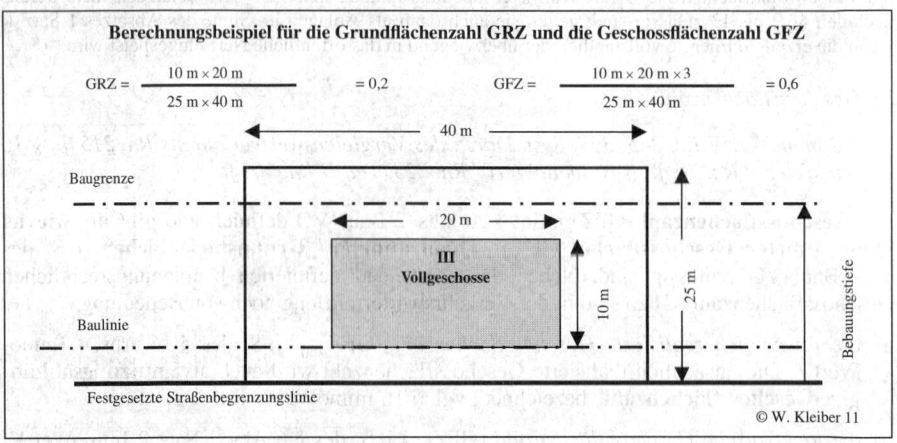

Für die Ermittlung der zulässigen Geschossfläche ist nach § 19 Abs. 3 Satz 1 BauNVO i. V. m. § 20 Abs. 2 BauNVO die Fläche des Baugrundstücks maßgebend, „die im Bauland und hinter der im Bebauungsplan festgesetzten Straßenbegrenzungslinie" liegt (vgl. Rn. 37).

40 Der GFZ entspricht im angelsächsischen Sprachraum die sog. *„plot ratio",* die das Verhältnis zwischen der *Gross External Area* (GEA), die sich aus den Flächen aller Grundrissebenen gemessen nach Außenmaßen ergibt, und der Grundstücksgröße *(site area)* definiert.

41 Als **Vollgeschosse** definiert § 20 Abs. 1 BauNVO 90 Geschosse, die nach landesrechtlichen Vorschriften Vollgeschosse sind oder auf ihre Zahl angerechnet werden.

Die **BauNVO von 1977**[10] definierte die Geschossfläche nach den Außenmaßen der Gebäude in allen Vollgeschossen *zuzüglich der Flächen von Aufenthaltsräumen anderer Geschosse einschließlich der zu ihnen gehörenden Treppenräume und einschließlich ihrer Umfassungswände.* Nach der geltenden BauNVO 90 sind diese Flächen grundsätzlich nicht anzurechnen, jedoch kann im Bebauungsplan festgesetzt werden, dass diese Flächen

– ganz oder teilweise mitzurechnen sind oder
– ausnahmsweise nicht mitzurechnen sind[11].

---

[10] BauNVO i. d. F. der Bek. vom 15.9.1977 (BGBl. I 1977, 1763), geändert durch VO vom 19.12.1986 (BGBl. I 1986, 2665).
[11] Das Benutzerhandbuch der AKS schreibt zur Ermittlung der Geschossfläche ohne Rücksicht auf diese Ausnahmeregelung vor, dass die Geschossfläche nach den Ausmaßen der Gebäude in allen Vollgeschossen zu ermitteln ist.

Maß der baulichen Nutzung (GFZ) § 6 ImmoWertV IV

Vollgeschosse sind beispielsweise wie folgt definiert (vgl. Teil II Rn. 500):

§ 2 Abs. 4 BO Bayern	§ 2 Abs. 4 BO Brandenburg	§ 2 Abs. 4 BO Berlin
„Als Vollgeschosse gelten Geschosse, die vollständig über der natürlichen oder festgelegten Geländeoberfläche liegen und über mindestens zwei Drittel ihrer Grundfläche eine Höhe von mindestens 2,3 m haben; als Vollgeschosse gelten im Übrigen auch Kellergeschosse, deren Deckenunterkante im Mittel mindestens 1,2 m höher liegt als die natürliche oder festgelegte Geländeoberfläche."	„(4) Vollgeschosse sind alle oberirdischen Geschosse, deren Deckenoberkante im Mittel mehr als 1,40 m über die Geländeoberkante hinausragt. Geschosse, die ausschließlich der Unterbringung technischer Gebäudeausrüstungen dienen (Installationsgeschosse) sowie Hohlräume zwischen der obersten Decke und der Bedachung, in denen Aufenthaltsräume nicht möglich sind, gelten nicht als Vollgeschosse."	„(4) Vollgeschosse sind Geschosse, deren Deckenoberkante im Mittel mehr als 1,40 m über die festgelegte Geländeoberfläche hinausragt und die über mindestens zwei Drittel ihrer Grundfläche eine lichte Höhe von mindestens 2,30 m haben. Ein gegenüber den Außenwänden des Gebäudes zurückgesetztes oberstes Geschoss (Staffelgeschoss) und Geschosse im Dachraum sind nur dann Vollgeschosse, wenn sie die lichte Höhe gemäß Satz 1 über mindestens zwei Drittel der Grundfläche des darunter liegenden Geschosses haben."

Der **Unterschied beider Berechnungsverfahren** wird in der folgenden Abb. 7 erläutert: **42**

Abb. 7: Unterschiedliche Geschossflächenzahlen (GFZ) nach BauNVO 90 und BauNVO 77/86

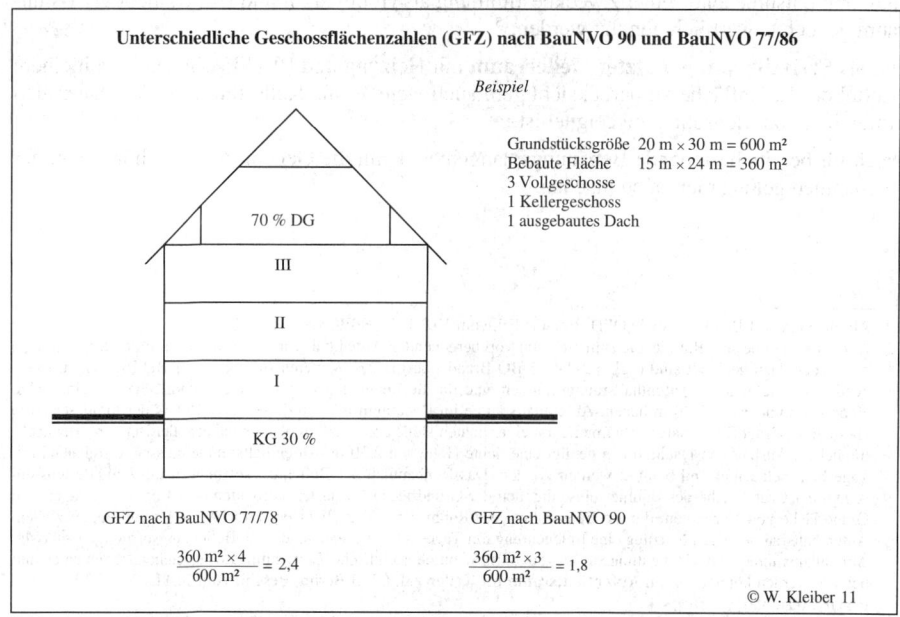

Für **vorhandene Geschosse, insbesondere wenn sie ausgebaute Dachräume** aufweisen, ergibt sich nach der BauNVO 90 eine rechnerisch geringere Geschossflächenzahl gegenüber einer nach der BauNVO 77/86 berechneten Geschossflächenzahl. Umgekehrt ergibt sich bei identischer Geschossflächenzahl nach der BauNVO 90 eine höhere bauliche Ausnutzbarkeit, da das Kellergeschoss und der Dachraum nicht in die Berechnung eingehen. Die höhere Ausnutzbarkeit ist aber bei der Verkehrswertermittlung zu berücksichtigen. Dies ist insbesondere dann von Bedeutung, wenn zur Umrechnung von Vergleichspreisen Umrechnungskoeffizien- **43**

ten herangezogen werden, die auf der Grundlage der Definition der BauNVO 1977/86 abgeleitet wurden.

Sog. **Luftgeschosse** (z. B. ein allseits offenes Erdgeschoss zum Abstellen von Kraftfahrzeugen) gelten als Vollgeschosse[12].

44 Als **Aufenthaltsräume** gelten Räume, die zum nicht nur vorübergehenden Aufenthalt von Menschen bestimmt oder geeignet sind und nach Lage, Größe und Beschaffenheit für diesen Zweck benutzt werden können. Zu den Aufenthaltsräumen gehören insbesondere Wohn- und Schlafräume, Büro-, Praxis-, Geschäfts-, Verkaufs- und Arbeitsräume, Gast-, Beherbergungs- und Versammlungsräume sowie Wohnküchen. Nicht zu den Aufenthaltsräumen gehören die üblichen Nebenräume, wie Flure, Gänge, Treppenräume, Küchen, Bäder, Toiletten, Abstell-, Heiz- und Lagerräume sowie Hausarbeits- und Hobbyräume.

Aufenthaltsräume[13] in anderen als den sog. Vollgeschossen (**Dachgeschosse**) werden nach § 20 Abs. 3 BauNVO 90 – wie erläutert – auf die zulässige Geschossfläche grundsätzlich nicht angerechnet (vgl. Teil II Rn. 505). Wenn aber bei der Anwendung dieser Vorschrift städtebaulich nachteilige Auswirkungen, etwa wegen Überlastung von Infrastruktureinrichtungen, zu erwarten sind, hat die Gemeinde die Möglichkeit, die Anrechnung von Aufenthaltsräumen in Dach- und Untergeschossen durch Festsetzung im Bebauungsplan im erforderlichen Umfang vorzusehen.

Hobby-, Bastel-, Werk- oder Spielräume in Keller- oder Dachgeschossen, welche den materiellen Anforderungen des Bauordnungsrechts an Aufenthaltsräume nicht entsprechen, aber nach landesrechtlichen Vorschriften genutzt werden dürfen und entsprechend ausgestattet sind, haben eine anzurechnende Wohnfläche, denn diese Räume genügen den nach ihrer Nutzung zu stellenden Anforderungen des Bauordnungsrechts[14]; im Übrigen darf ein Hobbyraum nur entsprechend seiner Zweckbestimmung als Hobbyraum und i. d. R. nicht als Wohnraum, jedoch gewerblich genutzt werden.[15]

Ein als **Freizeitraum genutzter Kellerraum** mit Heizung und PVC-Fußboden ist mit einem Viertel der Raumfläche zu berücksichtigen, auch wenn er als Kellerraum für den dauernden Aufenthalt von Menschen ungeeignet ist.

Auch für bereits bestehende Bebauungsplangebiete kann die Genehmigungsbehörde von der Ausnahmeregelung Gebrauch machen.

---

12 Absch. 39 Abs. 1 BewRGr sowie OFD Bremen, Erl. vom 10.7.1975, StEK § 85 BewG Nr. 57.
13 Aufenthaltsräume sind Räume, die zum nicht nur vorübergehenden Aufenthalt von Menschen bestimmt oder nach Lage und Größe dazu geeignet sind (vgl. § 2 Abs. 5 BO Brandenburg). Des Weiteren stellt § 40 der BO Brandenburg folgende Anforderungen: „Aufenthaltsräume müssen eine für die Benutzung ausreichende Grundfläche und eine lichte Höhe von mindestens 2,40 m haben. Aufenthaltsräume im Dachraum müssen diese lichte Höhe über mindestens die Hälfte ihrer Grundfläche haben; Raumteile mit einer lichten Höhe unter 1,50 m bleiben dabei außer Betracht. Bei nachträglichem Ausbau von Dachräumen genügt eine lichte Höhe von 2,30 m. Aufenthaltsräume müssen ausreichend mit Tageslicht beleuchtet und belüftet werden können. Das Rohbaumaß der Belichtungsöffnungen muss mindestens ein Achtel der Grundfläche des Raumes einschließlich der Grundfläche verglaster Vorbauten oder Loggien betragen; die Grundfläche von Vorbauten, die die Beleuchtung des Raumes mit Tageslicht beeinträchtigen, ist mit einzubeziehen. Aufenthaltsräume, deren Nutzung eine Beleuchtung mit Tageslicht verbietet, sind ohne Belichtungsöffnungen zulässig. Aufenthaltsräume ohne Belichtungsöffnungen müssen durch technische Einrichtungen ausreichend beleuchtet und belüftet werden können." Zum **Aufenthaltsraum im Keller** vgl. OVG Berlin, Beschl. vom 14.11.2003 – 2 B 6/02 –, BlnGE 2004, 356.
14 VGH München, Urt. vom 5.7.1982 – 77 XV 77 –, BRS Bd. 39 Nr. 147; BVerwG, Urt. vom 23.9.1987 – 8 C 32/85 –, ZMR 1988, 191; zur Flächenberechnung eines Einfamilienhauses im steuerbegünstigten Wohnungsbau vgl. BVerwG, Urt. vom 13.12.1985 – 8 C 95/83 –, ZMR 1986, 321; Teil III Rn. 529.
15 OLG Zweibrücken, Urt. vom 17.9.2001 – 3 W 87/01 –, ZMR 2002, 219; München in WE 1995, 28; Das Bay. Oberste Landesgericht ließ es dahingestellt, ob aufgrund der Art. 48 und 50 der BayBauO die gewerbliche Nutzung der Hobbyräume zulässig ist oder nicht. Zwar kann nach § 1 Abs. 6, 13 Abs. 1 WEG jeder Teileigentümer, soweit nicht das Gesetz oder Rechte Dritter entgegenstehen, mit den im Sondereigentum stehenden Gebäudeteilen nach Belieben verfahren und andere von Einwirkung ausschließen. Gesetzliche Beschränkungen der Eigentümerbefugnisse ergeben sich aus dem Privatrecht, aber auch dem öffentlichen Recht. Vgl. auch OLG München, Beschl. vom 27.6.1985 – 2 Z BR 59/84 –, ZMR 1985, 307; OLG München, Beschl. vom 18.12.1998 – 2 Z BR 166/98 –, WuM 1999, 178 = RdW 1999, 666.

Maß der baulichen Nutzung (BMZ) § 6 ImmoWertV IV

Beispiel:

Der Bebauungsplan setzt in zweigeschossiger Bauweise eine Geschossflächenzahl (GFZ) von 0,8 fest; auf einem 400 m² großen Grundstück bedeutet dies eine zulässige Geschossfläche (GF) von 320 m². Werden bereits in den beiden Vollgeschossen (Erdgeschoss und erster Stock) 300 m² Geschossfläche (GF) verwirklicht, kann das Dachgeschoss zu Wohnzwecken ausgebaut werden, auch wenn dadurch die zulässige Geschossfläche (GF) überschritten würde.

Balkone, Loggien, Terrassen, Nebenanlagen i. S. von § 14 BauNVO (vgl. Rn. 39) und nach Landesrecht in den Abstandsflächen zulässige bauliche Anlagen **bleiben bei der Ermittlung der Geschossfläche** nach § 20 Abs. 4 BauNVO unberücksichtigt: 45

„(4) Bei der Ermittlung der Geschossfläche bleiben Nebenanlagen im Sinne des § 14, Balkone, Loggien, Terrassen sowie bauliche Anlagen, soweit sie nach Landesrecht in den Abstandsflächen (seitlicher Grenzabstand und sonstige Abstandsflächen) zulässig sind oder zugelassen werden können, unberücksichtigt."

Nicht zu den Nebenanlagen gehören **Garagen und Stellplätze**. In Bezug auf Garagen ist zu unterscheiden zwischen 46

– (Einzel-)Garagen und

– Garagengeschossen (i. S. des § 12 Abs. 4 Satz 1 BauNVO).

Nach § 21a Abs. 4 BauNVO bleiben **bei der Ermittlung der Geschossfläche oder der Baumasse unberücksichtigt** die Flächen oder Baumassen von

1. *Garagengeschossen*, die nach den Festsetzungen des Bebauungsplans nicht auf die Zahl der zulässigen Vollgeschosse anzurechnen oder als Ausnahme vorgesehen sind,

2. *Stellplätzen und Garagen*,

   • deren Grundfläche die zulässige Grundfläche überschreiten, wenn die Regelungen des § 19 Abs. 4 BauNVO über die einzuhaltende GRZ dem nicht entgegenstehen oder eine weitergehende Überschreitung ausnahmsweise zugelassen worden ist,

   • in Vollgeschossen, wenn der Bebauungsplan dies festsetzt oder als Ausnahme vorsieht.

Nach § 21a Abs. 5 BauNVO ist die zulässige Geschossfläche oder die zulässige Baumasse um die Flächen oder Baumassen notwendiger **Garagen, die unter der Geländeoberfläche** hergestellt werden, insoweit zu erhöhen, als der Bebauungsplan dies festsetzt oder als Ausnahme vorsieht.

Bei **Verwendung von Umrechnungskoeffizienten GFZ:GFZ** (vgl. Syst. Darst. des Vergleichswertverfahrens Rn. 218 ff.), **die noch auf der Grundlage der BauNVO 77/86 abgeleitet wurden,** kann diesem Umstand dadurch Rechnung getragen werden, dass die GFZ, die sich für einen im Zusammenhang bebauten Ortsteil oder aus einem unter der Herrschaft der BauNVO 90 aufgestellten Bebauungsplan ergibt, nach den Berechnungsregeln der BauNVO 77/86 ermittelt wird, sofern nicht der Bebauungsplan ohnehin die Anrechnung von Aufenthaltsräumen in „anderen Geschossen" (Dachgeschoss) vorschreibt.

c) Baumassenzahl (BMZ)

Die Baumassenzahl (BMZ) oder die Baumasse (BM) gibt an, wieviel Kubikmeter Baumasse je Quadratmeter Grundstücksfläche i. S. des § 19 Abs. 3 BauNVO zulässig sind (vgl. Teil III Rn. 567). **§ 21 BauNVO** hat folgende Fassung: 47

„**§ 21 BauNVO** Baumassenzahl, Baumasse

(1) Die Baumassenzahl gibt an, wie viel Kubikmeter Baumasse je Quadratmeter Grundstücksfläche im Sinne des § 19 Abs. 3 zulässig sind.

(2) Die Baumasse ist nach den Ausmaßen der Gebäude vom Fußboden des untersten Vollgeschosses bis zur Decke des obersten Vollgeschosses zu ermitteln. Die Baumassen von Aufenthaltsräumen in anderen Geschossen einschließlich der zu ihnen gehörenden Treppenräume und einschließlich ihrer Umfassungs-

IV § 6 ImmoWertV — Art der baulichen Nutzung (Baumasse)

wände und Decken sind mitzurechnen. Bei baulichen Anlagen, bei denen eine Berechnung der Baumasse nach Satz 1 nicht möglich ist, ist die tatsächliche Baumasse zu ermitteln.

(3) Bauliche Anlagen und Gebäudeteile im Sinne des § 20 Abs. 4 bleiben bei der Ermittlung der Baumasse unberücksichtigt.

(4) Ist im Bebauungsplan die Höhe baulicher Anlagen oder die Baumassenzahl nicht festgesetzt, darf bei Gebäuden, die Geschosse von mehr als 3,50 m Höhe haben, eine Baumassenzahl, die das Dreieinhalbfache der zulässigen

(5) Geschossflächenzahl beträgt, nicht überschritten werden."

Abb. 8: Baumassenzahl und Geschossfläche

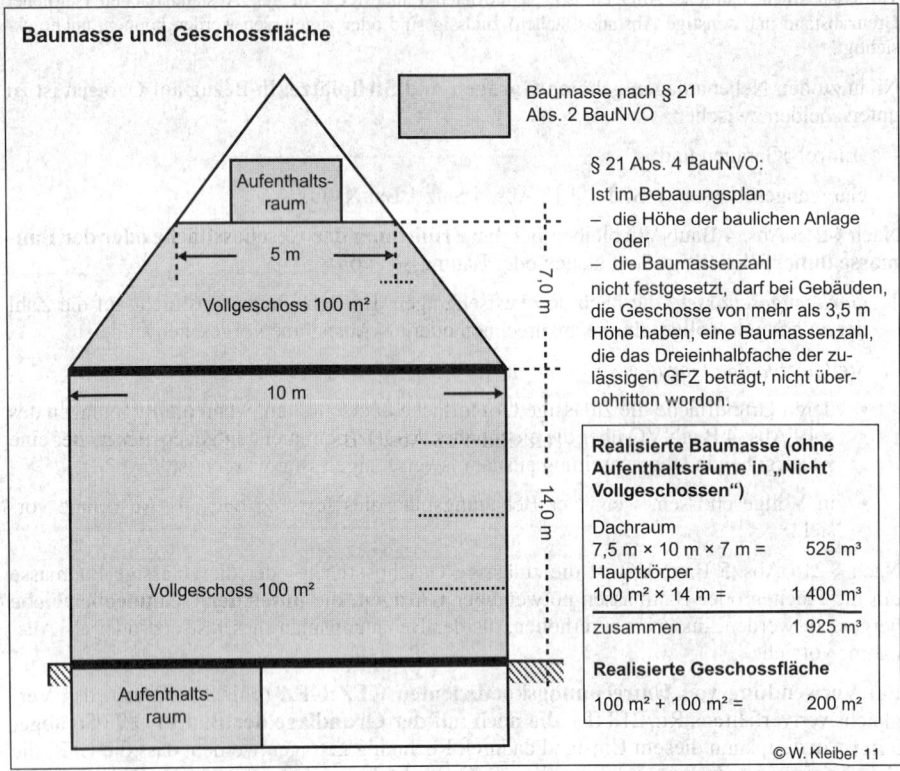

© W. Kleiber 11

Es gibt **kein allgemein gültiges Umrechnungsverhältnis zwischen der GFZ und der BMZ**, insbesondere nicht für bereits errichtete Gebäude. Im Rahmen einer baurechtlich zulässigen BMZ können nämlich die unterschiedlichsten Geschosshöhen realisiert werden. Von daher verbietet es sich, eine planungsrechtlich ausgewiesene BMZ unter Hinweis auf die Regelung des § 21 Abs. 4 BauNVO auf eine GFZ in der Weise umzurechnen, dass die ausgewiesene BMZ durch den Faktor 3,5 geteilt wird.

Maß der baulichen Nutzung (Z) § 6 ImmoWertV IV

Es handelt sich bei der Regelung des **§ 21 Abs. 4 BauNVO** um eine **gesetzliche „Kappungsgrenze"** für den Fall, dass eine Baumassenzahl nicht festgesetzt wurde und ein Vorhaben das städtebauliche Erscheinungsbild „sprengen" würde, wenn eine bauplanungsrechtlich zulässige GFZ i. V. m. Geschosshöhen von über 3,5 m realisiert werden soll. § 21 Abs. 4 BauNVO begrenzt im Ergebnis die für ein Vollgeschoss anzurechnende maßgebliche Höhe mittelbar auf 3,5 m. Wird indessen mit dem Bebauungsplan eine Baumasse festgesetzt, so können in diesem Rahmen – in Abhängigkeit von der Geschosshöhe – unterschiedliche Geschossflächen realisiert werden. Ein 14 m hoher Baukörper kann bei einer Geschosshöhe von 2,80 m beispielsweise fünf Geschosse haben. Derselbe Baukörper kann aber auch nur ein Geschoss mit einer Geschosshöhe von 14 m haben. Daraus folgt, dass es keinen Umrechnungsfaktor von 3,5 zur Umrechnung der BMZ in eine GFZ gibt. Der Faktor lässt sich vor allem nicht auf bestehende Gebäude anwenden und insbesondere dann nicht, wenn Geschosshöhen von 3,50 m nicht realisiert worden sind.

d) Zahl der Vollgeschosse (Z)

▶ *Teil II Rn. 500*

Nach § 20 Abs. 1 BauNVO gelten als Vollgeschosse solche, die nach landesrechtlichen Vorschriften Vollgeschosse sind (vgl. Rn. 40 sowie Teil II Rn. 500). 48

Die **Zahl der Vollgeschosse kann** nach § 16 Abs. 4 Satz 2 BauNVO auch als **zwingend festgesetzt werden**. 49

Nach § 21a Abs. 1 BauNVO sind **Garagengeschosse** oder ihre Baumasse in sonst anders genutzten Gebäuden auf die Zahl der zulässigen Vollgeschosse oder auf die zulässige Baumasse nicht anzurechnen, wenn der Bebauungsplan dies festsetzt oder als Ausnahme vorsieht.

e) Höhe der baulichen Anlagen

Für die Höhe der baulichen Anlagen sind § 18 Abs. 1 BauNVO die erforderlichen Bezugspunkte zu bestimmen. Die Höhe der baulichen Anlage kann nach § 16 Abs. 4 Satz 2 BauNVO auch als zwingendes Maß festgesetzt werden und bezieht sich auf NN oder einen anderen im Bebauungsplan festgesetzten Punkt der Geländeoberfläche. Oberster Bezugspunkt ist bei Gebäuden mit Satteldächern die Trauf- oder Firstlinie; bei Gebäuden mit Flachdach die Wandoberkante. 50

f) Obergrenzen

Für die Bestimmung des Maßes der baulichen Nutzung gelten nach § 17 BauNVO die in Abb. 9 aufgeführten **Obergrenzen**. Die Obergrenzen sind auch einzuhalten, wenn eine Geschossflächenzahl oder eine Baumassenzahl nicht dargestellt oder festgesetzt wird. 51

Die in Abb. 9 aufgeführten **Obergrenzen** sollen nach § 17 Abs. 2 BauNVO **überschritten** werden können, wenn die Überschreitung durch Umstände ausgeglichen ist oder durch Maßnahmen ausgeglichen wird, durch die sichergestellt ist, dass die allgemeinen Anforderungen an gesunde Wohn- und Arbeitsverhältnisse nicht beeinträchtigt werden und nachteilige Auswirkungen auf die Umwelt vermieden werden. 52

Dies gilt nicht für Wochenendhausgebiete und Ferienhausgebiete. 53

Abb. 9: Obergrenzen für die Bestimmung des Maßes der baulichen Nutzung*

Art der baulichen Nutzung				Maß der baulichen Nutzung		
				Obergrenzen		
Bauflächen		Baugebiete		Charakteristik	GRZ*	GFZ*	BMZ*
Wohnbauflächen	W	Kleinsiedlungsgebiete	WS	vorwiegend Kleinsiedlungen, landwirtschaftliche Nebenerwerbsstellen und Gartenbaubetriebe	0,2	0,4	–
		Reine Wohngebiete	WR	Wohngebäude ausnahmsweise: unter anderem Läden, nicht störende Betriebe	0,4	1,2	–
		Allgemeine Wohngebiete	WA	vorwiegend Wohngebäude: Läden, nicht störende Handwerksbetriebe	0,4	1,2	–
		Besondere Wohngebiete	WB	vorwiegend zum Wohnen: auch mit Wohnnutzung vereinbare Gewerbebetriebe	0,6	1,6	–
Gemischte Bauflächen	M	Dorfgebiete	MD	Wirtschaftsstellen der Land- und Forstwirtschaft, nicht störende Betriebe, Wohnen	0,6	1,2	–
		Mischgebiete	MI	Wohnen und gewerbliche Betriebe, die das Wohnen nicht wesentlich stören	0,6	1,2	–
		Kerngebiete	MK	vorwiegend Handelsbetriebe, zentrale Einrichtungen der Wirtschaft, der Verwaltung	1,0	3,0	–
Gewerbliche Bauflächen	G	Gewerbegebiete	GE	vorwiegend nicht erheblich belästigende Gewerbebetriebe	0,8	2,4	10,0
		Industriegebiete	GI	ausschließlich Gewerbebetriebe: vorwiegend solche, die in anderen Baugebieten unzulässig sind	0,8	2,4	10,0
Sonderbauflächen	S	Sondergebiete	SO	insbesondere – Wochenendhausgebiete – Ferienhausgebiete – Campingplatzgebiete	0,2 0,4 Camping- und Zeltplätze	0,2 1,2	– –
		Sonstige Sondergebiete		insbesondere Kurgebiete, Ladengebiete, Gebiete für Einkaufszentren und großflächige Handelsbetriebe, Gebiete für Messen, Ausstellungen und Kongresse, Hochschulgebiete, Klinikgebiete, Hafengebiete	0,8	2,4	10,0

© W. Kleiber

* Erläuterung: GRZ = Grundflächenzahl; GFZ = Geschossflächenzahl; BMZ = Baumassenzahl

54 In **Gebieten, die am 1. August 1962 überwiegend bebaut waren,** können die in Abb. 9 aufgeführten Obergrenzen nach Maßgabe des § 17 Abs. 3 BauNVO überschritten werden, wenn städtebauliche Gründe dies erfordern und sonstige öffentliche Belange nicht entgegenstehen. Nach § 26a BauNVO richtet sich die Regelung für die Überschreitung von Obergrenzen im Bestand in den der Bundesrepublik Deutschland beigetretenen Gebieten nach den am 1. Juli 1990 bestehenden Verhältnissen.

2.2.3.4 Bauweise

▶ *Vgl. Syst. Darst. des Vergleichswertverfahrens Rn. 245*

Die **Stellung der Baukörper auf dem Grundstück** wird durch Festsetzungen über die sog. Bauweise und die überbaubare Grundstücksfläche nach Maßgabe der §§ 22 und 23 BauNVO vorgeschrieben.

Nach § 22 BauNVO (**Bauweise**) ist zu unterscheiden nach der

a) *offenen* Bauweise,

b) *geschlossenen* Bauweise und

c) *abweichenden* Bauweise.

Die genannte Vorschrift hat folgenden Inhalt:

„**§ 22 BauNVO** Bauweise
(1) Im Bebauungsplan kann die Bauweise als offene oder geschlossene Bauweise festgesetzt werden.
(2) In der **offenen Bauweise** werden die Gebäude mit seitlichem Grenzabstand als Einzelhäuser, Doppelhäuser oder Hausgruppen errichtet. Die Länge der in Satz 1 bezeichneten Hausformen darf höchstens 50 m betragen. Im Bebauungsplan können Flächen festgesetzt werden, auf denen nur Einzelhäuser, nur Doppelhäuser, nur Hausgruppen oder nur zwei dieser Hausformen zulässig sind.
(3) In der **geschlossenen Bauweise** werden die Gebäude ohne seitlichen Grenzabstand errichtet, es sei denn, dass die vorhandene Bebauung eine Abweichung erfordert.
(4) Im Bebauungsplan kann eine von Absatz 1 **abweichende Bauweise** festgesetzt werden. Dabei kann auch festgesetzt werden, inwieweit an die vorderen, rückwärtigen und seitlichen Grundstücksgrenzen herangebaut werden darf oder muss."

Abb. 10: Bauweise

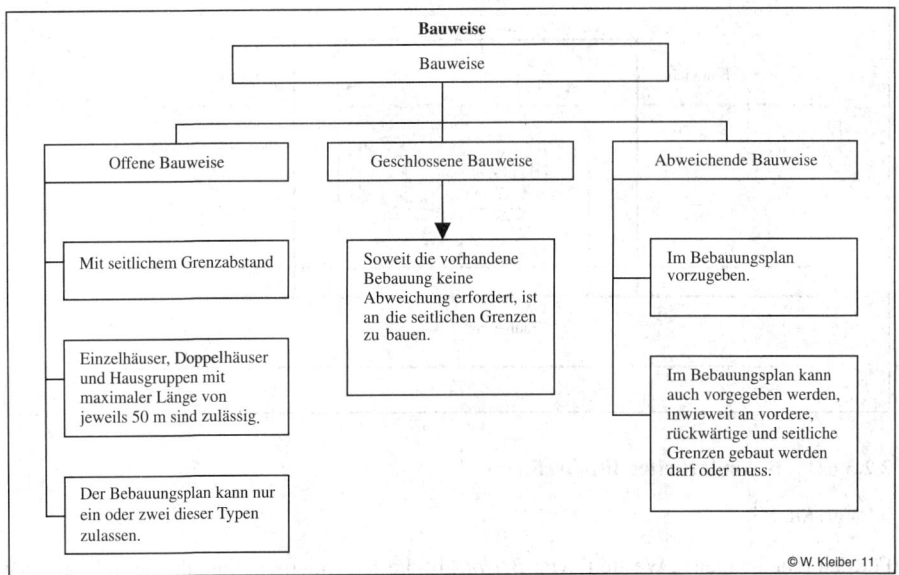

2.2.3.5 Überbaubare Grundstücksfläche

Die **überbaubare Grundstücksfläche** kann nach § 23 BauGB festgesetzt werden durch

a) Baulinien,

b) Baugrenzen,

c) Bebauungstiefen und

d) außerhalb der überbaubaren Grundstücksflächen (Nebenanlagen).

„§ 23 BauNVO Überbaubare Grundstücksfläche

(1) Die überbaubaren Grundstücksflächen können durch die Festsetzung von Baulinien, Baugrenzen oder Bebauungstiefen bestimmt werden. § 16 Abs. 5 ist entsprechend anzuwenden.

(2) Ist eine Baulinie festgesetzt, so muss auf dieser Linie gebaut werden. Ein Vor- oder Zurücktreten von Gebäudeteilen in geringfügigem Ausmaß kann zugelassen werden. Im Bebauungsplan können weitere nach Art und Umfang bestimmte Ausnahmen vorgesehen werden.

(3) Ist eine Baugrenze festgesetzt, so dürfen Gebäude und Gebäudeteile diese nicht überschreiten. Ein Vortreten von Gebäudeteilen in geringfügigem Ausmaß kann zugelassen werden. Absatz 2 Satz 3 gilt entsprechend.

(4) Ist eine Bebauungstiefe festgesetzt, so gilt Absatz 3 entsprechend. Die Bebauungstiefe ist von der tatsächlichen Straßengrenze ab zu ermitteln, sofern im Bebauungsplan nichts anderes festgesetzt ist.

(5) Wenn im Bebauungsplan nichts anderes festgesetzt ist, können auf den nicht überbaubaren Grundstücksflächen Nebenanlagen im Sinne des § 14 zugelassen werden. Das Gleiche gilt für bauliche Anlagen, soweit sie nach Landesrecht in den Abstandsflächen zulässig sind oder zugelassen werden können."

Die „überbaubare Grundstücksfläche" gehört nach § 30 Abs. 1 BauGB zu den Mindestfestsetzungen eines qualifizierten Bebauungsplans. Sie ist zu unterscheiden von der zulässigerweise bebaubaren Grundfläche („zulässige Grundfläche" i. S. v. § 19 BauNVO), die sich nach der GRZ bemisst. Mit der „überbaubaren Grundstücksfläche" wird das sog. **„Baufenster"** vorgegeben, in dem das Grundstück mit der „zulässigen Baufläche" bebaubar ist (Abb. 11).

Abb. 11: Baufenster

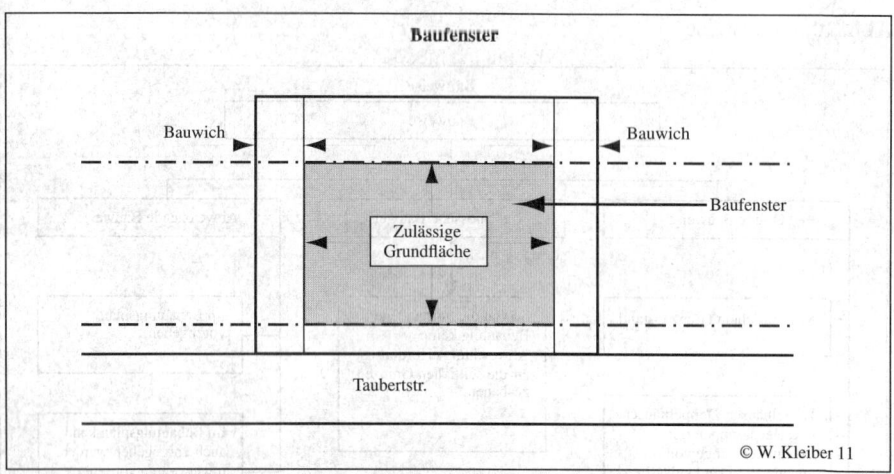

2.2.3.6 Besonderheiten für Berlin

▶ Vgl. Rn. 8

57 Für den (ehemaligen) „Westteil" von *Berlin* gilt die Besonderheit, dass die bei Inkrafttreten des BBauG vom 23.6.1960 bestehenden baurechtlichen Vorschriften und festgestellten städtebaulichen Pläne gemäß § 173 Abs. 3 Satz 1 BBauG 60 als Bebauungspläne fortgelten, soweit sie verbindliche Regelungen zu Art und Maß der baulichen Nutzung, Bauweise, überbaubare Grundstücksflächen (usw.) enthalten. Danach ist im Westteil auch der **Baunutzungsplan** vom 21.12.1958[16] mit heranzuziehen:

---

16 Baunutzungsplan vom 21.12.1958 (ABl. 1959, 50) i. d. F. der Bekanntmachung vom 22.6.1961 (ABl. 1961, 742).

Art und Maß der baulichen Nutzung (Berlin) § 6 ImmoWertV IV

- Rechtsgrundlage des Baunutzungsplans ist § 12 des Gesetzes über die städtebauliche Planung im Land Berlin (Planungsgesetz[17]). Der Baunutzungsplan ist danach Teil des Generalbebauungsplans[18].
- Der **Generalbebauungsplan** zeigt nach § 12 Abs. 1 des Planungsgesetzes zur Vorbereitung aller Bebauungspläne und in Weiterführung des Flächennutzungsplans das Gesamtbild der Stadt, die Gliederung ihrer Masse und ihres Raumes sowie die Gliederung ihrer städtebautechnischen Einrichtungen und soll nach § 13 des Planungsgesetzes nach Bedarf u. a. Art und Maß der in Aussicht genommenen baulichen Nutzung darstellen.

Die Zulässigkeit eines Vorhabens bestimmt sich nach den Festsetzungen des Baunutzungsplans i. V. m. den Vorschriften der Bauordnung von Berlin (1958), wenn nach seiner Bekanntmachung kein rechtskräftiger oder zumindest planreifer Entwurf eines Bebauungsplans aufgestellt wurde und die Festsetzungen des Baunutzungsplans den Anforderungen an einen qualifizierten Bebauungsplan gemäß § 30 Abs. 1 BauGB entsprechen. In den übrigen Fällen bestimmt sich die Zulässigkeit eines Vorhabens nach § 34 BauGB.

Art und Maß der baulichen Nutzung einer im Baunutzungsplan ausgewiesenen Nutzung konkretisieren sich nach § 7 der Bauordnung von Berlin[19] von 1958.

Einschlägig sind folgende Bestimmungen des § 7 BauO (Grundbestimmungen für die **Art der baulichen Nutzung** der Grundstücke):

- Nach Nr. 2 gelten die Regelungen des § 7 BauO i. V. m. dem Baunutzungsplan, wenn der Bebauungsplan hinsichtlich der baulichen Nutzung nicht alle zur Entscheidung über den Baugenehmigungsantrag erforderlichen Festsetzungen enthält.
- Nach Nr. 3 gelten die Regelungen des § 7 BauO i. V. m. dem Baunutzungsplan, wenn ein Bebauungsplan noch nicht vorliegt und eine Ausnahmebewilligung nach § 18 Abs. 2 des Planungsgesetzes erteilt wird.
- Nach Nr. 4 werden die **Baugebiete** unterschieden in

    a) *Dorfgebiete*;

    b) *Wohngebiete*, und zwar

        aa) *reine Wohngebiete*,

        bb) *allgemeine Wohngebiete*;

    c) *gemischte Gebiete*;

    d) *Arbeitsgebiete*, und zwar

        aa) *beschränkte Arbeitsgebiete*,

        bb) *reine Arbeitsgebiete*;

    e) *Kerngebiete*.

- Nach Nr. 5 sind in Baugebieten nur bauliche Anlagen, Betriebe und sonstige Einrichtungen zulässig, die der Bestimmung des betreffenden Baugebiets nach Art, Umfang und Zweck entsprechen und durch ihre Benutzung keine Nachteile oder Belästigungen verursachen können, die für die nähere Umgebung nicht zumutbar sind.
- Die in den Baugebieten zulässigen baulichen Anlagen, Betriebe und sonstige Einrichtungen werden in den Nrn. 6 bis 12 konkretisiert.

    Abkürzungen

    M1: Flächen sind Bereiche mit Kerngebietscharakter und sehr hoher Ausnutzung bei nur geringer anteiliger Wohnnutzung.

    M2: Flächen sind Bereiche mit mischgebietstypischer Nutzung mit mittlerer baulicher Ausnutzung, die sich durch ein ausgewogenes Verhältnis von Dienstleistungs- und Wohnnutzung auszeichnet.

---

[17] Planungsgesetz i. d. F. vom 22.3.1956 (GVBl. 1956, 272).
[18] Vgl. Bekanntmachung des Senators für Bau- und Wohnungswesen vom 21.12.1958 – BauWohn II C 7 –, ABl. 1959, 50; Bekanntmachung des Senators für Bau- und Wohnungswesen vom 22.6.1961 – BauWohn II B 1 –, ABl. 1961, 742.
[19] Bauordnung von Berlin i. d. F. vom 21.11.1958 (GVBl. 1958, 1087, 1104 – BO 58 -).

IV § 6 ImmoWertV   Art und Maß der baulichen Nutzung (Berlin)

Das Maß der Nutzung in den Baugebieten ergibt sich nach § 7 Nr. 13 ff. BO aus der im Baunutzungsplan angegebenen **Baustufe**. Innerhalb der Baustufe bestimmt sich das Maß der baulichen Nutzung nach der bebaubaren Fläche des Baugrundstücks sowie der zulässigen Zahl der Vollgeschosse. In den beschränkten und reinen Arbeitsgebieten bestimmt sich das Maß der baulichen Nutzung jedoch nach der Baumassenzahl (m^3 umbauten Raumes je m^2 des Baugrundstücks); hiervon abweichend kann eine bauliche Nutzung jedoch im Rahmen der Geschossflächenzahl (m^2 der Summe der Flächen aller Vollgeschosse geteilt durch die Fläche des Baugrundstücks) zugelassen werden.

Das **Maß der baulichen Nutzung** beträgt **nach § 7 Nr. 15 Bln BO**:

Abb. 12:   Maß der baulichen Nutzung nach § 7 Nr. 15 Bln BO

In Baustufen	Geschosszahl	Bebaubare Fläche	Geschoss-flächenzahl	Baumassen-zahl
II/1	2	0,1	0,2	0,8
II/2	2	0,2	0,4	1,6
II/3	2	0,3	0,6	2,4
III/3	3	0,3	0,9	3,6
IV/3	4	0,3	1,2	4,8
V/3	5	0,3	1,5	6,0
6	–	0,6	–	8,4

In der *Baustufe V/3* ist eine bauliche Nutzung im Rahmen der Geschossflächenzahl 1,8 (Baumassenzahl 7,2) zulässig, wenn nur Gebäude errichtet werden, die Wohnungen nicht enthalten; Wohnungen für Aufsichts- und Bereitschaftspersonal bleiben außer Betracht. In besonderen Fällen kann unter den gleichen Voraussetzungen eine bauliche Nutzung bis zur Geschossflächenzahl 2,0 (Baumassenzahl 8,0) zugelassen werden.

Die *Baustufe 6* bleibt für reine und beschränkte Arbeitsgebiete vorbehalten. In den beschränkten und reinen Arbeitsgebieten der übrigen Baustufen darf die bebaubare Fläche

– in den *Baustufen II/1, II/2* und *II/3* höchstens 0,4,

– in den *Baustufen III/3, IV/3* und *V/3* höchstens 0,5

der Fläche des Baugrundstücks betragen.

Nach § 7 Nr. 16 BO gilt in den *Baustufen II/1 und II/2* die offene **Bauweise** und in den *Baustufen II/3 bis 6* die geschlossene Bauweise.

– Als **Baugrundstück** gilt nach § 7 Nr. 17 BO der hinter der Straßengrenze liegende Teil des Grundstücks. Soweit Vorgärten durch Straßenbegrenzungslinien oder Straßenfluchtlinien sowie durch zwingende Baulinien, Baugrenzen oder Baufluchtlinien festgelegt sind, werden sie bis zu einer Tiefe von 5 m – von der Straßenbegrenzungs- oder Straßenfluchtlinie an gemessen – abgezogen.

– Als **bebaute Fläche** gelten nach § 7 Nr. 18 BO die Grundstücksteile, die durch Baulichkeiten oder Bauteile jeder Art über der Erdoberfläche bebaut sind, ferner Licht- und Luftschächte bis 10 m^2 Größe. Dabei werden nicht berechnet: Gesimse und überhängende Dächer, die nicht über 1,15 m ausladen, Bedachungen von Aufzügen vor den Außenwänden, Grenzmauern, Grenzzäune, Notleitern nebst Podesten, unbedeckte Freitreppen und Terrassen bis 1,50 m Höhe über der Erdoberfläche, ferner bis zu 3 m^2 große Treppenvorbauten, Schutzdächer, Baulichkeiten zur Unterbringung von Kraftstoffen, Asche und Müll sowie Lauben und Bedürfnisanstalten.

– **Erker, Laubengänge und Balkone** werden nach § 7 Nr. 19 BO der bebauten Fläche zugerechnet, Erker jedoch nur mit dem Bruchteil aus der Anzahl der Geschosse (außer Kellergeschosse), in denen sie ausgeführt werden, und der zulässigen Anzahl der Vollgeschosse des Gebäudes selbst, Balkone nur mit der Hälfte dieses Bruchteils.

- **Baulichkeiten und Bauteile, die über die Straßengrenze vortreten,** werden nach § 7 Nr. 20 BO der bebauten Fläche zugerechnet.
- Der **Berechnung der Geschossflächenzahl** sind nach § 7 Nr. 21 BO die Flächen der Vollgeschosse in sinngemäßer Anwendung der vorstehenden Ausführungen zugrunde zu legen. Werden Aufenthaltsräume in Nebengeschossen zugelassen, so sind sie einschließlich der zu ihnen führenden Treppenhäuser und einschließlich ihrer Umfassungswände mitzurechnen. Geschosse ohne Umfassungswände – mit Ausnahme von Kolonnaden, deren Grundflächen dem öffentlichen Verkehr gewidmet sind – sind ebenfalls mitzurechnen.

Annex: Ausbaufähige Dachgeschosse[20] werden auf dem allgemeinen Berliner Grundstücksmarkt etwa mit 50 v. H. des Bodenwerts pro Quadratmeter Wohn- und Nutzfläche berücksichtigt: Bei einem Bodenwert von 700 000 €, einer Wohn- und Nutzfläche von rd. 1 400 m^2 und einem ausbaufähigen Dachgeschoss mit einer Nutzfläche von insgesamt rd. 260 m^2 ergibt sich beispielsweise:

700 000 €/1 400 m^2 = 500 €/m^2

davon 50 v. H.: 250 €/m^2

Dies ergibt bei einer Wohn- und Nutzfläche von 260 m^2 insgesamt einen Zuschlag von:

260 m^2 × 250 €/m^2 = 65 000 €

2.2.4 Im Zusammenhang bebaute Ortsteile nach § 34 BauGB

▶ *Hierzu auch § 5 ImmoWertV Rn. 208 ff.; Syst. Darst. des Vergleichswertverfahrens Rn. 199, 219 ff.*

In den „im Zusammenhang bebauten Ortsteilen" (**unbeplanter Innenbereich**) bestimmt sich die Nutzbarkeit eines Grundstücks (nach Art und Maß der baulichen Nutzung) nach **§ 34 BauGB** Abs. 1 dieser Vorschrift lautet: **58**

„(1) Innerhalb der im Zusammenhang bebauten Ortsteile ist ein Vorhaben zulässig, wenn es sich nach Art und Maß der baulichen Nutzung, der Bauweise und der Grundstücksfläche, die überbaut werden soll, in die Eigenart der näheren Umgebung einfügt und die Erschließung gesichert ist. Die Anforderungen an gesunde Wohn- und Arbeitsverhältnisse müssen gewahrt bleiben; das Ortsbild darf nicht beeinträchtigt werden."

Die Vorschrift stellt gewissermaßen einen Planersatz dar.

Die **vorhandene Bebauung** ersetzt zusammen mit den „Regeln" des § 34 BauGB die Festsetzungen eines Bebauungsplans über Art und Maß der baulichen Nutzung. **59**

Ein **„im Zusammenhang bebauter Ortsteil"** i. S. des § 34 Abs. 1 BauGB (Innenbereich) ist nach der Rechtsprechung des BVerwG jeder **Bebauungskomplex** im Gebiet einer Gemeinde, **der nach der Zahl der vorhandenen Bauten ein gewisses Gewicht besitzt und Ausdruck einer organischen Siedlungsstruktur ist** *(Projects within continuously Built-Up-Areas).* Als Bebauungszusammenhang ist eine aufeinander folgende Bebauung anzusehen, die trotz vorhandener Baulücken den Eindruck der Geschlossenheit vermittelt[21]. **60**

Nach § 34 Abs. 3 BauGB dürfen von Vorhaben nach § 34 Abs. 1 oder 2 BauGB keine schädlichen Auswirkungen auf zentrale Versorgungsbereiche in der Gemeinde oder in anderen Gemeinden zu erwarten sein. Dies betrifft insbesondere **großflächige Einzelhandelsbetriebe.** Nach § 34 Abs. 3 BauGB sind die von einem großflächigen Einzelhandelsbetrieb ausgehenden Fernwirkungen z. B. auf Nachbargemeinden vor allem im Hinblick auf zentrale Versorgungsbereiche in der Gemeinde und in anderen Gemeinden ein maßgebliches Zulässigkeitskriterium (Abb. 13).

---

20 Hierzu Bek. zum Ausbau von Dachräumen zu Wohnzwecken vom 2.11.1990 (ABl. 1990, 2220); IVD Spezialanalyse Dachgeschosswohnungen in Berlin, GuG 2007, 118.
21 BVerwG, Urt. vom 6.11.1968 – 4 C 2/66 –, BVerwGE 31, 20 = EzGuG 8.27; BVerwG, Urt. vom 19.9.1986 – 4 C 15/84 –, BVerwGE 75, 34 = NJW 1987, 1656.

IV § 6 ImmoWertV § 34 BauGB

Beispiel:

Abb. 13: Großflächiger Einzelhandel

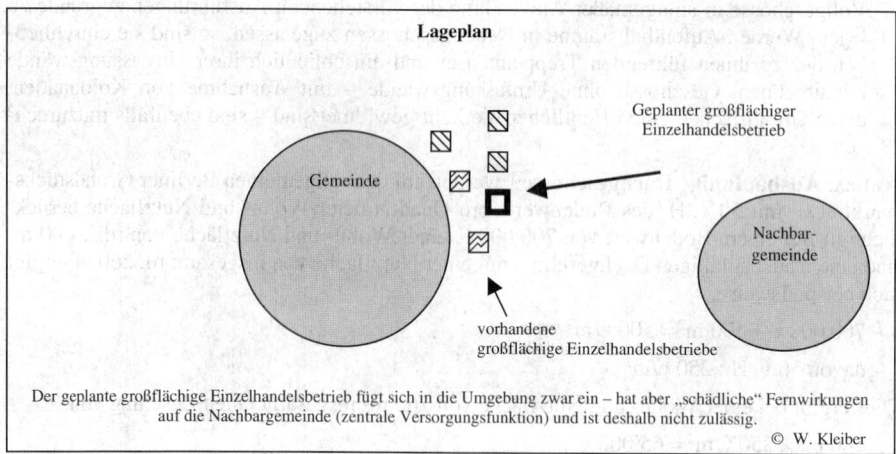

Der geplante großflächige Einzelhandelsbetrieb fügt sich in die Umgebung zwar ein – hat aber „schädliche" Fernwirkungen auf die Nachbargemeinde (zentrale Versorgungsfunktion) und ist deshalb nicht zulässig.

© W. Kleiber

61 Maßgeblich für Art und Maß der baulichen Nutzung ist nach Maßgabe des § 34 BauGB die **Umgebungsbebauung**. Folgendes Schema kann allerdings nur bedingt zur Ermittlung herangezogen werden (Abb. 14)[22].

Abb. 14: Umgebungsanalyse zur Ermittlung des Einfügens nach § 34 Abs. 1 BauGB

Bauvorhaben:

Umgebungsbebauung/ Gebäude	Nutzungsart	Zahl der Vollgeschosse	Absolute Grundfläche	GRZ	Absolute Geschossfläche	GFZ	Gebäudehöhe		Extremwerte
							Traufhöhe	Firsthöhe	
Rahmen	von ___ bis ___	von ___ bis ___	von ___ bis ___	von ___ bis ___	von ___ bis ___	von ___ bis ___	von ___ bis ___	von ___ bis ___	✕
Vorhaben									✕
Überschreitung									✕

Anmerkungen:
1. Erster Schritt der Prüfung des Einfügens eines Vorhabens ist die Festlegung des Umgebungsbereiches. Hier dürfen nicht nur Gebäude auf den angrenzenden Grundstücken einbezogen werden.
2. Extremwerte sind nicht repräsentativ und deshalb zu eliminieren.
3. Andere Beurteilungskriterien wie die Bauweise oder eine städtebaulich relevante Gliederung des Baukörpers sind bei der Gesamtwertung zu berücksichtigen.
4. Bei den in den Rahmen einzustellenden Gebäuden kommt es nicht darauf an, ob diese zulässigerweise errichtet wurden; ihre subjektive Prägung ist davon unabhängig. Andererseits dürfen genehmigte, aber noch nicht errichtete Gebäude nicht in den Rahmen eingestellt werden, da von ihnen noch keine Prägung ausgeht.

---

22 Hammer, Bauordnung im Bild, Weka Verlag.

Für den Fall der **Aufgabe einer militärischen Nutzung** folgt hieraus nicht „automatisch", **62**
dass an ihre Stelle ein „im Zusammenhang bebauter Ortsteil" mit Anspruch auf eine zivile
Nachfolgenutzung entsteht. Die bisherige militärische Anlage kann zwar aufgrund ihres
Quartiercharakters einen im Zusammenhang bebauten Ortsteil bilden, jedoch ist dieser dann
regelmäßig durch die militärische Nutzung „geprägt", wenn die Fläche aus Werkstätten,
Sportplätzen und dergleichen besteht (vgl. Teil V Rn. 605 ff., 617).

Ein **ziviler Nutzungsanspruch** kann allerdings dann bestehen, wenn die baulichen Anlagen **63**
der militärischen Nutzung ein Gebiet überwiegend in einer Weise geprägt haben, die zugleich
auch einer zivilen Nutzung entspricht, z. B.

– eine **reine Wohnanlage außerhalb eines eigentlichen Kasernengeländes,** die bislang
  von Soldaten genutzt wurde und allgemeinen Wohnzwecken zugeführt wird. In diesem
  Fall wird die Nutzung „Wohnen" nicht geändert; i. d. R. bedarf es dann noch nicht einmal
  einer Baugenehmigung, da die Nutzung nicht geändert wird;

– eine außerhalb eines eigentlichen Kasernengeländes gelegene Anlage der **militärischen
  Verwaltung**, die künftig ohne Baugenehmigung zivilen Verwaltungszwecken dienen
  kann. Es handelt sich auch hier um die Aufnahme einer „gleichartigen" Nutzung[23]. Selbst
  wenn dabei allein wegen der Aufgabe der militärischen Nutzung eine Baugenehmigungspflicht besteht, steht dies dem nicht entgegen, wenn hierauf ein Anspruch besteht.

Das **Erfordernis des Einfügens** schließt nicht aus, dass auch etwas verwirklicht werden **64**
kann, was in der Umgebung bisher nicht vorhanden ist, d. h., es zwingt also nicht zur Uniformität[24]. Aus dem Gebot der Rücksichtnahme folgt ferner, dass nicht nur die nähere Umgebung, sondern auch das Umfeld beachtet werden muss.

Die **Art der Nutzung** bestimmt sich in Anlehnung an die im Ersten Abschnitt der BauNVO **65**
geregelten Nutzungsarten, d. h., zur Typisierung können grundsätzlich die Nutzungsarten der
BauNVO herangezogen werden[25].

Bezüglich des **Maßes der baulichen Nutzung** kann ebenfalls auf die Begriffskategorien der **66**
BauNVO zurückgegriffen werden (§ 16 BauNVO), jedoch kommt es bei Anwendung des
§ 34 Abs. 1 BauGB auf die Grundstücksgrenzen und die Grundstücksgröße nicht an[26]. Maßstab, der zwangsläufig grob und ungenau sein muss, ist das tatsächlich Vorhandene[27].

Hieraus folgt, dass vorrangig die absoluten Größen von Grundfläche, Geschosszahl und Höhe **67**
baulicher Anlagen sowie bei offener Bauweise zusätzlich auch ihr Verhältnis zur umgebenden Freifläche zugrunde zu legen sind; Grundflächen- und Geschossflächenzahl müssen
dagegen zurücktreten[28].

2.2.5 Außenbereich nach § 35 BauGB

Schrifttum: *Deventer,* Probleme der Zulässigkeit des Bauens im Außenbereich nach § 35 BauGB, JA
1986, 413.

▶ *Weiteres zum Außenbereich vgl. § 5 ImmoWertV Rn. 168, 177, 210 ff., 229 ff., 246 ff.*

---

23 BVerwG, Urt. vom 3.2.1984 – 4 C 25/82 –, BVerwGE 68, 60 = NJW 1984, 1771.
24 BVerwG, Urt. vom 25.5.1978 – 4 C 9/77 –, BVerwGE 55, 369 = DVBl 1978, 370 = BayVBl. 1979, 152 = BauR 1978, 278 = ZfBR 1978, 31 = BRS Bd. 33 Nr. 37.
25 BVerwG, Urt. vom 3.2.1984 – 4 C 25/82 –, BVerwGE 68,360 = BRS Bd. 42 Nr. 52 = BauR 1984, 373 = NVwZ 1984, 582 = DVBl 1984, 634 = ZfBR 1984, 139; BVerwG, Urt. vom 19.9.1986 – 4 C 15/84 –, BVerwGE 75, 34 = DÖV 1987, 298 = BauR 1987, 44 = BRS Bd. 46 Nr. 62 = ZfBR 1987, 44 = DVBl 1987, 478; BVerwG, Urt. vom 3.4.1987 – 4 C 41/ 84 –, BauR 1987, 538 = ZfBR 1987, 260 = NVwZ 1987, 884 = DÖV 1988, 353 = DVBl 1987, 903; BVerwG, Urt. vom 15.12.1994 – 4 C 13/93 –, ZfBR 1995, 100.
26 BVerwG, Urt. vom 12.6.1970 – 4 C 77/68 –, BVerwGE 35, 256 = BRS Bd. 23 Nr. 44 = DÖV 1970, 748; BVerwG, Beschl. vom 21.11.1980 – 4 B 142/80 –, BRS Bd. 36 Nr. 65 = BauR 1981, 170; BVerwG, Beschl. vom 28.9.1988 – 4 B 175/88 –, NVwZ 1989, 35 = BauR 1989, 60 = RdL 1989, 64 = UPR 1989, 78 = ZfBR 1989, 39 = DÖV 1990, 36 = NuR 1990, 403.
27 BVerwG, Urt. vom 23.3.1994 – 4 C 18/92 –, ZfBR 1994, 190.
28 BVerwG, Urt. vom 23.2.1994 – 4 C 18/92 –, ZfBR 1994, 190.

68 Zum Außenbereich i. S. des § 35 BauGB gehören alle Grundstücke, die außerhalb des Geltungsbereichs eines *qualifizierten* Bebauungsplans und außerhalb der im Zusammenhang bebauten Ortsteile (§ 34 BauGB) liegen; *einfache* Bebauungspläne stehen einer Zurechnung eines Grundstücks zum Außenbereich nicht entgegen. Auch eine **Außenbereichssatzung** i. S. des § 35 Abs. 6 BauGB ändert an der Zuordnung eines Grundstücks zum Außenbereich nichts, wohl aber an der Zulässigkeit von Vorhaben. Für die Errichtung von Vorhaben im Außenbereich *(projects in outlying areas)* hat der Gesetzgeber eine generelle gesetzliche enumerative und abschließend geregelte Zulässigkeitsvorschrift mit § 35 BauGB vorgegeben.

69 Sie ist darauf ausgerichtet, den Außenbereich grundsätzlich von einer Bebauung freizuhalten[29]. § 35 BauGB sieht **drei Kategorien von Vorhaben mit unterschiedlichen Zulässigkeitsvoraussetzungen** vor:

a) *privilegierte* Vorhaben nach § 35 Abs. 1 BauGB,

b) *begünstigte* Vorhaben nach § 35 Abs. 4 BauGB und

c) *sonstige* Vorhaben nach § 35 Abs. 2 BauGB.

2.2.6 Sanierungsgebiete und städtebauliche Entwicklungsbereiche

▶ *Näheres vgl. die Erläuterungen im Teil VI Rn. 201, 278 ff. und 415 ff.*

70 In Sanierungsgebieten und städtebaulichen Entwicklungsbereichen wird als Verkehrswert der dort maßgebliche sanierungs- oder entwicklungsunbeeinflusste Grundstückswert ermittelt; d. h., der Entwicklungszustand bestimmt sich grundsätzlich nach dem **Zustand, den das Grundstück** (auch bei Aufgabe der militärischen Nutzung) **unter Ausschluss von Werterhöhungen aufgrund der Aussicht auf die Maßnahmen sowie der Vorbereitung und Durchführung der anstehenden Maßnahmen hätte.** Dabei können die vorstehenden Grundsätze zur Anwendung kommen, jedoch darf dabei allerdings insbesondere nicht die Werterhöhung aufgrund eines Sanierungs- oder Entwicklungsmaßnahmebebauungsplans in die Verkehrswertermittlung eingehen. Maßgebend sind also allein die rechtliche Qualität und der tatsächliche Zustand des Grundstücks (ggf. nach Aufgabe der militärischen Nutzung) zu dem Zeitpunkt, als eine Aussicht auf Vorbereitung und Durchführung der genannten städtebaulichen Veranstaltungen nicht bestehen konnte. Allgemeine Erwartungen und die allgemeinen Situationsverhältnisse, die auch ohne eine Sanierungs- bzw. Entwicklungsmaßnahme bestehen würden, sind hingegen zu berücksichtigen.

2.2.7 Sonstige öffentlich-rechtliche und privatrechtliche Vorschriften

71 Art und Maß der baulichen Nutzung bestimmen sich nicht nur nach den vorgestellten bauplanungsrechtlichen Vorschriften[30]. § 6 Abs. 1 ImmoWertV hebt ausdrücklich „die sonstigen Vorschriften" hervor und schließt damit auch privatrechtliche Vorschriften ein.

72 Dies können z. B. sein

– die Regelungen des **Denkmalschutzes,** die einem Rückbau der baulichen Anlage entgegenstehen, unabhängig davon, ob mit dem vorhandenen Gebäude das bauplanungsrechtlich zulässige Maß der baulichen Nutzung unter- oder überschritten wird,

– Regelungen über **Abstandsflächen** an Verkehrsstrassen sowie über Schutzzonen,

– **Zweckentfremdungsverbote** und vieles mehr.

73 Aus dem *privatrechtlichen Bereich* sind insbesondere hervorzuheben:

– bestehende Mietverhältnisse (wohnungs- und mietrechtliche Bindungen),

– Grunddienstbarkeiten, wie z. B. ein die Bebauung eines Grundstücks verhinderndes Aussichtsrecht, Leitungsrecht, Wegerecht und vieles mehr.

---

[29] BVerwG, Urt. vom 24.10.1967 – 1 C 57/65 –, BVerwGE 28, 128.
[30] Zur Berücksichtigung obsoleter Bebauungspläne vgl. § 5 ImmoWertV Rn. 180.

2.3 Tatsächliche Gegebenheiten

2.3.1 Übersicht

Abweichend von den maßgeblichen **bauplanungsrechtlichen Grundlagen für Art und Maß der baulichen Nutzung** kann es geboten sein, die besonderen Verhältnisse des Einzelfalls zu berücksichtigen. Dies ist insbesondere dann angezeigt, wenn

– die bauplanungsrechtliche Nutzbarkeit vom Geschehen auf dem Grundstücksmarkt gar nicht „angenommen" wird,

– naturbedingte Hindernisse einer Bebauung entgegenstehen oder

– die tatsächliche Nutzung von der bauplanungsrechtlichen Nutzbarkeit abweicht und z. B. unter Bestandsschutz fällt.

2.3.2 Lagetypische Nutzung (§ 6 Abs. 1 Satz 2 ImmoWertV)

Nach der Systematik des § 6 Abs. 1 ImmoWertV muss bei der Bestimmung des Maßes der baulichen Nutzung unterschieden werden

a) nach dem **rechtlich höchstzulässigen Maß der baulichen Nutzung,** wobei sich dieses nach den §§ 30, 33 und 34 BauGB i. V. m. den genannten Vorschriften der BauNVO sowie den

– sonstigen öffentlich-rechtlichen und

– privatrechtlichen

Bestimmungen ergibt, soweit sie das Maß der baulichen Nutzung „mitbestimmen" (vgl. § 6 Abs. 1 Satz 1 ImmoWertV Rn. 4);

b) nach dem **lageüblichen Maß der baulichen Nutzung,** wie es sich nach den Gepflogenheiten des gewöhnlichen Geschäftsverkehrs ergibt.

Der Bodenwert, der sich nach Maßgabe des § 6 Abs. 1 ImmoWertV entweder auf der Grundlage der zulässigen oder auf der Grundlage der lagetypischen Nutzung ergibt, wird auch als der **„maßgebliche Bodenwert"** bezeichnet.

Die nach § 6 Abs. 1 ImmoWertV **„maßgebliche Nutzung"** ist beachtlich, und zwar

– sowohl für das Wertermittlungsobjekt

– als auch für die Grundstücke, deren Kaufpreise zur Wertermittlung herangezogen werden.

Dabei sind bezüglich des Bewertungsobjektes die Verhältnisse am Wertermittlungsstichtag und bezüglich der Vergleichsobjekte die Verhältnisse zum *Zeitpunkt des Vertragsabschlusses maßgebend.*

Der Begriff der „lageüblichen" Nutzung kann dabei missverständlich sein, wenn die in der Umgebung des betreffenden Grundstücks tatsächlich realisierte Nutzung von der abweicht, die üblicherweise (im Neubaufalle) am Wertermittlungsstichtag oder in Bezug auf die Kaufpreise **vergleichbarer Grundstücke zum Zeitpunkt des Erwerbs verwirklicht werden würde.**

§ 6 Abs. 1 Satz 2 ImmoWertV behandelt den Fall, dass in der Umgebung des zu bewertenden Grundstücks von der dort höchstzulässigen Nutzung (Art und Maß der baulichen Nutzung) regelmäßig abgewichen wird. Die dann festzustellende lagetypische Nutzung kann die zulässige Nutzung über-, aber auch unterschreiten, d. h.:

Lagetypische Nutzung ≥ bauplanungsrechtlich zulässige Nutzung

Lagetypische Nutzung ≤ bauplanungsrechtlich zulässige Nutzung

Beispiel 1:

Abb. 15: Einfamilienhausgebiet

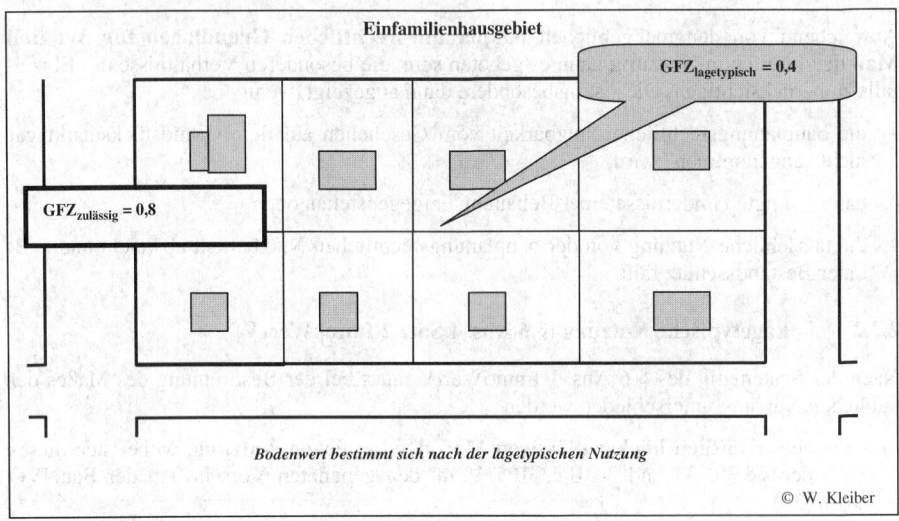

Der Bodenwert bestimmt sich im vorstehenden Fall nach der lageüblichen Nutzung (GFZ = 0,4). Es ist aber auch der umgekehrte Fall denkbar:

77 *Beispiel 2:*

In einem reinen Wohngebiet ist die nach dem Bebauungsplan zulässige Nutzung einer GFZ von 0,8 regelmäßig unterschritten worden, weil es den Erwerbern stets nur um die Errichtung von Einfamilienhäusern auf großen Grundstücken mit einem hohen Freiflächenanteil ging. Aufgrund veränderter Marktverhältnisse werden die verbliebenen Baulücken nur noch zum Zwecke der Errichtung von kleineren Mehrfamilienhäusern mit Eigentumswohnungen erworben, wobei das zulässige Maß der baulichen Nutzung „voll" ausgeschöpft wird. Diese Erwerbsfälle sind mit höheren Preiszugeständnissen verbunden und haben „Schule gemacht", sodass das Marktgeschehen nicht mehr von der das Gebiet prägenden Einfamilienhausbebauung, sondern nur noch durch Erwerbsvorgänge zum Zwecke der Realisierung der höchstzulässigen Nutzung beherrscht wird.

78 **Maßgeblich ist in diesem Fall die am Wertermittlungsstichtag das Marktgeschehen bestimmende höherwertige Nutzung** und nicht die Nutzung, die aufgrund des zwischenzeitlich überholten Marktgeschehens in der Vergangenheit für das Gebiet noch lagebestimmend ist. Dies bedeutet für das vorstehende Beispiel, dass für die Bestimmung des nach § 6 Abs. 1 ImmoWertV maßgeblichen Maßes der baulichen Nutzung die tatsächlich (noch) lagebestimmende Nutzung als Einfamilienhausgebiet mit einem entsprechend geringeren Maß der baulichen Nutzung überholt ist. Insoweit kann auch der Hinweis in § 6 Abs. 1 Satz 2 ImmoWertV auf die in „der Umgebung regelmäßig" verwirklichte Nutzung missverständlich sein. Es kommt entscheidend auf die Verhältnisse am Wertermittlungsstichtag an, auf den die Vorschrift ausdrücklich abhebt.

79 Im Übrigen müssen diese Hinweise auch bei der **Ableitung von Bodenrichtwerten** in derartigen Gebieten beachtet werden. Den aus Kaufpreisen abgeleiteten Bodenrichtwerten ist bei ihrer Darstellung in Bodenrichtwertkarten das jeweils lagetypische Maß der baulichen Nutzung zuzuordnen; die Zuordnung der bauplanungsrechtlichen Nutzung wäre missverständlich.

80 Die Berücksichtigung einer **Überschreitung des „höchstzulässigen" Maßes der baulichen Nutzung** – wenn sie tatsächlich in einem Gebiet „regelmäßig" gegeben sein soll – ist im Übrigen nur bei der Qualifizierung der zur Wertermittlung herangezogenen Kaufpreise frei von Bedenken, und zwar auch nur dann, wenn der Erwerber ohne spekulative Erwartungen

Nutzung **§ 6 ImmoWertV IV**

damit rechnen konnte. Bei dem zu bewertenden Grundstück darf ein höheres als das nach öffentlich-rechtlichen Vorschriften zulässige Maß der baulichen Nutzung regelmäßig nur dann zugrunde gelegt werden, wenn mit hinreichender Bestimmtheit damit auch gerechnet werden kann. Auch auf Einzelfälle beschränkte Ausnahmen kann sich nämlich ein gewöhnlicher Geschäftsverkehr ohne konkrete Anhaltspunkte für eine abermalige Befreiung nicht gründen[31].

Im Übrigen bleibt darauf hinzuweisen, dass die Regelungen des § 6 Abs. 1 ImmoWertV entsprechend ihrer Stellung im Ersten Abschnitt der ImmoWertV nicht nur für die Verkehrswertermittlung, sondern auch für die **Ableitung der Umrechnungskoeffizienten** nach § 12 ImmoWertV gelten müssen. Erst damit ist gewährleistet, dass die nach Maßgabe des § 6 Abs. 1 ImmoWertV für das zu bewertende Grundstück sowie für die zum Preisvergleich herangezogenen Grundstücke festgestellten Maße der baulichen Nutzung mittels Umrechnungskoeffizienten aufeinander umgerechnet werden können. Auch diesbezüglich gilt, dass innerhalb des Systems der ImmoWertV die maßgeblichen Grundsätze einheitlich und in sich schlüssig zur Anwendung kommen müssen. 81

Die in der Umgebung des Grundstücks regelmäßig **realisierte „lageübliche" Nutzung** kann dabei **nur so lange** einen Anhalt bieten, **wie nicht zwischenzeitliche Änderungen** im **Marktverhalten eingetreten** sind. 82

Die **Vorrangigkeit des das Marktverhalten bestimmenden Maßes der baulichen Nutzung** hat ihre Begründung darin, dass für den Kaufpreis einerseits und den Verkehrswert andererseits regelmäßig die Eigenschaften des Grundstücks maßgebend sind, die der Markt „annimmt". Abweichungen zwischen den planerischen Vorstellungen, die für das im Bebauungsplan festgesetzte Maß der baulichen Nutzung ausschlaggebend waren, und dem, was der Markt annimmt, sind keinesfalls Ausnahmefälle. Vor allem in Ein- und Zweifamilienhausgebieten ist dieser Fall nicht selten gegeben, weil es den Eigentümern dort nicht um die ertragreichste Nutzung, sondern um die Annehmlichkeit des ungestörten Wohnens in begrünter Umgebung geht[32]. 83

Die Regelung des § 6 Abs. 1 Satz 2 ImmoWertV betrifft nicht nur die Fälle, in denen die zulässige Nutzung unterschritten wird. Auch wenn die zulässige Nutzung **regelmäßig überschritten wurde**, d. h. ein über das höchstzulässige Maß der baulichen Nutzung hinausgehendes Bebauungsmaß realisiert wurde, soll dieses für die Wertermittlung maßgeblich sein. Die mit der Vorschrift geforderten Voraussetzungen dürften allerdings nur in Einzelfällen gegeben sein, denn der in der Rechtsnorm unterstellte Fall würde nämlich bedeuten, dass regelmäßig entsprechende Befreiungen erteilt worden sein müssen. Nach § 31 Abs. 2 BauGB ist dies indessen nur im Einzelfall zulässig (vgl. § 17 Abs. 5 BauNVO), sodass für ein „regelmäßiges" Abweichen eine Änderung des Bebauungsplans erforderlich wird. 84

Fazit: Grundsätzlich ist bei der Wertermittlung von Grundstücken von dem nach öffentlich-rechtlichen sowie privatrechtlichen Vorschriften höchstzulässigen Maß der baulichen Nutzung auszugehen. Wird hiervon im gewöhnlichen Geschäftsverkehr regelmäßig abgewichen, so ist das Maß der baulichen Nutzung der Wertermittlung zugrunde zu legen, das den gewöhnlichen Geschäftsverkehr maßgeblich bestimmt, und zwar bei 85

– dem zu bewertenden Grundstück am Wertermittlungsstichtag,

– den zum Preisvergleich herangezogenen Grundstücken zum Zeitpunkt des Erwerbs dieser Grundstücke.

2.3.3 Bestandsschutz

Schrifttum: *Mampel, D.,* Verkehrte Eigentumsordnung – Das Unwesen des verfassungsunmittelbaren Bestandsschutzes, ZfBR 2002, 327; *Sendler* in NVwZ 1990, 231. 86

---

31 BGH, Urt. vom 10.3.1977 – III ZR 195/74 –, BRS Bd. 34 Nr. 139 = EzGuG 18.72.
32 § 6 Abs. 1 Satz 2 ImmoWertV stellt insofern keine Ausnahmeregelung dar (so aber BR-Drucks. 352/88, S. 39).

▶ *Näheres hierzu Rn. 366 sowie bei § 4 ImmoWertV Rn. 34; § 5 ImmoWertV Rn. 191, 246 ff. 335; Teil VI Rn. 759; Teil V Rn. 680*

87 Im Falle einer Abweichung der tatsächlichen Nutzung von der bauplanungsrechtlichen Nutzbarkeit ist es regelmäßig geboten, den Bestandsschutz bei der Verkehrswertermittlung zu berücksichtigen.

Unter dem Bestandsschutz versteht man **Schutz einer in Übereinstimmung mit dem materiellen Recht errichteten baulichen Anlage bzw. einer baulichen Anlage, die nach ihrer Errichtung über einen wesentlichen Zeitraum dem materiellen Recht entsprochen hat** und demzufolge genehmigungsfähig war. Man unterscheidet zwischen

– dem einfachen bzw. *passiven* Bestandsschutz und
– dem erweiterten bzw. *aktiven* Bestandsschutz.

88 Der **einfache Bestandsschutz** berechtigt den Eigentümer, ein Bauwerk zu erhalten und weiterhin zu nutzen, auch wenn sich die Rechtslage zwischenzeitlich geändert hat und die Nutzung hiernach unzulässig ist.

Der **erweiterte Bestandsschutz** berechtigt den Eigentümer, ein materiell in zulässiger Weise errichtetes Bauwerk instand zu halten, instand zu setzen und zu erweitern, selbst wenn die Maßnahmen einer baurechtlichen Genehmigung (Zulassung) bedürfen.

2.4 Erhebliches Abweichen der tatsächlichen Nutzung von der zulässigen bzw. lagetypischen Nutzung

89 ▶ *Vgl. hierzu § 8 Abs. 3 ImmoWertV Rn. 345, 368 sowie § 16 ImmoWertV 223 ff.*

90 Weicht die auf einem Grundstück realisierte Nutzung nach Art oder Maß von der nach § 6 Abs. 1 ImmoWertV maßgeblichen zulässigen bzw. lagetypischen Nutzung ab, so kann die Notwendigkeit bestehen, dies ergänzend zu berücksichtigen.

2.5 Flächen, auf denen nach den Festsetzungen des Bebauungsplans nur bestimmte Wohngebäude errichtet werden dürfen

2.5.1 Übersicht

91 Die Regelungen des § 9 BauGB über die Möglichkeiten der Festsetzungen in den Bebauungsplänen sehen u. a. in **Abs. 1 Nr. 7 und 8** vor, dass im Bebauungsplan festgesetzt werden können:

„7. die Flächen, auf denen ganz oder teilweise nur Wohngebäude, die mit Mitteln des sozialen Wohnungsbaus *(soziale Wohnraumförderung)* gefördert werden können, errichtet werden dürfen;

8. einzelne Flächen, auf denen ganz oder teilweise nur Wohngebäude errichtet werden dürfen, die für Personengruppen mit besonderem Wohnbedarf bestimmt sind; ..."

2.5.2 Soziale Wohnraumförderung (Sozialer Wohnungsbau)

▶ *Hierzu Allgemeines Teil V Rn. 871 ff.; Teil VI Rn. 721 ff.*

92 Die Vorschrift des § 9 Abs. 1 Nr. 7 BauGB stellt im Kern eine Vorschrift dar, die **lediglich Einschränkungen bezüglich Größe der Wohnungen, Grundrissgestaltung und Ausstattung** der Gebäude vorgibt, ohne dass damit ein Anspruch auf Gewährung öffentlicher Mittel oder eine Verpflichtung zur Inanspruchnahme solcher Mittel verbunden ist (vgl. §§ 2, 7, 9 bis 17, 39 bis 41 II. WoBauG). Aus der Festsetzung folgt weder eine Pflicht für den Eigentümer oder Bauherrn, solche Mittel in Anspruch zu nehmen, noch begründet sie den Anspruch auf Bereitstellung von Wohnungsbauförderungsmitteln[33]. Dies alles verbleibt in der Entschei-

---

[33] BVerwG, Beschl. vom 17.12.1992 – 4 N 2/91 –, GuG 1993, 184 = BVerwGE 91, 318.

dung des Bauherrn sowie der fördernden Stelle. Im Ergebnis wird mit dieser Festsetzung zunächst lediglich die bauliche Gestaltungsfreiheit eingeschränkt, die im Hinblick auf die künftigen Bewohner des Gebiets nicht nur baulich das „Milieu" des Gebiets mitbestimmt.

Werden solche Mittel in Anspruch genommen, so ist damit keineswegs eine für den Bodenwert bedeutsame Ertragseinbuße verbunden, denn der damit einhergehenden Mietpreisbegrenzung stehen in aller Regel **Zinsvorteile aus verbilligten Darlehen** gegenüber, die für den Eigentümer letztlich Erträge darstellen. Sind die Darlehensvorteile größer als die Nachteile aus der Mietpreisbegrenzung, so könnte daraus gefolgert werden, dass dies dann auch auf die Bodenpreisbildung „durchschlägt". Eine von vergleichbaren Gebieten (ohne Festsetzung nach § 9 Abs. 1 Nr. 7 BauGB) abweichende Bodenpreisbildung konnte bislang allerdings nicht nachgewiesen werden. Zwar ist der in der **Rechtsprechung zur KostO** herausgestellten Feststellung zuzustimmen, dass eine **Festsetzung für den sozialen Wohnungsbau** (soziale Wohnraumförderung) **zu einem „eingeschränkten Interessentenkreis" führt,** jedoch folgt hieraus auch nicht zwangsläufig, dass dies zu Wertminderungen oder aber Werterhöhungen führt. Es ist ein „anderer" Teilmarkt[34]. 93

Jedes Grundstück ist entsprechend seiner Qualität einem besonderen **Teilmarkt** mit einem grundstücksspezifischen Käuferkreis zurechenbar. Es kommt bei alledem letztlich auf die mit der Festsetzung nach § 9 Abs. 1 Nr. 7 BauGB einhergehende Ertragsfähigkeit (insgesamt) an, um aus dieser Festsetzung eine wertmindernde oder werterhöhende Wirkung ableiten zu können. 94

2.5.3 Personengruppen mit besonderem Wohnbedarf

§ 9 Abs. 1 Nr. 8 BauGB zielt – vergleichbar mit der Nr. 7 – auf eine bestimmte bauliche Gestaltung der in dem Gebiet zu errichtenden Gebäude ab: 95
- Geschossigkeit,
- Wohnungsgröße,
- Raumaufteilung,
- Außenanlagen,
- artspezifische Zugänglichkeit usw. **(Personenbezogene Flächen).**

Es geht dabei i. d. R. um einen atypischen Wohnbedarf einer objektivierbaren bestimmten Personengruppe, z. B. nach Geschlecht, Alter, Einkommen sowie sozialen und soziologischen Gesichtspunkten (Behinderte, Studenten, Großfamilien)[35]. Ob sich aus einer Festsetzung nach § 9 Abs. 1 Nr. 8 BauGB ein gegenüber vergleichbaren Gebieten (ohne eine solche Festsetzung) geminderter oder erhöhter Wert ergibt, hängt von der Konkretisierung der Festsetzung und deren Auswirkungen auf die Ertragsfähigkeit ab. Erfahrungswerte liegen hierzu nicht vor. 96

Im Unterschied zu der Festsetzung i. S. des § 9 Abs. 1 Nr. 7 BauGB für den sozialen Wohnungsbau (soziale Wohnraumförderung) muss sich die **Festsetzung i. S. der Nr. 8 für Personengruppen mit besonderem Wohnbedarf** zur Vermeidung von Ghettobildungen auf einzelne Flächen beschränken. Dies entspricht dem Planungsgrundsatz des § 1 Abs. 5 Nr. 2 BauGB, nach dem einseitige Bevölkerungsstrukturen vermieden werden müssen. Personengruppen i. S. der Vorschrift sind insbesondere alte Menschen, Behinderte, Gastarbeiter, Studenten und Sanierungsverdrängte. Die Personengruppe muss in der Festsetzung genau bezeichnet werden. 97

Die Festsetzung i. S. des § 9 Abs. 1 Nr. 8 BauGB kann durch **Festlegung eines bestimmten Prozentsatzes des in Betracht kommenden Personenkreises** erfolgen, der im Rahmen der Baugenehmigung durch Auflagen oder aber durch Baulasten bzw. im Wege der Begründung von Dienstbarkeiten zur Durchsetzung gelangt. 98

---

34 LG München I, Beschl. vom 28.1.1999 – 13 T 10870/98 –, JurBüro 1999, 320 = EzGuG 14.132.
35 BVerwG, Beschl. vom 17.12.1992 – 4 N 2/91 –, ZfBR 1993, 138 = GuG 1993, 184; BVerwG, Urt. vom 11.2.1993 – 4 C 18/91 –, ZfBR 1993, 299.

2.5.4 Baurecht auf Zeit

Schrifttum: *Krautzberger, M.,* Bodenschutz Bodenrecht auf Zeit im Außenbereich, UPR 2010, 81; *Battis/Krautzberger/Löhr,* BauGB Komm., S. 198 Rn. 7 ff., S. 235 Rn. 98 ff.; *Berlemann/Halama,* Erstkomm. zum BauGB 2004, S. 346 ff.

99 Nach § 9 Abs. 2 BauGB kann in besonderen Fällen im Bebauungsplan festgesetzt werden, dass bestimmte der in ihm festgesetzten baulichen und sonstigen Nutzungen und Anlagen nur

1. für einen bestimmten Zeitraum zulässig oder
2. bis zum Eintritt bestimmter Umstände zulässig oder unzulässig sind.

Die Folgenutzung soll dabei jeweils festgesetzt werden.

Des Weiteren ist mit § 35 Abs. 5 Satz 2 BauGB für Außenbereichsvorhaben eine **Rückbauverpflichtung** bei bestimmten privilegierten Vorhaben eingeführt worden.

3 Wertbeeinflussende Rechte und Belastungen (§ 6 Abs. 2 ImmoWertV)

3.1 Allgemeines

100 ▶ *§ 1 ImmoWertV Rn. 63 ff.; zur Berücksichtigung vgl. § 8 ImmoWertV Rn. 391 ff., sowie zur Verkehrswertermittlung im Einzelnen vgl. die Erläuterungen im Teil VIII sowie § 1 ImmoWertV Rn. 63 ff.*

101 Die mit § 6 Abs. 2 ImmoWertV gegebenen Hinweise sind klarstellender Natur. Danach sind „wertbeeinflussende" Rechte und Belastungen bei der Verkehrswertermittlung grundsätzlich zu berücksichtigen[36].

102 § 6 Abs. 2 ImmoWertV spricht im Zusammenhang mit der Verkehrswertermittlung nur die „wertbeeinflussenden" Rechte und Belastungen an, denn solche, die den Verkehrswert nicht beeinflussen, können unbeachtlich bleiben. Der Verordnungsgeber hat es sich hier sehr leicht gemacht, denn diese Einschränkung gilt regelmäßig für die übrigen Grundstücksmerkmale gleichermaßen. Doch welche Rechte und Belastungen sind „wertbeeinflussend"?

103 **Wie wertbeeinflussende Rechte und Belastungen berücksichtigt werden,** wird in der ImmoWertV an verschiedenen Stellen geregelt:

– Nach § 5 Abs. 4 ImmoWertV sind bei der Klassifizierung des „baureifen Landes" nur die öffentlich-rechtlichen Vorschriften und nicht auch solche privatrechtlicher Art zu berücksichtigen. Diese Maßgabe ist aber nur für die Qualifizierung des Entwicklungszustands zu beachten und bedeutet nicht, dass privatrechtliche Rechte und Belastungen bei der Verkehrswertermittlung unberücksichtigt bleiben.

– Bei Anwendung des *Vergleichswertverfahrens* müssen nach § 15 Abs. 1 Satz 4 ImmoWertV auch Abweichungen des Wertermittlungsobjekts von den Vergleichsgrundstücken (auch vom Bodenrichtwertgrundstück, § 16 Abs. 1 Satz 4 ImmoWertV) hinsichtlich wertbeeinflussender Rechte und Belastungen berücksichtigt werden (ggf. nach § 8 Abs. 3 ImmoWertV).

– Bei Anwendung des *Ertragswertverfahrens* werden wertbeeinflussende Rechte und Belastungen, soweit sie nicht bereits nach den §§ 17 bis 20 ImmoWertV erfasst wurden, nach § 8 Abs. 3 ImmoWertV berücksichtigt; die Vorschrift nennt in diesem Zusammenhang allerdings nur wohnungs- und mietrechtliche Bindungen.

---

[36] In § 4 Abs. 3 Nr. 6 WertV 72 waren die wertbeeinflussenden Rechte und Belastungen den ungewöhnlichen oder persönlichen Verhältnissen zugeordnet (vgl. § 194 BauGB Rn. 23).

Rechte und Belastungen § 6 ImmoWertV IV

- Bei Anwendung des *Sachwertverfahrens* werden wertbeeinflussende Rechte und Belastungen, soweit sie nicht bereits nach den §§ 21 bis 23 ImmoWertV erfasst wurden, wiederum nach § 8 Abs. 3 ImmoWertV berücksichtigt.

Nach § 6 Abs. 2 ImmoWertV[37] kann es sich bei den wertbeeinflussenden Rechten und Belastungen um solche **104**

- privatrechtlicher und
- öffentlich-rechtlicher Art

handeln. Die Vorschrift nennt beispielhaft **Dienstbarkeiten, Nutzungsrechte, Baulasten sowie wohnungs- und mietrechtliche Bindungen.** Es handelt sich dabei um keinen abschließenden Katalog. Die genannten Rechte und Belastungen sind bei § 1 ImmoWertV Rn. 63 (Baulasten) erläutert.

Rechte und Belastungen können nach § 1 Abs. 2 ImmoWertV eigenständiger Gegenstand einer Wertermittlung sein (vgl. § 1 ImmoWertV Rn. 53); daneben sind sie als Zustandsmerkmal (§ 4 Abs. 2 ImmoWertV) des davon betroffenen Grundstücks bzw. der davon betroffenen Grundstücke zu berücksichtigen. Dies betrifft in erster Linie Grunddienstbarkeiten, die dem jeweiligen Eigentümer eines Grundstücks das Recht zur Benutzung eines anderen Grundstücks gewähren (§§ 1018 bis 1029 BGB). Dabei **muss zwischen dem aus der Grunddienstbarkeit resultierenden Vorteil für das herrschende Grundstück und dem Nachteil für das dienende Grundstück unterschieden werden.** Vor- und Nachteile können erfahrungsgemäß um ein Vielfaches auseinandergehen[38]. **105**

Neben dem **Verkehrswert** des unbelasteten und unberechtigten Grundstücks kann Gegenstand der Verkehrswertermittlung sein

a) der Verkehrswert des Rechts an einem Grundstück,

b) der Verkehrswert der Belastung eines Grundstücks,

c) der Verkehrswert des berechtigten Grundstücks und

d) der Verkehrswert des belasteten Grundstücks.

Folgende **Grundsätze** sind bei der **Wertermittlung von Rechten oder Belastungen an Grundstücken** zu beachten:

a) Ausgangspunkt ist grundsätzlich der Verkehrswert oder Bodenwert ohne Berücksichtigung der Belastung oder der Begünstigung;

b) der Verkehrswert des berechtigten (herrschenden) Grundstücks entspricht dem Verkehrswert des unberechtigten (unbelasteten) Grundstücks zuzüglich des Verkehrswert des Rechts (und umgekehrt),

c) der Verkehrswert des belasteten (dienenden) Grundstücks entspricht dem Verkehrswert des unbelasteten Grundstücks abzüglich des Verkehrswerts der Belastung (und umgekehrt),

d) der Verkehrswert eines Rechts an einem Grundstück muss nicht dem Verkehrswert der entsprechenden Belastung an dem Grundstück entsprechen und kann sogar erheblich davon abweichen.

e) Wertvorteil oder Wertminderung ergeben sich aus dem wirtschaftlichen Vor- oder Nachteil, wobei auf objektive Gesichtspunkte abzustellen ist.

f) Wird für die Einräumung eines Rechts künftig eine einmalige oder wiederkehrende Gegenleistung erbracht, so ist sie bei der Wertermittlung des Rechts oder der Belastung zu berücksichtigen. Ist sie bezogen auf die Belastung nachhaltig angemessen, so wirkt sich die Belastung i. d. R. nicht, oder nur geringfügig wertmindernd aus.

---
37 BT-Drucks. 7/4793, S. 28.
38 BGH, Beschl. vom 30.1.1957 – V ZR 263/56 –, BGHZ 23, 205 = EzGuG 14.5; KG Berlin, Urt. vom 10.7.1967 – 4 U 486/67 –, NJW 1968, 2014 = EzGuG 14.39.

g) Wird die Grundstücksqualität durch das Recht entscheidend geändert, so ist bei der Ermittlung des Grundstückswerts von dem durch das Recht geänderten Grundstückszustand auszugehen.

h) Bei befristeten Rechten und Belastungen ist der sich ergebende jährliche Vor- oder Nachteil über die Restlaufzeit zu kapitalisieren.

Nach den allgemeinen Grundsätzen der Ziff. 4.2 WERTR 06 soll

– bei Rechten und Belastungen, die sich auf *feste Zeiträume* beziehen, der **Zeitrentenbarwertfaktor** und

– bei Rechten und Belastungen, die *an das Leben einer oder mehrerer Personen gebunden* sind, der **Leibrentenbarwertfaktor**[39] herangezogen werden,

– der jeweils „angemessene, nutzungstypische **Liegenschaftszinssatz** zugrunde gelegt werden, der nach der Art des Grundstücks und der Lage auf dem Grundstücksmarkt zu bestimmen ist und in allen behandelten Fällen zu hinreichend genauen Ergebnissen führt."

Bei der Verkehrswertermittlung von Rechten ist **zu unterscheiden zwischen einem bestehenden Recht und dem Wert, der sich bei seiner Begründung ergibt**: Im Falle der Begründung von Rechten wird z. B. der Eigentümer des dienenden Grundstücks sich nicht nur an der sich für das dienende Grundstück ergebenden Wertminderung orientieren, er wird darüber hinaus auch am Wertzuwachs des künftig herrschenden Grundstücks partizipieren wollen, d. h. es bestehen Interdependenzen zwischen dem Verkehrswert des Rechts und dem Verkehrswert der Belastung. Bei alledem ist zu beachten,

1. ob der Verkehrswert eines bestehendes Rechts bzw. einer bestehenden Belastung oder

2. der Verkehrswert eines zu begründenden Rechts bzw. Belastung

zu ermitteln ist.

3.2 Pfandrechte

106 ▶ *Hierzu auch § 1 ImmoWertV Rn. 63 ff.*

Dass die **in Abteilung III eingetragenen Pfandrechte** nicht „wertbeeinflussend" sind, dürfte für den Regelfall gelten. Allerdings entstehen hier mitunter Definitionsprobleme, wenn nämlich an einem Grundstück Pfandrechte „hängen", die langfristig wirksam von jedem Erwerber des Grundstücks zu übernehmen sind und ihn besonders günstig oder ungünstig stellen. Sie stellen dann Gegebenheiten i. S. der Verkehrswertdefinition des § 194 BauGB dar, die im gewöhnlichen Geschäftsverkehr auch berücksichtigt werden; umgekehrt müssten schon ungewöhnliche Verhältnisse unterstellt werden, wenn z. B. beim Erwerb eines Grundstücks langfristig wirksame Pfandrechte mit überhöhtem Zins übernommen werden müssten und der Erwerber dies nicht wertmindernd berücksichtigen würde[40].

---

39 Leibrentenfaktoren werden unter der Bezeichnung „Kommutationszahlen und Versicherungswerte für Leibrenten 20../20.." in unregelmäßigen Abständen vom Statistischen Bundesamt veröffentlicht (E-Mail: info@destatis.de). Zuletzt Kommutationszahlen 2002/2004, 2005/2007.

40 BGH, Urt. vom 2.4.1954 – V ZR 135/52 –, BGHZ 12, 380 = EzGuG 19.3b; BGH, Beschl. vom 13.6.1958 – V ZR 268/56 –, NJW 1958, 1397 = EzGuG 14.8; OLG Köln, Beschl. vom 18.10.1958 – 9 W 20/58 –, MDR 1959, 223 = EzGuG 20.23; OLG Köln, Urt. vom 16.9.1960 – 4 U 152/59 –, NJW 1961, 785 = EzGuG 20.27; OLG München, Beschl. vom 13.1.1981 – 5 W 2607/80 –; MDR 1981, 501 = EzGuG 13.35c; LG Köln, Beschl. vom 21.7.1976 – 70 O 40/76 –, NJW 1977, 255 = EzGuG 19.30; RFH, Urt. vom 8.10.1926 – II A 429/26 –, JW 1928, 44 = EzGuG 14.1a; BFH, Urt. vom 14.8.1953 – III 33/53 U –, BFHE 57, 733 = EzGuG 20.16a; a. A. LG Köln, Beschl. vom 21.7.1976 – 70 O 40/76 –, NJW 1977, 255 = EzGuG 19.30.

4 Abgabenrechtlicher Zustand (§ 6 Abs. 3 ImmoWertV)

▶ *Zur Berücksichtigung von Abgaben und Beiträgen vgl. Syst. Darst. des Vergleichswertverfahrens Rn. 318 ff.* 107

Für die Höhe des Verkehrswerts kommt es nicht allein auf die tatsächlichen Zustandsmerkmale des Grundstücks an. Daneben muss nach § 6 Abs. 3 ImmoWertV stets geprüft werden, ob und vor allem von wem grundstücksbezogene **öffentlich-rechtliche Beiträge und sonstige nichtsteuerliche Abgaben noch zu entrichten** sind. 108

Für den abgabenrechtlichen Zustand des Grundstücks ist nach § 6 Abs. 3 ImmoWertV die Pflicht zur Entrichtung von nicht steuerlichen Abgaben maßgebend. „Abgaben" ist der Oberbegriff für Steuern, Gebühren und Beiträge, jedoch sind Steuern (i. S. der Definition des § 3 Abs. 1 AO) ausdrücklich mit § 6 Abs. 3 ImmoWertV ausgenommen. 109

- **Beiträge** sind nichtsteuerliche Abgaben, die durch den Aufwandersatz für bestimmte Leistungen und die Vorteilsverschaffung für bestimmte Personen gekennzeichnet sind.
- **Gebühren** sind nach § 3 Abs. 1 des Verwaltungskostengesetzes (VwKostG) des Bundes gesetzliche oder aufgrund eines Gesetzes festgelegte Entgelte für die Inanspruchnahme oder Leistung der öffentlichen Verwaltung; damit unterscheiden sie sich von den Steuern, die nicht im Zusammenhang mit einer konkreten Gegenleistung stehen[41].
- **Auslagen** sind Aufwendungen, die eine Behörde im Interesse einer kostenpflichtigen Amtshandlung als Zahlung an Dritte zu leisten hat[42], wobei zur Vermeidung gesonderter Berechnungen der Auslagen die Kosten der Auslagen in die Gebühr einbezogen werden können.

Zur Feststellung des „abgabenrechtlichen Zustands" geht es in erster Linie um die Feststellung des „beitragsrechtlichen" Zustands.

Insbesondere folgende **nichtsteuerliche Abgaben** können für die Verkehrswertermittlung von Belang sein: 110

- Erschließungsbeiträge nach den §§ 123 ff. BauGB,
- Umlegungsausgleichsleistungen nach § 64 BauGB,
- Ausgleichsbeträge nach den §§ 154 ff. BauGB sowie § 24 Bundes-Bodenschutzgesetz,
- Abgaben nach den Kommunalabgabengesetzen (KAG) der Länder,
- Ablösebeiträge für Stellplatzverpflichtungen,
- Naturschutzrechtliche Ausgleichsabgaben (Kostenerstattungsbetrag nach § 135a BauGB),
- Versiegelungsabgaben,
- Sielbeiträge,
- Ablösungsbeträge nach Baumschutzsatzungen,
- Beiträge aufgrund von Satzungen der Wasser- und Bodenverbände.

Unter die Regelung des § 6 Abs. 3 ImmoWertV fallen indessen nicht die üblicherweise **beim Erwerb eines Grundstücks anfallenden Gebühren** (für Teilungsgenehmigungen, Grundbucheintragungen) sowie Notariats- und Vermessungskosten. Bei Anwendung des Vergleichswertverfahrens gehen derartige Gebühren und Kosten bereits in die Vergleichspreise ein; soweit es sich um besondere aus Anlass des Erwerbs oder der Veräußerung entstandene Entgelte handelt, die von den üblicherweise vertraglich vereinbarten Entgelten abweichen, 111

---

[41] BVerfG, Urt. vom 16.1.2003 – 1 BvR 2222/02 –, NVwZ 2003, 858; BVerfG, Beschl. vom 11.10.1966 – 2 BvR 179, 476, 477/64 –, BVerfGE 20, 257 = BGBl. I 1966, 138.
[42] § 10 VwKostG, §§ 136 ff., KostO, §§ 91 ff. GKG.

gilt dieser Umstand nach § 7 ImmoWertV als „ungewöhnliche oder persönliche Verhältnisse", die grundsätzlich unberücksichtigt bleiben müssen.

112 Ist von einem Gemeinwesen eine besondere grundstücksbezogene Leistung, z. B. die Erschließung eines Grundstücks i. S. der §§ 123ff. BauGB oder die Sanierung eines Gebiets nach Maßgabe des besonderen Sanierungsrechts der §§ 136 bis 156 BauGB erbracht worden, so weist das Grundstück nach seinen tatsächlichen Zustandsmerkmalen eine entsprechend höherwertige Qualität auf. Eine entsprechende Werterhöhung tritt aber erst ein, wenn der dafür zu entrichtende Beitrag auch entrichtet worden ist. Das „erschlossene" Grundstück ist bis dahin erschließungsbeitragspflichtig (ebpf) zu bewerten. Ausgehend von dem Wert eines erschließungsbeitragsfreien (ebf) Grundstücks, lässt sich der **Verkehrswert** grundsätzlich durch Abzug des vom Eigentümer oder **im Falle der Veräußerung des Grundstücks vom Erwerber (noch) aufzubringenden Beitrags** ermitteln. Jeder vernünftige Erwerber muss nämlich bei der Kaufpreisbemessung den Betrag in Rechnung stellen, den er als künftiger Eigentümer (noch) zu entrichten hat, es sei denn, dies wird vom Veräußerer vertraglich übernommen oder die Beitragspflicht verbleibt nach den gesetzlichen Bestimmungen bei dem bisherigen Eigentümer.

113 Erst wenn der Beitragspflichtige nach Maßgabe der einschlägigen Bestimmungen feststeht, ist eine neue Situation gegeben:

114 a) Unproblematisch sind die Fälle, in denen der Beitragspflichtige einen fällig gestellten **Beitrag entrichtet** hat. In diesen Fällen kann von einem beitrags- und abgabenrechtlich freien Grundstückszustand ausgegangen werden (z. B. einem erschließungsbeitrags- bzw. ausgleichsbetragsfreien Zustand). Wertermittlungstechnisch kann also direkt von Vergleichsgrundstücken ausgegangen werden, die in ihren tatsächlichen Zustandsmerkmalen dem Wertermittlungsobjekt entsprechen und die selbst auch nicht beitragspflichtig sind.

115 b) Problematisch sind indessen die Fälle, in denen der Beitragspflichtige feststeht, dieser aber den **Beitrag noch zu entrichten** hat, sei es, dass der Beitrag noch nicht fällig gestellt wurde, oder sei es, dass er in Zahlungsverzug steht. Hier sind folgende Überlegungen anzustellen:

- Befindet sich das Grundstück, für das der Beitrag noch zu entrichten ist, in der Hand des Eigentümers, so verkörpert sich für ihn in dem Grundstück ein entsprechend abgesenkter Wert. Dies muss insbesondere auch für Beleihungsinstitute gelten, denn ein noch nicht entrichteter Beitrag kann insoweit vermögensmäßig nicht dem Grundstückswert zugerechnet werden.

- Der Erwerber eines Grundstücks erwirbt indessen ein beitragsfreies Grundstück, wenn die Beitragspflicht den früheren Eigentümer trifft. Der Käufer übernimmt allerdings ein Risiko, wenn der Beitrag als öffentliche Last auf dem Grundstück ruht. Die Gemeinde kann z. B., wenn der Erschließungsbeitragspflichtige seiner Beitragspflicht möglicherweise nicht nachkommt, gegen den neuen Eigentümer zur Sicherung des Anspruchs einen entsprechenden Duldungs- oder Haftungsbescheid erlassen[43].

116 Damit ist die Frage aufgeworfen, ob in den Fällen, in denen der Beitragspflichtige nach Maßgabe der einschlägigen Rechtsgrundlage feststeht, als *Verkehrswert* des Grundstücks der des beitragsfreien oder der des beitragspflichtigen Grundstücks zu ermitteln ist. Zur Beantwortung dieser Frage wird in Erinnerung gerufen, dass der Verkehrswert als der Wert definiert ist, den die **Sache für jedermann und nicht nur für eine bestimmte Person** hat (vgl. § 194 BauGB Rn. 31 f.). Deshalb ist grundsätzlich als Verkehrswert der entsprechend höhere Wert zu ermitteln, wobei sich lediglich für das Grundstück in der Hand des beitragspflichtigen Eigentümers ein niedrigerer Wert (Preis) ergibt.

117 Wie sich diese Betrachtungsweise im Einzelnen bei den unterschiedlichen Beitragsarten auf die Verkehrswertermittlung auswirkt, wird in der Syst. Darst. des Vergleichswertverfahrens Rn. 318 ff. erläutert.

---

43 BVerwG, Urt. vom 20.9.1974 – 4 C 32/72 –, BVerwGE 47, 49 = EzGuG 9.19.

5 Lage (§ 6 Abs. 4 ImmoWertV)

5.1 Allgemeines

Marktberichte: *Allianz Dresdner Immobiliengruppe, DEGI:* Standortbezogene Marktreporte und spezielle Marktanalysen; *Müller International:* City reports; *Aengevelt:* City Report Investment; *Jones Lang Lasalle:* Investmentmarkt Deutschland, Überblick über Einzelhandel in Deutschland, Oscar, Büronebenkostenanalyse, Gewerbegebiet Report, City Profile, European Office Index; *Engels & Völkers:* Markt- und Frequenzberichte; *DTZ Zadelhoff Tie Leung:* Konjunkturbarometer; *Mütze/Abel/Senff,* Immobilieninvestitionen, München 2009, S. 1.

▶ *Hierzu auch Syst. Darst. des Vergleichswertverfahrens Rn. 376 ff. sowie Teil V Rn. 149 ff., 186 ff., 236 ff., 288 ff.; zur Wohnlage Syst. Darst. des Vergleichswertverfahrens Rn. 385 ff.; zur Gewerbe- und Geschäftslage vgl. Teil V Rn. 150 und 239 ff. sowie § 18 Rn. 158 ff.; im industriell-produzierenden Bereich (einschließlich Lager- und Logistikimmobilien sowie Gewerbeparks) vgl. Teil V Rn. 176 ff., bei Sonderimmobilien einschließlich Freizeitimmobilien vgl. Teil V Rn. 313 ff., 499 ff.* 118

Die **Lage ist in der Verkehrswertermittlung der umfassendste** und vielleicht **aber auch** 119 **der schillerndste Begriff.** Gemeinhin wird hierzu die Auffassung vertreten, dass die Lage der eigentliche verkehrswertdominante Faktor ist. Dies kommt auch in der immer wieder angeführten lapidaren Feststellung zum Ausdruck, nach der der Verkehrswert lediglich durch drei Größen bestimmt werde: der Lage, der Lage und wiederum der Lage *(location, location, location).*

Eine **Vielzahl von Lagemerkmalen wird bei der Verkehrswertermittlung aber bereits** 120 **dadurch berücksichtigt, dass man bei der Auswahl von Vergleichspreisen, Ertragsverhältnissen und Normalherstellungskosten** (nach Maßgabe der § 5 ImmoWertV, den übrigen Regelungen des § 6 ImmoWertV sowie der §§ 17 bis 23 ImmoWertV) grundsätzlich solche Vergleichsdaten heranzieht, die mit dem zu bewertenden Objekt lagemäßig vergleichbar sind, sodass es nur noch lagebedingte „Restunterschiede" zu berücksichtigen gilt. Dennoch kann der Beachtung der Lage nicht genug Aufmerksamkeit geschenkt werden.

Die individuellen Lagemerkmale eines Grundstücks werden weitgehend bereits nach den 121 übrigen Regelungen des § 6 ImmoWertV erfasst. Abs. 4 ergänzt diese Vorschriften durch Hinweise zur **Lagebeziehung eines Grundstücks zu seiner Umgebung.** Die Vorschrift führt zur Beurteilung der Lage des Grundstücks beispielhafte eine Reihe von Lagebezeichnungen auf; ohne deren Lagemerkmale zu konkretisieren. Ausdrücklich genannt werden:

1. die Verkehrslage,
2. die Nachbarschaft,
3. die Wohn- und Geschäftslage sowie
4. die Umwelteinflüsse.

Es handelt sich hierbei nicht um einen abschließenden Katalog.

Zur Qualifizierung der wesentlichen **Lagemerkmale des Wertermittlungsobjekts und der** 122 **Vergleichsgrundstücke** empfiehlt es sich, auf die wesentlichen, möglichst „messbaren" preisbestimmenden Eigenschaften der jeweiligen Grundstücksart abzustellen, um die Unterschiede angemessen berücksichtigen zu können. Im Einzelnen können dies sein:

a) Unterschiedliche *Wohnlagen,* wobei neben der Verkehrsanbindung und den Umwelteinflüssen vor allem die ein ruhiges und angenehmes Wohnen bestimmenden Faktoren (Nähe zu Freizeiteinrichtungen; Begrünung usw.) von Bedeutung sind.

b) Unterschiedliche *Geschäftslagen,* die sich in unterschiedlichen Ertragsverhältnissen ausdrücken können (vgl. Teil VI Rn. 255 ff., Passantenfrequenz[44], „Passantenqualität").

---
[44] GuG 1995, 361; GuG 2001, 40.

c) Unterschiedliche *Verkehrslagen*, z. B. aufgrund unterschiedlicher Entfernungen zum Zentrum oder aufgrund der Verkehrsanbindung durch Straßen und öffentliche Nahverkehrsmittel.

d) Unterschiedliche *Immissionslagen*, z. B. bezüglich Schadstoffen, Lärm, Geruch und Erschütterungen (vgl. Rn. 132 ff.).

5.2 Lagetypen

123 Bezüglich der Lage eines Grundstücks wird nach einer Vielzahl von Lagetypen ohne standardisierte Begriffe unterschieden. Allgemein kann zwischen der so genannten **Makro- und Mikrolage** unterschieden werden.

Ohne Anspruch auf Vollständigkeit werden nachfolgend eine Reihe häufig verwandter Lagetypen aufgeführt:

1. Wohn-, Gewerbe- und Geschäftslage,
2. stadträumliche Lagen (Nahbereichs-, Stadtteil- und Subzentrum, Innenstadtlage, Randlage usw.),
3. Streulage,
4. Verkehrslage,
5. Lauflage (Teil V Rn. 287),
6. Emissionslage,
7. Nachbarschaftslage,
8. Süd-, West-, Nord- und Ostlage,
9. Hanglage,
10. Sonnenlage,
11. Einkaufslage, vielfach gegliedert nach

    1a – Luxus- bzw. Konsumlage, mit höchster Passantenfrequenz bzw. Passantenqualität,

    1b – Lage mit dichtem Geschäftsbesatz, durch andere Nutzung unterbrochen,

    1c – Lage mit dünnem Geschäftsbesatz und zahlreichen Unterbrechungen durch andere Nutzungen (vgl. Teil V Rn. 249),

12. Passantenlage,
13. Ecklage.

5.3 Beeinträchtigungen der Lageverhältnisse

5.3.1 Allgemeines

124 **Beeinträchtigungen der Lageverhältnisse**, von wem sie auch ausgehen mögen, **mindern grundsätzlich den Verkehrswert eines Grundstücks.** Bei der Verkehrswertermittlung sind die Beeinträchtigungen in dem Maße zu berücksichtigen, wie dies im gewöhnlichen Geschäftsverkehr, d. h. im freien Spiel zwischen Angebot und Nachfrage, entspricht.

125 Eine weitere in diesem Zusammenhang auftretende Frage ist, ob und in welchem Umfang eine von dritter Seite bewirkte Beeinträchtigung der Lageverhältnisse zu Entschädigungsansprüchen führt[45]. Generell lässt sich hierzu feststellen, dass Entschädigungsansprüche in der Rechtsprechung bejaht werden, wenn einerseits bestehende Lageverhältnisse zur eigentums-

---

45 Zum Verhältnis des sog. bürgerlich-rechtlichen Aufopferungsanspruchs (nachbarrechtlichen Ausgleichsanspruchs) zum öffentlich-rechtlichen Entschädigungsanspruch BGH, Urt. vom 15.6.1967 – III ZR 23/65 –, BGHZ 48, 98 = EzGuG 13.14; zum Ausgleichsanspruch bei mehreren Immittenten BGH, Urt. vom 13.2.1976 – V ZR 55/74 –, BGHZ 66, 70 = EzGuG 13.26.

rechtlich gesicherten Rechtsposition des Eigentümers eines Grundstücks gehören und diese andererseits in einem die Zumutbarkeitsschwelle überschreitenden Maße beeinträchtigt werden. In diesem Fall empfiehlt es sich, bei der Verkehrswertermittlung **neben dem geminderten Verkehrswert** auch auf ggf. **bestehende Entschädigungsansprüche** hinzuweisen. Dies gilt insbesondere dann, wenn im Falle der Veräußerung des Grundstücks der Entschädigungsanspruch auf den Erwerber übergeht. Denn es muss dem gewöhnlichen Geschäftsverkehr zugerechnet werden, dass ein derartiger Entschädigungsanspruch bei der Bemessung angemessen berücksichtigt wird.

Nachstehend wird deshalb auf die von der Rechtsprechung entwickelten **Grundsätze zur Entschädigung für Eingriffe in die Rechtsposition des Eigentümers** eingegangen: **126**

5.3.2 Baumaßnahmen

▶ *Vgl. Zu Baulärm Rn. 258; § 18 ImmoWertV Rn. 223*

Die Beeinträchtigungen eines Grundstücks durch die auf einem Nachbargrundstück stattfindenden Baumaßnahmen sind i. d. R. nur vorübergehend und können deshalb den Verkehrswert eines Grundstücks kaum nachhaltig mindern. Besonders betroffen sind diesbezüglich allerdings gewerblich genutzte Grundstücke, insbesondere wenn es sich um längerfristig hinzunehmende Baumaßnahmen handelt. Baumaßnahmen können die Zugänglichkeit des Grundstücks beeinträchtigen und es erheblichem Baulärm, Staub und Erschütterungen aussetzen. **127**

Entsprechend der jeweiligen Branche kann damit ein gewerblich genutztes Grundstück vorübergehend, aber im Einzelfall auch auf Dauer in seiner Nutzbarkeit beeinträchtigt werden. Wird dabei die **Zumutbarkeitsgrenze** überschritten, kann der Ausgleichsanspruch geltend gemacht werden. Im Streitfalle ist es Aufgabe des Tatrichters, die Zumutbarkeitsgrenze unter Abwägung aller Umstände des Einzelfalls sowie unter Einbeziehung von Billigkeitsgesichtspunkten zu bestimmen[46]. Dabei ist es die Lage des Grundstücks, die die Grenze des entschädigungslos Zumutbaren mitbestimmt[47]. **128**

5.3.3 Standfestigkeit

Wird die Nutzbarkeit eines Grundstücks durch Vertiefungen auf dem Nachbargrundstück beeinträchtigt, so führt dies i. d. R. zu einer Minderung des Marktwerts (Verkehrswerts). Die Maßnahmen können insbesondere dann einen **entschädigungspflichtigen Eingriff** darstellen, wenn dadurch die Standfestigkeit baulicher Anlagen beeinträchtigt wird (nachbarrechtlicher Ausgleichsanspruch nach § 906 BGB). Sie können auch einen entschädigungspflichtigen Eingriff darstellen, wenn beim Bau einer Erschließungsanlage das Straßengelände in der Weise vertieft wird, dass auf einem benachbarten Hausgrundstück eine senkrecht abfallende ungesicherte Böschung entsteht und der Boden die erforderliche Stütze verliert[48]. Auch die Beeinträchtigung der Standfestigkeit eines Hauses infolge der von einer gemeindlichen Kanalisationsanlage ausgehenden Dränagewirkung, verbunden mit der Austrocknung des Grundstücks, kann als unmittelbar enteignender Eingriff angesehen werden[49]. **129**

---

46 BGH, Urt. vom 31.5.1974 – V ZR 114/72 –, BGHZ 62, 361 = EzGuG 13.22; BGH, Urt. vom 22.11.1967 – V ZR 11/67 –, BGHZ 49, 148.
47 BGH, Urt. vom 26.9.1975 – V ZR 204/73 –; BRS Bd. 34 Nr. 32; zur Ortsüblichkeit BGH, Urt. vom 30.5.1962 – V ZR 121/60 –, NJW 1962, 1342 = EzGuG 13.3; VGH Mannheim, Urt. vom 7.6.1989 – 5 S 3040/87 –, UPR 1990, 118 = EzGuG 13.106a; OLG Düsseldorf, Urt. vom 24.2.1994 – 18 U 135/93 –, NJW 1994, 3173 =EzGuG 13.129.
48 BGH, Urt. vom 7.2.1980 – III ZR 153/78 –, NJW 1980, 1679 = EzGuG 4.71; BGH, Urt. vom 26.10.1978 – III ZR 26/77 –, BGHZ 72, 289 = EzGuG 4.62.
49 BGH, Urt. vom 10.11.1977 – III ZR 121/75 –, NJW 1978,1051 = EzGuG 4.54 in Ergänzung zu BGH, Urt. vom 20.12.1971 – III ZR 110/69 –, BGHZ 57, 370 = EzGuG 3.37a; weitere Rechtsprechung; BGH, Urt. vom 19.1.1979 – V ZR 105/76 –, BB 1979, 1631 = EzGuG 7.64; BGH, Urt. vom 21.2.1980 – III ZR 185/78 –, NJW 1980, 2580 = EzGuG 4.72; BGH, Urt. vom 18.12.1987 – V ZR 223/85 –, BGHZ 103, 39 = EzGuG 4.119; zu eindringenden Baumwurzeln: BGH, Urt. vom 2.12.1988 – V ZR 26/88 –, BGHZ 106, 142 = EzGuG 4.123; BGH, Urt. vom 8.3.1990 – III ZR 141/88 –, NJW 1990, 3194 = MDR 1991; 228; BGH, Urt. vom 21.10.1994 – V ZR 12/94 –, AgrarR 1995, 341; BGH, Urt. vom 12.7.1996 – V ZR 280/94 –, BauR 1996, 877; BGH, Urt. vom 12.3.2003 – V ZR 98/03 –, BlnGE 2004, 418.

5.3.4 Zugänglichkeit des Grundstücks

130 Zum Eigentum von Grundstücken an öffentlichen Straßen gehört die **Verbindung mit der Straße** und damit die **Benutzbarkeit des Grundstücks** derart, dass der Eigentümer über die Grenzen seines Grundstücks auf die vorbeiführende Straße gelangen kann. Wird ein Zugang durch Straßenbaumaßnahmen und damit die bisherige Benutzbarkeit des Grundstücks verändert und infolgedessen sein Verkehrswert nicht unerheblich gemindert, kann darin ein entschädigungspflichtiger Eingriff liegen[50]. Voraussetzung ist, dass als Folge der Veränderung die Verbindung zur öffentlichen Straße bei wirtschaftlicher Betrachtung so beeinträchtigt wird, dass bereits eine Wertminderung des Grundstücks und damit ein Substanzverlust des Grundstücks selbst eingetreten ist[51]. Ein entschädigungspflichtiger enteignender Eingriff in ein Anliegergrundstück liegt auch vor, wenn dessen Zugänglichkeit (Zufahrt im weiteren Sinne) durch verkehrsregelnde Maßnahmen für dauernd wesentlich beeinträchtigt (erheblich erschwert) wird[52].

131 Ein Entschädigungsanspruch ist auch gegeben, wenn durch **Höherlegung einer Straße** die Zufahrt oder der Zugang von und zu einem anliegenden Grundstück wesentlich erschwert wird. Entscheidend für die Erheblichkeit des Eingriffs ist wiederum, dass die Benutzbarkeit des Grundstücks wesentlich beeinträchtigt und der Vermögenswert infolgedessen gemindert ist[53]. Die Entschädigung bemisst sich regelmäßig nach dem Aufwand, der erforderlich ist, um eine der bisherigen entsprechende Benutzbarkeit des Grundstücks wiederherzustellen[54]. Allein eine Minderung des Verkehrswerts dadurch, dass infolge der Höherlegung einer Straße verstärkt in ein Grundstück eingesehen werden kann und es optisch einen ungünstigeren Eindruck als vor Durchführung der Maßnahme erweckt, begründet für sich allein noch keine Enteignungsentschädigung[55].

▶ *Vgl. zu alledem § 8a FStrG*

5.3.5 Verkehrslage

132 Was im Einzelfall als eine gute oder schlechte Verkehrslage anzusehen ist, lässt sich nicht nach allgemein gültigen Kriterien bestimmen und hängt entscheidend von der jeweils im Einzelfall gegebenen Nutzung ab.

– Eine überregionale Anbindung an (internationale) Verkehrsflughäfen, das Intercitynetz und die Bundesautobahn ist insbesondere für eine gewerbliche Nutzung ein entscheidender Standortfaktor.

– Innerstädtisch bestimmt sich die Verkehrslage insbesondere durch das örtliche Straßenverkehrsnetz und den öffentlichen Personennahverkehr (ÖPNV).

– Im Bereich des Wohnens steht die „gute" Verkehrsanbindung sowohl im Individualverkehr als auch im öffentlichen Personennahverkehr (ÖPNV) bei gleichzeitig ruhiger Wohnlage im Vordergrund.

– Im gewerblichen Bereich und hier insbesondere im Bereich des Einzelhandels steht nach wie vor die Erreichbarkeit mit dem Pkw im Vordergrund. Trotz großer Anstrengungen zur Verbesserung des ÖPNV gilt hier die Regel *„No parking – no shopping"* und aus dieser

---

[50] Vgl. § 8a FStrG.
[51] BGH, Urt. vom 11.1.1979 – III ZR 120/77 –, NJW 1979, 1943 = EzGuG 18.85.
[52] OLG München, Urt. vom 21.10.1974 – 2 Z 180/73 –, NJW 1975, 693 = EzGuG 18.61.
[53] BGH, Urt. vom 2.7.1959 – III ZR 76/58 –, BGHZ 30, 241 = EzGuG 18.10; BGH, Urt. vom 2.7.1959 – III ZR 81/58 –, BGHZ 30, 241 = EzGuG 18.11.
[54] BGH, Urt. vom 31.1.1963 – III ZR 88/62 –, BRS Bd. 19 Nr. 37 = EzGuG 18.19; BGH, Urt. vom 31.1.1963 – III ZR 94/62 –, DB 1963, 651 = EzGuG 18.20; LG Oldenburg, Urt. vom 18.10.1955 – 1 O 311/54 –, BBauBl. 1956, 483 = EzGuG 18.4; OLG Hamburg; Urt. vom 26.1.1965 – 1 U 91/63 –, MDR 1965, 660 = EzGuG 18.26; OLG Nürnberg, Urt. vom 14.6.1967 – 4 U 34/67 –, NJW 1968, 654 = EzGuG 18.37; LG Frankfurt am Main, Urt. vom 10.7.1969 – 2/4 O 147/68 –, NJW 1969, 1964 = EzGuG 18.44; BGH, Urt. vom 11.6.1970 – III ZR 74/67 –, BRS Bd. 26 Nr. 55 = EzGuG 18.52.
[55] BGH, Urt. vom 11.10.1973 – III ZR 159/71 –, NJW 1974, 53 = EzGuG 18.60.

Regel ziehen die peripher gelegenen Einkaufszentren ihre Attraktivität *(„one-stop-parking")*.

Der Pkw dominiert als Verkehrsmittel des innerstädtischen Einzelhandels. Nur rd. ein Drittel der innerstädtischen Einzelhandelsbesucher greift auf öffentliche Verkehrsmittel zurück. Nur in wenigen Fällen wird bei der Einkaufsfahrt in die Innenstadt auf das *„Park and Ride"* zurückgegriffen. Die Mitnahme der Waren in öffentlichen Verkehrsmitteln und das Umladen in den Pkw werden als lästig empfunden. Die Pkw-Benutzer sind in der Gesamtbilanz des Einzelhandels mit rd. 44 % vertreten, jedoch tätigten sie im Jahre 2000 nahezu 57 % des Umsatzes. Einkäufe ab 130 € sind bei Pkw-Benutzern nahezu doppelt so häufig wie bei allen anderen Verkehrsteilnehmern. Der Anteil der ÖPNV-Benutzer hat sich zwischen 1996 und 2000 gerade einmal um ein halbes Prozent erhöht (Abb. 16).

Abb. 16: Umsatzanteile in %, aufgeteilt nach der Wahl des Verkehrsmittels

	Anteil der Besucher in %	Anteil am Umsatz in %
Zu Fuß	16,0	11,1
Fahrrad	5,4	2,6
ÖPNV/ÖV	32,7	28,8
Pkw	44,4	56,7
Sonstige	1,5	0,8

Quelle: Bundesarbeitsgemeinschaft der Mittel- und Großbetriebe des Einzelhandels e.V. (BAG), Friedrichstr. 60 in 10177 Berlin; Ergebnisse der Untersuchung Kundenverkehr 2000

Je größer die Stadt ist, desto geringer ist der Anteil der Pkw-Benutzer. In Städten unter 50 000 E sind die Pkw-Anteile sowie der Anteile für Fußgänger und Fahrradfahrer fast doppelt so hoch wie bei Städten über 500 000 E (Abb. 17).

Abb. 17: Verkehrsmittel nach Ortsgröße

Ortsgröße	zu Fuß/Fahrrad			Pkw			ÖPNV		
	1984	1988	2000	1984	1988	2000	1984	1988	2000
	Angaben in %			Angaben in %			Angaben in %		
unter 50 000 E	20,6	17,5	rd. 19	57,7	64,4	rd. 64	13,5	11,3	rd. 10
50 000 bis 100 000 E	18,4	15,8		53,6	59,6		20,8	18,5	
100 000 bis 250 000 E	16,2	14,9		50,1	54,8		27,5	24.6	
250 000 bis 500 000 E	16,0	14,3		47,0	51,4		31,2	28,5	
500 000 E und mehr	15,6	14,1	rd. 12	37,2	40,4	rd. 31	42,6	40,7	53,5
Zentrum	8,5	7,9		38,7	41,2		48,6	46,3	
Unterzentrum	30,2	25,9		37,4	43,4		25,6	24,8	

Quelle: Bundesarbeitsgemeinschaft der Mittel- und Großbetriebe des Einzelhandels e.V. (BAG), Friedrichstr. 60 in 10177 Berlin; Ergebnisse der Untersuchung Kundenverkehr 2000

IV § 6 ImmoWertV Lärm

135 Für das **Fortbestehen von Vorteilen, die sich aus einer bestimmten Verkehrslage ergeben,** besteht grundsätzlich keine eigentumsrechtlich gesicherte Rechtsposition[56]. Eine Ausnahme besteht nur, wenn Licht, Luft und Wasser abgeschnitten werden. Auch in Bezug auf *landwirtschaftliche Betriebe* hat der BGH entschieden, dass eine durch einen öffentlichen Weg vermittelte günstige Verbindung zwischen zwei zu demselben landwirtschaftlichen Betrieb gehörenden Grundstücken nicht dem Eigentum an diesem Betrieb zugerechnet werden kann und ein Anspruch auf Erhalt dieses Vorteils nicht besteht[57].

136 **Entschädigungsansprüche** können sich **für Betriebe** im Zusammenhang mit der Entschädigung **für eine die Opfergrenze überschreitende Beeinträchtigung durch Baumaßnahmen ergeben**[58]. Wird die Verkehrsführung einer Straße im zeitlichen Anschluss an Baumaßnahmen zum Nachteil des Anliegers geändert, so wirkt sich dies auf den Entschädigungsanspruch des Betriebs bereits von dem Zeitpunkt an aus, in dem die neue Verkehrsführung aufgrund der unanfechtbaren Planaufstellung eingetreten wäre[59].

5.3.6 Immissionslage

137 ▶ *Vgl. § 18 ImmoWertV Rn. 223 f.*

Aufgrund des gestiegenen Umweltbewusstseins können schädliche auf ein Grundstück einwirkende Immissionen zu erheblichen Belästigungen und somit zu Wertminderungen führen. Unter **Immissionen** definiert § 3 Abs. 2 BImSchG auf Menschen, Tiere und Pflanzen, den Boden, das Wasser, die Atmosphäre sowie Kultur- und Sachgüter einwirkende Luftverunreinigungen, Geräusche, Erschütterungen, Licht, Wärme, Strahlen und ähnliche Umwelteinwirkungen. Emissionen sind dagegen die von einer Anlage ausgehenden Luftverunreinigungen, Geräusche, Erschütterungen, Licht, Wärme, Strahlen und ähnliche Erscheinungen (§ 3 Abs. 3 BImSchG).

6 Lärm

6.1 Allgemeines

138 Einwirkungen von Lärm auf ein Grundstück, häufig mit Rauch, Staub und Erschütterungen verbunden, wirken sich mehr oder mindernd auch auf den Verkehrswert des Grundstücks aus. Dies ist nicht nur eine Frage des **Ausmaßes solcher Immissionen,** sondern vielfach **auch eine Frage der** Lage und der Nutzung unter Berücksichtigung dessen, **was nach Lage und Nutzung ortsüblich ist.** Für eine Tankstelle an einer viel befahrenen Bundesstraße ist ein hoher Geräuschpegel ortsüblich und liegt geradezu in der Natur der Sache.

139 Die TA Lärm[60] bezeichnet Lärm als **störenden Schall.** Er wird in Dezibel (dB) mit der Frequenzkurve A nach DIN 45 633 gemessen. Da das menschliche Ohr ein Geräusch ungefähr doppelt so laut empfindet, wenn sich die Schallstärke verzehnfacht, hat man den Schallpegel

---

[56] BGH, Urt. vom 23.5.1985 – III ZR 39/84 –, BGHZ 94, 373 = EzGuG 18.98; BGH, Urt. vom 29.5.1967 – III ZR 143/66 –, BGHZ 48, 58 = EzGuG 18.36; OLG Nürnberg, Urt. vom 28.6.1967 – 4 U 34/67 –, NJW 1968, 654 = EzGuG 18.37; LG Frankfurt am Main, Urt. vom 28.10.1965 – 2/4 O 93/65 –, BB 1965, 1249 = EzGuG 18.32; LG Dortmund, Urt. vom 27.2.1964 – 2 S 274/63 –, MDR 1965, 43 = EzGuG 3.26; BGH, Urt. vom 15.3.1962 – III ZR 211/60 –, BGHZ 37, 44 = EzGuG 2.3; BGH, Urt. vom 4.2.1957 – III ZR 181/55 –, BGHZ 23, 235 = EzGuG 18.6; BGH, Urt. vom 22.12.1952 – III ZR 139/50 –, BGHZ 8, 273 = EzGuG 18.1.
[57] BGH, Urt. vom 13.5.1975 – III ZR 152/72 –, BRS Bd. 34 Nr. 127 = EzGuG 4.43.
[58] BGH, Urt. vom 11.3.1976 – III ZR 154/73 –, BRS Bd. 34 Nr. 148 = EzGuG 13.28; BGH, Urt. vom 30.4.1964 – III ZR 125/63 –, MDR 1964, 656 = EzGuG 13.6.
[59] BGH, Urt. vom 28.10.1982 – III ZR 71/81 –, BRS Bd. 45 Nr. 73 = EzGuG 13.58; BGH, Urt. vom 7.7.1980 – III ZR 32/79 –, BRS Bd. 45 Nr. 139 = EzGuG 13.54; BGH, Urt. vom 11.3.1976 – III ZR 154/73 –, BRS Bd. 34 Nr. 148 = EzGuG 13.28; BGH, Urt. vom 20.12.1971 – III ZR 79/69 –, BGHZ 57, 359 = EzGuG 13.19.
[60] Sechste Verwaltungsvorschrift zum Bundes-Immissionsschutzgesetz (Technische Anleitung zum Schutz gegen Lärm TA Lärm) vom 26.8.1998 (GMBl. 1998, 508).

als das logarithmische Maß der Schallstärke definiert. Bei empfundener Verdoppelung der Lautstärke erhöht sich demnach der Schallpegel um 10 dB (A).

Als Schall gelten Schwingungen, die sich von einer Quelle wellenförmig ausbreiten; folgende Definitionen sind dabei gebräuchlich:

– *Schallemission* ist die **Schallabstrahlung** einer oder mehrerer Schallquellen.

– *Schallimmission* ist die **Schalleinwirkung** auf einen Punkt oder ein Gebiet („Immissionsort").

– Der *Schallleistungspegel* Lw kennzeichnet die Stärke der **Schallemission.** Es ist das logarithmische Maß für die abgestrahlte Schallleistung. Die A-Bewertung in dB (A) berücksichtigt die Frequenzempfindlichkeit des menschlichen Gehörs (vgl. DIN 45 633, Teil 1).

6.2 Verkehrslärm (Straßen und Schienen)

6.2.1 Immisionsrichtwerte

Die Berechnungs-Beurteilungsgrundlagen für die Erfüllung der gesetzlichen Anforderungen sind in den Gesetzeswerken und den darin genannten DIN-Normen und Richtlinien geregelt. Im Überblick sind dies

– DIN 18005 – 1 Schallschutz im Städtebau, Berechnungsverfahren,

– Verkehrslärmschutzverordnung (16. BImSchV),

– Richtlinien für den Verkehrslärmschutz an Bundesfernstraßen in der Baulast des Bundes[61],

– Richtlinien für den Lärmschutz an Straßen[62],

– Richtlinie zur Berechnung der Schallimmissionen von Schienenwegen[63].

Bei der Feststellung der Belastung durch Verkehrsgeräusche wird i. d. R. von **Beurteilungspegeln** ausgegangen. Dieser ergibt sich aus dem Mittelpegel, an dem für besondere, i. d. R. durch Messung nicht erfassbare Geräuschsituationen entsprechende Zu- oder Abschläge anzubringen sind (vgl. DIN 45 641). Der Beurteilungspegel ist gemäß § 3 der 16. BImSchV i. V. m. Abschnitt 4,0 der **Richtlinien für den Lärmschutz an Straßen (RLS – 90)** zu berechnen[64]; das Berechnungsverfahren ist in der Anl. 1 zu § 3 der 16. BImSchV vorgegeben.

Als **Bewertungszeiträume** werden verwendet für den Tag 6 bis 22 Uhr (Tagwerte), für die Nacht 22 bis 6 Uhr (Nachtwerte).

– Die Schallemission von Flächenschallquellen (z. B. Industriegebiete) wird durch *flächenbezogene Schallleistungspegel* (Lw) in dB (A)/m² gekennzeichnet.

– Der *Mittelungspegel* (früher: äquivalenter Dauerschallpegel) Lm kennzeichnet die Stärke der Schalleinwirkung (Immission). Er wird ermittelt durch die Schallemission einer Schallquelle abzüglich der ausbreitungsbedingten Pegelminderung ΔL zum Immissionsort (Lm = Lw – ΔL); der Mittelungspegel dient der Beurteilung der Zumutbarkeit des Schallpegels.

Der **Grenzpegel**, von dem ab das menschliche Ohr überhaupt erst von Geräuschen bewusst Notiz nimmt, liegt bei etwa 50 dB (A).

Die ausbreitungsbedingte *Schallpegelminderung* ΔL setzt sich zusammen aus

---

61 VLärmSchR 97; VkBl Amtlicher Teil Heft 12 1997, S. 434.
62 RLS-90; erarbeitet von der „Forschungsgesellschaft für Straßen- und Verkehrswesen, Arbeitsausschuss Immissionsschutz an Straßen" Köln 1990.
63 Schall 03 vom 19.3.1990, Information Akustik 03, Bundesbahnzentralamt München.
64 BVerwG, Beschl. vom 6.2.1992 – 4 B 147/91 –, Buchholz 406.25 zu § 43 BImSchG Nr. 1.

IV § 6 ImmoWertV   Lärm

– der Differenz zwischen dem Schallleistungspegel und den Mittelungspegel im Abstand von der Schallquelle bei ungehinderter Schallausbreitung unter Berücksichtigung der Luft- und Bodenabsorption (ΔLs),

– der Pegelminderung durch Schallhindernisse (ΔLz) und

– der Pegelminderung durch schallimmissionsmindernde Bepflanzung (ΔLG).

145 **a) Immissionsrichtwerte nach TA Lärm und VDI**

Für die Beurteilung von Lärmimmissionen können vor allem die in der **16. BImSchV** vom 12.6.1990 (BGBl. I 1990, 1036, zuletzt geändert durch Gesetz vom 25.9.1990 [BGBl. I 1990, 2106]) angegebenen Immissionsgrenzwerte herangezogen werden (vgl. Rn. 182). Bis zum Erlass dieser Verordnung waren vor allem die Immissionsrichtwerte der TA Lärm sowie der VDI 2058 und 2719 von Bedeutung. Diese Richtwerte sind nachstehend abgedruckt:

146 **Immissionsrichtwerte nach TA Lärm**

Technische Anleitung zum Schutz gegen Lärm – TA Lärm vom 26.8.1998 (GMBl. 1998, 508)

Immissionsrichtwerte nach TA Lärm

Bereich	Tageszeit	Richtwert
Industriegebiete		70 dB(A)
Gewerbegebiete	Tag	65 dB(A)
	Nacht	50 dB(A)
Mischgebiete	Tag	60 dB(A)
	Nacht	45 dB(A)
Allgemeine Wohngebiete	Tag	55 dB(A)
	Nacht	40 dB(A)
Reine Wohngebiete	Tag	50 dB(A)
	Nacht	35 dB(A)
Kurgebiete, Krankenhäuser und Pflegeanstalten	Tag	45 dB(A)
	Nacht	35 dB(A)

Die Nachtzeit beträgt acht Stunden; sie beginnt um 22 Uhr und endet um 6 Uhr.
(...)
(...)

147 **b) Immissionsrichtwerte nach VDI 2058**

Es handelt sich um ein von einem privatrechtlichen Normenverband (Verein Deutscher Ingenieure) aufgestelltes Regelwerk, dem als antizipiertes Sachverständigengutachten bei der Festlegung der Grenze für die Wesentlichkeit von Lärmeinwirkungen auf die Nachbarschaft eine hohe Bedeutung zukommt; lässt eine Behörde die VDI-Richtlinie 2058 außer Acht, wo deren Berücksichtigung bei der Abwägung im Einzelfall geboten war, liegt ein Ermessensfehler und damit die Rechtswidrigkeit der Entscheidung der Behörde vor[65].

Gebietstyp:	Grenzwerte in db(A):
Kurgebiete, Krankenhäuser und Pflegeanstalten	Tag: 45 Nacht: 35
Reine Wohngebiete	Tag: 50 Nacht: 35
Allgemeine Wohngebiete	Tag: 55 Nacht: 40

---

65   OVG Lüneburg, Urt. vom 25.3.1994 – 1 K 6147/92 UPR 1994, 354.

Lärm **§ 6 ImmoWertV IV**

Dorf- und Mischgebiete	Tag: 60 / Nacht: 45
Kerngebiete	Tag: 60 / Nacht: 45
Gewerbegebiete	Tag: 65 / Nacht: 50
Industriegebiete	Tag: 70 / Nacht: 70

c) **Anhaltswerte für Innengeräuschpegel nach VDI 2719 1987-8** (Schalldämmung von Fenstern und deren Zusatzeinrichtungen)   148

Diese Richtwerte haben ihre Bedeutung aufgrund der in der BImSchV vorgegebenen Immissionsgrenzwerte verloren; auf diese Grenzwerte wird im Folgenden noch einzugehen sein.   149

Im **Bereich der städtebaulichen Planung** (Bauleitplanung) kommt die **DIN 18005 – 1** (Schallschutz im Städtebau) zur Anwendung. Die DIN 18005 enthält folgende schalltechnische Orientierungswerte (Abb. 18):   150

Abb. 18: Schalltechnische Orientierungswerte nach DIN 18005 (Werte in dB (A))

Nutzungen	Tag	Nacht
Reine Wohngebiete (WR)		
Wochenendhausgebiete		
Ferienhausgebiete	50	40/35
Allgemeine Wohngebiete (WA)		
Kleinsiedlungsgebiete (WS)		
Campingplatzgebiete	55	45/40
Friedhöfe, Kleingärten- und Parkanlagen	55	55
Besondere Wohngebiete (WB)	60	45/40
Dorfgebiete (MD)		
Mischgebiete (MI)	60	50/45
Kerngebiete (MK)		
Gewerbegebiete (GE)	65	55/50
Sonstige Sondergebiete, Industriegebiete (GI) abhängig von einer eventuellen Gliederung nach § 1 Abs. 4 und 9 BauNVO	45–65	35/65

Für den **Bau oder wesentliche Änderungen von öffentlichen Straßen sowie von Schienenwegen** sind die Immissionsgrenzwerte der 16. BImSchV maßgebend (vgl. Rn. 244 ff.)

6.2.2 Verkehrswertermittlung

Verkehrsimmissionen, insbesondere Lärm, Abgase und Erschütterungen, wirken sich i. d. R. wertmindernd auf den Verkehrswert eines Grundstücks aus. Eine besondere Berücksichtigung bei der Verkehrswertermittlung wird allerdings erst immer dann in Betracht kommen, wenn diese Immissionen eine ungewöhnlich starke Beeinträchtigung darstellen, von der Bevölkerung nicht als „üblich" empfunden und hingenommen werden und vor allem die bestimmungsgemäße ortsübliche Nutzung des Grundstücks beeinträchtigen. Hierfür sind die   151

Situationsgebundenheit und die Ortsüblichkeit entscheidend: So wird z. B. eine Wohnlage in sehr viel stärkerem Maße durch Verkehrsimmissionen beeinträchtigt als ein Gewerbegebiet; des Weiteren wird man in Großstädten Verkehrsimmissionen eher hinnehmen und als gegendüblich ansehen als in kleineren Gemeinden.

152 Dementsprechend hat der BFH die Einwirkung des Straßenverkehrslärms auf ein in einer Großstadt gelegenes Wohngrundstück, die sich innerhalb der üblichen Schwankungsbreite des Straßenverkehrslärms in Großstädten bewegt, nicht als eine „ungewöhnlich starke" Lärmimmission (i. S. d. § 82 Abs. 1 Satz 2 Nr. 1 BewG) angesehen[66]. Erst wenn die Bewohner gezwungen sind, z. B. bei einem Wohngrundstück ihre **Lebensgewohnheiten** bezüglich der Nutzung des Grundstücks in einer Weise einzuschränken, die bei einer **üblichen Benutzung** des Grundstücks in seiner konkreten Beschaffenheit **nicht mehr hingenommen würde,** liegt bewertungsrechtlich eine ungewöhnlich „erhebliche" Beeinträchtigung vor[67].

153 Als ein Königsweg zur Berücksichtigung von Lärmimmissionen bei der Verkehrswertermittlung gilt, wie bezüglich anderer wertbeeinflussender Umstände auch hier, möglichst **Vergleichspreise von Grundstücken** heranzuziehen, **die eine vergleichbare Lärmbelastung aufweisen.** Die Aufgabe, den Einfluss von Lärmimmissionen auf den Verkehrswert besonders zu erfassen, stellt sich erst,

1. wenn Vergleichspreise von Grundstücken herangezogen werden, die hinsichtlich der Lärmimmissionen im Verhältnis zum Wertermittlungsobjekt unterschiedlich sind, sowie
2. im Entschädigungsfall, wenn z. B. ein Grundstück aufgrund einer neuen Verkehrsführung einer zusätzlichen Lärmbelastung ausgesetzt wird.

Nur im zweiten Fall ist es auch für die Verkehrswertermittlung – genauer gesagt für die Ermittlung der Verkehrswertminderung – zwingend erforderlich, sich ein objektives Bild über Art und Ausmaß der Lärmbelastung zu machen und sie anhand objektiver Kriterien zu werten.

154 Ein Abschlag wegen ungewöhnlich starker Verkehrslärmbeeinträchtigung scheidet bei Anwendung des Vergleichs- oder des Ertragswertverfahrens von vornherein aus, wenn der **wertmindernde Umstand bereits mit den herangezogenen Vergleichspreisen oder dem angesetzten Reinertrag berücksichtigt** wurde; bei Anwendung des Sachwertverfahrens finden Verkehrslärmbeeinträchtigungen dagegen keinen unmittelbaren Eingang in das Wertermittlungsverfahren und müssen besonders berücksichtigt werden. Ansonsten richtet sich die Höhe eines verkehrslärmbedingten Abschlags vom Grundstückswert nach der spezifischen Nutzungsart des betroffenen Grundstücks sowie nach Intensität und Dauer der ungewöhnlich starken Beeinträchtigung, wobei in jedem Fall die Umstände des Einzelfalls berücksichtigt werden müssen.

▶ *Zum Baulärm vgl. Rn. 258*

6.2.3 Wertminderung

Schrifttum: *Bähr, O./Ollefs, F.*, Minderung des Verkehrswerts für ein Villengrundstück durch Autobahnlärm, GuG 1992, 9; *Borjans, R.*, Immobilienpreise als Indikatoren der Umweltbelastung durch den städtischen Kraftverkehr, Institut für Verkehrswissenschaft an der Universität Köln, Buchreihe Nr. 44, Düsseldorf 1983; *Borowski, A.*, Einfluss von Verkehrslärm auf den Bodenwert und auf den Verkehrswert von Eigentumswohnungen, DS 2003, 55; *Glathe*, in AVN 1974, 376; *Krumbholz* in Nachr. der nds. Kat.- und VermVw. 1989, 164; *Lichtner* in AVN 1975, 127; ders. in dng 1975, 39; *Struck, H.*, Ermittlung der Wertminderung von Grundstücken und Gebäuden durch Immissionen, AVN 1973, 104; *Scholland, R.*, Straßenverkehrsgeräusche in Wohngebieten, Dortmunder Beiträge zur Raumplanung 1988, S. 49; *Stege, J.*, Vortragsmanuskript zum Einfluss von Lärmimmissionen auf den Verkehrswert von Grundstücken vom 7. bis 9.11.1990, Institut für Städtebau Berlin; *Täffner, B.*, Verkehrslärm und Kaufpreis von Eigentumswohnungen, DS 2003, 58.

---

66 BFH, Urt. vom 23.9.1977 – III R 42/75 –, BFHE 123, 364 = EzGuG 13.42.
67 BFH, Urt. vom 12.12.1990 – II R 97/87 –, BFHE 163, 229 = EzGuG 4.136.

▶ *Zur Mietminderung vgl. § 18 ImmoWertV Rn. 222 ff.*

Zur **bodenwertmindernden Wirkung von Straßenverkehrsgeräuschen** liegen bislang nur wenige und zugleich auch widersprüchliche Untersuchungen vor[68]. Grundsätzlich kann aber davon ausgegangen werden, dass die bodenwertmindernde Wirkung von Geräuschimmissionen nicht nur von der Lautstärke, sondern – wie ausgeführt – auch von der Art des Gebiets und seiner Vorbelastung abhängt, d. h., die Beeinträchtigungen sind bei reinen Wohngebieten (WR) größer als in allgemeinen Wohngebieten (WA), Mischgebieten (MI) oder gar in Gewerbe- und Industriegebieten (GE, GI). 155

Da eine Verzehnfachung des objektiv messbaren Schallpegels als doppelt so laut wahrgenommen wird, muss des Weiteren davon ausgegangen werden, dass die Abhängigkeit des Bodenwerts von Änderungen des Schallpegels einer Exponentialfunktion folgt. Der Schallpegel ist als das logarithmische Maß der Schallstärke definiert. Deshalb liegt eine Verdoppelung der Schallstärke vor, wenn sich der Schallpegel um 10 Dezibel (dB) mit der Frequenzkurve A nach DIN 45 633 erhöht. Es kann schließlich erwartet werden, dass mithilfe einer dem Rechnung tragenden Regressionsanalyse auf der Grundlage ortsspezifischer Daten empirisch gesicherte Umrechnungskoeffizienten für die Abhängigkeit des Bodenwerts von Änderungen des Schallpegels gewonnen werden können. 156

Aus der **Literatur** sind **folgende Angaben** bekannt: 157

a) Für **Einfamilienhäuser** ergibt sich nach *Borjans* eine mittlere Wertminderung von 0,5 % des Bodenwerts bei Zunahme des Schallpegels um 1 dB (A)[69].

b) Für **reine Wohngebiete** (WR) ergibt sich nach *Scholland* im Bereich eines Schallpegels von 40 bis 60 dB (A) eine mittlere Wertminderung von 1,7 % des Bodenwerts bei Zunahme des Schallpegels um 1 dB (A); in allgemeinen Wohngebieten (WA) ist die Wertminderung etwa halb so groß. Entsprechend der funktionalen Abhängigkeit ist die prozentuale Bodenwertminderung im unteren Bereich kleiner als im oberen Bereich (vgl. Abb. 19).

Abb. 19: Umrechnungskoeffizienten für die prozentuale Bodenwertminderung durch Geräuschemissionen in Wohngebieten für einen Schallpegel von 40 dB (A) bis 60 dB (A) pro V1 dB (A) nach Scholland

Baugebietsart	Verdichtungsgrad		
	hochverdichtet	verdichtet	dünn besiedelt
WR	1,3	3,5	3,3
WA/WS	0,6	1,5	1,4

Quelle: Scholland in AVN 1988, 397

Beispiel: 158

- Das Wertermittlungsobjekt liegt in einem verdichteten reinen Wohngebiet und weist einen Schallpegel von 58 dB (A) auf.
- Der Kaufpreis eines Vergleichsobjektes, das ebenfalls in einem reinen Wohngebiet gelegen ist und einen Schallpegel von 50 dB (A) aufweist, beträgt 400 €/m².

---

68 Struck in AVN 1973, 104; Lichtner in AVN 1975, 127; ders. in dng 1975, 39; Glathe in AVN 1974, 376; Krumbholz in Nachr. der nds. Kat.- und VermVw. 1989, 164; Bähr in GuG 1992, 9; Ollefs in GuG 1992, 9.
69 Borjans, Immobilienpreise als Indikatoren der Umweltbelastung durch den städtischen Kraftverkehr, Institut für Verkehrswissenschaft an der Universität Köln, Buchreihe Nr. 44, Düsseldorf 1983, der Untersuchung liegen Kölner Verhältnisse zugrunde.

Umrechnung des Vergleichspreises:

	Schallpegel des Wertermittlungsobjekts:	58 dB (A)
./.	Schallpegel des Vergleichsobjekts:	50 dB (A)
=	Unterschiedlicher Schallpegel:	8 dB (A)
	Prozentuale Wertminderung pro 1 dB (A) (lt. Tabelle):	3,5 v. H.
	Prozentuale Wertminderung insgesamt 8 dB (A) × 3,5:	28,0 v. H.
	Bodenwertminderung in € bei 400 €/m²:	112 €/m² (= 400 €/m² × 28/100)
	Umgerechneter Vergleichspreis 400 €/m² – 112 €/m²:	**288 €/m²**

Anzumerken bleibt, dass die angegebene Tabelle stark vereinfachte Untersuchungsergebnisse wiedergibt und im Bereich eines Schallpegels von 50 dB (A) bis 60 dB (A) die zuverlässigsten Ergebnisse liefert; bei Schallpegeln über 60 dB (A) nehmen die Wertminderungen zu.

159 c) Eine weitere Untersuchung für **Wohngebiete** (ausgestattet mit Sammelheizung, Bad und Dusche) kommt zum Ergebnis, dass ein hoher Schallpegel an „stark frequentierten" Durchgangsstraßen zu Mietminderungen und damit zu einer Verkehrswertminderung führt, und zwar nur bis zu einem Straßenbegrenzungsabstand von 50 m; *Stege* [70] gibt dafür folgende Beziehung an:

$$RoE_{Minderung} = 0{,}13\ (1 - E/50) \times RoE$$

wobei

RoE = Rohertrag

E = Abstand der Gebäudevorderwand zur Straßengrenze in Metern (m)

160 *Beispiel:*

Wohnfläche 177 m², Nettokaltmiete 4,50 €/m², E = 7 m, Grundstücksgröße 968 m²,

Liegenschaftszins 3,5 %

Jahresrohertrag 4,50 €/m² × 177 m² × 12 Monate = 9 558 €

Rohertragsminderung 0,13 (1 – 7/50) × 9 558 € = 1 069 €

Die Bodenwertminderung ergibt sich dann unter Anwendung der im Teil VII Rn. 613 ff. vorgestellten Differenzialformel des Ertragswertverfahrens:

Δ Bodenwert = Δ Jahresreinertrag$_{Boden}$/Liegenschaftszinssatz × 100

Δ Bodenwert = 1 069 € / 3,5 × 100 = 30 543 €

Bodenwertminderung pro Quadratmeter Grundstücksfläche:

Δ Bodenwert = 30 543 € / 968 **m²** = 31,55 **€/m²**

Kritisch anzumerken bleibt hier, dass die Höhe des Schallpegels nur über das **Kriterium stark frequentierte Durchgangsstraße** eingeht, was allerdings der Realität der Wertermittlungspraxis durchaus entspricht, denn erfahrungsgemäß werden Geräuschbelastungen durch eine Vielzahl anderer wertbeeinflussender Umstände überlagert; ihr Werteinfluss „verwischt" sich erfahrungsgemäß selbst in guten Wohnlagen.

161 d) Im Rahmen der **Einheitsbewertung** von Grundstücken besteht die Regel, dass der Abschlag aufgrund von Verkehrslärm nicht über 5 v. H. des Grundstückswerts hinausgeht[71]. Der BFH hat für Beeinträchtigungen aufgrund von Verkehrslärm *in der für Großstädte typischen Schwankungsbreite* im Übrigen jedoch keine Grundlage für eine Herabsetzung des Einheitswerts gesehen[72].

---

70 Stege, J., Vortragsmanuskript zum Einfluss von Lärmimmissionen auf den Verkehrswert von Grundstücken vom 7. bis 9.11.1990, Institut für Städtebau Berlin.
71 BFH, Urt. vom 18.12.1991 – II R 6/89 –, GuG 1991, 212 = EzGuG 18.115.
72 BFH, Urt. vom 23.9.1977 – III R 42/75 –, BFHE 123, 364 = EzGuG 13.42 (vgl. auch § 82e EStDVO zur steuerlichen Behandlung von Lärmschutzeinrichtungen).

Lärm § 6 ImmoWertV IV

e) Die **Beeinträchtigung durch Verkehrslärm** lässt sich auch **mithilfe von sog. Lästigkeitsfaktoren** ermitteln, d. h. durch die Differenz der Lästigkeitsfaktoren, bezogen auf die Verkehrsimmission und den Immissionsgrenzwert (IGW, vgl. Rn. 182 ff.). Grundlage hierfür sind folgende in Abb. 20 dargestellte Lästigkeitsfaktoren in Abhängigkeit vom Mittelungspegel der Verkehrsimmission: 162

Abb. 20: Tabelle der Lästigkeitsfaktoren

Tabelle der Lästigkeitsfaktoren			
Beurteilungspegel $L_{r,T}$ [dB (A)]	Lästigkeitsfaktoren LSF	Beurteilungspegel $L_{r,T}$ [dB (A)]	Lästigkeitsfaktoren LSF
10	Bis 50 dB (A) wird kein Lästigkeitsfaktor berücksichtigt, da bei einem Beurteilungspegel von 50 dB (A) im Freien bei mittlerer Sprechweise noch eine ausreichende Sprachverständlichkeit bei mehr als 1 m Abstand erreicht wird. (vgl. Interdisziplinärer Arbeitskreis für Lärmwirkungsfragen beim Umweltbundesamt in Zeitschrift für Lärmbekämpfung 1985, 95 ff.)		
20			
30			
40			
50			
50	32,0	66	97,0
51	34,3	67	104,0
52	36,8	68	111,4
53	39,4	69	119,4
54	42,2	70	128,0
55	45,3	71	137,2
56	48,5	72	147,0
57	52,0	73	157,6
58	55,7	74	168,9
59	59,7	75	181,0
60	64,0	76	194,0
61	68,6	77	207,9
62	73,5	77	207,9
63	78,8	78	222,9
64	84,4	79	238,9
65	**90,5**	80	256,0
Formel für den Lästigkeitsfaktor LSF des Beurteilungspegels $L_{r,T}$ $$LSF = 2^{0,1\,L_{r,T}}$$ Formel für den Lästigkeitsfaktor LSF des anzuwendenden Immissionsgrenzwerts IGW $$LSF = 2^{0,1\,IGW}$$			

Quelle: VLärmSchR 97, VkBl 1997, 434

f) *Borowski*[73] gibt auf der Grundlage von Bodenrichtwertvergleichen in Abhängigkeit von den Lästigkeitsfaktoren folgende Bodenwertminderungen an (Abb. 21):

---
73 Borowski, A-K. in DS 2003, 55.

Abb. 21: Bodenwertminderung in %

Schallimmission an der Straßenrandbebauung dB (A)	Lästigkeitsfaktor nach VLärmSchR 97	Bodenwertminderung in %
40–50	keine Verkehrslärmbelastung	0
50–55	40	2
55–60	55	2,75
60–65	80	4
65–70	110	5,5
70–75	150	7,5
75–80	200	10

g) *Täffner* stellt im Grundstücksmarktbericht 2002 für *Mainz* fest, dass der Verkehrswert von Eigentumswohnungen in Phasen des Angebotsüberhangs deutlich durch den Verkehrswert gemindert werde (im Jahre 2001 um etwa 27 % gegenüber einer „leisen" Wohnung).

163 Der Beurteilungspegel der Verkehrsimmission kann durch Lärmmessung vor Ort festgestellt werden. Für Belange der Wertermittlung reicht es i. d. R. jedoch aus, den Beurteilungspegel zu berechnen. Das Berechnungsverfahren ist in der 16. DurchführungsVO zum BImSchG (vgl. Rn. 182) dargestellt. Sie enthält **Berechnungsverfahren für den Beurteilungspegel** sowohl für Straßenverkehrslärm als auch für Schienenverkehrslärm; dabei ist jeweils zu unterscheiden nach

– Beurteilungspegel am Tag (6.00–22.00 Uhr) und

– Beurteilungspegel bei Nacht (22.00–6.00 Uhr).

164 Der **maßgebende Immissionsort** ist bei

– Balkonen und Loggien deren Außenfassade (Brüstung) in Höhe der Geschossdecke der betroffenen Wohnung,

– Terrassen und unbebauten Außenwohnbereichen jeweils deren Mittelpunkt in 2 m Höhe.

165 Zum **Außenwohnbereich** zählen

– baulich mit dem Wohngebäude verbundene Anlagen, wie z. B. Balkone, Loggien, Terrassen, sog. bebauter Außenwohnbereich,

– sonstige zum Wohnen im Freien geeignete und bestimmte Flächen des Grundstücks, sog. unbebauter Außenbereich. Hierzu zählen z. B. auch Gartenlauben, Grillplätze.

Ob **Flächen** tatsächlich **zum „Wohnen im Freien"** geeignet und bestimmt sind, ist jeweils im Einzelfall festzustellen. Nach der Rechtsprechung des BVerwG[74] sind Freiflächen gegenüber Verkehrslärm nicht allein deswegen schutzbedürftig, weil die gebietsspezifischen IGW überschritten sind. Vielmehr müssen sie darüber hinaus zum Wohnen im Freien geeignet und bestimmt sein.

Ein **Außenwohnbereich** liegt insbesondere nicht vor bei

– Vorgärten, die nicht dem regelmäßigen Aufenthalt dienen,

– Flächen, die nicht zum „Wohnen im Freien" benutzt werden dürfen,

– Balkonen, die nicht dem regelmäßigen Aufenthalt dienen. Beim Außenwohnbereich ist nur auf den IGW am Tage abzustellen.

---

74 BVerwG, Urt. vom 11.11.1988 – 4 C 11/87 –, NVwZ 1989, 255 = EzGuG 13.101.

6.2.4 Lärmvorsorge

Die Lärmvorsorge ist geregelt im **Bundes-Immissionsschutzgesetz** (BImSchG), in der Verkehrslärmschutzverordnung (16. BImSchV) und in der Verkehrswege-Schallschutzmaßnahmenverordnung (24. BImSchV):

- §§ 41 ff. BImSchG verpflichten den Träger der Straßenbaulast – unbeschadet des Gebots nach § 50 BImSchG –, beim Bau oder der wesentlichen Änderung von Straßen den notwendigen Lärmschutz sicherzustellen.
- Die 16. BImSchV setzt die Immissionsgrenzwerte fest, nennt die Voraussetzungen der wesentlichen Änderung i. S. des § 41 BImSchG und regelt das Verfahren für die Berechnung des Beurteilungspegels.
- Die 24. BImSchV regelt Art und Umfang der notwendigen Schallschutzmaßnahmen für schutzbedürftige Räume in baulichen Anlagen.
- Aus § 42 Abs. 2 Satz 2 BImSchG i. V. m. § 74 Abs. 2 VwVfG (L) können sich weiter gehende Entschädigungsansprüche lärmbetroffener Eigentümer ergeben.
- Richtlinien für den Verkehrslärmschutz an Bundesfernstraßen in der Baulast des Bundes vom 2.7.1997 – StB 16/14.80.13 – 65/11 Vy 97[75].

Den Berechnungen des Beurteilungspegels liegen die RLS-90 für Straßen bzw. die Schall 03 für Schienenwege zugrunde. Nach den Richtlinien für den Verkehrslärmschutz an Bundesfernstraßen in der Baulast des Bundes (VLärmSchR 97) kommen Maßnahmen zur Lärmsanierung in Betracht, wenn die nach RLS 90 berechneten Mittelungspegel einen der folgenden Immissionsgrenzwerte übersteigen (Abb. 22).

Abb. 22: Grenzwerte für Lärmsanierung an Straßen in der Baulast des Bundes (Werte in dB [A])

Nutzungen	Tag	Nacht
Krankenhäuser, Schulen, Kur- und Altenheime, Wohn- und Kleinsiedlungsgebiete	70	60
Kern-, Dorf- und Mischgebiete	72	62
Gewerbegebiete	75	65

Verkehrslärm soll bereits bei der **Planung von Verkehrswegen** vermieden werden. An erster Stelle ist hier das Trennungsgebot des § 50 BImSchG zu nennen[76]. Daneben steht die Verpflichtung, die Beeinträchtigung durch Verkehrslärm durch

a) aktiven Schallschutz, d. h. Vorkehrungen an der Verkehrsanlage, und

b) passiven Schallschutz, d. h. durch Maßnahmen am Objekt (z. B. Schallschutzfenster, lärmdämmende Fassaden),

zu mindern. Aktiver Schallschutz kann z. B. durch Lärmschutzwälle geleistet werden. Die **Kosten** betrugen im Jahre 2000 etwa 30 €/m³ **Lärmschutzwall**.

Beim Neubau und bei baulichen Änderungen von Verkehrswegen (Straßen [§ 17 Abs. 1 FStrG], Bundeswasserstraßen [§ 14 Abs. 1 WaStrG], Straßenbahnen [§ 28 PBefG] und Schienenwegen [§ 18 Abs. 1 AEG]) sind im Rahmen der **Abwägung** Lärmemissionen als „erheblicher Belang" zu berücksichtigen. Dies gilt auch für Lärmbelästigungen, die keinen Ausgleichsanspruch auslösen, weil sie noch zumutbar sind[77].

---

[75] VkBl 1997, 434.
[76] Sommer, Die höchstrichterliche Rechtsprechung zur Bedeutung des Verkehrslärmschutzes für die Bauleitplanung und die Zulässigkeit von Bauvorhaben, ZfBR 1990, 54.
[77] BVerwG, Urt. vom 7.9.1979 – 4 C 7/77 –, BVerwGE 59, 87; BVerwG, Urt. vom 22.3.1985 – 4 C 63/80 –, BVerwGE 71, 150 = EzGuG 13.72; Korbmacher in DÖV 1982, 517.

169 Dabei ist zu prüfen, ob und inwieweit ein **Ausgleichsanspruch**
- nach den planfeststellungsrechtlichen Schutzauflagevorschriften des § 74 Abs. 2 Satz 2 des Landesverwaltungsverfahrensgesetzes (bisher: § 17 Abs. 4 FStrG a. F.) für durch Plan festzustellende Straßen und
- nach § 42 BImschG für sonstige öffentliche Straßen

in Betracht kommt[78].

170 Nach den **planfeststellungsrechtlichen Schutzauflagevorschriften** haben nämlich die von der Planfeststellung Betroffenen einen Anspruch auf solche Maßnahmen, die geeignet sind, nachteilige Auswirkungen auf die Anliegergrundstücke zu vermeiden, soweit die Zumutbarkeitsschwelle überschritten wird[79].

171 Die entsprechende Bestimmung des **§ 74 Abs. 2 VwVfG** des Bundes lautet:

„(2) Im Planfeststellungsbeschluss entscheidet die Planfeststellungsbehörde über die Einwendungen, über die bei der Erörterung vor der Anhörungsbehörde keine Einigung erzielt worden ist. Sie hat dem Träger des Vorhabens Vorkehrungen oder die Errichtung und Unterhaltung von Anlagen aufzuerlegen, die zum Wohl der Allgemeinheit oder zur Vermeidung nachteiliger Wirkungen auf Rechte anderer erforderlich sind. Sind solche Vorkehrungen oder Anlagen untunlich oder mit dem Vorhaben unvereinbar, so hat der Betroffene Anspruch auf angemessene Entschädigung in Geld."

172 Die entsprechende **Bestimmung des Landesverwaltungsverfahrensgesetzes** ersetzt die bisher geltende Schutzauflagevorschrift des § 17 Abs. 4 FStrG a. F.[80] Im Einführungserlass des Bundesministeriums für Verkehr vom 27.8.1990 heißt es hierzu:

„Als Auflagenvorschrift ist § 17 Abs. 4 FStrG (a. F.) entfallen; Rechtsgrundlage für die Anordnung von Schutzauflagen ist nunmehr § 74 Abs. 2 Satz 2 der Verwaltungsverfahrensgesetze der Länder. Die genannten Vorschriften unterscheiden sich dadurch, dass § 17 Abs. 4 FStrG a. F. für die Anordnung von Auflagen ‚auf erhebliche Nachteile oder erhebliche Belästigungen' abstellte, während § 74 Abs. 2 der Verwaltungsverfahrensgesetze Auflagen verlangt ‚zur Vermeidung nachteiliger Wirkungen auf Rechte'. Mit der Anwendbarkeit dieser Vorschrift sind im Bereich der Bundesfernstraßenplanung entstandene Zweifel ausgeräumt, ob die Anordnung von Schutzauflagen bei Beeinträchtigung von Rechtspositionen vorgeschrieben ist oder ob erhebliche Nachteile für wirtschaftliche Interessen ausreichen. Anlass zu diesen Zweifeln hatte die Rechtsprechung des Bundesverwaltungsgerichts zu § 17 Abs. 4 FStrG a. F. gegeben (vgl. BVerwG, Urt. vom 18.12.1987 – 4 C 49/83 –, *EzGuG 18.106* – Verschlechterung einer öffentlichen Wegeverbindung für einen landwirtschaftlichen Betrieb). Nach § 74 Abs. 2 Satz 2 der Verwaltungsverfahrensgesetze müssen Rechte nachteilig betroffen sein."

173 **Rechtsgrundlage ist § 19a FStrG**, der folgende Fassung hat:

„**§ 19a FStrG** Entschädigungsverfahren

Soweit der Träger der Straßenbaulast nach §§ 8a, 9 oder aufgrund eines Planfeststellungsbeschlusses (§ 17 Abs. 1) oder einer Plangenehmigung (§ 17 Abs. 1a) verpflichtet ist, eine Entschädigung in Geld zu leisten und über die Höhe der Entschädigung keine Einigung zwischen dem Betroffenen und dem Träger der Straßenbaulast zustande kommt, entscheidet auf Antrag eines der Beteiligten die nach Landesrecht zuständige Behörde; für das Verfahren und den Rechtsweg gelten die Enteignungsgesetze der Länder entsprechend."

174 § 19a FStrG schließt für die Festsetzung einer Entschädigung bei erheblichen mittelbaren Beeinträchtigungen eine Lücke. Da die Verwaltungsverfahrensgesetze der Länder für das Planfeststellungsverfahren keine Regelung über die Festsetzung einer Entschädigung der Höhe nach enthalten, musste die Lücke im Fachgesetz geschlossen werden. Miteinbezogen wurden zugleich die Entschädigungsansprüche nach § 8a Abs. 4 und 7 und § 9 Abs. 9 FStrG, da auch hier ein Verfahren für die Entschädigungsfestsetzung fehlte. Insbesondere für die Planfeststellung bedeutet die Neuregelung, dass die Planfeststellungsbehörde über eine Entschädigung in Geld dem Grunde nach zu entscheiden hat, während die **Höhe der Entschädi-**

---

[78] BVerwG, Urt. vom 18.12.1987 – 4 C 49/83 –, NVwZ 1989, 147 = EzGuG 18.106, BVerwG, Urt. vom 22.5.1987 – 4 C 17-19/84 –, BVerwGE 77, 285 = EzGuG 13.86, VGH München, Urt. vom 3.10.1989 – 8 B 86.3162 u. a. –, UPR 1990, 123 = BayVBl 1990, 148 = NVwZ 1990, 378 = EzGuG 13.108a.
[79] BVerwG, Urt. vom 11.11.1988 – 4 C 11/87 –, NJW 1989, 1295 = EzGuG 13.111.
[80] BT-Drucks. 11/4310, S. 94.

gung erst dann in einem besonderen Verfahren festzusetzen ist, wenn der Betroffene und der Träger der Straßenbaulast keine Einigung erreichen.

Die Regelung entspricht § 42 Abs. 3 BImSchG. Mit ihr wird gerade für Entschädigungen wegen Beeinträchtigungen durch Straßenverkehrslärm eine **einheitliche Zuständigkeitsregelung und Rechtswegzuweisung** bei Streitigkeiten über die Erstattung der Aufwendungen an einer baulichen Anlage (§ 42 Abs. 2 Satz 1 BImSchG) und über eine Entschädigung für den Außenwohnbereich als weitergehenden Anspruch i. S. von § 42 Abs. 2 Satz 2 BImSchG geschaffen. Dies dient der Verfahrenskonzentration. Die neue Regelung erleichtert es den Betroffenen, ihren Anspruch als einheitlichen geltend machen zu können, und zwar auch dann, wenn es sich um keine Enteignungsentschädigung handelt. Soweit nach Enteignungsgesetzen der Länder die Kammern (Senate) für Baulandsachen für die gerichtliche Nachprüfung von Entschädigungsfestsetzungen zuständig sind, kann ihnen aufgrund § 232 BauGB auch die Entscheidung über Entschädigungsansprüche übertragen werden, die nicht auf einer Enteignung beruhen[81].

175

Bei dem **Bau oder der wesentlichen Änderung öffentlicher Straßen sowie von Eisenbahnen und Straßenbahnen** ist nach § 41 BImschG sicherzustellen, dass durch diese keine schädlichen Umwelteinwirkungen durch Verkehrsgeräusche hervorgerufen werden können, die nach dem Stand der Technik vermeidbar sind. Diese rechtliche Verpflichtung gilt nach dem vorher Gesagten allerdings nicht, soweit die Kosten der Schutzmaßnahme außer Verhältnis zu dem angestrebten Schutzzweck stehen würden. Eine Änderung einer Straße oder eines Schienenweges der Eisenbahnen und Straßenbahnen ist nach § 1 Abs. 2 der 16. BImSchV „wesentlich", wenn

176

1. eine Straße um einen oder mehrere durchgehende Fahrstreifen für den Kraftfahrzeugverkehr oder ein Schienenweg um ein oder mehrere durchgehende Gleise baulich erweitert wird oder
2. durch einen erheblichen baulichen Eingriff der Beurteilungspegel des von dem zu ändernden Verkehrsweg ausgehenden Verkehrslärms
   – um mindestens 3 Dezibel (A) oder
   – auf mindestens 70 Dezibel (A) am Tage oder
   – mindestens 60 Dezibel (A) in der Nacht erhöht wird.

Eine Änderung ist auch wesentlich, wenn der Beurteilungspegel des von dem zu ändernden Verkehrsweg ausgehenden Verkehrslärms von mindestens
– 70 Dezibel (A) am Tage oder
– 60 Dezibel (A) in der Nacht
durch einen erheblichen baulichen Eingriff erhöht wird, wobei dies nicht in Gewerbegebieten gilt.

Bei derartigen umfänglichen Baumaßnahmen bzw. bei so starken Belastungen durch Verkehrslärm ist es nach dem Willen des Verordnungsgebers gerechtfertigt, im Zusammenhang mit einem baulichen Eingriff Lärmschutz nach gleichen Kriterien wie beim Neubau zu treffen. **Keine wesentlichen Änderungen sind** nach alledem **Erhaltungs- und Unterhaltungsmaßnahmen sowie kleinere Baumaßnahmen.** Dazu gehören z. B. an Straßen das Versetzen von Bordsteinen, das Anlegen einer Verkehrsinsel und das Anbringen von verkehrsregelnden Einrichtungen sowie an Schienenwegen das Versetzen von Signalanlagen, Auswechseln von Schwellen und der Einbau von Weichen.

177

Werden in den genannten Fällen die in der Rechtsverordnung festgelegten Immissionsgrenzwerte – IGW – überschritten, so ist dem **Eigentümer in Anwendung des § 42 BImSchG eine Entschädigung zu gewähren**[82]. § 42 BImSchG hat folgende Fassung:

178

„§ 42 Entschädigung für Schallschutzmaßnahmen

(1) Werden im Fall des § 41 die in der Rechtsverordnung nach § 43 Abs. 1 Satz 1 Nr. 1 festgelegten Immissionsgrenzwerte überschritten, hat der Eigentümer einer betroffenen baulichen Anlage gegen den Träger der Baulast einen Anspruch auf angemessene Entschädigung in Geld, es sei denn, dass die Beein-

---

81 BT-Drucks. 10/4630 sowie BT-Drucks. 11/4310, S. 100 ff.
82 Zum Entschädigungsberechtigten im Zwangsversteigerungsverfahren vgl. BGH, Urt. vom 10.7.2003 – III ZR 379/02 – GuG 2004, 123 = EzGuG 11.350b GuG 2004, 123 = EzGuG 11.350b GuG 2004, 123 = EzGuG 11.350b.

trächtigung wegen der besonderen Benutzung der Anlage zumutbar ist. Dies gilt auch bei baulichen Anlagen, die bei Auslegung der Pläne im Planfeststellungsverfahren oder bei Auslegung des Entwurfs der Bauleitpläne mit ausgewiesener Wegeplanung bauaufsichtlich genehmigt waren.

(2) Die Entschädigung ist zu leisten für Schallschutzmaßnahmen an den baulichen Anlagen in Höhe der erbrachten notwendigen Aufwendungen, soweit sich diese im Rahmen der Rechtsverordnung nach § 43 Abs. 1 Satz 1 Nr. 3 halten. Vorschriften, die weitergehende Entschädigungen gewähren, bleiben unberührt.

(3) Kommt zwischen dem Träger der Baulast und dem Betroffenen keine Einigung über die Entschädigung zustande, setzt die nach Landesrecht zuständige Behörde auf Antrag eines der Beteiligten die Entschädigung durch schriftlichen Bescheid fest. Im Übrigen gelten für das Verfahren die Enteignungsgesetze der Länder entsprechend."

179 In Anwendung des § 42 BImSchG bemisst sich der **Geldausgleich nach den Kosten der Schallschutzmaßnahmen** (vgl. 24. BImSchV) und erst dann nach dem Minderwert des Grundstücks, wenn Schallschutzeinrichtungen

– keine wirksame Abhilfe versprechen oder

– unverhältnismäßige Aufwendungen erfordern.

Zwar gewährt § 42 Abs. 2 Satz 1 BImSchG seinem Wortlaut nach keinen Anspruch auf Entschädigung für verbleibende Beeinträchtigungen der sog. Außenwohnbereiche (vgl. Rn. 174), jedoch sind zur Vermeidung unterschiedlicher Entschädigungsgrundsätze die planfeststellungsrechtlichen Schutzauflagevorschriften entsprechend anzuwenden.

180 Es bestanden lange Zeit keine normativ festgesetzten Immissionsgrenzwerte – IGW –, bei deren Überschreitung eine „schwere und unerträgliche Betroffenheit" i. S. einer enteignungsrechtlichen Zumutbarkeitsschwelle anzusetzen wäre[83]. Das BVerwG[84] hat solche normativen Festlegungen gefordert und betont, dass, solange derartige Bestimmungen fehlen, „die nach § 41 BImSchG zu beachtende Grenze des Zumutbaren von den Behörden und den Gerichten stets anhand einer umfassenden Würdigung aller Umstände des Einzelfalles ... zu bestimmen" sei.

181 Auch in der Rechtsprechung des BGH[85] ist darauf hingewiesen worden, dass die Zumutbarkeitsschwelle innerhalb eines Spektrums von Möglichkeiten unter Würdigung des Einzelfalls nach der jeweiligen Gebietsart unterschiedlich festzusetzen sei. So muss im Außenbereich dem Gebietscharakter entsprechend Straßenlärm in stärkerem Maße entschädigungslos hingenommen werden als in einem Wohngebiet. Des Weiteren ist nach der Rechtsprechung nicht allein an die Gebietsfestsetzung anzuknüpfen, sondern auch eine (nichtschwere und unerträgliche) **Geräuschvorbelastung** bzw. das Fehlen einer bereits gegebenen Lärmvorbelastung[86] zu berücksichtigen. Bei alledem beantwortet sich die Frage nach der Zumutbarkeit nach den Verhältnissen zu dem Zeitpunkt, zu dem das Grundstück von dem enteignenden oder sonst belastenden Eingriff betroffen wurde.

---

83 Zur einheitlichen Handhabung hat der BMV aber „Richtlinien für den Verkehrslärmschutz an Bundesstraßen in der Baulast des Bundes" erlassen (Richtl. vom 2.6.1997, VkBl 1997, 434); vgl. auch BT-Drucks. 8/3730; es handelt sich hierbei um nicht bindende Orientierungshilfen; vgl. BGH, Urt. vom 23.10.1986 – III ZR 112/85 –, NJW 1987, 1276 = EzGuG 13.91; BGH, Urt. vom 29.6.1966 – V ZR 91/66 –, BGHZ 46, 35 = EzGuG 13.10.

84 BVerwG, Urt. vom 22.5.1987 – 4 C 33 – 35/83 –, BVerwGE 77, 295 = EzGuG 13.87; BVerwG, Urt. vom 22.5.1987 – 4 C 17 – 19/84 –, BVerwGE 77, 295 = EzGuG 13.87; weiterhin: Richtlinien für den Verkehrslärmschutz an Straßen des BMV – RLS-90 –, Ausg. 1990 sowie Richtlinie zur Berechnung der Schallimmissionen von Schienenwegen – Schall 03 –, Ausg. 1990.

85 BGH, Urt. vom 30.10.1970 – V ZR 150/67 –, BGHZ 54, 384 = EzGuG 13.17; BGH, Urt. vom 17.4.1986 – III ZR 202/84 –, BGHZ 97, 361 = EzGuG 13.87; BGH, Urt. vom 13.1.1977 – III ZR 6/75 –, BRS Bd. 34 Nr. 167 = EzGuG 13.33.

86 BVerwG, Urt. vom 14.12.1979 – 4 C 10/77 –, BVerwGE 59, 253 = EzGuG 13.53; BVerwG, Urt. vom 7.7.1978 – 4 C 79/76 –, BVerwGE 58, 110 = EzGuG 13.51; BVerwG, Urt. vom 11.2.1977 – 4 C 9/75 –, BRS Bd. 32 Nr. 134 = EzGuG 13.34; BVerwG, Urt. vom 22.3.1985 – 4 C 63/80 –, BVerwGE 71, 150 = EzGuG 13.72; BVerwG, Urt. vom 22.5.1987 – 4 C 33-35/83 –, BVerwGE 77, 295 = EzGuG 13.87; OVG Lüneburg, Urt. vom 6.5.1986 – 6 C 15/83 – u. a., DÖV 1987, 1121; OVG Berlin, Beschl. vom 18.4.1986 – 2 S 41/86 –, ZfBR 1987, 228 = EzGuG 13.78; VGH München, Urt. vom 6.5.1986 – 8 A 85 T.43 –, DÖV 1987, 1121 = EzGuG 13.79; OVG Hamburg, Beschl. vom 2.2.1987 – Bs. II 38/86 –, BauR 1987, 657 = EzGuG 13.84; OVG Saarland, Urt. vom 5.12.1980 – 2 R 15/79 –, NJW 1981, 1464; OVG Lüneburg, Urt. vom 25.1.1983 – 5 A 23/82 –, NJW 1984, 1474 = EzGuG 13.62; VGH Mannheim, Urt. vom 19.1.1983 – 5 S 641/82 –, DÖV 1983, 512 = EzGuG 13.60.

Die 16. DurchführungsVO zum BImSchG (VerkehrslärmschutzV, a. a. O.) sieht nunmehr zum Schutz der Nachbarschaft vor schädlichen Umwelteinwirkungen durch Verkehrsgeräusche beim Bau oder bei wesentlichen Änderungen öffentlicher Straßen in § 2 Abs. 1 in Abb. 23 zusammengestellte **Immissionsgrenzwerte – IGW –** vor. 182

Abb. 23: Tabelle der Immissionsgrenzwerte (IGW) für Verkehrslärm

Immissionsgrenzwerte (IGW) für Verkehrslärm	
Tag (6.00–22.00 Uhr)	*Nacht (22.00–6.00 Uhr)*
1. an Krankenhäusern, Schulen, Kurheimen und Altenheimen	
57 Dezibel (A)	47 Dezibel (A)
2. in reinen und allgemeinen Wohngebieten und Kleinsiedlungsgebieten	
59 Dezibel (A)	49 Dezibel (A)
3. in Kerngebieten, Dorfgebieten und Mischgebieten	
64 Dezibel (A)	54 Dezibel (A)
4. in Gewerbegebieten und Industriegebieten	
69 Dezibel (A)	59 Dezibel (A)

© W. Kleiber 11

Bei den IGW, die zum Schutz der Nachbarschaft in § 2 der 16. BImSchV festgelegt sind, handelt es sich um **Grenzwerte und nicht um Orientierungswerte;** werden sie überschritten, sind Schutzmaßnahmen zu treffen. Bei der Bestimmung des Umfangs des Lärmschutzes müssen die Grenzwerte nicht voll ausgeschöpft, d. h., sie können nach Abwägung im Einzelfall unterschritten werden, wenn dies mit vertretbarem Aufwand, z. B. durch Verwendung von Überschussmaterial, erreicht werden kann. 183

Grundsätzlich sind der Tagwert und der Nachtwert einzuhalten. Jeweils nach der besonderen Nutzung der betroffenen Anlage oder des betroffenen Gebietes nur am Tag oder nur in der Nacht ist bei der Entscheidung über Lärmschutz der IGW für diesen Zeitraum heranzuziehen (§ 2 Abs. 3 der 16. BImSchV); nur auf den Tagwert kommt es an bei Gebäuden oder Anlagen, die bestimmungsgemäß ausschließlich am Tag genutzt werden; z. B. Kindergärten, Schulen oder Bürogebäude. 184

Die Gebietskategorien sind der BauNVO entnommen. Gebiete und Anlagen sowie Flächen, für die keine Festsetzungen vorgesehen sind, sollen entsprechend der Rechtsprechung des BVerwG[87] nach ihrer **Schutzbedürftigkeit** beurteilt werden. Dies sind insbesondere Krankenhäuser, Schulen, Kur- und Altenheime sowie Gebiete, die vorwiegend dem Wohnen dienen. Nicht in gleicher Weise schutzbedürftig sind dagegen Gebiete, in denen schon nach ihrer Zweckbestimmung i. d. R. eine deutlich merkbare Geräuschvorbelastung vorhanden ist. Dabei werden wiederum Kerngebiete, Dorfgebiete und Mischgebiete, in denen auch die Wohnnutzung eine nicht nur untergeordnete Rolle spielt, gegenüber Gewerbe- und Industriegebieten, in denen Wohnnutzung eine Ausnahme bildet, besser geschützt. 185

§ 2 Abs. 2 Satz 1 der VerkehrslärmschutzV weist darauf hin, dass sich die Art der Anlagen und Gebiete aus den Festsetzungen in den Bebauungsplänen ergibt. Satz 2 bestimmt, dass die Schutzbedürftigkeit sonstiger Anlagen und Gebiete aus einem Vergleich mit den in Abs. 1 aufgezählten Anlagen und Gebieten zu ermitteln ist; entsprechend der ermittelten Schutzbedürftigkeit sind jeweils die in Abs. 1 festgelegten **Immissionsgrenzwerte** (vgl. Abb. 23) einzuhalten. 186

---

87 BVerwG, Urt. vom 21.5.1976 – 4 C 80/74 –, BVerwGE 51, 15 = EzGuG 13.30; BVerwG, Urt. vom 22.5.1987 – 4 C 33-35/83 –, BVerwGE 77, 259 = EzGuG 13.87.

187 Danach sind der **3. Schutzkategorie** (Kern-, Dorf- und Mischgebiet) zuzuordnen:

- Wochenendhausgebiete (§ 10 BauNVO)[88],
- Ferienhausgebiete (§ 10 BauNVO),
- Dauer- und Reisecampingplatzgebiete (§ 10 BauNVO)[89],
- Kleingartengebiete i. S. des Kleingartenrechts (§ 1 Abs. 1 BKleingG, § 9 Abs. 1 Nr. 15 BauGB)[90]. Diese Gebietskategorie ist auch maßgebend, wenn bauliche Anlagen zulässigerweise nach § 20a BKleingG dauernd zu Wohnzwecken genutzt werden.

Der **4. Schutzkategorie** (Gewerbegebiet) sind zuzuordnen:

- Ladengebiete (§ 11 Abs. 2 BauNVO),
- Einkaufszentren,
- im Einzelfall schutzbedürftige Nutzungen in einem Industriegebiet (z. B. Wohnhaus mit Bestandsschutz).

188 Für **bauliche Anlagen im Außenbereich,** der grundsätzlich nicht für eine Bebauung bestimmt ist, gilt die besondere Regelung, dass solche nach Nr. 1, 3 und 4 der in Abb. 23 aufgestellten Tabelle entsprechend der Schutzbedürftigkeit zu beurteilen sind; im Übrigen entspricht dies der Rechtsprechung, die den Außenbereich in Bezug auf den Lärmschutz geringer einstuft als Wohngebiete, da gerade der Außenbereich dazu bestimmt ist, emissionsintensive Anlagen aufzunehmen.

189 Eine weitere Unterscheidung der in § 2 Abs. 1 der 16. BImSchV genannten Schutzkategorien nach **individuell gegebener Lärm-Vorbelastung** ist grundsätzlich nicht zulässig, jedoch ist § 42 Abs. 1 Satz 1, 2. Halbs. BImSchG zu beachten.

190 Die angegebenen Immissionsschutzgrenzwerte (IGW) sind jeweils für **Tag und Nacht** unterschiedlich angesetzt. **Der Unterschied beträgt jeweils 10 dB (A).** I.d.R. ist für den Lärmschutz der Nachtwert maßgebend, weil nachts die Lärmempfindlichkeit höher ist. Bei einem Bürogebäude, das in der Nacht leer steht, kann der Nachtwert dagegen keine Rolle spielen.

191 Erst wenn Maßnahmen zur Milderung schädlicher Auswirkungen mit dem Vorhaben unvereinbar sind oder ihre Kosten außer Verhältnis zum angestrebten Schutzzweck stehen, ist ein angemessener Ausgleich in Geld zu entrichten (§ 74 Abs. 2 Satz 3 VwVfG). Dieser **Ausgleich erstreckt sich auch auf unzumutbare Beeinträchtigungen der für das Wohnen im Freien geeigneten und bestimmten Flächen (sog. Außenwohnbereiche)**[91].

192 Der **Ausgleich bemisst sich** in erster Linie **nach den Schallschutzaufwendungen** auf dem betroffenen Grundstück (passiver Schallschutz)[92]; daneben sind unter bestimmten Voraussetzungen auch die Wertminderungen des Grundstücks zu entschädigen. Im Extremfall besteht ein Übernahmeanspruch[93].

193 Rechtsgrundlage für die Entschädigung im Rahmen von Planfeststellungsverfahren ist § 74 Abs. 2 Satz 3 VwVfG. Danach besteht ein Entschädigungsanspruch, wenn dem Betroffenen ein unzumutbarer und nicht mit verhältnismäßigen Mitteln behebbarer Nachteil verbleibt. **Gegenstand der Entschädigung ist** neben den passiven Schallschutzmaßnahmen **auch die verursachte Verkehrswertminderung oberhalb der Zumutbarkeitsgrenze**[94]. Die Zumutbarkeitsgrenze ist entsprechend der 16. BImSchVO zu bestimmen.

---

[88] VGH Kassel, Urt. vom 8.6.1993 – 2 A 198/89 –, UPR 1994, 160 – bestätigt durch BVerwG, Beschl. vom 20.10.1993 – 4 B 170/93 –, UPR 1994, 72 = DÖV 1994, 344.
[89] OVG Lüneburg, Urt. vom 15.4.1993 – 7 K 3383/92 –, NdsMinBl 1994, 115 = VkBl 1996, 543.
[90] BVerwG, Beschl. vom 17.3.1992 – 4 NB 230/91 –, GuG 1992, 222 = EzGuG 13.124.
[91] BVerwG, Urt. vom 16.9.1993 – 4 C 9/91 –, GuG 1994, 117 = EzGuG 13.129; BVerwG, Urt. vom 21.5.1976 – 4 C 80/74 –, BVerwGE 51, 15 = EzGuG 13.30.
[92] Boujong, Entschädigung für Verkehrslärmimmissionen, UPR 1987, 206.
[93] BVerwG, Urt. vom 26.8.1993 – 4 C 24/91 –, BVerwGE 94, 100 = EzGuG 13.128a; BVerwG, Urt. vom 5.12.1986 – 4 C 13/85 –, BVerwGE 75, 214 = EzGuG 13.83.
[94] BVerwG, Urt. vom 16.9.1993 – 4 C 9/91 –, GuG 1994, 117 = EzGuG 13.127.

Neben dem Fernstraßengesetz des Bundes und den Straßengesetzen der Länder können die planerischen Grundlagen für Straßen in einem Bebauungsplan festgesetzt werden (§ 17 Abs. 3 Satz 1 FStrG). Werden die **immissionsschutzrechtlichen Belange im Rahmen der Abwägung** ungenügend berücksichtigt, ist dieser nichtig[95].

Lassen sich im Rahmen der Bebauungsplanung Lärmbeeinträchtigungen nicht vermeiden, steht dem Eigentümer auch hier ein **Entschädigungsanspruch** zu, der allerdings dann sich nicht auf § 74 Abs. 2 Satz 3 VwVfG gründen lässt. Der Anspruch leitet sich aus dem allgemeinen Rechtsgrundsatz her, der das Nachbarschaftsverhältnis zwischen störender und gestörter Nutzung im Falle unangemessenen hohen Aufwands für Maßnahmen der Vermeidung oder Minderung von Immissionen auf ein zumutbares Maß beherrscht. Diesem öffentlich-rechtlich in § 74 Abs. 2 VwVfG und § 41 Abs. 2 BImSchG festgeschriebenen Grundsatz entspricht § 906 Abs. 2 Satz 2 BGB:

„**§ 906 BGB** Zuführung unwägbarer Stoffe

(1) Der Eigentümer eines Grundstücks kann die Zuführung von Gasen, Dämpfen, Gerüchen, Rauch, Ruß, Wärme, Geräusch, Erschütterungen und ähnliche von einem anderen Grundstück ausstehende Einwirkungen insoweit nicht verbieten, als die Einwirkung die Benutzung seines Grundstücks nicht oder nur unwesentlich beeinträchtigt.

(2) Das Gleiche gilt insoweit, als eine wesentliche Beeinträchtigung durch eine ortsübliche Benutzung des anderen Grundstücks herbeigeführt wird und nicht durch Maßnahmen verhindert werden kann, die Benutzern dieser Art wirtschaftlich zumutbar sind. Hat der Eigentümer hiernach eine Einwirkung zu dulden, so kann er von dem Benutzer des anderen Grundstücks einen angemessenen Ausgleich in Geld verlangen, wenn die Einwirkung eine ortsübliche Benutzung seines Grundstücks oder dessen Ertrag über das zumutbare Maß hinaus beeinträchtigt.

(3) Die Zuführung durch eine besondere Leitung ist unzulässig."

Nach der Rechtsprechung besteht ein **Entschädigungsanspruch, wenn sich für eine vorgegebene Grundstückssituation eine nachhaltige Veränderung ergibt**, die z. B. eine Wohnlage „schwer und unerträglich" beeinträchtigt[96].

Im Unterschied zur BGH-Rechtsprechung hat das BVerwG den Entschädigungsanspruch nicht auf die Verkehrswertminderung erstreckt, die sich durch **passiven Schallschutz** nicht auf ein zumutbares Maß reduzieren lässt.

6.2.5 Entschädigung für verbleibende Beeinträchtigungen

6.2.5.1 Entschädigung bei Neubau und Änderung von Verkehrswegen

Verbleibende Beeinträchtigungen sind Lärmeinwirkungen auf das Wohngebäude und das zuzurechnende Grundstück, für die bauliche Schutzmaßnahmen an der Straße oder an der baulichen Anlage keine oder keine ausreichende Abhilfe bringen.

Rechtsgrundlagen für Entschädigungen wegen verbleibender Beeinträchtigungen sind

– beim Neubau und bei der wesentlichen Änderung von Straßen (Lärmvorsorge) der Ausgleichsanspruch nach § 74 Abs. 2 Satz 3 VwVfG (L) i. V. m. § 42 Abs. 2 BImSchG,

– bei gleichzeitiger Inanspruchnahme von Teilflächen für den Straßenbau zusätzlich § 19 FStrG i. V. m. den Bestimmungen der Enteignungsgesetze der Länder über die Entschädigung der Wertminderung des Restgrundstücks (vgl. § 96 Abs. 1 Nr. 2 BauGB),

– bei bestehenden Straßen die Grundsätze der Aufopferung, soweit die Einwirkungen schwer und unerträglich, d. h. von enteignender Wirkung sind. In diesen Fällen ist die Ent-

---

[95] BVerwG, Urt. vom 9.2.1989 – 4 NB 1/89 –, NVwZ 1989, 653 = NJW 1990, 531 (LS)= DVBl 1989, 660.
[96] BGH, Urt. vom 17.4.1986 – III ZR 202/84 –, BGHZ 97, 361 = EzGuG 13.87; BGH, Urt. vom 6.2.1986 – III ZR 96/84 –, BGHZ 97, 114 = EzGuG 18.100; BGH, Urt. vom 10.11.1977 – III ZR 166/75 –, BRS Bd. 34 Nr. 168 = EzGuG 13.43; BGH, Urt. vom 22.12.1967 – V ZR 11/67 –, BGHZ 49, 148 = EzGuG 13.15; BGH, Urt. vom 30.10.1970 – V ZR 150/67 –, BGHZ 54, 384 = EzGuG 13.17; BGH, Urt. vom 20.3.1975 – III ZR 215/71 –, BGHZ 64, 220 = EzGuG 13.25.

schädigung nach den Umständen des Einzelfalles zu ermitteln, wobei die nachfolgenden Grundsätze entsprechend angewendet werden können.

200 Die VLärmSchR 97 geben für die **Bemessung der Entschädigung** folgende Grundsätze vor:

(1) Bei der Ermittlung der Entschädigung ist vom Wohngrundstück auszugehen; dieses besteht aus dem Wohngebäude und der diesem zuzurechnenden Grundstücksfläche.

(2) Der Gesamtwert eines Wohngrundstücks setzt sich aus verschiedenen Teilwerten zusammen, insbesondere aus den Werten für Wohngebäude, Garage, Gebäudegrundflächen, Außenwohnbereich (z. B. Balkon, Terrasse, Wohngarten), Zufahrt, Vor- und Nutzgarten.

(3) Eine entschädigungspflichtige Beeinträchtigung des Wohngrundstücks liegt nur vor, wenn schädigende Einwirkungen auf die zum Wohnen bestimmten und geeigneten Teile des Wohngrundstückes verbleiben. Keine auszugleichenden Beeinträchtigungen von baulichen Anlagen liegen vor, wenn diese den Anforderungen der 24. BImSchV genügen. Kann ein Fenster wegen Lärmbeeinträchtigungen nur vorübergehend geöffnet werden, ist dies zumutbar und stellt keinen ausgleichspflichtigen Minderwert dar.

(4) Eine verbleibende Beeinträchtigung des Wohngrundstücks durch Lärm ist grundsätzlich durch eine Geldentschädigung auszugleichen, die sich aus der Summe der Wertminderungen der zum Wohnen geeigneten und bestimmten Teilwerte zusammensetzt. Das Ergebnis ist einer Gesamtbetrachtung zu unterziehen, um die besondere Funktion der betroffenen Teilwerte für das Wohngrundstück zu berücksichtigen und gegebenenfalls durch Zu- oder Abschläge anzupassen. Soweit ausnahmsweise Schutzmaßnahmen für den Außenwohnbereich auf dem Wohngrundstück mit vertretbarem Aufwand möglich sind, ist dieser zu erstatten. Dabei ist zu prüfen, ob diese Einrichtungen nicht auch den Innenwohnbereich schützen und deshalb sonst erforderliche Schutzeinrichtungen am Wohngebäude ganz oder teilweise entbehrlich werden.

Als **Flächengröße für die Ermittlung der Entschädigung** ist bei Balkonen, Loggien sowie Terrassen, die baulich mit dem Wohnhaus verbunden sind, grundsätzlich von der halben Fläche (vgl. WFlV) auszugehen.

201 Die **Voraussetzungen der wesentlichen Änderung** sind in § 1 Abs. 2 der 16. BImSchV abschließend aufgeführt:

– die bauliche Erweiterung einer Straße um einen oder mehrere durchgehende Fahrstreifen für den Kraftfahrzeugverkehr (§ 1 Abs. 2 Satz 1 Nr. 1 der 16. BImSchV). Diese bauliche Erweiterung muss zwischen zwei Verknüpfungen erfolgen; eine Steigerung des Verkehrslärms ist hingegen nicht erforderlich. Keine durchgehenden Fahrstreifen sind ineinander übergehende Ein- und Ausfädelungsstreifen;

– ein erheblicher baulicher Eingriff, wenn durch ihn der bisher vorhandene Beurteilungspegel am jeweiligen Immissionsort

  • um mindestens 3 dB (A) erhöht wird (§ 1 Abs. 2 Satz 1 Nr. 2 Alternative 1 der 16. BImSchV);

  • auf mindestens 70 dB (A)/tags oder mindestens 60 dB (A)/nachts erhöht wird (§ 1 Abs. 2 Satz 1 Nr. 2 Alternative 2 der 16. BImSchV);

  • von mindestens 70 dB (A)/tags oder mindestens 60 dB (A)/nachts weiter erhöht wird – dies gilt nicht für Gewerbegebiete – (§ 1 Abs. 2 Satz 2 der 16. BImSchV).

202 Kennzeichnend für einen „**erheblichen baulichen Eingriff**" sind solche Maßnahmen, die in die bauliche Substanz und in die Funktion der Straße als Verkehrsweg eingreifen. Der Eingriff muss auf eine Steigerung der verkehrlichen Leistungsfähigkeit der Straße abzielen[97]. Eine Einbeziehung von Maßnahmen, die nicht rein baulicher Art sind, die die Substanz der Straße als solche und die vorhandene Verkehrsfunktion unberührt lassen oder der Erhaltung (Unterhaltung, Instandsetzung, Erneuerung) dienen, ist durch § 43 Abs. 1 Satz 1 i. V. m. § 41 BImSchG nicht gedeckt.

---

[97] BVerwG, Urt. vom 9.2.1995 – 4 C 26/93 –, BVerwGE 97, 367 = DÖV 1995, 775 = NVwZ 1995, 907.

Beispiele für erhebliche bauliche Eingriffe: 203

- Bau von Anschlussstellen,
- Bau von Ein- und Ausfädelungsstreifen sowie von Abbiegestreifen,
- Bau von Zusatzfahrstreifen oder Mehrzweckfahrstreifen,
- Bau von Standstreifen,
- Bau von Radwegen,
- Bau von Fahrstreifen für zusätzliche Fahrbeziehungen im Bereich planfreier Knotenpunkte,
- deutliche Fahrbahnverlegung durch bauliche Maßnahmen,
- deutliche Veränderung der Höhenlage einer Straße (z. B. kreuzungsfreier Umbau).

Beispiele für nicht erhebliche bauliche Eingriffe:

- Bau von Lichtsignalanlagen, Schilderbrücken, Verkehrsbeeinflussungsanlagen etc.,
- Ummarkierungen (z. B. zur Schaffung zusätzlicher Fahrstreifen),
- Grunderneuerung sowie Erneuerung der Fahrbahnoberfläche im Straßenquerschnitt,
- Bau von Verkehrsinseln,
- Bau von Haltebuchten,
- Bau von Lärmschutzwänden und -wällen,
- beim unbebauten Außenwohnbereich von der örtlich vorhandenen Fläche; ist eine konkrete Abgrenzung nicht möglich, von einer gegendüblichen Fläche.

Wegen der **jahreszeitlich eingeschränkten Nutzung** und einer noch verbleibenden Nutzungsmöglichkeit des Außenwohnbereiches ist zur Ermittlung der Entschädigung grundsätzlich die Hälfte des auf den Außenwohnbereich entfallenden Mietanteils bzw. des Verkehrswerts des Außenwohnbereichs anzusetzen. 204

Zur **Ermittlung der Beeinträchtigung des Außenwohnbereichs** sind in der Tabelle (Anlage V LärmSchR 97) den jeweiligen Beurteilungspegeln am Tage ($L_{r,T}$) Lästigkeitsfaktoren zugeordnet. Diese sind keine Entschädigungsprozentsätze. Die Differenz zwischen den Lästigkeitsfaktoren des Beurteilungspegels und denen des IGW stellt die Bemessungsgröße der Entschädigung dar, den so genannten Entschädigungsprozentsatz. Lästigkeitsfaktoren für Beurteilungspegel unterhalb des jeweiligen IGW sind nur bei Teilinanspruchnahme zu berücksichtigen. 205

Beispiel 1: 206

Beurteilungspegel ($L_{r,T}$)	65 dB (A) Lästigkeitsfaktor	90,5
IGW	59 dB (A) Lästigkeitsfaktor	59,7
Differenz		30,8
Entschädigungsprozentsatz	30,8 %	

Die Differenz zwischen den Lästigkeitsfaktoren des Beurteilungspegels und denen des IGW führt bei hohen Beurteilungspegeln zu Zahlen über 100. Diese bleiben unberücksichtigt; der Entschädigungsprozentsatz übersteigt 100 nicht.

207 *Beispiel 2:*

Beurteilungspegel ($L_{r,T}$)	78 dB (A) Lästigkeitsfaktor		222,9
IGW	59 dB (A) Lästigkeitsfaktor		59,7
Differenz			163,2
Entschädigungsprozentsatz	100,0 %		

208 Die Entschädigung für **ungeschützte Balkone, Loggien und Terrassen** wird nach dem auf diese Grundstücksteile entfallenden Mietanteil (ohne Nebenkosten) ermittelt. Bewohnt der Eigentümer das Wohnhaus selbst, sind Vergleichsmieten (Mietspiegel) heranzuziehen und auszuwerten. Bei vermieteten Häusern und Wohnungen lässt sich der Mietanteil über die tatsächlich gezahlte Miete berechnen. Diese ist mit (nur) 50 % in die Ermittlung einzubeziehen und zu kapitalisieren. Der Vervielfältiger (Barwertfaktor) ergibt sich aus der jeweiligen Restnutzungsdauer des Hauses und dem Zinssatz für den Mietwert des Hauses. Der Zinssatz beträgt bei eigengenutzten Wohngebäuden 4 %, bei vermieteten 5 %, vgl. Nr. 3.5.4 WERTR 06. Der auf diese Weise errechnete Betrag ist jedoch noch nicht die Entschädigung für die Beeinträchtigung, sondern ein Zwischenwert. Die Multiplikation mit dem Entschädigungsprozentsatz (Differenz der Lästigkeitsfaktoren aus IGW und $L_{r,T}$) ergibt die Höhe der Entschädigung. Restnutzungsdauer (§ 6 Abs. 6 ImmoWertV) sowie der Vervielfältiger ergeben sich aus der Verordnung über die Grundsätze für die Ermittlung der Verkehrswerte von Grundstücken (ImmoWertV).

209 *Beispiel 3 (Abb. 24):*

Die neue Straße verläuft hinter einem Mietshaus an der Grundstücksgrenze entlang. Das Grundstück liegt im allgemeinen Wohngebiet. An der Hausseite zur neuen Straße hat jede Wohnung einen 10 m² großen Balkon.

Abb. 24: Beeinträchtigung eines bebauten Außenwohnbereichs

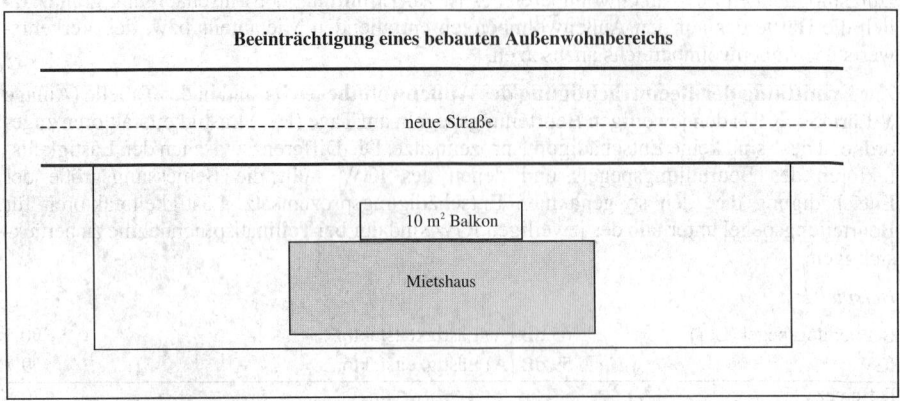

Beeinträchtigung eines Balkons	
anrechenbare Fläche des betroffenen Balkons (10 m² : 2)	5 m²
Wohnfläche	100 m²
Monatsmiete/kalt nach Mietvertrag	880 €
Mietpreis je m² (880 €: 100 m²)	8,80 €/m²
Berücksichtigungsfähiger Betrag (50 % von 8,80 €/m²)	4,40 €/m²
Jahresbetrag damit (4,40 €/m² × 5 m² × 12 Monate)	264 €
Der Vervielfältiger beträgt bei einer Verzinsung in Höhe von 5 % (5 %, da Vermietung) und Restnutzungsdauer (hier: 70 Jahre)	19,342677
Zwischenwert damit (264 € × 19,342677)	5 106,47 €
Beurteilungspegel am IO	68 dB (A)

Lärm § 6 ImmoWertV IV

IGW	59 dB (A)
$L_{r,T}$ zugeordneter Lästigkeitsfaktor	111,4
IGW zugeordneter Lästigkeitsfaktor	59,7
Differenz = Entschädigungsprozentsatz	51,7 %
Entschädigungsbetrag damit 51,7 % des Zwischenwerts: (5106,47 € × 0,517)=	2 640,04 €

Maßgebend für den **Wert des unbebauten Außenwohnbereichs** ist der Bodenwert. Er wird i. d. R. durch Preisvergleich ermittelt.

Beispiel 4 (Abb. 25):

Abb. 25: **Beeinträchtigung eines unbebauten Außenwohnbereichs**

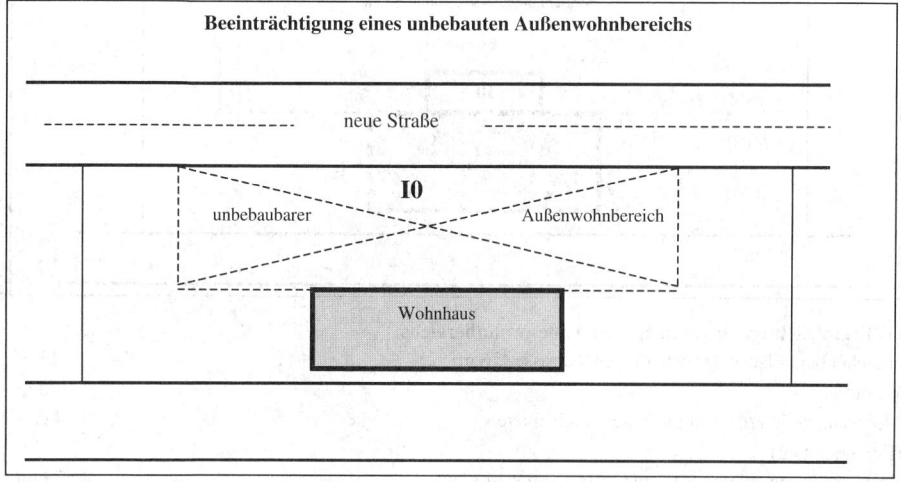

Beeinträchtigung des unbebauten Außenwohnbereichs	
Fläche des betroffenen Außenwohnbereichs	400 m²
Verkehrswert je m²	200 €/m²
Berücksichtigungsfähiger Betrag (50 % von 200 €/m²)	100 €/m²
Zwischenwert damit (100 €/m² × 400 m²)	40 000 €
Beurteilungspegel am $IOL_{r,T}$	68 dB (A)
IGW	59 dB (A)
$L_{r,T}$ zugeordneter Lästigkeitsfaktor	111,4
IGW zugeordneter Lästigkeitsfaktor	59,7
Differenz = Entschädigungsprozentsatz	51,7%
Entschädigungsbetrag damit 51,7 % des Zwischenwerts: (40 000 € × 0,517) =	20 680 €

IV § 6 ImmoWertV — Lärm

212 *Beispiel 5 (Abb. 26):*

Abb. 26: Zusammentreffen einer Beeinträchtigung des bebauten und des unbebauten Außenwohnbereichs

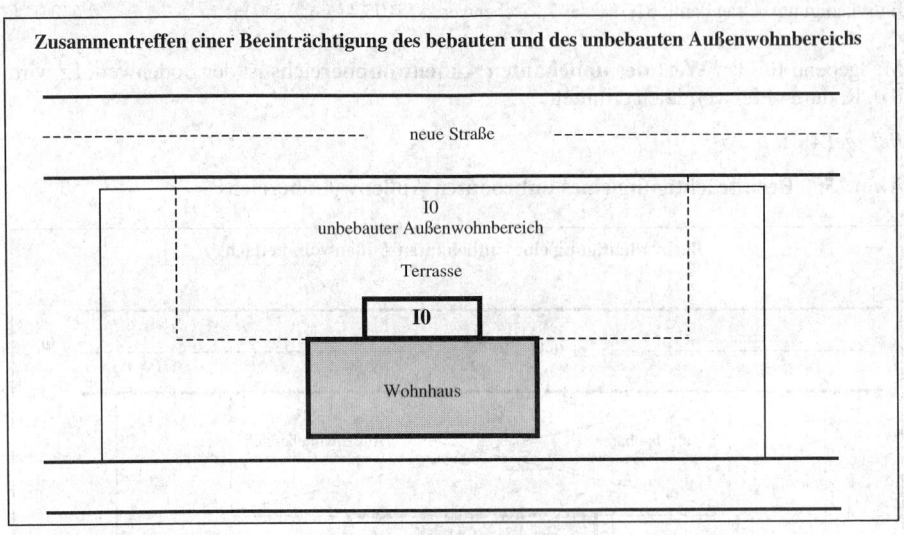

(1) Beeinträchtigung des bebauten Außenwohnbereichs

anrechenbare Fläche der betroffenen Terrasse (26 m² : 2)	13 m²
Wohnfläche	175 m²
Monatsmiete in €/m² kalt nach Vergleichsmiete (Eigennutzung)	9,14 €/m²
Berücksichtigungsfähiger Betrag (50 % von 9,14 €/m²)	4,57 €/m²
Jahresbetrag damit (4,57 €/m² × 13 m² × 12)	712,92 €
Der Vervielfältiger beträgt bei einer Verzinsung in Höhe von 4 % (4 %, da Eigennutzung) und Restnutzungsdauer (hier: 70 Jahre)	23,394515
Zwischenwert damit (712,92 € × 23,394515)	16 678,42
Beurteilungspegel am IO Terrasse	67 dB (A)
IGW	64 dB (A)
$L_{r,T}$ zugeordneter Lästigkeitsfaktor	104,0
IGW zugeordneter Lästigkeitsfaktor	**84,4**
Differenz = Entschädigungsprozentsatz	19,6 %
Entschädigungsbetrag damit 19,6 % des Zwischenwerts: (16 678,42 € × 0,196) =	3 268,97 €

(2) Beeinträchtigung des unbebauten Außenwohnbereichs

Fläche des betroffenen Außenwohnbereichs (ohne Terrasse 26 m²)	374 m²
Verkehrswert je m²	200 €/m²
Berücksichtigungsfähiger Betrag (50 % von 200 €/m²)	100 €/m²
Zwischenwert damit (100 €/m² × 374 m²)	37 400 €
Beurteilungspegel am IO unbebauter Außenwohnbereich	68 dB (A)
IGW	64 dB (A)
$L_{r,T}$ zugeordneter Lästigkeitsfaktor	111,4
IGW zugeordneter Lästigkeitsfaktor	**84,4**
Differenz = Entschädigungsprozentsatz	27,0 %
Entschädigungsbetrag damit 27 % des Zwischenwerts: (37 400 € × 0,27) =	10 098 €

(3) Gesamtentschädigung

Terrasse	3 268,97 €
unbebauter Außenwohnbereich	10 098,00 €
Entschädigungsbetrag insgesamt	**13 366,97 €**

6.2.5.2 Entschädigung bei Teilinanspruchnahme

Bei Teilinanspruchnahme eines Grundstückes besteht neben dem Anspruch auf Entschädigung für den Substanzverlust und einer etwaigen Wertminderung des Gebäudes auch ein Anspruch auf Entschädigung wegen Lärmbeeinträchtigung des Außenwohnbereichs, wenn als Folge der Teilinanspruchnahme der Beurteilungspegel

– 50 dB (A) am Tage überschreitet und

– gegenüber einer angenommenen Führung der Straße an der Grenze des zusammenhängenden Grundbesitzes[98] um mindestens 3 dB (A) erhöht wird. (Die Aufrundungsregel nach Abschnitt 4.0 der RLS-90 findet Anwendung.)

Verhältnis der Entschädigung bei Teilinanspruchnahme zum Ausgleichsanspruch nach § 74 Abs. 2 VwVfG

Maßgebend für die Entschädigung ist der weitergehende Anspruch. Dieser gleicht die Lärmbeeinträchtigung insgesamt aus. Eine Doppelentschädigung ist unzulässig.

Die Entschädigung ist zu leisten nach den Grundsätzen der Lärmvorsorge, wenn der Beurteilungspegel nach Abzug der Schutzwirkung der abzugebenden Teilfläche den anzuwendenden IGW überschreitet (Beispiel 6).

Beispiel 6:

IGW	59 dB (A)
Beurteilungspegel ($L_{r,T1}$)	66 dB (A)
entfallende Schutzwirkung	3 dB (A)
Lärmbelastung ohne Teilabtretung ($L_{r,T2}$)	63 dB (A)
Entschädigt wird die Differenz 66 dB (A)	– 59 dB (A)

Die Entschädigung ist zu leisten nach den Grundsätzen der Enteignungsentschädigung, wenn der Beurteilungspegel nach Abzug der Schutzwirkung der abzugebenden Teilfläche den anzuwendenden IGW nicht überschreitet.

Beispiel 7:

IGW	59 dB (A)
Beurteilungspegel ($L_{r,T1}$)	66 dB (A)
entfallende Schutzwirkung	10 dB (A)
Lärmbelastung ohne Teilabtretung ($L_{r,T2}$)	56 dB (A)
Entschädigt wird die Differenz 66 dB (A)	– 56 dB (A)

Überschreitet der Beurteilungspegel den anzuwendenden IGW nicht, ist die durch den Wegfall der Schutzwirkung der abzugebenden Teilfläche höhere Lärmbeeinträchtigung bei der Festsetzung der Enteignungsentschädigung zu berücksichtigen (Beispiel 8).

Beispiel 8:

IGW	59 dB (A)
Beurteilungspegel ($L_{r,T1}$)	58 dB (A)
entfallende Schutzwirkung	4 dB (A)
Lärmbelastung ohne Teilabtretung ($L_{r,T2}$)	54 dB (A)
Entschädigt wird die Differenz 58 dB (A)	– 54 dB (A)

---

98 BGH, Urt. vom 6.8.1986 – III ZR 146/84 –, NJW 1986, 2424 = EzGuG 13.76.

IV § 6 ImmoWertV — Lärm

218 Beispiele für die Berechnung der Entschädigung

Ein Teil des hinter einem Haus befindlichen Gartens wird für den Straßenbau in Anspruch genommen (Abb. 27).

Abb. 27: Beeinträchtigung eines bebauten und eines unbebauten Außenwohnbereichs bei gleichzeitiger Teilinanspruchnahme

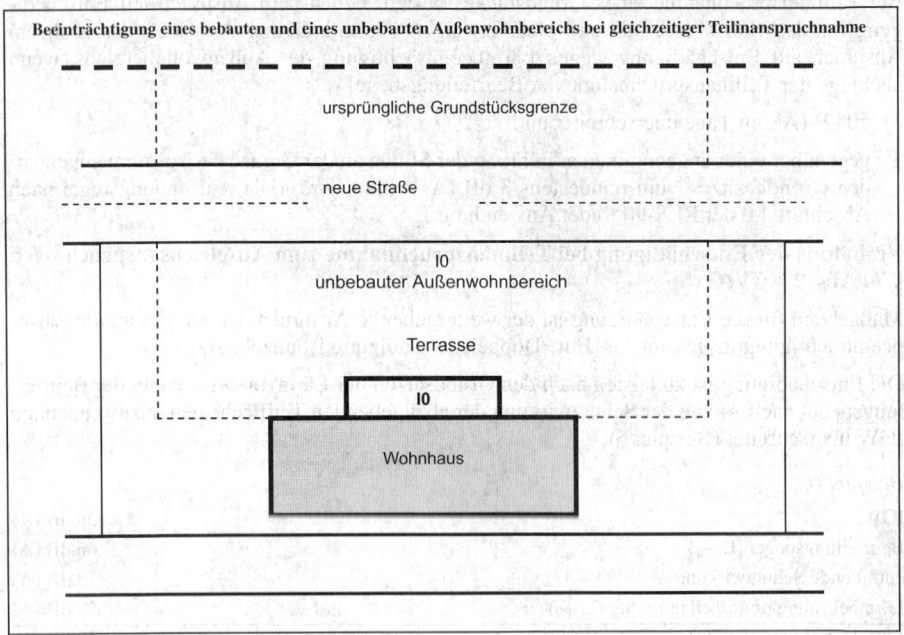

219 *Beispiel 9 (Abb. 27):*

Beeinträchtigung der Terrasse	
anrechenbare Fläche der betroffenen Terrasse (26 m² : 2)	13 m²
Wohnfläche	175 m²
Vergleichsmiete	1 600 €
Mietpreis je m² (1 600 € : 175 m²)	9,14 €/m²
Berücksichtigungsfähiger Betrag (50 % von 9,14 €/m²)	4,57 €/m²
Jahresbetrag damit (4,57 €/m² × 13 m² × 12 Monate)	712,92 €
Der Vervielfältiger beträgt bei einer Verzinsung in Höhe von 4 % (4 %, da Eigennutzung) und Restnutzungsdauer (hier: 70 Jahre)	23,394515
Zwischenwert damit (712,92 € × 23,394515)	16 678,42 €
Beurteilungspegel am IO Terrasse beim Bau der Straße mit Teilinanspruchnahme $L_{r,T1}$ =	65 dB (A)
Beurteilungspegel am IO Terrasse beim Bau der Straße an der ursprünglichen Grundstücksgrenze (fiktiv) $L_{r,T2}$ =	58 dB (A)
Differenz $L_{r,T1} - L_{r,T2}$ = 65 dB (A)	– 58 dB (A)
ist größer als 3 dB (A). Damit ist eine Schutzwirkung vorhanden.	
IGW	59 dB (A)
$L_{r,T1}$ zugeordneter Lästigkeitsfaktor	90,5 %
$L_{r,T2}$ zugeordneter Lästigkeitsfaktor	55,7 %
Differenz = Entschädigungsprozentsatz	34,8 %
Entschädigungsbetrag damit 34,8 % des Zwischenwerts: (16 678,42 € × 0,348) =	**5 804,09 €**

Beispiel 10:   220
Beeinträchtigung des unbebauten Außenwohnbereichs

Fläche des betroffenen Außenwohnbereichs (ohne Terrasse 26 m²)	374 m²
Verkehrswert je m²	200 €/m²
Berücksichtigungsfähiger Betrag (50 % von 200 €/m²)	100 €/m²
Zwischenwert damit (100 €/m² × 374 m²)	37 400 €
Beurteilungspegel am IO unbebauter Außenwohnbereich beim Bau der Straße mit Teilinanspruchnahme	
$L_{r,T1}$	66 dB (A)
Beurteilungspegel am IO unbebauter Außenwohnbereich beim Bau der Straße an der ursprünglichen Grundstücksgrenze (fiktiv)	
$L_{r,T2}$	59 dB (A)
Differenz $L_{r,T1} - L_{r,T2} = 66$ dB (A)	− 59 dB (A)
ist größer als 3 dB (A). Damit ist eine Schutzwirkung vorhanden.	
IGW	59 dB (A)
$L_{r,T1}$ zugeordneter Lästigkeitsfaktor	97,0 %
$L_{r,T2}$ zugeordneter Lästigkeitsfaktor	59,7 %
Differenz = Entschädigungsprozentsatz	37,3 %
Entschädigungsbetrag damit 37,3 % des Zwischenwerts: (37 400 € × 0,373) =	**13 950,20 €**

6.2.5.3 Entschädigung für Altanlagen

Die vorstehenden Entschädigungsgrundsätze finden Anwendung bei der Neuanlage oder der   221
Änderung bestehender Verkehrswege. Für sog. Altanlagen, die vor Inkrafttreten des BImSchG angelegt wurden und erst durch die Verkehrsentwicklung nachteilig betroffen sind, kommt eine Entschädigung nur nach der Rechtsfigur des **„enteignenden Eingriffs"** in Betracht. Ein **Entschädigungsanspruch für Beeinträchtigungen eines Grundstücks durch Verkehrslärm** besteht nur, wenn

– die Zufügung der Emissionen nachbarrechtlich nicht untersagt werden kann;

– sie sich als ein unmittelbarer Eingriff in das nachbarliche Eigentum darstellt und

– die Grenze dessen überschritten wird, was der Nachbar nach § 906 BGB entschädigungslos hinnehmen muss[99].

Von einem unerträglichen Eigentumseingriff wird man dabei dann ausgehen können, wenn   222
die einfachrechtliche Zumutbarkeitsschwelle des Immissionsschutzrechtes überschritten wird. Bei einem geräuschvorbelasteten Grundstück wird man aus Art. 14 GG Ausgleichsansprüche auch nur insoweit geltend machen können, als erst durch das Hinzutreten von Verkehrsbelastungen die Zumutbarkeitsschwelle überschritten wird. Ist das Grundstück zuvor erworben worden, so stellt der BGH für die Frage der Entschädigung und ihrer Höhe allein auf die seit dem Erwerb das Grundstücks eingetretenen Verhältnisse und die darauf beruhenden Wertminderungen ab, weil die zuvor bereits eingetretenen Wertminderungen im gewöhnlichen Geschäftsverkehr schon beim Erwerb des Grundstücks wertmindernd berücksichtigt wurden[100]. Demzufolge geht auch ein dem Voreigentümer entstandener Entschädigungsanspruch nicht ohne Weiteres auf den Erwerber über.

---

99 BGH, Urt. vom 10.11.1987 – III ZR 204/86 –, BRS Bd. 33 Nr. 153 = EzGuG 13.89a; OVG Bremen, Urt. vom 19.1.1993 – 1 BA 11/92 –, NVwZ – RR 1993, 468 = UPR 1993, 358 (LS) = DÖV 1993, 833 (LS) = ZUR 1993, 183 (LS).
100 BGH, Urt. vom 17.4.1986 – III ZR 202/84 –, BGHZ 87, 361 = EzGuG 13.87.

IV § 6 ImmoWertV — Lärm

223 *Beispiel:*

Abb. 28: Ermittlung des Entschädigungsbetrags

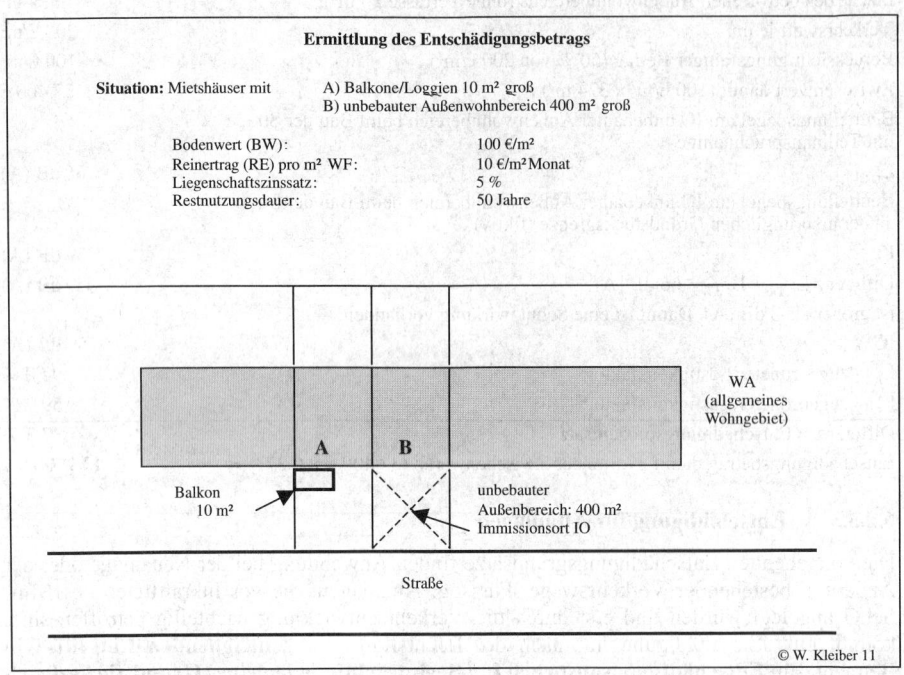

Immissionsgrenzwert (IGW)	59 dB (A)
	(vgl. Rn. 182)

(für den Außenwohnbereich ist der IGW am Tage maßgebend)

Berechneter Mittelungspegel am Immissionsort IO ($L_{m,T}$)
für Wohnhaus A (Immissionsort: Geschossdecke): 65 dB (A)
für Wohnhaus B (Immissionsort: Mittelpunkt der genutzten Fläche in
2 m Höhe): 75 dB (A)

Ermittlung der Entschädigung:

– Zum Ausgleich der Beeinträchtigungen des Wohnhauses werden die Aufwendungen für Lärmschutz an der baulichen Anlage nach Maßgabe der VLärmSchR erstattet.

– Die Entschädigung (Ausgleich) für verbleibende Beeinträchtigungen des Außenbereichs erfolgt auf der Grundlage des hälftigen über die Restnutzungsdauer kapitalisierten Reinertrags (aufgrund der witterungsbedingten halbjährlichen Nutzung des Außenbereichs) bzw. des hälftigen Bodenwerts.

a) Ausgleich für Außenbereich (Balkon) des Wohnhauses A:

Reinertrag (RE) pro m² Wohnfläche:	120 €/m²
ergibt für 10 m² großen Balkon:	1 200 €
davon berücksichtigungsfähig 50 v. H.:	600 €
× Vervielfältiger 18.26 (p = 5 %; n = 50 Jahre):	**10 956 €**

Lästigkeitsfaktor bei $L_{m,T}$ =	65 dB (A): 90,5 %	(lt. Tab., Rn. 162)
Lästigkeitsfaktor bei $L_{m,T}$ =	59 dB (A): 59,4 %	(lt. Tab., Rn. 162)
= Differenz = Entschädigungssatz:	31,1 %	

Entschädigungsbetrag 31,1 % des Zwischenwerts (10 956 €) = 3 170,96 €
10 956 € = 31,1/100 × 3 170 €

b) Ausgleich für unbebauten Außenbereich des Wohnhauses B:

Bodenwert (BW) des unbebauten Außenbereichs:	100 €/m²	
ergibt für 400 m² großen Außenwohnbereich:	40 000 €	
davon berücksichtigungsfähig 50 v. H.:	20 000 €	
Lästigkeitsfaktor bei $L_{m,T}$ = 75 dB (A):	181,0 %	(lt. Tab., Rn. 162)
Lästigkeitsfaktor bei $L_{m,T}$ = 59 dB (A):	– 59,4 %	(lt. Tab., Rn. 162)
= Differenz:		121,6 %
Entschädigungssatz:		100 %

Hinweis: Bei hohen Mittelungspegeln ergeben sich Differenzen von über 100; in diesen Fällen ist der Entschädigungssatz auf 100 v. H. begrenzt; stets gilt also:

Entschädigungssatz = 100 %, wenn Differenz > 100

Entschädigungsbetrag 100 % des Zwischenwerts (20 000 €): 100/100 × 20 000 € = **20 000 €**

Zur Ermittlung von Ausgleichs- und Entschädigungslasten bei zusätzlichen **Lärmbeeinträchtigungen infolge von Teilflächen (Vorgärten)** vgl. Teil VI Rn. 666 f. Zu den **bergbaubedingten Erschütterungen** vgl. *Schürken* in VBHG informiert 2002.

6.3 Gewerbelärm

Unter Gewerbelärm versteht man die durch gewerbliche und industrielle Lärmquellen verursachten Geräusche störenden Charakters. Gesetzliche Grundlagen insbesondere zur Vermeidung von Störungen sind

– §§ 3, 22, 26, 50 BImSchG,

– 4. BImSchV; die Verordnung unterscheidet nach Anlagen, die einem förmlichen Genehmigungsverfahren unterliegen, und solchen Anlagen, für die ein vereinfachtes Genehmigungsverfahren genügt,

– BauNVO,

– DIN 18005–1,

– VDI-Richtlinie 2571 (Schallabstrahlung von Industriebauten),

– TA Lärm (Abb. 29).

IV § 6 ImmoWertV — Fluglärm

Abb. 29: Immissionsrichtwerte (nach 6.1 TA Lärm)

Gebiet nach der Baunutzungsverordnung	am Tage	bei Nacht von 22 bis 6 Uhr
a) Gebiete, in denen nur gewerbliche oder industrielle Anlagen und Wohnungen für Inhaber und Leiter der Betriebe sowie für Aufsichts- und Bereitschaftspersonen untergebracht sind (Industriegebiet § 9 BauNVO)	70 dB (A)	70 dB (A)
b) Gebiete, in denen vorwiegend gewerbliche Anlagen untergebracht sind (Gewerbegebiet § 8 BauNVO)	65 dB (A)	50 dB (A)
c) Gebiete mit gewerblichen Anlagen und Wohnungen, in denen weder vorwiegend gewerbliche Anlagen noch vorwiegend Wohnungen untergebracht sind (Kerngebiet, Mischgebiet, Dorfgebiet § 7, § 6, § 5)	60 dB (A)	45 dB (A)
d) Gebiete, in denen vorwiegend Wohnungen untergebracht sind (Allgemeines Wohngebiet, Kleinsiedlungsgebiet § 2, § 4 BauNVO)	55 dB (A)	40 dB (A)
e) Gebiete, in denen ausschließlich Wohnungen untergebracht sind (Reines Wohngebiet § 3 BauNVO) 50 dB (A), 35 dB (A)	50 dB (A)	35 dB (A)
f) Kurgebiete, Krankenhäuser und Pflegeanstalten (Kurgebiet, Klinikgebiet § 11 BauNVO)	45 dB (A)	35 dB (A)*

* BGH, Beschl. vom 25.11.1993 – III ZR 2/93 –, GuG 1995, 120 = EzGuG 13.130; Sägewerk: BGH, Urt. vom 14.3.1969 – V ZR 145/65 –, MDR 1969, 648.

226 Der **Betreiber einer genehmigungsbedürftigen Anlage** hat nach § 5 Abs. 1 BImSchG u. a. die Pflicht, seine Anlage so zu errichten und zu betreiben, dass keine schädlichen Umwelteinwirkungen und sonstige Gefahren, erhebliche Nachteile und erhebliche Belästigungen hervorgerufen werden können, sowie Vorsorge gegen schädliche Umwelteinwirkungen zu treffen, insbesondere durch die dem Stand der Technik entsprechenden Maßnahmen zur Emissionsbegrenzung. Mit § 22 BImSchG wird dem **Betreiber einer nicht genehmigungsbedürftigen Anlage** die Pflicht auferlegt, die Anlage so zu errichten und zu betreiben, dass schädliche Umwelteinwirkungen verhindert werden, die nach dem Stand der Technik vermeidbar sind. Des Weiteren sind die nach dem Stand der Technik unvermeidbaren Umwelteinwirkungen auf ein Mindestmaß zu beschränken. Gemäß § 26 BImSchG kann die zuständige Behörde anordnen, dass der Betreiber sowohl einer genehmigungsbedürftigen als auch einer nicht genehmigungsbedürftigen Anlage Art und Ausmaß der von der Anlage ausgehenden Emissionen sowie die Immissionen im Einwirkungsbereich der Anlage durch eine der vom Landesumweltamt bekannt gegebenen Stelle ermitteln lässt, wenn zu befürchten ist, dass durch die Anlage schädliche Umwelteinwirkungen hervorgerufen werden.

227 In der **steuerlichen Bewertung** kommen für den Feststellungszeitpunkt ab 1.1.1974 die nach der TA Lärm ermittelten Immissionsrichtwerte zur Anwendung[101]:

6.4 Fluglärm

Schrifttum: *Bateman, I., Day, B., Lake I., Lovett, A.* „The Effect of Road Traffic on Residential Property Values: A Literature Review and Hedonic Pricing Study", Studie für das Scottish Executive Development Department, Edinburgh; *Borowski, A.-K.,* Einfluss von Verkehrslärm auf den Bodenwert und den

---
101 RdVfg der OFD Düsseldorf vom 1.12.1975 – S 3204 A – St 212 – i. V. m. Abschn. 1.7. des GemRdErl. des Ministeriums für Gesundheit und Soziales NW – III B 2 – 88502 – (III – 4/75), des Ministeriums für Wirtschaft, Mittelstand und Verkehr NW – III/A 3 – 46 – 12 – und des Innenministeriums NW – V A 4 – 270.312 vom 3.2.1975 (MBl. NW 1975, 234).

Verkehrswert von Eigentumswohnungen, DS 2003, 55; *Credit Suisse,* Financial Services, „Immobilien-Portfoliopolitik"; *DFS Deutsche Flugsicherung* GmbH, http://www.flugsicherung.de; *Dings, J.M.W., Wit, R.C.N., Leurs, B.A., Davidson, M.D.,* External Cost of Aviation, Research Report 299 96 106, UBA-FB 000411, im Auftrag des Umweltbundesamtes, Berlin; European Organisation for the Safety of Air Navigation, verfügbar: http://www.ecacnav.com /rvsm/default.htm. (Abruf 23.06.2005); *Faltermeier, K.,* Gutachten zur Ermittlung der Höhe des Abschlags der Grundstückswerte wegen Fluglärms (Flughafen München), *AG,* Fluglärmreport, Bericht über die Ergebnisse der Fluglärmüberwachung am Flughafen Frankfurt, Frankfurt; *Guski, R., Schönpflug, W.,* Soziale und ökonomische Auswirkungen, in: Fluglärm 2004, Stellungnahme des Interdisziplinären Arbeitskreises für Lärmwirkungsfragen beim Umweltbundesamt, S. 112–115; *Interdisziplinärer Arbeitskreis für Lärmwirkungsfragen beim Umweltbundesamt,* Fluglärm 2004, Stellungnahme des Interdisziplinären Arbeitskreises für Lärmwirkungsfragen beim Umweltbundesamt, Veröffentlichung des Umweltbundesamtes, Berlin; *Kampe, T.,* Auswirkungen durch die Erweiterung eines Großflughafens (Schönefeld) auf den regionalen Grundstücksmarkt (Dipl.-Arbeit an der TU Hannover 2002); *Krebs, W, Bütikofer, R., Heutschi, K., Plüss, S., Thomann, G.,* „Gutachten – Fluglärmmonitoring Flughafen Frankfurt-Main AP2: Akustik", Bericht Nr. 422′493 im Auftrag des Regionalen Dialogforums Flughafen Frankfurt, EMPA, Dübendorf; verfügbar: http://www.dialogforum-flughafen.de/htm/uploads/a325/-Be422293_Schlussbericht.pdf. (Abruf 23.06.2005); *Müller, H.,* Die Kosten von Fluglärm, Diplomarbeit am Lehrstuhl für Finanzwirtschaft und Bankbetriebslehre, Technische Universität Chemnitz, Chemnitz; *Navrud, St,* „The State-of-the-Art on Economic Valuation of Noise", Final Report to European Commission DG Environment; *Nelson, J. P.,* Meta-Analysis of Airport Noise and Hedonic Property Values: Problems and Prospects, Journal of Transports Economics and Policy, Vol. 38, No.1, S. 1–28; *Orszag, P. R., Orszag, J. M.,* Quantifying the Benefits of more stringent Aircraft Noise Regulations, commissioned by Northwest Airlines; Pressemitteilungen des Bundesministeriums für Umwelt, Naturschutz und Reaktorsicherheit, verfügbar: http://www.bmu.de/pressemitteilungen/ pressemitteilungen_ab 01012005 /pm/35538.php (Abruf 23.06.2005); *Rat von Sachverständigen für Umweltfragen,* Umwelt und Gesundheit Risiken richtig einschätzen, Sondergutachten, Drucks. 14/2300; *Regionales Dialogforum* (o.J.), Fluglärmkonturen Frankfurt am Main, verfügbar: http://www.noise-rus.com/dialogforum/index.php (Abruf 10.08.2005); *Rinderknecht, Th.,* Gutachten über die Wertbeeinflussung steuerlich maßgebender Vermögensteuer- und Eigenmietwerte in der Gemeinde Zumikon aufgrund des „Südanflugs", Studie im Auftrag des Gemeinderates der Gemeinde Zumikon, Zürich; *Schipper, Y.J.J.,* On the Valuation of Aircraft Noise: A Meta-Analysis, European Regional Science Association, 36th European Congress, Zürich; *Spreng, M., Költzsch P.,* Mess- und Beurteilungsverfahren, in: Fluglärm 2004, Stellungnahme des Interdisziplinären Arbeitskreises für Lärmwirkungsfragen beim Umweltbundesamt; *Thießen, Schnorr,* Immobilien und Fluglärm, Technische Universität Chemnitz, WWDP 69/2005, ISSN 1618-1352, *Uherek, H. W.,* Gutachten zu Auswirkungen der Entwicklung des Flughafens Halle/Leipzig auf die Baulandpreise in der berührten Region, Leipzig 2001; *Weigt, S.,* Der Wert von Einfamilienhäusern unter dem Einfluss von Fluglärm, GuG 2011, 74; *Schlenker, W./W. Reed Warker,* Airports, Air Pollution and Contemparanous Health NBER Working Paper Nr. 17684 (2011).

6.4.1 Allgemeines und Entschädigungsgrundsätze

Nach § 1 des Gesetzes zum Schutz gegen Fluglärm (FluglärmG) vom 31.10.2007 (BGBl. I 2007, 2550) werden zum Schutz der Allgemeinheit und der Nachbarschaft vor Gefahren, erheblichen Nachteilen und erheblichen Belästigungen durch Fluglärm für Verkehrsflughäfen, die dem Fluglinienverkehr angeschlossen sind, und für militärische Flugplätze, die dem Betrieb von Flugzeugen mit Strahltriebwerken zu dienen bestimmt sind, Lärmschutzbereiche festgesetzt. **Der Lärmschutz umfasst das Gebiet außerhalb des Flugplatzgeländes, in dem der durch Fluglärm hervorgerufene äquivalente Dauerschallpegel 67 dB (A) die nachstehenden Grenzwerte übersteigt.** Nach dem Maße der Lärmbelästigung wird der Lärmschutzbereich in zwei Schutzzonen für den Tag und eine Schutzzone für die Nacht gegliedert. Schutzzonen sind jeweils diejenigen Gebiete, in denen der fluglärmbedingte „äquivalente Dauerschallpegel L_{Aeq} sowie bei der Nacht-Schutzzone auch der fluglärmbedingte Maximalpegel L_{Amax} die nachfolgenden Grenzwerte übersteigt, wobei die Häufigkeit aus dem Mittelwert über die sechs verkehrsreichsten Monate des Prognosejahres bestimmt wird:

228

IV § 6 ImmoWertV — Fluglärm

1. **Werte für neue oder wesentlich baulich erweiterte zivile Flugplätze i. S. des § 4 Abs. 1 Nr. 1 und 2 FlugLärmG**

   Tag-Schutzzone 1 $L_{Aeq\,Tag}$ = 60 dB (A)

   Tag-Schutzzone 2 $L_{Aeq\,Tag}$ = 55 dB (A)

   Nacht-Schutzzone
   a) bis zum 31. Dezember 2010 $L_{Aeq\,Nacht}$ = 53 dB (A); L_{Amax} = 6 mal 57 dB (A)

   b) ab dem 1. Januar 2011 $L_{Aeq\,Nacht}$ = 50 dB (A); L_{Amax} = 6 mal 53 dB (A)

2. **Werte für bestehende zivile Flugplätze i. S. des § 4 Abs. 1 Nr. 1 und 2 FlugLärmG**

   Tag-Schutzzone 1 $L_{Aeq\,Tag}$ = 65 dB (A)

   Tag-Schutzzone 2 $L_{Aeq\,Tag}$ = 60 dB (A)

   Nacht-Schutzzone $L_{Aeq\,Nacht}$ = 55 dB (A); L_{Amax} = 6 mal 57 dB (A)

3. **Werte für neue oder wesentlich baulich erweiterte militärische Flugplätze i. S. des § 4 Abs. 1 Nr. 3 und 4 FlugLärmG**

   Tag-Schutzzone 1 $L_{Aeq\,Tag}$ = 63 dB (A)

   Tag-Schutzzone 2 $L_{Aeq\,Tag}$ = 58 dB (A)

   Nacht-Schutzzone
   a) bis zum 31. Dezember 2010 $L_{Aeq\,Nacht}$ = 53 dB (A); L_{Amax} = 6 mal 57 dB (A)

   b) ab dem 1. Januar 2011 $L_{Aeq\,Nacht}$ = 50 dB (A); L_{Amax} = 6 mal 53 dB (A)

4. **Werte für bestehende militärische Flugplätze i. S. des § 4 Abs. 1 Nr. 3 und 4 FlugLärmG**

   Tag-Schutzzone 1 $L_{Aeq\,Tag}$ = 68 dB (A)

   Tag-Schutzzone 2 $L_{Aeq\,Tag}$ = 63 dB (A)

   Nacht-Schutzzone $L_{Aeq\,Nacht}$ = 55 dB (A); L_{Amax} = 6 mal 57 dB (A)

Gemäß § 4 Abs. 2 FluglärmG wird der jeweilige Lärmschutzbereich durch Rechtsverordnung der Landesregierung festgesetzt.

229 Nach § 5 Abs. 2 FluglärmG dürfen in der stärker verlärmten **Schutzzone 1** und in der Nacht-Schutzzone Wohnungen grundsätzlich nicht errichtet werden, in der **Schutzzone 2** nur dann, wenn die Anforderungen der raumumhüllenden Bauteile (z. B. Schallschutzfenster) nach der Schallschutzverordnung[102] eingehalten werden. Im Lärmschutzbereich dürfen Krankenhäuser, Altenheime, Erholungsheime und ähnliche in gleichem Maße schutzbedürftige Einrichtungen nicht errichtet werden. In den Tag-Schutzzonen gilt Gleiches für Schulen, Kindergärten und ähnliche in gleichem Maße schutzbedürftige Einrichtungen.

230 **Die genannten Dauerschallpegel** (67 bzw. 75 dB [A]) **stellen damit das Ausmaß an Einwirkungen dar, was der Eigentümer im Rahmen der Inhaltsbestimmung des Eigentums**

---

[102] Schallschutzverordnung vom 5.4.1974 (BGBl. I 1974, 903).

entschädigungslos hinzunehmen hat. Der äquivalente Dauerschallpegel wird nach der Anl. zu § 3 FluglärmG ermittelt. § 9 FluglärmG sieht darüber hinaus für die in der Schutzzone 1 gelegenen Grundstücke (als Ausgleichsmaßnahme) eine Erstattung von Aufwendungen für bauliche Schallschutzmaßnahmen vor.

Der von einem Militär- oder Zivilflughafen ausgehende **Fluglärm** kann entsprechend 231
- seiner Intensität und Häufigkeit,
- der Nutzung der davon betroffenen Grundstücke und ihrer Vorbelastung sowie
- der Schutzwürdigkeit und Schutzbedürftigkeit zu einer mehr oder minder großen Verkehrswertminderung führen[103].

Voraussetzung für eine Entschädigung ist, dass 232

a) die zugelassene Nutzung des lärmemittierenden Grundstücks die vorgegebene Grundstückssituation nachhaltig verändert und dadurch das benachbarte Wohneigentum **schwer und unerträglich** trifft[104],

b) das Grundstück aufgrund seiner Lage und der damit verbundenen **Vorbelastung** zur Wohnbebauung geeignet war,

c) mit der Lärmbelästigung die **Zumutbarkeitsschwelle** überschritten wird[105].

Es kommt entscheidend auf die Veränderung der vorhandenen Grundstückssituation an. In diesem Sinne hat der BGH entschieden, dass derjenige, der in der Nähe eines Militärflugplatzes ein Wohngebäude an einer Stelle errichtet hat, die von Anfang an stark vom Fluglärm belastet war und nach den später in Kraft getretenen Vorschriften in die Lärmschutzzone (1) des für den Flugplatz festgesetzten Lärmschutzbereichs gefallen ist, keinen Anspruch auf Entschädigung aus enteignendem Eingriff hat[106].

Eine **Entschädigung für einen Minderwert** des Grundstücks kommt **erst** in Betracht, **wenn** 233
**Schutzeinrichtungen keine wirksame Abhilfe versprechen oder unverhältnismäßige
Aufwendungen erfordern**[107].

Erfolgte der den Entschädigungsanspruch auslösende **Eingriff** auf ein unbebautes Grundstück **noch vor dem Erwerb des Grundstücks** und macht der neue Eigentümer (nach dem **Grundstückswechsel**), in dessen Person der Eingriff spürbar wird, den Entschädigungsanspruch geltend, muss er dartun, dass die vom Voreigentümer erlangte Rechtsposition auf ihn übergegangen ist. Ein solcher Rechtsübergang kann stillschweigend erfolgen und kann angenommen werden, wenn etwa der Kaufpreis dem (um den Wert des Entschädigungsanspruchs erhöhten) Wert des Grundstücks zur Zeit des enteignenden Eingriffs entspricht[108]. 234

---

103 BGH, Urt. vom 25.3.1993 – III ZR 60/91 –, BGHZ 122, 76 = EzGuG 16.35; BGH, Urt. vom 16.3.1995 – III ZR 166/93 –, BGHZ 129, 124 = NJW 1995, 1823 = EzGuG 13.134; OVG Hamburg, Beschl. vom 2.11.1998 – Bf III 43/96 –, NVwZ-RR 1999, 700; OVG Hamburg, Urt. vom 13.12.1994 – Bs III 376/93 –, DVBl 1995, 1026 (LS) = HbgJVBl 1995, 77; BVerwG, Urt. vom 7.7.1978 – 4 C 79/76 u. a. –, BVerwGE 56, 110 = EzGuG 13.51, im Anschluss an BVerwG, Urt. vom 21.5.1976 – 4 C 80/74 –, NJW 1976, 1760 = EzGuG 13.30; vgl. auch BVerwG, Urt. vom 5.12.1986 – 4 C 13/85 –, BVerwGE 75, 214 = EzGuG 13.83; ferner: OLG Düsseldorf, Urt. vom 14.10.1974 – 9 U 47/74 –, KdL 1975, 168 = ZLW 1975, 148; OLG Düsseldorf, Urt. vom 8.5.1967 – 18 U 268/66 –, NJW 1967, 555 = EzGuG 13.12; OLG Köln, Urt. vom 14.11.1994 – 2 U 76/93 –, GuG 1995, 190 = EzGuG 13.133.
104 BGH, Urt. vom 25.11.1991 – III ZR 7/91 –, BRS Bd. 53 Nr. 155 = EzGuG 13.120b; BGH, Urt. vom 10.2.1987 – III ZR 204/86 –, BRS Bd. 53 Nr. 153 = EzGuG 13.91.
105 BGH, Urt. vom 16.3.1995 – III ZR 166/93 –, BGHZ 129, 124 = EzGuG 13.134; BGH, Urt. vom 15.6.1977 – V ZR 44/74 –, MDR 1976, 565 = EzGuG 13.40.
106 BGH, Beschl. vom 29.6.2006 – III ZR 253/05 –, GE 2006, 1166 = EzGuG 13.151; BGH, Urt. vom 16.3.1995 – III ZR 166/93 –, NJW 1995, 1823 = EzGuG 13.134.
107 BGH, Beschl. vom 30.1.1986 – III ZR 34/85 –, NJW 1986, 2423 = EzGuG 13.34b; BGH, Urt. vom 25.11.1991 – III ZR 7/91 –, BRS Bd. 53 Nr. 155 = EzGuG 13.120b; BGH, Urt. vom 18.10.1979 – III ZR 177/77 –, BRS Bd. 45 Nr. 130 = EzGuG 13.52; BGH, Urt. vom 13.1.1977 – III ZR 6/75 –, NJW 1977, 894 = EzGuG 13.33; BGH, Urt. vom 20.3.1975 – III ZR 215/71 –, BRS Bd. 34 Nr. 165 = EzGuG 13.25.
108 BGH, Urt. vom 16.3.1995 – III ZR 166/93 –, BGHZ 129, 124 = EzGuG 13.134; BGH, Urt. vom 13.7.1984 – III ZR 166/76 –, NJW 1979, 2303 = EzGuG 18.84; BGH, Urt. vom 2.2.1978 – III ZR 90/76 –, NJW 1978, 941 = EzGuG 18.81; BGH, Urt. vom 13.12.1984 – III ZR 175/83 –, BGHZ 93, 165 = EzGuG 6.227; BGH, Urt. vom 6.2.1986 – III ZR 96/84 –, BGHZ 97, 114 = EzGuG 18.100; BGH, Urt. vom 17.4.1986 – III ZR 202/84 –, BGHZ 97, 361 = EzGuG 13.77.

235 Bei der **Bestimmung der Zumutbarkeitsschwelle** ist zu berücksichtigen, dass Fluglärm im Unterschied zum Straßenverkehrslärm durch kurzzeitige, verhältnismäßig hohe Schalldrücke sowie bestimmte Frequenzzusammensetzungen gekennzeichnet ist. Hieraus folgt, dass ein dem äquivalenten Dauerschallpegel entsprechender Zahlenwert nicht ohne Weiteres als Grenze für die Zumutbarkeit gelten kann[109]. Für die Beurteilung der zivilrechtlichen Ansprüche des Eigentümers nach den §§ 906 und 1004 BGB[110] sind deshalb die in § 2 FluglärmschutzG zur Abgrenzung der Schutzzonen im Lärmschutzbereich des Flughafens festgelegten äquivalenten Dauerschallpegel weder als Grenz- noch als Richtwerte geeignet. Vielmehr muss der Spitzenpegel stärker berücksichtigt werden[111].

236 Folgende **Grundsätze** hat das BVerwG[112] herausgestellt:

– Die Anwohner eines internationalen Großflughafens haben keinen Anspruch auf Festlegung eines absoluten Nachtflugverbots.
– Die Planfeststellungsbehörde kann unter Berücksichtigung der Umstände des Einzelfalls die Zumutbarkeitsgrenze in § 9 Abs. 2 LuftVG im Wege des Ausschlusses höherer fluglärmbedingter Schallpegel als 55 dB (A) im Rauminnern bei geschlossenen Fenstern rechtsfehlerfrei festlegen.
– Der in der Rechtsprechung gebilligte Dauerschallpegel (Außenpegel) zur Bestimmung der äußerstenfalls zumutbaren Geräuscheinwirkung durch Straßenverkehr lässt Rückschlüsse auf die Festlegung der Zumutbarkeitsgrenze für Fluglärm nicht zu.
– Die lärmbedingte Verkehrswertminderung ist nicht identisch mit der Höhe der Entschädigung; sie ist allenfalls ein Indiz.
– Ein Entschädigungsanspruch wegen unzumutbarer Lärmeinwirkung auf den Außenbereich ist nicht von vornherein ausgeschlossen, wenn die Lärmbelastung des Innenwohnbereichs durch Schallschutzmaßnahmen auf ein zumutbares Maß gesenkt worden ist.
– Die Frage der Schutzwürdigkeit kann für den Innen- und Außenwohnbereich nicht einheitlich beantwortet werden; vielmehr ist eine Gesamtbetrachtung anzustellen.

237 Im Übrigen bleibt darauf hinzuweisen, dass die **Festlegung eines Bauschutzbereichs** i. S. des Luftverkehrsgesetzes das Grundstück i. d. R. **von der konjunkturellen Weiterentwicklung** (Vorwirkung, vgl. Teil VII Rn. 357 ff.) **ausschließt** und dies ggf. bei der Bemessung der Entschädigung zu berücksichtigen ist[113].

6.4.2 Wertminderung wegen Fluglärms

238 Allgemein wird angenommen, dass vom Fluglärm betroffene Grundstücke in Abhängigkeit von der Intensität gegenüber sonstigen Grundstücken in ihrem Wert gemindert sind; dies gilt insbesondere für Wohngrundstücke, während gewerbliche Grundstücke von der Flugplatznähe profitieren können. Eine Wertminderung braucht bei der Bodenwertermittlung explizit nicht berücksichtigt zu werden, wenn von gleichartig betroffenen **Vergleichsgrundstücken bzw. dem jeweiligen Bodenrichtwert** ausgegangen wird.

239 Wird bei der Bodenwertermittlung von Vergleichsgrundstücken ausgegangen, die nicht vom Fluglärm betroffen sind, kann eine Wertminderung nicht zwangsläufig unterstellt werden, da umgekehrt auch mit der Nähe des Flughafens auch Werterhöhungen einhergehen können. Grundstücke in unmittelbarer Flughafennähe bilden einen eigenen **Teilmarkt**, der insbesondere für gewerbliche Nutzungen und auch für die dort Beschäftigten Standortvorteile auf-

---

109 BGH, Urt. vom 15.6.1977 – V ZR 44/74 –, EzGuG 13.40.
110 Zur Anwendung BGH, Urt. vom 10.11.1972 – V ZR 54/71 –, EzGuG 13.20; BGH, Urt. vom 10.6.1977 – V ZR 242/75 –, EzGuG 13.39.
111 BT-Drucks. 8/2254, Nr. 5.3; BGH, Urt. vom 26.11.1980 – V ZR 126/78 –, EzGuG 13.55; BGH, Urt. vom 16.3.1985 – III ZR 166/93 –, EzGuG 13.132; OLG Köln, Urt. vom 14.11.1994 – 2 U 76/93 –, EzGuG 13.131.
112 BVerwG, Urt. vom 29.1.1991 – 4 C 51/89 –, EzGuG 13.117.
113 BGH, Urt. vom 29.4.1968 – III ZR 141/65 –, BRS Bd. 19 Nr. 117 = EzGuG 16.7; BGH, Urt. vom 29.4.1968 – III ZR 177/65 –, NJW 1968, 1278 = EzGuG 16.8.

weist. Deshalb darf nicht allein mit Blick auf die Lärmbelastung eine Wertminderung unterstellt werden, zumal vielfach z. B. mit der Erstellung einer neuen Landebahn und der öffentlichen Auseinandersetzung zwar kurzfristig Preiseinbrüche einhergehen und sich das Wertniveau aber längerfristig „erholt". Mit dem Flughafen verbessert sich nämlich die Attraktivität eines Gebiets als Wirtschaftsstandort. Dieser sich allerdings erst mit fortschreitender Zeit einstellende Effekt blieb in empirischen und stichtagsbezogenen Untersuchungen zumeist außer Betracht.

Die Wertminderung wurde in einer Untersuchung des Arbeitskreises für Lärmwirkungsfragen beim Umweltbundesamt[114] mithilfe des **„Noise Sensitivity Depreciation Index" – NSDI –** ermittelt und ergab einen mittleren NSDI von 0,87 pro Dezibel (dB) Lärmbelastung, d. h., bei einer Zunahme um 10 dB ergäbe sich eine Wertminderung von 8,7 %. Die Studie basiert größtenteils auf internationalen Untersuchungsergebnissen, wobei Einzelstudien auch Werterhöhungen erwiesen haben (NSDI bis 1,28; Manchester), sodass weder auf Länderebene noch global ein allgemeingültiger NSDI abgeleitet werden konnte und das Ergebnis nicht verallgemeinert werden kann. **240**

Empirische Untersuchungen zur Wertminderung infolge Fluglärms zeigen ein recht unterschiedliches Bild und haben auch keinen statistisch hinreichend zuverlässig ableitbaren Zusammenhang zwischen dem absoluten Grundstückswert und der prozentualen Wertminderung ergeben. Von Wertminderungen können insbesondere hochpreisige Marktsegmente betroffen sein: **241**

– Einfamilienhäuser am Flughafen *Hannover-Langenhagen* haben nach Untersuchungen im Jahre 2007 Wertminderungen in Abhängigkeit vom Immobilienwert hinnehmen müssen, nämlich um 3,5 % bei Immobilien bis zu 300 000 € und um bis zu 7,5 % bei Immobilien über 300 000 €.

– In *Düsseldorf* soll Fluglärm bei Kaufpreisen ≤ 500 000 € ohne Einfluss gewesen sein und bei hochpreisigen Immobilien zu Wertminderungen von bis zu 8 % geführt haben[115].

– Nach einer Studie der Technischen Universität Chemnitz sei bei Wohnimmobilien *im Rhein-Main-Gebiet* bei einem NSDI von 3 % eine Wertminderung von 0,83 % je Dezibel Fluglärm oberhalb von 40 dB (A) festgestellt worden[116]. Die Ergebnisse beruhen allerdings lediglich auf einer Befragung ortsansässiger Makler, die erfahrungsgemäß nur bedingt aussagekräftig ist.

– Das Institut für Bodenmanagement will für Einfamilienhäuser am Flughafen *Dortmund* eine Wertminderung von 1,65 % je Dezibel Fluglärm oberhalb von 50 dB (A) festgestellt haben.

Bezugsstichtag für die Ermittlung der Wertminderung ist der Planfeststellungsbeschluss (Berlin-Schönefeld)[117].

6.4.3 Steuerliche Bewertung

In der steuerlichen Bewertung sind folgende Wertminderungsabschläge wegen Fluglärms üblich[118] (Abb. 30): **242**

---

114 Sondergutachten des Rates von Sachverständigen für Umweltfragen (1999); Guski, R., Schönpflug, W., Soziale und ökonomische Auswirkungen, in: Fluglärm 2004, Stellungnahme des Interdisziplinären Arbeitskreises für Lärmwirkungsfragen beim Umweltbundesamt, S. 112–115.
115 Weigt, Der Wert von Einfamilienhäusern unter dem Einfluss von Fluglärm, GuG 2011, 74.
116 Thießen, Schnorr, Immobilien und Fluglärm, Technische Universität Chemnitz, WWDP 69/2005, ISSN 1618 – 1352.
117 BVerfG, Urt. vom 23.2.2010 – 1 BvR 2736/08 –, NVwZ 2010, 512 = DÖV 2010, 486.
118 Vgl. RdVfg der OFD Freiburg vom 23.5.1986 – S 3204 A.

Abb. 30: Abschläge nach § 82 Abs. 1 Nr. 1 BewG vom Grundstückswert in der Einheitsbewertung [119]

Art des Flugbetriebs	Lärmschutzzonen nach FluglG u. a.	§ 82 BewG	Höhe des Abschlags
kleiner Verkehrs-, Sport- oder Militärflugplatz		(–)	
großer Verkehrs- oder Militärflughafen ohne An- und Abflug von Düsenflugzeugen	Schutzzone I[a)]	(+)	max. 5 %
	Schutzzone II[b)]	(+)	max. 3 %
großer Verkehrs- oder Militärflughafen mit An- und Abflug von Düsenflugzeugen	Schutzzone I	(+)	max. 10 %
	Schutzzone II	(+)	max. 5 %
	Schutzzone „C"[c)]	(–)	
Tief(st)fluggebiete	75 – 150 m Flughöhe	(+)	ca. 5 %
	150 – 400 m Flughöhe	(–)	

a) In der Schutzzone 1 dürfen grundsätzlich keine Wohnungen errichtet werden (§ 5 FluglärmG).
b) In der Schutzzone 2 nur, wenn sie über Schallschutzvorrichtungen verfügen (§ 6 FluglärmG). Schutzzone 1 und 2 sind Zonen mit extremer Fluglärmbelästigung (BFH, Urt. vom 4.8.1983 – III R 79, 141/81a –). Ansprüche auf Ersatz der Kosten der Schallschutzmaßnahmen gewährt § 9 FluglärmG für in Schutzzone 1 gelegene Grundstücke. Der Höhe nach ist der Betrag der Aufwendungserstattung auf 50,– € je Quadratmeter Wohnfläche begrenzt. Darüber hinaus muss sich die Art der Schutzvorrichtungen an die gem. § 7 FluglärmG für verbindlich zu erklärenden Anforderungen halten. Die Grundstückseigentümer in der Schutzzone 2 haben dagegen keinen Anspruch aus § 9 FluglärmG.
Als weitere Anspruchsgrundlage für die Kostenerstattung kommt im Einzelfall § 906 Abs. 2 S. 2 BGB (vgl. BGH, Urt. vom 26.11.1980 – V ZR 126/78 –, EzGuG 13.55; BGH, Urt. vom 15.6.1977 – V ZR 44/74 –, EzGuG 13.40) oder das Institut des enteignenden Eingriffs (vgl. BGH, Urt. vom 30.1.1986 – III ZR 34/85 –, EzGuG 13.84) in Betracht (vgl. Lorenz in DB 1973 Beil. 6).

---

119 **Rechtsprechungsübersicht zum Fluglärm:** BGH, Urt. vom 20.3.1975 – III ZR 215/71 –, BGHZ 64, 220 = NJW 1975, 1406 = MDR 1975, 826 = ZMR 1977, 77 = BBauBl. 1975, 420 = JZ 1975, 488 = BB 1975, 488 = BRS Bd. 34 Nr. 165 = EzGuG 13.25; BGH, Urt. vom 10.11.1977 – III ZR 166/75 –, MDR 1978, 296 = DVBl 1978, 110 = DÖV 1978, 213 = DB 1978, 488 = ZMR 1978, 173 = BauR 1978, 391 = BRS Bd. 34 Nr. 168 = ZMR 1979, 200 = DVBl 1979, 314 = ZMR 1980, 137 = BRS Bd. 34 Nr. 52; BGH, Urt. vom 18.10.1979 – III ZR 177/77 –, WM 1980, 680 = MDR 1980, 655 = HdL 58, 157; BGH, Urt. vom 30.1.1986 – III ZR 34/85 –, NJW-RR 1986, 1141 = NVwZ 1986, 961 = NJW 1986, 2423 = DWW 1986, 174 = BRS Bd. 53 Nr. 108 = VersR 1987, 379 = EzGuG 13.74; BGH, Urt. vom 30.1.1987 – III ZR 34/85 –, ZfSch 1987, 165; BGH, Urt. vom 25.11.1991 – III ZR 7/91 –, NVwZ 1992, 404 = VersR 1992, 322 = BRS Bd. 53 Nr. 108 = EzGuG 13.120b; BGH, Urt. vom 27.5.1993 – III ZR 59/92 –, BGHZ 12, 363 = NJW 1993, 2173 = MDR 1993, 737 = WiR 1993, 337 = UPR 1993,343 = ZfBR 1993, 253 = NJ 1993, 431 = VersR 1993, 1012 = NZV 1993, 430 = RdL 1995, 37 = ZfSchR 1993, 366; BGH, Urt. vom 25.3.1993 – III ZR 60/91 –, BGHZ 122, 76 = WM 1993, 1481 = NJW 1993, 1700 = MDR1993, 1185 = NVwZ 1993, 811 = WiR 1993, 270 = GE 1993, 583 = UPR 1993, 297 = DVBl 1993, 1089 = RdL 1995, 45 = HdL 58, 187 = NJ 1993, 431 = EzGuG 16.35; BGH, Urt. vom 27.5.1993 – III ZR 59/92 –, BGHZ 12,363 = NJW 1993, 2173 = MDR 1993, 737 = WiR 1993, 337 = UPR 1993, 343 = ZfBR 1993, 253 = NJ 1993, 431 = VersR 1993, 1012 = NZV 1993, 430 = RdL 1995, 37 = ZfSch 1993, 366 = EzGuG 16.35a; BGH, Urt. vom 16.3.1995 – III ZR 166/93 –, BGHZ 129, 124 = WM 1995, 1037 = NJW 1995, 1823 = NVwZ 1995, 928 = MDR 1995, 477 = RdL 1995, 225 = ZfBR 1995, 207 = UPR 1995, 260 = DVBl 1995, 739 = BBauBl. 1995, 639 = DÖV 1995, 733 = BauR 1995, 532 = AgrarR 1995, 342 = VersR 1996, 105 = JR 1996, 327 = HdL 58, 190 = IBR 1996, 163 = ZUR 1996, 46 und 155 = ZAP EN Nr. 359/95 = EzGuG 13.134; BGH, Urt. vom 29.10.1998 – III ZR 137/98 –, NJW-RR 1999, 362; OLG Bamberg, Urt. vom 11./12.5.1982 – 3 U 11/82 –, ZLW 1984, 81; KG Berlin, Urt. vom 22.12.1967 – 6 U 761/67 –; OLG Celle, Urt. vom 9.4.1992 – 5 U 200/90 –, VersR 1992, 1480 = NdsRpflege 1992, 176; OLG Hamm, Urt. vom 31.5.1983 – 9 U 294/82 –, AgrarR 1984, 137; OLG Koblenz, Urt. vom 6.5.1998 – 1 U 1568/93 –, OLGR Koblenz 1998, 297; BVerwG, Urt. vom 5.3.1979 –, 11 A 25/95 –, BVerwGE 104, 123 = NVwZ 1998, 513 = UPR 1997, 295 = DVBl 1997, 831 = NuR 1997, 435 = ZUR 1997, 328; BVerwG, Urt. vom 25.6.1982 – 8 C 15/80 –, NJW 1983, 640 = MDR 1983, 80 = DÖV 1982, 902 = ZMR 1983, 268 = VR 1983, 293 = ZMR 1983, 373 = DST 1983, 440; BVerwG, Urt. vom 29.1.1991 – 4 C 51/89 –, BVerwGE 87, 332 = NVwZ-RR 1991, 601 = NVwZ 1992, 166 = DVBl 1991, 1143 = BayVBl. 1991, 666 = ZLW 1991, 429 = DVBl 1991, 885 = MDR 1991, 909 = DÖV 1991, 853 = NZV 1992, 45 = NuR 1992, 299 = DST 1991, 567 = EzGuG 13.117; BVerwG, Urt. vom 27.10.1998 – 11 A 1/97 –, BVerwGE 107, 313 = NVwZ 1999, 644 = DVBl 1999, 854 = UPR 1999, 266 = NuR 2000, 31 = ZUR 1999, 273; BVerwG, Urt. vom 29.12.1998 – 11 B 21/98 –, NVwZ-RR 1999, 365 = UPR 1999, 226; VGH München, Urt. vom 27.7.1989 – 20 B 81 D.I –, DVBl 1990, 115 = BayVBl. 1990, 82 = UPR 1990, 39 = NuR 1991, 22; VGH München, Urt. vom 5.5.1996 – 20 B 92.1055 –, NVwZ-RR 1997, 159 = DVBl 1996, 930 (LS)= VGHE BY 49, 77 = DÖV 1996, 1010 (LS) = ZUE 1997, 275; VGH München, Urt. vom 4.1.1997 – 20 A 92.40134 –, BayVBl. 1998, 756 = ZLW 1999, 536 = UPR 1998, 160; OVG Hamburg, Urt. vom 13.12.1994 – Bs III 376/93 –, DVBl 1995, 1026 (LS)= HmbJVBl. 1995, 77; BFH, Urt. vom 12.12.1990 – II R 97/87 –, BFHE 163, 229 = BStBl II 1991, 196 = BB 1991, 405 = DB 1991, 684 = DWW 1991, 86 = HFR 1991, 324 = DStR 1991, 414 = EzGuG 4.136; BFH, Urt. vom 21.1.1992 – VIII R 51/88 –, BFHE 168, 500 = BStBl II 1993, 3 = DB 1992, 2327 = HFR 1993, 57 = BB 1992, 2067 = WiR 1993 B 15.

Art des Flugbetriebs	Lärmschutzzonen nach FluglG u. a.	§ 82 BewG	Höhe des Abschlags
c) In der sog. Lärmschutzzone C beträgt der äquivalente Dauerschallpegel zwischen 62 dB (A) und 67 dB (A).			
BFH, Urt. vom 4.8.1983 – III R 79, 14 l/8 1 –, EzGuG l3.63a; BFH, Urt. vom 12.12.1990 – II R 97/87 –, EzGuG 4.136; BFH, Urt. vom 21.1.1992 – VIII R 51/88 –, BFHE 168, 500 = BStBl. II 1993, 3 = DB 1992, 2327 = HFR 1993, 57 = BB 1992, 2067 = WiR 1993 B 15; BFH, Urt. vom 7.7.1993 – II R 69/90 –, EzGuG 13.128			

Quelle: Günther/Günther in KStZ 1993, 81; vgl. Schlepp in DStZ 1993, 759 und Lück in DStZ 1994, 209

6.5 Spiel- und Sportlärm

Nach gegenwärtiger Rechtslage unterfallen nahezu alle Sportanlagen als nicht genehmigungsbedürftige Anlagen der Vorschrift des **§ 22 Bundes-Immissionsschutzgesetz** (BImSchG). 243

Als Sportanlagen gelten dabei ortsfeste Einrichtungen i. S. des § 3 Abs. 5 Nr. 1 BImSchG, die der Sportausübung dienen[120]. Diese sind dort wie folgt definiert: 244

„(5) Anlagen im Sinne dieses Gesetzes sind

1. Betriebsstätten und sonstige ortsfeste Einrichtungen,
2. Maschinen, Geräte und sonstige ortsveränderliche technische Einrichtungen sowie Fahrzeuge, soweit sie nicht der Vorschrift des § 38 unterliegen, und
3. Grundstücke, auf denen Stoffe gelagert oder abgelagert oder Arbeiten durchgeführt werden, die Emissionen verursachen können, ausgenommen öffentliche Verkehrswege."

Zur Sportanlage zählen auch **Einrichtungen, die mit der Sportanlage in einem engen räumlichen und betrieblichen Zusammenhang stehen.** Zur Nutzungsdauer der Sportanlagen gehören nach § 1 Abs. 3 der 18. BImSchV auch die Zeiten des An- und Abfahrverkehrs sowie des Zu- und Abgangs. 245

Sportanlagen sind so zu errichten und zu betreiben, dass die Immissionsrichtwerte des § 2 Abs. 2 der 18. BImSchV nicht überschritten werden (Abb. 31)[121]. Einzelne kurzzeitige Geräuschspitzen dürfen diese Werte tags nicht mehr als 30 dB und nachts um nicht mehr als 20 dB überschreiten. 246

---

120 Sportanlagenschutzverordnung – 18. BImSchV vom 18.7.1991 (BGBl. I 1991, 1588, 1790); vgl. BR-Drucks.17/91; BR-Unterausschuss Umwelt Sitzungsprot. vom 26.2.1991; zur rechtlichen Bedeutung vgl. BVerwG, Urt. vom 12.8.1999 – 4 CN 4/98 –, GuG-aktuell 2000, 6 (LS); BVerwG, Beschl. vom 8.11.1994 – 7 B 73/94 –, GuG 1995, 314 = EzGuG 13.132; **Tennisplatz:** OLG Zweibrücken, Urt. vom 4.2.1992 – 8 U 103/91 –, EzGuG 13.121; OVG Lüneburg, Beschl. vom 19.1.1988 – 1 B 74/87 –, EzGuG 13.92; LG Siegen, Urt. vom 7.11.1986 – 2 O216/85 –, EzGuG 13.82; BVerwG, Beschl. vom 7.8.1991 – 7 B 48/91 –, DVBl 1992, 62 = EzGuG 13.120; BVerwG, Urt. vom 19.1.1989 – 7 C 77/87 –, EzGuG 13.104; BVerwG, Urt. vom 8.11.1994 – 7 B 73/94 –, GuG 1995, 314 = EzGuG 13.132; OVG Berlin, Beschl. vom 16.9.1988 – 2 S 56/87 –, NVwZ 1989, 274 = EzGuG 13.99.
121 Brandenburg: Freizeitlärm-Richtlinie vom 12.8.1996 (ABl. vom 4.9.1996, 878).

IV § 6 ImmoWertV — Spiel- und Sportlärm

Abb. 31: Tabelle der Immissionsrichtwerte (IRW) für Sportanlagen

Immissionsrichtwerte (Sportanlagen) – IRW –			
	Tag		Nacht
	außerhalb der Ruhezeiten	*innerhalb der Ruhezeiten*	
1. in Gewerbegebieten	65 dB (A)	60 dB (A)	50 dB (A)
2. in Kerngebieten, Dorfgebieten und Mischgebieten	60 dB (A)	55 dB (A)	45 dB (A)
3. in allgemeinen Wohngebieten und Kleinsiedlungsgebieten	55 dB (A)	50 dB (A)	40 dB (A)
4. in reinen Wohngebieten	50 dB (A)	45 dB (A)	35 dB (A)
5. in Kurgebieten, für Krankenhäuser und Pflegeanstalten	45 dB (A)	45 dB (A)	35 dB (A)

247 Die **18. BImSchV** schreibt des Weiteren in § 2 vor:

„(3) Werden bei Geräuschübertragung innerhalb von Gebäuden in Aufenthaltsräumen von Wohnungen, die baulich, aber nicht betrieblich mit der Sportanlage verbunden sind, von der Sportanlage verursachte Geräuschimmissionen von mehr als 35 dB (A) tags oder 25 dB (A) nachts festgestellt, hat der Betreiber der Sportanlage Maßnahmen zu treffen, welche die Einhaltung der genannten Immissionsrichtwerte sicherstellen; dies gilt unabhängig von der Lage der Wohnung in einem der in Absatz 2 *(vgl. vorstehende Tabelle)* genannten Gebiete.

(4) Einzelne kurzzeitige Geräuschspitzen sollen die Immissionsrichtwerte nach Absatz 2 tags um nicht mehr als 30 dB (A) sowie nachts um nicht mehr als 20 dB (A) überschreiten; ferner sollen einzelne kurzzeitige Geräuschspitzen die Immissionsrichtwerte nach Absatz 3 um nicht mehr als 10 dB (A) überschreiten.

(5) Die Immissionsrichtwerte beziehen sich auf folgende Zeiten:

1. tags   an Werktagen   6.00 bis 22.00 Uhr,
           an Sonn- und Feiertagen 7.00 bis 22.00 Uhr,
2. nachts an Werktagen   0.00 bis 6.00 Uhr
           und   22.00 bis 24.00 Uhr,
           an Sonn- und Feiertagen 0.00 bis 7.00 Uhr
           und   22.00 bis 24.00 Uhr,
3. Ruhezeit an Werktagen   6.00 bis 8.00 Uhr
           und   20.00 bis 22.00 Uhr,
           an Sonn- und Feiertagen 7.00 bis 9.00 Uhr,
                                13.00 bis 15.00 Uhr
           und   20.00 bis 22.00 Uhr.

Die Ruhezeit von 13.00 bis 15.00 Uhr an Sonn- und Feiertagen ist nur zu berücksichtigen, wenn die Nutzungsdauer der Sportanlage oder der Sportanlagen an Sonn- und Feiertagen in der Zeit von 9.00 bis 20.00 Uhr 4 Stunden oder mehr beträgt.

(6) Die Art der in Absatz 2 bezeichneten Gebiete *(vgl. vorstehende Tabelle)* und Anlagen ergibt sich aus den Festsetzungen in den Bebauungsplänen. Sonstige in Bebauungsplänen festgesetzte Flächen für Gebiete und Anlagen sowie Gebiete und Anlagen, für die keine Festsetzungen bestehen, sind nach Absatz 2 entsprechend der Schutzbedürftigkeit zu beurteilen. Weicht die tatsächliche bauliche Nutzung im Einwirkungsbereich der Anlage erheblich von der im Bebauungsplan festgesetzten baulichen Nutzung ab, ist von der tatsächlichen baulichen Nutzung unter Berücksichtigung der vorgesehenen baulichen Entwicklung des Gebietes auszugehen.

(7) Die von der Sportanlage oder den Sportanlagen verursachten Geräuschimmissionen sind nach dem Anhang zu dieser Verordnung *(hier nicht abgedruckt)* zu ermitteln und zu beurteilen."

248 Zur Erfüllung der Pflicht eines Betreibers einer Sportanlage gehört, diese so zu errichten und zu betreiben, dass die in der vorstehenden Tabelle (Abb. 31) genannten Immissionsrichtwerte unter **Einrechnung der Geräuschimmissionen anderer Sportanlagen** nicht überschritten werden. Dazu hat der Betreiber nach § 3 der 18. BImSchV insbesondere

„1. an Lautsprecheranlagen und ähnlichen Einrichtungen technische Maßnahmen, wie dezentrale Aufstellung von Lautsprechern und Einbau von Schallpegelbegrenzern, zu treffen,
2. technische und bauliche Schallschutzmaßnahmen, wie die Verwendung lärmgeminderter oder lärmmindernder Ballfangzäune, Bodenbeläge, Schallschutzwände und -wälle, zu treffen,
3. Vorkehrungen zu treffen, dass Zuschauer keine übermäßig lärmerzeugenden Instrumente wie pyrotechnische Gegenstände oder druckgasbetriebene Lärmfanfaren verwenden, und
4. An- und Abfahrtswege und Parkplätze durch Maßnahmen betrieblicher und organisatorischer Art so zu gestalten, dass schädliche Umwelteinwirkungen durch Geräusche auf ein Mindestmaß beschränkt werden."

Weiterhin gelten nach § 5 der 18. BImSchV im Einzelfall **folgende Nebenbestimmungen:** 249

„(1) Die zuständige Behörde soll von Nebenbestimmungen zu erforderlichen Zulassungsentscheidungen und Anordnungen zur Durchführung dieser Verordnung absehen, wenn die von der Sportanlage ausgehenden Geräusche durch ständig vorherrschende Fremdgeräusche nach Nummer 1.4 des Anhangs überlagert werden.

(2) Die zuständige Behörde kann zur Erfüllung der Pflichten nach § 2 Abs. 1 außer der Festsetzung von Nebenbestimmungen zu erforderlichen Zulassungsentscheidungen oder der Anordnung von Maßnahmen nach § 3 für Sportanlagen Betriebszeiten (ausgenommen für Freibäder von 7.00 Uhr bis 22.00 Uhr) festsetzen; hierbei sind der Schutz der Nachbarschaft und der Allgemeinheit sowie die Gewährleistung einer sinnvollen Sportausübung auf der Anlage gegeneinander abzuwägen.

(3) Die zuständige Behörde soll von einer Festsetzung von Betriebszeiten absehen, soweit der Betrieb einer Sportanlage dem Schulsport oder der Durchführung von Sportstudiengängen an Hochschulen dient. Dient die Anlage auch der allgemeinen Sportausübung, sind bei der Ermittlung der Geräuschimmissionen die dem Schulsport oder der Durchführung von Sportstudiengängen an Hochschulen zuzurechnenden Teilzeiten nach Nummer 1.3.2.3 des Anhangs außer Betracht zu lassen; die Beurteilungszeit wird um die dem Schulsport oder der Durchführung von Sportstudiengängen an Hochschulen tatsächlich zuzurechnenden Teilzeiten verringert. Die Sätze 1 und 2 gelten entsprechend für Sportanlagen, die der Sportausbildung im Rahmen der Landesverteidigung dienen.

(4) Bei Sportanlagen, die vor In-Kraft-Treten dieser Verordnung baurechtlich genehmigt oder – soweit eine Baugenehmigung nicht erforderlich war – errichtet waren, soll die zuständige Behörde von einer Festsetzung von Betriebszeiten absehen, wenn die Immissionsrichtwerte an den in § 2 Abs. 2 genannten Immissionsorten jeweils um weniger als 5 dB (A) überschritten werden; dies gilt nicht an den in § 2 Abs. 2 Nr. 5 genannten Immissionsorten.

(5) Die zuständige Behörde soll von einer Festsetzung von Betriebszeiten absehen, wenn infolge des Betriebs einer oder mehrerer Sportanlagen bei seltenen Ereignissen nach Nummer 1.5 des Anhangs Überschreitungen der Immissionsrichtwerte nach § 2 Abs. 2

1. die Geräuschimmissionen außerhalb von Gebäuden die Immissionsrichtwerte nach § 2 Abs. 2 um nicht mehr als 10 dB (A), keinesfalls aber die folgenden Höchstwerte überschreiten:

   - tags außerhalb der Ruhezeiten: 70 dB (A),
   - tags innerhalb der Ruhezeiten: 65 dB (A),
   - nachts: 55 dB (A),

   und

2. einzelne kurzzeitige Geräuschspitzen die nach Nummer 1 für seltene Ereignisse geltenden Immissionsrichtwerte tags um nicht mehr als 20 dB (A) und nachts um nicht mehr als 10 dB (A) überschreiten.

(6) In dem in Artikel 3 des Einigungsvertrages genannten Gebiet soll die zuständige Behörde für die Durchführung angeordneter Maßnahmen nach § 3 Nr. 1 und 2 eine Frist setzen, die bis zu zehn Jahre betragen kann.

(7) Im übrigen Geltungsbereich dieser Verordnung soll die zuständige Behörde bei Sportanlagen, die vor In-Kraft-Treten der Verordnung baurechtlich genehmigt oder – soweit eine Baugenehmigung nicht erforderlich war – errichtet waren, für die Durchführung angeordneter Maßnahmen nach § 3 Nr. 1 und 2 eine angemessene Frist gewähren."

Die Beurteilung der **Erheblichkeit von Belästigungen** der Nachbarschaft durch Geräusche 250 (§ 3 Abs. 2 BImSchG) ist weitgehend eine Frage **tatrichterlicher Bewertung:**

IV § 6 ImmoWertV Spiel- und Sportlärm

– Nach Auffassung des BVerwG führt die Anwendung der TA Lärm bei Sportgeräuschen zu keiner zutreffenden Beurteilung des Einzelfalls. Diese Aussage gilt auch für die VDI-Richtlinie 2058.

– Das BVerwG hat auch die von der Sport- und Umweltministerkonferenz gebilligten LAI-Hinweise i. d. F. vom 8.5.1987 aus Rechtsgründen nicht berücksichtigt; es misst ihnen keine normative, für das Gericht verbindliche Wirkung bei, sondern bewertet sie lediglich als Tatsachen.

Der Entwurf der Richtlinie VDI 3770 (E1999 – 8 Emissionskennwerte von Schallquellen, Sport- und Freizeitanlagen) enthält für eine Reihe von Sportstätten Emissionskennwerte.

251 Das BVerwG hat mit seinem Beschl. vom 8.11.1994[122] die bislang offene Frage, ob mit der 18. BImSchV (Sportanlagenverordnung) absolute Obergrenzen gesetzt werden oder die Verordnung Freiräume für eine richterliche Bewertung im Einzelfall ließe, dahingehend entschieden, dass im Interesse der Rechtssicherheit und Vorhersehbarkeit des Ausgangs gerichtlicher Verfahren nunmehr **normativ festgesetzte absolute Grenzen** bestehen. Die bisherige Rechtsprechung[123], die mangels gesetzlich bestimmter Mess- und Berechnungsverfahren für Lärmwerte zur Beurteilung der Erheblichkeit des von Sportanlagen ausgehenden Lärms auf die gesamte Umstände des Einzelfalls mit der Möglichkeit der Einbeziehung nicht normativer Hinweise[124] abstellte, ist damit insoweit überholt.

252 Ein **von Sportplätzen ausgehender** und mit dem Schutz der Wohnbevölkerung konfligierender **Lärm** [125] kann den Verkehrswert eines Grundstücks mindern. Dies gilt insbesondere für Wohngebiete und unabhängig davon, ob der Nachbar einen Abwehranspruch gegen den Betreiber hat[126].

253 Die für den Abwehranspruch entscheidende Frage der Überschreitung der **Zumutbarkeitsgrenze** von Geräuschen beurteilt sich im öffentlich-rechtlichen Nachbarstreit nach den Maßstäben des § 3 Abs. 1 und des § 22 Abs. 1 BImSchG[127]. § 22 Abs. 1 Nr. 2 BImSchG fordert hierbei, dass nach dem Stand der Technik unvermeidbare schädliche Umwelteinwirkungen auf ein unter dem Gesichtspunkt des nachbarlichen Interessenausgleichs zumutbares Mindestmaß beschränkt werden. Beschränkungen, die der Minderung (nur) erheblicher Belästigungen dienen, dürfen nicht unverhältnismäßig sein.

---

122 BVerwG, Beschl. vom 8.11.1994 – 7 B 73/94 –, GuG 1995, 314 = EzGuG 13.132; OVG Münster, Urt. vom 28.5.1993 – 21 A 1532/9O –, NVwZ 1994, 1018 = NWVBl. 1994, 18.
123 BVerwG, Urt. vom 19.1.1989 – 7 C 77/87 –, BVerwGE 81, 197 = EzGuG 13.114; BVerwG, Urt. vom 24.4.1991 – 7 C 12/90 –, GuG 1991, 284 = EzGuG 13.128.
124 LAI-Hinweise „Hinweise zur Beurteilung der durch Freizeitanlagen verursachten Geräusche" (NVwZ 1988, 135); Entwurf einer VDI-Richtlinie 3724; „Hinweise zur Beurteilung der durch Freizeitanlagen verursachten Geräusche" des nds. Umweltministeriums vom 14.11.1988 (Nds. MBl. 1989, 23).
125 Zur Beurteilung der VDI-Richtlinie 3724 VGH Mannheim, Urt. vom 27.4.1990 – 8 S 1820/89 –, GuG 1991, 106.
126 BVerwG, Beschl. vom 8.11.1994 – 7 B 73/94 –, GuG 1995, 314 = EzGuG 13.130; OLG Köln, Urt. vom 11.5.1988 – 13 U 246/87 –, MDR 1988, 777 = EzGuG 13.96; OVG Lüneburg, Beschl. vom 19.1.1988 – 1 B 74/87 –, EzGuG 13.102; VG Berlin, Beschl. vom 25.8.1987 – 13 A 157,87 –, EzGuG 13.99; VGH München, Urt. vom 16.2.1987 – 14 B 85 A 3090 –, NJW 1988, 278 = EzGuG 13.85; LG Siegen, Urt. vom 7.11.1986 – 2 O 216/85 –, DWW 1987, 48 = EzGuG 13.82.
127 BVerwG, Urt. vom 19.1.1989 – 7 C 77/87 –, BVerwGE 81, 197 = EzGuG 13.114 mit Anm. von Battis in Jahrbuch des Umwelt- und Technikrechts UTR Rd. 12/1990; BVerwG, Beschl. vom 30.1.1990 – 7 B 162/89 –, GuG 1990,95 = EzGuG 13.121; **Grillplatz:** BGH, Urt. vom 5.2.1993 – V ZR 62/91 –, BGHZ 121, 248, **Volksfest:** BGH, Urt. vom 23.3.1990 – 7 CR 58/89 –, BGHZ 111, 63 = 13.112; BVerwG, Urt. vom 29.4.1988 – 7 C 33/87 –, BVerwGE 79, 254 = EzGuG 13.94; BVerwG, Urt. vom 22.3.1985 – 4 C 63/80 –, BVerwGE 71, 150 = EzGuG 13.72; BVerwG, Urt. vom 21.6.1974 – 4 C 14/74 –, BRS. 28 Nr. 138 = EzGuG 13.23; **Imbissstube:** BVerwG, Urt. vom 4.10.1988 – 1 C 72/86 –, BVerwGE 80, 258 = EzGuG 13.100; **Tierlärm:** OLG Düsseldorf, Urt. vom 25.5.1966 – 9 U 206/64 –, MDR 1968, 841 = EzGuG 13.9; OLG Düsseldorf, Beschl. vom 11.4.1983 – 5 Ss 105/83 –, NVwZ 1984, 1497 = EzGuG 13.63; **Kirchturmuhr:** BVerwG, Urt. vom 30.4.1992 – 7 C 25/91 –, BVerwGE 90, 193 = NJW 1992, 2779 = DVBl 1992, 1234; **Tankstelle:** BVerwG, Urt. vom 24.9.1992 – 7 C 6/92 –, NJW 1993, 342 = DVBl 1993, 159; **Getränkemarkt:** BVerwG, Beschl. vom 20.1.1989 – 4 B 116/88 –, NJW 1989, 2412 = EzGuG 13.105; **Feuerwehrsirene:** BVerwG, Urt. vom 29.4.1988 – 7 C 33/87 –, EzGuG 13.104; **Froschlärm:** BGH, Urt. vom 20.11.1992 – V ZR 82/91 –, BGHZ 120, 239 = VPR 1990, 97; **Biergarten:** OVG Lüneburg, Beschl. vom 7.11.1996 – 1 M 5501/96 –, UPR 1997, 157; **Bolzplatz:** VGH Kassel, Beschl. vom 24.11.1988 – 6 TG 4463/88 –, ESVGH 39, 93 = EzGuG 13.102; VGH München, Urt. vom 16.2.1987 – 14 B 85 A3090 = BRS Bd. 47 Nr. 176 = EzGuG 13.85; **Zeltplatz:** BGH, Urt. vom 5.2.1993 – V ZR 62/91 –, BGHZ 121, 248 = EzGuG 13.126.

Das BVerwG hat in dem Urteil vom 19.1.1989 ausdrücklich darauf hingewiesen, dass die 254
Erheblichkeitsschwelle i. S. v. § 22 Abs. 1 BImSchG möglicherweise höher liegt, wenn
Wohn- und Sportnutzung etwa gleichzeitig entstehen oder wenn gar ein **Wohngebiet an eine bereits bestehende Sportanlage heranrückt**. Dabei ist „die Lästigkeit von Geräuschen" umso eher auf der Grundlage eines Mittelungspegels zu bewerten, je gleichmäßiger und gleichförmiger sie sind. Soweit aus dem allgemeinen Grundgeräusch herausragende Einzelgeräusche nivelliert werden, liege dies „in der Natur der Mitteilungsmethode" und sei „bis zu einem gewissen Grade unbedenklich".

Als Zeiten besonderer **Ruhebedürfnisse außerhalb der Nachtzeit** (von 22.00 bis 6.00 Uhr) 255
werden im Übrigen die Sonntage und die gesetzlichen Feiertage sowie die Werktage nach 19.00 Uhr angesehen, wobei unter Bezug auf die §§ 2 und 3 der 8. BImSchV für eine Gleichstellung des Samstagnachmittags „kein rechtlicher Grund" gesehen wird.

6.6 Manöver- und Schießlärm

Zur **Entschädigungspflicht für Manöverlärm** stellt der BGH maßgeblich auf das ab, was 256
über die ortsüblichen Einwirkungen hinaus zu einer schweren und unerträglichen Beeinträchtigung führt, wobei im Unterschied zu den Beeinträchtigungen eines Grundstücks aufgrund von Verkehrsgeräuschen hierbei jedoch i. d. R. keine dauernde Lärmbelästigung gegeben ist[128]. Eine Wohnbebauung, die an eine lärmemittierende Schießanlage heranrückt, kann gegen das Gebot der Rücksichtnahme verstoßen, wenn sie sich unzumutbaren Lärmimmissionen aussetzt[129].

Bezüglich des in der Nähe von Truppenübungsplätzen auftretenden Manöver- und Schieß- 257
lärms kann – je nach Entfernung – mit **Wertabschlägen bis zu 10 v. H. des Grundstückswerts** gerechnet werden. Entschädigungsansprüche bestehen jedoch nur insoweit, wie das Grundstück nicht vorbelastet ist. Der Eigentümer eines durch Schießlärm von einem Truppenübungsplatz vorbelasteten, aber zumindest für eine vorübergehende Wohnnutzung noch geeigneten und für diesen Zweck mit einem Landhaus bebauten Grundstücks braucht es jedoch nicht entschädigungslos hinzunehmen, dass die Lärmeinwirkung aufgrund von Änderungen des Truppenübungsplatzes oder einer Intensivierung des Übungsbetriebs auch eine vorübergehende Wohnnutzung ausschließt[130].

6.7 Baulärm

▶ *Vgl. Rn. 127; § 18 ImmoWertV Rn. 223 ff.*

Tritt durch städtische Bauarbeiten eine zeitweilige Gebrauchsstörung eines Grundstücks ein, 258
dann sind dadurch entstehende **Verluste an Mieteinnahmen** nach den Grundsätzen für die Entschädigung bei einem enteignungsgleichen Eingriff zu entschädigen. Bei „reinen" Miethäusern ist nach der Rechtsprechung darauf abzustellen, ob der Ertragswert gemindert ist[131].

Bei vorübergehender Beeinträchtigung der gewerblichen Nutzung kann unmittelbar der 259
Ertragsverlust zur Bemessung des Ausgleichsanspruchs herangezogen werden[132]. Einem im großstädtischen Kerngebiet gelegenen Gewerbebetrieb (Hotel) hat der BGH einen mehrjährigen Ertragsverlust auch im Hinblick auf seine Lage nicht zumuten wollen[133]. Die **Opfer-**

---

128 BGH, Urt. vom 24.11.1977 – III ZR 153/75 –, MDR 1978, 1005 = EzGuG 13.45; zu Kettenfahrzeugen: BVerwG, Urt. vom 11.11.1988 – 4 C 11/87 –, NJW 1999, 1295 = EzGuG 13.101; Schießlärm: BVerwG, Beschl. vom 6.8.1982 – 7 B 67/82 –, NVwZ 1983, 155 = EzGuG 13.57a; Zur Erstattungsfähigkeit von Belegungsschäden durch sowjetische Streitkräfte BGH, Urt. vom 8.12.1994 – III ZR 105/93 –, AgrarR 1995, 338.
129 OVG Münster, Beschl. vom 4.9.2001 – 10 B 332/01 –, UPR 2002, 160 (LS).
130 BVerwG, Urt. vom 23.5.1991 – 7 C 19/90 –, BVerwGE 88, 210 = EzGuG 13.118a; OVG Lüneburg, Urt. vom 9.12.1983 – 7 A 13/82 –, UPR 1984, 276 = EzGuG 13.65a.
131 OLG Düsseldorf, Urt. vom 24.2.1994 – 16 U 135/93 –, GuG 1995, 124 = EzGuG 20.150b; OLG München, Urt. vom 4.2.1987 – REMiet 2/86 –, NJW 1987, 1950.
132 BGH, Urt. vom 8.6.1988 – VZR 45/87 –, NJW-RR 1988, 1291 = EzGuG 13.97; BGH, Urt. vom 31.5.1974 – V ZR 114/72 –, BGHZ 62, 361 = EzGuG 13.22.
133 BGH, Urt. vom 3.3.1977 – III ZR 181/74 –, BRS Bd. 34 Nr. 146 = EzGuG 13.107.

grenze liegt dabei nicht erst dort, wo die Existenz des Betriebs gefährdet ist; vielmehr ist darauf abzustellen, ob die Folgen des Eingriffs für den Anlieger nach Dauer, Intensität und Auswirkung so erheblich sind, dass eine entschädigungslose Hinnahme nicht mehr zumutbar ist und der Betrieb durch die Baumaßnahme „fühlbar" so beeinträchtigt ist, dass das **Eigentumsrecht in seinem Wesensgehalt angetastet** wird[134].

260 Zur Beurteilung der Beeinträchtigung eines Gewerbebetriebs ist **von** den erlittenen **Gewinneinbußen auszugehen,** wobei zu berücksichtigen ist, dass „der Gewerbeanlieger einige Zeit Bauarbeiten und damit verbundene Umsatz-/Gewinnrückgänge hinzunehmen hat, ohne eine Entschädigung verlangen zu können; denn ein gesunder Betrieb muss solche Behinderungen vorher einkalkulieren"[135]. Des Weiteren bleibt grundsätzlich zu beachten, dass im Falle einer Entschädigung nur dasjenige entschädigt wird, was im Augenblick des Zugriffs vorhanden ist und genommen wird. Deshalb ist bei der Bemessung der Entschädigung immer nur der Substanzwert im Augenblick der Entziehung maßgebend. Die **hypothetische Weiterentwicklung darf** dagegen **nicht berücksichtigt werden.** Hierin unterscheidet sich die Enteignungsentschädigung vom Schadensersatz[136].

7 Geruchsimmission

Schrifttum: *Buchholz* in AgrarR 2000, 5; *Gierke* in NdsVBl. 2002, 225; *Perschau* in UPR 1998, 248.

261 Gerüche werden nach § 3 BImSchG bei Erfüllung bestimmter Kriterien als erhebliche Belästigungen eingestuft. Um die Erheblichkeit einer Geruchsbelästigung festzustellen und in Genehmigungs- und Überwachungsverfahren berücksichtigen zu können, müssen objektive, reproduzierbare und quantitativ beschreibbare Geruchserhebungsverfahren angewendet werden. Als Maß für die Geruchsbelästigung wird die Geruchshäufigkeit in Prozent der Jahresstunden mit Geruch herangezogen. Ausnahmen bilden Ekel oder Übelkeit auslösende Gerüche.

Auch für Geruchsbelästigungen gilt, dass sie je nach Häufigkeit, Intensität und der Nutzung der davon betroffenen Grundstücke zu Wertminderungen führen. Nach § 906 Abs. 1 BGB müssen Geruchsimmissionen insoweit entschädigungslos hingenommen werden, als sie die Benutzung des Grundstücks nicht oder nur unwesentlich beeinträchtigen und nicht ortsüblich sind[137]. Bei Überschreitung der Zumutbarkeitsgrenze ist sowohl bei vorübergehenden als auch bei dauernden Nutzungsbeeinträchtigungen Entschädigung nach den für enteignende Eingriffe entwickelten Grundsätzen zu gewähren[138]; dies gilt insbesondere für **geruchsempfindliche Wohngebiete.** Umgekehrt kann sich auch der Erlass eines Bebauungsplans, der eine immissionsempfindliche Wohnbebauung vorsieht, auf einen außerhalb des Plangebiets gelegenen, geruchsintensiven landwirtschaftlichen Betrieb enteignungsgleich auswirken,

---

[134] BGH, Urt. vom 11.3.1976 – III ZR 154/73 –, BRS Bd. 34 Nr. 148 = EzGuG 13.28; BGH, Urt. vom 30.4.1964 – III ZR 125/63 –, MDR 1964, 656 = EzGuG 13.6; zur Frage der Ortsüblichkeit von **Baulärm;** BGH, Urt. vom 30.5.1962 – V ZR 121/60 –, NJW 1962, 1342 = EzGuG 13.3; BGH, Urt. vom 18.6.1970 – III ZR 15/67 –, BRS Bd. 26 Nr. 8 = EzGuG 6.127; BGH, Urt. vom 28.4.1967 – V ZR 216/64 –, MDR 1967, 913 = EzGuG 13.11.
[135] BGH, Urt. vom 7.7.1980 – III ZR 32/79 –, BRS Bd. 45 Nr. 139 = EzGuG 13.54; BGH, Urt. vom 20.12.1971 – III ZR 79/69 –, BGHZ 57, 359 = EzGuG 13.19; BGH, Urt. vom 30.4.1964 – III ZR 125/63 –, MDR 1964, 656 = EzGuG 13.6.
[136] Zur Enteignungsentschädigung bei **Großbaustellen** BGH, Urt. vom 10.11.1977 – III ZR 157/75 –, BGHZ 70, 212 = EzGuG 13.44; bei **Untertunnelung** BGH, Urt. vom 28.10.1982 – III ZR 71/81 –, BRS Bd. 45 Nr. 73 = EzGuG 13.85; BGH, Urt. vom 5.7.1965 – III ZR 173/64 –, NJW 1965, 1907 = EzGuG 13.7.
[137] BGH, Urt. vom 19.2.1976 – III ZR 13/74 –, NJW 1976, 1204 = EzGuG 13.27; Schrifttum: Gablenz in GuG 1997, 149.
[138] BGH, Urt. vom 29.3.1984 – III ZR 11/83 –, BGHZ 91, 20 = EzGuG 13.68; BGH, Urt. vom 29.10.1954 – V ZR 53/53 –, BGHZ 15, 146 = EzGuG 13.1; BGH, Urt. vom 16.12.1963 – III ZR 158/62 –, MDR 1964, 301 = EzGuG 13.5; BGH, Urt. vom 20.1.1966 – III ZR 109/64 –, BGHZ 45, 23 = EzGuG 13.8.

wenn der Betrieb schwer und unerträglich betroffen wird, weil nunmehr zu seiner Erhaltung notwendige Modernisierungsmaßnahmen unterbleiben müssen[139].

- Wegen der Beeinträchtigungen, die von einer benachbarten Kläranlage an mehr als 50 % der Tage ausgehen, hat das OLG Celle[140] als Entschädigung für den dadurch geminderten Verkehrswert 30 % des Verkehrswerts für die Wohnfläche und 10 % für die zur Obstlagerung dienende Betriebsfläche anerkannt.
- Geruchsimmissionen eines Schweinemastbetriebs sind in Dorfgebieten dagegen in beschränktem Ausmaß als üblich und unvermeidbar entschädigungslos hinzunehmen[141]; der BFH[142] hat einen Abschlag von 30 % anerkannt.

Insbesondere bei Massentierhaltung und Massentierzucht ist es zu rechtlichen Auseinandersetzungen über Geruchsbelästigungen gekommen[143].

Den in technischen Regelwerken[144] vorgegebenen Richtwerten kommt zur **Beurteilung des Geruchsschwellenwerts und der Zumutbarkeit** nur die Bedeutung eines groben Anhalts zu[145]. Da Gerüche im Zusammenhang mit der Luft auftreten, ist auf die Regelwerke zur Reinhaltung der Luft zurückzugreifen:

- im Bereich der Landwirtschaft auf die §§ 4 ff. und §§ 22 ff. BImSchG,
- die Technische Anleitung zur Reinhaltung der Luft (TA-Luft)[146],
- die Richtlinien des Vereins deutscher Ingenieure (VDI-Richtlinien)[147] sowie
- Verwaltungsvorschriften[148].

262

Als **Geruchsschwellenwert** (erstmalige Wahrnehmung); „Geruchseinheit") wird die Geruchskonzentration bezeichnet, die bei einem repräsentativen Personenkreis eine Geruchswahrnehmung auslöst.

Die Beeinträchtigung ist abhängig von

- der Immissionsempfindlichkeit der Umgebung einer emittierenden Anlage[149],
- Art und Intensität des Geruchs,
- der tages- und jahreszeitlichen Verteilung des Geruchs,
- dem Empfinden eines „Durchschnittsmenschen",
- dem Abstand zur Geruchsquelle.

---

139 BGH, Urt. vom 28.6.1984 – III ZR 35/83 –, BGHZ 92, 34 = EzGuG 13.70; BVerwG, Urt. vom 1.11.1974 – 1 C 38/71 –, BVerwGE 47, 144 = EzGuG 8.44; Zur Entschädigungspflicht bei polizeibehördlicher Untersagung BGH, Urt. vom 20.1.1966 – III ZR 109/64 –, BGHZ 45, 23 = EzGuG 13.8; BVerwG, Urt. vom 25.2.1977 – 4 C 22/75 –, BVerwGE 52, 122 = EzGuG 13.35; BVerwG, Urt. vom 30.9.1983 – 4 C 74/79 –, BVerwGE 68, 58 = EzGuG 13.64; BVerwG, Urt. vom 17.2.1984 – 7 C 8/82 –, BVerwGE 69, 37 = EzGuG 13.66.
140 OLG Celle, Urt. vom 8.4.1987 – 4 U 98/85 –, BWGZ 1987, 358 = EzGuG 13.88.
141 VGH München, Urt. vom 14.9.1977 – 11 XV 73 –, BauR 1978, 46 = EzGuG 13.41; VG Hannover, Urt. vom 4.10.1976 – 4 A 4/76 –, AgrarR 1977, 100 = EzGuG 13.31; BVerwG, Beschl. vom 10.5.1990 – 7 B 57/90 –, UPR 1990, 438 = EzGuG 13.114; OLG Oldenburg, Urt. vom 20.11.1975 – 1 U 165/74 –, RdL 1976, 66 = AgrarR 1976, 75; einen Abschlag von 30 % hat der BFH im Urt. vom 30.1.1974 – IV R 105/72 –, BFHE 112, 35 = EzGuG 3.42a anerkannt.
142 BFH, Urt. vom 30.1.1974 – IV R 105/72 –, BFHE 112, 35 = EzGuG 3.42a.
143 OVG Münster, Urt. vom 25.9.2000 – 10a D 8/00 –, RdL 2001, 64.
144 Vgl. für Nordrhein-Westfalen: Feststellung und Beurteilung von Geruchsimmissionen (Geruchsimmissions-Richtlinie – GIRL –) i. d. F. vom 29.2.2008 und einer Ergänzung vom 109. 2008.
145 BVerwG, Beschl. vom 8.7.1998 – 4 B 38/98 –, NJW 1999, 2689; BVerwG, Beschl. vom 27.1.1994 – 4 B 16/94 –, NVwZ – RR 1995, 6 zur Rinderhaltung; BVerwG, Beschl. vom 15.2.1988 – 7 B 219/87 –, DVBl 1988, 539; OVG Bautzen, Beschl. vom 15.7.1998 – 1 S 257/98 –, SächsVBl. 1998, 292; OVG Bautzen, Beschl. vom 13.6.2001 – 1 B 163/01 –, NVwZ-RR 2002, 20.
146 BVerwG, Urt. vom 21.6.2001 – 7 C 21/00 –, NVwZ-RR 2002, 118.
147 BVerwG, Urt. vom 28.2.2002 – 4 CN 5/01 –, UPR 2002, 313; VGH Kassel, Urt. vom 13.3.2002 – 4 N 2171/96 –, NVwZ-RR 2002, 830.
148 Verwaltungsvorschrift zur Feststellung und Beurteilung von Geruchsimmissionen (GIRL – Geruchsimmissionsrichtlinie) i. d. F. des LAI vom 14.11.2000 (NdsMBl. 2001, 224).
149 OVG Lüneburg, Urt. vom 3.7.2000 – 1 K 1014/00 –, NVwZ-RR 2001, 218.

263 Im Übrigen wird auf die entschädigungsrechtliche **Rechtsprechung** verwiesen (zu einem Schweinemastbetrieb[150]; teerölgetränkte Holzschwellen[151]).

8 Staubimmission

264 Ein Grundstück, das aufgrund seiner Nachbarschaftslage z. B. zu einem staubemittierenden Gewerbebetrieb Staubeinwirkungen ausgesetzt ist, wird entsprechend dem Umfang, der Dauer und der Beschaffenheit des Staubs zu einem geminderten Wert gehandelt.

265 Zur Frage eines Ausgleichs- und Entschädigungsanspruchs gegenüber dem Emittenten kommt es zunächst wiederum auf die **Ortsüblichkeit** und die Art des Gebiets an, in dem das Grundstück liegt. Zu den Voraussetzungen eines nachbarrechtlichen Ausgleichsanspruchs i. S. des § 906 Abs. 2 Satz 2 BGB hat der BGH mehrfach Stellung genommen; hierauf wird verwiesen[152].

266 **Maßstab** für die Beurteilung der Beeinträchtigung **ist die TA-Luft**[153].

9 Erschütterungen

267 Als Erschütterungen werden mechanische Schwingungen fester Körper bezeichnet (DIN 4150). Art und Umfang der davon ausgehenden Beeinträchtigungen hängen insbesondere ab von

– der Schwingungsstärke (KB-Wert),

– der Einwirkungsdauer,

– der Häufigkeit des Auftretens,

– der Art der Erschütterungsquelle (Sichtkontakt, Hörkontakt),

– dem Wohlbefinden der Personen und

– dem Grad der Gewöhnung.

268 Bei dem KB-Wert handelt es sich um eine der menschlichen Wahrnehmung angepasste Größe für die Erschütterung.

---

150 VGH Mannheim, Urt. vom 12.10.1994 – 5 S 2609/94 –, RdL 1995, 55.
151 OLG Hamburg, Urt. vom 2.8.1994 – 7 U 40/93 –, NJW-RR 1995, 536.
152 BGH, Urt. vom 1.3.1974 – V ZR 82/72 –, BGHZ 62, 186 = EzGuG 13.21; BGH, Urt. vom 15.6.1967 – III ZR 23/65 –, BGHZ 48, 98 = EzGuG 13.14; BGH, Urt. vom 15.1.1971 – V ZR 110/68 –, BRS Bd. 26 Nr. 26 = EzGuG 13.18.
153 BGH, Urt. vom 16.12.1977 – V ZR 91/75 –, BGHZ 70, 102 = EzGuG 13.47; BVerwG, Urt. vom 17.2.1978 – 1 C 102/76 –, BVerwGE 55, 250 = EzGuG 13.48.

10 Elektrosmog

Schrifttum: *Bobka, G.,* Mobilfunk, Wertminderung für Immobilien durch Sendemasten? Informationsdienst für Sachverständige 2003, 5/11; *Deutscher Städtetag,* Umdruck 670 vom 5.5.1999 = GuG 2001, 104; *Dippold, R.,* Wertermittlung einer Eigentumswohnung mit Mobilfunkanlage, GuG 2008, 382; *Flintrop, H.,* Der Einfluss von Mobilfunkantennen auf den Verkehrswert von bebauten und unbebauten Grundstücken, GuG 2001, 321; *Jennissen, P./Wolbring, N.,* Hochspannungsmast-Entschädigung, HLBS Verlag Heft 113 2010; *Nakovics, W.,* Gutachten über die Beeinflussung von Verkehrswerten durch in der Nähe befindliche Mobilfunksendeanlagen, GuG 2007, 40.

▶ *Zum Mobilfunk bei der Beleihungswertermittlung vgl. Teil IX Rn. 219*

269 Die deutsche Strahlenkommission (SSK) wie auch die Weltgesundheitsorganisation (WHO) gehen davon aus, dass bei Einhaltung der geltenden Mobilfunkgrenzwerte keine gesundheitlichen Schäden durch den Mobilfunk bestehen. Danach darf die **Spezifische Absorptionsrate (SAR-Wert)** zwei Watt pro Kilogramm Körpergewebe nicht übersteigen. Die Grenzwerte ergeben sich aus der 26. BImSchV.

270 Über die Aufstellung von Mobilfunksendeanlagen entscheidet die Bundesnetzagentur für Elektrizität, Gas, Telekommunikation, Post und Eisenbahnen (Bundesnetzagentur; Regulierungsbehörde für Telekommunikation und Post). Für die Aufstellung von Mobilfunkanlagen bedarf es einer **Standortbescheinigung über die Einhaltung der Sicherheitsabstände und Grenzwertanforderungen.** Sie wird erteilt, wenn die Grenzwerte im öffentlich zugänglichen Bereich um die Antenne herum unterschritten werden. Ob für die Errichtung einer Mobilfunkanlage darüber hinaus eine **Baugenehmigung** erforderlich ist, bestimmt sich nach dem Bauordnungsrecht der Länder. In den meisten Ländern ist die Errichtung oder Änderung von Antennenanlagen bis zu einer Höhe von 10 m genehmigungsfrei; höhere Anlagen sind ausnahmslos genehmigungspflichtig.

271 **Bauplanungsrechtlich** ist eine Mobilfunkanlage zulässig

– im Außenbereich eines privilegierten Vorhabens nach § 35 Abs. 1 BauGB[154],

– in reinen Wohngebieten weder allgemein noch ausnahmsweise,

– in allgemeinen Wohngebieten ausnahmsweise.

272 Die Aufstellung einer Mobilfunkanlage bedarf nicht der Zustimmung der Mieter, selbst dann nicht, wenn der Mieter einen Herzschrittmacher hat[155]. Nach der Rechtsprechung des BVerfG besteht auch kein **emissionsschutzrechtlich begründeter Abwehranspruch,** wenn die Grenzwerte der 26. BImSchV eingehalten werden[156]. Darüber hinaus werden mit der Aufstellung von Mobilfunkanlagen auch keine Eigentumsrechte im Hinblick auf eine Minderung des Verkehrswerts benachbarter Grundstücke verletzt, denn hoheitlich bewirkte Minderungen des Marktwerts eines Vermögensgegenstands berühren i. d. R. nicht den Schutzbereich des Eigentumsrechts[157].

10.1 Grenzwerte

273 Bislang ist **wissenschaftlich ungeklärt geblieben, ob von elektrischen und magnetischen Feldern im Bereich von Hochspannungsleitungen und Trafostationen gesundheitliche Auswirkungen ausgehen.** Nach vorliegenden epidemiologischen Untersuchungen können allerdings im Einzelfall Feldstärken auftreten, die Herzschrittmacher stören. Allgemein wird gleichwohl empfohlen, im Rahmen der Abwägung bei der Planaufstellung präventiv eine

---

154 VGH Mannheim, Urt. vom 25.8.1997 – 8 S 1861/97 –, NVwZ-RR 1988, 715 = BRS Bd. 59 Nr. 88.
155 BGH, Urt. vom 15.3.2006 – VIII ZR 74/05 –, GuG-aktuell 2006, 31 = WuM 2006, 304.
156 BVerfG, Beschl. vom 24.1.2007 – 1 BvR 382/05 –, GE 2007, 774; vgl. auch BVerfG, Urt. vom 28.2.2002 – 1 BvR 1676/01 –, NJW 2002, 1638 = EzGuG 3.126b.
157 BVerfG, Urt. vom 5.2.2002 – 2 BvR 348/93 –, BVerfGE 105, 17; BVerwG, Urt. vom 16.3.2006 – 4 A 1001/04 –; BVerwG, Urt. vom 29.1.1991 – 4 C 51/89 –, BVerwGE 87, 331 = GuG 1991, 274 = EzGuG 13.117.

IV § 6 ImmoWertV Elektrosmog

Wohnbebauung sowie Kinderspielplätze nicht unmittelbar unter Hochspannungsleitungen zu planen.

274 Mit der **26. Verordnung zum Bundes-Immissionsschutzgesetz (26. BImSchV)** sind die derzeit gültigen Grenzwerte für hochfrequente elektromagnetische Felder festgelegt worden[158]. Die maximale Sendeleistung der GSM–Basisstationen für das D-Netz ist auf 50 Watt (W), für das E-Netz auf 20 Watt (W) festgesetzt worden. Die Grenzwerte bemessen sich nach der speziellen Absorptionsrate (SAR), gemessen in Watt pro Kilogramm (W/kg) Körpergewicht. Für Handys, die ausschließlich den Kopf bestrahlen, gilt ein Teilkörpergrenzwert von 0,08 W/kg.

275 Bis zum Inkrafttreten dieser Verordnung wurden u. a. die **Empfehlungen der SSK „Elektrische und magnetische Felder im Alltag"** vom 18./19.4.1991 herangezogen. Dies entspricht auch der Anregung des Bundesamtes für Strahlenschutz. Diese Grenzwerte sind niedriger als die der DIN VDE 8048 Teil 4, Okt. 1989. Der BayVGH[159] hat in einer Entscheidung zu den 110-kV-Bahnstromleitungen auf diese Empfehlungen der Deutschen Strahlenschutzkommission zurückgegriffen.

276 Es besteht ein internationaler Konsens, dass bei den **IRPA-Grenzwerten zum Schutz der Bevölkerung** – elektrische Feldstärke 5 kV/m und magnetische Flussdichte 100 µT – Gesundheitsbeeinträchtigungen nicht zu besorgen sind.

277 Dennoch empfiehlt es sich bei Neuplanungen, die Immissionen durch elektromagnetische Felder, denen die Bevölkerung ausgesetzt ist, grundsätzlich möglichst gering zu halten und auch die **IRPA-Grenzwerte nicht voll auszuschöpfen**, da wegen fehlender Kenntnisse die Möglichkeit nachteiliger Folgen für die Gesundheit auch unterhalb dieser international anerkannten Grenzwerte nicht ausgeschlossen werden kann (Belästigung besonders empfindlicher Personen durch das elektromagnetische Feld und indirekte Feldwirkungen, kein sicherer Schutz der Implantatsträger, keine Berücksichtigung möglicher krebserzeugender, krebsfördernder bzw. synergistischer Wirkungen).

278 Zum Schutz von Implantatträgern vor Energiefeldern sollte im **Aufenthaltsbereich das elektromagnetische Feld 2,5 kV/m und die magnetische Flussdichte 10 µT nicht überschreiten.** Um den Ergebnissen der derzeit kontrovers diskutierten epidemiologischen Studien zum Krebsrisiko Rechnung zu tragen, wären zur Minimierung der Exposition Werte von nicht mehr als 0,5 kV/m und einigen µT anzustreben.

279 Für bestimmte Anlagen bestehen folgende **Grenzwerte:**

a) *Hochfrequenzsender:*
 – 26. Verordnung zum Bundes-Immissionsschutzgesetz (26. BImSchV);
 – Grenzwerte der DIN/VDE Normenentwurf 0848 Teil 2 (Stand 10/1991)[160].

b) *Hochspannungsleitungen:*
 – Grenzwerte der DIN/VDE 0848 Teil 4 (Stand 10/1989) für Hochspannungsleitungen bis zu 400 kV;

---

158 BR-Drucks. 12/4453; Parl. Anfrage vom 3.3.1993; vgl. Gesetz über die elektromagnetische Verträglichkeit von Geräten (EMVG) i. d. F. der Bekanntmachung vom 30.8.1995 (BGBl. I 1995, 1118); vgl. auch Verordnung über elektromagnetische Felder – 26. BImSchV – vom 16.12.1996 (BGBl. I 1996, 1966); zuletzt geändert durch Art. 1 Nr. 13 des Gesetzes vom 9.10.1996 (BGBl. I 1996, 1498); BT-Drucks. 14/5848; BVerfG, Urt. vom 17.2.1996 – 1 BvR 1658/96 –, NJW 1997, 2509 = UPR 1997, 186; Empfehlungen der Internationalen Strahlenschutzvereinigung (IRPA) und der Deutschen Strahlenschutzkommission (SSK). Verordnung über Beiträge nach dem Gesetz über die elektromagnetische Verträglichkeit von Geräten (EMVBeitrV) vom 12.8.2002 (BGBl. I 2002, 3359); Verordnung über das Nachweisverfahren zur Begrenzung elektromagnetischer Felder (BEMFV) vom 20.8.2002 (BGBl. I 2002, 3366).
159 VGH München, Urt. vom 27.1.1993 – 20 A 92 40093 –, NVwZ 1993, 1121; Eisenschmidt in WuR 1997, 21; VGH Mannheim, Urt. vom 14.5.1996 – 105 1/96 –, GuG-aktuell 1997, 22 = NJW 1997, 676 (LS); VGH Kassel, Urt. vom 22.3.1993 – 2 A 3300/89 –, NVwZ 1993, 291; VGH München, Urt. vom 27.1.1993 – 20 A 92 40093 –, NVwZ 1993, 1121; VGH Mannheim, Urt. vom 14.5.1996 – 10 S 1/96 –, NVwZ 1997, 90 = DÖV 1996, 1005.
160 BMFT, Vfg. 95/1992 (ABl. des BMFT Nr. 12 vom 1.7.1992, S. 275); ABl. – Vfg. 95/1992.

Elektrosmog § 6 ImmoWertV IV

– Grenzwerte der IRPA nach Empfehlung der Strahlenschutzkommission „Elektrische und magnetische Felder im Alltag", verabschiedet in der 103. Sitzung am 18./ 19.4.1991.

Die empfohlenen **Grenzwerte** sind nachfolgend abgedruckt (Abb. 32): 280

Abb. 32: Grenzwerte

Nationale und internationale Grenzwerte für 0 Hz bis 30 kHz					
Land	Frequenz f (Hz)	Expositionsgrenzwerte			Bemerkungen
		V/m	A/m	mT	
IRPA (199/Ø)	50–60	10 000	400	0,5	Arbeitszeit bis 24 Stunden pro Tag
Beruflich beschäftigte Bevölkerung	50–60	5 000	80	0,1	
Nationale und internationale Grenzwerte für die Hochfrequenz					
Land	Frequenz f (MHz)	Expositionsgrenzwerte			Bemerkungen
		V/m	A/m	W/m²	
International IRPA/INIRC 1988	0,1–1	614	1,6/f	–	Dauerexposition während der Arbeitszeit
	1–10	614/f	1,6/f	–	
	10–400	61	0,16	1	
Beruflich Beschäftigte	400–2 000	$3f^{1/2}$	$0,008f^{1/2}$	f/40	
	2 000–300 000	137	0,36	50	Dauerexposition
Bevölkerung	0,1–1	87	$0,23/f^{1/2}$	–	
	1–10	$87/f^{1/2}$	$0,23/f^{1/2}$	–	
	10–400	27,5	0,073	2	
	400–2 000	$1,375/f^{1/2}$	$0,004f^{1/2}$	f/200	
	2 000–300 000	61	0,16	10	

Zur Umrechnung häufig verwendeter Größen sind folgende Angaben oft hilfreich:

1 T (Tesla) = 10 000 G (Gauss);

1 G = 100 µT

1 TV 0,796 = 10^6 A/m; 1 A/m V 1,27 µT

1 mW/cm² = 10 W/m²

1 mW/cm² = 0 dBm1 µV/m = 0 dBµV/m

1 W/m² = 19,42 V/m = 0,052 A/m (unter Fernfeldbedingungen)

Größenordnungen:

Frequenz: 1 kHz = 10^3 Hz

1 MHz = 10^3 kHz = 10^6 Hz

1 GHz = 10^3 MHz = 10^6 kHz = 10^9 Hz

elektrisches Feld:

1 kV/m = 10^3 V/m

magnetisches Feld:

1 nT = 10^{-3} µT = 10^{-6} mT = 10^{-3} T

1 µT = 10^{-3} mT = 10-6 T

1 mT = 10^{-3} T

281 Bei der **Verkehrswertermittlung von Grundstücken im Bereich einer Mobilfunksendeantenne** (vgl. Teil V Rn. 694 ff.) ist zunächst zu unterscheiden zwischen

a) Grundstücken, die mit einer Mobilfunksendeantenne „bestückt" sind, und

b) Grundstücken in der Umgebung von Mobilfunksendeantennen.

282 Dabei ist nicht allein auf die tatsächliche Möglichkeit einer Gesundheitsbeeinträchtigung abzustellen, da auch ästhetische und allgemeine auf dem Grundstücksmarkt vorherrschende irrationale Gesichtspunkte zu einer Wertminderung führen können. Bei **Grundstücken, die mit einer Mobilfunksendeantenne „bestückt" sind,** ist neben einer sich im Einzelfall ergebenden Minderung der Mieteinnahmen der Barwert des Nutzungsentgelts werterhöhend zu berücksichtigen.

10.2 Mindestfläche

283 Die erforderliche Mindestfläche für Grundstücke mit Antennenträgern wird durch bauordnungs- und immissionsschutzrechtliche Anforderungen, aber auch durch andere gesetzliche Bestimmungen (z. B. FStrG) in Abhängigkeit von der Höhe (H) und dem Gebietscharakter vorgegeben. Es ergeben sich – je nach Bundesland – kreisförmige Flächen mit einem Radius von 0,4 H bis 1,0 H (Hamburg). Im Hinblick auf die im Erdreich verlegten Erdungsmaßnahmen ergibt sich jedoch bereits eine Mindestkreisfläche mit dem Radius der Masthöhe (vgl. Teil V Rn. 694 ff.).

10.3 Nutzungsentgelte

▶ *Vgl. § 8 ImmoWertV Rn. 283*

284 Durchschnittliche Nutzungsentgelte für Telekommunikationseinrichtungen nach Angaben der Vodafone D2 GmbH:

1. Betreiber errichtet eigenen Mast — 1 500 bis 3 999 € p. a.
2. Mitbenutzung Fremdmast bei eigener Stellfläche — 1 000 bis 2 000 € p. a.
3. Mitbenutzung Fremdmast ohne eigene Stellfläche — 0 bis 1 000 €/m² p. a.
4. Gebäudestandorte durchschnittlich — 3 000 bis 4 500 € p. a.
5. über 5 000 € p. a. nur bei großen Sammlerstandorten oder städtischen Standorten mit besonders hohem Nutzungsvolumen

285 Von anderen Unternehmen wurden auf der Grundlage von Rahmenverträgen für Maststandorte mit einer durchschnittlich betriebsnotwendigen Fläche von insgesamt 325 m² (250 m² zuzüglich eines 30%igen Reserveaufschlags) im Außenbereich Entgelte von bis zu rd. 4 000 € (p. a.), d. h. bis zu 16 €/m² vereinbart. Bei Nutzung des Standorts durch mehrere Betreiber werden zusätzlich 1 500 € (p. a.) pro Untervermietung entrichtet. Das Entgelt nimmt mit der Grundstücksgröße degressiv ab (Abb. 33):

Abb. 33: Jährliche Nutzungsentgelte für Antennengrundstücke

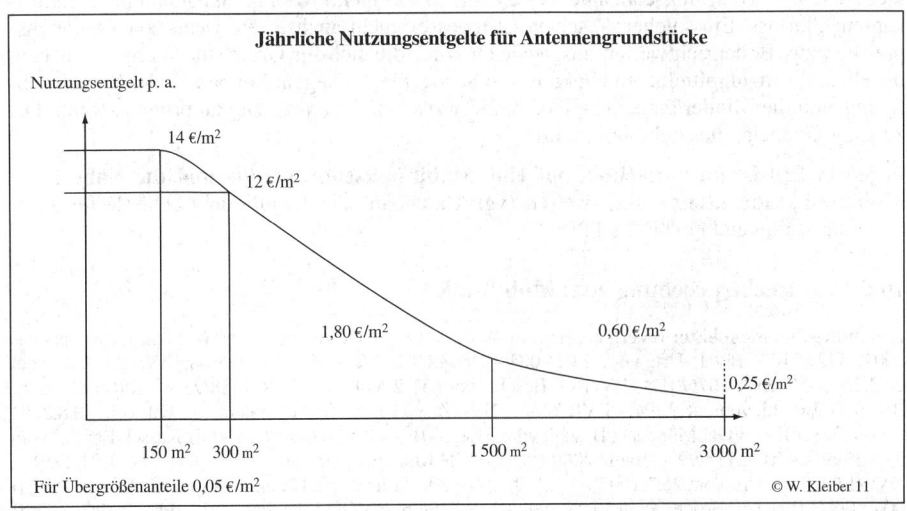

Die Kapitalisierung des Nutzungsentgelts (mit 5,5 bis 6 %), das i. d. R. mit keinen Bewirtschaftungskosten verbunden ist, ist auf den voraussichtlichen Zeitraum des Bestands der Einrichtungen zu beschränken. Dabei ist die technische Entwicklung bezüglich des Umfangs und eines schädlichen Einflusses der emittierenden Anlage zu berücksichtigen, die möglicherweise sogar diese Einrichtungen eines Tages entbehrlich macht.

10.4 Minderung der Nutzungsentgelte

Mobilfunkanlagen sind nach der Rechtsprechung kein Grund für Mietminderungen[161]. Eine im Einzelfall gegebene Minderung des Mietertrags infolge tatsächlichen bzw. vermuteten Elektrosmogs gegenüber „unbelasteten" Grundstücken kann indessen im Falle einer Neuvermietung durchaus hinzunehmen sein. Diese kann wertmäßig durch **Kapitalisierung des Minderertrags** berücksichtigt werden. Dies ist insbesondere dann in Betracht zu ziehen, wenn die Schwellenwerte der 26. BImSchV überschritten werden; jedoch ist die Kapitalisierung auf den Zeitraum zu beschränken, der durch eine Änderung der emittierenden Anlage vorgegeben ist. Die Besorgnis einzelner Personen, dass trotz Einhaltung der Grenzwerte für Mobilfunksendestationen Gesundheitsgefährdungen bestehen, stellt für sich allein noch keine Beeinträchtigung dar[162], jedoch kann ein Abschlag in Betracht kommen, wenn nach allgemeinem Marktverhalten mit einem Minderertrag auch weiterhin gerechnet werden muss[163]. Ist vom Mobilfunkbetreiber eine **einmalige Ablösesumme** zum Ausgleich der Mietminderung bereits entrichtet worden, so sind die künftigen Mindereinnahmen gleichwohl in die Wertermittlung einzustellen, da diese Ausgleichszahlung im Falle der Veräußerung des Grundstücks dem Veräußerer verbleibt.

Bei **Grundstücken im Umfeld von Mobilfunksendeantennen** können sich im Einzelfall vor allem in Abhängigkeit von ihrer Nähe (bis zu 150 m) lediglich Minderungen der Mieteinnahmen ergeben, ohne dass ihnen zusätzliche Einnahmen gegenüberstehen.

Daneben kommt auch eine **pauschale Berücksichtigung der Nähe einer Mobilfunksendeanlage** (im Umkreis von 150 m) in Betracht. Hierzu liegen unterschiedliche Angaben vor. Sie reichen in Abhängigkeit von der Auffälligkeit komplexer Antennenkonstruktionen von einer

---
161 LG Kempten, Urt. vom 14.1.2004 – 5 S 2572/02 –.
162 LG Saarbrücken, Urt. vom 15.2.2002 – 1 O 146/00 –, EzGuG 13.144.
163 So die Einschätzung von Medinger Immobilienbetreuungs GmbH, München aufgrund einer Befragung bei RdM-Maklern in Bayern und Baden-Württemberg (März 2002).

IV § 6 ImmoWertV — Beschaffenheit

Wertminderung gegenüber „unbelasteten" Grundstücken in Höhe von bis zu 50 % (in extremer Nähe zur Mobilfunksendeantenne) bis hin zu wenigen Prozentpunkten und nicht signifikantem Einfluss. Ein solcher Abschlag ist indessen nicht anzusetzen, wenn von Vergleichspreisen bzw. Bodenrichtwerten ausgegangen wird, die sich für Grundstücke ergeben haben, die ebenfalls im unmittelbaren Umkreis von Sendeanlagen liegen. Bei pauschaler Berücksichtigung sind die Mindereinnahmen i. d. R. nicht zusätzlich zum Abzug zu bringen, wenn dies zu einer Doppelberücksichtigung führt.

290 In jedem Fall ist **im Gutachten auf eine Mobilfunksendeantenne und die Nähe einer Mobilfunksendeantenne hinzuweisen** (vgl. Datenbank der Regulierungsbehörde für Telekommunikation und Post [Reg TP])[164].

10.5 Rechtsprechung zum Mobilfunk

291 **Gesundheitliche Aspekte:** BVerfG, Urt. vom 28.2.2002 – 1 BvR 1676/01 –, NJW 2002, 1638 = NVwZ 2002, 572, 1104; BGH, Urt. vom 13.2.2004 – V ZR 217/12 –, EzGuG 13.148; BVerfG, Urt. vom 28.2.2002 – 1 BvR 1676/01 –, BVerfG, Beschl. vom 17.2.1997 – 1 BvR 1658/96 –, UPR 1997, 186; BVerwG, Beschl. vom 2.8.1994 – 1 VR 3/94 –, NVwZ 1994, 100: OVG Koblenz, Beschl. vom 20.8.2001 – 1 A 10382/01 –; VGH München, Beschl. vom 31.1.2001 – 14 ZS 00.3419 – ; VGH Kassel, Beschl. vom 29.7.1999 – 4 TG 2118/99 –, BauR 2000, 1162; VGH München, Urt. vom 20.5.1998 – 14 B 92.2959 –; OVG Lüneburg, Urt. vom 26.3.1998 – 1 L 1796/97 –; OVG Lüneburg, Beschl. vom 19.1.2001 – 1 O 2761/00 –; OVG Bautzen, Beschl. vom 17.12.1997 – 1 S 746/96 –; VGH München, Urt. vom 8.7.1997 – 14 B 93.3102 –, NVwZ 1998, 419; VGH Mannheim, Beschl. vom 2.1.1997 – 8 S 3396/96 –, NVwZ 1997, 704; VGH München, Beschl. vom 25.10.1994 – 20 CS 93.3622 –, NVwZ 1995, 919; AG Köln, Urt. vom 22.9.1993 – 213 C 77/93 –, ZMR 1994, 369; AG München, Beschl. vom 30.3.1998 – 432 C 7381/95 –; LG Freiburg, Urt. vom 21.7.1996 – 3 S 294/95 –; AG Traunstein, Urt. vom 3.3.1999 – 310 C 2158/98 –; VG Schleswig, Urt. vom 22.8.1997 – 12 A 77/93 –, NVwZ 1998, 434; VG Hamburg, Beschl. vom 27.4.1997 – 13 VG 127/97 –.
Baurechtliche Aspekte: BVerwG, Beschl. vom 1.11.1999 – 4 B 3/99 –, BauR 2000, 703; BVerwG, Urt. vom 3.12.1992 – 4 C 27/91 –, BauR 1994, 315; VGH Kassel, Beschl. vom 19.12.2000 – 4 TG 3639/00 –, VGH Kassel, Beschl. vom 29.7.1999 – 4 TG 21118/99 –, NVwZ 2000, 694; VGH München, Beschl. vom 21.6.1999 – 20 CE 98.3374 –; VGH Mannheim, Urt. vom 26.10.1998 – 8 S 1848/98 –, BauR 2000, 712; OVG Bautzen, Beschl. vom 17.12.1997 – 1 S 746/96 –, BauR 1998, 1226; VGH Mannheim, Beschl. vom 25.8.1997 – 8 S 1861/97 –, BauR 1998, 313; VGH München, Beschl. vom 8.7.1997 – 14 B 93.3102; VGH Kassel, Beschl. vom 17.8.1995 – 3 TH 2275/94 –, NVwZ 1995, 1010; OVG Lüneburg, Urt. vom 13.7.1994 – 1 L 250/91 –, NVwZ 1995, 917; VGH München, Beschl. vom 10.5.1993 – 25 Cs 92.1538 –; VGH Mannheim, Urt. vom 27.6.1990 – 3 S 2655/89 –, BauR 1990, 703; VG Düsseldorf, Beschl. vom 28.8.2001 – 9 L 1021/01 –; VG Gießen, Beschl. vom 28.3.2001 – 1 G 562/01 –; OVG Münster, Beschl. vom 25.2.2003 – 10 B 2417/02 –, NVwZ-RR 2003, 37; OLG Frankfurt am Main, Beschl. vom 18.6.2003 – 23 U 137/02 –, MMR 2003, 671; LG Berlin, Urt. vom 23.7.2002 – 63 S 366/01 –, GuG-aktuell 2003, 15.

11 Beschaffenheit und tatsächliche Eigenschaften (§ 6 Abs. 5 ImmoWertV)

11.1 Allgemeines

292 Die Beschaffenheit und die tatsächlichen Eigenschaften eines Grundstücks lassen sich nach solchen untergliedern, die

– einerseits den *Grund und Boden* (§ 6 Abs. 5 Satz 1 ImmoWertV) und

– andererseits die *baulichen und sonstigen Anlagen*, insbesondere ein vorhandenes Gebäude (§ 6 Abs. 5 Satz 2 ImmoWertV), betreffen.

Mit § 6 Abs. 5 Satz 1 ImmoWertV werden ergänzend zu den in § 6 Abs. 1 bis 4 ImmoWertV behandelten rechtlichen Eigenschaften eines Grundstücks **die tatsächlichen Eigen-**

---

[164] Mobilfunkstrahlung abrufbar unter http://www.izmf.de.

schaften des Grund und Bodens angesprochen. Die Vorschrift nennt die tatsächliche Nutzung, die Erträge, die Grundstücksgröße, den Grundstückszuschnitt und die Bodenbeschaffenheit wie beispielsweise die Bodengüte und die Eignung als Baugrund (Tragfähigkeit) sowie schädliche Bodenveränderungen. Darüber hinaus ist insbesondere auch auf abbauwürdige Bodenvorkommen (**Abbauland**) hinzuweisen.

Für bebaute Grundstücke führt die Vorschrift ergänzend noch die Gebäudeart, die Bauweise und Baugestaltung, die Größe, Ausstattung und Qualität, den baulichen Zustand, die energetischen Eigenschaften, das Baujahr und die Restnutzungsdauer auf. Gegenstand der Regelung des Abs. 5 sind vornehmlich nutzungsbestimmende Realfaktoren. Während die rechtliche Nutzbarkeit eines Grundstucks bereits mit Abs. 1 erfasst werden soll, stellt Abs. 5 auf die „tatsächliche Nutzung" ab. Insoweit wird mit Abs. 5 der Regelungsgehalt des Abs. 1 ergänzt.

a) Tatsächliche Nutzung

§ 6 Abs. 4 Satz 1 ImmoWertV nennt als verkehrswertbeeinflussenden Realfaktor eines Grundstücks an erster Stelle die tatsächliche Nutzung. Diese kann sich nämlich von der nach § 6 Abs. 1 ImmoWertV maßgeblichen Nutzung, nämlich der rechtlich zulässigen bzw. lagetypischen Nutzung (marktüblich realisierte Nutzung), und der in diesem Rahmen wirtschaftlich vernünftigen Nutzung unterscheiden. **293**

– Bei der Verkehrswertermittlung grundsätzlich nicht zu berücksichtigen sind Abweichungen von der rechtlich zulässigen Nutzung, wenn die davon **abweichende tatsächliche Nutzung am Qualitätsstichtag unzulässig ist, nicht genehmigungsfähig ist und auch nicht unter Bestandsschutz fällt.** Von besonderer Problematik sind dabei solche unzulässigen und nicht genehmigungsfähigen Nutzungen, die bislang geduldet worden sind und nach Anschauung des gewöhnlichen Geschäftsverkehrs (aufgrund konkreter Tatsachen) weiterhin geduldet werden.

– Soweit die tatsächliche Nutzung zulässigerweise von der nach § 6 Abs. 1 ImmoWertV maßgeblichen Nutzung oder von einer sonsthin zulässigen und wirtschaftlich vernünftigen Nutzung abweicht, kann dies bei der Verkehrswertermittlung außer Betracht bleiben, wenn die Nutzbarkeit des Grundstücks durch die tatsächliche Nutzung nicht beeinträchtigt wird. Eine Beeinträchtigung liegt z. B. nicht vor, wenn das nach § 6 Abs. 1 ImmoWertV maßgebliche zulässige bzw. lagetypische Maß der baulichen Nutzung am Qualitätsstichtag nicht „ausgeschöpft" worden ist, jedoch jederzeit ohne weitere Nachteile durch An- und Aufbauten „ausgeschöpft" werden kann.

– Abweichungen der tatsächlichen Nutzung von der nach § 6 Abs. 1 ImmoWertV maßgeblichen Nutzung oder von einer sonsthin zulässigen und wirtschaftlich vernünftigen Nutzung sind indessen zu berücksichtigen, wenn diese Abweichung „erheblich" ist und zu einer irreparablen Beeinträchtigung der Grundstücksnutzung oder – umgekehrt – die Grundstücksnutzung nachhaltig verbessern. Eine irreparable Beeinträchtigung liegt dabei vor, wenn es bei wirtschaftlicher Betrachtungsweise oder aus sonstigen Gründen geboten erscheint, das Grundstück in der bisherigen Weise zu nutzen. Für entsprechende bauliche Beeinträchtigungen wird deshalb mit § 16 Abs. 4 ImmoWertV vorgegeben, dass „ein erhebliches Abweichen" der tatsächlichen von der nach § 6 Abs. 1 maßgeblichen Nutzung, wie insbesondere eine erhebliche Beeinträchtigung der Nutzbarkeit durch vorhandene bauliche Anlagen auf einem Grundstück, bei der Ermittlung des Bodenwerts zu berücksichtigen ist, soweit dies dem gewöhnlichen Geschäftsverkehr entspricht (vgl. § 16 Abs. 4 ImmoWertV Rn. 222 ff.).

b) Erträge

Neben der „tatsächlichen Nutzung" nennt § 6 Abs. 4 Satz 1 ImmoWertV als verkehrswertbeeinflussenden Realfaktor eines Grundstücks die Erträge, ohne diese allerdings zu konkretisieren. Zu berücksichtigen sind sowohl **294**

- die in § 17 Abs. 1 Satz 1 und Abs. 2 Satz 1 sowie § 8 Abs. 3 ImmoWertV angesprochenen „marktüblich erzielbaren Erträge",
- die tatsächlich erzielten Erträge und
- die aufgrund wohnungs- und mietrechtlicher bzw. vertragsrechtlicher Bindungen erzielbaren Erträge.

Die „*marktüblich erzielbaren Erträge*" sind nämlich nicht nur im Rahmen des Ertragswertverfahrens nach den §§ 17 ff, von Bedeutung; sie beeinflussen auch den Bodenwert und sind deshalb auch ein nicht zu unterschätzender Parameter der Bodenwertermittlung, insbesondere bei Anwendung deduktiver Verfahren (vgl. § 16 ImmoWertV Rn. 24 ff.; Syst. Darst. des Vergleichswertverfahrens Rn. 5, 631; Syst. Darst. des Ertragswertverfahrens Rn. 128). Die *tatsächlich erzielten Erträge* können außer Betracht bleiben, wenn sie am Qualitätsstichtag den marktüblich erzielbaren Erträgen angepasst werden können. Weichen hingegen die aufgrund wohnungs- und mietrechtlicher bzw. vertragsrechtlicher Bindungen tatsächlich erzielbaren Erträge von den marktüblich erzielbaren Erträgen erheblich ab, so muss dies nach Maßgabe des § 8 Abs. 3 ImmoWertV ergänzend berücksichtigt werden; sofern dem nicht bei Anwendung des Ertragswertverfahrens nach Maßgabe des § 17 Abs. 1 Satz 2 ImmoWertV Rechnung getragen wurde.

c) Grundstücksgröße und Grundstückszuschnitt

▶ *Vgl. Syst. Darst. des Vergleichswertverfahrens Rn. 247 ff., 301; § 5 ImmoWertV Rn. 88 ff.*

295 Die **Abhängigkeit des Bodenwerts baulich nutzbarer Grundstücke (Bauland) von der Grundstücksgröße und dem Grundstückszuschnitt** wird im Zusammenhang mit der Bodenwertermittlung nach dem Vergleichswertverfahren in der Syst. Darst. des Vergleichswertverfahrens bei Rn. 247 ff. behandelt.

Die **Abhängigkeit des Bodenwerts land- und forstwirtschaftlich nutzbarer Grundstücke von der Grundstücksgröße, dem Grundstückszuschnitt und der Bodengüte** wird in § 5 ImmoWertV unter Rn. 88 ff. behandelt.

296 *d) Bodenbeschaffenheit*

▶ *Vgl. Vorbem. zum Vergleichswertverfahren Rn. 314; § ImmoWertV Rn. 402 ff.; § 18 ImmoWertV Rn. 223; Teil V Rn. 229*

Die Bodenbeschaffenheit bestimmt sich in erster Linie nach der Bodengüte, einschließlich vorhandener abbauwürdiger Bodenschätze, der **Eignung als Baugrund,** aber auch der Belastung mit Ablagerungen. Bei Flächen der Land- und Forstwirtschaft stehen dabei insbesondere die Ertragsfähigkeit des Grund und Bodens und die Oberflächenbeschaffenheit im Vordergrund (vgl. LandR 78 sowie WaldR 77[165]). Die Oberflächenbeschaffenheit ist auch für Bauland von Bedeutung, so z. B. eine wertmindernde Hang- oder Sumpflage sowie ein felsiger Untergrund. Darüber hinaus können in Gebieten, in denen der Bergbau umhergeht, auch Bergschäden und Berggefahren gerade bei Baugrundstücken zu Wertminderungen führen.

Die Bodenbeschaffenheit kann sich aber auch auf die **Ertragssituation** auswirken.

297 Die **Verkehrswertermittlung von Grundstücken mit Bodenschätzen (Abbauland)** wird in § 5 ImmoWertV unter Rn. 306 ff. behandelt (vgl. Beispielsfall der Bewertung einer Kiesgrube in Teil V Rn. 225).

Nachfolgend wird insbesondere die Berücksichtigung schädlicher Bodenveränderungen (Altlasten) behandelt.

---

[165] Kleiber, WERTR 06 Sammlung amtlicher Texte zur Wertermittlung von Grundstücken, 10. Aufl. Köln 2010 Bundesanzeiger-Verlag.

11.2 Bodenverunreinigung

11.2.1 Allgemeines

Schrifttum: *Grunewald, V.*, Die umweltfachliche Wertermittlung als Instrument einer marktorientierten Bewertung kontaminierter Grundstücke, GuG 2002, 44; *Grunewald, V.*, Altlasten und Verkehrswertermittlung, GuG 1995, 224; *Nolte, A.*, Der Einfluss von Altlasten auf die Wertermittlung, DS 2002, 135; *Kanngießer, E./Schuhr, W.*, Analyse der Altlastenproblematik in der Grundstückswertermittlung, GuG 1998, 332; *Möller*, Wertbeeinflussung eines Grundstücks durch Grundwasserverunreinigungen, GuG 2008, 201; *Möller, K.-W.*, Wertbeeinflussung eines Grundstücks durch Grundwasserverunreinigung, GuG 2008, 208; *Morgenstein, M./Messer, N.*, Zur Berücksichtigung von Altlasten im Zwangsversteigerungsverfahren, GuG 2007, 98; *Roller, G.*, Marktorientierte Bewertung kontaminierter Grundstücke: „Umweltfachliche Wertermittlung" als Lösung?, GuG 2002; *Roller, G.*, Grundstückswertminderungen als Schaden i. S. d. § 2 Abs. 3 BBodSchG, GuG 2002, 156; *Simon, S.*, Berücksichtigung von Umweltschadstoffen bei der Wertermittlung, GuG 2002, 257.

▶ Vgl. § 8 ImmoWertV Rn. 402 ff.; Beispielsfall im Teil V Rn. 229; zu den Besonderheiten bei der Beleihungswertermittlung vgl. Teil IX Rn. 227

298 Die landläufig vertretene These von der Unzerstörbarkeit des Grund und Bodens ist falsch. Der Boden ist vielmehr ein ökologisch höchst anfälliges Gut, in dem sich Schadstoffeintragungen im Vergleich zu Luft und Wasser stärker ansammeln, da sich Schadstoffe hier weniger verteilen können. Bei einer beträchtlichen Belastung des Grund und Bodens spricht man von Altlasten. **§ 2 Abs. 3 BBodSchG definiert Altlasten wie folgt:**

„(3) Schädliche Bodenveränderungen im Sinne dieses Gesetzes sind Beeinträchtigungen der Bodenfunktionen, die geeignet sind, Gefahren, erhebliche Nachteile oder erhebliche Belästigungen für den Einzelnen oder die Allgemeinheit herbeizuführen."

...

„(5) Altlasten im Sinne dieses Gesetzes sind

1. stillgelegte Abfallentsorgungsanlagen sowie sonstige Grundstücke, auf denen Abfälle behandelt, gelagert oder abgelagert worden sind (Altablagerungen), und

2. Grundstücke stillgelegter Anlagen und sonstige Grundstücke, auf denen mit umweltgefährdenden Stoffen umgegangen worden ist, ausgenommen Anlagen, deren Stilllegung einer Genehmigung nach dem Atomgesetz bedarf,

durch die schädliche Bodenveränderungen oder sonstige Gefahren für den Einzelnen oder die Allgemeinheit hervorgerufen werden."

299 Altlasten führen schon aufgrund der Haftung des jeweiligen Eigentümers als Zustandsstörer zu einer Wertminderung des Grund und Bodens gegenüber vergleichbaren unbelasteten Flächen, insbesondere, wenn die Kontaminierung erheblich ist[166]. In der Vergangenheit ist diesem Umstand allerdings nicht immer in angemessener Weise Rechnung getragen worden, weil selbst die öffentliche Hand beim Erwerb von kontaminierten Flächen nicht selten Preise bezahlt hat, die erheblich über dem Verkehrswert lagen[167]. Zurückzuführen ist dies auf die schwierigen rechtlichen und wertermittlungstechnischen Fragen und auf das Bestreben, zeitraubenden Verhandlungen aus dem Wege zu gehen. Nur so kann auch erklärt werden, dass nach den **Bewertungsvorgaben des Grundstücksfonds Ruhr** die Belastung eines kontaminierten Grundstücks wertmäßig nur mit „mindestens" den hälftigen Kosten der Aufbereitung, Sanierung und Baureifmachung der Gelände zu berücksichtigen ist.

300 Zur **Bewertung heißt es dort**[168]:

„Die Grundlage für die Bewertung eines Grundstücks ist zunächst die rechtlich mögliche Nutzung aufgrund der bauplanungsrechtlichen Situation. Bei großflächigen Brachen ist diese regelmäßig nach §§ 34 oder 35 Baugesetzbuch definiert, da Bebauungspläne für die Brachflächen meistens nicht bestehen. Aufgrund der so gegebenen baurechtlichen Situation wird zunächst ein ‚Bruttowert' auf der Grundlage von

---

166 Kleiber in ZfBR 1988, 168; ders. in WiVerw 1990, 198.
167 Dieterich/Schlag in AVN 1985, 402.
168 MSWV, Rechenschaftsbericht zum Grundstücksfonds Ruhr vom 31.12.1988, S. 19 f.

Richtwertkarten und Befragungen der Gutachterausschüsse ermittelt. Diesem Bruttowert werden die Kosten für Aufbereitung, Sanierung und Baureifmachung der Gelände gegenübergestellt. Diese Kosten werden mindestens in Höhe von 50 % vom Bruttowert abgezogen. Für sonstige wertmindernde Faktoren wie z. B. mangelnde Erschließung, Grün- und Abstandsflächen, freizuhaltende Leitungstrassen usw. werden weitere Abschläge vorgenommen. So ermittelt sich der ‚Nettowert' als Maßstab für den vertretbaren Kaufpreis.

Auch die Bewertung von Gebäuden und Anlagen kann nicht nach den allgemein üblichen Normen vorgenommen werden. Es ist davon auszugehen, dass ein Gebäude, dessen ursprüngliche spezifische Funktion aufgegeben wurde, entweder keinen oder nur einen erheblich vom technischen Bauwert abweichenden Wert besitzt. Eine Bewertung erfolgt deswegen nur dann, wenn Gebäude und Anlagen

– aufgrund ihrer Bauweise und Ausstattung ohne wesentliche Investitionen für eine andere Nutzung geeignet sind,

– entsprechend den Planungsabsichten der Städte und Gemeinden weiterhin voll oder teilweise genutzt werden sollen oder

– wenn eine Nutzungsmöglichkeit durch vorhandene langfristige Mietverträge bestätigt ist.

Liegt eine dieser oder liegen mehrere Voraussetzungen vor, werden bei der Wertermittlung folgende wirtschaftliche Faktoren als Abschläge berücksichtigt:

– Investitionsaufwand zur Herrichtung für eine andere Nutzung,

– Ertragswertminderung durch geringere Einnahmen aufgrund anderer Nutzungen oder

– Abschlag für Verwertungsrisiken infolge ungünstiger konjunktureller Rahmenbedingungen."

Der Vorgehensweise kann nur im Grundsatz zugestimmt werden, denn der danach vorgesehene **hälftige Ansatz der Wiederinwertsetzungskosten hat mit einer Verkehrswertermittlung wenig zu tun,** denn ein vernünftiger Käufer (homo oeconomicus) wird die von ihm aufzubringenden Kosten in voller Höhe in seine Kalkulation einbringen.

301 Auch **Neulasten** sind bei der Verkehrswertermittlung zu berücksichtigen. Es handelt sich dabei um die *nach* Inkrafttreten des AbfG (1.6.1972) abgelagerten Abfälle; sie stehen unter den Regelungen des LAbfG, soweit es sich um Abfälle i. S. dieses Rechts handelt[169].

11.2.2 Belastete Flächen in der Bauleitplanung

11.2.2.1 Abwägungsgebot

302 In der Bauleitplanung sind nach dem Abwägungsgebot des § 1 Abs. 6 BauGB **Verunreinigungen des Grund und Bodens noch unterhalb der polizeirechtlichen Gefahrenschwelle beachtlich:**

– Eine dem Wohle der Allgemeinheit entsprechende sozialgerechte Bodennutzung,

– die Sicherung einer menschenwürdigen Umwelt,

– der Schutz der natürlichen Lebensgrundlagen,

– die allgemeinen Anforderungen an gesunde Wohn- und Arbeitsverhältnisse und die Sicherheit der Wohn- und Arbeitsbevölkerung,

– die Belange des Umweltschutzes, des Naturschutzes und der Landschaftspflege, insbesondere des Naturhaushalts, des Wassers, der Luft und des Bodens sowie des Klimas (§ 1 Abs. 5 Satz 1 und 2 Nr. 1 und 7 BauGB)

fordern, dass die Bauleitplanung die Bevölkerung vor unzumutbaren Nachteilen und Belästigungen auch noch unterhalb der polizeirechtlichen Gefahrenschwelle für öffentliche Sicherheit oder Ordnung schützt. Hieran muss sich die Abwägung orientieren.

303 Ein Verstoß gegen das Abwägungsgebot kann zur **Nichtigkeit eines Bebauungsplans** führen, wenn nämlich die Gefahr für Gesundheit und Sicherheit mehr als nur geringfügig ist und zum Zeitpunkt der Beschlussfassung die Möglichkeit einer Beeinträchtigung aufgrund von Verunreinigungen für die Gemeinde erkennbar war. Bekanntlich sind es aber gerade die Fest-

---

[169] Schink in DVBl 1986, 181; Kothe in ZRP 1987, 399.

setzungen eines Bebauungsplans, die für die Höhe des Verkehrswerts eines Grundstücks von ausschlaggebender Bedeutung sind. Am Bauplanungsrecht lässt sich deshalb besonders eindrucksvoll nachweisen, dass auch Verunreinigungen des Grund und Bodens unterhalb der polizeirechtlichen Gefahrenschwelle von erheblicher Bedeutung für die Höhe des Verkehrswerts sein können[170].

11.2.2.2 Kennzeichnungspflicht

Nach § 5 Abs. 3 Nr. 3 und § 9 Abs. 5 Nr. 3 BauGB sind **Flächen, deren Böden „erheblich mit umweltgefährdenden Stoffen belastet sind", im Flächennutzungs- und Bebauungsplan zu kennzeichnen,** wobei sich diese Pflicht bei Flächennutzungsplänen auf die für eine bauliche Nutzung vorgesehenen Flächen beschränkt.

304

Die vorstehende Kennzeichnungspflicht besteht allerdings nur für die unter der Herrschaft des BauGB aufgestellten Bauleitpläne, d. h. für die nach dem 1.7.1987 aufgestellten Bauleitpläne sowie für die nach Maßgabe des Gesetzbuchs geänderten Teile dieser Bauleitpläne. Überdies besteht die Kennzeichnungspflicht nur für Flächen, die (mit an Sicherheit grenzender Wahrscheinlichkeit) auch tatsächlich in „erheblichem Maße" mit umweltgefährdenden Stoffen belastet sind. Für bloße Verdachtsflächen werden die Gemeinden umgekehrt durch die genannten Vorschriften noch nicht einmal zu entsprechenden Nachforschungen verpflichtet[171], jedoch **müssen sie im Rahmen des Abwägungsgebots dem Verdacht einer Bodenbelastung nachgehen, wenn und soweit eine Beeinträchtigung der geplanten Nutzung zu erwarten ist.** Aus alledem folgt, dass für eine Fläche, die nicht im Bauleitplan gekennzeichnet ist, keine absolute Gewähr besteht, dass sie frei von erheblichen Belastungen mit umweltgefährdenden Stoffen ist.

305

Ist eine Fläche im Flächennutzungsplan nach Maßgabe des § 5 Abs. 3 Nr. 3 oder des § 9 Abs. 5 Nr. 3 BauGB im Bebauungsplan gekennzeichnet, so kann i. d. R. hieraus geschlossen werden, dass eine erkannte Belastung des Grund und Bodens zwar „erheblich", aber grundsätzlich mit der im Bauleitplan ausgewiesenen Nutzung vereinbar ist. Denn die **Kennzeichnungspflicht lässt das Abwägungsgebot nach § 1 Abs. 6 BauGB unberührt.** In die Abwägung sind nämlich alle Belange einzubringen, die nach Lage der Dinge in die Abwägung eingestellt werden müssen[172]. Das sind alle Belange, für die bei der Entscheidung über den Plan mit hinreichender Wahrscheinlichkeit absehbar ist, dass die schutzwürdigen Interessen bestimmter Personen von dem Plan in mehr als geringfügiger Weise betroffen werden[173]. Denn grundsätzlich darf die Planung nicht Gefahrentatbestände i. S. d. allgemeinen Polizeirechts schaffen und muss die **Bevölkerung** in den einzelnen Gebieten auch unterhalb dieser Schwelle **vor unzumutbaren Nachteilen und Belästigungen schützen**[174]. Danach sind im Hinblick auf die in § 1 Abs. 5 und 6 BauGB genannten Belange auch Gefahrentatbestände unterhalb der polizeirechtlichen Gefahrenschwelle in die Abwägung einzubeziehen. Neben der Gefahrenabwehr ist es präventiv Aufgabe der Bauleitplanung, Gefahren vorzubeugen **(Gefahrenvorbeugung),** die Umwelt lebenswert zu gestalten und darüber hinaus vorhandene und zu erwartende Konflikte auszuräumen, zu vermeiden oder zumindest auf ein vertretbares Maß zu minimieren.

306

Liegen hinreichend **Anhaltspunkte für eine abwägungsrelevante Verunreinigung des Grund und Bodens** vor **(Verdachtsflächen),** so muss die Gemeinde aus der Verpflichtung, das gesamte in die Abwägung einzubeziehende Material zu beschaffen, auf eigene Kosten die erforderlichen Ermittlungen über mögliche Verunreinigungen anstellen. Dies kann zu einer

307

---

170 Zur polizeilichen Anordnung zum Austausch kontaminierten Bodens: VGH Mannheim, Beschl. vom 14.12.1989 – I S 2719/89 –, DÖV 1990, 344 = EzGuG 4.129.
171 RdErl. Min. f. SWV-Nordrh.-Westf. vom 6.7.1987, MinBl. 1987, 1276.
172 BVerwG, Urt. vom 10.12.1969 – 4 C 105/65 –, DVBl 1970, 414 = BVerwGE 34, 301 = MDR 1970, 702 = BayVBl. 1970, 180 = BauR 1970, 31 = BRS Bd. 22 Nr. 4 = DÖV 1970, 277.
173 BVerwG. Beschl. vom 9.11.1979 – 4 N 1/87, 4 N 2 – 4/79 –, BVerwGE 59, 87 = NJW 1980, 1061 = BauR 1980, 36 = MDR 1980, 256 = DVBl 1980, 233 = DÖV 1980, 217 = BRS Bd. 35 Nr. 24 = JZ 1980, 95 = BBauBl. 1980, 251 = BayVBl. 1980, 88 = ZfBR 1979, 255.
174 LG Bielefeld, Urt. vom 17.9.1985 – 4 O 114/85 –, DWW 1985, 318 = 4.104a nicht rechtskräftig.

Verpflichtung der Gemeinde führen, ein Sachverständigengutachten einzuholen, wenn ohne eine sachverständige Stellungnahme keine hinreichende Grundlage für eine vom Rat zu treffende Entscheidung gegeben ist[175].

308 Nach dem Beschluss des BVerwG[176] umfasst die **Nachforschungspflicht** im Rahmen der Abwägung allerdings nicht das, „was die planende Stelle nicht sieht und was sie nach den gegebenen Umständen auch nicht zu sehen braucht".

309 Aus alledem folgt, dass die Festsetzungen eines Bebauungsplans aufgrund der Planungsgrundsätze und des Abwägungsgebots mit erkannten und im Bauleitplan gekennzeichneten Verunreinigungen des Grund und Bodens grundsätzlich vereinbar sein müssen. Darüber hinaus muss im Falle einer Kennzeichnung einer „erheblich mit umweltgefährdenden Stoffen belasteten Fläche" diesen Verunreinigungen im Rahmen der zulässigen Nutzung Rechnung getragen werden (können), insbesondere im Rahmen des Baugenehmigungsverfahrens[177]. Die **Kennzeichnung im Bauleitplan** darf deshalb keineswegs dazu verleiten, bei der Verkehrswertermittlung von einem nicht bebauungsplanmäßig nutzbaren Grundstück auszugehen. Anzumerken ist hier, dass das BauGB einerseits nicht die Möglichkeit eröffnet, die Sanierung einer Fläche festzuschreiben, und andererseits – zumindest nicht expressis verbis – auch nicht die Zulässigkeit einer festgesetzten Nutzung in Abhängigkeit von einer Bodensanierung zu stellen.

Die **Ausweisung von Baurechten auf kontaminierten Flächen** enthebt den Eigentümer nicht von der Gefahrenbeseitigungspflicht[178].

11.2.2.3 Schadensersatz bei Abwägungsmängeln in der Bauleitplanung

310 Nach der Grundsatzentscheidung des BGH[179] haben die **Amtsträger der Gemeinde die Pflicht, bei der Aufstellung von Bebauungsplänen Gesundheitsgefährdungen zu verhindern,** die den zukünftigen Bewohnern des Plangebiets aus dessen Bodenbeschaffenheit drohen. Den davon betroffenen Bewohnern wurde ein geldwerter Vermögensausgleich für Nachteile zugesprochen, die ihnen durch die Bebauung entstanden sind. Die **Amtspflicht besteht auch gegenüber demjenigen als „Drittem", der ein nach der planerischen Ausweisung dem Wohnen dienendes Grundstück für ein noch zu errichtendes Wohnhaus erwirbt.** Die Haftung wegen einer Verletzung dieser Amtspflicht umfasst auch Vermögensschäden, die die Erwerber dadurch erleiden, dass sie im Vertrauen auf eine ordnungsgemäße Planung Wohnungen errichten oder kaufen, die nicht bewohnbar sind.

311 Schon in der Vorinstanz ist erkannt worden, dass ein Verstoß gegen das Abwägungsgebot (§ 1 Abs. 6 BauGB) zur **Nichtigkeit des Bebauungsplans** führen kann, wenn nämlich die Gefahr für die Gesundheit und Sicherheit mehr als nur geringfügig ist und zum Zeitpunkt der Beschlussfassung die Möglichkeit einer Beeinträchtigung aufgrund von Verunreinigungen des Grund und Bodens für die Gemeinde erkennbar war[180]. Wird dennoch eine rechtswidrige Baugenehmigung erteilt, so wird darin eine schuldhafte Amtspflichtverletzung i. S. des § 839 BGB i. V. m. Art. 34 GG gesehen[181]. Dies kann zu Schadensersatzansprüchen aus Amtshaf-

---

175 OVG Lüneburg, Urt. vom 30.4.1986 – 1 C 4/86 –, BRS Bd. 46 Nr. 26 = BauR 1987, 176; OVG Lüneburg, Urt. vom 26.2.1981 – 4 C 4/80 –, BRS Bd. 38 Nr. 38 = BauR 1981, 454; zu den Untersuchungskosten bei **Verunreinigungen des Grundwassers:** VGH Mannheim, Urt. vom 8.9.1989 – 5 S 3099/88 –, DÖV 1990, 394 = EzGuG 4.127.
176 BVerwG, Beschl. vom 9.11.1979 – 4 N 1/78, 4 N 2 – 4/79 –, BVerwGE 59, 87 = BRS Bd. 35 Nr. 24 = JZ 1980, 95.
177 Altlasten im Städtebau, Kohlhammer-Verlag, Köln 1989, S. 2 ff.
178 OVG Lüneburg, Urt. vom 15.12.2004 – 7 LB 2481/02 –, GuG-aktuell 2006, 47 = EzGuG 4.192.
179 BGH, Urt. vom 26.1.1989 – III ZR 194/87 –, BGHZ 106, 323 = EzGuG 4.124; BGH, Urt. vom 6.7.1989 – III ZR 251/87 –, BGHZ 108, 224 = EzGuG 4.125; BGH, Urt. vom 21.12.1989 – III ZR 49/88 –, BGHZ 110, 1 = EzGuG 4.132; BGH, Urt. vom 21.12.1989 – III ZR 118/88 –, BGHZ 109, 380 = EzGuG 4.133; VGH Mannheim, Urt. vom 7.5.1999 – 3 S 1265/98 –, ESVGH 49, 266.
180 LG Bielefeld, Urt. vom 17.9.1985 – 4 O 114/85 –, DWW 1985, 318 = EzGuG 4.104a; LG Bielefeld, Urt. vom 28.4.1987 – 4 O 652/85 –; LG Bielefeld, Urt. vom 4.8.1987 – 4 O 178/87 –; LG Dortmund, Urt. vom 19.12.1986 – 2 O 199/86 –; NVwZ 1986, 835 = EzGuG 4.113; LG Dortmund, Urt. vom 19.12.1986 – 2 O 217/86 –, VersR 1987, 264; LG Dortmund, Urt. vom 19.12.1986 – 2 O 450/85 –, DWW 1987, 414 = EzGuG 4.114.
181 BGH, Urt. vom 10.4.1986 – II ZR 209/84 –, BRS Bd. 46 Nr. 41 = EzGuG 11.152; OLG Hamm, Urt. vom 26.6.1987 – 11 U 346/85 –, NVwZ 1988, 573 = EzGuG 4.116.

tung (Bebauungsplan) und z. B. aus § 39 OBG Nordrh.-Westf. (Erteilung der Baugenehmigung), insbesondere für die im Vertrauen auf die Baugenehmigung getätigten Investitionen, führen[182].

Voraussetzung ist ein schuldhaftes Handeln des Amtswalters, wobei die Rechtsprechung hohe Anforderungen an die Sorgfaltspflicht auf die Entscheidungen der Vergangenheit projiziert hat. Der **Schadensersatz** ergibt sich ggf. nach den §§ 249 ff. BGB. Aufstellung und Vollzug eines unwirksamen Bebauungsplans stellen zudem einen rechtswidrigen Eingriff dar, der einen Entschädigungsanspruch nach den für den enteignungspflichtigen Eingriff entwickelten Grundsätzen auslösen kann[183]. 312

Ersatz ist insbesondere zu gewähren für 313

- die im Vertrauen auf die planungsrechtlich zulässige Nutzung getätigten Aufwendungen (z. B. Kaufpreis und die Investitionen zur Vorbereitung einer Nutzung des Grundstücks, Errichtung eines nicht oder nur eingeschränkt nutzbaren Gebäudes);
- eine ursächlich auf die Bodenverunreinigung zurückzuführende Wertminderung des Grundstücks, wenn das Eigentum am Grundstück nicht aufgegeben wird; bei Aufgabe des Grundstücks der Verkehrswertanteil, der sich für ein im Vertrauen auf die zulässige Nutzbarkeit errichtetes Gebäude ergeben würde, wenn das Grundstück nicht verunreinigt wäre;
- Nutzungseinschränkungen (Mietausfälle) sowie Ausgleichsmaßnahmen;
- sonstige Folgekosten (entspricht § 95 BauGB).

11.2.3 Verkehrswertermittlung

Schrifttum: *Roller* in GuG 2001, 162 und GuG 2000, 336.

Bei der Ermittlung des Verkehrswerts kontaminierter Flächen gilt es zunächst, sich zu vergegenwärtigen, dass sich der **Verkehrswert** 314

- einerseits nach den rechtlichen Gegebenheiten und
- andererseits nach den tatsächlichen Eigenschaften

des Grundstücks bemisst (§ 194 BauGB). Zu den tatsächlichen Eigenschaften des Grundstücks gehört auch die Beschaffenheit des Grund und Bodens und mithin auch ggf. dessen Verunreinigung. § 6 Abs. 5 Satz 1 ImmoWertV stellt dies klar.

Der **Feststellung der rechtlichen Gegebenheiten** kommt bei der Ermittlung des Verkehrswerts kontaminierter Flächen insoweit eine maßgebliche Bedeutung zu, als sich danach die Frage beantwortet, wer für die Sanierung einer kontaminierten Fläche aufzukommen hat. Trifft die Sanierungslast nicht den Eigentümer des Grundstücks, sondern einen Dritten, z. B. die öffentliche Hand, so ergibt sich für das Grundstück eine Wertminderung gegenüber einem unbelasteten Grundstück nur insoweit, wie der Eigentümer bis zum Abschluss der Sanierungsmaßnahmen eine entschädigungslos hinzunehmende Nutzungseinschränkung zu tragen hat. Deshalb muss zuallererst geprüft werden, von wem die Kosten einer Sanierung der kontaminierten Fläche getragen werden müssen. Es kommt also entscheidend darauf an, ob die Sanierungskosten vom 315

- gegenwärtigen die Sachherrschaft über das Grundstück ausübenden Eigentümer (vgl. Rn. 349) oder
- einem Erwerber oder
- einem Dritten, insbesondere dem Verursacher (vgl. Rn. 350), dem Voreigentümer oder nach dem Gemeinlastprinzip von der Allgemeinheit,

---

[182] OLG Hamm, Urt. vom 26.6.1987 – 11 U 346/85 –, NVwZ 1988, 573 = EzGuG 4.116; einschränkend zur Frage der drittschützenden Wirkung noch OLG Oldenburg, Urt. vom 30.10.1987 – 6 U 18/87 –, MittNWStGB 1988, 214 = EzGuG 4.117; LG Osnabrück, Urt. vom 27.10.1986 – 10 O 229/86 –; jedoch BGH, Urt. vom 6.7.1989 – III ZR 251/87 –, BGHZ 108, 224 = EzGuG 4.125.
[183] BGH, Urt. vom 28.6.1984 – III ZR 68/83 –, BRS Bd. 42 Nr. 5 = BauR 1985, 480.

aufzubringen sind. Dabei müssen vertragliche Vereinbarungen beachtet werden, die z. B. beim Erwerb solcher Flächen im Hinblick auf die „Wiederinwertsetzung" getroffen wurden.

Sind nach alledem die Sanierungskosten vom Eigentümer oder dem Erwerber des Grundstücks nicht zu tragen, so werden **Wertminderungen** des Grundstücks aufgrund von Verunreinigungen weitgehend **durch die von einem (dritten) Sanierungspflichtigen zu tragenden Kosten aufgefangen;** eine Wertminderung kann sich in diesem Fall allerdings noch insoweit ergeben, wie das Grundstück vorübergehend einer Nutzung entzogen ist und dafür kein Entschädigungsanspruch besteht.

316 In den unterschiedlichen **Kostenanlastungsprinzipien** liegt also das eigentliche, oft schwer durchschaubare Problem bei der Verkehrswertermittlung kontaminierter Flächen. Von besonderer Bedeutung sind hier bei Gefahr für die öffentliche Sicherheit und Ordnung das Polizeirecht, das das Verhältnis zwischen Ordnungsbehörde und dem Herangezogenen regelt[184], und das Zivilrecht, das vor allem bei zwischenzeitlichen Grundstücksübertragungen in Bezug auf Gewährleistungsansprüche, ihre Verjährung sowie Haftungsausschlüsse schlechthin für vertragliche Ansprüche bedeutsam ist.

317 Die **Feststellung des Sanierungspflichtigen** wirft eine Reihe komplizierter juristischer Fragen auf, die vom Sachverständigen für Grundstückswertermittlungen i. d. R. nicht geklärt werden können (vgl. Rn. 348 ff.). Sofern ihm die Frage des Sanierungspflichtigen nicht vorgegeben wird, sollte in Abstimmung mit dem Auftraggeber

– von bestimmten vorgegebenen Annahmen oder

– den Feststellungen eines hinzuzuziehenden Gutachters

ausgegangen werden. Im Gutachten ist dies deutlich zu machen.

318 Das BBodSchG regelt die Problematik der Finanzierung der **Sanierung bei nicht mehr greifbaren Verursachern.** Das Gesetz enthält in seinem § 25 Abs. 1 eine Regelung über den Wertausgleich beim Einsatz öffentlicher Mittel. Danach hat der zu Maßnahmen i. S. des § 4 BBodSchG verpflichtete Eigentümer im Falle der durch den Einsatz öffentlicher Mittel bedingten Verkehrswerterhöhung seines Grundstücks einen Wertausgleich an den öffentlichen Kostenträger zu leisten, wenn er die Kosten der Maßnahmen, in erster Linie Sanierungskosten, nicht oder nicht vollständig getragen hat. Der Ausgleichsbetrag ruht als öffentliche Last auf dem Grundstück[185].

▶ *Näheres Rn. 345 ff. und Syst. Darst. des Vergleichswertverfahrens Rn. 354 ff.*

319 Die Kontamination eines Grundstücks ist bei der Verkehrswertermittlung grundsätzlich zu berücksichtigen, wenn die **Sanierungslast vom jeweiligen Eigentümer des Grundstücks getragen** werden muss und dafür kein Dritter einsteht. Dies wirft schwierige wertermittlungstechnische Fragen auf. Die Schwierigkeiten bestehen insbesondere darin, dass kaum jemals Vergleichspreise für gleichartig kontaminierte Flächen zur Verfügung stehen. Vergleichspreise liegen dagegen schon eher für vergleichbare nicht kontaminierte Flächen vor. Deshalb wird in der Praxis regelmäßig vom Verkehrswert eines nicht kontaminiert gedachten Grundstücks ausgegangen, der sich mit den Erfahrungen der gängigen Wertermittlungspraxis ermitteln lässt. Für den Regelfall, dass kein Grundstücksmarkt und somit keine Vergleichspreise für ein kontaminiertes Grundstück vorliegen und diesem Mangel auch nicht mit der Fiktion eines gewöhnlichen Geschäftsverkehrs für solche Grundstücke abgeholfen werden kann, wird bei dieser Konstellation von dem Modell ausgegangen, dass sich der Verkehrswert eines Grundstücks im kontaminierten und nicht kontaminierten Zustand grundsätzlich um die Kosten unterscheidet, die für die Beseitigung der Kontamination üblicherweise aufzubringen wären. Im Prinzip wird von diesem Modell in der Wertermittlungspraxis auch bei der Umrechnung des Verkehrswerts eines erschließungsbeitragspflichtigen und -freien Grundstücks ausgegangen (vgl. Abb. 34).

---

184 BGH, Urt. vom 11.6.1981 – III ZR 39/80 –, NJW 1981, 2457 = EzGuG 4.76.
185 Vgl. § 25 Abs. 6 BBodSchG i. V. m. der Verordnung über die Eintragung des Bodenschutzlastvermerks, BGBl. I 1999, 497.

Abb. 34: Bodenwert eines kontaminierten Grundstücks

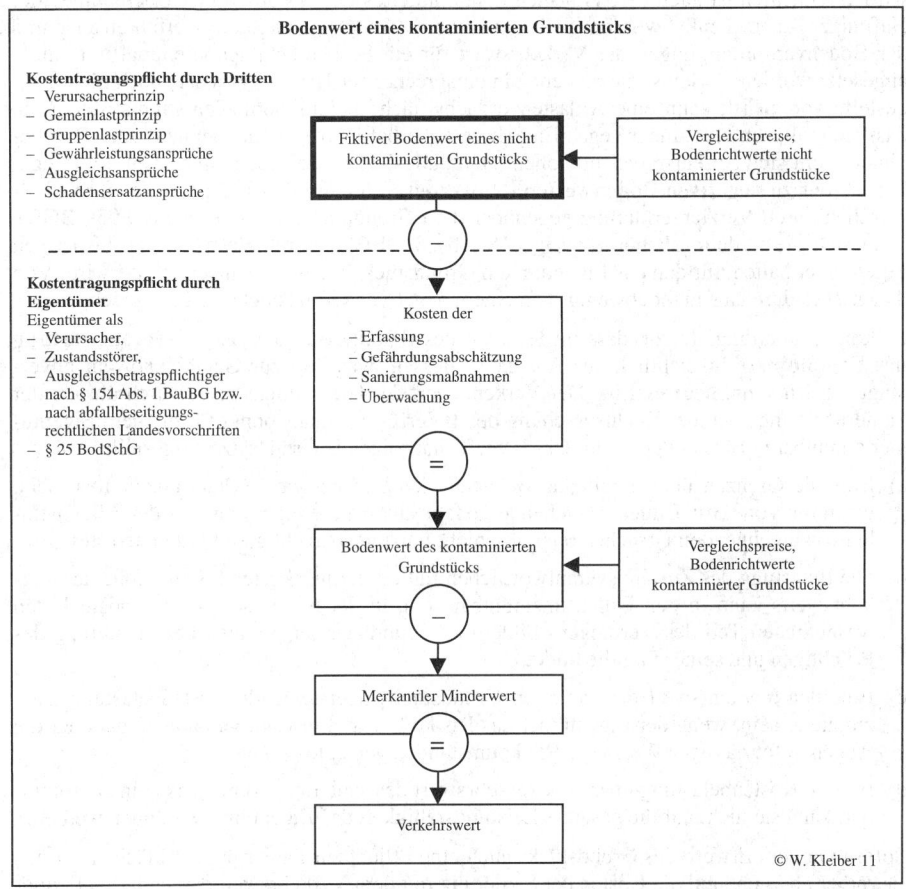

© W. Kleiber 11

Auch im Rahmen der **Enteignungsentschädigung** ist entsprechend den vorstehenden Grundsätzen der Verkehrswert um die Höhe der Sanierungskosten (einschließlich Untersuchungs- und Sicherungskosten) zu reduzieren, wenn ein begründeter Verdacht besteht, dass – enteignungsrechtlich zu entschädigende – Baulichkeiten und Anlagen von Altlasten befallen sind[186].

▶ *Zur Ermittlung der Kosten der Erfassung, Gefährdungsabschätzung, Sanierungsmaßnahmen und Überwachung vgl. Rn. 337 ff.; zum merkantilen Minderwert vgl. § 8 ImmoWertV Rn. 419; Teil V Rn. 230*

Die Ermittlung des Verkehrswerts einer kontaminierten Fläche steht mitunter im Zusammenhang mit einer Änderung der rechtlichen Festsetzungen. Beispielsweise soll eine bisher gewerblich oder industriell genutzte Fläche künftig als höherwertiges Wohnbauland genutzt werden. In diesem Fall muss geprüft werden, ob bei der Ermittlung des fiktiven Bodenwerts des Grundstücks im dekontaminierten Zustand auch die **Werterhöhung aufgrund einer Planungsänderung** oder der Aussicht auf die Planungsänderung zu berücksichtigen ist.

Angesichts der erfahrungsgemäß hohen Sanierungskosten muss das beschriebene Verfahren dazu führen, dass der Verkehrswert des Grundstücks selbst bei hohen Ausgangswerten häufig auf einen Anerkennungsbetrag „zusammenschrumpft". Dies selbst dann, wenn nach der

---

186 BGH, Urt. vom 4.11.2004 – III ZR 372/03 –, BGHZ 161, 38 = EzGuG 4.191.

Sanierung des Grundstücks aufgrund einer Neuplanung eine höherwertige Nutzung zulässig wird. Tatsächlich ist auch bereits manch kontaminiertes Grundstück (unter Übernahme aller Haftungen) „verschenkt" worden; auch ist in einem Zwangsversteigerungsverfahren aufgrund der Bodenverunreinigungen der Verkehrswert für ein Erbbaurecht schon einmal mit „null" angesetzt worden[187]. Selbst dann, wenn ein entsprechender Handlungsbedarf noch nicht festgestellt worden ist, kann eine Altlastenverdachtsfläche bereits dermaßen stigmatisiert sein, dass sie praktisch nicht mehr gegen Entgelt veräußerbar ist (res extra commercium). Darüber hinaus stellt sich bei entsprechend hohem Handlungsbedarf die Frage, ob hier ein **Fall** gegeben ist, **der zu negativen Bodenwerten (Unwerten)** führt. Wird deshalb das Eigentum zivilrechtlich durch Verzichterklärung gegenüber dem Grundbuchamt aufgegeben (§ 959 BGB), kann sich die Ordnungsbehörde nach § 18 Abs. 3 OBG Nordrh.-Westf. an den bisherigen Eigentümer halten, für den das Eigentum am Grundstück zu einer finanziellen Last wird. Von daher ist es durchaus nicht abwegig, von einem negativen Grundstückswert zu sprechen.

323 Es kommt allerdings hinzu, dass im Rahmen des BBodSchG die **Zustandsverantwortung des Eigentümers** hinsichtlich des Ausmaßes dessen, was ihm zur Gefahrenabwehr abverlangt werden kann, **begrenzt ist.** Der Verkehrswert des Grundstücks nach Durchführung der Sanierung kann nach der Rechtsprechung des BVerfG[188] Anhaltspunkt für die dem Eigentümer zumutbaren Belastungen sein. Das BVerfG hat folgende Grundsätze aufgestellt:

a) Eine die Grenzen überschreitende Belastung kann insbesondere dann unzumutbar sein, wenn die vom Grundstück ausgehende Gefahr aus Naturereignissen, aus der Allgemeinheit zuzurechnenden Ursachen oder von nicht nutzungsberechtigten Dritten herrührt.

b) Die Belastung des Zustandsverantwortlichen mit Sanierungskosten bis zur Höhe des Verkehrswerts kann in den Fällen unzumutbar sein, in denen das sanierte Grundstück den wesentlichen Teil des Vermögens bildet und Grundlage der privaten Lebensführung des Pflichtigen und seiner Familie bildet.

c) Eine den Verkehrswert des sanierten Grundstücks übersteigende Kostenbelastung kann zumutbar sein, wenn der Eigentümer das Risiko bewusst in Kauf genommen hat oder die Augen in fahrlässiger Weise vor Risikoumständen verschlossen hat.

d) Ist eine Kostenbelastung über den Verkehrswert des sanierten Grundstücks hinaus zumutbar, kann sie nicht auf die gesamte Leistungsfähigkeit des Eigentümers bezogen werden.

324 Sofern mit dem Erwerb des Grundstücks auch eine Pflicht zur Sanierung der Flächen auf den Erwerber übergeht und die Kosten der Sanierung mit dem Verkehrswert des sanierten Grundstücks nicht gedeckt werden können, wird im gewöhnlichen Geschäftsverkehr die Bereitschaft zum Erwerb des kontaminierten Grundstücks nur gegeben sein, wenn der zur Sanierung verpflichtete bisherige Eigentümer bei der Veräußerung des Grundstücks den Differenzbetrag an den Erwerber entrichtet. Denn mit dem Eigentumsübergang würden auf den Erwerber lediglich finanzielle Verpflichtungen und keine Vermögensvorteile übergehen. Wirtschaftlich gesehen zeigt auch dies, dass in der Tat dann der Fall eines negativen Bodenwerts gegeben ist, wenn **mit dem Eigentum am Grundstück finanzielle Verpflichtungen verbunden** sind, denen auf Dauer keine gleichwertigen Vermögensvorteile gegenüberstehen; auch von daher wurden kontaminierte Grundstücke tatsächlich schon zum „Nullwert" mit der Forderung nach Übernahme aller Haftungen angeboten. Dass bei derartigen Konstellationen der Wert einer Immobilie in einen Unwert umschlagen kann, ist im Übrigen auch aus anderen Bereichen bekannt. Dies kann sich z. B. auch für Eigentumswohnungen in stark heruntergekommenen Großwohnanlagen mit extremen Leerständen ergeben, wenn der Eigentümer aufgrund des Gemeinschaftsverhältnisses außerordentlich hohen Belastungen ausgesetzt ist, denen keine angemessenen Einnahmen gegenüberstehen. In einer täglich Schlagzeilen ausgesetzten Großsiedlung sind deshalb auch schon Erwerber gesucht worden, denen eine Eigentumswohnung „geschenkt" werden sollte.

---

187 AG Hannover, Beschl. vom 21.3.1986 – 731 K 114/85 –, EzGuG 15.45.
188 BVerfG, Urt. vom 16.2.2000 – 1 BvR 242, 315/99 –, GuG 2000, 311 = EzGuG 4.177.

Bodenverunreinigung § 6 ImmoWertV IV

Sofern **Planungsgewinne** den Kosten der Dekontaminierung „gegengerechnet" werden können, muss zusätzlich geklärt werden, ob dieser Wertzuwachs dem Eigentümer kompensationslos zufällt oder von demjenigen beansprucht werden kann, der die Kosten der Dekontamination trägt. Angesichts der regelmäßig hohen Sanierungskosten ist eine Abschöpfung des planungsbedingten Mehrwerts bei Sanierungsmaßnahmen durch die öffentliche Hand von besonderer Bedeutung. 325

Die **Inanspruchnahme planungsbedingter und sonstiger Mehrwerte zur Finanzierung der Sanierungskosten** kann häufig nicht verhindern, dass die Sanierungskosten den künftigen Bodenwert auch unter Berücksichtigung einer künftigen höherwertigen Nutzung überschreiten. Verbleibt jedoch auch nach Abzug der Sanierungskosten ein Wert, so ist wiederum zu prüfen, ob und in welchem Maße dieser Wert noch für die vorübergehende Nutzungsbeschränkung bis zum Zeitpunkt der wieder herbeigeführten Nutzbarkeit des Grundstücks zu vermindern ist. Auszuschließen wäre dies, wenn hierfür eine Entschädigung durch Dritte gewährt wird oder aber dem Eigentümer ein angemessenes Entgelt für die kontaminierende Nutzung des Grundstücks zufließt (z. B. Pachtzins eines entsprechenden Gewerbebetriebs). Bei entschädigungslos hinzunehmenden vorübergehenden Nutzungseinschränkungen lässt sich der Bodenwert durch Abzinsung des Unterschiedsbetrags zwischen dem Bodenwert im kontaminierten und dekontaminierten Zustand über die Dauer der Nutzungsbeschränkung (Abzinsungsfaktor $1/q^n$, tabelliert in Anl. 2 ImmoWertV) ermitteln. 326

Wertermittlungstechnisch wird man entsprechend verfahren können, wenn die Untersuchungs-, Sicherungs- und Sanierungskosten vom Eigentümer selbst zu tragen sind, die in diesem Fall zusätzlich zu berücksichtigen sind. Zur Anwendung können die in § 20 Abs. 1 normierten Grundsätze kommen; es handelt sich hierbei um das **Liquidationswertverfahren**. 327

Der Grund und Boden eines Grundstücks steht mit seinen Aufbauten bekanntlich in einer Schicksalsgemeinschaft. Soweit durch Bodenverunreinigungen die Nutzbarkeit eines Grundstücks beeinträchtigt ist, gilt dies i. d. R. auch für **vorhandene Aufbauten**. Entsprechend reduziert sich der Verkehrswertanteil eines vorhandenen Gebäudes. Selbst der Verkehrswertanteil eines Neubaus kann sich im Falle seiner Unbewohnbarkeit und Unbenutzbarkeit zu null reduzieren und sogar zu einer zusätzlichen Wertminderung führen, wenn für die Dekontaminierung des Grundstücks ein Gebäudeabtrag erforderlich wird und die Verwertung der Aufbauten (z. B. Schrottwert von Stahl- und Eisenkonstruktionen) nicht die Freilegungskosten auffängt. Umgekehrt führt die Dekontaminierung eines bebauten Grundstücks zu entsprechenden Gebäudewerterhöhungen, wenn damit das Gebäude wiedernutzbar wird; der Gebäudewert wird in diesem Fall „reaktiviert". Möglicherweise werden die Sanierungskosten erst damit wieder „aufgefangen". 328

In Anbetracht der dargestellten Problematik bei der Verkehrswertermittlung kontaminierter Grundstücke haben sich in der Praxis **drei unterschiedliche Verfahren** entwickelt: 329

a) Verkehrswertermittlung unter „Ausklammerung" einer vermuteten oder auch verifizierten Altlast mit Verweis auf eine vertragliche Regelung im Falle der Veräußerung des Grundstücks bzw. mit dem Hinweis auf die Notwendigkeit eines Sondergutachtens,

b) Berücksichtigung der Wertminderung infolge von Altlasten bemessen nach Sanierungskosten und

c) Berücksichtigung der Wertminderung infolge von Altlasten durch pauschale Wertabschläge.

11.2.4 Verifizierung von Ablagerungen

Ablagerungen gehören nach § 6 Abs. 5 ImmoWertV zu den Eigenschaften und zur sonstigen Beschaffenheit eines Grundstücks und müssen bei der Ermittlung des Verkehrswerts grundsätzlich berücksichtigt werden. Ein Gutachten ist fehlerhaft, wenn diese nicht berücksichtigt werden. Der Gutachter ist deshalb gut beraten, wenn er diesbezüglich seinen Sorgfaltspflichten besonders gewissenhaft nachkommt. Nach der Rechtsprechung müssen dabei auch der 330

Sachverstand anderer Stellen und selbst populärwissenschaftliche Veröffentlichungen beachtet werden. Insbesondere bei vorsätzlichem und (grob) fahrlässigem Handeln ist damit die **Haftung des Gutachters für Nachteile** angesprochen, **die aufgrund eines fehlerhaften Gutachtens entstehen.** Hieraus folgt, dass der Gutachter alle Erkenntnisquellen über etwaige Verunreinigungen nutzen und Verdachtsmomenten nachgehen muss. Es empfiehlt sich, nach den Umständen des Einzelfalls im Gutachten deutlich zu machen,

– ob etwaige Altablagerungen außer Betracht gelassen wurden,

– ob diesbezüglich Feststellungen vorgenommen wurden,

– ob ein Verdacht besteht und wie dem nachgegangen wurde,

– aufgrund welcher Anhaltspunkte ggf. von welchen Verunreinigungen bei der Verkehrswertermittlung ausgegangen wurde.

331 Bei bestimmten ehemaligen Nutzungen ist einem Grundstück der Altlastenverdacht gewissermaßen „auf die Stirn geschrieben". Dies sind: Gaswerke, Kokereien, Steinkohlenbergbau, NE-Metallerzbergbau, Eisen- und Stahlherstellung, Mineralölerzeugung und -lagerung, NE-Metallumschmelzwerke, Metallgießereien, Oberflächenveredelung/Härtung von Metallen, Batterien- und Akkumulatorenherstellung, Herstellung von anorganischen Grundstoffen, Chemikalien, Farben, Lacke, Kunststoffe, Pharmazeutika, Handelsdünger, Schädlingsbekämpfungsmittel, Munition, Explosivstoffe, Glas, Papier, Textilien, Schrottplätze, Bahnbetriebswerke, Flugplätze, Chemische Reinigungen, Betriebskläranlagen, Kfz-Reparaturwerkstätten sowie Verarbeitungsstätten von Holz, Gummi und Leder[189]. Hinweise auf derartige Nutzungen können sich bereits aus den Ortsbezeichnungen ergeben, z. B. Zechenweg, Industriestraße, An der Gerberau usw.

332 Auch im **Zwangsversteigerungsverfahren** ist das Vollstreckungsgericht verpflichtet, alle den Grundstückswert beeinflussenden Umstände tatsächlicher und rechtlicher Art sorgfältig zu ermitteln und zu berücksichtigen[190]. Kosten für ein Bodengutachten sind jedenfalls dann aufzuwenden, wenn sie in einem angemessenen Verhältnis zu den Auswirkungen stehen, die das Gutachten auch angesichts der Aussagekraft vorhandener Unterlagen auf den Verkehrswert haben kann.

333 Der **Sachverständige für Grundstückswerte ist von seiner Ausbildung her** i. d. R. **überfordert**,

– die Ablagerungen im Grund und Boden (Altlasten/Neulasten) sowie

– das Gefährdungspotenzial vorhandener Ablagerungen nach Art und räumlicher Verteilung

selbst festzustellen. Zwar sind mancherlei Verunreinigungen des Grund und Bodens selbst für den Laien schon an der Beschaffenheit der Oberfläche erkennbar, jedoch verbergen sich Verunreinigungen vielfach unter der Oberfläche; es sind unsichtbare (Alt-)Lasten. Selbst wenn der Sachverständige für Grundstückswerte das Vorhandensein verunreinigender Ablagerungen erkannt hat, reicht dies für eine sachgerechte Berücksichtigung bei der Verkehrswertermittlung nicht aus, denn ihm fehlt i. d. R. die Vorbildung für eine sachgerechte Einschätzung des davon ausgehenden Gefährdungspotenzials.

334 **Fazit:** Der Sachverständige für Grundstückswerte wird bei der Ermittlung des Verkehrswerts verunreinigter Flächen sein Gutachten auf „Hilfsquellen" stützen müssen, die er selbst kaum nachzuprüfen vermag, oder er wird einen weiteren Sachverständigen (Toxikologen) hinzuziehen müssen. In jedem Fall ist dies im Gutachten darzulegen und sollte mit dem Auftraggeber abgeklärt sein.

335 Zur **Feststellung über das Vorhandensein von Verunreinigungen** durch einen Sachverständigen für Grundstücke ist von folgenden **allgemeinen Erkenntnisquellen** auszugehen:

---

189 Vgl. hierzu den RdErl. des nordrh.-westf. MSV in MinBl. NW 1992, 876, abgedruckt in der 2. Aufl. S. 1389.
190 BGH, Urt. vom 18.5.2006 – V ZB 142/05 –, GuG 2006, 318 = EzGuG 4.196; Stöber, ZVG, 18. Aufl. § 74a Rn. 7.5, § 66 Rn. 6.2c.

a) Nach den Erfahrungen der Praxis kann i. d. R. schon allein aus der *bisherigen Nutzung* auf Verunreinigungen geschlossen werden; zu nennen sind hier Mülldeponien, Gaswerke, Tankstellen, Kokereien, Zechengelände, Teerverarbeitungsbetriebe (vgl. Rn. 330)[191]. Um nach dem vorher Gesagten Verunreinigungen des Grund und Bodens bei der Verkehrswertermittlung angemessen berücksichtigen zu können, müssen diese nach Art und Umfang verifiziert werden. Dies ist Voraussetzung, um einerseits die davon ausgehende Gefährdung und andererseits den Handlungsbedarf abschätzen zu können.

b) Erkenntnisquellen sind im Veräußerungsfall die *Angaben des Verkäufers*. Dieser muss seine Kenntnisse über Verunreinigungen des Grund und Bodens einem Erwerbswilligen offenbaren (§§ 459 ff. BGB), wenn er nicht Gefahr laufen will, sich eines Betrugs nach § 263 StGB strafbar zu machen.

c) Zunehmend von Bedeutung sind die kommunalen *Altlastenkataster*. Auch bei Heranziehung solcher Erkenntnisquellen muss beachtet werden, was nach Art und Ausmaß des Gefährdungspotenzials Gegenstand dieser Kataster ist, d. h., Verunreinigungen unterhalb einer bestimmten dem Kataster zugrunde liegenden Gefahrenschwelle können demzufolge diesem Kataster nicht entnommen werden.

d) Weitere Erkenntnisquellen sind insbesondere

- Hinweise aus Bevölkerung und Verwaltung,
- Luftbilder,
- Akten und Aufzeichnungen,
- Sicherungsergebnisse.

e) Für *Hamburg* besteht die Besonderheit, dass der Senat nach § 81 Abs. 8 HBauO durch Rechtsverordnung Gebiete festlegen kann, in denen nach bisher vorliegenden Erkenntnissen mit Bodenverunreinigungen zu rechnen ist, die – wiederum „nur" polizeirechtlich – eine Gefahr für die öffentliche Sicherheit und Ordnung darstellen können.

Zur **Abschätzung des Gefährdungspotenzials (toxikologische Bewertung)** sollte sich, wie bereits erläutert, der Sachverständige für Grundstückswerte möglichst auf die Sachkunde der Spezialdisziplinen stützen. Entscheidende Bedeutung für die Beurteilung des Gefährdungspotenzials haben dabei die sog. Gefährdungspfade, d. h. die Kausalkette, auf denen Schadstoffe den menschlichen Organismus erreichen. Daneben sind aber auch Gefährdungen der Flora und Fauna und sonstiger Sachen hervorzuheben, wobei diesbezüglich noch differenziert werden kann. Gefährdungspfade sind das Grundwasser, das Oberflächenwasser, der Boden, die Luft (Bodengase) und der direkte Kontakt. Für eine Gefährdungsabschätzung bedarf es letztlich der (politischen) Vorgabe, welches Gut bis zu welchem Maße als schutzwürdig definiert wird; die Naturwissenschaften können hier nur Hilfestellungen geben. Dies alles ist damit also nicht nur eine naturwissenschaftlich unzureichend aufgearbeitete Materie, sondern eine letztlich auch politisch zu entscheidende Frage. Aus ihr ergibt sich der Handlungsbedarf und somit der Kostenbetrag der „Wiederinwertsetzung".

Die toxikologische Bewertung des Gefährdungspotenzials bereitet nach dem vorher Gesagten heute noch erhebliche Schwierigkeiten. Deshalb ist auch die Minderung des Verkehrswertes eines unbelasteten Grundstücks in Abhängigkeit von der toxikologischen Belastung kaum in den Griff zu bekommen. Auch deshalb kommt man nicht umhin, die Wertminderung aufgrund der Belastungen des Grund und Bodens nach den Kosten der Untersuchung, Sicherung und Sanierung der belasteten Fläche (Wiederinwertsetzungskosten) zu bemessen. Bei Anwendung des vorgestellten Modells (vgl. Rn. 321 f.) verlagert sich also das Problem der Verkehrswertermittlung kontaminierter Flächen in die Ermittlung der **Kosten der Wiederinwertsetzung**, denn mit der Sanierung des Grundstücks wird dessen Minderwert (Mangelschaden) beseitigt. Sie **setzen sich zusammen aus den Kosten** der

---

[191] Altlasten im Städtebau, a. a. O., S. 16; Roller in GuG 2001, 240; Grunewald in GuG 1997, 291; Großmann/Grunewald/ Weyers in GuG 1996, 154; Grunewald/Duken in GuG 1995, 224.

IV § 6 ImmoWertV   Bodenverunreinigung

- Maßnahmen zur Verhütung und Beseitigung von Beeinträchtigungen durch die Verunreinigungen bis hin zur Wiedereingliederung der betroffenen Flächen in Natur und Landschaft oder eine städtebauliche Nutzung,
- Maßnahmen zur Untersuchung von Art, Umfang und Ausmaß der Verunreinigungen, insbesondere den Kosten der Entnahme und Untersuchung von Luft-, Wasser- und Bodenproben einschließlich der Errichtung und des Betriebs von Kontrollstellen,
- erforderlichen Sicherungsmaßnahmen und
- Überwachung.

338 Die **Wiederinwertsetzungskosten** sind angesichts der unterschiedlichsten Arten und des unterschiedlichsten Maßes von Verunreinigungen sowie der sich noch in der Entwicklung befindlichen unterschiedlichen Sanierungstechniken schwer abschätzbar, jedoch liegen hierfür zunehmend **Erfahrungswerte** vor.

339 Auf der Grundlage von Kostenangaben verschiedener Quellen hat der Sachverständigenrat „Altlasten" die Größenordnung des Kostenrahmens (niedrigste und höchste Kosten) zusammengestellt (vgl. **Kostentabelle** in der 3. Aufl. zu diesem Werk); die Tabelle gibt allerdings nur allgemeine Hinweise, weil die Größenordnungen außerordentlich schwanken[192]. Im Einzelfall können zur Abschätzung der Sanierungskosten fallspezifisch Kostenvoranschläge eingeholt werden[193].

340 Wie bereits erläutert, sind neben den Sanierungskosten auch die **Untersuchungskosten** zu berücksichtigen; die Untersuchungen müssen auf Verdichtung oder Ausräumung eines bestehenden Verdachts der Bodenbelastungen ausgerichtet sein, wobei sie sich üblicherweise an der zu erwartenden Art der Belastungen orientieren müssen[194].

341 Es wird davon ausgegangen, dass die Behörde im Verdachtsfalle zunächst selbst festzustellen hat, ob überhaupt eine zu beseitigende Störung vorliegt; die Kosten sind i. d. R. von der Behörde zu tragen[195]. Etwas anderes kann nach Bauordnungsrecht gelten, wenn der Eigentümer z. B. eine Baugenehmigung begehrt. Die Untersuchung dem Eigentümer anzuordnen, wäre auch im Hinblick auf Gefahren für die öffentliche Sicherheit und Ordnung ordnungsrechtlich nicht gedeckt[196]. Steht dies fest oder besteht zumindest ein objektiv begründeter Verdacht, so kann allerdings der verantwortliche Eigentümer – als Bestandteil umfassender **Maßnahmen zur Gefahrenabwehr** – verpflichtet werden, Untersuchungen über

- die Bestimmung des Gefahrenherds und
- die Sicherungs- und Sanierungsmaßnahmen

anzustellen[197], auch dies sind deshalb wertmindernde rechtliche Gegebenheiten.

342 Rechtsgrundlage ist das Bundes-Bodenschutzgesetz i. V. m. der **Bundes-Bodenschutz- und Altlastenverordnung** (BBodSchV, vgl. Rn. 342 und Syst. Darst. des Vergleichswertverfahrens Rn. 354). Die Verordnung regelt

---

192 Vgl. auch Bracke, Leistungsbuch Altlastensanierung und Flächenentwicklung 1997/98, Arbeitshilfe, i. A. Landesumweltamt Nordrhein-Westfalen, Essen 1998.
193 Wegweiser für Altlasten- und Bodensanierung, Bundesumweltamt, Berlin 1988, mit Informationen (Adressen über Planer, Firmen und Gutachter).
194 BVerwG, Urt. vom 17.2.2005 – 7 C 14/04 –, GuG-aktuell 2005, 39 = EzGuG 4.191.
195 OVG Saarland, Beschl. vom 21.9.1983 – 2 W 1635/83 –, NVwZ 1986, 922 = EzGuG 4.94; wonach aber der Ordnungspflichtige in Anspruch genommen werden kann. Bei sofortigen Abwehrmaßnahmen können die Aufwendungen nach dem Polizeirecht einiger Länder dem Verursacher aufgetragen werden (vgl. § 8 PolG Bad.-Württ.; § 9 Bay. PAG; § 6 PVG Rh.-Pf.).
196 § 14 Ordnungsbehördengesetz – OBG – Nordrh.-Westf.
197 VGH Mannheim, Urt. vom 13.2.1985 – 5 S 1380/83 –, NVwZ 1986, 325 = EzGuG 4.103; OVG Hamburg, Beschl. vom 20.6.1986 – Bs II 22/86 –, HmbJVBl. 1986, 93; OVG, Münster, Beschl. vom 10.1.1985 – 4 B 1434/85 –, NVwZ 1985, 355 = EzGuG 4.102; OVG Münster, Beschl. vom 10.1.1985 – 4 B 1390/84 –; OVG Münster, Beschl. vom 27.9.1985 – 4 B 1621/85 –; vgl. auch im Hinblick auf eine bauordnungsrechtliche Baugenehmigung z. B. § 63 Abs. 3 Satz 1 BauO Nordrh.-Westf.

Bodenverunreinigung § 6 ImmoWertV IV

- die Anforderungen an die Untersuchung und Bewertung von Verdachtsflächen und altlastenverdächtigen Flächen (§§ 3 f. BBodSchV);
- die Anforderungen an die Sanierung von schädlichen Bodenveränderungen und Altlasten (§ 5 BBodSchV),
- Maßnahmen für die Gefahrenabwehr von schädlichen Bodenveränderungen aufgrund von Bodenerosion durch Wasser (§ 8 BBodSchV) und
- Maßnahmen gegen das Entstehen schädlicher Bodenveränderungen (§§ 9 ff. BBodSchV).

Des Weiteren enthält die Verordnung im Anhang **Regelungen** 343

- über die Anforderungen an die Probeentnahme, Analytik und Qualitätssicherung bei der Untersuchung,
- über Maßnahme-, Prüf- und Vorsorgewerte,
- über Anforderungen an Sanierungsuntersuchungen und den Sanierungsplan sowie
- über Anforderungen an die Untersuchung und Bewertung von Flächen, bei denen der Verdacht einer schädlichen Bodenveränderung aufgrund von Bodenerosion durch Wasser vorliegt (Abb. 35).

Abb. 35: **Prüfwerte nach Anh. 2 BBodSchV für die direkte Aufnahme von Schadstoffen [mg/kg]**

Stoff	Kinderspielflächen	Wohngebiete	Park- und Freizeitanlagen	Industrie- und Gewerbegrundstücke
Arsen	25	50	1,25	140
Blei	200	400	1 0000	2 000
Cadmium	10*	20*	50	60
Cyanide	50	50	50	100
Chrom	200	400	1 000	1 000
Nickel	70	140	350	900
Quecksilber	10	20	50	80
Adrin	2	4	10	–
Benzu(a)pyren	2	4	10	12
DDT	40	80	200	–
Hexachlorbenzol	4	8	20	200

* In Haus- und Kleingärten, die sowohl als Aufenthaltsbereiche für Kinder als auch für den Anbau von Nahrungspflanzen genutzt werden, ist für Cadmium von 2,0 mg/kg als Prüfwert anzuwenden.

Abb. 36: Prüfwerte für nichtflüchtige Stoffe, Vorschlag Ständiger Ausschuss Altlasten der Bund/Länder-Arbeitsgemeinschaft (LABO) vom 9.2.2004

	Prüfwerte für nichtflüchtige Stoffe					
	Stoff Stoffgruppe	Chemical-Abstracts-Services-Nr.	Prüfwert-Vorschlag [mg/kg TM]			
			Kinderspielflächen	Wohngebiete	Park- und Freizeitanlagen	Industrie- und Gewerbegrundstücke
1	Antimon und Verbindungen	7440-36-0 (Sb)	50	100	250	250
2	Beryllium und Verbindungen	7440-41-7 (Be)	250	500	500	500
3	Chrom (VI)	18540-29-9	130	250	250	250
4	Kobalt und Verbindungen	7440-48-4 (Co)	300	600	600	300
5	Thalium und Verbindungen	7440-28-0 (Ti)	5	10	25	keine Daten
6	Vanadium und Verbindungen	7440-62-2	280	560	1 400	unpraktikabel hoch
7	PAK, gesamt	–	in Bearbeitung			
8	Dinitrotoluol 2,4- R	121-14-2	3	6	15	50
9	Dinitrotoluol 2,6- R	606-20-2	0,2	0,4	1	5
10	Diphenylamin	122-39-4	unpraktikabel hoch			
11	Hexogen	121-82-4	100	200	500	500
12	Hexantrodphenylamin (Hsxyl) R	131-73-7	150	300	750	1 500
13	Nitropenta (PETN)	75-11-5	500	1 000	2 500	5 000
14	Oktogen (HMX)	2691-41-0	unpraktikabel hoch			
15	Trinitrobenzol 1,3,5-	99-35-4	unpraktikabel hoch			
16	Trinitrotoluout, 2,4,6- R	116-96-7	20	40	100	200

Abb. 37: Prüfwerte für nichtflüchtige Stoffe, Vorschlag Ständiger Ausschuss Altlasten der Bund/Länder-Arbeitsgemeinschaft (LABO) vom 9.2.2004

	Prüfwerte für nichtflüchtige Stoffe			
	Stoff Stoffgruppe	Chemical-Abstracts-Services-Nr.	Orientierende Hinweise auf Prüfwert [mg/kg TM]	
			Wohngebiete	Industrie- und Gewerbegrundstücke
17	Benzin	8006-61-9	–	–
18	Benzol	71-43-2	0,1	0,4
19	Ethylbenzol	100-41-4	3	30
20	Chlorbenzol	108-90-7	15	170
21	Chloroform	67-66-3	0,1	0,5
22	Dichlorbenzol:m-	541-73-1	50	unpraktikabel hoch
23	Dichlorbenzol:o-	95-50-1	50	unpraktikabel hoch
24	Dichlorbenzol: p-	106-46-7	50	unpraktikabel hoch
25	Dichlormenthan	75-00-2	0,1	2
26	Dichlorpropam: 1,2	78-87-5	1	5
27	Nitrobenzol	98-95-3	1	15
28	Phenol	79-34-5	50	unpraktikabel hoch
29	Tetrachlorethan: 1,1,2,2-	127-18-4	0,03	0,3
30	Tetrachlorethen (PER)	108-88-3	1,5	25
31	Toluol	120-82-1	10	120
32	Trichlorbenzol: 1,2,4-	71-55-6	25	300
33	Trichlorethen: 1,1,1-	79-01-6	15	180
34	Trichlorethen	108-67-8	0,3	5
35	Trimethylbenzol: 1,3,5- und andere TMB-Isomere	1 330-20-7	200	2 000
36	Xylole		10	100

IV § 6 ImmoWertV — Bodenverunreinigung

Abb. 38: Behelfsmäßige Bodenorientierungswerte für Einzelfallprüfungen bei Rüstungsaltlasten, Vorschlag Ständiger Ausschuss Altlasten der Bund/Länder-Arbeitsgemeinschaft (LABO) vom 9.2.2004

	Stoff Stoffgruppe	Chemical-Abstracts-Nr.	Behelfsmäßige Bodenorientierungswerte [mg/kh TM]			
			Kinderspielflächen	Wohngebiete	Park- und Freizeitanlagen	Industrie- und Gewerbegebiete
37	4-Amino.2,5-dinitrotoluoul	19406-51-D	20	40	100	200
38	2-Amino.2,5-dinitrotoluoul	35572-78-2	20	40	100	200
39	Dinitrodiphenylamin:2,4-	961-68-2	keine Daten			
40	Dinitrobenzol: 1,3-	99-65-0	15	30	75	150
41	Nitrodiphenylamin: 2-	110-75-5	keine Daten			
42	Nitrodiphenylamin: 4-	836-30-6	unpraktikabel hoch			
43	Nitrotoluol: 2-	66-72-2	0,2	0,4	1	5
44	Nitrotoluol: 3-	99-08-1	–	1 000	unpraktikabel hoch	
45	Nitrotoluol: 4-	99-99-0	–	250	–	3 000
46	N-Methyl-N,2,4,6-tetranitroanilin (Tetryl)	479-45-8	200	400	1 000	2 000
47	Trintrophenol: 2,4,5- (Pikrinsäure)	86-89-1	8	15	40	80

▶ *Zu den Kosten der Altlastensanierung (Kostengruppe 213 DIN 276) vgl. 3. Aufl. 1998, S. 2137 ff.*

11.2.5 Sanierungsmaßnahmen

344 **Als Sanierungsmaßnahmen kommen in Betracht**

– der Bodenaustausch (Auskofferung), oft bis zu mehreren Metern,

– die Abkapselung (Abdeckung), d. h. die Versiegelung von oben und seitlich, einschließlich einer auf Jahrzehnte angelegten Kontrolle auf Austritt von schädlichen Stoffen und Gasen,

– die Sanierung „vor Ort" durch „Bodenwäsche", d. h. durch chemische, physikalische, biologische, mechanische oder thermische Reinigung,

– besondere Gründungen,

– Dränagen,

– Gasringleitungen.

11.2.6 Sanierungslast

345 Nach dem vorher Gesagten gehören Verunreinigungen des Grund und Bodens zu den tatsächlichen Eigenschaften eines Grundstücks, die entsprechend Art und Ausmaß der Verunreinigung grundsätzlich bei der Verkehrswertermittlung zu berücksichtigen sind, soweit nicht die öffentliche Hand (nach dem Gemeinlastprinzip) oder ein Dritter (z. B. als Verursacher) für die Kosten der Wiederinwertsetzung aufkommt. Selbst wenn der **Eigentümer** die Verunreinigungen nicht verursacht hat, konnte er schon vor Erlass des BBodSchG nach dem Ordnungsrecht **als Zustandsstörer** bei Gefahr für die öffentliche Sicherheit und Ordnung herangezogen werden[198]. Nach § 18 Abs. 1 und 2 Satz 1 OBG Nordrh.-Westf. sind ordnungsrechtliche Maßnahmen deshalb gegen den Eigentümer zu richten. Darüber hinaus kann die Ordnungsbehörde ihre Maßnahmen auch gegen den „Inhaber"[199] der tatsächlichen Gewalt" richten. Gerechtfertigt wird dies aus der Verfügungsgewalt des Eigentümers über den „Herd" der Gefahrenquelle, z. B. durch Vermietung zum Zwecke gefährlicher Ablagerungen[200]. Gerechtfertigt ist dies vor allem auch dann, wenn der Eigentümer wirtschaftlich den Nutzen aus der Überlassung des Eigentums an den Betreiber, z. B. in Form eines Pachtzinses, gezogen hat (vgl. § 10 Abs. 2 AbfG). In diesem Fall können die Grundsätze des unter Rn. 141 vorgestellten Modells zur Anwendung kommen, d. h., die vom Eigentümer zu tragenden Untersuchungs-, Sicherungs- und Sanierungskosten sind wertmindernd auf den fiktiven Bodenwert eines nicht kontaminiert gedachten Grundstücks anzurechnen.

Anders stellt sich die Situation allerdings dar, wenn **346**

– ein Anspruch gegenüber dem **Verhaltensstörer** nach § 683 BGB (Geschäftsführung ohne Auftrag) besteht und noch nicht verjährt ist[201];

– schwer nachweisbare Gewährleistungsansprüche nach § 477 Abs. 1 BGB innerhalb eines Jahres geltend gemacht werden können, die allerdings schon im Hinblick auf die kurze Verjährungsfrist des § 477 BGB regelmäßig verjährt sind, oder Ansprüche eines Erwerbers aus positiver Vertragsverletzung bestehen[202],

– Haftungsausschlüsse im Grundstückskaufvertrag vereinbart wurden und wirksam werden[203].

Bezüglich der Sanierungspflicht wird im Umweltschutzrecht zwar grundsätzlich von der zentralen Maxime des **Verursacherprinzips** ausgegangen[204]. Danach hat derjenige als „Handlungsstörer" (vgl. § 17 OBG Nordrh.-Westf.) für die Kosten der Gefahrenbeseitigung aufzukommen, der die Umweltgefahr „gesetzt" hat[205]. Als Handlungsstörer steht er in Verantwortung. In Betracht kommen hierbei z. B. **347**

– der Abfallproduzent oder dessen Rechtsnachfolger, soweit er unmittelbar konkret zur Gefahr für die öffentliche Sicherheit und Ordnung beigetragen hat und allein schon die Herstellung eine über das Normalmaß hinausgehende Gefahrentendenz aufweist,

– der Abfallanlieferer,

– vor allem aber der Inhaber sowie ehemalige Inhaber oder dessen Rechtsnachfolger einer kontaminierenden Anlage, der für den ordnungsgemäßen Betrieb und die Sicherung der Anlage verantwortlich ist oder war[206], auch wenn ihm gewerbepolizeilich die störende Handlung explizit oder konkludent genehmigt worden ist[207],

---

198 A. A. Bauer in JZ 1964, 354, VGH Mannheim, Urt. vom 15.12.1987 – 10 S 240/86 –, DÖV 1988, 609; vgl. Schmidt in BB 1991, 1273.
199 VGH München, Beschl. vom 13.5.1986 – 20 CS 86.00338 –, NVwZ 1986, 943 = EzGuG 4.109; hierzu Rank, BayVBl. 1988, 390, einschränkend; VGH Mannheim, Urt. vom 11.10.1985 – 5 S 1738/85 –, NVwZ 1986, 325 = EzGuG 4.105.
200 Vgl. jedoch BGH, Urt. vom 18.9.1986 – III ZR 227/84 –, BGHZ 98, 235 = EzGuG 4.112 unter Hinweis auf die in dem zu entscheidenden Fall nach § 22 Abs. 2 WHG maßgebende kurze Verjährungsfrist des § 55 BGB; hierzu Diederichsen in BB 1988, 917.
201 Zu dieser Problematik Reuter in BB 1988, 497.
202 BGH, Urt. vom 14.10.1966 – V ZR 188/63 –, WM 1966, 1183 = NJW 1967, 32; BGH, Urt. vom 5.4.1979 – VII ZR 308/77 –, BGHZ 74, 206 = EzGuG 12.24; BGH, Urt. vom 4.5.1964 – III ZR 159/63 –, NJW 1964, 1414 = EzGuG 12.7a.
203 Deutscher Städtetag Reihe E Heft 19 Altlasten im Grundstücksverkehr.
204 Der Veräußerer eines Grundstücks ist Verursacher der Verunreinigung („Verhaltensstörer"), so VGH Kassel, Beschl. vom 20.3.1986 – 7 TH 455/86 –, DÖV 1989, 260 = EzGuG 4.107a.
205 Koch, Bodensanierung nach dem Verursacherprinzip, Heidelberg 1985; Kloepfer, NuR 1987, 7.
206 BVerwG, Beschl. vom 14.4.1986 – 7 B 18/86 –, DVBl 1986, 687 = EzGuG 4.108.
207 VGH Kassel, Beschl. vom 5.10.1989 – 3 TH 1174/89 –, NJW 1990, 1619 = EzGuG 4.128; OVG Münster, Beschl. vom 29.3.1984 – 12 A 2194/82 –, NVwZ 1985, 355 = EzGuG 4.100; OVG Münster, Beschl. vom 10.1.1985 – 4 B 1434/85 –, NVwZ 1985, 355 = UPR 1985, 250 = JuS 1986, 359 = DST 1985, 601 = EzGuG 4.102; a. A. Papier in DVBl 1985, 873; ders. in NVwZ 1986, 256. Folgte man dessen nicht abwegiger These, so kann diesem Verursacher die Verantwortung und damit die Kostentragung nicht zugeordnet werden; a. A. Kloepfer in NuR 1987, 13; Schink in DVBl 1986, 167.

- bei Abfallbeseitigungsanlagen, die zum Zeitpunkt des Inkrafttretens des Abfallbeseitigungsgesetzes (AbfG) in Betrieb waren, der Deponiebetreiber (§ 10 Abs. 2 AbfG); bei Anlagen, die zum Zeitpunkt des Inkrafttretens des Gesetzes (11. Juni 1972) bereits stillgelegt waren, kann der frühere Deponiebetreiber allerdings nur nach Maßgabe des Polizeirechts herangezogen werden, d. h. wenn Gefahren für die öffentliche Sicherheit oder Ordnung bestehen[208]. Nach der Neufassung des AbfG vom 27.8.1986 kann die zuständige Behörde aus Gründen des Wohles der Allgemeinheit die Überwachung auch auf stillgelegte Abfallentsorgungsanlagen und auf Grundstücke erstrecken, auf denen vor dem 11. Juni 1972 Abfälle angefallen, behandelt, gelagert oder abgelagert worden sind. Das Abfallgesetz ist jedoch nur auf den bundesrechtlich normierten Abfallbegriff i. S. des § 1 Abs. 1 AbfG anzuwenden und nicht auf sonstige Altablagerungen und Altstandorte.

- Für ehemalige Zechengelände, Produktionsstätten von Kokereien, Teerverarbeitungsbetriebe sind dagegen § 53 Abs. 1 Satz 1 und § 55 Abs. 2 Satz 1 Nr. 1, 2 und 6, § 69 Abs. 1 und 2 BBergG einschlägig.

- Des Weiteren sind die §§ 3 und 5 Abs. 1 Nr. 3 BImSchG zu nennen.

- Soweit ein durch Ablagerungen oder sonstige Stoffe verunreinigter Grund und Boden eine Gefahr für Gewässer darstellt, finden die Vorschriften des Gesetzes zur Ordnung des Wasserhaushaltes (WHG) sowohl auf Verdachtsflächen als auch auf festgestellte Verunreinigungen Anwendung[209]. Vor Inkrafttreten des WHG (1.3.1980) erfolgte Ablagerungen fallen allerdings nicht hierunter[210].

348 Sieht man von den in den verschiedenen Rechtsmaterien aufgesplitterten spezialgesetzlichen Regelungen ab, so ist das **Verursacherprinzip** aber **nur in wenigen Einzelfällen in der Praxis durchsetzbar.** Vielfach ist der Verursacher überhaupt nicht bekannt oder nicht mehr „greifbar"; z. B. wenn er sich durch Aufgabe des Eigentums, z. B. durch Konkurs oder Firmenumgründung, seiner Verpflichtung entzieht. Das OVG München[211] hat die Rechtsnachfolge allerdings auch im Falle einer gesellschaftsrechtlichen Umwandlung bejaht. Auch ist die Heranziehung des Handlungsstörers nicht unumstritten, wenn

- sein Handeln genehmigt worden ist[212] oder
- der Grundeigentümer eine bestehende Verunreinigung beim Grundstückserwerb weder kannte noch kennen musste.

349 Darüber hinaus besteht die Ansicht, dass allein schon ein **jahrzehntelanges Dulden** eines ordnungswidrigen Zustands eine schutzwürdige Position entstehen lassen kann.

350 Unter den gesetzlichen Voraussetzungen der §§ 136 ff. BauGB können Verunreinigungen des Grund und Bodens – eingebunden in ein städtebauliches Konzept – auch im Rahmen von **städtebaulichen Sanierungsmaßnahmen** unter Einsatz öffentlicher Förderungsmittel behoben werden[213]. Die Maßnahmen sind als Ordnungsmaßnahmen einzuordnen[214]. Nach dem dabei zur Anwendung kommenden Subsidiaritätsprinzip werden Förderungsmittel aber nur eingesetzt, soweit der Eigentümer, der Verursacher oder ein Dritter nicht herangezogen werden kann; im Übrigen folgt das Förderungsrecht dabei grundsätzlich dem Entschädigungsrecht[215]. Eine Privatisierung der durch Einsatz öffentlicher Mittel durchgeführten Dekontaminierung des Grund und Bodens und der dadurch bewirkten Werterhöhung kann dadurch

---

208 Vgl. z. B. § 14 OBG Nordrh.-Westf.
209 Schink in DVBl 1986, 161.
210 Näheres Scheier in ZfU 1984, 333; Reuter in BB 1988, 497; OVG Münster, Urt. vom 29.3.1984 – 12 A 2194/82 –, NVwZ 1985, 355 = EzGuG 4.100.
211 BVerwG, Urt. vom 2.12.1977 – 4 C 75/75 –, BVerwGE 55, 118 = EzGuG 13.46; dagegen OVG Münster, Beschl. vom 29.3.1984 – 12 A 2194/82 –, NVwZ 1985, 355 = EzGuG 4.100; OVG Münster, Beschl. vom 10.0.1985 – 4 B 1434/84 –, NVwZ 1985, 355 = EzGuG 4.102.
212 BVerwG, Urt. vom 10.2.1978 – 4 C 71/75 –, BRS Bd. 33 Nr. 191 = NJW 1978, 2311 = EzGuG 4.55.
213 § 136 Abs. 4 Nr. 3 BauGB; BT-Drucks. 10/2039, S. 12.
214 § 147 Abs. 1 BauGB; BT-Drucks. 10/4630, zu § 144.
215 Nach den Bay. Städtebauförderungsrichtlinien vom 8.12.2006 – IIC5 – 4607 – 003/04 sind die Kosten für die Beseitigung von Bodenkontaminationen oder von Grundwasserverunreinigungen nicht förderfähig (vgl. Nr. 5.3.6).

vermieden werden, dass die Dekontaminierung im Rahmen einer Sanierungsmaßnahme unter Anwendung der besonderen sanierungsrechtlichen Vorschriften der §§ 152 bis 156 BauGB durchgeführt wird und die Werterhöhungen durch Erhebung von Ausgleichsbeträgen nach den §§ 154 f. BauGB „abgeschöpft" werden. Das Sanierungsrecht eröffnet hier den Gemeinden die Chance, in Anwendung des Gemeinlastprinzips Verunreinigungen des Grund und Bodens zu beseitigen und durch Erhebung von Ausgleichsbeträgen nach den §§ 154 f. BauGB die Eigentümer zumindest teilweise an den „Wiederinwertsetzungskosten" des Grund und Bodens zu beteiligen.

Entsprechendes gilt z. B. auch für **vor Inkrafttreten der abfallgesetzlichen Regelungen stillgelegte Abfallentsorgungsanlagen,** wenn nach dem Abfallgesetz der betroffene Grundstückseigentümer zum Wertausgleich für die durch Sanierungsmaßnahmen bewirkten Werterhöhungen des Grundstücks verpflichtet ist[216]. 351

In förmlich festgelegten Sanierungsgebieten und Entwicklungsbereichen finden nach § 25 Abs. 1 Satz 4 BBodSchG die Regelungen über einen Wertausgleich nach diesem Gesetz keine Anwendung. Der bodenschutzrechtliche Ausgleichsbetrag wird durch den sanierungsrechtlichen Ausgleichsbetrag ersetzt. 352

Kann neben dem Eigentümer als Zustandsstörer ein Verhaltensstörer oder der „Inhaber der tatsächlichen Gewalt" herangezogen werden, so steht es im pflichtgemäßen Ermessen der zuständigen Behörde, zwischen beiden zu wählen oder sie nebeneinander heranzuziehen, um die Wiederinwertsetzungskosten anteilsmäßig geltend zu machen[217]. In diesem Fall kann der Gutachter bei der Verkehrswertermittlung nur nach Vorgabe oder nach vorgegebenen Voraussetzungen vorgehen. 353

Für die Wahl des „Adressaten" der Gefahrenabwehrmaßnahmen sind maßgeblich 354

– die sachliche und persönliche Nähe zum Gefahrenherd,

– die Verantwortungs- und Verhaltensbeziehung zur Gefahrenquelle[218],

– die finanzielle Leistungsfähigkeit des Störers,

– die gerechte Lastenverteilung,

– das Übermaßverbot,

– der Gleichbehandlungsgrundsatz und

– die wirksame und schnelle Abhilfe.

In der Rechtslehre herrscht diesbezüglich noch Unsicherheit[219]. Für den Fall einer **gemeinsamen Heranziehung von Zustands- und Verhaltensstörer als Gesamtschuldner** wird unter Hinweis auf das Urt. des BGH vom 18.9.1986[220] die Anwendung des § 426 BGB als aussichtslos angesehen, da der zivilrechtliche Ausgleichsgedanke im Polizeirecht keinen Niederschlag gefunden habe; nach diesem Urteil kann der Erwerber vom Veräußerer Ersatz der von ihm verauslagten Sanierungskosten verlangen[221]. 355

---

216 Z. B. § 15 Abs. 2 AbfG Nordrh.-Westf.; § 13 Abs. 4 brem. Ausführungsgesetz zum AbfallbeseitigungsG; in Anlehnung an diese Regelung und unter Erweiterung auf alle altlastenverdächtigen Flächen sieht § 21 der Kabinettsvorlage des hess. Umweltministers zur (5.) Änderung des AbfG die Erhebung eines sich nach der Verkehrswerterhöhung bemessenden Ausgleichsbetrags vor.

217 BGH, Urt. vom 11.6.1981 – III ZR 39/80 –, NJW 1981, 2457 = EzGuG 4.76; BGH, Urt. vom 18.9.1986 – III ZR 227/84 –, BGHZ 98, 235 = EzGuG 4.112; des Weiteren OVG Saarland, Beschl. vom 21.9.1983 – 2 W 1635/83 –, NVwZ 1986, 922 = EzGuG 4.94; den Eigentümer „bevorzugend": VGH München, Beschl. vom 13.5.1986 – 20 CS 86.00338 –, DÖV 1986, 976 = EzGuG 4.109; OVG Lüneburg, Beschl. vom 27.1.1986 – 3 B 163/85 –, BRS Bd. 46 Nr. 219 = EzGuG 6.288c; dagegen OVG Münster, Beschl. vom 10.1.1985 – 4 B 1390/85 –, NVwZ 1985, 355 = EzGuG 4.102; VGH Kassel, Beschl. vom 5.10.1989 – 3 TH 1774/89 –, NJW 1990, 1619 = EzGuG 4.128; OVG Hamburg, Urt. vom 19.2.1989 – Bf. Vl 48/86 –, NVwZ 1990, 788 = EzGuG 4.130.

218 BGH, Urt. vom 15.12.1954 – II ZR 277/53 –, BGHZ 16, 12 = EzGuG 3.4; OVG Saarland, Beschl. vom 21.9.1983 – 2 W 1635/83 –, DÖV 1984, 471 = EzGuG 4.94.

219 Koch, Bodensanierung nach dem Verursacherprinzip, Heidelberg 1985; Papier in NVwZ 1986, 256; Drews/Wacke/Vogel/Martens 1986, § 313; Brandt/Lange 1987, S. 14; Stampe in DVBl 1988, 606.

220 BGH, Urt. vom 18.9.1986 – III ZR 227/84 –, BGHZ 98, 325 = EzGuG 4.112.

221 Reuter in BB 1988, 497; Rank in BayVBl. 1988, 390.

356 Soweit sich ein Grundstückseigentümer als Zustandsstörer einer Sanierungspflicht nicht entziehen kann, verbleibt zu prüfen, inwieweit ein interner Ausgleich zwischen Zustands- und Handlungsstörer z. B. nach zivilrechtlichen Vorschriften (§ 426 BGB) durchsetzbar ist (**Rückgriff**). Des Weiteren sind als Beispiel
- unverjährte Gewährleistungsansprüche wegen Sachmängeln[222],
- die deliktische Haftung[223],
- Ansprüche aus Schadensersatz gemäß § 22 Abs. 1 und 2 WHG[224] und
- Bereicherungsansprüche

zu nennen. Wegen dieser i. d. R. unklaren Rechtsverhältnisse und bestehender Unklarheiten über das „Vorhandensein" wird bei der Grundstücksveräußerung dazu übergegangen, Gewährleistungspflichten vertraglich auszuschließen. Auch werden im Hinblick auf verbleibende Risiken entsprechende Wertabschläge im Geschäftsverkehr angebracht. Dies gilt insbesondere bei der Beleihung des Grundstücks (Sicherheitsabschläge, vgl. Teil IX).

11.2.7 Berücksichtigung von Bodenverunreinigungen bei Grundstücksveräußerungen des Bundes

357 Die **Erfassung, Bewertung und Sanierung von Altlasten ist nach der verfassungsrechtlichen Kompetenzverteilung des Grundgesetzes** (Art. 30, 83 GG Kriegsfolgelasten sowie AKG) **grundsätzlich Sache der Länder**[225]. Eine generelle Dekontaminierung altlastenbehafteter Böden auf ehemaligen militärischen Liegenschaften durch den Bund kommt deshalb nicht in Betracht, zumal sie seine Finanzkraft übersteigen würde. Gemäß Art. 120 GG trägt die Bundesrepublik Deutschland Aufwendungen für **Kriegsfolgelasten** nur nach näherer Bestimmung von Bundesgesetzen. Ein entsprechendes Gesetz zur Kostentragung für Rüstungsaltlasten besteht nicht. Insbesondere wurde ein vom Bundesrat beim Deutschen Bundestag eingebrachter Entwurf eines allgemeinen Gesetzes über die Finanzierung von Maßnahmen zur Sanierung von Rüstungsaltlasten vom Bundestag nicht als Gesetz verabschiedet[226]. Das Allgemeine Kriegsfolgengesetz[227] handelt von Ansprüchen gegen das ehemalige Deutsche Reich, erfasst aber nicht Schäden aus Rüstungsaltlasten. Nach ständiger Praxis trägt die Bundesrepublik nur die Kosten für die Beseitigung von Kampfmitteln auf bundeseigenen Grundstücken (Haftung als Zustandsstörer) und, soweit es sich um andere Grundstücke handelt, nur die Kosten für die Beseitigung ehemals reichseigener Kampfmittel (Haftung des Rechtsnachfolgers des Handlungsstörers). Im vorliegenden Fall handelt es sich vorwiegend um Chemikalien zur Herstellung von Kampfmitteln durch private Rüstungsfirmen, die noch nicht in den Besitz des Reiches übergegangen waren und die zudem auch nicht auf Grundstücken der Bundesrepublik Deutschland lagern.

358 Der **Bund führt auf bundeseigenen Liegenschaften Altlastensanierungen dann durch,** wenn er zur Beseitigung **akuter Gefahrenstellen** aufgrund bestehender Rechtsvorschriften, wie z. B.
- der Abfallgesetze,
- des Wasserhaushaltsgesetzes oder
- des allgemeinen Polizei- und Ordnungsrechtes,

öffentlich-rechtlich verpflichtet ist.

---

[222] Auch BGB, Münchener Kommentar, Mertens 2. Aufl. 1986, § 1986, § 823 Rn. 78, nach der Rechtsprechung des BGH geht mit dem Verkauf eines mängelbehafteten Grundstücks keine Eigentumsverletzung einher (vgl. BGH, Urt. vom 18.9.1986 – III ZR 227/84 –, EzGuG 4.112), sodass Ansprüche aus § 1004 BGB bzw. auch aus § 823 BGB ausscheiden dürften; zur Haftung bei rechtswidriger und schuldhafter Handlung vgl. Diederichs in BB 1973, 485; BB 1986, 1723 und BB 1988, 917; Merkisch in BB 1990, 223; vgl. die gesetzliche Gewährleistungspflicht von nur einem Jahr nach § 477 Abs. 1 BGB.
[223] Sofern die tatbestandsmäßigen Voraussetzungen überhaupt vorliegen (§ 823 Abs. 1 BGB); vgl. Schmidt-Jortzig in DÖV 1991, 753.
[224] Zur Verjährung: § 852 BGB.
[225] VGH München, Urt. vom 26.4.1995 – M 7 K 94.1795 –, GuG 1995, 381 = EzGuG 4.161, VGH München, Urt. vom 14.5.1997 – 4 B 95.2874 –, GuG 1998, 126 = EzGuG 4.169.
[226] BT-Drucks. 12/3257.
[227] Allgemeines Kriegsfolgengesetz vom 5.11.1957 (BGBl. I 1957, 1747) mit weiteren Änderungen.

| Beschaffenheit | § 6 ImmoWertV IV |

Auch **Gefahrenerforschungsmaßnahmen** führt der Bund auf seine Kosten durch, wenn er für bereits **erkannte oder dem Anschein nach angenommene Gefahren polizeirechtlich verantwortlich ist** und weitere Untersuchungen erforderlich sind, um die richtigen Maßnahmen anzuordnen oder treffen zu können. 359

Außerhalb öffentlich-rechtlicher Verpflichtungen des Bundes werden Altlastenuntersuchungen und -sanierungen in **begründeten Einzelfällen** zur Herstellung der Verwertbarkeit von Liegenschaften bzw. aus besonderen liegenschaftsspezifischen Interessenlagen vorgenommen, wenn dies wirtschaftlich geboten und vertretbar ist. 360

Bei **Grundstücksveräußerungen** werden **Kontaminationen geringerer Art und Schwere** zugunsten des Erwerbers bereits im Rahmen der **Verkehrswertermittlung** angemessen berücksichtigt. 361

Bei **stärkeren Verunreinigungen** oder erheblicher Unsicherheit hierüber wird ggf. 362

– im Kaufvertrag eine Beteiligung des Bundes an den Kosten einer Sanierung bis max. zur Höhe des gezahlten Kaufpreises,

– bei einer Eigenbeteiligung des Käufers in Höhe von 10 % an den Sanierungskosten

für den Fall vereinbart, dass das Kaufgrundstück **binnen 3 Jahren seit Kaufvertragsabschluss** für den vertraglich vorausgesetzten Gebrauch hergerichtet oder eine nachträglich festgestellte polizeirechtlich relevante Gefahr beseitigt werden muss[228].

11.2.8 Bodenverunreinigungen im Bewertungsrecht

Zur Berücksichtigung von Bodenverunreinigungen in der steuerlichen Bewertung siehe Steuererlass des Bad-Württ. FM[229], abgedruckt in der 6. Aufl. dieses Werkes, S. 890 ff. 363

11.3 Beschaffenheit der baulichen Anlage

11.3.1 Allgemeines

▶ *Vgl. § 8 ImmoWertV Rn. 47; zu den Grundstücksarten vgl. § 5 ImmoWertV Rn. 186.*

§ 6 Abs. 5 ImmoWertV enthält in erster Linie Hinweise zur Berücksichtigung der tatsächlichen Eigenschaften des Grund und Bodens (§ 6 Abs. 5 Satz 1 ImmoWertV); die Bebauung eines Grundstücks wird mit § 6 Abs. 5 Satz 2 ImmoWertV angesprochen. Bezüglich der Arten und Merkmale baulicher Anlagen kann auf die **Untergliederungen** zurückgegriffen werden, wie sie sich in der Praxis der Gutachterausschüsse, aber auch der **Finanzverwaltungen** bei der Einheitsbewertung herausgebildet haben. 364

Bezüglich des Standards von Wohngebäuden wird in der steuerlichen Förderung vor allem nach Umfang und Qualität der „zentralen Ausstattungsmerkmale", nämlich der Heizungs-, Sanitär- und Elektroinstallation sowie der Fenster unterschieden[230]:

a) Ein **sehr einfacher Wohnungsstandard** liegt vor, wenn die zentralen Ausstattungsmerkmale nur im nötigen Umfang oder in einem technisch überholten Zustand vorhanden sind. Beispiele: 365

– Das Bad besitzt kein Handwaschbecken.

– Das Bad ist nicht beheizbar.

– Eine Entlüftung ist im Bad nicht vorhanden.

– Die Wände im Bad sind nicht überwiegend gefliest.

---

228 Zur Gestaltung von Grundstückskaufverträgen bei Altlasten vgl. Leinemann in GuG1991, 61, Schlemminger in BB 1991, 1433 sowie Leinemann, Altlasten im Grundstücksverkehr (Deutscher Städtetag Reihe DST-Beiträge E-19, 2. Aufl. Köln 1990), Reuter in BB 1989, 497.
229 Erl. des FM Bad.-Württ. vom 9.2.1998 – 3 S 3201(1) –, GuG 1998, 233.
230 Schreiben des BMF vom 18.7.2003 (IV C 3 S 2211 – 94/03).

- Die Badewanne steht ohne Verbindung frei.
- Es ist lediglich ein Badeofen vorhanden.
- Die Fenster haben nur eine Einfachverglasung.
- Es ist eine technisch überholte Heizungsanlage vorhanden (z. B. Kohleöfen).
- Die Elektroversorgung ist unzureichend.

b) Ein **mittlerer Standard** liegt vor, wenn die zentralen Ausstattungsmerkmale durchschnittlich und selbst höheren Ansprüchen genügen.

c) Ein sehr **anspruchsvoller Standard** (Luxus) liegt vor, wenn bei dem Einbau der zentralen Ausstattungsmerkmale nicht nur das Zweckmäßige, sondern das Mögliche, vor allem durch den Einbau außergewöhnlich hochwertiger Materialien, verwendet wurde.

11.3.2 Bauordnungsrechtliche Anforderung

▶ *Zum Bestandschutz Rn. 86; zu Grundstücksarten vgl. § 5 ImmoWertV Rn. 196, 243, 334 sowie § 8 ImmoWertV Rn. 46, 64; Teil V Rn. 680; Teil VI Rn. 759*

366 Ein baurechtswidriger Zustand bleibt, soweit er nicht unter Bestandsschutz fällt, bei der Verkehrswertermittlung grundsätzlich unberücksichtigt. Dies betrifft auch die Regelung des Bauordnungsrechts, wie z. B. die Bebauung eines Grundstücks, die die bauordnungsrechtlichen Vorgaben der **öffentlichen Sicherheit oder Ordnung** nicht berücksichtigt.

367 *a) Brandschutz*

Bauliche Anlagen sowie andere Anlagen und Einrichtungen sind insbesondere so anzuordnen, zu errichten, zu ändern und instand zu halten, dass die öffentliche Sicherheit oder Ordnung, insbesondere Leben, Gesundheit oder die natürlichen Lebensgrundlagen, nicht gefährdet werden. Von öffentlichen Verkehrsflächen ist im Rahmen des **Brandschutzes** insbesondere für die Feuerwehr ein geradliniger Zu- oder Durchgang zu schaffen

1. zur Vorderseite rückwärtiger Gebäude,
2. zur Rückseite von Gebäuden, wenn eine Rettung von Menschen außer vom Treppenraum nur von der Gebäuderückseite aus möglich ist.

Der **Zu- oder Durchgang** muss mindestens 1,25 m breit sein (vgl. z. B. § 5 Abs. 1 LBauO NRW). Bei Türöffnungen und anderen geringfügigen Einengungen genügt eine lichte Breite von 1 m. Die lichte Höhe des Zu- oder Durchgangs muss mindestens 2 m betragen.

Zu Gebäuden, bei denen die Oberkante der Brüstung notwendiger Fenster oder sonstiger zum Anleitern bestimmter Stellen mehr als 8 m über dem Gelände liegt, ist als **Zu- oder Durchgang für die Feuerwehr** eine mindestens 3 m breite Zu- oder Durchfahrt mit einer lichten Höhe von mindestens 3,50 m zu schaffen. Wände und Decken von Durchfahrten sind in der Feuerwiderstandsklasse F 90 und in den wesentlichen Teilen aus nichtbrennbaren Baustoffen (F 90-AB) herzustellen (vgl. z. B. § 5 Abs. 2 LBauO NRW). Die Zu- und Durchfahrten sowie die befahrbaren Flächen dürfen nicht durch Einbauten eingeengt werden und sind ständig frei zu halten sowie zu kennzeichnen. Sie müssen für Feuerwehrfahrzeuge ausreichend befestigt und tragfähig sein. Die befahrbaren Flächen zum Aufstellen von Hubrettungsfahrzeugen müssen nach oben offen sein. Kraftfahrzeuge dürfen in den Zu- und Durchfahrten sowie auf den befahrbaren Flächen nicht abgestellt werden (vgl. z. B. § 5 Abs. 6 LBauO NRW).

b) Treppen

Schrifttum: *Gädtke/Temme/Heintz/Czepuck*, Komm. zur BauO NRW, 11. Aufl. 2008, S. 855 ff.

368 Jedes nicht zu ebener Erde liegende Geschoss und der benutzbare Dachraum eines Gebäudes müssen nach Maßgabe der Vorschriften der Landesbauordnung mindestens mit einer Treppe zugänglich sein (notwendige Treppe). Einschiebbare Treppen und Leitern sind bei Gebäuden geringer Höhe als Zugang zu einem Dachraum ohne Aufenthaltsräume zulässig; sie können

Beschaffenheit **§ 6 ImmoWertV IV**

als Zugang zu sonstigen Räumen, die keine Aufenthaltsräume sind, gestattet werden, wenn wegen des Brandschutzes Bedenken nicht bestehen.

Maßgebliche Norm für Treppen ist die DIN 18064,5; sie sieht folgende Grenzmaße vor (Abb. 39):

Abb. 39: Grenzmaße (Fertigmaße im Endzustand)

Grenzmaße von Treppen (Fertigmaße im Endzustand)					
Spalte	1	2	3	4	5
Zeile	Gebäudeart	Treppenart	Mindestens nutzbare Treppenlaufbreite	Maximale Treppensteigung $s^{2)}$	Mindestens Treppenauftritt $a^{3)}$
1	Wohngebäude mit nicht mehr als zwei Wohnungen[1)]	Treppen, die zu Aufenthaltsräumen führen	80	20	23[4]
2		Kellertreppen, die nicht zu Aufenthaltsräumen führen	80	21	21[5]
3		Bodentreppen, die nicht zu Aufenthaltsräumen führen	50	21	21[5]
4	sonstige Gebäude	baurechtlich notwendige Treppen	100	19	26
5	alle Gebäude	baurechtlich nicht notwendige Treppen	50	21	21

1. schließt auch Maisonette-Wohnungen in Gebäuden mit mehr als 2 Wohnungen ein
2. aber nicht < 140 mm
3. aber nicht > 370 mm
4. Bei Stufen, deren Treppenauftritt a unter 260 mm liegt, muss die Unterschneidung u mindestens so groß sein, dass insgesamt 260 mm Trittfläche (a+u) erreicht werden.
5. Bei Stufen, deren Treppenauftritt a unter 240 mm liegt, muss die Unterschneidung u mindestens so groß sein, dass insgesamt 240 mm Trittfläche (a+u) erreicht werden. Gemessen wird hierbei im Gehbereich, der bei geraden, viertel- und halbgewendelten Treppen 1/5 der Treppenlaufbreite in der Mitte des Laufes beträgt.

c) Gefahrenlage

Grundsätzlich sind die bei der Feststellung des Sachverhalts auch besondere gefährdende Umstände, wie z. B. eine Einsturzgefahr, ein gefährlicher Schimmelbefall und dgl. zu erfassen und im Gutachten darzustellen und ggf. auf Gefahren für Leib und Leben hinzuweisen. Nach der hier vertretenen Auffassung muss das auch für einen gerichtlich beauftragten Sachverständigen gelten, auch wenn damit über den Beweisbeschluss hinausgegangen wird, denn derartige Umstände beeinflussen i. d. R. den Verkehrswert (Marktwert) eines Grundstücks. Der gerichtlich beauftragte Sachverständige muss in diesem Fall aber vermeiden, dass er sich dem Vorwurf der Befangenheit aussetzt, und sollte zuvor diesbezüglich sich mit dem Richter ins Benehmen setzen[231].

---

231 Bayerlein, Praxishandbuch Sachverständigenrecht, 4. Aufl. 2008, S. 300 f.

12 Gesamt- und Restnutzungsdauer (§ 6 Abs. 6 ImmoWertV)

12.1 Begriffe

12.1.1 Gesamt- und Restnutzungsdauer, Nutzungsdauer

Schrifttum: *Institut für Bauforschung e.V.*, Lebensdauer der Baustoffe und Bauteile zur Harmonisierung der wirtschaftlichen Nutzungsdauer im Wohnungsbau, Forschungsbericht F 815 Juni 2004 (Fraunhofer IRB Verlag; Stuttgart 2005); *Gössler/Kinz/Kreienbaum*, Alternative Methode zur Ermittlung der wirtschaftlichen Restnutzungsdauer, GuG 2013/4; *Klöcker, H.*, Gesamt- und Restnutzungsdauer in der Grundstücksbewertung, GuG 1994, 217; *Lang, G.*, Neues Modell zur praktischen Ermittlung der Restnutzungsdauer von Gebäuden im Rahmen der Wertermittlungslehre, GuG 2009, 157; *Lang, G.*, Der Einfluss der Nutzungsdauer auf den Verkehrswert einer Immobilie, Dissertation, Miskolc 2007; *Möckel, R.*, Zur Berechnung der Restnutzungsdauer aus dem Kaufpreis für ein Ertragsgrundstück, VR 1976, 91; *Rath, J.*, Wirtschaftliche Nutzungsdauer von Bürogebäuden, GuG 2011, 265; *Rüffel, E.*, Verfahren zur Bestimmung der Wertminderung bei Gebäuden und die Beziehung zur Restnutzungsdauer, VR 1984, 326.

▶ Hierzu Syst. Darst. des Ertragswertverfahrens Rn. 121 ff.; Syst. Darst. des Sachwertverfahrens Rn. 75 ff.

370 Als **Restnutzungsdauer** *(remaining economic life)* **wird mit § 6 Abs. 6 erster Halbsatz ImmoWertV die prognostizierte Anzahl der Jahre definiert, in denen eine bauliche Anlage bei** „*ordnungsgemäßer Bewirtschaftung*" **nach den am Wertermittlungsstichtag gegebenen Verhältnissen voraussichtlich noch wirtschaftlich genutzt werden kann.**

371 Die ImmoWertV kennt daneben noch

– die *Nutzungsdauer* einer baulichen Anlage (§ 23 Satz 3 ImmoWertV) und

– die *Gesamtnutzungsdauer* einer baulichen Anlage (§ 23 ImmoWertV).

Als „Nutzungsdauer" wird im Zusammenhang mit der Regelung der Alterswertminderung (mit § 23 Satz 3 ImmoWertV) die bei „ordnungsgemäßer Bewirtschaftung übliche (durchschnittliche) wirtschaftliche Nutzungsdauer" definiert, die auch als „übliche" bzw. „durchschnittliche Gesamtnutzungsdauer" bezeichnet wird. In Anlehnung an § 6 Abs. 6 Satz 1 ImmoWertV ist darunter die prognostizierte Anzahl von Jahren zu verstehen, in denen eine neuerrichtete bauliche Anlage bei *ordnungsgemäßer Bewirtschaftung* insgesamt voraussichtlich wirtschaftlich genutzt werden kann. Sie ist von Bauart, Bauweise und Nutzung abhängig. In ihr sind sowohl die technischen als auch die wirtschaftlichen Aspekte der Standdauer von Gebäuden berücksichtigt. Die übliche Gesamtnutzungsdauer wird nach empirisch ermittelten Erfahrungssätzen bemessen. Dies ist auch die Gesamtnutzungsdauer i. S. des § 23 Satz 1 ImmoWertV (vgl. Rn. 381).

372 Die im konkreten Fall gegebene (tatsächliche) Gesamtnutzungsdauer einer baulichen Anlage kann sich indessen aufgrund durchgeführter Instandsetzungen oder Modernisierungen oder unterlassener Instandhaltung oder anderer Gegebenheiten im Verhältnis zur üblichen (durchschnittlichen) Gesamtnutzungsdauer (Nutzungsdauer) verlängert oder vermindert haben.

373 **Maßgeblich sind die jeweiligen Verhältnisse des Qualitätsstichtags**, wobei es sich allerdings nicht um den Qualitätsstichtag handeln darf, der allein für den Entwicklungszustand maßgebend ist. Der Prognose sind also die am Wertermittlungsstichtag herrschenden Erwartungen zugrunde zu legen; auf die Erwartungen, die zum Zeitpunkt der Erstellung eines Gebäudes bestanden haben, kommt es nicht an.

374 Im Rahmen der mit § 6 Abs. 6 Satz 1 ImmoWertV angesprochenen „ordnungsgemäßen Bewirtschaftung" ist die bauliche Anlage instand zu halten, wobei als **Instandhaltung** die Maßnahmen definiert sind, die während der Nutzungsdauer zur Erhaltung des bestimmungsgemäßen Gebrauchs getätigt werden müssen, um die durch Abnutzung, Alterung und Witterungseinwirkung entstehenden baulichen und sonstigen Mängel ordnungsgemäß zu beseitigen (vgl. § 19 ImmoWertV Rn. 105). **Allein die Instandhaltung kann die wirtschaftliche**

Nutzbarkeit einer baulichen Anlage nicht auf Dauer erhalten. Will man den sich ständig wandelnden Anforderungen an bauliche Anlagen, insbesondere im Hinblick auf Baukonstruktion, Grundrisse und Ausstattung, Rechnung tragen, bedarf es einer Modernisierung der baulichen Anlage (vgl. § 19 ImmoWertV Rn. 115). Mit dem ersten Halbsatz des § 6 Abs. 6 Satz 1 ImmoWertV ist die Gesamt- bzw. Restnutzungsdauer mithin als eine zeitlich begrenzte Nutzungsdauer definiert.

Auch **IAS 16 § 9** definiert die (Rest-)Nutzungsdauer als eine Prognose, nämlich als eine Prognose 375

(a) des Zeitraums, in dem ein Vermögenswert voraussichtlich von einem Unternehmen nutzbar ist; oder

(b) der voraussichtlich durch den Vermögenswert im Unternehmen zu erzielenden Anzahl an Produktionseinheiten oder ähnlichen Maßgrößen.

Die IAS-Definition lässt dabei offen, ob im Rahmen der Prognose von einer Instandhaltung oder von weitergehenden Maßnahmen zum Erhalt der baulichen Anlage auszugehen ist. Gleichwohl besteht kein materieller Unterschied zur ImmoWertV, weil mit dem zweiten Halbsatz des § 6 Abs. 6 ImmoWertV die Restnutzungsdauer ggf. zu modifizieren ist.

12.1.2 Gesamt- und Restlebensdauer

In der WertV 72 wurde noch zwischen der „Restnutzungsdauer" und der **„Restlebensdauer"**[232] unterschieden. In § 17 Abs. 2 WertV 72 war die Restlebensdauer als die Anzahl der Jahre definiert, die die bauliche Anlage physisch Bestand hat. Da der physischen Existenz einer baulichen Anlage bei ordnungsgemäßer Instandhaltung kaum Grenzen[233] gesetzt sind und es auch bei Sachwertobjekten allein auf die wirtschaftliche Verwendbarkeit einer baulichen Anlage ankommt, wurde bereits mit der WertV 88 die Unterscheidung zwischen Restnutzungsdauer und Restlebensdauer aufgegeben[234]. Soweit eine technisch zwar noch langfristig verwendungsfähige bauliche Anlage wirtschaftlich verbraucht ist, kann bei vernünftiger wirtschaftlicher Betrachtungsweise eine Restnutzungsdauer nicht mehr angesetzt werden[235]. Umgekehrt ist eine wirtschaftliche Nutzung nur so lange möglich, wie es die technisch bedingte Lebensdauer der baulichen Anlage zulässt. Sowohl beim Ertragswertverfahren als auch bei Anwendung des Sachwertverfahrens soll es allein auf die wirtschaftliche Restnutzungsdauer ankommen. 376

Für die Ermittlung des Verkehrswertanteils baulicher Anlagen ist nach alledem **allein die** an der wirtschaftlichen Nutzungsfähigkeit orientierte **wirtschaftliche Gesamtnutzungsdauer und nicht die technische Lebensdauer von Bedeutung.** Die mit der WERTR 02 ersetzte **WERTR 96** enthielt noch entsprechende Tabellen[236]: 377

– Technische Lebensdauer[237] von baulichen Anlagen und Bauteilen (Anl. 5),

– Technische Lebensdauer von Außenanlagen (Anl. 7),

– Technische Lebensdauer von besonderen Betriebseinrichtungen und Gerät (Anl. 8).

---

232 Im RdErl. des BMBau vom 12.10.1993 werden hierzu die in der Syst. Darst. des Ertragswertverfahrens Rn. 126 abgedruckten Hinweise gegeben.
233 Treffend hat der Eigentümer des Hauses Gerberau 20 in Freiburg im Breisgau sein Haus mit der Inschrift versehen: „Wenn dieses Haus so lang besteht, bis in der Welt der Neid vergeht, dann wird es wohl so lang bestehen, bis dass die Welt wird untergehen."
234 BR-Drucks. 352/88, S. 63.
235 BR-Drucks. 265/72, S. 2.
236 Abgedruckt bei Kleiber, WERTR 76/96, 7. Aufl., S. 110.
237 Im RdErl. des BMBau vom 12.10.1993 (BAnz Nr. 199 vom 1993, 9630 = GuG 1994, 42) wird hierzu ausgeführt:
„1. Für die Ermittlung des Werts baulicher Anlagen ist **allein die an der wirtschaftlichen Nutzungsfähigkeit orientierte wirtschaftliche Gesamtnutzungsdauer und nicht die technische Lebensdauer** von Bedeutung. Die Tabellen der Anlagen 5, 7 und 8 der WERTR 96 geben lediglich die technische Lebensdauer an, die die oberste Grenze der wirtschaftlichen Gesamtnutzungsdauer darstellt.
2. Von **denkmalgeschützten und erhaltenswerten Gebäuden** abgesehen, hat sich die wirtschaftliche Gesamtnutzungsdauer baulicher Anlagen in den vergangenen Jahrzehnten aufgrund gewachsener Ansprüche deutlich vermindert; dies gilt auch für öffentlichen Zwecken dienende Gebäude. Im gewerblich-industriellen Bereich haben insbesondere die produktions- und betriebstechnischen Anforderungen (einschließlich der Umweltbelange) die Gesamtnutzungsdauer in nicht unerheblicher Weise verkürzt.
3. Damit hat sich die Schere zwischen technischer Lebensdauer und wirtschaftlicher Gesamtnutzungsdauer weiter geöffnet. Die in den Anl. 5, 7 und 8 der WERTR 96 angegebene technische Lebensdauer hat von daher untergeordnete Bedeutung; insbesondere verbietet sich eine schematische Heranziehung der angegebenen Werte als wirtschaftliche Gesamtnutzungsdauer."

Diese Tabellen geben deshalb allenfalls die technischen Grenzen der wirtschaftlichen Gesamtnutzungsdauer an, die in aller Regel bedeutungslos sind. Die **technische Gesamtlebensdauer** kann auf den S. 1366 ff. der zweiten Auflage dieses Werks nachgelesen werden (vgl. Abb. 40).

Abb. 40: Lebensdauer (nicht Nutzungsdauer!) von Bauteilen und Materialien

Lebensdauer von Bauteilen und Materialien		
	Ausführung	Lebensdauer in Jahren
Konstruktion	einfache Ausführung	80
	städtische Ausführung	80
	bessere Ausführung	80
	monumentale Ausführung	80
	Leichtwände	40
Dachhaut	Ziegel, Schiefer	50
	Asbestzement	40
	Zinkblech	30
	doppelte Pappe, Stahlblech	20
Dachstuhl	(Stahl und Holz)	80
Dachrinne	Kupferblech	40
	Zinkblech	30
	Stahl, verzinkt	20
Putz	Deckenputz auf Massivdecken	80
	Deckenputz auf Putzträgern	50
	Deckenputz in Nassräumen	30
	Innenwandputz	50
	Außenwandputz	30
Fußböden	Estrich, Plattenbeläge in Mörtel	30
	Hartholz	50
	Weichholz	30
	Kunststoffbeläge	30
	Linoleum	30
	Textilbeläge	10
Treppenstufen	Hartholz, Stein	50
	Weichholz	30

Quelle: Bund Deutscher Baumeister (BDB)

12.2 Übliche Gesamtnutzungsdauer (Nutzungsdauer)

12.2.1 Verkehrswertermittlung

378 Die auch heute noch gelegentlich vertretene **Anschauung einer im Regelfall 100-jährigen** (wirtschaftlichen) **Gesamtnutzungsdauer eines Gebäudes ist grundsätzlich überholt.** Die Anschauung orientierte sich in erster Linie an der technischen Lebensdauer. Wirtschaftlich ist eine bauliche Anlage aber nur so lange nutzbar, wie es den sich wandelnden Anforderungen an bauliche Anlagen, insbesondere im Hinblick auf Art, Konstruktion, Ausstattung und vielem mehr, entspricht. Wird eine bauliche Anlage lediglich instand gehalten (sog. Instandhaltungsmodell; vgl. Syst. Darst. des Ertragswertverfahrens, Rn. 97 ff.), sind für ihre wirtschaftliche Gesamtnutzungsdauer mithin die Stabilität der vom Grundstücksmarkt an bauliche Anlagen gestellten Anforderungen und Erwartungen sowie technische Entwicklungen entscheidend.

Gesamt- und Restnutzungsdauer § 6 ImmoWertV IV

Die wirtschaftliche **Gesamtnutzungsdauer baulicher Anlagen hat sich in den vergangenen Jahrzehnten aufgrund gewachsener Ansprüche,** neuer Technologien, der sich wandelnden Anforderungen und des Konkurrenzdrucks **gegenüber früheren Einschätzungen deutlich vermindert.** Dies gilt für nahezu alle Immobilienarten einschließlich öffentlichen Zwecken dienenden Gebäuden. Im gewerblich-industriellen Bereich haben insbesondere die produktions- und betriebstechnischen Anforderungen (einschließlich der Umweltbelange) die übliche (durchschnittliche) Gesamtnutzungsdauer (Nutzungsdauer) in nicht unerheblicher Weise verkürzt. Gewerbe- und Industriebauten, die für bestimmte Branchen und Produkte maßgeschneidert errichtet worden sind, entsprechen nicht mehr heutigen Bedürfnissen (**verschachtelten Fabrikhallen mit zu geringen Höhen** und engen Stützenabständen). Moderne Produktionsmethoden, etwa mithilfe von computergesteuerten Maschinen und Robotern, sind heute vornehmlich in erdgeschossigen Aufbauten üblich.

Entspricht eine bauliche Anlage nicht mehr den **allgemeinen Anforderungen an gesunde** **379**
Wohn- und Arbeitsverhältnisse oder den Anforderungen an die Sicherheit der auf dem betroffenen Grundstück wohnenden und arbeitenden Menschen, so mindert dies entsprechend die Restnutzungsdauer (vgl. § 16 Abs. 4 Satz 2 WertV 88, der in § 4 Abs. 3 Nr. 3 aufgegangen ist). Ein derartiger Fall liegt insbesondere dann vor, wenn ein städtebaulicher Missstand gegeben ist, z. B. in Bezug auf

a) die Belichtung, Besonnung und Belüftung der Wohnungen und Arbeitsstätten,

b) die bauliche Beschaffenheit von Gebäuden, Wohnungen und Arbeitsstätten,

c) die Zugänglichkeit der Grundstücke,

d) die Auswirkungen einer vorhandenen Mischung von Wohn- und Arbeitsstätten,

e) die Nutzung von bebauten und unbebauten Flächen nach Art, Maß und Zustand,

f) die Einwirkungen, die von Grundstücken, Betrieben, Einrichtungen oder Verkehrsanlagen ausgehen, insbesondere durch Lärm, Verunreinigungen und Erschütterungen,

g) die vorhandene Erschließung.

Die allgemeinen Anforderungen an gesunde Wohn- und Arbeitsverhältnisse unterliegen einem ständigen Wandel (vgl. § 15 ImmoWertV Rn. 7; § 136 Abs. 3 Nr. 1 BauGB und § 43 Abs. 4 BauGB)[238].

Bei ordnungsgemäßer Bewirtschaftung der baulichen Anlage können allenfalls solide Ein- **380**
und Zweifamilienhäuser eine wirtschaftliche Gesamtnutzungsdauer von 100 Jahren erreichen. Ansonsten fällt die übliche wirtschaftliche Gesamtnutzungsdauer (Nutzungsdauer) weitaus geringer aus und beträgt mitunter – wie z. B. bei Tankstellen – wenige Dezennien. Nach Angaben der Deutschen Bundesbank belief sich 2002 die durchschnittliche Nutzungsdauer von Wohnimmobilien auf 74 Jahre und von Gewerbeimmobilien auf 52 Jahre[239]. *Isenhöfer/Väth* [240] geben für Bürogebäude einen Zeitraum von nur 30 bis 40 Jahren an und prognostizieren bereits 20 Jahre.

Orientierungswerte für die übliche wirtschaftliche Gesamtnutzungsdauer von Gebäu- **381**
den enthält **Anl. 3 zur SachwertR**, die nachstehend zusammen mit den in der Anl. 2 zur BelWertV genannten Erfahrungssätzen mit einigen Ergänzungen abgedruckt sind (Abb. 41). Die übliche Gesamtnutzungsdauer (Nutzungsdauer) des zu bewertenden Objekts ist bei Heranziehung dieser Tabelle insbesondere unter Berücksichtigung der Lage des Objekts, seiner Eigenschaften und der wirtschaftlichen Verwertungsfähigkeit zu ermitteln[241].

---

238 BGH, Urt. vom 13.7.1967 – III ZR 1/65 –, BGHZ 48, 193 = EzGuG 6.104.
239 Deutsche Bundesbank, Bundesbankbericht Januar 2002 (Nr. 1/54), Der Wohnungsmarkt S. 30.
240 Isenhöfer/Väth, Immobilienökonomie I, S. 143.
241 RdErl. des BMBau vom 12.10.1993 (BAnz Nr. 199, 1993, S. 9630 = GuG 1994, 42); Weyers, G. Gesamtnutzungsdauer von Hotelgebäuden, GuG 1993, 41.

Abb. 41: Übliche durchschnittliche wirtschaftliche Gesamtnutzungsdauer (GND)

Es handelt sich hierbei also um die übliche (durchschnittliche) wirtschaftliche Gesamtnutzungsdauer bei ordnungsgemäßer Instandhaltung (ohne Modernisierung) in Anlehnung an Anl. 3 SachwertR, BelWertV und BewG.

Gebäudeart	Übliche Gesamtnutzungsdauer in Jahren			
	Empfehlung	nach SachwertR	nach BelWertV	nach BewG (Anl. 22)
Freistehende Ein- und Zweifamilienhäuser, Doppel- und Reihenhäuser	50 – 100	–	–	80
Standardstufe 1	50 – 65	60	–	–
Standardstufe 2	50 – 70	65	–	–
Standardstufe 3	60 – 75	70	–	–
Standardstufe 4	60 – 80	75	–	–
Standardstufe 5	60 – 100	80	–	–
Mehrfamilienhäuser (Mietwohngebäude)				
Mehrfamilienhäuser	30 – 80	70	+/- 10	25 – 80	80
Wohnhäuser mit Mischnutzung	30 – 80	70	+/- 10	–	70
Büro- und Verwaltungsgebäude, Geschäftshäuser				
Geschäftshäuser	30 – 70	60	+/- 10	–	–
Bürogebäude	30 – 70	60	+/- 10	30 – 60	60
Banken	50 – 70	60	+/- 10	–	–
Gemeindezentren, Saalbauten/Veranstaltungsgebäude	30 – 70	40	+/- 10	–	30
Ausstellungsgebäude	30 – 60	–	–	–	50
Kindergärten	30 – 50	50	+/- 10	–	60
Schulen	–	50	+/- 10	–	–
Berufsschulen	40 – 70	–	–	–	60
Hochschulen, Universitäten	60 – 70	–	–	–	70
Wohnheime, Alten- und Pflegeheime	40 – 70	50	+/- 10	–	60
Krankenhäuser, Tageskliniken	–	40	+/- 10	–	–
Sanatorien, Kliniken, Alten- und Pflegeheime	40 – 50	–	–	15 – 40	50
Reha-Einrichtungen, Krankenhäuser	40 – 60	–	–	15 – 40	–
Beherbergungsstätten, Verpflegungseinrichtungen	–	40	+/- 10	–	–
Hotels	40 – 50	–	–	15 – 40	60
Budgethotels	35 – 45	–	–	–	–
Gaststätten	20 – 40	–	–	15 – 40	–
Sporthallen, Freizeitbäder/Hallenbäder	–	40	+/- 10	15 – 30	–
Tennishallen	30 – 50	–	–	–	40
Sporthallen (Turnhallen)	50 – 60	–	–	–	60
Funktionsgebäude für Sportanlagen	40 – 60	–	–	–	50
Hallenbäder, Kur- und Heilbäder	40 – 60	–	–	–	50
Reitsporthalle	30	–	–	–	40
Campingplätze (bauliche Anlagen)	30 – 40	–	–	–	–
Verbrauchermärkte, Kauf-, Waren- und Autohäuser	–	–	–	–	–
Verbrauchermärkte, Autohäuser	30 bis 40	30	+/- 10	10 – 30	40
Kauf- und Warenhäuser*	20 bis 50	50	+/- 10	15 – 50	50
Garagen/Parkhäuser/Tiefgaragen	–	–	–	–	–
Fertigteilreihengarage leichte Bauweise	30 – 50	–	–	–	–
Massivfertigteilreihengaragen	60	–	–	–	–
Einzelgarage	50 – 60	60	+/- 10	15 – 40	50
Parkhäuser (offene Ausführung, Parkpaletten)	40	–	–	15 – 40	50

Gesamt- und Restnutzungsdauer — § 6 ImmoWertV IV

Übliche Gesamtnutzungsdauer in Jahren				
Gebäudeart	Gesamtnutzungsdauer in Jahren			
	Empfehlung	nach SachwertR	nach BelWertV	nach BewG (Anl. 22)
Parkhäuser (geschlossene Ausführung)	40	–	–	15 – 40	50
Tief- und Hochgarage (als Einzelbauwerk)	40	40	+/- 10	–	–
Tankstelle	10 – 20	–	–	10 – 30	–
Kirchen, Stadt- und Dorfkirchen, Kapellen, Friedhofsgebäude	50 – 150	–	–	–	–
Betriebs- und Werkstätten, Produktionsgebäude	30 – 60	40	+/- 10	15 – 40	50
Gewerbe- und Industriegebäude (Werkstätten)	40 – 60	–	–	–	–
Lager- und Versandgebäude	–	40	+/- 10	15 – 40	–
Lager- und Logistikgebäude	30 – 50	–	–	–	50
Warm- und Kaltlager ggf. mit Büro- und Sozialtrakt	20 – 30	–	–	–	–
Tanklager	–	–	–	–	–
Windkraftwerke	15 – 20	–	–	–	–
Landwirtschaftliche Betriebsgebäude	–	30	+/- 10	15 – 40	–
Scheune ohne Stallteil	40 – 50	–	–	–	–
Landwirtschaftliche Mehrzweck- und Maschinenhallen	40	–	–	–	–
Stallgebäude (allgemein)	15 – 25	–	–	–	–
Pferde-, Rinder-, Schweine-, Geflügelställe	30	–	–	–	–
Lauben, Wochenend- und Gartenhäuser	30 – 60	–	–	–	–
Außenanlagen	40 – 60	–	–	–	–
Außenmauern	–	–	–	–	–
Außenwände, Stahlfachwerk mit Ziegelsteinen ausgefacht	50 – 60	–	–	–	–
Stahlkonstruktion mit ungeschützten Außenflächen	30 – 40	–	–	–	–
Außenverkleidung mit Trapezblechen auf Stahlstielen und Riegeln	30 – 40	–	–	–	–
Außenverkleidung mit verzinktem Wellblech auf Stahlstielen und Riegeln	25 – 30	–	–	–	–

Vorstehende Erfahrungssätze der Gesamtnutzungsdauer von baulichen Anlagen ergeben sich in erster Linie aus dem **Ausbau der baulichen Anlage.** Der *Rohbau der baulichen Anlage* kann dagegen eine quasi für die Belange der Verkehrswertermittlung unbegrenzte Restnutzungsdauer haben, vorausgesetzt, dass er insbesondere aufgrund seiner Konstruktion und des Grundrisses auf Dauer wirtschaftlich genutzt werden kann. Vielfach unterliegen auch nur Teile des Rohbaus, wie z. B. der Grundriss, einer wirtschaftlichen Abnutzung.

Nach den zu Anl. 3 der SachwertR gegebenen Empfehlungen soll die übliche Gesamtnutzungsdauer von freistehenden Ein- und Zweifamilienhäusern sowie von Doppel- und Reihenhäusern eine Funktion des Gebäudestandards sein, der dann nach Anl. 2 zur SachwertR festzustellen ist. Die sich so ergebende **Gesamtnutzungsdauer** soll der Ableitung des Sachwertfaktors i. S. des § 14 Abs. 2 Nr. 1 ImmoWertV als **„Modellansatz"** zugrunde gelegt werden.

382

Konsequenterweise muss die als Modellansatz angesetzte übliche Gesamtnutzungsdauer auch der Ableitung des Liegenschaftszinssatzes nach § 14 Abs. 3 ImmoWertV zugrunde gelegt werden, um auf dieser Grundlage zur modellkonformen Restnutzungsdauer zu kommen (§ 14 ImmoWertV Rn. 178). Die übliche Gesamtnutzungdauer nach Anl. 3 der SachwertR ist damit **Modellgröße des Sachwertfaktors und des Liegenschaftszinssatzes** (vgl. Nr. 4.2.1 SachwertR).

Geht der Gutachterausschuss für Grundstückswerte bei der Ableitung von Sachwertfaktoren für eine bestimmte Grundstücksart modellhaft von einer davon abweichenden üblichen Gesamtnutzungsdauer aus (z. B. generell von 100 Jahren), so bestimmt sich nach dem Grundsatz der Modellkonformität der unter Heranziehung dieses Sachwertfaktors zu ermittelnde vorläufige Sachwert nach dieser „Modellgröße", auch wenn im Einzelfall eine davon abweichende Gesamtnutzungsdauer angezeigt ist. Daraus ergibt sich dann zunächst eine **modellkonforme Alterswertminderung**, die von der tatsächlichen Alterswertminderung abweichen kann. Ist z. B. der Ansatz einer geringeren Gesamtnutzungsdauer sachgerecht, muss dann eine wirtschaftliche Überalterung nach Maßgabe des § 8 Abs. 3 ImmoWertV ergänzend berücksichtigt werden, denn eine geringere Gesamtnutzungsdauer führt bei gegebenem Baujahr zu einer entsprechend geringeren Restnutzungsdauer (vgl. § 8 ImmoWertV Rn. 246, § 23 ImmoWertV Rn. 16). In diesem Zusammenhang kann zur Unterscheidung von der tatsächlichen Restnutzungsdauer von einer vorläufigen modellkonformen Restnutzungsdauer gesprochen werden (vgl. Rn. 388).

12.2.2 Beleihungswertermittlung

383 Im Rahmen der Beleihungswertermittlung ist nach § 12 Abs. 2 Satz 3 BelWertV von den **in Anl. 2 zur BelWertV genannten Erfahrungssätzen für die (Gesamt-)Nutzungsdauer baulicher Anlagen** auszugehen. Die dort angegebene Gesamtnutzungsdauer ist aus vorstehender Aufstellung ersichtlich und entspricht im Wesentlichen der bei der Verkehrswertermittlung üblicherweise angesetzten Gesamtnutzungsdauer.

12.2.3 Steuerliche Bewertung

384 Im Rahmen der erbschaftsteuerlichen Bewertung bestimmt sich die **Gesamtnutzungsdauer nach** § 190 Abs. 2 Nr. 1 BewG nach **Anl. 22 BewG**. Die dort angegebene Gesamtnutzungsdauer ist aus vorstehender Aufstellung ersichtlich.

385 Im steuerlichen Bereich wird gemäß § 7 Abs. 4 EStG seit dem 1.4.1985 eine Nutzungsdauer (für die Abschreibung) von i. d. R. 25 Jahren angegeben. Auch für **Investitionsrechnungen** werden **in der Landwirtschaft** Abschreibungszeiträume von 25 Jahren angegeben, die auch *Köhne* empfiehlt[242]. Bei einem zu wertenden Wirtschaftsgebäude, das einem Neubau funktionell gleichzusetzen ist, ist nach *Köhne* die wirtschaftliche Restnutzungsdauer dicht unterhalb der wirtschaftlichen Gesamtnutzungsdauer anzusetzen. Weicht das Gebäude jedoch funktionell stärker vom modernen Stand ab oder ist die wirtschaftliche Nutzung mit größeren Unsicherheiten verbunden, so ist die wirtschaftliche Restnutzungsdauer wesentlich geringer anzusetzen.

12.3 Übliche Restnutzungsdauer

12.3.1 Allgemeines

386 Die **übliche Restnutzungsdauer – RND –** von ordnungsgemäß instand gehaltenen Gebäuden wird i. d. R. ermittelt[243], indem von einer für die Objektart üblichen Gesamtnutzungsdauer – GND – das Alter in Abzug gebracht wird:

| Restnutzungsdauer RND = Gesamtnutzungsdauer GND – Alter |

wobei:
RND = Übliche Restnutzungsdauer
GND = Übliche Gesamtnutzungsdauer

---

242 Gütter, K., Bewertung landwirtschaftlicher Wirtschaftsgebäude, Schriftenreihe des HLBS, Heft 132, St. Augustin, 1991; Köhne, M., Landwirtschaftliche Taxationslehre, 2. Aufl. Hamburg und Berlin 1993, S. 196–220; Köhne, M. und K., Gütter, K., Modifizierung des Sachwertverfahrens für die Wertermittlung bei landwirtschaftlichen Wirtschaftsgebäuden, GuG 1996, 320–325, 199.
243 BGH, Urt. vom 8.12.1975 – III ZR 93/73 –, BRS Bd. 34 Nr. 126 = EzGuG 20.58.

Bei dieser Vorgehensweise ist insbesondere vor einer schematischen „Berechnung" der Restnutzungsdauer unter Verwendung älteren Tabellenwerken über die Gesamtnutzungsdauer baulicher Anlagen zu warnen, denn diese weisen noch Nutzungsdauern auf, die aus heutiger Sicht nicht mehr realistisch sind. Es müssen vor allem die örtlichen und allgemeinen Wirtschaftsverhältnisse im Hinblick auf die **Verwendbarkeit der baulichen Anlagen** in die Betrachtung mit einbezogen werden. **387**

Vor allem bei der Verkehrswertermittlung von Objekten, deren bauliche Anlage nur noch eine kurze Restnutzungsdauer aufweisen, wirkt sich eine **fehlerhafte Ermittlung der Restnutzungsdauer** spürbar auf das Ergebnis aus, d. h., mit abnehmender Restnutzungsdauer kommt der richtigen Ermittlung der Restnutzungsdauer eine höhere Bedeutung zu. Bei langer Restnutzungsdauer wirken sich Fehler in der richtigen Einschätzung der Restnutzungsdauer nur marginal auf das Ergebnis der Verkehrswertermittlung aus. Dies zeigt sich auch an den Tafeldifferenzen der Vervielfältigertabelle (vgl. Anl. 1 zur ImmoWertV).

12.3.2 Vorläufige Restnutzungsdauer

▶ *Vgl. Rn. 381*

Von der üblichen Restnutzungsdauer zu unterscheiden ist die vorläufige Restnutzungsdauer. Von einer vorläufigen Restnutzungsdauer ist insbesondere bei Anwendung des Sachwertverfahrens in den Fällen zu sprechen, in denen der **vorläufige Sachwert** nach den §§ 21 bis 24 ImmoWertV **auf der Grundlage eines Modellansatzes der üblichen Gesamtnutzungsdauer** ermittelt wird und die zu bewertende Liegenschaft tatsächlich eine davon abweichende Gesamtnutzungsdauer aufweist. Bei Anwendung des Sachwertverfahrens unter Heranziehung des vom Gutachterausschuss abgeleiteten Sachwertfaktors muss nämlich der vorläufige Sachwert nach dem Grundsatz der Modellkonformität zunächst auf der Grundlage der üblichen Gesamtnutzungsdauer ermittelt werden, die der Gutachterausschuss in seinem Sachwertmodell angesetzt hat. Dementsprechend ergibt sich bei einem gegebenen Baujahr der baulichen Anlage die dementsprechende (vorläufige) Restnutzungsdauer mit der Folge, dass sich die Alterswertminderung nach § 23 ImmoWertV aus dem Verhältnis der vorläufigen Restnutzungsdauer zu der als Modellansatz angesetzten Gesamtnutzungsdauer ergibt. **388**

Die vorläufige Restnutzungsdauer ergibt sich mithin aus:

Vorläufige Restnutzungsdauer = Modellansatz der üblichen Gesamtnutzungsdauer – Alter

Beispiel:

– Baujahr der zu bewertenden Immobilie	1992
– Modellansatz der üblichen Gesamtnutzungsdauer	80 Jahre
– Wertermittlungsstichtag	2012
– Alter der baulichen Anlage mithin (2012 – 1992)	20 Jahre
Hieraus folgt	
eine (vorläufige) Restnutzungsdauer von (80 Jahre – 20 Jahre) =	60 Jahre
eine vorläufige Alterswertminderung von (20 Jahre/80 Jahre) =	25 %
Die übliche Gesamtnutzungsdauer der zu bewertenden Liegenschaft ist aber einzuschätzen mit	60 Jahre
Die tatsächliche Restnutzungsdauer beläuft sich demzufolge auf (30 Jahre – 20 Jahre) =	40 Jahre
Hieraus folgt eine Alterswertminderung von (20 Jahre/60 Jahre) =	33 %

12.4 Abweichungen von der üblichen Restnutzungsdauer

12.4.1 Allgemeines

389 Nach dem zweiten Halbsatz des § 6 Abs. 6 Satz 1 ImmoWertV „können"

1. unterlassene Instandhaltung oder
2. durchgeführte Instandsetzungen oder
3. Modernisierungen oder
4. andere Gegebenheiten

die Restnutzungsdauer verlängern oder verkürzen.

390 Die Vorschrift ergänzt die Grundsatzregelung des ersten Halbsatzes, nach der die Restnutzungsdauer auf der Grundlage einer ordnungsgemäßen Bewirtschaftung, d. h. auf der Grundlage eines instand gehaltenen Gebäudes, zu ermitteln ist.

12.4.2 Unterlassene Instandhaltungen

▶ *Vgl. § 19 ImmoWertV Rn. 113*

391 Unterlassene Instandhaltungen der Gebäudesubstanz führen regelmäßig zu Bauschäden und damit zu einer Verkürzung der Restnutzungsdauer, zumindest dann, wenn das Gebäude über längere Zeit nicht mehr instand gehalten wird. Von einer **Verkürzung der Restnutzungsdauer** ist i. d. R. auch bei nicht behebbaren Baumängeln (z. B. Gründungsmangel) auszugehen, d. h. bei Dauerschäden. Entsprechendes gilt für Schäden, die durch höhere Gewalt entstanden und über längere Zeit nicht behoben werden.

Neben der Verkürzung der üblichen Restnutzungsdauer können Bauschäden auch ursächlich für eine entsprechende **Minderung des Reinertrags** sein. Grundsätzlich sind beide Komponenten bei der Verkehrswertermittlung nach Maßgabe des § 8 Abs. 3 zu berücksichtigen, denn die wirtschaftliche Nutzungsfähigkeit des Grundstücks wird in der Tat in diesem Fall in beiderlei Beziehungen beeinträchtigt.

392 Kann die daraus resultierende Wertminderung durch eine Instandsetzung aufgefangen werden, so wäre dies in entsprechender Anwendung des § 8 Abs. 3 ImmoWertV gegenzurechnen, denn jeder vernünftig handelnde Eigentümer würde die entsprechenden Maßnahmen durchführen.

Bei unterlassenen Maßnahmen kann jedoch nicht schematisch eine Verkürzung der üblichen Restnutzungsdauer angenommen werden, denn nicht in jedem Fall wird die übliche Restnutzungsdauer durch unterlassene Instandsetzungsmaßnahmen verkürzt[244].

12.4.3 Durchgeführte Instandsetzungen

▶ *Vgl. § 19 ImmoWertV Rn. 110*

393 Instandsetzung ist die Behebung von baulichen Mängeln, insbesondere von Mängeln, die infolge von Abnutzung, Alterung, Witterungseinflüssen *oder Einwirkungen Dritter* entstanden sind. Es handelt sich mithin um Maßnahmen, die im Rahmen einer ordnungsgemäßen Bewirtschaftung als Instandhaltungsmaßnahmen durchgeführt worden sind. Wurde eine bauliche Anlage nicht instand gehalten und hat sich nach Maßgabe vorstehender Ausführungen die Restnutzungsdauer verkürzt, so wird **mit der Instandsetzung die Restnutzungsdauer verlängert**.

394 Soweit mit der „durchgeführten" Instandsetzung der Zustand eines ordnungsgemäß instand gehaltenen Gebäudes wiederhergestellt worden ist, weist das Gebäude insoweit **keine Mängel auf und es sind** entgegen dem Wortlaut der Regelung **keine Gründe gegeben,**

---

[244] BGH, Urt. vom 8.12.1975 – III ZR 93/73 –, BRS Bd. 34 Nr. 126 = EzGuG 20.58.

die sich für ein ordnungsgemäß instand gehaltenes Gebäude ergebende Restnutzungsdauer zu verlängern. Von daher macht der Hinweis auf die (vor dem Qualitätsstichtag) durchgeführten Instandsetzungen keinen Sinn. Sie macht auch dann keinen Sinn, wenn mit den durchgeführten Instandsetzungen die aufgrund einer unterlassenen Instandhaltung eingetretenen Mängel nur zum Teil behoben worden sind. In diesem Fall liegt nämlich insoweit eine unterlassene Instandhaltung vor, der ggf. mit einer Verkürzung der Restnutzungsdauer Rechnung getragen werden kann.

Eine Verlängerung der Restnutzungsdauer aufgrund von Instandsetzungen kommt bei alledem nur in Betracht, wenn im Rahmen der Instandsetzung nicht nur Mängeln beseitigt wurden, die insbesondere durch Alterung, Abnutzung oder Witterungseinflüsse aufgetreten sind, sondern **weitere nutzungsverlängernde Maßnahmen** durchgeführt wurden. 395

12.4.4 Modernisierung

▶ *Vgl. § 19 ImmoWertV Rn. 115 ff.; Vorbem. zur ImmoWertV Rn. 7*

Unter der Modernisierung sind **Maßnahmen** zu verstehen, **die den Gebrauchswert des Wohnraums nachhaltig erhöhen, die allgemeinen Wohnverhältnisse auf Dauer verbessern oder nachhaltig Einsparungen von Energie und Wasser bewirken**. Mit Modernisierungs- und Umstrukturierungsmaßnahmen *(refurbishment)* lässt sich die wirtschaftliche Gebrauchsfähigkeit einer Immobilie den sich wandelnden Anforderungen quasi beliebig angleichen. 396

Mit Modernisierungsmaßnahmen lässt sich die Restnutzungsdauer (theoretisch) beliebig verlängern, sodass bei entsprechendem Modernisierungsaufwand von einer quasi unendlichen Restnutzungsdauer ausgegangen werden kann. Im Ergebnis wird die bauliche Anlage „auf Dauer" mit einer Restnutzungsdauer $\to \infty$ (100 Jahre) erhalten. Dem kann bei Anwendung des Ertragswertverfahrens dadurch Rechnung getragen werden, indem 397

– der Reinertrag unter Berücksichtigung periodisch anfallender Modernisierungskosten ermittelt wird oder

– ein entsprechender einmaliger Modernisierungsbetrag

komplementär zur Verlängerung der Restnutzungsdauer abgezogen wird.

Einer **Verlängerung der Restnutzungsdauer durch Modernisierungsmaßnahmen können allerdings auch Grenzen gesetzt sein,** nämlich 398

– wenn der Abriss und eine Neubebauung wirtschaftlich vernünftiger sind oder

– die bauliche Anlage aufgrund der Marktverhältnisse auch in einem modernisierten bzw. umstrukturierten Zustand keine wirtschaftliche Nutzung gewährleistet, insbesondere aufgrund der Marktverhältnisse, wie derzeit die Leerstandsproblematik zeigt *(oversupply in the market)*.

Von der Möglichkeit einer Ertragswertermittlung auf der Grundlage einer durch Modernisierungs- bzw. Umstrukturierungsmaßnahmen verlängerten Restnutzungsdauer („Modernisierungsmodell") wird insbesondere bei der **Verkehrswertermittlung von Baudenkmälern** Gebrauch gemacht, weil diese Objekte „auf Dauer" zu erhalten sind. 399

Darüber hinaus wird von dieser Möglichkeit – quasi als „Kunstgriff" – Gebrauch gemacht, wenn keine gesicherten Erkenntnisse über die **Höhe des Bodenwerts** vorliegen, weil bei einer langen Restnutzungsdauer des Gebäudes das vereinfachte Ertragswertverfahren (ohne Bodenwert) zur Anwendung kommen kann. Schließlich muss von dieser Möglichkeit aber auch Gebrauch gemacht werden, wenn sich nach dem Grundsatz des *„highest and best use"* (vgl. Vorbem. zur ImmoWertV Rn. 7) die Ertragskraft einer Immobilie durch Modernisierungs- und Umstrukturierungsmaßnahmen gesteigert werden kann. 400

12.4.5 Andere Gegebenheiten

401 Die Restnutzungsdauer baulicher Anlagen wird nicht allein durch ihren Erhaltungszustand bestimmt. Sie wird darüber hinaus auch maßgeblich durch die **Lage auf dem Immobilienmarkt** bestimmt und setzt eine entsprechende Nachfrage für eine eigene Nutzung oder durch Dritte voraus. Wo die wirtschaftliche Verwendbarkeit durch eine „wegbrechende Nachfrage" nachhaltig gestört ist (*obsolescence*), kann sich selbst für neuwertige bauliche Anlagen die Restnutzungsdauer sogar erheblich vermindern und im Grenzfall gegen null laufen.

402 Darüber hinaus kann es umgekehrt aufgrund rechtlicher Gegebenheiten (Denkmalschutz und sonstige Erhaltungspflichten einschließlich vertraglicher Bindungen) geboten sein, über die bloße Instandhaltung hinaus durch entsprechende Maßnahmen die Restnutzungsdauer zu verlängern. Auch aus wirtschaftlicher Sicht ist dies häufig aus Gründen des Werterhalts geboten. So bedürfen viele **Betreiberimmobilien** (z. B. Hotels, Logistikimmobilien) einer laufenden Modernisierung, weil sie sonst Gefahr laufen, bereits nach kurzer Zeit wirtschaftlich wegzubrechen. Die für Hotels üblicherweise angenommene Gesamtnutzungsdauer ist beispielsweise bei bloßer Instandhaltung unrealistisch. Dem wird im Rahmen des Ertragswertverfahrens durch Ansatz eines Modernisierungsrisikos – ergänzend zu den Bewirtschaftungskosten – Rechnung getragen.

12.4.6 Gesamtbetrachtung

403 Die bei (bloßer) Instandhaltung der baulichen Anlage zeitlich begrenzte Restnutzungsdauer kann üblicherweise geschätzt werden, wobei etwaige Fehler nur geringfügig auf das Ergebnis durchschlagen, sofern nicht das Gebäude eine extrem kurze Restnutzungsdauer aufweist. Dabei muss **allein der Blick in die Zukunft maßgebend** sein, denn das, was in der Vergangenheit an Instandsetzungs- und Modernisierungsmaßnahmen durchgeführt worden ist (künstliche Verjüngung), hat seinen Niederschlag in dem Bestand gefunden, der sich dem Sachverständigen am Wertermittlungsstichtag präsentiert.

404 Die Ermittlung der Restnutzungsdauer durch Abzug des Alters von der üblichen Gesamtnutzungsdauer (vgl. Rn. 386) wird den im Einzelfall gegebenen Verhältnissen oftmals nicht gerecht. Sachgerechter ist es daher, die **wirtschaftliche Restnutzungsdauer am Wertermittlungsstichtag unter Berücksichtigung des Bau- und Unterhaltungszustands sowie der wirtschaftlichen Verwendungsfähigkeit der baulichen Anlage zu schätzen.**

12.5 Verlängerung der Restnutzungsdauer durch Modernisierungen

12.5.1 Verkehrswertermittlung

▶ *Allgemeines vgl. § 19 ImmoWertV Rn. 115, 136 ff.; Syst. Darst. des Sachwertverfahrens Rn. 103 ff.*

12.5.1.1 Modernisierung

405 Die übliche Restnutzungsdauer lässt sich nach den vorangegangenen Ausführungen insbesondere durch Modernisierungen verlängern. Als **Modernisierung** definiert § 6 Abs. 6 Satz 2 ImmoWertV beispielhaft „Maßnahmen, die eine wesentliche Verbesserung der Wohn- oder sonstigen Nutzungsverhältnisse oder wesentliche Einsparungen von Energie und Wasser bewirken".

406 Bei instandsetzungsbedürftigen Gebäuden kommt das Ertragswertverfahren vielfach auf der Grundlage einer **(kombinierten) Instandsetzung i. V. m. einer Modernisierung** zur Anwendung. § 16 Abs. 1 WertV lässt dies ausdrücklich zu.

12.5.1.2 Abschätzung der verlängerten Restnutzungsdauer nach „Modernisierungsgraden"

▶ Vgl. § 19 ImmoWertV Rn. 115

Dem Gutachter bereitet die **Abschätzung einer verlängerten Restnutzungsdauer** aufgrund durchgeführter Modernisierungen oftmals Schwierigkeiten. Zum Zwecke der Operationalisierung dieser Abschätzung hat die Arbeitsgemeinschaft der Vorsitzenden der Gutachterausschüsse für Grundstückswerte in *Nordrhein-Westfalen* ein Verfahren entwickelt, das mit **Nr. 4.3.2 Abs. 2 Satz 2 i. V. m. Anl. 4 der SachwertR** unter der Bezeichnung „Modell zur Ableitung der wirtschaftlichen Restnutzungsdauer für Wohngebäude unter Berücksichtigung von Modernisierungen" in die Richtlinie aufgenommen worden ist und auf das zurückgegriffen werden „kann". Das Modell soll analog auch bei der Bewertung von Verwaltungs-, Büro- und Geschäftsgebäuden Anwendung finden können.

In einem ersten Schritt wird zunächst der **Modernisierungsgrad auf der Grundlage einer Punktetabelle** ermittelt. Der Modernisierungsgrad wird mit Hilfe eines Punktrasters bestimmt (Abb. 42), wobei

– sich der Modernisierungsgrad aus der Summe der Punkte für die jeweils zum Wertermittlungsstichtag oder kurz zuvor durchgeführten Maßnahmen ergibt;

– zu prüfen ist, ob nicht ein geringerer als der maximale Tabellenwert anzusetzen ist, wenn die Maßnahmen weiter zurückliegen;

– bei in einem Zuge durchgreifend modernisierten Objekten und besonderen energetischen Maßnahmen im Einzelfall nach sachverständigem Ermessen längere als die aus den Tabellen entnommenen Restnutzungsdauern angesetzt werden können und

– bei kernsanierten Objekten die Restnutzungsdauer bis zu 90 % der jeweiligen Gesamtnutzungsdauer betragen kann.

Abb. 42: Modernisierungselemente

Modernisierungselemente	max. Punkte	Punkte
Dacherneuerung inklusive Verbesserung der Wärmedämmung	4	
Modernisierung der Fenster und Außentüren	2	
Modernisierung der Leitungssysteme (Strom, Gas, Wasser, Abwasser)	2	
Modernisierung der Heizungsanlage	2	
Wärmedämmung der Außenwände	4	
Modernisierung von Bädern	2	
Modernisierung des Innenausbaus, z. B. Decken, Fußböden, Treppen	2	
Wesentliche Verbesserung der Grundrissgestaltung	2	
	Summe:	

Maximal können in der Summe 20 Punkte vergeben werden.

Die **Vergabe der Punkte ist** gleich aus mehreren Gründen ein äußerst **fehlerträchtiges Unterfangen**:

– Eine in der Vergangenheit (irgendwann) durchgeführte Modernisierung kann bis zum Wertermittlungsstichtag bereits schon ganz oder teilweise wirtschaftlich verbraucht sein und nicht mehr den am Wertermittlungsstichtag bestehenden Anforderungen entsprechen.

– Die aufgeführten Modernisierungsmaßnahmen können das gesamte Gebäude oder auch nur einzelne Bauteile innerhalb einer Wohnung betreffen.

– Die Modernisierung (vgl. § 19 ImmoWertV Rn. 115) setzt bauliche Maßnahmen voraus, die über die Instandhaltung hinausgehen und insbesondere den Gebrauchswert erhöhen. Beispielsweise geht es im Rahmen der „Modernisierung der Fenster" oder der Leitungs-

IV § 6 ImmoWertV — Gesamt- und Restnutzungsdauer

systeme nicht um einen neuen Fensteranstrich oder die Erneuerung von Muffen, sondern um bauliche Maßnahmen, die den veränderten Anforderungen entsprechen, und dies kann und wird vielfach den Ersatz durch neue wärmegedämmte Fenster und leistungsgerechte Leitungssysteme bedeuten und muss dann die Vergabe der maximalen Punktzahl bedeuten. Entsprechendes gilt auch für die sonstigen in der Tabelle aufgeführten Modernisierungselemente.

Im Ergebnis bedeutet dies, dass mit der Vergabe der Punktezahl das gesamte Spektrum denkbarer Modernisierungsmaßnahmen, angefangen vom Ersatz einer Einfachverglasung in wenigen Wohnungen bis zur Kernsanierung des gesamten Gebäudes, gedeckt wird.

409 Entsprechend der jeweils ermittelten Gesamtpunktzahl kann der Modernisierungsgrad wie folgt ermittelt werden:

Abb. 43: Modernisierungsgrad

Punkte			Bezeichnung
≤ 1	Punkt	=	nicht modernisiert
4	Punkte	=	kleine Modernisierungen im Rahmen der Instandhaltung
8	Punkte	=	mittlerer Modernisierungsgrad
13	Punkte	=	überwiegend modernisiert
≥ 18	Punkte	=	umfassend modernisiert

Entsprechend der jeweils ermittelten Gesamtpunktzahl kann in Abhängigkeit von dem festgesetzten Modernisierungsgrad, dem jeweiligen Gebäudealter und der üblichen Gesamtnutzungsdauer die daraus resultierende modifizierte Restnutzungsdauer den nachfolgenden Tabellen entnommen werden (Abb. 44).

Den Tabellenwerten liegt ein theoretischer Modellansatz zugrunde. Das Modell geht davon aus, dass die Restnutzungsdauer auf maximal 70 % der jeweiligen Gesamtnutzungsdauer gestreckt und nach der Formel

$$\text{Restnutzungsdauer} = a \times \frac{100}{\text{GND}} \times \text{Alter}^2 - b \times \text{Alter} + c \times \frac{\text{GND}}{100}$$

mit den nachfolgenden Werten für a, b und c berechnet wird.

Modernisierungsgrad	a	b	c	ab einem relativen Alter [%] von*
≤ 1 Punkt	0.0125	2,625	152,50	60
4 Punkte	0,0073	1,577	111,33	40
8 Punkte	0,0050	1,100	100,00	20
13 Punkte	0,0033	0,735	95,28	15
≥ 18 Punkte	0,0020	0,440	94,20	10

* Die Spalte gibt das Alter an, von dem an die Formeln anwendbar sind. Das relative Alter berechnet sich aus: Alter/GND × 100.

Gesamt- und Restnutzungsdauer   § 6 ImmoWertV IV

Abb. 44: Modifizierte Restnutzungsdauer

Modifizierte Restnutzungsdauer bei einer üblichen Gesamtnutzungsdauer von 100 Jahren (nicht Bestandteil der SachwertR)

Gebäudealter	Modernisierungsgrad				
	≤ 1 Punkt	4 Punkte	8 Punkte	13 Punkte	≥ 18 Punkte
	modifizierte Restnutzungsdauer				
0	100	100	100	100	100
5	95	95	95	95	95
10	90	90	90	90	90
15	85	85	85	85	88
20	80	80	80	82	86
25	75	75	76	79	84
30	70	70	72	76	83
35	65	65	68	74	81
40	60	60	64	71	80
45	55	55	61	69	79
50	50	51	58	67	77
55	45	47	55	65	76
60	40	43	52	63	75
65	35	40	50	61	74
70	30	37	48	60	73
75	26	34	46	59	72
80	23	32	44	58	72
85	20	30	43	57	71
90	18	29	42	56	71
95	16	27	41	55	70
≥ 100	15	27	40	55	70

Modifizierte Restnutzungsdauer bei einer üblichen Gesamtnutzungsdauer von 90 Jahren (nicht Bestandteil der SachwertR)

Gebäudealter	Modernisierungsgrad				
	≤ 1 Punkt	4 Punkte	8 Punkte	13 Punkte	≥ 18 Punkte
	modifizierte Restnutzungsdauer				
0	90	90	90	90	90
5	85	85	85	85	85
10	80	80	80	80	81
15	75	75	75	76	79
20	70	70	70	73	77
25	65	65	66	70	75
30	60	60	62	67	74
35	55	55	58	65	72
40	50	50	55	62	71
45	45	46	52	60	69
50	40	42	49	58	68
55	35	38	46	56	67
60	30	35	44	55	66
65	25	32	42	53	66
70	22	30	40	52	65
75	19	28	39	51	64
80	16	26	38	50	64
85	14	25	37	50	63
≥ 90	14	24	36	49	63

IV § 6 ImmoWertV — Gesamt- und Restnutzungsdauer

Modifizierte Restnutzungsdauer bei einer üblichen Gesamtnutzungsdauer von 80 Jahren

Gebäudealter	Modernisierungsgrad				
	≤ 1 Punkt	4 Punkte	8 Punkte	13 Punkte	≥ 18 Punkte
	modifizierte Restnutzungsdauer				
0	80	80	80	80	80
5	75	75	75	75	75
10	70	70	70	70	71
15	65	65	65	66	69
20	60	60	61	63	68
25	55	55	56	60	66
30	50	50	53	58	64
35	45	45	49	56	63
40	40	41	46	53	62
45	35	37	43	52	61
50	30	33	41	50	60
55	25	30	38	48	59
60	21	27	37	47	58
65	17	25	35	46	57
70	15	23	34	45	57
75	13	22	33	44	56
≥ 80	12	21	32	44	56

Modifizierte Restnutzungsdauer bei einer üblichen Gesamtnutzungsdauer von 75 Jahren

Gebäudealter	Modernisierungsgrad				
	≤ 1 Punkt	4 Punkte	8 Punkte	13 Punkte	≥ 18 Punkte
	modifizierte Restnutzungsdauer				
0	75	75	75	75	75
5	70	70	70	70	70
10	65	65	65	65	67
15	60	60	60	61	65
20	55	55	56	59	63
25	50	50	52	56	61
30	45	45	48	53	60
35	40	40	45	51	59
40	35	36	42	49	57
45	30	32	39	47	56
50	25	29	37	46	55
55	20	26	35	44	55
60	17	24	33	43	54
65	14	22	32	42	53
70	12	21	31	42	53
≥ 75	11	20	30	41	53

Modifizierte Restnutzungsdauer bei einer üblichen Gesamtnutzungsdauer von 70 Jahren

Gebäudealter	Modernisierungsgrad				
	≤ 1 Punkt	4 Punkte	8 Punkte	13 Punkte	≥ 18 Punkte
	modifizierte Restnutzungsdauer				
0	70	70	70	70	70
5	65	65	65	65	65
10	60	60	60	60	62
15	55	55	55	57	60
20	50	50	51	54	58
25	45	45	47	51	57
30	40	40	43	49	55
35	35	36	40	47	54
40	30	32	37	45	53
45	25	28	35	43	52
50	20	25	33	42	51
55	16	23	31	41	50
60	14	21	30	40	50
65	12	19	29	39	49
≥ 70	11	19	28	38	49

Modifizierte Restnutzungsdauer bei einer üblichen Gesamtnutzungsdauer von 65 Jahren

Gebäudealter	Modernisierungsgrad				
	≤ 1 Punkt	4 Punkte	8 Punkte	13 Punkte	≥ 18 Punkte
	modifizierte Restnutzungsdauer				
0	65	65	65	65	65
5	60	60	60	60	60
10	55	55	55	55	57
15	50	50	50	52	55
20	45	45	46	49	54
25	40	40	42	47	52
30	35	35	39	44	51
35	30	31	36	42	50
40	25	27	33	41	49
45	20	24	31	39	48
50	16	22	29	38	47
55	13	20	28	37	46
60	11	18	27	36	46
≥ 65	10	17	26	36	46

Modifizierte Restnutzungsdauer bei einer üblichen Gesamtnutzungsdauer von 60 Jahren

Gebäudealter	Modernisierungsgrad				
	≤ 1 Punkt	4 Punkte	8 Punkte	13 Punkte	≥ 18 Punkte
	modifizierte Restnutzungsdauer				
0	60	60	60	60	60
5	55	55	55	55	55
10	50	50	50	50	52
15	45	45	45	47	51
20	40	40	41	45	49
25	35	35	38	42	48
30	30	30	35	40	46
35	25	27	32	38	45
40	20	23	29	37	44
45	16	20	27	35	43
50	12	18	26	34	43
55	10	17	25	33	42
≥ 60	9	16	24	33	42

Modifizierte Restnutzungsdauer bei einer üblichen Gesamtnutzungsdauer von 50 Jahren

Gebäudealter	Modernisierungsgrad				
	≤ 1 Punkt	4 Punkte	8 Punkte	13 Punkte	≥ 18 Punkte
	modifizierte Restnutzungsdauer				
0	50	50	50	50	50
5	45	45	45	45	45
10	40	40	40	41	43
15	35	35	36	38	41
20	30	30	32	36	40
25	25	25	29	33	39
30	20	21	26	32	38
35	15	18	24	30	37
40	11	16	22	29	36
45	9	14	21	28	35
≥ 50	8	13	20	27	35

Modifizierte Restnutzungsdauer bei einer üblichen Gesamtnutzungsdauer von 40 Jahren

Gebäudealter	Modernisierungsgrad				
	≤ 1 Punkt	4 Punkte	8 Punkte	13 Punkte	≥ 18 Punkte
	modifizierte Restnutzungsdauer				
0	40	40	40	40	40
5	35	35	35	35	36
10	30	30	30	32	34
15	25	25	26	29	32
20	20	20	23	27	31
25	15	17	20	25	30
30	10	14	18	23	29
35	7	12	17	22	28
≥ 40	6	11	16	22	28

Gesamt- und Restnutzungsdauer § 6 ImmoWertV IV

Modifizierte Restnutzungsdauer bei einer üblichen Gesamtnutzungsdauer von 30 Jahren

Gebäudealter	Modernisierungsgrad				
	≤ 1 Punkt	4 Punkte	8 Punkte	13 Punkte	≥ 18 Punkte
	modifizierte Restnutzungsdauer				
0	30	30	30	30	30
5	25	25	25	25	26
10	20	20	21	22	25
15	15	15	17	20	23
20	10	12	15	18	22
25	6	9	13	17	21
≥ 30	5	8	12	16	21

410 Die vorstehenden Tabellen unterscheiden sich deutlich von den seit jeher von der AGVGA Nordrhein-Westfalen zur Anwendung empfohlenen Tabellenwerken, die einer massiven Kritik ausgesetzt waren. Mit den entsprechenden Tabellen der SachwertR soll dieser Kritik in erkennbarer Weise weitgehend Rechnung getragen werden. Dies soll an einem Beispiel erläutert werden, wobei zur Verdeutlichung eine 100-jährige Gesamtnutzungsdauer unterstellt wird.

Beispiel:

– Ein Gründerzeithaus mit einer üblichen Gesamtnutzungsdauer von 100 Jahren sei „umfassend" i. S. der vorstehenden Empfehlung mit einem Modernisierungsgrad von 20 Punkten (maximale Punktzahl) modernisiert worden.
– Nach der Tabelle ergibt sich eine Restnutzungsdauer von 70 Jahren.
– Nach den bisherigen Tabellenwerken der AGVGA ergab sich im vorstehenden Fall nur eine modifizierte Restnutzungsdauer von 50 Jahren.

411 Das vorstehende *Beispiel* zeigt die Schwachpunkte der Tabellen deutlich: Die in den Tabellen zugrunde liegenden Modernisierungselemente (Abb. 42) beziehen sich im Wesentlichen auf Ausbaumaßnahmen; lediglich die zuletzt in der Tabelle der Modernisierungselemente angesprochene „Wesentliche Änderung der ... Grundrissgestaltung" hat den Rohbau zum Gegenstand. Wenn sich (im „Maximalfall") trotz vollständiger Modernisierung des Ausbaus einer baulichen Anlage nach diesem Tabellenwerk stets nur eine modifizierte Restnutzungsdauer von ca. 70 % der jeweiligen Gesamtnutzungsdauer eines Neubaus ergibt, so wird damit unterstellt, dass der nicht modernisierte **Rohbau** die sonst übliche Gesamtnutzungsdauer weiterhin absenkt, weil er **wirtschaftlich verbraucht** sei **und nicht modernisiert** wurde. Nach dem bisherigen Tabellenwerk ergab sich sogar nur eine modifizierte Restnutzungsdauer von ca. 50 % der Gesamtnutzungsdauer eines Neubaus. Das kann, muss aber nicht so sein, denn vielfach ergibt sich für den Rohbau gar kein oder nur in engen Grenzen ein Modernisierungsbedarf (z. B. überalterte Decken ohne Trittschalldämmung). Eine differenzierte Betrachtungsweise nach Art und Umfang des sich auf den Rohbau beziehenden Modernisierungsbedarfs ist deshalb angezeigt.

412 Der **Rohbauanteil eines Gebäudes ist nicht zwangsläufig in gleichem Maße wie sein Ausbauanteil** von den sich wandelnden Anforderungen an Gebäude betroffen und i. d. R. einer weitaus geringeren wirtschaftlichen Wertminderung unterworfen. Ein Rohbau kann auch nach 100 Jahren noch weitgehend den wirtschaftlichen Anforderungen entsprechen. Dann kann sich durch eine Vollmodernisierung des Ausbaus eine weitaus längere Restnutzungsdauer ergeben, und dieser Fall wird mit dem in Anl. 4 zu den SachwertR gegebenen Hinweis angesprochen, dass „bei **kernsanierten Objekten** die Restnutzungsdauer bis zu 90 % der jeweiligen Gesamtnutzungsdauer" betragen kann. Allein mit diesem Hinweis wird man den grundlegenden Mangel der Tabellen nicht heilen können, denn die zeitliche Spannbreite der wirtschaftlichen Nutzungsfähigkeit des Rohbaus kann ganz oder teilweise erheblich differieren, während dem Modell dieser Tabellen die unzulässige Annahme zugrunde liegt, dass mit dem wirtschaftlichen Verbrauch des Ausbaus der Rohbau regelmäßig zu 30 % wirtschaftlich

IV § 6 ImmoWertV — Gesamt- und Restnutzungsdauer

verbraucht ist. Tatsächlich müssen im konkreten Einzelfall stets die Besonderheiten des Rohbaus in die Betrachtung einbezogen werden.

Abb. 45: Wirtschaftliche Wertminderung nach Rohbau und Ausbaugewerken

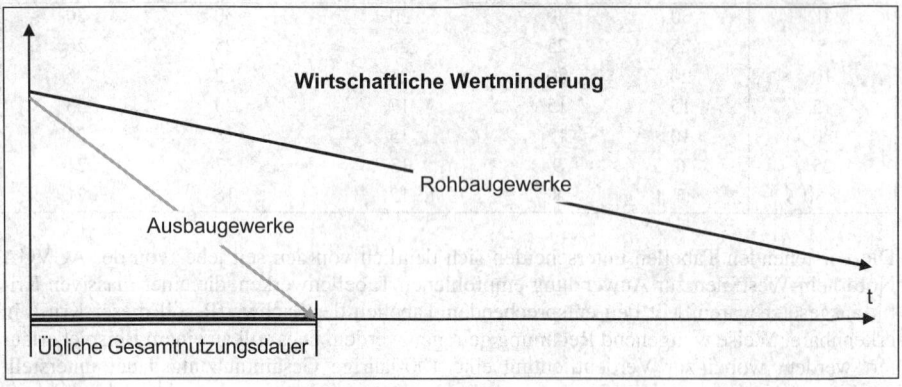

12.5.1.3 Ermittlung des fiktiven Baujahrs (Alters)

▶ *Vgl. auch Syst. Darst. des Sachwertverfahrens Rn. 182 ff.*

413 Ist das zu bewertende Objekt in der Vergangenheit modernisiert worden und soll die Restnutzungsdauer aus der Gesamtnutzungsdauer abzüglich Alter ermittelt werden, stellt sich die Frage nach dem angemessenen **fiktiven Baujahr** *(effective age)*.

414 In der Praxis wird dazu auf folgende Formeln zurückgegriffen:

$$\text{Fiktives Baujahr} = \frac{\text{Baujahr (alt)} \times \text{BGF (alt)} + \text{Baujahr (neu)} \times \text{BGF (neu)}}{\text{BGF insgesamt}}$$

$$\text{Fiktives Baujahr} = \frac{\text{Baujahr (alt)} \times \text{WF (alt)} + \text{Baujahr (neu)} \times \text{WF (neu)}}{\text{WF insgesamt}}$$

$$\text{Fiktives Baujahr} = \frac{\text{Baujahr (alt)} \times \%\text{ alte Bausubstanz} + \text{Baujahr (neu)} \times \%\text{ neue Bausubstanz}}{100}$$

wobei
BGF = Brutto-Grundfläche
WF = Wohnfläche

415 Der prozentuale Anteil der neuen Bausubstanz wird bei vorangegangener Modernisierung zumeist auf der Grundlage der **Wertanteilstabelle** ermittelt.

416 *Beispiel 1 (auf der Grundlage der BGF):*
Wohngebäude Baujahr 1905,
BGF 1 500 m², davon im Jahre 1996 800 m² durchgreifend modernisiert:
  Berechnung: [1905 × 700 m² + 1996 × 800 m²]/1 500 m² = **1954 (fiktives Baujahr)**
Bei vollständiger Modernisierung des Ausbaus im Jahre 2008:
[1905 × 0 m² + 2008 × 1 500 m³]/1 500 m² = 2008 (fiktives Baujahr) richtig, wenn
nach NRW-Tabelle = 1958 (fiktives Baujahr)

Die Formel ist sachgerecht, wenn Rohbau „zeitlos" ist und nur der Ausbau einschließlich Keller- und Dachgeschoss einer wirtschaftlichen Wertminderung unterworfen ist.

Gesamt- und Restnutzungsdauer § 6 ImmoWertV IV

Ist die BGF zu 100 % modernisiert worden, ist bei Anwendung der Formel der Baukörper in seiner Gesamtheit modernisiert.

Beispiel 2 (auf der Grundlage der WF): 417

Wohngebäude Baujahr 1905

WF 1 200 m^2

davon im Jahre 2008 1 200 m^2 durchgreifend modernisiert:

Berechnung: [1905 × 0 m^2 + 2008 × 1 200 m^2]/1 200 m^2 = **2008 (fiktives Baujahr)**

Die Formel „ignoriert" sowohl die Rohbaugewerke als auch die Verkehrsflächen (Treppenhaus) sowie den Zustand der nicht ausgebauten Dach- und Kellergeschosse.

Ist die WF/NF zu 100 % modernisiert worden, ist bei Anwendung der Formel der Baukörper in seiner Gesamtheit, jedoch ohne die Flächen modernisiert worden, die nicht Wohn- bzw. Nutzfläche sind, modernisiert.

Beispiel 3 (auf der Grundlage der Wertanteilstabelle): 418

Wohngebäude Baujahr 1905, davon im Jahre 1996 durchgreifend modernisiert:

– Dach	7,20 %	Anteil an Neubaukosten
– Haustechnik	19,80 %	Anteil an Neubaukosten
gesamt	27,00 %	

Berechnung: [(1905 ×[100 – 27]) + 1996 × 27]/100 = **1929,6 (fiktives Baujahr)**

Die Formel ist nur sachgerecht, wenn der *Roh- und Ausbau* einer gleichen wirtschaftlichen Wertminderung unterworfen ist.

Es handelt sich dabei um eine grobe Überschlagsformel, denn die zu berücksichtigenden Verhältnisse liegen tatsächlich komplizierter. Aus den Wertanteilstabellen ergibt sich der Wertanteil einzelner Bauteile (Gewerke) am Gesamtwert des Gebäudes, der sich in der Grobgliederung aus Rohbau- und Ausbaukosten zusammensetzt. **Roh- und Ausbau unterliegen indessen einem unterschiedlichen Wertverschleiß.** Ein Rohbau kann im „günstigsten" Fall sogar so errichtet worden sein, dass er eine für die Belange der Verkehrswertermittlung quasi unbegrenzte Nutzungsdauer aufweist. Wird der gesamte Ausbau modernisiert, kann in diesem Fall aus wertermittlungstechnischer Sicht von einem Neubau ausgegangen werden. Das Gleiche gilt aber auch, wenn vom Rohbau lediglich das nicht wärmegedämmte Außenmauerwerk sowie die Grundrissgestaltung einem wirtschaftlichen Wertverfall unterlagen und im Zuge der Modernisierung der Grundriss und das Außenmauerwerk modernisiert wurden. 419

Die Roh- und Ausbaukosten stehen nach den Wertanteilstabellen indessen in einem Verhältnis von etwa 50 : 50 zueinander. Ist der gesamte Ausbau eines Gebäudes erneuert worden und hat dies quasi zu einem Neubau geführt, würde sich nach der vorstehenden Formel infolgedessen nur eine hälftige Verjüngung ergeben, was aber den mit der Modernisierung herbeigeführten Gegebenheiten nicht entspräche. Deshalb erscheint es geboten, den **Wertanteil der modernisierten Bauteile entsprechend seiner Bedeutung für die Gesamtnutzungsdauer zu gewichten.** 420

Beispiel 4: 421

Roh- und Ausbau stehen in einem Verhältnis von 47,1 % : 52,9 % zueinander, der Rohbau sei so gut beschaffen, dass er praktisch keinem wirtschaftlichen Wertverzehr unterliegt.

Es wurde die gesamte Haustechnik mit einem Wertanteil von 19,8 % am Gesamtwert erneuert. Der für die Berechnung der Verjüngung des Gebäudes maßgebliche Wertanteil ergibt sich mithin zu:

19,8 % × 100/(100 – 47,1)= 37,4 %

Wohngebäude Baujahr 1912, davon im Jahre 2006 durchgreifend modernisiert:

Berechnung: [(1912 × [100 – 37,4]) + 2006 × 37,4]/100 = **1947 (fiktives Baujahr)**

422 *Beispiel 5:*

Unterliegen Teile des Rohbaus (z. B. Außenmauerwerk und Grundrisse mit einem Wertanteil von 24,1 %) einem wirtschaftlichen Wertverfall, so unterliegen nur 23,0 % des Bauwerks (= 47,1 % – 24,1 %) keinem Wertverzehr. Der für die Berechnung der Verjüngung des Gebäudes maßgebliche Wertanteil ergibt sich mithin zu:

19,8 % × 100/(100 – 23,0) = 25,7 %

Wohngebäude Baujahr 1912, davon im Jahre 2006 durchgreifend modernisiert:

Berechnung: [(1912 × [100 – 25,7]) + 2006 × 25,7]/100 = **1936 (fiktives Baujahr)**

423 *Beispiel 6:*

Roh- und Ausbau stehen in einem Verhältnis von 47,1 %: 52,9 % zueinander, der Rohbau sei so gut beschaffen, dass er praktisch keinem wirtschaftlichen Wertverzehr unterliegt.

Es wurde im Zuge einer durchgreifenden Gebäudesanierung der gesamte Ausbau mit einem Wertanteil von 52,9 % am Gesamtwert umfassend erneuert. Der für die Berechnung der Verjüngung des Gebäudes maßgebliche Wertanteil ergibt sich mithin zu:

52,9 % × 100/(100 – 47,1) = 100,0 %

Wohngebäude Baujahr 1905, davon im Jahre 1996 durchgreifend modernisiert:

Berechnung: [(1912 × [100 – 100]) + 2006 × 100]/100 = **2006 (fiktives Baujahr)**

Zu einem „Neubau" käme man auch, wenn die Teile des Rohbaus, die einem Wertverzehr unterliegen, im Zuge der Maßnahmen ebenfalls erneuert bzw. ergänzt worden wären.

424 Wenn sich bei dieser Berechnung ein „Neubau" ergibt, so handelt es sich nicht um einen „bautechnischen", sondern um einen **Neubau im wertermittlungstechnischen Sinne,** d. h. um eine bauliche Anlage, die eine wirtschaftliche Nutzung über die für diese bauliche Anlage übliche Gesamtnutzungsdauer erwarten lässt.

425 Dies entspricht im Übrigen nicht dem „Neubau", wie er nach dem Steuerrecht im Hinblick auf die **steuerliche Abschreibung** zur Förderung der Erneuerung des Gebäudebestands nach § 7 Abs. 5 EStG verlangt wird. Der nach dieser Vorschrift geforderte **„bautechnische Neubau"** setzt in Umbaufällen voraus, dass

– entweder die bisher vorhandene Gebäudesubstanz – mit Rücksicht auf die für die Nutzungsdauer bestimmenden Gebäudeteile (z. B. Fundamente, tragende Innen- und Außenmauern, Geschossdecken, Dachkonstruktion) – nicht mehr nutzbar war (sog. Vollverschleiß[245]) oder,

– sofern dies nicht gegeben ist, dass die neu eingefügten Gebäudeteile dem Gesamtgebäude in bautechnischer Hinsicht das Gepräge geben (sog. grundlegender Umbau) und die tragenden Gebäudeteile in zumindest überwiegendem Umfang ersetzt werden[246].

426 Steuerlich sind mithin auch nicht die Zweckbestimmung des Gebäudes, die bewertungsrechtliche Feststellung der Grundstücksart, die Höhe des insgesamt anfallenden Sanierungsaufwands oder die „Verlängerung der Gesamtnutzungsdauer"[247] ausschlaggebend. **Wenn steuerrechtlich die „Verlängerung der Gesamtnutzungsdauer" nicht ausschlaggebend sein soll, so ist damit nicht ausgeschlossen, dass im Rahmen der Verkehrswertermittlung die Gesamtnutzungsdauer zu verlängern ist,** und zwar auch dann, wenn die tragenden Gebäudeteile des Rohbaus „in zumindest überwiegendem Umfang" nicht ersetzt werden. Bei dieser Sachlage ist die zu den steuerrechtlichen Anforderungen an die Herstellung eines bau-

---

[245] BFH, Urt. vom 25.5.2004 – VIII R 6/01 –, BFHE 206, 266 = BStBl II 2004, 783; BFH, Urt. vom 3.12.2002 – IX R 64/99 –, BFHE 201, 148 = BStBl II 2003, 590 = EzGuG 3.127c; BFH, Urt. vom 15.10.1999 – IX B 109/99 –; BFH, Urt. vom 17.12.1997 – X R 54/96 –, BFH/NV 1988, 841; BFH, Urt. vom 12.3.1996 – IX R 48/95 –, BFHE 180, 134 = BStBl II 1996, 514; BFH, Urt. vom 18.6.1996 – IX R 40/95 –, BFHE 181, 23 = BStBl II 1996, 645; BFH, Urt. vom 9.5.1995 – IX R 116/92 –; BFH, Urt. vom 24.10.1990 – II R 9/88 –, BFHE 162, 369; BFH, Urt. vom 28.11.1990 – II R 36/87 –, BFHE 162, 391 = BStBl II 1990, 209.

[246] BFH, Urt. vom 31.3.1992 – IX R 175/87 –, BFHE 168, 109 = BStBl II 1992, 808; BFH, Urt. vom 28.6.1977 – VIII R 115/73 –; BFHE 122, 512 = BStBl II 1977, 725; BFH, Urt. vom 25.11.1993 – IV R 68/92 –, BFH/NV 1994, 705; BFH, Urt. vom 12.3.1996 – IX R 48/95 –, BFHE 180, 134 = BStBl II 1977, 725.

[247] 231 BFH, Urt. vom 19.3.1991 – IX R 131/86 –, BFH/NV 1991, 670; BFH, Urt. vom 31.3.1992 – IX R 175/87 –, BFHE 168, 109 = BStBl II 1992, 808; BFH, Urt. vom 25.11.1993 – IV R 68/92 –, BFH/NV 1994, 705.

12.5.1.4 Abschätzung der Restnutzungsdauer bei „verbrauchter" Modernisierung

Nicht immer führen Modernisierungsmaßnahmen zu einer Verlängerung der Gesamt- und Restnutzungsdauer, insbesondere dann nicht, wenn **Bauteile modernisiert wurden, deren Nutzungsdauer kürzer als die Gesamtnutzungsdauer der baulichen Anlage** (insgesamt) ist. Der Gutachterausschuss von *Aachen* bedient sich in solchen Fällen eines Verfahrens, bei dem die Normalherstellungskosten entsprechend dem Wägungsanteil gewichtet aus verschiedenen Baujahrsgruppen zum Ansatz kommen. 427

Beispiel: 428

Gebäudetyp 1.11
Baujahr 1950, mittlere Ausstattung
Modernisierungsmaßnahmen:
- 1970 Einbau von Fenstern aus Kunststoff und Isolierverglasung
- 1985 Erneuerung des Heizkessels: die übrige Heizungsanlage war 1950 bereits im gehobenen Ausstattungsstandard

In dem *Beispiel* weist die Heizungsanlage mit einem Wägungsanteil von 8 % im Unterschied zur mittleren Ausstattung des Gesamtobjekts eine gehobene Ausstattung auf. Davon wiederum wird dem Heizungskessel ein Wägungsanteil von 3 % beigemessen. Dieser Heizungskessel wurde 1985 wiederum in gehobener Ausstattung erneuert. Zusammen mit dem gewichteten Anteil der im Jahre 1970 erneuerten Fenster ergeben sich die Normalherstellungskosten zu rd. 565 €/m² BGF (Abb. 46). 429

Abb. 46: Berechnungsschema

Baujahr		1950		1950		1970		1985
		Wert 1		Wert 2		Wert 3		Wert 4
NHK-2010-Wert in €/m²		550		655		630		795
Wägungsanteile:	in %	€/m²	in %	€/m²	in %	€/m²	in %	€/m²
Fassade:	4,0 %	4,0						
Fenster:	7,0 %	–			7,0	44,1		
Dächer:	10,0 %	10,0						
Sanitär:	6,0 %	6,0						
Bodenbeläge:	5,0 %	5,0						
Innentüren:	5,0 %	5,0						
Heizung:	8,0 %	–	5,0	32,8			3,0	21,0
Elektroinst.:	3,0 %	3,0						
Restanteil:	52,0 %	52,0						
Spaltensumme:	85,0	467,5	5,0	32,8	7,0	44,1	3,0	21,0
Gesamtsumme:	100,0	565,4						

Allgemein lässt sich bei teilmodernisierten Gebäuden das fiktive Baujahr ermitteln, indem die modernisierten und nicht modernisierten Geschossflächen (Wohn- oder Nutzflächen) ins Verhältnis zueinander gesetzt werden. 430

Fiktives Baujahr = [(Nichtmodernisierte WF × Baujahr) + (Modernisierte WF × Modernisierungsjahr)]/Gesamte WF

Beispiel:

a) **Sachverhalt**
   Wohngebäude
   Baujahr 1960
   Gesamte Wohnfläche 1 000 m²
   Modernisierung 1980
   Modernisierte Wohnfläche 400 m²

b) **Fiktives Baujahr**
   [(600 m² × 1960) + (400 m² × 1980)]/1 000 m² = 1968

12.5.5.2 Steuerliche Bewertung

431 Im steuerlichen Bereich wird nach den gleich lautenden Erlassen der obersten Finanzbehörden der Länder zur Umsetzung des Gesetzes zur Reform des Erbschaftsteuer- und Bewertungsrechts vom 5.5.2009 hieran anlehnend vorgegangen. Eine Verlängerung der Restnutzungsdauer ist jedoch nur anzunehmen, wenn in den letzten zehn Jahren durchgreifende Modernisierungen vorgenommen wurden, die nach dem Punktesystem der nachfolgenden Tabelle 1 eine überwiegende oder umfassende Modernisierung ergeben. Die verlängerte Restnutzungsdauer ergibt sich aus den nachfolgenden Tabellen 2 bis 6. Eine Interpolation soll nicht in Betracht kommen.

432 Tabelle 1

Modernisierungselemente	Punkte
Dacherneuerung inkl. Verbesserung der Wärmedämmung	3
Verbesserung der Fenster	2
Verbesserung der Leitungssysteme (Strom, Gas, Wasser, Abwasser)	2
Verbesserung der Heizungsanlage	2
Wärmedämmung der Außenwände	2
Modernisierung von Bädern	2
Einbau von Bädern	3
Modernisierung des Innenausbaus, z. B. Decken und Fußböden	3
Wesentliche Änderung und Verbesserung der Grundrissgestaltung	3

11 – 15 Punkte: überwiegend modernisiert

über 15 Punkte: umfassend modernisiert

433 Tabelle 2

Übliche Gesamtnutzungsdauer von 80 Jahren

	Modernisierungsgrad	
	11–15 Punkte	> 15 Punkte
Gebäudealter	neue Restnutzungsdauer	
≥ 80 Jahre	32	40
ab 70 Jahre	33	41
ab 60 Jahre	35	42
ab 50 Jahre	39	45
ab 40 Jahre	43	48
ab 30 Jahre	50	53
ab 20 Jahre	unverändert	60

Gesamt- und Restnutzungsdauer § 6 ImmoWertV IV

Tabelle 3
Übliche Gesamtnutzungsdauer von 70 Jahren

Gebäudealter	Modernisierungsgrad	
	11–15 Punkte	> 15 Punkte
	neue Restnutzungsdauer	
≥ 70 Jahre	28	35
ab 60 Jahre	29	36
ab 50 Jahre	32	37
ab 40 Jahre	35	40
ab 30 Jahre	41	44
ab 20 Jahre	50	50

Tabelle 4
Übliche Gesamtnutzungsdauer von 60 Jahren

Gebäudealter	Modernisierungsgrad	
	11–15 Punkte	> 15 Punkte
	neue Restnutzungsdauer	
≥ 60 Jahre	24	30
ab 50 Jahre	25	31
ab 40 Jahre	28	33
ab 30 Jahre	32	36
ab 20 Jahre	40	40

Tabelle 5
Übliche Gesamtnutzungsdauer von 50 Jahren

Gebäudealter	Modernisierungsgrad	
	11–15 Punkte	> 15 Punkte
	neue Restnutzungsdauer	
≥ 50 Jahre	20	25
ab 40 Jahre	22	26
ab 30 Jahre	25	29
ab 20 Jahre	30	33
ab 10 Jahre	unverändert	40

Tabelle 6
Übliche Gesamtnutzungsdauer von 40 Jahren

Gebäudealter	Modernisierungsgrad	
	11–15 Punkte	> 15 Punkte
	neue Restnutzungsdauer	
≥ 40 Jahre	16	20
ab 30 Jahre	18	21
ab 20 Jahre	22	24
ab 10 Jahre	30	30

Eine **Verkürzung der Restnutzungsdauer** kommt **bei der steuerlichen Bewertung** nur in besonders gelagerten Einzelfällen in Betracht, wie z. B. bei bestehender Abbruchverpflichtung für das Gebäude. Baumängel und Bauschäden oder wirtschaftliche Gegebenheiten kön-

434

nen hingegen im typisierenden Bewertungsverfahren zu keiner Verkürzung der Restnutzungsdauer führen.

435 Die Restnutzungsdauer eines noch nutzbaren Gebäudes beträgt nach § 185 Abs. 3 Satz 5 BewG regelmäßig noch mindestens 30 Prozent der wirtschaftlichen Gesamtnutzungsdauer. Die Regelung unterstellt einen durchschnittlichen Erhaltungszustand und macht insbesondere bei älteren Gebäuden in vielen Fällen die Prüfung entbehrlich, ob die restliche Lebensdauer infolge baulicher Maßnahmen verlängert wurde. Bei besonderen Fallgestaltungen, wie z. B. bei bestehender vertraglicher Abbruchverpflichtung für das Gebäude, kann die Mindest-Restnutzungsdauer jedoch unterschritten werden[248].

12.6 Abschätzung der Restnutzungsdauer bei Gebäudemix

12.6.1 Verkehrswertermittlung

▶ Vgl. Syst. Darst. des Sachwertverfahrens Rn. 174, 301 ff.

436 Bei **Liegenschaften, die sich aus einer Vielzahl von Gebäuden mit unterschiedlicher Restnutzungsdauer** zusammensetzen, stellt sich die Frage, welche Restnutzungsdauer der Kapitalisierung des Reinertrags zugrunde zu legen ist. Viele Gutachter ermitteln in derartigen Fällen bei Anwendung des *Ertragswertverfahrens* zunächst die Summe aller Reinerträge der baulichen Anlagen und kapitalisieren diese mit einer gewogenen Restnutzungsdauer der baulichen Anlagen unter Anwendung folgender Formel

$$RND_{Mittel} = \frac{\sum_{1}^{i}(RoE_i \times RND_i)}{\sum RoE_i}$$

wobei
RoE_i = Rohertrag des Gebäudes i (besser: Jahresnettokaltmiete/Grundmiete)
RND_{Mittel} = Gewogene (mittlere) Restnutzungsdauer
RND_i = Restnutzungsdauer des Gebäudes i

437 *Beispiel:*

1. **Sachverhalt:**

Die Liegenschaft (wirtschaftliche Einheit) setzt sich aus drei Gebäuden zusammen
- Gebäude 1: Jahresnettokaltmiete 40 000 €: RND 40 Jahre
- Gebäude 2: Jahresnettokaltmiete 20 000 €: RND 20 Jahre
- Gebäude 3: Jahresnettokaltmiete 10 000 €: RND 10 Jahre

Ermittlung der mittleren Restnutzungsdauer:

Gebäude	RND [Jahre]	Jahresnettokaltmiete [€]	Jahresnettokaltmiete × RND_i [€ × Jahre]
1	40	40 000	1 600 000
2	20	20 000	400 000
3	10	10 000	100 000
		Σ Jahresnettokaltmiete = 70 000	2 100 000 = Σ Jahresnettokaltmiete × RND

---

248 ErbStR und ErbStH 2011 zu 185.3 Abs. 5 und 6.

Gesamt- und Restnutzungsdauer § 6 ImmoWertV IV

2. Mittlere Restnutzungsdauer

$$RND_{Mittel} = 2\,100\,000\,€ / 70\,000\,€ = \mathbf{30\ Jahre}$$

3. Ertragswertermittlung (mit mittlerer Restnutzungsdauer)

	Jahresnettokaltmiete	70 000 €
./.	Bewirtschaftungskosten (25 %)	– 17 500 €
=	Jahresreinertrag	52 500 €
./.	Bodenwertverzinsung (500 000 € × 0,06)	– 30 000 €
	Bodenwertverzinsungsbetragsgeminderter RE	22 500 €
×	Vervielfältiger von 30 Jahren und 6 % = 13,76:	309 600 €
+	Bodenwert	+ 500 000 €
=	Ertragswert	**809 600 €**

Vor einer schematischen Anwendung dieses Verfahrens muss gewarnt werden, insbesondere, wenn die Liegenschaft eine wirtschaftliche Einheit darstellt: **438**

– Soweit die wirtschaftliche Nutzungsfähigkeit der Liegenschaft von der gleichzeitigen Nutzbarkeit mehrerer Gebäude abhängt, bestimmt zunächst das schwächste Glied die für diese Liegenschaft maßgebliche Restnutzungsdauer. Es muss darüber hinaus jedoch untersucht werden, ob und inwieweit sich die Restnutzungsdauer des schwächsten Gebäudes verlängern lässt; möglicherweise muss auch ein partieller Neubau in Betracht gezogen werden. Ansonsten teilen die Gebäude mit einer längeren Restnutzungsdauer das Schicksal der Gebäude mit kürzerer Restnutzungsdauer.

– Soweit eine Aufteilung der Liegenschaft in voneinander abspaltbare Nutzungen und damit auch einer unterschiedlichen Nutzungsdauer in Betracht kommt, ist eine differenzierte Vorgehensweise angezeigt.

In jedem Fall muss der Gutachter unter wirtschaftlicher Sichtweise eine den **besonderen Verhältnissen der Liegenschaft im Einzelfall** Rechnung tragende Restnutzungsdauer ansetzen.   **439**

Beispiel: **440**

Im nachfolgenden *Beispiel* sollen häufig gemachte Fehler und die Auswirkungen der unterschiedlichen Vorgehensweisen dargestellt werden (Abb. 47).

Gesamtgrundstücksfläche	5 000 m²
Bodenrichtwert	100 €/m²
Bodenwert 100 €/m² × 5 000 m²	500 000 €
Liegenschaftszinssatz	6 %
Bewirtschaftungskosten	25 %

a) *Die „hilflose" Methode (schematische Vorgehensweise)*

Sachverhalt

Die Liegenschaft (wirtschaftliche Einheit) setzt sich aus drei Gebäuden zusammen

– Gebäude 1: Jahresnettokaltmiete 40 000 €: RND 40 Jahre
– Gebäude 2: Jahresnettokaltmiete 20 000 €: RND 20 Jahre
– Gebäude 3: Jahresnettokaltmiete 10 000 €: RND 10 Jahre

IV § 6 ImmoWertV — Gesamt- und Restnutzungsdauer

Abb. 47: Lageplan

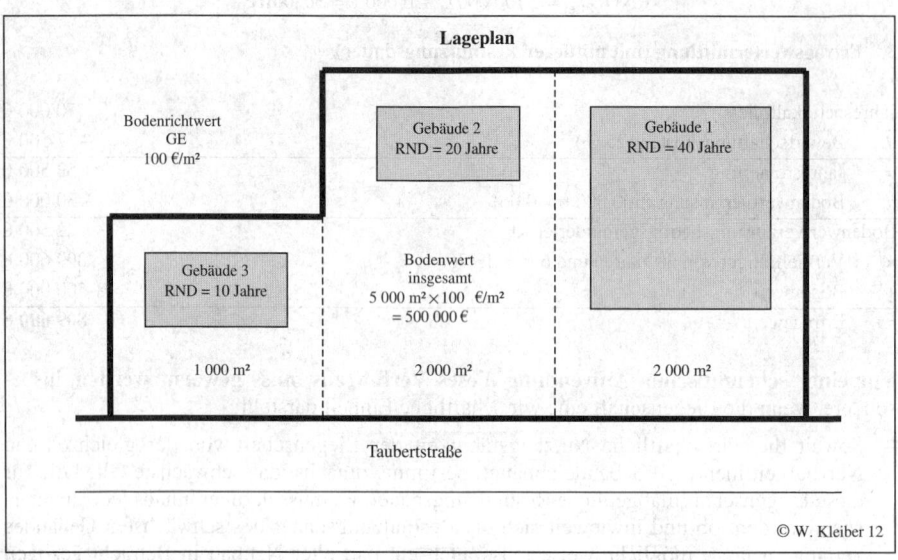

Soweit aus der wirtschaftlichen Einheit die selbstständig nutzbare Teilfläche von 1 000 m² heraustrennbar ist:

Verminderte Gesamtfläche 5 000 m² – 1 000 m²	=	4 000 m²
× Bodenrichtwert von 100 €/m²	=	400 000 €

Ertragswertermittlung (mit mittlerer Restnutzungsdauer)

Jahresnettokaltmiete	70 000 €
./. Bewirtschaftungskosten (25%)	– 17 500 €
= Jahresreinertrag	52 500 €
./. Bodenwertverzinsung (400 000 € × 0,06)	– 24 000 €
Bodenwertverzinsungsbetragsgeminderter RE	28 500 €
× Vervielfältiger von 30 Jahren und 6 % = 13,76:	392 160 €
+ Bodenwert	+ 500 000 €
= Vorläufiger Ertragswert	**892 160 €**

1. Fehlerquelle:

Abzug des Bodenwertverzinsungsbetrags für die Gesamtfläche einschließlich der selbstständig nutzbaren Freiflächen, der den Reinertrag RE übermäßig „auffrisst".

2. Fehlerquelle:

Der Grundbesitz wird als wirtschaftliche Einheit angesehen. Demzufolge wird eine mittlere Restnutzungsdauer (RND) ermittelt.

441 Scheinwissenschaftlich wird die „gewogene" Restnutzungsdauer entsprechend vorstehender Vorgehensweise mit 30 Jahren ermittelt:

Ertragswert: $EW = RE \times V + BW \times q^{-n}$

Reinertrag (RE)	= 52 500 €		
× V (= 13,76)		= 722 400 €	(bei p = 6 %)
Bodenwert (BW)	= 500 000 €		
× $1/q^{-n}$ (= 0,17411)		= + 87 055 €	(bei p = 6 %)
Ertragswert (EW)		= 809 455 €	
	EW	= 810 000 €	

Diese Art der Verkehrswertermittlung ist das Ergebnis einer schematischen Denkweise. **442**
Ebenso schematisch wäre es, nach dem Grundsatz vorzugehen, dass das **schwächste Glied einer Kette** die Restnutzungsdauer der wirtschaftlichen Einheit bestimmt.

b) *Richtige Vorgehensweise* **443**

Eine betriebliche Optimierungsbetrachtung der künftigen wirtschaftlichen Verwendung führt zu folgenden Überlegungen:

a) Gebäude 1 soll weitergenutzt werden; ihm wird eine Grundstücksteilfläche von 2 000 m² zugeordnet werden.
b) Gebäude 2 soll ebenfalls weitergenutzt werden; ihm wird eine Grundstücksteilfläche von 1 000 m² zugerechnet. Für die Betriebsfortführung wäre das Gebäude nicht erforderlich.
c) Gebäude 3 soll in zehn Jahren abgerissen werden (RND = 10 Jahre), Abbruchkosten 30 000 €. Soweit das Gebäude betriebsnotwendige Anlagen enthält, ist Neubau vorgesehen.

Gebäude	RND Jahre	Nettokaltmiete €	BewK €	RE €	V_i	RE × V_i	BW €	BW × q^{-n} €
Gebäude 1	40	40 000	10 000	30 000	15,05	451 500	200 000	19 444
Gebäude 2	20	20 000	5 000	15 000	11,47	+172 050	100 000	+31 180
		60 000				Summe = 623 550		Σ = 50 624
						+ 50 624		
					$EW_1 + EW_2$ =	674 174		

Gebäude 3 muss voraussichtlich bereits in zehn Jahren abgebrochen oder durch Modernisierung in seiner Restnutzungsdauer verlängert werden. Im Falle des Abbruchs fallen aufgrund der kurzen Restnutzungsdauer die Freilegungskosten ins Gewicht und sollen deshalb im Wege des Liquidationswertverfahrens berücksichtigt werden:

Jahresnettokaltmiete$_{Gebäude\ 3}$	= 10 000 €		
./. Bewirtschaftungskosten	= 2 500 €	(= 25 % der Jahresnettokaltmiete)	
Differenz	= 7 500 €	× $V_{(p\ =\ 6\%;\ n\ =\ 10\ Jahre)}$ =	55 200 €

Bodenwert$_{(im\ freigelegten\ Zustand)}$	= 100 000 €
./. Freilegungskosten	= 30 000 €
= BW – FLK	= 70 000 €

diskontiert über zehn Jahre mit einem Liegenschaftszinssatz von 6 %

bei einem Diskontierungsfaktor von 0,55839 : 70 000 € × 0,55839 =	+ 39 088 €
= Liquidationswert von Gebäude 3 (EW_3)	94 288 €
+ „Überschüssiger" Bodenwert (= 1 000 m² × 100 €/m²)	+ 100 000 €
+ Ertragswert von Gebäude 1 und 2	+ 674 174 €
= Ertragswert (insgesamt)	= 868 462 €

Das vorgestellte *Beispiel* verdeutlicht, welche schwerwiegenden Fehler bei einer schematischen Vorgehensweise ohne Berücksichtigung der wirtschaftlichen und funktionalen Zusammenhänge der wirtschaftlichen Einheit auftreten können.

444 Ähnlich stellt sich die Frage nach der „richtigen" Restnutzungsdauer bei Gebäuden, die sich aus Bauteilen unterschiedlicher Herstellungsjahre zusammensetzen (Abb. 48).

Abb. 48: Gebäude, das sich aus Bauteilen unterschiedlicher Herstellungsjahre zusammensetzt

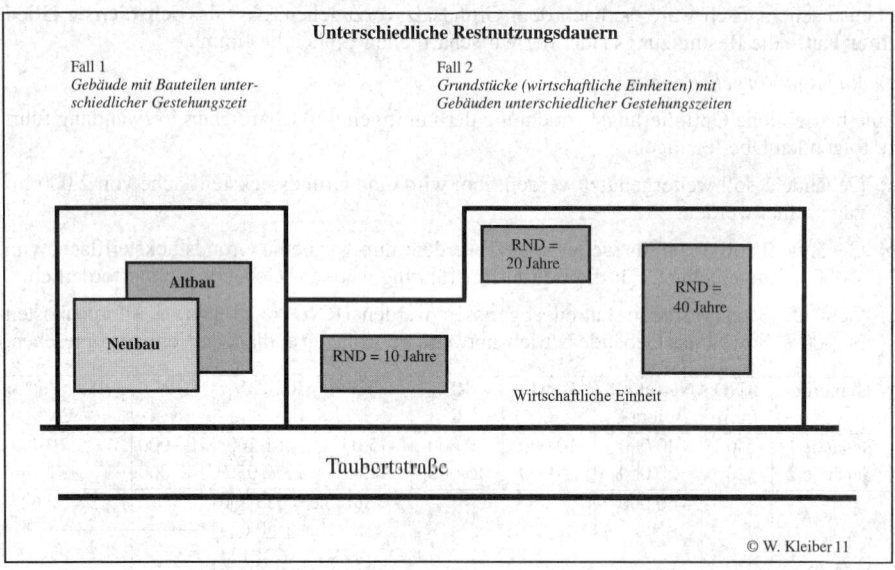

445 Abzulehnen sind folgende häufig zur Anwendung kommende Methoden:
   a) Gesonderte Ertragswertermittlung der einzelnen Gebäude bzw. Gebäudeteile und Saldierung der Ergebnisse.
   b) Einheitliche Ertragswertermittlung auf der Grundlage des Gebäudes bzw. Gebäudeteils mit der kürzesten Restnutzungsdauer (Prinzip des „schwächsten Glieds einer Kette").
   c) Mittlere Restnutzungsdauer auf der Grundlage der Roh- bzw. Reinerträge nach der vorstehenden Formel.

12.6.2 Steuerlicher Bereich

446 Im steuerlichen Bereich wird anlehnend an die Ausführungen unter Rn. 413 wie folgt vorgegangen:

Formel zur Ermittlung der gewogenen Restnutzungsdauer

$$RND_{gewogen} = \frac{RoG_1 \times RND_1 + RoG_n \times RND_n}{RoG_1 + RoG_n}$$

RND = Restnutzungsdauer
RoG = Rohertrag des Gebäudes/Gebäudeteils

Gesamt- und Restnutzungsdauer § 6 ImmoWertV IV

Formel zur Ermittlung der gewichteten Restnutzungsdauer

$$RND_{gewichtet} = \frac{WF/NF_1 \times RND_1 + WF/NF_n \times RND_n}{WF/NF_1 + WF/NF_n}$$

RND = Restnutzungsdauer
WF/NF = Wohn- bzw. Nutzfläche des Gebäudes/Gebäudeteils

Beispiel 1 (gewogene Restnutzungsdauer bei Gebäudemix):   **447**

1. Ermittlung der gewogenen Restnutzungsdauer:

Verwaltungsgebäude:	wirtschaftliche Gesamtnutzungsdauer (Anlage 22 BewG)	= 60 Jahre
	abzüglich Alter am Bewertungsstichtag	– 19 Jahre
	Restnutzungsdauer	= 41 Jahre

Industriegebäude:	wirtschaftliche Gesamtnutzungsdauer (Anlage 22 BewG)	= 50 Jahre
	abzüglich Alter am Bewertungsstichtag	– 19 Jahre
	Restnutzungsdauer	= 31 Jahre

(Mindest-Restnutzungsdauer nach § 185 Abs. 3 Satz 5 BewG jeweils überschritten)

$$RND_{gewogen} = \frac{RoG_1\,(100\,000\text{ EUR}) \times RND_1\,(41\text{ Jahre}) + RoG_2\,(40\,000\text{ EUR}) \times RND_2\,(31\text{ Jahre})}{RoG_1\,(100\,000\text{ EUR}) + RoG_2\,(40\,000\text{ EUR})}$$

$RND_{gewogen} = 38{,}14 = $ rd. 38 Jahre

Beispiel 2 (gewichtete Restnutzungsdauer):   **448**

Das Geschäftsgrundstück nach Beispiel 1 wurde zu einem jährlichen Gesamtentgelt in Höhe von 140 000 € vermietet. Das Verwaltungsgebäude hat eine Nutzfläche von 1 000 m² und das Industriegebäude eine Nutzfläche von 800 m².

1. Ermittlung der gewichteten Restnutzungsdauer:

Verwaltungsge-bäude:	wirtschaftliche Gesamtnutzungsdauer (Anlage 22 BewG)	= 60 Jahre
	abzüglich Alter am Bewertungsstichtag	– 19 Jahre
	Restnutzungsdauer	= 41 Jahre

Industriegebäude:	wirtschaftliche Gesamtnutzungsdauer (Anlage 22 BewG)	= 50 Jahre
	abzüglich Alter am Bewertungsstichtag	– 19 Jahre
	Restnutzungsdauer	= 31 Jahre

$$RND_{gewichtet} = \frac{NF_1\,(1\,000\text{ m}^2) \times RND_1\,(41\text{ Jahre}) + NF_2\,(800\text{ m}^2) \times RND_2\,(31\text{ Jahre})}{NF_1\,(1\,000\text{ m}^2) + NF_2\,(800\text{ m}^2)}$$

$RND_{gewichtet} = 36{,}56 = $ rd. 37 Jahre

IV § 7 ImmoWertV Ungewöhnliche oder persönliche Verhältnisse

§ 7 ImmoWertV
Ungewöhnliche oder persönliche Verhältnisse

Zur Wertermittlung und zur Ableitung erforderlicher Daten für die Wertermittlung sind Kaufpreise und andere Daten wie Mieten und Bewirtschaftungskosten heranzuziehen, bei denen angenommen werden kann, dass sie nicht durch ungewöhnliche oder persönliche Verhältnisse beeinflusst worden sind. Eine Beeinflussung durch ungewöhnliche oder persönliche Verhältnisse kann angenommen werden, wenn Kaufpreise und andere Daten erheblich von den Kaufpreisen und anderen Daten in vergleichbaren Fällen abweichen.

Gliederungsübersicht   Rn.
1   Übersicht...   1
2   Allgemeiner Grundsatz (§ 7 Satz 1 ImmoWertV)   5
3   Identifizierung ungewöhnlicher oder persönlicher Verhältnisse (§ 7 Satz 2 ImmoWertV)
    3.1   Allgemeines   7
    3.2   Ausschluss „erheblich" abweichender Kaufpreise 13
    3.3   Besonderheiten der steuerlichen Bewertung.. 20
4   Rechtsprechungsübersicht... 21
5   Ungewöhnliche Aufwendungen bei der Bemessung von Kaufpreisen 23
6   Verrentung von Kaufpreisen; Leib- und Zeitrente
    6.1   Allgemeines 28
    6.2   Zeitrente
          6.2.1   Allgemeines 31
          6.2.2   End- und Barwert von Zeitrenten
                  6.2.2.1   Ermittlung des Endwerts von Zeitrenten 34
                  6.2.2.2   Ermittlung des Barwerts von Zeitrenten
    6.3   Leibrente
          6.3.1   Allgemeines 36
          6.3.2   Berechnung des Barwerts 40
    6.4   Zinssatz 54

1 Übersicht

1 **Schrifttum:** *Knoll* in AöR 81 (1956), S. 157 ff., 162 ff.

▶ *§ 194 BauGB Rn. 18 ff.*

Die Verwendung von Kaufpreisen und anderen **Daten, die durch ungewöhnliche oder persönliche Verhältnisse beeinflusst worden sind,** führt zu einer Verfälschung des Ergebnisses einer Wertermittlung. Deshalb muss jeder Sachverständige darauf bedacht sein, nur solche Daten in die Wertermittlung eingehen zu lassen, die der Höhe nach nicht durch Besonderheiten beeinflusst worden sind, die nicht repräsentativ für den gewöhnlichen Geschäftsverkehr i. S. des § 194 BauGB sind. Nach § 194 BauGB bestimmt sich nämlich der Verkehrswert (Marktwert) eines Grundstücks nach dem Preis, der (einerseits) im „gewöhnlichen Geschäftsverkehr und (andererseits) „ohne Rücksicht auf ungewöhnliche oder persönliche Verhältnisse" zu erzielen wäre[1]. Zur Frage der Tautologie bzw. Abgrenzung beider Kriterien vgl. § 194 BauGB Rn. 18 ff.).

2 § 7 ImmoWertV bestimmt deshalb, dass

a) zur Wertermittlung und zur Ableitung erforderlicher Daten für die Wertermittlung nur Kaufpreise und andere Daten (wie marktübliche Mieten und Bewirtschaftungskosten) her-

---

[1] Nach der WertV 72 ist das Nebeneinander beider Kriterien, nämlich das des „gewöhnlichen Geschäftsverkehrs" „ohne Rücksicht auf ungewöhnliche oder persönliche Verhältnisse" damit „verwischt" worden, dass zusammenfassend von „Besonderheiten" gesprochen wurde. Diesen in der Praxis auch gängigen Begriff hat die geltende ImmoWertV nicht übernommen.

anzuziehen sind, bei denen angenommen werden kann, dass sie nicht durch ungewöhnliche oder persönliche Verhältnisse beeinflusst worden sind (Satz 1) und

b) gibt als Vermutungstatbestand vor, dass Kaufpreise und anderen **Daten** durch ungewöhnliche oder persönliche Verhältnisse beeinflusst sein können, wenn sie **erheblich von den Kaufpreisen und anderen Daten in vergleichbaren Fällen abweichen.**

Der **Identifizierung von Kaufpreisen und anderen Daten, die durch ungewöhnliche oder persönliche Verhältnisse beeinflusst sind,** kommt eine Schlüsselrolle zu. Bevor der Sachverständige in die Ermittlung des Verkehrswerts direkt einsteigt, muss er nach Maßgabe dieser Vorschrift sorgfältig prüfen, welche der ihm zur Verfügung stehenden Daten überhaupt verwendungsfähig sind. Dies kann sich sogar auf die Wahl des Wertermittlungsverfahrens auswirken, nämlich dann, wenn er feststellen muss, dass für ein bestimmtes Verfahren keine Daten zur Verfügung stehen, deren Heranziehung den Anforderungen des § 7 ImmoWertV genügen kann.

Bevor die zur Wertermittlung zur Verfügung stehenden Daten Verwendung finden, ist daher eine sorgfältige Prüfung dieser Daten angezeigt. Dies gilt grundsätzlich und generell für alle in Betracht kommenden Daten, insbesondere

– bei *Anwendung des Vergleichswertverfahrens* (einschließlich der Ermittlung von Bodenrichtwerten) für die Vergleichspreise,

– bei *Anwendung des Ertragswertverfahrens* für die anzusetzenden Mieten, Pachten und sonstige Nutzungsentgelte ebenso wie für die anzusetzenden Bewirtschaftungskosten (§ 19 ImmoWertV)[2],

– *Anwendung des Sachwertverfahrens* für die anzusetzenden gewöhnlichen Herstellungskosten, aber auch die Schadensbeseitigungskosten, wenn diese zur Ermittlung der Wertminderungen wegen Baumängeln und Bauschäden nach § 8 Abs. 3 ImmoWertV als Bemessungsgrundlage herangezogen werden,

– bei der Ableitung sonstiger erforderlicher Daten nach Abschnitt 2 der ImmoWertV, usw.[3]

§ 7 ImmoWertV ist im Übrigen aus § 6 WertV 88/98 hervorgegangen, der in seinen Abs. 2 und 3 einen umfangreichen Katalog von Tatbeständen aufführte, die zwar als Verdachtsmomente dafür gelten konnten, dass Vergleichspreise bzw. „andere" Vergleichsdaten wie marktübliche Mieten und Bewirtschaftungskosten durch ungewöhnliche oder persönliche Verhältnisse beeinflusst worden sein können, dies jedoch stets erst noch verifiziert werden musste. In der Vorauflage wurde hierzu ausgeführt, dass allein das in § 6 Abs. 2 Nr. 1 und 4 WertV 88/98 genannten Kriterium, nämlich ein „erhebliches" Abweichen von Kaufpreisen bzw. anderer Daten (z. B. Erträge, Bewirtschaftungs- und Herstellungskosten) von denen in vergleichbaren Fällen, ein klares Indiz für ungewöhnliche oder persönliche Verhältnisse ist. Ersatzlos gestrichen wurde die Regelung des § 6 Abs. 3 WertV 88/98, nach der eine Beeinflussung des Kaufpreises durch ungewöhnliche persönliche Verhältnisse vorliegen kann, wenn Kaufpreis durch Aufwendungen mitbestimmt ist, die aus Anlass des Erwerbs oder der Veräußerung üblicherweise nicht zum Entgelt gehören.

2 Allgemeiner Grundsatz (§ 7 Satz 1 ImmoWertV)

§ 7 Satz 1 ImmoWertV befielt, dass **zur Wertermittlung (im allgemein verstandenen Sinne) und zur Ableitung der zur Wertermittlung erforderlichen** (wesentlichen) Daten (§ 193 Abs. 5 BauGB) nur **Daten herangezogen werden, von denen anzunehmen ist, dass sie nicht durch ungewöhnliche oder persönliche Verhältnisse beeinflusst worden sind.** Der Grundsatz folgt der Rechtsprechung des BGH[4], nach der Kaufpreise, die durch unge-

---

2 §§ 17 und 19 ImmoWertV 88 sprechen deshalb von den marktüblichen Erträgen und der „ordnungsgemäßen Bewirtschaftung".
3 § 22 ImmoWertV lässt nur den Ansatz „gewöhnlicher" Herstellungskosten gelten, zu denen nur die „üblicherweise entstehenden Baunebenkosten" gehören.
4 BGH, Urt. vom 22.4.1982 – III ZR 131/80 –, BRS Bd. 45 Nr. 192 = EzGuG 17.44.

wöhnliche oder persönliche Verhältnisse „wesentlich" bestimmt sind, nicht zum Preisvergleich herangezogen werden dürfen, d. h., sie müssen unberücksichtigt bleiben, denn es komme auf den Wert für „jedermann" an.

6 Im Unterschied zum bisherigen Recht des § 6 Abs. 1 Satz 2 WertV 88 wird nicht mehr ausdrücklich zugelassen, dass von ungewöhnlichen oder persönlichen Verhältnissen beeinflusste Kaufpreise und andere Daten ausnahmsweise Verwendung finden können, wenn die Auswirkungen der Besonderheiten auf die Kaufpreise und die anderen Daten „sicher erfasst werden können". Die ersatzlose Streichung dieser Regelung ist darauf zurückzuführen, dass die „sichere" Erfassung der Auswirkung nur selten möglich ist. In den Ausnahmefällen, in denen eine „sichere" Erfassung der Auswirkungen möglich ist, bestehen keine durchgreifenden Bedenken, diese Kaufpreise bzw. andere Daten heranzuziehen[5].

3 Identifizierung ungewöhnlicher oder persönlicher Verhältnisse (§ 7 Satz 2 ImmoWertV)

3.1 Allgemeines

▶ *Vgl. Syst. Darst. des Vergleichswertverfahrens Rn. 97 ff.; § 15 ImmoWertV Rn. 14*

7 Nach vorstehenden Ausführungen müssen **die Kaufpreise und andere Daten,** die zur Wertermittlung herangezogen werden sollen, zunächst daraufhin überprüft werden, ob sie durch ungewöhnliche oder persönliche Verhältnisse beeinflusst worden sind.

8 Grundsätzlich gibt es keine Art „Unschuldsvermutung" für die zur Wertermittlung und zur Ableitung der zur Wertermittlung erforderlichen Daten (nach dem 2. Abschnitt) herangezogenen Kaufpreise und sonstigen Vergleichsdaten, obwohl in einer älteren Entscheidung darauf hingewiesen wurde, dass „für das Obwalten gemeingewöhnlicher Verhältnisse ..... allein schon die Vermutung" spräche[6]. Weicht ein zur Wertermittlung bzw. zur Ableitung der zur Wertermittlung erforderlichen Daten herangezogener Kaufpreis oder ein anderes Vergleichsdatum nicht von denen in vergleichbaren Fällen ab, so kann im Umkehrschluss zu Satz 2 regelmäßig davon ausgegangen werden, dass der Kaufpreis nicht durch ungewöhnliche oder persönliche Verhältnisse beeinflusst ist.

9 Konkrete Anhaltspunkte dafür, dass die Höhe eines in Betracht kommenden Vergleichspreises durch ungewöhnliche oder persönliche Verhältnisse beeinflusst sein könnte, können sich im Einzelfall aus der Kaufpreissammlung des Gutachterausschusses ergeben. **In den Kaufpreissammlungen der Gutachterausschüsse** waren nämlich nach § 143a Abs. 2 BBauG 76 die **Kaufpreise zu bezeichnen, von denen anzunehmen ist, dass ungewöhnliche oder persönliche Verhältnisse ihre Höhe beeinflusst haben.** Dabei waren auch entsprechende Hinweise auf die Verdachtsmomente zu registrieren. Diese Praxis war trügerisch, denn hieraus konnte nicht gefolgert werden, dass die ungekennzeichneten Kaufpreise von ungewöhnlichen oder persönlichen Verhältnissen nicht beeinflusst worden sind. Ob und in welcher Höhe ein zum Preisvergleich geeignet erscheinender Kaufpreis durch ungewöhnliche oder persönliche Verhältnisse beeinflusst worden ist, geht nämlich aus dem einzelnen, dem Gutachterausschuss übersandten Kaufvertrag vielfach nicht hervor, und die Vertragsparteien sind auch nicht immer bereit, entsprechende Angaben zu machen.

10 Für eine Beeinflussung eines Kaufpreises oder anderer Daten können allgemeine **Indizien** vorliegen. In § 6 Abs. 2 und 3 WertV 88 werden folgende Indizien genannt:

---

[5] BR-Drucks. 265/72, S. 9; Danielsen/Rogge in AVN 1922, 188; vgl. auch Vfg. des Pr. FM vom 13.6.1919 (PrFMBl. 1919, 252).
[6] Pr.OVG, Urt. vom 22.3.1904 – II 561 –, St 5 S. 64 = EzGuG 20.7; Pr.OVG, Urt. vom 21.9.1899 Bd. 8, 322 = AVN 1912, 323 = EzGuG 20.6.

„(2) Kaufpreise und andere Daten können durch ungewöhnliche oder persönliche Verhältnisse beeinflusst werden, wenn

1. sie erheblich von den Kaufpreisen in vergleichbaren Fällen abweichen,
2. ein außergewöhnliches Interesse des Veräußerers oder des Erwerbers an dem Verkauf oder dem Erwerb des Grundstücks bestanden hat,
3. besondere Bindungen verwandtschaftlicher, wirtschaftlicher oder sonstiger Art zwischen den Vertragsparteien bestanden haben oder
4. Erträge, Bewirtschaftungs- und Herstellungskosten erheblich von denen in vergleichbaren Fällen abweichen.

(3) Eine Beeinflussung der Kaufpreise und der anderen Daten kann auch vorliegen, wenn diese durch Aufwendungen mitbestimmt worden sind, die aus Anlass des Erwerbs und der Veräußerung entstehen, wenn diese nicht zu den üblicherweise vertraglich vereinbarten Entgelten gehören, namentlich besondere Zahlungsbedingungen sowie die Kosten der bisherigen Vorhaltung, Abstandszahlungen, Ersatzleistungen, Zinsen, Steuern und Gebühren."

In der Vorauflage wurde schon darauf hingewiesen, dass die vorstehende „Kann-Bestimmung" nicht schlüssig ist, denn während die in § 6 Abs. 2 Nr. 2 und 3 sowie in Abs. 3 WERTV 88 genannten Indizien nur **konkreten Verdacht begründen**, dass die Kaufpreise oder andere Daten durch ungewöhnliche oder persönliche Verhältnisse beeinflusst worden, ohne damit automatisch zu einem Ausscheiden solcher Kaufpreise oder anderer Daten zu führen, sind die in § 6 Abs. 2 Nr. 1 und 4 WertV 88 genannten Kriterien zwingender Natur und lassen erkennen, dass ungewöhnliche oder persönliche Verhältnisse vorgelegen haben müssen.

11

Das letztlich **entscheidende Kriterium für das tatsächliche Vorliegen einer Beeinflussung des Kaufpreises oder anderer Daten durch ungewöhnliche oder persönliche Verhältnisse** besteht also darin, dass Kaufpreise oder andere Daten, wie z. B. Erträge, Bewirtschaftungs- und Herstellungskosten, „erheblich" von denen in vergleichbaren Fällen abweichen. Gleichwohl wird aber auch in der Nachfolgeregelung (§ 7 Satz 2 ImmoWertV) als „Kann-Bestimmung" vorgegeben, dass „Kaufpreise und andere Daten ... durch ungewöhnliche oder persönliche Verhältnisse beeinflusst sein" können, „wenn sie erheblich von den Kaufpreisen und anderen Daten in vergleichbaren Fällen abweichen". Eine Beeinflussung „kann" also vorliegen, wenn

12

– ein Kaufpreis von den übrigen Vergleichspreisen bzw.
– eine Vergleichsmiete bzw. zum Vergleich herangezogene Bewirtschaftungskosten von den marktüblichen Mieten und Bewirtschaftungskosten

erheblich abweichen.

3.2 Ausschluss „erheblich" abweichender Kaufpreise

▶ *Vgl. Rn. 11 sowie Syst. Darst. des Vergleichswertverfahrens Rn. 121, 151; § 15 ImmoWertV Rn. 14*

Entscheidendes Kriterium dafür, dass ein Kaufpreis oder ein anderes Datum von ungewöhnlichen oder persönlichen Verhältnissen beeinflusst worden sein „*kann*", ist eine „erhebliche" Abweichung z. B. eines Kaufpreises von den Kaufpreisen in vergleichbaren Fällen. Die Ursachen der ungewöhnlichen oder persönlichen Verhältnisse müssen nicht bekannt sein. Mit der „*Kann-Bestimmung*" des § 7 Satz 2 ImmoWertV wird die schon nach altem Recht bestehende Unschärfe der Regelung nicht behoben, denn ein „erhebliches" Abweichen stellt schon ein zwingendes Indiz für die Beeinflussung eines Kaufpreises oder anderer Daten durch „ungewöhnliche oder persönliche Verhältnisse" dar und muss grundsätzlich und regelmäßig dazu führen, den Kaufpreis oder das sonstige Datum unberücksichtigt zu lassen. Dies entspricht dem aus der Statistik bekannten „Ausreißerprinzip", dem zumeist im Wege des „*cut off*"-Verfahrens Rechnung getragen wird, d. h. **beim Preisvergleich bleiben die sog. Ausreißer** als Vergleichspreise **unberücksichtigt.** Zur Lösung dieses sog. Ausreißerproblems bie-

13

ten sich vor allem statistische Ausschlussverfahren an, wie sie im Schrifttum ausführlich beschrieben sind.

14 „**Erheblich**" **ist ein unbestimmter Rechtsbegriff**, der nach den Gegebenheiten des Einzelfalls auszulegen ist. Im gewöhnlichen Geschäftsverkehr streuen die für ein und dasselbe Grundstück ausgehandelten Preise regelmäßig innerhalb einer bestimmten Bandbreite. In Gebieten mit homogenen Wertverhältnissen, in denen für Käufer und Verkäufer überschaubare Verhältnisse bestehen, ist die Bandbreite der dem gewöhnlichen Geschäftsverkehr zurechenbaren Kaufpreise enger zu ziehen als in Gebieten mit unübersichtlichen Marktverhältnissen, sei es, dass die Unübersichtlichkeit auf fehlende Vergleichsfälle oder auf die Unterschiedlichkeit der gehandelten Objekte zurückzuführen ist.

15 Wann eine Abweichung „erheblich" i. S. des § 7 Satz 2 ImmoWertV ist, beurteilt sich vor allem aus der Anzahl und der Streuung der zur Verfügung stehenden „vergleichbaren Fälle". In der Rechtsprechung werden Abweichungen von Kaufpreisen von 10 % und mehr als üblich angesehen[7]. Des Weiteren ist in der Rechtsprechung auch anerkannt, bei der Würdigung von Grundstücksverkäufen sowohl den niedrigsten als auch den höchsten Kaufpreis außer Acht zu lassen, „da Erlöse aus Grundstücksverkäufen, deren Höhe durch besondere Umstände nach oben oder unten beeinflusst werden, außer Betracht bleiben müssen"[8]. Bezüglich Mieten sind Abweichungen von 25 % als unzulässige Überschreitung bezeichnet worden[9].

16 Die vorstehenden Vomhundertsätze können allerdings nicht unmittelbar auf die der Kaufpreissammlung entnommenen Vergleichspreise angewandt werden, denn diese beziehen sich regelmäßig auf Grundstücke mit voneinander abweichenden Grundstücksmerkmalen. Bevor man also die Vergleichspreise oder andere Daten auf „Ausreißer" untersucht, ist es erforderlich, die **Vergleichspreise** (bzw. Daten) **auf die maßgeblichen Grundstücksmerkmale des Bewertungsobjekts „umzurechnen",** weil erst dann ein „erhebliches" Abweichen eines einzelnen Kaufpreises erkennbar wird.

17 In der Praxis hat es zur Lösung dieses sog. „Ausreißerprinzips" Bemühungen gegeben, auf der Grundlage von Kaufpreisanalysen zu Erfahrungswerten zu kommen, mit denen die von ungewöhnlichen oder persönlichen Verhältnissen beeinflussten Kaufpreise identifiziert werden können. Genannt werden **Abweichungen bis zu ± 15 % von Kaufpreisen „völlig gleichartiger Objekte",** ohne dass ungewöhnliche oder persönliche Verhältnisse vorgelegen haben. Derartigen Werten kann nur die **Bedeutung einer „Faustformel"** beigemessen werden, da es auf feste Prozentzahlen allein nicht ankommen kann, sondern die Homogenität bzw. Heterogenität des Grundstücksmarktes sowie das tatsächliche Marktgeschehen nicht außer Betracht gelassen werden dürfen.

18 In der Praxis ist die sog. **2-Sigma-Regel** durchaus ausreichend. Danach gelten bei Heranziehung einer ausreichenden Anzahl von Vergleichspreisen alle Einzelpreise, die im Bereich der 2fachen Standardabweichung vom Mittelwert der „angepassten" Kaufpreise liegen, als frei von „ungewöhnlichen oder persönlichen Verhältnissen". Nach den Empfehlungen **der VergleichswertR** (Entwurf v. 9.7.2013) sollen sogar nur solche Kaufpreise ausgeschlossen werden, die um mehr als das 2,5fache der Standardabweichung vom Mittelwert der angepassten Kaufpreise abweichen (vgl. Syst. Darst. des Vergleichswertverfahrens Rn. 120 ff., 151).

Beispiel:
– Als arithmetisches Mittel aller Vergleichspreise wurde ermittelt   170 €/m²
– Als Standardabweichung wurde ermittelt   +/– 10 €/m²

---

[7] BGH, Urt. vom 30.5.1963 – III ZR 230/61 –, BRS Bd. 19 Nr. 75 = EzGuG 8.8; von „maßlos übersetzten" Preisen spricht der BGH in seinem Urt. vom 28.5.1976 – V ZR 170/74 –, MDR 1976, 916 = EzGuG 19.26; ferner LG Hamburg, Urt. vom 31.10.1960 – 10 O 30/60 –, BBauBl. 1961, 376 = EzGuG 18.75.
[8] BGH, Beschl. vom 2.7.1968 – V BLw 10/68 –, BGHZ 50, 297 = EzGuG 19.14, vgl. auch BVerwG, Urt. vom 9.6.1959 – 1 CB 27/58 –, BVerwGE 8, 343 = EzGuG 17.13; LG Koblenz, Urt. vom 20.2.1978 – 4 O 49/77 –, EzGuG 20.72, BGH, Urt. vom 28.5.1976 – V ZR 170/74 –, MDR 1976, 916 = EzGuG 19.299.
[9] LG Mannheim, Urt. vom 29.9.1975 – 4 S 85/75 –, ZMR 1976, 239; von EzGuG 3.56a; von einem auffälligen Missverhältnis bei Überschreitung von 50 % spricht das LG Darmstadt, Urt. vom 14.1.1972 – 2 KLS 2/71 –, NJW 1972, 1244 = EzGuG 3.38a.

Nach der 2 Sigma Regel sind die Kaufpreise im Bereich von 150 €/m² bis 190 €/m² frei von ungewöhnlichen oder persönlichen Verhältnissen.

Liegt eine genügende Anzahl von Vergleichspreisen vor, ist dem statistischen Ausschlussverfahren auf der Grundlage statistischer Vertrauensgrenzen der Vorzug zu geben. Hierzu wird auf die **Standardabweichung** des sich aus den zur Verfügung stehenden Daten ergebenden Mittels zurückgegriffen. In dieser Standardabweichung kommen die jeweils vorherrschenden Marktverhältnisse (Überschaubarkeit usw.) zum Ausdruck, sodass mit diesem Verfahren den Verhältnissen des Einzelfalls Rechnung getragen werden kann. Das Verfahren wird in der Syst. Darst. des Vergleichswertverfahrens unter Rn. 120 ff., 151 erläutert.

3.3 Besonderheiten der steuerlichen Bewertung

▶ *§ 22 ImmoWertV Rn. 11, § 19 ImmoWertV Rn. 11; § 18 ImmoWertV Rn. 11; zur Beleihungswertermittlung vgl. Teil IX Rn. 232*

Die Berechtigung zum Vorsteuerabzug zählt zu den ungewöhnlichen und persönlichen Verhältnissen i. S. des § 9 Abs. 2 Satz 3 BewG[10]. Dies ist vor allem im Rahmen des Sach- und Ertragswertverfahrens von Bedeutung.

4 Rechtsprechungsübersicht

In der Rechtsprechung wurden zur Frage des Vorliegens ungewöhnlicher oder persönlicher Verhältnisse **folgende Grundsätze** entwickelt:

1) Es gibt keinen Erfahrungssatz des Inhalts, dass die **unter dem Druck einer Enteignung ausgehandelten** Preise unangemessen sind[11].

2) **Überhöhte Angebote zum Zwecke des zügigen Erwerbs** und zur Vermeidung einer Enteignung stellen keine echten Vergleichspreise im freien Grundstücksverkehr dar[12].

3) Im Rahmen des Vergleichswertverfahrens können grundsätzlich auch Preise berücksichtigt werden, die von der öffentlichen Hand bezahlt worden sind[13]; a. A. zuvor die unteren Gerichte. So hat das OLG Frankfurt am Main noch 1980 entschieden, dass die Beteiligung der öffentlichen Hand an den zum Vergleich herangezogenen Grundstücksveräußerungsverträgen weder aus haushaltsrechtlichen noch aus sonstigen Gründen die Gewähr dafür biete, dass der Verkehrswert objektiv ermittelt und den Verträgen zugrunde gelegt worden sei[14].

4) Vorzugspreise, die eine Gemeinde Erwerbern vergleichbarer Grundstücke aus ansiedlungspolitischen Gründen einräumt, sind nur zu berücksichtigen, wenn die Gemeinde dadurch nachhaltig über eine längere Zeit und mit etwa gleich bleibenden Beträgen in das Marktgeschehen eingreift[15]; in einer anderen Entscheidung heißt es dagegen apodiktisch, dass **massive Verkäufe von gemeindeeigenen Bauplätzen zum Selbstkostenpreis** bei der Wertermittlung voll zu berücksichtigen seien[16]. Eine Berücksichtigung von Kaufprei-

---

10 BFH, Urt. vom 30.6.2010 – II R 60/08 –, BStBl II S. 897 = GuG 2010, 377 = EzGuG 1.74; BGH, Urt. vom 10.7.1991 – XII ZR 109/90 –, EzGuG 20.134d.
11 BGH, Urt. vom 28.4.1966 – III ZR 24/65 –, WM 1966, 774 = EzGuG 19.9; BGH, Urt. vom 12.10.1970 – III ZR 117/67 –, BRS Bd. 26 Nr. 83 = EzGuG 2.10; BGH, Urt. vom 1.7.1982 – III ZR 10/81 –, BRS Bd. 45 Nr. 147 = EzGuG 4.86; vgl. zu alledem auch BR-Drucks. 265/72, zu § 4 Abs. 3c.
12 LG Koblenz, Urt. vom 1.10.1979 – 4 O 11/79 –, EzGuG 19.35b.
13 BGH, Urt. vom 1.7.1982 – III ZR 10/81 –, BRS Bd. 45 Nr. 147 = EzGuG 4.86; a. A. OLG Frankfurt am Main, Urt. vom 20.3.1980 – 1 U 198/77 –, BRS Bd. 45 Nr. 116 = EzGuG 19.35c; vgl. Frohberger, Nachr. der rh.-pf. Kat.- und VermVw. 1983, 96 ff. und 118 ff.
14 OLG Frankfurt am Main, Urt. vom 20.3.1980 – 1 U 198/77 –, BRS Bd. 45 Nr. 116 = EzGuG 19.35c; differenziert: OLG München, Urt. vom 26.6.1969 – U 1/66 –, BRS Bd. 26 Nr. 65 = EzGuG 19.18.
15 BFH, Urt. vom 8.9.1994 – IV R 16/94 –, GuG 1995, 313 = EzGuG 19.43; BGH, Urt. vom 24.3.1977 – III ZR 32/75 –, BRS Bd. 34 Nr. 88 = EzGuG 6.190.
16 OVG Münster, Urt. vom 26.3.1981 – 2 A 196/81 3 K –, EzGuG 19.37; zur Rolle der öffentlichen Hand am Bodenmarkt vgl. Schäfer/Roth/Stirnemann, Nationales Forschungsprogramm der Schweiz „Boden", Liebefeld-Bern 1990.

sen verbilligt auf den Markt „geworfener" Grundstücke ist im Hinblick auf die Verkehrswertdefinition nur dann zulässig, wenn diese vom Umfang her das Marktgeschehen dämpfend beeinflussen konnten.

5) Persönliche Verhältnisse liegen vor bei Kaufpreisen, die ein und derselbe Käufer für **Grundstücke** im freien Verkehr gezahlt hat, **von deren Ankauf andere Bewerber** aus tatsächlichen Gründen **ausgeschlossen waren**[17].

6) Ungewöhnliche Verhältnisse liegen vor, wenn die öffentliche Hand im Interesse der **Realisierung einer leistungsfähigen Infrastrukturmaßnahme** ein Grundstück unter Wert veräußert[18].

7) Schon wegen der **Beteiligung der öffentlichen Hand an Grundstücksverkäufen** bestehen Bedenken, ob die ausgewiesenen Preise das Ergebnis eines freien Grundstücksmarktes sind. Grundstücksveräußerungen dieser Art richten sich nicht immer nach dem Gesetz von Angebot und Nachfrage, sondern nach den jeweils zu erfüllenden öffentlichen Aufgaben und dem Verständnis des Partners für diese Aufgabe[19].

8) Es ist nicht zu beanstanden, wenn **Vergleichspreise** mit der Begründung unberücksichtigt bleiben, dass **in nahezu sämtlichen Fällen die Stadt als Käufer** aufgetreten und ein anderer Erwerber nicht in Betracht gekommen sei[20].

9) Bei der Ermittlung von Preisen, die beim Verkauf vergleichbarer Grundstücke erzielt worden sind, dürfen nicht ausschließlich Grundstücke herangezogen werden, die der **Enteignungsbegünstigte zur Durchführung eines größeren Bauvorhabens** gekauft hat, weil insofern eine Monopolstellung des Enteignungsbegünstigten besteht[21].

10) Ungewöhnliche Verhältnisse liegen nicht vor, wenn sowohl auf Verkäuferseite als auch auf Käuferseite ein **kleiner Kreis von Interessenten** (eingeschränkter Interessentenkreis) in Betracht kommt und damit nicht für jedermann überschaubare Verhältnisse gegeben sind[22].

11) Ungewöhnliche Verhältnisse liegen vor, wenn **auf politische Ereignisse zurückzuführende vorübergehende Preisveränderungen** eingetreten sind und die Auswirkungen der die Preise beeinflussenden Umstände bei nüchterner Beurteilung der Lage auf dem Grundstücksmarkt bereits im maßgeblichen Zeitpunkt als nur vorübergehend erkennbar waren[23].

12) Der Verkehrswert kann nicht aus (zeitnahen) **Verkaufsfällen für Teilflächen** abgeleitet werden, weil es sich insoweit nicht um einen Verkauf im gewöhnlichen Geschäftsverkehr handelt, denn bei der Veräußerung von Grundstücksteilflächen kommt nur ein eng begrenzter Personenkreis als Vertragspartner in Betracht[24].

13) Bei gelegentlichen **Verkäufen** unbebauter Teilflächen **zwischen Nachbarn** liegen „bereits im Kern" ungewöhnliche Verhältnisse vor, die beim Vergleich unberücksichtigt bleiben müssen[25].

---

17 KG Berlin, Urt. vom 3.4.1956 – 9 U 2425/55 –, NJW 1956, 1358 = EzGuG 20.19.
18 BGH, Urt. vom 5.4.1973 – III ZR 74/72 –, WM 1974, 696 = EzGuG 2.12.
19 OLG Frankfurt am Main, Urt. vom 20.3.1980 – 1 U 198/77 –, BRS Bd. 45 Nr. 116 = EzGuG 19.35c.
20 BGH, Urt. vom 22.4.1982 – III ZR 131/80 –, BRS Bd. 45 Nr. 192 = EzGuG 17.44.
21 KG Berlin, Urt. vom 3.4.1956 – 9 U 2425/55 –, NJW 1956, 1358 = EzGuG 20.19.
22 BFH, Urt. vom 23.2.1979 – III R 44/77 –, BFHE 128, 254 = EzGuG 19.35; RFH, Urt. vom 13.9.1929 – I Ab 734 –, RStBl 1930, 92 = StuW 1930, 134.
23 BGH, Urt. vom 31.5.1965 – III ZR 214/63 –, NJW 1965, 1589 = EzGuG 19.8; vgl. auch OLG Köln, Beschl. vom 3.5.1962 – 4 W7/62 –, AVN 1963, 122 = EzGuG 20.30; BGH, Urt. vom 1.4.1992 – XII ZR 146/91 –, NJW-RR 1992, 898 = EzGuG 20.139a; BGH, Urt. vom 23.10.1985 – IVb ZR 62/84 –, NJW-RR 1986, 226 = EzGuG 20.110b; BFH, Urt. vom 6.5.1977 – III R 17/75 –, BFHE 122, 334 = EzGuG 19.32; BGH, Urt. vom 14.2.1975 – IV ZR 28/73 –, NJW 1975, 1123 = MDR 1975, 562.
24 BFH, Urt. vom 26.9.1980 – III ZR 21/78 –, NJW 1981, 2080 = EzGuG 20.86; OLG Hamburg, Urt. vom 6.10.1965 – 1 U 197/64 –, MDR 1966, 367 = EzGuG 18.31; OLG Hamburg, Urt. vom 24.4.1970 – 1 U 17/69 –, BRS Bd. 26 Nr. 111 = EzGuG 18.50.
25 BGH, Urt. vom 26.10.1972 – III ZR 78/71 –, BRS Bd. 26 Nr. 106 = EzGuG 18.57.

Ungewöhnliche oder persönliche Verhältnisse **§ 7 ImmoWertV IV**

14) Ungewöhnliche Verhältnisse liegen vor, wenn ein Grundstück in einem **Zwangsversteigerungsverfahren** erworben wird[26]. Erfahrungsgemäß spielen bei einer Versteigerung ungewöhnliche Wertkriterien eine Rolle und die erzielten Preise lassen keine Schlüsse auf den Verkehrswert zu[27].

15) Der bei einer **öffentlichen Versteigerung** erzielte Preis hat nach Auffassung des PrOVG die Vermutung für sich, dass er den gemeinen Wert (Verkehrswert) des Grundstücks darstellt[28].

16) Ungewöhnliche Verhältnisse liegen bei einem Erwerb des Grundstücks in einem **Konkursverfahren** (Insolvenz) vor[29].

17) „Ohne Rechtsirrtum hat das OLG bei der Würdigung der Grundstückskäufe sowohl den **niedrigsten** wie auch den **höchsten Kaufpreis** außer Acht gelassen, da Erlöse aus Grundstücksverkäufen, deren Höhe durch besondere Umstände nach oben oder unten beeinflusst wurde, außer Betracht bleiben müssen"[30].

18) **Schwarzmarktpreise** selbst in erheblichem Umfang gelten als durch ungewöhnliche Verhältnisse beeinflusst[31].

19) **Reine Spekulationskäufe,** „Liebhabereien" und Affektionsinteressen sind bei der Ermittlung von Verkehrswerten nicht berücksichtigungswürdig[32].

20) **Erhöhte Grundstückspreise,** die ein Apotheker gezahlt hatte, **um den Zuzug eines Konkurrenten zu verhindern** oder die von einem Industriebetrieb zur besseren Sicherung seines Wassergewinnungsrechts aufgewendet worden waren, dürfen nicht ohne Weiteres als Vergleichspreise herangezogen werden[33].

21) Ungewöhnliche Verhältnisse liegen vor, wenn ein „Wassergewinnungsunternehmen" zur Vermeidung von Vorgängen, die der Wassergewinnung abträglich sein können, oder zur **Ausschaltung von Entschädigungsrisiken** überhöhte Kaufpreise entrichtet hat[34].

22) Die Bezahlung des vollen **Kaufpreises als Barzahlung** in Zeiten der Geldknappheit kann für die Ermittlung des Verkehrswerts nicht „entscheidend" sein[35].

23) **Besondere Zahlungsbedingungen** sind nicht zwangsläufig als ungewöhnliche Verhältnisse anzusehen; sie müssen bei dem Preisvergleich aber entsprechend berücksichtigt werden, z. B. durch Kapitalisierung von Ratenzahlungen[36]. Eine Kaufpreisbeeinflussung

---

26 BGH, Urt. vom 19.3.1971 – V ZR 153/68 –, MDR 1971, 567 = EzGuG 19.24; LG Koblenz, Urt. vom 1.10.1979 – 4 O 11/79 –, EzGuG 19.35b; hierzu Kleiber in Ernst/Zinkahn/Bielenberg/Krautzberger, BauGB, Komm. zu § 195 Rn. 22 ff.; GuG-aktuell 2010, 38, auch Wieting in Nachr. der nds. Kat.- und VermVw 1987, 195; RFH, Urt. vom 26.3.1931 – III A 567/30 –, RStBl 1931, 802; RFH, Urt. vom 27.7.1938 – III 315/37 –, RStBl 1938, 921; RFH, Urt. vom 27.7.1938 – III 322/37 –, RFHE 44,279 = EzGuG 8.1c; BVerfG, Beschl. vom 7.12.1977 – 1 BvR 734/77 –, BVerfGE 46, 352 = EzGuG 19.33.
27 LG Koblenz, Urt. vom 1.10.1979 – 4 O 11/79 –, EzGuG 19.35b.
28 LG Berlin, Beschl. vom 31.1.1995 – 86 T 77/95 –, GE 1996, 475 = EzGuG 19.43b unter Berufung auf KG Berlin, Beschl. vom 11.5.1993 – 1 W 5775/92 –; Pr. OVG, Urt. vom 28.1.1887, EzGuG 20.1; ProVG, Urt. vom 8.12.1899 – II 1479 –, PrVerwBl. 21, 599 = EzGuG 19.2d; Pr.OVG, Urt. vom 12.10.1900 – II 1334 –, PrVerwBl. 22, 265 = EzGuG 20.6.; PrOVG, Urt. vom 10.6.2010 – VI C 99/09 –, PrVBl 32, 71 = EzGuG 20.8; Offenberg, Die Abschätzung von Immobilien in Stadt und Land, Berlin 1915, S. 18.
29 RFH, Urt. vom 17.4.1928 – II A 96 –, StuW 1928, 639; OLG München, Beschl. vom 8.4.1998 – 3 Z BR 324/97 –, GuG 2000, 249 = EzGuG 19.45a.
30 BGH, Urt. vom 2.7.1968 – V BLw 10/68 –, BGHZ 50, 297 = EzGuG 19.14; BGH, Urt. vom 13.7.1978 – III ZR 112/75 –, BRS Bd. 34 Nr. 80 EzGuG 19.34.
31 BFH, Urt. vom 3.4.1964 – III 293/61 –, HFR 1965, 453 = EzGuG 19.7a.
32 BGH, Urt. vom 1.7.1982 – III ZR 10/81 –, BRS Bd. 45 Nr. 147 = EzGuG 4.86; BGH, Urt. vom 8.11.1962 – III ZR 86/61 –, BGHZ 39, 198 = EzGuG 8.5; BVerwG, Urt. vom 9.6.1959 – 1 CB 27/58 –, BVerwGE 8, 343 = EzGuG 17.13; BFH, Urt. vom 14.12.1976 – VIII R 99/72 –, BFHE 121, 50 = EzGuG 19.31; BGH, Urt. vom 28.5.1976 – V ZR 170/74 –, MDR 1976, 916 = EzGuG 19.29.
33 BGH, Urt. vom 12.5.1975 – III ZR 187/72 –, EzGuG 19.27.
34 OLG Köln, Urt. vom 16.8.1973 – 7 U 18/73 –, BRS Bd. 34 Nr. 117 = EzGuG 19.25a.
35 RFH, Urt. vom 30.6.1932 – III A 173/32 –, StuW 1932 Teil II Nr. 939 mit Anm. von Seweloh in StuW 1932, Teil I S. 1250; RFH, Urt. vom 24.9.1930.

IV § 7 ImmoWertV   Ungewöhnliche oder persönliche Verhältnisse

kann allerdings dann vorliegen, wenn die Zahlungsbedingungen von den üblicherweise vertraglich vereinbarten Entgelten abweichen (vgl. § 6 Abs. 3 WertV 88).

24) Ein **unter dem Zwang besonderer Umstände geschlossener langfristiger Miet- und Pachtvertrag** über ein unbebautes, als Bauland bewertetes Grundstück ist bei der Ermittlung des gemeinen Werts zu berücksichtigen, wenn seine Auswirkungen der Verwertung des Grundstücks als Baugelände hinderlich sind und dessen Veräußerungswert beeinträchtigen. Es handelt sich insoweit nicht um außergewöhnliche oder persönliche Verhältnisse i. S. des § 10 Abs. 2 letzter Satz BewG[37].

25) Der BFH hält an der Auffassung des RFH im Urt. vom 25.5.1938 – III – 9/38 – fest, dass die **Verfügungsbeschränkungen des Heimstätters,** insbesondere seine preisliche Bindung bei Ausübung des Wiederkaufsrechts durch den Ausgeber der Heimstätte nach § 15 Abs. 1 RHeimstG, bei der Einheitsbewertung der Heimstätte als ungewöhnliche oder persönliche Verhältnisse i. S. des § 10 Abs. 2 Satz 3 BewG nicht zu berücksichtigen sind[38].

26) Unter **gesetzeswidriger Umgehung von Preisvorschriften** zustande gekommene Kaufpreise sind nicht dem gewöhnlichen Geschäftsverkehr zurechenbar[39].

22 Bei der Verkehrswertermittlung ist des Weiteren nicht zu berücksichtigen, dass ein Eigentümer zum **Vorsteuerabzug** berechtigt ist. Der BGH und der BFH haben diese Berechtigung den ungewöhnlichen oder persönlichen Verhältnissen zugeordnet[40]. Weitere Grundsätze zur Berücksichtigung ungewöhnlicher oder persönlicher Verhältnisse sind in der **Rechtsprechung zur Kostenordnung** entwickelt worden, die allerdings nicht ohne Weiteres auf die Verkehrswertermittlung übertragbar sind[41].

5 Ungewöhnliche Aufwendungen bei der Bemessung von Kaufpreisen

▶ *Zur Berücksichtigung außergewöhnlicher Sicherungs- und Verwertungsrechte vgl. § 1 ImmowertV Rn. 80 ff. und Teil VIII Rn. 506 ff.*

23 Nach § 6 Abs. 3 WertV 88 kann eine Beeinflussung des Kaufpreises (oder anderer Daten) vorgelegen haben, wenn der Kaufpreis anlässlich des Grundstückserwerbs durch „Aufwendungen mitbestimmt worden ist, die ... und ... wenn diese nicht zu den üblicherweise vertraglich vereinbarten Entgelten gehören" (vgl. Rn. 10). Neben den **besonderen Zahlungsbedingungen** nennt die Vorschrift die Kosten der bisherigen Vorhaltung (des Grundstücks), Abstandszahlungen, Ersatzleistungen, Zinsen sowie Steuern und Gebühren. Die Begründung[42] zu dieser Vorschrift nennt darüber hinaus den Kapitaldienst für Fremdmittel und den entgangenen Gewinn für investierte Eigenmittel.

24 Die ImmoWertV hat auch diese „Kann-Bestimmung" ersatzlos gestrichen, weil in den genannten Fällen nicht per se von einer Beeinflussung des Kaufpreises durch ungewöhnliche oder persönliche Verhältnisse ausgegangen werden kann. Es entspricht vielmehr dem gewöhnlichen Geschäftsverkehr, dass sich **besondere Zahlungsbedingungen** auf den Kaufpreis auswirken[43]. Dies gilt insbesondere für den Fall der Verrentung eines Kaufpreises (vgl.

---

36 Dieterich in Ernst/Zinkahn/Bielenberg/Krautzberger, BauGB § 194 Rn. 43; a. A. Gelzer/Busse, Der Umfang der Enteignungsentschädigung, München 1980, 2. Aufl. Rn. 98.
37 BFH, Urt. vom 14.8.1953 – III 33/53 U –, BFHE 57, 733 = EzGuG 20.16a.
38 BFH, Urt. vom 28.10.1955 – III 92 und 106/55 S –, BStBl III 1955, 365 = EzGuG 14.4.
39 BFH, Urt. vom 3.4.1964 – III 293/61 –, HFR 1965, 453 = EzGuG 19.7a.
40 BGH, Urt. vom 10.7.1991 – XII ZR 109/90 –, NJW 1991, 3036 = EzGuG 20.134 d.
41 OLG München, Beschl. vom 9.7.1998 – 3 Z BR 8/98 –, GuG 1999, 119 = EzGuG 19.46 zu Verfügungsbeschränkungen.
42 BR-Drucks. 352/88, S. 43.
43 BFH, Urt. vom 29.10.1970 – IV R 141/67 –, BStBl II 1971, 92 = EzGuG 19.22; BFH, Urt. vom 20.11.1969 – IV R 22/68 –, BFHE 98, 28 = EzGuG 19.19.

Rn. 28 ff.). Als Vergleichspreis kann in derartigen Fällen allerdings i. d. R. nur der Kapitalwert der Rente herangezogen werden[44].

Eine Beeinflussung des Kaufpreises durch „ungewöhnliche und persönliche Verhältnisse" kann bei einem Grundstückserwerb mit besonderen Vertragsbedingungen vorstehender Art gegeben sein, wenn der Kapitalwert der besonderen Vertragsbedingungen im Gesamtergebnis zu einem Kaufpreis führt, der i. S. der mit § 7 Satz 2 ImmoWertV „erheblich" von Kaufpreisen und anderen Daten in vergleichbaren Fällen abweicht. Aus diesem Grunde wird die Regelung des § 6 Abs. 3 WertV 88 von der Nachfolgeregelung erfasst. 25

Insbesondere die **Vorhaltekosten** (Kapitaldienst, ggf. auch ein entgangener Gewinn) beeinflussen im gewöhnlichen Geschäftsverkehr i. d. R. nicht die Höhe des Kaufpreises. Gelingt es im Einzelfall z. B. dem Verkäufer, diese Kosten zusätzlich auf den Erwerber zu überwälzen, so führt dies im Ergebnis dazu, dass dieser Kaufpreis von denen vergleichbarer Fälle abweicht. 26

Fazit: Die vorstehend genannten Fälle der Beeinflussung des Kaufpreises stellen nur dann „ungewöhnliche oder persönliche Verhältnisse" dar, wenn sie in einer nicht dem gewöhnlichen Geschäftsverkehr entsprechenden Höhe den Kaufpreis beeinflussen, d. h., die Kaufpreisbeeinflussung nicht marktorientiert ist. 27

6 Verrentung von Kaufpreisen; Leib- und Zeitrente

6.1 Allgemeines

▶ *Vgl. Rn. 36; § 20 ImmoWertV Rn. 3 ff.; 13 ff.*

Schrifttum: *Bertz, U.*, Bewertung von beschränkt persönlichen Dienstbarkeiten und Nießbrauch – Leibrenten- oder Zeitrentenfaktoren? GuG 2003, 134, 239; *Petersen/Schnoor*, Leibrentenberechnung, GuG 2012, 1; *Steinkamp, Chr.*, Modifizierte Leibrentenbarwertfaktoren für die abgekürzte Sterbetafel 1998/ 2000, GuG 2003, 151; *Simon, Th.*, Verwendung von Leibrenten- und Leibrentendiskontierungsfaktoren, GuG 2009, 15.

Im Falle einer **Verrentung des Kaufpreises ist zu unterscheiden zwischen Zeitrenten und Leibrenten:** 28

– Bei einer nicht personengebundenen *Zeitrente* endet die Zahlung der Rente zu einem vertraglich genau festgelegten Zeitpunkt; dies gilt auch dann, wenn die berechtigte Person innerhalb des Zeitraums stirbt; rentenberechtigt ist ggf. der Erbe oder mehrere Erben (terminierte Laufzeit).

– Bei einer personengebundenen *Leibrente* endet die Zahlungsverpflichtung durch den Tod des oder der Berechtigten; über den Zeitpunkt lassen sich auf der Grundlage von Sterbetafeln nur Vermutungen anstellen, wobei Frauen i. d. R. eine höhere Lebenserwartung als Männer haben.

Leibrenten i. S. des § 759 BGB sind regelmäßig wiederkehrende, „im Zweifel" für die Lebensdauer des Gläubigers im Voraus zu entrichtende Leistungen, z. B. für die Einräumung eines Wohnungsrechts oder eines Nießbrauchs. Der für die Rente bestimmte Betrag ist nach 29

---

[44] Zur Ermittlung vgl. Heubeck in DNotZ 1978, 643; vgl. auch BFH, Urt. vom 29.10.1970 – IV R 141/67 –, BStBl II 1971, 92 = EzGuG 19.22; BFH, Urt. vom 24.4.1970 – III R 54/67 –, BFHE 99, 489 = EzGuG 19.21; BFH, Urt. vom 20.11.1969 – IV R 22/68 –, BFHE 98, 28 = EzGuG 19.19; BFH, Urt. vom 2.12.1971 – III R 14/66 –, BStBl II 1970, 368; BFH, Urt. vom 3.10.1969 – III R 90/66 –, BStBl II 1970, 240 = EzGuG 19.18a; BFH, Urt. vom 29.3.1962 – VI 105/61 U –, BFHE 75, 96 = EzGuG 14.14a; RFH, Urt. vom 8.10.1936 – III A 131/36 –, RStBl. 1936, 1126; BGH, Urt. vom 12.1.1968 – V ZR 187/64 –, NJW 1969, 91 = EzGuG 19.12; BGH, Urt. vom 19.6.1962 – VI ZR 100/61 –, NJW 1962, 2147 = EzGuG 19.7; BGH, Urt. vom 1.6.1990 – V ZR 84/89 –, BGHZ 111, 324 = EzGuG 19.40.

§ 759 Abs. 2 BGB im Zweifel der Jahresbetrag der Rente. Zur Gültigkeit eines Vertrags, durch den eine Leibrente versprochen wird, ist, soweit nicht eine andere Form vorgeschrieben ist, gemäß § 761 BGB eine schriftliche Erteilung des Versprechens erforderlich. Die Erteilung des Leibrentenversprechens in elektronischer Form ist ausgeschlossen, soweit das Versprechen der Gewährung familienrechtlichen Unterhalts dient (vgl. Rn. 36).

Leibrenten dürfen dabei nicht als Zeitrenten verstanden werden, bei denen die mittlere **Lebenserwartung** des Berechtigten zugrunde zu legen ist. Vielmehr muss für jedes einzelne der künftigen Jahre, in denen die Leibrente anfällt, die Wahrscheinlichkeit berücksichtigt werden, mit der der Leibrentenberechtigte noch leben wird.

30 Bleiben solche Renten während der gesamten Laufzeit unverändert, spricht man von einer „**konstanten Rentenhöhe**"; häufig sind die Renten allerdings durch Wertsicherungsklauseln dynamisiert, wobei man zwischen genehmigungsfähigen, -pflichtigen und -freien Wertsicherungsklauseln unterscheidet[45].

6.2 Zeitrente

6.2.1 Allgemeines

▶ § 20 ImmoWertV Rn. 3 ff., 13 ff.

31 Zeitrenten lassen sich nach unterschiedlichen **Zahlungsmodalitäten** unterscheiden (Abb. 1).

Abb. 1: Unterschiedliche Zahlungsmodalitäten bei Zeitrenten

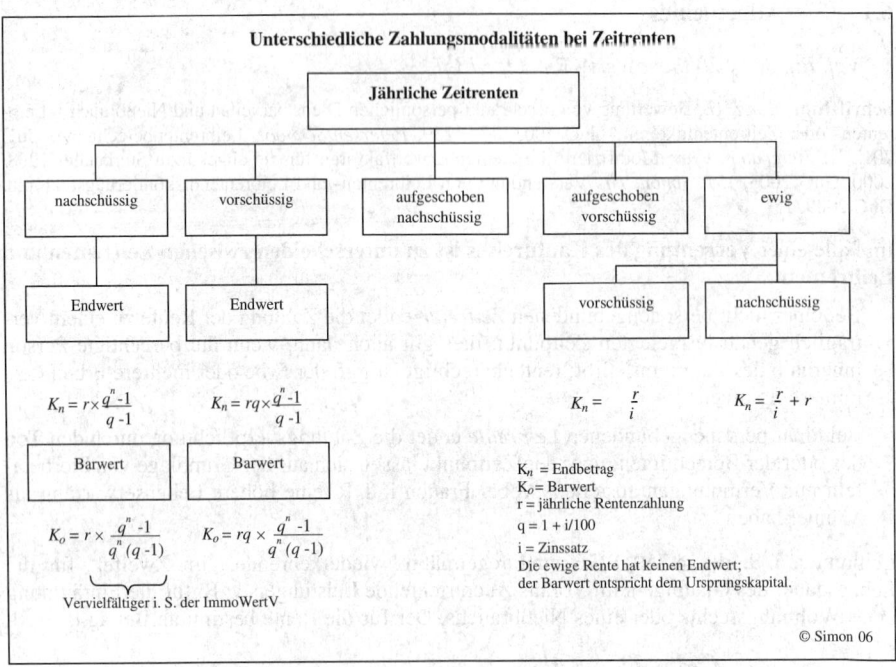

---

45 Schneider/Schlund/Haas, Kapitalisierungs- und Verrentungstabellen, 2. Aufl., S. 45.

Ungewöhnliche oder persönliche Verhältnisse § 7 ImmoWertV IV

Bei der Rentenzahlung ist nach der **Zahlungsweise** zu unterscheiden, d. h. nach 32
1) Zahlungs*intervallen* (monatlich, viertel- und halbjährlich, jährlich);
2) Zahlungs*zeitpunkt* (innerhalb des Zahlungsintervalls), wobei wiederum zu unterscheiden ist zwischen
    - der *vorschüssigen* (pränumerando), am Anfang eines Zahlungsintervalls,
    - der *nachschüssigen* (postnumerando), am Ende eines Zahlungsintervalls fälligen Zahlungspflicht und
    - der mittelschüssigen Zahlweise, wenn in der Mitte des jeweiligen Zahlungsintervalls die Zahlungspflicht fällig ist.

Die **monatlich vorschüssige Zahlungsweise ist vorherrschend**; hierauf bauen die meisten Tabellenwerke auf. 33

6.2.2 End- und Barwert von Zeitrenten

6.2.2.1 Ermittlung des Endwerts von Zeitrenten

a) **nachschüssig** 34

A zahlt am Ende eines jeden Jahres 10 Jahre lang 2 000 €, die mit 5 % verzinst werden, auf ein Konto. Wie hoch ist der gesparte Betrag?

$n = 10$
$i = 5$
$r = 2\,000$

$$K_n = r \times \frac{q^n - 1}{q - 1}$$

$$K_n = 2000\,€ \times \frac{1{,}05^{10} - 1}{0{,}05} = 25\,156\,€$$

b) **vorschüssig**

Aufgabe wie vor, jedoch wird der Betrag von 2 000 € am Anfang jeden Jahres eingezahlt.

$$K_n = rq \frac{q^n - 1}{q - 1}$$

$$K_n = 2\,000\,€ \times 1{,}05 \times \frac{1{,}05^{10} - 1}{0{,}05} = 26\,414\,€$$

6.2.2.2 Ermittlung des Barwerts von Zeitrenten 35

a) **nachschüssig**

Wie hoch ist der Barwert einer nachschüssigen Rente von $r = 2\,000$ €, die 5 Jahre lang gezahlt werden soll, bei einem Zinssatz von 5 %?

$$K_0 = r\frac{q^n-1}{q^n(q-1)}$$

$$K_0 = 2\ 000\ € \times \frac{1{,}05^5-1}{1{,}05^5 \times 0{,}05} = 8\ 660\ €$$

b) vorschüssig

Aufgabe wie vor, jedoch vorschüssige Einzahlung

$$K_0 = rq\frac{q^n-1}{q^n(q-1)}$$

$$K_0 = 2\ 000\ € \times 1{,}05 \times \frac{1{,}05^5-1}{1{,}05^5 \times 0{,}05} = 9\ 093\ €$$

6.3 Leibrente

6.3.1 Allgemeines

Schrifttum: *Bertz, U.*, Bewertung von beschränkt persönlichen Dienstbarkeiten und Nießbrauch – Leibrenten- oder Zeitrentenfaktoren? GuG 2003, 134, 239; *Möckel, R.*, Aktuelle Probleme bei der Verwendung von Leibrentenfaktoren, GuG 2003, 343; *Möckel, R.*, Leibrentenfaktoren 2000/2002, GuG 2004, 340; *Schneider/Schlund/Haas*, Kapitalisierungs- und Verrentungstabellen, 2. Aufl. 1992; *Statistisches Bundesamt*, Kommutationszahlen und Versicherungsbarwerte für Leibrenten 2001/2003; *Steinkamp, Chr.*, Modifizierte Leibrentenbarwertfaktoren für die abgekürzte Sterbetafel 1998/2000, GuG 2003, 151.

▶ Vgl. Rn. 29

36 Leibrenten (vgl. Rn. 29) sind **periodische Zahlungen** (z. B. monatlich oder jährlich), **die bis zum Lebensende des Empfängers gezahlt werden. Bei Leibrenten ist zu unterscheiden zwischen**

a) lebenslänglichen Leibrenten „auf das Leben" *einer* Person (Mann oder Frau),

b) lebenslänglichen Leibrenten „auf das Leben" *zweier* Personen (z. B. Ehepaar),

c) „aufgeschobenen" Leibrenten, d. h. lebenslänglichen Leibrenten auf das Leben einer oder mehrerer Personen, die erst zu einem späteren, vertraglich vereinbarten Zeitpunkt beginnen,

d) temporären Leibrenten, wobei eine zeitlich begrenzte (temporäre) Leibrente vereinbart wird („Höchstbetragsrente"); im Unterschied zur Zeitrente soll dabei die Zahlungsverpflichtung zusätzlich zu einem vertraglich vereinbarten Ende durch den Tod des Berechtigten innerhalb dieses Zeitraums beendet werden.

Kombinationen der verschiedenen Leibrentenformen sowie Kombinationen von Leib- und Zeitrenten sind möglich (Abb. 2):

Abb. 2: Leibrenten

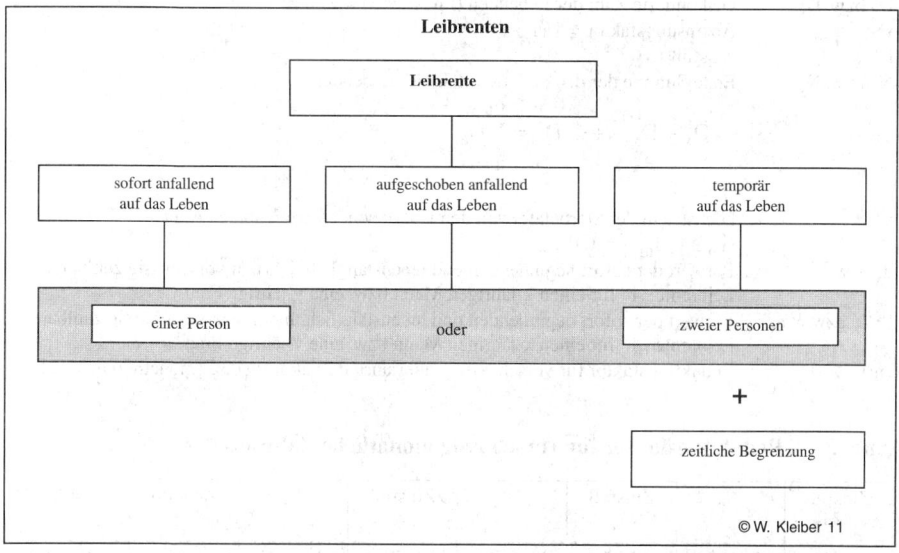

Als Kalkulationsgrundlage von Leibrenten dienen **Versicherungsbarwerte**, die auf der Grundlage der Sterblichkeitsverhältnisse einer Bevölkerung erstellt werden. Die Versicherungsbarwerte werden aus der Absterbeordnung einer Sterbetafel mihilfe der sog. **Kommutationszahlen** (D_x und N_x) in Abhängigkeit von dem Zinsfuß abgeleitet: 37

Der Versicherungsbarwert $ä_x$ entspricht beispielsweise dem Wert einer sofort beginnenden und lebenslänglich, jährlich vorschüssig zahlbaren Leibrente vom Werte „1" für eine x-jährige Person. Sie können den vom Statistischen Bundesamt veröffentlichten Tabellen der Kommutationszahlen und Versicherungsbarwerten entnommen werden (zuletzt auf der Grundlage der Sterbetafel 2002/2004).

Bezieht sich die Leibrente auf zwei unabhängige Personen, z. B. Geschwister, so spricht man von **„unabhängigen Leibrenten"**. Der Barwert ermittelt sich in diesen Fällen als Summe der Barwerte der Leibrenten für die einzelnen Personen. Sind die Leibrenten auf das Leben mehrerer Personen sowohl in ihrer Höhe als auch in der Laufzeit verbunden, spricht man von „verbundenen Leibrenten" (Verbindungsrente), wobei zu unterscheiden ist nach 38

a) Leibrente auf das kürzere Leben (Leibrente bis zum Tode des zuerst Versterbenden) und

b) Leibrente auf das längere Leben (Leibrente bis zum Tode des zuletzt Versterbenden).

Bei Anwendung der Kommutationszahlen des Statistischen Bundesamtes gilt folgende Notation: 39

x   vollendetes Alter des Mannes
y   vollendetes Alter der Frau
    Für die Altersbestimmung ist das versicherungsmathematische Alter maßgebend. Zur Ermittlung des versicherungsmathematischen Alters wird das auf den Berechnungsstichtag (Wertermittlungsstichtag) bis auf den Tag berechnete Lebensalter auf ganze Jahre auf- oder abgerundet, d. h., ein Lebensalter von x und weniger als sechs Monaten wird auf x Jahre abgerundet und ein Lebensalter von x und mehr als sechs Monaten auf x + 1 aufgerundet. Bei einem Lebensalter von x und sechs Monaten kann der Barwert als Mittelwert einer Berechnung von x sowie von x + 1 Jahren ermittelt werden.

IV § 7 ImmoWertV Ungewöhnliche oder persönliche Verhältnisse

l_x bzw. l_y	Lebende gemäß Sterbetafel (im Alter x)
D_x bzw. D_y	Diskontierte Zahl der Lebenden (im Alter x) = $v_x \times l_x$
v^x	Abzinsungsfaktor = $1/(1 + i)^x$
i	Zinsfuß
N_x bzw. N_y	Erste Summe der diskontierten Zahl der Lebenden

$$N_x = D_x + D_{x+1} + \ldots D_\omega = \sum_{a=x}^{\omega} D_a$$

w	höchstes in der Sterbetafel von den Überlebenden erreichbares Alter ($l_\omega \geq 0$, $l_{\omega+1} = 0$)
$ä_x$ bzw. $ä_y$	Barwert der sofort beginnenden und lebenslänglich, jährlich vorschüssig zahlbaren Leibrente „1" für einen x-jährigen Mann bzw. eine y-jährige Frau
$^{(12)}a_x$ bzw. $^{(12)}ä_y$	Barwert der sofort beginnenden und lebenslänglich, monatlich vorschüssig zahlbaren Leibrente „1" für einen x-jährigen Mann bzw. eine y-jährige Frau
$(m)_k$	Reduktionsfaktor für vorschüssige unterjährige Zahlungsweise (monatlich m = 12)

Abb. 3: Reduktionsfaktor für vorschüssig monatliche Zahlweise

Zinsfuß i %	$(m)_k$	Zinsfuß i %	$(m)_k$	Zinsfuß i %	$(m)_k$	Zinsfuß i %	$(m)_k$
1,00	0,45998	3,75	0,46442	6,50	0,46874	9,25	0,47293
1,25	0,46039	4,00	0,46482	6,75	0,46913	9,50	0,47331
1,50	0,46080	4,25	0,46522	7,00	0,46951	9,75	0,47368
1,75	0,46120	4,50	0,46561	7,25	0,46990	10,00	0,47406
2,00	0,46161	4,75	0,46601	7,50	0,47028	10,25	0,47443
2,25	0,46202	5,00	0,46640	7,75	0,47066	10,50	0,47480
2,50	0,46242	5,25	0,46679	8,00	0,47104	10,75	0,47517
2,75	0,46282	5,50	0,46719	8,25	0,47142	11,00	0,47554
3,00	0,46322	5,75	0,46758	8,50	0,47180	11,25	0,47591
3,25	0,46362	6,00	0,46797	8,75	0,47218	11,50	0,47627
3,50	0,46402	6,25	0,46835	9,00	0,47256	11,75	0,47664

6.3.2 Berechnung des Barwerts

6.3.2.1 Allgemeines

40 Um den Barwert einer Leibrente zu ermitteln, ist es nicht zulässig, die durchschnittliche Lebenserwartung (nach den Angaben der Sterbetafel) in eine Zeitrentenformel einzusetzen. Vielmehr muss zunächst die Höhe der Jahresrente mit der Wahrscheinlichkeit multipliziert werden, die aus der Sicht des Berechtigten im Jahr des Rentenbeginns bezüglich des Erlebensfalls besteht. Das Produkt aus Jahresrentenbetrag und Erlebenswahrscheinlichkeit ist auf den Zeitpunkt des Rentenbeginns zu diskontieren; rechentechnisch erfolgt dies unter Anwendung sog. **Leibrenten(barwert)faktoren.**

Mit Leibrentenbarwertfaktoren lassen sich Leistungen, die an das Leben von Personen gebunden sind, kapitalisieren.

Man unterscheidet nach:

$ä_x$ Leibrentenbarwertfaktor für die sofort beginnende, lebenslängliche *jährlich vorschüssige* Leibrente vom Wert 1,

$^{(12)}\ddot{a}_x$ Leibrentenbarwertfaktor für die sofort beginnende, lebenslängliche *monatlich vorschüssige* Leibrente vom Wert 1,

a_x Leibrentenbarwertfaktor für die sofort beginnende, lebenslängliche *jährlich nachschüssige* Leibrente vom Wert $1 = \ddot{a}_x - 1$,

Die Geschäftsstelle des Gutachterausschusses in der Landeshauptstadt *Kiel* hat eine Rechenanwendung entwickelt, die Leibrentenbarwertfaktoren auf Basis der jeweils aktuellen Sterbetafel anzeigt; sie können im Internet über die Adresse „Gutachterausschuss Kiel" abgerufen werden. Liegen neue Veröffentlichungen des Statistischen Bundesamtes (Destatis) vor, werden diese eingepflegt.

Soweit im Rahmen der Verkehrswertermittlung „verbundene Leibrenten" zu berücksichtigen sind, ist zwischen Zahlungen

– „bis zum Tode des der letztversterbenden Person" oder

– „bis zum Tod der erstversterbenden Person" (ab Version 2003 bis 2005 vom Gutachterausschuss Kiel eingepflegt)

zu unterscheiden.

Zur **Anwendung** werden folgende Erläuterungen gegeben: Zur Ermittlung des Werts des durch ein Recht im vorstehenden Sinne belasteten Grundstücks ist der Verkehrswert (Marktwert) des fiktiv unbelasteten Grundstücks mit dem aus dem Leibrentenbarwertfaktor ermittelten Abzinsungsfaktor (an das Leben gebundener Abzinsungsfaktor) zu multiplizieren. Dieser ist ab der „Rechenmaschine 2004-2006 Bestandteil der Anwendung. Die mathematische Grundlage bildet (entsprechend Ziff. 4.4.3 (Anl. 17) der WERTR 06) nachstehende Formel:

$$f(x) = 1 - (\ddot{a}(x) - 1) \times p$$

wobei
$f(x)$ = Abzinsungsfaktor
$\ddot{a}(x)$ = Leibrentenfaktor
p = Zinsfaktor (z. B. o,o1 bei 5 %)

Des Weitern wird der Hinweis gegeben, dass der in dem Rechenbeispiel der Anl. 17 WERTR 06 dargestellte Leibrentenfaktor auf Grundlage einer „monatlich vorschüssigen Zahlungsweise" ermittelt wurde und im Rahmen der Ermittlung des an das „Leben gebundenen Abzinsungsfaktors" jedoch der jährlich nachschüssige Leibrentenfaktor Grundlage des Rechenbeispiels ist. Dieser wird im Rahmen der nachfolgenden Rechenmaschinen angeboten:

Rechenmaschine 2009-2011 (Grundlage: Absterbeordnung 2009 – 2011)
Rechenmaschine 2008-2010 (Grundlage: Absterbeordnung 2008 – 2010)
Rechenmaschine 2007-2009 (Grundlage: Absterbeordnung 2007 – 2009)
Rechenmaschine 2006-2008 (Grundlage: Absterbeordnung 2006 – 2008)
Rechenmaschine 2005-2007 (Grundlage: Absterbeordnung 2005 – 2007)
Rechenmaschine 2004-2006 (Grundlage: Absterbeordnung 2004 – 2006)
Rechenmaschine 2003-2005 (Grundlage: Absterbeordnung 2003 – 2005)
Rechenmaschine 2002-2004 (Grundlage: Absterbeordnung 2002 – 2004)
Rechenmaschine 2001-2003 (Grundlage: Absterbeordnung 2001 – 2003)
Rechenmaschine 2000-2002 (Grundlage: Absterbeordnung 2000 – 2002)

Die vorstehend erläuterte Vorgehensweise ist darin begründet, dass einerseits innerhalb der durchschnittlichen Lebenserwartung eine **mit zunehmendem Alter anwachsende Sterbewahrscheinlichkeit** besteht und andererseits über die durchschnittliche Lebenswahrscheinlichkeit noch eine nicht unbeträchtliche **Erlebenswahrscheinlichkeit** gegeben ist. Mit den Abfindungsfaktoren werden Sterbe- und Erlebenswahrscheinlichkeit mit berücksichtigt. Insoweit ist die Ermittlung des Barwerts von Leibrenten auf der Grundlage der Sterbetafel mithilfe der durchschnittlichen Lebenserwartung nicht sachgerecht.

41

42 Der **Barwert einer lebenslänglichen Leibrente** berechnet sich als Produkt aus der Jahresrente und dem Leibrentenfaktor $^{(m)}$ä, d. h. nach der Formel:

$$B = R \times {}^{(m)}\ddot{a}_x \text{ für Männer}$$
$$B = R \times {}^{(m)}\ddot{a}_y \text{ für Frauen}$$
$$B = R \times {}^{(m)}\ddot{a}_{xy} \text{ für „verbundene" Leben bis zum Tode des zuerst Versterbenden}$$

wobei:
R = Jahresbetrag der Rente (bei Wohnrechten: Jahresmietertrag)
m = Anzahl der Zahlungen/Jahr, d. h. bei monatlicher Zahlung = 12
$^{(m)}\ddot{a}_x$ = Leibrentenfaktor für Männer; vorschüssig
$^{(m)}\ddot{a}_y$ = Leibrentenfaktor für Frauen; vorschüssig
$^{(m)}\ddot{a}_{xy}$ = Leibrentenfaktor für „verbundene" Leben
y = Alter der Frau
x = Alter des Mannes

Bei nachschüssiger Zahlweise werden die Leibrentenfaktoren mit $^{(m)}a_x$, $^{(m)}a_y$ bzw. $^{(m)}a_{xy}$ bezeichnet.

43 Die **Leibrentenfaktoren** sind einschlägigen Tabellenwerken zu entnehmen[46], die insbesondere Tabellen für Abfindungsfaktoren für eine monatlich vorschüssige Zahlungsweise enthalten, in die mit dem Jahresbetrag der Rente eingegangen wird, insbesondere

44 – Leibrentenfaktoren für *lebenslängliche* Zahlungen:
- $^{(12)}\ddot{a}_x$ für Männer
- $^{(12)}\ddot{a}_y$ für Frauen
- $^{(12)}\ddot{a}_{xy}$ für verbundene Leben

– Leibrentenfaktoren für *temporäre* Leibrenten:
- $^{(12)}\ddot{a}_{x\,:n}$ für Männer
- $^{(12)}\ddot{a}_{y\,:n}$ für Frauen

wobei n = zeitliche Begrenzung in Jahren

45 Auch **Wohn- und Nießbrauchrechte** sind im Übrigen nach den Methoden der Leibrentenberechnung und nicht nach Zeitrenten zu ermitteln.

6.3.2.2 Barwert einer jährlich vorschüssig zahlbaren Leibrente

46 Die Jahresrente ermittelt sich durch Umstellung der vorstehenden Formel für die Verrentung von Kapitalbeträgen:

$$\text{Jahresrente} = \frac{\text{Barwert}}{\ddot{a}_x \text{ bzw. } \ddot{a}_y}$$

47 *Beispiel A:*
Eine 70-jährige Frau verkauft ihr Grundstück für eine lebenslänglich, jährlich vorschüssig zu zahlende Rente. Der Wert des Grundstücks beträgt 200 000 €. Gesucht ist die Höhe der Leibrente bei einer Verzinsung des Kaufpreises von 5 %.

Bei einem Zinssatz von 5,0 % ergibt sich für eine 70-jährige Frau nach dem Tabellenwerk der Kommutationszahlen 2002/2004: $\ddot{a}_y$: 10,853

Rentenbetrag = Kaufpreis/$\ddot{a}_y$ = 200 000 €/10,853 = 18 428,08 €

---

46 Kommutationszahlen des Statistischen Bundesamtes, Schneider/Schlund/Haas, Kapitalisierungs- und Verrentungstabellen, 2. Aufl., S. 45.

Ungewöhnliche oder persönliche Verhältnisse § 7 ImmoWertV IV

Beispiel B: 48

Eine 70-jährige Frau möchte eine lebenslänglich, jährlich vorschüssig zu zahlende Rente in Höhe von 24 000 € erhalten. Gesucht ist die Höhe des Kaufpreises bei einem Zinssatz von 5 %.

Kaufpreis = Rentenbetrag × $ä_y$ = 24 000 € × 10,853 = 260 472 €

6.3.2.3 Barwert einer monatlich vorschüssig zahlbaren Leibrente

Beispiel: 49

Eine 70-jährige Frau verkauft ihr Grundstück für eine lebenslänglich, monatlich vorschüssig zu zahlende Rente. Der Wert des Grundstücks beträgt 200 000 €. Gesucht ist die Höhe der Leibrente bei einer Verzinsung des Kaufpreises von 5 %.

Bei einem Zinssatz von 5,0 % ergibt sich für eine 70-jährige Frau nach dem Tabellenwerk der Kommutationszahlen 2002/2004:

$^{(m)}ä_y$: 10,387, wobei $^{(m)}ä_y = {}^{(12)}ä_{70} = ä_y - {}^{(m)}k$ = 10,853 − 0,4664

Rentenbetrag = Kaufpreis/$^{(m)}ä_{y\,m}$ = 200 000 €/10,853 = 18 428,08 €

6.3.2.4 Barwert einer aufgeschobenen Leibrente

Eine 70-jährige Frau verkauft ihr Grundstück für eine lebenslänglich, jährlich vorschüssig zu 50
zahlende Rente, beginnend ab dem 75. Lebensjahr. Der Wert des Grundstücks beträgt 200 000 €. Gesucht ist die Höhe der Leibrente bei einer Verzinsung des Kaufpreises von 5 %.

Bei einem Zinssatz von 5,0 % ergibt sich für eine 70-jährige Frau nach dem Tabellenwerk der Kommutationszahlen 2002/2004:

$_n ä_y = (D_{y+n}/D_y) \times ä_{y+n}$ = 6,445

Rentenbetrag = Kaufpreis/$^{(m)}ä_{y\,m}$ = 200 000 €/6,445 = 31 031,81 €

6.3.2.5 Temporäre Leibrente

Eine 70-jährige Frau verkauft ihr Grundstück für eine lebenslänglich, jährlich vorschüssig zu 51
zahlende Rente, die auf eine Laufzeit von 20 Jahren begrenzt sein soll. Der Wert des Grundstücks beträgt 200 000 €. Gesucht ist die Höhe der Leibrente bei einer Verzinsung des Kaufpreises von 5 %.

Bei einem Zinssatz von 5,0 % ergibt sich für eine 70-jährige Frau nach dem Tabellenwerk der Kommutationszahlen 2002/2004:

$ä_{70:20} (N_y - N_{y+n})/D_y$ = (30 674,151 − 1 251,577)/2 826,290 = 10,410

Rentenbetrag = Kaufpreis/$^{(m)}ä_{y\,m}$ = 200 000 €/10,410 = 19 212,30 €

6.3.2.6 Verbundene Leibrenten

Bei der Berechnung des Barwerts verbundener Leibrenten – auch **Verbindungsrente** genannt 52
– sind zwei Besonderheiten zu beachten:

a) Der Leibrentenfaktor $^{(m)}ä_{xy}$ ist vom Altersunterschied z. B. des Ehepaares abhängig; insoweit muss auf die einschlägigen Tabellenwerke zurückgegriffen werden.

b) Der Altersunterschied ist dadurch zu ermitteln, dass zunächst beide Alter (genau) bezogen auf den Wertermittlungsstichtag zu ermitteln sind und anschließend die Differenz gebildet wird.

c) Es müssen besondere Bestimmungen beachtet werden, wenn beim Tode des einen Berechtigten die Höhe der Rente nur zum Teil auf den anderen Berechtigten übergeht. Dazu werden die Faktoren F eingeführt, die jeweils den prozentualen Übergang der Leibrentenhöhe kennzeichnen. Bei vollem Übergang ist F = 1, bei 50%igem Übergang ist F = 0,5 usw.:

F_x = Übergangsfaktor an den Mann

F_y = Übergangsfaktor an die Frau

$F_{xy} = (F_x + F_y) - 1$

Geht die Leibrente beim Tode eines Berechtigten jeweils voll auf den Überlebenden über, ist

$F_{xy} = 1 + 1 - 1 = 1$

Der **Barwert für eine verbundene Leibrente** (monatlich und vorschüssig) berechnet sich dann nach folgender Formel:

$$B = R \times m \, (F_x \times {}^{(m)}ä_x + F_y \times {}^{(m)}ä_y - F_{xy} \times {}^{(m)}ä_{xy})$$
wobei m = 12 bei monatlicher Zahlweise

53 *Beispiel:*

Ein Ehepaar will eine monatlich vorschüssig zahlbare Leibrente in Höhe von 2 000 € erhalten.

Versicherungsmathematisches Alter des Mannes   55 Jahre

Versicherungsmathematisches Alter der Frau   50 Jahre

Verstirbt der Mann zuerst, dann sollen 70 % der Leibrente an die Frau weitergezahlt werden.

Verstirbt die Frau zuerst, dann sollen 100 % der Leibrente an den Mann weitergezahlt werden.

Gesucht ist der Barwert.

Mithin ist

F_x = 1,000

F_y = 0,700

F_{xy} = (1,000 + 0,700) – 1 = 0,700

Barwert = Rentenbetrag $\times$ m $\times (F_x \times {}^{(12)}ä_x + F_y \times {}^{(12)}ä_y - F_{xy} \times {}^{(12)}ä_{xy})$

Barwert = 2 000 €× 12 × (1,000 × 13,366 + 0,700 × 15,828 – 0,700 × 12,590) = 375 182,40 €

6.4 Zinssatz

54 Für die Kapitalisierung von Leibrenten wird üblicherweise ein Zinssatz von 5,5 % (monatlich vorschüssig) **angesetzt**. Dieser Zinssatz ist allerdings nur deshalb praxisüblich, weil die entsprechenden Tabellen der Finanzverwaltung hierauf aufbauen. Tatsächlich kommt es aber maßgeblich auf den Zinssatz an, den die Vertragsparteien ausgehandelt haben. Dabei ist vor allem zu beachten, ob eine Wertsicherungsklausel vereinbart worden ist, die i. d. R. zu einem effektiv höheren Zinssatz führt.

§ 8 ImmoWertV
Ermittlung des Verkehrswerts

(1) Zur Wertermittlung sind das Vergleichswertverfahren (§ 15) einschließlich des Verfahrens zur Bodenwertermittlung (§ 16), das Ertragswertverfahren (§§ 17 bis 20), das Sachwertverfahren (§§ 21 bis 23) oder mehrere dieser Verfahren heranzuziehen. Die Verfahren sind nach der Art des Wertermittlungsobjekts unter Berücksichtigung der im gewöhnlichen Geschäftsverkehr bestehenden Gepflogenheiten und der sonstigen Umstände des Einzelfalls, insbesondere der zur Verfügung stehenden Daten, zu wählen; die Wahl ist zu begründen. Der Verkehrswert ist aus dem Ergebnis des oder der herangezogenen Verfahren unter Würdigung seines oder ihrer Aussagefähigkeit zu ermitteln.

(2) In den Wertermittlungsverfahren nach Absatz 1 sind regelmäßig in folgender Reihenfolge zu berücksichtigen:
1. die allgemeinen Wertverhältnisse auf dem Grundstücksmarkt (Marktanpassung),
2. die besonderen objektspezifischen Grundstücksmerkmale des zu bewertenden Grundstücks.

(3) Besondere objektspezifische Grundstücksmerkmale wie beispielsweise eine wirtschaftliche Überalterung, ein überdurchschnittlicher Erhaltungszustand, Baumängel oder Bauschäden sowie von den marktüblich erzielbaren Erträgen erheblich abweichende Erträge können, soweit dies dem gewöhnlichen Geschäftsverkehr entspricht, durch marktgerechte Zu- oder Abschläge oder in anderer geeigneter Weise berücksichtigt werden.

Gliederungsübersicht Rn.

1	Übersicht		
	1.1	Regelungsgehalt des § 8 ImmoWertV	
		1.1.1 Zentrale Bedeutung des § 8 ImmoWertV	1
		1.1.2 Entstehungsgeschichte	4
		1.1.3 Wertermittlungsverfahren der ImmoWertV	6
		1.1.4 Derivate der klassischen Wertermittlungsverfahren	12
	1.2	Verfahren zur Preisermittlung für Investitionsentscheidungen	17
	1.3	Internationale „Bewertungsverfahren" und Bewertungsstandards	18
2	Vergleichs-, Ertrags- und Sachwertverfahren (§ 8 Abs. 1 Satz 1 und 2 ImmoWertV)		
	2.1	Übersicht	19
	2.2	Verfahrenswahl	
		2.2.1 Allgemeine Grundsätze für die Ermittlung von Verkehrswerten (Marktwerte)	
		2.2.1.1 Allgemeines	25
		2.2.1.2 Gepflogenheiten des gewöhnlichen Geschäftsverkehrs	39
		2.2.1.3 Sonstige Umstände des Einzelfalls	42
		2.2.2 Verfahrensvorgaben bei der Beleihungswertermittlung	43
		2.2.3 Verfahrensvorgaben für die steuerliche Bewertung	
		2.2.3.1 Allgemeines	45
		2.2.3.2 Unbebaute Grundstücke	46
		2.2.3.3 Bebaute Grundstücke	47
	2.3	Vergleichswertverfahren	
		2.3.1 Allgemeines	48
		2.3.2 Anwendungsbereich	50
		2.3.3 Bodenwertermittlung	
		2.3.3.1 Allgemeines	53
		2.3.3.2 Unmittelbarer und mittelbarer Preisvergleich	55
		2.3.3.3 Bodenrichtwertverfahren	57
		2.3.3.4 Deduktive Verfahren	58
	2.4	Ertragswertverfahren	
		2.4.1 Allgemeines	62
		2.4.2 Anwendungsbereich	63
		2.4.3 Pachtwertverfahren	67
		2.4.4 Prognoseorientiertes Ertragswertverfahren (Discounted Cash Flow Verfahren)	68
		2.4.5 Ellwood Verfahren	69
	2.5	Sachwertverfahren	

		2.5.1	Allgemeines	70
		2.5.2	Anwendungsbereich	71
		2.5.3	Missverstandenes Eigennutzprinzip	82
	2.6	Liquidationswertverfahren		
		2.6.1	Allgemeines	88
		2.6.2	Zerschlagungs- bzw. Zerlegungstaxe sowie Vereinigungswert	92
	2.7	Kombinationsverfahren		
		2.7.1	Allgemeines	99
		2.7.2	Extraktionsverfahren (Residualwertverfahren)	102
	2.8	Monte-Carlo-Verfahren		107
	2.9	Massenbewertungsverfahren		
		2.9.1	Allgemeines	109
		2.9.2	Methoden	111
		2.9.3	Paketab- und -zuschlag	112
3	Problemfälle bei der Wahl des Wertermittlungsverfahrens			
	3.1	Gewerbe- und Industriegrundstücke		113
	3.2	Unternehmensbewertung		117
	3.3	Eigentumswohnung		125
	3.4	Gemeinbedarfsfläche		130
	3.5	Teilfläche (Vorgarten)		
		3.5.1	Allgemeines	136
		3.5.2	Differenzwertverfahren	139
		3.5.3	Pauschalierte Bruchteilsbewertung	143
		3.5.4	Proportionalverfahren	144
	3.6	Warteständiges Bauland		146
	3.7	Grundstücke im Zustand der Bebauung		
		3.7.1	Allgemeines	148
		3.7.2	Verkehrswertermittlung (ImmoWertV)	149
		3.7.3	Beleihungswertermittlung (BelWertV)	150
		3.7.4	Steuerliche Bewertung	151
4	Verkehrswertableitung aus den Ergebnissen der Wertermittlungsverfahren (§ 8 Abs. 1 Satz 3 ImmoWertV)			
	4.1	Übersicht		154
	4.2	Aussagefähigkeit der herangezogenen Verfahren		155
	4.3	Berücksichtigung mehrerer Verfahrensergebnisse		156
	4.4	Mittelwertmethode (Berliner Verfahren)		158
5	Marktanpassung (§ 8 Abs. 2 Nr. 1 ImmoWertV)			
	5.1	Allgemeines		164
	5.2	Vergleichswertverfahren		171
	5.3	Ertragswertverfahren		173
	5.4	Sachwertverfahren		175
6	Berücksichtigung besonderer objektspezifischer Grundstücksmerkmale (§ 8 Abs. 3 ImmoWertV)			
	6.1	Allgemeines		
		6.1.1	Verkehrswertermittlung (ImmoWertV)	178
		6.1.2	Beleihungswertermittlung (BelWertV)	188
	6.2	Baumängel und Bauschäden (Instandhaltungsrückstau)		
		6.2.1	Begriffe	
			6.2.1.1 Baumängel und Bauschäden	189
			6.2.1.2 Unterlassene Instandhaltung (Instandhaltungsrückstau)	195
			6.2.1.3 Instandsetzung	196
		6.2.2	Wertminderung wegen Baumängeln und Bauschäden (Instandhaltungsrückstau)	
			6.2.2.1 Allgemeines	198
			6.2.2.2 Deduktive Ermittlung der Wertminderung	215
		6.2.3	Instandsetzungskosten	229
		6.2.4	Ermittlung der „vollen" Schadensbeseitigungskosten	238
		6.2.5	Baumängel und Bauschäden (Instandhaltungsrückstau) in der Beleihungswertermittlung	245
		6.2.6	Baumängel und Bauschäden (Instandhaltungsrückstau) in der steuerlichen Bewertung	246
	6.3	Vom Modellansatz abweichende Restnutzungsdauer		247
	6.4	Wirtschaftliche Überalterung und überdurchschnittlicher Erhaltungszustand		
		6.4.1	Wirtschaftliche Überalterung	
			6.4.1.1 Allgemeines	250

		6.4.1.2 Grundriss	252
		6.4.1.3 Geschosshöhe	253
		6.4.1.4 Struktur und Raumaufteilung	254
	6.4.2	Überdurchschnittlicher Erhaltungszustand	255
6.5	Architektonische Gestaltung		256
6.6	Vom marktüblich erzielbaren Ertrag erheblich abweichender Ertrag		
	6.6.1	Allgemeines	
		6.6.1.1 Verkehrswertermittlung (ImmoWertV)	257
		6.6.1.2 Beleihungswertermittlung (BelWertV)	261
		6.6.1.3 Steuerliche Bewertung	262
	6.6.2	Mehr- oder Mindererträge (over- und underrented)	
		6.6.2.1 Allgemeine Grundsätze der Verkehrswertermittlung nach ImmoWertV	263
		6.6.2.2 Allgemeine Grundsätze der BelWertV	274
		6.6.2.3 Allgemeine Grundsätze der erbschaftsteuerlichen Bewertung	277
		6.6.2.4 Auf- und Abschichtungsverfahren (Top and Bottom Slicing)	279
		6.6.2.5 Vervielfältigerdifferenzenverfahren (Term and Reversion)	288
		6.6.2.6 Berücksichtigung der Bewirtschaftungskosten	296
		6.6.2.7 Liegenschaftszinssatz	308
	6.6.3	Temporäre Abweichungen der Bewirtschaftungskosten von marktüblichen Bewirtschaftungskosten	
		6.6.3.1 Allgemeines	314
		6.6.3.2 Beispiel	318
	6.6.4	Leerstand	
		6.6.4.1 Allgemeines	319
		6.6.4.2 Berücksichtigung bei der Verkehrswertermittlung	334
	6.6.5	Abweichungen aufgrund atypischer Nutzungen (Fehlnutzungen)	361
	6.6.6	Temporäre Einnahmen aufgrund von Zwischennutzungen, Werbeflächen, Antennenanlagen und dgl.	374
6.7	Sonstige besondere objektspezifische Grundstücksmerkmale		
	6.7.1	Übersicht	384
	6.7.2	Optionen	385
	6.7.3	Denkmalschutz	388
6.8	Besondere bodenbezogene Grundstücksmerkmale		
	6.8.1	Allgemeines	387
	6.8.2	Bodensondierung	388
	6.8.3	Abgabenrechtliche Besonderheiten	390
	6.8.4	Bodenwertbezogene Rechte am Grundstück	391
	6.8.5	Aufwendungen für bevorstehende Freilegung (Abbruch)	
		6.8.5.1 Allgemeines	393
		6.8.5.2 Anstehende Freilegung	394
	6.8.6	Abweichende Nutzung	395
	6.8.7	Bodenverunreinigungen (Altlasten)	397
6.9	Besondere gebäudebezogene Grundstücksmerkmale		
	6.9.1	Allgemeines	398
	6.9.2	Besondere Bauteile, Einrichtungen und Besondere Vorrichtungen (besondere Betriebseinrichtungen) sowie besondere Flächen (c-Flächen)	
		6.9.2.1 Allgemeines	399
		6.9.2.2 Besondere Bauteile, Einrichtungen und besondere Vorrichtungen	400
		6.9.2.3 Besondere Flächen (insbesondere c-Flächen i. S. der DIN 277)	401
	6.9.3	Energetische Eigenschaften	
		6.9.3.1 Allgemeines	402
		6.9.3.2 Photovoltaikanlage	407
	6.9.4	Dachgeschoss	411
6.10	Aufwuchs und sonstige Außenanlagen		414
6.11	Rechte am Grundstück		416
6.12	Vermietung sonst bezugsfreier Objekte		417
6.13	Merkantiler Mehr- oder Minderwert		
	6.13.1	Allgemeines	418
	6.13.2	Ermittlung der merkantilen Wertminderung	429
7	Anlagen		
7.1	Kostengliederung nach Bauelementen		434
7.2	Instandsetzungs- und Modernisierungskosten (einschließlich MwSt.)		435
7.3	Pauschalsätze für Modernisierungskosten des IVD Berlin-Brandenburg e.V. (2009/2010)		436

IV § 8 ImmoWertV — Ermittlung des Verkehrswerts

1 Übersicht

1.1 Regelungsgehalt des § 8 ImmoWertV

1.1.1 Zentrale Bedeutung des § 8 ImmoWertV

1 § **8 ImmoWertV ist eine Norm, die in der Systematik der ImmoWertV eine zentrale Stellung einnimmt.**

Die Vorschrift ist eigentlich dem Abschnitt 3 (Wertermittlungsverfahren) zuzuordnen, denn sie regelt verfahrensübergreifend

a) in *Abs. 1* die allgemeinen Grundsätze für die Wahl der in Abschnitt 3 geregelten Wertermittlungsverfahren (Vergleichs-, Ertrags- und Sachwertverfahren) und die Ableitung des Verkehrswerts (Marktwerts) aus dem Ergebnis des herangezogenen Verfahrens,

b) in *Abs. 2* die Anpassung des nach den §§ 15 bis 23 ImmoWertV zu ermittelnden Vergleichs-, Ertrags- und Sachwerts an die allgemeinen Wertverhältnisse auf dem Grundstücksmarkt (sog. Marktanpassung) einschließlich ihrer wertermittlungstechnischen Abfolge, sowie

c) in *Abs. 3 und 4* die ergänzende Berücksichtigung besonderer objektspezifischer Grundstücksmerkmale.

2 Die allgemeinen Grundsätze des § 8 Abs. 1 ImmoWertV für die „heranzuziehenden" Wertermittlungsverfahren (Vergleichs-, Ertrags- und Sachwertverfahren) gliedern sich wie folgt:

a) Nach § 8 Abs. 1 Satz *1* ImmoWertV stehen zur Ermittlung des Verkehrswerts die **drei klassischen Wertermittlungsverfahren**, nämlich das Vergleichs-, das Ertrags- und das Sachwertverfahren, zur Verfügung. Es handelt sich dabei nicht um eine abschließende Aufzählung (vgl. Vorbem. zur ImmoWertV Rn. 31 ff.).

b) § 8 Abs. 1 Satz *2* ImmoWertV enthält Grundsätze für die **Wahl des oder der zur Anwendung kommenden Wertermittlungsverfahren** und verpflichtet zur Begründung der Verfahrenswahl.

c) § 8 Abs. 1 Satz *3* ImmoWertV enthält ergänzende Hinweise zur **Ableitung des Verkehrswerts aus** den Ergebnissen der **angewandten Wertermittlungsverfahren** (Vergleichs-, Ertrags- oder Sachwert).

§ 8 ImmoWertV ist damit eine „Rahmenvorschrift" für die im Abschnitt 3 geregelten **Wertermittlungsverfahren.** § 8 Abs. 1 Satz 3 bestimmt nämlich, dass der Verkehrswert aus dem Ergebnis des jeweils herangezogenen Verfahrens (Vergleichs-, Ertrags- oder Sachwert) unter Würdigung seiner Aussagefähigkeit abzuleiten ist. Sind mehrere Verfahren herangezogen worden, gilt dies entsprechend für die ermittelten Ergebnisse.

3 Die Stellung der Vorschrift verleitet zu der Annahme, dass die in § 8 Abs. 2 und 3 ImmoWertV genannten Komplexe nicht Bestandteil des Vergleichs-, Ertrags- und Sachwertverfahrens nach den §§ 15 bis 23 ImmoWertV sind und die allgemeinen Wertverhältnisse auf dem Grundstücksmarkt (sog. Marktanpassung) sowie die besonderen objektspezifischen Grundstücksmerkmale in der wertermittlungstechnischen Abfolge erst nachträglich zu berücksichtigen sind. Tatsächlich ist die mit § 8 Abs. 2 und 3 vorgeschriebene **Berücksichtigung der allgemeinen Wertverhältnisse auf dem Grundstücksmarkt (sog. Marktanpassung) sowie der Berücksichtigung besonderer objektspezifischer Grundstücksmerkmale integraler Bestandteil des Vergleichs-, Ertrags- und Sachwertverfahrens** nach Abschnitt 3. Dies ergibt sich aus § 8 Abs. 2 ImmoWertV, nach dem „*in* den Wertermittlungsverfahren nach Absatz 1" (Vergleichs-, Ertrags- und Sachwertverfahren) die sog. Marktanpassung sowie die besonderen objektspezifischen Grundstücksmerkmale zu berücksichtigen sind. Soweit diese nicht bereits nach den §§ 15 bis 23 ImmoWertV ihre Berücksichtigung gefunden haben, muss

a) bei Anwendung des Vergleichswertverfahrens nach den §§ 15 und 16 ImmoWertV,

b) bei Anwendung des Ertragswertverfahrens nach den §§ 17 bis 20 ImmoWertV und

c) bei Anwendung des Sachwertverfahrens nach den §§ 21 bis 23 ImmoWertV

das Ergebnis jeweils um die mit § 8 Abs. 3 ImmoWertV vorgegebene Berücksichtigung der Marktanpassung sowie der besonderen objektspezifischen Grundstücksmerkmale ergänzt werden, um zum Vergleichs-, Ertrags- und Sachwert zu gelangen.

Die **Systematik der ImmoWertV unterscheidet sich mit der integrierten Marktanpassung von der Systematik der WertV 88/89** insbesondere in Bezug auf das Sachwertverfahren. Nach den §§ 21 bis 25 WertV 88/89 wurde als „Sachwert" ein im Wesentlichen kostenorientierter Sachwert ermittelt, auf den erst nachträglich die Marktanpassung mit § 7 Abs. 1 Satz 2 WertV 88/98 aufgesattelt wurde. Der die Marktanpassung integrierende „Sachwert" der ImmoWertV ist damit begrifflich ein Aliud gegenüber dem kostenorientierten „Sachwert" der WertV 88/98.

Aus den vorstehenden Ausführungen folgt, dass die Regelungen des Abschnitts 3 über die Ermittlung des Vergleichs-, Ertrags- und Sachwerts erst i. V. m. § 8 Abs. 3 ImmoWertV zum Vergleichs-, Ertrags- und Sachwert führen. Dies ist begrifflich von nicht unerheblicher Bedeutung. Bedarf es nämlich einer ergänzenden Berücksichtigung der Marktanpassung sowie der besonderen objektspezifischen Grundstücksmerkmale, ergibt sich nach den §§ 15 bis 23 ImmoWertV lediglich ein **„vorläufiger" Vergleichs-, Ertrags- und Sachwert**. Dies betrifft insbesondere das Ertrags- und Sachwertverfahren, denn i. d. R. weisen die Bewertungsobjekte besonders nach § 8 Abs. 3 ImmoWertV ergänzend zu berücksichtigende objektspezifische Grundstücksmerkmale auf, deren Berücksichtigung allein bei Anwendung des Vergleichswertverfahrens mit § 15 Abs. 1 Satz 4 sowie § 16 Abs. 1 Satz 5 ImmoWertV ausdrücklich vorgeschrieben ist. § 8 Abs. 3 ImmoWertV ersetzt damit die §§ 19, 24 und 25 WertV 88/98, mit denen die Berücksichtigung der besonderen objektspezifischen Grundstücksmerkmale „innerhalb" der Regelungen zum Ertrags- und Sachwertverfahren vorgegeben war.

Zu den nach Maßgabe des § 8 Abs. 3 ImmoWertV ergänzend zu berücksichtigenden „**besonderen objektspezifischen Grundstücksmerkmalen" können** über die in dieser Vorschrift ausdrücklich genannten Besonderheiten hinaus vor allem **auch besondere Eigenschaften des Grund und Bodens sowie der baulichen und sonstigen Anlage gehören, wie z. B. eine Grundstücksteilfläche oder besondere Ausstattungsmerkmale des Gebäudes**[1]. Nach dem Grundsatz der Modellkonformität (vgl. Vorbem. zur ImmoWertV Rn. 36) muss nämlich nicht nur das herangezogene Wertermittlungsverfahren methodisch exakt in der Weise zur Anwendung kommen, wie es vom Gutachterausschuss für Grundstückswerte bei der Ableitung der erforderlichen Daten der Wertermittlung i. S. des Zweiten Abschnitts (insbesondere Liegenschaftszinssätze, Sachwertfaktoren, Vergleichsfaktoren bebauter Grundstücke, Umrechnungskoeffizienten) praktiziert wurde, auch die materiellen Grundstückseigenschaften müssen denen entsprechen, die der Ableitung z. B. des Sachwertfaktors zugrunde liegen. Ist z. B. der Sachwertfaktor aus Kaufpreisen von Grundstücken mit einer durchschnittlichen Grundstücksgröße von 500 m² auf der Grundlage des dafür veröffentlichten Bodenrichtwerts abgeleitet worden, so muss bei konsequenter Beachtung des Grundsatz der Modellkonformität der vorläufige Sachwert nach den §§ 21 bis 24 ImmoWertV zunächst auf eben dieser Grundlage abgeleitet werden, denn nur dafür ist der herangezogene Sachwertfaktor einschlägig. Davon abweichende Besonderheiten, wie z. B. eine Übergröße des Grundstücks von beispielsweise 400 m² für das hinterliegende Gartenland muss ergänzend nach § 8 Abs. 3 ImmoWertV berücksichtigt werden. Dies kann im Einzelfall die Lesbarkeit einer Wertermittlung erheblich beeinträchtigen, da im Ergebnis die **Boden- und Gebäudewertermittlung auseinandergerissen** werden.

---

1 So auch der versteckte Hinweis in Ziff. 3 Abs. 1 der SachwertR.

IV § 8 ImmoWertV — Ermittlung des Verkehrswerts

1.1.2 Entstehungsgeschichte

4 Die Vorschrift ist aus den §§ 7, 19, 24 und 25 WertV 88/98 hervorgegangen.

1.1.3 Wertermittlungsverfahren der ImmoWertV

6 Nach § 8 Abs. 1 Satz 1 ImmoWertV „sind" zur Verkehrswertermittlung (Marktwertermittlung)

a) das Vergleichswertverfahren *(comparison method* oder *sales comparison approach)*,

b) das Ertragswertverfahren *(income approach* oder *income capitalisation approach)*,

c) das Sachwertverfahren *(cost approach)*

oder mehrere dieser Verfahren heranzuziehen.

Bei den genannten Verfahren handelt es sich um die **klassischen und international gebräuchlichen Wertermittlungsverfahren** *(valuation methodology)*, die weltweit das methodische Gerüst der Verkehrswertermittlung mit allerdings unterschiedlichem Gewicht und unterschiedlicher Tradition bilden. Das Vergleichs-, Ertrags- und Sachwertverfahren können als die eigentlichen internationalen Verfahren bezeichnet werden[2].

7 **Im Kern können alle** diese **Verfahren als Vergleichswertverfahren angesehen werden.** Während nämlich bei Anwendung des Vergleichswertverfahrens die Verkehrswertermittlung im Wege des direkten Preisvergleichs gesucht wird, sind das Ertrags- und Sachwertverfahren darauf ausgerichtet, deduktiv über den Vergleich der Ertragsverhältnisse bzw. der Herstellungskosten zum Verkehrswert zu gelangen. Bei allen Verfahren geht es im Kern auch darum, objektspezifisch und authentisch die Markt- und Wettbewerbssituation (des gewöhnlichen Geschäftsverkehrs) zu simulieren.

8 Mit der Beschränkung auf die Regelung der drei sog. klassischen Wertermittlungsverfahren ist die **Anwendung anderer sachgerechter Verfahren nicht ausgeschlossen**, denn die ImmoWertV regelt die Verkehrswertermittlung ohnehin nur in ihren Grundzügen. Andere in Betracht zu ziehende Verfahren sind ohnehin Derivate der genannten Verfahren, die auch als deduktive Methoden bezeichnet werden, so z. B. die Zielbaummethode, das Extraktionsverfahren (Residualwertverfahren), die allgemeine Barwertmethode (mehrperiodisches Ertragswertverfahren), die als „Urform" des Ertragswertverfahrens angesehen werden kann, und viele mehr. **Andere zur Verkehrswertermittlung herangezogene Methoden** müssen aber geeignet sein und **dürfen nicht das Wertbild verzerren**[3].

Das BVerwG hat mit seiner Entscheidung vom 16.1.1996 den **klassischen Verfahren eine Priorität** eingeräumt und in diesem Zusammenhang darauf hingewiesen, dass auf andere geeignete Methoden erst ausgewichen werden kann, wenn eine in der ImmoWertV vorgesehene Methode nicht angewandt werden kann. Die ImmoWertV sei insoweit nicht abschließend[4].

9 Zur Kontrolle können auch **überschlägige Berechnungen** auf der Grundlage von Herstellungskosten, Feuerversicherungswerten, Beleihungswerten und „Maklerformeln" vorgenommen werden. Überschlagsrechnungen (Faustformeln) haben den Vorteil, dass bei sachkundiger Anwendung mit ihrer Hilfe die Größenordnung des Verkehrswerts schnell abgeschätzt werden kann. Sie haben jedoch den Nachteil, dass die Wertermittlungsgrundlagen (Preis- oder Zinsansätze) nicht nachprüfbar sind. Damit genügen sie nicht den Anforderungen, die die Rechtsprechung an Gutachten stellt[5].

---

2 The Appraisal of Real Estate, 12. Aufl. 2001, S. 62.
3 BGH, Urt. vom 12.2.2001 – V ZR 420/99 –, GuG 2991, 181 = NJW-RR 2001, 732 = EzGuG 20.176; OLG Brandenburg, Urt. vom 11.1.2006 – 4 U 85/05 –, EzGuG 20.200c.
4 BVerwG, Urt. vom 16.1.1998 – 4 B 69/95 –, GuG 1996, 111 = EzGuG 15.83.
5 BGH, Urt. vom 17.12.1964 – III ZR 96/63 –, BRS Bd. 19 Nr. 112 = EzGuG 11.47; BGH, Urt. vom 2.2.1977 – VIII ZR 155/75 –, NJW 1977, 801 = EzGuG 11.106.

Die **Wertermittlungsverfahren stellen Hilfswege für die Ableitung** des sich am Geschehen auf dem Grundstücksmarkt orientierenden **Verkehrswerts** dar (§ 194 BauGB). In der Begründung zur WertV 61 war dies besonders für das Ertrags- und Sachwertverfahren herausgestellt. Dort hieß es, dass diese Verfahren „immer nur ein Hilfsmittel zur Bestimmung des Verkehrswerts" darstellen[6]. Dies gilt grundsätzlich für alle zur Ermittlung des Verkehrswerts herangezogenen Verfahren und damit auch für solche, die in der ImmoWertV nicht geregelt sind.

10

Zur Verkehrswertermittlung können entgegen einer weitverbreiteten Auffassung (vgl. Rn. 99) Elemente des Vergleichs-, Ertrags- und Sachwertverfahrens miteinander kombiniert werden **(Kombinationswertverfahren)**. Dies ist bei Anwendung des Ertrags- und Sachwertverfahrens in der ImmoWertV ausdrücklich geregelt, denn bei Anwendung dieser Verfahren ist nach § 16 Abs. 2 und § 21 Abs. 1 ImmoWertV i. d. R. der nach dem Vergleichswertverfahren (§ 16 ImmoWertV) abgeleitete Bodenwert einzuführen.

11

Als weitere Beispiele für die Kombination von Elementen verschiedener Wertermittlungsverfahren können insbesondere die sog. deduktiven Verfahren gelten, namentlich

– das **Extraktionsverfahren** (Residualwertverfahren),

– die sog. **kalkulatorische Bodenwertermittlung** über die Ertragsfähigkeit des Grund und Bodens.

Wie noch näher ausgeführt wird (vgl. Rn. 99 ff.), muss allerdings gefordert werden, dass die zu kombinierenden Elemente verschiedener Wertermittlungsverfahren aufeinander „abgestimmt" sind und die Kombination nicht zu einer „Verzerrung des Wertbilds" führt.

1.1.4 Derivate der klassischen Wertermittlungsverfahren

▶ *Vgl. Rn. 139 ff.; Teil V Rn. 638, 647 ff., 667 ff., 675*

In der Praxis der Wertermittlung von Grundstücken hat sich eine fast unüberschaubare Zahl von Wertermittlungsverfahren herausgebildet, die allesamt letztlich auf die klassischen Grundverfahren zurückgehen. **Die über die genannten Verfahren hinaus in der Praxis der Wertermittlung entwickelten sonstigen Verfahren stellen letztlich nur Derivate der klassischen Wertermittlungsverfahren** dar. Sie haben sich aus den verschiedensten Gründen aus den klassischen Wertermittlungsverfahren herausgebildet, insbesondere im Hinblick auf

12

a) die mit der Wertermittlung verfolgte Zielsetzung, z. B. im Steuer-, Beleihungs-, Rechnungs- und Bilanz- oder Versicherungswesen,

b) die Lösung besonderer Problemstellungen, wie die Bemessung von Enteignungsentschädigungen, die Verkehrswertermittlung von Teilflächen und die Verkehrswertermittlung im Zusammenhang mit der Durchführung städtebaulicher Maßnahmen,

c) die im Einzelfall geforderte Genauigkeit oder

d) geeignete Rechentechniken.

Dabei werden die klassischen Verfahren in vielfältiger Weise modifiziert und auch kombiniert (Abb. 1).

---

6 BAnz Nr. 154 vom 12.8.1961.

Abb. 1: Übersicht über die internationalen Wertermittlungsverfahren

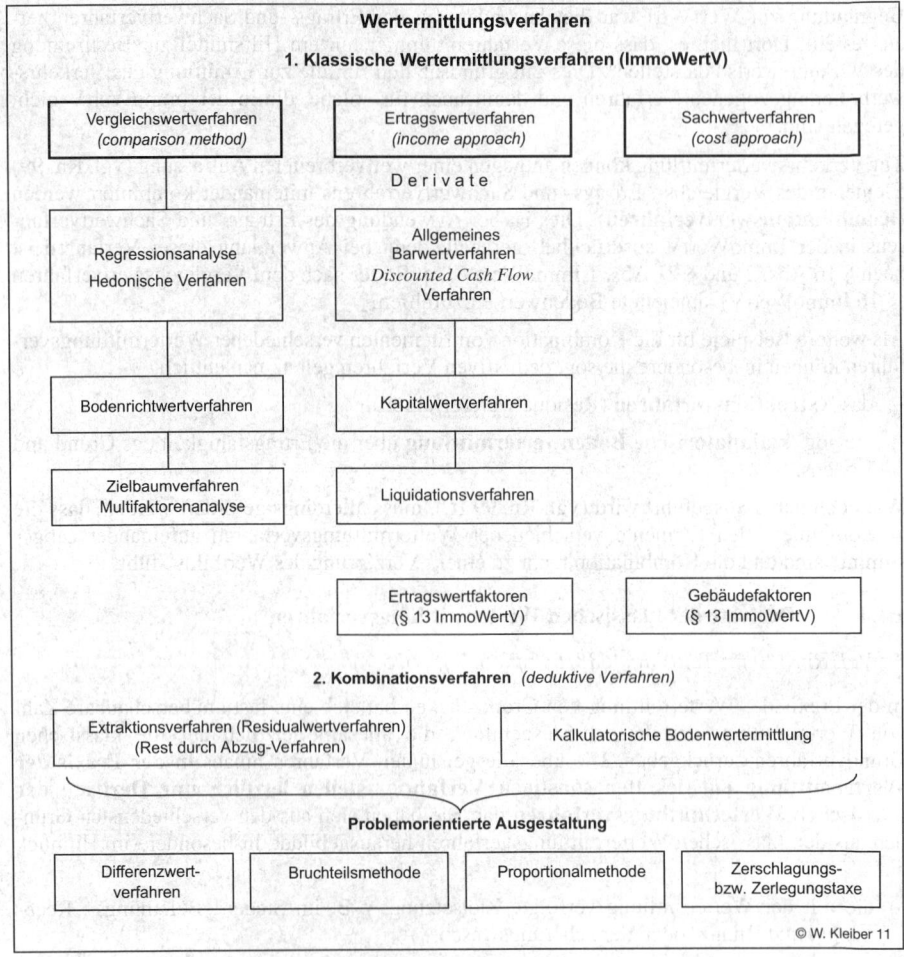

13 Schließlich haben sich in der Wertermittlungspraxis für besonders gelagerte Wertermittlungsaufgaben noch näher darzulegende Wertermittlungsverfahren entwickelt, für die die Praxis eigene Begriffe geprägt hat.

a) Im Rahmen der Verkehrswertermittlung von Teilflächen, die aus einem Stammgrundstück herausgetrennt werden, sind hier namentlich zu nennen:

- das **Differenzwertverfahren**, bei dessen Anwendung der Teilflächenwert aus dem Unterschied des Verkehrswerts eines Stammgrundstücks zum Restgrundstück ermittelt wird; ggf. unter Einbeziehung der Entschädigung für weitere Vermögensnachteile, die das Restgrundstück durch die Abtretung erfährt (vgl. Rn. 139 sowie Teil V Rn. 670 ff.; Teil VI Rn. 613);
- die **pauschale Bruchteilsbewertung** (vgl. Rn. 143 sowie Teil V Rn. 638 ff., 675).

b) Bei der Bewertung sog. „Bleibender Gemeinbedarfsflächen", die mangels Verkehrswertfähigkeit begrifflich keinen Verkehrswert haben können (Rn. 138), bedient man sich gewisser Kunstgriffe, um zu einem Wert (nicht Verkehrswert) zu kommen, der letztlich nur zu einem gerechten Interessensausgleich führt. Als Kunstgriff bedient man sich hier gewisser Denkmodelle, insbesondere

- des **aktualisierten Beschaffungswertprinzips** (Teil V Rn. 646 ff.),
- des **Ersatzbeschaffungsprinzips** (Teil V Rn. 647 ff.).

Vor besonderen Herausforderungen steht der Sachverständige in diesem Zusammenhang in den Fällen, in denen es um die Verkehrswertermittlung von **14**

– umnutzungsträchtigen Immobilien mit Entwicklungspotenzialen und
– größeren aus einer Vielzahl von Grundstücken bestehenden Immobilien (**wirtschaftliche Einheit**), z. B. eines gewerblichen oder land- oder forstwirtschaftlichen Betriebs,

geht. Hier stellt sich die grundsätzliche Frage, ob der Verkehrswert auf der Grundlage der ausgeübten Nutzung (ggf. des Gesamtbetriebs) oder auf der Grundlage einer sinnvollen Verwertung der Immobilie durch Umstrukturierungs- oder Modernisierungsmaßnahmen oder ggf. durch Zerschlagung (Zerlegung) des Betriebs ermittelt wird.

Bei einer sich aus einer Vielzahl von Einzelgrundstücken zusammensetzenden Immobilie (wie z. B. einem landwirtschaftlichen Betrieb) ist zunächst grundsätzlich festzustellen, dass der (Gesamtverkehrs-)Wert nicht zwangsläufig der Summe der Verkehrswerte aller eigenständig nutzbaren Einzelflächen entspricht, wie sie sich mosaikartig bilden ließen. Dies wäre eher sogar der Ausnahmefall. Generell kann sogar gesagt werden, dass die Summe der Verkehrswerte aller Mosaikflächen höher oder niedriger ist als der Verkehrswert des Gesamtgrundstücks. Die Ermittlung des Verkehrswerts des Gesamtgrundstücks im Wege des sog. **Mosaikverfahrens,** bei dem die Verkehrswerte der entsprechenden Teilflächen gesondert ermittelt und aufsummiert werden, ist daher nicht unproblematisch. Die Zusammenfassung verschiedener Einzelgrundstücke kann zu einer Erhöhung des Gesamtwerts führen (**Verschmelzungswert/** *marriage value*), wenn sich damit die Nutzungsmöglichkeiten (Ertragsfähigkeit) der Immobilie verbessern. Umgekehrt kann gerade im Zuge der wirtschaftlichen Umstrukturierung eine „Zerschlagung" (Zerlegung) einer solchen Immobilie in selbstständig verwertbare Einzelgrundstücke dazu führen, dass die Summe der Verkehrswerte dieser Einzelgrundstücke zu einem höheren Gesamtwert führt, als sich als Verkehrswert des Gesamtgrundstücks ergibt. Der dafür geprägte Begriff der Zerschlagungstaxe kommt letztlich dem Liquidationswert gleich. Während man bei der Unternehmensbewertung diesbezüglich auch vom **Liquidationswert** als dem Mindestwert des Unternehmens spricht, ist im land- und forstwirtschaftlichen Bereich der Begriff der **Zerschlagungstaxe** gängig. Unter den genannten Voraussetzungen ist die Verkehrswertermittlung verfahrensmäßig nicht auf der Grundlage der ausgeübten Nutzung vorzunehmen, sondern unter Anwendung des Liquidationswertverfahrens bzw. auf der Grundlage der Zerschlagungstaxe, denn die Fortsetzung einer unwirtschaftlichen Nutzung wäre begrifflich nicht mit der Verkehrswertdefinition vereinbar. **15**

Entsprechendes gilt auch für bebaute (Einzel-)Grundstücke, die gegenüber der ausgeübten Nutzung ein **Entwicklungspotenzial** aufweisen, das eine ertragreichere Nutzung erwarten lässt. Dieses Entwicklungspotenzial kann durch eine durchgreifende Modernisierung, durch eine Umstrukturierung oder (bei Objekten mit Instandhaltungsrückstau) durch eine durchgreifende Instandhaltung aktivierbar sein. Welche der Alternativen hier als sinnvollste gelten kann, ist im Einzelfall oftmals nur feststellbar, indem die jeweiligen Verkehrswerte auf der Grundlage der verschiedenen Alternativen mit dem jeweils dann sachgerechten Wertermittlungsverfahren ermittelt und miteinander verglichen werden. Als Verkehrswert und als das im Einzelfall angemessene Wertermittlungsverfahren kann in aller Regel das Ergebnis gelten, das zum höchsten Wert führt *(highest and best value).* **16**

Sowohl bei der Verkehrswertermittlung von *unbebauten* als auch von *bebauten* Grundstücken müssen Entwicklungspotenziale berücksichtigt werden. So kann der Verkehrswert z. B. von (unbebautem) Bauerwartungsland durch Lage des Grundstücks oder eine vorbereitende Planung beeinflusst sein. Bei bebauten Grundstücken sind Entwicklungspotenziale insbesondere von Bedeutung, wenn das Grundstück eine „Fehlnutzung" aufweist oder eine strukturelle Umnutzung ansteht (z. B. aufgelassenes Gewerbegebiet, Bahngebiet oder Konversionsfläche).

IV § 8 ImmoWertV Ermittlung des Verkehrswerts

Die Wahl des Wertermittlungsverfahrens bestimmt sich in diesen Fällen **nach der künftigen Nutzung** (vgl. § 2 Satz 2 ImmoWertV).

1.2 Verfahren zur Preisermittlung für Investitionsentscheidungen

▶ *Vgl. Syst. Darst. des Ertragswertverfahrens Rn. 30 ff., 50*

17 In enger Anlehnung an die vorgestellten Verfahren zur Ermittlung des Verkehrswerts von Grundstücken hat sich auch eine Vielzahl von Verfahren entwickelt, die auf die Vorbereitung von Investitionsentscheidungen ausgerichtet sind. Sie sind ausgerichtet auf die Ermittlung eines **Investitionswerts** *(investment value)*. Dieser definiert sich **als der spezielle Wert (besser: Preis), der sich für einen bestimmten Investor oder für eine bestimmte Gruppe von Investoren auf der Grundlage der individuellen Rahmenbedingungen ergibt**[7].

Die zur Ermittlung des Investitionswerts gebräuchlichen Verfahren unterscheiden sich von den Methoden der Marktwertermittlung im Wesentlichen darin, dass bei Anwendung dieser Verfahren von einzelfallspezifischen (projektbezogenen) Wertermittlungsparametern auch unter **Einbeziehung besonderer individueller Kosten (z. B. Finanzierungs-, Grundstückstransaktions- und Verwertungskosten)** ausgegangen wird. Dabei wird häufig einseitig auf die Belange eines Investors abgestellt (einschließlich seines Investitionsrisikos). Dementsprechend sind diese Verfahren im Vergleich zu den klassischen Wertermittlungsverfahren i. d. R. auch komplizierter ausgestaltet. Zu erwähnen sind in diesem Zusammenhang das vornehmlich für die Ableitung von Investitionswerten *(investment value)* zur Anwendung kommende prognoseorientierte Ertragswertverfahren *(Discounted Cash Flow)*, aber auch das auf die Belange des Investors ausgerichtete Extraktionsverfahren (Residualwertverfahren).

Insbesondere zur **Vorbereitung von Investitionsentscheidungen** sowie bei den bereits angesprochenen Immobilien mit Entwicklungspotenzialen, die einer anderen, insbesondere höherwertigen Nutzung zugeführt werden sollen (Umnutzungsfall), lässt sich deren Verkehrswert nicht immer mit den herkömmlichen Verfahren ermitteln und es wird zunehmend (hilfsweise) auf das **Extraktionsverfahren (Residualwertverfahren)** zurückgegriffen (vgl. Syst. Darst. des Vergleichswertverfahrens Rn. 447). Bei Anwendung dieses Verfahrens wird – vereinfacht ausgedrückt – der Verkehrswert des Grundstücks aus dem z. B. im Wege des Vergleichs- oder Ertragswertverfahrens ermittelten Verkehrswert, der sich fiktiv nach Durchführung einer beabsichtigten Entwicklung ergibt, unter Abzug der Entwicklungs- und ggf. Herstellungskosten abgeleitet. Der Differenzbetrag stellt das Residuum dar, aus dem der Verkehrswert erst noch abzuleiten ist.

Das Extraktionsverfahren (Residualwertverfahren) ist nur dann zur Verkehrswertermittlung geeignet, wenn sich die miteinander in Beziehung gesetzten Größen selbst am Verkehrswert orientieren, d. h. marktorientiert sind. Werden indessen in die Extraktion (das Residualwertverfahren) z. B. Kosten eingeführt, die nicht den gewöhnlichen Herstellungs- sowie sonstigen Kosten entsprechen, sondern sich an den besonderen Verhältnissen eines einzelnen Investors orientieren, so kann das Extraktionsverfahren (Residualwertverfahren) auch nur zu dem Preis führen, der den persönlichen Verhältnissen eines Investors entspricht (Investorenmethode). Im Übrigen ist das **Extraktionsverfahren (Residualwertverfahren)** trotz seiner hohen Überzeugungskraft äußerst **anfällig gegenüber fehlerhaften Ansätzen** und wird deshalb in der Praxis der Verkehrswertermittlung kritisch angesehen[8].

1.3 Internationale „Bewertungsverfahren" und Bewertungsstandards

Schrifttum: *Adair, A./Downie, M.L./McGreal, St./Vos, G.*, European Valuation Practice, Theory and Techniques, 1. Aufl. UK London E&FN Spon 1996; *Eisele, D.*, Verkehrswertnachweis durch internationale Bewertungsstandards, NWB Nr. 3 vom 15.1.2007; *TEGoVA,* Europäische Bewertungsstandards,

---

[7] The Appraisal of Real Estate, 12. Aufl. (Chicago 2001), S. 26 ff., 476 ff.: „Investment value is the specific value of a property to a particular investor or class of investors based on individual investment requirements, destinguished from market value, which is impersonal an detached."
[8] OVG Lüneburg, Urt. vom 25.1.2001 – 1 L 5020/96 –, GuG 2002, 182 = EzGuG 15.99 d.

Zweite deutsche Ausgabe 2003; *Kleiber, W.*, Was sind eigentlich internationale Bewertungsverfahren?, GuG 2004, 193; *Kleiber, W.*, Die europäischen Bewertungsstandards des blauen Buchs, GuG 2000, 321; *Wyatt, P.*, Property Valuation in an economic context, UK Oxford Blackwell 2007; *Seitz, W.*, Deutsche Bewertungsstandards vs. Red Book, Bestandsaufnahme, Vergleich und Einordnung, GuG 2013/6.

▶ *Vgl. Rn. 69; hierzu auch § 194 BauGB Rn. 153 ff.; Syst. Darst. des Ertragswertverfahrens Rn. 19 ff., 358 ff.; § 16 ImmoWertV Rn. 23, 103; Teil II Rn. 32*

In der deutschen Tagespresse wurde vielfach verallgemeinernd von internationalen Bewertungs*methoden* und internationalen Bewertungs*standards* gesprochen. Die Begriffe „internationale Bewertungs*standards*" und „internationale Bewertungs*verfahren*" dürfen nicht gleichgesetzt werden. **18**

a) Unter **internationalen „Bewertungsstandards"** können verstanden werden:

- die *International Valuation Standards* (IVS) des *International Valuation Standards Committee* (IVSC)[9] und

- die *European Valuation Standards* (EVS) der *European Group of Valuers' Association* (TEGoVA)

und speziell für das Rechnungswesen

- die *International Financial Reporting Standards* (IFRS/IAS).

Diese Standards enthalten im Wesentlichen einen Verhaltenskodex für Gutachter und die Erstattung von Gutachten. **Die „internationalen Bewertungsstandards" bleiben in ihren Anforderungen zumeist hinter den deutschen Bewertungsstandards zurück.**

Die *European Valuation Standards* (EVS) der TEGoVA sind im sog. **Blauen Buch** *(Blue Book)* veröffentlicht und basieren auf den Bewertungsstandards des britischen RICS[10].

Die *International Valuation Standards* (IVS) des IVSC sind im **Weißen Buch** *(White Book)* veröffentlicht worden. Das IVSC ist ein aus einer Initiative britischer und nordamerikanischer Bewertungsorganisationen hervorgegangener privatrechtlicher Zusammenschluss von Bewertungsverbänden[11] mit dem Ziel der Erarbeitung weltweit anerkannter Bewertungsstandards, sog. *Generally Accepted Valuation Principles* (GAVP), vornehmlich für die externe Rechnungslegung. Die bislang veröffentlichten Bewertungsstandards beschränken sich auf allgemein gehaltene Definitionen, die sich materiell von nationalen Definitionen nicht unterscheiden:

- IVS 1: Allgemeine Definition des Marktwerts *(Market Value Basis of Valuation)*.

- IVS 2: Allgemeine Definitionen sog. marktferner Bewertungsmaßstäbe *(Valuation Basis Other Than Market Value)*, so zum Nutzungswert *(value in use)*, Investitionswert *(investment value)*, Fortführungswert *(going concern value)*, Versicherungswert *(insureable value)*, Steuerwert *(taxable value)*, zu fortgeführten Ersatzbeschaffungskosten *(depreciated replacement cost)* zum Restwert *(salvage value)*, Liquidationswert *(liquidation or forced sale value)*, Sonderwert *(special value)* und Beleihungswert *(mortgage lending value)*.

- IVS 3: Formale und inhaltliche Anforderungen an den Bewertungsbericht.

Diese Standards werden durch Anwendungsrichtlinien, Anwendungshilfen und Anwendungspapiere ergänzt:

- *International Valuation Applications* (IVA),

- *Guidance Notes* (GN),

- *White Paper* (WP).

---

9 Dorchester Vella, The Appraisal Journal, January 2000, S. 81.
10 Edge, Valuation Insights & Perspectives, 2nd Quarter 2000, S. 7.
11 http://www.ivsc.org.board.htm. Das IVSC ist u. a. Mitglied der Vereinten Nationen, der Weltbank sowie der OECD.

Als **nationale Bewertungsstandards** können gelten:

- Die Sachverständigenordnung (SVO) der Industrie- und Handelskammer, die für öffentlich bestellte und vereidigte Sachverständige weitaus höhere Anforderungen als die internationalen Bewertungsstandards stellt.

- Das sog. *Red Book* des *Royal Institution of Chartered Surveyors* (RICS), das sich inhaltlich der Buchführung und Berichterstattung über Wertermittlungen unter Verzicht auf Hinweise zu Wertermittlungsverfahren widmet.

  Das *Red Book* kennt wie die ImmoWertV auch nur die drei international gebräuchlichen Wertermittlungsverfahren, nämlich die

  – *Comparative Method* (Vergleichswertverfahren),

  – *Investment Method* (Ertragswertverfahren) und

  – *Depreciated Replacement Method* (Sachwertverfahren).

  Die übrigen dort genannten Verfahren, das Residualwertverfahren (Extraktion), die *Profit Method* (Gewinnmethode) und das *Discounted Cash Flow* Verfahren sind wiederum nur modifizierte Ausformungen der drei Grundverfahren.

- Die *Uniform Standards of Professional Practice* (USPAP) des *American Institute of Appraisers* Chicago.

Der nationale Verhaltenskodex wird über die nationalen Standards maßgeblich durch die nationale Rechtsprechung der Gerichte, z. B. zur Haftung des Gutachters, bestimmt, und da stellen deutsche Gerichte die wohl weltweit schärfsten Anforderungen.

b) Es mag internationale Bewertungs*standards* geben; jedoch gibt es keine **„internationalen Bewertungsverfahren",** die sich von den auf nationalstaatlicher Ebene seit jeher zur Anwendung kommenden Wertermittlungsverfahren grundlegend unterscheiden[12]. Weltweit kommen die klassischen Wertermittlungsverfahren (Vergleichs-, Ertrags- und Sachwertverfahren) mit unterschiedlicher Ausformung, Tradition und Bedeutung zur Anwendung. Diese Verfahren können damit als die eigentlichen „internationalen Bewertungsverfahren" gelten. Deutschland kann dabei für sich in Anspruch nehmen, dass es im internationalen Vergleich moderne und ausgereifte Marktwertmethoden entwickelt hat[13].

Es gibt auch keine genuinen **„angelsächsischen Bewertungsverfahren"**[14], die fälschlicherweise mitunter als „internationale Bewertungsverfahren" bezeichnet werden. Wenn in diesem Zusammenhang spezielle Methoden genannt werden, handelt es sich regelmäßig um englische Bezeichnungen allgemein üblicher Rechenverfahren.

Beispiele: [15]

„*Top and Bottom Slicing*"   Auf- und Abschichtungsmethode

„*Term and Reversion*"   Vervielfältigerdifferenzenmethode

Es handelt sich hierbei nicht um Bewertungsverfahren, sondern lediglich um Rechentechniken zur Berücksichtigung sog. Anomalien im Rahmen der klassischen Wertermittlungsverfahren, wie sie auch in Deutschland seit jeher praktiziert werden. Ansonsten werden auch in Großbritannien die klassischen Wertermittlungsverfahren prak-

---

12 Robinson (Drivers Jonas) plädiert in AIZ 2006, 63 für „internationale Bewertungsverfahren", ohne sie definieren zu können. Er räumt vielmehr ein, dass die weltweit und auch in Deutschland zur Anwendung kommenden Varianten des Ertragswertverfahrens allesamt Ertragswertverfahren sind.

13 Im internationalen Vergleich zeichnet sich die deutsche Wertermittlung als besonders zuverlässig insbesondere im direkten Vergleich mit der englischen Bewertungspraxis aus (vgl. RICS/IPD-report: Valuation and Sale Price 2006, GuG 2007, 173).

14 In Großbritannien sind die weltweit und auch in Deutschland zur Anwendung kommenden Verfahren gebräuchlich, allerdings in einer „Kümmerform" (englische „Magerbewertung"); Kleiber, W., Was sind eigentlich internationale Bewertungsverfahren?, GuG 2004, 193.

15 Wenn man diese Verfahren als „angelsächsische Bewertungsverfahren" bezeichnet, könnte man auch die Grundrechenarten zu angelsächsischen Verfahren erklären.

tiziert, und zwar in einer neuzeitlichen Ansprüchen nicht mehr genügenden Weise (sog. englische Mager- oder Kümmerbewertung).

c) Die Forderung nach einer internationalen **„Harmonisierung der Wertermittlungsverfahren"** läuft daher bei näherer Betrachtung leer. Es bedarf nicht einer „Harmonisierung der Verfahren", sondern allenfalls einer Harmonisierung der immobilienwirtschaftlichen Rahmenbedingungen.

Der Verkehrs- bzw. Marktwert wird nämlich entscheidend durch nationale Besonderheiten, insbesondere des Bau-, Umwelt-, Wirtschafts- und Steuerrechts sowie der Normen und Standards, bestimmt. So bestehen beispielsweise selbst innerhalb der Europäischen Gemeinschaft bereits erhebliche Unterschiede in der Berechnung der immobilienwirtschaftlich bedeutsamen Flächen (BGF, Wohn- und Nutzfläche, bauplanungsrechtliche Flächen). Noch größer sind die Unterschiede im Bau-, Miet-, Umwelt- und Steuerrecht. Die Verkehrs- bzw. Marktwertermittlung ist derzeit deshalb allenfalls in beschränktem Maße allgemeingültigen internationalen Standards zugänglich. Aus eben diesem Grunde gehört die Verkehrs- bzw. Marktwertermittlung in der Europäischen Gemeinschaft auch zum sog. ungeregelten Bereich. Internationale Bewertungsstandards und Bewertungsmethoden kann es mithin allenfalls in Grundsätzen geben.

Abb. 2: Grenzen der Harmonisierung

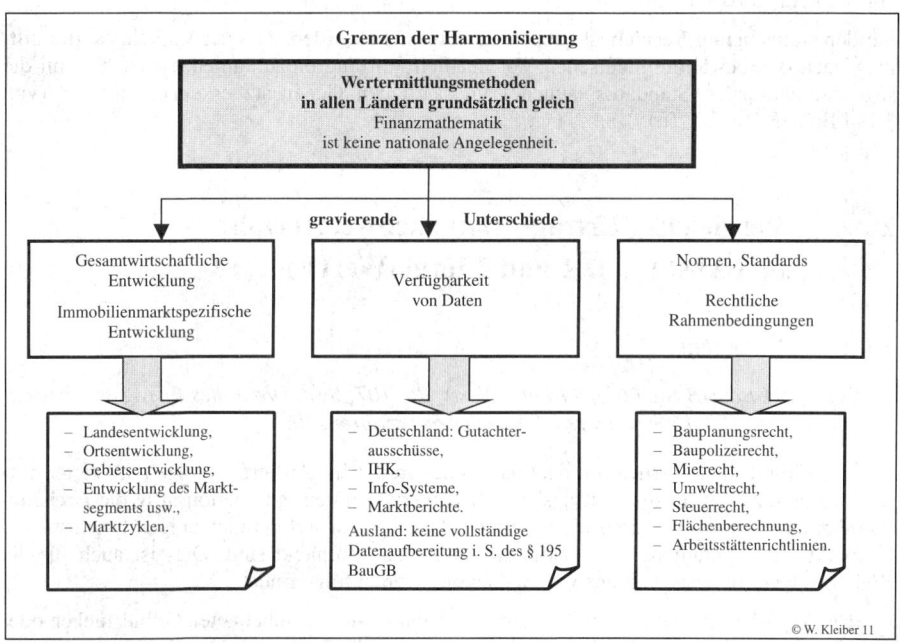

Bei alledem können allenfalls die internationalen Rechnungslegungsstandards *(International Accounting Standards – IAS)* für sich in Anspruch nehmen, als internationale Bewertungs*standards* zu gelten, und zwar speziell für das **internationale Bilanz- und Rechnungswesen** (vgl. § 194 BauGB Rn. 153 ff.; § 16 ImmoWertV Rn. 23, 103). Diese beschränken sich indessen auf wenige allgemeine Grundsätze über die in den internationalen Bilanzen auszuweisenden Werte und hier vor allem auf das Marktwertprinzip, wie es der deutschen Verkehrswertermittlungspraxis schon seit jeher innewohnt. Die internationalen Regelwerke zur Rechnungslegung enthalten dagegen keine methodischen Standards der Verkehrswert- bzw. Marktwertermittlung, die als internationale Bewertungsmethoden gelten können. Auch die von der TEGoVA unter der irreführenden Bezeichnung „Europäische Bewertungsstandards" herausgegebene

IV § 8 ImmoWertV Ermittlung des Verkehrswerts

siebte deutsche Auflage (2012) ist speziell auf die Rechnungslegung ausgerichtet und enthält überhaupt keine Verfahrenshinweise, die im allgemeinen Sinne als internationale Standards der Verkehrs- bzw. Marktwertermittlung gelten können.

Das mit den *International Accounting Standards – IAS –* in das internationale Rechnungswesen eingeführte Verkehrs- bzw. Marktwertprinzip führt im Übrigen methodisch zu demselben Ergebnis wie das mit der Verkehrswertermittlung in Deutschland schon seit jeher beherrschende Marktwertprinzip. Die Hinwendung der *International Accounting Standards – IAS –* zum Marktwert (Verkehrswert) ist konsequenterweise mit der Anwendung marktorientierter Bewertungsmethoden verbunden, d. h., es müssen solche Verfahren zur Anwendung kommen, die den Gepflogenheiten des Geschäftsverkehrs (§ 8 Abs. 1 Satz 2 ImmoWertV) entsprechen. Deshalb wäre es mit den Zielen dieser Standards unvereinbar, wenn unter der Herrschaft des Marktwertprinzips die Anwendung des **investitionsorientierten Prognoseverfahrens** *(Discounted Cash Flow)* an die Stelle des marktorientierten Ertragswertverfahrens gerückt wird. Wo es um die Ermittlung von Markt- und Verkehrswerten geht, kann das prognoseorientierte Ertragswertverfahren *(Discounted Cash Flow)* keineswegs für sich in Anspruch nehmen, ein allgemein gültiges „internationales Bewertungsverfahren" zu sein; international gesehen kommt im Rahmen der Marktwertermittlung eher das vereinfachte Ertragswertverfahren zur Anwendung, während sich die Bedeutung des prognoseorientierten Ertragswertverfahrens *(Discounted Cash Flow)* auf die Ermittlung von Investitionswerten beschränkt und allenfalls zur Verkehrswertermittlung weniger anlageorientierter Investitionsobjekte herangezogen wird.

Für den **steuerlichen Bereich** ist zutreffend festgestellt worden, dass der Verkehrswertermittlung nach den bewährten deutschen Vorschriften Vorrang einzuräumen ist, auch wenn die sog. internationalen Standards keinen grundsätzlichen Gegensatz erkennen lassen[16] (vgl. § 194 BauGB Rn. 207 ff.).

2 Vergleichs-, Ertrags- und Sachwertverfahren (§ 8 Abs. 1 Satz 1 und 2 ImmoWertV)

2.1 Übersicht

▶ *Vgl. § 194 BauGB Rn. 66; § 14 ImmoWertV Rn. 107; Syst. Darst. des Ertragswertverfahrens Rn. 19, 103 ff.; Syst. Darst. des Sachwertverfahrens Rn. 6 ff.*

19 In ihren Grundzügen werden mit den klassischen in der ImmoWertV geregelten Wertermittlungsverfahren (Vergleichs-, Ertrags- und Sachwertverfahren) simulationsartig die **Preismechanismen** nachgespielt, die nach der Art des Grundstücks auf dem jeweiligen Grundstücksteilmarkt im gewöhnlichen Geschäftsverkehr preisbestimmend sind. Dies ist auch für die Wahl des Ermittlungsverfahrens von Bedeutung. Demzufolge findet

– das *Vergleichswertverfahren* Anwendung, wenn – wie bei unbebauten Grundstücken oder Eigentumswohnungen – sich der Grundstücksmarkt an Vergleichspreisen orientiert;

– das *Ertragswertverfahren* bei der Verkehrswertermittlung solcher Immobilien Anwendung, die üblicherweise zum Zwecke der Ertragserzielung (Renditeobjekte) gehandelt werden;

– das *Sachwertverfahren* in den wenigen Fällen Anwendung, in denen eine nicht auf Ertragserzielung gerichtete Eigennutzung (z. B. Einfamilienhaus) das Marktgeschehen bestimmt.

20 Die Anwendung der genannten Verfahren führt zum **Vergleichs-, Ertrags- und Sachwert.** Es handelt sich hierbei um **Zwischenwerte**, die nicht ohne weiteres mit dem Verkehrswert

---
16 Eisele, D., in NWB Nr. 3 vom 15.1.2007.

(Marktwert) identisch sein müssen. Die Verfahrensvorschriften der ImmoWertV sind jedoch prinzipiell darauf angelegt, dass der Vergleichs-, Ertrags- und Sachwert möglichst dem mit § 194 BauGB definierten Marktwert (Verkehrswert) entsprechen. Dies kann allerdings nur erreicht werden, wenn alle in das Wertermittlungsverfahren eingehenden Ausgangsdaten (Parameter) vollständig und in einer den Verhältnissen des Grundstücksmarktes angemessenen Weise angesetzt werden. Dies kann am ehesten bei Anwendung des Vergleichswertverfahrens erreicht werden, denn mit der Heranziehung geeigneter Vergleichspreise kann der gewöhnliche Geschäftsverkehr unmittelbar in das Verfahren Eingang finden. Bei Anwendung des Sachwertverfahrens stößt die Einbeziehung des Grundstücksmarktes in der Praxis regelmäßig auf Schwierigkeiten, allein schon deshalb, weil dem Gutachter i. d. R. keine dem Wertermittlungsobjekt unmittelbar entsprechenden gewöhnlichen Herstellungswerte zur Verfügung stehen und darüber hinaus das Alter der baulichen Anlage, Baumängel, Bauschäden und sonstige besondere objektspezifische Grundstücksmerkmale marktkonform berücksichtigt werden müssen. Dennoch kann auch in solchen Fällen bei Anwendung des Sachwertverfahrens zumindest theoretisch der Sachwert so ermittelt werden, dass er dem Verkehrswert entspricht.

Mit § 8 Abs. 2 ImmoWertV ist die Anpassung des Vergleichs-, Ertrags- und Sachwerts an die allgemeinen Wertverhältnisse auf dem Grundstücksmarkt (Marktanpassung) in die jeweiligen Verfahren integriert worden. Bei Anwendung des Vergleichs- und Ertragswertverfahrens wurde die Lage auf dem Grundstücksmarkt schon bisher mit der Heranziehung aktueller Vergleichspreise, Vergleichsmieten und aus aktuellen Vergleichspreisen abgeleiteten Liegenschaftszinssätzen weitgehend berücksichtigt. Bei Anwendung des Sachwertverfahrens wird mit der Anwendung von Sachwertfaktoren nach § 14 Abs. 1 ImmoWertV der nach den §§ 21 bis 23 ImmoWertV ermittelte vorläufige Sachwert der Lage auf dem Grundstücksmarkt angepasst („Justierung"). **Sachwert ist mithin künftig nicht mehr ein allein sich an den Herstellungskosten orientierender Sachwert.**

Vergleichs-, Ertrags- und Sachwerte bleiben gleichwohl Zwischenwerte, da nach § 8 Abs. 1 Satz 3 ImmoWertV hieraus der Verkehrswert abzuleiten ist. Diese „Auffangregelung" läuft aber leer, wenn danach keine abweichenden Erkenntnisse in die Wertermittlung einzustellen sind. Die nach dem 3. Abschnitt ermittelten Vergleichs-, Ertrags- und Sachwerte sind dann zugleich die jeweiligen Verkehrswerte.

Der **Begriff des Sachwerts wird** insbesondere **im Vermögensrecht** unter direkter oder indirekter Bezugnahme auf die Vorschriften der WertV a. F. (so z. B. in den amtlichen Begründungen) i. S. eines bloßen Herstellungswerts ohne Berücksichtigung der allgemeinen Wertverhältnissen auf dem Grundstücksmarkt (der **Lage auf dem Grundstücksmarkt**) gebraucht. **21**

Jedes der klassischen Wertermittlungsverfahren muss darauf gerichtet sein, zu dem Wert zu gelangen, den der Grundstücksmarkt der Immobilie mit Blick in die Zukunft beimisst. Der Rückgriff in die Vergangenheit, z. B. die in der Vergangenheit erzielten Vergleichspreise, aufgebrachte Herstellungskosten oder für vergleichbare Objekte erzielte Erträge, muss bei sachverständiger Anwendung der Verfahren stets daraufhin überprüft werden, ob und inwieweit er sich auf die Verhältnisse am Wertermittlungsstichtag mit dem in diesem Zeitpunkt in die Zukunft gerichteten Blick übertragen lässt. Um diesbezüglich „Übertragungsfehler" gering zu halten, muss deshalb der Anwender der Verfahren bestrebt sein, möglichst **wertermittlungsstichtagsnahe Vergleichspreise, Erfahrungssätze über (Normal-)Herstellungskosten oder vergleichbare Erträge** heranzuziehen, um sie dann mit Blick auf die Zukunft möglicherweise noch „nachzukorrigieren". Dies gilt grundsätzlich für alle der genannten Verfahren, auch wenn dies in Bezug auf die Praxis des Sachwertverfahrens unter Heranziehung von 13er-Werten mitunter übersehen wurde. Der Rückgriff auf Vergleichsdaten der Vergangenheit, seien es Vergleichspreise, vergleichbare Herstellungskosten oder vergleichbare Einnahmen, ist also darauf gerichtet, verlässliche Grundlagen zu erlangen, die sich auf die Zukunft übertragen lassen. **22**

Wenn also ein wesentlicher **Unterschied des Ertragswertverfahrens zum Sachwertverfahren** darin gesehen wird, dass nur bei diesem Verfahren die Zukunft Berücksichtigung fin- **23** det, während sich der Sachwert aus den in der Vergangenheit aufgebrachten Herstellungskosten ableite und auf den Wertermittlungsstichtag projiziert werde, so ist dies nur bedingt richtig. Bei einer genaueren Analyse erweisen sich solche Überlegungen als irreführend.

a) Der Sachwert baulicher Anlagen wird zwar mithilfe von Normalherstellungskosten der Vergangenheit abgeleitet und viele Gutachter scheuen sich auch nicht, dabei bis auf das Jahr 1913 zurückzugehen, jedoch können diese Kosten im Rahmen der Verkehrswertermittlung **nur insoweit Bedeutung** haben, wie sie das abbilden, **was der Grundstückseigentümer heute (am Wertermittlungsstichtag) mit Blick auf die zukünftige Nutzung an eigenen Aufwendungen erspart.**

Bei alledem geht es nicht um die „historischen Rekonstruktionskosten" nach den Verhältnissen zum Zeitpunkt der Errichtung des Gebäudes, sondern um die „Ersatzbeschaffungskosten" *(replacement costs)* nach den neuzeitlichen Verhältnissen des Wertermittlungsstichtags. Insoweit ist auch bei Anwendung des Sachwertverfahrens die Vergangenheit nur von begrenzter Bedeutung (vgl. Syst. Darst. des Sachwertverfahrens Rn. 6 ff.).

b) Auch der **Vergleichswert** wird zwar aus **möglichst gegenwartsnah** (in Bezug auf den Wertermittlungsstichtag) **zustande gekommenen Vergleichspreisen** abgeleitet; gleichwohl ist auch dieser Wert ein zukunftsorientierter Wert, denn die Vergleichspreise werden maßgeblich durch die Zukunftserwartungen der Käufer geprägt.

c) Bei Anwendung des **Ertragswertverfahrens** auf der Grundlage der am Wertermittlungsstichtag ortsüblich erzielbaren Erträge wird die nachhaltige Ertragssituation „eingefangen", wenn zur Kapitalisierung dieser Erträge der Liegenschaftszinssatz herangezogen wird. Mit dem Liegenschaftszinssatz werden diese Erträge „vernachhaltigt", denn sie werden aus Kaufpreisen abgeleitet, die mit Blick auf die künftige Entwicklung des Grundstücksmarktes einschließlich der erwarteten Ertragsentwicklung entrichtet wurden (vgl. § 14 ImmoWertV Rn. 107 ff.). Soweit am Wertermittlungsstichtag die tatsächlich erzielten Erträge insbesondere aufgrund vertraglicher Bindungen bzw. des geltenden Mietrechts von den marktüblich erzielbaren Erträgen der Höhe nach und über eine zeitliche Bindungsfrist abweichen, muss dem ergänzend Rechnung getragen werden (vgl. Rn. 264 ff. sowie Syst. Darst. des Ertragswertverfahrens Rn. 19, 103 ff.).

24 Alle Verfahren müssen grundsätzlich darauf gerichtet sein, dass sie möglichst direkt zum Verkehrswert führen. Aus dieser Sicht kann das Ertragswertverfahren im Verhältnis zum Sachwertverfahren in aller Regel die höhere Zuverlässigkeit und Überzeugungskraft für sich in Anspruch nehmen; darüber hinaus ist es am ehesten geeignet, zu zueinander „stimmigen" Werten zu kommen. Indessen ist die Anwendung von Verfahren, die zunächst zu Ergebnissen führen, aus denen der Verkehrswert erst über **Zu- oder Abschläge in einer zum Ergebnis erheblichen Größenordnung** abgeleitet werden muss, schon fast nur noch als Nachweis ihrer Ungeeignetheit zu werten. Dies kann allenfalls nur mitgetragen werden, wenn tatsächlich keine geeigneteren Verfahren zur Verfügung stehen.

2.2 Verfahrenswahl

2.2.1 Allgemeine Grundsätze für die Ermittlung von Verkehrswerten (Marktwerte)

2.2.1.1 Allgemeines

▶ *Vorbem. zur ImmoWertV Rn. 6, 37; Allgemeiner Teil II Rn. 445 ff.; Teil V Rn. 1 ff.*

25 In § 8 Abs. 1 Satz 1 ImmoWertV werden die drei klassischen Verfahren zur Wertermittlung von Grundstücken „angeboten" (Vergleichs-, Ertrags- und Sachwertverfahren). Damit wird dem Umstand Rechnung getragen, dass es nicht möglich ist, für die Verkehrswertermittlung aller Grundstücksarten ein einheitliches Verfahren anzuwenden, denn die charakteristischen

Ermittlung des Verkehrswerts § 8 ImmoWertV IV

Merkmale, die den Wert eines Grundstücks bestimmen, sind bei den einzelnen Grundstücksarten verschieden[17].

Die drei **Wertermittlungsverfahren sind grundsätzlich gleichrangig**[18]. Nachrangig ist lediglich das Bodenrichtwertverfahren im Verhältnis zum unmittelbaren bzw. direkten Vergleichswertverfahren unter Heranziehung von Vergleichspreisen (§ 16 Abs. 1 Satz 1 ImmoWertV; vgl. Vorbem. zum Vergleichswertverfahren Rn. 6). 26

Die **Wahl der zur Anwendung kommenden Wertermittlungsverfahren** oder eines einzelnen Wertermittlungsverfahrens stellt eine entscheidende Weichenstellung für die Verkehrswertermittlung dar. Nach den in § 8 Abs. 1 Satz 2 ImmoWertV genannten Grundsätzen bestimmt sich das Wertermittlungsverfahren nach: 27

a) den *im gewöhnlichen Geschäftsverkehr bestehenden Gepflogenheiten*, d. h. nach den Überlegungen, die im Grundstücksverkehr nach **„Art des Wertermittlungsobjekts"** für die Preisbemessung maßgebend sind, sowie

b) den *sonstigen Umständen des Einzelfalls*, worunter in erster Linie die dem Sachverständigen für die Wertermittlung zur Verfügung stehenden Vergleichsdaten zu verstehen sind (Abb. 3).

Diese Grundsätze sind entsprechend auf andere in der ImmoWertV nicht geregelte Verfahren ebenfalls anzuwenden[19].

Mit der *„Art des Wertermittlungsobjekts"* ist in erster Linie die *Grundstücks- bzw. Immobilienart* (Gebäudeart) angesprochen. Allgemein kann der Grundstücksmarkt in seiner Gesamtheit in einen städtischen sowie einen land- und forstwirtschaftlichen Grundstücksteilmarkt untergliedert werden.

Der Immobilienbestand lässt sich daneben nach seiner Nutzung in **Wohn- und Gewerbeimmobilien einschließlich ihrer Mischformen (gemischt genutzte Immobilien)** aufgliedern (Abb. 3 und 4).

Abb. 3: Typologie nach Immobilienarten

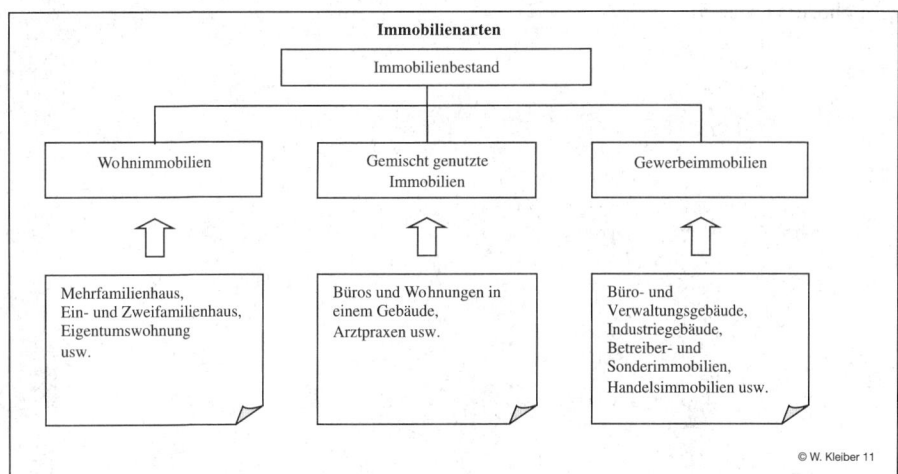

---

17 BVerfG, Beschl. vom 7.5.1968 – 1 BvR 420/54 –, BVerfGE 23, 242 = EzGuG 20.43.
18 BGH, Urt. vom 15.6.1965 – V ZR 24/63 –, MDR 1965, 899 = EzGuG 20.39; BFH, Urt. vom 2.2.1990 – III R 173/86 –, BFHE 159, 505 = EzGuG 20.131; BGH, Urt. vom 13.7.1970 – VII ZR 189/68 –, NJW 1970, 2018 = EzGuG 20.49.
19 BVerwG, Beschl. vom 16.1.1996 – 4 B 69/95 –, GuG 1996, 111 = EzGuG 15.83.

Wohnimmobilien lassen sich wiederum in folgende Segmente untergliedern:

Abb. 4: Wohnimmobilien

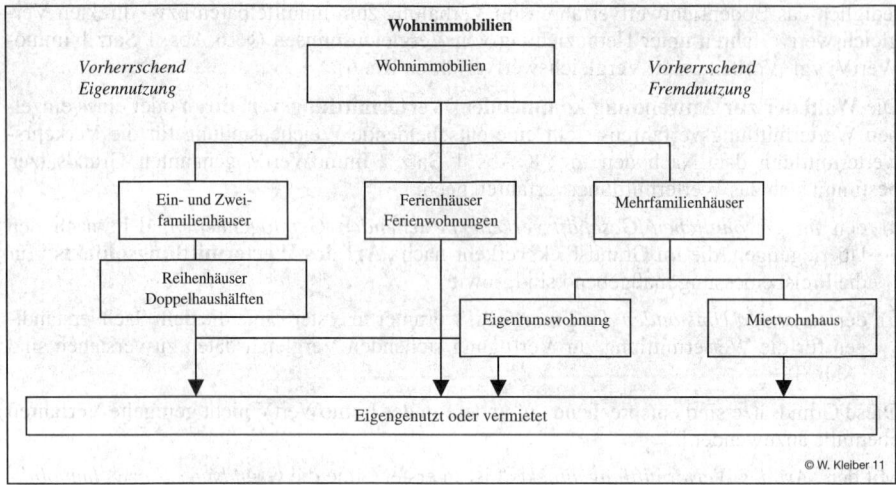

Zu den Gebäudearten der Normalherstellungskosten vgl. Syst. Darst. des Sachwertverfahrens Rn. 95; zu **steuerlichen Grundstücksarten** vgl. Rn. 47 ff.

Darüber hinaus wird von einem Grundstücksmarkt der **Sonder- bzw. Spezialimmobilien**, der sog. Management- und auch Frequenzimmobilien gesprochen, wobei die Übergänge fließend sind und die Märkte nicht eindeutig voneinander abgrenzbar sind. Von Sonder- und Spezialimmobilien spricht man bei einer speziellen Ausrichtung der Grundstücksnutzung einer Immobilie, die i. d. R. mit einer mehr oder minder eingeschränkten Drittverwendungsfähigkeit verbunden ist. Die Immobilien lassen sich auch nach den Akteuren und Immobiliennutzern gliedern (Abb. 5).

Abb. 5: Typologie der Immobilienarten und -nutzer

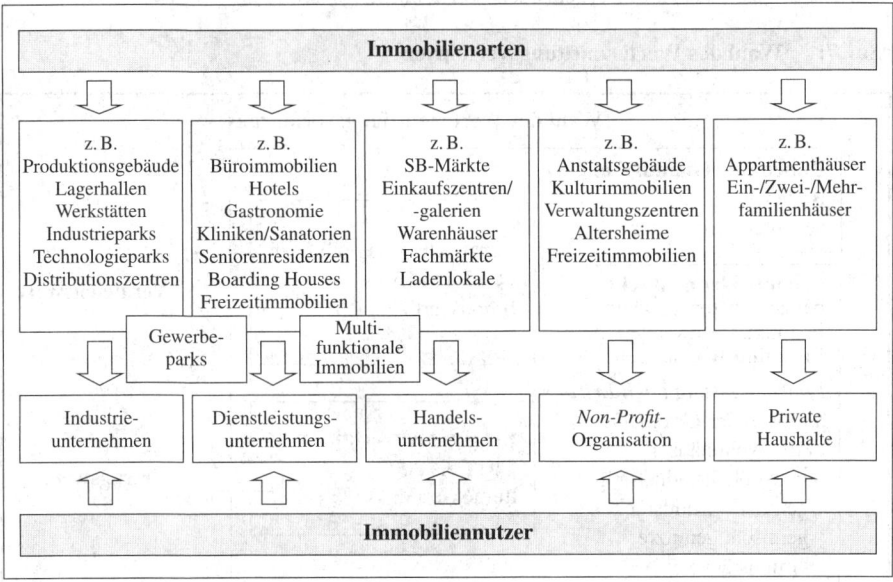

Quelle: Schmitz-Morkramer, 1990, S. 416; Falk, 1992, S. 586; Bone-Winkel, 1994, S. 33

Von maßgeblicher Bedeutung ist die Nutzbarkeit des Grundstücks; auf die **ausgeübte Nutzung** kommt es bei der Wahl des Wertermittlungsverfahrens in aller Regel nicht an, wenn diese nicht der künftigen marktüblichen Nutzung entspricht. In diesem Sinne bestimmt auch § 75 Abs. 5 Satz 4 BewG, dass ein Einfamilienhaus weiterhin als Einfamilienhaus nach dem dafür einschlägigen Wertermittlungsverfahren zu bewerten ist, wenn es zu gewerblichen, freiberuflichen oder für öffentliche Zwecken mitbenutzt wird und dadurch seine Eigenart nicht wesentlich beeinträchtigt wird (Abb. 6).

Abb. 6: Wahl des Wertermittlungsverfahrens

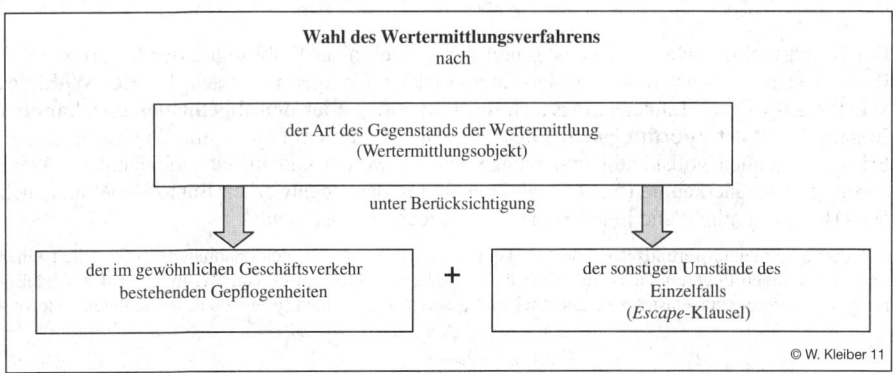

Nach der Art des Gegenstands der Wertermittlung kann es beispielsweise angezeigt sein, das Vergleichswertverfahren anzuwenden. Stehen dem Sachverständigen aber **keine geeigneten Vergleichspreise** in ausreichender Zahl zur Verfügung, so sind dies Umstände, die ein Ausweichen auf weniger geeignete Verfahren rechtfertigen („*Escape*-Klausel").

29 Generell führt die Berücksichtigung der bestehenden **Gepflogenheiten des Geschäftsverkehrs** zu den sich aus Abb. 7 ergebenden Wertermittlungsverfahren.

Abb. 7: Wahl des Wertermittlungsverfahrens

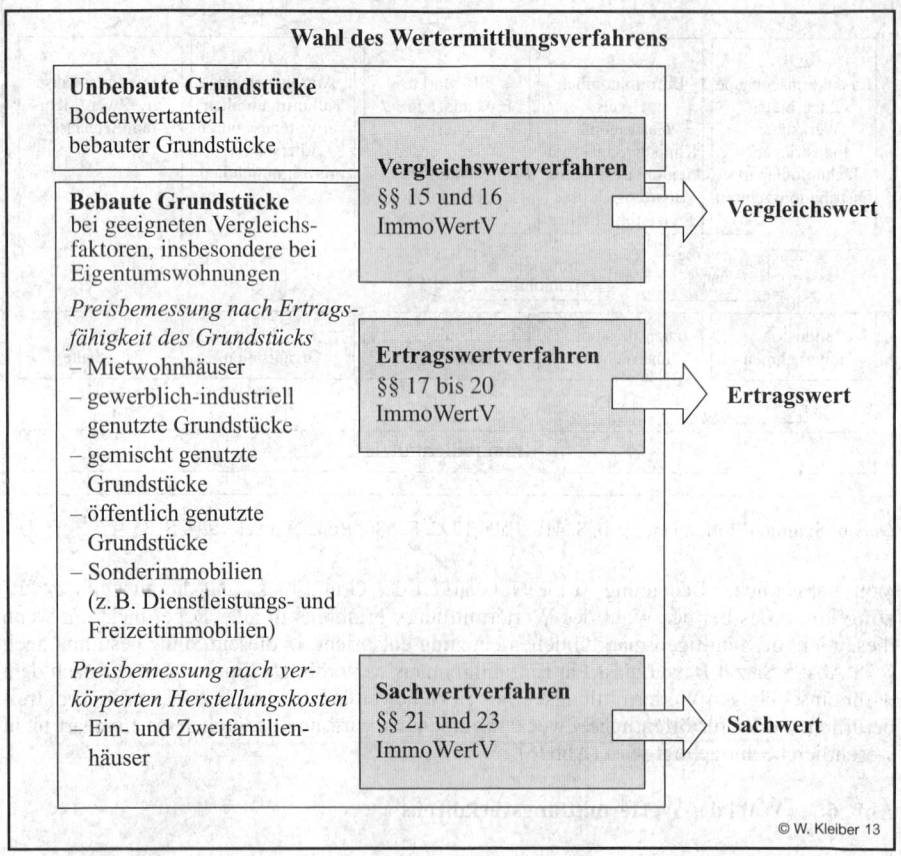

30 Der Grundstückssachverständige ist grundsätzlich frei in der Wahl seines Schätzverfahrens[20]. Die Auswahl des Verfahrens liegt in seinem sachverständigen Ermessen. **Bei der Wahl des Wertermittlungsverfahrens muss sich der Gutachter aber der allgemeinen anerkannten Regeln der Wertermittlungslehre bedienen** und zu diesem Zweck alle ihm zugänglichen Erkenntnisquellen vollständig und sachgerecht auswerten und in nachvollziehbarer Weise dartun. Solche anerkannten Schätzpraktiken sind in den Regelwerken ImmoWertV und auch WERTR veröffentlicht und in der BGH-Rechtsprechung anerkannt[21].

Mit den allgemeinen Grundsätzen der Verkehrswertermittlung und der unabhängigen Tätigkeit eines Sachverständigen unvereinbar ist die Vorgabe des Abgeordnetenhauses von Berlin[22], bei der Veräußerung von erbbaurechtsbelasteten Grundstücken die dort vorgegebenen (politisch ausgerichteten) „Bewer-

---

[20] Die Gutachterausschüsse haben sich bei städtebaulichen Wertermittlungen grundsätzlich an die Vorschriften der WertV zu halten. Die Finanzbauverwaltungen sind angewiesen, nach den Regeln der WertV zu arbeiten.
[21] BGH, Urt. vom 27.4.1964 – III ZR 136/63 –, BRS Bd. 19 Nr. 131 = EzGuG 6.75. Die Behauptung von Robinson (Drivers Jonas) in AIZ 2006, 61, die WertV sei eine „Zwangsjacke", mit der zudem das aktuelle Zeitgeschehen ignoriert werde, ist falsch.
[22] LT-Drucks 15/1002.

tungsmodelle" anzuwenden, die nicht nur nach Auffassung des Rechnungshofes von Berlin[23] mit einer objektiven Marktwertermittlung und der BGH-Rechtsprechung unvereinbar sind (vgl. § 194 BauGB, Rn. 3).

Welches Wertermittlungsverfahren dem Ziel der Verkehrswertermittlung möglichst wirklichkeitsnah und am besten gerecht wird, ist dabei eine Frage der Tatsachenfeststellung. Diese Feststellungen dürfen nicht auf einem Rechtsirrtum oder einem Verfahrensmangel beruhen. Den materiellen Rechtsfehlern stehen dabei Verstöße gegen die angewandte Schätzmethode, gegen Denkgesetze, allgemeine Denkgesetze und anerkannte Schätzungsgrundsätze gleich[24]. 31

Im gerichtlichen Verfahren ist die **Wahl des Wertermittlungsverfahrens** in erster Linie eine Rechtsfrage[25]. Sie ist im Streitfalle Sache des Tatrichters[26]. Auch der Tatrichter ist bei der Auswahl der Wertermittlungsmethoden frei, jedoch muss die gewählte Wertermittlungsmethode geeignet sein, mit ihrer Hilfe den „vollen Gegenwert" für den dem Eigentümer genommenen Gegenstand zu erfassen. Eine **Wertermittlungsmethode, die das Wertbild verzerrt**, hat daher auszuscheiden[27]. Die angewandten Verfahren müssen in sich „schlüssig" sein[28]. 32

Grundsätzlich kann die Wertermittlung auch auf ein einziges Verfahren gestützt werden. Dies ist insbesondere dann sachgerecht, wenn nach der Art des Objektes auch nur dieses Verfahren angezeigt ist. Die zusätzliche Anwendung weiterer Verfahren kann zur Absicherung nützlich sein, aber auch zu überflüssigen Auseinandersetzungen führen. Eine letztlich nur nachrichtlich mitgeschleppte Sachwertermittlung hat häufig schon dazu geführt, dass ein Sachverständiger im Streitfall an hierbei begangenen Fehlern „demontiert" wurde, obwohl seine Ertragswertermittlung, auf die es entscheidend ankam, durchaus sachgerecht war. Von daher muss sich der Sachverständige fragen, ob eine zur (persönlichen) Absicherung durchgeführte Sachwertermittlung auch Bestandteil des Gutachtens sein muss. 33

Auch wenn es im Einzelfall angezeigt ist, die Wertermittlung auf ein einziges Verfahren zu stützen, kann es erforderlich werden, dieses mit unterschiedlichen „Variationen" anzuwenden (vgl. § 2 ImmoWertV Rn. 6). 34

Es können auch mehrere der genannten Verfahren herangezogen werden, wobei der Verkehrswert dann unter Würdigung ihrer Aussagefähigkeit zu bemessen ist. Theoretisch muss jedes auf die Verkehrswertermittlung ausgerichtete Verfahren bei sachgerechter Anwendung zum Verkehrswert führen, jedoch ist je nach Einzelfall in aller Regel ein bestimmtes Verfahren unter Berücksichtigung der zur Verfügung stehenden Wertermittlungsgrundlagen besonders geeignet und deshalb von besonderem Gewicht. **Sind mehrere Verfahren herangezogen worden, so sind die jeweiligen Ergebnisse entsprechend ihres Gewichtes und ihrer Aussagekraft zu würdigen und angemessen zu berücksichtigen.** Dies kann auch dazu führen, dass ein ergänzend zum ermittelten Ertragswert abgeleiteter Sachwert in „angemessener" Weise überhaupt nicht berücksichtigt wird, nämlich immer dann, wenn er aus Vorsicht allein zur Kontrolle zusätzlich ermittelt wurde (vgl. Rn. 154 ff.). 35

---

23 Schreiben des Rechnungshofs von Berlin vom 23.8.2002 (II A3/PA just) und vom 15.10.2002 (II B/II B 1 PA Just 2) an die Senatsverwaltung für Finanzen.
24 BFH, Beschl. vom 4.7.1990 – GrS 2/88 –, BFHE 161, 290 = BStBl II 1990, 817; BFH, Urt. vom 18.12.1984 – VIII R 195/82 –, BFHE 142, 558 = EzGuG 20,108a; BFH; Urt. vom 10.10.1986 – VI R 12/83 –, BFH/NV 1987, 698; BFH, Urt. vom 24.11.1988 – IV R 150/86 –, BFH/NV 1989, 416.
25 BGH, Urt. vom 2.12.1971 – III ZR 165/69 –, BGHZ 57, 108 = EzGuG 20.51; BGH, Urt. vom 26.10.1972 – III ZR 78/71 –, BGHZ 26, 106 =EzGuG 18.57.
26 BGH, Urt. vom 8.11.1962 – III ZR 86/61 –, BGHZ 39, 198 = EzGuG 8.5; BGH, Urt. vom 2.12.1971 – III ZR 165/69 –, BGHZ 57, 108 = EzGuG 20.51; BGH, Urt. vom 26.10.1972 – III ZR 78/71 –, BRS Bd. 26 Nr. 106 = EzGuG 18.57; Kleiber in Ernst/Zinkahn/Bielenberg/Krautzberger, BauGB, Komm. zu § 8 ImmoWertV Rn. 7 ff.; Kröner, Die Enteignungsentschädigung in der Rechtsprechung des Bundesgerichtshofs, 2. Aufl., S. 128; ders. in DRiZ 1961, 381; Gelzer/Busse, Der Umfang des Enteignungsentschädigungsanspruchs aus Enteignung und enteignungsgleichem Eingriff, 2. Aufl., S. 30.
27 BGH, Urt. vom 29.5.1967 – III ZR 126/66 –, BGHZ 48, 65 = EzGuG 18.35; BGH, Urt. vom 2.2.1971 – III ZR 165/69 –, BGHZ 57, 108 = EzGuG 20.51; BGH, Urt. vom 26.10.1972 – III ZR 78/71 –, BRS Bd. 26 Nr. 106 = EzGuG 18.57; BGH, Urt. vom 20.3.1975 – III ZR 153/72 –, BRS Bd. 34 Nr. 120 = EzGuG 18.64; BGH, Urt. vom 14.12.1978 – III ZR 6/77 –, BRS Bd. 34 Nr. 152 = EzGuG 4.63; BGH, Urt. vom 23.6.1983 – III ZR 39/82 –, BRS Bd. 45 Nr. 102 = EzGuG 20.102; vgl. auch Maunz/Dürig/Herzog/Scholz, GG, Art. 14, S. 66.
28 BFH, Urt. vom 18.12.1984 – VIII R 195/82 –, BFHE 142, 558 = EzGuG 20.108a.

36 Bei der **Verkehrswertermittlung eines in Teilen unterschiedlich genutzten Grundstücks** kann es geboten sein, den Verkehrswertanteil der verschieden genutzten Grundstücksteilflächen nach unterschiedlichen Wertermittlungsverfahren zu ermitteln (Mosaikmethode). Dabei muss gefordert werden, dass dies den Gepflogenheiten des gewöhnlichen Geschäftsverkehrs entspricht (vgl. Rn. 92)[29].

37 Die **Wahl des** geeigneten **Wertermittlungsverfahrens ist** in jedem Fall **zu begründen**[30].

38 ▶ *Zur Begründung des gewählten Wertermittlungsverfahrens vgl. Teil II Rn. 445 f.*

2.2.1.2 Gepflogenheiten des gewöhnlichen Geschäftsverkehrs

▶ *Vgl. § 194 BauGB; Vorbem. zur ImmoWertV Rn. 6 ff.; Syst. Darst. des Vergleichswertverfahrens Rn. 3 ff., 7 ff.*

39 Die Verordnung gibt mit § 8 Abs. 1 Satz 2 für die Wahl des Wertermittlungsverfahrens vor, dass mit der Methode die **Maßstäbe und Mechanismen zur Anwendung kommen, die im gewöhnlichen Geschäftsverkehr zwischen Käufer und Verkäufer bei ihren Preisverhandlungen zur Geltung kommen**[31]. Wie ausgeführt ist dieses Kriterium gegenüber den weiterhin zu berücksichtigenden „sonstigen Umständen des Einzelfalls" i. d. R. vorrangig. Grundlage für die Verfahrenswahl ist nach den Gepflogenheiten des gewöhnlichen Geschäftsverkehrs die objektive Nutzbarkeit des Grundstücks; auf subjektive Nutzungsabsichten kann es nicht ankommen. Darüber hinaus hat eine Wertermittlungsmethode auszuscheiden, die das Wertbild verzerrt[32]. Die angewandte Methode muss zudem in sich „schlüssig" sein[33].

40 Nach der Rechtsprechung des BFH[34] ist unter dem **gewöhnlichen Geschäftsverkehr** der Handel zu verstehen, der sich nach marktwirtschaftlichen Grundsätzen von Angebot und Nachfrage vollzieht und bei dem jeder Vertragspartner ohne Zwang und nicht aus Not, sondern freiwillig in Wahrung seiner eigenen Interessen zu handeln in der Lage ist.

41 Die zur Anwendung kommende Methode muss mithin ein Abbild der Preismechanismen des gewöhnlichen Geschäftsverkehrs sein. Bei der **Verkehrswertermittlung unbebauter Grundstücke** ist nach § 16 Abs. 1 Satz 1 vorrangig das Vergleichswertverfahren anzuwenden. Bei der **Verkehrswertermittlung bebauter Grundstücke** wird dagegen vornehmlich auf das Ertrags- oder Sachwertverfahren zurückgegriffen (vgl. Syst. Darst. des Vergleichswertverfahrens Rn. 3 ff., 7 ff.)[35]. Diese Praxis ist darauf zurückzuführen, dass bebaute Grundstücke im Vergleich zu unbebauten Grundstücken üblicherweise eine große Individualität aufweisen und daher geeignete Vergleichspreise in ausreichender Zahl selten zur Verfügung stehen. Einhergehend mit einer Verlagerung des Grundstücksverkehrs in den Bestand und einer Verbesserung der Wertermittlungsmethodik bebauter Grundstücke (vgl. §§ 13, 15 Abs. 2 ImmoWertV) ist in der Wertermittlungspraxis unverkennbar eine stärkere Hinwendung zum Vergleichswertverfahren auch für bebaute Grundstücke festzustellen.

2.2.1.3 Sonstige Umstände des Einzelfalls

42 Als weiteres bei der Wahl des Wertermittlungsverfahrens zu berücksichtigendes Kriterium nennt § 8 Abs. 1 Satz 2 ImmoWertV die „sonstigen Umstände des Einzelfalls". In erster Linie

---

29 KG Berlin, Urt. vom 31.3.1970 – U 2199/68 –, AVN 1971, 409 = EzGuG 20.47.
30 VG Augsburg, Urt. vom 10.2.1982 – 4 K 80 A 914 –, NJW 1983, 301 = EzGuG 11.126c.
31 OLG Köln, Urt. vom 28.8.1962 – 9 U 28/58 –, NJW 1962, 2161 = EzGuG 20.31; vgl. auch Begründung zur WertV 61 im BAnz Nr.145 vom 12.8.1961 sowie zur WertV 72; BR-Drucks. 265/72, S. 7; Pagendarm, WM 1958, 1350.
32 BGH, Urt. vom 29.5.1967 – III ZR 126/66 –, BGHZ 48, 65 = EzGuG 18.35; BGH, Urt. vom 2.2.1971 – III ZR 165/69 –, BGHZ 57, 108 = EzGuG 20.51; BGH, Urt. vom 26.10.1972 – III ZR 78/71 –, BRS Bd. 26 Nr. 106 = EzGuG 18.57; BGH, Urt. vom 20.3.1975 – III ZR 153/72 –, BRS Bd. 34 Nr. 120 = EzGuG 18.64; BGH, Urt. vom 14.12.1978 – III ZR 6/77 –, BRS Bd. 34 Nr. 152 = EzGuG 4.63; BGH, Urt. vom 23.6.1983 – III ZR 39/82 –, BRS Bd. 45 Nr. 102 = EzGuG 20.102; vgl. auch Maunz/Dürig/Herzog/Scholz, GG, Art. 14, S. 66.
33 BFH, Urt. vom 18.12.1984 – VIII R 195/82 –, BFHE 142, 558 = EzGuG 20.108b.
34 BFH, Urt. vom 23.2.1979 – III R 44/74 –, BFHE 128, 254 = EzGuG 19.35, auch BFH, Urt. vom 14.2.1969 – III R 88/65 –, BFHE 95, 334 = EzGuG 19.16.
35 LG Arnsberg, Beschl. vom 28.5.1985 – 5 T 180/85 –, DWW 1986, 43 = EzGuG 5.19.

Ermittlung des Verkehrswerts § 8 ImmoWertV IV

sind dies die für die Wertermittlung **zur Verfügung stehenden Ausgangsdaten (Parameter)**[36]. Stehen dem Gutachter im Einzelfall für die Anwendung des unter Berücksichtigung der Gepflogenheiten des gewöhnlichen Geschäftsverkehrs anzuwendenden Wertermittlungsverfahrens z. B. keine hinreichenden Datengrundlagen zur Verfügung, so kann nach dieser Vorschrift auch auf andere Verfahren ausgewichen werden oder sie sind unterstützend heranzuziehen. Dies betrifft nicht nur die Anwendung des Vergleichswertverfahrens, dessen Anwendung eine „ausreichende Zahl" geeigneter Vergleichspreise voraussetzt, sondern auch das Ertrags- und Sachwertverfahren. Eine Sachwertermittlung kann z. B. nicht durchgeführt werden, wenn keine verlässlichen Angaben über Herstellungskosten von Objekten vergleichbarer Art vorliegen[37]. Auch der BGH hat es nicht beanstandet, dass im Einzelfall von der Anwendung des Ertragswertverfahrens in Ermangelung hinreichender tatsächlicher Anknüpfungspunkte abgesehen und auf das Sachwertverfahren ausgewichen wurde[38].

2.2.2 Verfahrensvorgaben bei der Beleihungswertermittlung

▶ *Vgl. im Einzelnen Teil IX Rn. 4 ff.*

Die in der Verkehrswertermittlung gebräuchlichen Wertermittlungsverfahren, nämlich das Vergleichs-, Ertrags- und Sachwertverfahren, kommen auch zur Ermittlung des Beleihungswerts nach den Grundsätzen der BelWertV zur Anwendung. Im Unterschied zur ImmoWertV nimmt die BelWertV dem Sachverständigen jedoch die freie sachverständige Entscheidung über die zur Ermittlung des Beleihungswerts anzuwendenden Verfahren weitgehend ab und verpflichtet ihn mit dem apodiktischen Befehl des § 4 Abs. 1 Satz 1 BelWertV, **kumulativ den Ertragswert** (§§ 8 bis 13 BelWertV) **und den Sachwert** (§§ 14 bis 19 BelWertV) *„getrennt"* zu ermitteln.

43

Die besondere Hervorhebung der „getrennten" Ermittlung von Sach- und Ertragswert ist bedeutungslos, denn Sach- und Ertragswert werden durch unterschiedliche Parameter bestimmt, so dass sie in der Wertermittlungspraxis eigentlich stets voneinander getrennt ermittelt werden. Im Unterschied zur Verkehrswertermittlung nach der ImmoWertV muss nach der BelWertV das Sachwertverfahren stets und selbst bei „reinrassigen" Ertragsobjekten zur Anwendung kommen, auch wenn es für den Beleihungswert bedeutungslos ist:

„(1) Zur Ermittlung des *Beleihungswerts* sind der Ertragswert (§§ 8 bis 13) und der Sachwert (§§ 14 bis 18) des Beleihungsobjekts getrennt zu ermitteln. Der *Beleihungs*wert ist unter Berücksichtigung beider Werte nach Maßgabe der Absätze 2 bis 6 abzuleiten ..."

Nach § 4 Abs. 1 Satz 2 BelWertV ist der Beleihungswert unter „Berücksichtigung beider Werte" abzuleiten. Dieser Grundsatz entspricht weitgehend § 8 Abs. 1 Satz 3 ImmoWertV, jedoch wird die „Abstützung" einer Wertermittlung durch mehrere zur Anwendung kommende Wertermittlungsverfahren mit § 4 Abs. 3 Satz 1 BelWertV im Ergebnis mit der **apodiktischen Vorgabe ausgehöhlt, dass regelmäßig der Ertragswert maßgeblich** sein soll und dieser „nicht überschritten werden darf". Im krassen Widerspruch zu § 4 Abs. 1 Satz 2 BelWertV wird also gleich mit dem darauf folgenden Gesetzesbefehl die mit § 4 Abs. 1 Satz 2 BelWertV (nach Maßgabe des § 4 Abs. 2 bis 6 BelWertV) vorgegebene „Berücksichtigung" des Sachwerts inhaltlich auf ein bloßes „Mitschleppen" des Sachwerts allein zu Kontrollzwecken ausgehöhlt, d. h., die Bedeutung des Sachwerts reduziert sich – vorbehaltlich der Sonderregelung des § 4 Abs. 2 und 4 BelWertV für Ein- und Zweifamilienhäuser sowie für Eigentumswohnungen – auf die Funktion eines „Kontrollwerts"[39], ohne dass die BelWertV den Sachwert expressis verbis als solchen ausweist.

---

36 BFH, Urt. vom 17.8.1999 – IV B 116/98 –, GuG 2000, 236 = EzGuG 20.173.
37 BR-Drucks. 352/88, S. 52.
38 BGH, Urt. vom 15.6.1965 – V ZR 24/63 –, BB 1965, 690 = EzGuG 20.39.
39 Für den Beleihungswert ist nach dem unmissverständlichen Befehl des § 4 Abs. 3 Satz 1 BelWertV nämlich regelmäßig der Ertragswert „maßgeblich". Widersprüchlich und ein sprachlicher „Eiertanz" ist der Hinweis des § 4 Abs. 1 Satz 2 BelWertV, nach dem der Beleihungswert „unter Berücksichtigung" des Ertrags- und Sachwerts abzuleiten ist, wenn dies nach Maßgabe der Absätze 2 bis 6 zu erfolgen hat und die Vorschrift den Ertragswert verbindlich vorgibt.

IV § 8 ImmoWertV — Ermittlung des Verkehrswerts

Die verbindlich vorgeschriebene **Ableitung des Sachwerts als „Kontrollwert"**[40] hat nur eine Warnfunktion, denn nach § 4 Abs. 2 Satz 2 BelWertV bedarf es einer besonderen Überprüfung der Nachhaltigkeit der im Ertragswertverfahren zugrunde gelegten Erträge und ihrer Kapitalisierung, wenn der Ertragswert den Sachwert um mehr als 20 Prozent überschreitet. Dies ist in der Praxis allenfalls bei einfachen Einfamilienhäusern (Reihenhäusern) der Fall, für die die Sonderregelung des § 4 Abs. 2 Satz 3 BelWertV gilt. I. d. R. überschreitet ansonsten umgekehrt der Sachwert den Ertragswert. Fällt der Ertragswert also im konkreten Ausnahmefall deutlich höher als der Sachwert aus, so soll es grundsätzlich bei der Ableitung des Beleihungswerts aus dem Ertragswert bleiben, jedoch „bedarf das Ergebnis der Überprüfung einer nachvollziehbaren Begründung, andernfalls ist der Ertragswert entsprechend zu mindern".

44 Bei **Ein- und Zweifamilienhäusern sowie Eigentumswohnungen** kann – abweichend von der Vorrangigkeit des Ertragswertverfahrens – der Beleihungswert nach § 4 Abs. 4 BelWertV **am Sachwert orientiert werden und eine Ertragswertermittlung entfallen,** wenn das zu bewertende Objekt nach Zuschnitt, Ausstattungsqualität und Lage zweifelsfrei zur Eigennutzung geeignet und bestimmt ist und bei gewöhnlicher Marktentwicklung nach den Umständen des Einzelfalls vorausgesetzt werden kann, dass das Objekt von potenziellen Erwerbern für die eigene Nutzung dauerhaft nachgefragt wird.

Das Kriterium der *„Eigennutzung"* ist allerdings für die Umstellung der Beleihungswertermittlung vom Ertragswertverfahren zum Sachwertverfahren ein völlig überholtes Kriterium, denn viele auf Ertragserzielung ausgerichtete (gewerbliche) Objekte sind eigengenutzt („Missverstandenes Eigennutzprinzip", vgl. Rn. 82 ff.)[41].

Die Regelungen der BelWertV führen zwar in einfach gelagerten Normalfällen zu derselben Verfahrenswahl wie bei der Ermittlung des Verkehrswerts nach den Grundsätzen der ImmoWertV; bei komplizierteren Fallgestaltungen müssen die rigiden Vorgaben aber zu erheblichen Spannungen bei der Verfahrenswahl und der Berücksichtigung der Ergebnisse unterschiedlicher Verfahren führen. Einfach gelagerte Normalfälle werden auf dem Immobilienmarkt aber immer seltener[42] und deshalb muss die Abweichung von den diesbezüglich weitaus flexibleren und bewährten Vorschriften der ImmoWertV über das oder die anzuwendenden Verfahren abgelehnt werden. Der richtigen Verfahrenswahl kommt in der Wertermittlung eine entscheidende Bedeutung zu und die Regelungen der BelWertV schränken den Sachverständigen dessen ungeachtet in abträglicher Weise in seiner sachverständigen Verfahrenswahl ein und zwingen ihn im Regelfall, den Beleihungswert allein auf den Ertragswert zu stützen. Eine gewisse eigene Entscheidung über die Wahl des geeigneten Wertermittlungsverfahrens lässt die BelWertV dem Sachverständigen nur für Ein- und Zweifamilienhäuser sowie für Wohnungs- und Teileigentum zu (Abb. 8).

---

40 Die BelWertV ist diesbezüglich inkonsequent: Bei der Bewertung von Wohnungs- und Teileigentum ist nach § 4 Abs. 2 BelWertV zusätzlich (als dritte Stufe) das Vergleichswertverfahren anzuwenden und der „Vergleichswert" wird dort mit derselben Maßgabe (Überprüfung des Ertragswerts und Begründung) als Kontrollwert ausgewiesen.
41 Kleiber/Simon, Marktwertermittlung, 6. Aufl. 2004, S. 516.
42 Z. B. bezüglich eines im Teileigentum stehenden Shopping-Centers; vgl. Stellungnahme des Zentralen Kreditausschusses vom 10.11.2005.

Abb. 8: Wertermittlungsverfahren der Beleihungswertermittlung

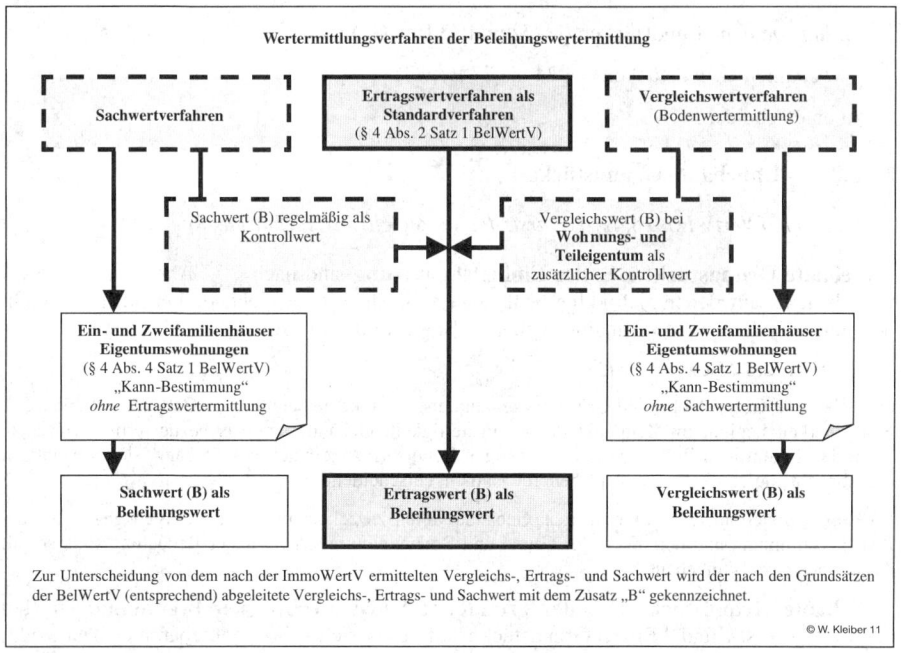

2.2.3 Verfahrensvorgaben für die steuerliche Bewertung

2.2.3.1 Allgemeines

▶ *Hierzu Rn. 148 ff. sowie Syst. Darst. des Vergleichswertverfahrens Rn. 15, 167; Syst. Darst. des Sachwertverfahrens Rn. 42; Syst. Darst. des Ertragswertverfahrens Rn. 117; § 5 ImmoWertV Rn. 196; § 10 ImmoWertV Rn. 33 ff.; § 16 ImmoWertV Rn. 18, 129, 219*

Schrifttum: *Hecht/v. Cölln,* Bewertung bebauter Grundstücke nach dem BewG i. d. F. des Erbschaftsteuerreformgesetzes, BB 2009, 810.

In der steuerlichen Bewertung bestimmen sich die anzuwendenden Verfahren nach der jeweiligen Vermögensart:

– Das **land- und forstwirtschaftliche Vermögen**, zu dem nach § 33 BewG alle Wirtschaftsgüter gehören, die einem Betrieb der Land- und Forstwirtschaft dauernd zu dienen bestimmt sind, ist unbeschadet der Regelung, die in § 47 BewG für den Wohnungswert getroffen ist, nach dem Ertragswert zu bewerten. Bei der Ermittlung des Ertragswerts ist nach § 36 BewG von der Ertragsfähigkeit auszugehen; Ertragsfähigkeit ist der bei ordnungsmäßiger und schuldenfreier Bewirtschaftung mit entlohnten fremden Arbeitskräften gemeinhin und nachhaltig erzielbare Reinertrag. Ertragswert ist das Achtzehnfache dieses Reinertrags. Der Ertragswert der Nutzungen wird durch ein vergleichendes Verfahren nach den §§ 38 bis 41 BewG ermittelt. Das vergleichende Verfahren kann auch auf Nutzungsteile angewendet werden. Kann ein vergleichendes Verfahren nicht durchgeführt werden, so ist der Ertragswert nach der Ertragsfähigkeit der Nutzung unmittelbar zu ermitteln (Einzelertragswertverfahren; vgl. § 5 ImmoWertV Rn. 26).

– Bei der Bewertung des **Grundvermögens,** zu dem der Grund und Boden, die Gebäude, die sonstigen Bestandteile und das Zubehör, das Erbbaurecht, das Wohnungseigentum, Teileigentum, Wohnungserbbaurecht und Teilerbbaurecht nach dem Woh-

IV § 8 ImmoWertV — Ermittlung des Verkehrswerts

nungseigentumsgesetz gehören, soweit es sich nicht um land- und forstwirtschaftliches Vermögen (§ 33 BewG) oder um Betriebsgrundstücke (§ 99 BewG) handelt, ist zwischen

- *unbebauten* Grundstücken (§§ 72 und 73 BewG) und
- *bebauten* Grundstücken (§§ 74 bis 77 BewG)

zu unterscheiden.

2.2.3.2 Unbebaute Grundstücke

▶ *§ 16 ImmoWertV Rn. 18; Syst. Darst. des Vergleichswertverfahrens Rn. 150 ff.*

46 **Unbebaute Grundstücke i. S. der Einheitsbewertung** sind nach § 72 Abs. 1 und 2 BewG Grundstücke, auf denen sich keine benutzbaren Gebäude oder Gebäude befinden, die nicht oder nur unbedeutend nutzbar sind (vgl. § 72 BewG und § 179 BewG).

„**§ 72 Abs. 1 und 2 BewG** Begriff

(1) Unbebaute Grundstücke sind Grundstücke, auf denen sich keine benutzbaren Gebäude befinden. Die Benutzbarkeit beginnt im Zeitpunkt der Bezugsfertigkeit. Gebäude sind als bezugsfertig anzusehen, wenn den zukünftigen Bewohnern oder sonstigen Benutzern zugemutet werden kann, sie zu benutzen; die Abnahme durch die Bauaufsichtsbehörde ist nicht entscheidend.

(2) Befinden sich auf einem Grundstück Gebäude, deren Zweckbestimmung und Wert gegenüber der Zweckbestimmung und dem Wert des Grund und Bodens von untergeordneter Bedeutung sind, so gilt das Grundstück als unbebaut."

Unbebaute Grundstücke i. S. der grunderwerbsteuerrechtlichen Bestimmungen sind nach § 145 Abs. 1 und 2 BewG Grundstücke, auf denen sich keine benutzbaren Gebäude oder Gebäude befinden, die nicht oder nur unbedeutend nutzbar sind (vgl. § 72 BewG und § 179 BewG).

„**§ 145 Abs. 1 und 2 BewG** Unbebaute Grundstücke

(1) Unbebaute Grundstücke sind Grundstücke, auf denen sich keine benutzbaren Gebäude befinden. Die Benutzbarkeit beginnt im Zeitpunkt der Bezugsfertigkeit. Gebäude sind als bezugsfertig anzusehen, wenn den zukünftigen Bewohnern oder sonstigen Benutzern zugemutet werden kann, sie zu benutzen; die Abnahme durch die Bauaufsichtsbehörde ist nicht entscheidend.

(2) Befinden sich auf dem Grundstück Gebäude, die auf Dauer keiner oder nur einer unbedeutenden Nutzung zugeführt werden können, gilt das Grundstück als unbebaut; als unbedeutend gilt eine Nutzung, wenn die hierfür erzielte Jahresmiete (§ 146 Abs. 2) oder die übliche Miete (§ 146 Abs. 3) weniger als 1 Prozent des nach Absatz 3 anzusetzenden Werts beträgt. Als unbebautes Grundstück gilt auch ein Grundstück, auf dem infolge der Zerstörung oder des Verfalls der Gebäude auf Dauer benutzbarer Raum nicht mehr vorhanden ist."

Unbebaute Grundstücke i. S. der erbschaftsteuerrechtlichen Bestimmungen sind nach § 178 BewG Grundstücke, auf denen sich **keine benutzbaren Gebäude**[43] oder Gebäude befinden, die nicht oder nur unbedeutend nutzbar sind (vgl. § 16 ImmoWertV Rn. 129).

„**§ 178 BewG** Begriff der unbebauten Grundstücke

(1) Unbebaute Grundstücke sind Grundstücke, auf denen sich keine benutzbaren Gebäude befinden. Die Benutzbarkeit beginnt im Zeitpunkt der Bezugsfertigkeit. Gebäude sind als bezugsfertig anzusehen, wenn den zukünftigen Bewohnern oder sonstigen Benutzern zugemutet werden kann, sie zu benutzen; die Abnahme durch die Bauaufsichtsbehörde ist nicht entscheidend.

(2) Befinden sich auf dem Grundstück Gebäude, die auf Dauer keiner Nutzung zugeführt werden können, gilt das Grundstück als unbebaut. Als unbebaut gilt auch ein Grundstück, auf dem infolge von Zerstörung oder Verfall der Gebäude auf Dauer kein benutzbarer Raum mehr vorhanden ist."

---

[43] Vgl. zum Gebäudebegriff: Gleich lautende Ländererlasse vom 15.3.2006 (BStBl I 2006, 314), 159 (1). **Die Benutzbarkeit** beginnt im Zeitpunkt der Bezugsfertigkeit, d.h. wenn den zukünftigen Bewohnern bzw. Nutzern die Nutzung zugemutet werden kann. Eine **unbedeutende Nutzung** ist gegeben, wenn die erzielte oder übliche Miete weniger als 1 % des Grundbesitzwerts bei einer Bewertung als unbebautes Grundstück ausmacht.

2.2.3.3 Bebaute Grundstücke

▶ *Vgl. § 5 ImmoWertV Rn. 196 ff.; Teil V Rn. 2*

Bebaute Grundstücke i. S. der Einheitsbewertung sind nach § 74 BewG Grundstücke, auf denen sich benutzbare Gebäude befinden, mit Ausnahme der in § 72 Abs. 2 und 3 BewG bezeichneten Grundstücke. Wird ein Gebäude in Bauabschnitten errichtet, so ist der fertiggestellte und bezugsfertige Teil als benutzbares Gebäude anzusehen.

Bebaute Grundstücke i. S. der grunderwerbsteuerrechtlichen Bestimmungen sind nach § 146 Abs. 1 BewG Grundstücke, die nicht als unbebaute Grundstücke gelten.

„**§ 146 Abs. 1 BewG** Bebaute Grundstücke

(1) Grundstücke, auf die die in § 145 Abs. 1 genannten Merkmale nicht zutreffen, sind bebaute Grundstücke."

Bebaute Grundstücke i. S. der erbschaftsteuerrechtlichen Bestimmungen sind nach § 180 BewG Grundstücke, auf denen sich „benutzbare" Gebäude befinden.

„**§ 180 BewG** Begriff der bebauten Grundstücke

(1) Bebaute Grundstücke sind Grundstücke, auf denen sich benutzbare Gebäude befinden. Wird ein Gebäude in Bauabschnitten errichtet, ist der fertiggestellte Teil als benutzbares Gebäude anzusehen.

(2) Als Grundstück im Sinne des Absatzes 1 gilt auch ein Gebäude, das auf fremdem Grund und Boden errichtet oder in sonstigen Fällen einem anderen als dem Eigentümer des Grund und Bodens zuzurechnen ist, selbst wenn es wesentlicher Bestandteil des Grund und Bodens geworden ist."

Bebaute Grundstücke sind wiederum nach § 74 BewG bzw. § 181 BewG[44] zu unterscheiden nach

Gebäudewert	Einheitsbewertung	Grundbesitzbewertung
	§ 74 BewG	§ 181 BewG i. V. m. Abschn. 8 der Ländererlasse
Ein- und Zweifamilienhäuser		Wohnungsgrundstücke mit bis zu zwei Wohnungen Auch bei einer Mitnutzung von weniger als 50 % der Wohn- und Nutzfläche zu anderen als Wohnzwecken, wenn dadurch keine wesentliche Beeinträchtigung der Eigenart als Ein- und Zweifamilienhaus erfolgt
Einfamilienhaus	eine Wohnung ohne Einbeziehung einer Personalwohnung	–
Zweifamilienhaus	Zwei Wohnungen	–
Mietwohngrundstücke	Nutzung zu mehr als 80 % für Wohnzwecke	Nutzung der Wohn- und Nutzfläche zu mehr als 80 % für Wohnzwecke keine Ein- und Zweifamilienhäuser kein Wohneigentum
Wohnungs- und Teileigentum		§ 181 Abs. 1 Nr. 4 und 5 BewG
Geschäftsgrundstücke	Nutzung zu gewerblichen, freiberuflichen, öffentlichen Zwecken zu mehr als 80 %	Nutzung zu mehr als 80 % der Wohn- und Nutzfläche zu eigenen oder fremden betrieblichen oder öffentlichen Zwecken und kein Teileigentum

---

44 Vgl. hierzu ErbStR und ErbStH 2011, zu § 181 Abs. 1.

Gebäudewert	Einheitsbewertung	Grundbesitzbewertung
Gemischt genutzte Grundstücke	Nutzung zwischen 20 und 80 % zu Wohnzwecken und gewerblichen, freiberuflichen oder öffentlichen Zwecken	Nutzung teils zu betrieblichen oder öffentlichen Zwecken und keine Ein- oder Zweifamilienhäuser, Mietwohngrundstücke, Wohnungs- oder Teileigentum oder Geschäftsgrundstücke
Sonstige bebaute Grundstücke	§ 75 BewG	Grundstücke, die nicht unter § 181 Abs. 1 Nr. 1 bis 6 BewG fallen.

Bei der Festlegung der Grundstücksart ist stets die gesamte **wirtschaftliche Einheit** zu betrachten. Dies gilt auch, wenn sich auf einem Grundstück mehrere Gebäude oder Gebäudeteile unterschiedlicher Bauart oder Nutzung befinden. Die Abgrenzung der Grundstücksarten ist nach dem Verhältnis der Wohn- und Nutzfläche vorzunehmen. Dabei sind Nutzflächen, die in einem Nutzungszusammenhang mit Wohnflächen stehen (z. B. Garagen, Kellerräume), nicht einzubeziehen. Maßgeblich ist die Wohnfläche nach der WoFlV. Ist die Wohnfläche bis zum 31.12.2003 nach der II. BV berechnet worden, bleibt es bei dieser Berechnung, soweit nach dem 31.12.2003 keine baulichen Änderungen an dem Wohnraum vorgenommen worden sind, die eine Neuberechnung erforderlich machen. Abzustellen ist auf die tatsächliche Nutzung am Bewertungsstichtag.

Der Wert eines Grundstücks ist unter Berücksichtigung der Grundstücksart der wirtschaftlichen Einheit entweder nach dem Vergleichswertverfahren, dem Ertragswertverfahren oder dem Sachwertverfahren zu bemessen. Für die **erbschaftsteuerliche Grundbesitzbewertung** gelten folgende Grundsätze:

- Das *Vergleichswertverfahren* (§ 183 BewG) ist für das Wohnungseigentum, das Teileigentum und für die Ein- und Zweifamilienhäuser anzuwenden, sofern der Gutachterausschuss entsprechende Vergleichspreise oder Vergleichsfaktoren ermittelt hat; nachrangig kann auf die in der Finanzverwaltung vorliegenden Unterlagen zu Vergleichspreisen zurückgegriffen werden.

- Das *Ertragswertverfahren* (§§ 184 bis 188 BewG) ist für Geschäftsgrundstücke und gemischt genutzte Grundstücke anzuwenden, für die sich auf dem örtlichen Grundstücksmarkt eine übliche Miete ermitteln lässt. Das Verfahren ist nicht anzuwenden, wenn zwar eine tatsächliche Miete vereinbart ist, jedoch keine übliche Miete ermittelt werden kann, da in einem solchen Fall ein Vergleich nicht möglich ist. Mietwohngrundstücke sind nach § 182 Abs. 3 Nr. 1 BewG stets im Ertragswertverfahren zu bewerten. Ist in diesen Fällen weder eine tatsächliche Miete vorhanden noch eine ortsübliche Miete ermittelbar, ist die Miete marktbezogen, beispielsweise durch Abgleich mit den Mietverhältnissen in vergleichbaren überregionalen Lagen, zu schätzen (vgl. auch § 76 BewG).

- Das *Sachwertverfahren* (§§ 189 bis 191 BewG) ist für die Bewertung der sonstigen bebauten Grundstücke heranzuziehen (vgl. auch §§ 83 bis 90 BewG). Darüber hinaus ist das Sachwertverfahren das Auffangverfahren für
    - das Wohnungseigentum, das Teileigentum und für Ein- und Zweifamilienhäuser[45], wenn das Vergleichswertverfahren mangels Vergleichspreisen oder Vergleichsfaktoren nicht anwendbar ist;
    - Geschäftsgrundstücke und gemischt genutzte Grundstücke, für die sich auf dem örtlichen Grundstücksmarkt keine übliche Miete ermitteln lässt, insbesondere
        a) bei solchen Gruppen von Geschäftsgrundstücken und in solchen Einzelfällen bebauter Grundstücke der in § 75 Abs. 1 Nr. 1 bis 3 BewG bezeichneten Grund-

---

45 Das Sachwertverfahren ist abweichend von § 76 Abs.1 BewG auch bei Einfamilienhäusern und Zweifamilienhäusern anzuwenden, wenn sie sich durch besondere Gestaltung oder Ausstattung wesentlich von den nach § 76 Abs.1 BewG zu bewertenden Einfamilienhäusern und Zweifamilienhäusern unterscheiden.

Ermittlung des Verkehrswerts **§ 8 ImmoWertV IV**

stücksarten, für die weder eine Jahresrohmiete ermittelt, noch die übliche Miete nach § 79 Abs. 2 BewG geschätzt werden kann;

b) bei Grundstücken mit Behelfsbauten und bei Grundstücken mit Gebäuden in einer Bauart oder Bauausführung, für die ein Vervielfältiger (§ 80 BewG) in den Anl. 3 bis 8 zum BewG nicht bestimmt ist.

– Für **Grundstücke im Zustand der Bebauung** (§ 91 BewG, § 196 BewG; vgl. Rn. 151), **Erbbaurechte** (§ 92 BewG, § 193 BewG), **Wohnungs- und Teileigentum** (§ 93 BewG) sowie **Gebäude auf fremdem Grund und Boden** (§ 94 BewG, § 195 BewG) sieht das BewG Sondervorschriften vor[46].

2.3 Vergleichswertverfahren

2.3.1 Allgemeines

▶ *Vgl. hierzu die Syst. Darst. des Vergleichswertverfahrens Rn. 1 ff.; 136 ff.*

Das Vergleichswertverfahren *(comparison method)* basiert auf der Überlegung, den **Verkehrswert eines Wertermittlungsobjekts aus der Mittelung von zeitnahen Kaufpreisen vergleichbarer Grundstücke** festzustellen. 48

Obwohl die Verordnung das Vergleichswertverfahren gleichrangig mit den übrigen Wertermittlungsverfahren aufführt, wird dem Verfahren bei Vorhandensein geeigneter Vergleichspreise besondere Überzeugungskraft beigemessen, denn Vergleichspreise für im Wesentlichen gleichartige Grundstücke bieten den sichersten Anhalt für die Verkehrswertermittlung. 49

Das Verfahren führt im Allgemeinen direkt zum Verkehrswert und ist deshalb als Verfahren der Bodenwertermittlung den übrigen Wertermittlungsverfahren, insbesondere dem Sachwertverfahren, überlegen, bei dem der (vorläufige) Grundstückssachwert noch durch schwer nachweisbare Sachwertfaktoren zu korrigieren ist. Dieser Vorgang entfällt i. d. R. beim Vergleichswertverfahren, da sich die jeweilige Marktsituation bereits in den Kaufpreisen der Vergleichsobjekte widerspiegelt.

2.3.2 Anwendungsbereich

▶ *Vgl. hierzu Syst. Darst. des Vergleichswertverfahrens Rn. 5 ff. und 136*

Das Vergleichswertverfahren kann grundsätzlich sowohl bei der Verkehrswertermittlung bebauter als auch unbebauter Grundstücke zur Anwendung kommen. Die **Verkehrswertermittlung bebauter Grundstücke im Wege des Vergleichswertverfahrens** ist im Hinblick auf die große Marktnähe dieses Verfahrens vielfach jedoch eine Wunschvorstellung, die zumeist an der hinreichenden Vergleichbarkeit der zur Verfügung stehenden Kaufpreise bzw. der Grundstücke scheitert, auf die sie sich beziehen. In der Praxis steht hier deshalb die Anwendung des Ertrags- und Sachwertverfahrens im Vordergrund. 50

Für die **Anwendung des Vergleichswertverfahrens auf bebaute Grundstücke** muss nämlich ebenfalls eine ausreichende Anzahl von Kaufpreisen vergleichbarer Objekte vorliegen und die Grundstücke sollten mit dem Wertermittlungsobjekt möglichst direkt vergleichbar sein. Zudem müssen die Verkäufe zeitnah zum Wertermittlungsstichtag angefallen sein. Durch diese Vorgaben wird die Zahl der in Frage kommenden Vergleichsgrundstücke zwangsläufig stark reduziert, sodass das Verfahren allenfalls bei marktgängigen Immobilien wie **Eigentumswohnungen** oder **Einfamilienhausgrundstücken** angewendet werden kann. 51

Sachverständige waren bislang wegen Datenmangels nur in Ausnahmefällen in der Lage, Verkehrswerte bebauter Grundstücke im Vergleichswertverfahren zu ermitteln. Werden die im Abschnitt 2 der ImmoWertV genannten Vergleichsfaktoren für bebaute Grundstücke von 52

---

46 Vgl. ErbStR und ErbStH zu § 193 BewG RB 193, zu § 195 BewG R B 195.1, 2 sowie § 196 BewG R 196.2 (vgl. GuG 2012, 167, 228).

den Gutachterausschüssen abgeleitet und veröffentlicht, wird sich das Anwendungsspektrum des Vergleichswertverfahrens deutlich erhöhen. So werden auch die freien Sachverständigen Wertmittlungen über **Ertrags- oder Gebäudefaktoren** (vgl. § 13 ImmoWertV) durchführen können. Eine sichere Wertbeurteilung wird jedoch dadurch erschwert, dass den Sachverständigen zwar die Vergleichsfaktoren mitgeteilt werden, nicht aber die Grundstücke, aus denen sie abgeleitet werden.

2.3.3 Bodenwertermittlung

2.3.3.1 Allgemeines

▶ *Vgl. § 16 ImmoWertV; Syst. Darst. des Vergleichswertverfahrens Rn. 149 ff.*

53 Nach § 16 Abs. 1 ImmoWertV ist der Bodenwert vorrangig durch Preisvergleich[47] zu ermitteln. Dazu bieten sich zwei Verfahren an:

– der **unmittelbare Preisvergleich** mit Kaufpreisen von Vergleichsgrundstücken und

– der **mittelbare Preisvergleich** mit geeigneten Bodenrichtwerten.

54 Das **Vergleichswertverfahren** ist nach dem zuvor Gesagten **das Vorrangverfahren für die Ermittlung des Bodenwerts**. Dies gilt gleichermaßen für die Bodenwertermittlung unbebauter als auch bebauter Grundstücke (vgl. den Verweis auf § 16 in § 17 Abs. 2 und § 21 Abs. 2 ImmoWertV). Dazu können nach § 15 Abs. 1 Satz 1 ImmoWertV und § 16 Abs. 1 Satz 2 ImmoWertV Kaufpreise von **Vergleichsgrundstücken oder geeignete Bodenrichtwerte** herangezogen werden.

2.3.3.2 Unmittelbarer und mittelbarer Preisvergleich

▶ *Weitere Ausführungen hierzu in der Syst. Darst. des Vergleichswertverfahrens Rn. 19 ff.*

55 Beim **unmittelbaren Preisvergleich** ist der Bodenwert aus Preisen vergleichbarer Grundstücke abzuleiten. Der unmittelbare Preisvergleich ohne zusätzlich erforderliche Berücksichtigung von Besonderheiten ist eine theoretische Wunschvorstellung des Sachverständigen, denn in der Praxis stehen ihm kaum jemals genügend Vergleichspreise zur Verfügung, die unmittelbar herangezogen werden können (omne simile claudicat)[48]. Um zu einer sicheren Aussage zu kommen, bedarf es darüber hinaus einer ausreichenden Anzahl von Kaufpreisen unmittelbar vergleichbarer Grundstücke. Die Preise, die von ungewöhnlichen oder persönlichen Verhältnissen beeinflusst worden sind (vgl. § 7 ImmoWertV), dürfen nur dann mit einbezogen werden, wenn deren Auswirkungen auf diese sicher erfasst werden können.

56 Der *mittelbare* **Preisvergleich** erfolgt auf der Grundlage von Bodenrichtwerten, die jeweils nach ein oder zwei Jahren von den Gutachterausschüssen veröffentlicht werden.

2.3.3.3 Bodenrichtwertverfahren

▶ *Weitere Ausführungen hierzu in der Syst. Darst. des Vergleichswertverfahrens Rn. 153 ff.; § 10 ImmoWertV Rn. 28 ff.; Teil VI Rn. 460, 630*

57 Nach § 16 Abs. 1 Satz 2 ImmoWertV können zur Ermittlung des Bodenwerts „auch" **geeignete Bodenrichtwerte** i. S. des § 196 BauGB herangezogen werden. Die Heranziehung von Bodenrichtwerten wird auch als mittelbarer Preisvergleich genannt. Nach § 16 Abs. 1 Satz 1 ImmoWertV ist das Bodenrichtwertverfahren im Verhältnis zum Vergleichswertverfahren auf der Grundlage von Vergleichspreisen ein nachrangiges Verfahren.

---

47 BGH, Urt. vom 23.6.1983 – III ZR 39/82 –, BRS Bd. 45 Nr. 102 = EzGuG 20.102; BFH, Urt. vom 26.9.1980 – III R 21/78 –, NJW 1981, 2080 = EzGuG 20.86.
48 Hierzu kritisch Kleiber in Ernst/Zinkahn/Bielenberg/Krautzberger, BauGB § 8 ImmoWertV Rn. 44.

2.3.3.4 Deduktive Verfahren

▶ *Vgl. Syst. Darst. des Vergleichswertverfahrens Rn. 418 ff.*

a) Bodenwertermittlung aus dem zu erwartenden Ertrag

Steht im Einzelfall kein Bodenrichtwert zur Verfügung und können auch keine Kaufpreise von Vergleichsgrundstücken herangezogen werden, muss auf andere, weniger gesicherte Verfahren zurückgegriffen werden. Das bekannteste Verfahren ist die **Bodenwertermittlung aus dem zu erwartenden Ertrag**[49]. Das Verfahren eignet sich bei der Bodenwertermittlung von ertragsorientierten Geschäftsgrundstücken. Es setzt voraus, dass der künftige Grundstücksrohertrag, die Bewirtschaftungskosten und die Gebäudeherstellungskosten unschwer ermittelt werden können. Das Verfahren ist deshalb sehr unsicher, gleichwohl hält es der BGH für zulässig[50]. 58

Daneben werden in der Literatur für verschiedene spezielle Fälle Ermittlungsverfahren angeboten, deren Qualität schwer nachprüfbar ist (z. B. Bodenwertermittlung über die zu erwartende **Erdgeschossrohmiete**[51]. 59

b) Zielbaumverfahren

Schrifttum: *Aurnhammer, H.,* Verfahren zur Bestimmung von Wertminderungen bei Baumängeln und Bauschäden, BauR 1978, 351; *Seitz, W.,* Zielbaumverfahren – Wertermittlung oder Willkür?, GuG 2011, 216; *Schmidt-Eichstädt, G.,* Rechtsprobleme bei Anwendung des Zielbaumverfahrens, GuG 2004, 149; *Seldeneck/Dyroft* in Bln GE 1999, 92.

▶ *Näheres hierzu in der Syst. Darst. des Vergleichswertverfahrens Rn. 638; Teil VI Rn. 655 ff.*

Das Zielbaumverfahren (**Multifaktorenanalyse**) ist seiner Natur nach ein Vergleichswertverfahren, wobei Vergleichspreise aus benachbarten Gemeinden oder sogar aus „vergleichbaren" Gemeinden anderer Bundesländer herangezogen werden. Der überregionale Preisvergleich macht dabei die Berücksichtigung struktureller Lageunterschiede mit Zu- und Abschlägen in einer Größenordnung erforderlich, die sonst mit einer fundierten Verkehrswertermittlung als unvereinbar angesehen werden. Bei Anwendung des Zielbaumverfahrens ist man deshalb bestrebt, die Ermittlung der **Zu- und Abschläge methodisch zu operationalisieren**, was erfahrungsgemäß in der Praxis zu unbefriedigenden Ergebnissen führt, wenn allzu große Unterschiede überbrückt werden sollen[52]. 60

c) Extraktions- bzw. Residualwertverfahren

▶ *Näheres hierzu Syst. Darst. des Vergleichswertverfahrens Rn. 418 ff., 451 ff.*

In der heutigen Wertermittlungsliteratur wird die **Anwendung des Extraktionsverfahrens (Residualwertverfahrens) in erster Linie als geeignetes Verfahren der Ermittlung eines Investitionswerts anerkannt und nur als Hilfsmethode der Verkehrswertermittlung (Marktwertermittlung) toleriert.** Die Rechtsprechung zur Verkehrswertermittlung hat es dementsprechend geduldet, wenn keine geeigneteren Verfahren zur Verfügung stehen (Residualwertverfahren „als letzter Ausweg")[53]. 61

---

49 Simon/Kleiber, Schätzung und Ermittlung von Grundstückswerten, 8. Aufl. Luchterhand Verlag Neuwied 2005.
50 BGH, Urt. vom 10.2.1958 – III ZR 168/56 –, MDR 1958, 313= EzGuG 4.8; kritisch: FG Berlin, Urt. vom 6.7.1998 – 8 K 8533/96 – EFG 1998, 1624; OVG Lüneburg, Urt. vom 25.1.2001 – 1 L 5010/96 –, GuG 2001, 182 = EzGuG 15.99d; LG Hamburg, Urt. vom 5.8.1960 – 10 O 36/59 –, ZMR 1961, 335 = EzGuG 4.15.
51 Paul in VR 1983, 141.
52 Kritisch hierzu Simon/Kleiber, Schätzung und Ermittlung von Grundstückswerten, 8. Aufl. 2005, S. 101 f.; FG Berlin, Urt. vom 6.7.1998, EFG 1998, 1624.
53 Vogels, H., Grundstücks- und Gebäudebewertung marktgerecht, 5. Aufl. Wiesbaden 1996, S. 28 f.; Pohnert, Kreditwirtschaftliche Wertermittlung, 5. Aufl. S. 113; Zimmermann, WertV 88, München 1998, S. 204; Kleiber/Simon, WertV 98, 5. Aufl. 1999, S. 245; Simon in GuG 1995, 229; Sotelo in GuG 1995, 91; Simon/Kleiber, Schätzung und Ermittlung von Grundstückswerten, 7. Aufl. Neuwied 1996, S. 138; Kleiber in GuG 1996, 16; Möckel in GuG 1996, 274; Thomas/Leopoldsberger/Waldbröhl in Schulte, Immobilienökonomie Bd. I München/Wien 1998, S. 444; zustimmend: Thomas in GuG 1995, 25, 82; Kremer in GuG 1995, 264; Kritisch und mit Einschränkungen: Reck in GuG 1995, 234; Vogel in GuG 1994, 347.

2.4 Ertragswertverfahren

2.4.1 Allgemeines

▶ Vgl. Syst. Darst. des Ertragswertverfahrens Rn. 1 ff.

62 Das Ertragswertverfahren *(income approach)* eignet sich für die Verkehrswertermittlung von Grundstücken, die üblicherweise dem Nutzer zur Ertragserzielung dienen[54]. Der Sachwert wird bei Renditeobjekten erst in zweiter Linie interessieren, etwa wegen der Qualität der verwendeten Baustoffe und der daraus abzuleitenden Dauer der Erträge[55]. Auch das Ertragswertverfahren auf der Grundlage prognostizierter Erträge *(Discounted Cash Flow)* ist seiner Natur nach ein Ertragswertverfahren. Zu der Familie der Ertragswertverfahren gehören auch sonstige Arten von Kapitalwertmethoden[56] einschließlich des Pachtwertverfahrens.

2.4.2 Anwendungsbereich

▶ Zur Anwendung des Ertragswertverfahrens auf die Verkehrswertermittlung von Ein- und Zweifamilienhäusern vgl. Syst. Darst. des Ertragswertverfahrens Rn. 3; Syst. Darst. des Sachwertverfahrens Rn. 5; zu öffentlichen Zwecken vorbehaltenen Grundstücken vgl. Syst. Darst. des Sachwertverfahrens Rn. 3

63 Vornehmlich auf den Ertragswert abzustellen ist sinnvoll und damit sachgerecht, wenn das zu bewertende Grundstück dazu bestimmt ist, nachhaltig Erträge zu erzielen, wie z. B. bei **Mietwohnhäusern, Geschäfts- und Gewerbegrundstücken** einschließlich Handelsunternehmen. Erfahrungsgemäß richtet sich der Käufer bei seinen Preisvorstellungen wesentlich an dem zu erwartenden Nutzen aus. Dem Käufer eines derartigen Grundstücks kommt es nämlich in erster Linie darauf an, welche Verzinsung ihm das investierte Kapital in Gestalt der durch die Vermietung oder Verpachtung erzielten Erträge erwirtschaftet[57].

In der **Rechtsprechung des BGH**[58] ist dem Ertragswertverfahren eine maßgebliche Aussagekraft für die Ermittlung des Verkehrswerts beigemessen worden. Mehrfach hat das Gericht entschieden, dass für die Bemessung des Verkehrswerts eines bebauten Grundstücks i. d. R. und im Wesentlichen dessen Ertragsfähigkeit maßgebend ist.

64 Nach der **Rechtsprechung** kann das Ertragswertverfahren für folgende Grundstücke als sachgerechte Methode zur Ermittlung des Verkehrswerts angesehen werden:

– Mietwohngrundstücke[59],

---

54 BGH, Urt. vom 13.7.1970 – VII ZR 189/68 –, NJW 1970, 2018 = EzGuG 20.49; BGH, Urt. vom 16.6.1977 – VII ZR 2/76 –, BGHZ 69, 128 = EzGuG 20.67a; BFH, Urt. vom 2.2.1990 – III R 173/86 –, BFHE 159, 505 = EzGuG 20.131.

55 So bereits Smith, A., Der Wohlstand der Nationen 1789/1993 u.a. Nationalökonomen; vgl. auch Ricardo, D., Über die Grundsätze der politischen Ökonomie in der Besteuerung 1821/1994, S. 170 ff.

56 Kleiber, Verkehrswertermittlung von Grundstücken, 6. Aufl. 2010 S. 1627.

57 BGH, Urt. vom 16.6.1977 – VII ZR 2/76 –, BGHZ 89, 128 = EzGuG 20.67a; BGH, Urt. vom 13.7.1970 – VII ZR 189/68 –, NJW 1970, 218 = EzGuG 20.49; BGH, Urt. vom 27.4.1964 – III ZR 136/63 –, BRS Bd. 19 Nr. 131 = EzGuG 6.75; OLG Hamburg, Urt. vom 24.4.1970 – 1 U 17/69 –, BRS Bd. 26 Nr. 111 = 18.50; OLG Düsseldorf, Urt. vom 27.1.1984 – 3 UF 50/83 –, FamRZ 1984, 699 = EzGuG 11.142g.

58 BGH, Urt. vom 13.5.1955 – V ZR 36/54 –, BGHZ 17, 236 = EzGuG 3.5; BGH, Urt. vom 24.10.1955 – III ZR 121/54 –, BGHZ 19, 1 = EzGuG 6.16; BGH, Urt. vom 28.1.1957 – III ZR 141/55 –, BGHZ 23, 157; BGH, Urt. vom 18.9.1961 – VII ZR 118/60 –, BGHZ 35, 356 = EzGuG 3.17; BGH, Urt. vom 14.11.1962 – V ZR 183/60 –, BB 1963, 10 = EzGuG 3.21; OLG Köln, Urt. vom 2.3.1962 – 9 U 33/61 –, BIGBW 1962, 368 = EzGuG 20.29.

59 BR-Drucks. 352/88, S. 56; BGH, Beschl. vom 18.10.1984 – III ZR 134/83 –, EzGuG 20.107d; BGH, Urt. vom 13.7.1970 – VII ZR 189/69 –, NJW 1970, 2018 = EzGuG 20.49; BFH, Urt. vom 11.2.2003 – IX R 13/00 –, GuG 2003, 316 = EzGuG 4.186a, BFH, Urt. vom 25.5.2005 – IX R 46/04 –, BFH/NV 2006, 261 = HFR 2006, 316; BFH, Urt. vom 10.10.2000 – IX R 86/97 –, BFHE 193, 326 = EzGuG 4.177a; BFH, Urt. vom 17.8.1999 – IV B 116/98 –, GuG 2000, 236 = EzGuG 20.173; BFH, Urt. vom 24.2.1999 – IV B 73/98 –, BFH/NV 1999, 1201 = EzGuG 20.170; FG Rheinland-Pfalz, Beschl. vom 4.8.1981 – 2 K 207/80 –, EFG 1981, 613 = EzGuG 20.90; OLG Hamm, Urt. vom 8.2.2007 – 16 U 6/06 –, EzGuG 6.296; OLG Köln, Urt. vom 28.8.1962 – 9 U 28/58 –, NJW 1962, 2161 = EzGuG 20.31; LG Arnsberg, Beschl. vom 28.5.1985 – 5 T 120/85 –, DWW 1986, 43 = EzGuG 5.19; OLG München, Urt. vom 8.3.1979 – 3 Z 109/76 –, Rpfleger 1979, 333 = EzGuG 20.80; OLG Düsseldorf, Urt. vom 11.3.1988 – 7 U 4/86 –, BB 1988, 1001 = EzGuG 20.124; OLG Koblenz, Urt. vom 13.1.1982 – 1 U 6/80 –, AVN 1988, 158 = EzGuG 2.28.

Ermittlung des Verkehrswerts § 8 ImmoWertV IV

– Hotelgrundstücke (Teil V Rn. 368)[60],
– Campinggrundstücke (Teil V Rn. 592)[61]
– gewerblich genutzte Grundstücke (vgl. Syst. Darst. des Vergleichswertverfahrens Rn. 3),
– Geschäftsgrundstücke[62] (vgl. Syst. Darst. des Vergleichswertverfahrens Rn. 3),
– gemischt-genutzte Grundstücke,
– Fabrikgrundstücke (Teil V Rn. 178 ff.),
– Kirchengebäude (Teil V Rn. 710 ff.)[63] und
– Garagengrundstücke.

Bei Mietwohngrundstücken im Privatvermögen wird in der steuerrechtlichen **Rechtsprechung des BFH** im Hinblick auf einen langfristigen steuerfreien Wertzuwachs unverständlicherweise vornehmlich dem Sachwertverfahren Vorrang eingeräumt[64].

Des Weiteren sind dem Ertragswertverfahren heute folgende Grundstücksarten zuzurechnen: **65**

– Büro- und Verwaltungsgebäude,
– Schulen[65],
– Krankenhäuser,
– Lichtspielhäuser,
– Schlachthäuser[66],
– Mühlengrundstücke,
– Werkstätten und
– Logistik- und Lagergrundstücke (Teil V Rn. 181 ff.)[67],
– Eigentumswohnungen[68] (vgl. Teil V Rn. 39 ff.; vorbehaltlich der Anwendung des Vergleichswertverfahrens)[69].

Das Ertragswertverfahren wird heute auch bei Grundstücken angewandt, die in der Praxis bisher „traditionell" als Sachwertobjekte galten. Es stellte sich heraus, dass die **Ertragswerte oft einen besseren Anhaltspunkt für die Beurteilung des Verkehrswerts bieten** als die entsprechenden Sachwerte. In diesen Fällen hat sich die Wertermittlungspraxis an die sich im Laufe der Zeit ändernden Marktgepflogenheiten angepasst. Beispielsweise wird ein Lagerhausgrundstück heute als reines Renditeobjekt angesehen. Das Gleiche gilt für sonstige Gewerbegrundstücke (Fabrikationen), die unter Berücksichtigung der Ertragsmöglichkeiten im freihändigen Verkauf nur mit Abschlägen (Nachlässen) zu veräußern sind, die bisweilen

---

60 BGH, Beschl. vom 11.3.1993 – III ZR 24/92 –, GuG 1994, 116 = EzGuG 20.144b; BGH, Beschl. vom 18.10.1984 – III ZR 134/83 –, EzGuG 20.107d; LG Kempen, Urt. vom 28.4.1998 – 4 T 2605/97 –, Rpfleger 1998, 359 = EzGuG 20.162b; abwegig LG Mönchengladbach, Urt. vom 10.3.2003 – 5 T 364/02 –, Rpfleger 2003, 379 unter Hinweis auf OLG München, Urt. vom 8.3.1979 – 3 Z 109/76 –, Rpfleger 1979, 395 = EzGuG 20.80.
61 FG Saarland, Urt. vom 31.5.1968 – 14/68 –, EzGuG 18.42a; Köhne, Landwirtschaftliche Taxationslehre, 3. Aufl. S. 332.; Pohner/Ehrenberg/Haase/Joeris, Kreditwirtschaftliche Wertermittlung, 7. Aufl. 2010 S. 570.
62 BGH, Urt. vom 15.10.1992 – III ZR 147/91 –, GuG 1993, 178 = EzGuG 14.115; BFH, Urt. vom 2.2.1990 – III R 173/86 –, EzGuG 20.131.
63 BVerwG, Urt. vom 30.6.1965 – 5 C 151/63 –, DVBl 1965, 732 = EzGuG 20.40; für Angelegenheiten der KostO: OLG München, Urt. vom 23.9.1985 – BReg 3 Z 36/84 –, Rpfleger 1985, 510 = EzGuG 18.99b; KG Berlin, Urt. vom 25.10.1995 – 1 W 5012/94 –, KGR 1995, 19 = EzGuG 18.116a.
64 BFH, Urt. vom 29.5.2008 – IX R 39/06 –; BFH, Urt. vom 23.6.2005 – IX R 46/04 –, BFH/NV 2006, 261 = HFR 2006, 316.
65 Erl. des BMBau vom 12.10.1993, BAnz Nr. 199, S. 9360.
66 BGH, Urt. vom 6.12.1965 – III ZR 172/64 –, BRS Bd. 19 Nr. 130 = EzGuG 6.83.
67 BGH, Urt. vom 16.6.1977 – VII ZR 2/76 –, BGHZ 68, 128 = EzGuG 20.67a.
68 BGH, Urt. vom 27.4.1964 – III ZR 136/63 –, BRS Bd. 19 Nr. 131 = EzGuG 6.75; OLG München, Urt. vom 8.3.1979 – 3 Z 109/76 –, Rpfleger 1979, 395 = EzGuG 20.80; LG Kempten, Urt. vom 28.4.1998 – 4 T 2605/97 –, Rpfleger 1998, 359 = KTS 1999, 84 = EzGuG 20.162b.
69 BFH, Urt. vom 24.2.1999 – IV B 73/89 –, GuG 2000, 186 = EzGuG 20.170; LG Göttingen, Urt. vom 8.9.1998 – 10 T 43/98 –, NZM 1999, 95 = EzGuG 20.165 (im Zwangsversteigerungsverfahren).

zwischen 30 v. H. und 50 v. H. des Sachwerts betragen. Solche Abschläge dokumentieren die Unwirtschaftlichkeit insbesondere alter Fabrikgebäude im Hinblick auf Gebäudeabmessung (Grundriss), Gebäudehöhen (Mehrgeschossigkeit) und Bauausführungen. Einen Käufer interessiert vorrangig, welche Miete er nachhaltig erzielen kann. Für ihn ist der Kaufpreis an dem gegenwärtigen Wert der künftigen Erträge zu messen, die sich aus dem Grundstück ergeben werden.

66 Bei Anwendung des Ertragswertverfahrens zur Ermittlung des Verkehrswerts von Grundstücken z. B. von Miethäusern braucht der auf dem Grundstück vorhandene **Aufwuchs** i. d. R. nicht zusätzlich bewertet zu werden, da er zur Ausstattung des Grundstücks gehört, die sich ggf. im Mietertrag niederschlägt (vgl. Rn. 403; § 19 ImmoWertV Rn. 4, 51; § 21 ImmoWertV Rn. 8, 23; Syst. Darst. des Ertragswertverfahrens Rn. 32, 84; Syst. Darst. des Sachwertverfahrens Rn. 199 ff.).

2.4.3 Pachtwertverfahren

▶ *Vgl. Teil V Rn. 394 ff.; § 19 ImmoWertV Rn. 105, 115*

67 Das Pachtwertverfahren ist dem **Ertragswertverfahren** zuzurechnen. Bei Anwendung dieses Verfahrens wird der Reinertrag aus der ortsüblichen Pacht ggf. unter Heranziehung von Umsatzkennziffern oder der tatsächlichen Umsätze abgeleitet[70].

2.4.4 Prognoseorientiertes Ertragswertverfahren (*Discounted Cash Flow* Verfahren)

▶ *Näheres hierzu Rn. 17 sowie in der Syst. Darst. des Ertragswertverfahrens Rn. 30, 50 ff*

68 Bei dem *Discounted Cash Flow* Verfahren handelt es sich um eine besondere Ausformung des Ertragswertverfahrens auf der Grundlage von prognostizierten Annahmen zur Ermittlung von Investitionswerten.

2.4.5 Ellwood Verfahren

Schrifttum: *Simon*, Internationale Bewertungsstandards, GuG 2006, 270; *Vogels, M.*, Grundstücks- und Gebäudebewertung – marktgerecht, Bauverlag Wiesbaden und Berlin.

▶ *Teil V Rn. 896*

69 Das Ellwood Verfahren ist eine spezifische Variante der Kapitalwertmethode, mit dem sich der Kaufpreis (Investitionswert) aus den implizit gewogenen Kapitalkosten und deren Komponenten sowie der Ertragsveränderung ermitteln lässt. Es ist mithin kein Verfahren der Verkehrswertermittlung, sondern ein Verfahren, mit dem ein Kreditinstitut die Finanzierungsfähigkeit eines Immobilienerwerbs prüfen kann.

2.5 Sachwertverfahren

2.5.1 Allgemeines

▶ *Vgl. Syst. Darst. des Sachwertverfahrens Rn. 1 ff.*

70 Bei Anwendung des Sachwertverfahrens *(cost approach)* wird der Verkehrswert auf der Grundlage der gewöhnlichen Herstellungskosten aller auf dem Grundstück vorhandenen Anlagen unter Berücksichtigung ihrer Alterswertminderung, Baumängel und Bauschäden, der sonstigen besonderen objektspezifischen Grundstücksmerkmale und des Bodenwerts ermittelt. Da die bloßen **Kosten einer Sache nicht mit ihrem Wert identisch** sind und vielfach sogar nicht unerheblich davon abweichen, führt der „bloße" Sachwert insbesondere bei Renditeobjekten zu einem Wert, den die Sache gerade nicht wert ist. Dies lässt sich nur ver-

---
[70] Kleiber, Verkehrswertermittlung von Grundstücken, 5. Aufl. 2010, S. 1619 sowie hier Teil V Rn. 393 ff.

meiden, wenn in marktorientierter Weise wirtschaftliche Gesichtspunkte in das Sachwertverfahren integriert werden. Aus diesem Grund ist die Berücksichtigung der allgemeinen Wertverhältnisse auf dem Grundstücksmarkt (Lage auf dem Grundstücksmarkt) mit § 8 Abs. 2 ImmoWertV integraler Bestandteil der Sachwertermittlung.

2.5.2 Anwendungsbereich

Das Sachwertverfahren eignet sich für die Verkehrswertermittlung von **Grundstücken**, die vornehmlich nach der Art ihrer Bebauung **nicht auf eine möglichst hohe Rendite im Verhältnis zu den aufgewandten Kosten ausgelegt sind.** Hier sind in erster Linie **Eigenheime** (Ein- und Zweifamilienhäuser und Villen) zu nennen, die üblicherweise zum Zwecke der Eigennutzung gebaut und gekauft werden. 71

Einfamilienhäuser werden i. d. R. nämlich nicht vermietet, sondern von dem Hauseigentümer ganz oder zum überwiegenden Teil bewohnt. Für diesen steht die Annehmlichkeit im Vordergrund, ungestört nach seinem Geschmack und ohne Rücksicht auf andere Hausbewohner allein im Haus wohnen zu können. Hierfür ist er bereit, Mittel aufzuwenden, die, gemessen an dem im Falle einer Vermietung des Einfamilienhauses erzielbaren Nutzungsentgelt, eine deutlich **geringere Verzinsung des eingesetzten Kapitals „erarbeiten" als z. B. ein weniger aufwendig bebautes Mietwohngrundstück.** 72

Der Eigentümer eines Ein- bzw. Zweifamilienhausgrundstücks rechnet nicht mit einer hohen Verzinsung des beim Kauf des Objekts investierten Kapitals, denn er betrachtet das Grundstück nicht als zinsabwerfende Kapitalanlage. Hier stehen vielmehr persönliche Momente im Vordergrund. Er betrachtet es als ein Heim, das ihm die Annehmlichkeiten des ungestörten Wohnens verschafft. Ertragsgedanken sind deshalb beim Kauf von Einfamilienhausgrundstücken weitgehend ausgeschaltet. Diese immaterielle Wertschätzung hat *Antoine de Saint-Exupéry* in „Das Wunder des heimatlichen Hauses" mit folgenden Worten trefflich illustriert: „Das Wunder des heimatlichen Hauses besteht nicht darin, dass es uns schützt und wärmt, es besteht auch nicht im Stolz des Besitzers – seinen Wert erhält es dadurch, dass es in langer Zeit einen Vorrat von Beglückung aufspeichert, dass es tief im Herzen die dunkle Masse sammelt, aus der wie Quellen die Träume entspringen." 73

Die Anwendung des Sachwertverfahrens auf Einfamilienhäuser lässt sich auch damit begründen, dass ein Erwerber vor der Wahl steht, **selber zu bauen oder zu kaufen.** Ein Erwerber „schielt" also auf die Herstellungskosten und wägt diese mit dem Kaufpreis für ein „fertiges" Objekt ab, wobei als weitere Momente die Sicherheit vor Unannehmlichkeiten, unerwarteten Preissteigerungen und Kostenpositionen, unterschiedliche steuerliche Rahmenbedingungen sowie der Kauf des „fertigen" und sichtbaren Produktes an Stelle der Bauzeichnung hinzukommen. 74

In der **Rechtsprechung** ist die Verkehrswertermittlung von Ein- und Zweifamilienhäusern im Wege des Sachwertverfahrens anerkannt worden[71], insbesondere bei aufwendig gebauten Villen[72]. Dagegen ist es in der Rechtsprechung nicht beanstandet worden, dass ein nicht nur eigengenutztes, sondern zum Teil auch vermietetes Einfamilienhaus nach dem Ertragswertverfahren bewertet wird (vgl. Rn. 71). 75

Der BGH hat es auch als sachgerecht angesehen, wenn bei einem Einfamilienhaus oder einem **für den eigenen Betrieb des Eigentümers bestimmten Geschäftshaus** „allein" vom Sach- 76

---

[71] OLG Hamm, Urt. vom 8.2.2007 – 16 U 6/06 –, EzGuG 6.296; OLG Celle, Urt. vom 13.9.1996 – 4 U 27/90 –, GuG 1991, 41 = EzGuG 2.50; OLG Koblenz, Urt. vom 17.9.1980 – 1 U 1092/79 –, EzGuG 20.85; BFH, Urt. vom 31.7.1981 – III R 123/79 –, BFHE 134, 161 = BStBl II 1982, 6; BFH, Urt. vom 27.4.1978 – III R 6/77 –, BFHE 125, 290 = EzGuG 20.73 a; FG Rheinland-Pfalz, Urt. vom 26.1.1999 – 2 K 2975/98 –, GuG 2000, 237 = EzGuG 20.168; OLG Köln, Urt. vom 28.8.1962 – 9 U 28/58 –, NJW 1962, 2161 = EzGuG 20.31.

[72] OLG Köln, Urt. vom 16.9.1960 – 4 U 152/59 –, NJW 1961, 785 = EzGuG 20.27; BGH, Urt. vom 13.7.1970 – VII ZR 189/68 –, EzGuG 20.49; auch BFH, Urt. vom 12.2.1986 – II R 192/78 –, BFHE 146, 96 = EzGuG 20.115; vgl. auch RFH, Urt. vom 28.8.1930 – III a 137/30 –; RFH, Urt. vom 18.1.1929 – I A b 883/28 –, AVN 1931, 219; RFH, Urt. vom 11.3.1931 – VI A 1746/30 –, RFHE 28, 275 = EzGuG 19.2h.

wert ausgegangen wird[73]. In dieser apodiktischen Form ist diese Rechtsprechung korrigiert worden[74].

77 Bei einem Grundstück, dessen Verkehrswert nach seiner Nutzungsart üblicherweise nach dem Sachwertverfahren ermittelt wird, muss das Ertragswertverfahren Anwendung finden, wenn es **trotz verhältnismäßig geringwertiger Aufbauten erhebliche Nutzungserträge** abwirft[75].

78 **Grundsätzlich können** auch **Ein- und Zweifamilienhäuser im Wege des Ertragswertverfahrens bewertet werden**, wenn dafür marktorientierte Liegenschaftszinssätze zur Verfügung stehen. Da diese Objekte in der Praxis der Verkehrswertermittlung nahezu ausschließlich im Wege des Sachwertverfahrens gewertet werden, wurden Liegenschaftszinssätze bislang aber eher nur in Ausnahmefällen für Ein- und Zweifamilienhäuser abgeleitet. Entsprechend den vorherigen Ausführungen haben sich dabei für Einfamilienhäuser Liegenschaftszinssätze von 1,5 bis 3,0 % ergeben, die sich, was das gesamte Spektrum der Einfamilienhäuser anbelangt, aber nicht verallgemeinern lassen. Ein solides und kostensparend errichtetes **Reihenhaus** wirft eine höhere Verzinsung ab als eine aufwendig gebaute **Villa**, die möglicherweise sogar eine negative Verzinsung haben kann, wenn z. B. die (nicht umlegbaren) Bewirtschaftungskosten den Mieterlös nicht zu decken vermögen[76].

79 Dass der Erwerber eines Ein- und Zweifamilienhauses, um seine persönlichen Bedürfnisse nach angenehmem Wohnen zu erfüllen, auf eine sonst übliche Verzinsung seines Kapitals verzichtet, schließt nicht aus, dass auch er „rechnet". Zwar nimmt sich die ersparte Miete in einem selbst bewohnten Einfamilienhaus gegenüber einer sonst möglichen Verzinsung seines Kapitals gering aus, jedoch spielen auch weitere Beweggründe eine Rolle: Dies sind die **Erwartung einer Wertsteigerung, das Motiv einer krisensicheren Sachanlage**, finanzielle Förderungen und steuerliche Anreize einschließlich der sog. Konsumgutlösung. Eine direkte und indirekte Förderung müsste bei Anwendung des Ertragswertverfahrens im Übrigen mit dem Liegenschaftszinssatz berücksichtigt werden, soweit sie objekttypisch ist.

80 Daneben kann der Wert von Einfamilienhäusern auch im Vergleichswertverfahren ermittelt werden. Das setzt allerdings voraus, dass auf eine **ausreichende Anzahl von Vergleichsgrundstücken** zurückgegriffen werden kann. Das Ertragswertverfahren ist in diesem Zusammenhang nur zur Feststellung der Renditefähigkeit von Bedeutung, also im Wesentlichen für Beleihungszwecke.

81 Die Auffassung des OVG Magdeburg[77], nach der das Sachwertverfahren herangezogen werden kann, wenn ein **nachhaltiger Ertrag, insbesondere mit Rücksicht auf die Bausubstanz, nicht mehr erzielt werden kann,** ist trügerisch. I. d. R. ist unter den genannten Voraussetzungen die Bausubstanz wirtschaftlich verbraucht, sodass dementsprechend auch bei Anwendung des Sachwertverfahrens infolge der Alterswertminderung aufgrund der verminderten Restnutzungsdauer der Sachwert allenfalls auf den Restwert zusammenschmilzt.

---

73 BGH, Urt. vom 10.3.1956 – IV ZR 99/55 –, EzGuG 20.18a.
74 BGH, Urt. vom 13.7.1970 – VII ZR 189/68 –, NJW 1970, 2018 = EzGuG 20.49.
75 BGH, Urt. vom 19.12.1963 – III ZR 162/63 –, BRS Bd. 19 Nr. 21 = EzGuG 20.35.
76 BGH, Urt. vom 16.6.1977 – VII ZR 2/76 –, BGHZ 69, 128 = EzGuG 20.67a.
77 OVG Magdeburg, Urt. vom 20.1.1999 – A 2 130/97 –, GuG 2000, 315 = EzGuG 20.167.

2.5.3 Missverstandenes Eigennutzprinzip

▶ *Zur Bodenwertermittlung vgl. Rn. 130 ff.; zum Ansatz „gespaltener Bodenwerte" bei Anwendung des Ertragswertverfahrens vgl. Syst. Darst. des Ertragswertverfahrens Rn. 163 ff.*

Die traditionelle, aber heute weitgehend aufzugebende Auffassung, den Verkehrswert gewerblicher und öffentlicher Grundstücke im Wege des Sachwertverfahrens zu ermitteln, wurde u. a. damit begründet, dass es sich dabei zumeist um **eigengenutzte Grundstücke** handele und diese, wie Ein- und Zweifamilienhäuser, quasi naturgesetzlich im Sachwertverfahren zu bewerten seien. Das Eigennutzprinzip war unter der Herrschaft der Stopp-Preisregelung vorgegeben und wirkt bis zum heutigen Tag fort[78]. **82**

Das **Kriterium der Eigennutzung** kann für sich allein nicht entscheidend für die Wahl des Sachwertverfahrens sein, da auch typische Renditeobjekte eigengenutzt werden. Es muss vor allem hinzukommen, dass es dem typischen Nutzer eines im Sachwertverfahren zu bewertenden Objekts nach der Lebenserfahrung nicht entscheidend auf die Rendite, sondern vornehmlich auf den „Besitz" mit möglicherweise nicht in Mark und Pfennig zu bemessenden Annehmlichkeiten ankommt. Im Vordergrund der Kaufüberlegungen eines solchen Erwerbers stehen dabei die **Kosten, die** von ihm oder **aus gleichen Überlegungen vom Voreigentümer dafür aufgebracht wurden** oder aufgebracht werden müssten. **83**

Das Kriterium der „Eigennutzung" ist in der Vergangenheit missverstanden und infolgedessen überstrapaziert worden (**missverstandenes Eigennutzprinzip**). Es ist ein verhängnisvoller und lebensfremder Irrtum, wenn man einem „eigennützigen" Erwerber a priori vernünftiges wirtschaftliches Handeln absprechen wollte, und es empfiehlt sich, hier deutlich zwischen Objekten zu unterscheiden, **84**

a) die sich ein Erwerber insoweit etwas kosten lässt, als er auf eine sonst übliche Verzinsung seiner Investition verzichtet (wie bei dem erwähnten Einfamilienhaus), oder

b) bei denen der Erwerber ein Objekt zum Zwecke der Gewinnerzielung z. B. unternehmerisch als Gewerbeobjekt „eigengenutzt" unterhält.

Bei **Gewerbegrundstücken** steht ein potenzieller Erwerber vor der Entscheidung, das gewünschte Objekt selbst zu errichten oder anzumieten. Von daher kann es sich empfehlen, sowohl das **Sach- als auch das Ertragswertverfahren** anzuwenden und die Ergebnisse kritisch miteinander zu vergleichen. Übersteigt z. B. im Falle einer neu errichteten Gewerbeimmobilie der Sachwert den Ertragswert, stellt sich die Frage, warum das Objekt überhaupt errichtet wurde, wenn sich das investierte Kapital nicht angemessen verzinst. Daraus können wiederum Rückschlüsse auf die ertragswirtschaftliche Nutzung des Objekts gezogen werden, die dann offensichtlich dem nicht entspricht, was in den Vorstellungen des Investors lag. Ursache für die Disparität kann in solchen Fällen eine Fehlentscheidung des Investors oder eine ungenügende Ausschöpfung der Ertragsfähigkeit des Grundstücks durch den Nutzer sein, die dann möglicherweise im Ertragswertverfahren zu korrigieren ist. **85**

Bei älteren Gebäuden ist die Disparität vielfach darauf zurückzuführen, dass sich der in der Vergangenheit errichtete „Sachwert" aufgrund wirtschaftlicher und allgemeiner Umstrukturierungen nicht mehr angemessen „verzinst". **86**

Was für (eigengenutzte) gewerbliche Grundstücke gilt, muss in gleicher Weise auch für **öffentlich genutzte Grundstücke** gelten. Auch hier stellt sich die Frage, warum die öffentliche Hand ein Gebäude mit hohen Herstellungskosten errichten sollte, wenn sie entsprechende Objekte anmieten könnte und der sich auf der Grundlage der ortsüblich erzielbaren Miete ergebende Ertragswert niedriger ausfällt als der Sachwert, in dem sich die Herstellungskosten widerspiegeln. Diese Erfahrung konnte auch bei der Veräußerung von Bundesliegenschaften gemacht werden, die im Zuge der Konversion für andere öffentliche Nutzungen veräußert wurden und wo seitens der Erwerber darauf verwiesen wurde, dass der Sachwert keine geeig- **87**

---

[78] Richtlinien für die Bewertung von bebauten Grundstücken vom 6.4.1942 – IX – 16 – 2508/42 – lit. B.

nete Grundlage darstellen könne, wenn vergleichbare Objekte zu einem Mietpreis angemietet werden könnten, der über die Restnutzungsdauer kapitalisiert zu niedrigeren Ertragswerten führt (vgl. Nr. 3.1.2.2 WERTR 06).

2.6 Liquidationswertverfahren

2.6.1 Allgemeines

88 ▶ *Näheres hierzu die Erläuterung zu § 16 ImmoWertV Rn. 123, 131; zur besonderen Bedeutung der Zerlegungstaxe im land- und forstwirtschaftlichen Bereich vgl. Rn. 92 ff.*

89 Das Liquidationswertverfahren *(Break Down Method)* wird in der ImmoWertV als ein Unterfall der Bodenwertermittlung in § 16 Abs. 3 ImmoWertV behandelt, ohne dass die Vorschrift diesen Begriff benutzt. Von einer „Liquidation" spricht man in den Fällen, in denen eine bauliche Anlage ihre wirtschaftliche Bedeutung verloren hat, die (Rest-)Bausubstanz keine wirtschaftliche Verwendung finden kann und der Erhalt der baulichen Anlage auch sonsthin (z. B. als Denkmal) nicht sinnvoll ist. Um das dadurch „belastete" Grundstück wieder wirtschaftlich zu nutzen, ist die Freilegung erforderlich. Die Bausubstanz hat in diesem Fall keinen Wert mehr bzw. im Hinblick auf etwaige Verwertungserlöse allenfalls einen Restwert und stellt ansonsten eine „Belastung" des Bodenwerts dar. Der Freilegung des Grundstücks muss deshalb im Rahmen der Bodenwertermittlung Rechnung getragen werden, wobei regelmäßig von Vergleichspreisen zw. Bodenrichtwerten unbebauter Grundstücke ausgegangen wird.

90 Der sich daraus ergebende Vergleichswert ist nach Maßgabe als § 16 Abs. 3 ImmoWertV um die üblichen Freilegungskosten zu mindern, soweit sie im gewöhnlichen Geschäftsverkehr berücksichtigt werden. In diesem Zusammenhang wird von einem **Liquidationswertverfahren** bzw. von der **Zerschlagungs- bzw. Zerlegungstaxe** gesprochen.

91 Breite Anwendung findet das Verfahren deshalb auch insbesondere bei der **Unternehmensbewertung,** wenn wegen Unwirtschaftlichkeit eine Betriebsaufgabe angezeigt ist. So ist z. B. bei der Ermittlung der **Aufgabewerte nach § 16 Abs. 3 Satz 4 EStG** die Zerlegungstaxe vorgegeben, bei der dann – wie bereits dargelegt – die einzelnen Wirtschaftsgüter bzw. marktgängigen Einheiten (Grund und Boden zuzüglich Gebäuden) jeweils zu ihren Verkehrswerten ermittelt und ggf. Vermarktungskosten gegengerechnet werden.

2.6.2 Zerschlagungs- bzw. Zerlegungstaxe sowie Vereinigungswert

▶ *Vgl. Vorbem. zur ImmoWertV Rn. 7, 12 ff.; § 1 ImmoWertV Rn. 19 ff.*

92 Der bei der Verkehrswertermittlung gebräuchliche Grundstücksbegriff muss weder mit dem Grundstücksbegriff des bürgerlichen Rechts noch mit dem steuerlichen Grundstücksbegriff (§ 70 Abs. 1 BewG) identisch sein. **Im Bereich der Verkehrswertermittlung wird** demgegenüber **der Grundstücksbegriff untechnisch** im allgemeinen Sinne **verwandt.** Das Grundstück, über das ein Sachverständiger entsprechend den Vorgaben seines Auftraggebers sein Gutachten erstattet, kann mithin aus einer Vielzahl von Grundstücken i. S. des bürgerlichen Rechts, aber auch aus Grundstücksteilen bestehen (vgl. § 1 ImmoWertV Rn. 19 ff.) Insbesondere im Bereich der Verkehrswertermittlung gewerblicher oder landwirtschaftlicher Betriebe kann sich die Verkehrswertermittlung auf eine Vielzahl auch unterschiedlich genutzter Flächen beziehen. Diese Flächen können (müssen aber nicht) eine wirtschaftliche Einheit i. S. d. Steuerrechts bilden (vgl. § 1 ImmoWertV Rn. 22 ff.).

93 Vorbehaltlich bestimmter Vorgaben, die dem Sachverständigen mit der Erteilung des Auftrags aufgegeben werden, ist bei der **Verkehrswertermittlung von Immobilien, die sich aus mehreren Grundstücken bzw. Flurstücken zusammensetzen,** von folgenden Grundsätzen auszugehen:

a) Es sind solche Einheiten zu bilden, die eine möglichst vorteilhafte Verwertung des Grundstücksbestands gewährleisten *(best use value)*. Dieser Grundsatz gilt im Übrigen auch für die Unternehmensbewertung[79], soweit nicht vom *existing use value* auszugehen ist.

b) Soweit es sich im Einzelfall aber als vorteilhafter erweist, einzelne selbstständig nutzbare Grundstücke – bzw. im Rahmen einer Unternehmensbewertung einzelne in sich geschlossene Betriebsteile – getrennt voneinander zu verwerten, sind die jeweiligen Verkehrswerte getrennt voneinander zu ermitteln. Im Rahmen der Unternehmensbewertung muss dabei wieder gewährleistet sein, dass das Unternehmen im Ganzen in seinem wirtschaftlichen Bestand nicht beeinträchtigt wird (Abb. 9).

Beispiel: 94

Abb. 9: **Verkehrswertermittlung auf der Grundlage der Zerlegung**

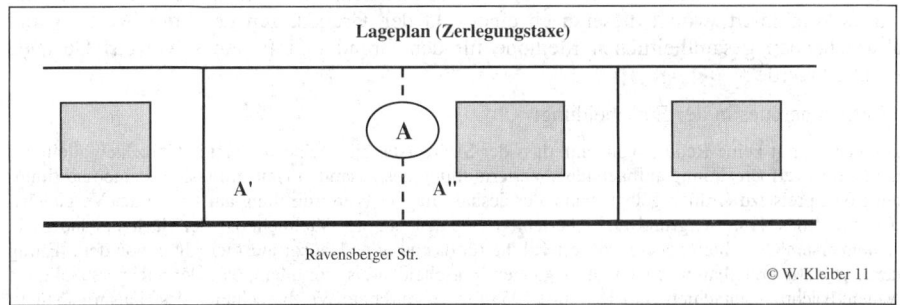

In dem *Beispiel* wird man den Verkehrswert des Grundstücks A in der Weise ermitteln, dass man die Gesamtfläche in die Teilflächen A' und A" aufteilt und den Verkehrswertanteil der Teilfläche A' wie ein selbstständiges Grundstück ermittelt. Die Heranziehung von Umrechnungskoeffizienten, die zu einer Verminderung des Bodenwerts aufgrund einer Übergröße führen würde, wäre bei der Bodenwertermittlung des Grundstücks A falsch. Der Eigentümer kann nämlich die wirtschaftlich vernünftigste Verwertung des Grundstücks im Wege einer **gesonderten Veräußerung der Teilflächen** A' und A" erzielen *(best use value;* vgl. Vorbem. zur ImmoWertV Rn. 7). 95

Umgekehrt kann es geboten sein, mehrere (benachbarte) Grundstücke eines Eigentümers **zu einem Wertermittlungsgrundstück zusammenzufassen,** wenn dies zu einem höheren Verkehrswert führt, als sich als Summe aus den Verkehrswerten der Einzelgrundstücke ergibt. Man spricht hier von einem **Vereinigungs- bzw. Verschmelzungswert** *(marriage value,* vgl. Vorbem. zur ImmoWertV Rn. 12). So kann z. B. die Vereinigung eines „gefangenen" Grundstücks ohne Zugang zu einer öffentlichen Straße mit einem anderen die Zugänglichkeit herbeiführenden Grundstück den Verkehrswert gegenüber der Summe aus den jeweiligen Verkehrswerten der unvereinigten Grundstücke deutlich erhöhen. Der Verkehrswert z. B. eines gewerblichen Grundstücks kann sich ebenfalls durch den Zuerwerb von Flächen erhöhen, wenn sich damit z. B. Funktionsabläufe rationalisieren lassen und die Produktivität gesteigert werden kann. 96

Gewerbliche und landwirtschaftliche Betriebe können aber auch eine Grundstücksstruktur aufweisen, die in ihrer Zusammensetzung aus mehreren Grundstücken einen niedrigeren Verkehrswert aufweist, als im Falle einer **Zerlegung des Gesamtgrundstücks in Einzelgrundstücke** verbunden mit der Aufteilung in einzelne, in sich geschlossene Betriebsteile oder sogar deren Auflösung. 97

Der Gutachter ist gut beraten, auf solche Fallgestaltungen hinzuweisen, selbst wenn ihm vom **Auftraggeber Vorgaben gemacht werden,** die nicht zum *best use value* führen. 98

---

79 OLG Düsseldorf, Beschl. vom 17.2.1984 – 19 W 1/81 –, WM 1984, 732 = EzGuG 20.104b; BGH, Urt. vom 30.3.1967 – II ZR 141/64 –, NJW 1967, 1464 = DB 1967, 854.

2.7 Kombinationsverfahren

2.7.1 Allgemeines

99 Die ImmoWertV, die ohnehin nur in Anspruch nimmt, die Wertermittlung in ihren Grundzügen zu regeln, ist offen für die Anwendung explizit nicht geregelter Verfahren, wie z. B. mathematisch statistischer Regressionsanalysen oder der sog. Zielbaummethode. Sie lässt auch die **Kombination verschiedener Methoden** zu, soweit dies sinnvoll ist. Im Schrifttum wurde allerdings wiederholt unter Berufung und Verkennung der Rechtsprechung des BGH die Kombination von verschiedenen Wertermittlungsverfahren für unzulässig befunden. Allzu unbedacht wird hierbei immer wieder das zumeist in den wesentlichen Aussagen unvollständig abgedruckte „Biebergassenurteil" des BGH zitiert[80], das diese verallgemeinerte Auslegung nicht zulässt. In dem zu entscheidenden Fall wurde der anhand von Vergleichspreisen abgeleitete Bodenwert eines bebauten Grundstücks mit dem Ertragswert des Grundstücks kombiniert, wobei dieser nach einer von den Grundsätzen der ImmoWertV völlig abweichenden gesamtheitlichen Methode für den Grund und Boden sowie das Gebäude ermittelt wurde.

100 Wörtlich heißt es in der Entscheidung:

„Es kann somit keine Rede davon sein, dass der Sachverständige seiner im ersten Gutachten allein auf der Ertragswertberechnung aufbauenden Wertermittlung des gesamten Hausgrundstücks einen bestimmten Bodenpreis ‚zu Grunde gelegt' habe, und der deshalb für die Wertermittlung auf Grund der Vergleichspreise für das Trümmergrundstück ‚berichtigt' werden könnte. Vielmehr ist der Sachverständige in seinem ersten Gutachten bei der Wertermittlung für das gesamte Hausgrundstück allein von dem ‚Ertrag der nachhaltig erzielbaren Mieten' ausgegangen. Entscheidend ist vor allem, dass der Sachverständige in seinem Nachtragsgutachten vom 18. April 1955 für die getrennte Wertberechnung des Hausgrundstücks von einer anderen für das Trümmergrundstück angewandten Berechnungsmethode (auf der Grundlage von Vergleichspreisen usw.) ausgegangen ist. Hiernach hat das Berufungsgericht in rechtlich zu beanstandender Weise bei seiner Wertermittlung zwei in ihren Grundlagen verschiedene Berechnungsmethoden nebeneinander gebraucht, indem es Elemente der Wertberechnung auf Grund von Vergleichspreisen usw. zur ‚Berichtigung' des auf der Grundlage der Ertragswertberechnung ermittelten Wertes des gesamten Hausgrundstücks herangezogen und seiner Entscheidung zu Grunde gelegt hat."

101 Bei dieser Sachlage ist der Entscheidung zuzustimmen, dass im Falle nicht aufeinander abgestimmter Berechnungsmethoden einzelne Elemente nicht ungeprüft hätten miteinander „verquickt" werden dürfen. Anders sind aber die Fälle zu beurteilen, bei denen die in einem aufeinander abgestimmten System nach unterschiedlichen Wertermittlungsmethoden ermittelten Anteile sich gegeneinander ergänzen können. Soweit es – wie in der vorstehenden Entscheidung – um die Ausgrenzung des Bodenwertanteils geht, sind bei Anwendung der Grundsätze der ImmoWertV die Voraussetzungen dafür gegeben, wenn der Bodenwertanteil in allen Verfahren nach denselben Grundsätzen ermittelt wird. **Es kommt also entscheidend darauf an, dass bei einer „Verquickung" von Elementen verschiedener Wertermittlungsverfahren diese aufeinander abgestimmt sind.** So kann es durchaus sachgerecht sein, die Verkehrswertermittlung nach dem Sachwertverfahren durch einen nach Ertragswertgrundsätzen ermittelten Wertanteil für eine Reklamefläche zu kombinieren. Im Ergebnis ist für die Zulässigkeit einer Kombination verschiedener Wertermittlungsmethoden allein entscheidend, dass die Verfahren rechtsfehlerfrei verquickt werden können. In diesem Sinne hat der BGH die Kombination von Verfahren nicht grundsätzlich, sondern nur in den Fällen abgelehnt, wo dies nicht rechtsfehlerfrei geschieht und das „Wertbild verzerrt" wird[81].

---

80 BGH, Beschl. vom 11.3.1993 – III ZR 24/92 –, GuG 1994, 116 = EzGuG 20.144 b; BGH, Urt. vom 19.6.1958 – III ZR 39/57 –, WM 1958, 1360 = EzGuG 20.22; auch OLG Hamburg, Urt. vom 10.10.1969 – 1 U 61/68 –, MDR 1970, 150 = EzGuG 6.126; BGH, Urt. vom 24.1.1963 – III ZR 149/61 –, BGHZ 39, 40 = EzGuG 20.34.

81 BGH, Urt. vom 20.3.1975 – III ZR 153/72 –, BRS Bd. 34 Nr. 120 = EzGuG 18.64; BGH, Urt. vom 23.6.1983 – III ZR 39/82 –, BRS Bd. 45 Nr. 102 = EzGuG 20.102; BGH, Urt. vom 26.10.1972 – III ZR 78/71 –, BRS Bd. 26 Nr. 106 = EzGuG 18.57; BGH, Urt. vom 29.5.1967 – III ZR 126/66 –, BGHZ 48, 65 = EzGuG 18.35; BGH, Urt. vom 2.12.1971 – III ZR 165/69 –, BGHZ 57, 108 = EzGuG 20.51; BGH, Urt. vom 17.12.1978 – III ZR 6/77 –, BRS Bd. 34 Nr. 152 = EzGuG 4.63; vgl. auch Maunz/Dürig/Herzog/Scholz, GG Art. 14, S. 66.

2.7.2 Extraktionsverfahren (Residualwertverfahren)

▶ *Nähere Ausführungen vgl. Syst. Darst. des Vergleichswertverfahrens Rn. 447 ff.*

Insbesondere zur **Vorbereitung von Investitionsentscheidungen** sowie bei den bereits angesprochenen Immobilien, die einer anderen, insbesondere höherwertigen Nutzung zugeführt werden sollen (Umnutzungsfall), lässt sich deren Verkehrswert nicht immer mit den herkömmlichen Verfahren ermitteln, und es wird zunehmend (hilfsweise) auf das **Extraktionsverfahren** (Residualwertverfahren, *extraction*) zurückgegriffen. Bei Anwendung dieses Verfahrens wird – vereinfacht ausgedrückt – der Verkehrswert des Grundstücks aus dem z. B. im Wege des Vergleichs- oder Ertragswertverfahrens ermittelten Verkehrswert, der sich fiktiv nach Durchführung einer beabsichtigten Entwicklung ergibt, unter Abzug der Entwicklungs- und ggf. Herstellungskosten abgeleitet. Der Differenzbetrag stellt das Residuum dar. **102**

Das Extraktionsverfahren (Residualwertverfahren) stellt in seinen Grundzügen ein kombiniertes Verfahren dar. Es werden dabei Elemente des Vergleichs- oder Ertragswertverfahrens, mit dem zunächst das fertige Produkt wertmäßig erfasst wird, mit künftigen Herstellungs- bzw. Entwicklungskosten (differenzmäßig) kombiniert. Das Residuum ergibt sich daraus als die Größe, die im Hinblick auf die zugrunde gelegte Verwertungskonzeption und die dafür erforderlichen Aufwendungen als wirtschaftlich sinnvoller Erwerbspreis verbleibt. Das Extraktionsverfahren (Residualwertverfahren) ist von diesem Ansatz her nicht darauf angelegt, zu einem bestimmten Residuum zu kommen, denn **unterschiedliche Verwertungskonzeptionen mit unterschiedlichen Gestehungskosten müssen zu unterschiedlichen Residuen führen**. **103**

Als eine äußerst **problembehaftete Wertermittlungsmethode** ist das Extraktionsverfahren (Residualwertverfahren) allenfalls nur unter engen Voraussetzungen für die Verkehrswertermittlung geeignet: **104**

a) Der *gewöhnliche Geschäftsverkehr* ist u. a. dadurch gekennzeichnet, dass weder Käufer noch Verkäufer unter Druck handeln, wobei die Käufer gegenüber dem Verkäufer miteinander in Konkurrenz stehen. I. d. R. werden Immobilien letztlich an den Meistbietenden verkauft. Dies ist geradezu charakteristisch für den gewöhnlichen Geschäftsverkehr und muss bei Anwendung des Extraktionsverfahrens (Residualwertverfahrens) beachtet werden, wenn das Verfahren zu einem sich am gewöhnlichen Geschäftsverkehr orientierenden Verkehrswert führen soll (§ 194 BauGB).

Treten auf einem Grundstücksmarkt mehrere in Konkurrenz zueinander stehende Anbieter auf, so kommt bei dieser Sachlage regelmäßig derjenige Anbieter „zum Zuge", der i. S. einer Kosten-Nutzen-Analyse die effizienteste Nutzungskonzeption verfolgt und damit auch das höchste Residuum anzubieten vermag. Als Verfahren zur Ermittlung des Verkehrswerts wird das **Extraktionsverfahren** (Residualwertverfahren) dann **problematisch, wenn diese Konkurrenzsituation nicht gegeben** ist oder dadurch „ausgeschaltet" wird, dass eine bestimmte **Nutzungskonzeption** vorgegeben wird. In diesem Fall kann durch entsprechende Vorgaben jedes Ergebnis „vorprogrammiert" werden.

b) Das Extraktionsverfahren (Residualwertverfahren) ist darüber hinaus nur dann zur Verkehrswertermittlung geeignet, wenn sich die miteinander in Beziehung gesetzten Größen selbst am Verkehrswert orientieren, d. h. marktorientiert sind. Werden indessen in das Residualwertverfahren z. B. Kosten eingeführt, die nicht den gewöhnlichen Herstellungs- sowie sonstigen Kosten entsprechen, sondern sich an den besonderen Verhältnissen eines einzelnen Investors orientieren, so kann das Residualwertverfahren auch nur zu dem Preis führen, der den persönlichen Verhältnissen eines Investors entspricht (**Investorenmethode**). **105**

Im Übrigen ist das **Extraktionsverfahren** (Residualwertverfahren) trotz seiner hohen Überzeugungskraft äußerst **anfällig gegenüber fehlerhaften Ansätzen** und wird deshalb in der Praxis der Verkehrswertermittlung nach vorherrschender Auffassung kritisch angesehen[82]. Die Rechtsprechung ist dem gefolgt[83]. **106**

---

82 Pohnert, Kreditwirtschaftliche Wertermittlung, 5. Aufl., S. 113; Zimmermann, WertV 88, München 1998, S. 204; Kleiber in GuG 1996, 16; Möckel in GuG 1996, 274; Sotelo in GuG 1995, 91; Reck in GuG 1925, 234; Simon in GuG 1995, 229; Vogel in GuG 1994, 347.
83 OVG Lüneburg, Urt. vom 25. 1 .2001 – 1 L 5010/96 –, GuG 2001, 182 = EzGuG 15.99d.

2.8 Monte-Carlo-Verfahren

Schrifttum: *Evans, A./Werner-Ehrenfeucht, G.,* Das Monte-Carlo-Verfahren bei der Bewertung von Entwicklungsprojekten, GuG 1994, 257; *Janssen, O.;* Monte-Carlo-Simulationen verbessern die Bewertungsqualität von Immobilien, GuG 2002, 37; *Schneider, D.,* Einflusskurven im Disput zum Monte-Carlo-Verfahren bei der Ertragswertermittlung; *Schneider, D.-G.,* Vergleichswertverfahren, GuG 2002, 297; *Simon, Th.,* Verbessert die Monte-Carlo-Methode die Grundstückswertermittlung?, GuG 2004, 93.

107 Eine gewisse Aufmerksamkeit in der Sachverständigenpraxis hat das erstmals 1987[84] publizierte Monte-Carlo-Verfahren gefunden. Das Verfahren – wohl mehr dem Bereich der *curiosity driven research* entsprungen – kann allenfalls **nur bedingt der anerkannten Wertermittlungslehre zugerechnet** werden. Es kann schon eher als eine „hilflose Methode" bezeichnet werden, um bei unklaren und unübersichtlichen Verhältnissen zu einer Aussage über künftige – in der Regel vertraglich „offene" – Entscheidungen insbesondere im Zusammenhang mit Mietverhältnissen zu gelangen. Es wurde z. B. in den Fällen zur Anwendung gebracht, in denen mietvertraglich Optionen vereinbart wurden, die sich je nach Gebrauch unterschiedlich auf den Ertragswert auswirken.

108 Unter dem Begriff Monte-Carlo-Verfahren verbirgt sich nichts anderes als die Anwendung eines elektronischen Zufallsgenerators i. V. m. statistischen Gesetzen über Zufallsereignisse, um so zu einer vermeintlich statistisch abgesicherten Entscheidung über die letztlich „offene" Frage zu gelangen, wie sich die Vertragsparteien zu dem jeweiligen Zeitpunkt (z. B. in fünf oder zehn Jahren) nach den dann obwaltenden Verhältnissen entscheiden werden. Wenngleich von dem Verfahren auf den „Verbraucher" des Gutachtens eine **scheinwissenschaftliche Wirkung** ausgeht, so muss man in solchen Fällen einer auf Erfahrung und Sachkunde beruhenden Abschätzung der künftigen Verhältnisse durch den Sachverständigen den Vorzug geben, als sie einem „Zufallsgenerator" zu überlassen. Die Methode stellt von daher mehr eine in den Bereich der Kuriositäten einzuordnende Randerscheinung der Wertermittlungslehre dar.

2.9 Massenbewertungsverfahren

Schrifttum: *Gabler,* Wirtschaftslexikon, Stichwort „Pakethandel"; *Katte/Bagel/Freyer/Jäger/Langguth/Roth/Zimmer,* Bewertungssysteme für große Immobilienbestände, GuG 2001, 1; *Münchehofen, M./Springer, U.,* Bewertung von Paketverkäufen, GuG 2006, 144; *Schneider, G.,* Paketbewertungen von Liegenschaften, GuG 2002, 91; *Trappmann, H.,* Bewertungsvereinfachungen für Grundstücke zulässig? DB 1996, 391; vgl. auch GuG 2006, 177, 181, *Werling, U.,* Besonderheiten der Bewertung großer Wohnungsbestände, GuG 2010, 150.

2.9.1 Allgemeines

▶ *Vgl. § 194 BauGB Rn. 48 ff.*

109 Im Zuge der Bilanzierung und Veräußerung großer Immobilienbestände (Immobilienpakete) sind Massenbewertungen unvermeidbar, insbesondere wenn eine Einzelbewertung in einem verträglichen Zeitrahmen nicht möglich ist und unverhältnismäßig hohe Kosten verursacht. Es kommt hinzu, dass eine Einzelbewertung auch nicht dem mit § 8 Abs. 1 Satz 2 ImmoWertV gegebenen Grundsatz entspricht, das Wertermittlungsverfahren anzuwenden, das den „im gewöhnlichen Geschäftsverkehr bestehenden Gepflogenheiten" entspricht. Der Marktwert eines „Immobilienpakets" entspricht nämlich nicht der Summe der Einzelwerte und nach den **Gepflogenheiten des Grundstücksverkehrs werden Immobilienpakete** eher nur in Ausnahmefällen **auf der Grundlage** von einzeln bewerteten Grundstücken gehandelt. Grundlage sind vielmehr die Ergebnisse **von Massenbewertungen,** z. B.:

– Im Zuge der Bahnreform wurden die Liegenschaften, die zum 1.1.1994 auf die Deutsche Bahn AG (DB AG) übertragen wurden, auf der Grundlage des § 10 Abs. 3 und 4 DBGrG

---

[84] Evans, Das Monte-Carlo-Verfahren bei der Bewertung von Entwicklungspotenzialen, GuG 1994, 94; zu Recht kritisch Zimmermann, WertV 88, München 1998, S. 207; Mollart, G., Monte Carlo Simulation using Lotus 1 – 2 – 3, Journal of Valuation 1987, 419 ff.; Werner-Ehrenfeucht in GuG 1994, 257.

Ermittlung des Verkehrswerts § 8 ImmoWertV IV

i. V. m. §§ 7 und 9 DMBilG und des Liegenschaftsnachweises der DB AG (System LINA) von der Wirtschaftsprüfergesellschaft KPMG bewertet (Erhebung und bilanzielle Bewertung aller Liegenschaften der DB AG – EBAL); die Bewertung wurde von der Wirtschaftsprüfergesellschaft C&L Deutsche Revision geprüft und durch ein Einzelgutachten der Wirtschaftsprüfergesellschaft Warth & Klein, Düsseldorf, begleitet.

– Im Zuge der Fusion zwischen der Hoesch AG und der Friedrich Krupp AG im Jahre 1992 sowie der Zusammenführung der Hoesch/Krupp AG mit der Thyssen AG zur Thyssen Krupp AG im Jahre 1999 wurde der nicht betriebsnotwendige Grundbesitz einer Neubewertung zur Klärung der Aktionärsbeteiligungen von den Abschlussprüfern C&L Deutsche Revision und KPMG (ca. 30 000 bis 40 000 Wohneinheiten pro Gesellschaft) auf der Grundlage von Bodenrichtwerten einer Bewertung unterzogen.

Von einer **Massenbewertung** *(mass appraisal)* spricht man im Gegensatz zur Einzelbewertung, wenn der (Verkehrs-)Wert einer Vielzahl von Grundstücken kurzfristig und zumeist bezogen auf einen einheitlichen Stichtag ermittelt werden muss; z. B. **110**

a) im steuerlichen Bereich bei der Einheits- bzw. Grundbesitzbewertung,

b) im Bereich der Wertermittlung großer Immobilienbestände z. B. von Unternehmen (Immobilienportfolio), z. B. bei

- dem Verkauf von Immobilienbeständen *(asset deal,* Portfoliotransaktionen) oder dem Verkauf von Anteilen eines Unternehmens mit Immobilien *(share deal),*
- der Finanzierung einer entsprechenden Grundstückstransaktion,
- einer Portfolioanalyse (zur Entwicklung einer Strategie der Verwertung von Bestandsimmobilien),
- einer Verbriefung (Beleihungswert, *sustainable net value*),

c) im Bereich der Bilanzierung einschließlich der handelsrechtlichen Eröffnungsbilanz und

d) im Rahmen städtebaulicher Maßnahmen, bei denen eine flächendeckende Verkehrswertermittlung von Grundstücken eines Veranstaltungsgebiets (Umlegungsgebiet, Sanierungsgebiet, städtebaulicher Entwicklungsbereich) erforderlich wird.

Von einem **Immobilienportfolio** und einer Portfoliobewertung wird in diesem Zusammenhang ab etwa 20 bis 30 Immobilien gesprochen; unterhalb dieser Grenze ist eine Einzelbewertung die Regel.

Unter einem **Massenbewertungsverfahren** versteht man umgangssprachlich

a) ein methodisch strukturiertes (vielfach auch vereinfachtes) Bewertungsverfahren (Ertrags-, Sach- oder Vergleichswertverfahren), das zumeist i. V. m.

b) pauschalisierenden Ansätzen (z. B. Umrechnungskoeffizienten, Rendite, Verzinsung usw.)

anstelle eines umfassenden, alle wertbeeinflussenden Grundstücksmerkmale berücksichtigenden Ertrags-, Sach- oder Vergleichswertverfahrens (z. B. im Sinne der ImmoWertV) zur Anwendung kommt.

Beipiele:

– Im **steuerlichen Bereich** werden mit dem BewG für bestimmte Grundstücksarten allgemein verbindliche Vorgaben z. B. bezüglich des anzusetzen Bodenwerts (Bodenrichtwert nach § 196 BauGB) oder des bei Anwendung des Ertragswertverfahrens maßgeblichen Vervielfältigers vorgegeben.

– Im Bereich der **Portfoliobewertung** werden die Bestände vornehmlich in der Weise bewertet, dass der Immobilienbestand auf der Grundlage einer Portfolioanalyse in homogene Untergruppen (Subportfolios, *Cluster,* Pakete) aufgeteilt und ausgehend von Einzelbewertungen (nach Ortsbesichtigung) repräsentativer Grundstücke auf den Gesamtwert geschlossen wird (vgl. Abb. 10). In ihrer einfachsten Form vollzieht sich die Massenbewertung ohne Ortsbesichtigung allein aufgrund des vorhandenen Datenbestands (sog. „*Desktop*-Bewertung") und der elektronischen Datenverarbeitung (*Automated Valuation Models,* AVMs). Sie haben sich allerdings als unzuverlässig erwiesen[85].

- Für das **Handelsrecht** besteht der Grundsatz der Einzelbewertung (vgl. im Handelsrecht § 252 Abs. 1 Nr. 1 HGB; im Einkommensteuerrecht § 6 Abs. 1 EStG[86]). Gleichwohl sind Massenbewertungen selbst dort unvermeidlich, wo gesetzlich Einzelbewertungen gefordert sind. § 240 Abs. 4 HGB lässt eine Gruppenbewertung für „gleichartige Vermögensgegenstände des Vorratsvermögens" sowie andere gleichartige oder annähernd gleichwertige bewegliche Vermögensgegenstände zu und nimmt „unbewegliche Vermögensgegenstände des Vorratsvermögens" nicht ausdrücklich von dieser Regelung aus[87]. Im Falle einer Gruppenbewertung sind einzelne besonders wertvolle Objekte regelmäßig auch weiterhin einzeln zu bewerten[88].

Massenbewertungsverfahren werden mitunter als *quick and dirty* bezeichnet, insbesondere wenn sie methodisch auf eine überschlägige Wertermittlung angelegt sind (einfache Massenbewertungsverfahren). Allgemein gilt, dass in Abhängigkeit vom Zweck der Begutachtung bei Anwendung von Massenbewertungsverfahren umso mehr Abstriche von der umfassenden Vorgehensweise der Einzelbewertungen gemacht werden, je kürzer der zur Verfügung stehende Zeitrahmen für die Bewertung, je geringer das Kostenbudget des Auftraggebers und je größer die Risikobereitschaft ist.

Ein **qualifiziertes Massenbewertungsverfahren** ist indessen methodisch auf eine Verkehrswertermittlung angelegt, die im Gesamtergebnis durchaus den Anforderungen einer Einzelbewertung entspricht. Die Anwendung eines vereinfachten Bewertungsverfahrens i. V. m. pauschalisierenden Ansätzen und Gruppenbildungen steht dem nicht entgegen. Massenbewertungsverfahren kommen nämlich i. d. R. zur Anwendung, wenn es um die Bewertung großer Immobilienbestände (Immobilienportfolios) geht und damit ist zunächst die Frage nach dem speziell dafür „geeigneten" Verfahren der Verkehrswertermittlung aufgeworfen.

Nach dem allgemeinen Grundsatz des § 8 Abs. 1 Satz 2 ImmoWertV sind „die Verfahren ... nach der Art des Gegenstands der Wertermittlung unter Berücksichtigung der *im gewöhnlichen Geschäftsverkehr bestehenden Gepflogenheiten* und den sonstigen Umständen des Einzelfalls zu wählen". Die für die **Verkehrswertermittlung größerer Immobilienbestände (Immobilienportfolios) maßgeblichen „Gepflogenheiten" des gewöhnlichen Geschäftsverkehrs unterscheiden sich in vielerlei Hinsicht von den „Gepflogenheiten", die bei dem Erwerb eines einzelnen Grundstücks zu beobachten sind.** So finden beim Erwerb eines einzelnen Grundstücks dessen wertbestimmende Merkmale in weitaus umfassender Weise Beachtung als im Handel mit Immobilienportfolios. Dem muss das zur Anwendung kommende Wertmittlungsverfahren Rechnung tragen. Wird z. B. bei der Verkehrswertermittlung eines einzelnen Verwaltungsgebäudes ein vom übrigen Objekt abweichender Instandhaltungszustand, ein bestehendes Wegerecht oder andere Besonderheiten konkret berücksichtigt, finden solche Besonderheiten bei dem Erwerb der Immobilie als Bestandteil eines Immobilienportfolios im „gewöhnlichen Geschäftsverkehr" gar keine Beachtung und weichen einer generalisierenden Betrachtungsweise. Dies gilt sowohl für werterhöhende als auch wertmindernde Besonderheiten des Immobilienbestands. Was also bei der Verkehrswertermittlung eines einzelnen Objekts im Grundstücksverkehr Beachtung findet, stellt sich bei der Verkehrswertermittlung eines Portfolios als ein unbeachtlich bleibendes Detail dar.

Wenn bei Anwendung von Massenbewertungsverfahren im Unterschied zu Einzelbewertungen derartigen Besonderheiten nicht Rechnung getragen wird, so geht damit keine den Verkehrswert verfälschende Vereinfachung einher, vielmehr ist diese Vorgehensweise sogar i. S. der Verkehrswertermittlung eines Immobilienportfolios sachgerecht und sogar geboten.

---

85 The Appraisal of Real Estate, 12. Aufl. Chicago, S. 648.
86 Wöhe, G., Bilanzierung und Bilanzpolitik, 8. Aufl. München 1992, S. 350; vgl. Teil II Rn. 29 und § 194 BauGB Rn. 46.
87 Nach Küting/Weber, Handbuch der Rechnungslegung, Kommentar zur Bilanzierung und Prüfung, zu § 240 Rn. 71 ist jedoch das Verfahren der Gruppenbewertung „auf bewegliche Vermögensgegenstände beschränkt".
88 Vgl. Abschn. 36 Abs. 3 EStR 1984.

Der gewöhnliche Geschäftsverkehr ist von einer generalisierenden Betrachtungsweise geprägt und von daher sind die **„Vereinfachungen"** und **„Pauschalierungen" eines Massenbewertungsverfahrens „verkehrswertimmanent"**, wenn es um den Verkehrswert des Gesamtpakets geht und sich die „Vereinfachungen" in dem Rahmen bewegen, der der generalisierenden Betrachtungsweise des „gewöhnlichen Geschäftsverkehrs" im Handel mit großen Immobilienbeständen entspricht. Der gewöhnliche Geschäftsverkehr mag sich hier auch von dem Gedanken leiten lassen, dass sich solche Besonderheiten in der Summe ausgleichen und ein qualifiziertes Massenbewertungsverfahren findet darin auch seine Begründung.

„Qualifizierte Massenbewertungsverfahren" kommen zumeist als „kontrollierte" Massenbewertungsverfahren zur Anwendung. Dabei werden die im Einzelfall vorgenommenen Pauschalierungen prozessbegleitend durch Stichproben kontrolliert, um sie ggf. graduell den im Einzelfall gestellten Anforderungen an die Genauigkeit und Zuverlässigkeit des Ergebnisses anzupassen. Damit lässt sich eine marktkonforme Pauschalierung gewährleisten.

2.9.2 Methoden

Am Anfang stehen: **111**

- Analyse des Liegenschaftsvermögens nach verschiedenen Selektionskriterien (Nutzungsart, Makro- und Mikrolage, Eigentumsverhältnisse, Baualtersklasse, Gebäudegröße, Gebäudezustand usw.),
- Festlegung einer Wesentlichkeitsgrenze für „Großobjekte" im Einvernehmen mit dem Auftraggeber (z. B. auf Grundlage von Grundfläche, Grundstücksfläche usw.) zum Zwecke von Einzelbewertungen,
- Identifizierung der Großobjekte für Einzelbewertungen („Werttreiber"),
- Segmentierung des Liegenschaftsbestandes nach Gruppen *(Cluster)* entsprechend der Eignung (Gruppierungsfähigkeit); Bildung von Subportfolios durch Bildung von Gruppen gleichartiger Grundstücke *(Cluster)* und ggf. entsprechenden Untergruppen,
- Festlegung geeigneter Selektionskriterien zur Stichprobenziehung,
- Ziehung einer (vorläufigen) Stichprobe für einen noch festzulegenden Anteil an Innenbesichtigungen (in Ermangelung aktueller Daten zum Ausbaustandard kann ein erhöhter Anteil an Innenbesichtigungen erforderlich werden),
- Ziehung einer (vorläufigen) Stichprobe für einen festzulegenden Anteil an Außenbesichtigungen.

Im Rahmen einer sog. *„Desktop*-Bewertung" wird auf eine **Ortsbesichtigung** gänzlich verzichtet; bei einer sog „*Drive-by*-Bewertung" reduziert sich die Ortsbesichtigung auf eine äußerliche Inaugenscheinnahme.

Häufig beschränkt sich dem sog. **„Pareto-Prinzip"** folgend die Stichprobe auf 20 % des Gesamtbestands, denn das Prinzip geht davon aus, dass 20 % der Immobilien eines Portfolios 80 % seines Werts abbilden; dies kann aber keinesfalls als gesichert gelten, denn das Prinzip geht auf eine Untersuchung der Verteilung des Volksvermögens in Italien zurück und führte zum Ergebnis, dass in Italien ca. 20 % der Familien ca. 80 % des Vermögens besitzen. Dies wiederum lässt sich nicht ohne Weiteres auf Immobilienportfolios übertragen.

Die Massenbewertung vollzieht sich sodann nach der in Abb. 10 dargestellten **Vorgehensweise**.

Abb. 10: Methodik der Massenbewertungen

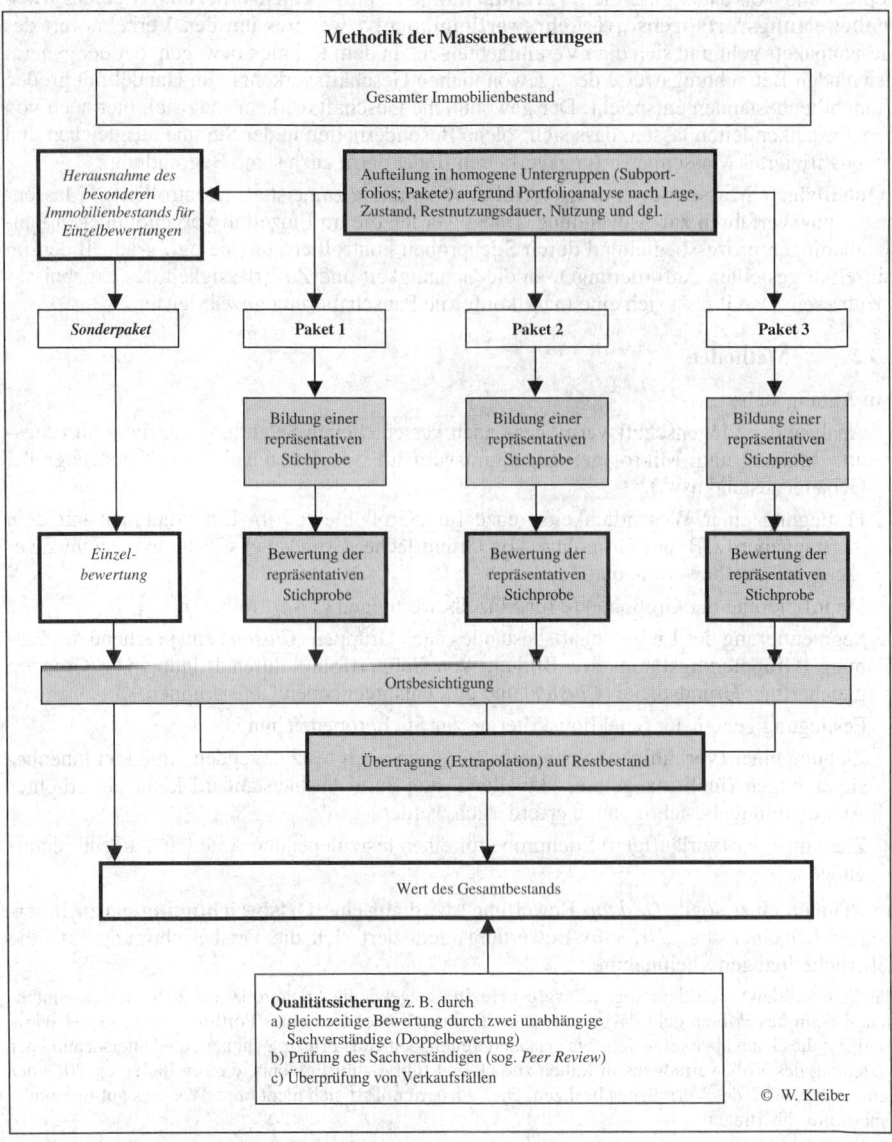

2.9.3 Paketab- und -zuschlag

112 Größere Immobilienbestände (Immobilienpakete) wurden vielfach mit dem Ziel erworben, den Bestand innerhalb enger zeitlicher Grenzen einzeln weiterzuveräußern (z. B. zum Zwecke der Privatisierung eines kommunalen Wohnungsbestands). Das aus einer dahingehenden Verwertung resultierende **Überangebot von Grundstücken auf einem regional und sektoral begrenzten Markt** muss zu einem allgemeinen Preisverfall auf dem jeweiligen Grundstücksmarkt (konjunkturbedingter Wertverfall) führen, zumal sich eine zügige Verwertung des Immobilienbestandes nur mit „preisgünstigen" Immobilienangeboten realisieren lässt. Nicht zuletzt aus diesem Grunde entspricht es dem *gewöhnlichen Geschäftsverkehr,* wenn bei der Veräußerung eines größeren Immobilienbestandes, der aus einer Vielzahl von Einzelobjekten

oder auch aus wenigen im Verhältnis zur Gemeindegröße bedeutsamen Großobjekten bestehen kann, Preise vereinbart werden, die regelmäßig unter der Summe der Einzelwerte liegen (d. h. auch der durch Einzelgutachten ermittelten Verkehrswerte). Die Differenz wird in der Immobilienbranche auch als **„Paketabschlag"** bezeichnet, der auch mit einem Mengenrabatt verglichen werden könnte. Solche Verhältnisse müssen dem gewöhnlichen Geschäftsverkehr zugerechnet werden[89].

Im Grundstückshandel mit größeren Immobilienbeständen (Paketverkäufe) können auch dahingehende Sonderentwicklungen beobachtet werden, dass (trotz vorstehender Konstellation) **Paketzuschläge** realisiert werden konnten. Von Paketzuschlägen wird gesprochen, wenn für Immobilienportfolios höhere Preise als für die Summe der Einzelwerte erzielt werden. Diese konnten zu Zeiten der „Hochfinanzierer" *(Hypes)* bei „billigen Finanzierungsmitteln" verbunden mit verhältnismäßig geringen Transaktionskosten im Vergleich zu Einzelkäufen auch in Deutschland beobachtet werden. Diese „Hochfinanzierer" haben sich aber nach kurzer Zeit wieder zurückgezogen. Ihr Verhalten wurde damit kommentiert, dass sie sich nicht mit dem deutschen Mietrecht befasst hätten.

Der **Paketabschlag ist** insbesondere **abhängig von**

– der *Anzahl der Objekte* und der (Mono-)Struktur des Pakets sowie dem darin enthaltenen *Anteil minder- und höherwertiger Einzelobjekte;*

– den *Vermarktungskosten,* die vom Verkäufer auf den Käufer übergehen;

– dem *Vermarktungsrisiko,* das insbesondere von der Anzahl der Objekte, dem Gesamtvolumen, dem „Objektmix" einschließlich des vom Käufer übernommenen Vermarktungsrisikos bei u.U. schwer und nicht verwertbaren Einzelliegenschaften abhängt;

– den *Verwertungs- und Verwaltungskosten,* insbesondere hinsichtlich Erschließungsbeiträgen, Instandhaltungskosten, Mietausfallwagnis, Bebauungs- und Personalkosten, sowie

– dem *Marktsegment* unter Berücksichtigung der Objektart und der vorhandenen Angebots- und Nachfragesituation.

Für den Verkäufer sind mit der Hinnahme des „Paketabschlags" **der Vorteil einer beschleunigten Liquidationszufuhr** durch sofortige Vergütung des Kaufpreises, eine Konzentration auf das Kerngeschäft, eine geringere Personalbindung, geringere Transaktionskosten und vor allem der Vorteil verbunden, dass keine unverkäuflichen Restbestände („*Cherry-Picking*-Problem") übrig bleiben. Mit dem Paketabschlag wird der Nachteil der Vorhaltung kompensiert, der im Falle einer marktgerechten Verwertung der Liegenschaft zwangsläufig ist.

In der Praxis haben sich bei der Veräußerung größerer Immobilienbestände, wie sie insbesondere von der Treuhandliegenschaftsgesellschaft getätigt wurden, je nach Größenvolumen und Art des Objekts bzw. deren Verkehrsgängigkeit am Grundstücksmarkt Wertabschläge in einer **Spannbreite von 20 % bis 35 %** herausgebildet. Sie sind nur bedingt auf die Veräußerung von *Konversionsflächen* zu übertragen, die größenmäßig in aller Regel kleiner ausfallen.

Ein Paketab- oder -zuschlag ist nur zu berücksichtigen, soweit diesem besonderen Merkmal des Grundstücksverkehrs nicht bereits in anderer Weise Rechnung getragen werden konnte, insbesondere mit einem besonderen Liegenschaftszinssatz. Sofern spezielle **Liegenschaftszinssätze für den Paketverkauf** von Immobilien abgeleitet worden sind, bedarf es keiner Paketzu- oder -abschläge. Nach Feststellung des Gutachterausschusses von *Wuppertal* lag der Liegenschaftszinssatz im Jahre 2009 im „Pakethandel" von Mehrfamilienhäusern bei 5,2 bis 6,8 % (bei sonst 5,0 bis 6,4 %) und bei gemischt genutzten Gebäuden bei 6,2 bis 8,4 % (bei sonst 5,3 bis 7,7 %). Der Gutachterausschuss von Wuppertal hat auch besondere **Ertragsfaktoren für Paketverkäufe** abgeleitet. Diese beliefen sich im Jahre 2009 bei Mehrfamilienhäusern auf 9,1 bis 11,3 (bei sonst 9,8 bis 11,8) und bei gemischt genutzten Grundstücken auf 8,5 bis 10,5 (bei sonst 8,6 bis 12,2).

---

89 Gabler, Wirtschaftslexikon, Stichwort „Pakethandel"; BFH, Urt. vom 23.2.1979 – III R 44/74 –, BStBl II 1979, 618 = EzGuG 19.35; Katte, u.a. in GuG 2001, 1.

3 Problemfälle bei der Wahl des Wertermittlungsverfahrens

3.1 Gewerbe- und Industriegrundstücke

Schrifttum: *Streich, J.*, Wertermittlung von Gewerbe- und Industriegrundstücken, RDM Informationsdienst für Sachverständige 1985, 11; *Simon, J./Cors/Halaczinsky*, Bewertung von Fabrikgrundstücken, München 2003.

▶ *Hierzu auch Syst. Darst. des Sachwertverfahrens Rn. 3 ff.*

113 Gewerbe- und Industriegrundstücke gelten nach heutiger Auffassung als „Ertragsobjekte", da sie nach den im gewöhnlichen Geschäftsverkehr bestehenden Gepflogenheiten i. S. des § 8 Abs. 1 Satz 2 ImmoWertV auf der Grundlage ihrer Ertragskraft gehandelt werden.

114 Das **Vergleichswertverfahren** kann bei der Wertermittlung von Gewerbe- und Industriegrundstücken selten angewendet werden. Bebauung, betriebliche Gestaltung und Ausstattung eventuell vorhandener Vergleichsgrundstücke unterscheiden sich so stark voneinander, dass sie nicht durch Korrekturfaktoren ausgeglichen werden können[90].

115 Vor Jahrzehnten kam bei Gewerbeobjekten und insbesondere bei Fabrikgrundstücken traditionell das **Sachwertverfahren** zur Anwendung. Die Anwendung des Sachwertverfahrens ist jedoch allenfalls zu rechtfertigen, wenn marktgerechte **Ertragsverhältnisse über das zu bewertende Objekt nicht bekannt sind.** Dies ist nicht selten der Fall, weil die tatsächlichen Ertragsverhältnisse solcher Objekte – wenn sie überhaupt offenbart werden – häufig schon aufgrund der Unternehmensstruktur und aus steuerlichen Gründen vom Gutachter nicht überblickt werden können.

116 Gleichwohl ist die Anwendung des Sachwertverfahrens für Grundstücke mit Industrie- oder Gewerbegebäuden aus grundsätzlichen Erwägungen nicht frei von Bedenken[91], denn gerade bei Grundstücken, die nur durch einen unternehmerisch tätigen Eigentümer nutzbar sind, muss der auf diesem Grundstück erzielbare Ertrag im gewöhnlichen Geschäftsverkehr von großer Bedeutung, wenn nicht gar dominant sein. Deshalb muss dem Ertragswertverfahren der Vorzug gegeben werden. Dabei ist vorab zu klären, ob der Verkehrswert unter Berücksichtigung der **Fortführung des Unternehmens** *(going concern)* ermittelt werden soll, oder ob der Verkehrswert losgelöst von der bestehenden Nutzung hinsichtlich der generellen Nutzbarkeit unter Einbeziehung des Planungsrechts *(best use value)* ermittelt werden soll.

3.2 Unternehmensbewertung

Schrifttum: *Copeland/Koller/Murrin*, Unternehmenswert, 3. Aufl. 2002; *Peemöller* (Hsg) Praxishandbuch der Unternehmensbewertung, 2. Aufl. 2002.

▶ *Vgl. unter Rn. 90 und Rn. 191; Teil III Rn. 399*

117 Bei der **Wertermittlung von Unternehmen** stehen primär folgende Fragestellungen im Vordergrund:

– nachhaltige Ertragskraft,

– Bonität des Unternehmens und

– Unternehmenszweck sowie Zukunftsaussichten.

Bei der Verkehrswertermittlung der zu einem Unternehmen gehörenden Liegenschaften ist deshalb zu unterscheiden zwischen

---

[90] Streich: Wertermittlung von Gewerbe- und Industriegrundstücken, RDM Informationsdienst für Sachverständige 1985, 11.
[91] BGH, Urt. vom 13.5.1955 – V ZR 36/54 –, BGHZ 17, 236 = EzGuG 3.5; sowie BGH, Urt. vom 19.12.1963 – III ZR 162/63 –, BRS Bd. 19 Nr. 121 = EzGuG 20.35; OLG Karlsruhe, Urt. vom 13.6.1958 – 7 U 1/58 –, HGBR 1959, 49 = EzGuG 20.20.

- **Unternehmensbewertung,** wenn Grundstücke zur Fortführung des Unternehmens in der gegebenen Zielsetzung genutzt werden sollen;
- **Verkehrswertermittlung,** wenn Grundstücke und vorhandene bauliche Anlagen hinsichtlich ihrer generellen Nutzbarkeit unter Einbeziehung des Planungsrechts künftig verwertet werden sollen.

Beide Vorgaben führen im Allgemeinen zu unterschiedlichen Wertansätzen und Wertermittlungsergebnissen. Ein Grundstückssachverständiger muss deshalb vor Erstellung des Gutachtens klar Stellung dazu beziehen, unter welcher Prämisse er den Wert ermittelt. 118

Der Verkehrswert nach § 194 BauGB (Marktwert) wird entscheidend von der künftigen Nutzung der Immobilie geprägt. Deshalb müssen die Planungsabsichten des Auftraggebers (Investors) sowie die planungsrechtlichen Rahmenbedingungen vor der Wertermittlung bekannt sein. Ist die **künftige Nutzung des Unternehmens** innerhalb des planungsrechtlich zulässigen Rahmens **auf nur eine Branche begrenzt** und ist zudem der Wert der Liegenschaft unter Berücksichtigung der Betriebsfortführung zu ermitteln, kommen nur wenige potenzielle Erwerber in Betracht. Es handelt sich bei einer derartigen Wertermittlung im Kern um eine Unternehmensbewertung und nicht um eine Verkehrswertermittlung. 119

Der **Marktwert (Verkehrswert)** eines Grundstücks, das in ein Unternehmen eingebunden ist, **wird üblicherweise bei freier Disponierbarkeit des Objekts am Grundstücksmarkt ermittelt.** Dabei wird in der Praxis zunächst als üblicher Kaufpreis der *best use value* (vgl. Rn. 41, 92 ff.; § 194 BauGB Rn. 57; Vorbem. zur ImmoWertV Rn. 7; § 16 ImmoWertV Rn. 133) ermittelt, also ein Wert, der sich nach ertragswirtschaftlichen Grundsätzen rechnerisch bei optimaler Nutzung des Objekts ergeben würde. Freilegungs- und Umnutzungskosten werden dabei berücksichtigt, wenn es wirtschaftlich geboten erscheint, die bisherige Nutzung einzustellen. Damit ergibt sich – unabhängig vom wirtschaftlichen Schicksal des Unternehmens im Liquidationsfall – ein realisierbarer Veräußerungspreis. Beim Verkauf des Unternehmens unter Vorgabe der Unternehmensfortführung der bestehenden (zumeist minderwertigen) Nutzung ergibt sich ein entsprechend abgesenkter Wert *(existing use value).* Es ist leicht erkennbar, dass beide Wertermittlungsergebnisse z. T. erheblich voneinander abweichen können. 120

Liegt eine rechtlich gesicherte Einschränkung (z. B. Erhaltung von Arbeitsplätzen) der ansonsten möglichen höherwertigen Nutzung vor, sinkt die Verkäuflichkeit der Immobilie. Soll der **Wert unter Berücksichtigung der Unternehmensfortführung** *(going concern)* ermittelt werden, liegt keine Verkehrswertermittlung nach § 194 BauGB vor, da es hier an einer freien Verwertbarkeit des Grundstücks am Markt fehlt (z. B. überaltertes Fabrikgrundstück, dessen Betrieb weitergeführt werden soll). In diesem Fall muss die Wertermittlung von einem branchenkundigen Sachverständigen nach den Grundsätzen der Unternehmensbewertung erfolgen (Abb. 11): 121

Abb. 11: Verkehrswert (Marktwert) und Unternehmenswert

Verkehrswert und Unternehmenswert	
Ertragswertverfahren nach ImmoWertV	**Unternehmensbewertung**
Wert wird bei freier Disponierbarkeit des Objekts am Grundstücksmarkt von der Verzinsung des investierten Kapitals bestimmt.	Wert wird bei Fortführung der bestehenden Nutzung von den voraussichtlichen Gewinnen bestimmt.
Kapitalisierung des Grundstücksreinertrags unter Berücksichtigung des Liegenschaftszinssatzes und der voraussichtlichen Restnutzungsdauer des Objekts (Zeitrentenvervielfältiger)	Kapitalisierung der Einnahmenüberschüsse unter Berücksichtigung des aktuellen Kapitalmarktzinssatzes zuzüglich eines Risikozuschlags (Kapitalisierungsfaktor für 100 Jahre Laufzeit)
Normiertes Verfahren nach den §§ 17 bis 20 ImmoWertV	Keine Normung des Verfahrens

122 Gerade bei der **Wertermittlung von Industrieobjekten** sind vor Anwendung eines Wertermittlungsverfahrens eine Reihe von Vorüberlegungen anzustellen, von deren Ergebnis letztlich die richtige Wahl des Verfahrens abhängt.

123 Bei den meisten Gewerbeobjekten und einem Großteil der **Industriegrundstücke** wird der **Ertragswert heute eine geeignete Grundlage für die Verkehrswertermittlung** bieten. Dies zeigt sich insbesondere in den neuen Bundesländern, wo die auf der Grundlage des Sachwertverfahrens ermittelten Verkehrswerte oft völlig am Marktgeschehen vorbeigehen. Diese Erkenntnis steht nicht im Einklang mit der zum Teil durch Änderung der wirtschaftlichen Verhältnisse überalterten BGH-Rechtsprechung über Anwendung der verschiedenen Wertermittlungsverfahren bei unterschiedlichen Nutzungsarten[92].

124 Ein besonderes Kapitel bildet auch die **Bewertung von Praxen,** z. B. Arzt-, Wirtschafts- und Beraterpraxen[93].

3.3 Eigentumswohnung

▶ *Näheres hierzu bei Teil V Rn. 39 ff., 51 ff.*

125 Eigentumswohnungen gelten als langfristige zweckgebundene Kapitalanlage. Sie werden entweder zur **Eigennutzung** oder zur **Vermietung** erworben. Dabei sind in beiden Fällen wegen des zu erwartenden hohen Wiederverkaufswerts Objekte in guter Lage mit guter Sozialstruktur besonders gefragt. Problematisch können dagegen die zu großen Wohnanlagen – früher im

---

92 BGH, Urt. vom 13.7.1970 – VII ZR 189/68 –, NJW 1970, 2018 = EzGuG 20.49; BGH, Urt. vom 16.6.1977 – VII ZR 2/76 –, BGHZ 69, 128 = EzGuG 20.67a.

93 *Boos,* Bewertung von Arztpraxen im Rahmen des Zugewinnausgleichs, MedR 2005, 203; *Behringer, S.,* Unternehmensbewertung der Mittel- und Kleinbetriebe, Erich Schmidt Verlag 1999; *Bicanski, V. (Hrsg.),* Das Wirtschaftshandbuch des Arztes, Münster, Verlag IWP 1991; Deutsche Apotheker- und Ärztebank, Redaktion Hoffmann, R. *Caesar, G./Hessbrügge, R./Michels, W./Isringhaus, A. Schwarte,* Allein oder gemeinsam? 8. überarbeitete Aufl. 2000; *Englert, J.,* Die Bewertung von Wirtschaftsprüfer- und Steuerberaterpraxen, IDW-Verlag Düsseldorf 1996; *Gatzen, M.,* Bewertung von Arztpraxen, Bergisch Gladbach; Köln, Verlag Josef Eul 1992; zugleich Köln, Univ. Diss. 1991; *Helbling, C.,* Unternehmensbewertung und Steuern, 7. Aufl. 1993, IDW-Verlag Düsseldorf; IDW (Hrsg.), Steuerliche Probleme bei Praxisübertragungen von Angehörigen der wirtschaftsprüfenden und steuerberatenden Berufe, IDW-Verlag Düsseldorf 1995; *Lamers, W.M./Isringhaus, W.,* Kostenmanagement Kompakt für Ärzte, MD-Verlags-GmbH, München; *Lang, H.U.,* Was ist meine Praxis wert?, Mainz; *Merk, W.,* Wettbewerbsorientiertes Management von Arztpraxen, Gabler, 1999; zugl. München, Univ. Diss.1998; *Merk, W.;* Bewertung von Arzt- und Zahnarztpraxen, DATEV e.G. Nürnberg; *Piltz, D.,* Die Unternehmensbewertung in der Rechtsprechung, IDW-Verlag Düsseldorf 1994; *Schlauß, H.-J. (Hrsg.),* Betriebswirtschaftliche Praxisführung, Schriftenreihe des Hartmannbundes, 1997; *Sieben, G./Schildbach, T.,* Betriebswirtschaftliche Entscheidungstheorie, 3. Aufl., Düsseldorf, Werner-Verlag 1990; *Wöhe, G.,* Einführung in die allgemeine Betriebswirtschaftslehre, 20. Aufl., München, Verlag Franz Vahlen 2000; *Wollny, P.,* Unternehmens- und Praxisübertragungen, 5. Aufl., Herne/Berlin, Verlag Neue Wirtschafts-Briefe 2001; Wirtschaftsprüfer-Handbuch, 12. Aufl. Bd. II, 2002, Düsseldorf, IDW-Verlag; **Artikel und Aufsätze:** Deutsche Apotheker- und Ärztebank: Informationsreihe zu unternehmerischen Fragestellungen des Arzt- und Zahnarztberufes; *Erdlenbruch, K.,* Die Bewertung von Arztpraxen in gerichtlichen Verfahren, Arztrecht 10/1986; *IDZ,* Investitionen bei der Zahnärztlichen Existenzgründung 2002, Nr. 2/03, ISSN 0931 – 9816 (erscheint jährlich neu, etwa im Juni); *König/Zeidler,* Die Behandlung von Steuern bei der Unternehmensbewertung, StR 28/96, S. 1098 ff.; *Kupsch, P.,* Gutachten zur Bewertung von Zahnarztpraxen, erstellt für die Zahnärztekammer Bayern, 1995; *Sieben/Kirchner,* Renaissance des Substanzwertes? DBW 1988, 54 ff.; **Zum Problem der latenten persönlichen Steuerlast auf den fiktiven Veräußerungsgewinn:** FamRZ 89, 1181, 1184; Statistische Daten; **KZBV – Jahrbuch 2003** – Statistische Basisdaten der Vertragszahnärztlichen Versorgung, Kassenzahnärztliche Bundesvereinigung Köln, Dezember 2003; **Zahlenbericht 2002/2003 des Verbandes der Privaten Krankenversicherung e.V.,** Köln, ISSN 0503 – 8839; **Deutsche Bundesbank,** Monatsberichte, ISSN 0012 – 0006 (auch im Internet abrufbar); **Statistisches Bundesamt,** Unternehmen und Arbeitsstätten, Fachserie 2, Reihe 1.6.1. – Kostenstruktur bei Arzt-, Zahnarzt- und Tierarztpraxen 1995, Wiesbaden, Juli 1998, Verlag Metzler – Poeschel, Stuttgart (die Statistiken werden derzeit umgestellt und können beim Statistischen Bundesamt direkt abgerufen werden); Daten des Gesundheitswesens, Ausg. 2003, Schriftenreihe des Bundesministeriums für Gesundheit, Nomos Verlagsgesellschaft Baden-Baden; Richtlinien: **Deutsches Ärzteblatt – Ärztliche Mitteilungen –** Richtlinie zur Bewertung von Arztpraxen, 84 Jahrgang, Heft 14, S. 926–929 vom 2.4.1987; **IDW: Stellungnahme des Hauptfachausschusses 2/1983:** Grundsätze zur Durchführung von Unternehmensbewertungen, Düsseldorf, IDW-Verlag 1990; **DW: Stellungnahme des Hauptfachausschusses 2/1995:** Zur Unternehmensbewertung im Familien- und Erbrecht, IDW-Verlag 1995; **IDW: Entwurf IDW-Standard IDW S 1:** Grundsätze zur Durchführung von Unternehmensbewertungen, Wpg Heft 9/2000; **Kassenzahnärztliche Vereinigung Nordrhein:** Praxisweitergabe in zulassungsbeschränkten Planungsbereichen, Rheinisches Zahnärzteblatt 1998, 30 ff.; **Zahnärztekammer Nordrhein:** Neue Bedarfsplanungsrichtlinien, Rheinisches Zahnärzteblatt, 19 ff.

Bauherrenmodell – zum Zwecke der Vermietung von Kapitalanlegern errichteten Eigentumswohnungen sein.

Der Markt für Eigentumswohnungen lässt sich aufgliedern in solche, **126**

a) die üblicherweise „bezugsfrei" gehandelt werden und somit dem Erwerber sofort zum Zwecke der Eigennutzung zur Verfügung stehen, und solche,

b) die vermietet sind und im vermieteten Zustand veräußert werden.

Dies hat eine **Spaltung des Marktes** zur Folge (vgl. Teil V Rn. 51 ff.). **127**

Darüber hinaus ist mitunter auch der **Bodenmarkt** insoweit diffus, als für einzelne Grundstücke, auf denen Eigentumswohnungen errichtet werden, höhere Preise zu beobachten sind als für Grundstücke des Mietwohnungsbaus. **128**

Die **Wertermittlung von Eigentumswohnungen kann grundsätzlich nach dem Vergleichs-, Sach- oder Ertragswertverfahren erfolgen.** Allerdings müssen die vorstehenden Besonderheiten beachtet werden. **129**

3.4 Gemeinbedarfsfläche

Schrifttum: *Dresen,* Nachr. der rh.-pf. Kat.- und VermVw. 1988, 180; *Kuscha,* Nachr. der nds. Kat.- und VermVw. 1974, 124 ff. und 133; Müller in NJW 1965, 1518; *Uebelhoer,* Nachr. der nds. Kat.- und VermVw. 1974, 131; Pagendarm in WM 1972, 12; *Reisnecker* in Brügelmann, Baugesetzbuch Kommentar, § 95 Rn. 91 ff.

▶ *Näheres hierzu auch zur Bodenwertermittlung: Teil V Rn. 94 und 100 ff., 111 ff. 595 ff.; Teil VI Rn. 111 ff.; Syst. Darst. des Ertragswertverfahrens Rn. 173 ff.* **130**

Gemeinbedarfsflächen (im engeren Sinne) sind Flächen, die jedweder privatwirtschaftlichen Nutzung und privatwirtschaftlichem Gewinnstreben entzogen und einer öffentlichen Nutzung vorbehalten sind bzw. einer öffentlichen Nutzung zugeführt werden sollen. Gemeinbedarfsflächen im erweiterten Sinne sind im Zuge der Privatisierung öffentlicher Aufgaben nicht mehr nur einem einzigen Erwerber zugänglich und auch nicht mehr jedwedem Gewinnstreben entzogen. **131**

Die am Wertermittlungsstichtag **auf einer als Gemeinbedarfsfläche tatsächlich ausgeübte Nutzung** kann sich dabei von der rechtlichen Zweckbindung unterscheiden. Beispielsweise kann eine privatwirtschaftlich (z. B. landwirtschaftlich) genutzte Fläche in einem Bebauungsplan als öffentliches Straßenland festgesetzt sein oder eine noch im Bebauungsplan als Straßenland festgesetzte und so auch genutzte Fläche steht zur Umnutzung (Rückbau) an. Solche Umnutzungsprozesse sind häufig auch Anlass einer Verkehrswertermittlung. **132**

Vor diesem Hintergrund wird **bei der Bewertung von Gemeinbedarfsflächen grundsätzlich zwischen drei Fallgestaltungen unterschieden** (vgl. Nr. 5.1 WERTR): **133**

a) *künftiger Gemeinbedarf:* Gemeinbedarfsflächen, die sich in dieser Eigenschaft (noch) nicht im Eigentum der öffentlichen Hand befinden und ggf. im Wege einer Enteignung erworben werden können;

b) *bleibender Gemeinbedarf:* Gemeinbedarfsflächen im Eigentum der öffentlichen Hand, die auf absehbare Zeit einer öffentlichen Zweckbindung vorbehalten bleiben;

c) *abgehender Gemeinbedarf:* Gemeinbedarfsflächen im Eigentum der öffentlichen Hand, deren öffentliche Zweckbindung aufgegeben wird.

Dieser Unterscheidung kommt auch für die Wahl des sachgerechten Wertermittlungsverfahrens eine entscheidende Bedeutung zu. **134**

Zur **Ermittlung des Bodenwerts von Gemeinbedarfsflächen** wird auf die Ausführungen im Teil V Rn. 94 und 100 ff., 595 ff.; Teil VI Rn. 111 ff. verwiesen. Da Gemeinbedarfsflächen extra commercium stehen, handelt es sich bei den dort beschriebenen Verfahren um besondere Verfahren, denen eine gedankliche Hilfskonstruktion zugrunde liegt. Soweit es um einen **135**

3.5 Teilfläche (Vorgarten)

3.5.1 Allgemeines

Schrifttum: *Fuhlendorf, H.*, Die Bewertung von Straßenverbreiterungsflächen bei der Feststellung der Enteignungsentschädigung, NJW 1966, 581; *Sasse, R.*, Bewertung von abzutretenden Vorlandflächen im Enteignungsverfahren bei Ertragsgrundstücken, HbgGE 1974, 326 sowie HbgGE 1973, 298.

▶ *Zum Mosaikverfahren vgl. Syst. Darst. des Vergleichswertverfahrens Rn. 256 ff.; zur Ermittlung des Entschädigungswerts von Teilflächen vgl. Teil V Rn. 666 ff.; im Übrigen § 6 ImmoWertV Rn. 285 ff.*

136 Zur Ermittlung des Verkehrswerts von Grundstücksteilflächen bedient man sich grundsätzlich der bereits vorgestellten Wertermittlungsverfahren. Da es sich hierbei häufig um nicht vermarktungsfähige Grundstücksflächen handelt, die allenfalls einen **eingeschränkten Käuferkreis** (vielfach sogar nur einen einzigen Käufer) haben (extra commercium), stellt sich hier die Frage, ob für solche Flächen überhaupt ein gewöhnlicher Geschäftsverkehr besteht bzw. was als gewöhnlicher Geschäftsverkehr dafür (ersatzweise) gelten kann.

137 Die Praxis ist hier unterschiedliche Wege gegangen. Insbesondere im Zuge von **Straßenverbreiterungsmaßnahmen** ist vielerorts ein besonderer Grundstücksmarkt dadurch entstanden, dass z. B. für Vorgartengelände stets und ständig ein bestimmter Vomhundertsatz des jeweiligen Baugrundstücks das Marktgeschehen bestimmt. Diese Praxis läuft im Ergebnis auf die Anwendung des Vergleichswertverfahrens hinaus.

138 Darüber hinaus sind insbesondere
– das Differenzwertverfahren und
– die Proportionalmethode
hervorzuheben.

3.5.2 Differenzwertverfahren

Schrifttum: *Büchs*, Handbuch des Eigentums- und Entschädigungsrechts, 3. Aufl. 1966 S. 1110 ff.; *Vahle*, MDR 1981, 625 ff.; *Kreft*, WM 1982 Sonderbeil. Nr. 7 S. 19; *Gelzer/Busse/Fischer*, Entschädigungsanspruch, Rn. 280; *Aust/Jacobs/Pasternak*, Enteignungsentschädigung, 6. Aufl. 2007; Rn. 933.

▶ *Nähere Ausführungen Rn. 13, 306 sowie im Teil V Rn. 670 ff., Teil VI Rn. 613*

139 Bei Anwendung des Differenzwertverfahrens bemisst sich der Verkehrswert einer Teilfläche nach der **Differenz** aus
– dem Verkehrswerts **vor** der **Teilflächenabtretung und**
– dem Verkehrswert **nach der Teilflächenabtretung.**

140 Das Differenzwertverfahren kommt insbesondere bei der Verkehrswertermittlung von **Vorgartenflächen** zur Anwendung, die im Zuge von Straßenverbreiterungsmaßnahmen abgetreten werden. Der Vorteil des Verfahrens besteht insbesondere darin, dass mit dem Wertunterschied zugleich Vermögensvor- und -nachteile des Restgrundstücks berücksichtigt werden.

141 Die Anwendung des Differenzwertverfahrens auf **bebaute Grundstücke** ist i. d. R. nur auf der Grundlage der Differenz von Verkehrswerten möglich, die im Wege des Vergleichs- oder Sachwertverfahrens ermittelt wurden. Das Differenzwertverfahren auf der Grundlage zweier Ertragswerte ist dagegen i. d. R. ungeeignet zur Ermittlung des Werts von Teilflächen.

142 Das Differenzwertverfahren ist im Übrigen auch ein anerkanntes Verfahren zur Ermittlung der Entschädigungen für **Durchschneidungsschäden**.

3.5.3 Pauschalierte Bruchteilsbewertung

▶ *Nähere Ausführungen im Teil V Rn. 638, 674 ff.*

Zur Ermittlung des Werts von Vorgartenflächen, die z. B. zum Zwecke einer **Straßenverbreiterung** in Anspruch genommen werden sollen, bedient sich die Praxis der Bewertung nach einem Vomhundertsatz des Verkehrswerts der davon betroffenen Baulandflächen. 143

3.5.4 Proportionalverfahren

Unter dem Proportionalverfahren im weitesten Sinne versteht man die **Wertermittlung eines Grundstücksteils** (z. B. bei Teilabtretungen), eines Rechts an einem Grundstück, einer Wertminderung eines Grundstücks und dgl. **auf der Grundlage eines (proportionalen) Verhältnisses dieses „Teils" zum Gesamtwert.** Dieses Verfahren ist nur in sehr seltenen Fällen geeignet, und zwar nur dann, wenn tatsächlich ein proportionales Wertverhältnis besteht[94]. 144

Die Proportionalmethode findet im Übrigen auch Anwendung, wenn der **Abbau von Bodenschätzen durch einen Verkehrsweg abgeblockt** wird. 145

3.6 Warteständiges Bauland

▶ *Zur Verkehrswertermittlung vgl. Syst. Darst. des Vergleichswertverfahrens Rn. 425 ff.*

Der Verkehrswert warteständigen Baulands, worunter sowohl das sog. werdende Bauland (Bauerwartungsland und Rohbauland) als auch brach gefallenes baureifes Land verstanden wird, das ggf. einer rechtlichen und tatsächlichen Neuordnung bedarf (z. B. Gewerbebrache), wird **grundsätzlich** mithilfe des **Vergleichswertverfahrens** ermittelt. 146

In der Praxis stehen dafür jedoch häufig keine geeigneten oder eine ungenügende Anzahl geeigneter Vergleichspreise zur Verfügung. Hilfsweise weicht die Praxis in solchen Fällen auf 147

a) die sog. Zielbaummethode bzw.

b) das deduktive Verfahren (Extraktionsverfahren/Residualwertverfahren) aus.

3.7 Grundstücke im Zustand der Bebauung

3.7.1 Allgemeines

Schrifttum: *Schaper, D.,* Bewertung eines Einfamilienhauses im Rohbauzustand, GuG 2013, 99.

Als „Grundstücke im Zustand der Bebauung" lassen sich in Anlehnung an die steuerlichen Regelungen der §§ 91, 145 Abs. 1 Satz 4, § 149 und § 196 BewG Grundstücke definieren, bei denen mit den Abgrabearbeiten oder mit der Einbringung von Baustoffen zur planmäßigen Errichtung eines Gebäudes oder Gebäudeteils begonnen worden ist, sowie Gebäude oder Gebäudeteile, die noch nicht bezugsfertig sind. 148

3.7.2 Verkehrswertermittlung (ImmoWertV)

Die ImmoWertV enthält keine Regelungen zur Verkehrswertermittlung von Grundstücken im Zustand der Bebauung. Es sind die allgemeinen Grundsätze anzuwenden. 149

3.7.3 Beleihungswertermittlung (BelWertV)

▶ *Näheres hierzu im Teil IX Rn. 50, 164*

In § 4 Abs. 6 BelWertV ist der Beleihungswert eines „Grundstücks im Zustand der Bebauung" wie folgt geregelt: 150

---

[94] Zur Methode: BGH, Nichtannahmebeschl. vom 27.9.1990 – III ZR 57/89 –, GuG 1991, 31 = EzGuG 4.134; OLG Hamm, Urt. vom 12.7.1963 – 9 U 138/57 –, RdL 1963, 303 = EzGuG 14.15c.

IV § 8 ImmoWertV — Ermittlung des Verkehrswerts

„§ 4 Abs. 6 BelWertV

(4) Bei im Bau befindlichen Objekten ist der Beleihungswert der Zustandswert. Dieser ist die Summe aus dem Bodenwert (§ 15) und dem anteiligen Wert der baulichen Anlage. Der anteilige Wert der baulichen Anlagen errechnet sich aus dem Wert der baulichen Anlagen des fertig gestellten Objekts (§ 16) und dem erreichten Bautenstand. Der in Ansatz gebrachte Bautenstand ist von einer von der Pfandbriefbank ausgewählten fachkundigen, von Bauplanung und -ausführung unabhängigen Person festzustellen; § 7 Abs. 1 Satz 1 gilt entsprechend. In den Fällen, in denen der Ertragswert des planmäßig fertig gestellten Objekts unter dessen Sachwert liegt, darf der Zustandswert den anteiligen Ertragswert, der prozentual dem jeweiligen Bautenstand entspricht, nicht überschreiten."

3.7.4 Steuerliche Bewertung

▶ Vgl. Rn. 47; *§ 16 ImmoWertV Rn. 18, 129, 249; Vorbem. zur ImmoWertV Rn. 15 ff., 166; § 10 ImmoWertV Rn. 33 ff.*

Schrifttum: *Halaczinsky/Teß,* Grundbesitzbewertung für Erbfall und Schenkung, 2. Aufl., S. 72; *Horschitz/Groß/Schnur,* Bewertungsrecht, Grundsteuer, Erbschaft- und Schenkungssteuer, 15. Aufl. Schäffer/Pöschel 2001, S. 489; *Viskorf/Glier/Hübner/Knobel/Schuck,* Erbschaftsteuer- und Schenkungssteuer, Bewertungsgesetz, NWQ-Briefe, Herne Berlin 2001, S. 1555.

151 **Grundstücke im Zustand der Bebauung** können sowohl unbebaute als auch bebaute Grundstücke sein. Ein bebautes Grundstück liegt nur dann vor, wenn im Besteuerungszeitpunkt ein weiteres Gebäude (insgesamt) bezugsfertig war.

Nach § 91 BewG bleiben bei „Grundstücken, die sich am Feststellungszeitpunkt im Zustand der Bebauung befinden, … die nicht bezugsfertigen Gebäude oder Gebäudeteile (z. B. Anbauten oder Zubauten) bei der Ermittlung des Wertes außer Betracht." Der vorherige Abbruch eines Gebäudes oder Gebäudeteils ist noch nicht als Beginn der Baumaßnahme anzusehen. Des Weiteren fallen darunter Gebäude, wenn durch An-, Aus- oder Umbauten an einem bereits vorhandenen Gebäude neuer Wohn- oder Gewerberaum geschaffen wird. Der Zustand endet mit der Bezugsfertigkeit des ganzen Gebäudes, sofern es nicht in Bauabschnitten errichtet wird (ErbStR R B 178 Abs. 3). Modernisierungsmaßnahmen erfüllen diese Voraussetzung regelmäßig nicht.

Des Weiteren ist der **Grundbesitzwert für Zwecke der Grunderwerbsteuer** nach Maßgabe des § 149 BewG i. V. m. ErbStR 2011 (R B 196.1) zu ermitteln:

152 „§ 149 BewG Grundstücke im Zustand der Bebauung

(1) Ein Grundstück im Zustand der Bebauung liegt vor, wenn mit den Bauarbeiten begonnen wurde und Gebäude oder Gebäudeteile noch nicht bezugsfertig sind. Der Zustand der Bebauung beginnt mit den Abgrabungen oder der Einbringung von Baustoffen, die zur planmäßigen Errichtung des Gebäudes führen.

(2) Der Wert ist entsprechend § 146 unter Zugrundelegung der üblichen Miete zu ermitteln, die nach Bezugsfertigkeit des Gebäudes zu erzielen wäre. Von diesem Wert sind 80 Prozent als Gebäudewert anzusetzen. Dem Grundstückswert ohne Berücksichtigung der nicht bezugsfertigen Gebäude oder Gebäudeteile, ermittelt bei unbebauten Grundstücken nach § 145 Abs. 3 und bei bereits bebauten Grundstücken nach § 146, sind die nicht bezugsfertigen Gebäude oder Gebäudeteile mit dem Betrag als Gebäudewert hinzuzurechnen, der dem Verhältnis der bis zum Besteuerungszeitpunkt entstandenen Herstellungskosten zu den gesamten Herstellungskosten entspricht. Dieser Wert darf den Wert des Grundstücks, der nach Bezugsfertigkeit des Gebäudes anzusetzen wäre, nicht übersteigen.

(3) Ist die übliche Miete nicht zu ermitteln, ist der Wert entsprechend § 147 zu ermitteln.

Der **für die Grunderwerbsteuer maßgebliche Grundbesitzwert** bestimmt nach folgendem Schema:

	Wert des bebauten Grundstücks gemäß § 146 bzw. § 147 BewG nach Fertigstellung
–	20 % Abschlag
=	Fiktiver Gebäudewert nach Fertigstellung
	davon Anteil entsprechend Baufortschritt
+	Bodenwert (Wert des unbebauten Grundstücks)
–	Abrundung auf volle 500 EUR
=	Grundbesitzwert (Grunderwerbssteuer)

Nach dem gleich lautenden Erlass der obersten Finanzbehörden der Länder[95] ist folgendermaßen vorzugehen:

„Bei Grundstücken mit Gebäuden im Zustand der Bebauung, die nach § 147 BewG zu bewerten sind, sind dem Wert vor Beginn der Baumaßnahme, ermittelt auf den Besteuerungszeitpunkt, die bis zum Besteuerungszeitpunkt für die im Bau befindlichen Gebäude oder Gebäudeteile nach ertragsteuerlichen Bewertungsvorschriften anzusetzenden **Herstellungskosten** hinzuzurechnen. Dabei bleiben Abbruchkosten außer Betracht, weil sie sich bereits im Wert des Grund und Bodens vor Beginn der Baumaßnahme ausgewirkt haben (> R 189 Abs. 1)."

Der **Grundbesitzwert für Zwecke der Erbschaft- und Schenkungsteuer** ermittelt sich nach Maßgabe des § 196 BewG i. V. m. Abschn. 40 und 41 der Ländererlasse:

„**§ 196 BewG** Grundstücke im Zustand der Bebauung

(1) Ein Grundstück im Zustand der Bebauung liegt vor, wenn mit den Bauarbeiten begonnen wurde und Gebäude und Gebäudeteile noch nicht bezugsfertig sind. Der Zustand der Bebauung beginnt mit den Abgrabungen oder der Einbringung von Baustoffen, die zur planmäßigen Errichtung des Gebäudes führen.

(2) Die Gebäude oder Gebäudeteile im Zustand der Bebauung sind mit den bereits am Bewertungsstichtag entstandenen Herstellungskosten dem Wert des bislang unbebauten oder bereits bebauten Grundstücks hinzuzurechnen."

Der für die **Erbschaft- und Schenkungsteuer maßgebliche Grundbesitzwert** bestimmt sich nach folgendem Schema:

	Bodenwert nach § 179 BewG
+	Herstellungskosten bis zum Bewertungsstichtag
=	Grundbesitzwert (Erbschaft- und Schenkungsteuer)

4 Verkehrswertableitung aus den Ergebnissen der Wertermittlungsverfahren (§ 8 Abs. 1 Satz 3 ImmoWertV)

4.1 Übersicht

▶ *Vgl. Rn. 35*

Nach § 8 Abs. 1 Satz 3 ImmoWertV ist **der Verkehrswert (Marktwert)**

a) „aus dem Ergebnis ... des oder der herangezogenen Verfahren"

b) unter Würdigung seiner oder ihrer Aussagefähigkeit

zu ermitteln *(final reconciliation)*.

„**Ergebnis" des herangezogenen Verfahrens sind der Vergleichs-, Ertrags- oder Sachwert des Grundstücks**, die nach den Vorschriften des Abschnitts 3 unter ergänzender Berücksichtigung der allgemeinen Wertverhältnisse auf dem Grundstücksmarkt sowie der besonderen objektspezifischen Grundstücksmerkmale nach Maßgabe des § 8 Abs. 2 und 3 ImmoWertV ermittelt wurden. Es geht bei Anwendung dieser Vorschrift im Wesentlichen nur um die Würdigung des nach dem 2. Abschnitt ermittelten Verkehrswerts und nicht um die Ermittlung selbst.

Im Rahmen der mit § 8 Abs. 1 Satz 3 ImmoWertV angesprochenen **„Würdigung" des Ergebnisses** ist insbesondere eine Plausibilisierung der Verkehrswertermittlung angezeigt. So werden Verkehrswertermittlungen bebauter Grundstücke auf der Grundlage des Vergleichs-, Ertrags- oder Sachwertverfahrens vor allem unter Heranziehung geeigneter Ver-

---

[95] Gleich lautende Erlasse der obersten Finanzbehörden der Länder zur Umsetzung des Jahressteuergesetzes 2007 vom 2.4.2007 (BStBl I 2007, 314), nunmehr Erlass vom 5.5.2009 (GuG 2009, 225 ff.).

gleichsfaktoren bebauter Grundstücke (§ 13) plausibilisiert, soweit diese nicht nach § 15 Abs. 2 Satz 1 anstelle von Vergleichspreisen zur Anwendung gekommen sind. Darüber hinaus kann es bei unzureichenden Vergleichsdaten und unklaren Marktverhältnissen (sog. „Zeiten schwankender Preisverhältnisse") geboten sein, auf die daraus resultierende Unsicherheitsmarge der Verkehrswertermittlung hinzuweisen.

4.2 Aussagefähigkeit der herangezogenen Verfahren

155 Der vorgeschriebenen Würdigung der „Aussagefähigkeit" der herangezogenen Verfahren liegen i. d. R. die Kriterien zugrunde, die auch im Rahmen der „Wahl des Wertermittlungsverfahrens" nach § 8 Abs. 2 Satz 2 ImmoWertV zur Begründung der **Eignung des jeweiligen Verfahrens** maßgeblich sind. Dabei sind auch die „sonstigen Umstände des Einzelfalls", d. h. insbesondere die zur Verfügung stehenden Vergleichsdaten zu berücksichtigen. Das Ergebnis der Wertermittlung ist deshalb insbesondere im Hinblick auf die **Zuverlässigkeit der herangezogenen Vergleichsdaten** zu würdigen.

4.3 Berücksichtigung mehrerer Verfahrensergebnisse

156 In den überwiegenden Fällen ist nach der Art des Wertermittlungsobjekts und den für die Wahl des Wertermittlungsverfahrens maßgeblichen Grundsätzen die Anwendung eines bestimmten Wertermittlungsverfahrens a priori angezeigt. Kommt es zur Anwendung dieses Verfahrens, ist der Verkehrswert aus dem Ergebnis allein unter Würdigung der Aussagefähigkeit des herangezogenen Verfahrens zu ermitteln. Gleichwohl werden vielfach die Ergebnisse anderer Verfahren „nachrichtlich" ermittelt und bleiben unberücksichtigt. Beispielsweise wird bei „reinrassigen" Ertragswertobjekten vielfach auch der Sachwert ermittelt, um diesen im Anschluss zu „verwerfen". Dies erscheint unlogisch, kann aber gleichwohl sinnvoll sein, denn aus den unterschiedlichen Verfahrensergebnissen und aus einzelnen Elementen des unterstützend herangezogenen Wertermittlungsverfahrens können sich mitunter Erkenntnisse für das allein anzuwendende Verfahren ergeben. Daher ist es seit jeher Praxis, die nach den verschiedenen Wertermittlungsmethoden gewonnenen Ergebnisse miteinander zu vergleichen und daraus Anhaltspunkte für die endgültige Abschätzung der Grundstückswerte zu gewinnen[96]. Der Hinzuziehung von Ergebnissen anderer Wertermittlungsverfahren kommt daher auch eine **Kontroll- sowie Ergänzungs- bzw. Unterstützungsfunktion** zu.

157 Bei bestimmten Grundstücksarten können weder der Ertrags- noch der Sachwert als allein maßgeblicher Ausgangswert für den Verkehrswert angesehen werden[97] und schon von daher kommen Ertrags- und Sachwertverfahren zur Anwendung. Bei Anwendung mehrerer Verfahren sind mehr oder minder unterschiedliche Ergebnisse unvermeidbar[98]. Ergibt sich im konkreten Einzelfall, dass ein zu bewertendes **Objekt** seiner Natur nach **zum Teil als Sachwertobjekt und zum anderen Teil als Ertragswertobjekt** anzusehen ist, können Sach- und Ertragswerte entsprechend ihrer Gewichte oder auch in Addition eines angemessenen Vomhundertsatzes aggregiert werden, z. B. 70 v. H. des Ertragswerts zuzüglich 30 v. H. des Sachwerts[99].

Bei Anwendung mehrerer Wertermittlungsverfahren mit unterschiedlichen Ergebnissen ist im Rahmen der „Würdigung" der Aussagefähigkeit der Ergebnisse darzulegen,

– auf welches Wertermittlungsverfahren sich die Verkehrswertermittlung stützen soll bzw.
– wie die Ergebnisse unter „Würdigung ihrer Aussagefähigkeit" zu einem Gesamtergebnis zu kombinieren sind.

Dementsprechend sind in der Vergangenheit bei Anwendung mehrerer Verfahren mit mehr oder minder unterschiedlichen Ergebnissen die nach den verschiedenen Wertermittlungsme-

---

96 RG in Das Recht 1916, 515 und Pr. VBl. Bd. 29, S. 71.
97 BVerfG, Beschl. vom 16.10.1984 – 1 BvL 17/80 –, BVerfGE 67, 348 = EzGuG 20.107b.
98 BVerwG, Urt. vom 17.7.1958 – 1 C 209/57 –, BRS Bd. 8 Nr. 37 = EzGuG 4.10.
99 BGH, Beschl. vom 11.3.1993 – III ZR 24/92 –, GuG 1994, 116 = EzGuG 20.144b.

thoden gewonnenen Ergebnisse miteinander verglichen worden, um daraus Anhaltspunkte für die endgültige Abschätzung der Grundstückswerte zu gewinnen. Der Hinzuziehung von Ergebnissen anderer Wertermittlungsverfahren kam von daher eine **Kontroll-, Ergänzungs- und Unterstützungsfunktion** zu, insbesondere auch, um die Lage auf dem Grundstücksmarkt zu erfassen.

Nach der Systematik der ImmoWertV müssen sich – anders noch als nach der WertV 88/98 – auch bei **Ermittlung des Verkehrswerts unter Anwendung mehrerer Wertermittlungsverfahren nach Maßgabe der Verordnung grundsätzlich dieselben Ergebnisse** ergeben, wenn alle Wertermittlungsparameter in marktkonformer Weise zum Ansatz kommen. Es gibt nämlich nur einen Verkehrswert und deshalb müssen alle in der ImmoWertV geregelten Wertermittlungsverfahren mit der in § 8 Abs. 2 ImmoWertV vorgeschriebenen Berücksichtigung der „allgemeinen Wertverhältnisse auf dem Grundstücksmarkt", wenn sie in marktkonformer Weise auch berücksichtigt werden, zu ein und demselben Verkehrswert führen; von daher können sich allenfalls nur noch aus Rechenungenauigkeiten resultierende Unterschiede ergeben.

Um die Aussagefähigkeit der Ergebnisse würdigen zu können, müssen die zur Anwendung gekommenen Wertermittlungsverfahren insgesamt betrachtet werden. Hat man beispielsweise den Verkehrswert unter Anwendung des Sach- und Ertragswertverfahrens ermittelt, so können sich aus der **Größenordnung des herangezogenen Sachwertfaktors** (§ 14 Abs. 2 ImmoWertV) **Hinweise zur Eignung des Verfahrens und zur Aussagefähigkeit des Ergebnisses** ergeben. Ein Sachwertfaktor, der den vorläufigen Sachwert z. B. um 40 % und mehr korrigiert, spricht grundsätzlich gegen die Eignung des Verfahrens.

4.4 Mittelwertmethode (Berliner Verfahren)

In der Vergangenheit war die sog. Berliner Methode verbreitet. Nach dieser Methode wird der Verkehrswert des Grundstücks aus dem ungewichteten **arithmetischen Mittel aus Ertrags- und Sachwert** ermittelt. Das Verfahren fand unter der Bezeichnung Mittelwertmethode in der Rechtsprechung zunächst breite Anerkennung[100]. **158**

Die **Mittelwertmethode** hat ihre Herkunft vor allem **in der Unternehmensbewertung**[101], wo einerseits der längerfristige Substanzwert und andererseits konjunkturell schwankende Ertragsverhältnisse mit möglicherweise unsicheren Auswirkungen auf den Ertragswert zum Ausgleich gebracht werden sollen. Auch ist **bei neu errichteten Gewerbeobjekten davon auszugehen, dass der mit der Errichtung verkörperte Substanzwert bei sorgfältiger unternehmerischer Entscheidung im Einklang mit den künftigen Erträgen** und damit also mit dem Ertragswert **steht.** In der Verkehrswertermittlung wird, wie im Übrigen aber auch bei der Unternehmensbewertung, der Mittelwert spätestens seit dem letzten Weltkrieg abgelehnt. **159**

Es gibt gleichwohl kein allgemein gültiges Verbot, den Verkehrswert aus dem arithmetischen Mittel aus Ertrags- und Sachwertverfahren abzuleiten, wenn im konkreten Einzelfall beide Verfahren zur Marktwertermittlung geeignet sind. Es gibt mithin auch kein dementsprechendes **„Aggregationsverbot".** **160**

---

100 BGH, Urt. vom 10.7.1953 – V ZR 22/52 –, BGHZ 10, 171 = EzGuG 20.16; BGH, Urt. vom 13.5.1955 – V ZR 36/54 –, BGHZ 17, 236 = EzGuG 3.5; BGH, Urt. vom 18.9.1961 – VII ZR 118/60 –, BGHZ 35, 356 = EzGuG 3.17; BGH, Urt. vom 19.9.1962 – V ZR 138/61 –, NJW 1962, 2293 = EzGuG 3.19; BGH, Urt. vom 23.11.1962 – V ZR 148/60 –, BGHZ 39, 285 = EzGuG 20.32; BGH, Urt. vom 17.1.1973 – IV ZR 142/70 –, NJW 1973, 391 = NJW 1973, 509 = EzGuG 20.53a; BGH, Urt. vom 30.9.1981 – IVa ZR 127/80 –, NJW 1982, 575 = EzGuG 20.90b; OLG Köln, Beschl. vom 18.10.1958 – 9 W 20/58 –, MDR 1959, 223 = EzGuG 20.23; OLG Köln, Urt. vom 16.9.1960 – 4 U 152/59 –, NJW 1961, 285 = EzGuG 20.27; BFH, Urt. vom 28.3.1984 – IV R 224/81 –, EzGuG 20.106; ablehnend jedoch bereits ProVG, Urt. vom 10.6.1920 – VII C 183/31 –, EzGuG 19.1; ProVG, Urt. vom 11.3.1897 – VIII a 66 –, EzGuG 19.2c; OLG Düsseldorf, Urt. vom 11.3.1988 – 7 U 4/86 –, BB 1988, 1001 = EzGuG 20.12.

101 BGH, Urt. vom 1.7.1982 – IX ZR 344/81 –, NJW 1982, 2441 = EzGuG 20.99a; BGH, Urt. vom 30.9.1981 – IVa ZR 127/80 –, NJW 1982, 575 = EzGuG 20.90b; BGH, Urt. vom 17.1.1973 – IV ZR 142/70 –, NJW 1973, 509 = EzGuG 20.53b; OLG Düsseldorf, Urt. vom 27.1.1984 – 3 UF 50/83 –, FamRZ 1984, 699 = EzGuG 11.142g.

Werden mehrere Verfahren zur Marktwertermittlung herangezogen, ist der **Marktwert** nach § 8 Abs. 3 ImmoWertV **aus dem Ergebnis des oder der herangezogenen Verfahren unter Würdigung seines oder ihrer Aussagefähigkeit zu ermitteln**[102]. Sind bei Anwendung des Ertrags- und Sachwertverfahrens unter Würdigung der Aussagefähigkeit der ermittelte Ertrags- und Sachwert gleichgewichtig, so muss nach dieser Vorschrift sogar das arithmetische Mittel gebildet werden. Allein die Tatsache, dass das Ertrags- und Sachwertverfahren in der ImmoWertV als gleichrangige Wertermittlungsmethoden aufgeführt sind, bedeutet allerdings nicht, dass auch die Ergebnisse aus dem Ertrags- und Sachwertverfahren für die Verkehrswertermittlung eines einzelnen Objekts gleichgewichtig sind, um daraus das Mittel bilden zu können. Vielmehr müssen im konkreten Fall die Ergebnisse aus **Ertrags- und Sachwertverfahren** nach ihrer Aussagefähigkeit für die Verkehrswertermittlung **gleichrangig** sein. Dabei sind vor allem die in § 8 Abs. 1 Satz 2 ImmoWertV genannten Kriterien für die Wahl der Verfahren und ihre Eignung für die Marktwertermittlung in die Betrachtung einzustellen.

Bei alledem kann nicht ausgeschlossen werden, dass der Marktwert in sachgerechter Weise aus dem einfachen arithmetischen Mittel aus Ertrags- und Sachwert abzuleiten ist, jedoch wäre dies ein eher seltener Ausnahmefall. Dies hat seinen Niederschlag in der Rechtsprechung des BGH gefunden. Der BGH hat im Hinblick auf die zumeist einem bestimmten Wertermittlungsverfahren vorbehaltene Nutzung einer Immobilie ausgeführt: „In solchen Fällen lässt sich der Verkehrswert nur entweder nach dem Ertragswert oder nach dem Sachwert bestimmen, zumindest muss eine der Größen den Vorrang haben, während die anderen nur zur Wertkorrektur in beschränktem Rahmen herangezogen werden dürfen."[103]

161 In der **steuerlichen Bewertung** wird es nicht als sachgerecht angesehen, den Verkehrswert schematisch durch Mittelung von Ertragswert und Sachwert zu bestimmen[104].

162 Wenn das BVerwG in einer Entscheidung zum **Vermögensrecht** [105] und in diesem Zusammenhang zur Frage der Überschuldung eines Grundstücks die Mittelwertmethode hat gelten lassen, so lag hier ein Sonderfall vor, weil das Gericht in diesem Fall die in der DDR maßgeblichen Bewertungsrichtlinien vom 4.5.1960[106] weiterhin zur Anwendung kommen lassen wollte. Diese Richtlinien sind nicht auf die Ermittlung von Verkehrswerten i. S. des § 194 BauGB ausgelegt.

Des Weiteren ist zur Anwendung der Mittelwertmethode auf die Rechtsprechung des BGH bei der **Bewertung von Unternehmen im Rahmen der Zugewinngemeinschaft** hinzuweisen[107].

163 Bei alledem ist nur in besonderen Fällen, wie z. B. bei **Schadensersatzermittlungen wegen Baukostenüberschreitung,** vom Mittelwert auszugehen[108].

---

102 BR-Drucks. 265/72, S. 13.
103 BGH, Beschl. vom 11.3.1993 – III ZR 24/92 –, EzGuG 20.144a = GuG 1994, 116; BGH, Urt. vom 13.7.1970 – VII ZR 189/68 –, WM 1968, 617 = EzGuG 20.49; BFH, Urt. vom 28.3.1984 – IV R 224/81 –, EzGuG 20.106; OLG Stuttgart, Urt. vom 18.1.1967 – 13/6 U 194/63 –, NJW 1967, 2410 = EzGuG 8.19; OLG Düsseldorf, Urt. vom 14.7.1988 – 6 (9) UF 151/86 –, GuG 1990, 46 = EzGuG 20.125.
104 BFH, Urt. vom 3.12.2008 – II R 19/08 –, GuG 2009/248.
105 BVerwG, Urt. vom 16.3.1995 – 7 C 39/93 –, GuG 1995, 246 = EzGuG 10.9; BVerwG, Urt. vom 7.6.1999 – 8 B 99/99 –, GuG 2000, 58.
106 GuG 1996, 228.
107 BGH, Urt. vom 23.10.1985 – IVb 32/84 –, NJW-RR 1986, 228 = MDR 1986, 297 = FamRZ 1986, 37 = WM 1986, 234 = BB 1986, 91.
108 OLG Hamm, Urt. vom 22.4.1993 – 21 U 39/92 –, NJW-RR 1994, 211 = EzGuG 20.114c.

5 Marktanpassung (§ 8 Abs. 2 Nr. 1 ImmoWertV)

5.1 Allgemeines

▶ *Vgl. § 14 ImmoWertV Rn. 1 ff.*

§ 8 Abs. 2 ImmoWertV schreibt **für alle zur Anwendung kommenden Wertermittlungsverfahren** vor, dass „*in* den Wertermittlungsverfahren" nach dem 3. Abschnitt (Vergleichs-, Ertrags- und Sachwertverfahren) noch vor der Berücksichtigung der besonderen objektspezifischen Grundstücksmerkmale die „allgemeinen Wertverhältnisse auf dem Grundstücksmarkt" zu berücksichtigen sind (Marktanpassung). 164

Zur Berücksichtigung der allgemeinen Wertverhältnisse auf dem Grundstücksmarkt (Marktanpassung) „sollen" nach § 14 Abs. 1 ImmoWertV 165

- bei *Anwendung des Sachwertverfahrens* die „Sachwertfaktoren" nach § 14 Abs. 2 ImmoWertV und
- bei *Anwendung des Ertragswertverfahrens* die „Liegenschaftszinssätze" nach § 14 Abs. 3 ImmoWertV (vgl. auch § 17 Abs. 2 und 3 i. V. m. § 20 ImmoWertV)

herangezogen werden, d. h., die Verordnung verpflichtet den Anwender zur Heranziehung der von den Gutachterausschüssen für Grundstückswerte abgeleiteten und veröffentlichten Liegenschaftszinssätze und Sachwertfaktoren; die Heranziehung anderer Marktanpassungsfaktoren ist mithin grundsätzlich unzulässig.

Sowohl die Marktanpassung als auch die Berücksichtigung der besonderen objektspezifischen Grundstücksmerkmale ist integraler Bestandteil der im 3. Abschnitt geregelten Wertermittlungsverfahren. Dabei wird mit § 8 Abs. 2 ImmoWertV ausdrücklich vorgeschrieben, dass die **Marktanpassung** noch **vor der Berücksichtigung besonderer objektspezifischer Grundstücksmerkmale** vorzunehmen ist. Die vorgegebene Reihenfolge entspricht der in der Vorauflage dargelegten Vorgehensweise und ist darin begründet, dass Marktanpassungsfaktoren i. d. R. aus Vergleichspreisen von Grundstücken abgeleitet werden, die keine besonderen Grundstücksmerkmale aufweisen und ordnungsgemäß bewirtschaftet worden sind („Normalfälle"). Sie beziehen sich mithin auf Objekte ohne Baumängel oder Bauschäden bzw. instandsetzungsrückstaufreie Objekte. Dies gilt für die nach § 14 Abs. 2 Nr. 1 ImmoWertV von den Gutachterausschüssen für Grundstückswerte abgeleiteten Sachwertfaktoren zur Anpassung des Sachwerts an den Verkehrswert gleichermaßen wie für andere Erfahrungssätze. 166

Entsprechend dem Grundsatz der Modellkonformität ist es geboten, die in einem Vomhundertsatz angegebenen Marktanpassungsfaktoren im ersten Schritt auf den Wert anzuwenden, der sich für das Objekt ohne **Berücksichtigung besonderer objektspezifischer Grundstücksmerkmale** ergibt. Diese werden dann erst im zweiten Schritt berücksichtigt. Im nachfolgenden Beispiel wird dies am Fall eines Grundstücks erläutert, dessen Bebauung einen nicht unbedeutsamen **Instandsetzungsrückstau** aufweist. 167

Beispiel: 168

Der Sachwert eines instandsetzungsfrei bebauten Grundstücks wurde ermittelt zu	1 000 000 €
Die Kosten der Beseitigung eines Instandsetzungsrückstaus belaufen sich auf den Betrag von	400 000 €
Der Marktanpassungsabschlag belaufe sich aufgrund von Erfahrungssätzen für den instandsetzungsfrei ermittelten Sachwert auf – 30 %; Sachwertfaktor ist mithin	0,7

IV § 8 ImmoWertV — Ermittlung des Verkehrswerts

Verkehrswertermittlung:

Verkehrswertermittlung:

Falsch:		Richtig:	
Sachwert	1 000 000 €	Sachwert	1 000 000 €
– Instandsetzung	– 400 000 €	Marktanpassung	
= Sachwert (vermindert)	600 000 €	30 v. H. von 1 000 000 €	– 300 000 €
Marktanpassung 30 v. H. von 600 000 €	– 180 000 €	– Instandsetzung	– 400 000 €
Verkehrswert	= **420 000 €**	Verkehrswert	= **300 000 €**

Δ 120 000 €

Fehler:
420 000 € – 300 000 € = 120 000 €

169 Das *Beispiel* macht deutlich, dass die Marktwertermittlung grob fehlerhaft wird, wenn die Sachwertfaktoren in falscher Reihenfolge erst auf den um die Instandsetzungskosten verminderten Sachwert zur Anwendung kommen.

170 **Die vorgeschriebene** Marktanpassung sowie die vorgegebene **Reihenfolge** der Berücksichtigung einer Marktanpassung und besonderer objektspezifischer Grundstücksmerkmale **sind auch zu beachten, wenn die objektspezifischen Grundstücksmerkmale direkt in die Vergleichs-, Ertrags- und Sachwertermittlung Eingang gefunden haben** (vgl. Rn. 3, 178). Auch in diesem Fall müsste im vorstehenden Beispiel die Anwendung des Sachwertfaktors auf einen „direkt" ermittelten Sachwert von 600 000 € zu einem fehlerhaften Ergebnis führen.

Aus alledem folgt, dass der **Wertanteil der besonderen objektspezifischen Grundstücksmerkmale im Falle seiner „direkten" Berücksichtigung „in" dem zur Anwendung kommenden Wertermittlungsverfahren** wieder **„herausgerechnet" werden muss,** um die Marktanpassung in der durch § 8 Abs. 2 ImmoWertV vorgegebenen Reihenfolge berücksichtigen zu können. Eine „internalisierende" Berücksichtigung der besonderen objektspezifischen Grundstücksmerkmale in dem Verfahren selbst (vgl. Rn. 181) bietet von daher keine wertermittlungstechnischen Vorteile.

Der vorstehenden Auslegung entspricht auch der Wortlaut des § 8 Abs. 2 ImmoWertV. Die darin vorgegebene Reihenfolge ist unabhängig davon zu beachten, dass die besonderen objektspezifischen Grundstücksmerkmale bereits „in" dem herangezogenen Verfahren berücksichtigt worden sind oder erst nachträglich berücksichtigt werden. Nach dem RegEntw in seiner 1. Fassung (vgl. Vorbem. zur ImmoWertV Rn. 14) sollte dagegen die Reihenfolge eingeschränkt nur zu beachten sein, „soweit die besonderen objektspezifischen Grundstücksmerkmale bei der Anwendung der jeweils herangezogenen Verfahren ... noch nicht berücksichtigt sind"[109]. Dies ist aus den vorstehend dargelegten Gründen fachlich nicht vertretbar und ist aus gutem Grunde vom Bundesrat nicht mitgetragen worden[110]. Die in die Verordnung aufgenommene Regelung folgt einer entsprechenden Empfehlung des Bundesrates.

5.2 Vergleichswertverfahren

▶ *Vgl. Syst. Darst. des Vergleichswertverfahrens Rn. 1 ff.*

171 Ausgangspunkt des Vergleichswertverfahrens sind im gewöhnlichen Geschäftsverkehr frei ausgehandelte Kaufpreise hinreichend vergleichbarer Grundstücke. Der Vorteil dieses Verfahrens gegenüber dem Sachwert- oder Ertragswertverfahren besteht darin, dass es **im Allgemeinen direkt zum Verkehrswert (Marktwert)** führt.

172 Bei Anwendung des **Vergleichswertverfahrens** findet die jeweilige Marktsituation bereits mit den auf den Wertermittlungsstichtag „umgerechneten" Kaufpreisen der Vergleichsgrund-

---

[109] BR-Drucks. 296/09 vom 3.4.2009, S. 7.
[110] BR-Drucks. 296/09 vom 15.5.2009, S. 1.

stücke Eingang in die Verkehrswertermittlung. Allerdings muss hierbei gewährleistet sein, dass die Markt- und Wertverhältnisse, unter denen die Vergleichskaufpreise zustande gekommen sind, noch mit den **am Wertermittlungsstichtag herrschenden allgemeinen Wertverhältnissen** auf dem Grundstücksmarkt übereinstimmen. Andernfalls muss auch beim Vergleichswertverfahren eine Marktanpassung vorgenommen werden.

5.3 Ertragswertverfahren

▶ *Vgl. Syst. Darst. des Ertragswertverfahrens Rn. 1 ff.*

Bei Anwendung des Ertragswertverfahrens finden – wie bei Anwendung des Vergleichswertverfahrens – die **allgemeinen Wertverhältnisse auf dem Grundstücksmarkt direkt Eingang in die Wertermittlung**, nämlich 173
- einerseits durch den Ansatz marktüblich erzielbarer Erträge und
- andererseits durch deren Kapitalisierung mit dem Liegenschaftszinssatz, der wiederum aus Kaufpreisen abgeleitet wird, die die Lage auf dem Grundstücksmarkt repräsentieren.

Eine Marktanpassung kann bei Anwendung des Ertragswertverfahrens geboten sein, wenn sich die Lage auf dem Grundstücksmarkt gegenüber den Verhältnissen verändert hat, die den Vergleichspreisen zugrunde lagen, die zur Ableitung des Liegenschaftszinssatzes herangezogen wurden. In diesem Fall erscheint es aber zweckmäßiger, den Liegenschaftszinssatz entsprechend zu modifizieren. 174

5.4 Sachwertverfahren

▶ *Näheres in der Syst. Darst. des Sachwertverfahrens Rn. 235 ff.; § 14 ImmoWertV Rn. 1 ff. sowie Anh. zu § 14 ImmoWertV; zur Marktanpassung bei der Beleihungswertermittlung vgl. Teil IX Rn. 338 ff.*

Die in § 8 Abs. 2 ImmoWertV angesprochene Marktanpassung sowie die vorgegebene Reihenfolge der Berücksichtigung einer Marktanpassung sind in erster Linie nur bei Anwendung des Sachwertverfahrens von Bedeutung. Während nämlich bei Anwendung des Vergleichs- und Ertragswertverfahrens die Lage auf dem Grundstücksmarkt mit den herangezogenen Vergleichspreisen bzw. mit dem aus Marktpreisen abgeleiteten Liegenschaftszinssatz direkt in die Wertermittlung eingeht, wird bei Anwendung des Sachwertverfahrens der sich nach Maßgabe der §§ 21 bis 23 ImmoWertV vornehmlich **an Herstellungskosten orientierende (vorläufige) Sachwert erst mit dem Sachwertfaktor an die Lage auf dem Grundstücksmarkt „justiert".** 175

So können z. B. bei der Verkehrswertermittlung **aufwendig gebauter Einfamilienhäuser (Villen)** im weiteren Umkreis der Stadtzentren, bei deren Verkauf die im Gebäude und den Außenanlagen verkörperten Herstellungskosten regelmäßig nicht realisiert werden können, erhebliche Marktabschläge erforderlich werden. Allgemein und insbesondere für Ein- und Zweifamilienhäuser, auf die sich die Bedeutung des Sachwertverfahrens im Wesentlichen beschränkt, gilt, dass der „bloße" (vorläufige) Sachwert (nach den §§ 21 bis 23 ImmoWertV) 176
- einerseits umso mehr hinter den Verkehrswert zurückfällt, je aufwendiger das Objekt bebaut ist, und
- andererseits wiederum umso mehr hinter den Verkehrswert zurückfällt, je größer das Missverhältnis zwischen der baulichen Qualität und der Lage ist; bei hochwertigen Ein- und Zweifamilienhäusern in schlechter einschließlich einer ungünstigen Entfernungslage öffnet sich die Schere zwischen Sach- und Verkehrswert.

Demgegenüber liegt bei besonders **kleinen Objekten** der Verkehrswert häufig über dem Sachwert.

Sachwertfaktoren (bzw. Marktanpassungszu- oder -abschläge) müssen deshalb gerade bei Anwendung des Sachwertverfahrens **begründet werden.** Sie sind begründet, wenn sie aus Vergleichspreisen empirisch abgeleitet worden sind (vgl. § 14 ImmoWertV). 177

6 Berücksichtigung besonderer objektspezifischer Grundstücksmerkmale (§ 8 Abs. 3 ImmoWertV)

6.1 Allgemeines

6.1.1 Verkehrswertermittlung (ImmoWertV)

▶ *Vgl. Rn. 3 sowie Rn. 389 ff.; Vorbem. zur ImmoWertV Rn. 34; Syst. Darst. des Sachwertverfahrens Rn. 235; Syst. Darst. des Verlgeichswertverfahrens Rn. 176; § 9 ImmoWertV Rn. 16; § 14 ImmoWertV Rn. 94; zur Berücksichtigung des Denkmalschutzes vgl. Rn. 386 sowie Teil V Rn. 730 ff., 808 ff.*

178 § 8 Abs. 3 ImmoWertV ist eine Vorschrift von zentraler Bedeutung. Die Regelung führt ohne Anspruch auf Vollständigkeit eine Reihe „besonderer objektspezifischer Grundstücksmerkmale" auf, die im Anschluss an die Ermittlung des (vorläufigen) Vergleichs-, Ertrags- und Sachwerts nach dem 3. Abschnitt zu berücksichtigen sind. Wie die **„besonderen objektspezifischen Grundstücksmerkmale"** nachträglich zu berücksichtigen sind, stellt die Verordnung mit der „Kann-Vorschrift" des § 8 Abs. 3 ImmoWertV in das Ermessen des Anwenders. Sie können durch Zu- oder Abschläge oder in anderer geeigneter Weise berücksichtigt werden.

Die **Berücksichtigung der „besonderen objektspezifischen Grundstücksmerkmale" (Anomalien) ist** gleichwohl **integraler Bestandteil der Vergleichs-, Ertrags- und Sachwertermittlung nach dem 3. Abschnitt**. Dies ergibt sich aus § 8 Abs. 2 ImmoWertV, nach dem diese „in" dem Wertermittlungsverfahren zu berücksichtigen sind.

179 **Besondere objektspezifische Grundstücksmerkmale** sind Grundstücksmerkmale, die den Marktwert eines Grundstücks (Verkehrswert) beeinflussen und bei der Ermittlung des vorläufigen Vergleichs-, Ertrags- und Sachwerts nach dem dritten Abschnitt der ImmoWertV noch keine Berücksichtigung „in" dem Wertermittlungsverfahren gefunden haben. Als „besondere objektspezifische Grundstücksmerkmale" führt § 8 Abs. 3 ImmoWertV in Anlehnung an die WertV 88/98 auf:

– eine wirtschaftliche Überalterung (früher § 25 WertV 88),

– einen überdurchschnittlichen Erhaltungszustand (früher § 25 WertV 88),

– Baumängel und Bauschäden (früher § 24 WertV 88) sowie

– von den marktüblich erzielbaren Erträgen erheblich abweichende Erträge *(over-* und *underrented)* aufgrund wohnungs-, miet- und sonstiger vertragsrechtlicher Bindungen (vgl. § 5 Abs. 2 ImmoWertV; früher § 19 WertV 88).

Die genannten objektspezifischen Grundstücksmerkmale waren in der WertV 88 jeweils unter der Überschrift „Sonstige wertbeeinflussende Umstände" einerseits nur im Rahmen der Regelungen zum Ertragswertverfahren (§ 19 WertV 88) und andererseits nur im Rahmen des Sachwertverfahrens (§ 25 WertV) ausdrücklich hervorgehoben, obwohl derartige Grundstücksmerkmale sowohl bei Ertrags- als auch Sachwertobjekten und im Übrigen auch bei Vergleichsobjekten vorliegen können. Baumängel und Bauschäden waren in der WertV 88/98 nur im Rahmen des Sachwertverfahrens (§ 24 WertV 88) genannt, während in den Regelungen zum Ertragswertverfahren von „Abweichungen vom normalen baulichen Zustand" (§ 19 WertV 88) die Rede war.

180 Die Aufzählung ist unvollständig und lässt den wesentlichen Aspekt der nachträglichen Berücksichtigung objektspezifischer Grundstücksmerkmale außer Betracht. § 8 Abs. 2 und 3 ImmoWertV zielt nämlich darauf ab, dass insbesondere bei der vorgeschriebenen Heranziehung von Marktanpassungsfaktoren (Sachwertfaktoren), Liegenschaftszinssätzen (Ertragswertverfahren) oder Vergleichsfaktoren bebauter Grundstücke (Vergleichswertverfahren) der **Grundsatz der Modellkonformität** (vgl. Vorbem. zur ImmoWertV Rn. 34) zur Anwendung kommt, denn diese werden nämlich in aller Regel aus Kaufpreisen von Grundstücken abgeleitet, die keine ungewöhnlichen Besonderheiten aufweisen und sich auf die durchschnittlichen

Eigenschaften der ausgewerteten Kaufpreise der herangezogenen Grundstücke beziehen (Grundstücksmerkmale des „Referenz- bzw. Normgrundstücks"). Demzufolge werden bei konsequenter Beachtung des Grundsatzes der Modellkonformität der vorläufige Vergleichs-, Ertrags- und Sachwert nach dem 3. Abschnitt grundsätzlich zunächst auf der Grundlage der Grundstücksmerkmale abgeleitet, die den Sachwertfaktoren, Liegenschaftszinssätzen bzw. Vergleichsfaktoren bebauter Grundstücke zugrunde liegen. Die besonderen objektspezifischen Grundstücksmerkmale werden nach Maßgabe des § 8 Abs. 2 und 3 ImmoWertV erst nachträglich berücksichtigt, es sei denn, sie können durch entsprechend „angepasste" Liegenschaftszinssätze, Vergleichs- oder Sachwertfaktoren erfasst werden (vgl. Anpassungsfaktoren bei § 14 ImmoWertV Rn. 41, 137).

Weichen also die Merkmale des zu bewertenden Grundstücks erheblich von den Grundstücksmerkmalen ab, die der Ableitung der herangezogenen Sachwertfaktoren, Liegenschaftszinssätze oder Vergleichsfaktoren bebauter Grundstücke zugrunde lagen, fallen alle verbleibenden Abweichungen des zu bewertenden Grundstücks als „besondere objektspezifische Grundstücksmerkmale" (einschließlich der Berücksichtigung von Rechten und Belastungen) unter den Regelungsgehalt des § 8 Abs. 2 und 3 ImmoWertV.

> **„Besondere objektspezifische Grundstücksmerkmale" sind** bei konsequenter Beachtung des Grundsatzes der Modellkonformität **mithin solche Grundstücksmerkmale, die**
>
> a) von den Grundstücksmerkmalen der Referenzgrundstücke abweichen, die den herangezogenen Liegenschaftszinssätzen (§ 14 Abs. 3 ImmoWertV), Marktanpassungsfaktoren und insbesondere Sachwertfaktoren (§ 14 Abs. 2 ImmoWertV) oder Vergleichsfaktoren bebauter Grundstücke (§ 13 ImmoWertV) zugrunde liegen und
>
> b) auch nicht direkt mit den genannten erforderlichen Daten der Wertermittlung berücksichtigt werden.

Zu den nach Maßgabe des § 8 Abs. 3 ImmoWertV ergänzend zu berücksichtigenden **„besonderen objektspezifischen Grundstücksmerkmalen" können** über die in dieser Vorschrift ausdrücklich genannten Besonderheiten vor allem **auch bodenbezogene Besonderheiten sowie besondere Eigenschaften der baulichen und sonstigen Anlage gehören.** Soweit also bei konsequenter Beachtung des Grundsatzes der Modellkonformität z. B. der vorläufige Sachwert auf der Grundlage der Grundstücksmerkmale abgeleitet worden ist, die dem herangezogenen Sachwertfaktor zugrunde liegen, müssen davon abweichende Besonderheiten des Grund und Bodens sowie der baulichen und sonstigen Anlagen nach § 8 Abs. 3 ImmoWertV ergänzend berücksichtigt werden. Boden- und Gebäudewertermittlung werden damit auseinandergerissen (vgl. Rn. 3 sowie Rn. 389 ff.; Syst. Darst. des Sachwertverfahrens Rn. 235; Syst. Darst. des Vergleichswertverfahrens Rn. 176; § 9 ImmoWertV Rn. 16; § 14 ImmoWertV Rn. 94). Schließlich ist auch die ergänzende Berücksichtigung eines merkantilen Minderwerts hervorzuheben (vgl. Rn. 418).

Die Systematik der ImmoWertV ist in sich diesbezüglich **nicht widerspruchsfrei.** So wird im Rahmen des Vergleichswertverfahrens die direkte Berücksichtigung von abweichenden Grundstücksmerkmalen mit § 15 Abs. 1 Satz 4 sowie § 16 Abs. 1 Satz 4 ImmoWertV „im" Vergleichswertverfahren vorgegeben und der nach § 16 ImmoWertV unter Berücksichtigung besonderer objektspezifischer Merkmale des Grund und Bodens ermittelte Bodenwert soll bei der Ertrags- und Sachwertermittlung expressis verbis angesetzt werden (vgl. § 17 Abs. 2 und § 21 Abs. 1 ImmoWertV), jedoch kann es insbesondere bei Anwendung des Sachwertverfahrens geboten sein, den Bodenwert mit den Merkmalen anzusetzen, die dem Sachwertfaktor zugrunde liegen, und die abweichenden Merkmale des Grund und Bodens nachträglich zu berücksichtigen. Der Hinweis in § 21 Abs. 1 Satz 1 ImmoWertV auf den nach § 16 ImmoWertV ermittelten Bodenwert ist in diesem Fall falsch.

Die Vorschrift lässt darüber hinaus auch die nicht unbedeutenden „Rechte und Belastungen" unerwähnt. Rechte und Belastungen finden dagegen in § 6 ImmoWertV Erwähnung, und zwar als „weitere Grundstücksmerkmale". Diese Vorschrift führt im Wesentlichen die Grundstücksmerkmale auf, die in die Bodenwertermittlung Eingang finden sollen. Diese Sys-

IV § 8 ImmoWertV — Ermittlung des Verkehrswerts

tematik ergibt sich aus dem Einleitungssatz zu § 6 Abs. 5 Satz 2 ImmoWertV („Bei bebauten Grundstücken ..."), mit dem der Regelungsgehalt dieser Vorschrift (zusammen mit den Bestimmungen des § 6 Abs. 6 ImmoWertV über die Restnutzungsdauer baulicher Anlagen) von den übrigen Regelungen des § 6 ImmoWertV abgegrenzt wird. Aus der Systematik der ImmoWertV könnte deshalb geschlossen werden, dass z. B. die Wertminderung aufgrund eines Wege- oder Aussichtsrechts in die Bodenwertermittlung eingeht und im Rahmen der Ertrags- und Sachwertermittlung bereits mit dem Bodenwert berücksichtigt wird. Dies ist allerdings schon aus Gründen der Modellkonformität grundsätzlich abzulehnen.

Die Systematik der ImmoWertV ist allerdings dadurch „verschmutzt", dass in § 6 Abs. 2 ImmoWertV ergänzend die **„wohnungs- und mietrechtlichen Bindungen"** genannt werden, die i. d. R. keine Berücksichtigung bei der Bodenwertermittlung finden und als „besondere objektspezifische Grundstücksmerkmale" i. S. des § 8 Abs. 3 ImmoWertV gelten müssen; dementsprechend werden in § 8 Abs. 3 ImmoWertV auch die Folgen der wohnungs- und mietrechtlichen Bindungen angesprochen.

182 Die **besonderen objektspezifischen Grundstücksmerkmale** sind jedoch **nur insoweit** (im Anschluss an die Marktanpassung) zu berücksichtigen, **wie sie nicht bereits mit dem jeweils zur Anwendung gekommenen Verfahren** (nach den §§ 15 bis 23 ImmoWertV) **berücksichtigt worden sind.** Dabei ist zu beachten, dass sich für die einzelnen Wertermittlungsverfahren (Vergleichs-, Ertrags- und Sachwertverfahren) unterschiedliche Wege eröffnen, die besonderen objektspezifischen Grundstücksmerkmale bereits direkt, d. h. „innerhalb" des zur Anwendung kommenden Wertermittlungsverfahrens Rechnung zu tragen und sie damit zu internalisieren, von denen aber nicht Gebrauch gemacht werden muss (vgl. Rn. 170, **internalisierende Berücksichtigung besonderer objektspezifischer Grundstücksmerkmale**):

– Bei *Anwendung des Vergleichswertverfahrens* können sich die herangezogenen **Vergleichspreise** auf Grundstücke beziehen, **die die gleichen** besonderen **objektspezifischen Grundstücksmerkmale, wie das Wertermittlungsobjekt aufweisen.** In diesem Fall dürfen die Grundstücksmerkmale nicht noch zusätzlich nach § 8 Abs. 3 ImmoWertV berücksichtigt werden. Davon kann aber regelmäßig nicht ausgegangen werden, denn die Vorschrift spricht ausdrücklich „besondere" und damit außergewöhnliche objektspezifische Grundstücksmerkmale an.

– Bei *Anwendung des Ertragswertverfahrens* können die objektspezifischen Grundstücksmerkmale bereits mit den **angesetzten Erträgen, Bewirtschaftungskosten, einer entsprechend verlängerten oder verkürzten Restnutzungsdauer der baulichen Anlage oder auch mit dem Liegenschaftszinssatz** berücksichtigt worden sein. Erheblich von den marktüblich erzielbaren Erträgen abweichende Erträge *(over- und underrented)* aufgrund wohnungs- und mietrechtlicher Bindungen können beispielsweise bei Anwendung des mehrperiodischen (mehrphasigen) Ertragswertverfahrens nach § 17 Abs. 3 ImmoWertV direkt berücksichtigt werden. Grundsätzlich kann auch einem Instandsetzungsrückstau (Baumängel und Bauschäden) durch entsprechend geminderte Erträge direkt Rechnung getragen werden.

– Bei *Anwendung des Sachwertverfahrens* können Baumängel und Bauschäden (Instandsetzungsrückstau), eine wirtschaftliche Überalterung sowie ein überdurchschnittlicher Unterhaltungszustand im Wesentlichen nur mit der Alterswertminderung auf der Grundlage einer entsprechend verlängerten oder verkürzten Restnutzungsdauer der baulichen Anlage „direkt" berücksichtigt werden.

183 Wird von den Möglichkeiten einer „internalisierenden" Berücksichtigung besonderer objektspezifischer Grundstücksmerkmale kein Gebrauch gemacht oder können diese nicht „innerhalb" des zur Anwendung kommenden Wertermittlungsverfahrens berücksichtigt werden, so müssen sie gemäß § 8 Abs. 2 bis 3 ImmoWertV zusätzlich berücksichtigt werden (**externalisierende Berücksichtigung besonderer objektspezifischer Grundstücksmerkmale**). In jedem Fall muss dies zur Vermeidung von Doppelberücksichtigungen im Einzelnen geprüft werden.

184 Darüber hinaus sind die **besonderen objektspezifischen Grundstücksmerkmale von der Marktanpassung abzugrenzen**, denn es kann nicht ausgeschlossen werden, dass auch mit der Marktanpassung (Sachwertfaktor und Liegenschaftszinssatz) objektspezifische Grundstücksmerkmale (teilweise) berücksichtigt werden, die dann nicht als „besondere objektspezifische Grundstücksmerkmale" gelten können. Werden beispielsweise Liegenschaftszinssätze und Sachwertfaktoren aus Vergleichspreisen von Grundstücken abgeleitet, die ortstypische Baumängel bzw. Bauschäden aufweisen (z. B. nicht isolierte Keller), so wird diesem Grundstücksmerkmal mit der Marktanpassung auf der Grundlage des herangezogenen Liegenschaftszinssatzes bzw. Sachwertfaktors Rechnung getragen. Die Abgrenzung ist einfach zu lösen: Alles, was nicht mit den vom Gutachterausschuss veröffentlichten Marktanpassungsfaktoren und im Übrigen nicht „innerhalb" des zur Anwendung gekommenen Wertermittlungsverfahrens berücksichtigt wurde, ist nach der Auffangvorschrift des § 8 Abs. 3 ImmoWertV zu berücksichtigen.

Was aus heutiger Sicht als Baumangel oder Bauschaden angesehen wird, muss im Übrigen zum Zeitpunkt der Errichtung des Bauwerks nicht als ein Baumangel angesehen werden. Demzufolge können Zustandsmerkmale, die aus heutiger Sicht Baumängel oder Bauschäden darstellen (insbesondere bei älteren Gebäuden), durchaus einen „normalen baulichen Zustand" darstellen. Sind Liegenschaftszinssätze und Sachwertfaktoren aus den dafür vereinbarten Kaufpreisen abgeleitet worden, werden diese „Baumängel und Bauschäden" bereits mit deren Anwendung berücksichtigt. **185**

Bei ergänzender Berücksichtigung besonderer objektspezifischer Grundstücksmerkmale (externalisierende Berücksichtigung besonderer objektspezifischer Grundstücksmerkmale) sind die sich daraus ergebenden **Werterhöhungen und Wertminderungen bei allen zur Anwendung kommenden Wertermittlungsverfahren grundsätzlich gleich**. **186**

Im Übrigen wird in § 8 Abs. 3 ImmoWertV zur **Berücksichtigung einer Wertminderung aufgrund von Baumängeln und Bauschäden bzw. eines Instandsetzungsrückstaus** im Unterschied zu dem bisherigen Recht (§ 24 WertV 88/98) nicht mehr ausdrücklich auf die „für die Beseitigung am Ermittlungsstichtag erforderlichen Kosten" (Schadensbeseitigungskosten) hingewiesen. Diese waren schon nach bisherigem Recht lediglich eine „Hilfsgröße", die nur als „Grundlage" heranzuziehen war. Es kommt vielmehr entscheidend darauf an, in welcher Höhe diese im Grundstücksverkehr tatsächlich berücksichtigt werden. Nach der generellen Regelung des § 8 Abs. 3 ImmoWertV ist eine Wertminderung nur insoweit anzusetzen, wie „dies dem gewöhnlichen Geschäftsverkehr entspricht".

Dieser Gedanke lag bereits der WertV 88/89 zugrunde. Wörtlich heißt es in der Begründung zur WertV 88/89: „Auch bei Anwendung des Sachwertverfahrens sind insbesondere die Herstellungskosten (§ 22 WertV 88), die Wertminderung wegen Alters (§ 23 WertV 88) sowie Baumängeln und Bauschäden (§ 24 WertV 88) unter Berücksichtigung der Lage auf dem Grundstücksmarkt zu ermitteln. Nur so wird vermieden, dass bei Anwendung des Sachwertverfahrens Werte ermittelt werden, die nicht im Entferntesten der Lage auf dem Grundstücksmarkt entsprechen".[111]

Nach der Grundsatzregelung des § 8 Abs. 3 ImmoWertV **sind sämtliche besonderen objektspezifischen Grundstücksmerkmale insoweit zu berücksichtigen, wie „dies dem gewöhnlichen Geschäftsverkehr entspricht"**. Die damit vorgegebene marktkonforme Berücksichtigung besonderer objektspezifischer Grundstücksmerkmale bereitet der Praxis erhebliche Schwierigkeiten, da dafür keine oder allenfalls wenige Vergleichsdaten vorliegen und auf allgemeine **Erfahrungssätze** zurückgegriffen werden muss. Anhaltspunkte dafür können – unabhängig von dem zur Anwendung kommenden Wertermittlungsverfahren – sein: **187**

a) die **Kosten z. B. zur Beseitigung von Baumängeln und Bauschäden bzw. eines Instandsetzungsrückstaus** oder einer nicht zeitgemäßen Beschaffenheit (wirtschaftliche Überalterung) der baulichen Anlage *(sachwertbezogene Vorgehensweise)*,

---

111 BR-Drucks. 352/88, S. 44.

IV § 8 ImmoWertV — Ermittlung des Verkehrswerts

b) die **ertragswirtschaftlichen Auswirkungen** der Behebung einer vom Üblichen abweichenden Beeinträchtigung bzw. eines überdurchschnittlichen Grundstückszustands *(ertragswertbezogene Vorgehensweise)*.

Generell ist dabei der ertragswertbezogenen Vorgehensweise der Vorzug zu geben, insbesondere wenn die Kosten den Nutzen überschreiten, denn ein Eigentümer würde dann entsprechende Maßnahmen nicht ergreifen. Etwas anderes muss allerdings für unabweisbare (nicht disponible) Schadensbeseitigungskosten gelten, die aufgebracht werden müssen, um den Wert der Immobilie zu erhalten.

6.1.2 Beleihungswertermittlung (BelWertV)

▶ *Vgl. hierzu Teil XI*

188 § 4 Abs. 5 BelWertV i. V. m. § 16 Abs. 1 BelWertV enthält eine von der Sachwertermittlung nach der ImmoWertV abweichende Regelung, beschränkt allerdings auf Baumängel und Bauschäden (bzw. Instandhaltungsrückstau) oder einen „sonstigen Aufwand". **Baumängel und Bauschäden (Instandhaltungsrückstau) werden in § 16 Abs. 1 BelWertV nicht als ein im Rahmen der Sachwertermittlung zu berücksichtigender „wertbeeinflussender Umstand" genannt.** Sie sind nach § 4 Abs. 5 BelWertV als „gesonderter Wertabschlag" zu berücksichtigen und der Beleihungswert ist „entsprechend anzupassen".

§ 4 Abs. 5 BelWertV hat folgende Fassung:

„(5) Ein zum Zeitpunkt der Bewertung erkennbarer Instandhaltungsrückstau oder sonstiger baulicher Aufwand sowie Baumängel und Bauschäden sind auf der Grundlage der für ihre Beseitigung am Wertermittlungsstichtag erforderlichen Aufwendungen oder nach Erfahrungssätzen als gesonderter Wertabschlag zu berücksichtigen. Der Beleihungswert ist entsprechend anzupassen."

Die BelWertV lässt zur **Ermittlung dieses „gesonderten Wertabschlags"** damit grundsätzlich Abschläge nach Erfahrungssätzen sowie entsprechende Abschläge auf der Grundlage der Schadensbeseitigungskosten zu und schließt im Umkehrschluss unverständlicherweise eine Berücksichtigung durch eine entsprechend verminderte Restnutzungsdauer aus.

Nach § 18 BelWertV sind dagegen (in Anlehnung an § 25 WertV 88/98) „sonstige nach den §§ 16 und 17 (BelWertV) bisher noch nicht erfasste, den Wert beeinflussende Umstände, insbesondere eine **wirtschaftliche Überalterung, ein über- oder unterdurchschnittlicher Erhaltungszustand und ein erhebliches Abweichen der tatsächlichen von der vorgesehenen Nutzung** ... durch Zu- oder Abschläge oder in anderer geeigneter Weise zu berücksichtigen".

6.2 Baumängel und Bauschäden (Instandhaltungsrückstau)

Schrifttum: *Auernhammer, H. E.,* Verfahren zur Bestimmung von Wertminderungen bei Baumängeln und Bauschäden, BauR 1978, 356; *Bachmann, S.,* Wertminderung einer mit Fogging belasteten Liegenschaft, GuG 2008, 346; *Oswald, R.,* Ausmaß und Schwerpunkte der Bauschäden an den Fertigteilwohnungsbauten der neuen Bundesländer, DAB 1993, 1511.

6.2.1 Begriffe

6.2.1.1 Baumängel und Bauschäden

189 Über die Begriffsdefinition „Bauschaden" und „Baumangel" bestehen unterschiedliche Auslegungen. Das hat zur Folge, dass beide Begriffe miteinander verwechselt werden. Das Baurecht kennt nur den Begriff **Baumangel**.

Unter einem **Baumangel** kann in Anlehnung an § 633 Abs. 1 und § 434 BGB[112] (vgl. auch § 13 Abs. 1 VOB/B) ein Fehler angesehen werden, der bei der Herstellung eines Bauwerks infolge **fehlerhafter Planung oder Bauausführung einschließlich der Verwendung mangelhafter Baustoffe** (z. B. Einbau ungenügender Wärmedämmung auf einer Stahlbetondachdecke) den Wert oder die Tauglichkeit zu dem gewöhnlichen (oder dem nach dem Vertrag voraussetzenden) Gebrauch einer baulichen Anlage aufhebt oder mindert[113]. Hierzu gehören insbesondere Mängel der Isolierung gegen Schall, Wärme und Feuchtigkeit, Mängel der Belichtung, Belüftung und der Statik (Belastbarkeit) sowie eine mangelhafte Bauausführung. Maßstab hierfür können die allgemein anerkannten Regeln der Technik, aber auch vertraglich zugesicherte Eigenschaften sein.

190

Als **Bauschäden** werden dagegen Beeinträchtigungen eines Bauwerks als Folge

191

– eines Baumangels (Mangelfolgeschäden) oder
– äußerer (gewaltsamer) Einwirkungen (wie z. B. durch Sturm, Regen oder Feuer) oder
– unterlassener oder nicht ordnungsgemäß ausgeführter Instandhaltung

definiert.

Hierzu gehören insbesondere **Gründungsschäden** (Setzrisse) sowie Schäden infolge **mangelhafter (Dach-)Isolierung, Schubrisse, Schwammbefall**[114]**, Putzschäden, Schäden an Dachrinnen, Formveränderungen von Bauteilen**, Schäden infolge von Holzerkrankungen (Mängel der Imprägnierung), Rauch-, Wasser-, Erschütterungs-, Bergbau-, Sturm- und Kriegsschäden (Abb. 12).

---

112 „**§ 434 BGB Sachmangel:** (1) Die Sache ist frei von Sachmängeln, wenn sie bei Gefahrübergang die vereinbarte Beschaffenheit hat. Soweit die Beschaffenheit nicht vereinbart ist, ist die Sache frei von Sachmängeln, 1. wenn sie sich für die nach dem Vertrag vorausgesetzte Verwendung eignet, sonst 2. wenn sie sich für die gewöhnliche Verwendung eignet und eine Beschaffenheit aufweist, die bei Sachen der gleichen Art üblich ist und die der Käufer nach der Art der Sache erwarten kann. Zu der Beschaffenheit nach Satz 2 Nr. 2 gehören auch Eigenschaften, die der Käufer nach den öffentlichen Äußerungen des Verkäufers, des Herstellers (§ 4 Abs. 1 und 2 des Produkthaftungsgesetzes) oder seines Gehilfen insbesondere in der Werbung oder bei der Kennzeichnung über bestimmte Eigenschaften der Sache erwarten kann, es sei denn, dass der Verkäufer die Äußerung nicht kannte und auch nicht kennen musste, dass sie im Zeitpunkt des Vertragsschlusses in gleichwertiger Weise berichtigt war oder dass sie die Kaufentscheidung nicht beeinflussen konnte. (2) Ein Sachmangel ist dann gegeben, wenn die vereinbarte Montage durch den Verkäufer oder dessen Erfüllungsgehilfen unsachgemäß durchgeführt worden ist. Ein Sachmangel liegt bei einer zur Montage bestimmten Sache ferner vor, wenn die Montageanleitung mangelhaft ist, es sei denn, die Sache ist fehlerfrei montiert worden. (3) Einem Sachmangel steht es gleich, wenn der Verkäufer eine andere Sache oder eine zu geringe Menge liefert. **§ 633 BGB Sach- und Rechtsmangel:** (1) Der Unternehmer hat dem Besteller das Werk frei von Sach- und Rechtsmängeln zu verschaffen. (2) Das Werk ist frei von Sachmängeln, wenn es die vereinbarte Beschaffenheit hat. Soweit die Beschaffenheit nicht vereinbart ist, ist das Werk frei von Sachmängeln, 1. wenn es sich für die nach dem Vertrag vorausgesetzte, sonst 2. für die gewöhnliche Verwendung eignet und eine Beschaffenheit aufweist, die bei Werken der gleichen Art üblich ist und die der Besteller nach der Art des Werks erwarten kann. Einem Sachmangel steht es gleich, wenn der Unternehmer ein anderes als das bestellte Werk oder das Werk in zu geringer Menge herstellt. (3) Das Werk ist frei von Rechtsmängeln, wenn Dritte in Bezug auf das Werk keine oder nur die im Vertrag übernommenen Rechte gegen den Besteller geltend machen können."
113 Daub/Eberstein, Komm. zur VOL/B, 5. Aufl. 2003, S. 231.
114 BGH, Urt. vom 28.6.1961 – V ZR 201/60 –, NJW 1961, 1860 = EzGuG 19.6.

Abb. 12: Erläuterung der Begriffe Baumangel und Bauschaden

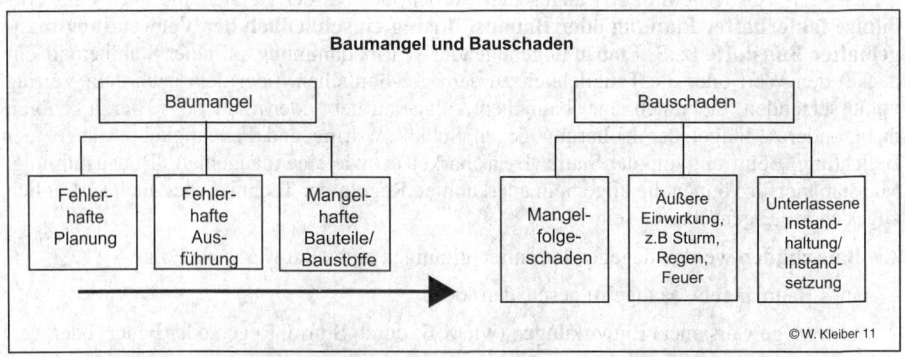

192 Die kumulative Aufzählung der Baumängel *und* Bauschäden in § 8 Abs. 3 ImmoWertV ist im Übrigen bedeutungslos; auch bedarf es in der Praxis nicht der Abgrenzung der Baumängel von den Bauschäden. Der Verordnungsgeber benutzt beide Begriffe als Sammelbegriff, um sicherzustellen, dass Beeinträchtigungen des Bauwerks unabhängig davon berücksichtigt werden, ob sie bereits mit der Herstellung des Bauwerks entstanden (Baumängel) oder erst später (Bauschäden) hinzugekommen sind.

193 Die Auswirkung des **Baumangels wird als Mangelfolgeschaden** bezeichnet (z. B. Rissbildung im Bereich des Auflagers einer ungenügend wärmegedämmten Stahlbetondachdecke durch Wärmedehnungsspannungen). Eine Minderung des Verkehrswerts (**Wertminderung**) aufgrund von Mängeln tritt ein, wenn im gewöhnlichen Geschäftsverkehr die Erwartungen der Erwerber an der Gebrauchstauglichkeit unterschritten werden.

Sogenannte **Allmählichkeitsschäden** sind Schäden, die auf schadenauslösende Ereignisse zurückzuführen sind, die über einen längeren Zeitraum eingewirkt haben und die demzufolge auch plötzlich auftreten können. Ein Allmählichkeitsschaden liegt z. B. vor, wenn ein zu dicht verlegtes Ofenrohr über mehrere Wochen einen tragenden Holzbalken verkohlt und im schlimmsten Fall zum Einsturz des Hauses mit hohen Personen- und Sachschäden führt. Sachschäden solcher Art sind grundsätzlich nicht versichert. Im Rahmen einer Haftpflichtversicherung kann ein Versicherungsschutz vereinbart werden.

194 Während der Bauschaden meistens durch Reparatur oder Ersatz des schadhaften Bauteils behoben werden kann, ist eine dauerhafte **Abhilfe von Mangelfolgeschäden erst nach Beseitigung des Baumangels** möglich (z. B. zunächst Verstärkung der Wärmedämmung der Stahlbetondachdecke als Mängelbeseitigung und anschließend Verschließen der Risse im Bereich der Auflager als Mangelfolgeschadenbeseitigung). Das wirkt sich auf die Höhe der Schadenbeseitigungskosten aus.

Ist ein Baumangel am Qualitätsstichtag in technisch einwandfreier Weise behoben, kann es erforderlich sein, einen daraus resultierenden **merkantilen Minderwert** zu berücksichtigen. Hierunter wird die Wertminderung des Grundstücks verstanden, die ihm im gewöhnlichen Geschäftsverkehr aufgrund eines aufgetretenen, aber inzwischen in technisch einwandfreier Weise vollständig behobenen Mangels (z. B. auch Bauschaden) in der allgemein verbliebenen Befürchtung beigemessen wird, dass sich ein Folgeschaden irgendwie auch künftig auswirken könnte, auch wenn diese Befürchtung tatsächlich unbegründet ist (vgl. Rn. 418 sowie § 194 BauGB Rn. 75; § 5 ImmoWertV Rn. 417)[115].

---

115 Vgl. BGH, Urt. vom 9.7.1962 – III-ZR 98/61 –, NJW 1962, 1764 = BGHZ 34, 341 = EzGuG 11.25a; Kleiber, Verkehrswertermittlung von Grundstücken, 6. Aufl. 2010, § 194 BauGB Rn. 143.

6.2.1.2 Unterlassene Instandhaltung (Instandhaltungsrückstau)

▶ *Vgl. § 19 ImmoWertV Rn. 105 ff.*

Zu einer ordnungsgemäßen Bewirtschaftung einer Immobilie gehört u. a. die Instandhaltung der Immobilie. Die „unterlassene Instandhaltung" bzw. eine nicht ordnungsgemäß ausgeführte Instandhaltung, auch als Instandhaltungsrückstau bezeichnet, führt zu Bauschäden. „Baumängel und Bauschäden" sowie „unterlassene Instandhaltung" (Instandhaltungsrückstau) sind von daher wesensgleich und können zumindest in der Verkehrswertermittlung ohne inhaltliche Unterscheidung berücksichtigt werden. Hieraus folgt, dass die in § 6 Abs. 6 ImmoWertV (Restnutzungsdauer) angesprochene **„unterlassene Instandhaltung" wesensgleich mit** den in § 8 Abs. 3 ImmoWertV angesprochenen **„Baumängeln und Bauschäden"** ist und in der Verkehrswertermittlung ohne inhaltliche Unterscheidung berücksichtigt werden können. Sie sind nur (noch) zu berücksichtigen, soweit sie noch nicht bei Anwendung des jeweils herangezogenen Verfahrens berücksichtigt worden sind. 195

– Ist also die Restnutzungsdauer gemäß § 6 Abs. 6 Satz 1 Halbs. 2 ImmoWertVverkürzt worden und

– wurde der marktübliche erzielbare Ertrag aufgrund einer „unterlassenen Instandhaltung" gemindert,

ist für eine Berücksichtigung von „Baumängeln und Bauschäden" nach § 8 Abs. 3 ImmoWertV insoweit kein Raum mehr.

6.2.1.3 Instandsetzung

▶ *Vgl. Rn. 229 ff. sowie § 19 ImmoWertV Rn. 122 ff.*

Instandsetzung ist die Beseitigung vorhandener Baumängel, Bauschäden und eines daraus resultierenden Instandhaltungsrückstaus. Die Instandsetzung kann zwingend geboten sein, aber auch im freien Ermessen des Eigentümers stehen. Deshalb ist es sachdienlich, zwischen 196

a) der unabweisbaren (nicht disponiblen) und sofort erforderlichen Instandsetzung (vgl. Rn. 236) sowie

b) der disponiblen Instandsetzung (vgl. Rn. 237)

zu unterscheiden. Dementsprechend ist zwischen unabweisbaren und disponiblen **Instandsetzungskosten** zu unterscheiden.

Eine entsprechende Unterscheidung kann man auch bezüglich der Modernisierungs- und Umnutzungskosten machen. 197

6.2.2 Wertminderung wegen Baumängeln und Bauschäden (Instandhaltungsrückstau)

6.2.2.1 Allgemeines

Schrifttum: *Schulz, St.,* Bauschäden und Baumängel nach ImmoWertV, GuG 2011, 1.

Besteht ein **Anspruch des Eigentümers gegenüber Dritten auf Behebung von Baumängeln oder Bauschäden,** kann grundsätzlich davon abgesehen werden, eine Wertminderung zu berücksichtigen. Eine Wertminderung kann sich bei dieser Situation allenfalls im Veräußerungsfalle ergeben, wenn der Anspruch nicht auf den Erwerber übergeht, ein merkantiler Minderwert zu erwarten ist oder andere Ausfallrisiken zu befürchten sind. 198

Die Ermittlung der **Wertminderung wegen Baumängeln oder Bauschäden nach den am Qualitätsstichtag dafür aufzubringenden Kosten** ist eine von der Rechtsprechung grundsätzlich anerkannte Methode[116]. Die **Wertminderung wegen Baumängeln und Bauschäden** darf gleichwohl **nicht mit den Kosten für ihre Beseitigung (Schadensbeseitigungskosten)** 199

gleichgesetzt werden. Diese Kosten können allenfalls einen Anhaltspunkt für die Wertminderung geben. Es kommt entscheidend darauf an, wie der allgemeine Grundstücksmarkt Baumängel und Bauschäden wertmindernd berücksichtigt. Dementsprechend finden die „Kosten der Beseitigung" – im Unterschied zu § 24 WertV 88/98 – in § 8 Abs. 3 ImmoWertV keine Erwähnung. Baumängel und Bauschäden sind nach dieser Vorschrift nur zu berücksichtigen, „soweit dies dem gewöhnlichen Geschäftsverkehr entspricht".

200 **Grundsätzlich muss bei der Verkehrswertermittlung zwischen Kosten und Wert unterschieden werden.** Bei Anwendung des Sachwertverfahrens wird dies deutlich, wenn ein erheblicher Marktanpassungsabschlag angebracht werden muss, um über den Sachwert zum Verkehrswert zu gelangen (vgl. Syst. Darst. des Sachwertverfahrens Rn. 7 ff.). Entsprechendes gilt mithin auch für die Bemessung der Wertminderung wegen Baumängeln und Bauschäden nach Instandsetzungs- bzw. Umnutzungskosten. Der BGH hat mehrfach in seiner Rechtsprechung auf die Problematik der damit einhergehenden Verknüpfung von Ertrags- und Sachwertermittlung hingewiesen. Ausgehend von der Erkenntnis, dass das Sachwertverfahren i. d. R. sehr hohe Marktanpassungsabschläge erfordert, um über den Sachwert zum Verkehrswert zu gelangen, hat der BGH[117] ausgeführt:

„Sind bereits die Herstellungskosten einer Sache nicht entscheidend für deren gemeinen Wert (Verkehrswert), ... So gilt das umso mehr für die Instandsetzungskosten. ... Der Verkehrswert einer beschädigten Sache, z. B. eines Hauses, wird daher – oder kann mindestens – in vielen Fällen höher sein als der Verkehrswert des Hauses in unbeschädigtem Zustand abzüglich der Instandsetzungskosten."

201 Der Abzug der vollen Instandsetzungskosten würde im Ergebnis dazu führen, dass auch unrentierliche Instandsetzungs- bzw. Umnutzungskosten zum Abzug gelangen können, was sich insbesondere bei solchen Objekten verhängnisvoll auswirken kann, bei denen Sach- und Ertragswert auseinanderklaffen und bei denen man im Falle der Anwendung des Sachwertverfahrens hohe Marktanpassungsabschläge anbringen würde. Dies betrifft insbesondere Wohnobjekte, die zu Kostenmieten von 20 €/m² WF und mehr errichtet werden und tatsächlich aber nur unter der hälftigen Kostenmiete vermietbar sind. Diese Kosten-Nutzen-Spreizung verschärft sich bei hohem Instandhaltungsstau, weil die gewöhnlichen **Instandsetzungskosten bzw. Modernisierungskosten** wegen der Erschwernisse der baulichen Arbeiten **an einem bereits „stehenden" Gebäude** i. V. m. dem Ausbau erneuerungsbedürftiger Bauteile i. d. R. **weitaus höher ausfallen als die gewöhnlichen Herstellungskosten eines Neubaus**. In welcher Höhe die Instandsetzungskosten den Vergleichs-, Ertrags- und Sachwert mindern, lässt sich allerdings nicht durch empirische Untersuchungen beantworten.

202 **Nicht jeder Baumangel und Bauschaden (Instandhaltungsrückstau) ist so erheblich, dass daraus eine Wertminderung resultiert.** Erfahrungsgemäß werden im allgemeinen Grundstücksverkehr bei älteren Gebäuden Baumängel und Bauschäden schon eher hingenommen als bei jüngeren Gebäuden, insbesondere wenn es sich um solche handelt, die erst aus heutiger Sicht einen Baumangel darstellen und die im Hinblick auf die verbleibende Restnutzungsdauer bei wirtschaftlicher Betrachtungsweise nicht behoben werden müssen.

203 Baumängel und Bauschäden (Instandhaltungsrückstau) dürfen nur berücksichtigt werden, soweit sie noch nicht bei Anwendung des jeweils herangezogenen Verfahrens berücksichtigt worden sind. Dementsprechend kann zwischen **zwei Verfahrenswegen zur Berücksichtigung der Wertminderung wegen Baumängeln und Bauschäden** unterschieden werden:

a) Bei der *internalisierenden Vorgehensweise* werden Baumängel und Bauschäden „direkt" bei dem im Einzelfall herangezogenen Verfahren berücksichtigt.

b) Bei der *externalisierenden Vorgehensweise* wird im ersten Schritt der Vergleichs-, Ertrags- oder Sachwertwert für ein (fiktiv) ordnungsgemäß instand gehaltenes und man-

---

116 BGH, Urt. vom 28.6.1961 – V ZR 201/60 –, NJW 1961, 1860 = EzGuG 19.6.
117 BGH, Urt. vom 24.1.1963 – III ZR 149/61 –, BGHZ 39, 40 = EzGuG 20.34; des Weiteren BGH, Urt. vom 10.7.1953 – V ZR 22/52 –, BGHZ 10, 171 = NJW 1953, 1466 = EzGuG 20.16; BGH, Urt. vom 13.5.1955 – V ZR 36/54 –, BGHZ 17, 236 = EzGuG 3.5; BGH, Urt. vom 11.7.1958 – VIII ZR 96/57 –, NJW 1958, 1772 = BRS Bd. 5 Nr. 241; OLG Köln, Urt. vom 2.3.1962 – 9 U 33/61 –, BlGBW 1962, 368 = EzGuG 20.29.

gelfreies Gebäude ermittelt und die Wertminderung wegen Baumängeln und Bauschäden im zweiten Schritt nachträglich in Abzug gebracht.

Bei der zuletzt genannten Vorgehensweise muss die **Wertminderung bei allen** der genannten **Verfahren gleich** sein. Dies gilt auch für das Sachwertverfahren, wobei der Sachwert zuvor gemäß § 8 Abs. 2 ImmoWertV mittels Sachwertfaktoren an die allgemeinen Wertverhältnisse auf dem Grundstücksmarkt angeglichen wurde.

a) Interne Berücksichtigung der Wertminderung

Baumängel und Bauschäden können bei dem im Einzelfall herangezogenen Verfahren in unterschiedlicher Weise „direkt" berücksichtigt werden (internalisierende Vorgehensweise, vgl. Rn. 3, 169 f., 178): 204

a) Bei *Anwendung des Vergleichswertverfahrens* auf bebaute Grundstücke können vergleichbare Baumängel oder Bauschäden bei den zum Preisvergleich herangezogenen Grundstücken vorliegen, so dass eine entsprechende Wertminderung direkt in den Vergleichswert eingeht und nicht noch zusätzlich berücksichtigt werden darf.

b) Bei *Anwendung des Ertragswertverfahrens* besteht die Möglichkeit, Baumängeln und Bauschäden (unterlassene Instandhaltung) bereits dadurch Rechnung zu tragen, dass

- entsprechend geminderte Erträge, ggf. in Verbindung mit
- entsprechend höheren Bewirtschaftungskosten,
- einer entsprechend geminderten Restnutzungsdauer (§ 6 Abs. 6 Satz 1 ImmoWertV) und
- einem erhöhten Liegenschaftszinssatz

berücksichtigt werden. Grundsätzlich können alle genannten Parameter betroffen sein, ohne dass damit gegen das Verbot der Doppelberücksichtigung verstoßen wird, jedoch muss dies sorgsam zur Vermeidung von Doppelberücksichtigungen geprüft werden.

Darüber hinaus kann ein Baumangel bzw. Bauschaden bereits mit dem „üblichen" Liegenschaftszinssatz erfasst sein, nämlich dann, wenn dieser aus Kaufpreisen von Grundstücken abgeleitet worden ist, die ortsübliche Baumängel oder Bauschäden aufweisen (z. B. nicht isolierte Kriechkeller).

c) Bei *Anwendung des Sachwertverfahrens* besteht die Möglichkeit, Baumängeln und Bauschäden (unterlassene Instandhaltung) mit einer entsprechend geminderten Restnutzungsdauer (§ 6 Abs. 6 Satz 1 ImmoWertV) Rechnung zu tragen. Die theoretisch bestehende Möglichkeit, von entsprechend geminderten Herstellungskosten auszugehen, lässt § 22 Abs. 1 ImmoWertV nicht zu.

Darüber hinaus kann ein Baumangel bzw. Bauschaden wiederum bereits mit dem „üblichen" Sachwertfaktor erfasst sein, nämlich dann, wenn dieser – wie bei der Ableitung von Liegenschaftszinssätzen – aus Kaufpreisen von Grundstücken abgeleitet worden ist, die ortsübliche Baumängel oder Bauschäden aufweisen.

Die **direkte Berücksichtigung** von Baumängeln und Bauschäden (Instandhaltungsrückstau) mit dem jeweils herangezogenen Verfahren (internalisierende Vorgehensweise) ist **vielfach nicht möglich und problematisch**. Bei Anwendung des Vergleichswertverfahrens steht dafür zumeist keine ausreichende Zahl von Vergleichspreisen mit vergleichbaren Baumängeln und Bauschäden zur Verfügung. Bei Anwendung des Ertragswertverfahrens müssen entsprechende marktüblich erzielbare Mieten und Bewirtschaftungskosten von Objekten zur Verfügung stehen, die wiederum vergleichbare Baumängel und Bauschäden aufweisen; darüber hinaus ist auch schwer abschätzbar, in welchem Maße der sonst übliche Liegenschaftszinssatz davon beeinflusst wird. Darüber hinaus ist auch die daraus resultierende „Verkürzung" der Restnutzungsdauer (§ 6 Abs. 6 Satz 1 ImmoWertV) vielfach nur grob zu schätzen. 205

b) Externe Berücksichtigung der Wertminderung

206 In der gängigen Wertermittlungspraxis werden Baumängel und Bauschäden sowie sonstige Abweichungen vom normalen baulichen Zustand dadurch berücksichtigt, dass zunächst der (vorläufige) Vergleichs-, Ertrags- oder Sachwertwert unter Ausblendung der Baumängel und Bauschäden für ein (fiktiv) ordnungsgemäß instand gehaltenes und mangelfreies Gebäude ermittelt wird und dieser „vorläufige" Vergleichs-, Ertrags- oder Sachwert um die **aus dem Baumangel bzw. Bauschaden resultierende Wertminderung** abgesenkt wird (externalisierende Vorgehensweise). Dieser Verfahrensweg hat zunächst den großen Vorteil, dass

– der (vorläufige) Ertragswert auf der Grundlage von Vergleichsdaten über die marktüblich erzielbaren Erträge, den üblichen bei ordnungsgemäßer Bewirtschaftung anfallenden Bewirtschaftungskosten, aus dem Grundstücksmarktgeschehen abgeleiteten Liegenschaftszinssätzen und der üblichen Restnutzungsdauer mit vergleichsweise hoher Sicherheit abgeleitet werden kann;

– bei Anwendung des Sachwertverfahrens die Sachwertfaktoren direkt herangezogen werden können, denn in aller Regel beziehen sich die Sachwertfaktoren auf „Normalverhältnisse".

207 Problematisch ist bei dieser Vorgehensweise die **marktkonforme Ermittlung der Wertminderung**, denn dafür stehen in aller Regel keine Vergleichsdaten zur Verfügung, auf die sich der Sachverständige stützen kann. In der Praxis wird ersatzweise zurückgegriffen

a) auf allgemeine Erfahrungssätze und

b) auf deduktive analytische Verfahren; diese können sich orientieren an

- den Kosten der Beseitigung der Baumängel und Bauschäden i. V. m.
- der Rentierlichkeit der aufzubringenden Kosten.

c) Verfahrenswahl

208 Grundsätzlich steht es im Ermessen des Sachverständigen, den geeigneten Verfahrensweg zur Berücksichtigung der Wertminderung wegen Baumängeln und Bauschäden zu wählen, jedoch muss die Methode sachgerecht sein. Die Verfahrenswahl ist insbesondere auch von den zur Verfügung stehenden Vergleichsdaten abhängig.

209 Die **direkte Berücksichtigung von Baumängeln und Bauschäden durch Ansatz einer verkürzten Restnutzungsdauer** erscheint auf den ersten Blick besonders praktikabel und sachgerecht zu sein.

– Bei **unbehebbaren Baumängeln oder Bauschäden** muss von der geminderten Restnutzungsdauer ausgegangen werden. Soweit damit den Beeinträchtigungen nicht hinreichend Rechnung getragen werden kann, müssen zusätzlich Abschläge nach Erfahrungssätzen angebracht werden.

– Der Ansatz einer verkürzten Restnutzungsdauer ist insbesondere bei älteren **Gebäuden mit einem unrentierlichen Instandsetzungsbedarf** angezeigt. Denn für ein Grundstück mit einer ohnehin in absehbarer Zeit abgängigen baulichen Anlage ist es zumeist kaum sinnvoll, zunächst den Ertragswert unter der Annahme eines fiktiven (instand gesetzten) Zustands zu ermitteln, um diesen Zwischenwert dann um Instandsetzungskosten zu vermindern, die der Eigentümer gar nicht aufzubringen gedenkt.

– Eine **schematische Verkürzung der Restnutzungsdauer** kann das Ergebnis im Einzelfall allerdings verfälschen, insbesondere wenn ein Baumangel oder Bauschaden die Restnutzungsdauer drastisch verkürzt, seine Behebung indessen nur geringe Kosten verursachen würde. Umgekehrt finden damit leichtere Schäden (Reparaturstau), die nicht zu einer Verkürzung der Restnutzungsdauer führen, keine Berücksichtigung.

– Bei Anwendung des Ertragswertverfahrens muss darüber hinaus geprüft werden, ob zusätzlich die Ertragsverhältnisse und der Liegenschaftszinssatz modifiziert werden müssen; dabei müssen Doppelberücksichtigungen vermieden werden.

– Bei Baumängeln und Bauschäden, deren Behebung aus rechtlichen oder sonstigen Gründen unabweisbar ist (**nicht disponible Schadensbeseitigungskosten**), insbesondere wenn der Restwert des Gebäudes zu „verfallen" droht, wird man sich an den „vollen" Schadensbeseitigungskosten orientieren müssen. Fallen die Schadensbeseitigungskosten indessen höher als der Gebäudewert des instand gesetzten Gebäudes aus, ist im Ergebnis der Liquidationsfall gegeben, d. h., die Freilegung ist dann wirtschaftlicher als die Schadensbeseitigung. Insbesondere bei älteren Gebäuden mit einem entsprechend geringen Gebäudewert können die **Schadensbeseitigungskosten den (fiktiven) Gebäudewert deutlich überschreiten**. Dies führt häufig sogar dazu, dass der Bodenwert „angefressen" wird und mitunter würde der Abzug der Kosten sogar zu einem negativen (Un-)Wert führen. Diesem Ergebnis steht entgegen, dass die Wertminderung wegen Baumängeln oder Bauschäden grundsätzlich nicht höher sein kann als der Wertanteil des beschädigten Bauteils am Gebäudesachwert insgesamt.

Die sofortige Liquidation muss allerdings in diesem Fall nicht angezeigt sein. Es müssen auch „Zwischenlösungen" in Betracht gezogen werden, bei denen nur die unabweislichen Baumängel und Bauschäden behoben werden und die Behebung „disponibler" Schäden zurückgestellt wird, wenn damit die Rentierlichkeit des Gebäudes gewahrt bleibt. Die aus den verbleibenden Baumängeln und Bauschäden resultierende Wertminderung beläuft sich in derartigen Fällen nur auf einen fiktiven Bruchteil der dafür aufzubringenden Schadensbeseitigungskosten.

– Bei **disponiblen Baumängeln und Bauschäden** (vgl. Rn. 237) ist zunächst zu prüfen, ob es wirtschaftlich sinnvoll und geboten ist, die Instandsetzung tatsächlich vorzunehmen, und ob diese ggf. mit einer Modernisierung und Umstrukturierung der baulichen Anlage zu verbinden ist, wenn sich damit die Rentierlichkeit der baulichen Anlage verbessern lässt. Darüber hinaus muss die Rentierlichkeit der Schadensbeseitigung geprüft werden, denn bei wirtschaftlicher Betrachtungsweise wird man den Baumangel und Bauschaden nur insoweit beheben, wie sich dies „rechnet". Umgekehrt kann sich eine Wertminderung aufgrund von bestehenden Baumängeln und Bauschäden nur in Höhe der daraus resultierenden kapitalisierten Mindereinnahmen ergeben.

Eine Rentierlichkeit der vollen Schadensbeseitigungskosten ist gegeben, wenn sich der Verkehrswert um die aufgebrachten bzw. aufzubringenden Schadensbeseitigungskosten erhöht. Dies ist aber insbesondere bei älteren Gebäuden mit kurzer Restnutzungsdauer selten gegeben, wenn die Instandsetzungsmaßnahmen die Restnutzungsdauer nicht in einem Maße verlängern, dass sie sich rentieren. Die im Zuge der Behebung von Baumängeln oder Bauschäden erneuerten Bauteile treten nämlich in eine **Schicksalsgemeinschaft mit dem Gebäude,** und ein wirtschaftlich handelnder Eigentümer wird sich scheuen, die Fassade seines Hauses zu erneuern, wenn das Gebäude aufgrund seiner sonstigen Beschaffenheit nur noch eine kurze Restnutzungsdauer aufweist. Er wird allenfalls solche Bauteile erneuern, die sich über die verbleibende Restnutzungsdauer wirtschaftlich „auszahlen" oder nach Ablauf der Restnutzungsdauer Weiterverwendung finden können. Dies betrifft Bauteile, deren technische Lebensdauer kürzer als die Restnutzungsdauer des Gebäudes nach Beseitigung der Beeinträchtigungen ist.

Welcher Verfahrensweg zur Berücksichtigung von Baumängeln oder Bauschäden sachgerecht ist, muss bei alledem unter Berücksichtigung des Einzelfalls und eines wirtschaftlich **vernünftig handelnden Eigentümers** beurteilt werden. Grundsätzlich ist nach dem Prinzip des *„highest and best use"* das Verfahren maßgebend, das zu dem höchsten Wert führt. Deshalb kann es geboten sein, die in Betracht kommenden Varianten allesamt daraufhin zu prüfen. Ein wirtschaftlich handelnder Eigentümer wird den für ihn vermögensmäßig günstigeren Weg beschreiten[118]. Für die im Einzelfall zur Anwendung kommenden Verfahrenswege sollte das maßgebend sein, was ein vernünftig handelnder Eigentümer machen würde.

212 Dies gilt vor allem auch in den Fällen, in denen darüber hinaus **Modernisierungs- und Umstrukturierungsmaßnahmen** in Betracht zu ziehen sind. In der Praxis werden in derartigen Fällen vielfach konkrete Vorstellungen eines potenziellen Erwerbers in die Verhandlungen eingebracht. Im Rahmen der Verkehrswertermittlung von Grundstücken dürfen solche Vorstellungen nicht als Diktat betrachtet werden, wenn dabei die Grundsätze einer Kosten-Nutzen-Optimierung verletzt werden, da damit vielfach die Absicht einer Unterwälzung unrentierlicher Kosten in den Kaufpreis verbunden ist.

213 Im Rahmen einer Investitionsberechnung wird den Sachverständigen mitunter vorgegeben, welche Variante im Rahmen der sich anbietenden Möglichkeiten (Instandsetzung oder Instandsetzung in Kombination mit einer Modernisierung bzw. einer Umnutzung) er seiner Wertermittlung zugrunde legen soll. Dies muss nicht die rentierlichste aller sich anbietenden Möglichkeiten sein. Geht es hingegen um den Verkehrswert, wie er sich bei freier Disponierbarkeit einstellt, so muss der **Variante der Vorzug gegeben werden, die im Rahmen des rechtlich Zulässigen und der Usancen auf dem Grundstücksmarkt zum „optimierten Verkehrswert"** führt, denn es entspricht gerade bei Ertragswertobjekten den Preismechanismen des gewöhnlichen Geschäftsverkehrs, dass die Verwertungsmöglichkeiten einer Immobilie ausgeschöpft werden. Bei sich alternativ stellenden Verwertungsmöglichkeiten kann es daher erforderlich werden, dass der Sachverständige zunächst die in Betracht kommenden Möglichkeiten durchspielt, um sich dann zu entscheiden, welcher Vorgehensweise der Vorzug zu geben ist (vgl. § 194 BauGB Rn. 75 ff.).

214 Ist eine disponible und unrentierliche Instandsetzung durchgeführt worden, so kann zwar erwartet werden, dass sie zu einer Werterhöhung geführt hat, jedoch wird sich nur in Ausnahmefällen der Marktwert um die aufgebrachten Schadensbeseitigungskosten erhöhen. Wo der Eigentümer disponieren kann, wird er sich für den Weg entscheiden, der die höchste Rentierlichkeit verspricht. Von einer Instandsetzung wird er wie im Übrigen auch von einer Modernisierung oder Umnutzung Abstand nehmen, wenn sich dies nicht rechnet.

6.2.2.2 Deduktive Ermittlung der Wertminderung

215 Zur Bemessung der Wertminderung kommen folgende Methoden in Betracht:

a) *Wertminderung nach kapitalisiertem Minderertrag*

Bei Anwendung deduktiver Verfahren bemisst sich die Wertminderung wegen disponibler Baumängel und Bauschäden nach dem kapitalisierten Minderertrag, der aus den Baumängeln und Bauschäden resultiert.

Beispiel:

– Der Jahresreinertrag von 55 000 € mindert sich um 5 000 € p. a. aufgrund Baumängeln und Bauschäden.
– Der Liegenschaftszinssatz beträgt 6,0 %.
– Die Restnutzungsdauer beträgt 50 Jahre.
– Der Bodenwert beträgt 200 000 €.

Ertragswert *mit* Baumängeln und Bauschäden			Ertragswert *ohne* Baumängel und Bauschäden		
RE	=	50 000 €	RE	=	55 000 €
– (BW × p)	=	– 12 000 €	– (BW × p)	=	– 12 000 €
= RE – (BW × p)	=	38 000 €	= RE – (BW × p)	=	43 000 €
× V (V = 15,76)	=	598 880 €	× V (V = 15,76)	=	677 680 €
+ BW	=	+ 200 000 €	+ BW	=	+ 200 000 €
= EW	=	798 880 €	= EW	=	877 680 €

Der kapitalisierte Minderertrag beträgt 877 680 € – 798 880 € = **78 800 € = Wertminderung**

---

118 BGH, Urt. vom 24.1.1963 – III ZR 149/61 –, BGHZ 39, 40 = EzGuG 20.34.

Ermittlung des Verkehrswerts § 8 ImmoWertV IV

Differenzielle Berechnung

Δ Jahresreinertrag = 55 000 € – 50 000 € = 5 000 € p. a.

Vervielfältiger bei 50 Jahren Restnutzungsdauer und 6 % = 15,76

Minderwert = 5 000 € × 15,76 = 78 800 €

Die Wertminderung kann sich erheblich erhöhen, wenn sich infolge des Baumangels bzw. Bauschadens noch die Restnutzungsdauer vermindert und der Liegenschaftszinssatz erhöht.

Beispiel:

- Der Jahresreinertrag von 55 000 € mindert sich um 5 000 € p. a. aufgrund Baumängeln und Bauschäden.
- Der Liegenschaftszinssatz erhöht sich von 6,0 % auf 6,5 % aufgrund Baumängeln und Bauschäden.
- Die Restnutzungsdauer verkürzt sich von 50 auf 45 Jahre aufgrund Baumängeln und Bauschäden.
- Der Bodenwert beträgt 200 000 €.

Ertragswert *mit* Baumängeln und Bauschäden			Ertragswert *ohne* Baumängel bzw. Bauschäden		
RE	=	50 000 €	RE	=	55 000 €
– (BW × p)	=	– 13 000 €	– (BW × p)	=	– 12 000 €
= RE – (BW × p)	=	37 000 €	= RE – (BW × p)	=	43 000 €
× V (V = 14,48)	=	535 760 €	× V (V = 15,76)	=	677 680 €
bei p = 6,5 % n = 45 Jahre			bei p = 6,0 % n = 50 Jahre		
+ BW	=	+ 200 000 €	+ BW	=	+ 200 000 €
= EW	=	735 760 €	= EW	=	877 680 €

Der kapitalisierte Minderertrag beträgt 877 680 € – 735 760 € = **141 920 € = Wertminderung**

Bei dieser Vorgehensweise braucht man die Schadensbeseitigungskosten nur grob zu kennen, denn sie übersteigen in aller Regel den Minderertrag.

Vorstehende Methode ist grundsätzlich auch auf Grundstücke anwendbar, deren Verkehrswert üblicherweise unter **Anwendung des Sachwertverfahrens** ermittelt wird (Sachwertobjekte).

b) *Wertminderung nach alterswertgeminderten Schadensbeseitigungskosten*

Insbesondere bei Sachwertobjekten wird die Wertminderung wegen disponibler Baumängel und Bauschäden mit den alterswertgeminderten Schadensbeseitigungskosten angesetzt. Diese Methode lehnt sich an die Grundsätze des Sachwertverfahrens an, bei dem auch die aktuellen Herstellungskosten einer Alterswertminderung unterworfen werden, und wird damit begründet, dass die instand gesetzten Bauteile das Schicksal des Gebäudes teilen. Die **Schadensbeseitigungskosten** sind deshalb regelmäßig derselben **Alterswertminderung** *(depreciation)* i. S. des § 23 ImmoWertV **zu unterwerfen, die für die Ermittlung des Gebäudesachwerts maßgeblich ist**[119]. Dies entspricht auch der Methode, wie sie vom *American Institute of Appraisers* vertreten wird[120].

Beispiel:

- Die vollen Schadensbeseitigungskosten belaufen sich auf 100 000 €.
- Mit der Behebung der Baumängel, Bauschäden und des damit einhergegangenen Instandhaltungsrückstau verlängert sich die Restnutzungsdauer von 45 Jahren auf 50 Jahre.

---

119 Nr 3.6.1.1.9 WERTR 02 und 06
120 The Appraisal of Real Estate, 12. Aufl. Chicago 363; Akerson, The Appraiser's Workbook, 2 d ed. Chicago: Appraisal Institute 1996; Coggin, D., Let's Not Abandon The Cost Approach, The Appraisal Institute Journal, January 1994; Marchitelli, R., Rethinking the Cost Approach, The Appraisal Journal, January 1993; Ramsett, D., The Cost Approach: An Alternative View, The Appraisal Journal, April 1998; Oetzel, T., Some Thoughts on The Cost Approach, The Appraisal Journal, January 1993.

IV § 8 ImmoWertV   Ermittlung des Verkehrswerts

Bei einer Gesamtnutzungsdauer von 80 Jahren und einer linearen Abschreibung beträgt die Alterswertminderung 38 %. Damit ergeben sich (ohne Marktanpassung) alterswertgeminderte Schadensbeseitigungskosten von 62 000 €.

219 Wertermittlungstechnisch kommen hierfür bei Anwendung des Sachwertverfahrens zwei Verfahrenswege in Betracht.

Beispiel:

Herstellungswert am Wertermittlungsstichtag	300 000 €
Schadensbeseitigungskosten zu diesem Zeitpunkt	75 000 €
Gesamtnutzungsdauer	100 Jahre
Restnutzungsdauer	75 Jahre
Alterswertminderung (§ 23 ImmoWertV)	19,5 v. H.

Alternative 1:

Herstellungswert	300 000 €	
− Alterswertminderung	− 58 500 €	(= 19,5 v. H.)
Zwischenwert	= 241 500 €	
Schadensbeseitigungskosten	75 000 €	
− Alterswertminderung (= 19,5 v. H.)	= − 14 625 €	
	= − 60 375 €	
Gebäudesachwert	= **181 125 €**	

Alternative 2:

Herstellungswert	300 000 €
Schadensbeseitigungskosten	− 75 000 €
= Zwischenwert	= 225 000 €
− Alterswertminderung (= 19,5 v. H.)	= − 43 875 €
Gebäudesachwert	= **181 125 €**

220 Zur Begründung wird darauf verwiesen, dass der **Wertminderungsbetrag im Allgemeinen nicht höher sein kann als der Wertanteil des betreffenden Bauteils am Gesamtwert des Baukörpers.** Der Abzug der Schadensbeseitigungskosten in voller Höhe kann nämlich bei einem älteren Gebäude dazu führen, dass die Schadensbeseitigungskosten den Gebäudewert übersteigen, obwohl das Objekt am Grundstücksmarkt durchaus noch über dem Wert des Grund und Bodens gehandelt wird. Gleichwohl handelt es sich hierbei um einen theoretisch begründeten Hilfsweg, der mit dem Mangel behaftet ist, dass damit eine „dem gewöhnlichen Geschäftsverkehr" (§ 8 Abs. 3 ImmoWertV) entsprechende Bemessung der Wertminderung nicht sichergestellt ist, denn dazu müsste konsequenterweise auch eine Marktanpassung vorgenommen werden. Was nämlich für den Sachwert insgesamt gilt, **muss auch für Teilsachwerte** gelten, um die es sich hier letztlich handelt.

221 Anders stellt sich die Situation dar bei der **Erneuerung bzw. Modernisierung kurzlebiger Gewerke,** die über die verbleibende und ggf. verlängerte Restnutzungsdauer wirtschaftlich genutzt werden oder nach Ablauf der Restnutzungsdauer Weiterverwendung finden können.

222 Eine grundsätzlich andere Auffassung lässt sich dagegen rechtfertigen, wenn von einer **ewigen Gesamtnutzungsdauer** ausgegangen wird, weil – zumindest theoretisch – jedes Gebäude auf Dauer erhalten werden kann[121]. Dann sind die Schadensbeseitigungskosten in voller Höhe wirtschaftlich „nutzbar" und können sich amortisieren. Diese Auffassung geht allerdings von einem anderen Wertermittlungsmodell aus, als es der ImmoWertV zugrunde liegt; es kann gleichwohl in Betracht kommen.

223 Sicherlich spricht für diese Anschauung die nicht zu bestreitende Tatsache, dass eine Vielzahl von Immobilien – ohne dass es sich hierbei um Denkmäler handeln muss – auf Dauer erhalten werden. Man denke hier nur an Gründerzeithäuser. Jedoch müsste dann das Wertermittlungsverfahren in seiner Gesamtheit, insbesondere was die ordnungsgemäße Instandhaltung anbe-

---

[121] Vogels in GuG 1991, 132 ff.

langt, dementsprechend ausgerichtet sein. Indessen darf bei der Ausrichtung des in der ImmoWertV geregelten Sachwertverfahrens auf eine endliche Restnutzungsdauer nicht unberücksichtigt bleiben, dass sich die „vollen" Schadensbeseitigungskosten nicht amortisieren, wenn die Restnutzungsdauer des Gebäudes „beschnitten" wird. Dieser Fall kann insbesondere bei älteren Gebäuden auftreten, deren Restnutzungsdauer durch die Maßnahmen der Schadensbeseitigung nicht oder allenfalls nur zum Teil verlängert wird. Ist dies der Fall, so müsste nach dem von *Vogels* vorgeschlagenen **Modell**, nach dem die „vollen" Schadensbeseitigungskosten anzusetzen sind, weil von **einer ewigen Gesamtnutzungsdauer** ausgegangen wird, auch eine höhere Instandhaltung sowie ggf. eine zusätzliche Modernisierung zum Ansatz gebracht werden.

c) *Sachwertorientiertes Restwertverfahren*

Die Methode, Ertragswertobjekte mit sehr hohem Instandsetzungsbedarf auf der Grundlage eines ordnungsgemäß instand gehaltenen Objektzustands zu ermitteln, und das Ergebnis dann um die aufzubringenden Schadensbeseitigungskosten zu vermindern, schlägt bei sehr hohem Instandsetzungsbedarf in ihrem Kern in ein (verkapptes) Sachwertverfahren um (vgl. Syst. Darst. des Sachwertverfahrens Rn. 12 ff.). Von daher ist dann auch zu prüfen, ob nicht der konsequentere Weg darin zu suchen ist, den Verkehrswert unter **Anwendung einer sachwertorientierten Restwertmethode** zu ermitteln. Dies soll am nachstehenden Beispiel erläutert werden.

Beispiel (vereinfacht):

a) Sachverhalt

Es ist der Verkehrswert eines Bürogebäudes mit 2 000 m² Nutzfläche (NF) in „hochkarätiger" Innenstadtlage zu ermitteln.

– Grundstücksgröße = 1 000 m² bei einem Bodenwert von 6 000 €/m²; hieraus ergibt sich ein Bodenwert von insgesamt 6 Mio. €.
– Das Gebäude wurde 1928 in repräsentativer, gleichwohl „pflegeleichter" Bauweise, Ausstattung und moderner sowie funktionsgerechter Raumaufteilung errichtet. Es ist verhältnismäßig gut erhalten und steht unter Denkmalschutz.
– Die Instandsetzungs- und Modernisierungskosten belaufen sich gleichwohl auf ca. 1 800 €/m² NF, wobei eine repräsentative und nicht eine technische Luxusmodernisierung (mit Klimatisierung und dgl.) im Vordergrund steht.
– Nach Instandsetzung und Modernisierung kann nachhaltig mit einer Nettokaltmiete von 20 €/m² NF und nicht umlagefähigen Bewirtschaftungskosten von 20 % gerechnet werden; trotz der erstklassigen Lage ist eine höhere Miete kaum erzielbar.
– Im Hinblick auf Größe und Ausstattung des Objektes muss mit einem eingeschränkten Käuferkreis gerechnet werden.

b) Verkehrswertermittlung (fiktiver Ertragswert abzüglich Instandsetzung)

	Ermittlung des Reinertrags:		
	2 000 m² NF × 20 €/m² NF × 12 Monate =	480 000 €	p. a.
./.	Bewirtschaftungskosten (20 %) p. a. =	– 96 000 €	
=	Reinertrag =	384 000 €	
./.	Bodenwertverzinsungsbetrag (bei p = 6 %: 6 Mio. € × 0,06) =	– 360 000 €	
=	bodenwertverzinsungsbetragsgeminderter RE =	24 000 €	
×	Vervielfältiger (16,62 bei RND = 100 Jahre und p = 6 %) =	398 880 €	
–	Instandsetzungs- und Modernisierungskosten: (2 000 m² NF × 1 800 €/m² NF)	– 3 600 000 €	
=	Gebäudeertragswert (Gebäudeanteil) =	– 3 201 120 €	
+	Bodenwert =	+ 6 000 000 €	
=	Ertragswert (Boden und Gebäude)	= 2 798 880 €	

Tatsächlich stellt die vorgestellte Methode vornehmlich ein Sachwertverfahren dar, denn bei genauerer Betrachtung sind es die Modernisierungs- und Instandsetzungskosten in Höhe von

IV § 8 ImmoWertV — Ermittlung des Verkehrswerts

3,6 Mio. €, die entscheidend auf das Ergebnis „durchschlagen". Es handelt sich zudem um ein **Liquidationsobjekt,** denn bei Ansatz eines Reinertrags, der dem tatsächlich gegebenen instandsetzungs- und modernisierungsbedürftigen Zustand entspricht, ergäbe sich nach Abzug des Bodenwertverzinsungsbetrags ein „negativer" Reinertrag.

In der Wertermittlungspraxis werden solche **Liquidationsobjekte vielfach gar nicht erkannt, wenn schematisch vom fiktiven Ertragswert** unter Berücksichtigung der Instandhaltung ausgegangen wird. Geht man dagegen von einer hälftigen Miete von 10 €/m² NF für das instandsetzungsbedürftige Gebäude aus, so wird dies deutlich:

2 000 m² NF × 10 €/m² NF × 12 Monate	=	240 000 € p. a.
− Bewirtschaftungskosten (20 % von 480 000 €)	=	96 000 €
= Reinertrag RE	=	144 000 €
− Bodenwertverzinsungsbetrag	=	− 360 000 €
= RE (bodenwertverzinsungsbetragsgemindert)	=	− 216 000 €

Als **Liquidationswert** ergäbe sich bei einem Bauvolumen von 7 000 m³ und Freilegungskosten von 40 €/m³:

Bodenwert	=	6 000 000 €
− Freilegungskosten (7 000 m² × 40 €/m²)	=	280 000 €
= Liquidationswert	=	**5 720 000 €**

Da es sich um ein denkmalgeschütztes Gebäude handelt, könnte nach vorstehender Berechnung ein Übernahmeanspruch in Betracht kommen. Dies bleibt aber problematisch, wie nachfolgende Betrachtung zeigt. Zunächst muss man erkennen, dass die unter b) vorgestellte **Ertragswertermittlung auf der Grundlage der Erträge nach Instandsetzung und Modernisierung und nachträglichem Abzug der Instandsetzungs- und Modernisierungskosten im Prinzip eine Form des Extraktionsverfahrens (Residualwertverfahrens)** mit der damit verbundenen Problematik darstellt. Die dabei angesetzten Kosten müssen sich dabei nicht in einer entsprechenden Ertragswerterhöhung niederschlagen.

Darüber hinaus ist aber zu bedenken, dass der Erwerb eines **Objekts,** der **mit dem Einsatz erheblicher Instandsetzungs-, Modernisierungs- oder Umnutzungskosten verbunden** ist, dem Erwerb eines unbebauten Grundstücks gleichkommt, auf dem der Erwerber die Errichtung eines Quasi-Neubaus beabsichtigt. Unter dieser Prämisse muss auch folgende Betrachtung angestellt werden (vereinfachte Betrachtungsweise):

c) Verkehrswertermittlung (fiktiver Sachwert abzüglich Ersparnissen)

Herstellungskosten für den Neubau eines Gebäudes in der Art des vorhandenen Gebäudes im instand gesetzten und modernisierten Zustand: 2 000 m² NF × 3 000 €/m² = 6 000 000 €

Ersparte Herstellungskosten: Von den Herstellungskosten verbleiben nur die Instandsetzungs- und Modernisierungskosten:

3 000 €/m² NF − 1 800 €/m² = 1 200 €/m² NF

insgesamt: 2 000 m² NF × 1 200 €/m² NF	=	1 200 000 €
+ Bodenwert	=	6 000 000 €
= Sachwert (ohne Marktanpassung)	=	7 200 000 €

Man wird sich für dieses Verfahren zumindest in den Fällen entscheiden können, wo es sich um ein Objekt handelt, bei dem sich dem Käufer **nur die Option „bauen oder kaufen",** also die Option einer Anmietung, nicht stellt. Wo ersatzweise die Möglichkeit besteht, sich „einzumieten", kann dagegen erwartet werden, dass er sich am Ertragswert orientiert. Die Alternativberechnung kann im Gegensatz zu dem unter b) vorgestellten Verfahren als eine Sachwertermittlung qualifiziert werden, bei der der vorhandene instandsetzungs- und modernisierungsbedürftige Gebäudezustand gleichsam als ersparte Herstellungskosten behandelt wird.

Insoweit stellt die unter Buchstabe c) vorgestellte Berechnungsweise im Übrigen den konsequenteren Schritt zum Sachwertverfahren dar, wobei das Ergebnis in Anbetracht der Höhe des Sachwerts einer Marktanpassung bedarf. Das Ergebnis macht zudem deutlich, dass die Anwendung des Liquidationswertverfahrens hier nicht zu sachgerechten Ergebnissen führt.

d) *Nutzwertanalytischer Lösungsansatz*

In der Praxis wird hilfsweise auch auf die nutzwertanalytische Zielbaummethode zurückgegriffen, indem dem Verkehrswert des mangelfreien Objekts in Prozent (100%iger Verkehrswert) der Verkehrswert des mangelbehafteten Objekts (x %) gegenübergestellt wird. Dazu muss je nach Art des Objekts

a) der Gesamtwert in entsprechende prozentuale Wertanteile aufgespaltet werden und

b) die Beeinträchtigungen der betroffenen Wertanteile schulnotenmäßig beurteilt werden.

Für die schulnotenmäßige Beurteilung bedarf es einer Notenskala (Wertminderungsfaktoren), die z. B. folgendes Bild haben kann:

Wertminderungsfaktor	Beeinträchtigung
0,00	Keine Beeinträchtigung im Sinne der Zielkriterien
0,25	Leichte Beeinträchtigung im Sinne der Zielkriterien
0,50	Mittlere Beeinträchtigung im Sinne der Zielkriterien
0,75	Schwere Beeinträchtigung im Sinne der Zielkriterien
1,00	Unbrauchbarkeit

Nutzwertanalytischer Ansatz (Zielbaum)

	%		%		%	Wertminderungsfaktor	Teilwert
1	2	3	4	5	6	7	8 = 6 × 7
Gebrauchswert	80	Nutzfunktion	40	Nutzziel 1	10		
					10		
					10		
					10		
		Schutzfunktion	40	Sicherheit	10		
				Brandschutz	10		
				Wärmeschutz	10		
				Schallschutz	10		
Geltungswert	20	außen	10	Fassade	5		
				Architektur	5		
		innen	10	Grundriss	5		
				Ausstattung	5		
Summe	100		100		100	Wertminderung:	%

e) *Erfahrungssätze*

Nach § 4 Abs. 5 BelWertV kann eine aus Baumängeln, Bauschäden und einem Instandhaltungsrückstau resultierende Wertminderung in Höhe der zu erwartenden Aufwendungen oder nach „**Erfahrungssätzen**" bemessen werden. Mit dieser Alternative sind „Erfahrungssätze" angesprochen, die darauf hinauslaufen, die Schadensbeseitigungskosten mit einem angemessenen Vomhundertsatz der „vollen" Schadensbeseitigungskosten anzusetzen.

Für **landwirtschaftliche Wirtschaftsgebäude** liegen folgende Erfahrungswerte vor (Abb. 13):

Abb. 13: Wertminderung für landwirtschaftliche Wirtschaftsgebäude bei Baumängeln und Bauschäden

Wertminderung für landwirtschaftliche Wirtschaftsgebäude bei Baumängeln und Bauschäden			
	Erhaltungszustand	Reparaturaufwand Charakteristik	Wirtschaftliche Wertminderung des alterswertgeminderten Gebäudesachwerts
1	sehr gut	Keine Reparatur erforderlich	0 %
2	gut	Geringe Reparatur erforderlich	1 bis 5 %
3	befriedigend	Geringe bis mittlere Reparatur erforderlich	5 bis 15 %
4	ausreichend	Mittlere bis größere Reparatur erforderlich	15 bis 25 %
5	mangelhaft	Erhebliche Reparatur und Instandsetzung erforderlich	25 bis 50 %
6	ungenügend	Gravierende Reparatur und Instandsetzung erforderlich	50 bis 75 %

Quelle: Becker/Olejnizat/Schneider/Tepper, Ableitung von Marktanpassungsfaktoren für aufgegebene landwirtschaftliche Hofstellen, Nachr. der rh.-pf. Kat- und VermVw 1999, 32

6.2.3 Instandsetzungskosten

a) *Allgemeines*

229 Wie vorstehend erläutert können zur Bemessung der Wertminderung wegen Baumängeln und Bauschäden (Instandhaltungsrückstau) die Kosten ihrer Beseitigung **(Schadensbeseitigungskosten) als Anhaltspunkt** dienen.

230 Kostenschätzungen bei Instandsetzungen gelten wie im Übrigen Kostenschätzungen für Modernisierungen auch bei den „Spezialisten" im Vergleich zu der Ermittlung von Neubaukosten als besonders schwierig und unzuverlässig[122]. Akzeptable Ergebnisse können zumeist erst in der Phase der Detaillierung auf der Grundlage von Ausschreibungsergebnissen erwartet werden. Für eine fundierte Kostenschätzung bedarf es ggf. eines Sondergutachtens (z. B. auf der Grundlage der Bauteilmethode). **Im Rahmen der Gutachtenerstattung sollte deshalb in aller Regel stets nur von „Kostenschätzungen" und nicht etwa von der „Ermittlung" der Kosten gesprochen werden.**

231 Bei „Kostenschätzungen" müssen erhebliche Unsicherheiten hingenommen werden. Aufgrund vielfältiger Unwägbarkeiten sind **Kostenschätzungen nur mit einer relativ hohen Ungenauigkeit von +/– 25 % möglich**[123].

232 **Die DIN 276** unterscheidet in den Abschnitten 2.3.1 bis 2.3.4 nach folgenden **Arten der Kostenermittlung:**
- *Kostenschätzung,* definiert als eine überschlägige Ermittlung der Kosten (Abschnitt 2.3.1),
- *Kostenberechnung,* definiert als eine angenäherte Ermittlung der Kosten (Abschnitt 2.3.2),
- *Kostenanschlag,* definiert als eine möglichst genaue Ermittlung der Kosten (Abschnitt 2.3.3),
- *Kostenfeststellung,* definiert als die Ermittlung der tatsächlich entstandenen Kosten (Abschnitt 2.3.4).

Im Rahmen der Verkehrswertermittlung von Grundstücken gehören zu den Schadensbeseitigungskosten auch die damit verbundenen Baunebenkosten einschließlich **Mietausfall** und die temporäre Erhöhung des Verwaltungsaufwands usw.

---
122 Schmitz/Krings/Dahlhaus/Meisel, Baukosten 2005/6, Verlag Wingen, 18. Aufl., S. 11.
123 Schmitz/Krings/Dahlhaus/Meisel, Baukosten 2005/6, Verlag Wingen, 18. Aufl., S. 10.

Für die Kostenschätzung bieten sich zwei Verfahrenswege an: 233

a) Ermittlung auf der Grundlage der Normalherstellungskosten entsprechend dem Wertanteil der instandsetzungsbedürftigen Gewerke am Gesamtwert,

b) Ermittlung nach den Kosten nach Vergleichswerten der Einzelgewerke (absolute Kostenkennwerte)[124].

Ein **Kostenkennwert** ist nach Abschnitt 2.6 der DIN 276 ein Wert, der das Verhältnis von Kosten zu einer Bezugseinheit (z. B. Grundflächen oder Rauminhalte nach DIN 277 Teil 1 und Teil 2) darstellt. 234

Im Rahmen der Wertermittlung von Grundstücken ist bei der Bemessung der Wertminderung wegen Baumängeln und Bauschäden (Instandhaltungsrückstau) eine **Unterscheidung nach disponiblen und nicht disponiblen Instandsetzungskosten** zweckmäßig (vgl. Rn. 208). 235

b) *Nicht disponible Instandsetzungskosten*

Unabweisliche (nicht disponible) Instandsetzungskosten sind die Kosten solcher **Maßnahmen, die aus rechtlichen oder wirtschaftlichen Gründen zwingend erforderlich** sind. Rechtlich ist dies beispielsweise bei denkmalgeschützten Anlagen geboten. Wirtschaftlich ist dies dagegen z. B. angezeigt, wenn ein Orkan das Dach eines Hauses abgetragen hat und das Dach zwecks Werterhalts erneuert werden muss. 236

Beispiel:

Für ein zweigeschossiges Einfamilienhaus mit einer Restnutzungsdauer von 30 Jahren ergibt sich ohne Berücksichtigung von Baumängeln oder Bauschäden ein Gebäudesachwert von 200 000 €. Dachstuhl und Dachhaut weisen aber einen erheblichen Bauschaden auf, dessen Beseitigung 50 000 € kostet. Würde man diesen Schaden nicht beheben, wäre das Gebäude in wenigen Jahren unbenutzbar und abbruchreif. Ein wirtschaftlich vernünftiger Eigentümer muss im Interesse des Werterhalts des Gebäudes die Schadensbeseitigungskosten aufbringen; er hat keine andere Wahl.

c) *Disponible Instandsetzungskosten*

Disponible Instandsetzungskosten sind die Kosten solcher Maßnahmen, deren Durchführung auch unter dem Gebot der ordnungsmäßigen Bewirtschaftung nicht zwingend erforderlich ist, wie z. B. eine fehlende oder mangelhafte Kellerisolierung mit entsprechenden Mangelfolgeschäden für nicht benutzte Kellerräume. Dies gilt aber auch für andere Baumängel und Bauschäden, von denen keine spürbare Nutzungsbeeinträchtigung ausgeht. Wenn sich eine kostenintensive Kellerisolierung schon im Hinblick auf die begrenzte Restnutzungsdauer des Gebäudes nicht „rechnet" und diesem Mangel im gewöhnlichen Geschäftsverkehr gegenüber einem vergleichbaren isolierten Objekt mit einem Abschlag Rechnung getragen wird, der geringer als die Isolierungskosten ausfällt, verbietet es sich, die „vollen" Schadensbeseitigungskosten als „Abweichung vom normalen baulichen Zustand" gegenzurechnen. 237

6.2.4 Ermittlung der „vollen" Schadensbeseitigungskosten

a) *Allgemeines*

Die Wertminderung wegen Baumängeln und Bauschäden kann nach marktkonformen Erfahrungssätzen bestimmt werden, wobei man diese wiederum an der Höhe der Schadensbeseitigungskosten orientiert. Auch wenn § 8 Abs. 3 ImmoWertV im Unterschied zur Vorgängerregelung (§ 24 WertV 88/98) die Kosten der Schadensbeseitigung nicht mehr direkt anspricht, sind sie als Bezugsgrundlage von Bedeutung. Zu ihrer Ermittlung kann 238

– auf absolute Kostenkennwerte oder

– auf prozentuale Wertanteile der Gesamtherstellungskosten

zurückgegriffen werden. Aus Praktikabilitätsgründen, aber auch aus Gründen der Systemkonformität mit den angesetzten Normalherstellungskosten ist der Heranziehung von **Prozent-**

---

[124] Schmitz/Krings/Dahlhaus/Meisel, Baukosten 2005/6, Verlag Wingen, 18. Aufl., S. 10, 43.

sätzen der **Gebäudeherstellungskosten** (prozentuale Wertanteile) der Vorzug zu geben. Dabei muss insbesondere auch beachtet werden, dass es sich bei den Normalherstellungskosten um die **Ersatzbeschaffungskosten eines Neubaus** handelt und der Neubau allemal preisgünstiger als die Instandsetzung ist.

239 Die **Instandsetzungskosten sind im Vergleich zu Neubaukosten deutlich höher**, da die Instandsetzung in aller Regel mit den Kosten eines vorherigen Ausbaus der instandsetzungsbedürftigen Gewerke verbunden ist. Bei Instandsetzungen sind deshalb die Normalherstellungskosten um die Mehrkosten der Instandsetzung, d. h., um einen Reparaturzuschlag zu erhöhen.

240 Der **Reparaturzuschlag** bemisst sich nach den Mehrkosten einer Instandsetzung gegenüber den Neubaukosten und ist insbesondere von der Zugänglichkeit des Bauteils und den Mehrkosten abhängig, die sich aus dem Umfang der „Handarbeiten" ergeben (Abb. 14).

Abb. 14: Reparaturzuschlag

Reparaturzuschlagsfaktoren			
Bauteil	Reparaturzuschlag in v%	Wertanteil** in %	Reparaturzuschlagsfaktor*
Rohbau, Konstruktion und Treppe	0 %	49,68 %	1,0
Fenster	15 %	4,69 %	1,15
Türen	15 %	3,22 %	1,15
Elektroinstallation	20 %	2,85 %	1,2
Dachdecker, Zimmermann, Klempner	20 %	10,49 %	1,2
Putz, Trockenbau	30 %	7,36 %	1,3
Maler	30 %	3,22 %	1,3
Estrich, Bodenbelag	30 %	4,70 %	1,3
Heizung	30 %	6,53 %	1,3
Sanitär, Installation, Fliesen	100 %	7,27 %	2,0
Summe		100 %	

* nach Schmitz, Gerlach, Krings
**nach Vogels

241 Bei Heranziehung von Vergleichswerten für Kostenschätzungen ist auch zu beachten, dass entsprechende Veröffentlichungen zumeist nicht die Baunebenkosten einschließen. Bei der Instandsetzung und Modernisierung von Altbauten entstehende **höhere Baunebenkosten** sind im Wesentlichen darauf zurückzuführen, dass

– Architekten- und Ingenieurhonorare aufgrund der Umbauzuschläge sowie aufgrund besonderer Leistungen (Bestandsaufnahme usw.) höher ausfallen,

– bei Umbaumaßnahmen Baunebenkosten auftreten, die bei Neubauten nicht entstehen (Mieterentschädigung, Umzugskosten usw.).

242 Wenn vorhandene **Mieter während der Instandsetzung und Modernisierung „umgesetzt"** werden müssen, sind Kosten von 750 bis 1 000 € (ohne die Kosten für Entschädigungszahlungen für mietereigene Einbauten oder für die Zwischenlagerung von Möbeln usw.) ohne Weiteres üblich.

b) *Schadensbeseitigungskosten nach Wertanteilstabellen*

Die „vollen" Schadensbeseitigungskosten werden bei Heranziehung von Wertanteilstabellen ermittelt in Abhängigkeit von **243**

a) den ermittelten Normalherstellungskosten (NHK),

b) dem Beschädigungs- bzw. Instandsetzungsgrad (in v. H.),

c) dem Wertanteil des instandsetzungsbedürftigen Bauteils am Gesamtwert des Bauwerks (in v. H.) gemäß Wertanteilstabelle,

d) dem Reparaturzuschlagfaktor (Mehrkostenfaktor bei Instandsetzung im Verhältnis zum Neubau).

$$\text{Schadensbeseitigungskosten} = \text{NHK} \times \text{Beschädigungsgrad}_{[\%]} \times \text{Wertanteil}_{[\%]} \times \text{Reparaturzuschlag}$$

Beispiel:

Stahlbetonskelettgebäude in einfacher Ausstattung (ohne Wärmedämmung)

– Der Gebäudesachwert wurde auf der Grundlage der NHK zum Wertermittlungsstichtag ermittelt mit   500 000 €

Durch äußere Einwirkungen sind zerstört worden

– Dacheindeckung	Beschädigungsgrad	40 v. H.
– Fassade	Beschädigungsgrad	20 v. H.

Wertanteil der
– Dachdeckung   16 v. H.
– Fassade   13 v. H.

Reparaturzuschlag

– Dachdeckung	25 %	Reparaturzuschlagsfaktor	1,25
– Fassade	20 %	Reparaturzuschlagsfaktor	1,20

Berechnung:
Schadensbeseitigungskosten

Anteil Dachdeckung	16 v. H. × 0,40 × 1,25 =	8,00 v. H.
Anteil Fassade	13 v. H. × 0,20 × 1,20 =	3,12 v. H.
Anteil der schadhaften Bauteile am Gesamtgebäude	11,12 v. H. × 500 000 € =	55 600 €

Der **Beschädigungsgrad** wird als Vomhundertsatz auf der Grundlage einer Bestandsaufnahme ermittelt.

Der **Wertanteil des beschädigten Bauteils** kann unter Berücksichtigung

– der Art der baulichen Anlage,

– des Baujahrs (ggf. fiktiven Baujahres) und

– der regionalen Lage der baulichen Anlage

einer geeigneten Wertanteilstabelle entnommen werden. Dabei kann wiederum zurückgegriffen werden auf

a) die Kostengruppen der DIN 276 oder

b) Richtwerte, insbesondere

1. Richtzahlen für die Wertanteile in v. H. der Bauteile bei Geschossbauten gemäß Erl. des nordrh.-westf. Ministers für Wiederaufbau vom 24. 6. 1948 – IA/225, MinBl. 1948 Nr. 12 (abgedruckt in Kleiber/Simon/Weyers, 4. Aufl. Anl. 2 zu § 24 WertV 88[125]),

---

[125] Die Aufstellung ist auch Bestandteil des Erl. der FM der neuen Bundesländer betr. Bewertung von Einfamilienhäusern im Beitrittsgebiet (BStBl. I 1991, 968 = GuG 1992, 78).

IV § 8 ImmoWertV — Ermittlung des Verkehrswerts

2. Richtzahlen der Bundesfinanzverwaltung gemäß Verfügung der OFD Kiel (BStBl. I 1991, 969); abgedruckt in Anl. 1,

3. Richtzahlen für die Wertanteile in v. H. der Bauteile bei Geschossbauten gemäß VO des Magistrats der Stadt Berlin (abgedruckt in Kleiber/Simon/Weyers, 4. Aufl. Anl. 3 zu § 24 § 24 WertV 88),

4. Wertanteil-Tabelle zur Feststellung des Zerstörungsgrades an Gebäuden gemäß bay. Staatsministerium der Finanzen, ABl. 1950 Nr. 2 (abgedruckt in Kleiber/Simon/Weyers, 4. Aufl. Anl. 7 zu § 24 § 24 WertV 88),

5. Tabelle zur Ermittlung des Beschädigungsgrades von Wohngebäuden des Bauausschusses des Deutschen Städtetages in der ehem. brit. Zone (abgedruckt in Kleiber/Simon/Weyers, 4. Aufl. Anl. 6 zu § 24 § 24 WertV 88),

6. Baukostenanteile bei Wohngebäuden und Kosteneinsparungen durch Eigenleistung nach Baier (abgedruckt in Kleiber/Simon/Weyers, 4. Aufl. Anl. 4 zu § 24 § 24 WertV 88).

c) Richtwerte zum Beschädigungsgrad bei Wohngebäuden

- Richtlinien des Bauausschusses des Deutschen Städtetags in der ehemaligen britischen Zone (abgedruckt in Kleiber/Simon, 5. Aufl. S. 2017)

d) weitere Hinweise:

Erlasse der obersten Finanzbehörden der neuen Länder

- vom 21.7.1994 (BStBl. I 1994, 480 = Kleiber/Söfker Vermögensrecht Nr. 7.3.16)
- vom 21.5.1993 (BStBl. I 1993, 467 = GuG 1994, 226),
- vom 19.1.1993 (BStBl. I 1993, 173 = Kleiber/Söfker, Vermögensrecht Nr. 7.3.8 = Anh. 11.3 in der 2. Aufl. Kleiber/Simon/Weyers, Verkehrswertermittlung von Grundstücken).

Abb. 15: Gewichte ausgewählter Bauarbeiten an einem Neubau in konventioneller Bauweise

Wägungsanteile ausgewählter Bauarbeiten an einem Neubau in konventioneller Bauweise			
	Basis 2000 = 100	Basis 2005 = 100	Stand 2011
	Anteil in %	Anteil in %	Anteil in %
	Wohngebäude		
Bauleistungen am Bauwerk	100	100	100
Rohbauarbeiten	47,966	45,168	46,168
Erdarbeiten	3,512	3,666	3,666
Verbauarbeiten	–	–	0,041
Entwässerungskanalarbeiten	1,190	0,879	0,879
Mauerarbeiten	15,000	11,735	11,735
Betonarbeiten	15,785	14,030	14,030
Zimmer- und Holzbauarbeiten	4,373	6,389	6,389
Stahlbauarbeiten	–	–	0,411
Abdichtungsarbeiten	1.172	1,012	1.012
Dachdeckungs- und Dachabdichtungsarbeiten	3,928	5,710	5,710
Klempnerarbeiten	1,783	1,309	1,309
Gerüstarbeiten	–	–	0,986
Ausbauarbeiten	53,832	53,832	53,832
Naturwerksteinarbeiten	1,223	1,073	1,073
Betonwerksteinarbeiten	–	–	0,052
Putz- und Stuckarbeiten	6,899	4,521	4,521
Wärmedämm-Verbundsysteme	–	2,575	2,575
Trockenbauarbeiten	3,791	3,115	3,115
Vorgehängte hinterbelüftete Fassade	–	–	0,058

Ermittlung des Verkehrswerts § 8 ImmoWertV IV

Wägungsanteile ausgewählter Bauarbeiten an einem Neubau in konventioneller Bauweise			
	Basis 2000 = 100	Basis 2005 = 100	Stand 2011
	Anteil in %	Anteil in %	Anteil in %
Wohngebäude			
Fliesen- und Plattenarbeiten	3,220	3,263	3,263
Estricharbeiten	2,215	1,999	1,999
Tischlerarbeiten	7,917	9,919	9,919
Parkettarbeiten	1,122	1,727	1,727
Rollladenarbeiten	0,938	1,447	1,447
Metallbauarbeiten	3,704	3,714	3,714
Verglasungsarbeiten	0,056	0,056	0,056
Maler- und Lackierarbeiten, Beschichtungen	2,164	1,612	1,612
Bodenbelagsarbeiten	1,328	0,888	0,888
Tapezierarbeiten	0,644	1,262	1,626
Raumlufttechnische Anlagen	–	–	0,238
Heizanlagen und zentrale Wassererwärmungsanlagen	6,088	7,001	7,001
Gas-, Wasser- und Entwässerungsanlagen innerhalb von Gebäuden	4,621	4,805	4,804
Nieder- und Mittelspannungsanlagen	3,596	3,620	3,620
Gebäudeautomation	–	–	0,130
Blitzschutzanlagen	–	–	0,158
Dämmarbeiten an technischen Anlagen	–	–	0,281
Förder-, Aufzugsanlagen, Fahrtreppen und -steige	–	–	0,319

Quelle: Statistisches Bundesamt Fachserie 17 Reihe 4 2/2011; Wirtschaft und Statistik 2008, 811
Zu den Wägungsanteilen im Jahre 1995 (Bezugsdatum der NHK 1995/2000) vgl. Kleiber, Verkehrswertermittlung von Grundstücken, 6. Aufl. 2010, S. 1067 ff.

c) *Schadensbeseitigungskosten nach Kostenkennwerten der Einzelgewerke*

Die absoluten Baukosten werden i. d. R. nach den auf den Wertermittlungsstichtag kalkulierten Schadensbeseitigungskosten ermittelt. *Schmitz/Krings/Dahlhaus/Meisel* geben Vergleichswerte für einzelne Gewerke an, wobei auch diese Methode a priori ungenau bleiben muss, da die Gewerkebereiche regional, bürospezifisch und zeitlich unterschiedlich definiert werden (vgl. hierzu Anh. 5 der Syst. Darst. des Sachwertverfahrens). **244**

Bauteiltabelle zur Berücksichtigung von Baumängeln und Bauschäden nach einem Vorentwurf zu den SachwertR.

Abb. 16: Durchschnittliche Kostenanteile der erneuerbaren Bauteile an den NHK in %

Durchschnittliche Kostenanteile der erneuerbaren Bauteile an den NHK in %				
		Ausstattungsstandards		
DIN	Kostengruppenbezeichnung	Ø einfach	Ø mittel	Ø hoch
325	Bodenbeläge	1,9	2,2	2,5
326	Bauwerksabdichtungen	0,4	0,6	0,8
327	Drainagen	0,5	0,6	0,4
329	Gründung, Sonstiges	0,1	0,2	0,0
332	Nichttragende Außenwände	0,3	0,5	0,5
334	Außentüren und -fenster	6,9	7,6	7,4
335	Außenwandbekleidung außen	6,5	6,7	6,3
336	Außenwandbekleidung innen	1,7	2,1	2,9
337	Elementierte Außenwände	3,2	3,1	2,0
338	Sonnenschutz	2,0	1,7	2,8
339	Außenwände, Sonstiges	1,3	1,2	2,0
341	Tragende Innenwände	3,8	3,6	2,8
342	Nichttragende Innenwände	3,6	2,7	1,5
344	Innentüren und -fenster	3,0	2,8	2,1
345	Innenwandbekleidungen	4,5	3,9	4,7
346	Elementierte Innenwände	0,6	0,2	0,0
349	Innenwände, Sonstiges	0,4	0,7	0,6
352	Deckenbeläge	5,3	5,4	6,2
353	Deckenbekleidungen	1,5	1,2	1,5
359	Decken, Sonstiges	1,3	1,6	0,8
362	Dachfenster, Dachöffnungen	1,1	1,1	2,2
363	Dachbeläge	4,8	5,4	5,0
364	Dachbekleidungen	2,5	2,0	1,8
369	Dächer, Sonstiges	0,3	0,5	0,3
371	Allgemeine Einbauten	0,8	1,2	1,0
372	Besondere Einbauten	0,0	0,0	1,2
379	Baukonstruktive Einbauten, Sonstiges	0,0	0,0	0,4
412	Wasseranlagen	4,3	4,2	5,0
413	Gasanlagen	0,0	0,1	0,1
421	Wärmeerzeugungsanlagen	2,5	2,5	3,4
423	Raumheizflächen	2,2	2,4	1,0
431	Lüftungsanlagen	0,4	0,6	1,0
443	Niederspannungsschaltanlagen	0,5	0,3	0,0
444	Niederspannungsinstallationsanlagen	2,8	2,7	2,5
445	Beleuchtungsanlagen	0,3	0,3	1,0
446	Blitzschutz- und Erdungsanlagen	0,1	0,1	0,3
449	Starkstromanlagen	0,2	0,0	0,0
451	Telekommunikationsanlagen	0,1	0,1	0,1
452	Such- und Signalanlagen	0,3	0,3	0,2
454	Elektroakustische Anlagen	0,1	0,1	0,1
455	Fernseh- und Antennenanlagen	0,2	0,3	0,2
456	Gefahrenmelde- und Alarmanlagen	0,1	0,6	2,9
457	Übertragungsnetze	0,0	0,1	0,2
459	Fernmelde- und informationstechnische Anlagen	0,0	0,0	0,0
461	Aufzugsanlagen	0,0	2,5	0,0
471	Küchentechnische Anlagen	0,0	0,1	0,0
475	Feuerlöschanlagen	0,0	0,0	0,0
476	Badetechnische Anlagen	0,0	0,0	1,0
478	Entsorgungsanlagen	0,0	0,0	0,0

Um einen groben Anhalt über die Schadensbeseitigungskosten zu gewinnen, reicht zumeist eine Kostenschätzung nach der Bauteilmethode aus, die auf das Gliederungssystem der DIN 276 „Kosten im Hochbau" gestützt wird:

Abb. 17: Kostengruppen

Kostengruppe		Betrag in €
Alle Beträge einschließlich Mehrwertsteuer		
100	Grundstück	
200	Herrichten und Erschließen	
300	Bauwerk – Baukonstruktion	
400	Bauwerk – Technische Anlagen	
500	Außenanlagen	
600	Ausstattung und Kunstwerke	
700	Baunebenkosten	
	Zur Abrundung	
	Gesamtkosten	

6.2.5 Baumängel und Bauschäden (Instandhaltungsrückstau) in der Beleihungswertermittlung

▶ *Vgl. Rn. 188*

Im Rahmen der Beleihungswertermittlung sind gemäß § 4 Abs. 5 BelWertV „ein zum Zeitpunkt der Bewertung erkennbarer Instandhaltungsrückstau oder sonstiger baulicher Aufwand sowie Baumängel und Bauschäden ... als **gesonderter Wertabschlag in Höhe der zu erwartenden Aufwendungen oder nach Erfahrungssätzen** zu berücksichtigen." Die BelWertV lässt damit – wie die ImmoWertV – grundsätzlich Abschläge nach Erfahrungssätzen sowie entsprechende Abschläge auf der Grundlage der Schadensbeseitigungskosten zu und schließt im Umkehrschluss unverständlicherweise eine Berücksichtigung durch eine entsprechend verminderte Restnutzungsdauer aus.

245

6.2.6 Baumängel und Bauschäden (Instandhaltungsrückstau) in der steuerlichen Bewertung

▶ *Vgl. Vorbem. zur ImmoWertV Rn. 7; § 5 ImmoWertV Rn. 26; § 10 ImmoWertV Rn. 36*

Baumängel und Bauschäden werden im Rahmen der Grundbesitzbewertung lediglich im Rahmen des Nachweises eines niedrigeren Werts berücksichtigt. (Zur Berücksichtigung bei der Einheitsbewertung vgl. Syst. Darst. des Ertragswertverfahrens Rn. 115).

246

6.3 Vom Modellansatz abweichende Restnutzungsdauer

▶ *Vgl. § 6 ImmoWertV Rn. 382; § 14 ImmoWertV Rn. 178*

Mit Anl. 3 der SachwertR werden Empfehlungen über den bei der Ableitung von Sachwertfaktoren anzusetzenden Modellansatz der üblichen Gesamtnutzungsdauer der dort aufgeführten Gebäude gegeben. Konsequenterweise muss die **als Modellansatz angesetzte übliche Gesamtnutzungsdauer auch der Ableitung des Liegenschaftszinssatzes** nach § 14 Abs. 3 ImmoWertV **sowie der Gebäudefaktoren** (Vergleichsfaktoren bebauter Grundstücke nach § 13 ImmoWertV) **zugrunde** gelegt werden, um auf dieser Grundlage zur modellkonformen Restnutzungsdauer zu kommen (vgl. Nr. 4.2.1 SachwertR).

247

IV § 8 ImmoWertV — Ermittlung des Verkehrswerts

Geht der Gutachterausschuss für Grundstückswerte bei der Ableitung von Sachwertfaktoren, Liegenschaftszinssätzen und Gebäudefaktoren für eine bestimmte Grundstücksart modellhaft von der in Anl. 3 der SachwertR genannten üblichen Gesamtnutzungsdauer aus, so bestimmt sich nach dem Grundsatz der Modellkonformität der unter Heranziehung dieser Parameter zu ermittelnde *vorläufige* Sach-, Ertrags- bzw. Vergleichswert nach dieser „Modellgröße", auch wenn im Einzelfall eine davon abweichende Gesamtnutzungsdauer angezeigt ist.

Darüber hinaus ist zu beachten, dass sich die vom Gutachterausschuss für Grundstückswerte abgeleiteten Sachwertfaktoren, Liegenschaftszinssätze und Gebäudefaktoren die durchschnittliche Restnutzungsdauer bzw. das durchschnittliche Baujahr der in die jeweilige Ableitung einbezogenen Gebäude beziehen, die vom Gutachterausschuss bei der Veröffentlichung dieser Daten als Referenzgröße des Sachwertfaktors, Liegenschaftszinssatzes und Gebäudefaktors auch genannt werden muss.

Weicht die Restnutzungsdauer der zu bewertenden Liegenschaft von der Referenzgröße ab, so sind die Sachwertfaktoren, Liegenschaftszinssätze und Gebäudefaktoren möglichst auf der Grundlage der von den Gutachterausschüssen für Grundstückswerte dafür abgeleiteten und veröffentlichten **Korrekturfaktoren** zu modifizieren.

248 Unproblematisch sind indessen die Fälle, in denen der Gutachterausschuss für Grundstückswerte den Liegenschaftszinssatz, den Sachwertfaktor bzw. den Vergleichsfaktor bebauter Grundstücke auf der Grundlage einer **üblichen Gesamtnutzungsdauer nach Anl. 3 und 5 der SachwertR** und entsprechende Korrekturfaktoren für Abweichungen von dem Modellansatz der dem Liegenschaftszinssatz, dem Sachwertfaktor bzw. dem Vergleichsfaktor bebauter Grundstücke zugrunde liegenden üblichen Gesamtnutzungsdauer bzw. der daraus resultierenden vorläufigen Restnutzungsdauer abgeleitet hat:

a) Korrekturfaktoren für Liegenschaftszinssätze

▶ *Vgl. Hinweise bei § 14 ImmoWertV Rn. 139.*

b) Korrekturfaktoren für Vergleichsfaktoren bebauter Grundstücke

▶ *Vgl. Syst. Darst. des Vergleichswertverfahrens Rn. 146 ff.*

c) Korrekturfaktoren für Sachwertfaktoren

Korrekturfaktoren zum Sachwertfaktor von Ein- und Zweifamilienhäusern bei abweichender Restnutzungsdauer				
Restnutzungsdauer in Jahren	2013	2013	2013	2013
	LK Harburg	LK Lüneburg	LK Uelzen	LK Lüchow-Dannenberg
15	0,73	0,95	0,73	0,79
20	0,78	0,95	0,79	0,83
25	0,83	0,96	0,85	0,87
30	0,88	0,97	0,90	0,91
35	0,92	0,96	0,95	0,96
40	0,96	0,40	**1,00**	**1,00**
45	**1,00**	**1,00**	1,05	1,05
50	1,05	1,01	1,09	1,09
55	1,07	1,02	1,14	1,14
60	1,10	1,03	1,18	1,19
65	1,12	1,04	1,22	1,24
70	1,14	1,05	1,26	1,29

Quelle: Grundstücksmarktberichte

Ermittlung des Verkehrswerts **§ 8 ImmoWertV IV**

Davon zu unterscheiden ist der Fall, in dem nach den konkreten Verhältnissen des Einzelfalls von einem der Ableitung des Sachwertfaktors, Liegenschaftszinssatzes bzw. des Gebäudefaktors für eine bestimmte Grundstücksart vom Gutachterausschuss für Grundstückswerte zugrunde gelegten Modellansatz der üblichen Gesamtnutzungsdauer abweichenden Gesamtnutzungsdauer ausgegangen werden muss. **249**

In diesem Fall ergibt sich z.B. bei Anwendung des Sachwertverfahrens zunächst eine **modellkonforme Alterswertminderung**, die von der tatsächlichen Alterswertminderung abweichen kann. Ist z.B. der Ansatz einer geringeren Gesamtnutzungsdauer sachgerecht, muss dann eine wirtschaftliche Überalterung nach Maßgabe des § 8 Abs. 3 ImmoWertV ergänzend berücksichtigt werden, denn eine geringere Gesamtnutzungsdauer führt bei gegebenem Baujahr zu einer entsprechend geringeren Restnutzungsdauer (vgl. § 8 ImmoWertV Rn. 246; § 23 ImmoWertV Rn. 16). In diesem Fall kann zur Unterscheidung von der tatsächlichen Restnutzungsdauer von einer vorläufigen (modellkonformen) Restnutzungsdauer gesprochen werden (vgl. Rn. 388).

6.4 Wirtschaftliche Überalterung und überdurchschnittlicher Erhaltungszustand

6.4.1 Wirtschaftliche Überalterung

6.4.1.1 Allgemeines

Der in § 8 Abs. 3 ImmoWertV angeführte Begriff der **„wirtschaftlichen Überalterung"** ist **ein Sammelbegriff.** Eine wirtschaftliche Überalterung liegt insbesondere vor, wenn ein Gebäude den am Wertermittlungsstichtag marktgängigen Anforderungen und insbesondere den **Anforderungen an gesunde Wohn- und Arbeitsverhältnisse** nicht mehr genügt[126]. Dies ist u. a. gegeben bei **250**

a) einem zeitgemäßen Bedürfnissen nicht mehr entsprechenden und damit i. d. R. auch unwirtschaftlichem *Aufbau* (Grundriss, Geschosshöhe, Raumtiefe, Konstruktion),

b) einer gewandelten Anforderungen nicht mehr entsprechenden *Baugestaltung und Funktionserfüllung (Struktur und Raumaufteilung)* sowie

c) einem *Zurückbleiben hinter dem technischen Fortschritt*[127].

Die vorgegebene Berücksichtigung einer „wirtschaftlichen Überalterung" stellt bei Anwendung des Sachwertverfahrens eine **die allgemeine Alterswertminderung** (§ 23 ImmoWertV) **ergänzende Sonderabschreibung** dar, die der international gebräuchlichen (wertermittlungstechnischen) Sonderabschreibung aufgrund

– technischer und funktionaler Überalterung *(functional obsolescence)*,

– äußerer Einflüsse *(external obsolescence)* und

– Substanz- und Materialverschlechterung *(physical deterioration)*

entspricht.

Eine wirtschaftliche Überalterung tritt im **gewerblichen Bereich** vor allem dann ein, wenn Bauweise und Ausstattung einem schnellen Wandel unterworfen sind, Produktionsabläufe beeinträchtigt werden und die bauliche Anlage den geänderten Anforderungen nicht angepasst werden kann. Bei gewerblichen Geschossbauten sind hier unzureichende Ver- und Entsorgungsanlagen, mangelhafte Anfahrmöglichkeiten, überalterte Heizungs- und Lüftungsanlagen, eine unzureichende Belastungsfähigkeit der Decken, fehlende Möglichkeiten bei der Ausstattung mit telekommunikativen Einrichtungen sowie fehlende Fahrstuhlanlagen zu nennen. Auch landwirtschaftliche Betriebsgebäude sind wie andere Gebäude dem Strukturwandel ausgesetzt.

---

126 BR-Drucks. 265/72, S. 21 f.
127 BFH, Urt. vom 27.3.2001 – R 42/99 –, BFHE 195, 234 = EzGuG 20.178c.

Die wirtschaftliche Überalterung kann erheblich sein und sogar auf die sofortige **Liquidation** hinauslaufen.

251 Für die **Bemessung der Wertminderung wegen wirtschaftlicher Überalterung** können die Grundsätze Anwendung finden, die für die Bemessung der Wertminderung wegen Baumängeln und Bauschäden dargelegt sind. Anhaltspunkte sind danach wiederum die kapitalisierten Mindererträge und die Kosten, die zur Behebung dieser Mängel aufgebracht werden müssten, wobei die Wertminderung im Ergebnis aber nur in der Höhe angesetzt werden darf, die dem gewöhnlichen Geschäftsverkehr entspricht.

Auch bei der Berücksichtigung der Wertminderung wegen wirtschaftlicher Überalterung geht es nur um solche **Gebäudemerkmale, die nicht** bereits nach Maßgabe des Einleitungssatzes von § 8 Abs. 2 ImmoWertV **direkt mit dem herangezogenen Wertermittlungsverfahren berücksichtigt worden sind:**

- Bei *Anwendung des Vergleichswertverfahrens* können die herangezogenen Vergleichsgrundstücke eine vergleichbare wirtschaftliche Überalterung aufweisen; für eine weitere Berücksichtigung ist dann kein Raum mehr.

- Bei *Anwendung des Ertragswertverfahrens* können sich die marktüblich erzielbaren Erträge (unter Berücksichtigung des Baujahrs) ebenfalls auf Objekte beziehen, die wiederum eine vergleichbare wirtschaftliche Überalterung aufweisen; für eine weitere Berücksichtigung ist auch dann kein Raum mehr. Des Weiteren kann eine wirtschaftliche Überalterung auch zu einer Erhöhung der sonst marktüblichen Bewirtschaftungskosten führen, die ebenfalls über § 18 ImmoWertV Eingang in die Verkehrswertermittlung finden kann. Schließlich kann einer wirtschaftlichen Überalterung auch mit einem „Risikozuschlag" zum sonst üblichen Liegenschaftszinssatz Rechnung getragen worden sein.

- Bei *Anwendung des Sachwertverfahrens* auf der Grundlage baujahrsspezifischer Normalherstellungskosten ist ebenfalls zu prüfen, ob nicht bereits mit den Normalherstellungskosten eine wirtschaftliche Überalterung erfasst ist.

Abschläge wegen einer wirtschaftlichen Überalterung können – unabhängig von dem zur Anwendung kommenden Wertermittlungsverfahren – nach kapitalisierten Mindereinnahmen und Umbaukosten bemessen werden.

Bei Anwendung des Sachwertverfahrens kann die Höhe des Abschlags auch nach dem Unterschied ermittelt werden, der sich für die Abschreibung der Herstellungskosten ergibt, je nachdem, ob man die übliche oder die verkürzte Gesamtnutzungsdauer zugrunde legt. Dabei kann prinzipiell nach derselben Systematik verfahren werden wie bei der Verkürzung oder Verlängerung der Restnutzungsdauer.

Diese Ermittlungsmethode ist insbesondere in den Fällen angezeigt, in denen der Sachwert zunächst auf der Grundlage des Modellansatzes einer üblichen Gesamtnutzungsdauer ermittelt wurde, die den tatsächlichen Eigenschaften der baulichen Anlage ungenügend Rechnung trägt. Hat z. B. der Gutachterausschuss der Ableitung des Sachwertfaktors i. S. des § 14 Abs. 2 ImmoWertV eine 100-jährige (übliche) **Gesamtnutzungsdauer**[128] (Nutzungsdauer) **als Modellgröße** i. S. der Nr. 4.3.1 der SachwertR (vgl. § 6 ImmoWertV Rn. 381) zugrunde gelegt und entspricht diese nicht den Eigenschaften des Bewertungsobjekts, so ist es aus Gründen der Modellkonformität geboten, den Sachwert gleichwohl zunächst auf der Grundlage einer 100-jährigen Nutzungsdauer i. V. m. einer vorläufigen Restnutzungsdauer (vgl. Rn. 388) zu ermitteln und die verkürzte Nutzungsdauer aufgrund der wirtschaftlichen Überalterung ergänzend zu berücksichtigen:

---

[128] Die 100-jährige Gesamtnutzungsdauer, die es nach der SachwertR nicht mehr geben soll, wurde hier nur zur Demonstration der Erläuterungen gewählt.

Ermittlung des Verkehrswerts § 8 ImmoWertV IV

Beispiel:

Sachverhalt: Es soll der Verkehrswert (Marktwert) eines Einfamilienhauses unter Anwendung des Sachwertverfahrens ermittelt werden. Die vom örtlichen Gutachterausschuss für Grundstückswerte abgeleiteten Sachwertfaktoren i. S. des § 14 Abs. 2 ImmoWertV wurden auf der Grundlage des Modellansatzes einer üblichen Gesamtnutzungsdauer (Nutzungsdauer) von 100 Jahren abgeleitet.

Lösung: Es wurde zunächst der vorläufige Sachwert auf der Grundlage des Modellansatzes einer (üblichen) Gesamtnutzungsdauer von 100 Jahren ohne Berücksichtigung der Marktanpassung und der besonderen objektspezifischen Grundstücksmerkmale ermittelt.

Normalherstellungskosten am Wertermittlungsstichtag		400 000 €
Modellansatz einer üblichen Gesamtnutzungsdauer (Nutzungsdauer) bei der Ableitung der Sachwertfaktoren	100 Jahre	
Restnutzungsdauer am Wertermittlungsstichtag	50 Jahre	
Alterswertminderungsfaktor: 50/100	0,5	
Alterswertgeminderte Normalherstellungskosten: 400 000 € × 0,5 =		200 000 €
+ Bodenwert		100 000 €
Vorläufiger nicht marktangepasster Sachwert		300 000 €
Sachwertfaktor des Gutachterausschusses bei einem vorläufigen Sachwert von 300 000 €:	0,7	
Marktangepasster vorläufiger Sachwert (ohne besondere objektspezifische Grundstücksmerkmale)		**210 000 €**

Zu berücksichtigen ist eine wirtschaftliche Überalterung, denn das Objekt weist eine unwirtschaftliche Bauweise, eine unwirtschaftliche Grundrissgestaltung mit gefangenen Zimmern, erhebliche Niveauunterschiede, überalterte sanitären Einrichtungen und unzureichende Treppen auf. Die wirtschaftliche Überalterung führt zu einer reduzierten Gesamtnutzungsdauer von 80 Jahren und einer entsprechend reduzierten Restnutzungsdauer von 30 Jahren.

Normalherstellungskosten am Wertermittlungsstichtag		400 000 €
Übliche Gesamtnutzungsdauer (Nutzungsdauer)	80 Jahre	
Restnutzungsdauer am Wertermittlungsstichtag	30 Jahre	
Alterswertminderungsfaktor: 30/80	0,375	
Alterswertgeminderte Normalherstellungskosten: 400 000 € × 0,375	=	*150 000 €*
Alterswertgeminderte Normalherstellungskosten bei GND von 100 Jahren (vgl. oben)	=	*200 000 €*
Wertminderung wegen wirtschaftlicher Überalterung		– 50 000 €
Diese ist nach § 8 Abs. 3 ImmoWertV nur insoweit zu berücksichtigen, wie dies dem gewöhnlichen Geschäftsverkehr entspricht. Bei voller Berücksichtigung:	=	– 50 000 €
Sachwert (Marktwert) = 210 000 € – 50 000 €		**160 000 €**

Als Formel:

$$\text{Wirtschaftliche Überalterung} = \left(\frac{\text{RND}_{\text{tatsächliche}}}{\text{GND}_{\text{übliche}}} - \frac{\text{RND}_{\text{vorläufige}}}{\text{GND}_{\text{Modellansatz}}} \right) \times \text{Herstellungskosten}$$

Im Beispiel:

$$\text{Wirtschaftliche Überalterung} = \left(\frac{30}{80} - \frac{50}{100} \right) \times \text{Herstellungskosten} =$$

$$- 0{,}125 \times 400\,000\,€ = -\,50\,000\,€$$

Die Formel kann bei Abweichungen zwischen der vom Gutachterausschuss bei der Ableitung des Sachwertfaktors als Modellansatz gewählten „üblichen Gesamtnutzungsdauer" und der tatsächlichen Gesamtnutzungsdauer der im Einzelfall zu bewertenden Liegenschaft zur Anwendung kommen. Problematisch bleibt die Höhe des so berechneten **Abschlags wegen wirtschaftlicher Überalterung**, denn er ist nach § 8 Abs. 3 ImmoWertV nur insoweit zu berücksichtigen, wie dies dem gewöhnlichen Geschäftsverkehr entspricht, d. h. er ist ggf. **einer Marktanpassung zu unterwerfen**, wobei diese nicht der des Sachwertfaktors entsprechen muss.

Unproblematisch sind indessen die Fälle, in denen der Gutachterausschuss für Grundstückswerte den Sachwertfaktor auf der Grundlage einer **üblichen Gesamtnutzungsdauer nach Anl. 3 und 5 der SachwertR** ermittelt hat, denn die Anl. 5 sieht nach Gebäudestandards gestaffelte Gesamtnutzungsdauern vor. Der „Modellansatz" der üblichen Gesamtnutzungsdauer muss in diesem Fall der üblichen Gesamtnutzungsdauer entsprechen, die nach Maßgabe der Anl. 5 der SachwertR der im Einzelfall zu bewertenden Liegenschaft zugeordnet wird, d. h. Abweichungen zwischen der vom Gutachterausschuss der Ableitung von Sachwertfaktoren zugrunde gelegten und der vom Anwender dieser Sachwertfaktoren zugrunde gelegten üblichen Gesamtnutzungsdauer können gar nicht auftreten.

6.4.1.2 Grundriss

252 Die **Raumaufteilung (Grundrisslösung)** beurteilt sich nach der wirtschaftlichen Gestaltung des Grundrisses, wobei i. d. R. eine verschachtelte und verwinkelte Raumaufteilung (ggf. mit gefangenen Zimmern, langen und dunklen Fluren und dgl.) zu Wertminderungen führt. Bei gewerblichen Objekten ist die Raumaufteilung u. a. nach ihrer Eignung für die Betriebsführung bzw. den Produktionsprozess zu beurteilen. Dies können z. B. gefangene Zimmer, d. h. Räume, die nicht über den Wohnungsflur, sondern lediglich durch ein anderes Zimmer zu erreichen sind, lange und dunkle Flure und dgl. sein. Die Wertminderung lässt sich wiederum über die kapitalisierte Ertragsdifferenz ermitteln.

Beispiel:

Sachverhalt: Es soll der Verkehrswert (Marktwert) eines Einfamilienhauses in Freiburg unter Anwendung des Sachwertverfahrens ermittelt werden. Die vom örtlichen Gutachterausschuss für Grundstückswerte abgeleiteten Sachwertfaktoren i. S. des § 14 Abs. 2 ImmoWertV wurden auf der Grundlage üblicher normal geschnittener Grundrisse abgeleitet.

Lösung: Es wurde zunächst der vorläufige Sachwert auf der Grundlage der üblichen Grundrisslösungen ohne Berücksichtigung der Marktanpassung und der besonderen objektspezifischen Grundstücksmerkmale ermittelt mit 300 000 €. Hieraus wurde mithilfe des Sachwertfaktors des Gutachterausschusses (0,7) als marktangepasster vorläufiger Sachwert (ohne besondere objektspezifische Grundstücksmerkmale) ermittelt: **210 000 €**.

Als besonderes objektspezifisches Grundstücksmerkmal ist ergänzend zu berücksichtigen, dass drei Zimmer mit insgesamt 62 m² des Objekts gefangene Zimmer sind. Der Mietspiegel von Freiburg weist für gefangene Zimmer einen Abschlag von 7 % der sonst marktüblich erzielbaren Nettokaltmiete (ortsübliche Vergleichsmiete) auf:

–	marktüblich erzielbare Nettokaltmiete	8,00 €/m²
–	geminderte Miete: 8,00 €/m² – 8,00 €/m² × 0,07 =	7,44 €/m²
–	Differenz pro Quadratmeter Wohnfläche	0,56 €/m²
–	Liegenschaftszinssatz	3 %
–	Restnutzungsdauer	30 Jahre

Aus der kapitalisierten Ertragsdifferenz ergibt sich eine Wertminderung von:

0,56 €/m² × 60 m² × 12 Monate × 19,60 =	– rd. 8 000 €
Sachwert (Marktwert)	**rd. 200 000 €**

6.4.1.3 Geschosshöhe

Schrifttum: *Gripp. P., Anpassungsfaktoren für NHK-Gebäudetypen mit Kostenangaben pro m³ Brutto-Rauminhalt, GuG 2007, 48.*

▶ *Vgl. Rn. 411 ff., 124; § 6 ImmoWertV Rn. 44 (Aufenthaltsraum); sowie Syst. Darst. des Sachwertverfahrens Rn. 110 f. 124; Teil II Rn. 554*

Überhohe Geschosshöhen können sich auf den Verkehrswert werterhöhend und wertmindernd auswirken. In einem **Gewerbebetrieb**, der in baulichen Anlagen **mit überhohen Geschosshöhen** eingerichtet ist, wirken sich diese i. d. R. wertmindernd aus, wenn sie wirtschaftlich nicht genutzt werden können und sich die Betriebskosten (z. B. durch erhöhte Heizkosten) erhöhen. Das Gleiche gilt für **Wohngebäude**, jedoch können hier überhohe Geschosshöhen auch den Wohnwert erhöhen. Dies gilt z. B. für alte Gründerzeithäuser mit hohem Ambiente. 253

Bei Anwendung des Sachwertverfahrens ist die Berücksichtigung überhoher Geschosshöhen wertermittlungstechnisch von der Bezugsgrundlage der Normalherstellungskosten abhängig:

– Bei **Heranziehung von flächenbezogenen Normalherstellungskosten** gehen überhohe Geschosshöhen nicht in die Gebäudesachwertermittlung ein und brauchen nicht wertmindernd berücksichtigt zu werden. Stellen überhohe Geschosshöhen, wie in dem vorstehend genannten Fall, einen werterhöhenden Umstand dar, müssen sie jedoch zusätzlich berücksichtigt werden.

– Im Falle der **Heranziehung von volumenbezogenen Normalherstellungskosten,** die jedoch unüblich sind, würden überhohe Geschosshöhen indessen „über den Raum" in die Gebäudesachwertermittlung eingehen. Wären in diesem Fall überhohe Geschosshöhen als wertmindernder Umstand anzusehen, so müsste diesem Umstand nach § 8 Abs. 3 ImmoWertV Rechnung getragen werden, wenn dies nicht bereits nach den § 22 ImmoWertV berücksichtigt wurde, z. B. indem der Rauminhalt **fiktiv so ermittelt** wurde, **wie er sich bei normaler Geschosshöhe ergeben würde.**

Zur **Ermittlung der Wertminderung bzw. Werterhöhung einer erheblich von der üblichen Geschosshöhe abweichenden Geschosshöhe** des zu bewertenden Grundstücks kann es sich empfehlen, die mittlere Geschosshöhe des zu bewertenden Gebäudes zu ermitteln und in Relation zu der mittleren Geschosshöhe zu setzen, die den herangezogenen Normalherstellungskosten i. V. m. dem Sachwertfaktor zugrunde liegt[129]. Abweichungen der Geschosshöhe der zu bewertenden Liegenschaft von der durchschnittlichen Geschosshöhe, die dem **Sachwertfaktor** zugrunde liegt, müssen ggf. ergänzend berücksichtigt werden.

Ob die Abweichung der mittleren Geschosshöhe des zu bewertenden Gebäudes von der mittleren Geschosshöhe der zugrunde gelegten Normalherstellungskosten i. V. m. dem Sachwertfaktor zu einer Werterhöhung bzw. Wertminderung führt, hängt nach den vorstehenden Ausführungen von den Gegebenheiten des Einzelfalls ab. Lediglich in Bezug auf das **Dachgeschoss (mit Satteldach)** führen überdurchschnittlich hohe Geschosshöhen in aller Regel zu Werterhöhungen, da sich damit die Nutzbarkeit erhöht bzw. erhöhen lässt.

6.4.1.4 Struktur und Raumaufteilung

Schrifttum: *Hartermann/Finke,* Vergleich von Immobilien mithilfe von Gebäude-Kennzahlen, ZfV 2001, 322.

▶ *Zum Nutzflächenfaktor vgl. Syst. Darst. des Sachwertverfahrens Rn. 198 ff., § 16 ImmoWertV Rn. 232; zum Ausbauverhältnis Teil II Rn. 584*

---

[129] Im Unterschied zu den NHK 2000 werden in den NHK 2010 allerdings keine den angegebenen Kostenkennwerten zurechenbaren mittleren Geschosshöhen mehr angegeben. Hinweise darauf können allenfalls den Vorentwürfen zu den NHK 2010 (vgl. GuG 2012, 20) entnommen werden.

254 Als Kriterium der Wirtschaftlichkeit der Struktur und Raumaufteilung kann insbesondere gelten

– das **Ausbauverhältnis**; es definiert sich als

$$\text{Ausbauverhältnis}[m] = \frac{\text{Brutto-Rauminhalt}\,[m^3]\ \text{bzw. Umbauter Raum}}{\text{Wohn- bzw. Nutzfläche}\,[m^2]}$$

Bei voll unterkellerten Mehrfamilienhäusern hat sich das Ausbauverhältnis von rd. 6,0 im Jahre 1900 (ungünstig) auf etwa 4,2 im Jahre 1995 (günstig) reduziert.

– der **Nutzflächenfaktor**; er definiert sich als

$$\text{Nutzflächenfaktor (NFF)}_{[\%]} = \frac{\text{Brutto-Grundfläche (BGF)}}{\text{Wohn- bzw. Nutzfläche (WF bzw. NF)}}$$

Je kleiner der Nutzflächenfaktor ausfällt, desto wirtschaftlicher ist die räumliche Baugestaltung, jedoch kann die Akzeptanz umso eher kippen.

Der Nutzflächenfaktor hat sich mit der Zeit sowohl für Wohngebäude als auch für gewerblich geschäftliche Gebäude von etwa 1,40 (um die Jahrhundertwende) bis auf etwa 1,25 im Jahre 1990 vermindert und hat sich seither wieder leicht erhöht. Mitunter wird als Nutzflächenfaktor auch der Reziprokwert der vorstehenden Verhältniszahl definiert, d. h. als Verhältnis der Wohnfläche zur Brutto-Grundfläche, und es ergeben sich NFF < 1,0 (Abb. 18).

Abb. 18: Nutzflächenfaktoren

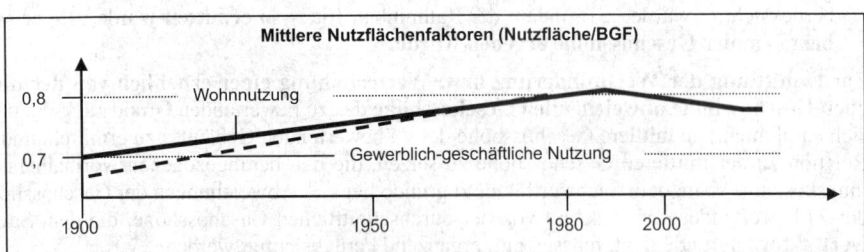

In den Tabellenwerken **der Normalherstellungskosten 2010 (NHK 2010) werden zu den ausgewiesenen Kostenkennwerten keine durchschnittlichen Nutzflächenfaktoren angegeben.** Die in dem Vorentwurf zu den NHK 2010 (vgl. GuG 2012, 20) angegebenen Nutzflächenfaktoren haben sich wie die dort zunächst angegebenen mittleren Geschosshöhen als unzuverlässig erwiesen und ließen allenfalls Unstimmigkeiten des Tafelwerks erkennen; sie werden deshalb in der aktuellen Fassung des Tafelwerks nicht angegeben.

– das **Verhältnis der Hauptnutzfläche (HNF) zur**
  • **Brutto-Grundfläche (BGF) bzw.**
  • **Nebennutzfläche (NNF)**

▶ *Zu den Begriffen vgl. Syst. Darst. des Sachwertverfahrens Rn. 70; Teil II Rn. 502 ff., 554 und 589 ff.*

Je größer das Verhältnis (in %) ausfällt, desto wirtschaftlicher ist die räumliche Baugestaltung.

– der **Mietflächenfaktor**; er ergibt sich aus dem Verhältnis der Netto-Grundfläche zur Brutto-Grundfläche

Ermittlung des Verkehrswerts § 8 ImmoWertV IV

$$\text{Mietflächenfaktor} = \frac{\Sigma \text{Netto-Grundfläche (NGF)}}{\Sigma \text{Brutto-Grundfläche (BGF)}} \times 100$$

Je niedriger der Prozentsatz ausfällt, umso höher ist der Anteil nicht vermietbarer Flächen.

– das **Achsmaß**.

Für die Flächeneffizienz ist das **Achsmaß** (**Achsabstandsmaß**: im Bürobereich i. d. R. zwischen 1,25 bis 1,50 m) von Bedeutung. Ein Achsmaß von 1,315 m bietet bei einer Raumtiefe von 5,20 bis 5,70 m individuelle Gestaltungsmöglichkeiten. Bei einer Flurbreite von 1,50 m und den angegebenen Raumtiefen wird eine Gebäudetiefe von mehr als 13 m problematisch. Im Hinblick auf andere Büroformen (Kombibüros, Business-Büros) bieten größere Raumtiefen allerdings eine größere Gestaltungsmöglichkeit (Abb. 19).

Abb. 19: Effiziente Achsmaße

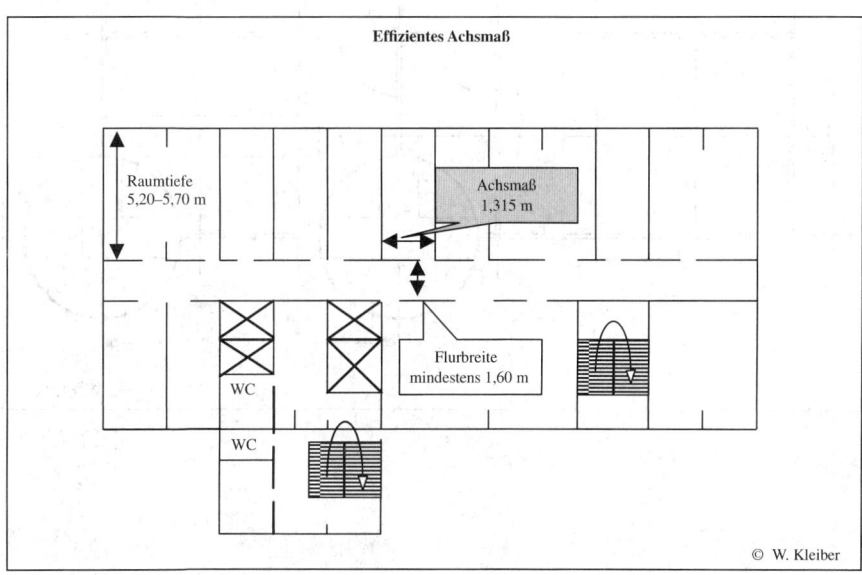

Unter dem **Abstandsmaß** (vulgo: **Achsmaß**) wird das Maß verstanden, mit dem der Grundriss eines Bauwerks in einem aus rechtwinklig zueinander angeordneten Ebenen bestehenden Koordinatensystem nach rechtwinkligen Achsabständen unterteilt wird (Rastermaß)[130]. Messlinie für diese Achsen ist die statische Systemachse der Konstruktion[131]. Die Achsabstände sind Teilmaße des Grundrisses, die Stützen, Träger, Wandmitten usw. bestimmen. Bei Industriebauten gilt für die Achsabstände z. B. ein Grundmaß von 2,5 m (Abb. 20).

$$\text{Achsmaß} = \frac{\text{Gebäudebreite bzw. -tiefe in m}}{\text{Anzahl der (Ausbau-)Achsen an der Gebäudebreite bzw. -tiefe}}$$

---

[130] Vgl. DIN 18000 Modulordnung im Bauwesen.
[131] Neufert, Bauentwurfslehre, 37. Aufl.

Abb. 20: Achsabstandsmaß

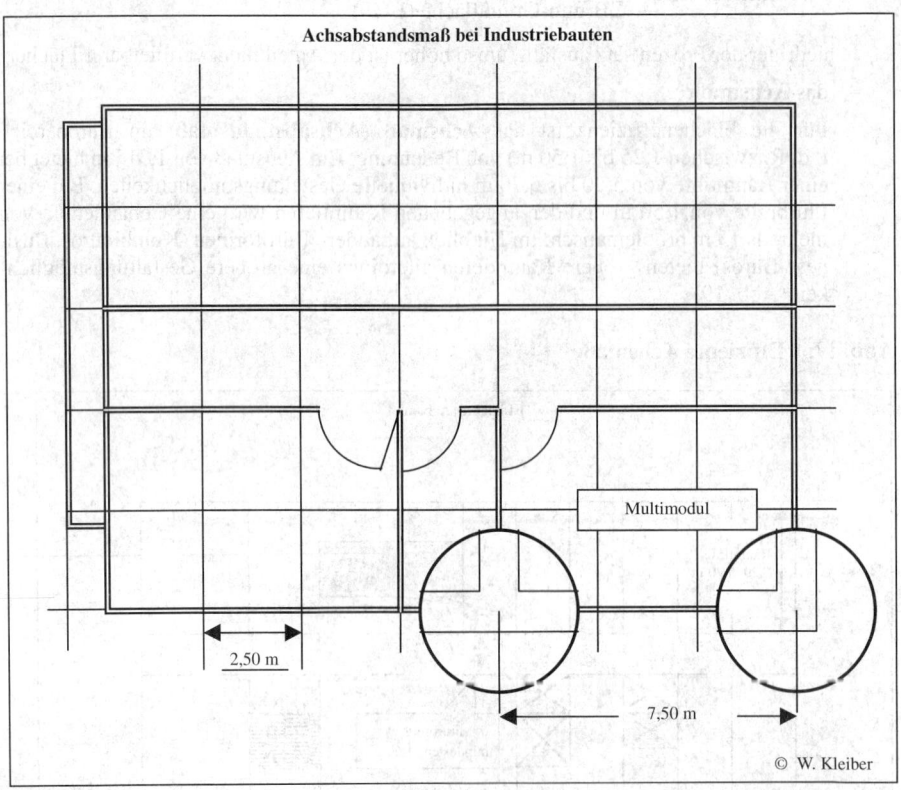

Abb. 21: Raumgrößen und Achsmaß

Raumgrößen und Achsmaß								
			Raumtiefe					
		Ohne Heizung	5,4	–	5,6	–	5,8	–
		Mit Heizung	–	4,9	–	5,1	–	5,3
Achsabstand	2-Achser inklusive Trennwand	exklusive Trennwand	Resultierende nutzbare Raumgrößen in m²					
1,20	2,4	–	13,0	11,8	13,4	12,2	13,9	12,7
		2,3	12,4	11,3	12,9	11,7	13,3	12,2
1,25	2,5	–	13,51	12,3	14,0	12,8	14,5	13,3
		2,4	3,0	11,8	13,4	12,2	13,9	12,7
1,30	2,6	–	14,01	12,7	14,6	13,3	15,1	13,8
		2,5	3,5	12,3	14,0	12,8	14,5	13,3
1,35	2,7	–	14,6	13,2	15,1	13,8	15,7	14,3
		2,6	14,0	12,7	14,6	13,3	15,1	13,8
1,40	2,8	–	15,1	13,7	15,7	14,3	16,2	14,8
		2,7	14,6	13,2	15,1	13,8	15,7	14,3
1,45	2,9	–	15,7	14,2	16,2	14,8	16,8	15,4
		2,8	15,1	13,7	15,7	14,3	16,2	14,8
1,50	3,0	–	16,2	14,7	16,8	15,3	17,4	15,9
		2,9	15,7	14,2	16,2	14,8	16,8	15,4

Quelle: Müller Consulting GmbH

6.4.2 Überdurchschnittlicher Erhaltungszustand

Der Wertminderung wegen wirtschaftlicher Überalterung steht die Werterhöhung wegen eines **überdurchschnittlichen Erhaltungszustands** gegenüber. Diese ist nach der Systematik der ImmoWertV **von der Modernisierung** (§ 5 Abs. 6 Satz 2 ImmoWertV) **abzugrenzen,** die nach § 6 Abs. 6 Satz 1 ImmoWertV unmittelbar durch eine entsprechende Verlängerung der Restnutzungsdauer Eingang in die Verkehrswertermittlung findet.

Ein überdurchschnittlicher Erhaltungszustand liegt bei besonders „gepflegten" Objekten vor, ohne dass sich dadurch die Restnutzungsdauer verlängern muss, insbesondere dann nicht, wenn sich die durchgeführten Arbeiten nicht auch auf wesentliche Bauteile erstrecken. Ein überdurchschnittlicher Erhaltungszustand kann nur angenommen werden, wenn das **Gebäude über den üblichen Instandhaltungszustand hinaus besonders umfassend und sorgfältig instand gehalten wurde,** ohne dass durch wertverbessernde Maßnahmen (Modernisierungen) die Restnutzungsdauer des Gebäudes beeinflusst wird. Dieser Fall wird selten vorliegen, da es jeder wirtschaftlich denkende Eigentümer bei notwendigen Reparaturen oder erforderlichem Ersatz eines durch Verschleiß gealterten Bauteils vorzieht, es durch ein höherwertiges Bauteil zu ersetzen, anstatt das alte Bauteil zu oft nicht geringeren Kosten reparieren zu lassen. Durch die im Zeitablauf entstehende Summierung neuer (modernerer) Bauteile ergibt sich i. d. R. das Erscheinungsbild eines Gebäudes, welches sich jünger darstellt, als es seinem tatsächlichen Alter entspricht.

Eine Werterhöhung aufgrund eines überdurchschnittlichen Erhaltungszustands kommt wiederum nur in Betracht, wenn dieser nicht bereits entsprechend den Ausführungen unter Rn. 248 direkt mit dem herangezogenen Wertermittlungsverfahren Berücksichtigung gefunden hat.

Auch wenn sich ein überdurchschnittlicher Erhaltungszustand nicht direkt auf die Ertragsverhältnisse auswirkt, kann gleichwohl beobachtet werden, dass im gewöhnlichen Geschäftsverkehr Preiszugeständnisse gemacht werden, die allerdings sich nicht an den aufgebrachten Kosten orientieren.

6.5 Architektonische Gestaltung

256 Als werterhöhender bzw. wertmindernder Umstand kommt auch eine besondere architektonische Gestaltung der baulichen Anlage in Betracht, die sich nicht bereits im Reinertrag niederschlägt. Entsprechende Zu- und Abschläge dürfen jedoch nur insoweit angebracht werden, wie im gewöhnlichen Geschäftsverkehr derartige Umstände werterhöhend bzw. wertmindernd „angenommen" werden. Nicht jede als besonders künstlerisch geltende architektonische Gestaltung findet im gewöhnlichen Geschäftsverkehr entsprechende Resonanz und kann dort sogar auf Ablehnung stoßen. Soweit die architektonische Gestaltung nicht werterhöhend ist, könnte allenfalls ein nach § 194 BauGB nicht zu berücksichtigender Affektionswert angenommen werden.

6.6 Vom marktüblich erzielbaren Ertrag erheblich abweichender Ertrag

6.6.1 Allgemeines

6.6.1.1 Verkehrswertermittlung (ImmoWertV)

▶ *Vgl. auch § 17 ImmoWertV Rn. 19 ff.; Syst. Darst. des Ertragswertverfahrens Rn. 58, 64, 105 ff.*

257 Bei allen zur Anwendung kommenden Wertermittlungsverfahren ist ertragswirtschaftlichen Besonderheiten (Anomalien) Rechnung zu tragen, soweit sie (noch) nicht direkt mit dem zur Anwendung gekommenen Wertermittlungsverfahren berücksichtigt worden sind. **Dies gilt auch für das Vergleichs- und Sachwertverfahren.** Als Besonderheiten (Anomalien) stellt § 8 Abs. 3 ImmoWertV „von den marktüblich erzielbaren Erträgen **erheblich abweichende Erträge**" heraus.

Von den marktüblich erzielbaren Erträgen erheblich abweichenden Erträgen muss bei **Anwendung des Ertragswertverfahrens** nach Maßgabe des § 8 Abs. 3 ImmoWertV nur Rechnung getragen werden, wenn das Ertragswertverfahren auf der Grundlage marktüblich erzielbarer Erträge gemäß § 17 Abs. 2 ImmoWertV (Standardverfahren) zur Anwendung kommt. Kommt hingegen das mehrperiodische (mehrphasige) Ertragswertverfahren nach § 17 Abs. 1 Satz 2 i. V. m. Abs. 3 ImmoWertV zur Anwendung, gehen die Abweichungen direkt in die Ertragswertermittlung ein und dürfen nicht zusätzlich berücksichtigt werden.

Aufgrund mietvertraglicher Regelungen abweichende Ertragsverhältnisse i. S. des § 8 Abs. 3 ImmoWertV sind allerdings nur unter der Voraussetzung zu berücksichtigen, dass im Falle der Veräußerung des Grundstücks der Mietvertrag, aus dem *„erheblich vom marktüblich erzielbaren Ertrag"* abweichende Erträge resultieren, tatsächlich auf den Erwerber übergeht und der Mieter eine vorzeitige Auflösung des Mietverhältnisses nicht begehren und der Inhalt der Vereinbarung auch sonsthin weder vom Mieter noch vom Vermieter „ausgehöhlt" werden kann. Wird der Vertrag vor der Veräußerung einvernehmlich aufgelöst, liegen „vom üblichen Ertrag" abweichende Erträge i. S. des § 8 Abs. 3 ImmoWertV nicht vor und es verbleibt bei der Marktwertermittlung auf der Grundlage der marktüblich erzielbaren Miete[132].

Ein Mietverhältnis oder ein Pachtvertrag ist nur dann unbeachtlich, wenn ein marktüblich erzielbares Entgelt vereinbart wurde[133].

Von den marktüblich erzielbaren Erträgen erheblich abweichende Erträge sind i. d. R. zeitlich befristet. Demzufolge geht es um die **Berücksichtigung** *temporärer Mehr- oder Mindereinnahmen (over-* und *underrented).*

---

[132] Zu alledem BFH, Urt. vom 12.12.1991 – IV R 53/90 –, BFHE 166, 495 = GuG 1992, 297 = EzGuG 20.137 (Revision zu FG Niedersachsen, Urt. vom 13.2.1990 – V 100/88 –, EFG 1990, 423) unter Berufung auf BFH, Urt. vom 14.8.1953 – III 33/53 U, BFHE 53, 733 sowie RFH, Urt. vom 8.10.1926 – II A 429/26 –, StuW 1928, 117 = EzGuG 14.1a.

[133] BFH, Urt. vom 10.12.1971 – III R 43/70 –, BFHE 104, 373; BFH, Urt. vom 17.1.1990 – II R 65/87 –, BFHE 159, 549 m.w.N.

Ermittlung des Verkehrswerts § 8 ImmoWertV IV

Eine „**erhebliche Abweichung** der tatsächlich erzielten Erträge" liegt vor, wenn die Kapitalisierung dieser Abweichung zu einem Betrag führt, der sich auf das Ergebnis der Marktwertermittlung mehr als geringfügig auswirkt und im Rahmen der Auf- oder Abrundung des Ergebnisses der Wertermittlung zu einem anderen Ergebnis führt.

– Ob die tatsächlich erzielten Erträge von den marktüblichen Erträgen „erheblich" abweichen, ist nicht nur von dem Unterschied zwischen der tatsächlich erzielten und der marktüblich erzielbaren Miete abhängig, sondern auch von der **Dauer solcher Abweichungen**. Abweichungen von geringerer Höhe können, wenn sie längerfristig hinzunehmen sind, den Ertragswert genauso beeinflussen wie Abweichungen von beträchtlicher Größenordnung, die nur von kurzer Dauer und von vorübergehender Natur sind.

– Darüber hinaus muss von derartigen Abweichungen auch nicht die gesamte Nutzfläche des Grundstücks betroffen sein, sodass auch eine **Abhängigkeit von der betroffenen Nutzfläche** besteht.

In der **Zusammenfassung** ist die Höhe der temporären Mehr- oder Mindereinnahmen abhängig von

– dem Unterschied der aufgrund wohnungs- und mietrechtlicher Bindungen am Wertermittlungsstichtag tatsächlich erzielten Mieten und den am Wertermittlungsstichtag marktüblich erzielbaren Mieten, die unter Anwendung des Liegenschaftszinssatzes langfristig erzielt werden können;

– dem Zeitraum, über den die vertrags-, wohnungs- und mietrechtlichen Bindungen bestehen, sowie

– der davon betroffenen Nutzfläche.

Zur Feststellung dieser Abweichungen muss die mietrechtliche Situation unter Heranziehung der Mietverträge analysiert werden. Die Höhe der temporären Mehr- oder Mindereinnahmen kann dann ermittelt werden, indem die **jährliche Ertragsdifferenz der davon betroffenen Mietfläche mit Hilfe des Vervielfältigers über die zeitliche Bindungsfrist kapitalisiert wird.**

Beispiel:

– Monatlicher Mehrertrag pro Quadratmeter Wohn- bzw. Nutzfläche 1 €/m²
– Jährlicher Mehrertrag pro Quadratmeter Wohn- bzw. Nutzfläche 12 €/m²
– Betroffene Wohn- bzw. Nutzfläche 1 000 m²
– Jährlicher Mehrertrag insgesamt gegenüber der ortsüblich erzielbaren Miete 12 000 €
– Zeitliche Bindung 5 Jahre

Bei einem Liegenschaftszinssatz von 4,75 % ergibt sich ein Barwert der Mehreinnahmen aus „overrented":

Barwert = 12 000 € × V = 12 000 € × 4,36 = **rd. 52 000 €**

Ergebnis: Ob die Mehrerträge „erheblich" von dem marktüblich erzielbaren Ertrag abweichen, beurteilt sich nach dem Gesamtergebnis der Ertragswertermittlung. Der Mehr- oder Minderertrag ist „erheblich", wenn er zu einem Barwert führt, der im Rahmen der Auf- oder Abrundung zu einem anderen Ergebnis der Verkehrswertermittlung führt (vgl. Rn. 257).

Abb. 22: Erhebliche Abweichung vom marktüblich erzielbaren Ertrag

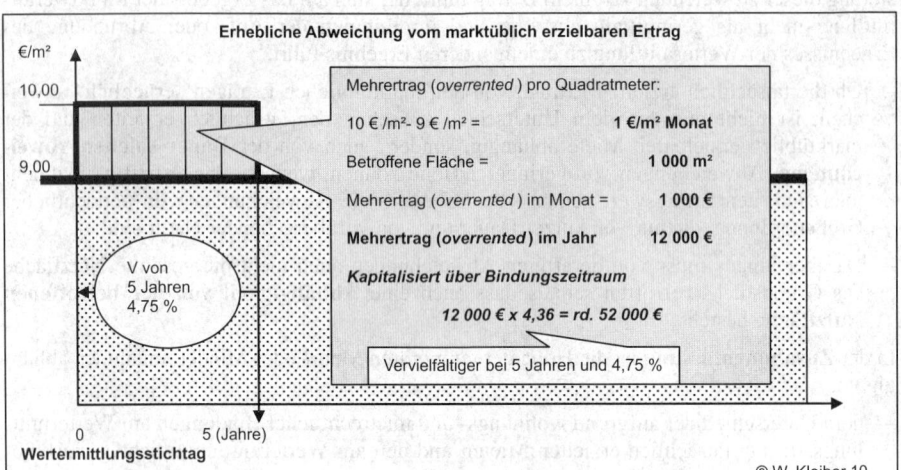

259 Von den **marktüblich erzielbaren Erträgen erheblich abweichende Erträge** können verschiedene **Ursachen** haben:

1. Von Bedeutung sind in erster Linie die von marktüblich erzielbaren Erträgen aufgrund wohnungs-, miet- oder vertragsrechtlicher Bindungen (§ 6 Abs. 2 ImmoWertV) nach „oben" oder „unten" abweichenden Erträge (sog. *over-* und *underrented*); dazu rechnen auch Abweichungen, die aufgrund einer versäumten Anpassung der Miete nach den Vorschriften des bürgerlichen Rechts hingenommen werden müssen;

2. Entsprechendes gilt auch, wenn aufgrund wohnungs-, miet- oder vertragsrechtlicher Bindungen die Umlage der Bewirtschaftungskosten anders gestaltet ist, als es den angesetzten marktüblich erzielbaren Erträgen entspricht (z. B. wenn der Mieter die Bewirtschaftungskosten oder der Vermieter die Betriebskosten ganz oder teilweise trägt);

3. Staffelmietvereinbarungen;

4. die Gewährung vorübergehender Mietfreiheit;

5. ein vorübergehender Leerstand, der mit dem langfristig angesetzten Mietausfallwagnis nicht erfasst wird;

6. Abweichungen der tatsächlich ausgeübten Nutzung von einer wirtschaftlich vernünftigen und üblicherweise auch ausgeübten Nutzung, insbesondere

   - *atypische Fehlnutzung*, z. B. durch Vermietung des Erdgeschosses als Wohnung in einer Einzelhandelslage mit entsprechender Nachfrage nach Läden, oder

   - aufgrund sich aufdrängender, aber unterlassener rentierlicher *Umnutzungs- bzw. Modernisierungsmaßnahmen*;

7. Baumängel und Bauschäden, eine unterlassene Instandhaltung, eine wirtschaftliche Überalterung, eine besonders gute oder eingeschränkte *Drittverwendungsmöglichkeit*, eine besonders ansprechende oder abweisende *architektonische Gestaltung* der baulichen Anlage, *Denkmalschutz* sowie besonders aufwendige Außenanlagen (einschließlich Aufwuchs), immissionsschutzrechtliche Einschränkungen und Altlasten, soweit dem nicht mit den angesetzten Erträgen und dem Liegenschaftszinssatz hinreichend Rechnung getragen wurde;

8. vorübergehende Mehrerträge z. B. aufgrund einer **zusätzlichen Nutzung des Grundstücks, z. B. für Werbezwecke**, **Antennenanlagen** oder **Zwischennutzungen** oder vorübergehende Mindererträge aufgrund temporärer Beeinträchtigungen (z. B. temporäre Baumaßnahmen am Gebäude bzw. in der unmittelbaren Umgebung des Grundstücks, wie z. B. ein U-Bahnbau);
9. Einschränkungen der Einnahmeerzielung aufgrund vertraglicher Bindungen, wie z. B. der gemeinnützige Betrieb eines Kindergartens;
10. wohnungs- und mietrechtliche Bindungen aufgrund einer Förderung im Bereich der sozialen Wohnraumförderung;
11. Vorübergehende Einschränkungen der Einnahmeerzielung aufgrund gesetzlicher Regelungen des Erhaltungsrechts nach den §§ 172 ff. BauGB (z. B. Milieuschutzsatzungen) sowie Gestaltungssatzungen nach Landesrecht und dgl.

Die Ertragsverhältnisse können auch auf Dauer „gestört" sein, z. B. aufgrund denkmalschutzrechtlicher Bestimmungen, wobei **steuerliche Vergünstigungen** wieder temporär sind.

Sofern am Wertermittlungsstichtag die tatsächlich entrichtete Miete von der marktüblich erzielbaren Miete abweicht, weil es der Vermieter versäumt hat, die Miete an die ortsübliche Vergleichsmiete anzupassen, ist im Übrigen eine **zum Wertermittlungsstichtag zulässige Anpassung der Wertermittlung** zugrunde zu legen, d. h., ein von den marktüblich erzielbaren Erträgen erheblich abweichender Ertrag ergibt sich in diesem Fall nur dann, wenn der sich unter Berücksichtigung der zulässigen Mietanpassung ergebende Ertrag weiterhin von dem am Wertermittlungsstichtag marktüblich erzielbaren Ertrag erheblich abweicht. **260**

▶ *Zu Gartenanlagen, Anpflanzungen und Parks vgl. Rn. 67 und Rn. 324, 385; § 1 ImmoWertV Rn. 48 ff.; § 19 ImmoWertV Rn. 4, 51; § 21 ImmoWertV Rn. 8; Syst. Darst. des Vergleichswertverfahrens Rn. 113 ff.; Syst. Darst. des Ertragswertverfahrens Rn. 32, 84; Syst. Darst. des Sachwertverfahrens Rn. 199.*

6.6.1.2 Beleihungswertermittlung (BelWertV)

Bezüglich der Berücksichtigung von Abweichungen vorstehender Art weicht die **BelWertV** von der ImmoWertV ab: **261**

– Nach § 10 Abs. 1 BelWertV ist die vertraglich vereinbarte Miete anzusetzen, wenn sie unter der nachhaltigen Miete liegt.
– Nach § 10 Abs. 3 BelWertV ist bei einem strukturellen oder lang anhaltenden Leerstand zu prüfen, ob aufgrund der jeweiligen Marktlage eine Vermietung überhaupt oder zu den angesetzten Mietpreisen in absehbarer Zeit noch zu erwarten ist.

6.6.1.3 Steuerliche Bewertung

In der erbschaftsteuerlichen Bewertung bestimmen sich die Erträge nach den geltenden vertraglichen Vereinbarungen. Nach § 186 Abs. 1 BewG ist der Rohertrag mit dem Entgelt anzusetzen, das für die Benutzung des bebauten Grundstücks **nach den am Bewertungsstichtag geltenden vertraglichen Vereinbarungen für den Zeitraum von zwölf Monaten** zu zahlen ist; Umlagen, die zur Deckung der Betriebskosten gezahlt werden, sind nicht anzusetzen. Nach § 186 Abs. 2 BewG ist für Grundstücke oder Grundstücksteile, **262**

1. die eigengenutzt, ungenutzt, zu vorübergehendem Gebrauch oder unentgeltlich überlassen sind,
2. die der Eigentümer dem Mieter zu einer um mehr als 20 Prozent von der üblichen Miete abweichenden tatsächlichen Miete überlassen hat,

die übliche Miete anzusetzen. Die übliche Miete ist in Anlehnung an die Miete zu schätzen, die für Räume gleicher oder ähnlicher Art, Lage und Ausstattung regelmäßig gezahlt wird. Betriebskosten sind nicht einzubeziehen.

Abweichungen der Erträge brauchen bei dieser Rechtslage nicht gesondert berücksichtigt zu werden.

6.6.2 Mehr- oder Mindererträge (*over- und underrented*)

6.6.2.1 Allgemeine Grundsätze der Verkehrswertermittlung nach ImmoWertV

Schrifttum: *Evans, A./Seifert, U.*, Staffelmietverträge und Verkehrswerte, GuG 1994, 147; *Güttler, H.*, Ertragswert bei Staffelmieten, Grundstücksmarkt und Grundstückswert 1991, 96; *Simon, J.*, Wertermittlung eines Mietwohngrundstücks mit Staffelmieten, GuG 1990, 31; *Simon, J.*, Ertragswert bei Staffelmieten, GuG 1991, 94.

263 Von den marktüblich erzielbaren Erträgen aufgrund wohnungs- und mietrechtlicher Bindungen erheblich abweichende Erträge[134] beeinflussen den Marktwert (Verkehrswert) eines Grundstücks und sind grundsätzlich bei allen zur Anwendung kommenden Wertermittlungsverfahren zu berücksichtigen.

264 Ein **zulässigerweise vertraglich vereinbartes Mietverhältnis** kann – auch wenn es ungewöhnlich sein mag – als eine rechtliche Gegebenheit (i. S. der Verkehrswertdefinition des § 194 BauGB) bzw. Eigenschaft des Grundstücks von erheblicher Bedeutung für seinen Wert sein[135]. Zwar mögen sich solche Verhältnisse mitunter aufgrund persönlicher Beziehungen herausgebildet haben; die Mietverhältnisse müssen damit gleichwohl als eine objektive mit dem Grundstück verbundene Gegebenheit betrachtet werden, denn „**Kauf bricht nicht Miete**". Dies gilt unabhängig davon, ob derartige Vertragsverhältnisse im Verhältnis zu dem marktüblich erzielbaren Reinertrag zu einem besonders hohen oder niedrigen Reinertrag führen. Wird bei der Verkehrswertermittlung ein sich nachhaltig auswirkendes Mietverhältnis nicht beachtet, so kann dem Gutachter der Vorwurf der Fahrlässigkeit gemacht werden[136].

265 Abweichungen der tatsächlich erzielten Erträge von dem bei ordnungsgemäßer Bewirtschaftung am Wertermittlungsstichtag marktüblich erzielbaren Ertrag können resultieren aus (vgl. Rn. 259)

– mietvertraglichen Vereinbarungen,

– dem Mietrecht, das z. B. die sofortige Anpassung einer „Mindermiete" an die ortsübliche Vergleichsmiete im Hinblick auf die zu beachtenden Kappungsgrenzen nicht zulässt, oder

– einer nicht „artgerechten" Vermietung (Wohnung im Ladengeschoss).

266 Der tatsächlich erzielte Ertrag kann den marktüblich erzielbaren Ertrag über- oder unterschreiten („Über- bzw. Untervermietung") und man spricht von einem

– sog. *overrented Objekt* (bei einem die ortsüblichen Miete überschreitenden Ertrag) oder einem

– sog. *underrented Objekt* (bei einem die ortsübliche Miete unterschreitenden Ertrag).

Die daraus resultierende Werterhöhung bzw. Wertminderung muss gesondert ermittelt und berücksichtigt werden, soweit sie nicht bereits zuvor direkt mit dem herangezogenen Wertermittlungsverfahren Berücksichtigung gefunden hat[137].

---

[134] BerlVerfGH, Beschl. vom 23.3.2003 – VerfGH 60/01 –, GuG 2003,250.
[135] BGH, Urt. vom 23.3.1990 – V ZR 16/89 –, NJW-RR 1990, 970 = EzGuG 12.56b; BGH, Urt. vom 9.7.1976 – V ZR 256/75 –, BGHZ 67, 134; BFH, Urt. vom 14.8.1953 – III 33/53 U –, BFHE 57, 733 = EzGuG 20.16a.
[136] BGH, Urt. vom 2.11.1983 – IVa ZR 20/82 –, NJW 1984, 355 = EzGuG 20.103; Schopp in ZMR 1990, 361, BR-Drucks. 352/88, S. 56.
[137] OLG Karlsruhe, RE vom 13.11.1989 – 9 REMiet 1/89 –, NJW-RR 1990, 155 = EzGuG 3.78; LG Düsseldorf, Urt. vom 2.5.1990 – 24 S – 452/89 –, DWW 1990, 308 = EzGuG 3.82; OLG Hamm, Beschl. vom 29.1.1993 – REMiet 2/92 –, EzGuG 3.111.

Außer Betracht bleiben lediglich solche vertraglichen Mieten, die rechtlich unzulässig sind (**Wuchermieten**). 267

Eine direkte Berücksichtigung der von den marktüblich erzielbaren Erträgen abweichenden Erträge ist in aller Regel nur bei Anwendung des Ertragswertverfahrens möglich, nämlich bei Anwendung des in § 17 Abs. 1 Satz 2 i. V. m. Abs. 3 ImmoWertV geregelten mehrperiodischen (mehrphasigen) Ertragswertverfahrens. Bei Anwendung des allgemeinen Ertragswertverfahrens (Standardverfahren) nach § 17 Abs. 1 Satz 1 i. V. m. Abs. 2 ImmoWertV auf der Grundlage der am Wertermittlungsstichtag marktüblich erzielbaren Erträge ergibt sich indessen nur ein „vorläufiger Ertragswert", auf den dann die aus abweichenden Erträgen (*over-* und *underrented*) resultierenden Werterhöhungen bzw. Wertminderungen „aufgesattelt" werden müssen (Abb. 23). 268

Abb. 23: Temporärer Mehrertrag

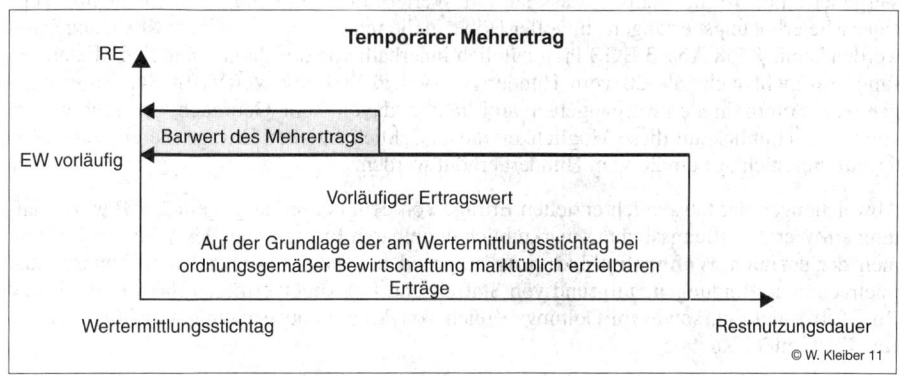

Beispiel (im Falle eines Minderertrags): 269

Für eine Gewerbeimmobilie wird über einen Gesamtzeitraum von zehn Jahren ein Ertrag erzielt, der jährlich die für vergleichbare Objekte marktüblich erzielbaren Erträge um 20 000 € unterschreitet (*underrented*); nach Ablauf des Mietvertrags kann wieder mit der marktüblich erzielbaren Miete gerechnet werden.

Der vorläufige Ertragswert des Grundstücks wurde auf der Grundlage der marktüblich erzielbaren Miete ohne Berücksichtigung der vertraglichen Mietbindung mit 800 000 € ermittelt. Die Minderung beträgt bei

– einem jährlichen Minderertrag (*underrented*) 20 000 €,
– einer Mietbindungsdauer von 10 Jahren und
– einem Liegenschaftszinssatz von 6 %:

$$\text{Ertragswertminderung} = 20\,000\ \text{€} \times \text{Vervielfältiger}$$

Als Vervielfältiger ergibt sich gemäß Anlage zur ImmoWertV bei einem Liegenschaftszinssatz von 6 % und einer Mietbindungsdauer von 10 Jahren: 7,36

$$\text{Ertragswertminderung} = 20\,000\ \text{€} \times 7{,}36 = 147\,200\ \text{€}$$

Der Ertragswert unter Berücksichtigung der Mietbindung ergibt sich dann wie folgt:

Vorläufiger Ertragswert ohne Berücksichtigung der Mietbindung	800 000 €
Ertragswertminderung aufgrund Mietbindung	– 147 200 €
= Ertragswert unter Berücksichtigung der Mietbindung:	**652 800 €**

Zur **Ermittlung des Barwerts der jährlichen Ertragseinbußen** (im Beispiel 20 000 € p. a.) wurde der Vervielfältiger der Anl. zur ImmoWertV herangezogen. Entsprechend dem vorstehenden Beispiel ist auch vorzugehen bei sog. *overrented* Objekten, d. h. bei Objekten, für die aufgrund von Vertragsgestaltungen eine höherer als der ortsüblich erzielbare Ertrag erzielt wird. 270

271 Änderungen der Ertragsverhältnisse, die vom Grundstücksmarkt im Hinblick auf allgemeine immobilienwirtschaftlich bedeutsame Marktveränderungen erwartet werden (**allgemeine Ertragsentwicklung**), müssen dabei außer Betracht bleiben, denn diese werden bereits mit dem Liegenschaftszinssatz *(all over capitalization rate)* nach § 20 ImmoWertV berücksichtigt. Mit dem Liegenschaftszinssatz werden dabei die am Wertermittlungsstichtag „marktüblich erzielbaren Erträge" gewissermaßen „vernachhaltigt". Dies ist das Grundprinzip der sog. *„all over capitalization method"*, wie sie international Anwendung findet. Von diesem internationalen Standardmodell geht im Übrigen auch das in den §§ 8 ff. BelWertV vorgegebene Ertragswertverfahren aus.

272 Abweichungen der tatsächlich erzielten Erträge von bei ordnungsgemäßer Bewirtschaftung am Wertermittlungsstichtag marktüblich erzielbaren Erträgen treten insbesondere im wohnungswirtschaftlichen Bereich auf, wenn von den Möglichkeiten einer Mietanpassung nicht Gebrauch gemacht wurde und die tatsächlichen Erträge so deutlich hinter der ortsüblichen Vergleichsmiete zurückbleiben, dass sie am Wertermittlungsstichtag auch nicht im Wege eines Mieterhöhungsverlangens in voller Höhe an die marktüblich erzielbare Miete angepasst werden kann. § 558 Abs. 3 BGB lässt nämlich innerhalb von drei Jahren nur eine Mietanpassung von nicht mehr als 20 vom Hundert zu (vgl. § 18 ImmoWertV Rn. 84; **Kappungsgrenze**). Sofern in den vergangenen drei Jahren davon kein Gebrauch gemacht wurde, können im Hinblick auf diese Möglichkeit die tatsächlich erzielten Erträge (bereits zum Wertermittlungsstichtag) um 20 vom Hundert erhöht werden.

273 Abweichungen der tatsächlich erzielten Erträge von dem bei ordnungsgemäßer Bewirtschaftung am Wertermittlungsstichtag marktüblich erzielbaren Ertrag treten des Weiteren im Rahmen der **sozialen Wohnraumförderung** aufgrund der dafür bestehenden wohnungs- und mietrechtliche Bindungen, aufgrund von Staffel- und Indexmietverträgen (§ 18 ImmoWertV Rn. 75 ff.) und dgl. sowie im Geltungsbereich von Milieuschutzsatzungen auf (vgl. Teil V Rn. 971; Teil VI Rn. 905).

6.6.2.2 Allgemeine Grundsätze der BelWertV

274 Im Rahmen der Beleihungswertermittlung sind Abweichungen in den Ertragsverhältnissen aufgrund wohnungs- und mietrechtlicher Bindungen anders als bei der Verkehrswertermittlung zu behandeln.

a) Liegt die „vertraglich vereinbarte Miete" über der „nachhaltigen Miete" (Fall des *„overrented"*), bleibt bei der Ermittlung von Beleihungswerten dieser Umstand unberücksichtigt. Die BelWertV sieht dafür zwar keine klarstellende Regelung[138] vor, jedoch spricht für diese Auslegung vor allem, dass die BelWertV keine zu § 8 Abs. 3 ImmoWertV spiegelbildliche Regelung enthält. Die Regelungslücke ist aber dahingehend auszulegen, dass im Falle des *„overrented"* die Mehreinnahmen nur vorübergehend erzielt werden und zudem noch risikobehaftet sind, denn ein Mietvertrag schützt nicht vor der Insolvenz des Mieters. Ihre Berücksichtigung wäre mit dem Vorsichtsprinzip unvereinbar.

b) Liegt die „vertraglich vereinbarte Miete" unter der marktüblich erzielbaren Miete (nachhaltige Miete, Fall des *„underrented"*), ist nach § 10 Abs. 1 Satz 2 BelWertV „im Regelfall die vertraglich vereinbarte Miete anzusetzen".

275 Nach dem Wortlaut des § 10 Abs. 1 Satz 2 BelWertV ist in diesem Fall **regelmäßig die niedrigere Vertragsmiete als „nachhaltige" Miete auf Dauer anzusetzen**. Als „Regelfall" dürfte nur ein entsprechendes langfristiges Mietverhältnis gelten; läuft dagegen ein solches Mietverhältnis bereits in Kürze aus und ist mit einer Anhebung der Miete auf das „nachhaltige" Mietniveau sicher zu rechnen, so besteht kein Erfordernis, die niedrigere Vertragsmiete

---

[138] Wenn im Umkehrschluss zu § 10 Abs. 1 Satz 2 BelWertV, was bei konsequenter Auslegung der Regelung nahe liegt, im Falle des „overrented" die Mehreinnahmen berücksichtigungsfähig sein sollten, liefe dies auf eine Perversion des Vorsichtsprinzips hinaus. Im Falle des *„overrented"* kann nämlich nicht erwartet werden, dass nach Auslaufen des Mietvertrags die höhere Miete weiter erzielt werden könnte, während im Falle des *„underrented"* durchaus erwartet werden kann, dass die tatsächlich erzielte Miete auf das Niveau der nachhaltigen Miete angehoben werden kann.

Ermittlung des Verkehrswerts § 8 ImmoWertV IV

auf Dauer in die Ertragswertermittlung einzuführen. Entsprechendes gilt auch, wenn z. B. die Kappungsgrenzen des BGB auslaufen (Abb. 24).

Abb. 24: Ertragswert nach Maßgabe eines temporären „*underrented*" Ertrags

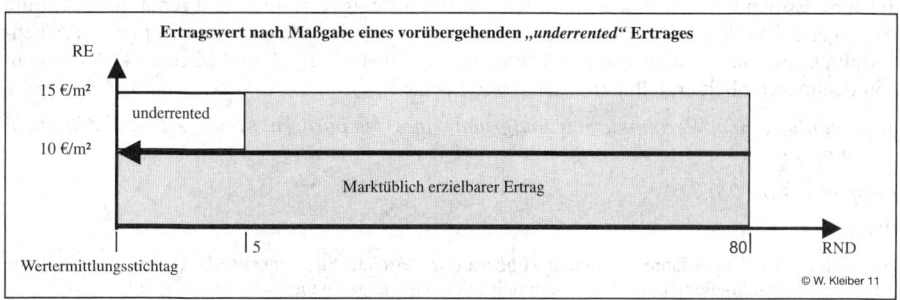

Beispiel: 276

Gesamte Mietfläche	=	1 000 m²	
Nachhaltiger Reinertrag	=	15 €/m² im Monat	= 180 000 € p. a.
Vertraglicher Reinertrag	=	10 €/m² im Monat	= 120 000 € p. a.

Bei einer Restnutzungsdauer von 80 Jahren und
- einem Liegenschaftszinssatz i. S. der ImmoWertV von 6,0 % und (V = 16,51)
- einem Kapitalisierungszinssatz i. S. der BelWertV von 6,5 % (V = 15,28)

ergibt sich ein

a) **Beleihungswert:** Ertragswert B: 120 000 € × 15,28 = **1 833 600 €**

b) **Verkehrswert:** Ertragswert: 180 000 € × 16,51 = **2 971 800 €**
   abzüglich 1 000 m² × 5 €/m² × 12 Monate = 60 000 € × 4,21 = **− 252 600 €**
   = **2 719 200 €**

6.6.2.3 Allgemeine Grundsätze der erbschaftsteuerlichen Bewertung

Im Rahmen der steuerlichen Bewertung bestimmt sich der Ertrag gemäß § 186 Abs. 1 BewG nach dem Entgelt, „das für die Benutzung des bebauten Grundstücks nach den am Bewertungsstichtag **geltenden vertraglichen Vereinbarungen** für den Zeitraum von zwölf Monaten zu zahlen ist. Umlagen, die zur Deckung der Betriebskosten gezahlt werden, sind nicht anzusetzen. Für Grundstücke oder Grundstücksteile, 277

1. die eigengenutzt, ungenutzt, zu vorübergehendem Gebrauch oder unentgeltlich überlassen sind,

2. die der Eigentümer dem **Mieter zu einer um mehr als 20 Prozent von der üblichen Miete abweichenden tatsächlichen Miete überlassen hat,**

ist nach § 186 Abs. 2 BewG die übliche Miete anzusetzen. Die übliche Miete ist in Anlehnung an die Miete zu schätzen, die für Räume gleicher oder ähnlicher Art, Lage und Ausstattung regelmäßig gezahlt wird. Betriebskosten sind nicht einzubeziehen.

Aus Vereinfachungsgründen werden die **Bewirtschaftungskosten nach Erfahrungssätzen** der Gutachterausschüssen angesetzt. Soweit örtliche Erfahrungssätze nicht zur Verfügung stehen, sind die pauschalierten Bewirtschaftungskosten nach der Anl. zum BewG zu übernehmen (vgl. Syst. Darst. des Ertragswertverfahrens Rn. 206). 278

6.6.2.4 Auf- und Abschichtungsverfahren (Top and Bottom Slicing)

Die **Wertminderung bzw. Werterhöhung** aufgrund von Abweichungen der tatsächlich erzielten Erträge von den bei ordnungsgemäßer Bewirtschaftung am Wertermittlungsstichtag 279 marktüblich erzielbaren Erträgen bemisst sich **nach dem kapitalisierten (auf den Wertermittlungsstichtag bezogenen) Minder- bzw. Mehrertrag.**

280 Der Minder- oder Mehrertrag wird mit dem **Auf- und Abschichtungsverfahren** *(Top and Bottom Slicing Approach)* ermittelt; das Verfahren wird auch Zu- und Abschlagsverfahren genannt. Es handelt sich hierbei nicht um Wertermittlungsverfahren und schon gar nicht um ein angelsächsisches Wertermittlungsverfahren, sondern lediglich um ein einfaches Rechenverfahren zur Berücksichtigung von temporären Abweichungen der Mieten (und Pachten) von den marktüblich erzielbaren Mieten und Pachten.

a) *Ermittlung der Wertminderung aufgrund eines temporären Minderertrags (Abschichtung):*

281 *Beispiel 1 (Abb. 25):*

Büroobjekt

Das Objekt ist auf fünf Jahre mit einem Minderertrag vermietet *(underrented)*. Der Mieter wurde im Zuge der Neuerschließung eines Gebiets mit einer Lockmiete gewonnen.

- Marktüblich erzielbares monatliches Nutzungsentgelt am Wertermittlungsstichtag   15 €/m² NF
- Tatsächlich erzieltes monatliches Nutzungsentgelt aufgrund des Mietvertrags   10 €/m² NF
- Ablauf des Mietvertrags in   5 Jahren
- Nutzfläche   3 000 m²
- Restnutzungsdauer   30 Jahre
- Bodenwert   500 000 €
- Marktüblich erzielbarer Jahresreinertrag   540 000 €
- Liegenschaftszinssatz   6 %

Abb. 25: Temporäre Mindererträge *(underrented* **Objekt)**

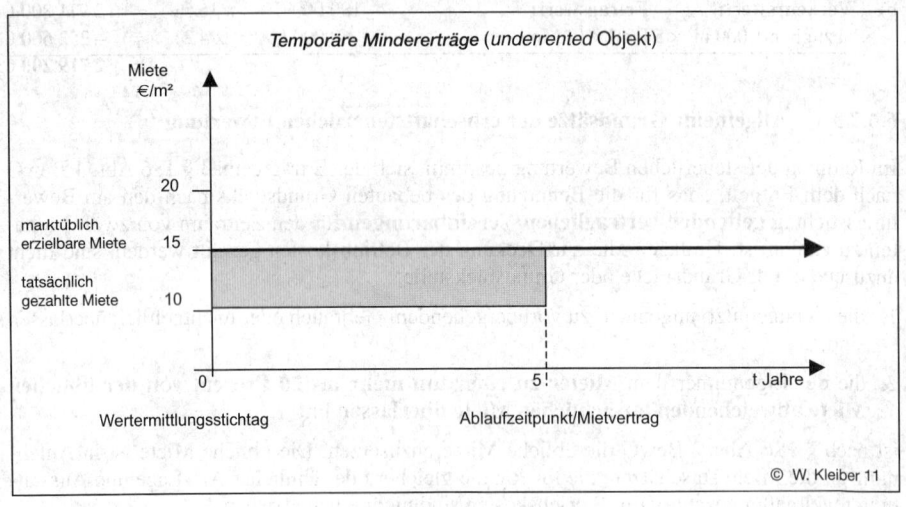

Ermittlung des Verkehrswerts § 8 ImmoWertV IV

Berechnung

1. Monatlicher Minderertrag pro Quadratmeter Nutzfläche:

Marktüblich erzielbarer Reinertrag	15 €/m² NF
Tatsächlich erzielter monatlicher Reinertrag aufgrund Mietvertrag	– 10 €/m² NF
Monatlicher Minderertrag pro Quadratmeter Nutzfläche	5 €/m² NF
Jährlicher Minderertrag pro Quadratmeter Nutzfläche (x 12 Monate)	60 €/m² NF

2. *Jährlicher Minderertrag bei 3 000 m² Nutzfläche (NF)* 180 000 €

3. Kapitalisiert über 5 Jahre und einem Liegenschaftszinssatz von 6 %
   Vervielfältiger von 6 % und 5 Jahre: × 4,21
   Barwert (= Wertminderung aufgrund Mindererträge): **757 800 €**

b) *Ermittlung der Werterhöhung aufgrund eines temporären Mehrertrags (Aufschichtung):*

Im Falle einer Übervermietung *(overrented)* vollzieht sich die Berechnung entsprechend und man erhält die Werterhöhung aufgrund eines temporären Mehrertrags.

c) *Ermittlung der Werterhöhung bzw. Wertminderung aufgrund eines zeitlich versetzten Mehr- bzw. Minderertrags durch Auf- und Abschichtung:*

Bei **zeitlich versetzt anfallenden Mehr- oder Mindererträgen** muss beachtet werden, dass die Anwendung des Vervielfältigers zu einem Barwert führt, der sich auf den Beginn der Über- bzw. Untervermietung bezieht. Aus diesem Grunde muss in diesen Fällen der Barwert auf den Wertermittlungsstichtag diskontiert werden.

Beispiel 2 (Abb. 26):

Büroobjekt wie im vorstehenden Beispiel 1. Das Objekt ist jedoch am Wertermittlungsstichtag zum marktüblich erzielbaren Nutzungsentgelt vermietet. Aufgrund des Mietvertrags kann in fünf Jahren mit einem überhöhten Nutzungsentgelt gerechnet werden. Die temporären Mehrerträge treten damit – vom Wertermittlungsstichtag aus betrachtet – zeitlich versetzt ein.

– Marktüblich erzielbares monatliches Nutzungsentgelt am Wertermittlungsstichtag 15 €/m² NF
– Tatsächlich erzieltes monatliches Nutzungsentgelt ab dem 5. bis zum 11. Jahr
  aufgrund Mietvertrag 20 €/m² NF
– Weitere Angaben wie im Beispiel 1

Abb. 26: Zeitlich versetzter Mehrertrag

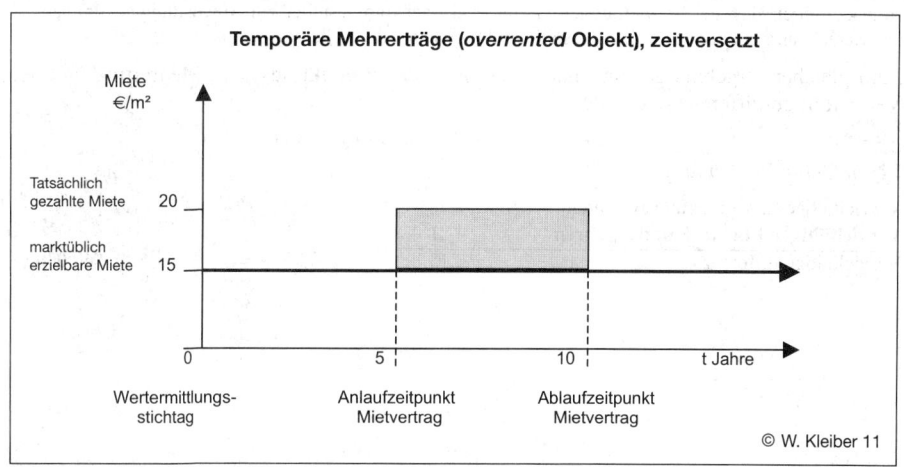

Berechnung:

1. Monatlicher Mehrertrag pro Quadratmeter Nutzfläche:

Tatsächlich erzielter monatlicher Reinertrag aufgrund Mietvertrag	20 €/m² NF
Marktüblich erzielbarer Reinertrag	– 15 €/m² NF
Monatlicher Mehrertrag pro Quadratmeter Nutzfläche	5 €/m² NF
Jährlicher Mehrertrag pro Quadratmeter Nutzfläche (x 12 Monate)	60 €/m² NF

2. *Jährlicher Mehrertrag bei 3 000 m² Nutzfläche (NF)*   180 000 €

3. Kapitalisiert über 5 Jahre und einem Liegenschaftszinssatz von 6 %

Vervielfältiger von 6 % und 5 Jahre	× 4,21
Barwert (= Werterhöhung aufgrund Mehrerträgen) im Jahre 5:	757 800 €

4. Diskontiert über 5 Jahre mit 6 %

Abzinsungsfaktor bei 6 % und 5 Jahren	× 0,7473
Barwert (= Werterhöhung aufgrund Mehrerträge am Wertermittlungsstichtag):	**566 304 €**

d) Ermittlung der Werterhöhung bzw. Wertminderung aufgrund eines zeitlich versetzten Mehr- bzw. Minderertrags unter Anwendung des Vervielfältigerdifferenzenverfahrens

285   Der auf den Wertermittlungsstichtags diskontierte jährliche Mehrertrag lässt sich eleganter mithilfe des **Vervielfältigerdifferenzenverfahrens** (Term and Reversion) ermitteln. Es handelt sich auch hierbei lediglich um eine Rechentechnik zur Ermittlung des auf den Wertermittlungsstichtag abgezinsten Barwerts von Mehr- oder Mindererträgen.

286   Bei Anwendung des Vervielfältigerdifferenzenverfahrens wird der vom 6. bis zum 10. Jahr, d. h. über fünf Jahre, erzielte jährliche Mehrertrag von insgesamt 180 000 € nicht über fünf Jahre, sondern über den gesamten Zeitraum von 10 Jahren kapitalisiert und um den über fünf Jahre kapitalisierten Betrag vermindert:

Berechnung:

180 000 € × 7,36 (Vervielfältiger 2 bei 6 % und 10 Jahren)	1 324 800 €
180 000 € × 4,21 (Vervielfältiger 1 bei 6 % und 5 Jahren)	– 757 800 €
auf den Wertermittlungsstichtag bezogener Barwert des Mehrertrags aufgrund Übervermietung	**567 000 €**

Anmerkung: Das Ergebnis entspricht dem vorstehenden Ergebnis (566 304 €). Die Differenz ist darauf zurückzuführen, dass der Vervielfältiger nur mit zwei Nachkommastellen zur Anwendung gekommen ist. Die Berechnung mit allen Nachkommastellen führt zu exakt demselben Ergebnis.

287   Zum gleichen Ergebnis gelangt man, wenn man das Produkt aus dem Mehrertrag und der Vervielfältigerdifferenz bildet, denn

$$\Delta RE \times V_2 - \Delta RE \times V_1 = \Delta RE \times (V_2 - V_1)$$

Vereinfachte Berechnung:

Vervielfältiger 2 bei 6 % und 10 Jahren	7,36		
Vervielfältiger 1 bei 6 % und 5 Jahren	4,21		
Vervielfältigerdifferenz	3,15	× 180 000 € =	**567 000 €**

Abb. 27: Zeitlich versetzter Mehrertrag (Vervielfältigerdifferenzenverfahren)

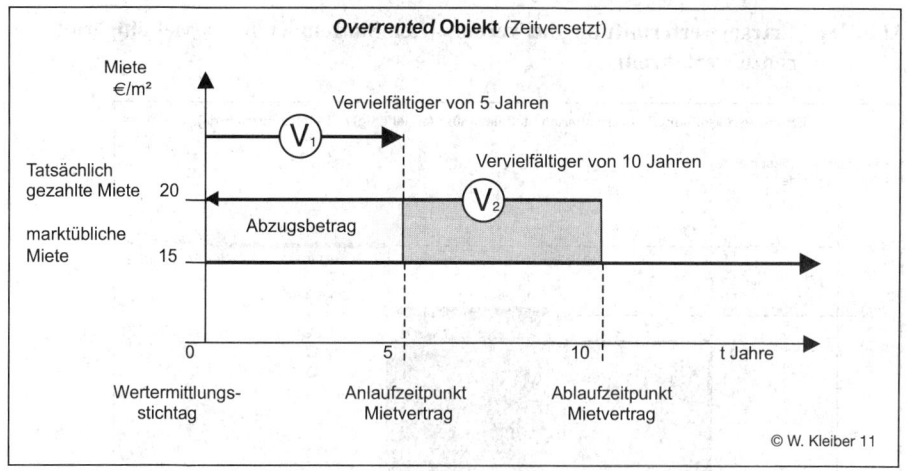

6.6.2.5 Vervielfältigerdifferenzenverfahren (Term and Reversion)

Das unter Rn. 285 ff. bereits erläutere Vervielfältigerdifferenzenverfahren (Term and Reversion) ist besonders geeignet, um temporär abweichende Erträge zeitlich hintereinander zu erfassen. Die Rechentechnik des Vervielfältigerdifferenzenverfahrens kommt deshalb vor allem auch bei Anwendung des mehrperiodischen Ertragswertverfahrens nach § 17 Abs. 1 i. V. m. Abs. 3 ImmoWertV zur Anwendung.

Die Methodik soll am Beispiel einer Ertragswertermittlung für ein Objekt dargestellt werden, bei dem **Staffelmietverträge** (vgl. § 18 ImmoWertV Rn. 82; § 17 ImmoWertV Rn. 67) zu berücksichtigen sind, erläutert werden.

IV § 8 ImmoWertV — Ermittlung des Verkehrswerts

289 *Beispiel 3a:*

Abb. 28: Ertragswertermittlung bei vereinbarten Staffelmieten (Vervielfältigerdifferenzenverfahren)

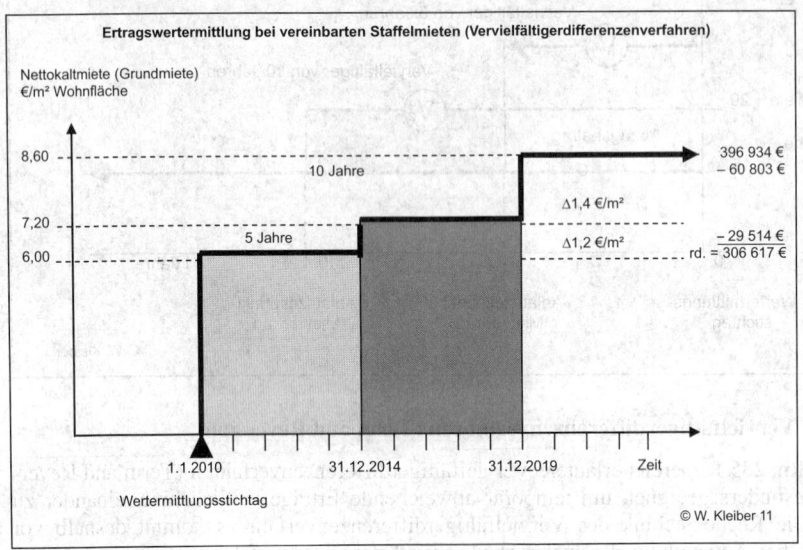

a) **Sachverhalt: Mietwohngrundstück mit Staffelmieten**
- Wohnfläche WF   480 m²
- Bodenwert BW   300 000 €
- Restnutzungsdauer   80 Jahre
- Liegenschaftszinssatz p   5,5 %
- Bodenwertverzinsungsbetrag   16 500 €   (= 300 000 € × 5,5/100)
- Jahresbewirtschaftungskosten über gesamte Nutzungsdauer
  (außer umgelegte Betriebskosten):
  22 % der Nettokaltmiete/Grundmiete   10 898 €   (= 49 536 € × 22/100)
- Staffelmiete (Nettokaltmiete/Grundmiete):
  1.1.2010 bis 31.12.2014:   6,00 €/m² Wohnfläche × 480 m² = 34 560 €
  1.1.2015 bis 31.12.2019:   7,20 €/m² Wohnfläche × 480 m² = 41 472 €
  ab 1.1.2020 marktüblich erzielbarer Ertrag: 8,60 €/m² Wohnfläche × 480 m² = 49 536 €
- Wertermittlungsstichtag   1.1.2010

b) **Hinweis**

Die Bewirtschaftungskosten und der Bodenwertverzinsungsbetrag entstehen in voller Höhe nur bei der Ermittlung des Verkehrswerts des unbelasteten Grundstücks; es ist ein fester (absoluter) Betrag, der sich durch abgesenkte Mieten nicht vermindert.

Ermittlung des Verkehrswerts   **§ 8 ImmoWertV IV**

c) **Verkehrswertermittlung**

– Zeitraum I: vom 1.1.2010 bis 31.12.2014

Nettokaltmiete/Grundmiete		34 560 €
./. Bewirtschaftungskosten	–	10 898 €
./. Bodenwertverzinsungsbetrag	–	16 500 €
= RE – p × BW	=	**+ 7 162 €**
V (bei p = 5,5 % und n = 5)	=	4,27 — 30 582 €

– Zeitraum II: ab 1.1.2015 bis 31.12.2019

Nettokaltmiete/Grundmiete		41 472 €
./. Bewirtschaftungskosten	–	10 898 €
./. Bodenwertverzinsungsbetrag	–	16 500 €
= RE – p × BW	=	**+ 14 074 €**
× V (bei p = 5,5 % und n = 10 Jahre)	=	7,54
– V vom Zeitraum I	=	– 4,27
= Vervielfältigerdifferenz	=	3,27 = 46 022 €

– Zeitraum III: ab 1.1.2020

Nettokaltmiete/Grundmiete		49 536 €
./. Bewirtschaftungskosten	–	10 898 €
./. Bodenwertverzinsungsbetrag	–	16 500 €
= RE – p × BW	=	**+ 22 138 €**
× V (bei p = 5,5 % und n = 80 Jahre)	=	17,93
– V vom Zeitraum	=	– 7,54
= Vervielfältigerdifferenz		10,39 230 014 €
Summe der Gebäudeertragswertanteile (der Zeiträume I bis III)	=	306 618 €
+ Bodenwert		300 000 €
= Summe	=	606 618 €
= Ertragswert	=	**rd. 610 000 €**

Zu demselben Ergebnis kommt man auch bei Anwendung des unter Rn. 279 ff. erläuterten **290** **Auf- und Abschichtungsverfahrens.** Dabei wird – wie erläutert – zunächst der vorläufige Ertragswert (des „unbelasteten Grundstücks") nach Maßgabe des ein- oder zweigleisigen Ertragswertverfahrens (§ 17 Abs. 2 ImmoWertV) ermittelt. Die aus dem Staffelmietvertrag resultierenden **Mindereinnahmen werden sodann** hiervon **„scheibchenweise" abgezogen** werden. Dies vollzieht sich durch eine „horizontale" Aufspaltung der Ertragsströme (Auf- und Abschichtungsverfahren oder *Top and Bottom Slicing Approach*).

IV § 8 ImmoWertV — Ermittlung des Verkehrswerts

291 *Beispiel 3b:*

1. **Anwendung des allgemeinen (zweigleisigen) Ertragswertverfahrens auf ein Objekt mit Staffelmietvertrag**

Abb. 29: Ertragswertermittlung bei vereinbarten Staffelmieten (Auf- und Abschichtung)

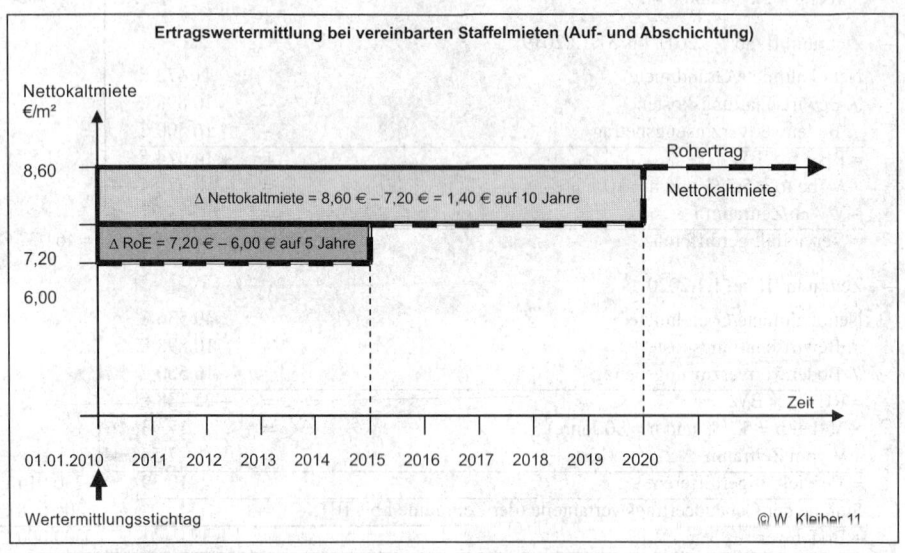

a) **Sachverhalt** wie vorher

b) **Lösungsweg**

Verkehrswert (Marktwert) des unbelasteten Grundstücks	
./. Minderung durch Belastung für 1.1.2010 bis 31.12.2019	
./. Zusätzliche Minderung durch Belastung für 1.1.2010 bis 31.12.2014	
= Verkehrswert (Marktwert) des belasteten Grundstücks	

c) **Marktwertermittlung**

Ermittlung des Verkehrswerts (Marktwerts) des unbelasteten Grundstücks:

8,60 €/m² Jahresnettokaltmiete/Grundmiete × 480 m² × 12 Monate	= 49 536 €
./. Bewirtschaftungskosten 22 % der marktüblich erzielbaren Nettokaltmiete	= 10 898 €
= Jahresreinertrag des Grundstücks	= 38 638 €
./. Bodenwertverzinsungsbetrag 5,5 % × 300 000 €	= 16 500 €
= Jahresreinertrag der baulichen Anlage	= 22 138 €
× Vervielfältiger bei p = 5,5 % und Restnutzungsdauer 80 Jahre:	× 17,93
= vorläufiger Ertragswert	= 396 934 €

Ermittlung des Verkehrswerts **§ 8 ImmoWertV IV**

Ermittlung der *Minderung* durch Belastung für die Zeit vom *1.1.2010 bis 31.12.2019:* 8,60 €/m² – 7,20 €/m²	= 1,40 €/m²		
Jahresrohertrag 480 m² × 1,40 €/m² × 12 Monate	= 8 064 €		
× Vervielfältiger bei p = 5,5 % und Nutzungsdauer von 10 Jahren:	=	7,54	= – 60 803 €
Ermittlung der *Minderung* durch Belastung für die Zeit vom *1.1.2010 bis 31.12.2014:* 7,20 €/m² – 6,00 €/m²	= 1,20 €		
Jahresrohertrag: 480 m² × 1,20 €/m² WF × 12 Monate	= 6 912 €		
× Vervielfältiger bei p = 5,5 % und Nutzungsdauer von 5 Jahren:	×	4,27	– 29 514 €
= Ertragswert der baulichen Anlagen			= 306 617 €
+ Bodenwert			= 300 000 €
= Summe			= 606 617 €
= Ertragswert			**= rd. 610 000 €**

Die Bewirtschaftungskosten bleiben über die Phasen der Untervermietung unberücksichtigt, da diese sich infolge der Untervermietung grundsätzlich nicht vermindern. Allenfalls dem veränderten **Mietausfallwagnis** kann **durch** einen **um 0,5 Prozentpunkte erhöhten Kapitalisierungszinssatz** Rechnung getragen werden (vgl. Rn. 302 ff.). 292

Wäre hingegen im vorstehenden Beispiel tatsächlich davon auszugehen, dass die **Bewirtschaftungskosten (in relativer Abhängigkeit von der Nettokaltmiete)** in den beiden Perioden bis Ende 2019 geringer als die in Abhängigkeit von 8,60 € pro Quadratmeter Wohnfläche (in dem Beispiel) angesetzten Bewirtschaftungskosten ausfällt, so erhöht sich der Reinertrag im vorstehenden Berechnungsbeispiel, und zwar wie folgt: 293

– vom 1.1.2010 – 31.12.2019 um 0,31 €/m² Wohnfläche monatlich (= 22 % von 1,40 €),
– vom 1.1.2010 – 31.12.2014 um weitere 0,26 €/m² Wohnfläche monatlich (= 22 % von 1,20 €).

Kapitalisiert ergibt dies eine Erhöhung des Verkehrswertes um:

0,31 €/m² × 480 m² × 12 Monate × 7,54	= + 13 463 € (bei V = 7,54)
+ 0,26 €/m² × 480 m² × 12 Monate × 4,27	= + 6 395 € (bei V = 4,27)
Insgesamt	= + 19 858 €

Das Ergebnis zeigt, dass die angemessene **Berücksichtigung der Bewirtschaftungskosten** eine überaus wichtige und deshalb **mit großer Sorgfalt zu klärende Tatfrage** ist. Bei entsprechend verminderten Bewirtschaftungskosten erhöht sich der Verkehrswert (Marktwert) – wie das *Beispiel* zeigt – um rd. 20 000 €. Dies entspricht rd. 6,5 % des Werts der baulichen Anlage! 294

2. Anwendung des eingleisigen Ertragswertverfahrens auf ein Objekt mit Staffelmietvertrag

295 Beispiel 3c:

a) **Sachverhalt** wie vorher

b) **Marktwertermittlung**

Berechnung der kapitalisierten Nettokaltmiete

8,60 × 480 m² × 12 Monate = 49 536 € × 17,93*	= 888 181 €	
− 1,40 × 480 m² × 12 Monate = 8 064 € × 7,54**	−60 803 €	
− 1,20 × 480 m² × 12 Monate = 6 912 € × 4,27***	− 29 514 €	
= Summe = kapitalisierte Roherträge	= 797 864 €	= 797 864 €

*   = Vervielfältiger für p = 5,5 % und RND = 80 Jahre
** = Vervielfältiger für p = 5,5 % und RND = 10 Jahre
*** = Vervielfältiger für p = 5,5 % und RND = 5 Jahre

Berechnung der kapitalisierten Bewirtschaftungskosten
−10 898 € p.a. × 17,93   = 195 401 €   = − 195 401 €

Berechnung des diskontierten Bodenwerts   = 4 139 €   = 4 139 €
+ 300 000 € × 1/1,055⁸⁰

= **Ertragswert** = Summe   rd. **610 000 €**

Das Ergebnis entspricht – von Rechenunschärfen abgesehen – den Ergebnissen der vorstehenden Berechnungen.

6.6.2.6 Berücksichtigung der Bewirtschaftungskosten

a) *Bewirtschaftungskosten nach Vomhundertsätzen des Ertrags*

296 Bewirtschaftungskosten sind nach § 19 Abs. 1 ImmoWertV grundsätzlich in der bei ordnungsgemäßer Bewirtschaftung üblichen Höhe anzusetzen. Die **Höhe der Bewirtschaftungskosten ist in aller Regel unabhängig davon, ob Mehr- oder Mindereinnahmen erzielt werden.** Liegen aufgrund wohnungs-, miet- oder vertragsrechtlicher Bindungen (erhebliche) Abweichungen von den marktüblich erzielbaren Mieten vor, so muss beachtet werden, dass die Höhe der Bewirtschaftungskosten dadurch grundsätzlich unberührt bleibt.

297 Werden die **Bewirtschaftungskosten mit Absolutbeträgen** in die Ertragswertermittlung eingeführt, so sind sie auch im Falle eines *over- oder underrented* in der auch sonst üblichen Höhe anzusetzen.

298 Werden die **Bewirtschaftungskosten** indessen **als Vomhundertsatz des Ertrags** angesetzt, so muss beachtet werden, dass sich dieser Vomhundertsatz auf die marktüblich erzielbaren Erträge und nicht auf die Mehr- oder Mindererträge bezieht. Dementsprechend würde es das Ergebnis der Ertragswertermittlung verfälschen, wenn die Bewirtschaftungskosten in den unterschiedlichen Mietphasen durch Anwendung prozentualer Erfahrungssätze auf entsprechend geminderte oder erhöhte Mieterträge berücksichtigt würden. Dies ist vor allem bei **Anwendung des mehrperiodischen Ertragswertverfahrens** (auch unter Anwendung des Vervielfältigerdifferenzenverfahrens) beachtlich (*Term and Reversion*), da Mehr- oder Mindererträge direkt berücksichtigt werden.

299 Bei **Anwendung des ein- und zweigleisigen Ertragswertverfahrens** und nachträglicher Berücksichtigung der Mehr- oder Mindererträge nach § 8 Abs. 3 ImmoWertV bereitet die

Heranziehung von Bewirtschaftungskosten in prozentualer Größenordnung des Ertrags keine besonderen Schwierigkeiten, da sie nur bei der Ermittlung des vorläufigen Ertragswerts auf der Grundlage des marktüblich erzielbaren Ertrags zur Anwendung kommen. Bei der **Ermittlung des Barwerts der Mehr- und Mindererlöse nach den vorstehend erläuterten Grundsätzen im Wege der Auf- und Abschichtung können die Bewirtschaftungskosten i. d. R. unberücksichtigt bleiben.**

Beispiel 4 (Abb. 30):   **300**

a) Sachverhalt

In einem neuerschlossenen „Büropark" ist der Verkehrswert (Marktwert) eines vermieteten Bürogebäudes mit einer Nutzfläche von 1 000 m² zu ermitteln.
– Die am Wertermittlungsstichtag marktübliche erzielbare Nettokaltmiete betrage 30 €/m² Nutzfläche bei 18 % nicht umlagefähigen Bewirtschaftungskosten.
– Es besteht ein langfristiger Mietvertrag:
   • Der in der Erschließungsphase geschlossene Mietvertrag räumt dem Mieter noch auf 8 Jahre eine „Lockmiete" von 15 €/m² NF ein.
   • Um seinen Standort langfristig zu sichern, hat der Mieter bei Nachverhandlungen erst kürzlich eine Fortsetzung des Mietverhältnisses auf weitere 10 Jahre ausgehandelt und dabei einer Nettokaltmiete von 40 €/m² NF zugestimmt.
– Die Restnutzungsdauer betrage 60 Jahre.
– Bodenwert: 1 Mio. €.

Abb. 30:   Mietentwicklung aufgrund Mietvertrag

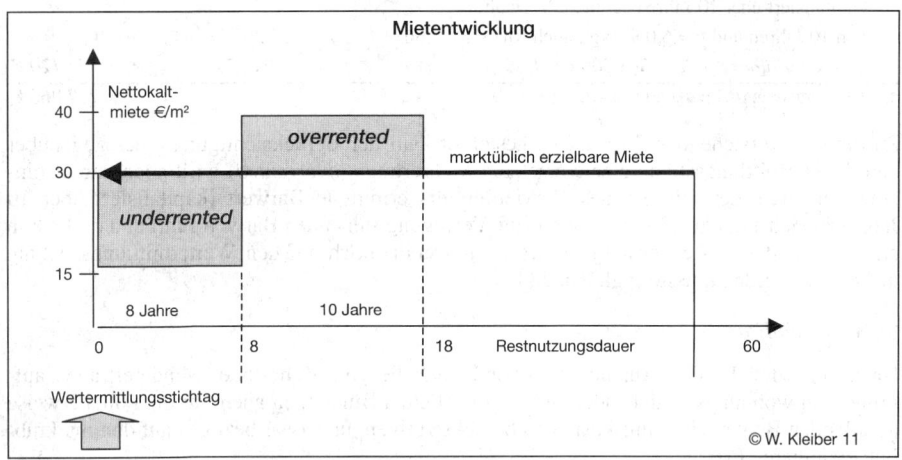

b) Wertermittlung
1. Verkehrswert ohne Berücksichtigung des Mietvertrags

$$EW = (RE - p \times BW) \times V + BW = RE \times V + BW \times q^{-n}$$

EW = Ertragswert
RE = Jahresreinertrag
BW = Bodenwert
V   = Vervielfältiger
n   = Restnutzungsbeitrag
p   = Liegenschaftszinssatz
q   = Zinsfaktor = 1 + p

Bei einem Liegenschaftszinssatz von	p = 6 %		
nicht umlegbaren Bewirtschaftungskosten von	18 %		
einer Nettokaltmiete von	30 €/m²		
einer Restnutzungsdauer von	60 Jahren		
ergibt sich			
RE = 30 €/m² NF × 1 000 m² NF × 12 Monate		=	360 000 € p. a.
– Bewirtschaftungskosten (18 %)		=	– 64 800 € p. a.
= 360 000 € × 0,82		=	295 200 €
× Vervielfältiger von 16,16 bei p = 6 % und n = 60 Jahre		=	4 770 432 €
+ abgezinster Bodenwert 1 000 000 € × 1,06⁻⁶⁰		=	+ 30 314 €
= **Ertragswert** (vorläufig)		=	4 800 746 €
2. **Berücksichtigung der Mindererträge (underrented)**			
Minderertrag: 30 €/m² – 15 €/m²	=	15 €/m² €	
Minderertrag im Jahr: 15 €/m² × 1 000 m² NF × 12 Monate	=	180 000	
kapitalisiert über 8 Jahre bei einem Vervielfältiger			
von 8 Jahren und p = 6,0 % (vgl. auch Rn. 313):	6,21	=	– 1 117 800 €
3. **Berücksichtigung der Mehrerträge (overrented)**			
Mietdifferenz: 40 €/m² – 30 €/m²	=	10 €/m²	
Mehrertrag im Jahr: 10 €/m² × 1 000 m² NF × 12 Monate	=	120 000 €	
kapitalisiert über 10 Jahre bei einem Vervielfältiger			
von 10 Jahren und p = 6,0 % (vgl. auch Rn. 313): 7,36	=	883 200 €	
diskontiert über 8 Jahre: 883 200 € × 1,06⁸	*0,6274*	=	+ 554 120 €
4. **Verkehrswert/Marktwert (a – b + c)**		=	**4 237 066 €**

301 Zu dem im vorstehenden *Beispiel* vorgestellten Fall der Berücksichtigung eines gegenüber dem Wertermittlungsstichtag zeitversetzten Mehrertrags (*overrented*) wird noch darauf hingewiesen, dass der mithilfe des Vervielfältigers ermittelte Barwert (kapitalisiert über 10 Jahre) zunächst nur zu dem in 8 Jahren zur Verfügung stehenden Barwert führt und deshalb in einem gesonderten Rechenschritt (kursiv dargestellt) noch auf den Wertermittlungsstichtag diskontiert werden musste (vgl. Rn. 283).

b) *Mietausfallwagnis*

302 Nach den vorstehenden Ausführungen sind im Falle von Mehr- oder Mindererträgen aufgrund von wohnungs-, miet- oder vertragsrechtlichen Bindungen auch nur die üblicherweise anfallenden Bewirtschaftungskosten zu berücksichtigen, und zwar bezogen auf den marktüblich erzielbaren Ertrag.

303 Dies gilt für das **Mietausfallwagnis** jedoch nur im eingeschränkten Sinne.

– In der Phase eines Minderertrags besteht nämlich nur ein geringes oder überhaupt kein Mietausfallwagnis.

– In der Phase eines Mehrertrags besteht dagegen ein erhöhtes Mietausfallwagnis, denn allein der Mietvertrag kann den Eigentümer nicht vor einem abrupten Ende des Mietverhältnisses schützen. Für diesen Fall kann nur damit gerechnet werden, dass eine Neuvermietung zu dem ortsüblich nachhaltigen Ertrag möglich ist.

304 Hieraus folgt, dass während der Phase einer Mehr- oder Mindermiete dem geänderten Mietausfallwagnis Rechnung zu tragen ist. In welcher Höhe dem unterschiedlichen Mietausfallwagnis Rechnung zu tragen ist, hängt entscheidend von der **Bonität des Mieters** ab.

305 Rechentechnisch ist dem unterschiedlichen Mietausfallwagnis am einfachsten dadurch Rechnung zu tragen, dass der zur Kapitalisierung des Mehr- oder Minderertrags herangezogene

Vervielfältiger gegenüber dem zur Ermittlung des Ertragswerts auf der Grundlage des marktüblich erzielbaren Reinertrags herangezogenen Vervielfältiger **um bis zu 0,5 % erhöht wird.** Der Vervielfältiger ist dabei – auch wenn dies auf den ersten Blick paradox erscheint – sowohl im Falle eines Mehrertrags als auch im Falle eines Minderertrags zu erhöhen.

Bezüglich des bei der **Kapitalisierung eines Minder- oder Mehrertrags anzusetzenden Zinssatzes** bestehen unterschiedliche Auffassungen, die zum Teil theoretisch allerdings allzu übersetzt dargestellt werden: 306

a) Einerseits besteht die Auffassung, dass auch hierfür der Liegenschaftszinssatz maßgeblich sein soll, weil solche Mehr- oder Minderlöse mit der Liegenschaft eng verbunden sind und ihr Schicksal teilen. Darüber hinaus lässt sich diese Auffassung auch damit begründen, dass Investitionen in Liegenschaften mit der Inkaufnahme einer – gegenüber bankenüblichen Zinssätzen – niedrigeren Verzinsung verbunden sind; von daher sei die Anwendung des Liegenschaftszinssatzes auch für die Kapitalisierung eines individuell vereinbarten Mehr- oder Minderlöses geboten.

Dieser Auffassung folgend, ist es durchaus sachgerecht,

- zur **Kapitalisierung eines Minderlöses** einen um ca. 0,5 Prozentpunkte gegenüber dem sonst angemessenen Liegenschaftszinssatz *erhöhten* Zinssatz heranzuziehen und gleichzeitig

- bei der **Kapitalisierung eines Mehrerlöses** den Liegenschaftszinssatz ebenfalls um 0,5 Prozentpunkte zu *erhöhen*. Damit wird dem erhöhten Risiko Rechnung getragen, denn auch ein langfristiges Mietverhältnis schützt den Vermieter nicht vor der Insolvenz des Mieters, die sonst im Übrigen durch Erhöhung des **Mietausfallwagnisses** berücksichtigt werden kann.

Diese auf den ersten Blick unlogische Verfahrensweise ist darin begründet, dass der kapitalisierte Minderlös ein Abzugsbetrag ist. Da das Risiko des Käufers gering ist, nach Ablauf des Mietvertrags die ortsübliche Miete zu erzielen, muss folglich bei der Kapitalisierung des Minderertrags ein höherer Zinssatz als der sonst angemessene Liegenschaftszinssatz zugrunde gelegt werden. Der Minderertrag vermindert sich nämlich aufgrund des geringeren Mietausfallwagnisses, sodass der Abzugsbetrag kleiner ausfallen muss.

b) Daneben besteht die Auffassung, Mehr- oder Minderlöse durch **Ansatz bankenüblicher Zinsen** rein finanzmathematisch zu behandeln, weil entsprechende Mietverträge eine individuelle und investitionsorientierte Besonderheit darstellen. Dies mag sich mitunter so verhalten, jedoch wird auch die sicherlich nicht freiwillige Inkaufnahme einer Untervermietung ebenso wie die Durchsetzbarkeit einer Übervermietung maßgeblich durch die Verhältnisse auf dem Grundstücksmarkt bestimmt. Es kommt hinzu, dass diese Vorgehensweise angesichts der erheblichen Schwankungen der bankenüblichen Zinsen fehleranfällig ist und überdies konsequenterweise auch mit der Berücksichtigung anderer bei finanzmathematischer Betrachtungsweise bedeutsamer Faktoren wie Inflation und Wertentwicklung verbunden wäre. Diese Vorgehensweise kann auf den ersten Blick zu theoretisch fundierteren und im Ergebnis mit der unter a) vorgestellten Methode sogar übereinstimmenden Resultaten führen, die schon mit geringen unkontrollierbaren Änderungen des Zinsansatzes äußerst fehlerträchtig und manipulierbar sind. Große Rechenwerke führen eben nicht zwangsläufig zu einer Verbesserung des Ergebnisses, sondern auch schon zur Verschlechterung. 307

6.6.2.7 Liegenschaftszinssatz

Weicht aufgrund von wohnungs-, miet- oder vertragsrechtlichen Gründen der erzielte Ertrag von dem marktüblich erzielbaren Ertrag ab, ist möglicherweise auch der Liegenschaftszinssatz berührt. Grundsätzlich wird mit den aus getätigten Verkäufen abgeleiteten Liegenschaftszinssätzen auch die jeweilige Markterwartung über künftige Marktentwicklungen der entsprechenden Nutzungsgruppe berücksichtigt. Im Allgemeinen rechnet ein Käufer mit Mietpreissteigerungen, die mindestens mittelfristig über der Inflationsrate liegen. Diese 308

IV § 8 ImmoWertV — Ermittlung des Verkehrswerts

Erwartung geht über den Kaufpreis in den Liegenschaftszinssatz ein. Das bedeutet allerdings, dass die veröffentlichten Liegenschaftszinssätze nur dann ohne Korrekturen angewendet werden dürfen, wenn auch marktüblich erzielbare Ertragsverhältnisse vorliegen. Bei einem **Grundstück, bei dem die Erträge deutlich über den marktüblich erzielbaren Erträgen liegen**, kann der Käufer aber nicht mit der sonst üblichen Mietsteigerungsrate rechnen. Insofern stellt sich die Frage, ob der die üblichen Erträge übersteigende bzw. unterschreitende Mietertragsanteil mit demselben Zinssatz zu kapitalisieren ist, der für die marktüblich erzielbare Miete angemessen ist.

309 *Beispiel 5:*

Normalverfahren bei Objekten mit marktüblich erzielbaren Erträgen

Die marktüblich erzielbare Nettokaltmiete betrage für ein Geschäftsgrundstück am Wertermittlungsstichtag 120 000 €/Jahr. Die Miete ist über 8 Jahre vereinbart und über den Verbraucherpreisindex wertgesichert.

Bewirtschaftungskosten	12 v. H.
Liegenschaftszinssatz	7 v. H.
Restnutzungsdauer des Gebäudes	35 Jahre
Bodenwert	400 000 €
Ertragswertermittlung	
Jahresnettokaltmiete	120 000 €
– Bewirtschaftungskosten	– 14 400 €
Jahresreinertrag	105 600 €
– Bodenwertverzinsungsbetrag 7 % von 400 000 €	– 28 000 €
Gebäudereinertrag	77 600 €
Vervielfältiger bei 35 Jahren und 7 % = 12,95	
Gebäudeertragswert 77 600 € × 12,95	1 004 920 €
+ Bodenwert	+ 400 000 €
Grundstücksertragswert	= 1 404 920 €
	rd. **1 400 000 €**

310 Im vorliegenden Beispiel wurde entsprechend der Risikoabschätzung des Objekts der marktübliche Liegenschaftszinssatz von 7 % zugrunde gelegt, da die erzielte Nettokaltmiete der marktüblich erzielbaren Miete entspricht. Weichen die tatsächlich erzielten Erträge von den marktüblich erzielbaren Erträgen ab, ist der die marktüblich erzielbaren Erträge übersteigende Mietertrag über die Laufzeit des Mietvertrags zu kapitalisieren. Da für den Käufer das **Risiko** größer ist, dass die vertraglich vereinbarten (überhöhten) Mieten auch über die Laufzeit des Mietvertrags tatsächlich gezahlt werden, könnte bei der **Kapitalisierung des Mehrertrags demnach ein höherer Zinssatz angenommen werden,** denn wenn der Mieter insolvent werden würde, könnte der Vermieter bei der Folgevermietung allenfalls noch mit der marktüblich erzielbaren Miete rechnen.

311 *Beispiel 6:*

Sachverhalt wie vor, jedoch beträgt die vereinbarte Nettokaltmiete 160 000 € lt. Mietvertrag über 8 Jahre. Würde der Gesamtertrag von 160 000 € über die Restnutzungsdauer des Objekts auf der Grundlage des Liegenschaftszinssatzes kapitalisiert werden, wäre die Berechnung angreifbar, da nach Ablauf des 8-jährigen Mietvertrags damit gerechnet werden muss, dass lediglich die marktüblich erzielbare Miete erzielt werden kann. Sie beträgt – diskontiert auf den Wertermittlungsstichtag – eben nur 120 000 €. Wenn sich innerhalb der nächsten 8 Jahre kein überproportionaler Realmietzuwachs ergeben würde, ergäbe sich somit eine Überbewertung des Objekts. Diese Überbewertung wirkt sich noch gravierender aus, wenn sich anstatt der am Markt erwarteten Realmietsteigerungen stagnierende oder sogar sinkende Mieten einstellen.

Ermittlung des Verkehrswerts § 8 ImmoWertV IV

Vorläufiger Grundstücksertragswert		1 404 920 €
Der Zuschlag würde also betragen:		
Mehrertrag	40 000 €	
abzüglich Mietausfallwagnis von 4 %	− 1 600 €	
	38 400 €	
Vervielfältiger bei 10 % Zins* und 8 Jahren = 5,33		
Zuschlag: 38 400 € × 5,33		+ 204 672 €
		1 609 592 €
Grundstücksertragswert rd.		**1 610 000 €**
Das entspricht einem um rd. 14,6 % höheren Wert.		
* Kapitalmarktzins + Risikozuschlag		

Diese Berechnung ist plausibel und wird am Immobilienmarkt zumindest von den institutionellen Anlegern nachvollzogen. Eine Gefahr besteht allerdings in der Pseudoüberwissenschaftlichung derartiger Betrachtungen. Durch Einbringen von zu vielen möglicherweise wertrelevanten Parametern und einer Reihe mathematischer Operationen entsteht häufig der falsche Eindruck, der Verkehrswert sei auf den „Cent" berechenbar. Tatsächlich ist und bleibt der Verkehrswert ein Schätzwert und ist damit auch direkt abhängig von der Erfahrung des Sachverständigen, der ihn schätzt. Deshalb ist die einfachere, nachfolgend beschriebene Variante zur Lösung des vorstehenden Problems angemessen. Bei dieser Methode wird bei der Berechnung des Zuschlags vom (dynamischen) Liegenschaftszinssatz ausgegangen. Das höhere **Risiko wird durch einen individuell begründeten Abschlag berücksichtigt.** 312

Beispiel 7 wie vor: 313

Jahresnettokaltmiete/Grundmiete	120 000 €
− Bewirtschaftungskosten	− 14 400 €
Jahresreinertrag	105 600 €
− Bodenwertverzinsungsbetrag 7 % von 400 000 €	− 28 000 €
Gebäudereinertrag	77 600 €
Vervielfältiger bei 35 Jahren und 7 % = 12,95	
Gebäudeertragswert 77 600 € × 12,95	1 004 920 €
+ Bodenwert	+ 400 000 €
Grundstücksertragswert	**1 404 920 €**
Mehrertrag über 8 Jahre p. a.	40 000 €
abzüglich Mietausfallwagnis von 4 %	
Kapitalisierungsfaktor bei 7 % und 8 Jahren = 5,97	
Zuschlag 38 400 € × 5,97	+ 229 248 €
Grundstücksertragswert	**1 634 168 €**

Es ergeben sich zwei Eckwerte. Beim unteren Eckwert von 1 400 000 € wird der – zumindest am Wertermittlungsstichtag – fließende höhere Ertrag überhaupt nicht berücksichtigt. Es wird also der ungünstigste Fall unterstellt, dass der Mieter direkt nach dem Wertermittlungsstichtag insolvent und die höhere Miete ab sofort nicht mehr realisierbar sein wird. Beim oberen Eckwert von 1 630 000 € wird dagegen davon ausgegangen, dass der Mehrertrag gegebenenfalls unter Einbeziehung einer weiteren Mieterhöhung bis Mietvertragsende erzielt wird. Welcher Kaufpreis letztlich ausgehandelt werden wird, hängt von der Risikobereitschaft des Käufers ab. Sie lässt sich nicht exakt objektiv begründen. Hier hat der Sachverständige den Verkehrswert (Marktwert) unter Berücksichtigung der beiden Eckwerte begründet abzuleiten, wobei die **Bonität des Mieters** sowie die absolute Miethöhe eine gewichtige Rolle spielen. Im Kern hat diese Ableitung den Charakter einer reinen Schätzung.

6.6.3 Temporäre Abweichungen der Bewirtschaftungskosten von marktüblichen Bewirtschaftungskosten

6.6.3.1 Allgemeines

314 Von den marktüblichen Bewirtschaftungskosten i. S. des § 19 ImmoWertV abweichende Bewirtschaftungskosten können den Verkehrswert (Marktwert) eines Grundstücks erhöhen oder vermindern. Sie können von den marktüblichen Bewirtschaftungskosten abweichen

- einerseits aufgrund der technischen Beschaffenheit der baulichen Anlage und
- andererseits aufgrund einer nicht üblichen (vertraglichen) Verteilung der Bewirtschaftungskosten auf Mieter und Vermieter.

315 Von den marktüblichen Bewirtschaftungskosten i. S. des § 19 ImmoWertV abweichende Bewirtschaftungskosten sind wiederum nur gesondert zu berücksichtigen, wenn sie nicht direkt Eingang in das herangezogene Wertermittlungsverfahren gefunden haben und die **Abweichung „erheblich" i. S. des § 8 Abs. 3 ImmoWertV** ist, insbesondere wenn sie sich „erheblich" auf die Ertragsverhältnisse auswirken. Sie sind nur in dem Maße werterhöhend oder wertmindernd zu berücksichtigen, wie dies dem gewöhnlichen Geschäftsverkehr entspricht.

316 Die Bewirtschaftungskosten können im Einzelfall aufgrund der **Beschaffenheit der technischen baulichen Anlage** über- oder unterdurchschnittlich sein. Dies betrifft insbesondere die Betriebskosten in Bezug auf die energetische Ausstattung (Wärmedämmung, Energie), den Wasserverbrauch usw. Soweit die sich auf die Bewirtschaftungskosten auswirkenden Merkmale der technischen Beschaffenheit nicht direkt mit dem herangezogenen Wertermittlungsverfahren berücksichtigt worden sind (bei Anwendung des Sachwertverfahrens z. B. durch den Ansatz verminderter oder erhöhter Herstellungskosten), können die ertragswirtschaftlichen Folgen dieser Beschaffenheitsmerkmale Bemessungsgrundlage der Wertminderung bzw. Werterhöhung sein.

317 Von den marktüblichen Bewirtschaftungskosten i. S. des § 19 ImmoWertV abweichende Bewirtschaftungskosten können sich insbesondere darüber hinaus ergeben, wenn eine **von der üblichen Vermietungspraxis abweichende Verteilung der Bewirtschaftungskosten vereinbart wurde**, z. B.

a) **Betriebskosten**, die üblicherweise auf den Mieter umgelegt werden, werden vertraglich vom Eigentümer getragen.

b) Es wurden vom Üblichen abweichende mietvertragliche Regelungen bezüglich der **Verwaltungskosten** vereinbart.

c) Vom Eigentümer üblicherweise zu tragende **Instandhaltungskosten** wurden auf den Mieter „überwälzt".

d) Es besteht ein außergewöhnliches **Mietausfallwagnis**, weil das Mietobjekt mit besonders „problematischen" Mietern belegt ist oder langfristige Mietverhältnisse mit besonders solventen Mietern vereinbart wurden.

Die daraus resultierende Wertminderung bzw. Werterhöhung kann auf der Grundlage der Mehr- oder Mindereinnahmen nach den Grundsätzen ermittelt werden, die für Abweichungen von den marktüblich erzielbaren Erträgen vorgestellt worden sind. Im wirtschaftlichen Ergebnis sind auch dies Fälle des „*over-* bzw. *underrented*". Bei Anwendung des mehrperiodischen (mehrphasigen) Ertragswertverfahrens nach § 17 Abs. 1 Satz 2 i. V. m. § 17 Abs. 3 ImmoWertV werden temporär von den üblichen Bewirtschaftungskosten abweichende Bewirtschaftungskosten mit den sich daraus ergebenden Reinerträgen berücksichtigt.

6.6.3.2 Beispiel

Es ist der Verkehrswert eines Bürogebäudes mit einer in Bezug auf die Bewirtschaftungskosten ungewöhnlichen Mietvertragsgestaltung zu ermitteln.

a) Sachverhalt

Objektbeschreibung
- Bürogebäude innerhalb eines periphär gelegenen Gewerbeparks
- Stadt mit 253 495 Einwohnern in den neuen Bundesländern
- Anbindung an Autobahn und IC-Netz; das Stadtzentrum ist mit Bussen zu erreichen
- keine Immissionsbeeinträchtigung
- Leerstandsrate in der Region: ca. 15 %

Boden
- Grundstücksgröße   6 102 m²
- Bodenrichtwert zum 1.3.2009 für ortsüblich erschlossenes Bauland, bezogen auf Gewerbenutzung (G)   60 €/m²
- Bodenwert 6 102 m² × 60 €/m²   366 120 €
- nahezu rechteckige Grundstücksgestalt
- voll erschlossenes Grundstück (ebf)
- auf dem Gelände befinden sich 66 Kfz-Außenstellplätze.
- rechtskräftiger Flächennutzungsplan vom 24.10.2007: gewerbliche Baufläche. Bebauungsplan liegt nicht vor.

Bebauung
- Baujahr 2005
- zweigeschossiger, ringförmiger Baukörper, der einen ebenfalls zweigeschossigen V-förmigen Baukörper umschließt.
- Das Gebäude ist nicht unterkellert.
- Bauweise   Stahlbeton
- Gesamtnutzungsdauer   40 Jahre
- geschätzte RND   36 Jahre
- Fassade   Metall-Glas-Fassade
- Außenwände   Stahlbeton
- Dach   Flachdach
- Decken   Stahlbetondecken
- Treppen   Stahltreppen mit Gitterrost (außenliegend)
- In dem Objekt befinden sich klein- und großteilige Büroräume, ein Casino, ein Salon, Küche und auf jeder Etage ausreichende Sanitäreinrichtungen.
- Grundrisse/Rastermaße/Raumtiefen
 Der Achsenabstand (Achsmaß) in der Ebene beläuft sich nach den Entwurfsplanungen auf rd. 1,20 m (Mittelwert) bei einer Raumtiefe von ca. 4,80 m an der Außenwand. Dies ermöglicht eine flexible Raumgestaltung. Darüber hinaus sind Statik und Raumgestaltung (insbesondere die Schulungs- und Tagungsräume) darauf ausgerichtet, die Räume durch flexible Raumteiler (verschiebbare Wände) bedarfsgerecht umzufunktionieren.
- Das Objekt weist keinen Instandhaltungsrückstau auf.
- Außenanlagen gärtnerisch angelegt; Hoffläche ist gepflastert.

Flächen
- Brutto-Grundfläche (BGF)   1 783 m²
- Geschossfläche (GF)   1 783 m²
- Brutto-Rauminhalt (BRI)   7 050 m³
- Grundfläche   960 m²
- vermietete Nutzflächen (NF) gemäß Mietvertrag   1 743 m²
- Das Grundstück weist bei einer Geschossfläche von 1 783 m² und einer Grundstücksgröße von 6 102 m² eine rechnerische Geschossflächenzahl (GFZ) von 0,3 auf.
- Das Grundstück weist bei einer bebauten Grundfläche von 960 m² und einer Grundstücksgröße von 6 102 m² eine rechnerische Grundflächenzahl (GRZ) von 0,16 auf.

IV § 8 ImmoWertV — Ermittlung des Verkehrswerts

- Das Grundstück weist im Verhältnis zur realisierten Bebauung eine Übergröße auf. Diese ergibt sich insbesondere aus der flächenintensiven Zufahrt zum Grundstück. Diese Fläche kann allerdings nicht als „selbstständig nutzbare Teilfläche" angesehen werden, da sie zur Erschließung des Grundstücks zwingend notwendig ist.

Die Ausnutzung entspricht der gegendüblichen Nutzung und braucht nicht besonders berücksichtigt zu werden.

Ertragsverhältnisse
- Liegenschaftszinssatz   7,0 %
- marktüblich erzielbare Miete nach Grundstücksmarktbericht 2008:   5,46 €/m²
- (Mittelwert) bei einer Spanne von 2,45 bis 9,71 €/m²: angemessen pro Monat: 8,00 €/m²
- Vertragsmiete   16,31 €/m² pro Monat
                                                                                                           15,00 € pro Stellplatz im Monat
- Mietvertrag mit einer Laufzeit von 10 Jahren und einem Optionsrecht des Mieters von 3 × 5 Jahren. Das Mietverhältnis endet, wenn das Mietverhältnis nicht verlängert wird, am 31.3.2016, d.h. nach rd. 7 Jahren.
- Die Erhöhung des Mietzinses wurde in Form einer Wertsicherungsklausel (Verbraucherpreisindex Basis 1995 = 100,00 Erhöhung um mind. 10 Punkte) vereinbart.
- Nach dem vorliegenden Mietvertrag sind die Verwaltungskosten (4,5 % des Reinertrags) für die Zeit des Mietverhältnisses vom Mieter zu tragen.
- Nach dem vorliegenden Mietvertrag obliegen die Instandhaltungskosten für die Dauer des Mietverhältnisses dem Mieter; ausgenommen davon sind Instandsetzungen an Dach, Fassade, Fenster und Betonsanierungen.
- Nach dem vorliegenden Mietvertrag trägt der Mieter die Betriebskosten mit Ausnahme der Gebäudeversicherung in Höhe von 5 568 € p. a. Gleichwohl verbleiben immer gewisse Betriebskostenbelastungen beim Vermieter; diese werden mit 0,5 % der marktüblich erzielbaren Nettokaltmiete angesetzt.
- Mietausfallwagnis 6 % der marktüblich erzielbaren Nettokaltmiete.

Üblicherweise kann nicht ohne Weiteres davon ausgegangen werden, dass bei einem erheblich über der marktüblich erzielbaren Miete entrichteten Nutzungsentgelt der Mieter sein Optionsrecht ausübt. Es kommt hinzu, dass der Mieter auch die Bewirtschaftungskosten weitgehend trägt und damit das vertragliche Mietentgelt besonders deutlich von der marktüblich erzielbaren Miete abweicht.

Bei dieser Sachlage wird unterstellt, dass keine Option ausgeübt wird und das Mietverhältnis am 31.3.2016 endet, sodass die tatsächliche Miete von 16,31 €/m², die 8,31 €/m² über der marktüblich erzielbaren Miete liegt, für einen Zeitraum von insgesamt 7 Jahren erzielt wird.

Wertermittlungsstichtag 1.1.2009.

b) Ermittlung des Ertragswerts

Jahresnettokaltmiete
1 743 m² × 8,00 €/m² (einschließlich Stellplätze):   13 944 € × 12 Monate   = 167 328 €
nicht umgelegte marktübliche Bewirtschaftungskosten
- Instandhaltungskosten: 1 743 m² × 8 €/m²   =   13 944 €
  zuzüglich 66 Stellplätze × 30 €   =   1 980 €
- Verwaltungskosten: 4,5 % von 167 328 €   =   7 530 €
- Mietausfallwagnis: 6 % von 167 328 €   =   10 040 €
- nicht umlegbare Betriebskosten: 0,5 % von 167 328   =   837 €
  zusammen   =   34 331 €   − 34 331 €

= Jahresreinertrag   132 997 €
./. Bodenwertverzinsungsbetrag: 7,0 % von 366 120 €   − 25 628 €
Gebäudeertragsanteil   107 369 €
× Vervielfältiger bei 7,0 % Liegenschaftszins
und einer Restnutzungsdauer von 36 Jahren = 13,04
Gebäudeertragswert   1 400 092 €
zuzüglich Bodenwert   + 366 120 €
vorläufiger Ertragswert   1 766 212 €

Mehrertrag für insgesamt 7 Jahre

Ermittlung des Verkehrswerts § **8 ImmoWertV IV**

Für einen Zeitraum von 7 Jahren ergeben sich folgende Mehreinnahmen:
Büro- und Schulungsräume 1 743 m² × 8,31 €/m² × 12 Monate	=	173 808 €
Stellplätze: 66 Stück × 15,34 €/Stck. × 12 Monate	=	15 496 €
zusammen:		185 952 €
zuzüglich vom Mieter getragene Instandhaltung:		
1 743 m² × 8 €/m²	=	+ 13 944 €
66 Stellplätze × 30 € p. a.		+ 1 980 €
zuzüglich vom Mieter getragene Verwaltungskosten: 4,5 % der Vertragsmiete		
Vertragsmiete:		
16,31 €/m² × 1 743 m² × 12 Monate	=	341 140 €
+ Stellplätze	=	1 980 €
= Vertragsmiete	=	343 120 €
davon 4,5 %	=	+ 15 441 €
abzüglich vom Vermieter getragene Versicherungskosten (umlagefähig):		– 5 568 €
Gesamt:		211 749 €
Kapitalisiert bei einem Vervielfältiger von V = 5,39 (bei 7 % und 7 Jahren)		+ 1 141 327 €
Ertragswert		**2 907 754 €**

6.6.4 Leerstand

6.6.4.1 Allgemeines

▶ Vgl. § 18 ImmoWertV Rn. 19 ff., 211 ff.; zu den Betriebskosten vgl. § 19 ImmoWertV Rn. 112, 167; Teil IX Rn. 288; Syst. Darst. des Ertragswertverfahrens Rn. 200, 216

Schrifttum: *Dieterich, H./Koch, J.*, Stadtumbau – Wertermittlungsfragen, Ausgleichsbeträge, GuG 2002, 344; *Kleiber, W.*, Wertermittlung und Stadtumbau, vhw FW 2003, 304; *Simon, J.*, Berücksichtigung von Leerständen und sonstigen Umständen im Normalfall, GuG 2003, 273; BT-Drucks. 15/3613, *IDW RS WFA 1:* Berücksichtigung von strukturellem Leerstand bei zu Vermietung vorgesehenen Wohngebäuden (IDW Stellungnahme zur Rechnungslegung) GuG 2005, 101; *Scheffler, R.*, Marktanalysen zum Büroflächenleerstand und ihrer Bedeutung für Wertermittlungen, GuG 2004, 1; *Schneider, D.*, Leerstand führt zu schwierigen Entscheidungen, GuG 2004, 349; *Simon, J.*, Berücksichtigung von Leerständen und sonstigen Umständen im Normalfall, GuG 2003, 273; *Stanglmayr, M.*, Normative Lücke, Erfahrungen mit der BelWertV, GuG 2008, 334.

In der Gebäudewirtschaft versteht man unter dem Leerstand – im Gegensatz zu Fehlbeständen – die nutzbaren Flächen in baulichen Anlagen, die nicht selbst vom Eigentümer genutzt werden oder einem Mieter oder Pächter gegen Entgelt überlassen wurden. Die unentgeltliche Nutzung einer Fläche durch Mieter und Pächter (längerfristige Mietfreiheit) kommt zumindest wirtschaftlich dem Leerstand gleich. Demgemäß ist auch eine Vermietung unter **Gewährung einer längerfristigen Mietfreiheit**, wie dies bei konjunktureller Rezession z. B. bei Gewerbeobjekten eingeräumt wird, dem Leerstand zuzurechnen. **319**

In der *Wohnungswirtschaft* spricht man erst von einem Leerstand von Wohnungen, wenn diese auf dem Wohnungsmarkt angeboten werden und nach **mindestens drei Monaten noch kein (neuer) Mieter** gefunden worden ist. Damit relativiert sich der Leerstandsbegriff im Hinblick auf die übliche Fluktuation, d. h. den Wechsel eines Mieters von einem zu einem anderen Mietobjekt. Zum Abbruch bestimmte und vom Umbau betroffene Wohnungen werden dabei nicht mitgerechnet. **320**

Der Leerstand lässt sich durch die sog. **Leerstandsrate** beschreiben, die jeweils für bestimmte Grundstücksarten ermittelbar ist. Die Leerstandsrate definiert sich als **321**

$$\text{Leerstandsrate} = \frac{\text{Leerstand in m}^2 \text{ oder Mieteinheiten}}{\text{Gesamtbestand in m}^2 \text{ oder Mieteinheiten}}$$

322 Die Leerstandsrate ist ein wichtiger **Marktindikator**, der die Marktverhältnisse widerspiegelt, und ist damit Entscheidungshilfe für den Abschluss von Mietverträgen, Bauinvestitionen und städtebauliche Maßnahmen. Der Wohnungsmarkt gilt als „angespannt", wenn die Leerstandsrate über 3 % liegt.

323 Leerstandsraten lassen sich u. a. mit sog. **Verfügbarkeitsfaktoren** beurteilen. Diese ergeben sich als Quotient des vorhandenen Leerstands und der jährlichen Vermietungsleistung:

$$\text{Verfügbarkeitsfaktor} = \frac{\text{Leerstand + im Bau befindlicher Bestand – bereits vergebener Bestand}}{\text{Jährliche Vermietungsleistung}}$$

324 *Beispiel:*
- Leerstand (Wohn- oder Nutzfläche)   820 000 m²
- Im Bau befindliche Wohn- oder Nutzfläche   1 560 000 m²
- Bereits vergebene Wohn- oder Nutzfläche   370 000 m²
- Jährliche Vermietungsleistung   300 000 m²

Verfügbarkeitsfaktor = 6,7

325 *Beispiel:*
Durch Vergleich des Flächenbedarfs auf der Grundlage der Zahl der Bürobeschäftigten und der Fläche je Beschäftigtem mit dem Flächenbedarf ergibt sich die Leerstandsquote in %.

326 **Leerstand** wird **in der Wohnungswirtschaft** nach § 29 II. BV **dem Mietausfallwagnis** (begrifflich) **zugerechnet.** Nach Satz 1 dieser Vorschrift ist das Mietausfallwagnis dort als das Wagnis einer Ertragsminderung definiert, das u. a. durch Leerstehen von Raum entsteht, der zur Vermietung bestimmt ist. Dabei wird kein Unterschied gemacht zwischen

a) dem üblichen (fluktuationsbedingten und funktionalen) Leerstand und

b) einem zeitlich befristeten „vorübergehenden" Leerstand.

327 Darüber hinaus wird in der Wohnungswirtschaft unterschieden zwischen einem

- *fluktuationsbedingten Leerstand,* wenn eine Nutzfläche aufgrund eines Mieterwechsels kurzzeitig (weniger als drei Monate) leer steht *(frictional vacancy due to change of major tenants)* [139],

- *funktionalen Leerstand* (auch „durchführungsbedingter" Leerstand genannt), wenn eine Vermietung von leer stehenden Nutzflächen im Hinblick auf eine anstehende Renovierung, Modernisierung oder Umstrukturierung nicht vorgesehen ist *(vacancy due to functional change or obsolescense);* hierzu gehört auch der Leerstand bei Erstvermietung *(initial vacancy),*

- *strukturellen Leerstand,* wenn Nutzflächen innerhalb von drei Monaten nicht vermietet werden können *(vacancy due to structural change)* und

- *konjunkturellen Leerstand (vacancy due to cyclical change).*

328 Von einem **strukturellen Leerstand** ist insbesondere auszugehen, wenn ein „dauerhaftes Überangebot" an baulichen Anlagen für bestimmte Nutzungen, namentlich für Wohnzwecke (aber auch für andere Nutzungen; Büroflächen) i. S. des § 171a BauGB besteht oder zu erwarten ist und dies zu „erheblichen städtebaulichen Funktionsverlusten" führen kann. Strukturelle Leerstände treten insbesondere auf längerfristig „übersättigten" Büromärkten und „übersättigten" Wohnungsmärkten auf, wie sie in den neuen Bundesländern vielerorts zu beobachten sind (auch in Stadtumbaugebieten nach § 171a BauGB).

---

[139] Ein Leerstand bis 3 % des Bestands gilt für einen funktionierenden Wohnungsmarkt als normal und ist als Fluktuationsreserve erforderlich.

Ermittlung des Verkehrswerts § 8 ImmoWertV IV

Im Rahmen der Verkehrswertermittlung muss, wie schon in der Vorauflage herausgestellt wurde, **zwischen einem dauerhaften und vorübergehenden Leerstand unterschieden werden.** Während nämlich ein „vorübergehender" Leerstand nur temporär zu berücksichtigen ist, geht ein nicht vorübergehender Leerstand in den auf Dauer erzielbaren Reinertrag über ein erhöhtes Mietausfallwagnis „direkt" ein. Dem folgend wird in der ImmoWertV – im Unterschied zur WertV 88/98 und der Wohnungswirtschaft – das Mietausfallwagnis in § 19 Abs. 2 Nr. 3 ImmoWertV als das „Risiko von Ertragsminderungen definiert, die durch uneinbringliche Rückstände von Mieten, Pachten und sonstigen Einnahmen „oder *vorübergehendem Leerstand von Raum*" entstehen. Hieraus folgt, dass im Rahmen des § 8 Abs. 3 ImmoWertV grundsätzlich nur ein vorübergehender Leerstand Berücksichtigung findet. 329

Auf die Höhe des Leerstands kommt es bei dieser Unterscheidung nicht an. Ist davon auszugehen, dass eine hohe Leerstandsquote auf Dauer hoch bleiben wird, muss ein entsprechend hohes Mietausfallwagnis zum Ansatz kommen und das Objekt kann zu einem **Liquidationsobjekt** umschlagen. Bevor man jedoch das Liquidationswertverfahren anwendet, bedarf es zunächst einer sorgfältigen **Analyse der Möglichkeiten, eine Rentierlichkeit der Immobilie wieder herbeizuführen** (vgl. auch § 10 Abs. 3 BelWertV). 330

Ein **dauerhafter Leerstand** ist bei semantischer Auslegung und im Umkehrschluss zu § 19 Abs. 2 Nr. 3 ImmoWertV ein „nicht vorübergehender" dem Mietausfallwagnis zuzurechnender Leerstand, der mithin im Rahmen der anzusetzenden Bewirtschaftungskosten zu berücksichtigen ist. 331

Ein **struktureller Leerstand** darf nicht mit einem dauerhaften Leerstand im vorstehenden Sinne gleichgesetzt werden. Auch bei einem strukturellen Leerstand kommt es im Rahmen der Verkehrswertermittlung entscheidend darauf an, ob es sich 332

– um einen *strukturell dauerhaften, aber gleichwohl vorübergehen Leerstand handelt,* der sich durch geeignete Maßnahmen abbauen lässt oder auch ohne solche Maßnahmen allein aufgrund erkennbarer (städtebaulicher, demoskopischer und sonstiger) Entwicklungen „von selbst" abbaut, oder

– um einen *strukturell dauerhaften und in absehbarer Zeit nicht behebbaren Leerstand handelt,* von dem nicht zu erwarten ist, dass er sich aufgrund der Marktentwicklung abbaut und auch in absehbarer Zeit sich nicht durch geeignete Maßnahmen abbauen lässt.

Der **Beleihungswertermittlung** ist die mit der ImmoWertV vorgegebene klare Unterscheidung nach vorübergehendem und dauerhaftem (nicht vorübergehendem) Leerstand fremd. § 10 Abs. 3 BelWertV unterscheidet zwischen „strukturellen *oder* lang andauernden Leerständen" und schreibt vor, dass bei strukturellen oder lang andauernden Leerständen besonders zu prüfen ist, ob aufgrund der jeweiligen Marktlage eine Vermietung überhaupt oder zu den angesetzten Mietpreisen in absehbarer Zeit noch zu erwarten ist. Die Unterscheidung nach „strukturellen *oder* lang andauernden Leerständen" ist unschlüssig, denn ein lang andauernder Leerstand kann strukturelle Gründe haben. Darüber hinaus lässt die Vorschrift offen, wie dem jeweiligen Ergebnis der „Prüfung" Rechnung zu tragen ist. 333

6.6.4.2 Berücksichtigung bei der Verkehrswertermittlung

Dem allgemeinen (fluktuationsbedingten und funktionalen) Leerstand wird im Normalfall mit dem entsprechenden **Mietausfallwagnis** Rechnung getragen. Darüber findet der Leerstand auch mit dem **Liegenschaftszinssatz** in dem Maße Eingang in die Ertragswertermittlung, wie auch die Objekte, aus denen der Liegenschaftszinssatz abgeleitet wurde, von Leerstand betroffen sind. Einem erhöhten Leerstand in der Weise Rechnung zu tragen, dass der übliche Liegenschaftszinssatz um einen Risikozuschlag erhöht wird, ist grundsätzlich abzulehnen, da ein nicht nur vorübergehender Leerstand dem Mietausfallwagnis zuzurechnen ist und dementsprechend mit dem angesetzten Mietausfallwagnis zu berücksichtigen ist. Eine doppelte Berücksichtigung (Mietausfall und Liegenschaftszinssatz) ist nicht zulässig. 334

335 Dem Leerstand kann – wie sich aus der sich aus Abb. 31 ergebenden Übersicht ergibt – in unterschiedlicher Weise Rechnung getragen werden.

Abb. 31: Leerstand

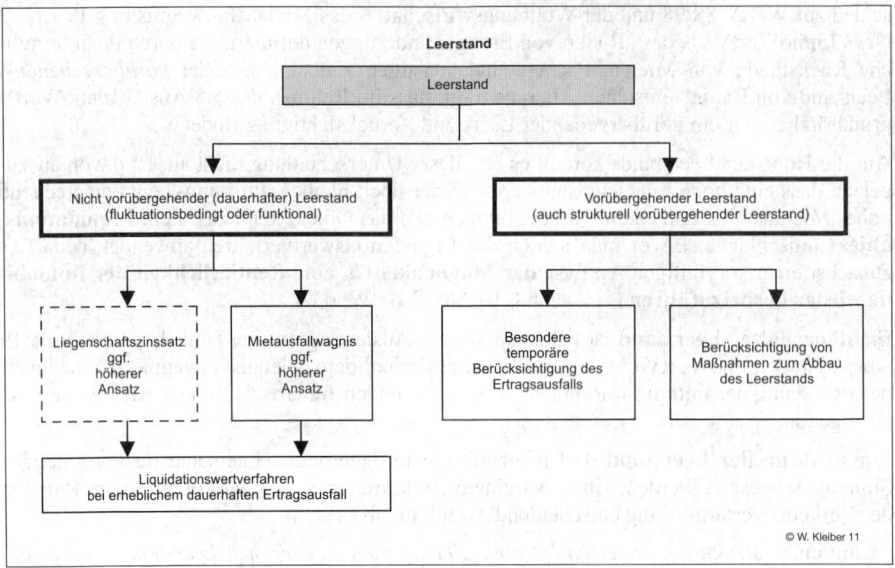

a) *Funktionaler Leerstand*

336 Der unter Rn. 327 angesprochene **funktionale Leerstand ist i. d. R. ein vorübergehender Leerstand** *und entsprechend bei der Verkehrswertermittlung zu berücksichtigen.*

337 Beispiel 1:

Der Ertragswert eines Büroobjekts ist zum Stichtag 1.6.2013 zu ermitteln. Das Objekt ist zu marktüblich erzielbaren Mieten vermietet. Am Wertermittlungsstichtag ist sicher, dass Mieter A, der 40 % der Gesamtnutzfläche des Gebäudes (4 500 m^2; monatliche Nettokaltmiete 160 000 €) angemietet hat, sein Mietverhältnis zum 1.3.2014 kündigt. Der Grundstückseigentümer steht bereits mit einem Nachmieter in Verhandlung, der die gesamte Nutzfläche von 4 500 m^2 ab 1.9.2014 zur Marktmiete anmieten wird.

In welcher Höhe ist der auf der Basis der Vollvermietung ermittelte Grundstücksertragswert zu mindern, wenn der Mietausfall vom 1.3. bis 1.9.2014 (6 Monate) als sicher anzunehmen ist?

Liegenschaftszinssatz 6,0 %

Nicht umlagefähige Bewirtschaftungskosten für den Leerstand zu Lasten des Vermieters 3 €/m^2 im Monat. Der vorliegende Sachverhalt wird durch das nachstehende Schaubild verdeutlicht (Abb. 32):

Abb. 32: Vervielfältigerdifferenzenverfahren

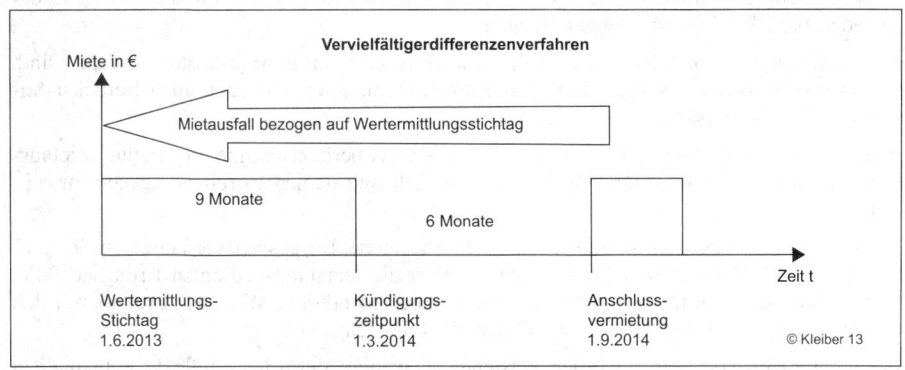

Der Jahreszinssatz beträgt 6 %,
der monatliche Zinssatz 6,0/12 = 0,5 %.

Der Vervielfältiger für (9 + 6 =) 15 Monate beträgt	14,41662
Der Vervielfältiger für 9 Monate beträgt	– 8,77906
Die Vervielfältigerdifferenz beträgt	= 5,63756

Minderbetrag bezogen auf den Wertermittlungsstichtag:
monatliche Miete 160 000 € zuzüglich nicht umlagefähiger Bewirtschaftungskosten

3 €/m² × 4 500 m²	= 173 500 €
173 500 €/Monat × 5,63756	= 978 117 €

Der auf der Basis der Vollvermietung ermittelte Grundstücksertragswert ist um rd. 980 000 € zu vermindern.

Alternativberechnung nach dem Diskontierungsmodell

Vervielfältiger bei 6,0 % Jahreszins für 6 Monate:	5,89638
Minderbetrag 173 500 €/Monat × 5,89638	1 023 022 €
Diskontierungsfaktor für 9 Monate bei 0,5 % Zins/Monat: 0,956105	
Auf den Wertermittlungsstichtag diskontierter Minderbetrag	
1 023 022 € × 0,956105	978 116 €

Der auf der Basis der Vollvermietung ermittelte Grundstücksertragswert ist um rd. 980 000 € zu vermindern.

b) *Strukturell vorübergehender Leerstand*

▶ *Vgl. Syst. Darst. des Ertragswertverfahrens Rn. 200 sowie § 19 ImmoWertV Rn. 166*

Bei einem **strukturell vorübergehenden (temporären) Leerstand**, dem mit dem üblicherweise und ggf. erhöht angesetzten Mietausfallwagnis (und Liegenschaftszinssatz) nicht hinreichend Rechnung getragen werden kann, vollzieht sich die Ertragswertermittlung unter Anwendung des *Standardverfahrens* nach § 17 Abs. 2 ImmoWertV in zwei Schritten: **338**

– Zunächst werden der Verkehrswertermittlung gemäß § 17 Abs. 1 Satz 1 ImmoWertV die bei einer Vermietung und Verpachtung „marktüblich erzielbaren Erträge" zugrunde gelegt.

– Im zweiten Schritt werden die mit dem Leerstand einhergehenden gemäß § 8 Abs. 3 ImmoWertV nach den Rechenverfahren berücksichtigt werden, die auch bei Untervermietungen *(underrented)* nach den oben stehenden Ausführungen zur Anwendung kommen (vgl. Rn. 256 ff.).

Bei einem Leerstand muss – im Unterschied zu den üblichen Fällen der Berücksichtigung von Mindereinnahmen (*underrented*) – allerdings zusätzlich beachtet werden, dass während der gesondert berücksichtigten Leerstandszeiten

a) vom Eigentümer auch die sonst auf den Mieter umgelegten Betriebskosten zu tragen sind, und zwar insoweit, wie diese Betriebskosten unvermeidlich sind (ggf. unter Berücksichtigung eines Grundsteuererlasses), sowie

b) das bei der Ermittlung des vorläufigen Ertragswerts berücksichtigte allgemeine Mietausfallwagnis für die Leerstandsflächen nicht anfällt und dementsprechend „gegen"zurechnen ist.

Bei Anwendung des mehrperiodischen (mehrphasigen) Ertragswertverfahrens nach § 17 Abs. 1 Satz 2 i. V. m. Abs. 3 ImmoWertV werden die leerstandsbedingten Ertragsausfälle, die vom Vermieter zu tragenden Betriebskosten und das erhöhte Mietausfallwagnis mit den sich daraus ergebenden jährlichen (geminderten) Reinerträgen erfasst.

Sind **Mietgarantien** gegeben worden, entstehen als weitere Verluste anstelle der entgangenen Miete die Auszahlungen in Höhe der Mindestgarantie.

339 Die üblicherweise auf den Mieter umgelegten und im Falle des Leerstandes vom Eigentümer zu tragenden Betriebskosten sind zu einem nicht unerheblichen Teil unvermeidlich. Während des Leerstands fallen nämlich die Betriebskosten des Gesamtobjekts mit einem erheblichen Anteil weiter an. Außerdem entstehen dem Vermieter zudem laufende Kontrollkosten (Türen, Fenster, Rohrleitungen), insbesondere auch zur Vermeidung von Vandalismus. Die Einnahmeausfälle erhöhen sich deshalb um die **unvermeidlichen Betriebskosten**. Diesbezüglich muss unterschieden werden zwischen

– dem Leerstand, der begrifflich auch dann besteht, wenn die Immobile mietfrei überlassen wurde, und

– dem Leerstand im eigentlichen Sinne.

Im Falle einer **mietfreien Überlassung** wird nämlich vielfach vereinbart, dass vom Nutzer die Betriebskosten getragen werden, so dass in diesen Fällen nur die Nettokaltmiete ausfällt. Deshalb bedarf es der Klärung, ob zumindest die Betriebskosten vom Mieter getragen werden. Werden sie vom Mieter während der Phase der Mietfreiheit nicht getragen, so erhöhen sich die vom Vermieter zu tragenden Bewirtschaftungskosten wiederum um die üblicherweise auf den Mieter umgelegten Betriebskosten.

340 Nach § 556 Abs. 1 BGB sind im Bereich der Wohnraumbewirtschaftung die Betriebskosten umlagefähig und werden regelmäßig vom Mieter getragen. Deshalb können bei Anwendung des Ertragswertverfahrens auf voll vermietete Wohngebäude die Betriebskosten unbeachtlich bleiben, wenn der Reinertrag aus der Nettokaltmiete abgeleitet wird. Nach der Rechtsprechung des BGH sind leerstandsbedingte verbrauchsunabhängige Betriebskosten nach der gesamten Wohnfläche vom Vermieter zu tragen. Diese bestehen nämlich zu einem Großteil aus verbrauchsunabhängigen Fixkosten. Zur Einsparung kommen jedoch insbesondere die Kosten des reduzierten Wasser- und Energieverbrauchs[140]. Die für eine leer stehende Wohnung aufgewendeten Kosten können jedoch vom Vermieter steuerwirksam bei den Einkünften aus Vermietung abgesetzt werden, wenn er sich ernsthaft bemüht, die Räume wieder zu vermieten[141]. **Leerstandsbedingte Betriebskosten** können auf die übrigen Mieter nur auf der Grundlage einer entsprechenden Vereinbarung mit *allen* Mietern[142] abgewälzt werden.

---

140 Zur Zulässigkeit der Änderung des Abrechnungsmaßstabs für Heizkosten bei Leerstand von Mietwohnungen in einem Mehrfamilienhaus BGH, Urt. vom 21.1.2004 – VIII ZR 137/03 –, NJW-RR 2004, 659 = BlnGE 2004, 351 = EzGuG 3.133; AG Zwickau, Urt. vom 20.10.2000 – 2 C 264/00 –, GuG-aktuell 2005, 22 = EzGuG 20.175a; AG Leipzig, Urt. vom 14.8.2003 – 11 C 4919/03 –, GuG-aktuell 2005, 22 = EzGuG 20.191.

141 FG München, Urt. vom 10.5.2004 – 9 V 1082/04 –.

142 BGH, Urt. vom 31.5.2006 – VIII ZR 159/05 –. Der BGH hat mit Urt. vom 21.1.2004 – VIII ZR 137/03 –, NJW-RR 2004, 659 = EzGuG 3.133 entschieden, dass bei Leerstand der Vermieter die verbrauchsunabhängigen Betriebskosten anteilig (nach der gesamten Wohnfläche) übernehmen muss.

Ermittlung des Verkehrswerts § 8 ImmoWertV IV

Nach dem BVerwG[143] ist ein **Grundsteuererlass** bei Ertragsminderungen aufgrund eines strukturellen Leerstands zulässig. Als Anhaltspunkt für die Ermittlung der steuerlich relevanten Ertragsminderung hatte zuvor der BFH[144] vorgegeben, dass bei Objekten, die zu Beginn eines Kalenderjahres vermietet waren, die Rohertragsminderung auf der Basis der zu diesem Zeitpunkt vereinbarten Miete zu ermitteln ist, sofern diese nicht um mehr als 20 % von der üblichen Miete abweicht und bei anderen Objekten auf der Grundlage der üblichen Miete zu ermitteln ist. Bei „eigengewerblich" genutzten Grundstücken ist weitere Voraussetzung, dass die Grundsteuererhebung nach den wirtschaftlichen Verhältnissen des Betriebs unbillig wäre. Dies ist nach Auffassung des BVerwG gegeben, wenn das steuerlich maßgebliche Betriebsergebnis negativ ist und die Grundsteuer einen nicht unwesentlichen Anteil (mehr als 1 %) an den gesamten Betriebsausgaben ausmacht. 341

Beispiel 2: Zweijährige Mietfreiheit (einschließlich Betriebskosten) 342

Nach der Lage auf dem Grundstücksmarkt muss für ein leer stehendes Bürogebäude erwartet werden, dass eine Vermietung nur unter Einräumung einer zweijährigen Mietfreiheit möglich ist bzw. es wird ein gleich langer Leerstand hingenommen, um dann aber ein langfristiges Mietverhältnis einzugehen, das einen Ertrag erwarten lässt, der über der derzeitigen „Flaute auf dem Immobilienmarkt" liegt.

Neben dem Ausfall der Nettokaltmiete hat der Grundstückseigentümer während dieser Zeit auch die umlagefähigen Bewirtschaftungskosten (Betriebskosten) während des Mietausfalls zu tragen. Der Renditeausfall setzt sich mithin zusammen aus
– dem Reinertrag zuzüglich der gesamten Bewirtschaftungskosten oder
– der Nettokaltmiete/Grundmiete zuzüglich der umlagefähigen Betriebskosten.

Die Nutzfläche betrage 1 000 m²
Die Nettokaltmiete betrage 20 €/m²
Die Betriebskosten betragen 1,50 €/m²
Der Liegenschaftszinssatz betrage 7 %.

Bei einem zweijährigen Nutzungsausfall ergibt sich als Abzugsbetrag:
1 000 m² × (20 €/m² + 1,50 €/m²) × 12 Monate × 1,81 = **466 980 €**
V von p: 7 % und n = 2 Jahre = 1,81

Beispiel 3: Mehrjährige Mietfreiheit mit Ausnahme der Betriebskosten 343

Ein mit einem Bürogebäude (1 200 m² Nutzfläche) bebautes Grundstück ist zu bewerten. Die am Wertermittlungsstichtag marktüblich erzielbare Nettokaltmiete beträgt 25 €/m² NF. Vermieter und Mieter schließen folgenden Mietvertrag:

Laufzeit des Mietvertrags 10 Jahre. Das erste Jahr ist mietfrei mit Ausnahme umlagefähiger Bewirtschaftungskosten. Vom zweiten bis einschließlich dem fünften Jahr beträgt die Miete 20 €/m² NF. Ab dem sechsten bis einschließlich dem zehnten Jahr werden 30 €/m² vereinbart.

Es ist der Grundstücksertragswert des Objekts unter Vernachlässigung des Bodenwerts zu ermitteln. Die Restnutzungsdauer des Gebäudes beträgt 60 Jahre, der Liegenschaftszinssatz 6 %, die Bewirtschaftungskosten betragen 15 % der Nettokaltmiete/Grundmiete (Abb. 33).

---

143 BVerwG vom 24.4.2007 – GmS OGB 1/07 –.
144 BFH, Beschl. vom 13.9.2006 – II R 5/05 –, BStBl II 2006, 921; BFH, Beschl. vom 26.2.2007 – II R 5/05 –, BFH/NV 2007, 1044; OFD Berlin, Vfg. vom 10.4.2003 – St 163 G 1163a 1/97 –.

IV § 8 ImmoWertV — Ermittlung des Verkehrswerts

Abb. 33: Mietentwicklung

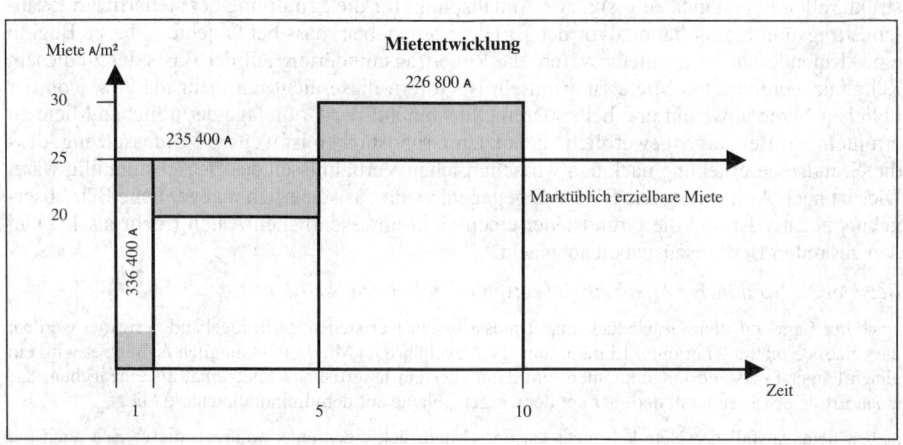

1. Jahresrohertrag

1 200 m² × 25 €/m² × 12 Monate	360 000 €	
./. Bewirtschaftungskosten 15 %	− 54 000 €	
Grundstücksreinertrag	306 000 €	
Vervielfältiger bei 60 Jahren und 6 %	16,16	
Grundstücksertragswert	4 944 960 €	4 944 960 €

2. Berücksichtigung der mietfreien Zeit

Vervielfältiger bei 1 Jahr und 6 %	0,94	
360 000 € × 0,94		− 338 400 €

3. Berücksichtigung des Minderertrags

5 €/m² × 1 200 m² × 12 Monate		72 000 €
Vervielfältiger bei 6 % und 5 Jahren	4,21	
./. Vervielfältiger für 1 Jahr	− 0,94	
Vervielfältigerdifferenz	3,27	
Minderwert 72 000 € × 3,27		− 235 440 €

4. Berücksichtigung des Mehrertrags

5 €/m² × 1 200 m² × 12 Monate		72 000 €
Vervielfältiger bei 6 % und 10 Jahren	7,36	
./. Vervielfältiger für 5 Jahre	− 4,21	
Vervielfältigerdifferenz	3,15	
Mehrwert: 72 000 € × 3,15		+ 226 800 €
Summe		4 597 920 €
Grundstücksertragswert		rd. 4 600 000 €

344 Die Betriebskosten sind bei Leerstand etwa mit 60 bis 80 % der sonst anfallenden Betriebskosten anzusetzen und erhöhen insoweit den Ertragsausfall.

Beispiel:

Jährlicher Mietausfall infolge Leerstand 2 000 m² × 20 €/m² × 12 Monate	= 480 000 €	
zuzüglich üblicherweise umlagefähige Betriebskosten		
2 000 m² × 2 €/m² × 12 Monate	= 48 000 €	
davon 80/100: 48 000 € × 80/100	= 38 400 € +	38 400 €
Gesamter Ertragsausfall		518 400 €

Ermittlung des Verkehrswerts § 8 ImmoWertV IV

Bei einer erwarteten Leerstandszeit von 3 Jahren und einem Liegenschaftszinssatz ergibt sich ein Vervielfältiger von 2,67. Mithin bemisst sich der kapitalisierte Ertragsausfall auf

$$518\,400\,€ \times 2{,}67 = 1\,384\,128\,€.$$

Zur Ermittlung der **nicht umgelegten Betriebskosten für Wohngebäude**, die den Jahresreinertrag des Vermieters mindern, werden nachfolgende Erfahrungssätze angegeben (Abb. 34): 345

Abb. 34: Durchschnittliche Betriebskosten pro m² Wohnfläche in €

Betriebskostenart	pro Jahr	im Monat	umgelegt	nicht umgelegt
Wasserversorgung und -entsorgung	4,70	0,40		
Zentrale Warmwasserversorgung	1,50	0,12		
Verbundene Heizungs- und Warmwasserversorgungsanlagen	1,30	0,11		
Maschinell betriebener Personen- und Lastenaufzug	1,00	0,08		
Straßenreinigung und Müllbeseitigung (Schneebeseitigung)	4,00	0,33		
Gebäudereinigung und Ungezieferbekämpfung	1,10	0,09		
Gartenpflege	1,30	0,11		
Beleuchtung	0,40	0,03		
Schornsteinfegerreinigung	0,60	0,05		
Sach- und Haftpflichtversicherung	1,50	0,12		
Hauswart	1,70	0,14		
Gemeinschaftsantennenanlage	0,50	0,04		
Breitbandkabelnetzverteileranlage	1,00	0,08		
Wäschepflegeanlage	0,50	0,04		
Sonstiges (Dachrinnenreinigung)				
Grundsteuer	2,80	0,23		
		Verbleibt beim Vermieter:		

Zu den genannten Betriebskosten können insbesondere bei **Gewerbeimmobilien weitere Leerstandskosten** treten: 346

– anteilige Kosten der Instandhaltung,

– laufende Kontrollkosten,

– Kosten für Mietgarantien,

– ggf. Umbaukosten und Kosten von Revitalisierungsmaßnahmen,

– Kosten des Imageverlustes,

– Kosten des Leerstandsmanagements,

– Opportunitätskosten (Vermietung zu einem niedrigeren Mietpreis).

Im Falle eines nur **zeitweise und in ungewöhnlicher Höhe auftretenden Leerstands**, z. B. in der Anlaufphase eines neu errichteten Bürokomplexes (Akquisitionszeitraum), belaufen sich die nicht umgelegten Betriebskosten auf etwa 2 €/m² NF. 347

IV § 8 ImmoWertV — Ermittlung des Verkehrswerts

Bei Anwendung des ein- bzw. zweigleisigen Ertragswertverfahrens (Standardverfahren nach § 17 Abs. 2 ImmoWertV) auf der Grundlage der um die üblicherweise anfallenden Bewirtschaftungskosten verminderten marktüblich erzielbaren Erträge ist das im Rahmen der Ermittlung des vorläufigen Ertragswerts angesetzte **Mietausfallwagnis** insoweit nicht berücksichtigungsfähig, wie die Einnahmeausfälle der vom Leerstand betroffenen Flächen ergänzend (als underrented) berücksichtigt wurden. Die Ertragsausfälle leerstandsbetroffener Flächen haben kein Mietausfallwagnis. Deswegen muss das im Rahmen der Ermittlung des vorläufigen Sachwerts für die leerstandsbetroffenen Flächen angesetzte Mietausfallwagnis wieder „neutralisiert" werden, indem man es als „Einnahme" ergänzend berücksichtigt.

Beispiel 4:

Auf der Grundlage
- einer Jahresnettokaltmiete von   130 000 €
- einem Jahresreinertrag von   100 000 €

wurde als vorläufiger Ertragswert ermittelt   = 1 500 000 €

Das (langfristige) Mietausfallwagnis wurde dabei berücksichtigt mit   8 %

Es ist ein vorübergehender (struktureller) Leerstand von 3 Jahren zu berücksichtigen.

– Leerstandsbedingter Reinertragsausfall p.a	25 000 €
– Betriebskosten des Vermieters p. a.	+ 5 000 €
– Mietausfallwagnis: 25 000 € × 0,08	– 2 000 €
Zwischenwert	28 000 €
– Kapitalisiert über 3 Jahre bei 6 %: 28 000 € × 2,67	– rd. 75 000 €
Ertragswert	= 1 425 000 €

c) Strukturell dauerhafter Leerstand

Schrifttum: IDW RS WFA 1: Berücksichtigung von strukturellem Leerstand bei zur Vermietung vorgesehenen Wohngebäuden (IDW Stellungnahme zur Rechnungslegung) GuG 2005, 101; *Kleiber, W.*, Wertermittlung und Stadtumbau, vhw FW 2003, 304.

348 **Gebäude mit strukturellem hohem Leerstand sind grundsätzlich liquidationsverdächtig**. Sie schlagen in Liquidationsobjekte umso eher um,
- je höher der *Bodenwert* ist,
- je höher die *Leerstandsquote* (d. h., je kleiner die vermietete Wohn- bzw. Nutzfläche) ist und
- je größer die dem Eigentümer verbleibenden (nicht umlegbaren) *Betriebskosten* sind.

349 Mit steigendem Leerstand erhöhen sich die zusätzlich zu tragenden Betriebskosten, während die Einnahmen sinken. Übersteigen die Betriebskosten die Jahresnettokaltmiete der vermieteten Wohn- und Nutzfläche – vermindert um die Verwaltungs- und Instandhaltungskosten, das Restmietausfallwagnis und den Bodenwertverzinsungsbetrag –, so schlägt das Objekt in ein **Liquidationsobjekt** um, weil der Fortbestand des Objekts zu Einbußen führt (Abb. 35).

Abb. 35: Entwicklung der Ertragsverhältnisse mit zunehmendem Leerstand

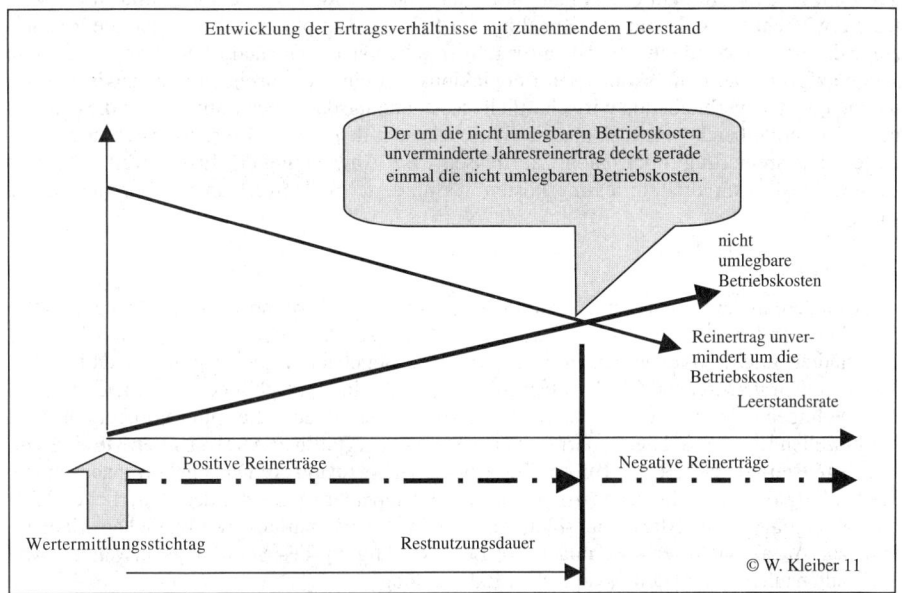

Maßgebliche Größe für das Umschlagen in den Liquidationsfall ist die dauerhafte **Leerstandsquote**. Untersuchungen in den neuen Bundesländern haben überschlägig ergeben, dass bei geringen Nettokaltmieten ein Leerstand ab einer Quote von 20 % kritisch wird! Diese Grenzrate der Leerstandsquote ist abhängig von dem allgemeinen Mietniveau und liegt etwa bei 30 % und in strukturschwachen Räumen sogar schon bei etwa 20 %. **350**

Übersteigen zum Wertermittlungsstichtag die unvermeidlichen Betriebskosten die verbleibende Jahresnettokaltmiete der vermieteten Wohn- und Nutzfläche – vermindert um die Verwaltungs- und Instandhaltungskosten, das Restmietausfallwagnis und den Bodenwertverzinsungsbetrag – und kann ein Abbau des Leerstands in absehbarer Zeit nicht erwartet werden, so bestimmt sich der Verkehrswert nach dem **Liquidationswert** i. S. des § 16 Abs. 3 ImmoWertV (sofortige Liquidation): **351**

Liquidationswert = Bodenwert (unbebaut) – Freilegungskosten

Als ein besonderes vornehmlich in den neuen Bundesländern auftretendes Problem kommt hinzu, dass in Gebieten mit niedrigem Bodenwert die **Freilegungskosten** häufig **den Bodenwert übersteigen**. In diesem Fall ist das Grundstück praktisch unverkäuflich.

Nach der bisherigen Rechtsprechung ist eine **Verwertungskündigung zum Zwecke des Abrisses** (Rückbau) nur zulässig, um das Grundstück neu zu bebauen oder es im beräumten Zustand zu verkaufen. Der ersatzlose Rückbau eines Gebäudes ist keine wirtschaftliche Verwertung i. S. des § 573 Abs. 2 Nr. 3 BGB: Eine zu diesem Zweck ausgesprochene Kündigung des Mietverhältnisses ist in den neuen Bundesländern nicht durch Art. 232 § 2 Abs. 2 EGBGB ausgeschlossen[145]. Rechtlich unklar ist, ob der Tatbestand einer Verwertungskündigung dann vorliegt, wenn mit dem Rückbau lediglich finanzielle Verluste beseitigt werden sollen, ohne dass anschließend das Grundstück neu bebaut oder anderweitig genutzt wird. **352**

Verbleibt indessen zum Wertermittlungsstichtag noch eine positive Jahresnettokaltmiete und muss jedoch mit einem weiteren Anstieg der Leerstandquote gerechnet werden, so bestimmt sich die wirtschaftliche **Restnutzungsdauer** nach dem Zeitraum, in dem diese bei ordnungsgemäßer Unterhaltung und Bewirtschaftung voraussichtlich noch wirtschaftlich genutzt wer- **353**

---
145 BGH, Urt. vom 24.3.2004 – VIII ZR 188/03 –, GuG 2004, 317 = BlnGE 2004, 611.

den kann. Eine wirtschaftliche Nutzung ist spätestens von dem Zeitpunkt ab nicht mehr gegeben, zu dem die bauliche Anlage nach den vorstehenden Betrachtungen nur noch Verluste erwirtschaftet, d. h., mit der Zunahme der Leerstandsquote vermindert sich die Restnutzungsdauer; davon können selbst aufwendig modernisierte Gebäude betroffen sein, wenn schon aufgrund der demoskopischen Entwicklung mit einer wachsenden Leerstandsquote zu rechnen ist. Die verbleibende wirtschaftliche Restnutzungsdauer bestimmt sich in diesem Fall nach der verbleibenden Zeit, in der die Betriebskosten den um die Betriebskosten unverminderten Jahresreinertrag (noch) nicht „auffressen". Bei Anwendung des Ertragswertverfahrens ist jeweils der um die Freilegungskosten verminderte Bodenwert anzusetzen (alsbaldige Liquidation).

d) *Grenzfälle*

354 Insbesondere in den neuen Bundesländern[146] ist es häufig schwer abschätzbar, ob der strukturelle Leerstand, von dem insbesondere der Wohnungsbestand betroffen ist, durch bauliche und städtebauliche Maßnahmen in absehbarer Zeit abgebaut werden kann oder dauerhafter Natur ist. Ertragswirtschaftlich befinden sich diese von einem erheblichen Leerstand betroffenen Wohngebäude in einer „Grauzone" zwischen einem dauerhaften und vorübergehenden strukturellen Leerstand. Hier bedarf es zunächst einer sorgfältigen **Analyse aller Möglichkeiten, eine Rentierlichkeit der Immobilie wieder herbeizuführen.** Dazu gehört insbesondere die Prüfung der bautechnischen Anlagen, des Gebäudemanagements, der steuerlichen Rahmenbedingungen, der Altlastenproblematik, des Wohnungsmarktes, der baulichen Maßnahmen zur Attraktivitätsverbesserung unter Berücksichtigung des Sanierungsaufwands sowie der städtebaulichen und demoskopischen Entwicklung.

355 Bei alledem ergeben sich für leerstandsbetroffene Gebäude „Überlebenschancen" auch durch den Rückbau anderer leerstandsbetroffener Gebäude, da damit die „Restmieter" wieder auf den Mietermarkt kommen. Aus dieser Situation ergibt sich die Chance, ein Gebäude, das infolge eines erheblichen Leerstands schon als Liquidationsobjekt eingestuft werden kann (z. B. weil vom Eigentümer zu tragende Betriebskosten den Reinertrag der „Restmieter" übersteigen), dadurch wieder einer eingeschränkten Rentierlichkeit zuzuführen, dass durch eine attraktive Absenkung der Mieten (ggf. in Verbindung mit Modernisierungsmaßnahmen) der Leerstand abgebaut wird. Bevor man leerstandsbetroffenen Gebäuden vorschnell einen Liquidationswert (Bodenwert abzüglich Freilegungskosten) zuordnet, muss geprüft werden, mit welchen Mietabsenkungen sich der Leerstand abbauen lässt. Liquidationsverdächtige Objekte können durchaus werthaltig sein, wenn auch **Mietsenkungen bei der Verkehrswertermittlung in Betracht** gezogen werden.

356 Kommt man zum Ergebnis, dass der im Einzelfall vorliegende Leerstand vorübergehender Natur ist, bedarf es einer prognostizierenden **Abschätzung der Intensität und der Dauer des Leerstands.** Der damit verbundenen Unsicherheit der Verkehrswertermittlung kann der Sachverständige häufig nur dadurch gerecht werden, indem er die bei nüchterner Betrachtungsweise in Betracht kommenden Szenarien in seinem Gutachten darlegt und seine Verkehrswertermittlung unter den Vorbehalt der Richtigkeit seiner Prognose stellt, denn seine Prognosen kann er nicht gewährleisten.

357 Mitunter wird versucht, die Unrentierlichkeit einer Immobilie durch Hinausschieben der **Instandhaltung** zu vermeiden. Eine reduzierte bzw. unterlassene Instandhaltung entspricht jedoch nicht einer ordnungsgemäßen Bewirtschaftung und führt zwangsläufig zu einer Verkürzung der wirtschaftlichen Restnutzungsdauer, verbunden mit hohen Risiken. Unterlassene Instandhaltungen, auch wenn sie nicht in jedem Fall zu einer Verkürzung der üblichen Restnutzungsdauer führen, mögen zwar die Problematik eines hohen Leerstands zeitweise abfedern, der Sachverständige darf sich dadurch aber in der Beurteilung der Immobilie nicht täuschen lassen.

---

146 Fürl, L./Schwarz, M., Grundstücksmarkt und Wohnungsmarktsegmente unter Schrumpfungsbedingungen, GuG 2003, 313.

Es ist die Gesamtsituation in der Gemeinde unter Berücksichtigung der Gegebenheiten des Wertermittlungsobjekts zu analysieren.

Prüfraster

a) Lässt die Gesamtsituation in der Gemeinde aufgrund der gemeindlichen Leerstandsquote unter Einbeziehung des Umlands den Abgang (Rückbau) von Wohnraum erwarten?

b) Ist das Wertermittlungsobjekt aufgrund seiner gebietlichen Lage und der Merkmale des Wertermittlungsobjekts davon betroffen (Prioritätenabschätzung)?

c) Ergeben sich Chancen für eine Revitalisierung des Objekts aufgrund von

- baulichen Maßnahmen zur Verbesserung und

- des Abgangs von Wohnraum an anderer Stelle mit einer erhöhten Nachfrage durch die dann umzusetzenden „Restmieter"? (Wer zuerst abreißt, hat schon verloren.)

d) Welche Gebiete und Gebäude sind nach den Vorstellungen der Gemeinde zum Rückbau bestimmt?

e) Welche Zeitschiene kann für den Rückbau erwartet werden?

f) Welches zusätzliche Mieterpotenzial ergibt sich infolge des Rückbaus leerstandsbetroffener Gebäude?

Bei alledem ergeben sich für leerstandsbetroffene Gebäude „Überlebenschancen" durch den Rückbau anderer leerstandsbetroffener Gebäude, da damit die „Restmieter" wieder auf den Mietermarkt kommen.

Als Ergebnis der Analyse ergibt sich ein Szenario zur Dauer und Intensität des vorübergehenden Leerstands sowie ggf. zu den baulichen Verbesserungsmaßnahmen, mit denen die Attraktivität der leerstandsbetroffenen Gebäude verbessert werden kann. Dementsprechend werden diese Erkenntnisse in die Wertermittlung eingestellt. Das Ergebnis der Wertermittlung steht dann unter dem Vorbehalt der richtigen Prognose.

Schema der Ertragswertermittlung:

Ertragswert bei nachhaltiger Vollvermietung

abzüglich kapitalisierten Einnahmeausfalls infolge Leerstands

abzüglich kapitalisierter nicht umlagefähiger Betriebskosten

abzüglich Barwert der Kosten einer Modernisierung bzw. Umstrukturierung

= Ertragswert eines Gebäudes entsprechend dem prognostizierten Leerstand

6.6.5 Abweichungen aufgrund atypischer Nutzungen (Fehlnutzungen)

Von einer atypischen Nutzung (Fehlnutzung) kann gesprochen werden, wenn ein Grundstück zwar zu den marktüblich erzielbaren Erträgen vermietet bzw. verpachtet ist, jedoch die ausgeübte Nutzung nicht der Lage des Objekts und seiner Nutzbarkeit entspricht. Es handelt sich um den Fall einer nicht objektadäquaten Nutzung des Grundstücks.

Ein derartiger Fall ist beispielsweise gegeben, wenn das Erdgeschoss eines in einer Geschäftszeile gelegenen Grundstücks am Wertermittlungsstichtag zu Wohnzwecken vermietet ist, obwohl eine höherwertige Nutzung für Büro- und Einzelhandelsnutzung nicht nur zulässig, sondern auch üblich ist. Auch wenn der Mieter die für eine Wohnnutzung marktüblich erzielbare Miete entrichtet, ist der Fall eines Abweichens von den marktüblich erzielbaren Erträgen gegeben, denn ein wirtschaftlich handelnder Eigentümer wird danach trachten, die Wohnung objektadäquat zu nutzen. Hieran kann er vorübergehend aufgrund vertraglicher Bindungen gehindert sein (Abb. 36).

Abb. 36: Vorübergehendes Nutzungsdefizit

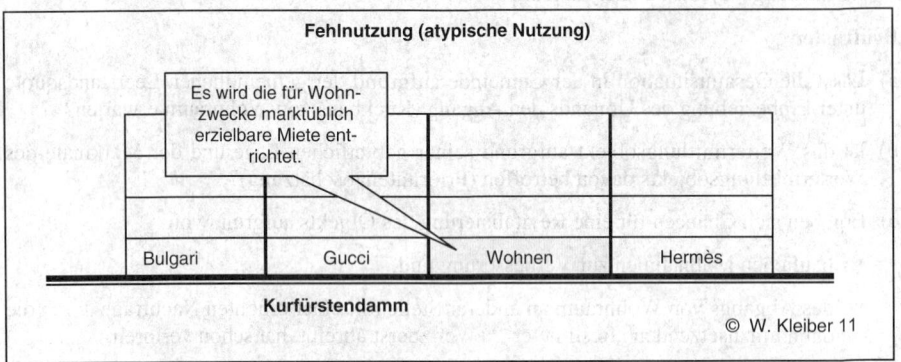

363 Bei dieser Konstellation ist im wirtschaftlichen Ergebnis der Fall einer Unternutzung *(underrented)* gegeben. Die daraus resultierende Wertminderung bemisst sich wiederum nach der davon betroffenen Fläche und dem Zeitraum, über den der Eigentümer aufgrund wohnungs- und mietrechtlicher Bindungen gehindert ist, die höherwertige Nutzung zu realisieren. Dabei muss auch die Möglichkeit in Betracht gezogen werden, das Mietverhältnis durch **Abstandszahlungen** vorzeitig zu beenden. Des Weiteren sind die **Kosten einer Umnutzung** zu berücksichtigen.

364 *Beispiel:*

Ein in der Innenstadt (MK-Gebiet) gelegenes Wohn-/Geschäftshaus ist im Erdgeschoss für Wohnzwecke vermietet. Die erzielte Miete entspricht der marktüblichen für Wohnräume erzielbaren Miete. Der Mieter ist bereit, gegen eine Abstandszahlung von 20 000 € sein Mietverhältnis vorzeitig aufzulösen, um damit dem Eigentümer die Möglichkeit zu eröffnen, den Wohnraum für eine gebietsübliche Einzelhandelsnutzung herzurichten; rechtliche Gründe stehen dem auch nicht entgegen (Zweckentfremdungsverbot, Erhaltungssatzung i. S. des § 172 BauGB). Ein Nutzungsinteressent ist bereit, bei einem zehnjährigen Mietvertrag unter üblichen Konditionen den Umbau auf eigene Kosten vorzunehmen.

Lösung:

a) Im ersten Schritt ist die Angemessenheit der geforderten Abstandszahlung zu überprüfen. Die geforderte Abstandszahlung ist angemessen, wenn sie den Usancen der Immobilienwirtschaft entspricht und unter dem Barwert der erzielbaren Mehrbeträge für die derzeit für Wohnzwecke genutzten Räume liegt:

- Das Mietverhältnis lässt erwarten, dass die 100 m² große Wohnung in ca. 10 Jahren frei wird bzw. frei gemacht werden kann.
- Im Falle einer Einzelhandelsvermietung könnte die Miete von derzeit 6 €/m² WF auf 20 €/m² NF heraufgesetzt werden.

Potenzieller Mehrertrag:

(20 €/m² – 6 €/m²) × 100 m² × 12 Monate = 16 800 € p. a.

Barwert für 10 Jahre bei einem Zins von 5,5 % (V = 7,54)

16 800 € × 7,54 = 126 672 €

Die geforderte Abstandszahlung von 20 000 € unterschreitet den Barwert des potenziellen Mehrertrags deutlich.

b) Der Ertragswert wird auf der Grundlage einer Umnutzung des Erdgeschosses ermittelt und um die dabei üblicherweise anfallenden Umnutzungskosten einschließlich Abstandszahlung vermindert.

365 Erst wenn mit Abstandszahlungen oder in einer anderen geeigneten Weise das Mietverhältnis nicht aufgelöst werden kann, muss solchen Fällen unter Berücksichtigung der mietrechtlichen Bindungen dadurch Rechnung getragen werden, dass **für den Zeitraum des Kündigungsschutzes wertermittlungstechnisch von einer Untervermietung ausgegangen wird**.

Ermittlung des Verkehrswerts § 8 ImmoWertV IV

Bei **gewerblichen Mietverhältnissen** stellt sich die Situation i. d. R. einfacher als für Wohnraum dar. Ist nämlich das Mietverhältnis für eine feste Vertragslaufzeit abgeschlossen worden, endet es grundsätzlich mit dem vertraglichen Ablauf (§ 542 BGB), ohne dass das Mietverhältnis gekündigt werden müsste. 366

Setzt der Mieter nach Ablauf der **vertraglichen Festmietzeit** das Mietverhältnis fort, tritt nach § 545 BGB eine stillschweigende Verlängerung des Mietverhältnisses auf unbestimmte Zeit ein, sofern nicht eine Vertragspartei ihren entgegenstehenden Willen innerhalb von zwei Wochen dem anderen Teil erklärt. Ansonsten kann das Mietverhältnis nach Maßgabe der §§ 568 ff. BGB von jeder Vertragspartei gekündigt werden; insoweit stellt sich bei einer **unwirtschaftlichen Nutzung des gewerblich genutzten Grundstücks** die Situation einfacher als bei einer Nutzung für Wohnzwecke dar. 367

Derartige Fallkonstellationen dürfen in der vorgestellten Weise nur auf der Grundlage einer sorgfältigen Analyse des Mietverhältnisses, seiner Kündbarkeit sowie einer **nüchternen Analyse der wirtschaftlich vernünftigen Verwertbarkeit der Immobilie** unter Berücksichtigung ihrer Nachbarschaft behandelt werden. Spekulative und einer ordnungsgemäßen Grundstücksbewirtschaftung nicht entsprechende Nutzungsmöglichkeiten müssen außer Betracht bleiben. Bei dieser Vorgehensweise geht es im Wesentlichen darum, ein Missverhältnis zwischen der tatsächlichen und der objektadäquaten Nutzung angemessen zu berücksichtigen. 368

Der vorgestellte Fall legt auch die **Grenzen der Verkehrswertermittlung** offen. Lässt man nämlich einmal die in dem Beispielsfall vorgegebene Abstandssumme von 20 000 € außer Betracht, weil der Mieter diesbezüglich erst noch in Verhandlung treten will, so wird deutlich, dass der Verkehrswert im Rahmen der Spanne des potenziellen Mehrerlöses schwankt. Welcher Anteil des potenziellen Mehrerlöses dem Verkehrswert zuzurechnen ist, wäre dann vom Ergebnis der Ablöseverhandlungen abhängig. Mit dem potenziellen Mehrerlös wird lediglich der Verhandlungsspielraum des Eigentümers vorgegeben. In seinen Verhandlungen kann er – wirtschaftlich vernünftig handelnd – bis zu diesem Betrag gehen. Dies kann im Einzelfall, wie im Übrigen auch der Fall „Weinhaus Huth" in Berlin gezeigt hat, zu beträchtlichen Unterschieden führen. 369

Der vorgestellte Fall kann sich in einer noch „verschärfenden" Form für **Liquidationsobjekte** stellen, wenn die Ertragsverhältnisse in einem deutlichen Missverhältnis zum Bodenwert stehen, das Objekt aufgrund mietrechtlicher Bindungen nicht freigelegt werden kann und eine Auflösung des Mietverhältnisses (z. B. nach § 573 BGB oder nach den Vorschriften der §§ 182 ff. BauGB) nicht möglich ist. 370

Als ein weiteres *Beispiel* kann der Fall eines Objekts mit ungünstiger, aber leicht veränderbarer Raumaufteilung angeführt werden. So wird im Einzelhandel danach getrachtet, die *Verkaufsfläche* möglichst groß und die *Lagerfläche* möglichst klein zu halten. Ein **Verhältnis von 80 % zu 20 % deutet auf ungünstige und verbesserungsfähige Aufteilung** hin, insbesondere wenn sich dieses Verhältnis auf derselben Ebene ergibt. 371

Mitunter kann es angezeigt sein, die **Grundrissgestaltung** eines Ladens kritisch nach Optimierungsmöglichkeiten zu prüfen. So weisen Läden in den neuen Bundesländern oftmals ein ungünstiges Verhältnis zwischen Verkaufs- und Lagerflächen auf, das nicht unmittelbar der Verkehrswertermittlung zugrunde gelegt werden kann. Übergroße Lagerflächen werden bei moderner Anlieferungstechnik *(„just in time")* mit einer Verlagerung der Lagerfläche auf die Straße nicht mehr benötigt. Kann z. B. durch Umbauten (z. B. den Versatz einer Trennwand) die Verkaufsfläche deutlich (zu Lasten der Lagerfläche) erhöht werden, so können damit zumindest die Voraussetzungen für eine Verbesserung der Ertragssituation geschaffen werden (Abb. 37). 372

Abb. 37: Supermarkt mit übergroßer Lagerfläche

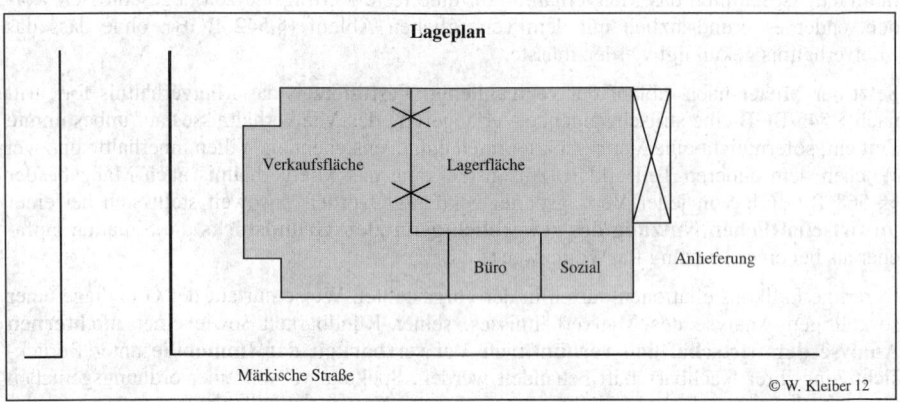

373 *Beispiele:*

Nebenfläche eines	Verbrauchergroßmarktes	25 – 30 %
	Schuhfachgeschäft	bis 40 %
	Damenoberbekleidung	10 – 15 %

6.6.6 Temporäre Einnahmen aufgrund von Zwischennutzungen, Werbeflächen, Antennenanlagen und dgl.

374 Temporäre Mehrerträge z. B. aus einer Zwischennutzung des Grundstücks, der vorübergehenden Vermietung von Werbeflächen und Lichtwerbeanlagen, der Aufstellung von Warenautomaten, Antennenanlagen und dgl. sind spiegelbildlich zu Mindereinnahmen aus vorübergehendem Leerstand und dgl. wertmindernd zu berücksichtigen. Dies gilt grundsätzlich für alle zur Anwendung kommenden Wertermittlungsverfahren, soweit dem nicht direkt mit dem herangezogenen Verfahren Rechnung getragen worden ist. Bei Anwendung des Ertragswertverfahrens nach Maßgabe des § 17 Abs. 1 Satz 1 i. V. m. Abs. 2 ImmoWertV (Standardverfahren) bleiben diese Erträge deshalb zunächst außer Betracht, wenn mit diesen Erträgen nicht über die gesamte Restnutzungsdauer der baulichen Anlage zu rechnen ist. Die zusätzlich, aber nicht auf Dauer erzielbaren Erträge werden – kapitalisiert über die voraussichtliche Dauer – nach Maßgabe des § 8 Abs. 3 ImmoWertV berücksichtigt. Bei Anwendung des mehrperiodischen (mehrphasigen) Ertragswertverfahrens nach Maßgabe des § 17 Abs. 1 Satz 2 i. V. m. Abs. 3 ImmoWertV können die vorübergehenden Mehrerträge in den jeweiligen Phasen mitberücksichtigt werden. Dabei sind die aus vorstehenden Nutzungen resultierenden besonderen Bewirtschaftungskosten sowie besondere Zahlweisen (z. B. vierteljährliche Zahlungen) und dgl. zu berücksichtigen.

375 *Beispiel:*

Auf einem Grundstück befindet sich ein Gebäude mit freistehender Giebelwand, die als Werbefläche genutzt wird. Die Restnutzungsdauer des Gebäudes betrage 70 Jahre. Es muss erwartet werden, dass die Giebelwand nur noch 20 Jahre für Werbezwecke genutzt werden kann. Der daraus resultierende Reinertrag betrage 5 000 € pro Jahr. Bei einem Liegenschaftszinssatz von p = 5 % ergibt sich bei der Restnutzungsdauer von 20 Jahren ein Vervielfältiger von V = 12,46.

Der Ertragswert des Grundstücks erhöht sich damit um: 5 000 € × 12,46 = 62 300 €.

376 Bei der Ertragswertermittlung dürfen **nur** solche **Einnahmen aus Werbeflächen berücksichtigt werden, die zulässigerweise erzielt werden,** d. h., die Werbefläche muss zumindest bauaufsichtlich genehmigungsfähig sein[147]. So bedarf es z. B. in *Nordrhein-Westfalen* einer

---

[147] BVerwG, Urt. vom 28.4.1972 – 4 C 11/68 –, BRS Bd. 22 Nr. 182 = EzGuG 3.41; BVerwG, Urt. vom 28.6.1955 – 1 C 146/53 –, BVerwGE 2, 172 = EzGuG 3.6; BGH, Urt. vom 3.2.1978 – V ZR 79/75 –, NJW 1978, 2201 = EzGuG 3.60.

Genehmigung, wenn der Werbeträger an einem Gebäude die Werbefläche von 0,80 m² überschreiten möchte[148]. Die Genehmigung hat nach § 11 BauVorlVO der Hersteller der Werbeanlage zu beantragen. Auch sind **bauordnungsrechtliche Auflagen** zu berücksichtigen.

Die **Einnahmen aus der Vermietung von Reklameflächen** oder Stellflächen für Warenautomaten können als hinreichend gesichert angesehen werden, wenn die werbenden oder verkaufenden Firmen gute Bonität besitzen und die **Verträge** zur Überlassung der Flächen oder Vorrichtungen **für einen längeren Zeitraum** geschlossen werden. In der Praxis sind bei Pachtdauern zwischen 5 und 10 Jahren monatliche oder vierteljährliche Zahlungen üblich. Es gibt auch Fälle, in denen die Zahlung der Pacht oder Miete im Voraus für den gesamten Vertragszeitraum vereinbart wird. Da in diesem Fall bei späterer Veräußerung des Grundstücks das entsprechende Teilentgelt aus der Reklamenutzung meistens nicht auf den Käufer weitergegeben wird, scheidet eine Berücksichtigung der Einnahme für die Wertermittlung i. d. R. aus. 377

Die erzielbaren **Einnahmen** liegen **bei Zigarettenautomaten** zwischen 4 und 6 % des erzielten Umsatzes. Die Einnahmen der Nutzung des Grundstücks für Reklamezwecke sind bei der Wertermittlung wie folgt zu berücksichtigen: Der Jahresreinertrag aus der Verpachtung oder Vermietung der Flächen wird über die Restlaufzeit des bestehenden Vertrags mit einem entsprechenden marktüblichen Habenzinssatz kapitalisiert und dem Ertragswert der baulichen Anlagen zugeschlagen. 378

Wegen der kaum voraussehbaren und oft schnellen Wandelbarkeit der angebotenen Produkte und Leistungen ist zu empfehlen, den **Kapitalisierungszeitraum** bei vertraglich nicht genau festgelegter Laufzeit der Verträge auf **maximal 10 Jahre** zu begrenzen. 379

Soweit den Einnahmen aus Werbefläche **Bewirtschaftungskosten** gegenüberstehen, sind sie bei der Ermittlung des Reinertrags aus Werbeflächen zu berücksichtigen. Die häufig beachtlichen **Herstellungs-, Montage-, Energie- und Unterhaltungskosten** werden im Allgemeinen vom Pächter der Werbeflächen oder vom Automatenaufsteller getragen. Nach Ablauf der Pachtdauer ist der Pächter grundsätzlich auch zur Wiederherstellung des ursprünglichen Zustands verpflichtet. 380

Beispiel: 381
Eine giebelseitige Werbefläche ist für den Betrag von 10 000 € p. a. auf fünf Jahre vermietet. Nach Ablauf dieser Zeit ist die Bebauung des Nachbargrundstücks beabsichtigt. Bei einem Zinssatz von 6 % ergibt sich ein Vervielfältiger von 4,21. Der Ertragswert erhöht sich damit um 10 000 € × 4,21 = 42 000 €.

Einen Sonderfall bietet die Werbeflächennutzung in Zusammenhang mit der dinglichen **Bierbezugsverpflichtung** von Brauereien (vgl. § 18 ImmoWertV Rn. 106). Neben dem Recht des ausschließlichen Vertriebs ihrer Erzeugnisse auf dem Grundstück sichern sich Brauereien oft auch das Recht, Werbeanlagen anzubringen und Getränkeautomaten zu unterhalten. Da sie sich i. d. R. finanziell an den Kosten der Einrichtung und des Inventars beteiligen, werden besondere Vergütungen für das Recht, Werbeanlagen und Getränkeautomaten anzubringen oder aufzustellen, selten gezahlt. 382

Für **Antennenanlagen** des Mobilfunks auf Hausdächern, Türmen und Masten werden – abhängig vom Umfang der Anlage – Nutzungsentgelte in Höhe von 3 000 € bis 6 000 € p. a. und in besonderen Fällen bis 7 500 € bei einer Befristung bis höchstens 30 Jahre und bei Zahlung im Voraus vereinbart. Der Kapitalisierungszinssatz liegt zwischen 4 und 6 %[149]. Das Nutzungsentgelt für **Mobilfunkstationen** in **Straßentunnels** liegt – unabhängig von der Länge und Frequentierung des Tunnels – bei 2 500 € pro Station (vgl. § 6 ImmoWertV Rn. 284 ff.). 383

---

148 VGH Mannheim, Beschl. vom 15.12.1989 – 8 S 300 6/89 –, UPR 1990, 329 = EzGuG 3.81; OVG Berlin, Urt. vom 14.10.1988 – 2 B 51/87 –, BRS Bd 48 Nr. 121; OVG Berlin, Urt. vom 23.9.1988 – 2 B 39/87 –, BRS Bd 48 Nr 122; OVG Koblenz, Urt. vom 22.7.1987 – 1 A 128/85 –, BRS Bd 48 Nr 120; OVG Berlin, Urt. vom 14.10.1988 – 2 B 51/87 –, BRS Bd 48 Nr. 121; OVG Berlin, Urt. vom 23.9.1988 – 2 B 39/87 –, BRS Bd 48 Nr 122; OVG München, Urt. vom 3.6.1986 – 11 A 1091/84 –, NVwZ 1987, 67 = BauR 1986, 544 = VwR 1986, 354 = Städte- und Gemeinderat 1986, 362.
149 Vgl. DST Umdruck 670 vom 5.5.1999 = GuG 2001, 104; Flintrop, H., Der Einfluss von Mobilfunkantennen auf den Verkehrswert, GuG 2001, 321.

6.7 Sonstige besondere objektspezifische Grundstücksmerkmale

6.7.1 Übersicht

384 § 8 Abs. 3 ImmoWertV enthält nur eine beispielhafte Aufzählung „besonderer objektspezifischer Grundstücksmerkmale". Neben den genannten Beispielen sind zu nennen:

– Optionen (vgl. Rn. 985),

– Altlasten (vgl. Rn. 395),

– eine eingeschränkte Drittverwendungsmöglichkeit, verbunden mit einem Modernisierungsrisiko,

– Aufwendungen für einen bevorstehenden Abbruch von Teilen der baulichen Anlagen des Grundstücks (vgl. Rn. 394),

– besondere Außenanlagen einschließlich Aufwuchs (vgl. Rn. 414),

– besondere energetische Eigenschaften (vgl. Rn. 402),

– besondere boden- und bauwerksbezogene Grundstücksmerkmale, die noch nicht berücksichtigt sind,

– Denkmalschutz (vgl. Rn. 386),

– Rechte und Belastungen (vgl. Rn. 391, 416),

– Vermietung sonst bezugsfreier Objekte (vgl. Rn.417) sowie

– merkantile Mehr- und Minderwerte (vgl. Rn. 418).

6.7.2 Optionen

385 Der Zeitraum, über den Abweichungen der bei ordnungsgemäßer Bewirtschaftung marktüblich erzielbaren Erträge (ortsübliche Vergleichsmiete) von den vertraglichen Erträgen zu berücksichtigen sind, bestimmt sich bei vereinbarten Optionen nach der für den Optionsberechtigten gegebenen Gesamtsituation. Allgemein gilt der **Grundsatz, dass Optionen in der Weise ausgeübt werden, wie es für den Optionsberechtigten wirtschaftlich vernünftig** ist. Bei einem Objekt, das *„overrented"* vermietet ist, kann z. B. erwartet werden, dass der optionsberechtigte Mieter sein Mietverhältnis zu den bestehenden Konditionen nur dann verlängert, wenn dafür wirtschaftliche Gründe gegeben sind. Sind dafür keine zwingenden Gründe gegeben, muss erwartet werden, dass das Mietverhältnis zu der dann ortsüblich erzielbaren Vergleichsmiete fortgesetzt wird.

Beispiel:

Mitte des Jahres 2011 erwirbt ein Investor ein Geschäftsgrundstück mit 3 Läden im Erdgeschoss und 6 Büros in den Obergeschossen. Die Mietverträge laufen zwischen dem 30.11.2011 und 30.11.2014 aus, sodass der Käufer damit rechnen konnte, die teilweise sehr niedrigen Mieten (Büromiete Büro A, D, E, F 14 €/m², Büromiete B 16 €/m² und Ladenmieten C, G, H 40 €/m²) alsbald auf das marktübliche Niveau (Büros von 20 €/m², Ladenflächen auf 45 €/m² NF) anzuheben (in den Mietverträgen war lediglich die Werthaltigkeit der Mieten über eine Anpassung entsprechend der Veränderung der Lebenshaltungskosten gesichert). Die Möglichkeit schnell erfolgender Mieterhöhungen hatte auch die Kaufpreisbildung wesentlich beeinflusst. Nach dem Kauf stellte sich jedoch heraus, dass bei zwei Büros und einem Laden folgende Optionsrechte auf Verlängerung der Mietverträge bestanden:

Büro A: Mietfläche 175 m², Miete 14 €/m² nettokalt. Ablaufzeitpunkt des Mietvertrags 30.11.2011 (war dem Käufer bekannt), aber Option auf Verlängerung des Mietvertrags zu den gleichen bestehenden Bedingungen vom 1.12.2011 bis 30.11.2013 (war dem Käufer nicht bekannt).

Büro B: Mietfläche 170 m², Miete 16 €/m² nettokalt. Ablaufzeitpunkt des Mietvertrags 30.11.2014 (war dem Käufer bekannt), aber Option auf Verlängerung des Mietvertrags zu den gleichen bestehenden Bedingungen vom 1.12.2014 bis 30.11.2027 (war dem Käufer nicht bekannt).

Ermittlung des Verkehrswerts § 8 ImmoWertV IV

Laden C: Mietfläche 35 m², Miete 40 €/m² nettokalt. Ablaufzeitpunkt des Mietvertrags 30.11.2012 (war dem Käufer bekannt), aber Option auf Verlängerung des Mietvertrags zu den gleichen bestehenden Bedingungen vom 1.12.2012 bis 30.11.2037 (war dem Käufer nicht bekannt).

Am Kaufzeitpunkt hatte noch keiner der drei Mieter das Optionsrecht ausgeübt. Trotzdem beeinflussten diese beim Kauf nicht mitgeteilten Optionsrechte die Renditekalkulation des Käufers erheblich, sodass er gegen den Veräußerer eine Klage auf Kaufpreisminderung anstrengte.

Frage 1: Wie hoch wäre der Kaufpreisminderungsbetrag rechnerisch anzusetzen, wenn davon ausgegangen wird, dass alle drei Mieter die Option ausüben werden?

Frage 2: Wie hoch ist die sich aus der rechnerischen Kaufpreisminderung ergebende tatsächliche Wertminderung anzusetzen, wenn man den Umständen Rechnung trägt, dass
- eine Option möglicherweise nicht ausgeübt wird und
- die Kalkulation einer Marktmiete von 20 €/m² bzw. 45 €/m² für Ende 2012 bzw. Ende 2014 mit Unsicherheiten behaftet ist?

Anzuwendender Zinssatz 6,0 v. H.

Lösung:

	Fläche (m² NF)	übliche Miete	tatsächlich gezahlte Miete	marktübliche Jahresmiete (€)	Tatsächliche Jahresmiete (€)	Verlust/Jahr (€)
Büro A	175	20	14	42 000	29 400	− 12 600
Büro B	170	20	16	40 800	32 600	− 8 160
Laden C	35	45	40	16 800	16 800	− 2 100
			zusammen:	99 600	78 800	− 22 860

Berechnung der Verluste
Verlust aus Miete für Büro A
Jahresverlust 12 600 €
Minderertrag vom 01.12.2011 bis 30.11.2013 = 2 Jahre
Vervielfältiger: 1,83

Verlust aus A: 1,83 × 12 600 €	23 058 €

Verlust aus Miete für Büro B
Jahresverlust 8 160 €
Minderertrag vom 01.12.2014 bis 30.11.2027 = 13 Jahre
Vervielfältiger bei 16 Jahren 10,11
Vervielfältiger bei 3 Jahren − 2,67
Vervielfältigerdifferenz 7,44

Verlust aus B: 7,44 × 8 160 €	60 710 €

Verlust aus Miete für Laden C
Jahresverlust 2 100 €
Minderertrag vom 01.12.2014 bis 30.11.2037 = 25 Jahre
Vervielfältiger bei 26 Jahren 13,00
Vervielfältiger bei 1 Jahr − 0,94
Vervielfältigerdifferenz 12,06

Verlust aus C: 12,06 × 2 100 €	25 326 €
Antwort Frage 1	**109 094 €**

| Gesamtverlust (rechnerisch) | rd. 110 000 € |

Antwort Frage 2

Die Ertragsminderung aufgrund der dem Käufer nicht bekannten Optionsrechte beträgt rechnerisch nach finanzmathematischer Berechnung rd. 110 000 €, muss aber nicht notwendigerweise der Kaufpreisminderung in dieser Höhe entsprechen. Zum Kaufzeitpunkt hatte kein Mieter das Optionsrecht ausgeübt. Ob alle Mieter ihre Optionsrechte ausüben werden, ist nicht sicher vorsehbar. Aus diesem Grunde und wegen der Unmöglichkeit der Renditeeinschätzung der Immobilie aus der Marktsituation 2011 für Zeitpunkte in 2012 und 2014 kann die rein rechnerisch festgestellte Minderung von 110 000 € nach Markterfahrung um rd. 20 v. H. gemindert werden. Die Wertminderung beträgt danach rd. 90 000 €.

6.7.3 Denkmalschutz

Schrifttum: *Jardin, A.,* Verkehrswertermittlung eines denkmalgeschützten Mehrfamilienhauses, GuG 2011, 31.

▶ *§ 14 ImmoWertV Rn. 148 f.; vgl. umfassend zum Denkmalschutz die Erläuterungen im Teil V Rn. 730 ff., Rn. 809, 820*

386 Die Eigenschaft eines Bauwerks bzw. des Grund und Bodens als Denkmal (Einzeldenkmal, Bodendenkmal, Gartendenkmal, Denkmalbereiche, Denkmalzone, Ensembles) kann sich auf den Marktwert (Verkehrswert) des Grundstücks werterhöhend, wertmindernd oder wertneutral auswirken.

Der **Denkmalschutz kann grundsätzlich bereits „im" angewandten Wertermittlungsverfahren Berücksichtigung finden.** Für eine subsidiäre Berücksichtigung nach Maßgabe des § 8 Abs. 3 ImmoWertV ist dann kein Raum mehr:

– Bei *Anwendung des Vergleichswertverfahrens* werden zur Ermittlung des Marktwerts Vergleichspreise von Grundstücken herangezogen, die hinreichend vergleichbare denkmalgeschützte Anlagen aufweisen. Mangels geeigneter Vergleichspreise scheidet jedoch eine direkte Anwendung des Vergleichswertverfahrens regelmäßig mit der Folge aus, dass im ersten Schritt bei der Ermittlung des vorläufigen Vergleichswerts der Denkmalschutz außer Betracht bleibt und nachträglich berücksichtigt werden muss.

– Bei *Anwendung des Ertragswertverfahrens* werden zur Ermittlung des Marktwerts insbesondere die für vergleichbare Objekte marktüblich erzielbaren Erträge und die marktüblich anfallenden Bewirtschaftungskosten und ein dem Denkmalschutz berücksichtigender Liegenschaftszinssatz herangezogen.

– Bei *Anwendung des Sachwertverfahrens* müssen zur Ermittlung des Marktwerts insbesondere dem Denkmalschutz gerecht werdende Sachwertfaktoren herangezogen werden, die jedoch i. d. R. nicht zur Verfügung stehen.

Eine unmittelbare Berücksichtigung des Denkmalschutzes „im" Wertermittlungsverfahren selbst, kann bei alledem praktisch nur bei **Anwendung des Ertragswertverfahrens** in Betracht kommen und dann zumeist auch nur teilweise, so dass subsidiär der Denkmalschutz nach Maßgabe des § 8 Abs. 3 ImmoWertV ergänzend berücksichtigt werden muss.

Bei Anwendung des Ertragswertverfahrens werden von der Praxis grundsätzlich **zwei verschiedene Wege** beschritten:

1. Ertragswertermittlung auf der Grundlage der dem Gebäudezustand angemessenen üblichen Ansätze, z. B. „begrenzte" Restnutzungsdauer, Liegenschaftszinssatz, Bewirtschaftungskosten und Roherträge (Nettokaltmiete) oder

2. Ertragswertermittlung unter Berücksichtigung der „auf Dauer" angelegten Erhaltungspflicht („ewige" Restnutzungsdauer: $\rightarrow\infty$) i. V. m. den daraus resultierenden erhöhten Bewirtschaftungskosten, insbesondere Instandhaltungs- und Instandsetzungskosten (ggf. auch Modernisierungskosten), sowie den geminderten oder aufgrund eines anspruchsvollen Ambientes höheren Erträgen.

Die zweite „elegante" Variante hat den Vorteil, dass das Bewertungsmodell den rechtlichen Gegebenheiten entspricht und sich die oft nicht eindeutig zu beantwortende Frage nach dem denkmalschutzbeeinflussten Bodenwert gar nicht erst stellt. Der Bodenwert muss nämlich bei „ewiger Restnutzungsdauer" gar nicht ermittelt werden (vgl. Teil V Rn. 820).

Der Sachverständige ist bei alldem in der Wahl des geeigneten Verfahrens gar nicht frei und muss sich nach dem Grundsatz der Modellkonformität (vgl. Vorbem. zur ImmoWertV Rn. 38) der Methode bedienen, die der Gutachterausschuss für Grundstückswerte bei der Ableitung des **Liegenschaftszinssatzes für entsprechend denkmalgeschützte Objekte** angewandt hat. Bislang haben allerdings nur wenige Gutachterausschüsse denkmalspezifische Liegenschaftszinssätze abgeleitet. Bislang wurden auch weder der Modellansatz noch die durchschnittlichen Grundstücksmerkmale der zur Ableitung dieser Liegenschaftszinssätze hinreichend dargelegt (vgl. § 14 ImmoWertV Rn. 148).

6.8 Besondere bodenbezogene Grundstücksmerkmale

6.8.1 Allgemeines

▶ *Vgl. Rn. 180; § 16 ImmoWertV Rn. 123, 228; Syst. Darst. des Vergleichswertverfahrens Rn. 176; Syst. Darst. des Sachwertverfahrens Rn. 48 ff., 270 ff.; Syst. Darst. des Ertragswertverfahrens Rn. 59; Vorbem. zur ImmoWertV Rn. 36*

§ 8 Abs. 3 ImmoWertV führt als „besondere objektspezifische Grundstücksmerkmale" zwar lediglich Besonderheiten der Bebauung auf, jedoch fallen nach dem Grundgedanken der Vorschrift auch **bodenbezogene Besonderheiten** unter den Anwendungsbereich der Vorschrift, soweit sie nicht bereits bei der Ableitung des Bodenwerts „im" Wertermittlungsverfahren berücksichtigt worden sind. Als bodenbezogene Besonderheiten sind insbesondere Abweichungen der Eigenschaften des Grund und Bodens des zu bewertenden Grundstücks von den Grundstücksmerkmalen zu verstehen, die der Ableitung des herangezogenen Sachwertfaktors oder Liegenschaftszinssatzes zugrunde lagen und mit dem angesetzten Liegenschaftszinssatz bzw. Sachwertfaktor und auch sonsthin noch nicht berücksichtigt wurden. Dies können tatsächliche Grundstücksmerkmale (z. B. übergroße Grundstücke, abweichende Art und abweichendes Maß der baulichen Nutzung, alsbaldige Freilegungskosten) als auch rechtliche Grundstücksmerkmale einschließlich Rechte am Grundstück (z. B. Wegerechte) sein.

387

6.8.2 Bodensondierung

▶ *Vgl. Syst. Darst. des Ertragswertverfahrens Rn. 59, 124; Syst. Darst. des Sachwertverfahrens Rn. 49*

Die der Ableitung der Liegenschaftszinssätze, Sachwertfaktoren sowie Vergleichsfaktoren bebauter Grundstücke zugrunde liegende (durchschnittliche) Grundstücksgröße (des Referenzgrundstücks) muss nach dem Grundsatz der Marktkonformität auch der Ermittlung des vorläufigen Vergleichs,- Ertrags- bzw. Sachwerts zugrunde gelegt werden. Da bei Anwendung des Ertragswertverfahrens auf übergroße Grundstücke die selbstständig nutzbaren Teilflächen nach Maßgabe des § 17 Abs. 2 Satz 2 ImmoWertV zu berücksichtigen ist, ergänzend auf die Berücksichtigung der Übergröße eines Grundstücks bei Anwendung des Sachwertverfahrens hinzuweisen. Es kommt hinzu, dass bei Anwendung des Ertragswertverfahrens auf Objekte mit hinreichend langer Restnutzungsdauer dies im Übrigen deshalb weitgehend unbeachtlich bleiben kann, da der Bodenwert bei Anwendung des Ertragswertverfahrens nur von marginaler Bedeutung für das Ergebnis ist.

388

IV § 8 ImmoWertV   **Ermittlung des Verkehrswerts**

389 *Beispiel:*

Vom Gutachterausschuss für Grundstückswerte wurde für Einfamilienhäuser bestimmter Bauweise, Baujahrsgruppe und Ausstattung ein Sachwertfaktor von 0,7 ermittelt. Des Weiteren soll sich der Sachwertfaktor auf eine übliche Grundstücksgröße von 500 m² mit einem Bodenrichtwert von 300 €/m² beziehen, d. h. auf einen Bodenwertanteil von insgesamt 150 000 €.

– Das zu bewertende Grundstück weist mit einer Grundstücksfläche von 1 000 m² eine Übertiefe auf. Das Hinterland (500 m²) wird nach Angaben des Gutachterausschusses mit 75 000 € bewertet; der Bodenwert beläuft sich damit insgesamt auf 225 000 €.
– Die alterswertgeminderten Herstellungskosten des Gebäudes wurden mit 500 000 € ermittelt.

Richtig:		*Falsch:*	
Alterswertgeminderte Herstellungskosten	= 500 000 €	Alterswertgeminderte Herstellungskosten	= 500 000 €
Bodenwert: 500 m² × 300 €/m²	+ 150 000 €	Bodenwert	+ 225 000 €
Vorläufiger nicht marktangepasster Sachwert	= 650 000 €	Vorläufiger nicht marktangepasster Sachwert	= 725 000 €
Sachwertfaktor	× 0,7	Sachwertfaktor	× 0,7
Vorläufiger marktangepasster Sachwert	= 455 000 €	Sachwert	= 507 500 €
+ Bodenwert (Hinterland)	= 75 000 €		
Sachwert	= **530 000 €**	Unterschied = rd. 22 500 €	

Wie das vorstehende Beispiel zeigt, ist bei Anwendung des Sachwertverfahrens der vorläufigen Sachwert zunächst auf der Grundlage eines **mit dem heranzuziehenden Sachwertfaktor kompatiblen Bodenwerts** zu ermitteln. Die bodenbezogenen Besonderheiten des zu bewertenden Grundstücks sind erst nachträglich und subsidiär als „besondere objektspezifische Grundstücksmerkmale" i. S. des § 8 Abs. 3 ImmoWertV berücksichtigt (vgl. § 16 ImmoWertV Rn. 128, 223; Syst. Darst. des Sachwertverfahrens Rn. 48 ff., Vorbem. Zur ImmoWertV Rn. 36).

6.8.3 Abgabenrechtliche Besonderheiten

▶ *Beispiel bei § 16 ImmoWertV Rn. 248*

390 Entsprechend vorstehendem Beispiel ist auch bezüglich abgabenrechtlicher Besonderheiten (z. B. Erschließungsbeitrag) zu verfahren, soweit sie sich erheblich auf den Bodenwert auswirken und von den bodenbezogenen Eigenschaften der Vergleichsgrundstücke abweichen, die den vom Gutachterausschuss für Grundstückswerte abgeleiteten Sachwertfaktoren und Liegenschaftszinssätzen zugrunde liegen. Bei der Verkehrswertermittlung bebauter Grundstücke unter Heranziehung der vom Gutachterausschuss für Grundstückswerte abgeleiteten Sachwertfaktoren, Liegenschaftszinssätze sowie Vergleichsfaktoren bebauter Grundstücke muss deshalb im Einzelfall geprüft werden, wie unter Beachtung des **Grundsatzes der Modellkonformität** der Bodenwert in die Vergleichs-, Ertrags oder Sachwertermittlung eingeführt wird.

Beispiel:
– Das zu bewertende Grundstück ist erschließungsbeitragspflichtig (ebpf).
– Der zur Ermittlung des vorläufigen Sachwerts herangezogene Sachwertfaktor bezieht sich auf erschließungsbeitragsfreie Grundstücke.
– Der ermittelte vorläufige Bodenwert bzw. der vorläufige Sachwert muss nach § 8 Abs. 3 ImmoWertV um den ausstehenden Erschließungsbeitrag gemindert werden, soweit dies dem gewöhnlichen Geschäftsverkehr entspricht.

Vorstehende Grundsätze sind grundsätzlich auch bei der Verkehrswertermittlung unter Anwendung des Ertrags- bzw. Vergleichswertverfahrens im Hinblick auf die herangezogenen Liegenschaftszinssätze bzw. Vergleichsfaktoren bebauter Grundstücke beachtlich.

6.8.4 Bodenwertbezogene Rechte am Grundstück

▶ *Vgl. hierzu Teil VIII*

Bodenbezogene Rechte am Grundstück sind nach dem Grundsatz der Marktkonformität in aller Regel ebenfalls erst nachträglich nach Maßgabe des § 8 Abs. 3 ImmoWertV zu berücksichtigen, weil die nach den Vorschriften der ImmoWertV heranzuziehenden Liegenschaftszinssätze und Sachwertfaktoren regelmäßig aus Vergleichsobjekten abgeleitet werden, die keine besonderen rechtlichen Belastungen wie z. B. ein Wegerecht aufweisen. Ist z. B. das Grundstück mit einem Wegerecht belastet, muss der vorläufige Ertrags- bzw. Sachwert zunächst auf der Grundlage des „unbelasteten Bodenwerts" abgeleitet werden (Abb. 38).

Abb. 38: Wegerecht

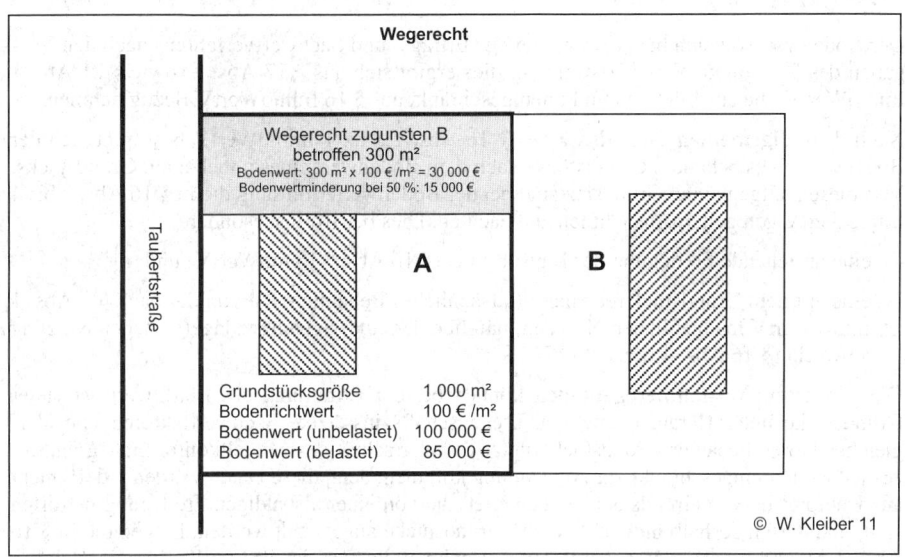

Bei Anwendung des Vergleichs-, Ertrags- und des Sachwertverfahrens unter Heranziehung von Vergleichswertfaktoren bebauter Grundstücke, Liegenschaftszinssätze sowie Sachwertfaktoren bleibt die Belastung des Grundstücks A mit einem Wegerecht zunächst unberücksichtigt, d. h., der **vorläufige Vergleichs-, Ertrags- und Sachwert wird zunächst auf der Grundlage des „vollen" Bodenwerts** ermittelt[150]. Die Wertminderung aufgrund des Wegerechts (hier 15 000 €) wird erst nachträglich nach Maßgabe des § 8 Abs. 3 ImmoWertV berücksichtigt.

Bei der Verkehrswertermittlung des Grundstücks B (herrschendes Grundstück) muss dagegen das Wegerecht berücksichtigt werden, denn sonst würde das Grundstück keine Baulandqualität aufweisen.

Beispiel (Sachwertverfahren)

Richtig:		*Falsch:*	
Alterswertgeminderte Herstellungskosten	= 500 000 €	Alterswertgeminderte Herstellungskosten	= 500 000 €
Bodenwert:	+ 100 000 €	Bodenwert (wegerechtgemindert)	+ 85 000 €
Vorläufiger nicht marktangepasster Sachwert	= 600 000 €	Vorläufiger nicht marktangepasster Sachwert	= 585 000 €
Sachwertfaktor	× 0,7	Sachwertfaktor	× 0,7

---

[150] Der Ermittlung des Bodenwertzinsertrags wäre dementsprechend der volle Bodenwert zugrunde zu legen.

Vorläufiger marktangepasster Sachwert	= 420 000 €	Sachwert	= 409 500 €
– Bodenwertminderung (Wegerecht)	= 15 000 €		
Sachwert	= 405 000 €	Unterschied	= rd. 5 000 €

6.8.5 Aufwendungen für bevorstehende Freilegung (Abbruch)

6.8.5.1 Allgemeines

▶ *Vgl. Rn. 89; Vorbem. zur ImmoWertV Rn. 51; § 16 ImmoWertV Rn. 123 ff., Syst. Darst. des Ertragswertverfahrens Rn. 61 ff., Teil V Rn. 771; Syst. Darst. des Sachwertverfahrens Rn. 48 ff.,192 ff.*

393 Der Bodenwert soll sich bei Anwendung des Ertrags- und Sachwertverfahrens nach den Vorgaben des § 16 ImmoWertV bestimmen; dies ergibt sich aus § 17 Abs. 1 sowie § 21 Abs. 1 ImmoWertV, die ausdrücklich und uneingeschränkt auf § 16 ImmoWertV Bezug nehmen.

Nach dem **allgemeinen Grundsatz** des § 16 Abs. 1 Satz 1 ImmoWertV bestimmt sich der Bodenwert eines bebauten Grundstücks nach dem Bodenwert eines unbebauten Grundstücks. Von diesem allgemeinen Grundsatz sind bei der Bodenwertermittlung die in § 16 Abs. 2 bis 4 ImmoWertV geregelten Ausnahmen zu beachten. Dies betrifft insbesondere

– eine anstehende Freilegung der Bausubstanz (§ 16 Abs. 3 ImmoWertV) und

– eine auf dem Grundstück realisierte (tatsächliche) Bebauung, die von der nach § 6 Abs. 1 ImmoWertV maßgeblichen Nutzung, nämlich der zulässigen bzw. lagetypischen Nutzung abweicht (§ 16 Abs. 4 ImmoWertV).

Die genannten **Ausnahmeregelungen** können bei der Ermittlung des Marktwerts bebauter Grundstücke unter Heranziehung von Liegenschaftszinssätzen, Sachwertfaktoren und Vergleichsfaktoren bebauter Grundstücke unter der Herrschaft des Modellkonformitätsgrundsatzes jedoch nur eingeschränkt zur Anwendung kommen, denn diese Daten werden i. d. R. nicht aus Kaufpreisen von Grundstücken abgeleitet, die von einer alsbaldigen Freilegung betroffen sind, und dürfen deshalb nicht auf solche Grundstücke angewandt werden. Liegen die in § 16 Abs. 2 bis 4 ImmoWertV angeführten Ausnahmefälle vor, ist der vorläufige Vergleichs-, Ertrags- und Sachwert auf der Grundlage des mit dem Liegenschaftszinssatz, Sachwertfaktor bzw. Vergleichsfaktor bebauter Grundstücke **kompatiblen Bodenwerts** zu ermitteln. Besondere davon abweichende Merkmale des Grund und Bodens, wie auch die in § 16 Abs. 3 und 4 ImmoWertV genannten Besonderheiten sind dann nachträglich als „besondere objektspezifische Grundstücksmerkmale" i. S. des § 8 Abs. 3 ImmoWertV zu berücksichtigen.

6.8.5.2 Anstehende Freilegung

394 Nach der Ausnahmeregelung des § 16 Abs. 3 ImmoWertV ist der nach der Grundsatzregel des § 16 Abs. 1 Satz 1 ImmoWertV ermittelte Bodenwert (eines unbebauten Grundstücks) bei kurzer Restnutzungsdauer der aufstehenden baulichen Anlage um die über die Restnutzungsdauer der Gebäude diskontierten **Freilegungskosten** zu vermindern, wenn zu erwarten ist, dass das Grundstück alsbald freigelegt wird. Auch wenn § 17 Abs. 2 sowie § 21 Abs. 1 ImmoWertV ausdrücklich auf die bei der Bodenwertermittlung zu berücksichtigenden besonderen Maßgaben des § 16 Abs. 3 und 4 ImmoWertV hinweisen, ist es bei der Marktwertermittlung bebauter Grundstücke unter Heranziehung von Vergleichsfaktoren bebauter Grundstücke, Liegenschaftszinssätze und Sachwertfaktoren nach den obenstehenden Ausführungen geboten, den vorläufigen Vergleichs-, Ertrags- und Sachwert abweichend von den Vorgaben der ImmoWertV auf der Grundlage des Bodenwerts eines unbebauten Grundstücks ohne Berücksichtigung der Freilegungskosten zu ermitteln. Diese werden als besondere objektspezifische Grundstücksmerkmale nach § 8 Abs. 3 ImmoWertV berücksichtigt, auch wenn die Vorschrift sie unerwähnt lässt (vgl. nachstehendes Beispiel).

6.8.6 Abweichende Nutzung

Nach der Ausnahmeregelung des § 16 Abs. 3 ImmoWertV ist der nach der Grundsatzregel des § 16 Abs. 1 Satz 1 ImmoWertV ermittelte Bodenwert (eines unbebauten Grundstücks) zu mindern bzw. zu erhöhen, wenn die tatsächliche auf dem Grundstück realisierte Nutzung von der nach § 6 Abs. 1 ImmoWertV maßgeblichen Nutzung abweicht.

395

– Der sich auf der Grundlage der tatsächlich auf dem Grundstück realisierten Nutzung ergebende Bodenwert wird auch als der *nutzungsabhängige Bodenwert* bezeichnet.
– Der sich nach Maßgabe des § 6 Abs. 1 ImmoWertV auf der Grundlage der zulässigen bzw. lagetypischen Nutzung ergebende Bodenwert wird auch als der *maßgebliche Bodenwert* bezeichnet.

Bei Anwendung des Vergleichs-, Ertrags- und Sachwertverfahrens unter Heranziehung von Vergleichsfaktoren bebauter Grundstücke, Liegenschaftszinssätzen, Sachwertfaktoren kann bei strikter Beachtung des Grundsatzes der Modellkonformität eine andere Vorgehensweise geboten sein. Abweichung der tatsächlichen (realisierten) von der nach § 6 Abs. 1 ImmoWertV maßgeblichen Nutzung müssen dann verfahrensmäßig so berücksichtigt werden, wie sie vom Gutachterausschuss für Grundstückswerte bei der Ableitung der Liegenschaftszinssätze, Sachwertfaktoren und Vergleichsfaktoren berücksichtigt worden sind.

Nach den **Empfehlungen der VergleichswertR** (Entwurf v. 9.7.2013) sollen Vergleichsfaktoren bebauter Grundstücke, Liegenschaftszinssätze und Sachwertfaktoren bei Abweichung der tatsächlichen (realisierten) von der nach § 6 Abs. 1 ImmoWertV maßgeblichen Nutzung, nämlich der planungsrechtlich zulässigen bzw. lagetypischen Nutzung, abweichend von den Vorgaben des § 6 Abs. 1 ImmoWertV auf der Grundlage des *nutzungsabhängigen Bodenwerts* abgeleitet werden, sodass dementsprechend der vorläufige Vergleichs-, Ertrags- und Sachwert ebenfalls auf der Grundlage des nutzungsabhängigen Bodenwerts ermittelt werden müssen.

396

Der „**Wertvorteil**", der sich aus der zukünftigen maßgeblichen Nutzbarkeit ergibt, wird nachträglich als besonderes objektspezifisches Grundstücksmerkmal im Rahmen des § 8 Abs. 3 ImmoWertV berücksichtigt, soweit dies marktgerecht ist. Dieser „Wertvorteil" bestimmt sich nach den unter § 16 ImmoWertV Rn. 238 gegebenen Ausführungen aus der über die Restnutzungsdauer der baulichen Anlage abgezinsten Differenz des nach § 6 Abs. 1 ImmoWertV maßgeblichen Bodenwerts und dem nutzungsabhängigen Bodenwert.

Entsprechendes muss für einen „*Wertnachteil*" gelten, wenn die tatsächlich realisierte Nutzung die maßgebliche Nutzung überschreitet.

Beispiele der VergleichswertR (auf Grundlage der Entwurfsfassung v. 9.7.2013)

Ausgangsdaten

Maßgeblicher Bodenwert (baureif, ohne Berücksichtigung von Freilegungskosten) bei einer WGFZ von 2,4	480 000 €
nutzungsabhängiger Bodenwert (baureif, ohne Berücksichtigung von Freilegungskosten) bei einer tatsächlichen WGFZ von 1,5	370 000 €
Wertvorteil aufgrund künftiger Nutzbarkeit (= 480 000 € – 370 000 €)	110 000 €
Freilegungskosten	60 000 €
Jährlicher Reinertrag	45 000 €
Liegenschaftszinssatz	5,0 %
wirtschaftliche Restnutzungsdauer	20 Jahre
Barwertfaktor für die Kapitalisierung (Kapitalisierungsfaktor)	12,46
Barwertfaktor für die Abzinsung (Abzinsungsfaktor)	0,3769
Sachwert der baulichen Anlagen einschließlich der baulichen Außenanlagen und sonstigen Anlagen	430 000 €
Sachwertfaktor	0,875

IV § 8 ImmoWertV — Ermittlung des Verkehrswerts

Beispiel 1:
Berücksichtigung der Unterausnutzung und der Freilegungskosten als besondere objektspezifische Grundstücksmerkmale im Ertragswertverfahren

	allgemeines Ertragswertverfahren	vereinfachtes Ertragswertverfahren
Jährlicher Reinertrag	45 000 €	45 000 €
Anteil des Bodenwerts am Reinertrag (Bodenwertverzinsungsbetrag) 5 % von 370 000 € (nutzungsabhängiger Bodenwert)	− 18 500 €	
Reinertragsanteil der baulichen Anlagen	26 500 €	
Kapitalisierungsfaktor	× 12,4622103	× 12,4622103
Barwert des Reinertrags	330 249 €	560 799 €
Ertragswert der baulichen Anlagen		
nutzungsabhängiger Bodenwert		
abgezinster nutzungsabhängiger Bodenwert bei einem Abzinsungsfaktor von 0,3768894	370 000 €	139 449 €
marktangepasster vorläufiger Ertragswert	700 249 €	700 248 €
Besondere objektspezifische Grundstücksmerkmale		
Ermittlung Beispiel 3		
abgezinster Wertvorteil aufgrund der künftigen Nutzbarkeit: 110 000 € × 0,3769	41 000 €	41 000 €
abgezinste Freilegungskosten (= 60 000 € × 0,3769)	− 23 000 €	− 23 000 €
Summe	718 248 €	718 248 €
Ertragswert	**720 000 €**	**720 000 €**

Beispiel 2:
Berücksichtigung der Unterausnutzung und der Freilegungskosten als besondere objektspezifische Grundstücksmerkmale im Sachwertverfahren

Sachwert der baulichen Anlagen einschließlich der baulichen Außenanlagen und sonstigen Anlagen	430 000 €
+ nutzungsabhängiger Bodenwert	370 000 €
vorläufiger Sachwert	800 000 €
Sachwertfaktor	× 0,875
marktangepasster vorläufiger Sachwert	700 000 €
Besondere objektspezifische Grundstücksmerkmale	
Ermittlung siehe Beispiel 3	
Wertvorteil aufgrund der künftigen Nutzbarkeit	+ 41 000 €
abgezinste Freilegungskosten	− 23 000 €
Summe	718 000 €
Sachwert	**720 000 €**

Die vorstehenden Ausführungen sind im Übrigen entsprechend auf die **Ermittlung des Marktwerts bebauter Grundstücke unter Heranziehung von Vergleichsfaktoren bebauter Grundstücke** anzuwenden, denn auch diese werden regelmäßig aus Vergleichspreisen abgeleitet, die nicht von einer alsbaldigen Freilegung betroffen sind.

6.8.7 Bodenverunreinigungen (Altlasten)

▶ *§ 6 ImmoWertV Rn. 298, Beispielfall in Teil V Rn. 229; zu den Besonderheiten bei der Beleihungswertermittlung vgl. Teil IX Rn. 227*

Altlasten werden nach Maßgabe des § 6 Abs. 5 ImmoWertV grundsätzlich bei der Bodenwertermittlung berücksichtigt, soweit ihre Berücksichtigung nicht ausdrücklich ausgeschlossen wurde. Bei bebauten Grundstücken können sich **bodenbezogene Altlasten auch auf die baulichen Anlagen wertmindernd auswirken** und deren Nutzbarkeit bis hin zu deren Unbenutzbarkeit beeinträchtigen. Soweit dem nicht in sonstiger Weise, z. B. durch eine entsprechend verminderte Restnutzungsdauer, Rechnung getragen worden ist, muss eine Beeinträchtigung der baulichen Anlage ergänzend berücksichtigt werden. 397

Im Einzelfall muss dabei jedoch geprüft werden, ob eine sich nach den Gesamtkosten der Altlastenbeseitigung bemessene Bodenwertminderung ganz oder zumindest teilweise durch den aus der Bodensanierung folgenden

a) Wegfall einer Wertminderung der baulichen Anlage und

b) der Bodenwerterhöhung

aufgefangen wird. Vergleichsfaktoren bebauter Grundstücke, Liegenschaftszinssätze, Sachwertfaktoren werden in aller Regel auf der Grundlage altlastenfreier Vergleichspreise abgeleitet. Nach dem Grundsatz der Modellkonformität muss deshalb bei Heranziehung entsprechender Daten zur Marktwertermittlung bebauter Grundstücke der vorläufige Vergleichs-, Ertrags- und Sachwert ohne Berücksichtigung einer etwaigen **Beeinträchtigung des Bodenwerts aufgrund von Bodenverunreinigungen ermittelt werden**. Die Bodenverunreinigungen sind demzufolge nachträglich nach Maßgabe des § 8 Abs. 3 ImmoWertV als besondere objektspezifische Grundstücksmerkmale zu berücksichtigen, soweit dies marktüblich ist bzw. bei der Marktwertermittlung nicht ausgeschlossen wurde.

6.9 Besondere gebäudebezogene Grundstücksmerkmale

6.9.1 Allgemeines

▶ *Vgl. § 14 ImmoWertV Rn. 44*

Bei Anwendung des *Ertragswertverfahrens* wird mit dem Gebäudeertragswert in aller Regel das Gebäude in seiner Gesamtheit einschließlich der baulichen und sonstigen Außenanlagen (Aufwuchs) erfasst, denn der marktüblich erzielbare Ertrag – Ausgangsparameter der Ertragswertermittlung – bezieht sich auf das Grundstück in seiner Gesamtheit. Bei Anwendung des *Sachwertverfahrens* wird der Gebäudesachwert getrennt von dem Sachwert der baulichen und sonstigen Außenanlagen ermittelt (§ 21 Abs. 1 ImmoWertV). Der auf der Grundlage von Normalherstellungskosten ermittelte Gebäudesachwert umfasst nach § 22 Abs. 2 ImmoWertV grundsätzlich das Gebäude in seiner Gesamtheit. Soweit mit den herangezogenen Normalherstellungskosten **einzelne Bauteile** (Außentreppen, Kellerlichtschächte usw.), **Einrichtungen und besondere Vorrichtungen** (besondere Betriebseinrichtungen) einschließlich besonderer Nutzflächen (z. B. sog. **c-Flächen i. S. der DIN 277**) nicht erfasst sind, müssen sie nach § 22 Abs. 2 Satz 2 ImmoWertV ergänzend berücksichtigt werden, soweit dies dem gewöhnlichen Geschäftsverkehr entspricht. Dies gilt im Übrigen auch bei Anwendung des *Vergleichswertverfahrens*, soweit diese mit den herangezogenen Vergleichsfaktoren nicht erfasst sind. 398

Besondere mit den herangezogenen Normalherstellungskosten nicht erfasste Bauteile, Einrichtungen und besondere Vorrichtungen sowie besondere Nutzflächen (z. B. sog. c-Flächen i. S. der DIN 277) und auch bauliche und sonstige Außenanlagen können auch mit den Sachwertfaktoren (§ 14 Abs. 2 Nr. 1 ImmoWertV) direkt erfasst werden und dürfen dann nicht mehr im Rahmen des Vergleichs- und Sachwertverfahrens ergänzend berücksichtigt werden. Soweit die zur Ableitung der Sachwertfaktoren und im Übrigen auch zur Ableitung der Vergleichsfaktoren bebauter Grundstücke herangezogenen Vergleichsgrundstücke entsprechende

Besonderheiten aufweisen, ohne dass dies bei der Ableitung berücksichtigt worden ist, werden mit den so ermittelten Sachwertfaktoren bzw. Vergleichsfaktoren bebauter Grundstücke die üblichen besonderen Bauteile, Einrichtungen, besonderen Vorrichtungen einschließlich besonderer Nutzflächen (z. B. sog. c-Flächen i. S. der DIN 277) und auch die üblichen baulichen und sonstigen Außenanlagen indirekt berücksichtigt und dürfen zur Vermeidung einer Doppelberücksichtigung nicht nochmals berücksichtigt werden. Dies folgt aus dem **Grundsatz der modellkonformen Marktwertermittlung.**

Der Sachverständige muss sich zunächst Klarheit verschaffen, ob und in welchem Umfang die von ihm herangezogenen Normalherstellungskosten Kostenanteile für besondere Bauteile, Einrichtungen und besondere Vorrichtungen einschließlich besonderer Nutzflächen (z. B. sog. c-Flächen i. S. der DIN 277) enthalten.

a) Soweit entsprechende Kostenanteile bereits in den herangezogenen Normalherstellungskosten enthalten sind, findet die Regelung des § 22 Abs. 2 Satz 2 ImmoWertV keine Anwendung; es bedarf keiner ergänzenden Berücksichtigung.

b) Soweit entsprechende Kostenanteile in den herangezogenen Normalherstellungskosten nicht enthalten sind, muss sich der Sachverständige vor Anwendung der von den Gutachterausschüssen für Grundstückswerte abgeleiteten Sachwertfaktoren, Vergleichswertfaktoren bebauter Grundstücke und im Übrigen auch sonstiger zur Wertermittlung erforderlichen Daten Klarheit darüber verschaffen, was im Einzelnen in diese Daten eingegangen ist.

- Hat z. B. der Gutachterausschuss für Grundstückswerte bei der Ableitung der Sachwertfaktoren die mit den Normalherstellungskosten nicht erfassten besonderen Bauteile sowie c-Flächen dadurch ergänzend berücksichtigt, dass er den jeweiligen Sachwert entsprechend erhöht hat (vgl. § 14 ImmoWertV Rn. 44 ff.), müssen diese auch bei Anwendung der Sachwertfaktoren ergänzend berücksichtigt werden.

- Hat der Gutachterausschuss die mit den Normalherstellungskosten nicht erfassten besonderen Bauteile sowie c-Flächen bei der Ableitung der Sachwertfaktoren nicht gesondert berücksichtigt, weil sie nach Art und Umfang üblich sind, dürfen die üblichen Bauteile sowie c-Flächen bei der Ableitung des Gebäudesachwerts auch nicht berücksichtigt werden, denn sie werden dann in einem **vom Gutachterausschuss für Grundstückswerte anzugebenden „üblichen Umfang"** mit dem Sachwertfaktor berücksichtigt.

6.9.2 Besondere Bauteile, Einrichtungen und besondere Vorrichtungen (besondere Betriebseinrichtungen) sowie besondere Flächen (c-Flächen)

▶ *Vgl. § 1 ImmoWertV Rn. 57 zu den besonderen Betriebseinrichtungen sowie zu den besonderen Flächen, Syst. Darst. zum Sachwertverfahren Rn. 22, 24, 29, 65, 89 ff., 119 und 150 ff. sowie Teil II Rn. 504; Teil V Rn. 218*

6.9.2.1 Allgemeines

399 Besondere Bauteile (Außentreppen, Kellerlichtschächte, Gauben usw.), Einrichtungen, besondere Vorrichtungen und dgl. werden bei Anwendung des Ertragswertverfahrens in aller Regel mit dem anzusetzenden marktüblich erzielbaren Ertrag berücksichtigt und sind ggf. nur in besonderen Ausnahmefällen ergänzend und auch nur insoweit zu berücksichtigen, wie dies dem gewöhnlichen Geschäftsverkehr entspricht. Nur **bei Anwendung des Sachwertverfahrens kann eine subsidiäre Berücksichtigung der besonderen Bauteile, Ein- bzw. Vorrichtungen in Betracht kommen,** und zwar nur insoweit, wie diese nicht bereits nach Maßgabe des § 22 Abs. 2 Satz 2 ImmoWertV bei der Ermittlung des vorläufigen Gebäudesachwerts oder mit dem Sachwertfaktor berücksichtigt wurden. Entsprechendes gilt auch für sog. c-Flächen. Es handelt sich dabei um nicht überdeckte Grundrissflächen i. S. der DIN 277, wie z. B. Dachterrassen und nicht überdeckte Balkone, wobei Dachüberstände nach allgemeinen Grundsätzen nicht als „Überdeckung" gelten (vgl. Syst. Darst. des Sachwertverfah-

rens Rn. 89 ff.). Überdeckte Balkone sollen nach Nr. 4.1.1.4 Abs. 2 Satz 2 SachwertR abweichend von den Bestimmungen der DIN 277 ebenfalls dem Bereich c zugeordnet sein.

Besondere Betriebseinrichtungen sind als Bestandteile einer baulichen Anlage (DIN 276, Kostengruppe 400 ff.) ebenfalls zu berücksichtigen, sofern sie nicht ausdrücklich aus der Marktwertermittlung herausgenommen worden sind. Hierunter fallen insbesondere Aufzüge, Tresoranlagen, Kühlanlagen usw. Soweit es sich diesbezüglich um Einrichtungen außerhalb der baulichen Anlagen handelt (Gleisanlagen, Kräne und Förderanlagen), sind sie als bauliche oder sonstige Außenanlagen zu erfassen.

6.9.2.2 Besondere Bauteile, Einrichtungen und besondere Vorrichtungen

▶ *Vgl. Syst. Darst. des Sachwertverfahrens Rn. 119 ff.*

Bei *Anwendung des Sachwertverfahrens* sind die besonderen Bauteile (Außentreppen, Kellerlichtschächte, Gaupen usw.), Einrichtungen und besondere Vorrichtungen (besondere Betriebseinrichtungen) gemäß § 22 Abs. 2 Satz 2 ImmoWertV grundsätzlich durch Zu- und Abschläge bei der Ermittlung der Herstellungskosten der baulichen Anlage zu berücksichtigen, soweit diese nicht mit den angesetzten Normalherstellungskosten (bzw. dem zur Anwendung kommenden Sachwertfaktor i. S. des § 14 Abs. 2 ImmoWertV) erfasst werden. **400**

§ 8 Abs. 3 ImmoWertV fordert, dass die Zu- und Abschläge dem gewöhnlichen Geschäftsverkehr entsprechen sollen. Bei *Anwendung des Sachwertverfahrens* können zur subsidiären Berücksichtigung der besonderen Bauteile gerade im Hinblick auf diese Forderung nach marktkonformen Ansätzen auch ertragswirtschaftliche Betrachtungsweisen maßgebend sein. So kann z. B. eine noch nicht berücksichtigte **Gaupe** mit dem kapitalisierten Mehrertrag berücksichtigt werden, der auf der durch die Gaupe gewonnenen Wohn- bzw. Nutzfläche erzielt werden kann (vgl. Syst. Darst. des Sachwertverfahrens Rn. 119 ff.).

6.9.2.3 Besondere Flächen (insbesondere c-Flächen i. S. der DIN 277)

▶ *Vgl. Rn. 399; Syst. Darst. des Sachwertverfahrens Rn. 89, 153; Teil II Rn. 503 ff.*

Bei *Anwendung des Ertragswertverfahrens* werden auch die besonderen Flächen der baulichen Anlage in aller Regel mit dem anzusetzenden marktüblich erzielbaren Ertrag berücksichtigt. **401**

Bei *Anwendung des Sachwertverfahrens* können diese Flächen i. d. R unbeachtlich bleiben, denn bereits zu den NHK 2000 wurde seinerzeit festgestellt, dass ein auf den c-Bereich (i. S. der DIN 277) entfallender Flächenanteil von rd. 1–2 % üblich und damit ohnehin vernachlässigbar ist. Soweit diese Flächen im Einzelfall einen erheblich über den üblichen Umfang hinausgehenden Umfang ausweisen, z. B. große Dachterrassenflächen, der mit den herangezogenen Normalherstellungskosten oder mit den zur Anwendung kommenden Sachwertfaktoren i. S. des § 14 Abs. 2 ImmoWertV nicht indirekt berücksichtigt wird, kann eine ergänzende Berücksichtigung in Betracht kommen, soweit dies dem gewöhnlichen Geschäftsverkehr entspricht.

6.9.3 Energetische Eigenschaften

Schrifttum: *Töllner, M.*, Auswirkungen der Einführung des Energieausweises auf den Marktwert, GuG 2007, 67; *Scherr, H.*, Energetische Beurteilung von Wohngebäuden im Rahmen der Wertermittlung nach § 194 BauGB, GuG 2009, 1; *Scherr, H.*, Energetische Eigenschaften nach ImmoWertV, GuG 2011, 19; *Schmidt, K.*, Bewertung von Büroimmobilien unter Nachhaltigkeitsaspekten, GuG 2011, 321, *Wameling*, Energieeffizienz und Verkehrswert, Diss.

6.9.3.1 Allgemeines

▶ *§ 4 ImmoWertV Rn. 38*

§ 6 Abs. 5 ImmoWertV hebt als ein besonderes Grundstücksmerkmal die energetischen Eigenschaften des Bauwerks hervor, die dem Energieausweis entnommen werden können und im Gutachten darzustellen sind. **402**

IV § 8 ImmoWertV — Ermittlung des Verkehrswerts

Zur energetischen Bewertung wird zumeist der **Energieverbrauchswert** herangezogen, der sich als Mittelwert der Energieverbräuche der letzten drei Kalenderjahre oder Abrechnungsjahre ergibt:

$$\text{Energieverbrauchswert} = \frac{\Sigma \text{ der Jahresenergieverbräuche der letzten drei Jahre}}{3 \times \text{Netto Grundfläche}}$$

Die energetischen Eigenschaften bedürfen im Einzelfall nur dann einer besonderen Berücksichtigung, wenn sie erheblich von den Eigenschaften abweichen, die den Vergleichsobjekten zugrunde lagen, aus denen die zur Wertermittlung herangezogenen Vergleichsdaten abgeleitet wurden, insbesondere den

- Vergleichspreisen bebauter Grundstücke,
- Vergleichsfaktoren für bebaute Grundstücke (§ 13 ImmoWertV),
- marktüblich erzielbaren Erträgen,
- Liegenschaftszinssätzen (i. S. des § 14 Abs. 3 ImmoWertV),
- Marktanpassungsfaktoren, insbesondere Sachwertfaktoren i. S. des § 14 Abs. 2 ImmoWertV,
- Normalherstellungskosten.

Die energetischen Eigenschaften der Vergleichsobjekte gehen mit den genannten Daten direkt in die Verkehrswertermittlung ein und bedürfen deshalb keiner ergänzenden Berücksichtigung. Beispielsweise gehen mit dem Sachwertfaktor die durchschnittlichen **energetischen Eigenschaften der Grundstücke** in die Sachwertermittlung ein, **die zur Ableitung des Sachwertfaktors herangezogen worden sind**. Haben sich die energetischen Grundstücksmerkmale ganz allgemein seit der Ableitung der Sachwertfaktoren fortentwickelt, so geht diese Entwicklung mit dem **Baupreisindex** in die Sachwertermittlung ein, denn auch davon wird der Baupreisindex beeinflusst.

Eine **ergänzende Berücksichtigung** nach § 8 Abs. 3 ImmoWertV kommt nur dann in Betracht, wenn die energetischen Eigenschaften des zu bewertenden Objekts erheblich von den durchschnittlichen bauwerks- und baujahrspezifischen energetischen Eigenschaften abweichen, die bei der Ableitung und Anwendung der genannten Vergleichsdaten bereits berücksichtigt werden.

403 Bereits die **Feststellung der über- bzw. unterdurchschnittlichen energetischen Eigenschaften** des zu bewertenden Bauwerks gestaltet sich äußerst schwierig, da die durchschnittlichen energetischen Eigenschaften der Vergleichsobjekte, die insbesondere zur Ableitung der Liegenschaftszinssätze, Sachwertfaktoren, Vergleichsfaktoren bebauter Grundstücke herangezogen wurden, nur in seltenen Ausnahmefällen von den Gutachterausschüssen konkret erfasst und bei der Veröffentlichung dargestellt worden sind. Lediglich zu Niedrigenergie- und Passivhäusern sind vereinzelt Angaben gemacht worden.

- Ein **Passivhaus** benötigt nur 10 Prozent der Heizwärme eines konventionellen Gebäudes, es spart damit nicht nur Heizkosten, sondern belastet auch die Umwelt kaum noch. Gleichzeitig hat es einen spürbar verbesserten Wohnkomfort mit hoher Behaglichkeit. Das wird mit drei Komponenten erreicht:
  - einer extrem gut gedämmten Gebäudehülle,
  - der Nutzung der Sonnenenergie durch bestmögliche Verglasungen (passive Sonnenenergie)
  - hochwirksame Wärmerückgewinnung (Abluft).

  Primärenergiebedarf $\leq 40\ \text{kWh/m}^2\text{a}$
  Primärenergiebedarf einschließlich Haushaltsstrom $\leq 120\ \text{kWh/m}^2\text{a}$

- Als **Niedrigenergiehaus** (*low energy consumption house*) bezeichnet man Neubauten, aber auch Gebäude, die z. B. aufgrund einer erhöhten Wärmedämmung, Wärmeschutzverglasung sowie einer Abluft-Lüftungsanlage das jeweilige gesetzlich geforderte energietechnische Anforderungsniveau um 20 bis 25 % unterschreiten. Derzeit gilt in Deutschland das Anforderungsniveau der Energieeinsparverordnung (EnEV). Im Unterschied zum **Passivhaus** benötigen Niedrigenergiehäuser noch eine konventionelle Heizanlage.

Chronologie der Gesetzgebung in Deutschland

1976	Energieeinsparungsgesetz (EnEG)
1977	I. Wärmeschutzverordnung (I. WSchVO)
1984	II. Wärmeschutzverordnung (II. WSchVO)
1995	III. Wärmeschutzverordnung (III. WSchVO)
2002	Energieeinsparverordnung (EnEV)
2004	1. Änderung zur Energieeinsparverordnung (EnEV)
2005	2. Änderung des Energieeinsparungsgesetzes (EnEG) zur Umsetzung der EU-Richtlinie 2002/91/EG vom 16.12.2002
1.10.2007	Energieeinsparverordnung (EnEV) Höchstwerte für Jahresprimärenergiebedarf und des spezifischen (auf die Wärme übertragende Umfassungswände bezogenen) Transmissionswärmeverlustes

Sind die durchschnittlichen energetischen Eigenschaften der den Liegenschaftszinssätzen, Sachwertfaktoren (usw.) zugrunde liegenden Vergleichsobjekte nicht erfasst und veröffentlicht worden, kann davon ausgegangen werden, dass sich die veröffentlichten Vergleichsdaten (z. B. Liegenschaftszinssätze, Sachwertfaktoren) auf Bauwerke mit den üblichen bauwerks- und baujahrspezifischen Eigenschaften beziehen. Weicht das zu bewertende Objekt erheblich davon ab, sind die Abweichungen nach § 8 Abs. 3 ImmoWertV ergänzend zu berücksichtigen, d. h.,

– bei erheblich unterdurchschnittlichen energetischen Eigenschaften sind marktkonforme Wertminderungen und

– bei erheblich überdurchschnittlichen energetischen Eigenschaften sind marktkonforme Werterhöhungen

an den vorläufigen Vergleichs-, Ertrags- oder Sachwert anzubringen.

Abweichungen der energetischen Eigenschaften sind wie andere besondere objektspezifische Besonderheiten nur insoweit durch marktgerechte Zu- oder Abschläge oder in anderer geeigneten Weise zu berücksichtigen, wie dies dem gewöhnlichen Geschäftsverkehr entspricht. Diesbezüglich steht der Sachverständige vor besonderen Schwierigkeiten, weil die Thematik in der Fachöffentlichkeit zwar breit behandelt wird, jedoch keine repräsentativen – aus dem Geschehen des Grundstücksmarktes empirisch abgeleiteten – Erfahrungssätze über marktgerechte Zu- und Abschläge zur Verfügung stehen.

Da keine aus Grundstücksmarktanalysen abgeleiteten **Anhaltspunkte für entsprechende Wertminderungen bzw. Werterhöhungen** zur Verfügung stehen, wird hilfsweise auf die allgemeinen Grundsätze des Ertrags- und Sachwertverfahrens rekurriert, indem

a) die nachweislich auf unter- bzw. überdurchschnittliche energetische Eigenschaften entfallenden rentierlichen jährlichen Ertragsdifferentiale (i. S. des § 17 Abs. 1 Satz 1 ImmoWertV) über die Restnutzungsdauer kapitalisiert werden, bzw.

b) die auf unter- bzw. überdurchschnittliche energetische Eigenschaften entfallen Herstellungskosten differentiell erfasst werden, wobei das Verfahren nur dann zu marktgerechten Ergebnissen führen kann, wenn die Kosten mittels entsprechender Sachwertfaktoren der Lage auf dem Grundstücksmarkt angepasst werden kann.

Solange keine den besonderen energetischen Eigenschaften Rechnung tragende Sachwertfaktoren zur Verfügung stehen, wird der ertragswirtschaftlichen Betrachtungsweise der Vorzug gegeben.

IV § 8 ImmoWertV — Ermittlung des Verkehrswerts

Voraussetzung dafür ist wiederum, dass gesicherte empirische Erkenntnisse über die Abhängigkeit des marktüblich erzielbaren Ertrags von den energetischen Gebäudeeigenschaften vorliegen. Diesbezüglich kann auf Mietspiegel zurückgegriffen werden, die zunehmend nach „wohnwerterhöhenden und -mindernden" Gebäudeeigenschaften differenzieren:

wobei

wohnwertmindernd	wohnwerterhöhend
Unzureichende Wärmedämmung oder Heizanlage mit ungünstigem Wirkungsgrad (Einbau/Installation vor 1984)	Wärmedämmung zusätzlich zur vorhandenen Bausubstanz oder Einbau/Installation einer modernen Heizanlage nach dem 1.7.1994 (wenn Baujahr vor diesem Zeitpunkt)
Energieverbrauchskennwert größer als 190 kWh/(m²a)	Energieverbrauchskennwert kleiner als 120 kWh/(m²a)
Energieverbrauchskennwert größer als 230 kWh/(m²a)	Energieverbrauchskennwert kleiner als 100 kWh/(m²a)
Energieverbrauchskennwert größer als 270 kWh/(m²a)	Energieverbrauchskennwert kleiner als 80 kWh/(m²a)

- Der **Energieverbrauchskennwert** bzw. **Stromverbrauchskennwert** gibt in kWh/m² und Jahr den gemessenen Energieverbrauch in Kilowattstunden pro Jahr und Fläche (Wohnfläche oder eines Gebäudes als Ganzes) wieder.
- Die gebräuchliche **Einheit** dafür sind Kilowattstunden (kWh) pro Quadratmeter (m²) Wohnfläche (bei Nichtwohngebäuden die Nettonutzfläche) in einem Jahr (a), also kWh/m² und Jahr (a).
- Der Energieverbrauch kann sich aus unterschiedlichen Verbräuchen für Heizung, Warmwasser, Kühlung und Strom zusammensetzen; in bestimmten Fällen wird zusätzlich zum gemessenen Verbrauch der Primärenergieverbrauch bewertet.
- Im Neubaubereich oder bei einem gut sanierten Altbau sind Werte von 50 kWh/m² a oder darunter normal.

wobei

kWh = Kilowattstunde
a = Jahr

406 Bei **überwiegend fremd- oder eigengenutzten Ertragswertobjekten** können im Wesentlichen allerdings nur die erheblich vom Üblichen abweichenden energetischen Eigenschaften eines Gebäudes zu einer Werterhöhung oder Wertminderung führen, die auf die marktüblich erzielbare Nettokaltmiete „durchschlagen". Vermindern oder erhöhen sich lediglich die vom Nutzer getragenen Betriebskosten, ohne dass sich dies auf den marktüblich erzielbaren Ertrag auswirkt, so kommt allenfalls ein geringer Prädikatszu- oder -abschlag in Betracht, wenn dem nicht bereits durch ein vermindertes bzw. erhöhtes Mietausfallwagnis Rechnung getragen worden ist. „Schlägt" ein erheblich vom Üblichen abweichender energetischer Gebäudezustand auf den marktüblich erzielbaren Ertrag durch, kann dem Zustand

a) „im" Ertragsverfahren durch den Ansatz entsprechend modifizierter Erträge oder

b) nach Maßgabe des § 8 Abs. 3 ImmoWertV ergänzend durch Kapitalisierung des differentiellen Jahresmehr- oder -minderertrags

Rechnung getragen werden:

Beispiel:

- Aufgrund erheblich überdurchschnittlicher energetischer Gebäudeeigenschaften ergibt sich eine Erhöhung der marktüblich erzielbaren Nettokaltmiete von 0,50 €/m² Wohnfläche.
- Für ein Gebäude mit einer Wohnfläche von 1 000 m² und einer Restnutzungsdauer von 50 Jahren ergibt sich dann bei einem Liegenschaftszinssatz von 5 % eine Werterhöhung von:

$$\text{Werterhöhung} = 0{,}50 \text{ €/m}^2 \times 1\,000 \text{ m}^2 \times 12 \text{ Monate} \times 18{,}25 = \text{rd. } 110\,000 \text{ €}$$

Bei **überwiegend eigengenutzten Sachwertobjekten** kann die Werterhöhung (auch Wertminderung) entsprechend ermittelt werden, indem man die jährlich eingesparten Betriebskosten wiederum über die Restnutzungsdauer der baulichen Anlage kapitalisiert.

6.9.3.2 Photovoltaikanlage

Schrifttum: Erl des *FM Baden-Württemberg* vom 27.5.2008 – 3-S 452.1/28 – zur Grunderwerbsteuer; GuG 2010, 254; Bayerische Landesanstalt für Landwirtschaft, Institut für Agrarökonomie (2009): Was dürfen Photovoltaik-Dachanlagen 2010 kosten? (Internet, http://www.lfl.bayern.de/ilb/technik/38065/index.php), München; *Bundesamt für Energie (Schweizerische Eidgenossenschaft,* 2008): Betriebs- und Unterhaltungskosten von PV-Anlagen. Bern; *Kolb, H.*, Photovoltaikanlagen in der Grundstückswertermittlung; EIPOS-Sachverständigentage 2011, 148 ff.; *Troff, H.*, Wertermittlungsaufgaben im Zusammenhang mit der Errichtung von Solar-/Photovoltaikanlagen; in: GuG, 2005, 19 ff.; *Volksbank Glan-Münchweiler eG* (2006): Finanzierung von Photovoltaikanlagen; bedeutsame Aspekte bei der Beleihungs-/Sicherungswertermittlung von Photovoltaikanlagen.

▶ *§ 5 ImmoWertV Rn. 454*

Photovoltaikanlagen (PV-A) dienen der Stromgewinnung und werden überwiegend als Freianlagen insbesondere auf geneigten Dächern sowie Lärmschutzwänden installiert. Photovoltaikanlagen werden in **unterschiedlichen Technologien** mit unterschiedlichen Wirkungsgraden betrieben, wobei insbesondere unterschieden wird nach dem jeweiligen Halbleitermaterial der Zellen: **407**

– monokristallines Silizum (Modulwirkungsgrad: 16 bis 18 %),

– polykristallines Silizium (Modulwirkungsgrad: 12 bis 16 %),

– amorphes Silizium (Modulwirkungsgrad: 5 bis 12 %),

– Kupfer-Indium-Diselenid/CIS (Modulwirkungsgrad: 10 bis 13 %),

– Cadmium-Tellurit (Modulwirkungsgrad: 9 bis 12 %).

Des Weiteren unterscheidet man Photovoltaikanlagen nach der **Art des Verbrauchs**, insbesondere

– zur Volleinspeisung von Solarstrom in das öffentliche Stromnetz und

– zum Eigenverbrauch im eigenen Haushalt bzw. Betrieb,

sowie nach der **Art des Betriebs**, insbesondere

– zum Eigenbetrieb durch den jeweiligen Grundstückseigentümer und

– zum Fremdbetrieb, bei dem ein Pächter ein Nutzungsentgelt z. B. für eine Dachfläche entrichtet[151].

Von Photovoltaikanlagen zu unterscheiden sind **Solarthermieanlagen**, die der Wärmegewinnung dienen.

Die Kosten einer Photovoltaikanlage (PV) betrugen 2012 etwa 2000–3300 €/kWp.

Photovoltaikanlagen (PV-A) sind als **bauliche Anlagen** unter Beachtung der einschlägigen bauordnungsrechtlichen Vorschriften des Landes zu errichten[152].

– Kleinere Anlagen in und an Dach- und Außenflächen mit einer Höhe von bis zu 3 m und einer Gesamtlänge bis zu 9 m sind i. d. R. verfahrensrechtlich freigestellt.

– Größere Anlagen bedürfen dagegen i. d. R. einer Genehmigung.

Darüber hinaus kann sich ein Genehmigungserfordernis aus anderen Rechtsvorschriften ergeben, insbesondere auch aus Gründen des Denkmalschutzes sowie städtebaulichen Erhaltungssatzungen (§ 172 BauGB).

---

151 Zur vertraglichen Nutzungsentschädigung: www.solarserver.de/uploads/media/dachmietvertrag-muster.pdf.
152 Zu Solarzellen im Außenbereich: OVG Münster, Urt. vom 29.8.2010 – 7B 985/10 –, DÖV 2011, 42 = BauR 2011, 240.

408 Photovoltaikanlagen können **Gegenstand der Wertermittlung** sein, wenn diese

a) vom Grundstückseigentümer auf seinem Grundstück (z. B. Ein- und Mehrfamilienhaus, Handels- oder Logistikimmobilie) selbst betrieben werden,

b) aufgrund eines Pacht- bzw. Gestattungsvertrags von einem Dritten auf dem Grundstück (auch auf der Grundlage einer im Grundbuch eingetragenen Dienstbarkeit) errichtet und betrieben werden (Dachflächenverpachtung).

Des Weiteren kann Gegenstand der Wertermittlung sein

a) die Ermittlung des Bodenwerts von Grundstücken, die für Freiflächenanlagen geeignet sind,

b) die Ermittlung des jährlichen (umsatzabhängigen) Nutzungsentgelts bzw. eines einmaligen Ablösungsbetrags sowie

c) die Ermittlung des Verkehrswerts (Entschädigungswerts) im Fall einer Begründung des Rechts zur Errichtung und zum Betrieb einer Photovoltaikanlage.

Im Rahmen der **Wertermittlung** sind dementsprechend festzustellen:

1. Baurecht

- Bauplanungs- und bauordnungsrechtliche Zulässigkeit (ggf. denkmalrechtliche Voraussetzung) sowie
- Statiknachweis.

2. Technische Nachweise

- Hersteller der Module und der Wechselrichter,

- *Wirkungsfläche* (W) in m², sie bestimmt sich nach dem Anteil des Daches bzw. des Grundstücks, der von der Photovoltaikanlage (Kollektoren) überdeckt werden kann (bei Dachanlagen abhängig von der zur Sonne ausgerichteten Dachfläche (bis 70%); bei Freiflächenanlagen bis 40%).

  Beispiel:
  Bei einer zur Sonne ausgerichteten Dachfläche von 100 m² und einem überdeckbaren Anteil von 70% ergibt sich eine Wirkungsfläche von 70 m².

- die mittlere jährliche *Globalstrahlung*, d.h. die mittlere auf eine horizontale Fläche treffende Sonneneinstrahlung GA_{365} [kWh/m² p. a.],

- *Anlagennutzungsgrad* (AuGr) in %, mit dem interne Anlagenverluste, z. B. durch Leitungsverluste, Verschmutzungen, Verschattungen, Ausfallzeiten, Wechselrichter berücksichtigt werden (2013: 75–80%),

- den sich aus der Neigung der Module gegenüber einer horizontalen Fläche erzielbaren *Strahlungsgewinnen*, auch als Neigungsgewinne $f_{Neigung}$ bezeichnet (1 – Faktor im Durchschnitt 1,0 bis 1,18),

- die jährliche effektive *Energieeinstrahlung* (EffjEinstr) in kWh/m², die sich aus dem Produkt der Globalstrahlung (GlStra) bei bestimmter Modulneigung (z. B. 25%), dem Anlagenausnutzungsgrad (AuGr) und den Strahlungsgewinn abzüglich eines Risikoabschlags (RA) ergibt.

  $$EffjEinstr = (GlStra_{25°} \times AuGr) - 7{,}5\% \ (RA)$$

  Die Globalstrahlung bei 0° Modulneigung ($GlStra_{0°}$) kann der Karte des Deutschen Wetterdienstes entnommen werden.

  Beispiel:
  - Jahressumme der Globalstrahlung (GlStra):   1 000 kWh/m²
  - Anlageausnutzungsgrad (AuGr) 80%:   0,80
  - Strahlungsgewinn durch geneigte Module 10%, hieraus ergibt sich ein Fakor von: 1,10

Effektive jährliche Energieeinsparung = 1 000 kWh/m² × 1,10 × 0,80 = 880 kWh/m²

- die *Nennleistung* (NeL) in kWp als Maß der Leistungsfähigkeit der Anlage; sie ist abhängig vom *Modulwirkungsgrad* (z. B. 15 %) und der Wirkungsfläche, die für 1 kWp (= Kilowatt-Peak[153]) Nennleistung gemessen bei „Volllast" erforderlich ist,

$$\text{Nennleistung [kWp]} = \frac{\text{verfügbare Grundstücks- bzw. Dachfläche in m}^2}{\text{Planungswert in m}^2}$$

Planungswert   Freiflächenanlage   25 m²
                    Dachflächenanlage 8–10 m²

Beispiel:

Schrägdachfläche   1 000 m²
Planungswert   10 m²
Nennleistung der Dachflächenanlage = 1 000 m²/10 m² = 100 kWp

- *Jahresenergieleistung* (JEL)[154], d.h. die in kWh bemessene elektrische Energie, die in das öffentliche Stromnetz abgegeben werden kann. Sie ist insbesondere von der sog. Nennleistung abhängig und bestimmt sich als Produkt der jährlichen effektiven Energieeinstrahlung und der Nennleistung:

Die Jahresenergieleistung (JEL) kann auch als Produkt der jährlich *effektiven Energieeintrahlung* (EffjEinstr), der *Wirkungsfläche* (W) und dem *Modulwirkungsgrad* (MWgr) ermittelt werden.

$$\text{JEL} = \text{EffjEinstr}_{kWh/m^2} \times W_{m^2} \times \text{WMgr}_{\%} \approx \text{EffjEinstr} \times \text{NeL}$$

Beispiel:

Bei einer effektiven jährlichen Energieeinstrahlung von 880 kWh/m² und einer Nennleistung von 8 kWp ergibt sich eine Jahresenergieleistung von rd. 7 000 kWh.

- Modulwirkungsgrad (MWgr) in %, das die Effizienz beschreibt, mit der die Sonnenenergie in elektrische Energie umgewandelt wird: 2013: Ø 5 bis 18 %,
- *Performance Ratio* PR (0,7 bis 0,85),
- *Einspeisevergütung* (EV) in €/kWh, die sich nach dem EEG und dem zwischen Versorgungsunternehmen und Betreiber geschlossenen Einspeisevergütungsvertrag ergibt,
- Herstellergarantie,
- Nachweis der Bewirtschaftungskosten (Wirtschaftlichkeitsprognosen, Gutachten),
- Datum der Inbetriebnahme und Nachweis der Solarerträge und der Vergütung,
- Nachweis der Meldung an die Bundesnetzagentur (erforderlich seit 1.1.2009),
- Versicherungsnachweise,
- ggf. Einspeisevertrag.

3. Bei Pachtverträgen, Vertragsinhalten

- *Nutzungsentgelt* (Pachtzins, Pachtfläche, prognostizierte jährliche Vergütung),

Das **Nutzungsentgelt** bestimmt sich nach der Jahresenergieleistung (JEL), der Einspeisevergütung (EV) und der marktüblich erzielbaren Umsatzpacht (in %):

$$\text{Jährliches Nutzungsentgelt}_{[€]} = \text{JEL}_{[kWh]} \times \text{EV}_{[€/kWh]} \times \text{Umsatzpacht}_{[\%]}$$

Im Falle der Abgeltung des jährlich anfallenden Nutzungsentgelts ermittelt sich der (einmalige) Ablösungsbetrag aus dem kapitalisierten Nutzungsentgelt

$$\text{Ablösungsbetrag} = \text{Jährliches Nutzungsentgelt}_{[€]} \times \text{Vervielfältiger (Barwertfaktor)}$$

---

153 Peak = Spitzenleistung.
154 Überschläglich ermittelbar über entsprechende Rechner: www.solarserver.de/pvrechner.

Der Vervielfältiger bestimmt sich nach dem Zinssatz (5 bis 8 %) und der erwarteten Restnutzungsdauer (z. B. 20 Jahre)
- Haftung für Schäden aus dem Betrieb der Anlage,
- Rückbauverpflichtung (Wiederherstellung des ursprünglichen Zustands),
- Verlängerungsoptionen,
- Schneereinigungspflichten der Module (ggf. durch Grundstückseigentümer),
- Vereinbarung bestimmter Zeitfenster für Dachreparaturen (z. B. in einstrahlungsarmen Zeiten),
- Vereinbarungen betreffend Instandhaltungs- und Instandsetzungspflichten,
- Betretungsrechte und Entschädigungsregelung,
- außerordentliche Kündigungsrechte (Rücktrittsrechte),
- Rechtsnachfolgeregelungen.

4. Lage

409 Sowohl bei Sachwert- als auch bei Ertragswertobjekten kann sich eine **Werterhöhung des Grundstücks nur dann** ergeben, **wenn Unterhaltung und Betrieb einer Photovoltaikanlagen gegenüber vergleichbaren konventionell betriebenen Gebäuden rentierlich sind**, und zwar auch unter Berücksichtigung
- des Rückbaus der Photovoltaikanlage,
- staatlicher oder sonstiger Förderungen des Betriebs,
- möglicher ästhetischer Beeinträchtigungen des Grundstücks.

Die **Wirtschaftlichkeit der Photovoltaikanlagen** bestimmt sich im Wesentlichen durch die *jährliche* Einspeisevergütung nach dem Erneuerbare-Energien-Gesetz (EEG), den *Zeitraum der Vergütung*, die jährlichen *Bewirtschaftungskosten* sowie die *Kosten des Rückbaus* (Abbau und Entsorgung der Module, Rückbau von Dachdurchdringungen u. m.) durch jährliche Rückstellungen. Für Prognosen des elektrischen Ertrags stehen kostenpflichtige Programme zur Verfügung[155], ggf. bedarf es hierfür eines Gutachtens eines Spezialsachverständigen:

- Für die Kapitalisierung des Reinertrags ist ein *Kapitalisierungszinssatz von 6 bis 7 %* angemessen[156].
- Die *Bewirtschaftungskosten* (insbesondere die Kosten der Wartung und des Betriebs einschließlich Versicherung) belaufen sich erfahrungsgemäß auf ca. 10–15 % des Einspeiseerlöses (bzw. 1–2 % der Herstellungskosten).
- Die *Gesamtnutzungsdauer* ist i. d. R. auf 20 Jahre zuzüglich des Jahres der Inbetriebnahme zu beschränken, auch wenn diesen Anlagen heute eine längere technische Nutzungsdauer beigemessen wird. Der Ansatz einer längeren Nutzungsdauer ist im Hinblick auf den technischen Fortschritt und die zeitliche Beschränkung der Vergütung abzulehnen.

Der **Barwert des Einspeiseerlöses** bestimmt sich sodann durch Kapitalisierung des Reinertrags über die am Wertermittlungsstichtag verbleibende Restlaufzeit der Einspeisevergütung:

– Einspeiseerlös	2 000 €
– Wartungs- und Betriebskosten	170 €
– Versicherungskosten	30 €
– Restlaufzeit der Einspeisevergütung	10 Jahre

---

[155] Für einfache Überschlagsschätzungen kann auf zahlreiche kostenlose Berechnungstools im Internet zurückgegriffen werden, z. B. unter:http://www.solarserver.de/service_tools/online_rechner/pv_anlage_online_berechnen.html http://www.solarrechner.de/http://re.jrc.ec.europa.eu/pvgis/apps3/pvest.php:http://www.renewable-energy-concepts.com/german/sonnenenergie/basiswissensolarenergie/pv-solar-rech-ner.html.Realdaten von Solaranlagen in Norddeutschland können eingesehen werden z. B. unter http://www.solarertrag-nord.de.

[156] Dies entspricht der herrschenden Praxis. Hiervon teilweise abweichend: Fraunhofer-Institut für solare Energiesysteme ISE: Ermittlung einer angemessenen zusätzlichen Absenkung der Energiepreisvergütung für Solarstrom im Jahr 2010. Roland Berger, Prognose (Nov. 2010): Wegweiser Solarwirtschaft; PV-Roadmap 2020.

Ermittlung des Verkehrswerts § 8 ImmoWertV IV

- Kapitalisierungszinssatz 6,5 %
- Vervielfältiger 7,19

Barwert = (2 000 € − 170 € − 30 €) × 7,19 = **rd. 13 000 €**

Der ermittelte Barwert weist eine Größenordnung auf, die regelmäßig in den Bereich der Auf- bzw. Abrundung einer Wertermittlung fällt, wobei dabei noch nicht einmal eine möglicherweise nicht unerhebliche **ästhetische Beeinträchtigung des Grundstücks** berücksichtigt wurde. Der vor allem von der Industrie angeführte „Imagegewinn als *green building*" ist vernachlässigbar. Dies mag auch der Grund sein, dass die Gutachterausschüsse für Grundstückswerte bei der Auswertung von Kaufverträgen bislang keine signifikanten Werterhöhungen für Grundstücke mit Photovoltaikanlagen (PV) feststellen konnten. Im vorliegenden *Beispiel* wird man das Ergebnis im Rahmen der Aufrundung der Marktwertermittlung berücksichtigen.

Im Falle einer **Dachflächenverpachtung** kann sich eine Werterhöhung des Grundstücks auch wieder nur dann ergeben, wenn der Pachtvertrag rentierlich ist. Davon kann nur ausgegangen werden, wenn die aus der Verpachtung zusätzlich erzielten Erträge die potenziellen Nachteile deutlich überschreiten. Dies muss auf der Grundlage des Pachtvertrags festgestellt werden. Als Nachteil der Verpachtung sind insbesondere das Bauschadensrisiko, Erschwernisse der Finanzierung, die eingeschränkte Verfügbarkeit und der Bewirtschaftungsaufwand sowie ggf. eine „Verschmutzung" des Grundbuchs durch Eintragung einer Photovoltaikdienstbarkeit hervorzuheben. **410**

Die Pacht bestimmt sich nach dem Pachtvertrag und kann recht unterschiedlich ausfallen[157]. Üblich sind 2 bis 8 % des Ertrags nach dem Erneuerbare-Energien-Gesetz (EEG) bzw. 0,50 bis 4 €/m² Pachtfläche im Jahr. I. d. R. ist die Pacht jährlich und im Voraus zu bezahlen; demzufolge ist ein vorschüssiger Vervielfältiger anzusetzen (vgl. § 20 ImmoWertV Rn. 19).

Beispiel:

- Bei einer Pachtfläche von 5 000 m² ergebe sich eine jährliche prognostizierte Vergütung von   100 000 €
- Die Pacht in v. H. der Solarvergütung betrage   6,5 %
- Betreiber unterhält die Anlage und haftet im vollen Umfang und ist nach Ablauf zur Wiederherstellung des ursprünglichen Zustands verpflichtet
- Prognostizierte Jahrespacht mithin: 100 000 € × 0,06
  dies entspricht 1,30 €/m² Pachtfläche (= 6 500 €/5 000 m²)   6 500 €
- Verbleibende Bewirtschaftungskosten des Eigentümers (Verwaltungskosten, Mietausfallwagnis)   500 €

- verbleiben   6 000 €
- Kapitalisierungszinssatz   7 %
- Laufzeit   20 Jahre
- Vervielfältiger (vorschüssig; 10,34 + 1,00)   11,34

- Barwert: 6 000 € × 11,34 =   **rd. 68 000 €**

(ohne Berücksichtigung weiterer Nachteile für den Grundstückseigentümer)

Auch im Falle einer Dachflächenverpachtung kann Wertneutralität nicht ausgeschlossen werden.

Bei **großflächigen Anlagen auf gewerblich genutzten Industrie- oder Logistikimmobilien** wurde im Jahre 2013 mit einem Flächenbedarf von 20 bis 25 m² für eine Nennleistung von 1 kWp gerechnet.

---

[157] Witte, M., Was Sie über Photovoltaikanlagen wissen sollten, S. 174; BSW Solar: Merkblatt Nutzung der Photovoltaik auf gepachteten Dächern.

6.9.4 Dachgeschoss

▶ Vgl. Rn. 250, § 6 ImmoWertV Rn. 44 (Aufenthaltsraum), Syst. Darst. des Sachwertverfahrens Rn. 111, 124, Teil II Rn. 554

411 Die **Nutzbarkeit eines Dachgeschosses ist abhängig**
a) **von den bauordnungsrechtlichen Anforderungen und**
b) **den dort gegebenen Höhenverhältnissen.**

Die im Dachgeschoss gegebenen Höhenverhältnisse lassen sich in Anlehnung an die Regelungen der Wohnflächenverordnung (WoFlV) beurteilen. Die Nutzbarkeit ist in Anlehnung an die Regelungen der Wohnflächenverordnung (WoFlV) „eingeschränkt", soweit die lichte Höhe kleiner als 2 m ist (vgl. Rn. 250). Bei einer lichten Höhe kleiner als 1 m soll nach der WoFlV keine Nutzbarkeit gegeben sein, die Fläche geht in die Wohnfläche zumindest nicht ein.

412 Eine Nutzbarkeit des Dachgeschosses als Wohnraum setzt grundsätzlich voraus, dass der Dachboden bauordnungsrechtlich auch als Wohnraum genutzt werden darf. Dementsprechend hat der BGH[158] erkannt, dass bei **Anwendung des Ertragswertverfahrens** für eine „nicht als Wohnraum genehmigte Räumlichkeit" grundsätzlich auch kein Mietwert anzusetzen ist. Anders stellt sich die Situation dar, wenn ein Mieter eine für Wohnzwecke nicht genehmigte Fläche als Wohnfläche mietvertraglich akzeptiert hat[159] und selbst dann, wenn die als Wohnraum vermietete Fläche Mängel aufweist, die bei Anmietung nicht gerügt worden sind und deshalb nach § 536b BGB nicht mehr geltend gemacht werden könnten (schlecht beheizbarer Dachraum mit Leitungen über Putz und ohne Wohnbelag). Darin liegt nach Auffassung des BGH kein Mangel i. S. des § 536 BGB.

Beschränkungen wegen vornehmlich **feuerpolizeilicher Gründe** berührten die Nutzbarkeit der Dachgeschossräume nicht unmittelbar[160].

Den Höhenverhältnissen des ausgebauten Dachgeschosses wird unter den genannten Voraussetzungen damit Rechnung getragen, dass sich die Wohnfläche, für die ein entsprechender Ertrag angesetzt wird, entsprechend den Vorgaben der WoFlV unter Berücksichtigung der Höhenverhältnisse bestimmt und direkt in die Ertragswertermittlung eingeht; für eine ergänzende Berücksichtigung nach § 8 Abs. 3 ImmoWertV ist dann kein Raum mehr. Ist das Dachgeschoss indessen nicht ausgebaut, so kann eine ergänzende Berücksichtigung in Betracht kommen, wobei man sich dann an der potentiellen Wohnfläche des Dachgeschosses orientiert.

Bei *Anwendung des Sachwertverfahrens* auf der Grundlage von Normalherstellungskosten (2010) i. V. m. dem vom Gutachterausschuss für Grundstückswerte abgeleiteten Sachwertfaktor soll nach Nr. 4.1.1.6 SachwertR die von den Höhenverhältnissen des Dachgeschosses abhängige **wirtschaftliche Nutzbarkeit des Dachgeschosses** von freistehenden Ein- und Zweifamilienhäusern, Doppelhäusern und Reihenhäusern berücksichtigt werden. Diese wird bestimmt durch die Dachkonstruktion (u. a. Dachneigung, Vorhandensein von Drempeln und ggf. der Drempelhöhe), der Gebäudegeometrie und der Giebelhöhe.

a) Bei Gebäuden mit nicht ausgebautem Dachgeschoss soll unterschieden werden zwischen

- Gebäuden mit Dachgeschossen, die mit einer lichten Höhe von 1,25 bis 2,00 m nur eine *„eingeschränkte Nutzbarkeit"* zulassen (nicht ausbaufähig) und
- Gebäuden mit Dachgeschossen, die für die Hauptnutzung „Wohnung" ausbaubar sind.

---
[158] BGH, Urt. vom 17.11.2010 – XII ZR 170/09 –, GuG 2011, 187 = NJW 2011, 601 = MDR 2011, 228 = NZM 2011, 131 = FamRZ 2011, 183 = FamRZ 2011, 360.
[159] Vgl. BGH, Urt. vom 16.10.2009 – VIII ZR 39/09 –, GuG 2010, 188 = NJW 2010, 6 = NJW 2010, 1064 = MDR 2010, 376 = NZBau 2010, 196 = ZMR 2010, 430 = IMR 2010, 123 bezüglich einer in einen Mietvertrag einbezogenen Galerie, die nach § 42 der in dieser Angelegenheit maßgeblichen Hess. BauO nicht zur Wohnfläche zu rechnen ist, wenn diese zu weniger als der Hälfte der Grundfläche eine lichte Höhe von 2,20 m aufweist.
[160] Vgl. auch BGH, Urt. vom 16.9.2009 – VIII ZR 275/08 –, NJW 2009, 3421 = MDR 2009, 1383 = NZM 2009, 814 = ZMR 2010, 102 = IMR 2009, 371 = BauR 2009, 1943.

Ermittlung des Verkehrswerts § 8 ImmoWertV IV

b) Bei Gebäuden mit ausgebautem Dachgeschoss soll sich der Grad der wirtschaftlichen Nutzbarkeit insbesondere nach der vorhandenen Wohnfläche bestimmen. Deshalb soll z. B. geprüft werden, ob im Dachgeschoss ein Drempel vorhanden ist. Ein fehlender Drempel verringert die Wohnfläche und ist deshalb i. d. R. wertmindernd zu berücksichtigen. Die Höhe des entsprechenden Abschlags bzw. Zuschlags ist zu begründen.

c) Nicht nutzbare Dachgeschosse sind nach Nr. 4.1.1.4 Abs. 6 SachwertR Dachgeschosse mit einer Höhe ≤ 1,25 m. Dazu gehören auch Dachgeschosse mit Flachdächern oder flach geneigten Dächern (z. B. Gebäude mit Pultdächern).

d) Zu den **Besonderheiten eines Spitzbodens** vgl. Syst. Darst. des Sachwertverfahrens Rn. 124.

In den **Vorentwürfen zur SachwertR** wurden zur Berücksichtigung der vorstehenden Fallgestaltungen Korrekturfaktoren zur Modifizierung der jeweiligen Kostenkennwerte gegeben, die auf Vorschläge der Arbeitsgemeinschaft der Vorsitzenden der Gutachterausschüsse für Grundstückswerte in *Nordrhein-Westfalen* (AGVGA) zurückgehen; die Vorschläge sind fachlich abzulehnen und wurden nicht in die SachwertR aufgenommen (vgl. Syst. Darst. des Sachwertverfahrens Rn. 111 ff.).

Die wirtschaftliche Nutzungsfähigkeit der Dachgeschossebene ist sowohl bei einem *nicht ausgebauten Dachgeschoss* als auch bei einem *ausgebauten Dachgeschoss* in erster Linie von dem **dachgeschossspezifischen Nutzflächenfaktor** abhängig. Der dachgeschossspezifische Nutzflächenfaktor ergibt sich aus dem tatsächlichen bzw. potenziellen Anteil der Wohn- bzw. Nutzfläche eines Dachgeschosses an seiner Brutto-Grundfläche; d. h. von dem Verhältnis der Wohn- bzw. Nutzfläche zur Brutto-Grundfläche des Dachgeschosses (vgl. Abb. 39).

Abb. 39: Mittlerer Nutzflächenfaktor für ausgebaute Dachgeschosse

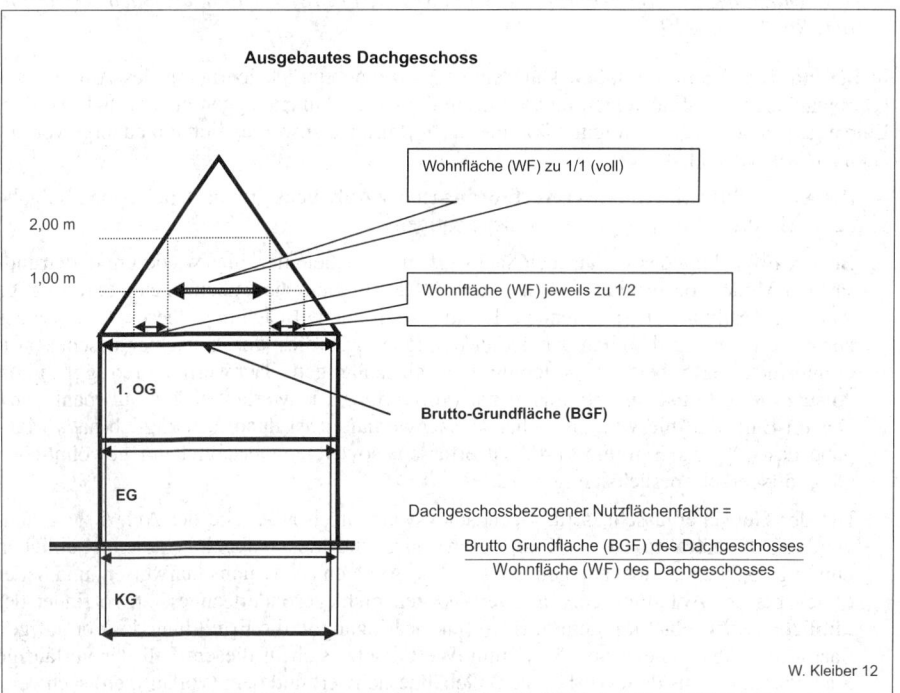

Generell ist bei dieser Sachlage zu empfehlen, dass nur bei einem besonders günstigen bzw. besonders ungünstigen dachgeschossspezifischen Nutzflächenfaktor nach Maßgabe des § 8 Abs. 3 ImmoWertV ein Zu- bzw. Abschlag an den vorläufigen (marktangepassten) Sachwert gerechtfertigt ist, und zwar auch nur insoweit, wie es tatsächlich dem gewöhnlichen Geschäftsverkehr entspricht.

413 Abzulehnen sind die **Empfehlungen der Nr. 4.1.1.5 Abs. 2 und 3 der SachwertR**:

a) Nr. 4.1.1.5 Abs. 2 Satz 2 der SachwertR empfiehlt für den Fall einer „**eingeschränkten Nutzbarkeit des Dachgeschosses** (nicht ausbaufähig)" den jeweiligen Kostenkennwert für die Gebäudeart mit nicht ausgebautem Dachgeschoss mit einem zu begründenden Abschlag anzusetzen. Der danach an die jeweiligen Kostenkennwerte anzubringende Korrekturfaktor (Abschlag) wird nicht vorgegeben. Dies kann darauf zurückgeführt werden, dass sich die in den Vorentwürfen zu der SachwertR angegebenen Korrekturfaktoren der AGVGA nicht als tragfähig erwiesen haben. Sie müssen auch grundsätzlich abgelehnt werden, denn die Kostenkennwerte der NHK 2010 beziehen sich auf das Gesamtgebäude und dürfen nicht durch dachgeschossspezifische Besonderheiten verfälscht werden.

b) Bei **Gebäuden mit ausgebautem Dachgeschoss** soll nach Nr. 4.1.1.5 Abs. 3 Satz 3 der SachwertR der Grad der wirtschaftlichen Nutzbarkeit insbesondere nach der vorhandenen Wohnfläche bestimmen, wobei vorausgesetzt wird, dass sich die jeweiligen Kostenkennwerte auf Gebäude beziehen, die einen Drempel aufweisen. Ein fehlender Drempel soll nämlich „i. d. R. wertmindernd" berücksichtigt werden, weil dadurch die Wohnfläche verringert werde. Tatsächlich kann aber nach den Vorentwürfen zu den NHK 2010 nicht ausgeschlossen werden, dass die einschlägigen Kostenkennwerte der NHK 2010 sich zumindest teilweise auf Objekte ohne Drempel beziehen.

6.10 Aufwuchs und sonstige Außenanlagen

▶ *Vgl. Rn. 67; § 1 ImmoWertV Rn. 48; § 19 ImmoWertV Rn. 4, 51; § 21 ImmoWertV Rn. 11; Syst. Darst. des Ertragswertverfahrens Rn. 32, 84, 112; Syst. Darst. des Sachwertverfahrens Rn. 202 ff.; 219*

414 In **besonderen Ausnahmefällen** kann eine ergänzende Berücksichtigung des Aufwuchses (Gartenanlagen, Anpflanzungen und Parks) und anderer Außenanlagen erforderlich werden. Eine ergänzende Berücksichtigung kommt nur in Betracht, soweit es sich um außergewöhnlichen Aufwuchs handelt.

– Bei **Anwendung des Sachwertverfahrens** ist der Aufwuchs grundsätzlich nach Maßgabe des § 21 Abs. 3 ImmoWertV zu berücksichtigen.

– Bei der Ermittlung des vorläufigen Sachwerts muss dabei allerdings wiederum der Grundsatz der Modellkonformität beachtet werden. Die auf bauliche Außenanlagen und sonstige Anlagen (Aufwuchs) entfallenden Kosten sind unter Beachtung dieses Grundsatzes zunächst in einem Umfang zu berücksichtigen, wie dies der Gutachterausschuss für Grundstückswerte bei der Ableitung der einschlägigen Sachwertfaktoren ggf. unter **Ansatz einer Pauschale** praktiziert hat (vorläufiger Sachwertanteil der Außenanlagen). Der im Einzelfall hiervon abweichende Sachwertanteil ist dann nachträglich nach Maßgabe des § 8 Abs. 3 ImmoWertV zu erfassen, soweit er tatsächlich im gewöhnlichen Geschäftsverkehr berücksichtigt wird,

– Hat der Gutachterausschuss für Grundstückswerte nach Maßgabe der Anl. 5 zur SachwertR **Sachwertfaktoren** aus Kaufpreisen von Grundstücken abgeleitet, die im „üblichen Umfang" bauliche Außenanlagen und sonstige Anlagen (Aufwuchs) aufweisen, und hat er diesen bei der Ableitung der Sachwertfaktoren nicht gesondert angesetzt, so findet der „**übliche Aufwuchs**" mit dem Sachwertfaktor Eingang in die Ermittlung des vorläufigen Sachwerts. Abweichend von § 21 ImmoWertV setzt sich in diesem Fall der vorläufige Sachwert allein aus dem (vorläufigen) Gebäudesachwert und dem (vorläufigen) sachwertkompatiblen Bodenwert zusammen. Abweichungen der tatsächlich auf dem Grundstück vorhandenen baulichen und sonstigen Außenanlagen (Aufwuchs) gegenüber den vom Gutachterausschuss anzugebenden und mit dem Sachwertfaktor erfassten „üblichen" baulichen und sonstigen Außenanlagen (Aufwuchs) sind dann nach § 8 Abs. 3 ImmoWertV nachträglich zu berücksichtigen, soweit dies tatsächlich dem gewöhnlichen Geschäftsverkehr entspricht.

– **Bei Anwendung des Ertragswertverfahrens** ist auch ein außergewöhnlicher Aufwuchs „in der Regel ... nicht von Bedeutung". Dass deren Wertanteil grundsätzlich keiner besonderen Berücksichtigung bedarf, ist darauf zurückzuführen, dass die aus der baulichen Anlage fließende Rendite zugleich ein Entgelt für die Annehmlichkeit des Grundstücks in seiner Gesamtheit darstellt und mithin z. B. die Rendite aus einer parkähnlichen Gestaltung des Grundstücks umfasst[161]. Dies entspricht dem erkennbaren Willen des Verordnungsgebers. In der Begründung zu § 15 Abs. 1 WertV 88 heißt es hierzu: „... Dies trägt einmal der Tatsache Rechnung, dass die baulichen Anlagen auf dem Grundstück insgesamt gesehen werden müssen und ihnen nur noch die sonstigen Anlagen gegenüberstehen, die i. d. R. für das Ertragswertverfahren nicht von Bedeutung sind. Entsprechendes gilt auch für bauliche Außenanlagen.

In Ausnahmefällen können die sonstigen Anlagen einschließlich besonders aufwendiger baulicher Außenanlagen erforderlichenfalls über § 8 Abs. 3 ImmoWertV erfasst werden. Ein derartiger Ausnahmefall liegt vor, wenn besonders aufwendige Anpflanzungen vorliegen, die nicht bereits mit den zugrunde gelegten Ertragsverhältnissen berücksichtigt werden und ihnen im gewöhnlichen Geschäftsverkehr zusätzlich Rechnung getragen wird. Dabei darf nicht außer Acht gelassen werden, dass das Ertragswertverfahren i. d. R. nur bei Objekten zur Anwendung kommt, bei denen der erzielbare Ertrag, die Rendite, im Vordergrund steht. Die Berücksichtigung von Grundstücksmerkmalen, die keine Rendite erbringen, ist von der Natur der Sache heraus bei Ertragswertobjekten infolgedessen eher die Ausnahme. **415**

6.11 Rechte am Grundstück

▶ *Vgl. Rn. 391; zum Denkmalschutz Teil V Rn. 730, 808 ff.*

Als besondere objektspezifische Grundstücksmerkmale kommen auch die in § 6 Abs. 2 ImmoWertV genannten Rechte und Belastungen in Betracht, die die Nutzbarkeit des Grund und Bodens als auch der auf einem Grundstück vorhandenen baulichen Anlagen betreffen können (Aussichtsrechte, Wegerechte, Leitungsrechte, Nießbrauch, Wohnrechte usw.). Sie müssen, soweit sie nicht „im" angewandten Wertermittlungsverfahren bereits berücksichtigt sind, ergänzend berücksichtigt werden, auch wenn sie in § 8 Abs. 3 ImmoWertV unerwähnt bleiben. **416**

6.12 Vermietung sonst bezugsfreier Objekte

▶ *Vgl. Teil V Rn. 51, 92*

Der Verkehrswert von Immobilien, die nach Art und Lage ihrer Nutzung im Hinblick auf eine Eigennutzung üblicherweise in bezugsfreiem Zustand gehandelt werden, wie z. B. Ein- und Zweifamilienhäuser und auch Eigentumswohnungen, ist in aller Regel gemindert, wenn die Immobilie am Wertermittlungsstichtag vermietet ist und das Mietverhältnis nicht zur Auflösung ansteht. Die Wertminderung ist auf den mit einer Eigenbedarfskündigung verbundenen hohen Aufwand an Zeit und Kosten zurückzuführen und ist auch dann gegeben, wenn die ortsüblich erzielbare Miete erwirtschaftet wird. So werden beispielsweise **vermietete Eigentumswohnungen** im Verhältnis zu bezugsfreien Eigentumswohnungen nach Untersuchungen des Gutachterausschusses von *Bergisch Gladbach* 2012 in Abhängigkeit von der Größe der Wohnanlage mit Abschlägen zwischen 8 und 14 % gehandelt. Werden Liegenschaftszinssätze für Eigentumswohnungen differenziert nach vermieteten und bezugsfreien Eigentumswohnungen abgeleitet, so sind die für vermietete Eigentumswohnungen abgeleiteten Liegen- **417**

---

161 OLG Koblenz, Urt. vom 13.1.1982 – 1 U 6/80 –, AVN 1988, 158 = EzGuG 2.28; OLG Koblenz, Urt. vom 8.4.1981 – 1 U 10/79 –; so auch in der steuerlichen Bewertung (vgl. BewR Gr vom 19.9.1966, BAnz Nr. 183 Beil.= BStBl I 1966, 890, zu § 79 BewG Nr. 21).

schaftszinssätze um bis zu 0,5 % über denen der bezugsfreien Eigentumswohnungen. Entsprechendes kann für üblicherweise eigengenutzte, jedoch **vermietete Einfamilienhäuser** gelten.

6.13 Merkantiler Mehr- oder Minderwert

Schrifttum: *Adam, B.*, Merkantiler Minderwert, GuG 2012, 1; *Bartke, S./Schwarze, R.*, Marktorientierte Risikobewertung vornutzungsbelasteter Grundstücke, GuG 2009, 195; *Biederbeck, M.*, Merkantiler Minderwert, Grundlagen und Wertermittlung, HLBS-Report 2013, 14; *Bindhardt*, BauR 1982, 442; *Fischer, C.*, The complex interactions of markets for endangered species products, Journal of Environmental Economics and Management 48, 926 ff.; *Kamphausen, P.-A.*, Der merkantile Minderwert in der Rechtspraxis, DS 1985, 280; *Kamphausen, P.-A.*, Ermittlung von Minderwerten mangelhaft erstellter Wohnungen und Wohngebäude durch Sachverständige, BlGBW 1983; *Krell/Krell*, Zeitabhängige Einflüsse bei der Ermittlung merkantiler Minderwerte, GuG 1998, 133; *Leibenstein, H.*, Theory of Consumers Demand, The Quarterly Journal of Economics Bd. 64 S. 183 ff; *Roller, G.*, Wertermittlung sanierter Gebäude – technischer und merkantiler Minderwert, GuG 2002, 16; *Vogel, R.*, Der merkantile Minderwert am Beispiel eines Altbau-Miethauses, GuG 1997, 151.

▶ *Vgl. Rn. 194; § 194 BauGB Rn. 75 ff., bei Bergschäden: § 5 ImmoWertV Rn. 417*

6.13.1 Allgemeines

418 Unter einem merkantilen Minderwert wird die **Wertminderung einer Sache** (z. B. eines Grundstücks) verstanden, **die ihr im gewöhnlichen Geschäftsverkehr aufgrund eines aufgetretenen, aber inzwischen in technisch einwandfreier Weise vollständig behobenen Mangels (z. B. auch Bauschaden) in der allgemein verbliebenen Befürchtung beigemessen wird**, dass sich ein Folgeschaden irgendwie auch künftig auswirken könnte, auch wenn diese Befürchtung tatsächlich unbegründet ist[162]. Der merkantile Minderwert definiert sich damit nicht als ein „Wert" an sich, sondern als eine in den Verkehrswert eingehende, d. h. den Verkehrswert (Marktwert) mindernde Eigenschaft der Sache. Der BGH hat hierzu festgestellt, dass eine „Minderung des Verkehrswerts" auch bestehen bleiben kann, „wenn die wertmindernden Schäden in technisch einwandfreier Weise beseitigt sind[163]. Das gilt vor allem dann, wenn im Verkehr befürchtet wird, die Schäden könnten sich doch irgendwie nachteilig auswirken und deshalb Sachen, bei denen solche Schäden aufgetreten waren, niedriger bewertet werden als unbeschädigt gebliebene, selbst wenn im Einzelfall die Befürchtung eines Folgeschadens in Wahrheit unbegründet ist[164]". Die Wertminderung wirkt sich nicht erst bei Verkauf des Gebäudes aus, sondern besteht auch dann, wenn es nicht verkauft werden soll[165].

419 *Beispiel:*

Bei der Ermittlung des Minderwerts eines vom Schwamm befallenen Hauses werden die Kosten der Beseitigung der Grundfeuchtigkeit des Hauses, die die Schwammbildung hervorgerufen hat, in Ansatz gebracht. Eine *Minderung des Verkehrswerts* kann selbst dann noch bestehen, wenn die wertmindernden

---

[162] BGH, Urt. vom 8.12.1977 – VII ZR 60/76, BauR 1979, 158 = EzGuG 19.33a; BGH, Urt. vom 2.4.1981 – III ZR 186/79 –, BRS Bd. 45 Nr. 173 = NJW 1981, 1663 = EzGuG 19.38.

[163] BGH, Urt. 23.11.2004, – VI ZR 357/03 –, BGHZ 151, 161 („trotz völliger und ordnungsgemäßer Instandsetzung" (eines Unfallwagens); auch BGH, Urt. vom 20.5.2009 – VIII ZR 191/07-, BGHZ 181, 170; BGH, Urt. vom 8.12.1981 – VI ZR 453/80 –, BGHZ 82, 338; OLG Stuttgart, Urt. vom 8.2.2011 – 12 U 74/10 –, GuG 2012, 381 = NJW-RR 2011, 458.

[164] BGH, Urt. vom 9.1.2003 – VII ZR 181/00 –, NJW 2003, 1188; Urt. vom 11.7.1991 – VII ZR 301/90; BGH, Urt. vom 19.9.1985 – VII ZR 158/84 – NJW 1986, 428 = BB, 1986, 764; BGH, Urt. vom 2.4.1981 – III ZR 186/79 –, NJW 1981, 1663 BRS Bd. 45 Nr. 173 = EzGuG 19.38; BGH, Urt. vom 26.10.1972 – VII ZR 181/71 –, NJW 1973, 183 = EzGuG 11.86c; BGH, Urt. vom 24.2.1972 – VII ZR 177/70 –, BGHZ 58, 181 = EzGuG 3.38b; BGH, Urt. vom 13.11.1970 –V ZR 6 /70 –, BlGBW 1971, 212 = EzGuG 19.23; BGH, Urt. vom 24.2.1969 – VII ZR 173/66 –, VersR 1969, 473 = EzGuG 19.16a; BGH, Urt. vom 20.6.1968 – III ZR 32/66 –, WM 1968, 1220 = EzGuG 19.13; BGH, Urt. vom 2.12.1966 – VI ZR 72/65 –, NJW 1967, 552; VersR 1967, 183; BGH, Urt. vom 9.7.1962 – III ZR 98/61 –, NJW 1962, 1764 = BGHZ 37, 341 = EzGuG 11.25a, BGH, Urt. vom 25.2.1953 – II ZR 172/52 –, BGHZ 9, 98 = EzGuG 20.13; LG Nürnberg-Fürth, Urt. vom 28.4.1988 – 6 O 9935/86 – NJW-RR 1989, 1106.

[165] BGH, Urt. vom 5.10.1967, – VII ZR 146/60 –, BB 1961, 1216 = EzGuG 19.6b; BGH, Urt. vom 3.10.1961 – VI ZR 238/60 –, BGHZ 35, 386 = EzGuG 19.6a; vgl. Bindhartd in BauR 1982, 442.

Schäden in technisch einwandfreier Weise beseitigt sind. Das gilt es zu berücksichtigen, wenn im gewöhnlichen Geschäftsverkehr befürchtet wird, die Schäden könnten sich doch irgendwie nachteilig auswirken, und deshalb im Grundstücksverkehr Sachen, bei denen solche Schäden aufgetreten waren, wertmäßig niedriger eingeschätzt werden als unbeschädigt gebliebene Sachen. Dies gilt selbst dann, wenn im Einzelfall die Befürchtung eines Folgeschadens unbegründet ist.

Als merkantiler Minderwert wird vielfach auch die Wertminderung eines Objekts verstanden, die (vorübergehend) aus besonderen in der breiten Öffentlichkeit bekannt gewordenen und die Marktgängigkeit einer Immobilie beeinträchtigenden Geschehnissen resultiert, wie z. B. das „Mörderhaus"[166]. Umgekehrt muss dann aber auch von einem **merkantilen Mehrwert** gesprochen werden, z. B. wenn eine Immobilie von einer besonders anerkannten Persönlichkeit bewohnt wurde und dem im gewöhnlichen Geschäftsverkehr werterhöhend Rechnung getragen wird. 420

In den folgenden Bereichen können **merkantile Minderwerte von Bedeutung** sein: 421

a) Hausschwamm und Hausbock[167],

b) Trockenfäule[168],

c) Feuchtigkeit im Kellerbereich[169],

d) schlechte Baumaterialien[170] und Bauausführung,

e) Altlasten (vgl. § 6 ImmoWertV Rn. 190, 195)[171],

f) Bergschaden (vgl. § 5 ImmoWertV Rn. 383, 422 ff.)[172],

g) Untertunnelung[173],

h) Baugrund und Baugrube[174],

i) Begrünung und Bäume[175],

j) Rohbau[176],

k) Frostschäden[177],

l) drückendes Wasser[178],

m) Tiefgaragendecke[179],

---

166 Ein Hauskäufer kann deshalb einen Kaufvertrag anfechten, wenn der Makler falsche Angaben darüber gemacht hat, dass sich der Voreigentümer im verkauften Haus erhängt hat (OLG Celle, Urt. vom 18.9.2007 – 16 U 38/07 –, IMR 2007, 364 = NJW 2007, 364 EzGuG 19.55).
167 BGH, Urt. vom 8.12.1977 – VII ZR 60/76 –, BauR 1979, 158 = EzGuG 19.32a; BGH, Urt. vom 13.11.1970 – V ZR 6/70 –, BlGBW 1971, 212 = EzGuG 19.23; BGH, Urt. vom 20.6.1968 – III ZR 32/66 –, WM 1968, 1220 = EzGuG 19.33; BGH, Urt. vom 10.7.1963 – V ZR 66/62 –, WM 1963, 967 = MDR 1964, 41 = BB 1963, 1354; BGH, Urt. vom 28.6.1961 – V ZR 201/60 –, NJW 1961, 1860 = EzGuG 19.6; BGH, Urt. vom 11.7.1914 – V 67/14 –, RGZ 85, 252; OLG Frankfurt am Main, Urt. vom 17.11.2004 – 1 U 142/01 – (Hausbock), GuG 2000, 33; Tewis in GuG 2000, 33.
168 BGH, Urt. 20.6.1986, – III ZR 32/66 –, WM 1968, 1220 = EzGuG 19.13.
169 OLG Hamm, Urt. vom 10.5.2010 – 17 U 92/09 –, NJW-RR 2010, 1382.
170 BGH, Urt. vom 15.12.1994 – VII ZR 246/93 –, BauR 1995, 388; BGH, Urt. vom 8.12.1977 – VI ZR 60/76 –, BauR 1979, 158 = EzGuG 19.33a; BGH, Urt. vom 24.2.1972 – VII ZR 177/70 –, BGHZ 58, 181 = EzGuG 3.38b; BGH, Urt. vom 14.1.1971 – VII ZR 3/69 –, BGHZ 55, 198 = EzGuG 3.34a; BGH, Urt. vom 25.2.1953 – II ZR 172/52 –, BGHZ 9, 98 = EzGuG 20.15.
171 BGH, Urt. vom 10.7.1991 – XII ZR 109/90 –, NJW 1991, 3036 = EzGuG 20.134d.
172 OLG Düsseldorf, Urt. vom 4.2.2000 – 7 U 67/98 –, GuG 2001, 123 = EzGuG 4.176a; OLG Saarbrücken, Urt. vom 16.5.1994 – 4 W 174/94 –, GuG 1995, 314 = EzGuG 4.157; OVG Münster, Urt. vom 23.1.1984 – 10A 2366/79 –, MittDST 1985, 1186 = EzGuG 4.95: OLG Saarbrücken, Urt. vom 20.5.1980 – 3 U 45/95 –, BlGBW 1961, 174 = EzGuG 4.14.
173 BGH, Urt. vom 2.4.1981 – III ZR 186/79 –, BRS Bd. 45 Nr. 173 = EzGuG 19.38.
174 OVG Lüneburg, Urt. vom 17.1.1997 – 1 L 1218/95 –, NdsRpfleg 1997, 123 = BRS Bd 59 Nr 250 = EzGuG 15.87a; OLG Dresden, Urt. vom 29.1.2003 – 11 U 726/92 –, IBR 2004, 18.
175 BGH, Urt. vom 28.4.1994 – 1 U 6995/93 –, VersR 1995, 843 = EzGuG 2.58a; KG, Urt. vom 17.11.1977 – 12 U 1543/77 –, (Bäume), EzGuG 2.17 = VersR 1978, 524.
176 BGH, Urt. vom 22.11.1991 – V ZR 187/90 –, BGHZ 16, 161 = EzGuG 7.114b.
177 BGH, Urt. vom 5.10.1961 – VII ZR 146/60 –, BB 1961, 1216 = EzGuG 19.5b.
178 OLG Karlsruhe, Urt. vom 27.1.2004 – 17 U 154/00 –, BauR 2004, 1994.
179 BGH, Urt. vom 9.1.2003 – VII ZR 181/00 –, BGHZ 153, 279.

n) Wände[180].

422 Die **Wertminderung (merkantiler Minderwert) kann** im Einzelfall auch **schon vor der technisch einwandfreien Schadensbeseitigung eintreten.** Befindet sich zum Beispiel ein altlastenbetroffenes Grundstück in der Sanierung oder steht eine einwandfreie Sanierung auf Kosten des Verursachers an, so kann der merkantile Minderwert bereits auf den Verkehrswert „durchschlagen", wenn im gewöhnlichen Geschäftsverkehr auch für das sanierte Grundstück nur ein geringerer Kaufpreis erzielt werden könnte, als sich für ein vergleichbares nicht betroffenes Grundstück ergibt.

423 **Nicht jeder** in der Vergangenheit aufgetretene und zwischenzeitlich **behobene Mangel und Schaden einer Sache führt** jedoch **zu einem merkantilen Minderwert.** Für die Berücksichtigung eines merkantilen Minderwerts ist vielmehr Voraussetzung, dass tatsächlich im gewöhnlichen Geschäftsverkehr eine den Preis beeinflussende Abneigung z. B. gegen ein ehemals kontaminiertes, aber inzwischen saniertes Grundstück besteht, und insoweit bei der Veräußerung Wertabschläge allgemein hingenommen werden müssen. Erfahrungsgemäß treten merkantile Minderwerte deshalb in aller Regel nur bei besonders gravierenden Mängeln auf, die auch nach ihrer Beseitigung der Sache als Makel anhaften oder in der allgemeinen Anschauung weiterhin die Befürchtung eines Folgeschadens aufkommen lassen[181].

424 Deshalb muss, wenn ein merkantiler Minderwert in Betracht kommt, im Einzelfall zunächst geprüft werden, ob überhaupt ein merkantiler Minderwert zu berücksichtigen ist. Der Sachverständige muss sich – um sich nicht schadensersatzpflichtig zu machen – dieser Frage mit der gleichen Sorgfalt widmen, die er zur Erstellung des Gutachtens selbst obwalten lassen muss. Entsprechend dem Vorhergesagten, dass merkantile Minderwerte nur bei wesentlichen Mängeln, von denen der Grundstücksmarkt ausgeht, auftreten können, ist ein merkantiler Minderwert i. d. R. dann nicht zu berücksichtigen, wenn die **Schadensbeseitigungskosten unter 10 v. H.** des mangelfreien Gebäudewerts liegen (sog. Bagatellschaden)[182]. Darüber hinaus ist vom Ansatz eines merkantilen Minderwerts i. d. R. abzusehen, wenn sich die Restnutzungsdauer des Gebäudes auf weniger als 20 v. H. der Gesamtnutzungsdauer beläuft[183].

425 Im Übrigen darf ein merkantiler Minderwert bei *Anwendung des Sachwertverfahrens* nur insoweit berücksichtigt werden, wie er nicht bereits mit der Berücksichtigung der Wertminderung aufgrund von Baumängeln oder Bauschäden erfasst wird, d. h. insoweit geht es darum, eine Doppelberücksichtigung zu vermeiden[184]. Es empfiehlt sich, die für Bauschäden und Baumängel anzubringenden Abschläge klar vom Abschlag wegen merkantilen Minderwerts aufgrund behobener Bauschäden zu trennen. Entsprechendes gilt auch bei *Anwendung des Ertragswertverfahrens*; ein merkantiler Minderwert kann sich nämlich auch auf die Ertragsverhältnisse auswirken und wird ggf. insoweit bereits entsprechend berücksichtigt (vgl. § 5 ImmoWertV Rn. 383)[185].

426 Wenn eine **Wertminderung durch einen Bauschaden und eine merkantile Wertminderung** durch einen nicht ausräumbaren Verdacht auf Schaden **nebeneinander** bestehen, bereitet die klare Trennung der Bauschadensabschläge von den Abschlägen wegen merkantilen Minderwerts Probleme, denn je nachdem, ob ein Bauschaden oder ein merkantiler Minder-

---

180 BGH, Urt. vom 11.10.1965 – II ZR 45/63 –. WM 1965, 1196.
181 BGH, Urt. vom 9.7.1962 – III ZR 98/61 –, NJW 1962, 1764 = EzGuG 11.25a; BGH, Urt. vom 20.6.1968 – III ZR 32/66 –, WM 1968, 1220 = EzGuG 19.13 (Trockenfäule); BGH, Urt. vom 24.2.1969 – VII ZR 173/66 –, VersR 1969, 473 = EzGuG 19.16a; BGH, Urt. vom 13.11.1970 – V ZR 6/70 –, BB 1971, 54 = EzGuG 19.23; BGH, Urt. vom 8.12.1977 – VII ZR 60/76 – (Hausschwamm), BauR 1979, 158 = EzGuG 19.33a; BGH, Urt. vom 2.4.1981 – III ZR 186/79 –, BRS Bd 45 Nr 173 = EzGuG 19.38; OLG Saarbrücken, Urt. vom 16.5.1994 – 4 W 174/95 – (Bergschaden), GuG 1995, 314 = EzGuG 4.157; OLG Saarbrücken, Urt. vom 20.5.1960 – 3 U 45/95 – (Schieflage), BIGBW 1961, 174 = EzGuG 4.14; LG Nürnberg-Fürth, Urt. vom 28.4.1988 – 6 O 9935/86 –, NJW-RR 1989, 1106.
182 KG, Urt. vom 13.1.1975 – 12 U 2107/74 –, VersR 1975, 664.
183 LG Frankfurt am Main, Urt. vom 8.12.1982 – 3/3 AktE 104/79 –, DAR 1984, 319 = BB 1983, 1244 = EzGuG 20.101c.
184 BGH, Urt. vom 25.2.1953 – II ZR 172/52 –, BGHZ 9, 98 = EzGuG 20.15; BGH, Urt. vom 5.10.1961 – VII ZR 146/60 –, BB 1961, 1216 = EzGuG 19.6b; BGH, Urt. vom 26.10.1972 – VII ZR 181/71 –, BGHZ 59, 365 = NJW 1973, 138 = EzGuG 11.86c; BGH, Urt. vom 28.2.1980 – VII ZR 183/79 –, BGHZ 76, 179 = EzGuG 11.117; OLG Düsseldorf, Urt. vom 13.7.1972 – 5 U 100 u. 199/71 –, NJW 1973, 659 = EzGuG 6.156a.
185 BGH, Urt. vom 14.1.1971 – VII ZR 3/69 –, BGHZ 55, 198 = EzGuG 3.34a.

wert vorliegt, gelten bei der Bemessung der Abschläge unterschiedliche Grundsätze. *Kamphausen*[186] hat dazu die jeweiligen Fallarten wie folgt zusammengestellt.

Abb. 40: Zusammenstellung der Fallarten bei der Wertminderung wegen Baumängeln und Bauschäden und merkantilen Minderwerts in Anlehnung an Kamphausen 427

Beeinträchtigung durch Baumängel und Bauschäden	Verkehrswertminderung wegen	
	baulicher Mängel oder Schäden	merkantiler Umstände
unerheblich	nein	nein
erheblich, nicht reparabel	ja (Verkürzung der Restnutzungsdauer)	nein, wenn durch Abschlag wegen baulicher Mängel oder Schäden abgedeckt
erheblich, teilweise reparabel	ja	ja, wenn Anhaltspunkte für einen darüber hinausgehenden Marktabschlag bestehen
erheblich, aber vollständig beseitigt	nein	ja, wenn Anhaltspunkte für einen Marktabschlag bestehen

Da der merkantile Minderwert dem Verkehrswert immanent ist, findet er deshalb auch Berücksichtigung 428

– bei der **Bemessung von Enteignungsentschädigungen**[187]

– im **Schadensersatzrecht**[188] und

– bei der **Beleihungswertermittlung**[189].

Für die Bemessung des merkantilen Minderwerts ist im Schadensersatzrecht der Zeitpunkt der beendeten Instandsetzung der beschädigten Sache maßgebend[190]. Bei der Bemessung von Enteignungsentschädigungen ist der merkantile Minderwert Ausdruck der erlittenen Substanzeinbuße[191].

6.13.2 Ermittlung der merkantilen Wertminderung

Für die **Ermittlung des (merkantilen) Minderwerts (merkantile Wertminderung)** ist zu Recht darauf hingewiesen worden, dass sich die letztlich **auf eine Vertrauenserschütterung zurückzuführende Wertminderung** nicht nach mathematischen Formeln ermitteln und sich auch nicht nach technischen Gesichtspunkten berechnen lässt; er muss ggf. im Wege der Schätzung beurteilt werden[192]. Der merkantile Minderwert wird in der Praxis der Verkehrswertermittlung regelmäßig mit einem auf Erfahrungssätzen begründeten 429

a) Vomhundertsatz des Verkehrswerts berücksichtigt, der sich für dasselbe Grundstück unter der Annahme ergibt, dass der Mangel in der Vergangenheit gar nicht erst aufgetreten ist,

---

186 Kamphausen in DS 1985, 280.
187 BGH, Urt. vom 2.4.1981 – III ZR 186/79 –, BRS Bd. 45 Nr. 173 = EzGuG 4.75; BGH, Urt. vom 28.9.1972 – III ZR 44/70 –, BGHZ 59, 250 = EzGuG 14.47; BGH, Urt. vom 20.12.1971 – III ZR 79/69 –, BGHZ 57, 359 = EzGuG 13.19.
188 BGH, Urt. vom 3.10.1961 – VI ZR 238/60 –, BGHZ 35, 396 = EzGuG 19.6a; BGH, Beschl. vom 4.7.1979 – V BLw 8/79 –, WM 1979, 1243 = NJW 1980, 281; vgl. Staudinger/Medicus § 251 BGB, Rn. 34 ff., 82; Lange, H./Schiemann, G., Schadensersatz, 3. Aufl. Tübingen 2003, S. 273; Althaus in NJW 1970, 793.
189 BGH, Urt. vom 14.1.1971 – VII ZR 3/69 –, BGHZ 55, 198 = EzGuG 3.34a.
190 BGH, Urt. vom 2.12.1966 – VI ZR 72/65 –, NJW 1967, 552 = MDR 1967, 294.
191 BGH, Urt. vom 2.4.1981 – III ZR 186/79 –, BRS Bd. 45 Nr. 173 = EzGuG 4.75; BGH, Urt. vom 28.9.1972 – III ZR 44/70 –, BGHZ 59, 250 = EzGuG 14.47; BGH, Urt. vom 20.12.1971 – III ZR 79/69 –, BGHZ 57, 359 = EzGuG 13.19.
192 OLG Saarbrücken, Urt. vom 20.5.1960 – 3 U 45/95 –, BlGBW 1961, 174 = EzGuG 4.14; OVG Münster, Urt. vom 23.1.1984 – 10 A 23 66/79 –, MittDST 1985, 1186 = EzGuG 4.95.

b) Vomhundertsatz der Schadensbeseitigungskosten berücksichtigt, die für den behobenen Schaden aufzubringen wären, oder

c) angemessener Abschläge.

430 Die **Höhe des Vomhundertsatzes** ist abhängig von

a) der Höhe der aufgebrachten Schadensbeseitigungskosten[193] im Verhältnis zum mangelfreien Gebäudewert,

b) dem Grad des Gefährdungspotenzials, dass der Schaden nicht (vollständig) beseitigt ist und die Kosten erneut entstehen,

c) der Zeit, die seit der Schadensbehebung verstrichen ist, und

d) der Restnutzungsdauer des Gebäudes, sofern der merkantile Minderwert aus einem Gebäudemangel resultiert.

Neben der Schadenshöhe kann des Weiteren auch eine medienwirksame Behandlung des zwischenzeitlichen behobenen Schadensfalles in der Öffentlichkeit zu einem merkantilen Minderwert führen.

431 Zur **Ermittlung des merkantilen Minderwerts können die Kosten ermittelt werden**, die für die Beseitigung des Schadens aufgebracht wurden. Die auf den Wertermittlungsstichtag aktualisierten Schadensbeseitigungskosten lassen sich sodann ins Verhältnis zum Gebäudewert setzen[194]. Als Erfahrungswerte für die Höhe des merkantilen Minderwerts können gelten bei Schadensbeseitigungskosten in Höhe von

– 1/3 des mangelfreien Gebäudewerts 5 % des Gebäudewerts,

– 2/3 des mangelfreien Gebäudewerts 6 % des Gebäudewerts,

– 3/3 des mangelfreien Gebäudewerts 7 % des Gebäudewerts,

nach Schadensbeseitigung. Die Wertminderung baut sich mit fortschreitender Zeit ab. *Volze* gibt dafür folgende Tabelle an (Abb. 41):

Abb. 41: Merkantiler Minderwert

	Merkantiler Minderwert		
Nutzungsdauer	1/3 des mangelfreien Gebäudewerts als Reparaturkosten	2/3 des mangelfreien Gebäudewerts als Reparaturkosten	3/3 des mangelfreien Gebäudewerts als Reparaturkosten
20 Jahre	5 %	6 %	7 %
40 Jahre	4 %	5 %	6 %
60 Jahre	3 %	4 %	5 %
80 Jahre	–	–	–

Quelle: Volze, Vortrag vor der Fachgruppe Bau- und Bewertung des LVS Hessen in der IHK Frankfurt am Main, 14.11.2003

432 Diese Erfahrungssätze sind nach dem **Grad der Wahrscheinlichkeit** entsprechend der Schadensart zu modifizieren und vermindern sich (ausgehend vom Zeitpunkt der Schadensbeseitigung) mit fortschreitender Zeit. Allgemein schwindet die Wertminderung über einen Zeitraum von regelmäßig rd. 15 Jahren gegen null, d. h. nach 15 Jahren kann ein merkantiler Minderwert ausgeschlossen werden. Der Einfluss schwindet allerdings nicht linear, sondern zunächst eher geringfügig und mit fortschreitender Zeit zunehmend, d. h. parabelförmig (Abb. 42):

---

[193] BGH, Urt. vom 28.6.1961 – V ZR 201/60 –, NJW 1961, 1860 = EzGuG 19.69.
[194] BGH, Urt. vom 13.11.1970 – V ZR 6/70 –, BB 1971, 64 = EzGuG 19.23.

Abb. 42: Merkantiler Minderwert mit fortschreitender Zeit

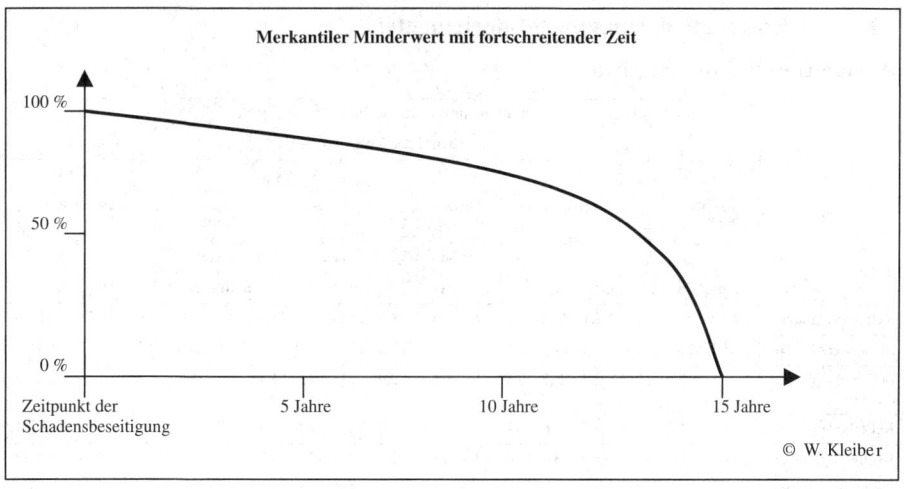

Prozentualer merkantiler Minderwert in Abhängigkeit von der Zeit:

$$\text{Merkantiler Minderwert}_{\%} = 100 - \left(100 \times \frac{\text{Jahre}}{\text{Gesamtdauer}}\right)^2 / 100$$

Beispiel:

- Gesamtdauer eines merkantilen Minderwerts = 15 Jahre
- Zeitspanne seit Schadensbeseitigung = 5 Jahre

Merkantiler Minderwert$_{\%}$ im 5. Jahr = $100 - (100 \times 5/15)^2 / 100 = 88{,}89\,\%$ des merkantilen Minderwerts im Zeitpunkt der Schadensbehebung.

Ein merkantiler Minderwert, der sich unmittelbar nach der Schadensbeseitigung in Höhe von 7 % des Gebäudewerts ergibt, beläuft sich in diesem Fall nach 5 Jahren nur noch auf 6,2 %.

Der merkantile Minderwert lässt sich vielfach schon mangels greifbarer und ausreichender Anhaltspunkte nur schätzen[195]. Anhaltspunkte können sich durch Befragung von Fachleuten über die Höhe der Wertminderung bei einem Verkauf eines Grundstücks („Expertenbefragung") ergeben. Soweit das Gericht von der Fachkunde der Auskunftspersonen überzeugt ist, schadet es nicht, wenn auch die Fachleute ihrerseits keine Angaben mit mathematischer Genauigkeit machen können und diese von subjektiven Einschätzungen nicht frei sind.

---

[195] BGH, Urt. vom 6.12.2012 – VII ZR 84/10 –, GuG 2013, 252 = EzGuG 19.58; BGH, Urt. vom 16.12.1963 – III ZR 47/63 –, NJW 1964, 589; BGH, Urt. vom 11.3.2004 – VII ZR 339/02 –, BauR 2004, 1290; Zöller/Greger, ZPO, 29. Aufl., § 287 Rn. 2.

7 Anlagen

7.1 Kostengliederung nach Bauelementen

434 Wertanteile im Wohnungsbau

Gewerke	I ausgebaute Dachterrasse nein	I ausgebaute Dachterrasse ja	I Flachdach	II ausgebaute Dachterrasse nein	II ausgebaute Dachterrasse ja	II Flachdach	III ausgebaute Dachterrasse nein	III ausgebaute Dachterrasse ja	III Flachdach	IV ausgebaute Dachterrasse nein	IV ausgebaute Dachterrasse ja	IV Flachdach	V ausgebaute Dachterrasse nein	V ausgebaute Dachterrasse ja	V Flachdach	VI ausgebaute Dachterrasse nein	VI ausgebaute Dachterrasse ja	VI Flachdach
Keller insgesamt	24,9	23,5	24,0	21,1	20,2	21,2	17,7	16,8	18,6	14,6	13,9	15,9	12,2	11,6	12,9	10,7	10,1	9,5
Mauerwerk	17,4	16,8	17,1	15,1	14,4	15,2	12,6	12,0	13,3	10,4	9,9	11,4	8,7	8,3	9,3	7,7	7,2	6,8
Erd- und Isolierarbeiten	2,5	2,5	2,6	2,2	2,2	2,2	1,9	1,8	2,0	1,6	1,5	1,7	1,3	1,2	1,4	1,1	1,1	1,0
Kellerboden	5,0	4,2	4,3	3,8	3,6	3,8	3,2	3,0	3,3	2,6	2,5	2,8	2,2	2,1	2,2	1,9	1,8	1,7
Decke insgesamt	14,0	13,1	15,8	13,6	13,1	15,9	13,4	13,2	15,8	13,3	13,1	15,7	13,1	12,9	15,5	13,0	12,7	15,3
Decke über Keller	5,3	4,5	4,6	4,1	3,8	4,2	3,4	3,2	3,6	2,8	2,6	3,0	2,3	2,2	2,4	2,1	1,9	1,8
Übrige Decken	5,4	5,4	6,9	5,9	5,8	7,3	6,2	6,2	7,6	6,5	6,5	7,9	6,7	6,6	8,1	6,8	6,7	8,4
Deckenputz	3,3	3,2	4,3	3,6	3,5	4,4	3,8	3,8	4,6	4,0	4,0	4,8	4,1	4,1	5,0	4,1	4,1	5,1
Umfassungswände insgesamt	10,3	10,0	13,0	11,2	11,0	14,0	12,4	12,0	15,0	13,6	13,5	16,0	14,7	14,7	17,0	15,2	15,2	18,0
Mauerwerk	8,6	8,3	10,8	9,3	9,2	11,7	10,3	10,0	12,5	11,3	11,2	13,3	12,3	12,2	14,2	12,7	12,7	15,0
Außenputzverkleidung	1,7	1,7	2,2	1,9	1,8	2,3	2,1	2,0	2,5	2,3	2,3	2,7	2,4	2,5	2,8	2,5	2,5	3,0
Innenwände unverputzt	10,7	11,0	6,0	11,8	12,0	7,4	12,8	13,0	8,8	13,5	13,7	10,2	14,1	14,3	11,6	14,3	14,3	13,0
Tragend	5,9	6,1	3,5	6,5	6,7	4,1	7,1	7,2	4,9	7,2	7,6	5,6	7,3	7,8	6,4	7,4	7,9	7,2
Nicht tragend	4,8	4,9	2,7	5,3	5,3	3,3	5,7	5,8	3,9	6,3	6,1	4,6	6,8	6,3	5,2	6,9	6,4	5,8
Dach insgesamt	15,3	17,8	7,5	13,5	15,5	6,2	11,8	13,5	5,0	10,7	11,5	4,1	10,0	10,5	3,7	9,9	10,3	3,5
Dachstuhl	10,4	12,2	–	9,2	10,6	–	8,0	9,3	–	7,3	7,9	–	6,8	7,2	–	6,7	7,1	–
Dachhaut	3,9	4,5	6,5	3,5	3,9	4,9	3,0	3,4	3,9	2,7	2,9	3,3	2,6	2,6	2,9	2,6	2,6	2,8
Dachrinnen/Rohre	1,0	1,1	1,5	0,8	1,0	1,3	0,8	0,8	1,1	0,7	0,7	1,0	0,6	0,7	0,8	0,6	0,6	0,7
Treppen insgesamt	2,2	2,0	3,4	3,1	2,9	4,2	3,8	3,7	5,0	4,5	4,4	5,8	5,0	5,0	6,4	5,3	5,2	7,2
Innerer Ausbau insgesamt	22,6	22,6	30,3	25,7	25,3	31,1	28,1	27,8	31,8	29,8	29,9	32,3	30,9	31,2	32,9	31,6	32,2	33,5
Wandputz	5,9	6,0	8,0	6,8	6,7	8,2	7,4	7,4	8,3	7,9	7,9	8,4	8,3	8,4	8,5	8,5	8,6	8,6
Bodenbelag	4,2	4,1	5,3	4,5	4,5	5,6	4,8	4,8	5,9	5,0	5,0	6,1	5,1	5,1	6,3	5,2	5,2	6,5
Installation	4,4	4,4	6,0	5,1	5,0	6,1	5,6	5,5	6,2	6,0	6,0	6,3	6,2	6,2	6,4	6,3	6,5	6,5
Fenster	3,7	3,7	5,0	4,2	4,2	5,1	4,7	4,6	5,2	4,9	5,0	5,2	5,2	5,2	5,3	5,3	5,4	5,4
Verglasung	1,1	1,1	1,5	1,3	1,2	1,5	1,4	1,4	1,6	1,5	1,5	1,6	1,5	1,6	1,6	1,6	1,6	1,6
Türen	3,3	3,3	4,5	3,8	3,7	4,6	4,2	4,1	4,6	4,5	4,5	4,7	4,6	4,7	4,8	4,7	4,9	4,9

Quelle: BKI Baukosteninformationszentrum

7.2 Instandsetzungs- und Modernisierungskosten (einschließlich MwSt.)

435 Konventionelle Bauweise

Es handelt sich um überschlägige Kalkulationspreise einschließlich Materialkosten und aller Nebenkosten, auch soweit sie nicht detailliert beschrieben sind.[196]

Preisbasis 2010

Ermittlung des Verkehrswerts § 8 ImmoWertV IV

Gewerk/Bauteil	Einheit	Preisspanne je Einheit in €
I Keller		
Vertikale Dichtung		
Horizontalsperre, Aufstemmen und Dichtungsbahn vermauern	lfdm	70
Blechverfahren	lfdm	50
Bohrlochverfahren (Verpressen)	lfdm	35
Senkrechtsperre (außen) mit Freischachten, Sperrputz 2-lagig	m²	25
Dichtungsschlämme 2-lagig	m²	25
Dichtungsbahn 1-lagig	m²	25
Senkrechte Sperre (innen), Ausgleichsputz/Bitumenanstriche	m²	35
Sperrputz 2-lagig/Spritzbewurf ohne Freischachtung	m²	35
Ausgleichsputz/Dichtungsschlämme 2-lagig	m²	35
Ausgleichsputz/Dichtungsbahnen 2-lagig	m²	35
Sohle		
Betonplatte/schwimmender Estrich	m²	25
Neue Sohle/Fußbodenheizung	m²	35
Drainage, Aushub erweitern, mittelschwerer Boden	lfdm	25
Tonrohr verlegen und verfüllen, Kiessickerschicht	lfdm	60
II Heizung		
Einbau einer kompletten zentralen Heizungsanlage einschließlich Heizkörper, Leitungen, Wärmeerzeuger und Regelung	m² WF	110
Heizkörper 1 000 Watt Heizleistung (Vorlauf 70 Grad und Rücklauf 55 Grad):		
– Stahlradiator 105 × 60 × 11 cm	Stück	130
– Gussradiator 99 × 58 × 11 cm	Stück	260
– Säulenradiator 117 × 60 × 64 cm	Stück	215
– Plattenheizkörper 180 × 60 × 1,6 cm	Stück	190
– Plattenheizkörper 75 × 60 × 10 cm, Stahl mit zwei Konvektorblechen	Stück	210
– Konvektor, Schachthöhe 60 cm, Länge 150 cm	Stück	210
Ölzentralheizung	m² WF	120
– Gasetagenheizung bis 50 m² WF	m² WF	140
– Gasetagenheizung bis 80 m² WF	m² WF	120
Thermostatventil für Heizkörper an Stelle Einheitsventil	Stück	80
Fußbodenheizung, Trockensystem	Stück	95
Heizkessel 19 bis 44 kW		
– Gaskessel	Stück	4 750
– Ölkessel	Stück	5 650
– Wechselbrand mit Warmwasser	Stück	7 600
Brenner erneuern	Stück	1 400
Heizungsregelung witterungsgeführt, nachträgliche Montage mit Zentralgerät und Außenfühler	Stück	1 050
Heizungsleitung, Kupfer für Zentralheizung		
– auf Putz	m² WF	25
– unter Putz	m² WF	35
Luftheizung, Wärmetauscher, Wärmerückgewinnung	m² WF	200
Warmwasser		
Warmwasser, Standboiler zentral 200 l		
– Öl	Stück	1 310
– Gas	Stück	800

---

196 In Anlehnung an Simon/Kleiber, Schätzung und Ermittlung von Grundstückswerten, a. a. O., 7. Aufl., S. 633; Schmitz/Böhning/Krings, Altbaumodernisierung im Detail, Konstruktionsempfehlungen (GuG 1994, 295); eigene Ermittlungen.

IV § 8 ImmoWertV — Ermittlung des Verkehrswerts

Gewerk/Bauteil	Einheit	Preisspanne je Einheit in €
Wärmezähler		
– mechanisch	Stück	540
– statisch	Stück	1 000
Öltank		
Öl-Erdtank doppelwandig		
– 5 000 l	Stück	7 550
– 10 000 l	Stück	9 950
III Gas-, Wasser-, Abwasser- und Sanitärinstallation		
Einbau sanitärer Installationen für ein Bad/WC einschließlich Vorarbeiten, anteiliger Abwasser- und Wasserleitungen, Sanitärobjekten und Armaturen		
– WC und Handwaschbecken, einfache Ausführung	Anlage	1 450
– Dusche, Badewanne, WC, Waschtisch, einfache Ausführung	Anlage	2 350–2 850
Warmwasserbereiter einschließlich Vorarbeiten, Anschlüsse und Energieversorgung		
– Durchlauferhitzer 21 kW, dezentrale Bereitung	Stück	440–510
– Elektro-Kochendwassergerät 51 kW	Stück	225–260
– Elektroboiler zentral	Stück	3 550
– Gasdurchlauferhitzer	Stück	1 100
– Ölboiler, dezentrale Bereitung	Stück	4 000
Badausstattung, einfache Ausführung, weiß		
– Waschbecken	Stück	280
– Handwaschbecken	Stück	200
– Standklosett, Spülkasten aufgesetzt	Stück	320
– Wandklosett, Spülkasten aufgesetzt	Stück	380
– Bidet	Stück	520
– Duschwanne	Stück	320
– Duschabtrennung	Stück	950
– Liegewanne	Stück	410
– Anschluss Waschmaschine komplett	Stück	190
– Badmodernisierung in gehobener Ausführung	m²	475
– Kompletterneuerung der Lüftungsanlage für die Bäder	WE	1 950
– Regelungstechnik (Thermostat- und Strangventile, Heizkostenvert.)	WE	360
Kanalisation		
Kanalisation im Haus		
– Kellerablauf mit Geruchs- und Rückstauverschluss, Nennweite 100 mm	Stück	260
– Heizölsperre mit doppeltem Rückstauverschluss, Nennweite 100 mm	Stück	620
– Kanalanschluss	Stück	1 250
– Abflussleitung PVC-hart, Nennweite 100 mm	lfdm	35
IV Elektroinstallationsarbeiten		
Stromversorgung einschließlich aller Installationen und zentralen Anlagen		
– Wohnungen bis 40 m² Wohnfläche	m²	110
– Wohnungen mit 40 bis 60 m² Wohnfläche	m²	85
Elektroinstallationen		
– Türklingel und Türöffner	Stück	116–135
– Türsprechanlage	Stück	420
– Antennenanlage mit Antennensteckdose und Leitungen montiert	Stück	1 420
– Verteilerkasten unter Putz, 2-reihig, 24 Einheiten, 12 Automaten	Stück	200
– Zählerschrank komplett, 2 Felder für Zähler und Tarifgerät, verdrahtet	Stück	520
– Kabelkanäle für Elektroleitungen, 30 × 40 mm Montage auf Putz	lfdm	15
– Elektronetz erneuern bei WF > 100 m²	m²	60

Gewerk/Bauteil	Einheit	Preisspanne je Einheit in €
V Treppenarbeiten		
Instandsetzen alter Holztreppen bis 1,10 m Breite als Wangentreppe einschließlich Ausbauarbeiten, Schuttabtransport, Beiputz und Oberflächenbehandlung	Stufe	95–105
– Kiefernholztreppe, gerade	Stufe	280
– Wendeltreppe, Stahlkonstruktion	Stufe	320
– Verschrauben loser Stufen/Verdübeln, Schraubenköpfe zuspachteln	Stufe	20
– Anstriche abbeizen, 2-fach abziehen, Anstrich	Stufe	30
– Neue Setzstufe	Stufe	30
– Trittstufen ausbessern, Dellen mit Zementspachtel ebnen/Teppich auf Tritt- und Setzstufe	Stufe	60
– Tritt- und Setzstufen erneuern/Oberflächenbehandlung	Stufe	280
Geländerstäbe profilieren und einsetzen	Stab	60
Geländer aus Stahl mit Holzhandlauf		
– gerade	lfdm	200
– gewendelt	lfdm	240
Spindeltreppe, 75 cm breit		
– Holzstufe auf Stahlkonstruktion	Stufe	280
– Holzstufe, Holzstufenkonstruktion	Stufe	320
Betontreppe, 110 cm breit, gerade, mit Gitterrost-Auftritt	Stufe	200
Einschubtreppen, Geschosshöhe bis 3 m mit Rahmen/Klappe		
– aus Holz	Stück	510–650
– aus Aluminium	Stück	1 150
– aus Aluminium, feuerhemmend (F 30)	Stück	1 500
Beläge		
– Terrazzo-Beläge, Tritt- und Setzstufe	Stufe	160
– Natursteinbeläge, Trittstufe/Kantenschutz	Stufe	85
VI Tischlerarbeiten		
Fenster		
Einbau von Holzfenstern mit Isolierverglasung, Ausbau alter Fenster, Schuttabtransport, Verglasung, Beschläge, Beiputz, Oberflächenbehandlung mit Fugenabdichtung		
– einflügelig bis 0,50 m²	m²	680
– einflügelig 0,50 bis 1,00 m²	m²	500
– mehrflügelig 1,00 bis 1,75 m²	m²	460
– mehrflügelig 1,75 bis 2,50 m²	m²	420
Wie zuvor, jedoch Kunststoff-Fenster		
– einflügelig 0,50 bis 1,00 m²	m²	710
– mehrflügelig 1,00 bis 1,75 m²	m²	650
Wie zuvor, jedoch Aluminium-Fenster		
– einflügelig	m²	710
Verbundfenster, Holzsprossenverbundfenster	m²	950
Türen		
Wohnungsinnentür Holz/Kunststoff, einfache Ausführung	Stück	510
Hauseingangstür	Stück	510–3 950
Wohnungseingangstür	Stück	850
Kellertür Stahl, einfache Ausführung	Stück	320
Einbau einer Hauseingangstür, 2,00 bis 3,00 m² einschließlich Ausbau und Abtransport alter Tür, Beschläge, Oberflächenbehandlung, Fugenabdichtung und Beiputz		
– Holz, einfache Ausführung	Stück	1 530–1 900
– Aluminium, einfache Ausführung	Stück	1 550–2 050
Erneuern von Innentüren einschließlich Zarge	Stück	270–510

IV § 8 ImmoWertV — Ermittlung des Verkehrswerts

Gewerk/Bauteil	Einheit	Preisspanne je Einheit in €
Sonstiges		
Holzvertäfelung, einfache Qualität	m²	120
VII Zimmerarbeiten		
Instandsetzen von Holzbalkendecken einschließlich Freilegung der Balken, Schuttabtransport, einem Spanplattenbelag, Beiputzen und Ergänzen der Fußleisten	m²	160–170
Anlaschen von Stahlschuhen und Balkenköpfen	Stück	420–450
Sanierung der Balkenköpfe mit Kunstharz	Stück	440–475
Holzbalkendecke feuerhemmend verkleiden (F 30)	m²	95
Bekleidung von Decke	m²	150
– Holzvertäfelung	m²	150
– Nut- und Federbretter für 20 €/m²	m²	85
– Abgehängte Decke	m²	60
VIII Estrich- und Bodenarbeiten		
Neue Massivdecke einschließlich Schalung und Einstemmen der Auflager	m²	120
Verlegen von Spanplatten auf Rohdecke oder vorhandener Unterkonstruktion einschließlich Vorarbeiten und Randabschlüsse bis 16 mm Dicke einschließlich Lagerhölzer und Dämmung	m²	35–40
Verlegen von Fußbodenbelägen auf Estrich oder vorhandener Unterkonstruktion einschließlich Vorarbeiten und Randabschlüsse		
– Parkett, einfache Ausführung	m²	35–45
– Teppichboden (Materialpreis 20 €/m²)	m²	50
– Bodenfliesen (Materialpreis 15 €/m²)	m²	70
– Fußbodenbelag	m²	70
Estrich auf Massivdecke		
– Zementestrich, schwimmend	m²	30
– Trockenestrich	m²	40
– Fließestrich	m²	35
Holzdielen reparieren	m²	35
Spanplatten auf Dämmung	m²	50
Sockelleisten, Holz, 6 cm hoch, glatt	lfdm	25
IX Maurer- und Putzarbeiten		
Mauerwerk, Bruchstein	m²	400
Mauerwerk, 11,5 cm		
– Ziegel für Putz vorbereiten	m²	60
– Ziegel Sichtmauerwerk	m²	140
– Kalksandstein	m²	60
Plattenwände massiv, innen		
– Vollgipsplatten	m²	80
– Gasbetonplatten	m²	75
– Bimsplatten	m²	60
Leichtbauwand		
– Holz, Gipskarton, 10 cm dick	m²	85
– Metall, Gipskarton, 10 cm dick	m²	100
Instandsetzung von Mauerwerkswänden; aufmauern und verfugen, Wanddicke 24,0 cm; Putzen zusätzlich 10 Prozent	m²	190–200
Herstellung horizontaler Abdichtung gegen aufsteigende Feuchtigkeit durch Bohrlochinjektionsverfahren oder Einschlagen von Edelstahlblechen in 36,5 cm dickes Mauerwerk	m²	155–200
Verkleidungskästen aus Gipskartonplatten, 12,5 cm mit Unterkonstruktion Brandschutz Unterkonstruktion vorhanden	m²	60
Gipskarton-Feuerschutzplatte, 15 mm dick	m²	50
Dämmung		
Mineralfaserplatte 50 mm, Gipsbauplatten 12,5 mm	m²	60

Gewerk/Bauteil	Einheit	Preisspanne je Einheit in €
Heizkörpernische dämmen mit Verbundplatte	m²	140
Kellerdecke Unterseite, gewölbt	m²	38
Wärmedämmverbundsystem		
ohne Unterkonstruktion	m²	80
mit Unterkonstruktion	m²	120
Putzarbeiten		
Aufbringen von Glattputz auf altem Untergrund einschließlich Vorarbeiten (Kalkzementputz auf Mauerwerk)	m²	60
Herstellung einer Faserzement-Plattenverkleidung, einformatige Einfachdeckung einschließlich Unterkonstruktion, Wärmedämmung, Randabschluss und Fugenabdichtung	m²	105–120
Herstellung einer Thermohaut (Wärmedämmverbundsystem) auf 5 – 6 cm dicken Hartschaumplatten, armiert, mit Kunstharz oder Mineralputz einschließlich Randabschlussprofilen und Fugenabdichtung auf neuem Mauerwerk	m²	70–85
Reinigen alter Wandflächen, Dampf- oder Sandstrahl	m²	20–25
Kunststoffputz	m²	25
Trockenputz Gipsbauplatten, 12,5 mm in Ansetzerbinder	m²	35
Putzanstrich, einfache Qualität	m²	13
X Anstrich- und Tapezierarbeiten		
Anstrich und Beschichtung auf neuem Außenputz einschließlich Vorarbeiten, Abdeckung, Überspannung kleiner Risse	m²	13–30
Tapezieren von Wandflächen einschließlich Vorarbeiten, Abdeckung, Entfernen alter Anstriche oder Tapeten (ohne Putzausbesserung)		
– Raufasertapete mit Anstrich	m²	15–25
– Tapete (Rollenpreis 7,50 €)	m²	30–60
Beidseitiger Anstrich von Innentüren einschließlich Zarge	Stück	70–90
XI Loggia		
Erneuerung der Balkonbrüstung	Stück	1 310
Loggiakomplettsanierung einschl. Betoninstandsetzung	Stück	2 620
Herstellen eines Gefälles zur Entwässerung der Loggiadecke	Stück	300
Sanierung der Kragbalken	Stück	330
XII Fassadenarbeiten		
Gerüst	m²	7–13
Reinigen mit Gerüst		
– Abwaschen	m²	25
Putz ausbessern mit Gerüst	m²	60
Putz anbringen mit Gerüst		
– Kalkzementreibeputz	m²	60
– Edel- oder Kunststoffputz	m²	60
– Dämmputz ohne Altputz abschlagen	m²	110
Sichtmauerwerk aus Ziegel		
– neu verfugen mit Gerüst	m²	45

Gewerk/Bauteil	Einheit	Preisspanne je Einheit in €
– Ausbessern der Ziegelflächen ohne Gerüst	m²	110
Fassadenbekleidung mit Gerüst		
– Holzschindeln/Dämmung	m²	240
– Profilbretter	m²	120
– Faserzementplatten/Dämmung	m²	140
Vormauerung aus Mauernziegel, Dämmung, Luftschicht	m²	240
Anstrich		
– mehrfarbig gegliedert mit Gerüst	m²	30
– 2- bis 3-fach einfarbig mit Gerüst	m²	30
Betoninstandsetzung mit Oberflächenschutzsystem	m²	30
XIII Dachdeckungsarbeiten (ohne Entsorgung alter Ziegel)		
Eindeckung geneigter Dächer einschließlich Vorarbeiten, Aufnehmen und Abtransport alter Pfannen und der Unterkonstruktion, neuer Lattung, Unterspannbahn und Dachziegel sowie Formteile, Betondachsteine oder Tonziegel	m²	60–95
Instandsetzen von geneigten Dachdeckungen einschließlich Vorarbeiten, Umdeckung einschließlich neuer Lassung und Unterspannbahn	m²	55–70
Ziegeldach		
– reparieren	m²	25
– umdecken	m²	40
Umdeckung neuer Lattung/Folie	m²	60
Neudeckung		
– Betondachsteine	m²	70
– Ziegelpfannen	m²	70
Wärmedämmung im Dach		
– zwischen Sparren/Gipskartonbekleidung	m²	95
– auf Sparren	m²	70
– unter Sparren/Sperrholzbekleidung	m²	105
Flachdachsanierung mit kompletter Dachhauterneuerung	m²	80
Verstärkung der Wärmedämmung oberste Geschossdecke,	m²	30
Schrägen bekleiden		
– Dämmung 12 cm Gipskarton, Feuerschutzplatten 15 mm (F 30)	m²	105
– Dämmung Feuerschutzplatten 2 × 20 mm (F 90)	m²	170
Pappdach überkleben/Kiesschicht	m²	40
Dachstuhl verstärken durch Bohlen	lfdm	170
Verstärkung der Pfetten	lfdm	240
Erneuern von Stützen und Streben	lfdm	190
Imprägnierung von Holzschutz	m²	30
Dachfenster und Dachgauben		
Dachflächenfenster Wohnräume	Stück	950
Innenjalousien für Dachflächenfenster	Stück	225
Dachfenster, 4-pannig	Stück	110
Dachgaube, einfache Höhe, bis 1,20 ohne Fenster	Stück	775
Klempnerarbeiten		
Herstellen von Dachanschlüssen an Traufen, Gesimsen und aufgehenden Wänden einschließlich Ausbau und Abtransport alter Anschlüsse (Material Zinkblech)	m²	40–55
Dachrinnen aus Zinkblech	lfdm	50
Fallrohr aus Zinkblech (Strang je Geschoss)	Stück	110
Dachrinne aus Zinkblech reparieren	lfdm	25
Dachrinnen aus Kupfer	lfdm	70

Ermittlung des Verkehrswerts § 8 ImmoWertV IV

Gewerk/Bauteil	Einheit	Preisspanne je Einheit in €
Schornsteinarbeiten		
Kaminkopf Höhe 0,75 m abtragen und erneuern	Zug	140
Auskleiden von Schornsteinen mit Edelstahlrohr	m²	250
Ausbessern eines zweizügigen Schornsteinkopfes	Stück	420–485

7.3 Pauschalsätze für Modernisierungskosten des IVD Berlin-Brandenburg e. V. (2009/2010)

436

Pauschalsätze für Modernisierungskosten des IVD Berlin-Brandenburg e.V. (2009/2010)	
Bauzustandsnoten	Durchschnittlicher Kostenaufwand in €/m² Wohnfläche
Sehr gut	Keiner
Gut	Bis ca. 125 €/m² Wohnfläche
Normal	Ca. 125 bis 500 €/m² Wohnfläche
Ausreichend	Ca. 500 bis ca. 1 000 €/m² Wohnfläche
Schlecht	Ca. 1 000 bis ca. 1 500 €/m² Wohnfläche
Sehr gut Deutlich überdurchschnittlicher Unterhaltungszustand, neuwertig oder sehr geringe Abnutzung ohne erkennbare Schäden, kein Instandhaltungs- und Instandsetzungserfordernis. Zustand i. d. R. für Objekte nach durchgreifender Instandsetzung und Modernisierung bzw. bei Neubauobjekten.	
Gut Überdurchschnittlicher baulicher Unterhaltungszustand, relativ neuwertig oder geringe Abnutzung, geringe Schäden, unbedeutender Instandhaltungs- und Instandsetzungsaufwand, Zustand i. d. R. für Objekte nach weiter zurückliegender durchgreifender Instandsetzung und Modernisierung bzw. bei älteren Neubauobjekten.	
Normal: Im Wesentlichen durchschnittlicher baulicher Unterhaltungszustand, normale (durchschnittliche) Verschleißerscheinungen, geringer oder mittlerer Instandhaltungs- und Instandsetzungsaufwand, Zustand i. d. R. ohne durchgreifende Instandsetzung und Modernisierung bei üblicher (normaler) Instandhaltung.	
Ausreichend: Teils mangelhafter, unterdurchschnittlicher baulicher Unterhaltungszustand, stärkere Verschleißerscheinung, erheblicher bis hoher Reparaturstau, größerer Instandsetzungs- und Instandhaltungsaufwand der Bausubstanz erforderlich, Zustand i. d. R. bei vernachlässigter (deutlich unterdurchschnittlicher) Instandhaltung, weitgehend ohne bzw. nur minimale Instandsetzung und Modernisierung.	
Schlecht: Ungenügender, deutlich unterdurchschnittlicher, weitgehend desolater, baulicher Unterhaltungszustand, sehr hohe Verschleißerscheinungen, umfangreicher bis sehr hoher Reparaturstau, umfassende Instandsetzung und Herrichtung der Bausubstanz erforderlich, Zustand i. d. R. für Objekte bei stark vernachlässigter bzw. nicht vorgenommener Instandhaltung, ohne Instandsetzung und Modernisierung, Abbruch wahrscheinlich/möglich/denkbar.	

Quelle: Immobilienpreisservice 2009/2010 des IVD Berlin-Brandenburg e.V.

Abschnitt 2 ImmoWertV:
Bodenrichtwerte und sonstige erforderliche Daten

§ 9 ImmoWertV
Grundlagen der Ermittlung

(1) Bodenrichtwerte (§ 10) und sonstige für die Wertermittlung erforderliche Daten sind insbesondere aus der Kaufpreissammlung (§ 193 Absatz 5 Satz 1 des Baugesetzbuchs) auf der Grundlage einer ausreichenden Zahl geeigneter Kaufpreise unter Berücksichtigung der allgemeinen Wertverhältnisse zu ermitteln. Zu den sonstigen erforderlichen Daten gehören insbesondere Indexreihen (§ 11), Umrechnungskoeffizienten (§ 12), Vergleichsfaktoren für bebaute Grundstücke (§ 13) sowie Marktanpassungsfaktoren und Liegenschaftszinssätze (§ 14).

(2) Kaufpreise solcher Grundstücke, die in ihren Grundstücksmerkmalen voneinander abweichen, sind im Sinne des Absatzes 1 Satz 1 nur geeignet, wenn die Abweichungen

1. in ihren Auswirkungen auf die Preise sich ausgleichen,
2. durch Zu- oder Abschläge oder
3. durch andere geeignete Verfahren berücksichtigt werden können.

Gliederungsübersicht

		Rn.
1	Rechtsgrundlagen	1
2	Ableitungspflicht der Gutachterausschüsse	6
3	Allgemeine Grundsätze der Ableitung	14
4	Fortschreibung	21
5	Veröffentlichung	23

1 Rechtsgrundlagen

Schrifttum: *Mann, W.,* Zur Systematisierung bei der Ableitung erforderlicher Daten der Wertermittlung, GuG 2011, 65; *Mann, W.,* Praxisbeispiele zur Ableitung von Normierungsdatoren, NÖV NRW 2009, 1; *Mann, W.,* Die Regressionsanalyse zur Unterstützung der Anwendung des Normierungsprinzips in der Grundstücksbewertung, ZfV 1005, 283.

1 Nach § 193 Abs. 5 Satz 1 BauGB führt der nach den §§ 192 ff. BauGB eingerichtete **Gutachterausschuss für Grundstückswerte eine Kaufpreissammlung durch und ermittelt Bodenrichtwerte und „sonstige zur Wertermittlung erforderliche Daten".** Zu den sonstigen für die Wertermittlung erforderlichen Daten gehören nach § 193 Abs. 5 Satz 2 BauGB insbesondere

1. Kapitalisierungszinssätze, mit denen die Verkehrswerte von Grundstücken im Durchschnitt marktüblich verzinst werden *(Liegenschaftszinssätze),* für die verschiedenen Grundstücksarten, insbesondere Mietwohngrundstücke, Geschäftsgrundstücke und gemischt genutzte Grundstücke,

2. Faktoren zur Anpassung der Sachwerte an die jeweilige Lage auf dem Grundstücksmarkt *(Sachwertfaktoren),* insbesondere für die Grundstücksarten Ein- und Zweifamilienhäuser,

3. *Umrechnungskoeffizienten* für das Wertverhältnis von sonst gleichartigen Grundstücken, z. B. bei unterschiedlichem Maß der baulichen Nutzung und

4. *Vergleichsfaktoren für bebaute Grundstücke,* insbesondere bezogen auf eine Raum- oder Flächeneinheit der baulichen Anlage (Gebäudefaktor) oder auf den marktüblich erzielbaren jährlichen Ertrag (Ertragsfaktor).

Grundlagen der Ermittlung § **9 ImmoWertV IV**

Es handelt sich hierbei nicht um eine abschließende Aufzählung. § 143a Abs. 3 BBauG 76 hat in diesem Zusammenhang auch noch die **Bewirtschaftungsdaten** benannt; hierzu gehören insbesondere die Mietübersichten.

§ 9 Abs. 1 ImmoWertV enthält eine im Wesentlichen mit § 193 Abs. 5 Satz 2 BauGB deckungsgleiche Aufzählung der „sonstigen für die Wertermittlung erforderlichen Daten" ergänzt um Indexreihen[1]. Im Unterschied zum BauGB findet der im Gesetz an erster Stelle synonym zum Begriff des „Liegenschaftszinssatzes" eingeführte Begriff des **„Kapitalisierungszinssatzes"** in § 14 Abs. 3 der Verordnung nur noch sekundäre Erwähnung.

Die aus fachlicher Sicht **unpräzise Erwähnung eines Kapitalisierungszinssatzes** im BauGB, an den die Vorentwürfe des BMVBS zur ImmoWertV anknüpften, geht auf einen Vorschlag der vom BMVBS eingesetzten Arbeitsgruppe zurück. Hieran ist massiv Kritik geübt worden, denn bei Anwendung des Ertragswertverfahrens ist nicht irgendein Kapitalisierungszinssatz, sondern ein besonderer Kapitalisierungszinssatz maßgebend, nämlich der in § 14 Abs. 3 ImmoWertV definierte Liegenschaftszinssatz, der der international gebräuchlichen *„over all capitalization rate"* entspricht. Dieser Zinssatz dient im Übrigen nicht ausschließlich der Kapitalisierung, sondern auch der Diskontierung, sodass der Begriff insoweit auch falsch ist. Die ImmoWertV hält deshalb an dem bewährten Begriff des „Liegenschaftszinssatzes" fest und erwähnt den Kapitalisierungszinssatz nur noch als Klammerzusatz, um klarzustellen, dass dieser Zinssatz materiell dem im BauGB erwähnten Kapitalisierungszinssatz entspricht.

Die mit § 9 ImmoWertV vorgegebenen **Grundsätze** der Ableitung erforderlicher Daten der Wertermittlung **gelten für die Ableitung aller in den §§ 10 bis 14 ImmoWertV näher behandelten Daten**, namentlich für die Ermittlung von Bodenrichtwerten, Indexreihen, Umrechnungskoeffizienten, Vergleichsfaktoren bebauter Grundstücke (Ertrags- und Gebäudefaktoren), Marktanpassungsfaktoren und Liegenschaftszinssätze, sowie für die nicht näher in der ImmoWertV behandelten sonstigen erforderlichen Daten der Wertermittlung.

§ 9 ImmoWertV ist im Übrigen ohne materielle Änderungen aus § 8 und § 9 Abs. 3 Satz 2 WertV 88/98[2] hervorgegangen.

2 Ableitungspflicht der Gutachterausschüsse

Die Ableitung der „zur Wertermittlung erforderlichen Daten", wie Bodenpreisindexreihen, Liegenschaftszinssätze, Umrechnungskoeffizienten, Marktanpassungsfaktoren und Vergleichsfaktoren für bebaute Grundstücke, ist gemäß § 193 Abs. 5 BauGB eine **Pflichtaufgabe der Gutachterausschüsse**. § 9 Abs. 1 Satz 1 ImmoWertV gibt zu dieser Verpflichtung die wertermittlungstechnischen Hinweise, nach denen die zur Wertermittlung erforderlichen Daten insbesondere

– auf der Grundlage einer ausreichenden Anzahl geeigneter Kaufpreise (aus der Kaufpreissammlung; § 193 Abs. 5 Satz 1 BauGB) und

– unter Berücksichtigung der allgemeinen Wertverhältnisse (auf dem Grundstücksmarkt; § 3 Abs. 3 ImmoWertV)

abzuleiten sind. Mit dem Hinweis, dass die zur Wertermittlung erforderlichen Daten „unter Berücksichtigung der allgemeinen Wertverhältnisse auf dem Grundstücksmarkt" abzuleiten sind, wird verdeutlicht, dass diese Daten zeitlichen Veränderungen unterworfen sind und deshalb stichtagsbezogen ermittelt werden. Gleichzeitig ergibt sich daraus die **Verpflichtung zur Fortführung** dieser Daten, d. h. müssen in periodischen Abständen überprüft und ggf.

---

1 Bezüglich der Anwendung des Sachwertverfahrens führte bereits die Begründung zu § 8 Abs. 1 Satz 1 WertV 88 Baupreisindizes auf.
2 Zur Begründung dieser Vorschrift hat der Verordnungsgeber darauf hingewiesen, dass die Ableitung „letztlich eine wesentliche verfahrenstechnische Vereinfachung und ihre Veröffentlichung einen großen Schritt zu einer vergleichbaren Wertermittlung der Gutachterausschüsse und der freien Sachverständigen" bedeute (vgl. BR-Drucks. 352/88, S. 29 und 45).

erneut ermittelt werden, wenn sich die Lage auf dem Grundstücksmarkt geändert hat. Da die Ableitung dieser Daten nicht Selbstzweck ist, findet die Verpflichtung begriffsnotwendigerweise mindestens dort ihre Grenzen, wo die Daten nicht „erforderlich" sind.

7 Die Verpflichtung geht auf § 143a Abs. 3 BBauG 76 zurück[3]. Nach dieser Vorschrift waren nach Weisung der Gutachterausschüsse für die Wertermittlung wesentliche (= erforderliche) Daten abzuleiten, wobei der Wortlaut auch die Auslegung zuließ, dass die Ableitung grundsätzlich im Ermessen des Gutachterausschusses steht und die Geschäftsstelle zur Ableitung dieser Daten nur verpflichtet ist, wenn der Gutachterausschuss eine dahin gehende Weisung erteilt hat[4].

8 Die Vorschriften des 2. Abschnitts, in denen die den Gutachterausschüssen für Grundstückswerte obliegende Ableitung der zur Wertermittlung erforderlichen Daten geregelt ist, ist nicht nur für die Gutachterausschüsse von Bedeutung. Im Zusammenhang mit den Regelungen zur Ableitung dieser Daten werden auch **Hinweise zur Anwendung dieser Daten gegeben, die bei Verkehrswertermittlungen nach den Grundsätzen allgemeinverbindlich** sind.

9 Die Verpflichtung zur Ableitung der für die Wertermittlung erforderlichen Daten steht im Einklang mit der **Verpflichtung, diese Daten auch zur Wertermittlung heranzuziehen**. Die ImmoWertV enthält hierzu ein aufeinander abgestimmtes System, das die Ableitung und den Gebrauch dieser Daten befiehlt:

– Nach § 11 Abs. 1 ImmoWertV „sollen" Änderungen der allgemeinen Wertverhältnisse auf dem Grundstücksmarkt mit Indexreihen erfasst werden.

– Nach § 12 ImmoWertV „sollen" Wertunterschiede von Grundstücken, die sich aus Abweichungen bestimmter Grundstücksmerkmale sonst gleichartiger Grundstücke ergeben, mithilfe von Umrechnungskoeffizienten erfasst werden.

– Nach § 14 Abs. 1 ImmoWertV „sollen" die allgemeinen Wertverhältnisse auf dem Grundstücksmarkt mit Marktanpassungsfaktoren und Liegenschaftszinssätzen erfasst werden.

– Nach § 15 Abs. 1 Satz 4 ImmoWertV „sind" bei *Anwendung des Vergleichswertverfahrens* Änderungen der allgemeinen Wertverhältnisse auf dem Grundstücksmarkt oder Abweichungen einzelner Grundstücksmerkmale „in der Regel auf der Grundlage von Indexreihen und Umrechnungskoeffizienten" zu berücksichtigen.

– Nach § 14 Abs. 1 ImmoWertV „sollen" die allgemeinen Wertverhältnisse auf dem Grundstücksmarkt (Lage auf dem Grundstücksmarkt) bei *Anwendung des Sach- und Ertragswertverfahrens* mit Marktanpassungsfaktoren (Sachwertfaktoren) und Liegenschaftszinssätzen erfasst werden. Bei Anwendung des Sachwertverfahrens „sind" die allgemeinen Wertverhältnisse nach § 21 Abs. 1 ImmoWertV insbesondere mit den nach § 14 Abs. 2 Nr. 1 ImmoWertV abgeleiteten Sachwertfaktoren zu berücksichtigen. Bei Anwendung des Ertragswertverfahrens „sind" nach § 20 ImmoWertV die nach § 14 Abs. 3 vom Gutachter-

---

[3] Die Ableitung sog. erforderlicher Daten der Wertermittlung, die erstmals mit dem BBauG 76 expressis verbis angesprochen wurde, stellt keineswegs einen erst durch das BBauG 1976 eingeführten Bereich der Wertermittlung dar. Marktanalysen begannen auch nicht erst im letzten Jahrzehnt. Man war auch schon früher bestrebt, die Abhängigkeit der Grundstückswerte von qualitativen Zustandsmerkmalen der Grundstücke und konjunkturellen Einflüssen zu operationalisieren, um auf rationale Weise Wertermittlungen empirisch zu begründen. Von nur historischer Bedeutung sind in diesem Zusammenhang u. a. die Veröffentlichung von Schnabel, Das Taxen des Bodenwertes bebauter städtischer Grundstücke, Hamm 1913; vgl. Strinz in ZfV 1905, 201, 225 ff.; Möring in AVN 1898, 233 ff.; Groeger in ZfV 1921, 165 ff.; Buhr in AVN 1930, 151 ff.; Sarnetzky in AVN 1931, 753; Kirchesch in AVN 1941, 330 ff.; Pinkwart in ZfV 1954, 44 ff.; Grabe in ZfV 1970, 305.

[4] Das heißt, der Gutachterausschuss konnte nach § 143a Abs. 3 BBauG 76 angeben, in welchem Umfang die für die Wertermittlung wesentlichen Daten für seinen Bereich abgeleitet werden (vgl. Dieterich in VR 1976, 346 ff. [347]; 192. Sitzung des BR-Ausschusses für Städtebau und Wohnungswesen vom 26.3.1976). Der Gutachterausschuss wird seiner Geschäftsstelle allerdings nur die Ableitung der Daten auftragen, die er für erforderlich hält. Der Umfang des Notwendigen ist von Gutachterausschuss zu Gutachterausschuss verschieden. So werden in ländlichen Bereichen mit homogenen Grundstücksverhältnissen nicht alle in Betracht kommenden Daten benötigt; z. B. kann ein aus Bodenrichtwerten abgeleiteter Bodenpreisindex mitunter genügen. Anders ist es i. d. R. in den Ballungsräumen. Wegen des Gebots, Gutachten über marktkonforme Verkehrswerte zu erstatten und zu begründen, besteht dort oftmals eine sachliche Verpflichtung des Gutachterausschusses, entsprechende Weisungen zu erteilen, wenn er seine Wertermittlung auf empirisch belegbare Daten gründen und rechtsstaatlichen Anforderungen bei der Wertermittlung im städtebaulichen Bereich genügen will. In dem Maße, in dem die einschlägigen ausgewerteten Kaufpreise sachgerecht in die Wertermittlung Eingang finden, verbessern sich die bewertungstechnischen Grundlagen.

ausschuss abgeleiteten Liegenschaftszinssätze heranzuziehen. Dementsprechend sieht auch § 17 Abs. 2 Nr. 1 und 2 ImmoWertV i. V. m. § 20 ImmoWertV vor, dass der nach § 14 Abs. 3 ImmoWertV abgeleitete Liegenschaftszinssatz bei Anwendung des Ertragswertverfahrens für die Verzinsung und Abzinsung des Bodenwerts maßgebend „ist".

Lediglich die nach § 13 ImmoWertV abgeleiteten **Vergleichsfaktoren bebauter Grundstücke** können nach § 15 Abs. 2 Satz 1 ImmoWertV neben oder anstelle von Vergleichspreisen bei Anwendung des Vergleichswertverfahrens herangezogen werden (**„Kann-Bestimmung"**).

Jedermann, der den Verkehrswert nach den Grundsätzen der ImmoWertV ermitteln will, ist von daher auf die vom Gutachterausschuss abgeleiteten erforderlichen Daten der Wertermittlung angewiesen.

Da die Ableitung dieser Daten nicht Selbstzweck ist, findet die Verpflichtung begriffsnotwendigerweise mindestens dort ihre Grenzen, wo die Daten nicht „erforderlich" sind. Darüber hinaus kann sich die Verpflichtung nicht auf die Ableitung von Daten erstrecken, die z. B. mit den zur Verfügung stehenden „geeigneten" und „ausgewerteten" Kaufpreisen nicht ableitbar sind.

Kritik an der Leistungsfähigkeit der Gutachterausschüsse für Grundstückswerte, dieser Aufgabenzuweisung nachzukommen, äußert *Petersen*[5], nach dem mehr als die Hälfte der Gutachterausschüsse dieser Aufgabe nicht nachkommen können.

3 Allgemeine Grundsätze der Ableitung

§ 9 enthält keine Regelungen, nach welchen Verfahren die zur Wertermittlung erforderlichen Daten ermittelt werden; die Vorschrift gibt mit Abs. 1 Satz 1 lediglich den Hinweis, dass die Daten insbesondere aus der Kaufpreissammlung nach § 193 Abs. 5 Satz 1 BauGB abzuleiten sind, und zwar

— auf der Grundlage einer ausreichenden Anzahl „geeigneter" Kaufpreise[6] und

— unter Berücksichtigung der allgemeinen Wertverhältnisse auf dem Grundstücksmarkt (§ 3 Abs. 3 ImmoWertV).

§ 9 Abs. 2 ImmoWertV gibt ergänzende Hinweise zu den „geeigneten" Kaufpreisen.

Mit der in § 9 Abs. 1 Satz 1 ImmoWertV geforderten **„ausreichenden Anzahl geeigneter Kaufpreise"** knüpft die Verordnung, wie im Übrigen auch in § 15 Abs. 1 Satz 1 ImmoWertV, an allgemeine (statistische) Regeln empirischer Auswertungen von Vergleichsdaten an.

Geeignete Kaufpreise sind solche, die

— die Lage auf dem Grundstücksmarkt in Bezug auf die jeweiligen Grundstücksmerkmale, auf die sich die zur Wertermittlung erforderlichen Daten beziehen sollen, mit hinreichender Übereinstimmung (vgl. § 15 Abs. 1 Satz 2 ImmoWertV) repräsentieren und

— den allgemeinen Wertverhältnissen auf dem Grundstücksmarkt zu dem Zeitpunkt entsprechen, auf den sich die zur Wertermittlung erforderlichen Daten beziehen sollen (Bezugsstichtag).

Da jedoch nur in Ausnahmefällen eine „ausreichende Zahl" von Vergleichspreisen (Kaufpreise) mit hinreichend übereinstimmenden Grundstücksmerkmalen zur Verfügung stehen, lässt die Regelung auch die Heranziehung von Vergleichspreisen solcher Grundstücke zu, die abweichende Grundstücksmerkmale aufweisen. Soweit die Grundstücke, deren Kaufpreis zur

---

5 Petersen, Marktorientierte Immobilienbewertung, 5. Aufl., S. 51.
6 Die Vorschrift ist § 10 Abs. 1 Satz 2 WertV 88/89 entnommen.

Ableitung der zur Wertermittlung erforderlichen Daten herangezogen werden sollen, in ihren wertbeeinflussenden Grundstücksmerkmalen voneinander abweichen, sind solche **vergleichsstörenden Momente bei der Zusammensetzung des Datenmaterials** sowie durch dessen Bearbeitung zu eliminieren. Nur so ist gewährleistet, dass die erforderlichen Daten der Wertermittlung aus vergleichbaren und für die Lage auf dem Bodenmarkt repräsentativen Kauffällen abgeleitet werden.

18 Nach § 9 Abs. 2 ImmoWertV sollen deshalb auch Kaufpreise von Grundstücken mit abweichenden Grundstücksmerkmalen als geeignet gelten, wenn die **vergleichsstörenden Abweichungen**

- sich in ihren Auswirkungen auf die Preise ausgleichen,
- durch Zu- oder Abschläge oder
- durch andere geeignete Verfahren berücksichtigt werden können[7].

19 Die **1. Alternative** spricht das sog. Gesetz der großen Zahl an, nach dem sich Abweichungen der Grundstücksmerkmale bei stochastischer Verteilung durch Aggregation der Kaufpreise – z. B. bei der Mittelwertbildung – wertmäßig ausgleichen, wenn nur eine hinreichende Anzahl von Kaufpreisen herangezogen worden ist. Andernfalls sind nach der **2. Alternative** Abweichungen der wertbeeinflussenden Grundstücksmerkmale durch Zu- oder Abschläge oder aber durch „andere geeignete Verfahren" – z. B. mathematische Methoden – zu berücksichtigen (**3. Alternative**).

20 Darüber hinaus ist zu fordern, dass die zur Ableitung der erforderlichen Daten herangezogenen Vergleichspreise (Kaufpreise) nicht nur hinsichtlich der Grundstücksmerkmale vergleichbar sind, sondern auch hinsichtlich der *„allgemeinen Wertverhältnisse auf dem Grundstücksmarkt"*, d. h., es sind möglichst zeitnah angefallene Vergleichspreise (Kaufpreise) heranzuziehen. Soweit sie von den allgemeinen Wertverhältnissen des Bezugsstichtags abweichen, sind sie in entsprechender Anwendung vorstehender Grundsätze geeignet. Vergleichspreise (Kaufpreise), die den allgemeinen Wertverhältnissen des Bezugsstichtags nicht entsprechen, sind mit geeigneten Indexreihen auf die allgemeinen Wertverhältnisse des Bezugsstichtags umzurechnen.

4 Fortschreibung

21 Nach § 9 Abs. 1 Satz 1 ImmoWertV sind die erforderlichen Daten der Wertermittlung auf der Grundlage einer ausreichenden Zahl geeigneter Kaufpreise „unter Berücksichtigung der *„allgemeinen Wertverhältnisse"* abzuleiten. Aus diesem Hinweis folgt, dass

a) die Daten marktkonform abzuleiten sind und

b) bei Änderung der Marktlage fortzuschreiben sind.

22 Eine Fortschreibung der von den Gutachterausschüssen abgeleiteten erforderlichen Daten der Wertermittlung ist in der Vorschrift nicht expressis verbis angesprochen. Die Vorschrift gibt jedoch vor, dass die erforderlichen Daten unter Berücksichtigung der allgemeinen Wertverhältnisse auf dem Grundstücksmarkt abzuleiten sind. Haben sich die allgemeinen Wertverhältnisse geändert, ergibt sich daraus die **Verpflichtung zur Fortschreibung der abgeleiteten Daten.** Dies bedeutet nicht, dass die Daten in bestimmten Zeitabständen stets neu abzuleiten sind. Eine periodische Überprüfung ist gleichwohl angezeigt, wobei eine Fortführung dann erforderlich wird, wenn sich Anhaltspunkte ergeben, dass sich die Lage auf dem Grundstücksmarkt geändert hat. Lediglich die Indexreihen sollten alljährlich ergänzt werden, selbst dann, wenn sich der Index nicht weiterentwickelt hat.

---

7 Die Vorschrift ist § 9 Abs. 3 Satz 2 WertV 88/89 entnommen.

5 Veröffentlichung

Der mit der ImmoWertV vorgegebenen Verpflichtung zur Heranziehung der vom Gutachterausschuss für Grundstückswerte abgeleiteten erforderlichen Daten kann von den außerhalb der Gutachterausschüsse stehenden Sachverständigen nur nachgekommen werden, wenn der Gutachterausschuss die abgeleiteten Daten auch in einer Weise veröffentlicht, die eine sachgerechte Anwendung dieser Daten gewährleistet (**Grundsatz der Modellkonformität**, vgl. Vorbem. zur ImmoWertV Rn. 34). 23

Die ImmoWertV enthält keine Regelungen zur **Veröffentlichung der Bodenrichtwerte und sonstiger Daten** der Wertermittlung, weil dies nach § 199 Abs. 2 Nr. 4 BauGB unter die **Regelungskompetenz der Länder** fällt (vgl. § 199 BauGB). 24

An die Veröffentlichung sind hohe Ansprüche zu stellen, denn sie soll es den außerhalb der Gutachterausschüsse tätigen Sachverständigen ermöglichen, damit sachgerecht umzugehen. Dies bedeutet, dass die Veröffentlichung neben Angaben zur Methode der Ableitung, dem Bezugsstichtag und die Grundstücksmerkmale der Objekte, die der Ableitung der veröffentlichten Daten zugrunde liegen. Die konkreten Angaben der Grundstücksmerkmale des Referenzgrundstücks (Normgrundstücks) sind erforderlich, um Abweichungen der Grundstücksmerkmale des zu bewertenden Grundstücks von den Eigenschaften des Referenzgrundstücks sachgerecht berücksichtigen zu können. Erforderlich sind insbesondere Angaben über 25

– die Art der Grundstücke, für die die Daten abgeleitet wurden,
– der Modellansatz der üblichen Gesamtnutzungsdauer,
– das durchschnittliche Baujahr bzw. die durchschnittliche Restnutzungsdauer der ausgewerteten Vergleichsfälle,
– die durchschnittliche Lage und die durchschnittlichen Eigenschaften (Grundstücksmerkmale) der Vergleichsfälle,
– die Angaben zu den durchschnittlichen Eigenschaften der baulichen Anlage (durchschnittliche Ausstattung, Geschosshöhe, Größe, energetischer Zustand usw.),
– den Geltungsbereich,
– die ggf. herangezogenen Normalherstellungskosten und ihrem Bezugsjahr,
– ggf. Baunebenkosten,
– ggf. Alterswertminderungskurve,
– ggf. die herangezogene Baupreisindexreihe,
– ggf. Angaben zur Berücksichtigung bzw. Nichtberücksichtigung von Ortsgrößen- und Regionalfaktoren ggf. unter Angabe ihrer Höhe,
– ggf. Angaben zur Berücksichtigung bzw. Nichtberücksichtigung sog. c-Flächen, besonders berücksichtigten Bauteile, Einrichtungen und sonstiger Vorrichtungen sowie zu baulichen und sonstigen Außenanlagen ggf. unter Angabe des üblichen Umfangs,
– das herangezogene Datenmaterial und
– sonstige für die Aussagefähigkeit dieser Daten wesentlichen Bezüge

enthalten muss und – sofern es geboten erscheint – mithilfe geeigneter Karten erläutert werden. Ebenso wie bei der Veröffentlichung der Bodenrichtwerte wäre der Gutachterausschuss jedoch überfordert, wenn er sämtliche und jedem Einzelfall genügende Bezüge der erforderlichen Daten der Wertermittlung offenzulegen hätte.

In diesem Sinne ist die Veröffentlichung von **Liegenschaftszinssätzen** und **Marktanpassungsfaktoren (Sachwertfaktoren)** mit der genauen Angabe zu versehen, auf welche Objekte (Referenzgrundstücke einschließlich deren Restnutzungsdauer und Lage) sie sich bezieht; des Weiteren ist im Hinblick auf ihre modellkonforme Anwendung die **Methodik ihrer Ableitung** offenzulegen. 26

§ 10 ImmoWertV
Bodenrichtwerte

(1) Bodenrichtwerte (§ 196 des Baugesetzbuchs) sind vorrangig im Vergleichswertverfahren (§ 15) zu ermitteln. Findet sich keine ausreichende Zahl von Vergleichspreisen, kann der Bodenrichtwert auch mit Hilfe deduktiver Verfahren oder in anderer geeigneter und nachvollziehbarer Weise ermittelt werden. Die Bodenrichtwerte sind als ein Betrag in Euro pro Quadratmeter Grundstücksfläche darzustellen.

(2) Von den wertbeeinflussenden Merkmalen des Bodenrichtwertgrundstücks sollen der Entwicklungszustand und die Art der Nutzung dargestellt werden. Zusätzlich sollen dargestellt werden:

1. bei landwirtschaftlich genutzten Flächen gegebenenfalls die Bodengüte als Acker- oder Grünlandzahl,
2. bei baureifem Land der erschließungsbeitragsrechtliche Zustand sowie je nach Wertrelevanz das Maß der baulichen Nutzung, die Grundstücksgröße, -tiefe oder -breite und
3. bei förmlich festgelegten Sanierungsgebieten (§ 142 des Baugesetzbuchs) und förmlich festgelegten Entwicklungsbereichen (§ 165 des Baugesetzbuchs) der Grundstückszustand, auf den sich der Bodenrichtwert bezieht; dabei ist entweder der Grundstückszustand vor Beginn der Maßnahme oder nach Abschluss der Maßnahme darzustellen.

Deckt der Bodenrichtwert verschiedene Nutzungsarten oder verschiedene Nutzungsmaße ab, sollen diese ebenfalls dargestellt werden.

(3) Die Bodenrichtwerte sind in automatisierter Form auf der Grundlage der amtlichen Geobasisdaten zu führen.

Gliederungsübersicht Rn.

1 Allgemeines
   1.1 Rechtsgrundlagen 1
   1.2 Bodenrichtwerte 2
   1.3 Entstehungsgeschichte der Vorschrift 8
   1.4 Ziel und Zweck von Bodenrichtwerten
       1.4.1 Transparenz des Grundstücksmarktes 16
       1.4.2 Wertermittlungsgrundlage 19
   1.5 Typologie der Bodenrichtwerte
       1.5.1 Übersicht 24
       1.5.2 Allgemeine Bodenrichtwerte 26
       1.5.3 Besondere Bodenrichtwerte 28
       1.5.4 Bodenrichtwerte für steuerliche Bewertungen 33
       1.5.5 Generalisierte Boden(richt)werte 39
2 Ableitung von Bodenrichtwerten (§ 10 Abs. 1 ImmoWertV)
   2.1 Allgemeines 40
   2.2 Bodenrichtwertableitung für Gebiete mit Grundstücksverkehr 42
   2.3 Bodenrichtwertableitung für Gebiete ohne Grundstücksverkehr
       2.3.1 Allgemeines 43
       2.3.2 Bodenrichtwerte für bebaute Gebiete 48
3 Darstellung von Bodenrichtwerten bei ihrer Veröffentlichung (§ 10 Abs. 2 ImmoWertV)
   3.1 Allgemeines 49
   3.2 Darstellung in Bodenrichtwertkarten und Bodenrichtwertlisten 51
   3.3 Bodenrichtwertzonen 59
   3.4 Attributierung des Bodenrichtwertgrundstücks
       3.4.1 Allgemeines 70
       3.4.2 Art und Maß der baulichen Nutzung 74
   3.5 Bodenrichtwertübersichten 79
4 Automatisierte Form (§ 10 Abs. 3 ImmoWertV) 80
5 Adressen und Bodenrichtwerte im Internet 82

1 Allgemeines

1.1 Rechtsgrundlagen

Schrifttum: *Bizer, K., Joeris, D.* in GuG 1998, 132; *Dicke, M.*, Ermittlung von Bodenrichtwerten bei eingeschränkter Verfügbarkeit von Kaufpreisen, NÖV 1998, 57; *Knospe, F./Schaar, W.*, Zonale Bodenrichtwerte – das Essener Modell, GuG 2011, 193; *Küting/Trappmann/Kessler*, Die Eignung von Bodenrichtwerten zur Ausfüllung der bilanziellen Bewertungsmaßstäbe bei Grundstücken nach HGB und IFRS, DB 2006, 1853; *Reinhardt, W.*, Bodenrichtwerte, GuG 2009, 321; *Reinhardt, W.*, Ermittlung von Bodenrichtwerten, GuG 2011, 8, 92; *Thomsen/Nitsch*, Hedonische Modellierung von Bodenrichtwerten, GuG 2010, 82.

▶ *Allgemeines bei § 193 BauGB Rn. 3, 10 ff.; § 196 BauGB Rn. 3, 10 ff., sowie bei § 16 ImmoWertV Rn. 2 ff.; Syst. Darst. des Vergleichswertverfahrens Rn. 155 ff.; Syst. Darst. des Ertragswertverfahrens Rn. 124 ff.*

§ 10 ImmoWertV regelt ergänzend zu § 193 Abs. 5 Satz 1 i. V. m. § 196 BauGB[1] die den Gutachterausschüssen für Grundstückswerte als Pflichtaufgabe obliegende **Ermittlung von Bodenrichtwerten** *(land reference value).*

– Nach *Abs. 1* sind Bodenrichtwerte vorrangig im Vergleichswertverfahren (§ 15) zu ermitteln und als ein Betrag in Euro pro Quadratmeter Grundstücksfläche darzustellen; die Vorschrift ergänzt die allgemeinen mit § 9 vorgegebenen wertermittlungstechnischen Grundlagen (vgl. § 9 Rn. 10 ff.).

– *Abs. 2* regelt die Darstellung der Bodenrichtwerte.

– Nach *Abs. 3* sind die Bodenrichtwerte in automatisierter Form auf der Grundlage der amtlichen Geobasisdaten zu führen.

1.2 Bodenrichtwerte

▶ *Vgl. Rn. 25, 35; § 196 BauGB Rn. 9; § 193 BauGB Rn. 3, 10*

Die Vorschrift enthält wie im Übrigen auch das BauGB keine **Definition des Bodenrichtwerts**. Nach herrschender Auffassung sind Bodenrichtwerte stichtagsbezogene durchschnittliche Lagewerte des Grund und Bodens pro Quadratmeter bebauter oder unbebauter Grundstücksfläche für Gebiete, die nach Art und Maß im Wesentlichen gleiche Lage- und Nutzungsverhältnisse aufweisen. Sie sind nach § 196 Abs. 1 Satz 1 BauGB unter „Berücksichtigung des unterschiedlichen Entwicklungszustands" (§ 5 ImmoWertV) flächendeckend zu ermitteln und nach § 196 Abs. 3 Satz 1 BauGB zu veröffentlichen. Jedermann kann von der Geschäftsstelle des Gutachterausschusses Auskunft über die Bodenrichtwerte verlangen. Darüber hinaus gehende Regelungen zur Veröffentlichung von Bodenrichtwerten können den aufgrund der Ermächtigung nach § 199 Abs. 2 Nr. 4 BauGB erlassenen Gutachterausschussverordnungen der Länder entnommen werden.

Nach § 196 Abs. 1 Satz 3 BauGB sind für die Ableitung von Bodenrichtwerten „Richtwertzonen zu bilden, die jeweils Gebiete umfassen, die nach Art und Maß der Nutzung weitgehend übereinstimmen". Damit wird bundesrechtlich die Ableitung sog. „zonaler Bodenrichtwerte" vorgeschrieben. Als **zonale Bodenrichtwerte** definieren sich die für eine lagemäßig parzellenscharf abgegrenzte Bodenrichtwertzone ermittelten durchschnittlichen Lagewerte des Grund und Bodens.

Der für die Bodenrichtwertzone dargestellte Bodenrichtwert bezieht sich auf ein Grundstück, dessen Zustandsmerkmale für die in der Bodenrichtwertzone gelegenen Grundstücke typisch sind. Demzufolge bezieht sich der Bodenrichtwert auf ein i. d. R. fiktives **Bodenrichtwertgrundstück**. § 196 Abs. 1 Satz 4 BauGB gibt diesbezüglich vor, dass die wertbeeinflussen-

---

[1] Zur historischen Entwicklung vgl. Kleiber in Ernst/Zinkahn/Bielenberg, BauGB, § 196 BauGB Rn. 2 ff.

den Merkmale des Bodenrichtwertgrundstücks (bei ihrer Veröffentlichung) darzustellen sind. Diese bestimmen sich nach den durchschnittlichen wertbeeinflussenden Merkmalen (Eigenschaften) der in der Zone gelegenen Grundstücke.

5 Die **Ermittlung der Bodenrichtwerte ist eine Pflichtaufgabe des Gutachterausschusses für Grundstückswerte**, auf die Ermittlung von Bodenrichtwerten und deren Darstellung in Bodenrichtwertkarten besteht allerdings kein einklagbarer Anspruch[2].

6 **Bodenrichtwerte sind** nach Maßgabe des § 196 Abs. 1 Satz 5 BauGB **periodisch zu ermitteln und** nach § 196 Abs. 3 BauGB **zu veröffentlichen**; jedermann kann von der Geschäftsstelle des Gutachterausschusses Auskunft über die Bodenrichtwerte verlangen (vgl. § 196 BauGB Rn. 9, 112 ff.). § 10 ImmoWertV gibt für die Darstellung von Bodenrichtwerten bei deren Veröffentlichung bundesrechtliche Mindestanforderungen. Darüber hinaus gehende Regelungen zur Veröffentlichung von Bodenrichtwerten können den aufgrund der Ermächtigung nach § 199 Abs. 2 Nr. 4 BauGB erlassenen Gutachterausschussverordnungen der Länder entnommen werden.

7 Die von den Gutachterausschüssen abgeleiteten **Bodenrichtwerte sind** wie die Gutachten der Gutachterausschüsse im Übrigen **unverbindlich**; dies gilt grundsätzlich auch für die Finanzverwaltung (vgl. Rn. 25, 35)[3].

1.3 Entstehungsgeschichte der Vorschrift

▶ *Vgl. Rn. 63 ff., Vorbem. zur ImmoWertV Rn. 20*

8 § 10 ImmoWertV geht auf die im Zuge der Erbschaftsteuerreform[4] erweiterte **Ermächtigungsgrundlage** des § 199 Abs. 1 BauGB in der ab 1.7.2009 geltenden Fassung zurück. Im Hinblick auf die gewachsene Bedeutung der Bodenrichtwerte für die steuerliche Bewertung ist die bis dahin den Landesregierungen zugesprochene Ermächtigung, Rechtsvorschriften über die Ermittlung von Bodenrichtwerten zu erlassen, auf die Bundesregierung (BReg) übertragen worden. Der Erlass von entsprechenden Rechtsvorschriften durch die BReg bedarf jedoch der Zustimmung des Bundesrates.

9 Der in der 14. Legislaturperiode von der BReg am 1. April 2009 beschlossene **1. Regierungsentwurf**[5] (RegE) sah noch stringente Regelungen zur Ableitung und Darstellung von Bodenrichtwerten vor:

„**§ 10 ImmoWertV** (Bodenrichtwerte) i. d. F. des 1. RegE

(1) Bodenrichtwerte (§ 196 des Baugesetzbuchs) sind vorrangig im Vergleichswertverfahren (§ 15) zu ermitteln. Findet sich keine ausreichende Zahl von Vergleichspreisen, kann der Bodenrichtwert auch mit Hilfe deduktiver Verfahren oder in anderer geeigneter und nachvollziehbarer Weise ermittelt werden. Die Bodenrichtwerte sind als ein Betrag in Euro pro Quadratmeter Grundstücksfläche darzustellen.

(2) Von den wertbeeinflussenden Merkmalen des Bodenrichtwertgrundstücks sollen der Entwicklungszustand und die Art der Nutzung dargestellt werden. Zusätzlich sollen dargestellt werden:

1. bei landwirtschaftlich genutzten Flächen gegebenenfalls die Bodengüte als Acker- oder Grünlandzahl,
2. bei baureifem Land das Maß der baulichen Nutzung, der erschließungsbeitragsrechtliche Zustand sowie die Grundstücksgröße und
3. bei förmlich festgelegten Sanierungsgebieten (§ 142 des Baugesetzbuchs) und förmlich festgelegten Entwicklungsbereichen (§ 165 des Baugesetzbuchs) der Grundstückszustand, auf den sich der Bodenrichtwert bezieht; dabei ist entweder der Grundstückszustand vor Beginn der Maßnahme oder nach Abschluss der Maßnahme darzustellen.

Deckt der Bodenrichtwert verschiedene Nutzungsarten oder verschiedene Nutzungsmaße ab, sollen diese ebenfalls dargestellt werden.

---

2 Vgl. VG Stuttgart, Urt. vom 4.11.1986 – 13 K 241/86 –, GuG 1990, 103 = EzGuG 11.160.
3 Vgl. BT-Drucks. 7/4793 zu § 143b BBauG 76.
4 Erbschaftsteuerreformgesetz – ErbStRG – vom 24.12.2008, BGBl. I 2008, 3018.
5 BR-Drucks. 298/09 vom 3.4.2009.

(3) Die Richtwertzone soll so abgegrenzt werden, dass die auf den Quadratmeter umgerechneten Bodenwerte der einzelnen Grundstücke um nicht mehr als 20 Prozent nach oben oder unten vom Bodenrichtwert abweichen. Abweichungen, die sich aus nicht mit dem Bodenrichtwertgrundstück übereinstimmenden Grundstücksmerkmalen einzelner Grundstücke ergeben, sind nicht zu berücksichtigen."

Zur Begründung führt der 1. RegE vom 1. April 2009 aus:

„**Absatz 3** betrifft die Abgrenzung der Richtwertzonen (vgl. § 196 Absatz 1 Satz 5 BauGB). Die ‚Soll'-Vorschrift sieht für die Zwecke der Abgrenzung der Richtwertzone wie die ‚Musterrichtlinie' eine 20%ige Toleranz vor, innerhalb der der Wert der lagetypischen Grundstücke um den Bodenrichtwert schwanken darf. Auch das Bundesverfassungsgericht hat in seiner Entscheidung vom 7. November 2006 – I BvL 10/02 – betreffend die Grundstücksbewertung im Rahmen der Erbschaftsteuer eine 20%ige Streubreite zugrunde gelegt, innerhalb derer ein Verkehrswert als „noch vertretbar" angesehen wird. Insoweit sind indes, wie in **Satz 2** klargestellt wird, Grundstücke mit vom Richtwertgrundstück abweichenden wertbeeinflussenden Merkmalen nicht zu berücksichtigen."

Der Bundesrat wollte dieser Fassung nur mit der Maßgabe zustimmen, dass

a) bei der Attributierung der Bodenrichtwerte „eine Wahlmöglichkeit zwischen dem Maß der baulichen Nutzung und der Grundstücksgröße" als „wertbestimmendes Merkmal" des angegebenen Bodenrichtwerts (fakultative Attributierung) besteht und

b) die in § 10 Abs. 3 RegE vorgesehene **Abweichungsquote von 20% auf 30% erhöht** wird.

Nach dem Vorschlag des Bundesrates sollte § 10 Abs. 3 folgende Fassung haben:

„(3) Die Bodenrichtwertzone soll so abgegrenzt werden, dass die auf den Quadratmeter umgerechneten Bodenwerte der einzelnen Grundstücke um nicht mehr als 30 Prozent nach oben oder nach unten vom Bodenrichtwert abweichen. Abweichungen, die sich aus nicht mit dem Bodenrichtwertgrundstück übereinstimmenden Grundstücksmerkmalen einzelner Grundstücke ergeben, sind nicht zu berücksichtigen."

Abweichungen, die sich aus nicht mit dem Bodenrichtwertgrundstück übereinstimmenden Grundstücksmerkmalen einzelner Grundstücke ergeben, sollten darüber hinaus nicht berücksichtigt werden.

Der Bundesrat weist zur Begründung seines Beschlusses darauf hin, dass „eine Abweichung der Bodenrichtwerte der einzelnen Grundstücke um maximal 20% ober- oder unterhalb des Bodenrichtwerts in der Gesamtheit unrealistisch"[6] und die Grenze von 30% bereits in den **Musterrichtlinien der ARGEBAU** über Bodenrichtwerte[7] enthalten sei. Er könne auch keinen „Zusammenhang zu dem in der vorstehenden Begründung genannten Erbschaftsteuerurteil und den dort gemachten Ausführungen zur Streubreite zum Verkehrswert" erkennen, da der Verkehrswert und der Bodenrichtwert keinen Zusammenhang haben und somit „eine Angleichung der Abweichungsquote willkürlich" sei. Weiterhin heißt es:

„Die Entscheidung, dass der aus der Wertermittlung für ein bestimmtes Objekt hervorgegangene Verkehrswert maximal um ± 20 Prozent vom Marktwert abweichen darf, ist nachvollziehbar. Allerdings kann diese Entscheidung nicht auf den Bodenrichtwert übertragen werden, denn hierbei handelt es sich um einen Wert, der für die Mehrzahl von Grundstücken ermittelt wurde, die im Wesentlichen gleiche Nutzungs- und Wertverhältnisse haben."

Die BReg hat der vom Bundesrat vorgeschlagenen Heraufsetzung der Abweichungsquote nicht zustimmen wollen. Der 1. RegE vom 1. April 2009 war damit gescheitert. Zur Begründung wird darauf verwiesen, dass sie anders als der Bundesrat der Auffassung sei, dass eine 30%ige Toleranz bei der Abgrenzung der Bodenrichtwertzonen[8] angesichts der Bedeutung der Bodenrichtwerte für die steuerliche Bewertung nicht generell zugelassen werden könne. Die Bodenrichtwerte i. S. des § 196 des Baugesetzbuchs (BauGB) seien nach ständiger höchstrichterlicher Rechtsprechung für die im Steuerrechtsverhältnis Beteiligten verbindlich und einer gerichtlichen Überprüfung regelmäßig nicht zugänglich. Sie sind daher von den Finanzbehörden und -gerichten grundsätzlich ungeprüft ohne eigenen Beurteilungsspielraum

---

6 BR-Drucks. 296/09 (Beschluss) vom 15.5.2009.
7 Musterrichtlinien über Bodenrichtwerte der ARGEBAU, GuG 2001, 44.
8 BR-Drucks. 296/09, Nr. 3 – Beschluss.

unmittelbar der Bewertung zugrunde zu legen[9]. Infolgedessen sind an die Qualität der Bodenrichtwerte, insbesondere unter Berücksichtigung der Grundsätze der **Entscheidung des BVerfG**[10] zur Verfassungsmäßigkeit der Erbschaftsteuer, erhöhte Anforderungen zu stellen.

14 Da zu dieser Frage mit den Ländern kein Einvernehmen erzielt werden konnte, wurde mit dem am 24.3.2010 beschlossenen 2. RegE auf jedwede Vorgaben für die bei der Bodenrichtwertermittlung einzuhaltenen Toleranzgrenzen verzichtet[11]. § 10 sieht keinerlei Abweichungsquoten vor, nach der Bodenrichtwertzonen so abzugrenzen sind, dass die auf den Quadratmeter umgerechneten Bodenwerte der einzelnen Grundstücke um nicht mehr als einen gesetzlich vorgegebenen Prozentsatz nach oben oder nach unten vom Bodenrichtwert abweichen („Nulllösung"). Die BReg ist damit hinter den vom Bundesrat zum 1. RegE empfohlenen Vorgaben zurückgefallen. Diese waren auch mit 30 % „eng" gesteckt, wenn man bedenkt, dass auch ein „spitz" ermittelter Bodenwert recht häufig mit einer Unsicherheitsmarge von bis zu ± 20 % (und mitunter auch mehr) behaftet ist.

Der von der BReg eingegangene „Kompromiss", dem der Bundesrat nicht widersprochen hat, ist fachlich zu bedauern, denn tatsächlich ist die in der genannten Entscheidung des BVerfG angesprochene Abweichungsmarge lediglich bei der Einzelbewertung zu beachten, ohne dass daraus eine direkte Vorgabe für die Ableitung von Bodenrichtwerten folgt. Die in der steuerlichen Bewertungspraxis herangezogenen Bodenrichtwerte mögen zwar einer gerichtlichen Überprüfung regelmäßig nicht zugänglich sein, gleichwohl sind sie modifizierbar, um die in der Entscheidung des BVerfG angesprochene Abweichungsmarge einzuhalten (vgl. Syst. Darst. des Vergleichswertverfahrens Rn. 167 ff.). Mit diesem „Kompromiss" hat man die Chance vergeben, zu einer deutlichen Verbesserung des Bodenrichtwertgefüges zu kommen, denn die konsequente Beachtung der **vom Bundesrat vorgeschlagene Toleranzmarge von mindestens 30 %** hätte vielerorts zu einer Verdichtung des Bodenrichtwertgefüges und Intensivierung der Bodenrichtwertausweisung geführt.

15 Im Zuge der Behandlung des 1. RegE der ImmoWertV wurde vom Agrarausschuss des Bundesrates zudem vorgeschlagen, dass für Gebiete, in denen die Grundstücke erheblich unterschiedliche Grundstücksmerkmale aufweisen und deshalb keine eigenen Bodenrichtwertzonen gebildet werden könnten (sog. Gemeingelagen), auch „mehrere sich ganz oder teilweise überlagernde" Bodenrichtwertzonen mit jeweils unterschiedlichen Bodenrichtwertgrundstücken gebildet werden können[12]. Diesen Vorschlag hat sich der Bundesrat nicht zu eigen gemacht[13].

1.4 Ziel und Zweck von Bodenrichtwerten

1.4.1 Transparenz des Grundstücksmarktes

▶ *Vgl. § 196 BauGB Rn. 6*

16 **Bodenrichtwerte und ihre Veröffentlichung sind ein Instrument zur Verbesserung der Transparenz des Grundstücksmarktes.** Sie sollen ebenso wie die „sonstigen" nach § 199 Abs. 2 Nr. 4 BauGB zu veröffentlichenden Daten der Wertermittlung die Übersichtlichkeit des Bodenmarktes insbesondere für private Belange, für die Belange der Wirtschaft, des Rechtswesens und der Besteuerung verbessern und zu einer Beruhigung der Marktverhältnisse beitragen, ohne diese jedoch unmittelbar durch staatlich lenkende Eingriffe zu beeinflussen[14]. Zu diesem Zweck sind Bodenrichtwerte nach § 196 Abs. 1 Satz 5 BauGB periodisch zu ermitteln und nach § 196 Abs. 3 Satz 2 BauGB i. V. m. der Rechtsverordnung nach § 199 Abs. 2 Nr. 4 BauGB zu veröffentlichen; darüber hinaus hat nach § 196 Abs. 3 Satz 2 BauGB jedermann ein Recht auf Auskunft über die Bodenrichtwerte. Damit stellen

---

9 Vgl. BFH, Urt. vom 16.12.2009 – II R 15/09 –, GuG 2010, 255 = EzGuG 20.209.
10 BVerfG, Urt. vom 7.11.2006 – 1 BvL 10/02 –, BVerfGE 117, 1 = EzGuG 1.71a.
11 BR-Drucks. 171/10 vom 26.3.2010, vgl. hierzu GuG-aktuell 2009, 1.
12 BRDrucks. 296/1/96 S. 6.
13 BR-Drucks. 296/09 Beschluss vom 15.5.2009.
14 Vgl. Schaar in GuG 1991, 256.

Bodenrichtwerte einen wichtigen Baustein der hohen Transparenz des Grundstücksmarktes in Deutschland dar, die entgegen fragwürdiger Veröffentlichungen in kaum einem anderen Land besser ist[15].

Die **Signalwirkung**, die von Bodenrichtwerten ausgeht, darf nicht dazu verleiten, bei der Bodenrichtwertermittlung zum Zwecke einer Dämpfung der Bodenwertentwicklung hinter den tatsächlichen allgemeinen Wertverhältnissen zurückzubleiben. Bodenrichtwerte sollen nach ihrer Definition ein der Wirklichkeit entsprechendes Abbild der Wertverhältnisse auf dem Bodenmarkt sein (Transparenz des Bodenmarktes). Mit ihnen soll nicht dirigistisch in die Preisbildung eingegriffen werden; insbesondere soll mit Bodenrichtwerten nicht vorgegeben werden, was der Grund und Boden „wert sein darf"[16]. Indem die Bodenrichtwerte die tatsächlichen Verhältnisse auf dem Bodenmarkt nachzeichnen, können sie die Bodenwertentwicklung allenfalls indirekt beeinflussen: Sie können z. B. bei überhöhten Kaufpreisforderungen Signalwirkung entfalten. Umgekehrt hat es sich allerdings als nachteilig erwiesen, dass Bodenrichtwerte oftmals selbst dann als „behördlich garantierte Mindestpreise" angesehen werden, wenn die Qualität des angebotenen Grundstücks hinter den Eigenschaften des dem Bodenrichtwert zugrunde liegenden Bodenrichtwertgrundstücks zurückbleibt. Der sich hieraus ergebenden preistreibenden Wirkung kann durch ergänzende Informationen bei der Veröffentlichung der Bodenrichtwerte entgegengewirkt werden.

17

Dass der **Bedarf an Informationen** über die Wertverhältnisse auf dem Grundstücksmarkt groß ist, zeigen die zahlreichen von den Geschäftsstellen der Gutachterausschüsse erstatteten Bodenrichtwertauskünfte. Als eine besonders einfache Möglichkeit, fundierte und neutrale Auskünfte über die Wertverhältnisse des Grund und Bodens zu erlangen, sind sie ins allgemeine Bewusstsein gedrungen. Allerdings kann in diesem Zusammenhang nicht unbeachtlich bleiben, dass sich das Geschehen auf dem Grundstücksmarkt zunehmend in den Bestand verlagert, d.h. vom Handel mit unbebauten Grundstücken zum Immobilienhandel. Dies betrifft insbesondere die eigengenutzte Wohnimmobilie. Die Substitution des Marktes für unbebaute Wohngrundstücke durch den Kauf einer „Bestandsimmobilie" hängt damit zusammen, dass Stadtquartiere nicht zuletzt aufgrund von Erneuerungsmaßnahmen wieder „im Trend" sind. Neben den Vorteilen einer zentralen Lage spielt dabei vor allem die Möglichkeit eine Rolle, das Kaufobjekt als fertiges Produkt erwerben zu können. Im Hinblick auf den Preis fällt ins Gewicht, dass die Kaufpreise für ältere Immobilien z. T. erheblich unter dem Sachwert liegen.

18

1.4.2 Wertermittlungsgrundlage

▶ *Vgl. Syst. Darst. des Vergleichswertverfahrens Rn. 153 ff.; Syst. Darst. des Ertragswertverfahrens Rn. 124 ff.*

Bodenrichtwerte sind eine anerkannte Grundlage der Verkehrswertermittlung auch für steuerliche Zwecke. § 16 Abs. 1 Satz 2 ImmoWertV sieht ausdrücklich die **Heranziehung „geeigneter Bodenrichtwerte"** zur Ermittlung von Bodenwerten vor (Bodenrichtwertverfahren). Bodenrichtwerte sind nach § 16 Abs. 1 Satz 3 ImmoWertV „geeignet", wenn die Merkmale des zugrunde gelegten Bodenrichtwertgrundstücks hinreichend mit den Grundstücksmerkmalen des zu bewertenden Grundstücks übereinstimmen. Darüber hinaus müssen sie sich auf einen Bezugspunkt beziehen, der mit dem Wertermittlungsstichtag hinreichend übereinstimmt.

19

Nach § 16 Abs. 1 Satz 2 ImmoWertV können Bodenwerte „auch" auf der Grundlage geeigneter Bodenrichtwerte ermittelt werden. Der Verordnungsgeber hat damit die Zulässigkeit des Bodenrichtwertverfahrens gegenüber dem bisherigen Recht (§ 13 Abs. 2 Satz 1 WertV 88/98) unverständlicherweise herabstufen wollen. Im Schrifttum war die Verwendbarkeit von Bodenrichtwerten zwar trotz ihrer ausdrücklichen „Verankerung" als Hilfsmittel der Werter-

---

15 Abzulehnen der „Real Estate Transparency Index" (RETI) von Jones Lang Lasalle; Hierzu Moll-Amrein, Der Liegenschaftszinssatz in der Immobilienbewertung, Wiesbaden 2009, S. 111 ff.
16 So aber der Antrag der Fraktion Bündnis 90/Die Grünen vom 3.12.1996, BT-Drucks. 13/6384, der im Deutschen Bundestag keine Mehrheit gefunden hat.

mittlung[17] lange Zeit nicht unumstritten[18]. Heute sind **Bodenrichtwerte als Grundlage der Wertermittlung jedoch anerkannt.** Das Bodenrichtwertverfahren ist eine bewährte Methode, die in der höchstrichterlichen Rechtsprechung nicht beanstandet worden ist[19].

20 **Die Wertermittlung durch unmittelbare Ableitung aus Kaufpreisen für vergleichbare Grundstücke hat grundsätzlich Vorrang vor der Wertermittlung auf der Grundlage von den als Durchschnittswerte definierten Bodenrichtwerten**[20]. Dies ist darin begründet, dass der **direkte Preisvergleich eine höhere Zuverlässigkeit** verspricht als ein Zurückgreifen auf die in nicht erkennbarer Weise aus Vergleichspreisen oder sonstwie abgeleiteten Bodenrichtwerten. Deshalb gilt es zunächst, stets den direkten Preisvergleich zu suchen. Da Bodenrichtwerte i. d. R. aus Vergleichspreisen abgeleitet werden, sollten insoweit auch die Vergleichspreise zur Verfügung stehen. Der Sachverständige muss auch diesbezüglich seine Feststellungen im Gutachten darlegen.

21 Der BGH[21] hat ein zum Zwecke der Ausübung eines Ankaufsrechts erstattetes Schiedsgutachten, in dem der Verkehrswert eines unbebauten Grundstücks ohne Berücksichtigung der Vergleichspreise aus der unmittelbaren Nachbarschaft des Kaufgrundstücks ermittelt wurde, als lückenhaft und deswegen grundsätzlich unrichtig bezeichnet.

22 Die Notwendigkeit, bei Heranziehung von Bodenrichtwerten auf originäre Vergleichspreise zurückzugreifen, stellt sich vor allem dann, wenn **Zweifel an der Stimmigkeit der Bodenrichtwerte** aufkommen müssen[22]. Der sich aus § 195 Abs. 3 BauGB ergebende Rechtsanspruch auf Auskunft aus der Kaufpreissammlung besteht bei alledem generell und nicht erst bei aufkommenden Zweifeln. Etwas anderes kann allenfalls dann gelten, wenn nach den Umständen des Einzelfalls der Bodenrichtwert in erkennbarer Weise vertrauenswürdig ist und etwaige Schätzungsungenauigkeiten ohne Bedeutung sind. Dies kann bei Anwendung des Ertragswertverfahrens der Fall sein, denn bei Anwendung dieses Verfahrens schlagen Ungenauigkeiten der Bodenwertermittlung bei langer Restnutzungsdauer des Gebäudes nur marginal auf das Ergebnis durch.

23 **Bei Anwendung des Ertragswertverfahrens unter Aufteilung in einen Boden- und Gebäudewertanteil** können Bodenrichtwerte bedenkenfrei herangezogen werden, wenn die Bebauung eine lange Restnutzungsdauer aufweist. Der Bodenwert hat in diesen Fällen nur einen marginalen Einfluss auf das Gesamtergebnis, und selbst erhebliche Fehler bei der Bodenwertermittlung wirken sich nur geringfügig auf das Ergebnis aus.

---

17 So schon in § 5 WertV 72.
18 Brachmann in AVN 1967, 478; Meissner in AVN 1967, 535; Hintzsche in AVN 1968, 111; Glaser in AVN 1969, 456; Frisch in AVN 1970, 445.
19 BGH, Urt. vom 4.3.1982 – III ZR 156/80 –, BRS Bd. 45 Nr. 18 = EzGuG 11.127; BGH, Urt. vom 10.3.1977 – III ZR 195/74 –, BRS Bd. 34 Nr. 139 = EzGuG 18.72; BFH, Urt. vom 15.1.1985 – IX R 81/83 –, BFHE 143, 61 = EzGuG 20.109; a. A. RFH, Urt. vom 28.4.1938 – III 345/37 –, RStBl. 1938, 716.
20 BGH, Urt. vom 17.5.1991 – V ZR 104/90 –, BGHZ 117, 338 = EzGuG 11.183; BFH, Urt. vom 26.9.1980 – III R 21/78 –, BFHE 132, 101 = EzGuG 20.86; BFH, Urt. vom 29.4.1987 – X R 2/80 –, BFHE 150, 453 = EzGuG 19.39b; BFH, Urt. vom 8.9.1994 – IV R 16/94 –, GuG 1995, 313 = EzGuG 19.43; BFH, Urt. vom 21.7.1993 – II R 13/91 –, BFH/NV 1994, 610 = EzGuG 20.147a; BFH, Urt. vom 21.5.1982 – III B 32/81 –; BFH, Urt. vom 26.9.1980 – III R 67/78 –, BFHE 131, 524 = BStBl II 1981, 353.
21 BGH, Urt. vom 17.5.1991 – V ZR 104/90 –, BGHZ 117, 338 = EzGuG 11.183.
22 Zu den Zweifeln vgl. Rechtsprechung des OLG Düsseldorf in Bezug auf Kostenrecht: OLG Düsseldorf, Beschl. vom 2.6.1971 – 10 W 37/71 –, Rpfleger 1971, 372 = DNotZ 1972, 442 = JVBl. 1971, 190 = EzGuG 20.49b.

1.5 Typologie der Bodenrichtwerte

1.5.1 Übersicht

▶ *Vgl. Rn. 7, 26 ff., 35; § 196 BauGB Rn. 8, 33 ff.*

Bei der Bodenrichtwertermittlung ist es zweckmäßig, zu unterscheiden zwischen der Ermittlung

a) **allgemeiner Bodenrichtwerte** i. S. des § 196 Abs. 1 Satz 1 bis 5 BauGB (vgl. Rn. 26 ff.),

b) **besonderer Bodenrichtwerte** i. S. des § 196 Abs. 1 Satz 7 BauGB (vgl. Rn. 28 ff.),

c) **für Zwecke der Einheits- bzw. Grundbesitzbewertung** nach § 196 Abs. 1 Satz 6 und Abs. 2 BauGB **erforderlicher Bodenrichtwerte** (vgl. Rn. 33 ff.) und

d) **generalisierter Boden(richt)werte** nach Maßgabe landesrechtlicher Vorschriften insbesondere für Zwecke der Landesplanung und Raumordnung (vgl. Rn. 39).

Die genannten Bodenrichtwerte unterscheiden sich im Wesentlichen dadurch, dass sie bezogen auf **unterschiedliche Wertermittlungsstichtage** ermittelt werden, sodass sich für ein und dieselbe Bodenrichtwertzone grundsätzlich drei verschiedene, auf unterschiedliche Stichtage bezogene Bodenrichtwerte ergeben können.

Die von den Gutachterausschüssen abgeleiteten **Bodenrichtwerte sind** wie die Gutachten der Gutachterausschüsse im Übrigen **unverbindlich**; dies gilt grundsätzlich auch für die Finanzverwaltung (vgl. Rn. 7 und 8 aber die Erläuterungen bei Rn. 35)[23].

1.5.2 Allgemeine Bodenrichtwerte

▶ *§ 199 BauGB Rn. 33*

Die Gutachterausschüsse sind nach § 196 Abs. 1 Satz 4 BauGB in der seit dem 1.1.2009 geltenden Fassung grundsätzlich verpflichtet, „jeweils zum Ende eines jeden *zweiten* Kalenderjahres" allgemeine Bodenrichtwerte zu ermitteln und zu veröffentlichen, jedoch kann auch eine häufigere (jährliche) Ermittlung bestimmt werden. Die Länder sind auf der Grundlage des bisherigen Rechts im Hinblick auf die Verzahnung der Bodenrichtwertermittlung mit der steuerlichen Bewertung dazu übergegangen, als Bezugszeitpunkt der Bodenrichtwertermittlung den 1. Januar eines jeden Jahres vorzugeben[24].

Der **zweijährige Ermittlungsturnus** geht auf einen Vorschlag der Länder zurück[25], dem die BReg mit der Maßgabe zugestimmt hat, dass angesichts „größerer Volatilität in bestimmten Grundstücksmarktregionen" auch kürzere Intervalle möglich bleiben[26].

§ 196 Abs. 1 Satz 5 BauGB lässt demgemäß zu, die **Ermittlung** von allgemeinen Bodenrichtwerten abweichend vom zweijährlichen Turnus auch **in „häufigeren" Intervallen** vorzunehmen. Voraussetzung dafür ist nach dem Wortlaut der Vorschrift eine entsprechende Bestimmung. Dies zu regeln sind die Landesregierungen mit § 199 Abs. 2 Nr. 4 BauGB ermächtigt.

1.5.3 Besondere Bodenrichtwerte

▶ *Vgl. Teil VI Rn. 460 ff. und 603 ff.; Syst. Darst. des Vergleichswertverfahrens Rn. 149 ff.*

Unter den besonderen Bodenrichtwerten sind solche zu verstehen, die nach § 196 Abs. 1 Satz 7 BauGB auf Antrag der für den Vollzug des BauGB zuständigen Behörden

---

[23] BT-Drucks. 7/4793, zu § 143b BBauG 76.
[24] § 11 Abs. 1 bbg. GutachterausschussVO; § 21 Abs. 1 nds. DVO-BauGB; § 11 Abs. 1 nordrh.-westf. GutachterausschussVO.
[25] BR-Drucks. 16/8547, S. 10.
[26] BT-Drucks. 16/8547, S. 13.

- für einzelne Gebiete,
- bezogen auf einen von dem ansonsten vorgegebenen „abweichenden Zeitpunkt"

ermittelt werden. Bei dem „abweichenden" Zeitpunkt kann es sich um einen von dem ansonsten nach § 196 Abs. 1 Satz 3 BauGB maßgeblichen Zeitpunkt (Ende eines jeden Kalenderjahrs) abweichenden Zeitpunkt handeln. I. d. R. wird dieser Zeitpunkt von der beantragenden Behörde vorgegeben. Solche besonderen Bodenrichtwerte kommen insbesondere bei **Sanierungs- und Entwicklungsmaßnahmen** sowie für Umlegungsgebiete in Betracht[27]. Mit dieser Vorschrift wurden die Regelungen der mit dem BauGB aufgehobenen AusgleichsbetragV über Grundwerte nach dem StBauFG ersetzt. Die ohnehin umstrittene Unterscheidung zwischen Grund- und Bodenrichtwerten einerseits sowie zwischen zonalen und lagetypischen Grundwerten (§§ 3 und 4 AusgleichsbetragV) andererseits wird damit aufgegeben[28].

Nach § 14 Nr. 1a der DVO-BauGB ist dem Gutachterausschuss in *Niedersachsen* als eine „weitere Aufgabe" i. S. des § 199 Abs. 2 Nr. 6 BauGB die Aufgabe übertragen worden, über Anträge „für den Vollzug" des Baugesetzbuchs hinaus auch auf Anträge anderer Behörden zur Erfüllung von deren Aufgaben besondere Bodenrichtwerte i. S. des § 196 Abs. 1 Satz 5 BauGB zu ermitteln (z. B. Straßenbauämter). Es handelt sich hierbei um eine „Kann-Bestimmung".

29 Die Ableitung besonderer Bodenrichtwerte hat allgemein für die Vorbereitung und Durchführung städtebaulicher Maßnahmen, z. B. für Bodenordnungsmaßnahmen (Ermittlung von Einwurfs- und Zuteilungswerten in der Umlegung nach den §§ 57 f. BauGB), Bedeutung. Der eigentliche gesetzgeberische Anlass war aber die **Ermittlung besonderer Bodenrichtwerte als Vorstufe für die Ermittlung von Ausgleichsbeträgen** zur Abschöpfung sanierungs- bzw. entwicklungsbedingter Bodenwerterhöhungen (vgl. Vorbem. Teil VI Rn. 201 ff.) nach den §§ 154 f. BauGB. Soll der Ausgleichsbetrag auf der Grundlage von (besonderen) Bodenrichtwerten abgeleitet werden, so sind diese vom Gutachterausschuss entsprechend dem Antrag der für den Vollzug des Gesetzbuchs zuständigen Behörde

- für den Zustand des Grundstücks *ohne* Berücksichtigung von Werterhöhungen des Grundstücks infolge der Aussicht auf die Sanierung, ihre Vorbereitung und Durchführung (durchschnittlicher Lagewert des Grund und Bodens unter Berücksichtigung des Entwicklungszustands, der der Ermittlung des Anfangswerts i. S. des § 154 Abs. 2 BauGB zugrunde liegt – **Anfangs-Bodenrichtwert**) und
- für den Zustand des Grundstücks unter Berücksichtigung der rechtlichen und tatsächlichen Neuordnung des Sanierungsgebiets (durchschnittlicher Lagewert für den Grund und Boden unter Berücksichtigung des Entwicklungszustands, der der Ermittlung des Endwerts i. S. des § 154 Abs. 2 BauGB zugrunde liegt – **End-Bodenrichtwert**)

zu ermitteln. Ein dahingehendes Erfordernis kann sich aber nur stellen, soweit nicht bereits die allgemeinen nach § 196 Abs. 1 Satz 1 bis 5 BauGB abgeleiteten Bodenrichtwerte eine ausreichende Bewertungsgrundlage bilden. Bodenrichtwerte sind nämlich nach § 196 Abs. 1 Satz 1 BauGB flächendeckend abzuleiten, mithin auch unter Einbeziehung städtebaulicher Veranstaltungsgebiete einschließlich Sanierungsgebieten und städtebaulichen Entwicklungsbereichen. § 10 Abs. 2 Nr. 3 ImmoWertV gibt ergänzende Hinweise zur Darstellung der wertbeeinflussenden Merkmale der für Sanierungsgebiete und Entwicklungsbereiche ermittelten Bodenrichtwerte.

Für Sanierungsgebiete und städtebauliche Entwicklungsbereiche können mithin für dieselbe Bodenrichtwertzone gleich zwei Bodenrichtwerte ermittelt werden, um aus den daraus abgeleiteten Anfangs- und Endwerten die von den Eigentümern zu erhebenden Ausgleichsbeträge abzuleiten. Dazu müssen Abweichungen der zu bewertenden Grundstücke von diesen Bodenrichtwerten nach Maßgabe des § 16 Abs. 1 Satz 3 i. V. m. § 15 Abs. 1 Satz 4 ImmoWertV berücksichtigt werden.

---

27 MfFuE – Schl.-Hol. Erl. vom 9.10.1997 – VI 310 – S 3041 – 097 –, GuG 1998, 166, 305 = DStZ 1998, 144.
28 Kleiber in ZfBR 1986, 263, sowie bei Ernst/Zinkahn/Bielenberg/Krautzberger, BauGB § 154 Rn. 124.

Bei genauerer Betrachtung ist der **Begriff „Anfangs- und End-Bodenrichtwert" für die bereits im Verlauf einer Sanierungs- und Entwicklungsmaßnahme ermittelten besonderen Bodenrichtwerte unzutreffend**, weil das Gesetzbuch den Begriff des „Anfangs- und Endwerts" in § 154 Abs. 2 BauGB nur für die Bodenwerte verwendet, die der Ermittlung des Ausgleichsbetrags (bezogen auf den Abschluss der Sanierungs- bzw. Entwicklungsmaßnahme) zugrunde zu legen sind. Tatsächlich handelt es sich im Vorstadium um 30

- die **sanierungs- bzw. entwicklungsunbeeinflussten Bodenwerte** sowie
- die **Bodenwerte unter Berücksichtigung der tatsächlichen und rechtlichen Neuordnung,**

sodass die Bezeichnung Anfangs- und End-Bodenrichtwerte irreführend ist.

▶ *Zu den grundsätzlichen Unterschieden vgl. Teil VI Rn. 285 ff.*

Über die Regelungen des § 196 Abs. 1 Satz 5 BauGB hinaus gelten für **die besonderen Bodenrichtwerte** keine weiteren Besonderheiten; sie **sind** demzufolge gemäß § 196 Abs. 3 BauGB **zu veröffentlichen**. Im Zuge des Sanierungsverfahrens ist dies grundsätzlich auch sinnvoll, denn der Grundstücksmarkt benötigt diese Transparenz, da während des Sanierungsverfahrens alle Verkaufsfälle gemäß § 153 Abs. 2 BauGB einer **Preiskontrolle** unterworfen sind und damit die am Grundstücksmarkt Beteiligten sich über das informieren können, was zulässigerweise als Kaufpreis vereinbart wurde. Bei Grundstückskäufen können die Beteiligten ihr Verhalten entsprechend der Rechtsprechung des BVerwG[29] zur Preisprüfung darauf einstellen, was als Kaufpreis nach § 153 Abs. 2 BauGB genehmigt werden muss. Im Hinblick auf die Veräußerung gemeindeeigener Grundstücke zum Neuordnungswert nach § 153 Abs. 4 BauGB sowie auf die vorzeitige Ablösung des Ausgleichsbetrags nach § 154 Abs. 3 Satz 2 BauGB muss ebenfalls ein Interesse an der notwendigen Transparenz des Grundstücksmarktes im Sanierungsgebiet bestehen. Von daher kommt der Veröffentlichung von Bodenrichtwerten für Sanierungsgebiete sogar eine höhere Bedeutung als für die außerhalb dieser Veranstaltungsgebiete gelegenen Grundstücke zu. 31

Gegen die **Zugänglichkeit der besonderen Bodenrichtwerte für „jedermann"** gemäß § 196 Abs. 3 BauGB sind Bedenken erhoben worden, soweit sich daraus der vom einzelnen Eigentümer zu entrichtende Ausgleichsbetrag „ablesen" lässt, weil damit die Vermögensverhältnisse des Ausgleichsbetragspflichtigen offenbart werden, aber andererseits personenbezogene Daten verfassungsrechtlich geschützt sind. Diese Bedenken können nur dann durchgreifen, wenn die besonderen Bodenrichtwerte in einer Dichte ermittelt werden, dass es sich dabei bereits um weitgehend individuelle Grundstückswerte handelt; ansonsten besagen die für Sanierungsgebiete ermittelten Bodenrichtwerte nicht mehr als die für andere Teile des Gemeindegebiets veröffentlichten Bodenrichtwerte. Es entspricht zwar dem gesetzgeberischen Anliegen, dass die nach § 195 Abs. 1 Satz 5 BauGB abgeleiteten Bodenrichtwerte ihrem Verwendungszweck entsprechend im Vergleich zu den übrigen Bodenrichtwerten eine höhere Dichte aufweisen, jedoch ist schon begrifflich damit nicht die Ableitung individueller Grundstückswerte eingeschlossen. Bodenrichtwerte sind als *durchschnittliche* und nicht als individuelle Lagewerte des Grund und Bodens definiert. Im Übrigen gäbe die Ermittlung individueller, d.h. grundstücksbezogener Bodenrichtwerte wertermittlungstechnisch keinen Sinn, denn mit demselben Aufwand kann gleich direkt der Verkehrswert des einzelnen Grundstücks ermittelt werden. Es besteht sogar die Gefahr, dass die für die Bemessung des Ausgleichsbetrags maßgebenden Anfangs- und Endwerte ohne weitere Begründung vornehmlich auf derartige Bodenrichtwerte gestützt werden und der Begründungspflicht nicht hinreichend nachgekommen wird. 32

---

29 BVerwG, Urt. vom 24.11.1978 – 4 C 56/76 –, BVerwGE 57, 87 = EzGuG 15.9; BVerwG, Urt. vom 21.8.1981 – 4 C 16/78 –, BRS Bd. 38 Nr. 217 = EzGuG 15.18.

1.5.4 Bodenrichtwerte für steuerliche Bewertungen

▶ Vgl. Ausführungen zur Verwendung von Bodenrichtwerten in der Syst. Darst. des Vergleichswertverfahrens Rn. 151 ff[30] sowie bei Rn. 167 ff.; zu baufälligen Gebäuden vgl. § 16 ImmoWertV Rn. 129; zu Gebäuden im Zustand der Bebauung vgl. § 8 ImmoWertV Rn. 151 f.

Schrifttum: Birgel, K., Steuerliche Bewertung unbebauter Grundstücke, UM 2003, 57; Halaczinsky in Rössler/Troll, BewG § 145 BewG).

33 Für Zwecke der steuerlichen Bewertung des Grundbesitzes sind nach § 196 Abs. 1 Satz 4 BauGB Bodenrichtwerte nach ergänzenden Vorgaben der Finanzverwaltung u.a. zum jeweiligen für die Wertverhältnisse bei der Bedarfsbewertung maßgebenden Zeitpunkt zu ermitteln. Bei den für steuerliche Zwecke abgeleiteten Bodenrichtwerten handelt es sich um solche, die bezogen

- auf den Hauptfeststellungszeitpunkt der Einheitsbewertung (1.1.1964) bzw.
- auf einen sonstigen steuerlichen Feststellungszeitpunkt, insbesondere auf den Zeitpunkt der Bedarfsbewertung zur Feststellung des Grundbesitzwerts (1.1.1996),

ermittelt werden.

Abb. 1: Bodenrichtwertindex für die Grundbesitzbewertung nach BewG für Gebiete in offener Bauweise von Berlin

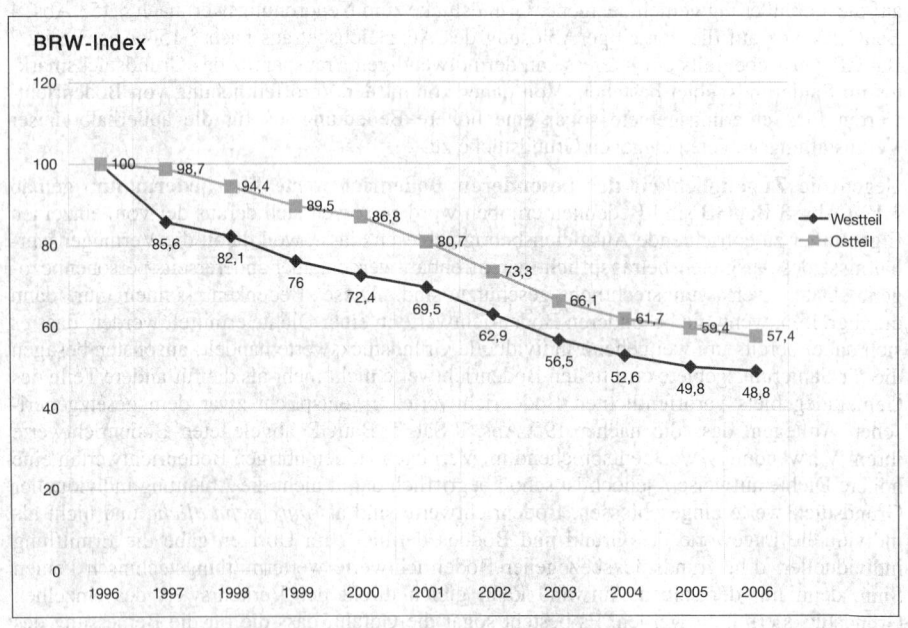

Quelle: Grundstücksmarktbericht 2005/06 (ABl. Berlin 2005, 2375); vgl. Bekanntmachung von 20.6.2006 (ABl. Berlin 2006, 2626).

34 Die Bodenrichtwertermittlung für steuerliche Zwecke hat insbesondere mit der Erbschaftsteuerreform 2008 erheblich an Bedeutung gewonnen. **Städtebauliche Wertermittlung und steuerliche Bewertung** sind deshalb eng verzahnt worden:

---

30 Zur Zusammenarbeit mit den Finanzämtern: Erl. des thür. IM vom 17. und 19.3.1992 – 740 – 9611 –, Erl. des rh.-pf. MF und MdIS vom 2.11.1987 (MinBl. 1987, 444 – 3314 A –446 –) sowie VV des rh.-pf. IM und FM vom 10.11.1995 (MinBl. 1995, 535).

Bodenrichtwerte § 10 ImmoWertV IV

- Nach § 192 Abs. 3 Satz 2 BauGB ist für die Bodenrichtwertermittlung „ein Bediensteter der zuständigen Finanzbehörde mit Erfahrungen in der steuerlichen Bewertung von Grundstücken als Gutachter vorzusehen".
- Die Kaufpreissammlung des Gutachterausschusses darf nach § 195 Abs. 2 Satz 1 BauGB (nur) dem zuständigen Finanzamt für Zwecke der Besteuerung übermittelt werden.
- Für Zwecke der steuerlichen Bewertung des Grundbesitzes sind Bodenrichtwerte nach § 196 Abs. 1 Satz 6 BauGB auch zum jeweiligen Hauptfeststellungszeitpunkt oder sonstigen Feststellungszeitpunkt zu ermitteln. Diese mit dem BauGB hinzugekommene Pflichtaufgabe des Gutachterausschusses ist vor allem für künftige Hauptfeststellungen und für Bewertungen im Rahmen der Erbschaft- und Schenkungsteuer sowie der Grunderwerbsteuer von großer Bedeutung.
- § 196 Abs. 2 Satz 1 BauGB verpflichtet den Gutachterausschuss zur Fortschreibung der auf den Hauptfeststellungszeitpunkt oder sonstigen Feststellungszeitpunkt bezogenen Bodenrichtwerte, wenn sich in dem Gebiet die Qualität durch den Bebauungsplan oder andere Maßnahmen geändert hat. Die Fortschreibung kann unterbleiben, wenn das zuständige Finanzamt darauf verzichtet (§ 196 Abs. 2 Satz 2 BauGB).
- Im Falle einer gebietlichen Änderung der Bodenqualität aufgrund eines Bebauungsplans oder anderer Maßnahmen sind die Gutachterausschüsse nach § 196 Abs. 2 Satz 2 BauGB verpflichtet, Bodenrichtwerte zum Zwecke einer Wertfortschreibung auch bezogen auf die Wertverhältnisse zum Zeitpunkt der letzten Hauptfeststellung oder dem letzten sonstigen Feststellungszeitpunkt zu ermitteln, wenn das zuständige Finanzamt hierauf nicht verzichtet hat.
- Den Belangen der steuerlichen Bewertung entspricht auch der in § 196 Abs. 1 Satz 2 BauGB normierte Grundsatz, in bebauten Gebieten Bodenrichtwerte mit dem Wert zu ermitteln, der sich ergeben würde, wenn die Grundstücke unbebaut wären.
- Schließlich sind die Bodenrichtwerte dem zuständigen Finanzamt nach § 196 Abs. 3 Satz 1 BauGB mitzuteilen; umgekehrt erteilt das Finanzamt dem Gutachterausschuss nach § 197 Abs. 2 Satz 2 BauGB Auskünfte über Grundstücke, soweit dies zur Ermittlung von Ausgleichsbeträgen und Enteignungsentschädigungen erforderlich ist.

Das Gesetz hat damit die Voraussetzungen geschaffen, Bodenrichtwerte im Bereich der steuerlichen Bewertung zu verwenden. Das BBauG gibt jedoch keine **Verbindlichkeit der Bodenrichtwerte für die Finanzverwaltung** vor[31], dies bleibt der Steuergesetzgebung vorbehalten (§ 145 Abs. 3, § 179 BewG)[32].

- Nach dem Jahressteuergesetz 1997 (BGBl. I 1996, 2049) sind auch **Grundlage für die Ermittlung von Grundbesitzwerten**, soweit sie im Bedarfsfalle für die Erbschaft- und Schenkungsteuer (ab 1.1.1996 bis 31.12.2007) sowie für die Grunderwerbsteuer (ab 1.1.1997) erforderlich sind. Nach der mit dem Jahressteuergesetz 97 geänderten Fassung des Abs. 2 hat die Finanzverwaltung die Möglichkeit, dem Gutachterausschuss für diese Zwecke ergänzende Vorgaben zu machen. Für die Ermittlung der Grundbesitzwerte sind Bodenrichtwerte nach § 138 Abs. 1 Satz 2 BewG bezogen auf die (allgemeinen) Wertverhältnisse zum 1.1.1996 maßgebend[33]. Aus § 145 Abs. 3 Satz 1 und 2 BewG ergibt sich, dass das Finanzamt den vom Gutachterausschuss mitgeteilten Bodenrichtwert (regelmäßig ohne nähere Prüfung hinsichtlich seiner Höhe) anwendet[34].
- Nach der zum 1.1.2009 in Kraft getretenen Erbschaftsteuerreform sind die Vorschriften der §§ 138 ff., BewG (Vierter Abschnitt) nur noch für die Bewertung von Grundbesitz für die Grunderwerbsteuer ab 1.1.1997 maßgebend. Für die **Bewertung von Grundbesitz für die Erbschaftsteuer** sind **ab 1.1.2009** die Vorschriften der §§ 157 ff. (Sechster Abschnitt)

---
31 BT-Drucks. 7/4793, zu § 143b BBauG 1976.
32 Bielenberg, Gutachten zum 49. Juristentag 1972 B 112 ff.
33 Vgl. BR-Drucks. 390/96, S. 90.
34 FG Nürnberg, Urt. vom 27.1.2000 – IV 261/99 –, GuG 2000, 252 = EzGuG 4.176.

anzuwenden. Diese sehen u. a. in § 179 BewG vor, dass sich der Wert unbebauter Grundstücke „regelmäßig" nach den Bodenrichtwerten bestimmt und bei Wertermittlungen „stets der Bodenrichtwert anzusetzen" ist, „der vom Gutachterausschuss zuletzt ermittelt war." Auch bei Anwendung des (steuerlichen) Ertrags- und Sachwertverfahrens ist (nach § 184 Abs. 2 und § 189 Abs. 2 BewG) der Bodenwertanteil entsprechend anzusetzen.

Damit haben auch die allgemeinen nach § 196 Abs. 1 Satz 5 BauGB periodisch von den Gutachterausschüssen abgeleiteten Bodenrichtwerte eine für die steuerliche Bewertung entscheidende Bedeutung erlangt.

36 Die von den Gutachterausschüssen abgeleiteten **Bodenrichtwerte werden in diesem Rahmen von der Finanzverwaltung der steuerlichen Bewertung ohne eigene Überprüfung zugrunde gelegt**. Der BFH[35] hat hierzu festgestellt, dass im Rahmen der Bedarfsbewertung die von den Gutachterausschüssen auf den 1.1.1996 ermittelten und den Finanzämtern mitgeteilten Bodenrichtwerte (um 20 % vermindert) nach § 145 Abs. 3 Satz 1 BewG „verbindlich und einer gerichtlichen Überprüfung nicht zugänglich" sind.

Über die bloße Beachtung etwaiger vom Gutachterausschuss vorgegebener Differenzierungen hinaus dürfen die Finanzämter nach der Entscheidung des BFH keine „eigenen" Bodenrichtwerte aus den von den Gutachterausschüssen mitgeteilten Bodenrichtwerten ableiten. Bei einer solchen Ableitung würde es sich um eine Schätzung handeln, die mit der gesetzlichen Verteilung der Zuständigkeiten zwischen den Gutachterausschüssen und den Finanzämtern sowie mit der vom Gesetzgeber beabsichtigten Typisierung und Vereinfachung der Bedarfsbewertung nicht vereinbar wäre. Ein derart abgeleiteter Bodenrichtwert wäre nicht der vom Gutachterausschuss nach dem BauGB ermittelte Bodenrichtwert i. S. des § 145 Abs. 3 Satz 2 BewG, nach dem sich der Wert unbebauter Grundstücke gemäß § 145 Abs. 3 Satz 1 BewG „bestimmt".

Der Steuerpflichtige hat jedoch die Möglichkeit, den Nachweis zu erbringen, dass der gemeine Wert (Verkehrswert/Marktwert) niedriger ist als die auf Grundlage der Bodenrichtwerte vorgenommene Wertfeststellung (vgl. § 1 ImmoWertV Rn. 11; § 145 Abs. 3 Satz 3 BewG; § 198 BewG).

Damit Bodenrichtwerte den Anforderungen der Finanzverwaltung entsprechen, sieht § 196 Abs. 1 Satz 6 BauGB vor, dass die Finanzverwaltung dem Gutachterausschuss „**ergänzende Vorgaben" für die Ermittlung (steuerlicher) Bodenrichtwerte** vorgeben kann. Diese Ergänzung betrifft insbesondere die auf den 1.1.1996 bezogenen Bodenrichtwerte für die Bedarfsbewertung, die im Hinblick auf ihre Anwendung auf die Grunderwerbsteuer im Bedarfsfalle benötigt werden, sowie die ab 1.1.2009 der Bewertung für die Erbschaftsteuer zugrunde zu legenden Bodenrichtwerte.

37 Mit dieser Vorschrift werden die Selbstständigkeit und Unabhängigkeit des Gutachterausschusses nicht eingeschränkt. Schon aus dem Wort „**ergänzende" Vorgaben** ergibt sich eindeutig, dass u. a. § 192 Abs. 1 BauGB (Selbstständigkeit und Unabhängigkeit der Gutachterausschüsse) unberührt bleibt. Mit dieser Vorschrift soll die Tätigkeit der Gutachterausschüsse vielmehr im Interesse der Verwaltungsökonomie auf das unabweisbar Notwendige begrenzt werden, d. h., Bodenrichtwerte sollen nur in dem Umfang und der Dichte ermittelt werden, wie es für steuerliche Zwecke erforderlich ist. Dies konnte bundeseinheitlich vom Gesetzgeber nicht vorgegeben werden. In erster Linie sind hier die nach § 192 Abs. 3 Satz 2 BauGB vorgesehenen Bediensteten der zuständigen Finanzbehörde aufgerufen, i. S. eines Antragsrechts nach den örtlichen Verhältnissen ergänzende Vorgaben über Umfang und Dichte der für steuerliche Zwecke benötigten Bodenrichtwerte zu machen.

38 So wie aus dem Antragsrecht nach § 193 Abs. 1 BauGB eine Gutachtenerstattungspflicht des Gutachterausschusses folgt, ohne dass jemals deshalb Zweifel an der Unabhängigkeit des

---

35 BFH, Urt. vom 25.8.2010 – II R 42/09 –, GuG 2011, 185 = EzGuG 20.211; BFH, Urt. vom 11.5.2005 – II R 21/02 –, GuG 2005, 376 = EzGuG 4.195; BFH, Urt. vom 26.4.2006 – II R 58/04 –, BFHE 213, 207 = EzGuG 20.201; BFH, Urt. vom 5.12.2007 – II R 70/05 –, BFH/NV 2008, 757; BFH, Urt. vom 16.12.2009 – II R 15/09 –, GuG 2010, 255 = EzGuG 20.209.

Gutachterausschusses aufgekommen sind, wird bei richtiger Auslegung des Begriffs der „ergänzenden Vorgaben" die **Selbstständigkeit der Gutachterausschüsse nicht berührt.** Die vom Bundesrat dagegen vorgetragenen verfassungsrechtlichen Bedenken[36], denen sich der Vermittlungsausschuss nicht angeschlossen hat, gehen insoweit an der allein nur zulässigen Auslegung der Vorschrift vorbei. Im Übrigen geht die Vorschrift auf ein Begehren der Gutachterausschüsse für Grundstückswerte selbst zurück, die zur Vermeidung unnötiger Bodenrichtwertermittlungen im Vorfeld des Gesetzgebungsverfahrens eine Konkretisierung ihrer zusätzlichen Aufgaben anregten. Da die zusätzlichen Aufgaben mit dem Anspruch, nur das unabweislich Erforderliche vorzugeben, bundeseinheitlich nicht gesetzlich vorgegeben werden konnten, hat der Gesetzgeber dies auf die örtliche Ebene verlagert und der Finanzverwaltung aufgegeben.

1.5.5 Generalisierte Boden(richt)werte

In einigen Bundesländern werden nach Maßgabe der jeweiligen GutachterausschussVO auf der Grundlage der Bodenrichtwerte sog. „generalisierte Boden(richt)werte" abgeleitet, die zu Übersichten vom Oberen Gutachterausschuss bzw. der Zentralen Geschäftsstelle zusammengefasst werden können. Diese „generalisierten Boden(richt)werte" sollen gegliedert nach Wohnbauflächen, gemischten Bauflächen und gewerblichen Bauflächen gebietstypisch sein und, soweit erforderlich, nach Ortsteilen gegliedert werden. In größeren Gemeinden ist es zumeist erforderlich für gute, mittlere und mäßige Lagen typische erschließungsbeitragsfreie Bodenwerte anzugeben. (vgl. § 15 hess. DVBauGB, § 16 rh.-pf. GutachterausschussVO). Die generalisierten Bodenrichtwerte und die Übersichten werden in erster Linie für Zwecke der **Landesplanung und Raumordnung** sowie für statistische Zwecke abgeleitet und sind keine geeignete Grundlage für Marktwertermittlungen. Im Internet können die generalisierten Bodenwerte kreisweise abgerufen werden unter www.gutachterausschuss.hessen.de.

39

2 Ableitung von Bodenrichtwerten (§ 10 Abs. 1 ImmoWertV)

2.1 Allgemeines

▶ *Zu den allgemeinen Grundsätzen vgl. § 9 ImmoWertV Rn. 9*

Das BauGB schreibt ausdrücklich die Ermittlung von Bodenricht*werten* vor. Dementsprechend gibt § 10 Abs. 1 Satz 3 ImmoWertV vor, dass die Bodenrichtwerte „als ein Betrag in Euro pro Quadratmeter Grundstücksfläche darzustellen" sind. Die **Ableitung von Bodenrichtwertspannen** (z. B. 200 bis 300 €/m^2) **ist** danach **unzulässig**.

40

Die allgemeinen Grundsätze der Ableitung von Bodenrichtwerten sind in § 9 ImmoWertV geregelt. **Grundlage der Bodenrichtwertermittlung** ist nach § 196 Abs. 1 Satz 1 BauGB i. V. m. § 9 Abs. 1 Satz 1 ImmoWertV die Kaufpreissammlung (§ 195 BauGB). Im Grenzbereich zweier Gutachterausschüsse kommt hierbei nicht nur die eigene Kaufpreissammlung, sondern auch die der benachbarten Gutachterausschüsse in Betracht. Entsprechend der Definition des Bodenrichtwerts werden zur Bildung eines für die jeweilige Bodenrichtwertzone repräsentativen Durchschnitts nach Möglichkeit eine hinreichende Anzahl geeigneter Verkaufsfälle herangezogen. Für die Bodenrichtwertermittlung geeignet sind in erster Linie Verkaufsfälle unbebauter Grundstücke, die in der jeweiligen Bodenrichtwertzone gelegen sind und die innerhalb des Erhebungszeitraums veräußert wurden. Die Kaufpreise dürfen nicht durch ungewöhnliche oder persönliche Verhältnisse beeinflusst sein (§ 7 ImmoWertV).

Die Ermittlung von Bodenrichtwerten ist in § 10 ImmoWertV geregelt. Ergänzend zu dieser Vorschrift sind vom Bundesministerium für Verkehr, Bau- und Stadtentwicklung die Richtli-

---

[36] BR-Drucks. 390/1/96, S. 124.

nien zur Ermittlung von Bodenrichtwerten (**Bodenrichtwertrichtlinie – BRW RL**) vom 11.11.2011 erlassen worden, mit denen die Ermittlung und Darstellung der Bodenrichtwerte nach einheitlichen und marktgerechten Grundsätzen und Verfahren sichergestellt werden soll[37]. Als weitere Grundlagen der Bodenrichtwertermittlung werden darin genannt:

- Geobasisdaten, z. B. Liegenschaftskarte und topografische Informationen,
- Bauleitpläne, Satzungen nach § 34 Absatz 4 BauGB zur Abgrenzung von Innen- und Außenbereich, Landschaftspläne,
- Schutzgebiete, z. B. nach Denkmalschutzrecht, Naturschutz und Wasserrecht,
- Erhaltungssatzungen (§ 172 BauGB),
- städtebauliche Entwicklungskonzepte nach § 171b Absatz 2 BauGB,
- Daten über Bodenordnungs-, Sanierungs- und Entwicklungsmaßnahmen, Planfeststellungen,
- Daten über Art und Umfang der Erschließung,
- Daten über die Abrechnung von Erschließungsbeiträgen und von anderen in Betracht kommenden Beiträgen und sonstigen Abgaben,
- Informationen über Mieten,
- Informationen über Pachten,
- Bodengütekarten,
- Ergebnisse der Bodenschätzung.

41 Bei der Ableitung des Bodenrichtwerts ist der sich rechnerisch ergebende „Betrag" in sinnvoller Weise auf- bzw. abzurunden, d.h. es ist – wie bei der Ermittlung von Verkehrswerten – in Anlehnung an die Preisgestaltung des gewöhnlichen Geschäftsverkehrs ein **auf- oder abgerundeter Wert** anzugeben.

In der Praxis wird wie folgt auf- oder abgerundet (Abb. 2):

Abb. 2: Auf- oder Abrundungen von Bodenrichtwerten

Auf- oder Abrundungen von Bodenrichtwerten					
Bodenrichtwert			Auf- oder Abrundungen		
		bis	5 Euro	auf	0,1 Euro
über	5 Euro	bis	20 Euro	auf	0,5 Euro
über	20 Euro	bis	50 Euro	auf	1,0 Euro
über	50 Euro	bis	100 Euro	auf	5,0 Euro
über	100 Euro	bis	1 000 Euro	auf	10,0 Euro
über	1 000 Euro			auf	100,0 Euro

© W. Kleiber 11

2.2 Bodenrichtwertableitung für Gebiete mit Grundstücksverkehr

42 § 10 Abs. 1 Satz 1 ImmoWertV schreibt für die Bodenrichtwertermittlung einen **Anwendungsvorrang zugunsten des** in § 15 der Verordnung geregelten **Vergleichswertverfahrens** vor. Sofern eine ausreichende Anzahl von Vergleichspreisen zur Verfügung steht, kommt ein anderes Verfahren auch nicht in Betracht, denn das Vergleichswertverfahren ist der „Königsweg" der Bodenwertermittlung.

---

[37] Richtlinien des Bundesministeriums für Verkehr, Bau und Stadtentwicklung zur Ermittlung von Bodenrichtwerten (Bodenrichtwertrichtlinie – BRW RL) vom 11.11.2011 BAnz Nr. 24 S. 597 = GuG 2011, 165.

2.3 Bodenrichtwertableitung für Gebiete ohne Grundstücksverkehr

2.3.1 Allgemeines

Die mit § 10 Abs. 1 Satz 1 ImmoWertV vorgegebene Anwendung des Vergleichswertverfahrens scheitert in Gebieten ohne Grundstücksverkehr oftmals an der Verfügbarkeit geeigneter Vergleichspreise. Darüber hinaus scheitert eine unmittelbare Anwendung des Vergleichswertverfahrens in bebauten Gebieten allein schon daran, dass in diesen Gebieten naturgemäß kaum Vergleichspreise für unbebaute Grundstücke zur Verfügung stehen. Mit § 10 Abs. 1 Satz 2 ImmoWertV wird deshalb für solche Fälle auf die Möglichkeit hingewiesen, Bodenrichtwerte mithilfe **deduktiver Verfahren** oder in anderer geeigneter und nachvollziehbarer Weise (z. B. Lagewertverfahren, Zielbaummethode) abzuleiten.   43

Die Vorschrift zielt im Wesentlichen darauf ab, die mit § 196 BauGB in der ab 1.7.2009 geltenden Fassung vorgegebene flächendeckende Ermittlung von Bodenrichtwerten zu gewährleisten, denn einige zu § 196 BauGB a. F. erlassene Verordnungen der Länder sahen ausdrücklich vor, dass von der Ableitung von Bodenrichtwerten abgesehen werden kann, wenn für die **Ermittlung von Bodenrichtwerten zu wenige Kaufpreise** vorliegen[38]. Darüber hinaus wird behauptet, dass ein Bodenrichtwert ohne Vergleichspreise schlichtweg nicht ermittelbar sei. Dahingehende Bestimmungen sind fachlich nicht begründbar und waren auch mit den Zielen und Zwecken der Regelung des § 196 BauGB a. F. unvereinbar.

– So wie jedes Grundstück einen Verkehrswert hat[39], **so gibt es auch für jede Bodenrichtwertzone einen Bodenrichtwert,** der nach allgemeinen Wertermittlungsgrundsätzen ermittelbar ist, auch wenn keine unmittelbar heranziehbaren Vergleichspreise zur Verfügung stehen.

– Sachverständige stehen oft genug vor der Aufgabe, den Verkehrswert von Grundstücken in Gebieten zu ermitteln, in denen keine Vergleichspreise vorliegen, und haben die Erstattung eines Wertgutachtens mit dem Hinweis auf fehlende Vergleichspreise bei lukrativer Honorierung abgelehnt. Insoweit kann die Behauptung nicht zutreffen, dass ein Bodenrichtwert ohne Vergleichspreise schlichtweg nicht ermittelbar sei[40].

Die **Ableitung von Bodenrichtwerten für Gebiete ohne Grundstücksverkehr** ist nach denselben Methoden möglich, wie sie auch bei der Verkehrswertermittlung anerkannt sind. Dabei ist zwischen dem Fall zu unterscheiden, dass für eine Bodenrichtwertzone bereits ein Bodenrichtwert vorliegt und es lediglich im Zuge seiner Fortschreibung an aktuellen Vergleichspreisen im vorangegangenen Zeitraum mangelt[41]. Daneben kann sich die Aufgabe der Bodenrichtwertermittlung für eine (künftige) Bodenrichtwertzone stellen, für die bislang noch überhaupt kein Bodenrichtwert ermittelt wurde.   44

Neben den in § 10 Abs. 1 Satz 2 ImmoWertV genannten Verfahren besteht die Möglichkeit, einen vorhandenen **Bodenrichtwert des Vorjahres mittels** einer für das Gemeindegebiet fundiert abgeleiteten **Bodenpreisindexreihe fortzuschreiben,** wie man es bei der Verkehrswertermittlung praktiziert. Diese Vorgehensweise ist auch angezeigt, wenn gleich über mehrere Jahre keine neuen Verkaufsfälle angefallen sind. Die Grenze des zeitlichen Rückgriffs auf „alte" Bodenrichtwerte und ihre Indizierung ist dort zu ziehen, wo man sie allgemein bei der Ermittlung von Verkehrswerten mittels Kaufpreisen aus zurückliegender Zeit ziehen würde.   45

Verhängnisvoll und geradezu grob fahrlässig ist die mitunter zu beobachtende Praxis, einen **Bodenrichtwert des Vorjahres unverändert in die Bodenrichtwertkarten der nachfolgenden Jahre zu übernehmen,** wenn man sich mangels neuerer Vergleichspreise für die Bodenrichtwertzone nicht imstande sieht, diesen Bodenrichtwert fortzuschreiben – gleichzei-   46

---

38 § 12 Bad-württ. GutachterausschussVO; § 12 Abs. 3 Bay. GutachterausschussVO; § 13 Abs. 5 Hess. DV BauGB.
39 RFH, Urt. vom 8.10.1926 – II A 429/26 –, JW 1928, 44 = ZfV 1928, 117 = EzGuG 14.1a.
40 Kleiber in Ernst/Zinkahn/Bielenberg/Krautzberger, BauGB § 196 Rn. 114 ff.; § 11 Abs. 1 der nordrh.-westf GutachterausschussVO schreibt in diesem Sinne vor, dass in Bereichen, in denen eine ausreichende Anzahl von Kaufpreisen nicht vorliegt, Bodenrichtwerte mittels anderer geeigneter Verfahren abzuleiten oder fortzuschreiben sind.
41 Dicke, M. in NÖV 1998, 57.

tig aber aufgrund der allgemeinen Entwicklung im Gemeindegebiet hätte erkennen müssen, dass dieser Bodenrichtwert an der allgemeinen Marktentwicklung „teilnimmt".

47 Darüber hinaus ist auch ein **Quervergleich mit Bodenpreisen bzw. Bodenrichtwerten aus vergleichbaren Gebieten** unter Berücksichtigung etwaiger Abweichungen möglich. Dies entspricht der Regelung des § 16 Abs. 1 Satz 2 und 3 ImmoWertV i. V. m. § 15 Abs. 1 Satz 3 und 4 ImmoWertV. Diese Vorgehensweise bietet sich für Bodenrichtwertzonen an, für die bislang ein Bodenrichtwert noch nicht abgeleitet wurde und aktuelle Verkaufsfälle nicht vorliegen. Diese Methode kann zudem unterstützend herangezogen werden, wenn Bodenrichtwerte der Vergangenheit mangels aktueller Verkaufsfälle gleich über mehrere Jahre hinweg hochindiziert werden müssen.

2.3.2 Bodenrichtwerte für bebaute Gebiete

▶ *Vgl. § 16 ImmoWertV Rn. 113*

48 Von besonderer Problematik ist die Bodenrichtwertermittlung in bebauten Gebieten insbesondere in den **Innenstadtlagen,** wo ein Grundstücksverkehr mit dem „nackten Grund und Boden" allenfalls in Einzelfällen gegeben ist. Nach § 196 Abs. 1 Satz 2 BauGB sind in bebauten Gebieten Bodenrichtwerte mit dem Wert zu ermitteln, der sich ergeben würde, wenn der Boden unbebaut wäre. Unmittelbar heranziehbar sind Vergleichspreise, die für einzelne unbebaute Grundstücke auch in bebauten Gebieten vereinzelt anfallen. Darüber hinaus kann für solche Gebiete ein überraschend großer Grundstücksverkehr festgestellt werden, der letztlich auf den Bodenerwerb gerichtet ist. Es vollzieht sich nämlich in solchen Gebieten ein nicht unerheblicher Grundstücksverkehr, der auf den Abriss der vorhandenen Bebauung gerichtet ist. Wenn in solchen Fällen die vorhandene Bausubstanz keinen Restwert hat, ergibt sich der Bodenwert (des unbebaut gedachten Grundstücks) aus dem Kaufpreis zuzüglich der vom Erwerber einkalkulierten Freilegungskosten und abzüglich etwaiger Verwertungserlöse. Schließlich können auch die für sonstige bebaute Grundstücke vereinbarten Vergleichspreise herangezogen werden, wobei dann eine sinnvolle Aufteilung in einen Boden- und Gebäudewertanteil vorgenommen werden muss.

In bebauten Gebieten, in denen die tatsächlich realisierte Bebauung regelmäßig von der rechtlich zulässigen Bebaubarkeit abweicht und wo die **tatsächliche Bebauung als lagetypische Bebauung** anzusehen ist, müssen die dafür empirisch aus dem Geschehen des Grundstücksmarkts abgeleiteten Bodenrichtwerte ihrer Höhe nach als Bodenwerte angesehen werden, die sich für das tatsächliche lageübliche Maß der dort realisierten baulichen Nutzung ergeben, denn daran orientiert sich die Preisbildung auf diesem Grundstücksteilmarkt. Diesen empirisch ermittelten Bodenrichtwerten kann von daher nicht das höhere zulässige Maß der baulichen Nutzung zugeordnet werden. Wird einer solchen Bodenrichtwertzone ein Bodenrichtwert zugeordnet, der im Wege des Vergleichswertverfahrens aus Kaufpreisen anderer Gebiete erst noch abgeleitet werden muss, so müssen die entsprechenden Kaufpreise der Vergleichsgrundstücke auf das Maß der baulichen Nutzung ggf. mithilfe von Umrechnungskoeffizienten so umgerechnet werden, dass sie der lagetypischen und nicht der rechtlich zulässigen Nutzung der Bodenrichtwertzone entsprechen. Dies ergibt sich allein schon aus der Definition des Bodenrichtwerts als dem durchschnittlichen Lagewert, der sich mithin nach der lagetypischen Nutzung bestimmt (vgl. auch § 6 Abs. 1 Satz 2 ImmoWertV).

3 Darstellung von Bodenrichtwerten bei ihrer Veröffentlichung (§ 10 Abs. 2 ImmoWertV)

3.1 Allgemeines

Nach § 196 **Abs. 3 Satz 1 BauGB** sind **Bodenrichtwerte** zu veröffentlichen. Das Nähere zu regeln obliegt nach § 199 Abs. 2 Nr. 4 BauGB die Landesregierungen. Die Länder haben von dieser Ermächtigung mit den von ihnen erlassenen **Gutachterausschussverordnungen** sowie durch **technische Anleitungen** Gebrauch gemacht[42]. 49

Im Zuge der Erbschaftsteuerreform[43] wurde die Ermächtigung dahingehend modifiziert, dass der Erlass von Vorschriften über die „Ableitung von Bodenrichtwerten" auf den Bund übergegangen ist (§ 199 Abs. 1 BauGB). Auf der Grundlage dieser Ermächtigung werden mit § 10 Abs. 2 und 3 ImmoWertV **bundesrechtliche Regelungen über die „Darstellung von Bodenrichtwerten" bei ihrer Veröffentlichung** vorgegeben. 50

3.2 Darstellung in Bodenrichtwertkarten und Bodenrichtwertlisten

Schrifttum: *Hansche, H.*, Anmerkungen zu den Veröffentlichungen der Gutachterausschüsse in den neuen Ländern, GuG 2002, 37.

▶ *Vgl. Rn. 83; zu den Besonderheiten der Veröffentlichung von Bodenrichtwerten für Sanierungsgebiete und Entwicklungsbereiche § 196 BauGB Rn. 17 ff.; Teil VI Rn. 460, 603 ff.*

Die allgemeine Form der Veröffentlichung von Bodenrichtwerten wird weder im BauGB noch in der ImmoWertV verbindlich vorgegeben. § 196 Abs. 1 Satz 3 BauGB in der ab 1.7.2009 geltenden Fassung schreibt lediglich vor, dass **„Richtwertzonen** zu bilden" sind, „die jeweils Gebiete umfassen, die nach Art und Maß der Nutzung weitgehend übereinstimmen". 51

Die Veröffentlichung von Bodenrichtwerten erfolgt in der Praxis durch

a) **Bodenrichtwertkarten,** in die „jedermann" Einsicht nehmen kann und die i. d. R. auch käuflich erworben werden können. Daneben werden Bodenrichtwertkarten neuerdings auch im Internet angeboten;

b) **Bodenrichtwertlisten.**

In den Bodenrichtwertkarten können die Bodenrichtwertzonen besonders anschaulich dargestellt werden; bei Veröffentlichung von Bodenrichtwerten in Bodenrichtwertlisten müssen die Richtwertzonen eindeutig beschrieben werden.

Die **Praxis der Veröffentlichung von Bodenrichtwerten** in Karten und Listen **ist** leider **uneinheitlich,** was Umfang, Intensität und Darstellung anbelangt. Die Gutachterausschüsse für Grundstückswerte erklären dies mit wenig Überzeugungskraft mit den örtlichen Verhältnissen, die eine einheitliche Darstellung nicht zuließen. Tatsächlich hat es aber ernsthafte Bemühungen um eine Vereinheitlichung der Darstellung nicht gegeben, sodass es letztlich auf eine mangelnde Bereitschaft zurückgeführt werden muss, dass die Darstellung von Bodenrichtwerten in Karten und Listen nicht aneinander angeglichen wurde. Dies ist gleich aus mehreren Gründen anzustreben: 52

a) Zum einen richtet sich die Veröffentlichung von Bodenrichtwerten an „jedermann" und damit auch an den Laien. Angesichts der Mobilität der Bürger wäre von daher anzustreben, dass die Bodenrichtwerte nach einem einheitlichen oder zumindest allerorts ähnlichen **Schema** in den Karten dargestellt werden.

b) Zum anderen sind die Bodenrichtwerte Bemessungsgrundlage für die Mindestbewertung im Rahmen der Erbschaft- und Schenkungsteuer. Sie stehen darüber hinaus als Bemes-

---

[42] Z.B. RiWert Rh.-Pf. und RdErl. des nordrh.-westf. MI und MJ vom 12.2.1999 (Kaufpreissammlung-Richtlinien; MinBl. NW 1999, 424 ff.).
[43] Erbschaftsteuerreformgesetz – ErbStRG – vom 24.12.2008, BGBl. I 2008, 3018.

sungsgrundlage für eine Bodenwertsteuer[44] oder zumindest für eine bodenwertorientierte Grundsteuer (anstelle der bisherigen Grundsteuer) in Diskussion. Schließlich knüpft auch § 19 SachenRBerG an die Bodenrichtwerte an. Im Hinblick auf die genannten bundesrechtlichen Regelungen wäre eine einheitlichere Darstellung wünschenswert.

Die vom Bund erlassene BodenrichtwertR hat diesbezüglich bislang nur eine geringe Wirkung entfaltet (vgl. Rn. 83).

53 Insgesamt ist die **Zersplitterung des Gutachterausschusswesens** durch unterschiedliche Vorgehensweisen auch auf diesem Gebiet dem Gutachterausschusswesen abträglich und es bleibt zu hoffen, dass die Chance ergriffen wird, sein Ansehen durch mehr Gemeinsamkeiten zu verbessern.

54 Allgemein kann festgestellt werden, dass Bodenrichtwerte (für erschließungsbeitragspflichtige oder -freie Bauflächen) mit den maßgebenden Merkmalen/Eigenschaften (Art der baulichen Nutzung wie WA, WR, MI, MK; offene bzw. geschlossene Bauweise, Zahl der Vollgeschosse, GRZ, GFZ, Bodenbeschaffenheit, Grundstücksgestalt, insbesondere Grundstückstiefe) in Bodenrichtwertkarten nachgewiesen werden. Abweichungen des einzelnen Grundstücks in den wertbestimmenden Eigenschaften bewirken entsprechende **Abweichungen seines Bodenwerts vom Bodenrichtwert.** Soweit Bodenrichtwerte für gewerbliche Bauflächen (GE, GI) in €/m^2 ermittelt werden, sind diese regelmäßig ohne eventuell erforderliche außergewöhnliche Grundstückskosten zu verstehen.

55 Da unkundige Benutzer einer Bodenrichtwertkarte oftmals außer Acht lassen, dass Abweichungen der einzelnen Grundstücke von den durchschnittlichen Eigenschaften des Bodenrichtwertgrundstücks Wertabweichungen vom Bodenrichtwert bewirken können, sind die Gutachterausschüsse vielerorts dazu übergegangen, hierauf in der **Legende zur Bodenrichtwertkarte** besonders hinzuweisen. Nach Anl. 2 zu der Bodenrichtwertrichtlinie sind folgende Erläuterungen zum Auszug aus den Bodenrichtwertkarten vorgesehen.

„**Gesetzliche Bestimmungen:** Bodenrichtwerte werden gemäß § 193 Absatz 5 BauGB vom zuständigen Gutachterausschuss für Grundstückswerte nach den Bestimmungen des BauGB und der ImmoWertV ermittelt. Die aktuellen Bodenrichtwerte wurden zum Stichtag … (ergänzen: Datum des jeweiligen Stichtags) ermittelt.

Begriffsdefinition: Der Bodenrichtwert (vgl. § 196 Absatz 1 BauGB) ist der durchschnittliche Lagewert des Bodens für eine Mehrheit von Grundstücken innerhalb eines abgegrenzten Gebiets (Bodenrichtwertzone), die nach ihren Grundstücksmerkmalen, insbesondere nach Art und Maß der Nutzbarkeit weitgehend übereinstimmen und für die im Wesentlichen gleiche Wertverhältnisse vorliegen. Er ist bezogen auf den Quadratmeter Grundstücksfläche eines Grundstücks mit den dargestellten Grundstücksmerkmalen (Bodenrichtwertgrundstück).

Der Bodenrichtwert enthält keine Wertanteile für Aufwuchs, Gebäude, bauliche und sonstige Anlagen. Bei bebauten Grundstücken ist der Wert ermittelt worden, der sich ergeben würde, wenn der Boden unbebaut wäre (§ 196 Absatz 1 Satz 2 BauGB).

Eventuelle Abweichungen eines einzelnen Grundstücks vom Bodenrichtwertgrundstück hinsichtlich seiner Grundstücksmerkmale (zum Beispiel hinsichtlich des Erschließungszustands, des beitrags- und abgabenrechtlichen Zustands, der Art und des Maßes der baulichen Nutzung) sind bei der Ermittlung des Verkehrswerts des betreffenden Grundstücks zu berücksichtigen.

Die Abgrenzungen der Bodenrichtwertzone sowie die Festsetzung der Höhe des Bodenrichtwerts begründen keine Ansprüche zum Beispiel gegenüber den Trägern der Bauleitplanung, Baugenehmigungsbehörden oder Landwirtschaftsbehörden."

56 Die Hinweise sollen den Erwerber eines Grundstücks vor überhöhten Kaufpreisforderungen schützen, wenn diese Forderung mit dem Bodenrichtwert der entsprechenden Bodenrichtwertzone begründet wird und das zur Veräußerung anstehende Grundstück in seinen Grundstücksmerkmalen qualitativ gegenüber denen des Bodenrichtwertgrundstücks abfällt (vgl. Anl. zu dieser Kommentierung).

---

[44] Bizer, K., Joeris, D., in GuG 1998, 132; Dicke, M., Ermittlung von Bodenrichtwerten bei eingeschränkter Verfügbarkeit von Kaufpreisen, NÖV 1998, 57.

Bodenrichtwerte § 10 ImmoWertV IV

Neben Bodenrichtwertkarten sind auch **Bodenrichtwertlisten** zur Veröffentlichung gebräuchlich. 57

Ähnlich wie für Bauflächen werden – insbesondere in den land- oder forstwirtschaftlich genutzten Regionen – **für landwirtschaftliche Nutzflächen Bodenrichtwerte** (und Bodenpreisindexreihen) ermittelt und gegebenenfalls in Bodenrichtwertkarten mit Art der Nutzung (A, Gr) und durchschnittlicher Acker- oder Grünlandzahl jedoch ohne Angabe von Flächengrößen veröffentlicht. 58

3.3 Bodenrichtwertzonen

Nach § 196 Abs. 1 Satz 3 BauGB in der am 1.7.2009 in Kraft getretenen Fassung[45] sind **Bodenrichtwerte** für ihnen zugeordnete **Bodenrichtwertzonen als „zonale Bodenrichtwerte" darzustellen** (vgl. Abb. 3). 59

§ 196 Abs. 1 Satz 3 BauGB n. F. schreibt nunmehr ausdrücklich vor, dass Bodenrichtwertzonen zu bilden sind, „die jeweils Gebiete umfassen, die nach Art und Maß der Nutzung weitgehend übereinstimmen". Diese Vorgabe geht auf die am 1.1.2009 in Kraft getretene Erbschaftsteuerreform zurück. Im Zuge dieser Reform wurde die für die steuerliche Bewertung unbebauter Grundstücke maßgebliche Vorschrift des § 179 BewG dahingehend gefasst, dass sich der Wert „regelmäßig nach den Bodenrichtwerten (§ 196 des Baugesetzbuchs)" bestimmen soll und bei der Wertermittlung „stets der Bodenrichtwert anzusetzen" ist, „der vom Gutachterausschuss zuletzt zu ermitteln war". Um hierfür der Finanzverwaltung einen eindeutigen Zugriff auf den Bodenrichtwert zu ermöglichen, wurde gleichzeitig die zonale Bodenrichtwertermittlung bundesrechtlich vorgegeben (Art. 4 des ErbStRG). Hieraus folgt, dass die Gutachterausschüsse, die bislang lagetypische Bodenrichtwerte veröffentlicht haben, ihre Veröffentlichungspraxis auf zonale Bodenrichtwerte umstellen müssen. Darüber hinaus erscheint es auch angezeigt, eine Verdichtung der Bodenrichtwertzonen anzumahnen, denn es muss davon ausgegangen werden, dass von der Finanzverwaltung die Bodenrichtwerte allein nach der Lage des zu bewertenden Grundstücks ohne Berücksichtigung des Wertgefüges innerhalb der Zone und der benachbarten Bodenrichtwertzonen herangezogen werden und dies zu Fehlbewertungen führen kann, wenn nicht die vom Gesetzgeber geforderte Homogenität einer Bodenrichtwertzone gegeben ist. 60

Abb. 3: Bodenrichtwertkarte mit zonalen Bodenrichtwerten

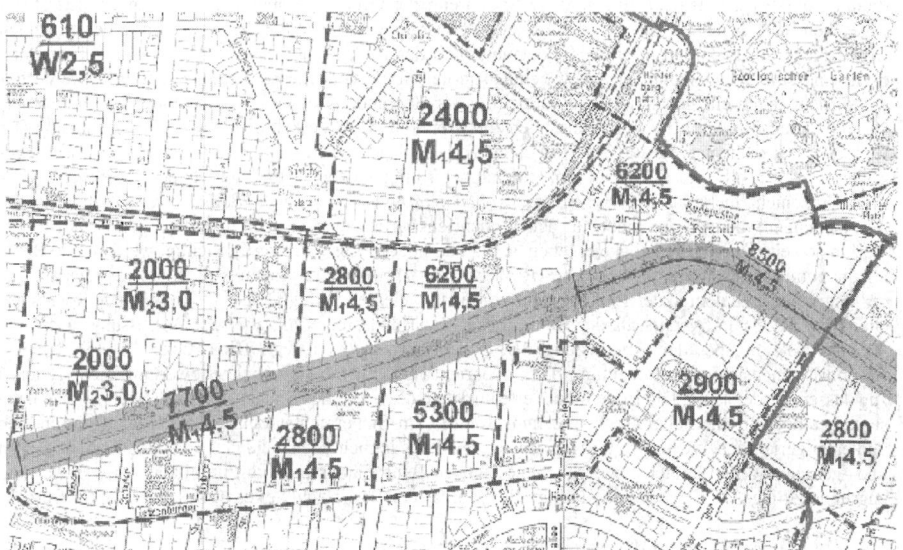

Quelle: Gutachterausschuss von Berlin 2009

---

45 ErbStRG vom 24.12.2008 [BGBl. I 2008, 3018]); Art. 6 Abs. 2 ErbStRG.

61 Die bis zum 1.7.2009 weitverbreitete Praxis der Darstellung von Bodenrichtwerten als „lagetypische" Bodenrichtwerte ist nicht mehr zulässig. Mit der Darstellung der Bodenrichtwerte als **zonale Bodenrichtwerte** soll ein einfacher und unmittelbarer Zugriff auf den einschlägigen Bodenrichtwert ermöglicht werden. Aus den unterschiedlichen Bodenrichtwerten benachbarter Bodenrichtwertzonen ist jedoch sehr schnell erkennbar, dass das Bodenwertniveau einer Zone keinesfalls so homogen ist, wie es die Zone mit ihren „scharfen" Grenzen suggeriert. Bei Heranziehung zonaler Bodenrichtwerte wird man bei alledem im Grenzbereich den Bodenrichtwert der benachbarten Bodenrichtwertzone berücksichtigen müssen, sofern nicht im Einzelfall tatsächlich von einem Wertsprung auszugehen ist. Solche Wertsprünge können insbesondere auftreten, wenn die Topografie, z.B. entlang einer die Stadt zerschneidenden Bahntrasse oder einer größeren Ausfallstraße, die gewachsene Bebauung auseinanderreißt. Bei Verwendung lagetypischer Bodenrichtwerte vermittelt sich dies aber bereits hinreichend aus der topografischen Darstellung der Bodenrichtwertkarte. Indessen macht das Beispiel der Abb. 3 deutlich, dass die Praxis selbst in zusammenhängenden Stadtstrukturen nicht davor zurückschreckt, die Grenzen der Bodenrichtwertzonen dort zu ziehen, wo die aus der Karte herauslesbaren Wertsprünge eigentlich nicht auftreten können.

62 Zur **Abgrenzung der Bodenrichtwertzonen** gibt die Bodenrichtwertrichtlinie lediglich vor, dass die Bodenrichtwertzonen so abgegrenzt werden sollen, dass die lagebedingten Wertunterschiede zwischen der Mehrzahl der Grundstücke und dem Bodenrichtwertgrundstück nicht erheblich sind. Dies ist ein gravierender Rückschritt gegenüber den bisherigen Vorgaben der Musterrichtlinien über Bodenrichtwerte der ARGEBAU[46]. Diese sahen unter Ziff. 4.4 (4) ausdrücklich vor, dass „bei der Ermittlung der zonalen....Bodenrichtwerte...die dem Bodenrichtwert zugeordneten Bereiche so abgegrenzt werden" sollen, „dass die Bodenrichtwerte der einzelnen Grundstücke nicht mehr als +/– 30 % abweichen" (Toleranzgrenze). Die Bodenrichtwertrichtlinie steht damit auch diametral der von der RegE[47] im Rahmen des 1. RegE verfolgten Zielsetzung entgegen (vgl. Rn. 1 ff.).

63 Der in der 14. Legislaturperiode gescheiterte 1. RegE[48] sieht dagegen eine *20%ige Toleranzgrenze*, innerhalb der die auf den Quadratmeter umgerechneten Bodenwerte der einzelnen in der Bodenrichtwertzone gelegenen Grundstücke nach oben oder unten vom Bodenrichtwert abweichen dürfen. Zur Begründung wurde auf die Entscheidung des BVerfG vom 7.11.2006 – I BvL 10/02 – (a. a. O.) verwiesen, nach der im Rahmen der Erbschaftsteuer eine 20%ige Streubreite der Grundstücksbewertung als „noch vertretbar" angesehen wird. Nach Auffassung des Bundesrates ist eine Abweichung der Bodenwerte der einzelnen Grundstücke um maximal 20 % ober- oder unterhalb des Bodenrichtwerts „in der Gesamtheit unrealistisch" und eine „Angleichung der Abweichungsquote (an die vorstehende Rechtsprechung des BVerfG) willkürlich", denn ein Zusammenhang zu dem in der Begründung des RegE genannten Erbschaftsteuer-Urteil und den dort gemachten Ausführungen zur Streubreite zum Verkehrswert sei nicht erkennbar[49]. Der Bundesrat hat dementsprechend eine Regelung vorgeschlagen, nach der „die Richtwertzone ... so abgegrenzt werden" sollte, dass „die auf den Quadratmeter umgerechneten Bodenwerte der einzelnen Grundstücke um nicht mehr als *30 Prozent nach oben oder nach unten vom Bodenrichtwert* abweichen". Abweichungen, die sich aus nicht mit dem Bodenrichtwertgrundstück übereinstimmenden Grundstücksmerkmalen einzelner Grundstücke ergeben, sollten darüber hinaus nicht berücksichtigt werden. Die BReg hat die vom Bundesrat beschlossene *30%ige Toleranzgrenze* nicht mittragen wollen und verweist auch in der Begründung zu dem in der 15. Legislaturperiode vorgelegten 2. RegE[50] auf die vorstehende Rechtsprechung des BVerfG. „Anders als der Bundesrat ist die Bundesregierung aber der Auffassung, dass eine 30%ige Toleranz bei der Abgrenzung der Bodenrichtwertzonen (vgl. BR-Drucks. 296/09, Nr. 3 – Beschluss) angesichts der Bedeutung der Bodenrichtwerte für die steuerliche Bewertung nicht generell zugelassen werden kann. Die Bodenrichtwerte im Sinne des § 196 des Baugesetzbuchs (BauGB) sind nach ständiger höchstrichterlicher Rechtsprechung für die am Steuerrechtsverhältnis Beteiligten verbindlich und einer gerichtlichen Überprüfung regelmäßig nicht zugänglich. Sie sind daher von den Finanzbehörden und -gerichten grundsätzlich ungeprüft ohne eigenen Beurteilungsspielraum unmittelbar der Bewertung zugrunde zu legen. Infolgedessen sind an die Qualität der Bodenrichtwerte, insbesondere unter Berück-

---

46 GuG 2001, 44.
47 BR-Drucks. 298/09 vom 3.4.2009.
48 BR-Drucks. 296/09 vom 3.4.2009.
49 BR-Drucks 296/1/09, S. 4.
50 BR-Drucks. 171/10.

sichtigung der Grundsätze der Entscheidung des Bundesverfassungsgerichts vom 7. November 2006 – 1 BvL 10/02 – zur Verfassungsmäßigkeit der Erbschaftsteuer, erhöhte Anforderungen zu stellen."

Trotz dieser Auffassung enthält sich der Wortlaut des von der BReg vorgelegten 2. RegE jedweder Vorgaben für die einzuhaltenden Toleranzgrenzen und bleibt damit hinter den vom Bundesrat zum 1. RegE empfohlenen Vorgaben zurück („Nulllösung"). Diese waren auch mit 30 % „eng" gesteckt, wenn man bedenkt, dass auch ein „spitz" ermittelter Bodenwert recht häufig mit einer Unsicherheitsmarge von bis zu ± 20 % (und mitunter auch mehr) behaftet ist. **64**

Der von der BReg eingegangene „Kompromiss" ist fachlich zu bedauern, denn tatsächlich sind die in der genannten Entscheidung des BVerfG angesprochenen Abweichungsmargen lediglich bei der Einzelbewertung zu beachten, ohne dass daraus eine direkte Vorgabe für die Ableitung von Bodenrichtwerten folgt. Die in der steuerlichen Bewertungspraxis herangezogenen Bodenrichtwerte mögen zwar einer gerichtlichen Überprüfung regelmäßig nicht zugänglich sein, gleichwohl sind sie modifizierbar, um die in der Entscheidung des BVerfG angesprochenen Abweichungsmarge einzuhalten (vgl. Syst. Darst. des Vergleichswertverfahrens Rn. 167 ff.). Mit diesem „Kompromiss" hat man die Chance vergeben, zu einer deutlichen Verbesserung des Bodenrichtwertgefüges zu kommen, denn die konsequente Beachtung der vom Bundesrat vorgeschlagene Toleranzmarge von mindestens 30 Prozent hätte vielerorts zu einer Verdichtung des Bodenrichtwertgefüges und Intensivierung der Bodenrichtwertausweisung geführt. **65**

Des Weiteren sieht die Bodenrichtwertrichtlinie vor, dass Wertunterschiede, die sich aus nicht mit dem Bodenrichtwertgrundstück übereinstimmenden Grundstücksmerkmalen einzelner Grundstücke ergeben (z. B. Abweichungen bei der Grundstücksfläche, individuelle rechtliche oder tatsächliche Belastungen), bei der Abgrenzung nicht zu berücksichtigen sind. **66**

Bodenrichtwertzonen können nicht aus räumlich getrennt liegenden Gebieten bestehen. **67**

Grundsätzlich ist **je Bodenrichtwertzone nur ein Bodenrichtwert** anzugeben. Im Zuge der Behandlung des 1. RegE der ImmoWertV (vgl. Rn. 1) wurde vom Agrarausschuss des Bundesrates vorgeschlagen, dass in Gebieten, in denen Grundstücke erheblich unterschiedliche Grundstücksmerkmale aufweisen (sog. Gemengelage) und in denen aufgrund der räumlichen Verteilung dieser Grundstücke keine eigenen Bodenrichtwertzonen gebildet werden können[51], auch „mehrere sich ganz oder teilweise überlagernde" Bodenrichtwertzonen mit jeweils unterschiedlichen Bodenrichtwertgrundstücken abgedeckt werden können. Diesen Vorschlag hat sich bereits der Bundesrat nicht zu eigen gemacht. Nach Ziff. 5 Abs. 2 Satz 2 BRW-RL sollen sich Bodenrichtwertzonen in begründeten Fällen gleichwohl deckungsgleich überlagern können; Voraussetzung ist, dass eine eindeutige Zuordnung der Mehrzahl der Grundstücke zum jeweiligen Bodenrichtwertgrundstück gewährleistet bleibt. Bei Bodenrichtwerten nach § 196 Abs. 1 Satz 7 BauGB können sich die Bodenrichtwertzonen auch nicht deckungsgleich überlagern. **68**

Des Weiteren bestimmt die Bodenrichtwertrichtlinie unter Ziff. 5: **69**

(3) Soweit Gemeinbedarfsflächen nicht bereits nach Absatz 1 bei der Bildung der Bodenrichtwertzone unberücksichtigt bleiben, sind Gemeinbedarfsflächen auch in den verbleibenden Fällen zu berücksichtigen, wenn ihre Zweckbestimmung eine privatwirtschaftliche Nutzung nicht auf Dauer ausschließt.

(4) Bodenrichtwertzonen für den Entwicklungszustand Bauerwartungsland und Rohbauland sind unter besonderer Berücksichtigung der Bauleitpläne sowie der Entwicklung am Grundstücksmarkt zu bilden. Sie sind so abzugrenzen, dass in der Bodenrichtwertzone ein überwiegend einheitlicher Entwicklungsgrad der Grundstücke gegeben ist.

(5) Im Grenzbereich des baulichen Innen- und Außenbereichs sind der Abgrenzung der Bodenrichtwertzone soweit vorhanden Satzungen nach § 34 Absatz 4 BauGB zugrunde zu legen. Im Übrigen sind der Abgrenzung der Bodenrichtwertzone die tatsächlichen Grenzen des vorhandenen Bebauungszusammenhangs und ggf. Auskünfte der Planungs- oder der Baugenehmigungsbehörde zugrunde zu legen.

---

51 BR-Drucks. 296/1 S. 6.

3.4 Attributierung des Bodenrichtwertgrundstücks

3.4.1 Allgemeines

▶ *Vgl. Rn. 83 sowie zu land- und forstwirtschaftlichen Flächen § 5 ImmoWertV Rn. 72*

70 Bei der „Darstellung der Bodenrichtwerte" muss man sich vergegenwärtigen, dass sich der **Bodenrichtwert** als durchschnittlicher Lagewert des Grund und Bodens einer Bodenrichtwertzone definiert, der **nicht identisch mit dem Verkehrswert irgendeines Grundstücks in der Bodenrichtwertzone** ist. Er bezieht sich mithin auf ein fiktives Bodenrichtwertgrundstück. In den Bodenrichtwertkarten wird deshalb darauf hingewiesen, dass Unterschiede in den Zustandsmerkmalen des einzelnen in der Bodenrichtwertzone gelegenen Grundstücks gegenüber denen des Bodenrichtwertgrundstücks berücksichtigt werden müssen. Dies entspricht den Vorschriften des § 15 Abs. 1 Satz 4 ImmoWertV.

Um die Aussagekraft eines Bodenrichtwerts für die Werthaltigkeit eines einzelnen in der Bodenrichtwertzone gelegenen Grundstücks richtig würdigen zu können und angemessene Zu- und Abschläge bei Heranziehung dieses Bodenrichtwerts zur Ermittlung des Bodenwerts dieses Grundstücks anbringen zu können, müssen die **Grundstücksmerkmale eines dem Bodenrichtwert zuzuordnenden** (fiktiven) **Bodenrichtwertgrundstücks** bekannt sein. § 196 Abs. 1 Satz 4 BauGB in der seit dem 1.7.2009 geltenden Fassung gibt aus diesem Grunde ausdrücklich vor, dass die **wertbeeinflussenden Merkmale des Bodenrichtwertgrundstücks** (bei ihrer Veröffentlichung) **darzustellen** sind.

71 § 10 Abs. 2 Satz 1 ImmoWertV behandelt den **Umfang der erforderlichen Darstellung** bezüglich der wertbeeinflussenden Merkmale des Bodenrichtwertgrundstücks (vgl. § 196 Abs. 1 Satz 4 BauGB). Hierzu wird bestimmt, dass in jedem Fall der Entwicklungszustand und die Art der Nutzung dargestellt werden sollen, d.h. muss, es sei denn, die Darstellung ist ausnahmsweise nicht möglich. § 10 Satz 2 gibt hierzu folgende Ergänzungen vor:

– Nach § 10 Abs. 2 Satz 2 Nr. 1 ImmoWertV soll bei *landwirtschaftlich genutzten* Flächen „gegebenenfalls die Bodengüte als Acker- oder Grünlandzahl" zusätzlich dargestellt werden; bezüglich der Art der Nutzung ist nach Ackerland (A) und Grünland (Gr) zu unterscheiden. Die Vorgabe beschränkt sich auf „landwirtschaftlich genutzte Flächen" und lässt landwirtschaftlich nutzbare sowie forstwirtschaftliche Flächen unerwähnt.

– Mit § 10 Abs. 2 Satz 2 Nr. 2 ImmoWertV sollen bei baureifem Land ergänzende Angaben zum erschließungsbeitragsrechtlichen Zustand (§ 6 Abs. 3 ImmoWertV) sowie „je nach Wertrelevanz" (fakultativ)

  • zum Maß der baulichen Nutzung,

  • zur Grundstücksgröße,

  • zur Grundstücksbreite oder

  • zur Grundstückstiefe

  gemacht werden.

– Nach § 10 Abs. 2 Satz 2 Nr. 3 ImmoWertV ist in Sanierungsgebieten und Entwicklungsbereichen (vgl. Rn. 35) der Grundstückszustand darzustellen, auf den sich der Bodenrichtwert bezieht. In Betracht kommt

  • der Zustand der Grundstücke ohne Aussicht auf die Vorbereitung und Durchführung der Sanierungs- bzw. Entwicklungsmaßnahme (sanierungs- bzw. entwicklungsunbeeinflusster Zustand; vgl. § 153 Abs. 1 BauGB) oder

  • der Zustand der Grundstücke unter Berücksichtigung der rechtlichen und tatsächlichen Neuordnung des Sanierungsgebiets bzw. Entwicklungsbereichs (Neuordnungszustand; vgl. § 154 Abs. 2 BauGB).

Bodenrichtwerte § 10 ImmoWertV IV

Nach Maßgabe der Bodenrichtwertrichtlinie – BRW-RL – sind die **Bodenrichtwerte für Bauflächen** nach Anl. 2 der BodenrichtwertR darzustellen (vgl. Rn. 83 sowie zur Darstellung von Bodenrichtwerten für land- und forstwirtschaftliche Flächen vgl. § 5 ImmoWertV Rn. 72).   72

Bodenrichtwerte für Bauflächen

```
         95 B ebf (1255)
    WA EFH WGFZ0,3 b25 f750
```

Boden-richt-wert	Entwick-lungs-zustand	Sanie-rungs- oder Entwick-lungs-zusatz	Beitrags-situation	Zonen-nummer
95	B		ebf	(1255)

WA	EFH		WGFZ 0,3				b25	f750	
Art der Nutzung	Ergän-zung zur Art der Nutzung	Bau-weise	Ge-schoss-zahl	wertrele-vante Ge-schossflä-chenzahl	Grund-flächen-zahl	Bau-massen-zahl	Grund-stücks-tiefe	Grund-stücks-breite	Grund-stücks-fläche	weitere Merk-male

| | Maß der baulichen Nutzung | | | | | | | |

	Bodenrichtwert			**Ergänzung zur Art der Nutzung**
...	Bodenrichtwert in Euro je Quadratmeter		EFH	Ein- und Zweifamilienhäuser
			MFH	Mehrfamilienhäuser
	Entwicklungszustand		GH	Geschäftshäuser (mehrgeschossig)
			WGH	Wohn- und Geschäftshäuser
B	baureifes Land		BGH	Büro- und Geschäftshäuser
R	Rohbauland		BH	Bürohäuser
E	Bauerwartungsland		PL	Produktion und Logistik
			WO	Wochenendhäuser
	Art der Nutzung		FEH	Ferienhäuser
			FZT	Freizeit und Touristik
W	Wohnbaufläche		LAD	Läden (eingeschossig)
WS	Kleinsiedlungsgebiet		EKZ	Einkaufszentren
WR	reines Wohngebiet		MES	Messen, Ausstellungen, Kongresse, Großveranstaltungen aller Art
WA	allgemeines Wohngebiet			
WB	besonderes Wohngebiet		BI	Bildungseinrichtungen
M	gemischte Baufläche		MED	Gesundheitseinrichtungen
MD	Dorfgebiet		HAF	Hafen
MI	Mischgebiet		GAR	Garagen, Stellplatzanlagen, Parkhäuser
MK	Kerngebiet		MIL	Militär
G	gewerbliche Baufläche		LP	landwirtschaftliche Produktion
GE	Gewerbegebiet		ASB	Außenbereich
GI	Industriegebiet			
S	Sonderbaufläche			
SE	Sondergebiet für Erholung (§ 10 BauNVO)			
SO	sonstige Sondergebiete (§ 11 BauNVO)			
GB	Baufläche für Gemeinbedarf			
	Sanierungs- oder Entwicklungszusatz			**Bauweise oder Anbauart**
SU	sanierungsunbeeinflusster Bodenrichtwert, ohne Berücksichtigung der rechtlichen und tatsächlichen Neuordnung		o	offene Bauweise
			g	geschlossene Bauweise
			a	abweichende Bauweise
SB	sanierungsbeeinflusster Bodenrichtwert, unter Berücksichtigung der rechtlichen und tatsächlichen Neuordnung		eh	Einzelhäuser
			ed	Einzel- und Doppelhäuser
			dh	Doppelhaushälften
EU	entwicklungsunbeeinflusster Bodenrichtwert, ohne Berücksichtigung der rechtlichen und tatsächlichen Neuordnung		rh	Reihenhäuser
			rm	Reihenmittelhäuser
			re	Reihenendhäuser
EB	entwicklungsbeeinflusster Bodenrichtwert, unter Berücksichtigung der rechtlichen und tatsächlichen Neuordnung			
	Beitrags- und abgabenrechtlicher Zustand			**Maß der baulichen Nutzung**
keine Angabe	erschließungsbeitrags- und kostenerstattungsbetragsfrei		II	Geschosszahl (römische Ziffer)
			WGFZ...	wertrelevante Geschossflächenzahl
ebf	erschließungsbeitrags-/kostenerstattungsbetragsfrei und abgabenpflichtig nach Kommunalabgabengesetz		GRZ...	Grundflächenzahl
			BMZ...	Baumassenzahl
				Angaben zum Grundstück
ebpf	erschließungsbeitrags-/kostenerstattungsbetragspflichtig und abgabenpflichtig nach Kommunalabgabengesetz		t...	Grundstückstiefe in Metern
			b...	Grundstücksbreite in Metern
			f...	Grundstücksfläche in Quadratmetern

IV § 10 ImmoWertV Bodenrichtwerte

Bodenrichtwerte für Flächen der Land- und Forstwirtschaft

1,50 LF (0023)
A 55 f5000

Boden-richt-wert	Entwick-lungszu-stand	Zonen-nummer			
1,50	LF	(0023)			
A	55				f5000
Art der Nutzung	Ergänzung zur Art der Nutzung	Acker-zahl	Grün-landzahl	Grund-stücks-tiefe	Grund-stücks-breite	Grund-stücks-fläche	weitere Merk-male
		Bewertung der Bodenschätzung					

Bodenrichtwert

… Bodenrichtwert in Euro je Quadratmeter

Entwicklungszustand

LF Flächen der Land- oder Forstwirtschaft

Art der Nutzung

LW	landwirtschaftliche Fläche
A	Acker
GR	Grünland
EGA	Erwerbsgartenanbaufläche
SK	Anbaufläche für Sonderkulturen
WG	Weingarten
KUP	Kurzumtriebsplantagen/Agroforst
UN	Unland, Geringstland, Bergweide, Moor
F	forstwirtschaftliche Fläche

Ergänzung zur Art der Nutzung

OG	Obstanbaufläche
GEM	Gemüseanbaufläche
BLU	Blumen- und Zierpflanzenanbaufläche
BMS	Baumschulfläche
SPA	Spargelanbaufläche
HPF	Hopfenanbaufläche
TAB	Tabakanbaufläche
FL	Weingarten in Flachlage
HL	Weingarten in Hanglage
STL	Weingarten in Steillage

Bewertung der Bodenschätzung

…	Ackerzahl
…	Grünlandzahl

Angaben zum Grundstück

t…	Grundstückstiefe in Metern
b…	Grundstücksbreite in Metern
f…	Grundstücksfläche in Quadratmetern

73 **Bodenrichtwerte für sonstige Flächen** werden wie folgt dargestellt:

0,50 SF (01108)
AB SND

Boden-richt-wert	Entwick-lungszu-stand	Zonen-nummer			
0,50	SF	(01108)			
AB	SND				
Art der Nutzung	Ergänzung zur Art der Nutzung	Grund-stücks-tiefe	Grund-stücks-breite	Grund-stücks-fläche	weitere Merk-male

Bodenrichtwert

… Bodenrichtwert in Euro je Quadratmeter

Entwicklungszustand

SF sonstige Flächen

Art der Nutzung

PG	private Grünfläche
KGA	Kleingartenfläche
FGA	Freizeitgartenfläche
CA	Campingplatz
SPO	Sportfläche (u. a. Golfplatz)
SG	sonstige private Fläche
FH	Friedhof
WF	Wasserfläche
FP	Flughäfen, Flugplätze usw.
PP	private Parkplätze, Stellplatzfläche
LG	Lagerfläche
AB	Abbauland
GF	Gemeinbedarfsfläche (kein Bauland)
SN	Sondernutzungsfläche

Ergänzung zur Art der Nutzung

SND	Abbauland von Sand und Kies
TON	Abbauland von Ton und Mergel
TOF	Abbauland von Torf
STN	Steinbruch
KOH	Braunkohletagebau

Angaben zum Grundstück

t…	Grundstückstiefe in Metern
b…	Grundstücksbreite in Metern
f…	Grundstücksfläche in Quadratmetern

3.4.2 Art und Maß der baulichen Nutzung

▶ *§ 6 ImmoWertV Rn. 3 ff., 35 ff., 74 ff., § 8 ImmoWertV Rn. 345, 368, Syst. Darst. des Vergleichswertverfahrens Rn. 218 ff., 222; § 16 ImmoWertV Rn. 223; Teil II Rn. 502 ff.*

Als **Maß der baulichen Nutzung** kommen die Geschossflächenzahl (GFZ), die Baumassenzahl (BMZ), die Grundflächenzahl (GRZ), die Zahl der Vollgeschosse (Z) und die Höhe der baulichen Anlage in Betracht. Bei der Festlegung der Art und des Maßes der baulichen Nutzung des Bodenrichtwertgrundstücks ist grundsätzlich entsprechend der Regelung des § 6 Abs. 1 ImmoWertV die zulässige Nutzung zugrunde zu legen, d.h. die Nutzung, die sich nach den für die planungsrechtliche Zulässigkeit von Vorhaben maßgeblichen §§ 30, 33 und 34 BauGB und den sonstigen Vorschriften ergibt, die die Nutzbarkeit betreffen. Wird vom Maß der zulässigen Nutzung in der Umgebung regelmäßig abgewichen, ist jedoch entsprechen § 6 Abs. 1 Satz 2 ImmoWertV das Nutzungsmaß maßgebend, das im gewöhnlichen Geschäftsverkehr zugrunde gelegt wird. 74

Problematisch sind die Empfehlungen der Ziff. 6 Abs. 6 der BRW-RL. Nach dieser Empfehlung soll abweichend von den Regelungen des § 6 Abs. 1 ImmoWertV bei der Attributierung von Bodenrichtwerten eine von der Definition der BauNVO abweichende Geschossflächenzahl angegeben werden, nämlich die **wertrelevante Geschossflächenzahl – WGFZ**. Ebenso problematisch ist die vom Gutachterausschuss in *Köln* gebrauchte „**gewogene Geschossflächenzahl**" (vgl. § 6 ImmoWertV Rn. 39) oder die gewünschte Geschossflächenzahl (Dresden 2013). 75

Die wertrelevante Geschossflächenzahl – WGFZ – soll sich **nach dem Verhältnis der Geschossfläche aller Vollgeschosse zuzüglich der „Flächen, ...die nach den baurechtlichen Vorschriften nicht anzurechnen sind, aber der wirtschaftlichen Nutzung dienen", zur Grundstücksfläche** bestimmen.

$$WGFZ = \frac{GF\ zuzüglich\ Flächen,\ die\ nach\ Baurecht\ nicht\ anzurechnen\ sind,\ aber\ der\ wirtschaflichen\ Nutzung\ dienen}{Grundstücksfläche}$$

Dies wären Geschossflächen, die nach der Landesbauordnung (z. B. gemäß § 2 Abs. 5 Satz 2 BauO von Nordrhein-Westfalen) nicht als Vollgeschoss zu berücksichtigen sind:

- Geschosse mit geneigtem Dach, die weniger als drei Viertel ihrer Grundflächen die bauordnungsrechtlich geforderte Mindesthöhe haben (z. B. 2,30 m), sowie
- Staffelgeschosse, die weniger als zwei Drittel der Grundfläche des darunter liegenden Geschosses aufweisen.

Im Übrigen führt **Ziff. 6 Abs. 6 Satz 4 BRW-RL** hierzu aus:

Die Geschossfläche ist nach den Außenmaßen der Gebäude in allen Vollgeschossen zu ermitteln. Die Flächen von Aufenthaltsräumen in anderen Geschossen einschließlich der zu ihnen gehörenden Treppenräume und ihrer Umfassungswände sind mitzurechnen. Soweit keine anderweitigen Erkenntnisse vorliegen, ist

- die Geschossfläche eines ausgebauten oder ausbaufähigen Dachgeschosses pauschal mit 75 % der Geschossfläche des darunterliegenden Vollgeschosses,
- die Geschossfläche des Kellergeschosses, wenn Aufenthaltsräume vorhanden oder möglich sind, pauschal mit 30 % des darüberliegenden Vollgeschosses

zu berechnen.

Nach den Empfehlungen des Entwurfs der **VergleichswertR** (vgl. den in der Syst. Darst. des Vergleichswertverfahrens bei Rn. 222 abgedruckten Wortlaut) sollen dazu „alle Flächen gehören, die der wirtschaftlichen Nutzung dienen". Nach dieser unscharfen, aber sehr weit gefassten Definition können im Ergebnis nahezu alle Grundrissebenen der WGFZ zugeordnet werden, denn selbst die unentgeltlich genutzten Kellerflächen sowie der zugige für die Wäschetrocknung genutzte Dachboden „dienen" der wirtschaftlichen Nutzung. Die Definition ist damit streitbefangen und öffnet Tür und Tor für unterschiedlichste Interpretationen.

Die **Ermittlung der wertrelevanten Geschossflächenzahl (WGFZ) ist entschieden abzulehnen**: sie wird von der Fachwelt mit erdrückender Mehrheit abgelehnt[52]. Die Ermittlung der WGFZ – neben der Ermittlung der zulässigen, lagetypischen und realisierten GFZ nach § 6 Abs. 1 und § 16 Abs. 3 ImmoWertV – **führt zu einem völlig überflüssigen bürokratischen und streitbefangenen Aufwand, der weder den Erkenntnisgrad bei der Grundlagenerhebung noch die Präzision des Ergebnisses einer Verkehrswertermittlung steigert**[53]. Mit der WGFZ sollen nämlich die von der nach § 6 Abs. 1 ImmoWertV maßgeblichen zulässigen bzw. lagetypischen GFZ ($GFZ_{zul/lag}$) nicht erfassten „nutzbaren Geschossflächen" erfasst werden, die den Bodenwert zwar erhöhen mögen, jedoch wird eine daraus resultierende Werterhöhung bereits mit dem Vergleichspreis des jeweiligen Grundstücks erfasst, ohne dass man den Anteil explizit festellen muss. Für eine sachgerechte Heranziehung der Bodenrichtwerte reicht es aus, dass die maßgebliche Nutzung, d. h. die baurechtlich zulässige bzw. lagetypische GFZ bekannt ist. Wird der Marktwert eines Grundstücks im Vergleichswertfahren unter Heranziehung dieses Vergleichspreises ermittelt, von dem nach bewährter Praxis die baurechtlich zulässige bzw. lagetypische GFZ bekannt ist, wird implizit auch das Nutzungspotenzial der baurechtlich nicht als berücksichtigt, und zwar exakt in der Höhe, wie sie der gewöhnliche Geschäftsverkehr bewertet. Dazu bedarf es nicht eines zusätzlich unnötigen Rechenaufwandes. Besonders abzulehnen sind auch Umrechnungskoeffizienten zur Berücksichtigung unterschiedlicher wertrelevanter Geschossflächenzahlen. Solche Umrechnungskoeffizienten werden aus den Quotienten von Kaufpreisen unbebauter Grundstücke (Bodenpreise) abgeleitet und ein zusätzliches Nutzungspotenzial auf baurechtlich nicht anrechenbaren Geschossflächen müsste dann auf der Grundlage von spekulativen Annahmen angesetzt werden. Wird die den jeweiligen Bodenpreisen zuzuordnende baurechtliche GFZ vorher unnötigerweise und in einer für Außenstehende nicht nachvollziehbaren Weise auf eine irgendwie geartete wertrelevante GFZ umgerechnet, so gleicht sich dieser unnötige Rechenschritt sogar noch weitgehend aus.

Auch die Fläche von Geschossen, deren Deckenoberkante im Mittel weniger als die bauordnungsrechtlich geforderte Mindesthöhe (z. B. 1,60 m) über die Geländeoberfläche hinausragt (Souterrain oder im Sprachgebrauch der Makler „Gartengeschoss"), ist danach ggf. zu berücksichtigen.

76 Zudem ist die Ermittlung der wertrelevanten Geschossflächenzahl – WGFZ – problematisch, denn sie muss nach Sinn und Zweck der Attributierung von Bodenrichtwerten repräsentativ für die Bodenrichtwertzone sein. Demzufolge ist die Empfehlung allenfalls erst zu beachten, wenn die Mehrzahl der in der Bodenrichtwertzone gelegenen Grundstücke entsprechende Flächen aufweisen. Der Gutachterausschuss wird bei inhomogenen Verhältnissen kaum in der Lage sein, den Umfang dieser Flächen nachvollziehbar zu ermitteln, und es kann nicht erwartet werden, dass sich alle Gutachterausschüsse für Grundstückswerte an diese Empfehlung halten werden. Soweit die in einer Bodenrichtwertzone gelegenen Grundstücke eine einheitliche oder weitgehend homogene Bebauung z. B. mit Staffelgeschossen oder Satteldächern aufweist, die nicht Vollgeschosse sind, besteht auch keine Notwendigkeit der Empfehlung zu folgen, denn die erhöhte wirtschaftliche Nutzungsfähigkeit geht, soweit sie wertrelevant ist, direkt in den Bodenrichtwert ein.

Aus den vorstehenden Gründen soll sich der Bodenrichtwert nach § 196 Abs. 1 Satz 2 BauGB in bebauten Gebieten nach dem Wert des unbebauten Bodens bestimmen und demzufolge ist er nach Maßgabe der Grundsatzregelung des § 16 Abs. 1 ImmoWertV (vgl. § 16 ImmoWertV, Rn. 1 ff.) i. V. m. § 6 Abs. 1 ImmoWertV mit der maßgeblichen (planungsrechtlichen) Nutzung zu attributieren, wobei die darüber hinausgehenden Nutzungspotenziale über die Vergleichspreise die Höhe des ausgewiesenen Bodenrichtwerts bestimmen.

---

[52] Vgl. Stellungnahme des Bundesfachausschusses der Sachverständigen des Immobilienverbandes Deutschland zum Entwurf der aktuellen Vergleichswertrichtlinie vom 12.8.2013, GuG 2013/6.
[53] Vgl. Stellungnahme der DIA vom 27.8.2013, GuG 2013/6.

Die **Anrechnung der bauordnungsrechtlich auf die GFZ nicht anrechenbaren Nutzflächen ist bei alledem nicht einheitlich**, so dass die Vorschrift nur sehr bedingt zum Verständnis des Bodenrichtwerts beitragen kann. Dafür besteht im Übrigen gar kein Bedarf, denn bereits aus den einschlägigen bauordnungsrechtlichen Vorschriften ergibt sich, dass neben den Flächen der Vollgeschosse auch weitere Flächen wirtschaftlich genutzt werden können.

Problematisch sind auch die Heranziehung entsprechend attributierter Bodenrichtwerte und die Berücksichtigung einer vom Bodenrichtwertgrundstück abweichenden GFZ des zu bewertenden Grundstücks, denn die gebräuchlichen Umrechnungskoeffizienten sind zumeist auf der Grundlage der GFZ nach § 20 BauNVO ermittelt worden.

Die **Einführung einer von den Vorschriften der BauNVO abweichenden wertrelevanten Geschossflächenzahl – WGFZ** – hat sich als ein bislang wirkungsloser Versuch herausgestellt, die Praxis der Gutachterausschüsse für Grundstückswerte zu vereinheitlichen, denn die Gutachterausschüsse halten nach wie vor an landes- bzw. ortsspezifischen Besonderheiten fest, die auch nicht immer im Gutachterausschussbericht des Gutachterausschusses detailliert dargestellt werden (so z.B. Grundstücksmarktbericht 2010 von München, Dresden, Köln, Düsseldorf). Von den Vorschriften der BauNVO abweichend ermittelte „Geschossflächenzahlen" sind **grundsätzlich abzulehnen, da sie die Transparenz und Vergleichbarkeit der Bodenrichtwerte beeinträchtigen und den Verbraucher irreführen.**

Vorstehenden Grundsätzen wurde in der Praxis der Gutachterausschüsse nicht immer hinreichend Rechnung getragen. In dem nachfolgenden Beispiel (Abb. 4) wurde in verfänglicher Weise die bauplanungsrechtlich zulässige Nutzung mit einer GFZ von 1,5 dem Bodenrichtwert zugeordnet, obwohl in dem Gebiet eine durchschnittliche GFZ von 2,4 realisiert worden ist und auch im Neubaufall mit einem entsprechenden Dispens gerechnet werden kann (lagetypische Nutzung entsprechend Ziff. 6 Abs. 5 der BRW-RL). Hieran dürften sich auch die der Bodenrichtwertableitung zugrunde gelegten Vergleichspreise orientiert haben, sodass im Falle der Heranziehung des Bodenrichtwerts für ein Grundstück mit einer GFZ von 2,4 eine Umrechnung des angegebenen Bodenrichtwerts von einer GFZ = 1,5 auf eine GFZ von 2,4 falsch wäre. Umgekehrt entspräche es auch nicht den Vorgaben des § 196 BauGB, wenn der Gutachterausschuss dem Bodenrichtwert die bauplanungsrechtliche Nutzbarkeit zuordnet, obwohl die lagetypische Nutzung weit darüber liegt.

Beispiel:

Abb. 4:   Bodenrichtwertkarte

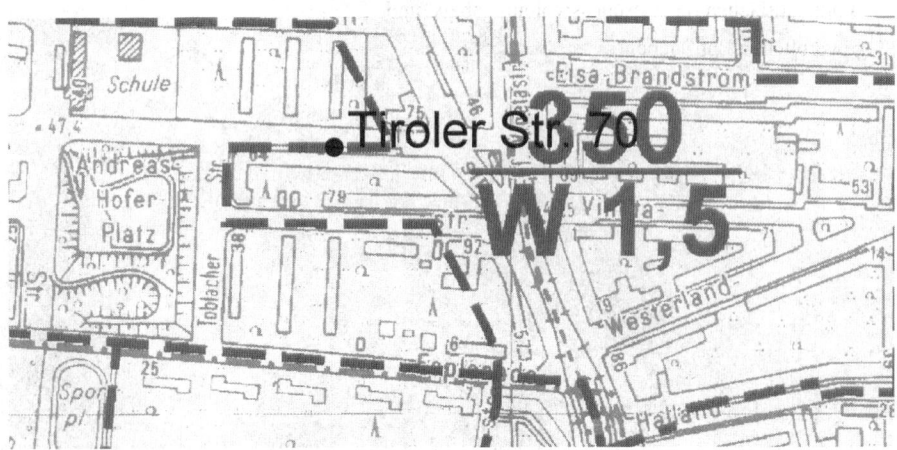

Mitunter sind die Verhältnisse noch undurchsichtiger, wenn die bauplanungsrechtlichen Festsetzungen zum Maß der baulichen Nutzung von dem dem Bodenrichtwert zugeordneten Maß der baulichen Nutzung und dem **lagetypischen Maß der baulichen Nutzung** abweicht:

IV § 10 ImmoWertV — Bodenrichtwerte

Im nachfolgenden Beispiel liegt die tatsächlich in dem Gebiet realisierte lagetypische Nutzung bei einer GFZ von 3,0, die auch im Falle eines Neubaus üblicherweise genehmigt wird, obwohl der Bebauungsplan (von 1963) eine GFZ von 1,0 festsetzt. Dem Bodenrichtwert wird nun wiederum eine GFZ von 2,0 zugeordnet und man ist da wohl gut beraten, diesen beim Gutachterausschuss für Grundstückswerte kritisch zu hinterfragen:

Beispiel:

Abb. 5: Bodenrichtwertkarte

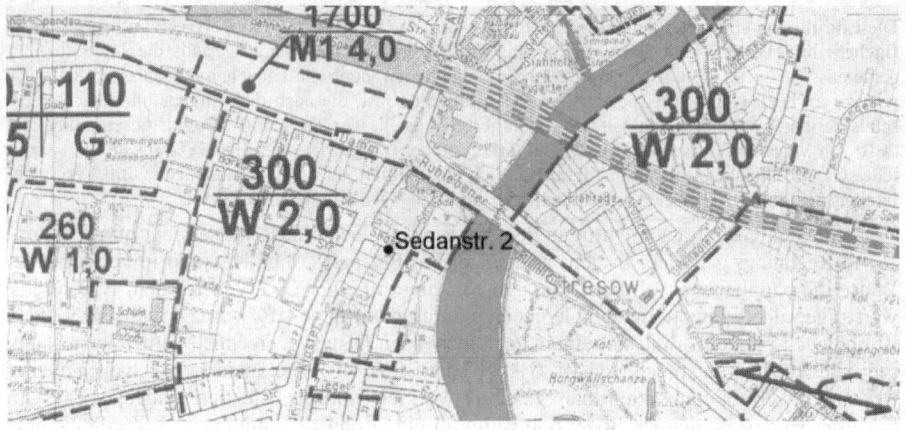

3.5 Bodenrichtwertübersichten

79 Auf der Grundlage der Ermächtigung des § 199 Abs. 2 Nr. 6 BauGB werden in einer Reihe von Ländern auf der Grundlage der Bodenrichtwerte Übersichten über die Bodenrichtwerte typischer Orte für baureifes Land erstellt; sie sind zumeist gegliedert nach

- Wohnbauflächen des individuellen Wohnungsbaus,
- Wohnbauflächen des Geschosswohnungsbaus und
- gewerblichen Bauflächen.

Abb. 6: Bodenrichtwertübersichtskarte

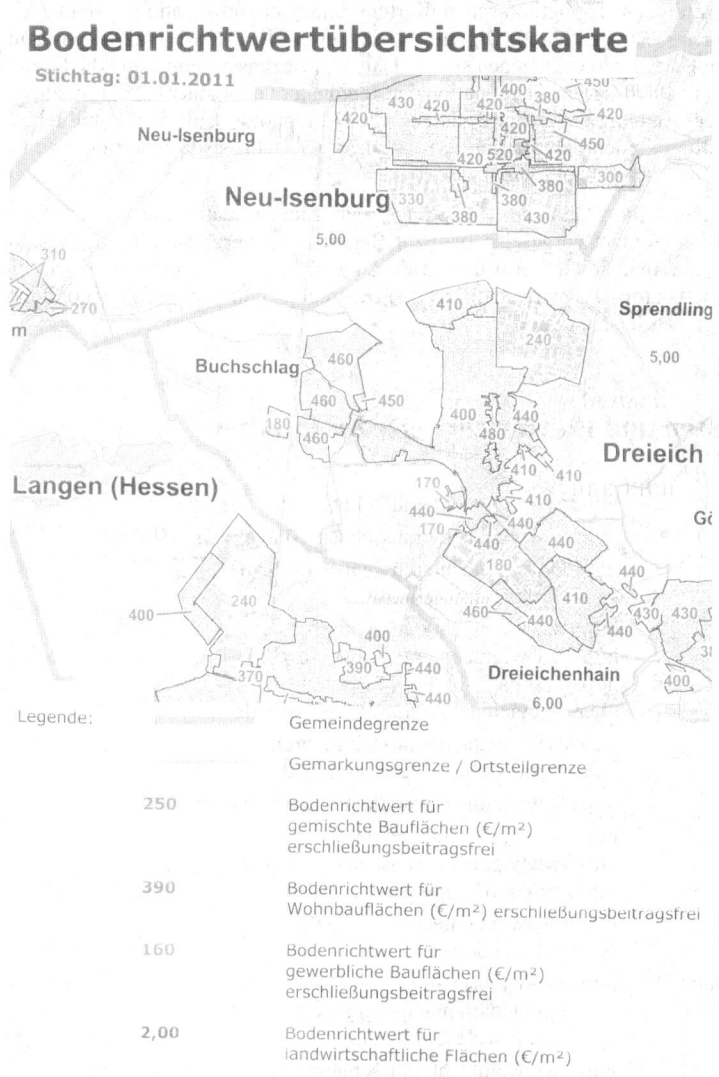

4 Automatisierte Form (§ 10 Abs. 3 ImmoWertV)

Bodenrichtwerte sind nach § 10 Abs. 3 ImmoWertV in automatisierter Form auf der Grundlage der **amtlichen Geobasisdaten** (Spatial base data) zu führen. Die Vorschrift geht auf eine Empfehlung des Bundesrates zurück. Geobasisdaten sind nach einer Definition der Arbeitsgemeinschaft der Vermessungsverwaltungen der Länder der Bundesrepublik Deutschland (AdV, Plenumstagung am 28. und 29.9.2005 in Magdeburg) Daten des amtlichen Vermessungswesens, welche die Landschaft, die Liegenschaften und den einheitlichen geodätischen Raumbezug anwendungsneutral nachweisen und beschreiben. Sie sind Grundlage für Fachan-

80

wendungen mit Raumbezug. Speziell umfasst der Geobasisdatensatz die vorhandenen Daten aus der Automatisierten Liegenschaftskarte (ALK), dem Automatisierten Liegenschaftsbuch (ALB) und dem Amtlichen Topographischen Kartengrundlagen Informationssystem (AT-KIS) sowie die bisher separat geführten Digitalen Geländemodelle (DGM) und die gescannten topographischen Kartenwerke. Daneben sind es Daten zu Bezugssystemen und die Grundlagennetze sowie Verwaltungsgrenzen auf nationaler, regionaler und lokaler (z. B. Flurstücks-)Ebene. Zukünftig zählen hierzu auch die Bilddaten wie Orthophotos, Luft- und Satellitenbilder. Der Zusatz amtlich verdeutlicht darüber hinaus, dass der Geobasisdatenbestand von öffentlichen Stellen als Auftrag erstellt wird.

81 Eine einheitliche Darstellung auf der Grundlage der Liegenschaftskarte ist entgegen ursprünglichen Absichten nicht vorgeschrieben; zur Begründung wurde ausgeführt, dass nur Bodenrichtwerte in automatisierter Form und in dem gleichen Raumbezugssystem wie die amtliche Liegenschaftskarte die wirtschaftliche, sachgerechte und eindeutige Zuordnung eines Grundstücks gewährleisten könne.[54]

5   Adressen und Bodenrichtwerte im Internet

82 *Bodenrichtwerte*   http://www.gutachterausschuesse.de
    Bayern   http://www.gutachterausschuesse-bayern.de
    Berlin   http://www.gutachterausschuss-berlin.de
                             gaa@senstadtun-berlin.de
    Brandenburg   http://www.gutachterausschuss-bb.de
                             http://www.gutachterausschuesse-bb.de
                             http: //geobasis-bb/bb-viewer.htm
                             oberer.gutachterausschuss@geobasis.de
    Bremen   http://www.gutachterausschuss.bremen.de
                             gutachterausschuss@geo.bremen.de
    Hamburg   http://www.gutachterausschuss.hamburg.de
    Hessen   http://www.boris.hessen.de
                             http://www.gutachterauschuss.hessen.de
                             info.zggh@hvhg.hessen.de
    Niedersachsen   http://www.gag.niedersachsen.de
                             oga@lgln.niedersachsen.de
    Nordrhein-Westfalen   http://www.boris.nrw.de
                             http:// gutachterausschuss.nrw.de
                             oga@brd.nrw.de
    Rheinland-Pfalz   http://www.gutachterausschuesse.rip.de
                             http://www.geoportal.rip.de
    Saarland   http:lkvk.saarland.de
                             zgga@lklv.saarland.de
    Sachsen-Anhalt   http://lvermgeo.sachsen-anhalt.de
                             ogga@lvermgeo.sachsen-anhalt.de
    Thüringen   http://www.gutachterausschuss-th.de
                             http://www.bodenrichtwerte-th.de
                             gutachter.thueringen@tlvermgeo.thueringen.de

---

54 BR-Drucks. 296/09 (Beschluss) S. 4.

§ 11 ImmoWertV
Indexreihen

(1) Änderungen der allgemeinen Wertverhältnisse auf dem Grundstücksmarkt sollen mit Indexreihen erfasst werden.

(2) Indexreihen bestehen aus Indexzahlen, die sich aus dem durchschnittlichen Verhältnis der Preise eines Erhebungszeitraums zu den Preisen eines Basiszeitraums mit der Indexzahl 100 ergeben. Die Indexzahlen können auch auf bestimmte Zeitpunkte des Erhebungs- und Basiszeitraums bezogen werden.

(3) Die Indexzahlen werden für Grundstücke mit vergleichbaren Lage- und Nutzungsverhältnissen abgeleitet. Das Ergebnis eines Erhebungszeitraums kann in geeigneten Fällen durch Vergleich mit den Indexreihen anderer Bereiche und vorausgegangener Erhebungszeiträume geändert werden.

(4) Indexreihen können insbesondere abgeleitet werden für
1. Bodenpreise,
2. Preise für Eigentumswohnungen und
3. Preise für Einfamilienhäuser.

Gliederungsübersicht   Rn.

1	Übersicht	1
2	Anwendung von Indexreihen (§ 11 Abs. 1 ImmoWertV)	2
3	Indexreihe (§ 11 Abs. 2 und 3 ImmoWertV)	
	3.1 Definition (§ 11 Abs. 2 ImmoWertV)	7
	3.2 Basiszeitraum und Basiszeitpunkt	10
	3.3 Ableitung (§ 11 Abs. 3 ImmoWertV)	12
4	Indexreihen (§ 11 Abs. 4 ImmoWertV)	
	4.1 Bodenpreisindexreihen	
	4.1.1 Teilmärkte	14
	4.1.2 Ableitung aus Kaufpreis und Anwendung	21
	4.1.3 Ableitung aus Bodenrichtwerten	29
	4.2 Indexreihen für die Preise von Eigentumswohnungen	30
	4.3 Indexreihen für die Preise von Einfamilienhäusern	32
5	Kaufwertestatistiken	33
6	Immobilienindizes	39

1 Übersicht

Nach § 193 Abs. 5 BauGB führt der nach den §§ 192 ff. BauGB eingerichtete Gutachterausschuss für Grundstückswerte eine Kaufpreissammlung und ermittelt Bodenrichtwerte und sonstige für die Wertermittlung erforderliche Daten, ohne dabei – anders als § 9 Abs. 1 Satz 2 ImmoWertV – die Ableitung von Indexreihen expressis verbis aufzuführen. § 11 ImmoWertV regelt ergänzend die Ableitung von Indexreihen:

– Nach *Abs. 1* „sollen" Änderungen der allgemeinen Wertverhältnisse auf dem Grundstücksmarkt mit Indexreihen erfasst werden.

– *Abs. 2* definiert Indexreihen als Reihen von Indexzahlen, die sich jeweils aus dem durchschnittlichen Verhältnis der Preise eines Erhebungszeitraums zu den Preisen eines Basiszeitraums mit der Indexzahl 100 ergeben.

– *Abs. 3* gibt ergänzende Hinweise zur Ableitung von Indexreihen und deren Ermittlungsgrundlagen.

– *Abs. 4* nennt schließlich noch die vorrangig abzuleitenden Indexreihen.

Die **„allgemeinen Wertverhältnisse auf dem Grundstücksmarkt"** werden in § 3 Abs. 2 ImmoWertV als die Gesamtheit der am Wertermittlungsstichtag für die Preisbildung von Grundstücken im gewöhnlichen Geschäftsverkehr (marktüblich) maßgebenden Umstände (auch als „Lage auf dem Grundstücksmarkt" bezeichnet) definiert.

Grundsätzlich sind die am Wertermittlungsstichtag vorherrschenden allgemeinen Wertverhältnisse auf dem Grundstücksmarkt der Verkehrswertermittlung zugrunde zu legen. Sofern zur Wertermittlung Vergleichsdaten, insbesondere Vergleichspreise von Grundstücken, herangezogen werden, die in der Vergangenheit veräußert worden sind, muss bei volatilen Marktverhältnissen (**„Zeiten schwankender Preisverhältnisse"**) der Vergleichspreis auf die am Wertermittlungsstichtag vorherrschenden allgemeinen Wertverhältnisse auf dem Grundstücksmarkt umgerechnet werden. Dies gilt gleichermaßen für die Ableitung von Liegenschaftszinssätzen, Marktanpassungsfaktoren (Sachwertfaktoren), Umrechnungskoeffizienten, Vergleichsfaktoren bebauter Grundstücke und sonstige Wertermittlungen unter Heranziehung von Vergleichspreisen und anderen Vergleichsdaten der Vergangenheit. Damit zwischenzeitlich eingetretene Änderungen der allgemeinen Wertverhältnisse auf dem Grundstücksmarkt in marktkonformer Weise Berücksichtigung finden können, sollen nach § 11 i. V. m. § 9 ImmoWertV auf der Grundlage der Kaufpreissammlung Indexreihen abgeleitet werden.

§ 11 ImmoWertV ist im Übrigen aus **§ 9 WertV 88/98** ohne wesentliche materielle Änderungen hervorgegangen.

2 Anwendung von Indexreihen (§ 11 Abs. 1 ImmoWertV)

▶ *Vgl. Rn. 14 ff., 33 sowie Syst. Darst. des Vergleichswertverfahrens Rn. 30, 46, 89 ff.*

2   § 11 ImmoWertV regelt nach den vorstehenden Ausführungen die Anwendung von **Indexreihen, mit denen Änderungen der allgemeinen Wertverhältnisse des Grundstücksmarkts erfasst werden** können. Die Vorschrift betrifft – entsprechend ihrer Überschrift – damit nicht nur Bodenpreisindexreihen, sondern auch Indexreihen für bebaute Grundstücke einschließlich Eigentumswohnungen, insbesondere der in § 11 Abs. 4 ImmoWertV genannten Art. Die Ableitung von Bodenpreisindexreihen stellt jedoch den häufigsten Anwendungsfall dar.

Unter den Regelungsbereich der Vorschrift fallen auch **Baupreisindexreihen,** die ebenfalls von großer Bedeutung für die Entwicklung des Grundstücksmarktes sind.

3   Nach dem Gesetzesbefehl des § 11 Abs. 1 ImmoWertV **„sollen" bei Marktwertermittlungen nach den Grundsätzen der ImmoWertV die vom Gutachterausschuss für Grundstückswerte abgeleiteten Indexreihen** zur Berücksichtigung von Abweichungen in den allgemeinen Wertverhältnissen auf dem Grundstücksmarkt i. S. des § 3 Abs. 2 ImmoWertV herangezogen werden (vgl. § 9 ImmoWertV Rn. 4). Dementsprechend schreibt auch § 15 Abs. 1 Satz 4 ImmoWertV vor, dass Änderungen der allgemeinen Wertverhältnisse auf dem Grundstücksmarkt „in der Regel" auf der Grundlage von Indexreihen zu berücksichtigen „sind".

Von der Soll-Vorschrift darf nur in begründeten Ausnahmefällen abgewichen werden (vgl. auch § 12 ImmoWertV bezüglich der Anwendung von Umrechnungskoeffizienten und § 14 ImmoWertV bezüglich der Anwendung von Marktanpassungsfaktoren und Liegenschaftszinssätzen).

4   Die **allgemeinen Wertverhältnisse auf dem örtlichen Grundstücksmarkt** bestimmen sich nach der Gesamtheit der am Wertermittlungsstichtag für die Preisbildung von Grundstücken im gewöhnlichen Geschäftsverkehr (marktüblich) maßgebenden Umstände, wie nach der allgemeinen Wirtschaftslage, den Verhältnissen am Kapitalmarkt sowie den wirtschaftlichen und demografischen Entwicklungen des Gebiets (§ 3 Abs. 2 ImmoWertV). Die nach Maßgabe dieser Vorschrift abgeleiteten Indexreihen geben (wie viele andere Indizes) nicht reale

Indexreihen **§ 11 ImmoWertV IV**

Wertänderungen wieder, sondern berücksichtigen auch inflations- und deflationsbedingte Wertänderungen.

Einzelne, die allgemeinen Wertverhältnisse auf dem Grundstücksmarkt beeinflussende Umstände, wie namentlich das Wirtschaftswachstum, die Bevölkerungsentwicklung, Änderungen im (konsumptiven) Verhalten der Marktteilnehmer und der Einkommensverhältnisse, die Entwicklung der Geldzinspolitik und der Kaufkraft, das Aufkommen und Abklingen einer Sachwertpsychose[1] sowie die Entwicklung der allgemeinen städtebaulichen und stadtwirtschaftlichen Verhältnisse, können dagegen i. d. R. für sich allein nicht als repräsentativ für die Entwicklung der allgemeinen Wertverhältnisse auf dem Grundstücksmarkt gelten. Infolge der Komplexität des Geschehens auf dem Grundstücksmarkt wird dieser vielmehr durch die Gesamtheit der für die Preisbildung maßgeblichen Umstände bestimmt, die mit fortschreitender Zeit bei gleich bleibendem Zustand des Grundstücks dessen Wert im gewöhnlichen Geschäftsverkehr mehr oder weniger beeinflussen. 5

Bodenpreisindexreihen, Indexreihen für Eigentumswohnungen und für sonstige bebaute Grundstücke werden in Zeiten schwankender Wertverhältnisse auf dem Grundstücksmarkt für den **intertemporalen Preisvergleich** benötigt, insbesondere, um Vergleichspreise auf die zum Wertermittlungsstichtag (§ 15 Abs. 1 Satz 4 ImmoWertV) vorherrschenden allgemeinen Wertverhältnisse auf den Grundstücksmarkt umzurechnen. 6

3 Indexreihe (§ 11 Abs. 2 und 3 ImmoWertV)

3.1 Definition (§ 11 Abs. 2 ImmoWertV)

Mit § 11 Abs. 2 Satz 1 ImmoWertV werden Indexreihen als **Reihen von Indexzahlen** definiert, die sich jeweils aus dem durchschnittlichen Verhältnis der Preise von Grundstücken mit vergleichbaren Lage- und Nutzungsverhältnissen der jeweiligen Erhebungszeiträume zu den Preisen eines Basiszeitraums mit der Indexzahl 100 ergeben. Nach § 11 Abs. 2 Satz 2 ImmoWertV können hierbei auch bestimmte Zeitpunkte des jeweiligen Erhebungs- und Basiszeitraums zugrunde gelegt werden. 7

Zur Ableitung der Indexzahlen werden die in der Vorschrift genannten „Preise" zu einem Durchschnittspreis aggregiert. Indexzahlen werden ermittelt, indem zunächst die **Durchschnittspreise** für die jeweils in Beziehung zu setzenden Zeiträume (Zeitpunkte) aus einer ausreichenden Zahl geeigneter Kaufpreise ermittelt werden und diese **ins Verhältnis zu dem entsprechenden Durchschnittspreis des Basiszeitraums** (Basiszeitpunkts) **gesetzt werden.** Die jährlichen Indexzahlen ergeben sich damit formelmäßig wie folgt: 8

$$\text{Indexzahl des Jahres i} = \frac{\text{Durchschnittspreis}_i}{\text{Durchschnittspreis}_0} \times 100$$

Vielfach ist es üblich, das Ergebnis eines Erhebungszeitraums zu berichtigen, wenn dies aufgrund der **unterstützend herangezogenen Werte anderer Bereiche und vorausgegangener Erhebungszeiträume** geboten erscheint. Dabei kann, sofern eine Sonderentwicklung auszuschließen ist, eine Glättung in Betracht kommen. § 11 Abs. 3 Satz 2 ImmoWertV lässt dies wie bislang § 9 Abs. 3 Satz 3 WertV 88/98 ausdrücklich zu. Das Verfahren ist allerdings mit Vorsicht anzuwenden, denn es gilt, die Entwicklung der allgemeinen Wertverhältnisse zeitgemäß zu erfassen. Kaufpreise der Vergangenheit sind nur bedingt für aktuelle Verhältnisse aussagekräftig. 9

---

[1] Niehans, SZVS 1966, 195; sowie hierzu Sieber, ebenda S. 1; Sieber, Bodenpolitik und Bodenrecht, Bern 1970, S. 51 ff., 73 ff.

3.2 Basiszeitraum und Basiszeitpunkt

10 Der **Wahl des Basiszeitraums (Basiszeitpunkts)** kommt bei der Bildung von Indexreihen „auf fester Basis" für das Aussehen der wiedergegebenen Entwicklung der Preisverhältnisse eine besondere Bedeutung zu. Weist nämlich der Basiszeitraum ein extrem niedriges Preisniveau auf, so wird die Steigerung in der Folgezeit übertrieben wiedergegeben. Umgekehrt führt ein außergewöhnlich überhöhtes Preisniveau im Basiszeitraum in der Folgezeit zu einer verhältnismäßig moderat erscheinenden Steigerung. Meist empfiehlt sich daher, als Basiszeitraum ein „Normaljahr" zu wählen, das innerhalb eines mehrjährigen Zeitraumes stabiler Bodenwertverhältnisse liegt.

11 Wird jeweils der Bezug auf ein **gleichbleibendes Basisjahr** hergestellt, so spricht man hierbei von Indexreihen „auf *fester* Basis". Die Bildung von Bodenpreisindexreihen „auf *gleitender* Basis" derart, dass der Durchschnittspreis eines Erhebungszeitraums jeweils ins Verhältnis zu dem des vorangegangenen Erhebungszeitraums gesetzt wird, ist im Bereich der Wertermittlung von Grundstücken i. d. R. ungeeignet, weil es hier häufig darum geht, den Einfluss der allgemeinen Wertverhältnisse auf dem Grundstücksmarkt über mehrere Jahre hinweg zu berücksichtigen.

$$\text{Indexzahl des Jahres i} = \frac{P_{i-1} + 2P_i + P_{i+1}}{4} \times \frac{100}{P_0}$$

P_i = Durchschnittspreis im Jahre i
P_0 = Durchschnittspreis im Basisjahr

3.3 Ableitung (§ 11 Abs. 3 ImmoWertV)

▶ *Zu den allgemeinen Grundsätzen vgl. § 9 ImmoWertV Rn. 9*

12 Die allgemeinen Grundsätze der Ableitung von Indexreihen sind in § 9 ImmoWertV geregelt. Danach sind Indexreihen auf der Grundlage einer ausreichenden Zahl **geeigneter Kaufpreise** der von den Gutachterausschüssen für Grundstückswerte geführten Kaufpreissammlung (§ 195 BauGB) abzuleiten. Soweit einzelne zur Ableitung herangezogene Kaufpreise in ihren Grundstücksmerkmalen von den für die Indexreihe maßgeblichen Grundstücksmerkmalen abweichen, ist dies nach Maßgabe des § 9 Abs. 2 ImmoWertV zu berücksichtigen. Dies ist insbesondere für die Ableitung von Indexreihen von Bedeutung, denn sie sollen sich auf Grundstücke mit vergleichbaren Lage- und Nutzungsverhältnissen beziehen und die **Wertentwicklung auf dem Grundstücksmarkt** beschreiben, die allein auf allgemeine konjunkturelle Änderungen zurückgeht. Qualitative Änderungen der Grundstücke insbesondere im Hinblick auf ihre Nutzbarkeit oder ihre Lage müssen dabei unberücksichtigt bleiben.

13 Damit die miteinander ins Verhältnis gesetzten durchschnittlichen Preise allein die Änderungen der allgemeinen Wertverhältnisse auf dem Grundstücksmarkt und nicht qualitative Wertunterschiede der zur Ableitung der Indexzahlen herangezogenen Grundstücke wiedergeben, ist es erforderlich, dass die Grundstücke einen **einheitlichen Warenkorb** abbilden. Dies bedeutet, dass qualitative Unterschiede der Grundstücke in ihrer Auswirkung auf die zugehörigen Kaufpreise zunächst eliminiert werden müssen.

4 Indexreihen (§ 11 Abs. 4 ImmoWertV)

4.1 Bodenpreisindexreihen

4.1.1 Teilmärkte

▶ *Zur Kaufwertestatistik der statistischen Ämter vgl. Rn. 33 sowie Syst. Darst. des Vergleichswertverfahrens Rn. 96*

Der Verkehrswert unbebauter Grundstücke (Bodenwertermittlung), aber auch der Bodenwert bebauter Grundstücke ist bei Anwendung des Ertrags- und Sachwertverfahrens (§ 17 Abs. 1 und § 21 Abs. 1 ImmoWertV) vorrangig im Vergleichswertverfahren zu ermitteln (§ 16 Abs. 1 ImmoWertV). Die zum Vergleich heranzuziehenden Kaufpreise stammen i. d. R. aus der Vergangenheit und müssen im Hinblick auf zwischenzeitliche Änderungen der allgemeinen Wertverhältnisse auf den Wertermittlungsstichtag bezogen (umgerechnet) werden. Dazu „sollen" die nach Maßgabe des § 11 ImmoWertV abgeleiteten Bodenpreisindexreihen herangezogen werden. Bodenpreisindexreihen haben deshalb in der Wertermittlungspraxis eine überragende Bedeutung. 14

Die **Bodenwertentwicklung von baureifem Land, Rohbauland sowie Bauerwartungsland ist** erfahrungsgemäß **unterschiedlich.** Deshalb müssen Bodenpreisindexreihen differenziert nach den verschiedenen Grundstücksarten i. S. des § 5 ImmoWertV (Teilmärkte) abgeleitet werden: 15

– Flächen der Land- oder Forstwirtschaft (vgl. § 5 ImmoWertV Rn. 83),

– Rohbauland,

– Bauerwartungsland und

– baureifes Land.

Bei der **Ableitung von Bodenpreisindexreihen für werdendes Bauland,** insbesondere für Bauerwartungsland, besteht ein besonderes Problem dann, wenn die von Jahr zu Jahr anfallenden Kaufpreise sich auf Grundstücke mit unterschiedlicher Aufschließungsdauer (Wartezeit) beziehen. Dies sind vergleichsstörende Momente, die sich kaum eliminieren lassen. Die daraus abgeleiteten Bodenpreisindexreihen sind ggf. von konjunkturellen und im begrenzten Maße auch von qualitativen Wertänderungen bestimmt. Durch Herausnahme von Kaufpreisen für Grundstücke mit extrem kurzer oder langer Wartezeit lassen sich solche Verquickungen auf ein hinnehmbares Maß begrenzen, zumal Grundstücke mit einer Aufschließungsdauer von über fünf Jahren zunehmend weniger gehandelt werden. 16

Auch die **Bodenwertentwicklung von baureifem Land ist uneinheitlich.** Bodenpreisindexreihen werden deshalb in erster Linie differenziert nach: 17

– Ein- und Zweifamilienhausgrundstücken,

– Mehrfamilienhausgrundstücken,

– gemischt genutzten Grundstücken,

– Gewerbeflächen (GE) und

– Industrieflächen (GI).

Darüber hinaus hat es sich als erforderlich erwiesen, **Bodenpreisindexreihen nach unterschiedlichen Lagen** abzuleiten. Unterschiedliche Lagen können insbesondere nach unterschiedlichen Bodenrichtwertbereichen differenziert werden. 18

Abb. 1: Wohnbauland in Brandenburg im engeren Verflechtungsraum von Berlin sowie im weiteren Metropolenraum

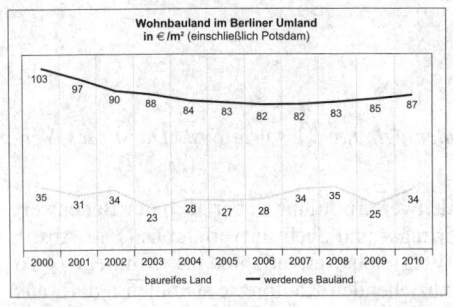
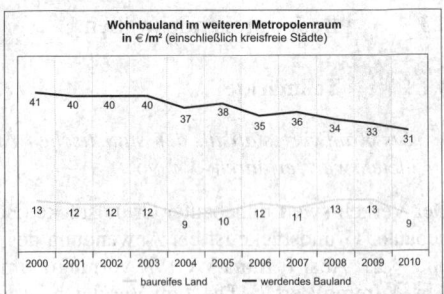

Quelle: Grundstücksmarktbericht Brandenburg 2010

19 Zwar können die **Märkte** als **korreliert** gelten, jedoch unterliegen sie unterschiedlichen Konjunktureinflüssen und unterschiedlichen Rahmenbedingungen. Das gilt in besonderer Weise für den **Gewerbebaulandmarkt** und seine Entwicklung. Dieser Markt ist zudem sehr häufig durch direkte und indirekte Subventionen gekennzeichnet. Mitunter wird diesem Markt auch die Eigenschaft eines „echten" Marktes abgesprochen (Abb. 2):

Abb. 2: Preisentwicklung für gewerbliche Bauflächen in Südhessen 2011

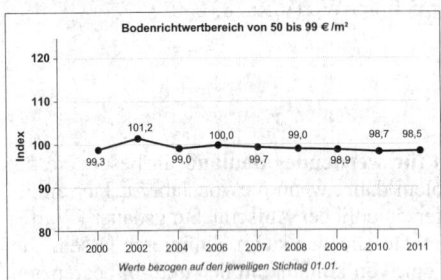
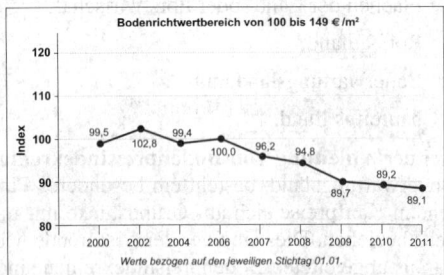
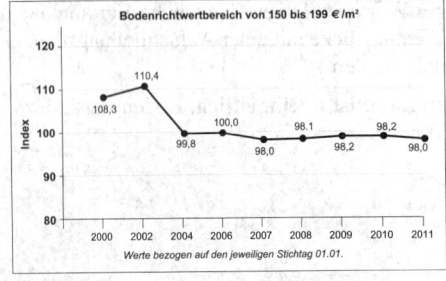
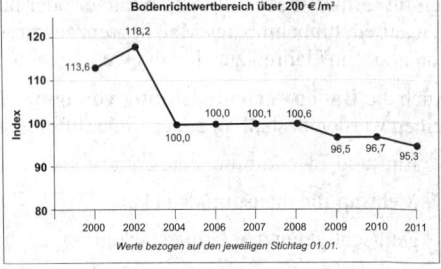

Quelle: Grundstücksmarktbericht 2011 des Amtes für Bodenmanagement Heppenheim

20 Schließlich weisen auch noch die **Grundstücksmärkte für bebaute Objekte** eigene Wertentwicklungen auf, und zwar auch wieder je nach Art der Bebauung.

4.1.2 Ableitung aus Kaufpreis und Anwendung

Bei der Ableitung von **Bodenpreisindexreihen** wird entsprechend den Erläuterungen unter Rn. 8 der durchschnittliche Bodenpreis pro Quadratmeter Grundstücksfläche bezogen auf das Basisjahr und die jeweiligen Indexjahre angesetzt und man erhält die jeweilige Bodenpreisindexreihe, mit der die Entwicklung der allgemeinen Wertverhältnisse auf dem Bodenmarkt in ihren prozentualen Veränderungen beschrieben wird.

Bodenpreisindexzahl des Jahres i = $\dfrac{BW_i}{BW_0} \times 100$

wobei
BW_i = durchschnittlicher Bodenpreis/m² im Jahre i
BW_0 = durchschnittlicher Bodenpreis/m² im Basisjahr

Für die Ableitung von Bodenpreisindexreihen über die in § 9 ImmoWertV genannten Kriterien für die Eignung der zur Ableitung herangezogenen Kaufpreise sind nur Kaufpreise unbebauter Grundstücke geeignet. Darüber hinaus ist auch die Grundsatzregelung des § 16 Abs. 1 Satz 1 ImmoWertV, nach der sich der Bodenwert eines bebauten Grundstücks nach dem Bodenwert unbebauter Grundstücke bemisst. Als **geeignete Kaufpreise** können von daher in erster Linie nur Kaufpreise von unbebauten Grundstücken gelten, wie dies noch in der WertV 88/98 ausdrücklich geregelt war.

Für die Bildung von Bodenpreisindexreihen nach § 9 Abs. 3 ImmoWertV ist Voraussetzung, dass die Grundstücke, deren Kaufpreise herangezogen werden, **vergleichbare Lage- und Nutzungsverhältnisse** aufweisen. Im Hinblick auf unterschiedliche Preisentwicklungen für Grundstücksarten unterschiedlicher Qualität (Gewerbe- und Wohnbauland, Ein-, Zwei- und Mehrfamilienhäuser, Bauerwartungsland, Rohbauland usw.) ist es in aller Regel geboten, Bodenpreisindexreihen mit entsprechenden **Differenzierungen nach Grundstücksarten** abzuleiten.

Die Lage- und Nutzungsverhältnisse sind i. d. R. in kleineren Gemeinden über das gesamte Gemeindegebiet vergleichbar. In großen Städten kann es erforderlich werden, die **Bodenpreisindexreihen** für die unterschiedlichen Grundstücksarten auch noch **nach der Lage im Gemeindegebiet zu differenzieren**[2].

Beispiel A (Ableitung):

Als durchschnittliche Bodenwerte BW_i für baureifes Land (Ein- und Zweifamilienhausgrundstücke) in den Ortsteilen A- und Bdorf wurden ermittelt:

Jahr	BW_i €/m²	Bodenpreisindexzahl I_j bei 2000 = 100	
2000	300	**100,0**	(Basis)
2001	305	101,7	
2002	305	101,7	$I_j = BW_i/BW_0 \times 100$
2003	310	103,3	
2004	320	106,7	
2005	340	113,3	
2006	340	113,3	
2007	350	116,7	
2008	350	116,7	
2009	355	118,3	
2010	360	120,0	

---

2 Zur Abgrenzung von Indexbereichen sowie Näheres zur Ableitung von Indexreihen bei Kleiber in Ernst/Zinkahn/Bielenberg, BauGB, Komm. zu § 9 WertV Rdnr. 8 ff.; weiterführendes Schrifttum: Vieli, Ein Regressionsindex der Bodenpreisveränderungen, Diss. Zürich 1967; Guth in Kyklos 1962, 279; Streich in VR 1981, 381; Bauer in VR 1982, 145; Bunjes in Nachr. der nds. Kat.- und VermVw 1982, 318; Freise in VR 1981, 373; Kertscher/Volle in Nachr. der nds. Kat.- und VermVw 1982, 136; Wirtz in VR 1976, 264; Krumbholz in Nachr. der nds. Kat.- und VermVw 1986, 388; Boldt in Nachr. der nds. Kat.- und VermVw 1986, 219.

Die um 100 verminderte Bodenpreisindexzahl I gibt die Prozentzahl an, um die sich der durchschnittliche Bodenwert BW_1 des Erhebungszeitraums i gegenüber dem durchschnittlichen Bodenwert BW_{1999} des Basiszeitraums verändert hat.

Beispiel: Der durchschnittliche Bodenwert im Jahr 2009 ist gegenüber dem durchschnittlichen Bodenwert im Basiszeitraum 1999 um 20,0 v.H. angestiegen.

26 Um mit Hilfe von **Bodenpreisindexreihen** einen **zum Vergleich herangezogenen Kaufpreis auf die allgemeinen Wertverhältnisse des Wertermittlungsstichtags umzurechnen,** ist dieser Vergleichspreis mit dem Quotienten aus den jeweiligen Bodenpreisindexzahlen des Wertermittlungsstichtages und des Kaufpreisstichtages des Vergleichsgrundstücks zu multiplizieren:

$$BW = BW' \times \frac{I}{I'}$$

wobei
BW = Gesuchter Bodenwert zum Wertermittlungsstichtag
BW' = Bodenwert des Vergleichsgrundstücks zum Stichtag; Kaufzeitpunkt
I = Indexzahl des Wertermittlungsstichtags
I' = Indexzahl zum Stichtag „Kauf" des Vergleichsgrundstücks

27 *Beispiel B (Anwendung):*

Aus dem Jahr 2007 liegt ein Vergleichspreis in Höhe von 420 €/m² vor. Wertermittlungsstichtag sei 2010. Ausgehend von der nach vorangegangenem Beispiel abgeleiteten Bodenpreisindexreihe ergibt sich folgender Vergleichspreis:

$$BW_{2010} = BW_{2007} \times I_{2010}/I_{2007} = 420 \text{ €/m}^2 \times 120{,}0/116{,}7 = \text{rd. } 432 \text{ €/m}^2$$

28 In der Praxis kann vielfach eine Interpolation bei der Heranziehung von Bodenpreisindexzahlen geboten sein, z. B., wenn **Wertermittlungsstichtag bzw. Verkaufsdatum des herangezogenen Vergleichsgrundstücks zeitlich am Jahresende** gelegen sind.

4.1.3 Ableitung aus Bodenrichtwerten

29 Insbesondere in kleineren Gemeinden, in denen die Lage- und Nutzungsverhältnisse weitgehend übereinstimmen und zudem oftmals so geringfügigen zeitlichen Veränderungen unterliegen, dass sie vernachlässigt werden können, lässt sich die **Ableitung der Bodenpreisindexreihen mit der Ermittlung von Bodenrichtwerten verbinden.** Dies gilt vor allem dann, wenn bei der Ermittlung der Bodenrichtwerte wie auch bei der Ermittlung der Bodenpreisindexzahlen die jeweiligen wertbeeinflussenden Umstände in gleicher Weise zu berücksichtigen sind.

Abb. 3: Zusammenstellung der Bodenpreisindices sowie der Entwicklung von Bodeneckwerten in Frankfurt am Main

Jahr	Wohnbauflächen sachwertorientiert	Wohnbauflächen ertragswertorientiert	Handel in Wohn- und Mischgebieten	Gewerbe ohne Einzelhandels- und Büroanlagen	Entwicklung des Bodeneckwertniveaus für **Bürogrundstücke**			
					City-West GFZ 5,0	City Rand GFZ 3,0	Subzentren GFZ 2,0	Sonstige Lagen GFZ 1,0
1964	8,4	–	9,7	16,1	–	–	–	–
1966	10,5	–	10,9	13,3	–		–	–
1968	13,2	–	12,2	21,0	–	–	–	–
1970	13,9	–	13,4	27,1	–	–	–	–
1972	16,9	–	16,7	31,8	–	–	–	–
1974	20,0	–	19,9	36,4	–	–	–	–
1976	21,8	–	15,2	40,3	–	–	–	–
1978	24,7	–	15,2	39,6	–	–	–	–
1980	31,8	–	24,5	44,9	–	–	–	–
1982	36,3	–	31,3	48,4	–	–	–	–
1984	39,2	–	36,0	55,1	–	–	–	–
1986	46,3	–	37,9	58,6	–	–	–	–
1988	55,2	–	46,6	66,9	–	–	–	–
1990	77,1	–	69,8	76,9	–	–	–	–
1992	89,4	–	109,0	80,1	–	–	–	–
1994	104,4	–	106,1	94,0	–	–	–	–
1996	**100,0**	**100,0**	**100,0**	**100,0**	**100,0**	**100,0**	**100,0**	**100,0**
1997	–	–	–	–	87,0	90,0	90,4	85,1
1998	99,7	93,9	102,4	116,5	87,0	80,0	90,4	85,1
1999	–	–	–	–	87,0	80,0	90,4	85,1
2000	98,6	90,8	91,5	121,3	87,0	80,0	90,4	85,1
2001	–	–	–	–	87,0	90,0	90,4	90,0
2002	99,8	90,8	98,1	115,0	93,5	93,0	93,1	97,8
2003	–	–	–	–	93,5	93,9	93,1	88,1
2004	98,9	82,5	93,8	100,9	80,4	78,2	83,8	78,3
2005	–	–	–	–	72,3	66,5	79,1	68,5
2006	99,0	84,3	85,7	99,6	68,0	66,5	74,5	68,5
2007	–	–	–	–	72,3	66,5	74,5	68,5
2008	99,7	103,3	85,7	96,7	72,3	66,5	60,6	62,6
2009	–	–	–	–	57,8	52,8	55,9	50,9
2010	100,1	104,1	80,4	95,7	57,8	52,8	45,6	46,9
2011	–	–	–	–	59,5	46,9	41,9	39,1
2012	101,8	107,4	81,7	94,5	59,5	46,9	41,9	39,1
2013					62,9	46,9	41,9	39,1

Quelle: Gutachterausschuss für den Bereich Frankfurt am Main (2013)

4.2 Indexreihen für die Preise von Eigentumswohnungen

▶ *Vgl. Teil V Rn. 39 ff., Rn. 94*

30 § 11 Abs. 3 ImmoWertV hebt als weiteren Anwendungsfall **Indexreihen für die Preise von Eigentumswohnungen** hervor. Dabei muss insbesondere nach
- Erst- und Wiederverkäufen,
- Lagen,
- Baujahrsgruppen und
- Wohnungsgröße

unterschieden werden.

31 Die Preisentwicklung auf dem Grundstücksmarkt für **Eigentumswohnungen** weist ebenfalls eine eigenständige Entwicklung auf, wobei zudem noch zwischen den vorstehenden Marktsegmenten unterschieden wird.

Der Gutachterausschuss von *Köln*[3] hat hierzu beispielsweise **Indexreihen differenziert nach Baujahrsklassen** veröffentlicht (Abb. 4).

Abb. 4: Preisindizes von Eigentumswohnungen (mittlere Kaufpreise pro m² WF) nach Baujahrsklassen in Köln

Preisindizes von Eigentumswohnungen (mittlere Kaufpreise pro m² WF) nach Baujahrsklassen									
	Baujahrsklassen (Basis 2000 = 100)								
Jahr	bis 1924	1925–1948	1949–1960	1961–1971	1972–1980	1981–1989	1990–1999	2000–2009	Insgesamt
1998	98	101	103	96	105	96	110	101	105
1999	102	94	105	97	103	99	110	104	103
2000	100	100	100	100	100	100	100	100	100
2001	102	102	101	92	101	98	93	97	99
2002	101	108	98	98	100	100	93	99	100
2003	99	103	100	96	98	96	88	101	99
2004	98	85	104	93	99	91	87	99	98
2005	108	95	103	96	93	95	83	100	101
2006	108	94	102	97	94	92	87	107	102
2007	108	97	106	95	70	90	87	110	100
2008	114	106	105	93	91	84	88	106	103
2009	116	101	109	99	94	92	93	104	108
2010	119	102	117	104	105	101	105	107	116
2011	131	109	119	103	109	104	104	107	121
2012	133	108	124	112	120	106	99	118	127

Quelle: Grundstücksmarktbericht 2013

Der Gutachterausschuss von *Wuppertal* hat Indexreihen differenziert nach neuerrichteten Eigentumswohnungen (Neubauten), wiederverkauften Eigentumswohnungen (Wiederverkäufe) und aus umgewandelten Mietwohnungen entstandene Eigentumswohnungen veröffentlicht.

---

[3] Vgl. auch Grundstücksmarktbericht von Offenbach 2006, S.24.

Abb. 5: Preisindizes von Eigentumswohnungen in Wuppertal

	Preisindex von Eigentumswohnungen in Wuppertal		
	Neubau	Wiederverkäufe	Umgewandelte Mietwohnungen
1980	**100**	**100**	–
1981	114	108	–
1982	120	106	**100**
1983	130	110	108
1984	125	106	102
1985	122	97	105
1986	115	90	99
1987	109	86	97
1988	109	85	98
1989	111	90	104
1990	120	97	124
1991	133	104	133
1992	145	115	146
1993	154	118	142
1994	158	125	156
1995	171	129	157
1996	171	122	152
1997	167	126	157
1998	167	126	162
1999	171	126	163
2000	176	126	157
2001	171	120	150
2002	163	116	147
2003	163	113	147
2004	164	108	148
2005	165	107	143
2006	173	107	148
2007	169	104	148
2008	173	100	149
2009	173	101	143
2010	175	100	144
2011	190	100	139
2012	200	100	148

Quelle: Grundstücksmarktbericht Wuppertal 2013

Hilfsweise wird mitunter auch auf den **Deutschen Eigentums-Immobilien-Index für Eigentumswohnungen des ifs Institut für Städtebau, Wohnungswirtschaft und Bausparwesen e.V.** zurückgegriffen. Bei diesem wird auf der Grundlage eines Zeitreihenindexes die Wertentwicklung von Einfamilienhäusern und Eigentumswohnungen ermittelt. Die Daten beruhen dabei auf jährlichen Preiserhebungen von GEWOS und dem Institut für Stadt-, Regional- und Wohnforschung, Hamburg, das wiederum seine Informationen von rund 500 Gutachterausschüssen der Städte und Gemeinden erhält.

IV § 11 ImmoWertV — Indexreihen

Abb. 6: Deutscher Eigentums-Immobilien-Index für Eigentumswohnungen

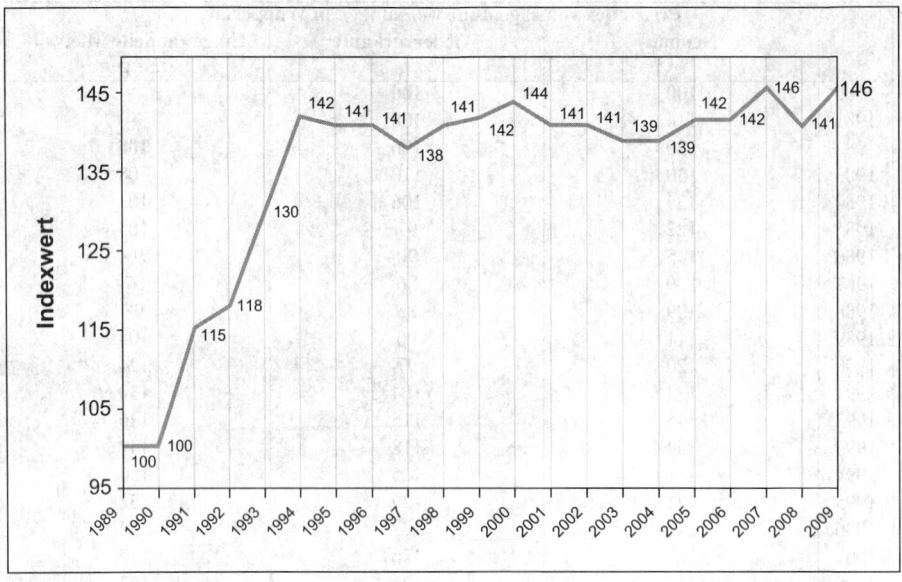

4.3 Indexreihen für die Preise von Einfamilienhäusern

32 § 11 Abs. 4 ImmoWertV führt neben den Indexreihen für Bodenpreise (Bodenpreisindexreihen) und Eigentumswohnungen schließlich noch Indexreihen für Einfamilienhäuser auf. Diesbezüglich sind Indexreihen nur von wenigen Gutachterausschüssen abgeleitet worden.

Abb. 7: Preisentwicklung im Ennepe-Ruhr Kreis

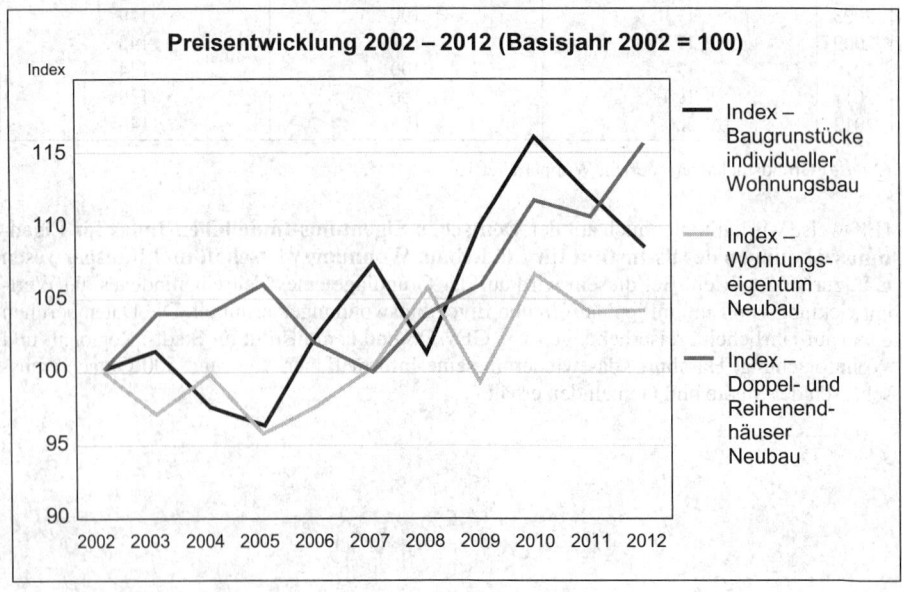

Quelle: Grundstücksmarktbericht 2013

5 Kaufwertestatistiken

▶ *Zur Kaufwertestatistik der statistischen Ämter vgl. Rn. 33, Syst. Darst. des Vergleichswertverfahrens Rn. 96*

Ungeeignet für die Belange der Wertermittlung sind i. d. R. die auf der Grundlage des § 2 Nr. 5 und § 7 des Gesetzes über die Preisstatistik und in der Reihe 5 **von den Statistischen Landesämtern bzw. vom Statistischen Bundesamt veröffentlichten** ermittelten **durchschnittlichen Kaufwerte der verschiedenen Baulandkategorien** (sog. **Kaufwertstatistik**: Fachserie M „Preise, Löhne, Wirschaftsrechnungen, Fachserie 17 Reihe 5, II, Baulandpreise" des Statistischen Bundesamtes Wiesbaden). Erhebungsgegenstand dieser Statistik sind Verkäufe von unbebauten Grundstücken mit einer Größe von 100 m² und mehr und zwar so, wie die Verkaufspreise anfallen. Das Statistische Bundesamt führt hierzu aus:

„Die ausgewiesenen Durchschnittswerte sind für einen zeitlichen Vergleich nur bedingt verwendbar, weil die statistischen Massen, aus denen sie ermittelt werden, sich jeweils aus anders gearteten Einzelfällen zusammensetzen können. Die Statistik der Kaufwerte für Bauland hat daher mehr den Charakter einer Grundeigentumswechselstatistik, mit der durchschnittliche Kaufwerte ermittelt werden, als den einer echten Preisstatistik. Aus diesem Grund werden auch keine prozentualen Veränderungen (Baulandpreisindizes) veröffentlicht."

Diese Kauffälle stellen lediglich Durchschnittswerte dar, die sich in jedem Erhebungszeitraum aus anders gearteten Einzelfällen ergeben, d.h., der diesen Durchschnittswerten zugrunde liegende **„Warenkorb" ist inkonstant.** Die Eigenschaften der gehandelten Grundstücke sind insbesondere im Hinblick auf deren Lage, Art und Maß der tatsächlichen und zulässigen Nutzung sowie der Beschaffenheit von den Zufälligkeiten des Marktes im jeweiligen Erhebungszeitraum abhängig. Eine Bereinigung der Kaufpreise, wie sie von den Gutachterausschüssen im Rahmen ihrer Auswertung vorgenommen wird, erfolgt bei den übermittelnden Finanzämtern nicht und kann von den Statistischen Ämtern auch nicht vorgenommen werden. In den Veröffentlichungen des Statistischen Bundesamtes wird deshalb ausdrücklich darauf hingewiesen, dass die Statistik mehr den Charakter einer Grundeigentumswechselstatistik als den einer echten Preisstatistik habe; prozentuale Kaufpreisveränderungen werden aus dem gleichen Grund gar nicht erst veröffentlicht.

Nach der Kaufwertestatistik kann zwar ein leicht steigender Trend z. B. der Kaufwerte für baureifes Land festgestellt werden, jedoch gibt dieser Trend nicht die tatsächliche Wertentwicklung an, da ihr eben **nicht ein einheitlicher Warenkorb** zugrunde liegt. So weist die Statistik z. B. einen abfallenden Trend auf, wenn mit fortschreitender Zeit Grundstücke geringerer Qualität als im Vorjahr gehandelt wurden, auch wenn für Grundstücke gleicher Qualität höhere Kaufpreise vereinbart wurden.

Wenn gleichwohl selbst von renommierten Instituten immer wieder auf diese Kaufwertestatistik zur Beschreibung der Marktentwicklung hingewiesen wird, so mag dies auf eigene Unwissenheit zurückzuführen sein, die dann aber zu einer Irreführung des Verbrauchers solcher Statistiken führt. Bodenpolitisch nimmt sich die Marktentwicklung nach dieser Statistik äußerst „harmlos" aus. Gleichwohl stellt sich aber die Frage, worauf die sich nach dieser Statistik ergebende **moderate Entwicklung** zurückzuführen ist. Im Hinblick auf die große Zahl der in die Statistik eingehenden Transaktionsfälle müssen hier systematische Einflüsse vermutet werden. Da nur Kauffälle von unbebauten Grundstücken in die Statistik eingehen und mit dem „Zuwachsen" der Städte jeweils stets Transaktionsfälle peripher gelegener Grundstücke die Mehrzahl der in die Statistik eingehenden Kauffälle bilden, kann z. B. vermutet werden, dass von Jahr zu Jahr tendenziell Kauffälle von Grundstücken in die Statistik eingehen, die sich immer weiter in das „billigere" Umland „hineinfressen".

Dies schließt die **Anwendung dieser Indexreihen** unter bestimmten Voraussetzungen nicht aus[4].

---

4 BGH, Urt. vom 23.6.1983 – III ZR 39/82 –, BRS Bd. 45 Nr. 102 = EzGuG 20.102; hierzu Kleiber in Ernst/Zinkahn/Bielenberg/Krautzberger, BauGB, Komm. zu § 11 ImmoWertV Rn. 25.

IV § 11 ImmoWertV   **Indexreihen**

38   Werden ausnahmsweise Indexreihen des Statistischen Amtes herangezogen, so ist denen der Statistischen Landesämter der Vorzug zu geben[5].

6   Immobilienindizes

39   Die zahlreichen von der Immobilienwirtschaft veröffentlichten Immobilienindizes sind für eine fundierte Marktwertermittlung ungeeignet und haben auch wenig gemeinsam. Die Mehrheit der veröffentlichten Indizes stellt die Wertentwicklung börsennotierter Immobiliengesellschaften dar, so

a) der Deutsche Immobilienaktienindex (DIMAX),

b) der Immobilienindex des Bankhauses Ellwanger & Geiger, der den Verlauf aller in Deutschland börsennotierten Unternehmen abbildet, die mindestens 75 % ihrer Erträge im Immobiliengeschäft erwirtschaften,

- der EPIX bildet die Wertentwicklung der größten europäischen Immobilienaktien ab,
- der ERIUX zeigt hingegen den Verlauf der größten europäischen Real Estate Investment Trusts (REITs).

c) Der *Global Property Research Index* (GPR-Index) bildet die Marktkapitalisierung börsennotierter Immobilienunternehmen ab, und zwar die 250 größten Unternehmen der Welt (GRP 250) bzw. der 15 größten europäischen Unternehmen (GPR 15).

d) Der *FTSE EPRA/NAREIT Global Real Estate Index* der FTSE Gruppe (Financial Times und London Stock Exchange) bildet die weltweite Entwicklung börsennotierter Immobilienunternehmen ab.

e) Der *Deutsche Immobilien Index – DIX –* der Deutschen Immobiliendatenbank GmbH ist für eine fundierte Marktwertermittlung ungeeignet, bildet die Mietrendite und die Wertveränderung von deutschen Handels-, Büro- und Wohnimmobilien ab und wird vornehmlich aus Bestandsobjekten ausgewählter in offene Immobilienfonds (Versicherungen, Immobilien- und Pensionsfonds) einbezogener Grundstücke ermittelt.

f) Entsprechendes gilt für den *German Property Index* von BulwienGesa, abgeleitet aus Daten in 125 deutschen Städten.

g) Der Hypoport-Hauspreisindex (HPX) der Hypoport AG Berlin, abgeleitet aus einer eigenen Internetplattform, gibt die Entwicklung durchschnittlicher Kaufpreise von verschiedenen Wohnimmobilien wieder (neue und bestehende Ein- und Zweifamilienhäuser – HPX-newhome und HPX-existinghome – sowie Eigentumswohnungen – HPX-apartment –).

---

5   **Anschriften des Statistischen Bundesamtes und der Statistischen Landesämter: Statistisches Bundesamt:** Postfach 5528, Gustav-Stresemann-Ring 11, 65189 Wiesbaden, Tel. (0 61 21) 75 24 05, Fax (0 61 21) 72 40 00; Zweigstelle Berlin: Friedrichstr. 50, 10117 Berlin, Tel. (0 30) 1 86 44 94 27, Fax (0 30) 1 86 44 94 30; **Baden-Württemberg:** Statistisches Landesamt Baden-Württemberg, Postfach 106033, 70049 Stuttgart, Tel (07 11) 6 41 24 64, Fax (07 11) 6 41 24 40; **Bayern:** Bayerisches Landesamt für Statistik und Datenverarbeitung, Postfach 20 03 03, 80331 München, Tel. (0 89) 2 11 92 55, Fax (0 89) 2 11 94 10; **Berlin:** Statistisches Landesamt Berlin, Alt-Friedrichsfelde 60, 10315 Berlin, Tel. (0 30) 90 21 – 34 34, Fax (0 30) 90 21 – 36 55, E-Mail: info@statistik-berlin.de, Internet: http://www.statistik-berlin.de; **Brandenburg:** Landesamt für Datenverarbeitung und Statistik Brandenburg, Dortustraße 46, 14467 Potsdam, Tel: (03 31) 39 – 405, Fax: (03 31) 39 – 444; **Bremen:** Statistisches Landesamt Bremen, An der Weide 14 – 16, 28195 Bremen, Tel 0421 3612501, Fax 0421 361 4310; **Hamburg:** Statistisches Landesamt Hamburg, Steckelhörn 12, 20457 Hamburg, Tel. (0 40) 4 28 31 17 66, Fax (0 40) 4 27 96 43 30; **Hessen:** Hessisches Statistisches Landesamt:, Postfach 32 05, 65175 Wiesbaden, Tel. (0611) 38 02 – 802, Fax (0611) 3 80 29 90; **Mecklenburg-Vorpommern:** Landesamt für innere Verwaltung (Statistik), Lübecker Straße 287, 19059 Schwerin, Tel. (03 85) 4 80 1 – 0, Fax (03 85) 48 01 – 3090; **Niedersachsen:** Landesbetrieb für Statistik und Kommunikationstechnologie Niedersachsen, Göttinger Chaussee 76, 30453 Hannover, Tel. (05 11) 98 98 – 0, Fax (05 11) 9 89 8 41 32; **Nordrhein-Westfalen:** Information und Technik Nordrhein-Westfalen, Postfach 10 11 05, 40002 Düsseldorf, Tel. (02 11) 94 49 01, Fax (02 11) 44 20 06; **Rheinland-Pfalz:** Statistisches Landesamt Rheinland-Pfalz, Mainzer Str. 14 – 16, 56130 Bad Ems, Tel. (0 26 03) 7 10, Fax (0 26 03) 7 13 15 0; **Saarland:** Statistisches Amt Saarland, Postfach 10 30 44, 66030 Saarbrücken, Tel. (06 81) 5 01 59 11, Fax (06 81) 5 01 59 70; **Sachsen:** Statistisches Landesamt des Freistaates Sachsen, Macherstraße 63, 01917 Kamenz, Tel. (0 35 78) 33 19 10, Fax (0 35 78) 33 19 99; **Sachsen-Anhalt:** Statistisches Landesamt Sachsen-Anhalt, Merseburger Straße 2, 06112 Halle/Saale, Tel. (03 45) 23 18 – 0, Fax (03 45) 2 31 89 01; **Schleswig-Holstein:** Statistisches Landesamt Schleswig-Holstein, Fröbelstraße 15–17, 24113 Kiel, Tel. (04 31) 68 95 – 0, Fax (04 31) 6 89 54 98; **Thüringen:** Thüringer Landesamt für Statistik, Leipziger Straße 71, 99085 Erfurt, Tel. (03 61) 3 78 46 42; Fax (03 61) 3 78 46 99.

§ 12 ImmoWertV
Umrechnungskoeffizienten

Wertunterschiede von Grundstücken, die sich aus Abweichungen bestimmter Grundstücksmerkmale sonst gleichartiger Grundstücke ergeben, insbesondere aus dem unterschiedlichen Maß der baulichen Nutzung oder der Grundstücksgröße und -tiefe, sollen mithilfe von Umrechnungskoeffizienten (§ 193 Absatz 5 Satz 2 Nummer 3 des Baugesetzbuchs) erfasst werden.

Gliederungsübersicht   Rn.
1   Übersicht   1
2   Anwendung von Umrechnungskoeffizienten   2
3   Ableitung von Umrechnungskoeffizienten   6
4   Fortschreibung von Umrechnungskoeffizienten   10

1 Übersicht

Nach § 193 Abs. 5 Satz 2 Nr. 3 BauGB führt der nach den §§ 192 ff. BauGB eingerichtete Gutachterausschuss für Grundstückswerte eine Kaufpreissammlung und ermittelt u. a. „Umrechnungskoeffizienten für das Wertverhältnis von sonst gleichartigen Grundstücken, z. B. bei unterschiedlichem Maß der baulichen Nutzung". Umrechnungskoeffizienten gehören zu den „sonstigen zur Wertermittlung erforderlichen Daten der Wertermittlung", deren Ableitung nach § 193 Abs. 5 BauGB zu den **Pflichtaufgaben des Gutachterausschusses für Grundstückswerte** gehört.   1

§ 12 ImmoWertV entspricht weitgehend den gesetzlichen Vorgaben und erläutert lediglich den Zweck der Ermittlung von Umrechnungskoeffizienten, ohne diese zu definieren. Sie „sollen" der Erfassung von Wertunterschieden von Grundstücken dienen, „die sich aus **Abweichungen bestimmter Grundstücksmerkmale sonst gleichartiger Grundstücke** ergeben". In Ergänzung zu den im BauGB genannten Umrechnungskoeffizienten für die Abhängigkeit des Bodenwerts von der GFZ nennt die Vorschrift Umrechnungskoeffizienten für die Abhängigkeit des Bodenwerts von der Grundstücksgröße und -tiefe.

Die Vorschrift ist im Übrigen ohne wesentliche materielle Änderungen aus **§ 10 WertV 88/98** hervorgegangen.

2 Anwendung von Umrechnungskoeffizienten

▶ *Vgl. Syst. Darst. des Vergleichswertverfahrens Rn. 215 ff.*

§ 12 ImmoWertV enthält den Befehl, Wertunterschiede von Grundstücken, die sich aus Abweichungen bestimmter Grundstücksmerkmale sonst gleichartiger Grundstücke ergeben, mithilfe der von den Gutachterausschüssen gemäß § 193 Abs. 5 Satz 2 Nr. 3 BauGB abgeleiteten Umrechnungskoeffizienten zu erfassen. Es handelt sich dabei um eine **Soll-Vorschrift,** von der nur in begründeten Ausnahmefällen abgewichen werden darf. Dementsprechend schreibt auch § 15 Abs. 1 Satz 4 ImmoWertV vor, dass entsprechende Abweichungen einzelner Grundstücksmerkmale „in der Regel" auf der Grundlage von Umrechnungskoeffizienten zu berücksichtigen „sind" (vgl. auch § 11 ImmoWertV bezüglich der Anwendung von Indexreihen und § 14 ImmoWertV bezüglich der Anwendung von Marktanpassungsfaktoren und Liegenschaftszinssätzen).   2

IV § 12 ImmoWertV — Umrechnungskoeffizienten

Die **Vorschrift enthält keine Definition des Umrechnungskoeffizienten** und keine besonderen über die in § 9 ImmoWertV gegebenen Hinweise hinausgehenden Anweisungen zu deren Ableitung. Die Vorschrift nennt lediglich den beschriebenen Anwendungszweck (vgl. Rn. 1).

Umrechnungskoeffizienten sind Wertverhältniszahlen für bestimmte verkehrswertbeeinflussende Grundstücksmerkmale; demzufolge dienen sie der Erfassung der Wertunterschiede von Grundstücken, die sich aus Abweichungen bestimmter wertbeeinflussender Merkmale sonst gleichartiger Grundstücke ergeben. Bei den mit § 12 ImmoWertV angesprochenen Wertunterschieden von Grundstücken kann es sich handeln

– um Wertunterschiede des Grundstücks insgesamt (ohne Aufteilung in den Boden- und Gebäudewertanteil) auch von Rechten an Grundstücken,

– um Wertunterschiede des Bodenwerts nach Maßgabe des § 16 ImmoWertV sowie

– um Unterschiede einzelner wertbestimmender Grundstücksmerkmale, wie z. B. der marktüblich erzielbaren Miete in Abhängigkeit von der Wohnungsgröße und dgl.

3 Umrechnungskoeffizienten kommen vor allem bei Heranziehung des Vergleichswertverfahrens zur Anwendung, um Vergleichspreise von Grundstücken mit bestimmten Zustandsmerkmalen der Höhe nach auf solche zurückzuführen, die mit dem Zustandsmerkmal des zu bewertenden Grundstücks übereinstimmen (**interqualitativer Preisvergleich**). In diesem Sinne stellen sich Umrechnungskoeffizienten als Faktoren dar, mit denen Wertunterschiede gleichartiger Grundstücke erfasst werden, die in ihrem Zustand hinsichtlich eines bestimmten Zustandsmerkmals voneinander abweichen. Die Vorschrift hebt als besonderen Anwendungsfall die Umrechnung des Bodenpreises eines Grundstücks mit einem bestimmten **Maß der baulichen Nutzung** (z. B. GFZ = 1,2) auf den Bodenpreis eines sonst gleichartigen Grundstücks mit einem davon abweichenden Maß der baulichen Nutzung (z. B. GFZ = 1,4) hervor; ergänzend werden Umrechnungskoeffizienten zur Berücksichtigung des Werteinflusses von Grundstücksgröße und -tiefe genannt. Daneben werden in der Praxis Umrechnungskoeffizienten insbesondere ermittelt, um den Einfluss der Art der baulichen Nutzung bei der Verkehrswertermittlung zu berücksichtigen[1].

4 Nach der vorgegebenen Zweckbestimmung lassen sich Umrechnungskoeffizienten als **Verhältniszahlen** definieren, **die sich aus dem Wertverhältnis gleichartiger Grundstücke ergeben, deren Zustand nur hinsichtlich eines wertbeeinflussenden Merkmals voneinander abweicht.** Sofern sich die Abweichungen unterschiedlich ausprägen, d. h. verschiedene Ausmaße annehmen können wie z. B. das Maß der baulichen Nutzung in Gestalt der Geschossflächenzahl (GFZ), ergeben sich Umrechnungskoeffizienten jeweils in Zuordnung zu einem bestimmten Maß des wertbeeinflussenden Merkmals.

5 Der mit der Soll-Vorschrift gegebenen **Verpflichtung, Wertunterschiede von Grundstücken,** die sich aus Abweichungen bestimmter Grundstücksmerkmale sonst gleichartiger Grundstücke ergeben, **mithilfe von Umrechnungskoeffizienten zu erfassen,** kann allerdings nur insoweit nachgekommen werden, wie Umrechnungskoeffizienten vom örtlichen Gutachterausschuss abgeleitet wurden und zur Verfügung stehen.

---

[1] Zum Einfluss der **Bauart:** Frenkler in Nachr. der nds. Kat.- und VermVw 1966, Heft 2; vgl. auch Kellermann in ZfV 1962, 343; zum Einfluss der **Grundstücksgröße:** Scharnhorst in Nachr. der nds. Kat.- und VermVw 1985, 273; zum Einfluss der **GFZ:** Böser/Schwanniger in AVN 1984, 412; Freise in VR 1976, 402; Hellemann/Hesse in AVN 1977, 165; Tiemann in VR 1976, 355; Udart in VR 1976, 291; Möckel in AVN 1977, 165; Biester in VR 1978, 124; Bauer in VR 1978, 138; Rüffel in Nachr. der rh.-pf. Kat.- und VermVw 1980, 26; Neisecke in AVN 1980, 468; Böser/Brill in AVN 1981, 349; Streich in VR 1981, 381; zur **GFZ:** Jäger in GuG 1995, 348; Junge in GuG 1996, 27; Debus in GuG 2000, 279.

3 Ableitung von Umrechnungskoeffizienten

▶ *Zu den allgemeinen Grundsätzen vgl. § 9 ImmoWertV Rn. 9; § 10 ImmoWertV Rn. 74 ff.; Syst. Darst. des Vergleichswertverfahrens Rn. 228 ff.*

Die Ableitung von Umrechnungskoeffizienten ist nach § 9 ImmoWertV zwar eine **Pflichtaufgabe des Gutachterausschusses für Grundstückswerte**. Die Gutachterausschüsse kommen dieser Aufgabe allerdings zumindest nicht im vollen Umfang nach. 6

Nicht jeder Gutachterausschuss sieht sich in der Lage, Umrechnungskoeffizienten abzuleiten. Neben der oftmals unzureichenden Personalausstattung der Gutachterausschüsse ist dies darin begründet, dass 7

– als „erforderliche" Umrechnungskoeffizienten nur solche abzuleiten sind, für die im Hinblick auf die anfallenden Aufgaben auch tatsächlich ein Bedarf besteht und

– eine Reihe von wertbeeinflussenden Zustandsmerkmalen, wie z. B. Lagefaktoren, rechnerisch nur schwerlich „in den Griff zu bekommen" sind, weil ihre qualitative Einordnung besonders anfällig für das subjektive Empfinden eines Gutachters ist und deshalb Erfahrung und Sachkunde gefordert sind.

Insbesondere in kleineren Städten und auf dem Land ist die Ableitung von Umrechnungskoeffizienten für solche wertbeeinflussenden Merkmale oftmals schon aus Gründen der unzureichenden personellen und sachlichen Ausstattung nicht möglich. Ersatzweise greift man auf die **Veröffentlichungen benachbarter Gutachterausschüsse** oder auf das Schrifttum zurück. Dabei ist allerdings zu fordern, dass zumindest vorher Plausibilitätskontrollen durchgeführt werden. 8

Hat der örtliche Gutachterausschuss keine Umrechnungskoeffizienten ermittelt und kann auch nicht auf geeignete Umrechnungskoeffizienten benachbarter Gutachterausschüsse zurückgegriffen werden, können die in Anl. 1 der VergleichswertR – Entwurf v. 9.7.2013 – (vormals **Anl. 11** zu Nr. 2.3.4.2 der **WertR**) für das Wertverhältnis von gleichartigen Grundstücken bei unterschiedlicher baulicher Nutzung (GFZ: GFZ) veröffentlichten Umrechnungskoeffizienten als Anhalt dienen. Nach den Empfehlungen der **VergleichswertR** (Entwurf v. 9.7.2013) sollen abweichende Grundstücksmerkmale des Vergleichsgrundstücks gegenüber dem Wertermittlungsobjekt i. d. R. nur mit Hilfe geeigneter Umrechnungskoeffizienten berücksichtigt werden und als „geeignet" sollen nach der Richtlinie nur Umrechnungskoeffizienten gelten, wenn sie für einen regional und sachlich abgegrenzten Teilmarkt ermittelt wurden, für den eine gleichartige Entwicklung vorliegt, und das Ableitungsmodell und die Datengrundlage bekannt sind; diese Voraussetzungen erfüllen allerdings die vom BMVBS gegebenen Umrechnungskoeffizienten nicht. 9

4 Fortschreibung von Umrechnungskoeffizienten

▶ *Vgl. § 9 ImmoWertV Rn. 15*

Umrechnungskoeffizienten können sich im Laufe der Zeit unter dem Einfluss sich wandelnder Marktverhältnisse (z. B. Verknappung von Grundstücken in Ein- bzw. Zweifamilienhausgebieten) einschließlich sich wandelnder Präferenzen der Beteiligten am Grundstücksmarkt (z. B. verstärkte Nachfrage nach Zweifamilienhausgrundstücken) ändern; sie **stellen** mithin **zeitabhängige Größen** dar. Bei der Ableitung von Umrechnungskoeffizienten ist dies ebenso wie bei ihrer Anwendung zu berücksichtigen. 10

Umrechnungskoeffizienten sind nach Maßgabe des § 9 Abs. 1 ImmoWertV fortzuschreiben, wenn sie sich aufgrund geänderter Wertverhältnisse auf dem Grundstücksmarkt geändert haben. 11

IV § 13 ImmoWertV Übersicht

§ 13 ImmoWertV
Vergleichsfaktoren für bebaute Grundstücke

Vergleichsfaktoren (§ 193 Absatz 5 Satz 2 Nummer 4 des Baugesetzbuchs) sollen der Ermittlung von Vergleichswerten für bebaute Grundstücke dienen. Sie sind auf den marktüblich erzielbaren jährlichen Ertrag (Ertragsfaktor) oder auf eine sonst geeignete Bezugseinheit, insbesondere auf eine Flächen- oder Raumeinheit der baulichen Anlage (Gebäudefaktor), zu beziehen.

Gliederungsübersicht Rn.
1 Übersicht 1
2 Anwendung von Vergleichsfaktoren (§ 13 Satz 1 ImmoWertV) 2
3 Ableitung von Vergleichsfaktoren (§ 13 Satz 2 ImmoWertV) 6
4 Ertragsfaktor
    4.1 Ableitung von Ertragsfaktoren 14
    4.2 Beispiele 20
    4.3 Ertragsfaktoren im Verhältnis zum finanzmathematischen Vervielfältiger (Barwertfaktor) 21
    4.4 Ertragsfaktoren im Verhältnis zu sonstigen immobilienwirtschaftlichen Multiplikatoren 26
    4.5 Anwendung von Ertragsfaktoren 27
5 Gebäudefaktor
    5.1 Ableitung von Gebäudefaktoren 33
    5.2 Beispiele 42
    5.3 Verhältnis von Gebäudefaktoren zu Normalherstellungskosten 44
    5.4 Anwendung von Gebäudefaktoren
        5.4.1 Anwendung in der Verkehrswertermittlung 45
        5.4.2 Anwendung in der steuerlichen Bewertung 49
6 Anlagen
    6.1 Anlage 1: Vergleichsfaktoren für bebaute Ein- und Zweifamilienhausgrundstücke zur Verwendung gemäß § 183 Abs. 2 BewG in Berlin 50
    6.2 Anlage 2: Vergleichsfaktoren des Gutachterausschusses für Grundstückswerte in Wiesbaden (2010) nach § 183 BewG 51
    6.3 Anlage 3: Vergleichsfaktoren in Hessen 52

1 Übersicht

1 Nach § 193 Abs. 5 Satz 2 Nr. 4 BauGB führt der nach den §§ 192 ff. BauGB eingerichtete Gutachterausschuss für Grundstückswerte eine Kaufpreissammlung und ermittelt u. a. „Vergleichsfaktoren für bebaute Grundstücke, insbesondere bezogen auf eine Raum- oder Flächeneinheit der baulichen Anlage (Gebäudefaktor) oder auf den nachhaltig erzielbaren jährlichen Ertrag (Ertragsfaktor)". Die **Vergleichsfaktoren für bebaute Grundstücke gehören zu den „sonstigen zur Wertermittlung erforderlichen Daten der Wertermittlung"**, deren Ableitung nach § 193 Abs. 5 BauGB zu den Pflichtaufgaben des Gutachterausschüsses für Grundstückswerte gehört. § 13 ImmoWertV entspricht weitgehend den gesetzlichen Vorgaben:

– *Satz 1* der Vorschrift gibt lediglich den Zweck der Ermittlung von Vergleichsfaktoren für bebaute Grundstücke an, ohne diese zu definieren. Sie „sollen" danach der Ermittlung von Vergleichswerten für bebaute Grundstücke dienen.

– Mit *Satz 2* wird im Unterschied zu § 193 Abs. 5 Satz 1 Nr. 4 BauGB der „marktüblich" erzielbare Ertrag statt des „nachhaltig" erzielbaren Ertrags als Bezugsgrundlage der Ertragsfaktoren vorgegeben. § 193 Abs. 5 Satz 1 Nr. 4 BauGB bedarf diesbezüglich einer redaktionellen Klarstellung.

Vergleichsfaktoren § 13 ImmoWertV IV

Eine Definition der Vergleichsfaktoren bebauter Grundstücke enthält weder § 193 Abs. 5 Nr. 4 BauGB noch § 13 ImmoWertV. Entsprechend der Regelung des § 15 Abs. 2 Satz 2 ImmoWertV lassen sich Vergleichsfaktoren bebauter Grundstücke als **Multiplikatoren (Vervielfältiger)** definieren**, die angewandt auf bestimmte Parameter eines zu bewertenden Grundstücks, wie den (marktüblich erzielbaren) jährlichen Ertrag oder auf eine sonstige geeignete Bezugseinheit, insbesondere auf eine Flächen- oder Raumeinheit der baulichen Anlage, den Vergleichswert der Immobilie ergeben sollen.**

Die Vorschrift ist im Übrigen ohne wesentliche materielle Änderungen aus § 12 WertV 88/98 hervorgegangen.

Die zu § 12 WertV 88/98 gegebene Begründung[1] ist noch heute von Aktualität. Es heißt dort: „An der bisherigen Fassung der Wertermittlungsverordnung wurde bemängelt, dass sie zwar das Vergleichswertverfahren für die Wertermittlung bebauter Grundstücke zulasse, jedoch so unzureichend regele, dass das Vergleichswertverfahren für die Wertermittlung bebauter Grundstücke so gut wie keine Bedeutung erlangt habe. Dies wurde darauf zurückgeführt, dass die zur Verfügung stehenden Vergleichspreise bebauter Grundstücke nur selten eine ausreichende Beurteilungsgrundlage böten, weil es in der Regel an der Vergleichbarkeit mangele. Trotzdem haben sich in der Praxis schon seit Langem Verfahren bewährt, mit denen sich die Ermittlung des Verkehrswerts bebauter Grundstücke nach den Grundsätzen des Vergleichswertverfahrens in vielen Fällen erheblich vereinfachen und überzeugend vornehmen lässt. Voraussetzung für die Anwendung dieser Verfahren sind die aus der ausgewerteten Kaufpreissammlung empirisch abgeleiteten Vergleichsfaktoren bebauter Grundstücke."

2 Anwendung von Vergleichsfaktoren (§ 13 Satz 1 ImmoWertV)

▶ *Vgl. Syst. Darst. des Vergleichswertverfahrens Rn. 10 ff., 136 und 139; Teil V Rn. 66 ff.*

§ 13 ImmoWertV regelt in zwei Sätzen den **Anwendungszweck von „Vergleichsfaktoren für bebaute Grundstücke"** und deren Bezugsgrundlage, ohne sie zu definieren.

– Nach Satz 1 „sollen" sie der Ermittlung des Vergleichswerts bebauter Grundstücke dienen.

– Nach Satz 2 sind sie

  • auf den marktüblich erzielbaren jährlichen Ertrag oder

  • auf eine sonstige geeignete Bezugseinheit, namentlich auf eine Flächen- oder Raumeinheit der baulichen Anlage,

  zu beziehen.

Der Anwendungszweck ergibt sich des Weiteren aus § 15 Abs. 2 ImmoWertV. Nach dieser Vorschrift *können* zur Ermittlung des Vergleichswerts bebauter Grundstücke neben oder anstelle von Vergleichspreisen **„geeignete" Vergleichsfaktoren** herangezogen werden. Nach § 15 Abs. 2 Satz 3 ImmoWertV sind Vergleichsfaktoren „geeignet", wenn die Grundstücksmerkmale der ihnen zugrunde liegenden Grundstücke hinreichend mit denen des zu bewertenden Grundstücks übereinstimmen.

Nach § 15 Abs. 2 ImmoWertV soll sich bei Anwendung des Vergleichswertverfahrens auf bebaute Grundstücke der Vergleichswert durch Vervielfachung des jährlichen Ertrags oder der sonstigen Bezugseinheit des zu bewertenden Grundstücks mit dem Vergleichsfaktor ergeben. **Vergleichsfaktoren für bebaute Grundstücke lassen sich mithin als Multiplikatoren (Vervielfältiger) definieren**, deren Anwendung auf eine der genannten Bezugseinheiten des Wertermittlungsobjekts den Vergleichswert ergibt.

---
1 Vgl. BR-Drucks. 352/88, S. 52.

IV § 13 ImmoWertV — Vergleichsfaktoren

Die Anwendung des in den §§ 15 f. ImmoWertV geregelten Vergleichswertverfahrens auf bebaute Grundstücke scheitert in der Praxis vielfach an allzu großen Disparitäten zwischen den Grundstücksmerkmalen der Vergleichsgrundstücke und des zu bewertenden Grundstücks, da es neben den unterschiedlichen Grundstücksmerkmalen des Grund und Bodens auch unterschiedliche Merkmale der Bebauung zu berücksichtigen gilt. Übersteigen die infolgedessen anzubringenden Zu- oder Abschläge eine Größenordnung von etwa 30 bis 40 % des Ausgangswerts, ist nach der Rechtsprechung (vgl. Syst. Darst. des Vergleichswertverfahrens Rn. 10 ff.) die Eignung des Verfahrens infrage gestellt. Um die Anwendbarkeit des Vergleichswertverfahrens auf bebaute Grundstücke zu verbessern, hat der Verordnungsgeber bereits mit der WertV 88 (§ 12 WertV 88/98) den Gutachterausschüssen für Grundstückswerte die Ableitung von Vergleichsfaktoren für bebaute Grundstücke aufgegeben.

4 Vergleichswertfaktoren für bebaute Grundstücke sind ein Hilfsmittel der Ermittlung des Verkehrswerts (Marktwertermittlung) bebauter Grundstücke im Wege des Vergleichswertverfahrens. Die Anwendung der Vergleichswertfaktoren führt indessen regelmäßig nicht direkt zum Verkehrswert (Marktwert), sondern lediglich zum (vorläufigen) **Vergleichswert**. Nach § 8 ImmoWertV ist der Verkehrswert aus dem Ergebnis des herangezogenen Verfahrens unter Würdigung seiner Aussagefähigkeit einschließlich der Ergebnisse der unterstützend herangezogenen Verfahren zu ermitteln. Von besonderer Bedeutung bei der Heranziehung von Vergleichsfaktoren sind die Regelungen des § 8 Abs. 2 und 3 ImmoWertV. Danach bedarf es insbesondere einer Berücksichtigung der „besonderen objektspezifischen Grundstücksmerkmale", soweit sie nicht direkt mit den herangezogenen Vergleichsfaktoren Berücksichtigung gefunden haben. Um die noch zu berücksichtigenden „besonderen objektspezifischen Grundstücksmerkmale" im konkreten Anwendungsfall qualifizieren zu können, ist es deshalb unabdingbar, dass die Grundstücksmerkmale der den Vergleichsfaktoren zugrunde liegenden Referenzgrundstücke bei ihrer Veröffentlichung hinreichend dargelegt werden. Hieran mangelte es in der bisherigen Veröffentlichungspraxis.

5 Im Unterschied zum § 11 ImmoWertV (Indexreihen) ist die Heranziehung von „Vergleichsfaktoren für bebaute Grundstücke" weder mit § 13 ImmoWertV noch mit § 15 Abs. 2 ImmoWertV (als Soll-Vorschrift) verbindlich vorgegeben. Ihre **Anwendung** ist in § 15 Abs. 2 ImmoWertV lediglich **als „Kann-Bestimmung"** zugelassen.

Die von den Gutachterausschüssen abgeleiteten Vergleichswertfaktoren bebauter Grundstücke finden nach Maßgabe des § 183 Abs. 2 BewG auch in der **steuerlichen Bewertung** Anwendung.

3 Ableitung von Vergleichsfaktoren (§ 13 Satz 2 ImmoWertV)

▶ *Vgl. § 8 ImmoWertV Rn. 70; Syst. Darst. des Vergleichswertverfahrens Rn. 10 ff., 136 und Rn. 139; § 195 BauGB Rn. 71 ff.*

Die Ableitung von „Vergleichsfaktoren für bebaute Grundstücke" ist nach § 193 Abs. 5 BauGB i. V. m. § 9 ImmoWertV eine **Pflichtaufgabe des Gutachterausschusses für Grundstückswerte.** 6

„Vergleichsfaktoren für bebaute Grundstücke" ist ein Oberbegriff für die in § 13 Satz 2 ImmoWertV definierten **Ertrags- und Gebäudefaktoren:** 7

– *Ertragsfaktoren* werden ermittelt, indem die Kaufpreise auf den marktüblich erzielbaren jährlichen Ertrag bezogen werden, wobei die Vorschrift sowohl die jährlichen Reinerträge als auch die jährlichen Roherträge als Bezugsgrundlage zulässt.

– *Gebäudefaktoren* werden ermittelt, indem die Kaufpreise auf eine „sonstige geeignete Bezugsgrundlage", insbesondere auf eine Raum- oder Flächeneinheit der baulichen Anlage, bezogen werden[2] (Abb. 1).

Abb. 1: Übersicht über die Vergleichsfaktoren bebauter Grundstücke

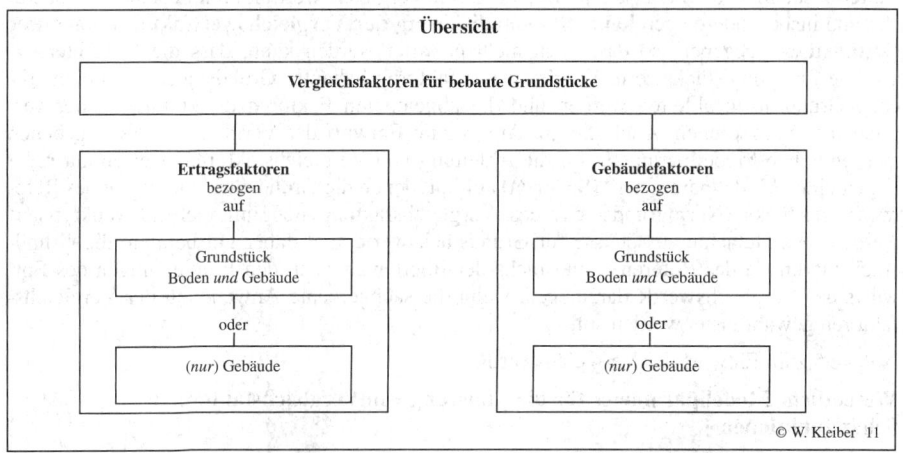

Während der **Ertragsfaktor** vor allem dann in Betracht kommt, wenn für die Wertbeurteilung des Grundstücks üblicherweise der erzielbare Ertrag im Vordergrund steht, kommt der **Gebäudefaktor** vor allem dann in Betracht, wenn für die Wertermittlung des Grundstücks der in der baulichen Anlage verkörperte Sachwert von maßgebender Bedeutung ist. 8

Für unterschiedliche Grundstücksarten ergeben sich naturgemäß unterschiedliche „Vergleichsfaktoren für bebaute Grundstücke" (Ertrags- und Gebäudefaktoren). Darüber ergeben sich erfahrungsgemäß auch für unterschiedliche Lagen (z. B. City- und Randlage) unterschiedliche Vergleichsfaktoren. Deshalb ist es geboten, **Vergleichsfaktoren differenziert nach Grundstücksarten und Grundstückslagen** abzuleiten. Vergleichsfaktoren müssen deshalb aus Kaufpreisen von Grundstücken abgeleitet werden, die entsprechend der Regelung des § 11 Abs. 3 Satz 1 ImmoWertV vergleichbare, d. h. hinreichend übereinstimmende Lage- 9

---

2 Weiterführendes Schrifttum; Udart in VR 1976, 291; Schindler/Engelbert, Mathematische Statistik bei der Ermittlung von Grundstückswerten, Hannover, S. 101 ff.; Meissner in AVN 1968, 29; Bister in VR 1978, 124; Rüffel in Nachr. der rh.-pf. Kat.- und VermVw 1980, 26; Westhoff in NÖV 1988, 153.

und Nutzungsverhältnisse, aufweisen (vgl. § 11 ImmoWertV Rn. 16). Darüber hinaus müssen auch die jeweiligen baulichen Anlagen hinreichend vergleichbar sein.

Bei der Veröffentlichung von Vergleichsfaktoren bebauter Grundstücke müssen die durchschnittlichen Grundstücksmerkmale der empirischen Ableitung zugrunde liegenden Grundstücke sowie der Bezugsstichtag – vergleichbar mit den Angaben zum Bodenrichtwertgrundstück bei der Veröffentlichung von Bodenrichtwerten – detailliert dargelegt werden **(Referenz- bzw. Normgrundstück der Vergleichsfaktoren bebauter Grundstücke und dessen Attributierung).** Nur so ist eine sachgerechte Anwendung dieser Faktoren und eine Berücksichtigung besonderer objektspezifischer Grundstücksmerkmale nach § 8 Abs. 2 und 3 ImmoWertV möglich.

10   Die **allgemeinen Grundsätze der Ableitung von Vergleichsfaktoren** sind in § 9 ImmoWertV geregelt. Danach sind **Vergleichsfaktoren auf der Grundlage einer ausreichenden Zahl geeigneter Kaufpreise** der von den Gutachterausschüssen für Grundstückswerte geführten Kaufpreissammlung (§ 195 BauGB) **abzuleiten.** Soweit einzelne zur Ableitung herangezogene Kaufpreise in ihren Grundstücksmerkmalen von den für den jeweiligen Vergleichsfaktor maßgeblichen Grundstücksmerkmalen abweichen, ist dies nach Maßgabe des § 9 Abs. 2 ImmoWertV zu berücksichtigen. Dies ist für die Ableitung von Vergleichsfaktoren nach den vorstehenden Ausführungen sowohl im Hinblick auf vergleichbare Lage- und Nutzungsverhältnisse (Art und Maß der baulichen Nutzung) als auch im Hinblick auf gleichartige bauliche Anlagen von Bedeutung.

In dem ergänzend vom BMVBS vorgelegten Entwurf einer **VergleichswertR** werden keine weiteren sachlichen Hinweise zur Ableitung von Vergleichswertfaktoren bebauter Grundstücke und insbesondere auch **keine Standardisierung der Vergleichswertfaktoren bebauter Grundstücke** gegeben, so dass auch nicht erwartet werden kann, dass die Gutachterausschüsse für Grundstückswerte Vergleichswertfaktoren bebauter Grundstücke nach einheitlichen Grundsätzen ableiten werden und die abgeleiteten Faktoren direkt miteinander verglichen werden können. Auch die mit Anl. 5 zum Entwurf der VergleichswertR gegebenen „wesentlichen Modellparameter für die Ableitung von Vergleichsfaktoren" weisen nur recht allgemeine „Modellparameter" (Spannen) auf, mit denen die Grundstücksmerkmale des Referenzgrundstücks (Normgrundstück) des Vergleichsfaktors nicht hinreichend konkretisiert werden. Die Gutachterausschüsse für Grundstückswerte sind daher gut beraten, die Grundstücksmerkmale des Referenzgrundstücks detaillierter als nach den Empfehlungen des Entwurfs der VergleichswertR darzulegen, wenn die sachgerechte Anwendung der Vergleichsfaktoren gewährleistet werden soll.

Anlage 5 zum Entwurf der VergleichswertR

Wesentliche Modellparameter für die Ableitung von Vergleichsfaktoren/ Schätzfunktionen

Datengrundlage	Herkunft der Kaufpreise, z.B. Kaufpreise aus der Kaufpreissammlung des Gutachterausschusses für Grundstückswerte (Bezeichnung), Beschreibung der Stichprobe
Zeitlicher Bezug des Vergleichsfaktors	z.B. Stichtag auf den der Vergleichsfaktor/die Schätzfunktion bezogen ist
Bezugsgröße	z.B. ?/m^2 Wohnfläche
Berechnungsgrundlagen	z.B. Flächenberechnung nach der Wohnflächenverordnung (Balkone usw. sind zu einem Viertel berücksichtigt)
Wertrelevante Grundstücksmerkmale des Normobjekts	z.B. Gebäudeart (z.B. Einfamilienhaus), Grundstücksart (z.B. unbebautes Grundstück), Grundstücksnutzung (z.B. Ackerland), Lage (z.B. Stadtteil, Ort), Grundstücksgröße (von ... bis ...),

Vergleichsfaktoren § 13 ImmoWertV IV

Bodenwert	enthalten (z.B. bei Ertragsfaktoren) oder Abzug des Bodenwerts vom Kaufpreis, wobei der Bodenwert auf der Grundlage des Bodenrichtwerts ermittelt wurde (z.B. bei Gebäudefaktoren)
besondere objektspezifische Grundstücksmerkmale	keine bzw. Kaufpreise wurden bereinigt wegen ...
Sachlicher und räumlicher Anwendungsbereich	z.B. Angaben der Spannen und des Mittelwerts für den der Vergleichsfaktor/die Schätzfunktion gilt z.B. Durchschnittswert für das gesamte Stadtgebiet z.B. Anwendungsbereich nur für Baujahre von ... bis ...
Zur Anpassung an die Grundstücksmerkmale des Wertermittlungsobjekts zu verwendende Indexreihen und Umrechnungskoeffizienten*	
Ableitungsmethode**	z.B. Regressionsanalyse, Mittelwert
Aussage zur Qualität	z.B. Angabe der Standardabweichungen, Beurteilung der Aussagekraft der Vergleichspreise

* kann ggf. bei einer ausgleichenden mehrdimensionalen Schätzfunktion entfallen
** kann ggf. bei einer ausgleichenden mehrdimensionalen Schätzfunktion entfallen

Ohne stringente Vorgaben für die Präzisierung des Referenzgrundstücks der abgeleiteten Schätzfunktion sind diese Empfehlungen zu den Modellparametern wirkungslos und können eine praxistaugliche Anwendung nicht gewährleisten.

Die **baulichen Anlagen** müssen vor allem hinsichtlich ihrer Art, Größe, Nutzung, Beschaffenheit, Ertragskraft und ihrer Restnutzungsdauer (bzw. ihres Alters) gleichartig sein. **11**

Bei der Ableitung von Vergleichsfaktoren ist insbesondere das Alter der baulichen Anlage (Restnutzungsdauer) zu beachten. Sie sind nämlich hochgradig von der **Restnutzungsdauer** der Gebäude abhängig (vgl. Rn. 22 ff.). Aus diesem Grunde schrieb § 12 Abs. 1 WertV 88/98, aus der § 13 ImmoWertV hervorgegangen ist, ausdrücklich vor, dass die Vergleichsfaktoren für bebaute Grundstücke (Ertrags- und Gebäudefaktor) insbesondere unter Berücksichtigung des Alters der baulichen Anlage (Restnutzungsdauer) zu ermitteln sind. Dabei ist nicht das tatsächliche Alter der baulichen Anlage, sondern das unter Berücksichtigung einer unterlassenen Instandhaltung oder einer Modernisierung sich ergebende fiktive Alter maßgebend (vgl. § 6 Abs. 6 ImmoWertV).

Auch die **Größe des Grundstücks** kann von Bedeutung sein. § 12 Abs. 3 WertV 88/98, aus der § 13 ImmoWertV hervorgegangen ist, sah deshalb ausdrücklich vor, dass Vergleichsfaktoren auch auf der Grundlage der „auf das jeweilige Gebäude entfallenden Anteile der Kaufpreise gleichartiger bebauter und genutzter Grundstücke" ermittelt werden können (gebäudebezogene Vergleichsfaktoren). Die Nachfolgeregelung schließt dies weiterhin nicht aus. Sollen gebäudebezogene Vergleichsfaktoren abgeleitet werden, müssen die Kaufpreise um den jeweiligen Bodenwert des Grundstücks und den auf die Außenanlagen entfallenden Kaufpreisanteil vermindert werden (vgl. Abb. 2, äußere Stränge). Das Verfahren kommt vor allem dann in Betracht, wenn für die entsprechende Gruppe „gleichartiger Grundstücke" **12**

– unterschiedliche Bodenwerte oder
– unterschiedliche Grundstücksgrößen

üblich sind und bei der Verkehrswertermittlung unter Heranziehung von Vergleichsfaktoren diesbezüglich Abweichungen berücksichtigt werden müssen.

Soweit **gebäudebezogene Vergleichswertfaktoren bebauter Grundstücke** abgeleitet worden sind, ist bei Heranziehung dieser Faktoren der Bodenwert gesondert zu berücksichtigen (vgl. auch § 183 Abs. 2 Satz 2 BewG).

Im **Überblick** vollzieht sich die Ableitung von Ertrags- und Gebäudefaktoren nach der in Abb. 2 dargestellten Vorgehensweise. **13**

IV § 13 ImmoWertV — Vergleichsfaktoren

Abb. 2: Ableitung von Vergleichsfaktoren für bebaute Grundstücke

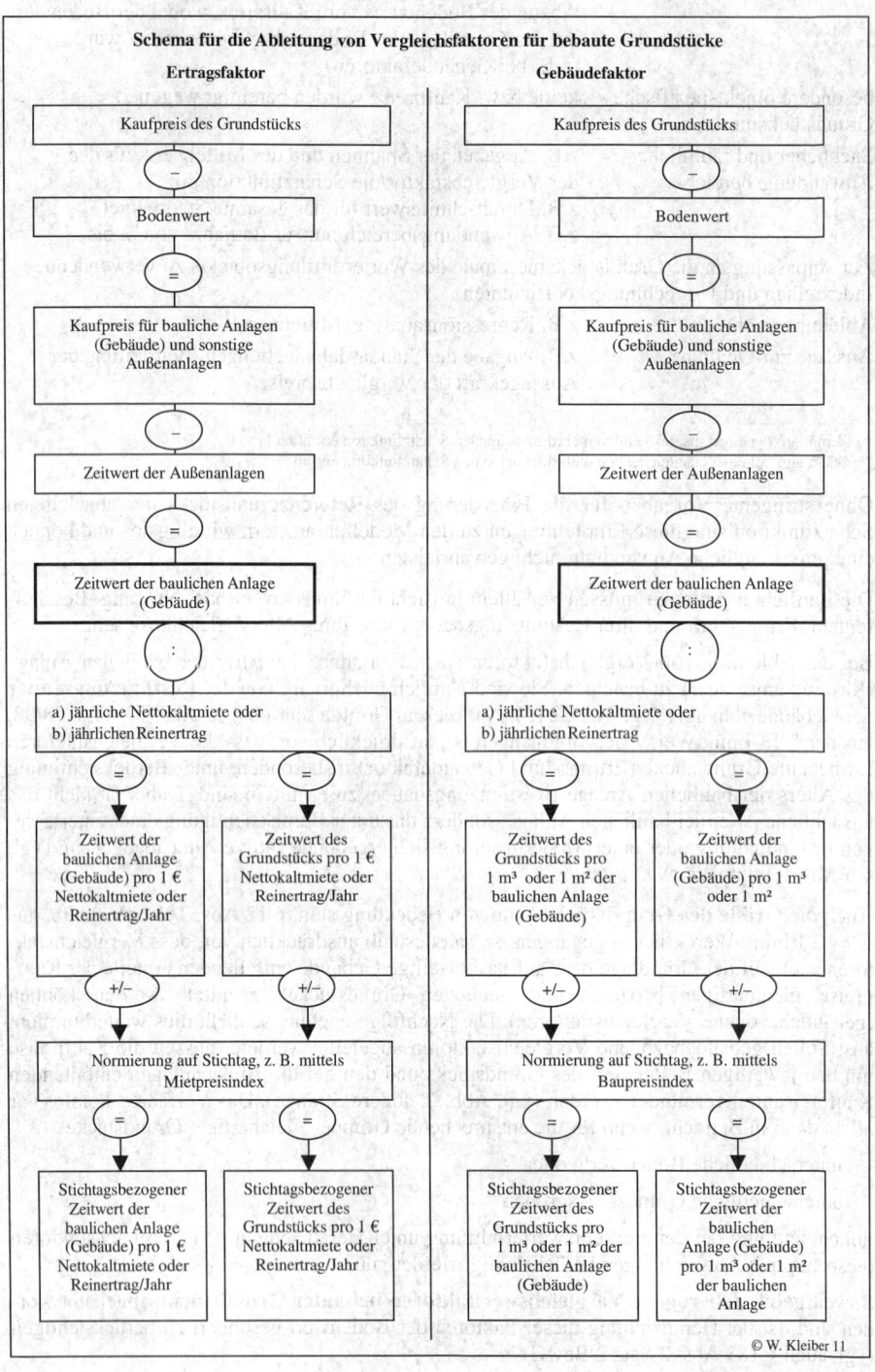

4 Ertragsfaktor

4.1 Ableitung von Ertragsfaktoren

▶ *Zu den allgemeinen Grundsätzen vgl. § 9 ImmoWertV Rn. 9, Syst. Darst. des Ertragswertverfahrens Rn. 87 ff.*

Der **Ertragsfaktor ergibt sich als Quotient aus Kaufpreisen gleichartig bebauter Grundstücke, die hinreichend übereinstimmende Lage- und Nutzungsverhältnisse aufweisen, und den diesen jeweils zuzuordnenden marktüblich erzielbaren Erträgen.** Die Vorschrift lässt sowohl die Ermittlung von Ertragsfaktoren aus dem Jahresreinertrag als auch aus dem Jahresrohertrag zu (§ 18 ImmoWertV). Darüber kann je nach Zweckmäßigkeit vom Gutachterausschuss befunden werden. Dementsprechend kann unterschieden zwischen

– Rohertragsfaktoren und
– Reinertragsfaktoren.

Es muss sich dabei aber in jedem Fall um die jeweils **marktüblich erzielbaren Erträge** handeln. Die dem entgegenstehende Regelung des § 193 Abs. 5 Nr. 4 BauGB, nach der Ertragsfaktoren bezogen auf den „nachhaltig" erzielbaren jährlichen Ertrag zu ermitteln sind, ist überholt und bedarf der Anpassung an die ImmoWertV.

Der Ertragsfaktor ermittelt sich nach Maßgabe des § 13 ImmoWertV aus dem Verhältnis des Kaufpreises zu den jeweiligen marktüblich erzielbaren Rein- oder Roherträgen:

$$\text{Ertragsfaktor}_i = \text{Kaufpreis}_i / \text{Jahresrein- oder -rohertrag}_i$$

Das ausgewogene Mittel aus einer ausreichenden Zahl n nach vorstehenden Grundsätzen ermittelter Einzelergebnisse aus Kaufpreisen gleichartiger Grundstücke ergibt dann den Ertragsfaktor:

$$\text{Ertragsfaktor} = \sum \frac{\text{Ertragsfaktor}_i}{n}$$

wobei n = Anzahl der Einzelergebnisse

Sollen **Ertragsfaktoren** (allein) **bezogen auf den Gebäudewertanteil** ermittelt werden, muss in der vorstehenden Formel anstelle des Kaufpreises der auf das Gebäude entfallende Kaufpreisanteil eingeführt werden, indem der Kaufpreis um den gesondert zu ermittelnden Bodenwert vermindert wird ($KP_i - BW_i$).

Sollen **Rohertragsfaktoren** ermittelt werden, müssen die **Kaufpreise jeweils ins Verhältnis zu den marktüblich erzielbaren Roherträgen** (Jahresnettokaltmiete) gesetzt werden. Vom Rohertrag (Nettokaltmiete) kann zur Vereinfachung ausgegangen werden, wenn die jeweilige Objektgruppe keine wesentlichen Unterschiede in den Bewirtschaftungskosten aufweist.

Sollen **Reinertragsfaktoren** ermittelt werden, müssen die **marktüblich erzielbaren Roherträge** (Jahresnettokaltmiete) **jeweils um die** nicht umgelegten marktüblichen Bewirtschaftungskosten (Betriebskosten) vermindert werden. Die sich so ergebenden marktüblich erzielbaren Reinerträge werden sodann wiederum ins Verhältnis zu den Kaufpreisen gesetzt. Auf diese Weise lässt sich die Genauigkeit der Verkehrswertermittlung unter Anwendung solcher Ertragsfaktoren regelmäßig steigern, denn vergleichsstörende Momente werden damit „ausgeschaltet". Der Ableitung von Reinertragsfaktoren ist daher regelmäßig Vorzug zu geben.

Zur Ermittlung von Ertragsfaktoren dürfen nach Maßgabe des § 9 ImmoWertV nur geeignete Kaufpreise herangezogen werden. Soweit Kaufpreise in ihren Grundstücksmerkmalen von den für die Ableitung des jeweiligen Ertragsfaktors maßgeblichen Grundstücksmerkmalen abweichen (vergleichsstörender Momente), sind sie nach § 9 Abs. 3 ImmoWertV zu „bereinigen". Darüber hinaus sind die Kaufpreise auf einen gemeinsamen Ermittlungsstichtag zu beziehen.

IV § 13 ImmoWertV — Ertragsfaktor

4.2 Beispiele

20 Von den Gutachterausschüssen für Grundstückswerte werden aus dem **Verhältnis vom Kaufpreis zum Jahresrohertrag** (erzielte Mieten bzw. Pachten einschließlich Verwaltungskosten, Mietausfallwagnis und Instandhaltungskosten) Ertragsfaktoren abgeleitet:

Abb. 3: Durchschnittliche Ertragsfaktoren

Gebäudeart	Ertragsfaktoren					
	Wuppertal	Bergisch Gladbach	Düsseldorf	LK Ennepe-Ruhr	Köln	Wiesbaden
	2013	2013	2013	2013	2013	2013
Wohnungseigentum	-	17,3 bis 22,5	-	-	-	-
vermietet	7,7 bis 19,5	-	-	15,9	-	-
eigengenutzt	6,9 bis 29,7	-	-	-	-	-
Ein- und Zweifamilienhäuser	-	15,1 bis 24,7	-	-	-	24,8
Einfamilienhäuser (freistehend)	-	-	-	23,6	-	-
Einfamilienhäuser RH DH	-	-	-	21,9	-	-
Zweifamilienhäuser	-	-	-	19,6	-	-
Dreifamilienhäuser	9,9 bis 18,0	12,2 bis 16,7	17,5 bis 18,5	14,5	13 bis 21	19,4
Altbauvillen	-	-	-	-	-	24,6
Mietwohnhäuser	-	-	-	-	12 bis 20	-
Mietwohnhäuser (kleine Einheit bis 250 m² WF)	-	-	-	-	12 bis 20	-
Mietwohnhäuser (gewerblicher Anteil < 20 %)	7,7 bis 12,9*	11,5 bis 16,8	14, 5	11,1	-	-
Gemischt genutzte Grundstücke (gew. Anteil ≥ 20 %)	7,2 bis 11,8**	9,0 bis 14,5	12,5	10,3	-	-
Gemischt genutzte Grundstücke (gew. Anteil ≥ 50 %)	-	-	-	-	10 bis 17	-
Gemischt genutzte Grundstücke (gew. Anteil < 50 %)	-	-	-	-	12 bis 20	-
Restnutzungsdauer < 40 Jahre Restnutzungsdauer > 40 Jahre	-	-	-	-	-	13,4 15,1
Büro- und Geschäftsgebäude	-	10,0 bis 13,0	12,5	-	12 bis 18	-
Gewerbegrundstücke in Gewerbegebieten	-	10,9 bis 14,4	-	9,7	8 bis 10	-

Erläuterungen:
* max 20 % gewerblicher Anteil, mindestens 4 Wohneinheiten, mittlere Wohnlage, kein bzw. geringer Leerstand
** 20 bis 60%iger gewerblicher Anteil bezogen auf Jahresrohertrag

Quelle: Grundstücksmarktberichte

4.3 Ertragsfaktoren im Verhältnis zum finanzmathematischen Vervielfältiger (Barwertfaktor)

Die in vorstehender Weise abgeleiteten **Ertragsfaktoren stellen nichts anderes als empirische Vervielfältiger** (Barwertfaktoren) i. S. der Anl. zur ImmoWertV **dar.**

Bei gebührender Beachtung der theoretischen Zusammenhänge können derart empirisch abgeleitete Vervielfältiger **zu zuverlässigen Ergebnissen nur führen,** wenn bei **ihrer Ableitung auch das jeweilige Alter der baulichen Anlage (Restnutzungsdauer) „feinmaschig" berücksichtigt wird,** für die die Ertragsfaktoren und Multiplikatoren Geltung haben sollen. Ein Blick in die Vervielfältigertabelle der ImmoWertV macht deutlich, dass dies umso mehr zu beachten ist, je kürzer die Restnutzungsdauer ist (vgl. § 14 ImmoWertV Rn. 192 f., 203, 207 ff.). Es reicht nicht aus, wenn bei der Ableitung von Ertragsfaktoren lediglich zwischen „alten" und „neuen" Objekten unterschieden wird.

Ertragsfaktoren sind nämlich – wie Liegenschaftszinssätze bzw. finanzmathematische Vervielfältiger (vgl. Anl. zur ImmoWertV) – hochgradig **von der Restnutzungsdauer der Gebäude abhängig,** insbesondere, wenn diese eine kürzere Restnutzungsdauer als 50 Jahre aufweisen. Damit Ertragsfaktoren zur Verkehrswertermittlung herangezogen werden können, müssen sie allerdings in weitaus differenzierterer Weise als bisher geschehen fein differenziert nach der Restnutzungsdauer abgeleitet werden.

Der nach vorstehenden Grundsätzen empirisch abgeleitete Vervielfältiger unterscheidet sich aber noch in einer weiteren Beziehung zu dem finanzmathematisch abgeleiteten Vervielfältiger gemäß Anl. zur ImmoWertV. Das in den §§ 17 bis 20 ImmoWertV geregelte Ertragswertverfahren geht nämlich von einem getrennt zu ermittelnden Bodenwert und Gebäudeertragswert (Ertragswert der baulichen Anlagen) aus, wobei im Hinblick auf die Wertbeständigkeit des Grund und Bodens der Reinertrag des Grundstücks um den Verzinsungsbetrag des Bodenwerts vermindert wird (§ 17 Abs. 2 Nr. 1 ImmoWertV). Wird der Ertragsfaktor, wie in der **angelsächsischen Wertermittlungspraxis,** ohne Unterscheidung zwischen Boden- und Gebäudewert bezogen auf das Gesamtobjekt ermittelt (vgl. Abb. 2, innere Stränge), so ergeben sich auch materielle Unterschiede zwischen den Vervielfältigern.

Auf einen weiteren Zusammenhang zwischen den – empirisch – für das Gesamtobjekt (einschließlich Grund und Boden) abgeleiteten Ertragsfaktoren (Multiplikatoren/Vervielfältiger) und dem Liegenschaftszinssatz soll hier hingewiesen werden. Bei Ableitung des Liegenschaftszinssatzes nach den Grundsätzen des § 14 Abs. 3 ImmoWertV muss bei systemkonformer Anwendung der ImmoWertV der Wertbeständigkeit des Grundes und Bodens Rechnung getragen werden. Dies erfolgt nach den unter § 14 ImmoWertV Rn. 192 ff. beschriebenen Verfahren. Werden Ertragsfaktoren, differenziert nach verschiedenen Objektgruppen und für bestimmte Altersklassen, ohne Abspaltung des Bodenwerts ermittelt, so ergibt der **reziproke Ertragswertfaktor empirisch abgeleitete Liegenschaftszinssätze** für die jeweiligen (Gesamt-) Objekte:

Beispiel:

Der Jahresreinertrag eines „neueren" Mietwohnobjekts beträgt 50 000 €. Bei einem Ertragswertfaktor von 12,0 ergibt sich zur Kontrolle als Grundstückswert:

Kontrollwert: 12,0 × 50 000 € = 600 000 €

d. h., die Summe der Jahresmieten von 12 Jahren „deckt" den Kaufpreis.

Daraus ergibt sich ein Liegenschaftszinssatz von: 100/12 = 8 %

Der so ermittelte „Liegenschaftszinssatz" darf nicht dem bei systemkonformer Ableitung nach § 14 Abs. 3 ImmoWertV sich ergebenden Liegenschaftszinssatz gleichgesetzt werden. Nur bei einer sehr langen Restnutzungsdauer (von n > 50 Jahre) besteht Identität.

4.4 Ertragsfaktoren im Verhältnis zu sonstigen immobilienwirtschaftlichen Multiplikatoren

▶ Vgl. zur Nettoanfangsrendite Vorbem. zur ImmoWertV Rn. 10; § 1 ImmoWertV Rn. 6 ff.; Syst. Darst. des Ertragswertverfahrens Rn. 41 ff.

26 Der nach vorstehenden Grundsätzen abgeleitete Ertragsfaktor bebauter Grundstücke i. S. des § 13 ImmoWertV steht auch in Verwandtschaft mit

- der sog. „Nettoanfangsrendite", die auf der Grundlage der Gesamtinvestitionskosten unter Berücksichtigung der Grundstückstransaktionskosten abgeleitet wird, bzw.
- den von der Immobilienwirtschaft publizierten „Mietenmultiplikatoren" (sog. „Kaufpreise von *Investments*", vgl. Syst. Darst. des Ertragswertverfahrens Rn. 41 ff.).

Die Ertragswertfaktoren entsprechen dem im angelsächsischen Raum gebräuchlichen *Gross Income Multiplier (GIM)* bzw. dem *Years' Purchase (YP)* sowie der in Deutschland gebräuchlichen „Maklerformel". Die Ertragsfaktoren stellen eine empirisch verfeinerte und konsequent marktwertbezogene Form der für die Verkehrswertermittlung (Marktwertermittlung) ungeeigneten *Gross Income Multiplier* dar, denn sie werden in fundierterer Weise auf der Grundlage einer ausgewerteten Kaufpreissammlung unter Berücksichtigung der jeweiligen Grundstücksmerkmale abgeleitet, wobei im Anwendungsfall zudem die besonderen objektspezifischen Grundstücksmerkmale nach Maßgabe des § 8 Abs. 3 ImmoWertV ergänzend Berücksichtigung finden. Dies ist geboten, denn die **Unterschiedlichkeit der Verkehrswerte** ist weitaus größer, als es in den Mietenmultiplikatoren zum Ausdruck kommt.

4.5 Anwendung von Ertragsfaktoren

27 Spiegelbildlich zu der in § 13 ImmoWertV geregelten Ableitung von Ertrags- und Gebäudefaktoren können die abgeleiteten Ertragsfaktoren zur Verkehrswertermittlung nach Maßgabe des § 15 Abs. 2 ImmoWertV herangezogen werden, wenn das zu bewertende Grundstück mit den Grundstücken vergleichbar ist, aus denen der entsprechende Ertragsfaktor abgeleitet wurde. Das zu bewertende Objekt muss also die Eigenschaften aufweisen, die auch der Ableitung des Ertragswertfaktors zugrunde liegen.

28 Der Vergleichswert ergibt sich dann recht einfach durch Multiplikation des Jahresrein- oder -rohertrags des zu bewertenden Objekts mit dem einschlägigen Ertragswertfaktor:

$$\text{Vergleichswert} = \text{Rein- oder Rohertrag} \times \text{Ertragsfaktor}$$

oder in Formeln:

$$\text{Vergleichswert} = \text{RE} \times \text{Rohertrag} = \text{RE} \times V_{emp}$$

wobei RE = Reinertrag
V_{emp} = empirisch abgeleiteter Vervielfältiger
(vgl. § 14 ImmoWertV Rn. 192 sowie Syst. Darst. des Ertragswertverfahrens Rn. 87 ff.), der zugleich dem Ertragsfaktor entspricht.

29 Eine fundierte Marktwertermittlung lässt sich nach den vorstehenden Ausführungen darauf nur gründen, wenn die Ertragswertfaktoren feinmaschig und differenziert nach der Restnutzungsdauer abgeleitet worden sind und sämtliche Grundstücksmerkmale der den Ertragsfaktoren zugrunde liegenden Grundstücke bekannt sind. Dies betrifft nicht nur die Grundstücksart und Grundstückslage, sondern auch die der **baulichen Anlagen**, insbesondere hinsichtlich ihrer Art, Größe, Nutzung, Beschaffenheit, Ertragskraft und ihrer Restnutzungsdauer (bzw. ihres Alters), wobei die Ertragsfaktoren bezüglich der Restnutzungsdauer hinreichend differenziert sein müssen (vgl. Rn. 9 und 23).

Gebäudefaktor § 13 ImmoWertV IV

Abweichungen des zu bewertenden Grundstücks in seinen besonderen objektspezifischen Grundstücksmerkmalen von den dem Ertragsfaktor zugrunde liegenden durchschnittlichen Grundstücksmerkmalen müssen nach Maßgabe des § 8 Abs. 3 ImmoWertV ergänzend berücksichtigt werden, um über den Vergleichswert zum **Verkehrswert** zu gelangen. 30

Steht allein ein Ertragsfaktor (Mietenmultiplikator) von z. B. 12,0 bezogen auf den Jahresreinertrag eines „neueren" Mietwohnhauses ohne nähere Angaben zur Verfügung, so lässt sich darauf keine fundierte Wertermittlung gründen. Dies kann allenfalls einer groben **Kontrolle der Ertragswertermittlung** dienen. 31

Beispiel: 32

Der Jahresreinertrag eines „neueren" Mietwohnobjekts betrug 50 000 €. Bei einem Ertragswertfaktor von 12,0 ergibt sich zur Kontrolle als Grundstückswert:

Kontrollwert: 12,0 × 50 000 € = 600 000 €

d. h., die Summe der Jahresmieten von 12 Jahren „deckt" den Kaufpreis.

5 Gebäudefaktor

5.1 Ableitung von Gebäudefaktoren

▶ *Zu den allgemeinen Grundsätzen vgl. § 9 ImmoWertV Rn. 9; zu den Gebäudefaktoren von Eigentumswohnungen vgl. Teil V Rn. 66 ff.*

Der Gebäudefaktor ergibt sich als **Quotient aus Kaufpreisen von gleichartig bebauten Grundstücken,** die hinreichend übereinstimmende Lage- und Nutzungsverhältnisse aufweisen, **und dem Rauminhalt bzw. der Wohn- und Nutzfläche** der jeweils darauf befindlichen Gebäude (bauliche Anlagen). Gebäudefaktoren sind wie Ertragsfaktoren differenziert nach Grundstücksarten und Grundstückslagen sowie der Beschaffenheit der baulichen Anlagen vor allem hinsichtlich ihrer Art, Größe, Nutzung, Ertragskraft und ihrer Restnutzungsdauer (bzw. ihres fiktiven Alters). Der Differenzierung nach dem Alter (Restnutzungsdauer) ist besondere Beachtung zu schenken, denn die Alterswertminderung ist angesichts einer immer kürzer werdenden Gesamtnutzungsdauer baulicher Anlagen nicht unerheblich. Gebäudefaktoren sind wie Ertragsfaktoren hochgradig von der Restnutzungsdauer abhängig. 33

Der Gebäudefaktor ermittelt sich nach Maßgabe des § 13 ImmoWertV mithin wie folgt: 34

$$\text{Gebäudefaktor}_i = \frac{\text{Kaufpreis}_i}{\text{Rauminhalt}_i \text{ oder Wohn- bzw. Nutzfläche}_i}$$

Das ausgewogene Mittel aus einer ausreichenden Zahl n nach vorstehenden Grundsätzen ermittelter Einzelergebnisse ergibt dann den Gebäudefaktor:

$$\text{Gebäudefaktor} = \sum \frac{\text{Gebäudefaktor}_i}{n}$$

wobei n = Anzahl der Einzelergebnisse

Sollen **Gebäudefaktoren** (allein) **bezogen auf den Gebäudewertanteil** ermittelt werden, muss in der vorstehenden Formel anstelle des Kaufpreises der auf das Gebäude entfallende Kaufpreisanteil eingeführt werden, indem der Kaufpreis um den gesondert zu ermittelnden Bodenwert vermindert wird ($KP_i - BW_i$). 35

IV § 13 ImmoWertV — Gebäudefaktor

36 Zur Ermittlung von Ertragsfaktoren dürfen nach Maßgabe des § 9 ImmoWertV nur geeignete Kaufpreise herangezogen werden. Soweit Kaufpreise in ihren Grundstücksmerkmalen von den für die Ableitung des jeweiligen Ertragsfaktors maßgeblichen Grundstücksmerkmalen abweichen (vergleichsstörende Momente), sind sie nach § 9 Abs. 3 ImmoWertV zu „bereinigen". Darüber hinaus sind die Kaufpreise auf einen gemeinsamen Ermittlungsstichtag zu beziehen.

37 *Beispiel:*

Für ein Einfamilienhaus mit einer Restnutzungsdauer von 40 Jahren wurde im gewöhnlichen Geschäftsverkehr ein Veräußerungspreis von 350 000 € erzielt. Die Wohnfläche WF des Einfamilienhauses betrage 140 m^2.

Gebäudefaktor = 350 000 € : 140 m^2 = 2 500 €/m^2 WF

38 **Für die Ableitung von Gebäudefaktoren lässt die Verordnung jede geeignete Bezugseinheit zu.** Dies können u. a. sein:

a) die Brutto-Grundfläche nach der DIN 277/1987/2005,
b) der Rauminhalt nach der DIN 277/1987/2005,
c) der umbaute Raum nach der DIN 277 vom November 1950,
d) die Wohnfläche nach WoFlV,
e) die Wohnfläche nach der DIN 283,
f) die Geschossfläche nach § 20 Abs. 3 BauNVO.

Über die Wahl der geeigneten **Bezugseinheit für die Ableitung der Gebäudefaktoren** befindet der Gutachterausschuss nach eigenem Ermessen; sie hängt u. a. von der Auswertung der Kaufpreissammlung ab.

39 Um zu fundierten Gebäudefaktoren zu kommen, ist es erforderlich, durchschnittliche Gebäudefaktoren aus einer ausreichenden Zahl geeigneter und ausgewerteter Kaufpreise gleichartig bebauter und genutzter Grundstücke abzuleiten. Dazu müssen Gruppen gleichartig bebauter und genutzter Grundstücke gebildet werden, die insbesondere nach

– der Lage des Grundstücks,
– Art und Maß der baulichen Anlagen,
– Gebäudebeschaffenheit und
– dem Alter der baulichen Anlagen

vergleichbar sind. Vergleichsstörende Momente müssen nach Maßgabe des § 9 Abs. 2 ImmoWertV eliminiert werden.

40 **Gebäudefaktoren können** zuverlässig nur aus **Kaufpreisen von Grundstücken ermittelt werden, deren Grund und Boden bezüglich der Grundstücksfläche und des Bodenwerts** (€/m^2) **gebäudetypisch ist**; andernfalls müssen gebäudebezogene Gebäudefaktoren abgeleitet werden.

41 Schließlich müssen die in die Ableitung eingehenden Kaufpreise auf einen gemeinsamen Stichtag bezogen sein, denn Gebäudefaktoren sind – wie Ertragsfaktoren – zeitabhängige Größen. Bei ihrer Veröffentlichung ist deshalb der Bezugsstichtag mit anzugeben. Dies ist der gemeinsame Zeitpunkt, auf den sich die Kaufpreise beziehen.

Gebäudefaktor § 13 ImmoWertV IV

5.2 Beispiele

Hauptanwendungsfall für die Ableitung von Gebäudefaktoren sind die von den Gutachterausschüssen für Grundstückswerte abgeleiteten **durchschnittlichen Quadratmeterpreise für Eigentumswohnungen,** wobei in erster Linie bei deren Ableitung nach 42
- Erst- und Wiederverkäufen,
- der Wohnungsgröße,
- Baujahrgruppen,
- Ausstattung sowie
- Lage

unterschieden wird (Teil V Rn. 67, 87f.).

Gebäudefaktoren werden aber auch für andere Grundstücksarten abgeleitet. Am *Beispiel* des Gutachterausschusses für Grundstücke in der Stadt *Wuppertal* (entnommen der Bodenmarktanalyse 2013) wird die **Auswertung der Kaufpreise für bebaute Grundstücke** (Mehrfamilienwohngebäude, Ein- und Zweifamilienhäuser, Reihenhäuser und Doppelhaushälften) aufgezeigt (siehe hierzu Abb. 4 ff.). 43

Abb. 4: Vergleichsfaktoren für bebaute Grundstücke (Gebäudefaktoren), Mehrfamilienwohngebäude und gemischt genutzte Gebäude

Baujahr	Ausstattung der Wohnungen	2007 €/m²	n	2008 €/m²	n	2009 €/m²	n	2010 €/m²	n	2011 €/m²	n	2012 €/m²	n
bis 1948	mit Heizung, Bad/WC	570	72	580	31	570	570	72	580	31	570	530	25
1949–1975	mit Heizung, Bad/WC	660	85	650	39	660	660	85	650	39	660	-	-
1949–1965	mit Heizung, Bad/WC	-	-	-	-	625	-	-	-	-	625	630	28
1966–1975	mit Heizung, Bad/WC	-	-	-	-	745	-	-	-	-	745	720	7

Quelle: Der Gutachterausschuss für Grundstückswerte in der Stadt Wuppertal

IV § 13 ImmoWertV — Gebäudefaktor

Abb. 5: Vergleichsfaktoren für bebaute Grundstücke (Gebäudefaktoren einschl. Bodenwert), freistehende Ein- und Zweifamilienwohnhäuser, Reihenhäuser und Doppelhaushälften in Wuppertal

Alter	€/m² Wohnfläche (Mittelwerte)			
	Freistehende Ein- und Zweifamilienhäuser*	Reihenhäuser Doppelhaushälfte**	Reihenmittelhaus**	Reihenendhaus**
	2013	2013	2009	2009
5 bis 15 Jahre	2 240 €/m²	-	-	-
bis 10 Jahre	-	2 050 €/m²	1 910 €/m²	1 980 €/m²
16 bis 30 Jahre	2 010 €/m²	-	-	-
11 bis 20 Jahre	-	1 960 €/m²	1 790 €/m²	1 850 €/m²
21 bis 30 Jahre	-	1 830 €/m²	1 690 €/m²	1 760 €/m²
31 bis 40 Jahre	1 850 €/m²	1 700 €/m²	1 580 €/m²	1 640 €/m²
41 bis 50 Jahre	1 730 €/m²	-	-	-
41 bis 60 Jahre	-	1 610 €/m²	1 420 €/m²	1 490 €/m²
51 bis 60 Jahre	1 640 €/m²	-	-	-

Eigenschaften:
* Lagewert (Bodenrichtwert) 240 €/m²; Wohnfläche 150 m²; Grundstücksfläche 750 m²;
** Lagewert (Bodenrichtwert) 240 €/m²; Wohnfläche 120 m²; Grundstücksfläche 300 m²;
zur Berücksichtigung der Abweichungen: http://www.wuppertal.de/gutachterausschuss

Quelle: Der Gutachterausschuss für Grundstückswerte in der Stadt Wuppertal

Für *Bergisch Gladbach* sind folgende Gebäudefaktoren ermittelt worden:

Abb. 6: Kaufpreise für wiederverkaufte Doppelhaushälften in Bergisch Gladbach in Abhängigkeit von der Grundstücksfläche, Lage, Ausstattung und Wohnfläche 2013

Ausstattung	Wohnfläche m²	Grundstücksfläche							
		180 bis 400 m²				401 bis 800 m²			
		Mittlere Wohnlage		Gute Wohnlage		Mittlere Wohnlage		Gute Wohnlage	
mittel	90 – 130	165 000 €	bis 265 000 €	185 000 €	bis 310 000 €	160 000 €	bis 275 000 €	190 000 €	bis 350 000 €
	131 – 180	180 000 €	bis 315 000 €	215 000 €	bis 330 000 €	235 000 €	bis 335 000 €	230 000 €	bis 340 000 €
gut	90 – 130	210 000 €	bis 325 000 €	230 000 €	bis 355 000 €	225 000 €	bis 325 000 €	245 000 €	bis 360 000 €
	131 – 180	230 000 €	bis 350 000 €	270 000 €	bis 380 000 €	270 000 €	bis 375 000 €	325 000 €	bis 475 000€

Quelle: Grundstücksmarktbericht 2013

Abb. 7: Kaufpreise für wiederverkaufte freistehende Eigenheime in Bergisch Gladbach in Abhängigkeit von der Grundstücksfläche, Lage, Ausstattung und Wohnfläche 2013

Ausstattung	Wohnfläche m²	Grundstücksfläche			
		300 bis 500 m²		501 bis 700 m²	
		Mittlere Wohnlage	Gute Wohnlage	Mittlere Wohnlage	Gute Wohnlage
mittel	90-130	175 000 € bis 285 000 €	220 000 € bis 320 000 €	175 000€ bis 330 000 €	200 000 € bis 360 000 €
	131-180	175 000 € bis 275 000 €	220 000 € bis 315 000 €	185 000 € bis 355 000 €	235 000 € bis 355 000 €
	181-250	200 000 € bis 275 000 €	235 000 € bis 365 000 €	255 000 € bis 350 000 €	315 000 € bis 400 000 €
gut	90-130	200 000 € bis 290 000 €	290 000 € bis 395 000 €	280 000 € bis 340 000 €	240 000 € bis 370 000 €
	131-180	220 000 € bis 315 000 €	285 000 € bis 475 000 €	285 000 € bis 410 000 €	285 000 € bis 465 000 €
	181-250	-	350 000 € bis 430 000 €	375 000 € bis 510 000 €	410 000 € bis 635 000 €
		701 bis 900 m²		Über 900 m²	
mittel	90-130	200 000 € bis 305 000 €	225 000 € bis 370 000 €	225 000 € bis 355 000 €	210 000 € bis 345 000 €
	131-180	200 000 € bis 360 000 €	250 000 € bis 370 000 €	265 000 € bis 395 000 €	270 000 € bis 500 000 €
	181-250	250 000 € bis 440 000 €	285 000 € bis 420 000 €	235 000 € bis 435 000 €	280 000 € bis 500 000 €
gut	90-130	290 000 € bis 360 000 €	290 000 € bis 410 000 €	220 000 € bis 365 000 €	325 000 € bis 430 000 €
	131-180	350 000 € bis 370 000 €	280 000 € bis 545 000 €	280 000 € bis 400 000 €	340 000 € bis 520 000 €
	181-250	400 000 € bis 500 000 €	400 000 € bis 600 000 €	280 000 € bis 510 000 €	455 000 € bis 700 000 €

Quelle: Grundstücksmarktbericht 2013

5.3 Verhältnis von Gebäudefaktoren zu Normalherstellungskosten

Gebäudefaktoren stellen nichts anderes als **stichtagsbezogene, alterswertgeminderte und verkehrswertorientierte Normalherstellungskosten** für bestimmte Gebäudearten mit einer bestimmten Restnutzungsdauer dar, wobei diese sogar den Bodenwertanteil mit umfassen, sofern sie nicht allein aus dem Gebäudewertanteil abgeleitet worden sind (vgl. Rn. 12). Es handelt sich hierbei allerdings nicht um Normalherstellungskosten i. S. gewöhnlicher Herstellungskosten, sondern um solche, die im Veräußerungsfall erzielbar sind, d. h., Marktanpassungsab- bzw. -zuschläge werden damit ebenso berücksichtigt wie die Alterswertminderung.

5.4 Anwendung von Gebäudefaktoren

5.4.1 Anwendung in der Verkehrswertermittlung

▶ *Vgl. Syst. Darst. des Vergleichswertverfahrens Rn. 136 ff.*

Spiegelbildlich zu der in § 13 ImmoWertV geregelten Ableitung von Ertrags- und Gebäudefaktoren können die abgeleiteten Gebäudefaktoren zur Verkehrswertermittlung nach Maßgabe des § 15 Abs. 2 ImmoWertV herangezogen werden, wenn das zu wertende Grundstück mit den Grundstücken vergleichbar ist, aus denen der entsprechende Gebäudefaktor abgeleitet wurde. Das zu **bewertende Objekt muss also die Eigenschaften aufweisen, die auch der Ableitung des Gebäudefaktors zugrunde liegen.**

Der Vergleichswert ergibt sich dann recht einfach durch Multiplikation der Flächen- oder Raumeinheit der baulichen Anlage des zu bewertenden Objekts mit dem einschlägigen Gebäudefaktor nach Maßgabe des § 15 Abs. 2 ImmoWertV. Dabei **muss dieselbe Bezugsgröße gewählt werden, die der Ableitung der Gebäudefaktoren zugrunde gelegt worden ist.** Deshalb muss bei der Veröffentlichung von Gebäudefaktoren angegeben werden, auf welche Bezugseinheiten sie sich beziehen. Andererseits wäre eine sachgerechte Anwendung dieser Faktoren nicht möglich.

47 Abweichungen des zu bewertenden Grundstücks in seinen besonderen objektspezifischen Grundstücksmerkmalen von den dem Ertragsfaktor zugrunde liegenden durchschnittlichen Grundstücksmerkmalen müssen nach Maßgabe des § 8 Abs. 3 ImmoWertV ergänzend berücksichtigt werden, um über den Vergleichswert zum **Verkehrswert** zu gelangen. Dafür müssen sämtliche Grundstücksmerkmale der den Gebäudefaktoren zugrunde liegenden Grundstücke bekannt sein. Dies betrifft nicht nur die Grundstücksart und Grundstückslage, sondern auch die der **baulichen Anlagen,** insbesondere hinsichtlich ihrer Art, Größe, Nutzung, Beschaffenheit, Ertragskraft und ihrer Restnutzungsdauer (bzw. ihres Alters), wobei auch die Gebäudefaktoren bezüglich der Restnutzungsdauer hinreichend differenziert sein müssen (vgl. Rn. 9 und 23).

48 Im Übrigen können auch zu den Vergleichsfaktoren bebauter Grundstücke Umrechnungskoeffizienten ermittelt werden, mit denen ihre Abhängigkeit von bestimmten wertbeeinflussenden Umständen erfasst wird[3].

5.4.2 Anwendung in der steuerlichen Bewertung

▶ *Vgl. Syst. Darst. des Vergleichswertverfahrens Rn. 15, 166; § 8 ImmoWertV Rn. 148, § 10 ImmoWertV Rn. 33; § 16 ImmoWertV Rn. 129*

49 In der steuerlichen Bewertung können nach § 183 Abs. 2 BewG anstelle von Preisen für Vergleichsgrundstücke auch von den Gutachterausschüssen für geeignete Bezugseinheiten, insbesondere Flächeneinheiten des Gebäudes, ermittelte und mitgeteilte Vergleichsfaktoren herangezogen werden. Bei Verwendung von Vergleichsfaktoren, die sich nur auf das Gebäude beziehen, ist der Bodenwert nach § 179 BewG gesondert zu berücksichtigen. Besonderheiten, insbesondere die den Wert beeinflussenden Belastungen privatrechtlicher und öffentlich-rechtlicher Art, werden nach § 183 Abs. 3 BewG im Vergleichswertverfahren nach den § 183 Abs. 1 und 2 BewG nicht berücksichtigt.

Beispiel

Vergleichsfaktoren zur Verwendung gemäß § 183 Abs. 2 BewG in Berlin:
- Vergleichsfaktoren für *bebaute Ein- und Zweifamilienhausgrundstücke* nach § 183 Abs. 2 BewG vom 19.8.2009 (ABl. Bln. 2009, 2141).
- Vergleichsfaktoren für *bebaute Villen- und Landhausgrundstücke* nach § 183 Abs. 2 BewG (ABl. Bln. 2012, 344).
- Vergleichsfaktoren für *Wohnungseigentum* nach § 183 Abs. 2 BewG (ABl. Bln. 2012, 373).
- Vergleichsfaktoren für *Garagen, Sammelgaragen und Wageneinstellplätze* nach § 183 Abs. 2 BewG (ABl. Bln. 2012, 381).

---

3   Vgl. Rn. 10 und GuG 1997, 18.

6 Anlagen

6.1 Anlage 1

Vergleichsfaktoren für bebaute Ein- und Zweifamilienhausgrundstücke zur Verwendung gemäß § 183 Abs. 2 BewG[4] in Berlin[5]:

Vgl. Vergleichsfaktoren für
- Wohnungseigentum 2010 (ABl. Berlin 2010, 1788),
- Garagen und Stellplätze (ABl. Berlin 2011, 619),
- Villen und Landhausgrundstücke(ABl. Berlin 2012, 344),
- Wohnungseigentum 2012 (ABl. Berlin 2012, 373),
- Garagen und Stellplätze 2012 (ABl. Berlin 2012, 381).

A Vorbemerkungen

1. Verwendungszweck

Das zugrunde liegende statistische Modell enthält vereinfachte Annahmen über die Kaufobjekte, insbesondere die Mikrolage der Grundstücke, die Ausstattung der Gebäude und ihren aktuellen baulichen Unterhaltungszustand. Nach Ansicht des Gutachterausschusses stellen die gefundenen Vergleichsfaktoren eine geeignete Grundlage für die Ermittlung des Vergleichswerts i. S. des § 183 Abs. 2 i. V. m. den §§ 157 und 182 Abs. 2 BewG dar. Die nachfolgenden Vergleichsfaktoren beinhalten sowohl den Wert für den Grund und Boden als auch für das Gebäude.

Die nachstehenden Vergleichsfaktoren sind jedoch nicht geeignet für die qualifizierte Ermittlung des Verkehrswerts i. S. des § 194 BauGB.

2. Verwendete Daten

Anhand der von der Geschäftsstelle des Gutachterausschusses für Grundstückswerte in Berlin geführten Kaufpreissammlung sind vergleichsgeeignete Kauffälle (nur reale Grundstücke, Kauffälle in der Rechtsform des Wohnungseigentums fanden keine Berücksichtigung) mit Vertragsdaten vom 1. Januar 2006 bis zum 31.12.2008 selektiert und mithilfe mathematisch-statistischer Analysen Vergleichsfaktoren für bebaute Ein- und Zweifamilienhäuser gemäß § 12 WertV (nunmehr § 13 ImmoWertV) ermittelt worden.

3. Gebietsweise Anwendbarkeit

Die Berechnung des statistischen Modells erfolgte für das Stadtgebiet von Berlin. In den nachfolgenden Ortsteilen (insgesamt 21) Mitte, Moabit, Hansaviertel, Tiergarten-Süd, Wedding, Gesundbrunnen, Friedrichshain, Kreuzberg, Charlottenburg, Schmargendorf, Grunewald, Charlottenburg-Nord, Halensee, Schöneberg, Friedenau, Neukölln, Plänterwald, Oberschöneweide, Weißensee in Lichtenberg, Fennpfuhl, Rummelsburg gab es keine geeigneten Kauffälle. Darüber hinaus wurden keine Kauffälle aus sehr guten Wohnlagen berücksichtigt. Konsequenterweise kann das Regressionsmodell für diese Ortsteile und für die sehr gute Wohnlage keine Aussage treffen.

4. Zeitliche Anwendbarkeit

Die Vergleichsfaktoren gelten grundsätzlich für das laufende Jahr. Nach Auffassung des Gutachterausschusses sind diese aufgrund des verwendeten Datenmaterials und ihrer erstmaligen Ermittlung auch rückwirkend für die Jahre 2007 und 2008 anwendbar.

5. Teilmarkt

Die Untersuchung erstreckte sich ausschließlich auf Einfamilienhäuser, Einfamilienhäuser mit Einliegerwohnung und Zweifamilienhäuser, die als Massivhaus bzw. Fertighaus errichtet worden sind. Kauffälle, wo die schlüsselfertige Errichtung durch den Erstverkäufer erfolgte, sind in der Analyse enthalten. Kauffälle für Villen und Landhäuser[6] (in allen stadträumlichen Wohnlagen) wurden bei dieser Analyse nicht berücksichtigt. Auch für diese Objekte kann das Regressionsmodell keine Aussagen treffen.

---

4 Vergleichsfaktoren für bebaute Ein- und Zweifamilienhausgrundstücke zur Verwendung gemäß § 183 Abs. 2 BewG i. d. F. der Bekanntmachung vom 1.1.1991 (BGBl. I 1991, 230), das zuletzt durch Art. 2 des Gesetzes vom 24.12.2008 (BGBl. I 2008, 3018) geändert worden ist, in Berlin (ABl. Berlin 2009, 2141).
5 ABl. Berlin 2009, 2141.

B Grundsätze der Kaufvertragsauswertung

Der Ableitung der Anpassungsfaktoren liegen folgende Annahmen zugrunde:

Es wurden nur „echte" Baujahre angesetzt. Es erfolgte keine Korrektur des Baujahres aufgrund von Modernisierungen. Eine Innenbesichtigung der Objekte erfolgte nicht. Es fand keine Überprüfung statt, ob Grundstücke rechtlich teilbar sind.

1. Bodenwert

Für den Bodenwert wird der letzte vor dem jeweiligen Kaufvertragsdatum veröffentlichte Bodenrichtwert angesetzt. Eine GFZ-Anpassung findet nicht statt.

2. Die stadträumlichen Wohnlagen

Eine der Einflussgrößen, insbesondere für den Wert von Bauland, Eigenheimen und Wohnungseigentum, ist die Lage im Stadtgebiet. Als ein Merkmal der unterschiedlichen Qualität des Wohnens in der Stadt fließt bei der Analyse des Kaufpreismaterials i. d. R. das Merkmal „Wohnlage" ein. Sie spiegelt die Lagequalität des Wohnumfeldes wider. Die Wohnlagenzuordnung orientiert sich am Berliner Mietspiegel. Sie ergibt sich aktuell aus dem Straßenverzeichnis zum Berliner Mietspiegel 2007 (ABl. für Berlin Nr. 30 vom 11.7.2007 [ABl. 2007, 1812]). Eine Orientierung bietet die zum Mietspiegel gehörende Wohnlagenkarte für Berlin (Druckschrift der Senatsverwaltung für Stadtentwicklung, auch bei den Bezirksämtern erhältlich).

Der Differenzierung der Wohnlagen liegen folgende Kriterien zugrunde:

– **Einfache Wohnlage**

Gebiete des inneren Stadtbereichs mit überwiegend geschlossener, stark verdichteter Bebauung mit sehr wenigen Grün- und Freiflächen, überwiegend ungepflegtem Straßenbild und/oder schlechtem Gebäudezustand (zum Beispiel Fassadenschäden, unsanierte Wohngebiete), auch bei starker Beeinträchtigung durch Geräusch-, Geruchsbelästigungen von Industrie und Gewerbe.

In Stadtrandlagen Gebiete mit überwiegend offener Bauweise, oft schlechtem Gebäudezustand (zum Beispiel Fassadenschäden, unsanierte Wohngebiete), mit ungepflegtem Straßenbild (zum Beispiel unbefestigte Straßen), ungünstigen Verkehrsverbindungen und wenigen Einkaufsmöglichkeiten, sowie Gebiete mit erheblich verdichteter Bauweise.

– **Mittlere Wohnlage**

Gebiete des inneren Stadtbereichs mit überwiegend geschlossener, stark verdichteter Bebauung mit normalem Straßenbild (nicht von Gebäudeschäden geprägt), gutem Gebäudezustand (zum Beispiel sanierte Wohngebiete, Neubaugebiete), mit wenigen Grün- und Freiflächen.

Gebiete mit überwiegend offener Bauweise, durchschnittlichen Einkaufsmöglichkeiten und normalem Verkehrsanschluss, ohne Beeinträchtigung durch Industrie und Gewerbe.

– **Gute Wohnlage**

Gebiete des inneren Stadtbereichs mit überwiegend geschlossener, stark verdichteter Bebauung, mit Frei- und Grünflächen, gepflegtem Straßenbild (guter Gebäudezustand), mit sehr gutem Verkehrsanschluss und guten bis sehr guten Einkaufsmöglichkeiten und gutem Image.

Gebiete mit überwiegend offener Bauweise, starker Durchgrünung, gepflegtem Wohnumfeld mit gutem Gebäudezustand und ruhiger Wohnsituation, mit normaler Verkehrsanbindung und normalen Einkaufsmöglichkeiten und gutem Image.

– **Sehr gute Wohnlage**

Untersuchungen belegen, dass sich das Preisbild von Immobilien verschiedener Grundstücksteilmärkte in besonders ansprechenden Ortslagen von der guten Wohnlage regelmäßig abhebt. Um hier differenziertere Aussagen über die Preissituation treffen zu können, unterteilt die Geschäftsstelle des Gutachterausschusses die gute Wohnlage des Mietspiegels und definiert zusätzlich sehr gute Wohnlagen.

Hierbei handelt es sich um Gebiete in exklusiver Lage mit sehr gepflegtem Wohnumfeld, einem hohen Anteil privater und öffentlicher Frei- und Grünflächen, sehr guter baulicher Gebietsstruktur, einem sehr

---

6   Villa und Landhaus = großes i. d. R. vor 1925 in offener Bauweise errichtetes, nach heutigem Zeitgeschmack meist aufwändig und großzügig gestaltetes Einfamilien- oder Zweifamilienhaus mit entsprechender Fassade auf einem Grundstück mit Garten oder Park. Straßenseitige Fassade i. d. R. im Jugendstil bzw. Stil des Historismus ausgebildet, bei Landhäusern häufig nicht besonders betont und repräsentativ. Landhäusern fehlt oft das Souterrain, bei Villen ist es meistens als Tiefparterre angelegt.

Anlagen zu Vergleichsfaktoren § 13 ImmoWertV IV

guten Image sowie einem daraus resultierenden höheren Preisniveau am Grundstücksmarkt. Als sehr gute Wohnlage definiert sind

– die Gebiete in Westend zwischen Spandauer Damm, Ahornallee, Theodor-Heuss-Platz; Pommernallee, Ubierstraße, Wandalenallee und Fernbahntrasse,
– nördlich und südlich der Heerstraße im Ortsteil Charlottenburg das Gebiet zwischen S-Bahn, Heilsberger Allee, Heerstraße, Am Postfenn, nördliche Waldgrenze zum Teufelsberg und Teufelsseestraße,
– der Ortsteil Schmargendorf östlich bis zu den Straßenzügen Cunostraße, Friedrichshaller, Mecklenburgische und Zoppoter Straße,
– der Ortsteil Grunewald östlich der Fernbahntrasse und der Waldgrenze sowie
– das Gebiet Dahlem-Nord bis herunter zur Saargemünder Straße.

Im Ostteil Berlins wurden bislang noch keine sehr guten Wohnlagen ausgewiesen.

3. Baulicher Unterhaltungszustand

In dieser Veröffentlichung wird auf den baulichen Unterhaltungszustand der Immobilie Bezug genommen und er wird mit gut, normal oder schlecht angegeben. Welche Kriterien sich hinter diesen Zustandsnoten verbergen, wird nachfolgend erläutert.

Gut

Guter, deutlich überdurchschnittlicher baulicher Unterhaltungszustand. Neuwertige oder sehr geringe Abnutzung, unbedeutender Instandhaltungs- und Reparaturaufwand. Zustand i. d. R. nach durchgreifender Sanierung oder Instandsetzung.

Normal

Normaler, im Wesentlichen durchschnittlicher baulicher Unterhaltungszustand. Geringe oder normale Verschleißerscheinungen, geringer oder mittlerer Instandhaltungs- und Reparaturanstau (zum Beispiel malermäßige Renovierung der Fassaden/Fenster, Klempnerarbeiten).

Schlecht

Schlechter, weitgehend desolater baulicher Unterhaltungszustand. Stärkere bis sehr hohe Verschleißerscheinungen, hoher Reparaturanstau, umfangreichere Instandsetzung der Substanz notwendig (zum Beispiel an Fassaden, Dächern, Versorgungsanlagen, Mauerwerk).

4. Brutto-Grundfläche

Die Brutto-Grundfläche (m²) ist gemäß DIN 277 i. d. F. vom Juni 1987 zu ermitteln.

C Vergleichsfaktoren

1. Faktoren

Der Wert für das durchschnittliche Objekt in der Analyse beträgt 229 015 € und entspricht einem Anpassungsfaktor von 1,00 für die steuerliche Bewertung. Dieses Objekt wird wie folgt definiert: Freistehendes Einzelhaus, in mittlerer stadträumlicher Wohnlage, Baujahr 2000, einem normalen Unterhaltungszustand, Brutto-Grundfläche: 235 m², Bodenrichtwert: 175 €/m², Grundstücksfläche: 530 m².

IV § 13 ImmoWertV   Anlagen zu Vergleichsfaktoren

Tabelle 1: Vergleichsfaktoren

Anpassungsfaktoren für freistehende Ein- und Zweifamilienhäuser für die Baujahre ≥ 2000, in mittlerer stadträumlicher Wohnlage, einem normalen baulichen Unterhaltungszustand und einer durchschnittlichen Grundstücksgröße von 530 m²

Brutto-Grundfläche (m²)	Bodenwert (= Bodenrichtwert in €/m²)					
	100 [Spalte 1]*	150 [Spalte 2]	200 [Spalte 3]	250 [Spalte 4]	300 [Spalte 5]	350 [Spalte 6]
150 [Zeile 1]	0,70461	0,81973	0,93486	1,04998	1,16511	1,28023
200 [Zeile 2]	0,77679	0,89191	1,00704	1,12216	1,23729	1,35241
250 [Zeile 3]	0,84897	0,96409	1,07922	1,19434	1,30947	1.42459
300 [Zeile 4]	0,92115	1,03627	1,15140	1,26652	1,38165	1,49677
350 [Zeile 5]	0,99333	1,10845	1,22358	1,33870	1,45383	1,56895
400 [Zeile 6]	1,06550	1,18063	1,29575	1,41088	1,52600	1,64113

Innerhalb der Tabellenwerte kann linear interpoliert werden.

* Zur besseren Orientierung (siehe Beispielrechnung unter Tabelle 2)

Tabelle 2: Korrekturwerte (Additionskonstanten)

Korrekturwerte (Additionskonstanten)		
	pro 10 m² größere Fläche	pro 10 m² kleinere Fläche
Baugrundstücksfläche* entspricht i. d. R. der Grundstücksfläche	0,00340	– 0,00340
Guter Bauzustand	0,12918	
Schlechter Bauzustand	– 0,21241	
Baujahr ab 1985 bis einschließlich 1999	– 0,02149	
Baujahr ab 1970 bis einschließlich 1984	– 0,16792	
Baujahr ab 1960 bis einschließlich 1969	– 0,23480	
Baujahr ab 1946 bis einschließlich 1959	– 0,23480	
Baujahr ab 1925 bis einschließlich 1945	– 0,21711	
Baujahr bis 1924	– 0,23480	
Gute Wohnlage	0,11075	
Einfache Wohnlage	– 0,02434	
Reihenmittelhaus	– 0,04635	
Doppelhaushälfte/Reihenendhaus	0,00000	

* Baugrundstücksfläche ist die Fläche, die hinter der tatsächlichen Straßenbegrenzungslinie liegt oder im Bebauungsplan als maßgebend für die Ermittlung der baulichen Nutzung ist.

Wie sind die Vergleichsfaktoren anzuwenden?

Folgendes Beispiel soll den prinzipiell einfachen Rechengang veranschaulichen.

Der Wert für das durchschnittliche Objekt beträgt 229 015 € und entspricht einem Vergleichsfaktor von 1,00000.

Anlagen zu Vergleichsfaktoren § 13 ImmoWertV IV

Das zu bewertende Beispielobjekt wird wie folgt beschrieben:

Lage in einer Bodenrichtwertzone von:	250 m²
Bruttogrundfläche:	350 m²
Baugrundstücksfläche:	670 m²
Baujahr:	1965
stadträumliche Lage:	einfach
baulicher Unterhaltungszustand:	gut

Ermittlung des Ausgangswerts (Tabelle 1, Zeile 5, Spalte 4):	1,33870
Baugrundstücksfläche:	+ 0,04760
(670 m² − 530 m² [= Größe des Durchschnittsobjekts]) /110 × 0,00340 (Tabelle 2):	
Guter Bauzustand (Tabelle 2):	+ 0,12918
Baujahr 1965 (Tabelle 2):	− 0,23480
Einfache Wohnlage (Tabelle 2):	− 0,02434
Ergebnis:	1,25634

Ausgehend vom durchschnittlichen Objektwert, errechnet sich der Wert für das zu bewertende Grundstück wie folgt:

229 015 € × 1,25634 = 287 721 €

2. Statistische Angaben zum verwendeten Datenmaterial

Tabelle 3: Mittelwerte (1. Zeile) und die 5%- bzw. 95%-Perzentile der Einzelwerte (kursiv in der 2. Zeile), das heißt 90 % aller verwendeten Daten liegen innerhalb dieses Bereiches und des Minimum- und Maximumwerts (kursiv in der 3. Zeile)

Anzahl	Kaufpreis (€)	Kaufpreis pro Brutto-Grundfläche (€/m²)	Baugrund-stücksfläche (Bauland) (m²)	Brutto-Grundflä-che (BGF) (m²)	Tatsächli-che GFZ	Boden-richtwert (€/m²)
	204 636	919	533	235	0,33	175
4 457	*100 000 – 350 000*	*449 – 1 151*	*177 – 1 032*	*130 – 390*	*0,11 – 0,74*	*93 – 340*
	60 000 – 500 000	*204 – 2 296*	*122 – 1 478*	*81 – 590*	*0,08 – 1,29*	*70 – 500*

Tabelle 4: Stadtlage (Ostteil/Westteil)

Stadtlage (Ostteil/Westteil)					
		Häufigkeit	Prozent	Gültige Prozente	Kumulierte Prozente
Gültig	Ostteil	1 596	35,8	35,8	35,8
	Westteil	2 861	64,2	64,2	100,0
	Gesamt	4 457	100,0	100,0	

Tabelle 5: Stadträumliche Wohnlage

Stadträumliche Wohnlage					
		Häufigkeit	Prozent	Gültige Prozente	Kumulierte Prozente
Gültig	Einfache Lage	1 392	31,2	31,2	31,2
	Mittlere Lage	2 423	54,4	54,4	85,6
	Gute Lage	642	14,4	14,4	100,0
	Gesamt	4 457	100,0	100,0	

Tabelle 6: Gebäudetyp

Gebäudetyp					
		Häufigkeit	Prozent	Gültige Prozente	Kumulierte Prozente
Gültig	Einfamilienhaus	4 206	94,4	94,4	94,4
	Einfamilienhaus mit Einliegerwohnung	51	1,1	1,1	95,5
	Zweifamilienhaus	200	4,5	4,5	100,0
	Gesamt	4 457	100,0	100,0	

Tabelle 7: Gebäudestellung

Gebäudestellung					
		Häufigkeit	Prozent	Gültige Prozente	Kumulierte Prozente
Gültig	Einzelhaus (freistehend)	2 422	54,3	54,3	54,3
	Doppelhaushälfte	918	20,6	20,6	74,9
	Reihenhaus	668	15,0	15,0	89,9
	Reihenendhaus	419	9,4	9,4	99,3
	Sonstige	30	0,7	0,7	100,0
	Gesamt	4 457	100,0	100,0	

Tabelle 8: Baujahrsgruppen

Baujahrsgruppen					
		Häufigkeit	Prozent	Gültige Prozente	Kumulierte Prozente
Gültig	≤ 1924	208	4,7	4,7	4,7
	1925 – 1945	1 394	31,3	31,3	35,9
	1946 – 1959	246	5,5	5,5	41,5
	1960 – 1969	413	9,3	9,3	50,7
	1970 – 1984	641	14,4	14,4	65,1
	1985 – 1999	380	8,5	8,5	73,6
	≥ 2000	1 175	26,4	26,4	100,0
	Gesamt	4 457	100,0	100,0	

Tabelle 9: Baulicher Unterhaltungszustand

Baulicher Unterhaltungszustand					
		Häufigkeit	Prozent	Gültige Prozente	Kumulierte Prozente
Gültig	Gut	1 550	34,8	34,8	34,8
	Normal	2 651	59,5	59,5	94,3
	Schlecht	256	5,7	5,7	89,9
	Gesamt	4 457	100,0	100,0	

6.2 Anlage 2

Vergleichsfaktoren des Gutachterausschusses für Grundstückswerte in *Wiesbaden* (2013) nach § 183 BewG:

Beispiel:

Wohnfläche 140 m²; Baujahr 1965; Grundstücksgröße 500 m²; Lage in der Bodenrichtwertzone 350 €/m²

Vergleichsfaktor 2 572 €/m²; Anpassungsfaktor: 0,82

Wert: 2 572 €/m² × 0,82 × 140 m² = 295 266 €

Vergleichsfaktoren für Ein- und Zweifamilienhäuser

Wohnfläche (m²)	Vergleichsfaktoren für Ein- und Zweifamilienhäuser Vergleichsfaktoren in €/m² Wohnfläche bezogen auf 700 m² Grundstücksgröße und Baujahr 1975 Bodenrichtwertzone			
	300 – 399 €/m² (350 €/m²)	400 – 499 €/m² (450 €/m²)	500 – 599 €/m² (550 €/m²)	600 – 699 €/m² (650 €/m²)
100	3 120	3 781	4 443	5 104
110	2 946	3 547	4 148	4 750
120	2 800	3 325	3 903	4 454
130	2 678	3 186	3 695	4 204
140	2 572	3 045	3 517	3 990
150	2 481	2 922	3 363	3 804
160	2 401	2 815	3 228	3 641
170	2 331	2 720	3 109	3 498
180	2 268	2 636	3 003	3 371
190	2 212	2 560	2 908	3 257
200	2 162	2 493	2 823	3 154
210	2 116	2 431	2 746	3 061
220	2 075	2 375	2 676	2 977
230	2 037	2 324	2 612	2 900
240	2 002	2 278	2 553	2 829
250	1 907	2 235	2 499	2 764

IV § 13 ImmoWertV — Anlagen zu Vergleichsfaktoren

Anpassungsfaktoren an Baujahr und Grundstücksgröße						
Grundstücksgröße (m²)	Baujahr					
	1950 – 1959 (1955)	1960 – 1969 (1965)	1970 – 1979 (1975)	1980 – 1989 (1985)	1990 – 1999 (1995)	ab 2000 (2005)
Bodenrichtwert 300 – 399 €/m²						
300	0,63	0,71	**0,79**	0,86	0,94	1,02
400	0,69	0,76	**0,84**	0,92	0,99	1,07
500	0,74	0,82	**0,89**	0,97	1,05	1,12
600	0,79	0,87	**0,95**	1,02	1,10	1,18
700	**0,85**	**0,92**	**1,00**	**1,08**	**1,15**	**1,23**
800	0,90	0,98	**1,05**	1,13	1,21	1,28
900	0,95	1,03	**1,11**	1,18	1,26	1,34
1 000	1,01	1,08	**1,16**	1,24	1,31	1,39
1 100	1,06	1,14	**1,21**	1,29	1,37	1,44
1 200	1,11	1,19	**1,27**	1,34	1,42	1,50
1 300	1,17	1,24	**1,32**	1,40	1,47	1,55
1 400	1,22	1,30	**1,37**	1,45	1,53	1,60
1 500	1,27	1,35	**1,43**	1,50	1,58	1,66
Bodenrichtwert 400 – 499 €/m²						
300	0,69	0,75	**0,82**	0,88	0,95	1,01
400	0,73	0,80	**0,86**	0,93	0,99	1,06
500	0,78	0,84	**0,91**	0,97	1,04	1,10
600	0,82	0,89	**0,95**	1,02	1,08	1,15
700	**0,87**	**0,93**	**1,00**	**1,07**	**1,13**	**1,20**
800	0,92	0,98	**1,05**	1,11	1,18	1,24
900	0,96	1,03	**1,09**	1,16	1,22	1,29
1 000	1,01	1,07	**1,14**	1,20	1,27	1,33
1 100	1,05	1,12	**1,18**	1,25	1,31	1,38
1 200	1,10	1,16	**1,23**	1,29	1,36	1,42
1 300	1,14	1,21	**1,27**	1,34	1,40	1,47
1 400	1,19	1,25	**1,32**	1,38	1,45	1,51
1 500	1,23	1,30	**1,36**	1,43	1,49	1,56
Bodenrichtwert 500 – 599 €/m²						
300	0,73	0,79	**0,84**	0,90	0,96	1,01
400	0,77	0,83	**0,88**	0,94	1,00	1,05
500	0,81	0,86	**0,92**	0,98	1,03	1,09
600	0,85	0,90	**0,96**	1,02	1,07	1,13
700	**0,89**	**0,94**	**1,00**	**1,06**	**1,11**	**1,17**
800	0,93	0,98	**1,04**	1,10	1,15	1,21
900	0,97	1,02	**1,08**	1,14	1,19	1,25
1 000	1,00	1,06	**1,12**	1,17	1,23	1,29
1 100	1,04	1,10	**1,16**	1,21	1,27	1,33
1 200	1,08	1,14	**1,20**	1,25	1,31	1,37
1 300	1,12	1,18	**1,24**	1,29	1,35	1,41
1 400	1,16	1,22	**1,28**	1,33	1,39	1,45
1 500	1,20	1,26	**1,31**	1,37	1,43	1,48
Bodenrichtwert 600 – 699 €/m²						
300	0,76	0,81	**0,86**	0,91	0,96	1,01
400	0,80	0,85	**0,90**	0,95	1,00	1,05
500	0,83	0,88	**0,93**	0,98	1,03	1,08
600	0,87	0,92	**0,97**	1,02	1,07	1,12
700	**0,90**	**0,95**	**1,00**	**1,05**	**1,10**	**1,15**
800	0,93	0,98	**1,03**	1,08	1,13	1,18
900	0,97	1,02	**1,07**	1,12	1,17	1,22
1 000	1,00	1,05	**1,10**	1,15	1,20	1,25
1 100	1,04	1,09	**1,14**	1,19	1,24	1,29
1 200	1,07	1,12	**1,17**	1,22	1,27	1,32
1 300	1,11	1,16	**1,21**	1,26	1,31	1,36
1 400	1,14	1,19	**1,24**	1,29	1,34	1,39
1 500	1,18	1,23	**1,28**	1,33	1,38	1,43

Anlagen zu Vergleichsfaktoren § 13 ImmoWertV IV

Vergleichsfaktoren für Reihenhäuser und Doppelhaushälften

Wohnfläche (m²)	Vergleichsfaktoren für Reihenhäuser und Doppelhaushälften Vergleichsfaktoren in €/m² Wohnfläche bezogen auf 300 m² Grundstücksgröße und Baujahr 1985				
	Bodenrichtwertzone				
	300 – 399 €/m² (350 €/m²)	400 – 499 €/m² (450 €/m²)	500 – 599 €/m² (550 €/m²)	600 – 699 €/m² (650 €/m²)	700 – 799 €/m² (750 €/m²)
80	2 622	3 077	3 531	3 985	4 439
90	2 473	2 877	3 280	3 684	4 088
100	2 353	2 717	3 080	3 443	3 807
110	2 256	2 586	2 916	3 246	3 577
120	2 174	2 477	2 780	3 082	3 385
130	2 105	2 385	2 664	2 943	3 223
140	2 046	2 305	2 565	2 824	3 084
150	1 995	2 237	2 479	2 721	2 964
160	1 950	2 177	2 404	2 631	2 858
170	1 910	2 124	2 338	2 551	2 765
180	1 875	2 077	2 279	2 481	2 682
190	1 844	2 035	2 226	2 417	2 609
200	1 815	1 997	2 179	2 360	2 542

Grundstücksgröße (m²)	Anpassungsfaktoren an Baujahr und Grundstücksgröße					
	Baujahr					
	1950 – 1959 (1955)	1960 – 1969 (1965)	1970 – 1979 (1975)	1980 – 1989 (1985)	1990 – 1999 (1995)	ab 2000 (2005)
Bodenrichtwert 300 – 399 €/m²						
100	0,62	0,69	0,75	**0,82**	0,89	0,96
150	0,66	0,73	0,80	**0,87**	0,93	1,00
200	0,71	0,78	0,84	**0,91**	0,98	1,04
250	0,75	0,82	0,89	**0,96**	1,02	1,09
300	**0,80**	**0,87**	**0,93**	**1,00**	**1,07**	**1,13**
350	0,84	0,91	0,98	**1,04**	1,11	1,18
400	0,89	0,96	1,02	**1,09**	1,16	1,22
450	0,93	1,00	1,07	**1,13**	1,20	1,27
500	0,98	1,04	1,11	**1,18**	1,25	1,31
550	1,02	1,09	1,16	**1,22**	1,29	1,36
600	1,07	1,13	1,20	**1,27**	1,34	1,40
650	1,11	1,18	1,25	**1,31**	1,38	1,45
700	1,16	1,22	1,29	**1,36**	1,43	1,49
Bodenrichtwert 400 – 499 €/m²						
100	0,66	0,72	0,78	**0,84**	0,90	0,96
150	0,70	0,76	0,82	**0,88**	0,94	1,00
200	0,74	0,80	0,86	**0,92**	0,98	1,04
250	0,78	0,84	0,90	**0,95**	1,02	1,08
300	**0,82**	**0,88**	**0,94**	**1,00**	**1,06**	**1,12**
350	0,86	0,92	0,98	**1,04**	1,10	1,16
400	0,90	0,96	1,02	**1,08**	1,14	1,20
450	0,94	1,00	1,06	**1,12**	1,18	1,24
500	0,98	1,04	1,10	**1,16**	1,22	1,28
550	1,02	1,08	1,14	**1,20**	1,26	1,32
600	1,06	1,12	1,18	**1,24**	1,30	1,36
650	1,10	1,16	1,22	**1,28**	1,34	1,40
700	1,14	1,20	1,26	**1,32**	1,38	1,44
Bodenrichtwert 500 – 599 €/m²						
100	0,70	0,75	0,81	**0,86**	0,91	0,96
150	0,73	0,79	0,84	**0,89**	0,95	1,00
200	0,77	0,82	0,88	**0,93**	0,98	1,04
250	0,81	0,86	0,91	**0,96**	1,02	1,07
300	**0,84**	**0,89**	**0,95**	**1,00**	**1,05**	**1,11**

IV § 13 ImmoWertV — Anlagen zu Vergleichsfaktoren

Anpassungsfaktoren an Baujahr und Grundstücksgröße						
Grund-stücksgröße (m²)	Baujahr					
	1950 – 1959 (1955)	1960 – 1969 (1965)	1970 – 1979 (1975)	1980 – 1989 (1985)	1990 – 1999 (1995)	ab 2000 (2005)
350	0,88	0,93	0,98	**1,04**	1,09	1,14
400	0,91	0,96	1,02	**1,07**	1,12	1,18
450	0,95	1,00	1,05	**1,11**	1,16	1,21
500	0,98	1,04	1,09	**1,14**	1,19	1,25
550	1,02	1,07	1,12	**1,18**	1,23	1,28
600	1,05	1,11	1,16	**1,21**	1,27	1,32
650	1,09	1,14	1,20	**1,25**	1,30	1,35
700	1,12	1,18	1,23	**1,28**	1,34	1,39
Bodenrichtwert 600 – 699 €/m²						
100	0,73	0,78	0,82	**0,87**	0,92	0,97
150	0,76	0,81	0,86	**0,90**	0,95	1,00
200	0,79	0,84	0,89	**0,94**	0,98	1,03
250	0,82	0,87	0,92	**0,97**	1,02	1,06
300	**0,86**	**0,90**	**0,95**	**1,00**	**1,05**	**1,10**
350	0,89	0,94	0,98	**1,03**	1,08	1,13
400	0,92	0,97	1,02	**1,06**	1,11	1,16
450	0,95	1,00	1,05	**1,10**	1,14	1,19
500	0,98	1,03	1,08	**1,13**	1,18	1,22
550	1,02	1,06	1,11	**1,16**	1,21	1,26
600	1,05	1,10	1,14	**1,19**	1,24	1,29
650	1,08	1,13	1,18	**1,22**	1,27	1,32
700	1,11	1,16	1,21	**1,26**	1,30	1,35
Bodenrichtwert 700 – 799 €/m²						
100	0,75	0,79	0,84	**0,88**	0,93	0,97
150	0,78	0,82	0,87	**0,91**	0,96	1,00
200	0,81	0,85	0,90	**0,94**	0,99	1,03
250	0,84	0,88	0,93	**0,97**	1,01	1,06
300	**0,87**	**0,91**	**0,96**	**1,00**	**1,04**	**1,09**
350	0,90	0,94	0,99	**1,03**	1,07	1,12
400	0,93	0,97	1,01	**1,06**	1,10	1,15
450	0,96	1,00	1,04	**1,09**	1,13	1,18
500	0,99	1,03	1,07	**1,12**	1,16	1,21
550	1,01	1,06	1,10	**1,15**	1,19	1,22
600	1,04	1,09	1,13	**1,18**	1,22	1,26
650	1,07	1,12	1,16	**1,21**	1,25	1,29
700	1,10	1,15	1,19	**1,23**	1,28	1,32

Anlagen zu Vergleichsfaktoren § 13 ImmoWertV IV

6.3 Anlage 3

Anlage 3:

Vergleichsfaktoren in Hessen

Der Grundstücksmarktbericht 2010 der Zentralen Geschäftsstelle der Gutachterausschüsse für Grundstückswerte des Landes Hessen führt für den *Main-Taunus-Kreis* folgende Vergleichsfaktoren auf:

Wohn-fläche m²	Vergleichsfaktoren in €/m² Wohnfläche (EFH/ZFH)					
	bezogen auf 700 m² Grundstücksgröße und Baujahr 1970 (Main-Taunus-Kreis)				
	Bodenrichtwertbereich				
	bis 49 €/m²	50 €/m² bis 99 €/m²	100 €/m² bis 1 499 €/m (125 €/m²)	150 €/m² bis 199 €/m² (175 €/m²)	200 €/m² bis 299 €/m² (250 €/m²)
100			1 403	1 760	2 296
110			1 340	1 665	2 152
120			1 287	1 585	2 032
130			1 243	1 517	1 930
140			1 204	1 460	1 842
150			1 171	1 409	1 767
160			1 142	1 366	1 701
170			1 117	1 327	1 642
180			1 094	1 292	1 590
190			1 074	1 262	1 544
200			1 055	1 234	1 502
210			1 039	1 209	1 464
220			1 024	1 186	1 430
230			1 010	1 165	1 398
240			997	1 146	1 369
250			986	1 120	1 343

Korrekturfaktoren (Baujahr, Grundstücksgröße EFH/ZFH im Main-Taunus-Kreis						
Grund-stücks-größe (m²)	Baujahr					
	1946 bis 1954 (1950)	1955 bis 1964 (1960)	1965 bis 1974 (1970)	1975 bis 1984 (1990)	1985 bis 1994 (1990)	ab 1995 (2000)
300	0,61	0,68	0,75	0,82	0,89	0,96
400	0,67	0,74	0,81	0,88	0,96	1,03
500	0,73	0,81	0,88	0,95	1,02	1,09
600	0,80	0,87	0,94	1,01	1,08	1,15
700	0,86	0,93	**1,00**	1,07	1,14	1,21
800	0,92	0,99	1,06	1,132	1,20	1,27
900	0,98	1,05	1,12	1,19	1,27	1,34
1 000	1,04	1,12	1,19	1,26	1,33	1,40
1 100	1,11	1,18	1,25	1,32	1,39	1,46
1 200	1,17	1,24	1,31	1,38	1,45	1,52
1 300	1,23	1,30	1,37	1,44	1,51	1,58
1 400	1,29	1,36	1,43	1,50	1,58	1,65
1 500	1,35	1,43	1,50	1,57	1,64	1,71

Beispiel:

Verkehrswert (gemeiner Wert) einer 156 m² großen Wohnung gelegen in einem Bodenrichtwertbereich von 170 €/m², Baujahr 1980 auf einem rd. 600 m² großen Grundstück:

Der Verkehrswert (gemeine Wert) ergibt sich näherungsweise aus folgender Berechnung:

$$156 \text{ m}^2 \text{ Wohnfläche} \times 1\,701 \text{ €/m}^2 \times 1{,}01 = 268\,010 \text{ €} = \text{gerundet } 268\,000 \text{ €}$$

§ 14 ImmoWertV
Marktanpassungsfaktoren, Liegenschaftszinssätze

(1) Mit Marktanpassungsfaktoren und Liegenschaftszinssätzen sollen die allgemeinen Wertverhältnisse auf dem Grundstücksmarkt erfasst werden, soweit diese nicht auf andere Weise zu berücksichtigen sind.

(2) Marktanpassungsfaktoren sind insbesondere
1. Faktoren zur Anpassung des Sachwerts, die aus dem Verhältnis geeigneter Kaufpreise zu entsprechenden Sachwerten abgeleitet werden (Sachwertfaktoren, § 193 Absatz 5 Satz 2 Nummer 2 des Baugesetzbuchs),
2. Faktoren zur Anpassung finanzmathematisch errechneter Werte von Erbbaurechten oder Erbbaugrundstücken, die aus dem Verhältnis geeigneter Kaufpreise zu den finanzmathematisch errechneten Werten von entsprechenden Erbbaurechten oder Erbbaugrundstücken abgeleitet werden (Erbbaurechts- oder Erbbaugrundstücksfaktoren).

(3) Die Liegenschaftszinssätze (Kapitalisierungszinssätze, § 193 Absatz 5 Satz 2 Nummer 1 des Baugesetzbuchs) sind die Zinssätze, mit denen Verkehrswerte von Grundstücken je nach Grundstücksart im Durchschnitt marktüblich verzinst werden. Sie sind auf der Grundlage geeigneter Kaufpreise und der ihnen entsprechenden Reinerträge für gleichartig bebaute und genutzte Grundstücke unter Berücksichtigung der Restnutzungsdauer der Gebäude nach den Grundsätzen des Ertragswertverfahrens (§§ 17 bis 20) abzuleiten.

Gliederungsübersicht   Rn.

1	Übersicht	1
2	Funktion der Marktanpassungsfaktoren und Liegenschaftszinssätze (§ 14 Abs. 1 ImmoWertV)	2
3	Marktanpassungsfaktoren (§ 14 Abs. 2 ImmoWertV)	10
4	Sachwertfaktoren (§ 14 Abs. 2 Nr. 1 ImmoWertV)	
	4.1 Allgemeines	
	4.1.1 ImmoWertV	12
	4.1.2 Beleihungswertermittlung (BelWertV)	18
	4.1.3 Steuerliche Bewertung	20
	4.2 Sachwertfaktoren	
	4.2.1 Sachwertfaktoren nach ImmoWertV	
	4.2.1.1 Definition	21
	4.2.1.2 Marktanpassungszu- und -abschläge	28
	4.2.1.3 Gebäudebezogene Sachwertfaktoren	32
	4.2.2 Ableitung von Sachwertfaktoren	34
	4.2.2.1 Allgemeines	34
	4.2.2.2 Anpassungsfaktoren	41
	4.3 Sachwertfaktorenbestimmende Einflüsse	
	4.3.1 Allgemeines	44
	4.3.2 Methodik der Sachwertermittlung	
	4.3.2.1 Übersicht	46
	4.3.2.2 Bodenwert	48
	4.3.2.3 Normalherstellungskosten	52
	4.3.2.4 Alter und Alterswertminderung	58
	4.3.2.5 Gesamt- und Restnutzungsdauer	69
	4.3.3 Allgemeine Wertverhältnisse auf dem Grundstücksmarkt	
	4.3.3.1 Übersicht	72
	4.3.3.2 Allgemeine Wirtschaftslage	73
	4.3.3.3 Lage auf dem örtlichen Grundstücksmarkt	77
	4.3.3.4 Grundstücksart	79
	4.3.3.5 Größe und Beschaffenheit der baulichen Anlage	80
	4.3.3.6 Lage auf dem Baumarkt	85

Übersicht § 14 ImmoWertV IV

	4.4	Darstellung und Veröffentlichung von Sachwertfaktoren	
		4.4.1 Darstellung	88
		4.4.2 Veröffentlichung	92
		4.4.3 Modellkonforme Anwendung von Sachwertfaktoren	94
		4.4.4 Sachwertfaktoren für besondere Teilmärkte	
		4.4.4.1 Gewerbe- und Industrieobjekt	99
		4.4.4.2 Eigentumswohnungen	100
		4.4.4.3 Resthofstellen	101
5	Erbbaurechts- und Erbbaugrundstücksfaktoren (§ 14 Abs. 2 Nr. 2 ImmoWertV)		
	5.1	Allgemeines	102
	5.2	Erbbaurechtsfaktoren	
		5.2.1 Finanzmathematische Erbbaurechtsfaktoren	103
		5.2.2 Erbbaurechtsfaktoren auf Vergleichsgrundlage (Vergleichsfaktoren für Erbbaurechte)	104
	5.3	Erbbaugrundstücksfaktoren	104
6	Liegenschaftszinssätze (§ 14 Abs. 3 ImmoWertV)		
	6.1	Überblick	
		6.1.1 Liegenschaftszinssatz nach ImmoWertV	105
		6.1.2 Kapitalisierungszinssatz nach BelWertV	117
		6.1.3 Kapitalisierungszinssatz in der steuerlichen Bewertung	123
	6.2	Anwendungsbereich	124
	6.3	Maßgeblicher Liegenschaftszinssatz	
		6.3.1 Allgemeines	133
		6.3.2 Anpassungsfaktoren für Liegenschaftszinssätze	
		6.3.2.1 Allgemeines	137
		6.3.2.2 Lage und Baujahr (Restnutzungsdauer) bei Ein- und Zweifamilienhäusern	140
		6.3.2.3 Ein- und Zweifamilienhäuser sowie Reihen- und Doppelhäuser	141
		6.3.2.4 Eigentumswohnungen	142
		6.3.2.5 Lage und Baujahr (Alter bzw. Restnutzungsdauer) bei Mehrfamilienhäusern	143
		6.3.2.6 Zahl der Wohneinheiten bzw. Gesamtwohnfläche einer Wohnanlage	144
		6.3.2.7 Nettokaltmiete	145
		6.3.2.8 Lage bei Geschäftshäusern	146
		6.3.2.9 Gemischte Nutzungen	147
		6.3.2.10 Denkmalschutz	148
	6.4	Liegenschafts- und Kapitalmarktzinssatz	149
	6.5	Zukunftserwartungen	161
	6.6	Ableitung von Liegenschaftszinssätzen	
		6.6.1 Allgemeines	176
		6.6.2 Finanzmathematische Grundlagen	190
		6.6.3 Ableitung bei langer Restnutzungsdauer	192
		6.6.4 Ableitung bei kurzer Restnutzungsdauer	207
		6.6.5 Ableitung bei gedämpften Bodenwerten	216
	6.7	Veröffentlichung von Liegenschaftszinssätzen	224
7	Anlagen		
	Anlage 1	Sachwertfaktoren (Marktanpassungsfaktoren)	
	Anlage 1.1	Wertzahlen (Marktanpassungsfaktoren) nach § 181 BewG bei Anwendung des Sachwertverfahrens für die Bewertung für erbschaftsteuerliche Zwecke	225
	Anlage 1.2	Faktoren zur Anpassung des Sachwerts von Grundstücken mit Eigenheimen an die Lage auf dem Grundstücksmarkt in Berlin	226
	Anlage 1.3	Sachwertfaktoren in verschiedenen Städten nach Grundstücksarten	227
	Anlage 2	Liegenschaftszinssätze für Mietwohnhäuser und Mietwohngeschäftshäuser in Berlin mit einem gewerblichen Mietanteil bis 70 %	229

IV § 14 ImmoWertV Marktanpassungsfaktoren, Liegenschaftszinssätze

1 Übersicht

1   § 14 ImmoWertV beschreibt die **Funktion von Markanpassungsfaktoren und Liegenschaftszinssätzen** (§ 14 Abs. 1 ImmoWertV), benennt die wesentlichen Marktanpassungsfaktoren (§ 14 Abs. 2 ImmoWertV) und enthält eine materielle Definition des Liegenschaftszinssatzes (§ 14 Abs. 3 ImmoWertV).

2 Funktion der Marktanpassungsfaktoren und Liegenschaftszinssätze (§ 14 Abs. 1 ImmoWertV)

2   Mit Marktanpassungsfaktoren und Liegenschaftszinssätzen sollen nach § 14 Abs. 1 ImmoWertV die in § 3 Abs. 2 ImmoWertV definierten „allgemeinen Wertverhältnisse auf dem Grundstücksmarkt" erfasst werden, soweit diese nicht in anderer Weise „*zu berücksichtigen sind*". Damit angesprochen ist die allgemeine **konjunkturelle Lage auf dem Grundstücksmarkt.**

3   Da sich der Verkehrswert (Marktwert) einer Immobilie nach dem Preis definiert, der zum Wertermittlungsstichtag (§ 3 Abs. 1 ImmoWertV) im gewöhnlichen Geschäftsverkehr erzielt werden kann (§ 194 BauGB), sind nach den Vorschriften der ImmoWertV der Wertermittlung die **„allgemeinen Wertverhältnisse auf dem Grundstücksmarkt"** am Wertermittlungsstichtag zugrunde zu legen. Die Vorschriften der ImmoWertV sind deshalb darauf angelegt, die „allgemeinen Wertverhältnisse auf dem Grundstücksmarkt" (Lage auf dem Grundstücksmarkt) möglichst direkt im Rahmen des herangezogenen Wertermittlungsverfahrens zu berücksichtigen. Die empirisch aus Kaufpreisen und somit aus dem Marktgeschehen abgeleiteten Marktanpassungsfaktoren und Liegenschaftszinssätze können in besonderem Maße die Berücksichtigung der „allgemeinen Wertverhältnisse auf dem Grundstücksmarkt" funktional gewährleisten. Mit ihrer Anwendung wird eine Wertermittlung am Marktgeschehen gewissermaßen „justiert". Deshalb „sollen" nach den Vorgaben des § 14 Abs. 1 ImmoWertV die „allgemeinen Wertverhältnisse auf dem Grundstücksmarkt" (Lage auf dem Grundstücksmarkt) mit den vom Gutachterausschuss für Grundstückswerte abgeleiteten Marktanpassungsfaktoren und Liegenschaftszinssätzen berücksichtigt werden. Nach allgemeinem Verwaltungsrecht folgt aus dem Wort „soll", dass zumindest die Gutachterausschüsse strikt an die Regelung gebunden sind und nur in atypischen Ausnahmefällen davon abgewichen werden kann[1]. Entsprechendes gilt auch für den die ImmoWertV anwendenden Sachverständigen.

4   Nach der Vorgabe des § 14 Abs. 1 ImmoWertV „soll" die Lage auf dem Grundstücksmarkt mit Marktanpassungsfaktoren und Liegenschaftszinssätzen berücksichtigt werden, „*soweit diese nicht auf andere Weise zu berücksichtigen sind*". Damit sind vor allem die Regelungen der ImmoWertV angesprochen, nach denen die **in die Wertermittlung eingehenden Parameter so zu „dimensionieren" sind, dass sie den am Wertermittlungsstichtag herrschenden Marktverhältnissen des gewöhnlichen Geschäftsverkehrs entsprechen:**

– Bei Anwendung des *Vergleichswertverfahrens* gehen die dem gewöhnlichen Geschäftsverkehr entsprechenden Marktverhältnisse unmittelbar dadurch in die Wertermittlung ein, dass zum Preisvergleich möglichst wertermittlungsstichtagsnahe Kaufpreise hinreichend vergleichbarer Grundstücke herangezogen werden, die auf dem Grundstücksmarkt erzielt worden sind. Kaufpreise, die durch ungewöhnliche oder persönliche Verhältnisse beeinflusst worden sind, bleiben nach § 7 ImmoWertV außer Betracht, und Kaufpreise, die nicht zum Wertermittlungsstichtag vereinbart worden sind, sollen mithilfe marktkonfor-

---

1   Kopp/Ramsauer, VwVfG, Komm. 9. Aufl. 2005, § 40 Rn. 44; BVerwG, Urt. vom 7.9.1989 – 7 C 44/88 –, BVerwGE 82, 295 = NJW 1990, 1376; BSG, Urt. vom 6.11.1985 – 10 R Kg 3/84 –, NJW 1987, 1222.

mer Indexreihen auf den Wertermittlungsstichtag umgerechnet werden (§ 11 ImmoWertV).

– Bei Anwendung des *Ertragswertverfahrens* gehen die dem gewöhnlichen Geschäftsverkehr entsprechenden Marktverhältnisse insbesondere dadurch in die Wertermittlung ein, dass von am Wertermittlungsstichtag marktüblich erzielbaren Erträgen, am Wertermittlungsstichtag marktüblich anfallenden Bewirtschaftungskosten, einer nach allgemeinen Erfahrungssätzen sich bemessenen Restnutzungsdauer der baulichen Anlage und einem die Lage auf dem Grundstücksmarkt erfassenden Liegenschaftszinssatz ausgegangen wird.

– Bei Anwendung des *Sachwertverfahrens* gehen die dem gewöhnlichen Geschäftsverkehr entsprechenden Marktverhältnisse insoweit in die Wertermittlung ein, als von den marktüblichen Kosten für die Neuerrichtung einer entsprechenden baulichen Anlage ausgegangen wird, diese marktüblichen Neuerrichtungskosten (eigentlich) in marktüblicher Weise „abzuschreiben" (Alterswertminderung) sind und die Alterswertminderung sich nach einer allgemeinen Erfahrungssätzen entsprechenden wirtschaftlichen Gesamt- und Restnutzungsdauer bemisst (vgl. hierzu auch die amtliche Begründung zu § 7 Abs. 2 WertV 88[2]).

Soweit bei Anwendung der genannten Verfahren besondere objektspezifische Grundstücksmerkmale ergänzend berücksichtigt werden müssen, sind sie nach § 8 Abs. 3 ImmoWertV durch marktkonforme Zu- oder Abschläge oder in anderer geeigneter Weise zu berücksichtigen, soweit dies dem gewöhnlichen Geschäftsverkehr entspricht.

Die allgemeinen Wertverhältnisse finden bei *Anwendung des Vergleichswertverfahrens* mit der Heranziehung von wertermittlungsstichtagsnahen bzw. auf den Wertermittlungsstichtag umgerechneten Vergleichspreisen unmittelbar Eingang in die Wertermittlung und der damit ermittelte **Vergleichswert entspricht zumindest weitgehend dem Verkehrswert (Marktwert).** Eine Marktanpassung ist bei alledem nur in wenigen Fällen und dann auch in aller Regel nur in marginaler Höhe erforderlich.

Bei *Anwendung des Ertragswertverfahrens* auf der Grundlage der marktüblich erzielbaren Erträge gelangt man über den Ertragswert zum Verkehrswert (Marktwert), indem man diese Erträge mit einem Zinssatz kapitalisiert, der in marktkonformer Weise, sei es ökonomisch begründbar oder nicht, die vom Grundstücksmarkt erwartete Ertragsentwicklung und die vom Grundstücksmarkt erwartete Verzinsung des in die Immobilie investierten Kapitals reflektiert. Dies leistet der in § 14 Abs. 3 ImmowertV definierte und aus Marktpreisen abgeleitete **Liegenschaftszinssatz.** Der Liegenschaftszinssatz ist mithin ein Zinssatz, mit dem die Ertragswertermittlung an die allgemeinen Wertverhältnisse auf dem Grundstücksmarkt „justiert" wird, und zwar im Ertragswertverfahren selbst.

Bei *Anwendung des Sachwertverfahrens* wird der Sachwert zwar auf der Grundlage marktüblicher Kosten einer entsprechenden neuerrichteten baulichen Anlage ermittelt. Auch marktübliche Herstellungskosten können nun aber nicht mit dem im gewöhnlichen Geschäftsverkehr erzielbaren Preis gleichgesetzt werden. Der entscheidende Mangel des Sachwertverfahrens besteht aber darin, dass es bislang nicht gelungen ist, diese Kosten mithilfe der Alterswertminderung in marktüblicher Weise den Wertverhältnissen auf dem Grundstücksmarkt anzugleichen. Deshalb weist der nach den §§ 21 bis 23 ImmoWertV ermittelte (vorläufige) Sachwert im Verhältnis zu den übrigen Wertermittlungsverfahren die größten **Disparitäten zum Verkehrswert** (Marktwert) auf. Sachwert ist der Wert, den sie Sache nicht wert ist, heißt es gemeinhin. Es bedarf deshalb einer Anpassung des Sachwerts an die allgemeinen Wertverhältnisse auf dem Grundstücksmarkt (Marktanpassung), um über den Sachwert zum Verkehrswert zu kommen. Dies soll der aus Marktpreisen nach § 14 Abs. 2 Nr. 1 ImmoWertV abgeleitete Marktanpassungsfaktor (Sachwertfaktor) – quasi kompensatorisch zu einer nicht marktkonformen Alterswertminderung – leisten.

---

[2] BR-Drucks. 352/88, S. 47.

IV § 14 ImmoWertV — Marktanpassungsfaktoren

8 Nach der **„Soll-Vorschrift"** sind die von den Gutachterausschüssen für Grundstückswerte gemäß § 193 Abs. 5 Nr. 1 und 2 BauGB abzuleitenden Liegenschaftszinssätze und Marktanpassungsfaktoren (Sachwertfaktoren) zur Berücksichtigung der allgemeinen Wertverhältnisse auf dem Grundstücksmarkt heranzuziehen, soweit diese nicht auf andere Weise „zu berücksichtigen sind" (vgl. Rn. 2 ff.). Der Verordnungsgeber lässt dabei offen, nach welchen Vorgaben sie in anderer Weise berücksichtigt werden müssen. Bei systemkonformer Auslegung der Verordnung sind damit in erster Linie die vorstehend erläuterten Regelungen der Verordnung angesprochen.

Nach allgemeinem Verwaltungsrecht folgt aus dem Wort „soll", dass zumindest die Gutachterausschüsse strikt an die Regelung gebunden sind und nur in atypischen Ausnahmefällen davon abgewichen werden kann; Entsprechendes gilt auch für den die ImmoWertV anwendenden Sachverständigen.

9 **Marktanpassungsfaktoren und Liegenschaftszinssätze sind** mit dem Wandel der Wertverhältnisse auf dem Grundstücksmarkt zeitlichen Veränderungen unterworfen. Als **zeitabhängige Größen** sind sie mithin von den Gutachterausschüssen fortzuschreiben, ohne dass die Verordnung dafür Vorgaben macht. Im Rahmen der Sach- und Ertragswertermittlung sind jeweils die Sachwertfaktoren bzw. Liegenschaftszinssätze heranzuziehen, die vom Gutachterausschuss nach den Wertverhältnissen des Wertermittlungsstichtags abgeleitet worden sind. Bei retrograder Wertermittlung kann es deshalb erforderlich sein, auf die zum jeweiligen Wertermittlungsstichtag geltenden Sachwertfaktoren und Liegenschaftszinssätze zurückzugreifen.

3 Marktanpassungsfaktoren (§ 14 Abs. 2 ImmoWertV)

Schrifttum. *Gripp, P.*, Anpassungsfaktoren für NHK-Gebäudetypen mit Kostenangaben pro m³ Brutto-Rauminhalt, GuG 2007, 48; *Krietsch*, Ableitung von Marktanpassungsfaktoren für Resthofstellen in Sachsen-Anhalt, GuG 2010, 203.

▶ *Vgl. Rn. 34 ff.; § 9 ImmoWertV Rn. 10; Syst. Darst. des Sachwertverfahrens Rn. 265 ff.*

10 Nach **§ 193 Abs. 5 Satz 2 Nr. 2 BauGB** führt der nach den §§ 192 ff. BauGB eingerichtete Gutachterausschuss für Grundstückswerte eine Kaufpreissammlung und ermittelt u. a. „Faktoren zur Anpassung der Sachwerte an die jeweilige Lage auf dem Grundstücksmarkt (Sachwertfaktoren), insbesondere für die Grundstücksarten Ein- und Zweifamilienhäuser". Die Sachwertfaktoren gehören zu den „sonstigen zur Wertermittlung erforderlichen Daten der Wertermittlung", deren Ableitung nach § 193 Abs. 5 BauGB zu den Pflichtaufgaben des Gutachterausschusses für Grundstückswerte gehört. Mit § 14 Abs. 2 Nr. 2 ImmoWertV wird der Katalog der vom Gutachterausschuss abzuleitenden Marktanpassungsfaktoren durch die dort geregelten Erbbaurechts- und Erbbaugrundstücksfaktoren erweitert.

11 Der in § 14 gebrauchte Begriff des „Marktanpassungsfaktors" ist dem BauGB fremd. § 14 Abs. 2 ImmoWertV führt unter dem **Oberbegriff „Marktanpassungsfaktoren"** insgesamt drei besondere Marktanpassungsfaktoren auf, nämlich

- den *Sachwertfaktor*, mit dem der nach den §§ 21 bis 23 ImmoWertV ermittelte (vorläufige) Sachwert an den Verkehrswert (Marktwert) angepasst werden soll,
- den *Erbbaurechtsfaktor*, mit dem der finanzmathematisch errechnete Wert von Erbbaurechten an den Verkehrswert (Marktwert) angepasst werden soll, und
- den *Erbbaugrundstücksfaktor*, mit dem der finanzmathematische Wert von Erbbaugrundstücken an den Verkehrswert (Marktwert) angepasst werden soll.

Es handelt sich um eine nicht abschließende Aufzählung. Die Vorschrift bestimmt des Weiteren, wie die Marktanpassungsfaktoren abzuleiten sind (vgl. Rn. 34 ff.).

4 Sachwertfaktoren (§ 14 Abs. 2 Nr. 1 ImmoWertV)

4.1 Allgemeines

4.1.1 ImmoWertV

Sachwertfaktoren sind Faktoren, mit denen der nach den Vorschriften der §§ 21 bis 23 ImmoWertV abgeleitete (vorläufige) **Sachwert** an die allgemeinen Wertverhältnisse auf dem Grundstücksmarkt und somit **an den Verkehrswert** (Marktwert) **angeglichen werden soll** (Marktanpassung). 12

Sachwertfaktoren stellen zugleich einen Modell- bzw. Systemkorrekturfaktor dar, wenn die angewandte Methodik der Sachwertermittlung mängelbehaftet ist (vgl. Rn. 94). Darüber hinaus können mit dem Sachwertfaktor insbesondere auch 13

– die baulichen und sonstigen Außenanlagen
– besondere Bauteile i. S. des § 22 Abs. 2 Satz 2 ImmoWertV, sog „c-Flächen" und dgl.

in dem „üblichen Umfang" erfasst werden, wie er bei den Grundstücken, deren Kaufpreise zur Ableitung des jeweiligen Sachwertfaktors im Durchschnitt tatsächlich vorhanden war (vgl. Anh. 5 zur SachwertR). Die Begriffe „Marktanpassungsfaktor", „Marktanpassungszu- und -abschlag" vermitteln dagegen den Eindruck, als ginge es nur darum, mithilfe dieser Größen die „Lage auf dem Grundstücksmarkt" in die Sachwertermittlung einzubringen. Da sie zugleich Korrekturfaktoren sind, mit denen auch System- oder Modellfehler der Sachwertermittlung ausgeglichen werden und sich mit dem Sachwertfaktor zudem auch Bestandteile des Sachwerts (z. B. Außenanlagen und besondere Bauteile) berücksichtigen lassen, ist der vom Gesetzgeber mit § 195 Abs. 5 Nr. 2 BauGB eingeführte und vom Verordnungsgeber übernommene Begriff des „Sachwertfaktors" vorzuziehen.

Mit Sachwertfaktoren wird auch ein Einfluss der bei Erwerb eines Grundstücks anfallenden **Grundstückstransaktionskosten** erfasst, denn diese gehen in die zur Ermittlung der Sachwertfaktoren herangezogenen Vergleichspreise ein. Dementsprechend wird mit der Anwendung der so ermittelten Sachwertfaktoren ein Einfluss der Grundstückstransaktionskosten – wie groß er auch immer sein mag – indirekt berücksichtigt, ohne dass es dafür eines besonderen Rechenschritts bedarf. 14

Zur Marktanpassung „sind" nach § 21 Abs. 1 insbesondere die vom örtlichen Gutachterausschuss für Grundstückswerte aus der ausgewerteten Kaufpreissammlung abgeleiteten und (i. d. R.) **in** dessen **Grundstücksmarktbericht veröffentlichten einschlägigen Sachwertfaktoren heranzuziehen.** Ersatzweise kann auf entsprechende für vergleichbare Gemeinden abgeleitete **Sachwertfaktoren** insbesondere **benachbarter Gutachterausschüsse** zurückgegriffen werden. 15

Der unter Berücksichtigung der Marktanpassung und der besonderen objektspezifischen Grundstücksmerkmale sich ergebende Sachwert ist der im Wege des Sachwertverfahrens ermittelte Verkehrswert, sofern sich nicht nach § 8 Abs. 1 Satz 3 ImmoWertV unter **Würdigung der Aussagefähigkeit des oder der Ergebnisse anderer herangezogener Wertermittlungsverfahren** etwas anderes ergibt. 16

Stehen dem Sachverständigen keine vom Gutachterausschuss empirisch abgeleiteten Marktanpassungsfaktoren zur Verfügung, so kann er sich entsprechende **Erfahrungswerte durch vergleichbare Marktbeobachtungen** verschaffen, d. h. der Sachverständige ist gut beraten, wenn er die Angemessenheit seiner Marktanpassungsfaktoren ständig überprüft, indem er die auf der Grundlage der von ihm erstellten Gutachten getätigten Grundstückskäufe mit dem von ihm ermittelten „Sachwert" vergleicht. 17

4.1.2 Beleihungswertermittlung (BelWertV)

▶ *Vgl. Teil IX Rn. 338; Syst. Darst. des Sachwertverfahrens Rn. 267*

18 Im Unterschied zur Verkehrswertermittlung nach ImmoWertV kennt die Beleihungswertermittlung keine Anpassung des Sachwerts an die Lage auf dem Grundstücksmarkt (Marktanpassung). Der Wortlaut der Verordnung sieht dies zumindest nicht vor. **Eine Anpassung des auf der Grundlage der BelWertV ermittelten Sachwerts an die Lage auf dem Grundstücksmarkt würde im Ergebnis zum Verkehrswert (Marktwert) führen** und wäre insoweit mit den Zielen und Zwecken der BelWertV, nämlich den Sachwert zur Kontrolle des nach dem Vorsichtsprinzip abgeleiteten Vergleichs- bzw. Ertragswert zu ermitteln, nicht vereinbar.

19 Das BaFin hat im Schreiben vom 30.4.2007 an den Verband deutscher Pfandbriefanstalten (VdP) **Marktanpassungen (als sonstige wertbeeinflussende Umstände i. S. des § 18 BelWertV)** zugelassen „insbesondere wenn diese als Zuschlag dem Sachwert zugerechnet werden sollen", wobei dafür „nur ein eng begrenzter Rahmen, der einer nachvollziehbaren Begründung bedarf, zur Verfügung stehen dürfte." Dies lässt erkennen, dass die Regelungen der BelWertV in sich nicht schlüssig sind.

4.1.3 Steuerliche Bewertung

▶ *Syst. Darst. des Sachwertverfahrens Rn. 269*

20 Die von den Gutachterausschüssen abgeleiteten Sachwertfaktoren sind auch in der steuerlichen Bewertung nach § 191 Abs. 1 BewG heranzuziehen. Soweit von den Gutachterausschüssen keine geeigneten Sachwertfaktoren zur Verfügung stehen, sind die in der Anl. 25 zum BewG bestimmten **Wertzahlen** zu verwenden (vgl. Anl. 1.1 zu dieser Vorschrift).

4.2 Sachwertfaktoren

4.2.1 Sachwertfaktoren nach ImmoWertV

4.2.1.1 Definition

Schrifttum: *Habath, A.*, Zur sachgerechten Anwendung von Sachwert-Marktanpassungsfaktoren (GuG 2006, 19); *Leutner, B./Wartenberg, J.*, Aktuelle Marktanpassungsfaktoren für das Sachwertverfahren, GuG 2009, 152; *Schmeck, J.*, Sachwertmodell zur Ableitung von Marktanpassungsfaktoren für Ein- und Zweifamilienhäuser, GuG 2005, 339.

▶ *Vgl. Syst. Darst. des Sachwertverfahrens Rn. 265 ff.*

21 § 14 Abs. 2 Nr. 1 ImmoWertV definiert Sachwertfaktoren als **Faktoren, die sich aus dem Verhältnis geeigneter Kaufpreise bebauter Grundstücke zu den** dafür nach Maßgabe der §§ 21 bis 23 ImmoWertV **abgeleiteten Sachwerten ergeben:**

$$\text{Sachwertfaktor}_i = \frac{\text{Kaufpreis}_i}{\text{(vorläufiger) Sachwert}_i}$$

Geeignete Kaufpreise sind Kaufpreise, die im gewöhnlichen Geschäftsverkehr für gleichartig bebaute und genutzte Grundstücke entrichtet wurden, die keine besonderen objektspezifischen Grundstücksmerkmale aufweisen und nach ihrer Grundstücksart, Lage und Beschaffenheit der Grundstücksart zuzurechnen sind, für die der daraus ermittelte Sachwertfaktor gelten soll. Soweit die zur Ableitung der Sachwertfaktoren herangezogenen Kaufpreise durch besondere objektspezifische Grundstücksmerkmale beeinflusst sind, sind sie insoweit zu „bereinigen".

Beispiel:

- Im gewöhnlichen Geschäftsverkehr wurde für ein Einfamilienhaus ein Kaufpreis von 300 000 € erzielt.
- Der für das Objekt nach Maßgabe der §§ 21 bis 23 ImmoWertV ermittelte und um die besonderen objektspezifischen Grundstücksmerkmale bereinigte (vorläufige) Sachwert belaufe sich auf 400 000 €.

$$\text{Sachwertfaktor}_i = \frac{300\,000\ \text{€}}{400\,000\ \text{€}} = 0{,}75$$

Das ausgewogene Mittel aus einer ausreichenden Zahl n nach vorstehenden Grundsätzen ermittelter Einzelergebnisse ergibt dann den **Sachwertfaktor:**

$$\text{Sachwertfaktor} = \frac{\Sigma\ \text{Sachwertfaktor}}{\text{Anzahl der Einzelergebnisse i}}$$

- Ein **Sachwertfaktor ≥ 1** stellt sich danach ein, wenn der auf dem Grundstücksmarkt erzielbare Kaufpreis den Bodenwert und die alterswertgeminderten Herstellungskosten der baulichen und sonstigen Anlagen übersteigt und das Objekt mit Gewinn verkauft worden ist.
- Ein **Sachwertfaktor ≤ 1** stellt sich dagegen ein, wenn der auf dem Grundstücksmarkt erzielbare Kaufpreis den Bodenwert und die alterswertgeminderten Herstellungskosten unterschreitet und das Objekt mit Verlust verkauft worden ist.
- Bei einem **Sachwertfaktor von 1,0** besteht Identität zwischen (vorläufigem) Sach- und Verkehrswert.

Die Nachkommastellen des Sachwertfaktors geben die **prozentuale Abweichung des Verkehrswerts (Marktwerts) vom Sachwert** wieder, wobei sie bei Marktanpassungsfaktoren ≤ 1 von der Zahl 100 abzuziehen sind.

Beispiel:

- Es wurde ein Sachwertfaktor von 0,75 ermittelt. Hieraus folgt, dass der ermittelte vorläufige Sachwert um 25 % (= 100 – 75) zu vermindern ist, um zum Verkehrswert zu kommen.
- Es wurde ein Sachwertfaktor von 1,28 ermittelt. Hieraus folgt, dass der ermittelte Sachwert um 38 % zu erhöhen ist, um zum Verkehrswert zu kommen.

Die so definierten Sachwertfaktoren entsprechen mithin dem vom Nobelpreisträger *James Tobin* entwickelten Erklärungsmodell für Investitionen in Realkapital. Maßgebliche Kenngröße ist „**Tobins q**"[3]:

$$q = \frac{\text{Bestandspreis}}{\text{Reproduktionskosten}}$$

Nach diesem Erklärungsmodell lohnt sich eine Investition (z. B. die Herstellung eines Gebäudes), wenn der Bestandspreis eines Gutes (Verkehrswert/Marktwert) die Reproduktionskosten (Herstellungskosten i. S. des § 22 ImmoWertV) übersteigt. **Sachwertfaktoren sind von daher „Tobins q".** Die Herstellung eines Gebäudes lohnt sich, wenn sich ein Sachwertfaktor von 1 ergibt.

Mithilfe des für ein zu bewertendes bebautes Grundstück einschlägigen Sachwertfaktors kann der nach den §§ 21 bis 23 ImmoWertV ermittelte vorläufige Sachwert gemäß § 8 Abs. 2 Nr. 1 ImmoWertV an die allgemeinen Wertverhältnisse auf dem Grundstücksmarkt (Lage auf dem Grundstücksmarkt) angepasst werden.

Marktangepasster Sachwert =
Vorläufiger Sachwert (§§ 21 bis 23 ImmoWertV) × Sachwertfaktor (1)

---

[3] Vgl. Nitsch, H., Tobins q aus der Perspektive der Verkehrswertermittlung, in Festschrift für Fraucke, Nach der Wirtschafts- und Finanzkrise, Berlin 2013, S. 349.

IV § 14 ImmoWertV — Sachwertfaktoren

Beispiel:

- Für ein zu bewertendes Einfamilienhaus wurde nach den §§ 21 bis 23 ImmoWertV ein vorläufiger Sachwert von 350 000 € ermittelt.
- Der einschlägige Sachwertfaktor betrage 0,90.

Marktangepasster (vorläufiger) Sachwert = 350 000 € × 0,85 = rd. 300 000 €

27 Um zum Verkehrswert zu gelangen, müssen dann noch nach Maßgabe des § 8 Abs. 3 ImmoWertV die **besonderen objektspezifischen Grundstücksmerkmale** (Anomalien) in marktüblicher Höhe berücksichtigt werden.

4.2.1.2 Marktanpassungszu- und -abschläge

28 Mit den durch die ImmoWertV vorgegebenen Sachwertfaktoren ist eine Vereinheitlichung der Wertermittlungspraxis verbunden. In der Praxis wurde der Sachwert vielfach mithilfe von sog. „Marktanpassungszu- und -abschlägen" an den Verkehrswert angeglichen. Soweit es sich dabei um empirisch aus der Kaufpreissammlung abgeleitete Marktanpassungszu- und -abschläge handelt, entsprechen sie vollinhaltlich den vorstehend definierten Marktanpassungsfaktoren.

29 Entsprechend den vorstehenden Ausführungen lassen sich Marktanpassungszu- und -abschläge ermitteln, indem die **Differenz aus geeigneten Kaufpreisen bebauter Grundstücke und den dafür** nach Maßgabe der §§ 21 bis 23 ImmoWertV **abgeleiteten Sachwerten** gebildet wird (vgl. Abb. 1).

Marktanpassungszu- oder -abschlag$_i$ = Kaufpreis$_i$ – Sachwert$_i$

Abb. 1: Empirische Ermittlung von Marktanpassungszu- und -abschlägen

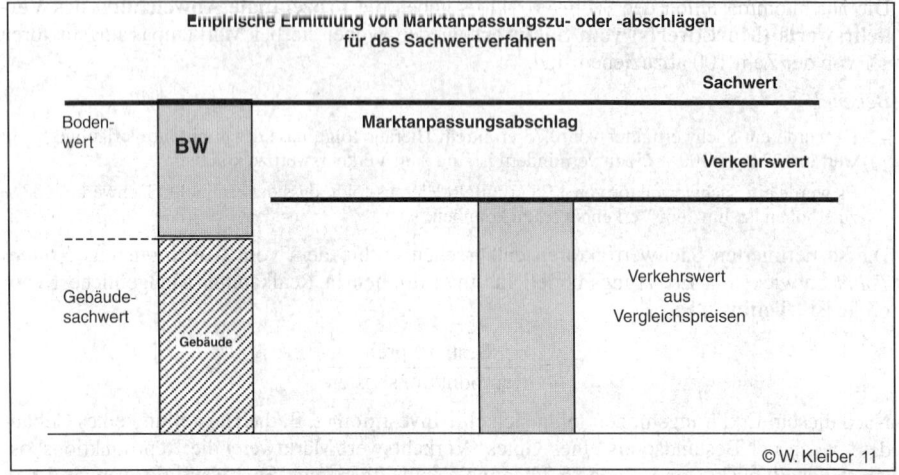

30 Während sich mit Sachwertfaktoren die Divergenz zwischen Verkehrs- und Sachwert in einem Vomhundertsatz bestimmt, ergibt sich mit Marktanpassungszu- und -abschlägen zunächst ein Absolutbetrag, aus dem sich dann die **Marktanpassung als Vomhundertsatz des Sachwerts** ableiten lässt, indem er ins Verhältnis zum Sachwert gesetzt wird.

Beispiel:

- Es liegt ein Kaufpreis von 1 000 000 € vor. Der Sachwert des Grundstücks wurde mit 880 000 € ermittelt.
- Der sich daraus ergebende Marktanpassungsabschlag beträgt 120 000 € (1 000 000 € – 880 000 €).
- Marktanpassung als Vomhundertsatz des Sachwerts = 12 % (= 120 000 €/1 000 000 €)

Sachwertfaktoren § 14 ImmoWertV IV

Die Ableitung von Sachwertfaktoren stellt sich eleganter dar, weil sich damit auf direktem Wege die Marktanpassung (Berücksichtigung der allgemeinen Wertverhältnisse auf dem Grundstücksmarkt) ermitteln lässt. 31

4.2.1.3 Gebäudebezogene Sachwertfaktoren

Sachwertfaktoren können auch bezogen auf den Sachwert der baulichen Anlage (Gebäudesachwert) ermittelt werden. Dazu müssen zunächst die Kaufpreise bebauter Grundstücke um den jeweiligen Bodenwert vermindert werden, wobei der Bodenwert nach Maßgabe des § 16 Abs. 1 Satz 1 ImmoWertV zu ermitteln ist. Der gebäudebezogene Sachwertfaktor ergibt sich nach vorstehenden Grundsätzen aus dem **Verhältnis der um den Bodenwert verminderten Kaufpreise zu den** dafür nach Maßgabe der §§ 21 bis 23 ImmoWertV abgeleiteten **Gebäudesachwerten**. 32

$$\text{Sachwertfaktor}_{\text{Gebäude}} = \frac{\text{Kaufpreis}_i - \text{Bodenwert}}{\text{(vorläufiger) Gebäudesachwert}} \quad (3)$$

Derartige Marktanpassungsfaktoren sind in der Praxis nicht gebräuchlich und auch nicht zu empfehlen, weil mit der Abspaltung des Bodenwerts Verfälschungen einhergehen können. 33

4.2.2 Ableitung von Sachwertfaktoren

4.2.2.1 Allgemeines

▶ *Vgl. Syst. Darst. des Sachwertverfahrens Rn. 137 ff.*

Die Sachwertfaktoren fallen für unterschiedliche Grundstücksarten und unterschiedliche Grundstückslagen unterschiedlich aus. Des Weiteren sind sie erfahrungsgemäß abhängig von der Größe, Beschaffenheit, Alter bzw. Restnutzungsdauer der baulichen Anlage, dem Bodenwert des Belegenheitsgebiets (Lage) und der Höhe des Sachwerts. Deswegen müssen **Sachwertfaktoren** – wie Umrechnungskoeffizienten, Ertrags- und Gebäudefaktoren – entsprechend **differenziert nach Grundstücksarten und Grundstückslagen sowie der Beschaffenheit der baulichen Anlagen** abgeleitet werden. 34

Auch überregional unterscheiden sich entsprechend differenziert abgeleitete Sachwertfaktoren, denn sie sind auch **abhängig von der überregionalen Lage, der Gemeindegröße, der Entfernung zu Ballungszentren (Makrolage) und vor allem von der Wirtschaftskraft der Region**. 35

Aus vorstehenden Gründen gibt es **keine allgemeingültigen Sachwertfaktoren**, mit denen die „allgemeinen Wertverhältnisse auf dem örtlichen Grundstücksmarkt" (Lage auf dem Grundstücksmarkt) berücksichtigt werden können. 36

Mit der vom BMVBS erlassenen SachwertR werden – von wenigen unbedeutsamen Vorgaben abgesehen – den Gutachterausschüssen **keine bundeseinheitlichen Standards für die Ableitung von Sachwertfaktoren** vorgegeben. Zur Ableitung von Sachwertfaktoren dürfen nach Maßgabe des § 9 ImmoWertV nur geeignete **Kaufpreise gleichartig bebauter Grundstücke** herangezogen werden, die der Grundstücksart und -lage sowie der Beschaffenheit der baulichen Anlagen der Grundstückskategorie entsprechen, für die der Sachwertfaktor gelten soll. Soweit Kaufpreise in ihren Grundstücksmerkmalen von den für die Ableitung des jeweiligen Sachwertfaktors maßgeblichen Grundstücksmerkmalen abweichen (vergleichsstörender Momente), sind sie nach § 9 Abs. 3 ImmoWertV grundsätzlich zu „bereinigen". Auch müssen die in die Ableitung eingehenden Kaufpreise **auf einen gemeinsamen Stichtag** bezogen sein, denn Sachwertfaktoren sind wie Gebäude- und Ertragsfaktoren zeitabhängige Größen. Bei ihrer Veröffentlichung ist deshalb der Bezugsstichtag mit anzugeben. 37

Zur Ableitung von Sachwertfaktoren sind Kaufpreise von Grundstücken heranzuziehen, die möglichst keine „besonderen objektspezifischen Grundstücksmerkmale" i. S. des § 8 Abs. 3 ImmoWertV aufweisen, denn damit würde sich das Ergebnis verfälschen; die zur Ableitung 38

IV § 14 ImmoWertV — Sachwertfaktoren

von Sachwertfaktoren herangezogenen Kaufpreise müssen ggf. um den Werteinfluss der besonderen objektspezifischen Grundstücksmerkmale „bereinigt" werden. Dies ist eine wesentliche Voraussetzung dafür, dass den ermittelten Sachwertfaktoren eine breite Allgemeingültigkeit beigemessen werden kann. Im Rahmen der Marktwertermittlung unter Anwendung des Sachwertverfahrens werden auch die „besonderen objektspezifischen Grundstücksmerkmale" des zu bewertenden Grundstücks nach Maßgabe des § 8 Abs. 2 ImmoWertV erst im Anschluss an die Marktanpassung zur Berücksichtigung der allgemeinen Wertverhältnisse auf dem Grundstücksmarkt berücksichtigt. Dementsprechend müssen sich die Sachwertfaktoren auf marktübliche Grundstücksverhältnisse ohne besondere objektspezifische Grundstücksmerkmale (Sachwertbezogenes Referenz- bzw. Normgrundstück) beziehen. Deswegen werden **Sachwertfaktoren aus dem Verhältnis von Kaufpreisen und dem „vorläufigen" Sachwert der jeweiligen Grundstücke** ermittelt.

39 Den in Anlage 5 zu der SachwertR aufgeführten **Modellparametern für die Ermittlung des Sachwerts** lassen sich eine Reihe von Grundsätzen entnehmen, die im Rahmen der Ableitung von Sachwertfaktoren bei der Ermittlung des vorläufigen Sachwerts standardmäßig zur Anwendung kommen können:

Normalherstellungskosten	NHK 2010 (Anlage 1 der SachwertR), die keine Berücksichtigung von Gebäudebaujahrsklassen vorsehen und die Baunebenkosten einschließen.
Gebäudestandard	nach Standmerkmalen und Standardstufen (Anlage 2 der SachwertR)
Korrekturfaktor für Land und Ortsgröße (Regionalfaktor)	keine
Baupreisindex	Preisindex für die Bauwirtschaft des Statistischen Bundesamtes
Baujahr	ursprüngliches Baujahr
Gesamtnutzungsdauer	nach Anlage 3 der SachwertR
Restnutzungsdauer	Gesamtnutzungsdauer abzüglich Alter, ggf. modifizierte Restnutzungsdauer. Bei Modernisierungsmaßnahmen Verlängerung der Restnutzungsdauer nach Anlage 4 der SachwertR.
Alterswertminderung	linear
Wertansatz, für bauliche Außenanlagen, sonstige Anlagen	kein gesonderter Ansatz – Anlagen sind im üblichen Umfang im Sachwert enthalten *oder* pauschaler Ansatz in Höhe von ...
Wertansatz für bei der BGF-Berechnung nicht erfasste Bauteile	kein gesonderter Ansatz – Bauteile sind im üblichen Umfang im Sachwert enthalten *oder* pauschaler Ansatz in Höhe von ...
Besondere objektspezifische Grundstücksmerkmale	keine bzw. entsprechende Kaufpreisbereinigung
Bodenwert	ungedämpft, zutreffender Bodenrichtwert ggf. angepasst an die Merkmale des Einzelobjekts
Grundstücksfläche	marktüblich objektbezogene Grundstücksfläche

Nach diesen **Empfehlungen** kann bei der Ableitung der Sachwertfaktoren der vorläufige Sachwert ermittelt werden
– ohne Berücksichtigung eines Orts- oder Regionalfaktors,
– ohne einen gesonderten Ansatz für die baulichen und sonstigen Außenanlagen,
– ohne einen gesonderten Ansatz für die mit der reduzierten BGF_{red} nicht erfassten besonderen Bauteile, Einrichtungen und sonstige Vorrichtungen

auf der Grundlage
– des Modellansatzes der Gesamtnutzungsdauer unter Berücksichtigung des Gebäudestandards nach Anl. 3 der SachwertR,
– der ggf. durch Modernisierungsmaßnahmen verlängerten Restnutzungsdauer und
– einer marktüblichen objektbezogenen Grundstücksgröße.

Bei alldem muss deshalb zum Sachwertfaktor angegeben werden
a) der „übliche" Umfang der baulichen und sonstigen Außenanlagen,
b) der übliche Umfang der mit der reduzierten BGF_{red} nicht erfassten besonderen Bauteile, Einrichtungen und sonstige Vorrichtungen sowie
c) die marktübliche objektbezogene Grundstücksgröße,

damit die diesbezüglichen Abweichungen des zu bewertenden Grundstücks differenziell berücksichtigt werden können.

Zu den mit der reduzierten BGF_{red} nicht erfassten besonderen Bauteile und Einrichtungen wird unter Nr. 4.1.1.7 der SachwertR darauf hingewiesen, dass werthaltige, bei der BGF-Berechnung nicht erfasste **besondere „Bauteile** (Dachgauben, Balkone[4] und Vordächer)" ergänzend anzusetzen sind und ihr Werteinfluss ggf. als besonderes objektspezifisches Grundstücksmerkmal nach der Marktanpassung zu berücksichtigen ist, wenn diese Bauteile erheblich vom Üblichen abweichen, wobei das „Übliche" nach Anlage 7 vom Gutachterausschuss anzugeben ist.

Zu den sog. **c-Flächen** (i. S. der DIN 277) wird in der SachwertR lediglich ausgeführt, dass sie bei der Ermittlung der BGF nicht berücksichtigt werden sollen und es bleibt unklar, ob und ggf. in welchem Umfang die auf die c-Flächen entfallenden Herstellungskosten in den ausgewiesenen Kostenkennwerten der NHK 2010 enthalten sind. Grundsätzlich müssen auch die mit den Kostenkennwerten der herangezogenen NHK oder sonstwie nicht erfassten Kosten der c-Flächen zumindest dann ergänzend berücksichtigt werden, wenn sie erheblich vom Üblichen abweichen, wobei auch diesbezüglich das „Übliche" vom Gutachterausschuss anzugeben ist.

Dabei ist zur Vereinfachung zu empfehlen, dass bei der Ermittlung der Sachwertfaktoren die **üblichen „c-Flächen" und üblichen besonderen „Bauteile, Einrichtungen und sonstige Vorrichtungen" nicht besonders berücksichtigt** werden; in diesem Fall gehen sie nämlich direkt in den Sachwertfaktor ein und der Anwender des Sachwertfaktors braucht diese Positionen auch nicht mehr zu berücksichtigen, soweit sie bei dem zu bewertenden Grundstück dem üblichen Umfang entsprechen, wobei unwesentliche Abweichungen außer Betracht bleiben können.

Die Ableitung des Sachwertfaktors nach vorstehenden Grundsätzen bedeutet, dass die Regionalisierung der Normalherstellungskosten, die baulichen und sonstigen Außenanlagen, die mit der BGF nicht erfassten besonderen Bauteile und Einrichtungen sowie die c-Flächen in einem vom Gutachterausschuss für Grundstückswerte anzugebenden „üblichen Umfang" quasi automatisch in den Sachwertfaktor eingehen und bei Anwendung dieses Sachwertfaktors eine ergänzende Berücksichtigung nur noch in Betracht kommen kann, wenn die Außenanlagen, die besonderen „Bauteile, Einrichtungen und sonstige Vorrichtungen" sowie c-Flächen erheblich vom Üblichen abweichen.

Soweit es unvermeidlich ist, dass regional übliche „besondere objektspezifische Grundstücksmerkmale" i. S. des § 8 Abs. 3 ImmoWertV in die Ableitung der Sachwertfaktoren eingehen, muss dies bei der **Veröffentlichung der Sachwertfaktoren** dargelegt werden.

Da sich die allgemeinen Wertverhältnisse auf dem Grundstücksmarkt mit fortschreitender Zeit ändern, sind auch die **Sachwertfaktoren zeitlichen Änderungen unterworfen**. Sachwertfaktoren sind mithin nicht statisch und müssen fortgeschrieben werden, wenn sich die Lage auf dem Grundstücksmarkt verändert hat.

Aus den vorstehenden Gründen ist bei der Veröffentlichung von Sachwertfaktoren der **Bezugszeitpunkt** anzugeben. Bei Heranziehung „älterer" Sachwertfaktoren muss zwischenzeitlich eingetretenen Änderungen der allgemeinen Wertverhältnisse auf dem Grundstücksmarkt Rechnung getragen werden.

---

[4] Nach der DIN 277 ist der überdachte Balkon eine b-Fläche und der nicht überdachte Balkon eine c-Fläche.

4.2.2.2 Anpassungsfaktoren

41 Die Gutachterausschüsse gehen vielfach dazu über, ergänzend zu den nach einem vorgegebenen Modell der Sachwertermittlung für die Eigenschaften eines bestimmten Referenzgrundstücks (Normgrundstück) abgeleiteten Sachwertfaktoren sog. Anpassungsfaktoren abzuleiten, mit denen die Sachwertfaktoren in Abhängigkeit von bestimmten Einflussgrößen nachkorrigiert werden.

42 Es werden insbesondere **Anpassungsfaktoren zur Berücksichtigung unterschiedlicher Lagen** abgeleitet, wobei sich die Lage nach dem jeweiligen Bodenrichtwert und der zur berücksichtigende Lageunterschied nach der zum Referenzgrundstück angegebenen Lage bemisst.

43

Anpassungsfaktoren zu Sachwertfaktoren von Ein- und Zweifamilienhäusern in Niedersachsen				
Bodenrichtwert	LK Cloppenburg		LK Oldenburg	LK Vechta
	Südlicher Bereich	Nördlicher Bereich		
€/m²				
30	0,94	0,94	0,90	0,95
40	0,97	0,99	0,92	0,96
50	**1,00**	**1,00**	0,94	0,99
60	1,03	1,02	0,96	**1,00**
70	1,06	1,03	0,99	1,01
80	1,07	1,06	**1,00**	1,03
90	1,10	1,05	1,03	1,04
100	1,11	-	1,06	1,06
110	1,13	-	1,07	1,07
120	1,14	-	1,10	1,08

Quelle: Grundstücksmarktbericht Delmenhorst 2013

Von anderen Gutachterausschüssen werden beispielsweise **Anpassungsfaktoren zur Berücksichtigung eines abweichenden Verhältnisses der Bruttogrundfläche zur Wohnfläche** veröffentlicht (z.B. *LK Diepholz,* Grundstücksmarktbericht Sulingen 2013).

4.3 Sachwertfaktorenbestimmende Einflüsse

4.3.1 Allgemeines

44 Die Höhe des Sachwertfaktors bestimmt sich nach **zwei Hauptgruppen von Einflussfaktoren** (Abb. 2), nämlich nach

a) der *Methodik des angewandten Sachwertverfahrens, die zur Ableitung der Sachwertfaktoren zur Anwendung kommt* einschließlich dabei unterlaufener Fehler (!),

b) den *allgemeinen Wertverhältnissen auf dem Grundstücksmarkt* (Lage auf dem Grundstücksmarkt), die im genuinen Sinne in die zur Ableitung der Sachwertfaktoren herangezogenen Kaufpreise eingehen,

c) den durchschnittlichen Grundstücksmerkmalen der ausgewerteten Kaufpreise und

d) den im Rahmen der Ableitung des Sachwertfaktors in die Ermittlung des (vorläufigen) Sachwerts eingeführten Parametern, wie z. B. der als Modellgröße angesetzten Gesamtnutzungsdauer und der daraus resultierenden vorläufigen Restnutzungsdauer.

Abb. 2: Einflussfaktoren

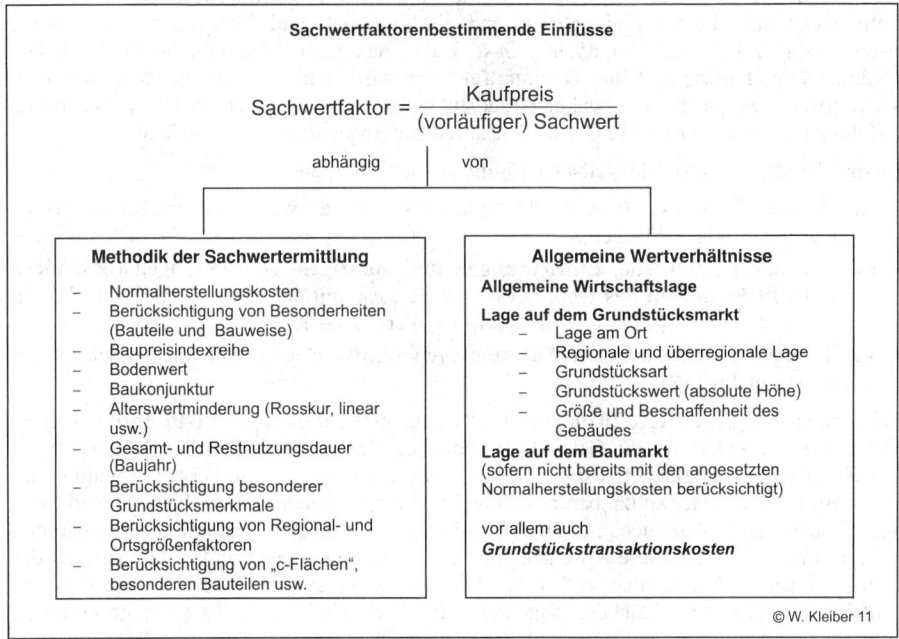

Dass sich der Sachwertfaktor nicht nur nach den „allgemeinen Wertverhältnissen auf dem Grundstücksmarkt" (Lage auf dem Grundstücksmarkt), sondern vor allem nach der *Methodik des angewandten Sachwertverfahrens* begründet, dass er sich aus dem Verhältnis der Kaufpreise von Grundstücken zu den dafür jeweils ermittelten Sachwerten ergibt.

4.3.2 Methodik der Sachwertermittlung

4.3.2.1 Übersicht

▶ *Vgl. Syst. Darst. des Sachwertverfahrens Rn. 52 ff., 112 ff.*

Der zur Ableitung der Sachwertfaktoren zu ermittelnde Sachwert bestimmt sich nach den §§ 21 bis 23 ImmoWertV und den **in die Sachwertermittlung eingehenden Modellparametern**. Anlage 7 der SachwertR gibt für die Ableitung von Sachwertfaktoren die unter Rn. 39 genannten Modellparameter vor.

Die SachwertR gibt keine Hinweise, wie **Drempel, Gaupen, Spitzböden** und dgl. zu berücksichtigen sind. In jedem Fall müssen bei der Ableitung der Sachwertfaktoren auch diese Besonderheiten der baulichen Anlagen einschließlich der **Giebelbreiten, Trauflängen, Dachneigungen und die Nutzbarkeit von Dachgeschossen** nach Umfang und Höhe erfasst werden, wenn man tatsächlich die diesbezüglichen Empfehlungen der Nr. 4.1.1.6 der SachwertR praktizieren will. Das wird man allerdings nicht erwarten können, denn dies setzt eine intensive Ortsbesichtigung voraus und es macht keinen Sinn die Gutachterausschüsse durch unsinnige Tätigkeiten zu überlasten.

Von besonderer Bedeutung ist vor allem die **Berücksichtigung von Regional- und Ortsgrößenfaktoren** bei der Ableitung der Sachwertfaktoren. Es empfiehlt sich, entsprechend vorstehenden Hinweisen, den Sachwertfaktor auf der Grundlage vorläufiger Sachwerte abzuleiten, die ihrerseits nicht regionalisiert worden sind. Wird dann bei der Ableitung der Sachwertfaktoren der nicht regionalisierte (vorläufige) Sachwert ins Verhältnis zu den auf dem örtlichen Grundstücksmarkt anfallenden Kaufpreisen gesetzt, stellt sich der so abgeleitete Sachwertfaktor zugleich als Regionalisierungsfaktor dar (**regionalspezifischer Sachwertfaktor**). Mit der Heranziehung dieser Sachwertfaktoren werden die als Bundesmittelwerte ausgewiesenen Normalherstellungskosten regionalisiert und ein Regional- und Ortsgrößenfaktor werden insoweit entbehrlich (vgl. Rn. 85 und Syst. Darst. des Sachwertverfahrens Rn. 123). Die **ergänzende Ableitung örtlicher Regionalfaktoren** wird gleichwohl sinnvoll sein, wenn die Sachwertfaktoren nur für ausgewählte Grundstücksarten abgeleitet werden und das Sachwertverfahren dann auch für andere Grundstücksarten zur Anwendung kommen kann.

Entsprechendes gilt grundsätzlich auch für die Berücksichtigung der

- mit der reduzierten BGF (vgl. Rn. 39, Syst. Darst. des Sachwertverfahrens Rn. 67, 70 ff.) nicht erfassten sog. c-Flächen,
- der **besonderen Bauteile, Einrichtungen und sonstigen Vorrichtungen (besondere Betriebseinrichtungen des Gebäudes)**, soweit diese mit den Normalherstellungskosten nicht erfasst werden (§ 22 Abs. 2 Satz 2 ImmoWertV) sowie
- der **baulichen und sonstigen Außenanlagen (Aufwuchs)**, soweit die Außenanlagen nicht angesetzt werden.

Bei Heranziehung der **NHK 2010** wird der Kostenanteil der genannten c-Flächen und Bauteile mit den in einem für die Gebäudeart „üblichen Umfang" mit dem Sachwertfaktor des Gutachterausschusses für Grundstückswerte erfasst, soweit dieser ihn bei der Ableitung der Sachwertfaktoren nicht explizit berücksichtigt hat. Entsprechendes gilt für bauliche und sonstige Außenanlagen (Aufwuchs), die bei der Ableitung der Sachwertfaktoren nicht angesetzt wurden. Insoweit gehen diese Kostenanteile bei der Ableitung der Sachwertfaktoren auf der Grundlage der NHK „automatisch" in den Sachwertfaktor ein. Bei erheblich vom üblichen Umfang abweichenden c-Flächen, Bauteilen (z. B. übergroße Balkone, Loggien, große Dachterrassen und Ähnliches) und Außenanlagen können diese ergänzend bei der Sachwertermittlung nach Maßgabe des § 8 Abs. 3 ImmoWertV berücksichtigt werden (vgl. Syst. Darst. des Sachwertverfahrens Rn. 58 ff.).

Bei der **Veröffentlichung der Sachwertfaktoren** muss dargelegt werden, ob und ggf. in welchem **„üblichen" Umfang c-Flächen, besondere Bauteile und Außenanlagen mit dem Sachwertfaktor erfasst** werden (vgl. Syst. Darst. des Sachwertverfahrens Rn. 112).

47 **Unterschiedliche Ansätze** vorstehender Parameter der Sachwertermittlung **führen zu unterschiedlichen Sachwertfaktoren.** Darüber hinaus gehen methodische Fehler der Sachwertermittlung nicht nur in den Sachwert, sondern auch in die damit ermittelten Sachwertfaktoren ein.

4.3.2.2 Bodenwert

▶ *Syst. Darst. des Sachwertverfahrens Rn. 48 ff.; Erläuterungen zu § 16 ImmoWertV*

48 Der im Rahmen des Sachwertverfahrens gemäß § 21 Abs. 1 Satz 1 ImmoWertV anzusetzende **Bodenwert** ist nach § 16 Abs. 1 Satz 1 ImmoWertV **ohne Berücksichtigung der Bebauung** mit dem Wert eines unbebaut gedachten Grundstücks zu ermitteln; dementsprechend darf der Bodenwert auch bei der Ableitung des Sachwertfaktors nicht gedämpft werden.

49 **Dämpfung des Bodenwerts bedeutet eine Minderung des Bodenwerts** aufgrund der bloßen Tatsache, dass das Grundstück bebaut ist. Sie wird vielfach allein damit begründet, dass der Grund und Boden selbst bei baurechtkonformer Bebauung schlichtweg „verbraucht" und infolge der wegfallenden Disponierbarkeit im Wert gesunken sei.

50 Die **Bodenwertdämpfung**, soweit sie von einzelnen Gutachterausschüssen für Grundstückswerte postuliert wurde, **führt zwangsläufig zu einer „Aufblähung", aber auch „Schrumpfung" des Sachwertfaktors,** und zwar entsprechend Art und Umfang der praktizierten Dämpfungsmethodik. Hieraus wiederum folgt, dass bei der Veröffentlichung solcher Sachwertfaktoren für außenstehende Sachverständige die vom Gutachterausschuss praktizierte Dämpfungsmethodik bei der Veröffentlichung solcher Sachwertfaktoren bekannt gegeben werden muss.

Der Bodenwert wird im Wesentlichen bestimmt durch die Lage des Grundstücks, die Nutzbarkeit, die Grundstücksgröße, den abgabenrechtlichen Zustand und vieles mehr (vgl. §§ 6, 15 und 16 ImmoWertV). Dementsprechend sind die **Merkmale des Grund und Bodens ein wesentlicher Bestandteil des „Modells" der Ableitung von Sachwertfaktoren** und neben der in Anl. 6 der SachwertR erwähnten Grundstücksfläche ist insbesondere die Lage zu berücksichtigen. Die Gutachterausschüsse tragen dem zumeist damit Rechnung, dass sie Sachwertfaktoren differenziert nach Lagen unterschiedlichen Bodenrichtwertgefüges ableiten. 51

4.3.2.3 Normalherstellungskosten

▶ *Syst. Darst. des Sachwertverfahrens Rn. 58 ff.; § 22 ImmoWertV Rn. 14*

Nach § 22 Abs. 1 ImmoWertV sind die Herstellungskosten der baulichen Anlage unter Heranziehung **gewöhnlicher Herstellungskosten** (Normalherstellungskosten) zu ermitteln, wobei die Vorschrift keine speziellen Normalherstellungskosten vorgibt. 52

Unterschiedliche Normalherstellungskosten führen nicht nur **zu unterschiedlichen Sachwerten**, sondern müssen auch zu unterschiedlichen Sachwertfaktoren führen. **Sachwertfaktoren dürfen** deshalb **nur komplementär zu den Normalherstellungskosten zur Anwendung kommen, die der Ableitung der Sachwertfaktoren zugrunde liegen (komplementäre Sachwertfaktoren).** 53

Die zum Zeitpunkt des Erlasses der Normalherstellungskosten 2010 (NHK 2010) gebräuchlichen Sachwertfaktoren waren vorwiegend auf der Grundlage der in den WERTR 06 veröffentlichten Normalherstellungskosten abgeleitet worden (NHK 2000 bzw. NHK 95). Die auf dieser Grundlage abgeleiteten Sachwertfaktoren können nach Einführung neuer Normalherstellungskosten demzufolge nur auf darauf sich gründende Sachwertermittlungen anwendbar sein. **Bei Heranziehung der Normalherstellungskosten 2010 (NHK 2010) müssen Sachwertfaktoren herangezogen werden, die auf der Grundlage der NHK 2010 ermittelt worden sind.** 54

Die Höhe der Sachwertfaktoren (Marktanpassungsfaktoren) ist des Weiteren davon abhängig, ob und inwieweit **„besondere Bauteile, Einrichtungen oder sonstige Vorrichtungen", bauliche und sonstige Außenanlagen (Aufwuchs) sowie sog. c-Flächen** bei deren Ableitung berücksichtigt wurden (vgl. Rn. 39, 46). 55

Die Höhe der Normalherstellungskosten ist von der Region und der Ortsgröße abhängig. Dem wurde bislang dadurch Rechnung getragen, dass die herangezogenen Normalherstellungskosten (NHK 2000 und NHK 95) mit entsprechenden Ortsgrößen- und Regionalfaktoren auf die Verhältnisse des Belegenheitsgebiets umgerechnet wurden. Die Regionalisierung kann aber auch in den Sachwertfaktor „verlagert" werden, indem der **Sachwertfaktor auf der Grundlage nicht regionalisierter Sachwertermittlungen abgeleitet** wird. Die Regionalisierung erfolgt dann mit dem so ermittelten Sachwertfaktor (vgl. Rn. 46). 56

Vom örtlichen Gutachterausschuss ermittelte Sachwertfaktoren, mit denen der auf der Grundlage der sich auf das Bundesgebiet beziehenden NHK 2010 ermittelte (vorläufige) Gebäudesachwert regionalisiert wird, sind von daher auf Sachwertermittlungen in anderen Belegenheitsbereichen allenfalls nur insoweit übertragbar, wie die Lage auf dem Baumarkt vergleichbar ist. 57

4.3.2.4 Alter und Alterswertminderung

▶ *Syst. Darst. des Sachwertverfahrens Rn. 178 ff., § 23 ImmoWertV Rn. 7 ff.; § 6 ImmoWertV Rn. 370 ff.*

58 Über den **Verlauf der marktgerechten Alterswertminderung** nach § 23 ImmoWertV gehen die Auffassungen weit auseinander. Diese reichen von der Annahme, dass der Gebäudesachwert mit der Errichtung der Bebauung – quasi wie im Falle der Weiterveräußerung eines Neuwagens – schlagartig absinke, über die lineare Wertminderung bis hin zur sog. „Rosskur".

59 Die Verhältnisse verdeutlichen sich am nachfolgenden Kurvenvergleich (Abb. 3):

Abb. 3: Abschreibungskurven und ihre Unterschiede

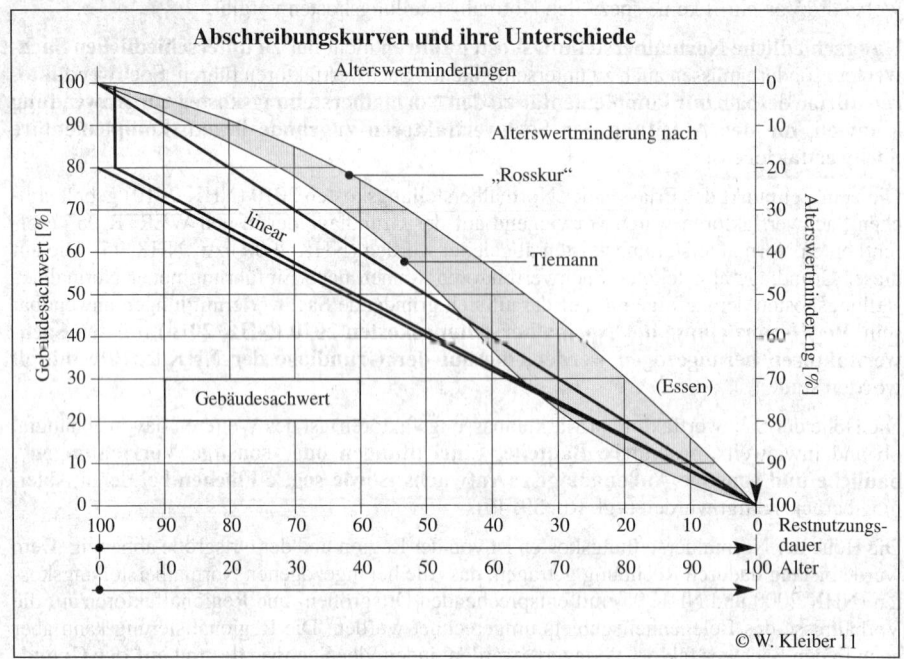

60 Die von den Gutachterausschüssen abgeleiteten Sachwertfaktoren sind aus den vorstehenden Gründen von der vom Gutachterausschuss bei seiner Sachwertermittlung angewandten Abschreibungsmethodik abhängig (Abb. 4).

Abb. 4: Sachwertfaktoren bei Anwendung unterschiedlicher Alterswertabschreibungskurven

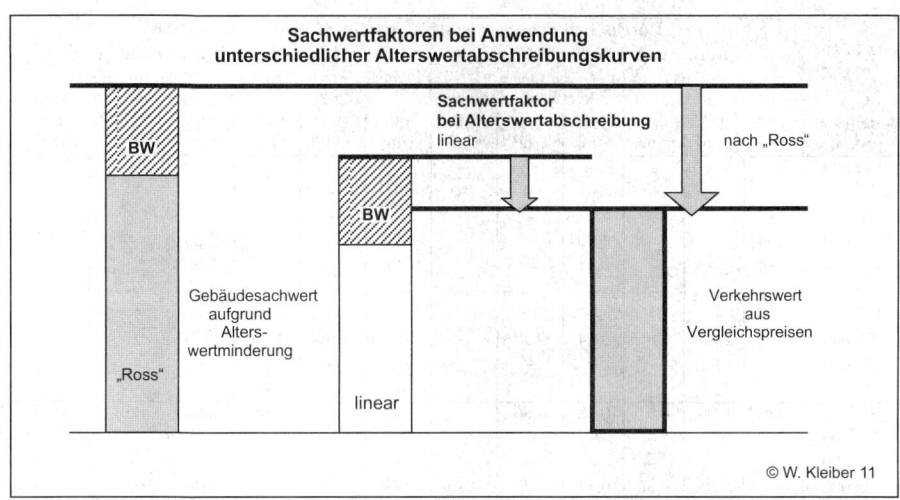

Allein aus der Wahl der Alterswertabschreibungskurve können sich Unterschiede im ermittelten Gebäudesachwert von 20 % und sogar mehr ergeben, d. h. in einer Größenordnung, die vielfach dem Sachwertfaktor entspricht.

Beispiel:

Sachwertobjekt mit einer	Gesamtnutzungsdauer von	100 Jahren
	Restnutzungsdauer von	35 Jahren
Ermittelter Herstellungswert zum Wertermittlungsstichtag		1 Mio. €

	Alterswertminderung nach				
	Ross	linear	Tiemann	TEGoVA	Vogels
Herstellungswert in T€	1 000	1 000	1 000	1 000	1 000
Alterswertminderung	540	650	664	507	611
Gebäudesachwert in T€	469	350	336	493	389

$\Delta = 124\,000\ €$

Nach einer neuern Untersuchung ergeben sich z. B. für *Südhessen* folgende Unterschiede in den Sachwertfaktoren (Abb. 5):

Abb. 5: Sachwertfaktoren für freistehende Ein- und Zweifamilienhäuser sowie Reihen- und Doppelhäuser in Südhessen

Sachwert	Durchschnittliche Sachwertfaktoren für Südhessen (NHK 2000)											
	freistehende EFH und ZFH						Reihen- und Doppelhaushälften					
	Alterswertminderung nach Ross			Lineare Alterswertminderung			Alterswertminderung nach Ross			Lineare Alterswertminderung		
Bodenrichtwert	150 €/m²	275 €/m²	400 €/m²	150 €/m²	275 €/m²	400 €/m²	150 €/m²	275 €/m²	400 €/m²	150 €/m²	275 €/m²	400 €/m²
50 000	–	–	–	–	–	–	–	–	–	–	–	–
75 000	–	–	–	–	–	–	–	–	–	–	–	–
100 000	–	–	–	–	–	–	–	–	–	–	–	–
125 000	1,04	–	–	1,00	–	–	1,08	–	–	1,05	–	
150 000	0,94	–	–	0,91	–	–	0,98	1,04	–	0,96	1,02	
160 000	–	–	–	–	–	–	–	–	–	–	–	
170 000	–	–	–	–	–	–	–	–	–	–	–	
175 000	0,86	0,95	–	0,84	0,90	–	0,90	0,97	1,03	0,90	0,96	1,01
180 000	–	–	–	–	–	–	–	–	–	–	–	–
190 000	–	–	–	–	–	–	–	–	–	–	–	–
200 000	0,80	0,90	0,91	0,78	0,86	–	0,84	0,92	0,98	0,84	0,91	0,97
210 000	–	–	–	–	–	–	–	–	–	–	–	–
220 000	–	–	–	–	–	–	–	–	–	–	–	–
225 000	0,75	0,85	0,88	0,73	0,82	0,89	0,79	0,87	0,94	0,80	0,86	0,93
230 000	–	–	–	–	–	–	–	–	–	–	–	–
240 000	–	–	–	–	–	–	–	–	–	–	–	–
250 000	0,71	0,81	0,85	0,69	0,78	0,86	0,74	0,83	0,91	0,76	0,83	0,90
260 000	–	–	–	–	–	–	–	–	–	–	–	–
270 000	–	–	–	–	–	–	–	–	–	–	–	–
275 000	0,67	0,78	0,82	0,66	0,75	0,83	0,71	0,80	0,88	0,73	0,80	0,88
280 000	–	–	–	–	–	–	–	–	–	–	–	–
290 000	–	–	–	–	–	–	–	–	–	–	–	–
300 000	0,64	0,75	0,80	0,63	0,73	0,81	0,67	0,77	0,85	0,70	0,77	0,85
320 000	–	–	–	–	–	–	–	–	–	–	–	–
325 000	0,61	0,72	0,78	0,60	0,71	0,79	0,64	0,74	0,83	0,68	0,74	0,83
340 000	–	–	–	–	–	–	–	–	–	–	–	–
350 000	0,59	0,70	0,77	0,58	0,69	0,77	0,62	0,72	0,81	0,65	0,72	0,81
360 000	–	–	–	–	–	–	–	–	–	–	–	–
375 000	0,57	0,68	0,76	0,56	0,67	0,75	–	0,70	0,79	–	0,70	0,79
380 000	–	–	–	–	–	–	–	–	–	–	–	–
400 000	–	0,66	0,75	–	0,65	0,74	–	0,68	0,77	–	0,68	0,78
425 000	–	0,64	0,74	–	0,64	0,73	–	–	0,76	–	–	–
450 000	–	0,63	0,73	–	0,62	0,72	–	–	0,74	–	–	–
475 000	–	0,61	0,72	–	0,61	0,71	–	–	–	–	–	–
500 000	–	–	0,71	–	–	0,70	–	–	–	–	–	–
525 000	–	–	0,70	–	–	0,69	–	–	–	–	–	–
550 000	–	–	0,69	–	–	0,68	–	–	–	–	–	–
575 000	–	–	–	–	–	–	–	–	–	–	–	–

Quelle: Grundstücksmarktbericht 2011 AfB Heppenheim

64 *Beispiel: Sachwertfaktoren in Düsseldorf:*

Nach Untersuchungen des Gutachterausschusses für Grundstückswerte in Düsseldorf wurden auf folgender Grundlage der Sachwertermittlung
- Normalherstellungskosten auf der Basis 2000 = 100,
- Brutto-Grundfläche nach DIN 277,
- unter Berücksichtigung des Regionalisierungsfaktors für Düsseldorf (1,15),
- Baupreisindex für Deutschland (2005 = 100),
- Nutzungsdauer der Gebäude 80 – 90 Jahre, bei Geschäfts- und Siedlungshäusern 60 – 70 Jahre
- Alterswertminderung unter Berücksichtigung des Modernisierungsgrades nach Sachwertmodell NRW nach Ross und linear,

Sachwertfaktoren § 14 ImmoWertV IV

- Bodenwert aus Bodenrichtwert abgeleitet,
- gewerblicher Anteil in % des Rohertrags

folgende Sachwertfaktoren abgeleitet (Abb. 6):

Abb. 6: Sachwertfaktoren in Düsseldorf (Kaufpreisauswertung zum 1.1.2013)

Sachwertfaktoren in Düsseldorf (Kaufpreisauswertung zum 1.1.2011) – NHK 2000 –				
Gebäudegruppe	Baujahr			
	1925 bis 1947 ⌀ 1925	1948 bis 1974 ⌀ 1958	1975 bis 2008 ⌀ 1980	2009 bis 2012
Ein- und Zweifamilienhäuser				
Einfamilien-Reihenhäuser	1,20 (1,40)	1,10 (1,25)	1,05 (1,15)	0,95 (0,95)
Reihenstadthäuser	1,75 (1,95)	–	–	–
freisteh. Ein und Zweifamilienhäuser (Bauland ≤ 800 m²)	1,20 (1,30)	1,05 (1,15)	1,10 (1,20)	0,95 (0,95)
freist. Ein und Zweifamilienhäuser (Bauland ≥ 800 m²)	1,05 (1,15)	1,00 (1,05)	1,00 (1,05)	–
Dreifamilienhäuser	1,10 (1,20)	1,05 (1,15)	–	–
Mietwohnhäuser (Gewerblicher Anteil ≤ 20 %)	1,00 (1,15)	0,95 (1,10)	0,80 (0,90)	–
gemischt genutzte Gebäude (Gewerblicher Anteil ≥ 20 %)	1,10 (1,25)	0,95 (1,10)	0,80 (0,90)	–
Ergänzende Hinweise – *Bei nicht modernisiertem, eher ursprünglichem Bauzustand kann ein Abschlag von 5 % vorgenommen werden,* – *Immissionen können mit einem Abschlag von bis 5 % berücksichtigt werden,* – *in besonders guten zentrumsnahen Wohnlagen kann ein Zuschlag von 5 % angebracht werden.* – *bei Reihenstadthäusern (Baujahr < 1948) sind NHK-2000-Werte in Anlehnung an Einfamilien-Wohnhäuser freistehend zu verwenden.*				

Quelle: Gutachterausschuss für Grundstückswerte in Düsseldorf (Grundstücksmarktbericht 2013)
Hinweis: Zu den Sachwertfaktoren in *Frankfurt am Main* vgl. GuG 2011, 296

Die Auswertung des Gutachterausschusses von *Düsseldorf* macht, wie im Übrigen auch die Auswertungen anderer Gutachterausschüsse, die **Abhängigkeit des Sachwertfaktors vom Baujahr des Gebäudes** (bzw. Gebäudealtersklasse) deutlich. 65

Während nach § 23 WertV 88/98 die Wahl der Abschreibungsmethodik (Alterswertminderung) noch ins Ermessen des Gutachterausschusses gestellt war, wird ihm mit § 23 ImmoWertV aufgegeben, bei der Sachwertermittlung „in der Regel eine gleichmäßige Wertminderung", d. h. eine **lineare Alterswertminderung** zugrunde zu legen. Diese Vorgabe hat den Vorteil einer einheitlichen Handhabung, und die von verschiedenen Gutachterausschüssen abgeleiteten Sachwertfaktoren werden zumindest insoweit vergleichbar. 66

Bisher galt es, die **Alterswertminderungsmethode** anzuwenden, **die der Gutachterausschuss bei der Ableitung der Marktanpassungsfaktoren zugrunde gelegt hat,** wenn man seine Marktwertermittlung auf diese stützen wollte, und da galt es Acht zu geben, denn vielfach kamen auch exotische Abschreibungsmethoden zur Anwendung. Künftig wird man sich aufgrund der Vorgabe des § 23 ImmoWertV darauf verlassen können, dass den veröffentlichten Sachwertfaktoren eine Sachwertermittlung unter Heranziehung einer linearen Alterswertminderung zugrunde liegt. Die lineare Alterswertminderung ist die einfachste Form der Abschreibung, und die Vorgabe, sie „in der Regel" anzuwenden, ist allein schon deshalb ein Fortschritt, weil künftig alle dieselbe Methode anwenden. Damit werden nicht nur die von den Gutachterausschüssen abgeleiteten Sachwertfaktoren vergleichbarer, sondern auch die 67

Gutachten verschiedener Sachverständiger untereinander und somit unnötige Auseinandersetzungen vermieden.

68 Die mit Inkrafttreten der ImmoWertV auf der Grundlage einer anderen Alterswertminderung abgeleiteten Sachwertfaktoren können indessen (übergangsweise) nur noch zur Anwendung kommen, wenn man entgegen der Vorgabe des § 23 ImmoWertV die entsprechende Alterswertminderungsmethodik anwendet.

4.3.2.5 Gesamt- und Restnutzungsdauer

69 **Sachwertfaktoren fallen i. d. R. desto größer aus, je älter das Gebäude ist.** Dies wird deutlich aus den Untersuchungen verschiedener Landkreise in *Niedersachsen* (Abb. 7).

Abb. 7: **Sachwertfaktoren (NHK 2000) in Abhängigkeit vom Baujahr (Gebäudealter)**

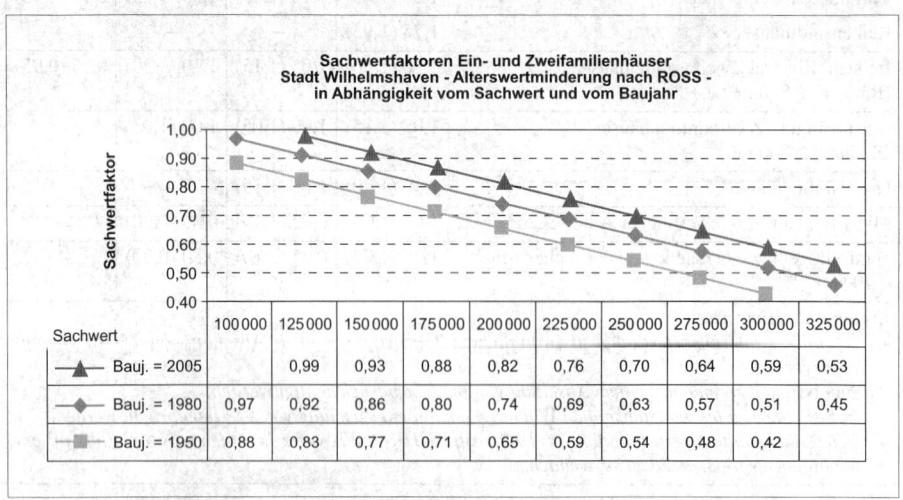

Quelle: Landesgrundstücksmarktbericht 2011

70 Der signifikante **Einfluss der Restnutzungsdauer**[5] (bzw. des Baualters) **auf die Höhe des Sachwertfaktors** kann im Übrigen als Beleg für eine unstimmige Alterswertabschreibung gelten.

71 Darüber hinaus wirkt sich auch die vom Gutachterausschuss im Rahmen der Ableitung von Sachwertfaktoren praktizierte Vorgehensweise bei der **Ermittlung der Gesamt- und Restnutzungsdauer** auf die zum Ansatz kommende Höhe der Alterswertminderung aus. Bei Heranziehung der einschlägigen Tabellenwerke über die übliche Gesamtnutzungsdauer baulicher Anlagen sind ihm erhebliche Spielräume gegeben. Die Alterswertminderung fällt umso geringer aus, je großzügiger von der Spannbreite Gebrauch gemacht wird. Auch dies geht in die abgeleiteten Alterswertfaktoren ein.

---

5   Becker,W./Burkhard, H.-J./Müller, B., in Nachr. der rh.-pf. Kat- und VermVw 1991, 173.

4.3.3 Allgemeine Wertverhältnisse auf dem Grundstücksmarkt

4.3.3.1 Übersicht

▶ *Vgl. § 2 ImmoWertV Rn. 1 ff. sowie § 3 ImmoWertV Rn. 5 ff.*

Die wesentlichen sachwertbezogenen allgemeinen Wertverhältnisse auf dem örtlichen Grundstücksmarkt sind abhängig von: 72

a) der allgemeinen regionalen und überregionalen Wirtschaftslage,

b) der Lage auf dem örtlichen Grundstücksmarkt,

c) der Grundstücksart,

d) der Größe und Beschaffenheit des Gebäudes bzw. der damit korrelierenden Höhe des Grundstückswerts einschließlich Grunderwerbsnebenkosten und

e) der Lage auf dem Baumarkt (sofern nicht bereits mit den angesetzten Normalherstellungskosten berücksichtigt).

4.3.3.2 Allgemeine Wirtschaftslage

Im überregionalen Vergleich sind die Sachwertfaktoren von der Wirtschaftskraft der jeweiligen Region abhängig. Strukturschwache Räume mit geringer Wirtschafts- und Kaufkraft weisen bekanntlich geringere Immobilienpreise als die strukturstarken Räume auf. Die Herstellungskosten von baulichen Anlagen unterscheiden sich dagegen in weitaus geringerem Maße und sind sogar gleich, wenn man bei der Sachwertermittlung auf eine Regionalisierung der bei der Sachwertermittlung angesetzten Herstellungskosten verzichtet. Aus diesem Grunde ergeben sich **je nach Strukturstärke des Raumes unterschiedliche Verläufe der Sachwertfaktoren.** 73

Der Immobilienmarkt für Sachwertobjekte, insbesondere Ein- und Zweifamilienhäuser, weist eine große Spannbreite auf: Dies beginnt bei kosten- und flächensparend errichteten Reihenhäusern und mündet in luxuriösen Villen auf hochwertigem Grund. **Je hochwertiger das Sachwertobjekt ist, desto größer ist der Sachwertfaktor und umgekehrt.** In aller Regel ergeben sich ab etwa einer bestimmten Höhe des Sachwerts Marktanpassungsabschläge bzw. Sachwertfaktoren ≤ 1 und darunter Marktanpassungszuschläge bzw. Sachwertfaktoren ≥ 1. Die Schnittstelle stellt den Isowert dar. Sachwert und Verkehrswert sind an dieser Stelle identisch. Der Sachwert mit dem Sachwertfaktor von 1,0 ist also der Sachwert, bei dem der Sachwert dem Verkehrswert entspricht und die Kurve des Sachwertfaktors bei grafischer Darstellung der Abhängigkeit des Verkehrswerts vom Sachwert (Abb. 8) die „Nulllinie" durchstößt. 74

Die Höhe des Isowerts ist wiederum von der **Wirtschaftskraft der Region** abhängig. Der Isowert (Sachwert = Verkehrswert) ist in strukturstarken Räumen weitaus höher als in strukturschwachen Räumen. Dies ist auch für die Bauwirtschaft von Bedeutung, denn wenn der Sachwert eines Bauvorhabens den Isowert überschreitet, kann nicht erwartet werden, dass die aufgebrachten Kosten mit dem Verkauf realisiert werden können. 75

– Bei *kleineren Sachwerten (*von etwa 150 000 € bis 250 000 €) muss ein Marktanpassungszuschlag an den Sachwert angebracht werden, um zum Verkehrswert zu kommen.

– Bei *größeren Sachwerten (*ab etwa 250 000 €) muss ein Marktanpassungsabschlag an den Sachwert angebracht werden, um zum Verkehrswert zu kommen.

In strukturschwachen Gemeinden können sich Sachwertzuschläge schon bei geringerer Höhe des Sachwerts ergeben und umgekehrt. In hochwertigen Lagen verschieben sich die genannten Grenzen nach „oben". Die Höhe des Sachwerts mit dem Sachwertfaktor 1,0 (Gleichgewichtswert) ist in erster Linie abhängig von der Wirtschafts- und Kaufkraft in der jeweiligen Region und damit nicht einheitlich.

IV § 14 ImmoWertV — Sachwertfaktoren

76 Für den Sachverständigen ist es also wichtig, den örtlichen Gleichgewichtswert (Abb. 8) zu kennen, weil hiervon ausgehend die Marktzu- oder -abschläge entsprechend dem Kurvenverlauf und der Höhe des Sachwerts im Einzelfall anzubringen sind.

Abb. 8: Gleichgewichtswerte

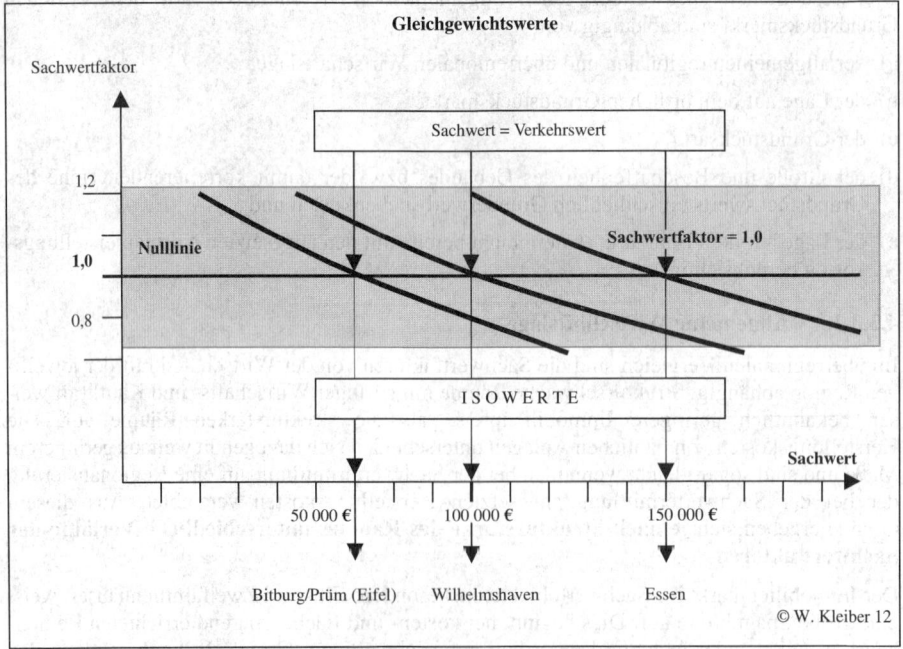

4.3.3.3 Lage auf dem örtlichen Grundstücksmarkt

77 Die örtliche Lagegunst, d. h. die Unterscheidung nach guten und schlechten Lagen, ist für die Höhe des Sachwertfaktors von erheblicher Bedeutung. Die Abhängigkeit des Sachwertfaktors von der Wertigkeit der Lage kann dadurch berücksichtigt werden, dass diese in **Abhängigkeit vom Bodenrichtwert** abgeleitet wird.

78 Allgemein gilt, dass

– Marktanpassungszuschläge in guten Lagen höher und

– Marktanpassungsabschläge in guten Lagen geringer ausfallen

und umgekehrt. Dies betrifft insbesondere auch Objekte, was die Entfernungslage zum Zentrum anbelangt (die Villa, 10 km vom Ortsrand entfernt, hat einen höheren Marktanpassungsabschlag als die am Ortsrand).

4.3.3.4 Grundstücksart

79 Der Grundstücksmarkt zerfällt bekanntlich in verschiedene Teilmärkte mit unterschiedlichen allgemeinen Wertverhältnissen. Bei der Ableitung von Sachwertfaktoren wird deshalb – je nach örtlichen Notwendigkeiten – nach unterschiedlichen Grundstücksarten unterschieden (Abb. 9):

Abb. 9: Sachwertfaktoren nach Grundstücksarten, Lage und Ausstattung in Köln

Vorläufiger Sachwert	Sachwertfaktoren in Köln									
	Reihenhäuser			Offene Bauweise						
	einfach und mittel	gut sehr gut	einfach und mittel	einfach und mittel	gut sehr gut	einfach und mittel	gut sehr gut	einfach und mittel	gut sehr gut	
	linksrheinisch		rechtsrheinisch	linksrheinisch			rechtsrheinisch		
	Bodenpreisanteil									
	≤ 0,4	≥ 0,4	alle	≤ 0,4	≥ 0,4	≤ 0,5	≥ 0,5	alle	≤ 0,5	≥ 0,5	alle
100 000	1,31	1,31	–	–	–	–	–	–	–	–	–
120 000	1,24	1,24	–	1,07	0,95	–	–	–	–	–	–
140 000	1,18	1,18	–	1,03	0,93	–	0,92	–	–	0,89	–
150 000	–	1,16	–	–	–	–	–	–	–	–	–
160 000	1,13	1,13	–	1,00	0,91	1,08	0,90	–	–	0,89	–
180 000	1,09	1,09	–	0,97	0,90	1,04	0,88	–	0,90	0,88	–
200 000	1,05	1,05	0,94	0,94	0,88	1,00	0,87	–	0,90	0,87	–
220 000	1,01	1,01	–	0,92	0,87	0,97	0,86	–	0,90	0,87	–
240 000	0,98	0,97	–	0,89	0,86	0,94	0,85	–	0,90	0,86	–
250 000	–	0,96	0,97	–	–	–	–	–	–	–	–
260 000	0,95	0,94	–	0,87	0,85	0,92	0,84	–	0,90	0,86	–
280 000	0,92	0,91	–	0,85	0,84	0,89	0,83	–	0,90	0,86	0,95
300 000	0,89	0,89	0,98	0,83	0,83	0,87	0,82	0,96	0,90	0,85	0,95
320 000	0,87	0,86	–	0,82	0,83	0,85	0,81	–	0,90	0,85	0,95
340 000	0,84	0,84	–	0,80	0,82	0,83	0,80	–	0,90	0,84	0,95
350 000	–	0,83	1,00	–	–	–	–	0,97	–	–	–
360 000	0,82	0,82	–	0,79	–	0,81	0,79	–	0,90	0,84	0,95
370 000	–	–	–	–	–	–	–	–	–	–	0,95
375 000	–	–	–	–	–	–	–	–	–	–	0,95
380 000	–	–	–	–	–	0,79	0,78	–	0,90	0,84	0,96
400 000	–	–	1,01	0,77	–	0,77	0,78	0,97	0,90	0,84	0,96
420 000	–	–	–	–	–	0,76	0,77	–	–	–	0,96
440 000	–	–	–	–	–	0,74	0,77	–	–	0,83	0,96
450 000	–	–	1,02	–	–	–	–	0,97	0,90	–	–
460 000	–	–	–	–	–	0,73	0,76	–	–	0,83	0,96
480 000	–	–	–	–	–	0,71	0,75	–	–	0,83	0,97
500 000	–	–	1,03	–	–	0,70	0,75	0,98	0,90	0,82	0,97
520 000	–	–	–	–	–	0,69	0,74	–	–	0,82	0,97
540 000	–	–	–	–	–	0,68	–	–	–	–	0,97
550 000	–	–	1,04	–	–	–	–	0,98	–	–	–
560 000	–	–	–	–	–	0,66	–	–	–	–	0,97
580 000	–	–	–	–	–	0,65	–	–	–	–	–
600 000	–	–	1,05	–	–	0,64	–	0,98	–	–	–
620 000	–	–	–	–	–	0,63	–	–	–	–	–
650 000	–	–	1,06	–	–	–	–	0,98	–	–	–
700 000	–	–	1,07	–	–	–	–	0,98	–	–	–
750 000	–	–	1,07	–	–	–	–	0,99	–	–	–
800 000	–	–	1,08	–	–	–	–	0,99	–	–	–
850 000	–	–	–	–	–	–	–	0,99	–	–	–
900 000	–	–	–	–	–	–	–	0,99	–	–	–
950 000	–	–	–	–	–	–	–	0,99	–	–	–
1 000 000	–	–	–	–	–	–	–	0,99	–	–	–
1 050 000	–	–	–	–	–	–	–	0,99	–	–	–
1 100 000	–	–	–	–	–	–	–	1,00	–	–	–
1 150 000	–	–	–	–	–	–	–	1,00	–	–	–
1 200 000	–	–	–	–	–	–	–	1,00	–	–	–
1 250 000	–	–	–	–	–	–	–	1,00	–	–	–
1 300 000	–	–	–	–	–	–	–	1,00	–	–	–

Quelle: Grundstücksmarktbericht 2013; Sachwertmodell unter www.Gutachterausschuss:nrw.de/standardmodell.html

4.3.3.5 Größe und Beschaffenheit der baulichen Anlage

80 Von wesentlicher Bedeutung für den Sachwertfaktor und seinen Verlauf sind die **Größe (Wohn- oder Nutzfläche)** und **Beschaffenheit sowie das Alter der baulichen Anlage**. Damit korreliert ist die Höhe des Sachwerts, denn je größer und aufwendiger ein Gebäude errichtet worden ist, umso höher ist auch sein Sachwert. Damit korreliert ist aber auch die Lage des Grundstücks, denn der Sachwert schließt den Bodenwert ein.

81 In der Praxis werden deshalb die **Sachwertfaktoren in Abhängigkeit von der Höhe des Sachwerts** ermittelt.

82 In einer Reihe von Grundstücksmarktberichten werden **Sachwertfaktoren in Abhängigkeit vom Kubikmeter Brutto-Rauminhalt (umbauten Raum)** angegeben, wobei die Sachwertfaktoren umso höher ausfallen, je größer der Kubikmeter Brutto-Rauminhalt (umbauter Raum) ist. Andere Gutachterausschüsse haben Sachwertfaktoren in Abhängigkeit von der Wohnfläche ermittelt[6]. Diese Art der Ableitung entspricht im Wesentlichen der Ableitung der Sachwertfaktoren in Abhängigkeit von der Höhe des Sachwerts, weil diese naturgemäß mit der Größe des Objekts anwächst.

83 Bezüglich der **Abhängigkeit des Sachwertfaktors vom Alter der baulichen Anlage** haben die Untersuchungsergebnisse gezeigt, dass der Marktanpassungsabschlag umso geringer ausfällt, je jünger das Gebäude ist.

84 Allgemein und insbesondere für **Ein- und Zweifamilienhäuser,** auf die sich die Bedeutung des Sachwertverfahrens im Wesentlichen beschränkt, gilt, dass der Sachwert umso mehr hinter den Verkehrswert zurückfällt,

– je aufwendiger das Objekt bebaut ist und
– je größer das Missverhältnis zwischen der baulichen Qualität und der Lage ist.

Bei hochwertigen Ein- und Zweifamilienhäusern in schlechter einschließlich einer ungünstigen Entfernungslage öffnet sich die Schere zwischen Sach- und Verkehrswert. Demgegenüber liegt bei besonders „kleinen" Objekten der Verkehrswert häufig über dem Sachwert.

4.3.3.6 Lage auf dem Baumarkt

▶ *Vgl. Rn. 46 sowie Syst. Darst. des Sachwertverfahrens Rn. 122, § 22 ImmoWertV Rn. 43, 60 ff.*

85 Normalherstellungskosten und so auch die Normalherstellungskosten 2010 (NHK 2010) stellen in aller Regel Bundesmittelwerte dar, d. h. Durchschnittswerte für das gesamte Bundesgebiet. Die Lage auf dem örtlichen Baumarkt kann durch Anwendung entsprechender **Regional- und Ortsgrößenfaktoren** oder einem regionalisierenden Sachwertfaktor berücksichtigt werden. Werden nämlich im Rahmen der Ableitung der Sachwertfaktoren **Normalherstellungskosten ohne Berücksichtigung des Regional- und Ortsgrößenfaktors** angesetzt, geht die jeweilige Lage auf dem Baumarkt in den Sachwertfaktor ein. Bei der Sachwertermittlung eines Grundstücks unter Heranziehung solcher Sachwertfaktoren dürfen die Normalherstellungskosten dann nicht mehr mithilfe eines Regional- und Ortsgrößenfaktors regionalisiert werden, weil die Regionalisierung indirekt mit dem Sachwertfaktor Eingang in die Sachwertermittlung findet.

86 Die **SachwertR** gibt diesbezüglich den Gutachterausschüssen für Grundstückswerte mit Anlage 5 die Ableitung regionalisierender Sachwertfaktoren auf (vgl. Rn. 46).

87 Die indirekte Berücksichtigung der örtlichen Lage auf dem Baumarkt mit entsprechend abgeleiteten regionalisierenden Sachwertfaktoren bietet rechentechnische Vorteile sowohl für den Gutachterausschuss als auch für den Anwender der Sachwertfaktoren. Der Orts- und Regionalfaktor braucht dann nämlich nicht eigenständig abgeleitet zu werden und bei Anwendung der regionalisierenden Sachwertfaktoren gehen die örtlichen Verhältnisse automatisch in das

---

[6] Beispiel aus Wolfenbüttel in Kleiber/Simon, Verkehrswertermittlung von Grundstücken, 5. Aufl. 2007, S. 1075.

Ergebnis ein. Umgekehrt hat die **eigenständige Ableitung von Orts- und Regionalfaktoren den Vorteil, dass sie dann auch für die Sachwertermittlungen solcher Grundstücksarten zur Verfügung stehen, für die der Gutachterausschuss keine Sachwertfaktoren abgeleitet hat.**

4.4 Darstellung und Veröffentlichung von Sachwertfaktoren

4.4.1 Darstellung

Sachwertfaktoren werden zumeist in Tabellenform oder grafisch dargestellt (vgl. vorstehende Beispiele).

Für *Mainz* wurden folgende Sachwertfaktoren ermittelt (als Formel bzw. in Tabellenform Abb. 10):

MF = [1,3387 × 10^{-23} × (vorläufiger Sachwert)^4] – [3,1805 × 10^{-17} × (vorläufiger Sachwert)^3] + [2,5725 × 10^{-11} × (vorläufiger Sachwert)^2] – [0,96575 × 10^{-5} × (vorläufiger Sachwert)] + 2,1523

Abb. 10: Wertetabelle (2009)

ermittelter Sachwert	M-Faktor	ermittelter Wert	M-Faktor	ermittelter Wert	M-Faktor
75 000 €	1,57	225 000 €	1,00	375 000 €	0,88
100 000 €	1,42	250 000 €	0,96	400 000 €	0,87
125 000 €	1,30	275 000 €	0,93	425 000 €	0,87
150 000 €	1,20	300 000 €	0,91	450 000 €	0,87
175 000 €	1,12	325 000 €	0,89	475 000 €	0,87
200 000 €	1,06	350 000 €	0,89	500 000 €	0,84

Angewendet werden diese Faktoren, indem sie mit dem nach dem oben angegebenen Modell ermittelten (vorläufigen) Sachwert multipliziert werden:

Verkehrswert = (vorläufiger) Sachwert × Sachwertfaktor

Sachwertfaktor für freistehende Ein- und Zweifamilienhäuser

in *Berlin:*	vgl. ABl. Bln. 2002, 199 = GuG 2002, 171; ABl. Bln. 1999, 5004 = GuG 2001, 171; ABl. Bln. 2005, 174 = GuG 2005, 224; ABl. Bln. 2006, 1376 (vgl. unten Rn. 226).	
in *Bielefeld*	MF = 0,56 × (Sachwert × 10^{-6})$^{-0,33}$	Ein- und Zweifamilienhäuser
	MF = 0,53 × (Sachwert × 10^{-6})$^{-0,34}$ Altbau:	DHH, Reihenend- und -mittelhäuser
	MF = 0,34 × (Sachwert × 10^{-6})$^{-0,66}$ Neubau:	DHH, Reihenend- und -mittelhäuser
in *Chemnitz*	MF = 149 × Sachwert$^{-0,43}$	
in *Gelsenkirchen*	MF = – 0,0909 ln(x) + 1,9491	
in *Lübeck*	MF = 3,816 × Sachwert$^{-0,249}$	
in *Mülheim an der Ruhr*	MF = 394,11 – 30,414 × ln (x)	für großzügige Einfamilienhäuser
	MF = 192,16 – 15,569 – 15,569 × ln (x)	für übliche Einfamilienhäuser
in *Rheine* (2007)	MF = 0,77 + 0,0018 × Bodenrichtwert 2003 [€/m²] – 0,0016 × Wohnfläche (m²).	

Neuere **Untersuchungsergebnisse auf der Grundlage einer linearen Abschreibung ohne Regionalisierungsfaktoren:**

Im Kreis *Wesel*	MF = – 0,2543 × ln SW + 4,0086	Freistehende Ein- und Zweifamilienhäuser
	MF = – 0,2737 × ln SW + 4,1993	Reihen- und Doppelhaushälften

4.4.2 Veröffentlichung

▶ *Vgl. Rn. 46 sowie Syst. Darst. des Sachwertverfahrens Rn. 16*

92 Die von den Gutachterausschüssen für Grundstückswerte empirisch abgeleiteten und veröffentlichten Sachwertfaktoren (Marktanpassungszu- und -abschläge) können nur dann verwendet werden, wenn bei deren Veröffentlichung detailliert offengelegt wird, auf welche **Objektgruppen** und welchen **Ermittlungszeitpunkt** sie sich beziehen und vor allem wie der in die Auswertung eingeführte Sachwert ermittelt wurde. Die Anwendung der Sachwertfaktoren steht nämlich unter dem Grundsatz der Modellkonformität.

93 Ein wesentliches Element der Veröffentlichung von Sachwertfaktoren ist/sind

a) die Darstellung der **zur Anwendung gekommenen Sachwertmethodik einschließlich der einschlägigen Modellparameter** und

b) die durchschnittlichen Eigenschaften der in die Auswertung eingegangenen Grundstücke nach Lage und Beschaffenheit der baulichen Anlage **(Referenz- bzw. Normgrundstück)**, vergleichbar mit der Beschreibung des Bodenrichtwertgrundstücks einer Bodenrichtwertzone.

Auch wenn der Sachwertfaktor nach den Vorgaben der Anl. 5 zur SachwertR auf der Grundlage der Modellparameter der SachwertR ermittelt wurde, z. B. unter Berücksichtigung einer nach Gebäudestandardstufen gestaffelten Gesamtnutzungsdauer, sind die durchschnittlichen Merkmale der zur Ableitung des Sachwertfaktors herangezogenen Grundstücke im Grundstücksmarktbericht darzulegen (Referenzgrundstück).

In *Nordrhein-Westfalen* kann das dort angewandte Sachwertmodell im Internet eingesehen werden: www.gutachterausschuss.nrw.de/standardmodelle.html.

4.4.3 Modellkonforme Anwendung von Sachwertfaktoren

▶ *Syst. Darst. des Sachwertverfahrens Rn. 11 ff.; Vorbem. zur ImmoWertV Rn. 70*

94 Nach dem **Grundsatz der Modellkonformität** dürfen empirisch aus dem Grundstücksmarkt abgeleitete Marktanpassungsfaktoren nur in der Weise in die Wertermittlung eingeführt werden, wie sie abgeleitet wurden, d. h., es sind **dieselben Verfahrensgrundsätze anzuwenden, die ihrer Ableitung zugrunde lagen.** Darüber hinaus muss die zu bewertende Liegenschaft insbesondere nach Art des Gebäudes und seinen sonstigen Grundstücksmerkmalen im Wesentlichen den der Ableitung des Sachwertfaktors zugrunde liegenden Grundstücken entsprechen.

Sachwertfaktoren werden nach vorstehenden Ausführungen aus dem Verhältnis geeigneter Kaufpreise bebauter Grundstücke zu den dafür nach Maßgabe der §§ 21 bis 23 ImmoWertV abgeleiteten (vorläufigen) Sachwerten abgeleitet. Sie haben mithin auch nur eine Geltung für eine **Sachwertermittlung, die sich im Einzelnen so vollzieht, wie sie bei der Ableitung zur Anwendung kam.** Will man diese Sachwertfaktoren heranziehen, muss man sich zwangsläufig derselben Methode der Sachwertermittlung einschließlich der maßgeblichen Parameter bedienen, insbesondere der/dem zur Ableitung der Sachwertfaktoren zugrunde gelegten

- Grundstücksart,
- Bezugsstichtag des Sachwertfaktors,
- herangezogenen Normalherstellungskosten und ihrem Bezugsjahr,
- Baunebenkosten,
- Alterswertminderungskurve,
- Modellansatz der Gesamtnutzungsdauer,
- Baupreisindexreihe,
- Angaben zur Berücksichtigung bzw. Nichtberücksichtigung von Ortsgrößen- und Regionalfaktoren ggf. unter Angabe ihrer Höhe,

- Angaben zum „üblichen Umfang" der ggf. mit dem Sachwertfaktor berücksichtigten sog. c-Flächen und besonderen Bauteile und dgl. bzw. die dafür angesetzte Pauschale,
- Angaben zum „üblichen Umfang" der ggf. mit dem Sachwertfaktor berücksichtigten baulichen Außenanlagen und sonstigen Anlagen bzw. die dafür angesetzte Pauschale,
- Angabe der durchschnittlichen Geschosshöhe (BRI/BGF; vgl. § 8 ImmoWertV Rn. 250, 441 sowie Syst. Darst. des Sachwertverfahrens Rn. 110),
- Angabe des durchschnittlichen Nutzflächenfaktors (BGF/WF bzw. BGF/NF),
- die durchschnittlichen energetischen Eigenschaften der zur Ableitung der Sachwertfaktoren herangezogenen Grundstücke,
- Angaben zum „üblichen Umfang" der ggf. mit dem Sachwertfaktor berücksichtigten Spitzböden, Drempel und Drempelhöhen, Trauflängen, Giebelbreiten, Dachneigungen, usw.

Bei modellkonformer Anwendung der Sachwertfaktoren korrigieren sich auch etwaige Fehler und Mängel des angewandten Sachwertverfahrens. Auch wenn die zur Ableitung der Sachwertfaktoren angewandte Methode falsch gewesen sein mag, so wird das daraus resultierende fehlerhafte Ergebnis mit dem Sachwertfaktor an den Verkehrswert „justiert": 95

Beispiel: 96

Verkehrswert = 800 000 €
Sachwert (falsch) = 1 100 000 €
Sachwert (richtig) = 1 000 000 €

Aus falschen Sachwerten ermittelter Sachwertfaktor: 0,73 (= 800 000 € : 1 100 000 €)

Verkehrswert = 1 100 000 € × 0,73 = 800 000 €

Das Ergebnis entspricht dem Verkehrswert, wenn der Sachwert nach derselben mängelbehafteten Sachwertmethode ermittelt worden ist.

Was methodisch der „richtige" und der „falsche" Sachwert ist, kann – überspitzt formuliert – unbeantwortet bleiben, wenn man nur in demselben System bleibt (Grundsatz der Modell- bzw. Systemkonformität). Der Sachwertfaktor stellt von daher einen **Modell- bzw. Systemkorrekturfaktor** dar, wenn die angewandte Methodik der Sachwertermittlung mängelbehaftet ist. 97

Fehlerhaft ist in jedem Fall die Vorgehensweise, bei der eine bestimmte **Methodik der Sachwertermittlung mit Sachwertfaktoren kombiniert wird, die unter Heranziehung einer anderen Sachwertermittlungsmethodik abgeleitet wurden.** 98

4.4.4 Sachwertfaktoren für besondere Teilmärkte

4.4.4.1 Gewerbe- und Industrieobjekt

▶ *Vgl. Teil V Rn. 130 ff.*

Der Verkehrswert von Gewerbe- und Industrieobjekten wird entgegen einer veralteten Auffassung heute nicht mehr im Sachwertverfahren, sondern **im Wege des Ertragswertverfahrens** ermittelt. Insoweit bedarf es hierfür keiner genaueren Kenntnisse von Sachwertfaktoren, die im Übrigen bei dieser Grundstücksart extrem hoch ausfallen können. Aktuelle Faktoren über das Verhältnis vom Sachwert zum Verkehrswert von Gewerbe- und Industrieobjekten sind auch nicht bekannt. Streich[7] untersuchte im Jahre 1985 das Verhältnis von Kaufpreisen zu Grundstückssachwerten von Gewerbe- und Industriegrundstücken auf dem Lübecker Grundstücksmarkt. Er kam zum Ergebnis, dass die **Verkehrswerte im Mittel etwa um 35 bis 40 v. H. unter ihren Grundstückssachwerten** lagen. Tendenziell stiegen die Abschläge vom Grundstückssachwert mit steigenden Sachwerten an. Zudem ist es geboten, nach dem Alter der Objekte zu differenzieren. 99

---

7 Streich: Ableitung des Verkehrswerts aus dem Sachwert, VBN-Info 1987, 22.

IV § 14 ImmoWertV — Sachwertfaktoren

Bei Gewerbe- und Industriegrundstücken (ohne städtische Geschäftsgrundstücke) beträgt der durchschnittliche Marktanpassungsabschlag etwa 25 v. H. (± 10 v. H.) des Grundstückssachwerts. **Bei älteren Objekten kann sich der Marktanpassungsabschlag** bis auf 35 bis 65 v. H. (± 15 v.H.) **erhöhen.** Die recht hohen Abschläge deuten darauf hin, dass der Grundstückssachwert keine geeignete Grundlage für die Wertermittlung älterer Gewerbe- und Industriegrundstücke bietet[8].

4.4.4.2 Eigentumswohnungen

100 ▶ Vgl. hierzu Teil V Rn. 39 ff.

4.4.4.3 Resthofstellen

Schrifttum: *Becker/Olejnizat/Schneider/Tepper,* Ableitung von Marktanpassungsfaktoren für aufgegebene landwirtschaftliche Hofstellen, Nachr. der rh.-pf. Kat.- und VermVw 1999, 28; *Müller,* Marktanpassungsfaktoren für landwirtschaftliche Hofstellen im Außenbereich, WFA 1998, 12; Gutachterausschuss Landkreis Nienburg/Weser, Grundstücksmarktbericht 2003.

▶ *Vgl. hierzu § 5 ImmoWertV Rn. 133 ff.; § 8 ImmoWertV Rn. 139; Syst. Darst. des Vergleichswertverfahrens Rn. 308; Teil VI Rn. 120, 183, 613*

101 Für Resthofstellen kommen **Sachwertfaktoren von 0,5 bis 0,8** zur Anwendung. Die Ergebnisse nachfolgender Untersuchungen des Gutachterausschusses in *Nienburg/Weser* (2003) basieren auf einer Sachwertermittlung auf der Grundlage:

– Bodenwerte für Hofstellen im Innenbereich mit einem Abschlag von 40 % auf den Bodenrichtwert (ebf) im MD-Gebiet,

– Normalherstellungskosten auch bei mehrgeschossigen Gebäuden bezogen auf die BGF der einfachen Gebäudegrundfläche,

– Ansatz von 250 €/m² BGF für alte massive Stallgebäude,

– Restnutzungsdauer von 15 Jahren, sofern keine Baufälligkeit vorliegt.

Der Abzug bezieht sich auf den ermittelten Herstellungswert und nicht auf den Gebäudezeitwert.

Abb. 11: Marktanpassungsfaktoren für Resthofstellen

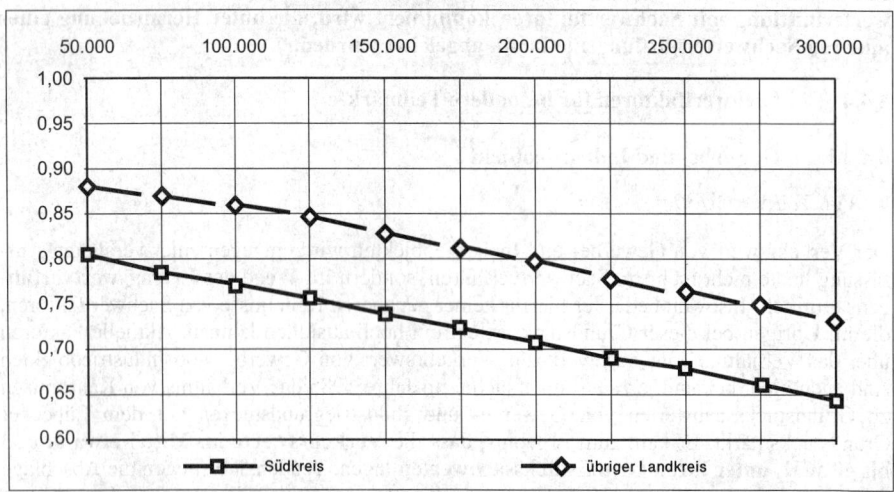

Quelle: Grundstücksmarktbericht 2003 des Gutachterausschusses Nienburg

---

8 Zu Marktanpassungsfaktoren für Betriebsleiterwohnungen vgl. Bottmeyer, M., in GuG 2006, 151 ff.

5 Erbbaurechts- und Erbbaugrundstücksfaktoren (§ 14 Abs. 2 Nr. 2 ImmoWertV)

5.1 Allgemeines

▶ *Vgl. Teil VIII Rn. 52 ff.*

Bei der Verkehrswertermittlung von Erbbaurechten muss grundsätzlich unterschieden werden zwischen

- dem **Verkehrswert des Erbbaurechts** (*Erbbaurecht*) und
- dem **Verkehrswert des mit einem Erbbaurecht belasteten Grundstücks** (*Erbbaurechtsgrundstück*).

Der Verkehrswert des Erbbaurechts und des mit einem Erbbaurecht belasteten Grundstücks (Erbbaurechtgrundstück) kann grundsätzlich nach finanzmathematischen Methoden sowie unter Anwendung des Vergleichswertverfahrens ermittelt werden.

In der Praxis finden jedoch vorherrschend **finanzmathematische Methoden** Anwendung.

- Der *Verkehrswert des Erbbaurechts* bemisst sich nach dem auf den Grund und Boden entfallenden Verkehrswertanteil des Erbbauberechtigten („Bodenwertanteil des Erbbaurechts") und dem Gebäudewertanteil; der Gebäudewertanteil ist um den nach Ablauf des Erbbaurechts verbleibenden und dem Erbbauberechtigten nicht zu entschädigenden Restwert (abgezinst auf den Wertermittlungsstichtag) zu vermindern. Der Bodenwertanteil des Erbbaurechts wird aus dem über die Restlaufzeit des Erbbaurechts kapitalisierten Unterschied zwischen dem Verzinsungsbetrag des Bodenwerts (Bodenwertverzinsungsbetrag unter Anwendung des Liegenschaftszinssatzes nach § 14 Abs. 3) und dem vertrag- und gesetzlich erzielbaren Erbbauzins ermittelt. Der Kapitalisierung ist wiederum der Liegenschaftszinssatzes zugrunde zu legen.

Der Verkehrswert des (bebauten) Erbbaurechts ergibt sich danach wie folgt:

> Verkehrswert des Erbbaurechts = Finanzmathematischer Wert (Bodenwertanteil und Gebäudewertanteil) × Erbbaurechtsfaktor

- Der *Verkehrswert des mit einem Erbbaurecht belasteten Grundstücks* (Erbbaurechtgrundstück) bemisst sich nach dem auf den Wertermittlungsstichtag über die Restlaufzeit des Erbbaurechts abgezinsten Bodenwert und dem Barwert des über die Restlaufzeit des Erbbaurechts kapitalisierten vertrag- und gesetzlich erzielbaren Erbbauzins („Bodenwertanteil des Erbbaurechtgrundstücks") sowie dem Gebäudewertanteil, soweit dem Grundstückseigentümer nach Ablauf des Erbbaurechts ein dem Erbbauberechtigten nicht zu entschädigender Gebäuderestwert zufällt. Der Abzinsung des Bodenwerts sowie der Kapitalisierung des Erbbauzinses ist wiederum der Liegenschaftszinssatz nach Abs. 3 zugrunde zu legen.

Der Verkehrswert des Erbbaurechtsgrundstücks ergibt sich danach wie folgt:

> Verkehrswert des Erbbaurechtgrundstücks = Finanzmathematischer Wert (Bodenwertanteil und ggf. Gebäudewertanteil) × Erbbaurechtgrundstücksfaktor

I. d. R. ist als Verkehrswert mindestens der finanzmathematische Wert und höchstens der Verkehrswert des unbelasteten Bodenwerts anzusetzen.

Bei alledem ist das Ergebnis mit Hilfe von Marktanpassungsfaktoren zur Anpassung der finanzmathematisch errechneten Werte von Erbbaurechten oder Erbbaugrundstücken (Erbbaurechts- oder Erbbaugrundstücksfaktoren an die Lage auf dem Grundstücksmarkt anzupassen. Des Weiteren sind besondere vertragliche Vereinbarungen gegebenenfalls ergänzend zu berücksichtigen. § 14 Abs. 2 Nr. 2 ImmoWertV führt für diese Marktanpassungsfaktoren die Begriffe „Erbbaurechts- oder Erbbaugrundstücksfaktoren" ein; sie sollen der Anpassung finanzmathematisch errechneter Werte von Erbbaurechten oder Erbbaugrundstücken an den Verkehrswert (Marktwert) dienen.

Die **Erbbaurechts- und Erbbaugrundstücksfaktoren** können abgeleitet werden aus dem Verhältnis von Kaufpreisen zu

- den jeweils finanzmathematisch ermittelten Werten des Erbbaurechts oder den finanzmathematisch ermittelten Werten des Erbbaurechtgrundstücks oder

- den jeweils sonst wie (z. B. Vergleichs- und Sachwertverfahren) ermittelten Werten des unbelasteten Grundstücks; diese Gattung wird in § 14 Abs. 2 Nr. 2 allerdings nicht genannt.

a) *Erbbaurechts- und Erbbaurechtgrundstücksfaktoren auf finanzmathematischer Grundlage*

- **Erbbaurechtsfaktoren** bestimmen sich aus dem Verhältnis geeigneter Kaufpreise zu den finanzmathematisch errechneten Werten von entsprechenden Erbbaurechten.

$$\text{Erbbaurechtsfaktor}_i = \frac{\text{Kaufpreis des Erbbaurechts}}{\text{Finanzmathematisch ermittelter Wert des Erbbaurechts}}$$

- **Erbbaugrundstücksfaktoren** bestimmen sich aus dem Verhältnis geeigneter Kaufpreise zu den finanzmathematisch errechneten Werten von entsprechenden Erbbaugrundstücken.

$$\text{Erbbaugrundstücksfaktor}_i = \frac{\text{Kaufpreis des Erbbaugrundstücks}}{\text{Finanzmathematisch ermittelter Wert des Erbbaugrundstücks}}$$

Im Übrigen wird zur Ableitung von Erbbaurechts- oder Erbbaugrundstücksfaktoren auf die entsprechenden Ausführungen unter Rn. 34 ff. verwiesen.

b) *Erbbaurechts- und Erbbaugrundstücksfaktoren auf Vergleichsgrundlage*

Erbbaurechts- und Erbbaugrundstücksfaktoren lassen sich aber auch ableiten aus dem Verhältnis geeigneter Kaufpreise zu den entsprechenden im Wege des Vergleichswertverfahrens ermittelten Werten entsprechender unbelasteter Grundstücke:

$$\text{Erbbaurechtsfaktor}_i = \frac{\text{Kaufpreis des Erbbaurechts}}{\text{Vergleichswert des unbelasteten Grundstücks}}$$

$$\text{Erbbaugrundstücksfaktor}_i = \frac{\text{Kaufpreis des Erbbaugrundstücks}}{\text{Vergleichswert des unbelasteten Grundstücks}}$$

Der Verkehrswert ist dabei zweckmäßigerweise nach allgemeinen Grundsätzen abzuleiten. Bei Ableitung entsprechender Faktoren für Ein- und Zweifamilienhäuser z. B. im Wege des Sachwertverfahrens; auch die Anwendung von Vergleichsfaktoren bebauter Grundstücke i. S. des § 11 ImmoWertV kann in Betracht kommen.

5.2 Erbbaurechtsfaktoren

5.2.1 Finanzmathematische Erbbaurechtsfaktoren

103 Erbbaurechtsfaktoren auf finanzmathematischer Grundlage sind trotz der Vorrangstellung des Vergleichswertverfahrens in der Praxis vorherrschend.

Der Gutachterausschuss des *Landkreises Wesel* hat z. B. den finanzmathematischen Erbbaurechtsfaktor ermittelt mit:

$$\text{Erbbaurechtsfaktor} = -0{,}1553 \times \ln(\text{Finanzmathematischer Wert des Erbbaurechts}) + 2{,}7137$$

Erbbaurechtsfaktoren § 14 ImmoWertV IV

Folgendes Berechnungsbeispiel wird dazu gegeben:

Sachverhalt: Zu ermitteln ist der Verkehrswert eines Erbbaurechts an einem Einfamilienhausgrundstück.

– Bodenwert des unbelasteten, unbebauten und erschließungsbeitragsfreien Grundstücks	60 000 €
– Wert der baulichen und sonstigen Anlagen	100 000 €
– Restnutzungsdauer der baulichen Anlagen	50 Jahre
– Restlaufzeit des Erbbaurechts	50 Jahre
– Jährlich erzielbarer Erbbauzins (wertgesichert)	748,95 €
– Liegenschaftszinssatz für Einfamilienhäuser Grundstück	3,0 %
– Bodenwertverzinsungsbetrag (60 000 € × 0,03)	1 800 €

Berechnung:

Bodenwertanteil des Erbbaurechts

– Bodenwertverzinsungsbetrag	1 800,00 €	
– Vertraglich und gesetzlich erzielbarer Erbbauzins	748,95 €	
– Differenz	1 051,05 €	
– Vervielfältiger bei 50 Jahren Restlaufzeit und 3 % Liegenschaftszinssatz	× 25,73	
– **Bodenwertanteil des Erbbaurechts**		= **27 044 €**

Verkehrswert des Erbbaurechts

– Wert der baulichen und sonstigen Anlagen (Gebäudewertanteil)	100 000 €
– Bodenwertanteil des Erbbaurechts	+ 27 044 €
– **Finanzmathematischer Wert des Erbbaurechts**	**127 044 €**
Erbbaurechtsfaktor (vgl. oben)	× 0,89
– Zwischensumme	= 113 069 €
– Zu- und Abschläge wegen vertraglicher Besonderheiten	0 €
Verkehrswert des Erbbaurechts	**113 000 €**

Der Gutachterausschuss für Grundstückswerte im Bereich der Landeshauptstadt *Düsseldorf* hat folgende (*finanzmathematische*) Erbbaurechtsfaktoren ermittelt:

Abb. 12: Erbbaurechtsfaktoren

Erbbaurechtsfaktoren in Düsseldorf (1.1.2013)	
Objektarten	**Erbbaurechtsfaktoren (Richtwert)**
Ein- und Zweifamilienhäuser (Grundstücksgröße von 350 m² bis 600 m²)	0,9 (abgeleitet aus 109 Fällen: 1976–2011)
Renditeobjekte (Mehrfamilienhäuser/gemischt genutzte Objekte)	1,0 (abgeleitet aus 15 Fällen: 1976–2011)
Korrekturen für Ein- und Zweifamilienhäuser, Reihenhäuser bei Abweichungen der Grundstücksgröße	
150 m² bis 350 m²	Zuschlag + 10 %
600 m² bis 1 000 m²	Abschlag – 15 %

Quelle: Grundstücksmarktbericht 2013 des Gutachterausschusses in Düsseldorf

IV § 14 ImmoWertV — Erbbaurechtsfaktoren

Beispiel

- Finanzmathematisch ermittelter Wert des Erbbaurechts für ein
  Einfamilienhausgrundstück — 250 000 €
- Grundstücksgröße — 450 m²

Verkehrswert des Erbbaurechts bei einem Erbbaurechtsfaktor von 0,9

$$250\ 000\ \text{Euro} \times 0{,}90 = 225\ 000\ \text{Euro}$$

Bei einem gleichen vorläufigen finanzmathematischen Wert für ein nur 230 m² großes Grundstück (Reihenhaus) ergibt sich als Verkehrswert des Erbbaurechts

$$250\ 000\ \text{Euro} \times 0{,}90 \times 1{,}10 = 250\ 000\ \text{Euro}$$

Zu Erbbaurechtsfaktoren auf der Grundlage der finanzmathematischen Betrachtungsweise in *Frankfurt am Main* (2011) vgl. auch Grundstücksmarktbericht Frankfurt am Main 2012, S. 46

Der Gutachterausschuss von *München* hat folgende **Erbbaurechtsfaktoren für Reihenhäuser und Doppelhaushälften** in Abhängigkeit vom Erbbauzins, der Anpassungsklausel und dem Kaufpreis ermittelt:

Abb. 13: **Erbbaurechtsfaktoren für Reihenhäuser und Doppelhaushälften in München 2011**

Erbbaurechtsfaktoren für Reihenhäuser und Doppelhaushälften in München 2011						
Erbbaurechts-vertrag	*mit* Anpassungsklausel			*ohne* Anpassungsklausel		
Erbbauzins	760 bis 6 900 € p. a. für den Bodenanteil			bis 820 € p. a. für den Bodenanteil		
Objekte	42 Objekte Baujahr 1960 bis 2005			9 Objekte Baujahr 1958 bis 1967		
	Erbbauzinssatz			Erbbauzinssatz		
Merkmal	2,5 %	3,0 %	3,5 %	2,5 %	3,0 %	3,5 %
Alle Objekte	1,16	1,16	1,00	1,31	1,25	1,20
Gebäudeart						
Reiheneckhaus	1,22	1,08	1,00	–	–	–
Reihenmittelhaus	1,13	1,06	1,01	1,31	1,25	1,20
Doppelhaushälfte	1,13	1,04	0,97	–	–	–
Kaufpreis						
160 000 – 275 000 €	1,12	1,01	0,94	1,04	0,99	0,95
275 000 – 410 000 €	1,20	1,12	1,07	1,52	1,45	1,40

Beispiel:

- Für ein Reihenmittelhaus wurde als finanzmathematischer Wert des Erbbaurechts
  ermittelt — 220 000 €
- Der Erbbauzins betrage — 2,5 %
- Erbbaurechtsvertrag mit Anpassungsklausel

Es ergibt sich gemäß Tabelle: Gebäudeartfaktor 1,13
(Reihenmittelhaus)
Kaufpreisfaktor (220 000 €) 1,01
Summe 2,14 /2 = 1,07 (Mittelwert)

Anpassung des finanzmathematischen Werts des Erbbaurechts: 220 000 € × 1,07 = rd. 235 000 €

Ggf. Ergänzung aufgrund besonderer objektspezifischer Grundstücksmerkmale (z. B. wegen Reparaturstau, wirtschaftlicher Mängel usw.).

Erbbaurechtsfaktoren § 14 ImmoWertV IV

Vom Gutachterausschuss in *Dresden* sind für Sachwertobjekte im Jahre 2013 Sachwertfaktoren von 0,84 bis 1,32 (Mittel: 1,03) abgeleitet worden[9].

5.2.2 Erbbaurechtsfaktoren auf Vergleichsgrundlage (Vergleichsfaktoren für Erbbaurechte)

Der Gutachterausschuss für Grundstückswerte von *Düsseldorf* hat 2011 für Erbbaurechte an Grundstücken mit einer Grundstücksgröße von 350 m² bis 600 m², die mit freistehenden Ein- und Zweifamilienhäusern bebaut sind, „Vergleichsfaktoren für Erbbaurechte" (Erbbaurechtsfaktoren) von 0,75 ermittelt, d. h., die Erbbaurechte sind mit einem Abschlag von 25 % von dem entsprechenden Sachwert des unbelasteten Grundstücks zu bewerten, wobei dieser – sofern nicht von „Marktrichtwerten" ausgegangen wurde – auf der Grundlage von Bodenrichtwerten und einer Abschreibung nach Ross ermittelt wurde. Bei Reihenhausgrundstücken mit einer Grundstücksgröße von 150 m² bis 350 m² ist ein Zuschlag von 10 % und bei übergroßen Ein- und Zweifamilienhäusern ein Abschlag von bis zu 30 % anzubringen (vgl. hierzu auch die Untersuchungsergebnisse für *Hannover*).

Abb. 14: Erbbaurechtsfaktoren für Ein- und Zweifamilien- und Reihenhäuser sowie Doppelhaushälften

	Erbbaurechtsfaktoren für Ein- und Zweifamilienhäuser und Reihenhäuser sowie Doppelhaushälften		
	Hannover		Düsseldorf
	Ein- und Zweifamilienhäuser	Reihenhäuser und Doppelhaushälften	Ein- und Zweifamilienhäuser (einschl. Reihenhäusern)
	2012		2013
Restlaufzeit			0,70
30 Jahre	0,68	0,73	
40 Jahre	0,71	0,77	
50 Jahre	0,73	0,82	
60 Jahre	0,75	0,86	
70 Jahre	0,77	0,91	
80 Jahre	0,79	0,95	
Untersuchungszeitraum	2012	2012	1976–2011
Wohnflächenpreis	850 bis 2 100 €/m²	800 bis 1 830 €/m²	-
Restlaufzeit des Erbbaurechts	25 bis 85 Jahre	18 bis 90 Jahre	-
Grundstücksgröße – Ein- und Zweifamilienhäuser – Reihenhäuser			350 m² bis 600 m² 150 m² bis 350 m²
		Korrekturen: Reihenhausgrundstücke + 10 % Übergroße Grundstücke – 20 %	

Quelle: Grundstücksmarktbericht des Gutachterausschusses von Hannover, Düsseldorf

---

[9] Grundstücksmarktbericht 2013, S. 61.

IV § 14 ImmoWertV   Erbbaurechtsfaktoren

Beispiel:

– Für ein Einfamilienhaus ist ein „Marktrichtwert" in Höhe von 2 700 €/m² WF vorgegeben.

– Für das unbelastete Grundstück ergeben sich bei einer Wohnfläche von 120 m² als Vergleichswert des unbelasteten Grundstücks rd. 323 000 € (= 120 m² × 2 700 €/m²).

– Der Verkehrswert des Erbbaurechts errechnet sich bei einem Erbbaurechtsfaktor von 0,75 und einem Reihenhausfaktor von 1,10 überschlägig mit

$$\text{Erbbaurecht} = 323\,000\ € \times 0{,}75 \times 1{,}10 = \text{rd. } 270\,000\ €$$

Für Erbbaurechte an Grundstücken mit freistehenden Ein- und Zweifamilienhäusern (Eigenheimnutzung) in *Frankfurt am Main* wurden bezogen auf

– eine Restlaufzeit des Erbbaurechtsvertrags von 66 Jahren,

– ein Baujahr von 1962,

– eine Wohnfläche von 119 m²,

– eine Restnutzungsdauer von 45 Jahren und

– eine Gebäudesachwertermittlung auf der Grundlage der NHK 2000 ohne Regionalfaktor und mit linearer Alterswertminderung

die aus Abb. 15 ersichtlichen **Vergleichsfaktoren für Erbbaurechte (Erbbaurechtsfaktoren) ermittelt.**

Abb. 15: Erbbaurechtsfaktoren von Grundstücken mit Eigenheimnutzung in Frankfurt am Main

Vergleichsfaktoren für bebaute Erbbaugrundstücke (Eigenheimmarkt) in Abhängigkeit von der Grundstücksgröße 2011									
m²	Faktor	m²	Faktor	m²	Faktor	m²	Faktor	m²	Faktor
100	0,99	300	0,72	500	0,62	700	0,62	900	0,52
110	0,96	310	0,71	510	0,62	710	0,62	910	0,52
120	0,94	320	0,70	520	0,61	720	0,61	920	0,52
130	0,91	330	0,70	530	0,61	730	0,61	930	0,52
140	0,89	340	0,69	540	0,60	740	0,61	940	0,52
150	0,88	350	0,69	550	0,60	750	0,60	950	0,51
160	0,86	360	0,68	560	0,60	760	0,60	960	0,51
170	0,85	370	0,68	570	0,59	770	0,60	970	0,51
180	0,83	380	0,67	580	0,59	780	0,59	980	0,51
190	0,82	390	0,67	590	0,59	790	0,59	990	0,51
200	0,81	400	0,66	600	0,58	800	0,59	1000	0,51
210	0,80	410	0,66	610	0,58	810	0,58	1010	0,51
220	0,79	420	0,65	620	0,58	820	0,58	1020	0,50
230	0,78	430	0,65	630	0,58	830	0,58	1030	0,50
240	0,77	440	0,64	640	0,58	840	0,58	1 040	0,50
250	0,76	450	0,64	650	0,57	850	0,57	1 050	0,50
260	0,75	460	0,63	660	0,57	860	0,57	1 060	0,50
270	0,74	470	0,63	670	0,51	870	0,57	1 070	0,50
280	0,67	480	0,57	680	0,50	880	0,45	1 080	0,42
290	0,67	490	0,57	690	0,50	890	0,45	1 090	0,41

Quelle: Grundstücksmarktbericht 2011 von Frankfurt am Main

Die Gutachterausschüsse für Grundstückswerte für *Cloppenburg, Hameln, Hannover, Lüneburg, Northeim, Osnabrück, Sulingen, Verden* und *Wolfsburg* haben Erbbaurechtsfaktoren für Ein- und Zweifamilienhäuser sowie für Reihenhäuser und Doppelhaushälften ermittelt; nach-

Erbbaurechtsfaktoren § 14 ImmoWertV IV

folgend werden die Erbbaurechtsfaktoren für die Stadt und den *Landkreis Osnabrück* dargestellt:

Erbbaurechtsfaktoren für Ein- und Zweifamilienhäuser, Reihenhäuser und Doppelhaushälften in Osnabrück (2011)								
Merkmal	Ein- und Zweifamilienhäuser				Reihenhäuser und Doppelhaushälften			
	Stadt Osnabrück		Landkreis Osnabrück		Stadt Osnabrück		Landkreis Osnabrück	
	Bereich	Mittelwert	Bereich	Mittelwert	Bereich	Mittelwert	Bereich	Mittelwert
Anzahl der Verkaufsfälle	61		154		194		69	
Kaufzeitpunkt	2005 – 2010	2007	2005 – 2010	2007	2005 – 2010	2007	2005 – 2010	2007
Lage (Bodenrichtwert)	80 – 275 €/m²	167 €/m²	15 – 150 €/m²	80 €/m²	110 – 275 €/m²	165 €/m²	25 – 135 €/m²	94 €/m²
Baujahr	1952 – 1994	1972	1950 – 2002	1979	1953 – 2005	1969	1952 – 2002	1982
Wohnfläche	96 – 250 m²	158 m²	50 – 278 m²	147 m²	57 – 200 m²	112 m²	75 – 190 m²	115 m²
Grundstücksgröße	374 – 1 342 m²	794 m²	360 – 1 491 m²	782 m²	153 – 519 m²	322 m²	180 – 1 221 m²	386 m²
Restlaufzeit	26 – 83 Jahre	60 Jahre	22 – 98 Jahre	64 Jahre	21 – 95 Jahre	53 Jahre	26 – 93 Jahre	70 Jahre
Erbbauzins	0,10 – 4,49 €/m²	2,11 €/m²	0,14 – 3,08 €/m²	1,04 €/m²	0,60 – 7,46 €/m²	1,64 €/m²	0,20 – 5,54 €/m²	1,72 €/m²
Rendite	0,10 % – 2,85 %	1,29 %	0,17 % – 7,45 %	1,45 %	0,31 – 4,17 %	1,14 %	0,33 – 5,62 %	1,90 %
Erbbaurechtsfaktor	0,40 – 1,13	**0,78**	0,51 – 1,37	**0,87**	0,47 – 1,48	**0,87**	0,51 – 1,35	**0,88**

Erläuterung:
Die Erbbaurechtsfaktoren wurden abgeleitet aus:

$$\text{Erbbaurechtsfaktor}_{\text{bebautes Grundstück}} = \frac{\text{Kaufpreis des bebauten Erbbaurechts}}{\text{Vergleichswert des (unbelasteten) Eigentumsgrundstücks}}$$

Quelle: Grundstücksmarktbericht 2011

5.3 Erbbaugrundstücksfaktoren

Erbbaugrundstücksfaktoren (§ 14 Abs. 2 Nr. 2 ImmoWertV) **sind bislang nur von wenigen Gutachterausschüssen für Grundstückswerte empirisch abgeleitet worden.**

Der Gutachterausschuss des Landkreises *Wesel* gibt für Erbbaugrundstücke des individuellen Wohnungsbaus im Jahre 2011 einen finanzmathematischen Erbbaugrundstücksfaktor von 0,88 mit folgendem *Beispiel* an.

Beispiel:

Sachverhalt: Zu ermitteln ist der Verkehrswert eines mit einem Einfamilienhaus bebauten Erbbaugrundstücks

– Bodenwert des unbelasteten, unbebauten und erschließungsbeitragsfreien Grundstücks	60 000 €
– Restnutzungsdauer der baulichen Anlagen	50 Jahre
– Restlaufzeit des Erbbaurechts	50 Jahre
– Jährlich erzielbarer Erbbauzins (wertgesichert)	748,95 €
– Liegenschaftszinssatz für Einfamilienhäuser Grundstück	3,0 %

Berechnung:

– Unbelasteter Bodenwert	60 000 €	
– Abzinsungsfaktor bei 50 Jahren Restlaufzeit und 3 % Liegenschaftszinssatz	× 0,2281	
– Abgezinster Bodenwert		= 13 686 €
– Vertraglich und gesetzlich erzielbarer Erbbauzins	748,95 €	
– Vervielfältiger bei 50 Jahren Restlaufzeit und 3 % Liegenschaftszinssatz	× 25,73	
– Barwert des vertraglich und gesetzlich erzielbaren Erbbauzinses		= 19 270 €

IV § 14 ImmoWertV　　　　　　　　　　　　　　Erbbaurechtsfaktoren

finanzmathematischer Wert des Erbbaugrundstücks	**32 956 €**
– Ermittelter Marktanpassungsfaktor für Erbbaugrundstücke	× 0,88
– Zwischensumme	= 29 001 €
– Zu- und Abschläge wegen vertraglicher Besonderheiten	0 €
Verkehrswert des Erbbaugrundstücks	**29 000 €**

Der Gutachterausschuss für Grundstückswerte im Bereich der Landeshauptstadt *München* hat aus 9 Verkäufen aus den Jahren 2002 bis 2010 (als arithmetische Mittelwerte) für „**Einfamilienhausgrundstücke** mit Erbbaurechtsbelastung" auf der Grundlage von

– Ankäufen des belasteten Grundstücks durch den Erbbauberechtigten

– Verkäufen zwischen ausschließlich „privaten" Vertragsparteien und

– Erbbaurechten mit einer Restlaufzeit von 45 bis 80 Jahren

folgende Erbbaugrundstücksfaktoren abgeleitet:

Erbbauzinssatz	Erbbaugrundstücksfaktoren (EFH)	Standardabweichung
2,50 %	0,98	± 0,19
3,00 %	1,15	± 0,24
3,50 %	1,33	± 0,30

Quelle: Grundstücksmarktbericht 2011

Die ermittelten Erbbaugrundstücksfaktoren liegen aufgrund des besonderen Interesses der Erbbauberechtigten im Wesentlichen stets über 1,0; d. h., die Kaufpreise sind im Durchschnitt höher als der finanzmathematisch ermittelte Wert des Erbbaugrundstücks.

Beispiel zur Anwendung der Erbbaugrundstücksfaktoren

Zu bewerten ist ein Einfamilienhausgrundstück mit Erbbaurechtsbelastung, Käufer ist der Erbbauberechtigte.

– Unbelasteter Bodenwert	245 000 Euro,
– Restlaufzeit des Erbbaurechts	45 Jahre,
– jährlicher Erbbauzins (vertraglich und gesetzlich erzielbar)	2 250 Euro,
– unterstellter Erbbauzinssatz	3,0 %

Finanzmathematischer Wert des Erbbaugrundstücks:

Abgezinster Bodenwert rund	65 000 Euro
Barwert des vertraglich und gesetzlich erzielbaren Erbbauzinses	rd. 55 000 Euro
	120 000 Euro

Verkehrswert des Erbbaugrundstücks bei einem Erbbaugrundstücksfaktor von 1,22

$$120\ 000\ \text{Euro} \times 1,22 = 146\ 400\ \text{Euro}$$

106 Für **Erbbaugrundstücke des Geschosswohnungsbaus** hat der Gutachterausschuss von *München* (2011) einen durchschnittlichen Erbbaugrundstücksfaktor von 1,11 (0,80 bis 1,30) ermittelt, bezogen auf einen Erbbauzinssatz von 4 % und unter Ausschluss älterer Erbbaurechtsverträge mit zurückhängendem Erbbauzins. Käufer war auch wieder stets der Erbbauberechtigte.

Vom Oberen Gutachterausschuss für Grundstückswerte in *Niedersachsen* wurden folgende Erbbaugrundstücksfaktoren (Kaufpreis von Erbbaugrundstücken/erschließungsbeitragsfreiem Bodenwert) in Abhängigkeit von der jeweiligen Rendite (= Erbbauzins zum Zeitpunkt des Verkaufs × 100 %/Bodenwert) und der Restlaufzeit (RLZ) des Erbbaurechts ermittelt (Abb. 16):

Abb. 16: Erbbaugrundstücksfaktoren in Abhängigkeit von der Rendite in Stadt und Land Osnabrück

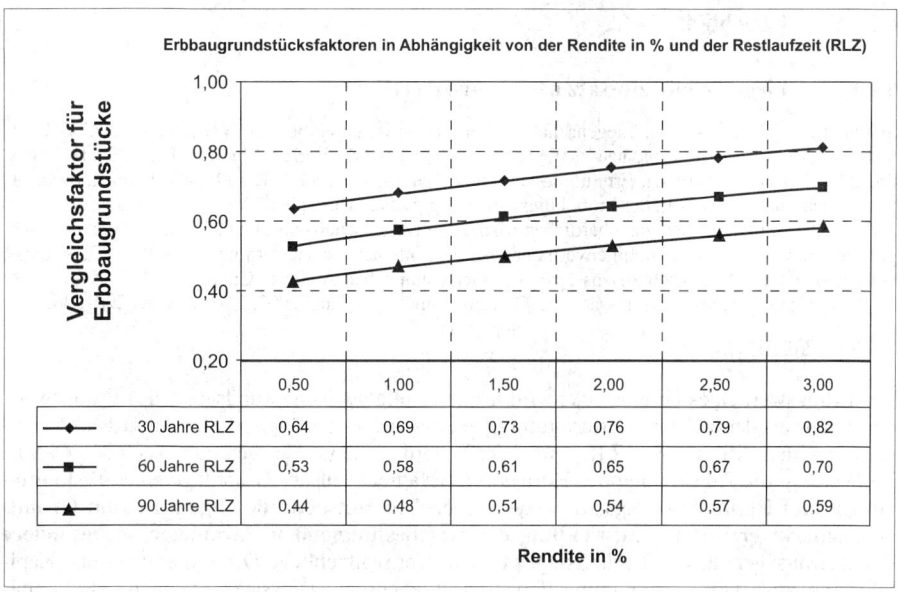

Quelle: Landesgrundstücksmarktbericht 2012

Den abgeleiteten Erbbaugrundstücksfaktoren liegt die Bestellung eines Erbbaurechts an einem erschließungsbeitragspflichtigen (ebpf) Grundstück zugrunde. Soweit Erschließungsbeiträge anfallen, hat sie der Erbbauberechtigte nach den Bestimmungen des BauGB zu tragen. Wurden oder werden die Erschließungsbeiträge indessen vom Eigentümer getragen, erhöht sich der Erbbaugrundstücksfaktor um einen Korrekturfaktor von 1,2.

Der Bodenwert des Erbbaugrundstücks ergibt sich durch Multiplikation des Erbbaurechtsfaktors mit dem Bodenwert des erschließungsbeitragspflichtigen Grundstücks; d. h., ein erschließungsbeitragsfreier (ebf) Bodenrichtwert muss ggf. auf einen erschließungsbeitragspflichtigen (ebpf) Bodenwert umgerechnet werden.

Beispiel:

Grundstücksgröße	720 m²
Bodenrichtwert (ebpf)	80 €/m²
Erzielbarer Erbbauzins	590 €/Jahr
Restlaufzeit (RLZ) des Erbbaurechts	60 Jahre
Erschließungsbeiträge werden ggf. vom Erbbauberechtigten getragen	
Unbelasteter voll erschlossener Bodenwert: 80 €/m² × 720 m² =	57 600 €
Rendite 590 €/Jahr × 100 %/57 600 € =	1,0 %
Erbbaugrundstücksfaktor (in Abhängigkeit von der Rendite und der Restlaufzeit des Erbbaurechts (RLZ) aus Diagramm)	0,58

Wert des Erbbaugrundstücks = Unbelasteter Bodenwert × Erbbaugrundstücksfaktor × Korrekturfaktor (wenn der Grundstückseigentümer die Erschließungsbeiträge trägt)

$$57\,600\, € \times 0{,}58 \times 1{,}0 = \text{rd. } 33\,000\, €$$

Der Gutachterausschuss von *Dresden* gibt für Erbbaugrundstücke mit Einfamilienhäusern[10] einen finanzmathematischen Erbbaugrundstücksfaktor von 0,95 bis 1,25 (Verhältnis Kaufpreis zu finanzmathematischen Wert) an, untergliedert nach der Höhe des Erbbauzinssatzes:

– Erbbauzins 3%   Erbbaugrundstücksfaktor 0,97
– Erbbauzins 4 %   Erbbaugrundstücksfaktor 1,03

---
10 Grundstücksmarktbericht 2013, S. 62.

6 Liegenschaftszinssätze (§ 14 Abs. 3 ImmoWertV)

6.1 Überblick

6.1.1 Liegenschaftszinssatz nach ImmoWertV

Schrifttum: *Fischer, K.,* Der Liegenschaftszins in der Anwendung bei der Wertermittlung, GuG 2006, 164; *Friedrichs, J.-C.* in: Zinssätze in Wertermittlungen, 1. Aufl., Verlag Pflug und Feder, Sankt Augustin, 2001, S. 104; *Göllner, W.,* Ermittlung von Liegenschaftszinssätzen, VR 1991, 424; *Moll-Amrein, M.,* Der Liegenschaftszinssatz in der Immobilienbewertung, Diss., Wiesbaden 2009; *Münchehofen, M./Springer, U.,* Die Abbildung des wirtschaftlichen Risikos im Liegenschaftszins, GuG 2004, 7; *Plein, C.,* Sachgerechte Bewertung von Immobilienvermögen bei der Unternehmensbewertung, BB 1999, 463; *Sommer, G./Hausmann, A.,* Liegenschaftszinssätze aus einer empirischen Analyse, GuG 2006, 139; *Zeißler, M.,* Marktkonforme Liegenschaftszinssätze für Gewerbeimmobilien, GuG 2002, 269 und GuG 2001, 269.

▶ Vgl. Rn. 165 ff.

107 Der Ertragswert eines Grundstücks wird nach den allgemeinen Grundsätzen des Ertragswertverfahrens als der auf den Wertermittlungsstichtag bezogene Barwert aller künftigen Reinerträge ermittelt. Mit den §§ 17 ff. ImmoWertV wird – wie im Übrigen auch nach den §§ 8 ff. BelWertV – die Anwendung des Ertragswertverfahrens auf der Grundlage eines **Diskontierungs- und Kapitalisierungszinssatzes** vorgegeben, **mit dem die allgemein vom Grundstücksmarkt erwartete Entwicklung der wertbestimmenden Parameter, insbesondere der Ertragsverhältnisse berücksichtigt wird.** Der maßgebliche Diskontierungs- und Kapitalisierungssatz wird in der ImmoWertV als „Liegenschaftszinssatz" bezeichnet und empirisch aus geeigneten Vergleichspreisen abgeleitet (vgl. Rn. 165 ff.).

Im Verlauf der Vorarbeiten für die im Jahre 2009 novellierte WertV ist vorgeschlagen worden, den eingeführten Begriff des Liegenschaftszinssatzes durch „Kapitalisierungszinssatz" zu ersetzen. Dies ist in Fachkreisen auf heftigen Widerstand gestoßen, denn der für die Ertragswertermittlung maßgebliche **Liegenschaftszinssatz ist ein Kapitalisierungszinssatz sui generis,** der im Übrigen auch zur Diskontierung herangezogen wird. Der Begriff des Kapitalisierungszinssatzes beschreibt deshalb nicht die Funktion des Liegenschaftszinssatzes und ist zudem eine „leere Hülse", denn darunter könnte jede Art von Kapitalisierungssätzen verstanden werden. Diese Absicht wurde nach massivem Widerstand der Fachwelt aufgegeben.

Das in der ImmoWertV und BelWertV geregelte Ertragswertverfahren entspricht dem in den *Uniform Standards of Professional Practice* **(USPAP) des** *Appraisal Institue Chicago* **empfohlenen Ertragswertverfahren (dort als** *all over capitalization method* **bezeichnet) auf der Grundlage von marktorientierten Liegenschaftszinssätzen.** Der Liegenschaftszinssatz wird dort als *„overall capitalization rate"* (= *all risk yield* – ARY) bezeichnet und wird – wie in Deutschland – aus Vergleichspreisen bebauter Grundstücke *(comparable sales)* abgeleitet, die für das Geschehen auf dem Grundstücksmarkt repräsentativ sind[11].

108 Der Liegenschaftszinssatz ist bei Anwendung des Ertragswertverfahrens nach den § 17 ff. ImmoWertV mithin von zentraler Bedeutung, insbesondere bestimmt sich bei Anwendung dieses Verfahrens der in der Anlage zur ImmoWertV tabellierte Vervielfältiger V (Barwertfaktor) nach dem Liegenschaftszinssatz p und der Restnutzungsdauer n:

$$V = f(p, n)$$

Der Liegenschaftszinssatz wird mit § 14 Abs. 3 ImmoWertV definiert als der **Zinssatz, mit dem der Verkehrswert von Liegenschaften bestimmter Grundstücksart im Durchschnitt marktüblich verzinst wird.** Wie sich eine Liegenschaft verzinst, bestimmt zuallererst der Grundstücksmarkt selbst. Wird für eine Immobilie, die einen bestimmten Jahresreinertrag abwirft, ein überdurchschnittlicher Kaufpreis entrichtet, so begnügt sich der Erwerber dieser Immobilie mit einer entsprechend verminderten Rendite – und umgekehrt.

---
11 The Appraisal of Real Estate, Chicago 12. Aufl. S. 530 ff.

Liegenschaftszinssätze § 14 ImmoWertV IV

Die Kaufpreise sind ein Abbild der Zukunftserwartungen. Mit der Ableitung des Liegenschaftszinssatzes aus Kaufpreisen, die für das Geschehen auf dem Grundstücksmarkt repräsentativ sind, findet diese Zukunftserwartung (indirekt) Eingang in den Liegenschaftszinssatz. **Liegenschaftszinssätze bilden deshalb die Zukunftserwartungen des gewöhnlichen Geschäftsverkehrs ab.** Mit dem aus einer für das Geschehen auf dem Grundstücksmarkt repräsentativen Anzahl geeigneter Vergleichspreise abgeleiteten Liegenschaftszinssatz werden die zu erwartenden Entwicklungen der Ertrags- und Wertverhältnisse berücksichtigt, denn diese gehen in die Kaufpreise ein, aus denen der Liegenschaftszinssatz abgeleitet wurde[12]. Die künftige Entwicklung findet damit (indirekt) Eingang in das Ertragswertverfahren, und zwar nicht etwa nach der subjektiven Einschätzung des Sachverständigen, sondern nach der objektiven Einschätzung des Grundstücksmarktes. Wo es um die Ermittlung von Marktwerten (Verkehrswerten) geht, ist das Ertragswertverfahren nach den §§ 17 ff. ImmoWertV eine **marktkonforme und dynamische Wertermittlungsmethode** *(growth implicit method, overall [capitalization method])*.

Gleichzeitig kommt dem Liegenschaftszinssatz die **Funktion** 109

– eines *Marktanpassungsfaktors* im Rahmen der Ertragswertermittlung und

– eines *Korrekturfaktors* hinsichtlich etwaiger Mängel des der Ertragswertermittlung zugrunde liegenden Ertragswertermittlungsmodells und seiner Generalisierung

zu. Darüber hinaus ist der Liegenschaftszinssatz eine wichtige, die **Rentierlichkeit einer Immobilieninvestition** beschreibende Maßzahl.

Als **Maßzahl der Rentierlichkeit von Immobilieninvestitionsentscheidungen** ist der Liegenschaftszinssatz allerdings nicht unmittelbar aussagekräftig. Dies ist darauf zurückzuführen, dass der Liegenschaftszinssatz zwar – wie noch näher ausgeführt wird – auf der Grundlage eines Reinertrags abgeleitet wird. Tatsächlich jedoch wird im praktischen Vollzug ein „Reinertrag" der Liegenschaftszinssatzableitung zugrunde gelegt, der auch die Erneuerungsrücklage (Abschreibung) umfasst und der Begriff des „Reinertrags" insoweit trügerisch ist. 110

§ 14 Abs. 3 ImmoWertV definiert den **Liegenschaftszinssatz** – wie vorstehend bereits angesprochen – als den **„Zinssatz, mit dem der Verkehrswert von Liegenschaften im Durchschnitt marktüblich verzinst wird".** Mit dieser schlichten Definition wird der Liegenschaftszinssatz gleichwohl eindeutig als der **Zinssatz** definiert, **mit dem sich das im Verkehrswert gebundene Kapital verzinst, wobei** – anders als bei Geldanlagen – sich **die Verzinsung** nicht nach einem vereinbarten Zinssatz, sondern **nach der aus der Liegenschaft marktüblich erzielbaren Rendite** im Verhältnis zu dem Verkehrswert der Liegenschaft bemisst. Dafür bedarf es eingehender Untersuchungen über die Erträge von Liegenschaften, um zu solchen Liegenschaftszinssätzen zu kommen. 111

Auch in der internationalen Praxis geht man bei Anwendung des Ertragswertverfahrens *(income approach;* oder *income capitalization approach)* nicht von den zukünftigen Erträgen, sondern von den am Wertermittlungsstichtag marktüblich erzielbaren Erträgen aus: Von „aktuellen marktüblichen Mieten für ähnliche Immobilien am gleichen Ort und im gleichen Zustand" ist deshalb auch nach IAS 40 § 48 bei der Ermittlung des dem Marktwert entsprechenden beizulegenden Zeitwerts *(fair value)* auszugehen. Die am Wertermittlungsstichtag „marktüblich erzielbaren Erträge" werden nämlich in der internationalen Anwendungspraxis erst mit dem Liegenschaftszinssatz „vernachlässigt", der deshalb als *„all over capitalization rate"* bezeichnet wird. Die angesprochenen IAS Standards schreiben deshalb die Anwendung von speziellen Abzinsungssätzen vor, „die die gegenwärtigen Bewertungen des Marktes hinsichtlich der Unsicherheit der Höhe und des zeitlichen Anfalls künftiger *Cash Flows* widerspiegeln"; dies leistet der Liegenschaftszinssatz.

---

12 Bei sachgerechter Ermittlung des Liegenschaftszinssatzes entspricht er einem für die Art und Lage des Grundstücks repräsentativen *equivalent yield (growth yield)*.

IV § 14 ImmoWertV   Liegenschaftszinssätze

▶ *Näheres hierzu unter Rn. 160 ff. sowie in der Syst. Darst. des Ertragswertverfahrens Rn. 22 ff., 228; § 194 BauGB Rn. 160 ff.; § 8 ImmoWertV Rn. 16 sowie Vorbem. zur ImmoWertV Rn. 1*

112 Im Übrigen sei vorab auf die wichtige Erkenntnis hingewiesen, dass eine **Verminderung des Liegenschaftszinssatzes zu einer Erhöhung des Ertragswerts führt und umgekehrt.** Dies lässt sich am Beispiel eines Wertpapiers erläutern, das einen bestimmten Renditebetrag abwirft und ansonsten Kursschwankungen unterworfen ist. Je höher der Kurswert des Wertpapiers ist, desto kleiner ist die in Prozentpunkten sich ergebende Rendite.

113 *Beispiel:*

    a) **Wertermittlungsobjekt**

– Jahresreinertrag RE	=	50 000 €
– Bodenwert BW	=	200 000 €
– Restnutzungsdauer RND	=	75 Jahre

    b) **Ermittlung des Ertragswerts** EW = (RE – p × BW) × V + BW

bei Liegenschaftszinssatz p = 3,5 %			bei Liegenschaftszinssatz p = 4,0 %		
RE	=	50 000 €	RE	=	50 000 €
./. p × BW	=	7 000 €	./. p × BW	=	8 000 €
= Gebäudeanteil	=	43 000 €	= Gebäudeanteil	=	42 000 €
× V (= 26,41)	=	1 135 630 €	× V (= 23,68)	=	994 560 €
+ BW	=	200 000 €	+BW	=	200 000 €
= Ertragswert	=	1 335 630 €	= Ertragswert	=	1 194 560 €

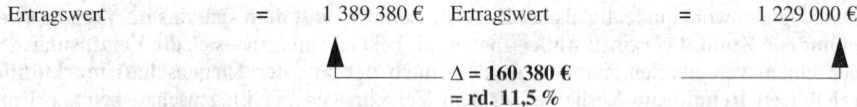

Δ = 141 070 €
= rd. 10 %

    c) **Ermittlung des Ertragswerts** EW bei Restnutzungsdauer RND von 100 Jahren

Ertragswert	=	1 389 380 €	Ertragswert	=	1 229 000 €

Δ = 160 380 €
= rd. 11,5 %

114 Das vorstehende *Beispiel* zeigt, dass **Unterschiede im Liegenschaftszinssatz in Höhe der Tafelgenauigkeit der Vervielfältigertabelle (von 0,5 %) bei langer Restnutzungsdauer den Ertragswert um rd. 10 % und mehr verfälschen können!**

115 **Die Höhe des Ertragswerts** ist als Barwert aller künftigen Erträge **insbesondere bei langer Restnutzungsdauer in extrem sensibler Weise von der Höhe des Liegenschaftszinssatzes abhängig.**

116 Im Rahmen der Verkehrswertermittlung ist eine **Genauigkeit** des zum Ansatz gelangenden Liegenschaftszinssatzes **von einem halben Prozentpunkt** anzustreben. Dies ist darin begründet, dass ein halber Prozentpunkt zu Abweichungen von 10 % im Ergebnis der Ertragswertermittlung führt.

6.1.2 Kapitalisierungszinssatz nach BelWertV

▶ *Vgl. Teil IX Rn. 265*

117 **Das in den §§ 8 ff. BelWertV geregelte Ertragswertverfahren entspricht mit nahezu gleich lautenden Vorschriften dem in den §§ 17 ff. ImmoWertV geregelten Ertragswertverfahren** und stellt ebenfalls eine *all over capitalization method* dar, d. h., die künftigen Erträge werden auch bei Anwendung der BelWertV mithilfe einer *all over capitalization rate*

kapitalisiert. Es hätte von daher nahegelegen, dass sich die BelWertV für diese *all over capitalization rate* des dafür geprägten Begriffs (Liegenschaftszinssatz) und derselben Definition (§ 14 Abs. 3 ImmoWertV) bedient.

§ 12 Abs. 3 BelWertV verwendet indessen statt des eingefahrenen Begriffs „Liegenschaftszinssatz" die unpräzise Bezeichnung **„Kapitalisierungszinssatz"** und definiert ihn als den „angenommenen Zinssatz, mit dem die künftig erzielbaren nachhaltigen Reinerträge eines Grundstücks auf den Zeitraum ihrer angenommenen Zahlung nach vorsichtiger Schätzung erfahrungsgemäß diskontiert werden". 118

§ 14 Abs. 3 ImmoWertV Liegenschaftszinssatz	§ 12 Abs. 3 BelWertV Kapitalisierung der Reinerträge
(3) Die Liegenschaftszinssätze (Kapitalisierungszinssätze, § 193 Absatz 5 Satz 2 Nummer 1 des Baugesetzbuchs) sind die Zinssätze, mit denen Verkehrswerte von Grundstücken je nach Grundstücksart im Durchschnitt marktüblich verzinst werden. Sie sind auf der Grundlage geeigneter Kaufpreise und der ihnen entsprechenden Reinerträge für gleichartig bebaute und genutzte Grundstücke unter Berücksichtigung der Restnutzungsdauer der Gebäude nach den Grundsätzen des Ertragswertverfahrens (§§ 17 bis 20) abzuleiten.	(3) *Der Kapitalisierungszinssatz entspricht dem angenommenen Zinssatz, mit dem die künftig erzielbaren nachhaltigen Reinerträge eines Grundstücks auf den Zeitraum ihrer angenommenen Zahlung nach vorsichtiger Schätzung erfahrungsgemäß diskontiert werden. Er muss aus der regional maßgeblichen langfristigen Marktentwicklung abgeleitet werden. Je höher das Ertrags- und Verkaufsrisiko der Immobilie einzustufen ist, umso höher muss auch der Kapitalisierungszinssatz gewählt werden. Verschiedene Nutzungsarten sind jeweils gesondert zu betrachten.*

Die Definition des Kapitalisierungszinssatzes (§ 12 Abs. 3 BelWertV) entspricht trotz ihres unterschiedlichen Wortlauts der Definition des Liegenschaftszinssatzes. Nach dem Wortlaut des § 12 Abs. 3 Satz 2 BelWertV müssen die „Kapitalisierungszinssätze für die Beleihungswertermittlung ... aus der regional maßgeblichen langfristigen Marktentwicklung abgeleitet werden". Diese Forderung können die Beleihungsinstitute nicht oder allenfalls unzureichend erfüllen, weil nur den Gutachterausschüssen für Grundstückswerte sämtliche dafür erforderliche Grundstückstransaktionen zur Verfügung stehen, aus denen sich die „Marktentwicklung" ablesen lässt[13]. Die Beleihungsinstitute müssen sich von daher auf die vom Gutachterausschuss abgeleiteten Liegenschaftszinssätze stützen, die bereits von den Gutachterausschüssen entsprechend der Forderung des § 12 Abs. 3 Satz 4 BelWertV unter „gesonderter Betrachtung ... der verschiedenen Nutzungsarten" abgeleitet werden. Dass dabei entsprechend § 12 Abs. 3 Satz 3 BelWertV der Liegenschaftszinssatz *umso höher gewählt wird, je höher das Ertrags- und Verkaufsrisiko der Immobilie einzustufen ist*, entspricht den allgemeinen Grundsätzen der Verkehrswertermittlung und bedurfte keiner Erläuterung. Insoweit bestehen zwischen der Ableitung und Anwendung des Liegenschaftszinssatzes i. S. der ImmoWertV und des Kapitalisierungszinssatzes i. S. der BelWertV keine sich aus dem Wortlaut der Bestimmung ergebenden Unterschiede[14]. Der Liegenschaftszinssatz ist zudem ein Zinssatz, der auch das grundstücksspezifische Risiko abbildet, und bei Heranziehung des vom Gutachterausschuss abgeleiteten Liegenschaftszinssatzes wird dieses Risiko noch zusätzlich für den konkreten Fall berücksichtigt. 119

Nach der Zielsetzung der BelWertV soll allerdings mit dem Kapitalisierungszinssatz dem Vorsichtsprinzip der Beleihungswertermittlung Rechnung getragen werden, wobei das Risiko zweckmäßigerweise mit einem erhöhten Liegenschaftszinssatz berücksichtigt wird. Im Ergebnis kann also der **Liegenschaftszinssatz der Gutachterausschüsse für Grundstückswerte** herangezogen werden, der dann im Hinblick auf das Vorsichtsprinzip **um einen** der 120

---

13 Eine „Marktentwicklung" lässt sich nur aus tatsächlich vereinbarten Kaufpreisen ableiten.
14 Ein Unterschied lässt sich allenfalls im Wege einer mittelalterlichen Exegese aus § 12 Abs. 3 Satz 1 BelWertV herauslesen, und zwar aus dem dort postulierten Vorsichtsprinzip („... nach vorsichtiger Schätzung"). Dem soll dadurch Rechnung getragen werden, dass der Kapitalisierungszinssatz unter Berücksichtigung des „Zeitraums ... der angenommenen Zahlung" der „künftig erzielbaren nachhaltigen Reinerträge" angesetzt wird. „Künftig erzielbare nachhaltige Reinerträge" werden nun aber gar nicht (tatsächlich) gezahlt, sondern ergeben sich erst (rechnerisch) nach Abzug der Bewirtschaftungskosten einschließlich eines Modernisierungsrisikos.

IV § 14 ImmoWertV — Liegenschaftszinssätze

Definition des Beleihungswerts **angemessenen Risikozuschlag „aufgestockt"** wird. Eine dahingehende Regelung der BelWertV wäre verständlich, sie entspräche der Praxis und dem Gemeinten. Darüber hinaus könnte als Kapitalisierungszinssatz i. S. der BelWertV auch der aus einer Langzeitbeobachtung resultierende höchste Liegenschaftszinssatz herangezogen werden, denn auch damit würde man dem Vorsichtsprinzip Rechnung tragen.

121 Mit § 12 Abs. 4 BelWertV werden Mindestsätze und **Regelbandbreiten des Kapitalisierungszinssatzes (Anl. 3 zur BelWertV)** sowie Kriterien „erstklassiger Immobilien" vorgegeben[15]: Die in der Anlage 3 aufgeführten Regelbandbreiten für die Kapitalisierungszinssätze unterscheiden sich nun aber nicht wesentlich von den allgemein bei der Verkehrswertermittlung nach der ImmoWertV herangezogenen Regelbandbreiten für Liegenschaftszinssätze (vgl. Syst. Darst. des Ertragswertverfahrens Rn. 117); insofern hätte es dieser Vorgaben eigentlich nicht bedurft. Die angegebenen Regelbandbreiten sprechen eher für eine nicht gemeinte Identität von Liegenschafts- und Kapitalisierungszinssatz.

122 Regelbandbreiten für Liegenschaftszinssätze (Kapitalisierungszinssätze) nach Anlage 3 zu § 12 Abs. 4 BelWertV

A) Wohnwirtschaftliche Nutzung (in Deutschland belegene Objekte):

Wohnhäuser: 5,0 % bis 8,0 %

B) gewerbliche Nutzung (in Deutschland belegene Objekte):

- a) Geschäftshäuser: 6,0 % bis 7,5 %
- b) Bürohäuser: 6,0 % bis 7,5 %
- c) Warenhäuser: 6,5 % bis 8,0 %
- d) SB- und Fachmärkte: 6,5 % bis 8,5 %
- e) Hotels und Gaststätten: 6,5 % bis 8,5 %
- f) Kliniken, Reha-Einrichtungen: 6,5 % bis 8,5 %
- g) Alten- und Pflegeheime: 6,5 % bis 8,5 %
- h) Landwirtschaftlich genutzte Objekte: 6,5 % bis 8,5 %
- i) Verbrauchermärkte, Einkaufszentren: 6,5 % bis 9,0 %
- j) Freizeitimmobilien, Sportanlagen: 6,5 % bis 9,0 %
- k) Parkhäuser, Tankstellen: 6,5 % bis 9,0 %
- l) Lagerhallen: 6,5 % bis 9,0 %
- m) Produktionsgebäude: 7,0 % bis 9,0 %

6.1.3 Kapitalisierungszinssatz in der steuerlichen Bewertung

▶ *Vgl. Syst. Darst. des Ertragswertverfahrens Rn. 262*

123 § 188 Abs. 1 BewG definiert den **Liegenschaftszinssatz in materieller Übereinstimmung mit § 14 Abs. 3 ImmoWertV** als den Zinssatz, mit dem der Verkehrswert von Grundstücken im Durchschnitt marktüblich verzinst wird. Nach § 188 Abs. 2 BewG sind auch in der steuerlichen Bewertung die von den Gutachterausschüssen i. S. der §§ 192 ff. des BauGB ermittelten örtlichen Liegenschaftszinssätze anzuwenden. Soweit von den Gutachterausschüssen keine geeigneten Liegenschaftszinssätze zur Verfügung stehen, gelten die folgenden Zinssätze:

1. 5 Prozent für Mietwohngrundstücke,
2. 5,5 Prozent für gemischt genutzte Grundstücke mit einem gewerblichen Anteil von bis zu 50 Prozent, berechnet nach der Wohn- und Nutzfläche,
3. 6 Prozent für gemischt genutzte Grundstücke mit einem gewerblichen Anteil von mehr als 50 Prozent, berechnet nach der Wohn- und Nutzfläche, und
4. 6,5 Prozent für Geschäftsgrundstücke.

---

15 Die BelWertV berücksichtigt mit diesen Vorgaben nicht die orts- und marktspezifischen Gegebenheiten, die zudem zeitlichen Veränderungen unterworfen sind.

6.2 Anwendungsbereich

▶ *Zum Grundsatz der Modellkonformität vgl. Rn. 94 f., 230 sowie Vorbem. zur ImmoWertV Rn. 36 ff.*

Wie vorstehend dargelegt, finden Liegenschaftszinssätze bei der **Verkehrswertermittlung bebauter Grundstücke** im Wege des Ertragswertverfahrens Anwendung. In der Praxis werden Liegenschaftszinssätze auch nur für bebaute Grundstücke abgeleitet und dürfen im strengen Sinne auch nur auf die Ertragswertermittlung solcher Grundstücke zur Anwendung kommen. **124**

Nach dem Wortlaut des § 14 Abs. 3 ImmoWertV ist der **Begriff des Liegenschaftszinssatzes aber nicht auf bebaute Grundstücke beschränkt.** Tatsächlich ist der Begriff allerdings (zumindest bislang) einseitig mit der Ableitung von Liegenschaftszinssätzen für bebaute Grundstücke belegt. Dies ist in erster Linie darauf zurückzuführen, dass der Liegenschaftszinssatz im Rahmen der Ableitung des Ertragswerts (für bebaute Grundstücke) erforderlich wird. Zum anderen ist die Ableitung von Liegenschaftszinssätzen für bebaute Grundstücke noch verhältnismäßig einfach, weil der Liegenschaftszinssatz mit der hier fließenden Rendite (Reinertrag) „markiert" wird. Demgegenüber lässt sich die Rendite z. B. für eine ungenutzte Bauerwartungslandfläche, die ja auch eine Liegenschaft ist, nicht – zumindest nicht unmittelbar – „ablesen". **125**

Da für **unbebaute Grundstücke** bislang keine Liegenschaftszinssätze abgeleitet wurden, hat dies zu der eigentlich abzulehnenden Praxis geführt, die für bebaute Grundstücke abgeleiteten Liegenschaftszinssätze über ihre eigentliche Bedeutung hinaus weitgehend universell, z. B. auch als allgemeinen Diskontierungszinssatz heranzuziehen. Es muss wohl überlegt sein, ob der Liegenschaftszinssatz dazu überhaupt geeignet ist. Grundsätzlich darf nämlich ein **für bestimmte Grundstücksarten abgeleiteter Liegenschaftszinssatz** auch **nur in systemimmanenter Weise für solche Liegenschaften und in der Weise zur Anwendung kommen, wie dies seiner Ableitung zugrunde lag** (Grundsatz der Modellkonformität, Rn. 94, 230 f.). **126**

In der Praxis findet der Liegenschaftszinssatz, wenn man von den mit dem Extraktionsverfahren (Residualwertverfahren) eng verwandten Investitionsrechnungen, der Unternehmensbewertung oder der Beleihungswertermittlung absieht, schon mangels eines empirisch abgeleiteten und zur Verfügung stehenden Diskontierungszinssatzes auch bei der Ableitung warteständigen Baulands aus Vergleichspreisen für baureifes Land breite Anwendung. Soweit die mithilfe von Liegenschaftszinssätzen abgeleiteten **Verkehrswerte für warteständiges Bauland** üblicherweise auch zu entsprechenden Kaufabschlüssen führen, können die Liegenschaftszinssätze auch als marktorientierte Diskontierungszinssätze gelten. Sie entsprechen dann insoweit – ob richtig oder falsch – den Preismechanismen des gewöhnlichen Geschäftsverkehrs. **127**

▶ *Zu diesen Fragen vgl. Syst. Darst. des Vergleichswertverfahrens Rn. 515 ff.*

Diese Praxis lässt sich auch durchaus mit einer Reihe von **Verwandtschaften** begründen, die **zwischen dem Liegenschafts- und Diskontierungszinssatz** bestehen: **128**

a) Der klassische Liegenschaftszinssatz i. S. des § 14 Abs. 3 ImmoWertV ist ein Mischzinssatz, der sich sowohl auf die Kapitalisierung der Bebauung als auch auf die Verzinsung des reinen Bodenwerts bezieht (Bodenwertverzinsungsbetrag vgl. § 17 Abs. 2 Nr. 1 ImmoWertV).

b) Wie bei Investitionen in bebaute Grundstücke, bei denen der Grundstücksmarkt erwiesenermaßen nicht von einer bankenüblichen Verzinsung des investierten Kapitals ausgeht, ist auch bei Investitionen in warteständiges Bauland keineswegs zwangsläufig davon auszugehen, dass eine bankenübliche Verzinsung des investierten Kapitals erwartet wird. In beiden Fällen handelt es sich vielmehr um eine langfristig angelegte Investition, bei der der Investor einerseits mit der Investition in ein Sachgut auch eine geringere Verzinsung in Kauf nimmt und andererseits – komplementär zum Kapitaleinsatz – lang- und auch mittelfristig mit einer Wertentwicklung rechnet, die gegebenenfalls um die Inflation zu bereinigen ist. Etwas anderes mag bei hoch spekulativen Baulandentwicklungen gelten, bei denen ein Investor auf sich allein gestellt ist und nicht mit der Unterstützung der öffentlichen Hand rechnen kann.

c) Erwartungen hinsichtlich der künftigen Wertentwicklungen beschränken sich bei alldem nicht auf die Wartezeit des warteständigen Baulands, sondern können bereits auch die Wertentwicklung der sich anschließenden Baulandqualität mit einschließen.

d) Neben den erwarteten **Mietwertsteigerungen und Wertzuwächsen** der Immobilien wird der Liegenschaftszinssatz auch von den steuerlichen und sonstigen immobilienbezogenen Vorteilen „mitbestimmt"; auch solche steuerlichen Förderungen tragen dazu bei, dass Liegenschaftszinssätze gegenüber bankenüblichen Zinssätzen niedriger ausfallen (Abschreibungsmodelle). Das Gleiche muss grundsätzlich gelten, wenn von bankenüblichen Zinsen ausgegangen wird, wobei neben **indirekten Subventionen** auch entsprechende objektspezifische **direkte Subventionen,** mit denen die Gemeinde oder ein Investor bei der Entwicklung neuer Baugebiete rechnen kann, einbezogen werden müssen (Urban, GRW-, KfW-Mittel und vieles mehr).

129 Der „bloße" **Rückgriff auf aktuelle bankenübliche Zinsen** ohne Berücksichtigung der sonstigen Parameter **würde** mit der Änderung des bankenüblichen Zinses **zu erheblichen „Preissprüngen"** bei der Wertermittlung **führen,** die sich nicht in der tatsächlichen Wertentwicklung auf dem Grundstücksmarkt widerspiegeln. Ein Vergleich der Wert- und Hypothekenzinsen über längere Zeiträume macht deutlich, dass sich z. B. Bauerwartungslandpreise in den 90er Jahren bei 9,7 % Hypothekenzinsen nicht einschneidend vermindert haben (vgl. Abb. 28 bei Rn. 151 f.).

130 Bei alledem ist festzustellen, dass der bloße **Rückgriff auf bankenübliche Zinssätze,** um den Wert warteständigen Baulands aus dem Verkehrswert für baureifes Land abzuleiten, von dem Geschehen auf dem Grundstücksmarkt widerlegt wird. Auf der Grundlage von Marktbeobachtungen kann nämlich festgestellt werden, dass z. B. die Wertentwicklung von Bauerwartungsland verhältnismäßig stetig auch in den Phasen verlaufen ist, in denen die bankenüblichen Zinsen erhebliche Sprünge verzeichnen mussten.

131 Der Liegenschaftszinssatz findet in der Marktwertermittlung von Erbbaurechten und der Kapitalisierung bzw. Diskontierung von Erträgen Anwendung, die sich am Ertragswert und an der Ertragswerterhöhung orientieren. Bei der Kapitalisierung von Leibrenten (üblicherweise 5,5 % monatlich vorschüssig) sowie bei **reinertragsorientierten Nießbrauchrechten und rohertragsorientierten Wohnrechten** orientiert sich der Zins (üblicherweise jährlich nachschüssig) für
- den Berechtigten am Leibrentenzins (vgl. § 7 ImmoWertV Rn. 36 ff.) und
- den Belasteten am Liegenschaftszinssatz[16].

132 Darüber hinaus kann der **Liegenschaftszinssatz** auch **als ein Korrekturfaktor für** verbleibende, auf dem jeweiligen Grundstücksmarkt die Preisbildung beeinflussende, jedoch **nicht explizit erfasste bzw. erfassbare Werteinflüsse** angesehen werden.

6.3 Maßgeblicher Liegenschaftszinssatz

Schrifttum: *Loose, D.,* Alternative Methodik zur Anwendung des Liegenschaftszinssatzes, GuG 2012, 160.

6.3.1 Allgemeines

▶ *Vgl. Syst. Darst. des Ertragswertverfahrens Rn. 249 ff.; zu Liegenschaftszinssätzen von Hotels vgl. Teil V Rn. 392; von Warenhäusern und Verbrauchermärkten vgl. Teil V Rn. 308; von Logistikimmobilien Teil V Rn. 211; von Eigentumswohnungen Teil V Rn. 108; von Pflegeheimen Teil V Rn. 442*

133 **Die Höhe des Liegenschaftszinssatzes ist zunächst von der Grundstücksart** (Wohn-, Gewerbeimmobilie usw.), den sich mit der Zeit wandelnden immobilienwirtschaftlichen Rahmenbedingungen, aber auch von der Lage und Beschaffenheit der Liegenschaft **abhängig.**

---
16 Peterson in RDM Info 1993/2.

Liegenschaftszinssätze § 14 ImmoWertV IV

Von daher gibt es keinen für eine bestimmte Grundstücksart „festen" Liegenschaftszinssatz. Es handelt sich somit um eine „dynamische", sich mit der Zeit – wenn auch erfahrungsgemäß „undramatisch" – ändernde Größe.

Eine **Übersicht über typische Liegenschaftszinssätze** ergibt sich aus Abb. 36 bei Rn. 258 der Syst. Darst. des Ertragswertverfahrens.

Die Höhe des Liegenschaftszinssatzes konnte im Hinblick auf die Notwendigkeit der Marktkonformität des zum Ansatz kommenden Liegenschaftszinssatzes weder im BauGB noch in einer ImmoWertV festgelegt werden. Die Erfahrungen haben jedoch gezeigt, dass Liegenschaftszinssätze aufgrund freier Schätzungen immer wieder zu Fehlern bei der Ermittlung des Verkehrswerts nach dem Ertragswertverfahren geführt haben. **134**

Vorrang vor derartigen Literaturempfehlungen **haben grundsätzlich die vom örtlichen Gutachterausschuss für Grundstückswerte** nach § 9 i. V. m. § 14 Abs. 3 ImmoWertV **abgeleiteten Liegenschaftszinssätze** (Abb. 20). Sie können den jeweiligen Grundstücksmarktberichten oder sonstigen Bekanntmachungen entnommen werden. Sie sind jedoch entsprechend den Verhältnissen des Einzelfalls zu modifizieren (vgl. Rn. 162 ff.). **135**

Darüber hinaus kann der einzelne **Sachverständige hilfsweise auch selbst den Liegenschaftszinssatz ermitteln,** indem er dafür geeignete Vergleichspreise aus der Kaufpreissammlung der Gutachterausschüsse (§ 195 Abs. 3 BauGB) und daraus den Liegenschaftszinssatz ableitet. Dies entspricht der Verfahrensmethodik, die bei Anwendung des Vergleichswertverfahrens üblich ist. Von dieser Möglichkeit sollte bei besonderen Grundstücksarten und einer besonderen Lage des Grundstücks Gebrauch gemacht werden, für die der Gutachterausschuss keine Liegenschaftszinssätze abgeleitet hat und zu besorgen ist, dass die Modifikation der vorhandenen Liegenschaftszinssätze zu unsicher wird. **136**

▶ *Zu den Liegenschaftszinssätzen von Eigentumswohnungen vgl. Teil V Rn. 102*

Abb. 17: Zusammenstellung von Liegenschaftszinssätzen in ausgewählten Städten (2013)

Stadt/Kreis	Einfamilienhäuser	Zweifamilienhäuser	Dreifamilienhäuser	Reihenhäuser Doppelhaushälften	Mehrfamilienhäuser		Gemischt genutzte Grundstücke	Geschäfts- und Bürogebäude		Industrie Werkstätten Fabriken
					Gewerbeanteil < 20 %	≥ 20 %	Wohnanteil < 50 %	City-Lage	Nicht-City-Lage	
	Wohnnutzung						Gewerbliche Nutzung			
Aachen (Städteregion)	2,3	–	3,8	2,7	4,3	5,4	5,9	5,7	–	–
Aalen	3,0 – 3,5	–	–	–	3,5 – 4,0	–	4,5 – 5,5	5,5 – 6,5		
LK Ammerland	–	–	–	–	6,4	–	6,7	–	–	6,5 – 9,0
Arnsberg	–	–	4,3	–	5,0	5,9	5,9	–	–	–
LK Aurich	3,8	–	–	–	6,4	–	6,8	6,2 – 7,0		–
LK Bentheim	–	–	–	–	6,4	–	6,8	6,2 – 7,0		–
Bad Salzgitter	–	–	–	–	7,4	–	–	–		7,0 – 8,0
Bergisch Gladbach (2013)	2,9 – 4,5	–	4,2 – 5,4	–	5,6	6,4	5,4 – 7,4	5,5 – 7,5		6,4 – 7,6
Berlin	Hierzu siehe GuG 2002, 174, GuG 2006, 111, GuG-aktuell 2006, 28, GuG 2007, 352, GuG-aktuell 2010, 26 f.; GuG 2012, 294									
Bielefeld	3,3	3,8	–	–	5,2	–	–	–	–	–
Bochum	2,5 – 4,0	–	3,6	–	5,4	6,1	6,0 – 8,0	5,0 – 8,0	–	–
Bonn (2013)	2,9	3,7	3,9	3,7	4,5	5,3	5,8	5,7		8,0
LK Borken	3,3	–	4,8	3,2	5,5	6,5	–	6,0		6,3
Brandenburg a.d.H.	–	–	–	–	6,2 – 6,4	–	6,6 – 7,5	8,1		–
Braunschweig	–	–	–	–	5,3 – 6,9	–	–	5,7 – 7,7		–
Baujahr nach 1945	4,7	–	–	–	–	–	–	–	–	–
Baujahr bis 1945	4,0	–	–	–	–	–	–	–	–	–
Barnim	–	–	–	–	–	–	–	–	–	–
Bremen (2011)	4,3	–	5,6	–	6,3	6,9	–	4,5	6,0 – 6,6	–
Bottrop	3,6	–	4,1	–	5,8	7,2	–	–	–	–
Oberhavel	2,0 – 3,5	–	–	–	3,5 – 5,0	–	5,0 – 7,0	6,8 – 8,0		

IV § 14 ImmoWertV — Liegenschaftszinssätze

Stadt/Kreis	Ein-familien-häuser	Zwei-familien-häuser	Drei-familien-häuser	Reihen-häuser Doppel-haus-hälften	Mehrfamilien-häuser		Gemischt genutzte Grundstücke	Geschäfts- und Bürogebäude		
					Gewerbeanteil		Wohnanteil	City-Lage	Nicht-City-Lage	Industrie Werk-stätten Fabriken
					< 20 %	≥ 20 %	< 50 %			
	Wohnnutzung						Gewerbliche Nutzung			
Oder-Spree	2,2 – 4,6	–	–	–	–	–	–	–	–	–
Uckermark	–	–	–	–	–	–	–	–	–	–
Braunschweig	–	–	–	–	4,3 – 5,7	–	–	4,2 – 7,8	–	6,8
LK Celle (2012)	–	–	–	–	6,4	–	6,0	–	–	–
LK Cloppenburg (2013)	–	–	–	–	5,1	–	6,4	–	–	–
Chemnitz	–	–	–	–	4,0	–	5,25	–	–	–
LK Coesfeld	–	–	–	–	5,4	–	–	–	–	–
Cottbus (2012)	4,1	–	–	–	6,2	–	–	7,0	–	4,1
LK Cuxhaven	–	–	–	–	6,4	–	–	–	–	–
Darmstadt (2013)	–	–	–	–	3,30 – 4,00	–	5,00 – 5,75	–	–	–
vor 1950	–	–	–	–	4,00	–	–	6,25	–	–
nach 1950	–	–	–	–	4,50	–	–	–	–	–
Delmenhorst	–	–	–	–	5,6	–	9,9	–	–	–
LK Diepholz	–	–	–	–	6,1 – 6,4	–	6,6 – 6,8	6,2 – 7,0	–	5,5 – 9,5
Dinslaken	3,3	3,9	3,0	–	5,1	–	–	–	–	–
LK Dithmarschen	3,5		–	–	4,2 – 5,9	–	–	–	–	7,7
Dorsten/Gladbeck/Marl	3,6	3,6	4,6	3,7	6,0	7,1	6,2	–	–	–
Dortmund (2013)	2,7	4,5	4,2	3,0	5,5	6,7	6,7	–	–	–
Dresden (2013)	1,8 – 3,4	–	–	1,9 – 3,8	3,2 – 6,5	–	–	4,6 – 7,8	–	5,7 – 9,5
LK Düren	3,5	–	–	–	5,5	–	5,5	–	–	7,0
Düsseldorf (2013)	–	–	–	–	4,7	6,3	–	–	–	–
Bauten bis 1947	3,0	3,0	3,5		4,5	–	5,5	4,0 – 7,0		6,0 – 7,5
Bauten ab 1948	3,0	3,0	3,5		4,5	–	5,5			
Duisburg	2,7	3,0	5,4	3,5	6,3	7,4	7,1	–	–	8,6
Emden	4,0	–	–	–	6,4	–	6,8	6,2 – 7,0	–	–
LK Emsland	–	–	–	–	6,4	–	6,8	6,2 – 7,0	–	–
LK Ennepe-Ruhr (2013)	2,4 – 4,0	3,8	4,7	3,1	6,0	6,5	4,2 – 8,8	–	6,0 – 10,0	–
Essen	2,9		4,2	3,2	6,1	7,2	6,3 – 9,9	–	5,6	7,1
Esslingen	2,2 – 3,3		–		2,5 – 4,0	4,0 – 7,0	–	6,7	–	7,0
LK Euskirchen	2,9	3,7	4,7	2,9	5,6	5,6	–	–	–	7,4
Frankfurt/Main (2011)	3,3 – 4,2	–	–	–	2,6 – 4,9	–	2,7 – 5,6	4,6 – 6,9	–	6,3
Frankfurt/Oder (2011)	3,5		–	–	4,9 – 8,6	–	5,5	6,0	6,75	6,75
LK Friesland	–	–	–	–	6,4	8,5	6,8	–	–	–
Gelsenkirchen	2,7	2,7	3,2	3,4	6,3	7,2	8,2	–	–	–
LK Gifhorn (2012)	3,25	3,25	–	–	6,9	–	–	–	–	–
Gladbeck	3,7	3,7	3,7	3,6	4,8	–	8,1	–	–	–
Göttingen (Stadt)	–	–	–	–	6,1 – 6,7	–	–	–	–	–
LK Göttingen	–	–	–	–	6,4	–	6,5 – 7,5	6,2 – 7,0	–	–
LK Goslar (2012)	6,6	–	–	–	6,0	–	–	–	–	–
Greifswald	2,7 – 3,5	–	–	–	5,1 – 5,7	–	6,1 – 6,9	–	–	–
Gütersloh (Stadt)	2,6	4,5	–	–	5,1	5,7	5,7	–	6,5	7,5
LK Gütersloh	3,3	5,0	5,1	3,2	6,4	5,6	5,0 – 6,5	7,0	–	7,5
Hagen	2,7	2,8	3,0	2,7	5,4	7,6	8,4	7,6	–	7,3
Hamm	3,5		3,7	–	6,1	7,3	–	–	7,0	8,0
LK Hameln-Pyrmont	–	–	–	–	6,4	–	–	–	–	–
Hannover	–	–	–	–	5,3	–	6,0	4,0 – 5,0	5,0 – 8,0	–
Region Hannover 2012	4,5		–	–	5,4	–	6,0 – 9,0	6,0 – 9,0		–
LK Harburg	–	–	–	–	6,7	–	6,8	–	–	–
LK Helmstedt	–	–	–	–	6,4	–	–	–	–	–
Heidekreis	–	–	–	–	6,4	–	6,2 – 7,0	–	–	–
LK Heinsberg	3,0		–	3,4	5,3	6,0	–	–	–	–
Heppenheim (2012)	3,6 – 4,1		3,0 – 3,8	–	5,1 – 5,4	–	5,4 – 5,8	6,8	–	7,1
Herford	3,4	4,0	4,7	3,5	5,4	7,1	–	5,3	–	–
LK Herford	3,1	3,6	5,2	–	5,6	–	–	–	–	–
Herne	2,3	2,9	3,2	2,6	4,9	6,4	7,0	–	–	–

Liegenschaftszinssätze — § 14 ImmoWertV IV

Stadt/Kreis	Einfamilienhäuser	Zweifamilienhäuser	Dreifamilienhäuser	Reihenhäuser Doppelhaushälften	Mehrfamilienhäuser Gewerbeanteil < 20 %	Mehrfamilienhäuser Gewerbeanteil ≥ 20 %	Gemischt genutzte Grundstücke Wohnanteil < 50 %	Geschäfts- und Bürogebäude City-Lage	Geschäfts- und Bürogebäude Nicht-City-Lage	Industrie Werkstätten Fabriken
					Wohnnutzung			Gewerbliche Nutzung		
Herten	3,0 – 3,5	4,25	–	–	5,0	–	6,0	6,0	6,0	–
Hildburghausen	3,2 – 5,4	–	–	–	5,7 – 6,9	–	–	–	–	–
Hildesheim	–	–	–	–	4,6	–	–	–	–	–
LK Hildesheim	–	–	–	–	6,5	–	–	–	–	–
LK Hochsauerland	3,4	4,6	5,4	3,6	7,0	7,3	–	7,4	–	7,9
LK Höxter	3,5	3,7	5,4	3,7	6,6	7,4	6,3	8,1	–	7,8
LK Holzminden	–	–	–	–	6,4	–	–	–	–	–
Ilmenau	2,5 – 3,9	–	–	–	–	–	–	–	–	–
Iserlohn	3,3	3,3	5,0	3,5	5,9	7,3	6,0	–	–	–
Kaiserslautern	3,0 – 3,5	3,5 – 4,0	–	–	4,5 – 5,0	–	5,5 – 6,0	–	–	–
Karlsruhe	2,5 – 3,5		3,5 – 4,5	–	4,0 – 5,0	–	4,5 – 6,0	5,5 – 7,0		5,0 – 7,5
Kleve	3,2		–	3,8	6,0	–	6,0	–	–	–
LK Kleve	3,3		4,5	–	5,2	5,6	–	–	–	–
Koblenz	3,5	3,75	–	–	4,75 – 5,75	–	6,0	6,25 – 7,50	6,25	–
Köln (2013)	–	–	4,1	–	4,2	4,5	5,7	5,4	–	8,0
Konstanz		2,5		–	5,0	5,1	4,0 – 6,0	–	–	7,0
Krefeld	–	–	–	–	5,9	7,0	–	–	–	–
Landshut		2,15		–	3,75	–	4,50	5,4	–	–
Leipzig (2011)	2,5 – 3,0	3,0 – 4,5	3,9 – 4,3	–	4,2	5,1	4,5 – 6,5	5,5 – 7,0		4,5 – 7,5
LK Leer	4,0	–	–	–	6,4	–	6,8	6,2 – 7,0		–
Leverkusen	3,4		3,4	4,0	4,8	6,0	6,4	–	–	7,3
LK Lippe/Detmold	2,0	2,3	3,9	2,1	5,8	6,5	5,9	8,3		6,6
Lippstadt	3,7	3,6	4,4	3,7	4,9	5,3	4,6	–	–	–
LK Lüchow-Dannenb.	–	–	–	–	6,4	–	–	–	–	–
Lüdenscheid	3,2	3,0	4,4	3,0	5,8	6,9	5,5	–	–	–
LK Lüneburg		3,5	–	–	4,5	5,8	–	6,8	–	–
Lünen	2,0	3,0	3,7	2,5	5,8	7,4	–	–	–	–
Märkischer Kreis (2012)	3,1	3,4	4,4	3,3	5,7	6,3	6,25	–	–	7,6
Mainz	3,5	3,5		–	3,8 – 4,8		4,5 – 6,1	5,4 – 7,3		–
Minden-Lübbecke	3,0	4,9	4,8	–	4,5		5,5	7,5		
LK Mettmann	–	–	4,1	–	5,2	6,2	–	6,7		7,5
Moers	–	–	–	–	6,7	7,7	6,4	6,9		7,5
Mönchengladbach (2013)		3,9	4,4	4,2 – 6,0	7,6	–	–	–	–	–
Mülheim a.d. Ruhr	–	–	3,9	–	5,7	6,6	6,6	6,6	–	–
München	2,3 – 3,1	–		2,8 – 3,4	2,6 – 4,2	2,4 – 3,5	2,4 – 3,5	4,5 – 5,0		6,0 – 6,4
Münster	2,5 – 4,0	2,9		3,0 – 4,0	3,1	4,7	5,7	5,0 – 7,0		–
Neuss		3,3	4,4	3,3	5,4	6,1	6,0			7,5
Nienburg	–	–	–	–	6,4	–	–	6,5		
LK Nienburg	–	–	–	–	6,4	–	6,8	6,2 – 7,0		5,5 – 9,5
Norden	4,0 – 4,25	–	–	–	4,5 – 5,5	–	–	6,0 – 7,0		6,5 – 7,0
LK Northeim	–	–	–	–	6,9 – 9,3	–	6,8	6,2 – 7,0		–
Nürnberg	3,0		3,5	–	6,5	6,0	6,0	4,4 – 8,2		5,3 – 8,7
Oberbergischer Kreis	3,6		5,6	4,8	6,5	6,6	–	6,9		7,1
Oberhausen	–	–	4,4	–	5,8	6,6	7,1	–	–	7,6
LK Oberspreewald Lausiz	–	–	–	–	6,5		7,9	8,1	–	–
Offenbach	–	–	–	–	2,4 – 8,4		2,9 – 7,1	–	–	–
Offenburg	–	–	–	–	–	–	5,4	–	–	–
Oldenburg (Stadt)	–	–	–	–	5,9	–	6,0 – 6,7	–	–	6,5 – 9,0
LK Oldenburg	–	–	–	–	5,3	–	6,3	–	–	–
LK Olpe 2013	4,0	4,0	–	–	–	–	–	–	–	–
Osnabrück (Stadt)	–	–	–	–	5,0	–	5,5 – 6,0	6,5	–	–
LK Osnabrück	–	–	–	–	6,3	–	7,0	–	–	–
LK Osterholz	–	–	–	–	6,4	–	–	–	–	–

Stadt/Kreis	Ein-familien-häuser	Zwei-familien-häuser	Drei-familien-häuser	Reihen-häuser Doppel-haus-hälften	Mehrfamilien-häuser		Gemischt genutzte Grundstücke	Geschäfts- und Bürogebäude		
					Gewerbeanteil		Wohnanteil	City-Lage	Nicht-City-Lage	Industrie Werk-stätten Fabriken
					< 20 %	≥ 20 %	< 50 %			
	Wohnnutzung						Gewerbliche Nutzung			
LK Osterode am Harz	–	–	–	–	6,4	–	6,8	6,2 – 7,0	–	
Paderborn	2,8	3,3	4,0	2,8	4,9	6,1	6,1	6,8		6,5
LK Paderborn	3,0	3,8	4,3	3,1	5,0	–	–	–		6,8
LK Peine	5,4			–	6,4	–	–	–	–	–
Potsdam (2011)	–	–	–	–	3,8 – 5,1	4,9	2,9 – 8,4	3,8 – 7,5		
Potsdam-Mittelmark (2011)	3,4 – 5,4		–	–	6,0 – 6,3		6,7 – 7,5	7,8		–
Ratingen		3,2		4,0	3,8	4,7	6,0	–	–	–	
Recklinghausen	–	–	3,8	–	5,6	7,7	6,8	7,6		8,0
LK Recklinghausen	2,5	3,5	4,1	3,0	6,0	6,5	6,2	6,0		7,4
Remscheid		3,8		4,9	3,7	6,4	7,5	7,4	–		–
Rhein-Erft-Kreis		3,1		4,6	2,9	5,5	6,5	6,5	6,6		8,0
Rhein.-Berg. Kreis	3,2	3,4	3,9	3,8	5,6	6,5	6,4			7,7
Rheine	2,2 – 3,8		2,2 – 4,0	–	3,2 – 5,8		3,3 – 7,0	3,8 – 8,8	4,0 – 7,1	–
LK Rhein-Sieg	3,9	4,4	4,9	4,0	5,2	6,1	8,2	6,7		–
LK Rotenburg (Wümme)	–	–	–	–	6,4	–	6,8	6,2 – 7,0	–	
Salzgitter 2012	4,5		–	–	5,75	–	4,5 – 6,5	6,5 – 7,5		–
LK Schaumburg	–	–	–	–	6,4	–	–	–	–	–
Siegen		3,5		5,6	–	6,7	–	4,5 – 6,5	5,5 – 6,5		–
LK Siegen-Wittgenst.	3,7	3,8	5,2	2,9	6,3	5,8	–	–		6,7
LK Soest	3,1	3,3	4,5	3,2	5,2	–	–	6,2	–	7,3
Solingen	3,2	3,5	4,4	3,9	5,8	7,0	6,5	–	–	–
LK Stade			–		6,4	–	–	–		
Stuttgart (2013)	–	–	3,5	–	4,0		5,25	5,25	5,5	6,5
Schwerin	2,9 – 4,9		–	–	5,3		3,6 – 6,6	–	–	3,3 – 5,9
Steinfurt LK	–	–	–	–	–	–	–	–	–	–
Sulingen (2013)	–	–	–	–	5,4	–	7,4	–	–	–
Trier	–	3,25 – 3,50	–	4,2 – 5,0	–	5,5	6,0	6,0	7,0	
LK Uelzen	–	–	–	–	6,4	–	–	–	–	–
Unna (2013)	3,6		4,0	4,8	3,6	6,5	5,7	–		–
LK Unna	3,6	4,0	4,8	3,6	6,5	6,5	–	–		–
LK Vechta	–	–	–	–	5,4		5,9	–		–
Velbert		4,1		4,2	–	6,7	7,0	5,6	6,4	–	7,3
LK Verden	–	–	–	–	6,4	–	–	6,2 – 7,0		7,3
LK Viersen	3,5	4,0	3,9	–	5,2	5,3	6,0	–		6,7
LK Warendorf		2,6		–	3,0	5,1	–	–	–	–	
LK Wesel		3,5		4,6	–	5,5	6,4	–	6,5		7,0
LK Wesermarsch	–	–	–	–	6,4	–	6,8	–	–	–
Wiesbaden (2013)		3,1		3,5	–	4,0 – 4,5	–	5,0	5,9	–	
Wilhelmshaven	–	–	–	–	6,4	–	6,8	–		
Witten		3,0		3,6	2,9	5,7	5,3	5,3	–	–	
Wittmund		4,0		–	–	6,6	–	6,8	6,2 – 7,0		–
LK Wittmund	–	–	–	–	6,4	–	–	–	–	–
LK Wolfenbüttel	3,3		–	–	6,7	–	4,0 – 5,0	5,0 – 7,0		–
Wolfsburg	–	–	–	–	5,75	–	–	–		
Wuppertal	–	–	4,2	4,9	4,4 – 8,0	5,9 – 9,7	5,4 – 7,6	6,8		–

Quelle: Marktberichte der jeweiligen Gutachterausschüsse für Grundstückswerte

Liegen für **gemischt genutzte Grundstücke** keine empirisch vom Gutachterausschuss für Grundstückswerte abgeleiteten Liegenschaftszinssätze vor, so kann für derartige Objekte ein Liegenschaftszinssatz im Wege der Interpolation aus den Liegenschaftszinssätzen für Mietwohngrundstücke und gewerblichen Grundstücken nach Maßgabe des Verhältnisses der jeweiligen Anteile an der Jahresnettokaltmiete abgeleitet werden.

6.3.2 Anpassungsfaktoren für Liegenschaftszinssätze

6.3.2.1 Allgemeines

▶ *Vgl. Rn. 94, 178 ff.; 216 ff., 224; Syst. Darst. des Ertragswertverfahrens unter Rn. 259*

Die empirisch aus der Kaufpreissammlung abgeleiteten Liegenschaftszinssätze können aus dem Verständnis ihrer Ableitung nur zur Verkehrswertermittlung im Wege des Ertragswertverfahrens für solche Grundstücke und Marktverhältnisse herangezogen werden, die den Grundstücksmerkmalen und den Marktverhältnissen entsprechen, die der Ableitung zugrunde lagen. Verfahrensmäßig muss **zwischen Ableitung und Anwendung Identität** bestehen (Grundsatz der Modellkonformität). Ein auf der Grundlage gedämpfter Bodenwerte abgeleiteter Liegenschaftszinssatz zwingt beispielsweise zu einer Ertragswertermittlung, die ihrerseits auch mit gedämpften Bodenwerten „arbeitet" (Modellkonformität der Anwendung). **137**

Im Rahmen des Grundsatzes der Modellkonformität müssen von den Gutachterausschüssen neben der Ableitungsmethodik (vgl. Rn. 139 ff., 178 ff.) und dem Bezugsstichtag insbesondere die **durchschnittlichen objektspezifischen Grundstücksmerkmale des fiktiven Referenzgrundstücks** konkretisiert werden, auf den sich der jeweilige Liegenschaftszinssatz bezieht (Liegenschaftszinssatzgrundstück, vgl. Rn. 224). Von den Gutachterausschüssen werden zunehmend Anpassungsfaktoren veröffentlicht, mit denen die vom Referenzgrundstück (Liegenschaftszinssatzgrundstück) abweichenden Merkmale des zu bewertenden Grundstücks ausgehend von den durchschnittlichen objektspezifischen Grundstücksmerkmalen des jeweiligen Liegenschaftszinssatzgrundstücks marktgerecht berücksichtigt werden können. Dies betrifft insbesondere

– die Lage im Stadtgebiet, zumeist gemessen am Boden(richt)wert,
– das Baujahr bzw. das Alter und die Restnutzungsdauer,
– die Wohnfläche,
– die Zahl der Wohneinheiten bzw. die Gesamtwohnfläche einer Wohnanlage (Größe der Wohnanlage)
– die Ausstattung
– die Nettokaltmiete und
– die Nutzung bzw. Nutzungsmischung.

Bei alledem müssen **Doppelberücksichtigungen** vermieden werden.

Sofern keine Anpassungsfaktoren abgeleitet worden sind, können den bislang veröffentlichten Anpassungsfaktoren allgemeine Hinweise für eine Verminderung bzw. Erhöhung der im Regelfall für qualitativ durchschnittliche Liegenschaften ermittelten Liegenschaftszinssätze den nachfolgenden Erläuterungen sowie den in der Syst. Darst. des Ertragswertverfahrens unter Rn. 259 (Abb. 37) aufgeführten Regeln entnommen werden (vgl. Rn. 178 ff.). **138**

Wird auf empirisch abgeleitete Liegenschaftszinssätze zurückgegriffen, sind die **Besonderheiten des Wertermittlungsobjekts** zu berücksichtigen. Dabei können folgende **Grundsätze** Anwendung finden:

– Der Liegenschaftszinssatz ist um bis zu 1,0 Prozentpunkte zu vermindern, wenn die **Lage des Objekts besonders gut** ist und seine Nutzung ein besonders geringes wirtschaftliches Risiko aufweist; umgekehrt ist der Liegenschaftszinssatz um bis zu 1,0 Prozentpunkte zu erhöhen, wenn das Objekt in besonders schlechter Lage gelegen ist und ein erhöhtes wirtschaftliches Risiko aufweist.
– Der Liegenschaftszinssatz ist bei Objekten, die gemessen an der **Wohnfläche** besonders groß sind, zu erhöhen und bei kleinerer Wohnfläche zu vermindern.
– **Ländliche Belegenheitsgebiete** weisen gegenüber Städten und Ballungszentren tendenziell höhere Liegenschaftszinssätze auf; für Niedersachsen wurden (im Jahre 2004) allerdings keine signifikanten Unterschiede festgestellt.

- **Aufwendig errichtete Immobilien** weisen dagegen geringere Liegenschaftszinssätze als modernisierungsbedürftige Gebäude auf.
- Bei **Eigentumswohnungen** fällt der Liegenschaftszinssatz bei besonders kleinen Wohnungen (WF 40 m^2) auch besonders niedrig aus und umgekehrt (WF 100 m^2); anders die Veröffentlichung des Gutachterausschusses von *Esslingen* (vgl. Teil V Rn. 107 ff. Abb. 44); des Weiteren ist der Liegenschaftszinssatz in hochwertigen Lagen mit hohem Bodenrichtwertniveau kleiner als in geringer wertigen Lagen; er ist zudem von der Restnutzungsdauer abhängig (vgl. Rn. 147). *Vermietete Eigentumswohnungen* weisen i. d. R. einen leicht höheren Liegenschaftszinssatz als bezugsfreie Eigentumswohnungen auf (vgl. zu Liegenschaftszinssätzen für Eigentumswohnungen Teil V Rn. 102).
- Bei **Ein- und Zweifamilienhäusern**, die fremd genutzt sind, ist der Liegenschaftszinssatz vom Baujahr bzw. von der Restnutzungsdauer und der Lage (gemessen am Bodenrichtwertniveau) abhängig (vgl. Rn. 143, 147).
- Der Liegenschaftszinssatz von **Altbauvillen** ist gegenüber dem Liegenschaftszinssatz von neueren Ein- und Zweifamilienhäusern abgesenkt.
- **Dreifamilienhäuser** weisen i. d. R. einen um bis zu 1 Prozentpunkt höheren Liegenschaftszinssatz als Ein- und Zweifamilienhäuser auf.
- **Reihenhäuser und Doppelhaushälften** weisen im Verhältnis zu Ein- und Zweifamilienhäusern einen nur leicht erhöhten Liegenschaftszinssatz auf, wie auch aus niedersächsischen Untersuchungen erkennbar ist (vgl. Rn. 141).
- Bei **Paketverkäufen** ist ein höherer Liegenschaftszinssatz anzusetzen. Nach Feststellung des Gutachterausschusses von Wuppertal lag der Liegenschaftszinssatz im Jahre 2009 bei Mehrfamilienhäusern bei 5,2 bis 6,8 % (bei sonst 5,0 bis 6,4 %) und bei gemischt genutzten Gebäuden bei 6,2 bis 8,4 % (bei sonst 5,3 bis 7,7 %).

Die Zu- und Abschläge, die zur Berücksichtigung der besonderen objektspezifischen Grundstücksmerkmale der zu bewertenden Liegenschaft an den herangezogenen Liegenschaftszinssatz „angebracht" werden, sollten in ihrer Gesamthöhe nicht 2,5 Prozentpunkte überschreiten. Dabei ist auf die absolute Gesamthöhe der Zu- und Abschläge (unter Weglassen des Vorzeichens) abzustellen. Wie bei Anwendung des Vergleichswertverfahrens muss nämlich auch bei Anwendung des Ertragswertverfahrens gefordert werden, dass das Referenzgrundstück (Liegenschaftszinssatzgrundstück) des herangezogenen Liegenschaftszinssatzes mit der zu bewertenden Liegenschaft hinreichend vergleichbar ist. Da sich bei einer Modifikation des Liegenschaftszinssatzes in einer Gesamthöhe von 2,5 Prozentpunkten der Ertragswert um rd. 40 % ändert, ist damit der Grenzbereich der Vergleichbarkeit erreicht (vgl. Syst. Darst. des Ertragswertverfahrens Rn. 259; Syst. Darst. des Vergleichswertverfahrens Rn. 43).

139 Zur **Abhängigkeit des Liegenschaftszinssatzes von der Restnutzungsdauer** der baulichen Anlage liegen die Untersuchungsergebnisse des Oberen Gutachterausschusses von Rheinland-Pfalz und der Zentralen Geschäftsstelle der Gutachterausschüsse für Grundstückswerte in Hessen (2010) und anderer Gutachterausschüsse vor: Danach ist der Liegenschaftszinssatz umso höher, je länger die Restnutzungsdauer ist.

Abb. 18: Liegenschaftszinssatz in Abhängigkeit von Restnutzungsdauer (bzw. Baujahr)

RND	Liegenschaftszinssätze in Abhängigkeit von der Restnutzungsdauer					
	Rheinland-Pfalz (2013)					
	Einfamilienhäuser		Zweifamilienhäuser	Mehrfamilienhäuser (bis 6 WE)	Wohn- und Geschäftsgrundstücke	Lagerhallen
	bezugsfrei	vermietet				
bis 20	2,2 %	2,7 %	3,0 %	4,2 %	5,0 %	4,7 %
25	2,4 %	2,9 %	3,2 %	4,4 %	5,1 %	5,1 %
30	2,5 %	3,0 %	3,3 %	4,5 %	5,1 %	5,5 %
35	2,6 %	3,1 %	3,3 %	4,6 %	5,2 %	5,7 %
40	2,7 %	3,2 %	3,4 %	4,7 %	5,2 %	6,0 %
45	2,7 %	3,2 %	3,5 %	4,7 %	5,3 %	6,2 %
50	2,8 %	3,3 %	3,5 %	4,8 %	5,3 %	6,4 %
55	2,9 %	3,4 %	3,6 %	4,9 %	5,4 %	-
60	2,9 %	3,4 %	3,6 %	4,9 %	5,4 %	-
65	3,0 %	3,5 %	3,7 %	5,0 %	5,4 %	-
70	3,0 %	3,5 %	3,7 %	5,5 %	5,5 %	-
75	3,1 %	3,6 %	3,8 %	5,1 %	5,5 %	-
80	3,1 %	3,6 %	3,8 %	5,1 %	5,5 %	-
85	3,1 %	3,6 %	3,8 %	-	-	-
90	3,2 %	3,7 %	3,9 %	-	-	-
95	3,2 %	3,7 %	3,9 %	-	-	-
100	3,2 %	3,7 %	3,9 %	-	-	-

RND	Liegenschaftszinssätze in Abhängigkeit von der Restnutzungsdauer					
	Moers			Traunstein	Potsdam		Potsdam Mittelmark
	Mehrfamilienhaus gew. Anteil <20 %	Gem. genutzt gew. Anteil 20 % 2013	Gewerbe und Industrie	EFH	MFH	Wohn- und Geschäftshäuser	Wohn- und Geschäftshäuser
				2010	2010	2010	
bis 20	7,3	8,6	-	4,3	4,0	4,9	6,8
25	6,6	7,6	7,3				
30							
35							
40				4,0			
45	6,4	6,7	7,0				
50							
55							
60					5,4	6,7	7,5
65	-	-	-				
70	-	-	-				
75	-	-	-	3,7			
80	-	-	-				
85	-	-	-		-	-	-
90	-	-	-		-	-	-
95	-	-	-		-	-	-
100	-	-	-		-	-	-

Quelle: Grundstücksmarktberichte

6.3.2.2 Lage und Baujahr (Restnutzungsdauer) bei Ein- und Zweifamilienhäusern

140 **Liegenschaftszinssätze von Ein- und Zweifamilienhäusern** sind insbesondere von der Lage und dem Baujahr (Restnutzungsdauer) abhängig. Die Abhängigkeit des Liegenschaftszinssatzes von der Lage und dem Baujahr ist von verschiedenen Gutachterausschüssen untersucht worden (Abb. 19).

Abb. 19: Liegenschaftszinssätze für Ein- und Zweifamilienhäuser in Abhängigkeit vom Bodenrichtwertniveau und Baujahr in Heppenheim

Liegenschaftszinssätze für Ein- und Zweifamilienhäuser in Abhängigkeit vom Bodenrichtwertniveau und Baujahr in Heppenheim (Grundstücksmarktbericht 2010/11)						
Baujahr	Bodenrichtwert					
	150 €/m²	250 €/m²	275 €/m²	350 €/m²	400 €/m²	450 €/m²
1960	3,9	3,8	3,6*	3,7	3,5*	3,6
1965	4,0	3,8	-	3,7	-	3,6
1970	4,0	3,9	-	3,7	-	3,6
1975	4,0	3,9	-	3,8	-	3,5
1980	4,0	3,9	-	3,8	-	3,7
1985	4,0	3,9	3,7*	3,8	3,6*	3,7
1990	4,1	3,9	-	3,8	-	3,7
1995	4,1	4,0	-	3,8	-	3,7
2000	4,1	4,0	-	3,9	-	3,7
2005	4,1	4,0	-	3,9	-	3,8
2010 EFH	3,9*	-	3,8*	-	3,7*	-
2010 ZFH	4,3*	-	4,2*	-	4,1*	-

Quelle: Gutachterausschuss AfB Heppenheim Immobilienmarktbericht 2010 sowie 2011 (*).

Zur **Abhängigkeit des Liegenschaftszinssatzes von Einfamilienhäusern von der Restnutzungsdauer** (bzw. komplementär vom Baujahr) hat der Gutachterausschuss von *Frankfurt a. M.* ebenfalls festgestellt, dass der Liegenschaftszinssatz desto höher ist, je länger die Restnutzungsdauer bzw. je jünger das Baujahr ist:

Liegenschaftszinssätze für Einfamilienwohnhäuser in Frankfurt am Main				
Baujahr	Mittelwert	Minimum	Maximum	Anzahl
1880 – 1949	3,71	1,90	5,53	19
1950 – 1974	3,37	2,17	4,56	23
1975 – 2008	4,02	2,89	5,14	37
2009 – 2011	4,17	3,44	4,90	41

Quelle: Grundstücksmarktbericht Gutachterausschuss Frankfurt am Main 2013

6.3.2.3 Ein- und Zweifamilienhäuser sowie Reihen- und Doppelhäuser

141 Reihenhäuser und Doppelhaushälften sowie Zweifamilienhäuser können gegenüber dem Liegenschaftszinssatz von Einfamilienhäusern einen leicht um rd. 1 Prozentpunkt erhöhten Liegenschaftszinssatz aufweisen.

Liegenschaftszinssätze § 14 ImmoWertV IV

Liegenschaftszinssätze von Ein-, Zweifamilien-, Dreifamilien-, Reihenend- und Doppelhäusern				
	Liegenschaftszinssätze in %			
	Einfamilienhäuser	Einfamilienreihen- und Doppelhäuser	Zweifamilienhäuser	Dreifamilienhäuser
Bonn	3,1	3,9	3,9	4,0

Quelle: Grundstücksmarktbericht 2012

Region	Liegenschaftszinssätze	
	Reihenhäuser und Doppelhaushälften	Ein- und Zweifamilienhäuser
LK Aurich, Leer, Wittmund und Stadt Emden	4,0 %	3,8 %
Region Hannover	4,5 %	4,5 %
Stuhr/Syke, Weyhe (LK Diepholz)	4,2 %	–
Übriger LK Diepholz	4,6 %	–
Stadt Nienburg	4,3 %	–
Übriger LK Nienburg	4,4 %	–

Quelle: Landesgrundstücksmarktbericht 2012 Niedersachsen; Marktbericht Sulingen 2013

Liegenschaftszinssätze in Aachen in Abhängigkeit von der Lage und dem Baujahr (Restnutzungsdauer)							
Restnutzungsdauer	Wohnlage	Freistehende Einfamilienhäuser und vergleichbare Doppelhaushälften	Einfamilien-Reihenhäuser und vergleichbare Doppelhaushälften	Zweifamilienhäuser		Dreifamilienhäuser	Mehrfamilienhäuser
				Stadt Aachen	ehemaliger Kreis Aachen	Region Aachen	Stadt Aachen
					mittlere Wohnlage		
≥ 61 Jahre	einfach/sehr einfach	–	–	(4,0)	4,1	–	(4,9)
	mittel	3,7	3,8				
	gut/sehr gut	2,5	–				
41 bis 60 Jahre	einfach/sehr einfach	–	–	(2,3)	3,4	(3,4)	3,9
	mittel	2,2	2,5				
	gut/sehr gut	1,7	1,6				
25 bis 40 Jahre	einfach/sehr einfach	–	–	2,2	2,7	3,8	4,2
	mittel	1,8	1,3				
	gut/sehr gut	1,7	1,1				
bis 24 Jahre	einfach/sehr einfach	–	–	–	2,4	–	–
	mittel	2,6	2,3				
	gut/sehr gut	1,2	–				

Quelle: Grundstücksmarktbericht Aachen 2013

6.3.2.4 Eigentumswohnungen

▶ Vgl. Teil V Rn. 102 ff.

142 Auch der Liegenschaftszinssatz von Eigentumswohnungen (ETW) ist von dem Baujahr bzw. dem Alter oder der Restnutzungsdauer abhängig. Der Liegenschaftszinssatz erhöht sich mit zunehmendem Alter bzw. abnehmender Restnutzungsdauer der Eigentumswohnung (vgl. Untersuchungen der Gutachterausschüsse).

Liegenschaftszinssätze für selbstgenutztes und vermietetes Wohnungseigentum in Abhängigkeit von der Restnutzungsdauer				
	Mönchengladbach (2012)		Bonn (2012)	
Restnutzungs-dauer	selbstgenutzt	vermietet	selbstgenutzt	vermietet
bis 10 Jahre	–	–	3,4	4,3
11 bis 35 Jahre	–	–	4,9	5,0
25 bis 45 Jahre	6,0	7,2	–	–
≥ 35 Jahre	–	–	4,3	4,1
≥ 45 Jahre	4,2	4,5	–	–

Quelle: Grundstücksmarktberichte

6.3.2.5 Lage und Baujahr (Alter bzw. Restnutzungsdauer) bei Mehrfamilienhäusern

143 Liegenschaftszinssätze von Mehrfamilienhäusern sind ebenfalls von dem Baujahr und der Lage (anknüpfend an das Bodenrichtwertniveau) abhängig:

Abb. 20: Liegenschaftszinssätze für Mehrfamilienhäuser in Abhängigkeit vom Bodenrichtwertniveau und Baujahr in Hamburg

Liegenschaftszinssätze für Mehrfamilienhäuser in Hamburg im Jahre 2000 (%)										
Boden-richt-wert (€/m²)	bis 1919	1920 bis 1929	1930 bis 1939	1940 bis 1952	1953 bis 1959	1960 bis 1969	1970 bis 1979	1980 bis 1989	1990 bis 1999	ab 2000
200	4,6	5,4	4,0	4,4	4,2	4,6	4,4	4,4	4,6	4,0
400	4,1	4,8	3,5	3,9	3,7	4,0	3,9	3,9	4,0	3,5
600	3,5	4,1	3,1	3,3	3,2	3,5	3,4	3,4	3,5	3,0
800	3,0	3,5	2,6	2,8	2,7	2,9	2,8	2,8	2,9	2,6
1 000	2,4	2,8	2,1	2,3	2,2	2,4	2,3	2,3	2,4	2,1

Bodenrichtwert zum 1.1.2004 für Geschosswohnungsbau mit GFZ (BauNVO von 1986) = 1,0; Verwaltungskosten von 7 % der Bruttokaltmiete; Mietausfallwagnis von 2 %, Umlageausfallwagnis von 2 % der Betriebskosten; Restnutzungsdauer von 100 Jahren (mindestens 35 Jahre); tatsächlichen Mieterträgen

Quelle: Grundstücksmarktbericht Hamburg 2011

Liegenschaftszinssätze § 14 ImmoWertV IV

Abb. 21: Liegenschaftszinssätze für Mehrfamilienhäuser in Abhängigkeit vom Bodenrichtwertniveau und Baujahr in Heppenheim

Liegenschaftszinssätze für Mehrfamilienhäuser in Abhängigkeit vom Bodenrichtwertniveau und Baujahr in Heppenheim (Grundstücksmarktbericht 2010/2011*)							
Baujahr	Bodenrichtwert						
	50 €/m²	150 €/m²	250 €/m²	275 €/m²	350 €/m²	400 €/m²	450 €/m²
1960	-	5,4	5,2	-	5,0	-	4,8
1965	-	5,5	5,2	-	5,0	-	4,8
1970	-	5,5	5,3	-	5,1	-	4,9
1975	-	5,5	5,3	-	5,1	-	4,9
1980	-	5,6	5,4	-	5,1	-	4,9
1985	-	5,6	5,4	-	5,2	-	5,0
1990	-	5,6	5,4	-	5,2	-	5,0
1995	-	5,7	5,5	-	5,2	-	5,0
2000	-	5,7	5,5	-	5,3	-	5,1
2005	-	5,7	5,5	-	5,3	-	5,1
2010	-	5,8*	-	5,5*	-	5,2*	-

Quelle: Gutachterausschuss AfB Heppenheim Immobilienmarktbericht 2010 sowie 2011 (*).

Zur **Abhängigkeit des Liegenschaftszinssatzes für Mehrfamilienhäuser mit reiner Wohnnutzung und gemischter Nutzung von der Lage** hat der Gutachterausschuss von *Frankfurt a. M.* folgende Ergebnisse vorgelegt:

Abb. 22: Liegenschaftszinssätze für Mehrfamilienhäuser mit reiner Wohnnutzung und gemischter Nutzung

Liegenschaftszinssätze für Mehrfamilienhäuser mit reiner Wohnnutzung und gemischter Nutzung in Frankfurt am Main (2013)										
Lage	Mehrfamilienhäuser mit reiner Wohnnutzung					Mehrfamilienhäuser mit gemischter Nutzung				
	Mittel	min	max	∅ RND	∅ WF	Mittel	min	max	∅ RND	∅ WF
	%	%	%	Jahre	m²	%	%	%	Jahre	m²
sehr gut	2,2	0,7	3,8	39	560	2,6	1,5	4,6	41	564
gehoben	3,7	1,7	6,0	36	651	3,8	1,6	5,8	37	502
mittel	4,8	2,6	7,2	40	612	5,2	3,5	7,6	39	863
einfach/sehr einfach	4,8	3,2	6,7	35	447	5,1	2,2	7,9	35	627

Liegenschaftszinssätze für Mietwohngrundstücke und gemischt genutzte Grundstücke in Frankfurt am Main in Abhängigkeit von Baujahr und Lage								
	Mietwohngrundstücke (≥ % Wohnnutzung)				Gemischt genutzte Grundstücke			
	Lage				Lage			
Baujahr	sehr gut	gehoben	mittel	einfach/sehr einfach	sehr gut	gehoben	mittel	einfach/sehr einfach
vor 1950	2,50	3,50	4,70	5,30	4,00	4,00	5,50	6,10
1950-1974	3,50	4,40	5,30	4,75	3,60	4,50	5,40	5,40
1975-2005	4,25	5,00	5,40	5,50	4,25	4,70	5,10	5,50
ab 2006	4,25	4,75	5,25	5,25	4,25	4,50	5,10	5,60

Quelle: Grundstücksmarktbericht 2013 des Gutachterausschusses für Grundstückswerte Frankfurt/Main

Für **Wohn- und Geschäftshäuser in Niedersachsen** sind folgende Abhängigkeiten von der Lage ermittelt worden:

Abb. 23: Liegenschaftszinssatz in Abhängigkeit von der Lage, gemessen am Bodenrichtwert

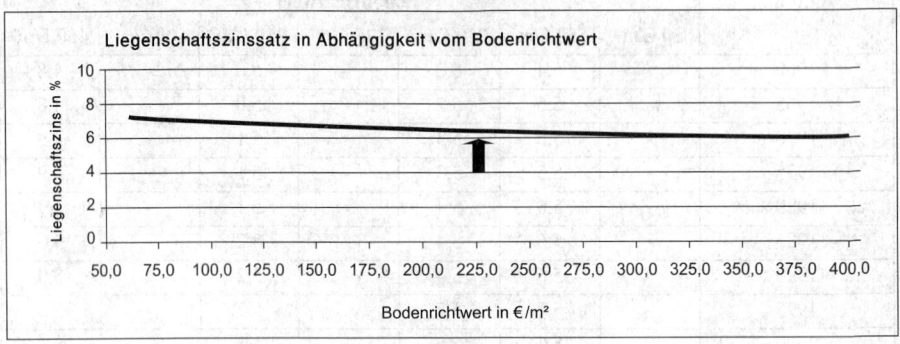

6.3.2.6 Zahl der Wohneinheiten bzw. Gesamtwohnfläche einer Wohnanlage

144 Nach Untersuchungen des Oberen Gutachterausschusses für Niedersachsen sind für Wohn- und Geschäftshäuser in Niedersachsen ein durchschnittlicher Liegenschaftszinssatz von 7,2 % (2011) und folgende Abhängigkeiten ermittelt worden:

Abb. 24: Liegenschaftszinssatz in Abhängigkeit von der Gesamtwohnfläche der Wohnanlage

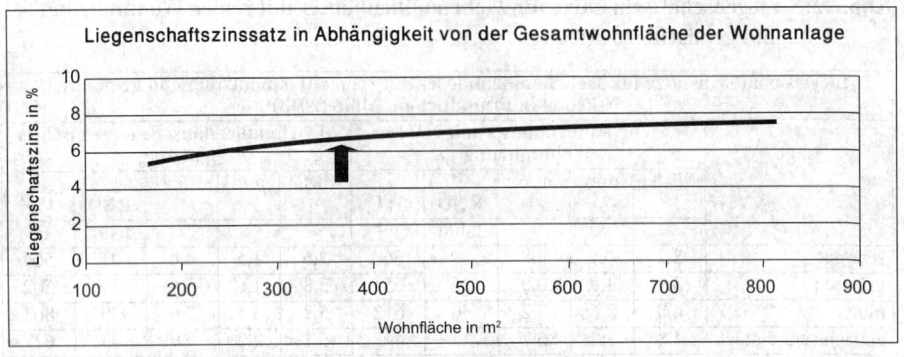

6.3.2.7 Nettokaltmiete

▶ § 18 ImmoWertV Rn. 46 ff.

Für **Wohn- und Geschäftshäuser** in *Niedersachsen* sind folgende Abhängigkeiten von der Lage ermittelt worden:

Abb. 25: Liegenschaftszinssatz in Abhängigkeit von der Nettokaltmiete

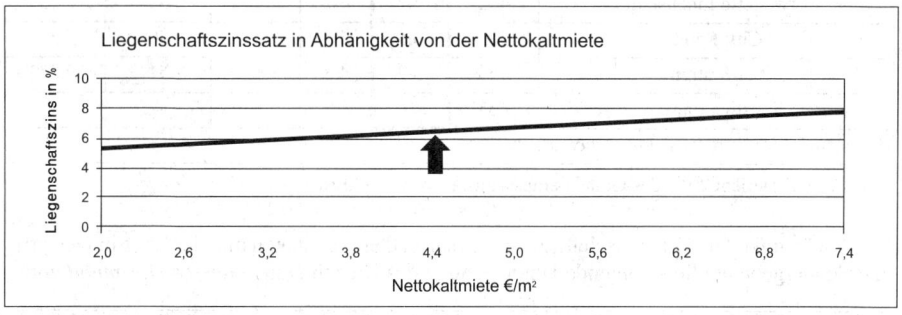

Für *Niedersachsen* ergeben sich folgende Korrekturfaktoren:

Korrekturfaktoren für mittlere Liegenschaftszinssätze von Mehrfamilienhäusern von 7,2 % im ländlichen Raum und 6,7 % in Großstädten und Großstadtrandlagen		
	Größe des Merkmals	**Korrekturfaktor**
Räumliche Lage	ländlicher Raum	**1,00**
	Großstadt, Großstadtrandlage	0,93
Anzahl der Wohnungen je Gebäude	3 bis 5	0,92
	≥ 6	**1,00**
Lage (Bodenrichtwert)	50 €/m²	1,14
	100 €/m²	**1,00**
	150 €/m²	0,91
	200 €/m²	0,86
	250 €/m²	0,83
Nettokaltmiete (Monat)	3,00 €/m²	0,98
	4,00 €/m²	0,99
	5,00 €/m²	**1,00**
	6,00 €/m²	1,01
	7,00 €/m²	1,02

Quelle: Gutachterausschuss Wolfsburg 2012

6.3.2.8 Lage bei Geschäftshäusern

▶ Vgl. Teil V Rn. 149 ff.

Zur **Abhängigkeit des Liegenschaftszinssatzes für Büronutzung von der Lage** hat der Gutachterausschuss von *Frankfurt a. M.* folgende Ergebnisse vorgelegt:

IV § 14 ImmoWertV   Liegenschaftszinssätze

Liegenschaftszinssätze für Büronutzung in Frankfurt am Main (2012)						
	BRW-Schlüssel*	Liegenschaftszinssatz			Mittlere RND	Mittlere NF
		Mittel	min	max	Jahre	m²
Bankenviertel/Westend/Innenstadt	461	4,6	3,6	6,0	34	8.930
Erweiterte Innenstadt	462	5,2	4,2	8,0	35	2.255
City-Rand	463	6,5	5,8	8,0	40	22.098
Subzentren	464	6,9	4,3	9,5	51	9.872
Sonstige Lagen	465	–	–	–	–	–

* Ersten drei Ziffern der Bodenrichtwertzone

Quelle: Marktbericht 2012 des Gutachterausschusses von Frankfurt a. M.

Zur Abhängigkeit des Liegenschaftszinssatzes nach Geschäftslagen und der Lage in Gewerbe- und Sondergebieten liegt folgende Untersuchung des Gutachterausschusses *Dortmund* vor:

Liegenschaftszinssätze (2007 – 2013) in Dortmund			
Objekte		Liegenschaftszinssatz in %	Restnutzungsdauer in Jahren
Innenstadtlage	1a-Lagen	2,8 – 5,1	25 – 3
	1b-Lagen	4,8 – 8,3	25 – 30
	Nebenlage	3,2 – 8,6	20 – 40
	Außerhalb des Wallringes	4,9 – 9,0	20 – 45
Gewerbegebiete		1,6 – 12,4	10 – 80
Sondergebiete	q	3,5 – 13,7	25 – 75
Unterscheidung nach Nutzung			
Mischnutzung	Mit gewerblichen Anteil von 21 - 50 des Rohertrags	2,0 – 14,4	10 – 52
	Mit gewerblichen Anteil über 50 des Rohertrags	4,4 – 13,0	10 – 65
Büro- und Geschäftshäuser		3,4 – 12,4	10 – 80
Warenlager, Parkhäuser, Garagen, Werkstatt, Fabrikgebäude		2,3 – 9,4	10 – 58

Quelle: Grundstücksmarktbericht 2013

6.3.2.9 Gemischte Nutzungen

147   Die **Abhängigkeit des Liegenschaftszinssatzes gemischt genutzter Objekte vom gewerblichen Anteil** wurde beispielsweise vom Gutachterausschuss der Stadt *Esslingen a. N.* im Jahre 2000 für Objekte mit Ladennutzung sowie im Gastronomiebereich wie folgt ermittelt:

Abb. 26: Liegenschaftszinssatz gemischt genutzter Grundstücke in Abhängigkeit vom gewerblichen Anteil

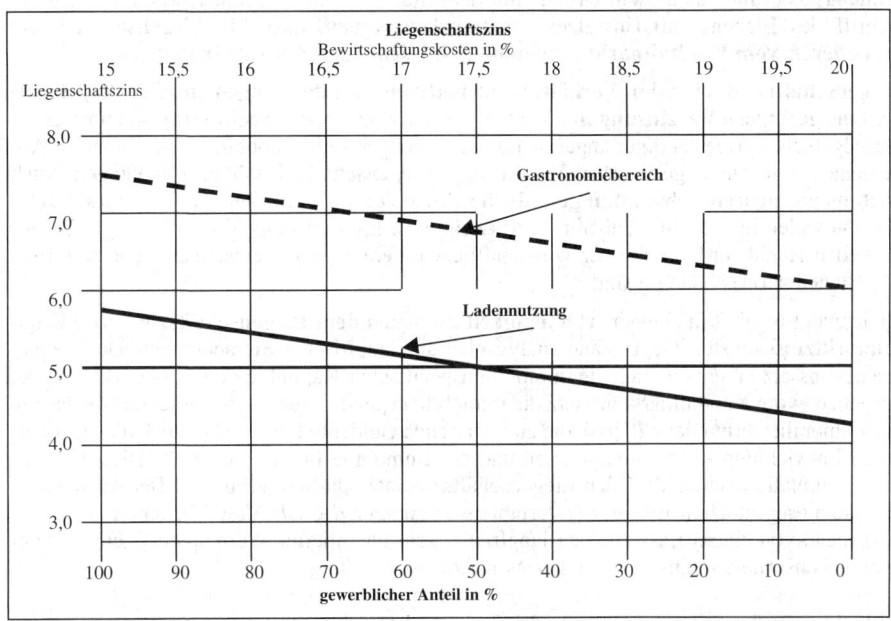

Quelle: Gutachterausschuss der Stadt Esslingen am Neckar, Grundstücksmarktbericht 2002

6.3.2.10 Denkmalschutz

▶ *Vgl. umfassend zum Denkmalschutz die Erläuterungen im Teil V Rn. 730 ff.; § 8 Immo-WertV Rn. 386*

Für denkmalgeschützte Renditeobjekte hat der Gutachterausschuss für Grundstückswerte im Bereich der Landeshauptstadt *München* gegenüber vergleichbaren Objekten ohne Denkmalschutz **verminderte Liegenschaftszinssätze** festgestellt (2011).

– Für Wohnhäuser mit einem Gewerbanteil bis 30 %, für die wegen ihrer attraktiven Eigenart eine erhöhte Nachfrage bestand, sind die Liegenschaftszinssätze um bis zu 0,5 Prozentpunkte vermindert. Für entsprechende Objekte in besonders attraktiven und zentrumsnahen Wohnanlagen sind keine unterschiedlichen Liegenschaftszinssätze festgestellt worden.

– Für Wohnhäuser mit einem Gewerbanteil größer als 30 % sind keine unterschiedlichen Liegenschaftszinssätze festgestellt worden.

– Für Büro- und Geschäftshäuser ist der Liegenschaftszinssatz für denkmalgeschützte Objekte sogar um 1,9 % gemindert. Für Bürohäuser (Erstverkauf Neubau und Wiederverkauf ohne 1a Geschäftslage) sind indessen keine Unterschiede festgestellt worden.

6.4 Liegenschafts- und Kapitalmarktzinssatz

▶ *Vgl. Syst. Darst. des Ertragswertverfahrens Rn. 18, 56, 116 ff.; Syst. Darst. des Vergleichswertverfahrens Rn. 157 ff.*

Bei der Ermittlung des Ertragswerts als Barwert aller nachhaltig anfallenden Erträge kommt dem dabei zum Ansatz kommenden Zins – wie bereits erläutert wurde – eine maßgebliche

Bedeutung zu. Investoren greifen hier häufig auf den bankenüblichen Zinssatz für langfristige Kapitalanlagen zurück, die sich aber gerade nicht auf Immobilien übertragen lassen. Der Verordnungsgeber hat aus diesem Grunde mit dem (mit § 14 Abs. 3 ImmoWertV eingeführten) Begriff des Liegenschaftszinssatzes verdeutlichen wollen, dass **für Liegenschaften ein besonderer, vom Kapitalmarkt regelmäßig abweichender Zinssatz maßgebend ist**[17].

Liegenschaften werfen im Verhältnis zu anderen Kapitalanlagen in aller Regel eine weitaus geringere Verzinsung ab. Weil der Grund und Boden (Sachwert) gegenüber Geldvermögen als wertbeständiger angesehen wird, begnügen sich Immobilieneigentümer im Allgemeinen mit einer geringeren Verzinsung. **Liegenschaftszinssätze unterliegen auch weitaus geringeren Schwankungen als die Zinssätze auf dem deutschen Kapitalmarkt,** die von vielen inneren und äußeren Einflüssen (z. B. Inflationsrate, Konjunkturlage, Dollarkurs, den Herausforderungen der wirtschaftlichen Vereinigung Deutschlands und seit 1993 EU-Binnenmarkt) abhängig sind.

150 Gleichwohl ist die Frage einer **Abhängigkeit zwischen dem Liegenschaftszins- und Kapitalmarktzinssatz** stets Gegenstand analytischer und empirischer Betrachtungen. Der Liegenschaftszinssatz lässt sich auch als immobilienspezifischer Kapitalmarktzinssatz erklären, der ausgehend vom Kapitalmarktzinssatz die immobilienspezifischen Besonderheiten wie das mit der Immobilie verbundene Risiko, die zu erwartende Geldentwertung, aber auch die zu erwartende Entwicklung der Mieteinnahmen und der Immobilie in sich integriert. Dies wird aus dem Kalkulationsschema für den Liegenschaftszinssatz deutlich (Abb. 27). Bei Anwendung des prognosegestützten Ertragswertverfahrens (*Discounted Cash Flow* Verfahren) kommt – ausgehend von einem Basiszinssatz langfristig staatsgarantierter Wertpapiere – ein entsprechend „konstruierter" Diskontierungszinssatz zur Anwendung.

Abb. 27: Kalkulationsschema für den Liegenschaftszinssatz

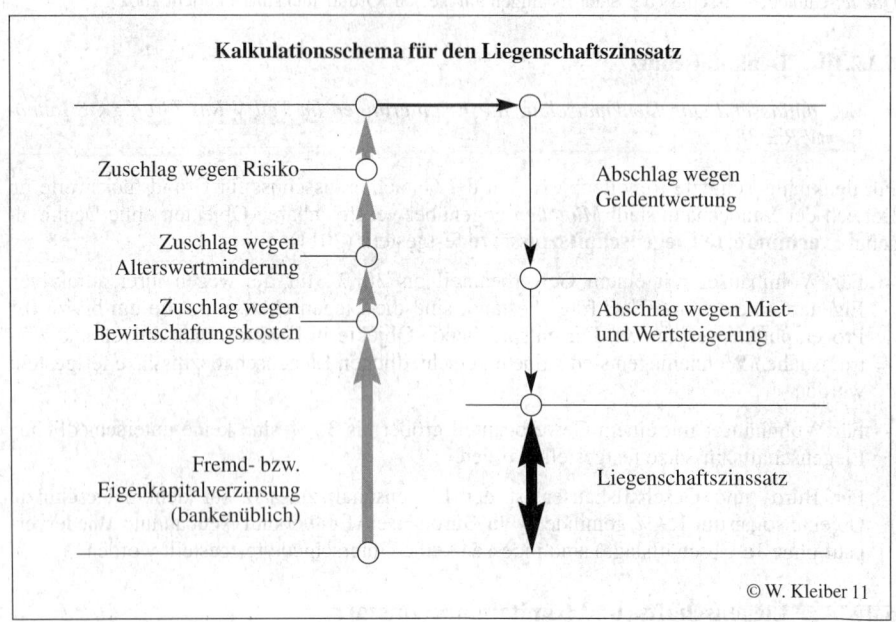

---

17 Vogel in GuG 1996, 145 mit Erwiderung von Kolb in GuG 1996, 363; Gondring in Gondring/Lammel, Handbuch der Immobilienwirtschaft, Wiesbaden 2001, S. 71.

Liegenschaftszinssätze § **14 ImmoWertV IV**

Die **Zinsentwicklung bei Hypothekarkrediten auf Wohngrundstücke** (durchschnittlicher Effektivzins in v. H. per annum) vollzieht sich im Vergleich zur Entwicklung des Liegenschaftszinssatzes geradezu turbulent. 151

2005 lagen die Liegenschaftszinssätze über den Kapitalmarktzinsen. Dies kann in Anbetracht der rückläufigen Immobilienpreise auf die allgemeine Furcht vor weiteren Wertverlusten zurückgeführt werden. In den früheren Jahren lagen die Liegenschaftszinssätze dagegen unter den Kapitalmarktzinsen, weil allgemein Wertsteigerungen auf dem Immobilienmarkt erwartet wurden. 152

Die **Liegenschaftszinssätze weisen im Verhältnis zu Kapitalmarktzinsen eine geringe zeitliche Schwankungsbreite auf.** Längerfristig angelegte Untersuchungen haben ergeben, dass sich Liegenschaftszinssätze (zumindest in der Vergangenheit) gerade einmal in einem Korridor von einem Prozentpunkt bewegen (Abb. 28). 153

Abb. 28: Entwicklung der Liegenschaftszinssätze im Ennepe-Ruhr-Kreis

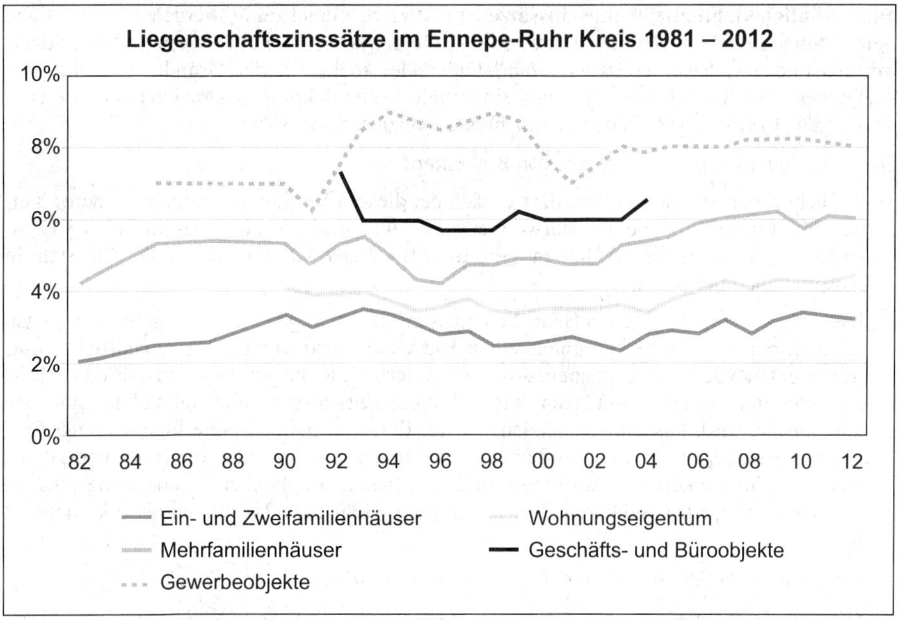

Quelle: Grundstücksmarktbericht 2013

Der Liegenschaftszinssatz lässt sich damit als ein die **Dynamik der grundstücksbezogenen Entwicklung** integrierender Kapitalisierungszinssatz definieren. Über die **Zusammenhänge zwischen der Entwicklung der Hypotheken- und Liegenschaftszinssätze** liegen keine alle Fragen beantwortenden Untersuchungen vor. Ein Vergleich der Kurvenverläufe deutet darauf hin, dass sich im Bereich der Wendepunkte des Hypothekarzinses der Liegenschaftszinssatz tendenziell gegenläufig entwickelt; bei tendenziell steigenden Hypothekenzinsen steigen zeitversetzt mit einem *time lag* von zwei bis drei Jahren die Immobilienpreise, während der Liegenschaftszinssatz sinkt[18]. 154

Bezüglich der **Zusammenhänge zwischen Liegenschaftszinssätzen und Hypothekenzinssätzen** kann aber auch umgekehrt davon ausgegangen werden, dass steigende Hypothekenzinssätze die Kaufkraft schwächen und sich tendenziell preisdämpfend auswirken. 155

---
18 Zur Frage der Zusammenhänge vgl. Vogel in GuG 1996, 145, mit krit. Anmerkungen von Kolb in GuG 1996, 363; Grondring in Gondring/Lammel, Handbuch der Immobilienwirtschaft, Wiesbaden 2001, S. 71.

Andererseits sind steigende Hypothekenzinssätze i. d. R. mit inflationären Entwicklungen verbunden, die üblicherweise den „Drang in Sachwerte" mit einer verstärkten Nachfrage zur Folge haben. Im Ergebnis kann sich die Nachfrage damit kompensieren, d. h., steigende bzw. fallende Hypothekenzinssätze neutralisieren sich in ihrer Auswirkung auf den Liegenschaftszinssatz. Dies mag auch die unterschiedlichen Auffassungen zu der Frage der Auswirkungen von Veränderungen des Hypothekenzinssatzes auf den Liegenschaftszinssatz erklären. Empirisch konnte eine Abhängigkeit jedenfalls nicht nachgewiesen werden.

156 Für eine marktkonforme Verkehrswertermittlung auf der Grundlage des Ertragswertverfahrens ist die Frage einer etwaigen **Korrelation von Liegenschaftszinssatz- und Hypothekenzinssatzentwicklung von nachrangiger Bedeutung.** Entscheidend ist zunächst, dass sich der Verkehrswert nicht im Wege eines sich am Hypothekenzinssatz allein orientierenden bankenüblichen Zinssatzes ermitteln lässt, weil sich Liegenschaften nicht wie andere Kapitalanlagen verzinsen.

157 Gleichwohl werden vor allem im Rahmen von Investitionsberechnungen Ertragswertermittlungen unter dem Begriff der sog. *Discounted Cash Flow* **Methode auf der Grundlage von bankenüblichen Finanzierungszinssätzen** praktiziert. Gleichzeitig werden bei derartigen Betrachtungen die erwartete Mietentwicklung, die erwartete Wertentwicklung, die Geldentwertungsrate, das Risiko *(risk premium)* und vieles mehr auf der Grundlage apokrypher Annahmen in die Ertragswertermittlung eingestellt. Dadurch kompensiert sich tendenziell der im Vergleich zum Liegenschaftszinssatz hohe Finanzierungszinssatz.

158 Diese Vorgehensweise ist nicht frei von **Bedenken:**

a) Zunächst aber ist festzustellen, dass es sich bei diesem Verfahren um nichts anderes handelt als um ein allgemeines Barwertverfahren und insofern auch das in den §§ 17 ff. ImmoWertV geregelte Verfahren den Begriff „*Discounted Cash Flow*" für sich in Anspruch nehmen könnte.

b) Die wohl schwerwiegendsten Bedenken müssen bei der vorgestellten Vorgehensweise den letztlich nur im Schätzwege unterstellten **Entwicklungen der Ertragsverhältnisse und der Wertentwicklung** begegnen. Angesichts der i. d. R. langen Restnutzungsdauer lässt sich nun einmal nicht abschätzen, wie sich diese Entwicklung über Jahrzehnte, über die kapitalisiert wird, tatsächlich vollziehen wird. Bedenkt man, dass die Finanzierungszinssätze in kurzen Zeitabständen erheblich schwanken können, führt diese Methode dazu, dass die „Zufälligkeit" des am Wertermittlungsstichtag anfallenden Finanzierungszinssatzes mit einer nicht absehbaren Entwicklung der Miet- und Preisverhältnisse kombiniert wird.

159 ▶ *Näheres hierzu vgl. Syst. Darst. des Ertragswertverfahrens Rn. 16 ff.*

160 **Zwischenfazit:** Die Ertragswertermittlung auf der Grundlage marktkonformer Liegenschaftszinssätze hat sich bewährt. Die alternativ in Betracht kommende Methode, als **Ertragswert** den Barwert **auf der Grundlage einer** vom Sachverständigen letztlich immer subjektiv unterstellten **Ertrags- und Wertentwicklung** ggf. **unter Heranziehung eines** (ggf. sogar nach dynamisierten) **bankenüblichen Zinssatzes** zu ermitteln, ist dagegen als Verkehrswertermittlungsmethode **äußerst fehleranfällig**, wenn man allein schon die erhebliche Schwankungsbreite der bankenüblichen Zinsen betrachtet. Kein Gutachter ist in der Lage, die Ertrags- und Wertentwicklung sowie die Entwicklung der bankenüblichen Zinsen über die lange Restnutzungsdauer einer baulichen Anlage abschätzen zu können. Dies liefe auf eine willkürliche „Kaffeesatzlesung" hinaus. In der Investitionsrechnung hat dagegen das allgemeine Barwertverfahren *(Discounted Cash Flow)* seinen Platz.

Liegenschaftszinssätze §14 ImmoWertV IV

6.5 Zukunftserwartungen

▶ *Vgl. § 4 ImmoWertV Rn. 4 ff.; Vorbem. zur ImmoWertV Rn. 6; Syst. Darst. des Ertragswertverfahrens Rn. 13 ff.; § 194 BauGB Rn. 75*

Wie in der Syst. Darst. des Ertragswertverfahrens ausgeführt, besteht das Grundproblem in der „richtigen" Erfassung der künftigen Erträge und sonstiger zu erwartender Änderungen in den Ertragsverhältnissen bis hin zu der Wertentwicklung des Grundstücks. Dabei kommt es nicht darauf an, die zukünftigen Entwicklungen in objektiv richtiger Weise so zu berücksichtigen, wie sie sich aufgrund einer ökonomisch rationalen Analyse abzeichnen oder sogar tatsächlich auch eintreten werden. Im Rahmen einer sich am Geschehen auf dem Grundstücksmarkt orientierenden Marktwertermittlung kommt es vielmehr darauf an, die **Zukunftserwartungen so zu berücksichtigen, wie sie von „dem Markt" antizipiert werden, wobei ggf. auch eine kollektive Fehleinschätzung der Zukunft zugrunde gelegt werden muss, wenn der gewöhnliche Geschäftsverkehr davon geprägt ist.** Nicht zu berücksichtigen sind jedoch (subjektiv und objektiv) spekulative Erwartungen, wobei mitunter die Grenzen zu den dem gewöhnlichen Geschäftsverkehr zurechenbaren Zukunftserwartungen nicht eindeutig gezogen werden können. **161**

Der Sachverständige muss bestrebt sein, unsichere und auch eigene Prognosen der Zukunft zurückzustellen und die **zukünftige Entwicklung so zu berücksichtigen, wie sie der allgemeine Grundstücksmarkt im gewöhnlichen Geschäftsverkehr berücksichtigt,** selbst wenn sich dessen Einschätzung (im Nachhinein) als kollektive Fehleinschätzung erweisen mag. Von welchen Prognosen nun der allgemeine Grundstücksmarkt ausgeht, lässt sich direkt am Geschehen auf dem Grundstücksmarkt „ablesen". Die Prognosen manifestieren sich nämlich in den gezahlten Kaufpreisen. Der Grundstückserwerber verfügt bei dem Kauf eines Grundstücks – wie der Sachverständige – lediglich über gesicherte Erkenntnisse der derzeit erzielbaren Miete. Auch er weiß – wie der Sachverständige –, dass sich diese verändern werden. Auch geht er davon aus, dass sich die steuerlichen Rahmenbedingungen und vieles mehr verändern werden. In seiner Einschätzung der von ihm erwarteten Gesamtentwicklung entrichtet er seinen Kaufpreis. Der Kaufpreis ist mithin das Ergebnis seiner Zukunftseinschätzung in ihrer Gesamtheit, und zwar ausgehend von dem Ertrag, der am Wertermittlungsstichtag erzielbar ist. Ein „Optimist" würde bei alledem einen höheren Kaufpreis entrichten als ein „Pessimist". Im Rahmen der Verkehrswertermittlung geht es aber um die durchschnittliche Erwartung und deshalb wird der Liegenschaftszinssatz aus einer hinreichenden Anzahl von Vergleichsfällen abgeleitet. Die Höhe des Liegenschaftszinssatzes bestimmt sich maßgeblich nach dem Verhältnis des Reinertrags zum Kaufpreis einer Immobilie (vgl. Rn. 192 ff.):

$$p = RE \times \frac{100}{KP}$$

Mit „aus dem Markt" empirisch abgeleiteten Liegenschaftszinssätzen werden auch **Zukunftserwartungen** (Chancen und Risiken) **des Marktes einschließlich inflationärer Entwicklungen** [19] **der Investition „eingefangen".** **162**

Zwar werden Liegenschaftszinssätze retrograd aus Kaufpreisen der (jüngsten) Vergangenheit abgeleitet, jedoch wird diese Ermittlung stets (jahrgangsweise) aktualisiert, und mit den in die Ableitung eingehenden Kaufpreisen gehen zugleich die Einschätzungen des Marktes bezüglich der künftig erwarteten Wert- und Ertragsentwicklung – einschließlich inflationärer Art –, steuerliche Rahmenbedingungen, die erwartete Entwicklung der Bewirtschaftungskosten, Subventionen und dgl. ein. Chancen und Risiken, die mit der Investition in eine Immobilie verbunden sind, gleich welcher Art, berücksichtigen die Käufer bei der Bemessung ihrer Kaufpreise, aus denen dann die Liegenschaftszinssätze in marktkonformer Weise abgeleitet werden. Insoweit weist deshalb das in der ImmoWertV geregelte Ertragswertverfahren keine **163**

---

19 Lüftl, Ertragswert von Liegenschaften, Österreichische Immobilien-Zeitung 1975, 359; Engel, R./Bärwolf, Inflation und Verkehrswert, GuG 2004, 273.

IV § 14 ImmoWertV — Liegenschaftszinssätze

Mängel auf. Da mit dem so ermittelten Liegenschaftszinssatz auch das mit einer Immobilieninvestition verbundene **Risiko** [20] erfasst wird, bedarf es lediglich einer besonderen Erfassung des objektspezifischen Risikos.

164 Mit dem nach Maßgabe des § 14 Abs. 3 ImmoWertV ermittelten **Liegenschaftszinssatz wird die Dynamik einer Immobilie hinsichtlich der Entwicklung der Ertragsverhältnisse, der Wertentwicklung, aber auch sonstiger wertbeeinflussender Entwicklungen aufgefangen, und zwar nicht nach der subjektiven Einschätzung des Sachverständigen, sondern nach der objektiven Betrachtung des Grundstücksmarktes.**

165 Dies gewährleistet zugleich, dass der mithilfe des Liegenschaftszinssatzes ermittelte Ertragswert dem Verkehrswert gleichkommt. Dabei mag es dahinstehen, ob der Grundstücksmarkt die Zukunft „richtig" oder „falsch" eingeschätzt hat: Im Rahmen der Verkehrswertermittlung muss es gleichwohl auf die allgemeine Verkehrsauffassung ankommen[21].

166 Der so ermittelte Zinssatz darf nicht mit der im Rahmen einer Investitionsbetrachtung maßgeblichen **Nettoanfangsrendite** *(initial yield)* verwechselt werden. Hier sind die Grunderwerbskosten von Bedeutung, die die Anfangsrendite schmälern. Die Nettoanfangsrendite (vgl. Vorbem. zur ImmoWertV Rn. 10) ergibt sich – bezogen auf den Zeitpunkt des Grundstückserwerbs – aus:

$$\text{Nettoanfangsrendite} = \frac{\text{Reinertrag (RE) gemäß Vertragsmiete}}{\text{Gesamtinvestitionskosten (einschließlich Grundstückstransaktionskosten)}}$$

auf der Grundlage der einzelfallbezogenen Ertragssituation[22].

167 Reinertrag und Kaufpreis werden dabei in der Höhe in die Ableitung eingeführt, wie sie sich am Bezugsstichtag auf dem Markt darstellen. Bei der Kaufpreisbemessung geht der Markt von einer Dynamik der Entwicklung der Immobilienpreise, der Nutzungsentgelte, der Bewirtschaftungskosten und sonstiger immobilienwirtschaftlicher Rahmenbedingungen aus. Die Erwartung einer Änderung der Nutzungsentgelte und z. B. steuerlicher Vor- und Nachteile bestimmt also die Höhe des Kaufpreises.

168 *Beispiel:*

Ein Verkäufer bietet ein Mietwohnobjekt zum Kaufpreis von 1 000 000 € an; das Objekt hat einen nachhaltigen Jahresreinertrag von 50 000 €. Der Kaufpreis soll dabei repräsentativ für den durch das allgemeine Marktgeschehen bestimmten Verkehrswert (Marktwert) sein.

p = 50 000 €/1 000 000 € = 5 %

Dies entspricht einer Verzinsung von 5 %. In der Praxis vollzieht dies sich in der Weise, dass die Liegenschaftszinssätze für die jeweiligen lokalen Märkte und gegliedert nach Objektarten aus einer Vielzahl vergleichbarer Kauffälle abgeleitet werden (vgl. Rn. 219 ff.).

169 Der Liegenschaftszinssatz berücksichtigt bereits die üblicherweise erwarteten Entwicklungen der Ertrags- und Wertverhältnisse (einschließlich der Chancen und Risiken sowie einer Inflation) sowie der üblichen steuerlichen Rahmenbedingungen, und zwar nach der verobjektivierten Anschauung des Grundstücksmarktes und nicht nach der subjektiven Einschätzung des Gutachters (vgl. Abb. 29). Insofern verbietet es sich, bei Heranziehung von solchen Liegenschaftszinssätzen allgemein erwartete Ertragsentwicklungen zusätzlich einzubringen. Etwas anderes gilt, wenn im Einzelfall ein sog. *overrented* oder *underrented* Objekt zu bewerten ist.

170 Der aus dem Marktgeschehen abgeleitete Liegenschaftszinssatz berücksichtigt des Weiteren das objekt- und regionalspezifische Risiko, insbesondere was die Ertragsentwicklung anbelangt.

---

20 Plein, C., Sachgerechte Bewertung von Immobilienvermögen bei der Unternehmensbewertung, BB 1999, 467.
21 Nr. 3.5.4 WERTR 06.
22 GuG-aktuell, 2009, 11.

▶ Zur Berücksichtigung inflationärer Entwicklungen vgl. auch die Syst. Darst. des Ertragswertverfahrens

Abb. 29: Aussagekraft des Liegenschaftszinssatzes

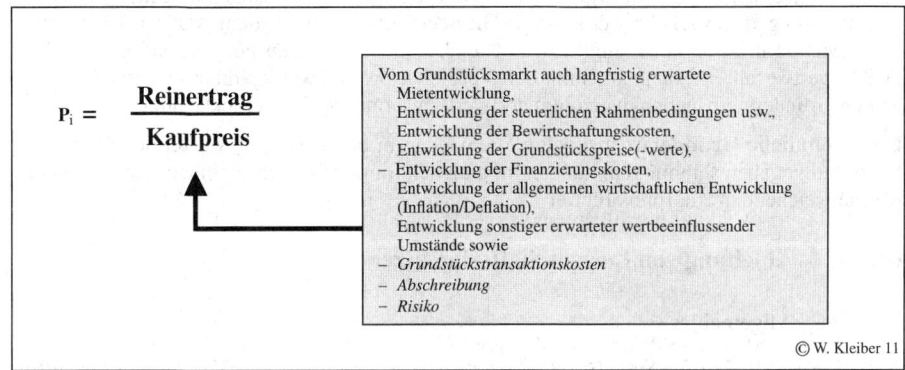

Mit dem Liegenschaftszinssatz werden auch die **gewöhnlichen Grundstückstransaktionskosten (Grunderwerbsnebenkosten** vgl. Vorbem. zur ImmoWertV Rn. 17) berücksichtigt, soweit sie den Verkehrswert beeinflussen. Dies vollzieht sich mittelbar über die Kaufpreise, aus denen der Liegenschaftszinssatz abgeleitet wird. Soweit nämlich tatsächlich die Grunderwerbsnebenkosten den Verkehrswert beeinflussen, findet dies seinen Niederschlag in den vereinbarten Kaufpreisen, wobei dahingestellt sein mag, ob die Grunderwerbsnebenkosten in ihrer (im Einzelfall anfallenden) tatsächlichen Höhe den Kaufpreis beeinflusst haben mögen. Hierauf kommt es im Rahmen der Verkehrswertermittlung auch gar nicht an. Entscheidend ist, in welchem Maße der Kaufpreis (als Repräsentant für einen verkehrswertkonformen Liegenschaftszinssatz) von den Grunderwerbsnebenkosten beeinflusst wird.

171

Beispiel:

172

Grundfall *(wie vorher)*:
RE   = 50 000 €
KP   = 1 000 000 €
Grunderwerbskosten = 100 000 €
Gesamtaufwand = 1 100 000 €

Bei der Ableitung des Liegenschaftszinssatzes werden die Grunderwerbskosten zwar nicht explizit berücksichtigt. Die Ableitung erfolgt vielmehr nach dem tatsächlich vereinbarten Kaufpreis:

Grundfall: p = 50 000 €/1 000 000 € = 5 %

Die Grunderwerbskosten werden indirekt dadurch berücksichtigt, dass sie bereits vom Käufer mit dem vereinbarten Kaufpreis in die Betrachtung eingehen. Dies soll an einem drastischen Beispiel demonstriert werden, in dem sich die Grunderwerbskosten auf 600 000 € versechsfachen (sic). Der Käufer würde für das Grundstück auch nicht mehr (insgesamt) 1 100 000 € entrichten können und für die Immobilie als Kaufpreis entrichten:

$$1\ 100\ 000\ € - 600\ 000\ € = 500\ 000\ €$$

Für die Ableitung des Liegenschaftszinssatzes folgt daraus:

$$p = 50\ 000\ €/500\ 000\ € = 10\ \%$$

Das *Beispiel* soll demonstrieren, wie die Grundstückstransaktionskosten auf den Liegenschaftszinssatz „durchschlagen". Der aus empirischen Marktdaten ermittelte **Liegenschaftszinssatz berücksichtigt somit auch die Grundstückstransaktionskosten.** Dies ist im Hinblick auf den Vergleich mit dem prognoseorientierten Ertragswertverfahren *(Discounted Cash Flow Verfahren)* bedeutsam, weil bei Anwendung dieses Verfahrens die Grundstückstransaktionskosten besondere Berücksichtigung finden müssen.

173

174 Etwas anderes mag lediglich in den Fällen gelten, in denen mit dem Erwerb eines Grundstücks **ungewöhnliche Grunderwerbskosten** einhergehen. Entsprechend der Vorgabe des § 7 ImmoWertV handelt es sich hierbei um „ungewöhnliche oder persönliche Verhältnisse", die i. d. R. dazu führen, dass solche Kaufpreise gar nicht erst in die Liegenschaftszinssatzermittlung eingehen, sodass im Ergebnis mit dem Liegenschaftszinssatz eine irgendwie geartete Beeinflussung des Verkehrswerts durch Grunderwerbskosten in dem Maße berücksichtigt wird, wie sie üblicherweise anfällt. Das Gleiche gilt im Übrigen bei Anwendung des Vergleichswertverfahrens, denn auch mit den Vergleichspreisen werden die üblicherweise anfallenden Grunderwerbsnebenkosten in marktwertkonformer Weise berücksichtigt.

175 **Ungewöhnliche Grunderwerbskosten,** die wiederum **bei dem zu bewertenden Objekt** im Einzelfall gegeben sein mögen, können im gleichen Sinne allenfalls zu einem vom Verkehrswert abweichenden Kaufpreis führen[23].

6.6 Ableitung von Liegenschaftszinssätzen

6.6.1 Allgemeines

▶ *Vgl. Rn. 139, 224 ff.; Syst. Darst. des Ertragswertverfahrens Rn. 259 ff.; zum Grundsatz der Modellkonformität vgl. Vorbem. zur ImmoWertV Rn. 36*

176 Die Ableitung von Liegenschaftszinssätzen ist eine Aufgabe, die auf der Grundlage der Daten der Kaufpreissammlung von den **Gutachterausschüssen für Grundstückswerte** anwendungsbezogen wahrzunehmen ist, d. h., es werden **Liegenschaftszinssätze** mithilfe von Vergleichsdaten **in der Weise abgeleitet, dass ihre Anwendung im Ertragswertverfahren möglichst direkt zum Verkehrswert führt.**

177 **Die von den Gutachterausschüssen für Grundstückswerte auf örtlicher Ebene abgeleiteten Liegenschaftszinssätze sind in aller Regel den im Schrifttum und in der WERTR gegebenen Anhaltswerten vorzuziehen,** da zu ihrer Ableitung die Kaufpreissammlung zur Verfügung stand und erwartet werden kann, dass sie dem örtlichen Marktgeschehen entsprechen. Die von den Gutachterausschüssen abgeleiteten Liegenschaftszinssätze können i. d. R. den jeweiligen Marktberichten entnommen werden.

178 Leider werden Liegenschaftszinssätze von den Gutachterausschüssen für Grundstückswerte nach unterschiedlichen Ableitungsmethoden abgeleitet, die zudem auch nicht hinreichend offengelegt werden Es kommt hinzu, dass die Liegenschaftszinssätze nur für bedingt vergleichbare Gebäudearten abgeleitet werden und deshalb auch nur bedingt miteinander verglichen werden können. Die **Ableitungsmethodik einschließlich der dabei eingeführten Modellparameter und den durchschnittlichen Eigenschaften der zur Ableitung herangezogenen Grundstücke** (Referenzgrundstücke) müssen im Hinblick auf den Grundsatz der Modellkonformität vollständig und umfassend im Grundstücksmarktbericht dargelegt werden.

Modellparameter sind dabei insbesondere die bei der Ableitung des Liegenschaftszinssatzes

– angesetzten marktüblich erzielbaren Erträge,
– die als Modellgröße angesetzten Bewirtschaftungskosten und
– die als Modellgröße angesetzte Restnutzungsdauer.

Es empfiehlt sich bei der Ableitung von Liegenschaftszinssätzen die **Restnutzungsdauer mit der Modellgröße** anzusetzen die sich i. d. R. durch Abzug des Alters von der ebenfalls als „Modellgröße" bei der Ableitung von Sachwertfaktoren angesetzten üblichen Gesamtnutzungsdauer nach Anl. 4 der SachwertR ergibt.

179 Zieht man die von den Gutachterausschüssen für Grundstückswerte abgeleiteten Liegenschaftszinssätze heran, sind Abweichungen davon nicht nur zulässig, sondern in aller Regel

---

[23] Zu alledem die Glosse in GuG-aktuell 2000, 9; Kleiber in GuG 2000, 321.

sogar geboten. Es handelt sich nämlich um **durchschnittliche Liegenschaftszinssätze, die für durchschnittliche Eigenschaften der Grundstücke der jeweils definierten Grundstücksart abgeleitet wurden,** ohne dass nach der örtlichen Lage im Einzugsbereich des Gutachterausschusses oder nach der Restnutzungsdauer der baulichen Anlage unterschieden wird.

In der Abb. 17 sind Liegenschaftszinssätze einer Reihe ausgewählter Kreise und Gemeinden abgedruckt. Sie sind aufgrund unterschiedlicher Bezugsobjekte nicht unmittelbar vergleichbar. Es kommt hinzu, dass in Ausnahmefällen die Liegenschaftszinssätze auf der Grundlage **gedämpfter Bodenwerte** ermittelt wurden und nur systemkonform unter Ansatz gedämpfter Bodenwerte in die Ertragswertermittlung eingeführt werden dürfen (vgl. Rn. 233; § 15 ImmoWertV Rn. 87 ff.). **180**

Die **Gutachterausschüsse für Grundstückswerte haben sich bislang nicht auf einen einheitlichen Rahmen für die Ableitung von Liegenschaftszinssätzen einigen können.** Dies mag zwar teilweise auf örtliche Besonderheiten zurückzuführen sein, dennoch erscheint eine stärkere Angleichung nicht nur möglich, sondern auch im Hinblick auf Transparenz und Vergleichbarkeit geboten. **181**

Zur Ableitung des Liegenschaftszinssatzes schreibt § 14 Abs. 3 Satz 2 ImmoWertV vor, dass er auf der Grundlage **182**

– geeigneter Kaufpreise und

– ihnen entsprechender Reinerträge

für gleichartig bebaute und genutzte Grundstücke unter Berücksichtigung der Restnutzungsdauer der Gebäude „nach den Grundsätzen des Ertragswertverfahrens" zu ermitteln ist. Diese sibyllinische Vorgabe ist dahingehend auszulegen, dass er – ausgehend von dem Rechengang, der dem Ertragswertverfahren zugrunde liegt – durch **Umkehrung des Ertragswertverfahrens** abgeleitet wird, d. h., die für den Ertragswert maßgebliche Formel muss nach dem Liegenschaftszinssatz (p) aufgelöst werden.

Geeignete Kaufpreise sind Kaufpreise, die im gewöhnlichen Geschäftsverkehr für gleichartig bebaute und genutzte Grundstücke entrichtet wurden, die keine besonderen objektspezifischen Grundstücksmerkmale aufweisen und nach ihrer Grundstücksart, Lage und Beschaffenheit der Grundstücksart zuzurechnen sind, für die der daraus ermittelte Liegenschaftszinssatz gelten soll. **183**

Der **Ertragswert bestimmt sich** gemäß den §§ 17 ff. ImmoWertV **nach folgender Formel:** **184**

$$EW = (RE - p \times BW) \times V + BW = RE \times V + BW \times q^{-n}$$

wobei:
EW = Ertragswert
RE = Jährlicher Reinertrag (§ 18 ImmoWertV)
BW = Bodenwert

$$\text{Vervielfältiger} = \frac{q^n - 1}{q^n (q - 1)} = \frac{EW - BW/q^n}{RE}$$

q   Zinsfaktor = 1 + p
p   Liegenschaftszinssatz/100 = q – 1
n   Restnutzungsdauer (§ 6 Abs. 6 ImmoWertV)

Für die Auswahl der **geeigneten Kaufpreise,** die zur Ableitung von Liegenschaftszinssätzen herangezogen werden, können folgende Grundsätze gelten: **185**

– Die Kaufpreise müssen einer Gruppe „gleichartig bebauter und genutzter" Grundstücke, für die der Liegenschaftszinssatz ermittelt werden soll, zuzuordnen sein.

- Die Kaufpreise und die Ertragsverhältnisse dürfen nicht durch ungewöhnliche oder persönliche Verhältnisse beeinflusst sein.

- Es muss sich um aktuelle und auf einen gemeinsamen Stichtag bezogene Kaufpreise handeln, da – wie ausgeführt – der Liegenschaftszinssatz eine zeitabhängige Größe ist.

- Neben dem Kaufpreis müssen die Grundstücke, die Reinerträge und die Restnutzungsdauer des Gebäudes bekannt sein, sofern es sich nicht um Objekte handelt, für die sich der Liegenschaftszinssatz allein aus Kaufpreis und Jahresreinertrag bestimmt.

- Die Grundstücke, deren Kaufpreise herangezogen werden, müssen eine nutzungstypische Grundstücksgröße aufweisen, insbesondere darf nicht der in § 17 Abs. 2 Satz 2 ImmoWertV geregelte Fall vorliegen. Andernfalls würde ein aufgrund der Grundstücksgröße besonders niedriger oder hoher Bodenwert das Ergebnis der Ableitung verfälschen.

- Die Grundstücke müssen nicht nur gleichartig bebaut, sondern auch gleichartig genutzt werden, wobei es sich jeweils um eine objekttypische Bebauung und Nutzung handeln muss. Auszuschließen sind damit Fälle, in denen die Nutzung von der objekttypischen Bebauung abweicht, weil eine atypische Nutzung sich regelmäßig auf die Ertragssituation auswirkt und damit das Ergebnis verfälschen würde.

186 Für die Ableitung des Liegenschaftszinssatzes sind im Übrigen möglichst nur **Kaufpreise der Grundstücke** heranzuziehen, **die keine besonderen objektspezifischen Grundstücksmerkmale i. S. des § 8 Abs. 3 ImmoWertV aufweisen.** Der Liegenschaftszinssatz soll nämlich Normalverhältnisse abbilden und nicht von besonderen objektspezifischen Grundstücksmerkmalen beeinflusst sein. Sofern es unvermeidlich ist, Kaufpreise heranzuziehen, die durch besondere objektspezifische Grundstücksmerkmale beeinflusst worden sind, müssen die Kaufpreise nach Maßgabe des § 8 Abs. 3 ImmoWertV durch angemessene Zu- und Abschläge korrigiert werden.

187 **Der Liegenschaftszinssatz**, der sowohl in den Vervielfältiger als auch in den Bodenwertverzinsungsbetrag bzw. in den diskontierten Bodenwert eingeht, **wird u. a. durch die jeweilige Restnutzungsdauer** der baulichen Anlage **beeinflusst**. § 14 Abs. 2 Satz 2 ImmoWertV stellt dies zur Verdeutlichung heraus. Die Abhängigkeit des Liegenschaftszinssatzes von der Restnutzungsdauer ist umso größer, je kürzer die Restnutzungsdauer wird.

188 Eine Besonderheit des Ertragswertverfahrens besteht umgekehrt darin, dass der **Bodenwert bei langer Restnutzungsdauer der baulichen Anlage eine vernachlässigbare Größe** ist und nur der Bodenwert einer selbstständig nutzbaren Teilfläche voll in den Ertragswert eingeht; hieraus ergeben sich Vereinfachungen bei der Ableitung des Liegenschaftszinssatzes.

189 Dies ist darauf zurückzuführen, dass der **Bodenwert in den Ertragswert nur in einer über die Restnutzungsdauer des Gebäudes diskontierten Größenordnung eingeht** und deshalb nur bei kurzer Restnutzungsdauer (RND 50 Jahre) beachtlich ist. In dem in der Syst. Darst. des Ertragswertverfahrens Rn. 165 dargestellten Beispiel beginnt der Bodenwertanteil am Ertragswert erst etwa ab einer Abnahme der Restnutzungsdauer von 50 Jahren, einen beachtenswerten Anteil am Ertragswert zu gewinnen.

6.6.2 Finanzmathematische Grundlagen

190 Liegenschaftszinssätze werden empirisch aus den Kaufpreisen bebauter Grundstücke abgeleitet, um mit ihrer Hilfe den Ertragswert eines Grundstücks **so zu ermitteln,** dass der **Ertragswert möglichst auch zugleich dem Verkehrswert entspricht.** Neben der Restnutzungsdauer[24] der baulichen Anlage bestimmt der Liegenschaftszinssatz die Höhe des Vervielfältigers V, mit dem sich der Barwert der Reinerträge ermitteln lässt. Des Weiteren wird bei Anwendung des Ertragswertverfahrens der Liegenschaftszinssatz zur Berechnung des Bodenwertverzinsungsbetrags benötigt:

---
24 Boser/Brill in AVN 1981, 349.

Liegenschaftszinssätze § 14 ImmoWertV IV

$$EW = \underbrace{RE - BW \times \frac{p}{100}}_{\text{Bodenwertverzinsungsbetrag}} \times V + BW$$

$$\text{Vervielfältiger} = f(\mathbf{p}, \mathbf{n})$$

wobei
EW = Ertragswert
RE = Reinertrag
BW = Bodenwert
P = Liegenschaftszinssatz
n = Restnutzungsdauer
V = Vervielfältiger, abhängig von n und p

Entsprechendes gilt für die Ableitung des Ertragswerts nach folgender – mit der vorstehend **191** aufgeführten **mathematisch identischen – Formel:**

$$EW = \underbrace{(RE - V)}_{\substack{\text{Kapitalisierter}\\\text{Reinertrag}}} + \underbrace{\frac{BW}{q^n}}_{\text{Diskontierter Bodenwert}} \qquad \text{wobei } q = 1 + \frac{p}{100}$$

Zur Diskontierung des Bodenwerts (zweites Glied der Formel) wird wiederum der Liegenschaftszinssatz herangezogen.

6.6.3 Ableitung bei langer Restnutzungsdauer

Aus den vorstehenden Ausführungen ergibt sich, dass sich der Liegenschaftszinssatz für **192** *Objekte mit langer Restnutzungsdauer* (RND > 50 Jahre) der darauf befindlichen Gebäude aus dem **Quotienten aus Reinertrag und Ertragswert** ergibt. Aus dieser Beziehung lässt sich der Liegenschaftszinssatz marktkonform ableiten, indem nun der jeweilige Reinertrag einer hinreichenden Anzahl von bebauten Grundstücken durch die dafür zur Verfügung stehenden „geeigneten" Kaufpreise (anstelle der jeweiligen Ertragswerte) dividiert wird und die Einzelergebnisse z. B. durch Mittelbildung ausgeglichen werden.

Der **Ertragswert kann bei längerer Restnutzungsdauer (RND) nach dem vereinfachten** **193** **Ertragswertverfahren** ermittelt werden:

$$EW = RE \times V$$

EW = Ertragswert
RE = Reinertrag
V = Vervielfältiger (vgl. Anl. zur ImmoWertV oder empirisch abgeleitet)

Hieraus definiert sich der **Vervielfältiger für ein Gebäude mit langer Restnutzungsdauer** als Quotient aus Ertragswert zum Reinertrag.

$$V = \frac{EW}{RE}$$

194 Der **reziproke Quotient stellt** zugleich **den Liegenschaftszinssatz (Näherungsformel)** dar:

$$p = \frac{RE}{EW} = \frac{1}{V}$$

195 Die empirische Ableitung von Liegenschaftszinssätzen stellt sich in diesem Fall sehr einfach dar. Es brauchen dann nämlich für bestimmte Grundstücksarten, von denen eine hinreichende Anzahl von Kaufpreisen vorliegt, die nicht durch ungewöhnliche oder persönliche Verhältnisse beeinflusst sind, nur noch die jeweils ebenfalls **durch ungewöhnliche oder persönliche Verhältnisse unbeeinflussten Reinerträge** ermittelt zu werden. Diese Kaufpreise sind dann in die vorstehende Formel anstelle des Ertragswerts EW einzuführen. Das gewogene Mittel der sich im Einzelfall jeweils ergebenden Liegenschaftszinssätze ergibt dann die durchschnittliche Verzinsung solcher Liegenschaften.

$$\text{Liegenschaftszinssatz } p = \frac{\sum \frac{RE_i}{KP_i}}{n} \quad \text{bei RND} \geq 50 \text{ Jahren}$$

wobei
RE = Reinertrag
KP = Kaufpreis
RND = Restnutzungsdauer (entsprechend der Modellgröße der Gesamtnutzungsdauer)
n = Anzahl der Fälle i

196 Die **Ableitung** erfolgt dabei jeweils **für „gleichartig bebaute und genutzte Grundstücke".**

197 Der **so abgeleitete Vervielfältiger ist identisch mit den nach** § 13 ImmoWertV **abgeleiteten Ertragsfaktoren** (vgl. § 13 ImmoWertV Rn. 8 ff.); die Ableitung steht somit im Einklang mit den Grundsätzen der ImmoWertV.

198 *Beispiel:*
Vorstehende Erläuterungen sollen an einem Zahlenbeispiel eines Einzelfalls verdeutlicht werden:
Reinertrag RE betrage = 50 000 €
Kaufpreis KP betrage = 1 000 000 €
p_i = 50 000 / 1 000 000 × 100 = 5 %

Aus diesem *Beispiel* wird deutlich, dass der **Reinertrag** gewissermaßen **die als €-Betrag ausgeworfene Verzinsung des mit dem Kaufpreis in eine Immobilie investierten Kapitals** ist.

199 Der **Liegenschaftszinssatz** kann im Übrigen auch **aus Roherträgen (Jahresnettokaltmiete) abgeleitet** werden, und zwar nach folgender Beziehung:

$$p = (1 - \text{BewK}_\%) \times \frac{RoE}{KP}$$

wobei
$\text{BewK}_\%$ = übliche (nicht umgelegte) Bewirtschaftungskosten in v. H.
RoE = Rohertrag (Jahresnettokaltmiete)

200 *Beispiel:*
Rohertrag RoE betrage = 62 500 € (= Jahresnettokaltmiete) p. a.
Kaufpreis KP betrage = 1 000 000 €
$\text{BewK}_\%$ betragen = 20 %
p_i = (1 − 20/100) × 62 500 € / 1 000 000 € = 5 %

Liegenschaftszinssätze § 14 ImmoWertV IV

nachrichtlich: RE = RoE − BewK
RE = 62 500 € − 20/100 × 62 500 €
RE = 50 000 €

Auch in der Begründung zur WertV 88 wird darauf hingewiesen, dass vorstehende Vorgehensweise allerdings nur für Gebäude mit langer Restnutzungsdauer (RND) gilt[25]. Die Begründung lässt offen, was als **lange Restnutzungsdauer** gilt. Aus der Ausgangsformel für den Liegenschaftszinssatz folgt, dass dies abhängig ist von der absoluten Höhe des Liegenschaftszinssatzes. Strebt man eine Genauigkeit des Liegenschaftszinssatzes von 0,5 Prozentpunkten an, so ist die Anwendung der Näherungsformel unbedenklich bei 201

einem Liegenschaftszinssatz (p) von	einer Restnutzungsdauer (RND) von >
3 %	65 Jahren
4 %	55 Jahren
5 %	49 Jahren
6 %	45 Jahren
7 %	40 Jahren
8 %	36 Jahren

Auf der anderen Seite muss beachtet werden, dass der Liegenschaftszinssatz p umso genauer ermittelt werden muss, je länger die Restnutzungsdauer RND ist, denn **Fehler in der Liegenschaftszinssatzermittlung schlagen umso stärker auf den Vervielfältiger und** damit auf **den Ertragswert durch, je länger die Restnutzungsdauer (RND) ist.** Dies wird durch nachstehenden Auszug aus der Vervielfältigertabelle verdeutlicht. 202

Restnutzungsdauer RND (Jahre)	Auszug aus der Vervielfältigertabelle Vervielfältiger bei einem Liegenschaftszinssatz p von				
	3,0	3,5	4,0	4,5	5,0
1	0,97	0,97	0,96	0,96	0,95
25	17,41	16,48	15,62	14,83	14,09
50	25,73	23,46	21,48	19,76	18,26
75	29,70	26,41	23,68	21,40	19,49
100	31,60	27,66	24,51	21,95	19,85

Bei sehr kurzer Restnutzungsdauer RND ist der Vervielfältiger V verhältnismäßig unempfindlich gegenüber der Höhe des Liegenschaftszinssatzes. Mit zunehmender Restnutzungsdauer nimmt die Empfindlichkeit zu. Unterscheiden sich die Vervielfältiger bei einer Restnutzungsdauer RND von 25 Jahren in Abhängigkeit von einem Liegenschaftszinssatz von 3,5 % bzw. 4,0 % noch um 0,86, so beträgt der Unterschied bei einer Restnutzungsdauer (RND) von 100 Jahren bereits 3,15 (vgl. auch Rn. 214). 203

Wie vorstehend erläutert wurde, schlagen bei langer Restnutzungsdauer RND **geringe Unterschiede in der Höhe des Liegenschaftszinssatzes p erheblich** auf die Höhe des Vervielfältigers V und damit **auf den Ertragswert EW durch.** 204

Zur Erläuterung wird auf das unter Rn. 113 abgedruckte *Beispiel* hingewiesen. 205

Der für Gebäude mit entsprechend „langer" Restnutzungsdauer auf der Grundlage der **Näherungsformel** abgeleitete Liegenschaftszinssatz darf im strengen Sinne auch nur zur Verkehrswertermittlung von Gebäuden mit entsprechend „langer" Restnutzungsdauer zur Anwendung kommen. Andererseits entstünde ein Systembruch, denn die Höhe des Liegenschaftszinssatzes ist von der Restnutzungsdauer abhängig. Der Verordnungsgeber hat deshalb mit § 14 Abs. 3 ImmoWertV ausdrücklich die Berücksichtigung der Restnutzungsdauer vorgeschrieben. 206

---
[25] BR-Drucks. 352/88, S. 51.

6.6.4 Ableitung bei kurzer Restnutzungsdauer

207 Die vorgestellte vereinfachte Vorgehensweise zur empirischen Ableitung von Liegenschaftszinssätzen kann bei genauerer Betrachtung nur für Objekte mit langer Restnutzungsdauer der aufstehenden Gebäude Gültigkeit beanspruchen (RND > 50 Jahre). Zur Ableitung von Liegenschaftszinssätzen für Objekte mit kurzer Restnutzungsdauer ist es erforderlich, die **vollständige Formel des Liegenschaftszinssatzes** heranzuziehen. Sie hat folgende Form[26]:

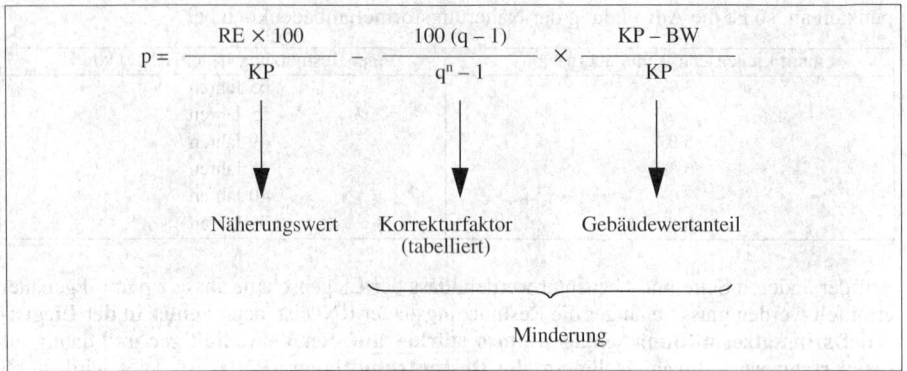

wobei
p = Liegenschaftszinssatz/100 = q − 1
q = Zinsfaktor = 1 + p
n = Restnutzungsdauer des Gebäudes
RE = Jahresreinertrag des Grundstücks
KP = Kaufpreis als „Repräsentant" für den Verkehrswert (Ertragswert)
BW = Bodenwert (§ 16 Abs. 1 ImmoWertV)

208 Die Besonderheit dieser Formel besteht darin, dass sich der Liegenschaftszinssatz gegenüber seiner Ableitung nach der vereinfachten Vorgehensweise für Objekte mit einer langen Restnutzungsdauer der aufstehenden Gebäude um einen iterativ zu ermittelnden Minderungsbetrag reduziert. **Die Reduktion kann je nach Restnutzungsdauer der aufstehenden Gebäude erheblich sein.** Ob dies bei den von den Gutachterausschüssen für Grundstückswerte abgeleiteten Liegenschaftszinssätzen tatsächlich berücksichtigt wird, kann in den meisten Fällen den Veröffentlichungen nicht entnommen werden. Hier müssen Defizite konstatiert werden, die schon erheblich ins Gewicht fallen können, wenn man sich die Sensibilität der Abhängigkeit der Ertragswertermittlung von dem „richtigen" Liegenschaftszinssatz vergegenwärtigt.

209 Für Grundstücke mit *Gebäuden, die eine kurze Restnutzungsdauer* (RND < 50 Jahre) aufweisen, gestaltet sich die empirische Liegenschaftszinsermittlung somit weitaus komplizierter. Die vorstehend abgeleitete Formel für die Ermittlung des Liegenschaftszinssatzes für Objekte mit langer Restnutzungsdauer des aufstehenden Gebäudes stellt hier lediglich einen **Näherungswert** dar, an den eine Minderung anzubringen ist. Dieser Minderungsbetrag ergibt sich durch Umkehrung des dem Ertragswertverfahren zugrunde liegenden Rechenganges. In Abb. 30 ist die sich daraus ergebende Ausgangsformel für eine „spitze" Ermittlung des Liegenschaftszinssatzes dargestellt:

---

[26] Rendig in VR 1978, 254; Möckel in VR 1975, 129; Möckel in VR 1976, 91; Rehwald/Gaebel in Nachr. der nds. Kat.- und VermVw 1985, 287; aus dem englischsprachigen Schrifttum vgl. Wincott, Terminal Capitalisation Rates and Reasonabliness in The Appraisal Journal 1991, 253; Sommer/Kröll in GuG 1995, 290.

Liegenschaftszinssätze § 14 ImmoWertV IV

Abb. 30: Ableitung des Liegenschaftszinssatzes (Beispiel)

Ableitung des Liegenschaftszinssatzes bei kurzer Restnutzungsdauer (RND ≤ 50 Jahre)

$$p = \frac{RE \times 100}{KP} - \frac{100(q-1)}{q^n - 1} \times \frac{KP - BW}{KP}$$

- Näherungswert
- Korrekturfaktor (tabelliert in nachfolgender Abb.)
- Gebäudewertanteil

Minderung

wobei
p = Liegenschaftszinssatz/100
q = Zinsfaktor = 1 + p
n = Restnutzungsdauer des Gebäudes
RE = Jahresreinertrag des Grundstücks
KP = Kaufpreis als „Repräsentant" für den Verkehrswert (Ertragswert)
BW = Bodenwert

Beispiel

a) **Ausgangsdaten**

Restnutzungsdauer des Gebäudes	30 Jahre
Jahresreinertrag des Grundstücks	30 000 €
Kaufpreis des bebauten Grundstücks	500 000 €
Gebäudewertanteil	300 000 €
Bodenwert	200 000 €

b) **Ermittlung des Näherungswerts**

$$p_{approx} = 30\,000\,€ \times 100 / 500\,000\,€ = 6 \text{ v. H.}$$

c) **Ermittlung des Liegenschaftszinssatzes**

Lösung der Formel durch Iteration (auf der Grundlage des Näherungswerts)

1. Iteration

Korrekturfaktor (reziproker Rentenfaktor) bei Restnutzungsdauer n = 30 Jahre und p = 6 %

Korrekturfaktor = $\frac{100(q-1)}{q^n - 1}$ = 1,26   (aus nachfolgender Tabelle)

Liegenschaftszinssatz p = 6 % − 1,26 × (500 000 − 200 000)/500 000 € = 5,24 %
(Minderung = 0,76 %)

2. Iteration

Korrekturfaktor (reziproker Rentenfaktor) bei Restnutzungsdauer n = 30 Jahre und p = 5,24 %
Korrekturfaktor = 1,46   (aus nachfolgender Tabelle)

Liegenschaftszinssatz p = 6 % − 1,46 × (500 000 − 200 000)/500 000 € = 5,1 %   (Minderung = 0,9 v. H.)

© W. Kleiber 11

▶ *Vgl. Abb. 7 bei Rn. 123 der Syst. Darst. des Ertragswertverfahrens*

IV § 14 ImmoWertV — Liegenschaftszinssätze

Abb. 31: Tabelle des Korrekturfaktors für die Ableitung des Liegenschaftszinssatzes

Bei einer Restnutzungsdauer von ... Jahren	Reziproker Rentenfaktor bei einem Näherungszinssatz in Höhe von											$\dfrac{100 \times (q-1)}{q^n - 1}$
	3 %	3,5 %	4 %	4,5 %	5 %	5,5 %	6 %	6,5 %	7 %	7,5 %	8 %	8,5 %
20	3,72	3,54	3,36	3,19	3,02	2,87	2,72	2,58	2,44	2,31	2,19	2,07
21	3,49	3,30	3,12	2,96	2,80	2,65	2,50	2,36	2,23	2,10	1,98	1,87
22	3,27	3,09	2,92	2,75	2,60	2,45	2,30	2,17	2,04	1,92	1,80	1,69
23	3,08	2,90	2,73	2,57	2,41	2,27	2,13	2,00	1,87	1,75	1,64	1,54
24	2,90	2,73	2,56	2,40	2,25	2,10	1,97	1,84	1,72	1,61	1,50	1,40
25	2,74	2,57	2,40	2,24	2,10	1,95	1,82	1,70	1,58	1,47	1,37	1,27
26	2,59	2,42	2,26	2,10	1,96	1,82	1,69	1,57	1,46	1,35	1,25	1,16
27	2,46	2,29	2,12	1,97	1,83	1,70	1,57	1,45	1,34	1,24	1,14	1,06
28	2,33	2,16	2,00	1,85	1,71	1,58	1,46	1,35	1,24	1,14	1,05	0,96
29	2,21	2,04	1,89	1,74	1,60	1,48	1,36	1,25	1,14	1,05	0,96	0,88
30	2,10	1,94	1,78	1,64	1,51	1,38	1,26	1,16	1,06	0,97	0,88	0,81
31	2,00	1,84	1,69	1,54	1,41	1,29	1,18	1,08	0,98	0,89	0,81	0,74
32	1,90	1,74	1,59	1,46	1,33	1,21	1,10	1,00	0,91	0,82	0,75	0,67
33	1,82	1,66	1,51	1,37	1,25	1,13	1,03	0,93	0,84	0,76	0,69	0,62
34	1,73	1,58	1,43	1,30	1,18	1,06	0,96	0,87	0,78	0,70	0,63	0,57
35	1,65	1,50	1,36	1,23	1,11	1,00	0,90	0,81	0,72	0,65	0,58	0,52
36	1,58	1,43	1,29	1,16	1,04	0,94	0,84	0,75	0,67	0,60	0,53	0,48
37	1,51	1,36	1,22	1,10	0,98	0,88	0,79	0,70	0,62	0,55	0,49	0,44
38	1,45	1,30	1,16	1,04	0,93	0,83	0,74	0,65	0,58	0,51	0,45	0,40
39	1,38	1,24	1,11	0,99	0,88	0,78	0,69	0,61	0,54	0,48	0,42	0,37
40	1,33	1,18	1,05	0,93	0,83	0,73	0,65	0,57	0,50	0,44	0,39	0,34
41	1,27	1,13	1,00	0,89	0,78	0,69	0,61	0,53	0,47	0,41	0,36	0,31
42	1,22	1,08	0,95	0,84	0,74	0,65	0,57	0,50	0,43	0,38	0,33	0,29
43	1,17	1,03	0,91	0,80	0,70	0,61	0,53	0,46	0,40	0,35	0,30	0,26
44	1,12	0,99	0,87	0,76	0,66	0,58	0,50	0,43	0,38	0,32	0,28	0,24
45	1,08	0,95	0,83	0,72	0,63	0,54	0,47	0,41	0,35	0,30	0,26	0,22
46	1,04	0,91	0,79	0,68	0,59	0,51	0,44	0,38	0,33	0,28		
47	1,00	0,87	0,75	0,65	0,56	0,48	0,41	0,36	0,30	0,26		
48	0,96	0,83	0,72	0,62	0,53	0,46	0,39	0,33	0,28			
49	0,92	0,80	0,69	0,59	0,50	0,43	0,37	0,31	0,26			
50	0,89	0,76	0,66	0,56	0,48	0,41	0,34	0,29	0,25			
51	0,85	0,73	0,63	0,53	0,45	0,38	0,32	0,27				
52	0,82	0,70	0,60	0,51	0,43	0,36	0,30	0,26				
53	0,79	0,67	0,57	0,48	0,41	0,34	0,29					
54	0,76	0,65	0,55	0,46	0,39	0,32	0,27					
55	0,73	0,62	0,52	0,44	0,37	0,31	0,25					
56	0,71	0,60	0,50	0,42	0,35	0,29						
57	0,68	0,57	0,48	0,40	0,33	0,27						
58	0,66	0,55	0,46	0,38	0,31	0,26						
59	0,64	0,53	0,44	0,36	0,30	0,24						
60	0,61	0,51	0,42	0,35	0,28	0,23						
61	0,59	0,49	0,40	0,33	0,27							
62	0,57	0,47	0,39	0,31	0,26							
63	0,55	0,45	0,37	0,30	0,25							
64	0,53	0,44	0,35	0,29	0,24							
65	0,51	0,42	0,34	0,27	0,22							
70	0,43	0,35	0,27	0,22	0,17							
75	0,37	0,29	0,22	0,17	0,13							
80	0,31	0,24	0,18	0,14	0,10							
85	0,26	0,20	0,15	0,11	0,08							

Liegenschaftszinssätze § 14 ImmoWertV IV

Zum **Minderungsbetrag** wird auf Folgendes hingewiesen: **210**

– Mit *längerer* Restnutzungsdauer und höherem Liegenschaftszinssatz verringert sich die an dem Näherungswert anzubringende Minderung, sodass sie bei entsprechend hoher Restnutzungsdauer und hohem Liegenschaftszinssatz bedeutungslos wird und vernachlässigt werden kann.

– Bei *kurzer* Restnutzungsdauer muss hingegen, wie erwähnt, der Näherungswert gemindert werden: Die amtliche Begründung zu § 11 WertV 88 spricht von der Einführung eines „Korrekturfaktors". Nach dem in Abb. 30 beschriebenen Verfahren ergibt sich die anzubringende Minderung aus dem Produkt des Gebäudewertanteils mit dem in Abb. 31 tabellierten Korrekturfaktor, der auch als reziproker Rentenfaktor bezeichnet werden kann.

Aufgrund der hier nicht näher zu erläuternden mathematischen Zusammenhänge ist die Minderung mit abnehmender Restnutzungsdauer im Wege der Iteration zu ermitteln. Das in Abb. 30 dargestellte *Beispiel* zeigt, dass sich der für ein Gebäude mit 30 Jahren Restnutzungsdauer näherungsweise mit 6 % berechnete Liegenschaftszinssatz bereits um nahezu 1 % vermindert! Berechnet man den Ertragswert auf der Grundlage der Ausgangsdaten des Beispiels und dem näherungsweise mit 6 % (falsch) ermittelten Liegenschaftszinssatz, so ergibt sich aus **211**

$$EW = (RE - p \times BW) \times V + BW$$

ein Ertragswert von

EW = (30 000 € – 6 × 200 000 €)/100 × 13,76 + 200 000 €
EW = 447 680 € anstelle von 500 000 €

Unterbleibt also die Minderung, so verfälscht sich das Ergebnis um über 10 % des Verkehrswerts.

Die dargelegten Zusammenhänge sind darin begründet, dass der **Vervielfältiger** und damit **212** der Ertragswert bei Objekten mit kurzer Restnutzungsdauer zunächst stark ansteigt und **erst bei längerer Restnutzungsdauer gegenüber Änderungen der Restnutzungsdauer RND unempfindlich wird** (vgl. Abb. 32).

Abb. 32: Abhängigkeit des Vervielfältigers von der Restnutzungsdauer und dem Liegenschaftszinssatz

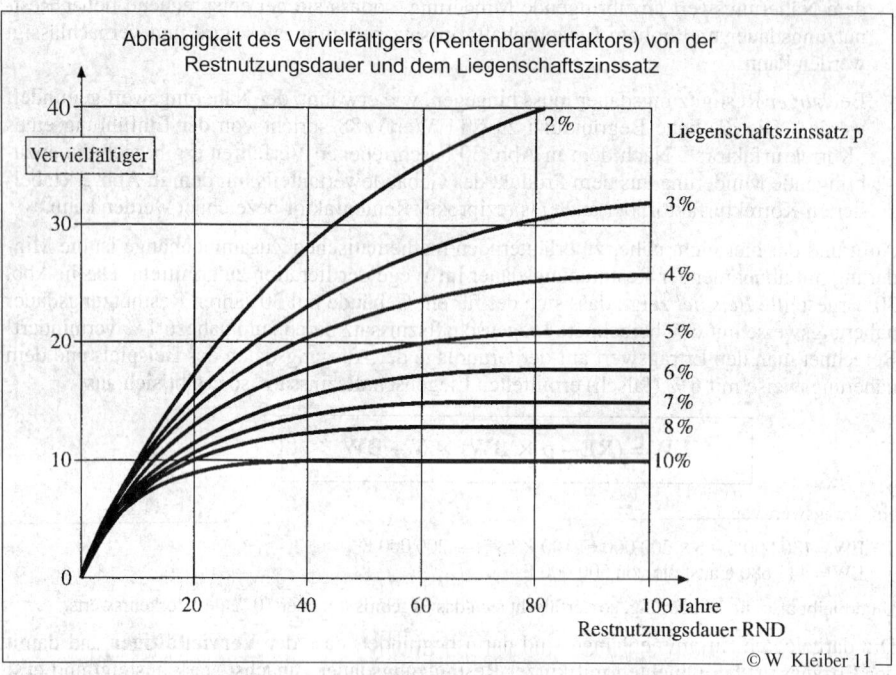

213 Die Abbildung zeigt, dass der Vervielfältiger V und damit der **Ertragswert mit abnehmendem Liegenschaftszinssatz p anwächst.** Zum Verständnis dieses Zusammenhangs sei darauf hingewiesen, dass bei gleich bleibendem Reinertrag die Verzinsung einer Liegenschaft umso geringer ist, je größer der Verkehrswert eines Grundstücks und damit das in ihn investierte Kapital ist.

214 Die Abbildung zeigt auch, dass der Vervielfältiger und damit auch der **Ertragswert im Bereich einer kurzen Restnutzungsdauer bei gleich bleibendem Liegenschaftszinssatz stark ansteigt** und Fehler bei der „richtigen" Abschätzung der Restnutzungsdauer erheblich zu Buche schlagen; dies zeigt sich auch, wenn man die Tafeldifferenzen der Vervielfältigertabelle vergleicht.

	Auszug aus der Vervielfältigertabelle				
Restnutzungsdauer RND (Jahre)	Vervielfältiger bei einem Liegenschaftszinssatz p von				
	3,0	3,5	4,0	4,5	5,0
1	0,97	0,97	0,96 $\Delta = 0,93$	0,96	0,95
2	1,91	1,90	1,89	1,87	1,86
3	2,83	2,80	2,78	2,75	2,72
4	3,72	3,67	3,63	3,59	3,55
5	4,58	4,52	4,45	4,39	4,33
96	31,38	27,52	24,42	21,90	19,82
97	31,44	27,56	24,44	21,91	19,82
98	31,49	27,59	24,46	21,93	19,83
99	31,55	27,62	24,49	21,94	19,84
100	31,60	27,66	24,51 $\Delta = 0,02$	21,95	19,85

Liegenschaftszinssätze § 14 ImmoWertV IV

Fazit: Bei Anwendung des Ertragswertverfahrens auf **Grundstücke, deren Bebauung eine kurze Restnutzungsdauer aufweist,** kommt es   215

– einerseits darauf an, die Restnutzungsdauer richtig abzuschätzen, weil kleine Fehler erheblich auf das Ergebnis durchschlagen, und

– andererseits darauf, den Liegenschaftszinssatz (ausgehend vom Näherungswert RE/KP) unter Berücksichtigung der Minderung abzuleiten.

Die Problematik der Ableitung von Liegenschaftszinssätzen für Objekte mit kurzer Restnutzungsdauer entschärft sich dadurch, dass zwar die richtige Höhe des Liegenschaftszinssatzes empfindlich gegenüber Änderungen der Restnutzungsdauer ist, jedoch der Vervielfältiger selbst dann wiederum unempfindlich gegenüber dem richtigen Liegenschaftszinssatz ist.

6.6.5 Ableitung bei gedämpften Bodenwerten

▶ *Allgemeines zu gedämpften Bodenwerten vgl. § 16 ImmoWertV Rn. 49 ff., 66, 78; zur Anwendung des Sachwertverfahrens vgl. Syst. Darst. des Sachwertverfahrens Rn. 343 ff.*

Auf einen weiteren vernachlässigten Aspekt der Liegenschaftszinssatzableitung soll in Bezug auf jene Gutachterausschüsse für Grundstückswerte hingewiesen werden, die in ihrer **Praxis mit sog. gedämpften Bodenwerten** arbeiten.   216

Mit § 16 Abs. 1 Satz 1 ImmoWertV hat der Verordnungsgeber zwar erstmals verbindlich vorgegeben, dass der Bodenwert vorbehaltlich der Besonderheiten von Grundstücken im Außenbereich und von Liquidationsfällen (§ 16 Abs. 2 und 3 ImmoWertV) ohne Berücksichtigung der auf dem Grundstück vorhandenen baulichen Anlagen zu ermitteln und somit eine **Dämpfung des Bodenwerts unzulässig** ist, jedoch muss auch weiterhin damit gerechnet werden, dass mancherorts dies übersehen wird. Wenn bei einer solchen Praxis das Ertragswertverfahren auf der Grundlage gedämpfter Bodenwerte zur Anwendung kommt, muss unter dem **Grundsatz der Modellkonformität** auch bei der Ableitung von Liegenschaftszinssätzen von gedämpften Bodenwerten ausgegangen werden; andererseits würde hier ein systemwidriger Modellbruch vorliegen. Die Ableitung von Liegenschaftszinssätzen für Immobilien mit kurzer Restnutzungsdauer auf der Grundlage gedämpfter Bodenwerte führt zu einem niedrigeren Liegenschaftszinssatz als bei Ableitung auf der Grundlage ungedämpfter Bodenwerte.   217

Beispiel: 218

Kaufpreis KP für das bebaute Grundstück	500 000 €
Bodenwert BW (ungedämpft) für das unbebaute Grundstück	200 000 €
Bodenwert BW gedämpft	100 000 €
Reinertrag RE per annum	30 000 €
Restnutzungsdauer	30 Jahre

Die Ableitung des Liegenschaftszinssatzes für dieses Objekt führt nach der vorgestellten Formel auf der Grundlage
des ungedämpften Bodenwerts zu   p = 5,13 %
des gedämpften Bodenwerts zu   p = 4,75 %

Die **Praxis der Bodenwertdämpfung führt zu gedämpften Liegenschaftszinssätzen.**   219

Für das Ergebnis der Ertragswertermittlung ist die vorgenommene Bodenwertdämpfung belanglos, wenn man im System bleibt. Der Ertragswert auf der Grundlage der unterschiedlich angesetzten Bodenwerte, dem jeweils zuzuordnenden Liegenschaftszinssatz und dem sich dafür ergebenden Vervielfältiger muss in beiden Fällen identisch sein (vgl. § 16 ImmoWertV Rn. 78 ff.).   220

Ertragswert EW:

$$EW = (RE - p \times BW) \times V + BW$$

bei

$BW_{ungedämpft}$	=	200 000 €	$BW_{gedämpft}$	=	100 000 €
p_1	=	5,13 v. H.	p_2	=	4,75 v. H.
V_1	=	15,14725	V_2	=	15,82042
EW	=	500 000 € ◄	► EW	=	500 000 €

221 Ein **unzulässiger Systembruch** wäre es dagegen, wenn man den Liegenschaftszinssatz **auf der Grundlage ungedämpfter Bodenwerte ableiten und** ansonsten **im Rahmen des Ertragswertverfahrens gedämpfte Bodenwerte fordern würde.** Ebenso unzulässig ist es auch, den Liegenschaftszinssatz auf der Grundlage gedämpfter Bodenwerte abzuleiten und dann ungedämpfte Bodenwerte in das Ertragswertverfahren einzuführen.

222 Im Falle einer Dämpfung der Bodenwerte ist es daher unverzichtbar, dies bei der Ableitung der Liegenschaftszinssätze unberücksichtigt zu lassen und bei der Veröffentlichung eindeutig darauf hinzuweisen. **Des Weiteren müsste dann** auch **offengelegt werden, wie Bodenwertdämpfung vorgenommen wurde,** damit die Anwender dieser Liegenschaftszinssätze im Rahmen des Ertragswertverfahrens den Bodenwert nach demselben Maßstab „dämpfen", wie dies bei der Ableitung des Liegenschaftszinssatzes vorgenommen wurde. Beide Methoden führen dann zu ein und demselben Ergebnis. Die Dämpfung stellt damit letztlich einen zusätzlichen, aber für das Ergebnis belanglosen Rechenschritt dar.

223 In jedem Fall muss die **Modellkonformität bei der Ableitung und Anwendung des Liegenschaftszinssatzes** gewahrt werden. Im Übrigen ist aber bislang auch von den wenigen Gutachterausschüssen für Grundstückswerte, die sich der Bodenwertdämpfung verschrieben haben, bislang wohl noch nie eindeutig bei der Veröffentlichung ihrer empirisch abgeleiteten Liegenschaftszinssätze darauf hingewiesen worden, dass es sich um gedämpfte Liegenschaftszinssätze handelt. Dies legt den Verdacht eines systematischen Modellbruchs bei Anwendung des Ertragswertverfahrens nahe.

6.7 Veröffentlichung von Liegenschaftszinssätzen

▶ *Vgl. Rn. 138, 178 ff.; Syst. Darst. des Ertragswertverfahrens Rn. 259 ff.*

224 Die von den Gutachterausschüssen abgeleiteten Liegenschaftszinssätze können nur sachgerecht zur Anwendung kommen, wenn bei ihrer Veröffentlichung alle dafür notwendigen Angaben gemacht werden. Dies sind neben der Ableitungsmethodik und dem Bezugsstichtag insbesondere die durchschnittlichen Eigenschaften der Grundstücke, die der Ableitung zugrunde gelegt wurden. In diesem Zusammenhang kann auch von den **durchschnittlichen objektspezifischen Grundstücksmerkmalen eines fiktiven Referenzgrundstücks** gesprochen werden, auf das sich der jeweilige Liegenschaftszinssatz bezieht (Liegenschaftszinssatzgrundstück).

Die Grundstücksmerkmale dieses Referenzgrundstücks müssen – vergleichbar mit den Eigenschaften eines Bodenrichtwertgrundstücks – bekannt sein, um Abweichungen der Grundstücksmerkmale des zu bewertenden Grundstücks von den Grundstücksmerkmalen des „Liegenschaftszinssatzgrundstücks" angemessen berücksichtigen zu können.

Die Veröffentlichung sollte **Angaben** enthalten, insbesondere **über**
- die mittlere Gebäudeart (Bauweise, Baugestaltung, Größe, Ausstattung, Qualität, Funktionalität (Drittverwendungsfähigkeit),
- die mittlere Zahl der Wohneinheiten bei Mehrfamilienhäusern und den Zustand,
- die mittlere Grundstücksnutzung (z. B. mittlerer gewerblicher Mietertragsanteil),

- die mittleren Lagemerkmale (ggf. differenziert nach Bodenrichtwertlagen),
- das mittlere Baujahr bzw. Alter oder die mittlere Restnutzungsdauer,
- Min.-/Max.-Werte für Liegenschaftszinssatz, Restnutzungsdauer,
- den mittleren Fehler des arithmetischen Mittels des Liegenschaftszinssatzes,
- den Korrelationskoeffizient u. a. wesentliche Kenngrößen bei der Anwendung von einfachen oder multiplen Regressionsanalysen,
- den Geltungsbereich,
- ggf. Angaben zu „besonderen objektspezifischen Grundstücksmerkmalen", die in die Ableitung der Liegenschaftszinssätze eingegangen sind (vgl. Rn. 24),
- bei Eigentumswohnungen und Eigenheimen (Ein- und Zweifamilienhäuser) die Vermietungssituation (bezugsfrei oder vermietet),
- das herangezogene Datenmaterial,
- den Bezugsstichtag und
- sonstige für die Aussagefähigkeit dieser Daten wesentliche Bezüge.

Beispiel:
Muster des der Ableitung von Liegenschaftszinssätzen in *Hessen* zugrunde liegenden Ertragswertmodells[27]

	Muster des der Ableitung von Liegenschaftszinssätzen in Hessen zugrunde liegenden Ertragswertmodells						
	Wohnnutzung				Gewerbenutzung		
	Einfamilienhaus (EFH)	Zweifamilienhaus (ZFH)	Mehrfamilienhaus (MFH)	Wohn- und Geschäftshaus	Büro/Verwaltung	Verkaufsgebäude	Gewerbe*/Industrie
Datenmaterial	Kauffälle von schadensfreien Objekten ohne ungewöhnliche Verhältnisse						
Übliche Gesamtnutzungsdauer (GND)	80	80	80	80	60	60	60
Restnutzungsdauer (RND)	GND minus Alter, ggf. modifiziert, mindestens 15 Jahre						
Rohertrag	Marktüblich erzielbare Miete × Wohn- bzw. Nutzfläche						
Bewirtschaftungskosten	II. Berechnungsverordnung (Wohnnutzung), Modell zur Ableitung Liegenschaftszinssatz in Nordrhein-Westfalen (Gewerbenutzung)						
Bodenwert (BW)	Lage- und objektangepasster Bodenrichtwert						

* Gewerbe-/Industrie-Gebäude sind z. B. Produktionsgebäude, Werkstätten, Fabriken, Lagerhallen

In der Anl. 2 des Modells zur Ableitung von Liegenschaftszinssätzen in Nordrhein-Westfalen sind Empfehlungen zu Bewirtschaftungskosten für gewerbliche Objekte aufgeführt. Das Modell ist in der Syst. Darst. des Ertragswertverfahrens unter Rn. 202 sowie im Internet verfügbar unter: http://www.gutachterausschuss.nrw.de/standardmodelle.html

Temporäre Grundstücksmerkmale sollen bei der Ableitung der Liegenschaftszinssätze unberücksichtigt bleiben; sie werden bei der Ableitung der Ertragswerte unter Heranziehung von Liegenschaftszinssätzen nach Maßgabe des § 8 Abs. 3 ImmoWertV ergänzend berücksichtigt.

---

[27] Grundstücksmarktbericht Hessen von 2010, S.65.

7 Anlagen

Anlage 1 Sachwertfaktoren (Marktanpassungsfaktoren)

Anlage 1.1 Wertzahlen (Sachwertfaktoren/ Marktanpassungsfaktoren) nach Anl. 25 zu § 191 BewG)

225 Wertzahlen (Marktanpassungsfaktoren) nach § 181 BewG bei Anwendung des Sachwertverfahrens für die Bewertung für erbschaftsteuerliche Zwecke

Nach § 189 Abs. 3 BewG ergibt sich aus dem Bodenwert (Wert des unbebauten Grundstücks nach § 179 BewG) und dem nach § 190 BewG zu ermittelnden Gebäudesachwert der vorläufige Sachwert des Grundstücks. Dieser ist zur Anpassung an den gemeinen Wert mit einer Wertzahl (Marktanpassungsfaktor) nach § 191 BewG zu multiplizieren. Als Wertzahlen sind grundsätzlich die Sachwertfaktoren anzuwenden, die von den Gutachterausschüssen für Grundstückswerte (§§ 192 ff. BauGB) für das Sachwertverfahren bei der Verkehrswertermittlung abgeleitet wurden. Soweit von den Gutachterausschüssen keine geeigneten Sachwertfaktoren zur Verfügung stehen, sind nach § 191 Abs. 2 BewG folgende Wertzahlen zu verwenden (Anl. 25 zu § 191 Abs. 2 BewG):

Wertzahlen für Grundstücke nach § 181 Abs. 1 Nr. 1 (Ein- und Zweifamilienhäuser) und 3 (Wohnungseigentum) BewG

Wertzahlen für Grundstücke nach § 181 Abs. 1 Nr. 1 (Ein- und Zweifamilienhäuser) und 3 (Wohnungseigentum) BewG					
Vorläufiger Sachwert § 189 Abs. 3 BewG	Bodenrichtwert bis				
	15 €/m²	30 €/m²	50 €/m²	100 €/m²	150 €/m²
bis 50 000 €	1,0	1,1	1,1	1,1	1,1
100 000 €	0,9	1,0	1,0	1,1	1,1
150 000 €	0,8	0,9	0,9	1,0	1,1
200 000 €	0,7	0,8	0,8	0,9	1,0
300 000 €	0,6	0,7	0,7	0,8	0,9
400 000 €	0,5	0,6	0,6	0,7	0,8
500 000 €	0,4	0,5	0,5	0,6	0,7
über 500 000 €	0,3	0,4	0,4	0,5	0,6
Vorläufiger Sachwert § 189 Abs. 3 BewG	Bodenrichtwert bis				
	200 €/m²	300 €/m²	400 €/m²	500 €/m²	über 500 €/m²
bis 50 000 €	1,2	1,2	1,3	1,3	1,4
100 000 €	1,1	1,2	1,2	1,3	1,3
150 000 €	1,1	1,1	1,1	1,2	1,3
200 000 €	1,0	1,1	1,1	1,2	1,2
300 000 €	0,9	1,0	1,0	1,1	1,2
400 000 €	0,8	0,9	1,0	1,0	1,1
500 000 €	0,7	0,8	0,9	0,9	1,0
über 500 000 €	0,6	0,7	0,8	0,8	0,9

Liegenschaftszinssätze § 14 ImmoWertV IV

Wertzahlen für Grundstücke nach § 181 Abs. 1 Nr. 3 (Teileigentum) und 4 bis 6 BewG (Geschäftsgrundstücke, gemischt genutzte Grundstücke und sonstige bebaute Grundstücke)

Wertzahlen für Grundstücke nach § 181 Abs. 1 Nr. 3 (Teileigentum) und 4 bis 6 BewG (Geschäftsgrundstücke, gemischt genutzte Grundstücke und sonstige bebaute Grundstücke)		
Vorläufiger Sachwert § 189 Abs. 3 BewG		
bis	500 000 €	0,9
	3 000 000 €	0,8
über	3 000 000 €	0,7

Anlage 1.2   Faktoren zur Anpassung des Sachwerts von Grundstücken mit Eigenheimen an die Lage auf dem Grundstücksmarkt in Berlin

Bekanntmachung der Senatsverwaltung für Stadtentwicklung vom 28.12.2012 (ABl. Berlin 2012, 2347 = GuG 2013, 177). **226**

Aufgrund des § 193 Abs. 5 des Baugesetzbuchs (BauGB)[28] i. V. m. § 21 der Verordnung zur Durchführung des Baugesetzbuchs (DVO BauGB)[29] werden nachstehend für die Wertermittlung erforderliche Daten gemäß § 14 der Immobilienwertermittlungsverordnung (ImmoWertV)[30] veröffentlicht.

Letzte Veröffentlichungen:

– *Bekanntmachung der Senatsverwaltung für Stadtentwicklung (ABl. Berlin 2011, 2966),*
– *Bekanntmachung der Senatsverwaltung für Stadtentwicklung vom 10.11.2010 (ABl. Berlin 2010, 1992, 1885; vgl. Kleiber, Marktwertermittlung 7. Aufl. S. 881),*
– *Bekanntmachung der Senatsverwaltung für Stadtentwicklung vom 2.3.2010 (ABl. Berlin 2010, 308 = GuG 2010, 230),*
– *Bekanntmachung der Senatsverwaltung für Stadtentwicklung vom 7.3.2006 – Stadt III E GSt 22 (ABl. Berlin 2006, 13733 = GuG 2006, 352; vgl. Kleiber/Simon, Verkehrswertermittlung von Grundstücken, 5. Aufl. S. 1949),*
– *Bekanntmachung der Senatsverwaltung für Stadtentwicklung vom 18.11.2004 – Stadt III E GSt 23 (ABl. Berlin 2005, 174 = GuG 2005, 224; vgl. auch Kleiber/Simon, Verkehrswertermittlung von Grundstücken, 5. Aufl. S. 1958),*
– *Bekanntmachung der Senatsverwaltung für Stadtentwicklung vom 18.12.2001 – Stadt III E GSt 21 (ABl. Berlin 2002, 199 = GuG 2002, 171; vgl. auch Kleiber/Simon, Marktwertermittlung 6. Aufl. 2004 S. 1531)[31],*
– *Bekanntmachung der Senatsverwaltung für Stadtentwicklung (ABl. 1999, 5004),*
– *Bekanntmachung der Senatsverwaltung für Stadtentwicklung (ABl. 1992, 1454),*
– *Bekanntmachung der Senatsverwaltung für Stadtentwicklung (ABl. 1989, 2270).*

A   Vorbemerkungen

1   Verwendete Daten

Bei der Verkehrswertermittlung nach dem Sachwertverfahren gemäß §§ 21 bis 23 WertV ist der Verkehrswert aus dem Ergebnis des Verfahrens unter Berücksichtigung der Lage auf dem Grundstücksmarkt zu bemessen. Diese Anpassung an die Marktlage wurde anhand aller ausgewerteten, in die Kaufpreissammlung aufgenommenen Verkäufe auf dem **Berliner Grundstücksmarkt** des Zeitraums von Januar 2009 bis Juli 2012 mithilfe mathematisch-statistischer Analysen in Form von Anpassungsfaktoren (Verhältnis Kaufpreis/Sachwert) abgeleitet.

---

[28] BauGB i. d. F. der Bekanntmachung vom 23.9.2004 (BGBl. I 2004, 2414), zuletzt geändert durch Art. 1 des Gesetzes vom 22.7.2011 (BGBl. I 2011, 1509).
[29] DVO-BauGB vom 5.11.1998 (GVBl. 1998, 331), geändert durch Art. 1 § 6 des Gesetzes vom 19.6.2006 (GVBl. 2006, 5573).
[30] ImmoWertV vom 19.5.2010 (BGBl. I 2010, 639).
[31] Habath, A. Zur sachgerechten Anwendung von Sachwert-Marktanpassungsfaktoren (GuG 2006, 19).

2 Teilmarkt

Die Untersuchung erstreckt sich ausschließlich auf Einfamilienhäuser, Einfamilienhäuser mit Eigentumswohnungen und Zweifamilienhäuser beziehungsweise Villen/Landhäuser, die als Massiv- beziehungsweise Fertighaus errichtet worden sind. Kauffälle, wo die schlüsselfertige Errichtung durch den Erstverkäufer erfolgte, sind in der Analyse enthalten.

B Grundsätze der Kaufvertragsauswertung

Der Ableitung der Anpassungsfaktoren liegen folgende Annahmen zugrunde:

Es wurden nur „echte" Baujahre angesetzt. Es erfolgte keine Korrektur des Baujahres aufgrund von Modernisierungen. Eine Innenbesichtigung der Objekte erfolgte nicht. Es fand keine Überprüfung statt, ob Grundstücke rechtlich teilbar sind. Es sind ausschließlich bezugsfreie Objekte in der Auswertung berücksichtigt.

1 Ermittlung der Sachwerte

– NHK 2000 und Baunebenkosten werden entsprechend des Bautyps (vgl. Richtlinien für die Ermittlung des Verkehrswerts von Grundstücken [Wertermittlungsrichtlinie 2006 – WERTR 06] i. d. F. vom 1. März 2006 im Bundesanzeiger Nummer 1108a vom 10.6.2006) angesetzt, wobei für Gebäude in einfacher und mittlerer stadträumlicher Wohnlage ein mittlerer Ausstattungsstandard und für Gebäude in guter und sehr guter Wohnlage ein gehobener Ausstattungsstandard zugrunde gelegt worden ist. Objekte mit Luxusausstattung sind hier nicht enthalten.

Da in diesen Werken für **Reihenhäuser** nur die Ausstattungsstandards einfach und mittel nachgewiesen sind, werden hier folgende Ansätze gewählt: Für Reihenhäuser in einfacher und mittlerer stadträumlicher Wohnlage wurde ein einfacher Ausstattungsstandard und für Reihenhäuser in guter Wohnlage ein mittlerer Ausstattungsstandard zugrunde gelegt. Für **Fertighäuser** wurde entsprechend der Berliner Auswertepraxis einheitlich für alle Baujahre ein Abschlag von 10 % von den NHK 2000 vorgenommen.

– **Regionalfaktor 1,0; zur Anwendbarkeit auch für steuerliche Zwecke.**

– Preisindex für Einfamiliengebäude in Berlin zum Kaufzeitpunkt (2005 = 100) veröffentlicht von den Statistischen Berichten des Statistischen Landesamtes für Berlin, umbasiert mit dem Faktor 0,985 auf das Jahr 2000.

– Berechnung der Brutto-Grundfläche nach DIN 277 i. d. F. von 1987.

– **Gesamtnutzungsdauer i. d. R. 80 Jahre; sofern das Gebäudealter ≥ 65 Jahre war, wurde abweichend von früheren Untersuchungen die wirtschaftliche Restnutzungsdauer in Abhängigkeit vom Bauzustand wie folgt angesetzt**

 - Guter Bauzustand: 55 Jahre
 - Normaler Bauzustand: 40 Jahre
 - Schlechter Bauzustand: 25 Jahre.

Ist das Gebäudealter ≥ 65 Jahre, dann errechnet sich die Gesamtnutzungsdauer aus der Summe des Gebäudealters und der Restnutzungsdauer[32].

– Lineare Abschreibung für die Ermittlung der Wertminderung wegen Alters gemäß ImmoWertV.

2 Bodenwert

Für den Bodenwert wird der letzte vor dem jeweiligen Vertragsdatum des Kauffalls veröffentlichte sowie lagemäßig angepasste Bodenrichtwert angesetzt. Eine GFZ-Anpassung findet nicht statt.

3 Außenanlagen

Für Außenanlagen, die den üblichen Umfang nicht übersteigen, wurde entsprechend kein Wertansatz vorgenommen. Bauliche Nebenanlagen (Garagen, Geräteschuppen etc.) wurden mit dem Zeitwert berücksichtigt.

4 Erläuterungen

Fertighäuser sind in industrieller Vorfertigung errichtete Ein- oder Zweifamilienhäuser.

Villen beziehungsweise Landhäuser sind große, in offener Bauweise errichtete, nach heutigem Zeitgeschmack meist aufwändig und großzügig gestaltete Ein- und Zweifamilienhäuser mit ansprechender Fassade auf einem Grundstück mit Garten oder Park. Straßenseitige Fassade i. d. R. im Jugendstil beziehungsweise im Stil des Historismus ausgebildet, bei Landhäusern häufig nicht besonders betont und repräsentativ. Landhäusern fehlt oft das Souterrain; bei Villen ist es meistens als Tiefparterre angelegt.

---

32 Die Analyse erfolgt auf das in Berlin bisher geltende Modell.

5 Stadträumliche Wohnlagen

Eine Einflussgröße, insbesondere für den Wert von Bauland, Eigenheimen und Wohnungseigentum, ist die Lage im Stadtgebiet. Als ein Merkmal der unterschiedlichen Qualität des Wohnens in der Stadt fließt bei der Analyse des Kaufpreismaterials i. d. R. das Merkmal „Wohnlage" ein. Es spiegelt die Lagequalität des Wohnumfeldes wider. Die Wohnlagenzuordnung orientiert sich am Berliner Mietspiegel. Sie ergibt sich aktuell aus dem Straßenverzeichnis zum Berliner Mietspiegel 2011 (ABl. für Berlin Nr. 22 vom 30.5.2011). Eine Orientierung bietet die zum Mietspiegel gehörende Wohnlagenkarte für Berlin (Druckschrift der Senatsverwaltung für Stadtentwicklung).

Der Differenzierung der Wohnlagen nach dem Mietspiegel liegen folgende Kriterien zugrunde:

– *Einfache Wohnlage*

In Gebieten des inneren Stadtbereichs mit überwiegend geschlossener, stark verdichteter Bebauung mit sehr wenigen Grün- und Freiflächen, mit überwiegend ungepflegtem Straßenbild und/oder schlechtem Gebäudezustand (z. B. Fassadenschäden, unsanierte Wohngebiete). Bei starker Beeinträchtigung von Industrie und Gewerbe.

In Stadtrandlagen in Gebieten mit überwiegend offener Bauweise, oft schlechtem Gebäudezustand (z. B. Fassadenschäden, unsanierte Wohngebiete) mit ungepflegtem Straßenbild (z. B. unbefestigte Straßen), ungünstigen Verkehrsverbindungen und wenigen Einkaufsmöglichkeiten.

– *Mittlere Wohnlage*

In Gebieten des inneren Stadtbereichs mit überwiegend geschlossener, stark verdichteter Bebauung mit normalem Straßenbild (nicht von Gebäudeschäden geprägt), gutem Gebäudezustand (z. B. sanierte Wohngebiete, Neubaugebiete), mit wenigen Grün- und Freiflächen.

In Gebieten mit überwiegend offener Bauweise, durchschnittlichen Einkaufsmöglichkeiten und normalem Verkehrsanschluss, ohne Beeinträchtigung von Industrie und Gewerbe.

– *Gute Wohnlage*

In Gebieten des inneren Stadtbereichs mit überwiegend geschlossener, stark verdichteter Bebauung, mit Grün- und Freiflächen, gepflegtem Straßenbild (guter Gebäudezustand), mit sehr gutem Verkehrsanschluss, guten bis sehr guten Einkaufsmöglichkeiten und gutem Image.

In Gebieten mit überwiegend offener Bauweise, starker Durchgrünung, gepflegtem Wohnumfeld mit gutem Gebäudezustand, gutem Image und normaler Verkehrsanbindung.

– *Sehr gute Wohnlage*

Untersuchungen belegen, dass sich das Preisbild von Immobilien verschiedener Grundstücksteilmärkte in besonders ansprechenden Ortslagen von der guten Wohnlage regelmäßig abhebt. Um hier differenzierte Aussagen über die Preissituation treffen zu können, unterteilt die Geschäftsstelle des Gutachterausschusses die gute Wohnlage des Mietspiegels und definiert zusätzlich sehr gute Wohnlagen.

Hierbei handelt es sich um Gebiete in exklusiver Lage mit sehr gepflegtem Wohnumfeld, einem hohen Anteil privater und öffentlicher Frei- und Grünflächen, sehr guter baulicher Gebietsstruktur, einem sehr guten Image sowie einem daraus resultierenden höheren Preisniveau am Grundstücksmarkt. Als sehr gute Wohnlage definiert sind:

– die Gebiete im Westend zwischen Spandauer Damm, Ahornallee, Theodor-Heuss-Platz, Pommernallee, Ubierstraße, Wandalenallee und Fernbahntrasse,

– nördlich und südlich der Heerstraße im Ortsteil Charlottenburg das Gebiet zwischen S-Bahn, Heilsberger Allee, Heerstraße, Am Postfenn, nördliche Waldgrenze zum Teufelsberg und Teufelsseestraße,

– der Ortsteil Schmargendorf östlich bis zu den Straßenzügen Cunostraße, Friedrichshaller, Mecklenburgische und Zoppoter Straße,

– der Ortsteil Grunewald östlich der Fernbahntrasse und der Waldgrenze sowie

– das Gebiet Dahlem-Nord bis herunter zur Saargemünder Straße.

Im Ostteil Berlins wurden bislang noch keine sehr guten Wohnlagen ausgewiesen.

6 Baulicher Unterhaltungsaufwand

In dieser Veröffentlichung wird auf den baulichen Unterhaltungszustand der Immobilie Bezug genommen und wird mit gut, normal oder schlecht angegeben. Welche Kriterien sich hinter diesen Zustandsnoten verbergen, wird nachfolgend erläutert.

IV § 14 ImmoWertV — Liegenschaftszinssätze

gut
Guter, deutlich überdurchschnittlicher baulicher Unterhaltungszustand. Neuwertige oder sehr geringe Abnutzung, unbedeutender Instandhaltungs- und Reparaturaufwand. Zustand i. d. R. nach durchgreifender Sanierung oder Instandsetzung.

normal
Normaler, im Wesentlichen durchschnittlicher baulicher Unterhaltungszustand. Geringe oder normale Verschleißerscheinungen, geringer oder mittlerer Instandhaltungs- und Reparaturstau (z. B. malermäßige Renovierung der Fassaden/Fenster, Klempnerarbeiten).

schlecht
Schlechter, weitgehend desolater baulicher Unterhaltungszustand. Stärkere bis sehr hohe Verschleißerscheinungen, hoher Reparaturstau, umfangreichere Instandsetzung der Substanz notwendig (z. B. an Fassaden, Dächern, Versorgungsanlagen, Mauerwerk).

7 Erläuterungen zu den folgenden Tabellen

Neben den Sachwertanpassungsfaktoren werden auch

– die Mittelwerte derjenigen Daten, die bei der Berechnung des Sachwertanpassungsfaktoren aus dem Kaufpreismaterial eingeflossen sind, und

– die 5 %- und 95 %-Perzentile für die Einzelwerte (d. h. 90 % aller verwendeten Daten lagen in diesem Bereich)

in den Tabellen 2 und 3 veröffentlicht.

Die Angabe dieser Datenbereiche soll dem Sachverständigen ermöglichen, bei Wertermittlungen, in denen Einzelansätze außerhalb des hier verwendeten Datenmaterials liegen, Risiken bei der Verwendung der Sachwertanpassungsfaktoren einzuschätzen.

Für die einzelnen Gebäudetypen gemäß Tabelle 1 wurden Anpassungsfaktoren (siehe Tabellen 4 und 5) ermittelt:

Tabelle 1

	Gebäudetyp
1	Freistehende Einzelhäuser, Doppelhaushälften, Reihenend- und Reihenhäuser für alle Baujahre, Massiv- und Fertighäuser für Gesamt-Berlin
2	Villen/Landhäuser für die Bezirke Charlottenburg-Wilmersdorf und Steglitz-Zehlendorf

Bei Fragen zu dieser Veröffentlichung wenden Sie sich bitte an Frau Prokott (Tel. (030) 901395234).

C Sachwertanpassungsfaktoren

1 Statistische Angaben zum verwendeten Datenmaterial

Tabelle 2: Darstellung der Mittelwerte inkl. der 5 %- bzw. der 95 %-Perzentile der Einzelwerte, d. h. 90 % aller verwendeten Daten liegen innerhalb dieses Bereichs

Gruppe*	An-zahl	Kaufpreis/Sachwert			Grundstücksfläche (m^2)			Brutto-Grundfläche (m^2)			Angepasster Bodenrichtwert (1.1.2005) pro m^2 Fläche		
		X / 5 %- bzw. 95 %-Perzentile der Einzelwerte	Min	Max	X / 5 %- bzw. 95 %-Perzentile der Einzelwerte	Min	Max	X / 5 %- bzw. 95 %-Perzentile der Einzelwerte	Min	Max	X / 5 %- bzw. 95 %-Perzentile der Einzelwerte	Min	Max
1	4.098	1,044 / 0,740 – 1,384	0,54	1,60	563 / 195 – 1 021	112	1348	241 / 134 – 394	64	478	176 / 95 – 330	70	750
2	72	1,821 / 0,946 – 2,932	0,81	3,13	1 250 / 769 – 2 500	665	2633	653 / 380 – 1 214	314	1326	439 / 300 – 727	260	750

* Nummerierung entspricht Tabelle 1

Liegenschaftszinssätze § 14 ImmoWertV IV

Tabelle 3: Darstellung der Mittelwerte inkl. der 5 %- bzw. der 95 %-Perzentile der Einzelwerte, d. h. 90 % aller verwendeten Daten liegen innerhalb dieses Bereichs

Gruppe*	Anzahl	NHK 2000** einschließlich Baunebenkosten und Regionalfaktor			Sachwert des Grundstücks			tatsächliche GFZ			Bauzustand		Wohnlage	
		X	Min	Max	X	Min	Max	X	Min	Max	gut	normal	einfach	mittel
		5 %-bzw. 95 %-Perzentile der Einzelwerte			5 %-bzw. 95 %-Perzentile der Einzelwerte			5 %-bzw. 95 %-Perzentile der Einzelwerte			schlecht		gut	sehr gut
											Anteil in %		Anteil in %	
1	4098	700 528 – 905	455	121 8	222 742 108521 – 382361	36 607	810 252	0,31 0,11 – 0,68	0,06	1,28	43	53	33	51
											4		15	1
2	72	696 638 – 744	519	798	715 903 379572 – 1408309	321 258	1 758 550	0,33 0,19 – 0,60	0,15	0,82	51	49	0	0
											0		81	19

* Nummerierung entspricht Tabelle 1
** Normalherstellungskosten 2000 inklusive Baunebenkosten und Regionalfaktor 1,0

Zu 1 Bezirke: Pankow 4 %   Charlottenburg-Wilmersdorf 1 %   Spandau: 10 %
              Steglitz-Zehlendorf 13 %   Tempelhof-Schöneberg 10 %   Neukölln: 10 %
              Treptow-Köpenick 11 %   Marzahn-Hellersdorf 15 %   Lichtenberg: 6 %
              Reinickendorf: 20 %

Zu 2 Bezirke: Charlottenburg-Wilmersdorf 12 %   Steglitz-Zehlendorf 88 %

2 Sachwertanpassungsfaktoren (NHK 2000)

Tabelle 4: Sachwertanpassungsfaktoren für Gesamt-Berlin

Sachwertanpassungsfaktoren für Gesamt-Berlin*						
Sachwert des Grundstücks (€)						
100 000	150 000	200 000	250 000	300 000	350 000	400 000
1,157	1,125	1,093	1,062	1,030	0,998	0,967

* 3 875 Kauffälle (ohne Villen/Landhäuser)

Stadträumliche Wohnlage

Abschlag für Gebäude in einfacher stadträumlicher Wohnlage	- 0,035
Gebäude in mittlerer stadträumlicher Wohnlage	0
Zuschlag für Gebäude in guter stadträumlicher Wohnlage	0,063
Zuschlag für Gebäude in sehr guter stadträumlicher Wohnlage	0,143

Bauzustand

Gebäude in gutem Bauzustand	0
Normaler Bauzustand	0
Abschlag für Gebäude mit schlechtem Bauzustand	- 0,162

Gebäudestellung

Abschlag für die Gebäudestellung Einfamilienhaus	- 0,060
Gebäudestellung Doppelhaushälfte	0
Gebäudestellung Reihenendhaus	0
Gebäudestellung Reihenhaus	0

Stadtlagen

Zuschlag für den Westteil	0,017
Ostteil	0

Baujahrsgruppen

Zuschlag für die Baujahrsgruppen	
kleiner 1925	0,106
1925 bis 1945	0,084
1946 bis 1959	0,0
1960 bis 1969	0
1970 bis 1984	0
1985 bis 1999	0
größer 1999	0

Kaufvertragsjahr

Abschlag für das Jahr 2009	– 0,050
Abschlag für das Jahr 2010	– 0,031
Jahr 2011	0
Zuschlag für das Jahr 2012	0,042

Tabelle 5: Sachwertanpassungsfaktoren für Villen/Landhäuser für die Baujahre bis einschließlich 1945 in den Bezirken Charlottenburg-Wilmersdorf und Steglitz-Wilmersdorf

Sachwertanpassungsfaktoren für Villen/Landhäuser für die Baujahre bis einschließlich 1945 in den Bezirken Charlottenburg-Wilmersdorf und Steglitz-Wilmersdorf*							
Sachwert des Grundstücks (€)							
300 000	400 000	500 000	750 000	1 000 000	1 250 000	1 500 000	
2,642	2,471	2,338	2,097	1,927	1,794	1,686	
* 72 Kauffälle							

```
Stadträumliche Wohnlage
Gebäude in einfacher stadträumlicher Wohnlage         keine statistische Aussage möglich
Gebäude in mittlerer stadträumlicher Wohnlage         keine statistische Aussage möglich
Gebäude in guter stadträumlicher Wohnlage                                              0
Gebäude in sehr guter stadträumlicher Wohnlage                                         0
```

Bauzustand
```
Gebäude in gutem Bauzustand                                                            0
Abschlag für Gebäude mit normalem Bauzustand                                      - 0,615
Gebäude in schlechtem Bauzustand                      keine statistische Aussage möglich
```

Liegenschaftszinssätze § 14 ImmoWertV IV

Anlage 1.3   Sachwertfaktoren in verschiedenen Städten nach Grundstücksarten

Nachfolgend werden erste Ergebnisse zur Ableitung von Sachwertfaktoren auf der Grundlage der NHK 2010 vorgestellt. Sachwertfaktoren auf der Grundlage der NHK 2000 sind auf www.kleiber-digital.de abrufbar.

1.3.1   Sachwertfaktoren für Ein- und Zweifamilienhäuser   227

Sachwertfaktoren für Ein- und Zweifamilienhäuser (NHK 2010)											
Referenzwert	LK Lüchow-Dannenberg				LK Cloppenburg		Stadt Delmenhorst		LK Oldenburg		LK Vechta
Bezugsjahr	1.7.2012				31.12.2012		31.12.2012		31.12.2012		
BRW (Lage)	25 €/m² (W) (Korrekturfaktor)				20 – 80 bzw. 120 €/m²		80 – 130 €/m²		30 – 120 €/m²		
RND	40 Jahre (Korrekturfaktor)				8 – 70 Jahre		17 – 64 Jahre		17 – 66 Jahre		
Sachwert	-						198 000 €				
Wohnfläche	120 m² (Korrekturfaktor)				140 m²		140 m²				
Grundstück	1 000 m² (Korrekturfaktor)				350 – 1 850 m²		240 – 790 m²		290 – 1 635 m²		
Stufe Keller	2,5 (Korrekturfaktor)										
Gar/Carport							vorhanden (eine)				
Gesamtnutzung Außenanlagen							70 Jahre Pauschale				
Vorläufiger Sachwert	Orte				Bereich		Restnutzungsdauer (Jahre)			Restnutzungsdauer (Jahre)	
	LK	Hilzacker	Dannenberg	Lüchow	Nord	Süd	25	40	60	25	40	65
30 000	2,52	3,03	2,89	3,05	-	-	-	-	-	-	-	-
50 000	1,58	1,89	1,51	1,91	-	-	-	-	-	-	-	-
70 000	1,17	1,40	1,34	1,41	-	-	-	-	-	-	-	-
90 000	0,94	1,12	1,07	1,13	-	-	-	-	-	-	-	-
100 000	-	-	-	-	0,76	0,82	0,88	0,97	1,12	0,88	0,93	0,96	0,94
110 000	0,79	0,94	0,90	0,95	-	-	-	-	-	-	-	-
130 000	0,69	0,81	0,78	0,82	-	-	-	-	-	-	-	-
150 000	0,61	0,72	0,69	0,72	0,70	0,77	0,74	0,82	0,98	0,79	0,84	0,86	0,82
170 000	0,55	0,65	0,62	0,65	-	-	-	-	-	-	-	-
190 000	0,50	0,59	0,57	0,59	-	-	-	-	-	-	-	-
200 000	-	-	-	-	0,64	0,70	0,66	0,75	0,90	0,72	0,76	0,79	0,74
210 000	0,46	0,54	0,52	0,55	-	-	-	-	-	-	-	-
230 000	0,43	0,50	0,48	0,51	-	-	-	-	-	-	-	-
250 000	0,40	0,47	0,45	0,47	0,58	0,64	0,60	0,69	0,84	0,66	0,70	0,73	0,68
270 000	0,38	0,44	0,43	0,45	-	-	-	-	-	-	-	-
290 000	0,36	0,42	0,40	0,42	-	-	-	-	-	-	-	-
300 000	-	-	-	-	0,53	0,60	0,53	0,62	0,77	0,61	0,65	0,67	0,62
310 000	0,34	0,40	0,38	0,40	-	-	-	-	-	-	-	-
330 000	0,32	0,38	0,38	0,38	-	-	-	-	-	-	-	-
350 000	0,31	0,36	0,35	0,36	-	-	-	-	-	-	-	-
370 000	0,30	0,34	0,33	0,35	-	-	-	-	-	-	-	-
390 000	0,28	0,33	0,32	0,33	-	-	-	-	-	-	-	-
410 000	-	-	-	-	-	0,59	-	-	-	-	-	-

Quelle: Grundstücksmarktberichte

Sachwertfaktoren für Ein- und Zweifamilienhäuser (NHK 2010)											
Referenzwert	LK Rotenburg (Wümme)				LK Cloppenburg				LK Verden			
Bezugsjahr	2011				31.12.2012				2011			
BRW (Lage)	58 €/m² (W) (Korrekturfaktor)				20 – 80 bzw. 120 €/m²				95 €/m² (Korrekturfaktoren)			
Baujahr	1980				17 – 64 Jahre				1979			
Sachwert	198 000 €				198 000				228 000			
Wohnfläche	142 m² (Korrekturfaktor)				140 m²				147 m²			
Grundstück	-				-				-			
Stufe	2,4								2,5			
Keller	Teilkeller								Teilkeller (Korrekturfaktoren)			
Gar/Carport					vorhanden (eine)							
Vorläufiger Sachwert	Standardstufe				Standardstufen				Standardstufen			
	1	2	3	4	1	2	3	4	1	2	3	4
80 000	0,72	0,78	-	-	-	-	-	-	-	-	-	-
90 000	-	-	-	-	0,71	0,86	-	-	-	-	-	-
120 000	0,68	0,75	0,81	-	0,63	0,77	0,89	-	0,76	0,85	-	-
150 000	-	-	-	-	0,58	0,71	0,82	-	0,73	0,82	0,86	0,82
160 000	0,65	0,72	0,78	-	-	-	-	-	-	-	-	-
180 000	-	-	-	-	-	0,67	0,77	-	0,69	0,78	0,85	0,91
200 000	0,62	0,69	0,75	0,82	-	-	-	-	-	-	-	-
210 000	-	-	-	-	-	0,63	0,73	-	0,67	0,75	0,82	0,88
240 000	-	0,66	0,73	0,79	-	0,60	0,70-	0,79	-	0,73	0,79	0,85
270 000	-	-	-	-	-	0,57	0,67	0,76	-	0,70	0,77	0,83
280 000	-	0,64	0,71	0,77	-	-	-	-	-	-	-	-
300 000	-	-	-	-	-	-	0,65	0,74	-	0,68	0,67	0,80
320 000	-	-	0,68	0,75	-	-	-	-	-	-	-	-
330 000	-	-	-	-	-	-	0,63	0,72-	-	0,65	0,72	0,78
360 000	-	-	0,67	0,73	-	-	-	-	-	-	0,70	0,76

Quelle: Grundstücksmarktberichte

Liegenschaftszinssätze § 14 ImmoWertV IV

Sachwertfaktoren für Ein- und Zweifamilienhäuser (NHK 2010)											
Referenzwert	LK Harburg			LK Lüneburg				LK Uelzen			
Bezugsjahr	1.7.2012			1.7.2012				1.7.2012			
BRW (Lage)	130 €/m² (Korrekturfaktor)			100 €/m² (Korrekturfaktor)				7 – 74 €/m² (W) Gemischte Baufläche KF: 1,09			
RND	45 Jahre (Korrekturfaktor)			45 Jahre (Korrekturfaktor)				40 Jahre (Korrekturfaktor)			
Sachwert	198 000 €										
Wohnfläche	140 m² (Korrekturfaktor)			140 m² (Korrekturfaktor)				130 m² (Korrekturfaktor)			
Grundstück	1 000 m² (Korrekturfaktor)			1 000 m² (Korrekturfaktor)				1 100 m² (Korrekturfaktor)			
Stufe	2,5 (Korrekturfaktor)			2,5 (Korrekturfaktor)				2,5 (Korrekturfaktor)			
Keller	Vollkeller Ohne Keller KF: 0,96			-				-			
Gar/Carport	vorhanden (eine)			vorhanden (eine)				Garage			
Bauweise	massiv			-				-			
Vorläufiger Sachwert	Entfernung (km) zum Zentrum von Hamburg (Rathausplatz)			Entfernung (km) zum Zentrum von Lüneburg (Marktplatz)					Bodenrichtwert €/m²		
	13	30	45	0,5	3	6	14	35	8	15	35	74
45 000	-	-	-	-	-	-	-	-	0,94	1,20	1,56	1,96
50 000	-	-	-	3,62	3,21	3.03	2,79	2,50	-	-	-	-
65 000	-	-	-	-	-	-	-	-	0,72	0,90	1,16	1,46
75 000	2,73	2,40	2,21	-	-	-	-	-	-	-	-	-
80 000	-	-	-	2,45	2,18	2,07	1,91	1,72	-	-	-	-
85 000	-	-	-	-	-	-	-	-	0,59	0,74	0,94	1,17
100 000	2,16	1,94	1,76	-	-	-	-	-	-	-	-	-
105 000	-	-	-	-	-	-	-	-	0,51	0,63	0,80	0,99
110 000	-	-	-	1,89	1,69	1,60	1,48	1,34	-	-	-	-
125 000	1,81	1,63	1,47	-	-	-	-	-	0,45	0,55	0,70	0,86
140 000	-	-	-	1,55	1,39	1,32	1,22	1,11	-	-	-	-
145 000	-	-	-	-	-	-	-	-	0,40	0,49	0,62	0,76
150 000	1,57	1,41	1,28	-	-	-	-	-	-	-	-	-
165 000	-	-	-	-	-	-	-	-	0,36	0,45	0,56	0,69
170 000	-	-	-	1,32	1,19	1,13	1,05	0,95	-	-	-	-
175 000	1,39	1,25	1,13	-	-	-	-	-	-	-	-	-
185 000	-	-	-	-	-	-	-	-	0,34	0,41	0,51	0,53
200 000	1,25	1,13	1,02	1,16	1,04	0,99	0,92	0,84	-	-	-	-
205 000	-	-	-	-	-	-	-	-	0,31	0,38	0,47	0,58
225 000	1,14	1,03	0,94	-	-	-	--	-	0,29	0,35	0,44	0,54
230 000	-	-	-	1,03	0,93	0,88	0,82	0,75	-	-	-	-
245 000	-	-	-	-	-	-	-	-	0,27	0,33	0,41	0,50
250 000	1,05	0,95	0,86	-	-	-	-	-	-	-	-	-
260 000	-	-	-	0,93	0,84	0,80	0,75	0,68	-	-	-	-
265 000	-	-	-	-	-	-	-	-	0,26	0,31	0,39	0,47
275 000	0,98	0,88	0,80	-	-	-	-	-	-	-	-	-
285 000	-	-	-	-	-	-	-	-	0,26	0,31	0,39	0,47
290 000	-	-	-	0,86	0,77	0,74	0,69	0,63	-	-	-	-
300 000	0,82	0,83	0,75	-	-	-	-	-	-	-	-	-
305 000	-	-	-	-	-	-	-	-	0,23	0,28	0,35	0,42
320 000	-	-	-	0,79	0,71	0,68	0,64	0,58	-	-	-	-
325 000	0,86	0,78	0,71	-	-	-	-	-	0,22	0,27	0,33	0,40
345 000	-	-	-	-	-	-	-	-	0,21	0,26	0,32	0,38
350 000	0,81	0,74	0,67	0,74	0,67	0,63	0,59	0,54	-	-	-	-
365 000	-	-	-	-	-	-	-	-	0,20	0,25	0,30	0,36
375 000	0,77	0,70	0,64	-	-	-	-	-	-	-	-	-
380 000	-	-	-	0,69	0,62	0,59	0,56	0,51	-	-	-	-
400 000	0,74	0,67	0,61	-	-	-	-	-	-	-	-	-

IV § 14 ImmoWertV — Liegenschaftszinssätze

Sachwertfaktoren für Ein- und Zweifamilienhäuser (NHK 2010)

Referenzwert	LK Harburg			LK Lüneburg				LK Uelzen			
Bezugsjahr	1.7.2012			1.7.2012				1.7.2012			
BRW (Lage)	130 €/m² (Korrekturfaktor)			100 €/m² (Korrekturfaktor)				7 – 74 €/m² (W) Gemischte Baufläche KF: 1,09			
RND	45 Jahre (Korrekturfaktor)			45 Jahre (Korrekturfaktor)				40 Jahre (Korrekturfaktor)			
Sachwert	198 000 €										
Wohnfläche	140 m² (Korrekturfaktor)			140 m² (Korrekturfaktor)				130 m² (Korrekturfaktor)			
Grundstück	1 000 m² (Korrekturfaktor)			1 000 m² (Korrekturfaktor)				1 100 m² (Korrekturfaktor)			
Stufe	2,5 (Korrekturfaktor)			2,5 (Korrekturfaktor)				2,5 (Korrekturfaktor)			
Keller	Vollkeller Ohne Keller KF: 0,96			-				-			
Gar/Carport	vorhanden (eine)			vorhanden (eine)				Garage			
Bauweise	massiv							-			
Vorläufiger Sachwert	Entfernung (km) zum Zentrum von Hamburg (Rathausplatz)			Entfernung (km) zum Zentrum von Lüneburg (Marktplatz)				Bodenrichtwert €/m²			
	13	30	45	0,5	3	6	14	35	8	15	35	74
410 000	-	-	-	0,65	0,59	0,56	0,52	0,48	-	-	-	-
425 000	0,70	0,64	0,58	-	-	-	-	-	-	-	-	-
440 000	-	-	-	0,61	0,55	0,53	0,50	0,45	-	-	-	-
450 000	0,67	0,61	0,56	-	-	-	-	-	-	-	-	-
470 000	-	-	-	0,58	0,53	0,50	0,47	0,43	-	-	-	-
475 000	0,65	0,59	0,53	-	-	-	-	-	-	-	-	-
500 000	0,62	0,56	0,51	0,55	0,50	0,48	0,45	0,41	**Korrekturfaktoren**			
525 000	0,60	0,54	0,50	-	-	-	-	-	Uelzen			1,15
530 000	-	-	-	0,53	0,48	0,46	0,43	0,39	Bad Bevensen			1,13
550 000	0,58	0,53	0,48	-	-	-	-	-	Bad Bodenteich			0,93
560 000	-	-	-	0,50	0,46	0,44	0,41	0,38	-	-	-	-
575 000	0,56	0,51	0,46	-	-	-	-	-	-	-	-	-
590 000	-	-	-	0,48	0,44	0,42	0,39	0,36	-	-	-	-
600 000	0,54	0,49	0,45	-	-	-	-	-	-	-	-	-
620 000	-	-	-	0,47	0,42	0,40	0,38	0,35	-	-	-	-
625 000	0,53	0,48	0,44	-	-	-	-	-	-	-	-	-
650 000	0,51	0,46	0,42	-	-	-	-	-	-	-	-	-

Quelle: Grundstücksmarktberichte

Liegenschaftszinssätze § 14 ImmoWertV IV

1.3.2 Korrekturfaktoren zum Sachwertfaktor von Ein- und Zweifamilienhäusern

RND	Korrekturfaktoren zum Sachwertfaktor von Ein- und Zweifamilienhäusern bei abweichender Restnutzungsdauer			
	2013	2013	2013	2013
	LK Harburg	LK Lüneburg	LK Uelzen	LK Lüchow-Dannenberg
15	0,73	0,95	0,73	0,79
20	0,78	0,95	0,79	0,83
25	0,83	0,96	0,85	0,87
30	0,88	0,97	0,90	0,91
35	0,92	0,96	0,95	0,96
40	0,96	0,40	1,00	1,00
45	1,00	1,00	1,05	1,05
50	1,05	1,01	1,09	1,09
55	1,07	1,02	1,14	1,14
60	1,10	1,03	1,18	1,19
65	1,12	1,04	1,22	1,24
70	1,14	1,05	1,26	1,29

Quelle: Grundstücksmarktberichte

Gebäudestandardstufe	Korrekturfaktoren zum Sachwertfaktor von Ein- und Zweifamilienhäusern bei abweichendem Gebäudestandard	
	2013	2013
	LK Uelzen	LK Lüchow-Dannenberg
1,00	0,93	0,90
1,50	0,96	0,93
2,00	0,98	0,97
2,50	1,00	1,00
3,00	1,02	1,03
3,50	1,04	1,07
4,00	1,07	1,10

Quelle: Grundstücksmarktberichte

Grundstücksfläche m²	Korrekturfaktoren zum Sachwertfaktor von Ein- und Zweifamilienhäusern für abweichende Grundstücksfläche (NHK 2010)			
	2013	2013	2013	2013
	LK Harburg	LK Lüneburg	LK Uelzen	LK Lüchow-Dannenberg
200	0,87	-	-	-
300	0,89	0,86	0,90	-
400	0,91	0,90	-	0,88
500	0,93	0,92	0,94	-
600	0,94	0,94	-	0,93
700	0,96	0,96	0,97	-
800	0,97	0,98	-	0,97
900	0,99	0,99	0,99	-
1 000	1,00	1,00	-	1,00
1 100	1,01	1,01	1,00	-
1 200	1,03	1,02	-	1,02
1 300	1,04	1,03	1,01	-
1 400	1,05	1,04	-	1,04
1 500	1,06	1,04	1,02	-
1 600	1,07	1,05	-	1,06
1 700	1,08	1,05	1,03	-
1 800	1,09	1,06	-	1,07
1 900	1,10	1,06	1,04	-

IV § 14 ImmoWertV — Liegenschaftszinssätze

Grundstücksfläche m²	2013 LK Harburg	2013 LK Lüneburg	2013 LK Uelzen	2013 LK Lüchow-Dannenberg
\multicolumn{5}{c}{Korrekturfaktoren zum Sachwertfaktor von Ein-und Zweifamilienhäusern für abweichende Grundstücksfläche (NHK 2010)}
2 000	1,11	1,07	-	1,09
2 100	1,12	1,07	1,05	-
2 200	-	-	-	1,10
2 300	-	-	1,05	-
2 400	-	-	-	1,11
2 500	-	-	1,06	-
2 600	-	-	-	1,12

Quelle: Grundstücksmarktberichte

Korrekturfaktoren zum Sachwertfaktor für Ein- und Zweifamilienhäuser bei abweichendem Bodenrichtwert

Abweichender Bodenrichtwert €/m²	2013 LK Lüchow-Dannenberg (W)	2013 LK Rotenburg (Wümme)	2013 Heidekreis	2013 LK Verden	2013 Cloppenburg Bereich Nord	2013 Cloppenburg Bereich Süd	2013 LK Oldenburg	2013 LK Vechta
8	0,84	-	-	-	-	-	-	-
10	0,88	-	-	-	-	-	-	-
15	0,94	-	-	-	-	-	-	-
20	0,89	0,89	0,90	0,88	-	-	-	-
25	1,00	-	-	-	-	-	-	-
30	1,02	0,93	0,94	0,91	0,94	0,94	0,90	0,95
35	1,03	-	-	-	-	-	-	-
39	1,04	-	-	-	-	-	-	-
40	-	0,96	0,96	0,92	0,99	0,97	0,92	0,96
50	-	0,99	0,99	0,94	1,00	1,00	0,94	0,99
60	-	1,00	1,01	0,96	1,02	1,03	0,96	1,00
70	-	1,01	1,03	0,97	1,03	1,06	0,99	1,01
80	-	1,04	1,04	0,99	1,05	1,07	1,00	1,03
90	-	1,06	1,07	1,00	1,05	1,10	1,03	1,04
100	-	1,07	1,09	1,00	-	1,11	1,06	1,06
110	-	1,08	1,10	1,01	-	1,13	1,07	1,07
120	-	1,08	-	1,03	-	1,14	1,10	1,08
130	-	1,10	-	1,04	-	-	-	-
140	-	-	-	1,04	-	-	-	-
150	-	-	-	1,05	-	-	-	-
160	-	-	-	1,07	-	-	-	-
170	-	-	-	1,07	-	-	-	-
180	-	-	-	1,08	-	-	-	-

Quelle: Grundstücksmarktberichte

Liegenschaftszinssätze § 14 ImmoWertV IV

Korrekturfaktoren zum Sachwertfaktor für Ein- und Zweifamilienhäuser für abweichende Wohnfläche

Wohnfläche m²	2013 LK Harburg	2013 LK Lüneburg	2013 LK Uelzen	2013 LK Lüchow-Dannenberg
50	-	-	-	0,66
60	0,74	0,75	0,66	0,72
70	-	-	0,72	0,78
80	0,83	0,84	0,77	0,83
90	-	-	0,82	0,87
100	0,89	0,90	0,87	0,92
110	-	-	0,92	0,96
120	0,95	0,96	0,96	**1,00**
130	-	-	**1,00**	1,04
140	**1,00**	**1,00**	1,04	1,07
150	-	-	1,07	1,11
160	1,04	1,04	1,10	1,14
170	-	-	1,13	1,17
180	1,08	1,07	1,15	1,20
190	-	-	1,17	1,23
200	1,12	1,10	1,18	1,26
210	-	-	1,19	1,29
220	1,15	1,13	1,20	1,32
230	-	-	1,20	1,34
240	1,18	1,16	1,20	1,37
250	-	-	-	1,30
260	1,20	1,18	-	-
280	1,23	1,20	-	-
300	1,25	1,22	-	-

Quelle: Grundstücksmarktberichte

IV § 14 ImmoWertV — Liegenschaftszinssätze

1.3.3 Sachwertfaktoren für Reihenhäuser

Sachwertfaktoren für Reihenhäuser (RH) und Doppelhaushälften (DHH)

Referenzwert	LK Harburg	LK Lüneburg	LK Uelzen
Bezugsjahr	1.7.2012	1.7.2012	1.7.2012
BRW (Lage)	140 €/m² (Korrekturfaktor)	140 €/m² (Korrekturfaktor)	16 bis 74 €/m² (W)
Haustyp	Doppelhaushälfte	Doppelhaushälfte	
RND	45 Jahre (Korrekturfaktor)	45 Jahre (Korrekturfaktor)	45 Jahre (Korrekturfaktor)
Sachwert	198 000		
Wohnfläche	100 m² (Korrekturfaktor)	100 m² (Korrekturfaktor)	100 m² (Korrekturfaktor)
Grundstück	400 m² (Korrekturfaktor)	400 m² (Korrekturfaktor)	400 m² (Korrekturfaktor)
Stufe	2,2 einschl. Einbauküche (KF)	2,5 (Korrekturfaktor)	2,5 (Korrekturfaktor)
Keller	Vollkeller / Ohne Keller Korrekturfaktor 0,96	Vollkeller / Ohne Keller Korrekturfaktor 0,93	-
Gar/Carport	vorhanden (eine)		Garage
Bauweise	massiv	massiv (kein Fertighaus)	
Dachform		kein Flachdach	
Haustyp	Reihenendhaus: Korrekturfaktor 0,98 / Reihenmittelhaus Korrekturfaktor 0,96		Reihenendhaus KF 0,97 / Reihenmittelhaus: KF

Vorläufiger Sachwert	Entfernung (km) zum Zentrum Hamburg (Rathausplatz)				Entfernung (km) zum Zentrum Lüneburg (Marktplatz)				Bodenrichtwert €/m²		
	12	20	30	45	0,5	3	9	29	16	40	74
30 000	-	-	-	-	-	-	-	-	3,02	3,44	4,09
50 000	-	-	-	-	3,91	3,19	2,86	2,59	1,70	1,95	2,32
60 000	3,16	3,03	2,86	2,62	-	-	-	-	-	-	-
70 000	-	-	-	-	2,83	2,31	2,08	1,88	1,17	1,34	1,61
80 000	2,43	2,33	2,21	2,02	-	-	-	-	-	-	-
90 000	-	-	-	-	2,23	1,82	1,64	1,48	0,88	1,01	1,22
100 000	1,98	1,90	1,81	1,66	-	-	-	-	-	-	-
110 000	-	-	-	-	1,84	1,51	1,36	1,23	0,71	0,81	0,96
120 000	1,68	1,62	1,54	1,41	-	-	-	-	-	-	-
130 000	-	-	-	-	1,57	1,29	1,16	1,05	0,59	0,68	0,81
140 000	1,47	1,41	1,34	1,23	-	-	-	-	-	-	-
145 000	-	-	-	-	-	-	-	-	-	-	-
150 000	-	-	-	-	1,37	1,13	1,01	0,92	0,50	0,58	0,70
160 000	1,30	1,25	1,19	1,10	-	-	-	-	-	-	-
170 000	-	-	-	-	1,22	1,00	0,90	0,82	0,44	0,50	0,61
180 000	1,17	1,13	1,08	0,99	-	-	-	-	-	-	-
185 000	-	-	-	-	-	-	-	-	-	-	-
190 000	-	-	-	-	1,10	0,90	0,82	0,74	0,39	0,45	0,54
200 000	1,07	1,03	0,98	0,91	-	-	-	-	-	-	-
210 000	-	-	-	-	1,00	0,83	0,74	0,67	0,34	0,40	0,46
220 000	0,99	0,95	0,91	0,84	-	-	-	-	-	-	-
230 000	-	-	-	-	0,92	0,76	0,68	0,62	0,31	0,36	0,44
240 000	0,91	0,88	0,84	0,78	-	-	-	-	-	-	-
245 000	-	-	-	-	-	-	-	-	-	-	-
250 000	-	-	-	-	0,85	0,70	0,63	0,58	0,28	0,33	0,40
260 000	0,85	0,82	0,78	0,73	-	-	-	-	-	-	-
270 000	-	-	-	-	0,80	0,66	0,59	0,54	0,26	0,30	0,37
280 000	0,80	0,77	0,74	0,68	-	-	-	-	**Korrekturfaktoren**		
290 000	-	-	-	-	0,74	0,61	0,55	0,50	Uelzen		1,12
300 000	0,75	0,73	0,70	0,65	-	-	-	-	Bad Bevensen		1,11
310 000	-	-	-	-	0,70	0,58	0,52	0,47	-	-	-
320 000	0,71	0,69	0,68	0,61	-	-	-	-	-	-	-

Quelle: Grundstücksmarktberichte

Liegenschaftszinssätze § 14 ImmoWertV IV

Sachwertfaktoren für Reihenhäuser und Doppelhaushälften (NHK 2010)											
	LK Rotenburg (Wümme)				Heidekreis				LK Verden		
Bezugsjahr	2011				2011				2011		
BRW (Lage)	78 €/m²				56 €/m²				117 €/m² (Korrekturfaktoren)		
Baujahr	1981				1983				1983		
Sachwert	126 000				139 000				150 000		
Wohnfläche	104 m²				113 m²				112 m²		
Stufe	-				-				-		
Keller	-				-				-		
Vorläufiger Sachwert	Lage (Bodenrichtwert in €/m)				Baujahr				Baujahr			
	30	60	90	120	1955	1970	1985	2000	1955	1970	1985	2000
75 000	0,87	0,92	-	-	0,83	0,89	-	-	-	-	-	-
80 000	-	-	-	-	-	-	-	-	1,07	1,07	-	-
100 000	0,85	0,89	0,94	0,98	0,76	0,82	0,89	-	0,95	1,05	1,14	-
120 000	-	-	-	-	-	-	-	-	0,85	0,95	1,05	1,14
125 000	0,82	0,87	0,91	0,96	0,70	0,75	0,82	0,89	-	-	-	-
140 000	-	-	-	-	-	-	-	-	0,78	0,87	0,97	1,07
150 000	0,80	0,84	0,89	0,93	0,64	0,69	0,75	0,82	-	-	-	-
160 000	-	-	-	-	-	-	-	-	0,71	0,81	0,90	1,00
175 000	0,77	0,81	0,86	0,90	-	0,63	0,69	0,75	-	-	-	-
180 000	-	-	-	-	-	-	-	-	-	0,75	0,80	0,94
200 000	-	-	0,83	0,88	-	-	0,63	0,69	-	0,70	0,80	0,89
220 000	-	-	-	-	-	-	-	-	-	-	0,75	0,85
225 000	-	-	-	-	-	-	-	0,63	-	-	-	-
240 000	-	-	-	-	-	-	-	-	-	-	-	0,81

Quelle: Grundstücksmarktberichte

1.3.4 Korrekturfaktoren zu Sachwertfaktoren für Reihenhäuser

Korrekturfaktoren zu Sachwertfaktoren für Reihenhäuser und Doppelhaushälften für abweichende Bodenrichtwerte			
Bodenrichtwert €/m²	2013	2013	2013
	LK Harburg	LK Lüneburg	LK Verden
50	-	0,85	0,92
60	0,88	0,88	0,93
70	0,91	0,90	0,95
80	0,93	0,93	0,96
90	0,95	0,95	0,97
100	0,87	0,97	0,98
110	0,98	0,99	0,99
120	0,99	**1,00**	**1,00**
130	1,00	1,01	1,01
140	**1,00**	1,02	1,02
150	1,00	1,03	1,04
160	1,00	1,03	1,05
170	1,00	1,03	1,07
180	0,99	1,03	-
190	099	1,03	-
200	0,99	1,02	-
210	0,98	1,01	-
220	0,98	-	-
230	0,98	-	-

IV § 14 ImmoWertV — Liegenschaftszinssätze

Korrekturfaktoren zu Sachwertfaktoren für Reihenhäuser und Doppelhaushälften für abweichende Bodenrichtwerte			
Bodenrichtwert €/m²	2013 LK Harburg	2013 LK Lüneburg	2013 LK Verden
240	0,97	-	-
250	0,97	-	-
260	0,98	-	-
270	0,98	-	-
280	0,99	-	-

Korrekturfaktoren zu den Sachwertfaktoren von Reihenhäusern und Doppelhaushälften bei abweichender Restnutzungsdauer				
Abweichende Restnutzungsdauer Jahre	2013 LK Harburg	2013 LK Lüneburg	2013 LK Uelzen	2013 LK Lüchow-Dannenberg
15	0,84	0,85	0,71	0,79
20	0,86	0,86	0,77	0,83
25	0,88	0,87	0,83	0,87
30	0,91	0,89	0,89	0,91
35	0,94	0,92	0,95	0,96
40	0,97	0,96	**1,00**	**1,00**
45	**1,00**	**1,00**	1,05	1,05
50	1,03	1,05	1,10	1,09
55	1,07	1,11	1,15	1,14
60	1,11	1,19	1,19	1,19
65	1,15	1,27	1,24	1,24
70	1,19	1,37	1,28	1,29

Quelle: Grundstücksmarktberichte

Korrekturfaktoren zu den Sachwertfaktoren von Reihenhäusern und Doppelhaushälften bei abweichendem Gebäudestandard		
Abweichender Gebäudestandard	2013 LK Uelzen	2013 LK Lüchow-Dannenberg
1,00	0,87	0,90
1,50	0,91	0,93
2,00	0,95	0,97
2,50	**1,00**	**1,00**
3,00	1,05	1,03
3,50	1,09	1,07
4,00	-	1,10

Anlage 2 **Liegenschaftszinssätze für Mietwohnhäuser und Mietwohngeschäftshäuser in Berlin mit einem gewerblichen Mietanteil bis 70 %**

Bekanntmachung der Senatsverwaltung für Stadtentwicklung vom 10.5.2012 – StadtUm III E GSt 2 – (ABl. Berlin 2012, 793 = GuG 2012, 294), ber. durch Gutachterausschuss (Tabelle 4).

Die Geschäftsstelle des Gutachterausschusses für Grundstückswerte in Berlin veröffentlicht aufgrund des § 193 Abs. 5 Nr. 1 des Baugesetzbuchs (BauGB) i. d. F. vom 23.9.2004 (BGBl. I 2004, 2414), das zuletzt durch Art. 1 des Gesetzes vom 22.7.2011 (BGBl. I 2011, 1509) geändert worden ist, i. V. m. § 21 der Verordnung zur Durchführung des Baugesetzbuchs (DVO-BauGB) vom 5.11.1998 (GVBl. 1998, 331), die zuletzt durch § 6 des Gesetzes vom 19.6.2006 (GVBl. 2006, 573) geändert worden ist, nachstehend sonstige für die Wertermittlung erforderliche Daten gemäß § 9 der Immobilienwertermittlungsverordnung (ImmoWertV) vom 19.5.2010 (BGBl. I 2010, 639). Der Gutachterausschuss für Grundstückswerte in Berlin hat diese Daten abschließend am 25.4.2012 beschlossen.

Letzte Veröffentlichung: ABl. Berlin 2007, 1752; 2031= GuG 2007, 352 = Kleiber, Verkehrswertermittlung von Grundstücken, 6. Aufl. 2010 S. 1223; ABl. 2005, 4391 = GuG 2006, 111; ABl. 2000, 1064 bzw. ABl. 2002, 313; vgl. Kleiber/Simon/Weyers, Verkehrswertermittlung, 4. Aufl. S. 1000.

1 Vorbemerkung

1 Die Liegenschaftszinssätze sind die Zinssätze, mit denen Verkehrswerte von Grundstücken je nach Grundstücksart im Durchschnitt marktüblich verzinst werden (§ 14 Abs. 3 Immo-WertV). Der Verordnungsgeber spricht mit dieser Vorgabe den Zinssatz an, der im Ertragswertverfahren (§§ 17 – 20 ImmoWertV) einzusetzen ist. Der Liegenschaftszinssatz ist nicht identisch mit dem Zinssatz, der sich bei reiner betriebswirtschaftlicher Betrachtung oder bei reiner Risikoabschätzung von Ertragsgrundstücken als Kapitalanlage errechnet.

2 Die Verwendung der ermittelten Liegenschaftszinssätze führt nur dann zu einem marktgerechten Ergebnis, wenn die wertbestimmenden Ansätze (grundstückswirtschaftliche Rahmenbedingungen) in der Ertragswertermittlung innerhalb des Modells bleiben, das von der Geschäftsstelle des Gutachterausschusses bei der Ableitung der Liegenschaftszinssätze aus den Kaufpreisen zugrunde gelegt wurde (Durchschnittsmieten, Bewirtschaftungskosten, Restnutzungsdauer).

3 Die Verwendung der nachfolgenden Liegenschaftszinssätze ersetzt nicht automatisch die nach ImmoWertV erforderliche Marktanpassung ermittelter Ertragswerte. Eine Marktanpassung kann vor allem dann erforderlich werden, wenn nach dem Stichtag der letzten Ableitung der Liegenschaftszinssätze (hier: 01.11.2011) eine deutliche Entwicklung der Kaufpreise von Ertragsgrundstücken stattgefunden hat. Besondere objektspezifische Grundstücksmerkmale (§ 8 Abs. 2 ImmoWertV) sind gesondert zu berücksichtigen, insbesondere bei Abweichungen des Wertermittlungsobjekts von den Modellansätzen für die Ermittlung der Liegenschaftszinssätze.

4 Werden renditeorientierte Wohnimmobilien im Paket veräußert, können die nachfolgenden Zinssätze nicht verwandt werden. „Paketverkäufe" unterliegen nach Einschätzung des Gutachterausschusses besonderen Erwartungen und Kaufentscheiden. In der vorliegenden Untersuchung sind Paketverkäufe nicht berücksichtigt worden.

Anhand der von der Geschäftsstelle des Gutachterausschusses für Grundstückswerte in Berlin geführten Kaufpreissammlung sind aus dem Kaufpreismaterial der Jahre 2007 bis Oktober 2011, bei dem anhand der Eigentümerangaben die Ertragssituation bekannt war, mithilfe mathematisch statistischer Analysen gemäß § 14 ImmoWertV die nachstehenden durchschnittlichen Liegenschaftszinssätze für Grundstücke mit Mietwohn- und Geschäftshäusern mit einem gewerblichen Mietanteil bis 70 % nach den Grundsätzen des Ertragswertverfahrens ermittelt worden.

Es wurden grundsätzlich nur Kauffälle aus Wohngebieten sowie Gebieten mit misch- oder kerngebietstypischen Nutzungen (Darstellung im Bodenrichtwertatlas typische Nutzungsart = W, M1, M2) berücksichtigt. Fälle in Gewerbegebieten und in Gebieten für sonstige Flächen (Darstellung im Bodenrichtwertatlas typische Nutzungsart = G [Gp], SF) fanden keine Berücksichtigung. Darüber hinaus wurde die Recherche auf die gebietstypische GFZ 3,0 beschränkt.

Objekte, die zum Beispiel zur Vorbereitung von Sanierungsmaßnahmen teilentmietet waren, wurden bei der Analyse nicht berücksichtigt. Ferner wurde bei Objekten mit weniger als 20 % leerstehenden Wohneinheiten die durchschnittliche Objektmiete für diese Wohneinheiten in Ansatz gebracht. Bei diesem Leerstand handelt es sich nicht um einen strukturellen Leerstand.

IV § 14 ImmoWertV — Liegenschaftszinssätze

Die ermittelten Liegenschaftszinssätze wurden mit folgenden Ansätzen abgeleitet:

1.1 Bodenwert

Als Bodenwert wird der zeitlich linear und hinsichtlich der tatsächlichen GFZ angepasste Bodenrichtwert zum Kaufzeitpunkt angesetzt. Der Einfluss der tatsächlichen GFZ wurde mithilfe der von der Geschäftsstelle des Gutachterausschusses ermittelten GFZ-Umrechnungskoeffizienten berücksichtigt (veröffentlicht im Amtsblatt für Berlin 2004, 1101).

1.2 Bewirtschaftungskosten (§ 19 ImmoWertV)

Der Ableitung der Reinerträge aus den Jahresroherträgen (netto) liegen folgende jährliche Ansätze für Bewirtschaftungskosten (§ 19 ImmoWertV) zugrunde:

1.2.1 Verwaltungskosten (§ 19 Abs. 2 Nr. 1 ImmoWertV)

Die Verwaltungskosten wurden nach Angaben der Eigentümer angesetzt, sofern sie bekannt waren. In den Fällen, in denen sie unbekannt waren, wurden sie nach der Tabelle 1 angesetzt.

Tabelle 1: Jährliche Verwaltungskosten in % des Nettojahresrohertrags

Wohn- und Nutzfläche (m^2)	Monatliche Nettokaltmiete (€/m^2)						
	3,00	4,00	5,00	6,00	7,00	8,00	9,00
500	8,3	7,6	6,9	6,2	5,5	4,7	4,0
1 000	8,1	7,4	6,7	5,9	5,2	4,5	3,8
1 500	7,9	7,2	6,5	5,8	5,1	4,4	3,6
2 000	7,8	7,1	6,4	5,7	5,0	4,3	3,5
2 500	7,8	7,0	6,3	5,6	4,9	4,2	3,5
3 000	7,7	7,0	6,3	5,5	4,8	4,1	3,4
3 500	7,6	6,9	6,2	5,5	4,8	4,1	3,3

Korrekturen: Der Einfluss des gewerblichen Mietanteils der Objekte auf die jährlichen Verwaltungskosten in Prozent des Nettojahresrohertrags ist statistisch nicht signifikant, daher erfolgt keine Korrektur der in der Tabelle wiedergegebenen Werte hinsichtlich des gewerblichen Mietanteils.

1.2.2 Instandhaltungskosten (§ 19 Abs. 2 Nr. 2 ImmoWertV)

Da sich der Preisindex für Instandhaltung gegenüber dem vorherigen Untersuchungszeitraum deutlich verändert hat (Preisindex Berlin für Bauleistungen am Bauwerk, Instandhaltung von Mehrfamiliengebäuden ohne Schönheitsreparaturen (Basis 2005 = 100): November 2011 = 115,6), wurden die Instandhaltungskosten gegenüber der letzten Veröffentlichung um 15 % erhöht. In den Instandhaltungskostenpauschalen sind keine Anteile für Schönheitsreparaturen enthalten.

Instandhaltungskostenpauschale in €/m^2/Jahr gemäß der nachfolgenden Aufstellung (Tabelle 2):

Tabelle 2: Instandhaltungskostenpauschale in €/m^2/Jahr

Baujahr	Instandhaltungskosten für		Zuschlag bei	
	Wohnflächen (€/m^2)	Nutzflächen (€/m^2)	Zentralheizung (€/m^2)	Aufzug (€/m^2)
bis 1900	12,95	6,45	0,60	0,90
von 1901 bis 1948	11,75	5,85	0,60	0,90
von 1949 bis 1969	12,40	6,20	–	0,90
von 1970 bis 1979	9,80	4,95	–	0,90
nach 1979	7,70	3,90	–	0,90
Offene Wageneinstellplätze (je Platz) 37,00 €				
Garagen und gedeckte Stellplätze (je Platz) 74,00 €				

Liegenschaftszinssätze § 14 ImmoWertV IV

1.2.3 Mietausfallwagnis (§ 19 Abs. 2 Nr. 3 ImmoWertV)
Mietausfallwagnis: 2 % der jährlichen Netto-Kaltmiete für Wohnnutzung und 4 % der jährlichen Netto-Kaltmiete für gewerbliche und sonstige Nutzung, entsprechend der Kaufvertragsauswertung.

1.2.4 Restnutzungsdauer (§ 6 Abs. 6 ImmoWertV)

Tabelle 3: Nachkriegsbauten (Baujahre 1949 bis 1969) und Neubauten (Baujahre ab 1970)

Restnutzungsdauer für Nachkriegsbauten (Baujahre 1949 bis 1969) und Neubauten (Baujahre ab 1970)	
Baualter in Jahren	Wirtschaftliche Restnutzungsdauer in Jahren
bis 2	100
3 bis 7	95
8 bis 12	90
13 bis 17	85
18 bis 22	80
23 bis 27	75
28 bis 32	70
33 bis 37	65
38 bis 42	60
43 bis 47	55
48 bis 52	50
53 bis 57	45
58 bis 62	40

Tabelle 4: Zwischenkriegs- (Baujahre 1919 bis 1948) und Altbauten (Baujahre bis 1918)

Restnutzungsdauer für Zwischenkriegs- (Baujahr 1919 bis 1948) und Altbauten (Baujahr bis 1918)				
Baualter	wirtschaftliche Restnutzungs-dauer bei Zustandsnote			Ausstattung und Zu- und Abschläge
	1 gut	2 normal	3 schlecht	
62 bis 67	50	45	40	**Zwischenkriegsbauten:**
68 bis 77	45	40	35	**Normalausstattung:** IT, EH/ZH, Bäder
78 bis 87	40	35	30	**Abschlag fünf Jahre:** keine EH/ZH (komplett)
88 bis 92	35	30	25	
93 bis 97	40	35	30	**Altbauten:**
98 bis 117	35	30	25	**Normalausstattung:** IT, EH/ZH (komplett) und Bäder
118 bis 149	30	25	20	**Abschlag fünf Jahre:** keine EH/ZH (komplett) oder keine Bäder
				Abschlag zehn Jahre: weder EH/ZH (komplett) noch Bäder
				Abschlag fünf Jahre: ausschließlich PT

Legende:
EH/ZH = Etagen-/Zentralheizung; OH = Ofenheizung; IT = Innentoilette; PT = Podesttoilette
Anmerkung: Modernisierung wurde berücksichtigt durch Einordnung in entsprechende Zustandsnote, Baualter und Ausstattung.

IV § 14 ImmoWertV Liegenschaftszinssätze

2 Liegenschaftszinssätze

Die ausgewiesenen Liegenschaftszinssätze sind auf der Grundlage der unter 1. beschriebenen Modellannahmen und der sich hierfür ergebenden Regressionsgleichungen berechnet worden.

Die Ergebnisse der multivariaten Regressionsanalyse sind im Folgenden differenziert nach vier Baualtersgruppen dargestellt.

In den Tabellen der Liegenschaftszinssätze steht in der ersten Zeile der Mittelwert und in der zweiten Zeile die Wertspanne des 95 %-Konfidenzbereichs für diesen jeweiligen Mittelwert. Die Fallzahlen der Altbezirke stehen in den Klammern.

Tabelle 5:

Liegenschaftszinssätze für Objekte der Baujahre vor 1919*										
(Die Liegenschaftszinssätze sind für die Jahre 2008, 2009 und 2010, für eine tatsächliche GFZ von 3,0 und für Objekte ohne gewerblichen Mietanteil am Nettojahresrohertrag berechnet)										
Altbezirk	Neukölln (128), Wilmersdorf (67), Wedding (140), Tiergarten (115), Charlottenburg (101), Steglitz (32), Pankow (70), Zehlendorf (7), Tempelhof (23), Hellersdorf (1)						Köpenick (73), Reinickendorf (36), Spandau (66), Treptow (32), Lichtenberg (49), Weißensee (40), Hohenschönhausen (3)			
Baujahr	bis 1900			1901 bis 1918			bis 1900			1901 bis 1918		
Stadträumliche Wohnlage	einfach	mittel	gut/sehr gut	einfach	mittel	gut/sehr gut	einfach	mittel	gut/sehr gut	einfach	mittel	gut/sehr gut
Monatliche Nettokaltmiete (€/m²) 4.00	3,3 / 3,1-3,5	2,7 / 2,5-3,0	2,4 / 2,1-2,6	3,7 / 3,5-3,9	3,1 / 2,9-3,3	2,7 / 2,5-3,0	4,0 / 3,7-4,2	3,3 / 3,1-3,6	3,0 / 2,6-3,4	4,4 / 4,1-4,6	3,7 / 3,5-4,0	3,4 / 3,0-3,7
5.00	4,0 / 3,8-4,2	3,4 / 3,2-3,6	3,0 / 2,8-3,3	4,4 / 4,2-4,6	3,8 / 3,6-4,0	3,4 / 3,2-3,7	4,7 / 4,4-4,9	3,8 / 3,8-4,3	3,7 / 3,3-4,0	5,1 / 4,8-5,3	4,4 / 4,2-4,7	4,1 / 3,8-4,4
6.00	4,5 / 4,3-4,7	3,9 / 3,6-4,1	3,5 / 3,2-3,8	4,9 / 4,7-5,1	4,3 / 4,0-4,5	3,9 / 3,7-4,2	5,1 / 4,9-5,4	4,5 / 4,2-4,8	4,2 / 3,8-4,5	5,5 / 5,3-5,8	4,9 / 4,6-5,2	4,6 / 4,2-4,9
7.00	4,8 / 4,6-5,1	4,2 / 3,9-4,5	3,8 / 3,6-4,1	5,2 / 5,0-5,4	4,6 / 4,4-4,8	4,2 / 4,0-4,5	5,5 / 5,2-5,8	4,8 / 4,5-5,1	4,5 / 4,1-4,8	5,9 / 5,6-6,1	5,2 / 5,0-5,5	4,9 / 4,5-5,2
8.00	5,1 / 4,8-5,3	4,5 / 4,2-4,7	4,1 / 3,8-4,4	5,5 / 5,2-5,7	4,9 / 4,6-5,1	4,5 / 4,2-4,7	5,7 / 5,4-6,0	5,1 / 4,8-5,4	4,7 / 4,4-5,1	6,1 / 5,8-6,4	5,5 / 5,2-5,8	5,1 / 4,8-5,5
9.00	5,3 / 5,0-5,5	4,6 / 4,4-4,9	4,3 / 4,0-4,6	5,7 / 5,4-5,9	5,0 / 4,8-5,3	4,7 / 4,4-4,9	5,9 / 5,6-6,2	5,3 / 5,0-5,6	4,9 / 4,6-5,3	6,3 / 6,0-6,6	5,7 / 5,4-6,0	5,3 / 5,0-5,7

* Keine Verkäufe in dem Altbezirk Marzahn

Tabelle 6:

Liegenschaftszinssätze für Objekte der Baujahre vor 1919*										
(Die Liegenschaftszinssätze sind für die Jahre 2008, 2009 und 2010, für eine tatsächliche GFZ von 3,0 und für Objekte ohne gewerblichen Mietanteil am Nettojahresrohertrag berechnet)										
Altbezirk	Mitte (79), Kreuzberg (184), Prenzlauer Berg (163)						Schöneberg (118), Friedrichshain (167)			
Baujahr	bis 1900			1901 bis 1918			bis 1900			1901 bis 1918		
Stadträumliche Wohnlage	einfach	mittel	gut/sehr gut	einfach	mittel	gut/sehr gut	einfach	mittel	gut/sehr gut	einfach	mittel	gut/sehr gut
Monatliche Nettokaltmiete (€/m²) 4.00	1,4 / 1,2-1,7	0,8 / 0,6-1,1	0,5 / 0,1-0,8	1,8 / 1,6-2,1	1,2 / 0,9-1,5	0,9 / 0,5-1,2	2,3 / 2,0-2,5	1,6 / 1,3-1,9	1,3 / 1,0-1,6	2,7 / 2,4-2,9	2,0 / 1,8-2,3	1,7 / 1,4-2,0
5.00	2,1 / 1,9-2,3	1,5 / 1,3-1,8	1,2 / 0,9-1,5	2,5 / 2,3-2,8	1,9 / 1,6-2,2	1,6 / 1,6-1,9	3,0 / 2,7-3,2	2,3 / 2,1-2,6	2,0 / 1,7-2,3	3,4 / 3,1-3,6	2,7 / 2,5-3,0	2,4 / 2,1-2,7
6.00	2,6 / 2,4-2,8	2,0 / 1,7-2,2	1,6 / 1,3-1,9	2,9 / 2,8-3,2	2,3 / 2,1-2,6	2,0 / 1,7-2,3	3,4 / 3,2-3,7	2,8 / 2,5-3,1	2,4 / 2,1-2,7	3,8 / 3,6-4,1	3,2 / 2,9-3,5	2,8 / 2,6-3,1
7.00	2,9 / 2,7-3,2	2,3 / 2,1-2,6	2,0 / 1,7-2,3	3,3 / 3,1-3,6	2,7 / 2,4-3,0	2,4 / 2,0-2,7	3,8 / 3,5-3,7	3,1 / 2,8-3,4	2,8 / 2,5-3,1	4,2 / 3,9-4,4	3,5 / 3,3-3,8	3,2 / 2,9-3,5
8.00	3,2 / 3,0-3,4	2,6 / 2,3-2,8	2,2 / 1,9-2,5	3,6 / 3,3-3,8	3,0 / 2,7-3,2	2,6 / 2,3-2,9	4,0 / 3,7-4,3	3,4 / 3,1-3,7	3,0 / 2,7-3,3	4,4 / 4,1-4,7	3,8 / 3,5-4,1	3,4 / 3,1-3,7
9.00	3,4 / 3,1-3,6	2,8 / 2,5-3,0	2,4 / 2,1-2,7	3,8 / 3,5-4,0	3,2 / 2,9-3,4	2,8 / 2,5-3,1	4,2 / 3,9-4,5	3,6 / 3,3-3,9	3,2 / 2,9-3,5	4,6 / 4,3-4,9	4,0 / 3,7-4,3	3,6 / 3,3-3,9

* Keine Verkäufe in dem Altbezirk Marzahn

Liegenschaftszinssätze § 14 ImmoWertV IV

Bei Abweichungen des Bewertungsobjekts von den oben genannten Eigenschaften in den Tabellen 5 und 6 ändert sich der Liegenschaftszinssatz wie folgt:

Kaufvertragsjahr

2007: Absenkung von 0,3
2011: Absenkung von 1,1

Tatsächliche GFZ
Bei geringerer GFZ als 3,0: Erhöhung des Liegenschaftszinssatzes um 0,2 Prozentpunkte pro 1,0 Veränderung der GFZ (Beispiel: GFZ = 2,0 = Erhöhung des Liegenschaftszinssatzes um 0,2).

Bei geringerer GFZ als 3,0: Erhöhung des Liegenschaftszinssatzes um 0,2 Prozentpunkte pro 1,0 Veränderung der GFZ (Beispiel: GFZ = 2,0 = Erhöhung des Liegenschaftszinssatzes um 0,2).

Bei höherer GFZ als 3,0: Minderung des Liegenschaftszinssatzes um 0,2 Prozentpunkte pro 1,0 Veränderung der GFZ (Beispiel: GFZ = 4,5 = Minderung des Liegenschaftszinssatzes um 0,3).

Gewerblicher Mietanteil am Nettojahresrohertrag
Bei jeweils 10 % gewerblichen Mietanteils beim zu bewertenden Objekt ist der Liegenschaftszinssatz um je 0,1 Prozentpunkte zu erhöhen (Beispiel: gewerblicher Mietanteil 35 %, Erhöhung des Liegenschaftszinssatzes um 0,35).

Bei jeweils 10 % gewerblichen Mietanteils beim zu bewertenden Objekt ist der Liegenschaftszinssatz um je 0,1 Prozentpunkte zu erhöhen (Beispiel: gewerblicher Mietanteil 35 %, Erhöhung des Liegenschaftszinssatzes um 0,35).

Statistische Angaben zum verwendeten Datenmaterial
In diesen Tabellen sind in der oberen Zeile die Mittelwerte, in der mittleren Zeile kursiv die 5 %- beziehungsweise 95 %-Perzentile der Einzelwerte und in der unteren Zeile die Minimum-/Maximum-Werte dargestellt.

Tabelle 7:

	Altbauten (Baujahre vor 1919)					
An-zahl	Nettoein-ertragsanteil (%)	Kaufpreis pro Geschoss-fläche(€/m²)	Kaufpreis/ Nettojahres-rohertrag	Durch-schnittsmiete (€/m² Monat)	Gewerblicher Mietanteil in %	Verwaltungs-kosten % p. a.
1 694	70,5 *58,6 – 80,0* 21,1 – 85,9	691 *339 – 1 163* 149 – 2 315	14,5 *9,5 – 20,1* 5,1 – 45,4	5,38 *3,42 – 7,77* 0,90 – 19,92	14,6 *0,0 – 48,0* 0,0 – 70,0	6,2 *3,9 – 8,6* 2,1 – 11,5

Tabelle 8:

	Altbauten (Baujahre vor 1919)											
An-zahl	Grund-stücks-fläche (m²)	Geschoss-fläche (m²)	Tatsäch-liche GFZ	Bodenwert €/m²	Alter der Objekte	Rest-nutzungs-dauer Jahre	Bauzu-stand			Stadt-räumliche Wohnlage		
							gut	schlecht	normal	einfach	gut und sehr gut mittel	
							Anteil in %			Anteil in %		
1 694	789 *329 – 1 454* (148 – 6420)	2 220 *720 – 4230* (288 – 10 800)	2,98 *1,07 – 4,34* (0,34 – 6,06)	504 *203 – 1002* (95 – 4505)	109 *97 – 133* (89 – 146)	32 *20 – 35* (10 – 40)	19	6	75	62	15	23

In der Tabelle der Liegenschaftszinssätze steht in der ersten Zeile der Mittelwert und in der zweiten Zeile die Wertspanne des 95 %-Konfidenzbereichs für diesen jeweiligen Mittelwert. Die Fallzahlen der Altbezirke stehen in den Klammern.

Tabelle 9:

	Liegenschaftszinssätze für Objekte der Baujahre 1919 – 1948*					
Altbezirk	Zehlendorf (16), Charlottenburg (9), Hohenschönhausen (2), Weißensee (6), Reinickendorf (5), Friedrichshain (2), Wilmersdorf (6), Prenzlauer Berg (5)		Treptow (9), Pankow (5), Kreuzberg (1), Tempelhof (9)		Lichtenberg (1), Spandau (12), Köpenick (11), Hellersdorf (1), Wedding (5), Neukölln (6), Steglitz (8), Marzahn (1)	
Städträumliche Lage	einfach	besser als einfach	einfach	besser als einfach	einfach	besser als einfach
Monatliche Nettokaltmiete (€/m²) 4.00	**3,8** 3,3 – 4,3	**3,2** 2,7 – 3,7	**4,3** 3,6 – 4,9	**3,7** 3,1 – 4,3	**5,1** 4,6 – 5,5	**4,5** 4,0 – 5,0
5.00	**4,4** 3,9 – 4,9	**3,8** 3,4 – 4,2	**4,9** 4,2 – 5,6	**4,3** 3,8 – 4,9	**5,7** 5,2 – 6,1	**5,1** 4,7 – 5,5
6.00	**4,8** 4,3 – 5,4	**4,3** 3,8 – 4,7	**5,3** 4,6 – 6,0	**4,8** 4,2 – 5,3	**61** 5,6 – 6,6	**5,6** 5,1 – 6,0
7.00	**5,1** 4,5 – 5,8	**4,6** 4,1 – 5,0	**5,6** 4,9 – 6,4	**5,1** 4,5 – 5,7	**6,4** 5,9 – 7,0	**5,9** 5,4 – 6,3
8.00	**5,3** 4,7 – 6,0	**4,8** 4,3 – 5,3	**5,9** 5,0 – 6,7	**5,3** 4,6 – 6,0	**6,6** 6,0 – 7,2	**6,1** 5,6 – 6,6
9.00	**5,5** 4,8 – 6,3	**5,0** 4,4 – 5,5	**6,0** 5,2 – 6,9	**5,5** 4,8 – 6,2	**6,81** 6,2 – 7,5	**6,3** 5,7 – 6,8

* Keine Verkäufe in den Altbezirken Mitte, Tiergarten und Schöneberg

Weitere Abhängigkeiten bestehen nicht, daher gibt es hier keine Zu- und Abschläge.

Statistische Angaben zum verwendeten Datenmaterial

In diesen Tabellen gleichen Typs sind in der oberen Zeile die Mittelwerte, in der mittleren Zeile kursiv die 5 %- beziehungsweise 95 %-Perzentile der Einzelwerte und in der unteren Zeile die Minimum-/Maximum-Werte dargestellt.

Tabelle 10:

	Altbauten (Baujahre vor 1919)					
Anzahl	Nettoreinertragsanteil (%)	Kaufpreis pro Geschossfläche (€/m²)	Kaufpreis/ Nettojahresrohertrag	Durchschnittsmiete (€/m² Monat)	gewerblicher Mietanteil in %	Verwaltungskosten % p. a.
133	70,5 *58,1 – 79,2* 46,8 – 82,3	89 *382 – 1 225* 261 – 2 063	14,2 *9,3 – 21,6* 6,5 – 31,0	5,23 *3,38 – 7,60* 2,57 – 8,60	6,9 *0,0 – 40,2* 0,0 – 60,0	6,3 *4,4 – 8,9* 3,7 – 10,2

Tabelle 11:

	Altbauten (Baujahre vor 1919)										
Anzahl	Grundstücksfläche (m²)	Geschossfläche (m²)	Tatsächliche GFZ	Bodenwert €/m²	Alter der Objekte	Restnutzungsdauer Jahre	Bauzustand			Städträumliche Wohnlage	
							gut	schlecht	normal	einfach	gut und sehr gut	mittel
							Anteil in %			Anteil in %	
133	2 756 *417 – 9932* (210 – 46586)	3124 *37 – 11116* (129 – 49006)	1,4 *0,4 – 3,6* (0,1 – 5,3)	315 *135 – 700* (80 – 920)	78 *67 – 88* (61 – 90)	40 *30 – 45* (25 – 50)	12	7	81	36	22	42

In den Tabellen der Liegenschaftszinssätze steht in der ersten Zeile der Mittelwert und in der zweiten Zeile die Wertespanne des 95 %-Konfidenzbereichs für diesen jeweiligen Mittelwert. Die Fallzahlen der Altbezirke stehen in Klammern.

Liegenschaftszinssätze § 14 ImmoWertV IV

Tabelle 12:

Liegenschaftszinssätze für Objekte der Baujahre 1949 bis 1969*
(Die Liegenschaftszinssätze sind ohne gewerblichen Mietanteil am Nettojahresrohertrag berechnet.)
Wedding (24), Spandau (15), Zehlendorf (10), Tempelhof (21), Neukölln (20), Treptow (1), Reinickendorf (11)

Kaufvertragsjahr	2007, 2008, 2010, 2011									2009								
Baulicher Zustand	schlecht			normal			gut			schlecht			normal			gut		
Stadträumliche Wohnlage / Monatliche Nettokaltmiete (€/m²)	einfach	mittel	gut/sehr gut	einfach	mittel	gut/sehr gut	einfach	mittel	gut/sehr gut	einfach	mittel	gut/sehr gut	einfach	mittel	gut/sehr gut	einfach	mittel	gut/sehr gut
4.00	4,9 / 4,3-5,6	4,6 / 3,8-5,3	4,4 / 3,6-5,2	4,9 / 4,6-5,1	4,5 / 4,1-4,9	4,3 / 3,9-4,8	4,2 / 3,8-4,7	3,9 / 3,3-4,5	3,7 / 3,1-4,3	5,8 / 5,0-6,5	5,4 / 4,6-6,2	5,2 / 4,4-6,0	5,7 / 5,2-6,1	5,3 / 4,9-5,8	5,1 / 4,6-5,6	5,1 / 4,5-5,6	4,7 / 4,1-5,3	4,5 / 3,9-5,1
5.00	5,7 / 5,0-6,4	5,3 / 4,6-6,1	5,1 / 4,3-5,9	5,6 / 5,3-5,9	5,2 / 4,9-5,6	5,0 / 4,6-5,4	5,0 / 4,5-5,4	4,6 / 4,1-5,1	4,4 / 3,9-5,0	6,5 / 5,7-7,2	6,1 / 5,3-6,9	5,9 / 5,1-6,7	6,4 / 6,0-6,8	6,0 / 5,6-6,5	5,8 / 5,4-6,3	5,8 / 5,3-6,3	5,4 / 4,9-6,0	5,2 / 4,7-5,8
6.00	6,1 / 5,4-6,9	5,8 / 5,0-6,6	5,6 / 4,8-6,4	6,1 / 5,7-6,4	5,7 / 5,3-6,1	5,5 / 5,1-5,9	5,4 / 4,9-5,9	5,1 / 4,6-5,6	4,9 / 4,3-5,5	7,0 / 6,2-7,7	6,6 / 5,8-7,4	6,4 / 5,6-7,2	6,9 / 6,4-7,3	6,5 / 6,1-7,0	6,3 / 5,8-6,8	6,3 / 5,7-6,8	5,9 / 5,3-6,5	5,7 / 5,1-6,3
7.00	6,5 / 5,7-7,3	6,1 / 5,3-6,9	5,9 / 5,1-6,8	6,4 / 6,0-6,8	5,9 / 5,6-6,5	5,9 / 5,4-6,3	5,8 / 5,3-6,3	5,4 / 4,9-6,0	5,2 / 4,7-5,8	7,2 / 6,5-8,1	7,0 / 6,1-7,8	6,8 / 5,9-7,6	6,9 / 6,7-7,7	6,7 / 6,4-7,3	6,5 / 6,2-7,2	6,6 / 6,0-7,2	6,3 / 5,7-6,8	6,1 / 5,5-6,6
8.00	6,7 / 5,9-7,5	6,4 / 5,6-7,2	6,2 / 5,3-7,0	6,7 / 6,2-7,1	6,3 / 5,9-6,7	6,1 / 5,6-6,6	6,0 / 5,5-6,6	5,7 / 5,1-6,3	5,5 / 4,9-6,1	7,6 / 6,7-8,4	7,2 / 6,4-8,0	7,0 / 6,2-7,9	7,5 / 6,9-8,0	7,1 / 6,6-7,6	6,9 / 6,3-7,5	6,9 / 6,3-7,4	6,5 / 5,9-7,1	6,3 / 5,7-6,9
9.00	6,9 / 6,1-7,8	6,6 / 5,8-7,4	6,4 / 5,5-7,3	6,9 / 6,4-7,3	6,5 / 6,0-7,0	6,3 / 5,8-6,8	6,2 / 5,7-6,8	5,9 / 5,3-6,5	5,7 / 5,1-6,3	7,8 / 6,9-8,6	7,4 / 6,6-8,3	7,2 / 6,3-8,1	7,7 / 7,1-8,2	7,3 / 6,8-7,8	7,1 / 6,6-7,6	7,1 / 6,4-7,7	6,7 / 6,1-7,3	6,5 / 5,9-7,1

* Keine Verkäufe in den Altbezirken Marzahn, Hellersdorf, Hohenschönhausen und Lichtenberg

Tabelle 13:

Liegenschaftszinssätze für Objekte der Baujahre 1949 bis 1969*
(Die Liegenschaftszinssätze sind ohne gewerblichen Mietanteil am Nettojahresrohertrag berechnet.)
Weißensee (1), Prenzlauer Berg (3), Kreuzberg (38), Friedrichshain (5), Tiergarten (25), Mitte (2), Pankow (1), Wilmersdorf (23), Charlottenburg (22), Steglitz (26), Köpenick (4), Schöneberg (25)

Kaufvertragsjahr	2007, 2008, 2010, 2011									2009								
Baulicher Zustand	schlecht			normal			gut			schlecht			normal			gut		
Stadträumliche Wohnlage / Monatliche Nettokaltmiete (€/m²)	einfach	mittel	gut/sehr gut	einfach	mittel	gut/sehr gut	einfach	mittel	gut/sehr gut	einfach	mittel	gut/sehr gut	einfach	mittel	gut/sehr gut	einfach	mittel	gut/sehr gut
4.00	4,2 / 3,5-4,8	3,8 / 3,1-4,5	3,6 / 2,9-4,3	4,1 / 3,8-4,3	3,7 / 3,4-4,0	3,5 / 3,2-3,9	3,4 / 3,0-3,9	3,1 / 2,6-3,6	2,9 / 2,4-3,4	5,0 / 4,2-5,7	4,6 / 3,9-5,4	4,4 / 3,7-5,2	4,9 / 4,4-5,3	4,5 / 4,1-5,0	4,3 / 3,9-4,8	4,3 / 3,7-4,8	3,9 / 3,3-4,5	3,7 / 3,2-4,3
5.00	4,9 / 4,2-5,5	4,5 / 3,8-5,2	4,3 / 3,6-5,0	4,8 / 4,5-5,1	4,4 / 4,2-4,7	4,2 / 3,9-4,6	4,2 / 3,7-4,6	3,8 / 3,4-4,3	3,6 / 3,2-4,1	5,7 / 5,0-6,4	5,3 / 4,6-6,1	5,1 / 4,4-5,9	5,6 / 5,1-6,1	5,3 / 4,8-5,7	5,1 / 4,5-5,5	5,0 / 4,5-5,5	4,6 / 4,1-5,2	4,4 / 3,9-5,0
6.00	5,4 / 4,7-6,1	5,0 / 4,3-5,7	4,8 / 4,1-5,5	5,3 / 4,9-5,6	4,9 / 4,6-5,2	4,7 / 4,4-5,1	4,7 / 4,2-5,1	4,3 / 3,8-4,8	4,1 / 3,6-4,6	6,2 / 5,4-6,9	5,8 / 5,1-6,6	5,6 / 4,9-6,4	6,1 / 5,6-6,6	5,7 / 5,3-6,2	5,5 / 5,1-6,0	5,5 / 4,9-6,0	5,1 / 4,6-5,7	4,9 / 4,4-5,4
7.00	5,7 / 5,0-6,4	5,4 / 4,5-6,1	5,2 / 4,4-5,9	5,6 / 5,2-6,0	5,3 / 4,9-5,6	5,0 / 4,7-5,4	4,9 / 4,5-5,5	4,6 / 4,1-5,2	4,5 / 4,0-4,9	6,5 / 5,7-7,3	6,2 / 5,4-6,9	6,0 / 5,2-6,8	6,4 / 5,9-6,8	6,1 / 5,6-6,5	5,9 / 5,4-6,4	5,8 / 5,2-6,4	5,5 / 4,9-6,0	5,3 / 4,7-5,8
8.00	6,0 / 5,2-6,7	5,6 / 4,8-6,4	5,4 / 4,6-6,2	5,9 / 5,4-6,3	5,5 / 5,1-5,9	5,3 / 4,9-5,7	5,3 / 4,7-5,7	4,9 / 4,4-5,4	4,7 / 4,2-5,2	6,8 / 5,9-7,6	6,4 / 5,6-7,2	6,2 / 5,4-7,0	6,7 / 6,1-7,2	6,3 / 5,8-6,8	6,1 / 5,6-6,7	6,1 / 5,5-6,7	5,7 / 5,2-6,3	5,5 / 5,0-6,2
9.00	6,2 / 5,4-7,0	5,8 / 5,0-6,6	5,6 / 4,8-6,4	6,1 / 5,6-6,6	5,7 / 5,3-6,2	5,5 / 5,1-6,0	5,5 / 4,9-6,0	5,1 / 4,6-5,7	4,9 / 4,4-5,5	7,0 / 6,1-7,8	6,6 / 5,8-7,4	6,4 / 5,6-7,3	6,9 / 6,3-7,5	6,5 / 6,0-7,1	6,3 / 5,8-6,9	6,3 / 5,6-6,9	5,9 / 5,3-6,5	5,7 / 5,2-6,3

* Keine Verkäufe in den Altbezirken Marzahn, Hellersdorf, Hohenschönhausen und Lichtenberg

IV § 14 ImmoWertV — Liegenschaftszinssätze

Bei Abweichungen des Bewertungsobjekts von den zuvor genannten Eigenschaften in den Tabellen 12 und 13 ändert sich der Liegenschaftszinssatz wie folgt:

Gewerblicher Mietanteil am Nettojahresrohertrag
Bei jeweils 10 % gewerblichem Mietanteil ist der Liegenschaftszinssatz um je 0,2 Prozentpunkte zu erhöhen (Beispiel: gewerblicher Mietanteil 15 %, Erhöhung des Liegenschaftszinssatzes um 0,3).

Statistische Angaben zum verwendeten Datenmaterial
In diesen Tabellen gleichen Typs sind in der oberen Zeile die Mittelwerte, in der mittleren Zeile kursiv die 5 %- beziehungsweise 95 %-Perzentile der Einzelwerte und in der unteren Zeile die Minimum-/Maximum-Werte dargestellt.

Tabelle 14:

Nachkriegsbauten (1949 bis 1969)						
Anzahl	Nettoertragsanteil (%)	Kaufpreis pro Geschossfläche (€/m²)	Kaufpreis/ Nettojahresrohertrag	Durchschnittsmiete (€/m² Monat)	gewerblicher Mietanteil in %	Verwaltungskosten % p. a.
279	69,0 *58,8 – 80,0* 47,1 – 84,8	652 *378 – 1 072* 223 – 2 236	13,8 *9,2 – 18,9* 5,1 – 49,5	5,18 *3,56 – 8,03* 2,76 – 11,52	8,0 *0,0 – 42,0* 0,0 – 67,0	6,5 *3,8 – 8,5* 3,8 – 9,9

Tabelle 15:

Nachkriegsbauten (1949 bis 1969)												
Anzahl	Grundstücksfläche (m²)	Geschossfläche (m²)	Tatsächliche GFZ	Bodenwert €/m²	Alter der Objekte	Restnutzungsdauer Jahre	Bauzustand			Stadträumliche Wohnlage		
							gut	schlecht	normal	einfach	gut und sehr gut	mittel
							Anteil in %			Anteil in %		
279	2 088 *461 – 704* 300 – 93119	2 216 *446 – 8539* 306 – 25284	1,4 *0,4 – 2,4* 0,1 – 5,1	343 *160 – 672* 90 – 2780	48 *51 – 55* 38 – 61	52 *45 – 60* 40 – 60	13	5	82	50	24	26

In der Tabelle der Liegenschaftszinssätze steht in der ersten Zeile der Mittelwert und in der zweiten Zeile die Wertspanne des 95 %-Konfidenzbereichs für diesen jeweiligen Mittelwert. Die Fallzahlen der Altbezirke stehen in den Klammern.

Liegenschaftszinssätze § 14 ImmoWertV IV

Tabelle 16:

Liegenschaftszinssätze für Objekte der Baujahre ab 1970 Charlottenburg (17), Kreuzberg (27), Schöneberg (9), Steglitz (35)											
Kaufvertragsjahr		2007, 2011					2008, 2009, 2010				
Baujahr		1970 bis 1981		1982 bis 1985		1986 bis 2011		1970 bis 1981		1982 bis 1985		1986 bis 2011
Stadträumliche Wohnlage		einfach/mittel	gut/sehr gut	einfach/mittel	gut/sehr gut	einfach/mittel	gut/sehr gut	einfach/mittel	gut/sehr gut	einfach/mittel	gut/sehr gut	einfach/mittel	gut/sehr gut
Monatliche Nettokaltmiete (€/m²)	4.00	4,8 4,5-5,2	4,3 3,8-4,7	5,3 4,8-5,8	4,8 4,2-5,3	4,3 3,9-4,7	3,8 3,3-4,2	5,3 5,0-5,6	4,7 4,3-5,2	5,8 5,4-6,3	5,2 4,7-5,8	4,8 4,4-5,2	4,3 3,8-4,7
	5.00	5,4 5,1-5,6	4,8 4,5-5,1	5,9 5,4-6,3	5,3 4,8-5,8	4,9 4,6-5,2	4,3 3,9-4,7	5,9 5,6-6,1	5,3 5,0-5,6	6,4 6,0-6,8	5,8 5,4-6,2	5,4 5,1-5,7	4,8 4,4-5,2
	6.00	5,7 5,5-6,0	5,2 4,9-5,5	6,2 5,8-6,7	5,7 5,2-6,1	5,2 5,0-5,5	4,7 4,5-5,0	6,2 5,9-6,5	5,7 5,3-6,0	6,7 6,3-7,1	6,2 5,7-6,6	5,7 5,5-6,0	5,2 4,8-5,5
	7.00	6,0 5,7-6,3	5,4 5,1-5,7	6,5 6,1-6,9	5,9 5,5-6,4	5,5 5,2-5,8	4,9 4,6-5,2	6,5 6,2-6,8	5,9 5,6-6,2	7,0 6,6-7,4	6,4 6,0-6,8	6,0 5,7-6,2	5,4 5,1-5,7
	8.00	6,2 5,9-6,5	5,6 5,3-5,9	6,7 6,3-7,1	6,1 5,7-6,6	5,7 5,4-6,0	5,1 4,8-5,4	6,7 6,4-7,0	6,1 5,8-6,4	7,2 6,8-7,6	6,6 6,2-7,0	6,2 5,9-6,5	5,6 5,3-5,9
	9.00	6,3 6,0-6,6	5,8 5,5-6,1	6,8 6,4-7,3	6,3 5,8-6,7	5,8 5,6-6,1	5,3 5,0-5,6	6,8 6,5-7,1	6,3 5,9-6,6	7,3 6,9-7,8	6,8 6,3-7,2	6,3 6,1-6,6	5,8 5,5-6,1

Tabelle 17:

Liegenschaftszinssätze für Objekte der Baujahre ab 1970 Friedrichshain (4), Mitte (12), Pankow (8), Prenzlauer Berg (7), Weißensee (3), Wilmersdorf (26), Zehlendorf (22)											
Kaufvertragsjahr		2007, 2011					2008, 2009, 2010				
Baujahr		1970 bis 1981		1982 bis 1985		1986 bis 2011		1970 bis 1981		1982 bis 1985		1986 bis 2011
Stadträumliche Wohnlage		einfach/mittel	gut/sehr gut	einfach/mittel	gut/sehr gut	einfach/mittel	gut/sehr gut	einfach/mittel	gut/sehr gut	einfach/mittel	gut/sehr gut	einfach/mittel	gut/sehr gut
Monatliche Nettokaltmiete (€/m²)	4.00	4,3 3,9-4,7	3,8 3,3-4,2	4,8 4,3-5,4	4,8 3,7-4,8	3,8 3,4-4,3	3,3 2,8-3,7	4,8 4,4-5,2	4,3 3,8-4,7	5,3 4,8-5,8	4,8 4,3-5,3	4,3 3,9-4,7	3,8 3,3-4,2
	5.00	4,9 4,5-5,2	4,3 4,0-4,7	5,9 4,9-5,9	4,8 4,4-5,3	4,4 4,1-4,7	3,8 3,5-4,2	5,4 5,0-5,7	4,8 4,5-5,2	5,9 5,4-6,3	5,3 4,9-5,7	4,9 4,6-5,2	4,3 4,0-4,7
	6.00	5,2 4,9-5,6	4,7 4,4-5,0	5,8 5,3-62	5,2 4,8-5,6	4,8 4,5-5,1	4,2 3,9-4,5	5,7 5,4-6,1	5,2 4,9-5,5	6,2 5,8-6,7	5,7 5,3-6,1	5,2 5,0-5,5	4,7 4,4-5,0
	7.00	5,5 5,2-5,8	4,9 4,6-5,2	6,0 5,6-6,5	5,4 5,0-5,9	5,0 4,7-5,3	4,5 4,2-4,7	6,0 5,7-6,3	5,4 5,1-5,7	6,5 6,1-6,9	5,9 5,5-6,3	5,5 5,2-5,8	4,9 4,7-5,2
	8.00	5,7 5,4-6,0	5,1 4,8-5,4	6,2 5,8-6,7	5,6 5,2-6,1	5,2 4,9-5,5	4,6 4,4-4,9	6,2 5,8-6,5	5,6 5,3-5,9	6,7 6,3-7,1	6,1 5,7-6,5	5,7 5,4-6,0	5,1 4,9-5,4
	9.00	5,9 5,5-6,2	5,3 5,0-5,6	6,4 5,9-6,8	5,8 5,4-6,2	5,4 5,1-5,7	4,8 4,5-5,1	6,3 6,0-6,7	5,8 5,5-6,1	6,8 6,4-7,3	6,3 5,9-6,7	5,9 5,6-6,1	5,3 5,0-5,6

Tabelle 18:

Liegenschaftszinssätze für Objekte der Baujahre ab 1970 Hellersdorf (3), Hohenschönhausen (3), Spandau (34), Treptow (4), Wedding (26)											
Kaufvertragsjahr	2007, 2011						2008, 2009, 2010				
Baujahr	1970 bis 1981		1982 bis 1985		1986 bis 2011		1970 bis 1981		1982 bis 1985		1986 bis 2011	
Stadträumliche Wohnlage	einfach/mittel	gut/sehr gut	einfach/mittel	gut/sehr gut	einfach/mittel	gut/sehr gut	einfach/mittel	gut/sehr gut	einfach/mittel	gut/sehr gut	einfach/mittel	gut/sehr gut
4,00	5,9 5,5-6,2	5,3 4,9-5,7	6,4 5,9-6,8	5,8 5,3-6,3	5,4 5,0-5,7	4,8 4,3-5,3	6,3 6,0-6,7	5,8 5,3-6,2	6,9 6,4-7,3	6,3 5,8-6,8	5,9 5,5-6,2	5,3 4,8-5,8
5,00	6,4 6,1-6,7	5,8 5,5-6,2	6,9 6,5-7,3	6,3 5,9-6,8	5,9 5,6-6,2	5,4 4,9-5,8	6,9 6,6-7,2	6,3 5,9-6,7	7,4 7,0-7,8	6,8 6,4-7,3	6,4 6,1-6,7	5,8 5,4-6,3
6,00	6,8 6,5-7,1	6,2 5,8-6,6	7,3 6,9-7,7	6,7 6,2-7,2	6,3 6,0-6,6	5,7 5,3-6,1	7,3 7,0-7,5	6,7 6,3-7,1	7,8 7,4-8,1	7,2 6,7-7,7	6,8 6,5-7,0	6,2 5,8-6,6
7,00	7,0 6,7-7,3	6,5 6,1-6,8	7,5 7,1-8,0	7,0 6,5-7,4	6,5 6,3-6,8	6,0 5,6-6,4	7,5 7,2-7,8	7,0 6,6-7,3	8,0 7,6-8,4	7,5 7,0-7,9	7,0 6,8-7,3	6,5 5,1-6,9
8,00	7,2 6,9-7,6	6,7 6,3-7,1	7,7 7,3-8,2	7,2 6,7-7,7	6,7 6,4-7,0	6,2 5,8-6,6	7,7 7,4-8,1	7,1 6,7-7,6	8,2 7,8-8,6	7,7 7,2-8,1	7,2 6,9-7,5	6,7 6,3-7,1
9,00	7,4 7,0-7,7	6,8 6,4-7,2	7,9 7,4-8,3	7,3 6,8-7,8	6,9 6,6-7,2	6,3 5,9-6,7	7,9 7,5-8,2	7,3 6,9-7,7	8,4 7,9-8,8	7,8 7,3-8,3	7,4 7,1-7,7	6,8 6,4-7,2

(Monatliche Nettokaltmiete €/m²)

Tabelle 19:

Liegenschaftszinssätze für Objekte der Baujahre ab 1970 Köpenick (7), Lichtenberg (1), Marzahn (3), Neukölln (35), Reinickendorf (33), Tempelhof (41), Tiergarten (17)											
Kaufvertragsjahr	2007, 2011						2008, 2009, 2010				
Baujahr	1970 bis 1981		1982 bis 1985		1986 bis 2011		1970 bis 1981		1982 bis 1985		1986 bis 2011	
Stadträumliche Wohnlage	einfach/mittel	gut/sehr gut	einfach/mittel	gut/sehr gut	einfach/mittel	gut/sehr gut	einfach/mittel	gut/sehr gut	einfach/mittel	gut/sehr gut	einfach/mittel	gut/sehr gut
4,00	5,2 4,9-5,5	4,7 4,3-5,1	5,7 5,3-6,2	5,2 4,6-5,7	4,8 4,4-5,1	4,2 3,7-4,7	5,7 5,4-6,0	5,2 4,7-5,6	6,2 5,8-6,6	5,7 5,2-6,2	5,2 4,9-5,6	4,7 4,8-5,2
5,00	5,8 5,5-6,0	5,2 4,9-5,6	6,3 5,9-6,7	5,7 5,3-6,8	5,3 5,0-5,6	4,7 4,3-5,1	6,3 6,0-6,5	5,7 5,4-6,1	6,8 6,4-7,1	6,2 5,8-6,7	5,8 5,6-6,0	5,2 4,9-5,5
6,00	6,1 5,9-6,4	5,6 5,3-5,9	6,7 6,3-7,0	6,1 5,6-6,5	5,7 5,4-5,9	5,1 4,7-5,5	6,6 6,4-6,9	6,1 5,7-6,4	7,1 6,8-7,5	6,6 6,2-7,0	6,2 5,9-6,4	5,6 5,2-5,9
7,00	6,4 6,2-6,7	5,8 5,5-6,2	6,9 6,5-7,3	6,4 5,9-6,8	5,9 5,7-6,2	5,4 5,0-5,7	6,9 6,6-7,1	6,3 6,0-6,7	7,4 7,0-7,8	6,8 6,4-7,3	6,4 6,2-6,6	5,8 5,5-6,2
8,00	6,6 6,3-6,9	6,0 5,7-6,4	7,1 6,7-7,5	6,5 6,1-7,0	6,1 5,9-6,4	5,6 5,2-5,9	7,1 6,8-7,4	6,5 6,2-6,9	7,6 7,2-8,0	7,0 6,6-7,5	6,6 6,4-6,8	6,0 5,7-6,4
9,00	6,8 6,5-7,1	6,2 5,8-6,5	7,3 6,8-7,7	6,7 6,2-7,2	6,3 6,0-6,5	5,7 5,4-6,1	7,2 6,9-7,5	6,7 6,3-7,0	7,8 7,4-8,1	7,2 6,7-7,6	6,8 6,5-7,0	6,2 5,9-6,5

(Monatliche Nettokaltmiete €/m²)

Für die Tabellen 16 bis 19 bestehen keine weiteren Abhängigkeiten, daher gibt es hier keine Zu- beziehungsweise Abschläge.

Statistische Angaben zum verwendeten Datenmaterial

In diesen Tabellen gleichen Typs sind in der oberen Zeile die Mittelwerte, in der mittleren Zeile kursiv die 5%- beziehungsweise 95%-Perzentile der Einzelwerte und in der unteren Zeile die Minimum-Maximum-Werte dargestellt.

Liegenschaftszinssätze § 14 ImmoWertV IV

Tabelle 20:

Altbauten (Baujahre vor 1919)							
An-zahl	Nettorein-ertragsanteil (%)	Kaufpreis pro Geschoss-fläche(€/m²)	Kaufpreis/ Nettojahres-rohertrag	Durch-schnittsmiete (€/m² Monat)	Gewerblicher Mietanteil in %	Verwaltungs-kosten % p. a.
377	80,1 72,1 – 87,1 58,6 – 92,0	915 441 – 1 810 280 – 3 389	13,8 9,5 – 19,0 7,4 – 25,4	6,78 4,51 – 10,41 2,84 – 26,00	8,9 0,0 – 46,3 0,0 – 68,0	5,3 3,8 – 7,2 3,5 – 11,5

Tabelle 21:

Altbauten (Baujahre vor 1919)												
An-zahl	Grund-stücks-fläche (m²)	Geschoss-fläche (m²)	tatsäch-liche GFZ	Boden-wert €/m²	Alter der Objekte	Rest-nut-zungs-dauer Jahre	Bauzu-stand			Stadt-räumliche Wohnlage		
							gut	schlecht	normal	einfach	gut und sehr gut	mittel
							Anteil in %			Anteil in %		
377	1 913 437 – 4838 138 – 81704	2 710 467 – 8063 228 – 99118	1,6 0,4 – 4,1 0,4 – 7,7	376 160 – 803 64 – 2 700	23 10 – 37 1 – 41	77 65 – 90 60 – 100	37	1	62	40	24	36

IV § 14 ImmoWertV — Liegenschaftszinssätze

Anlage 3 Spanne der Liegenschaftszinssätze, Gesamtnutzungsdauer, Bewirtschaftungskosten

230 (Empfehlungen des Immobilienverbands IVD Bundesverband)

Spanne der Liegenschaftszinssätze, Gesamtnutzungsdauer und Bewirtschaftungskosten (2010) Empfehlungen des Immobilienverbands IVD Bundesverband				
Objektart		Liegenschaftszinssatz Mittlere Spanne	Nutzungsdauer (übliche Gesamtnutzungsdauer) Mittlere Spanne	Bewirtschaftungskosten Mittlere Spanne
A 1	Villa, großes Einfamilienhaus EFH	1,50 – 3,00 %	80 – 100 Jahre	18 – 30 %
A 2	Freistehendes EFH	2,00 – 3,50 %	70 – 100 Jahre	18 – 30 %
A 3	Nicht freistehendes EFH, Doppelhaushälfte und Reihenhaus	2,50 – 4,00 %	70 – 90 Jahre	18 – 30 %
A 4	Eigentumswohnung	3,00 – 4,50 %	70 – 90 Jahre	18 – 30 %
A 5	EFH mit Einliegerwohnung bis Dreifamilienhaus	3,00 – 4,50 %	70 – 90 Jahre	18 – 30 %
B 1	Vierfamilienhaus bis Mehrfamilienhaus	4,00 – 5,50 %	60 – 90 Jahre	20 – 30 %
B 2	Wohn- und Geschäftshäuser bis 20 % Gewerbeflächenanteil	4,50 – 6,00 %	60 – 90 Jahre	20 – 30 %
B 3	Wohn- und Geschäftshäuser 20 % bis 80 % Gewerbeflächenanteil	5,00 – 6,50 %	50 – 70 Jahre	20 – 30 %
C 1	Büro- und Geschäftshäuser	4,50 – 7,00 %	50 – 70 Jahre	20 – 30 %
C 2	Verbrauchermärkte	6,00 – 7,50 %	20 – 40 Jahre	10 – 20 %
C 3	Lager- und Produktionshallen	6,00 – 8,00 %	30 – 50 Jahre	15 – 30 %
C 4	Industrieobjekte	6,50 – 8,50 %	20 – 50 Jahre	15 – 30 %
C 5	Sport- und Freizeitanlagen	7,00 – 9,00 %	20 – 40 Jahre	15 – 30 %
D 1	Öffentliche Gebäude mit Drittverwendungsmöglichkeit	5,25 – 6,75 %	50 – 80 Jahre	15 – 30 %
D 2	Öffentliche Gebäude ohne Drittverwendungsmöglichkeit	8,00 – 7,50 %	40 – 80 Jahre	15 – 30 %

Übersicht   Syst. Darst. Vergleichswertverfahren   IV

Abschnitt 3 ImmoWertV:

Wertermittlungsverfahren

Unterabschnitt 1: Vergleichswertverfahren (§§ 15 und 16 ImmoWertV)

Systematische Darstellung des Vergleichswertverfahrens

Gliederungsübersicht   Rn.

1 Anwendungsbereich
- 1.1 Verkehrswertermittlung nach ImmoWertV
  - 1.1.1 Besondere Stellung des Vergleichswertverfahrens 1
  - 1.1.2 Anwendungsvoraussetzung 8
- 1.2 Steuerliche Bewertung 15
- 1.3 Besonderheiten der BelWertV 18

2 Grundzüge des Vergleichswertverfahrens
- 2.1 Allgemeines
  - 2.1.1 Mittelbarer und unmittelbarer Preisvergleich 19
  - 2.1.2 Verfahrensübersicht 24
  - 2.1.3 Markt- und modellkonforme Vergleichswertermittlung 41
- 2.2 Heranziehung von Vergleichspreisen und Bodenrichtwerten
  - 2.2.1 Auswahlkriterien
    - 2.2.1.1 Allgemeines (§ 15 Abs. 1 Satz 2, Abs. 2 Satz 3 und § 16 Abs. 1 Satz 4 ImmoWertV) 42
    - 2.2.1.2 Hinreichend übereinstimmende Grundstücksmerkmale 43
    - 2.2.1.3 Wertermittlungsstichtagsnahe Vergleichspreise 46
    - 2.2.1.4 Ausreichende Zahl von Vergleichspreisen 50
  - 2.2.2 Vergleichspreise aus Vergleichsgebieten (§ 15 Abs. 1 Satz 3 ImmoWertV) .. 59
  - 2.2.3 Vergleichspreise bei retrograder Verkehrswertermittlung 67
- 2.3 Ersatzlösungen bei fehlenden Vergleichspreisen
  - 2.3.1 Allgemeines 69
  - 2.3.2 Preisforderungen 72
  - 2.3.3 Ausschreibungsergebnisse (Bieterverfahren) 73
  - 2.3.4 Vorhandene Gutachten 83
  - 2.3.5 Zwangsversteigerungen 84
  - 2.3.6 Freie Schätzung 85
- 2.4 Intertemporärer und qualitativer Abgleich (Berücksichtigung von Abweichungen)
  - 2.4.1 Allgemeines 86
  - 2.4.2 Qualitativer Abgleich 88
  - 2.4.3 Intertemporärer Abgleich 89
- 2.5 Aggregation der Vergleichspreise zum Vergleichswert
  - 2.5.1 Vorbemerkung 97
  - 2.5.2 Aggregation der Vergleichspreise 99
  - 2.5.3 Genauigkeitsmaße des Vergleichswerts
    - 2.5.3.1 Mittlerer Fehler 110
    - 2.5.3.2 Vertrauensgrenzen 117
    - 2.5.3.3 Standardabweichung 119
- 2.6 Identifizierung und Eliminierung von Ausreißern
  - 2.6.1 Zwei-Sigma-Regel 121
  - 2.6.2 Varianz 124
  - 2.6.3 Variationskoeffizient 125

IV Syst. Darst. Vergleichswertverfahren — Übersicht

		2.6.4	Vertrauensbereich	127
	2.7	\multicolumn{2}{l	}{Ableitung des Verkehrswerts aus dem Vergleichswert}	

- 2.6.4 Vertrauensbereich ... 127
- 2.7 Ableitung des Verkehrswerts aus dem Vergleichswert
  - 2.7.1 Allgemeines ... 130
  - 2.7.2 Subsidiäre Berücksichtigung der Lage auf dem Grundstücksmarkt und besonderer objektspezifischer Grundstücksmerkmale ... 131
  - 2.7.3 Ergänzende Berücksichtigung der Ergebnisse anderer Wertermittlungsverfahren ... 134
- 2.8 Auf- oder Abrundung ... 135
- 3 Vergleichswertverfahren für bebaute Grundstücke
  - 3.1 Überblick ... 136
  - 3.2 Direkter Preisvergleich ... 138
  - 3.3 Mittelbarer Preisvergleich mittels Vergleichsfaktoren bebauter Grundstücke
    - 3.3.1 Allgemeines ... 139
    - 3.3.2 Beispiel ... 144
  - 3.4 Vergleichs- und Anpassungsfaktoren für bebaute Grundstücke
    - 3.4.1 Allgemeines ... 145
    - 3.4.2 Abhängigkeit des Verkehrswerts von Lage und Baujahr ... 146
    - 3.4.3 Abhängigkeit des Verkehrswerts von Wohnfläche ... 147
    - 3.4.4 Abhängigkeit des Verkehrswerts von Grundstücksgröße ... 148
    - 3.4.5 Abhängigkeit des Verkehrswerts von der Nettokaltmiete ... 149
- 4 Bodenwertermittlung im Wege des Vergleichswertverfahrens
  - 4.1 Bodenwert ... 150
  - 4.2 Bodenwertermittlung mittels Vergleichspreisen (Beispiel) ... 152
  - 4.3 Bodenrichtwertverfahren nach § 16 Abs. 1 Satz 4 ImmoWertV
    - 4.3.1 Bodenrichtwert ... 153
    - 4.3.2 Zulässigkeit und Bedeutung des Bodenrichtwertverfahrens
      - 4.3.2.1 Allgemeines ... 155
      - 4.3.2.2 Geeignete Bodenrichtwerte nach ImmoWertV ... 159
      - 4.3.2.3 Berücksichtigung von Bodenrichtwerten vergleichbarer Gebiete und von Abweichungen nach § 16 Abs. 1 Satz 4 ImmoWertV ... 163
  - 4.4 Bodenrichtwerte in der steuerlichen Bewertung ... 166
  - 4.5 Beleihungswertermittlung ... 172
  - 4.6 KostO ... 173
- 5 Berücksichtigung von abweichenden Grundstücksmerkmalen
  - 5.1 Allgemeines ... 174
  - 5.2 Hedonische Modelle, Regressionsanalyse/ein- und mehrdimensionale Schätzfunktion ... 188
  - 5.3 Abweichende Grundstücksmerkmale
    - 5.3.1 Entwicklungszustand
      - 5.3.1.1 Allgemeines ... 200
      - 5.3.1.2 Wartezeit bis zu einer baulichen oder sonstigen Nutzung ... 206
      - 5.3.1.3 Entschädigungs- und Übernahmeanspruch ... 210
    - 5.3.2 Art der baulichen Nutzung ... 215
    - 5.3.3 Maß der baulichen Nutzung
      - 5.3.3.1 Geschossflächenzahl (GFZ) ... 218
      - 5.3.3.2 Baumassenzahl (BMZ) ... 238
      - 5.3.3.3 Grundflächenzahl (GRZ) ... 239
      - 5.3.3.4 Zahl der Vollgeschosse ... 244
    - 5.3.4 Bauweise ... 245
    - 5.3.5 Grundstücksgröße, -tiefe und -zuschnitt
      - 5.3.5.1 Allgemeines ... 247
      - 5.3.5.2 Mosaikverfahren (Vorder- und Hinterland) ... 264
      - 5.3.5.3 Grundstücksgröße ... 275
      - 5.3.5.4 Grundstückstiefe ... 288
      - 5.3.5.5 Grundstückszuschnitt ... 301
      - 5.3.5.6 Frontbreite ... 310
      - 5.3.5.7 Arrondierungs- und Bauerweiterungsfläche ... 312
    - 5.3.6 Bodenbeschaffenheit (Baugrund) ... 314
    - 5.3.7 Abgabenrechtlicher Zustand
      - 5.3.7.1 Allgemeines ... 318
      - 5.3.7.2 Erschließungsbeitrag nach den §§ 123 ff. BauGB ... 321
      - 5.3.7.3 Kanalanschlussbeitrag ... 342
      - 5.3.7.4 Abgabe nach dem Kommunalabgabenrecht (KAG) ... 343

Übersicht — Syst. Darst. Vergleichswertverfahren IV

	5.3.7.5	Sielbaubeitrag	344
	5.3.7.6	Umlegungsausgleichsleistung	350
	5.3.7.7	Ausgleichsbetrag nach den §§ 154 f. BauGB	352
	5.3.7.8	Bodenschutzrechtlicher Ausgleichsbetrag	354
	5.3.7.9	Ablösungsbetrag für Stellplatzverpflichtungen	356
	5.3.7.10	Naturschutzrechtliche Ausgleichszahlung	359
	5.3.7.11	Kostenerstattungsbetrag nach § 135a BauGB	361
	5.3.7.12	Ausgleichsabgabe nach Baumschutzverordnung	367
	5.3.7.13	Walderhaltungsabgabe nach Landeswaldgesetz	374
5.3.8	Lage		
	5.3.8.1	Allgemeines	376
	5.3.8.2	Berücksichtigung mithilfe von Bodenrichtwerten	382
	5.3.8.3	Wohnlage (Makrolage)	385
	5.3.8.4	Nachbarschaftslage	395
	5.3.8.5	Aussichts- und Besonnungslage	399
	5.3.8.6	Wasser- bzw. Ufergrundstück	401
	5.3.8.7	Kleinräumige Lagemerkmale	403

6 Deduktive Bodenwertermittlung

6.1	Allgemeines		418
6.2	Bodenwertermittlung bei warteständigem Bauland auf der Grundlage der Wartezeit		
	6.2.1	Allgemeines	425
	6.2.2	Einfache Bruchteilsmethode	428
	6.2.3	Einfache Diskontierungsmethode	441
6.3	Extraktionsverfahren (Residualwertverfahren) bei warteständigem Bauland		
	6.3.1	Allgemeines	447
	6.3.2	Verfahrensgang	
		6.3.2.1 Allgemeines	463
		6.3.2.2 Verfahrensüberblick	468
	6.3.3	Ausgangswert	
		6.3.3.1 Maßgeblicher Grundstückszustand	473
		6.3.3.2 Ermittlung des Verkehrswerts	475
		6.3.3.3 Baulandproduktionskosten (Überblick)	476
	6.3.4	Erschließung	478
	6.3.5	Planungs-, Bodenordnungs- und Infrastrukturkosten	
		6.3.5.1 Allgemeines	492
		6.3.5.2 Städtebauliche Verträge	500
		6.3.5.3 Umlegungsgebiete	507
	6.3.6	Wartezeit (Vorhaltekosten)	
		6.3.6.1 Allgemeines	509
		6.3.6.2 Voraussichtliche Dauer der Entwicklung	513
		6.3.6.3 Abzinsungszinssatz	515
	6.3.7	Unentgeltliche Flächenbereitstellung	
		6.3.7.1 Allgemeines	530
		6.3.7.2 Rechenschritte	535
	6.3.8	Nebenkosten (Grundstückstransaktionskosten, Unternehmergewinn und -wagnis)	
		6.3.8.1 Grundstückstransaktionskosten	537
		6.3.8.2 Unternehmergewinn	540
		6.3.8.3 Unternehmerwagnis (Wagnisabschlag)	542
6.4	Extraktionsverfahren (Residualwertverfahren) bei fertigem Bauland (baureifes Land)		
	6.4.1	Allgemeines	547
	6.4.2	Kalkulatorische Bodenwertermittlung	553
	6.4.3	Extraktionsverfahren (Residualwertverfahren) bei baureifem Land	
		6.4.3.1 Allgemeines	566
		6.4.3.2 Verfahrensgang	578
		6.4.3.3 Verfeinerter Verfahrensgang bei langfristiger Entwicklung	584
		6.4.3.4 Schwachstellen des Extraktionsverfahrens (Residualwertverfahrens)	589
6.5	Bodenwertermittlung auf der Grundlage der Ertragsfähigkeit		
	6.5.1	Abhängigkeit von Erdgeschossmieten	631
	6.5.2	Abhängigkeit vom Jahresrohertrag	636
6.6	Zielbaumverfahren		638

IV Syst. Darst. Vergleichswertverfahren

1 Anwendungsbereich

1.1 Verkehrswertermittlung nach ImmoWertV

1.1.1 Besondere Stellung des Vergleichswertverfahrens

▶ *Allgemeines zur Verfahrenswahl vgl. Rn. 138, 149 ff., 457 sowie § 8 ImmoWertV Rn. 25 ff., 44, 48 ff.*

1 Zur **Entstehungsgeschichte** und zum **systematischen Aufbau der §§ 15** und 16 ImmoWertV vgl. § 15 ImmoWertV Rn. 1 ff.

2 Das Vergleichswertverfahren *(Direct Comparison Approach/Comparative Method)* ist eine seit jeher **anerkannte Schätzungsmethode**[1] **von besonderem Rang**. § 8 Abs. 1 ImmoWertV führt gleichwohl das **Vergleichswertverfahren gleichrangig neben dem Ertrags- und Sachwertverfahren** auf[2]. Grundsätzlich wird damit keinem der genannten Verfahren ein Vorrang eingeräumt.

Das Vergleichswertverfahren ist, wie im Übrigen auch das in der Marktwertermittlung angewandte Ertrags- und Sachwertverfahren, kein Verfahren, das nach starren und einheitlichen Regeln praktiziert wird. Es handelt sich dabei stets um Oberbegriffe für Verfahren, mit denen in unterschiedlichen Vorgehensweisen und Varianten der Marktwert im Wege des Preisvergleichs ermittelt wird. Diese unterschiedlichen Vorgehensweisen und Techniken sind insbesondere von dem Gegenstand der Marktwertermittlung und den dafür zur Verfügung stehenden Vergleichsdaten abhängig.

3 Das oder die im Einzelfall zur Anwendung kommende(n) Verfahren ist/sind gemäß § 8 Abs. 2 ImmoWertV nach der Art des Gegenstands der Wertermittlung unter Berücksichtigung der im gewöhnlichen Geschäftsverkehr bestehenden Gepflogenheiten und „den sonstigen Umständen des Einzelfalls" zu wählen. Innerhalb dieses Rahmens liegt die Wahl des Wertermittlungsverfahrens im Ermessen des Sachverständigen bzw. des Gutachterausschusses. Die Wahl muss begründet werden[3].

4 Auch wenn die ImmoWertV in § 8 Abs. 1 Satz 1 die drei klassischen Wertermittlungsverfahren gleichrangig aufführt, wird dem **Vergleichswertverfahren eine aus seiner Überzeugungskraft und Plausibilität resultierende Vorrangigkeit**[4] beigemessen. Der BGH hat das Vergleichswertverfahren als die **im Regelfall einfachste und,** wenn eine ausreichende Zahl geeigneter Vergleichspreise zur Verfügung stehen, auch als die **zuverlässigste** Methode bezeichnet, während die anderen Methoden vor allem beim Fehlen geeigneter Vergleichspreise und damit insbesondere bei bebauten Grundstücken in Betracht kommen. Für das BVerwG sind Kaufpreise für gleichartige Grundstücke der „wichtigste Anhaltspunkt" für den Verkehrswert eines Grundstücks[5].

---

[1] BGH, Urt. vom 18.9.1986 – III ZR 83/85 –, BGHZ 98, 341 = EzGuG 4.111; BGH, Urt. vom 12.7.1971 – III ZR 197/68 –, BGHZ 84, 230 = EzGuG 20.50 BGH, Urt. vom 6.11.1958 – III ZR 147/57 –, BGHZ 28, 302 = EzGuG 11.15; BGH, Urt. vom 8.6.1959 – III ZR 66/58 –, BGHZ 30, 281 = EzGuG 6.41; BGH, Urt. vom 19.6.1958 – III ZR 32/57 –, WM 1958, 1360 = EzGuG 20.21.
[2] BGH, Urt. vom 15.6.1965 – V ZR 24/63 –, MDR 1965, 899 = EzGuG 20.39; vgl. auch BR-Drucks. 265/72, S. 7.
[3] BR-Drucks. 352/88, S. 43.
[4] Schon in der Enteignungsrechtsprechung des RG und des PrOVG ist eine Hinwendung vom Ertragswertverfahren zum Vergleichswertverfahren zu erkennen, wobei zwischen Vergleichs- und Ertragswert kein Unterschied erkannt wurde (vgl. PrOVG, Urt. vom 11.2.1897, EzGuG 20.3; PrOVG, Urt. vom 9.11.1897 – 1 C 129/96 –, PrOVGE 32, 156 = EzGuG 20.4; PrOVG, Urt. vom 2.11.1896, EzGuG 20.2a; PrOVG, Urt. vom 21.9.1899 – IX 24/99 –, PrOVGE 8, 322 = EzGuG 20.6; PrOVG, Urt. vom 18.1.1902, EzGuG 20.6a; PrOVG, Urt. vom 19.5.1911 – VIII C 315/10 –, PrVBl. 1922, 61 = EzGuG 20.9; RG in PrVBl. 29, 72; RG, Urt. vom 4.4.1911 – VII 273/10 –, JW 1911, 556; RG in PrVBl. 31, 162.
[5] BVerwG, Urt. vom 13.11.1964 – 7 C 20/64 –, BRS Bd 26 Nr 94 = EzGuG 20.38.

Anwendungsbereich   **Syst. Darst. Vergleichswertverfahren IV**

Bei näherer Betrachtung kommt dem Vergleichswertverfahren diese Vorrangigkeit in erster Linie nur der Ermittlung von Bodenwerten unbebauter Grundstücke einschließlich der **Bodenwertermittlung bebauter Grundstücke zu** (vgl. Ziff. 2 Abs. 2 des Entwurfs der VergleichswertR v. 9.7.2013)[6].   5

Dass das Vergleichswertverfahren eine dominante Stellung für die Bodenwertermittlung einnimmt, ist darauf zurückzuführen, dass dem **Vergleichswertverfahren** ohnehin die **höchste Überzeugungskraft** beizumessen ist und die übrigen Verfahren (Extraktions- und Ertragswertverfahren) bei der Ermittlung des Bodenwerts im höchsten Maße fehlerträchtig sind und vielfach versagen: 6

– „Den **sichersten Anhalt für die Ermittlung des gemeinen Werts** (= *Verkehrswert*) bieten die für das Grundstück oder die für wesentlich gleichartige Grundstücke in der letzten Zeit gezahlten Vergleichspreise", hat schon das PrOVG in einer Entscheidung aus dem Jahre 1910[7] ausgeführt und tatsächlich ist das Vergleichswertverfahren nicht nur die einfachste, sondern auch die zuverlässigste Methode, wenn genügend Vergleichspreise vorliegen (vgl. Rn. 457)[8].

– Der BFH hat der **Ermittlung des gemeinen Werts unbebauter Grundstücke** durch unmittelbare Ableitung aus Kaufpreisen für vergleichbare Grundstücke den Vorzug vor der Wertermittlung auf der Grundlage von Bodenrichtwerten gegeben.[9]

– Den **Verkehrswert des Grund und Bodens aus dem fiktiven Ertrag** eines auf dem Grundstück errichtbaren Gebäudes zu ermitteln, ist dagegen nicht nur äußerst fehlerträchtig[10], sondern auch mit Erfahrungssätzen unvereinbar[11]. Nur wenn die Vergleichsmethode „aus irgendeinem Grund versagt", wird dem Verfahren in der Rechtsprechung eine Bedeutung beigemessen[12]. Es ist in diesem Fall allerdings nur dann „gangbar", wenn die Anwendung dieser Methode „sichere Anhaltspunkte" verspricht[13].

Dies ist im Übrigen auch darauf zurückzuführen, dass sich die **Bodenpreise** im Spiel von Angebot und Nachfrage **vom Ertragswert weit entfernt** haben, weil Grund und Boden nach der überwiegenden Verkehrsauffassung eine so sichere Kapitalanlage ist, dass auf eine mit anderen Anlagegütern vergleichbare Rendite weithin verzichtet wird.

Die **Vorrangigkeit des Vergleichswertverfahrens ist bei bebauten Grundstücken i. d. R. nicht gegeben**, weil diese zumindest bei individueller Bauweise eine im Verhältnis zu unbebauten Grundstücken geringere Vergleichbarkeit untereinander aufweisen.   7

1.1.2 Anwendungsvoraussetzung

Voraussetzung für die Anwendung des Vergleichswertverfahrens ist, dass eine **ausreichende Zahl geeigneter Vergleichsgrundstücke** zur Verfügung steht (§ 15 Abs. 1 Satz 1 ImmoWertV). Nur dann ist das Vergleichswertverfahren nicht nur die „einfachste", sondern auch die „zuverlässigste Methode". **Geeignete Vergleichsgrundstücke** sind solche, die mit dem zu bewertenden Grundstück hinreichend übereinstimmende Grundstücksmerkmale aufweisen[14].   8

---

6 BR-Drucks. 265/72, S. 32; vgl. Glosse in GuG-aktuell 2013, 25.
7 PrOVG, Urt. vom 10.6.1910 – VIII C 99/09 –, PrVBl. 1932, 71 = EzGuG 20.8; so auch im amerikanischen Schrifttum: The Appraisal of Real Estate, 12. Aufl. 2002, S. 62: *„Of the various techniques that can be applied to estimate land value, sales comparison is usually the most reliable."*
8 BGH, Urt. vom 12.7.1971 – III ZR 197/68 –, BGHZ 84, 230 = EzGuG 20.50.
9 BFH, Urt. vom 21.7.1993 – II R 13/91 –, BFH/NV 1994, 610 = EzGuG 20.147a; BFH, Urt. vom 21.5.1982 –, BFHE 136, 141 = BStBl II 1982, 604 = EzGuG 20.99; BFH, Urt. vom 26.9.1980 – III R 21/78 –, BFHE 132, 101 = BStBl II 1981, 153 = EzGuG 20.86
10 Ermert in AVN 1967, 213; Schahn in VR 1985, 173.
11 KG Berlin, Urt. vom 20.5.1957 – 9 U 491/57 –, BGBW 1959, 14 = EzGuG 4.6.
12 KG Berlin, Beschl. vom 23.5.1958 – 9 U 812/57 –, BlGBW 1959, 15 = EzGuG 4.9.
13 BGH, Urt. vom 27.11.1961 – III ZR 167/60 –, BGHZ 1962, 204 = EzGuG 4.16; ohne Einschränkung noch BGH, Urt. vom 10.2.1958 – III ZR 168/56 –, WM 1958, 499 = EzGuG 4.8.
14 BGH, Urt. vom 19.12.1963 – III ZR 162/63 –, BRS Bd. 19 Nr. 21 = EzGuG 20.35; entsprechend auch der BFH, Urt. vom 26.9.1980 – III R 21/78 –, BFHE 132, 101 = EzGuG 20.86; RFH, Urt. vom 31.3.1938 – III 228/37 –, RStBl 1938, 564 = EzGuG 4.4a.

IV Syst. Darst. Vergleichswertverfahren — Anwendungsbereich

In diesem Zusammenhang ist darauf hinzuweisen, dass nach den Empfehlungen der Ziff. 3 der VergleichswertR (Entwurf v. 9.7.2013) zwischen dem „**Kaufpreis**" und dem „**Vergleichspreis**" unterschieden werden soll.

Umgangssprachlich werden unter „Vergleichspreisen" grundsätzlich alle originären Kaufpreise verstanden, die nach Maßgabe des § 15 Abs. 1 Satz 2 ImmoWertV zum Preisvergleich in Betracht kommen. Sie können insbesondere den Kaufpreissammlungen nach § 195 BauGB der Gutachterausschüsse für Grundstückswerte entnommen werden, aber auch aus anderen Quellen stammen. Davon abweichend soll nach den Empfehlungen der Ziff. 3 der VergleichswertR (Entwurf v. 9.7.2013) unter einem „Vergleichspreis" begrifflich **nur ein Kaufpreis bezeichnet werden, der bereits „soweit erforderlich" an die Grundstücksmerkmale der zu bewertenden Liegenschaft sowie an die allgemeinen Wertverhältnisse des maßgeblichen Wertermittlungsstichtags „angepasst" wurde**, d.h. insbesondere auf die Grundstücksmerkmale des Wertermittlungsobjekts umgerechnet wurde. Diese Empfehlung ist verbraucherfeindlich, da der nicht vorgebildete Leser eines Gutachtens die sprachliche Differenzierung nicht erkennen kann. Die bloße Bezugnahme in einem Gutachten auf bereits „umgerechnete" Vergleichspreise lässt vor allem nicht erkennen, ob die herangezogenen Vergleichspreise tatsächlich geeignet sind, denn dafür ist zu fordern, dass die originären „Kaufpreise" sich auf Grundstücke beziehen, die mit dem zu bewertenden Grundstück hinreichend vergleichbar sind. Im Interesse der Transparenz und Nachvollziehbarkeit eines Gutachtens wäre es besser, sprachlich zwischen den *originären* und den ggf. *umgerechneten Vergleichspreisen* zu unterscheiden, denn die Abweichungen sind ein entscheidendes Kriterium für die Beurteilung der Eignung der herangezogen Kaufpreise.

9 Neben den in § 15 Abs. 1 Satz 1 ImmoWertV expressis verbis genannten Vergleichspreisen muss auch die **Heranziehung sonstiger Marktindikatoren und Wertparameter, wie z. B. qualifizierte Höchstgebote bei Ausschreibungen und Versteigerungen** in Betracht gezogen werden, die im Rahmen eines Vergleichswertverfahrens für eine fundierte Marktwertermittlung geeignet sind oder das Ergebnis abstützen können. Werden die zur Verfügung stehenden und zugänglichen Marktindikatoren (Vergleichsdaten) nicht vollständig und in angemessener Weise bei der Marktwertermittlung berücksichtigt, so kann daraus eine mängelbehaftete Marktwertermittlung resultieren.

10 Die **Zuverlässigkeit des Vergleichswertverfahrens verringert sich, je größer die Anpassung** ist, die aufgrund von Unterschieden in den wertbeeinflussenden Grundstücksmerkmalen der Vergleichsobjekte zu dem zu bewertenden Grundstück sowie aufgrund der zu berücksichtigenden Abweichungen in den allgemeinen Wertverhältnissen auf dem Grundstücksmarkt erforderlich wird[15].

11 Als **Maß der Übereinstimmung** können die Zu- und Abschläge gelten, die nach Maßgabe des § 15 Abs. 1 Satz 4 bzw. § 16 Abs. 1 Satz 4 ImmoWertV zur Berücksichtigung von Abweichungen an die zum Vergleich herangezogenen Kaufpreise anzubringen sind.

– Grundsätzlich muss man davon ausgehen, dass **Abweichungen von 10 %** auch in der Rechtsprechung als „üblich" angesehen werden, wobei auch diese Grenze eher zu niedrig angesetzt ist. Von maßgeblicher Bedeutung ist in diesem Zusammenhang die Erheblichkeitsschwelle, die zum Ausscheiden von Kaufpreisen nach § 7 ImmoWertV führt. Deshalb müssen auch Grundstücke als vergleichbar angesehen werden, bei denen zur Berücksichtigung von Abweichungen in den Zustandsmerkmalen und von Änderungen in den allgemeinen Wertverhältnissen auf dem Grundstücksmarkt höhere Zu- oder Abschläge angebracht werden müssen.

– Das KG Berlin[16] war des Weiteren der Auffassung, dass nicht alle Grundstücke mithilfe von Zu- und Abschlägen miteinander vergleichbar gemacht werden könnten, sondern nur die, bei denen verhältnismäßig geringfügige Differenzen zu überbrücken seien und bei denen die **Zu- oder Abschläge die Größenordnung von höchstens 30 % oder allenfalls 35 % nicht überstiegen**. Die Notwendigkeit von Korrekturen in Höhe von 40 % und mehr zeige dagegen, dass die angeblich vergleichbaren Grundstücke in Wahrheit nicht miteinander verglichen werden können. Des Weiteren weist das KG darauf hin, dass prozentuale

---

15 Britton/Davies, Modern Methods of Valuation of Land, Houses and Buildings, 8. Aufl. London 1989, S. 39 ff.
16 KG Berlin, Urt. vom 1.11.1969 – U 1449/68 –, EzGuG 20.46 = AVN 1970, 68; bereits das PrOVG hat sich mit dieser Problematik eingehend beschäftigt; vgl. PrOVG, Urt. vom 2.11.1896 –, PrOVG V, 238 = EzGuG 20.2.

Zu- und Abschläge in ihrer Höhe niemals nach einer vom Sachverstand geschaffenen Methode genau berechnet werden könnten, im Rahmen des dem Gericht nach § 287 ZPO zustehenden Ermessens zu schätzen seien und damit stets Raum für unterschiedliche Auffassungen böten (vgl. Rn. 43 ff.). Einen Abzug von 30 % hat auch das VG Schleswig bejaht (vgl. § 6 ImmoWertV Rn. 17 ff.)[17].

– Das **LG Berlin**[18] hat anknüpfend an die genannte Rechtsprechung des KG unter Hinweis auf die mit der WertV in der seit 1988 geltenden Fassung geänderte Regelung des § 13 Abs. 1 Satz 1 die Grenzen des Maßes der Übereinstimmung marginal erweitert und unter bestimmten Umständen einen Lagezuschlag von 40 % zur Berücksichtigung solcher Abweichungen für zwar „nicht unbedenklich", aber nach Ansicht des erkennenden Gerichts „auf der Basis der §§ 13, 14 WertV 88 noch vertretbar" befunden (vgl. Rn. 42).

Die von der Rechtsprechung gezogenen Grenzen müssen differenziert betrachtet werden. Dabei ist insbesondere zwischen bebauten und unbebauten Grundstücken zu unterscheiden. Darüber hinaus wird man bei inhomogenen Marktverhältnissen größere Abweichungen als bei homogenen Marktverhältnissen in Kauf nehmen müssen. Generell wird man bei besonders **individuell gestalteten und beschaffenen Grundstücken** größere Abweichungen der herangezogenen Vergleichsgrundstücke von dem Wertermittlungsobjekt hinnehmen müssen als bei marktüblicheren Objekten. **12**

Zudem muss man berücksichtigen, dass bereits Kaufpreise völlig gleichartiger Grundstücke im gewöhnlichen Geschäftsverkehr in nicht unerheblichem Maße streuen. **13**

Überschreiten die zur Berücksichtigung von Abweichungen zwischen den Grundstücksmerkmalen der Vergleichsgrundstücke und dem zu bewertenden Grundstück anzubringenden Zu- oder Abschläge die aufgezeigten Grenzen, sind die Voraussetzungen für die Anwendung des Vergleichswertverfahrens nicht mehr gegeben und das Verfahren ist im Ergebnis zur Verkehrswertermittlung ungeeignet. **14**

1.2 Steuerliche Bewertung

▶ *Hierzu Rn. 166; zum Bodenrichtwertverfahren vgl. § 10 ImmoWertV Rn. 33 ff.; zu baufälligen Gebäuden vgl. § 16 ImmoWertV Rn. 129; zu Gebäuden im Zustand der Bebauung vgl. § 8 ImmoWertV Rn. 148; § 13 ImmoWertV Rn. 49; zum steuerlichen Sachwertverfahren vgl. Syst. Darst. des Sachwertverfahrens Rn. 42 ff.*

In der steuerlichen Bewertung wird dem **Vergleichswertverfahren** ausdrücklich ein **Vorrang** vor allen anderen Ermittlungsverfahren eingeräumt[19]. **15**

Im Rahmen der steuerlichen Bewertung findet das Vergleichswertverfahren Anwendung **16**

1. bei der **Ermittlung des Einheitswerts von unbebauten Grundstücken,**

2. bei der **Ermittlung des Grundbesitzwerts von unbebauten Grundstücken für Zwecke der Grunderwerbsteuer** nach § 145 Abs. 3 BewG

„§ 145 Abs. 3 BewG

(3) Der Wert eines unbebauten Grundstücks bestimmt sich regelmäßig nach seiner Fläche und dem um 20 Prozent ermäßigten Bodenrichtwert (§ 196 des Baugesetzbuchs in der jeweils geltenden Fassung). Die Bodenrichtwerte sind von den Gutachterausschüssen nach dem Baugesetzbuch zu ermitteln und den Finanzämtern mitzuteilen. Bei der Wertermittlung ist stets der Bodenrichtwert anzusetzen, der vom Gutachterausschuss zuletzt zu ermitteln war. Wird von den Gutachterausschüssen kein Bodenrichtwert ermittelt, ist der Bodenwert aus den Werten vergleichbarer Flächen abzuleiten und um 20 Prozent zu ermäßigen.

---

17 VG Schleswig, Urt. vom 25.9.1974 – 2 A 108/74 –, SchlHA 1975, 18 = EzGuG 15.2
18 LG Berlin, Urt. vom 11.8.1998 – 29 O 371/97 –, GuG 1999, 250 = EzGuG 19.46a.
19 BFH, Urt. vom 26.9.1980 – III R 21/78 –, BFHE 132,101 = BStBl II 1981, 153 = EzGuG 20.86; BFH, Beschl. vom 21.5.1982 – III B 32/81 –, BFHE 136,141 = EzGuG 20.9; BFH, Urt. vom 29.4.1987 – X R 2/80 –, BFHE 150, 453 = EzGuG 19.39b.

IV Syst. Darst. Vergleichswertverfahren — Grundzüge

3. bei der **Ermittlung des Grundbesitzwerts von unbebauten Grundstücken für Zwecke der Erbschaft- und Schenkungsteuer** nach § 179 BewG i. V. m. Abschn. 5 bis 7 der Ländererlasse,
4. bei der Ermittlung des Grundbesitzwerts für Zwecke der Erbschaft- und Schenkungsteuer von **Wohnungseigentum, Teileigentum** sowie **Ein- und Zweifamilienhäusern** (§ 182 Abs. 2 BewG).

17   Das **Vergleichswertverfahren ist für die Belange der steuerlichen Bewertung** weitgehend identisch mit § 15 ImmoWertV in § 183 BewG geregelt; auch die Vergleichsfaktoren nach § 13 ImmoWertV sind als Bewertungsgrundlage heranzuziehen. Besonderheiten, insbesondere die den Wert beeinflussenden Belastungen privatrechtlicher und öffentlich-rechtlicher Art, werden allerdings nicht berücksichtigt (§ 183 Abs. 3 BewG).

„**§ 183 BewG** Bewertung im Vergleichswertverfahren
(1) Bei Anwendung des Vergleichswertverfahrens sind Kaufpreise von Grundstücken heranzuziehen, die hinsichtlich der ihren Wert beeinflussenden Merkmale mit dem zu bewertenden Grundstück hinreichend übereinstimmen (Vergleichsgrundstücke). Grundlage sind vorrangig die von den Gutachterausschüssen im Sinne der §§ 192 ff. des Baugesetzbuchs mitgeteilten Vergleichspreise.
(2) Anstelle von Preisen für Vergleichsgrundstücke können von den Gutachterausschüssen für geeignete Bezugseinheiten, insbesondere Flächeneinheiten des Gebäudes, ermittelte und mitgeteilte Vergleichsfaktoren herangezogen werden. Bei Verwendung von Vergleichsfaktoren, die sich nur auf das Gebäude beziehen, ist der Bodenwert nach § 179 gesondert zu berücksichtigen.
(3) Besonderheiten, insbesondere die den Wert beeinflussenden Belastungen privatrechtlicher und öffentlich-rechtlicher Art, werden im Vergleichswertverfahren nach den Absätzen 1 und 2 nicht berücksichtigt."

1.3   Besonderheiten der BelWertV

18   Die Regelungen der BelWertV zum Vergleichswertverfahren entsprechen den Regelungen der §§ 15 f. ImmoWertV, jedoch ist nach § 19 Abs. 1 Satz 2 BelWertV zur Ermittlung des Beleihungswerts von dem ermittelten Vergleichswert ein **„Sicherheitsabschlag" von mindestens 10 %** in Abzug zu bringen.

2   Grundzüge des Vergleichswertverfahrens

2.1   Allgemeines

2.1.1   Mittelbarer und unmittelbarer Preisvergleich

▶ *Vgl. § 196 BauGB Rn. 5 ff.*

19   In seinen Grundzügen folgt das Vergleichswertverfahren dem Grundgedanken, dass eine Sache so viel wert ist, wie üblicherweise im gewöhnlichen Geschäftsverkehr dafür als Preis erzielt werden kann. Sich an den Preisen für vergleichbare Objekte zu orientieren, entspricht auch den auf dem Grundstücksmarkt vorherrschenden Gepflogenheiten. Die **Usancen des gewöhnlichen Geschäftsverkehrs**, d. h. die Maßstäbe, die der Verkehr bei Grundstücksverkäufen und -ankäufen anzuwenden pflegt, **sind mithin ein wesentliches bei der Wahl des Wertermittlungsverfahrens zu berücksichtigendes Kriterium**[20].

20   Gemeinhin wird bei **Anwendung des Vergleichswertverfahrens** unterschieden zwischen
– dem *unmittelbaren* Preisvergleich, bei dem der Verkehrswert direkt aus Kaufpreisen von Vergleichsgrundstücken abgeleitet wird, die zeitgleich mit dem Wertermittlungsstichtag

---

[20] OLG Köln, Urt. vom 28.8.1962 – 9 U 28/58 –, NJW 1962, 2161 = EzGuG 20.31; vgl. Begründung zur WertV 61 im BAnz. Nr. 154 vom 12.8.1961 sowie zur WertV 72; BR-Drucks. 352/72, S. 7 f.; Pagendarm in WM 1958, 1350.

für Grundstücke vereinbart worden sind, die mit dem zu bewertenden Grundstück übereinstimmende Grundstücksmerkmale aufweisen, sowie

- dem *mittelbaren* Preisvergleich, bei dem die Kaufpreise geeigneter Vergleichsgrundstücke bzw. Bodenrichtwerte zunächst auf den Wertermittlungsstichtag und/oder auf die Grundstücksmerkmale des zu bewertenden Grundstücks umgerechnet werden müssen (vgl. § 8 ImmoWertV Rn. 53 ff.).

Beim **unmittelbaren Preisvergleich** soll der Bodenwert des Wertermittlungsobjekts aus Kaufpreisen vergleichbarer Grundstücke *(comparables)* abgeleitet werden (vgl. Rn. 48 und Abb. 1)[21].

Abb. 1: **Unmittelbarer Preisvergleich**

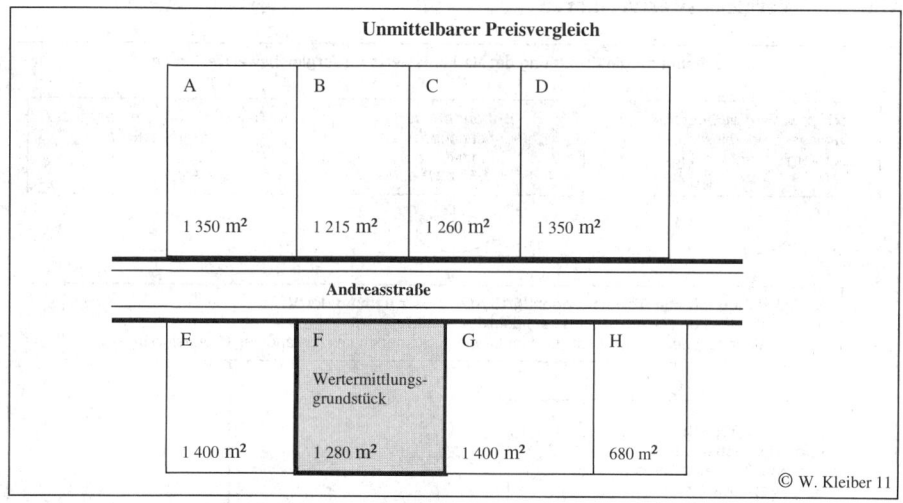

Beispiel:

Der Verkehrswert des Grundstücks F soll zum Wertermittlungsstichtag 1.5.2011 ermittelt werden. Es liegen folgende Kaufpreise vergleichbarer Grundstücke vor:

Grundstück	Verkaufszeitpunkt	Gesamtkaufpreis	Grund und Boden €/m²
E	2.3.2011	190 400 €	136 €/m²
D	19.3.2011	195 750 €	145 €/m²
G	4.4.2011	210 000 €	150 €/m²
		Mittel: $\bar{x}$	**= 144 €/m²**

Der Vergleichspreis für das Grundstück F beträgt rd. 144 €/m². Der (vorläufige) Vergleichswert (Verkehrswert) des Grundstücks F beträgt rd. 184 300 € (1 280 m² × 144 €/m² = 184 320 €).

Der **unmittelbare Preisvergleich stellt** dabei **eine idealtypische Wunschvorstellung dar**, die praktisch kaum jemals Bedeutung erlangt (omne simile claudicat). Denn Grundstücke stellen Unikate mit individuellen Eigenschaften dar, die sich selbst bei unmittelbarer Nachbarschaft i. d. R. erheblich unterscheiden, sodass allenfalls in Ausnahmefällen zustandsgleiche Vergleichsgrundstücke dem Gutachter an die Hand gegeben sind. Dass dabei zudem der Vergleichspreis etwa zeitgleich zum Wertermittlungsstichtag vereinbart worden ist, um für einen „unmittelbaren" Preisvergleich geeignet zu sein, wäre dann schon ein Glücksfall, der sicherlich kaum jemals auch gleich für eine hinreichende Anzahl von Vergleichspreisen gege-

---

21 Abwegig die Behauptung von Robinson (Drivers Jonas) in AIZ 2006, 63, das Vergleichswertverfahren der ImmoWertV stütze sich nicht auf Vergleichstransaktionen.

IV Syst. Darst. Vergleichswertverfahren Grundzüge

ben ist. Tatsächlich ist die Unterscheidung zwischen dem mittelbaren und unmittelbaren Preisvergleich deshalb „graue Theorie"; den unmittelbaren Preisvergleich gibt es demzufolge nicht.

2.1.2 Verfahrensübersicht

24 In seinem **Aufbau** folgt das in § 15 ImmoWertV geregelte **Vergleichswertverfahren** den beschriebenen Gepflogenheiten des gewöhnlichen Geschäftsverkehrs. Das Verfahren vollzieht sich in den in Abb. 2 schematisch dargestellten Stufen.

25 In seiner **Grundstruktur** stellt sich das Vergleichswertverfahren in einer Übersicht wie folgt dar (Abb. 2):

Abb. 2: Vergleichswertverfahren

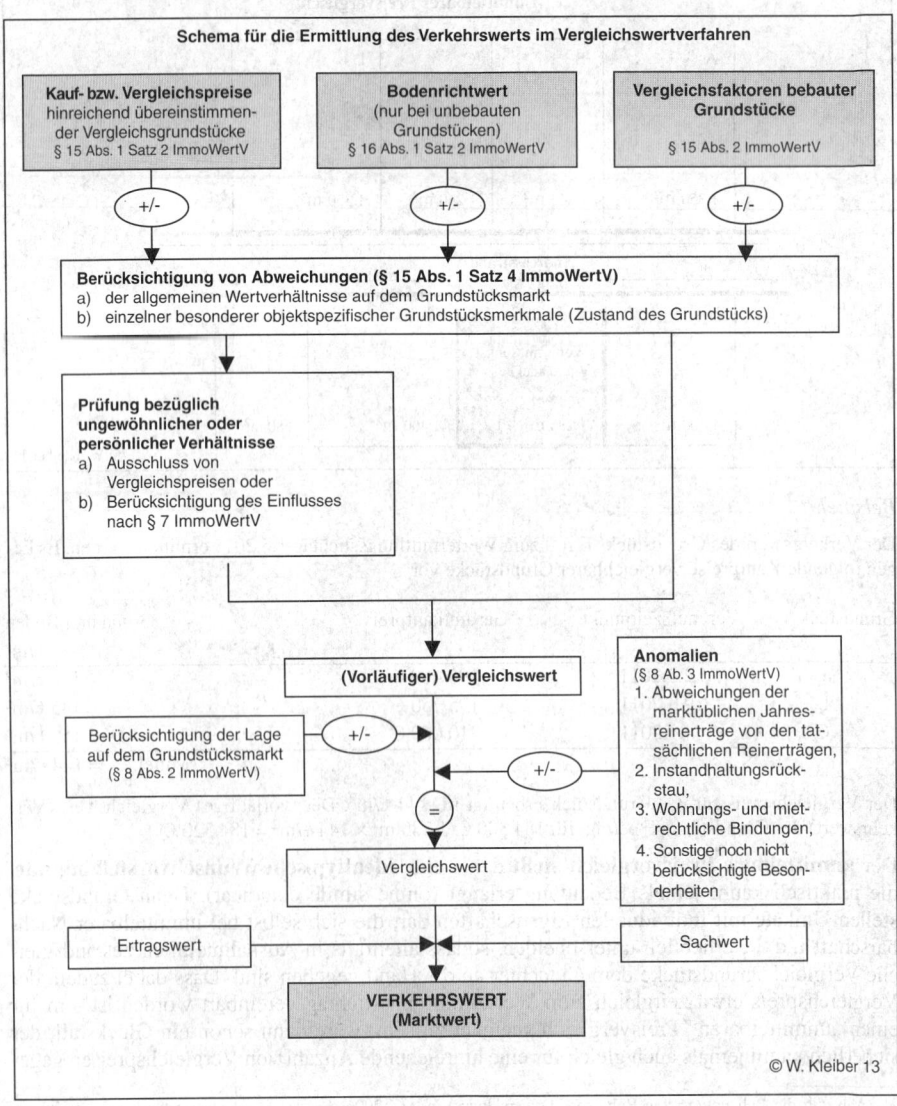

Syst. Darst. Vergleichswertverfahren IV

1. Qualifizierung der Grundstücksmerkmale (Zustand) und der allgemeinen Wertverhältnisse auf dem Grundstücksmarkt

Wie bei jedem anderen Wertermittlungsverfahren ist **Ausgangspunkt** zunächst 26

a) die Qualifizierung des Zustands des (zu bewertenden) Grundstücks nach den Grundstücksmerkmalen des Qualitätsstichtags (§ 4 Abs. 1 ImmoWertV) sowie

b) die Feststellung des Wertermittlungsstichtags, d. h. des Zeitpunkts, auf den sich die Wertermittlung beziehen soll (§ 3 Abs. 1 ImmoWertV).

2. Heranziehung von Vergleichspreisen/Bodenrichtwerten/Vergleichsfaktoren bebauter Grundstücke

Entsprechend dem der Wertermittlung zugrunde zu legenden Grundstückszustand und dem 27 maßgeblichen Wertermittlungsstichtag müssen **Kaufpreise** von Vergleichsgrundstücken (Vergleichspreise) herangezogen werden, die

a) einerseits hinsichtlich ihrer Grundstücksmerkmale mit denen des zu bewertenden Grundstücks möglichst hinreichend übereinstimmen (Rn. 28 ff.) und

b) andererseits zu einem Zeitpunkt vereinbart worden sind, der dem Wertermittlungsstichtag möglichst nahe liegt (Rn. 35 ff.).

Soweit es um die *Ermittlung des Bodenwerts* geht, „kann der Bodenwert auch auf der Grund- 28 lage **geeigneter Bodenrichtwerte**" i. S. des § 10 ImmoWertV ermittelt werden (vgl. § 16 Abs. 1 Satz 2 ImmoWertV). Bodenrichtwerte sind nach § 16 Abs. 1 Satz 3 ImmoWertV „geeignet", wenn die Merkmale des jeweiligen Bodenrichtwertgrundstücks hinreichend mit den Grundstücksmerkmalen des zu bewertenden Grundstücks übereinstimmen. Grundsätzlich hat dabei jedoch die **Heranziehung von Kaufpreisen geeigneter Vergleichsgrundstücke Vorrang vor der Heranziehung von Bodenrichtwerten** (vgl. Rn. 183 ff.).

Soweit es um die *Ermittlung des Verkehrswerts bebauter Grundstücke* geht „können neben 29 oder anstelle von Vergleichspreisen … **geeignete Vergleichsfaktoren**" i. S. des § 13 ImmoWertV herangezogen werden. Vergleichsfaktoren (Ertrags- und Gebäudefaktoren) sind nach § 15 Abs. 2 Satz 3 ImmoWertV „geeignet", wenn die Grundstücksmerkmale der ihnen zugrunde liegenden Grundstücke wiederum hinreichend mit denen des zu bewertenden Grundstücks übereinstimmen.

3. Interqualitativer und intertemporärer Abgleich (Berücksichtigung von Abweichungen)

▶ *Vgl. § 11 ImmoWertV Rn. 2 ff.*

Eine Immobilie ist kein Fließbandprodukt wie Kühlschränke, Autos oder Streichholzschach- 30 teln. Schon aufgrund seines Standorts hat **jedes Grundstück eine eigene Individualität** und weist auch ansonsten mehr oder minder große Unterschiede in seinen Grundstücksmerkmalen gegenüber denen der in Betracht kommenden Vergleichsgrundstücke, Bodenrichtwerte bzw. Vergleichsfaktoren auf.

Neben diesen qualitativen Unterschieden der Grundstücksmerkmale des zu bewertenden 31 Grundstücks im Verhältnis zu denen der Vergleichsgrundstücke, Bodenrichtwerte und Vergleichsfaktoren bebauter Grundstücke gilt es zu berücksichtigen, dass die für die **Vergleichsgrundstücke** auf dem Markt ausgehandelten Preise regelmäßig zu einer Zeit vereinbart wurden, die gegenüber dem Wertermittlungsstichtag (vgl. § 3 Abs. 1 ImmoWertV) **von einem unterschiedlichen allgemeinen Preis- oder Wertniveau bestimmt** ist. Entsprechendes gilt auch für die vom Gutachterausschuss abgeleiteten Bodenrichtwerte und Vergleichsfaktoren bebauter Grundstücke. Die allgemeinen Wertverhältnisse auf dem Grundstücksmarkt sind nämlich insbesondere aufgrund von Veränderungen der allgemeinen wirtschaftlichen Verhältnisse i. d. R. stetigen Schwankungen unterworfen und nur selten und allenfalls kurzfristig konstant.

IV Syst. Darst. Vergleichswertverfahren   Grundzüge

32 Da es kaum jemals gelingen wird, Vergleichspreise, Bodenrichtwerte bzw. Vergleichsfaktoren bebauter Grundstücke von Grundstücken heranzuziehen, deren Grundstücksmerkmale völlige Identität mit den Grundstücksmerkmalen des zu bewertenden Grundstücks aufweisen und zudem sich auch noch auf die allgemeinen Wertverhältnisse des Wertermittlungsstichtags beziehen, müssen die Kaufpreise geeigneter Vergleichsgrundstücke (Vergleichspreise), Bodenrichtwerte bzw. Vergleichsfaktoren bebauter Grundstücke in einem **intertemporären und interqualitativen Preisvergleich** auf die allgemeinen Wertverhältnisse des maßgeblichen Wertermittlungsstichtags sowie auf die Grundstücksmerkmale des zu bewertenden Objekts umgerechnet werden (§ 15 Abs. 1 Satz 4 bzw. § 16 Abs. 1 Satz 4 ImmoWertV):

1. *Unterschiede in den allgemeinen Wertverhältnissen auf dem Grundstücksmarkt, die den herangezogenen* Kauf- bzw. Vergleichspreisen, Bodenrichtwerten bzw. Vergleichsfaktoren bebauter Grundstücke zugrunde liegen, von denen, die am Wertermittlungsstichtag maßgebend sind (konjunkturelle Wertänderungen), *„sollen"* nach § 11 ImmoWertV *„mit Indexreihen erfasst werden"* (intertemporärer Preisvergleich).

2. *Unterschiede* der zum Preisvergleich herangezogenen Vergleichsgrundstücke, Bodenrichtwerte bzw. Vergleichsfaktoren bebauter Grundstücke in ihren *qualitativen Grundstücksmerkmalen* (vgl. §§ 4 bis 6 ImmoWertV) gegenüber denen des zu bewertenden Grundstücks (interqualitativer Preisvergleich) *„sollen"* nach § 12 ImmoWertV *„mithilfe von Umrechnungskoeffizienten ... erfasst werden"*.

Im Unterschied zu den genannten Sollvorschriften „sind" nach § 15 Abs. 1 Satz 4 ImmoWertV Änderungen der allgemeinen Wertverhältnisse auf dem Grundstücksmarkt sowie entsprechende Abweichungen einzelner Grundstücksmerkmale „in der Regel" auf der Grundlage von Umrechnungskoeffizienten und Indexreihen zu berücksichtigen.

33 Den genannten „**Soll-Vorschriften**" kann nur entsprochen werden, wenn entsprechende Umrechnungskoeffizienten und Indexreihen vom Gutachterausschuss für Grundstückswerte abgeleitet und veröffentlicht worden sind. Tatsächlich werden von den Gutachterausschüssen für Grundstückswerte auch eine Reihe von Umrechnungskoeffizienten und Indexreihen abgeleitet. Die Ableitung beschränkt sich vornehmlich auf Umrechnungskoeffizienten und Indexreihen zum Bodenwert. Für bebaute Grundstücke sind Umrechnungskoeffizienten und Indexreihen bislang nur vereinzelt abgeleitet und veröffentlicht worden, sodass der Soll-Vorschrift nicht entsprochen werden kann.

▶ *Zum Verhältnis der Regelung des § 15 Abs. 1 Satz 4 ImmoWertV zu § 8 Abs. 2 und 3 ImmoWertV vgl. im Übrigen Rn. 40 sowie § 15 ImmoWertV Rn. 19*

4. *Identifizierung und Eliminierung von Ausreißern*

▶ *Zu Ausreißern vgl. Rn. 120 ff. sowie § 7 ImmoWertV Rn. 17 ff.*

34 Hat man die zum Preisvergleich herangezogenen Kaufpreise vergleichbarer Grundstücke hinsichtlich der jeweiligen Zustandsmerkmale und der allgemeinen Wertverhältnisse mit denen des zu bewertenden Grundstücks gleichnamig gemacht, so werden diese Kaufpreise noch immer in einem gewissen Umfang voneinander abweichen, ohne dass diese **Streuung der Kaufpreise** auf bestimmte Einflüsse zurückgeführt werden kann. Dies kann auf Zufälligkeiten zurückgeführt werden, die für den gewöhnlichen Geschäftsverkehr durchaus kennzeichnend sind. Denn auf einem freien Grundstücksmarkt spielen regelmäßig auch Zufälligkeiten z. B. in Bezug auf subjektive Anschauungen der Vertragsparteien und ihr Verhandlungsgeschick eine Rolle, selbst wenn ungewöhnliche oder persönliche Verhältnisse i. S. des § 7 ImmoWertV nicht zum Tragen gekommen sind.

35 Bevor eine Aggregation der regelmäßig „streuenden" Vergleichspreise vorgenommen werden kann, muss aber sorgsam geprüft werden, ob sich unter den **zum Vergleich herangezogenen Kaufpreisen** auch solche befinden, **die** i. S. des § 7 ImmoWertV **„erheblich" von vergleichbaren Kauffällen abweichen** und deshalb nicht dem gewöhnlichen Geschäftsverkehr zurechenbar sind. Da sich nach § 194 BauGB der Verkehrswert nach dem im gewöhnlichen

Grundzüge — Syst. Darst. Vergleichswertverfahren IV

Geschäftsverkehr ohne Rücksicht auf ungewöhnliche oder persönliche Verhältnisse erzielbaren Preis bemisst, dürfen die herangezogenen Vergleichspreise nämlich nicht durch ungewöhnliche oder persönliche Verhältnisse beeinflusst worden sein. Wird festgestellt, dass die Höhe eines Vergleichspreises durch **ungewöhnliche oder persönliche Verhältnisse** beeinflusst worden ist, so ist dieser Kaufpreis als Vergleichspreis grundsätzlich ungeeignet, es sei denn, die Auswirkungen der Besonderheiten auf den Kaufpreis können „sicher" erfasst werden. In diesem Fall kann der „berichtigte" oder „bereinigte" Kaufpreis in das Verfahren eingehen.

Bei **Heranziehung von Bodenrichtwerten und Vergleichsfaktoren bebauter Grundstücke** entfällt im Übrigen die Prüfung auf „Ausreißer", da in die Bodenrichtwertermittlung und in die Ableitung der Vergleichsfaktoren ohnehin schon keine Vergleichspreise eingehen dürfen, die durch ungewöhnliche oder persönliche Verhältnisse beeinflusst sind.   36

5. Ermittlung des Vergleichswerts

Nach Aussonderung von einzelnen Vergleichspreisen, die als „Ausreißer" identifiziert wurden und nicht dem gewöhnlichen Geschäftsverkehr zurechenbar sind, können die **verbleibenden Vergleichspreise** in geeigneter Weise **zum Vergleichswert aggregiert** werden. Dies erfolgt i. d. R. durch Bildung des arithmetischen Mittels (vgl. Rn. 102 ff.).   37

Bei Heranziehung von Bodenrichtwerten und Vergleichsfaktoren bebauter Grundstücke entfällt dieser Schritt, da man mit der „Umrechnung" der Zustandsmerkmale des Bodenrichtwertgrundstücks bzw. der den Vergleichsfaktoren zugrunde liegenden Grundstücksmerkmale auf die Zustandsmerkmale des zu bewertenden Grundstücks und ggf. der Indizierung des Bodenrichtwerts bzw. des Vergleichsfaktors auf die allgemeinen Wertverhältnisse des Wertermittlungsstichtags unmittelbar zum Vergleichswert gelangt. Lediglich im Falle einer Heranziehung von mehreren Bodenrichtwerten bzw. Vergleichsfaktoren ist – wie im Falle der Heranziehung von Vergleichspreisen – eine Aggregation der jeweiligen Ergebnisse erforderlich.   38

6. Ermittlung des Verkehrswerts

▶ *Hierzu § 194 BauGB; § 15 ImmoWertV Rn. 1 ff.*

Der nach vorstehenden Grundsätzen ermittelte **Vergleichswert ist regelmäßig der Verkehrswert des Grundstücks, wenn alle objektspezifischen Grundstücksmerkmale sowie Änderungen in den allgemeinen Wertverhältnissen berücksichtigt worden sind.** Andernfalls handelt es sich nach der Systematik der ImmoWertV lediglich um den vorläufigen Vergleichswert.   39

Nach der **Grundsatzregelung des § 8 Abs. 2 ImmoWertV** ist auch bei Anwendung des Vergleichswertverfahrens zu prüfen, ob mit dem nach Maßgabe der §§ 15 f. ImmoWertV ermittelten Vergleichswert

1. die allgemeinen Wertverhältnisse auf dem Grundstücksmarkt und
2. alle (besonderen) objektspezifischen Grundstücksmerkmale

vollständig berücksichtigt wurden. Soweit dem nicht mit den herangezogenen Vergleichspreisen, Bodenrichtwerten bzw. Vergleichsfaktoren bebauter Grundstücke entsprochen wurde, ist der vorläufige Vergleichswert zu modifizieren. Sind beispielsweise **begründbare Anhaltspunkte** gegeben, nach denen die **Lage auf dem Grundstücksmarkt** noch nicht hinreichend Eingang in das Wertermittlungsverfahren gefunden hat, ist der Vergleichswert durch Zu- oder Abschläge aus dem nach den §§ 15 und 16 ImmoWertV ermittelten vorläufigen Vergleichswert abzuleiten.

Der so ermittelte Vergleichswert stellt i. d. R. den Verkehrswert dar. Sind jedoch noch andere Wertermittlungsverfahren zur Anwendung gekommen, ist nach § 8 Abs. 1 Satz 3 ImmoWertV die „Aussagefähigkeit" der Ergebnisse zu würdigen. Der **Verkehrswert** ist dann **unter „Würdigung ... der Aussagefähigkeit" der Ergebnisse aller herangezogenen**   40

IV Syst. Darst. Vergleichswertverfahren   Vergleichspreise

Wertermittlungsverfahren zu ermitteln. Dies ist in erster Linie von Bedeutung bei der Ermittlung des Vergleichswerts bebauter Grundstück, wenn gleichzeitig das Ertrags- und/ oder Sachwertverfahren zur Anwendung gekommen ist oder der Bodenwert ergänzend auch im Wege des Extraktionsverfahrens ermittelt wurde.

2.1.3 Markt- und modellkonforme Vergleichswertermittlung

▶ *Vgl. Rn. 176; Vorbem. zur ImmoWertV Rn. 34; § 8 ImmoWertV Rn. 73, 180, 389; § 9 ImmoWertV Rn. 4, 16, 25; § 13 ImmoWertV Rn. 10, 17; § 14 ImmoWertV Rn. 2 ff., 23 ff., 25, 94 ff., 176; Syst. Darst. des Ertragswertverfahrens Rn. 103, 249; Syst. Darst. des Sachwertverfahrens Rn. 235*

41 Auch bei Anwendung des Vergleichswertverfahrens muss der Grundsatz der Modellkonformität beachtet werden. Dies betrifft insbesondere die Heranziehung von Umrechnungskoeffizienten, Indexreihen, aber vor allem auch die Marktwertermittlung unter Heranziehung von **Vergleichsfaktoren bebauter Grundstücke** sowie **mathematisch statistischer Verfahren (Regressionsanalysen bzw. ein- und mehrdimensionaler Schätzfunktionen).** Soweit z.B. mit dem vorläufigen Vergleichswert besondere objektspezifische Grundstücksmerkmale aus Gründen der modellkonformen Anwendung der herangezogenen Vergleichsfaktoren nicht direkt berücksichtigt worden sind, müssen diese nach § 8 Abs. 3 ImmoWertV nachträglich in marktkonformer Höhe berücksichtigt werden. Nach der Vorschrift sind diese nur insoweit berücksichtigungsfähig, „soweit dies dem gewöhnlichen Geschäftsverkehr entspricht".

Die Gutachterausschüsse für Grundstückswerte müssen deshalb bei der Veröffentlichung von Vergleichsfaktoren bebauter Grundstücke und auch bei der Veröffentlichung von ein- und mehrdimensionalen Schätzfunktionen (Regressionsanalysen) die **Modellparameter** detailliert darlegen (vgl. § 13 ImmoWertV Rn. 10).

2.2 Heranziehung von Vergleichspreisen und Bodenrichtwerten

2.2.1 Auswahlkriterien

2.2.1.1 Allgemeines (§ 15 Abs. 1 Satz 2, Abs. 2 Satz 3 und § 16 Abs. 1 Satz 4 ImmoWertV)

▶ *Vgl. § 15 ImmoWertV Rn. 9 ff.*

42 Für die Auswahl der zum Preisvergleich „geeigneten" Kauf- bzw. Vergleichspreise, Bodenrichtwerte und Vergleichsfaktoren bebauter Grundstücke gibt die ImmoWertV weitgehend übereinstimmende **Kriterien** vor:

a) Die zum Vergleich herangezogenen Kaufpreise, Bodenrichtwerte und Vergleichsfaktoren bebauter Grundstücke sollen sich auf Grundstücke beziehen, die mit dem zu bewertenden Grundstück „hinreichend übereinstimmende Grundstücksmerkmale" (§§ 4 bis 6 ImmoWertV) aufweisen (§ 15 Abs. 1 Satz 2, § 15 Abs. 2 Satz 3 und § 16 Abs. 1 Satz 4 ImmoWertV).

b) Die zum Vergleich herangezogenen Kaufpreise sollen – ohne dass dies ausdrücklich geregelt ist – möglichst zu einem Zeitpunkt vereinbart worden sein, der dem Wertermittlungsstichtag nahe liegt; Entsprechendes gilt auch für den Bezugsstichtag der zum Preisvergleich herangezogenen Bodenrichtwerte und Vergleichsfaktoren bebauter Grundstücke.

c) Zum Vergleich herangezogene Kaufpreise sollen vorrangig aus dem Belegenheitsgebiet des zu bewertenden Grundstücks gewählt werden. Um den Vergleichswert aus einer „ausreichenden Zahl von Vergleichspreisen" ermitteln zu können, können auch Vergleichspreise aus anderen Gebieten herangezogen werden, wenn sich im Belegenheitsgebiet nicht „genügend" Vergleichspreise finden.

d) Nach Maßgabe des § 7 ImmoWertV sind solche Preise „herauszufiltern", die durch ungewöhnliche oder persönliche Verhältnisse beeinflusst worden sind, um diese – ersatzlos „fallen zu lassen". Eine „Bereinigung" des Kaufpreises, indem der Einfluss der ungewöhnlichen oder persönlichen Verhältnisse auf die Höhe des Vergleichspreises „sicher" ermittelt wird, wird in der Vorschrift nicht ausdrücklich zugelassen; dies wird ohnehin nur in Ausnahmefällen möglich sein.

Zur **Selektion der Vergleichspreise** empfiehlt es sich, zunächst die Vergleichspreise nach engen Vergleichskriterien auszuwählen, d. h. solche Vergleichspreise und Marktindikatoren solcher Grundstücke aus der Kaufpreissammlung des Gutachterausschusses oder anderen Datenquellen (z. B. Vergleichspreissystem der BVVG) heranzuziehen, die mit dem zu bewertenden Grundstück nach Lage und sonstigen Grundstücksmerkmalen möglichst unmittelbar vergleichbar und zu einem möglichst wertermittlungsstichtagsnahen Zeitpunkt vereinbart worden sind. Da regelmäßig eine ausreichende Anzahl von Vergleichspreisen unmittelbar vergleichbarer Grundstücke nicht zur Verfügung stehen, ist sodann der **Referenzrahmen der Vergleichbarkeit** schrittweise zu erhöhen, indem man zusätzlich Vergleichspreise von Grundstücken heranzieht, die abweichen von

– den Grundstücksmerkmalen des zu bewertenden Grundstücks (qualitativer Referenzrahmen),
– der Lage des zu bewertenden Grundstücks (räumlicher Referenzrahmen) und
– die zu einem weiter vom Wertermittlungsstichtag abfallenden Zeitpunkt vereinbart worden sind (zeitlicher Referenzrahmen).

Der Referenzrahmen ist i. d. R. soweit zu erweitern, dass unter Berücksichtigung des Ausschlusses von Kaufpreisen, die nach Maßgabe des § 7 ImmoWertV als Vergleichspreise nicht berücksichtigt werden können, eine ausreichende Anzahl von Vergleichspreisen zur Verfügung steht. Darüber hinaus ist zu beachten, dass die genannten Referenzrahmen nicht beliebig erweiterbar sind, denn mit der Erweiterung des Referenzrahmens steigen naturgemäß die Zu- und Abschläge an, die im Rahmen des Vergleichswertverfahrens zur Berücksichtigung der unterschiedlichen Grundstücksmerkmale und allgemeinen Wertverhältnisse angebracht werden müssen. **Für die Erweiterung der Referenzrahmen ist die Grenze dort gezogen, wo die (absolute) Summe der Zu- und Abschläge den Betrag von 40 % überschreitet** (vgl. Rn. 10 und Rn. 44).

Bei Anwendung des Vergleichswertverfahrens können in der allgemeinen Wertermittlungspraxis **neben und sogar anstelle der in § 15 Abs. 1 ImmoWertV genannten Kaufpreise vergleichbarer Grundstücke auch andere zum Preisvergleich geeignete Marktindikatoren** herangezogen werden, insbesondere, wenn eine ausreichende Anzahl geeigneter Vergleichspreise nicht zur Verfügung steht und sich damit die Vertrauenswürdigkeit der Marktwertermittlung erhöht. Dem steht auch § 15 Abs. 1 ImmoWertV nicht entgegen. Die ImmoWertV ist nicht „abschließend". In der Rechtsprechung ist ausdrücklich die Heranziehung anderer in der Verordnung nicht genannter Wertermittlungsverfahren und auch anderer in der Verordnung nicht genannter Vergleichsmaßstäbe zugelassen worden (vgl. § 15 ImmoWertV Rn. 9 ff. m. w. N.). Ein Sachverständiger würde sogar gegen seine Sorgfaltspflichten verstoßen, wenn er andere geeignete Erkenntnisquellen ausschlösse.

2.2.1.2 Hinreichend übereinstimmende Grundstücksmerkmale

▶ *Vgl. hierzu Rn. 6 und 136 ff.; § 8 ImmoWertV Rn. 50 ff.; § 15 ImmoWertV Rn. 12; zur Anwendung des Ertragswertverfahrens vgl. auch § 14 ImmoWertV Rn. 137*

Zum Preisvergleich „geeignet" sind Kaufpreise von Grundstücken, Bodenrichtwerte und Vergleichsfaktoren, wenn die ihnen zugrunde liegenden Grundstücksmerkmale mit denen des zu bewertenden Grundstücks „hinreichend" übereinstimmen[22]. Eine hinreichende Übereinstim-

IV Syst. Darst. Vergleichswertverfahren — Vergleichspreise

mung der Grundstücksmerkmale der zum Vergleich herangezogenen Grundstücke, Bodenrichtwerte bzw. Vergleichsfaktoren bebauter Grundstücke mit denen des zu bewertenden Grundstücks liegt in der Natur des Vergleichswertverfahrens. Im weiten Sinne kann (fast) alles miteinander verglichen werden (auch Äpfel mit Birnen!). Sinnvoll ist ein Preisvergleich aber nur, wenn Abweichungen ihrem Umfang nach in eine vergleichende Betrachtung eingebracht werden können und nicht das Maß dessen überschreiten, was auch im gewöhnlichen Geschäftsverkehr als abwegig angesehen wird. Nur dann liegt ein **geeigneter**[23] **Kauf- bzw. Vergleichspreis** vor. An die „Eignung" der zum Vergleich herangezogenen Kaufpreise (Vergleichspreise) dürfen jedoch keine überzogenen Anforderungen gestellt werden. Es genügt, dass sich die Grundstücke ähneln[24]. Während nämlich nach früherem Recht die Vergleichsgrundstücke mit dem zu bewertenden Grundstück „soweit wie möglich übereinstimmen" sollten[25], fordert die geltende ImmoWertV stattdessen nur eine „hinreichende" Übereinstimmung, um so den engen Vergleichsrahmen des bisherigen Rechts zu erweitern[26].

44 Die Forderung nach einer hinreichenden **Übereinstimmung der Grundstücksmerkmale** der Vergleichsgrundstücke, Bodenrichtwerte bzw. Vergleichsfaktoren bebauter Grundstücke mit denen des zu bewertenden Grundstücks betrifft insbesondere die in § 6 ImmoWertV genannten Grundstücksmerkmale

- Lage,
- Art und Maß der baulichen Nutzung,
- Bodenbeschaffenheit,
- Größe,
- Grundstückszuschnitt,
- Erschließungszustand,

sowie bei *baulichen Anlagen*

- Gebäudeart,
- Bauweise und Baugestaltung,
- Gebäudestandard (Ausstattung),
- Gebäudegröße (BGF, WF bzw. NF, GF usw.),
- Restnutzungsdauer
- Bauzustand und
- Ertrag.

45 Die zum Vergleich herangezogenen Kaufpreise (Vergleichspreise), Bodenrichtwerte und Vergleichsfaktoren bebauter Grundstücke (Gebäude- und Ertragsfaktoren) weisen in den ihnen zugrunde liegenden Grundstücksmerkmalen eine **hinreichende Übereinstimmung** mit denen des zu bewertenden Grundstücks auf, **wenn die zur Berücksichtigung von Abweichungen anzubringenden Zu- und Abschläge (in der Summe) nicht die** unter Rn. 10 erläuterte **Größenordnung von bis zu 40 % des Ausgangswerts überschreiten**. Darüber hinausgehende Zu- oder Abschläge sind ein deutliches Signal dafür, dass die Vergleichbarkeit erheblich gestört ist.

Der durch die Rechtsprechung (vgl. Rn. 10, 42) vorgegebene **Grenzwert der Vergleichbarkeit bezieht sich auf die Summe der im Einzelfall anzubringenden Zu- und Abschläge**, denn bei Heranziehung von Kauf- bzw. Vergleichspreisen müssen i. d. R. gleich mehrere unterschiedliche Grundstücksmerkmale berücksichtigt werden:

---

22 BGH, Urt. vom 19.12.1963 – III ZR 162/63 –, NJW 1964, 1567 = EzGuG 20.35; entsprechend auch der BFH, Urt. vom 26.9.1980 – III R 21/78 –, EzGuG 20.86; RFH, Urt. vom 31.3.1938 – II 228/37 –, RStBl 1938, 564 = EzGuG 4.4a.
23 BFH, Urt. vom 29.4.1987 – X R 2/80 –, BFHE 150, 453 = EzGuG 19.39b.
24 RFH, Urt. vom 27.4.1928 – II A 17/28 –, AVN 1928, 771.
25 § 4 Abs. 2 WertV 72.
26 Begründung zur WertV 88: BR-Drucks. 352/88, S. 54.

Vergleichspreise — Syst. Darst. Vergleichswertverfahren IV

Beispiel 1:

- Zu ermitteln ist der Bodenwert eines 500 m² großen Grundstücks, für das eine GFZ von 1,2 ausgewiesen ist.
- Der zum Vergleich herangezogene Kaufpreis von 400 €/m² bezieht sich auf ein 1 000 m² großes Grundstück mit einer GFZ von 1,0.

Umrechnung des zum Vergleich herangezogenen Kaufpreises auf die Grundstücksmerkmale des zu bewertenden Grundstücks (500 m² bei einer GFZ von 1,2):

Kaufpreis (Grundstücksgröße: 1 000 m², GFZ 1,0)			400 €/m²
– Zuschlag wegen einer GFZ von 1,2 des zu bewertenden Grundstücks (gemäß Umrechnungskoeffizient)	+ 20 %	80 €/m²	480 €/m²
– Zuschlag wegen kleiner Grundstücksgröße (gemäß Umrechnungskoeffizient)	+ 20 %	80 €/m²	560 €/m²
Summe der Zuschläge	40 %		

Wäre noch ein weiterer Zuschlag in Höhe von 20 % z. B. wegen erheblich höherwertigeren Lageverhältnissen des zu bewertenden Grundstücks anzubringen, so würde sich die Summe der Zuschläge auf insgesamt 60 % erhöhen und die Vergleichbarkeit wäre erheblich gestört.

Sofern bei Heranziehung von Kauf- bzw. Vergleichspreisen Zu- und Abschläge anzubringen sind, bestimmt sich der durch die Rechtsprechung vorgegebene Grenzwert der Vergleichbarkeit nach der **Summe der Absolutbeträge der im Einzelfall anzubringenden Zu- und Abschläge**, denn die Vergleichbarkeit bleibt gestört, auch wenn sich die Zu- und Abschläge kompensieren:

Beispiel 2:

- Zu ermitteln ist der der Bodenwert eines 500 m² großen in schlechter Lage gelegenen Grundstücks, für das eine GFZ von 1,5 ausgewiesen ist.
- Der zum Vergleich herangezogene Kaufpreis von 400 €/m² bezieht sich auf
    - ein 1 000 m² großes Grundstück
    - mit einer GFZ von 1,0,

    das jedoch in einer sehr guten Lage gelegen ist.

Umrechnung des zum Vergleich herangezogenen Kaufpreises auf die Grundstücksmerkmale des zu bewertenden Grundstücks (500 m² bei einer GFZ von 1,2):

Kaufpreis (Grundstücksgröße: 1 000 m², GFZ 1,0)			400 €/m²
– Zuschlag wegen einer GFZ von 1,5 des zu bewertenden Grundstücks (gemäß Umrechnungskoeffizient)	+ 30 %	120 €/m²	520 €/m²
– Zuschlag wegen kleiner Grundstücksgröße (gemäß Umrechnungskoeffizient)	+ 20 %	80 €/m²	600 €/m²
Zwischensumme der Zuschläge	50 %		
– Abschlag wegen schlechterer Lage des zu bewertenden Grundstücks	– 20 %	– 80 €/m²	520 €/m²
Summe der Zu- und Abschläge	30 %	(trügerisch)	
Absolute Summe der Zu- und Abschläge jedoch	***70 %***		

Das *Beispiel* macht deutlich, dass sich die Vergleichbarkeit nicht dadurch erhöht, dass sich die Zu- und Abschläge gegenseitig kompensieren und sich im Verhältnis zum vorstehenden Beispiel eine geringere Summe der Zu- und Abschläge ergibt. Die Vergleichbarkeit im *Beispiel 2* ist gegenüber dem Fall des ersten Beispiels vielmehr erheblich dadurch gestört, dass in der **absoluten Summe der Zu- und Abschläge** Korrekturen von insgesamt 70 % angebracht werden mussten. Dies ist ein deutlicher Hinweis auf die nicht gegebene Eignung des zum Vergleich herangezogenen Kaufpreises.

2.2.1.3 Wertermittlungsstichtagsnahe Vergleichspreise

46 Entsprechend der bisherigen Rechtsprechung zu den „geeigneten Vergleichspreisen" muss auch gefordert werden, dass die zum Vergleich herangezogenen Kaufpreise, Bodenrichtwerte und Vergleichsfaktoren bebauter Grundstücke (Gebäude- und Ertragsfaktoren) nicht nur hinsichtlich der Grundstücksmerkmale mit dem zu bewertenden Grundstück hinreichend übereinstimmen, sondern auch, dass ihr **Bezugsstichtag mit dem Wertermittlungsstichtag hinreichend übereinstimmt**[27].

47 Grundsätzlich lassen sich die **in der Vergangenheit entrichteten Kaufpreise** mittels Indexreihen – theoretisch auch über Jahrzehnte hinweg – umrechnen, jedoch muss dabei bedacht werden, dass damit zusätzliche Fehler in das Wertermittlungsverfahren Eingang finden können. Zudem wird man auch bei einer gut geführten Kaufpreissammlung den damaligen Grundstückszustand nicht mehr umfassend und vollständig erfassen können, sodass zwischenzeitliche Änderungen der Zustandsmerkmale das Bild verfälschen.

48 Bis zu welchem Zeitraum man bei der Auswahl von Kaufpreisen aus zurückliegender Zeit gehen kann, konnte der Verordnungsgeber wiederum nicht normativ vorgeben[28]. Auch hier kommt es auf die Umstände des Einzelfalls, vor allem auf das sonstige Kaufpreismaterial an. In der Praxis werden **Kaufpreise aus zurückliegender Zeit etwa bis zu 4 Jahren herangezogen,** wenngleich auch ein weiteres Zurückgehen sogar sinnvoll sein kann. Grundsätzlich gilt, was den zeitlichen „Rückgriff" anbelangt, dass die an den herangezogenen Kaufpreisen anzubringenden Zu- und Abschläge für die zeitliche Fortschreibung des Vergleichswerts an die am Wertermittlungsstichtag herrschenden allgemeinen Wertverhältnisse auf dem Grundstücksmarkt zusammen mit den sonstigen Zu- und Abschlägen für qualitative Unterschiede **nicht überproportional** ausfallen dürfen.

49 In der Praxis treten auch Wertermittlungsfälle auf, in denen die Heranziehung von Kaufpreisen aus weit zurückliegender Zeit gegenüber Kaufpreisen neueren Datums von Vorteil sein kann. So besteht z. B. bei der **Ermittlung des sanierungsunbeeinflussten Grundstückswerts** i. S. des § 153 Abs. 1 BauGB die Möglichkeit,

– von Vergleichspreisen auszugehen, die noch vor Einleitung der Sanierung in dem Gebiet, in dem das zu bewertende Grundstück gelegen ist, bezahlt wurden, wobei diese Preise dann allerdings über längere Zeiträume auf den Wertermittlungsstichtag „hochindiziert" werden müssen, oder

– von Vergleichspreisen auszugehen, die zu einem dem Wertermittlungsstichtag nahe kommenden Zeitpunkt in Gebieten bezahlt werden, die in ihrem Zustand aber dem Sanierungsgebiet vor Einleitung der Sanierungsmaßnahme entsprechen müssen. Mangelt es hier an geeigneten Vergleichsgebieten oder bestehen Unsicherheiten bezüglich der richtigen Qualifizierung des damaligen Zustands des Sanierungsgebiets, ist die Fehleranfälligkeit bei dieser Vorgehensweise möglicherweise größer als im ersten Fall.

2.2.1.4 Ausreichende Zahl von Vergleichspreisen

▶ *Zur Genauigkeit der Verkehrswertermittlung vgl. Vorbem. zur ImmoWertV Rn. 22 ff.*

50 Die Forderung nach einer „ausreichenden Zahl"[29] geeigneter Vergleichspreise (§ 15 Abs. 1 Satz 1 ImmoWertV) ist identisch mit der in Satz 3 sowie bislang in § 13 Abs. 1 Satz 2 WertV 88/98 aufgestellten Forderung nach einer **„genügenden Zahl"** geeigneter Vergleichs-

---

27 BGH, Urt. vom 19.12.1963 – III ZR 162/63 –, BRS Bd. 19 Nr. 21 = EzGuG 20.35; BGH, Urt. vom 28.4.1966 – III ZR 24/65 –, WM 1966, 774 = EzGuG 19.9; BGH, Urt. vom 13.7.1978 – III ZR 112/75 –, BRS Bd. 34 Nr. 80 = EzGuG 19.34; BGH, Urt. vom 1.7.1982 – III ZR 10/81 –, BRS Bd. 45 Nr. 147 = EzGuG 4.86; BGH, Urt. vom 22.4.1982 – III ZR 131/80 –, BRS Bd. 45 Nr. 192 = EzGuG 17.44; BFH, Urt. vom 26.9.1980 – III R 21/78 –, BFHE 132, 101 = EzGuG 20.86; das ProVG hat sogar unter „neueren" Kaufpreisen … noch solche bis zu 12 Jahren zurück betrachtet (vgl. St. Band VIII S. 344).
28 BFH, Urt. vom 21.7.1993 – II R 13/91 –, BFH/NV 1994, 610 = EzGuG 20.147a; BFH, Urt. vom 26.9.1980 – III R 67/78 –, BFHE 131, 524 = BStBl II 1981, 208.
29 BFH, Urt. vom 26.9.1980 – III R 21/78 –, BFHE 132, 101 = EzGuG 20.86.

preise[30]. Die Begriffe werden synonym verwandt (vgl. § 15 Abs. 1 Satz 3 ImmoWertV). Ungeachtet dessen handelt es sich auch hierbei um unbestimmte Rechtsbegriffe.

Häufig steht der Gutachter vor dem Problem, dass ihm aus der Nachbarschaft (des zu bewertenden Grundstücks) und selbst unter Einbeziehung von Vergleichsgebieten innerhalb oder außerhalb der Belegenheitsgemeinde nur wenige oder sogar keine „geeigneten" Vergleichspreise zur Verfügung stehen[31]. Dies wirft die Frage auf, was als **„ausreichende" Anzahl von Vergleichspreisen** anzusehen ist. Auch wenn Vergleichspreise im statistischen Sinne nicht als „Stichproben" angesehen werden können, weil – zumindest im strengen Sinne – zumeist **die mit Blick auf die allgemeinen statistischen Anforderungen zu fordernden stochastischen Voraussetzungen unzureichend erfüllt** sind, ist man versucht, die Forderung nach mindestens fünf bis zehn Vergleichspreisen zu erheben. Dies würde aber für die Praxis in vielen Fällen bereits eine unüberwindbare Hürde darstellen, denn der Grundstücksmarkt gebiert (aus statistischer Sicht) eher nur in Ausnahmefällen genügend Transaktionen. Für den *„valuer"* ist der Grundstücksmarkt chronisch defizitär. 51

Betrachtet man die am Markt erzielten und zur Verkehrswertermittlung herangezogenen Kaufpreise als eine Stichprobe aus der Grundgesamtheit aller (zumindest denkbarer) Vergleichspreise, so lassen sich unter **Anwendung statistischer Methoden** Aussagen über die Genauigkeit der Verkehrswertermittlung z. B. durch Mittelbildung der zur Verfügung stehenden Vergleichspreise und Berechnung des mittleren Fehlers des Mittels treffen. Ob die Zahl der in das Mittel eingegangenen Vergleichspreise als „ausreichend" i. S. der ImmoWertV anzusehen ist, lässt sich dann nach statistischen (Genauigkeits-)Kriterien beurteilen (vgl. Rn. 110). Bei dieser Vorgehensweise versteht sich von selbst, dass zuvor 52

– die durch ungewöhnliche oder persönliche Verhältnisse beeinflussten Kaufpreise ausgeschieden oder entsprechend „berichtigt" worden sind (vgl. § 7 ImmoWertV Rn. 4, 11) und

– die verbliebenen Vergleichspreise hinsichtlich Abweichungen in ihren Grundstücksmerkmalen und unterschiedlicher allgemeiner Wertverhältnisse umgerechnet worden sind.

Nach dem hier nicht näher zu erläuternden **Zentralen Grenzwertsatz der Statistik** erhöht sich – vereinfacht gesagt – mit einer wachsenden Zahl von Vergleichspreisen deren Repräsentativität für den daraus abgeleiteten Verkehrswert. Von daher könnte die vielfach unerfüllbare Forderung begründet werden, dass mindestens 10 und in ungünstigen Fällen auch noch mehr Vergleichspreise für eine „sichere" Verkehrswertermittlung erforderlich sind. Steht eine derartige Anzahl von Vergleichspreisen zur Verfügung, wird man sie auch berücksichtigen (müssen). Es wäre jedoch eine Verkennung der in der Praxis bestehenden Möglichkeiten, wenn man allein mit den strengen Anforderungen der Statistik die Verkehrswertermittlung zu beherrschen trachtet. Die Praxis der Wertermittlung muss ebenso wie der Grundstücksverkehr damit leben, dass nur selten ein im statistischen Sinne ausreichendes Kaufpreismaterial zur Verfügung steht und der **Verkehrswert oft nur aus wenigen Vergleichspreisen abgeleitet** werden muss. Der dabei gleichwohl unter Heranziehung statistischer Methoden abgeleitete Verkehrswert kann immerhin in Anspruch nehmen, als der „wahrscheinlichste" Wert zu gelten. 53

Es kommt hinzu, dass auch wenige und sogar ein **einziger Kaufpreis**, wenn man ihn **als Stichprobe aus einer normal verteilten Grundgesamtheit** betrachtet, durchaus auch dem Wert entsprechen kann, der sich aus einer Vielzahl von Vergleichspreisen als wahrscheinlichster Wert ergibt[32]. 54

Mit überzogenen, an den strengen Kriterien der Statistik orientierten Anforderungen an die Zahl der „ausreichenden Vergleichspreise" befände sich die Verkehrswertermittlung mitunter sehr schnell in der Sackgasse. Die Verkehrswertermittlung muss sich regelmäßig mit weniger 55

---

30 Die ImmoWertV fällt hier ohne materielle Bedeutung auf eine bereits in § 4 Abs. 1 WertV i. d. F. von 1972 gebrauchte Formulierung zurück.
31 Die Möglichkeit, zur Bodenwertermittlung auch „geeignete" Bodenrichtwerte heranzuziehen, soll bei den nachfolgenden Betrachtungen ausgeschlossen sein.
32 BFH, Urt. vom 22.11.1968 – III R 49/68 –, BFHE 94, 498 = EzGuG 19.15a.

IV Syst. Darst. Vergleichswertverfahren — Vergleichspreise

Vergleichspreisen begnügen, als die strengen Kriterien der Statistik fordern. Dabei kann eine absolute Zahl nicht vorgegeben werden, weil es auch hier auf die **Verhältnisse des Einzelfalls** ankommt. So kann die Aussagefähigkeit von wenigen zeitnahen und geringfügig streuenden Vergleichspreisen aus der unmittelbaren Nachbarschaft zum Wertermittlungsobjekt (z. B. in einem Reihenhausgebiet) durchaus größer sein als eine größere Anzahl divergierender Vergleichspreise von Grundstücken, die in ihren Eigenschaften vom Wertermittlungsobjekt stärker abweichen.

Wenn das BVerwG[33] in einer besonders komplizierten Entscheidung zur Sachenrechtsbereinigung die Ermittlung des Bodenwerts eines mit Gebäudeeigentum belasteten Grundstücks unter Heranziehung von vier Vergleichsfällen das mit § 15 Abs. 1 Satz 1 ImmoWertV gestellte Kriterium einer ausreichenden Zahl von Vergleichspreisen als „hier gerade noch erfüllt" angesehen hat, kann dies auf die in dieser Entscheidung herausgestellten praktischen Schwierigkeiten zurückgeführt werden, ohne dass sich die Entscheidung damit verallgemeinern ließe.

56 Die „ausreichende" Zahl „geeigneter" Vergleichspreise hängt damit davon ab, was unter der Eignung der zur Verfügung stehenden Vergleichspreise verstanden wird, und letztlich von dem ab, „was der Markt hergibt". Von daher geht es für den Gutachter im Kern darum, unter Einbeziehung von Alternativlösungen, wie der Anwendung des Ertragswert- oder Sachwertverfahrens, sich umfassend zu bemühen, alle in Betracht kommenden Vergleichsdaten (Kaufpreise und andere vergleichbare Marktindikatoren [vgl. Rn. 69 ff.], Mieten, Bewirtschaftungskosten, Normalherstellungskosten usw.) aufzubereiten, ihre Aussagefähigkeit unter Abwägung der Ergebnisse alternativer Lösungswege zu würdigen und nach Maßgabe des § 8 ImmoWertV das Verfahren zu wählen, das die größte Gewähr für eine „richtige" Verkehrswertermittlung bietet. In der Rechtsprechung ist hierbei nicht ausgeschlossen worden, dass dabei sogar das **Vorhandensein von nur einem geeigneten Vergleichsgrundstück** die Anwendung des Vergleichswertverfahrens nicht ohne Weiteres ausschließt[34]. Die Rechtsprechung folgt dabei der statistischen Erkenntnis, nach der auch die kleinste Stichprobe für das Gesamtergebnis repräsentativ ist, wenn es nur die „richtige" ist. Schon das PrOVG hatte deshalb in seiner Rechtsprechung erkannt, dass der „Umstand, dass eine Besitzung als einziger Fall des Verkaufs eines gleichartigen Grundstücks ermittelt ist", diesen Verkaufspreis nicht ungeeignet als Vergleichsobjekt macht[35].

57 **Fazit:** Zusammenfassend ist also festzustellen, dass der Verordnungsgeber nicht vorgeben konnte, wie viele Vergleichspreise im Einzelfall mindestens heranzuziehen sind. Je stärker einzelne, auf denselben (Wertermittlungs-)Stichtag bezogene Vergleichspreise von Grundstücken gleichen Zustands voneinander abweichen, umso mehr Kaufpreise müssen herangezogen werden. Letztlich bleibt dies aber stets eine **Funktion der statistischen Sicherheit,** die im Einzelfall gefordert werden kann. Weisen wenige zur Verfügung stehende Vergleichspreise indessen eine geringe Streuung auf und kann auch nach den sonstigen Umständen des Einzelfalls gefolgert werden, dass sie ein hohes Maß an Eignung aufweisen, so kann der Verkehrswert den Umständen entsprechend auch aus wenigen Vergleichspreisen abgeleitet werden. Im Einzelfall kann sich dies sogar auf einen einzelnen Vergleichspreis beschränken. In diesem Fall müssen aber an die Eignung des Vergleichspreises hohe Anforderungen gestellt werden.

58 Abschließend wird dem Sachverständigen empfohlen, in seinem Gutachten auch den **Nachweis seiner Bemühungen, genügend Vergleichspreise heranzuziehen,** darzulegen. Dies gilt umso mehr, je weniger Vergleichspreise ihm zur Verfügung gestanden haben. Dies gilt insbesondere, wenn ihm nur eine ungenügende Anzahl oder überhaupt keine Vergleichspreise

---

33 BVerwG, Urt. vom 26.3.2003 – 9 C 5/02 –, GuG 2004, 181 = BVerwGE 118, 91 = EzGuG 10.321.
34 BGH, Urt. vom 1.7.1982 – III ZR 10/81 –, BRS Bd. 45 Nr. 147 = EzGuG 4.86; BFH, Urt. vom 22.11.1968 – III R 49/68 –, BStBl II 1969, 226 = EzGuG 19.15a; so bereits PrOVG, Urt. vom 23.9.1898 – St. 8.311 – und – St. 8.315 –, AVN 1969, 248 = EzGuG 20.5; auch RFH, Urt. vom 16.10.1930 – III A 306/30 –, AVN 1931, 8 = EzGuG 8.1a; a. A. LG Koblenz, Urt. vom 20.2.1978 – 4 O 49/77 –, EzGuG 20.72; RFH, Urt. vom 28.4.1938 – III 345/37 –, RStBl. 1938, 716.
35 PrOVG, Urt. vom 23.9.1898 – St. 8.311 –, AVN 1969, 248 = EzGuG 20.4c.

2.2.2 Vergleichspreise aus Vergleichsgebieten (§ 15 Abs. 1 Satz 3 ImmoWertV)

§ 15 Abs. 1 Satz 1 ImmoWertV geht von der Maxime aus, dass Vergleichspreise aus der unmittelbaren Nachbarschaft des zu bewertenden Grundstücks i. d. R. die höchste Gewähr für ihre Eignung bieten, weil die dort gelegenen Grundstücke in ihren Eigenschaften die höchste Übereinstimmung mit denen des zu bewertenden Grundstücks aufweisen. Erst wenn sich dort keine „ausreichende Zahl" von Vergleichspreisen auffinden lässt, können nach § 15 Abs. 1 Satz 3 ImmoWertV **Vergleichsgrundstücke aus vergleichbaren Gebieten** herangezogen werden[36].   **59**

Für die Praxis ist diese filigrane Abstufung des Verordnungsgebers bedeutungslos, denn die Forderung nach „genügend" Vergleichspreisen kann regelmäßig ohnehin nur unter Einbeziehung der weiteren Umgebung erfüllt werden. Insoweit stellt § 15 Abs. 1 Satz 3 ImmoWertV eine Klarstellung[37] dar, die den Gutachter aber auch ermutigen soll, bei der Suche nach „geeigneten" Vergleichspreisen schon einmal entferntere – gleichwohl vergleichbare – Gebiete oder Stadtteile einzubeziehen.   **60**

Die Grundregel, nach der auf Vergleichsgebiete auszuweichen ist, wenn in der näheren Umgebung nicht genügend Vergleichsobjekte vorhanden sind, entspricht auch den in der Rechtsprechung entwickelten Grundsätzen. Das KG Berlin hat hierzu festgestellt, dass auf **Kaufpreise von Grundstücken in anderen Lagen** zurückgegriffen werden kann, wenn in dem Gebiet selbst keine Kaufpreise für Grundstücke vorliegen, die hinsichtlich Lage und Nutzung mit dem zu bewertenden Grundstück vergleichbar sind[38]. Der BFH hat in seiner Rechtsprechung sogar weitergehend auf den überregionalen Markt abgestellt[39].   **61**

I. d. R. wird man bei Heranziehung von Vergleichspreisen aus anderen Lagen das Gemeindegebiet und seine Nachbarschaft nicht verlassen. Grundsätzlich können aber auch Vergleichspreise aus vergleichbaren Gemeinden herangezogen werden, wenn in der Belegenheitsgemeinde keine oder keine ausreichende Zahl von Vergleichspreisen vorliegt. Bei Anwendung dieser **Methode des interregionalen Preisvergleichs** wird man als Vergleichsgemeinden solche heranziehen, die im Hinblick auf Einwohnergröße und großräumige Lage (z. B. Nähe einer Großstadt) vergleichbar sind.   **62**

Zur Beurteilung der großräumigen Lage haben sich die von der BfLR (nunmehr BBR) abgeleiteten **siedlungsstrukturellen Kreistypen**[40] bewährt. Man wird daher bestrebt sein, solche Vergleichsgemeinden auszuwählen, die in einem mit der Belegenheitsgemeinde vergleichbaren siedlungsstrukturellen Kreistyp gelegen sind. Daneben ist vor allem noch zu beachten, dass die Gemeinden möglichst eine vergleichbare Wirtschaftskraft aufweisen. Die Vergleichskriterien Einwohnerzahl und siedlungsstruktureller Kreistyp haben sich als ungewöhnlich hoch korreliert mit dem allgemeinen Bodenwertniveau erwiesen. Dies hat sich allerdings auch schon in anderen ungewöhnlichen Untersuchungen bestätigt. Nach einer Untersuchung aus dem Jahre 1979 besteht eine hohe negative Korrelation zwischen der Gemeindegrößenklasse und den entsprechenden Geburtenziffern, d. h., die Geburtenzahl nimmt mit Ansteigen der Gemeindegröße steil und signifikant ab[41]; ein für Soziologen sehr interpretationsfähiges Nebenprodukt der Wertermittlungslehre!   **63**

---

36 OLG Celle, Urt. vom 21.8.1978 – 4 U 214/74 –, AgrarR 1979, 17 = EzGuG 20.76.
37 BFH, Urt. vom 10.8.1972 – VIII R 82/71 –, BFHE 106, 543 = EzGuG 20.53; KG Berlin, Urt. vom 1.11.1969 – U 144/68 –, AVN 1970, 438 = EzGuG 20.46.
38 KG Berlin, Urt. vom 1.11.1969 – U 1449/68 –, AVN 1970, 438 = EzGuG 20.46.
39 BFH, Urt. vom 10.8.1972 – VIII R 82/71 –, BFHE 106, 543 = EzGuG 20.53.
40 Hüttenrauch/Jacobs/Kehlen in GuG 1992, 137; dort auch die abgedruckte Karte siedlungsstruktureller Kreistypen; vgl. Kleiber, Sammlung amtlicher Vorschriften zur Verkehrswertermittlung, a. a. O., 4. Aufl. 1992.
41 Hetzold, in ifo-Schnelldienst Nr. 9, 1979, Institut für Wirtschaftsforschung, München.

IV Syst. Darst. Vergleichswertverfahren — Vergleichspreise

64 In der Praxis treten vielfach auch Fälle auf, in denen **Vergleichspreise aus der unmittelbaren Nachbarschaft zu dem zu bewertenden Objekt** sogar **besonders ungeeignet sind**. So sind z. B. im Falle der Ermittlung des sanierungs- bzw. entwicklungsunbeeinflussten Grundstückswerts i. S. des § 153 Abs. 1 BauGB Vergleichspreise aus der unmittelbaren Nachbarschaft zum Satzungsgebiet besonders „verdächtig", von sanierungs- bzw. entwicklungsbedingten Werterhöhungen beeinflusst zu sein, die es aber gerade bei Wertermittlungen innerhalb des Satzungsgebiets (Veranstaltungsgebiet) „auszublenden" gilt[42]. Das OLG Frankfurt am Main[43] hat deshalb solchen Vergleichsgebieten eine „Eignung" abgesprochen:

65 **Folgender Sachverhalt** lag der o. a. Entscheidung des OLG Frankfurt am Main zugrunde:

In der Gemeinde A wurde eine Entwicklungsmaßnahme durchgeführt, von der die benachbarte Gemeinde B „profitierte", ohne dass dort eine Entwicklungsmaßnahme durchgeführt wurde. Die Bodenwerte stiegen unter dem Einfluss der Entwicklungsmaßnahme A in der Gemeinde B an.

Im Verlauf der Entwicklungsmaßnahme galt es, den entwicklungsunbeeinflussten Grundstückswert zwecks Ankaufs eines Grundstücks zu ermitteln. Dabei ging es im Kern um die Frage, ob die allgemeine Wertentwicklung in der Nachbargemeinde, in der zwar keine Entwicklungsmaßnahme durchgeführt worden ist, die aber gleichwohl unter dem Einfluss der Entwicklungsmaßnahme eine indirekte „Aufwertung" erfahren hatte, bei der Ermittlung des entwicklungsunbeeinflussten Bodenwerts zu berücksichtigen sei (Abb. 3).

Des Weiteren wurde von den entwicklungsbetroffenen Eigentümern vorgebracht, dass der für den Entwicklungsbereich aufgestellte Flächennutzungsplan(entwurf) „als eine von der bevorstehenden Anwendung des *Entwicklungsmaßnahmenrechts* ... unabhängige Ursache der Bauerwartung gewertet werden müsse, weil es einen durch Bauland- und Wohnungsnachfrage verursachten Planungsbedarf und eine dadurch hervorgerufene Bauleitplanung auch in den ... umgebenden Städten und Gemeinden gegeben habe, wo keine förmliche Festlegung von städtebaulichen Entwicklungsbereichen beabsichtigt war und erfolgt ist", d. h., die Betroffenen argumentierten, dass auch ohne städtebauliche Entwicklungsmaßnahme eine Weiterentwicklung stattgefunden haben würde, die es bei der Ermittlung des entwicklungsunbeeinflussten Grundstückswerts zu berücksichtigen gelte.

---

[42] Das Recht der WertV 72 enthielt zur Wertermittlung für Sanierungsgebiete und Entwicklungsbereiche in § 21 Abs. 3 Satz 1 sowie § 22 Abs. 3 WertV 72 eine dementsprechende Vorschrift, die damit als allgemeiner Wertermittlungsgrundsatz in den geltenden § 13 Abs. 1 Satz 2 WertV aufgegangen ist.
[43] BVerfG, Beschl. vom 9.3.1998 – 1 BvR 1041/92 –, GuG 1999, 244; BGH, Urt. vom 9.7.1992 – III ZR 167/91 –; OLG Frankfurt am Main, Urt. vom 24.6.1991 – 1 U 2/90 –, GuG 1997, 54 = EzGuG 15.69a; LG Darmstadt, Urt. vom 31.7.1996 – 90 (B) 12/93 –, GuG 1997, 56 = EzGuG 15.84.

Abb. 3: Bodenwertentwicklung in der Entwicklungsgemeinde und in einer benachbarten Vergleichsgemeinde

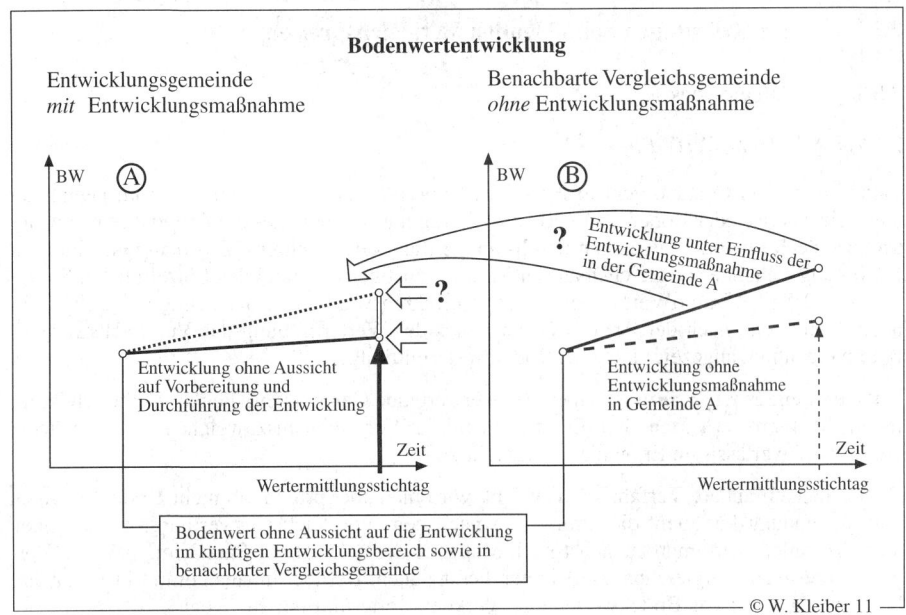

Das OLG Frankfurt am Main hat dieser Auffassung ausdrücklich mit der Begründung widersprochen, dass damit die entwicklungsrechtlichen Vorschriften über den Ausschluss entwicklungsbedingter Werterhöhungen „praktisch unanwendbar" seien. Sinn und Zweck dieser Regelungen sei die „volle" Wertabschöpfung, die den Eigentümern von Grundstücken dort, wo keine förmlichen Entwicklungsmaßnahmen durchgeführt werden, anlässlich der Heraufstufung ihrer Grundstücke durch Baulandausweisung nicht auferlegt wird. Deshalb darf **die Tatsache, dass in beiden Arten von Gemeinden – denen mit und denen ohne förmlich festgesetzte Entwicklungsbereiche – Bauleitplanung betrieben wird, nicht dazu genutzt werden, den Tatbestand der Vorwirkung einer Entwicklungsmaßnahme zu verneinen.**

2.2.3 Vergleichspreise bei retrograder Verkehrswertermittlung

▶ *Vgl. Vorbem. zur ImmoWertV Rn. 8; § 3 ImmoWertV Rn. 4*

Bei einer auf einen zurückliegenden Wertermittlungsstichtag (ex post) bezogenen Verkehrswertermittlung (**retrograde bzw. retroperspektivische Ermittlung von Verkehrswerten,** *retrospective value opinion*) sind grundsätzlich die Verhältnisse maßgebend, die zu diesem Zeitpunkt den gewöhnlichen Geschäftsverkehr bestimmt haben und zum damaligen Zeitpunkt dem allgemeinen Grundstücksverkehr erschließen mussten.

Der Sachverständige hat sich in solchen Fällen in den Erkenntnisstand zu versetzen, den er am Wertermittlungsstichtag haben konnte, d. h., er darf in solchen Fällen seine Erkenntnisse über die Folgezeit nicht zur Grundlage der Verkehrswertermittlung auf einen zurückliegenden Zeitpunkt machen. Dies bedeutet, dass

– die sich in den „jüngeren" Preisvereinbarungen manifestierenden Preisentwicklungen, die für einen „durchschnittlich besonnenen, nüchternen Betrachter" am Wertermittlungsstichtag nicht erkennbar waren bzw. sein konnten, „ausgeblendet" werden müssen,

– Bodenrichtwerte und Vergleichsfaktoren bebauter Grundstücke, die zum Wertermittlungsstichtag nicht bekannt waren, und auch sonstige am Wertermittlungsstichtag nicht bekannte Tatsachen und Erkenntnisse außer Betracht bleiben müssen.

Umgekehrt müssen aber die zum Wertermittlungsstichtag mit hinreichender Sicherheit erkennbaren Entwicklungen berücksichtigt werden (Wurzeltheorie).

2.3 Ersatzlösungen bei fehlenden Vergleichspreisen

2.3.1 Allgemeines

▶ Vgl. § 15 ImmoWertV Rn. 9

69 Stehen dem Sachverständigen im Einzelfall keine oder keine ausreichende Zahl geeigneter Vergleichspreise oder Bodenrichtwerte zur Verfügung, so kann dies ein Grund dafür sein, auf **andere Verfahren** auszuweichen (Sach- und Ertragswertverfahren). Das dem Gutachter zur Verfügung stehende Vergleichsmaterial ist ein „sonstiger Umstand des Einzelfalls" i. S. des § 8 Abs. 2 Satz 2 ImmoWertV, der bei der Verfahrenswahl zu berücksichtigen ist. Dies gilt auch dann, wenn nach der Art des Gegenstands der Wertermittlung das Vergleichswertverfahren eigentlich angezeigt ist (z. B. Bodenwertermittlung).

70 **Entscheidendes Kriterium** ist dabei die zu erwartende Genauigkeit, die das in Betracht kommende Verfahren erwarten lässt. Es ist dann auf das Verfahren auszuweichen, das vergleichsweise das zuverlässigste Ergebnis erwarten lässt.

71 Bevor man auf andere Verfahren ausweicht, wird man aber prüfen, ob nicht **Ersatzlösungen** zur Anwendung kommen, die ihrer Natur nach dem Vergleichswertverfahren zuzurechnen sind. Vor allem wird man zunächst nach Maßgabe des § 15 Abs. 1 Satz 3 ImmoWertV Vergleichspreise aus vergleichbaren Gebieten heranziehen. Darüber hinaus kommt insbesondere bei der Ermittlung von Bodenwerten eine Verkehrswertermittlung im Wege

a) deduktiver Verfahren (vgl. Rn. 418 ff.) auch auf der Grundlage kalkulatorischer Betrachtungen und

b) residueller Verfahren (vgl. Rn. 447 ff.)

in Betracht. Daneben stellt sich auch die Frage der Verwertbarkeit von Angebotspreisen, Ausschreibungsergebnissen und vorhandenen Gutachten. Schließlich kann es auch unvermeidlich werden, den Verkehrswert im Wege einer freien Schätzung abzuleiten.

Liegen zum Zwecke der **Marktwertermittlung bebauter Grundstücke** keinerlei konkrete Anhaltspunkte für die Höhe des Bodenwerts vor, wird hilfsweise auf allgemeine Erfahrungssätze für den Bodenwertanteil bebauter Grundstücke zurückgegriffen[44]. Diese „Krücke" kommt vor allem bei der Bewertung von im Ausland gelegenen Grundstücken zur Anwendung, wo der Bodenmarkt eine terra incognita ist (vgl. § 16 ImmoWertV Rn. 116 ff.).

2.3.2 Preisforderungen

72 „Aus einer **bloßen Preisforderung**" kann ebenfalls nicht auf den Verkehrswert geschlossen werden[45]. Das KG Berlin hat dagegen die Heranziehung von 224 Zeitungsanzeigen über den Verkauf von Gaststätten anerkannt[46]. Die Lebenserfahrung zeigt jedoch, dass solche „Wunschpreise" allenfalls Einstieg in Verhandlungen sind und deshalb kein Abbild des tatsächlichen Geschehens auf dem Grundstücksmarkt darstellen können. Solche Anzeigen sind deshalb für die Verkehrswertermittlung grundsätzlich unbrauchbar[47].

---

44 Hierzu kritisch Debus in GuG 2012, 65.
45 PrOVG, Urt. vom 15.4.1898 – III 81/97 –, PrOVGE 7, 248 = EzGuG 20.4b.
46 KG Berlin, Urt. vom 16.7.1985 – U 6417/83 –, EzGuG 14.78.
47 So auch Petersen in Marktorientierte Immobilienbewertung, 4. Aufl. S. 43; a. A. Streich in RDM Informationsdienst 1999 Nr. 3, S. 17, der allen Erfahrungen zuwider, nach denen insbesondere bei Erstinseraten überhöhte Mietpreiserwartungen annonciert werden, solche gelten lassen will. Streich hat sich im Übrigen auch entgegen der Rechtsprechung des BVerfG gegen das Konkretisierungsgebot bei Mietwertgutachten ausgesprochen und rekurriert in geradezu extremer Weise auf Veröffentlichungen des IVD. Die Verwendung von RDM-Immobilienpreisspiegeln ist jedoch im Rahmen von Mieterhöhungsverlangen unzulässig. Hier ist verantwortungsbewussteres Handeln angezeigt, zumal Fehler sich direkt auf das Ergebnis auswirken.

2.3.3 Ausschreibungsergebnisse (Bieterverfahren)

Schrifttum: *Greiz, H./Uherek, H.-W./Spinda, J.*, Verkehrswertermittlung landwirtschaftlicher Flächen im Rahmen des Ausgleichsleistungsgesetzes, NLBzAR 2010, 387; *Kindler, R.*, Zum Vergleichspreissystem der BVVG, GuG 2009, 280; *Kleiber* in GuG 2012, 345 = NLBzAR 2012, 438; *Kleiber, W.*, Der landwirtschaftliche Grundstücksmarkt, in Festschrift für H. Francke, Berlin 2013, S. 303; *Koenig, H.*, Marktwertermittlung landwirtschaftlicher Flächen im Rahmen von Direktverkäufen und EALG-Verkäufer der BVVG, NLBzAR 2011, 470; *Spinda, J./Karg, H./Uherek. H.-W.*, Aktueller Stand in der Frage gutachterlicher Verkehrswertermittlung landwirtschaftlicher Flächen, NLBzAR 2011, 99; *Köhne, M.*, Stellungnahme zur Wertermittlung bei der Privatisierung landwirtschaftlicher Flächen im Rahmen des Ausgleichsleistungsgesetzes, NLBzAR 2010, 279; *Köhne, M.*, Nochmals zur Wertermittlung beim Verkauf landwirtschaftlicher Flächen durch die BVVG, NLBzAR 2011, 135; *Koepke*, Kaufpreise für Ackerland in Ausschreibung der BVVG, GuG 2010, 257; Mitteilung der Kommission betr. Elemente staatlicher Beihilfe bei Verkäufen von Bauten oder Grundstücken durch die öffentliche Hand, ABl. EU Nr. C 209/3; *Neixler, T.*, Mehr Rechtssicherheit für Verkehrswertermittlung bei Flächenverkäufen der BVVG, NLBzAR 2011, 111; *Tetlinger/Wank*, Komm. zur GewO § 34b; *Weisemann, U./Jünemann, S.*, Die freiwillige Immobilienversteigerung, GuG 2009, 340.

▶ Vgl. § 5 ImmoWertV Rn. 21 und Rn. 29

Die Vermarktung von Immobilien im Wege der **Ausschreibung**[48] ist heute **ein wesentliches Element des Grundstücksmarktes** und muss deshalb dem gewöhnlichen Geschäftsverkehr i. S. der Marktwertdefinition des § 194 BauGB zugeordnet werden[49]. Die (offene) Ausschreibung bzw. das sog. bedingungsfreie Biet(er)verfahren wurde und wird nicht nur von der öffentlichen Hand, wie z. B. dem Bundesministerium der Finanzen (vgl. unten), der Treuhandanstalt oder dem Liegenschaftsfonds Berlin, sondern auch im privatwirtschaftlichen Grundstücksverkehr auf breiter Ebene mit „Immobilien-Auktionen" praktiziert[50]. Die in einem offenen Ausschreibungsverfahren unter normalen Wettbewerbsbedingungen abgegebenen Gebote werden von verkaufswilligen Käufern abgegeben, die im Rahmen des offenen Ausschreibungsverfahrens hinreichend und ggf. sachverständig aufgeklärt sind.

73

Eine bewährte Methode der Vermarktung von Immobilien ist das sog. bedingungsfreie Biet(er)verfahren bzw. die (offene) Ausschreibung. Beim Biet(er)verfahren wird die Immobilie zunächst in Zeitungsanzeigen, im Internet oder in einer sonstigen geeigneten Weise beworben, wobei aus der Anzeige hervorgehen muss, dass es sich um ein Bietverfahren handelt. Des Weiteren empfiehlt es sich, das besondere Prozedere darzustellen sowie eine Mindestpreisvorstellung und einen Besichtigungstermin zu benennen. Entsprechend der Preisangabenverordnung muss dabei deutlich gemacht werden, dass es sich bei diesem Mindestpreis lediglich um einen „Einstiegspreis" und nicht um den Verkaufspreis handelt. Dem wird nach Auffassung des IVD zum Beispiel durch den Hinweis **„Gegen Gebot"** oder **„Bieterverfahren"** Genüge getan.

Biet(er)verfahren bzw. (offene) Ausschreibungen werden sowohl von der öffentlichen Hand als auch privatwirtschaftlich praktiziert (Grundstücksversteigerungen):

74

---

48 Schon Goethe benutzte 1797 eine Zweitpreisauktion, um sein Manuskript „Herrmann und Dorothea" zu verwerten; er wollte herausfinden, wie sein „tatsächlicher Marktwert" als Autor war.
49 So z. B. auch LG Berlin, Beschl. vom 31.1.1995 – 86 T 77/95 –, GE 1996, 475 = EzGuG 19.44a unter Berufung auf KG, Beschl. vom 11.5.1993 – 1 W 5775/92 –.
50 Z. B. der Deutschen Grundstücksauktionen AG, Plettner & Brecht, Sächsische Grundstücksauktionen AG, der Deutschen Internet Immobilien Auktionen GmbH, der Norddeutschen Grundstücksauktionen AG, Westdeutsche Grundstücksauktionen AG usw. Beispielsweise werden vom Auktionshaus Karhausen AG sowohl für private Eigentümer als auch für Städte und Gemeinden, der Bundesanstalt für Immobilienaufgaben in Potsdam, der Bundesforstbetriebe Havel-Oder-Spree, Lausitz, Mittelelbe und Niedersachsen, der Deutschen Bahn AG, des Bundeseisenbahnvermögens sowie der Banken, Insolvenzverwalter und Wohnungsbaugesellschaften Immobilien versteigert. Für die Durchführung von öffentlichen Versteigerungen nach dem BGB und HGB werden nach § 34b Abs. 5 der Gewerbeordnung (GewO) Versteigerer öffentlich bestellt und vereidigt; sie müssen eine überdurchschnittliche Qualifikation nachgewiesen haben und ihre Aufgaben gewissenhaft, weisungsfrei und unparteiisch erfüllen. Ihre Arbeit steht unter Aufsicht der vom Staat beauftragten Bestellungskörperschaft (z. B. IHK).

IV Syst. Darst. Vergleichswertverfahren — Preisforderung

– Das Bundesministerium für Wirtschaft hat bereits 1991 in seinen Hinweisen zu Grundstücksverkäufen von Gemeinden für gewerbliche Zwecke[51] zu den Methoden der Verkehrs- bzw. Marktwertermittlung klargestellt, dass im Falle von „Unsicherheiten über den Verkehrswert dieser durch Ausschreibung ermittelt" werden kann, und hat dazu folgende technischen Hinweise gegeben:

„... dazu ist in örtlichen Tageszeitungen oder amtlichem Mitteilungsblatt mitzuteilen, welche Grundstücke (konkrete Bezeichnung nach Lage, Größe, mögliche Baunutzung) gegen Gebot verkauft werden. Zusätzlich ist ein Aushang bei Kammern usw. zweckmäßig. Angesichts der Knappheit der Grundstücksangebote dürfen auch kurze Ausschreibungsfristen ausreichen. Auf diese Weise werden sich relativ schnell Marktpreise für Gewerbegrundstücke herausbilden."

– Das Bundesministerium der Finanzen (BMF) hat in seinem Erlass an die Oberfinanzdirektionen (OFD)[52] zur Ermittlung des Verkehrswerts die öffentliche Ausschreibung ausdrücklich zugelassen und das Ausschreibungsergebnis mit dem vollen Wert (= Verkehrswert) gleichgesetzt. Unter Ziff. I des vorstehenden Erlasses heißt es:

„Zur Ermittlung des Verkehrswerts von Grundstücken, die allgemein zum Verkauf anstehen, sind bis auf Weiteres grundsätzlich öffentliche Ausschreibungen durchzuführen (VSF VV 06 58 i. V. m. BMF-Erlass vom 07.12.1990 – VI C 1 – VV 2400 – 50/90 –). Die Oberfinanzdirektionen haben dabei eigenverantwortlich zu entscheiden, ob die Verkaufsabsichten des Bundes nur in örtlichen Tageszeitungen, zusätzlich in westdeutschen Veröffentlichungsorganen oder sogar in der internationalen Presse bekannt zu machen sind.

Die Fristen für die Abgabe von Kaufangeboten sind möglichst kurz zu bemessen, um zeitliche Verzögerungen zu vermeiden.

Das Ausschreibungsergebnis kann grundsätzlich als voller Wert i. S. von § 63 Abs. 3 BHO angesehen werden. Etwas anderes kann gelten, wenn das höchste Gebot deutlich geringer als der geschätzte Verkehrswert ist. In einem solchen Falle ist die Ausschreibung – evtl. überregional – zu wiederholen.

... von der Einschaltung von Sachverständigen ist in diesen Fällen abzusehen."

Grundsätze für die **Ermittlung des Verkehrswerts von Grundstücken durch Ausschreibung** wurden in entsprechenden Erlassen des BMF[53] geregelt.

– Das Bieterverfahren wird auch von den Gemeinden bei der Veräußerung gemeindeeigener Grundstückle praktiziert[54].

– Auch für die **EU-Kommission** stellen die Ergebnisse bedingungsfreier Biet(er)verfahren bzw. offener Ausschreibungen einen wichtigen Indikator des Marktwerts dar. Gemäß **Grundstücksmitteilung** der Kommission[55] vom 10.7.1997 „betr. Elemente staatlicher Beihilfe bei Verkäufen von Bauten oder Grundstücken durch die öffentliche Hand" darf öffentliches Eigentum nicht unter seinem Marktwert veräußert werden, wobei zwei Verfahrenswege zugelassen werden, nämlich

a) der Verkauf durch ein bedingungsfreies Bietverfahren und

b) der Verkauf ohne bedingungsfreies Bietverfahren auf der Grundlage eines durch (einen) unabhängige(n) Sachverständige(n) für Wertermittlung auf der Grundlage „allgemein anerkannter Marktindikatoren und Bewertungsstandards" ermittelten Marktwerts, der bei dem Verkauf grundsätzlich nicht unterschritten werden darf.

---

51 Vgl. Infodienst Kommunal des Bundesministeriums des Innern Nr. 12, S. 4; abgedruckt in Kleiber/Söfker, Vermögensrecht, Eigentum an Grund und Boden, Jehle Verlag; Teil II Nr. 8.3.

52 Erlass des BMF über die Grundsätze für die Verkehrswertermittlung bei der Veräußerung bundeseigener Grundstücke in den neuen Bundesländern vom 7.1.1991 (VI C 1 VV 2030 – 17/90) i. V. m. seinem Erlass vom 7.12.1990 (VI C 1 VV 2400 – 50/90 –).

53 Erlass des BMF vom 6.5.1993 (VI A VV 2030 17/93) i. V. m. Erl. vom 7.12.1990 – VI C 1 VV 2400 – 50/90 –; vgl. GuG 1993, 353; zur Verkehrswertermittlung unter Berücksichtigung der Ergebnisse von Ausschreibungen vgl. auch den Erl. vom 17.3.1992 (BAnz Nr 72 vom 11.4.1992 = GuG 1992, 271).

54 Z. B. Berlin, vgl. Schreiben des SenBauWohn V A 33 vom 31.3.1998 i. V. m. Schreiben des SenFin IV B 2 vom 12.3.1998.

55 Mitteilung der Kommission betreffend Elemente staatlicher Beihilfe bei Verkäufen von Bauten und Grundstücken durch die öffentliche Hand Nr. 97C 209/03 vom 10.7.1997 (ABl. 1997 C 209 S. 3 = GuG 1997, 363); vgl. auch Art. 49 Abs. 2 der Richtlinie 91/674 EWG des Rates (ABl. Nr. L 374 vom 31.12.1991, S. 7); vgl. EuGH, Urt. vom 16.12.2010 – C 239/09 –, GuG-aktuell 2011, 7 = NLBzAR 2011, 33.

„**1. Verkauf durch ein bedingungsfreies Bietverfahren**

Der Verkauf von Bauten oder Grundstücken nach einem hinreichend publizierten, allgemeinen und bedingungsfreien Bietverfahren (ähnlich einer Versteigerung) und die darauf folgende Veräußerung an den Meistbietenden oder den einzigen Bieter stellen grundsätzlich einen Verkauf zum Marktwert dar und enthalten damit keine staatliche Beihilfe. Es spielt keine Rolle, ob vor dem Bietverfahren eine andere Bewertung des Gebäudes oder des Grundstücks existierte, z. B. für Buchungszwecke oder um ein beabsichtigtes erstes Mindestangebot bereitzustellen.

a) Hinreichend publiziert ist ein Angebot, wenn es über einen längeren Zeitraum (zwei Monate und mehr) mehrfach in der nationalen Presse, Immobilienanzeigen oder sonstigen geeigneten Veröffentlichungen und durch Makler, die für eine große Anzahl potenzieller Käufer tätig sind, bekannt gemacht wurde und so allen potenziellen Käufern zur Kenntnis gelangen konnte.

Die Absicht, Bauten oder Areale zu verkaufen, die wegen ihres großen Werts oder wegen anderer Merkmale typischerweise für europaweit oder sogar international tätige Investoren von Interesse sein dürften, sollte in Publikationen bekannt gemacht werden, die regelmäßig international beachtet werden. Begleitend sollten derartige Angebote durch europaweit oder international tätige Makler verbreitet werden.

b) Bedingungsfrei ist eine Ausschreibung, wenn grundsätzlich jeder Käufer unabhängig davon, ob und in welche Branche er gewerblich tätig ist, das Gebäude oder Grundstück erwerben und für seinen wirtschaftlichen Zweck nutzen kann und darf. Einschränkungen aus Gründen des Nachbar- oder Umweltschutzes oder zur Vermeidung rein spekulativer Gebote sowie raumordnungsrechtliche Einschränkungen für den Eigentümer eines Grundstücks nach nationalem Recht beeinträchtigen nicht die Bedingungsfreiheiten eines Angebots."

Der in einem ordnungsgemäß durchgeführten bedingungsfreien **Bietverfahren für ein Grundstück erzielte Höchstpreis muss nicht identisch mit dessen Marktwert sein.** In diesem Zusammenhang wird auch nur von dem „bestmöglichen Marktpreis" und nicht vom Marktwert gesprochen[56].

Der in einem bedingungsfreien Bietverfahren erzielte Höchstpreis kann dem Marktwert entsprechen, er kann höher und auch niedriger ausfallen. Insoweit orientieren sich die beiden in der Grundstücksmitteilung der Kommission ausdrücklich zugelassenen Alternativen zum Verkauf von Grundstücken unter Ausschluss unzulässiger Beihilfen nicht an einem zwangsläufig identischen Wert. Der **in einem bedingungsfreien Bietverfahren erzielte Höchstpreis kann** jedoch in aller Regel **die begründete Vermutung für sich in Anspruch nehmen** (Vermutungstatbestand), **dass mit dem Verkauf des Grundstücks keine unzulässige Beihilfe einhergeht** und dies ist das mit der Grundstücksmitteilung verfolgte Ziel.

Der Verkauf zum bestmöglichen Marktpreis *(market economy vendor principle)* bzw. zum Marktwert zielt auf den **Ausschluss unerlaubter Beihilfen** bei dem Verkauf von Grundstücken durch die öffentliche Hand ab. Unterschreitet der im bedingungsfreien Bietverfahren erzielte bestmögliche Markt*preis* den Markt*wert*, kann nach der Grundstücksmitteilung gleichwohl die Annahme einer mit dem Verkauf des Grundstücks einhergehenden unzulässigen Beihilfe ausgeschlossen werden.

Den Verkauf von Grundstücken durch die öffentliche Hand auf den in einem „qualifizierten" (bedingungsfreien) Bietverfahren ermittelten Kaufpreis – ersatzweise zu einer Verkehrswertermittlung durch einen Sachverständigen – zu stützen, ist im Hinblick auf die mit der Grundstücksmitteilung der EU verfolgten Zielsetzung schon aus Gründen der Verwaltungsökonomie sachgerecht[57], zumal die Ergebnisse aktueller als die in der Kaufpreissammlung der Gutachterausschüsse registrierten Vergleichspreise und die von ihnen veröffentlichten Bodenrichtwerte sind.

Die Vermarktung von Immobilien durch Ausschreibung hat in den vergangenen Jahrzehnten erheblich an Bedeutung gewonnen, insbesondere wenn es um die Vermarktung von Immobi-

---

56 A. A. EuGH, Urt. vom 16.12.2010 – C 239/09 –, GuG-aktuell 2011, 7 = NLBzAR 2011, 33.
57 Dementsprechend sollen nach der Begründung (BR-Drucks. 171/10) grundsätzlich auch Kaufpreise aus allgemeinen und bedingungsfreien Bietverfahren (öffentliche Ausschreibung) herangezogen werden können, die regelmäßig für Grundstücksverkäufe der öffentlichen Hand durchzuführen sind (vgl. ABl. EG 1997 C 209, S. 3).

lien geht, die einem „engen" Grundstücksmarkt mit eingeschränktem Käuferkreis zuzuordnen sind, einen überregionalen Markt haben oder problematisch in ihrer Vermarktung sind. Die Vermarktung durch Ausschreibung dominiert vielfach sogar das Marktgeschehen oder ist ein wesentlicher Bestandteil des Marktgeschehens. **Biet(er)verfahren bzw. (offene) Ausschreibungen sind** deshalb grundsätzlich **dem gewöhnlichen Geschäftsverkehr** zuzurechnen und demzufolge sind die in einem derartigen Verfahren abgegebenen Gebote (Ausschreibungsgebote) wichtige Marktindikatoren, die bei der Marktwertermittlung nicht unbeachtet bleiben dürfen. Bei alledem ist allerdings zu fordern, dass es sich um qualifizierte Gebote eines qualifizierten Biet(er)verfahrens handelt.

77 Bei Heranziehung von Geboten ist allerdings eine Reihe von **Besonderheiten** zu beachten:

a) Im gewöhnlichen Geschäftsverkehr werden Grundstücke – unabhängig von der Form ihrer Vermarktung – in aller Regel zu dem Höchstpreis veräußert, der entsprechend der Art des Grundstücks nach angemessenem Vermarktungszeitraum, angemessenen Verkaufsmodalitäten und nach dem Prinzip des *highest and best use* unter Berücksichtigung der Nutzung und Nutzbarkeit eines Grundstücks sowie der mit hinreichender Sicherheit aufgrund konkreter Tatsachen zu erwartenden anderweitigen Nutzungen erzielt werden kann. Wird das Grundstück zu einem erheblich davon abweichenden Kaufpreis veräußert, muss von einem Vertragsabschluss ausgegangen werden, der durch ungewöhnliche oder persönliche Verhältnisse i. S. des § 7 ImmoWertV beeinflusst ist. Dementsprechend handelt es sich **auch bei den in der Kaufpreissammlung der Gutachterausschüsse für Grundstückswerte registrierten Kaufpreisen i. d. R.** um die im gewöhnlichen Geschäftsverkehr erzielten **Höchstpreise** und dementsprechend muss auch das aus einem bedingungsfreien Bietverfahren resultierende Höchstgebot in die Kaufpreissammlung eingepflegt werden, wenn das Grundstück dazu verkauft wurde.

Auch wenn Grundstücke in aller Regel zu dem nach vorstehenden Grundsätzen erzielbaren Höchstpreis veräußert werden, bildet dieser im Einzelfall erzielte Höchstpreis nicht den Marktwert ab, denn auf dem allgemeinen Grundstücksmarkt streuen die unabhängig voneinander abgegebenen Höchstgebote in einer dem gewöhnlichen Geschäftsverkehr zurechenbaren Bandbreite (Toleranzbereich). Demzufolge wird der **Marktwert aus einer hinreichenden Anzahl von Vergleichspreisen** abgeleitet, **die regelmäßig aus Vermarktungen von vergleichbaren Grundstücken zum jeweiligen Höchstgebot stammen**. Marktwert ist mithin der Durchschnitt aller zur Marktwertermittlung herangezogenen Höchstpreise. Als Marktwert (Verkehrswert) wird deshalb nicht der höchste im gewöhnlichen Geschäftsverkehr erzielbare Preis, sondern – wie vorstehend bereits erläutert – der ggf. gewogene Durchschnitt aller zur Marktwertermittlung heranziehbaren Höchstpreise vergleichbarer Grundstücke bezeichnet.

b) Voraussetzung für die Berücksichtigung von Geboten sind **qualifizierte Biet(er)verfahren**. In einem qualifizierten Biet(er)verfahren werden die zur Vermarktung anstehenden Immobilien in den einschlägigen Medien (Presse, Publikationen, Internet usw.) in der gebotenen Weise mit den notwendigen Erläuterungen zu den rechtlichen und tatsächlichen Nutzungsmöglichkeiten über einen längeren Zeitraum publiziert. Ausschreibungsverfahren können – wie bei der Zwangsversteigerung – mit der Vorlage eines Verkehrswertgutachtens verbunden werden[58]. Bei Ausschreibungen auf der Grundlage unzureichender Ausschreibungsunterlagen bleiben Angebote häufig besonders „vorsichtig" unter dem Verkehrswert und können die an qualifizierte Angebote zu stellenden Anforderungen nicht erfüllen; in diesen Fällen nützt es auch nichts, wenn die Anwendung des Ausschreibungsverfahrens von der Vorlage einer Mindestzahl – z. B. von fünf – Angeboten abhängig gemacht wird, weil hier auf Seiten der Anbieter eine kollektive Zurückhaltung erwartet werden muss. Des Weiteren ist von einem qualifizierten Biet(er)verfahren insbesondere zu fordern, dass das Verfahren grundsätzlich für jeden Anbieter offen ist.

---

[58] BGH, Urt. vom 19.12.1963 – III ZR 162/63 –, BRS Bd. 19 Nr. 21 = EzGuG 20.35.

c) Berücksichtigungsfähig sind nur **qualifizierte Gebote**; dies sind ernsthaft abgegebene und einer Prüfung[59] standhaltende Gebote von vertrauenswürdigen Personen, von denen einerseits erwartet werden kann, dass der Verkauf auch tatsächlich zu dem Bestgebot getätigt werden kann. Gebote sind nicht qualifiziert, wenn sie offenkundig den Marktwert unterschreiten und ein an sich verkaufswilliger Verkäufer im gewöhnlichen Geschäftsverkehr seinen Verkaufswillen zurückstellt. So wie ein Käufer nicht um jeden Preis ein Grundstück erwirbt, ist auch ein Verkäufer nicht bereit, um jeden Preis sein Grundstück abzugeben. Unbeachtlich bleiben dementsprechend Gebote, bei denen nicht auszuschließen ist, dass sie durch Preisabsprachen „gedämpft" oder in der Hoffnung auf ein „Schnäppchen" abgegeben wurden. Nicht qualifizierte Gebote, die nicht annahmefähig sind, müssen mithin außer Betracht bleiben, denn sie lassen „keinen genügend sicheren Schluss auf den erzielbaren Preis" zu[60].

Das in einem bedingungsfreien Biet(er)verfahren bzw. einer offenen Ausschreibung gegebene qualifizierte Höchstgebot[61] kann bei alledem grundsätzlich zum Preisvergleich herangezogen werden, wenn das Vorliegen ungewöhnlicher oder persönlicher Verhältnisse ausgeschlossen werden kann und das einschlägige Grundstück mit dem zu bewertenden Grundstück hinreichend übereinstimmende Grundstücksmerkmale aufweist und somit zum Preisvergleich i. S. des § 15 Abs. 1 ImmoWertV geeignet ist. Dies gilt unabhängig davon, ob das Höchstgebot tatsächlich zum Kaufabschluss geführt hat, denn allein schon das qualifizierte Höchstgebot gibt einen Hinweis darauf, was im gewöhnlichen Geschäftsverkehr erzielt werden könnte. 78

Soweit das im offenen Ausschreibungsverfahren unabhängig voneinander abgegebene **Zweit- und Drittgebot** die Voraussetzungen erfüllt, die an ein qualifiziertes Gebot nach den vorstehenden Ausführungen zu stellen sind, können auch Zweit- und Drittgebote vorbehaltlich weiterer Betrachtungen grundsätzlich ein gewichtiger Marktindikator sein. Dem kann auch nicht entgegengehalten werden, dass solche Gebote nicht realisierbare Vorstellungen oder gar nur bloße „Wunschvorstellungen" des Bietenden repräsentieren, denn unter den genannten Voraussetzungen hätten auch das Zweit- und Drittgebot zum Vertragsschluss führen können, wenn nicht das darüber hinausgehende Meistgebot vorgelegen hätte. 79

Ein Zweit- und Drittgebot erfüllen die Voraussetzungen eines qualifizierten Gebots, wenn sie gegenüber dem Höchstgebot lediglich in einer Größenordnung abfallen, die den allgemein jeder Marktwertermittlung anhaftenden Toleranzbereich von 20 % nicht unterschreitet. Sie können dann als ernsthafte und mit der notwendigen Sachkunde abgegebene Gebote angesehen werden, die dann – wie der Höchstpreis – den gewöhnlichen Geschäftsverkehr repräsentieren. Da sich der Marktwert nicht als der höchste im gewöhnlichen Geschäftsverkehr erzielbare Preis, sondern als Durchschnitt aller zur Marktwertermittlung heranziehbaren Höchstpreise vergleichbarer Grundstücke definiert, können unter den vorstehenden Voraussetzungen Zweit- und Drittgebote (auch zur Abstützung des Höchstgebotes) in eine Marktwertermittlung grundsätzlich einbezogen werden. Dem Höchstgebot muss zumindest ein entsprechendes höheres Gewicht beigemessen werden, wenn ein Zweit- bzw. Drittgebot vorliegt, das den dem Höchstgebot anhaftenden Toleranzbereich nicht überschreitet.

Den vorstehenden Ausführungen kann nicht entgegengehalten werden, dass die Ausschreibung zu einem Versteigerungseffekt geführt habe und das Höchstgebot nicht die Breite des gewöhnlichen Geschäftsverkehrs abbilde, denn auch bei der sonst üblichen Vermarktung stehen potentielle Käufer in einer Wettbewerbssituation zueinander und der Verkäufer ist gleichermaßen bestrebt, sein Grundstück zum höchsten Preis zu veräußern, den der Markt „hergibt". Dementsprechend stellen auch die in der Kaufpreissammlung der Gutachterausschüsse registrierten Vergleichspreise die Ergebnisse eines Vermarktungsprozesses dar, bei dem i. d. R. an den Meistbietenden verkauft wurde, d. h., auch diese Preise sind Höchstpreise. Aus alledem folgt, 80

---

59 BGH, Urt. vom 19.12.1963 – III ZR 162/63 –, BRS Bd. 19 Nr. 21 = EzGuG 20.35.
60 BGH, Urt. vom 5.4.1973 – III ZR 74/72 –, WM 1974, 696 = EzGuG 2.12; BGH, Urt. vom 23.6.2006 – V ZR 147/05 – GuG 2008, 118 = NJW 2006, 3054 = EzGuG 5.65.
61 Entsprechen dem Leitparadigma des „market economy vendor" (vgl. § 194 BauGB).

IV Syst. Darst. Vergleichswertverfahren   Preisforderung

dass das in einem bedingungsfreien Biet(er)verfahren bzw. einer offenen Ausschreibung abgegebene Höchstgebot wie ein Vergleichspreis zum Preisvergleich herangezogen werden kann; es handelt sich dabei sogar um besonders aktuelle „Vergleichspreise"[62].

Dementsprechend hat das BMF die Bodenverwertungs- und -verwaltungsgesellschaft (BVVG) mit Schreiben vom 10.7.2007 angewiesen, bei der Vermarktung ihres Grundstücksbestands den Verkehrswert aus dem aktuellen Marktgeschehen unter Berücksichtigung der auf der Basis von Ausschreibungen oder bei Direktverkäufen erzielten Kaufpreise abzuleiten, um somit eine stärker an aktuellen Marktentwicklungen orientierte Herleitung des Verkehrswerts zu ermöglichen[63]. Diese Weisung wurde durch Schreiben vom 14.3.2008 dahingehend präzisiert, dass auch Verkäufe durch Dritte, die unter Marktbedingungen erfolgten, zu berücksichtigen sind.

81   Auch das in einem bedingungsfreien Biet(er)verfahren bzw. einer offenen Ausschreibung gegebene **Zweit- und Drittgebot** und möglicherweise sogar noch weitere Gebote können zum Preisvergleich herangezogen werden, wenn es sich dabei wiederum um qualifizierte Gebote handelt. Diesbezüglich wird man entsprechend den vorstehenden Ausführungen ergänzend fordern müssen, dass das Zweit- und Drittgebot vom Höchstgebot nur in einer dem gewöhnlichen Geschäftsverkehr zurechenbaren Marge abweichen (Spannbreite). Da bei der Marktwertermittlung von Grundstücken nach herrschender Auffassung in Schrifttum und Rechtsprechung Abweichungen von +/– 20 Prozent hingenommen werden müssen[64], müssen Abweichungen des Zweit- und Drittgebots (vom Höchstgebot) in dieser Größenordnung auch dem gewöhnlichen Geschäftsverkehr zugeordnet werden. Denn für den gewöhnlichen Geschäftsverkehr ist kennzeichnend, dass selbst unter Ausschluss ungewöhnlicher oder persönlicher Verhältnisse die Kaufpreise in Abhängigkeit von dem jeweiligen Marktgefüge in einer dem gewöhnlichen Geschäftsverkehr zurechenbaren Bandbreite streuen. Umgekehrt wird damit ausgeschlossen, dass Gebote zum Preisvergleich herangezogen werden, die durch ungewöhnliche oder persönliche Verhältnisse beeinflusst worden sind. Die Bundesverwaltung ist aus den gleichen Gründen bei Abweichungen zwischen einem Gutachten einerseits und dem Ergebnis einer Ausschreibung andererseits ebenfalls von einem vertretbaren Spielraum „von höchstens 20 v. H." ausgegangen[65].

82   Neben dem Höchstgebot sind deshalb auch das Zweit- und Drittgebot grundsätzlich wie Vergleichspreise zum Preisvergleich mit dem ihnen zukommenden **Gewicht** geeignet, auch wenn sie nicht zum Abschluss kommen konnten. Ihre Einbeziehung lässt sich vor allem auch damit begründen, dass sich der Marktwert als der am wahrscheinlichsten zu erzielende Preis und damit als Durchschnitt der zur Marktwertermittlung geeigneten Vergleichsdaten definiert. Im Übrigen hat auch der BGH die Einbeziehung „ernster Preisangebote" bei „schwer zu bewertenden Grundstücken" zugelassen[66].

2.3.4 Vorhandene Gutachten

83   Die Verwendung bereits vorliegender Gutachten stellt im eigentlichen Sinne keine Ersatzlösung dar. Liegen Gutachten im Einzelfall bereits vor, muss geprüft werden, ob man sich diesen anschließt oder ggf. davon abweicht. Ergibt sich aus dieser Prüfung, dass auf ein

---

62 Nach Untersuchungen der BVVG wird das aktuelle Marktgeschehen unter Einbeziehung der Ausschreibungsergebnisse weitaus besser als durch die Kaufpreissammlungen der Gutachterausschüsse abgebildet. Im Kyffhäuserkreis lagen nach einer Untersuchung von Koenig (Universität Bonn, Rechtsgutachten) die durchschnittlichen Bodenrichtwerte für Ackerland bei 4 646 €/ha (im Jahre 2006) und bei 4 714 €/ha (im Jahre 2007), während die jeweiligen Sammlungen der BVVG einen Durchschnittswert von 6 415 €/ha bzw. 6 996 €/ha aufwiesen (HLBS-Seminar am 10.6.2008).
63 Der BGH hat mit Beschl. vom 28.4.2011 – V ZR 192/10 –, GuG 2011, 319 = EzGuG 19.57 – zu alledem festgestellt, dass der Verkehrswert landwirtschaftlicher Nutzflächen bei BVVG-Verkäufen nicht anders zu ermitteln sei als bei Verkäufen Privater. Gleichzeitig wurde die Nichtzulassungsbeschwerde zu KG, Urt. vom 26.8.2010 – 22 U 202/09 –, NLBzAR 2011, 23 = EzGuG 19.56; abgelehnt; vgl. auch OLG Dresden, Urt. vom 18.5.2010 – 14 U 1451/08 –, NL-BzAR 2011, 20.
64 Vgl. Kleiber, Verkehrswertermittlung von Grundstücken, 6. Aufl. 2010, S. 442 ff.
65 Vgl. BT-Drucks. 13/160, S. 29
66 BGH, Urt. vom 23.6.2006 – V ZR 147/05 –, GuG 2008, 118 = NJW 2006, 3054 = EzGuG 5.65.

sachgemäß begründetes Gutachten eines zuverlässigen Sachverständigen zurückgegriffen werden kann, so hat die Rechtsprechung dies nicht beanstandet, wenn es an Vergleichsdaten mangelt[67].

2.3.5 Zwangsversteigerungen

Erfahrungsgemäß lassen die bei einer Zwangsversteigerung erzielten Preise keine Schlüsse auf den Verkehrswert zu, da ungewöhnliche oder persönliche Verhältnisse zu unterstellen sind[68]. Vom Gutachterausschuss für Grundstückswerte in *Dresden* liegen aus dem Jahre 2010 folgende Untersuchungsergebnisse vor:

84

Verhältniszahl zu Zwangsversteigerungserlösen			
Objektart: bebaute Grundstücke	Koeffizient = $\dfrac{\text{Zwangsversteigerungserlös}}{\text{Sachwert}}$		
Individueller Wohnungsbau (einschließlich Bauernhäusern)	0,47		
Geschosswohnungsbau (ohne Sanierungsgebiete)	0,64		
Gewerbe- und Geschäftshäuser	0,47		
Objektart: Wohnungseigentum		Koeffizient = $\dfrac{\text{Zwangsversteigerungserlös}}{\text{Einkaufspreis}}$	Koeffizient = $\dfrac{\text{Zwangsversteigerungserlös}}{\text{Wohnfläche in €/m}^2}$
Baujahr ab 1991	gute Wohnlage	0,46	957
	mittlere Wohnlage	0,32	833
Baujahr 1880 – 1945 saniert	sehr gute/gute Wohnlage	0,38 (wenige Fälle)	866
	mittlere/einfache Wohnlage	0,30	589

Quelle: Gutachterausschuss für Grundstückswerte in Dresden 2010

2.3.6 Freie Schätzung

▶ *Vorbem. zur ImmoWertV Rn. 12 ff.*

Scheiden mangels geeigneter Vergleichspreise neben dem Vergleichswertverfahren auch das Ertragswert- und das Sachwertverfahren gänzlich aus, bleibt im Übrigen der Weg der freien Schätzung *(rule of thumb)*. **Die Befugnis, zu schätzen, setzt** – wie im Abgabenrecht – **das Scheitern aller Bemühungen um die Erhebung von wertrelevanten Indizien voraus**, aus denen sich deduktiv nach Plausibilität und Wahrscheinlichkeitsmethoden der Verkehrswert ableiten lässt[69].

85

In der Einheitsbewertung ist anerkannt, dass der Wert eines Grundstücks mangels aussagekräftiger Vergleichspreise „notfalls" im Wege der **Schätzung nach § 162 Abs. 1 AO** zu ermitteln ist[70].

---

[67] BGH, Urt. vom 26.9.1958 – VIII ZR 121/57 –, NJW 1958, 1967 = ZMR 1959, 270; BGH, Urt. vom 30.6.1959 – VIII ZR 81/58 –, NJW 1959, 1634 = EzGuG 20.24; LG Berlin, Beschl. vom 31.1.1995 – 86 T 77/95 –, GE 1996, 475 = EzGuG 19.43a unter Berufung auf KG, Beschl. vom 11.5.1993 – 1 W 5775/92 –; KG, Beschl. vom 25.8.1995 – 88 T 77/95 –, EzGuG 19.47; Offenberg, Die Abschätzung von Immobilien in Stadt und Land, Berlin 1915, S. 18.

[68] BVerfG, Beschl. vom 7.12.1977 – 1 BvR 734/77 –, BVerfGE 46, 325 = EzGuG 19.33; BGH, Urt. vom 19.3.1971 – V ZR 153/68 –, MDR 1971, 567 = EzGuG 19.24; LG Koblenz, Urt. vom 1.10.1979 – 4 O 179/79 –, EzGuG 19.35b; RFH, Urt. vom 26.3.1931 – III A 567/30 –, RStBl. 1931, 802; RFH, Urt. vom 27.7.1938 – III 322/37 –, RStBl. 1938, 921 = EzGuG 8.1c.

[69] Gelzer-Busse, Umfang des Entschädigungsanspruchs, München 1980, 2. Aufl., Rn. 105 für den Fall eines Rechtsstreits unter Hinweis auf BGH, Urt. vom 8.11.1962 – III ZR 86/61 –, BGHZ 39, 198 = EzGuG 8.5; BGH, Urt. vom 20.12.1963 – III ZR 112/63 –, BRS Bd. 19 Nr. 138 = EzGuG 14.18; auch Mampel in DÖV 1992, 556 unter Hinweis auf § 162 Abs. 1 AO. So auch schon PrOVG, Urt. vom 27.4.1920 – VII C 5/19 –, PrOVGE 77, 3 = EzGuG 14.1.

[70] BFH, Urt. vom 29.4.1987 – X R 2/80 –, BFHE 150, 453 = BStBl II 1987, 769 = EzGuG 19.39d; Viskorf/Glier/Knobel, BewG, 4. Aufl. 1998 § 9 Rn. 6 ff.

2.4 Intertemporärer und qualitativer Abgleich (Berücksichtigung von Abweichungen)

2.4.1 Allgemeines

86 Der **Vergleichswert** kann in aller Regel nicht **unmittelbar aus den zum Vergleich herangezogenen Kaufpreisen (Vergleichspreise), Bodenrichtwerten bzw. Vergleichsfaktoren bebauter Grundstücke** abgeleitet werden, weil

a) die Grundstücksmerkmale der Vergleichsgrundstücke, des Bodenrichtwertgrundstücks bzw. der den Vergleichsfaktoren zugrunde liegenden Grundstücke von den Eigenschaften des zu bewertenden Grundstücks abweichen und

b) die zum Vergleich herangezogenen Kaufpreise (Vergleichspreise) im Verhältnis zu den am Wertermittlungsstichtag vorherrschenden allgemeinen Wertverhältnissen auf dem Grundstücksmarkt einer Aktualisierung bedürfen; Entsprechendes gilt i. d. R. auch bezüglich der herangezogenen Bodenrichtwerte und Vergleichsfaktoren bebauter Grundstücke.

87 Bei **Anwendung des Vergleichswertverfahrens** müssen deshalb

a) *Unterschiede* der zum Preisvergleich herangezogenen Vergleichsgrundstücke *in ihren Zustandsmerkmalen* (vgl. §§ 4 und 5) gegenüber denen des zu bewertenden Grundstücks (interqualitativer Preisvergleich) *und*

b) *Unterschiede in der* konjunkturellen und somit die Höhe der zum Vergleich herangezogenen Kaufpreise (Vergleichspreise) mitbestimmenden *allgemeinen Wertentwicklung* auf dem Grundstücksmarkt gegenüber den am Wertermittlungsstichtag vorherrschenden Verhältnissen (intertemporärer Preisvergleich)

berücksichtigt werden. Die Berücksichtigung erfolgt nach Maßgabe des § 15 Abs. 1 Satz 4 ImmoWertV im Wege der Umrechnung der einzelnen zum Vergleich herangezogenen Kaufpreise (Vergleichspreise), Bodenrichtwerte und Vergleichsfaktoren bebauter Grundstücke. Dazu „sollen" Umrechnungskoeffizienten und Indexreihen herangezogen werden (§ 11 Abs. 1 und § 12 Abs. 1 ImmoWertV). Stehen diese nicht zur Verfügung, muss dies **in einer sonstigen geeigneten Weise** nach Maßgabe des § 9 Abs. 2 ImmoWertV vorgenommen werden.

2.4.2 Qualitativer Abgleich

▶ *Näheres hierzu vgl. Rn. 174 ff.*

88 Der **qualitative Abgleich** der Vergleichsgrundstücke, Bodenrichtwerte und Vergleichsfaktoren bebauter Grundstücke auf die Grundstücksmerkmale des zu wertenden Grundstücks kann auf der Grundlage

– von Umrechnungskoeffizienten i. S. des § 12 ImmoWertV,

– von Zu- und Abschlägen,

– von Regressionsanalysen oder in einer sonstigen geeigneten Weise

erfolgen.

2.4.3 Intertemporärer Abgleich

▶ *Vgl. Rn. 30, 46; Erläuterungen zu § 11 ImmoWertV Rn. 14 ff., 33*

89 Der Verkehrswert eines Grundstücks ist nur in den seltensten Fällen konstant und letztlich auch nur über einen begrenzten Zeitraum. Selbst bei gleich bleibendem Zustand ändern sich die Verkehrswerte von Grundstücken unter dem Einfluss der „allgemeinen Wertverhältnisse auf dem Grundstücksmarkt". Da die zum Preisvergleich herangezogenen Kaufpreise (Ver-

gleichspreise) zumeist aus der Vergangenheit stammen, müssen sie auf die zum Wertermittlungsstichtag maßgebenden allgemeinen Wertverhältnisse „umgerechnet" werden.

Die Umrechnung der i. d. R. auf den Zeitpunkt des Kaufpreisabschlusses bezogenen Kaufpreise (**intertemporärer Abgleich**) auf die am Wertermittlungsstichtag herrschenden allgemeinen Wertverhältnisse auf dem Grundstücksmarkt erfolgt – soweit es um die Bodenwertermittlung geht – regelmäßig auf der Grundlage von das Geschehen auf dem örtlichen Grundstücksmarkt beschreibenden Indexreihen. Nach § 11 Abs. 1 ImmoWertV sollen diese **Indexreihen zur Berücksichtigung von Änderungen der allgemeinen Wertverhältnisse auf dem Grundstücksmarkt** herangezogen werden.

Beispiel:

a) zum Vergleich herangezogener Kaufpreis: 280 €/m²
   Kaufpreisdatum: Juli 2008
   Bodenpreisindexzahl 2008: 185
b) Wertermittlungsstichtag: 15.8.2010
   Bodenpreisindexzahl 2010: 198
c) Umrechnung:
   280 €/m² × 198/185 = **300 €/m²**

Stehen Indexreihen nicht zur Verfügung, muss dies **in einer sonstigen geeigneten Weise** nach Maßgabe des § 9 Abs. 2 ImmoWertV vorgenommen werden.

Obwohl die in der Praxis abgeleiteten Bodenpreisindexreihen die Entwicklung auf dem Grundstücksmarkt mit einer vergleichsweise hohen Genauigkeit beschreiben, wird man in der Praxis davor zurückschrecken, **Vergleichspreise** heranzuziehen, **die z. B. 10 Jahre oder älter sind.** Solche Kaufpreise **gelten gemeinhin nicht als „geeignet";** vielmehr müssen möglichst zeitnahe Vergleichspreise gefordert werden.

Bei Heranziehung i. d. R. „jahrgangsweise" abgeleiteter Bodenpreisindexzahlen muss bedacht werden, auf welchen Zeit*raum* bzw. welchen Zeit*punkt* diese Indexzahlen ermittelt wurden. Wurde die Indexzahl aus dem Mittel aller geeigneten Kaufpreise eines Kalenderjahres ermittelt, so bezieht sich die Indexzahl in etwa auf die **Jahresmitte.** Entscheidend ist also der Bezugszeitpunkt des in die Ableitung eingehenden Kaufpreismaterials. Grundsätzlich ist es aber auch möglich, die Indexzahlen, wie die Bodenrichtwerte, bezogen auf das **Ende eines Kalenderjahres** zu ermitteln. Um dafür gesicherte Ergebnisse gewinnen zu können, ist die Einbeziehung des Kaufpreismaterials des nachfolgenden (Halb-)Jahres ratsam.

In jedem Fall muss bei dem Gebrauch von Indexreihen der **Bezugszeitpunkt** bedacht werden, weil mit der Zeit die Aktualität einer ermittelten Indexzahl schwindet. Dies kann zusätzliche Korrekturen erforderlich machen, die nach den Entwicklungen der Vergleichspreise neueren Datums bemessen werden können. Problematisch wird es dann, wenn keine gesicherten neueren Erkenntnisse vorliegen. In diesem Fall kann sich der Gutachter dadurch helfen, dass er die Entwicklung aus vergleichbaren Gebieten oder Orten hilfsweise heranzieht oder aber die Entwicklung aufgrund anderer die allgemeinen Wertverhältnisse auf dem Grundstücksmarkt bestimmender Faktoren abschätzt. In Zweifelsfällen empfiehlt es sich, im Gutachten entsprechende Hinweise zu geben.

In Gebieten, für die marktorientierte Indexreihen nicht abgeleitet worden sind, wird mitunter auf die **Kaufwertestatistik der Statistischen Landesämter** zurückgegriffen (vgl. § 11 ImmoWertV Rn. 33). Dieses Verfahren ist grundsätzlich abzulehnen, da es sich hierbei gerade nicht um eine auf einem gleichbleibenden „Warenkorb" aufbauende Statistik handelt. Der BGH[71] hat hierzu ausgeführt: „Es darf nicht übersehen werden, dass in dem genannten Zeitraum in Braunschweig (anders als im Bundesdurchschnitt) kein kontinuierlicher Preisanstieg stattgefunden hat und der für 1969 festgestellte Durchschnittspreis nur auf drei Verkaufsfällen basiert. Das rechtfertigt es aber nicht, diese statistischen Angaben über die örtlichen Verhältnisse aus der

---

71 BGH, Urt. vom 23.6.1983 – III ZR 39/82 –, BRS Bd. 45 Nr. 102 = EzGuG 20.102.

Beurteilung gänzlich auszuklammern. Dies gilt umso mehr, als auch die vom Statistischen Bundesamt für Gemeinden zwischen 200 000 und 500 000 Einwohnern (dazu zählt Braunschweig) ermittelten Durchschnittspreise für baureifes Land erheblich über den Zahlen liegen, auf die das OLG seine Umrechnung stützt. Es lässt sich nicht ausschließen, dass das OLG für das Jahr 1974 höhere Vergleichspreise und auch einen höheren Bodenpreis für das hier zu bewertende Grundstück errechnet hätte, wenn es bei der Wahl des Umrechnungsmaßstabs das statistische Material für Braunschweig mit in den Kreis seiner Erwägungen einbezogen hätte." Damit hat das Gericht die Verwendung dieser statistischen Angaben einschränkend gelten lassen. Es ist aber daran festzuhalten, dass von der Verwendung der Kaufwertestatistik nachdrücklich abzuraten ist.

2.5 Aggregation der Vergleichspreise zum Vergleichswert

2.5.1 Vorbemerkung

▶ *Vgl. § 194 BauGB Rn. 118 ff.*

97 Die im Wege des interqualitativen und intertemporalen Abgleichs „gleichnamig" gemachten Kaufpreise der Vergleichsgrundstücke werden in aller Regel noch immer in gewissen Umfang voneinander abweichen, ohne dass diese **Streuung der Kaufpreise** auf bestimmte Einflüsse zurückgeführt werden kann. Dies lässt sich auf Zufälligkeiten zurückführen, die für den gewöhnlichen Geschäftsverkehr durchaus kennzeichnend sind. Denn auf einem freien Grundstücksmarkt spielen regelmäßig auch Zufälligkeiten z. B. in Bezug auf subjektive Anschauungen der Vertragsparteien und ihr Verhandlungsgeschick eine Rolle, selbst wenn ungewöhnliche oder persönliche Verhältnisse i. S. des § 7 ImmoWertV nicht zum Tragen gekommen sind. Nicht der höchste und auch nicht der niedrigste Preis innerhalb des verbleibenden Streuungsbereichs der Vergleichspreise können Maßstab der Verkehrswertermittlung sein. Die Verkehrswertdefinition des § 194 BauGB lässt es auch nicht zu, eine Verkehrswertspanne zu ermitteln.

98 Die im Wege des interqualitativen und intertemporären Abgleichs „gleichnamig" gemachten Vergleichspreise sind deshalb in geeigneter Weise zusammenzufassen (Aggregation der Vergleichspreise), um daraus den **am „wahrscheinlichsten" zu erzielenden Preis des Grundstücks** und damit den Vergleichs- bzw. den Verkehrswert abzuleiten[72]. Dabei müssen ungewöhnliche oder persönliche Verhältnisse unterstellt werden, wenn ein Vergleichspreis „erheblich" von den Kaufpreisen in vergleichbaren Fällen abweicht. Um dies festzustellen, bedient man sich u. a. statistischer Methoden. Die Identifizierung und Eliminierung von Ausreißern gehen bei alledem mit der Ableitung des Verkehrswerts durch Aggregation der Vergleichspreise einher.

2.5.2 Aggregation der Vergleichspreise

99 Zur Aggregation der gleichnamig gemachten Vergleichspreise bedient sich die Praxis statistischer **Rechentechniken,** obwohl die statistischen Voraussetzungen der stochastischen Verteilung im strengen Sinne nur selten vorliegen. Dies ist gleichwohl nicht zu beanstanden, denn immerhin dient dies der Operationalisierung und Übersichtlichkeit des Verfahrens. Nachstehend sollen deshalb einige **statistische Begriffe und Verfahren** kurz erläutert werden:

100 Mit dem Zeichen wird die **Summe von n Stichproben** x_i bezeichnet:

$$\sum_{x_i=1}^{n} = x_1 + x_2 + x_3 + \ldots\ldots\ldots x_n$$

---

[72] BT-Drucks, 10/6166, S. 137 f.

Preisaggregation — Syst. Darst. Vergleichswertverfahren IV

101 *Beispiel:*

Als Vergleichspreise liegen sechs Kaufpreise KP_i vor: 160 €/m², 180 €/m², 170 €/m², 160 €/m², 160 €/m² und 180 €/m²:

$$\Sigma KP_i = 1\,010\ \text{€/m}^2$$

102 Zur Ableitung eines ausgeglichenen Werts aus n Stichproben ist die Bildung des arithmetischen Mittels auch in der Wertermittlung weit verbreitet. Es definiert sich wie folgt:

Arithmetisches Mittel:
$$\boxed{x = \sum \frac{x_i}{n}}$$

103 Das arithmetische Mittel ergibt den aus den Vergleichspreisen abgeleiteten **Vergleichswert**.

Beispiel:

Im vorstehenden *Beispiel* setzt sich die Summe der vorliegenden Vergleichspreise aus sechs „Stichproben" zusammen.

Arithmetisches Mittel:
$$KP = \frac{1\,010\ \text{€/m}^2}{6} = 168{,}3\ \text{€/m}^2 = \text{rd.}\ 170\ \text{€/m}^2$$

104 Das arithmetische Mittel aus Stichproben, denen ein unterschiedliches Gewicht p_i zuzuordnen ist, errechnet sich nach der Formel:

Gewogenes arithmetisches Mittel:
$$x = \frac{\Sigma x_i \times p_i}{\Sigma p_i}$$

Beispiel:

Den im vorstehenden Beispiel angegebenen Vergleichspreisen wurden entsprechend ihrer Aussagefähigkeit die aus der nachstehenden Tabelle ersichtlichen Gewichte beigeordnet:

Nr.	KP_i	p_i	$KP_i p_i$	VW	v_i	$v_i v_i p_i$
1	160 €/m²	1	160	172,6	+ 12,6	158,76
2	180 €/m²	4	720	172,6	− 7,4	219,04
3	170 €/m²	3	510	172,6	+ 2,6	20,28
4	160 €/m²	2	320	172,6	+ 12,6	317,52
5	160 €/m²	1	160	172,6	+ 12,6	158,76
6	180 €/m²	4	720	172,6	− 7,4	219,04
	Summen	$\Sigma p_i = 15$	$\Sigma KP_i p_i = 2\,590$		$\Sigma v_i v_i p_i = 1\,093{,}4$	

wobei:
n = Anzahl der zum Vergleich herangezogenen Kaufpreise, hier = 6
v_i = Verbesserungen = Verkehrswert − KP_i
p_i = Gewicht des Vergleichspreises KP_i

$$\text{Vergleichswert} = \frac{\Sigma KP_i \times p_i}{\Sigma p_i} = KP = 2\,590\ \text{€/m}^2/15 = 172{,}6\ \text{€/m}^2 = \mathbf{173\ \text{€/m}^2}$$

105 Wenn als Maß des Gewichts die Häufigkeit einer Beobachtungsgröße (hier Kaufpreise) gewählt wird, darf diese Größe auch nur einmal angesetzt werden.

Im Beispiel:

KP: 160 €/m²   Gewicht 3 (weil 3 x vertreten)
KP: 180 €/m²   Gewicht 2 (weil 2 x vertreten)
KP: 170 €/m²   Gewicht 1 (weil 1 x vertreten)

IV Syst. Darst. Vergleichswertverfahren — Mittlerer Fehler

Nr.	Kp_i	p_i	$KP_i \times p_i$
1	160 €/m²	3	480
2	180 €/m²	2	360
3	170 €/m²	1	170
Summen		= 6	= 1010

Gewogenes arithmetisches Mittel: **KP** = 1 010 €/m²/6 = 168,3 €/m² = **168 €/m²**

entspricht Kaufpreis Nr. 3 (170 €/m²), dem sich als arithmetisches Mittel aus allen Kaufpreisen ergebenden Vergleichswert in Höhe von 170 €/m².

106 Die Frage, ob die Anzahl der auftretenden Beobachtungsgrößen (z. B. Kaufpreise, Erträge und dgl.) oder andere Erkenntnisse das Gewicht einer Beobachtungsgröße bestimmen, ist am Einzelfall zu entscheiden.

107 Als **Modalwert** wird der Wert bezeichnet, der mit seiner Anzahl am häufigsten vorkommt (häufigster Wert).

Beispiel:

Im Beispiel tritt ein Kaufpreis von 160 €/m² am häufigsten auf, nämlich insgesamt dreimal.

108 Als **Median** bezeichnet man den Zentralwert, der sich als Mittelwert der aufgereihten Beobachtungsgrößen (hier Kaufpreise) ergibt:

Beispiel:

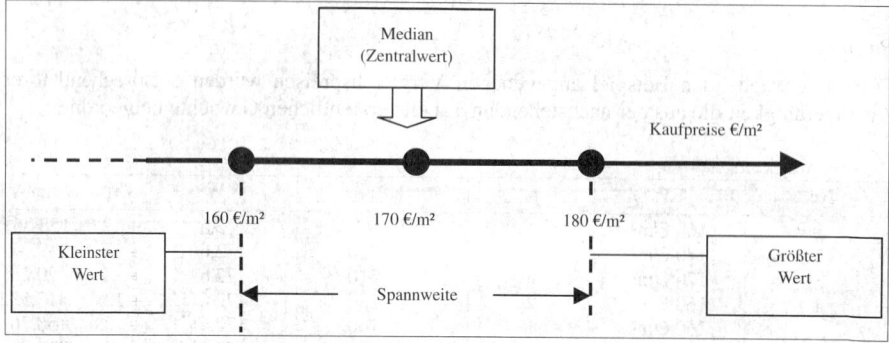

109 Als **Spannweite** bezeichnet man den Unterschied zwischen dem größten und kleinsten Wert.

2.5.3 Genauigkeitsmaße des Vergleichswerts

2.5.3.1 Mittlerer Fehler

110 Betrachtet man die am Markt erzielten und zur Verkehrswertermittlung herangezogenen Kaufpreise als eine Stichprobe aus der Grundgesamtheit aller (zumindest denkbaren) Vergleichspreise, so lassen sich unter Anwendung statistischer Methoden Aussagen über die **Genauigkeit der Verkehrswertermittlung auf der Grundlage** der Mittelbildung aus den zur Verfügung stehenden Vergleichspreisen und Berechnung des mittleren Fehlers des Mittels treffen. Ob die Zahl der in das Mittel eingegangenen Vergleichspreise als „ausreichend" i. S. der ImmoWertV anzusehen ist, lässt sich dann nach statistischen (Genauigkeits-)Kriterien beurteilen.

111 Hierfür sind zunächst die Differenzen aus dem arithmetischen Mittel x (aus n Stichproben) und den einzelnen Stichproben x_i zu ermitteln. Die Differenzen werden als Verbesserungen v_i bezeichnet:

Syst. Darst. Vergleichswertverfahren IV

Verbesserung: $\boxed{v_i = \bar{x} - x_i}$

Dann sind:

das Quadrat der einzelnen Verbesserungen:	$v_i v_i$
die Summe der Quadrate aus $v_i v_i$	$\Sigma v_i v_i$
die Summe der gewichteten Quadrate aus $v_i v_i$:	$\Sigma v_i v_i p_i$

Beispiel: 112

Für das vorstehende *Beispiel* ergeben sich folgende Verbesserungen v_i, Quadrate der Verbesserungen $v_i v_i$, gewichtete Quadrate der Verbesserungen $v_i v_i p_i$ und ihre Summen:

Nr.	ungewichtet				gewichtet				
	KP	KP_i	v_i	$v_i v_i$	KP	KP_i	v_i	p_i	$v_i v_i p_i$
1	168,3	160	+ 8,3	68,9	172,6	160	+ 12,6	1	158,76
2	168,3	180	− 11,7	136,9	172,6	180	− 7,4	4	219,04
3	168,3	170	− 1,7	2,9	172,6	170	+ 2,6	3	20,28
4	168,3	160	+ 8,3	68,9	172,6	160	+ 12,6	2	317,52
5	168,3	160	+ 8,3	68,9	172,6	160	+ 12,6	1	158,76
6	168,3	180	− 11,7	136,9	172,6	180	− 7,4	4	219,04
Summen		1 010	0	483,4		1 010		15	1 093,40

$n = 6$
$\Sigma v_i v_i = 483,4$
$\Sigma v_i v_i p_i = 1\,093,4$
$\Sigma p_i = 15,0$

Als Genauigkeitsmaß des (gewichteten) arithmetischen Mittels lässt sich der mittlere Fehler 113
des arithmetischen Mittels m_x *(mean)* nach folgenden Formeln berechnen:

Mittlerer Fehler des *ungewichteten* arithmetischen Mittels: $\boxed{m_x = \sqrt{\dfrac{\Sigma v_i v_i}{n(n-1)}}}$

Mittlerer Fehler des *gewichteten* arithmetischen Mittels: $\boxed{m_x = \sqrt{\dfrac{\Sigma v_i v_i p_i}{\Sigma p_i \times (n-1)}}}$

wobei n = Anzahl der Stichproben ist.

Der so nach vorstehenden Formeln **aus den zum Vergleich herangezogenen Kaufpreisen** 114
(Vergleichspreisen) abgeleitete mittlere Fehler des arithmetischen Mittels ausgewerteter
Kaufpreise darf in seiner Bedeutung nicht überschätzt werden. Zum einen kann bezüglich der ausgewerteten Vergleichspreise ohnehin **keine (aus statistischer Sicht jedoch zu fordernde) Normalverteilung** unterstellt werden. Zum anderen müssen die zum Vergleich herangezogenen Kaufpreise in aller Regel durch Zu- und Abschläge auf die Grundstücksmerkmale der zu bewertenden Liegenschaft umgerechnet werden und diesbezüglich wird erfahrungsgemäß die „Schätzkunst" derart ausgeübt, dass die Zu- und Abschläge zumeist im Wege der Schätzung so dimensioniert werden, dass die umgerechneten Vergleichspreise nur noch eine geringe Streuung aufweisen. Wenn dann noch aus zu derart „gleichnamig" gemachten Vergleichspreisen ein mittlerer Fehler berechnet wird, so kann dieser mittlere Fehler nicht die angewandte Methode, sondern lediglich das Geschick des Anwenders dieser Methode

IV Syst. Darst. Vergleichswertverfahren — Mittlerer Fehler

bestätigen. Hierzu ist allerdings anzumerken, dass sich dadurch schon so manches Gericht unzulässigerweise hat beeindrucken lassen (iudex non calculat), wo eher Zweifel an der Sachkunde des Sachverständigen aufkommen mussten. Entsprechendes gilt im Übrigen für das sog. „Bestimmtheitsmaß" (R2), mit dem sich die statistische Genauigkeit eines Erklärungsmodells beurteilen lässt (vgl. Rn. 197).

115 Der Ausdruck $(n-1)$ wird der **Freiheitsgrad** genannt. Das ist die Zahl der überschüssigen Stichproben gegenüber dem gesuchten Parameter (hier: das arithmetische Mittel).

116 *Beispiel:*
Nach
- Ausscheiden der Kaufpreise, die durch ungewöhnliche oder persönliche Verhältnisse beeinflusst worden sind (vgl. § 7 ImmoWertV), und
- Umrechnung der verbliebenen Kaufpreise auf den Wertermittlungsstichtag und die Zustandsmerkmale des zu wertenden Grundstücks

liegen folgende zum Vergleich herangezogenen Kaufpreise KP_i vor (vgl. Beispiel Rn. 101):

Nr.	KP_i	v_i	$v_i v_i$
1	160	+ 8,3	68,9
2	180	− 11,7	136,9
3	170	− 1,7	2,9
5	160	+ 8,3	68,9
6	160	+ 8,3	68,9
7	180	− 11,7	136,9
$\Sigma KP_i =$	1 010	$\Sigma v_i v_i =$	483,4

wobei:
n = Anzahl der zum Vergleich herangezogenen Kaufpreise, hier = 6
v_i = Verbesserungen = Verkehrswert − KP_i

Verkehrswert = $\Sigma \overline{KP_i} / n$ = 168,3 €/m² = **170 €/m²**

Mittlerer Fehler des **ungewichteten** arithmetischen Mittels m_x:

$$m_x = \sqrt{\frac{v_i v_i}{n(n-1)}} = \sqrt{\frac{483,4}{30}} = \pm 4 \text{ €/m²}$$

Gesamtergebnis: $\overline{KP}$ = 168,3 €/m² ± 4,0 €/m²

2.5.3.2 Vertrauensgrenzen

▶ *Vgl. Rn. 125*

117 Vertrauensgrenzen

$$\text{Vertrauensgrenzen} = \text{Verkehrswert} \pm m_x \times t_\alpha$$

wobei:
t_α = Quantile der t-Verteilung; (Student-Verteilung; vgl. Rn. 127 ff.) als Funktion der
  − Freiheitsgrade n − 1
  − statistischen Sicherheit

hier bei (n − 1) = 5 und 90%iger Wahrscheinlichkeit: $t_{10}\% \approx 2$
Vertrauensgrenzen = 168 €/m² ± 8 €/m²

Für das vorstehend unter Rn. 110 ff. berechnete gewogene arithmetische Mittel der Kaufpreise KP$_i$ ergibt sich ein **mittlerer Fehler** von: 118

$$m_x = \sqrt{\frac{1\,093{,}4}{15 \times 5}} = \pm 3{,}8 \text{ €/m²}$$

Gesamtergebnis: **KP = 172,6 €/m² ± 3,8 €/m²**

2.5.3.3 Standardabweichung

Als Standardabweichung *(confidence interval)*, d. h. als Maß für die durchschnittliche Abweichung aller Werte vom Mittelwert, gilt: 119

$$s_x = \sqrt{\sum \frac{v_i v_i}{n-1}}$$

Beispiel (vgl. Rn. 115)

$$s_x = \sqrt{\frac{483{,}4}{5}} = \pm 9{,}8 \text{ €/m²}$$

2.6 Identifizierung und Eliminierung von Ausreißern

▶ *Allgemeines bei § 7 ImmoWertV Rn. 13; § 15 ImmoWertV Rn. 14 ff.* 120

2.6.1 Zwei-Sigma-Regel

Kaufpreise, die i. S. des § 7 ImmoWertV „erheblich" von den übrigen Vergleichspreisen **abweichen,** indizieren das Vorliegen von ungewöhnlichen oder persönlichen Verhältnissen bei ihrem Zustandekommen. Ein solcher Kaufpreis könnte allenfalls nur dann berücksichtigt werden, wenn diese Besonderheiten durch entsprechende Korrekturen des Vergleichspreises sicher berücksichtigt werden könnten. Das wird jedoch in der Praxis kaum möglich sein. 121

Die **Prüfung auf Ausreißer** kann erst vorgenommen werden, wenn die Kaufpreise der herangezogenen Vergleichsgrundstücke auf die Zustandsmerkmale des zu bewertenden Grundstücks umgerechnet worden sind und sich die zum Vergleich herangezogenen Kaufpreise darüber hinaus auf einen gemeinsamen Stichtag beziehen, d. h. auf die allgemeinen Wertverhältnisse des Wertermittlungsstichtags umgerechnet worden sind. 122

Das wohl wichtigste Kriterium für die Identifizierung von Kaufpreisen, die durch ungewöhnliche oder persönliche Verhältnisse beeinflusst sind, stellt immer noch eine erhebliche Abweichung des einzelnen Kaufpreises gegenüber dem Mittelwert aller in Betracht kommenden Vergleichspreise dar. Als durch ungewöhnliche oder persönliche Verhältnisse beeinflusst gelten solche Kaufpreise, die mehr als ± 30 % vom (arithmetischen) Mittelwert abweichen. Nach der in diesem Werk seit jeher gegebenen Empfehlungen zur Identifizierung von Ausreißern können Kaufpreise als Ausreißer gelten, die um die **zweifache Standardabweichung vom arithmetischen Mittel abweichen (sog. 2 Sigma-Regel).** 123

Nach den sich hieran anschließende **Empfehlungen der VergleichswertR** (Entwurf v. 9.7.2013) soll bei einem in Betracht gezogenen Kaufpreis eine Beeinflussung durch ungewöhnliche oder persönliche Verhältnisse „in der Regel angenommen werden, wenn der Kaufpreis nach der Anpassung" an die Grundstücksmerkmale der zu bewertenden Liegenschaft und an die Wertverhältnisse des maßgeblichen Wertermittlungsstichtags „um mehr als das 2,5fache der Standardabweichung vom Mittelwert der angepassten Kaufpreise abweicht".

2.6.2 Varianz

124 Das Quadrat der Standardabweichung (s_x^2) wird als **Varianz** bezeichnet.

2.6.3 Variationskoeffizient

125 Der Variationskoeffizient ergibt sich dann aus dem **Verhältnis der Standardabweichung zum arithmetischen Mittel** (Mittelwert):

$$\text{Variationskoeffizient} = \frac{s_x}{\overline{x}}$$

126 *Beispiel:*

- Standardabweichung s_x = ± 9,8 €/m²
- arithmetisches Mittel = 168,3 €/m²
- Variationskoeffizient = 9,8 €/m²/168,3 €/m² = **± 0,058**

2.6.4 Vertrauensbereich

127 Auf der Grundlage einer bestimmten vorgegebenen Wahrscheinlichkeit lassen sich hierzu die Vertrauensgrenzen eines **statistischen Vertrauensbereichs**[73] mithilfe der Quantile der Student- oder t-Verteilung und in Abhängigkeit vom Freiheitsgrad ermitteln. Der Vertrauensbereich, der sich ergänzend zu dem (gewogenen) Mittel aus den gleichnamig gemachten Kaufpreisen (Vergleichspreise) ermitteln lässt, ist abhängig von

- der verbleibenden Streuung der Kaufpreise untereinander,
- der Anzahl der zum Vergleich herangezogenen Kaufpreise (Vergleichspreise) und
- der statistischen Sicherheit, die man fordern kann.

$$\text{Vertrauensgrenzen} = \overline{VW} \pm \frac{m \times t_\alpha}{\sqrt{n}} = \overline{VW} \pm m_x \times t_\alpha$$

wobei

VW	=	Mittel aus n zum Vergleich herangezogenen Kaufpreise (Vergleichspreise) = $\Sigma\, KP_i/n$
KP	=	zum Vergleich herangezogene Kaufpreise (Vergleichspreise)
n	=	Anzahl der zum Vergleich herangezogenen Kaufpreise (Vergleichspreise)
t_α	=	Quantile der t-Verteilung (Student-Verteilung)
		Tabelliert als Funktion der
		– n – 1 (Freiheitsgrade)
		– Statistischen Sicherheit
m	=	Standardabweichung = $\sqrt{\sum v_i v_i / n - 1}$
m_x	=	Standardabweichung des Mittels = $m/\sqrt{n}$
v_i	=	Verbesserung = $\overline{VW} - KP_i$

---

[73] Der Vertrauensbereich hat sich im Schrifttum zur Beurteilung als Genauigkeitsmaß weitgehend durchgesetzt (so auch Vogels, a. a. O., 4. Aufl., S. 28, 331). Zur Beurteilung der Genauigkeit von Regressionsfunktionen wird im Schrifttum vereinzelt auch der sog. Erwartungsbereich ermittelt, mit dem bei vorgegebener Sicherheit der Bereich ermittelt wird, in dem eine zukünftige Beobachtung erwartet wird (vgl. Brückner, Zusammengestellte Lehrbriefe zur Mathematischen Statistik bei der Ermittlung von Grundstückswerten, Nds. Landesverwaltungsamt, Hannover 1976, S. 181). Der Erwartungsbereich ist – da er sich auf die Einzelbeobachtung bezieht – im Verhältnis zum Vertrauensbereich breiter angelegt. Da es hier aber um die Genauigkeitsbetrachtung eines als Mittel aus n Vergleichspreisen abgeleiteten Verkehrswerts geht, ist die Ermittlung des Vertrauensbereichs auf der Grundlage der Standardabweichung des Mittels (= Standardabweichung/v– n) vorzuziehen.

Varianz   **Syst. Darst. Vergleichswertverfahren IV**

An die statistische Sicherheit[74] **dürfen keine überspannten Anforderungen gestellt werden.** Für eine 80 bis 95%ige Wahrscheinlichkeit (= 5 bis 20%ige Unsicherheit) ergeben sich die **Quantilen** (Streuungsmaß) aus nachstehender Abb. 4:   128

Abb. 4:   Tabelle der t-Quantilen

Quantile bei Wahrscheinlichkeit	Freiheitsgrad (n – 1)									
	1	2	3	4	5	6	7	8	9	10
80 %ig	3,08	1,89	1,64	1,53	1,48	1,44	1,41	1,40	1,38	1,37
90 %ig	6,31	2,92	2,35	2,13	2,02	1,94	1,89	1,86	1,83	1,81
95 %ig	12,71	4,30	3,18	2,78	2,57	2,45	2,36	2,31	2,26	2,23

Beispiel zur Identifizierung und Eliminierung von Ausreißern:

	Kaufpreise (Vergleichspreise)		
Nr.	KP_i	v_i	$v_i v_i$
1	160	+ 12	144
2	180	– 8	64
3	170	+ 2	4
4	190	– 18	324
5	160	+ 12	144
6	160	+ 12	144
7	180	– 8	64
8	200	– 28	784
9	190	– 18	324
10	130	+ 42	1 764
$\Sigma\, KP_i$	= 1 720	$\Sigma\, v_i^2 =$	3 760

$$\boxed{\overline{VW} = \sum \frac{KP_i}{n}} \qquad \overline{VW} = 1\,720\ \text{€/m²}/10 = \mathbf{172\ \text{€/m²}}$$

$$\boxed{m_x = \sqrt{\sum \frac{v_i v_i}{n(n-1)}}} \qquad m_x = \sqrt{\frac{3\,760}{10(10-1)}} = \pm\, \mathbf{6{,}46\ \text{€/m²}}$$

Für $\alpha = 10\,\%$ Irrtumswahrscheinlichkeit $\stackrel{\wedge}{=}$ 90%ige Statistische Sicherheit:

$t_{10\%}9 = 1{,}83$

Vertrauensgrenzen = $\overline{VW} \pm m_x \times t_\alpha = \mathbf{172\ \text{€/m²} \pm 12\ \text{€/m²}}$
                   160 €/m² ≤ Kaufpreise ≤ 184 €/m²
                         Ausreißer: Kaufpreise Nr. 4, 8, 9, 10

In dem vorgestellten *Beispiel* (vgl. Rn. 128) wurde eine 90%ige statistische Sicherheit als ausreichend befunden. Die sich dafür in Abhängigkeit von den Freiheitsgraden ergebende sog. t-Quantile ergibt sich aus Abb. 4. **Freiheitsgrad** ist dabei die um die Zahl 1 verminderte Anzahl der Kaufpreise.   129

---

74   Zur Beurteilung der statistischen Sicherheit kommt es entscheidend auf die in Prozentpunkten geforderte Wahrscheinlichkeit an (z. B. 80%). Dass man es in der Wertermittlungspraxis diesbezüglich in aller Regel mit einem Vertrauensbereich zu tun hat, der sich um einen Mittelwert „nach oben und nach unten" erstreckt (zweiseitige Betrachtungsweise), bedeutet zwar, dass sich der Bereich der Irrtumswahrscheinlichkeit (Unsicherheit) gegenüber der einseitigen Betrachtungsweise je zur Hälfte auf zwei Seiten verteilt, jedoch bleibt davon das geforderte Maß der Wahrscheinlichkeit unberührt.

2.7 Ableitung des Verkehrswerts aus dem Vergleichswert

2.7.1 Allgemeines

130 Bei dem unter Anwendung der §§ 15 und 16 ImmoWertV ermittelten **Vergleichswert** handelt es sich um einen **Zwischenwert, der nicht identisch mit dem Verkehrswert sein muss**. Die Verfahrensvorschriften der ImmoWertV sind zwar darauf angelegt, dass der Vergleichswert, wie im Übrigen auch der Ertrags- und Sachwert, möglichst dem Verkehrswert entsprechen soll. Dies kann allerdings nur erreicht werden, wenn alle in die Wertermittlung eingehenden Ausgangsdaten (Parameter) der Lage auf dem Grundstücksmarkt am Wertermittlungsstichtag idealtypisch entsprechen und vollständig in das Verfahren eingehen. Wenn Anhaltspunkte gegeben sind, nach denen die **Lage auf dem Grundstücksmarkt** noch nicht hinreichend Eingang in das Wertermittlungsverfahren gefunden hat, ist der Verkehrswert durch Zu- oder Abschläge aus dem Vergleichswert abzuleiten.

2.7.2 Subsidiäre Berücksichtigung der Lage auf dem Grundstücksmarkt und besonderer objektspezifischer Grundstücksmerkmale

131 ▶ *Vgl. hierzu die Erläuterungen zu § 8 Abs. 3 ImmoWertV Rn. 178 ff.*

132 Nach der Grundsatzregelung des § 8 Abs. 2 ImmoWertV ist auch bei Anwendung des Vergleichswertverfahrens zu prüfen, ob mit dem nach Maßgabe der §§ 15 f. ImmoWertV ermittelten (vorläufigen) Vergleichswert

1. die allgemeinen Wertverhältnisse auf dem Grundstücksmarkt und
2. alle (besonderen) objektspezifischen Grundstücksmerkmale

vollständig Berücksichtigung gefunden haben.

133 Bei **Anwendung des Vergleichswertverfahrens auf bebaute Grundstücke** kann insbesondere die Berücksichtigung von

– Baumängeln und Bauschäden (Instandhaltungsrückstau),
– besonderen wohnungs- und mietrechtlichen Bindungen sowie
– sonstigen Rechten und Belastungen

in Betracht kommen.

2.7.3 Ergänzende Berücksichtigung der Ergebnisse anderer Wertermittlungsverfahren

134 Daneben kann nach § 8 Abs. 1 Satz 3 ImmoWertV eine Anpassung des (vorläufigen) Vergleichswerts an den Verkehrswert erforderlich werden, wenn neben dem Vergleichswertverfahren auch das Sachwertverfahren, Ertragswertverfahren oder andere Verfahren (Extraktionsverfahren usw.) mit abweichenden Ergebnissen zur Anwendung gekommen sind und unter „**Würdigung der Aussagefähigkeit der Ergebnisse**" sachgerechte Gründe für eine Berücksichtigung dieser Ergebnisse vorliegen.

2.8 Auf- oder Abrundung

135 ▶ *Vgl. Teil IV, Vorbemerkungen zur ImmoWertV Rn. 15*

3 Vergleichswertverfahren für bebaute Grundstücke

3.1 Überblick

▶ *Vgl. Rn. 5, 145; § 13 ImmoWertV Rn. 1 ff.; § 8 ImmoWertV Rn. 178 ff.*

Grundsätzlich kann das in § 15 Abs. 1 ImmoWertV geregelte **Vergleichswertverfahren auf der Grundlage einer ausreichenden Anzahl geeigneter Kauf- bzw. Vergleichspreise** auch bei bebauten Grundstücken zur Anwendung kommen. In der Praxis hat dies allerdings keine große Bedeutung erlangen können, weil die Grundstücke aufgrund der individuellen Bebauung regelmäßig nicht hinreichend vergleichbar sind. Diese Voraussetzung kann aber in Einzelfällen durchaus vorliegen, z. B. in Reihenhausgebieten (vgl. hierzu die näheren Erläuterungen bei Rn. 6 ff.). 136

Um dem abzuhelfen, hat der Verordnungsgeber mit § 13 ImmoWertV ein vom direkten Preisvergleich nach § 15 Abs. 1 ImmoWertV abweichendes Verfahren zur Verkehrswertermittlung bebauter Grundstücke im Wege des mittelbaren Preisvergleichs in die Verordnung aufgenommen. Die Anwendung des Verfahrens setzt voraus, dass der Gutachterausschuss für Grundstückswerte sog. **Vergleichsfaktoren bebauter Grundstücke** nach Maßgabe des § 13 ImmoWertV abgeleitet hat. Hierbei handelt es sich um Durchschnittswerte, die entweder auf den marktüblich erzielbaren Ertrag oder auf eine Flächen- oder Raumeinheit der Immobilie bezogen sind und mit der entsprechenden Bezugseinheit der zu bewertenden Immobilie multipliziert zu einem vorläufigen Vergleichswert führen. Das Vergleichswertverfahren auf der Grundlage von Vergleichsfaktoren bebauter Grundstücke ist im Unterschied zu dem in § 15 Abs. 1 ImmoWertV geregelten „direkten" Preisvergleich auf der Grundlage einer ausreichenden Anzahl geeigneter Vergleichspreise ein zweistufiges Verfahren: 137

– „In der *ersten Stufe* sind zunächst geeignete Vergleichsfaktoren bebauter Grundstücke heranzuziehen und mit der entsprechenden Bezugseinheit der zu bewertenden Immobilie zu multiplizieren; das Ergebnis ist lediglich ein **vorläufiger Vergleichswert**, da damit die besonderen objektspezifischen Grundstücksmerkmale des zu bewertenden Grundstücks noch nicht berücksichtigt sind.

– In der *zweiten Stufe* müssen subsidiär die Lage auf dem Grundstücksmarkt und die besonderen objektspezifischen Grundstücksmerkmale des zu bewertenden Grundstücks nach Maßgabe des § 8 Abs. 2 und 3 ImmoWertV ergänzend berücksichtigt werden (vgl. § 8 ImmoWertV Rn. 178 ff. sowie unter Rn. 145 ff.).

Die Verkehrswertermittlung unter Heranziehung von Vergleichsfaktoren bebauter Grundstücke (Gebäude- bzw. Ertragsfaktoren) nach § 15 Abs. 2 ImmoWertV ist dem Vergleichswertverfahren zuzurechnen; das Verfahren kann nach dieser Vorschrift „*neben oder anstelle*" der Heranziehung von geeigneten Vergleichspreisen zur Anwendung kommen.

Im Überblick können für die Verkehrswertermittlung bebauter Grundstücke nach den Vorschriften der ImmoWertV zwei Varianten des Vergleichswertverfahrens zur Anwendung kommen (Abb. 1):

IV Syst. Darst. Vergleichswertverfahren Bebaute Grundstücke

Abb. 1: Vergleichswertverfahren für bebaute Grundstücke

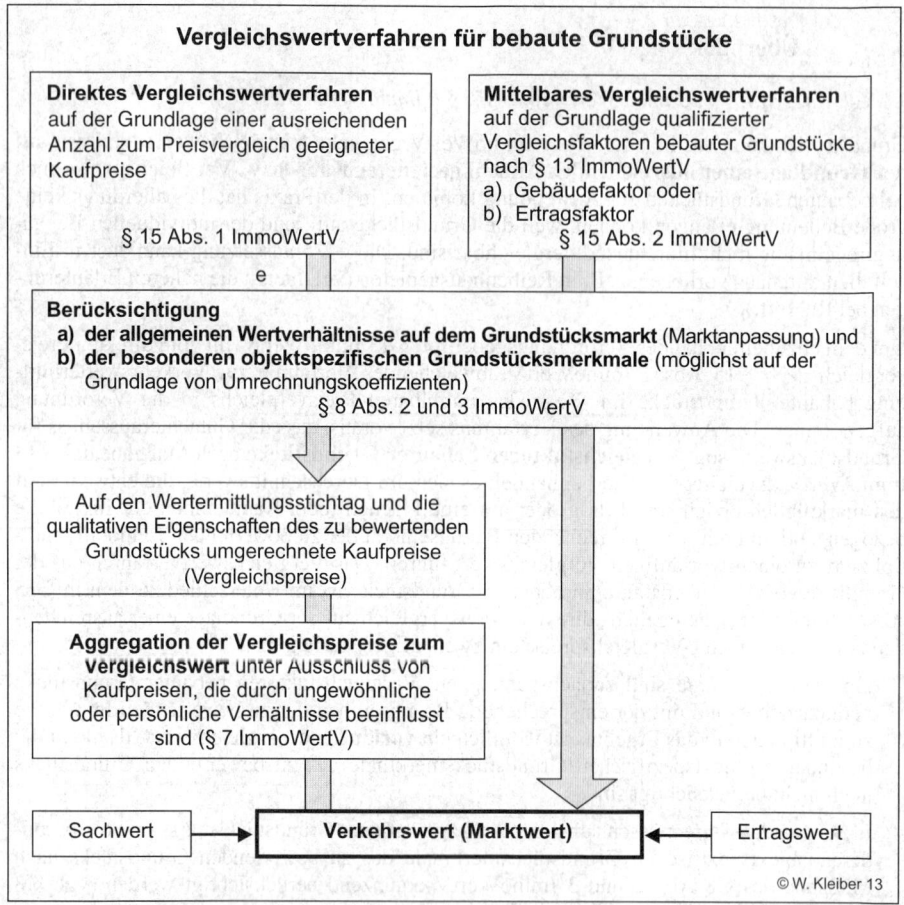

3.2 Direkter Preisvergleich

▶ Vgl. Rn. 6 ff., 10 ff., 43, 136 ff.; § 8 ImmoWertV Rn. 50 ff. sowie zum Vergleichswertverfahren bei Eigentumswohnungen vgl. Teil V Rn. 39 ff.

138 Die für die Ermittlung von Bodenwerten allgemein gegebene Vorrangigkeit des Vergleichswertverfahrens (vgl. Rn. 3 ff.) ist bei **bebauten Grundstücken** i. d. R. nicht gegeben, weil diese zumindest bei individueller Bauweise eine im Verhältnis zu unbebauten Grundstücken geringere Vergleichbarkeit untereinander aufweisen. Dementsprechend müssen bei Anwendung des Vergleichswertverfahrens auf bebaute Grundstücke eine Vielzahl unterschiedlicher Grundstücksmerkmale mit erheblichen Zu- und Abschlägen berücksichtigt werden, die zumeist auch nur geschätzt werden und sich in der *Summe ihrer Absolutbeträge* sehr schnell zu 50 % des Werts und vielfach auch mehr aufsummieren. Je höher diese Anpassungen ausfallen, desto geringer wird die Zuverlässigkeit des Ergebnisses und das Verfahren verliert seine Eignung. Darüber hinaus sind für bebaute Grundstücke nach der Natur der Sache geeignete Vergleichsobjekte weniger leicht zu finden als für unbebaute Grundstücke[75]. Diese „sonstigen Umstände des Einzelfalls" sind deshalb nach § 8 Abs. 1 Satz 2 ImmoWertV bei

---
[75] BGH, Urt. vom 12.7.1971 – III ZR 197/68 –, BRS Bd. 26 Nr. 94 = EzGuG 20.50.

der Auswahl des Wertermittlungsverfahrens zu berücksichtigen. Im Ergebnis hat das Vergleichswertverfahren für bebaute Grundstücke eine eher untergeordnete Bedeutung, auch wenn man dies beklagen mag.

In der **Begründung zur WertV 72** wird in Bezug auf die Verkehrswertermittlung bebauter Grundstücke einschränkend ausgeführt:

„In der Regel bietet das Vergleichswertverfahren keine ausreichenden Möglichkeiten zur Ermittlung des Verkehrswertes bebauter Grundstücke. Wenn diesem Verfahren ein absoluter Vorrang auch für die Wertermittlung solcher Grundstücke eingeräumt wird, kann daher ein falscher Eindruck entstehen. Durch die Änderung wird deshalb den verschiedenen Ermittlungsverfahren über den Vergleichswert, den Ertragswert oder den Sachwert gleicher Rang eingeräumt. Je nach den Verhältnissen des Einzelfalls soll das geeigneteste Verfahren ausgewählt und das Ergebnis – soweit erforderlich – durch ergänzende Anwendung der anderen Verfahren kontrolliert und verbessert werden. Bei den einzelnen Verfahrensarten wird daher jeweils als letzter Schritt die Heranziehung der übrigen Verfahren und die Würdigung der verschiedenen Ergebnisse aufgrund sorgfältiger Marktbeobachtung vorgesehen. Lediglich für die Ermittlung des Bodenwerts, bei der andere Verfahren in aller Regel keine brauchbaren Ergebnisse erbringen können, muss der Vorrang des Vergleichswertverfahrens bestehen bleiben[76]."

An anderer Stelle heißt es dagegen:

„Wie bereits im allgemeinen Teil dargelegt ist, soll den Gutachtern bei der Auswahl der Verfahren die für die bestmögliche Erfüllung ihrer Aufgabe erforderliche Freiheit eingeräumt werden. Wenn ausreichende Vergleichsfälle zur Verfügung stehen, können sie den Verkehrswert allein aufgrund von Vergleichspreisen ermitteln. Sie können aber, wenn das Ergebnis nicht hinreichend gesichert erscheint, unterstützend auch den Ertragswert oder den Sachwert heranziehen. In solchen Fällen müssen die Werte kritisch gewürdigt werden, d. h., es darf nicht schematisch (etwa durch Mittelung oder Drittelung der zusammengefassten Ergebnisse) ein Mittelwert errechnet werden, sondern es ist nach der Lage auf dem örtlichen Grundstücksmarkt festzustellen, welcher Verkehrswert zutreffend ist[77]."

Kaufpreise bebauter Grundstücke sind zur Marktwertermittlung eines bebauten Grundstücks nur geeignet, wenn die Vergleichsgrundstücke mit dem zu bewertenden Grundstück hinreichend übereinstimmen. Sie sind nach allgemeinen Grundsätzen nur dann geeignet, wenn sich die zur Berücksichtigung von Abweichungen anzubringenden Zu- und Abschläge in den angegebenen Grenzen von 30 bis 40 % halten. Es kommt dabei auf die **Summe der Zu- und Abschläge in ihrer absoluten Höhe** an. Ein zum Vergleich herangezogener Kaufpreis ist nämlich nicht allein deshalb besonders geeignet, weil zur Berücksichtigung von Lageabweichungen ein Abschlag von 50 % und zur Berücksichtigung einer unterschiedlichen Bebauung ein Zuschlag von 50 % angebracht werden muss und sich Zu- und Abschlag ausgleichen. Ein solcher in Betracht gezogener Preis ist vielmehr besonders ungeeignet, weil er allein schon deshalb um 100 % von den qualitativen Grundstücksmerkmalen des zu bewertenden Grundstücks abweicht und darüber hinaus auch noch Unterschiede in den allgemeinen Wertverhältnissen auf dem Grundstücksmarkt mittels Indexreihen berücksichtigt werden müssten (vgl. Rn. 43).

Es kommt hinzu, dass die zur Berücksichtigung von Abweichungen anzubringenden Zu- und Abschläge mangels empirischer Untersuchungen zumeist und letztlich nur auf Mutmaßungen gestützt und nur grob geschätzt werden können. Derartige „Zu- und Abschlagsgutachten" sind von daher nicht unbedenklich.

---

76 BR-Drucks. 265/72, S. 8 f.
77 BR-Drucks. 265/72, S. 12.

IV Syst. Darst. Vergleichswertverfahren — Bebaute Grundstücke

3.3 Mittelbarer Preisvergleich mittels Vergleichsfaktoren bebauter Grundstücke

3.3.1 Allgemeines

▶ *Vgl. Rn. 41, 136 sowie § 13 ImmoWertV Rn. 6 ff., 10 ff.*

139 Mit den nach § 193 Abs. 3 BauGB i. V. m. § 13 ImmoWertV von den Gutachterausschüssen für Grundstückswerte abzuleitenden **Vergleichsfaktoren für bebaute Grundstücke (Gebäude- bzw. Ertragsfaktoren) sollen** die Voraussetzungen für eine Anwendung des Vergleichswertverfahrens auf die Verkehrswertermittlung bebauter Grundstücke verbessert werden[78].

Voraussetzung für die Anwendung der vom Gutachterausschuss zu veröffentlichenden **Vergleichsfaktoren** ist insbesondere, dass

a) die Vergleichsfaktoren nach Grundstücksarten hinreichend differenziert sind,

b) die durchschnittlichen Grundstücksmerkmale der Grundstücke, auf die sich die Vergleichsfaktoren beziehen („Normgrundstück", auch „Referenzgrundstück"), hinreichend qualifiziert sind und bei ihrer Veröffentlichung genau dargelegt sind und

c) der Bezugsstichtag der Vergleichsfaktoren angegeben wurde.

Nur auf der Grundlage entsprechend qualifizierter Vergleichsfaktoren lassen sich im Falle ihrer Heranziehung Abweichungen des zu bewertenden Grundstücks von den Eigenschaften des „Normgrundstücks" berücksichtigen; dazu „sollen" möglichst Umrechnungskoeffizienten und Indexreihen herangezogen werden. Ansonsten sind Vergleichsfaktoren allenfalls zur Plausibilisierung anderer Verfahrensergebnisse geeignet.

§ 13 ImmoWertV unterscheidet in Anlehnung an die für die Anwendung des Ertrags- bzw. Sachwertverfahrens maßgeblichen Grundsätze zwischen **Ertrags- und Gebäudefaktoren**. Während der Ertragsfaktor vor allem dann in Betracht kommt, wenn für die Wertbeurteilung des Grundstücks üblicherweise der marktüblich erzielbare Ertrag im Vordergrund steht (wie bei nicht eigengenutzten Renditegrundstücken), kommt der Gebäudefaktor vor allem dann in Betracht, wenn für die Wertermittlung des Grundstücks der in der baulichen Anlage verkörperte Sachwert von maßgebender Bedeutung ist.

140 Ertrags- bzw. Gebäudefaktor werden nach § 13 ImmoWertV dadurch ermittelt, dass die **Kaufpreise auf den marktüblich erzielbaren jährlichen Ertrag (Ertragsfaktor) oder auf eine sonstige geeignete Bezugseinheit, insbesondere auf eine Raum- oder Flächeneinheit der baulichen Anlage (Gebäudefaktor) bezogen werden.** Dabei sollen die Vergleichsfaktoren aus Kaufpreisen differenziert nach Lage, Art und Maß der baulichen Nutzung, Größe der Grundstücke und Restnutzungsdauer der baulichen Anlagen abgeleitet werden. Ist ein Grundstück wesentlich größer, als es einer der baulichen Anlage angemessenen Nutzung entspricht, und ist eine zusätzliche Nutzung oder Verwertung einer Teilfläche zulässig und möglich, ist der auf die Teilfläche entfallende Kaufpreisanteil bei der Ableitung der Vergleichsfaktoren für bebaute Grundstücke entsprechend der Regelung des § 17 Abs. 2 Satz 2 ImmoWertV nicht zu berücksichtigen.

141 Die **Vergleichsfaktoren für bebaute Grundstücke** können im Übrigen (allein) **bezogen auf das Gebäude** ermittelt werden. Die Ableitung dieser Faktoren vollzieht sich wie vorstehend, wobei allerdings vom Kaufpreis zunächst der Bodenwert des Grundstücks und der Wert der Außenanlagen abgezogen werden müssen.

142 Bei **Anwendung von Vergleichsfaktoren** auf bebaute Grundstücke wird der Verkehrswert ermittelt, indem die einschlägigen Parameter des zu bewertenden Grundstücks, d. h.

---

[78] BR-Drucks. 352/88, S. 52 f.

Bebaute Grundstücke Syst. Darst. **Vergleichswertverfahren IV**

- bei Anwendung von Ertragsfaktoren: der Rein- oder Rohertrag (bemessen in €/Jahr) oder
- bei Anwendung von Gebäudefaktoren: der Brutto-Rauminhalt des Gebäudes oder dessen Brutto-Grund-, -Geschoss-, -Nutz- oder -Wohnfläche (gemessen in Kubik- oder Quadratmetern),

mit dem auf dieselbe Bezugseinheit bezogenen Vergleichsfaktor multipliziert werden (§ 15 Abs. 2 ImmoWertV). Das Produkt ergibt unter Berücksichtigung von Abweichungen nach Maßgabe des § 15 Abs. 1 Satz 4 bzw. § 8 Abs. 3 ImmoWertV den Vergleichswert (Verkehrswert). Wurden Vergleichsfaktoren herangezogen, die sich allein auf das Gebäude beziehen, müssen neben dem so ermittelten Gebäudewert zusätzlich der Bodenwert des Grundstücks und der Wert der Außenanlagen berücksichtigt werden.

Vergleichsfaktoren bebauter Grundstücke dürfen - wie Liegenschaftszinssätze und Sachwertfaktoren – **nur unter strenger Beachtung des Grundsatzes der Modellkonformität zur Anwendung kommen.** Deshalb müssen die Gutachterausschüsse für Grundstückswerte bei der Veröffentlichung von Vergleichsfaktoren bebauter Grundstücke die Modellparameter detailliert darlegen (vgl. § 13 ImmoWertV Rn. 10).

Im Übrigen müssen auch bei der Ermittlung des Vergleichswerts bebauter Grundstücke unter Heranziehung von Vergleichsfaktoren **ergänzend** berücksichtigt werden

- Abweichungen der für die Verkehrswertermittlung maßgeblichen allgemeinen Wertverhältnisse auf dem Grundstücksmarkt von denen, die der Anleitung der Vergleichsfaktoren zugrunde lagen, und
- Abweichungen der „besonderen objektspezifischen" Grundstücksmerkmale des zu bewertenden Grundstücks von den durchschnittlichen Grundstücksmerkmalen der Grundstücke, die wiederum der Ermittlung des herangezogenen Vergleichsfaktors (Ertrags- oder Gebäudefaktor) zugrunde lagen.

Dies sind **Abweichungen der Grundstücksmerkmale der zu bewertenden Liegenschaft von den Grundstücksmerkmalen des Referenzgrundstücks (Normgrundstücks)** einschließlich Abweichungen in den allgemeinen Wertverhältnissen auf dem Grundstücksmarkt aufgrund zeitlicher Unterschiede zwischen dem Wertermittlungsstichtag und dem Bezugszeitpunkt des herangezogenen Vergleichsfaktors bebauter Grundstücke.

Die Faktoren zur Anpassung der Vergleichsfaktoren bebauter Grundstücke an die besonderen objektspezifischen Grundstücksmerkmale des zu bewertenden Grundstücks werden i. d. R. „Anpassungsfaktoren" oder auch „Anpassungskoeffizienten" genannt.

Die sich aus der Berücksichtigung der besonderen objektspezifischen Grundstücksmerkmale ergebenden **Wertminderungen bzw. Werterhöhungen sind nur insoweit zu berücksichtigen, wie dies dem gewöhnlichen Geschäftsverkehr entspricht**, d. h. in marktüblicher Höhe. Im Übrigen wird zur subsidiären Berücksichtigung besonderer objektspezifischer Grundstücksmerkmale auf die Ausführungen bei § 8 ImmoWertV Rn. 178 ff. verwiesen.

3.3.2 Beispiel

Der Grundstücksmarktbericht 2013 von *Wuppertal* gibt für frei stehende Ein- und Zweifamilienhäuser folgende Vergleichsfaktoren an:

IV Syst. Darst. Vergleichswertverfahren — Bebaute Grundstücke

Vergleichsfaktoren	
Alter	Vergleichsfaktor €/m² WF
	Freistehende EFH, ZFH
5 bis 15 Jahre	2 240
16 bis 30 Jahre	2 010
31 bis 40 Jahre	1 850
41 bis 50 Jahre	1 730
51 bis 60 Jahre	1 640

Die Vergleichsfaktoren beziehen sich auf ein typisches Vergleichsobjekt mit folgenden Eigenschaften bei

	freistehendem Ein- oder Zweifamilienhaus	Reihenhäusern und Doppelhaushälften
Lagewert (Bodenrichtwert)	240 €/m²	240 €/m²
Wohnfläche	150 m²	120 m²
Grundstücksfläche	750 m²	300 m²

Abweichungen des Bewertungsobjekts von den typischen Eigenschaften werden nach den im Grundstücksmarktbericht angegebenen Anpassungskoeffizienten ermittelt, die sich auf ein Referenzgrundstück mit o. a. Eigenschaften beziehen. Die Umrechnungskoeffizienten können auch unter http://www.Wuppertal.de/gutachterausschuss/ga_wuppertal_immo_preis_agent.php abgerufen werden.

Abb. 2: Anpassungsfaktoren für Abweichungen von der Wohnfläche (WF)

a) für freistehende Ein- und Zweifamilienhäuser

b) für Reihenhäuser und Doppelhaushälften

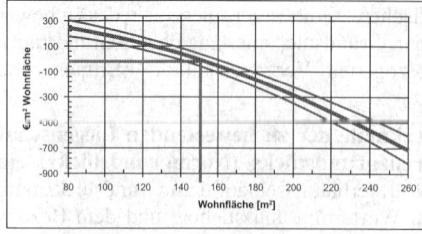
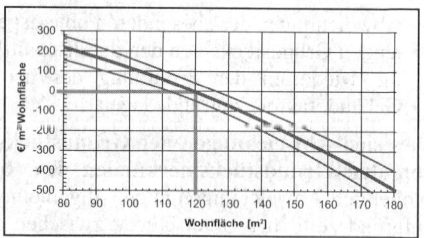

Abb. 3: Anpassungsfaktoren für Abweichungen von der Grundstücksfläche

a) für freistehende Ein- und Zweifamilienhäuser

b) für Reihenhäuser und Doppelhaushälften

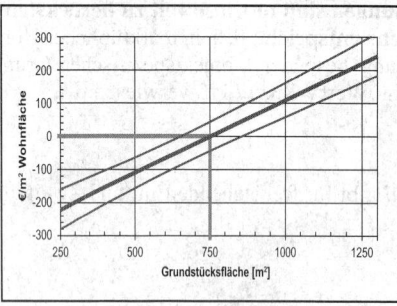
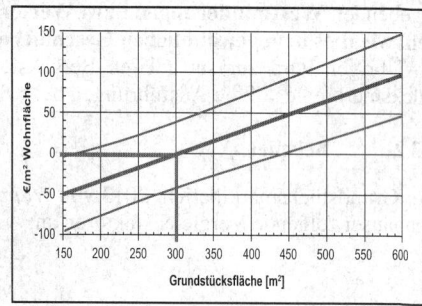

Bebaute Grundstücke   **Syst. Darst. Vergleichswertverfahren IV**

Abb. 4: Anpassungsfaktoren für Abweichungen von der Lage (Bodenrichtwert)

a) **für freistehende Ein- und Zwei-**   b) **für Reihenhäuser und Doppel-**
    familienhäuser   **haushälften**

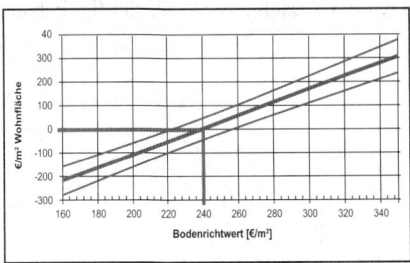 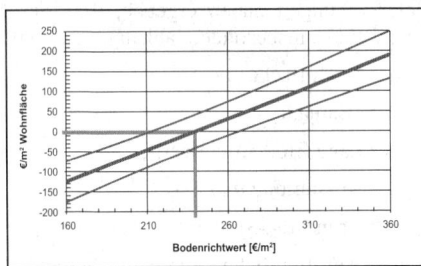

Beispiel

a) Sachverhalt

- Der Bodenrichtwert für ein 800 m² großes Bodenrichtwertgrundstück beträgt   210 €/m²
- Die Grundstücksgröße beträgt   500 m²
- Das Alter des Gebäudes beträgt   25 Jahre
- Die Wohnfläche beträgt   130 m²

b) Berechnung

- Umrechnung des Bodenrichtwerts (für 800 m² Grundstücksfläche) auf Grundstücksfläche von 500 m² mittels Anpassungsfaktoren:

Anpassungsfaktoren für unterschiedliche Grundstücksflächen			Fläche = 500 m²		
Fläche					
150 m²	bis	350 m²	BRW	×	1,00 /1,14
350 m²	bis	650 m²	BRW	×	1,00
650 m²	bis	1 000 m²	BRW	×	1,00 /0,91

$$\text{Umgerechneter Bodenrichtwert (BRW)} = 210\ \text{€/m}^2 \times \frac{1{,}00}{0{,}91} = 230\ \text{€/m}^2$$

- Vergleichsfaktor (aus Tabelle)   2 010 €/m² bezogen auf   Lagewert (500 m² großes   240 €/m²
                                                                         Grundstück)
                                                                         Wohnfläche von   150 m²
                                                                         Grundstücksfläche   750 m²

Ermittlung des angepassten Vergleichsfaktors
     Vergleichsfaktor aus Tabelle   2 010 €/m²
- Lagekorrektur nach Bodenrichtwertdifferenz 240 €/m² – 230 €/m²   –   80 €/m²
    aus Diagramm
- Wohnflächenkorrektur nach Wohnflächendifferenz 150 m² – 130 m²   +   90 €/m²
    aus Diagramm
- Grundstücksgrößenkorrektur nach Grundstücksflächendifferenz   –   110 €/m²
    750 m² – 500 m² aus Diagramm
     Angepasster Vergleichsfaktor   =   1 910 €/m²

- Ermittlung des Vergleichswerts:

$$\text{Vergleichswert} = 130\ \text{m}^2 \times 1\,910\ \text{€/m}^2 = \text{rd.}\ 248\,000\ \text{€}$$

IV Syst. Darst. Vergleichswertverfahren — Bebaute Grundstücke

3.4 Vergleichs- und Anpassungsfaktoren für bebaute Grundstücke

3.4.1 Allgemeines

145 Untersuchungen haben ergeben, dass der Marktwert (Verkehrswert) gleichartig bebauter Grundstücke insbesondere abhängig ist von

- der Wohnfläche,
- dem Baujahr,
- der Lage (Bodenrichtwert),
- der Ausstattung und
- der Grundstücksgröße.

Hierzu veröffentlichen die Gutachterausschüsse für Grundstückswerte in zunehmendem Maße Umrechnungskoeffizienten für bebaute Grundstücke. Diese werden auch als Korrekturfaktoren, Umrechnungs- bzw. Anpassungskoeffzienten bezeichnet.

Dementsprechend werden für die Vergleichsfaktoren bebauter Grundstücke entsprechend differenziert und suplementär Anpassungsfaktoren (Korrekturfaktoren) angegeben. Bislang hat sich noch keine einheitliche Methode entwickelt.

Beispiel (Grundstücksmarktbericht 2013 von *Düsseldorf*):

Anpassungsfaktoren (Korrekturfaktoren) für bebaute Grundstücke in Düsseldorf für Dreifamilien- und Mehrfamilienhäuser, gemischt-genutzte und Büro-/Geschäftsgebäude			
	Norm	Ausprägung	Zu- bzw. Abschläge
Kaufzeitpunkt			Index
Lage		Lagebezirke und Wohnlagen	nach Wohnlage
Gebäudeart	Mehrfamilienhaus gewerblicher Anteil < 20 %	Dreifamilienhaus	+ 30 %
		Gemischt-genutztes Grundstück	bis + 15 %
		Büro- und Geschäftsgrundstück	bis + 60 %
Alter		Verkaufsjahr minus Baujahr	nach Altersfunktion*
Modernisierung (nicht bei Neubauten)	modernisiert	nicht modernisiert	bis – 20 %
Ausstattung	gut	sehr gut	+ 15 %
		mittel/einfach	bis – 20 %
Denkmalschutz (nicht bei Neubauten)		vorhanden	bis + 20 %
Wohn- bzw. Nutzfläche	450 bis 700 m²	unter 450 m²	bis + 10 %
		über 700 m²	bis – 10 %
Grundstücksgröße	bis 800 m²	über 800 m²	bis + 10 %
Immissionen	keine	vorhanden	bis – 5 %
Altersfunktion für bebaute Grundstücke (bei neuzeitlicher Ausstattung und modernisierten Altbauten): $f(\text{Alter}) = (2411 - 17{,}6 \times \text{Alter} + 0{,}23 \times \text{Alter}^2 - 0{,}0011 \times \text{Alter}^3)$			

Quelle: Grundstücksmarktbericht des Gutachterausschusses für Grundstückswerte in Düsseldorf 2013

Vom Gutachterausschuss in *Darmstadt* werden die **Anpassungsfaktoren** zu nachfolgenden Gebäudefaktoren vornehmlich **in Abhängigkeit von der Grundstücksgröße, der Baujahrsgruppe und der Lage** (nach Bodenrichtwertbereichen) ermittelt; sie sind auf die einschlägigen Gebäudefaktoren anzuwenden:

Bebäute Grundstücke — Syst. Darst. Vergleichswertverfahren IV

Gebäudefaktoren für freistehende Ein- und Zweifamilienhäuser je Quadratmeter Wohnfläche

Wohnfläche	Gebäudefaktoren für freistehende Ein- und Zweifamilienhäuser je Quadratmeter Wohnfläche (bezogen auf eine Grundstücksgröße von 700 m² und das Baujahr 1970)	
	300 €/m² bis 399 €/m² (350 €/m²)	400 €/m² bis 499 €/m² (450 €/m²)
m^2	Vergleichsfaktoren in EUR/m²	
100	2 875	3 536
110	2 662	3 263
120	2 485	3 035
130	2 335	2 843
140	2 206	2 678
150	2 094	2 535
160	1 997	2 409
170	1 910	2 299
180	1 834	2 201
190	1 765	2 113
200	1 704	2 034
210	1 648	1 962
220	1 597	1 897
230	1 551	1 838
240	1 508	1 784
250	1 469	1 734

Quelle: Immobilienmarktbericht 2011 für Darmstadt

Anpassungsfaktoren der Vergleichsfaktoren für freistehende Ein- und Zweifamilienhäuser

Grundstücksgröße	Baujahrsgruppe					
	1946 bis 1954 (1950)	1955 bis 1964 (1960)	1965 bis 1974 (1970)	1975 bis 1984 (1980)	1985 bis 1994 (1990)	ab 1995 (2000)
m^2	Anpassungskoeffizienten					
300	0,61	0,69	0,77	0,84	0,92	1,00
400	0,67	0,75	0,82	0,90	0,98	1,06
500	0,73	0,81	0,88	0,96	1,04	1,12
600	0,79	0,86	0,94	1,02	1,10	1,17
700	0,84	0,92	1,00	1,08	1,16	1,23
800	0,90	0,98	1,06	1,14	1,21	1,29
900	0,96	1,04	1,12	1,19	1,27	1,35
1 000	1,02	1,10	1,18	1,25	1,33	1,41
1 100	1,08	1,16	1,23	1,31	1,39	1,47
1 200	1,14	1,21	1,29	1,37	1,45	1,53

Quelle: Immobilienmarktbericht 2011 für Darmstadt

IV Syst. Darst. Vergleichswertverfahren — Bebaute Grundstücke

Gebäudefaktoren für Reihenhäuser und Doppelhaushälften je Quadratmeter Wohnfläche

Gebäudefaktoren für Reihenhäuser und Doppelhaushälften je Quadratmeter Wohnfläche (bezogen auf eine Grundstücksgröße von 300 m² und das Baujahr 1985)			
Wohnfläche m²	300 bis 399 €/m² (350 €/m²)	400 bis 499 €/m² (450 €/m²)	500 bis 599 €/m² (550 €/m²)
	Vergleichsfaktoren in EUR/m²		
80	2 600	3 098	3 595
90	2 391	2 834	3 276
100	2 224	2 622	3 020
110	2 087	2 449	2 811
120	1 973	2 305	2 637
130	1 877	2 183	2 489
140	1 794	2 078	2 363
150	1 723	1 988	2 253
160	1 660	1 909	2 157
170	1 605	1 839	2 073
180	1 555	1 776	1 998
190	1 511	1 721	1 930
200	1 472	1 671	1 870

Quelle: Immobilienmarktbericht 2011 für Darmstadt

Anpassungsfaktoren der Vergleichsfaktoren für Reihenhäuser und Doppelhaushälften

Anpassungsfaktoren der Vergleichsfaktoren für Reihenhäuser und Doppelhaushälften						
Grundstücks- größe	Baujahrsgruppe					
	1946 bis 1959 (1955)	1960 bis 1969 (1965)	1970 bis 1979 (1975)	1980 bis 1989 (1985)	1990 bis 1999 (1995)	ab 2000 (2005)
m²	Anpassungskoeffizienten					
100	0,66	0,74	0,81	0,88	0,95	1,03
150	0,69	0,77	0,84	0,91	0,98	1,06
200	0,72	0,80	0,87	0,94	1,01	1,09
250	0,75	0,83	0,90	0,97	1,04	1,12
300	0,78	0,85	0,93	1,00	1,07	1,15
350	0,81	0,88	0,96	1,03	1,10	1,17
400	0,84	0,91	0,99	1,06	1,13	1,20
450	0,87	0,94	1,02	1,09	1,16	1,23
500	0,90	0,97	1,05	1,12	1,19	1,26

Quelle: Immobilienmarktbericht 2011 für Darmstadt

Vom Gutachterausschuss in *Bremen* ist festgestellt worden, dass der Einfluss der Wohnlage, der Grundstücksgröße und insbesondere des Baujahrs (Baujahrsgruppe) in bevorzugten Wohnlagen sowie innenstadtnahen Lagen anders als in „normalen" Stadtlagen ausfällt:

Bebaute Grundstücke   Syst. Darst. Vergleichswertverfahren IV

| Anpassungsfaktoren für Gebäudefaktoren von Reihenhäusern in Bremen nach Lagen ||||||||
| Abweichende Wohnfläche || | Abweichendes Baujahr (Baujahrsgruppe) ||| Abweichende Grundstücksfläche |||
Wohnfläche m²	innenstadtnah/ bevorzugt	„normal" Süd/ West/ Ost/Nord	Baujahr	innenstadtnah/ bevorzugt	„normal" Süd/ West/ Ost/Nord	Grundstücksfläche	innenstadtnah/ bevorzugt	„normal" Süd/ West/ Ost/Nord
60	-	0,77	1880	1,06	-	100	0,91	0,95
70	-	0,81	1890	1,05	-	150	0,96	0,98
80	0,70	0,86	1900	1,04	0,86	200	1,00	0,99
90	0,75	0,90	1910	1,02	0,89	250	1,05	1,01
100	0,79	0,94	1920	1,01	0,92	300	1,10	1,03
110	0,83	0,98	1930	**1,00**	0,94	350	1,15	1,04
120	0,88	1,03	1940	0,99	0,97	400	1,20	1,06
130	0,92	1,07	1950	0,97	**1,00**	450	1,25	1,08
140	0,97	1,11	1960	0,96	1,02	500	1,30	1,10
150	1,01	1,15	1970	0,95	1,05	550	-	-
160	1,05	-	1980	0,94	1,08	600	-	-
170	1,10	-	1990	–0,92	1,10	650	-	-
180	1,14	-	2000	-	1,13	700	-	-
190	1,19	-	2010	-	-	750	-	-
200	1,23	-	2020	-	-	800	-	-

Quelle: Grundstücksmarktbericht Bremen 2011

Aus den vorstehenden Untersuchungsergebnissen folgt hinsichtlich der Einflussgröße „Baujahr", dass **in** *normalen* **Stadtlagen ein jüngeres Baujahr und in** *bevorzugten bzw. innenstadtnahen* **Stadtlagen ein älteres Baujahr sich werterhöhend** auswirkt. Entsprechende Ergebnisse haben sich auch für andere Gebäudearten ergeben (z. B. Doppelhaushälften).

3.4.2 Abhängigkeit des Verkehrswerts von Lage und Baujahr

Der Gutachterausschuss in *Frankfurt am Main* gibt für bebaute Grundstücke **Vergleichsfaktoren, differenziert nach Lagen (Bodenrichtwerten) und Wohnflächen**, sowie Anpassungsfaktoren (Korrekturfaktoren), differenziert nach Baujahren und Grundstücksgrößen, an.   146

Vergleichsfaktoren in €/m² Wohnfläche (2011)					
(bezogen auf 300 m² Grundstücksgröße und Baujahr 1985)					
	Bodenrichtwertbereich				
Wohnfläche in m²	300 €/m² bis 399 €/m²	400 €/m² bis 499 €/m²	500 €/m² bis 599 €/m²	600 €/m² bis 699 €/m²	über 700 €/m²
80	2 773	3 360	3 947	4 533	5 120
90	2 595	3 115	3 637	4 159	4 681
100	2 452	2 921	3 390	3 860	4 329
110	2 334	2 762	3 188	3 614	3 802
120	2 237	2 628	3 019	3 410	3 598
130	2 155	2 516	2 877	3 237	3 425
140	2 083	2 419	2 754	3 089	3 274
150	2 022	2 335	2 648	2 961	3 143
160	1 969	2 262	2 556	2 849	3 026
170	1 922	2 198	2 474	2 750	2 922
180	1 880	2 140	2 401	2 662	2 922
190	1 842	2 088	2 336	2 583	2 830
200	1 808	2 042	2 277	2 512	2 747

Quelle: Grundstücksmarktbericht von Frankfurt am Main 2012

IV Syst. Darst. Vergleichswertverfahren   Bebaute Grundstücke

Grund-stücks-größe in m²	Anpassungsfaktoren					
	Baujahr					
	1950 bis 1959 (1955)	1960 bis 1969 (1965)	1970 bis 1979 (1975)	1980 bis 1989 (1985)	1990 bis 1999 (1995)	ab 2000 (2005)
100	0,65	0,71	0,78	0,84	0,91	0,98
150	0,68	0,75	0,82	0,88	0,95	1,02
200	0,72	0,79	0,86	0,92	0,99	1,05
250	0,76	0,83	0,89	0,96	1,03	1,09
300	0,80	0,87	0,93	**1,00**	1,07	1,13
350	0,84	0,91	0,97	1,04	1,11	1,17
400	0,88	0,95	1,01	1,08	1,14	1,21
450	0,92	0,98	1,05	1,12	1,18	1,25
500	0,96	1,02	1,09	1,16	1,22	1,29
550	1,00	1,06	1,13	1,19	1,26	1,33
600	1,03	1,10	1,17	1,23	1,30	1,37
650	1,07	1,14	1,21	1,27	1,34	1,40
700	1,11	1,18	1,24	1,31	1,38	1,44

Quelle: Grundstücksmarktbericht von Frankfurt am Main 2012

Beispiel:

Zu ermitteln ist der Marktwert (Verkehrswert) eines Reihenhauses in guter Wohnlage:

- Lage im Bodenrichtwert   490 €/m²
- Baujahr   1977
- Wohnfläche   123 m²
- Grundstücksgröße   302 m²

Vorläufiger Vergleichswert = 2 516 €/m² × 123 m² × 0,93 = rd. 287 805 €

Für den Landkreis *Cloppenburg* wurden Vergleichsfaktoren von **Ein- und Zweifamilienhäusern** in **Abhängigkeit von Lage und dem Baujahr** ermittelt:

Abb. 5:   Vergleichsfaktoren bei abweichender Lage und abweichendem Baujahr

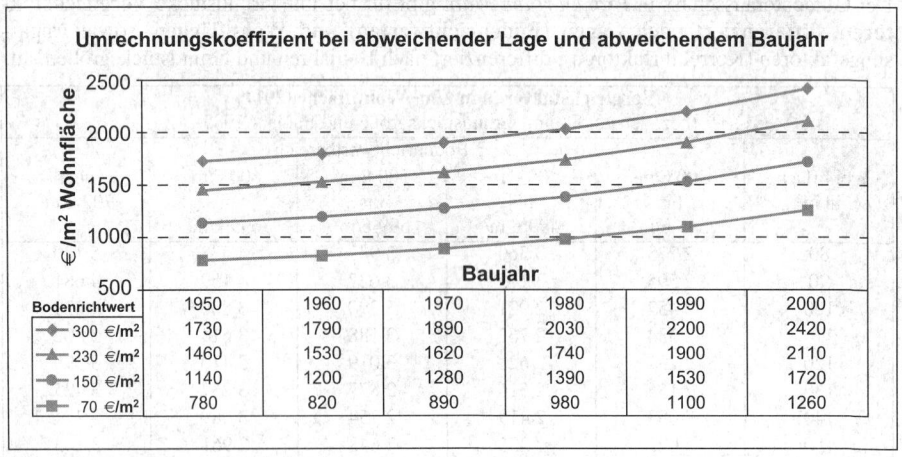

Bebaute Grundstücke   **Syst. Darst. Vergleichswertverfahren IV**

Beispiel:

Als Vergleichsfaktor wurde für ein 1990 errichtetes Einfamilienhaus, das in einer Bodenrichtwertzone mit einem Bodenrichtwert von 80 €/m² liegt, der vorstehenden Tabelle entnommen:	975 €/m²
Bei einer Wohnfläche von 100 m² ergibt sich ein Anpassungsfaktor aus der einschlägigen Tabelle für Cloppenburg (vgl. nachstehende Darstellungen) ein Anpassungsfaktor von	1,3
Vergleichsfaktor:	975 €/m² x 1,3 = rd. 1 268 €/m²
Bei einer Wohnfläche von 100 m² ergibt sich mithin ein Grundstückswert von:	100 m² x 1 268 €/m² = rd. 127 000 €

3.4.3 Abhängigkeit des Verkehrswerts von Wohnfläche

Abb. 6: Anpassungsfaktoren bei abweichender Wohnfläche

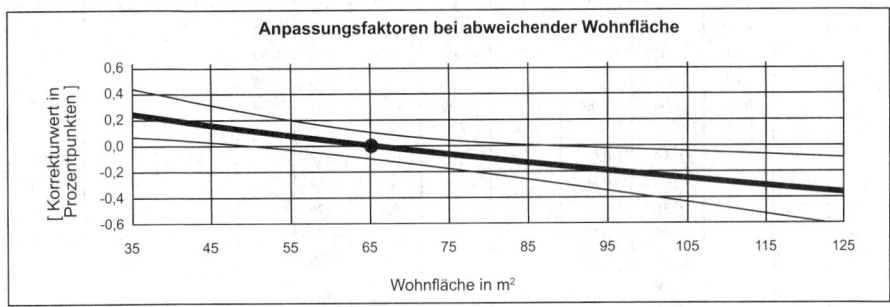

Ähnlich auch der Verlauf nach neueren Untersuchungen des Gutachterausschusses für Grundstückswerte in *Niedersachsen* (2013):

IV Syst. Darst. Vergleichswertverfahren — Bebaute Grundstücke

Abb. 7: Anpassungsfaktoren bei abweichender Wohnfläche

Anpassungsfaktoren bei abweichender Wohnfläche
Sachwertfaktoren bezogen auf NHK 2010

Wohn-fläche	Stadt Delmenhorst		LK Cloppenburg			LK Olden-bürg	LK Nien-burg	LK Vechta		LK Diepholz		
	EFH/ZFH	RH/DHH	Südl. Bereich	Nördl. Bereich	RH/-DHH				RH/DHH	Stuhr/Syke/Wehe	EFH/ZFH Mittl. Südl. Bereich	
											jünger	älter
m^2	2013		2013			2013	2013	2013			2013	
60	-	-	-	-	-	1,44	-	-	-	-	-	-
70	-	1,14	-	-	1,42	-	-	-	1,02	-	-	-
80	1,32	1,11	1,42	1,47	1,24	1,27	1,36	1,28	1,03	1,26	1,22	1,27
90	-	1,06	-	-	1,12	-	-	-	1,02	-	-	-
100	1,16	1,00	1,27	1,31	1,04	1,15	1,18	1,19	1,02	1,14	1,13	1,15
110	-	0,94	-	-	1,00	-	-	1,00	-	-	-	-
120	1,04	0,88	1,15	1,19	0,78	1,07	1,05	1,11	0,98	1,04	1,04	1,05
130	-	0,84	-	-	0,97	-	-	-	0,95	-	-	-
140	0,96	0,81	1,07	1,09	0,98	1,00	0,95	1,04	0,92	0,96	0,96	0,96
150	-	0,80	-	-	0,93	-	-	1,00	0,88	-	-	-
160	0,90	0,82	1,00	1,00	0,87	0,95	0,87	0,97	0,84	0,89	0,90	0,87
170	-	-	-	-	0,78	-	-	-	-	-	-	-
180	0,85	-	0,94	0,93	-	0,89	0,80	0,90	-	0,83	0,84	0,80
200	0,81	-	0,90	0,86	-	0,84	0,74	0,84	-	0,78	0,78	0,74
220	0,78	-	0,86	0,80	-	0,77	0,69	0,79	-	0,74	0,73	0,67
240	0,75	-	0,82	0,75	-	0,68	-	0,74	-	-	0,68	0,62
260	-	-	0,79	0,70	-	-	-	0,70	-	-	-	-
270	-	-	0,78	-	-	-	-	-	-	-	-	-
280	-	-	0,77	-	-	-	-	-	-	-	-	-
290	-	-	0,75	-	-	-	-	-	-	-	-	-

Quelle: Landesgrundstücksmarktbericht Niedersachsen 2012

Bebaute Grundstücke   Syst. Darst. Vergleichswertverfahren IV

3.4.4 Abhängigkeit des Verkehrswerts von Grundstücksgröße

Abb. 8: Anpassungsfaktoren bei abweichender Grundstücksgröße

Grundstücks-größe	Stadt Delmenhorst		LK Cloppenburg			LK Oldenburg		LK Vechta	
	EFH/ ZFH	RH/DH	Südl. Bereich	Nördl. Bereich	RH/DHH		RH/ DHH		RH/ DHH
m²	2013		2013			2013		2013	
150	-	0,93	-	-	0,92	-	0,78	-	0,91
200	-	0,97	-	-	-	-	0,87	-	0,94
250	-	**1,00**	-	-	0,98	-	0,93	-	0,97
300	0,88	1,03	0,85	-	-	0,77	0,97	0,92	1,00
350	-	1,05	-	-	1,02	-	**1,00**	-	1,03
400	0,92	1,07	-	0,93	-	-	1,01	-	1,06
450	-	1,09	-	-	1,05	-	**1,00**	-	1,08
500	0,95	1,10	0,94	-	-	0,92	0,98	0,96	1,11
550	-	1,11	-	-	1,08	-	0,94	-	1,11
600	0,97	-	-	0,98	-	-	0,88	-	1,13
650	-	-	-	-	1,10	-	-	-	1,15
700	**1,00**	-	**1,00**	-	-	**1,00**	-	**1,00**	-
750	-	-	-	-	1,13	-	-	-	-
800	1,02	-	-	1,02	-	-	-	-	-
900	1,05	-	1,05	-	-	1,05	-	1,04	-
1 000	1,07	-	1,07	1,05	-	-	-	-	-
1 100	1,09	-	-	-	-	1,10	-	1,09	-
1 200	-	-	1,11	1,08	-	-	-	-	-
1 300	-	-	-	-	-	1,19	-	1,14	-
1 400	-	-	1,15	1,10	-	-	-	-	-
1 500	-	-	-	-	-	1,37	-	-	-
1 600	-	-	1,18	1,12	-	-	-	-	-
1 800	-	-	1,21	1,14	-	-	-	-	-

IV Syst. Darst. Vergleichswertverfahren — Bebaute Grundstücke

148 Abb. 9: Abhängigkeit des Grundstückswerts bebauter Grundstücke von der Grundstücksgröße bei Heranziehung von Gebäudefaktoren (Anpassungsfaktoren) in Südhessen

Abhängigkeit des Grundstückswerts bebauter Grundstücke von der Grundstücksgröße und dem Baujahr bei Heranziehung von Gebäudefaktoren in Südhessen
Anpassungsfaktoren für *Reihenhäuser (RH) und Doppelhaushälften (DHH)* – Wiederverkauf und Neubau

Grundstücks-größe m^2	Baujahr												
	1950	1955	1960	1965	1970	1975	1980	1985	1990	1995	2000	2005	Neubau
150	0,63	0,67	0,71	0,75	0,79	0,83	0,87	0,91	0,95	1,00	1,04	1,08	0,90
200	0,65	0,69	0,74	0,78	0,82	0,86	0,90	0,94	0,98	1,02	1,07	1,11	0,93
250	0,68	0,72	0,77	0,81	0,85	0,89	0,93	0,97	1,01	1,05	1,10	1,14	0,97
300	0,71	0,75	0,79	0,83	0,88	0,92	0,96	1,00	1,04	1,08	1,13	1,17	1,00
350	0,74	0,78	0,82	0,86	0,91	0,95	0,99	1,03	1,07	1,11	1,15	1,19	1,03
400	0,77	0,81	0,85	0,89	0,94	0,98	1,02	1,06	1,10	1,14	1,18	1,22	1,07
450	0,80	0,84	0,88	0,92	0,96	1,00	1,05	1,09	1,13	1,17	1,21	1,25	1,10
500	0,83	0,87	0,91	0,95	0,99	1,03	1,08	1,12	1,16	1,20	1,24	1,28	1,13
550	0,86	0,90	0,94	0,98	1,02	1,06	1,10	1,15	1,19	1,23	1,27	1,31	1,17
600	0,89	0,93	0,97	1,01	1,05	1,09	1,13	1,17	1,22	1,26	1,30	1,34	1,20

Quelle: Immobilienmarktbericht 2011 Südhessen (Heppenheim)

Abb. 10: Abhängigkeit des Grundstückswerts bebauter Grundstücke von der Grundstücksgröße bei Heranziehung von Gebäudefaktoren (Anpassungsfaktoren) in Südhessen

Anpassungsfaktoren für freistehende *Ein- und Zweifamilienhäuser* –Wiederverkauf und Neubau

Grundstücks-größe m^2	Baujahr												
	1950	1955	1960	1965	1970	1975	1980	1985	1990	1995	2000	2005	Neubau
300	0,62	0,66	0,70	0,75	0,79	0,83	0,87	0,91	0,95	0,99	1,03	1,07	0,90
350	0,65	0,69	0,73	0,77	0,81	0,86	0,90	0,94	0,98	1,02	1,06	1,10	0,93
400	0,67	0,72	0,76	0,80	0,84	0,88	0,92	0,96	1,00	1,04	1,09	1,13	0,97
450	0,70	0,74	0,78	0,83	0,87	0,91	0,95	0,99	1,03	1,07	1,11	1,15	1,00
500	0,73	0,77	0,81	0,85	0,89	0,93	0,98	1,02	1,06	1,10	1,14	1,18	1,03
550	0,75	0,80	0,84	0,88	0,93	0,96	1,00	1,05	1,09	1,13	1,17	1,21	1,07
600	0,78	0,82	0,86	0,91	0,95	0,99	1,03	1,07	1,11	1,15	1,19	1,23	1,10
650	0,81	0,85	0,89	0,93	0,97	1,02	1,06	1,10	1,14	1,18	1,22	1,26	1,14
700	0,83	0,88	0,92	0,96	1,00	1,04	1,08	1,12	1,17	1,21	1,25	1,29	1,17
750	0,86	0,90	0,95	0,99	1,03	1,07	1,11	1,15	1,19	1,23	1,27	1,31	–
800	0,89	0,93	0,97	1,01	1,05	1,10	1,14	1,18	1,22	1,26	1,30	1,34	–
850	0,92	0,96	1,00	1,04	1,08	1,12	1,16	1,21	1,25	1,29	1,33	1,37	–
900	0,94	0,98	1,02	1,06	1,11	1,15	1,19	1,23	1,27	1,31	1,36	1,40	–
950	0,97	1,01	1,05	1,09	1,13	1,17	1,21	1,26	1,30	1,34	1,38	1,42	–
1 000	1,00	1,04	1,08	1,12	1,16	1,20	1,24	1,29	1,33	1,37	1,41	1,45	–
1 050	1,02	1,07	1,11	1,15	1,19	1,23	1,27	1,31	1,35	1,40	1,44	1,48	–
1 100	1,05	1,09	1,13	1,17	1,21	1,25	1,30	1,34	1,38	1,42	1,46	1,50	–
1 150	1,08	1,11	1,15	1,20	1,24	1,28	1,33	1,37	1,41	1,45	1,49	1,53	–
1 200	1,10	1,14	1,18	1,23	1,27	1,31	1,35	1,39	1,43	1,48	1,52	1,56	–

Quelle: Immobilienmarktbericht 2011 Südhessen (Heppenheim)

3.4.5 Abhängigkeit des Verkehrswerts von der Nettokaltmiete

Abb. 11: Anpassungsfaktoren bei abweichender Nettokaltmiete

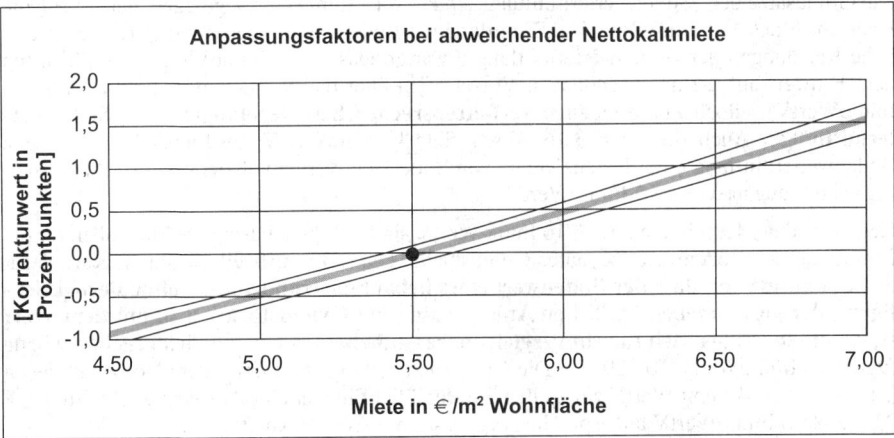

Quelle: Grundstücksmarktbericht 2012 Region Hannover

4 Bodenwertermittlung im Wege des Vergleichswertverfahrens

4.1 Bodenwert

Schrifttum: *Bergmann, U.,* Zur Anwendung der Fehlerlehre und der Statistik in der Bodenwertermittlung, GuG 2009, 129; *Upmeyer, B.,* Bodenwertermittlung für ein Grundstück in einer Großstadt in den neuen Bundesländern, GuG 1999, 42; *Roth, C.,* Verkehrswertermittlung von Grundstücken in den neuen Bundesländern, GuG 1993, 206; *Vogel, R.,* Zur Ermittlung von Grundstückspreisen (Bodenpreisen) in der ehemaligen DDR, DS 1990, 200.

▶ *Grundsätzliches vgl. Rn. 1 ff.; zur Bodenwertermittlung in Gebieten, die durch Eigentumswohnungen geprägt sind, vgl. Teil V Rn. 5 ff.; zu den besonderen Maßgaben bei der Ermittlung des Bodenwerts bebauter Grundstücke vgl. die ergänzenden Erläuterungen bei § 16 ImmoWertV Rn. 120 ff.; zur Ermittlung des Bodenwertanteils bebauter Grundstücke ohne Kenntnis des Bodenwerts vgl. Rn. 72; § 16 ImmoWertV Rn. 108 ff. sowie Erläuterungen zu § 21 ImmoWertV Rn. 12*

Die Bedeutung des Vergleichswertverfahrens liegt vornehmlich in der Ermittlung von Bodenwerten, ohne dass die ImmoWertV eindeutig definiert, was unter dem **Bodenwert** zu verstehen ist. In Zweifelsfällen ist dies pragmatisch zu behandeln (vgl. hierzu § 16 ImmoWertV Rn. 10).

Das Vergleichswertverfahren ist das **Vorrangverfahren** (vgl. Rn. 4; § 16 Abs. 1 Satz 1 ImmoWertV Rn. 1 ff.)

– sowohl für die Bodenwertermittlung unbebauter Grundstücke (§ 8 ImmoWertV Rn. 46 ff.; § 16 ImmoWertV Rn. 18),

– als auch für die Bodenwertermittlung bebauter Grundstücke.

Liegt nach den vorstehenden Ausführungen eine ausreichende Zahl geeigneter Vergleichspreise vor, ist das Vergleichswertverfahren die einfachste und zugleich zuverlässigste

IV Syst. Darst. Vergleichswertverfahren — Bodenwertermittlung

Methode. Mit dieser Begründung hat der BGH dem **Vergleichswertverfahren** in seiner Rechtsprechung **Priorität** zugesprochen; das BVerwG und der BFH haben sich ebenfalls dahingehend ausgesprochen[79].

151 Die Grundsätze der „Bodenwertermittlung" sind in § 15 ImmoWertV geregelt, auch wenn die Überschrift des § 16 ImmoWertV („Ermittlung der Bodenwerte") besondere verfahrensrechtliche Regelungen der Bodenwertermittlung erwarten lässt. § 16 ImmoWertV **enthält** neben dem Hinweis auf die anzuwendenden Vorschriften über das Vergleichswertverfahren (§ 15 ImmoWertV) jedoch **keine eigenen verfahrensrechtlichen Regelungen der „Bodenwertermittlung".** Auch die nach § 16 Abs. 1 Satz 4 ImmoWertV ausdrücklich zugelassene Bodenwertermittlung unter Heranziehung von Bodenrichtwerten vollzieht sich verfahrensmäßig nach Maßgabe des § 15 ImmoWertV.

Gegenstand der Regelungen des § 16 ImmoWertV sind lediglich besondere Maßgaben für die Ermittlung des Bodenwerts bebauter Grundstücke. Die Vorschrift gibt in ihrem Kern dafür den **Grundsatz** vor, **dass der Bodenwert eines bebauten Grundstücks „ohne Berücksichtigung der vorhandenen baulichen Anlagen auf dem Grundstück", d. h. mit dem Wert zu ermitteln ist, der sich für ein vergleichbares unbebautes Grundstück ergeben würde** (vgl. § 16 ImmoWertV Rn. 29 ff.). Die Grundsatzregelung steht unter dem Vorbehalt der in § 16 Abs. 2 bis 4 ImmoWertV geregelten **Sonderfälle**. Ein weiterer Ausnahmefall wird in § 4 Abs. 3 Nr. 3 ImmoWertV angesprochen (vgl. § 4 ImmoWertV Rn. 25).

4.2 Bodenwertermittlung mittels Vergleichspreisen (Beispiel)

152 Zur Erläuterung vorstehender Ausführungen wird nachfolgend ein *Beispiel* zur Ermittlung des Verkehrswerts eines Wohnbaugrundstücks (baureifes Land) vorgestellt.

a) Sachverhalt

Zustandsmerkmale des zu bewertenden Grundstücks:
Lage	gute Wohnlage
Planungsrecht	WA-Gebiet
	GFZ = 1,5
Beitragsrechtlicher Zustand	erschließungsbeitragsfrei (ebf)
Grundstücksgröße	500 m²

Es konnten drei baureife Vergleichsgrundstücke festgestellt werden. Alle zum Preisvergleich herangezogenen Kaufpreise stammen aus WA-Gebieten. Die Vergleichspreise unterscheiden sich von den Grundstücksmerkmalen des Wertermittlungsobjekts insbesondere bezüglich Grundstücksgröße, GFZ und des erschließungsbeitragsrechtlichen Zustands.

Im Einzelnen ergeben sich die Zustandsmerkmale aus Abb. 1.

---

[79] BGH, Urt. vom 12.7.1971 – III ZR 197/68 –, BRS Bd. 26 Nr. 94 = EzGuG 20.51; BVerwG, Urt. vom 13.11.1964 – 7 C 20/64 –, DÖV 1965, 97 = KStZ 1965, 138 = BB 1965, 326 = EzGuG 20.38; PrOVG, Urt. vom 18.1.1902, EzGuG 20.6a; BFH, Urt. vom 26.9.1980 – III R 21/78 –, BFHE 132, 101 = EzGuG 20.38; BFH, Beschl. vom 21.5.1982 – III B 32/81 –, BFHE 136, 141 = EzGuG 20.99.

Abb. 1: Beispiel Vergleichswertverfahren

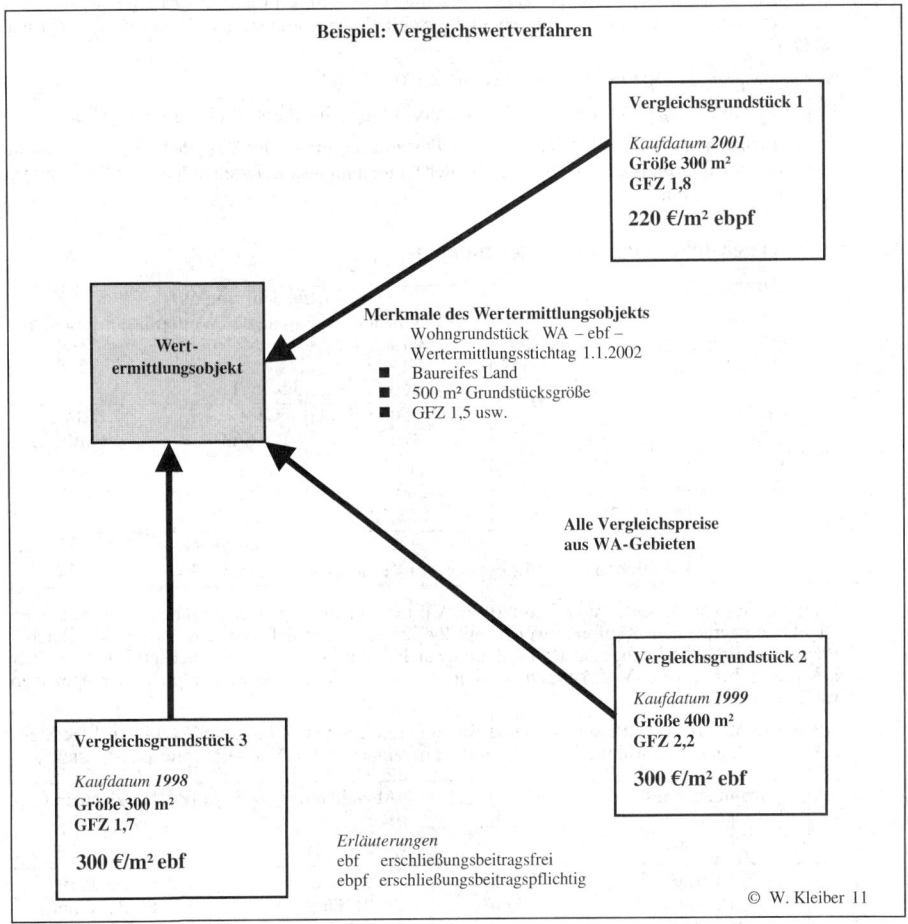

b) Weitere Grundlagen:

Es liegen vom Gutachterausschuss Umrechnungskoeffizienten bezüglich der Abhängigkeit des Bodenwerts von der Grundstücksgröße und der Geschossflächenzahl (GFZ) sowie eine Bodenpreisindexreihe vor. Auszugsweise sind darin folgende Angaben verzeichnet:

Abb. 2: Umrechnungskoeffizienten und Bodenpreisindexreihe

Umrechnungskoeffizienten Grundstücksgröße		Umrechnungskoeffizienten GFZ		Bodenpreisindexreihe	
Fläche [m²]	UK	GFZ	UK	Jahr	Indexzahl
300	1,16	1,5	1,30	1990	100
400	1,07	–	–	–	–
500	1,00	1,7	1,44	1998	170
		1,8	1,50	1999	175
		–	–	2000	179
		2,2	1,86	2001	180

IV Syst. Darst. Vergleichswertverfahren — Bodenwertermittlung

c) **Lösung**

- Umrechnung von Kaufpreis 1 (220 €/m² – erschließungsbeitragspflichtig). Der Unterschied zwischen erschließungsbeitragspflichtigen und erschließungsbeitragsfreien Grundstücken beträgt 30 €/m².

    Vergleichspreis 1: 220 €/m² (ebpf) + 30 €/m² = 250 €/m² (ebf)

    Damit sind alle Vergleichspreise wie das Wertermittlungsobjekt erschließungsbeitragsfrei.

- Die Berücksichtigung der Abweichungen der Zustandsmerkmale der Vergleichsobjekte von dem zu bewertenden Grundstück erfolgt mithilfe der Umrechnungskoeffizienten und der Bodenpreisindexreihe (vgl. Abb. 3).

Abb. 3: Berücksichtigung der Abweichungen

Verkaufsfall	Kaufpreis €/m²	Verkaufsdatum	Größe m²	GFZ	Umrechnung auf a) Grundstücksmerkmale des Wertermittlungsobjekts – Grundstücksgröße 500 m² – GFZ = 1,5 b) Wertermittlungsstichtag 1.1.2002		
					F = 500 m² €/m²	GFZ = 1,5 €/m²	1.1.2002 €/m²
1	250	2001	300	1,8	215,52	186,78	186,78
2	300	1999	400	2,2	280,37	195,96	201,56
3	300	1998	300	1,7	258,62	233,48	247,21
						Summe =	635,53
				Arithmetisches Mittel aller drei Verkaufspreise 635,53 :3 =			rd. 212

- Eliminierung von Ausreißern (§ 7 ImmoWertV): Der auf die Eigenschaften des zu bewertenden Objekts umgerechnete Kaufpreis weicht mit 247,21 €/m² deutlich von den übrigen Vergleichspreisen ab. Es bedarf daher der Prüfung, ob es sich dabei um einen Vergleichspreis handelt, der i. S. des § 7 ImmoWertV „erheblich" abweicht und deshalb als „Ausreißer" nicht herangezogen werden darf.

- Als **Prüfmaßstab** wird die sog. 2-Sigma-Regel herangezogen. Zu diesem Zweck wird die Standardabweichung vom arithmetischen Mittel der herangezogenen Vergleichspreise festgestellt:

Nr.	Arithmetisches Mittel	Gleichnamig gemachter Kaufpreis	Abweichung v_i	Abweichungsquadrat $v_i v_i$
1	212 €/m²	187 €/m²	25 €/m²	625 €/m² × €/m²
2	212 €/m²	202 €/m²	10 €/m²	100 €/m² × €/m²
3	212 €/m²	247 €/m²	– 35 €/m²	1 225 €/m² × €/m²
		636 €/m²	0	1 950 €/m² × €/m²

v_i = Verbesserung

d) **Ergebnisse:** Vergleichswert = Verkehrswert = arithmetisches Mittel

$$\text{Verkehrswert} = -KP_i / n = 636 \text{ €/m}^2 / 3 = 212 \text{ €/m}^2$$

Standardabweichung des Mittels $m_x = \sqrt{\dfrac{\sum v_i v_i}{n(n-1)}} = \pm\ 18$ €/m²

Alle Kaufpreise erfüllen die 2-Sigma-Regel; als genaueres Ausschlusskriterium käme noch der statistische Vertrauensbereich in Betracht.

4.3 Bodenrichtwertverfahren nach § 16 Abs. 1 Satz 4 ImmoWertV

4.3.1 Bodenrichtwert

Schrifttum: *Küting/Trappmann/Kessler,* Die Eignung von Bodenrichtwerten zur Ausfüllung der bilanziellen Bewertungsmaßstäbe bei Grundstücken nach HGB und IFRS, DB 2006, 1853; *Loose, D.,* Marktnähe von Bodenrichtwerten in mittleren und unterdurchschnittlichen Lagen, GuG 2009, 216.

▶ *Allgemeines bei § 196 BauGB Rn. 20; § 10 ImmoWertV Rn. 7, 23; § 16 ImmoWertV Rn. 2; Teil VI Rn. 603*

Bodenrichtwerte *(reference land values)* sind **durchschnittliche Lagewerte des Grund und Bodens pro Quadratmeter bebauter oder unbebauter Grundstücksfläche in einem Gebiet mit im Wesentlichen gleichen Lage- und Nutzungsverhältnissen**[80]. **153**

Bodenrichtwerte können unterschieden werden nach

– *allgemeinen* Bodenrichtwerten i. S. des § 196 Abs. 1 Satz 1 bis 3 BauGB,
– *besonderen* Bodenrichtwerten i. S. des § 196 Abs. 1 Satz 7 BauGB sowie
– auf zurückliegende Stichtage bezogenen *für steuerliche Zwecke abgeleiteten Bodenrichtwerten* i. S. des § 196 Abs. 1 Satz 6 und Abs. 2 BauGB.

Bei den **für steuerliche Zwecke abgeleiteten Bodenrichtwerten** handelt es sich um solche, die bezogen **154**

– auf den Hauptfeststellungszeitpunkt der Einheitsbewertung (1.1.1964) bzw.
– auf den Zeitpunkt der Bedarfsbewertung zur Feststellung des Grundbesitzwerts (1.1.1996)

ermittelt werden (vgl. § 10 ImmoWertV Rn. 23).

4.3.2 Zulässigkeit und Bedeutung des Bodenrichtwertverfahrens

4.3.2.1 Allgemeines

▶ *Vgl. Rn. 15, 149; Vorbem. zur ImmoWertV Rn. 50; Syst. Darst. des Ertragswertverfahrens Rn. 124 ff.; § 10 ImmoWertV Rn. 8*

Der **Bodenwert „kann"** nach dem Wortlaut des § 16 Abs. 1 Satz 2 ImmoWertV **„auch auf der Grundlage geeigneter Bodenrichtwerte ermittelt werden"**. Im Unterschied hierzu war in § 13 Abs. 2 Satz 1 WertV 88/98 geregelt, dass zur Ermittlung des Bodenwerts *„neben oder anstelle* von Preisen für Vergleichsgrundstücke" auch geeignete Bodenrichtwerte herangezogen werden können. Diese Formulierung *(„neben oder anstelle")* verwendet die ImmoWertV nur noch im Zusammenhang mit der Heranziehung von Vergleichsfaktoren bebauter Grundstücke in § 16 Abs. 2 ImmoWertV. Darüber hinaus ist nach § 16 Abs. 1 Satz 1 ImmoWertV der Bodenwert der höchstrichterlichen Rechtsprechung folgend (vgl. Rn. 15, 149) „vorrangig" im Wege des Preisvergleichs nach § 15 ImmoWertV unter Heranziehung von Vergleichspreisen abzuleiten. Daraus könnte geschlossen werden, dass das Bodenrichtwertverfahren nur noch ergänzend zu der Heranziehung von Vergleichspreisen („auch") und nicht mehr *„anstelle"* zugelassen sein soll. Dies geht augenscheinlich auf eine unverständliche Forderung der vom federführenden Ministerium eingerichteten Arbeitsgruppe zur Überprüfung des Wertermittlungsrechts zurück, nach der in der Verordnung die Heranziehung von Bodenrichtwerten zur Bodenwertermittlung „nur" noch zugelassen werden sollte, „wenn keine ausreichende Zahl von geeigneten Vergleichspreisen vorliegt" (vgl. Vorbem. zur ImmoWertV Rn. 50 ff.). **155**

---

80 BGH, Urt. vom 17.5.1991 – V ZR 104/90 –, BGHZ 117, 338 = EzGuG 11.183; BFH, Urt. vom 26.9.1980 – III R 21/78 –, BFHE 132, 101 = EzGuG 20.86; BFH, Urt. vom 29.4.1987 – X R 2/80 –, BFHE 150, 453 = EzGuG 19.39b; BFH, Urt. vom 8.9.1994 – IV R 16/94 –, GuG 1995, 313 = EzGuG 19.43; BFH, Urt. vom 21.7.1993 – II R 13/91 –, BFH/NV 1994, 610 = EzGuG 20.147a; BFH, Urt. vom 21.5.1982 – III B 32/81 –; BFHE 136, 141 = EzGuG 20.99; BFH, Urt. vom 26.9.1980 – III R 67/78 –, BFHE 131, 524 = BStBl II 1981, 353 = DB 1981, 1020.

IV Syst. Darst. Vergleichswertverfahren Bodenrichtwertverfahren

156 Die „**Herabstufung**" des Bodenrichtwertverfahrens ist gleich aus mehreren Gründen fachlich abzulehnen und konterkariert die mit dem Erlass der ImmoWertV von der Bundesregierung verfolgten Ziele:

1. Auch wenn der Heranziehung von Vergleichspreisen der Vorrang vor dem Bodenrichtwertverfahren einzuräumen ist[81], stellt das Bodenrichtwertverfahren eine bewährte und in der höchstrichterlichen Rechtsprechung nicht beanstandete Methode der Bodenwertermittlung dar[82]. Nur im älteren Schrifttum wird seine Eignung bezweifelt[83].

2. Mit der Verlagerung der Bundeskompetenz zum Erlass von Vorschriften über die Ableitung von Bodenrichtwerten (§ 199 BauGB in der ab 1.7.2009 geltenden Fassung) und der hierzu in die ImmoWertV aufgenommenen Regelung des § 10 ImmoWertV (Bodenrichtwerte) sollen die Qualität der Bodenrichtwerte und ihre Eignung für die steuerliche Bewertung (§ 179 BewG) gestärkt werden. Wenn Bodenrichtwerte nach bisherigem Recht als Grundlage der Bodenwertermittlung „anstelle von Vergleichspreisen" geeignet waren, sind sie es künftig umso mehr.

3. Bodenrichtwerte weisen als Vergleichsgrundlage im Verhältnis zu den „Vergleichsfaktoren bebauter Grundstücke" eine sehr viel höhere Eignung als Wertermittlungsgrundlage auf, weil sie sich nur auf die Eigenschaften des Grund und Bodens beziehen; die Eignung der „Vergleichsfaktoren bebauter Grundstücke" ist dagegen aufgrund weiterer abweichender Eigenschaften der baulichen Anlage per se weitaus geringer. Es ist von daher fachlich nicht begründbar, die Vergleichsfaktoren *„anstelle"* von Vergleichspreisen und die Bodenrichtwerte lediglich *„auch"* als Wertermittlungsgrundlage zuzulassen.

4. Eine fundierte Verkehrswertermittlung kann sich gerade bei bebauten Grundstücken darauf beschränken, den Bodenwert auf der Grundlage von Bodenrichtwerten anzusetzen. Dies betrifft in erster Linie die Verkehrswertermittlung bebauter Grundstücke im Wege des Ertragswertverfahrens, wenn die bauliche Anlage eine hinreichend lange Restnutzungsdauer aufweist. Selbst gravierende Fehler der Bodenwertermittlung wirken sich dann nur noch im Nachkommabereich aus und die mit einem erheblichen Aufwand verbundene Heranziehung von Vergleichspreisen ist fachlich nicht geboten (vgl. *Beispiel* bei § 16 ImmoWertV Rn. 244). Die Praxis sieht in diesen Fällen auch von der Heranziehung von Vergleichspreisen aus guten Gründen ab. Dies würde im Ergebnis zu einer unnötigen „Verbürokratisierung" und „Verteuerung" der Gutachtenerstattung führen, was den erklärten Zielsetzungen der Bundesregierung, nämlich einer Verwaltungsvereinfachung, zuwiderliefe (vgl. Vorbem. zur ImmoWertV Rn. 13; Syst. Darst. des Ertragswertverfahrens Rn. 66, 72, 86, 288; § 8 ImmoWertV Rn. 384).

157 Bei **Anwendung des Ertragswertverfahrens** können Bodenrichtwerte bedenkenfrei herangezogen werden, wenn die Bebauung eine lange Restnutzungsdauer aufweist und keine selbstständig nutzbaren Teilflächen i. S. des § 17 Abs. 2 Satz 2 ImmoWertV gesondert zu berücksichtigen sind.

158 Die Notwendigkeit, bei Heranziehung von Bodenrichtwerten auf originäre Vergleichspreise zurückzugreifen, stellt sich vor allem dann, wenn **Zweifel an der Stimmigkeit der Bodenrichtwerte** aufkommen müssen[84]. Der sich aus § 195 Abs. 3 BauGB ergebende Rechtsanspruch auf Auskunft aus der Kaufpreissammlung besteht bei alledem generell und nicht erst bei aufkommenden Zweifeln. Etwas anderes kann allenfalls dann gelten, wenn nach den

---

81 Der BGH hat im Urt. vom 17.5.1991 – V ZR 104/90 –, BGHZ 117, 338 = EzGuG 11.183 ein zum Zwecke der Ausübung eines Ankaufsrechts erstattetes Schiedsgutachten, in dem der Verkehrswert eines unbebauten Grundstücks ohne Berücksichtigung der Vergleichspreise aus der unmittelbaren Nachbarschaft des Kaufgrundstücks ermittelt wurde, als lückenhaft und deswegen grundsätzlich unrichtig bezeichnet.
82 BGH, Urt. vom 4.3.1982 – III ZR 156/80 –, BRS Bd. 45 Nr. 18 = EzGuG 11.127; BGH, Urt. vom 10.3.1977 – III ZR 195/74 –, BRS Bd. 34 Nr. 139 = EzGuG 18.72; BFH, Urt. vom 15.1.1985 – IX R 81/83 –, BFHE 143, 61 = EzGuG 20.109; a. A. RFH, Urt. vom 28.4.1938 – III 345/37 –, RStBl. 1938, 716.
83 Brachmann in AVN 1967, 478; Meissner in AVN 1967, 535; Hintzsche in AVN 1968, 111; Glaser in AVN 1969, 456; Frisch in AVN 1970, 445.
84 Zu den Zweifeln vgl. Rechtsprechung des OLG Düsseldorf in Bezug auf Kostenrecht: OLG Düsseldorf, Beschl. vom 2.6.1971 – 10 W 37/71 –, Rpfleger 1971, 372 = DNotZ 1972, 442 = JVBl. 1971, 190 = EzGuG 20.49b.

Umständen des Einzelfalls der Bodenrichtwert in erkennbarer Weise vertrauenswürdig ist und etwaige Schätzungsungenauigkeiten ohne Bedeutung sind. Dies kann bei Anwendung des Ertragswertverfahrens der Fall sein, denn bei Anwendung dieses Verfahrens schlagen Ungenauigkeiten der Bodenwertermittlung bei langer Restnutzungsdauer des Gebäudes nur marginal auf das Ergebnis durch.

4.3.2.2 Geeignete Bodenrichtwerte nach ImmoWertV

▶ *Vgl. § 10 ImmoWertV Rn. 13; § 16 ImmoWertV*

Voraussetzung für die Heranziehung von Bodenrichtwerten zur Wertermittlung ist ihre Eignung (vgl. § 16 Abs. 1 Satz 3 ImmoWertV). Eine Eignung ist gegeben, wenn die Merkmale des zugrunde gelegten Bodenrichtwertgrundstücks hinreichend mit den Grundstücksmerkmalen des zu bewertenden Grundstücks übereinstimmen. Darüber kann nur befunden werden, wenn die Bodenrichtwerte 159

a) entsprechend den örtlichen Verhältnissen *hinreichend gegliedert* sind, und zwar nach

- Lage und
- Entwicklungszustand, und

b) *hinreichend bestimmt* sind, und zwar nach

- Art und Maß der baulichen Nutzung,
- Erschließungszustand sowie
- der jeweils vorherrschenden Grundstücksgestalt (vgl. § 10 ImmoWertV).

Die von den Gutachterausschüssen nach § 193 Abs. 5 Satz 1 BauGB zu ermittelnden und nach § 196 Abs. 3 BauGB zu veröffentlichenden Bodenrichtwerte weisen diese Voraussetzungen nicht allerorts auf. Bei alledem sind Zweifel aufgekommen, ob die nach § 196 BauGB flächendeckend für das gesamte Bundesgebiet abzuleitenden Bodenrichtwerte (für Bauland) tatsächlich für die Bodenwertermittlung allerorts geeignet sind[85]. Generell ist festzustellen, dass die **Eignung von Bodenrichtwerten für Wertermittlungen umso besser ist, je dichter die Bodenrichtwerte** abgeleitet worden sind und je konkreter die Eigenschaften der dem Bodenrichtwert zuzuordnenden Grundstücke bei der Ableitung berücksichtigt und in der Veröffentlichung angegeben worden sind. Vielfach beschränkt sich allerdings die Bodenrichtwertableitung auf wenige und dann auch noch unpräzisierte Angaben. Beispielsweise ist die Heranziehung von **Bodenrichtwerten für „ortsüblich erschlossene Grundstücke"** in der Rechtsprechung auf Kritik gestoßen, da § 196 Abs. 1 Satz 1 BauGB für baureifes Land nur die Veröffentlichung von erschließungsbeitragsfreien (ebf) oder erschließungsbeitragspflichtigen (ebpf) Bodenrichtwerten vorsehe und aus diesen Angaben eine eventuelle Erschließungsbeitragspflichtigkeit nicht eindeutig hervorgehe[86]. 160

Grundsätzlich ist der Bodenrichtwertermittlung dabei das Maß der baulichen Nutzung zugrunde zu legen, das sich für das Bodenrichtwertgrundstück nach Maßgabe des § 6 Abs. 1 ImmoWertV ergibt. Nach dieser Vorschrift ist **das nach den bauplanungsrechtlichen Bestimmungen der §§ 30, 33 und 34 BauGB unter Berücksichtigung sonstiger die Nutzbarkeit betreffender Vorschriften höchstzulässige Maß der baulichen Nutzung** maßgebend, es sei denn, im gewöhnlichen Geschäftsverkehr wird am Wertermittlungsstichtag üblicherweise ein davon abweichendes Maß der baulichen Nutzung zugrunde gelegt. 161

Angewandt auf die Bodenrichtwertermittlung bedeutet dies, dass in diesen Fällen **der Bodenrichtwertermittlung das am Bezugsstichtag der Bodenrichtwertermittlung lageübliche Maß der baulichen Nutzung zugrunde zu legen ist,** denn in diesen Fällen orientieren sich die Kaufpreise, aus denen der Bodenrichtwert abgeleitet wird, am lagetypischen Maß der bau- 162

---

85 Vgl. hierzu Umfrage des Deutschen Landkreistages in GuG 2000, 164.
86 OVG Bautzen, Urt. vom 13.3.2000 – f 7 D 57/98 –, GuG 2001, 59 = EzGuG 4.174; OVG Magdeburg, Urt. vom 4.2.1999 – C 8 S 4/98 –, RdL 1999, 214.

lichen Nutzung. Es kann dabei auch nicht ausgeschlossen werden, dass das in der Vergangenheit tatsächlich realisierte Maß der baulichen Nutzung im Einzelfall von dem abweicht, was im Neubaufall am Wertermittlungsstichtag lageüblich wäre.

4.3.2.3 Berücksichtigung von Bodenrichtwerten vergleichbarer Gebiete und von Abweichungen nach § 16 Abs. 1 Satz 4 ImmoWertV

163 Bei Heranziehung von Bodenrichtwerten finden nach Satz 4 die **Grundsätze entsprechend Anwendung, die** auch **bei Heranziehung von Vergleichspreisen** nach § 15 Abs. 1 Satz 3 und 4 **gelten**. Auf die entsprechenden Erläuterungen unter Rn. 174 ff. wird verwiesen.

164 In entsprechender Anwendung der Regelung des § 15 Abs. 1 Satz 3 können auch **Bodenrichtwerte anderer Bodenrichtwertzonen** herangezogen werden, wenn der Bodenrichtwert der Bodenrichtwertzone, in der ein zu bewertendes Grundstück gelegen ist, nicht geeignet ist. Dies kann in Betracht kommen, wenn die Merkmale dieses Bodenrichtwertgrundstücks nicht hinreichend mit den Grundstücksmerkmalen des zu bewertenden Grundstücks übereinstimmen, insbesondere wenn das zu bewertende Grundstück singuläre von den durchschnittlichen Lage- und Nutzungsverhältnissen einer Bodenrichtwertzone erheblich abweichende Eigenschaften aufweist oder im Randbereich einer Bodenrichtwertzone gelegen ist.

165 In entsprechender Anwendung der Regelung des § 15 Abs. 1 Satz 4 ImmoWertV sind

– *Änderungen der allgemeinen Wertverhältnisse auf dem Grundstücksmarkt (§ 3 Abs. 2 ImmoWertV)* oder

– *Abweichungen einzelner Grundstücksmerkmale von denen des zu bewertenden Grundstücks*

i. d. R. auf der Grundlage von Indexreihen oder Umrechnungskoeffizienten zu berücksichtigen. Auch im Falle der Heranziehung von Bodenrichtwerten „sind" damit regelmäßig die von den Gutachterausschüssen für Grundstückswerte nach Maßgabe der §§ 9 ff. abgeleiteten „zur Wertermittlung erforderlichen Daten" heranzuziehen.

4.4 Bodenrichtwerte in der steuerlichen Bewertung

Schrifttum: *Blum/Weiß,* Die steuerliche Aufteilung der Anschaffungskosten von Grundstücken, GuG 2007, 257; *Debus/Helbach,* Ist der Bodenwertansatz beim Verkauf bei bebauten Objekten von Bedeutung, GuG 2012, 65; *Moll-Amrein/Schaper,* Ermittlung des Gebäudewertanteils von Renditeobjekten in Gebieten mit hohem Bodenpreisniveau, GuG 2013, 257.

▶ *Vgl. Rn. 15; zum Bodenrichtwertverfahren vgl. § 10 ImmoWertV Rn. 33 ff.; zu baufälligen Gebäuden vgl. § 16 ImmoWertV Rn. 88, 129; zu Gebäuden im Zustand der Bebauung vgl. § 8 ImmoWertV Rn. 148*

166 Im Rahmen der steuerlichen Bewertung findet das Vergleichswertverfahren unter Anwendung von Bodenrichtwerten Anwendung

1. bei der **Ermittlung des Einheitswerts von unbebauten Grundstücken** nach den Richtlinien für die Bewertung des Grundvermögens (BewR Gr); der Einheitswert wird dabei unter Heranziehung der von den Finanzämtern für jede Gemeinde angelegten (Boden-) Richtwertkarten ermittelt; in diesen Karten sind die auf den Quadratmeter Grundstücksfläche bezogenen Durchschnittspreise für Bauerwartungsland, Rohbauland, baureifes Land, Industrieland, Land für Verkehrszwecke sowie Freiflächen nach den allgemeinen Wertverhältnissen zum 1.1.1964 ausgewiesen;

   Der Einheitswert des Grund und Bodens ist aus den Durchschnittspreisen gemäß Ziff. A 7 ff. BewR Gr unter Berücksichtigung von Besonderheiten und Abweichungen (Vorder- und Hinterland, besondere Lage (Eckgrundstück), der Größe, dem Zuschnitt, der Oberflächenbeschaffenheit und dem Baugrund abzuleiten und um den Wert der Außenanlagen gemäß Ziff. A 45 BewR Gr zu erhöhen. Das Ergebnis ist auf volle 100 DM (umgerechnet auf EUR) abzurunden.

2. bei der **Ermittlung des Grundbesitzwerts von unbebauten Grundstücken** (vgl. § 8 ImmoWertV Rn. 47) **für Zwecke der Grunderwerbsteuer** nach § 145 Abs. 3 BewG.

Der Grundbesitzwert des Grund und Bodens bestimmt sich aus dem Produkt der Grundstücksfläche in m² und dem Bodenrichtwert (pro m²), abzüglich eines Abschlags von 20 % und auf volle 500 EUR abgerundet.

3. bei der **Ermittlung des Grundbesitzwerts von unbebauten Grundstücken** (vgl. § 8 ImmoWertV Rn. 47) **für Zwecke der Erbschaft- und Schenkungsteuer** nach § 179 BewG i. V. m. Abschn. 5 bis 7 der Ländererlasse.

Unbebaute Grundstücke (§ 182 Abs. 1 BewG) sind nach § 179 BewG Grundstücke, auf denen sich keine benutzbaren Gebäude[87] befinden (vgl. §§ 72 und 145 Abs. 1 und 2 BewG).

Der Grundbesitzwert des Grund und Boden bestimmt sich aus dem Produkt der Grundstücksfläche in m² und dem Bodenrichtwert (pro m²), wobei die Bodenrichtwerte von dem einschlägigen Gutachterausschuss gemäß § 196 BauGB ermittelt und dem Finanzamt mitgeteilt worden sein müssen. Es ist jeweils der aktuelle Bodenrichtwert anzusetzen, der nach den Gegebenheiten des Grundstücks anzupassen ist (GFZ, Vorder- und Hinterland usw.). Lässt sich kein Bodenwert ermitteln, ist er aus geeigneten Vergleichspreisen abzuleiten.

„**§ 179 BewG** Bewertung der unbebauten Grundstücke

Der Wert unbebauter Grundstücke bestimmt sich regelmäßig nach ihrer Fläche und den Bodenrichtwerten (§ 196 des Baugesetzbuchs). Die Bodenrichtwerte sind von den Gutachterausschüssen nach dem Baugesetzbuch zu ermitteln und den Finanzämtern mitzuteilen. *Bei der Wertermittlung ist stets der Bodenrichtwert anzusetzen, der vom Gutachterausschuss zuletzt ermittelt war.* Wird von den Gutachterausschüssen kein Bodenrichtwert ermittelt, ist der Bodenwert aus den Werten vergleichbarer Flächen abzuleiten."

Der **zuletzt vom Gutachterausschuss festgestellte Bodenrichtwert** ist auch maßgebend, wenn der Gutachterausschuss Bodenrichtwerte im zweijährigen Turnus sowie bei Ermittlung des Grundbesitzwerts unter Anwendung des Ertrags- und Sachwertverfahrens ermittelt hat[88].

167

Entgegen dem Wortlaut des § 179 BewG ist bei der Grundbesitzbewertung nicht unmittelbar der Bodenrichtwert anzusetzen. Der Bodenrichtwert ist lediglich Ausgangspunkt für die erbschaftsteuerliche Bewertung. Das Nähere ist in den Erbschaftsteuer-Richtlinien 2011 (ErbStR 2011)[89], den Hinweisen zu den Erbschaftsteuer-Richtlinien 2011 (ErbStH 2011)[90] und in dem gleichlautenden **Erlass der obersten Finanzbehörden der Länder zur Umsetzung des Gesetzes zur Reform des Erbschaftsteuer- und Bewertungsrechts** vom 5.5.2009 unter Berücksichtigung der Rechtsprechung des BFH[91] geregelt (Abb. 4).

168

---

[87] Vgl. zum Gebäudebegriff: Gleichlautende Ländererlasse vom 15.3.2006 (BStBl I 2006, 314), 159 (1). Die **Benutzbarkeit** beginnt im Zeitpunkt der Bezugsfertigkeit, d.h. wenn den zukünftigen Bewohnern bzw. Nutzern die Nutzung zugemutet werden kann. Die Abnahme durch die Bauaufsichtsbehörde ist nicht erforderlich.

[88] Vgl. zu alledem ErbStR und ErbStH 2011 vom 19.12.2011 zu § 179 BewG (GuG 2012/3). Es kommt im Übrigen nach den ErbStR 2011 nicht darauf an, wann der Gutachterausschuss den Bodenrichtwert tatsächlich ermittelt und dem Finanzamt mitgeteilt hat. Vom Gutachterausschuss veröffentlichte Bodenpreisindexreihen, die aus Kauffällen des Grundstücksmarktes abgeleitet wurden, sind als Bestandteil der Bodenrichtwerte zu berücksichtigen.

[89] Erbschaftsteuer-Richtlinien (ErbStR 2011) vom 19.12.2011 (BStBl Sondernr. 1/2011 S. 2 = GuG 2012/3).

[90] Hinweise zu den Erbschaftsteuer-Richtlinien (ErbStH 2011) vom 19.12.2011 (BStBl Sondernr. 1/2011 S. 117 = GuG 2012/3).

[91] Vgl. GuG 2009, 225 ff.; Die Grundsätze sind vom BFH in drei Grundsatzentscheidungen entwickelt worden: **Erschließungsbeitragsrechtlicher Zustand des Grundstücks** (BFH, Urt. vom 18.8.2005 – II R 62/03 –, BStBl II 2006, 5 = EzGuG 4.195b); **Umrechnungskoeffizienten für Geschossflächenzahl** (BFH, Urt. vom 12.7.2006 – II R 1/04 –, GuG 2008, 249 = EzGuG 4.197a = BStBl II 2006, 742); **Umrechnungskoeffizienten für Grundstücksgröße** (BFH, Urt. vom 11.5.2005 – II R 21/02 –, GuG 2005, 376 = BStBl II 2005, 686 = EzGuG 4.195).

IV Syst. Darst. Vergleichswertverfahren Bodenrichtwertverfahren

Abb. 4: Bodenrichtwertverfahren in der steuerlichen Bewertung

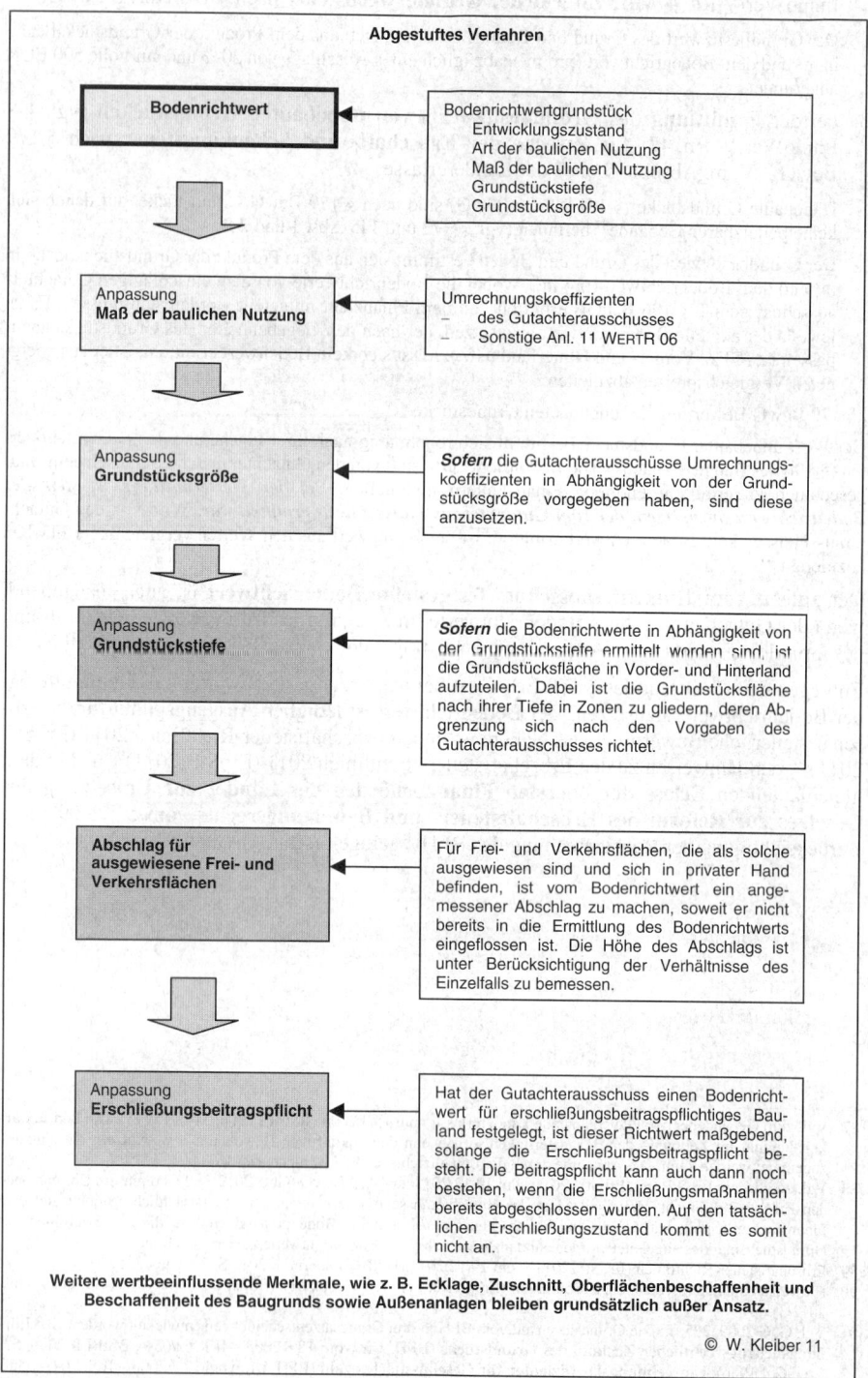

Bodenrichtwertverfahren Syst. Darst. Vergleichswertverfahren IV

Abweichungen der Grundstücksmerkmale des zu bewertenden Grundstücks von den zum Bodenrichtwertgrundstück angegebenen Grundstücksmerkmalen sind „grundsätzlich nach den Vorgaben des Gutachterausschusses zu berücksichtigen" (ErbStR und ErbStH 2011 zu § 179): **169**

- Wird zu dem Bodenrichtwert eine **Geschossflächenzahl (GFZ)** bzw. wertrelevante Geschossflächenzahl (WGFZ) i. S. der Ziff. 6 Abs. 6 der Bodenrichtwertrichtlinie – BRW-RL (vgl. § 10 ImmoWertV Rn. 74) angegeben, ist bei Grundstücken, deren GFZ von der des Bodenrichtwertgrundstücks abweicht, der Bodenwert mittels der vom Gutachterausschuss dem Finanzamt mitgeteilten Umrechnungskoeffizienten umzurechnen.

- Sofern die Gutachterausschüsse Umrechnungskoeffizienten in Abhängigkeit von der **Grundstücksgröße** vorgegeben haben, sind diese anzusetzen. Sind die Bodenrichtwerte in Abhängigkeit von der **Grundstückstiefe** ermittelt worden, ist die Grundstücksfläche aufzuteilen; dabei ist die Grundstücksfläche nach ihrer Tiefe in Zonen zu gliedern, deren Abgrenzung sich nach den Vorgaben des Gutachterausschusses richtet. Bei der Berücksichtigung der **Grundstücksgröße und der Grundstückstiefe** muss eine Doppelberücksichtigung vermieden werden.

- Hat der Gutachterausschuss einen **Bodenrichtwert für erschließungsbeitragspflichtiges (ebpf) baureifes Land** festgelegt, ist dieser Bodenrichtwert maßgebend, solange die Erschließungsbeitragspflicht besteht, jedoch sind erschließungsbeitragspflichtige Grundstücke zunächst auf einen erschließungsbeitragsfreien Zustand umzurechnen, wenn zur Berücksichtigung einer abweichenden GFZ, Grundstücksgröße und -tiefe die vom Gutachterausschuss mitgeteilten Umrechnungskoeffizienten aus erschließungsbeitragsfreien Grundstücken abgeleitet worden sind. Die Höhe der Erschließungsbeiträge, insbesondere für Kanalanlagen und Straßenausbau, sind nach den Vorgaben des Gutachterausschusses zu berücksichtigen.

- Für **Frei- und Verkehrsflächen**, die als solche ausgewiesen sind, ist vom Bodenrichtwert ein angemessener Abschlag zu machen, soweit er nicht bereits in die Ermittlung des Bodenrichtwerts eingeflossen ist. Die Höhe des Abschlags ist unter Berücksichtigung der Verhältnisse des Einzelfalls zu bemessen.

Weitere wertbeeinflussende Grundstücksmerkmale, wie z. B. Ecklage, Zuschnitt, Oberflächenbeschaffenheit und Beschaffenheit des Baugrunds, Lärm-, Staub- oder Geruchsbelastungen, Altlasten sowie Außenanlagen, sollen im Übrigen unberücksichtigt bleiben (vgl. 179.2 Abs. 8 ErbStR und ErbStH 2011). **170**

Hat der Gutachterausschuss keinen Bodenrichtwert nach § 196 BauGB ermittelt, ist der Bodenwert pro m² aus den Bodenrichtwerten vergleichbarer Flächen abzuleiten; bei Bedarf ist der Gutachterausschuss um Auskunft zu ersuchen. Für **Bauerwartungsland** und **Rohbauland** gelten in diesen Fällen aus Vereinfachungsgründen regelmäßig folgende Wertansätze: **171**

1. Bauerwartungsland   25 %,
2. Bruttorohbauland   50 % und
3. Nettorohbauland   75 %

des Bodenrichtwerts für vergleichbares erschließungsbeitragsfreies Bauland, sofern hierzu keine Angaben der Gutachterausschüsse vorliegen[92].

4.5 Beleihungswertermittlung

▶ *Vgl. § 5 ImmoWertV Rn. 89; § 16 ImmoWertV Rn. 233; Teil IX, § 15 BelWert Rn. 305*

Die BelWertV hat keine verfahrensübergreifende Vorschrift für die Ermittlung des Bodenwerts. Im Rahmen der Regelungen des Sachwertverfahrens (§§ 14 ff. BelWertV) werden **172**

---
92 Vgl. 179.3 Abs. 2 ErbStR und ErbStH 2011.

jedoch Hinweise gegeben, nach denen der Bodenwert nach den Regelungen der ImmoWertV zu ermitteln ist unter Berücksichtigung

1. der örtlichen Lage, der Größe und des Zuschnitts des Grundstücks,
2. der Art und des Maßes der baurechtlich festgesetzten Nutzungsmöglichkeiten und die tatsächliche Nutzung,
3. der Art und Beschaffenheit der Zuwegungen,
4. der wichtigsten wirtschaftlichen und verkehrstechnischen Verbindungen,
5. der Anschlussmöglichkeiten an Versorgungsleitungen und Kanalisation,
6. der noch anfallenden Erschließungsbeiträge und
7. vorhandener (Boden-)Richtwerte und Vergleichspreise.

Die Vorschrift lässt offen, wie der Bodenwert zu ermitteln ist, wenn ein Unterschied zwischen den „baurechtlich festgesetzten Nutzungsmöglichkeiten und der tatsächlichen Nutzung" besteht und berücksichtigt auch nicht den Fall eines Unterschiedes zwischen der lagetypischen Nutzung und der tatsächlichen Nutzung. Mit § 15 Abs. 2 BelWertV wird lediglich vorgegeben, dass **bei der Ermittlung des Bodenwerts keine höherwertige Nutzung als die zulässige Nutzung** zugrunde gelegt werden darf. Bei einer Unterschreitung können die in der Verkehrswertermittlung geltenden Grundsätze zur Anwendung kommen.

4.6 KostO

173 Die **Heranziehung von Bodenrichtwerten zur Ermittlung des Geschäftswerts i. S. der KostO** ist in der Rechtsprechung dem Grunde nach überwiegend als zulässig befunden worden.

Im Rahmen der Rechtsprechung zur KostO (Ermittlung von Gegenstandswerten) **ist anerkannt, vom** herangezogenen **Bodenrichtwert einen Sicherheitsabschlag von rd. 25 % vorzunehmen.** Dies entspricht der ständigen Entscheidungspraxis insbesondere des KG, das sich auf eine 1973 eingeholte Untersuchung beruft, nach der „die zu den Richtwerten zusammengefassten Bodenpreise eine Schwankungsbreite von 10 % bis zu 30 % unterhalb der Richtwerte" zeigen, „wobei das Hauptgewicht der Schwankungsbreite bei 20 % lag"[93].

---

93 KG, Urt. vom 24.10.1997 – 25 W 5064/96 –, GuG-aktuell 1999, 47 (LS) = EzGuG 14.130; KG, Beschl. vom 31.1.1995 – 19 W 6272/95 –, AnwBl. 1995, 416; KG, Beschl. vom 26.10.1994 – 1 W 5012/94 –, DNotZ 1996, 790 = EzGuG18.116a; OLG München, Urt. vom 5.1.1995 – 3 Z BR 291/94 –, JurBüro 1995, 432 = EzGuG 19.44; KG, Beschl. vom 8.3.1994 – 1 W 6606/94 –, KGR 1994, 96 = EzGuG 7.120a; OLG Köln, Urt. vom 15.1.1984 – 23 Wlw 21/83 –, EzGuG 20.104b: 25 %; KG, Beschl. vom 9.10.1973 – 1 W 507/72 –, DNotZ 1974, 486 = EzGuG 20.55a; OLG München, Beschl. vom 22.7.1971 – 2 Z 88/70 –, EzGuG 11.81; OLG München, Beschl. vom 13.9.1972 – BReg 3 Z 40/70 –, BayObLGZ 72, 297 = Rpfleger 1972, 464 = MittByNot 1972, 311 = JurBüro 1972, 1097 = EzGuG 11.84d: 25 %; KG, Beschl. vom 1.2.1972 – 1 W 12213/70 –, JVBl. 1972, 138 = Rpfleger 1972, 185 = DNotZ 1972, 624; OLG München, Urt. vom 22.7.1971 – BReg 2 Z 88/70 –, EzGuG 11.81; OLG Karlsruhe, Beschl. vom 6.7.1971 – 11 W 66/71 –, Rpfleger 1971, 371 = EzGuG 11.79a; OLG Düsseldorf, Beschl. vom 2.6.1971 – 10 W 37/71 –, Rpfleger 1971, 372 = DNotZ 1972, 442 = JVBl. 1971, 190; OLG Hamm, Beschl. vom 7.1.1971 – 15 W 441/70 –, JurBüro 1971, 346; LG München I, Beschl. vom 30.1.1970 – 16 T 40/69 –, Rpfleger 1970, 218 = EzGuG 19.20b; AG Göttingen, Beschl. vom 11.2.1970 – 9 IV 165/22 –, Rpfleger 1970, 256 = EzGuG 11.70e; a. A., Schalhorn in JurBüro 1970, 723; Weweder in Rohs/Weweder, KostO 2. Aufl. § 19 Erl. Ia S. 254; Lauterbach, KostenG, 16. Aufl. § 19 KostO Rn. 3 B.

5 Berücksichtigung von abweichenden Grundstücksmerkmalen

5.1 Allgemeines

Die den zum Preisvergleich herangezogenen Kaufpreisen (Vergleichspreise), Bodenrichtwerten sowie Vergleichsfaktoren bebauter Grundstücke zugrunde liegenden Grundstücke werden nur selten in ihren Grundstücksmerkmalen mit den Eigenschaften des zu bewertenden Grundstücks übereinstimmen. Die Abweichungen stehen ihrer Heranziehung zum Preisvergleich gleichwohl nicht grundsätzlich entgegen. Prinzipiell lässt sich fast alles – selbst „Äpfel mit Birnen" – miteinander vergleichen. Es geht jeweils um die angemessene Berücksichtigung der Abweichungen, um einen sachgerechten Vergleich zu ermöglichen *(adjustment)*[94]. 174

Neben den qualitativen Unterschieden müssen allerdings auch noch Abweichungen aufgrund von **Änderungen in den allgemeinen Wertverhältnissen** berücksichtigt werden, denn der Bezugsstichtag der zum Preisvergleich herangezogenen Kaufpreise (Vergleichspreise), Bodenrichtwerte sowie Vergleichsfaktoren bebauter Grundstücke wird kaum jemals mit dem Wertermittlungsstichtag übereinstimmen, sodass Änderungen in den allgemeinen Wertverhältnissen ebenfalls berücksichtigt werden müssen. Zum Preisvergleich herangezogene Kaufpreise (Vergleichspreise), die häufig vor mehreren Jahren ausgehandelt wurden, müssen dann beispielsweise auf die allgemeinen Wertverhältnisse des Wertermittlungsstichtags umgerechnet werden. 175

§ 15 Abs. 1 Satz 4 ImmoWertV bestimmt analog zu § 8 Abs. 2 ImmoWertV die **Reihenfolge des intertemporären und interqualitativen Preisvergleichs:** 176

- An erster Stelle wird die Berücksichtigung von *Abweichungen der allgemeinen Wertverhältnisse auf dem Grundstücksmarkt* mittels der von den Gutachterausschüssen abgeleiteten Indexreihen genannt (intertemporärer Preisabgleich). Die vorgegebene Reihenfolge ist für das Ergebnis von Bedeutung, insbesondere wenn qualitative Abweichungen der Grundstücksmerkmale mit Zu- oder Abschlägen zum herangezogenen Kaufpreis, Bodenrichtwert, Ertrags- oder Gebäudefaktor berücksichtigt werden (vgl. Rn. 185).

- Die hieran anschließende Berücksichtigung von *Abweichungen der qualitativen Grundstücksmerkmale* (qualitativer Preisabgleich) soll „in der Regel" auf der Grundlage von Umrechnungskoeffizienten vorgenommen werden, wobei der Regel nur genügt werden kann, wenn solche auch tatsächlich zur Verfügung stehen.

Darüber hinaus regelt die Vorschrift, welche Methode zur Berücksichtigung der genannten Abweichungen vorrangig zur Anwendung kommen soll, und nennt namentlich die Anwendung von Indexreihen und Umrechnungskoeffizienten.

Soweit es um die **Ermittlung des Bodenwerts bebauter Grundstücke** geht, kann es geboten sein, die Berücksichtigung von (bodenwertbezogenen) Abweichungen des zu bewertenden Grund und Bodens von den qualitativen Grundstücksmerkmalen der herangezogenen Vergleichsgrundstücke bzw. des dem herangezogenen Bodenrichtwert zugrunde liegenden Bodenrichtwertgrundstücks im verfahrenstechnischen Ablauf der Wertermittlung zunächst zurückzustellen und erst nach Maßgabe des § 8 Abs. 3 ImmoWertV zu berücksichtigen. § 8 Abs. 3 ImmoWertV führt als besondere objektspezifische Grundstücksmerkmale zwar ausdrücklich nur solche auf, die die *Bebauung eines Grundstücks* betreffen, jedoch können nach dem Grundgedanken, der dem § 8 Abs. 2 und 3 ImmoWertV zugrunde liegt, auch *besondere* und möglicherweise sogar allgemeine *bodenbezogene Grundstücksmerkmale* darunterfallen. Dies betrifft insbesondere die Verkehrswertermittlung unter Anwendung des Sachwertverfahrens. Die mit § 8 Abs. 2 ImmoWertV vorgeschriebene Reihenfolge ist nämlich in dem

---

[94] Entspricht IAS 40 § 40b.

IV Syst. Darst. Vergleichswertverfahren Abw. Grundstücksmerk.

Grundsatz der Modellkonformität des jeweils angewandten Wertermittlungsverfahrens begründet (vgl. Vorbem. zur ImmoWertV Rn. 36). Ist nämlich

- der nach § 20 ImmoWertV heranzuziehende Liegenschaftszinssatz nach § 14 Abs. 2 ImmoWertV bzw.
- der nach § 21 Abs. 1 i. V. m. § 14 Abs. 2 Nr. 1 ImmoWertV heranzuziehende Sachwertfaktor

lediglich auf der **Grundlage von Bodenrichtwerten** abgeleitet worden, so empfiehlt es sich, den vorläufigen Ertrags- bzw. Sachwert (vgl. Syst. Darst. des Sachwertverfahrens Rn. 22, 232 ff.) auch nur auf der Grundlage des auf den Wertermittlungsstichtags bezogenen Bodenrichtwerts zu ermitteln und die besonderen bodenbezogenen Merkmale des zu bewertenden Grundstücks erst im Anschluss daran nach Maßgabe des § 8 Abs. 3 ImmoWertV zu berücksichtigen.

Entsprechendes gilt auch dann, wenn der **Grund und Boden des zu bewertenden Grundstücks** besondere (außergewöhnliche) Grundstücksmerkmale aufweist, die erheblich von den Eigenschaften der Referenzgrundstücke abweichen, auf die sich die herangezogenen Liegenschaftszinssätze bzw. Sachwertfaktoren beziehen. Auch in diesem Falle kann es geboten sein, die besonderen objektspezifischen Grundstücksmerkmale des Grund und Bodens erst nachträglich zu berücksichtigen.

177 Wenn in der Rechtsprechung immer wieder betont wurde, dass der Verkehrswert keine mathematisch errechenbare Größe ist, so ist dies im besonderen Maße auch darin begründet, dass **Abweichungen in den Zustandsmerkmalen** häufig **nicht mathematisch exakt erfassbar** sind. Die ImmoWertV ist gleichwohl darauf angelegt, die **Berücksichtigung von Abweichungen** in den Zustandsmerkmalen dadurch **auf fundierte Grundlagen** zu stellen, dass sie

- den **Gutachterausschüssen für Grundstückswerte** vorschreibt, die dafür erforderlichen Umrechnungskoeffizienten und Indexreihen i. S. der §§ 11 f. ImmoWertV **abzuleiten**, und
- dem Sachverständigen mit diesen Vorschriften (Soll-Vorschrift) zugleich aufgibt, die Umrechnungskoeffizienten und Indexreihen zur Berücksichtigung von Abweichungen im konkreten Bewertungsfall **anzuwenden.**

Wenn dies nicht möglich ist, können Abweichungen nach Maßgabe des § 9 Abs. 2 ImmoWertV durch

1. „Zu- und Abschläge" oder
2. in „anderer geeigneter Weise"

berücksichtigt werden.

178 Wo letztlich keinerlei heranziehbare Umrechnungskoeffizienten zur Verfügung stehen, muss man schließlich auf **allgemeine Erfahrungssätze** zurückgreifen und verbleibende Unterschiede in den wertbeeinflussenden Merkmalen zwischen den Vergleichsobjekten und dem zu bewertenden Grundstück durch Zu- oder Abschläge berücksichtigen.

179 Mit **angemessenen**[95] **Zu- und Abschlägen** können insbesondere Unterschiede bezüglich der besonderen Lageverhältnisse (innere und äußere Verkehrslage, Gesellschafts-, Geschäfts- und Wohnlage), der Nutzbarkeit, der Grundstücksgröße, der Grundstückstiefe und des Grundstückszuschnitts, der Bodenbeschaffenheit, des Erschließungs- und Entwicklungszustands, der Umwelteinflüsse sowie ggf. bezüglich Bau- und Nutzungsbeschränkungen berücksichtigt werden. Auf jeden Fall sollten die Zu- und Abschläge begründbar sein. Sich dabei nur auf seine Erfahrung zu berufen, stellt allerdings eine eher „hilflose Methode" dar.

180 Neben dem Rückgriff auf Erfahrungswerte zur Berücksichtigung bestehender Abweichungen der Vergleichsgrundstücke von dem zu bewertenden Grundstück besteht die einfachste Form

---

95 Die Zu- und Abschläge müssen „angemessen" sein, obwohl die Vorschrift im Unterschied zum früheren Recht (§ 6 WertV 72) dies nicht ausdrücklich hervorhebt.

Abw. Grundstücksmerk. Syst. Darst. Vergleichswertverfahren IV

der Umrechnung von Vergleichspreisen auf die wertbeeinflussenden Merkmale des Wertermittlungsgrundstücks darin, dass man das maßgebliche **wertbeeinflussende Merkmal,** in dem sich die Grundstücke unterscheiden, mit plausiblen Kenngrößen (Passantenfrequenz, Flächenproduktivität usw.) wertmäßig **ins Verhältnis setzt** und hieraus den gesuchten Wert des zu bewertenden Grundstücks ableitet:

Gesucht: Bodenwert/-preis des Wertermittlungsobjekts mit dem wertbeeinflussenden Merkmal A (gegeben) **181**

Gegeben: Bodenpreis eines Vergleichsgrundstücks mit dem wertbeeinflussenden Merkmal B (messbar)

Dann ist:

$$\frac{\text{Bodenpreis}_{\text{Merkmal A}}}{\text{Bodenpreis}_{\text{Merkmal B}}} = \frac{\text{Merkmal A}}{\text{Merkmal B}}$$

Umgeformt:

$$\text{Bodenpreis}_{\text{Merkmal A}} = \text{Bodenpreis}_{\text{Merkmal B}} \times \frac{\text{Merkmal A}}{\text{Merkmal B}}$$

Beispiel: **182**

- Es liegt ein Kaufpreis in Höhe von 300 €/m^2 aus einem innerstädtischen Mischgebiet (bevorzugte Einkaufslage) vor. Das Vergleichsgrundstück hat eine Flächenproduktivität von 8 000 €/m^2 Verkaufsfläche. Die Nachbargrundstücke sind ähnlich geprägt.
- Gesucht ist der Bodenwert eines ebenfalls im innerstädtischen Mischgebiet gelegenen Grundstücks. Die Lage ist durch eine geringere Flächenproduktivität geprägt, die bei 6 000 €/m^2 Verkaufsfläche liegt.
- **Gesuchter Bodenpreis** = 300 €/m^2 × 6 000 : 8 000 = **225 €/m^2**

Wie das KG Berlin[96] feststellte, können prozentuale Zu- und Abschläge in ihrer Höhe niemals nach einer vom Sachverstand geschaffenen Methode genau berechnet werden; in einem Rechtsstreit seien sie immer nur im Rahmen des dem Gericht nach § 287 ZPO zustehenden Ermessens zu schätzen und böten damit stets Raum für unterschiedliche Auffassungen. Wenn die **Zu- oder Abschläge die Größenordnung von höchstens 30 % oder allenfalls 35 % übersteigen,** zeige dies, dass die angeblich vergleichbaren Grundstücke in Wahrheit nicht miteinander verglichen werden können (vgl. Rn. 10 ff.). **183**

I. d. R. unterscheiden sich die zum Preisvergleich heranziehbaren Grundstücke gleich in mehreren Grundstücksmerkmalen von denen des zu bewertenden Grundstücks. Dass ein Vergleichsgrundstück nur in einem einzigen Zustandsmerkmal Abweichungen aufweist, ist eher eine seltene Ausnahme. Muss also der Kaufpreis eines Vergleichsgrundstücks bezüglich mehrerer abweichender Grundstücksmerkmale auf die Eigenschaften des Wertermittlungsobjekts umgerechnet werden, so kann für das Ergebnis von Bedeutung sein, in welcher **Reihenfolge** die erforderlichen **Zu- oder Abschläge** an den Kaufpreis des Vergleichsgrundstücks angebracht werden. Dies betrifft die Fälle, in denen die Zu- oder Abschläge teils **mit Absolutbeträgen** und teils **mit Relativbeträgen** angebracht werden: **184**

Beispiel: **185**

a) Das Vergleichsgrundstück weist gegenüber dem Wertermittlungsobjekt (in mittlerer Geschäftslage mit einer GFZ von 1,2) Abweichungen bezüglich

- dem Maß der baulichen Nutzung (nämlich eine GFZ von 0,8) und
- der Geschäftslage (nämlich schlechte Geschäftslage)

auf. Der Kaufpreis beträgt 600 €/m^2.

---

[96] KG Berlin, Urt. vom 1.11.1969 – U 1449/68 –, AVN 1970, 438 = EzGuG 20.46; einen Abzug von 30 % bejahend VG Schleswig, Urt. vom 25.9.1974 – 2 A 108/74 –, SchlHA 1975, 18 = Die Gemeinde 1975, 93 = EzGuG 15.1; bereits das PrOVG hat sich mit dieser Problematik eingehend beschäftigt; Urt. vom 2.11.1896, EzGuG 20.2.

b) Der unterschiedlichen Geschäftslage soll mit einem Zuschlag von 200 €/m² Rechnung getragen werden.
- Das unterschiedliche Maß der baulichen Nutzung soll entsprechend der Umrechnungskoeffizientabelle der Anl. 11 WERTR durch Anwendung des Faktors 1,22 (= 1,10/0,90) berücksichtigt werden.

1. Berechnung		*2. Berechnung*	
Zum Vergleich herangezogener Kaufpreis	600 €/m²	Zum Vergleich herangezogener Kaufpreis	600 €/m²
Berücksichtigung der Geschäftslage	+ 200 €/m²	Berücksichtigung der unterschiedlichen GFZ: 600 €/m² × 1,22	732 €/m²
Zwischensumme	800 €/m²		
Berücksichtigung der unterschiedlichen GFZ: 800 €/m² × 1,22	= 976 €/m²	Berücksichtigung der Geschäftslage	+ 200 €/m²
			932 €/m²

$$976 \neq 932$$

Bei höheren Zu- und Abschlägen, die mit einem Vomhundertsatz angebracht werden, können sich leicht Unterschiede von 10 % und mehr ergeben.

186 Bei einer **Berücksichtigung unterschiedlicher Zustandsmerkmale unter einheitlicher Verwendung von Zu- oder Abschlägen in absoluter Höhe oder bei einheitlicher Verwendung von Relativbeträgen** (prozentuale Zu- oder Abschläge) ist es dagegen für das Ergebnis unerheblich, in welcher Reihenfolge die Zu- oder Abschläge angebracht werden. Von daher ist dieser Methodik der Vorzug zu geben.

187 Ist es, wie in dem vorgestellten Beispiel, unvermeidlich, teils mit **Zu- oder Abschlägen in absoluter Höhe und teils mit Relativbeträgen** zu arbeiten, beantwortet sich die Frage nach der richtigen Reihenfolge der Vorgehensweise nach folgenden Überlegungen: Die zur Berücksichtigung eines unterschiedlichen Maßes der baulichen Nutzung abgeleiteten Umrechnungskoeffizienten werden aus Kaufpreisen „sonst gleichartiger" Grundstücke abgeleitet, die *nur* in dem einen bestimmten Zustandsmerkmal voneinander abweichen. Es handelt sich hierbei um die sog. „Ceteris-paribus-Bedingung", nach der die sonstigen wertbeeinflussenden Umstände gleich sein sollen. Insoweit ist es gerechtfertigt, vor Anwendung der Umrechnungskoeffizienten all die Zu- und Abschläge anzubringen, mit denen die Vergleichspreise auf die Grundstücksmerkmale umgerechnet werden, die ansonsten auch der Ableitung der Umrechnungskoeffizienten zugrunde lagen. Solchen Überlegungen kann aber, wie bereits erläutert wurde, von vorneherein aus dem Weg gegangen werden, wenn zur Berücksichtigung von Abweichungen einheitlich mit prozentualen Zu- oder Abschlägen gearbeitet wird.

5.2 Hedonische Modelle, Regressionsanalysen/ein- und mehrdimensionale Schätzfunktionen

188 Mit dem in § 9 Abs. 2 ImmoWertV enthaltenen Hinweis, nach dem **Abweichungen der wertbeeinflussenden Grundstücksmerkmale** der Vergleichsgrundstücke, Bodenrichtwerte bzw. Vergleichsfaktoren bebauter Grundstücke vom Zustand des zu bewertenden Grundstücks nicht nur durch Zu- oder Abschläge, sondern auch **in anderer geeigneter Weise berücksichtigt** werden können, soll den in der Praxis zur Anwendung kommenden mathematisch statistischen Methoden Rechnung getragen werden (Regressionsanalyse oder die sog. lustorientierten [hedonische] Modelle). Die VergleichswertR (Entwurf v. 9.7.2013) spricht in diesem Zusammenhang von „**mehrdimensionalen Schätzfunktionen**".

Die Anwendung mathematisch-statistischer Methoden hat den Vorteil, dass auch Abweichungen mehrerer Zustandsmerkmale der Vergleichsgrundstücke von denen des Wertermittlungsobjekts in einem Rechengang berücksichtigt werden können. Die Methodik ist zudem darauf angelegt, die Verkehrswertermittlung optimal an den zum Preisvergleich herangezogenen Vergleichsgrundstücken zu orientieren. Zu diesem Zweck sucht man – wie in der Ökonometrie –, ein plausibles mathematisches Erklärungsmodell zur Verkehrswertbildung zu konstruieren. Die dabei als verkehrswertbestimmende Faktoren eingeführten Größen werden – ausgehend von denen der Vergleichsgrundstücke – mithilfe eines **ausgleichenden Algorithmus** bestimmt (vgl. Abb. 2 unter Rn. 191). Bei nüchterner Betrachtung dürfen die Erwartungen an diese Methodik allerdings nicht überspannt werden, da die von der Statistik gestellten Anforderungen an derartige Modelle allenfalls näherungsweise erfüllt sind und Scheingenauigkeiten erreicht werden können.

Bei Anwendung multipler Regressionsanalysen muss vor allem eine **Plausibilität und Anschaulichkeit des Erklärungsmodells** (Schätzfunktion) gefordert werden. Linearen Schätzfunktionen (Erklärungsmodellen) ist grundsätzlich der Vorzug zu geben, soweit kompliziertere Funktionen nicht begründbar sind:

a) Funktionsgleichung der **linearen Einfachregression:**

$$\text{Zielgröße } y = a + b \cdot x$$

Abb. 1:   **Lineare Einfachregression**

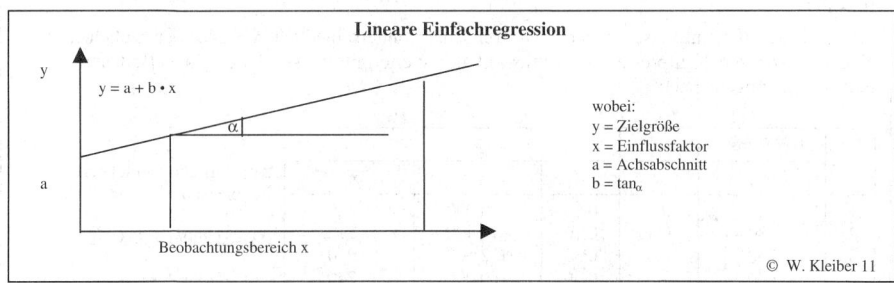

b) Funktionsgleichung der multiplen (linearen) Regression

> Zielgröße
> $y = a + bx_1 + cx_2 + ...$
> a   Achsenabschnitt auf der Ordinate
> b, c   Regressionskoeffizienten
> x_i Einflussfaktoren

Zur funktionalen Erfassung des Zusammenhangs zwischen der Zielgröße (insbesondere dem Bodenwert) und den (für dessen Höhe) maßgeblichen Einflussfaktoren ist zwar möglichst die Funktion anzustreben, die der funktionalen Abhängigkeit am nächsten kommt, jedoch sollte der Anwender hier **nicht** der Versuchung unterliegen, **Scheingenauigkeiten unter Ansatz allzu komplizierter Funktionsformen** zu erzielen. Zwar mögen in Einzelfällen durch komplizierte mathematische Funktionen höhere Genauigkeitsparameter zu erzielen sein, jedoch kann nicht ohne Weiteres angenommen werden, dass das den Grundstücksmarkt prägende Verhalten der Marktteilnehmer einer übermäßig komplizierten Funktionsgleichung folgt. Ein noch so eindrucksvoller Rechenaufwand darf also den Blick nicht dafür verstellen, was angesichts der Beschaffenheit der zur Verfügung stehenden Daten und der Marktverhältnisse sinnvoll ist. Sonst geraten vom Ansatz her zweckmäßige Operationalisierungen der Wertermittlung durch statistische Methoden in Gefahr, zu bloßem Selbstzweck ohne Beweis- und Überzeugungskraft zu degenerieren.

Zur Demonstration des Verfahrens wird in Abb. 2 zunächst ein **Beispiel zur linearen Einfachregression** vorgestellt.

IV Syst. Darst. Vergleichswertverfahren — Regressionsanalysen

Abb. 2: Beispiel zur linearen Einfachregression

Beispiel zur linearen Einfachregression

Lineares *Erklärungsmodell der Verkehrswertbildung* (mit sog. Niveaukonstante)

$$BW = a + bx$$

Bodenwert bzw. Verkehrswert bei Anwendung auf bebaute Grundstücke (Vergleichspreise)

Einflussfaktor (unabhängige Variable)

Regressionskoeffizient

Der zu ermittelnde Regressionskoeffizient gibt an, um welches Maß sich der Bodenwert bzw. Verkehrswert verändert, wenn sich die unabhängige Variable um eine Einheit ändert.

Beispiel

a) Es liegen 6 Kaufpreise (unbebauter Grundstücke unterschiedlichen Maßes der baulichen Nutzung) vor; die Kaufpreise sind bereits auf den Wertermittlungsstichtag mittels Bodenpreisindexreihen umgerechnet:

Nr.	BW (€/m²) y	GFZ x	x^2	y^2	xy
1.	300	0,4	0,16	90 000	120
2.	280	0,4	0,16	78 400	112
3.	350	0,6	0,36	122 500	210
4.	400	0,6	0,36	160 000	240
5.	250	0,4	0,16	62 500	100
6.	420	0,6	0,36	176 400	252
Σ =	2 000	3,0	1,56	689 800	1 034

Arithmetisches Mittel der Vergleichspreise

BW = 2 000/6 = 333,3 €

Arithmetisches Mittel der GFZ

GFZ = 3,0/6 = 0,5

$Q_x = \Sigma x^2 - (\Sigma x)^2/n = 1{,}56 - 3{,}0^2/6 = 0{,}06$
$Q_y = \Sigma y^2 - (\Sigma y)^2/n = 689\,800 - 2\,000^2/6 = 23\,133$
$Q_{xy} = \Sigma xy - \Sigma x \Sigma y/n = 1\,034 - 3{,}0 \times 2\,000/6 = 34$

$\boxed{b = Q_{xy}/Q_x}= 34/0{,}06 = \mathbf{566{,}7}$; $\boxed{a = BW - b \times GFZ} = 333{,}3 - 566{,}7 \times 0{,}5 = \mathbf{50}$

Lösungsgleichung (Schätzfunktion) $\boxed{BW = 50 + 567\, x_{GFZ}}$

b) **Gesucht:** Bodenwert des Wertermittlungsobjekts mit GFZ = 0,5

$$BW = 50 + 567 \times 0{,}5 = \mathbf{333\ €/m^2}$$

c) **Genauigkeitsuntersuchung:**

$$m_{GFZ = 0{,}5} = m \sqrt{\frac{1}{n} \frac{(0{,}5 - GFZ)^2}{Q_x}} = \pm\, \mathbf{13\ €/m^2}$$

wobei $m = \sqrt{Q_{xy}/(n-2)}$ und $Q_{xy} = Q_y - b\, Q_{xy}$

© W. Kleiber 11

---

192 Zur Vermeidung von Fehlinterpretationen ist darauf hinzuweisen, dass die unter Anwendung der Regressionsanalyse gefundene **Schätzfunktion** (Regressionsgleichung) grundsätzlich **nur für den Bereich** gilt, **für den in die Ableitung „Beobachtungsgrößen" eingegangen**

sind (Gültigkeitsbereich). Wurden also Kaufpreise für Grundstücke mit einer zwischen 0,6 und 1,6 variierenden GFZ in die Auswertung eingeführt, so steht der dafür ermittelte Regressionskoeffizient auch nur für diesen Bereich. Dies schließt nicht aus, dass bei Anwendung der abgeleiteten Regressionsfunktion in begrenztem Maße Extrapolationen hingenommen werden können.

Abb. 3 enthält ein Beispiel, bei dem sich die **Vergleichsgrundstücke von dem Wertermittlungsobjekt bezüglich mehrerer Zustandsmerkmale unterscheiden:**

– im Maß der baulichen Nutzung (gemessen nach der GFZ),
– in der Entfernung der Vergleichsgrundstücke vom Zentrum (gemessen in km) und
– dem Grundstückszuschnitt (gemessen als Quotient aus Grundstücksbreite zu Grundstückstiefe, wobei das Ergebnis 1,0 einen quadratischen Grundstückszuschnitt beschreibt und der Wert bei Übertiefen gegen null tendiert).

Abb. 3: Anwendung mathematisch-statistischer Methoden in der Verkehrswertermittlung, dargestellt am Beispiel eines linearen Erklärungsmodells

---

Anwendung mathematisch-statistischer Methoden in der Verkehrswertermittlung (Regressionsanalyse)

Lineares Erklärungsmodell der Bodenwertbildung (ohne sog. Niveaukonstante):

$$BW = a\,x_1 + b\,x_2 + c\,x_3 + \ldots\ldots\ldots r_i$$

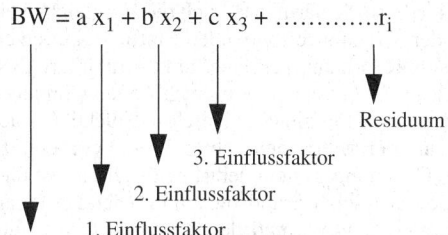

- r_i — Residuum
- 3. Einflussfaktor
- 2. Einflussfaktor
- 1. Einflussfaktor
- Bodenwert (Kaufpreise von Vergleichsgrundstücken)

a, b, c ... Regressionskoeffizienten (gesucht); sie geben an, um welches Maß sich der Bodenwert BW verändert, wenn sich die unabhängigen Variablen um eine Einheit ändern.

a) **Beispiel:**
– Es liegen 6 Kaufpreise mit folgenden Zustandsmerkmalen vor (indiziert auf Wertermittlungsstichtag)

Nr.	Kaufpreis €/m²	Zustandsmerkmale des Grundstücks		
		GFZ	Entfernung zum Zentrum (km)	Grundstückszuschnitt Breite : Tiefe
		x_1	x_2	x_3
1.	300	0,4	– 0,5	1,3
2.	280	0,4	– 1,0	0,8
3.	350	0,6	– 0,6	0,8
4.	400	0,6	– 0,2	0,9
5.	250	0,4	– 1,2	0,6
6.	420	0,6	– 0,2	1,0

– *Wertermittlungsobjekt:* GFZ 0,5; Entfernung zum Zentrum 0,8 km; Grundstücksbreite /-tiefe 0,6
– *Gesucht:* Bodenwert

IV Syst. Darst. Vergleichswertverfahren — Regressionsanalysen

b) Rechengang:
Aufgrund des Erklärungsmodells ergibt sich mit den Daten der Vergleichsgrundstücke folgende *Gleichungsmatrix*

$300 = a \times 0{,}4 + b \times 0{,}5 + c \times 1{,}3 + r_1$ $400 = a \times 0{,}6 + b \times 0{,}2 + c \times 0{,}9 + r_4$
$280 = a \times 0{,}4 + b \times 1{,}0 + c \times 0{,}8 + r_2$ $250 = a \times 0{,}4 + b \times 1{,}2 + c \times 0{,}6 + r_5$
$350 = a \times 0{,}6 + b \times 0{,}6 + c \times 0{,}8 + r_3$ $420 = a \times 0{,}6 + b \times 0{,}2 + c \times 1{,}0 + r_6$

Die Auflösung der Gleichungsmatrix unter der Bedingung einer Minimierung der Residuen $\Sigma r_i r_i$ führt zur Schätzfunktion

$$\boxed{BW = 561{,}3 \times_{GFZ} - 13{,}7 \times_{Entfernung} + 67{,}2 \times_{Zuschnitt}}$$

c) Ermittlung des Bodenwerts des Wertermittlungsobjekts nach der gefundenen Schätzfunktion

$$BW = 561{,}3 \times 0{,}5 - 13{,}7 \times 0{,}8 + 67{,}2 \times 0{,}6 = 310 \text{ €/m}^2$$

© W. Kleiber 13

Als Erklärungsmodell wurde der Bodenwert als Funktion dieser Einflussfaktoren beschrieben, wobei wiederum von einer linearen Abhängigkeit ausgegangen wird.

194 Rein rechnerisch besteht das Problem lediglich in der **Auflösung einer Gleichungsmatrix mit mehreren Unbekannten.** Charakteristisch für dieses Gleichungssystem ist die Tatsache, dass das System mehr Gleichungen als Unbekannte aufweist; zudem handelt es sich – mathematisch gesprochen – um ein inhomogenes Gleichungssystem, d. h., die Gleichungen können sich widersprechen. Dies hat seine Ursache darin, dass sich die Vergleichspreise nicht als eine mathematisch exakte Funktion der verkehrswertbildenden Einflussfaktoren ergeben. Deshalb wird das Gleichungssystem um ein Residuum r_i ergänzt, um unerklärbare Restschwankungen „aufzufangen". Dies entspricht den Erfahrungen, denn auch im gewöhnlichen Geschäftsverkehr streuen die Kaufpreise selbst für völlig gleichartige Grundstücke. Da sich der Verkehrswert – statistisch betrachtet – als der wahrscheinlichste Wert (Vorbem. zur ImmoWertV Rn. 2) definieren lässt, wird das Gleichungssystem derart gelöst, dass sich die Schätzfunktion „möglichst gut" den sich aus den Vergleichsgrundstücken ergebenden Parametern (im Beispiel sind dies die GFZ, die Entfernungslage und der Grundstückszuschnitt) anpasst. Dies erfolgt nach dem aus der Ausgleichungsrechnung bekannten Verfahren der Methode der kleinsten Quadrate, die im Ergebnis dazu führt, dass die Summe der Quadrate aller Residuen minimiert wird.

195 Das in Abb. 3 vorgestellte *Beispiel* führt zur folgenden (nur für den Beispielsfall geltenden) „Bodenwertformel":

$$BW = 561{,}3 \times_{GFZ} - 13{,}7 \times_{Entfernung} + 67{,}2 \times_{Zuschnitt}$$

Dies bedeutet:

– der Bodenwert „wächst" mit ansteigender GFZ;
– der Bodenwert vermindert sich mit der Entfernung zum Zentrum;
– der Bodenwert „wächst", je vorteilhafter der Grundstückszuschnitt ist.

In welchem Maße die Abhängigkeit des Bodenwerts von den genannten Einflussfaktoren gegeben ist, beschreiben die ermittelten Regressionskoeffizienten.

196 Das Verfahren erlaubt auch Aussagen über die **Genauigkeit der als Erklärungsmodell der Bodenwertbildung gefundenen Schätzfunktion.** Maßstab hierfür ist insbesondere die Summe aus den Quadraten der Residuen, dargestellt an dem in Abb. 3 vorgestellten *Beispiel*.

197 Hieraus lässt sich als einfachstes statistisches Prüfmaß für das Erklärungsmodell als Ganzes das sog. **Bestimmtheitsmaß R^2** ableiten, das auch als Korrelationsmaß oder Korrelationskoeffizient bezeichnet wird. Es kann als Prozentzahl aufgefasst werden, die anzeigt, welcher Anteil der zu erklärenden Varianz durch die Schätzfunktion beschrieben wird. Bei sehr engem Zusammenhang zwischen dem hier zu ermittelnden Verkehrswert und den erklärenden Einflussfaktoren nähert es sich dem Wert eins; bei nur geringen Zusammenhängen geht das Bestimmtheitsmaß gegen null. Vor einer falschen Auslegung des Bestimmtheitsmaßes, auf dessen Ermittlung hier nicht näher eingegangen werden soll, muss gewarnt werden. Seine Aussagekraft ist abhängig vom Umfang der Stichprobe, d. h. der Zahl der in die Auswertung eingehenden Vergleichspreise. Zudem lässt sich – gemessen am Bestimmtheitsmaß – eine Scheingenauigkeit erreichen durch Einführung weiterer, auch unplausibler Erklärungsgrößen in die Schätzfunktion (Erklärungsmodell). Vor diesem Hintergrund muss ohnehin vor einer Überforderung der Regressionsanalyse gewarnt werden. Dies beginnt bereits bei der Konstruktion der Schätzfunktion (Erklärungsmodell).

Summe der Quadrate der Residuen				
Nr.	Kaufpreise €/m²	Bodenwert nach Lösungsgleichung	r_i	$r_i r_i$
1.	300	– 310	= – 10	100
2.	280	– 265	= + 15	225
3.	350	– 380	= – 30	900
4.	400	– 394	= + 6	36
5.	250	– 247	= + 3	9
6.	420	– 401	= + 19	361
				$\Sigma\, r_i r_i = 1\,631$

Auf zwei von vielen weiteren **Anforderungen,** die hieran zu stellen sind, sei hingewiesen:

a) die angesetzten Erklärungsfaktoren müssen vollständig und ursächlich für die Höhe der Vergleichspreise sein;

b) die Erklärungsfaktoren sollen voneinander unabhängig und normal verteilt sein und nur eine einseitige kausale Beziehung zu den von ihnen erklärten Vergleichspreisen aufweisen.

Beide Bedingungen sind in der Grundstücksbewertung sowohl im Hinblick auf die herangezogenen Vergleichsdaten (Vergleichspreise, Vergleichsmieten usw.) als auch im Hinblick auf die angewandten Methoden insbesondere bezüglich der Berücksichtigung von abweichenden Grundstücksmerkmalen in aller Regel nicht erfüllt, sodass dem Bestimmtheitsmaß hier eine geringe Bedeutung zukommt.

Ein anschauliches Bild über die Verteilung erhält man durch Aufstellung entsprechender **Histogramme, bei der die Häufigkeit der einzelnen Klassen** in Form von aneinandergereihten Rechtecken dargestellt wird (Abb. 4).

Abb. 4:   Histogramm

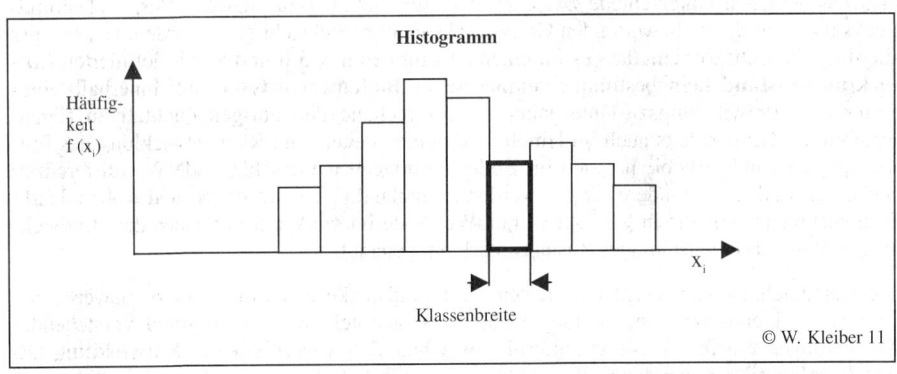

Die Ermittlung des Verkehrswerts (Marktwert) auf der Grundlage von ein- und mehrdimensionalen Schätzfunktionen steht unter dem **Grundsatz der Modellkonformität.**

IV Syst. Darst. Vergleichswertverfahren   Abw. Grundstücksmerk.

Beispiel:

Der Gutachterausschuss von Neuss hat für den Bodenwert in Innenstadtlagen folgende Schätzfunktion mit den ergänzend angegebenen Koeffizienten der Lageklassen und Vollgeschossen abgeleitet:

Bodenwert (Vergleichswert) = $(1\,218{,}92 - 5{,}698 \times \text{Grundstückstiefe}_{[m]})_{[€/m²]}$
$\qquad\qquad\qquad\qquad\qquad + \text{Lageklassenfaktor}_{[€/m²]}$
$\qquad\qquad\qquad\qquad\qquad + \text{Vollgeschossfaktor}_{[€/m²]}$

Lageklassen und Vollgeschossfaktoren zur vorstehenden Schätzfunktion			
Lageklasse Gemäß Lage in Lageklassenkarte	I +1 849,52 II +1 081,64 III +463,98 IV +174,98 V +/- 0,0	**Vollgeschosse**	bis 3 Vollgeschosse -342,94 4 bis 5 Vollgeschosse -214,87 über 5 Vollgeschosse +/- 0,0

Quelle: Grundstücksmarktbericht von Neuss 2013

Sachverhalt

Zu ermitteln ist der Bodenwert (Vergleichswert) für ein Grundstück in der Innenstadtlage
- Grundstückstiefe   35 m
- Lageklasse   I
- Vollgeschosse   4

Bodenwert (Vergleichswert) = $(1\,218{,}92 - 5{,}697 \times 35\,m) + 1\,849{,}52 - 214{,}87 =$ rd. 2 654 €/m²

5.3   Abweichende Grundstücksmerkmale

5.3.1   Entwicklungszustand

5.3.1.1   Allgemeines

▶ *Vgl. § 6 ImmoWertV Rn. 14 ff., 19*

200 Grundsätzlich sind Vergleichspreise von Grundstücken heranzuziehen, deren Entwicklungszustand (§ 5 ImmoWertV) weitgehend mit dem des zu wertenden Grundstücks übereinstimmt; d. h., zur Verkehrswertermittlung von baureifem Land zieht man möglichst Vergleichspreise von „baureifem Land" und nicht etwa von Bauerwartungsland heran.

201 Insoweit brauchen Unterschiede zwischen dem Entwicklungszustand des Vergleichsgrundstücks und dem des zu bewertenden Grundstücks nicht berücksichtigt zu werden. Dabei muss allerdings bedacht werden, dass es für einen bestimmten in § 5 ImmoWertV definierten **Entwicklungszustand kein** bestimmtes **einheitliches Bodenwertniveau** gibt. Innerhalb eines bestimmten Entwicklungszustands kann es entsprechend den übrigen qualitativen Eigenschaften des Grundstücks auch im Hinblick auf eine Weiter- und Rückentwicklung des Entwicklungszustands erhebliche, sich im Bodenwertniveau niederschlagende Wertdifferenzen geben. Dies gilt insbesondere für das werdende Bauland (Bauerwartungs- und Rohbauland). Dementsprechend ist die in § 2 Satz 3 ImmoWertV definierte Wartezeit neben dem Entwicklungszustand als eigenständiges Zustandsmerkmal genannt.

202 Die Heranziehung von Vergleichspreisen für Grundstücke eines mit dem zu bewertenden Grundstück identischen Entwicklungszustands ist geboten, weil es aufgrund vorstehender Ausführungen ein festes **Wertverhältnis zwischen den verschiedenen Entwicklungszustandsstufen** nicht geben kann. Wertmäßig gehen nämlich die verschiedenen Entwicklungszustandsstufen ineinander über (vgl. Rn. 428 und § 6 ImmoWertV Rn. 19 ff.). Die im Schrifttum angegebenen Preisspannen zwischen verschiedenen Entwicklungszustandsstufen

Bei **warteständigem Bauland** können unterschiedliche Wertigkeiten ihre Ursache haben in: 203

a) unterschiedlichen Wartezeiten bis zur Baureife mit dem daraus resultierenden Zinsverlust,

b) unterschiedlichen Aufschließungskosten; so zur **kostenkalkulatorischen Ermittlung des Unterschieds zwischen Rohbauland und baureifem Land (ersparte Aufwendungen)**.

Folgende Positionen sind dabei von Bedeutung: 204

– Erschließungsvorteil,

– Freilegungs- und Freistellungsvorteile, soweit Nutzungseinrichtungen beseitigt und der Nutzung entgegenstehende Rechte aufgehoben werden müssen,

– Vorteile einer ggf. erforderlichen Bodenordnung, bemessen nach Vermessungskosten, Notar- und Gutachterkosten, Grunderwerbsteuer, Grundbuchgebühren usw.[97]

▶ *Zum Entwicklungszustand von Flächen, die für bestimmte Personengruppen festgesetzt sind, vgl. § 6 ImmoWertV Rn. 91, oder für die bestimmte Wohngebäude der sozialen Wohnraumförderung errichtet werden dürfen, vgl. § 6 ImmoWertV Rn. 87 ff.* 205

5.3.1.2 Wartezeit bis zu einer baulichen oder sonstigen Nutzung

▶ *Vgl. Rn. 425 ff.; § 2 ImmoWertV Rn. 10 ff.; § 5 ImmoWertV Rn. 108 ff., 141; 166; § 16 ImmoWertV Rn. 233 ff.*

Es wurde schon darauf hingewiesen, dass insbesondere bei warteständigem Bauland die Wartezeit bis zu einer baulichen oder sonstigen Nutzung ein **wesentliches Zustandsmerkmal** ist. 206

Bei der Berücksichtigung der Wartezeit beim Preisvergleich muss sorgfältig **unterschieden werden zwischen:** 207

a) der Wartezeit, die für das zu bewertende Grundstück bis zum Eintritt der Voraussetzungen für die Zulässigkeit einer baulichen Nutzung besteht, und

b) der Wartezeit, die entsprechend für die zum Preisvergleich herangezogenen Grundstücke bis zum Eintritt der Zulässigkeit einer baulichen Nutzung bestand.

Wertmäßig können unterschiedliche **Wartezeiten** bei dem zu bewertenden Grundstück und den zum Preisvergleich herangezogenen Grundstücken **durch finanzmathematische Methoden** berücksichtigt werden. 208

Ergänzend wird darauf hingewiesen, dass die vorstehenden Ausführungen sinngemäß auch zur Berücksichtigung von **Wartezeiten** zur Anwendung kommen können, **die auf eine Änderung oder Aufhebung der rechtlichen und tatsächlichen Voraussetzungen für eine bauliche Nutzung** wie im Übrigen auch für eine *sonstige* Nutzung zur Anwendung kommen können. Denn keineswegs ist die Entwicklung stets nur im Hinblick auf eine höherwertige Nutzung gegeben. Die Zulässigkeit einer baulichen Nutzung kann einem Grundstück nämlich durch Änderung oder Aufhebung eines Bebauungsplans nach den §§ 39 ff. BauGB auch wieder entzogen werden. Geschieht dies innerhalb einer Frist von 7 Jahren ab Zulässigkeit einer baulichen Nutzung, bemisst sich die Entschädigung gemäß § 42 Abs. 2 BauGB nach dem Unterschied zwischen dem Wert des Grundstücks aufgrund der bisher zulässigen Nutzung und dem Wert, der sich infolge der Änderung oder Aufhebung ergibt. Bei längeren Fristen kann der Eigentümer nach § 42 Abs. 3 BauGB nur eine Entschädigung für Eingriffe in die ausgeübte Nutzung verlangen. Dies muss nach den Gepflogenheiten des gewöhnlichen Geschäftsverkehrs bei der Verkehrswertermittlung berücksichtigt werden, sodass auch diesbezüglich Erwartungen zu beachten sind. 209

---

97 Ernst/Zinkahn/Bielenberg/Krautzberger, BauGB, Komm. zu § 58 Rn. 4; Dieterich, Baulandumlegung, Recht und Praxis, 5. Aufl. 2006, Rn. 190 ff., 210; vgl. BGH, Urt. vom 22.6.1978 – III ZR 92/75 –, BGHZ 72, 51 = EzGuG 17.35.

IV Syst. Darst. Vergleichswertverfahren Entschädigungsanspruch

5.3.1.3 Entschädigungs- und Übernahmeanspruch

▶ *Vgl. Teil VI Rn. 371 ff., 419 ff.*

210 Als eine weitere bei der Verkehrswertermittlung zu beachtende rechtliche Gegebenheit i. S. des § 194 BauGB kommt ein mit dem Grundstück verbundener **Entschädigungs- oder Übernahmeanspruch** in Betracht. Dies können insbesondere Entschädigungs- und Übernahmeansprüche nach den planungsschadensrechtlichen Vorschriften der §§ 39 ff. BauGB, aber auch nach Fachplanungsgesetzen (auch Berggesetz) sein.

211 Derartige Entschädigungs- und Übernahmeansprüche werden vom Sachverständigen häufig gar nicht erst erkannt, wenn er sich darauf beschränkt, allein die zum Wertermittlungsstichtag maßgeblichen bauplanungsrechtlichen Festsetzungen festzustellen. Deshalb muss die **bauplanungsrechtliche Vergangenheit des zu bewertenden Grundstücks** mit in die Betrachtung einbezogen werden, insbesondere, wenn das Grundstück am Wertermittlungsstichtag von Festsetzungen für den Gemeinbedarf oder sonstige fremdnützige Nutzungen betroffen ist (§ 40 BauGB). Es kann aber auch ein Herabzonungsfall nach § 42 Abs. 2 BauGB vorliegen, ohne dass bislang ein Entschädigungsanspruch für die Wertminderung aufgrund der Änderung oder Aufhebung einer zulässigen Nutzung, die sich vor dem Wertermittlungsstichtag vollzogen hatte, geltend gemacht wurde.

212 Diese Fälle können sich in Bezug auf die Anspruchsgrundlage und Entschädigungshöhe rechtlich schwierig gestalten und überfordern vielfach den Gutachter. In jedem Fall muss der **Sachverständige** in seinem Gutachten **auf** diesen **Umstand hinweisen, wenn er nicht** eine **rechtliche Klärung herbeiführen kann.**

213 Dabei ist zu beachten, dass Entschädigungs- und Übernahmeansprüche nach den Vorschriften des BauGB regelmäßig nur dem betroffenen Eigentümer unmittelbar zustehen[98]. Ist das **Grundstück nach Entstehung des Anspruchs aber vor dem maßgeblichen Wertermittlungsstichtag veräußert** worden, kann der Rechtsnachfolger in die Rechtsposition des betroffenen vorherigen Eigentümers einrücken[99]. Grundsätzlich muss der Rechtsnachfolger dies nachweisen. Enthält der Veräußerungsvertrag eine entsprechende Bestimmung, so ist dies leicht nachweisbar. Der Nachweis kann aber auch in der Weise erfolgen, dass dargelegt wird, dass der Erwerbspreis dem damaligen Verkehrswert ohne den enteignenden Eingriff entsprach[100].

214 Hieraus ergibt sich die Möglichkeit, bei der Verkehrswertermittlung von **Grundstücken, für die ein planungsschadensrechtlicher Entschädigungsanspruch noch nicht geltend gemacht worden ist,** den Verkehrswert ohne oder mit Übertragung des Entschädigungsanspruchs im Gutachten auszuweisen.

5.3.2 Art der baulichen Nutzung

▶ *Hierzu Allgemeines § 6 ImmoWertV Rn. 7 ff., 10, 55 ff.*

215 Bezüglich der „Art der baulichen Nutzung" ist nach § 1 BauNVO zwischen der *allgemeinen und besonderen Art* der baulichen Nutzung zu unterscheiden. Für die Wertermittlung ist es erforderlich, die zum Preisvergleich herangezogenen Grundstücke ebenso wie das zu bewertende Grundstück diesen Gebieten zuzuordnen, damit die Vergleichbarkeit hergestellt wird.

— Im Flächennutzungsplan werden die für eine Bebauung vorgesehenen Flächen nach § 1 Abs. 1 und 2 BauNVO nach der *allgemeinen* Art (Bauflächen) und – soweit erforderlich – nach der *besonderen* Art ihrer baulichen Nutzung (Baugebiete) dargestellt.

---

[98] Ernst/Zinkahn/Bielenberg/Krautzberger, BauGB § 40 Rn. 53 ff.; § 42 Rn. 133; § 18 Rn. 41 ff.; BGH, Urt. vom 4.2.1957 – III ZR 181/55 –, BGHZ 23, 235 = EzGuG 18.6.
[99] BGH, Urt. vom 2.2.1978 – III ZR 90/76 –, BRS Bd. 34 Nr. 116 = EzGuG 18.81.
[100] BGH, Urt. vom 2.2.1978 – III ZR 90/76 –, BRS Bd. 34 Nr. 116 = EzGuG 18.81; BGH, Urt. vom 13.7.1978 – III ZR 166/76 –, WM 1979, 952 = NJW 1979, 2303 = EzGuG 18.84; BGH, Urt. vom 9.12.1968 – III ZR 114/66 –, WM 1969, 274 = BRS Bd. 26 Nr. 96 = EzGuG 4.28.

- Im Bebauungsplan wird die Art der baulichen Nutzung nach § 1 Abs. 3 BauNVO durch Ausweisung von Baugebieten festgesetzt. Die §§ 2 bis 14 BauNVO werden durch diese Festsetzungen Bestandteil des Bebauungsplans, soweit nicht aufgrund des § 1 Abs. 4 bis 9 BauNVO etwas anderes bestimmt wird.
- In sog. *im Zusammenhang bebauten Ortsteilen* (für die ein Bebauungsplan nicht aufgestellt wurde) bestimmt sich die Art der baulichen Nutzung (wie im Übrigen auch das Maß der baulichen Nutzung) gemäß § 34 Abs. 1 BauGB grundsätzlich nach der Eigenart der näheren Umgebung.
- Im *Vorhaben- und Erschließungsplan* (§ 12 BauGB) erfolgt die Festsetzung entsprechend den Bestimmungen über Bebauungspläne.
- Soweit in einem *Rahmenplan* (informelle Planung) Art und Maß der baulichen Nutzung von den vorstehenden rechtlichen Ausweisungen abweichen, wird das damit bestehende Baurecht nicht geändert. Der Rahmenplan ist deshalb insoweit nur zu berücksichtigen, wie den Darstellungen Aussicht auf rechtliche Umsetzung innewohnt.

216 Grundsätzlich ist es geboten, zum Preisvergleich solche Grundstücke heranzuziehen, die in ihrer Art der baulichen Nutzung dem zu bewertenden Grundstück entsprechen. Bei der Qualifizierung ist nach Maßgabe des § 6 Abs. 1 ImmoWertV die Art der baulichen Nutzung nach den genannten **Vorschriften der BauNVO unter Berücksichtigung sonstiger öffentlich-rechtlicher und privatrechtlicher Vorschriften** zu bestimmen. Wird dabei am Wertermittlungsstichtag von der zulässigen Nutzungsart regelmäßig abgewichen, dann ist die Nutzungsart zugrunde zu legen, die im gewöhnlichen Geschäftsverkehr am Wertermittlungsstichtag zugrunde gelegt wird. Spekulative Momente müssen dabei außer Betracht bleiben.

217 Die Notwendigkeit, Abweichungen in der Art der baulichen Nutzung der Vergleichsgrundstücke von der des zu bewertenden Grundstücks zu berücksichtigen, muss der Gutachter dadurch zu vermeiden suchen, dass nur **Grundstücke gleicher Nutzungsart** zum Preisvergleich herangezogen werden. Denn ein Industriegrundstück lässt sich kaum mit einem Einfamilienhausgrundstück vergleichen. Im Einzelfall muss sogar innerhalb der durch die BauNVO vorgegebenen Kategorien nach den Gepflogenheiten des Geschäftsverkehrs zwischen unterschiedlichen Nutzungen unterschieden werden. So bilden sich z. B. in Wohngebieten unterschiedliche Grundstücksmärkte lagemäßig in der Weise heraus, dass in bestimmten Teilgebieten **Mietwohnungsbau und** in anderen Teilgebieten **Eigentumsmaßnahmen** (Eigentumswohnungen) durchgeführt werden. Dabei werden die Grundstücke in solchen Gebieten auf einem besonders hohen Bodenwertniveau gehandelt, die sich für Eigentumsmaßnahmen eignen, während die Grundstücke in Gebieten, die „nur" für den Mietwohnungsbau „angenommen" werden, ein vergleichsweise geringeres Bodenwertniveau aufweisen. Entsprechend den Usancen der Investoren muss der Sachverständige das Gebiet qualitätsmäßig analysieren.

Im Einzelfall stehen allerdings nicht immer Vergleichspreise bzw. Bodenrichtwerte von Grundstücken in der Art der (baulichen) Nutzung zu Verfügung, die das zu bewertende Objekt aufweist. Vergleichspreise von miteinander verwandten Nutzungsarten lassen sich dann durch Zu- und Abschläge umrechnen:

IV Syst. Darst. Vergleichswertverfahren   Art der baul. Nutzung

Umrechnungskoeffizienten für unbebaute Baulandgrundstücke	Umrechnungs-koeffizient
Einfamilienhaus- und Reihengrundstück	
Einfamilienhausgrundstück	**1,00**
Reihenhausgrundstück bis 150 m² Baulandfläche	1,15
Reihenhausgrundstück bis 350 m² Baulandfläche	1,05
Einfamilienhausgrundstück > 1 000 m² Baulandfläche	0,95
Mehrfamilienhaus bis Büro- und Geschäftsgrundstücke	
Mehrfamilienhausgrundstück	**1,00**
gemischt genutztes Grundstück	bis 1,10
Büro-/Geschäftshaus	1,35
Gewerbe- und Industriegrundstücke	
Gewerbe mit Büro (GE oder GI(GE))	**1,00**
Industrie-/Produktionsgebäude	0,65
Hochwertige Büro-/Handelsnutzung GE (MK)	2,35

Quelle: Grundstücksmarktbericht 2011 von Düsseldorf

Soweit z. B. Vergleichspreise bzw. Bodenrichtwerte von Wohnbauflächen, nicht jedoch von Gewerbebauland zur Verfügung stehen, stellt sich die Frage, wie sich die unterschiedliche Art der baulichen Nutzung auf den Bodenwert auswirkt. Zum **Wertverhältnis von Wohnbau- und Gewerbebauland** werden von den Gutachterausschüssen für Grundstückswerte nur wenige Untersuchungen vorgelegt (vgl. Abb. 5).

Abb. 5:   Wertverhältnis von Wohnbau- und Gewerbebauland im Kreis Dithmarschen

Wertverhältnis von Wohnbau- und Gewerbebauland im Kreis Dithmarschen (2002)			
	Umrechnungskoeffizienten		
Gemarkung	von Wohnbauflächen in Gewerbebauflächen	von Wohnbauflächen in gemischte Bauflächen	von Gewerbebauflächen in gemischte Bauflächen
Brunsbüttel	0,56	1,08	1,93
Heide	0,61	1,76	2,87
Marne	0,36	1,24	3,44
Meldorf	0,52	0,52	2,64
Wesselburen	0,44	0,44	2,85

Quelle: Grundstücksmarktbericht des Kreises Dithmarschen 2002

Die Untersuchung macht deutlich, dass keinesfalls einheitliche Wertverhältnisse zu beobachten sind.

Auch die Unterscheidung zwischen GI und GE ist beachtlich. Die bauplanungsrechtliche **Unterscheidung zwischen GE- und GI-Gebieten** i. S. der §§ 8 und 9 BauNVO **führt häufig bereits zu Wertunterschieden von 100 %**, d. h., Industriegebiete weisen dann den hälftigen Wert von sonstigen Gewerbegebieten auf (vgl. § 6 ImmoWertV Rn. 21).

5.3.3 Maß der baulichen Nutzung

5.3.3.1 Geschossflächenzahl (GFZ)

Schrifttum: *Bister, H.-B.*, Modifizierte Geschossflächenzahl, VR 1978, 124; *Blum, A.*, Wirtschaftlichkeit von Wohngebäuden mit unterschiedlichen Geschosszahlen, BBauBl. 1977, 260; *Böser, W./Schwaninger, B.*, Zur Ermittlung und Anwendung von Geschossflächenzahl (GFZ) Umrechnungskoeffizienten in der Grundstücksbewertung, AVN 1984, 412; *Debus*, Zu GFZ-Umrechnungskoeffizienten für Bürohochhäuser, GuG 2000, 279; *Hildebrandt, H.*, Geschossflächenzahl und Grundstücksmarkt, ZfV 1995, 620; *Junge, V.*, Die Geschossflächenzahl (GFZ) als wertbeeinflussendes Merkmal, GuG 1996, 27; *Kellermann, F.*; Bodenwert und Baunutzbarkeit, ZfV 1962, 343; *Schulz, W.-E.*, Zur Abhängigkeit des Bodenpreises von der beim Kauf erhofften Ausnutzbarkeit, VR 1977, 78; *Nuber, G.*, Geschossflächenzahl-(GFZ-) Ermittlung in Berlin, GuG 2004, 75; *Tiemann, M.*, Zur Beziehung von Baunutzbarkeit und Bodenwert, Ermittlung von Umrechnungskoeffizienten, VR 1976, 365.

▶ *Hierzu Allgemeines § 6 ImmoWertV Rn. 34 ff., 41 ff., 57 (auch zu den Besonderheiten im „Westteil" Berlins, Rn. 75); § 8 ImmoWertV Rn. 345, 368; § 10 ImmoWertV Rn. 74; § 16 ImmoWertV Rn. 222 und § 12 ImmoWertV Rn. 6; Teil VI Rn. 815 ff.*

a) Allgemeines

218 Das **Maß der baulichen Nutzung** bestimmt sich nach § 16 Abs. 2 BauNVO durch Festsetzung

- der Grundflächenzahl (GRZ) oder der Grundfläche der baulichen Anlagen (GR);
- der Geschossflächenzahl (GFZ) oder der Größe der Geschossfläche (GF);
- der Baumassenzahl (BMZ) oder der Baumasse (BM);
- der Zahl der Vollgeschosse (Z);
- der Höhe baulicher Anlagen.

Die Begriffe werden unter § 6 ImmoWertV Rn. 14 ff. erläutert.

Die **Geschossfläche (GF)** ist eine städtebaurechtlich definierte Flächeneinheit. Sie definiert sich nach § 20 Abs. 3 BauNVO als die Fläche der nach Außenmaßen des Gebäudes ermittelten Grundrissebenen aller Vollgeschosse i. S. der Landesbauordnung.

219 Für die Belange der Wertermittlung wird das Maß der baulichen Nutzung wie folgt festgestellt:

a) Im **Flächennutzungsplan** kann das *allgemeine* Maß der baulichen Nutzung – soweit erforderlich – durch Angabe der Geschossflächenzahl (GFZ) bzw. der Baumassenzahl (BMZ) nach Maßgabe des § 16 Abs. 1 BauNVO dargestellt werden; auch die Begrenzung der Höhe einer baulichen Anlage kann dargestellt werden.

b) Im **Bebauungsplan** ist das Maß der baulichen Nutzung unter Einhaltung der Vorschriften des § 17 BauNVO festzusetzen (vgl. § 6 ImmoWertV Rn. 10 ff. und § 5 ImmoWertV Rn. 208 ff.).

c) In den sog. **im Zusammenhang bebauten Ortsteilen** bestimmt sich das Maß der baulichen Nutzung grundsätzlich wiederum gemäß § 34 Abs. 1 BauGB nach der Eigenart der Umgebung des Grundstücks (vgl. § 6 ImmoWertV Rn. 58 ff.; § 5 ImmoWertV Rn. 213 ff.).

220 Grundsätzlich bestimmt sich nach § 6 Abs. 1 ImmoWertV das Maß der baulichen Nutzung nach den genannten **bauplanungsrechtlichen Vorschriften unter Berücksichtigung sonstiger die Nutzbarkeit betreffender Vorschriften**. Dies gilt gleichermaßen für die Qualifizierung des zu bewertenden Grundstücks wie auch für die Qualifizierung der zum Preisvergleich herangezogenen Grundstücke einschließlich der Bodenrichtwerte. I. d. R. kommt von den vorstehend genannten Möglichkeiten zur Festsetzung des Maßes der baulichen Nutzung der

IV Syst. Darst. Vergleichswertverfahren — GFZ

Geschossflächenzahl (GFZ) die höchste Bedeutung zu. Diese GFZ gibt das zulässige Maß der baulichen Nutzung an und wird deshalb auch als

$$GFZ_{zul}$$

bezeichnet. Es handelt sich um die GFZ i. S. des § 20 Abs. 2 BauNVO.

221 Die sich nach bauplanungsrechtlichen Vorschriften unter Berücksichtigung sonstiger die Nutzbarkeit betreffender Vorschriften ergebende zulässige GFZ ist i. d. R. die *höchstzulässige Nutzung*, die i. d. R. jedoch nicht voll ausgenutzt werden muss. So wird z. B. in Einfamilienhausgebieten die maximal zulässige GFZ häufig nicht ausgenutzt. Dies bedeutet, dass sie im gewöhnlichen Geschäftsverkehr nicht wertrelevant ist. Als wertrelevant muss in diesem Fall die GFZ gelten, die in dem jeweiligen Gebiet üblicherweise ausgenutzt wird und die stadträumliche Lage prägt. Diese soll nach § 6 Abs. 1 Satz 2 ImmoWertV abweichend von der Grundsatzregelung des § 6 Abs. 1 Satz 1 ImmoWertV maßgebend sein. Die in der jeweiligen Lage wertrelevante GFZ wird allgemein als lagetypische Geschossflächenzahl bezeichnet (*lagetypische Nutzung*, vgl. § 6 ImmoWertV Rn. 75 ff.) und ist anstelle der GFZ_{zul} maßgebend, wenn die zulässige GFZ zum Wertermittlungsstichtag üblicherweise nicht realisiert wird:

$$GFZ_{lag}$$

Nach den unter § 6 ImmoWertV Rn. 76 ff. gegebenen Erläuterungen muss die lagetypische Nutzung nicht in jedem Fall mit dem in der Umgebung des Grundstücks realisierten Maß der baulichen Nutzung identisch sein.

Der Bodenwert, der sich nach Maßgabe des § 6 Abs. 1 ImmoWertV auf der Grundlage der planungsrechtlich zulässigen bzw. der lagetypischen Nutzung ergibt, wird als der **„maßgebliche Bodenwert"** bezeichnet.

222 Abweichend von der vorstehenden Regelung des § 6 Abs. 1 ImmoWertV und abweichend von § 20 Abs. 2 BauNVO sollen die Gutachterausschüsse für Grundstückswerte nach den Empfehlungen der VergleichswertR (Entwurf v. 9.7.2013) zur Berücksichtigung eines unterschiedlichen Maßes der baulichen Nutzung nicht die in § 20 Abs. 2 BauNVO normierte GFZ, sondern die sog. „wertrelevante Geschossflächenzahl"

$$WGFZ$$

verwenden.

Die **wertrelevante Geschossflächenzahl – WGFZ –** soll sich nach dem Verhältnis der Geschossfläche aller Vollgeschosse zuzüglich der „Flächen, ... die nach den baurechtlichen Vorschriften nicht anzurechnen sind, aber der wirtschaftlichen Nutzung dienen" zur Grundstücksfläche bestimmen (vgl. § 10 ImmoWertV Rn. 74 ff.; § 6 ImmoWertV Rn. 39). Die WGFZ ist mithin höher als die GFZ_{zul}, denn sie berücksichtigt zusätzlich auch die bauordnungsrechtlich nicht anrechenbaren Nutzflächen, z. B. im Keller- und Dachgeschoss einschließlich eines Staffelgeschosses.

Die wertrelevante Geschossflächenzahl soll nach den Empfehlungen der Ziff. 6 Abs. 6 der BodenrichtwertR auch den Bodenrichtwerten zugeordnet werden und es bleibt abzuwarten, ob die Gutachterausschüsse willens und in der Lage sind, diese Empfehlung aufzugreifen, denn dazu müssten sie im Rahmen der Ableitung von Bodenrichtwerten

- für bebaute Grundstücke, die in der Bodenrichtwertzone gelegenen Gebäude besichtigt haben, um die Flächen festzustellen, „die nach den baurechtlichen Vorschriften nicht anzurechnen sind, aber der wirtschaftlichen Nutzung dienen" (vgl. § 10 ImmoWertV Rn. 74) und

- für unbebaute Grundstücke spekulativ Flächen bestimmen, die im Falle einer Bebauung der Grundstücke wiederum nach „den baurechtlichen Vorschriften nicht anzurechnen" wären, „aber der wirtschaftlichen Nutzung dienen" (vgl. § 10 ImmoWertV Rn. 74).

Nach den Empfehlungen der **Ziff. 4.4.2 VergleichswertR** (Entwurf v. 9.7.2013) sollen zur WGFZ „alle Flächen gehören, die der wirtschaftlichen Nutzung dienen". Nach dieser sehr weit gefassten Definition gehören alle Grundrissebenen zur WGFZ, denn selbst unentgeltlich genutzte Kellerflächen und zugige Dachböden „dienen" der wirtschaftlichen Nutzung.

Ziff. 4.4.2 VergleichswertR (Entwurf v. 9.7.2013)**:** „Zur Ermittlung der wertrelevanten Geschossfläche ist eine wirtschaftliche Betrachtungsweise ausschlaggebend, das heißt, im Unterschied zur planungsrechtlich definierten Geschossflächenzahl (GFZ) sind alle Flächen anzurechnen, die der wirtschaftlichen Nutzung dienen. Dazu gehören auch Flächen in Nichtvollgeschossen, deren Nutzung nach den planungs- und bauordnungsrechtlichen Bestimmungen zulässig ist. Soweit die rechtlich zulässige Ausnutzbarkeit am Grundstücksmarkt nicht wertrelevant ist, ist das lagetypische Maß zugrunde zu legen. Grundlage für die Beurteilung des Maßes der wirtschaftlichen Nutzbarkeit bleibt deshalb auch bei der Bestimmung der wertrelevanten Geschossfläche die planungsrechtliche oder lagetypische Nutzbarkeit (§ 6 Abs 1 ImmoWertV). Insbesondere in Geschäftslagen kann die Abhängigkeit des Bodenwerts von den höherwertig genutzten Flächen (z.B. ebenerdige Läden) erheblich größer sein als die Abhängigkeit von der WGFZ."

Um die zum Bodenrichtwert angegebene WGFZ „richtig" würdigen zu können, müsste schon sehr genau angegeben werden, welche bauordnungsrechtlich nicht auf die GFZ anzurechnenden Flächen angerechnet wurden und in welcher Höhe. Dies kann aber kaum erwartet werden.

Sollen zur Bodenwertermittlung nach Maßgabe des § 16 Abs. 1 Satz 2 ImmoWertV Bodenrichtwerte herangezogen werden, für die der Gutachterausschuss für Grundstückswerte die in der Bodenrichtwertzone vorherrschende WGFZ angegeben hat, ist dies unproblematisch, wenn das zu bewertende Grundstück dieselbe WGFZ aufweist. Sind indessen Abweichungen zu berücksichtigen, die nach Maßgabe des § 16 Abs. 1 Satz 4 i. V. m. § 12 ImmoWertV auf der Grundlage von Umrechnungskoeffizienten berücksichtigt werden sollen, muss bedacht werden, dass die Umrechnungskoeffizienten i. d. R auf der Grundlage der $GFZ_{zul/lag}$ i. S. der BauNVO ermittelt wurden. Dies gilt auch für die Umrechnungskoeffizienten nach Anl. 11 WERTR 06.

Abweichungen zwischen dem nach vorstehenden Grundsätzen ermittelten Maß der baulichen Nutzung des zu bewertenden Grundstücks und den zum Preisvergleich herangezogenen Grundstücken (auch Bodenrichtwerten) sind durch Zu- oder Abschläge zu berücksichtigen. **Nach § 12 ImmoWertV sollen** dabei die von den Gutachterausschüssen für Grundstückswerte abgeleiteten **Umrechnungskoeffizienten Anwendung finden** (vgl. § 15 Abs. 1 Satz 4 ImmoWertV). 223

b) WERTR 06

In der Praxis sind schon vor Inkrafttreten der WertV 88 von verschiedenen Gutachterausschüssen für deren Zuständigkeitsbereich Umrechnungskoeffizienten zur Berücksichtigung eines unterschiedlichen Maßes der baulichen Nutzung ermittelt worden (GFZ : GFZ); vgl. § 12 ImmoWertV Rn. 6[101]. **Breiteste Anwendung fanden** auch heute noch **die in Anl. 11 zur** WERTR 06 und in Abb. 25 **wiedergegebenen Umrechnungskoeffizienten**. Da die Umrechnungskoeffizienten den Verhältnissen des örtlichen Grundstücksmarktes entsprechen müssen, haben die in der **WERTR** veröffentlichten Umrechnungskoeffizienten allerdings **keinen verbindlichen Charakter**. Ihre Anwendung setzt voraus, dass vorher geprüft werden muss, ob sie den örtlichen Verhältnissen entsprechen. Obwohl die genannten Umrechnungskoeffizienten nunmehr schon vor über zwei Jahrzehnten abgeleitet wurden, finden sie noch heute aufgrund entsprechender Überprüfungen breite Anwendung; bezüglich ihrer Gültigkeit kann sogar von einem Placebo-Effekt gesprochen werden. 224

Die Anl.11 WERTR 06 soll mit der in **Anl. 1 zu der erwarteten VergleichswertR** angegebenen Umrechnungskoeffizienten zur Berücksichtigung abweichender wertrelevanter Geschossflächenzahlen bei Baugrundstücken für Mehrfamilienhäuser abgelöst werden. Diese 225

---

[101] Bister in VR 1978, 124; Tiemann in VR 1976, 355, dessen Ableitungen der Anl. 11 zu den WERTR zugrunde liegen; vgl. auch Müller, Bewertung von Baugrundstücken, Hannover 1968, S. 85; Hanach, GFZ-Umrechnungskoeffizienten für die Stadt Hannover, Nachr. der Nds. Kat- und VermVw 2000, 27; Jäger, Ermittlung örtlicher Umrechnungskoeffizienten, in GuG 1995, 348; Debus in GuG 2000, 279.

IV Syst. Darst. Vergleichswertverfahren GFZ

Tabelle ist nach den Grundsätzen der VergleichswertR grundsätzlich ungeeignet, denn nach Ziff 4.4 Abs. 1 der VergleichswertR (Entwurf v. 9.7.2013) dürfen „Abweichungen von den Grundstücksmerkmalen des Vergleichsgrundstücks gegenüber dem Wertermittlungsobjekt ... i. d. R. (nur) mit Hilfe *geeigneter* Umrechnungskoeffizienten (§ 12 ImmoWertV)" berücksichtigt werden, wobei nach Abs. 2 ausdrücklich nur solche Umrechnungskoeffizienten geeignet sind, die „für einen regional und sachlich abgegrenzten Teilmarkt ermittelt wurden, für den eine gleichartige Entwicklung vorliegt, und das Ableitungsmodell und die Datengrundlage bekannt sind". Ob die bundeseinheitlichen Umrechnungskoeffizienten nach Anl. 1 der VergleichswertR „vor Ort" geeignet sind, müsste deshalb in nachvollziehbarer Weise unter Beachtung der in Ziff. 4.1 der VergleichswertR – Entwurf – gegebenen Grundsätze nachgewiesen werden.

226 Bei Anwendung der Tabellen von Umrechnungskoeffizienten sind regelmäßig einige weitere **Besonderheiten** zu beachten:

a) Den **angegebenen Umrechnungskoeffizienten liegen i. d. R. erschließungsbeitragsfreie Grundstückspreise zugrunde**; erschließungsbeitragspflichtige Grundstücke müssen bei Anwendung dieser Umrechnungskoeffizienten ggf. vorab umgerechnet werden.

Beispiel:

Vergleichspreis:
- 100 €/m² erschließungsbeitragspflichtig (ebpf)
- Geschossflächenzahl GFZ = 1,2 (UK = 1,10)
- Erschließungsbeitrag = 40 €/m²

Wertermittlungsobjekt:
- Grundstücksgröße 1 000 m²
- Geschossflächenzahl GFZ 1,6 (UK = 1,28)
- erschließungsbeitragsfrei (ebf)

Richtig			*Falsch*		
1 000 m² × 100 €/m²	=	100 000 €	1 000 m² × 100 €/m²	=	100 000 €
+ 1 000 m² × 40 €/m²	=	40 000 €	GFZ:		
= zusammen		140 000 €	100 000 € × 1,28/1,10	=	116 364 €
GFZ:			+ 1 000 m² × 40 €/m²	=	40 000 €
140 000 € × 1,28/1,10	=	162 909 €	zusammen	=	156 364 €

b) Im Falle einer **Abweichung des lageüblichen Maßes der baulichen Nutzung von dem bauplanungsrechtlich zulässigen Maß der baulichen Nutzung** ist der Ableitung dieser Umrechnungskoeffizienten entsprechend den Vorgaben des § 6 Abs. 1 ImmoWertV die lageübliche Geschossflächenzahl (GFZ) zugrunde gelegt worden. Dies muss entsprechend bei ihrer Heranziehung und Anwendung berücksichtigt werden, wenn im Einzelfall dieser Fall vorliegt. Im Falle der Heranziehung von Bodenrichtwerten ist zu prüfen, ob sich die vom Gutachterausschuss ergänzend zum Bodenrichtwert angegebene GFZ auch tatsächlich auf die lageübliche Nutzung bezieht, wie man es bei einer sachgerechten Bodenrichtwertableitung erwarten sollte (§ 6 ImmoWertV Rn. 76 ff.; § 16 ImmoWertV Rn. 223).

c) In **Ein- und Zweifamilienhausgebieten** mit einer lagetypischen GFZ < 0,8 ist eine Abhängigkeit des Bodenwerts von der GFZ in aller Regel nicht nachweisbar. Das zulässige Maß der baulichen Nutzung bleibt bei größeren Grundstücken regelmäßig unausgeschöpft und eine Umrechnung des Bodenwerts in Abhängigkeit von der GFZ kann entfallen; im Einzelfall muss jedoch die Abhängigkeit des Bodenwerts von der Grundstücksgröße berücksichtigt werden (vgl. Rn. 232).

d) Bezüglich **gewerblicher Grundstücke** müssen aufgrund regional weiterführender Untersuchungen weitere Besonderheiten beachtet werden:
- Der Gutachterausschuss in Frankfurt am Main stellt z. B. in seinem Grundstücksmarktbericht fest, dass sich für Bürogrundstücke in bester Citylage (1a-Lage) eine lineare

- Abhängigkeit des Bodenwerts von der Geschossflächenzahl (GFZ) am Markt durchgesetzt habe.
- Auch der Gutachterausschuss von Berlin hat für Dienstleistungsimmobilien eine „steilere" Abhängigkeit des Bodenwerts von der Geschossflächenzahl festgestellt.

Allgemein kann festgestellt werden, dass aufgrund neuerer Untersuchungen **für Bürogebäude eine starke Hinwendung zu einer linearen Berücksichtigung eines unterschiedlichen Maßes der baulichen Nutzung (GFZ) beobachtet werden kann.** 227

Den bislang veröffentlichten Umrechnungskoeffizienten liegt zumeist eine Berechnung der Geschossfläche nach den Bestimmungen der BauNVO 1968 zugrunde. Danach werden auch Flächen von Aufenthaltsräumen (einschließlich Umfassungswänden) in Geschossen berücksichtigt, die nicht Vollgeschosse sind. Gebäudeflächen von untergeordneten Nebengebäuden wie Garagen bleiben indessen bei der Ermittlung der GFZ unberücksichtigt. Des Weiteren wird der Berechnung der GFZ das gesamte Baugrundstück einschließlich der dazugehörigen Nebenflächen (z. B. Garagenflächen und anteilige Wegeflächen) zugrunde gelegt. 228

Abb. 6: Umrechnungskoeffizienten GFZ : GFZ gem. Anl. 11 WERTR (GFZ ermittelt nach BauNVO)

		0,4	0,5	0,6	0,7	0,8	0,9	1,0	1,1	1,2	1,3	1,4	1,5	1,6	1,7	1,8	1,9	2,0	2,1	2,2	2,3	2,4
	0,4	**1,00**	1,09	1,18	1,27	1,36	1,44	1,52	1,59	1,67	1,73	1,80	1,88	1,94	2,00	2,06	2,14	2,20	2,26	2,32	2,38	2,44
	0,5	0,92	**1,00**	1,08	1,17	1,25	1,32	1,39	1,46	1,53	1,58	1,65	1,72	1,78	1,83	1,89	1,96	2,01	2,07	2,13	2,18	2,24
	0,6	0,85	0,92	**1,00**	1,08	1,15	1,22	1,28	1,35	1,41	1,46	1,53	1,59	1,64	1,69	1,74	1,81	1,86	1,91	1,96	2,01	2,06
	0,7	0,79	0,86	0,93	**1,00**	1,07	1,13	1,19	1,25	1,31	1,36	1,42	1,48	1,52	1,57	1,62	1,68	1,73	1,77	1,82	1,87	1,92
	0,8	0,73	0,80	0,87	0,93	**1,00**	1,06	1,11	1,17	1,22	1,27	1,32	1,38	1,42	1,47	1,51	1,57	1,61	1,66	1,70	1,74	1,79
	0,9	0,69	0,76	0,82	0,88	0,95	**1,00**	1,05	1,11	1,16	1,20	1,25	1,31	1,35	1,39	1,43	1,48	1,53	1,57	1,61	1,65	1,69
	1,0	0,66	0,72	0,78	0,84	0,90	0,95	**1,00**	1,05	1,10	1,14	1,19	1,24	1,28	1,32	1,36	1,41	1,45	1,49	1,53	1,57	1,61
	1,1	0,63	0,69	0,74	0,80	0,86	0,90	0,95	**1,00**	1,05	1,09	1,13	1,18	1,22	1,26	1,30	1,34	1,38	1,43	1,46	1,50	1,53
GFZ des Vergleichsobjekts	1,2	0,60	0,65	0,71	0,76	0,82	0,86	0,91	0,95	**1,00**	1,04	1,08	1,13	1,16	1,20	1,24	1,28	1,32	1,35	1,39	1,43	1,46
	1,3	0,58	0,63	0,68	0,74	0,79	0,83	0,88	0,92	0,96	**1,00**	1,04	1,09	1,12	1,16	1,19	1,24	1,27	1,31	1,34	1,38	1,41
	1,4	0,55	0,61	0,66	0,71	0,76	0,80	0,84	0,88	0,92	0,96	**1,00**	1,04	1,08	1,11	1,14	1,18	1,22	1,25	1,29	1,32	1,35
	1,5	0,53	0,58	0,63	0,68	0,73	0,77	0,81	0,85	0,89	0,92	0,96	**1,00**	1,03	1,06	1,10	1,14	1,17	1,20	1,23	1,27	1,30
	1,6	0,52	0,56	0,61	0,66	0,70	0,74	0,78	0,82	0,86	0,89	0,93	0,97	**1,00**	1,03	1,06	1,10	1,13	1,16	1,20	1,23	1,26
	1,7	0,50	0,55	0,59	0,64	0,68	0,72	0,76	0,80	0,83	0,86	0,90	0,94	0,97	**1,00**	1,03	1,07	1,10	1,13	1,16	1,19	1,22
	1,8	0,49	0,53	0,57	0,62	0,66	0,70	0,74	0,77	0,81	0,84	0,88	0,91	0,94	0,97	**1,00**	1,04	1,07	1,10	1,13	1,15	1,18
	1,9	0,47	0,51	0,55	0,60	0,64	0,67	0,71	0,74	0,78	0,81	0,84	0,88	0,91	0,94	0,96	**1,00**	1,03	1,06	1,09	1,11	1,14
	2,0	0,46	0,50	0,54	0,58	0,62	0,66	0,69	0,72	0,76	0,79	0,82	0,86	0,88	0,91	0,94	0,97	**1,00**	1,03	1,06	1,08	1,11
	2,1	0,44	0,48	0,52	0,56	0,60	0,64	0,67	0,70	0,74	0,77	0,80	0,83	0,86	0,89	0,91	0,95	0,97	**1,00**	1,03	1,05	1,08
	2,2	0,43	0,47	0,51	0,55	0,59	0,62	0,65	0,69	0,72	0,75	0,78	0,81	0,84	0,86	0,89	0,92	0,95	0,97	**1,00**	1,03	1,05
	2,3	0,42	0,46	0,50	0,54	0,57	0,61	0,64	0,67	0,70	0,73	0,76	0,79	0,82	0,84	0,87	0,90	0,92	0,95	0,97	**1,00**	1,03
	2,4	0,41	0,45	0,48	0,52	0,56	0,59	0,62	0,65	0,68	0,71	0,74	0,77	0,80	0,82	0,84	0,88	0,90	0,93	0,95	0,98	**1,00**

(Spaltenüberschrift: GFZ des Wertermittlungsobjekts)

Die **Anl. 1 VergleichswertR**, mit der die Tabelle abgelöst werden soll, lag bei Drucklegung noch nicht vor.

Den angegebenen Umrechnungskoeffizienten liegen erschließungsbeitragsfreie (ebf) Grundstückspreise für Wohnbauland zugrunde.

Die in der Anl. 11 ausgewiesenen **Umrechnungskoeffizienten** sind **unter der Herrschaft der BauNVO 77/86** mit der von der geltenden BauNVO abweichenden Definition der Geschossfläche abgeleitet worden. Insoweit wird auf die Ausführungen zu § 6 ImmoWertV Rn. 43 ff. verwiesen. Dennoch dürfte keine Notwendigkeit bestehen, diesem Umstand besonders Rechnung tragen zu müssen. 229

230 Im Rahmen der **erbschaftsteuerlichen Ermittlung des gemeinen Werts** auf der Grundlage der von den Gutachterausschüssen für Grundstückswerte abgeleiteten Bodenrichtwerte ist nach Abschn. 6 (zu § 179 BewG) der gleichlautenden Erlasse der obersten Finanzbehörden der Länder zur Umsetzung des Gesetzes zur Reform des Erbschaftssteuer- und Bewertungsrechts vom 5.5.2009[102] bei Grundstücken, deren Geschossflächenzahl von der des Bodenrichtwertgrundstücks abweicht, der Bodenwert auf der Grundlage der Umrechnungskoeffizienten der Anl. 11 WERTR 06 auf die Geschossflächenzahl des zu bewertenden Grundstücks umzurechnen, wenn vom örtlichen Gutachterausschuss keine entsprechenden Umrechnungskoeffizienten vorgegeben worden sind.

c) *Weitere Untersuchungen*

231 Von verschiedenen Gutachterausschüssen vornehmlich größerer Städte sind eigenständig Umrechnungskoeffizienten für das Verhältnis GFZ : GFZ abgeleitet worden, die teilweise erheblich von denen der WERTR abweichen. Sie sind in den Abb. 7 ff. zusammengestellt.

232 Die vom Gutachterausschuss für Grundstückswerte abgeleiteten und veröffentlichten Umrechnungskoeffizienten beziehen sich grundsätzlich nur auf den Bereich, für den Umrechnungskoeffizienten ermittelt wurde. Eine Extrapolation ist von daher nur bedingt zulässig, wobei eine **Extrapolation in den Bereich einer niedrigeren** GFZ (0,8 bis 0,6) besonders problematisch ist und deshalb überwiegend abgelehnt wird. Hat der Gutachterausschuss beispielsweise Umrechnungskoeffizienten erst ab einer GFZ von 0,8 bzw. 0,6 abgeleitet, so kann schon daran erkannt werden, dass sich in dem darunterliegenden Bereich keine Abhängigkeiten empirisch nachweisen lassen.[103] Dies kann insbesondere außerhalb der Großstädte darauf zurückgeführt werden, dass in den davon betroffenen Ein- und Zweifamilienhausgebieten das bauplanungsrechtlich zulässige Maß der baulichen Nutzung ohnehin nicht „voll bis zum Rande des Zulässigen" ausgenutzt wird und der Bodenwert deshalb in diesem Bereich allenfalls unwesentlich auf eine weiter absinkende GFZ reagiert (vgl. Rn. 226).

233 Umrechnungskoeffizienten lassen sich in mathematisch einfachster Weise mithilfe von Regressionsanalysen ermitteln[104]. Die dabei ermittelten **Funktionsgleichungen** sind nachfolgend aufgeführt:

WERTR	$UK = 0{,}6 \times \sqrt{GFZ_{lag/zul}} + 0{,}2 \times GFZ_{lag/zul} + 0{,}2$	
	$UK_{neu} = (662{,}86 + 527{,}98 \times GFZ) / 1\,190{,}84$	
Berlin	$UK = 0{,}217 \times GFZ + 0{,}132$	Dienstleistungs- und Büroimmobilien[105]
Chemnitz (2003)	$UK = GFZ^{0{,}5732}$	Mehrfamilienhäuser
Düsseldorf (2010)[106]	$KP\ (€/m²) = 150 + 163{,}3 \times GFZ + 10{,}2 \times GFZ^2 - 0{,}97 \times GFZ^3$	
Frankfurt am Main (1996)	$UK = GFZ^{0{,}778}$	Ertragsobjekt mit Nutzungsschwerpunkt im Erdgeschoss
	$UK = 0{,}557 + 0{,}443 \times GFZ$	Ertragsobjekt mit homogener Nutzung über alle Geschosse
	$UK = GFZ^{1{,}042}$	Bürogrundstück in bester (1-a-)Citylage
Hamburg (2001)[107]	$UK = GFZ_{BauNVO = 86}^{0{,}7331}$	Geschosswohnungsbau

---

102 GuG 2009, 225.
103 Auch der Gutachterausschuss von Berlin hat für den Bereich einer GFZ 0,8 keine Umrechnungskoeffizienten veröffentlichen können. Gleichwohl soll sich nach einer älteren Feststellung von Ribbert der Bodenwert pro 0,1 GFZ-Punkte um ca. 5 % vermindern (Vortrag beim Institut für Städtebau Berlin, Tagung vom 5.–7.11.1997). Die Feststellung hat bislang keinen Eingang in die Veröffentlichung des Gutachterausschusses finden können.
104 Grundstücksmarktbericht Leipzig 2000.
105 ABl. Berlin 1993, 100 (Anteil der Büro- und Dienstleistung ≥ 80 %); inzwischen abgelöst.
106 Grundstücksmarktbericht Düsseldorf 2010.
107 Grundstücksmarktbericht Hamburg 2001.

GFZ   Syst. Darst. Vergleichswertverfahren IV

Köln (2012)[108] $UK = 0{,}692 \times 1{,}445^{GFZ}$ Geschosswohnungsbau
Leipzig[109] $UK = GFZ^{0{,}682}$
München (2012) $UK = 0{,}621 \times GFZ + 0{,}379$ Individuelle Wohnbebauung
Stuttgart $UK = GFZ^{0{,}673}$

Abb. 7: Umrechnungskoeffizienten von Düsseldorf

Umrechnungskoeffizienten von Düsseldorf								
Δ zur Bodenricht-wert-GFZ	Bodenrichtwert – GFZ							Δ zur Bodenricht-wert-GFZ
	0,7 0,6–0,8	1,0 0,9–1,2	1,5 1,3–1,7	2,0 1,8–2,3	3,0 2,4–3,5	4,0 3,6–4,5	5,0 4,6–5,5	
+ 1,5	–	–	–	–	1,36	1,23	1,13	+ 1,5
+ 1,2	–	–	–	–	1,29	1,19	1,11	+ 1,2
+ 1,0	–	–	–	1,37	1,25	1,17	1,10	+ 1,0
+ 0,8	–	–	1,37	1,30	1,20	1,14	1,08	+ 0,8
+ 0,6	–	1,35	1,28	1,22	1,15	1,10	1,07	+ 0,6
+ 0,4	1,28	1,23	1,18	1,15	1,10	1,07	1,05	+ 0,4
+ 0,2	1,14	1,12	1,09	1,08	1,05	1,04	1,02	+ 0,2
+ 0,1	1,07	1,06	1,05	1,04	1,03	1,02	1,01	+ 0,1
0,0	1,00	1,00	1,00	1,00	1,00	1,00	1,00	0,0
– 0,1	0,93	0,94	0,95	0,96	0,97	0,98	0,99	– 0,1
– 0,2	0,87	0,89	0,91	0,92	0,95	0,96	0,97	– 0,2
– 0,4	0,74	0,77	0,82	0,85	0,89	0,92	0,95	– 0,4
– 0,6	–	0,66	0,73	0,78	0,84	0,88	0,92	– 0,6
– 0,8	–	–	0,64	0,70	0,78	0,84	0,89	– 0,8
– 1,0	–	–	–	0,63	0,73	0,80	0,86	– 1,0
– 1,2	–	–	–	–	0,68	0,76	0,83	– 1,2
– 1,5	–	–	–	–	0,59	0,69	0,78	– 1,5

Quelle: Marktbericht des Gutachterausschusses für Grundstückswerte

Abb. 8: Umrechnungskoeffizienten von Duisburg

Umrechnungskoeffizienten von Duisburg					
GFZ	Frei stehende EFH, ZFH	Doppelhäuser	Reihenhäuser	Geschosswohnungsbau (Anlage 11 WertR 06)	GFZ
0,20	0,94	–	–	–	0,20
0,25	0,97	–	–	–	0,25
0,30	1,00	–	–	–	0,30
0,35	1,03	0,91	–	–	0,35
0,40	1,06	0,94	–	–	0,40
0,45	–	0,97	–	–	0,45
0,50	–	1,00	–	–	0,50
0,55	–	1,03	0,91	–	0,55
0,60	–	1,05	0,94	–	0,60
0,65	–	1,08	0,97	–	0,65
0,70	–	–	1,00	–	0,70
0,75	–	–	1,03	–	0,75
0,80	–	–	1,06	0,90	0,80
0,85	–	–	1,09	–	0,85
0,90	–	–	–	0,95	0,90
0,95	–	–	–	–	0,95
1,00	–	–	–	1,00	0,81	1,00
1,10	–	–	–	1,05	-	1,10
1,20	–	–	–	1,10	-	1,20
1,25	–	–	–	-	0,91	1,25
1,30	–	–	–	1,14	–	1,30
1,40	–	–	–	1,19	–	1,40
1,50	–	–	–	1,23	1,00	1,50
1,60	–	–	–	1,28	–	1,60
1,70	–	–	–	1,32	–	1,70

---

108 Grundstücksmarktbericht 2012
109 Grundstücksmarktbericht Leipzig 2006.

IV Syst. Darst. Vergleichswertverfahren GFZ

	Umrechnungskoeffizienten von Duisburg					
GFZ	Frei stehende EFH, ZFH	Doppelhäuser	Reihenhäuser	Geschosswohnungsbau (Anlage 11 WertR 06)		GFZ
1,75	–	–	–	1,36	1,09	1,75
1,80	–	–	–	1,41	–	1,80
1,90	–	–	–	1,45	–	1,90
2,00	–	–	–	–	1,17	2,00
2,25	–	–	–	–	1,26	2,25
2,50	–	–	–	–	1,34	2,50
2,75	–	–	–	–	1,41	2,75
3,00	–	–	–	–	1,49	3,00

Quelle: Marktbericht des Gutachterausschusses für Grundstückswerte

Abb. 9:   Umrechnungskoeffizienten von Essen

	Umrechnungskoeffizienten von Essen												
GFZ des zu beurteilenden Grundstücks	GFZ des Bodenrichtwertgrundstücks												
	0,20	0,30	0,35	0,50	0,60	0,75	0,90	1,00	1,20	1,50	3,00	2,50	3,00
0,20	1,00	0,86	0,81	–	–	–	–	–	–	–	–	–	0,20
0,22	1,03	0,89	0,84	–	–	–	–	–	–	–	–	–	0,22
0,24	1,07	0,92	0,87	0,75	–	–	–	–	–	–	–	–	0,24
0,26	1,10	0,95	0,89	0,77	–	–	–	–	–	–	–	–	0,26
0,28	1,13	0,97	0,92	0,79	–	–	–	–	–	–	–	–	0,28
0,30	1,16	1,00	0,94	0,81	0,75	–	–	–	–	–	–	–	0,30
0,32	1,19	1,03	0,97	0,83	0,77	–	–	–	–	–	–	–	0,32
0,35	1,23	1,06	1,00	0,86	0,80	–	–	–	–	–	–	–	0,35
0,38	1,27	1,10	1,03	0,89	0,82	–	–	–	–	–	–	–	0,38
0,40	1,30	1,12	1,06	0,91	0,84	0,76	–	–	–	–	–	–	0,40
0,45	–	1,18	1,11	0,96	0,88	0,80	–	–	–	–	–	–	0,45
0,50	–	1,23	1,16	1,00	0,92	0,83	0,76	–	–	–	–	–	0,50
0,55	–	1,28	1,21	1,04	0,96	0,87	0,80	0,75	–	–	–	–	0,55
0,60	–	1,33	1,26	1,08	1,00	0,90	0,83	0,78	–	–	–	–	0,60
0,65	–	–	1,30	1,12	1,04	0,94	0,86	0,81	0,74	–	–	–	0,65
0,70	–	–	1,35	1,16	1,07	0,97	0,89	0,84	0,77	–	–	–	0,70
0,75	–	–	–	1,20	1,11	1,00	0,92	0,87	0,79	–	–	–	0,75
0,80	–	–	–	1,24	1,14	1,03	0,94	0,90	0,82	–	–	–	0,80
0,85	–	–	–	1,27	1,18	1,06	0,97	0,92	0,84	0,75	–	–	0,85
0,90	–	–	–	1,31	1,21	1,09	1,00	0,95	0,87	0,77	–	–	0,90
0,95	–	–	–	1,35	1,24	1,12	1,03	0,97	0,89	0,79	–	–	0,95
1,00	–	–	–	–	1,27	1,15	1,05	1,00	0,91	0,81	–	–	1,00
1,10	–	–	–	–	1,34	1,21	1,11	1,05	0,96	0,85	–	–	1,10
1,20	–	–	–	–	–	1,26	1,16	1,10	1,00	0,89	0,76	–	1,20
1,30	–	–	–	–	–	1,32	1,21	1,14	1,04	0,93	0,79	–	1,30
1,40	–	–	–	–	–	–	1,25	1,19	1,08	0,96	0,82	–	1,40
1,50	–	–	–	–	–	–	1,30	1,23	1,13	1,00	0,85	0,75	1,50
1,60	–	–	–	–	–	–	1,35	1,28	1,17	1,04	0,88	0,78	1,60
1,70	–	–	–	–	–	–	–	1,32	1,21	1,07	0,91	0,80	1,70
1,80	–	–	–	–	–	–	–	–	1,24	1,11	0,94	0,83	0,74	1,80
1,90	–	–	–	–	–	–	–	–	1,28	1,14	0,97	0,85	0,77	1,90
2,00	–	–	–	–	–	–	–	–	1,32	1,17	1,00	0,88	0,79	2,00
2,50	–	–	–	–	–	–	–	–	–	1,34	1,14	1,00	0,90	2,50
3,00	–	–	–	–	–	–	–	–	–	–	1,27	1,12	1,00	3,00
3,50	–	–	–	–	–	–	–	–	–	–	–	1,23	1,10	3,50
4,00	–	–	–	–	–	–	–	–	–	–	–	1,33	1,20	4,00
4,50	–	–	–	–	–	–	–	–	–	–	–	–	1,29	4,50

GFZ   Syst. Darst. Vergleichswertverfahren   **IV**

GFZ des Richtwert-grundstücks	\multicolumn{16}{c}{Umrechnungskoeffizienten GFZ : GFZ für ein- und zweigeschossige Bauweise in Moers}

| GFZ des Richtwert-grundstücks | \multicolumn{16}{c}{GFZ des Wertermittlungsobjekts} |

Table (Abb. 10 context – first table):

GFZ des Richtwert-grundstücks	0,20	0,25	0,30	0,35	0,40	0,45	0,50	0,55	0,60	0,65	0,70	0,75	0,80	0,85	0,90	0,95
0,3	0,94	0,97	1,00	1,03	1,06											
0,4		0,91	0,94	0,97	1,00	1,03	1,06	1,08								
0,5			0,91	0,94	0,97	**1,00**	1,03	1,05	1,08							
0,6				0,91	0,94	0,97	1,00	1,03	1,05	1,08						
0,7						0,91	0,94	0,97	1,00	1,03	1,06	1,09				
0,8								0,91	0,94	0,97	1,00	1,03	1,06	1,09		

Quelle: Grundstücksmarktbericht 2011

Abb. 10: Umrechnungskoeffizienten in Moers

Umrechnungskoeffizienten GFZ : GFZ
für ein- und zweigeschossige Bauweise in Moers

GFZ des Richtwert-grundstücks	0,20	0,25	0,30	0,35	0,40	0,45	0,50	0,55	0,60	0,65	0,70	0,75	0,80	0,85	0,90	0,95
0,3	0,94	0,97	1,00	1,03	1,06											
0,4		0,91	0,94	0,97	1,00	1,03	1,06	1,08								
0,5			0,91	0,94	0,97	**1,00**	1,03	1,05	1,08							
0,6				0,91	0,94	0,97	1,00	1,03	1,05	1,08						
0,7						0,91	0,94	0,97	1,00	1,03	1,06	1,09				
0,8								0,91	0,94	0,97	1,00	1,03	1,06	1,09		

Quelle: Grundstücksmarktbericht 2011

Abb. 11: Umrechnungskoeffizienten von Nürnberg

Fläche	\multicolumn{10}{c}{GFUK = GFZ- und Flächen-Umrechnungskoeffizienten}

Fläche											
1 500	-	-	-	-	0,76	0,73	0,70	0,67	0,63	0,60	
1 400	-	-	-	0,80	0,77	0,74	0,71	0,67	0,64	0,61	
1 300	-	-	0,84	0,81	0,78	0,75	0,71	0,68	0,65	0,62	
1 200	-	0,88	0,85	0,82	0,79	0,75	0,72	0,69	0,66	0,63	
1 100	0,92	0,89	0,86	0,83	0,80	0,76	0,73	0,70	0,67	0,64	
1 000	0,93	0,90	0,87	0,84	0,80	0,77	0,74	0,71	0,68	0,65	
900	0,94	0,91	0,88	0,84	0,81	0,78	0,75	0,72	0,69	0,66	
800	0,95	0,92	0,88	0,85	0,82	0,79	0,76	0,73	0,70	0,67	
700	0,96	0,92	0,89	0,86	0,83	0,80	0,77	0,74	0,71	0,68	
600	0,96	0,93	0,90	0,87	0,84	0,81	0,78	0,75	0,72	0,69	
500	0,97	0,94	0,91	0,88	0,85	0,82	0,79	0,76	0,73	-	
400	0,98	0,95	0,92	0,89	0,86	0,83	0,80	0,77	-	-	
300	0,99	0,96	0,93	0,90	0,87	0,84	0,81	-	-	-	
200	1,00	0,97	0,94	0,91	0,88	0,85	-	-	-	-	
GFZ	**1,0**	**0,9**	**0,8**	**0,7**	**0,6**	**0,5**	**0,4**	**0,3**	**0,2**	**0,1**	

GFZ = Geschossflächenzahl (Mittel aus Stichprobe 0,6)
Fläche = Grundstücksfläche (Mittel aus Stichprobe ca 600 m²)
GFUK = GFZ- und Flächenumrechnungskoeffizient

IV Syst. Darst. Vergleichswertverfahren GFZ

Beispiel:

$$BW_{BO} = GFUK_{BO} / GFUK_{VO} \times BW_{VO}$$

BW_{BO}	=	Bodenwert des Wertermittlungsobjekts
BW_{VO}	=	Bodenwert des Vergleichsobjekts
$GFUK_{BO}$	=	GFZ- und Flächenumrechnungskoeffizient des Wertermittlungsobjekts
$GFUK_{VO}$	=	GFZ- und Flächenumrechnungskoeffizient des Vergleichsobjekts

GFZ_{BO}		0,3		Fläche$_{BO}$	=	1 100 m²	$GFUK_{BO}$ = 0,70
GFZ_{VO}	=	0,8		Fläche$_{VO}$	=	600 m²	$GFUK_{VO}$ = 0,90
BW_{VO}	=	300 €/m²					

$$BW_{BO}= 0{,}70/0{,}90 \times 300 \ \text{€/m²} = 233 \ \text{€/m²}$$

Abb. 12: Umrechnungskoeffizienten GFZ : GFZ in ausgewählten Städten

GFZ	WERTR Anl. 11	Aachen	Berlin**		Bonn	Braun-schweig	Chem-nitz	Darm-stadt, Dieburg	Duis-burg	Düssel-dorf	Frankfurt		
			Wohn-nutzung	Dienst-leistung	1a-Büro-lagen				EFH, ZFH, RH	EFH, DH, RH	Büro-lage linear	Wohn-, gemischt genutzte Ertrags-objekte	Ge-schoss-wohn-nungs-bau**
		2013	2004		2012	2012							2013
0,2	-	-	-	-	-	-	-	0,45	-	-	-	-	-
0,3	-	-	-	-	-	-	-	0,52	-	0,61	-	-	-
0,4	0,66	-	-	-	0,660	0,72	-	0,59	0,84	0,66	-	-	-
0,5	0,72	0,64	-	-	0,720	0,78	0,67	0,66	0,89	0,72	0,50	-	-
0,6	0,78	0,72	-	-	0,780	0,84	0,75	0,72	0,94	0,77	0,60	-	0,782
0,7	0,84	0,80	-	-	0,840	0,88	0,82	0,75	1,00	0,83	0,70	0,888	0,836
0,8	0,90	0,87	0,7960	-	0,900	0,92	0,88	0,85	1,06	0,89	0,80	0,924	0,890
0,9	0,95	0,94	0,8990	-	0,950	0,96	0,94	0,93	-	0,94	0,90	0,961	0,945
1,0	1,00	1,00	1,0000	-	1,000	1,00	1,00	1,00	-	1,00	1,00	1,000	1,000
1,1	1,05	1,06	1,0993	-	1,075	1,03	1,06	1,07	-	1,06	1,10	1,040	1,055
1,2	1,10	1,11	1,1965	-	1,150	1,06	1,11	1,14	-	1,12	1,20	1,082	1,111
1,3	1,14	1,16	1,2918	-	1,225	1,09	1,16	-	-	1,17	1,30	1,125	1,167
1,4	1,19	1,21	1,3854	-	1,300	1,12	1,21	-	-	1,23	1,40	1,170	1,223
1,5	1,24	1,25	1,4769	-	1,375	1,14	1,26	-	-	1,29	1,50	1,217	1,278
1,6	1,28	1,29	1,5665	-	1,450	1,16	1,31	-	-	1,35	1,60	1,266	1,334
1,7	1,32	1,33	1,6544	-	1,525	1,19	1,36	-	-	1,40	1,70	1,316	1,389
1,8	1,36	1,37	1,7402	-	1,600	1,21	1,40	-	-	1,46	1,80	1,368	1,444
1,9	1,41	1,40	1,8242	-	1,675	1,23	1,44	-	-	1,52	1,90	1,423	1,499
2,0	1,45	1,44	1,9062	0,5906	1,750	1,25	1,49	-	-	1,59	2,00	1,479	1,552
2,1	1,49	1,47	1,9863	0,6111	1,825	1,27	1,53	-	-	1,62	2,10	1,538	1,606
2,2	1,53	1,50	2,0646	0,6316	1,900	1,29	1,57	-	-	1,71	2,20	1,598	1,658
2,3	1,57	1,53	2,1409	0,6520	1,950	1,30	1,61	-	-	1,77	2,30	1,662	1,710
2,4	1,61	1,56	2,2154	0,6725	2,000	1,32	1,65	-	-	1,83	2,40	1,727	1,761
2,5	1,65*	1,58	2,2880	0,6930	2,050	1,33	1,69	-	-	1,88	2,50	1,785	1,810
2,6	1,67*	1,61	2,3586	0,7134	2,100	1,35	-	-	-	1,94	2,60	1,866	1,859
2,7	1,72*	1,63	2,4274	0,7339	2,150	1,37	-	-	-	2,00	2,70	1,939	1,906
2,8	1,76*	1,66	2,4941	0,7544	2,200	1,38	-	-	-	2,07	2,80	2,015	1,952
2,9	1,80*	1,68	2,5591	0,7749	2,250	1,40	-	-	-	2,12	2,90	2,094	1,996
3,0	1,84*	1,70	2,6222	0,7953	2,300	1,41	-	-	-	2,18	3,00	2,176	2,039
3,1	-	-	2,6832	0,8158	2,350	-	-	-	-	2,24	3,10	-	-
3,2	-	-	2,7425	0,8363	2,400	-	-	-	-	2,29	3,20	-	-
3,3	-	-	2,7998	0,8567	2,450	-	-	-	-	2,34	3,30	-	-
3,4	-	-	2,8551	0,8772	2,500	-	-	-	-	2,40	3,40	-	-
3,5	-	-	2,9087	0,8977	-	-	-	-	-	2,45	3,50	-	-
3,6	-	-	2,9694	0,9181	-	-	-	-	-	2,50	3,60	-	-
3,7	-	-	3,0101	0,9386	-	-	-	-	-	2,56	3,70	-	-
3,8	-	-	3,0578	0,9591	-	-	-	-	-	2,62	3,80	-	-
3,9	-	-	3,1037	0,9795	-	-	-	-	-	2,67	3,90	-	-

GFZ — Syst. Darst. Vergleichswertverfahren IV

GFZ	WERTR Anl. 11	Aachen	Berlin**		Bonn	Braun-schweig	Chem-nitz	Darm-stadt, Dieburg	Duis-burg	Düssel-dorf	Frankfurt		
			Wohn-nutzung	Dienst-leistung	1a-Büro-lagen				EFH, ZFH, RH	EFH, DH, RH	Büro-lage linear	Wohn-, gemischt genutzte Ertrags-objekte	Ge-schoss-woh-nungs-bau**
		2013	2004		2012	2012						2013	
4,0	-	-	3,1477	1,0000	-	-	-	-	-	2,72	4,00	-	-
4,1	-	-	3,1899	1,0205	-	-	-	-	-	2,77	4,10	-	-
4,2	-	-	3,2301	1,0409	-	-	-	-	-	2,83	4,20	-	-
4,3	-	-	3,2684	1,0614	-	-	-	-	-	2,87	4,30	-	-
4,4	-	-	3,3046	1,0819	-	-	-	-	-	2,91	4,40	-	-
4,5	-	-	3,3391	1,1023	-	-	-	-	-	2,96	4,50	-	3,04
4,6	-	-	3,3717	1,1228	-	-	-	-	-	3,02	4,60	-	-
4,7	-	-	3,4024	1,1433	-	-	-	-	-	3,06	4,70	-	-
4,8	-	-	3,4312	1,1637	-	-	-	-	-	3,10	4,80	-	-
4,9	-	-	3,4581	1,1842	-	-	-	-	-	3,14	4,90	-	-
5,0	-	-	3,4830	1,2047	-	-	-	-	-	3,18	5,00	-	-
5,1	-	-	-	1,2251	-	-	-	-	-	-	-	-	-
5,2	-	-	-	1,2456	-	-	-	-	-	-	-	-	-
5,3	-	-	-	1,2661	-	-	-	-	-	-	-	-	-
5,4	-	-	-	1,2866	-	-	-	-	-	-	-	-	-
5,5	-	-	-	1,3070	-	-	-	-	-	3,37	-	-	-
5,6	-	-	-	1,3275	-	-	-	-	-	-	-	-	-
5,7	-	-	-	1,3480	-	-	-	-	-	-	-	-	-
5,8	-	-	-	1,3684	-	-	-	-	-	-	-	-	-
5,9	-	-	-	1,3889	-	-	-	-	-	-	-	-	-
6,0	-	-	-	1,4094	-	-	-	-	-	3,50	-	-	-
6,1	-	-	-	1,4298	-	-	-	-	-	-	-	-	-
6,2	-	-	-	1,4503	-	-	-	-	-	-	-	-	-
6,3	-	-	-	1,4708	-	-	-	-	-	-	-	-	-
6,4	-	-	-	1,4912	-	-	-	-	-	-	-	-	-
6,5	-	-	-	1,5117	-	-	-	-	-	3,59	-	-	4,16
6,6	-	-	-	1,5322	-	-	-	-	-	-	-	-	-
6,7	-	-	-	1,5526	-	-	-	-	-	-	-	-	-
6,8	-	-	-	1,5731	-	-	-	-	-	-	-	-	-
6,9	-	-	-	1,5936	-	-	-	-	-	-	-	-	-
7,0	-	-	-	1,6140	-	-	-	-	-	-	-	-	-
10,0	-	-	-	-	-	-	-	-	-	-	8,868*	-	-
15,0	-	-	-	-	-	-	-	-	-	-	11,686*	-	-
20,0	-	-	-	-	-	-	-	-	-	-	13,531*	-	-
25,0	-	-	-	-	-	-	-	-	-	-	14,475*	-	-
30,0	-	-	-	-	-	-	-	-	-	-	14,587*	-	-

* Für den Bereich des Einzelhandels werden im Grundstücksmarktbericht besondere Umrechnungskoeffizienten ausgewiesen; zu GFZ-Umrechnungskoeffizienten für Bürohochhäuser vgl. Debus, GuG 2000, 279;

** Die Anwendung entspricht der WGFZ (Grundstücksmarktbericht 2012, S. 31).

Quelle: Gutachterausschüsse für Grundstückswerte: Marktberichte

IV Syst. Darst. Vergleichswertverfahren GFZ

GFZ	Göttingen		Hamburg			LK Hameln Pyrmont	Hannover (2012)	Hanno-versch Münden Innen-stadt	Heppen-heim (2011)
	Außer Innenstadt	Innen-stadt	Wohnen	Büros	Läden				
0,2	-	-	0,307	0,519	0,5	-	-	-	-
0,3	0,64	-	0,414	0,564	0,5	-	-	-	0,52
0,4	0,68	-	0,511	0,612	0,5	-	-	-	0,59
0,5	0,73	-	0,602	0,664	0,5	0,84	-	-	0,65
0,6	0,77	-	0,688	0,721	0,6	0,88	0,84	-	0,72
0,7	0,82	-	0,770	0,782	0,7	0,92-	0,88	-	0,79
0,8	0,88	-	0,849	0,849	0,8	0,95-	0,92	-	0,86
0,9	0,94	-	0,926	0,921	0,9	0,97	0,96	-	0,93
1,0	1,00	1,00	1,00	1,00	1,0	1,00	1,00	1,00	1,00
1,1	1,07	-	1,07	1,09	1,1	1,03	1,05	-	-
1,2	1,14	1,09	1,14	1,18	1,2	1,04	1,10	1,23	-
1,3	1,21	-	1,21	1,27	1,3	1,07	1,14	-	-
1,4	1,30	1,16	1,28	1,36	1,4	-	1,19	1,44	-
1,5	-	-	1,35	1,45	1,5	-	1,24	-	-
1,6	-	1,26	1,41	1,54	1,6	-	1,28	1,65	-
1,7	-	-	1,48	1,63	1,7	-	1,30	-	-
1,8	-	1,37	1,54	1,71	1,8	-	1,34	1,85	-
1,9	-	-	1,60	1,80	1,9	-	-	-	-
2,0	-	1,47	1,66	1,89	2,0	-	-	2,08	-
2,1	-	-	1,72	1,98	2,1	-	-	-	-
2,2	-	1,59	1,78	2,06	2,2	-	-	2,29	-
2,3	-	-	1,84	2,15	2,3	-	-	-	-
2,4	-	1,72	1,90	2,23	2,4	-	-	2,52-	-
2,5	-	-	1,96	2,32	2,5	-	-	-	-
2,6	-	1,87	2,01	2,40	2,6	-	-	2,75-	-
2,7	-	-	2,07	2,49	2,7	-	-	-	-
2,8	-	2,01	2,13	2,57	2,8	-	-	3,00	-
2,9	-	-	2,18	2,66	2,9	-	-	-	-
3,0	-	-	2,24	2,74	3,0	-	-	3,25	-
3,5	-	-	2,51	3,16	3,5	-	-	-	-
4,0	-	-	2,77	3,57	4,0	-	-	-	-
4,5	-	-	3,94	3,97	4,5	-	-	-	-
5,0	-	-	3,32	4,38	5,0	-	-	-	-
5,5	-	-	3,59	4,78	5,5	-	-	-	-
6,0	-	-	3,88	5,17	6,0	-	-	-	-
6,5	-	-	4,16	5,57	6,5	-	-	-	-

Quelle: Gutachterausschüsse für Grundstückswerte

GFZ — Syst. Darst. Vergleichswertverfahren IV

Umrechnungskoeffizienten für das Wertverhältnis von gleichwertigen Grundstücken bei unterschiedlicher baulichen Nutzung (GFZ : GFZ)

GFZ	LK Hildesheim	Karlsruhe Büro usw.	Köln (2012) Geschoss-wohnungsbau	Konstanz Wohnen	Konstanz Gewerbe	Leipzig
0,4	0,81	0,71	-	-	-	0,54
0,5	0,83	0,76	-	0,54	-	0,62
0,6	0,85	0,81	-	0,62	-	0,71
0,7	0,88	0,86	-	0,71	-	0,78
0,8	0,91	0,90	0,93	0,78	-	0,86
0,9	0,95	0,95	0,96	0,86	-	0,93
1,0	**1,00**	**1,00**	**1,00**	0,93	**1,00**	**1,00**
1,1	1,05	1,05	1,04	1,00	-	1,07
1,2	1,11	1,10	1,08	1,07	-	1,13
1,3	-	1,14	1,12	1,13	-	1,20
1,4	-	1,19	1,16	1,20	-	1,26
1,5	-	1,24	1,20	1,26	-	1,32
1,6	-	1,29	1,25	1,32	-	1,38
1,7	-	1,34	1,29	1,38	-	1,44
1,8	-	1,39	1,34	1,44	-	1,49
1,9	-	1,43	1,39	1,49	-	1,55
2,0	-	1,48	1,44	1,55	1,25	1,60
2,1	-	1,53	1,50	1,60	-	1,66
2,2	-	1,58	1,56	1,66	-	1,71
2,3	-	1,63	1,61	1,71	-	1,76
2,4	-	1,68	1,67	1,76	-	1,82
2,5	-	-	1,74	1,82	-	1,87
2,6	-	-	1,80	1,87	-	1,92
2,7	-	-	1,87	1,92	-	1,97
2,8	-	-	1,94	1,97	-	2,02
2,9	-	-	2,01	2,02	-	2,07
3,0	-	-	2,09	2,07	2,07	2,12
3,1	-	-	2,17	2,12	-	2,16
3,2	-	-	2,25	2,16	-	2,21
3,3	-	-	2,33	2,21	-	2,26
3,4	-	-	2,42	2,26	-	2,30
3,5	-	-	2,51	2,30	-	2,35
3,6	-	-	2,60	2,35	-	2,40
3,7	-	-	-	2,4	-	2,44
3,8	-	-	(2,81)	2,44	-	2,49
3,9	-	-	-	2,49	-	2,53
4,0	-	-	(3,02)	2,53	-	2,57
4,1	-	-	-	2,57	-	2,62
4,2	-	-	(3,25)	2,62	-	2,66
4,3	-	-	-	2,66	-	2,70
4,4	-	-	(3,50)	2,70	-	2,75
4,5	-	-	-	2,75	-	2,79
4,6	-	-	(3,77)	2,79	-	2,83
4,7	-	-	-	2,83	-	2,87
4,8	-	-	(4,05)	2,87	-	2,91
4,9	-	-	-	2,91	-	2,96
5,0	-	-	(4,36)	2,96	-	3,00
5,1	-	-	-	-	-	3,04
6,0	-	-	-	2,20	-	-

Quelle: Gutachterausschüsse für Grundstückswerte: Marktberichte

IV Syst. Darst. Vergleichswertverfahren — GFZ

GFZ	München			Nürnberg	Offenbach	Paderborn	Schwerin	Stuttgart		LK Westerwald	Wuppertal	Region Südhessen
	Wohnbauland		Höherwertiges Gewerbe 2012	Misch- und Wohnnutzung	Büro, Dienstleist.			Wohnhäuser			Geschosswohnungsbau 2012	
	EFH, RH, DH 2012	Mehrgeschossig						1-2 geschossig 2012	Mehrgeschossig 2012			
0,2	-	-	-	-	-	-	-	-	-	-	-	0,44
0,3	-	-	-	-	-	-	0,54	0,69	-	0,55	-	0,52
0,4	0,627	0,727	0,727	-	-	-	-	0,75	-	0,66	0,80	0,59
0,5	0,690	0,773	0,773	-	-	-	-	0,80	-	0,74	0,83	0,65
0,6	0,752	0,812	0,812	-	-	-	-	0,84	-	0,81	0,86	0,72
0,7	0,814	0,850	0,850	0,86	-	-	0,85	0,88	-	0,87	0,90	0,79
0,8	0,876	0,891	0,891	0,90	-	-	-	0,92	0,94	0,92	0,93	0,86
0,9	0,938	0,931	0,939	0,95	-	-	-	0,96	0,97	-	0,97	0,93
1,0	**1,000**	**1,000**	**1,000**	**1,00**	**1,00**	**1,00**	**1,00**	**1,00**	**1,00**	**1,00**	**1,00**	**1,00**
1,1	1,062	1,100	1,100	1,05	1,03	1,00	-	1,05	1,03	-	1,03	-
1,2	-	1,200	1,200	1,10	1,05	1,02	-	-	1,07	-	1,07	-
1,3	-	1,300	1,300	1,14	1,08	1,03	-	-	1,10	-	1,10	-
1,4	-	1,400	1,400	1,19	1,11	1,05	-	-	1,14	-	1,14	-
1,5	-	1,500	1,500	1,24	1,13	1,08	-	-	1,18	-	1,17	-
1,6	-	1,600	1,600	1,29	1,16	1,11	-	-	1,22	-	1,20	-
1,7	-	1,700	1,700	1,34	1,19	1,14	-	-	1,27	-	1,24	-
1,8	-	1,800	1,800	1,39	1,21	1,17	-	-	1,31	-	1,27	-
1,9	-	1,900	1,900	1,43	1,24	1,21	-	-	1,36	-	1,31	-
2,0	-	2,000	2,000	1,48	1,26	1,25	-	-	1,41	-	1,34	-
2,1	-	2,100	2,100	1,53	1,29	1,29	-	-	1,46	-	1,37	-
2,2	-	2,200	2,200	1,58	1,31	1,32	-	-	1,51	-	1,41	-
2,3	-	2,300	2,300	1,63	1,34	1,35	-	-	1,56	-	1,44	-
2,4	-	2,400	2,400	1,67	1,36	1,38	-	-	1,61	-	1,48	-
2,5	-	2,500	2,500	1,72	1,39	1,40	-	-	-	-	-	-
2,6	-	2,600	2,600	1,77	1,41	1,42	-	-	-	-	-	-
2,7	-	2,700	2,700	1,82	1,43	1,43	-	-	-	-	-	-
2,8	-	2,800	2,800	1,87	1,46	1,45	-	-	-	-	-	-
2,9	-	2,900	2,900	1,91	1,48	1,46	-	-	-	-	-	-
3,0	-	3,000	3,000	1,96	1,50	1,48	-	-	-	-	-	-
3,1	-	3,100	3,100	2,01	1,53	1,50	-	-	-	-	-	-
3,2	-	3,200	3,200	2,06	1,55	1,51	-	-	-	-	-	-
3,3	-	3,300	3,300	2,11	-	1,53	-	-	-	-	-	-
3,4	-	3,400	3,400	2,16	-	1,55	-	-	-	-	-	-
3,5	-	3,500	3,500	2,20	-	1,57	-	-	-	-	-	-
3,6	-	3,600	3,600	2,25	-	1,58	-	-	-	-	-	-
3,7	-	3,700	3,700	2,30	-	1,60	-	-	-	-	-	-
3,8	-	3,800	3,800	2,35	-	1,62	-	-	-	-	-	-
3,9	-	3,900	3,900	2,40	-	1,64	-	-	-	-	-	-
4,0	-	4,000	4,000	2,44	-	1,65	-	-	-	-	-	-
4,1	-	-	(4,10)	-	-	1,67	-	-	-	-	-	-
4,2	-	-	(4,20)	-	-	1,69	-	-	-	-	-	-
4,3	-	-	(4,30)	-	-	1,71	-	-	-	-	-	-
4,4	-	-	(4,40)	-	-	1,72	-	-	-	-	-	-
4,5	-	-	(4,50)	-	-	1,74	-	-	-	-	-	-
4,6	-	-	(4,60)	-	-	1,76	-	-	-	-	-	-
4,7	-	-	(4,70)	-	-	1,78	-	-	-	-	-	-
4,8	-	-	(4,80)	-	-	1,80	-	-	-	-	-	-
4,9	-	-	(4,90)	-	-	1,81	-	-	-	-	-	-

Umrechnungskoeffizienten für das Wertverhältnis von gleichwertigen Grundstücken bei unterschiedlicher baulichen Nutzung (GFZ : GFZ)

GFZ	\multicolumn{3}{c}{München}	Nürnberg	Offenbach	Paderborn	Schwerin	\multicolumn{2}{c}{Stuttgart}	LK Westerwald	Wuppertal	Region Südhessen
	\multicolumn{2}{c}{Wohnbauland}	Höherwertiges Gewerbe 2012	Misch- und Wohnnutzung	Büro, Dienstleist.			\multicolumn{2}{c}{Wohnhäuser}		Geschosswohnungsbau 2012	
	EFH, RH, DH 2012	Mehrgeschossig						1-2 geschossig 2012	Mehrgeschossig 2012			
5,0	-	-	(5,00)	-	-	1,82	-	-	-	-	-	-
5,5	-	-	(5,50)	-	-	-	-	-	-	-	-	-
6,0	-	-	6,00	-	-	-	-	-	-	-	-	-
6,5	-	-	6,50	-	-	-	-	-	-	-	-	-

Quelle: Gutachterausschüsse für Grundstückswerte: Marktberichte.

d) Ersatzmethoden

Wo keine empirischen Erkenntnisse über die Abhängigkeit des Bodenwerts vom Maß der baulichen Nutzung vorliegen, hat es sich auch als praktikabel erwiesen, die **Vergleichspreise nicht in ihrer tatsächlich vereinbarten Höhe, sondern umgerechnet auf den Geschossflächenpreis in den Preisvergleich einzubringen**. Der Geschossflächenpreis des Vergleichsgrundstücks berechnet sich nach der Formel:

$$\text{Geschossflächenpreis} = \frac{\text{Bodenpreis}_{m^2}}{\text{GFZ}}$$

234

Der Bodenwert des zu bewertenden Grundstücks ergibt sich mithilfe von Geschossflächenpreisen durch Multiplikation der Geschossflächenzahl des zu bewertenden Grundstücks mit dem **mittleren Geschossflächenpreis der Vergleichsgrundstücke**.

Beispiel:

– Bezogen auf den Wertermittlungsstichtag liegen folgende Vergleichspreise/m² vor:

Nr.	Preis [€/m²]	GFZ
1	310	1,00
2	410	1,50
3	220	0,85
4	340	1,25
5	230	0,95
	Σ 1 530	Σ 5,55

Mittlerer Vergleichspreis pro GFZ = 1,00:

1 530/5,55 = 275,7 €/m² bei GFZ = 1,00

– Zu ermitteln ist der Verkehrswert eines Grundstücks mit einer GFZ von 1,1:

Verkehrswert = 275,7 €/m² × 1,1 = 303 €/m²

▶ *Weitere Ausführungen zur Ableitung und Anwendung von Umrechnungskoeffizienten zur Berücksichtigung eines unterschiedlichen Maßes der baulichen Nutzung vgl. § 9 ImmoWertV Rn. 1 ff.; § 12 ImmoWertV Rn. 1 ff. und § 16 ImmoWertV Rn. 233 ff.*

Die Umrechnungskoeffiziententabelle verliert ihre Aussagekraft, wenn Grundstücke mit **erheblich voneinander abweichenden Geschossflächenzahlen** miteinander verglichen werden sollen, vor allem, wenn zudem die Mieten in den einzelnen Geschossen stark voneinander abweichen.

235

IV Syst. Darst. Vergleichswertverfahren — GRZ

236 In der Praxis wird mitunter die **Abweichung der** auf dem zu bewertenden Grundstück **realisierbaren GFZ gegenüber der fiktiven GFZ** des Bodenrichtwertgrundstücks durch Umrechnung nach folgender Formel berücksichtigt:

$$\text{Bodenrichtwert} \times \frac{\text{GFZ}_{\text{realisiert}}}{\text{GFZ}_{\text{Bodenrichtwert}}}$$

237 *Beispiel:*

Dem Bodenrichtwert von 850 €/m² liegt eine GFZ von 2,0 zugrunde. Er soll zur Bodenwertermittlung eines Grundstücks mit einer GFZ von 2,2 zur Anwendung kommen:

$$850 \, \text{€/m}^2 \times \frac{2,2}{2,0} = 935 \, \text{€/m}^2$$

Methodisch enthält die im Beispiel dargestellte Vorgehensweise eine Reihe von Vereinfachungen, da hier das Verhältnis 1:1 unterstellt wird.

a) Abweichungen im Maß der baulichen Nutzung zwischen dem Bodenrichtwertgrundstück und dem zu bewertenden Grundstück sollen nach § 12 ImmoWertV auf der Grundlage von Umrechnungskoeffizienten berücksichtigt werden. Dies ergäbe auf der Grundlage der Umrechnungskoeffizienten nach Anl. 11 zur WERTR

$$850 \, \text{€/m}^2 \times \frac{1,53}{1,45} = \text{rd. } 897 \, \text{€/m}^2$$

b) Kann aufgrund einer bestehenden Bebauung des Grundstücks mit einer GFZ von 2,0 die nach § 6 Abs. 1 ImmoWertV maßgebliche GFZ von 2,2 erst in n = 20 Jahren „ausgeschöpft" werden, so ergibt sich nach der unter § 16 ImmoWertV Rn. 235 ff. vorgestellten Formel bei einem Zinssatz von p = 5 %:

$$BW = BW_{\text{real.}} + (BW_{\text{zul.}} - BW_{\text{real.}}) \times 1/q^n$$

$$BW = 850 \, \text{€/m}^2 + (897 \, \text{€/m}^2 - 850 \, \text{€/m}^2) \times 1/1,05^{20} = \text{rd. } 867 \, \text{€/m}^2$$

5.3.3.2 Baumassenzahl (BMZ)

▶ *Vgl. § 6 ImmoWertV Rn. 47 ff.*

238 Es gibt **kein allgemein gültiges Umrechnungsverhältnis zwischen der GFZ und der BMZ**, insbesondere nicht für bereits errichtete Gebäude. Im Rahmen einer baurechtlich zulässigen BMZ können nämlich die unterschiedlichsten Geschosshöhen realisiert werden. Von daher verbietet es sich, eine planungsrechtlich ausgewiesene BMZ unter Hinweis auf die Regelung des § 21 Abs. 4 BauNVO auf eine GFZ pauschal in der Weise umzurechnen, dass die ausgewiesene BMZ durch den Faktor 3,5 geteilt wird.

5.3.3.3 Grundflächenzahl (GRZ)

▶ *Hierzu Allgemeines § 6 ImmoWertV Rn. 37 ff.; Beispiel in Teil V Rn. 649*

239 In den Innenstädten wird der Bodenwert ausschlaggebend durch die Nutzung der unteren Geschosse und den dort erzielbaren Erträgen bestimmt. Neben der **erdgeschossigen Ladennutzung** haben das Keller- und das 1. Obergeschoss durch deren bauliche Einbeziehung an Bedeutung gewonnen. Die herausragende Bedeutung der erdgeschossigen Ladennutzung in den Innenstädten lässt es vielfach sogar sinnvoll erscheinen, die zum Preisvergleich herangezogenen Kaufpreise nach einem Frontmetermaßstab auf die Eigenschaften des zu bewertenden Grundstücks unter Vernachlässigung der i. d. R. ohnehin nicht allzu unterschiedlichen GFZ umzurechnen.[110] Deshalb besteht **in den Innenbereichen** die Besonderheit, dass der

---

[110] So schon Großmann in ZfV 1951, 175; Buhr in AVN 1930, 151, in ZfV 1931, 764; Jahrbuch der Bodenreform, 52. Jahrgang, Heft 1; Möhring in AVN 1898, 233.

GRZ als wertbeeinflussendem Faktor eine höhere Bedeutung zukommt, da eine hohe GRZ eine entsprechend größere erdgeschossige Ladennutzung ermöglicht.

Der **besonderen Bedeutung der GRZ** und der vergleichsweise hohen Mieterträge im unteren Geschossbereich bei den in City-Lagen gelegenen Grundstücken kann mit dem sog. **Mietsäulenverfahren**[111] Rechnung getragen werden. In Abb. 13 wird dies an einem Extrembeispiel verdeutlicht, wobei der Wertunterschied in erster Linie aus der höheren GRZ resultiert, die zu einer erheblichen Ertragssteigerung in den unteren Geschossbereichen führt. **240**

Der in dem *Beispiel* vorgenommenen Berechnungsweise liegt eine lineare Abhängigkeit des Bodenwerts vom Maß der baulichen Nutzung zugrunde, die kritisch hinterfragt werden muss, zumal insbesondere die empirischen Untersuchungen zur Abhängigkeit des Bodenwerts von der Erdgeschossmiete eher auf eine parabolische Abhängigkeit deuten. **241**

Abb. 13: Umrechnung von Vergleichswerten mithilfe der Ertragsverhältnisse nach dem sog. Mietsäulenverfahren

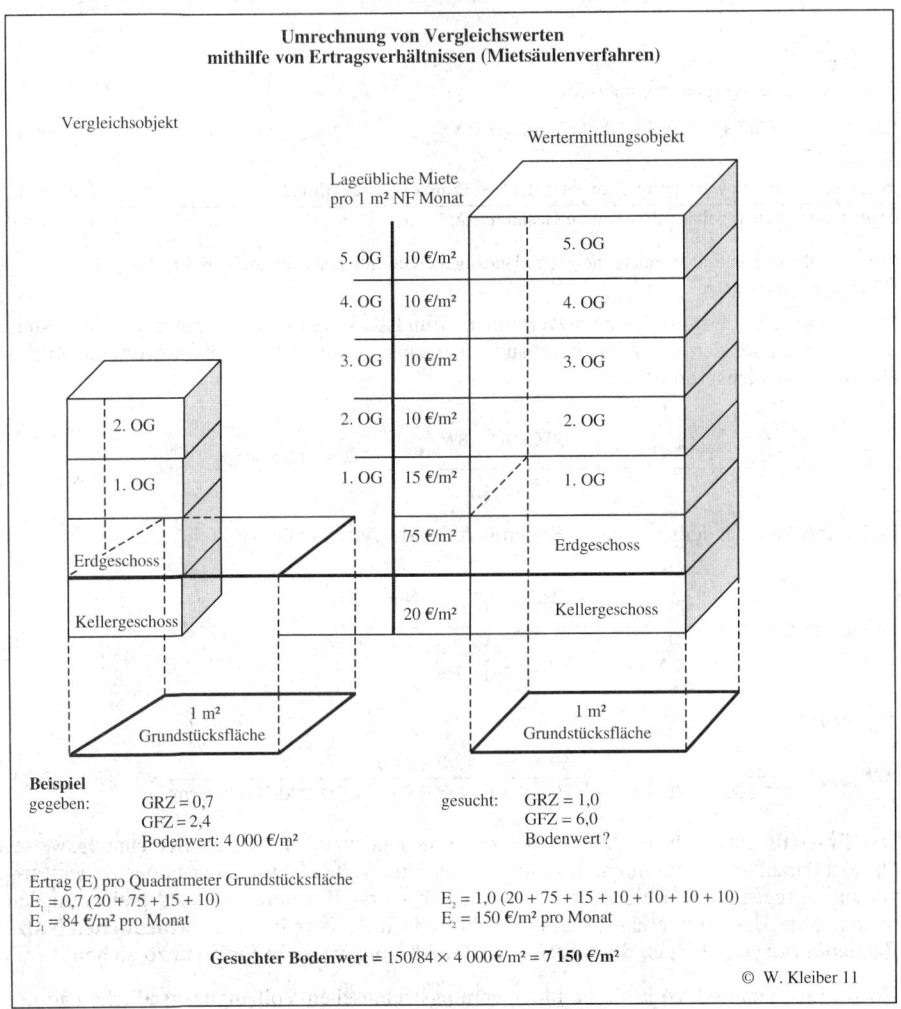

111 BGH, Urt. vom 1.2.1982 – III ZR 93/80 –, BGHZ 83, 61 = EzGuG 14.69.

IV Syst. Darst. Vergleichswertverfahren GRZ

242 Die vorstehende **Berechnungsweise lässt sich noch verfeinern:**

- Da sich der in der vorstehenden Berechnung angesetzte monatliche Reinertrag auf den Quadratmeter Nutzfläche bezieht, können die Ansätze mithilfe des Nutzflächenfaktors (im Regelfall 0,8) reduziert werden.
- Darüber hinaus kann auch berücksichtigt werden, dass der angesetzte Reinertrag ein Nutzungsentgelt für Boden und Gebäude (Grundstück) ist und der Reinertrag deshalb um den Bodenwertverzinsungsbetrag gemindert wird.

Der um den Bodenwertverzinsungsbetrag verminderte Gesamtertrag der Mietsäule des Vergleichsgrundstücks ergibt sich bei einem Bodenwert von 4 000 €/m², einer GRZ von 0,7, einem Nutzflächenfaktor (NFF) von 0,80 und einem Liegenschaftszinssatz von 6 % (mit dem im Übrigen sämtliche immobilienwirtschaftlich relevanten Umstände einschließlich steuerlicher Gegebenheiten berücksichtigt werden) zu:

$$RE_{Gesamt\,(Vergleichsgrundstück)} = \sum_{n=1}^{n} RE_{Geschosse} \times GRZ_{Vergleichsgrundstück} \times NFF - BW_{Vergleichsgrundstück} \times \frac{p}{100 \times 12\,Monate}$$

Im Beispiel:

Gesamtertrag des Vergleichsgrundstücks:

(20 €/m² + 75 €/m² + 15 €/m² + 10 €/m²) × 0,7 × 0,8 = 67,20 €/m²
abzüglich
monatlichem Bodenwertverzinsungsbetrag: 4 000 €/m² × 0,06/12 Monate = 20,00 €/m²
ergibt: monatlichen gebäudebezogenen Gesamtertrag: 47,20 €/m²

Der vorstehend ermittelte monatliche gebäudebezogene Gesamtertrag sei zur Vereinfachung als $RE_{reduziert}$ bezeichnet.

Der gesuchte Bodenwert des zu bewertenden Grundstücks ergibt sich dann durch Auflösung des Verhältnisses der monatlichen gebäudebezogenen Gesamterträge des Bewertungsobjekts und des Vergleichsgrundstücks:

$$BW_{gesucht} = \frac{\sum_{n=1}^{n} RE_{Geschosse\,(Bewertungsobjekt)} \times GRZ \times NFF - BW_{gesucht} \times \frac{p}{100 \times 12\,Monate}}{RE_{reduziert}} \times BW_{Vergleichsgrundstück}$$

und aufgelöst nach dem gesuchten Bodenwert des Bewertungsobjekts:

$$BW_{gesucht} = \frac{\sum_{n=1}^{n} RE_{Geschosse\,(Bewertungsobjekt)} \times GRZ_{Bewertungsobjekt} \times NFF}{\frac{p}{100 \times 12\,Monate} + \frac{RE_{reduziert}}{BW_{Vergleichsgrundstück}}}$$

Im Beispiel:

$$BW_{gesucht} = \frac{150\,€/m² \times 1,00 \times 0,80}{6/1\,200 + (120\,€/m² \times 0,70 \times 0,80 - 4\,000\,€/m² \times 6/1\,200)/4\,000\,€/m²} = 7\,142,86\,€/m²$$

Das Ergebnis entspricht exakt dem der oben stehenden vereinfachten Berechnungsweise. Dies ist darauf zurückzuführen, dass sowohl der Nutzflächenfaktor als auch der Bodenwertverzinsungsbetrag den Reinertrag des Vergleichs- und Bewertungsobjekts gleichermaßen reduziert und das Wertverhältnis mithin nicht beeinflusst. **Nur bei unterschiedlichen Nutzflächenfaktoren (NFF) ist die verfeinerte Berechnungsweise in Betracht zu ziehen.**

243 Höchst problematisch ist auch die im bewertungstechnischen Vollzug umständliche und mit zusätzlichen Fehlerquellen behaftete Ermittlung des Bodenwertanteils am Reinertrag, indem der Reinertrag um die Verzinsung der gewöhnlichen Herstellungskosten des jeweiligen Geschosses (NHK pro Quadratmeter BGF × Liegenschaftszinssatz) reduziert wird. Bei einer homogenen Kostenstruktur ist auch diese Reduktion ohne Einfluss auf das Wertverhältnis und schon von daher abzulehnen. Von einer homogenen Kostenstruktur ist in aller Regel selbst bei unterschiedlichen Nutzungen der Geschossebenen auszugehen, denn auch in diesem Falle muss ein Investor von „gemischten" Herstellungskosten ausgehen und dementsprechend weisen die amtlichen Tabellenwerke über Normalherstellungskosten nur die Gesamtkosten der Gebäude ohne Untergliederung nach den Herstellungskosten einzelner Geschossebenen (KG, DG, EG usw.) vor.

5.3.3.4 Zahl der Vollgeschosse

▶ *Vgl. § 6 ImmoWertV Rn. 48*

Insbesondere bei gemischt-genutzten Grundstücken wird in der Praxis der Gutachterausschüsse für Grundstückswerte bezüglich des dem Bodenrichtwert zugeordneten Maßes der baulichen Nutzung die Geschosszahl (Z) angegeben. **Bei abweichender Geschosszahl** soll dann der Unterschied nach der **Schichtwertmethode** (Schirmer) berücksichtigt werden. Diese sieht folgende Umrechnungskoeffizienten vor:

Abb. 14: Umrechnungskoeffizienten für unterschiedliche Geschosszahlen (Z)

	Umrechnungskoeffizienten für unterschiedliche Geschosszahlen (Z)				
		Vergleichsobjekt			
	Geschosszahl	III	IV	V	VI
Bodenrichtwertgrundstück	III	1	1,19	1,38	–
	IV	0,84	1	1,16	1,32
	V	0,72	0,86	1	1,14
	VI	–	0,76	0,88	1

Quelle: Gutachterausschuss für Grundstückswerte Gelsenkirchen 2011

5.3.4 Bauweise

▶ *Vgl. § 6 ImmoWertV Rn. 55*

Unter der Bauweise wird bauplanungsrechtlich die Stellung des Baukörpers auf dem Grundstück verstanden, wobei § 22 BauNVO zwischen der offenen und geschlossenen Bauweise unterscheidet. Vom Gutachterausschuss der Stadt *Solingen* wurden zur wertmäßigen Unterscheidung folgende **Umrechnungskoeffizienten** abgeleitet:

Offene Bauweise	**1,00**
Doppelhaus über 10 m Frontbreite	1,05
Doppelhaus unter 10 m Frontbreite	1,10
Reihenhaus	1,15

Bei alledem besteht eine Korrelation zur Abhängigkeit des Bodenwerts von der Grundstücksgröße. Das Reihenhaus weist i. d. R. gegenüber der offenen Bauweise eine kleinere Grundstücksfläche auf und dies darf nicht doppelt berücksichtigt werden.

5.3.5 Grundstücksgröße, -tiefe und -zuschnitt

5.3.5.1 Allgemeines

Schrifttum: *Reinhardt, W.*, Die Fläche als wertrelevante Größe für individuelles Wohnbauland in ländlichen Bereichen, GuG 2008, 321.

▶ *Vgl. § 5 ImmoWertV Rn. 88 ff.*

IV Syst. Darst. Vergleichswertverfahren — Grundstücksgröße

247 Erfahrungsgemäß ist der auf den Quadratmeter Grundstücksfläche bezogene Bodenwert sowohl von der Grundstücksgröße als auch von der Grundstückstiefe abhängig. Allgemein gelten folgende **Erfahrungssätze:**

  a) Je größer die Gesamtfläche eines Grundstücks, desto kleiner ist der auf den Quadratmeter bezogene Bodenwert.

  b) Ausgehend von der Vorderlandfläche eines Grundstücks nimmt der auf den Quadratmeter bezogene Bodenwert mit der Grundstückstiefe ab.

248 Um die Abhängigkeit des Bodenwerts von der Grundstücksgröße *(size)* oder Grundstückstiefe in marktkonformer Weise berücksichtigen zu können, werden von den Gutachterausschüssen für Grundstückswerte Umrechnungskoeffizienten in Abhängigkeit von der Grundstückstiefe, aber auch Umrechnungskoeffizienten in Abhängigkeit von der Grundstücksfläche abgeleitet. **Grundstücksgröße und Grundstückstiefe** sind aber keine unabhängig voneinander stehenden Parameter, sondern **stehen in aller Regel in Beziehung** zueinander. Mit zunehmender Grundstückstiefe wächst nämlich i. d. R. auch die Grundstücksgröße. Aus diesem Grunde würde es auf eine Doppelberücksichtigung hinauslaufen, wenn im Zuge der Bodenwertermittlung übergroßer Grundstücke Umrechnungskoeffizienten in Abhängigkeit von der Grundstückstiefe und gleichzeitig Umrechnungskoeffizienten in Abhängigkeit von der Grundstücksfläche zur Anwendung kämen.

249 Das Verhältnis der (Front-)Breite und Tiefe eines Grundstücks bestimmt wiederum die **Grundstücksgestalt** *(shape)*, den **Grundstückszuschnitt** bzw. die **Form des Grundstücks**. Grundstücksgröße und Grundstückstiefe stehen mithin auch wertmäßig in enger Beziehung zu der Grundstücksgestalt. Bei Abweichungen der Vergleichsgrundstücke bzw. des Bodenrichtwertgrundstücks von der Grundstücksgröße, -tiefe und -gestalt muss dieser Zusammenhang beachtet werden. Wenn die genannten Einflussfaktoren jedoch schrittweise (jeweils gesondert) z. B. durch Zu- oder Abschläge berücksichtigt werden, kann sich sehr schnell eine Doppel- bzw. Dreifachberücksichtigung einschleichen.

250 Aus diesem Grunde dürfen z. B. zur Berücksichtigung **einer Übergröße des zu bewertenden Grundstücks** auf der Grundlage von Umrechnungskoeffizienten in Abhängigkeit von der Grundstücksgröße diese nicht gleichzeitig in Kombination mit Umrechnungskoeffizienten in Abhängigkeit von der Grundstückstiefe zur Anwendung kommen. Dies verbietet sich ebenso wie eine zusätzliche wertmäßige **Abstufung nach Vorder- und Hinterland**.

251 Im Rahmen der **erbschaftsteuerlichen Ermittlung des gemeinen Werts** auf der Grundlage der von den Gutachterausschüssen für Grundstückswerte abgeleiteten Bodenrichtwerte sind nach Nr. 40 (R 161) der gleichlautenden Erlasse der obersten Finanzbehörden der Länder[112] vom Gutachterausschuss für Grundstückswerte abgeleitete Umrechnungskoeffizienten heranzuziehen. Sofern die Bodenrichtwerte in Abhängigkeit von der Grundstückstiefe ermittelt worden sind, ist die Grundstücksfläche in Vorder- und Hinterland aufzuteilen. Dabei ist die Grundstücksfläche nach ihrer Tiefe in Zonen zu gliedern, deren Abgrenzung sich nach den Vorgaben des Gutachterausschusses richtet. Für Frei- und Verkehrsflächen, die als solche ausgewiesen sind und sich in privater Hand befinden, ist darüber hinaus vom Bodenrichtwert ein angemessener Abschlag zu machen, soweit er nicht bereits in die Ermittlung des Bodenrichtwerts eingeflossen ist. Die Höhe des Abschlags ist unter Berücksichtigung der Verhältnisse des Einzelfalls zu bemessen. Die dreistufige Berücksichtigung von Übergrößen impliziert die Gefahr einer doppelten bzw. dreifachen Berücksichtigung der Übergröße.

252 Die einem Sachverständigen mitunter gleichzeitig zur Verfügung stehenden Umrechnungskoeffizienten in Abhängigkeit von der Grundstücksgröße und von der Grundstückstiefe können bei alledem i. d. R. nur alternativ zur Anwendung kommen, wobei, wie noch näher dargelegt wird, die Methodenwahl nicht im freien Belieben des Sachverständigen steht. In der Regel führt die **alternative Anwendung** der zwei **genannten Methoden** nämlich **zu unterschiedli-**

---

[112] Gleichlautende Erlasse der obersten Finanzbehörden der Länder zur Umsetzung des Gesetzes zur Reform des Erbschaftsteuer- und Bewertungsrechts vom 5. Mai 2009 (GuG 2009, 225).

chen Ergebnissen. Dies soll kurz am *Beispiel* eines übergroßen Einfamilienhausgrundstücks in Neuss demonstriert werden (Abb. 15 ff.):

Beispiel:

Abb. 15: Einfamilienhaus

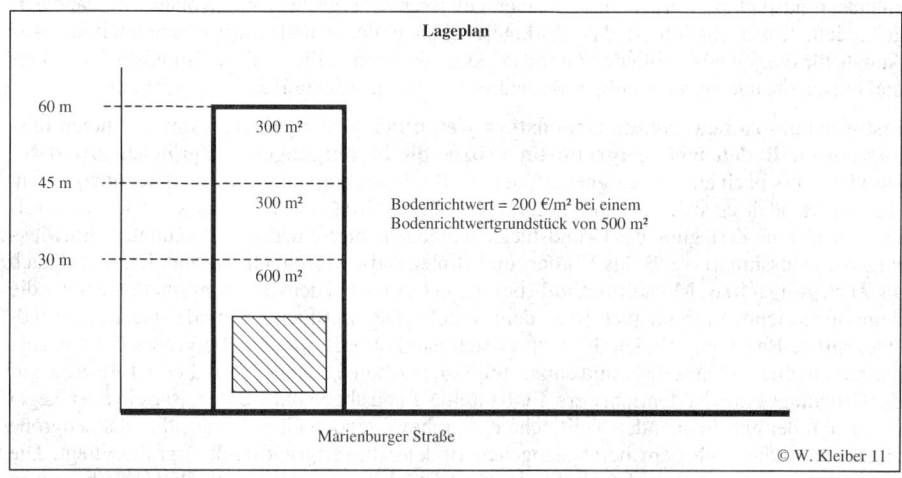

a) Bodenwertermittlung in Abhängigkeit von der Grundstückstiefe*

Bodenwert			
bis 30 m Tiefe	600 m² ×	200 €/m² × 1,00 =	120 000 €
30 bis 45 m Tiefe	300 m² ×	200 €/m² × 0,95 =	57 000 €
45 bis 60 m Tiefe	300 m² ×	200 €/m² × 0,90 =	54 000 €
Gesamtfläche	1 200 m²	Gesamtwert =	**231 000 €**

* Umrechnungskoeffizienten

b) Bodenwertermittlung in Abhängigkeit von der Grundstücksfläche

$$BW_{1\,200m^2} = 200 \text{ €/m}^2 \times \frac{UK_{1200m^2}}{UK_{500m^2}} = 200 \text{ €/m}^2 \times \frac{0{,}901}{1{,}000} = 180{,}2 \text{ €/m}^2$$

Gesamtwert 1 200 m² × 180,2 €/m² = 216 240 €

Der Sachverständige muss – wie das *Beispiel* zeigt – die dem konkreten Sachverhalt angemessene Vorgehensweise auswählen. Bevor diesbezüglich **das im konkreten Einzelfall sachgerechte Verfahren** ausgewählt wird, muss man jedoch zunächst die Grundstücksgröße feststellen, die

– im Falle der Heranziehung von Bodenrichtwerten dem jeweiligen Bodenrichtwertgrundstück zuzuordnen ist bzw.

– im Falle der Heranziehung von Vergleichspreisen den Vergleichsgrundstücken zugrunde liegt, sofern man die Vergleichspreise nicht bereits jeweils auf die Grundstücksgröße des zu bewertenden Grundstücks umgerechnet hat.

Daneben ist bei übergroßen Grundstücken ausgehend von der bauplanungsrechtlich erforderlichen Grundstücksfläche die überschießende Fläche

– nach **selbstständig nutzbaren Teilflächen** (*excess land;* § 17 Abs. 2 Satz 2 ImmoWertV) und

– nach **nicht selbstständig nutzbaren Teilflächen** (*surplus land*)

zu unterscheiden. Während sich der Wert der selbstständig nutzbaren Teilflächen nach dem Grundsatz des *highest and best use* entsprechend ihrer Nutzungsfähigkeit bestimmt, sind die nicht selbstständig nutzbaren Teilflächen gegenüber dem Bodenwert des „Stammgrundstücks" gemindert. Allerdings ist das Grundstück wertmäßig dann nicht allein auf der Grundlage der bauplanungsrechtlich erforderlichen Mindestfläche aufzugliedern, denn insbesondere Grundstücke, die ein geringes Maß der baulichen Nutzung aufweisen (Ein- und Zweifamilienhausgrundstücke), werden bis zu einer gewissen Übergröße zum „vollen" Baulandwert gehandelt. Diesbezüglich ist das Marktgeschehen regional und sektoral uneinheitlich. Als Anhalt für die jeweils „übliche" Grundstücksgröße können die örtliche Grundstücksstruktur und entsprechende dem jeweiligen Bodenrichtwert zugeordnete Flächenangaben dienen.

256 Erst wenn das **zu bewertende Grundstück wesentlich größer als das zum Vergleich herangezogene Bodenrichtwertgrundstück (bzw. die herangezogenen Vergleichsgrundstücke)** ist, muss nach einem geeigneten Weg zur Berücksichtigung dieser Abweichung gesucht werden. Handelt es sich um ein wesentlich größeres Grundstück, so muss zunächst geprüft werden, ob eine Zerlegung des Grundstücks in Flächen unterschiedlicher Qualitäten (Entwicklungszustandsstufen) – z. B. als Vorder- und Hinterland – in Betracht kommt. Dies wird auch als **Zerlegungs- bzw. Mosaikmethode** bezeichnet. Auch bei der Zerlegungsmethode muss die dem Bodenrichtwertgrundstück bzw. dem Vergleichsgrundstück zugrunde liegende Grundstücksgröße Beachtung finden. Handelt es sich nämlich z. B. um ein übergroßes Grundstück, das nur anteilig als baureifes Land einzustufen ist, und soll der Bodenwert dieser Teilfläche auf der Grundlage eines Bodenrichtwerts für baureifes Land abgeleitet werden, ist es in aller Regel angezeigt, der entsprechenden Teilfläche des zu bewertenden Grundstücks die Flächengröße zuzuordnen, die auch dem herangezogenen Bodenrichtwertgrundstück zugrunde liegt. Die dem Bodenrichtwert zugrunde liegende Grundstücksfläche wird deshalb vielfach in den Bodenrichtwertkarten in Quadratmetern angegeben; andernfalls muss sie aus der Grundstückssituation der jeweiligen Bodenrichtwertzone „abgelesen" werden.

257 Problematisch kann im Übrigen das mit dem Bodenrichtwert veröffentlichte Maß der baulichen Nutzung in solchen Gebieten sein, in denen **die tatsächlich realisierte Nutzung üblicherweise von dem rechtlich zulässigen Maß der baulichen Nutzung abweicht.** Der von Vergleichspreisen abgeleitete Bodenwert sollte sich dann auf die lageübliche Grundstücksgröße mit der Folge beziehen, dass das tatsächlich realisierte Maß der baulichen Nutzung hinter dem rechtlich zulässigen Maß der baulichen Nutzung zurückbleibt. Hat der Gutachterausschuss für Grundstückswerte gleichwohl das rechtlich zulässige (Höchst-)Maß der baulichen Nutzung dem Bodenrichtwert zugeordnet, so wäre es falsch, wenn der Anwender dieses Bodenrichtwerts diesen auch noch über die Umrechnungskoeffiziententabelle für unterschiedliche Maße der baulichen Nutzung (GFZ/GFZ) „heruntergerechnet".

258 In der **Zusammenfassung** bieten sich zur Berücksichtigung für die Übergröße eines Grundstücks also unterschiedliche Verfahrensweisen an, nämlich

a) Berücksichtigung auf der Grundlage von Vergleichspreisen/Bodenrichtwerten von vergleichbar übergroßen Grundstücken;

b) Zerlegung des Gesamtgrundstücks in Teilflächen unterschiedlicher Wertigkeiten, deren Bodenwert jeweils eigenständig ermittelt wird (Mosaik- bzw. Zerlegungsmethode; Aufteilung in Vorder- und Hinterland usw.);

c) Berücksichtigung der Übergröße eines zugleich übertiefen Grundstücks auf der Grundlage von Umrechnungskoeffizienten in Abhängigkeit von der Grundstückstiefe;

d) Berücksichtigung der Übergröße auf der Grundlage von Umrechnungskoeffizienten in Abhängigkeit von der Grundstücksfläche;

e) Berücksichtigung der Übergröße auf der Grundlage von Umrechnungskoeffizienten in Abhängigkeit von der Grundstücksgestalt (Verhältnis der Grundstücksbreite zur Grundstückstiefe).

Das im Einzelfall zur Anwendung kommende Verfahren ist nach sachlichen Kriterien auszuwählen und zu begründen. Dafür können die Grundsätze herangezogen werden, die allgemein für die **Wahl des Wertermittlungsverfahrens** gelten. § 8 Abs. 1 Satz 2 ImmoWertV schreibt hierfür vor, dass die Verfahren nach der Art des Gegenstands der Wertermittlung unter Berücksichtigung

– der Gepflogenheiten des Geschäftsverkehrs und

– den sonstigen Umständen des Einzelfalls

zu wählen sind.

Im Vordergrund für die Wahl des Verfahrens stehen danach also die Gepflogenheiten des Geschäftsverkehrs. Als **sonstige Umstände des Einzelfalls** können daneben vor allem auch die dem Sachverständigen zur Verfügung stehenden Möglichkeiten, insbesondere die ihm zur Verfügung stehenden marktkonformen Umrechnungskoeffizienten eine gewichtige Rolle spielen. Vielfach werden dem Sachverständigen nämlich nicht stets Umrechnungskoeffizienten in Abhängigkeit von der Grundstücksfläche und Grundstückstiefe gleichzeitig zur Verfügung stehen.

Allgemein können entsprechend den **Marktgepflogenheiten** folgende Grundsätze aufgestellt werden:

a) Die Anwendung der **Zerlegungsmethode** (Mosaikmethode) ist in Fällen der „**unechten Übergröße**" angezeigt. Eine unechte Übergröße liegt vor, wenn die überschießende Fläche eine wirtschaftlich in vollem Umfang (z. B. als eigenständiges Baugrundstück) selbstständig nutzbare Fläche darstellt, wobei es sich nicht stets um eine selbstständige bauliche Nutzung handeln muss (§ 17 Abs. 2 Satz 2 ImmoWertV). Die Möglichkeit einer selbstständigen baulichen Nutzung stellt hier sogar den krassesten Fall dar, der zu sachlich unsinnigen Ergebnissen führt, wenn in diesem Fall der Bodenwert eines übergroßen Grundstücks auf der Grundlage von Umrechnungskoeffizienten in Abhängigkeit von der Grundstücksfläche gemindert werden würde (vgl. die nachfolgende Abb. 16). In solchen Fällen muss also das Grundstück in Einzelgrundstücke zerlegt werden.

Abb. 16: Unterschiedliche Verfahren zur Berücksichtigung der Übergröße

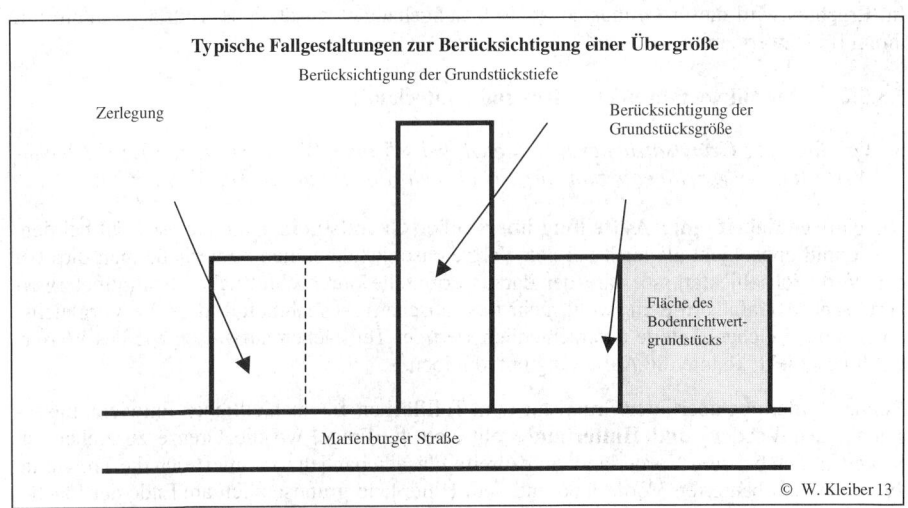

b) Die sich darüber hinaus stellende Frage, ob der Bodenwert nach Maßgabe der **Grundstückstiefe** *oder* der **Grundstücksgröße** zu reduzieren ist, hängt maßgeblich von der Grundstücksform (Grundstückszuschnitt) ab.

IV Syst. Darst. Vergleichswertverfahren — Mosaikverfahren

Ein vorteilhaft zugeschnittenes Grundstück ist durch rechtwinklig zueinander stehende Grundstücksgrenzen und einem Verhältnis der Frontbreite zur Grundstückstiefe von etwa 1:2 gekennzeichnet[113]. Dabei kommt es vor allem auch darauf an, dass die baulich zulässige Nutzung auf dem Grundstück realisiert werden kann. Bei Einfamilienhäusern gilt ein Grundstück mit einer Frontbreite von 20 m und einer Grundstückstiefe von 35 m als ideal. Weist das Grundstück also bei einem organischen Verhältnis von Breite und Tiefe eine Übergröße auf, so wird man nach vorheriger „Ausschöpfung" der Möglichkeiten einer Zerlegung den Bodenwert unter Anwendung der Umrechnungskoeffizienten für unterschiedliche Grundstücksgrößen reduzieren. Umgekehrt kann sich auch durch Zusammenlegung zweier Teilflächen der Wert erhöhen *(assemblage)*.

c) Die Heranziehung von Umrechnungskoeffizienten in Abhängigkeit von der **Grundstückstiefe** ist damit letztlich nur in den Fällen sachgerecht, wo das Grundstück auch tatsächlich eine lang gestreckte Übertiefe aufweist und das Verhältnis von Breite zu Tiefe überdurchschnittlich ist.

262 Die wertmäßige Aufteilung eines übertiefen Grundstücks mithilfe von Umrechnungskoeffizienten in Abhängigkeit von der Grundstückstiefe läuft auf eine wertmäßige Zonierung entsprechend der Grundstückstiefe hinaus und stellt insoweit eine Verfeinerung der Aufteilung in Vorder- und Hinterland dar. Dabei ist auch hier im Hinblick auf die Anwendung des Ertragswertverfahrens zu prüfen, ob das Hinterland eine selbstständig nutzbare Fläche i. S. des § 17 Abs. 2 Satz 2 ImmoWertV darstellt.

263 Bei Anwendung des Ertragswertverfahrens darf nach § 17 Abs. 2 Satz 2 ImmoWertV nämlich für den Fall, dass ein Grundstück wesentlich größer ist, als es einer den baulichen Anlagen angemessenen Nutzung entspricht, und **eine zusätzliche Nutzung oder Verwertung einer Teilfläche** zulässig und möglich ist (Übergröße),

– bei Anwendung des Ertragswertverfahrens nach § 17 Abs. 2 Nr. 1 ImmoWertV der Jahresreinertrag des Grundstücks nicht um den Bodenwertverzinsungsbetrag dieser Teilfläche vermindert werden, da er zur Erzielung des Reinertrags nicht erforderlich ist, und

– bei Anwendung des Ertragswertverfahrens nach § 17 Abs. 2 Nr. 2 ImmoWertV der Bodenwertanteil dieser Teilfläche nicht abgezinst werden, da die Teilfläche jederzeit nutzbar ist.

Im Ergebnis wird dieser Grundstücksteil als „angehängte" zusätzliche Teilfläche allein mit ihrem Bodenwert „mitgeschleppt".

5.3.5.2 Mosaikverfahren (Vorder- und Hinterland)

▶ *Vgl. Rn. 275; Grundsätzliches hierzu auch bei § 5 ImmoWertV Rn. 178, 304; § 8 ImmoWertV Rn. 149 ff.; Näheres zum vorgeschobenen Hinterland vgl. Teil V Rn. 667 ff.*

264 **Die Notwendigkeit einer Aufteilung übergroßer Grundstücke** kann sich sowohl bei dem Wertermittlungsobjekt als auch bei den Vergleichsobjekten stellen. Unterließe man dies bei den Vergleichsobjekten, so wäre der daraus ermittelte durchschnittliche Quadratmeterwert verfälscht. Allenfalls in dem (wohl mehr theoretischen) Ausnahmefall, dass die Vergleichsobjekte die gleichen Anteile unterschiedlich wertiger Teilflächen aufweisen wie das Wertermittlungsobjekt, könnte die Aufteilung unterbleiben.

265 Bei der Aufteilung übertiefer Grundstücke in Teilflächen unterschiedlichen Entwicklungszustands nach **Vorder- und Hinterland** stellt sich die Frage, wo die Grenze zu ziehen ist. Soweit es sich bei dem Vorderland um baureife Flächen handelt, orientiert sich die Trennlinie zwischen dem baureifen Vorderland und dem Hinterland grundsätzlich am Ende der Fläche,

---

[113] Dieterich, Baulandumlegung 5. Aufl., S. 142; Dieterich in Ernst/Zinkahn/Bielenberg/Krautzberger, § 194 BauGB Rn. 102.

die nach öffentlich-rechtlichen Vorschriften baulich nutzbar ist, zuzüglich der Freifläche, die für die bauliche Nutzung erforderlich ist (Abb. 17)[114].

Abb. 17: Bestimmung der Grenzlinie zwischen Vorder- und Hinterland bei übertiefen Grundstücken

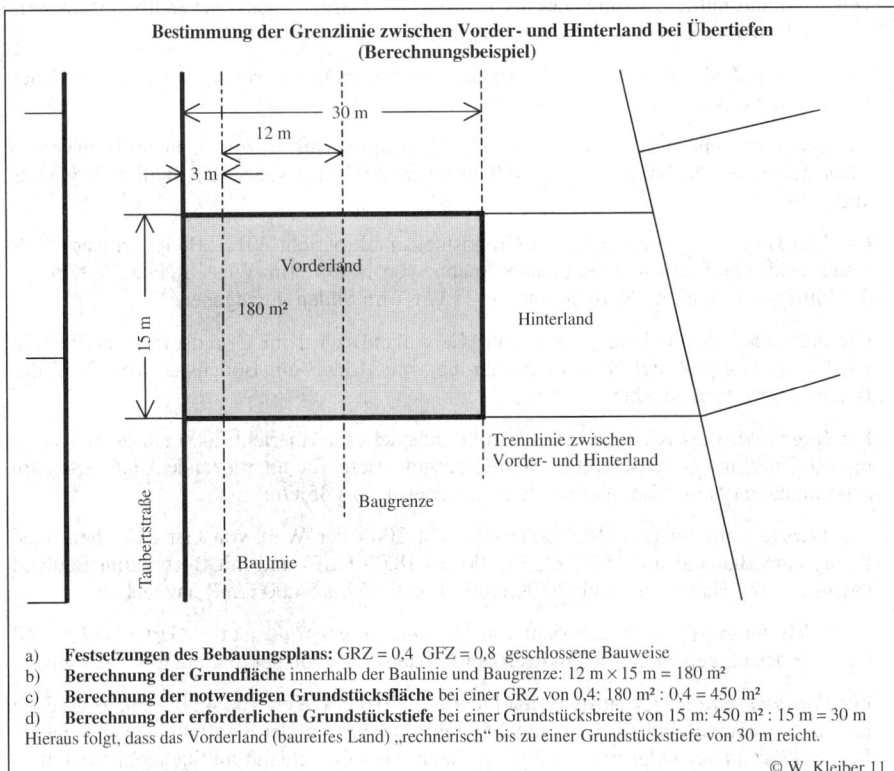

a) **Festsetzungen des Bebauungsplans:** GRZ = 0,4 GFZ = 0,8 geschlossene Bauweise
b) **Berechnung der Grundfläche** innerhalb der Baulinie und Baugrenze: 12 m × 15 m = 180 m²
c) **Berechnung der notwendigen Grundstücksfläche** bei einer GRZ von 0,4: 180 m² : 0,4 = 450 m²
d) **Berechnung der erforderlichen Grundstückstiefe** bei einer Grundstücksbreite von 15 m: 450 m² : 15 m = 30 m
Hieraus folgt, dass das Vorderland (baureifes Land) „rechnerisch" bis zu einer Grundstückstiefe von 30 m reicht.

© W. Kleiber 11

Die sich hieraus ergebende **Mindest-Grundstücksfläche** (Normfläche) **ist aber nur Ausgangsgröße für die Aufteilung in Vorder- und Hinterland**. Wo nach der Art der Grundstücksnutzung die darüber hinausgehende Fläche wertmäßig wie das Vorderland gehandelt wird, verschiebt sich die Trennlinie[115]. Es kommt entscheidend auf die Grundstückstiefe an, die im gewöhnlichen Geschäftsverkehr als Vorderland gehandelt wird und dementsprechend den herangezogenen Vergleichsgrundstücken bzw. dem Bodenrichtwertgrundstück zugrunde liegt. Die nach dem örtlichen Marktgeschehen dem Vorderland zuzurechnende Grundstückstiefe wird vielfach im Grundstücksmarktbericht des Gutachterausschusses angegeben (z. B. übliche Grundstückstiefe: 35 m); darüber hinaus wird vielfach auch die Wertigkeit der überschüssigen Freifläche (Hinterland überwiegend zur Gartennutzung) als Vomhundertsatz des Bodenwerts des Vorderlandes genannt.

Der Wert von **Hausgärten (Hinterland)** wird von anderen Gutachterausschüssen mit einem Wert von bis zu 20 % des angrenzenden Baulandwerts angegeben.

– Im Grundstücksmarktbericht für die Städteregion *Aachen* (2013) werden Durchschnittspreise für Gartenlandflächen in Abhängigkeit von der Lage angegeben: Bei einem Boden-

---

114 BGH, Urt. vom 30.5.1983 – III ZR 22/82 –, BRS Bd. 45 Nr. 120 = EzGuG 18.93; BVerwG, Urt. vom 17.7.1958 – 1 C 209/57 –, BRS Bd. 8 Nr. 37 = EzGuG 4.10; VGH Mannheim, Urt. vom 27.10.2000 – 8 S 714/00 –, ESVGH 51, 61 = GuG-aktuell 2001, 38.
115 BGH, Urt. vom 27.9.1990 – III ZR 97/89 –, GuG 1991, 38 = BRS Bd. 53 Nr. 119 = EzGuG 2.51.

IV Syst. Darst. Vergleichswertverfahren — Mosaikverfahren

richtwertniveau für Wohnbauland ≤ 135 €/m² wird Gartenland mit 15 % des Bodenrichtwerts, bei einem Bodenrichtwertniveau für Wohnbauland von 135 €/m² bis 220 €/m² mit 10 % und bei einem Bodenrichtwert ≥ 220 €/m² mit 12,5 % des Bodenrichtwerts.

- Nach dem Grundstücksmarktbericht 2012 von *Bergisch Gladbach* bezieht sich der in den Bodenrichtwertkarten ausgewiesene Bodenrichtwert auf eine mittlere Grundstückstiefe von 35 m und mittlere Grundstücksbreite von 17 m; Grundstücksflächen über 35 m werden mit 10 bis 40 % des Baulandwerts veranschlagt.

- Für *Dortmund* wird ein mittlerer Wertansatz für hausnahes Gartenland von rd. 20 % des Bodenrichtwerts angegeben (2013).

- Für *Essen* wird ein mittlerer Wertansatz für Hausgärten (mit Bezug zu einem Hausgrundstück bei einer Flächengröße von 400 m²) von 20 % des speziellen Baulandlagewerts angegeben[116].

- Für *Frankfurt am Main* werden im Grundstücksmarktbericht 2012 „Bodeneckwerte" für Dauerklein- und Freizeitgärten in einer Spanne von 17 €/m² (im Westen), über 20 €/m² (in der Mitte, im Osten und Norden) und bis 37 €/m² (im Süden) angegeben.

- Für nicht baulich nutzbares Hinterland (Gartenland) wird im Grundstücksmarktbericht 2013 von *Gütersloh* bei einer Flächengröße von 315 m² ein Bodenwert von 30 % des Bodenrichtwerts angegeben.

- Für *Hagen* wird als Kleingartenland im Grundstücksmarktbericht 2006 ein Wert von 10 bis 20 €/m² (im Durchschnitt 13 €/m²) ausgewiesen; für angrenzende Hausgärten im Zusammenhang mit einer Wohnnutzung dagegen 15 bis 35 €/m².

- Für *Leipzig* wird im Grundstücksmarktbericht 2006 der Wert von Gartenflächen ohne Bezug zum Bauland mit 10,00 €/m² (3,00 bis 18,00 €/m²) und mit Bezug zum Bauland (Arrondierung Hausgarten) mit 20,00 €/m² (4,00 €/m² bis 54,00 €/m²) angegeben.

- Nach dem Grundstücksmarktbericht von *Mülheim an der Ruhr* ist das Gartenland mit 10 bis 15 % des umgebenden Baulandwerts in Abhängigkeit von der Gartengröße anzusetzen.

- Für *Potsdam* wird im Grundstücksmarktbericht 2010 ein Wert von 4,50 – 29,00 €/m² im inneren Stadtgebiet und ein Wert von 2,50 bis 18,00 €/m² in der Stadtrandlage angegeben. In *Frankfurt an der Oder* wurden 2011 für hausnahes Gartenland im Stadtgebiet ein mittlerer Kaufpreis von 5,70 €/m² und in den Ortsteilen ein mittlerer Kaufpreis von 3,00 €/m² im Grundstücksmarktbericht registriert.

- Für Hausgärten bzw. nicht bebaubare Flächen wird im Grundstücksmarktbericht 2011 *Potsdam Mittelmark* (2011) ein Bodenwert zwischen 17 % und 34 % des Bodenrichtwerts für Wohnbauland angegeben (17 % bei einem Bodenrichtwertniveau von 5 – 20 €/m² und 34 % bei einem Bodenrichtwertniveau 90 €/m²).

- In *Rheine*[117] wird der Wert des Hinterlandes in der 1. Wertstufe mit 50 % des beitragspflichtigen Bodenrichtwerts angesetzt, wobei unter der 1. Wertstufe die Fläche verstanden wird, die um 0 – 25 % (ca. 1 – 150 m²) vom jeweiligen Normgrundstück abweicht. Hinterland der 2. Wertstufe sind dagegen Flächen, die um 25 – 100 % (ca. 150 – 450 m²) vom jeweiligen Normgrundstück abweichen. Sie sind mit 30 % des beitragspflichtigen Bodenrichtwerts anzusetzen.

- Der Gutachterausschuss des Landkreises *Wesel* (2011) gibt als durchschnittlichen Wert der überschüssigen Freifläche bis etwa 500 m² Größe eine Spanne von 15 bis 30 % des erschlossenen und erschließungsbeitragsfreien Vorderlands an; vom Gutachterausschuss in *Moers* (2011) wird ein Anteil von 20 bis 35 % des jeweiligen Vorderland- bzw. Bodenrichtwerts angegeben.

---

116 Grundstücksmarktbericht 2007.
117 Grundstücksmarktbericht 2007.

Mosaikverfahren — Syst. Darst. Vergleichswertverfahren IV

– Nach dem Grundstücksmarktbericht 2013 von *Wuppertal* beträgt die Preisspanne im hinteren Grundstücksbereich, Gartenland, u. Ä. 5 bis 35 % des maßgeblichen Bodenrichtwerts (Durchschnitt: 20 %).

Die Trennlinie verschiebt sich, wenn Vorderland z. B. für Straßenverbreiterungsmaßnahmen abgetreten wird. Das bislang baulich nicht nutzbare Hinterland tritt dann insoweit an die Stelle des abgetretenen Vorderlandes (sog. **vorgeschobenes Hinterland**). Im Entschädigungsfall ist deshalb Bemessungsgrundlage für das abgetretene Vorderland der Wert, der sich für den Entwicklungszustand des Hinterlandes ergibt. Zu diesem Ergebnis kommt man auch bei Anwendung des sog. Differenzwertverfahrens. Hierbei wird der Verkehrswert des Gesamtgrundstücks vor und nach Abtretung der Teilfläche gegenübergestellt[118]. **267**

▶ *Vgl. Rn. 275; Näheres zum vorgeschobenen Hinterland, Teil V Rn. 667 ff.*

Eine gesamtheitliche Betrachtung ist auch bei Anwendung der Mosaikmethode geboten. Entscheidend ist die **Verkehrsauffassung**. Selbst rechtliche Gegebenheiten müssen in ihrer Bedeutung zurücktreten, wie das nachfolgende Beispiel zeigt (Abb. 18): **268**

Abb. 18:   Lageplan

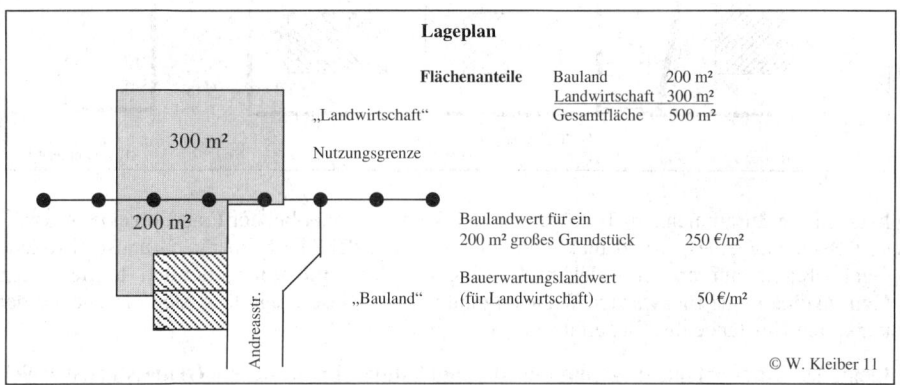

Lösungsvorschlag für die Ermittlung des Verkehrswerts:

Falsch			*Richtig*	
200 m² × 250 €/m²	= 50 000 €		500 m² × 193,80 €/m²	= 96 900 €
300 m² × 50 €/m²	= 15 000 €			
500 m² = Summe	= 65 000 €	◄——— Differenz		**31 900 €**

Bodenwertermittlung in Abhängigkeit von der Grundstücksfläche

$$BW_{500m^2} = 250\ \text{€/m}^2 \times \frac{UK_{500m^2}}{UK_{200m^2}} = 250\ \text{€/m}^2 \times \frac{1{,}00}{1{,}29} = 193{,}80\ \text{€/m}^2$$

Den Verhältnissen auf dem Grundstücksmarkt würde man nicht gerecht werden, wenn man die der Landwirtschaft vorbehaltene Fläche mit dem Bodenwert (anteilig) ansetzen würde, der auf dem landwirtschaftlichen Grundstücksmarkt erzielt werden kann, wenn es sich faktisch um Bauland handelt.

---

118 BGH, Urt. vom 29.1.1970 – III ZR 30/69 –, BRS Bd. 26 Nr. 97 = EzGuG 18.48; zum Wertverhältnis zwischen Vorder- und Hinterland vgl. auch OLG Hamburg, Urt. vom 24.4.1970 – 1 U 17/69 –, BRS Bd. 26 Nr. 11 = EzGuG 18.50; OLG Hamburg, Urt. vom 13.4.1973 – 1 U 13/71 –, EzGuG 4.40; vgl. auch Nr. 5.2 Wertr; ferner: OLG Hamburg, Urt. vom 12.5.1964 – 1 U 53/62 –, BlGBW 1965, 311 = EzGuG 4.21.

IV Syst. Darst. Vergleichswertverfahren — Mosaikverfahren

269 Eine Besonderheit liegt bei übertiefen Grundstücken vor, die eine sog. Hinterlandbebauung zulassen und ein selbstständig nutzbares **Hinterliegergrundstück** – oftmals als sog. „**Pfeifengrundstück**" benannt – gebildet werden kann (Abb. 19). Es gibt nämlich keinen allgemein geltenden Grundsatz, dass eine Hinterlandbebauung städtebaulich unerwünscht ist[119].

Abb. 19: Pfeifengrundstück

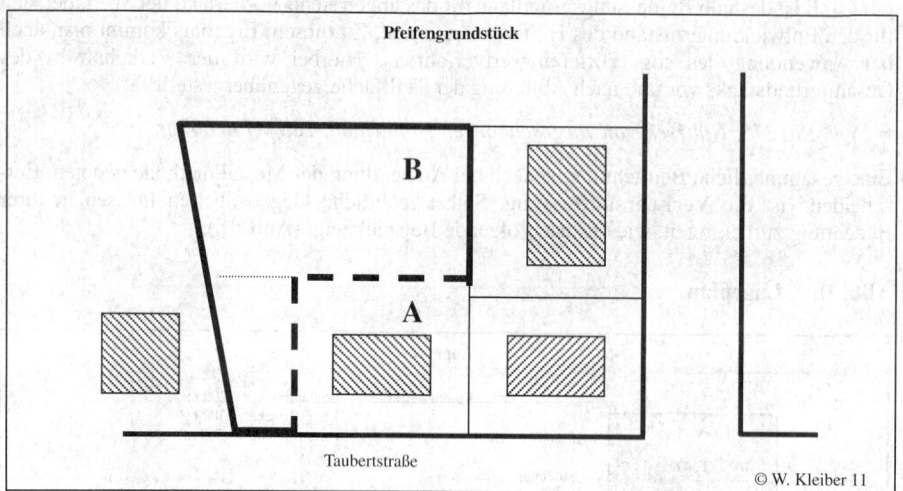

270 In einem im Zusammenhang bebauten Ortsteil kommt es aber bei der Frage, ob eine rückwärtige Bebauung eines Grundstücks zulässig ist, nach der überbaubaren Grundstücksfläche regelmäßig darauf an, in welchem Umfang die den **Maßstab bildenden umliegenden Grundstücke** eine rückwärtige Bebauung aufweisen. Diese Frage lässt sich nur anhand der konkreten Umstände des Einzelfalls beantworten[120].

271 Liegt der **Standort eines geplanten Wohngebäudes im hinteren Grundstücksbereich gänzlich außerhalb des Umgebungsrahmens** hinsichtlich der überbaubaren Grundstücksfläche, so ist das Vorhaben nach § 34 Abs. 1 BauGB nicht allein deshalb zulässig, weil eine sinnvolle straßenseitige Bebauung wegen des schmalen Zuschnitts des Grundstücks nicht möglich ist[121]. Auch kann die Frage, ob von einem den Umgebungsrahmen überschreitenden Vorhaben im unbeplanten Innenbereich eine Vorbildwirkung für Nachbargrundstücke ausgehen kann, nur nach dem jeweiligen Einzelfall beurteilt werden; sie ist keiner rechtsgrundsätzlichen Klärung zugänglich[122].

272 Als baureifes Land können hinterliegende Grundstücke bzw. Grundstücksteile, auch wenn für sie im Bebauungsplan eine bauliche Nutzung festgesetzt ist, nur eingestuft werden, wenn ein **Zugang zur Erschließungsanlage** ggf. über ein fremdes Grundstück gesichert ist. Nach höchstrichterlicher Rechtsprechung gehören Hinterliegergrundstücke nämlich nur dann zum Kreis der erschlossenen Grundstücke, wenn die rechtlichen Hindernisse, die der Zugänglichkeit entgegenstehen, in rechtlich gesicherter Weise und auf Dauer ausräumbar sind[123]. Nach der Rechtsprechung ist eine Erschließung i. S. des § 30 Abs. 1 BauGB nur dann gesichert,

---

119 BVerwG, Urt. vom 29.11.1974 – 4 C 10/73 –, DÖV 1975, 685 = BRS Bd. 28 Nr. 28; OVG Münster, Urt. vom 22.5.1992 – 11 A 1709/89 –, GuG 1993, 57 = EzGuG 8.71.
120 BVerwG, Urt. vom 6.11.1997 – 4 B 172/97 –, NVwZ-RR 1998, 539 = BRS Bd. 59 Nr. 79; BVerwG, Urt. vom 15.12.1994 – 4 C 19/93 –, BauR 1995, 506 = BRS Bd. 56 Nr. 130; BVerwG, Beschl. vom 28.9.1988 – 4 B 175/88 –, NuR 1990, 403 = EzGuG 8.65; VGH Kassel, Urt. vom 25.9.1987 – 4 UE 40/87 –, BRS Bd. 47 Nr. 64.
121 VGH Mannheim, Urt. vom 7.2.1997 – 5 S 3442/95 –, VBlBW 1997, 268.
122 BVerwG, Beschl. vom 4.10.1995 – 4 B 68/95 –, NVwZ-RR 1996, 375 = BRS Bd. 57 Nr. 95.
123 VGH München, Urt. vom 2.4.1980 – 23 Cs – 670/79 –, KStZ 1981, 19 = EzGuG 8.56; BVerwG, Urt. vom 7.10.1977 – 4 C 103/74 –, BRS Bd. 37 Nr. 97 = EzGuG 9.31a.

wenn damit zu rechnen ist, dass sie auf Dauer zur Verfügung stehen wird. Eine Zuwegung zu einem Hinterliegergrundstück, die nur auf einer auflösend bedingten Baulast beruht, kann dies nicht gewährleisten, wenn sich im maßgeblichen Zeitpunkt bereits konkret abzeichnet, dass die Baulast durch Eintritt einer Bedingung demnächst erlöschen wird[124]. In der Rechtsprechung ist auch gefordert worden, dass die Zufahrt durch eine Grunddienstbarkeit gesichert ist[125], wenn eine dauerhafte Sicherung der Zuwegung durch eine Baulast nicht möglich ist.

Der VGH Mannheim[126] fordert in seiner Rechtsprechung, dass die **verkehrsmäßige Erreichbarkeit des Hinterliegergrundstücks** bauordnungsrechtlich durch eine öffentlich-rechtlich gesicherte Zufahrt gewährleistet ist. Dafür reiche es nicht aus, dass zugunsten dieses Grundstücks im Bebauungsplan ein Geh-, Fahr- und Leitungsrecht nach § 9 Abs. 1 Nr. 21 BauGB festgesetzt ist und die Überfahrt durch schuldrechtliche Vereinbarung mit dem Eigentümer des Vorderliegergrundstücks gesichert ist. Eine solche öffentlich-rechtliche Sicherheit der Zufahrt trete nur ein, wenn eine entsprechende **Baulast** bestellt werde und zugleich eine deckungsgleiche Grunddienstbarkeit bestehe. Eine nur unter auflösender Bedingung beruhende Baulast reicht allerdings nicht aus; sie löst jedenfalls auch keine Erschließungsbeitragspflicht aus[127]. **273**

Der **für das grundsätzlich bebaubare Hinterland anzusetzende** Wert darf nicht nach den allgemeinen Wertansätzen für die Übertiefe bzw. Übergröße von Grundstücken angesetzt werden. Zur Ermittlung des Werts des Hinterlandes ist vielmehr vom Vorderlandwert („voller" Baulandwert, vermindert um die Gestehungskosten der Erschließung ggf. im Wege des Extraktionsverfahrens [Residualwertverfahrens]), auszugehen. Dies sind insbesondere die Kosten der straßenmäßigen Erschließung. Dabei macht es keinen Unterschied, ob die Straße als private Erschließungsanlage oder als öffentliche Straße hergestellt wird. Im ersten Fall sind die Kosten vom Eigentümer selbst aufzubringen; im anderen Fall werden sie mit dem Erschließungsbeitrag geltend gemacht und sind deshalb entsprechend wertmindernd zu berücksichtigen. Liegt das zu bewertende Grundstück in einem förmlich festgelegten Sanierungsgebiet, das in einem umfassenden Verfahren saniert wird, wird die mit der Anlegung einer öffentlichen Straße bewirkte Werterhöhung bei der Ermittlung des End- bzw. Neuordnungswerts berücksichtigt und zusammen mit den sonstigen Bodenwerterhöhungen abgeschöpft. Die vom Eigentümer selbst hergestellte Straße wird dagegen nach Maßgabe des § 146 Abs. 3 i. V. m. § 155 Abs. 1 Nr. 2 oder 3 bzw. § 155 Abs. 6 BauGB als „eigene Aufwendung" berücksichtigt. Die Kosten der Herstellung einer Straße beliefen sich im Jahre 2003 auf ca. 100 bis 120 €/m² Straßenfläche bzw. auf rd. 1 000 € je laufender Meter für eine etwa 8 m breite Straße (Abb. 20). **274**

---

124 BVerwG, Urt. vom 8.5.2002 – 9 C 5/01 –, KStZ 2002, 232 = EzGuG 8.72.
125 VGH München, Urt. vom 22.2.1978 – 65 XV 75 –, BayVBl. 1978, 434 = EzGuG 18.32; anders OVG Münster, Urt. vom 31.1.1989 – 3 A 922/87 –, KStZ 1990, 117 = EzGuG 8.68.
126 BVerwG, Urt. vom 15.1.1988 – 8 C 111/86 –, BVerwGE 79, 1 = EzGuG 9.62; VGH Mannheim, Urt. vom 13.12.1994 – 2 S 3003/93 –, VBlBW 1995, 358 = BRS Bd. 47 Nr. 263; VGH Mannheim Urt. vom 12.9.1996 – 8 S 1844/94 –, DÖV 1997, 472 = BRS Bd. 68 Nr. 85; BGH, Urt. vom 3.2.1989 – V ZR 224/87 –, NJW 1989, 1607= BGHZ 106, 348 = EzGuG 14.84c; BGH, Urt. vom 6.10.1989 – V ZR 127/88 –, NVwZ 1990, 192.
127 BVerwG, Urt. vom 8.5.2002 – 9 C 5/01 –, KStZ 2002, 232 = EzGuG 8.72.

IV Syst. Darst. Vergleichswertverfahren — Grundstücksgröße

Abb. 20: Lageplan

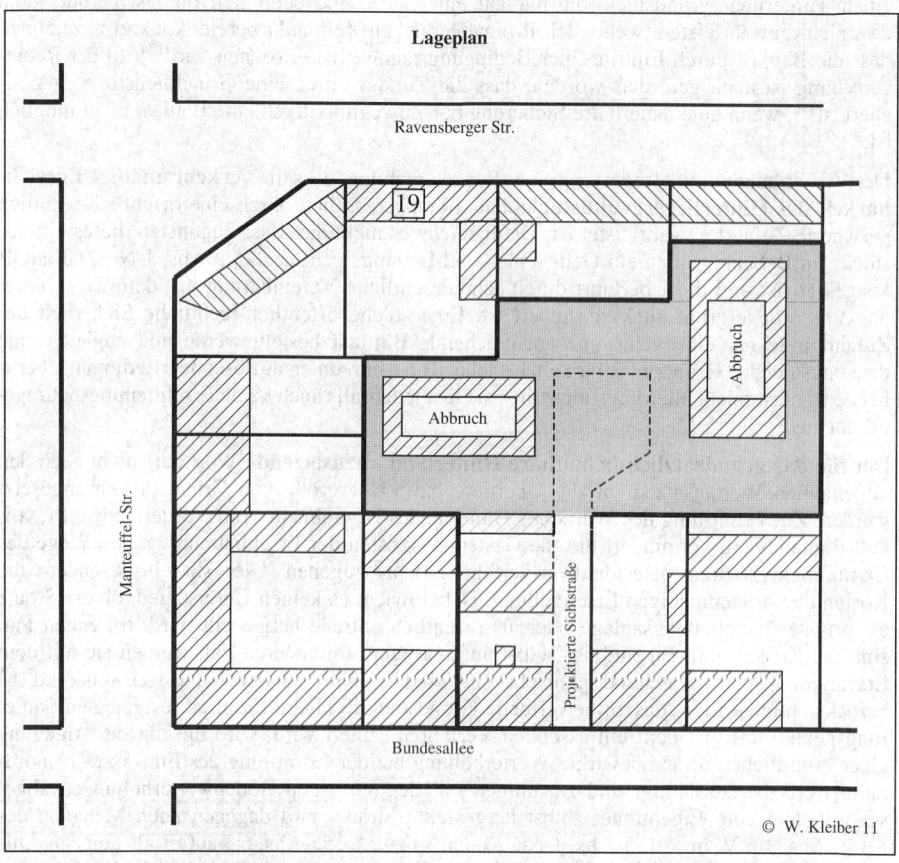

5.3.5.3 Grundstücksgröße

Schrifttum: *Groeger* in ZfV 1921, 165; *Reinhard, W.*, Die Fläche als wertrelevante Größe für individuelles Wohnbauland in ländlichen Bereichen, GuG 2008, 321.

▶ *Vgl. Rn. 247 ff. und Rn. 306 ff.; § 5 ImmoWertV Rn. 38 ff., 88, 93 ff., 140*

275 Unterschiede in der Grundstücksgröße *(size)* zwischen dem zu bewertenden Grundstück und den zum Vergleich herangezogenen Grundstücken werden grundsätzlich berücksichtigt, indem die **Vergleichspreise** – wie im Übrigen auch Bodenrichtwerte – **auf den Quadratmeter Grundstücksfläche bezogen werden** und auf dieser Grundlage die individuelle Grundstücksgröße des Wertermittlungsobjekts volle Berücksichtigung erfährt.

276 Erfahrungsgemäß ist jedoch der Quadratmeterwert **eines Baugrundstücks umso größer, je kleiner das Baugrundstück** ist. Dies ist zum einen darauf zurückzuführen, dass sich bei hohen Baulandpreisen der Käufer darauf beschränkt, die baurechtlich notwendige Fläche zu erwerben, und auf Freiflächen verzichtet. Auf der anderen Seite gelingt es den Verkäufern erfahrungsgemäß, höhere Quadratmeterpreise beim Verkauf kleinerer Grundstücke am Markt durchzusetzen (Abb. 21).

Abb. 21: Abhängigkeit des Bodenwerts von der Grundstücksgröße

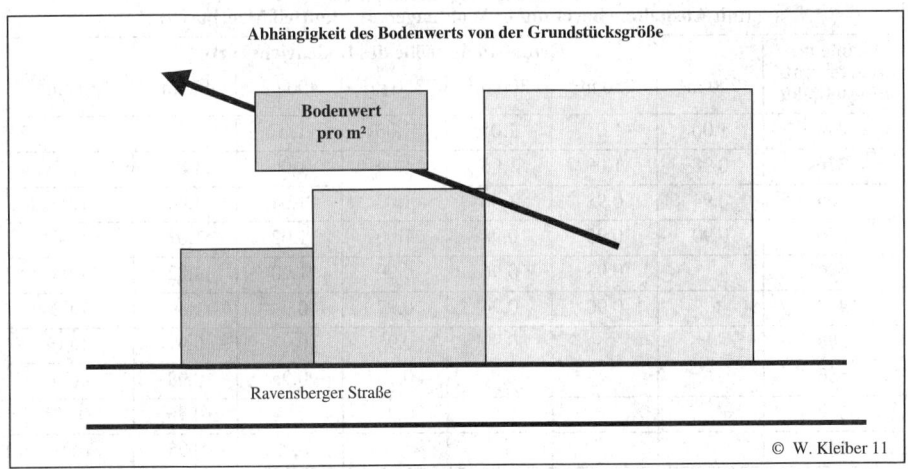

Für die **Abhängigkeit des auf den Quadratmeter Grundstücksfläche bezogenen Verkehrswerts von der Grundstücksfläche** sind von einigen Gutachterausschüssen für Grundstückswerte **Umrechnungskoeffizienten** ermittelt worden, wobei zwischen 277

- Ein- und Zweifamilienhäusern,
- Reihenhäusern,
- Gartenland,
- landwirtschaftlichen Hofstellen (Rn. 285) und
- Gewerbegrundstücken

zu unterscheiden ist.

Bezüglich Ein- und Zweifamilienhäusern sind diese i. d. R. auf eine durchschnittliche Grundstücksfläche von 500 m² mit einem Umrechnungskoeffizienten von 1,0 ermittelt worden. Bei kleineren Grundstücksflächen steigt der Quadratmeterwert verhältnismäßig steil an. Daher muss beim Preisvergleich zwischen **kleinen und großen Grundstücksflächen** unterschieden werden. Noch stärker als bei Ein- und Zweifamilienhäusern steigen die Quadratmeterwerte für Reihenhäuser an, insbesondere wenn die Grundstücksfläche bis auf ca. 150 m² zurückgeht. 278

Bezüglich der Abhängigkeit des Bodenwerts von der Grundstücksgröße kann es angezeigt sein, nach den *auf dem örtlichen Grundstücksmarkt üblichen Grundstücksgrößen* zu unterscheiden. Die in dem jeweiligen Belegenheitsgebiet vorherrschende Grundstücksgröße kann der Attributierung des jeweiligen Bodenrichtwerts entnommen werden. Für Neuss wurden folgende Umrechnungskoeffizienten unter Berücksichtigung der üblichen Grundstücksgrößen ermittelt:

IV Syst. Darst. Vergleichswertverfahren — Grundstücksgröße

Größe des Wertermittlungsobjekts	Grundstücksgröße des Bodenrichtwerts						
	200 m²	250 m²	300 m²	350 m²	400 m²	450 m²	500 m²
200	1,00	1,03	1,05	1,06	1,07		
250	0,98	1,00	1,03	1,04	1,06	1,06	1,07
300	0,94	0,98	1,00	1,02	1,04	1,04	1,06
350	0,90	0,95	0,98	1,00	1,02	1,03	1,04
400		0,93	0,96	0,99	1,00	1,02	1,03
450		0,90	0,94	0,97	0,99	1,00	1,02
500			0,92	0,95	0,97	0,99	1,00
550				0,93	0,95	0,98	0,99
600				0,91	0,94	0,96	0,98
650					0,93	0,95	0,97
700					0,91	0,93	0,95
750						0,91	0,94
800						0,90	0,93
850							0,91
900							0,90

Tabellenüberschrift: Abhängigkeit des Bodenwerts von Grundstücken des individuellen Wohnungsbaus von der Grundstücksgröße in Neuss (mit Ausnahme bevorzugter Wohnlagen im Stadtteil Meerbusch)

Quelle: Grundstücksmarktbericht des Rhein-Kreises Neuss 2013

Mit **Anl. 2 zu der erwarteten VergleichswertR** sollen Umrechnungskoeffizienten zur Berücksichtigung abweichender Flächengrößen bei Baugrundstücken für Eigenheime empfohlen werden, die nach den Ausführungen bei Rn. 225 nur herangezogen werden dürfen, wenn deren Eignung „vor Ort" in nachvollziehbarer Weise unter Beachtung der VergleichswertR gegebenen Grundsätze zur Anwendbarkeit von Umrechnungskoeffizienten nachgewiesen worden ist.

279 In Abb. 22 sind **durchschnittliche Umrechnungskoeffizienten** für die Abhängigkeit des Quadratmeterwerts von der Grundstücksfläche angegeben, die in vergleichbaren Gemeinden als Anhalt dienen können, wenn keine örtlichen Umrechnungskoeffizienten zur Verfügung stehen.

Grundstücksgröße   Syst. Darst. Vergleichswertverfahren IV

Abb. 22: Bodenwert in Abhängigkeit von der Grundstücksgröße des individuellen Wohnungsbaus (Überblick) 2012

Fläche m²	Bad Dobe-ran EFH (2013)	Ber-gisch Glad-bach	Berlin* EFH/ZFH Freistehend einfach, mittel	Berlin* EFH/ZFH Freistehend gut, sehr gut	Berlin* DHH/RH einfach, mittel	Berlin* DHH/RH gut, sehr gut	LK Bir-kenfeld BW = 30 €/m² (2013)	Bonn EFH/ZFH (2012)	Land Bran-den-burg EFH/ZFH	Bremen (2011)	Chem-nitz	Dahme-Spree-wald-Kreis	LK Ennepe Ruhr Indivi-dueller Woh-nungs-bau (2013)	LK Ennepe Ruhr Ge-schoss-woh-nungs-bau	LK Celle (2012)
100	-	-	-	-	-	-	1,15	-	-	-	-	-	-	-	-
125	-	-	-	-	-	-	-	-	-	-	-	-	-	-	-
150	1,41	-	-	-	1,18	1,14	-	1,42	-	-	-	-	-	-	-
175	-	-	-	-	-	-	-	-	-	-	-	-	-	-	-
200	1,29	-	-	-	1,12	1,08	1,08	1,29	-	1,21	-	-	1,13	-	-
225	-	-	-	-	-	-	-	-	-	-	-	-	-	-	-
250	-	-	-	-	1,06	1,04	-	-	-	-	1,31	-	-	-	-
275	-	-	-	-	-	-	-	-	-	-	1,26	-	-	-	-
300	1,16	1,09	-	-	1,02	1,02	1,05	1,16	1,32	1,14	1,22	-	1,08	1,09	-
325	-	-	-	-	-	-	-	-	-	-	1,18	-	-	-	-
350	-	1,07	-	-	1,00	1,00	-	-	-	-	1,15	1,09	-	1,07	-
375	-	-	-	-	-	-	-	-	-	-	1,12	-	-	-	-
400	1,07	1,06	1,12	1,08	0,97	0,98	1,02	1,07	1,30	1,08	1,09	1,05	1,04	1,06	1,24
425	-	-	-	-	-	-	-	-	-	-	1,07	-	-	-	-
450	-	1,01	-	-	-	-	-	-	-	-	1,04	1,03	-	1,01	1,20
475	-	-	-	-	-	-	-	-	-	-	1,02	-	-	-	-
500	1,00	1,00	1,07	1,05	0,93	0,95	1,00	1,00	1,00	1,03	1,00	1,00	1,00	1,00	1,16
525	-	-	-	-	-	-	-	-	-	-	0,98	-	-	-	-
550	-	0,98	-	-	-	-	-	-	-	-	0,96	0,97	-	0,98	1,13
575	-	-	-	-	-	-	-	-	-	-	0,95	-	-	-	-
600	0,94	0,96	1,04	1,03	0,90	0,94	0,98	0,95	0,87	0,98	0,93	0,95	0,97	0,96	1,10
625	-	-	-	-	-	-	-	-	-	-	0,92	-	-	-	-
650	-	0,94	-	-	-	-	-	-	-	-	0,90	0,92	-	0,94	1,07
675	-	-	-	-	-	-	-	-	-	-	0,89	-	-	-	-
700	0,90	0,93	1,00	1,00	0,87	0,91	0,97	0,91	0,77	0,93	0,88	0,91	0,93	0,93	1,04
725	-	-	-	-	-	-	-	-	-	-	0,87	-	-	-	-
750	-	0,91	-	-	-	-	-	-	-	-	0,85	0,89	-	0,91	1,02
775	-	-	-	-	-	-	-	-	-	-	0,84	-	-	-	-
800	0,86	0,89	0,96	0,98	0,83	0,89	0,96	0,87	0,68	0,89	0,83	0,88	0,91	0,89	1,00
825	-	-	-	-	-	-	-	-	-	-	0,82	-	-	-	-
850	-	0,88	-	-	-	-	-	-	-	-	0,81	0,86	-	0,88	0,97
875	-	-	-	-	-	-	-	-	-	-	0,80	-	-	-	-
900	0,83	0,87	0,94	0,97	-	-	0,95	0,85	0,59	0,96	0,80	0,85	0,89	0,87	0,94
925	-	-	-	-	-	-	-	-	-	-	0,79	-	-	-	-
950	-	0,85	-	-	-	-	-	-	-	-	0,78	0,83	-	0,85	0,93
975	-	-	-	-	-	-	-	-	-	-	0,77	-	-	-	-
1000	0,81	0,84	0,90	0,95	-	-	0,94	0,83	0,52	0,82	0,76	0,82	0,87	0,84	0,90
1050	-	0,83	-	-	-	-	-	-	-	-	-	0,81	-	0,83	0,88
1100	0,78	0,81	0,86	0,93	-	-	0,93	0,80	0,45	0,79	-	0,80	-	0,81	0,86
1150	-	0,79	-	-	-	-	-	-	-	-	-	0,79	-	0,79	0,83
1200	0,76	-	0,82	0,91	-	-	0,92	0,78	0,42	0,76	-	0,78	-	-	0,80
1250	-	-	-	-	-	-	-	-	-	-	-	0,76	-	-	0,78
1300	0,74	-	-	-	-	-	0,92	0,76	-	0,73	-	0,75	-	-	0,76
1350	-	-	-	-	-	-	-	-	-	-	-	0,75	-	-	0,74
1400	0,72	-	-	-	-	-	0,91	0,75	-	0,71	-	0,74	-	-	0,71
1450	-	-	-	-	-	-	-	-	-	-	-	0,73	-	-	-
1500	0,71	-	-	-	-	-	0,91	0,73	-	0,68	-	0,72	-	-	-
1550	-	-	-	-	-	-	-	-	-	-	-	0,71	-	-	-
1600	-	-	-	-	-	-	-	-	-	0,66	-	0,70	-	-	-
1700	-	-	-	-	-	-	-	-	-	0,64	-	-	-	-	-

Quelle: Gutachterausschussberichte der Städte
* IVD Wertermittlungsausschuss vgl. GuG 2008, 44

IV Syst. Darst. Vergleichswertverfahren Grundstücksgröße

Abb. 23: Bodenwert in Abhängigkeit von der Grundstücksgröße des individuellen Wohnungsbaus (Überblick)

Fläche m²	LK Cloppenburg Außenbereich (2013)	Delmenhorst Individueller Wohnungsbau Ortslagen und Splittersiedlungen (2013)	Delmenhorst Außenbereich (2013)	LK Diepholz/Nienburg (Weser) ≤ 60 €/m² (2013)	LK Diepholz/Nienburg (Weser) 60 €/m² bis 120 €/m² (2013)	LK Diepholz/Nienburg (Weser) ≥ 120 €/m² (2013)	Dortmund Freistehende EFH/ZFH (2013)	Dortmund Doppelhaushälften/Reihenendhäuser (2013)	Dortmund Reihenmittelhäuser (2013)	Flensburg (2010)	LK Gifhorn (2012)
150	-	-	-	-	-	-	-	-	-	-	-
175	-	-	-	-	-	-	-	-	1,14	-	-
200	-	-	-	-	-	-	-	1,17	1,11	-	1,129
225	-	-	-	-	-	-	-	-	1,07	-	-
250	-	-	-	-	-	-	-	1,11	1,00	-	1,109
275	-	-	-	-	-	-	-	1,06	0,90	-	-
300	-	1,18	-	-	-	-	1,15	-	0,79	-	1,093
325	-	-	-	-	-	-	-	1,00	0,74	1,19	-
350	-	-	-	-	-	-	1,10	-	0,70	-	1,079
375	-	-	-	-	-	-	-	0,97	0,68	1,16	-
400	-	1,11	-	1,00	1,04	1,08	1,05	0,92	0,64	-	1,067
425	-	-	-	-	-	-	-	0,88	0,61	1,13	-
450	-	-	-	-	-	-	-	-	-	-	1,056
475	-	-	-	-	-	-	-	0,81	0,55	1,10	-
500	-	1,05	-	-	-	-	1,00	-	-	-	**1,046**
525	-	-	-	-	-	-	-	0,75	-	1,08	-
550	-	-	-	-	-	-	-	-	-	-	1,037
575	-	-	-	-	-	-	-	0,71	-	1,05	-
600	-	**1,00**	-	1,00	1,02	1,04	-	-	-	-	1,028
625	-	-	-	-	-	-	-	0,65	-	1,03	-
650	-	-	-	-	-	-	-	-	-	-	1,021
675	-	-	-	-	-	-	-	0,61	-	**1,00**	-
700	-	0,95	-	-	-	-	-	-	-	-	1,013
725	-	-	-	-	-	-	0,97	0,57	-	0,98	-
750	1,54	-	1,82	-	-	-	-	-	-	-	1,006
775	-	-	-	-	-	-	0,92	0,54	-	0,95	-
800	-	0,91	-	**1,00**	**1,00**	**1,00**	-	-	-	-	**1,000**
825	-	-	-	-	-	-	0,88	0,51	-	0,93	-
850	-	-	-	-	-	-	-	-	-	-	0,994
875	-	-	-	-	-	-	0,84	-	-	0,91	-
900	-	0,87	-	-	-	-	-	-	-	-	0,988
925	-	-	-	-	-	-	0,80	-	-	0,88	-
950	-	-	-	-	-	-	-	-	-	-	0,983
975	-	-	-	-	-	-	0,77	-	-	0,86	-
1000	1,29	0,83	1,42	1,00	0,96	0,93	0,76	-	-	-	0,977
1050	-	-	-	-	-	-	0,74	-	-	0,84	0,972
1100	-	0,80	-	-	-	-	0,71	-	-	0,82	0,968
1150	-	-	-	-	-	-	0,69	-	-	0,80	0,963
1200	-	0,76	-	0,98	0,93	0,86	-	-	-	0,78	0,959
1250	1,12	-	1,17	-	-	-	0,64	-	-	0,86	0,954
1300	-	-	-	-	-	-	-	-	-	-	0,950
1350	-	-	-	-	-	-	0,60	-	-	-	0,946
1400	-	-	-	0,94	0,90	0,81	-	-	-	-	0,943
1450	-	-	-	-	-	-	-	-	-	-	0,939
1500	**1,00**	-	**1,00**	-	-	-	-	-	-	-	0,935
1550	-	-	-	-	-	-	-	-	-	-	0,932
1600	-	-	-	0,90	0,87	0,76	-	-	-	-	0,928
1700	0,91	-	0,87	-	-	-	-	-	-	-	0,922
1800	-	-	-	0,87	0,84	0,74	-	-	-	-	0,916
1900	-	-	-	-	-	-	-	-	-	-	0,910
2000	0,84	-	0,78	0,85	0,81	0,72	-	-	-	-	0,904
2500	0,73	-	0,64	-	-	-	-	-	-	-	-
3000	0,65	-	0,55	-	-	-	-	-	-	-	-
4000	0,54	-	0,43	-	-	-	-	-	-	-	-
4500	-	-	-	-	-	-	-	-	-	-	-
5000	0,47	-	0,35	-	-	-	-	-	-	-	-

Grundstücksgröße   **Syst. Darst. Vergleichswertverfahren IV**

Fläche	Hamburg		LK Harburg		Land Hessen	Heppenheim Südhessen	LK Hildesheim	Hannover		LK Helmstedt	Hildburghausen
			Bodenrichtwert								
m²	RH	EFH	50 €/m²	250 €/m²		EFH ZFH		EFH/ZFH			
								Stadt	Region		
					(2013)	(2011)		(2011)		(2012)	(2012)
150	1,93	-	-	-	1,35	-	-	-	-	-	-
175	1,78	-	-	-	-	-	-	-	-	-	-
200	1,63	-	1,11	1,06	1,27	-	-	-	1,11	1,129	-
225	1,54	-	-	-	-	-	-	-	-	-	-
250	1,47	-	1,08	-	1,22	-	-	-	1,08	1,109	-
275	1,39	-	-	-	-	-	-	-	-	-	-
300	1,32	1,21	1,06	1,03	1,17	1,11	1,04	1,09	1,06	1,093	-
325	-	1,18	-	-	-	-	-	-	-	-	-
350	1,22	1,15	-	-	1,14	-	-	1,06	1,04	1,079	-
375	1,16	1,11	-	-	-	-	-	-	-	-	-
400	1,13	1,09	1,02	1,01	1,10	1,05	1,03	1,04	1,02	1,067	1,03
425	1,09	1,06	-	-	-	-	-	-	-	-	-
450	1,06	1,04	-	-	1,08	-	-	1,02	1,01	1,056	-
475	1,03	1,02	-	-	-	-	-	-	-	-	-
500	1,00	1,00	1,00	1,00	1,05	1,00	1,01	1,00	1,00	1,046	-
525	-	0,98	-	-	-	-	-	-	-	-	-
550	-	0,96	-	-	1,02	-	-	0,98	0,99	1,037	-
575	-	0,94	-	-	-	-	-	-	-	-	-
600	-	0,93	0,97	0,98	1,00	0,96	1,00	0,97	0,98	1,028	1,02
625	-	0,92	-	-	-	-	-	-	-	-	-
650	-	0,90	-	-	-	-	-	0,96	0,97	1,021	-
675	-	0,89	-	-	-	-	-	-	-	-	-
700	-	0,88	0,95	0,97	0,98	0,93	0,99	0,94	0,97	1,013	-
725	-	0,87	-	-	-	-	-	-	-	-	-
750	-	0,85	-	-	0,97	-	-	0,93	0,96	1,006	-
775	-	0,84	-	-	-	-	-	-	-	-	-
800	-	0,83	0,94	0,96	0,96	0,90	0,98	0,91	0,96	1,00	1,00
825	-	0,82	-	-	-	-	-	-	-	-	-
850	-	0,81	-	-	0,94	-	-	0,89	0,95	0,994	-
875	-	0,81	-	-	-	-	-	-	-	-	-
900	-	0,80	0,93	0,95	0,93	0,88	0,97	0,88	0,95	0,988	-
925	-	0,79	-	-	-	-	-	-	-	-	-
950	-	0,78	-	-	0,92	-	-	0,87	0,94	0,983	-
975	-	0,77	-	-	-	-	-	-	-	-	-
1000	-	0,76	0,91	0,94	0,91	0,86	0,96	0,86	0,94	0,977	0,99
1050	-	0,75	-	-	0,90	-	-	0,85	0,93	0,972	-
1100	-	0,74	0,90	0,93	0,90	0,84	0,95	0,84	0,92	0,968	-
1150	-	0,72	-	-	0,89	-	-	0,83	0,91	0,963	-
1200	-	0,71	0,88	0,92	0,88	-	-	0,82	0,90	0,9598	0,98
1250	-	0,70	-	-	0,87	-	-	-	0,88	0,954	-
1300	-	0,69	0,87	0,92	0,87	-	-	-	0,87	0,950	-
1350	-	-	-	-	0,86	-	-	-	0,85	0,946	-
1400	-	0,67	0,86	0,91	0,85	-	-	-	0,84	0,943	-
1450	-	-	-	-	0,85	-	-	-	0,81	0,939	-
1500	-	0,65	0,85	0,90	0,84	-	-	-	0,79	0,935	-
1550	-	-	0,81	0,89	-	-	-	-	-	0,932	-
1600	-	-	-	-	-	-	-	-	-	0,928	-
1700	-	-	-	-	-	-	-	-	-	0,922	-
1800	-	-	-	-	-	-	-	-	-	0,916	-
1900	-	-	-	-	-	-	-	-	-	0,910	-
2000	-	0,57	-	-	-	-	-	-	-	0,904	-
2500	-	0,54	-	-	-	-	-	-	-	-	-
3000	-	0,50	-	-	-	-	-	-	-	-	-
4000	-	0,45	-	-	-	-	-	-	-	-	-
4500	-	0,43	-	-	-	-	-	-	-	-	-
5000	-	0,41	-	-	-	-	-	-	-	-	-

Quelle: Gutachterausschüsse für Grundstückswerte

IV Syst. Darst. Vergleichswertverfahren — Grundstücksgröße

Abb. 24: Bodenwert in Abhängigkeit von der Grundstücksgröße des individuellen Wohnungsbaus (Überblick) 2012

Fläche	Köln	LK Leer	Leipzig			LK Mainz/Bingen	Mühlheim a.d.Ruhr	Neuss		Northeim
m²	EFH/ZFH (2012)		EFH § 30	§ 34	RH	(2013)		EFH/DH	RH	(2012)
100	-	-	-	-	-	1,15	-	-	-	-
125	-	-	-	-	-	-	-	-	-	-
150	1,44	-	1,41	1,33	1,17	-	1,26	-	-	-
175	1,39	-	-	-	-	-	1,20	-	-	-
200	1,35	-	1,31	1,25	1,13	1,08	1,15	1,155	1,314	-
225	1,31	-	-	-	-	-	1,09	-	1,257	-
250	1,28	-	1,24	1,19	1,10	-	1,04	1,116	1,200	-
275	1,25	-	-	-	-	-	-	-	1,171	-
300	1,23	-	1,17	1,14	1,07	1,04	-	-	1,142	1,14
325	1,20	-	-	-	-	-	-	1,066	1,114	-
350	1,18	-	1,12	1,10	1,05	-	-	-	1,085	-
375	1,16	-	-	-	-	-	-	-	-	-
400	1,14	1,05	1,08	1,06	1,03	1,02	-	-	1,058	1,11
425	1,12	-	-	-	-	-	-	-	-	-
450	1,10	-	1,04	1,03	1,01	-	-	1,015	1,028	-
475	-	-	-	-	-	-	-	-	-	-
500	1,07	1,00	1,00	1,00	1,00	1,00	-	1,000	1,000	1,09
525	-	-	-	-	-	-	-	-	-	-
550	1,04	-	0,97	0,97	0,99	-	-	-	0,971	-
575	-	-	-	-	-	-	-	-	-	-
600	1,02	0,97	0,94	0,95	0,97	0,98	-	-	-	1,06
625	-	-	-	-	-	-	-	0,972	0,954	-
650	0,99	-	0,91	0,93	0,96	-	-	-	-	-
675	-	-	-	-	-	-	-	-	-	-
700	0,97	0,95	0,89	0,91	0,95	0,97	-	-	0,937	1,03
725	-	-	-	-	-	-	-	-	-	-
750	0,95	-	0,86	0,89	0,94	-	-	-	-	-
775	-	-	-	-	-	-	-	-	-	-
800	0,93	0,93	0,84	0,87	0,93	0,96	-	-	-	1,00
825	-	-	-	-	-	-	-	-	-	-
850	0,91	-	0,82	0,86	0,93	-	-	-	-	-
875	-	-	-	-	-	-	-	-	-	-
900	0,90	0,91	0,80	0,84	0,92	0,95	-	-	-	0,97
925	-	-	-	-	-	-	-	-	-	-
950	0,88	-	0,78	0,83	0,91	-	-	-	-	-
975	-	-	-	-	-	-	-	-	-	-
1000	0,86	0,89	0,76	0,81	0,90	0,94	-	-	-	0,94
1050	-	-	0,75	0,80	0,89	-	-	-	-	-
1100	-	0,87	0,73	0,79	0,89	0,93	0,193	-	-	0,91
1150	-	-	0,72	0,77	0,88	-	-	-	-	-
1200	-	0,85	0,70	0,76	0,88	0,93	-	-	-	0,89
1250	-	-	0,69	0,75	0,87	-	-	-	-	-
1300	-	0,83	0,67	0,74	0,87	0,92	-	-	-	-
1350	-	-	0,66	0,73	0,86	-	-	-	-	-
1400	-	0,80	0,65	0,72	0,86	0,92	-	-	-	-
1450	-	-	0,64	0,71	0,85	-	-	-	-	-
1500	-	0,76	0,63	0,70	0,85	0,91	0,883	-	-	-
1550	-	-	-	-	-	-	-	-	-	-
1600	-	0,73	-	-	-	-	-	-	-	-
1700	-	-	-	-	-	-	-	-	-	-
1800	-	(0,70)	-	-	-	-	-	-	-	-
1900	-	-	-	-	-	-	-	-	-	-
2000	-	(0,64)	-	-	-	-	-	-	-	-
2500	-	(0,55)	-	-	-	-	-	-	-	-
3000	-	(0,47)	-	-	-	-	-	-	-	-
4000	-	(0,38)	-	-	-	-	-	-	-	-

Quelle: Gutachterausschussberichte der Städte (Köln 2012, Göttingen 2012)

Abb. 25: Bodenwert in Abhängigkeit von der Grundstücksgröße des individuellen Wohnungsbaus (Überblick)

Fläche	LK Oldenburg		Plön	Potsdam	LK Oberspree Lausitz		LK Rotenburg (Wümme), Soltau-Fallingbostel, Verden	Regionalbereich Altmark (Sachsen-Anhalt)
				Individueller Wohnungsbau				
m^2	Indiv. Wohnungsbau Ortslage	Außenbereich		Inneres Stadtgebiet	städtische	ländliche		
					Wohnlage			
	(2013)			(2011)	(2011)			
200	-	-	-	-	-	-	1,12	1,07
250	-	-	-	-	-	-	-	-
300	-	-	1,35	1,16	1,10	-	1,10	1,04
350	-	-	1,29	-	1,09	-	-	-
400	1,02	-	1,24	1,09	1,09	1,18	1,08	1,02
450	-	-	1,19	-	1,08	1,15	-	-
500	**1,00**	-	1,15	1,05	1,07	1,13	1,06	1,00
550	1,12	-	1,12	-	1,06	1,10	-	-
600	0,98	-	1,09	1,02	1,05	1,08	1,04	0,98
650	-	-	1,07	-	1,04	1,06	-	-
700	0,96	-	1,04	**1,00**	1,03	1,04	1,02	0,97
750	-	1,82	1,03	-	-	-	-	-
800	0,95	-	**1,00**	0,99	**1,00**	**1,00**	**1,00**	0,96
850	0,98	-	0,98	-	-	-	-	-
900	0,94	-	0,96	0,97	0,97	0,97	0,98	0,95
950	-	-	0,95	-	-	-	-	-
1000	0,93	1,42	0,93	0,97	0,93	0,93	0,96	0,94
1050	-	-	0,92	-	-	-	-	-
1100	0,92	-	0,91	0,96	0,88	0,90	0,94	0,93
1150	-	-	0,90	-	-	-	-	-
1200	0,92	-	0,88	0,95	0,84	0,88	0,92	-
1250	-	1,17	0,87	-	-	-	-	-
1300	0,91	-	0,86	-	0,79	0,85	0,90	-
1350	-	-	0,85	-	-	-	-	-
1400	0,90	-	0,84	0,94	0,74	0,83	0,88	-
1450	-	-	0,83	-	-	-	-	-
1500	0,90	**1,00**	0,83	0,94	0,69	0,80	0,86	-
1550	-	-	0,82	-	-	-	-	-
1600	0,90	-	0,81	-	0,63	0,78	0,84	-
1700	-	0,87	-	-	-	0,76	0,82	-
1800	-	-	-	-	-	0,74	0,80	-
1900	-	-	-	-	-	0,72	0,78	-
2000	-	0,78	-	-	-	-	0,76	-
2500	-	0,64	-	-	-	-	-	-
3000	-	0,55	-	-	-	-	-	-
4000	-	0,43	-	-	-	-	-	-
4500	-	-	-	-	-	-	-	-
5000	-	0,35	-	-	-	-	-	-

Quelle: Grundstücksmarktberichte

IV Syst. Darst. Vergleichswertverfahren — Grundstücksgröße

Abb. 26: Bodenwert in Abhängigkeit von der Grundstücksgröße des individuellen Wohnungsbaus (Überblick)

Fläche m^2	Schwerin EFH	LK Stade	Südhessen BRW < 299 €/m²	Sulingen (EFH/ZF) Bodenrichtwert ≤ 60 €/m²	Sulingen 60 bis 120 €/m²	Sulingen ≥ 120 €/m² 2013	Teltow	LK Vechta Außenbereich 2013	Wuppertal 1-2 gesch. 2011
200	-	1,17	-	-	-	-	1,007	-	1,18
250	1,01	-	-	-	-	-	-	-	1,14
300	-	1,13	1,11	-	-	-	0,962	-	1,10
350	-	-	-	-	-	-	-	-	1,07
400	-	1,09	1,05	1,00	1,04	1,08	0,929	-	1,04
450	-	-	-	-	-	-	-	-	1,02
500	1,00	1,06	1,000	-	-	-	1,000	-	1,00
550	-	-	-	-	-	-	-	-	-
600	-	1,03	0,96	-	-	-	0,877	-	0,96
650	-	-	-	-	-	-	-	-	-
700	-	1,00	0,93	1,00	1,02	1,04	0,831	-	0,93
750	1,00	-	-	-	-	-	-	1,54	-
800	-	0,98	0,90	1,00	1,00	1,00	0,793	-	0,91
850	-	-	-	-	-	-	-	-	-
900	-	0,95	0,88	-	-	-	0,734	-	0,88
950	-	-	-	-	-	-	-	-	-
1000	0,99	0,93	0,86	1,00	0,96	0,93	0,734	1,29	0,86
1050	-	-	-	-	-	-	-	-	-
1100	-	0,91	0,84	-	-	-	-	-	0,84
1150	-	-	-	-	-	-	0,701	-	-
1200	-	0,89	-	0,98	0,93	0,86	0,670	-	0,83
1250	0,99	-	-	-	-	-	-	1,12	-
1300	-	0,88	-	-	-	-	0,637	-	-
1350	-	-	-	0,90	0,87	0,75	-	-	-
1400	-	0,86	-	-	-	-	0,598	-	-
1450	-	-	-	0,87	0,84	0,74	-	-	-
1500	0,98	0,84	-	-	-	-	0,573	1,00	-
1 600	-	-	-	0,90	0,87	0,76	-	-	-
1 700	-	-	-	-	-	-	-	0,91	-
1 800	-	-	-	0,87	0,84	0,74	-	-	-
1 900	-	-	-	-	-	-	-	-	-
2000	-	-	-	0,85	0,81	0,72	0,532	0,84	-
2500	-	-	-	-	-	-	0,507	0,73	-
3000	-	-	-	-	-	-	0,468	0,65	-
4000	-	-	-	-	-	-	0,422	0,54	-
4 500	-	-	-	-	-	-	-	-	-
5 000	-	-	-	-	-	-	-	0,47	-

Quelle: Grundstücksmarktberichte

Abb. 27: Bodenwert in Abhängigkeit von der Grundstücksgröße des individuellen Wohnungsbaus (Überblick) für Brandenburg

Bodenwert in Abhängigkeit von der Grundstücksgröße						
Fläche	Land Brandenburg	Blankenfehlde Mahlow	Barnim	Dahme-Spreewald-Kreis	Havelland	Märkisch Oderland
m²	EFH/ZFH		2009	2009	2009	2009
300	1,32	-	-	-	-	-
350	-	-	-	1,09	-	-
400	1,30	1,14	1,24	1,05	1,14	1,15
450	-	-	-	1,03	-	-
500	**1,00**	**1,10**	**1,15**	**1,00**	**1,09**	**1,08**
550	-	-	-	0,97	-	-
600	0,87	1,05	1,07	0,95	1,04	1,03
650	-	-	-	0,92	-	-
700	0,77	1,00	1,00	0,91	1,00	1,00
750	-	-	-	0,89	-	-
800	0,68	0,94	0,93	0,88	0,96	0,98
850	-	-	-	0,86	-	-
900	0,59	0,88	0,87	0,85	0,92	0,94
950	-	-	-	0,83	-	-
1000	0,52	0,82	0,80	0,82	0,88	0,88
1050	-	-	-	0,81	-	-
1100	0,45	0,75	0,75	0,80	0,85	0,80
1150	-	-	-	0,79	-	-
1200	0,42	-	-	0,78	-	-
1250	-	-	-	0,76	-	-
1300	-	-	-	0,75	-	-
1350	-	-	-	0,75	-	-
1400	-	-	-	0,74	-	-
1450	-	-	-	0,73	-	-
1500	-	-	-	0,72	-	-
1550	-	-	-	0,71	-	-
1600	-	-	-	0,70	-	-
2000	-	-	-	-	-	-
2500	-	-	-	-	-	-
3000	-	-	-	-	-	-
4000	-	-	-	-	-	-

Quelle: Gutachterausschussberichte der Städte

IV Syst. Darst. Vergleichswertverfahren — Grundstücksgröße

Abb. 28: Bodenwert in Abhängigkeit von der Grundstücksgröße des individuellen Wohnungsbaus (Überblick) für Brandenburg

Fläche	Alt Töpitz	Beelitz	Bergholz-Rehbrücke	Borkheide	Brück	Caputh	Cottbus	Ferch	Fichtenwalde	Kleinmachnow
m²	2012	2012	1999-2008	1999-2008	1999-2008	1999-2008	2011	1999-2008	1999-2008	2012
300	-	-	-	-	-	-	1,26	-	-	-
350	1,21	1,59	1,19	1,27	1,21	1,10	1,20	1,04	1,30	1,08
400	1,18	1,50	1,17	1,23	1,19	1,09	1,15	1,04	1,27	1,07
450	1,16	1,43	1,14	1,19	1,16	1,08	1,12	1,03	1,23	1,06
500	1,13	1,36	1,12	1,15	1,13	1,07	1,09	1,03	1,19	1,05
550	1,11	1,29	1,10	1,12	1,11	1,05	1,06	1,02	1,16	1,04
600	1,08	1,23	1,08	1,09	1,08	1,04	1,04	1,02	1,12	1,03
650	1,06	1,16	1,06	1,07	1,06	1,03	-	1,01	1,09	1,03
700	1,04	1,11	1,04	1,04	1,04	1,02	1,00	1,01	1,06	1,02
750	1,02	1,05	1,02	1,02	1,02	1,01	0,98	1,00	1,03	1,01
800	1,00	1,00	1,00	1,00	1,00	1,00	0,97	1,00	1,00	1,00
850	-	-	-	-	-	-	-	-	-	-
900	0,96	0,90	0,97	0,96	0,96	0,98	0,94	0,99	0,94	0,98
950	-	-	-	-	-	-	-	-	-	-
1000	0,93	0,82	0,93	0,93	0,93	0,96	0,92	0,98	0,89	0,97
1100	0,90	0,74	0,90	0,90	0,89	0,94	0,90	0,97	0,84	0,95
1200	0,87	0,67	0,87	0,87	0,86	0,92	0,88	0,96	0,79	0,94
1300	0,84	0,60	0,85	0,84	0,84	0,91	0,87	0,95	0,75	0,92
1400	0,81	0,54	0,82	0,82	0,81	0,89	0,85	0,95	0,70	0,91
1500	0,79	0,49	0,80	0,79	0,79	0,88	0,84	0,94	0,66	0,90
1600	0,76	0,44	0,78	0,77	0,76	0,96	0,83	0,93	0,62	0,88
1700	0,74	0,40	0,76	0,75	0,74	0,84	0,82	0,92	0,59	0,87
1800	0,72	0,36	0,74	0,74	0,72	0,83	0,82	0,91	0,56	0,86
1900	0,70	0,33	0,72	0,72	0,70	0,82	-	0,91	0,52	0,85
2000	0,68	0,30	0,70	0,70	0,68	0,80	-	0,90	0,49	0,84

Quelle: Gutachterausschussberichte der Städte

Abb. 29: Bodenwert in Abhängigkeit von der Grundstücksgröße des individuellen Wohnungsbaus (Überblick) für Brandenburg

Bodenwert in Abhängigkeit von der Grundstücksgröße										
Fläche	Langen-wisch	Michen-dorf	Saar-mund	Schen-kenberg	Stahns-dorf	Teltow	Werder	Willden-bruch	Will-helms-horst	Wuster-witz
m^2	1999-2008	1999-2008	1999-2008	1999-2008	1999-2008	2012	1999-2008	1999-2008	1999-2008	1999-2008
300	-	-	-	-	-	-	-	-	-	-
350	1,11	1,29	1,02	1,40	1,15	1,09	1,24	1,37	1,21	1,17
400	1,10	1,25	1,02	1,34	1,13	1,08	1,21	1,30	1,18	1,15
450	1,09	1,21	1,02	1,28	1,11	1,07	1,18	1,25	1,15	1,13
500	1,07	1,18	1,02	1,23	1,09	1,06	1,15	1,20	1,13	1,11
550	1,06	1,14	1,01	1,18	1,07	1,05	1,13	1,15	1,10	1,09
600	1,05	1,11	1,01	1,14	1,05	1,04	1,10	1,12	1,08	1,07
650	1,03	1,08	1,01	1,10	1,04	1,03	1,07	1,08	1,06	1,05
700	1,02	1,05	1,01	1,07	1,02	1,02	1,05	1,05	1,04	1,03
750	1,01	1,03	1,01	1,03	1,01	1,01	1,02	1,03	1,02	1,02
800	**1,00**	**1,00**	**1,00**	**1,00**	**1,00**	**1,00**	**1,00**	**1,00**	**1,00**	**1,00**
850	-	-	-	-	-	-	-	-	-	-
900	0,98	0,95	1,00	0,94	0,98	0,98	0,95	0,96	0,96	0,97
950	-	-	-	-	-	-	-	-	-	-
1000	0,96	0,91	0,99	0,89	0,96	0,96	0,91	0,92	0,93	0,94
1100	0,94	0,87	0,99	0,84	0,94	0,95	0,87	0,89	0,90	0,91
1200	0,92	0,83	0,98	0,80	0,92	0,93	0,83	0,86	0,87	0,88
1300	0,90	0,80	0,97	0,76	0,91	0,92	0,79	0,83	0,84	0,86
1400	0,88	0,77	0,97	0,73	0,90	0,90	0,75	0,81	0,81	0,84
1500	0,86	0,74	0,97	0,69	0,88	0,89	0,72	0,79	0,79	0,81
1600	0,85	0,71	0,96	0,77	0,87	0,87	0,69	0,77	0,77	0,79
1700	0,83	0,69	0,96	0,63	0,86	0,86	0,65	0,75	0,75	0,77
1800	0,82	0,67	0,95	0,60	0,85	0,85	0,62	0,73	0,73	0,75
1900	0,80	0,64	0,95	0,58	0,84	0,83	0,60	0,72	0,71	0,73
2000	0,79	0,61	0,94	0,55	0,83	0,82	0,57	0,70	0,68	0,72

Quelle: Gutachterausschussberichte der Städte

IV Syst. Darst. Vergleichswertverfahren — Grundstücksgröße

280 Für großflächige **Gewerbegrundstücke** hat der Gutachterausschuss für den Bereich der Stadt *Aachen* folgende Umrechnungskoeffizienten abgeleitet:

Fläche [m²]	1 000	2 000	3 000	4 000	5 000	6 000	7 000	8 000	9 000	10 000	11 000
UK	1,45	1,31	1,18	1,08	**1,00**	0,93	0,89	0,86	0,84	0,83	0,83

281 Für den Bereich des **individuellen Wohnungsbaus** ergeben sich die Umrechnungskoeffizienten nach folgender Formel:

in *Chemnitz* $\quad$ $UK = 11{,}155 \times \text{Grundstücksfläche (m}^2)^{-0{,}3881}$

in *Köln* $\quad$ $UK = 295{,}28 - 30{,}25 \times \text{Grundstücksfläche}_{m^2}$

in *Mülheim an der Ruhr* $\quad$ $UK = -0{,}002 \times \text{Grundstücksfläche} + 1{,}5853$
(für Kleinstgrundstücke < 250 m²)

in *Hamburg*[128] $\quad$ $UK = 10{,}3633 \times \text{Fläche[m}^2]^{-0{,}3385}$

282 Für *Nürnberg* wurden Umrechnungskoeffizienten ermittelt, die die Abhängigkeit des Bodenwerts von der GFZ, der Grundstücksgröße und Teilbarkeit beschreiben (Abb. 30):

Abb. 30: Umrechnungskoeffizienten in Abhängigkeit von der GFZ und der Grundstücksgröße

	GuF	GFZ und Flächen-Indizes (%)								
		1,0	0,9	0,8	0,7	0,6	0,5	0,4	0,3	0,2	0,1
Bauplatzgröße (m²)	150	100	97	94	-	-	-	-	-	-	-
	180	100	97	94	91	89	-	-	-	-	-
	200	100	97	94	91	88	-	-	-	-	-
	220	100	97	**94**	91	88	-	-	-	-	-
	250	100	97	94	**91**	88	84	-	-	-	-
	300	99	96	93	90	**87**	84	81	-	-	-
	350	99	96	93	90	87	**84**	80	76	-	-
	400	99	96	93	90	87	83	80	76	-	-
	450	98	95	92	89	86	83	**80**	76	-	-
	500	98	95	92	89	86	83	79	75	-	-
	600	97	94	91	88	85	82	79	**75**	69	-
	700	97	94	91	88	-	-	-	74	68	-
	800	96	93	-	-	-	-	-	73	**68**	-
	900	-	-	-	-	-	-	-	73	67	-
	1 000	-	-	-	-	-	-	-	72	66	-
	1 100	-	-	-	-	-	-	-	71	66	58
	1 200	-	-	-	-	-	-	-	71	65	**57**

Bei der Umrechnung nach der vorstehenden Tabelle ist unbedingt zu beachten, dass für die Bauplatzgröße nicht die Gesamtfläche des Wertermittlungs- bzw. Vergleichsobjekts, sondern die durchschnittliche Größe der auf dem Objekt realisierbaren Bauparzellen einzusetzen ist.

Die wahrscheinlichste Kombination ist schwarz hervorgehoben. Diese Kombination wurde auch für die Bodenrichtwerte als Bezugswert definiert. Deshalb sind bei Heranziehung von Bodenrichtwerten die schwarz hervorgehobenen Indexwerte zur Umrechnung zu verwenden.

---

[128] Grundstücksmarktbericht 2001.

Grundstücksgröße — Syst. Darst. Vergleichswertverfahren IV

Für den Fall, dass größere teilbare Grundstücke zu werten sind, sind folgende Umrechnungsindizes zu verwenden, wobei eine ortsübliche und sinnvolle Teilung zu unterstellen sind. Bei sehr großen Grundstücken (Grundstücke > als 15 Bauplätze) kann der Abschlag je nach erforderlicher innerer Erschließung deutlich größer (bei Rohbaulandcharakter) oder kleiner (bei bereits günstiger Lage an öffentlichen Verkehrsflächen) sein.

Abb. 31: Teilbarkeitsindizes

Teilbarkeitsindizes															
Anzahl der Bauplätze															
	1	2	3	4	5	6	7	8	9	10	11	12	13	14	15
T	100	98	97	95	94	93	91	90	89	88	87	87	86	85	85

Beispiel:

Gesucht ist der Bodenwert eines 1 000 m² großen Grundstücks, das mit vier Doppelhaushälften bei einer GFZ von 0,6 bebaut werden kann.

Als Bauplatzgröße ist 1 000 m²/4 = 250 m² anzusetzen.

Gegeben sei zum Vergleich ein Bodenrichtwert von 370 €/m² mit den Merkmalen GFZ = 0,8, Bezugsfläche = 220 m², Anzahl der Bauplätze = 1

$$BW_B = GuF_B/GuF_V \times T_B/T_V \times BW_V$$

wobei
BW_B	= Bodenwert des Bewertungsobjekts	= gesucht
BW_V	= Bodenwert des Vergleichsobjekts	= 370 €/m²
GuF_B	= GFZ- und Flächenindex des Bewertungsobjekts	= 88
GuF_V	= GFZ- und Flächenindex des Vergleichspreises/-werts	= 94
T_B	= Teilbarkeitsindex des Bewertungsobjekts	= 95
T_V	= Teilbarkeitsindex des Vergleichsobjekts	= 100

$$BW_B = 88/94 \times 95/100 \times 370\ \text{€/m}^2 = 329\ \text{€/m}^2$$

IV Syst. Darst. Vergleichswertverfahren — Grundstücksgröße

283   Abb. 32:   Bodenwert in Abhängigkeit von der Grundstücksgröße (Empfehlung)

Bodenwert in Abhängigkeit von der Grundstücksgröße und Grundstückstiefe bei Wohnimmobilien
Empfehlung

Aus zahlreichen Untersuchungen ist bekannt, dass der Bodenwert eines Grundstücks bei kleiner werdenden Grundstücken ab einer Grundstücksgröße von etwa 500 m² stark ansteigt, und zwar bei Reihenhäusern stärker als bei sonstigen Ein- und Mehrfamilienhäusern.

Bei größer werdenden Grundstücken geht die Minderung des Quadratmeterpreises zurück und vermindert sich ab etwa 2 500 m² nur noch marginal.

Folgende Umrechnungskoeffizienten sind, sofern vom örtlichen Grundstücksmarkt keine besseren Erkenntnisse vorliegen, für
- Reihenhäuser (RH) und
- Ein- und Zweifamilienhäuser (EFH) heranziehbar:

Ergänzender Hinweis: In Hochpreisregionen ist die Abhängigkeit der Bodenwerte von der Grundstücksgröße stärker als in mittleren und niedrigen Preisregionen ausgeprägt.

Umrechnungskoeffizienten

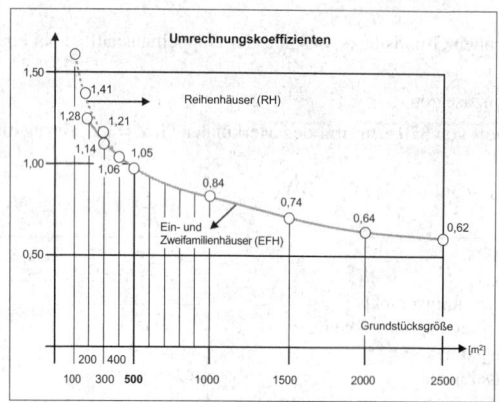

Umrechnungskoeffizienten
Anhaltswerte, soweit örtlich keine Umrechnungskoeffizienten empirisch abgeleitet worden sind

Grundstücksgröße			Grundstückstiefe		
Größe [m²]	EFH	RH	Tiefe [m]	EFH/ZFH	MFH
150	-	1,57	20	1,10	1,25
200	1,28	1,41	22	1,07	1,18
250	1,21	1,29	24	1,04	1,12
300	1,14	1,21	26	1,03	1,10
350	1,10	1,12	28	1,02	1,04
400	1,06	1,05	30	1,00	1,00
450	1,03	1,03	32	0,98	0,97
500	1,00	1,00	34	0,97	0,93
550	0,98	0,98	36	0,95	0,91
600	0,95	-	38	0,92	0,89
650	0,94	-	40	0,89	0,87
700	0,92	-	45	0,85	0,82
800	0,89	-	50	0,82	0,78
900	0,86	-	55	0,82	0,75
1 000	0,84	-	60	0,81	0,72
1 500	0,74	-	70	0,81	0,70
2 000	0,64	-	80	0,80	0,65

EFH = Einfamilienhaus; ZFH = Zweifamilienhaus; MFH = Mehrfamilienhaus; RH = Reihenhaus

Beispiel:
a) Es liegt ein Vergleichspreis für ein 250 m² großes Einfamilienhausgrundstück vor: 400 €/m²
b) Gesucht ist ein Vergleichspreis für ein 400 m² großes Einfamilienhausgrundstück (Wertermittlungsobjekt)

Lösung: Umrechnungskoeffizient für 250 m² (EFH): 1,21 (lt. Tabelle)
           Umrechnungskoeffizient für 400 m² (EFH): 1,06 (lt. Tabelle)

Vergleichspreis (EFH) 400 m² = 1,06 / 1,21 × 400 €/m² = **350 €/m²**

© W. Kleiber 10

284 Zur Abhängigkeit des Bodenwerts von der Grundstücksgröße bei **Gartenland** (vgl. § 5 ImmoWertV Rn. 304):

Abb. 33: Abhängigkeit des selbstständigen Gartenlands von der Grundstücksgröße in Mülheim an der Ruhr

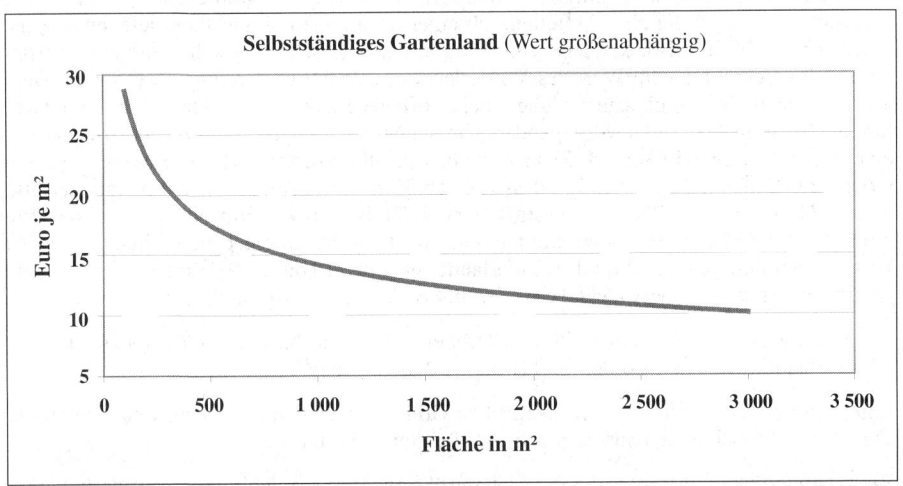

Quelle: Grundstücksmarktbericht Stadt Mülheim an der Ruhr 2005

285 Der **Bodenwert landwirtschaftlicher Hofstellen** wird in der Praxis in Anlehnung an den Bodenwert bebauter Grundstücke im Außenbereich ermittelt, wobei im Hinblick auf die vielfach vorgefundene Hofstellenfläche von 3 000 bis 5 000 m² Abschläge wegen Übergröße anzubringen sind[129] (vgl. § 5 ImmoWertV Rn. 140 ff.).

Bei land- oder forstwirtschaftlich genutzten Grundstücken i. S. des § 4 Abs. 1 Nr. 1 nimmt der Quadratmeterwert – anders als bei Bauland – mit der Grundstücksgröße nicht ab; vielmehr **steigt er sogar mit der Grundstücksfläche leicht** an. Der Quadratmeterwert der besonderen landwirtschaftlichen Flächen nimmt hingegen – wie bei Bauland – mit der Grundstücksfläche ab (vgl. § 5 ImmoWertV Rn. 43, 93 ff., 140).

286 Bei **Gewerbeflächen** beziehen sich die Vergleichspreise für unbebaute Grundstücke zumeist auf Grundstücke mit einer Gesamtfläche ≥ 1 000 m² und vielfach sogar 10 000 m². Soweit das zu bewertende Grundstück eine größere Gesamtfläche aufweist, ist in aller Regel eine bei der Bodenwertermittlung zu berücksichtigende innere Erschließung erforderlich, wobei man sich an den entsprechenden Kosten orientieren kann, die auch für die Ermittlung von Erschließungsbeiträgen nach den §§ 123 ff. BauGB maßgeblich sind. Unter Berücksichtigung dieser Kosten ergibt sich ein entsprechend geminderter Bodenwert.

287 In der **steuerlichen Bewertung** ist ein Abschlag auf den Bodenrichtwert wegen der Größe des zu bewertenden Grundstücks nur vorzunehmen, wenn der Gutachterausschuss Umrechnungskoeffizienten für die Grundstücksgrößen vorgegeben hat (vgl. ErbStR 161 Abs. 3 sowie Rn. 298)[130].

---

[129] Reinhardt, W., Die Fläche als wertrelevante Größe für individuelles Wohnbauland in ländlichen Bereichen, GuG 2008, 321.

[130] BFH, Urt. vom 11.5.2005 – II R 21/02 –, GuG 2005, 376 = EzGuG 4.195; gleichlautende Erlasse der obersten Finanzbehörden der Länder zur Umsetzung des Gesetzes zur Reform des Erbschaftsteuer- und Bewertungsrechts vom 5.5.2009 (GuG 2009, 225).

5.3.5.4 Grundstückstiefe

a) *Verkehrswertermittlung*

288 Die Abhängigkeit des Bodenwerts von der Grundstückstiefe ist von einer Reihe von Gutachterausschüssen für Grundstückswerte mit dem Ergebnis analysiert worden, dass für eine sachgerechte Wertermittlung eine Aufteilung ab einer bestimmten Grundstückstiefe sinnvoll ist, da für übertiefe Grundstücksflächen im gewöhnlichen Geschäftsverkehr deutliche Preisabschläge im Verhältnis zum Wert des Vorderlandes gemacht werden, und zwar auch – wenn auch vielleicht nicht in gleichem Maße – bei in offener Bauweise errichteten Ein- und Zweifamilienhäusern. Nach den vorliegenden Untersuchungen ist die Grenze überwiegend bei einer **Grundstückstiefe von rd. 35 m** zu ziehen. In der Wertermittlungspraxis[131] werden **Übertiefen** dadurch berücksichtigt, dass z. B. ab 35 m Grundstückstiefe die hieran anschließenden Grundstücksteilflächen – **gestaffelt nach Tiefenzonen** – mit einem **Wertabschlag zum Vorderlandwert** angesetzt werden. Des Weiteren haben die Untersuchungen zu dem Ergebnis geführt, dass der Wert des Hinterlandes bei etwa 10 bis 35 %[132] des Vorderlandwerts anzusetzen ist, wobei überwiegend ein Wertansatz von 15 % festgestellt wurde[133].

289 Das OVG Münster hat in einer älteren Entscheidung darauf hingewiesen, dass es ein festes Wertverhältnis zwischen Vorder- und Hinterland nicht gäbe[134].

290 Eine weitere Besonderheit ist bei übergroßen Grundstücken dann gegeben, wenn sie „in der Tiefe" aus unterschiedlich nutzbaren Grundstücksteilen bestehen.

291 **Bei Grundstücken,** die aufgrund ihrer Übergröße aus **unterschiedlichen Grundstücksqualitäten** bestehen, ist es sachgerechter,

a) Umrechnungskoeffizienten für die Abhängigkeit des Bodenwerts von der Grundstückstiefe empirisch abzuleiten (Abb. 34) oder

b) der Wertermittlung der einzelnen Teilflächen den ihnen jeweils zuzuordnenden Entwicklungszustand mit den entsprechenden Bodenwerten zuzuordnen (**Mosaikmethode**).

292 Die zuletzt genannte Methode ist insbesondere bei größeren Grundstücksflächen sachgerecht, wenn sich ein Grundstück nach der **Gesamtsituation** entsprechend aufteilen lässt. Die erstgenannte Methode wird insbesondere bei kleineren übertiefen Grundstücken angewandt, wobei die mit Umrechnungskoeffizienten belegte Staffelung der Wertigkeit u. a. auch ihre Begründung in dem geringerwertigen Entwicklungszustand finden kann.

293 Soweit bei übertiefen Grundstücken keine unterschiedlichen Entwicklungszustandsstufen in die Wertermittlung eingehen, ist es dagegen seit jeher auch üblich, **Umrechnungskoeffizienten** i. S. des § 12 ImmoWertV **für den Bodenwert in Abhängigkeit von der Grundstückstiefe heranzuziehen** (vgl. Abb. 34):

---

[131] Die Abhängigkeit des Grundstückswerts von der Grundstückstiefe ist schon seit jeher Gegenstand empirischer Untersuchungen, vgl. Strinz, Der Städtebau 1929, 69; Pohlman-Hohenaspe im Jahrbuch der Bodenreform 1914, 103; Kirchesch in ZfV 1941, 330; Großmann in ZfV 1941, 175; Krämer, U., RDM-Informationsdienst 1997, 15.
[132] Beispielsweise Grundstücksmarktbericht von Bergisch Gladbach 2009.
[133] Beispielsweise Grundstücksmarktbericht der Kreise Heinsberg und Düren 2007.
[134] OVG Münster, Urt. vom 25.9.1957 – 4 A 670/56 –, BRS Bd. 7 Nr. 35 = AVN 1963, 275 = EzGuG 4.7.

Abb. 34: Bodenwert in Abhängigkeit von der Grundstückstiefe

Tiefe m²	Aachen (2013) MFH 30 m	Aachen EFH/ZFH 35 m	Aachen EFH/ZFH 40 m	Ehemaliger Nord- und Südkreis 35 m	Ehemaliger Nord- und Südkreis 40 m	Chemnitz	Düren	Essen 3-4 gesch.	Einheitsbewertung
20	1,20	1,11	1,17	1,15	-	1,25	-	1,240	-
22	1,15	1,10	1,16	1,13	-	1,19	-	1,180	-
24	1,11	1,10	1,16	1,11	-	1,13	-	1,120	-
25	1,09	1,09	1,15	1,10	1,28	1,10	-	1,100	-
28	1,03	1,07	1,12	1,07	1,21	1,03	-	1,040	-
30	**1,00**	1,05	1,11	1,05	1,17	**1,00**	1,00	1,000	-
32	0,97	1,03	1,09	1,03	1,12	0,98	-	0,970	-
35	0,93	**1,00**	1,05	**1,00**	1,07	0,92	-	0,925	-
38	0,89	0,97	1,02	0,97	1,03	0,87	-	0,890	-
40	0,86	0,95	**1,00**	0,95	**1,00**	0,85	-	0,870	-
45	0,81	0,90	0,95	0,91	0,94	0,80	-	0,820	-
50	0,76	0,87	0,91	0,87	0,90	0,74	0,94	0,780	-
55	0,72	0,83	0,87	0,83	0,86	-	-	0,750	-
60	0,68	0,80	0,84	0,79	0,83	-	0,88	0,720	0,50
65	0,65	0,77	0,81	-	0,80	-	-	-	-
70	0,62	0,75	0,79	-	0,79	-	0,82	-	-
75	-	-	-	-	-	-	-	-	-
80	-	-	-	-	-	-	0,76	-	-
85	-	-	-	-	-	-	-	-	-
90	-	-	-	-	-	-	0,70	-	-
100	-	-	-	-	-	-	0,64	-	-
									0,40 soweit baulich nutzbar, sonst ≥ 0,40

IV Syst. Darst. Vergleichswertverfahren Grundstückstiefe

Bodenwert in Abhängigkeit von der Grundstückstiefe Zu- und Abschläge									
Tiefe	Hagen	LK Mett-mann	Moers		Neuss Ein- und Zweifamilienhäuser Bodenrichtwert bezogen auf			Offen-bach	Solin-gen	Einheits-bewer-tung
m²			EFH, ZFH	MFH	30 m	35 m	40 m			
		2013				2013				
15	-	-	-	-	1,02	1,09	1,16	-	-	-
18	-	-	-	-	1,02	1,09	1,16	-	-	-
20	-	-	-	-	1,02	1,09	1,16	1,09	-	-
22	1,25	-	1,10	1,25	1,02	1,09	1,16	-	-	-
24	-	-	1,07	1,18	1,02	1,09	1,16	-	-	-
25	-	-	1,04	1,12	1,02	1,09	1,16	1,04	1,09	-
28	1,10	-	1,03	1,10	-	-	-	-	-	-
30	-	-	1,02	1,04	**1,00**	1,06	1,13	**1,00**	**1,00**	-
32	**1,00**	-	**1,00**	**1,00**	-	-	-	-	-	-
35	-	**1,00**	0,98	0,97	0,94	**1,00**	1,06	0,96	0,92	-
38	0,988	-	0,96	0,92	-	-	-	-	0,88	-
40	-	0,929	0,92	0,89	0,88	0,94	**1,00**	0,91	0,83	-
45	0,958	0,847	0,89	0,87	0,81	0,88	0,93	0,87	0,79	-
50	0,917	0,780	0,85	0,82	0,77	0,82	0,88	0,82	-	-
55	0,867	0,724	0,82	0,78	0,72	0,77	0,82	0,78	-	-
60	-	0,677	0,82	0,75	-	-	-	0,73	-	0,50
65	-	0,635	0,81	0,72	-	-	-	0,69	-	
70	-	0,600	-	-	-	-	-	0,64	-	
75	-	0,585	-	-	-	-	-	0,60	-	
80	-	0,540	-	-	-	-	-	0,55	-	
85	-	0,515	-	-	-	-	-	0,51	-	
90	-	-	-	-	-	-	-	-	-	
100	-	-	-	-	-	-	-	-	-	
										0,40 soweit baulich nutzbar, sonst ≥ 0,40

Quelle: Grundstücksmarktbericht; vgl. Tiemann in AVN 1964, 19, und AVN 1970, 387, Moers (2011), LK Mettmann (2012).

294 Es wurden folgende **Abhängigkeiten** festgestellt:
in *Chemnitz* UK = 0,8068 × Tiefe (m)$^{-0,566}$
im LK Mettmann (2013) UK = 16,694 × $^{-0,783}$

295 Im Übrigen stehen Abschläge wegen Übertiefe im **Zusammenhang mit Abschlägen wegen Übergröße**, insbesondere wenn eine Übergröße bereits durch Abschläge für eine „innere Erschließung" angebracht worden ist. Insoweit dürfen Übergröße und Übertiefe nicht doppelt berücksichtigt werden.

296 Aus empirischen Untersuchungen ergibt sich, dass die **Abhängigkeit des Bodenwerts von der Grundstückstiefe im Bereich der Wohnbaugrundstücke bei Mehrfamilienhäusern deutlich ausgeprägter als bei Ein- und Zweifamilienhäusern** ist. Dies findet seine logische Erklärung darin, dass Übertiefen keine oder allenfalls vernachlässigbare Auswirkungen auf die Mietverhältnisse haben, während bei Ein- und Zweifamilienhäusern die Annehmlichkeit eines größeren Gartens oder einer sonstigen Freifläche ihren wertmäßigen Niederschlag findet. Bei Reihenhäusern ist dies sogar noch ausgeprägter. Abb. 35 enthält zur Berücksichtigung der Abhängigkeit des Bodenwerts von der Grundstückstiefe Empfehlungen.

Grundstückstiefe — Syst. Darst. Vergleichswertverfahren IV

Abb. 35: Bodenwert in Abhängigkeit von der Grundstückstiefe (Empfehlung)

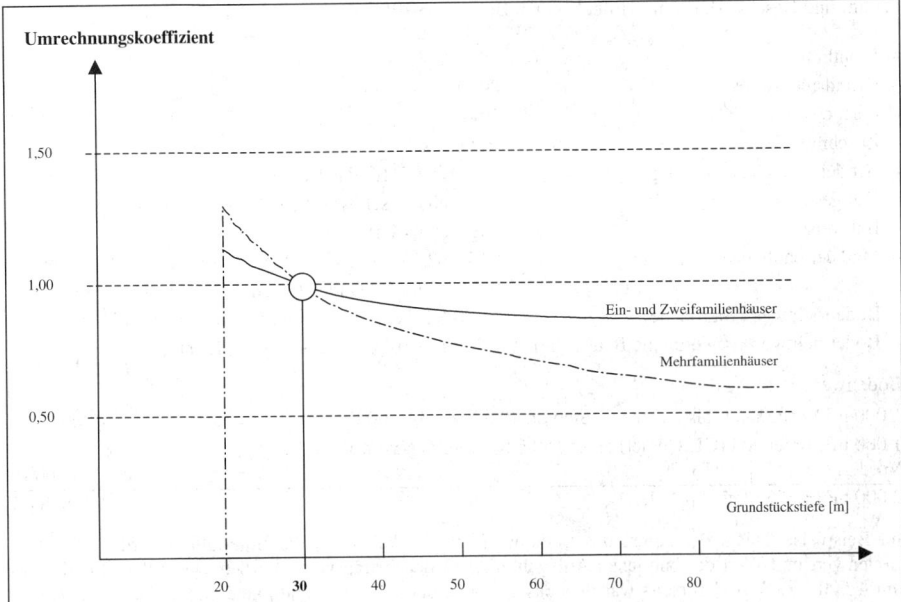

Aus zahlreichen Untersuchungen ist bekannt, dass der Bodenwert eines Grundstücks mit größer werdender Grundstückstiefe abfällt.

Bei Mehrfamilienhäusern ist die Abhängigkeit des Bodenwerts von der Grundstückstiefe ausgeprägter als bei Ein- und Zweifamilienhäusern.

Umrechnungskoeffizienten

Grundstückstiefe (m)	20	22	24	26	28	30	32	34	36	38	40	45	50	55	60	70	80
Ein- und Zweifamilienhaus	1,10	1,07	1,04	1,03	1,02	**1,00**	0,98	0,97	0,95	0,92	0,89	0,85	0,82	0,82	0,81	0,81	0,80
Mehrfamilienhaus	1,25	1,18	1,12	1,10	1,04	**1,00**	0,97	0,93	0,91	0,89	0,87	0,82	0,78	0,75	0,72	0,70	0,65

Aus zahlreichen Untersuchungen ist bekannt, dass der Bodenwert eines Grundstücks mit größer werdender Grundstückstiefe abfällt.

Bei Mehrfamilienhäusern ist die Abhängigkeit des Bodenwerts von der Grundstückstiefe ausgeprägter als bei Ein- und Zweifamilienhäusern.

Abb. 36: Umrechnungskoeffizienten

Grundstückstiefe (m)	20	22	24	26	28	30	32	34	36	38	40	45	50	55	60	70	80
Ein- und Zweifamilienhaus	1,10	1,07	1,04	1,03	1,02	**1,00**	0,98	0,97	0,95	0,92	0,89	0,85	0,82	0,82	0,81	0,81	0,80
Mehrfamilienhaus	1,25	1,18	1,12	1,10	1,04	**1,00**	0,97	0,93	0,91	0,89	0,87	0,82	0,78	0,75	0,72	0,70	0,65

297 Anhand eines weiteren *Beispiels* wird aufgezeigt, wie die **Grundstückstiefe** berücksichtigt wird. Die Hinterlandfläche ist, gemäß den Festsetzungen des Bebauungsplans, als Gewerbegebiet nutzbar.

IV Syst. Darst. Vergleichswertverfahren — Grundstückstiefe

Beispiel:

Wohn- und Geschäftshaus mit Hofbebauung, Baujahr 1970/72

– Frontbreite	25 m
– Grundstückstiefe	80 m
– Fläche	2 000 m²
– Zuschnitt	Rechteck
– Art der baulichen Nutzung	MI bzw. GE für das Hinterland
– Vollgeschosse	VI (sechs Geschosse) bzw. II im GE-Gebiet
– Bauweise	g (geschlossen)
– Maß der baulichen Nutzung	GFZ = 2,1 (vorhanden bei Vorderlandfläche 1 000 m²)
	GFZ = 1,0 (vorhanden bei Hinterlandfläche 1 000 m²)
– Bodenrichtwert (Baufläche)	1 200 €/m² ebpf bis zu einer Tiefe von 40 m
– Bodenrichtwert (gewerbliche Baufläche)	150 €/m² erschließungsbeitragspflichtig

Bodenwert:

1 000 m² Vorderland (bis zu einer Tiefe von 40 m) je m² 1 200 €	=	1 200 000 €
1 000 m² Hinterland (GE-Gebiet) je m² 150 € (= Abschlag vom Wert des Vorderlandes 87,5 v. H.)	=	150 000 €
2 000 m² (= 675 €/m² ebpf i. D.)	=	**1 350 000 €**

Im Beispielsfall liegt der Anteil des Bodenwerts am Verkehrswert der Immobilie bei rd. 30 %, d. h., Bodenwert und Wert der baulichen Anlagen ergaben den Ertragswert (Verkehrswert) des Grundstücks mit 4 500 000 €. Andererseits war dies das 12-fache der Jahresnettokaltmiete; auf einen Quadratmeter Nutz-/Wohnfläche entfallen 1 815 € im Durchschnitt.

b) Steuerliche Bewertung

298 Für den Bereich der **steuerlichen Bewertung** wurde vom BFH[135] darauf hingewiesen, dass die Aufteilung in Vorder- und Hinterland nicht zwingend vorzunehmen sei, jedoch dann angezeigt ist, wenn sie ortsüblich oder durch behördliche Anordnung bedingt sei; für Ein- und Zweifamilienhäuser in Gegenden mit offener Bauweise sei sie nicht üblich.

299 In der steuerlichen Bewertung ist, wie auch sonst üblich, bei der Ermittlung des Bodenwerts eine Grundstücksfläche nur dann aufzuteilen, wenn dies auch zuvor bei der Ermittlung der jeweiligen Durchschnittswerte geschehen ist[136]. Eine Aufteilung muss dagegen unterbleiben, wenn sich der ermittelte Durchschnittswert auf die Gesamtfläche bezieht. Wird eine Grundstücksfläche in Vorder- und Hinterland aufgeteilt, so ist sie in der steuerlichen Bewertung nach ihrer Tiefe in Zonen zu gliedern, deren Abgrenzung sich grundsätzlich nach den örtlichen Verhältnissen richtet. Für den Fall, dass keine örtlichen Besonderheiten gelten, können im Rahmen der steuerlichen **Einheitsbewertung** Grundstücke nach den **BewR Gr**[137] im Allgemeinen nach folgenden Tiefen mit der nachstehend angegebenen Wertrelation gegliedert werden (Abb. 37):

---

[135] Der BFH hat zumindest für die in offener Bauweise mit Ein- und Zweifamilienhäusern bebauten Gebiete festgestellt, dass eine Aufteilung in Vorder- und Hinterland nicht üblich sei (vgl. BFH, Urt. vom 18.9.1970 – 3 B 21/70 –, BStBl II 1971, 4 = EzGuG 4.31) unter Hinweis auf RFH, Urt. vom – III A 696, 697/31).
[136] Die Aufteilung größerer unbebauter Grundstücksflächen in Vorder- und Hinterland ist nach ständiger Rspr. nicht zwingend vorzunehmen. Die Aufteilung hängt vielmehr davon ab, ob sie ortsüblich oder durch behördliche Anordnung bedingt ist (BFH, Urt. vom 18.9.1970 – III B 21/70 –, BStBl II 1971, 4 = EzGuG 4.31).
[137] BewR Gr vom 19.9.1966 (BAnz. Nr. 183 Beil.= BStBl I 1966, 890; zu § 72 BewG Nr. 8).

Abb. 37: Bodenwert in Abhängigkeit von der Grundstückstiefe in der steuerlichen Bewertung

Vorder- und Hinterland (Zonen)	Grundstückstiefe	Bodenwert
Zone I **Vorderland**	bis 40 m Tiefe	100 %
Zone II **Hinterland**	40 – 80 m Tiefe	50 % des Vorderlands
Zone IIIa **Hinterland**	über 80 m Tiefe soweit baulich nutzbar	40 % des Vorderlands
Zone IIIb **Hinterland**	über 80 m Tiefe soweit baulich nicht nutzbar	weniger als 40 % des Vorderlands

Des Weiteren ist für die steuerliche Bewertung vorgeschrieben, dass die auf das Vorder- und Hinterland entfallenden Flächenanteile zu schätzen sind, wenn die Grundstücksfläche so geschnitten ist, dass eine **Aufteilung der Gesamtfläche in Vorder- und Hinterland** nach den vorstehenden Grundsätzen **nicht möglich** ist.

5.3.5.5 Grundstückszuschnitt

▶ *Vgl. § 5 ImmoWertV Rn. 88 ff.; § 6 ImmoWertV Rn. 295*

a) *Bauland*

Im Bereich des Baulands findet der **Grundstückszuschnitt** *(shape)* **bereits** ganz allgemein **bei der Klassifizierung des Entwicklungszustands** insoweit seine **Berücksichtigung**, als nach bauordnungsrechtlichen Vorschriften auf einem Grundstück Gebäude nur errichtet werden dürfen, wenn es nach Lage, *Form*, Größe und Beschaffenheit für die beabsichtigte Bebauung geeignet ist. Hieraus folgt, dass eine für die Bebauung unzureichende Grundstücksform (Grundstückszuschnitt) zur Einstufung dieser Fläche nach § 5 Abs. 3 ImmoWertV als „Rohbauland" führt, auch wenn die sonstigen Voraussetzungen für eine bauliche Nutzung gegeben sind. Insoweit kann der Grundstückszuschnitt bereits bei der Qualifizierung des Entwicklungszustands Eingang in die Wertermittlung finden.

Darüber hinaus wird der Erwerber eines Grundstücks regelmäßig bereit sein, für ein gut gestaltetes Grundstück einen höheren Kaufpreis als für ein ungünstig geschnittenes Grundstück zu zahlen. Deshalb müssen **Abweichungen des Grundstückszuschnitts** der zum Preisvergleich herangezogenen Grundstücke vom Wertermittlungsobjekt berücksichtigt werden.

Der diesbezüglich in § 6 Abs. 5 ImmoWertV gebrauchte Begriff des „Grundstückszuschnitts" ist inhaltlich identisch mit dem Begriff „Grundstücksgestalt" oder dem im Baurecht gebrauchten Begriff der „Form"[138] des Grundstücks. Entsprechend der Zweckbestimmung des Baulands ist der Grundstückszuschnitt desto höherwertiger, je günstiger das **Verhältnis zwischen der Frontbreite des Grundstücks und seiner Tiefe** entsprechend den bauplanungsrechtlichen Festsetzungen des Bebauungsplans ist. Der Quotient aus Frontbreite und Grundstückstiefe kann deshalb als Maßstab zur Berücksichtigung der Grundstücksgestalt gelten. Die wohl geschickteste Erfassung des Grundstückszuschnitts i. V. m. der Grundstücksfläche und -tiefe wird vom Gutachterausschuss in *Bergisch Gladbach* praktiziert (Abb. 38):

---

[138] § 45 Abs. 1 BauGB; entsprechend auch die BauOen Länder (vgl. Art. 4 Abs. 1 Nr. 1 Bay. LBauO); auch die Definition des Rohbaulands in § 5 ImmoWertV schließt hieran an.

IV Syst. Darst. Vergleichswertverfahren Grundstückszuschnitt

Abb. 38: Umrechnungskoeffizienten für Grundstücke unterschiedlicher Grundstücksbreite und -tiefe

Grundstücke mit freistehenden Eigenheimen (Tiefe Richtwertgrundstück = 35 m)								
	Tiefe (m)							
Breite (m)	20	25	30	35	40	45	50	55
13,0 - 17,0	1,12	1,08	1,04	**1,00**	0,96	0,92	0,85	0,80
17,1 - 20,0	1,10	1,07	1,03	**1,00**	0,97	0,92	0,84	0,78
20,1 - 28,0	1,08	1,06	1,03	**1,00**	0,97	0,90	0,83	0,75
Grundstücke mit freistehenden Eigenheimen (Tiefe Richtwertgrundstück = 30 m)								
13,0 – 17,0	1,09	1,04	**1,00**	0,96	0,91	0,86	0,80	0,75
17,1 – 20,0	1,08	1,03	**1,00**	0,97	0,92	0,85	0,78	0,73
20,1 – 28,0	1,07	1,03	**1,00**	0,97	0,90	0,84	0,75	0,70
Grundstücke für Doppelhaushälften/Reihenhäuser								
7,0 - 11,5	1,09	1,06	1,02	0,99	0,96	0,92	-	-
11,6 - 16,0	1,10	1,04	0,99	0,96	0,88	-	-	-
Grundstücke für Reihenmittelhäuser								
Tiefe (m)	20	22	24	26	28	30		
	1,25	1,20	1,14	1,09	1,03	0,98		

Quelle: Grundstücksmarktbericht 2013 von Bergisch Gladbach

Auch der Gutachterausschuss von *Bonn* hat entsprechende Umrechnungskoeffizienten für Geschäftsgrundstücke unter Berücksichtigung der Ladenmiete ermittelt.

Grundstückszuschnitt — Syst. Darst. Vergleichswertverfahren IV

Abb. 39: Umrechnungsfaktoren für Geschäftsgrundstücke in Bonn

Bebaute Grundstückstiefe (m)	Umrechnungsfaktoren für Geschäftsgrundstücke in Bonn — Grundstücksbreite (m)																	
	5	6	7	7,5	8	9	10	11	12	13	14	15	16	17	18	19	20	22	25
10	1,34	1,33	1,31	1,30	1,29	1,28	1,26												
11	1,29	1,28	1,26	1,25	1,24	1,22	1,21	1,20											
12	1,25	1,23	1,21	1,20	2,19	1,18	1,16	1,15	1,14										
13	1,21	1,19	1,17	1,16	1,15	1,14	1,12	1,11	1,10	1,09									
14	1,17	1,15	1,13	1,12	1,11	1,10	1,08	1,07	1,06	1,05	1,04								
15	1,14	1,12	1,10	1,09	1,08	1,06	1,05	1,04	1,03	1,02	1,01	1,00							
16	1,11	1,08	1,07	1,06	1,05	1,03	1,02	1,01	1,00	0,99	0,98	0,97	0,96						
17	1,08	1,05	1,04	1,03	1,02	1,00	0,99	0,98	0,97	0,96	0,95	0,94	0,94	0,93					
18	1,05	1,03	1,01	1,00	0,99	0,98	0,96	0,95	0,94	0,93	0,92	0,92	0,91	0,90	0,90				
19	1,02	1,00	0,98	0,97	0,97	0,95	0,94	0,93	0,92	0,91	0,90	0,89	0,88	0,88	0,87	0,97			
20	1,00	0,98	0,96	0,95	0,94	0,03	0,92	0,91	0,90	0,89	0,88	0,87	0,86	0,86	0,85	0,85	0,84		
21	0,98	0,96	0,94	0,93	0,92	0,91	0,89	0,88	0,87	0,87	0,86	0,85	0,84	0,84	0,83	0,83	0,82	0,81	
22	0,96	0,94	0,92	0,91	0,90	0,89	0,87	0,86	0,85	0,85	0,84	0,83	0,82	0,82	0,81	0,81	0,80	0,79	
23	0,93	0,92	0,90	0,89	0,88	0,87	0,86	0,84	0,84	0,83	0,82	0,81	0,81	0,80	0,79	0,79	0,78	0,78	
24	0,91	0,90	0,88	0,87	0,86	0,85	0,84	0,83	0,82	0,81	0,80	0,79	0,79	0,78	0,78	0,77	0,77	9,76	
25	0,89	0,88	0,86	0,85	0,85	0,83	0,82	0,81	0,80	0,79	0,79	0,78	0,77	0,77	0,76	0,76	0,75	0,74	
26	0,87	0,86	0,85	0,84	0,83	0,82	0,80	0,79	0,79	0,78	0,77	0,76	0,76	0,75	0,75	0,74	0,74	0,73	0,72
27	0,85	0,84	0,83	0,82	0,81	0,80	0,79	0,78	0,77	0,76	0,76	0,75	0,74	0,74	0,73	0,73	0,72	0,72	0,71
28	0,83	0,83	0,81	0,81	0,80	0,79	0,78	0,77	0,76	0,75	0,74	0,73	0,73	0,72	0,72	0,71	0,71	0,70	0,69
29	0,91	0,81	0,80	0,79	0,79	0,77	0,76	0,75	0,74	0,74	0,73	0,72	0,72	0,71	0,71	0,70	0,70	0,69	0,68
30	0,79	0,80	0,79	0,78	0,77	0,76	0,75	0,74	0,73	0,72	0,72	0,71	0,70	0,70	0,69	0,69	0,68	0,68	0,67
31	0,77	0,78	0,77	0,77	0,76	0,75	0,74	0,73	0,72	0,71	0,70	0,70	0,69	0,69	0,68	0,68	0,67	0,67	0,66
32	0,76	0,76	0,76	0,75	0,75	0,73	0,72	0,71	0,71	0,70	0,69	0,69	0,68	0,67	0,67	0,67	0,66	0,65	0,65
33	0,74	0,75	0,75	0,74	0,74	0,72	0,71	0,70	0,69	0,69	0,68	0,67	0,67	0,66	0,66	0,66	0,65	0,64	0,63
34	0,73	0,73	0,73	0,73	0,72	0,71	0,70	0,69	0,68	0,68	0,67	0,66	0,66	0,65	0,65	0,64	0,64	0,63	0,62
35	0,71	0,72	0,72	0,72	0,71	0,70	0,69	0,68	0,67	0,67	0,66	0,65	0,65	0,64	0,64	0,64	0,63	0,62	0,62
36	0,70	0,71	0,71	0,71	0,70	0,69	0,68	0,67	0,66	0,66	0,65	0,64	0,64	0,63	0,63	0,63	0,62	0,61	0,61
37	0,69	0,69	0,70	0,69	0,69	0,68	0,67	0,66	0,65	0,65	0,64	0,63	0,63	0,62	0,62	0,62	0,61	0,61	0,60
38	0,67	0,68	0,68	0,68	0,68	0,67	0,66	0,65	0,64	0,64	0,63	0,63	0,62	0,62	0,61	0,61	0,60	0,60	0,59
39	0,66	0,67	0,67	0,67	0,67	0,66	0,65	0,64	0,64	0,63	0,62	0,62	0,61	0,61	0,60	0,60	0,60	0,59	0,58
40	0,65	0,66	0,66	0,66	0,66	0,65	0,64	0,64	0,63	0,62	0,61	0,61	0,60	0,60	0,60	0,59	0,59	0,58	0,57

Quelle: Grundstücksmarktbericht 2011

Vom Gutachterausschuss *Mönchengladbach* sind folgende Funktionsgleichungen abgeleitet worden:

Bodenwert in Abhängigkeit von der Grundstücksgröße und Grundstückstiefe in Mönchengladbach (2013)		
Grundstückstiefe	Grundstücksfläche	Funktionsgleichung
30 m	400 m²	$F = 1{,}505 - 0{,}0108 \times \text{Tiefe} - 0{,}00045 \times \text{Fläche}$
30 m	500 m²	$F = 1{,}538 - 0{,}0108 \times \text{Tiefe} - 0{,}00043 \times \text{Fläche}$
40 m	400 m²	$F = 1{,}687 - 0{,}0119 \times \text{Tiefe} - 0{,}00053 \times \text{Fläche}$
40 m	500 m²	$F = 1{,}755 - 0{,}0120 \times \text{Tiefe} - 0{,}00055 \times \text{Fläche}$
40 m	600 m²	$F = 1{,}822 - 0{,}0119 \times \text{Tiefe} - 0{,}00058 \times \text{Fläche}$

Quelle: Grundstücksmarktbericht 2013

IV Syst. Darst. Vergleichswertverfahren — Grundstückszuschnitt

Beispiel:

Zu bewertendes Baugrundstück

Grundstückstiefe:	35 m
Grundstücksfläche:	420 m²

Lage des Grundstücks in einem Bodenrichtwertgebiet mit folgenden Ausweisungen:

Bodenrichtwert:	200 €/m²
Grundstückstiefe:	40 m
Grundstücksfläche:	500 m²

$$F = 1{,}755 - 0{,}0120 \times 35 - 0{,}00055 \times 420 = 1{,}10$$

Bodenwert des zu bewertenden Grundstücks:

$$BW = 200 \text{ €/m}^2 \times 1{,}10 = 220 \text{ €/m}^2$$

304 Sog. **Schikanierzwickel** werden häufig zu Preisen gehandelt, die nicht dem gewöhnlichen Geschäftsverkehr zugerechnet werden. Unter solchen Flächen werden Grundstücke verstanden, die aufgrund ihres Zuschnitts und der Lage selbstständig nicht baulich nutzbar sind und auch sonst kaum sinnvoll genutzt werden können, jedoch i. V. m. dem benachbarten Grundstück dessen bauliche oder sonstige Nutzung erst ermöglichen. In solchen Fällen ist der Eigentümer des „Schikanierzwickels" in einer „guten Verhandlungsposition" und kann Preise für solche Grundstücke durchsetzen, die sich mehr am Wertzuwachs des Grundstücks orientieren, dem der „Zwickel" nützlich ist, als sonst den „inneren Wert" der Fläche ausmachen (ungewöhnliche Verhältnisse i. S. des § 7 ImmoWertV).

305 Die „harmlosere" Form des Schikanierzwickels sind **Arrondierungsflächen**, unter denen gemeinhin selbstständig nicht bebaubare Teilflächen verstanden werden, die zusammen mit einem angrenzenden Grundstück dessen bauliche Ausnutzbarkeit erhöhen oder einen ungünstigen Grenzverlauf verbessern (vgl. Rn. 312 ff.).

b) *Land- oder forstwirtschaftliche Flächen*

▶ *Vgl. § 5 ImmoWertV Rn. 88 ff.*

306 Bei land- oder forstwirtschaftlichen Grundstücken (vgl. § 5 ImmoWertV Rn. 37 ff.) steht die **Geschlossenheit (Arrondierung)** in Bezug auf die Bewirtschaftung und eine günstige Stellung des Landgutes bezüglich der Abwehr von Immissionen im Vordergrund[139].

307 Beeinträchtigungen treten bei **land- oder forstwirtschaftlichen Betrieben** häufig durch die Flächenabgabe für Verkehrswege oder durch Nutzungsbeschränkungen aufgrund von Leitungstrassen auf. Erfahrungsgemäß wirkt sich dies auf die Verkehrswerte dieser Grundstücke bzw. dieser Betriebe aus. Die Wertminderung ist insbesondere von der Betriebsgröße und Betriebsart, der sog. „Zerschneidungsgeometrie", und von sonstigen Umständen abhängig. Als Schadenselemente werden genannt:

– Umwege für Mensch, Material und Maschine,

– sonstige Erschwernisse des Betriebs,

– Randschäden (Zuwachs- und Qualitätsverluste einschließlich eines erhöhten Risikos in den Randzonen [Sturmanfälligkeit]),

– Minderauslastung vorhandener Kapazitäten,

– Störung der Nachhaltsstruktur.

308 Da die Geschlossenheit eines Grundstücks zur eigentumsmäßig geschützten Rechtsposition gehört, besteht ein Anspruch auf Entschädigung, wenn die **Durchschneidung eines geschlos-**

---

[139] BVerfG, Beschl. vom 7.6.1977 – 1 BvL 105, 424/73, 226/74 –, BVerfGE 45, 63 = EzGuG 4.52; BFH, Urt. vom 23.2.1979 – III R 44/77 –, BFHE 128, 254 = EzGuG 19.35; BGH, Urt. vom 12.6.1975 – III ZR 25/73 –, BGHZ 64, 382 = EzGuG 4.44; BGH, Urt. vom 25.6.1981 – III ZR 12/80 –, BRS Bd. 45 Nr. 122 = EzGuG 4.77; Aust/Jacobs a. a. O., 4. Aufl., S.179.

senen (arrondierten) **Landguts** zu einer Verkehrswertminderung führt[140]. Das Differenzwertverfahren (vgl. § 8 ImmoWertV Rn. 139, Teil VI Rn. 167, 183 ff.) ist eine anerkannte Wertermittlungsmethodik zur Ermittlung der Entschädigung für Durchschneidungsschäden[141].

Allgemein lässt sich feststellen, dass eine mittige Zerschneidung eines land- oder forstwirtschaftlichen Betriebs durch eine **Autobahn** den Verkehrswert des Betriebs am stärksten mindert, nämlich bis zu 75 %, **Leitungsdurchschneidungen** dagegen „nur" bis 40 % bei mittiger Durchschneidung und bis 30 % bei Randzerschneidungen. Im Entschädigungsfall muss die Wertermittlung in begründeter Weise nachgewiesen werden. Hierzu wird auf das weiterführende Schrifttum verwiesen[142]. 309

▶ *Vgl. weitere Hinweise zum Leitungsrecht bei Fischer in Teil VIII Rn. 373 ff.*

5.3.5.6 Frontbreite

Die Höhe des Kaufpreises bei **Geschäftsgrundstücken in Geschäftslagen** hängt nicht nur von der Ausnutzung ab, sondern auch **von der Breite der Straßenfront** *(frontage)*. Die folgende Tabelle zeigt die Umrechnungsfaktoren für die verschiedenen Frontbreiten bei sonst gleichen wertrelevanten Faktoren, wie sie sich aufgrund einer Auswertung der Kaufpreissammlung des Gutachterausschusses für Grundstückswerte für den Bereich der Stadt *Konstanz* aus dem Jahre 2004 ergeben (Abb. 40). 310

Abb. 40: Umrechnungsfaktoren für Frontbreiten (2004) in Konstanz

Frontbreite	UK
5	0,75
6	0,80
7	0,85
8	0,90
9	0,95
10	**1,00**
11	1,05
12	1,10
13	1,15
14	1,20
15	1,25

Quelle: Gutachterausschuss für Grundstückswerte in Konstanz 2004

Abb. 41: Ideales Frontbreiten- und Ladengrößenverhältnis

Ladengröße m²	Frontbreite lfm
30	4–5
50	5–6
100	6–8
200	8–10
400	10–12
600	10–12
800	10–14
1 000	15–15

Quelle: Müller Consult

Die Auswertung der Kaufpreise in Konstanz hat gezeigt, dass die Höhe des Kaufpreises bei Geschäftsgrundstücken in Geschäftslagen nicht nur von der Ausnutzung abhängt, sondern auch von der Breite der Straßenfront. 311

---

140 BGH, Urt. vom 28.9.1978 – III ZR 162/77 –; BGH, Urt. vom 23.6.1975 – III ZR 55/73 –, WM 1975, 1059 = DÖV 1976, 208 = BRS Bd. 34 Nr. 30 (LS) = DB 1975, 2128; BGH, Urt. vom 25.6.1981 – III ZR 12/80 –, BRS Bd. 45 Nr. 122 = EzGuG 4.77; OLG Hamm, Urt. vom 20.9.1977 – 10 U 76/77 –, BRS Bd. 34 Nr. 85 und Nr. 156 = EzGuG 4.53.
141 BGH, Urt. vom 6.3.1986 – III ZR 146/84 –, BRS Bd. 45 Nr. 131 = EzGuG 13.76; BGH, Urt. vom 14.6.1982 – III ZR 175/80 –, BRS Bd. 45 Nr. 69 = EzGuG 14.72b; BGH, Urt. vom 3.12.1981 – III ZR 53/80 –, BRS Bd. 45 Nr. 121 = EzGuG 20.93; BGH, Urt. vom 8.10.1981 – III ZR 46/80 –, BRS Bd. 45 Nr. 123 = EzGuG 4.79; BGH, Urt. vom 23.6.1975 – III ZR 55/73 –, BRS Bd. 34 Nr. 30; BGH, Urt. vom 13.5.1975 – III ZR 152/72 –, WM 1975, 834 = MDR 1975, 913 = BRS Bd. 34 Nr. 127 = BauR 1975, 285 = AgrarR 1975, 285 = JR 1975, 840; BGH, Urt. vom 13.3.1975 – III ZR 152/72 –, BRS Bd. 34 Nr. 127 = EzGuG 4.43; BGH, Urt. vom 30.9.1976 – III ZR 149/75 –, BGHZ 67, 190 = EzGuG 20.64; OLG Köln, Urt. vom 21.11.1972 – 4 U 199/71 –, BRS Bd. 26 Nr. 125 = EzGuG 8.39.
142 LandR, abgedruckt bei Kleiber, WERTR 06; 10. Aufl. Bundesanzeiger-Verlag, Köln; Köhne, Landwirtschaftliche Taxationslehre, Hamburg 1987, S. 49 ff.; Beckmann in AgrarR 1976, 192 ff., ders. in AgrarR 1979, 93 ff., ders. in AgrarR 1980, 96 ff., ders. in AgrarR 1985, 286; Beckmann/Huth, Bestimmung der An- und Durchschneidungsschäden, Schriftenreihe des HLBS, 2. Aufl., Bonn Bad-Godesberg.

5.3.5.7 Arrondierungs- und Bauerweiterungsfläche

312 ▶ Vgl. § 5 ImmoWertV Rn. 304; Teil VI Rn. 194

Soweit es sich bei den nicht erforderlichen Freiflächen um sog. „Arrondierungsflächen" handelt, sind in einer aus den Jahren 2004 und 2010 stammenden Untersuchung des Gutachterausschusses für Grundstückswerte in der Stadt *Wuppertal* die sich aus Abb. 42 ergebenden **Preisrelationen zum jeweiligen Bodenrichtwert** ermittelt worden:

Abb. 42: Preisrelation von Arrondierungsflächen

Preisrelation von Arrondierungsflächen zum Bodenrichtwert			
	Preisspanne in % vom maßgeblichen Bodenrichtwert	Durchschnittswert in % vom Bodenrichtwert	Anzahl der Kauffälle
Baulandteilflächen			
a) Flächen, die eine höhere oder sinnvolle bauliche Nutzung ermöglichen	50 – 110	75	45
b) Überbaubereinigung	65 – 135	100	4
c) Garagen- und Stellplatzflächen	30 – 90	60	39
Nicht erforderliche Freiflächen			
– Flächen, im hinteren Grundstücksbereich, Gartenland, u.Ä.	5 – 35	20	167

Quelle: Grundstücksmarktbericht 2013 des Gutachterausschusses für Grundstückswerte in der Stadt Wuppertal

Preisrelation von Arrondierungsflächen zum Bodenrichtwert			
	Preisspanne in % vom Bodenrichtwert	Durchschnittswert in % vom Bodenrichtwert	Anzahl der Kauffälle
Gewerbliche Grundstücke			
– Größere Flächen	64 – 125	94	15
– Kleinere Flächen	29 – 52	49	10

Quelle: Grundstücksmarktbericht 2011 des Gutachterausschusses in der Stadt Gelsenkirchen

Der Gutachterausschuss von *Bochum* hat folgende Preisrelationen angegeben:

Rahmensätze für die Wertrelation von Arrondierungsflächen in Bochum		
Flächen im hinteren Grundstücksbereich (Grundstückszuschnitt tiefer als 35 m), die weder eine eigenständige Bauerwartung aufweisen noch der Erhöhung einer baulichen Nutzung dienen (Hausgartennutzung)	15 % bis 35 %	vom Baulandwert
Flächen, die als Garagen- oder Stellplatzfläche genutzt werden können, aber keine weitere Funktion (z. B. Abstandsfläche, anrechenbare Baufläche) erfüllen.	50 % bis 75 %	vom Baulandwert
Flächen, die eine bauliche Nutzung des arrondierten Grundstücks ermöglichen oder verbessern (z. B. überbaubare Flächen, Abstandsflächen, anrechenbare Bauflächen)	75 % bis 125 %	vom Baulandwert

Quelle: Grundstücksmarktbericht Bochum 2011

Andere Gutachterausschüsse unterscheiden schlicht nach Vorder-, Hinter- und Seitenland sowie Kleinstflächen.

Abb. 43: Vorder-, Hinter- und Seitenland

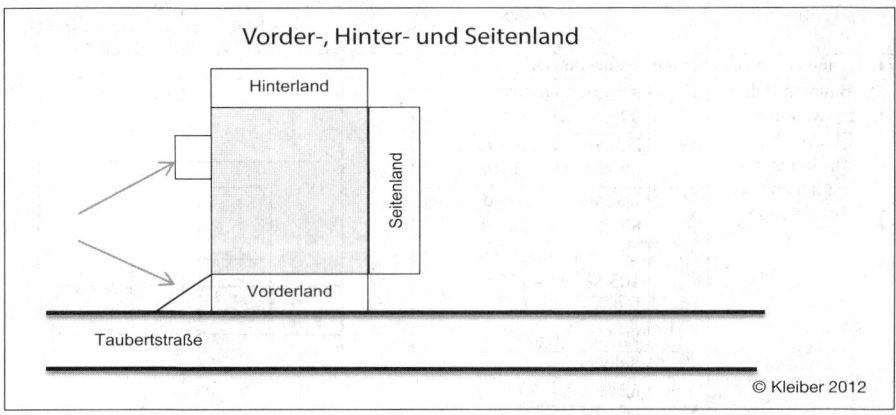

Der Gutachterausschuss von *Gütersloh* gibt in seinem Marktbericht 2013 einen Durchschnittswert von 85 % des Bodenrichtwerts bei einer durchschnittlichen Erweiterungsfläche von 174 m² an. Andere Gutachterausschüsse unterscheiden schlicht nach Vorder-, Hinter- und Seitenland.

Abb. 44: Umrechnungskoeffizienten Vorder-, Hinter- und Seitenland

	Umrechnungskoeffizient (Kaufpreise /Bodenrichtwert)						
	Potsdam (2011)			Brandenburg an der Havel (2009)		Frankfurt an der Oder (2011)	
	Bodenrichtwertniveau						
	bis 100 €/m²	110 bis 180 €/m²	ab 190 €/m²	Min	Max	Min	Max
Vorderland	-	0,32	0,27	0,19	1,67	0,02	1,07
Seitenland	0,37	0,43	0,41	0,16	1,22	0,06	1,21
Hinterland	0,41	0,51	0,53	0,10	2,78	0,05	1,09
Kleinstfläche	-	-	-	0,10	1,00	-	-

Quelle: Grundstücksmarktberichte

Allgemein lässt sich dieser Aufstellung entnehmen, dass solche **Arrondierungsflächen um so höher im Preis** gehandelt werden, **je gewichtiger der Erwerb für den Eigentümer des benachbarten Grundstücks ist.** Die Grundstücksmarktberichte verschiedener Gutachterausschüsse weisen die sich aus Abb. 45 ergebenden Preisspannen aus:

IV Syst. Darst. Vergleichswertverfahren — Arrondierungsflächen

Abb. 45: Zu- und Abschläge für Arrondierungsflächen in Bergisch Gladbach, Chemnitz, im Oberbergischen Kreis, Leipzig, Gelsenkirchen und Schwerin

Art der unselbstständigen Teilfläche	Anz.	Durchschnittspreis bzw. Preisspanne in % des Baulandwerts	Beispiel
1. Arrondierung zu bebauten Grundstücken			
a) Baurechtlich notwendige Flächen bzw. Flächen zur baulichen Erweiterung	13	Bergisch Gladbach 97 % 63 – 130 %	
	40	Brandenburg a.d.H. 62 % 15 – 122 %	
	7	Dahme-Spreewald 87 % 20 – 142 %	
	26	Oberbergischer Kreis 105 % 90 – 125 %	
	15	Leipzig (2011) 99 % 70 – 128 %	
	29	Schwerin 62 % 35 – 79 %	
	23	Chemnitz 74 %	
	59	LK Oberspreewald 80 % (F Ø 58 m²) 72 % (F Ø 276 m²) 49 % (F Ø 967 m²)	
	18	Gelsenkirchen 107 % 101 – 113 %	
		Regionalbereich Saale-Unstrut 79 % 57 – 101 %	
		Kreis Mettmann 84 % 29 – 117 %	
b) seitlich gelegene Flächen bzw. andere als Stellplatz geeignete Flächen	5	Bergisch Gladbach 54 % 32 – 66 %	
		Dahme-Spreewald 80 % 8 – 121 %	
	10	Oberbergischer Kreis 55 % 35 – 80 %	
	32	Leipzig (2011) 59 % 34 – 84 %	
	44	Chemnitz 58 %	
	33	Gelsenkirchen 58 % 51 – 56 %	
		Regionalbereich Saale-Unstrut (2011) 56 % 27 – 84 %	
		Regionalbereich Anhalt (2011) 60 – 100 %	
		LK Mettmann 85 % (33 – 127)	

Arrondierungsflächen **Syst. Darst. Vergleichswertverfahren IV**

Art der unselbstständigen Teilfläche	Anz.	Durchschnittspreis bzw. Preisspanne in % des Baulandwerts	Beispiel
c) Garten- und Hinterland in Innenbereichslagen	30	Bergisch Gladbach 20 % 10 – 34 %	
	42	Brandenburg a.d.H. 62 % 10 – 278 %	
	15	Dahme-Spreewald 37 % 5 – 110 %	
	27	Oberbergischer Kreis 35 % 10 – 60 %	
	58	Leipzig (2011) 38 % 9 – 68 %	
	13	Schwerin 55 % 18 – 117 %	
		Chemnitz 37 %	
	21 39 8	LK Oberspreewald **91 %** (F Ø 52 m²) **49 %** (F Ø 338 m²) **42 %** (F Ø 990 m²)	
		Regionalbereich Anhalt (2011) 40 – 80 %	
		Kreis Mettmann **16 %** 2 – 57 %	
d) Arrondierung aus land- und forstwirtschaftlichen Flächen	10	Bergisch Gladbach **9 %** 4 – 15 %	
	11	Gelsenkirchen **37 %** 24 – 52 %	
		LK Mettmann **16 %** 2 – 57 %	
e) Splitterflächen regel- oder unregelmäßig in unterschiedlichen Lagen	51	Schwerin **67 %** 8 – 113 % EFH **55 %** 19 – 22 % MFH **76 %** 42 – 110 % Geschäftsgrundstück **79 %** 44 – 113 % Gewerbegrundstück **67 %** 31 – 144 %	
	20	Brandenburg a.d.H. **61 %** 10 – 100 %	

IV Syst. Darst. Vergleichswertverfahren — Arrondierungsflächen

Art der unselbstständigen Teilfläche	Anz.	Durchschnittspreis bzw. Preisspanne in % des Baulandwerts	Beispiel
2. Arrondierung zur Bildung bebaubarer Grundstücke			
Flächen, die die Bebaubarkeit eines Grundstücks wesentlich verbessern	5	Bergisch Gladbach **84 %** 72 – 93 %	
		Dahme-Spreewald **70 %** 25 – 150 %	
	2	Oberbergischer Kreis **100 %** 95 – 100 %	
	27	Leipzig (2011) **83 %** 59 – 103 %	
	12	Chemnitz **62 %**	
	18	Gelsenkirchen **102 %** 93 – 110 %	
3. Freihändiger Erwerb von Verkehrsflächen			
a) Ankauf von Flächen, die zur Verbreiterung einer bestehenden Straße benötigt werden (geringer Eingriff)	10	Bergisch Gladbach **14 %** 10 – 15 %	
	22	Leipzig **46 %** 27 – 65 %	
	6	Schwerin **60 %** 24 – 97 %	
	142	Chemnitz 40 – 53 %	
b) Ankauf, nachträglicher Erwerb einer bereits als Straße genutzten Fläche	38	Bergisch Gladbach **15 %** 8 – 29 %	
	18	Leipzig **16 %** 8 – 24 %	
	63	Chemnitz **18 %**	
c) Unmaßgebliche Vorgartenflächen und/oder seitliche Zukaufsfläche	38	LK Mettmann (2013) **17 %** 2 – 57 %	
		Cottbus (2011) **60 – 70 %** größenabhängig	

Arrondierungsflächen   Syst. Darst. Vergleichswertverfahren IV

Art der unselbstständigen Teilfläche	Anz.	Durchschnittspreis bzw. Preisspanne in % des Baulandwerts	Beispiel
d) Zufahrten		Schwerin **107 %** 101 – 114 %	

Zu- und Abschläge für Arrondierungsflächen im Rheinisch-Bergischen Kreis

Art der unselbstständigen Teilfläche	Anz.	Durchschnittspreis bzw. Preisspanne in % des Baulandwerts	Beispiel
1. Zukäufe zu bereits bebauten Grundstücken			
a) Baurechtlich erforderliche Flächen bzw. Flächen zur baulichen Erweiterung	10	Rheinisch-Bergischer Kreis **105 %** 100 – 120 %	
b) Sogenanntes seitliches Hinterland zur Arrondierung und seitliche (größenabhängig) Stellplatzflächen	17	Rheinisch-Bergischer Kreis **35 %** 30 – 35 % größenabhängig	
c) Gartenland und Hinterlandzukäufe	23	Rheinisch-Bergischer Kreis **10 %** 5 – 10 % größenabhängig Cottbus (2011) **47 – 67 %** größenabhängig	
2. Arrondierungsflächen zur Schaffung von bebaubaren Grundstücksflächen			
	26	Rheinisch-Bergischer Kreis **95 %** 80 – 100 %	

5.3.6 Bodenbeschaffenheit (Baugrund)

▶ *Allgemeines vgl. § 6 ImmoWertV Rn. 117 ff., Rn. 296 ff.; § 5 ImmoWertV Rn. 311 ff. sowie RBBau K1 (Februar 1995)*

314 Die topografischen und physischen Eigenschaften des Grund und Bodens, insbesondere seine Eignung als Baugrund, sind ein wesentliches wertbestimmendes Merkmal. Sie müssen bei der Verkehrswertermittlung von Bauland vor allem dann Beachtung finden, wenn sie zu erhöhten **Gründungskosten** führen. Hervorgehoben seien hier

- ein felsiger Untergrund,
- die Schichtenfolge, Beschaffenheit und Tragfähigkeit des Baugrunds,
- die baustoffschädigenden Bestandteile im Baugrund und Grundwasser,
- die Tal-, Hang- oder Höhenlage (Geländeneigung),
- die Grundwasserverhältnisse, z. B.
- ein hoher Grundwasserstand (z. B. in Flussnähe).

315 Der Sachverständige muss hierauf in seinem Gutachten insbesondere dann eingehen, wenn das zu bewertende Objekt besondere Boden- und Grundwasserverhältnisse aufweist. Bei der Verkehrswertermittlung im Wege des Vergleichswertverfahrens muss diesen Besonderheiten in aller Regel dann nicht Rechnung getragen werden, wenn die Grundstücke der zum Vergleich herangezogenen Kaufpreise die gleichen Verhältnisse aufweisen. In diesen Fällen werden derartige **Besonderheiten bereits mit den Vergleichspreisen berücksichtigt.** So kann z. B. in Gebieten, in denen der Bergbau herumgeht, davon ausgegangen werden, dass sich die Vergleichspreise unter Berücksichtigung dieses Umstands gebildet haben. Insoweit bestehen keine Abweichungen zwischen den Vergleichsgrundstücken und dem zu bewertenden Grundstück. Etwas anderes gilt in den Fällen, in denen nur Teile des Gebiets, aus dem Vergleichspreise herangezogen werden, davon betroffen sind. So können z. B. erhöhte Gründungskosten in Flussnähe auftreten, während andere Gebietsteile nicht davon betroffen sind.

316 Allgemein kann als Grundsatz gelten, dass bei **Heranziehung von Vergleichspreisen aus Gebieten, die keine besonderen Gründungskosten bedingen, und ihrer Übertragung auf ein Grundstück, das erhöhte Gründungskosten erfordert, der Vergleichspreis um die mutmaßlichen Gründungskosten zu vermindern ist**[143].

Umgekehrt braucht bei der **Verkehrswertermittlung eines bebauten Grundstücks, für das wegen schlechter Untergrundverhältnisse** (aufgefüllte Kiesgrube oder eines früher auf dem Grundstück vorhandenen, aber inzwischen verfüllten U-Bahn-Schachtes) **besondere** und aufwendige **Gründungsmaßnahmen** (Pfahlgründung oder Stahlbetonplatte) **durchgeführt werden mussten**, diesem Umstand nicht besonders Rechnung getragen werden, wenn zur Bodenwertermittlung Vergleichspreise unbebauter Grundstücke bzw. Bodenrichtwerte herangezogen werden, die normale Baugrundverhältnisse aufweisen. Sind dagegen zur Bodenwertermittlung Vergleichspreise unbebauter Grundstücke bzw. Bodenrichtwerte von Grundstücken herangezogen worden, für die ähnliche Kosten entstehen, sind die Vergleichspreise bzw. Bodenrichtwerte um die Gründungskosten „aufzustocken".

317 Die **Hanglage (Geländeneigung)** eines Baugrundstücks kann werterhöhend, wertneutral und wertmindernd sein, dies hängt von den Gegebenheiten des Einzelfalls ab. Pauschale Ansätze sind von daher abzulehnen.

- Eine *Werterhöhung* kann sich insbesondere aus einer besonderen Aussichtslage am Hang ergeben, wobei sich diese bereits mit den einschlägigen Vergleichspreisen (der Umgebung) bzw. dem Bodenrichtwert ergeben kann. Entsprechendes gilt auch im Hinblick auf eine günstige bauliche Nutzbarkeit eines Hanggrundstücks, insbesondere wenn das Kellergeschoss eines Hanggrundstücks so errichtet werden kann, dass es geringfügig unter

---

[143] OVG Lüneburg, Urt. vom 17.1.1997 – 1 L 1218/95 –, BRS Bd. 59 Nr. 250 = EzGuG 15.87a.

der für ein Vollgeschoss erforderlichen Geländehöhe bleibt. In diesem Fall geht die Fläche nicht in die Geschossfläche ein und eine die zulässige GFZ überschreitende bauliche Nutzbarkeit ist de facto realisierbar (vgl. Teil II Rn. 501 ff. sowie § 6 ImmoWertV Rn. 40). Die Werterhöhung ließe sich z. B. mit einer entsprechend erhöhten GFZ unter Heranziehung von Umrechnungskoeffizienten berücksichtigt, wenn sie nicht wiederum bereits mit den Vergleichspreisen (der Umgebung) bzw. dem Bodenrichtwert erfasst ist.

- Eine *Wertminderung* kann sich aus der eingeschränkten Grundstücksnutzung ergeben, wobei diese dann von der Geländeneigung abhängig ist. Die Geländeneigung bestimmt sich nach der Steigung. Die Steigung wird ermittelt aus dem Quotienten des Höhenunterschieds und der zugehörigen Entfernung:

Abb. 46: Steigung (Geländeneigung)

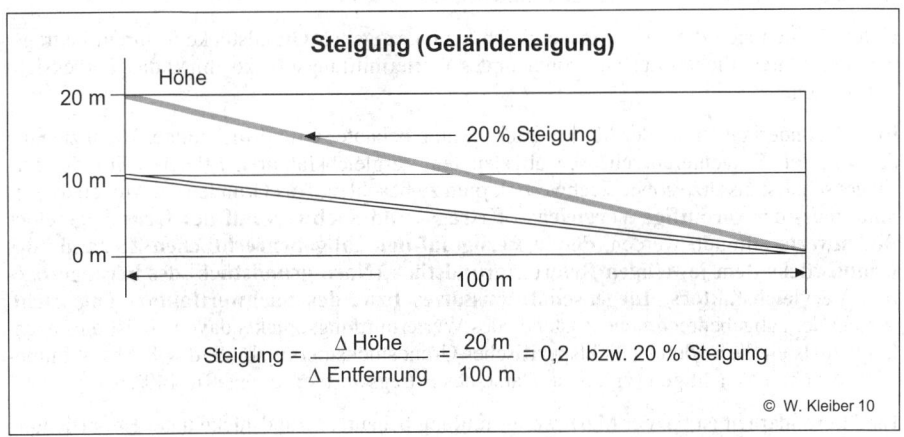

Die **Wertminderung** wird mitunter **in Anlehnung an die Kosten einer Stützmauer** geschätzt. Als Faustformel zur Ermittlung eines prozentualen Abschlags zum Bodenwert eines ebenen Grundstücks kann der Vomhundertsatz der Steigung gelten, z. B. 10 % bei einer Steigung von 10 %, wobei erst ab einer Steigung von 10 % ein Wertabschlag in Betracht kommen kann. Ist von entsprechenden Vergleichspreisen bzw. Bodenrichtwerten ausgegangen worden, die eine vergleichbare Geländeneigung auswiesen, so verbietet sich wiederum ein entsprechender Abschlag.

Das BVerwG hat bei einem 18%igen Gefälle zur Straße eine Wertminderung von 5 % nicht beanstandet[144].

5.3.7 Abgabenrechtlicher Zustand

5.3.7.1 Allgemeines

Schrifttum: *Driehaus*, Erschließungs- und Straßenausbaubeitragsrecht in Aufsätzen, vhw-Verlag 2004.

▶ *Hierzu Näheres § 6 ImmoWertV Rn. 107 ff.; Teil V Rn. 133 ff., 496, 497, 583 ff.; Syst. Darst. des Ertragswertverfahrens Rn. 81, 149 ff.*

Für den abgabenrechtlichen Zustand eines Grundstücks ist nach § 6 Abs. 3 ImmoWertV die Pflicht zur Entrichtung von nicht steuerlichen Abgaben maßgebend. „Abgaben" ist der Oberbegriff für Steuern, Gebühren und Beiträge, jedoch sind Steuern (i. S. der Definition des § 3 Abs. 1 AO) ausdrücklich mit § 6 Abs. 3 ImmoWertV ausgenommen.

---
144 BVerwG, Urt. vom 26.3.2003 – 9 C 5/02 –, GuG 2004, 181 = BVerwGE 118, 91 = EzGuG 10.21.

IV Syst. Darst. Vergleichswertverfahren — Abgaben

- **Beiträge** sind nichtsteuerliche Abgaben, die durch den Aufwandsersatz für bestimmte Leistungen und die Vorteilsverschaffung für bestimmte Personen gekennzeichnet sind.

- **Gebühren** sind nach § 3 Abs. 4 Bundesgebührengesetz (BGebG) öffentlich-rechtliche Geldleistungen, die für individuell zurechenbare öffentliche Leistungen erhoben werden: damit unterscheiden sie sich von den Steuern, die nicht im Zusammenhang mit einer konkreten Gegenleistung stehen[145].

- **Auslagen** sind nicht von der Gebühr umfasste Kosten, die die Behörde im Einzelfall für individuell anrechenbare öffentliche Leistungen erhebt[146], wobei zur Vermeidung gesonderter Berechnungen der Auslagen die Kosten der Auslagen in die Gebühr einbezogen werden können.

Bei der Feststellung des „abgabenrechtlichen Zustands" geht es in erster Linie um die Feststellung des „erschließungsbeitragsrechtlichen" Zustands.

Unterscheiden sich die zum Preisvergleich herangezogenen Grundstücke in ihrem beitrags- und abgabenrechtlichen Zustand von dem des Wertermittlungsobjekts, muss dies berücksichtigt werden.

Eine Besonderheit ist bei der Marktwertermittlung bebauter Grundstücke unter Heranziehung der von den Gutachterausschüssen abgeleiteten Vergleichsfaktoren bebauter Grundstücke, Liegenschaftszinssätze sowie Sachwertfaktoren zu beachten. Aus Gründen der Modellkonformität muss der **vorläufige Vergleichs-, Ertrags- und Sachwert auf der Grundlage eines Bodenwerts** ermittelt werden, **der in Bezug auf den „abgabenrechtlichen Zustand" des Grundstücks dem jeweiligen Referenzgrundstück (Normgrundstück) des herangezogenen Vergleichsfaktors, Liegenschaftszinssatzes bzw. des Sachwertfaktors entspricht**. Weicht der „abgabenrechtliche Zustand" des Wertermittlungsobjekts davon ab, ist dies nachträglich als ein besonderes objektspezifisches Grundstücksmerkmal i. S. d. § 8 Abs. 3 ImmoWertV zu berücksichtigen (vgl. Syst. Darst. des Ertragswertverfahrens Rn. 149).

Eine Besonderheit ist bei der Marktwertermittlung bebauter Grundstücke unter Heranziehung der von den Gutachterausschüssen abgeleiteten Vergleichsfaktoren bebauter Grundstücke, Liegenschaftszinssätze sowie Sachwertfaktoren zu beachten. Aus Gründen der Modellkonformität muss der vorläufige Vergleichs-, Ertrags- und Sachwert auf der Grundlage eines Bodenwerts ermittelt werden, der in Bezug auf den „abgabenrechtlichen Zustand" des Grundstücks dem jeweiligen Referenzgrundstück (Normgrundstück) des herangezogenen Vergleichsfaktors, Liegenschaftszinssatzes bzw. des Sachwertfaktors entspricht. Weicht der „abgabenrechtliche Zustand" des Wertermittlungsobjekts davon ab, ist dies nachträglich als ein besonderes objektspezifisches Grundstücksmerkmal i. S. des § 8 Abs. 3 ImmoWertV zu berücksichtigen (vgl. Syst. Darst. des Ertragswertverfahrens Rn. 149).

Folgende **nichtsteuerlichen Abgaben bzw. Beiträge** sind hier zu erwähnen:

319 a) Erschließungsbeiträge nach den §§ 123 ff. BauGB (Rn. 321 ff.),

b) Kanalanschlussbeiträge,

c) Abgaben nach den Kommunalabgabengesetzen (KAG) der Länder (Rn. 342 f.),

d) Sielbaubeiträge (vgl. Rn. 344 f.),

e) Umlegungsausgleichsleistungen nach § 64 BauGB (vgl. Rn. 350, Teil VII Rn. 619 ff.),

f) Ausgleichsbeträge nach den §§ 154 f. BauGB (Rn. 352 ff.) bzw. § 24 Bundes-Bodenschutzgesetz (BBodSchG) (vgl. Rn. 354),

g) Ablösungsbeträge für Stellplatzverpflichtungen (Rn. 356 ff.),

---

[145] BverfG, Urt. vom 16.1.2003 – 1 BvR 222/02 –, NVwZ 2003, 858; BVerfG, Beschl. vom 11.10.1966 – 2 BvR 179, 476, 477/64 –, BverfGE 20, 257 = BGBl. I 1966, 138.
[146] § 3 V BGebG, § 22 NotKa, §§ 91 ff. ZPO.

h) Beiträge aufgrund von Satzungen der Wasser- und Bodenverbände[147],

i) Naturschutzrechtliche Ausgleichszahlungen (vgl. Rn. 359),

j) Naturschutzrechtliche Ausgleichsabgaben: Kostenerstattungsbetrag nach § 135a BauGB (§ 5 ImmoWertV Rn. 258 ff. sowie hier bei Rn. 361),

k) Ausgleichsabgaben nach Baumschutzverordnungen (vgl. Rn. 367[148]),

l) Walderhaltungsabgaben nach Landeswaldgesetz (vgl. Brandenburg Rn. 374 ff.)[149],

m) Versiegelungsabgaben.

Besondere Beachtung bei der Verkehrswertermittlung muss bei alledem der Frage geschenkt werden, **320**

a) wann die Beitragsschuld entstanden ist (Entstehungszeitpunkt),

b) wer Beitragsschuldner ist,

c) ob eine Vorauszahlung bzw. Vorausleistung erbracht worden ist und

d) ob die Beitragsschuld als öffentliche Last auf dem Grundstück ruht.

Vor allem bei einem **Wechsel des Eigentümers** können diese Fragen besondere Bedeutung erlangen; z. B. wenn ein Beitrag bzw. eine Abgabe noch erbracht werden muss, gilt es zu prüfen, wen die Beitragspflicht (den bisherigen Eigentümer oder den Erwerber) trifft.

5.3.7.2 Erschließungsbeitrag nach den §§ 123 ff. BauGB

Schrifttum: *Driehaus, H.-J.,* Erschließungs- und Straßenbaubeitragsrecht in Aufsätzen, vhw-Verlag 2005.

▶ *Vgl. Syst. Darst. des Ertragswertverfahrens Rn. 149; § 16 ImmoWertV Rn. 247 ff.*

Nach allgemeiner Auffassung gehört zum **Erschließungserfordernis** die verkehrsmäßige Anbindung des Baugrundstücks durch Straßen, Wege oder Plätze sowie die Ver- und Entsorgungsleitungen für Elektrizität, Wasser und Abwasser. Ein Vorhaben kann jedoch schon genehmigt werden, wenn eine (ausreichende) Erschließung gesichert ist. Nach landesrechtlichen Vorschriften[150] ist die Erschließung gesichert, wenn bis zum Beginn der Benutzung des Gebäudes Zufahrtswege, Wasserversorgungs- und Abwasserbeseitigungsanlagen in dem erforderlichen Umfang benutzbar sind. **321**

Die **Erschließung** ist nach § 123 Abs. 1 BauGB eine **Aufgabe der Gemeinde**, soweit sie nicht nach anderen gesetzlichen Vorschriften oder öffentlich-rechtlichen Verpflichtungen einem anderen obliegt. Die Gemeinde erhebt nach § 127 Abs. 1 BauGB zur Deckung des anderweitig nicht gedeckten Aufwands für Erschließungsanlagen einen Erschließungsbeitrag nach Maßgabe der §§ 127 ff. BauGB.

Der **Erschließungsaufwand** umfasst die Kosten für

1. den Erwerb und die Freilegung der Flächen für die Erschließungsanlagen,

2. ihre erstmalige Herstellung einschließlich der Einrichtungen für ihre Entwässerung und ihre Beleuchtung sowie

3. die Übernahme von Anlagen als gemeindliche Erschließungsanlagen

einschließlich des Werts der von der Gemeinde aus ihrem Vermögen bereitgestellten Flächen im Zeitpunkt der Bereitstellung.

---

147 BVerwG, Urt. vom 23.6.1972 – 6 C 105/68 –, BVerwGE 40, 170 = EzGuG 1.10; BVerwG, Urt. vom 23.5.1973 – 4 C 21/70 –, DÖV 1973, 781 = EzGuG 1.12; OVG Münster, Urt. vom 5.3.1976 – 11 A 685/74 –, RdL 1978, 220; VG Freiburg, Urt. vom 10.9.1976 – VS II 157/75 –, KStZ 1977, 97.
148 Beispielsweise BaumschutzVO von Brandenburg vom 28.5.1981 (GBl. DDR I Nr. 22), zuletzt geändert durch VO vom 17.6.1994 (GVBl. II 1994, 560).
149 Verordnung über die Walderhaltungsabgabe vom 21.9.1993 (GVBl. 1993, 649).
150 Art. 4 Abs. 1 Nr. 3 Bay. LBauO.

Erschließungsanlagen sind nach § 127 Abs. 2 BauGB

1. die öffentlichen zum Anbau bestimmten Straßen, Wege und Plätze;
2. die öffentlichen aus rechtlichen oder tatsächlichen Gründen mit Kraftfahrzeugen nicht befahrbaren Verkehrsanlagen innerhalb der Baugebiete (z. B. Fußwege, Wohnwege);
3. Sammelstraßen innerhalb der Baugebiete; Sammelstraßen sind öffentliche Straßen, Wege und Plätze, die selbst nicht zum Anbau bestimmt, aber zur Erschließung der Baugebiete notwendig sind;
4. Parkflächen und Grünanlagen mit Ausnahme von Kinderspielplätzen, soweit sie Bestandteil der in den Nrn. 1 bis 3 genannten Verkehrsanlagen oder nach städtebaulichen Grundsätzen innerhalb der Baugebiete zu deren Erschließung notwendig sind;
5. Anlagen zum Schutz von Baugebieten gegen schädliche Umwelteinwirkungen i. S. des BImSchG, auch wenn sie nicht Bestandteil der Erschließungsanlagen sind.

Vor Erhebung des Erschließungsbeitrags kann ein Grundstück erschlossen sein. **Erschlossen** ist ein Grundstück nach § 131 Abs. 1 BauGB, wenn der Eigentümer die tatsächliche und rechtliche Möglichkeit hat, von einer Erschließungsanlage aus eine Zufahrt bzw. einen Zugang zu dem Grundstück zu nehmen.

322 **Bei der Wertermittlung von Grundstücken muss unterschieden werden zwischen** der Erschließung, d. h. **dem Erschlossensein eines Grundstücks,** als tatsächlichem Zustandsmerkmal, **und dem erschließungsbeitragsrechtlichen Zustand des Grundstücks** (vgl. § 6 Abs. 3 ImmoWertV). Demzufolge wird zwischen erschließungsbeitragsfreiem (ebf) und erschließungsbeitragspflichtigem (ebpf) baureifem Land unterschieden. Wechselt das Eigentum an einem noch erschließungsbeitragspflichtigen Grundstück, gilt es, die einschlägigen Rechtsvorschriften des Erschließungsbeitragsrechts zu beachten:

a) Nach § 133 Abs. 2 BauGB entsteht der Erschließungsbeitrag mit der endgültigen Herstellung der Erschließungsanlage. Im Unterschied zum kommunalen Beitragsrecht ist die **Person, die im Zeitpunkt der Entstehung der Beitragspflicht Eigentümerin des Grundstücks ist, nicht erschließungsbeitragspflichtig,** sodass auch nach Entstehung der Erschließungsbeitragspflicht jeder Erwerber damit rechnen muss, der Erschließungsbeitragspflicht selbst nachkommen zu müssen. Deshalb wird er bei der Bemessung des Kaufpreises die ausstehende Erschließungsbeitragspflicht „in Rechnung" stellen.

b) **Erschließungsbeitragspflichtig** mit konstitutiver Wirkung **ist** nach § 134 Abs. 1 BauGB **die Person, die im Zeitpunkt der Bekanntgabe des Erschließungsbeitragsbescheids Eigentümerin des Grundstücks ist**[151].

c) Ist das **Grundstück mit einem Erbbaurecht belastet**, so ist der Erbbauberechtigte anstelle des Eigentümers beitragspflichtig (§ 134 Abs. 1 Satz 2 BauGB); ist dagegen das Grundstück mit einem **dinglichen Nutzungsrecht** i. S. des Art. 233 des § 4 EGBGB belastet, ist der Inhaber dieses Rechts anstelle des Eigentümers beitragspflichtig (§ 134 Abs. 1 Satz 3 BauGB).

d) Der **Erschließungsbeitrag ruht nach § 134 Abs. 2 BauGB als öffentliche Last auf dem Grundstück.** Die öffentliche Last gewährt der Gemeinde zur Sicherung ihres Beitragsanspruchs einen Befriedigungsanspruch an dem „haftenden" Grundstück, wobei der Eigentümer ggf. die Zwangsvollstreckung zu dulden hat.

e) In einem **Erschließungsvertrag nach § 124 BauGB** kann die Erschließung auf einen Dritten übertragen werden; der Dritte kann sich hierin verpflichten, die nach Bundes- oder Landesrecht beitragsfähigen sowie nicht beitragsfähigen Erschließungsanlagen herzustellen und die Kosten ganz oder teilweise zu tragen. Die betroffenen Grundstücke sind insoweit erschließungsbeitragsfrei zu werten.

---

[151] BVerwG, Urt. vom 20.9.1974 – 4 C 32/72 –, BVerwGE 47, 49 = EzGuG 9.19; BVerwG, Urt. vom 27.9.1982 – 8 C 145/81 –, BRS Bd. 43 Nr. 19 = EzGuG 9.47a; überholt und ohnehin nur für die steuerliche Bewertung: RFH, Urt. vom 27.3.1941 – III 17/41 –, RStBl 1941, 461 = EzGuG 9.1a.

f) **Im Falle eines Grundstückswechsels** ist der Verkäufer – vorbehaltlich anderer Vereinbarungen – nach § 436 Abs. 1 BGB verpflichtet, Erschließungsbeiträge und sonstige Anliegerbeiträge für Maßnahmen zu tragen, die bis zum Tage des Vertragsschlusses bautechnisch begonnen sind, unabhängig vom Zeitpunkt des Entstehens der Beitragsschuld. Der Verkäufer haftet nach § 436 Abs. 2 BGB im Übrigen nicht für die Freiheit des Grundstücks von anderen öffentlichen Abgaben und von anderen öffentlichen Lasten, die zur Eintragung in das Grundbuch nicht geeignet sind. Hieraus ergibt sich im Falle einer vorangegangenen Veräußerung des Grundstücks, dass das Grundstück grundsätzlich erschließungsbeitragsfrei zu werten ist. Darüber hinaus muss von ihm aber auch geklärt werden, ob eine davon abweichende Vereinbarung getroffen worden ist.

In den **neuen Bundesländern** fallen keine Erschließungsbeiträge an, wenn das Grundstück zum 3.10.1990 *ortsüblich* erschlossen war. Dies gilt auch für Änderungen an einer bestehenden Straße durch Ausbau und Erweiterung[152]. 323

Fazit: Frühestens mit dem Zeitpunkt der Bekanntgabe des Erschließungsbeitragsbescheids kann ein Grundstück als erschließungsbeitragsfrei gelten, wobei ein von dem jeweiligen Eigentümer noch nicht entrichteter Erschließungsbeitrag eine persönliche Schuld darstellt. Solange sich das Grundstück aber noch im Eigentum des Abgabepflichtigen befindet und die Abgabenschuld noch nicht erbracht wurde, muss diesem Umstand zumindest in Bezug auf die Beleihungsfähigkeit des Grundstücks Rechnung getragen werden (vgl. § 6 ImmoWertV Rn. 100 ff.). Das Grundstück ist aber auch im Falle einer vorangegangenen Veräußerung erschließungsbeitragsfrei zu bewerten, soweit die Parteien nichts anderes vereinbart haben. 324

Besonderheiten können gegeben sein, wenn vom bisherigen Eigentümer **Vorauszahlungen nach § 133 Abs. 3 BauGB geleistet** worden sind und beim Erwerb eines beitragspflichtig gestellten Grundstücks die Übernahme der Zahlungspflicht vereinbart oder für ein erschließungsbeitragspflichtiges Grundstück die Erschließungsbeitragsfreiheit zugesichert wurde; in diesem Fall kommen Schadensersatzansprüche nach § 459 Abs. 2 i. V. m. § 463 BGB in Betracht. 325

Bezüglich **Vorausleistungen auf den Erschließungsbeitrag** hat das BauGB die Rechtslage dahingehend geändert, dass **Vorausleistungen auf den Erschließungsbeitrag mit der endgültigen Beitragsschuld** auch dann **zu verrechnen** sind, wenn der Vorausleistende nicht beitragspflichtig ist (vgl. § 133 Abs. 3 Satz 2 BauGB). 326

Mit der Erschließung eines Grundstücks ist i. d. R. eine Erhöhung des Bodenwerts[153] verbunden. Eine **vorhandene oder zumindest gesicherte Erschließung**[154] ist nämlich nach § 30 Abs. 1, § 33 Abs. 1 Nr. 4, § 34 Abs. 1 Satz 1 und § 35 Abs. 2 BauGB **Voraussetzung für die Klassifizierung einer Fläche als baureifes Land** (§ 5 Abs. 5 ImmoWertV) und findet auf diesem Wege ihre wertmäßige Berücksichtigung. 327

Der **Unterschied zwischen dem Verkehrswert eines erschließungsbeitragsfreien (ebf) und erschließungsbeitragspflichtigen (ebpf) Grundstücks** wird nach dem am Wertermittlungsstichtag üblicherweise anfallenden und sich nach den durchschnittlichen Kosten der Erschließungsanlagen bemessenden Erschließungsbeitrag abgeleitet, wobei nach § 129 Abs. 1 Satz 3 BauGB die Gemeinde mindestens 10 v. H. des beitragsfähigen Erschließungsaufwands trägt, sofern nichts anderes nach § 124 BauGB vereinbart wurde. 328

Der Unterschied zwischen einem insoweit erschließungsbeitragspflichtigen und erschließungsbeitragsfreien Grundstückszustand bemisst sich nach der voraussichtlichen Höhe des zu erwartenden Beitrags. 329

---

152 BVerwG, Urt. vom 18.11.2002 – 9 C 2/02 –, NVwZ 2003, 1130.
153 BFH, Urt. vom 20.5.1957 – VI 138/55 U –, BFHE 65, 285 = BStBl III 1957, 343 = EzGuG 7.2a; BFH, Urt. vom 18.9.1964 – VI 100/63 S –, BFHE 81, 233 = EzGuG 9.2; BFH, Urt. vom 24.11.1967 – VI R 302/66 –, BStBl II 1968, 178 = BFHE 91, 42 = EzGuG 9.3.
154 § 35 Abs. 1 Satz 1 BauGB fordert dagegen eine „ausreichende" Erschließung.

IV Syst. Darst. Vergleichswertverfahren — Erschließungsbeitrag

$$\boxed{\text{Bodenwert}_{\text{abgabenfrei}} = \text{Bodenwert}_{\text{abgabenpflichtig}} + \text{Abgabe}_{\text{voraussichtliche Höhe}}}$$

$$\boxed{\text{Bodenwert}_{\text{abgabenpflichtig}} = \text{Bodenwert}_{\text{abgabenfrei}} - \text{Abgabe}_{\text{voraussichtliche Höhe}}}$$

Ist der Beitrag erst in fernerer Zukunft zu leisten, so steht er nicht in voller Höhe, sondern in (über die erwartete Wartezeit) diskontierter Höhe an.

Beispiel:

    Erwartete Abgabe 40 €/m²
    bei 5 % und voraussichtlich 4 Jahren
    40 €/m² × $1{,}05^{-4}$ = 32,90 €/m²

330 In Gebieten mit sehr niedrigem Bodenwertniveau (z. B. neuen Bundesländern) kann die Höhe des Beitrags nicht „überwälzt" bzw. „unterwälzt" werden und der anstehenden Beitrag geht in einer gegen null gehenden Höhe in den Bodenwert ein.

331 In der Rechtsprechung blieb diese Praxis weitgehend unbeanstandet[155], soweit es sich nicht um eine **Zweiterschließung** handelt. In diesem Fall kommt es weniger auf die Kosten, sondern auf die Vor-, aber auch Nachteile an, die sich nach der Lage des Grundstücks und seiner Nutzung ergeben. Das OLG Köln[156] hat hierzu ausgeführt, dass allein schon die **Lebenserfahrung dafür spreche,** dass eine Grundstückserschließung eine Verkehrswerterhöhung zur Folge habe und in aller Regel davon auszugehen sei, dass, „wenn ein Grundstück erstmals durch eine Straße erschlossen wird, die Erschließungsbeitragspflicht durch eine entsprechende Erhöhung des Verkehrswerts zumindest komplettiert wird".

332 Eine **Zweiterschließung** führt i. d. R. erst dann zu einer Erhöhung des Bodenwerts, wenn dem Grundstück daraus aus objektiver Betrachtung ein zusätzlicher Erschließungsvorteil erwächst. Dies kann insbesondere der Fall sein, wenn aufgrund der zusätzlichen Zufahrt ein Grundstück wirtschaftlich besser genutzt werden kann oder ein unmittelbarer Zugang geschaffen wird. Dies kann insbesondere bei gewerblich genutzten Grundstücken der Fall sein, wenn dadurch ein Grundstück z. B. von einer Nebenstraße ungestört „angefahren" werden kann[157].

333 Auch die **Anlegung von Parkstreifen** mit einer Trennung des ruhenden und fließenden Fahrzeugverkehrs und der damit verbesserten Erreichbarkeit der Grundstücke sowie verbesserten Parkmöglichkeiten erhöht den Wert eines Grundstücks[158].

334 Die **durchschnittlichen Erschließungskosten** betragen etwa

    bis   50 €/m²   (Netto-) Baulandfläche bei Ein- und Zweifamilienhäusern,
           40 €/m²   (Netto-) Baulandfläche bei Geschossbauten,
           30 €/m²   (Netto-) Baulandfläche bei größeren Gewerbegrundstücken.

Nach einer Untersuchung des Oberen Gutachterausschusses von Nordrhein-Westfalen lagen die Erschließungsbeiträge im Jahre 2013[159] bei

– dem individuellen Wohnungsbau zwischen 12 und 60 €/m² (im Mittel bei 25 €/m² +/– 8,5 €/m²),

– dem Geschosswohnungsbau zwischen 15 und 45 €/m² (im Mittel bei 27 €/m² +/– 10 €/m²) und

---

155 LG Koblenz, Urt. vom 1.9.1986 – 4 O 5/86 –, EzGuG 20.117; LG Kiel, Urt. vom 3.11.1989 – 19 O 4/83 –, GuG 1990, 103 = EzGuG 15.64 bez. entwicklungsbedingter Bodenwerterhöhungen. Vgl. hierzu Beitragsrecht für städtebauliche Aufschließungsmaßnahmen, Schriftenreihe des BMBau Nr. 03.011 Bonn 1973, S. 65; OLG Celle, Urt. vom 29.5.2008 – 8 U 239/07 –; GuG 2008, 252 = EzGuG 9.93.
156 OLG Köln, Urt. vom 25.10.1984 – 7 U 4/84 –, EzGuG 9.53a.
157 BFH, Urt. vom 12.1.1995 – IV R 3/93 –, BFHE 177, 52 = DB 1995, 1371 = 4.157a; VG Arnsberg, Urt. vom 15.11.2004 – 14 K 28/03 –, 14 K 30/03 –, GuG 2005, 179 = EzGuG 15.112.
158 OVG Münster, Urt. vom 25.5.1992 – 2 A 1646/90 –, KStZ 1992, 196 = NWVBl. 1992, 442 = KirchE 30, 238 = ZKF 1992, 256 = Gemeindehaushalt 1992, 442 = EzGuG 4.145a.
159 Grundstücksmarktbericht 2013.

– den gewerblichen Bauflächen zwischen 5 und 25 €/m² (im Mittel bei 12 €/m² +/– 5 €/m²).

Solche *Kosten* müssen nicht zwangsläufig in gleicher Höhe in die *Wert*bildung eingehen. Insbesondere wenn solche Kosten erst zu einem späteren Zeitpunkt anfallen, werden sie vom Markt oftmals nur in gedämpfter Höhe rezipiert[160]. Auch müssen die angegebenen **Kostensätze im Verhältnis zum absoluten Grundstückswert** gesehen werden, wenn sie zur Umrechnung erschließungsbeitragsfreier in erschließungsbeitragspflichtige Grundstückswerte herangezogen werden. Dabei wird deutlich, dass in sog. Niedrigpreisgebieten die Verkehrswerte erschließungsbeitragsfreier Grundstücke (z. B. Industriegrundstücke) oftmals niedriger als die aktuellen Erschließungsbeiträge sind und eine Verrechnung nominaler Erschließungskosten zu Negativwerten führen würde. Deshalb sieht § 19 Abs. 3 des Sachenrechtsbereinigungsgesetzes – SachenRBerG – zur Berücksichtigung von Aufwendungen für die Erschließung, zur Vermessung und für andere Kosten der Baureifmachung weitaus niedrigere Anrechnungsbeträge vor: **335**

12,50 €/m²   in Gemeinden mit mehr als 100 000 Einwohnern,
7,50 €/m²   in Gemeinden mit mehr als 10 000 bis 100 000 Einwohnern und
5,00 €/m²   in Gemeinden bis zu 10 000 Einwohnern.

Des Weiteren werden die Erschließungskosten durch den Unterschied des Verkehrswerts für erschließungsbeitragsfreies Bauland und Rohbauland begrenzt (Kappungsgrenze nach § 19 Abs. 3 Satz 2 SachenRBerG). **336**

Steht das **Eigentum am Grundstück mehreren Personen** zu, so ist zu prüfen, ob Gesamthandseigentum oder Miteigentum nach Bruchteilen und ggf. der jeweilige Anteil berücksichtigt werden muss. Dies kann im Einzelfall von Bedeutung sein. **337**

Keine Erschließungsbeiträge fallen in den **förmlich festgelegten Entwicklungsbereichen** i. S. der §§ 165 ff. BauGB **und in den förmlich festgelegten Sanierungsgebieten an**, für die gemäß § 142 Abs. 4 BauGB in der Sanierungssatzung die Anwendung der besonderen sanierungsrechtlichen Vorschriften der §§ 152 bis 156a BauGB *nicht* ausgeschlossen wurde (vgl. Teil VI). Dort werden gemäß § 154 Abs. 1 Satz 2 BauGB anstelle von Erschließungsbeiträgen und Kostenerstattungsbeträgen Ausgleichsbeträge nach den §§ 154 f. BauGB erhoben. **338**

Bei den **in einem Umlegungsverfahren nach den §§ 45 ff. BauGB neu geordneten Grundstücken** muss darüber hinaus in Bezug auf den Erschließungsbeitrag zwischen der straßenlandbeitragsfreien und straßenlandbeitragspflichtigen Zuteilung unterschieden werden. Im Regelfall werden die neu geordneten Grundstücke entsprechend dem Wesen der Umlegung straßenlandbeitragsfrei zugeteilt, wobei der Wert der im Umlegungsverfahren ausgeschiedenen Flächen nach § 68 Abs. 1 Nr. 4 BauGB im Umlegungsverzeichnis aufgeführt wird, wenn in Ausnahmefällen insoweit erschließungsbeitragspflichtig zugeteilt wurde. Gemäß § 128 Abs. 1 Satz 3 BauGB zählt dieser Wert zu den erschließungsbeitragsrechtlichen Grunderwerbskosten. Im Übrigen werden für die sonstigen Kosten des Erschließungsaufwands auch für die in einem Bodenordnungsverfahren nach den §§ 45 ff. BauGB zugeteilten Grundstücke nach Maßgabe der §§ 123 ff. BauGB Erschließungsbeiträge erhoben. **339**

Abschließend sei noch darauf hingewiesen, dass nach der Rechtsprechung des BVerwG[161] **Grundstückskaufverträge der Gemeinden, in denen Vereinbarungen über die Abgeltung von Erschließungsbeiträgen mit dem Kaufpreis getroffen wurden,** nichtig sind, da das Gericht hierin eine verdeckte Ablösung erblickt hat. **340**

Auch wenn im Rahmen der Verkehrswertermittlung z. B. eines erschließungsbeitragsfreien Grundstücks von erschließungsbeitragsfreien Vergleichspreisen oder einem entsprechenden Bodenrichtwert ausgegangen worden ist, empfiehlt es sich, im Gutachten den beitrags- und abgabenrechtlichen Zustand des Grundstücks substanziell darzulegen. Im Rahmen seiner **Sorgfaltspflicht** sollte der Gutachter dann gleichwohl darlegen, aufgrund welcher Tatsachen **341**

---
160 Im sachs.-anh. Bodenrichtwerterlass vom 22.1.1993 – 46 – 23520 – (MBl. LSA 1993, 500) wird richtigerweise darauf hingewiesen, dass „eine rein rechnerische Addition erschließungsbeitragspflichtiger Bodenwerte und der Erschließungsbeiträge in der Regel nicht sachgerecht" ist.
161 Wittern in NVwZ 1991, 751.

ein grundsätzlich infrage kommender Beitrag dann nicht mehr anfällt. Hier kann z. B. auf einen bereits entrichteten Erschließungsbeitrag, auf eine persönliche Beitragspflichtigkeit oder auf den Umstand hingewiesen werden, dass ein **Grundstück an einer historischen Straße** liegt. An die Begründungspflicht dürfen hierbei allerdings auch keine überspannten und eher formalen Anforderungen gestellt werden, jedoch sind immer dann erhöhte Anforderungen an die Begründungspflicht zu stellen, wenn nach den Gesamtumständen eine den jeweiligen Eigentümer des Grundstücks treffende Beitragspflichtigkeit nicht von vornherein auszuschließen ist. Der Nachweis, dass z. B. ein zu bewertendes Grundstück erschließungsbeitragsfrei ist, stellt nämlich letztlich die Begründung dafür dar, dass bei Heranziehung von erschließungsbeitragsfreien Vergleichspreisen bzw. eines entsprechenden Bodenrichtwerts Unterschiede in dem abgabenrechtlichen Zustand insoweit nicht berücksichtigt werden müssen.

5.3.7.3 Kanalanschlussbeitrag

342 Kanalanschlussbeiträge werden nach landesrechtlichen Vorschriften (Kommunalabgabengesetze – KAG, z. B. § 8 nordrh.-westf. KAG) für den erstmaligen Anschluss eines Grundstückes an die Kanalisation erhoben. Der Beitrag ist i. d. R. zu erheben, sobald der Eigentümer sein Grundstück erstmalig an das öffentliche Kanalnetz anschließt oder hierzu erstmalig die Möglichkeit erhält. Mit diesem (einmaligen) Beitrag und den im Rahmen der Grundbesitzabgaben laufend zu zahlenden Entwässerungsgebühren werden die Kosten der öffentlichen Abwasserkanäle getragen.

Die Kanalanschlussbeiträge belaufen sich z. B. nach Feststellungen des Gutachterausschusses im Ennepe-Ruhr-Kreis (2013) je nach Stadt 3,50 bis 7,25 €/m²/Verteilungsfläche.

5.3.7.4 Abgabe nach dem Kommunalabgabenrecht (KAG)

343 Die Gemeinden erheben nach landesrechtlichen Vorschriften (Kommunalabgabengesetze – KAG) Beiträge für die Erweiterung und Verbesserung von Erschließungsanlagen. **Die KAG-Beiträge bemessen sich nach dem wirtschaftlichen Vorteil des Grundstücks**, der sich auch im Verkehrswert des Grundstücks niederschlagen kann. Mit der Steigerung des Gebrauchswerts geht nämlich regelmäßig auch eine Steigerung des Verkehrswerts einher. Sie ist schon dann anzunehmen, wenn die Grundstücke wirtschaftlicher genutzt werden[162]. In förmlich festgelegten Sanierungsgebieten, für die die Anwendung der besonderen sanierungsrechtlichen Bestimmungen der §§ 152 ff. BauGB nicht ausgeschlossen wurde, werden Beiträge aufgrund landesrechtlicher Bestimmungen für die Herstellung, Verbesserung und Erweiterung von Erschließungsanlagen nicht erhoben[163].

Im Übrigen gelten die Ausführungen zu den Erschließungsbeiträgen nach dem BauGB (Rn. 321 ff.) entsprechend. Im Unterschied hierzu kann nach dem kommunalen Beitragsrecht allerdings die Satzung bestimmen, dass **diejenige Person beitragspflichtig ist, die zum Zeitpunkt der Entstehung der Beitragsschuld Eigentümerin des Grundstücks ist.** Der Erbbauberechtigte ist anstelle des Eigentümers der Beitragsschuldner.

5.3.7.5 Sielbaubeitrag

344 In Küstenstädten werden nach landesrechtlichen Bestimmungen Beiträge für die Herstellung öffentlicher Sielanlagen erhoben, und zwar

---

[162] OVG Münster, Urt. vom 31.8.1978 – 2 A 222/76 –, KStZ 1979, 73 = EzGuG 9.34; OVG Münster, Urt. vom 21.4.1975 – 2 A 769/72 –, OVGE 31, 48 = KStZ 1975, 217; OVG Münster, Urt. vom 15.9.1975 – 2 A 1347/73 –, DVBl 1977, 393; OVG Münster, Urt. vom 27.7.1976 – 2 A 805/75 –, DWW 1977, 65 = VRspr. 28, 463 = JZ 1976, 176; OVG Münster, Urt. vom 25.10.1982 – 2 A 1817/80 –, DVBl 1985, 228 = EzGuG 9.47; VGH München, Beschl. vom 7.8.1985 – 23 CS 84 A.3129 –, DVBl 1985, 1182 = EzGuG 9.58; OVG Münster, Urt. vom 25.5.1992 – 2 A 1646/90 –, KStZ 1992, 196.
[163] Kleiber in Ernst/Zinkahn/Bielenberg/Krautzberger, BauGB § 155 Rn. 10, 43 ff., § 154 BauGB Rn. 69 f.

a) als **Sielbaubeitrag**,

b) als **Sielanschlussbeitrag**.

Nach § 2 des hbg. Sielabgabengesetzes[164] unterliegen der Sielbaubeitragspflicht Grundstücke,

1. die an Wegen oder Flächen mit einem zum Anschluss bestimmten Siel liegen, auch wenn die Grundstücke nicht an das Siel angeschlossen sind,
2. die nicht an besiedelten Wegen oder Flächen liegen, aber an öffentliche Sielanlagen angeschlossen sind.

Dies gilt auch für Grundstücke, die an öffentlichen Sielanlagen angeschlossen sind, sowie für Grundstücke mit einer festgesetzten Nutzung als Stellplatz, Garage oder sonstige Gemeinschafts- und Nebenanlage oder die nach öffentlich-rechtlichen Vorschriften für die bauliche Nutzung anderer Grundstücke erforderlich sind.

Beitragsfrei sind unbebaute Grundstücke, für die im Bebauungsplan eine bauliche Nutzung nicht festgesetzt ist oder die nach öffentlich-rechtlichen Vorschriften nicht bebaut werden dürfen, unbebaute Grundstücke, die im Außenbereich oder in einem Gebiet liegen, das in einem Baustufenplan als Außenbereich gekennzeichnet ist und nicht einem im Zusammenhang bebauten Ortsteil zugehören, sowie kleingärtnerisch genutzte Grundstücke.

Der Beitragssatz bemisst sich nach der **Frontlänge des Grundstücks** und den im Gesetz über die Höhe der Sielbaubeiträge und der Sielanschlussbeiträge[165] festgelegten Beitragssätzen. Die Beitragspflicht entsteht mit der öffentlichen Bekanntmachung des zum Anschluss bestimmten Siels und wird durch Bescheid festgesetzt.

Sielbaubeiträge und Sielanschlussbeiträge sind erheblich und bei der Verkehrswertermittlung wie Erschließungsbeiträge zu berücksichtigen:

Der **Sielbaubeitrag** beträgt für

a) Schmutzwassersiele (Druck- und Gefällesiele)   304,82 €
b) Regenwassersiele   214,74 €
c) Doppel- und Mischwassersiele   368,13 €

Der **Sielanschlussbeitrag** beträgt für eine

a) einfache Leitung   3 435,88 €
b) Doppelleitung (für Schmutz- und Regenwasser) in der Baugrube   3 967,62 €.

5.3.7.6 Umlegungsausgleichsleistung

▶ *Vgl. Rn. 339; umfassend zu Umlegungsverfahren vgl. Teil VI Rn. 819 ff.*

Der umlegungsrechtliche Mehrwertausgleich, d. h. die Verpflichtung des Eigentümers eines im Umlegungsverfahren nach den §§ 45 ff. BauGB neugeordneten Grundstücks oder des Erbbauberechtigten zu „Geldleistungen nach den §§ 57 bis 61" (vgl. § 64 Abs. 3 BauGB), gilt als Beitrag und ruht als öffentliche Last auf dem Grundstück oder dem Erbbaurecht. Die Geldleistung, deren Fälligkeit und Zahlungsart werden im Umlegungsverzeichnis aufgeführt (§ 68 BauGB).

Wird der **Verkehrswert eines in der Umlegung rechtskräftig zugeteilten Grundstücks** ermittelt, können die Geldleistungen grundsätzlich außer Betracht bleiben, selbst dann, wenn sie

– bei einer Minderzuteilung von der Gemeinde oder
– bei einer Mehrzuteilung vom Eigentümer oder Erbbauberechtigten

---

[164] i. d. F. vom 21.1.1986 (GVBl. 1986, 7, 33), zuletzt geändert am 19.12.2000 (GVBl. 2000, 414).
[165] i. d. F. vom 21.1.1980 (hbg. GVBl. 1980, 14), zuletzt geändert am 10.12.1996 (GVBl. 1996, 309).

noch nicht erbracht worden sind. Es handelt sich hierbei nämlich lediglich um ein Schuldverhältnis zwischen der Gemeinde und dem Eigentümer bzw. Erbbauberechtigten. Im Veräußerungsfall bemisst sich der Verkehrswert deshalb allein nach dem Neuordnungszustand des Grundstücks, wenn man die dingliche Sicherung des Mehrwertausgleichs (öffentliche Last) außer Betracht lässt.

5.3.7.7 Ausgleichsbetrag nach den §§ 154 f. BauGB

▶ *Weitere Ausführungen zur Ausgleichsbetragserhebung Teil VI Rn. 485 ff.*

352 In förmlich festgelegten Sanierungsgebieten, für die die Anwendung der besonderen sanierungsrechtlichen Vorschriften der §§ 152 ff. BauGB *nicht* ausgeschlossen wurde, sowie in städtebaulichen Entwicklungsbereichen wird nach § 154 Abs. 1 BauGB **anstelle eines Erschließungsbeitrags ein Ausgleichsbetrag** in Höhe der sanierungs- bzw. entwicklungsbedingten Bodenwerterhöhung erhoben. Ausgleichsbetragspflichtig ist der Eigentümer des Grundstücks im Zeitpunkt der Entstehung des Ausgleichsbetrags. Nach § 154 Abs. 3 Satz 1 BauGB entsteht der Ausgleichsbetrag mit Abschluss der Sanierung bzw. Entwicklung nach den §§ 162 f. BauGB. Der Zeitpunkt der Entstehung des Ausgleichsbetrags ist damit identisch mit dem Zeitpunkt, der auch der Ermittlung des Ausgleichsbetrags zugrunde zu legen ist. Der Eigentümer des Grundstücks in diesem Zeitpunkt ist im Übrigen auch dann ausgleichsbetragspflichtig, wenn das Grundstück mit einem Erbbaurecht belastet ist[166].

353 Der **Eigentümer des Grundstücks zum Zeitpunkt der Entstehung** bleibt auch dann **ausgleichsbetragspflichtig,** wenn er das Grundstück veräußert. Da der Ausgleichsbetrag nach § 154 Abs. 4 Satz 3 BauGB *nicht* als öffentliche Last auf dem Grundstück ruht, kann der Ausgleichsbetragsanspruch im Veräußerungsfalle auch nicht aus dem Grundstück befriedigt werden[167]. Wird ein Grundstück, für das der Ausgleichsbetrag zwar entstanden, aber noch nicht entrichtet worden ist, veräußert, kann deshalb vom Verkehrswert des Grundstücks unter Berücksichtigung der rechtlichen und tatsächlichen Neuordnung des Gebiets ausgegangen werden[168].

5.3.7.8 Bodenschutzrechtlicher Ausgleichsbetrag

Schrifttum: *Albrecht, E.,* Die Wertausgleichsregelung im Bundes-Bodenschutzgesetz, NVwZ 2001, 1120; *Dombert* in Landmann/Rohmer, Umweltrecht; *Erbguth* in DVBl 2001, 601; *Frenz, W.,* Bundes-Bodenschutzgesetz, München 2000, *Großmann/Grunewald/Weyers,* Altlastenverdacht, GuG 1996, 154; *Grziwotz, H.,* Das neue Bundes-Bodenschutzgesetz und seine Konsequenzen für die zivilrechtliche Vertragsgestaltung. Grundstückskaufvertrag und Finanzierung, in Immobilienrecht 2000, RWS Verlag Köln 2000; *Heuer, u. a.,* Ermittlung des Wertausgleichs nach § 25 BBodSchG, AGVGA-NRW, 2. Aufl. Essen 2009; *Kanngieser/Schuhr,* Analyse der Altlastenproblematik in der Grundstückswertermittlung, GuG 1998, 332; *Knopp, L.,* Bundes-Bodenschutzgesetz, Katalog der Sanierungsverantwortlichen, ZUR 1999, 210; *Roller, G.,* Wertausgleich und Bodenschutzlast – Vollzugsregelungen im Freistaat Bayern, GuG 2002, 24; *Roller, G.,* Die Bedeutung des BBodSchG für die Wertermittlung für steuerliche Zwecke, GuG 2002, 162; 226; *Sandner* in NJW 2001, 2045; *Simon, St.,* Das Neue Bodenschutzgesetz – Konsequenzen für den Immobilienverkehr, GuG 2001, 162; *Verstey/Sondermann,* BBodSchG, Komm. 2. Aufl. 2005; § 25; *Vierhaus, H.-P.,* Das Bundes-Bodenschutzgesetz, NJW 1998, 1262; *Wilmowsky, P. v.,* Gesetzliche Sicherungsrechte für Altlastensanierungspflichtige?, JZ 1997, 817.

▶ *§ 6 ImmoWertV Rn. 314 ff.; vgl. Teil V Rn. 229; Teil IX Rn. 227*

354 Grundstücke, die unter Einsatz öffentlicher Mittel von Altlasten bereinigt (saniert) worden sind, sind nach Maßgabe des § 25 BodSchG einem (bodenschutzrechtlichen) Ausgleichsbetrag unterworfen, wenn durch die Maßnahmen zur Beseitigung der Altlasten der Verkehrswert des Grundstücks nicht nur unwesentlich erhöht wurde und der Eigentümer die Kosten

---

166 Kleiber in Ernst/Zinkahn/Bielenberg/Krautzberger, BauGB § 154 BauGB Rn. 58 ff., BVerwG, Urt. vom 1.12.1989 – 8 C 44/88 –, EzGuG 9.71.
167 Kleiber in Ernst/Zinkahn/Bielenberg/Krautzberger, BauGB, § 194 Rn. 39.
168 Zur Verrechnung von Vorauszahlungen nach § 154 Abs. 6 BauGB; vgl. Kleiber in Ernst/Zinkahn/Bielenberg, BauGB, § 154 BauGB Rn. 282.

nicht oder nur unvollständig getragen hat. Die **Höhe dieses bodenschutzrechtlichen Ausgleichsbetrags** bestimmt sich in Anlehnung an § 154 Abs. 1 und 2 BauGB nach § 25 Abs. 2 BodSchG aus dem „Unterschied zwischen dem Wert, der sich ergeben würde, wenn die Maßnahmen (zur Altlastensanierung) nicht durchgeführt worden wären (Anfangswert), und dem Verkehrswert, der sich für das Grundstück nach Durchführung der Erkundungs- und Sanierungsmaßnahmen ergibt (Endwert)". Die Höhe des (bodenschutzrechtlichen) Ausgleichsbetrags wird durch die Höhe der eingesetzten öffentlichen Mittel begrenzt.

§ 25 BBodSchG ist als Auffangnorm im Verhältnis zu § 24 BBodSchG hinsichtlich des Ersatzes der Kosten für Sanierungsmaßnahmen durch den Eigentümer in dem Sinne nachrangig, da er i. d. R. angewendet wird, wenn die Voraussetzungen des § 24 BBodSchG gegenüber dem Eigentümer eines sanierten Grundstücks – wie hier – nicht vorliegen. Nach § 4 Abs. 3 Satz 1 BBodSchG trifft den Grundstückseigentümer u. a. die Verpflichtung, den Boden und Altlasten so zu sanieren, dass dauerhaft keine Gefahren für den Einzelnen oder die Allgemeinheit entstehen. Zum Wertausgleich verpflichtet ist der Eigentümer in dem Zeitpunkt, in dem mit Abschluss der Sanierungsmaßnahmen die nicht nur unwesentliche Erhöhung des Verkehrswerts des Grundstücks maßnahmenbedingt eintritt. Verpflichtet ist der zu diesem Zeitpunkt im Grundbuch eingetragene Eigentümer.

Das Verfahren des § 25 Abs. 2 BBodSchG entspricht im Wesentlichen der Bemessung des Ausgleichsbetrags nach dem fast wortgleichen § 154 Abs. 2 BauGB, der auf die durch die Sanierung bedingte Erhöhung des Bodenwerts abstellt[169]. Angesichts des auf den Boden abzielenden Schutzgedankens des BBodSchG ist es sachgerecht, bei der Bestimmung des Wertausgleichs gemäß § 25 Abs. 1, Abs. 2 BBodSchG die Vorschriften der ImmoWertV anzuwenden; die freihändige Schätzung des Verkehrswerts durch die zuständige Behörde, auch aufgrund von Angaben der Vertragsparteien in einem Kaufvertrag über das sanierte Grundstück, genügt dem nicht[170].

Der bodenschutzrechtliche Ausgleichsbetrag ruht im Unterschied zu dem sanierungsrechtlichen Ausgleichsbetrag nach den §§ 154 f. BauGB als **öffentliche Last** auf dem Grundstück. Der bodenschutzrechtliche Ausgleichsbetrag wird nach § 93b GBV mit einem Bodenschutzvermerk in Abt. 2 des Grundbuchs eingetragen.

355

5.3.7.9 Ablösungsbetrag für Stellplatzverpflichtungen

Der Verpflichtung zur Herstellung von Stellplätzen oder Garagen kommt insbesondere im dicht bebauten Kernbereich der Städte eine auch bei der Verkehrswertermittlung zu berücksichtigende Bedeutung zu. Dabei muss grundsätzlich zwischen

356

a) der Herstellung von Stellplätzen oder Garagen im Neubaufall und

b) der nachträglichen Forderung nach Schaffung von Stellplätzen oder Garagen

unterschieden werden. Die Verpflichtung des Eigentümers zur Herstellung von Stellplätzen oder Garagen ergibt sich aus dem Bauordnungsrecht der Länder. So dürfen bauliche Anlagen z. B. nach § 47 der nordrh.-westf. BauO nur errichtet oder wesentlich geändert werden, wenn Stellplätze oder Garagen in ausreichender Größe sowie in geeigneter Beschaffenheit hergestellt werden[171]. Für bereits bestehende Anlagen können sie aufgrund einer Satzung auch noch nachträglich gefordert werden. Die **Stellplatzverpflichtung kann durch einen Geldbetrag (Ablösebetrag) abgelöst werden,** wenn der Stellplatzverpflichtung nur unter sehr gro-

---

169 Versteyl/Sondermann, BBodSchG, Komm. 2. Aufl. 2005, § 25 Rn. 26; Bickel, BBodSchG, Komm. 4. Aufl. 2004, § 21 Rn. 3, § 25 Rn. 13; Domert in Landmann/Rohmer, Umweltrecht, Komm. 25 Rn. 11; Hipp in Hipp/Rech/Turian BBodSchG, Leitfaden 2000; § 25 Rn. 586 ff.; Franz § 25 Rn. 33; BVerwG, Urt. vom 16.3.2006 – 7 C 3/05 –, BVerwGE 125, 325; BVerwG, Urt. vom 26.4.2006 – 7 C 15/05 –, BVerwGE 126, 1; VG Minden, Urt. vom 26.5.2010 –11 K 1271/09 –; LG Frankenthal, Urt. vom 27.2.2002 – 5 O 208/01 –, ZMR 2002, 753.
170 VGH Kassel, Urt. vom 5.4.2011 – 2 A 2931/09 –, GuG 2013, 63.
171 BGH, Urt. vom 26.2.1971 – V ZR 116/68 –, MDR 1971, 379 = EzGuG 1.9 m. w. N.; vgl. Stellplatz-Ablöseverordnung für Berlin vom 29.10.1990, GVABl. 1990, 2232 = GuG 1991, 51; GuG 1993, 49.

ßen Schwierigkeiten nachgekommen werden kann oder diese aufgrund einer Satzung untersagt bzw. eingeschränkt ist[172].

357 **Die Möglichkeit, im Falle der Errichtung eines Neubaus auf einem Grundstück die Stellplatzverpflichtung ablösen zu können, ist für den Bauherrn grundsätzlich von Vorteil.** Er kann nämlich von dieser Möglichkeit Gebrauch machen, wenn dies im Vergleich zur Schaffung von Garagen oder Stellplätzen auf eigenem Grund und Boden für ihn günstiger ist[173]. Bei bestehenden Gebäuden hat der Eigentümer diese Dispositionsfreiheit nicht mehr. Im Vergleich zu den Bodenwerten unbebauter Grundstücke kann deshalb ein Wertabschlag insoweit gerechtfertigt sein, wie der Ablösebetrag den wirtschaftlichen Vorteil übersteigt, der aus der Nutzung der Grundstücksflächen resultiert, die ansonsten für die Herstellung von Stellplätzen oder Garagen auf dem Grundstück hätten Verwendung finden können.

358 Die Höhe des Ablösungsbetrags ergibt sich nach den landesrechtlichen Bestimmungen.

5.3.7.10 Naturschutzrechtliche Ausgleichszahlung

359 Nach § 8 Abs. 2 und 3 des Bundesnaturschutzgesetzes (BNatSchG) ist der Verursacher für Eingriffe in Natur und Landschaft zu einem Ausgleich verpflichtet. Diese Verpflichtung trifft auch den Träger von Anlagen, deren Errichtung im öffentlichen Interesse liegt. Nach § 8 Abs. 9 können die Länder weitergehende Vorschriften erlassen, insbesondere über Ersatzmaßnahmen der Verursacher bei nicht ausgleichbaren, aber vorrangigen Eingriffen (z. B. § 2 Nr. 2c der rh.-pf. Landesverordnung über die **Ausgleichszahlung nach § 5a des Landespflegegesetz – LPflG-Rheinland Pfalz – AusgV**)[174]. Im Rahmen des Verhältnismäßigkeitsgrundsatzes, dem diese naturschutzrechtliche Ausgleichszahlung genügen muss, stellt § 5a Abs. 1 LPflG für die Bemessung der Ausgleichszahlung

– sowohl auf die „Dauer und Schwere des Eingriffs" als auch
– auf den „Wert oder Vorteil für den Verursacher" ab.

360 Die Höhe der naturschutzrechtlichen Ausgleichszahlung (§ 8 Abs. 9 BNatSchG) kann sich an der Höhe der Investitionskosten, aber auch an der Intensität des Eingriffs orientieren[175].

5.3.7.11 Kostenerstattungsbetrag nach § 135a BauGB

▶ *Grundsätzliches hierzu bei § 5 ImmoWertV Rn. 254 ff.*

361 Nach § 135a Abs. 1 BauGB hat der Vorhabenträger grundsätzlich die im Bebauungsplan festgesetzten naturschutzrechtlichen Ausgleichsmaßnahmen i. S. des § 1a Abs. 3 BauGB durchzuführen. Soweit diese Maßnahmen entsprechend den Festsetzungen auf dem Eingriffsgrundstück durchzuführen sind, kann sich der Wert des Grundstücks im Vergleich zu den Vergleichspreisen der Grundstücke bzw. zu dem herangezogenen Bodenrichtwert (eines Bodenrichtwertgrundstücks, für das entsprechende Maßnahmen nicht festgesetzt worden sind) entsprechend vermindern. Grundsätzlich kann zur **Ermittlung des Minderungsbetrags** von den Kosten ausgegangen werden, die üblicherweise dabei entstehen. Ein Kostenerstattungsbetrag entsteht für das Grundstück in diesen Fällen nicht.

362 Wie unter § 5 ImmoWertV bei Rn. 258 ff. erläutert wurde, kann es sich im Rahmen der naturschutzrechtlichen Ausgleichsregelung des § 1a BauGB um

---

172 Seiner Rechtsnatur nach ist der Ablösebetrag eine nichtsteuerliche Sonderabgabe (BVerwG, Urt. vom 30.8.1985 – 4 C 10/81 –, EzGuG 1.30); sie ist Surrogat für die Stellplatzverpflichtung (vgl. OVG Hamburg, Urt. vom 13.11.1980 – Bf. II 22/79 –, EzGuG 1.19a); im Übrigen kann die Ablösung auch Gegenstand eines öffentlich-rechtlichen Vertrags sein (vgl. OVG Münster, Urt. vom 25.1.1977 – 7 A 64/75 –, EzGuG 1.16); Schröer in NVwZ 1997, 140.
173 BVerwG, Urt. vom 4.2.1966 – 4 C 64/65 –, BVerwGE 23, 213 = EzGuG 1.5a; OVG Hamburg, Urt. vom 13.11.1980 – Bf. II 22/79 –, BauR 1981, 275 = EzGuG 1.19a; zur steuerlichen Behandlung des Ablösungsbetrags vgl. BFH, Urt. vom 8.3.1984 – IX R 45/80 –, BStBl II 1984, 782 = EzGuG 1.24.
174 BVerwG, Beschl. vom 5.10.1990 – 4 B 249/89 –, NVwZ-RR 1991, 118 = VBlBW 1991, 171; BVerwG, Beschl. vom 5.4.2002 – 4 B 15/02 –, GuG 2003, 314.
175 BVerwG, Beschl. vom 5.4.2002 – 4 B 15/02 –, GuG 2003, 314.

- Festsetzungen über Ausgleichsflächen und
- um Festsetzungen über Ausgleichsmaßnahmen (z. B. eine Bepflanzung)

handeln.

Im Falle von Festsetzungen über Ausgleichsflächen ist dies bei der Verkehrswertermittlung durch die zusätzliche Fläche selbst zu berücksichtigen, d. h., bei einem Preisvergleich mit davon nicht betroffenen Grundstücken kann dies z. B. durch einen geminderten Quadratmeterwert des entsprechend größeren Grundstücks berücksichtigt werden. Im Falle von **Festsetzungen über Ausgleichsmaßnahmen (Bepflanzungen)** kommen die Kosten der Bepflanzungen als Ausgangsgröße in Betracht. Dabei sind allerdings nur die Pflanzkosten berücksichtigungsfähig, die über das hinausgehen, was auch sonst der Grundstückseigentümer an Bepflanzungen vorgenommen hätte. 363

Soweit **Maßnahmen an anderer Stelle den Eingriffsgrundstücken nach § 9 Abs. 1a BauGB zugeordnet** sind, soll nach § 135a Abs. 2 BauGB die Gemeinde diese anstelle und auf Kosten der Vorhabenträger oder Eigentümer durchführen und die hierfür erforderlichen Flächen bereitstellen (vgl. § 200a BauGB). Die Gemeinde erhebt in diesen Fällen zur Deckung ihres Aufwands einschließlich der hierfür bereitgestellten Flächen vom Eigentümer einen Kostenerstattungsbetrag, der als öffentliche Last auf dem Grundstück ruht. Der Kostenerstattungsbetrag kann geltend gemacht werden, sobald die Grundstücke, auf denen der ausgleichspflichtige Eingriff zu erwarten ist, baulich oder gewerblich genutzt werden. 364

Die Erhebung von Kostenerstattungsbeträgen entfällt nach § 154 Abs. 1 Satz 3 ggf. i. V. m. § 169 Abs. 1 Nr. 7 BauGB in **städtebaulichen Sanierungsgebieten und Entwicklungsbereichen**. Dort wird anstelle des Kostenerstattungsbetrags ein Ausgleichsbetrag erhoben. Im Falle einer gemeindlichen Veräußerung der neugeordneten Grundstücke erfolgt die Veräußerung zum kostenerstattungsbetragsfreien Neuordnungswert. 365

Aufgrund der vorstehend erläuterten Regelung muss in den genannten Fällen **zwischen einem kostenerstattungsbetragsfreien und kostenerstattungsbetragspflichtigen Grundstückswert unterschieden werden**. Wie bei der entsprechenden Unterscheidung zwischen erschließungsbeitragspflichtigen (ebpf) und erschließungsbeitragsfreien (ebf) Grundstückswerten bemisst sich der Unterschied nach der voraussichtlichen Höhe des Kostenerstattungsbetrags. 366

5.3.7.12 Ausgleichsabgabe nach Baumschutzverordnung

Schrifttum: *Königer, D.,* Erhebung von Ausgleichsabgaben nach der Baumschutzsatzung 1982 unzulässig, BlnGE 2004, 401; *Königer, D.,* Die Erhebung von Ausgleichsabgaben nach der BaumSchVO ist rechtswidrig, BlnGE 2006, 495; Rechtsfragen zur Bedeutung der naturschutzrechtlichen Eingriffsregelung in der Bauleitplanung, BMBau 1996, S. 112 ff.

Auf Privatgrundstücken befindliche Bäume mit einem bestimmten Mindeststammumfang können aufgrund von Baumschutzsatzungen als **geschützte Landschaftsbestandteile** mit der Folge unter Schutz gestellt werden, deren Beseitigung zum Zwecke einer Realisierung eines Bauvorhabens einer vorherigen Genehmigung bedarf. Wird die Genehmigung erteilt, so ist der Antragsteller zu standortgerechten Ersatzpflanzungen zu verpflichten oder, soweit Ersatzpflanzungen nicht möglich sind, zu einer Ausgleichsabgabe heranzuziehen. 367

Rechtsgrundlage für Baumschutzsatzungen und Baumschutzverordnungen[176] ist § 18 BNatSchG, der unter dem Begriff der geschützten Landschaftsbestandteile auch den Schutz von Bäumen einbezieht. Die Länder können in Ausfüllung von § 18 BNatSchG i. V. m. der 368

---

176 Vgl. Baumschutzverordnung – BaumSchVO Bln vom 11.1.1982 (GVBl. 1982, 250), zuletzt geändert durch Art. 1 der VO vom 4.3.2004 (GVBl. 2004, 124) = BlnGE 2004, 536. Das OVG Berlin-Brandenburg hat wie das VG Berlin mit Urt. vom 26.1.2006 – 11 B 12/05 –, BlnGE 2006, 515 = EzGuG 2.65 (wie zuvor VG Berlin mit Urt. vom 11.2.2004 – 1 A 230/01 –, BlnGE 2004, 429 = EzGuG 2.62) entschieden, dass die in der Verordnung von 1982 enthaltene Verpflichtung, eine Ausgleichszahlung zu leisten, wenn ein Baum gefällt wurde und eine Ersatzpflanzung nicht möglich ist, unzulässig ist (Berufung unter Aktenzeichen – 2 N 187/04 zugelassen); vgl. auch OVG Berlin, Urt. vom 17.10.2003 – 2 B 15/00 –, UPR 2004, 234 = BlnGE 2004, 1099; OVG Berlin, Urt. vom 4.6.2004 – 2 B 7/02 –, BlnGE 2004, 1097.

Befreiungsregelung des § 31 BNatSchG ergänzende Regelungen insbesondere zu Ausgleichsverpflichtungen im Falle einer Befreiung von der Satzung bzw. Verordnung in ihren Landesnaturschutzgesetzen treffen. Möglich ist auch eine Befreiungsregelung unmittelbar in der Satzung bzw. Verordnung. Da § 18 BNatSchG eine gegenüber § 8a BNatSchG **eigenständige Regelung** trifft, ist diese zunächst **vorrangig** gegenüber der Ausgleichsverpflichtung nach § 8a BNatSchG[177]. Allerdings können in einem Bebauungsplan gleichwohl Festsetzungen zur Beseitigung von aufgrund von § 18 BNatSchG geschützten Bäumen getroffen werden. Es greift dann aber zuvor die Verpflichtung, eine Befreiung von der Baumschutzsatzung bzw. -verordnung einzuholen. Die in diesem Fall ggf. nach Landesrecht bzw. der Satzung oder Verordnung gebotene Ausgleichsverpflichtung aufgrund einer Befreiung von der Baumschutzsatzung bzw. -verordnung ist **nicht der bauleitplanerischen Abwägung** unterworfen.

369 Die **Unterschutzstellung von Bäumen** muss nach Auffassung des BVerwG **nur hinsichtlich des Bestandes an Bäumen** – nicht jedoch hinsichtlich eines jeden einzelnen Baumes erforderlich sein[178]. Baumschutzsatzungen, die hinsichtlich ihres Geltungsbereichs auf „die innerhalb der im Zusammenhang bebauten Ortsteile und den Geltungsbereich der Bebauungspläne" abstellen, sind nunmehr auch vom BVerwG als uneingeschränkt rechtswirksam anerkannt worden[179].

370 Die naturschutzrechtliche Eingriffsregelung für das Bebauungsplanverfahren und die Baumschutzsatzungen bzw. -verordnungen sehen, wenn sie sich auf dasselbe Gebiet beziehen, unterschiedliche **Rechtsfolgen für das Beseitigen von Bäumen** vor. Da Baumschutzsatzungen und -verordnungen in unterschiedlicher Ausgestaltung möglich sind, ist jeweils im konkreten Einzelfall das Verhältnis zur naturschutzrechtlichen Eingriffsregelung zu bestimmen; dabei ist auch entscheidend, ob der Bebauungsplan nach § 1a BauGB oder die Regelung zum Baumschutz für das Gebiet zeitlich früher vorlag.

371 Liegt eine Baumschutzsatzung bzw. -verordnung für ein bislang nicht beplantes Gebiet bereits vor und soll danach das Gebiet durch einen Bebauungsplan überplant werden, ist im Rahmen des Bebauungsplanverfahrens bei Anwendung des § 1a BauGB in Rechnung zu stellen, dass für die von der Planung erfassten Bäume bereits eine vorrangige Ausgleichsregelung besteht. Die Gemeinde darf daher den **Schutz der Bäume nicht in die nach § 8a BNatSchG geforderte Eingriffs-/Ausgleichsbetrachtung einbeziehen.** Eine Ausnahme gilt nur dann, wenn es sich um eine gemeindliche Baumschutz*satzung* handelt, da die Gemeinde als Satzungsgeberin diese Baumschutzsatzung für den Bereich des Bebauungsplans zeitgleich mit der Aufstellung des Bebauungsplans außer Kraft setzen kann. Die Außerkraftsetzung kann ausdrücklich, u. U. aber auch konkludent durch eine entsprechende Willensäußerung im Aufstellungsverfahren für den Bebauungsplan erfolgen. Für einen solchen Willen zur konkludenten Außerkraftsetzung der Baumschutzsatzung müssen aber im Aufstellungsverfahren für den Bebauungsplan deutliche Anhaltspunkte ersichtlich sein. Eine solche Lösungsmöglichkeit existiert für Baumschutz*verordnungen* nicht, da diese von der Gemeinde nicht aufgehoben werden können.

372 Liegt dagegen zunächst der **Bebauungsplan** vor und wird erst danach eine Baumschutzsatzung bzw. -verordnung aufgestellt, verdrängt die Baumschutzsatzung bzw. -verordnung, soweit der Bebauungsplan noch nicht vollzogen ist, die insoweit zu den Bäumen getroffenen Ausgleichsverpflichtungen im Bebauungsplan. Im Baugenehmigungsverfahren, in welchem konkret über das Beseitigen der Bäume zu entscheiden ist, ist dann in Bezug auf die Bäume nicht mehr der insoweit gegenstandslos gewordene Bebauungsplan anzuwenden, sondern die nachträglich erlassene Baumschutzsatzung bzw. -verordnung. Auch hier ist allerdings zu prü-

---

177 Oldiges, Rechtsfragen zur Bedeutung der naturschutzrechtlichen Eingriffsregelung in der Bauleitplanung, BMBau 1996, S. 112 ff.
178 BVerwG, Beschl. vom 29.12.1988 – 4 C 19/86 –, NuR 1989, 179 = NVwZ 1989, 555; BVerwG, Beschl. vom 1.2.1996 – 4 B 303/95 –, NuR 1996, 403 = DWW 1996, 313 = Bln GE 1996, 871; OVG Berlin, Urt. vom 16.8.1996 – 2 B 26/93 –, NVwZ-RR 1997, 530; VG Berlin, Urt. vom 11.2.2004 – 1 A 230/01 –, BlnGE 2004, 429.
179 BGH, Beschl. vom 15.3.1996 – 3 StR 506/95 –, BGHSt 42, 79; Weitzel in NuR 1995, 16; Günther in NWVBl 1995, 90; BVerwG, Urt. vom 16.6.1994 – 4 C 2/94 –, EzGuG 2.59; VGH Mannheim, Urt. vom 2.10.1996 – 5 S 831/95 –, GuG 1998, 58; OLG Düsseldorf, Beschl. vom 21.6.1995 – 2 Ss (OWi) 171/95 –, NuR 1996, 214.

fen, ob nicht Anhaltspunkte bei Aufstellung der Baumschutzsatzung vorliegen, dass diese sich nicht auf den zeitlich früheren Bebauungsplan erstrecken soll[180].

Baumschutzsatzungen müssen hinsichtlich ihrer Regelungen zur Bemessung der zu entrichtenden Ausgleichsabgabe **dem Bestimmtheitsgebot genügen**[181]: **373**

a) Wird die **Fällung von Bäumen** z. B. **zum Zwecke der Bebauung eines Grundstücks erforderlich,** so sind i. d. R. zunächst Ersatzpflanzungen zu fordern. Soweit es sich hierbei nicht um eine Verpflichtung zu besonders aufwendigen Ersatzpflanzungen handelt, folgt hieraus in aller Regel keine besondere Wertminderung des Grundstücks. Zum einen sind die anfallenden Kosten im Vergleich zu den Grundstücks- und Baukosten von untergeordneter Bedeutung, zumal eine (ergänzende) Bepflanzung mit der Bebauung eines Grundstücks ohnehin verbunden ist. Dagegen können eher schon die Beseitigungskosten von Bäumen zu einer Wertminderung führen, wenn bei der Bodenwertermittlung von Vergleichspreisen für sofort bebaubare Grundstücke ausgegangen wurde.

b) Scheiden **Ersatzbepflanzungen** aus rechtlichen oder tatsächlichen Gründen aus, so können dem Eigentümer Ausgleichszahlungen auferlegt werden, wenn die Baumschutzsatzung bzw. das Naturschutzgesetz dies entsprechend vorsieht. In der Rechtsprechung sind Regelungen anerkannt, nach denen sich die Ausgleichszahlung nach der Art und dem konkreten Stammumfang eines entfernten Baumes bemisst[182]. Die Mehrzahl der in Nordrhein-Westfalen getroffenen Regelungen sehen darüber hinaus eine Pflanzkostenpauschale in Höhe von 30 % des Nettokaufpreises[183] und ggf. einer dreijährigen Anwachspflege einschließlich Mehrwertsteuer vor, wobei diese nur zum Ansatz kommen kann, wenn die Gemeinde den Pflanzauftrag an Privatunternehmen vergibt. Die Wertminderung eines Grundstücks im Vergleich zu dem Verkehrswert unmittelbar bebaubarer Grundstücke kann in solchen Fällen anhand der sich so bemessenen Ausgleichszahlung leicht mithilfe von entsprechenden Baumschulkatalogen ermittelt werden.

c) Baumschutzsatzungen, die hinsichtlich der Bemessung von **Ausgleichszahlungen auf die Methode Koch abheben,** werden im Schrifttum dagegen mit dem Hinweis **abgelehnt,** dass diese Methode ökologischen Gesichtspunkten nicht Rechnung trage und dem Eigentümer Kosten auferlege, die er in der Vergangenheit bereits getragen habe[184]. In der Kritik an dieser Methode wird darauf hingewiesen, dass sich die Ausgleichszahlung und damit auch eine hieraus abgeleitete Wertminderung als unangemessen hoch erweise.

5.3.7.13 Walderhaltungsabgabe nach Landeswaldgesetz

Nach landesrechtlichen Vorschriften bedarf die **Umwandlung eines Waldes in eine andere** **374** **Nutzungsart** der Genehmigung der unteren Forstbehörde (Umwandlungsgenehmigung, vgl. § 8 LWaldG Brandenburg). Zum Ausgleich nachteiliger Wirkungen seiner Umwandlung kann z. B. in *Brandenburg* die untere Forstbehörde insbesondere bestimmen, dass

1. als Ersatz eine **Erstaufforstung** geeigneter Grundstücke innerhalb einer bestimmten Frist vorzunehmen ist,

2. ein Wald mit Schutzstatus zu erhalten ist,

3. sonstige **Schutz- und Gestaltungsmaßnahmen** zu treffen sind.

Soweit die nachteiligen Wirkungen einer Waldumwandlung nicht ausgeglichen werden können, ist ein finanzieller Ausgleich zu leisten.

---

180 OVG Münster, Urt. vom 28.6.1995 – 7a D 44/94 NE –, NuR 1996, 419.
181 Ausgleichsabgaben nach § 6 Abs. 1 BaumSchVO 1982 Bln sind unwirksam, weil sie nicht hinreichend bestimmt und mit der gebotenen Normenklarheit unvereinbar sind (OVG Berlin-Brandenburg, Urt. vom 26.1.2006 – 11 B 12/05 –, BlnGE 2006, 515 = EzGuG 2.65; zur BaumSchVO 2002 von Berlin vgl. Köninger in BlnGE 2006, 495.
182 OVG Schleswig, Urt. vom 2.11.1994 – 1 L 21/94 –, NuR 1995, 377.
183 Musterbaumschutzsatzung des nordrh.-westf. Städtetages Umdruck Nr. 3811, abgedruckt bei Günther, Baumschutzrecht, Anl. 1.
184 Günther in Jahrbuch der Baumpflege 1998, Braunschweig; Schulz, ebenda.

375 Zum Ausgleich der nicht durch Ersatzmaßnahmen ausgeglichenen nachteiligen Wirkung wird eine **Walderhaltungsabgabe** erhoben. Diese bemisst sich z. B. im Lande *Brandenburg* nach den „ausgeschiedenen Waldfunktionen des umzuwandelnden einschließlich des von der Umwandlung mittelbar betroffenen Waldes[185], der Größe und räumlichen Lage der umzuwandelnden Fläche und den zu erwartenden Auswirkungen auf den Naturhaushalt zum Zeitpunkt des Umwandlungsantrages" (vgl. auch § 15 Abs. 6 LWaldG M-V). Hierzu bestimmt § 3 der WalderhaltungsabgabenVO des Landes:

„**§ 3 Rahmensätze**
(1) Als Untergrenze für die Höhe der Walderhaltungsabgabe werden die Kosten für eine nach forstlichen Gesichtspunkten mit standortgerechten Baumarten zu begründende Kultur einschließlich ihrer Sicherung angesetzt. Bei Flächen mit Waldfunktionen höherer Wertigkeit ist höchstens ein Fünffaches dieser Kosten zugrunde zu legen. Bemessungskriterien sind der Verlust an Schutz- und Erholungsfunktion des betreffenden Waldgebietes, der örtliche Waldanteil, die ökologische Wertigkeit des umzuwandelnden Bestandes und sonstige negative Wirkungen auf die Natur.
(2) Als Obergrenze für die Höhe der Walderhaltungsabgabe werden die Kosten nach Absatz 1 zuzüglich durchschnittlicher Ankaufkosten aufforstungsfähiger Grundstücke gleicher Größe im selben Naturraum angesetzt."

5.3.8 Lage

5.3.8.1 Allgemeines

Schrifttum: *Muncke, G.,* Standort- und Marktanalyse in der Immobilienwirtschaft, in Schulte, Handbuch der Projektentwicklung 1997.

Marktberichte: *Allianz Dresdner Immobiliengruppe, DEGI:* Standortbezogene Marktreporte und spezielle Marktanalysen; *Müller International* City reports; *Aengevelt* City Report Investment; *Jones Lang LaSalle,* Investmentmarkt Deutschland, Überblick über Einzelhandel in Deutschland, Oscar, Büronebenkostenanalyse, Gewerbegebiet Report, City Profile, European Office Index; *Engels & Völkers:* Markt- und Frequenzberichte, *DTZ Zadelhoff Tie Leung:* Konjunkturbarometer.

▶ *Allgemeines vgl. § 6 ImmoWertV Rn. 318 ff.; vgl. Teil VI Rn. 562, 813, 837 ff., 876*

376 Von Gutachtern wird gelegentlich die nicht gerade geistreiche Auffassung vertreten, dass der Verkehrswert eines Grundstücks im Wesentlichen nur durch drei Faktoren bestimmt werde, nämlich nach der Lage des Grundstücks, der Lage und nochmals der Lage. Dieses Wortspiel mag durchaus charakteristisch für die Bedeutung dieses Faktors sein. Bei der Ermittlung des Verkehrswerts darf allerdings nicht übersehen werden, dass **die Lage ein äußerst komplexer Begriff** ist und hierunter alles verstanden werden könnte, was die Höhe des Verkehrswerts bestimmt. Dies fängt bei der kleinräumigen Lage mit den sie prägenden grundstücksspezifischen Eigenschaften, also Art und Maß der baulichen Nutzung, Grundstücks- und Geländeform und dgl. an und endet in der großräumigen Lage innerhalb der Stadt, des Landes und im Hinblick auf die wirtschaftlichen Verflechtungen sogar innerhalb von Europa. Wie bei der Standortanalyse wird im Übrigen auch bei der Lageanalyse zwischen „harten" und „weichen" Lagefaktoren unterschieden.

377 Praktisch geht es bei der Verkehrswertermittlung aber im Wesentlichen um die Berücksichtigung der kleinräumigen Lage (Mikrobereich), soweit die sie bestimmenden Faktoren nicht bereits durch die übrigen wertbeeinflussenden Umstände, wie Art und Maß der baulichen Nutzung usw., berücksichtigt sind, denn die **großräumige Lage** (Makrobereich) findet wertmäßig bereits mit den herangezogenen Vergleichspreisen oder dem Bodenrichtwert weitgehend ihre Berücksichtigung. § 6 Abs. 4 ImmoWertV hebt demzufolge als besondere Lagemerkmale

– die Verkehrslage (Verkehrsanbindung),
– die Nachbarschaftslage,

---
[185] Verordnung über die Walderhaltungsabgabe vom 21.9.1993 (GVBl. Bbg 1993, 649).

- die Wohn- und Geschäftslage sowie
- die Umwelteinflüsse (Immissionslage)

hervor. Dem **Standort des Wertermittlungsobjekts** in Bezug auf die durch derartige Lagefaktoren bestimmten Nachbarschaftsbeziehungen kommt insbesondere bei **Einzelhandelsobjekten** deshalb eine überragende Bedeutung zu, weil ein schlechter Standort durch eine noch so gute Konzeption kaum kompensiert werden kann.

Die Berücksichtigung von Abweichungen in den Lageverhältnissen zwischen dem Wertermittlungsobjekt und den zum Vergleich herangezogenen Grundstücken erfordert die ganze Erfahrung und Sachkunde eines Gutachters, denn anders als z. B. bezüglich eines unterschiedlichen Maßes der baulichen Nutzung lässt sich die Lagequalität nicht mit einer alles umfassenden Kenngröße „messen". In vielen Fällen mag es aber auch genügen, Lageunterschiede hilfsweise durch **bestimmte sie kennzeichnende Eigenschaften zu beschreiben und bei der Verkehrswertermittlung zu berücksichtigen.** 378

Es hat immer wieder letztlich aber gescheiterte Versuche gegeben, einzelne Lagefaktoren durch ein Punkte- und Gewichtssystem zu aggregieren, um die Berücksichtigung von Lageunterschieden zu operationalisieren[186]; die hierzu entwickelten Verfahren verleiten zu einem den Besonderheiten des Einzelfalls nicht hinreichend Rechnung tragenden Schematismus. Für den „Verbraucher" eines Gutachtens sind sie häufig nicht einsichtig und lassen die mehr oder minder subjektiven Gedankengänge des Gutachters nicht hinreichend erkennen. Interessant ist auch die Operationalisierung der Lageberücksichtigung nach der Lendenfeldschen Formel[187]. 379

Zur Qualifizierung der wesentlichen **Lagemerkmale des Wertermittlungsobjektes und** der **Vergleichsgrundstücke** empfiehlt es sich, auf die wesentlichen, möglichst „messbaren" preisbestimmenden Eigenschaften der jeweiligen Grundstücksart abzustellen, um die Unterschiede angemessen berücksichtigen zu können. Im Einzelnen können dies sein: 380

a) unterschiedliche *Geschäftslagen,* die sich in unterschiedlichen Ertragsverhältnissen ausdrücken können (Passantenfrequenz[188], „Passantenqualität"),

b) unterschiedliche *Verkehrslagen,* z. B. aufgrund unterschiedlicher Entfernungen zum Zentrum oder aufgrund der Verkehrsanbindung durch Straßen und öffentliche Nahverkehrsmittel,

c) unterschiedliche *Immissionslagen,* z. B. bezüglich Schadstoffen, Lärm, Geruch und Erschütterungen,

d) unterschiedliche *Wohnlagen,* wobei neben der Verkehrsanbindung und den Umwelteinflüssen die ein ruhiges und angenehmes Wohnen bestimmenden Faktoren (Nähe zu Freizeiteinrichtungen; Begrünung usw.) von Bedeutung sind.

Zur Berücksichtigung von Lagefaktoren hat man seit jeher versucht, **Wertunterschiede auf der Grundlage einer vorgegebenen Lageklassifikation,** z. B. nach 381

- sehr günstiger Lage,
- günstiger Lage,
- mittlerer Lage,
- einfacher Lage und
- schlechter Lage

---

[186] Z. B. das sog. Braunschweiger Verfahren; vgl. Müller, Die städtische Grundrente und die Bewegung von Baugrundstücken, Tübingen 1952, sowie Müller, Bewertung von Baugrundstücken, Hannover 1968; Kellermann in ZfV 1962, 343, 380, 427; Brachmann, Ermittlung des Bauwertes von Gebäuden und des Verkehrswertes von Grundstücken, Hannover 1969, S. 40.
[187] Die Ermittlung von Bodenwerten, Schriftenreihe der Forschungsgesellschaft für Wohnen, Bauen und Planen, Heft 38, Selbstverlag Wien.
[188] GuG 1995 361; vgl. unten bei Rn. 169.

dadurch in den Griff zu bekommen, dass man

- das Wertverhältnis zwischen diesen Lagen oder
- ein Punktesystem für unterschiedliche Lageverhältnisse

abgeleitet hat[189]. Allgemein anerkannte Werte konnten bislang dafür allerdings noch nicht entwickelt werden, da den orts- und marktspezifischen Gegebenheiten eine ausschlaggebende Bedeutung beizumessen ist.

5.3.8.2 Berücksichtigung mithilfe von Bodenrichtwerten

▶ *Vgl. Rn. 183 ff.*

382 Unterschiede in den allgemeinen Lageverhältnissen der Vergleichsgrundstücke zu denen des Wertermittlungsobjekts können, sofern die Grundstücke in unterschiedlichen Bodenrichtwertzonen gelegen sind und sich die jeweiligen Bodenrichtwerte auf identische Bodenrichtwertgrundstücke beziehen, mithilfe des **Wertverhältnisses dieser Bodenrichtwerte** berücksichtigt werden. Zu diesem Hilfsmittel wird man dann greifen, wenn man nicht direkt den Bodenrichtwert der Zone heranziehen will, in dem das Wertermittlungsobjekt gelegen ist.

383 *Beispiel:*

- Zu ermitteln ist der Bodenwert eines in der Bodenrichtwertzone A gelegenen Grundstücks; der Bodenrichtwert betrage 400 €/m².
- Ein Vergleichspreis eines in der Bodenrichtwertzone B gelegenen Grundstücks betrage 370 €/m². Aufgrund schlechterer Lageverhältnisse in der Bodenrichtwertzone B betrage der Bodenrichtwert dort 350 €/m² für ein ansonsten mit der Bodenrichtwertzone A identisches Bodenrichtwertgrundstück.
- Umrechnung des Vergleichspreises:

  370 €/m² × 400 €/m²/ 350 €/m² = 423 €/m²

384 Anhaltspunkte lassen sich ceteris paribus aus dem Vergleich von Bodenrichtwerten gewinnen, wie dies z. B. aus einer dem Grundstücksmarktbericht für *Essen* (1997) entnommenen Darstellung deutlich wird:

Bodenrichtwerte für Grundstücke mit 1- oder 2-geschossiger Bauweise (im Wesentlichen für Eigentumsmaßnahmen).

Alle Werte sind bezogen auf Grundstücke vom Typ W2 bei einer GFZ von 0,5.

LAGE	gut	mittel	mäßig
€/m²	335	210	150
UK	1,60	**1,0**	0,75

Bodenrichtwerte für Grundstücke mit 3- oder mehrgeschossiger Bauweise
(Geschosswohnungsbau – im Wesentlichen für Eigentumsmaßnahmen)

Alle Werte sind bezogen auf Grundstücke vom Typ W3 bei einer GFZ von 1,0

LAGE	gut	mittel	mäßig
€/m²	290	265	190
UK	1,09	**1,00**	0,71

---

[189] So schon Müller, Bewertung von Baugrundstücken, Hannover 1968, S. 85 ff.; Gerardy, Praxis der Grundstücksbewertung, 4. Aufl.; Klocke, Der Sachverständige und seine Auftraggeber, Wiesbaden 2. Aufl. 1987, S. 84; Bachman in Schw. Zeitschr. für Vermessung, Kulturtechnik und Photogrammetrie 1953, 281.

5.3.8.3 Wohnlage (Makrolage)

a) *Allgemeines zu Wohnimmobilien*

Bei Wohnimmobilien handelt es sich um Objekte, bei denen das **Wohnen im Vordergrund der Nutzung** steht, und zwar unabhängig davon, ob es sich um eine Eigennutzung handelt oder das Objekt vermietet ist.

Bezüglich des Bodenwertgefüges in Gebieten, die dem mehrgeschossigen Wohnungsbau vorbehalten sind, kann es angezeigt sein, zwischen Wohnlagen zu unterscheiden, die dem Mietwohnungsbau, und solchen, die der Errichtung von Eigentumswohnungen zuzuordnen sind, wobei sich i. d. R. in typischen **Eigentumswohnungsgebieten** ein um ca. 10 bis 40 % höheres Bodenwertgefüge ergibt (vgl. Teil V Rn. 39 ff.).

Die Wohnlage beurteilt sich nach den **Faktoren, die als Annehmlichkeit bzw. als Störung des Wohnens** empfunden werden. Im Vordergrund steht das ungestörte Wohnen mit möglichst guter Erreichbarkeit der Naherholungsgebiete und der Versorgungszentren, aber auch die in einer „**guten Adresse**" zum Ausdruck kommende Anschauung des Grundstücksmarktes. *Tucholsky* lässt sein Gedicht „Das Ideal" mit folgender Beschreibung eines idealen Grundstücks beginnen:

„Ja, das möchste: Eine Villa im Grünen mit großer Terrasse, vorn die Ostsee, hinten die Friedrichstraße; mit schöner Aussicht, ländlich-mondän, vom Badezimmer ist die Zugspitze zu sehn – aber abends zum Kino hast dus nicht weit. Das Ganze schlicht, voller Bescheidenheit ..."

Eine **Wohnlage** lässt sich im Einzelnen durch folgende Parameter beschreiben:

– Erreichbarkeit der örtlichen Versorgungseinrichtungen,

– Erreichbarkeit der Naherholungsgebiete und Grünanteil der Umgebung,

– gesellschaftliches Ansehen der Lage (die „gute Adresse"),

– Immissionslage,

– das kleinräumige Straßenbild und die großräumige Quartierslage,

– Nutzungsdichte (Art und Maß der baulichen Nutzung),

– klein- und großräumige Verkehrsanbindung.

b) *Wohnlagenklassifizierung*

Zur Klassifizierung von Wohnlagen kann auf Mietspiegel zurückgegriffen werden. Im Stuttgarter Grundstücksmarktbericht (2013) werden sie beispielsweise wie folgt definiert:

Einfache Wohnlage: Gekennzeichnet durch eine kompakte Bauweise mit wenig Freiflächen und/oder starken Immissionen in nicht bevorzugten Wohngebieten: Hierzu gehört die Lage inmitten oder im Windschatten von Industrie, bei dichter Bebauung die Lage an Hauptverkehrsstraßen und Hinterhausbebauung bei unzureichender Besonnung und Durchgrünung.

Mittlere Wohnlage: Wohnlagen ohne besondere Vor- und Nachteile: Sie sind gekennzeichnet durch Freiflächen und mit durchschnittlicher Immissionsbelastung. Typisch dafür sind die Wohngebiete der Innenstadt und der alten Ortsteile in Vororten, soweit sie nicht an Hauptverkehrsstraßen liegen oder die Grundstücke genügend Freiflächen, jedoch keine besondere Freilage haben.

Gute Wohnlage: Ruhige Wohnviertel mit aufgelockerter, zumeist offener Bauweise und Vorgärten in Höhen- und Halbhöhenlagen ohne Immissionsbelastung. Dazu gehören auch Gebiete mit größeren Wohnobjekten mit starker Durchgrünung und Aussichtslage, geringen Immissionen, guter Infrastruktur und günstiger Verkehrsanbindung zur Innenstadt.

Bevorzugte Wohnlage: Absolut ruhige Wohnlagen in aufgelockerter, ein- bis dreigeschossiger Bauweise, meist Villen, bei völliger Durchgrünung des Wohngebiets, hinreichender Infrastrukturausstattung und günstiger Lage zur Innenstadt und zu Freizeiteinrichtungen, meist begleitet durch Höhen- und Aussichtslage.

IV Syst. Darst. Vergleichswertverfahren — Wohnlage

390 Obwohl sich die Lageverhältnisse in ihrer Komplexität regelmäßig nicht durch bestimmte Kenngrößen „messen" lassen, können zur Berücksichtigung von Abweichungen in den Lageverhältnissen entsprechende Umrechnungskoeffizienten nach § 12 ImmoWertV abgeleitet werden. Hierzu müssen Kaufpreise bestimmter Lageklassen sortiert und miteinander ins Verhältnis gesetzt werden. Mit den für die Landeshauptstadt *Düsseldorf* abgeleiteten **Umrechnungskoeffizienten für unbebaute Baulandgrundstücke, Einfamilienhausgrundstücke, Zwei-/Dreifamilienhausgrundstücke, Mehrfamilienhausgrundstücke und Eigentumswohnungen werden Umrechnungskoeffizienten in % des Gesamtwerts** angegeben, mit deren Hilfe sich Vergleichspreise aus bestimmten Wohnlagen auf die Lageverhältnisse des zu bewertenden Grundstücks umrechnen lassen (Abb. 47).

Abb. 47: Umrechnungskoeffizienten (UK) für Gesamtwerte in % für unterschiedliche Wohnlagen in der Landeshauptstadt Düsseldorf

Umrechnungskoeffizienten (UK) für unterschiedliche Wohnlagen in der Landeshauptstadt Düsseldorf 2011					
Bezirk	Norm: Mittlere Lage	Top-Lage	Sehr gut	Gut	Einfach mäßig
City	1,00	5,00 – 2,10	2,20 – 1,50	1,40 – 1,25	0,90 – 0,70
Citynah	1,00	2,40 – 1,70	1,70 – 1,40	1,30 – 1,20	0,95 – 0,75
Randlage	1,00	-	1,80 – 1,50	1,25 – 1,20	0,95 – 0,85
Vorort	1,00	-	1,50 – 1,40	1,20 – 1,10	0,95 – 0,80

Ergänzende Hinweise:
In Lagen für Eigentumswohnungen sind eher die niedrigen Tabellenwerte anzusetzen.
In den Top-Lagen für unbebaute und bebaute Grundstücke sind große Spannweiten zu beobachten.
Unberücksichtigt sind besonders starke Immissionseinflüsse wie Straßen-, Fluglärm, Geruchsbelästigungen u. a.

Quelle: Gutachterausschuss für Grundstückswerte in Düsseldorf; Grundstücksmarktbericht 2011

391 *Anwendungsbeispiel:*

– Zu ermitteln ist der Verkehrswert einer Eigentumswohnung in „sehr guter, citynaher" Wohnlage.

– Zur Verfügung steht ein Vergleichspreis einer Eigentumswohnung in „guter, citynaher" Wohnlage.

Der an den Vergleichspreis anzubringende Lagekorrekturfaktor beträgt:

$$\frac{\text{UK sehr gut, citynah}}{\text{UK gut, citynah}} = \frac{1,4}{1,2} = 1,17 \quad \text{oder rd. 15 \%}$$

Der Grundstücksmarktbericht von *Stuttgart* weist folgende Umrechnungskoeffizienten aus:

Abb. 48: Umrechnungskoeffizienten für unterschiedliche Lagen von Baugrundstücken in Stuttgart (2013)

von Wohnlage....		nach Wohnlage....								Umrechnungs-koeffizient
		10	15	20	25	30	35	40	45	
					%					
bevorzugt	10	-	-	-	-	-	-	-	-	
	15	-	0	(-18)	(-31)	-	-	-	-	1,45
gut	20	-	(23)	0	–15	–27	-	-	-	1,18
	25	-	(45)	18	0	–14	–27	-	-	**1,00**
mittel	30	-	-	37	16	0	–15	(-24)	-	0,86
	35	-	-	-	37	18	0	(-10)	-	0,73
einfach	40	-	-	-	-	(31)	(11)	0	-	0,66
	45	-	-	-	-	-	-	-	-	-

Quelle: Grundstücksmarktbericht Stuttgart 2013

Anwendungsbeispiel

– Bodenrichtwert: 600 €/m² Wohnlage 20

– Bewertungsgrundstück: Wohnlage 25

– Umgerechneter Bodenwert (prozentual): 600 €/m² x (1 – 0,15) = rd. 510 €/m²

– Umgerechneter Bodenwert (Umrechnungskoeffizienten): 600 €/m² x 1,00/1,18 = rd. 510 €/m

Der **Berliner Mietspiegel** unterscheidet lediglich nach einfachen, mittleren und guten Wohnlagen[190]. In *München* wird dagegen nach einfachen, durchschnittlichen und gehobenen Lagen unterschieden, während der Mietspiegel von *Frankfurt am Main* lediglich zwischen einfachen und guten Lagen unterscheidet[191].

Zur Qualifizierung von Wohnlagen kann vielerorts auch auf die zu Mietspiegeln erarbeiteten **Wohnwertkarten** zurückgegriffen werden (Abb. 49).

---

190 In der Bekanntmachung der Senatsverwaltung für Stadtentwicklung vom 2.3.2010 – (ABl. Berlin 2006, 1376) wird darüber hinaus auch nach „sehr guten Wohnlagen" differenziert.

191 Senatsverwaltung für Bauen, Wohnen und Verkehr (Hrsg.): Berliner Mietspiegel; Magistrat der Stadt Frankfurt am Main (Hrsg.): Mietspiegel 1997.

Abb. 49: Ausschnitt aus der Wohnwertkarte von Mülheim an der Ruhr

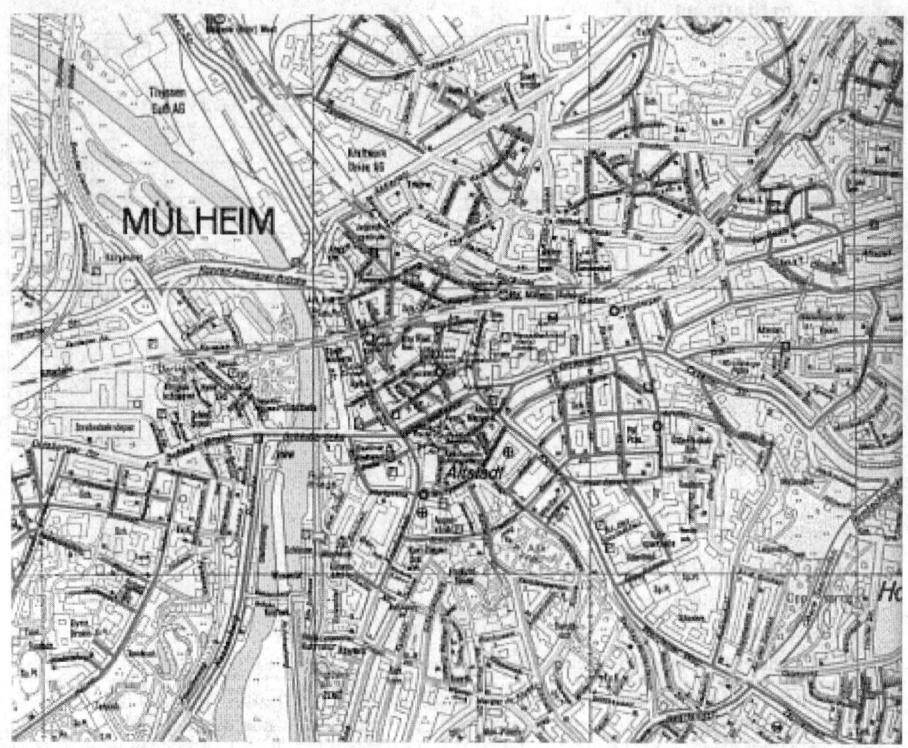

c) *Wohnparks*

394 Neue Wohngebiete und Wohnparks bilden im Verhältnis zu gewachsenen Lagen einen besonderen Grundstücksteilmarkt mit einem i. d. R. höheren Bodenwertniveau.

5.3.8.4 Nachbarschaftslage

395 Dem Hause gibt der Nachbar seinen Wert, heißt es im Volksmund, und in der Tat wird z. B. die Wohnlage in werterhöhendem, aber auch in wertminderndem Sinne durch die unmittelbare Nähe – seien es Freiflächen, Wohn- oder Industriegebiete – mitbestimmt. **Wohnblockartige Siedlungsvorhaben** sind dabei geeignet, gute Wohngegenden ihres ruhigen Villencharakters zu entkleiden und den Wohnwert zu mindern[192]. Auch kann der Entzug von Licht und Luft durch die Bebauung der Nachbargrundstücke und deren Baugestaltung zu einer Wertminderung führen[193]. Die davon ausgehenden Situationsveränderungen sind jedoch so lange entschädigungslos hinzunehmen, wie sie nicht den Grad des schweren und unerträglichen Eingriffs erreichen.

396 Führt eine Baugenehmigung oder ihre Ausnutzung zu einer Wertminderung des Nachbargrundstücks, die das zumutbare Maß überschreitet, so kann darin nach Auffassung des BVerwG[194] ein **schwerer und unerträglicher Eingriff** in das Eigentum liegen (Gebot der

---

192 BGH, Urt. vom 25.3.1977 – V ZR 92/74 –, MDR 1977, 827 = EzGuG 4.50; OVG Berlin, Beschl. vom 26.11.1963 – II S 7/63 –, EzGuG 4.18; Pr. OVG, Urt. vom 11.4.1933 – VI D 79/32 –, EzGuG 4.3; Pr. OVG, Urt. vom 10.6.1932 – VII C 183/31 –, EzGuG 14.2; zu **Hochhäusern** in der Nähe von Flachbauten vgl. Stadtbauwelt 1972, 142.
193 LG Dortmund, Urt. vom 27.2.1964 – 2 S 274/63 –, EzGuG 3.36.
194 BVerwG, Beschl. vom 9.2.1995 – 4 NB 17/94 –, GuG 1995, 251 = EzGuG 4.158; BVerwG, Urt. vom 13.6.1969 – 4 C 80/67 –, DVBl 1970, 60 = EzGuG 4.29; BVerwG, Urt. vom 13.6.1969 – 4 C 234/65 –, BVerwGE 32, 173 = EzGuG 8.28; VGH München, Urt. vom 22.6.1990 – 20 B 90.402 –, BayVBl. 1991, 369 = EzGuG 14.93.

Rücksichtnahme)[195]. Allerdings kommt der Wertminderung dabei keine selbstständige Bedeutung, sondern nur Indizbedeutung für die Schwere des Eingriffs zu[196]. So stellen die Auswirkungen, die die Errichtung von baulichen Anlagen in der Umgebung eines Grundstücks auf dessen Verkehrswert haben, für sich allein auch keine für die Abwägung des Bebauungsplans erheblichen Belange dar[197]. Bei **rechtswidrig erteilter Baugenehmigung** hat der betroffene Nachbar weder Anspruch auf Schadensersatz nach § 39 OBG noch nach Amtshaftungsgrundsätzen, wenn baurechtliche Vorschriften verletzt wurden, die keinen nachbarschützenden Charakter haben[198]. Im Übrigen gewähren die Vorschriften des BauGB über die Zulässigkeit von Vorhaben grundsätzlich nur dem Eigentümer benachbarter Grundstücke und nicht einem Mieter städtebaulichen Nachbarschutz[199].

Die **Wertminderung eines Wohngrundstücks, das sich infolge der Errichtung einiger Gewerbebauten** in ca. 300 m Entfernung **verschlechtert,** hat das BVerwG[200] mit etwa 10 % des Verkehrswerts bemessen. 397

Des Weiteren können Grundstücke in unmittelbarer **Nachbarschaftslage zu Wäldern** (Waldnähe) im Hinblick auf die Gefahr umstürzender Bäume und der Einschränkungen bezüglich Feuerstätten in ihrem Wert gemindert sein[201]. 398

5.3.8.5 Aussichts- und Besonnungslage

Der Annehmlichkeitswert eines Grundstücks, der bei objektiver Betrachtungsweise für jeden Benutzer besteht, wie z. B. eine **schöne Aussicht,** ist ein verkehrswertbildender Faktor. Das Verbauen einer schönen Aussicht kann deshalb zu einer Minderung des Verkehrswerts führen, auch wenn sie rechtlich nur bedingt verhindert werden kann[202]. Ist die Aufrechterhaltung einer schönen Aussicht nicht z. B. durch eine Grunddienstbarkeit gesichert, so folgt hieraus regelmäßig kein Ausgleichsanspruch. In das Eigentum wird nämlich damit so lange nicht eingegriffen, wie die Bebauung zulässig und „situationsberechtigt" ist und mit der Verbauung nicht über die Zumutbarkeitsschwelle hinausgegangen wird[203]. Der Fortbestand einer freien Aussicht stellt lediglich eine für die Zukunft nicht geschützte „bloße" Chance und Lagegunst selbst für denkmalgeschützte bauliche Anlagen dar[204]. 399

Auch dem **Entzug der Besonnung** eines Grundstücks ist grundsätzlich keine ausgleichspflichtige wertmindernde Wirkung zugesprochen worden[205].

Insbesondere für **Wohngrundstücke in reinen Wohngebieten** ist die Besonnungslage als wertbildender Faktor von Bedeutung: Die Gutachterausschüsse für den Bereich der Städte *Mülheim an der Ruhr* und *Solingen* haben folgende Umrechnungskoeffizienten für diesen Bereich abgeleitet: 400

---

[195] BVerwG, Urt. vom 25.2.1977 – 4 C 22/75 –, BVerwGE 22, EzGuG 13.35; BVerwG, Urt. vom 14.12.1973 – 4 C 71/71 –, BVerwGE 44, 244 = EzGuG 8.41; BVerwG, Urt. vom 5.7.1974 – 4 C 50/72 –, BVerwGE 45, 309 = EzGuG 8.43.
[196] BVerwG, Urt. vom 14.4.1978 – 4 C 97/76 –, BRS Bd. 33 Nr. 185 = EzGuG 8.52; vgl. auch BVerwG, Beschl. vom 5.8.1983 – 4 C 96/79 –, BVerwGE 67, 334.
[197] BVerwG, Beschl. vom 9.2.1995 – 4 NB 17/94 –, GuG 1995, 251 = EzGuG 4.159; BVerwG, Urt. vom 14.4.1978 – 4 C 97/76 –, BRS Bd. 33 Nr. 185 = EzGuG 8.52; BVerwG, Beschl. vom 24.4.1992 – 4 B 60/92 –, Buchholz 406.19 Nachbarschutz Nr. 109.
[198] BGH, Urt. vom 27.1.1983 – III ZR 131/81 –, BRS Bd. 40 Nr. 197 = EzGuG 13.61 (Abgrenzung zu BGH, Urt. vom 12.10.1978 – III ZR 162/76 –, NJW 1979, 34 = EzGuG 12.22).
[199] BVerwG, Beschl. vom 11.7.1989 – 4 B 33/89 –, NJW 1989, 2766 = EzGuG 4.126.
[200] BVerwG, Beschl. vom 9.2.1995 – 4 NB 17/94 –, GuG 1995, 251 = EzGuG 4.159.
[201] OVG Koblenz, Urt. vom 9.6.1993 – 8 A 10876/92 –, Nachr. der rh.-pf. Kat.- und VermVw 1996, 168.
[202] BVerwG, Beschl. vom 9.2.1995 – 4 NB 17/94 –, GuG 1995, 251 = EzGuG 4.159; VGH Mannheim, Normenkontrollbeschl. vom 14.3.1990 – 8 S 2599/89 – UPR 1990, 280 = VBlBW 1990, 428 = BRS Bd 50 Nr. 51 = ZfBR 1990, 106.
[203] BVerwG, Urt. vom 13.6.1969 – 4 C 80/67 –, DVBl 1970, 60 = EzGuG 4.29; BVerwG, Urt. vom 13.6.1969 – 4 C 234/65 –, BVerwGE 32, 173 = EzGuG 8.28; OLG Hamburg, Urt. vom 19.2.1960 – 1 U 163 (169)/59 –, BlGBW 1961, 62 = EzGuG 4.13.
[204] OVG Berlin-Brandenburg, Beschl. vom 28.9.2012 – 10 S 21/12 –, BlnGE 2012, 1505.
[205] PrOVG, Urt. vom 11.4.1933 – VI D 79/32 –, PrOVGE 90, 5 = EzGuG 4.3.

IV Syst. Darst. Vergleichswertverfahren

Uferlage

Himmelsrichtung	Garten nach Osten	**1,00**
	Garten nach Westen	1,00
	Garten nach Süden	1,05
	Garten nach Norden	0,95

Abb. 50: Umrechnungskoeffizienten zur Berücksichtigung der Ausrichtung des Gartens nach Himmelsrichtungen

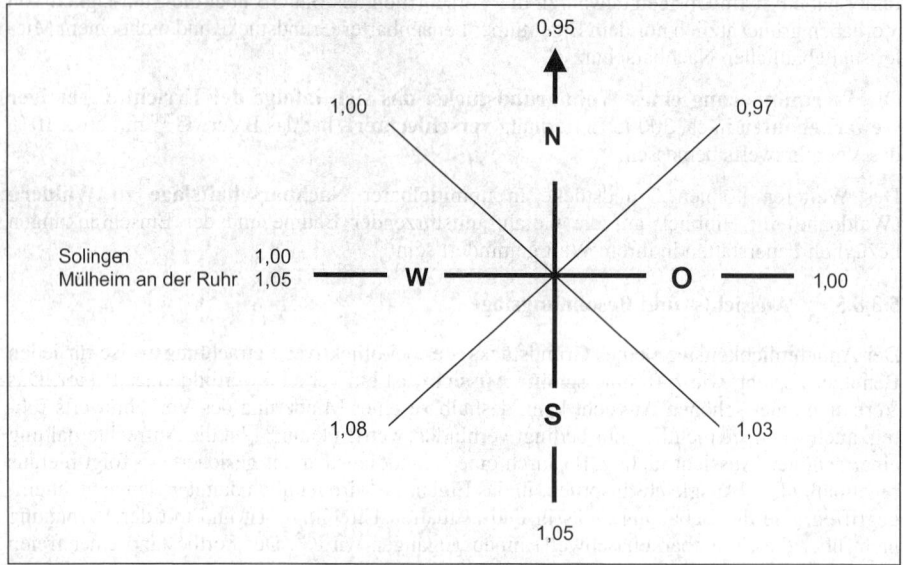

5.3.8.6 Wasser- bzw. Ufergrundstück

▶ Zu den Wasserflächen vgl. § 5 ImmoWertV Rn. 272, 435 ff.; § 6 ImmoWertV Rn. 117 ff.; zur Wahl des Wertermittlungsverfahrens § 8 ImmoWertV Rn. 110 ff.; zu den Lagemerkmalen von Freizeitimmobilien vgl. Teil V Rn. 528 ff.

401 Die Lage eines Wohngrundstücks direkt am (oder in der Nähe vom) Ufer einer Wasserfläche (**Wassergrundstück**) ist i. d. R. ein werterhöhender Umstand[206]. Der brandenburgische Grundstücksmarktbericht 2010[207] unterscheidet bei Wohnbaugrundstücken zwischen

a) Grundstücken mit direktem Wasserzugang (Ufergrundstück),

b) Grundstücken in unmittelbarer Ufernähe, die insbesondere durch einen Uferstreifen vom direkten Wasserzugang abgeschnitten sind (Uferstreifengrundstücke) und

c) sonstigen Grundstücken in Wassernähe (bis 300 m).

---

206 BGH, Urt. vom 20.10.1967 – V ZR 78/65 –, BGHZ 48, 340 = EzGuG 4.27.
207 Vgl. Grundstücksmarktbericht Potsdam 2011, S. 32.

Abb. 51: Ufernähe

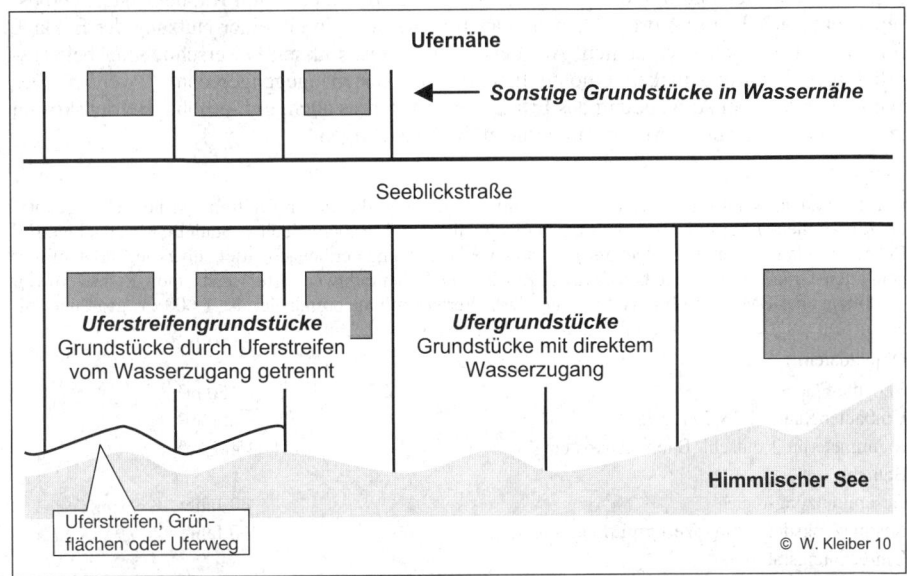

Für **Uferstreifengrundstücke** weist der Grundstücksmarktbericht einen Umrechnungskoeffizienten von bis 1,7 bezogen auf den jeweiligen Bodenrichtwert aus. Dieser Koeffizient bezieht sich auf Grundstücke mit einem Bodenrichtwertniveau ≥ 20 €/m², einer mittleren Grundstücksgröße von 1 500 m² bei einer Größenspanne von 500 m² bis 4 300 m². 402

Grundstücken mit direktem Wasserzugang wird 2011 ein Wertfaktor von 1,8 zugeordnet[208].

Für sonstige **Grundstücke in Wassernähe** (bis 300 m) ohne direkten Wasserzugang hat die Kaufpreisanalyse 2012 einen Wertfaktor von 1,4 ergeben[209].

5.3.8.7 Kleinräumige Lagemerkmale

a) *Ecklage (Verkehrswertermittlung)*

▶ *Vgl. Teil V Rn. 291*

Unter Eckgrundstücken werden i. d. R. **Grundstücke am Schnittpunkt zweier Straßen** verstanden. Aufgrund der sich hieraus ergebenden Folgen für die Grundstücksnutzung können sich im Vergleich zu an einem Straßenzug gelegenen Grundstücken Vor- oder Nachteile ergeben. Die **Ecklage** *(corner influence)* kann sich aber auch wertneutral auswirken[210]. 403

Allgemein lässt sich feststellen, dass **bebaute Eckgrundstücke i. d. R. eine höhere bauliche Ausnutzung** aufweisen, die vielfach nicht mit den baurechtlichen Vorschriften im Einklang steht, jedoch unter Bestandsschutz fällt bzw. im Falle einer Neubebauung aus städtebaulichen Gründen wieder genehmigt würde[211]. Wird die sich daraus ergebende Werterhöhung bereits nach Maßgabe des § 6 Abs. 1 ImmoWertV durch Ansatz eines entsprechend erhöhten Bodenwerts berücksichtigt, ist diesem Umstand insoweit bereits Rechnung getragen. 404

---

208 Grundstücksmarktbericht 2011, wobei seit 2007 eine kontinuierliche Steigerung des Faktors von 1,4 bis 1,8 festgestellt wird.
209 Grundstücksmarktbericht 2011, wobei seit 2009 eine kontinuierliche Steigerung des Faktors von 1,1 bis 1,4 festgestellt wird.
210 OVG Münster, Urt. vom 25.9.1957 – 4 A 670/56 –, OVGE 13, 39 = EzGuG 4.7.
211 VG Berlin, Beschl. vom 11.11.1998 – 19 A 86/98 –, GuG 1999, 186 = EzGuG 15.93.

IV Syst. Darst. Vergleichswertverfahren

Ecklage

405 Darüber hinaus kann sich für **Eckgrundstücke in Geschäftslagen** eine höhere Wertigkeit ergeben, wenn sich dadurch die Ertragsfähigkeit, z. B. durch erhöhten Kundenzulauf, verbessert (Eckläden). Dieser Vorteil kann sich auch in Wohnlagen bei einer Nutzung der Ecklage für eine Gastwirtschaft einstellen. Auf der anderen Seite müssen bei erschließungsbeitragspflichtigen Eckgrundstücken erhöhte Erschließungskosten „gegengerechnet" werden. Des Weiteren gilt es bei Anwendung des Ertragswertverfahrens auch, ggf. erhöhte Betriebskosten (z. B. Grundbesitzabgaben) wertmindernd zu berücksichtigen.

406 *Beispiel:*

Ein Eigentümer beauftragt einen Sachverständigen mit der Verkehrswertermittlung seines selbst genutzten Einfamilienhausgrundstücks. Das Objekt liegt nahe dem Kernbereich einer Stadt im Mischgebiet. Ein Bebauungsplan besteht nicht. Die übliche bauliche Ausnutzung der benachbarten, überwiegend gemischt genutzten Grundstücke liegt bei etwa GFZ 1,2. Die Bodenrichtwertkarte weist einen Richtwert von 1 400 €/m² bei BMI und GFZ von 1,2 aus. Das Wertermittlungsgrundstück ist 1 000 m² groß und mit einem voll unterkellerten Einfamilienhaus in Massivbauweise bebaut:

Objektdaten:

Bebaute Fläche	150 m²
Umbauter Raum (DIN 277, 1950)	850 m³
Raummeterpreis einschl. Baunebenkosten	450 €/m³
Baujahr	...
Gesamtnutzungsdauer	80 Jahre
Restnutzungsdauer (am Wertermittlungsstichtag)	60 Jahre
Umrechnungsfaktoren	
bei GFZ 1,2 = 1,1	
bei GFZ 0,15 = 0,5	

A. Ermittlung des Verkehrswerts

Weitere Daten:

Liegenschaftszinssatz	3,5 %
Bewirtschaftungskosten	20 %

Das Grundstück ist mit einem dem Wert des Grund und Bodens nicht entsprechenden Gebäude bebaut. Der Verkehrswert ist deshalb aus dem Bodenwert bei zulässiger GFZ 1,2 abzüglich der Abbruchkosten zu ermitteln:

Bodenwert: 1 000 m² × 1 400 €/m²	=	1 400 000 €
Abbruchkosten: 850 m³ × 30 €/m³	=	− 25 500 €
		1 374 500 €
Verkehrswert rd.		**1 375 000 €**

Kontrollrechnung:

Bodenwert bei tatsächlicher Nutzung			
1 400 €/m² × 0,5/1,1	=	636 €/m²	
1 000 m² × 636 €/m²			636 000 €
Gebäudewert			
850 m³ × 450 €/m³	=	382 500 €	
Alterswertminderung bei 60 Jahren Alter			
und 80 Jahren Gesamtnutzungsdauer 66 %		− 252 450 €	
		130 050 €	
+ Außenanlagen 4 %		+ 5 202 €	
		135 252 €	+ 135 252 €
			771 252 €
			rd. 770 000 €

B. Welcher Verkehrswert würde sich ergeben, wenn dieses Einfamilienhaus über die nächsten 8 Jahre zu einer Nettokaltmiete von 1 200 €/Monat vermietet wäre?

Barwert der Erträge auf 8 Jahre		
1 200 €/Monat × 12 Monate – 20 %	14 400 €	
– Nicht umgelegte Bewirtschaftungskosten (20 %)	– 2 880 €	
= Reinertrag	11 520 €	
× Vervielfältiger bei 8 Jahren und 3,5 %: 6,87	6,87	= 79 142 €
Bodenwert aus Aufgabenteil A	= 1 374 500 €	
diskontiert über 8 Jahre bei 3,5 %		
1 374 500 € × 0,7594		+ 1 043 795 €
		1 122 937 €
		rd. 1 120 000 €

Bei den in offener Bauweise bebaubaren Eckgrundstücken überwiegen i. d. R. die Nachteile, insbesondere wenn aufgrund festgesetzter Baulinien ein Grundstück einen überproportionalen Anteil an unbebaubarem Vorderland aufweist. Überdies kann die Ecklage mit höheren Erschließungsbeiträgen und Grundbesitzabgaben (Straßenreinigungsgebühren) sowie stärkerer Lärm- und Abgasbelastung belastet sein. Für den Eigentümer des Grundstücks bzw. dessen Nutzer bedeutet die Ecklage zudem, dass in das Grundstück mehr als sonst hineingesehen werden kann und im Winter eine größere Fläche von Schnee geräumt werden muss. Lediglich bei einer Reihenhausbebauung ergeben sich aus der Ecklage insoweit Vorteile, als das Grundstück im Verhältnis zur übrigen Bebauung zumindest nach einer Seite eine offene Bauweise aufweist; für die zusätzlich benötigte Fläche kann allerdings in diesem Fall nicht der „volle" Baulandwert angesetzt werden.

b) *Ecklage (Steuerliche Bewertung)*

Nach den Bestimmungen der **Richtlinien der Finanzverwaltung für die Bewertung des Grundvermögens**[212] – **BewR Gr** – ergeben sich Werterhöhungen nur für das „engere Eckgrundstück". Es bestimmt sich in seiner Abmessung nach der ortsüblichen Vorderlandtiefe (Tiefe des Bodenrichtwertgrundstücks), die sich bis zu einem Höchstmaß von 30 m von der Ecke aus gerechnet als Straßenfronten ergibt. Alle über diese Abmessungen hinausgehenden Grundstücksteile sind dagegen wie Grundstücke mit nur einer Straßenfront zu bewerten (Abb. 52). Ein höherer Wert aufgrund der Ecklage ergibt sich nur für das **engere Eckgrundstück**.

---

212 Richtlinien für die Bewertung des Grundvermögens vom 19.9.1966 (BAnz Nr. 183 vom 29.9.1966).

IV Syst. Darst. Vergleichswertverfahren — Ecklage

Abb. 52: Ermittlung des engeren Eckgrundstücks auf der Grundlage der ortsüblichen Vorderlandtiefe

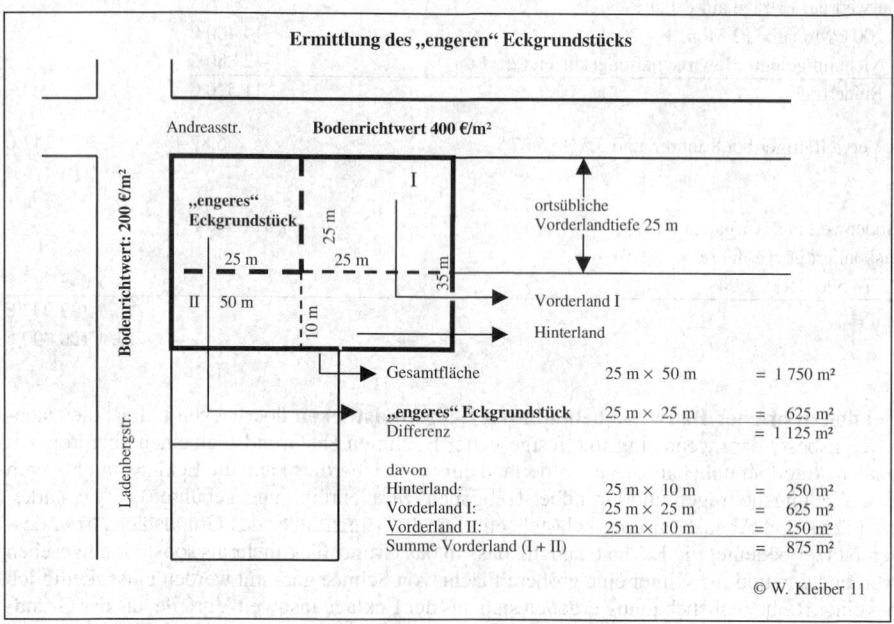

409 Der erhöhte Wert kann durch einen **Zuschlag** ermittelt werden, der **an den Wert des Reihengrundstücks für die „wertvollere" Straße anzubringen** ist. Als Anhalt für die Zuschläge kommen die in Abb. 53 aufgeführten Rahmensätze in Betracht, die nur für Bereiche mit geschlossener Bauweise gelten; bei offener Bauweise sind die Rahmensätze entsprechend zu mindern.

Abb. 53: Rahmensätze für Zuschläge zum Wert der Reihengrundstücke der „wertvolleren" Straße zur Ermittlung des Werts des „engeren" Eckgrundstücks

Rahmensätze für Zuschläge zur Ermittlung des Werts engerer Eckgrundstücke nach BewR Gr	
örtliche Situation	Wertzuschlag
am Schnittpunkt a) von Wohnstraßen b) einer Geschäftsstraße mit einer Wohnstraße c) zweier Geschäftsstraßen	5 bis 10 % 15 bis 25 % 25 bis 45 %
Die *unteren* Rahmensätze sind anzuwenden, – wenn der durchschnittliche Wert für die weniger „wertvolle" Straße erheblich geringer als der Wert für die wertvollere Straße ist **oder** – wenn es sich um eine weniger bevorzugte Geschäftslage handelt. Die *oberen* Rahmensätze sind anzuwenden, – wenn die durchschnittlichen Werte für die Straßen annähernd gleich sind **und** – wenn es sich um eine besonders gute Geschäftslage handelt.	

Ecklage — Syst. Darst. Vergleichswertverfahren IV

Beispiel **410**

zur Ermittlung des Werts des engeren Eckgrundstücks

a) Fallbeispiel siehe Abb. 52 unter Rn. 408
- Bodenrichtwert der „wertvolleren" Straße: 400 €/m²
- Bodenrichtwert der weniger „wertvollen" Straße: 200 €/m²
- Schnittpunkt zweier Geschäftsstraßen
- Größe des „engeren" Eckgrundstücks: 625 m²

b) Wert des „engeren" Eckgrundstücks
pro Quadratmeter: 400 €/m² + 25/100 × 400 €/m² = 500 €/m²

c) **Gesamtwert des „engeren" Eckgrundstücks:** 625 m² × 500 €/m² = **312 500 €**

Spitzwinklige Eckgrundstücke haben einen geringeren Wert als rechtwinklige Eckgrundstücke, wenn sie von einer Wohnstraße *oder* von zwei Wohnstraßen begrenzt werden. Werden sie dagegen von zwei Geschäftsstraßen begrenzt, so hebt der Vorteil, dass die Gebäude größere Schaufensterfronten haben können, i. d. R. den Nachteil einer ungünstigen Grundrissgestaltung und einer geringeren Nutzfläche auf. **411**

Gehen – wie im *Beispiel* – die **Abmessungen des Gesamtgrundstücks** an *beiden* **Straßenfronten über das engere Eckgrundstück hinaus, ist die restliche Fläche von den beiden Straßenfronten aus in zwei Teilflächen aufzuteilen.** Für jede der Teilflächen ist zunächst die Größe des Vorderlands zu berechnen. Das verbleibende Hinterland ist der Vorderlandteilfläche der höherwertigen Straße zuzurechnen. Die Berechnung eines Anteils zum „engeren" Eckgrundstück unterbleibt hingegen, weil dieses nur aus Vorderland besteht. **412**

Beispiel zur Ermittlung des Werts eines Eckgrundstücks (Fallbeispiel siehe Abb. 52): **413**

a) Wert des „engeren" Eckgrundstücks (vgl. vorheriges Beispiel) = 312 500 €
- Vorderlandfläche I: 25 m × 25 m = 625 m²
- Vorderlandfläche II: 25 m × 10 m = 250 m²
- Hinterland 25 m × 10 m = 250 m²
- Bodenrichtwert für Vorderland I = 400 €/m²
- Bodenrichtwert für Vorderland II = 200 €/m²

b) Der Wert des Hinterlandes betrage 50 % des zugehörigen Vorderlandes.

c) Ermittlung des Gesamtwerts:
- Wert des „engeren" Eckgrundstücks = 312 500 €
- Wert der Vorderlandfläche I 625 m² × 400 €/m² = 250 000 €
- Wert des anteiligen Hinterlands 250 m² × 400 €/m² = 50 000 €
- Wert der Vorderlandfläche II* 250 m² × 200 €/m² = 50 000 €

Gesamtwert = **662 500 €**

* mindestens der Wert des Hinterlands der höherwertigen Straße

Des Weiteren führt Abschn. 9 der BewR Gr **zur Wertigkeit von Eckgrundstücken** folgende Grundsätze aus: **414**

„(1) Bei Eckgrundstücken ist i. d. R. von dem höheren der Werte auszugehen, die für die begrenzenden Straßen gelten.

(2) Eckgrundstücke können wertvoller, aber auch geringwertiger als Reihengrundstücke sein. Ein höherer Wert ist in erster Linie durch die größere bauliche Ausnutzbarkeit der Eckgrundstücke begründet. Bei Eckgrundstücken an Geschäftsstraßen wirkt außerdem eine höhere Ertragsfähigkeit werterhöhend (z. B. durch Eckläden).

(3) Eckgrundstücke an Geschäftsstraßen haben infolge der bevorzugten Geschäftslage und der entsprechend höheren Ertragsfähigkeit einen wesentlich höheren Wert als andere Grundstücke der Geschäftsstraßen. Dieser höhere Wert ist dadurch bedingt, dass gegenüber den Mehrerträgen, die infolge der bevorzugten Geschäftslage zu erwarten sind, die Bewirtschaftungskosten nicht in demselben Ausmaß steigen.

(4) Eckgrundstücke am Schnittpunkt von Wohnstraßen haben gegenüber Reihengrundstücken nur dann einen höheren Wert, wenn auf ihnen ein Gebäude mit gewerblich genutzten Räumen (vor allem mit Eckläden oder einer Gastwirtschaft) errichtet werden kann. Sind sie dagegen nur durch eine größere bauliche Ausnutzbarkeit bevorzugt, so ist ein höherer Wert im Allgemeinen nicht anzunehmen, weil dieser Vorteil durch die erhöhten Bewirtschaftungskosten aufgehoben wird."

c) *Passage*

415 Bei **Grundstücken mit Passagen** (überbaute oder mit einem Glasdach versehene Flächen, die dem öffentlichen Verkehr dienen) kann regelmäßig das **Hinterland ebenso genutzt werden wie das Vorderland.** Durch die bessere Ausnutzung der als Hinterland zu wertenden Flächen wird ein Minderwert des Grund und Bodens der dem Verkehr dienenden Passage ausgeglichen. Deshalb kommt ein Abschlag wegen geringer baulicher Ausnutzung durch den Passagebau i. d. R. nicht in Betracht.

d) *Arkade/Kolonnade*

Schrifttum: *Burneleit, J.,* Wertveränderungen durch Geh- und Fahrrechte auf Arkadenflächen, Forum 2011, 208.

416 Zunehmend von Bedeutung ist die **Berücksichtigung von Arkaden bzw. Kolonnaden** (Säulengängen[213]), insbesondere bei Grundstücken, auf denen Arkaden aufgrund einer baubehördlichen Auflage erstellt wurden und deren Werteinfluss nicht bereits mit den herangezogenen Vergleichspreisen oder Bodenrichtwerten berücksichtigt wurde.

Hier ist Folgendes zu beachten:

a) Ist das Eigentum an der Gehfläche der Arkaden in privater Hand geblieben, so ist zu prüfen, ob und in welcher Höhe der Wert des Grund und Bodens wegen der **Ausnutzungsbeschränkung** des Grundstücks gemindert ist. Im Allgemeinen kann die Grundfläche der Arkaden vom Eigentümer nicht genutzt werden. Diese Minderausnutzung beeinträchtigt den Wert des Grund und Bodens und ist deshalb bei der Ermittlung des Bodenwerts für das Arkadengrundstück durch einen Abschlag zu berücksichtigen. Die Höhe des Abschlags ergibt sich aus dem Verhältnis des von den Arkaden umschlossenen Rauminhalts zum gesamten Rauminhalt des Gebäudes einschließlich der Arkaden. **Der Wertminderung durch den Bau der Arkaden können** aber **Werterhöhungen gegenüberstehen.** Oft wird der Arkadenraum durch das Aufstellen von Schaukästen, Vorführeinrichtungen, Vitrinen und dgl. genutzt. Soweit in solchen Fällen eine weitgehende Raumausnutzung besteht, kann der errechnete Abschlag wegfallen.

b) Gehört die Gehfläche der Arkaden der Gemeinde, so ist der Wert des Grund und Bodens wegen der **erhöhten baulichen Ausnutzung des restlichen Grund und Bodens** durch Über- und Unterbebauung der der Gemeinde gehörenden Grundstücksfläche zu erhöhen. Die Höhe des Mehrwerts ist zu berechnen nach dem Verhältnis des durch die Arkaden gewonnenen Rauminhalts zum Rauminhalt, der sich bei normaler Nutzung (ohne Arkaden) ergeben hätte. Hat der Grundstückseigentümer die Arkaden freiwillig errichtet, so kann eine Wertminderung i. d. R. nicht anerkannt werden[214].

e) *Überhang*

Schrifttum: Kellerschächte, Erker und Balkone – kommt jetzt das große Abkassieren?, Bln GE 2006, 994; *Weyers,* Nutzungsentgelt bei Inanspruchnahme öffentlichen Straßenlandes, GuG 1998, 296; *Kleiber, W.,* Bewertung öffentlichen Straßenlands, GuG 2011, 105.

417 Von dem Überbau zu unterscheiden sind sog. Überhänge, wie **Balkone, Erker und Loggien, aber auch Arkaden,** die in den öffentlichen Straßenraum auskragen. Hierzu gehören auch Brücken und sog. Deckel. Die Nutzung erfolgt i. d. R. aufgrund eines Gestattungsvertrags

---

213 Arkaden im engeren Sinne sind Säulengängen mit von Pfeilern oder Säulen getragenen Bogenelementen; bei geradem Gebälk spricht man von Kolonnaden. Der Begriff wird bei Einkaufszentren nicht mehr im strengen Sinne gebraucht.
214 Weiterführend BGH, Urt. vom 15.10.1992 – III ZR 147/91 –, GuG 1993, 178 = EzGuG 14.115.

nach bürgerlichem Recht. Für die Inanspruchnahme des öffentlichen Straßenraums (Luftraums) wird i. d. R. ein einmaliges Nutzungsentgelt vereinbart (Nutzungsentschädigung).

Rechtsgrundlagen sind insbesondere

a) die Straßen- und Wegegesetze der Länder[215],

b) § 8 des Bundesfernstraßengesetzes,

c) gemeindliche Satzungen[216] (insbesondere bei Ortsdurchfahrten im Zuge von Bundes- und Landesstraßen) sowie sonstige Satzungen[217] und

d) Verordnungen[218].

In allen Fällen richtet sich die Einräumung von Rechten zur Benutzung des Luftraums nach bürgerlichem Recht, wobei allerdings die gesetzlichen Regelungen bezüglich der technischen Anforderungen an den Überhang zu beachten sind[219].

Zur **Bemessung des Nutzungsentgelts** für ein oberes Stockwerk (Überhang), das in den Luftraum einer öffentlichen Straße hineinreicht, hat der BGH[220] im Übrigen festgestellt, dass die Ermittlung nach dem Verkehrswert versagen müsse und als Anhalt das Entgelt herangezogen werden könne, das von dem Eigentümer des Straßenlands üblicherweise für die Überbauung des Straßengeländes verlangt wird, wenn dieses Entgelt der Billigkeit entspricht.

Das i. d. R. einmalige Nutzungsentgelt bemisst sich nach dem wirtschaftlichen Vorteil des Grundstücks, von dem der Überhang ausgeht, und erstreckt sich – sofern nichts anderes vereinbart worden ist – auf den **Zeitraum** bis zum Rückbau (Abriss) der baulichen Anlage. Vielfach wird aber auch eine bestimmte Vertragsdauer (z. B. 99 Jahre) vereinbart. Sofern aus städtebaulichen Gründen ein Überhang erwünscht ist, werden auch Abschläge vom Nutzungsentgelt gewährt. Grundlage für die **Ermittlung des wirtschaftlichen Vorteils** ist die zusätzliche Nutzfläche (NF bzw. WF), die sich aus dem Überhang ergibt. Wird zur Ermittlung der Wohn- oder Nutzfläche von der Geschossfläche (GF) ausgegangen, so ist diese im Hinblick auf Mauerwerk, Treppenaufgänge, Aufzugsschächte usw. um etwa 20 % zu vermindern. Des Weiteren ist für den statisch bedingten Mehraufwand des Überhangs ein Abschlag von etwa 30 % anzubringen, um zum wirtschaftlichen Vorteil zu gelangen.[221]

Beispiel:

Mit einem Büroneubau sollen insgesamt 8 Erker mit einer Gesamtgeschossfläche von 50 m² errichtet werden. Der durchschnittliche Bodenwert beträgt bezogen auf 1 m² NF 1 000 €. Der wirtschaftliche Vorteil (Wertzuwachs) bei 99-jähriger Vertragsdauer beträgt als Einmalbetrag:

Bodenwert pro 1 m² NF	1 000 €/m²
× 0,80 zwecks Umrechnung auf 1 m² Geschossfläche (GF) =	800 €/m² GF
× 0,70 zur Berücksichtigung statisch bedingter Mehrkosten =	560 €/m² GF

Bei einer Gesamtgeschossfläche von 50 m² ergibt sich als wirtschaftlicher Vorteil (Wertzuwachs):

560 €/m² GF × 50 m² GF = **28 000 €**

Der Verkehrswert des Grundstücks, von dem der Überhang ausgeht, erhöht sich um diesen Betrag, er stellt gleichzeitig das einmalige Nutzungsentgelt dar. Soll das Nutzungsentgelt in jährlichen Beträgen gezahlt werden, so ist der Einmalbetrag bei einem Zinssatz entsprechend (z. B. von 4 %) durch den Rentenbarwertfaktor (jährlich vorschüssig) zu dividieren. Bezogen auf die einzelnen Parameter ergibt sich:

---

215 Vgl. § 3 Abs. 5 sowie § 23 Abs. 1 StrWG Nordrh.-Westf.
216 Vgl. Satzung der Stadt Köln vom 13.2.1998 – ABl. 1998, 74.
217 Z. B. Satzung des Landschaftsverbandes Rheinland über die Erhebung von Sondernutzungsgebühren für Sondernutzungen an Landstraßen vom 11.9.1997, GVBl. Nordrh.-Westf. 1997, 375.
218 Z. B. Berliner Verordnung über die Erhebung von Gebühren für die Sondernutzung öffentlicher Straßen vom 12.6.2006, GVBl. 2006, 589.
219 Vgl. z. B. § 18 StrWG Nordrh.-Westf.
220 BGH, Urt. vom 19.12.1975 – V ZR 25/74 –, BGHZ 85, 395 = EzGuG 3.57.
221 Weyers, Nutzungsentgelt bei Inanspruchnahme öffentlichen Straßenlandes, GuG 1998, 296.

IV Syst. Darst. Vergleichswertverfahren   Dedukt. Bodenwert

28 000 €/ 25,46 = 1 099,76 € p. a.	=	rd. 1 100 € p. a.
oder 1 099,76 €/12 Monat	=	91,65 € pro Monat
oder 91,65 € pro Monat /50 m² GF	=	1,83 € pro m² GF und Monat

Aus wirtschaftlicher Überlegung heraus ist darüber nachzudenken, ob die Wohnungen mit Erker auch einen adäquaten Mietertrag erbringen werden, woraus der wirtschaftliche Vorteil begründet wird.

In dem vorgestellten Beispiel wurde von einem einheitlichen Bodenwert pro Quadratmeter Nutzfläche ausgegangen. Dies ist nicht immer sachgerecht, wenn der Überhang in den einzelnen Geschossebenen unterschiedlich ausfällt und diese **Geschossebenen eine stark voneinander abweichende Ertragssituation aufweisen** (z. B. in Innenstadtlagen). In derartigen Fällen kann auch direkt vom Bodenwert (Bodenrichtwert) ausgegangen werden, der dann nach dem Mietsäulenverfahren aufgespalten wird.

Beispiel:

Gemischt genutztes Grundstück in der Innenstadt mit einem Bodenwert von 5 000 €. Der Bodenwertanteil der einzelnen Geschossebenen wird auf der Grundlage der jeweiligen Erträge wie folgt aufgespalten:

Lage + Nutzung	Reinertrag €/m²	Bodenwertanteil in % (5 000 €/m²)	absolut (€/m²)	überhängende Fläche (m²)	Wert (€)
V OG Wohnen	8,00	5,44	272,00	10,00	2 720,00
IV OG Wohnen	9,00	6,12	306,00	8,00	2 448,00
III OG Büro	10,00	6,81	340,50	8,00	2 724,00
II OG Büro	12,00	8,16	408,00	8,00	2 264,00
I OG Laden	25,00	17,01	850,50	–	–
EG Laden	50,00	34,01	1 700,50	–	–
UG Laden	30,00	20,41	1 020,50	–	–
TG Garage	3,00	2,04	102,00	–	–
Summen	147,00	100,00	5 000,00	34,00	11 156,00
Berücksichtigung statisch bedingter Mehrkosten: × 0,7					**7 809,20 €**

6   Deduktive Bodenwertermittlung

6.1   Allgemeines

▶ *Vgl. § 8 ImmoWertV Rn. 58 ff.; Teil VI Rn. 655 ff.*

Schrifttum: *Dieterich, H./Koch, J.,* Vergleich deduktiver Bodenwertermittlungsmethoden, GuG 2003, 331; *Gesellschaft für immobilienwirtschaftliche Forschung,* Kalkulationsschema für werdendes Bauland, GuG 1998, 223.

418 Das Vergleichswertverfahren ist – wie ausgeführt – das Vorrangverfahren für die Ermittlung des Bodenwerts unbebauter und bebauter Grundstücke. Die Anwendung setzt aber voraus, dass geeignete Vergleichspreise in ausreichender Zahl zur Verfügung stehen. Während für die Verkehrswertermittlung von baureifem Land sowie für land- oder forstwirtschaftliche Flächen i. d. R. Vergleichspreise bzw. ein geeigneter Bodenrichtwert zur Verfügung stehen, sieht sich der Sachverständige häufig alleingelassen, wenn es um die **Verkehrswertermittlung von Bauerwartungsland oder Rohbauland** geht. Selbst wenn im Einzelfall dafür Vergleichspreise zur Verfügung stehen, so sind es in aller Regel nur wenige Preise, die dann zudem auch noch wenig aussagekräftig sind. Bauerwartungsland stellt nämlich nach den Ausführungen zu § 5 Abs. 2 ImmoWertV einen sehr labilen und flüchtigen Entwicklungszustand dar, dessen Wertigkeit je nach Wartezeit und Realisierungschance unterschiedlich ausfällt.

Die Realisierungschance der Bauerwartung weist zudem eine erhebliche Wertspanne auf. Das Gleiche gilt für Rohbauland, insbesondere wenn eine Bodenordnung unabweislich ist und die Finanzierung der Erschließungs- und sonstigen Infrastrukturmaßnahmen aussichtslos ist. Ähnliche Probleme stellen sich auch dann, wenn es um die Verkehrswertermittlung großflächiger Baulandflächen, aufgelassener Industrie-, Bahn- und Militärflächen (Konversionsflächen) geht, die einer Neuerschließung bedürfen.

Der BGH[222] hat in seiner Rechtsprechung zum Vergleichswertverfahren auch **andere Methoden grundsätzlich zugelassen,** wenn das Vergleichswertverfahren am Fehlen geeigneter Vergleichspreise scheitert (vgl. Rn. 451 ff.). Dies entspricht auch dem Grundsatz des § 8 Abs. 2 Satz 2 ImmoWertV, nach dem die Wahl des Wertermittlungsverfahrens auch nach den „Umständen des Einzelfalls" begründet werden kann. Das Fehlen geeigneter Vergleichspreise ist ein solcher „Umstand". **419**

In der Wertermittlungspraxis bedient man sich so genannter deduktiver oder kalkulatorischer Wertermittlungsverfahren vornehmlich dann, wenn es an geeigneten Vergleichspreisen mangelt, die einen direkten Preisvergleich zulassen. Dies betrifft in erster Linie die Bodenwertermittlung von **Grundstücken, die sich in einem Übergangsstadium von der land- oder forstwirtschaftlichen Nutzung zur Baureife (baureifem Land) befinden,** aber auch vielfach die Bodenwertermittlung bereits bebauter Grundstücke vornehmlich in den bebauten Innenbereichen. Auch hier mangelt es häufig an geeigneten Vergleichspreisen für unbebaute Grundstücke. **420**

Das klassische Vergleichswertverfahren ist (im erweiterten) Sinne ein „deduktives Verfahren", denn Unterschiede in den wertbeeinflussenden Merkmalen zwischen den Vergleichsgrundstücken und dem zu bewertenden Grundstück werden „deduktiv" mithilfe von Zu- und Abschlägen oder mittels anderer geeigneter Verfahren berücksichtigt (mittelbarer Preisvergleich). Nehmen die zu berücksichtigenden Wertunterschiede ein Ausmaß an, dass man den Vergleichspreisen ihre Eignung zum Preisvergleich absprechen muss, bedient man sich hilfsweise besonderer Parameter und Verfahren. In diesem Sinne werden im allgemeinen Sprachgebrauch unter dem **Begriff „deduktives Verfahren"** (im engeren Sinne) Verfahren verstanden, bei denen mangels einer hinreichenden Anzahl geeigneter Vergleichspreise der Bodenwert auf der Grundlage weiterer Vergleichsparameter, insbesondere der Ertragsverhältnisse, aber auch der Baulandproduktionskosten abgeleitet wird[223]. Im Einzelnen sind hier zu nennen: **421**

a) die kalkulatorische Ableitung des Bodenwerts aus dem mutmaßlichen Ertrag des Grundstücks, der sich bei seiner bestimmungsgemäßen Nutzung, insbesondere Bebauung des Grundstücks ergibt;

b) die Ableitung des Bodenwerts auf der Grundlage (möglichst empirisch ermittelter und) an wertbestimmende Merkmale anknüpfender Erfahrungssätze; z. B. Bodenwertableitung aus erzielbaren Erdgeschossmieten;

c) die Ableitung des Bodenwerts aus Erfahrungssätzen für die auf dem Grundstück realisierbare Geschossfläche.

Darüber hinaus stellt auch die Bodenwertermittlung im Wege des **Extraktionsverfahrens (Residualwertverfahrens) auf der Grundlage der Baulandproduktionskosten** im Kern ein deduktives Verfahren dar (vgl. Rn. 447 ff.). **422**

Soweit es um die Ermittlung des Verkehrswerts des Grund und Bodens geht, sind die genannten **Verfahren** in aller Regel **höchst fehlerträchtig,** sodass es sich bei diesen Verfahren praktisch um Hilfs- bzw. Ersatzmethoden handelt, die dann in Betracht kommen können, wenn das Vergleichswertverfahren insbesondere mangels geeigneter Vergleichspreise versagt. **423**

Im Rahmen von Investitionsberechnungen können die Verfahren zur Ableitung eines im konkreten Einzelfall tragbaren Bodenwerts herangezogen werden. **424**

---

222 BGH, Urt. vom 27.11.1961 – III ZR 167/60 –, BB 1962, 204 = EzGuG 4.16.
223 Vgl. Kleiber in Sandner/Weber, Lexikon der Immobilienwertermittlung, Bundesanzeiger 2003, S. 171.

6.2 Bodenwertermittlung bei warteständigem Bauland auf der Grundlage der Wartezeit

6.2.1 Allgemeines

▶ Vgl. Rn. 10; § 8 ImmoWertV Rn. 146; § 5 ImmoWertV Rn. 138 ff., 178 ff.

425 Wo es um die Bodenwertermittlung sog. warteständigen Baulands, also um die Bodenwertermittlung von Bauerwartungs- und Rohbauland geht, bestimmt sich der Wert unabhängig von der Klassifizierung des Grundstücks als Bauerwartungsland, Brutto- oder Nettorohbauland vornehmlich nach der **Wartezeit** bis zu einer baulichen Nutzbarkeit. Auf die bloße Einordnung einer Fläche als Bauerwartungs- oder Rohbauland kommt es also nicht entscheidend an. Demzufolge misst der Grundstücksmarkt einer Fläche, die schon bald eine bauliche Nutzbarkeit erwarten lässt, einen höheren Wert bei als für Flächen, für die nach den Verhältnissen zum Wertermittlungsstichtag eine längere Wartezeit hingenommen werden muss.

426 Wo es an Vergleichspreisen für warteständiges Bauland mangelt, wird in der Praxis der Verkehrswertermittlung der Verkehrswert von Bauerwartungsland und Rohbauland (deduktiv) aus vorhandenen Vergleichspreisen für baureifes Land abgeleitet, indem die Wartezeit wertmäßig in Abschlag gebracht wird. Grundsätzlich stellt diese Methode einen äußerst problematischen Hilfsweg dar *(method of last resort)* und sollte nur im Notfall beschritten werden. Im Kern ist diese Methode eigentlich dem klassischen Vergleichswertverfahren zuzuordnen, bei dem größere Abweichungen gegenüber den herangezogenen Vergleichspreisen in Kauf genommen werden (müssen). Diese Abschläge können ein Vielfaches von dem betragen, was letztlich als Verkehrswert des warteständigen Baulands auf diesem Wege ermittelt wird.

427 Die Methode ist nur dann sachgerecht, **wenn das Ergebnis nicht überproportional vom Ausgangswert abweicht** (vgl. Rn. 10)[224]. Dies gilt auch dann, wenn man den an die Ausgangspreise für baureifes Land anzubringenden „Abschlag" hilfsweise mit plausiblen Methoden zu begründen trachtet.

6.2.2 Einfache Bruchteilsmethode

428 Wie vorstehend ausgeführt, wird in der Praxis der Verkehrswertermittlung von der Möglichkeit Gebrauch gemacht, den **Verkehrswert warteständigen Baulands aus Vergleichspreisen von baureifem Land unter Berücksichtigung der Wartezeit abzuleiten**.

429 **Abzulehnen** ist die Praxis, den Verkehrswert von Bauerwartungsland und Rohbauland unter Heranziehung irgendwelcher Tabellenwerke zu ermitteln, in denen für Bauerwartungs- und Rohbauland (ggf. noch differenziert) Vomhundertsätze des baureifen Landes angegeben sind, um daraus den Verkehrswert abzuleiten (Abb. 63, vgl. § 5 ImmoWertV Rn. 19).

---

224 Vgl. Nr. 2.3.1 WERTR 02.

Abb. 1: Preisspannen in den Qualitätsstufen der Baulandpreisentwicklung (hilflose Methode)

Stufe	Merkmal	v. H. des Werts von baureifem Land
	Bauerwartungsland	
1	Eine Bebauung ist nach der Verkehrsauffassung in absehbarer Zeit zu erwarten	15 – 40
2	Im Flächennutzungsplan als Baufläche dargestellt	25 – 50
3	Aufstellung eines Bebauungsplans beschlossen	35 – 60
4	Bebauungsplan aufgestellt, je nach geschätzter Dauer bis zur Rechtskraft und Grad der Erschließungsgewissheit	50 – 70
	Rohbauland	
5	Innerhalb der im Zusammenhang bebauten Ortsteile gelegen, Erschließung erforderlich	50 – 70
6	Bebauungsplan rechtskräftig, Bodenordnung erforderlich	60 – 80
7	Bebauungsplan rechtskräftig, Bodenordnung nicht erforderlich	70 – 85
8	Bebauungsplan rechtskräftig, Erschließung gesichert	85 – 95
	Baureifes Land	
9	Bebauungsplan rechtskräftig oder innerhalb der im Zusammenhang bebauten Ortslage gelegen, Erschließung erfolgt oder bereits vorhanden, erschließungs- und kompensationsbeitragspflichtig.	100

Quelle: Gerardy/Möckel, Praxis der Grundstücksbewertung (Stand 2010)

Diese Vorgehensweise (Pauschalansätze) kann als **hilflose Methode** bezeichnet werden, die aus mehreren Gründen Bedenken hervorrufen muss:

a) Zum einen handelt es sich bei den veröffentlichten **Pauschalsätzen** um Durchschnittssätze, die schon von daher nicht auf die örtlichen Marktverhältnisse übertragbar sind. Zum anderen sind sie mit großen Unsicherheiten behaftet, wie sich schon aus den veröffentlichten „Spannbreiten" ergibt. Dies ist u. a. darin begründet, dass im Einzelfall die Wartezeit bis zur Baureife sehr unterschiedlich ausfallen kann und der Anteil der erforderlichen Gemeinbedarfs- und naturschutzrechtlichen Ausgleichsflächen ebenfalls recht unterschiedlich sein kann[225].

b) Es kommt hinzu, dass bei Anwendung dieser Methode die prozentualen Abschläge von dem Ausgangswert des baureifen Landes sehr hoch – im Einzelfall bis zu 90 % (!) – ausfallen können und dies allein schon Bedenken hervorrufen muss. Abschläge in dieser Größenordnung sprechen gegen die Eignung des herangezogenen Ausgangswerts von baureifem Land. Das **KG Berlin** hat zu dieser Problematik festgestellt, dass Zu- und Abschläge „höchstens 30 % oder allenfalls 35 % nicht übersteigen" dürfen[226]. Ein höherer Abschlag spricht mithin gegen die Eignung des herangezogenen Vergleichspreises.

Das Ausmaß der **Schwankungsbreiten** zeigen die Marktberichte der Gutachterausschüsse auf:

a) Stadt *Bergisch Gladbach* (2013): Für das Wertverhältnis zwischen Bauerwartungsland zu baureifem Land (ebpf) werden 0,31 bis 0,90 ausgewiesen.

b) *LK Cloppenburg* (2013): Wertverhältnis von Bauerwartungsland zu baureifem Wohnbauland (ebf): 0,25 (0,10 bis 0,45); für Rohbauland wird ein Wertverhältnis von 0,36 (0,17 bis 0,70) angegeben.

---
[225] Ablehnend auch: BFH, Urt. vom 26.4.2006 – II R 58/04 –, BFHE 213, 207 = EzGuG 20.201.
[226] KG Berlin, Urt. vom 1.11.1969 – U 1449/68 –, AVN 1970, 438 = EzGuG 20.46; LG Berlin, Urt. vom 11.8.1998 – 29 O 371/97 –, GuG 1999, 250 = EzGuG 19.46a („nicht ohne Bedenken bis zu 40 %, aber u. U. noch vertretbar").

c) Stadt *Delmenhorst* (2013): Wertverhältnis von Bauerwartungsland zu baureifem Wohnbauland (ebf): 0,25 (0,06 bis 0,50); für Rohbauland wird ein Wertverhältnis von 0,55 (0,31 bis 0,91) angegeben.

d) *Ennepe-Ruhr*-Kreis (2013): Für das Wertverhältnis von Bauerwartungsland zu baureifem Land (ebpf) werden 0,15 bis 0,50 und für Rohbauland zum baureifem Land (ebpf) 0,40 bis 1,00 ausgewiesen.

e) *LK Oldenburg*: Wertverhältnis von Bauerwartungsland zu baureifem Wohnbauland (ebf): 0,22 (0,06 bis 0,35), für Rohbauland wird ein Wertverhältnis von 0,51 (0,21 bis 0,84) angegeben.

f) *LK Vechta*: Wertverhältnis von Bauerwartungsland zu baureifem Wohnbauland (ebf): 0,34 (0,11 bis 0,70), für Rohbauland wird ein Wertverhältnis von 0,46 (0,30 bis 0,70) angegeben.

g) *Wuppertal* (2013): Für das Wertverhältnis von Bauerwartungsland zu baureifem Land (ebpf) werden 0,10 bis 0,40 und für Rohbauland zum baureifem Land (ebpf) 0,40 bis 0,90 ausgewiesen.

432 Es ist zwar einzuräumen, dass Bauerwartungs- und das Rohbauland ex definitionem tendenziell eine den angegebenen Vomhundertsätzen entsprechende Wartezeit und Wertigkeit aufweisen, jedoch ist auch genauso sicher, dass es **ein festes und vor allem für das gesamte Bundesgebiet gültiges Wertverhältnis zwischen Bauerwartungs- und Rohbauland und baureifem Land nicht gibt.** In empirischen Untersuchungen sind zudem deutlich voneinander abweichende, aber stets erhebliche Wertspannen für den Wertanteil des Bauerwartungs- und Rohbaulandes festgestellt worden[227].

433 **Gesicherte Aussagen über einen bestimmten Wertanteil des Bauerwartungslandes oder des Rohbaulandes am Wert des baureifen Landes sind nicht möglich.**

434 Der relative Wertanteil ist zwar theoretisch in erster Linie von der Wartezeit bis zum Eintritt der Baureife abhängig, jedoch ist gerade die **Wartezeit** im Hinblick auf die häufig schwer abschätzbare städtebauliche Entwicklung, auf die kommunale Planungshoheit, einhergehend mit der Beteiligung der Öffentlichkeit und der Behörden (§§ 3 f. BauGB), und letztendlich auch im Hinblick auf die bodenrechtlichen und finanziellen Möglichkeiten der Gemeinde für die Erschließung **schwer abschätzbar.** Was heute noch an Entwicklungsmöglichkeiten in weiter Ferne zu stehen scheint, kann sich morgen bereits konkretisieren; umgekehrt haben sich auch bereits bis ins Detail konkretisierte Entwicklungschancen nicht selten „über Nacht" verflüchtigt.

435 Die Literaturangaben über den relativen **Wertanteil des Bauerwartungslandes und des Rohbaulandes am Wert des baureifen Landes** (= 100%) müssen von daher als Durchschnittswerte angesehen werden, denen i. d. R. zudem eine Reihe theoretischer Annahmen zugrunde liegen. Sie sind nur mit höchster Vorsicht heranzuziehen. Einer den Gegebenheiten des konkreten Einzelfalls Rechnung tragenden Berücksichtigung der Wartezeit ist der Vorzug zu geben.

436 *Gerardy/Möckel* unterscheiden in ihrer Veröffentlichung zwischen fünf Stufen des Bauerwartungslandes mit einer Wertigkeit von 15 bis 70% des Werts von baureifem Land (vgl. Rn. 432). Es handelt sich hierbei um eine **äußerst fragwürdige Aufstellung,** deren Verbreitung weniger auf den gesunden Sachverstand als auf die Bequemlichkeit des Anwenders zurückgeführt werden kann.

437 Im Übrigen sind die **angegebenen Vomhundertsätze,** selbst wenn ihnen – gegliedert nach Stufen – vernünftige Kriterien zugrunde lägen, durch die **naturschutzrechtliche Eingriffs- und Ausgleichsregelung** des § 1a BauGB i. V. m. den §§ 135 ff. BauGB **überholt,** da diese allgemein zur Preisdämpfung in nicht unerheblichem Maße führen kann.

---

[227] Zu den divergierenden Ergebnissen von Seele, Vogels und Gerardy/Möckel vgl. Kleiber, Verkehrswertermittlung von Grundstücken, 5. Aufl. 2010, S. 1377.

Dedukt. Bodenwert   **Syst. Darst. Vergleichswertverfahren IV**

Die schematische Anwendung dieser Tabelle ist in der Praxis schon manchem Sachverständigen zum Verhängnis geworden, z. B. wenn es darum geht, für einen großflächigen städtebaulichen **Entwicklungsbereich die entwicklungsunbeeinflussten Grundstückswerte** für z. B. 30 ha festzulegen. Entwicklungsträger lehnen von daher diese Tabelle ab.   **438**

Aus diesen Gründen sind **deduktive Verfahren** vorzuziehen, mit denen die Besonderheiten des Einzelfalls berücksichtigt werden können. Bevor man zu solchen Verfahren greift, sollte aber gewissenhaft geprüft werden, ob nicht doch ein direkter Preisvergleich möglich ist. Dies gilt insbesondere für die Verkehrswertermittlung von warteständigem Bauland. Viele Sachverständige vernachlässigen dies mit dem pauschalen Hinweis auf nicht vorhandene Vergleichspreise.   **439**

Die dargelegten Bedenken sind im Rahmen der **steuerlichen Bewertung** nicht von gleichem Gewicht, da diese ohnehin auf ein vereinfachtes Massenbewertungsverfahren angelegt ist. Abschnitt 5 (zu § 179 BewG) des gleichlautenden Erlasses der obersten Finanzbehörden der Länder vom 5.5.2009 (GuG 2009, 225) sieht folgende Wertansätze in Prozent des Bodenrichtwerts für vergleichbar erschließungsbeitragsfreies Bauland vor (Abb. 2):   **440**

Abb. 2:   **Steuerliche Pauschalsätze**

Entwicklungszustand	Bodenrichtwertansatz
Bauerwartungsland	25 %
Bruttorohbauland	50 %
Nettorohbauland	75 %

6.2.3   Einfache Diskontierungsmethode

Neben dem vorstehend beschriebenen Verfahren hat es zahlreiche Versuche gegeben, den Verkehrswert warteständigen Baulands auf der Grundlage von Vergleichspreisen für baureifes Land kalkulatorisch unter **Einbeziehung von Investitionskosten, Wertentwicklungen und dgl.** wiederum auf der Grundlage der Wartezeit abzuleiten. In der einfachsten Form wird dabei der im Wege des Preisvergleichs ermittelte **Verkehrswert für baureifes Land über die Wartezeit abgezinst**.   **441**

$$\text{Bodenwert}_{\text{warteständig}} = \frac{\text{Bodenwert}_{\text{baureifes Land}}}{q^n}$$

q = 1 + p (Zinsfaktor)
p = Diskontierungszinssatz
n = Wartezeit

Bei Anwendung der einfachen Diskontierungsformel wird insbesondere die im Zuge der Aufschließung größerer Bauflächen von den Gemeinden (z. B. im Wege städtebaulicher Verträge) geltend gemachte Beteiligung des Grundeigentümers an den **Aufschließungskosten einschließlich einer ggf. unentgeltlichen Bereitstellung der Gemeinbedarfsflächen vernachlässigt**. Deshalb können auch die nachfolgend vorgestellten verfeinerten Kalkulationsmodelle unter Einbeziehung von Wertsteigerungen, Eigenkapitalverzinsungen eines Investors und Inflationsraten zu keiner durchgreifenden Verbesserung des Grundverfahrens führen.   **442**

a) *Kalkulationsmodell A*   **443**

Unter Einbeziehung

– einer jährlich erwarteten Wertsteigerung von w %,

– einer Eigenkapitalverzinsung für die Vorhaltekosten von k % und

– einer erwarteten Inflationsrate von i %

kommt man nach folgender Beziehung zum **Bodenwert des warteständigen Baulandes:**

IV Syst. Darst. Vergleichswertverfahren — Dedukt. Bodenwert

$$\text{Bodenwert}_{\text{Warteständiges Bauland}} = \text{Bodenwert (ebpf)}_{\text{Baureifes Land}} \times \left(\frac{(1+w)^n}{(1+i) \times (1+k)} \right)$$

wobei
i = erwartete Inflationsrate p. a. (%)
w = erwartete Werterhöhung p. a. (%)
k = Eigenkapitalverzinsung p. a. (%)
n = Wartezeit bis zur Baureife (Jahre)

Beispiel:

Gegeben: Bodenwert $_{\text{Baureifes Land}}$ = 300 €/m² ebpf
Eigenkapitalverzinsung k = 6 % p. a.
Erwartete Werterhöhung w = 3 % p. a.
Erwartete Inflationsrate i = 2 % p. a.
Gesucht: Bodenwert des warteständigen Baulands mit Wartezeit von 4 Jahren

$$\text{Bodenwert}_{\text{Warteständiges Bauland}} = 300 \text{ €/m}^2 \times \left(\frac{(1+0,03)^4}{(1+0,02) \times (1+0,06)} \right)$$

Bodenwert$_{\text{Warteständigen Bauland}}$ = **247 €/m²**

444 b) *Kalkulationsmodell B*

Von *Vogels* (a. a. O., 5. Aufl., S. 71) ist ein Verfahren vorgeschlagen worden, den **Verkehrswert von Rohbauland** aus dem Verkehrswert für baureifes Land in verkürzter Weise unter Berücksichtigung der Wartezeit nach folgender Formel abzuleiten:

$$BW_{\text{Rohbauland}} = BW \text{ (ebpf)}_{\text{Baureifes Land}} \times \frac{(1+w)^n}{1+k}$$

wobei
BW = Bodenwert
w = erwartete Werterhöhung vom werdenden baureifen Land p. a. (%)
k = Eigenkapitalverzinsung p. a. (%)
n = Wartezeit bis zur Baureife (Jahre)
ebpf = erschließungsbeitragspflichtig

Mit der Werterhöhung w muss sowohl die Preisentwicklung als auch die Geldentwertung berücksichtigt werden. Bei kurzer Wartezeit und in Anbetracht der nicht vorhersehbaren Unregelmäßigkeiten in der Preisentwicklung können aber stabile Preisverhältnisse zugrunde gelegt werden (w = 0).

Beispiel:

Bodenwert BW (ebpf) Baureifes Land = 300 €/m²
Eigenkapitalverzinsung k = 6 %
Erwartete Werterhöhung w = 3 %
BW$_{\text{Rohbauland}}$ = 300 €/m² (1,03/1,064)^n = **267 €/m²**

Für k wählt *Vogels*, ausgehend von einem **mittleren Zinssatz von 5,5 %**, einen Ansatz von 11 %, der doch recht hoch ausfällt:

Damit errechnet sich der Rohbaulandwert zu

$$BW_{\text{Rohbauland}} = BW \text{ (ebpf)}_{\text{Baureifes Land}} \times 1/1,11^n$$

d. h. als der über die Wartezeit unter Würdigung des Risikos abgezinste erschließungsbeitragspflichtige – ebpf – Baulandwert.

| Extraktion | Syst. Darst. Vergleichswertverfahren IV |

Beispiel:

Gegeben: Bodenwert (ebpf)$_{\text{Baureifes Land}}$ = 300 €/m²
Erwartete Wartezeit = 4 Jahre
Bodenwert$_{\text{Rohbauland}}$ = 300 €/m² × 1/1,11⁴ = **198 €/m²**

Vogels weist mit Recht darauf hin, dass derartige Berechnungen nicht über Zeiträume von 5 bis 10 Jahren hinausgehen sollten, wobei nach der hier vertretenen Auffassung davon eher die untere Grenze eingehalten werden sollte. Des Weiteren ist darauf hinzuweisen, dass dieses finanzmathematische Modell an die Eigenkapitalverzinsung anknüpft, d. h. an den **Zinssatz, den ein Investor bei alternativer Geldanlage für sein Eigenkapital üblicherweise erwarten kann.** Dies ist darin begründet, dass ein Investor auf der anderen Seite auf die erwartete Werterhöhung „setzt". Theoretisch lässt sich das Modell noch als Investitionsmodell „verfeinern", indem man von einem investorenseitig unterstellten Eigen-Fremdkapital-Verhältnis oder sogar von einem zu 100 % fremdkapitalfinanzierten Modell ausgeht, jedoch muss man dabei bedenken, dass man sich damit immer mehr von der Verkehrswertermittlung entfernt und damit letztlich mit insgesamt **vier völlig unsicheren Schätzgrößen** in ein solches Modell „hineingehen" würde, nämlich mit

– der erwarteten Wertsteigerung,
– der erwarteten Eigenkapitalverzinsung,
– der erwarteten Fremdkapitalverzinsung und
– der erwarteten Inflationsrate.

Damit würde man zwar eine eindrucksvolle „Rechnung" aufmachen, jedoch bliebe das Ergebnis höchst fragwürdig, und zwar umso fragwürdiger, je länger die erwartete Wartezeit (eine weitere höchst fehleranfällige Schätzgröße) ist.

Fazit: Die vorgestellten Kalkulationsmodelle (A und B) sind sowohl von ihrem Ansatz als auch von ihrer „Mathematik" her vornehmlich als Investitionsmodelle begründet. Sie können jedoch nicht gewährleisten, dass sie zum „richtigen" Ergebnis führen. Dies beginnt bereits bei den gewählten Zinsansätzen, die stets nur abgeschätzt werden können, denn wie sich der Bodenwert und die Finanzierungskosten entwickeln, lässt sich nur mit einer großen Unsicherheitsmarge abschätzen. In diesem nicht unerheblichen Unsicherheitsrahmen kann sich der Anwender der Verfahren nur insofern „sicher" fühlen, als der, der solche „Wertermittlungen" gegen sich gelten lassen muss, auch nur grob schätzen kann. **Somit kann – und dies zeigen die Erfahrungen – nahezu jedes Ergebnis „ermittelt" werden.** Entscheidend bleiben die „richtige" Wartezeit und der Diskontierungszinssatz einschließlich eines Verwirklichungsrisikos und vor allem das sorgfältige „Abtasten" der mit dem Baulandproduktionsprozess verbundenen rechtlichen und wirtschaftlichen Risiken. Auch beim Rohbauland handelt es sich noch um einen labilen Entwicklungszustand, wenn die Bodenordnung, die Erschließung, die zu lösenden Umwelt- und Finanzierungsprobleme risikobehaftet sind oder die Verhältnisse auf dem Grundstücksmarkt umschlagen. Es ist daher wichtiger, dies analytisch richtig zu erfassen und zu begründen. Wieder einmal erweist sich gerade auch hier, dass der Verkehrswert keine mathematisch exakt ermittelbare Größe ist, während die vorgestellten Verfahren den Eindruck einer mathematisch exakten Ableitung aufdrängen.

6.3 Extraktionsverfahren (Residualwertverfahren) bei warteständigem Bauland

6.3.1 Allgemeines

▶ *Vgl. § 8 ImmoWertV Rn. 102 ff.*

Schrifttum: *Kleiber, W.*, GuG 1996, 16; *Oebbeke, Th.*, Das Residualwertverfahren, Systematik, Internationale Verbreitung und Anwendung, Grin Verlag 2006; *Vogels*, Bodenwertermittlung anhand des Residualwertverfahrens, GuG 1994, 347.

Das Residualwertverfahren *(Residual Approach)* oder besser **Extraktionsverfahren** *(extraction)* geht in seinen **Grundzügen** davon aus, dass sich der Preis eines (unbebauten oder sonst

IV Syst. Darst. Vergleichswertverfahren — Extraktion

wie erst noch zu entwickelnden) Grundstücks (Bodenpreis) auf der Grundlage eines Nutzungskonzepts (Projekts) ableiten lässt, indem der sich für das realisierte Projekt ermittelte fiktive (Gesamt-)Verkehrswert des Grundstücks um die dafür aufzubringenden Gesamtkosten (Bau-, Entwicklungs- und Vermarktungskosten) vermindert wird. Der verbleibende Betrag (das Residuum) ergibt dann den „tragbaren" Preis des Grundstücks „vor" seiner Entwicklung (Bodenpreis). Im Falle der Anwendung des Extraktionsverfahrens (Residualwertverfahrens) auf die Verkehrswertermittlung warteständigen Baulands ist Ausgangswert der Verkehrswert des baureifen Landes, der dann um die **Baulandproduktions- und Vermarktungskosten** vermindert wird. Die Methode wird im amerikanischen Schrifttum zutreffender als Extraktionsverfahren *(extraction)* bezeichnet[228].

448 Die **Grundgleichung des Extraktionsverfahrens (Residualwertverfahrens)** stellt sich wie folgt dar (Abb. 3):

Abb. 3: Bodenwertermittlung im Wege des Extraktionsverfahrens (Residualwertverfahrens)

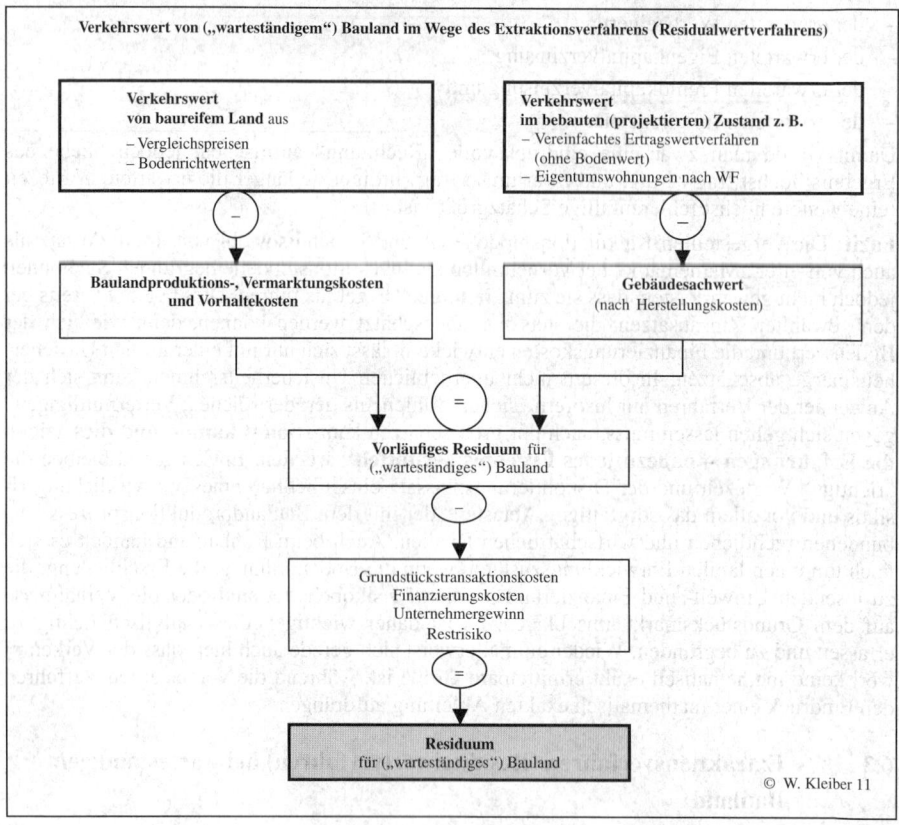

449 Das **Verfahren ist** nach den Grundgedanken **darauf angelegt, sämtliche für die Vorbereitung und Durchführung eines Projekts aufzubringenden Kosten rechnerisch dem Erwerbspreis zu „unterwälzen" (Unterwälzungs- bzw. Rückrechnungsverfahren).** Das Verfahren kann deshalb vom Ansatz her nur dann direkt zum Verkehrswert (Marktwert) i. S. des § 194 BauGB führen, wenn und soweit im gewöhnlichen Geschäftsverkehr eine Unterwälzung der dem Erwerber künftig entstehenden Kosten allgemein akzeptiert wird, d. h. nach

---

[228] The Appraisal of Real Estate, 12. Aufl. Chicago, S. 334 ff.

den Preismechanismen des gewöhnlichen Geschäftsverkehrs diese Kosten auch tatsächlich „unterwälzbar" sind. Ansonsten ist das Verfahren auf die Ermittlung eines aus der Sicht des Käufers wirtschaftlich tragbaren Erwerbspreises (Residualpreises) angelegt.

Investoren werben für das Extraktionsverfahren (Residualwertverfahren) damit, dass es ein modernes und leistungsfähiges Wertermittlungsverfahren sei, und bemängeln, dass sich die deutsche Wertermittlungspraxis des Verfahrens nur ungenügend angenommen hätte. Dies trifft nicht zu. Seitens der Investoren wird das Verfahren vielmehr nur deshalb bevorzugt, weil mit dieser Methode besonders günstige Grunderwerbspreise „errechenbar" sind. **450**

Bei dem Extraktionsverfahren (Residualwertverfahren) handelt es sich tatsächlich um eine sehr alte Wertermittlungsmethode. **Mit dieser Methode hat man sich in Deutschland schon im 19. Jahrhundert unter anderen Bezeichnungen intensiv auseinandergesetzt** (Rn. 453 ff.). Im sog. Pommernbankprozess war das Residualwertverfahren bereits Gegenstand gerichtlicher Auseinandersetzungen und wurde seinerzeit von einer vom Gericht bestellten Kommission als „ganz unzuverlässig" bezeichnet, um mit dieser Methode zum Handelswert (Verkehrswert) zu gelangen[229]. **451**

Im sog. Pommernbankprozess[230] standen sich zwei Werttheorien gegenüber: **452**

a) Nach der von Geheimrat Dietrich vertretenen Auffassung sollte sich der Wert eines Grundstücks nicht nach dem bemessen, was der Grundstücksmarkt einem Grundstück tatsächlich beimisst (Verkehrswert; im Prozess wurde vom „Handelswert" gesprochen), sondern nach dem Residualwert, ermittelt aus dem (fiktiven) Ertragswert unter Abzug der Herstellungskosten und eines Risikoabschlags.

b) Die vom Gericht bestellte Kommission bekämpfte diese Methode als „ganz unzuverlässig" und wollte nur den Handelswert (Verkehrswert) gelten lassen.

Das Gericht hat letztendlich nur den Handelswert (Verkehrswert) gelten lassen.

Im deutschsprachigen Schrifttum blieb diese Methode lange Zeit aufgrund ihrer inhärenten Unschärfe unbeachtet oder wurde als „ältere" Methode abgetan, weil **das Ergebnis dieses Verfahrens** ein Produkt aus einer Vielzahl von Annahmen mit **hoher Fehlerträchtigkeit** (vgl. Rn. 531 ff.) sei und deshalb eine große Streuung aufweise. Vor- und Nachteile dieses Verfahrens müssen bei Anwendung des Extraktionsverfahrens (Residualwertverfahrens) in der Tat gewissenhaft beachtet werden, um das Ergebnis angemessen würdigen zu können. **453**

Das Extraktionsverfahren (Residualwertverfahren) hat gleichwohl unter anderen Bezeichnungen seinen festen Platz in der deutschen Wertermittlungspraxis gefunden (Rest-durch-Abzug-Verfahren, deduktive Verkehrswertermittlung, Rückwärtsrechnung usw.). Es wurde aber stets darauf hingewiesen, dass das Verfahren nur **mit „größter Vorsicht" zur Anwendung** kommen sollte. **454**

Der BGH hat in einer Entscheidung aus dem Jahre 1958 hierzu festgestellt, dass „die Methode der Ermittlung des Bodenwerts von unbebautem städtischem Bauland auf der Grundlage einer fiktiven Ertragsberechnung, indem unter Zugrundelegung eines nach der geltenden Bauordnung möglichen Bauprojektes der aus dem Grundstück zu erzielende Ertrag errechnet wird, ... von jeher für zulässig gehalten"[231] wurde. **455**

Der BGH hat im Jahre 1961 diese Auffassung bestätigt. Einschränkend hat das Gericht aber diese Auffassung **nur in den Fällen** gelten lassen wollen, **in denen sich der Tatrichter „hiervon sichere Anhaltspunkte verspricht"**. Dabei wurde der Fall herausgestellt, dass die Ermittlung des Bodenwerts anhand von Vergleichspreisen „schwer oder gar nicht möglich **456**

---

229 Weber, A., Über Bodenrente und Bodenspekulation in der modernen Stadt, Leipzig, S. 106 ff.; Eberstadt, R., Die Spekulation im neuzeitlichen Städtebau, Berlin 1907, S. 46; C. J. Fuchs, Über städtische Bodenrente und Bodenspekulation, Archiv für Sozialwissenschaft, Vol. XXII, XXIII, S. 720.
230 Weil, Grundstücksschätzung, 3. Aufl., S. 11, 20 f., 31; Albert, Schätzung der Grund- und Gebäudewerte, 4. Aufl., S. 66 bis 82; Ehlers, Die Bewertung und Preisbildung bei Grundbesitz 1942, S. 61 ff.; Haider/Engel/Dürschke, Bewertungsgesetz und Bodenschätzungsgesetz, 3. Aufl., S. 239, 245; Naegeli, Handbuch des Liegenschaftsschätzers, Zürich 1975, S. 35.
231 BGH, Urt. vom 10.2.1958 – III ZR 168/56 –, MDR 1958, 313 = EzGuG 4.8.

erscheint"[232]. In der Rechtsprechung der unteren Gerichte ist die Anwendung des Extraktionsverfahrens (Residualwertverfahrens) als **unvereinbar mit Erfahrungssätzen** und als ungeeignet bezeichnet worden, um zu brauchbaren Ergebnissen bei der Verkehrswertermittlung zu gelangen[233].

457 Umgekehrt ist in der höchstrichterlichen Rechtsprechung dem **Vergleichswertverfahren Priorität** zugesprochen worden, wenn es um die Ermittlung von Bodenwerten geht (vgl. Rn. 4 f.)[234]. Das Extraktionsverfahren (Residualwertverfahren) hat in Anbetracht seiner hohen Fehlerträchtigkeit zunächst nur die Bedeutung einer Hilfsmethode erlangen können, die hilfsweise zur Anwendung kommt, wenn andere und sicherere Verfahren, z. B. mangels Vergleichspreisen, nicht zur Anwendung kommen können. Fehlertheoretisch wurden die Schwachstellen des Verfahrens insbesondere hinsichtlich der Ermittlung eines fiktiven Ertragswerts schon sehr früh untersucht[235].

458 Das Extraktionsverfahren (Residualwertverfahren) stand zeitweilig nicht zuletzt aufgrund öffentlichkeitswirksamer Verlautbarungen der Investoren in „Konjunktur" und dies allzu häufig auch dann, wenn der „klassische" Preisvergleich angezeigt ist. Bei der Verkehrswertermittlung von warteständigem Bauland wird zunehmend von Sachverständigen z. B. gar nicht mehr der intensive Versuch unternommen, geeignete Vergleichspreise heranzuziehen, was ja wohl noch immer die überzeugendste Methode darstellt. Vielmehr wird allzu häufig leichtfertig behauptet, Vergleichspreise lägen nicht vor und – wenn es z. B. um Bauerwartungsland gehe – seien „sowieso fragwürdig". Dann wird vom „grünen Tisch" der Bodenrichtwert für baureifes Land herangezogen, der sich „bequem" um pauschale, aus „schlauen" und zitierfähigen Büchern entnommene Tabellenabschläge vermindern lässt, oder es werden im „deduktiven Verfahren" von den sog. „Abschlagsgutachtern" imposante Abschlagsrechnungen aufgestellt. Schon oft genug ist dabei die peinliche Situation entstanden, dass die **Gegenkontrolle durch doch vorhandene Vergleichspreise** das Unheil offenbarte. Wenn z. B. unlängst ein Gutachterausschuss für Grundstückswerte für den Bereich einer Großstadt den Wert für begünstigtes Agrarland (besondere land- oder forstwirtschaftliche Flächen) mit 45 €/m² (hochoffiziell gegen eine Gebühr von 100 €) mitteilen konnte und der Sachverständige für Bauerwartungsland mit langer Aufschließungsdauer im Wege des Extraktionsverfahrens (Residualwertverfahrens) zuvor mit imposanten Rechnungen dagegen zu einem Bodenpreis von 20 €/m² gelangte, muss Nachdenklichkeit aufkommen.

459 Dass sich der **Verkehrswert von Bauland nicht aus einer Addition der Baulandproduktionskosten** ergibt, ist inzwischen jedem Sachverständigen geläufig. Dass sich umgekehrt der Verkehrswert des werdenden Baulands, z. B. des Bauerwartungslands, nicht aus einer Subtraktion der Baulandproduktionskosten vom Baulandwert – vor allem nicht unmittelbar – ergeben kann, ist manchem Sachverständigen noch nicht bewusst geworden. Dass die für die Baulanderschließung aufgebrachten Kosten keinesfalls oder allenfalls nur sehr bedingt zu einer entsprechenden Bodenwerterhöhung führen, mag man sich am Versuch verdeutlichen, den Verkehrswert von werdendem Gewerbebauland aus dem Verkehrswert für „fertiges" Gewerbebauland z. B. in *Altwarp* (15 €/m²) unter Abzug der Erschließungskosten von 40 €/m² abzuleiten.

460 In der heutigen Wertermittlungsliteratur wird die **Anwendung des Extraktionsverfahrens (Residualwertverfahrens)** weitgehend abgelehnt bzw. allenfalls **als Hilfsmethode** aner-

---

232 BGH, Urt. vom 27.11.1961 – III ZR 167/60 –, BB 1962, 204 = EzGuG 4.16.
233 KG, Urt. vom 20.5.1957 – 9 U 491/57 –, BlGBW 1959, 14 = EzGuG 4.6; LG Hamburg, Urt. vom 5.8.1960 – 10 0 36/59 –, ZMR 1961, 335 = EzGuG 4.15; OVG Lüneburg, Urt. vom 25.1.2001 – 1 L 5010/96 –, GuG 2001, 182 = EzGuG 20.177; a. A. OLG Köln, Urt. vom 19.2.2002 – 15 U 184/96 –, EzGuG 4.182a.
234 BGH, Urt. vom 29.3.1971 – III ZR 98/69 –, BGHZ 56, 57 = EzGuG 6.137; BVerwG, Urt. vom 13.11.1964 – 7 C 20/64 –, DÖV 1965, 97 = EzGuG 20.38; BFH, Urt. vom 26.9.1980 – III R 21/78 –, BFHE 132, 101 = BStBl II 1981, 153 = EzGuG 20.86; BFH, Urt. vom 21.5.1982 – III B 32/81 –, BFHE 136, 141 = EzGuG 20.99.
235 Ermert in AVN 1967, 213; Schahn in VR 1985, 173; Kremers in BlGBW 1969, 129; Hintzsche in BlGBW 1969, 233; Naegeli, Handbuch des Liegenschaftsschätzers, Zürich 1975, S. 36.

kannt, wenn entsprechend der o. a. Rechtsprechung keine geeigneteren Verfahren zur Verfügung stehen (Residualwertverfahren „als letzten Ausweg")[236].

Das Extraktionsverfahren (Residualwertverfahren) gehört zu den nichtnormierten Verfahren. Es wird noch nicht einmal in der ImmoWertV ausdrücklich genannt, da es **keine allgemein anerkannten Verfahrensgrundsätze** gibt. Das **Verfahren** kommt in der Praxis **in recht unterschiedlicher Weise zur Anwendung,** insbesondere was Art und Umfang der in Abzug gebrachten Herstellungs- und Entwicklungskosten anbelangt. Im Allgemeinen beschränkt man sich bei Anwendung des Extraktionsverfahrens (Residualwertverfahrens) nicht auf die „bloßen" Herstellungskosten, sondern berücksichtigt auch **461**

– Finanzierungskosten,

– Verwertungskosten,

– Vorhaltekosten,

– einen Unternehmergewinn und

– Grunderwerbsnebenkosten.

Umgekehrt werden zumindest seitens der Investoren die im Einzelfall in Anspruch genommenen **Förderungen** und Subventionen nicht berücksichtigt, was nur konsequent wäre. **462**

6.3.2 Verfahrensgang

6.3.2.1 Allgemeines

Mit der früher üblichen Diskontierung des als Ausgangswert herangezogenen Vergleichswerts für erschließungsbeitragspflichtiges baureifes Land über die Wartezeit (vgl. Rn. 441 ff.) wird man vielfach den heutigen Verhältnissen auf dem Grundstücksmarkt und den dort herrschenden Preismechanismen nicht mehr gerecht. Dies gilt insbesondere dann, wenn es um die Verkehrswertermittlung großflächigen warteständigen Baulands (Bauerwartungsland bzw. Rohbauland) oder um die Umnutzung bzw. Neuordnung baureifen Landes (z. B. großflächige Industriebrachen) geht. In solchen Fällen kann es erforderlich werden, neben der Wartezeit und dem Erschließungsbeitrag (Erschließungsausbau- und Grunderwerbskosten) noch folgende wertbeeinflussende Merkmale zu berücksichtigen: **463**

a) ein **erhöhter öffentlicher Flächenbedarf für Infrastrukturmaßnahmen, naturschutzrechtliche Ausgleichsflächen und soziale Folgeeinrichtungen,**

b) eine **Überwälzung des 10 %igen Eigenanteils** der Gemeinde am Erschließungsaufwand auf den Eigentümer (Erschließungsvertrag nach § 124 BauGB),

c) die **Abschöpfung umlegungsbedingter Bodenwerterhöhungen** im Rahmen amtlicher Bodenordnungsmaßnahmen nach den §§ 45 ff. BauGB sowie

d) die **Übernahme** der durch die Bauleitplanung verursachten **Bodenordnungs-, Erschließungs- und Folgekosten im Rahmen eines städtebaulichen Vertrags.**

Sofern nach der vorhandenen städtebaulichen Situation und dem Verhalten des Planungsträgers davon ausgegangen werden muss, dass maßnahmenbedingte Kosten (i. S. des § 11 BauGB) **üblicherweise auf die Eigentümer „überwälzt" werden** und davon die Preisbildung im gewöhnlichen Geschäftsverkehr mitbestimmt wird, muss dies bei der Verkehrswertermittlung im Wege deduktiver Verfahren mit berücksichtigt werden. **464**

---

236 Vogels, H., Grundstücks- und Gebäudebewertung marktgerecht, 5. Aufl. Wiesbaden 1996, S. 28 f.; Pohnert, Kreditwirtschaftliche Wertermittlung, 5. Aufl. S. 113; Zimmermann, WertV 88, München 1998, S. 204; Kleiber/Simon, WertV 98, 5. Aufl. 1999, S. 245; Simon in GuG 1995, 229; Sotelo in GuG 1995, 91; Simon/Kleiber, Schätzung und Ermittlung von Grundstückswerten, 7. Aufl. Neuwied 1996, S. 138; Kleiber in GuG 1996, 16; Möckel in GuG 1996, 274; Thomas/Leopoldsberger/Waldbröhl in Schulte, Immobilienökonomie Bd. I, München/Wien 1998, S. 444; zustimmend: Thomas in GuG 1995, 25, 82; Kremer in GuG 1995, 264; kritisch und mit Einschränkungen: Reck in GuG 1995, 234; Vogels in GuG 1994, 347.

IV Syst. Darst. Vergleichswertverfahren — Extraktion

465 Wertermittlungstechnisch ist zu empfehlen, sich auf die **wesentlichen wertbestimmenden Parameter** und einen möglichst einfachen und übersichtlichen Verfahrensgang zu konzentrieren. „Überfrachtete Rechenverfahren" sind dagegen ungeeignet, auch wenn sie eine hohe Wissenschaftlichkeit und Scheingenauigkeit vortäuschen.

466 Bei dieser Vorgehensweise sind in der Gesamtschau die **wesentlichen Parameter:**

a) die Erschließungs*ausbau*kosten (Rn. 478 ff.),

b) die Kosten der Bodenordnung und der im Rahmen eines städtebaulichen Vertrags bereitzustellenden Infrastruktureinrichtungen (Folgekosten, Rn. 492 ff.),

c) der unentgeltlich bereitzustellende Flächenanteil, insbesondere, soweit er für Infrastruktur- und naturschutzrechtliche Ausgleichsmaßnahmen über die Erschließungsflächen aufgebracht werden muss,

d) die Wartezeit und das damit verbundene Wagnis (vgl. hierzu Rn. 507 ff., 513) sowie

e) der Diskontierungszinssatz (vgl. Rn. 515 ff.).

467 Dies macht es erforderlich, den in solchen Fällen **unentgeltlich bereitzustellenden Flächenanteil sowie die Folgekosten** möglichst sorgfältig abzuschätzen. Grundlage dafür ist der Bebauungsplan bzw. der städtebauliche Vertrag. Soweit diese noch nicht zur Verfügung stehen, muss sich der Sachverständige an der vorhandenen städtebaulichen Situation und dem Verhalten des Planungsträgers in der Weise orientieren, wie dadurch das Marktgeschehen mitbestimmt wird. Der Auftraggeber muss sich in dieser Phase bewusst sein, dass er bei diffusen Verhältnissen Unsicherheiten der Verkehrswertermittlung in Kauf nimmt. Dies kann dem Sachverständigen nicht angelastet werden[237].

Als ein universell und den Gegebenheiten des Einzelfalls anpassungsfähiges Wertermittlungsverfahren kann die nachfolgend vorgestellte Methode bei begrenzter Wartezeit zur Anwendung kommen.

6.3.2.2 Verfahrensüberblick

468 Verfahrensmäßig muss bei Anwendung des Extraktionsverfahrens (Residualwertverfahrens) auf die Verkehrswertermittlung warteständigen Baulands zwischen der **Brutto- und Nettofläche des Erschließungsgebiets** und dementsprechend zwischen dem Brutto- und Nettowert unterschieden werden. Der zu ermittelnde Bodenwert des warteständigen Baulands bezieht sich nämlich auf die Bruttofläche des zu entwickelnden Gebiets, während als Ausgangwert der auf den Quadratmeter Nettobaulandfläche bezogene Bodenwert herangezogen wird.

Deshalb empfiehlt es sich zunächst, die auf den Quadratmeter Nettobaulandfläche bezogenen Bodenwerte, die sich direkt aus Vergleichspreisen für baureifes Land (ebf) ableiten lassen, um die Kosten der Erschließung, Infrastrukturmaßnahmen und Bodenordnung zu vermindern. Auf diesem Wege gelangt man zu dem Bodenwert (pro Quadratmeter baureifes Land), der sich nach der Gebietsentwicklung unter Berücksichtigung der genannten Kosten realisieren lässt. Das Produkt aus dem Bodenwert und der entwickelten Baulandfläche (Nettofläche) ergibt dann den realisierbaren Veräußerungserlös für das zu entwickelnde Gebiet, der – diskontiert über die Entwicklungszeit (Wartezeit) – dem Bodenwert der gesamten Bruttobaulandfläche zum Wertermittlungsstichtag entspricht.

Dieser Wert ist dann allerdings noch um die **Nebenkosten** zu vermindern, d. h. um

a) die Grundstückstransaktionskosten, die im Rahmen der Baulanderschließung erforderlich werden, und

b) um einen Unternehmergewinn (ggf. einschließlich Risikoabschlag),

und ergibt – geteilt durch die Bruttobaulandfläche – den Bodenwert pro Quadratmeter der Bruttofläche. Die Nebenkosten werden dabei in einen gesamtheitlichen Vomhundertsatz des

---

[237] Kleiber in WiV 1967, 63.

Syst. Darst. Vergleichswertverfahren IV

um die Erschließungs-, Infrastruktur- und Bodenordnungskosten verminderten und auf den Wertermittlungsstichtag diskontierten Nettobaulandflächenwerts angesetzt. Rechentechnisch wird dieser mit einem Nebenkostenfaktor multipliziert:

$$\text{Nebenkostenfaktor} = 1 - \text{Nebenkosten}_{(\%\text{ des Nettobaulandflächenwerts})}$$

Beispiel:

Nebenkosten = 15 % des Nettobaulandflächenwerts
Nebenkostenfaktor = (1 – 15/100) = 0,85

Abb. 4: Brutto- und Nettorohbauland

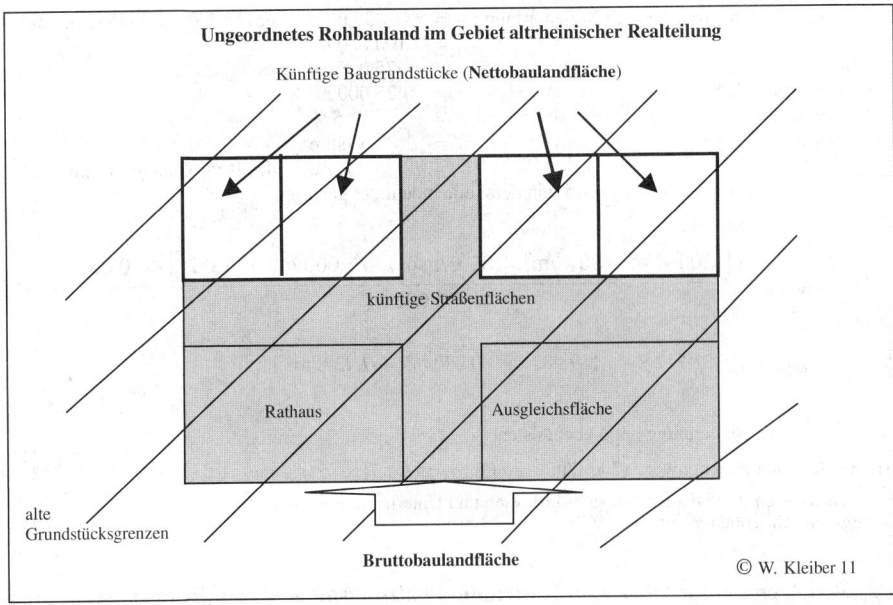

Bei dieser Vorgehensweise findet der **Anteil der unentgeltlich bereitzustellenden Flächen** für den Gemeinbedarf einschließlich sonstiger nach einem städtebaulichen Vertrag unentgeltlich bereitzustellender Flächen dadurch Eingang in die Wertermittlung, dass sich der Gesamtwert der Nettobaulandfläche aus dem Produkt des entsprechenden Bodenwerts pro Quadratmeter Nettobauland mit der möglichst genau der Planung zu entnehmenden (Bebauungsplan) Nettobaulandfläche ermittelt und dieser Gesamtwert durch die Bruttobaulandfläche geteilt wird.

Als **Formel:**

$$BW_{warteständig} = \frac{[(BW_{(ebf)} - EAB \times 0{,}9 - InfraK) \times \text{Nettobaulandfläche} \times q^{-n}] \times \text{Nettokostenfaktor}}{\text{Bruttobaulandfläche}}$$

wobei:
$BW_{warteständig}$ Bodenwert/m² des warteständigen Baulands (Bruttoflächenwert)
BW (ebf)   Bodenwert/m² des erschließungsbeitragsfreien baureifen Landes (Nettoflächenwert baureifes Land)
EAB   Erschließungs*ausbau*beitragsanteil
InfraK   Infrastrukturkosten (bei Umlegungen nach den §§ 45 BauGB ersparte Grundbuch-, Vermessungs- und Notarkosten)

IV Syst. Darst. Vergleichswertverfahren   Extraktion

q^{-n}	Diskontierungsfaktor = $(1 + p/100)^{-n}$
p	Diskontierungszinssatz
n	Wartezeit
Nebenkostenfaktor	$(1 - \text{Nebenkosten}_{(\%)})$
Nebenkosten	Grundstückstransaktionskosten, Unternehmergewinn und ggf. Wagnisabschlag als Vomhundertsatz des kostenverminderten Nettobaulandflächenwerts
0,9	Faktor zur Berücksichtigung eines 10%igen Gemeindeanteils

471 *Beispiel:*

BW (ebf)	=	200 €/m²	
Erschließungsbeitrag	=	50 €/m²	
Erschließungsausbaubeitragsanteil (EAB)	=	30 €/m²	
Infrastrukturkosten einschließlich Bodenordnung	=	35 €/m²	davon 15 €/m² Bodenordnung
Bruttofläche	=	100 000 m²	
Nettofläche	=	75 000 m²	
Erschließungsflächen	=	25 000 m²	
Diskontierungszinssatz p	=	5 %	
Wartezeit n	=	5 Jahre	
Nebenkosten	=	15 %	des Bruttobaulandflächenwerts

Der Eigenanteil der Erschließung wird von der Gemeinde nicht getragen.

$$BW_{wartestandig} = \frac{\left[(200\ €/m^2 - 30\ €/m^2 - 35\ €/m^2) \times 75\ 000\ m^2 \times 1{,}05^{-5}\right] \times 0{,}85}{100\ 000\ m^2}$$

$BW_{wartestandig}$ = (7 933 212 € – 1 189 982 €)/100 000 m² = **67,43 €/m²**

Nebenrechnung: Berechnung der Nebenkosten:

a) Bruttobaulandflächenwert: (200 €/m² – 30 €/m² – 35 €/m²) × 75 000 m² × 1,05⁻⁵ =   7 933 212 €

b) Nebenkosten (Grundstückstransaktionskosten und Unternehmergewinn
    ggf. einschließlich Wagnis) 15 %   1 189 982 €

472 Das Verfahren stellt letztlich ein „**Kostenunterwälzungsmodell**" dar. Es findet seine Grenzen dort, wo die Verkäufer es nicht (mehr) akzeptieren bzw. akzeptieren können. Das Ergebnis ist jeweils abhängig von dem im Einzelfall unterstellten Baulanderschließungsmodell und dem Umfang der unentgeltlichen Flächenbereitstellung. Nachfolgend wird zur Demonstration der Wert des warteständigen Baulands nach drei verschiedenen Baulanderschließungsmodellen ermittelt:

a) der konventionellen Baulanderschließung, bei der die Gemeinde ihren 10%igen Gemeindeanteil sowie die Kosten der Bodenordnung und Infrastruktur trägt (gemeindliche Baureifmachung),

b) der Baulanderschließung im Wege der Umlegung nach den §§ 45 ff. BauGB, bei der die Bodenordnungskosten den Eigentümern im Wege des umlegungsbedingten Mehrwertausgleichs angelastet werden (vgl. Teil VI Rn. 863 ff.), und

c) der Baulanderschließung im Wege eines städtebaulichen Vertrags, mit dem dem Eigentümer bzw. dem Entwickler der 10 %ige Eigenanteil der Gemeinde und die gesamten Erschließungs-, Bodenordnungs- und Infrastrukturkosten angelastet werden (Abb. 5).

Abb. 5: Residualwert warteständigen Baulands bei unterschiedlichen Baulanderschließungsmodellen

Baulanderschließungsmodell	a Gemeindliche Baureifmachung	b Baureifmachung im Wege der Umlegung	c Baureifmachung im Wege eines städtebaulichen Vertrags
Ausgangswert BW (ebf)	200 €/m²	200 €/m²	200 €/m²
abzgl. Eigenanteil am Erschließungsausbau	– 27 €/m²	– 27 €/m²	
voller Erschließungsausbau			– 30 €/m²
abzgl. Infrastrukturkosten und Bodenordnung			– 35 €/m²
nur Bodenordnung		– 15 €/m²	
verbleiben	173 €/m²	158 €/m²	135 €/m²
× Nettobaulandfläche	75 000 m²	75 000 m²	75 000 m²
= Nettobaulandflächenwert in 5 Jahren	12 975 000 €	11 850 000 €	10 125 000 €
× Diskontierungsfaktor bei 5 %	× 0,78352	× 0,78352	× 0,78352
= Nettobaulandflächenwert zum Wertermittlungsstichtag (nebenkostenunvermindert)	10 166 264 €	9 284 796 €	7 933 212 €
× Nebenkostenfaktor			× 0,85
ergibt			6 743 230 €
Bruttobaulandfläche insgesamt	100 000 m²	100 000 m²	100 000 m²
= Bruttobaulandflächenwert/m²	**101,66 €/m²**	**92,85 €/m²**	**67,83 €/m²**

Fordert die Gemeinde zusätzlich zu dem Erschließungsflächenanteil von 25 000 m² eine **weitere unentgeltliche Flächenbereitstellung von 25 000 m² für soziale Zwecke bzw. für naturschutzrechtliche Ausgleichsmaßnahmen,** so ergeben sich folgende Bruttobaulandflächenwerte (Abb. 6):

Abb. 6: Residualwert warteständigen Baulands (städtebaulicher Vertrag) unter Berücksichtigung von Flächenbereitstellungen

Baulanderschließungsmodell bei Inanspruchnahme naturschutzrechtlicher Ausgleichsflächen	c Baureifmachung im Wege eines städtebaulichen Vertrags
Kostenverminderter Ausgangswert (vgl. oben)	135 €/m²
× Nettobaulandfläche	50 000 m²
= Nettobaulandflächenwert in 5 Jahren	6 750 000 €
× Diskontierungsfaktor bei 5 %	× 0,78352
= Nettobaulandflächenwert zum Wertermittlungsstichtag	5 288 760 €
= Bruttobaulandflächenwert (nebenkostenunvermindert)	
× Nebenkostenfaktor	× 0,85
ergibt nebenkostenverminderten Bruttobaulandflächenwert	4 493 746 €
Bruttobaulandfläche insgesamt	100 000 m²
= Bruttobaulandflächenwert/m²	**44,94 €/m²**

IV Syst. Darst. Vergleichswertverfahren — Extraktion

Abb. 7: Deduktive Ableitung des Verkehrswerts warteständigen Baulandes

---

Deduktive Ableitung des Verkehrswerts warteständigen Baulandes

Bodenwert/m² der Nettobaulandfläche (ebf)

−

Erschließungsausbaubeitragsanteil (EAB)/m² × 0,9

=

Bodenwert/m² der Nettobaulandfläche (erschließungsausbaubeitragsfrei)

−

1. **Bei städtebaulichen Verträgen:**
   Infrastrukturkosten einschließlich Bodenordnungskosten (entsprechend Vertrag) pro Quadratmeter Nettobauland
2. **Bei Durchführung von Umlegungsverfahren nach §§ 45 ff. BauGB**
   – Grundbuchkosten
   – Vermessungskosten
   – Notarkosten
   entspricht umlegungsbedingten Ausgleichsleistungen
   (Zuteilung straßenlandbeitragspflichtig)
3. **Bei Erschließung durch die Gemeinde**
   (Grunderwerbs- und Freilegungskosten) × 0,9

=

Bodenwert/m² der Nettobaulandfläche (unter Berücksichtigung der Infrastruktur- und Bodenordnungskosten sowie Kosten der Flächenbereitstellung)

×

Nettofläche

=

Bodenwert der Nettobaulandfläche – insgesamt – (*nach* der Entwicklung)

×

Diskontierung über Wartezeit (Vorhaltekosten): × q^{-n}

=

Bodenwert der Nettobaulandfläche – insgesamt – (*vor* der Entwicklung)
=
Bodenwert der Bruttobaulandfläche (insgesamt ohne Nebenkosten)

−

Grundstückstransaktionskosten, Unternehmergewinn, Wagnisabschlag

=

Bruttobaulandflächenwert (unter Berücksichtigung der Nebenkosten)

:

Bruttobaulandfläche (insgesamt)

=

Bodenwert/m² der Bruttobaulandfläche

© W. Kleiber

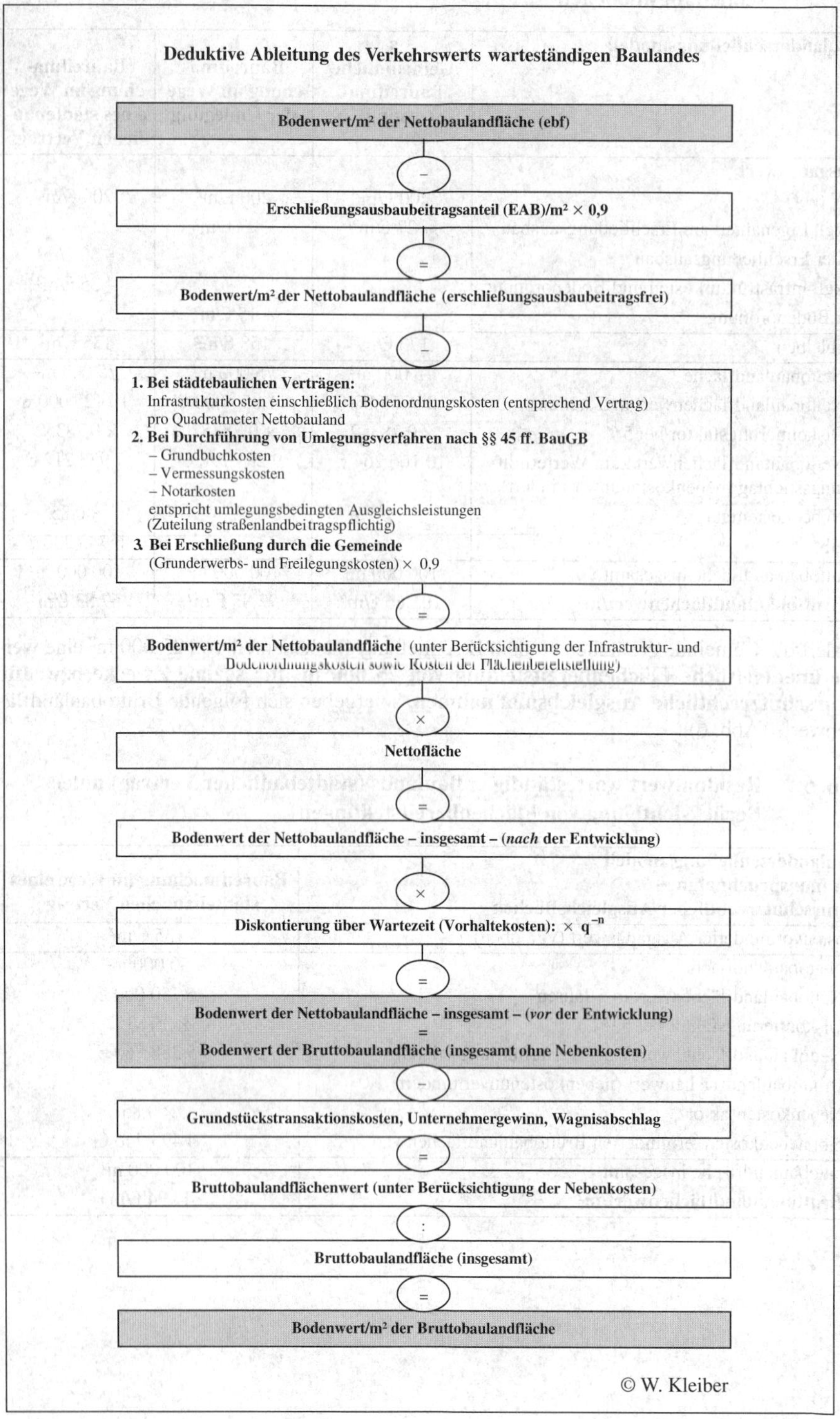

6.3.3 Ausgangswert

6.3.3.1 Maßgeblicher Grundstückszustand

Am Anfang des Verfahrens steht die **Marktwertermittlung des „fertigen Produktes" einer Baulanderschießung.** Die zur Verkehrswertermittlung des warteständigen Baulands heranziehbaren **Vergleichspreise** für baureifes Land sollen sich nach den allgemeinen Grundsätzen des § 15 ImmoWertV auf Grundstücke beziehen, die mit dem künftigen Zustand des zu bewertenden warteständigen Baulands möglichst übereinstimmende Grundstücksmerkmale aufweisen, insbesondere, was die Lage und künftige Nutzbarkeit anbelangt. Des Weiteren ist vor allem beachtlich, ob sich die Vergleichspreise auf erschließungsbeitragsfreies (ebf) oder erschließungsbeitragspflichtiges (ebpf) baureifes Land beziehen. 473

Die Heranziehung der geeigneten Vergleichspreise setzt voraus, dass die **künftige Nutzung und Gestaltung des Erschließungsgebiets** eindeutig bekannt sind. Im Idealfall ist dafür ein Bebauungsplan zu fordern, jedoch wird der Sachverständige zumeist hierauf nicht zurückgreifen können, weil oftmals noch unklare Vorstellungen über die künftige Gestaltung des Gebiets herrschen. In diesen Fällen fehlt es eigentlich an den erforderlichen Grundlagen für die Anwendung des Extraktionsverfahrens (Residualwertverfahrens). Der Sachverständige kann sich dann auf unverbindliche Planungskonzeptionen (informelle Planungen) stützen. In diesem Fall steht das Ergebnis seiner Extraktion (Residualwertermittlung) unter dem Vorbehalt, dass diese Planungskonzeption tatsächlich realisiert wird. Stehen dem Sachverständigen keine oder nur unklare Planungskonzeptionen zur Verfügung, muss er seine Residualwertermittlung auf Annahmen über die künftige Nutzung und Gestaltung des Gebiets stützen, die zweckmäßigerweise mit dem Auftraggeber abzusprechen sind. In diesen Fällen empfiehlt es sich, in dem Gutachten deutlich herauszustellen, dass das Ergebnis seiner Residualwertermittlung unter der Prämisse der Annahme steht, weil bei anderen Vorgaben sich zwangsläufig auch ein anderer Residualwert ergeben würde. 474

6.3.3.2 Ermittlung des Verkehrswerts

Die zur Ermittlung des Ausgangswerts herangezogenen Vergleichspreise für baureifes Land sind – soweit erforderlich – auf die Lagemerkmale des zu bewertenden Baulands „umzurechnen". Dies gilt auch für etwaige Unterschiede im **Maß der baulichen Nutzung (GFZ)**. Dabei kann es von Bedeutung sein, welchen erschließungsbeitragsrechtlichen Zustand die den Vergleichspreisen zugrunde liegenden Grundstücke aufweisen. Die in der Praxis zur Anwendung kommenden Umrechnungskoeffizienten zur Berücksichtigung eines unterschiedlichen Maßes der baulichen Nutzung (GFZ) sind nämlich in aller Regel auf der Grundlage erschließungsbeitragsfreier (ebf) baureifer Grundstücke abgeleitet worden. Um „im System zu bleiben", müssen deshalb Vergleichspreise für erschließungsbeitragsfreies baureifes Land herangezogen werden, die dann auf das Maß der baulichen Nutzung umgerechnet werden, das für das zu wertende warteständige Bauland maßgeblich ist. Vergleichspreise erschließungsbeitragspflichtiger Grundstücke müssen ggf. zuvor auf einen erschließungsbeitragsfreien Zustand umgerechnet werden. 475

6.3.3.3 Baulandproduktionskosten (Überblick)

Im Anschluss an diese vorab durchzuführende „Angleichung" der Vergleichspreise für baureifes Land gilt es sodann, 476

a) die sich aus der Flächenbereitstellung und den Erschließungsausbaumaßnahmen zusammensetzenden **Erschließungskosten** und ggf. auch **infrastrukturelle Aufschließungskosten** (Folgekosten) sowie

b) die **Vorhaltekosten** über die ausstehende Wartezeit bis zur Baureife und das damit verbundene Wagnis (Risiko)

zu berücksichtigen.

477 Dies macht es erforderlich, den in solchen Fällen **unentgeltlich bereitzustellenden Flächenanteil sowie die Folgekosten** möglichst sorgfältig abzuschätzen. Grundlage dafür ist der Bebauungsplan ggf. i. V. m. dem städtebaulichen Vertrag. Soweit diese Grundlagen noch nicht zur Verfügung stehen, muss sich der Sachverständige an der vorhandenen städtebaulichen Situation und dem Verhalten des Planungsträgers in der Weise orientieren, wie dadurch das Marktgeschehen mitbestimmt wird. Der Auftraggeber muss sich in dieser Phase bewusst sein, dass er bei diffusen Verhältnissen Unsicherheiten der Verkehrswertermittlung in Kauf nimmt. Dies kann dem Sachverständigen nicht angelastet werden[238].

6.3.4 Erschließung

478 Im *zweiten Schritt* gilt es zunächst, den Ausgangswert für erschließungsbeitragsfreies baureifes Land um die Kosten zu vermindern, die mit der örtlichen Erschließung verbunden sind. Dazu wird auf Kosten zurückgegriffen, die sonst nach dem Erschließungsbeitragsrecht der §§ 123 ff. BauGB geltend gemacht werden können. Nach § 127 BauGB erheben die Gemeinden zur Deckung ihres „anderweitig nicht gedeckten" Aufwands für Erschließungsanlagen einen Erschließungsbeitrag. Der Erschließungsbeitrag wird erhoben für

- den **Grunderwerb,**
- eine etwaige **Freilegung** sowie
- die **Herstellung der Erschließungsanlage.**

Die Gemeinde trägt dabei (grundsätzlich) 10 % des beitragsfähigen Erschließungsaufwands.

479 Bezüglich des durch die Erschließung ausgelösten **Flächenbedarfs** und der üblicherweise anfallenden **Erschließungsbeiträge** liegen folgende **Erfahrungswerte** vor:

- Die Erschließungsbeiträge belaufen sich in der Praxis je nach örtlichen Verhältnissen (Lage, Topografie) auf zwischen 15 €/m² und 50 €/m² erschlossenen Baulands.
- Der Flächenbedarf für die Erschließung beläuft sich auf etwa 20 bis 30 % der Bruttobaulandfläche; es kommt hier entscheidend darauf an, ob der Maßnahme eine flächensparende oder flächenintensive Erschließungskonzeption zugrunde liegt.

480 **In den** vorgenannten **Erfahrungswerten** über Erschließungsbeiträge **sind die Kosten des Grunderwerbs enthalten**, wobei – im Falle von Neuerschließungsmaßnahmen – der Grunderwerb regelmäßig nicht zu den Preisen des baureifen Landes getätigt wird. Zumindest bei Neuerschließungsmaßnahmen können die künftigen Erschließungsflächen unter Anwendung des Vorwirkungsgrundsatzes erworben werden. Bei der hier behandelten Vorgehensweise dürfen zunächst aber nur die Erschließungsausbaukosten (EAB) zum Ansatz kommen, denn die Höhe der Grunderwerbskosten ergibt sich erst aus dem Ergebnis der Wertermittlung.

481 Bei der (deduktiven) Ableitung des Verkehrswerts warteständigen Baulands aus Vergleichspreisen für erschließungsbeitragsfreies Bauland dürfen aus den vorstehenden Gründen nicht

- der Freilegungsanteil für die Erschließungsflächen (häufig **pauschal mit 30 % der Bruttobaulandfläche) und gleichzeitig**
- **der ortsübliche Erschließungsbeitrag** *in voller Höhe* bezogen auf die Bruttobaulandfläche zum Abzug gebracht werden. Dies würde zu einer Doppelberücksichtigung führen, denn im Erschließungsbeitrag ist der Grunderwerb enthalten. Dieser in der Wertermittlungspraxis oftmals begangene Fehler führt im Ergebnis dazu, dass bei der Ermittlung des Verkehrswerts warteständigen Baulands aus Vergleichspreisen baureifer erschließungsbeitragsfreier (ebf) Grundstücke der Flächenbeitrag für die künftige Erschließung
  • einerseits mit dem Abzug eines prozentualen Flächenabzugs und
  • andererseits mit dem Ansatz des „vollen" Erschließungsbeitrags, der die Grunderwerbskosten enthält,

doppelt zum Abzug gebracht wird.

---

238 Kleiber in WiV 1967, 63.

482 Deswegen ist es geboten, im Rahmen der deduktiven Ableitung des Verkehrswerts warteständigen Baulands aus erschließungsbeitragsfreien (ebf) Vergleichspreisen (für baureifes Land) den grundsätzlich in Abzug zu bringenden Erschließungsbeitrag in

– eine Grunderwerbskomponente und

– eine Ausbaukomponente

aufzuspalten und zunächst **nur die Ausbaukomponente in Abzug zu bringen**. Entsprechende Regelungen enthält auch das Umlegungsrecht in § 57 Satz 4 i. V. m. § 68 Abs. 1 Nr. 4 BauGB für den Fall einer straßenlandbeitragsfreien, aber ansonsten erschließungsbeitragspflichtigen Zuteilung[239]. Dem entspricht auch die deduktive Ableitung von Rohbaulandwerten (aber auch generell die Ableitung des Verkehrswerts von „warteständigem Bauland"), wenn dabei von einem anteiligen (prozentualen) unentgeltlichen Flächenabzug für Erschließungsanlagen ausgegangen wird.

483 *Beispiel:*

Ausgangsdaten:
- Vergleichswert für erschließungsbeitragsfreies (ebf) baureifes Land BW   200 €/m²
- Erschließungsbeitrag pro Quadratmeter erschlossenen baureifen Landes   50 €/m²
  davon Grunderwerbskosten   20 €/m²
  Ausbaukosten   30 €/m²
- Bruttobaulandfläche   100 000 m²
- Erschließungsfläche   25 000 m²
- Nettobaulandfläche   75 000 m²

Rechengang:

BW (ebf)	=	200 €/m²
– Erschließungsbeitragsanteil für Ausbau	=	– 30 €/m²
= BW (ebpf)	=	**170 €/m²** (noch nicht diskontierter Zwischenwert)

Bodenwert des gesamten Baugrundstücks: 75 000 m² × 170 €/m² = **12,75 Mio. €** (Zwischenwert)

484 Zu beachten ist, dass sich der vorstehend ermittelte **Quadratmeterwert des erschließungsbeitragspflichtigen (ebpf) baureifen Landes nur auf die künftige Nettobaulandfläche** bezieht, weil der Anteil der Grunderwerbskosten am Erschließungsbeitrag mit der unentgeltlichen Bereitstellung der dafür erforderlichen Flächen getätigt wird und diese Flächen damit einen „Nullwert" aufweisen.

485 Zur Erläuterung wird die **Gesamtberechnung** vorgestellt:

Rechengang:

Zu ermitteln ist der Verkehrswert der Nettobaulandfläche bei sofortiger unentgeltlicher Abgabe der Erschließungsflächen von 25 000 m², mithin 75 000 m²:

Erschlossen hat diese Fläche im erschließungsbeitragsfreien (ebf) Zustand einen Wert von:
75 000 m² × 200 €/m²   =   15,000 Mio. €
Abzug des Erschließungsausbaubeitrags für die Nettobaulandfläche:
75 000 m² × 30 €/m²   =   – 2,250 Mio. €
Straßenausbaupflichtiges, aber ansonsten erschließungsbeitragsfreies Land mithin   =   **12,750 Mio. €**

486 **Um zum aktuellen Nettobaulandwert zu kommen, ist vorstehend ermittelter Zwischenwert noch über die Wartezeit** möglichst unter gleichzeitiger Berücksichtigung des damit verbundenen Wagnisses **abzuzinsen** (vgl. Rn. 509 ff.).

487 **Abzulehnen** ist dagegen eine Berechnungsweise, bei der – vom Bodenwert für erschließungsbeitragsfreies (ebf) Bauland (BW [ebf]) ausgehend –

– der Bodenwert um einen Flächenbeitrag für die künftigen Erschließungsflächen (z. B. um 30 %) vermindert,

---

[239] Ernst/Zinkahn/Bielenberg/Krautzberger, Komm. zum BauGB, § 68 BauGB Rn. 6; § 57 BauGB Rn. 34.

IV Syst. Darst. Vergleichswertverfahren — Extraktion

– der „volle" Erschließungsbeitrag (einschließlich des Anteils für die Grunderwerbskosten) abgezogen und

– das Ergebnis darüber hinaus als Ausgangswert für die „volle" Bruttobaulandfläche herangezogen wird.

488 *Beispiel (falsch):*

Ausgangsdaten wie im vorstehenden Beispiel

BW (ebf)		200 €/m²
– 25 % von 200 €/m²		– 50 €/m²
= Nettobaulandflächenwert	=	150 €/m²
– Erschließungsbeitrag		– 50 €/m²
= BW (ebpf)	=	100 €/m²

Auch wenn dieser Wert nur auf die Nettorohbaulandfläche zur Anwendung käme, wäre das Ergebnis falsch: 75 000 m² × 100 €/m² = 7,5 Mio. € (falsch).

489 Bei dieser Berechnungsweise werden – wie vorstehend erläutert – die **Kosten des Grunderwerbs für die Erschließungsflächen** doppelt zum Ansatz gebracht, nämlich einmal mit dem „vollen" Erschließungsbeitrag und ein zweites Mal mit dem Flächenbeitrag. Tatsächlich müsste, wenn die Erschließungsbeiträge „voll" zum Ansatz gebracht werden, eine Entschädigung für die vom Eigentümer in Anspruch genommenen Erschließungsflächen berücksichtigt werden. Dieser Entschädigungsbetrag ist bei vorstehender Berechnungsweise aber unberücksichtigt geblieben.

490 **Abzulehnen** ist auch die vorstehende Berechnungsweise, wenn anstelle des vollen Erschließungsbeitrags nur der Erschließungs*ausbau*beitrag zum Abzug gebracht wird, um insoweit eine Doppelberücksichtigung zu vermeiden:

Beispiel (falsch):

Ausgangsdaten wie im vorstehenden Beispiel

BW (ebf)		200 €/m²
– 25 % von 200 €/m²		– 50 €/m²
= Nettobaulandflächenwert	=	150 €/m²
– Erschließungsausbaubeitrag		– 30 €/m²
= BW (ebpf)	=	120 €/m²

Der Gesamtwert der Nettorohbaulandfläche ergäbe sich damit zu 75 000 m² × 120 €/m² = 9,0 Mio. € (falsch).

An dieser Berechnung ist zu bemängeln, dass sich der Grunderwerb für die Erschließungsflächen am Wert des baureifen Landes orientiert; tatsächlich wird der Grunderwerb jedoch nach dem Wert des warteständigen Baulands getätigt.

491 In den vorstehenden Berechnungsbeispielen wurden nicht, wie vielfach von Entwicklungsgesellschaften gefordert, **Entwicklungskosten** berücksichtigt. Dies ist nur in den Ausnahmefällen sachgerecht, wo der Grundstücksmarkt mit solchen Kostenbelastungen rechnen muss und dies auch im gewöhnlichen Geschäftsverkehr die Preisbildung beeinflusst. Grundsätzlich kann jedoch der Grundstücksmarkt damit rechnen, dass solche Entwicklungsmaßnahmen zu den ureigensten Aufgaben der Gemeinde gehören. Demzufolge trägt auch bei Bodenordnungsmaßnahmen nach den §§ 45 ff. BauGB die Gemeinde die Verfahrenskosten (§ 78 BauGB). Selbst bei Durchführung städtebaulicher Sanierungs- und Entwicklungsmaßnahmen sind die **gemeindlichen Verfahrenskosten** nicht förderfähig, wenn die Gemeinde die Maßnahme in eigener Regie durchführt; etwas anderes gilt nur im Falle der Beauftragung eines Trägers. Es kommt bei genauerer Betrachtung hinzu, dass die Gemeinde grundsätzlich 10 % der Erschließungskosten selber tragen muss.

6.3.5 Planungs-, Bodenordnungs- und Infrastrukturkosten

6.3.5.1 Allgemeines

Im *dritten Schritt* ist der Ausgangswert für erschließungsbeitragsfreies baureifes Land noch um die Kosten zu vermindern, die mit der maßnahmenbedingten Infrastruktur (Folgekosten) verbunden sind. Dies gilt allerdings nur unter besonderen Voraussetzungen: 492

Grundsätzlich kann die Gemeinde nur die Kosten der örtlichen Erschließungsanlagen nach den Vorschriften des Erschließungsbeitragsrechts geltend machen und hat darüber hinaus die Kosten der sonstigen Infrastrukturmaßnahmen und die Bodenordnungskosten (Folgekosten) zu tragen, wenn man von den Besonderheiten der städtebaulichen Sanierungs- und Entwicklungsmaßnahme (nach den §§ 136 ff. BauGB) und der amtlichen Umlegung (nach den §§ 45 ff. BauGB) absieht. Die Gemeinden sehen sich diesbezüglich insbesondere bei großflächigen Baulanderschließungen finanziell überfordert und sind bestrebt, diese Kosten auf die durch die Bauleitplanung begünstigten Eigentümer bzw. auf den Investor zu überwälzen[240]. Da umgekehrt für die Eigentümer bzw. den Investor mit der Planung und Erschließung der warteständigen Baulandflächen nicht unerhebliche Wertsteigerungen einhergehen, sind sie im Rahmen dieses Wertsteigerungspotenzials bereit, diese Kosten mitzutragen. Dies betrifft insbesondere die nachstehenden Folgekosten: 493

a) die Planungskosten,

b) die Kosten der Bodenordnung und

c) die Kosten der örtlichen Erschließung (anstelle ihrer Geltendmachung durch Erschließungsbeiträge unter Einbeziehung des 10%igen Gemeindeanteils),

d) die Kosten der sonstigen Infrastrukturmaßnahmen.

Im Rahmen des Wertsteigerungspotenzials wird es von den Eigentümern bzw. von Investoren hingenommen, dass die mit der Planung und Entwicklung einhergehende Wertsteigerung durch unentgeltliche Bereitstellung von privat nutzbaren Flächen (z. B. für den Bereich der sozialen Wohnraumförderung) „abgeschöpft" wird. 494

Die Gemeinden legen vielfach ihre diesbezüglichen boden- und baulandpolitischen Strategien in Form von **„städtebaulichen Grundsatzbeschlüssen"** fest. Diese bilden auch die Grundlage für den Abschluss städtebaulicher Verträge, die mit gleicher Zielsetzung, aber auch ohne entsprechende städtebauliche Grundsatzbeschlüsse vereinbart werden können. 495

Der Beteiligung der Eigentümer bzw. des Investors an den Infrastruktur- und Bodenordnungskosten (einschließlich der unentgeltlichen Flächenbereitstellung) **sind Grenzen gesetzt:** 496

a) Der Eigentümer bzw. der Investor ist aus wirtschaftlichen Überlegungen zur Kostenübernahme nur in dem Umfang bereit, wie sich diese durch die mit der Entwicklung einhergehende Werterhöhung „rechnet".

b) Die Gemeinde darf die Kosten im Rahmen städtebaulicher Verträge dem Eigentümer bzw. dem Investor anlasten, wie sie auf Maßnahmen zurückführbar sind, die

- in einem kausalen Zusammenhang mit der Baulandentwicklung stehen *(Ursächlichkeit)* und

- in ihrer Ausgestaltung angemessen sind *(Angemessenheit;* § 11 Abs. 2 BauGB).

Sofern nach der vorhandenen städtebaulichen Situation und dem Verhalten des Planungsträgers davon ausgegangen werden muss, dass die Überwälzung der Infrastruktur- und Bodenordnungskosten (einschließlich der unentgeltlichen Flächenbereitstellung) auf die Eigentümer üblich ist und davon die Preisbildung auf dem Grundstücksmarkt im gewöhnlichen 497

---

[240] Zum Stand des kommunalpolitischen Flächenmanagements vgl. Schäfer, Baulandbereitstellung, Bundesministerium für Verkehr, Bau- und Wohnungswesen, Berlin 2001.

Geschäftsverkehr mitbestimmt wird, muss dies bei der Verkehrswertermittlung im Wege deduktiver Verfahren mitberücksichtigt werden.

498 Dies macht es erforderlich, die Folgekosten und den in solchen Fällen unentgeltlich bereitzustellenden (zusätzlichen) Flächenanteil möglichst sorgfältig abzuschätzen. **Grundlage dafür ist der Bebauungsplan bzw. der städtebauliche Vertrag** (§§ 11 f. BauGB). Soweit diese noch nicht zur Verfügung stehen, muss sich der Sachverständige an der vorhandenen städtebaulichen Situation und dem Verhalten des Planungsträgers in der Weise orientieren, wie dadurch das Marktgeschehen mitbestimmt wird. Der Auftraggeber muss sich in dieser Phase bewusst sein, dass er bei „diffusen" Verhältnissen Unsicherheiten der Verkehrswertermittlung in Kauf nimmt. Dies kann dem Sachverständigen nicht angelastet werden[241].

499 Ob im Einzelfall bei der Verkehrswertermittlung einer warteständigen Baulandfläche davon auszugehen ist, dass deren Entwicklung tatsächlich vom Abschluss eines städtebaulichen Vertrags mit der Übernahme von Folgekosten abhängig ist, kann nur auf der Grundlage des **örtlichen Marktgeschehens und des** generellen **Verhaltens des Planungsträgers** beurteilt werden. Im Rahmen einer Verkehrswertermittlung verbietet es sich zunächst, stillschweigend entsprechenden Anweisungen des Auftraggebers zu folgen. Hier muss sich der Sachverständige zunächst selbst ein Bild darüber verschaffen, ob dies tatsächlich den Gepflogenheiten des Grundstücksmarktes entspricht und der Grundstücksmarkt auf ein entsprechendes Verhalten des Planungsträgers „reagiert". Wäre dies im Einzelfall zu verneinen und besteht der Auftraggeber dennoch darauf, ein solches Verhalten des Planungsträgers der Wertermittlung zugrunde zu legen, sollte der Gutachter seine Wertermittlung mit einem entsprechenden Hinweis versehen.

6.3.5.2 Städtebauliche Verträge

500 Als **Indiz dafür, dass die Baulandentwicklung** im Einzelfall **nur in Abhängigkeit vom Abschluss eines städtebaulichen Vertrags eine Chance hat,** gilt insbesondere die Größe des künftigen Baugebiets, weil i. d. R. nur große Baugebiete auch größere Infrastrukturmaßnahmen zur Folge haben, die der Planungsträger auf den Investor zu überwälzen trachtet. Daneben sind entsprechende städtebauliche Grundsatzbeschlüsse sowie die Eigentumsstruktur beachtlich, weil der Abschluss eines städtebaulichen Vertrags vor allem nur dann eine Chance hat, wenn sich nur ein oder zumindest wenige Investoren nach der vorgefundenen Eigentumsstruktur als Vertragspartner anbieten.[242]

501 Im Übrigen wäre es nur konsequent, spiegelbildlich zu den überwälzten Infrastrukturkosten auch die zu erwartenden Förderungen der Maßnahme werterhöhend zu berücksichtigen. **Bodenbezogene Förderungen** führen nun einmal zu Bodenwerterhöhungen.

502 Die **Höhe der** unter den genannten Voraussetzungen **zum Abzug zu bringenden Folgekosten** (Infrastruktur- und Bodenordnungskosten einschließlich der unentgeltlichen Flächenbereitstellung) ist schwer kalkulierbar. Der Sachverständige sieht sich hier oftmals unübersichtlichen Kostenaufstellungen ausgesetzt. Die Höhe der Kosten ist insbesondere abhängig von

a) der Art des zu entwickelnden Gebiets, wobei die Entwicklung von Wohngebieten i. d. R. höhere Infrastrukturkosten erfordert als die Entwicklung von Gewerbegebieten,

b) der vorhandenen Topografie,

c) der „Qualität" und Quantität der vorgesehenen Infrastrukturmaßnahmen und

d) ggf. dem Umfang von Freilegungsmaßnahmen einschließlich Altlastenbeseitigung.

503 Nach **allgemeinen Erfahrungssätzen** liegen die Infrastrukturkosten oftmals in gleicher Höhe wie die Erschließungskosten[243]. Wenn im Einzelfall die vom Investor geltend gemachten Fol-

---

[241] Kleiber in Wirtschaft und Verwaltung 1967, 63.
[242] Bezüglich der Größe des zu entwickelnden Gebiets kann für die Verhältnisse in *Berlin* die in Kleiber/Simon, Verkehrswertermittlung von Grundstücken, 4. Aufl. auf S. 1150 abgedruckte Aufstellung der „Vertragsgebiete" einen Anhalt bieten.
[243] Voß in GuG 1996, 343.

Extraktion — Syst. Darst. Vergleichswertverfahren IV

gekosten den Betrag von 70 €/m² baureifen Landes (ebf) überschreiten, muss dies sehr kritisch hinterfragt werden und hat vielfach seine Ursache in einer allzu aufwendigen Planung. Dies kann zum Scheitern des Vorhabens führen, denn diese Kosten werden im Rahmen des Extraktionsverfahrens (Residualwertverfahrens) auf den Erwerbspreis „unterwälzt", d.h., sie führen zu einem Preis für die wartestständigen Bauflächen, der dann von dem Veräußerer nicht mehr akzeptiert werden kann.

Im Rahmen der von der Landeshauptstadt *München* beschlossenen Grundsätze der „Sozialen Bodennutzung" (SoBoN)[244] und der hierzu erlassenen Richtlinie für die inhaltliche und verfahrensmäßige Umsetzung wird im Rahmen städtebaulicher Verträge neben 504

a) der unentgeltlichen Flächenbereitstellung,

b) den Herstellungskosten der Erschließungsanlagen und der Ausgleichsmaßnahmen,

c) ggf. den Wettbewerbskosten, Kosten für zusätzliche Öffentlichkeitsarbeiten, Honorare nach HOAI bei Vergabe von Leistungen an Dritte, Kosten für Gutachten, Umlegungskosten,

d) dem Verzicht auf Ansprüche z.B. wegen Eingriffs in den eingerichteten und ausgeübten Gewerbebetrieb

ein anteiliger **Infrastrukturkostenbeitrag in Höhe von 65 €/m² Geschossfläche „der Baurechtsmehrung"** ausbedungen; dieser soll in etwa die Hälfte der angesetzten ursächlichen sozialen Infrastrukturkosten abdecken. Er wird zum Zeitpunkt der Realisierungsmöglichkeit des neuen bzw. zusätzlichen Baurechts fällig. Andere Städte handeln ähnlich[245].

Es kommt hinzu, dass in **Gebieten mit niedrigem Bodenwertniveau** der Unterwälzung von Folgekosten enge Grenzen gesetzt sind. Wo z.B. erschlossenes Gewerbebauland zum Preis von 40 €/m² (ebf) auf dem Markt ist, wird man neben den Erschließungskosten wohl kaum noch die Folgekosten dem Eigentümer anlasten können. Folgekosten können dem Grundstückseigentümer letztlich nur in dem Maße angelastet werden, wie sie sich in entsprechenden Bodenwerterhöhungen niederschlagen. 505

Anhaltspunkte für die Baulandproduktionskosten ergeben sich aus Abb. 8. 506

Abb. 8: **Baulandproduktionskosten (ohne Grunderwerb)**

	Kostenarten	Umlegung nach §§ 45 ff. BauGB €	Städtebauliche Entwicklungsmaßnahmen §§ 165 ff. BauGB €
1.	**Vorbereitung**		
1.1	Flächennutzungsplan	0,32	0,32
1.2	Bebauungsplan	0,41	0,41
1.3	Grünordnungsplan	0,25	0,25
1.4	Verwaltungskosten	0,71	
1.5	Entwicklungsbetreuer		0,71
2.	**Kosten der Erschließung**		
2.1	Erschließung nach den §§ 127 ff. BauGB	30,00	30,00
2.1.1	Kosten Erhebung Ermittlung der Grundlagen Berechnungen, Erteilung, Beratung, Buchungsaufwand	**0,56**	
2.1.2	Zuschlag Risiko Widerspruchsverfahren (ohne Ansatz)		

---

[244] Gemeinsamer Beschluss des Ausschusses für Stadtplanung und Bauordnung, des Kommunalausschusses, des Finanzausschusses und des Ausschusses für Arbeit und Wirtschaft vom 3.12.1997 der Landeshauptstadt München.
[245] Vgl. Globalrichtlinie der Freien und Hansestadt Hamburg (GuG 2004, 173).

IV Syst. Darst. Vergleichswertverfahren — Extraktion

	Kostenarten	Umlegung nach §§ 45 ff. BauGB €	Städtebauliche Entwicklungsmaßnahmen §§ 165 ff. BauGB €
2.2	**Kanalanlage**		
2.2.1	Kanalbau	6,40	6,40
2.2.2	Beitragserhebung	**0,56**	
2.3	**Wasserbau**		
2.3.1	Anlagenbau	2,72	2,72
2.3.2	Beitragserhebung	**0,56**	
2.4	**Sonstige Ordnungsmaßnahmen**		
2.4.1	Altlastenerkundung Grundbaulabor	0,25	0,25
2.4.2	Sonstige Gutachten	0,25	0,25
2.4.3	Vermessung	5,00	5,00
2.4.4	Sonstige Ordnungsmaßnahmen	5,00	5,00
2.4.5	Ausbau Ausgleichsflächen	5,00	5,00
3.	**Baumaßnahmen**		
3.1	Kindergarten	6,00	6,00
3.1.1	Kosten der Verwaltung	0,25	
3.2	Verwaltungsstelle	0,25	
4.	**Sonstige Kosten**		
	Finanzierungskosten		
	Kosten 77,86 €		
	Deckungsbeitrag	./. 48,12	
	Kosten 29,75 × 6 % × 3 Jahre	5,31	
	Kosten 109,93 × 6 % × 3 Jahre		19,78
5.	**Finanzierungsbeiträge/Deckungsbeiträge**		
5.1	Erhebung der Erschließungskosten 90 % von 3.1	27,00	
5.2	Erhebung von Beiträgen Ausgleichsmaßnahmen 90 % von 2.4, 2.5 und 3.4.5	16,53	
5.3	Einmalbeitrag Kanal 50 % von 3.2.1 Rest über lfd. Gebühren	3,20	
5.4	Einmalbeitrag Wasser 50 % von 3.3.1 Rest über lfd. Gebühren	1,38	

Anmerkungen:

1. Kostenpositionen ohne direkte Deckungsbeiträge = **Fettdruck**.
2. Bei Kosten der Verwaltung wurde von Gehalts- und Vergütungstabellen der öffentlichen Verwaltung, Zuschlägen für Lohnnebenkosten und Arbeitsplatzkosten ausgegangen.
3. Bei den Erschließungskosten wurde der gemeindliche Mindestanteil (= 10 v. H.) angesetzt. Mithin werden 90 v. H. der Kosten über Erschließungsbeiträge erhoben. Weiter wurde bei dem Zinsrechnung (5.1 Finanzierungskosten) unterstellt, dass die Gemeinde gemäß § 133 Abs. 3 BauGB Vorauszahlungen erhebt. Zinsen wurden daher nicht angesetzt.
4. Bei den Gebühren für Wasser und Kanal wurde von einer Splittung der Kosten mit 50 v. H. für Einmalbeitrag und 50 v. H. für Kostenanteil in verbrauchsabhängiger Rechnung (Abschreibungsanteil in Gebührenkalkulation) ausgegangen. Weiter wurde bei der Zinsrechnung unterstellt, dass die Gemeinde/VGV Vorausleistungen von den Eigentümern bis zur Höhe des Beitrags anfordert. Zinsen wurden daher nicht angesetzt. Die Satzungslage bzw. Entgeltsatzung ist bei einer genauen Satzungslage zu berücksichtigen.
5. Bei Baumaßnahmen wurden eventuell Landeszuschüsse (z. B. KIGA-Programm) nicht berücksichtigt, da diese in beiden Modellen anfallen. Sie würden somit zu einer analogen Reduzierung führen.

Allerdings ist dabei zu berücksichtigen, dass grundsätzlich kein Förderungsanspruch besteht. Wegen der Haushaltslage ist eine Aussage zu Fördermöglichkeiten nur bedingt möglich.
6. Da gemäß § 170 BauGB bei Entwicklungsmaßnahmen grundsätzlich die Ausgaben aus den Einnahmen finanziert werden sollen, wurde ein Föderansatz nicht ausgewiesen. Eine Förderung würde im Ergebnis zu einer Kostenreduzierung und damit zu einem niedrigeren Kostenpreis für den Verkauf führen.
7. Ein Ansatz unter Position 2.1.2 wurde nicht vorgenommen, da dieser nur ungenau zu ermitteln ist. Allerdings zeigt die Unzahl von Verwaltungsgerichtsverfahren in Erschließungsbeitragsverfahren, dass hier relative Rechtsunsicherheit besteht. Als Merkposten wurde nur eine Textstelle eingesetzt.

Quelle: Heimstätte Rheinland-Pfalz GmbH; nach Toman, D.: Bundesverband der Landentwicklungsgesellschaften 1997/4 = GuG 1998, 110

6.3.5.3 Umlegungsgebiete

▶ *Vgl. Teil VI Rn. 819 ff.*

Eine Beteiligung der Eigentümer an den Kosten der Baulandentwicklung findet darüber hinaus in städtebaulichen Sanierungs- und Entwicklungsgebieten und in Umlegungsgebieten statt. Bei Durchführung eines **amtlichen Umlegungsverfahrens nach den §§ 45 ff. BauGB** beschränkt sich die Beteiligung allerdings auf die umlegungsbedingte Bodenwerterhöhung. Die umlegungsbedingte Bodenwerterhöhung wird von der Gemeinde mit der Ausgleichsleistung nach § 64 BauGB auf der Grundlage des Umlegungsplans geltend gemacht. Bei residueller Ermittlung des Einwurfswerts in einem Umlegungsverfahren werden entsprechend den vorstehenden Ausführungen die Kosten der Bodenordnung (Vermessungs-, Notar- und Grundbuchkosten) in Abzug gebracht. 507

Die Bodenordnungskosten, die im Falle einer amtlichen Umlegung nach den §§ 45 ff. BauGB als Umlegungsvorteil „abschöpfungsfähig" sind, müssen auch im Falle der **privaten Bodenordnung** (freiwillige Umlegung) als eine den Eigentümer belastende Kostenposition in Abzug gebracht werden. Für den Eigentümer besteht insoweit kein wirtschaftlicher Unterschied. Freiwillige Umlegungsmaßnahmen werden in aller Regel im Zusammenwirken mit der Gemeinde, die zu diesem Zweck den Bebauungsplan beschließen muss, auf der Grundlage eines städtebaulichen Vertrags durchgeführt. Dabei werden den beteiligten Eigentümern vielfach zusätzliche Leistungen abverlangt, deren Kosten wiederum in Abzug gebracht werden müssen. 508

6.3.6 Wartezeit (Vorhaltekosten)

6.3.6.1 Allgemeines

▶ *Hierzu § 6 ImmoWertV Rn. 108 ff.*

Im *vierten Schritt* sind die sog. Vorhaltekosten zu berücksichtigen. Darunter sind die Kosten zu verstehen, die dem Eigentümer für die Vorhaltung der Grundstücke über den Entwicklungszeitraum entstehen. 509

Der Verkehrswert des erschließungsbeitragsfreien baureifen Landes (Ausgangswert) unter Abzug der Kosten für die örtlichen Erschließungsanlagen (in Höhe des Erschließungsausbaubeitrags) sowie der vom Investor zu tragenden Kosten der Infrastruktur und Bodenordnung (ggf. entsprechend den Vereinbarungen des städtebaulichen Vertrags) garantiert dem Investor eine kostendeckende Entwicklung des Gebiets. Der Investor kann den zum Ansatz kommenden Verkehrswert allerdings erst nach der Entwicklung realisieren. Der Grunderwerb für die zu entwickelnden (Brutto-)Flächen steht dagegen am Anfang der Maßnahme. Zur Berücksichtigung der Vorhaltekosten wird der um die Erschließungs-, Infrastruktur- und Bodenordnungskosten verminderte Ausgangswert über die Dauer der Entwicklung abgezinst (vgl. Abb. 9). 510

IV Syst. Darst. Vergleichswertverfahren — Extraktion

Abb. 9: Abzinsung des Ausgangswerts

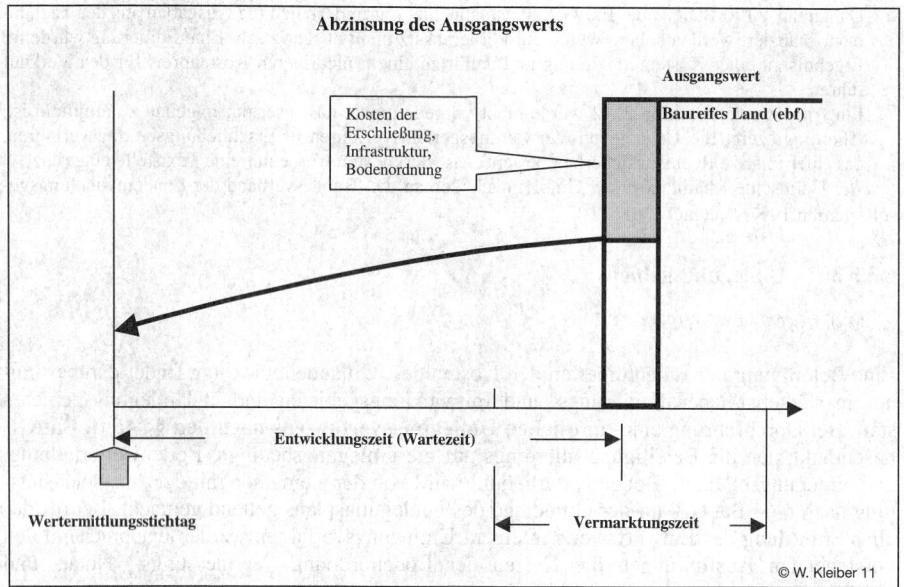

511 Zur Vereinfachung wird üblicherweise unterstellt, dass sich die nach den Preisverhältnissen des Wertermittlungsstichtags angesetzten Kosten der Erschließung, Infrastruktur und Bodenordnung über die Dauer der Maßnahme nicht ändern. Tatsächlich muss i. d. R. jedoch mit Kostensteigerungen gerechnet werde. Umgekehrt entstehen diese Kosten erst im Verlauf der Maßnahme, so dass sie nur in diskontierter Höhe zu berücksichtigen wären, sodass sich diese Einflüsse kompensieren und nicht berücksichtigt zu werden brauchen.

512 Der **Abzinsungsfaktor** $1/q^n = q^{-n}$ kann in Abhängigkeit vom Diskontierungszinssatz und der Wartezeit Tafelwerken entnommen werden oder auch leicht mit Taschenrechnern ermittelt werden (vgl. Rn. 515 ff. sowie Anh. 2 zur ImmoWertV).

6.3.6.2 Voraussichtliche Dauer der Entwicklung

513 Die **Abschätzung der Wartezeit bis zum Eintritt der für die Zulässigkeit einer baulichen Nutzung erforderlichen rechtlichen und tatsächlichen Voraussetzungen** erfordert vom Sachverständigen viel Einfühlungsvermögen in den „Baulandproduktionsprozess" und eingehende Kenntnisse der bodenrechtlichen Zusammenhänge, wobei spekulative Erwägungen keinen Eingang in die Betrachtung finden dürfen. Der „Baulandproduktionsprozess" ist – angefangen von den ersten Überlegungen, eine „grüne Wiese" oder Brachfläche für eine bauliche oder sonstige Nutzung aufzubereiten, über die Aufstellung des Bebauungsplans, die Erschließung und Bodenordnung bis hin zum Verkauf des fertigen Bauplatzes – häufig langwierig und scheitert auch schon einmal. Bei Baulanderschließungen auf der Grundlage städtebaulicher Verträge sind jedoch zeitlich enge Grenzen zu setzen, denn mit dem städtebaulichen Vertrag lässt sich auch eine zügige Bereitstellung gemeindlicher Vorleistungen, insbesondere des Bebauungsplans, ausbedingen.

514 Eine zusätzliche Berücksichtigung der **Vermarktungszeit der baureifen Grundstücke** bleibt dagegen problematisch, weil bereits vor Abschluss der Gesamtmaßnahme Teilflächen erschlossen sind und die Vermarktung schon frühzeitig beginnen kann. Andere Teilflächen mögen dagegen erst nach Abschluss der Entwicklung vermarktungsfähig sein, sodass sich wirtschaftliche Nachteile einer „nachhinkenden" Vermarktung mit den Vorteilen einer vorgezogenen Vermarktung kompensieren.

6.3.6.3 Abzinsungszinssatz

▶ *Vgl. § 14 ImmoWertV Rn. 124*

Ein bestimmter Diskontierungszinssatz, mit dem der Verkehrswert des erschließungsbeitragspflichtigen (ebpf) baureifen Landes – Ausgangswert für die Ermittlung des warteständigen Baulandwerts – über die jeweilige Wartezeit abzuzinsen ist, kann mit dem Anspruch der Allgemeingültigkeit nicht vorgegeben werden. Aus theoretischer Sicht müsste der **Diskontierungszinssatz aus den jeweiligen Verhältnissen des örtlichen Grundstücksmarktes** und des Wertermittlungsobjektes abgeleitet werden.

Hierfür bedürfte es eingehender Analysen des Grundstücksmarktes, um aus dem Wertverhältnis von Vergleichspreisen für warteständiges Bauland zu Vergleichspreisen für erschließungsbeitragsfreies (ebf) baureifes Land die Verzinsung zu ermitteln. Solche Untersuchungen stehen zurzeit nicht zur Verfügung, jedoch könnte hilfsweise **aus einzelnen zur Verfügung stehenden Vergleichspreisen für werdendes Bauland finanzmathematisch der Diskontierungszinssatz ermittelt** werden. Dafür bedarf es der Kenntnis der Wartezeit (bis zur Baureife) der zum Vergleich herangezogenen Grundstücke.

Als Ertrag eines unbebauten Grundstücks könnte allenfalls der **Wertzuwachs eines Grundstücks** angesehen werden, der dem Grundstück realiter (inflationsbereinigt) zuwächst. Die Erfahrung lehrt, dass solche Wertzuwächse entgegen landläufigen Meinungen vielfach recht gering ausfallen, wenn man von Wertzuwächsen aufgrund von Qualitätsverbesserungen absieht. Bei warteständigem Bauland, um das es hier geht, ist ein solcher Wertzuwachs vielfach von der Wartezeit bis zur höherwertigen Nutzung abhängig, d. h., bei sehr langer Wartezeit wird regelmäßig ein geringer jährlicher Wertzuwachs und damit auch ein kleiner Diskontierungszinssatz zu verzeichnen sein; bei kurzer Wartezeit können sich höhere jährliche Wertzuwächse einstellen.

Beispiel:
- Es steht als Vergleichspreis für werdendes Bauland ein Vergleichsobjekt zur Verfügung, das eine Wartezeit von 7 Jahren bis zum Erreichen der Entwicklungsstufe „Baureifes Land" aufweist   225 €/m²
- Der Vergleichspreis für „Baureifes Land" erschließungsbeitragspflichtig (ebpf) beläuft sich auf   300 €/m²

Die Wartezeit bemisst sich nach dem Zeitraum, der
- einerseits vom Zeitpunkt des Kaufvertrags und
- andererseits durch den Zeitpunkt begrenzt wird, zu dem seinerzeit der Eintritt der rechtlichen und tatsächlichen Voraussetzungen für die Zulässigkeit der baulichen Nutzung erwartet wurde.

Ermittlung des Diskontierungszinssatzes p:

$$p_{\%} = 100 \left(\sqrt[n]{\frac{Bodenwert_{baureif/ebpf}}{Bodenwert_{Wartezeit}}} - 1 \right)$$

wobei n = Wartezeit

$$p_{\%} = 100 \left(\sqrt[7]{\frac{300}{225}} - 1 \right) = 4{,}2\,\%$$

Mithilfe solcher Diskontierungszinssätze lässt sich der **Bodenwert warteständigen Baulands** unter Berücksichtigung der jeweiligen Wartezeit nach folgender Formel ableiten:

$$Bodenwert_{Warteständiges\ Bauland} = Bodenwert_{baureif\ (ebpf)} \times q^{-n}$$

wobei   q = (1 + p/100)
          p = Diskontierungszinssatz
          n = Wartezeit

520 *Beispiel:*

Es soll nunmehr der Verkehrswert einer Bruttobaulandfläche ermittelt werden, die eine Wartezeit von vier Jahren aufweist.

Als Vergleichswert wird wiederum der zur Verfügung stehende Vergleichspreis von 300 €/m² für erschließungsbeitragspflichtiges (ebpf) baureifes Land herangezogen:

– Wartezeit n = 4 Jahre
– Vergleichspreis (ebpf) = 300 €/m²
– Diskontierungszinssatz = 4 %

Bodenwert = 300 €/m² × (1 + 4 / 100)$^{-4}$ = **256 €/m²**

521 In der Praxis scheitert die Ableitung eines empirischen Diskontierungszinssatzes in aller Regel bereits an geeigneten Vergleichspreisen. Die Praxis bedient sich ersatzweise des objektspezifischen örtlichen **Liegenschaftszinssatzes als Diskontierungszinssatz**[246]. Dies ist in einer Reihe von Verwandtschaften begründet, die der Liegenschaftszinssatz mit dem Diskontierungszinssatz aufweist:

– Der Grundstücksmarkt geht bei einem Erwerb warteständigen Baulands in aller Regel von einem **Wertzuwachs** im Verlauf der Wartezeit aus. Des Weiteren wird wie bei einem bereits bebauten Objekt erwartet, dass – zeitlich versetzt – später auch die Mieterträge steigen werden.

– Der Grundstücksmarkt betrachtet auch den Erwerb warteständigen Baulands als eine krisenfeste **Sachgutanlage,** die eine geringere als die bankenübliche Verzinsung des investierten Kapitals rechtfertigt. Inflationäre Entwicklungen wirken sich demzufolge gleichartig auf Liegenschafts- und Diskontierungszinssatz aus.

– Der Grundstücksmarkt kann in vielen Fällen – ersatzweise zu der bankenüblichen Verzinsung des eingesetzten Kapitals – auch mit direkten und indirekten Förderungen „rechnen". Dabei stehen nicht nur die i. d. R. erst mit der Bebauung gewährten steuerlichen Vorteile im Vordergrund, sondern häufig auch die mit der Baulanderschließung gewährten **Förderungen.** So wurden im Zeitraum von 1991 bis 1997 insgesamt rd. 16 Milliarden Euro im Rahmen der Gemeinschaftsaufgabe „Verbesserung der regionalen Wirtschaftsstruktur" (GA-Mittel) für infrastrukturelle Maßnahmen gewährt. Daneben bestehen zahlreiche Förderungsprogramme (KfW-Infrastrukturprogramm, Fördermittel der EU [EFRE], Konversionsprogramme, KONVERS- und URBAN-Programm und vieles mehr).

522 Die **alternative Heranziehung eines finanzüblichen Zinssatzes als Diskontierungszinssatz** schlägt im Übrigen nur unwesentlich auf das Ergebnis durch, ohne dass diesem eine höhere Überzeugungskraft beizumessen wäre. In diesem Fall müsste nämlich davon ausgegangen werden, dass der nach den Wertverhältnissen des Wertermittlungsstichtags angesetzte Ausgangswert des baureifen Landes (ebf) sich nach der Entwicklung unter dem Einfluss von Kaufkraftänderungen in der Entwicklungszeit ebenfalls fortentwickelt, wobei regelmäßig mit einem Anstieg zu rechnen ist. Demzufolge müsste zunächst der Ausgangswert unter Berücksichtigung der prognostizierten Wertentwicklung auf das bis zur Baureife eingetretene Wertniveau umgerechnet werden, um dann den fortgeschriebenen Ausgangswert mit dem finanzüblichen Diskontierungszinssatz auf den Wertermittlungsstichtag wieder zu diskontieren (vgl. Abb. 10).

---

[246] Gablenz, Grundstücks-Wertermittlung, Verlag Bauwesen Bln. 1999, S. 291.

Abb. 10: Verwendung finanzüblicher Diskontierungszinssätze

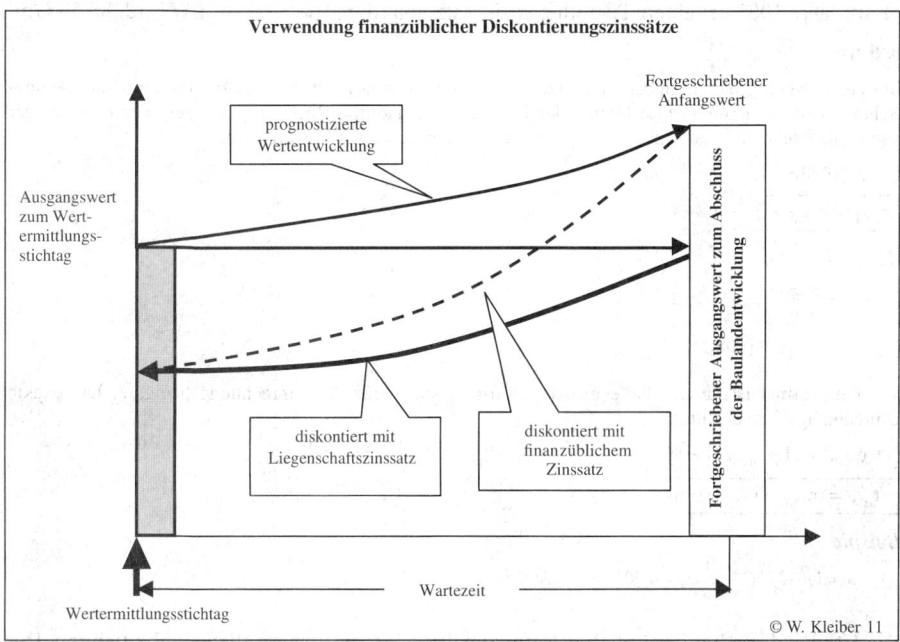

Bei alledem ist empirisch belegbar, dass im gewöhnlichen Geschäftsverkehr bei der Ableitung des Verkehrswerts warteständigen Baulands aus Vergleichspreisen baureifen Landes der Grundstücksmarkt nicht auf der Grundlage bankenüblicher Zinssätze kalkuliert, sondern sich an dem objektspezifischen örtlichen Liegenschaftszinssatz orientieren kann. Dies findet seinen empirischen Nachweis auch darin, dass die **Wertentwicklung warteständigen Baulands von der Entwicklung der Hypothekenzinsen** stets **weitgehend abgekoppelt** war (§ 14 Abs. 3 ImmoWertV). Die Heranziehung des Hypothekenzinssatzes als Diskontierungszinssatz würde deshalb zu Ergebnissen führen, die mit dem Geschehen auf dem Grundstücksmarkt unvereinbar sind. Umgekehrt führen Verkehrswertermittlungen auf der Grundlage des Liegenschaftszinssatzes (als Diskontierungszinssatz) regelmäßig zu Kaufabschlüssen (allein im Bereich des Bundes bei einem Veräußerungsvolumen von 50 Mio. € p. a.). Diese Praxis – ob sachlich begründet oder nicht – kann für sich mithin in Anspruch nehmen, der Lage auf dem Grundstücksmarkt zu entsprechen. Insoweit mag sich die Praxis der Verkehrswertermittlung von Grundstücken von der Praxis der Unternehmensbewertung und der Beleihungspraxis unterscheiden. 523

Wenn nämlich bei alledem der Grundstücksmarkt in seinen **Preisbildungsmechanismen für warteständiges Bauland** (z. B. Bauerwartungsland) direkt mit der Entwicklung der Hypothekarzinsen korreliert wäre, müsste die Preisentwicklung z. B. für Bauerwartungsland dieser folgen. Es kann aber empirisch nachgewiesen werden, dass dem gerade nicht so ist. 524

Vergleicht man nun einmal die Entwicklung der Hypothekenzinsen mit der des Liegenschaftszinssatzes, so stellt man zunächst fest, dass der **Liegenschaftszinssatz** selbst **in einem Zeitraum von 10 Jahren Änderungen ausgesetzt ist, die sich in einem Korridor von einem Prozentpunkt bewegen,** während sich die Hypothekenzinsen in wenigen Jahren verdoppeln bzw. halbieren, ohne dass z. B. der Wert des Bauerwartungslandes ungewöhnliche Preisentwicklungen vollzieht. 525

Würde man nun anstelle des Liegenschaftszinssatzes den jeweiligen **Hypothekenzinssatz** in die deduktive Ableitung des Bodenwerts einführen, so ergäbe sich für das *Beispiel* unter Rn. 518 als Bauerwartungslandwert 526

IV Syst. Darst. Vergleichswertverfahren — Extraktion

a) im Jahre 1982 bei einem Hypothekenzinssatz von rd. 11,6 % BW = rd. 75,00 €/m²
b) im Jahre 1987 bei einem Hypothekenzinssatz von rd. 6,0 % BW = rd. 88,50 €/m²

527 Exkurs:

Bei Heranziehung banküblicher Zinssätze wäre mindestens zu fordern, dass die Inflationsrate berücksichtigt wird. Näherungsweise könnte der Inflationsrate dadurch Rechnung getragen werden, dass der nominelle bankübliche Zinssatz r_{nom} um die Inflationsrate i vermindert wird:

Faustformel:

$$r_{real} = (r_{nom} - i)$$

Beispiel:

r_{nom} = 7 %
i = 2 %
r_{real} = 5 % (approx.)

Die Faustformel ist nur im Falle niedriger Inflationsraten für die Umrechnung geeignet. Die exakte Umrechnungsformel lautet:

$$(1 + r_{nom}) = (1 + r_{real})(1+i)$$

$$r_{real} = (r_{nom} - i)/(1+i)$$

Beispiel:

$r_{real} = (7 - 2) / (1 + 0{,}02) = \mathbf{4{,}902\ \%}$ (exakt)

528 Die Verwendung banküblicher Finanzierungszinssätze ist bei alledem **abzulehnen.** Der Eigentümer z. B. einer Bauerwartungslandfläche erwartet gerade nicht die bankübliche Verzinsung. Vielmehr werden Grundstücke vielfach aus einer inneren Verbundenheit und als krisensicheres Sachgut unter Verzicht auf eine bankübliche Verzinsung des darin investierten Kapitals gehalten. Würde auf dem Grundstücksmarkt eine bankübliche Verzinsung in Form eines entsprechenden Wertzuwachses erwartet werden, so müssten im großen Umfange solche Flächen zum Verkauf gestellt werden, weil die Erlöse – banküblich angelegt – i. d. R. eine weitaus höhere Verzinsung erbringen und auch steuerliche Privilegien des Grundbesitzes dies nicht aufwiegen. Eine Abzinsung auf der Grundlage banküblicher Zinsen verbietet sich deshalb, wenn es um den Verkehrswert geht.

529 Etwas anderes kann im Rahmen von **Investitionsrechnungen** gelten, wenn es nicht um die Ermittlung des Verkehrswerts geht. Der **Ansatz banküblicher Finanzierungszinssätze** mit der Begründung, dass im Falle einer Fremdfinanzierung die Vorhaltung wartenständigen Baulands entsprechend finanziert werden müsse, kann auch nicht überzeugen. Dies **könnte** nämlich **gleichermaßen für den Fall des Erwerbs eines bebauten Ertragsobjekts geltend gemacht werden,** für den i. d. R. ebenfalls Fremdmittel aufgenommen werden. Gleichwohl ist im Rahmen der Verkehrswertermittlung nach den Grundsätzen des Ertragswertverfahrens hier nicht ernsthaft die Verwendung banküblicher Zinssätze gefordert worden.

6.3.7 Unentgeltliche Flächenbereitstellung

6.3.7.1 Allgemeines

530 Im *fünften Schritt* werden die Kosten berücksichtigt, die mit der unentgeltlichen Bereitstellung der erforderlichen Flächen für die örtlichen Erschließungsanlagen, die Infrastrukturmaßnahmen, die naturschutzrechtlichen Ausgleichsflächen und ggf. für sonstige unentgeltlich bereitzustellende Flächen (z. B. für Maßnahmen der sozialen Wohnraumförderung) verbunden sind. Der **Umfang der unentgeltlich bereitzustellenden Flächen** kann im Einzelfall recht unterschiedlich sein und ist möglichst auf der Grundlage von formellen Planungen (Bebauungsplan) und ggf. des städtebaulichen Vertrags zu ermitteln.

Kann der Umfang der unentgeltlich bereitzustellenden Flächen nach dem Stand der Maßnahme nicht genau ermittelt werden, so bleibt nur die **Schätzung mit den damit verbundenen Unsicherheiten**. Im Gutachten sollte darauf ausdrücklich hingewiesen werden. 531

Als **Anhalt für die örtlichen Erschließungsflächen sowie die naturschutzrechtlichen Ausgleichsflächen** kann eine Umfrage des Deutschen Städtetags aus dem Jahre 1997[247] dienen. Danach beträgt der **durchschnittliche Flächenabzug in Umlegungsgebieten** (mit steigender Tendenz) in 532

Wohngebieten	ohne naturschutzrechtliche Ausgleichsflächen	rd. 21,0 %
	mit naturschutzrechtlichen Ausgleichsflächen	rd. 28,0 %
Gewerbegebieten	ohne naturschutzrechtliche Ausgleichsflächen	rd. 17,5 %
	mit naturschutzrechtlichen Ausgleichsflächen	rd. 24,0 %

Der **naturschutzrechtliche Ausgleichsflächenbedarf,** der bezogen auf Umlegungsgebiete rd. 6 bis 7 % nach dieser Untersuchung ausmacht, dürfte aber tatsächlich höher ausfallen, weil wohl weitere Flächen außerhalb des Umlegungsgebiets bereitgestellt werden. 533

Im Rahmen der von der Landeshauptstadt *München* beschlossenen Grundsätze der „Sozialen Bodennutzung" (SoBoN) und der hierzu erlassenen Richtlinie für die inhaltliche und verfahrensmäßige Umsetzung wird neben sonstigen Leistungen die unentgeltliche und kostenfreie Flächenabtretung für im Plangebiet vorgesehene Erschließungsanlagen (Grün- und Verkehrsflächen, Immissionsschutzanlagen und dgl.), für Gemeinbedarfsnutzungen und für den naturschutzrechtlich gebotenen Ausgleich verlangt, soweit diese Flächen nicht bei den Planungsbegünstigten verbleiben sollen; ggf. ist der Erwerbsaufwand zu erstatten. 534

6.3.7.2 Rechenschritte

Rechnerisch erfolgt die Berücksichtigung der unentgeltlichen Flächenbereitstellung in einem komplexen Rechenschritt ohne Unterscheidung nach den Flächenarten, indem der sich für die Nettobaulandfläche ergebende Gesamtwert – bezogen auf die Wertverhältnisse des Wertermittlungsstichtags – auf die Bruttobaulandfläche verteilt wird. Der zuvor auf den Quadratmeter der Nettobaulandfläche ermittelte Bodenwert wird dazu mit der Nettobaulandfläche multipliziert. Das Produkt wird sodann um die mit der Baulanderschließung verbundenen Nebenkosten (Grundstückstransaktionskosten, Unternehmergewinn und -wagnis) vermindert und das Ergebnis durch die Bruttobaulandfläche geteilt. 535

Schema: 536

	BW/m² (ebf) baureifes Land
−	Erschließungsausbaubeitrag/m²
−	Infrastrukturkosten/m²
=	geminderter BW/m²
×	Diskontierungsfaktor (q^{-n})
=	diskontierter BW/m²
×	Nettobaulandfläche
=	Bodenwert der Nettobaulandfläche insgesamt
−	Nebenkosten (Grundstückstransaktionskosten, Unternehmergewinn)
=	$BW_{nebenkostenvermindert}$ der Nettobaulandfläche
=	$BW_{nebenkostenvermindert}$ der Bruttobaulandfläche
=	BW/m² der Bruttobaulandfläche

Rechnerisch vollzieht sich damit der Übergang von der Nettobaulandfläche auf die Bruttobaulandfläche.

---

[247] Umdruck DST M 4801 vom 13.3.1997.

6.3.8 Nebenkosten (Grundstückstransaktionskosten, Unternehmergewinn und -wagnis)

6.3.8.1 Grundstückstransaktionskosten

▶ Vgl. § 194 BauGB Rn. 60 ff.; Vorbem. zur ImmoWertV Rn. 10

537 Grundstückstransaktionskosten, die regelmäßig vom Käufer getragen werden, beeinflussen im Allgemeinen den Verkehrswert eines Grundstücks. **Bei Anwendung der klassischen Wertermittlungsverfahren (Vergleichs-, Ertrags- und Sachwertverfahren)** können die Grundstückstransaktionskosten gleichwohl **unbeachtlich** bleiben, weil ihr Einfluss bereits mit den in die Wertermittlung eingehenden Parametern erfasst wird.

538 **Bei Anwendung des Extraktionsverfahrens (Residualwertverfahrens)** finden die Grundstückstransaktionskosten zunächst bereits mit dem angesetzten Ausgangswert (Bodenwert des erschließungsbeitragsfreien Baulands) ihre Berücksichtigung. Dieser wird nämlich aus Vergleichspreisen abgeleitet und wurde bereits bei dem Grundstückserwerb vom Käufer mit dem gezahlten Kaufpreis (indirekt) berücksichtigt. Da das Extraktionsverfahren (Residualwertverfahren) in aller Regel in solchen Fällen zur Anwendung kommt, in denen im Zuge der Entwicklung des zu wertenden Gebiets ein zusätzlicher Zwischenerwerb erforderlich wird, **stellen die** dabei anfallenden **Grunderwerbskosten eine zusätzlich auftretende unvermeidliche Kostengröße dar,** die mit dem Verkauf der baureif gemachten Grundstücke erwirtschaftet werden muss.

539 Die **Höhe der anzusetzenden Grunderwerbskosten** wird in erster Linie durch die Grunderwerbsteuer, die Vermessungs-, Notariats- und Grundbuchgebühren sowie ggf. die Maklerprovision bestimmt. Die Grundstückserwerbskosten belaufen sich – je nach Fallgestaltung – auf 5 bis 10 % des um

a) die Erschließungs-, Infrastruktur- und Bodenordnungskosten sowie

b) den Unternehmergewinn, ggf. einschließlich des Unternehmerwagnisses,

geminderten und auf den Wertermittlungsstichtag abgezinsten Ausgangswerts.

6.3.8.2 Unternehmergewinn

540 Als eine weitere Kostenposition der Baureifmachung sind schließlich die **Kosten des Entwicklungsträgers (Investors)** zu berücksichtigen. Diese auch als Unternehmergewinn bezeichnete Kostenposition wird in der Praxis mit 10 bis maximal 20 % des um die Erschließungs- und Infrastrukturkosten geminderten und auf den Wertermittlungsstichtag abgezinsten Ausgangswerts angesetzt. Allgemein ist der Vomhundertsatz umso höher anzusetzen, je größer die dem Entwickler (Investor) aufgebürdeten Leistungen sind. Denn der Wert des warteständigen Baulands vermindert sich in dem Umfang, wie die Kosten der Baureifmachung in den Residualwert „unterwälzt" werden, während die Leistungen des Entwicklers (Investors) gleichzeitig damit anwachsen.

541 Es empfiehlt sich, den **Unternehmergewinn (ggf. einschließlich Wagnisabschlag)** mit den **Grunderwerbskosten** bei der Residualwertermittlung **zusammenzufassen,** denn der Wert des warteständigen Baulands vermindert sich mit dem Abzug des Unternehmergewinns.

6.3.8.3 Unternehmerwagnis (Wagnisabschlag)

542 Unter einem Wagnis (Risiko) ist die aus Ungewissheit und Unsicherheit resultierende **Wahrscheinlichkeit zu verstehen, dass ein Ereignis nicht oder nicht in der erwarteten Ausprägung eintritt.** Im Zusammenhang mit der Verkehrswertermittlung warteständigen Baulandes steht dabei insbesondere die Erwartung im Vordergrund, dass

a) die Fläche tatsächlich die Baureife mit den erwarteten Nutzungsmöglichkeiten erlangt und

b) der Baulandproduktionsprozess sich in einem bestimmten Zeitraum vollzieht und bestimmte Kosten eingehalten werden können.

Einem Risiko stehen in aller Regel auch (Gewinn-)Potenziale gegenüber[248]. Diese können darin bestehen, dass sich der Baulandproduktionsprozess schneller als erwartet vollzieht, geringere Kosten verursacht und in einer höheren Nutzbarkeit mündet. In der Immobilienbewertung wird das Risiko in sachwidriger Weise auf negative Abweichungen von Erwartungswerten reduziert[249]. **543**

Risiko und Gewinnpotenzial sind im Übrigen in aller Regel in nicht unerheblichem Maße subjektiv und nicht für jeden gleich. Für den Planungsträger oder denjenigen, der zu diesem eine besondere Nähe hat, ist z. B. das Risiko eines sich hinziehenden Planungsprozesses geringer als für denjenigen, der gegen den Planungsträger agiert. **544**

Anders als bei der Unternehmensbewertung ist es in der Praxis der Verkehrswertermittlung von wartesständigem Bauland nicht üblich, das mit der Baulandentwicklung verbundene Risiko durch einen zusätzlichen **Risikozuschlag am Diskontierungszinssatz** zu berücksichtigen. Die sog. „Ergebniszuschlagsmethode" (Sicherheitsäquivalenzmethode) ist im Vergleich zur „Zinszuschlagsmethode" (Risikozuschlagsmethode) klarer und deutlicher[250]. Es kommt hinzu, dass mit dem Rückgriff auf den Liegenschaftszinssatz ohnehin das objektspezifische Risiko in ortsüblicher Weise mitberücksichtigt wird. Diesbezüglich erscheint es vielmehr sachgerecht, ein noch verbleibendes, bestehendes Risiko mit einer entsprechend „dimensionierten" Wartezeit zu berücksichtigen. In diesem Fall ist es unzulässig, das Ergebnis der Verkehrswertermittlung mit einem zusätzlichen Risikoabschlag zu „belegen". Dies liefe auf eine **Doppelberücksichtigung** eines bestehenden Risikos hinaus. Wenn darüber hinaus dann noch der Diskontierungszinssatz um einen Risikozuschlag erhöht würde, wäre das Risiko sogar dreifach berücksichtigt. Zur Verdeutlichung wird auf die nachfolgende Abbildung verwiesen. Der unter lit a vorgestellten Vorgehensweise ist – wenn tatsächlich ein Wagnis bestehen sollte – der Vorzug zu geben (Abb. 11). **545**

---

[248] Benthlin in FamRZ 1982, 338; Hildebrand, Systemorientierte Risikoanalyse in der Investitionsplanung, Berlin 1988; Ropeter, Investitionsanalyse für gewerbliche Immobilien, Rudolf Müller 1998, S. 61 ff.; Timm, Das Investitionsrisiko im investitionstheoretischen Ansatz, Berlin 1976; Teichmann, Die Investitionsentscheidung bei Unsicherheiten, Berlin 1970; Müller, Risiko und Ungewissheiten, in E. Wittmann (Hrsg.): HWB, 5. Aufl. Stuttgart 1993; Kupsch, Risikomanagement, in Corstn/Reiß (Hrsg.), Handbuch der Unternehmensführung, Wiesbaden 1995; Maier, K., Risikomanagement im Immobilien- und Finanzwesen, Frankfurt am Main 2004, S. 10 ff.
[249] Siepe, Wpg 1998, 325.
[250] Günther, R. in FB 2004, 204.

Abb. 11: Berücksichtigung des Risikos bei der Abzinsung

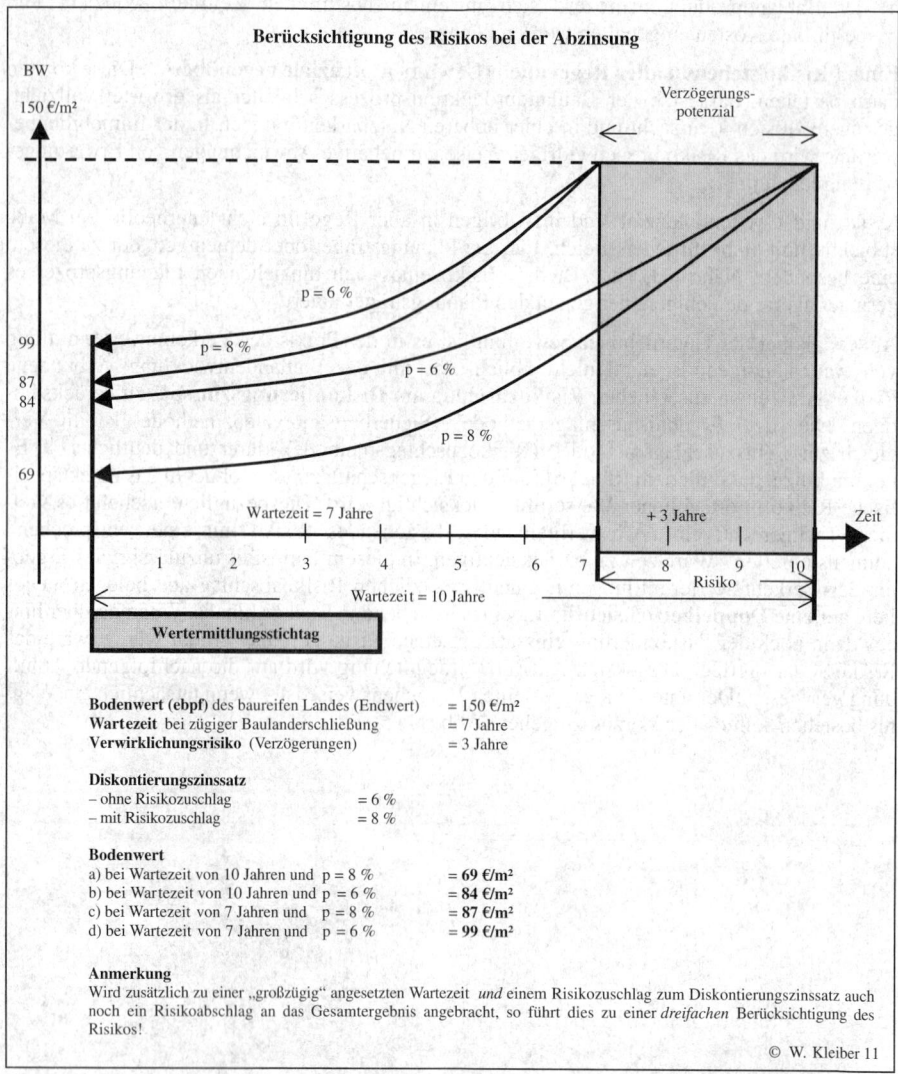

546 Bei alledem ist sorgsam zu prüfen, ob tatsächlich ein Wagnis besteht[251]. Muss das bejaht werden, kann dies wertermittlungstechnisch am sichersten durch Abschätzung der Zeitspanne erfasst werden, um die sich die Realisierung der Baulanderschließung verzögern kann (im *Beispiel:* 3 Jahre). Allgemein kann hierzu festgestellt werden, dass ein solches **Risiko umso geringer ist, je exponierter die Fläche ist,** da die planende Gemeinde ein umso höheres Interesse an der Baulandentwicklung hat, je größer der Entwicklungsdruck aufgrund der städtebaulichen Gesamtsituation ist.

---

251 Ungewissheit erwächst aus der Unkenntnis zufälliger Entwicklungen, aber auch von Störimpulsen sowie aus der begrenzten Kenntnis tatsächlicher Wirkungszusammenhänge. Die mit Irrtumsgefahren behafteten prognostizierten Erwartungen können sich positiv oder negativ entwickeln. Der Risikobegriff umfasst deshalb sowohl die Möglichkeit des von der Prognose abweichenden Wertverlustes als auch des Wertgewinns.

6.4 Extraktionsverfahren (Residualwertverfahren) bei fertigem Bauland (baureifes Land)

6.4.1 Allgemeines

Das bereits im Zusammenhang mit der Verkehrswertermittlung von warteständigem Bauland vorgestellte Extraktionsverfahren (Residualwertverfahren) findet auch auf die Ermittlung von baureifem Land Anwendung. Dies betrifft insbesondere **Grundstücke, für die im Hinblick auf ihre besonderen Eigenschaften keine Vergleichspreise zur Verfügung stehen.** Es kann sich hierbei um besonders hochwertige Grundstücke in den Innenstadtlagen mit solitären Eigenschaften, aber auch um baureife Grundstücke handeln, deren wirtschaftlicher Gebrauch eine kostenintensive Umnutzung erfordert. **547**

Wie bereits ausgeführt, handelt es sich um ein sehr altes und seit jeher **problembehaftetes Verfahren,** mit dem man sich gerade in Bezug auf seine Anwendung auf baureife Grundstücke kritisch auseinandergesetzt hat. **548**

Das Extraktionsverfahren (Residualwertverfahren) folgt in seiner **Grundform** wiederum der sich aus Abb. 3 (vgl. Rn. 448) ergebenden Gleichung. **549**

Ausgangswert ist in diesem Fall, wie aus Abb. 3 (vgl. Rn. 448) ersichtlich, **550**

– entweder der fiktive Ertragswert
– oder der fiktive Vergleichswert

auf der **Grundlage einer Nutzungskonzeption** für das Grundstück.

Der Ausgangswert wird dann im zweiten Schritt um die Bau-, Entwicklungs- und Vermarktungskosten einschließlich eines Unternehmergewinns vermindert. Der Abzug der Baukosten macht deutlich, dass das **Extraktionsverfahren** (Residualwertverfahren) **letztlich ein Kombinationsverfahren darstellt, bei dem der Ertrags- oder Vergleichswert mit dem Sachwert verquickt wird,** wenn man die Baukosten mit den Normalherstellungskosten zum Ansatz bringt. **551**

Das Extraktionsverfahren **(Residualwertverfahren) ist in Deutschland** unter der Bezeichnung „Kalkulatorische Bodenwertermittlung" bzw. „Rest-durch-Abzug-Verfahren" **schon seit alters her in Ausnahmefällen zur Anwendung gekommen,** wenn der direkte Preisvergleich (mangels Vergleichspreisen) versagte. **552**

6.4.2 Kalkulatorische Bodenwertermittlung

Wo für die Ermittlung des Bodenwerts unbebauter Grundstücke keine Vergleichspreise zur Verfügung stehen sowie zur Ermittlung des Bodenwerts eines bebauten Grundstücks wird gelegentlich auf die Methode zurückgegriffen, den **Bodenwert auf der Grundlage eines fiktiven Ertrags** abzuleiten. **553**

Formelmäßig ergibt sich der Bodenwert durch Auflösung der Formel für das Ertragswertverfahren (vgl. Syst. Darst. des Ertragswertverfahrens Abb. 6 bei Rn. 122) nach dem Bodenwert (vgl. Abb. 12): **554**

IV Syst. Darst. Vergleichswertverfahren — Extraktion

Abb. 12: Ermittlung des Bodenwerts eines Grundstücks auf der Grundlage des erwarteten Ertrags

Ermittlung des Bodenwerts eines Grundstücks auf der Grundlage des erwarteten Ertrags
(kalkulatorischer Bodenwert)

$$BW = \frac{RE - \frac{G}{V}}{p} \quad (1)$$

$$BW = EW \times q^n - \frac{RE\,(q^n - 1)}{q - 1} \quad (2)$$

$$BW = (EW - RE \times V) \times q^n \quad (3)$$

$$BW = \frac{(EW - RE \times V)}{1 - p \times V} \quad (4)$$

wobei

- BW = (kalkulatorischer) Bodenwert
- RE = Reinertrag
- EW = Ertragswert oder Kaufpreis
- V = Vervielfältiger
- G = Gebäudewertanteil nach den §§ 21 ff. ImmoWertV
- p = Liegenschaftszinssatz/100
- q = Zinssatz = 1 + p
- n = Restnutzungsdauer

© W. Kleiber 11

555 Am gebräuchlichsten ist die **Anwendung der in Abb. 12 unter (1) ausgewiesenen Formel**; die Bodenwertermittlung vollzieht sich ihr zufolge nach folgendem Schema (Abb. 13):

Abb. 13: Bodenwertermittlung über den mutmaßlichen Ertrag

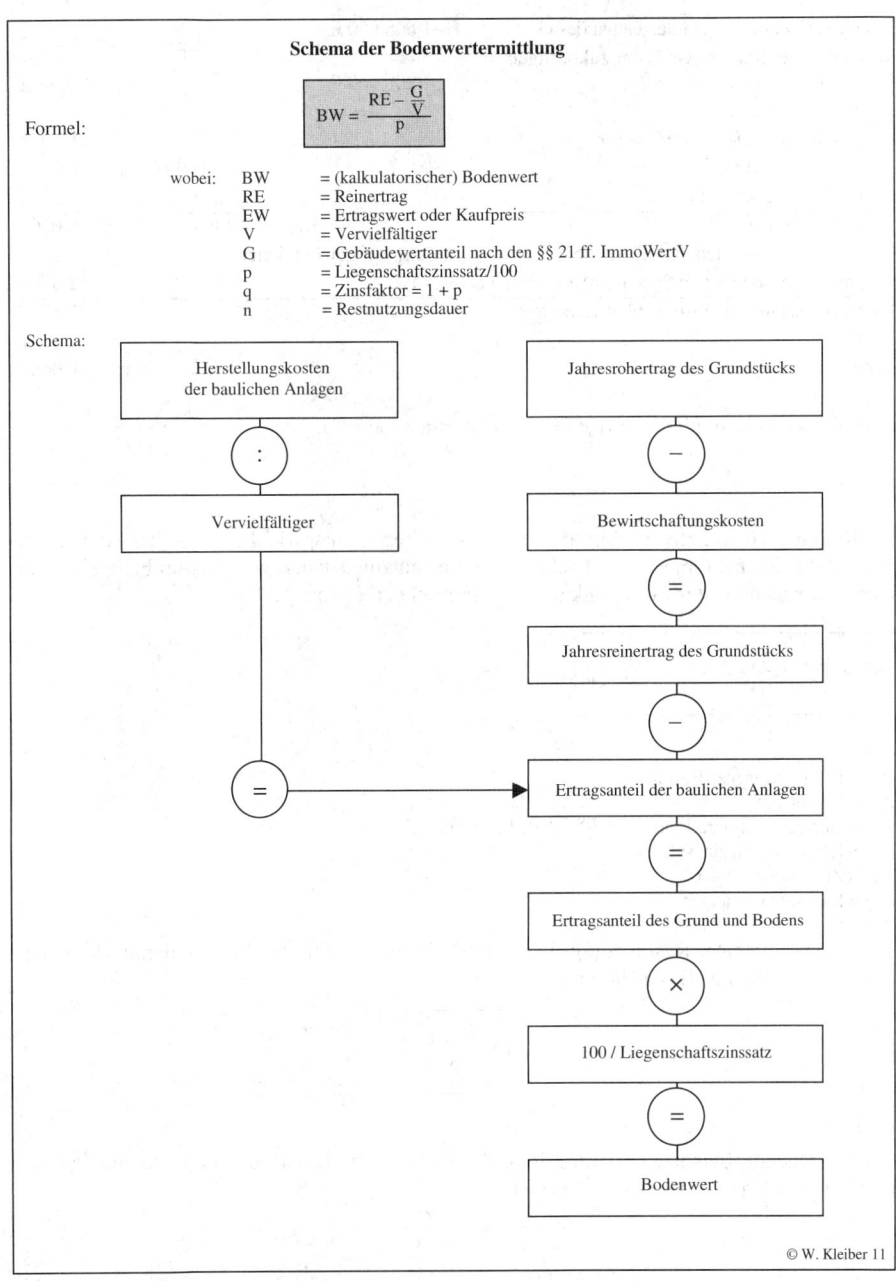

Bei Anwendung der Methode benötigt man neben den für die Ermittlung des fiktiven Ertragswerts erforderlichen Ausgangsdaten (Liegenschaftszinssatz, Reinertrag und Restnutzungsdauer) den nach den Grundsätzen des Sachwertverfahrens ermittelten **Wert der baulichen Anlage (Gebäudesachwert):**

IV Syst. Darst. Vergleichswertverfahren — Extraktion

557 *Beispiel A:*

Geschätzte Neubaukosten des Gebäudes G:	1 600 000 €		
Zu erwartender Rohertrag aus der zukünftigen Nutzung per annum:	200 000 €		
Liegenschaftszinssatz:	7,0 %		
Vervielfältiger bei RND = 80 Jahre:	14,224		
Grundstücksrohertrag:		200 000 €	
Bewirtschaftungskosten (30 %):		− 60 000 €	
Grundstücksreinertrag:	RE	= 140 000 €	= 140 000 €
Ertragsanteil der baulichen Anlage (unter Berücksichtigung der gewöhnlichen Gesamtnutzungsdauer von 80 Jahren) 1 600 000 €/14,224			− 112 500 €
Bodenertragsanteil am Grundstücksreinertrag:			= 27 500 €
× (100 × 0,07)			= 392 857 €
Bodenwert: **BW**			= **rd. 400 000 €**

(Kapitalisierungsfaktor für die „ewige Rente" bei Zinssatz von 7 %)

558 Die **Bodenwertermittlung über den mutmaßlichen Ertrag** (kalkulatorischer Bodenwert) vereinfacht sich bei Objekten mit sehr langer Restnutzungsdauer, wie dies im Falle eines fiktiven Neubaus unterstellt werden kann. Aus Formel (1) in Abb. 12 folgt:

$$BW = \left(RE - \frac{G}{v}\right) \times \frac{1}{p} = \frac{RE}{p} - \frac{G \times q^n}{q^n - 1}$$

wobei
BW = kalkulatorischer Bodenwert
RE = Reinertrag
G = Gebäudewertanteil nach den §§ 21 ff. ImmoWertV
p = Liegenschaftszinssatz/100
q = Zinsfaktor = 1 + p
n = Restnutzungsdauer

Bei p > 3 % und einer Restnutzungsdauer RND > etwa 50 Jahre ergibt sich hieraus der kalkulatorische Bodenwert BW näherungsweise aus:

$$BW \approx \frac{RE}{p - G}$$

559 *Beispiel B:*

Das vorstehende Beispiel der Ermittlung des kalkulatorischen Bodenwerts vereinfacht sich auf der Grundlage nachstehender Formel:

$$BW = \frac{RE \times 100}{p - G}$$

- Reinertrag RE   =   140 000 €
- Gebäudewertanteil G   =   1 600 000 €
- Liegenschaftszinssatz p =   7,0 %

BW ≈ (140 000 € × 100) / 7 − 1 600 000 €
BW = 400 000 €

Extraktion	**Syst. Darst. Vergleichswertverfahren IV**

Wie sich aus der im *Beispiel B* vorgestellten vereinfachten Bodenwertermittlung über den mutmaßlichen Ertrag ergibt, handelt es sich hierbei um das bekannte **Rest-durch-Abzug-Verfahren,** denn mit dem Glied (RE × 100)/p wurde im Wege des sog. vereinfachten Ertragswertverfahrens der Ertragswert ermittelt, der dann um den im Wege des Sachwertverfahrens ermittelten Gebäudesachwert G vermindert wurde: **560**

$$\boxed{BW = Ertragswert - Gebäudesachwert}$$

Beispiel C: **561**

Ermittlung des Bodenwerts

a) *Wertermittlungsobjekt:*
Innerstädtisches Objekt in Leipzig (als Bankobjekt geeignet)
Grundstücksgröße: 2 660 m²
GFZ (nach § 34 BauGB): 3,0
Beste Geschäftslage
Denkmalgeschütztes Objekt

b) *Ermittlung der Nutzfläche* bei GFZ von 3,0 (überschlägig)

660 m² × 3,0	=	7 980 m²
abzüglich 25 %	=	− 1 995 m²
= Nutzfläche (NF)	=	5 985 m²

c) *Ermittlung des Verkehrswerts* (insgesamt)
Jahresrohertrag bei banküblicher Miete in Spitzenlage von 20 €/m²

Jahresrohertrag 5 985 m² × 20 €/m² × 12	=	1 436 400 €
./. Bewirtschaftungskosten von 18 %	=	258 552 €
= Jahresreinertrag (RE)	=	1 177 848 €

d) *Verkehrswert bei denkmalgeschützter baulicher Anlage bei einem Liegenschaftszinssatz von 6 % (Vervielfältiger bei 100 Jahren = 16,62):*
Verkehrswert = 1 177 848 € × 16,62 = **19 575 834 €**

e) *Ermittlung des Bauwerts:*
Geschossfläche (GF) = Grundstücksgröße × GFZ = 7 980 m²
Brutto-Grundfläche bei KG von 2 660 m²:
7 980 m² + 2 660 m² = 10 640 m²
Bauwert bei Herstellungskosten von 722 €/m² BGF:
Bauwert 722 €/m² × 10 640 m² = 7 680 750 € = − 7 680 750 €

f) **Bodenwert** = *Verkehrswert − Bauwert* = 11 895 084 €
Bodenwert pro m² (11 895 084 € / 2 660 m²) = 4 472 €/m²

Es handelt sich auch hier um ein Residualwertverfahren, bei dessen Anwendung beachtet werden muss, dass der **Sachwert eben nur unter Berücksichtigung erheblicher Marktanpassungsabschläge** (vgl. § 8 Abs. 2 ImmoWertV) **zum Verkehrswert führt** und infolgedessen der bloße Abzug des Sachwerts der baulichen Anlage dazu führen muss, dass der so ermittelte Bodenwert nicht auch dem Verkehrswert des Grund und Bodens entsprechen kann[252]. **562**

Das **Verfahren ist** darüber hinaus **äußerst fehleranfällig vor allem in Bezug auf den Liegenschaftszinssatz.** Kleinste und noch innerhalb der Ermittlungsgenauigkeit (des Liegenschaftszinssatzes) liegende Fehler können das Ergebnis bis zur Unkenntlichkeit verfäl- **563**

---

[252] GuG 1996, 16.

schen[253], d. h., jeder gewünschte Bodenwert ließe sich z. B. durch geringfügige Änderungen im Liegenschaftszinssatz ermitteln. Von daher kann das Verfahren i. d. R. nur eingeschränkt zu brauchbaren Ergebnissen führen. Dies ist auch darauf zurückzuführen, dass mit zunehmender Restnutzungsdauer die Fehleranfälligkeit bezüglich der „richtig" angesetzten Restnutzungsdauer abnimmt, dafür aber die Fehleranfälligkeit bezüglich des „richtig" angesetzten Liegenschaftszinssatzes ansteigt (Abb. 14).

Abb. 14: Auszug aus der Vervielfältigertabelle

bei Restnutzungs-dauer RND (Jahre)	Vervielfältiger gem. Anl. zur ImmoWertV bei Liegenschaftszinssatz p				
	5,0	6,0	6,5	7,0	8,0
			$\Delta V = 0{,}1710$		
10	7,72	**7,36**	**7,19**	7,02	6,71
50	18,26	15,76	14,72	13,80	12,23
60	18,93	16,16	15,03	14,04	12,38
70	19,34	16,38	15,20	14,16	12,44
80	19,60	16,51	15,28	14,22	12,47
90	19,75	16,58	15,33	14,25	12,49
100	19,85	**16,62**	**15,36**	14,27	12,49
			$\Delta V = 1{,}26$		

564 Das Verfahren kann auch beim **Erwerb eines Abbruchobjekts** zur Anwendung kommen. In diesem Fall sind zusätzlich noch die Freilegungskosten in Abzug zu bringen; auf der anderen Seite sind werterhöhend aber auch die über die Restnutzungsdauer anfallenden kapitalisierten Erträge sowie ggf. Erlöse aus der **Verwertung der abgehenden Bausubstanz** bzw. deren Wiederverwendungswert in die Rechnung einzubringen.

565 Das Verfahren findet z. B. auch bei der **Ermittlung von Bodenrichtwerten in bebauten Gebieten** Anwendung, wenn als Vergleichspreis ein Kaufpreis für das bebaute Grundstück zur Verfügung steht.

6.4.3 Extraktionsverfahren (Residualwertverfahren) bei baureifem Land

6.4.3.1 Allgemeines

566 Das Extraktionsverfahren (Residualwertverfahren) ist methodisch darauf angelegt, zu dem Preis des Grundstücks zu führen, bis zu dem ein Erwerber gehen kann, damit er bei anschließender Realisierung der bestimmungsgemäßen Nutzung auch noch einen angemessenen Unternehmergewinn erzielen kann. Nach der Philosophie des Verfahrens muss sich an derartigen Überlegungen jeder potenzielle Erwerber des Grundstücks orientieren. Die der Methode zugrunde liegenden operativen Verfahrensschritte der Marktmechanismen sollten dem gewöhnlichen Geschäftsverkehr entsprechen, wenn das Verfahren zum Verkehrswert führen soll. Es bleibt dennoch dabei, dass es sich bei dieser Methode um die **Ermittlung eines Grenzwerts** handelt, d. h. um die Ermittlung des Bodenwerts, bis zu dem **im Falle einer Verwertung des Grundstücks durch eine bestimmungsgemäße Bebauung unter Abzug der Bau- und sonstigen Entwicklungskosten der Investor gehen kann (Residuum)**[254].

---

253 Zur Genauigkeit Kremers in BlGBW 1969, 129 und Hintzsche in BlGBW 1969, 233; Ermert in AVN 1967, 213; Schahn in VR 1985, 173; auch LG Hamburg, Urt. vom 5.8.1960 – 10 O 36/59 –, ZMR 1961, 335 = EzGuG 4.15; vgl. auch BGH, Urt. vom 24.1.1966 – III ZR 15/65 –, BRS Bd. 19 Nr. 144 = EzGuG 6.85; KG, Urt. vom 20.5.1957 – 9 U 491/57 –, BlGBW 1959, 14 = EzGuG 4.6.

254 The Appraisal of Real Estate: American Institute of Real Estate Appraisers, 12. Aufl. Chicago, 2002 S. 335 ff.

Das Extraktionsverfahren (Residualwertverfahren, auch Restwertmethode) findet bei der Ermittlung des tragbaren Preises für unbebaute und bebaute Grundstücke einschließlich der zum Abriss oder zum Umbau anstehenden bebauten Grundstücke Anwendung. Das Verfahren beruht auf **Investitionsüberlegungen** und ist darauf gerichtet, als investitionsverträglichen Wert eines zur Entwicklung *(development)* anstehenden Grundstücks den Preis zu ermitteln, den ein Investor im Hinblick auf

— eine angemessene Rendite oder

— einen erzielbaren Veräußerungserlös (Verkehrswert nach vollzogener Entwicklung des Grundstücks)

tragen kann[255]. Dies erfolgt auf der Grundlage einer fiktiven Bebauung des Grundstücks oder eines fiktiven Umbaus des vorhandenen Gebäudes sowie der dafür aufzubringenden Investitionskosten einschließlich eines angemessenen Unternehmergewinns.

567

Man hat das Verfahren deshalb auch als **Rückwärtsrechnung** bezeichnet; im angelsächsischen Sprachraum auch *Backdoor-Approach*[256].

568

Umgekehrt kann ausgehend von der Prognose aller Entwicklungskosten einschließlich eines Unternehmergewinns und ggf. eines Wagniszuschlages **die erforderliche Monatsmiete** mithilfe des Verfahrens abgeleitet werden, um die wirtschaftliche Tragfähigkeit eines Projektes zu überprüfen (sog. *Frontdoor-Approach;* vgl. Syst. Darst. des Ertragswertverfahrens Rn. 291 ff.).

569

Das Verfahren zielt nach seinen Grundgedanken darauf ab, sämtliche mit der Realisierung einer Nutzungskonzeption (Projekt) verbundenen Kosten in den Erwerbspreis zu unterwälzen **(Unterwälzungsverfahren)**; die Entwicklungskosten werden quasi in das Residuum „durchgereicht". Das Verfahren kann deshalb auf direktem Wege zum Verkehrswert nur dann führen, wenn im gewöhnlichen Geschäftsverkehr eine Unterwälzung der dem Erwerber künftig entstehenden Entwicklungskosten allgemein akzeptiert wird. Ansonsten ist das Verfahren darauf angelegt, zu dem sich aus der Sicht eines Erwerbers ergebenden Residual*preis* zu führen.

570

Das Extraktionsverfahren (Residualwertverfahren) kommt insbesondere in folgenden Fällen zur **Anwendung:**

571

a) beim Grunderwerb zur Ermittlung des höchsten für einen Investor noch tragbaren Ankaufspreises *(maximum oder best use value);*

b) zur Berechnung der Rentabilität der Bebauung eines im Eigentum des Investors bereits befindlichen Grundstücks, wobei hierbei aber ein Grundstückswert (z.B. der Erwerbspreis) in das Verfahren eingeführt werden muss;

c) zur Berechnung der höchsten noch tragfähigen Baukosten, wenn sich das Grundstück bereits im Eigentum eines Investors befindet und die wirtschaftliche Verwertungsfähigkeit des Grundstücks nach seiner Bebauung bekannt ist[257].

Damit ist das Extraktionsverfahren (Residualwertverfahren) darauf angelegt, den höchsten für den Investor noch tragbaren Grundstückswert auf der Grundlage einer vorausschauenden Investitionsrechnung und Verkehrswertabschätzung abzuleiten. Fordert der Veräußerer einen höheren Kaufpreis, muss der erwerbswillige Investor „aussteigen" oder in Kauf nehmen, dass sich sein **Unternehmergewinn** entsprechend verringert oder ihm die Investition sogar Verluste einbringt. Gelingt es einem erwerbswilligen Investor, zu einem niedrigeren Kaufpreisabschluss zu kommen, erhöht sich dagegen sein Unternehmergewinn.

572

Mit dem Begriff Extraktionsverfahren (Residualwertverfahren) verbindet sich in erster Linie der für Investoren bedeutsame Fall der **Ermittlung von Ankaufspreisen** für die **vor einer**

573

---

255 Kleiber in: Der Städtetag 1989, 579.
256 Naegeli, Handbuch des Liegenschaftsschätzers, Zürich 1975, S. 35; Graaskamp, J. A., A rational approach to feasibility analysis, in Appraisal Journal 1972, 513 ff.
257 Darlow, Valuation and Development Appraisal, Estates Gazette 1982.

baulichen Entwicklung (Neubebauung oder Umnutzung einer bestehenden Bebauung) stehenden Immobilien. Der dafür nach dem Extraktionsverfahren (Residualwertverfahren) ermittelbare Ankaufpreis lässt sich dann als Residuum aus dem potenziellen Erlös bei anschließender Veräußerung der Immobilie und den investierten Kosten ermitteln.

574 Das vornehmlich als Grundlage für Investitionsentscheidungen entwickelte Modell des Extraktionsverfahrens (Residualwertverfahrens) kann für die Verkehrswertermittlung eine Aussagekraft allenfalls unter der **Prämisse** entwickeln, **dass bei Anwendung des Verfahrens vom Szenario einer harten Konkurrenz um den Erwerb eines Grundstücks ausgegangen wird** und in die Wertermittlung mit „soliden" Parametern eingegangen wird, wobei stets eine Situation gegeben sein muss, die auf

– eine Maximierung des Erfolgs in Gestalt eines möglichst hohen Verkehrswerts nach Durchführung der Entwicklung und

– eine Minimierung der dafür investierten Kosten ausgerichtet ist.

575 Das Verfahren stellt insoweit ein **Instrument einer Kosten-Nutzen-Analyse** dar, wobei das höchste erzielbare Residuum die wirtschaftlich intelligenteste Lösung markiert. Als Verfahren zur Ermittlung des Verkehrswerts muss das **Extraktionsverfahren (Residualwertverfahren)** jedoch nach den ihm zugrunde liegenden Mechanismen **versagen, wenn ein solcher Wettbewerb fehlt** und erwerbsseitig die Position „Entwicklungskosten" diktiert werden kann. Durch entsprechend „anspruchsvolle" Vorgaben für das zur Entwicklung anstehende Objekt einerseits und ggf. durch Verzicht auf eine möglichst ertragreiche Nutzung kann unter Anwendung des Extraktionsverfahrens (Residualwertverfahrens) der Preis beliebig zu Lasten des Veräußerers „gedrückt" werden. Eine privilegierte Stellung nehmen dabei die Gemeinden aufgrund ihrer Planungshoheit ein. Diese Stellung lässt sich im Rahmen des Extraktionsverfahrens (Residualwertverfahrens) „instrumentalisieren"[258].

576 Anders stellt sich die Situation dar, wenn das Extraktionsverfahren (Residualwertverfahren) von miteinander konkurrierenden Erwerbern zur Anwendung kommt und ein jeder, im Bestreben, die höchste Kaufofferte unterbreiten zu können, **eine Optimierung des Kosten-Nutzen-Verhältnisses** der Residualwertermittlung zugrunde legt.

577 Die Tatsache, dass dann alle potenziellen Erwerber ihr Kaufangebot unter vorstehenden Gesichtspunkten bemessen, führt zwangsläufig zu dem Ergebnis, dass derjenige das **höchste Kaufangebot** abgibt, **der die wirtschaftlich „intelligenteste" Nutzung beabsichtigt** und deren preisgünstige Realisierung antizipiert. I. d. R. wird ein Veräußerer auf das entsprechende Kaufangebot eingehen mit der Folge, dass das höchste (tragbare) Kaufangebot das Geschehen auf dem Grundstücksmarkt bestimmt. Dies kann das Bild der Städte stärker beeinflussen als manche Wunschvorstellungen der Stadtplaner.

6.4.3.2 Verfahrensgang

578 **Ausgangspunkt** der Extraktion (Residualwertermittlung) ist nach dem vorher Gesagten zunächst die Ermittlung des Verkehrswerts bzw. des **Veräußerungserlöses nach vollendeter Bebauung** des Grundstücks. Dabei kann es sich um eine Neubebauung (ggf. nach vorherigem Abriss einer Altbebauung), aber auch um eine Modernisierung bzw. Umstrukturierung einer bestehenden Bebauung handeln. Dabei kommen in erster Linie die sog. klassischen Wertermittlungsverfahren, d. h. das Vergleichs- und Ertragswertverfahren, zur Anwendung, wobei dem Vergleichswertverfahren wiederum der Vorzug zu geben ist:

– Der Veräußerungserlös nach vollendeter Bebauung *(development)* kann insbesondere **im Wege des Vergleichswertverfahrens** auf der Grundlage von Kaufpreisen für vergleichbare neu erstellte Objekte abgeleitet werden. Beabsichtigt z. B. der Investor die Errichtung von Eigentumswohnungen, lässt sich der fiktive Veräußerungserlös unter Heranziehung von Vergleichswerten für neu erstellte Eigentumswohnungen (€/Quadratmeter Wohnflä-

---

[258] So auch AK „Wertermittlung" der FK „Kommunales Vermessungs- und Liegenschaftswesen" des Deutschen Städtetags am 17. und 18.10.1996 (L 5307).

che) ableiten, die nach Lage und Ausstattung der beabsichtigten Bebauung entsprechen. Die Ableitung erfolgt dabei auf der Grundlage der für das Wertermittlungsobjekt bestehenden Baurechte unter Berücksichtigung aller rechtlichen und tatsächlichen Eigenschaften des Grundstücks.

– Bei ertragswertorientierten Objekten kann neben oder anstelle des nach Vergleichspreisen ermittelten und zu erwartenden Veräußerungserlöses der **Ertragswert** herangezogen werden. Hierauf wird man zurückgreifen, wenn Vergleichspreise nicht zur Verfügung stehen. Da es hierbei um die Ermittlung des Ertragswerts nach erfolgter Neubebauung des Grundstücks geht, ergeben sich eine Reihe von Vereinfachungen:

- Als *Restnutzungsdauer* wird die Gesamtnutzungsdauer (GND) angesetzt.
- Der Bodenwert wird (bei normal geschnittenen Grundstücken) nicht benötigt, denn bei entsprechend langer Restnutzungsdauer ist der Bodenwert für die Ermittlung des Ertragswerts eine zu vernachlässigende Größe (vgl. Syst. Darst. des Ertragswertverfahrens Rn. 66, 72, 91 ff.). Das Problem der Bodenwertermittlung stellt sich mithin nicht:

$$\text{Ertragswert} = \frac{\text{Reinertrag}}{\text{Liegenschaftszinssatz}} \times 100 = \text{Reinertrag} \times V$$

wobei V = Vervielfältiger

Ausgehend vom Verkehrswert des „Endprodukts" wird im zweiten Schritt die **Gesamtheit der dafür aufzubringenden Kosten einschließlich der Finanzierungskosten und eines Unternehmergewinns „gegengerechnet":**

– Grunderwerbskosten einschließlich Grunderwerbsnebenkosten,
– Grundstücksaufbereitungskosten (Erschließungskosten, Dekontaminationskosten, Aufschließungskosten, Freilegungskosten usw.),
– Abstandszahlungen,
– Baukosten einschließlich Baunebenkosten,
– Projektmanagementkosten,
– Finanzierungskosten,
– Unternehmergewinn (Gewinnspanne des Projektentwicklers).

Beispiel (Grundfall):

1. **Wertermittlungsobjekt**

   Unbebautes Grundstück, baureifes Land: Gewerbegebiet mit einer GFZ = 0,6; Grundstücksgröße 2 833 m²

2. **Ermittlung des Bodenwerts nach dem sog. Residualwertverfahren** (*residual valuation*)

   a) Berechnung der Geschoss- und Nutzfläche

2 833 m² × 0,6	=	1 700 m²
./. 17/100 × 1 700 m²	=	289 m²
Nutzfläche	=	1 411 m²

   b) Berechnung des fiktiven Ertragswerts

Bei einem jährlichen Reinertrag von	160 €/m²
und einer Nutzfläche von 1 411 m² ergibt sich: 1 411 m² × 160 €/m² =	225 760 €
× Vervielfältiger *(Years Purchase)* bei p = 6,5 % und einer Restnutzungsdauer n von 100 Jahren (vgl. Anl. 1 zur ImmoWertV) = 15,36	
Ertragswert im Falle eines Neubaus 15,36 × 225 760 € =	rd. 3 468 000 €

IV Syst. Darst. Vergleichswertverfahren — Extraktion

c) Berechnung der Bau- und Entwicklungskosten *(costs of development)*

– Baukosten bei Normalherstellungskosten von
1 500 €/m² Nutzfläche:

1 411 m² × 1 500 €/m²	=	2 116 000 €

– Baunebenkosten: 10 % der Baukosten

10/100 × 2 116 000 €	=	+ 212 000 €	
Summe:	=	2 328 000 €	→ 2 328 000 €

– Finanzierungskosten:
13 % p. a. auf 6 Monate (13 % p. a. × 0,5)* rd. + 151 000 €
– Vermietungskosten rd. + 10 000 €
– Gebühren, Abgaben, Rechtsverfolgung rd. + 10 000 €
– Verschiedenes rd. + 30 000 €
– Unternehmergewinn** in Höhe von 20 % des Ertragswerts
0,20 × 3 468 000 € + 694 000 €

= Bau- und Entwicklungskosten	rd. 3 223 000 €	– 3 223 000 €
Residuum (vorläufig)		**rd. 245 000 €**

* Auf den Zinssatz wird deshalb der Faktor 0,5 angewandt.
** Üblicherweise wird mit einem Unternehmergewinn von 10 – 20 % gerechnet.

3. Berechnung des tragbaren Bodenwerts

Grundstücksfinanzierungskosten auf ein Jahr 13 %
Abzinsung des Residuums über die Finanzierungsdauer

$$\text{Bodenwert} = \frac{\text{Residuum}}{(1+p)^n} = \frac{245\,000\,€}{1{,}13^1} = 216\,814\,€$$

Abzüglich Grunderwerbsnebenkosten von 6 %	= – 13 009 €
= Residuum	= 203 805 €

Entspricht **Bodenwert pro Quadratmeter** Grundstücksfläche 203 805 € : 2 833 m² = **72 €/m²**

581 Die unter Ziff. 3 des vorstehenden Beispiels vorgenommene **Berücksichtigung der Grundstücksfinanzierungskosten** und Rechtskosten (Notariats-, Anwaltskosten und dgl.) stellt eine Erweiterung der Grundgleichung des Extraktionsverfahrens (Residualwertverfahrens) dar, wie es heute üblicherweise praktiziert wird. Damit wird berücksichtigt, dass der als Residuum ermittelte tragbare Bodenwert vorgehalten werden muss. Finanzmathematisch erfolgt die Berücksichtigung der Finanzierungskosten also durch Abzinsung des Residuums über die Zeit der Vorhaltung:

$$\text{Bodenwert} = \text{Residuum}/q^n$$

n = Vorhaltezeit
q = 1 + Zinssatz/100
$1/q^n$ ist tabelliert in Anl. 2 zur ImmoWertV.

582 Im Unterschied zu dem mitunter in der Bundesrepublik Deutschland unter anderer Bezeichnung praktizierten Extraktionsverfahren/Residualwertverfahren (hierzulande auch als **Rest-durch-Abzug-Verfahren** oder als kalkulatorische Grundstückswertermittlung bezeichnet) wird dieses Verfahren im Ausland zumeist auf der Grundlage konkreter Vorstellungen über die künftige Nutzung angewandt, d. h., es liegen zumeist sogar ausführungsreife Baupläne vor.

583 Sie erlauben es, einerseits den künftigen Verkaufswert und andererseits die konkret anfallenden **Bau-, Entwicklungs- und Vermarktungskosten** mit einer vergleichsweise hohen Zuverlässigkeit abzuschätzen. Dies muss man sogar als eine **wesentliche Voraussetzung für die Anwendung des Extraktionsverfahrens** (Residualwertverfahrens) fordern, weil sich sonst die unter Rn. 589 ff. angesprochene Fehlerträchtigkeit dieses Verfahrens nicht in Grenzen halten lässt. Der Investor ist damit zugleich in der Lage, einen zuverlässigen „Fahrplan" für die Realisierung der geplanten Maßnahme aufzustellen. Damit lassen sich die anfallenden Kosten mit einer höheren Genauigkeit abschätzen und in das Berechnungsverfahren einführen.

6.4.3.3 Verfeinerter Verfahrensgang bei langfristiger Entwicklung

Bei Anwendung des Extraktionsverfahrens (Residualwertverfahrens) auf Objekte, deren Entwicklung sich längerfristig hinzieht, wird seitens der Investoren der **Finanzierung** große Beachtung geschenkt.

Die **Finanzierung der Bebauung** hat dabei besonderes Gewicht, da die Bebauung bekanntlich weitaus höhere Kosten verursacht als die Bereitstellung des Grundstücks. Deshalb wird bei Anwendung des Extraktionsverfahrens (Residualwertverfahrens) zwischen der Finanzierung der eigentlichen Bebauung des Grundstücks und der Gesamtentwicklung *(development)* unterschieden. Während mit der Abzinsung des Residuums vor allem die Vorhaltung des Grundstücks erfasst wird und diese sich auf die gesamte Entwicklungsdauer erstreckt, fallen die höheren Finanzierungskosten der Bebauung erst in der Bauphase an. Um dies bei der Ermittlung des Residualwerts zu erfassen, stellt man einen Fahrplan für die Gesamtentwicklung auf und berücksichtigt die Finanzierung der Bebauung gesondert (Abb. 15):

Abb. 15: Zeitlicher Ablauf der Entwicklung und Verwertung einer Baumaßnahme (Schema)

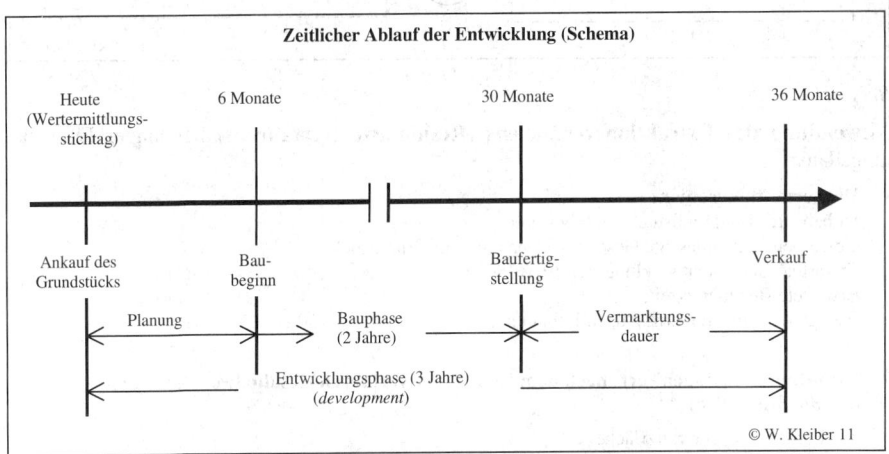

Die **Finanzierungskosten** für die Bebauung des Grundstücks werden den Baukosten zugerechnet, die **Finanzierungskosten für die Gesamtentwicklung** hingegen, wie bereits ausgeführt, durch Diskontierung des Residuums. Damit ergibt sich als erweiterte Form des Extraktionsverfahrens (Residualwertverfahrens) folgendes Schema (Abb. 16):

Abb. 16: Erweiterte Form des Extraktionsverfahrens (Residualwertverfahrens) bei unterschiedlicher Berücksichtigung der Baufinanzierung und der Finanzierung der Gesamtentwicklung

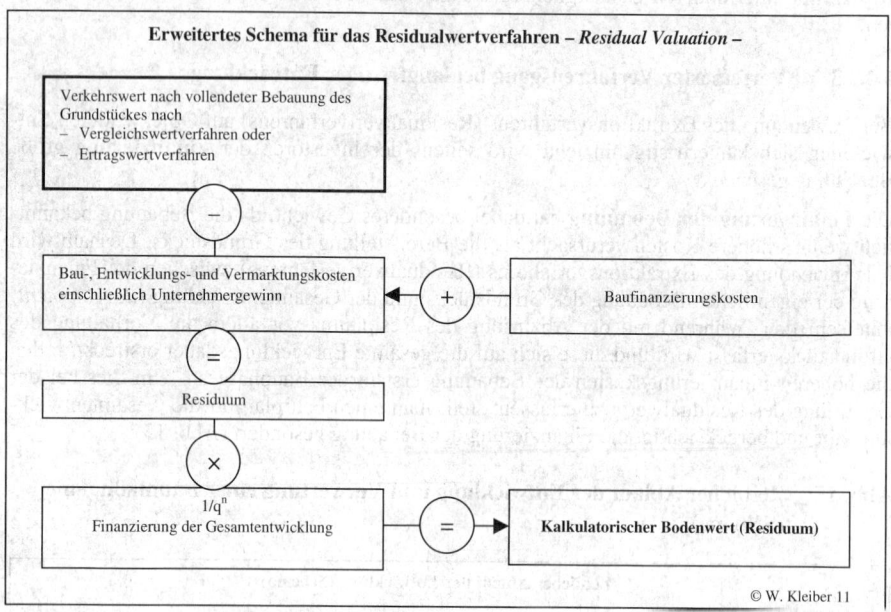

© W. Kleiber 11

587 *Beispiel 1:*

Anwendung des Extraktionsverfahrens (Residualwertverfahrens) bei langer Entwicklungsdauer

1. **Wertermittlungsobjekt**
   Unbebautes Baugrundstück am Stadtrand
   Gewerbegebiet, zulässige Geschossfläche auf dem Grundstück: 600 m²
   Erwartete Gesamtentwicklungszeit *(development)*:   3 Jahre
   Erwartete Bebauungszeit: 2 Jahre
   Erwarteter Jahresreinertrag nach Bebauung: 150 €/m² Nutzfläche

2. **Ermittlung des Bodenwerts nach dem Extraktionsverfahren/Residualwertverfahren** *(residual valuation)*

   a) Berechnung der Nutzfläche
   b) Geschossfläche: ≈ 600 m²
      ./. 17/100 × 600 m²   ≈ 100 m²
      Nutzfläche   ≈ 500 m²

   c) Berechnung des fiktiven Ertragswerts
      Bei einem jährlichen Reinertrag von 150 €/m² Nutzfläche
      ergibt sich: 500 m² × 150 €/m²   = 75 000 €

      × Vervielfältiger *(Years Purchase)* bei p = 6,5 %
      und einer Restnutzungsdauer n von 100 Jahren
      (vgl. Anl. zur ImmoWertV)   = 15,36
      = Ertragswert im Falle eines Neubaus   rd. 1 155 000 €

Extraktion   **Syst. Darst. Vergleichswertverfahren IV**

d) Berechnung der Bau- und Entwicklungskosten *(costs of development)*

– Baukosten bei Normalherstellungskosten von 900 €/m² Geschossfläche (einschließlich Baunebenkosten): 900 €/m² × 600 m²	=	540 000 €
– Baufinanzierung bei Bauzeit von 2 Jahren und Zinssatz von 14 %: 0,5* × 14 % auf 2 Jahre	=	rd. 75 000 €
– Architekten- und Beratungskosten 12,5 % der Baukosten	=	67 500 €
– Finanzierungskosten für Architekten und Beratungskosten auf 2 Jahre: 0,5* × 14 % auf 2 Jahre	=	10 000 €
– Vermietungskosten 10 % des erwarteten Jahresreinertrags	=	7 500 €
– Verschiedenes	=	30 000 €
– Unternehmergewinn in Höhe von 15 % des vorläufigen Ertragswerts	=	173 250 €
= Bau- und Entwicklungskosten	=	903 250 € = – 903 250 €
Residuum (vorläufig)	=	**251 750 €**

3. Berechnung des tragbaren Bodenwerts

– Grundstücksfinanzierungskosten für 3 Jahre bei einem Zinssatz von 14 % Bodenwert = Residuum/1,14³ = 251 750 €/0,67497	=	169 924 €
Abzüglich Grunderwerbsnebenkosten von 6 %	=	– 10 195 €
= Residuum		**159 729 €**

* Der Faktor 0,5 wird eingeführt, weil die Kosten erst im Verlauf der Maßnahme, d. h. nicht über die volle Bauphase, entstehen.

Hinweis: Die Grundstücksgröße geht in die Bodenwertermittlung des Grundstücks indirekt über die Geschossfläche ein; bei übergroßen Grundstücken müsste sie gesonderte Berücksichtigung finden.

Beispiel 2:

a) Es soll ein 10 000 m² großes Grundstück mit einer Geschossfläche von 12 000 m² erworben werden. Die Planung sieht folgende Nutzung vor:

– Bürofläche		5 000 m²		Nutzfläche (NF)
– Ladenfläche		2 000 m²		Nutzfläche (NF)
– Wohnfläche		2 000 m²		Nutzfläche (NF)
Insgesamt		9 000 m²		Nutzfläche (NF)
+ 25 % von 12 000 m²	=	+ 3 000 m²		
Summe	=	12 000 m²		Geschossfläche (GF)

b) Folgender „Fahrplan" besteht:

	Vorlaufzeit	4 Jahre
	Bauzeit	+ 2 Jahre
	Insgesamt	= 6 Jahre

c) Folgende Finanzierungskosten sowie Wert- und Kostensteigerungen werden erwartet:

– Finanzierungskosten	10 % p. a.
– Baukostensteigerung	6 % p. a.
– Wertsteigerung	4 % p. a.

1. Ertragswert/Verkaufswert (nach Bauzeit)

Nutzung	NF (m²)	Preis (Verkauf)	Insgesamt
Büro	5 000	3 000 €/m²	15 000 000 €
Laden	2 000	4 000 €/m²	8 000 000 €
Wohnen	2 000	2 500 €/m²	5 000 000 €
		Summe	28 000 000 €

Ertragswert/Verkaufswert in 6 Jahren bei 4 % Wertsteigerung
28 000 000 € × 1,04⁶ (q^n = 1,26532)   = 35 428 960 €

IV Syst. Darst. Vergleichswertverfahren — Extraktion

2. Aufzuwendende Kosten

a) Baukosten

Nutzung	NF (m²)	Baukosten einschließlich Nebenkosten	Insgesamt
Büro	5 000	1 500 €/m²	7 500 000 €
Laden	2 000	1 000 €/m²	2 000 000 €
Wohnen	2 000	1 400 €/m²	2 800 000 €
		Summe	12 300 000 € – 12 300 00 €

b) Kosten in 5 Jahren bei 6 % Baukostensteigerung
12 300 000 € × 1,06^5 (q^n = 1,33823) = + 16 460 229 €
4 Jahre Vorlaufzeit und bei zweijähriger Bauzeit (× 0,5) = 5 Jahre
c) Finanzierungskosten (1 % von 16 460 229 €)
1 Jahr bei zweijähriger Bauzeit = + 164 602 €
d) Vermarktungskosten = + 500 000 €
e) Abbruchkosten/Sonstiges = + 2 500 000 €
Summe = 19 624 831 €
f) Unternehmergewinn/Wagnis
(15 v. H. von 19 624 × 831 €) = 2 943 725 €
= Ertragswert abzüglich Kosten = 22 568 556 € = – 22 568 556 €
= **12 860 404 €**

3. Bodenwertermittlung

Ertragswert (Verkaufswert) abzüglich Kosten	=	12 860 404 €
Diskontiert über 6 Jahre bei 10 % Finanzierungskosten 12 860 404 € × 0,56447	=	7 259 312 €
wobei 1/1,10^6 = 0,56447		
abzüglich Grunderwerbskosten (4 % von 7 259 312 €)	=	– 290 372 €
Grunderwerbsteuer/Notar/Grundbuch		
ergibt Bodenwert erschließungsbeitragsfrei (ebf)	=	6 968 940 €
Erschließungskosten 50 €/m² × 10 000 m²	=	– 500 000 €
Ergibt Bodenwert erschließungsbeitragspflichtig (ebpf)	=	6 468 940 €

Bodenwert = rd. 650 €/m² entspricht 540 m² BGF.

6.4.3.4 Schwachstellen des Extraktionsverfahrens (Residualwertverfahrens)

589 Die Schwächen des Extraktionsverfahrens (Residualwertverfahrens) müssen darin erblickt werden, dass es sich dabei um einen „konstruierten" Bodenwert handelt, dessen Höhe durch eine Reihe nur **unsicher kalkulierbarer Faktoren** direkt und mit einer äußerst verhängnisvollen Fehlerfortpflanzung bestimmt wird und insoweit auch beeinflussbar ist.

590 Nach dem Grundschema des Extraktionsverfahrens (Residualwertverfahrens) bestimmt sich der Residualwert als Differenzwert zweier nahezu gleich großer Einzelwerte (fiktiver Ertragswert abzüglich Bau-, Entwicklungs- und Vermarktungskosten). Zur Ermittlung des Bodenpreises wird dabei als Ausgangswert zunächst der Ertragswert des Grundstücks (Gebäude und Boden) abgeleitet, der dann um die Herstellungskosten des Gebäudes vermindert wird. Dies hat zur Folge, dass bereits relativ **kleine Fehler von wenigen Prozentpunkten bei der Ermittlung des Ertragswerts oder der Herstellungskosten des Gebäudes überproportional auf die absolute Höhe des Residuums durchschlagen.**

591 Durch kleine nicht mehr kontrollierbare Änderungen der Ausgangsdaten lässt sich nahezu jeder beliebige Bodenwert ermitteln; das Verfahren ist deshalb „in der überwiegenden Mehrzahl aller Fälle" unbrauchbar[259].

---

[259] Vogels, M., Grundstücks- und Gebäudebewertung marktgerecht, 5. Aufl. 1996, S. 28; Kleiber in GuG 1996, 16.

Beispiel: 592

Als (fiktiver) erzielbarer Veräußerungserlös sei im Wege des Vergleichs- oder Ertragswertverfahrens ermittelt	1 000 000 €
Die Bau-, Entwicklungs- und Vermarktungskosten (einschließlich Unternehmergewinn) seien ermittelt mit	– 900 000 €
Residuum	**= 100 000 €**

– Unterstellt, bei der Ermittlung des erzielbaren Veräußerungsgewinns sei ein um 10 % zu hoher Wert ermittelt worden, d. h., der „richtig" ermittelte Veräußerungspreis betrage nur 900 000 €, so ist das als tragbarer Bodenwert ermittelte Residuum um 100 % falsch.

– Unterstellt, die Bau-, Entwicklungs- und Vermarktungskosten seien „nur" um 10 % zu niedrig ermittelt worden, d. h., sie betrügen tatsächlich 990 000 €, so vermindert sich das Residuum gleich um 90 %.

Dass z. B. der unter Heranziehung des Ertragswertverfahrens ermittelte Veräußerungserlös um 10 % falsch berechnet wird, kann bei realistischer Betrachtung kaum ausgeschlossen werden. Überschreitungen von Baukostenvoranschlägen in nicht unerheblicher Höhe, wie sie fast tagtäglich Schlagzeilen machen, signalisieren hier eine weitere Schwachstelle. Fehler, die hier begangen werden, stellen – ebenso wie Fehler, die bei der Ermittlung des fiktiven Veräußerungserlöses nach vollendeter Bebauung auftreten – im Verhältnis zu dem Residuum eine große Wertkomponente dar und schlagen deshalb überproportional auf das Residuum durch. 593

Fehler bei den Ausgangswerten können sich dabei **kumulieren** und besonders verhängnisvoll auswirken: Wird beispielsweise der Ertragswert des Grundstücks (Boden und Gebäude) fehlerhafterweise zu niedrig ermittelt und werden gleichzeitig die Herstellungskosten zu hoch angesetzt, muss sich das Residuum „auffressen". Es kann sich dann auch sehr schnell ein negativer Residualwert *(nil value)* ergeben. 594

Charakteristisch für die Anwendungspraxis ist also, dass **das Residuum i. d. R. als Differenzbetrag zweier nahezu gleich großer Ausgangsgrößen abgeleitet wird.** Dies ist dann der Fall, wenn z. B. der Bodenwert als Residuum aus dem im Wege des (fiktiven) Ertragswertverfahrens abgeleiteten Verkehrswert abzüglich der Herstellungskosten und – in Erweiterung dieses Gedankens – abzüglich der gesamten Entwicklungskosten einschließlich eines Unternehmergewinns, der Finanzierungs- und Vermarktungskosten sowie eines Risikoabschlages für unvorhersehbare Kosten abgeleitet werden soll. Das Ergebnis der Ausgangsgrößen muss dabei naturgemäß fehlerbehaftet sein. 595

In der Kombination nimmt sich der Fehler, wenn man einen der wichtigsten Sätze der **Fehlerfortpflanzungslehre** heranzieht, noch harmlos aus. Danach ergibt sich der Fehler, gleichlautend mit dem pythagoräischen Satz der Geometrie, als Hypotenuse zu den Katheten: 596

$$m = \pm \sqrt{m_1^2 + m_2^2}$$

wobei für m_1 und m_2 jeweils der mittlere Fehler der Ausgangswerte anzusetzen ist.

In der praktischen Anwendung des Verfahrens nimmt sich der Fehler im Verhältnis zum Residuum jedoch schon gewaltig aus, wenn zwei nahezu gleich große Größen kombiniert werden. Die Fehleranfälligkeit wird erst erträglich, wenn eine der Größen, z. B. die Herstellungskosten, im Verhältnis zum künftigen Wert kleinere Größenordnungen einnimmt und damit das Residuum entsprechend anwächst. Der erstgenannte Fall tritt in der täglichen Praxis, z. B. bei Anwendung des Ertragswertverfahrens unter Berücksichtigung eines Instandsetzungsstaus, sogar sehr häufig auf.

Bei der Ableitung des Residuums aus nahezu gleich großen Größen kann es sogar leicht vorkommen, dass sich bei Ansatz fehlerhafter Ausgangsgrößen ein **negatives Residuum** ergibt. Verfechter des Verfahrens sind deshalb im Interesse ihrer Glaubwürdigkeit peinlichst darauf bedacht, diesen Fall nicht eintreten zu lassen. 597

IV Syst. Darst. Vergleichswertverfahren — Extraktion

598 Aus dem einfachen *Beispiel* (Rn. 589) lässt sich folgendes **Fazit** ziehen:

- Die **Fehlerträchtigkeit wird erst erträglich, wenn** die **Position, die vom Ausgangswert in Abzug gebracht wird** (hier: Bau-, Entwicklungs- und Vermarktungskosten), **den hälftigen Betrag der Ausgangsposition und weniger ausmacht**. Dann sind die mit der Methode verbundenen Fehleranfälligkeiten noch hinnehmbar. Die Fehlerträchtigkeit ist indessen am größten, wenn der Differenzbetrag aus etwa gleich großen Positionen als Residuum ermittelt wird und es sich bei diesen Positionen zudem um absolut große Positionen handelt. Kleine relative Fehler können hier zu einer völligen Verfälschung des Ergebnisses führen.

- Bei Anwendung des bevorzugt vom Erwerber herangezogenen Extraktionsverfahrens (Residualwertverfahrens) ergeben sich i. d. R. auffällig „niedrige" Bodenwerte, die zudem damit begründet werden, dass sie für den Erwerber im Hinblick auf die Rentierlichkeit einer Immobilie gar nicht höher ausfallen dürften, weil sich die Immobilie sonst nicht „rechne". Dies mag zwar zutreffen, jedoch sind es häufig dieselben Investoren, die gern darauf hinweisen, dass der Baulandkostenanteil zumindest bei Ein- und Zweifamilienhäusern bereits im Jahre 1990 in Baulandhochpreisregionen gut 30 v. H. und in einigen Kernstädten schon 50 v. H. und mehr ausmacht[260]. Dieser Widerspruch **(residuelles Paradoxon)** ist auffällig und findet seine Erklärung darin, dass bei Anwendung des Extraktionsverfahrens (Residualwertverfahrens) die Herstellungskosten und damit der Gebäudesachwert in voller Höhe eingeht, obwohl aus der Wertermittlungslehre bekannt ist, dass bei Sachwerten über rd. 150 000 € bereits erhebliche **Marktanpassungsabschläge** angebracht werden müssen und diese **bei Sachwerten von rd. 250 000 € bereits eine Größenordnung von 30 v. H. und mehr** erreichen (vgl. § 14 ImmoWertV Rn. 12 ff., 77 ff.). Will man also tatsächlich über das Residualwertverfahren zum Verkehrswert gelangen, dürften auch nur die entsprechend verminderten und nicht die tatsächlichen Herstellungskosten zum Ansatz kommen, d. h., das Residuum erhöht sich um den Marktanpassungsabschlag (vgl. auch die Rechtsprechung des BGH; Syst. Darst. des Sachwertverfahrens Rn. 7 ff.).

Abb. 17: Baulandkostenanteil

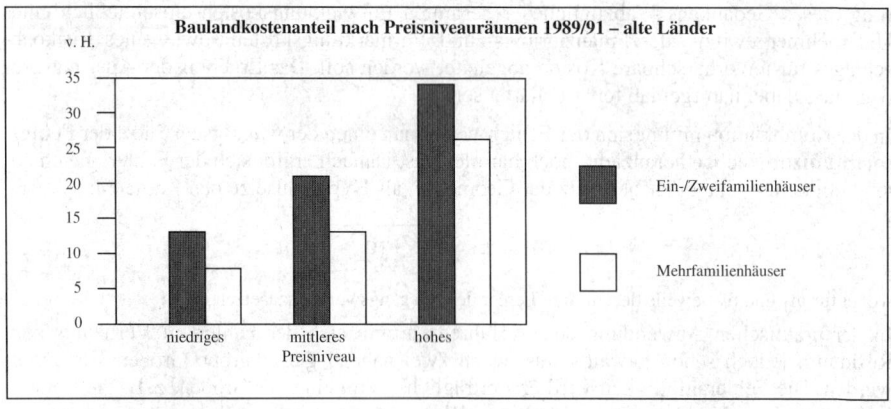

Quelle: Laufende Raumbeobachtung der BfLR

599 Bei Anwendung des Extraktionsverfahrens (Residualwertverfahrens) auf der Grundlage fiktiv ermittelter Ertragswerte unter Abzug der Herstellungskosten werden Elemente des Ertragswertverfahrens und des Sachwertverfahrens kombiniert (Verquickung von Wert und Kosten). Während mithilfe des Ertragswerts auf der Grundlage marktüblicher Liegenschaftszinssätze i. S. des § 14 Abs. 3 ImmoWertV der Verkehrswert noch verhältnismäßig sicher ermittelt wer-

---

[260] Bundesministerium für Raumordnung, Bauwesen und Städtebau, Baulandbericht 1993, Bonn 1993, S. 23.

den kann, handelt es sich bei den zum Abzug kommenden Herstellungskosten für das Gebäude um eine bloße Kostengröße, die sich in aller Regel erheblich vom Gebäudewert entfernt. Bei Anwendung des Sachwertverfahrens nach den §§ 21 ff. ImmoWertV werden deshalb in der Wertermittlungspraxis erhebliche Marktanpassungszu- oder -abschläge erforderlich, um mithilfe des Sachwerts zum Verkehrswert zu gelangen. Es besteht nämlich **keine Identität zwischen Kosten und Werten** (vgl. Syst. Darst. des Sachwertverfahrens Rn. 7 ff.). Hierauf hat die höchstrichterliche Rechtsprechung mehrfach hingewiesen[261]. In der Gesetzgebung wird diesbezüglich auch zwischen rentierlichen und unrentierlichen Kosten unterschieden (so z. B. § 177 Abs. 4 BauGB).

Es liegt nämlich in der inneren Logik der Extraktion (des Residualwertverfahrens), bei dem sich das Residuum aus der Differenz zweier Werte ergibt, dass sich **beide Werte (Ertrags- und Vergleichswert einerseits und Sachwert/Herstellungskosten andererseits) am Verkehrswert orientieren müssen, wenn das sich daraus ergebende Residuum ebenfalls verkehrswertorientiert sein soll.** Legt der Sachverständige bei Anwendung des Extraktionsverfahrens (Residualwertverfahrens) seinen aus der Anwendung des Sachwertverfahrens kommenden Erfahrungsschatz zugrunde, muss er sich folgerichtig fragen, ob er seinen Erfahrungsschatz über die dabei notwendig werdenden Marktanpassungszu- und -abschläge zum Ansatz bringen muss. Andererseits müsste sich das Residuum, z. B. im Falle von Objekten, bei denen im Falle der Ermittlung nach dem Sachwertverfahren hohe Marktanpassungsabschläge angebracht werden müssen, genau um die Höhe des Marktanpassungsabschlags vermindern; das Residuum kann sonst insoweit nicht mehr verkehrswertorientiert sein. **600**

Das Extraktionsverfahren (Residualwertverfahren) ist damit ein Verfahren, mit dem die Schwachstellen des Sachwertverfahrens *(Cost Approach =„method of last resort")* unkorrigiert in der verhängnisvollsten Weise integriert werden, da die Herstellungskosten ohne Marktanpassung in das Verfahren eingehen. Der als Residuum ermittelte Bodenpreis kann schon deshalb i. d. R. nicht dem Verkehrswert des Grund und Bodens entsprechen[262]. *Zimmermann* [263] stellt deshalb fest, dass das Extraktionsverfahren (Residualwertverfahren) schon vom Denkansatz her mit der Ermittlung eines marktwirtschaftlich definierten Verkehrswerts unvereinbar ist. **601**

Bei der Verkehrswertermittlung von Grundstücken kommen **Finanzierungskosten, Vermarktungskosten, Unternehmergewinne** und dgl. grundsätzlich nicht gesondert zum Ansatz. Bei Anwendung des Ertrags- und Sachwertverfahrens finden solche Positionen indirekt über den Liegenschaftszinssatz und den Marktanpassungsfaktor Eingang in das Wertermittlungsverfahren[264]. So wird z. B. ein Mietausfallwagnis im Rahmen der angesetzten Bewirtschaftungskosten berücksichtigt. Ein erhöhtes Risiko spiegelt sich in einem entsprechend erhöhten Liegenschaftszinssatz wider und umgekehrt. Finanzierungskosten sind in Bezug auf die Herstellung des Gebäudes üblicherweise in den Normalherstellungskosten enthalten. **602**

„**Finanzierungskosten**" stellen eine Position dar, deren Berücksichtigung im Rahmen der Verkehrswertermittlung geradezu verpönt ist, weil unterschiedliche Finanzierungskosten zu unterschiedlichen Verkehrswerten führen würden. Der Ansatz von Finanzierungskosten im Rahmen des Extraktionsverfahrens (Residualwertverfahrens) muss deshalb das Residuum umso mehr vermindern, je höher diese Kosten im Einzelfall angesetzt werden. **603**

Auch der Ansatz eines **Unternehmergewinns** von 10 bis 20 % oder der Vermarktungskosten ist der Sachwertermittlung fremd und muss zu einer Verringerung des Residuums führen. **604**

Im Gegensatz zur Verkehrswertermittlung werden bei Anwendung des Extraktionsverfahrens (Residualwertverfahrens) die genannten Kostenpositionen neben weiteren dieser Art (häufig **605**

---

[261] BGH, Urt. vom 24.1.1963 – III ZR 149/61 –, BGHZ 39, 40 = EzGuG 20.34; BGH, Urt. vom 13.5.1955 – V ZR 36/54 –, BGHZ 17, 236 = EzGuG 3.5; BGH, Urt. vom 10.7.1953 – V ZR 22/52 –, BGHZ 10, 171 = EzGuG 20.16; OLG Köln, Urt. vom 2.3.1962 – 9 U 33/61 –, BlGBW 1962, 368 = EzGuG 20.29.
[262] Scarett, D., Property Valuation: The five methods, London 1961.
[263] Zimmermann, WertV 88, München 1998, S. 205.
[264] Vgl. Kleiber, Verkehrswertermittlung von Grundstücken, 6. Aufl. 2010, § 194 BauGB Rn. 90 ff.

in Verbindung mit einem Unternehmergewinn) zum Abzug gebracht, sodass insoweit der Residualwert zusätzlich „gedrückt" wird. **Doppelberücksichtigung** ist dabei nicht auszuschließen.

606 Im Hinblick auf das mit jedem Kauf eines Grundstücks verbundene **Risiko** ist das Verfahren einseitig auf den Vorteil eines investierenden Käufers ausgerichtet. Dies wird besonders deutlich, wenn ein Risikoabschlag wertmindernd in Abzug gebracht wird, denn einem Risiko stehen in aller Regel auch Gewinnpotenziale gegenüber[265].

607 Eine weitere Schwäche des Extraktionsverfahrens (Residualwertverfahrens) liegt in seiner **Manipulierbarkeit.** Da sich der Residualwert – vereinfacht gesagt – als Differenzwert aus einem fiktiven Ertragswert und den aufzubringenden Herstellungskosten ergibt, muss sich der Residualwert

– *erhöhen,* wenn der Residualwertermittlung eine besonders ertragreiche Nutzung mit besonders niedrigen Herstellungskosten zugrunde gelegt wird, und umgekehrt

– *vermindern,* wenn der Residualwertermittlung eine besonders ertragsarme Nutzung bei sehr hohen Herstellungskosten zugrunde gelegt wird.

608 Im Schrifttum wird deshalb herausgestellt, dass bei Anwendung des Extraktionsverfahrens (Residualwertverfahrens) die „Gefahr betrügerischer Manipulationen" besonders hoch ist. Die Summierung vieler kleiner Differenzen genüge, um extreme Resultate zu erzielen. „Diese an und für sich richtige Methode wird daher in der Hand des Kenners, der die Karten zu mischen versteht, zum Instrument, mit welchem sich ein Landwert in fast jeder gewünschten Höhe rechnerisch ausweisen lässt."[266]

609 Dabei ist allerdings zu fordern, dass vor dem Hintergrund einer gesunden Konkurrenzsituation auf dem Immobilienmarkt der Extraktion (Residualwertermittlung) ein Nutzungskonzept zugrunde gelegt wird, mit dem das Entwicklungspotenzial unter Berücksichtigung der rechtlichen und tatsächlichen Gegebenheiten ohne spekulative Elemente bei gleichzeitiger **Minimierung der dafür erforderlichen Kosten** optimal ausgeschöpft wird *(highest and best use).* Der Begriff des *highest and best use* wird hier i. S. einer optimalen Verwertungsstrategie gebraucht, ohne dass damit zwangsläufig ein optimistischer Verkaufspreis in dem Sinne verbunden ist, dass dieser „Optimismus" auf eine allgemeine konjunkturelle Verbesserung der Lage auf dem Immobilienmarkt oder gar auf einen Immobilienboom gerichtet ist.

610 Im Ansatz der Herstellungskosten, Vermarktungskosten, Finanzierungskosten usw. liegt neben der „dramatischen" Fehleranfälligkeit des Verfahrens mithin die zweite große Schwachstelle der Methode. Man muss sich daher vergegenwärtigen, dass das **Extraktionsverfahren (Residualwertverfahren) in seinem Kern eine Kombination aus Ertrags- und Sachwertverfahren bzw. aus Vergleichs- und Sachwertverfahren ist,** wobei die Anwender des Extraktionsverfahrens (Residualwertverfahrens) die Herstellungskosten in voller Höhe ansetzen, während bei Anwendung des „reinen" Sachwertverfahrens nicht unerhebliche Marktanpassungsabschläge als erforderlich angesehen werden, wenn das Sachwertverfahren zum Verkehrswert führen soll. Dies mag im Rahmen einer Investitionsberechnung sachgerecht sein; geht es dagegen um den Verkehrswert, darf die Erkenntnis nicht vergessen werden, dass **zwischen Kosten und Wert keine Identität** besteht[267].

611 Auf der anderen Seite besteht der Vorteil des Verfahrens darin, dass mit ihm allen **individuellen Eigenschaften** des Objekts Rechnung getragen werden kann. Rechtliche und tatsächliche Gegebenheiten (Baubeschränkungen, Gestaltungsvorschriften, Stellplatzfragen, Abstands-

---

265 Benthlin in FamRZ 1982, 338; Hildebrandt, Systemorientierte Risikoanalyse in der Investitionsplanung, Berlin 1988; Rohpeter, Investitionsanalyse für gewerbliche Immobilien, Rudolf Müller 1998, S. 61 ff.; Timm, Das Investitionsrisiko im investitionstheoretischen Ansatz, Berlin 1976; Teichmann, Die Investitionsentscheidung bei Unsicherheiten, Berlin 1970; Müller, Risiko und Ungewissheiten, in E. Wittmann (Hrsg.); HWB, 5. Aufl. Stuttgart 1993; Kupsch, Risikomanagement, in Corsten/Reiß (Hrsg.), Handbuch der Unternehmensführung, Wiesbaden 1995.
266 Zimmermann, a. a. O., S. 206 f.; Naegeli, W., Die Wertberechnung des Baulands, Zürich, S. 9.
267 Pohnert, Kreditwirtschaftliche Wertermittlung 5. Aufl., S. 113; Kleiber in GuG 1996, 16; Groß in GuG 1996, 24; Vogels in GuG 1994, 347; Möckel in GuG 1996, 274; Reck in GuG 1995, 234; Simon in GuG 1985, 229; Zimmermann in WertV 88 München 1998, S. 204; a. A.: Thomas, A., in GuG 1995, 25, 82; Krämer in GuG 1995, 264.

zahlungen, Umweltauflagen, grundstücksbedingte Vor- und Nachteile usw.) gehen einerseits in die Bau- und Entwicklungskosten und andererseits in den erwarteten Veräußerungserlös ein. Mit den ohnehin in den bebauten Ballungszentren kaum noch zur Verfügung stehenden Vergleichspreisen für unbebaute Grundstücke lassen sich die individuellen Eigenschaften allenfalls mit einem kaum noch zu leistenden Aufwand erfassen; ihre Heranziehung würde deshalb aufwendige Analysen erforderlich machen.

Fazit: Bei dem Extraktionsverfahren (Residualwertverfahren) handelt es sich, soweit es auf die Bodenwertermittlung zur Anwendung kommt, um nichts anderes als um das schon früher zur Anwendung gekommene Verfahren der kalkulatorischen Ermittlung eines (tragbaren) Bodenpreises. Allerdings wurden bei Anwendung des Extraktionsverfahrens (Residualwertverfahrens) in immer stärkerem Maße Kostenpositionen zur Geltung gebracht, die einem Investor hinsichtlich der Gesamtheit aller Entwicklungskosten auch einen Gewinn einschließlich der Finanzierungs- und Grunderwerbskosten eines Unternehmergewinns versprechen. Deren Berücksichtigung muss in der Wertermittlungslehre jedoch auf Bedenken stoßen, zumindest, wenn nicht gleichzeitig zu erwartende **Wertzuwächse und Subventionen** (z. B. GRW, Urban, Konvers, KfW-Mittel und dgl.) **einschließlich Steuervorteilen** berücksichtigt werden. Unternehmergewinne verstecken sich vielfach bereits in Einzelpositionen. Darüber hinaus sind direkte und indirekte Subventionen steuerlicher Art oftmals für die Preisbildung von erheblicher Bedeutung, so dass vor einer einseitigen Berücksichtigung eines Unternehmergewinns und vor übersetzten Ansätzen gewarnt werden muss. **612**

Je stärker die Investorenseite ihre Belange in die Wertermittlung eingebracht hat, desto größer ist in der Wertermittlungspraxis allerdings auch der Widerstand gegen solche Verfahren geworden[268]. Soweit es um die Verkehrswertermittlung geht, ist deshalb der **direkte Preisvergleich noch immer vorzuziehen;** dies scheitert allerdings oftmals an geeigneten Vergleichspreisen. **613**

Die Wertermittlungspraxis bewegt sich bei Anwendung des Extraktionsverfahrens (Residualwertverfahrens) immer dann in eine äußerst kritische Zone, wenn der danach ermittelte Wert im Verhältnis zu dem als Ausgangswert herangezogenen Vergleichswert/-preis in ein solches Missverhältnis gerät, dass man die **herangezogenen Ausgangspreise kaum noch als geeignete Vergleichspreise** i. S. des § 15 Abs. 1 ImmoWertV bezeichnen kann. In der Rechtsprechung ist jedenfalls das Maß der zu berücksichtigenden Abweichungen als ein Kriterium für die Beurteilung der Eignung der Vergleichsobjekte herangezogen worden. **614**

Nr. 2.3.1 der WERTR stellt hierzu ausdrücklich heraus, dass die **Ableitung des Bodenwerts von werdendem Bauland aus Vergleichspreisen und Bodenrichtwerten eines Entwicklungszustands höherer Qualität nur ergänzend in Betracht kommen kann, wenn der zu berücksichtigende Wertunterschied den als Ausgangswert herangezogenen Vergleichswert/-preis überproportional überschreitet.** Mit den Ergänzungen der WERTR[269] hat man damit der manchmal ausfernden Praxis sog. „Abschlagsgutachter" eine Warntafel gesetzt, wo man im alltäglichen Leben auch nicht zum Preisvergleich greift. Wer käme schon auf die Idee, sich beim Erwerb eines Ladas an den Preisen der S-Klasse zu orientieren. Im Rahmen des Extraktionsverfahrens (Residualwertverfahrens) – als dem klassischen Investorenverfahren – setzt man sich häufig recht unbekümmert darüber hinweg und geht zugleich wider allen Erfahrungssätzen der Verkehrswertlehre von einer Identität der Kosten einer Maßnahme und des damit bewirkten Wertzuwachses aus. Hier ist deshalb nicht unberechtigt die Kritik hineingestoßen, wenn es um den Verkehrswert geht. **615**

Bei dem Extraktionsverfahren (Residualwertverfahren) handelt es sich somit um eine **höchst fehleranfällige Hilfsmethode**[270], die zur Ermittlung des Verkehrswerts eines Grundstücks nur dann zur Anwendung kommt, wenn andere Verfahren, die eine sichere Ableitung des **616**

---

268 Pohnert, Kreditwirtschaftliche Wertermittlungen, 5. Aufl. 1997, S. 113; Möckel in GuG 1996, 274; Kleiber in GuG 1996, 16; Schwarz in GuG 1994, 267.
269 Kleiber, WERTR 06, 9. Aufl. 2006, Bundesanzeiger Verlag.
270 Schulte, Handbuch Immobilien-Projektentwicklung, Köln 1996, S. 60.

IV Syst. Darst. Vergleichswertverfahren Extraktion

Verkehrswerts ermöglichen, nicht zur Anwendung kommen können. Im Allgemeinen ist der Ermittlung des Bodenwerts auf der Grundlage von Vergleichspreisen der Vorzug zu geben.

617 Das Extraktionsverfahren (Residualwertverfahren) hat in der Wertermittlungspraxis vornehmlich nur in den Fällen eine Bedeutung erlangen können, wo eine Bodenwertermittlung auf der Grundlage von Vergleichspreisen nicht möglich war. Dies sind insbesondere **Immobilien, die i. d. R. nur von professionellen Projektentwicklern in einem aufwendigen Verfahren verwertet werden können und insofern auch nur einem begrenzten Marktsegment zuzurechnen sind.**

618 Aus Vergleichsrechnungen, die für Objekte durchgeführt worden sind, von denen der Bodenwert über den direkten Preisvergleich ermittelt werden konnte, ist bekannt, dass die Anwendung des Extraktionsverfahrens (Residualwertverfahrens) zumeist sehr schnell zu einem Preis führt, der den Verkehrswert des Grund und Bodens erheblich unterschreiten kann. Dies ist darin begründet, dass dabei in aller Regel die Herstellungskosten und auch sonstige Kosten in voller Höhe von dem fiktiven Ertragswert (Verkehrswert des Objektes nach seiner Entwicklung) in Abzug gebracht werden und keine **Identität zwischen Kosten und Wert** und dementsprechend auch keine Identität zwischen Kostendifferenzialen und Wertdifferenzialen besteht. Wegen des „Restwertcharakters" und der Abhängigkeit des Residualpreises von sämtlichen Entwicklungskosten sowie der in der Struktur des Verfahrens angelegten Fehlerträchtigkeit ist das Verfahren in erster Linie als Plausibilitätsprüfung von Bedeutung.

619 Unter der Zielsetzung, den Verkehrswert des Grundstücks zu ermitteln, muss bei Anwendung des Extraktionsverfahrens (Residualwertverfahrens) eine Konzeption zugrunde gelegt werden, die auf eine **Optimierung des Kosten-Nutzen-Verhältnisses** ausgerichtet ist.

620 Unter der Zielsetzung der Ermittlung eines investitionssicheren tragbaren Bodenpreises sind demgegenüber die individuellen Kosten möglichst vollständig und umfassend anzusetzen. Die Disparität zum Boden und zum Verkehrswert wird dabei umso größer, je umfassender das damit verbundene Risiko und die damit verbundenen Kosten in den Residualwert eingerechnet werden. Nach den Mechanismen des Verfahrens werden solche **Kosten preismindernd bis in das Residuum (Bodenwert) „durchgereicht".**

621 Folgt man dem Grundsatz, dass die Usancen des gewöhnlichen Geschäftsverkehrs das entscheidende Kriterium für die Wahl des Verfahrens zur Ermittlung des Verkehrswerts sind, kann das Extraktionsverfahren (Residualwertverfahren) unter vorstehenden Gesichtspunkten allenfalls für Grundstücke solcher Grundstücksmarktsegmente noch als geeignet angesehen werden, deren Preisbildung durch Investitionsüberlegungen i. S. des Extraktionsverfahrens (Residualwertverfahrens) beherrscht wird. Unter diesen Kautelen ist die **Wahl des Extraktionsverfahrens** (Residualwertverfahrens) auch mit dem Grundsatz des § 8 Abs. 2 ImmoWertV vereinbar.

622 In Betracht kommen hier insbesondere

a) der Grundstücksmarkt großflächig zu erschließender Baulandflächen, insbesondere, wenn in der Gemeinde kommunale Grundsatzbeschlüsse gefasst worden sind, nach denen ein Planungsrecht nur im Falle der Übernahme kommunaler Infrastrukturleistungen, z. B. im Wege städtebaulicher Verträge, gewährt wird;

b) Grundstücke, deren Nutzung vornehmlich nur durch professionelle Investoren herbeigeführt werden kann.

623 Selbst unter diesen Voraussetzungen ist die Anwendung des Extraktionsverfahrens (Residualwertverfahrens) vornehmlich nur i. S. einer **Investitionsentscheidung** und weniger als Verfahren der Verkehrswertermittlung geeignet. Der Verkäufer eines Grundstücks, dessen Bodenwert im Wege des Extraktionsverfahrens (Residualwertverfahrens) ermittelt werden soll, wird mindestens den aus Vergleichspreisen abgeleiteten Verkehrswert eines unbebauten Grundstücks abzüglich evtl. Abbruchkosten verlangen. Dies ist im Verhältnis zum Extraktionsverfahren (Residualwertverfahren) auch die einfachere und plausiblere Methode. Das Extraktionsverfahren (Residualwertverfahren) kann in diesem Fall als Entscheidungshilfe dafür herangezogen werden, ob auch ein höherer Preis wirtschaftlich tragfähig ist, wobei dann der höhere Preis auch über dem Verkehrswert liegen kann. Dem Liquidationswert muss ansonsten der Vorzug gegeben werden.

Die eigentliche Bedeutung des Extraktionsverfahrens (Residualwertverfahrens) liegt also in seiner **Funktion als Entscheidungsgrundlage für Investitionen.** Im Hinblick auf eine anstehende Bebauung eines Grundstücks bzw. einen Umbau eines bebauten Grundstücks kann mithilfe des Extraktionsverfahrens (Residualwertverfahrens) der wirtschaftlich tragbare Erwerbspreis ermittelt werden. Demzufolge wäre der Begriff Residual*preis*verfahren zutreffender. Wie bereits dargelegt, wird dieser Residualpreis maßgeblich von der seiner Ermittlung zugrunde gelegten **Nutzungskonzeption** bestimmt. Bei Anwendung des Extraktionsverfahrens (Residualwertverfahrens) müssen deshalb zwei voneinander abzugrenzende Ansätze unterschieden werden: **624**

a) Ermittlung des Residualpreises auf der Grundlage einer bestimmten vorgegebenen Nutzungskonzeption; **625**

b) Ermittlung des Residualpreises auf der Grundlage einer kosten- und nutzenoptimierten Konzeption *(highest and best use).*

Die Ermittlung des Residualpreises auf der Grundlage einer bestimmten vorgegebenen Nutzungskonzeption führt in aller Regel zu den größten Disparitäten der Ergebnisse gegenüber dem Verkehrswert. Dies sind regelmäßig auch die Fälle, in denen das **Extraktionsverfahren (Residualwertverfahren) seitens der Käufer in Ankaufsverhandlungen instrumentalisiert** wird, indem Ertragspotenziale ebenso wie die Möglichkeiten einer Kostenminimierung unausgeschöpft bleiben. **626**

Als Grundlage für die Ermittlung des Verkehrswerts ist das Residualwertverfahren deshalb allenfalls **nur** dann **geeignet, wenn bezüglich der Nutzungskonzeption eine Konkurrenzsituation zugrunde gelegt wird,** die dem Grundsatz des *highest and best use* bei gleichzeitiger Minimierung der Gesamtaufwendungen entspricht. Dies ist u. a. auch darin begründet, dass Grundstücke im gewöhnlichen Geschäftsverkehr, der nach Maßgabe des § 194 BauGB Maßstab für die Verkehrswertermittlung sein muss, in aller Regel an den Meistbietenden veräußert werden. Soweit die Grundgedanken des Extraktionsverfahrens (Residualwertverfahrens) das Preisgeschehen auf dem Grundstücksmarkt bestimmen, kommt mithin nur derjenige Käufer zum Zuge, der **i. S. einer Kosten-Nutzen-Analyse auf Grund einer optimierten Verwertungsstrategie auch den höchsten Preis bieten kann.** **627**

Gleichwohl führt das Extraktionsverfahren (Residualwertverfahren) auch unter diesen Prämissen aus den genannten Gründen i. d. R. nicht unmittelbar zum Verkehrswert (Abzug von nicht wertadäquaten Kostenpositionen). Das Extraktionsverfahren (Residualwertverfahren) in der von Investorenseite praktizierten Ausgestaltung stellt bei alledem ein **einseitig auf die Belange des Investors** ausgerichtetes Investorenverfahren zur Ermittlung des tragbaren Bodenpreises dar. **628**

Die Ermittlung des Residualpreises auf der Grundlage einer Nutzungskonzeption, die dem Grundsatz des *highest and best use* folgt, kann im Übrigen aber auch zu einem Preis führen, der **über** dem im Wege des Preisvergleichs ermittelten Verkehrswert liegt. Dieser Fall kann bei optimalen Verwertungsstrategien eintreten. Im Konkurrenzkampf der Bewerber um ein Grundstück kommt der Anbieter zum Erfolg, der sein **Angebot auf der Grundlage des *highest and best use*** abgegeben hat[271]. **629**

In der **Zusammenfassung** können als besonders fehlerträchtige und sensitive Parameter des Extraktionsverfahrens (Residualwertverfahrens) gelten: **630**

a) Das „richtige" Nutzungskonzept, insbesondere bezüglich der wirtschaftlichsten Nutzung unter Minimierung der Bau-, Entwicklungs- und Vermarktungskosten.

---

[271] American Institute of Real Estate Appraisers: The Appraisal of Real Estate, 12. Aufl. Chicago, 2002 S. 60 ff., 305 ff.

IV Syst. Darst. Vergleichswertverfahren   Extraktion

b) Die fiktive Ertragswertermittlung, insbesondere bezüglich
- des angesetzten nachhaltigen Reinertrags,
- der „richtigen" Nutzflächenermittlung und
- des „richtigen" Liegenschaftszinssatzes.

c) Die Angemessenheit
- der Baukosten (einschließlich Baunebenkosten und der Kosten für Außenanlagen), der Abbruch- und Erschließungskosten,
- der Finanzierungskosten,
- der Kosten der Vermarktung,
- des Mietausfallwagnisses,
- der Kosten für Unvorhergesehenes (Gewinn, Wagnis, Altlasten) und
- ggf. der Abfindungsbeträge,

wobei der Abzug von „bloßen" Kosten[272] insoweit vom Verkehrswert wegführt, wie die Kosten nicht werthaltig sind. Wie dargelegt, sind im Rahmen der Verkehrswertermittlung entsprechend den Preismechanismen im gewöhnlichen Geschäftsverkehr solche Kosten i. d. R. nicht überwälzbar. Es kommt hinzu, dass solche **Kosten** möglicherweise **doppelt zum Ansatz kommen** (Beispiel: Finanzierung der Baukosten ist bei Ansatz angemessener Herstellungskosten bereits in diesen Herstellungskosten enthalten). Umgekehrt werden in der Praxis der Investitionsberechnungen auf der Grundlage des Extraktionsverfahrens (Residualwertverfahrens) vielfach auch weitere Kosten zum Abzug gebracht (z. B. ein Unternehmergewinn in Höhe von 10 bis 15 % des Ertragswerts).

d) Werden die Baukosten in Höhe der gewöhnlichen Herstellungskosten (§ 22 ImmoWertV) als sog. Normalherstellungskosten in das Extraktionsverfahren (Residualwertverfahren) eingeführt, so wird damit die **Mehrwert-/Umsatzsteuer** berücksichtigt. Dies ist auch sachgerecht, wenn es um die Ermittlung des Verkehrswerts im Wege des Extraktionsverfahrens (Residualwertverfahrens) geht. Kommt das Extraktionsverfahren (Residualwertverfahren) mit der Zielsetzung zur Anwendung, den investitionsorientierten Erwerbspreis eines bestimmten Investors abzuleiten, kann zwischen optierenden und nicht optierenden Investoren unterschieden werden. Soweit demnach die Mehrwertsteuer „weitergereicht" werden kann, können die auf der Grundlage der Normalherstellungskosten, die die Mehrwertsteuer definitionsgemäß enthalten, angesetzten Baukosten um diese vermindert werden.

e) Bezüglich der Größenordnung der anzusetzenden Kosten bis zur Verwertung des Objekts (insbesondere Baukosten) besteht die Möglichkeit,
- die **individuellen tatsächlich zu erwartenden Kosten i. S. einer objektspezifischen Investitionsberechnung anzusetzen**, wobei dann ggf. auch überhöhte Herstellungskosten zum Ansatz kommen müssen, wenn das Projekt schnell durchgeführt werden soll (Feiertagszuschläge, Nachtarbeit usw.), oder
- jeweils von **gewöhnlichen und nachhaltig entstehenden Kosten** auszugehen.

Einheitliche Sätze, die für sämtliche Projekte und alle Gebäudearten Gültigkeit haben, gibt es nicht, und sie können auch nicht aus Vereinfachungsgründen angesetzt werden.

f) Die Schätzung der Preisentwicklung aller übrigen Kosten (Bau-, Finanzierungs-, Abrisskosten, Abfindungen, Genehmigungsgebühren usw.) ist mit zusätzlichen Fehlerquellen verbunden. Die **freie Schätzung der Entwicklung dieser Kosten ist** außerordentlich **problematisch**. Ihre Berücksichtigung stellt damit zwar theoretisch eine Verfeinerung dar; praktisch entstehen damit aber neue Fehlerquellen, die hier zu einer Scheingenauig-

---

[272] Selbst in der steuerlichen Bewertung, die sich vereinfachender Methoden bedient, ist dies mit aller Dringlichkeit vom BFH im Urt. vom 28.10.1998 – II R 37/97 –, GuG 1999, 184 = EzGuG 20.166, herausgestellt worden; dies muss insbesondere von den Beleihungsinstituten gewürdigt werden.

keit führen. Allenfalls bei sehr langer Entwicklungsdauer ist deshalb eine Dynamisierung sinnvoll[273].

Der schon aus grundsätzlichen Erwägungen problematische Abzug sonstiger anfallender Kosten einschließlich der Grunderwerbs- und Finanzierungskosten ist einseitig auf die Belange des Investors ausgerichtet. Entsprechendes gilt auch für den Abzug eines Unternehmergewinns und eines Risikoabschlags. Im Grundstücksverkehr allgemein und auch im Handel mit baureifen Grundstücken, deren Bebauung stets einer mehr oder minder langen Vorbereitungs-, Bau- und Vermarktungsphase bedarf, lassen sich nämlich die Verkäufer derartige Kosten sonst auch nicht wertmindernd in Rechnung stellen. Verkehrswert ist insoweit der „volle" Wert ohne Abzug der Grunderwerbskosten eines Käufers.

Der Verkäufer eines Grundstücks würde sich auf einen so ermittelten Residualpreis nur dann einlassen, wenn dieser höher als der im Preisvergleich direkt ermittelte Bodenwert des unbebauten Grundstücks abzüglich der Abbruchkosten ausfällt. Der Grundstücksmarkt greift dabei in aller Regel auf die aus Vergleichspreisen abgeleiteten Bodenrichtwerte zurück, die nach § 196 BauGB für das Gemeindegebiet von der Gemeinde zu ermitteln sind. Der Verkehrswert des Grund und Bodens eines Abbruchobjektes kann in diesem Fall also vergleichsweise einfach und plausibel direkt aus diesen Bodenrichtwerten unter Abzug der Abbruchkosten abgeleitet werden (§ 16 Abs. 3 ImmoWertV).

6.5 Bodenwertermittlung auf der Grundlage der Ertragsfähigkeit

6.5.1 Abhängigkeit von Erdgeschossmieten

▶ Vgl. Teil VI Rn. 632

Schrifttum: *Bister,* Modifizierte Geschossflächenzahl – Eine statistische Untersuchung der Kaufpreise von Ertragsgrundstücken unterschiedlicher Baunutzung, VR 1978, 124; *Paul,* Zur Korrelation von Geschäftsraummieten und Bodenwerten in Kernbereichen, DS 1985, 98; *Upmeyer,* B., Bodenwertermittlung für ein Grundstück in einer Großstadt in den neuen Bundesländern, GuG 1999, 42; *Schmalgemeier,* Zur Ermittlung von Grundwerten für die Ermittlung von Ausgleichsbeträgen, VR 1978, 143.

Bodenwert und Ertragsfähigkeit eines Grundstücks stehen in einem engen Zusammenhang. Dies gilt zumindest für Grundstücke, die unter Renditegesichtspunkten gehandelt werden. Für die **Innenstadtlagen** ist eine **hohe Korrelation zwischen der Rohmiete pro Quadratmeter Nutzfläche des Geschäftsraums und dem Bodenwert** festgestellt worden, wobei sich erst bei höheren Mieten größere Abweichungen von den empirisch **abgeleiteten** funktionalen Zusammenhängen gezeigt haben. Auf der Grundlage von Auswertungen der Kaufpreise aus den 70er Jahren wurden folgende Beziehungen abgeleitet: **631**

Osnabrück:[274] $BW = 32{,}43 \times RoE^{0{,}9890}$

                    $BW = 26{,}22 \times RoE^{1{,}0638}$ (1)

Offenbach:[275] $BW = 26{,}045 \times RoE^{1{,}0752}$ (2)

wobei
BW = Bodenwert in [€]
RoE = Rohertrag/Monat in [€]

Bei alledem wurde darauf hingewiesen, dass das **Maß der baulichen Nutzung (GFZ) und die Restnutzungsdauer** sich **unwesentlich auf den Bodenwert auswirken,** wobei die Restnutzungsdauer ohnehin allenfalls bei unter- oder übergenutzten Grundstücken unter bestimmten Voraussetzungen auf den Bodenwert durchschlägt. **632**

---

273 Britton, W./Davies, K., Modern Methods of Valuation of Land, Houses and Buildings, 8. Aufl. London 1989.
274 Schmalgemeier in VR 1977, 422 für die Jahre 1966 bis 1977 und Nutzflächen von 30 bis 150 m².
275 Paul in VR 1983, 141.

IV Syst. Darst. Vergleichswertverfahren — Ertragsfähigkeit

633 Die Annahme von *Schmalgemeier*, die Relation von Roherträgen (Nettokaltmiete) und Bodenwerten sei zeitunabhängig, hat sich als unhaltbar erwiesen. Bereits nach wenigen Jahren (1985) musste vielmehr festgestellt werden, dass in Abhängigkeit von der Lagequalität die Bodenwerte in den Innenstadtlagen bereits das 35- bis 48-fache der Geschäftsraummieten im Erdgeschoss ausmachen. Für den Bodenwert eines aus einer Sanierung „herauskommenden" Grundstücks wird von *Brandt-Wehner* [276] aufgrund von Kaufpreisen, die wiederum aus den 70er Jahren stammen, folgende Beziehung angegeben:

634
$$BW = \frac{1}{\left(\dfrac{0{,}3238}{RoE^{0{,}45}} \times 0{,}0186\right)^{2{,}86}} \tag{3}$$

Beispiel:
Bei einem Rohertrag (Nettokaltmiete) von 20 €/m² NF und Monat ergeben sich nach

(1) $BW = 26{,}22 \times 20^{1{,}6038}$ = 635 €/m²
(2) $BW = 26{,}045 \times 20^{1{,}0752}$ = 652 €/m²
(3) $BW = 1/(0{,}3238/20^{0{,}45} + 0{,}01086)^{2{,}86}$ = 840 €/m²

Die doch erheblichen Unterschiede lassen erkennen, dass das Verfahren nicht ohne Weiteres übertragbar ist.

Bister hat entsprechende Umrechnungsverhältnisse für Büro- und Geschäftsgrundstücke in der Düsseldorfer Innenstadt abgeleitet[277]. Er kommt zu folgender Funktionsgleichung:

$$BW = 2{,}0643 \times RoE^{1{,}123}$$

wobei wiederum
BW = Bodenwert in [€]
RoE = Rohertrag pro Quadratmeter Grundstücksfläche in [€]

Die Ergebnisse stehen in Plausibilität zueinander. Die von *Bister* ermittelte Abhängigkeit zeigt einen steileren Kurvenverlauf, was auf die höhere Wertigkeit der Düsseldorfer Innenstadt gegenüber niedersächsischen Gemeindezentren zurückgeführt werden kann.

635 Trotzdem kommt man nicht um die Feststellung herum, dass alle **Versuche, den Bodenwert in Abhängigkeit von der Erdgeschossmiete durch empirisch abgeleitete Funktionsgleichungen mit hinreichender Sicherheit zu ermitteln, als gescheitert gelten müssen.** Es kommt hinzu, dass die vorgestellten Funktionsgleichungen schon nach ihrer Art bei dem „Verbraucher" kaum Vertrauen „ernten" können, zumal das ihnen zugrunde liegende Rechenwerk letztlich für Außenstehende nicht überprüfbar ist[278].

6.5.2 Abhängigkeit vom Jahresrohertrag

636 *Gerardy/Höpcke*[279] haben für die Zentren niedersächsischer Städte die sich aus Abb. 80 ergebende **Abhängigkeit des „mittleren Bodenwerts" vom Jahresrohertrag in € pro Quadratmeter Grundstücksfläche** festgestellt. Dem Jahresrohertrag haftet allerdings eine gewisse Unsicherheit an, die auf die jeweiligen Bewirtschaftungskosten zurückzuführen ist. Bei der Ableitung derartiger Tabellen auf der Grundlage von Reinerträgen können diese Unsicherheiten vermieden werden (Abb. 18).

---

276 Brandt-Wehner in VR 1985, 413.
277 Bister in VR 1978, 124.
278 Ziegenbein in VR 1999, 383.
279 Gerardy in Nachr. der nds. Kat.- und VermVw 1964, 14, 125.

Abb. 18: Mittlerer Bodenwert in Abhängigkeit vom Jahresrohertrag pro m² Grundstücksfläche in niedersächsischen Zentren

Mittlerer Bodenwert			
Jahresrohertrag in € pro m² Grundstücksfläche	Mittlerer Bodenwert €/m²	Jahresrohertrag pro m² Grundstücksfläche	Mittlerer Bodenwert €/m²
5	16,00	80	228,50
10	22,50	85	246,00
15	39,50	90	264,00
20	51,50	95	282,00
25	64,00	100	300,50
30	77,00	110	339,00
35	90,00	120	379,00
40	104,00	130	420,50
45	118,00	140	463,50
50	132,50	150	508,00
55	147,75	160	559,00
60	163,00	170	601,50
65	179,00	180	650,50
70	195,00	190	701,00
75	211,50	200	735,50

Als **Funktionsgleichung** wurde von *Gerardy* für **Zentrumslagen** abgeleitet: **637**

$$BW = 1{,}8691 \times RoE^{1{,}0897}$$

wobei

BW = Bodenwert

RoE = Rohertrag (Nettokaltmiete) pro Quadratmeter Grundstücksfläche

6.6 Zielbaumverfahren

Schrifttum: *Aurnhammer, H.*, Verfahren zur Bestimmung von Wertminderungen bei Baumängeln und Bauschäden, BauR 1978, 351 und 356; BauR 1981, 139; *Seitz, W.*, Zielbaumverfahren- Wertermittlung oder Willkür?, GuG 2011, 216, *Schmidt-Eichstädt, G.*, Rechtsprobleme bei der Anwendung des Zielbaumverfahrens, GuG 2004, 129; *Seldeneck/Dyroff* in BlnGE 1999, 92.

▶ *Vgl. hierzu § 8 ImmoWertV Rn. 60; Teil VI Rn. 655 ff.*

Das von *Aurnhammer* [280] entwickelte Zielbaumverfahren stellt ein **operatives Verfahren zur** **638**
Berücksichtigung von Abweichungen der Vergleichsgrundstücke mit den dafür herangezogenen Vergleichspreisen von den Merkmalen des zu bewertenden Grundstücks dar. Dabei werden die Abweichungen in Komponenten aufgegliedert, z. B.

– die regionale Lage,

– die Infrastruktur und

– subjektive Wertfaktoren,

die wiederum in Einzelkomponenten aufgegliedert werden. Die einzelnen Komponenten werden dann auf der Grundlage eines Punktesystems gewichtet und zu einem Ab- bzw. Zuschlag aggregiert (vgl. § 8 ImmoWertV Rn. 60).

Das **Verfahren** wird in Abb. 19 erläutert. **639**

---

[280] Aurnhammer in BauR 1978, 356 und BauR 1981, 139; hierzu OLG Stuttgart, Urt. vom 14.3.1989 – 12 U 29/88 –, BauR 1989, 112 = EzGuG 11.170q; VG Berlin, Beschl. vom 11.11.1998 – 19 A 86/98 – GuG 1999, 186 = EzGuG 15.93.

IV Syst. Darst. Vergleichswertverfahren   Zielbaumverfahren

Abb. 19: Schema des Zielbaumverfahrens

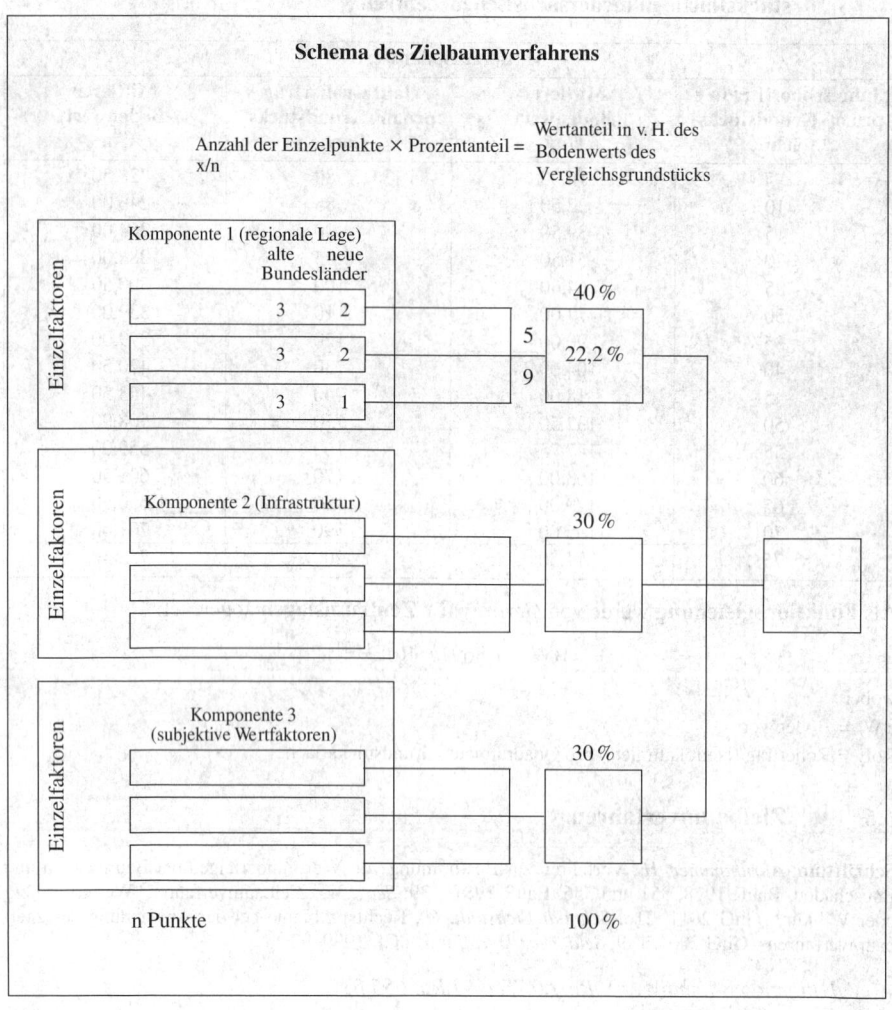

§ 15 ImmoWertV
Ermittlung des Vergleichswerts

(1) Im Vergleichswertverfahren wird der Vergleichswert aus einer ausreichenden Zahl von Vergleichspreisen ermittelt. Für die Ableitung der Vergleichspreise sind die Kaufpreise solcher Grundstücke heranzuziehen, die mit dem zu bewertenden Grundstück hinreichend übereinstimmende Grundstücksmerkmale aufweisen. Finden sich in dem Gebiet, in dem das Grundstück gelegen ist, nicht genügend Vergleichspreise, können auch Vergleichspreise aus anderen vergleichbaren Gebieten herangezogen werden. Änderungen der allgemeinen Wertverhältnisse auf dem Grundstücksmarkt oder Abweichungen einzelner Grundstücksmerkmale sind in der Regel auf der Grundlage von Indexreihen oder Umrechnungskoeffizienten zu berücksichtigen.

(2) Bei bebauten Grundstücken können neben oder anstelle von Vergleichspreisen zur Ermittlung des Vergleichswerts geeignete Vergleichsfaktoren herangezogen werden. Der Vergleichswert ergibt sich dann durch Vervielfachung des jährlichen Ertrags oder der sonstigen Bezugseinheit des zu bewertenden Grundstücks mit dem Vergleichsfaktor. Vergleichsfaktoren sind geeignet, wenn die Grundstücksmerkmale der ihnen zugrunde gelegten Grundstücke hinreichend mit denen des zu bewertenden Grundstücks übereinstimmen.

Gliederungsübersicht   Rn.

1   Überblick   1
2   Ermittlungsgrundlagen
    2.1   Übersicht   7
    2.2   Ausreichende Zahl von Vergleichspreisen (§ 15 Abs. 1 Satz 1 und 3 ImmoWertV)   10
    2.3   Hinreichend übereinstimmende Vergleichspreise (§ 15 Abs. 1 Satz 2 ImmoWertV) ...   12
    2.4   Identifizierung und Eliminierung ungeeigneter Kaufpreise (Ausreißer)   14
3   Berücksichtigung von Abweichungen (intertemporärer und qualitativer Abgleich)
    3.1   Übersicht   17
    3.2   Intertemporärer Abgleich   21
    3.3   Qualitativer Abgleich   22
4   Ableitung des Verkehrswerts
    4.1   Aggregation gleichnamig gemachter Vergleichspreise   23
    4.2   Ableitung des Verkehrswerts aus dem Vergleichswert (§ 8 ImmoWertV)   24

1 Überblick

▶ *Allgemeines vgl. Syst. Darst. des Vergleichswertverfahrens Rn. 18 ff.*

Unterabschnitt 1 des dritten Abschnitts der ImmoWertV regelt das Vergleichswertverfahren einschließlich der Bodenwertermittlung. Den Regelungen zugeordnet ist die Rahmen- bzw. Mantelvorschrift des § 8 ImmoWertV. Titel dieses Unterabschnitts und Vorschriftengliederung stellen zwar den **„Vergleichswertverfahren"** (§ 15 ImmoWertV) **und die „Bodenwertermittlung"** (§ 15 ImmoWertV) **begrifflich nebeneinander**, jedoch geht es auch in § 16 ImmoWertV um die Ermittlung des vorrangig im Vergleichswertverfahren zu ermittelnden Bodenwerts. 1

Die §§ 15 und 16 ImmoWertV sind aus den §§ 13 und 14 WertV 88/98 ohne wesentliche materielle Änderungen hervorgegangen. Der Verordnungsgeber war sichtlich bemüht, die Materie systematischer als bisher zu gliedern, insbesondere durch 2

–   Zusammenfassung der die Bodenwertermittlung betreffenden Regelungen in einer eigenständigen Vorschrift über die Bodenwertermittlung; die bisherigen Regelungen des § 13 Abs. 2, des § 20

IV § 15 ImmoWertV — Ermittlung des Vergleichswerts

(Liquidationswertverfahren) und des § 28 Abs. 3 WertV 88 (mit verallgemeinerdem Inhalt) werden in den neuen § 16 ImmoWertV überführt,

- ergänzende Regelungen zur Wertermittlung von Grundstücken, deren bauliche Anlagen „alsbald" zum Abriss (Rückbau) anstehen (Liquidationsobjekte). Es handelt sich um Regelungen, die in der WertV 88/98 den Regelungen des Ertragswertverfahrens zugeordnet waren (§ 20 WertV 88/98) und nunmehr dem Vergleichswertverfahren zugewiesen worden sind (§ 16 Abs. 3 ImmoWertV).

Der in der Begründung herausgestellte Unterschied zwischen dem „Vergleichspreis" nach § 15 Abs. 1 Satz 1 ImmoWertV und dem „Kaufpreis" eines Vergleichsgrundstücks nach § 13 Abs. 1 Satz 1 WertV 88/98 ist für die Praxis bedeutungslos und nicht aus dem Wortlaut ersichtlich[1].

3 Das mit der Umstellung verfolgte Anliegen ist nur teilweise geglückt. Bodenwerte werden vorrangig im Vergleichswertverfahren ermittelt und deswegen ist die **Ermittlung von Bodenwerten materieller Bestandteil des in** § 15 ImmoWertV **geregelten Vergleichswertverfahrens**. Dementsprechend enthalten die Regelungen des § 16 ImmoWertV („Bodenwertermittlung") auch gar keine verfahrenstechnischen Hinweise zur Bodenwertermittlung; in § 16 Abs. 1 Satz 1 ImmoWertV wird vielmehr auf die verfahrensrechtlichen Regelungen des § 15 ImmoWertV zurückverwiesen. Lediglich der Regelungsgehalt des § 16 Abs. 1 Satz 2 und 3 ImmoWertV stellt eine verfahrenstechnische Ergänzung des in § 15 ImmoWertV geregelten Vergleichswertverfahrens dar. Dort wird in Ergänzung zu § 15 Abs. 1 ImmoWertV und spiegelbildlich zur Regelung des § 15 Abs. 2 ImmoWertV über die Anwendung des Vergleichswertverfahrens auf bebaute Grundstücke geregelt, dass der Bodenwert „auch" auf der Grundlage geeigneter Bodenrichtwerte ermittelt werden kann. Im Unterschied zu § 15 Abs. 2 ImmoWertV wird das Bodenrichtwertverfahren nicht mehr „anstelle" der Heranziehung von Vergleichspreisen ausdrücklich zugelassen. Der Regelungsgehalt ist aus systematischer Sicht dem § 15 ImmoWertV (als Abs. 1a) zuzuordnen.

4 **Gegenstand der Regelung des** § 16 ImmoWertV **ist im Kern** lediglich **der** sich durch alle Wertermittlungsverfahren ziehende **Grundsatz, nach dem sich der Bodenwert eines bebauten Grundstücks nach dem Wert des unbebauten Grundstücks bemisst.**

5 § 16 Abs. 1 Satz 1 ImmoWertV gibt in diesem Sinne vor, dass der Bodenwert „ohne Berücksichtigung der vorhandenen baulichen Anlagen auf dem Grundstück" zu ermitteln ist. Mit dieser stringenten Vorgabe wird eine „Dämpfung des Bodenwerts" allein aufgrund der Bebauung (auch wenn das Grundstück planungskonform genutzt wird) als unzulässig erklärt. Die Bedeutung dieses in die ImmoWertV erstmals aufgenommenen stringenten Befehls ist nicht unerheblich, denn in der Vergangenheit ist von einzelnen Sachverständigen und auch von kleineren Gutachterausschüssen für Grundstückswerte der Bodenwert bebauter Grundstücke „gedämpft" worden (vgl. § 16 ImmoWertV Rn. 36 ff.).

6 Aus der Grundsatzregelung des § 16 Abs. 1 Satz 1 ImmoWertV folgt, dass der Bodenwert eines bebauten Grundstücks unabhängig von der auf dem Grundstück vorhandenen Bebauung nach Maßgabe des § 6 Abs. 1 ImmoWertV auf der Grundlage der auf dem Grundstück zulässigen bzw. lagetypischen Nutzung zu ermitteln ist.

§ 16 Abs. 2 bis 4 ImmoWertV sehen besondere **Ausnahmetatbestände** (Sonderfälle) **von der Grundsatzregelung** des § 16 Abs. 1 Satz 1 ImmoWertV vor:

- *Absatz 2* regelt den Sonderfall, in dem sich die Grundstücksbebauung ausnahmsweise auf den Bodenwert auswirkt. Er bestimmt, dass vorhandene bauliche Anlagen auf **im Außenbereich gelegenen Grundstücken** bei der Ermittlung des Bodenwerts zu berücksichtigen sind, wenn sie weiterhin nutzbar sind. Damit wird der Erfahrung Rechnung getragen, dass auf dem Grundstücksmarkt den im Außenbereich gelegenen bebauten Grundstücken aufgrund ihres Bestandsschutzes sowie der Regelungen des § 35 BauGB über privilegierte bzw. begünstigte Vorhaben regelmäßig eine andere (höhere) Qualität zugesprochen wird, als diese Grundstücke im unbebauten Zustand hätten[2]. In der Praxis wird in diesem Zusammenhang von De-facto-Bauland gesprochen. Aus systematischer Sicht ist der

---

1 BR-Drucks. 171/10.
2 Vgl. BR-Drucks. 296/09.

Regelungsgehalt deshalb § 5 ImmoWertV zuzuordnen, denn bei den in der Begründung zu dieser Vorschrift angesprochenen Regelungen des § 35 BauGB handelt es sich um öffentlich-rechtliche Vorschriften, nach denen die Flächen „baulich nutzbar" sind. Die Vorschrift stellt insoweit eine entbehrliche oder allenfalls klarstellende Ergänzung zu § 5 Abs. 4 ImmoWertV dar.

– *Absatz 3* regelt den Sonderfall, in dem die Bebauung eines Grundstücks (im Verhältnis zu dem Verkehrswert eines vergleichbaren unbebauten Grundstücks) den Bodenwert mindert, weil alsbald mit ihrem Abriss (Rückbau) zu rechnen ist und im gewöhnlichen Geschäftsverkehr die künftigen Freilegungskosten berücksichtigt werden. Die Regelung entspricht dem in § 20 Abs. 1 und 2 WertV 88/98 geregelten **Liquidationswertverfahren**.

– *Absatz 4* enthält eine weitere Ausnahmeregelung für den Fall, dass die **auf einem Grundstück realisierte Nutzung erheblich von der nach § 6 Abs. 1 ImmoWertV maßgeblichen zulässigen bzw. lagetypischen Nutzung abweicht.**

Die Vorschrift spricht in diesem Zusammenhang zwar nur eine „erhebliche Beeinträchtigung" der zulässigen bzw. lagetypischen Nutzung durch vorhandene bauliche Anlagen an, jedoch können die vorhandenen baulichen Anlagen die Nutzbarkeit auch erhöhen. Da sich der Bodenwert eines bebauten Grundstücks nach der Grundsatzregelung des § 16 Abs. 1 ImmoWertV nach dem Bodenwert eines unbebauten Grundstücks unter Berücksichtigung der zulässigen bzw. lagetypischen Nutzung bestimmt, müssen die genannten Abweichungen auch bei der Bodenwertermittlung ergänzend berücksichtigt werden, „soweit dies dem gewöhnlichen Geschäftsverkehr entspricht".

2 Ermittlungsgrundlagen

2.1 Übersicht

▶ *Allgemeines vgl. Syst. Darst. des Vergleichswertverfahrens Rn. 18 ff.; zur ersatzweisen Heranziehung von Bodenrichtwerten dort Rn. 153 ff. und zu deduktiven Verfahren Rn. 184 ff.; zur retrograden Marktwertermittlung vgl. Vorbem. zur ImmoWertV Rn. 8, § 3 ImmoWertV Rn. 4.*

Nach den Ausführungen der Vorbemerkungen zu § 15 und § 16 ImmoWertV stellt sich bei Anwendung des Vergleichswertverfahrens im Anschluss an die Qualifizierung des Wertermittlungsobjekts regelmäßig die Aufgabe, 7

a) eine **ausreichende Zahl „geeigneter" Vergleichspreise** auszuwählen, sofern nicht

- bei der Verkehrswertermittlung bebauter Grundstücke nach § 15 Abs. 2 ImmoWertV auf Vergleichsfaktoren bebauter Grundstücke i. S. des § 13 ImmoWertV oder
- bei der Bodenwertermittlung nach § 16 Abs. 1 Satz 2 und 3 ImmoWertV auf einen „geeigneten" Bodenrichtwert

zurückgegriffen wird,

b) die Vergleichspreise, den Bodenrichtwert bzw. die Vergleichsfaktoren bebauter Grundstücke auf die Zustandsmerkmale des zu bewertenden Grundstücks nach Maßgabe des § 15 Abs. 1 Satz 4 bzw. § 16 Abs. 1 Satz 5 ImmoWertV „umzurechnen",

c) die „qualitativ gleichnamig gemachten" Vergleichspreise mittels Indexreihen wiederum nach Maßgabe vorstehender Vorschriften auf die allgemeinen Wertverhältnisse des Wertermittlungsstichtags „umzurechnen" und

d) solche Preise nach Maßgabe des § 7 ImmoWertV „herauszufiltern", die durch ungewöhnliche oder persönliche Verhältnisse beeinflusst worden sind, um diese

- ersatzlos „fallen zu lassen" oder
- zu „bereinigen",

indem der Einfluss der ungewöhnlichen oder persönlichen Verhältnisse auf die Höhe des Vergleichspreises „sicher" ermittelt wird; dies wiederum wird nur in Ausnahmefällen möglich sein.

8   Die verbleibenden auf den Wertermittlungsstichtag bezogenen und auf die Zustandsmerkmale des zu bewertenden Grundstücks „umgerechneten" **Vergleichspreise, Vergleichsfaktoren bebauter Grundstücke bzw. Bodenrichtwerte müssen** sodann **zum Vergleichswert aggregiert werden**. Dazu ist es erforderlich, jeden einzelnen Vergleichspreis hinsichtlich seiner Aussagefähigkeit sorgsam zu würdigen und ihm bei der Aggregation aller Vergleichspreise das angemessene Gewicht zu geben.

9   Hieran knüpft § 15 Abs. 1 Satz 1 ImmoWertV an, der die Heranziehung der Kaufpreise solcher Grundstücke vorschreibt, die mit dem zu bewertenden Grundstück hinreichend übereinstimmende Grundstücksmerkmale (§§ 5 und 6 ImmoWertV) aufweisen. Darüber hinaus kommt es entscheidend auf die Zusammensetzung der herangezogenen Vergleichspreise – auf ihre „Chemie" – an. Folgende Grundsätze sind deshalb zu beachten:

a) Die zum Preisvergleich heranzuziehenden Kaufpreise vergleichbarer Grundstücke müssen zu einem Zeitpunkt vereinbart worden sein, der dem Wertermittlungsstichtag möglichst nahe liegt (vgl. Syst. Darst. des Vergleichswertverfahrens Rn. 35 ff.).

b) Es muss eine „ausreichende Zahl" von Vergleichspreisen, d. h. es müssen genügend Vergleichspreise herangezogen werden.

Bei Anwendung des Vergleichswertverfahrens können in der allgemeinen Wertermittlungspraxis neben Kaufpreisen vergleichbarer Grundstücke auch andere **zum Preisvergleich geeignete Marktindikatoren** herangezogen werden. Dies kann insbesondere bei Marktwertermittlungen auf „engen" Grundstücksmärkten geboten sein, insbesondere wenn eine ausreichende Anzahl geeigneter Vergleichspreise nicht zur Verfügung steht.

Dem steht auch § 15 Abs. 1 ImmoWertV nicht entgegen, der in diesem Zusammenhang expressis verbis zwar nur von „Vergleichs- bzw. Kaufpreisen" von Grundstücken spricht, denn ein Sachverständiger würde gegen seine Sorgfaltspflichten verstoßen, wenn er andere geeignete und ihm zugängliche Marktindikatoren als Erkenntnisquelle ausschlösse (vgl. Syst. Darst. zum Vergleichswertverfahren Rn. 69 ff.: z. B. qualifizierte Ausschreibungsergebnisse, vorhandene Gutachten, usw.)[3].

2.2 Ausreichende Zahl von Vergleichspreisen (§ 15 Abs. 1 Satz 1 und 3 ImmoWertV)

▶ *Hierzu vgl. Syst. Darst. des Vergleichswertverfahrens Rn. 41 ff., 50 ff. sowie die Erläuterungen zu § 7 ImmoWertV*

10 Der Verordnungsgeber fordert mit § 15 Abs. 1 Satz 1 ImmoWertV die Heranziehung einer **„ausreichenden" Zahl von geeigneten Vergleichspreisen,** ohne dafür konkrete Anhalts-

---

[3] Abwegig und von der besonderen Interessenlage geprägt die Auffassung des Fachausschusses Sachverständigenwesen im Hauptverband der landwirtschaftlichen Buchstellen und Sachverständigen (HVBL) vom 16.6.2013 (BzAR 2013, 307), nach der die ImmoWertV mit der ausdrücklichen Erwähnung von Vergleichspreisen nur die Heranziehung von Kauffällen zuließe und andere geeignete Vergleichsparameter ausgeschlossen sind. Indessen ist in der Rechtsprechung aberkannt, dass auch andere Vergleichsdaten zur Markt- bzw Verkehrswertermittlung geeignet sind. So wird in der Rechtsprechung beispielsweise das sog „Erdgeschossmietenverfahren" selbst dann nicht ausgeschlossen, wenn auf der Grundlage der mit Hilfe dieses Verfahrens ermittelten Marktwerte öffentliche Abgaben erhoben werden (BVerwG, Beschl. vom 16.1.1996 – 4 B 69/95 –, EzGuG 15.83 (Erdgeschossmietenverfahren), vorangehend OVG Bremen, Urt. vom 13.12.1991 – 1 BA 37/93 –, EzGuG 15.80b; ebenso OVG Lüneburg, Urt vom 30.5.2001 1 L 3314/00 –, EzGuG 15.100 zur Anwendung des „Osnabrücker Modells", vorher Verfahren nach Schmalgemeier und Brandt-Wehner).

punkte zu geben. Geeignet sind vor allem Kauf- bzw. Vergleichspreise aus dem Belegenheitsgebiet des zu bewertenden Grundstücks. Da die Anwendung des Vergleichswertverfahrens „chronisch" unter dem Mangel an geeigneten Vergleichspreisen leidet, wird in § 15 Abs. 1 Satz 3 ImmoWertV der Rückgriff auf Vergleichspreise aus „anderen vergleichbaren Gebieten" zugelassen, wenn sich in dem Gebiet, in dem das zu bewertende Grundstück liegt, nicht „genügend" Kaufpreise finden lassen.

Aus dieser Vorschrift ergibt sich zugleich eine **Rangfolge für die Auswahl der Kauf- bzw. Vergleichspreise:**

a) Vorrangig sind also Kauf- bzw. Vergleichspreise aus dem Gebiet heranzuziehen, in dem das Grundstück liegt.

b) Erst wenn sich keine ausreichende Zahl von geeigneten Kauf- bzw. Vergleichspreisen in dem Gebiet selbst finden lässt, ist auf Vergleichsgebiete auszuweichen.

2.3 Hinreichend übereinstimmende Vergleichspreise (§ 15 Abs. 1 Satz 2 ImmoWertV)

▶ *Hierzu vgl. Syst. Darst. des Vergleichswertverfahrens Rn. 8, 43 ff., 75 sowie die Erläuterungen zu § 7 ImmoWertV, § 8 ImmoWertV Rn. 50 ff.*

Das **Kriterium der hinreichenden Übereinstimmung** stellt einen unbestimmten Rechtsbegriff dar. Dabei ist sowohl eine *qualitative* Übereinstimmung der zum Preisvergleich herangezogenen Vergleichsgrundstücke, Bodenrichtwerte und Vergleichsfaktoren bebauter Grundstücke, als auch eine *temporäre* Übereinstimmung zu fordern, d. h., der Bezugsstichtag der zum Vergleich herangezogenen Kaufpreise, Bodenrichtwerte und Vergleichsfaktoren bebauter Grundstücke soll mit dem Wertermittlungsstichtag hinreichend übereinstimmen. Die Vergleichsgrundstücke können als hinreichend übereinstimmend mit dem zu bewertenden Grundstück gelten, wenn die **Summe der zur Berücksichtigung von Abweichungen anzubringenden** (absoluten) **Zu- und Abschläge nicht einen Grenzwert von rd. 40 % überschreitet.**

Grundsätzlich lassen sich die **in der Vergangenheit entrichteten Kaufpreise** (vgl. Syst. Darst. des Vergleichswertverfahrens Rn. 75) mittels Indexreihen – theoretisch auch über Jahrzehnte hinweg – umrechnen, jedoch muss dabei bedacht werden, dass damit zusätzliche Fehler in das Wertermittlungsverfahren Eingang finden können. Zudem wird man auch bei einer gut geführten Kaufpreissammlung den damaligen Grundstückszustand nicht mehr umfassend und vollständig erfassen können, sodass zwischenzeitliche Änderungen der Zustandsmerkmale das Bild verfälschen.

2.4 Identifizierung und Eliminierung ungeeigneter Kaufpreise (Ausreißer)

▶ *Hierzu vgl. Syst. Darst. des Vergleichswertverfahrens Rn. 101 ff. sowie § 7 ImmoWertV Rn. 7 ff.*

Nach § 7 Satz 1 ImmoWertV dürfen Kaufpreise und anderen Daten herangezogen werden, von denen angenommen werden kann, dass sie nicht durch „ungewöhnliche oder persönliche Verhältnisse" (Ausreißer) beeinflusst worden sind. Durch „ungewöhnliche oder persönliche Verhältnisse" beeinflusste Kaufpreise und andere Daten sind zum Preisvergleich nicht geeignet i. S. des § 15 Abs. 1 Satz 2 ImmoWertV.

Als „Ausreißer" gelten Kaufpreise und andere Daten, die **erheblich von den übrigen vergleichbaren Kaufpreisen und anderen Daten abweichen,** dass daraus erkannt werden muss, dass „ungewöhnliche oder persönliche Verhältnisse" vorgelegen haben müssen (§ 7 Satz 2 ImmoWertV).

16 Die **Identifizierung von „Ausreißern"** setzt bei Anwendung des Vergleichswertverfahrens voraus, dass die zur Vergleichswertermittlung in Betracht kommenden Vergleichspreise „vergleichbar" sind, d. h. sich auf

- Grundstücke mit übereinstimmenden Grundstücksmerkmalen und
- die Kaufpreise im Hinblick auf die „allgemeinen Wertverhältnisse auf dem Grundstücksmarkt" sich auf einen gemeinsamen Stichtag

beziehen. Soweit die für einen Preisvergleich in Betracht kommenden Kaufpreise (Vergleichspreise) zu unterschiedlichen Zeitpunkten zustande gekommen sind und sich auf Grundstücke mit unterschiedlichen Grundstücksmerkmalen beziehen, kann ein „erhebliches" Abweichen erst auf der Grundlage der „gleichnamig" gemachten Kaufpreise festgestellt werden.

3 Berücksichtigung von Abweichungen (intertemporärer und qualitativer Abgleich)

▶ *Vgl. zur Leistungsfähigkeit und Genauigkeit einer Verkehrswertermittlung Vorbem. zur ImmoWertV Rn. 13; Syst. Darst. des Vergleichswertverfahrens Rn. 24 f., 30, 63 ff., 176*

3.1 Übersicht

17 Der **Vergleichswert lässt sich** nach Auswahl der zum Vergleich geeigneten Kaufpreise (Vergleichspreise) in aller Regel **nicht unmittelbar aus den verbleibenden Kaufpreisen ableiten.** Die den Kaufpreisen zugrunde liegenden Vergleichsgrundstücke weisen nämlich i. d. R. keine in jeder Beziehung mit dem zu bewertenden Objekt unmittelbar vergleichbare Identität auf; sie unterscheiden sich von dem zu bewertenden Objekt insbesondere in ihren qualitativen Grundstücksmerkmalen. Darüber hinaus bezieht sich der Kaufpreis i. d. R. auf einen vom Wertermittlungsstichtag abweichenden Zeitpunkt.

18 Entsprechendes gilt auch bei **Heranziehung von Bodenrichtwerten, Vergleichsfaktoren bebauter Grundstücke sowie anderer Daten der Wertermittlung.**

- *Bodenrichtwerte* werden nämlich als „durchschnittliche Lagewerte" ermittelt. Die den Bodenrichtwerten zugrunde liegenden qualitativen Grundstücksmerkmale werden mit dem den jeweiligen Bodenrichtwertgrundstücken zugeordneten Grundstücksmerkmalen beschrieben. Dem Bodenrichtwert liegen die „allgemeinen Wertverhältnisse auf dem Grundstücksmarkt" des Bezugsstichtags zugrunde.
- *Vergleichsfaktoren bebauter Grundstücke* liegen die qualitativen Grundstücksmerkmale des ihnen zugeordneten „Normgrundstücks" und die „allgemeinen Wertverhältnisse auf dem Grundstücksmarkt" des Bezugsstichtags zugrunde.

19 Unterschiede zwischen dem zu bewertenden Grundstück und den Kauf- bzw. Vergleichspreisen, Bodenrichtwerten, Vergleichsfaktoren bebauter Grundstücke sowie anderer Daten sind nach Maßgabe des § 15 Abs. 1 Satz 4 bzw. § 16 Abs. 1 Satz 4 ImmoWertV zu berücksichtigen. Die entsprechende Umrechnung der Vergleichsdaten (Vergleichspreise, Bodenrichtwerte, Vergleichsfaktoren bebauter Grundstücke)

- auf die am Wertermittlungsstichtag herrschenden allgemeinen Wertverhältnisse auf dem Grundstücksmarkt (intertemporärer Preisvergleich) sowie
- auf die Grundstücksmerkmale des zu bewertenden Grundstücks (interqualitativer Preisvergleich)

ist das Herzstück des Vergleichswertverfahrens. § 15 Abs. 1 Satz 4 ImmoWertV kann nach seinem Wortlaut dahingehend ausgelegt werden, dass die Vorschrift lediglich die vorrangig für den intertemporären und interqualitativen Preisvergleich anzuwendenden Methoden vorgibt und die Berücksichtigung der allgemeinen Wertverhältnisse auf dem Grundstücksmarkt (Marktlage) sowie der besonderen objektspezifischen Grundstücksmerkmale erst mit § 8 Abs. 2 und 3 ImmoWertV vorgegeben wird (Frage der Doppelregelung). Gleichwohl ist es bei Anwendung des Vergleichswertverfahrens eine pragmatische Vorgehensweise angezeigt und sachgerecht, die zum Vergleich herangezogenen Daten zu einem möglichst frühen Zeitpunkt auf die allgemeinen Wertverhältnisse des Wertermittlungsstichtags und die Eigenschaften des zu bewertenden Grundstücks umzurechnen und lediglich die „besonderen" objektspezifischen Grundstücksmerkmale nach Maßgabe des § 8 Abs. 2 und 3 subsidiär zu berücksichtigen.

Soweit es um die **Ermittlung des Bodenwerts bebauter Grundstücke** geht, kann es nach dem Grundsatz der Modellkonformität des jeweils zur Anwendung kommenden Wertermittlungsverfahrens geboten sein, die Berücksichtigung von (bodenwertbezogenen) Abweichungen des zu bewertenden Grund und Bodens von den qualitativen Grundstücksmerkmalen der herangezogenen Vergleichgrundstücke bzw. des den herangezogenen Bodenrichtwert zugrunde liegenden Bodenrichtwertgrundstücks im verfahrenstechnischen Ablauf der Wertermittlung zunächst zurückzustellen und erst nach Maßgabe des § 8 Abs. 3 ImmoWertV zu berücksichtigen (vgl. Syst. Darst. des Vergleichswertverfahrens Rn. 176). So ist beispielsweise bei *Anwendung des Sachwertverfahrens* zunächst der mit dem heranzuziehenden Sachwertfaktor **kompatible Bodenwert** zu ermitteln; die besonderen objektspezifischen Eigenschaften des Grund und Bodens des zu bewertenden Grundstücks werden dann erst subsidiär und nachträglich als „besondere objektspezifische Grundstücksmerkmale" i. S. des § 8 Abs. 3 ImmoWertV berücksichtigt. 20

3.2 Intertemporärer Abgleich

▶ *Vgl. § 11 ImmoWertV Rn. 2 ff.; Syst. Darst. des Vergleichswertverfahrens Rn. 89*

Abweichungen des Bezugsstichtags der Vergleichspreise, Bodenrichtwerte, Vergleichsfaktoren bebauter Grundstücke sowie anderer Daten vom Wertermittlungsstichtag und die daraus resultierenden Abweichungen der allgemeinen Wertverhältnisse auf dem Grundstücksmarkt „sollen" möglichst auf der Grundlage von geeigneten **Indexreihen** nach § 11 ImmoWertV **oder in einer sonstigen geeigneten Weise** insbesondere nach Maßgabe des § 9 Abs. 2 ImmoWertV berücksichtigt werden (temporärer Abgleich). 21

3.3 Qualitativer Abgleich

▶ *Hierzu umfassend die Erläuterungen in. Syst. Darst. des Vergleichswertverfahrens Rn. 174 ff.*

Abweichungen der qualitativen Grundstücksmerkmale der Vergleichsgrundstücke, der Bodenrichtwertgrundstücke, der den Vergleichsfaktoren bebauter Grundstücke zugrunde liegende Referenz- bzw. Normgrundstücke sowie anderer Daten von den Grundstücksmerkmalen des zu bewertenden Grundstücks „sollen" möglichst auf der Grundlage von **Umrechnungskoeffizienten** nach § 12 ImmoWertV **oder in einer sonstigen geeigneten Weise** insbesondere nach Maßgabe des § 9 Abs. 2 ImmoWertV berücksichtigt werden (qualitativer Abgleich). 22

4 Ableitung des Verkehrswerts

▶ Vgl. Syst. Darst. des Vergleichswertverfahrens Rn. 77 ff.; zur Genauigkeit der Verkehrswertermittlung vgl. Vorbem. zur ImmoWertV Rn. 13

4.1 Aggregation gleichnamig gemachter Vergleichspreise

23 Bei Anwendung des Vergleichswertverfahrens unter Heranziehung einer ausreichenden Zahl von Vergleichspreisen ist es i. d. R. erforderlich, die gleichnamig gemachten Vergleichspreise miteinander „abzugleichen". Die gleichnamig gemachten Vergleichspreise weisen nämlich auch nach dem Ausschluss von sog. Ausreißern in aller Regel eine nicht unerhebliche, dem gewöhnlichen Geschäftsverkehr zurechenbare Streuung auf. Die (verbleibenden) gleichnamig gemachten Vergleichspreise müssen deshalb in geeigneter Weise zu einem Vergleichswert zusammengefasst (aggregiert) werden. Dies erfolgt regelmäßig durch ihre **Mittelung**, wobei neben der einfachen Mittelung ggf. auch eine Mittelung unter Gewichtung der einzelnen Vergleichspreise in Betracht kommt. Daneben können auch andere Rechentechniken, wie z. B. eine Regressionsanalyse, zur Anwendung kommen.

4.2 Ableitung des Verkehrswerts aus dem Vergleichswert (§ 8 ImmoWertV)

▶ § 8 ImmoWertV Rn. 1 ff.

24 § 8 ImmoWertV **ist eine Rahmenvorschrift, die** grundsätzlich auf alle in der ImmoWertV geregelten Wertermittlungsverfahren zur Anwendung kommt und von daher **auch bei Anwendung des Vergleichswertverfahrens zu beachten ist.**

25 Die Anwendung des Vergleichswertverfahrens nach den §§ 15 und 16 ImmoWertV führt danach zunächst zum **Vergleichswert**, aus dem nach § 8 Abs. 1 Satz 5 ImmoWertV der Verkehrswert unter Würdigung seiner Aussagefähigkeit abzuleiten ist.

26 Sind weitere Wertermittlungsverfahren unterstützend herangezogen worden, sind nach Maßgabe des § 8 Abs. 1 Satz 5 ImmoWertV die **Ergebnisse aller Verfahren zu würdigen**, um daraus der Verkehrswert abzuleiten.

27 Auch bei Anwendung des Vergleichswertverfahrens muss § 8 **Abs. 2 und 3 ImmoWertV Beachtung** finden. Danach sind

1. zunächst die allgemeinen Wertverhältnisse auf dem Grundstücksmarkt (Marktanpassung) und

2. besondere objektspezifische Grundstücksmerkmale i. S. des § 8 Abs. 3 ImmoWertV

in dieser Reihenfolge zu berücksichtigen, soweit sie nicht bei der Anwendung des Vergleichswertverfahrens bereits berücksichtigt worden sind.

28 Anders als bei Anwendung des Ertrags- und Sachwertverfahrens finden bei Anwendung des Vergleichswertverfahrens die allgemeinen Wertverhältnisse auf dem Grundstücksmarkt (Lage auf dem Grundstücksmarkt) in aller Regel bereits über die Vergleichspreise hinreichend Eingang in die Wertermittlung, sodass der **Vergleichswert zugleich** unmittelbar auch **der Verkehrswert** ist. Eine Angleichung des Vergleichswerts an den Verkehrswert kommt deshalb nur in solchen Ausnahmefällen in Betracht, in denen die allgemeinen Wertverhältnisse auf dem Grundstücksmarkt (Lage auf dem Grundstücksmarkt) mit den herangezogenen Vergleichspreisen, Bodenrichtwerten, Vergleichsfaktoren bebauter Grundstücke oder anderen Daten und ihrer Umrechnung gemäß § 15 Abs. 1 Satz 4 bzw. § 16 Abs. 1 Satz 4 ImmoWertV auf die Grundstücksmerkmale des Wertermittlungsobjekts und die allgemeinen Wertverhältnisse des Wertermittlungsstichtags noch nicht hinreichend berücksichtigt wurden.

§ 16 ImmoWertV
Ermittlung des Bodenwerts

(1) Der Wert des Bodens ist vorbehaltlich der Absätze 2 bis 4 ohne Berücksichtigung der vorhandenen baulichen Anlagen auf dem Grundstück vorrangig im Vergleichswertverfahren (§ 15) zu ermitteln. Dabei kann der Bodenwert auch auf der Grundlage geeigneter Bodenrichtwerte ermittelt werden. Bodenrichtwerte sind geeignet, wenn die Merkmale des zugrunde gelegten Richtwertgrundstücks hinreichend mit den Grundstücksmerkmalen des zu bewertenden Grundstücks übereinstimmen. § 15 Absatz 1 Satz 3 und 4 ist entsprechend anzuwenden.

(2) Vorhandene bauliche Anlagen auf einem Grundstück im Außenbereich (§ 35 des Baugesetzbuchs) sind bei der Ermittlung des Bodenwerts zu berücksichtigen, wenn sie rechtlich und wirtschaftlich weiterhin nutzbar sind.

(3) Ist alsbald mit einem Abriss von baulichen Anlagen zu rechnen, ist der Bodenwert um die üblichen Freilegungskosten zu mindern, soweit sie im gewöhnlichen Geschäftsverkehr berücksichtigt werden. Von einer alsbaldigen Freilegung kann ausgegangen werden, wenn

1. die baulichen Anlagen nicht mehr nutzbar sind oder
2. der nicht abgezinste Bodenwert ohne Berücksichtigung der Freilegungskosten den im Ertragswertverfahren (§§ 17 bis 20) ermittelten Ertragswert erreicht oder übersteigt.

(4) Ein erhebliches Abweichen der tatsächlichen von der nach § 6 Absatz 1 maßgeblichen Nutzung, wie insbesondere eine erhebliche Beeinträchtigung der Nutzbarkeit durch vorhandene bauliche Anlagen auf einem Grundstück, ist bei der Ermittlung des Bodenwerts zu berücksichtigen, soweit dies dem gewöhnlichen Geschäftsverkehr entspricht.

(5) Bei der Ermittlung der sanierungs- oder entwicklungsbedingten Bodenwerterhöhung zur Bemessung von Ausgleichsbeträgen nach § 154 Absatz 1 oder § 166 Absatz 3 Satz 4 des Baugesetzbuchs sind die Anfangs- und Endwerte auf denselben Zeitpunkt zu ermitteln.

Gliederungsübersicht   Rn.

1 Allgemeines
   1.1 Grundsatzregelung der Bodenwertermittlung bebauter Grundstücke 1
   1.2 Bodenwert
      1.2.1 ImmoWertV 10
      1.2.2 Steuerliche Bewertung 18
      1.2.3 Bilanzbewertung 23
      1.2.4 Rentierlicher Bodenwert 24
2 Bodenwert bebauter Grundstücke
   2.1 Grundsatzregelung zur Bodenwertermittlung bebauter Grundstücke
      (§ 16 Abs. 1 Satz 1 ImmoWertV) 29
   2.2 Verhältnis der Grundsatzregelung zu anderen Rechtsvorschriften 33
   2.3 Zur Theorie der Dämpfung des Bodenwerts bebauter Grundstücke
      2.3.1 Allgemeines 36
      2.3.2 Dämpfung von Bodenwerten 49
      2.3.3 Ertrags- und Sachwertverfahren unter Heranziehung gedämpfter Bodenwerte 66
   2.4 Rechtsprechung 84
   2.5 Steuerliche Bewertung
      2.5.1 Allgemeines 88
      2.5.2 Restwertmethode 91
      2.5.3 Verkehrswertmethode 94
   2.6 Bilanzbewertung 103

	2.7 Schlussfolgerungen	104
3	Bodenwertanteil am Gesamtwert bebauter Grundstücke	
	3.1 Allgemeines	108
	3.2 Bodenwertanteile von Geschäftsgrundstücken Innenstadtbereich	113
	3.3 Bodenwertanteil von Einfamilienhäusern	116
4	Im Außenbereich gelegene bebaute Grundstücke (§ 16 Abs. 2 ImmoWertV)	120
5	Bodenwert von Grundstücken mit abbruchträchtiger Bausubstanz (§ 16 Abs. 3 ImmoWertV)	
	5.1 Vorbemerkungen	
	5.1.1 Allgemeiner Regelungsgehalt	123
	5.1.2 Rechtsänderungen	124
	5.1.3 Verfahrensübergreifende Bedeutung der Vorschrift	127
	5.1.4 Steuerrechtliche Bewertung	129
	5.2 Anwendungsvoraussetzung der Vorschrift	
	5.2.1 Allgemeine Anwendungsvoraussetzung	130
	5.2.2 Liquidationsfalle	131
	5.2.3 Indizierte Freilegung (§ 16 Abs. 3 Satz 2 ImmoWertV)	136
	5.2.4 Alsbaldige Freilegung (Abriss/Rückbau)	146
	5.2.5 Freilegungskosten	155
	5.2.6 Bodenwertermittlung bei aufgeschobener (gestreckter) Freilegung	170
	5.2.7 Disponierbare Freilegungskosten	190
	5.2.8 Beleihungswertermittlung	198
	5.2.9 Steuerliche Bewertung	219
6	Abweichungen der realisierten Nutzung von der zulässigen bzw. lagetypischen Nutzung (§ 16 Abs. 4 ImmoWertV)	
	6.1 Allgemeines	222
	6.2 Anwendungsbereich	
	6.2.1 Abweichende Nutzungen	229
	6.2.2 „Erheblich" abweichende Nutzungen	234
	6.3 Ermittlung der Bodenwertminderung bzw. Bodenwerterhöhung	
	6.3.1 Allgemeines	238
	6.3.2 Maß der baulichen Nutzung	244
	6.3.3 Art der baulichen Nutzung	247
	6.4 Steuerliche Bewertung	249
	6.5 Ergänzende Regelungen für Sanierungsgebiete und Entwicklungsbereiche (§ 16 Abs. 5 ImmoWertV)	252

1 Allgemeines

Schrifttum: *Hanke, H.,* Der Produktionsfaktor Boden; Akademie für Raumforschung und Landesplanung, Hannover 1976, S. 60 ff.; *Niehans, J.,* Eine vernachlässigte Beziehung zwischen Bodenpreis, Wirtschaftswachstum und Kapitalzins, in: Schweizerische Zeitschrift für Volkswirtschaft und Statistik 1966, S. 195 ff.; dazu *Sieber, H.,* ebenda, 1967, Nr. 1; *Beutler, H.,* Das Problem der Grundrente und seine Lösungsversuche, Diss. Stuttgart 1962; vgl. auch *Brede, H., Dietrich, B., Kohaupt, B.,* Politische Ökonomie des Bodens und Wohnungsfrage, Frankfurt/M. 1976, und *Leimbrock, H.,* Zur Ursachenerklärung von Preissteigerungen beim städtischen Boden, Frankfurt/M. 1980; *Haman, U.,* Bodenwert und Stadtplanung, Stuttgart 1969, S. 12; *Upmeyer, B.,* Bodenwertermittlung für ein Grundstück in einer Großstadt in den neuen Bundesländern, GuG 1999, 42; *Roth, C.,* Verkehrswertermittlung von Grundstücken in den neuen Bundesländern, GuG 1993, 206; *Vogel, R.,* Zur Ermittlung von Grundstückspreisen (Bodenpreisen) in der ehemaligen DDR, DS 1990, 200.

1.1 Grundsatzregelung der Bodenwertermittlung bebauter Grundstücke

▶ Zur Entstehungsgeschichte der Regelungen zum Vergleichswertverfahren (§§ 15 und 16 ImmoWertV) vgl. § 15 ImmoWertV Rn. 1 ff.; § 4 ImmoWertV Rn. 25; § 10 ImmoWertV Rn. 13; zum Bodenrichtwertverfahren vgl. Syst. Darst. des Vergleichswertverfahrens Rn. 153 ff.

Grundsatzregelung § 16 ImmoWertV IV

Unter der Überschrift „Bodenwertermittlung" bestimmt § 16 Abs. 1 Satz 1 ImmoWertV, dass „der Wert des Bodens ... vorrangig im Vergleichswertverfahren" nach § 15 ImmoWertV zu ermitteln ist. Die Vorschrift macht damit deutlich, dass § 16 ImmoWertV die **„Bodenwertermittlung" nicht als eigenständiges Wertermittlungsverfahren neben dem „Vergleichswertverfahren"** regelt, wie es die Überschrift des 1. Unterabschnitts des 3. Abschnitts der ImmoWertV in unzutreffender Weise suggeriert. **1**

§ 16 ImmoWertV **enthält** neben dem Hinweis auf die vorrangig anzuwendenden Vorschriften über das Vergleichswertverfahren (§ 15 ImmoWertV) mithin **keine eigenen verfahrensrechtlichen Regelungen der „Bodenwertermittlung"**, wenn man von den ergänzenden Hinweisen des § 16 Abs. 1 Satz 2 und 3 ImmoWertV absieht (Bodenrichtwertverfahren; hierzu Syst. Darst. des Vergleichswertverfahrens Rn. 153 ff.). **2**

§ 16 ImmoWertV enthält im Übrigen auch **keinerlei Regelungen über die Anwendung sonstiger Verfahren der Bodenwertermittlung**, wenn das vorrangig anzuwendende Vergleichswertverfahren nach § 15 ImmoWertV nicht zur Anwendung kommen kann (deduktive Verfahren, insbesondere Extraktionsverfahren usw.).

§ 16 ImmoWertV regelt lediglich, wie sich der Bodenwert eines bebauten Grundstücks ermittelt, und gibt als **Grundsatzregelung** vor, **dass der im Weg des Vergleichswertverfahrens nach § 15 ImmoWertV zu ermittelnde Bodenwert eines bebauten Grundstücks „ohne Berücksichtigung der vorhandenen baulichen Anlagen auf dem Grundstück", d. h. mit dem Wert zu ermitteln ist, der sich für ein vergleichbares unbebautes Grundstück ergeben würde.** Dieser Grundsatz ist das Herzstück der Vorschrift; die Grundsatzregelung ist insbesondere bei der Ermittlung des Verkehrswerts (Marktwerts) bebauter Grundstücke im Wege des Ertrags- und Sachwertverfahrens zu beachten. Die Vorschrift regelt indessen nicht die „Bodenwertermittlung" im umfassenden Sinne, wie es in unzutreffenderweise die Überschrift der Vorschrift suggeriert. Überschrift des 1. Abschnitts und des § 16 ImmoWertV sind von daher schlecht gewählt. **3**

Die Grundsatzregelung steht unter dem Vorbehalt der in § 16 Abs. 2 bis 4 ImmoWertV geregelten **Ausnahmefälle und Reduktionsklauseln.** Ein weiterer Ausnahmefall wird in § 4 Abs. 3 Nr. 3 ImmoWertV angesprochen (vgl. § 4 ImmoWertV Rn. 25). **4**

Bei der Grundsatzregelung des § 16 Abs. 1 Satz 1 ImmoWertV handelt es sich um eine **für die Anwendung des Ertrags- und Sachwertverfahrens bedeutsame wertermittlungstechnische Konvention.** Diese Verfahren kommen nämlich bei der Verkehrswertermittlung bebauter Grundstücke zur Anwendung und nur im Rahmen dieser Verfahren stellt sich die Aufgabe, den Bodenwert eines bebauten Grundstücks gesondert anzusetzen. § 16 ImmoWertV regelt von daher den nach § 17 Abs. 2 und § 21 Abs. 1 ImmoWertV im Rahmen der genannten Verfahren anzusetzenden Bodenwert eines bebauten Grundstücks. Die Bodenwertermittlung eines unbebauten Grundstücks fällt unter den Regelungsgehalt des § 15 ImmoWertV. **5**

Mit der für die Verkehrswertermittlung bebauter Grundstücke vorgegeben Konvention, den **Bodenwert eines bebauten Grundstücks** „ohne Berücksichtigung der vorhandenen baulichen Anlagen auf dem Grundstück", d. h. **mit dem Bodenwert eines unbebauten Grundstücks anzusetzen,** folgt der Verordnungsgeber einer in diesem Werk seit der ersten Auflage vertretenen Auffassung, die sich in der Wertermittlungspraxis durchgesetzt hat. Lange Zeit wurde nämlich von einigen Sachverständigen und selbst von einigen Gutachterausschüssen größerer Städte *(München, Stuttgart, Bremen)* die These vertreten, der Bodenwert bebauter Grundstücke sei gegenüber dem Bodenwert eines vergleichbaren unbebauten Grundstücks „gedämpft". Der Nachweis dieser These konnte letztlich deshalb nicht erbracht werden, weil der Grund und Boden eines bebauten Grundstücks kein „im gewöhnlichen Geschäftsverkehr" eigenständig „handelbares Gut" ist und demzufolge keine „echten" Vergleichspreise über den Bodenwert eines bebauten Grundstücks zur Verfügung stehen. Wie nachfolgend noch erläutert wird, hat sich die Erkenntnis durchgesetzt, dass es im Rahmen der Verkehrswertermittlung bebauter Grundstücke nicht entscheidend auf die Beantwortung der Frage ankommt, ob **6** und ggf. wie der Bodenwert eines bebauten Grundstücks aufgrund der vorhandenen baulichen Anlagen „gedämpft" wird oder sich umgekehrt erhöht, sondern auf eine bei Gesamtbetrachtung verfahrenstechnisch vernünftige Lösung. Denn eine „Dämpfung" des Bodenwerts kann sich ja nicht auf den Verkehrswert eines bebauten Grundstücks (in seiner Gesamtheit) auswirken und bedeutet lediglich eine Insichverschiebung des Boden- und Gebäudewertanteils.

7   Im Ergebnis handelt es sich um eine **Konvention, die die Vergleichbarkeit von Verkehrswertermittlungen bebauter Grundstücke gewährleisten soll**. Diese wäre beeinträchtigt, wenn einzelne Sachverständige den Bodenwert eines bebauten Grundstücks nach den unterschiedlichsten Methoden „dämpfen" würden. Die Konvention ist vor allem auch im Hinblick auf die Bodenwertermittlung bebauter Grundstücke im Rahmen städtebaulicher Maßnahmen[1] sowie der steuerlichen Bewertung sachgerecht. Sie entspricht auch internationalen Gepflogenheiten.

8   **Gegenstand der Regelung des** § 16 ImmoWertV ist **nach den vorstehenden Ausführungen im Kern** lediglich der sich durch alle Wertermittlungsverfahren ziehende **Grundsatz, nach dem sich der Bodenwert eines bebauten Grundstücks nach dem Wert des unbebauten Grundstücks bemisst.** Die übrigen Regelungen des § 16 ImmoWertV sehen besondere **Ausnahmetatbestände (Sonderfälle) von der Grundsatzregelung des § 16 Abs. 1 Satz 1 ImmoWertV** vor. Die dort geregelten Ausnahmetatbestände sind mit den übrigen Vorschriften der ImmoWertV unsystematisch verzahnt (vgl. § 15 ImmoWertV Rn. 5).

9   Von besonderer Bedeutung ist die in § 16 Abs. 4 ImmoWertV geregelte Reduktionsklausel. Nach dieser Ausnahmeregelung sind **Beeinträchtigungen der zulässigen bzw. lagetypischen Nutzbarkeit, die sich aus vorhandenen baulichen Anlagen auf dem Grundstück ergeben, zu berücksichtigen, wenn** es bei wirtschaftlicher Betrachtungsweise oder aus sonstigen Gründen geboten erscheint, die bauliche Anlage weiter zu nutzen. Die Reduktionsklausel greift allerdings nur dann, wenn sich die nach § 6 Abs. 1 ImmoWertV maßgebliche Nutzung weder durch An- noch Aufbau realisieren lässt. Nur bei irreparablem Abweichen der realisierten von der zulässigen bzw. lagetypischen Nutzung sind „Beeinträchtigungen" i. S. der Vorschrift gegeben. Die Berücksichtigung derartiger Beeinträchtigungen stellt im Übrigen keine „Dämpfung" der Bodenwerte dar, wenngleich vielfach zur Begründung der Theorie von den gedämpften Bodenwerten unbedachterweise eben auf diesen Fall verwiesen wird. Wie unter Rn. 36 ff. dargelegt, geht die „Theorie von den gedämpften Bodenwerten" in ihrem eigentlichen Kern von der Auffassung aus, dass von dem „Akt der Bebauung an" der Bodenwert des „verbrauchten" Grundstücks mit zunehmendem Alter der Bebauung gegenüber dem „unbebauten" Bodenwert absinke (gedämpft werde), um dann aber mit dem wirtschaftlichen „Abgang" des Gebäudes schlagartig wieder aufzuleben. Ursächlich dafür sei allein der Umstand, dass mit der Bebauung des Grund und Bodens über diesen nicht mehr disponiert werden könne. Diese „Dämpfung" berührt damit für sich nicht die Frage, ob das Grundstück nach der realisierten Art und dem realisierten Maß der baulichen Nutzung der rechtlich zulässigen Nutzbarkeit entspricht. Die „Bodenwertdämpfung" bebauter Grundstücke muss klar von diesem Sonderfall abgegrenzt werden.

1.2   Bodenwert

1.2.1   ImmoWertV

▶ *Vgl. Syst. Darst. des Vergleichswertverfahrens Rn. 149; § 1 ImmoWertV Rn. 21, 40*

10   Der in der Vorschrift gebrauchte **Begriff des „Bodenwerts"** wird in der Verordnung nicht definiert. Lediglich aus § 21 Abs. 3 ImmoWertV folgt, dass der Bodenwert ganz oder teilweise bauliche Außenanlagen und sonstige Anlagen, insbesondere Aufwuchs (vgl. § 1 ImmoWertV Rn. 21 ff.) umfassen kann und sich diese in derartigen Fällen einer eigenen Wertermittlung entziehen[2] ; dies ist insbesondere bei Anwendung des Sachwertverfahrens

---
1   Vgl. Begründung zu § 16 Abs. 1 Satz 1, BR-Drucks. 171/10.
2   Vgl. BR-Drucks. 352/88, S. 61 auch S. 55 f.

von Bedeutung (vgl. § 21 Abs. 3 ImmoWertV). Auch mit dem in § 16 Abs. 1 Satz 1 ImmoWertV aufgestellten Grundsatz, den Bodenwert bebauter Grundstücke ohne Berücksichtigung der auf dem Grundstück vorhandenen baulichen Anlagen (insbesondere Gebäude und bauliche Außenanlagen) zu ermitteln, wird der Bodenwert nicht definiert. Aus der Vorgabe, dass die auf dem Grundstück vorhandenen baulichen Anlagen bei der Bodenwertermittlung unberücksichtigt bleiben, kann im Umkehrschluss nicht geschlossen werden, dass die nicht baulichen Anlagen (insbesondere Aufwuchs) bei der Bodenwertermittlung zu berücksichtigen sind (vgl. Rn. 13). Der „Bodenwert" ist eine interpretationsfähige Größe.

Der Verordnungsgeber hat den „Bodenwert" aus guten vornehmlich pragmatischen Gründen nicht definieren wollen. Diesbezüglich muss sich der Anwender der Verordnung nach den Gegebenheiten des Einzelfalls selbst Klarheit verschaffen. Wie sich der Bodenwert im Einzelfall definiert, ist dabei nicht nur von akademischer Bedeutung, sondern im Rahmen des Preisvergleichs auch von praktischer Bedeutung: **11**

a) **Bodenverunreinigungen** (Altlasten) wird man beispielsweise dem Boden zurechnen müssen. In der Wertermittlungspraxis werden sie bei der „Bodenwertermittlung" gleichwohl i. d. R. ausgeschlossen. Vielfach wird das Ergebnis der Verkehrswertermittlung ohne Berücksichtigung einer Altlast ausgewiesen bzw. die entsprechende Wertminderung nachträglich berücksichtigt.

b) Bei **Bodenschätzen** mag man zwischen bergfreien Bodenschätzen und grundeigenen Bodenschätzen (§ 3 Abs. 3 und 4 BBergG) unterscheiden (vgl. § 5 ImmoWertV Rn. 317), jedoch gilt es auch hier, sich im Einzelfall Klarheit darüber zu verschaffen, was mit dem Bodenwert erfasst wird.

c) In aller Regel werden die für die Nutzbarkeit des Bodens maßgeblichen öffentlich-rechtlichen Vorschriften bei der Bodenwertermittlung berücksichtigt. Darüber hinaus stellt sich die Frage, ob auch **die Nutzbarkeit des Bodens beeinflussende privatrechtliche Rechte und Lasten** (z. B. Wege- oder Aussichtsrecht) bei der „Bodenwertermittlung" oder gesondert nach Maßgabe des § 8 Abs. 3 ImmoWertV zu berücksichtigen sind. Hiervon scheint insbesondere § 5 Abs. 4 ImmoWertV auszugehen, nach dem der Bodenwert des baureifen Landes sowohl nach öffentlich-rechtlichen Vorschriften als auch nach „tatsächlichen Gegebenheiten" bemisst, denen auch privatrechtliche Gegebenheiten zugerechnet werden können[3].

Die **Berücksichtigung** vorstehender die **Nutzbarkeit des Bodens beeinflussender privatrechtlicher Rechte und Lasten bei der Bodenwertermittlung ist** indessen **nicht unproblematisch.** Wird nämlich z. B. der Bodenwert aufgrund eines **auf dem Grundstück lastenden Wegerechts** vermindert, so vermindert sich damit bei Anwendung des Ertragswertverfahrens auch der Bodenwertverzinsungsbetrag und dementsprechend erhöht sich der Gebäudeertragswert. Dies ließe sich zwar durchaus begründen; es kann aber im Einzelfall den Vergleich mit einem gleichzeitig ermittelten Gebäudesachwert erheblich beeinträchtigen. **12**

Mit dem im Wege des Preisvergleichs ermittelten Bodenwert wird auch der übliche Aufwuchs erfasst, soweit bei der Auswertung der Kaufpreise vom Gutachterausschuss für Grundstückswerte die gesammelten Vergleichspreise nicht entsprechend „bereinigt" worden sind. Da ein ortsüblicher Aufwuchs, wie Befragungen nach dem Marktverhalten ergeben haben[4], bei den Kaufverhandlungen „keine Rolle" spielt, wird er bei der Führung der Kaufpreissammlung von den Gutachterausschüssen (§ 195 BauGB) regelmäßig nicht besonders erfasst. **13**

Nach § 21 Abs. 3 Satz 1 ImmoWertV ist in diesem Sinne der Sachwert von baulichen und sonstigen Außenanlagen nur gesondert zu berücksichtigen, „soweit sie nicht vom Bodenwert miterfasst werden"[5]. Dies betrifft nach der Begründung zu § 21 Abs. 4 Satz 1 WertV 88/98, aus dem die Vorschrift hervorgegangen ist, in erster Linie „die **üblichen Zier- und Nutzgär-** **14**

---

3 § 4 Abs. 4 WertV 88/98, aus dem § 5 Abs. 4 ImmoWertV hervorgegangen ist, schloss dies noch aus.
4 Gerardy/Möckel, Praxis der Grundstücksbewertung 4.4.4/2.
5 Vgl. Nr. 3.6.2 WERTR 06.

ten"⁶; weiter heißt es dort, dass diese „im gewöhnlichen Geschäftsverkehr vom Bodenwert mitumfasst" werden und sich damit einer eigenen Wertermittlung „entziehen".

15 Entsprechend werden vielfach auch **bauliche Außenanlagen mit dem Bodenwert erfasst**. Sind z. B. für eine wirtschaftliche Nutzung des Grundstücks aufwendige Stützmauern erforderlich und wurde der Bodenwert auf der Grundlage von Vergleichspreisen von Grundstücken ermittelt, die solcher Stützmauern nicht bedürfen, so wird der Wert dieser Stützmauern bereits mit dem Bodenwert erfasst. In solchen Fällen können eher noch Abschläge notwendig werden, wenn die **Stützmauer** Unterhaltungskosten verursacht. Entsprechendes gilt z. B. auch für eine **Klärgrube**, wenn von einem erschließungskostenfreien Bodenwert ausgegangen wurde.

16 Aus alldem folgt, dass **Aufwuchs** und kleinere bauliche (Außen-)Anlagen von geringer (wertmäßiger) Bedeutung im Grundstücksverkehr zumeist mit dem Bodenwert erfasst werden, zumindest soweit diese wertmäßig unbedeutend und ortsüblich sind. Lediglich außergewöhnliche Anlagen, wie parkartige Gärten und besonders wertvolle Anpflanzungen, werden i. d. R. vom Bodenwert nicht erfasst. Dementsprechend hat der BGH in seiner Rechtsprechung unter Hinweis auf § 21 Abs. 4 WertV 88/98 (nunmehr § 21 Abs. 3 ImmoWertV) ausdrücklich nur einen **„aus dem Rahmen der Bepflanzung normaler Wohngrundstücke fallenden, den Charakter des zu bewertenden Grundstücks als eines parkähnlichen Geländes maßgeblich prägenden Bewuchs"** als Außenanlage angesehen, die dann nicht von vornherein vom Bodenwert miterfasst wird⁷.

17 Bei **Anwendung des Ertragswertverfahrens** ist die Frage, ob ein auf dem Grundstück vorhandener Aufwuchs vom Bodenwert miterfasst wird und welcher Wertanteil ihm zuzuordnen ist, von nachrangiger Bedeutung, da die im Rahmen dieses Verfahrens herangezogenen marktüblichen Erträge zugleich ein Nutzungsentgelt für den auf dem Grundstück vorhandenen Aufwuchs sind und dieser im Ergebnis in den Gebäudeertragswert eingeht.

1.2.2 Steuerliche Bewertung

▶ *Vgl. Rn. 129, 138 ff., 219, 249; Vorbem. zum Vergleichswertverfahren Rn. 15 ff., 166; § 8 ImmoWertV Rn. 46, 151; § 10 ImmoWertV Rn. 33 ff.; zur baulichen Nutzbarkeit nach § 16 Abs. 3 Satz 2 Nr. 1 ImmoWertV vgl. Rn. 138 ff.; Syst. Darst. des Vergleichswertverfahrens Rn. 15 ff., 166 ff.; Syst. Darst. des Sachwertverfahrens Rn. 42; Syst. Darst. des Ertragswertverfahrens Rn. 117 ff.*

Schrifttum: *Debus, M./Helbach, Ch.,* Ist der Bodenwertansatz beim Verkauf bei bebauten Objekten von Bedeutung? GuG 2012, 65.

18 § 72 und § 178 BewG definieren als **„unbebaute Grundstücke" solche, auf denen sich keine benutzbaren Gebäude befinden** (§ 8 ImmoWertV Rn. 46)⁸. Analog dazu bestimmt auch § 16 Abs. 3 Satz 2 Nr. 1 ImmoWertV, dass mit einer alsbaldigen Freilegung gerechnet werden kann, wenn die baulichen Anlagen „nicht mehr nutzbar sind". Materiell besteht insoweit Übereinstimmung zwischen dem sich für ein unbebautes Grundstück i. S. der genannten Vorschriften ergebenden Bodenwert und dem Bodenwert nach der ImmoWertV. Eine Berücksichtigung der Freilegungskosten wird allerdings in § 178 BewG nicht vorgegeben.

19 Von einer **Unbenutzbarkeit eines Gebäudes** kann nach der steuerrechtlichen Rechtsprechung erst gesprochen werden, wenn eine baupolizeiliche Auflage zur sofortigen Räumung

---

6 BR-Drucks. 352/88, S. 61.
7 BGH, Urt. vom 2.7.1992 – III ZR 162/90 –, BGHZ 119, 62 = EzGuG 2.54; OLG Frankfurt am Main, Urt. vom 14.3.1983 – 1 U 6/81 –, BRS Bd. 45 Nr. 118 = EzGuG 2.31 unter Bezugnahme auf OLG Hamburg, Urt. vom 6.12.1978 – 5 U 237/77 –, NJW 1979, 1168 ; das OLG Frankfurt am Main bestätigend: BGH, Beschl. vom 29.9.1983 – III ZR 66/83 –, AgrarR 1987, 250 = EzGuG 2.34; BGH, Urt. vom 12.7.1965 – III ZR 214/64 –, BRS Bd. 19 Nr. 96 = EzGuG 2.8.
8 Zur Abgrenzung von bebauten Grundstücken vgl. den gleich lautenden Ländererlass vom 7.3.1995 (z. B. Erl. des thür. FM vom 3.3.1995 – S 3219 c A–Z– 201.5).

sämtlicher Räume wegen Baufälligkeit oder Verwahrlosung vorliegt oder zu erwarten ist[9]. Der BFH nimmt in seiner neueren Rechtsprechung Bezug auf § 16 Abs. 3 des Zweiten WoBauG. Danach ist ein Raum auf Dauer nicht benutzbar, wenn ein zu seiner Benutzung erforderlicher Gebäudeteil zerstört ist oder wenn der Raum oder Gebäudeteil sich in einem Zustand befindet, der aus Gründen der Bau- und Gesundheitsaufsicht eine dauernde, der Zweckbestimmung entsprechende Benutzung des Raums nicht gestattet. Dabei sei es unerheblich, ob der Raum tatsächlich genutzt wird[10].

Die gleich lautenden Erlasse der obersten Finanzbehörden der Länder zur Umsetzung des Gesetzes zur Reform des Erbschaftsteuer- und Bewertungsrechts vom 5.5.2009[11] definieren die **Unbenutzbarkeit** im Übrigen wie folgt:

„(4) Ein Gebäude ist **nicht mehr benutzbar**, wenn infolge des Verfalls des Gebäudes oder der Zerstörung keine **auf Dauer** benutzbaren Räume vorhanden sind (§ 178 Abs. 2 Satz 2 BewG). Ein Gebäude ist dem Verfall preisgegeben, wenn der Verfall so weit fortgeschritten ist, dass das Gebäude nach objektiven Verhältnissen auf Dauer nicht mehr benutzt werden kann. Die Verfallsmerkmale müssen an der Bausubstanz erkennbar sein und das gesamte Gebäude betreffen. Von einem Verfall ist auszugehen, wenn erhebliche Schäden an konstruktiven Teilen des Gebäudes eingetreten sind und ein Zustand gegeben ist, der aus bauordnungsrechtlicher Sicht die sofortige Räumung nach sich ziehen würde. Das ist stets der Fall, wenn eine Anordnung der Bauaufsichtsbehörde zur sofortigen Räumung des Grundstücks vorliegt; dabei ist gesondert zu prüfen, ob der Zustand von Dauer ist. Hingegen wirken sich behebbare Baumängel und Bauschäden sowie aufgestauter Reparaturbedarf infolge von unterlassenen Instandsetzungs- und Reparaturarbeiten regelmäßig nur vorübergehend auf Art und Umfang der Gebäudenutzung aus und betreffen nicht unmittelbar die Konstruktion des Gebäudes. Sie führen deshalb nicht dazu, ein Gebäude als dem Verfall preisgegeben anzusehen. Befinden sich auf dem Grundstück Gebäude, die aufgrund von Umbauarbeiten vorübergehend nicht benutzbar sind, gilt das Grundstück als bebautes Grundstück. Sofern bereits vorhandene Gebäude am Bewertungsstichtag wegen baulicher Mängel oder fehlender Ausstattungsmerkmale (z. B. Heizung, Wohnungstüren) vorübergehend nicht benutzbar sind, liegt kein unbebautes Grundstück vor. Nicht zu erfassen sind jedoch Gebäude, die infolge Entkernung keine bestimmungsgemäß benutzbaren Räume mehr enthalten, auch wenn dies nur vorübergehend der Fall ist. Ein Gebäude ist zerstört, wenn keine auf Dauer benutzbaren Räume vorhanden sind."

▶ *Vgl. hierzu die Ausführungen zur baulichen Nutzbarkeit nach § 16 Abs. 3 Satz 2 Nr. 1 ImmoWertV Rn. 138 ff.*

Unter dem **Grund und Boden** wird steuerrechtlich die „nackte" Grundstücksfläche ohne jegliche Auf- und Einbauten verstanden[12].

1.2.3 Bilanzbewertung

▶ *Vgl. Rn. 103; Vorbem. zur ImmoWertV Rn. 1; § 194 BauGB Rn. 153*

In der **Bilanzbewertung** ist der „Grundstückswert" als Wert des „nackten" Grund und Bodens zu ermitteln.

1.2.4 Rentierlicher Bodenwert

▶ *Syst. Darst. des Vergleichswertverfahrens Rn. 5, Rn. 631; Syst. Darst. des Ertragswertverfahrens Rn. 128*

Im vorigen Jahrhundert war die „Theorie der Bodenwertbildung" noch von der ertragswirtschaftlichen Betrachtung beherrscht. Im Vordergrund stand dabei der landwirtschaftliche Grundstücksmarkt. Die **Lehre von der Grundrente** (Grundrententheorie) ging dabei von der

---

9 BFH, Urt. vom 20.6.1975 – III R 87/74 –, BStBl II 1975, 803; BFH, Urt. vom 24.10.1990 – II R 9/88 –, BFHE 162, 369 = BStBl II 1991, 60; BFH, Urt. vom 23.4.1992 – II R 19/89 –, BFH/NV 1993, 84 – unter Bezugnahme auf § 16 Abs. 3 II. WoBauG.
10 BFH, Urt. vom 14.5.2003 – II R 14/01 –, BFHE 202, 371 = BStBl II 2003, 906.
11 Vgl. gleich lautende Ländererlasse vom 15.3.2006 (BStBl I 2006, 314) sowie vom 5.5.2009 (GuG 2009, 225).
12 BFH, Urt. vom 14.3.1961 – I 17/60 S –, BStBl III 1961, 398 = EzGuG 4.15b; BFH, Urt. vom 15.10.1965 – VI 181/65 U –, BFHE 84, 33 = EzGuG 20.41.

auf ewig bestehenden Nutzungsfähigkeit des Grund und Bodens aus und leitete den Bodenwert aus der **Grundrentenformel**

$$\text{Bodenwert} = \frac{\text{Grundrente}}{\text{Zinssatz}}$$

ab, d. h., der Bodenwert wurde als der Barwert einer auf ewig fließenden Grundrente (Reinertrag) ermittelt.

25 Der **Bodenwert bestimmt sich** nach der Definition des Verkehrswerts (§ 194 BauGB), jedoch **nicht danach, was der Boden „kosten darf", sondern in erster Linie danach, welchen Wert der gewöhnliche Geschäftsverkehr dem Boden beimisst.** Dies kommt in Vergleichspreisen direkt zum Ausdruck.

26 Bodenwerte sind gleichwohl nicht völlig losgelöst von der künftigen Ertragsfähigkeit, denn diese bestimmt das Marktverhalten der Käufer. Wenn auch die Ertragsfähigkeit des Grund und Bodens ein wichtiger Parameter der Bodenwertbildung ist, so kann allerdings eine gewisse **Entkoppelung des Bodenwerts von der Ertragsfähigkeit des Grund und Bodens** beobachtet werden, die – je nach Grundstücksteilmarkt – unterschiedlich ausfällt:

a) Der **Verkehrswert land- und forstwirtschaftlich genutzter Flächen** hat sich (insbesondere im Ausstrahlungsbereich der Ballungszentren, aber auch sonst) zwar nicht vollständig, jedoch weitgehend von der landwirtschaftlichen Ertragsfähigkeit „abgekoppelt"[13]. Dem wird insbesondere mit den Regelungen über den Zugewinnausgleich bei Landwirten Rechnung getragen[14].

b) Der **Verkehrswert von Ein- und Zweifamilienhäusern** wird maßgeblich von dem im Gebäude verkörperten Sachwert und weniger vom Ertragswert bestimmt, was letztlich auch für die Wahl des Wertermittlungsverfahrens ausschlaggebend ist (vgl. § 8 ImmoWertV Rn. 72 ff.).

c) Selbst der **Verkehrswert von Mietwohnhäusern,** deren Herstellung zu Kostenmieten von 20 €/m² WF und mehr führt, die aber tatsächlich weitaus geringere Renditen abwerfen, entfernt sich nicht selten vom wirtschaftlichen Nutzen.

Die „Entkoppelung" (wenn auch nicht Abkoppelung) der Verkehrswerte von der („reinen" finanzmathematischen) Ertragsfähigkeit wird in der Wertermittlungspraxis in erster Linie mithilfe des Liegenschaftszinssatzes überbrückt, der regelmäßig weitaus niedriger ausfällt als der bankenübliche Zinssatz (vgl. § 14 ImmoWertV Rn. 148 ff.).

27 Bei Anwendung des Vergleichswertverfahrens als Regelverfahren für die Bodenwertermittlung unbebauter und bebauter Grundstücke (vgl. § 8 ImmoWertV Rn. 45 ff.) bleiben ertragswirtschaftliche Überlegungen außer Betracht bzw. finden nur insoweit Eingang in die Wertermittlung, wie sie sich in den Vergleichspreisen niederschlagen. Bei hilfsweiser Anwendung **deduktiver Methoden** wird indessen die Rentierlichkeit des Grund und Bodens berücksichtigt.

28 Im Zusammenhang mit der Verkehrswertermittlung bebauter Grundstücke wird mitunter auch von einem irgendwie gearteten **„rentierlichen Bodenwert"** gesprochen. Dieser schillernde Begriff ist der ImmoWertV aus gutem Grunde fremd und ließe sich begrifflich nur schwer definieren. Im Rahmen der Ertragswertermittlung schmälert nämlich der Bodenwert (mit dem in Abzug zu bringenden Bodenwertverzinsungsbetrag) die Rendite, und zwar desto mehr, je höher der Bodenwert ist. Die Ermittlung eines „rentierlichen Bodenwerts" auf der Grundlage eines theoretischen Modells und einer dem Boden ex cathedra zugewiesenen Rentierlichkeit ist deshalb mit einer marktorientierten Verkehrswertermittlung unvereinbar und

---

13 BVerfG, Beschl. vom 16.10.1984 – 1 BvL 17/80 –, BVerfGE 67, 348 = EzGuG 20.107b; BGH, Urt. vom 30.9.1976 – III ZR 149/75 –, BGHZ 17, 190 = EzGuG 20.64; BGH, Urt. vom 6.12.1973 – III ZR 143/71 –, BRS Bd. 34 Nr. 1 = EzGuG 8.40; BGH, Urt. vom 17.12.1964 – III ZR 96/63 –, BRS Bd. 19 Nr. 112 = EzGuG 11.47; BGH, Urt. vom 8.11.1962 – III ZR 86/61 –, BGHZ 39, 198 = EzGuG 8.5; BGH, Urt. vom 9.11.1959 – III ZR 149/58 –, WM 1960, 71 = EzGuG 14.12; OLG München, Beschl. vom 23.11.1967 – XXV 2/66 –, RdL 1967, 121 = EzGuG 8.23; OLG Köln, Urt. vom 28.8.1962 – 9 U 28/58 –, NJW 1962, 2161 = EzGuG 20.31; OLG Hamm, Urt. vom 14.3.1961 – 10 U 3/60 –, AVN 1965, 389 = EzGuG 14.13c; OLG Hamm, Urt. vom 28.11.1983 – 22 U 23/83 –, EzGuG 14.75.
14 BGBl. I 1994, 2324.

soll hier nicht näher behandelt werden[15]. Als „rentierlicher Bodenwert" kann nach der Systematik der ImmoWertV allenfalls der Bodenwert verstanden werden, der unter Ausschluss einer selbstständig nutzbaren Teilfläche des Grundstücks i. S. des § 17 Abs. 2 Satz 2 ImmoWertV der Bebauung als sog. Umgriffsfläche zuzurechnen ist.

2 Bodenwert bebauter Grundstücke

2.1 Grundsatzregelung zur Bodenwertermittlung bebauter Grundstücke (§ 16 Abs. 1 Satz 1 ImmoWertV)

Schrifttum: *Böser, W./Preuss, R.*, Aufspaltung des Gesamtkaufpreises in Bodenwert und Gebäudewert, AVN 1982, 449; *Frenkler*, Bauart und Bodenwert, Nachr. der nds. Kat- und VermVw 1966, 74; *Güttler, H.*, Zur Problematik der Ermittlung des Bodenwerts bebauter Grundstücke durch Anwendung eines kombinierten Sach- und Ertragswertverfahrens, VR 1981, 396; *Lucht, H.*, Zur Ermittlung von Bau- und Bodenwerten aus Kaufpreisen bebauter Grundstücke, VR 1977, 401 und 1978, 264; *Hannen, V.*, Zur Ermittlung von Bau- und Bodenwerten aus Kaufpreisen bebauter Grundstücke, VR 1978, 257; *Kleiber, W.*, Zur Harmonisierung der Bodenwerte, VR 1975, 329; *Schmidt, K.-J.*, Bodenwert bebauter Grundstücke in Bauverbotszonen, Nachr. der nds. Kat- und VermVw 1982, 348; *Sommer/Kröll*, Lehrbuch zur Grundstückswertermittlung, Luchterhand 2005, S. 208; *Vogel, R.*, Zur Verkehrswertermittlung von baulichen Anlagen auf fremdem Grund und Boden, GuG 1995, 268.

§ 16 Abs. 1 Satz 1 ImmoWertV bestimmt, dass der Bodenwert „ohne Berücksichtigung der vorhandenen baulichen Anlagen auf dem Grundstück" mit dem Bodenwert eines vergleichbaren unbebauten Grundstücks zu ermitteln ist[16]. Es handelt sich hierbei um eine **Grundsatzregelung**, die insbesondere von Bedeutung ist 29

– im Rahmen der Anwendung des Ertrags- und Sachwertverfahrens (§ 17 Abs. 2 und § 21 Abs. 1 ImmoWertV) und

– bei Wertermittlungen im Rahmen städtebaulicher Maßnahmen, insbesondere bei Wertermittlungen nach dem BauGB (Bodenordnungsmaßnahmen nach den §§ 45 ff. und Sanierungs- und Entwicklungsmaßnahmen nach den §§ 136 ff. BauGB).

Bei der Grundsatzregelung handelt es sich – wie vorstehend erläutert – um eine **wertermittlungstechnisch, aber auch bodenrechtlich bedeutsame Konvention**, denn Boden und Gebäude bilden – von besonderen Konstellationen in den neuen Bundesländern abgesehen – rechtlich und wirtschaftlich eine Einheit und auch tatsächlich eine Schicksalsgemeinschaft, sodass der Bodenwert eines bebauten Grundstücks nach den Maßstäben des § 194 BauGB letztlich nicht aus Marktpreisen ermittelbar ist und nur eine gesamtheitliche Betrachtung für die Verkehrswertermittlung ausschlaggebend sein kann. Gleichwohl stellt sich die Frage, mit welchem Wert der Bodenwert eines bebauten Grundstücks anzusetzen ist, denn die dafür einschlägigen Verfahren der ImmoWertV gehen von einer gesonderten Ermittlung des Bodenwerts einerseits und des Verkehrswertanteils der baulichen Anlage andererseits aus: 30

– Bei Anwendung des *Vergleichswertverfahrens* kann der Verkehrswert eines bebauten Grundstücks – ohne Aufspaltung in einen Boden- und Gebäudewertanteil – durch Heranziehung von Vergleichspreisen vergleichbar bebauter Grundstücke ermittelt werden. Bei Anwendung von Vergleichsfaktoren bebauter Grundstücke, die sich nur auf das Gebäude beziehen, besteht aber auch hier die Notwendigkeit, den Bodenwert gesondert zu berücksichtigen (vgl. § 13 ImmoWertV Rn. 12 ff.).

– Bei Anwendung des *Ertragswertverfahrens* nach den §§ 17 ff. ImmoWertV ist der Wert der baulichen Anlagen getrennt von dem Bodenwert zu ermitteln (vgl. § 17 Abs. 2 Immo-

---

15 Vgl. hierzu GuG-aktuell 2003, 9.
16 Bereits in der amtlichen Begründung zur WertV 72 (BR-Drucks. 265/75, zu § 18d Abs. 24) wurde darauf hingewiesen, dass der Bodenwert bebauter Grundstücke „nur" durch Preisvergleich mit dem Bodenwert unbebauter Grundstücke ermittelt werden kann.

WertV). Bei Anwendung des *vereinfachten Ertragswertverfahrens* kann unter bestimmten Voraussetzungen auf die Bodenwertermittlung verzichtet werden (vgl. Syst. Darst. des Ertragswertverfahrens Rn. 66 ff.).

- Bei Anwendung des *Sachwertverfahrens* ist der Sachwert der baulichen *und* sonstigen Anlagen getrennt vom Bodenwert zu ermitteln (vgl. § 21 Abs. 1 ImmoWertV).

31 Der Grundsatz ist vor allem auch im Zusammenhang mit der Ermittlung von Anfangs- und Endwerten des Grundstücks im Rahmen der **Ermittlung des Ausgleichsbetrags** nach § 154 BauGB zu beachten (Teil VI Rn. 485 ff.).

32 Nach § 16 Abs. 1 Satz 1 ImmoWertV ist der Bodenwert (bebauter und unbebauter Grundstücke) **vorrangig im Vergleichswertverfahren** zu ermitteln. Als Vergleichsgrundstücke für die Ermittlung des Bodenwerts eines bebauten Grundstücks kommen in erster Linie *Vergleichspreise unbebauter Grundstücke* in Betracht, denn der Grund und Boden eines bebauten Grundstücks ist allenfalls in Ausnahmefällen selbstständiger Gegenstand des Grundstücksverkehrs.

Mit der Vorgabe, dass die vorhandenen baulichen Anlagen auf dem Grundstück unberücksichtigt bleiben, hat der Verordnungsgeber ausdrücklich bestimmt, dass nur die Bebauung des zu bewertenden Grundstücks außer Betracht bleibt. Die aus der **Situationsgebundenheit des Grundstücks** und den Beziehungen zu seiner Umgebung resultierenden tatsächlichen Gegebenheiten und mithin auch die Bebauung der Nachbarschaft sind dagegen als **lagebestimmendes Faktum zu berücksichtigen**.

2.2 Verhältnis der Grundsatzregelung zu anderen Rechtsvorschriften

33 Die Grundsatzregelung des § 16 Abs. 1 Satz 1 ImmoWertV entspricht der herrschenden Meinung[17] und steht – wie noch ausgeführt wird – im Einklang mit dem BauGB und der vom Verordnungsgeber vorgegebenen Systematik der ImmoWertV sowie des Bewertungs- und Bilanzrechts (§ 84 BewG).

- Nach § 196 Abs. 1 Satz 2 BauGB sind in bebauten Gebieten „**Bodenrichtwerte** mit dem Wert zu ermitteln, der sich ergeben würde, wenn der Boden unbebaut wäre". Werden zur Bodenwertermittlung nach Maßgabe des § 16 Abs. 1 Satz 2. „auch" Bodenrichtwerte aus bebauten Gebieten herangezogen, so sind diese insoweit für Wertermittlungen nach den Grundsätzen der ImmoWertV geeignet. Die Grundsatzregelung der ImmoWertV ist damit in sich schlüssig und mit dem BauGB abgestimmt.

- Im gleichen Sinne schreibt auch § 19 Abs. 2 des Sachenrechtsbereinigungsgesetzes (SachenRBerG) für die **Ermittlung des Bodenwerts bebauter Grundstücke zum Zwecke der Zusammenführung von Boden- und Gebäudeeigentum in den jungen Bundesländern** – anknüpfend an die Regelung des § 196 Abs. 1 Satz 2 BauGB – vor, dass der Bodenwert mit dem Wert zu ermitteln ist, der sich ergeben würde, wenn das Grundstück unbebaut wäre.

- Der Grundsatz, den Bodenwert bebauter Grundstücke mit dem Wert anzusetzen, der sich für das unbebaute Grundstück ergeben würde, herrscht schließlich auch im **steuerlichen Bewertungsrecht** (§ 84 BewG).

34 § 84 BewG bestimmt, wie die ImmoWertV, zunächst, dass der Grund und Boden „mit dem Wert anzusetzen" ist, „der sich ergeben würde, wenn das Grundstück unbebaut wäre". Darüber hinaus **kennt** das Bewertungsrecht **eine irgendwie geartete Bodenwertdämpfung nicht**. Das steuerliche Bewertungsrecht begibt sich damit gar nicht erst auf das „Glatteis", sich dem Streit auszusetzen, ob und ggf. in welchem Maße eine Dämpfung des Bodenwerts in Betracht kommt[18]. Im Hinblick auf die rechtliche Bedeutung der steuerlichen Bewertung und ihrer

---

17 Vgl. z. B. Gottschalk, Immobilienbewertung, 2. Aufl. 2003 München, *Sommer/Kröll*, Lehrbuch zur Grundstückswertermittlung, Luchterhand 2005, S. 208.
18 Die steuerliche Betrachtungsweise kann als der Königsweg zur Behandlung des unlösbaren Repartitionsproblems angesehen werden. Warum also im Himmelreich eine Lösung suchen, die der Wertermittlung zu Füßen liegt.

Rechtsmittelanfälligkeit hat man hier erkannt, dass man in Begründungsdefizite geraten muss. Des Weiteren ist auch richtigerweise erkannt worden, dass die Frage sehr viel eleganter im Rahmen des Marktanpassungsabschlags zu lösen ist, der an den (Gesamt-)Sachwert anzubringen ist (§ 90 BewG). Für das Ergebnis spielt es nämlich keine Rolle, ob der Boden- oder Gebäudewert gedämpft wird.

Die Bodenwertermittlung bebauter Grundstücke nach dem Bodenwert eines (gleichartigen) unbebauten Grundstücks entspricht internationalen Bewertungsgrundsätzen. *„The value of land is generally determined as though vacant"*, schreibt z. B. das *American Institute* seinen Mitgliedern vor[19]. In der internationalen Bilanzbewertung müssen nach IAS 17 (Leasingverhältnisse) bei der Bewertung bebauter Grundstücke der Wert des Grund und Bodens (Bodenwert) und der Wert der Gebäude dann getrennt werden, wenn der Grund und Boden einen wesentlichen Anteil am Gesamtkaufpreis des Objekts ausmacht. In Analogie zu den US-GAAP-Vorschriften wird bei einem Bodenwert > 25 % der Gesamtkosten die Miete nach dem Verhältnis der Wertanteile auf Boden und Gebäude verteilt.

2.3 Zur Theorie der Dämpfung des Bodenwerts bebauter Grundstücke

2.3.1 Allgemeines

Dem das Wertermittlungs- und Bewertungsrecht beherrschenden Grundsatz wurde die These entgegengehalten, der Bodenwert bzw. der Bodenwertanteil eines bebauten Grundstücks müsse gegenüber dem Bodenwert eines unbebauten Grundstücks gemindert (gedämpft) sein, weil mit der Bebauung eines Grundstücks die Dispositionsfähigkeit eingeschränkt werde und dies letztlich den Wert mindere. Fundamentalistische Vertreter dieser Theorie der Bodenwertdämpfung machen dabei auch keinen Unterschied, ob das Grundstück optimal bebaut wurde, die Bebaubarkeit nicht „ausgeschöpft" wurde oder über die bauplanungsrechtlich zulässige Bebauung hinausgegangen wurde. Vielmehr wird behauptet, dass selbst bei optimaler Bebauung allein schon **mit zunehmendem Alter der Bebauung eine wertmindernde Disparität zwischen der tatsächlichen Nutzung des Bodens und der im Neubaufall gegebenen Nutzbarkeit** bestehe.

Die These einer Dämpfung des Bodenwerts eines bebauten Grundstücks ist letztlich **nicht beweisfähig**, weil der Grund und Boden eines bebauten Grundstücks nicht eigenständiger Gegenstand des Grundstücksmarktes ist. Die bereits angesprochene Regelung des § 16 Abs. 1 Satz 1 ImmoWertV – wie auch des § 19 Abs. 2 Satz 2 SachenRBerG – ist von daher im Hinblick auf die Vermeidung von Rechtsstreitigkeiten erforderlich und sinnvoll. Sie ist darauf angelegt, einen gerechten Interessenausgleich zwischen dem Grundeigentümer und dem Nutzer des Gebäudes herbeizuführen.

Die Konvention, nach der der Bodenwert eines bebauten Grundstücks dem Bodenwert eines unbebauten Grundstücks entspricht, ist ebenfalls nicht beweisfähig, weil eine eindeutige verursachungsgerechte Aufteilung von Vergleichspreisen bebauter Grundstücke bzw. von im Wege des Ertrags- oder Sachwertverfahrens abgeleiteten Verkehrswerten bebauter Grundstücke in einen Boden- und Gebäudewertanteil nicht möglich ist. Dies wird als das **ungelöste Repartitionsproblem** bezeichnet. Entsprechende Versuche, das ungelöste Repartitionsproblem auf der Grundlage schon vom Ansatz her fragwürdiger Annahmen mit komplizierten mathematischen Modellen einer Lösung zuzuführen, müssen als gescheitert gelten, zumal die vorgestellten „Zahlenapparate" nicht überprüfbar dargestellt werden konnten.

In der täglichen Wertermittlungspraxis ist eine **Lösung des Repartitionsproblems regelmäßig auch nicht erforderlich, denn die Wertermittlungspraxis zielt auf das Gesamtergebnis, nämlich auf den Verkehrswert des bebauten Grundstücks ab.** Selbst wenn man in Ausnahmefällen nicht umhinkommt, den Boden- bzw. Gebäudewertanteil ermitteln zu müssen, so besteht kein vernünftiger Grund, solche zumeist fragwürdigen Lösungswege in die tägliche Praxis der Verkehrswertermittlung bebauter Grundstücke zu übertragen:

---

19 The Appraisal of Real Estate, 12. Aufl. 2001, S. 309.

- In den besonderen Ausnahmefällen, in denen der Bodenwertanteil bebauter Grundstücke erforderlich ist, muss der Lösungsweg ohnehin auf einen bestimmten zumeist gesetzgeberischen Zweck ausgerichtet sein.

- Ansonsten müssen die damit verbundenen (überflüssigen) Zwischenrechnungen mit all ihren Fehlermöglichkeiten abgelehnt werden, wenn auf direktem Wege ohne derartige zusätzliche Fehlerquellen das Gesamtergebnis mit einer zwangsläufig höheren Sicherheit ermittelbar ist[20].

40 Die tägliche Wertermittlungspraxis ist gut beraten, den Verkehrswert des (Gesamt-)Grundstücks möglichst direkt auf der Grundlage eines Wertermittlungsmodells abzuleiten, das nicht durch **zusätzliche Fehlerquellen** belastet ist.

41 Grundsätzlich ist von jedem Wertermittlungsverfahren zu fordern, dass man zum „richtigen" Verkehrswert gelangt. Die **Verkehrswertermittlung auf der Grundlage gedämpfter Bodenwerte muss von daher zu demselben Ergebnis wie die Verkehrswertermittlung auf der Grundlage „ungedämpfter" Bodenwerte führen.** Dies wiederum bedeutet, dass die Anwendung beider Methoden – „richtig" angewandt – lediglich zu einer Verschiebung des Boden- und Gebäudewertanteils führt (Abb. 1).

Abb. 1: Auswirkung einer Dämpfung des Bodenwerts auf die Wertanteile des Bodens und der baulichen Anlage am Verkehrswert eines bebauten Grundstücks

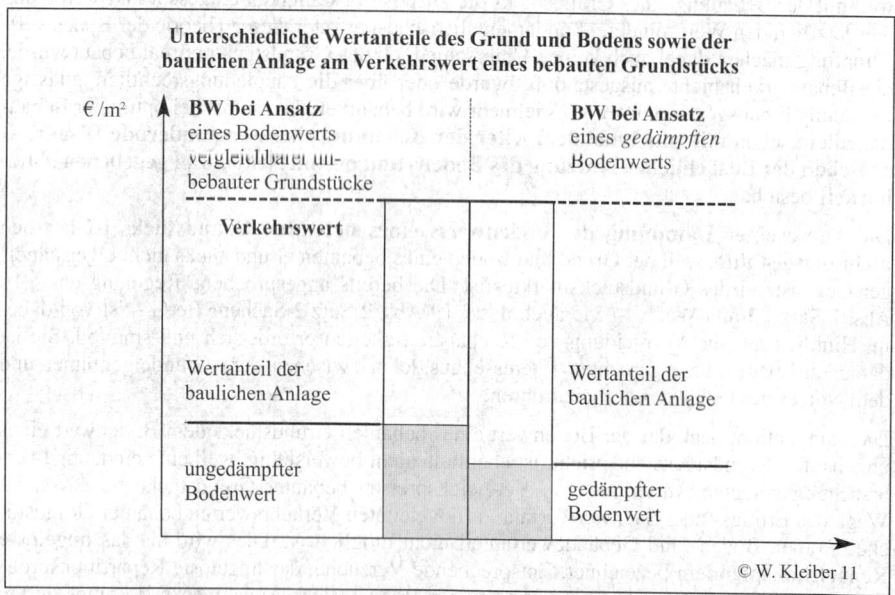

42 Während nun bei Anwendung des mit § 16 Abs. 1 Satz 1 ImmoWertV vorgeschriebenen Grundsatzes, den Bodenwert eines bebauten Grundstücks mit dem Bodenwert vergleichbarer unbebauter Grundstücke anzusetzen, der Bodenwert sich direkt aus Vergleichspreisen bzw. Bodenrichtwerten ableiten lässt, wird im Falle einer Dämpfung des Bodenwerts ein **zusätzlicher Rechenschritt** – nämlich die Dämpfung – erforderlich. Für diese Dämpfung wiederum

---

20 Eine sachgerechte Anwendung der Methode der Bodenwertdämpfung setzt nämlich die strikte Einhaltung der Modellkonformität im Hinblick einheitlicher und allseits transparenter Dämpfungsregularien bis hin zur modellkonformen Ableitung und Anwendung von Liegenschaftszinssätzen, Bodenpreisindexreihen, Normalherstellungskosten und Marktanpassungsfaktoren voraus, wobei dies dann zu keinem anderen Ergebnis führen kann als bei Ansatz ungedämpfter Bodenwerte. Wer aber kann im Interesse der Nachvollziehbarkeit und Durchsichtigkeit einer Wertermittlung dem freien Berufsstand dies schon aufbürden wollen?

gibt es keine anerkannten Dämpfungsmethoden, die im Einzelfall angewandte Dämpfungsmethode wird vielfach von den Vertretern dieser Methode bewusst verschwiegen.

Die Dämpfung des Bodenwerts führt, wie aus der Abbildung ersichtlich, zu einer **Aufblähung des Gebäudewerts um den Betrag, um den der Bodenwert gedämpft wurde.** Dies wiederum führt zwangsläufig zu einer modifizierten Gebäudeertragswert- bzw. -sachwertermittlung. Die herkömmlichen Wertermittlungsmethoden müssten also dementsprechend modifiziert werden, damit die Bodenwertdämpfung wieder „aufgefangen" wird. Dies wird nachfolgend noch näher erläutert. Als Zwischenergebnis kann aber schon jetzt festgestellt werden, dass die Bodenwertdämpfung eine Reihe zusätzlicher Rechenschritte mit zusätzlichen Fehlerquellen zur Folge hat, die für das Gesamtergebnis belanglos, d. h. ein **Nullsummenspiel** sind. Mit der Bodenwertdämpfung und der zwangsläufig damit verbundenen Modifikation der Gebäudeertragswert- bzw. -sachwertermittlung sind zusätzliche Fehlereinflüsse verbunden, so dass schon von daher die Bodenwertdämpfung abzulehnen ist (§ 14 ImmoWertV Rn. 216 ff.).

43

Bei alldem wurde in entsprechender Auslegung der ImmoWertV die Bodenwertdämpfung nach herrschender Meinung abgelehnt. Gleichwohl wurde lange Zeit in der behördlichen Wertermittlungspraxis einiger Städte *(Bremen, Darmstadt, Lübeck, München, Stuttgart)* an der Bodenwertdämpfung bebauter Grundstücke festgehalten[21]. Inzwischen sind aber auch diese Gutachterausschüsse von der Bodenwertdämpfung abgerückt:

44

Die Gutachterausschüsse von *München* und *Stuttgart* haben lange Zeit Bodenrichtwerte für bebaute Grundstücke in den Bodenrichtwertkarten ausgeworfen, die (in nicht nachvollziehbarer Weise) gegenüber dem Bodenwert unbebauter Grundstücke um einen bestimmten Vomhundertsatz vermindert waren (bis 40 %). Davon ist der Gutachterausschuss in *München* wieder abgegangen, zumal gleichzeitig in den Grundstücksmarktberichten ausdrücklich darauf hingewiesen werden musste, dass die Heranziehung gedämpfter Bodenrichtwerte zur Ertragswertermittlung zwangsläufig die Heranziehung von gedämpften Liegenschaftszinssätzen mit dem Ergebnis bedingt, dass sich die Bodenrichtwertdämpfung im Gesamtergebnis wieder kompensiert (vgl. § 14 ImmoWertV Rn. 216 ff.). Für *Stuttgart* wiederum hat der Gutachterausschuss festgestellt, dass die Heranziehung gedämpfter Bodenrichtwerte bei der Verkehrswertermittlung im Wege des Sachwertverfahrens selbst bei Objekten in Millionenhöhe einen kompensatorischen Marktanpassungs*zuschlag* erfordert. Eine Bodenwertdämpfung wird allenfalls noch von einigen kleineren Gutachterausschüssen in Baden-Württemberg unter der Bezeichnung „**Bebauungsabschlag**" praktiziert, jedoch rücken auch diese aufgrund von Marktbeobachtungen davon ab[22].

45

Bei näherer Betrachtung ist die vorstehende Praxis häufig darauf zurückzuführen, dass die Dämpfung von Bodenwerten (im eigentlichen Sinne) nicht hinreichend von besonderen Fallgestaltungen unterschieden wird, die in begründbarer Weise zu einer Verminderung (aber auch Erhöhung) des Bodenwerts eines bebauten Grundstücks führen müssen und nunmehr in § 16 Abs. 2 bis 4 ImmoWertV als besondere Ausnahmen geregelt sind. **Die in § 16 Abs. 2 bis 4 ImmoWertV geregelten Sonderfälle dürfen aber nicht mit der Bodenwertdämpfung gleichgesetzt werden**[23].

46

Unter der **Dämpfung von Bodenwerten** ist nach dem oben Gesagten nämlich eine Verminderung des Bodenwerts eines bebauten Grundstücks gegenüber dem Bodenwert eines unbebauten Grundstücks *allein* aufgrund der „bloßen" Tatsache der Bebauung zu verstehen, die – und hierauf kommt es entscheidend an – selbst dann angebracht wird, wenn die tatsächliche Bebauung der bauplanungsrechtlich zulässigen bzw. lagetypischen Nutzung entspricht.

47

Hiervon zu unterscheiden war stets schon der nunmehr in § 16 Abs. 4 ImmoWertV geregelte **Sonderfall, in dem die auf einem Grundstück vorhandenen baulichen Anlagen von der nach § 6 Abs. 1 ImmoWertV maßgeblichen zulässigen (bzw. lagetypischen) Nutzbarkeit abweichen und es bei wirtschaftlicher Betrachtungsweise oder aus sonstigen Gründen geboten erscheint, die baulichen Anlagen weiter zu nutzen.** Weicht die auf dem Grund-

48

---

21 Von Berlin wird berichtet, dass sich Möckel im Rahmen der Bewertung von Erbbaurechtsgrundstücken um den Nachweis einer Bodenwertdämpfung bemüht habe und der gewählte Modellansatz jedoch umstritten geblieben sei; das Berliner Modell fand keine umfassende Anwendung (Lindner in Bln GE 2003, 1475).
22 Vgl. Grundstücksmarktbericht 2007 der Stadt Aalen, S. 13.
23 So aber das OLG Brandenburg, Urt. vom 9.11.2011 – 4 U 361/04, GuG 2012, 118 = EzGuG 20.213.

stück realisierte Nutzung von der bauplanungsrechtlich zulässigen bzw. lagetypischen Nutzung ab, so ist diese bereits nach § 6 Abs. 1 Satz 2 ImmoWertV maßgebend. Diese und auch die übrigen in § 16 Abs. 2 und 3 ImmoWertV angesprochenen Sonderfälle stellen ein Aliud gegenüber der Dämpfung von Bodenwerten dar.

2.3.2 Dämpfung von Bodenwerten

▶ Vgl. Rn. 66 ff., Syst. Darst. des Ertragswertverfahrens Rn. 72, 86, 288; § 14 ImmoWertV Rn. 216 ff.; auch Teil VI Rn. 714 ff.

49 Wie vorstehend ausgeführt ist im Schrifttum wiederholt darauf hingewiesen worden, dass der Bodenwert eines bebauten Grundstücks mit dem eines unbebauten Grundstücks nicht vergleichbar sei, weil dem Eigentümer mit der Bebauung des Grundstücks die **Dispositionsfreiheit** genommen sei, sein Grundstück nach eigenen Wünschen bedarfsgerecht zu nutzen. Art und Intensität der Nutzung seien mit dem Zeitpunkt der Bebauung festgelegt und könnten später nicht ohne weiteres geändert werden.

50 Welche Folgerungen sich hieraus ergeben, stellt eine im Schrifttum kontrovers und mitunter schon als „Glaubenskrieg" behandelte Streitfrage dar. Ausgangspunkt der **„Theorie von den gedämpften Bodenwerten bebauter Grundstücke"** ist die mit der Bebauung eines Grundstücks einhergehende Beeinträchtigung der freien Disposition über eine (optimale) Nutzung des Grundstücks. Dabei wird unterstellt, dass der Grund und Boden im Zeitpunkt seiner Bebauung i. d. R. einer optimalen Nutzung zugeführt wurde, sich jedoch die realisierte Bebauung mit zunehmendem Alter von der optimalen Nutzung des unbebaut gedachten Grundstücks entferne.

51 Es handelt sich hierbei um ein eigentümliches Problem deutscher Wertermittlungstheoretiker, das im angelsächsischen Raum auf Unverständnis stoßen muss. Zum einen hat man erkannt, dass der einer **baulichen Anlage** zurechenbare Bodenwert ohnehin für das Ergebnis zumindest bei **längerer Restnutzungsdauer** weitgehend bedeutungslos ist, wenn das Ertragswertverfahren zur Anwendung kommt. Man hat sich deshalb dort auch nicht in diese ohnehin nicht zu beantwortende Frage verbissen; insbesondere hat man dort auch nicht den Versuch unternommen, die gängigen Verfahren in überflüssiger Weise zu verkomplizieren, weil die Frage in besonderen Ausnahmefällen eine Rolle spielen könnte, die dann aber pragmatisch und sachbezogen zu lösen sind. In den Fällen der Wertermittlung von Objekten mit kurzer Restnutzungsdauer eines aufstehenden Gebäudes, in denen der Bodenwert überhaupt erst Bedeutung erlangt, ist darüber hinaus die zur Rechtfertigung einer Dämpfung ins Feld geführte Begründung, nach der mit der Bebauung die freie Disposition verloren ginge und deshalb der Bodenwert zu mindern sei, in sich widersprüchlich, weil gerade in dieser Phase mit abnehmender Restnutzungsdauer die freie Disponierbarkeit immer näher rückt und gerade umgekehrt der volle Bodenwert wieder „aufblühen" müsste, so er tatsächlich gedämpft wurde.

52 Der Grundsatz der Bodenwertermittlung eines bebauten Grundstücks auf der Grundlage eines unbebaut gedachten Grundstücks gehört deshalb zu den **international gebräuchlichen Konventionen** (vgl. Rn. 35): Das *American Institute of Real Estate Appraisers* stellt als maßgeblichen Wertermittlungsgrundsatz heraus: *„The use of a property based on the assumption that the parcel of land is vacant by demolishing any improvements (Highest and best use of site as though vacant)"* [24].

53 Begründet wird diese Auffassung dort, wie im Übrigen auch hier schon in der Vorauflage, nicht allein im Hinblick auf **praktische**, sondern **auch auf wirtschaftliche Erwägungen** [25].

54 Bei alledem ist die Bodenwertdämpfung in der ausländischen Wertermittlungslehre „kein Thema". In Deutschland wiederum findet die Bodenwertdämpfung nur noch bei einigen

---

[24] The Appraisal of Real Estate. American Institute of Real Estate Appraisers, 12. Aufl. Chicago 2001, S. 60, 305 ff.
[25] Johnson in The Appraisal Journal, Januar 1981; North, The Concept of Highest and Best Use, Winnipeg, Appraisal Institute Canada 1981; Reading in Highest and Best Analysis. American Institute of Real Estate Appraisers, Chicago 1981.

Dämpfung des Bodenwerts

wenigen Gutachterausschüssen für Grundstückswerte Zuspruch. Der Methode kommt dort die Bedeutung eines innerbehördlichen Katasterdirektorenverfahrens zu, das von außenstehenden Sachverständigen schon deshalb nicht nachvollzogen werden kann, weil diese Katasterdirektoren ihre Dämpfungsmechanismen nicht offenlegen. Dies ist aber unverzichtbar, wenn solche gedämpften Bodenwerte unter Beachtung des **Grundsatzes der Modellkonformität** auch sachgerecht zur Anwendung kommen sollen. Gedämpfte Bodenwerte werden deshalb in der freien Sachverständigentätigkeit zu Recht weitgehend ignoriert[26]. Wenn von freien Sachverständigen in Einzelfällen gedämpften Bodenwerten „zugesprochen" wird, so geschieht dies im vorauseilenden Gehorsam allenfalls dann, wenn sie von solchen Katasterdirektoren mit der Gutachtenerstattung beauftragt werden[27]. Daneben bilden sich diesbezüglich allerdings auch böse Allianzen zu solchen Sachverständigen, die mit der Bodenwertdämpfung ihr Ergebnis „hinzutrimmen" trachten, ohne dass sie z. B. bei Anwendung des Ertragswertverfahrens erkennen, dass sie dann auch einen die Bodenwertdämpfung neutralisierenden gedämpften Liegenschaftszinssatz heranziehen müssten; solche Gutachten sind damit (grob) fehlerhaft.

Über die genannten Fälle hinaus findet die Bodenwertdämpfung in der deutschen **Praxis der freien Sachverständigen,** die immerhin rd. 90 % aller Sachverständigentätigkeiten besorgen, kaum Anwendung[28]. 55

Im Kern geht es bei dem aufgeworfenen Problem des „richtigen" Bodenwerts bebauter Grundstücke nicht um die Frage nach der tatsächlichen Höhe des Bodenwerts (i. S. der Definition des Verkehrswerts nach § 194 BauGB), denn der Grund und Boden ist für sich allein aufgrund der Schicksalsgemeinschaft von Boden und Bebauung im Allgemeinen nicht „verkehrsgängig" und ließe sich ohnehin nicht direkt aus dem Markt ableiten. Es muss vielmehr darum gehen, welcher Bodenwert aus Gründen der Praktikabilität und der mit der Wertermittlung verfolgten Zielsetzung anzusetzen ist. Dabei ist zunächst in Erinnerung zu rufen, dass es hier i. d. R. um die Ermittlung des *(Gesamt-)*Verkehrswerts eines bebauten Grundstücks nach dem durch die ImmoWertV vorgegebenen Wertermittlungsverfahren geht, wobei das Ertrags- und das Sachwertverfahren noch immer die Regelverfahren sind. Die „Theorie von den gedämpften Bodenwerten bebauter Grundstücke" stellt hierzu einen Bruch her, denn die verfahrensmäßige Ausgestaltung des **Ertragswertverfahrens geht von der Wertbeständigkeit des Grund und Bodens aus**[29]. In Abwandlung der ricardianischen Grundrententheorie soll nämlich mit der durch § 17 Abs. 2 Nr. 1 ImmoWertV vorgegebenen Aufteilung des Ertragswerts in einen Boden- und einen Gebäudewertanteil der Tatsache Rechnung getragen werden, dass der Grund und Boden wertbeständig ist, während der Wert der baulichen Anlagen infolge Alterung und Abnutzung gegen null läuft und zu einer „Belastung" des Grund und Bodens (Freilegungskosten) wird[30]. 56

In der Praxis der „Bodenwertdämpfung" sind auf der Grundlage unterschiedlichster Theorien unterschiedlichste Rechenoperationen entwickelt worden, aus denen ein letztlich theoreti- 57

---

26 Im Rahmen der Überprüfung von 100 000 Gutachten freier Sachverständiger durch die TLG ist nur in verschwindend seltenen Fällen der Bodenwert „gedämpft" worden und dann zumeist nur in solchen Fällen, wo mit dem „Joker Bodenwertdämpfung" das Ergebnis „hingetrimmt" werden sollte.
27 Zur Beschreibung der Situation kann auf eine im Auftrag der Treuhandanstalt durchgeführte Verkehrswertermittlung eines Berliner Sachverständigen verwiesen werden, der dabei wie selbstverständlich von „gedämpften" Bodenwerten ausging. Als derselbe Sachverständige in derselben Angelegenheit dann im Auftrag der Senatsverwaltung nochmals tätig wurde, hat er dieselbe Verkehrswertermittlung im vorauseilenden Gehorsam (und in Erwartung weiterer Aufträge) auf der Grundlage gedämpfter Bodenwerte durchgeführt. Im Rahmen des von ihm zur Anwendung gekommenen Ertragswertverfahrens gelangte er im Übrigen insoweit in beiden Fällen zu demselben Ergebnis, denn der Bodenwert schlägt bei Anwendung dieses Verfahrens i. d. R. ohnehin nicht auf das Gesamtergebnis durch.
28 Der freie Sachverständige kann es sich im täglichen Geschäft zumeist auch gar nicht leisten, sich mit irgendwelchen „Dämpfungstheorien" zu befassen, die im Rahmen des vorherrschend zur Anwendung kommenden Ertragswertverfahrens in aller Regel für das Gesamtergebnis belanglos sind. Insoweit wird der „Theorienstreit" vornehmlich von einigen Katasterdirektoren betrieben.
29 Seit jeher nimmt der Boden eine besondere Stellung ein (superficies solo cedit). Gebäude sind vergänglich und der Fährnis unterworfen („Fährnis ist, was die Fackel verzehrt").
30 Da das Ertragswertverfahren von dem Modell ausgeht, dass mit der Bebauung eines Grundstücks das in dem Grund und Boden investierte Kapital für die Dauer der baulichen Nutzung „gebunden" ist und nicht anderweitig angelegt werden kann, ist der Ansatz des „vollen" Bodenwerts systemkonform.

scher Bodenwert eines bebauten Grundstücks konstruiert wird (vgl. § 196 BauGB Rn. 27; Teil II Rn. 443 ff.). Auch wenn derartige Vorgehensweisen unter Berufung auf Kaufpreisanalysen – jede für sich – mit dem Anspruch auf Richtigkeit entwickelt wurden, muss bedenklich stimmen, dass die unterschiedlichsten Verfahrensweisen zu unterschiedlich konstruierten Bodenwerten führen und von daher die **Gefahr der Manipulation** nicht auszuschließen ist.

58 Aus den vorstehenden Gründen wäre – wenn man schon den Bodenwert dämpfen wollte – der Praxis der Vorzug zu geben, die sich der Bodenwertdämpfung auf der Grundlage fester und für jedermann nachvollziehbarer (prozentualer) Abschläge bedient, selbst wenn diese Abschläge willkürlich gegriffen sind. Diese Praxis ist zumindest kontrollierbar, wenn die **Dämpfungsmechanismen offengelegt werden.** Begrifflich kann aber auch in diesem Fall von einer Dämpfung des Bodenwerts gesprochen werden. Auch bedeutet dies für die Praxis die Einschaltung eines zusätzlichen und (bei „richtiger Verkehrswertermittlung") für das Ergebnis bedeutungslosen Rechenschritts, der sich zwangsläufig auf die Ermittlung des Gebäudewertanteils auswirken muss (vgl. Rn. 78 ff.).

59 Von einer Reihe von Sachverständigen wird unbedacht der Bodenwert eines bebauten Grundstücks gegenüber dem vollen Bodenwert mit kürzer werdender Restnutzungsdauer der baulichen Anlage gegen „Null gedämpft", wobei nach Ablauf der Restnutzungsdauer – spätestens mit Abbruch der baulichen Anlage – der volle Bodenwert des unbebaut gedachten Grundstücks – quasi schlagartig – wieder aufleben soll[31].

60 Dieser Einschätzung ist der **BGH** nicht gefolgt[32]. In einer **Entscheidung** heißt es hierzu wörtlich (vgl. Rn. 94 ff.):

„Ohne Erfolg wendet sich die Revision dagegen, dass das BG im Anschluss an den Sachverständigen bei einem mit Mietshäusern bebauten Grundstück davon ausgeht, mit zunehmendem Alter der Gebäude (bis 70 Jahre) sinke auch der reine Bodenwert kontinuierlich; dann nehme diese Bodenwertminderung wieder allmählich ab und entfalle beim Abbruch des Gebäudes nach einer (angenommenen) Gesamtnutzungsdauer des Gebäudes von 100 Jahren ganz."

61 Die in diesem Verfahren vom Sachverständigen vorgetragene „Erfahrung" ist einerseits fragwürdig und andererseits im Hinblick auf die für die Verkehrswertermittlung von Mietshäusern angezeigte Anwendung des Ertragswertverfahrens weitgehend unbedeutend:

a) Tatsächlich muss nämlich festgestellt werden, dass der **Verkehrswert bebauter Grundstücke sowohl an steigenden als auch fallenden Bodenwerten partizipiert**[33]. Die aufstehende Bebauung ist dagegen einer verbrauchsbedingten Wertminderung unterworfen, wobei die jährliche Wertminderung ohne durchgreifende Instandsetzungen und Modernisierungen umso größer ist, je kürzer die (wirtschaftliche) Gesamtnutzungsdauer des Gebäudes ist. Da die früher als üblich angesehene 100-jährige Gesamtnutzungsdauer eines Gebäudes ohne solche Maßnahmen schon seit langem nicht mehr gilt, herrschen bei vielen Grundeigentümern häufig falsche Vorstellungen über den Wertverfall ihres Gebäudes.

b) Zum anderen muss im Falle einer Dämpfung des Bodenwerts unter dem **Grundsatz der Modellkonformität** konsequenterweise ein **gedämpfter Liegenschaftszinssatz** zur Anwendung kommen (vgl. Rn. 82 ff.; § 14 ImmoWertV Rn. 160), der im Ergebnis die Bodenwertdämpfung vollständig kompensiert (Nullsummenspiel). Die Dämpfung des Bodenwerts ist bei Objekten mit langer Restnutzungsdauer für das Ergebnis selbst bei Verwendung „ungedämpfter" Liegenschaftszinssätze zudem belanglos, weil der Bodenwert mit länger werdender Restnutzungsdauer einen immer geringer werdenden Einfluss auf das Ergebnis hat und lediglich – wie dargestellt – zu einer Verschiebung des Boden- und Gebäudewertanteils führt. Gedämpfte Bodenwerte führen nämlich zu einer Verminderung des Bodenwertverzinsungsbetrags und damit zu einer Erhöhung des um den Bodenwertverzinsungsbetrag verminderten Reinertrags. Die damit einhergehende Erhö-

---
31 Brandau in VR 1977, 68 mit Replik von Kleiber in VR 1977, 74 und Güttler in VR 1981, 396; Böser/Preuss in AVN 1982, 138; Lucht in VR 1977, 264; Meissner in AVN 1975, 131; Streich in AVN 1974, 360 sowie in AVN 1975, 132.
32 BGH, Beschl. vom 28.6.1984 – III ZR 187/83 –, NJW 1985, 387 = EzGuG 14.77.
33 So auch bereits Lütge, Wohnungswirtschaft, Stuttgart 1949, S. 382.

hung des Gebäudeertragswerts wird dann mit dem gedämpften Bodenwert im Gesamtergebnis wieder aufgefangen.

Eine andere als hilflos zu bezeichnende Praxis bedient sich **pauschaler Dämpfungsmethoden**, indem generell vom Bodenrichtwert (für unbebaute Grundstücke) ein Abschlag von z. B. 40 % angebracht wird. Diese Vorgehensweise steht zwar im Widerspruch zu der „inneren" Begründung der Bodenwertdämpfung, nämlich der mit zunehmendem Alter der baulichen Anlage anwachsenden Disparität des „verbrauchten" Bodens zum Bodenwert eines unbebauten Grundstücks; sie hat aber immerhin den Vorteil der Eindeutigkeit für den „Verbraucher". 62

Das von **Naegeli**[34] vor sehr langer Zeit (1955–1957) entwickelte **Lageklassenverfahren**, nach dem sich ggf. der gedämpfte Anteil des Bodens am Gesamtwert eines bebauten Grundstücks „einzig und allein" nach den von ihm definierten Lageklassen bestimmt, mag seinerzeit für den von ihm untersuchten schweizerischen Grundstücksmarkt „stimmig" gewesen sein; für deutsche Verhältnisse ist dieses Verfahren sowohl von seinem Ansatz her als auch von den angegebenen Werten her unbrauchbar, auch wenn im deutschsprachigen Schrifttum hierauf schon einmal zurückgegriffen worden ist[35]. Von sachkundigen Gutachtern wird das Verfahren deshalb nicht angewandt. 63

Schließlich greifen andere Sachverständige zur Begründung ihrer Dämpfungspraxis auf Begründungen zurück, die mit einer verantwortungsbewussten Wertermittlungspraxis nicht vereinbar sind. Um nicht dem Grundeigentümer den Wertverzehr seines Gebäudes im Gutachten attestieren zu müssen, begründen eine Reihe von Sachverständigen die Bodenwertdämpfung gelegentlich auch damit, dass ein entsprechend **höherer Wert der baulichen Anlage „verbraucherfreundlicher"** sei. Dies kann allerdings wenig überzeugen, zumal anderenorts die Praxis ohne eine derartige Argumentation auskommt[36]. 64

Ob der gesunde Grundstücksverkehr den Bodenwertanteil so beurteilt, wie er nach den unterschiedlichsten Theorien und Verfahrensweisen der Bodenwertdämpfung abgeleitet wird, muss bei alledem so lange fraglich bleiben, wie der Grund und Boden eines bebauten Grundstücks nicht selbstständig gehandelt wird. Nach der hier vertretenen Auffassung kann das sog. **Repartitionsproblem**, nämlich die verursachungsgerechte Aufteilung des (Gesamt-)Verkehrswerts eines Grundstücks auf Boden und Gebäude, letztlich **nicht eindeutig gelöst werden**[37]. Deshalb müssen **praktischen Bedürfnissen und rechtlichen Erfordernissen Rechnung tragende Lösungen** zur Anwendung kommen[38]. Von dieser Zielsetzung ist ersichtlich auch der Verordnungsgeber ausgegangen und hat die Ausnahmefälle in § 16 Abs. 2 bis 4 sowie in § 4 Abs. 3 Nr. 3 ImmoWertV geregelt[39]. 65

2.3.3 Ertrags- und Sachwertverfahren unter Heranziehung gedämpfter Bodenwerte

2.3.3.1 Allgemeines

▶ *§ 14 ImmoWertV Rn. 216*

Mit § 16 Abs. 1 Satz 1 ImmoWertV wird ausdrücklich bestimmt, dass der im Rahmen des Ertrags- und Sachwertverfahrens nach § 17 Abs. 2 bzw. § 21 Abs. 1 ImmoWertV anzusetzende Bodenwert im Wege des **Preisvergleichs auf der Grundlage unbebauter Vergleichsgrundstücke** und mithin als ungedämpfter Bodenwert zu ermitteln ist. 66

---

34 Naegeli, Die Wertberechnung des Baulandes, Zürich 1965.
35 Ross/Brachmann, Ermittlung des Bauwertes von Gebäuden und des Verkehrswerts von Grundstücken, 29. Aufl. 2005, S. 496 ff.
36 Pohlmann/Hohenaspe, Die Trennung des Boden- und Bauwertes in der Praxis amerikanischer Gemeinden, in: Jahrbuch der Bodenreform 1914, S. 103.
37 So im Übrigen auch Sieber, Bodenpreissteigerung und Grundstücksmarkt, WuR 1956, 29 ff., Fn. 25.
38 Zustimmend Zimmermann, WertV 88, München 1998, S. 277.
39 Rechtlich stellt sich die Notwendigkeit zur „Herausfilterung" des Bodenwerts eines bebauten Grundstücks dort, wo gesetzliche Regelungen an den Bodenwert anknüpfen, z. B. in der Umlegung, bei der Ausgleichsbetragsermittlung für sanierungsbedingte Bodenwerterhöhungen, der Entschädigung bei hoheitlichen Eingriffen in die ausgeübte Nutzung nach § 42 BauGB sowie im Falle der Einführung einer Bodenwertsteuer.

67 Wird dessen ungeachtet **ein gedämpfter Bodenwert in die Ertrags- oder Sachwertermittlung eingeführt, so ist dies bei der gebotenen konsequenten Beachtung aller Verfahrensgrundsätze für das Gesamtergebnis unwirksam,** denn dies muss dann zu einer entsprechenden Erhöhung des Gebäudeertrags- bzw. -sachwerts führen, d. h., die Bodenwertdämpfung führt lediglich zu einer Verschiebung des Gebäude- und des Bodenwertanteils am Gesamtwert.

2.3.3.2 Dämpfung bei Anwendung des Ertragswertverfahrens

68 Bei Anwendung des in § 17 ImmoWertV geregelten Standardverfahrens der Ertragswertermittlung bestimmt sich der **Ertragswert nach folgender Formel** (§ 17 Abs. 1 Nr. 1 ImmoWertV):

$$EW = (RE - p \times BW) \times V + BW$$

wobei
EW = Ertragswert
RE = Reinertrag
BW = Bodenwert
p = Liegenschaftszinssatz
V = Vervielfältiger

69 Der **Liegenschaftszinssatz bestimmt sich** gemäß den Ausführungen bei § 14 ImmoWertV Rn. 207 **nach folgender Beziehung:**

$$p = \frac{RE \times 100}{KP} - \frac{100\,(q-1)}{q^n - 1} \times \frac{KP - BW}{KP}$$

wobei
q = Zinsfaktor = p + 1
KP = Kaufpreis

Der aus am Markt erzielten Kaufpreisen abgeleitete Liegenschaftszinssatz führt nach diesem Modell zu einem am Markt erzielbaren Ertragswert, der dann zugleich Verkehrswert ist.

70 Wie aus den Formeln für den Ertragswert und den Liegenschaftszinssatz ersichtlich, geht der Bodenwert sowohl in die Ableitung des Liegenschaftszinssatzes als auch des Ertragswerts ein. **Soll der Bodenwert gedämpft werden, muss nach dem Grundsatz der Modellkonformität sowohl der Liegenschaftszinssatz als auch der Ertragswert auf der Grundlage gedämpfter Bodenwerte abgeleitet werden.**

71 **Bei systemkonformer Anwendung des Ertragswertverfahrens schlägt die Dämpfung des Bodenwerts eines bebauten Grundstücks in erster Linie auf den Liegenschaftszinssatz durch,** wenn dieser als logische Konsequenz (Modellkonformität) auf der Grundlage gedämpfter Bodenwerte abgeleitet wird (vgl. § 14 ImmoWertV Rn. 216 ff.). Da der Wertanteil der baulichen Anlage am Verkehrswert bei einer Dämpfung des Bodenwerts komplementär zunimmt, muss sich nämlich der Liegenschaftszinssatz entsprechend vermindern, denn bei gleichbleibendem Reinertrag, aber höherem Wert der baulichen Anlage stellt sich eine geringere Verzinsung der Liegenschaft ein. Dies zeigt auch das Berechnungsbeispiel in Abb. 2.

72 Hieraus müssen zwei wichtige **Schlussfolgerungen** gezogen werden, die in der Wertermittlungspraxis oft unbeachtet gelassen werden:

1. Die empirisch ermittelten Liegenschaftszinssätze der Gutachterausschüsse, die bei ihrer Ableitung von gedämpften Bodenwerten ausgingen (soweit erkennbar: *Darmstadt*, *Lübeck*, *Bremen* und *Stuttgart*), konnten nicht unmittelbar mit empirisch abgeleiteten Liegenschaftszinssätzen verglichen werden, bei deren Ableitung von „vollen" Bodenwerten ausgegangen wurde. *Darmstadt*, *Lübeck*, *München* und *Stuttgart* sind aus den hier dargestellten Gründen davon abgegangen.

2. Bei Anwendung der empirisch unter Berücksichtigung gedämpfter Bodenwerte abgeleiteter Liegenschaftszinssätze muss – um im System zu bleiben – auch ein gedämpfter Boden-

Dämpfung des Bodenwerts § 16 ImmoWertV IV

wert in das Ertragswertverfahren eingeführt werden; vielfach wird dies schon deshalb nicht beachtet, weil die Dämpfer ihr Dämpfungssystem nicht hinreichend offenlegen.

Dies macht deutlich, dass die **Dämpfung der Bodenwerte zu einer im Ergebnis nutzlosen Verkomplizierung** führt, die der Nachvollziehbarkeit der Wertermittlung abträglich ist.

Abb. 2: Vergleichende Betrachtung zur Ermittlung des Ertragswerts und des Liegenschaftszinssatzes bei unterschiedlich angesetzten Bodenwerten

73

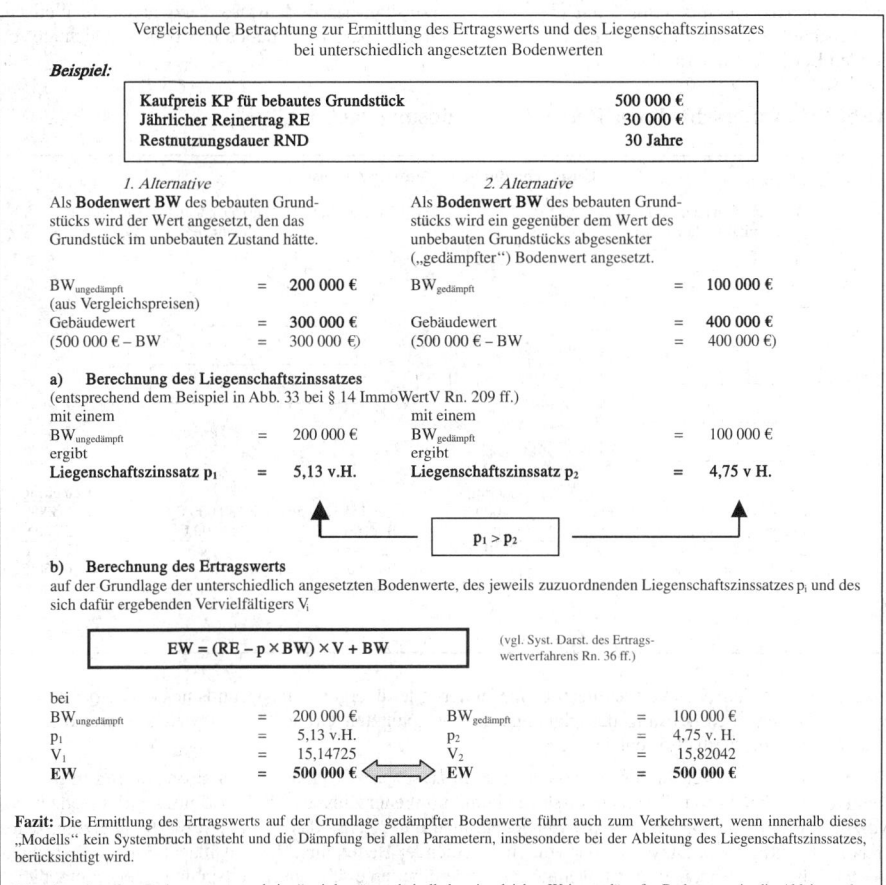

Eine zu einem beliebigen Zeitpunkt im Laufe der Nutzungsdauer des aufstehenden Gebäudes vorgenommene **Verminderung des Bodenwerts wegen Bebauung verletzt** somit **die finanzmathematische Grundstruktur des Ertragswertverfahrens** und ist bereits aus diesem Grunde abzulehnen.

74

Auf einen interessanten Aspekt zur „Theorie der Dämpfung des Bodenwerts bebauter Grundstücke" weist Weil[40] hin, mit dessen Verfahren sich bereits das BVerwG eingehend befasst hat[41]. Weil geht von folgenden **Grundprinzipien** aus:

75

---

40 Weil, Grundstücksschätzung, 5. Aufl. Düsseldorf 1958, S. 20, 29 ff., 48 ff.

Kleiber 1539

a) Der Bodenwert eines bebauten Grundstücks hängt von der zulässigen Bebauungsmöglichkeit und nicht von der tatsächlichen Bebauung ab.

b) Der für die Ermittlung des Verkehrswerts im Sach- und Ertragswertverfahren anzusetzende Bodenwert für dasselbe Grundstück ist identisch.

c) Eine von der zulässigen und lagetypischen Bebauung abweichende Bebauung ändert nicht den anzusetzenden Bodenwert, sondern lediglich die Bodenwertverzinsung.

Für diese Grundprinzipien spricht in der Tat, dass z. B. der Eigentümer eines untergenutzten Grundstücks gewollt (im Falle einer von ihm selbst zu verantwortenden Bebauung) oder ungewollt (im Falle einer nachträglichen „Heraufzonung") auf die „volle" Verzinsung des Bodenwerts verzichtet. Die Weilsche Auffassung hat vor allem für das Ertragswertverfahren eine besondere Bedeutung und lässt sich am folgenden Beispiel erläutern (Abb. 3):

Abb. 3: Unterschiedliche Bodenwertverzinsung nach Weil

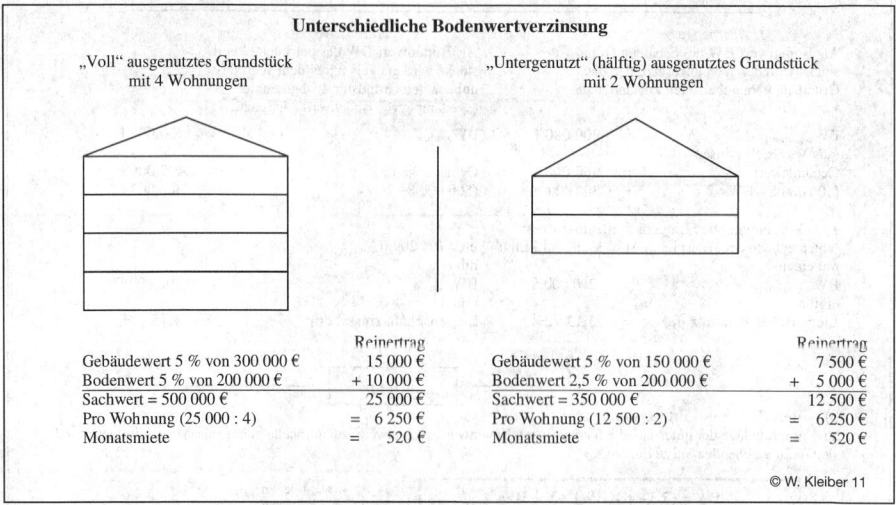

76 Nach *Weil* soll die Bodenwertverzinsung eines unter- oder übergenutzten Grundstücks in dem Verhältnis von der Bodenwertverzinsung des planungsadäquat genutzten Grundstücks abweichen, wie dies dem jeweiligen Ertragsverhältnis entspricht.

Der Nachteil dieses Verfahrensvorschlags ist darin zu sehen, dass man bei der Ertragswertermittlung zu unterschiedlichen Soll- und Habenzinssätzen kommt (eigener Zinssatz für die Ermittlung des Bodenwertverzinsungsbetrags). Des Weiteren ist dagegen anzuführen, dass das Verfahren die Restnutzungsdauer unberücksichtigt lässt. Diese ist aber von entscheidender Bedeutung, denn es macht einen Unterschied, ob der Grund und Boden nur noch wenige Jahre oder über eine sehr lange Zeitspanne untergenutzt bleibt.

2.3.3.3 Dämpfung bei Anwendung des Sachwertverfahrens

▶ *Vgl. Syst. Darst. des Sachwertverfahrens Rn. 21 ff.*

77 Nach dem zuvor Gesagten ist gemäß § 21 Abs. 1 ImmoWertV der **Bodenwert** auch bei Anwendung des Sachwertverfahrens im Wege des Preisvergleichs **mit dem Wert zu ermitteln, wie er sich für unbebaute Grundstücke ergibt.**

78 Auch bei Anwendung des Sachwertverfahrens würde eine Dämpfung des Bodenwerts bei richtiger Ermittlung des Verkehrswerts lediglich zu einer Insichverschiebung der Boden- und Gebäudewertanteile führen. Sieht man einmal von einem Wertanteil für sonstige Anlagen ab, muss die Bodenwertdämpfung zwangsläufig dazu führen, dass sich der Gebäudewertanteil

---

41 BVerwG, Urt. vom 13.11.1964 – 7 C 20/64 –, DÖV 1965, 97 = EzGuG 20.38; auch BFH, Urt. vom 16.11.1979 – III R 76/77 –, BStBl II 1980, 87 = EzGuG 20.81b.

erhöht, wenn die Summe aus Boden- und Gebäudeanteil den Verkehrswert ergibt. Abzulehnen wäre dabei der Ansatz entsprechend höherer Normalherstellungskosten, da dies zu einer weiteren Verzerrung des Systems, insbesondere im Verhältnis zu den ansonsten anzusetzenden Normalherstellungskosten führen würde.

Die **Dämpfung von Bodenwerten bei Anwendung des Sachwertverfahrens** müsste sich zwangsläufig auf die Marktanpassung nach § 8 Abs. 2 ImmoWertV und somit auf die Sachwertfaktoren i. S. des § 14 Abs. 2 Nr. 1 ImmoWertV auswirken. Im Verhältnis zu den auf der Grundlage des § 16 Abs. 1 Satz 1 ImmoWertV abgeleiteten Sachwertfaktoren müssten sich nach dem Grundsatz der Modellkonformität modifizierte Sachwertfaktoren ergeben bzw.

– entsprechend verminderte Marktanpassungsabschläge bzw.

– entsprechend erhöhte Marktanpassungszuschläge

erforderlich werden (vgl. Abb. 4).

Abb. 4: Marktanpassungsabschläge bei gedämpften und ungedämpften Bodenwerten

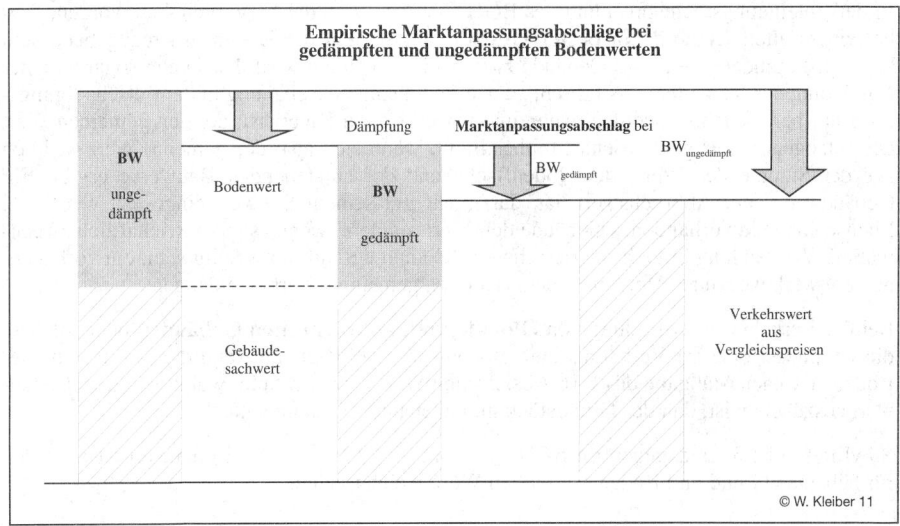

Der wohl augenfälligste Beleg dafür war die Praxis der Bodenwertdämpfung des Gutachterausschusses für Grundstückswerte für den Bereich *Stuttgart*. Dort wurde der Bodenwert von Grundstücken, die vor 1965 bebaut wurden, – unabhängig von irgendwelchen Kriterien gleichsam mit überstrapaziertem Ermessen – weitgehend pauschal um 30 % vermindert. Als **Folge der Bodenwertdämpfung** hatte man dort selbst noch für Einfamilienhäuser (mit Einliegerwohnung) mit einem Sachwert von über 0,9 Mio. DM (~ 450 000 €) empirisch Marktanpassungs*zuschläge* abgeleitet, um aus dem Sachwert den Verkehrswert abzuleiten, während anderenorts ohne die Zwischenschaltung einer Bodenwertdämpfung üblicherweise bereits ab einem Sachwert von rd. 250 000 € Marktanpassungsabschläge ermittelt wurden.

Bei alledem ist es durchaus plausibel, dass der Sachwert bei Objekten dieser Größenordnung nur über einen Marktanpassungsabschlag zu dem Verkehrswert führt. Wenn nun aber der Bodenwert in *Stuttgart* zunächst gedämpft wurde und infolgedessen ein Marktanpassungszuschlag erforderlich wurde, um über den Sachwert zum Verkehrswert zu gelangen, so erscheint die **Dämpfung** nicht nur im Hinblick auf die zusätzliche Rechenoperation überflüssig, sondern auch **wenig realitätsnah**.

Fazit: Die Bodenwertdämpfung kann im Rahmen des Sachwertverfahrens zu einer „Aufblähung", aber auch „Schrumpfung" des vom Gutachterausschuss für Grundstückswerte ermittelten Marktanpassungsabschlags (Sachwertfaktor) führen, je nachdem, ob im Einzelfall ein Marktanpassungsab- oder -zuschlag erforderlich wird. Hieraus wiederum folgt, dass bei der **Veröffentlichung solcher Marktanpassungsfaktoren für außen stehende Sachverständige die Dämpfungsmethodik des Gutachterausschusses bekannt gemacht werden muss,**

weil sonst die Veröffentlichungen solcher Marktanpassungsfaktoren für den Sachverständigen praktisch wertlos sind. Die Bodenwertdämpfung des Gutachterausschusses für Grundstückswerte, so er sie für unvermeidlich hält, muss dann also transparent gemacht werden, wenn sie schadlos bleiben soll.

83 Wenn also von einzelnen Gutachterausschüssen für Grundstückswerte Bodenwerte nach jeweils eigenen Theorien gedämpft und dementsprechend Sachwertfaktoren abgeleitet werden, so mögen sie dies sachlich für geboten erachten. Problematisch wird dies aber dann, wenn sie ihre Dämpfungsmethodik nicht offenlegen und die abgeleiteten **Sachwertfaktoren** auf ungedämpfte Bodenwerte zur Anwendung kommen.

2.4 Rechtsprechung

84 In der Rechtsprechung des BGH ist zu dem Problem des Bodenwerts bebauter Grundstücke bislang nur am Rande Stellung genommen worden (vgl. Rn. 60). Hierzu bestand wohl auch noch kein Anlass, denn in Entschädigungsfällen geht es um das Gesamtergebnis.

85 In der Enteignungsrechtsprechung des BGH[42] ist des Weiteren hervorgehoben worden, dass bei einem alten **Gebäude in bester Geschäftslage** allein der Bodenwert maßgebend sein kann, insbesondere wenn das Gebäude zum Abriss erworben wird. Dies kann sogar zu einer Minderung des Verkehrswerts führen: „.... Deshalb kann die Bebauung in der Entschädigungshöhe nur berücksichtigt werden, wenn und soweit sie ein Faktor ist, der den gemeinen Wert der entzogenen Sachgemeinschaft mitbestimmt, wenn sich also der gemeine Wert wirklich aus der Summe des Werts der Bodenfläche und der aufstehenden Bauwerke ergibt. Ein Gebäude, das nur Abbruchswert hat, darf nicht mit seinem Bauwert eingesetzt werden ... Ebenso kann ein vorhandenes Gebäude den Wert mindern, wenn es die wirtschaftlich zweckmäßige Verwendung hindert oder erschwert. Es kann deshalb notwendig sein, ein vorhandenes Bauwerk wegzudenken, um zu dem richtigen gemeinen Wert zu gelangen'"[43].

86 Bei der Verkehrswertermittlung von **Objekten mit abbruchreifen Gebäuden** oder solchen, die zumindest eine im Verhältnis zum Bodenwert unzulängliche Rendite abwerfen, ist der Bodenwert nach Maßgabe des § 16 Abs. 2 ImmoWertV zu ermitteln, wobei von dem Bodenwert auszugehen ist, den das Grundstück im unbebauten Zustand hätte[44].

87 Sibyllinisch heißt es dagegen im BGH-Urt. vom 30.1.1957[45]: „Der Bodenwert ist nach den für bebauten Grund und Boden ermittelten Werten einzusetzen."

2.5 Steuerliche Bewertung

Schrifttum: *Birkenfeld,* FR 1983, 441; *Blum/Weiß,* Die steuerliche Aufteilung der Anschaffungskosten von Grundstücken, GuG 2007, 257; *Debus/Helbach,* Ist der Bodenwertansatz beim Verkauf bei bebauten Objekten von Bedeutung? GuG 2012, 65; *Mayer-Wengelin* in Hartmann/Böttcher/Nissen/Bordewin, Komm. zum EStG, § 6 EStG Rn. 159; *Moll-Amrein/Scheper,* Ermittlung des Gebäudewertanteils von Renditeobjekten in Gebieten mit hohem Bodenpreisniveau, GuG 2013, 257; *Münchehofen/Springer,* Bewertung von Grund und Boden nach steuerlichen Maßgaben, GuG 2005, 65; *Schmidt/Glanegger,* EStG 18. Aufl. § 6 Rn. 118; Stöckel, DStZ 1988, 220, DStZ 1998, 795; *Winkeljohann* in Herrmann/Heuer/Raupach, Komm. zum EStG und Körperschaftsteuergesetz, § 6 Rn. 313; *Wichmann,* FR 1988, 513.

▶ *Syst. Darst. des Vergleichswertverfahrens Rn. 166*

---

42 BGH, Urt. vom 2.4.1981 – III ZR 186/79 –, BRS Bd. 45 Nr. 173 = EzGuG 19.38.
43 BGH, Urt. vom 25.6.1964 – III ZR 111/61 –, BRS Bd. 19 Nr. 128 = EzGuG 20.37.
44 OLG Koblenz, Urt. vom 1.6.1977 – 1 U 9/76 –, DB 1977, 1362 – in der Entscheidung wird auf die Anwendung des § 12 WertV verwiesen, der dem geltenden § 16 Abs. 3 ImmoWertV entspricht; OLG Köln, Beschl. vom 3.5.1962 – 4 W 7/62 –, BlGBW 1962, 368 = EzGuG 20.30; auch BFH, Urt. vom 6.11.1968 – I R 12/66 –, BStBl II 1969, 35 = EzGuG 20.44; BFH, Urt. vom 28.3.1973 – I R 115/71 –, BStBl II 1973, 678 = EzGuG 20.55; BFH, Urt. vom 2.6.1959 – I 74/58 F –, BFHE 69, 162 = EzGuG 4.10a.
45 BGH, Urt. vom 30.1.1957 – V ZR 84/56 –, ZMR 1957, 202 = EzGuG 4.5; vgl. ferner PrOVG, Urt. vom 11.11.1898 – I 1863 –, PrVerwBl. 20, 430 = EzGuG 4.2.

2.5.1 Allgemeines

Von besonderer Bedeutung ist die **Aufteilung des Kaufpreises für bebaute Grundstücke in einen Boden- und Gebäudewertanteil (Kaufpreisaufteilung) für steuerliche Zwecke.** Eine Aufteilung des Grundstücks in „Grund und Boden" sowie Gebäude wird z. B. aufgrund der Regelung des § 6 Abs. 1 Nr. 1 und 2 EStG erforderlich (vgl. R 6.1, R 7.3 ff. EStR 05). 88

Nach **Abschn. 58 Abs. 4 EStR** sind die Anschaffungskosten für den Grund und Boden einerseits und für das Gebäude andererseits getrennt auszuweisen, weil die Anschaffungskosten des Gebäudes steuerwirksam abgeschrieben werden können, die Anschaffungskosten des Grund und Bodens dagegen nicht. 89

Für die Ermittlung von Grundstückswerten unter Anwendung des Sachwertverfahrens hat der Gesetzgeber mit § 84 BewG den Bewertungsgrundsatz aufgestellt, den **Grund und Boden „mit dem Wert anzusetzen, der sich ergeben würde, wenn das Grundstück unbebaut wäre"** (entsprechend § 189 i. V. m. § 179 BewG). Boden- und Gebäudewert sind (zusammen) unter Anwendung von Wertzahlen nach § 90 BewG (§ 189 Abs. 3 BewG) dem gemeinen Wert (Verkehrswert) anzupassen, ohne dass dabei entschieden werden muss, welchem Wertanteil diese Anpassung zuzuordnen ist. Dennoch stellt sich auch im steuerlichen Bereich die Aufgabe, den angemessenen Bodenwertanteil am Gesamtwert bzw. Gesamtkaufpreis „herauszufiltern", nämlich bei der Ermittlung der Bemessungsgrundlage für die nur auf das Gebäude mögliche Absetzung für Abnutzung (AfA) nach § 7 Abs. 4 EStG[46]. 90

2.5.2 Restwertmethode

Die ältere **Rechtsprechung des BFH** hatte dazu die so genannte Restwertmethode vertreten[47]: 91

„Für die Verteilung des Kaufpreises in solchen Fällen hat der Reichsfinanzhof in seiner Entscheidung vom 19.11.1941 – VI 200/41 – (RStBl. 1942, 42) ausgeführt, die Bodenwerte für Grundstücke seien in gleicher Lage und bei gleicher Benutzungsmöglichkeit im Allgemeinen gleich, während die Werte der Gebäude nach Ausstattung, Alter, baulichem Zustand, nach Art und Umfang der Nutzung, dem Ertrag usw. schwankten; daher sei regelmäßig anzunehmen, dass von dem vereinbarten Gesamtkaufpreis auf den Boden so viel entfalle, als dieser am Anschaffungstag tatsächlich (objektiv) wert gewesen sei, während der darüber hinausgehende Betrag als Kaufpreis für das Gebäude anzusehen sei. Den Grundsätzen dieser Entscheidung des Reichsfinanzhofs kann man im Allgemeinen auch heute noch folgen."

Der **RFH** hatte zuvor schon im Urt. vom 26.1.1938[48] herausgestellt, dass ein **Anstieg des Bodenwerts (Grundwerts) z. B. aufgrund einer Verbesserung der Nutzbarkeit eines Grundstücks** den Gebäudewert entsprechend vermindert, wenn das Gebäude dieser Nutzungsverbesserung nicht angepasst werden kann. 92

„In der Regel ist anzunehmen, dass die eigentlichen Grundwerte im Allgemeinen die gleichen sind, gleichviel, ob das Grundstück bebaut ist oder nicht, wenn nicht etwa zwangswirtschaftliche Gesichtspunkte eingreifen. Steigt der Grundwert, ohne dass das darauf stehende Gebäude eine entsprechende Ausnutzung zulässt oder eine dem Steigen des Grundwerts entsprechende Änderung vorgenommen werden kann – wobei die Kosten der Änderung zu berücksichtigen wären –, so geht in der Regel der Gebäudewert um den Betrag zurück, um den der Grundwert steigt. Nebenher sei bemerkt, dass das eine Teilwertabschreibung auf das Gebäude nicht rechtfertigen würde, da das zu bewertende Wirtschaftsgut, nämlich das bebaute Grundstück, Gebäude und Grund und Boden umfasst. In der Regel ist ein wesentlicher Gebäudewert nicht mehr vorhanden, wenn der Grundwert allein den Verkehrswert des Grundstücks mit darauf stehendem Gebäude erreicht. Das Steigen des Grundwerts kann also ein Absinken des Gebäudewerts zur Folge haben, und mit weiterem Steigen des Grundwerts kann schließlich der Gebäudewert völlig verschwinden. Das Abbrechen des Gebäudes besagt, dass ein Grundwert nicht mehr vorhanden ist. Siehe auch RFH, Entsch. vom 19.1.1938 – VI 533/36 – ."[49]

---

46 Stöckel in DStZ, 1988, 220.
47 BFH, Urt. vom 15.10.1965 – VI 134/65 U –, BFHE 83, 610 = EzGuG 4.26.
48 RFH, Urt. vom 26.1.1938 – VI 619/37 –, RFHE 43, 159 = EzGuG 4.4.
49 RFH, Urt. vom 19.1.1938 – VI 533/36 –, RStBl. 1938, 179 = EzGuG 4.3a; RFH, Urt. vom 26.1.1938 – VI 619/37 –, RFHE 43, 159 = EzGuG 4.4; vgl. auch RFH, Urt. vom 9.1.1931 – I A 246/30 –, RStBl. 1931, 307 = EzGuG 20.13.

93 Für die Aufteilung des Gesamtkaufpreises in einen Bodenwert- und einen Gebäudewertanteil wurde bis 1971 die so genannte **Restwertmethode** [50] angewendet. Bei Anwendung der Restwertmethode wird der Gebäudewertanteil am Gesamtkaufpreis ermittelt, indem dieser um das Produkt aus dem Bodenrichtwert und der Grundstücksfläche vermindert wird:

$$\text{Gebäudewertanteil}_{\text{Restwertmethode}} = \text{Gesamtkaufpreis} - (\text{Bodenrichtwert}_{m^2} \times \text{Grundstücksfläche})$$

Beispiel:

Gesamtkaufpreis	=	350 000 €
Bodenrichtwert	=	200 €/m²
Grundstücksfläche	=	500 m²
Gebäudewertanteil	=	350 000 € – (200 €/m² × 500 m²) = 250 000 €

2.5.3 Verkehrswertmethode

94 Der Aufteilungsmodus nach der Restwertmethode ist mit Recht **verworfen** worden, da dabei alle das Gesamtgrundstück betreffenden negativen wertbeeinflussenden Umstände **einseitig auf den Gebäudewertanteil abgewälzt** wurden und das Verfahren damit insgesamt zu ungerechtfertigt hohen Bodenwertanteilen führte. 1971 rückte der BFH von seiner bisherigen Auffassung ab[51] und schrieb zur Aufteilung die sog. **Verkehrswertmethode**[52] vor, nach der der Gesamtkaufpreis nunmehr im Verhältnis der Teilwerte (d.h. Bodenwert wie unbebaut und Gebäudesachwert bzw. Gebäudeertragswert) aufzuteilen ist. Dies ist plausibel, weil alle den Kaufpreis beeinflussenden Umstände gleichermaßen auf die Wertanteile des Grund und Bodens und des Gebäudes verteilt werden.

95 Etwas anderes kann gelten, wenn die Vertragsparteien eine sachgerechte Aufteilung vorgenommen haben, oder wenn das **Gebäude objektiv wertlos** war; im letzteren Fall entfällt der volle Kaufpreis auf den Grund und Boden[53].

96 Welches **Wertermittlungsverfahren** dabei im Einzelfall zur Anwendung kommt, bestimmt sich nach den allgemeinen Grundsätzen zur Wahl des geeigneten Wertermittlungsverfahrens, wobei sich die Finanzgerichtsrechtsprechung an den Grundsätzen orientiert, die nach § 8 ImmoWertV allgemein für die Marktwertermittlung gelten.

– Zur Teilwertermittlung bei **Eigentumswohnungen** hat der BFH in diesem Zusammenhang die Ermittlung des Gebäudewertanteils nach dem Vergleichswertverfahren abgelehnt und dem Sachwertverfahren den Vorzug gegeben. Daraus ist aber keinesfalls eine Ablehnung des Vergleichswertverfahrens für die Verkehrswertermittlung von Eigentumswohnungen (insgesamt) herauslesbar[54].

– Auch zur Teilwertermittlung bei **Mietwohngrundstücken im Privatvermögen, mit einer nur geringen Zahl von Wohneinheiten**, wurde dem Sachwertverfahren der Vorzug gegeben[55].

---

50 BFH, Urt. vom 3.6.1965 – IV 351/64 U –, BFHE 83, 207 = EzGuG 4.24; BFH, Urt. vom 15.10.1965 – VI 134/65 U –, BFHE 83, 610 = EzGuG 4.26.
51 BFH, Urt. vom 21.1.1971 – IV 123/65 –, BFHE 102, 464 = EzGuG 4.31a.
52 BFH, Urt. vom 19.12.1972 – VIII ZR 124/69 –, BFHE 108, 168 = EzGuG 4.38a; BFH, Urt. vom 7.6.1994 – IX R 33, 34/92 –, BFHE 175, 70; BFH, Urt. vom 27.6.1995 – IX R 130/90 –, BStBl II 1996, 215 = EzGuG 4.178; BFH, Urt. vom 10.10.2000 – IX R 86/97 –, BStBl II 2001, 183 = GuG 2001, 253 = EzGuG 4.177a; BFH, Urt. vom 31.7.2001 – IX R 15/98 –, BFH/NV 2002, 324; BFH, Urt. vom 11.2.2003 – IX R 13/00 –, GuG 2003, 316 = EzGuG 4.186a.
53 BFH, Urt. vom 15.2.1989 – X R 97/87 –, BFHE 156, 423; BFH, Urt. vom 12.6.1978 – GrS 1/77 –, BFHE 125, 516 = EzGuG 4.56a.
54 BFH, Urt. vom 23.6.2005 – IX B 117/04 –, BFH/NV 2005, 1813 = EzGuG 4.195a; BFH, Urt. vom 24.2.1999 – IV B 73/98 –, GuG 2000, 186 = EzGuG 20.170; BFH, Urt. vom 10.10.2000 – IX R 86/97 –, BFHE 193, 326 = EzGuG 4.177a; FG Baden-Württemberg, Urt. vom 29.11.1990 – III K 412/84 –; FG Düsseldorf, Urt. vom 12.6.1997 – 14 K 6480/93 –, EFG 1997, 1302 = EzGuG 4.169a; FG Baden-Württemberg, Urt. vom 29.4.1998 – 12 K 351/92 –, EFG 1998, 1675; FG München, Urt. vom 26.10.1999 – 16 K 2935/98 –, EFG 2000, 210 = EzGuG 4.175a; vgl. Schreiben des BMF vom 30.3.1990 – IV B 2 – S 2171 –, BStBl I 1990, 149; OFD Berlin, Vfg. Nr. 118/1985 –, EStG Kartei Berlin § 7 Fach 3 Nr. 1003.
55 BFH, Urt. vom 11.2.2003 – IX R 13/00 –, GuG 2003, 316 = EzGuG 4.186a; FG Hamburg, Urt. vom 9.9.2003 – III 268/03 –, EzGuG 4.187a; FG Hamburg, Urt. vom 10.8.2004 – I 241/02 –, EzGuG 4.188a

– Des Weiteren hält die Finanzgerichtsrechtsprechung auch bei der Teilwertermittlung von **Geschäftsgrundstücken (mit Ladengeschäften)** unverständlicherweise am Sachwertverfahren fest[56].

Bei Anwendung der Verkehrswertmethode wird demzufolge zunächst der Verkehrswert des Grundstücks im Wege des Ertrags- oder Sachwertverfahrens (einschließlich Marktanpassung und Berücksichtigung der besonderen objektspezifischen Grundstücksmerkmale nach § 8 Abs. 2 und 3 ImmoWertV) nach den Verfahren der ImmoWertV ermittelt. Dabei wird der Bodenwert gemäß der Grundsatzregelung des § 16 Abs. 1 Satz 1 ImmoWertV mit dem Wert ermittelt, wie er sich im unbebauten Zustand ergibt. **97**

Der **Anteil des Bodenwerts** im Vomhundertsatz an dem im Wege des Ertrags- oder Sachwertverfahrens ermittelten Verkehrswert wird sodann auf den Kaufpreis angewandt und ergibt den Bodenwertanteil des Kaufpreises (Abb. 5). **98**

Abb. 5: Wertanteile für den Grund und Boden in % am Kaufpreis des Gesamtobjekts nach der Verkehrswertmethode

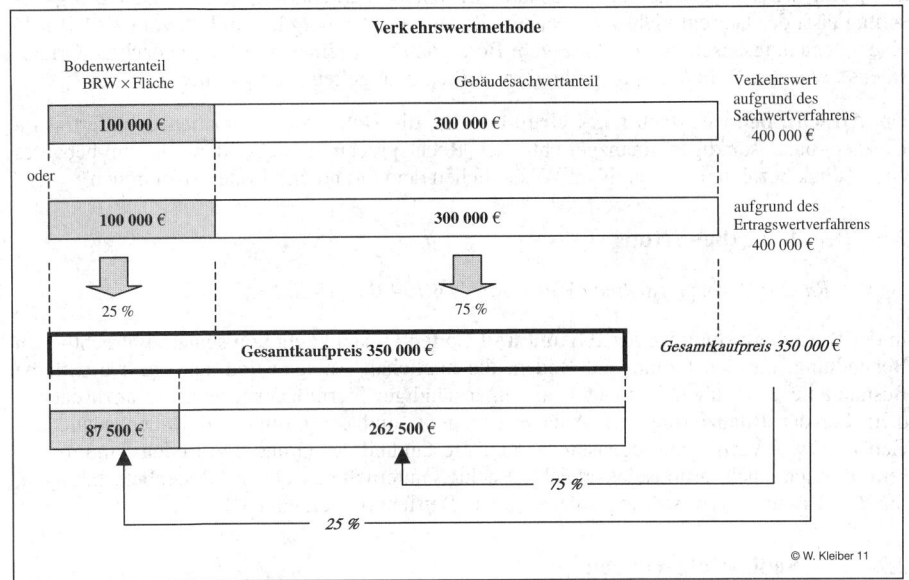

Beispiel zur Verkehrswertaufteilung: **99**

Ein noch zu modernisierendes Gebäude wird für einen Gesamtkaufpreis von 800 000 € erworben. Als Verkehrswert wurde ein Betrag von 1 000 000 € ermittelt, der aufgeteilt auf die einzelnen Teilkomponenten ergibt:

– Grund und Boden ein Verkehrswert von   400 000 € = 40 %   (400 000 € × 100/1 000 000 €)
– Altbausubstanz   300 000 € = 30 %   (300 000 € × 100/1 000 000 €)
– Modernisierungsmaßnahmen   300 000 € = 30 %   (300 000 € × 100/1 000 000 €)
                                                                 100 %

---

[56] BFH, Urt. vom 23.6.2005 – III R 173/86 –, BFHE 159, 505 = EzGuG 20.131; FG Baden-Württemberg, Urt. vom 28.6.2006 – 5 K 604/03 –, EFG 2006, 1747 = EzGuG 4.197; a.A., FG Niedersachsen, Urt. vom 11.4.2000 – 6 K 611/93 –, EFG 2001, 157; FG Nürnberg, Urt. vom 1.4.2004 – IV 197/03 –, EFG 2004, 1194; FG Münster, Urt. vom 7.12.1995 – 9 K 4427/92 –, EFG 1996, 270.

Nach der Verkehrswertmethode entfallen auf den gezahlten Gesamtkaufpreis von 800 000 €

– auf den Grund und Boden	320 000 €	(= 40 % von 800 000 €)
– auf den Altbau	240 000 €	(= 30 % von 800 000 €)
– auf die Modernisierungsmaßnahmen	240 000 €	(= 30 % von 800 000 €)

100 In der Folge hat das FG Köln[57] entschieden, dass bei der Ermittlung der Verkehrswertanteile des Bodens und des Gebäudes zum Zwecke der Aufteilung eines Gesamtkaufpreises der für unbebaute Grundstücke ermittelte Bodenrichtwert „nicht ohne weiteres der Bewertung des bebauten Grund und Bodens zugrunde gelegt werden" könne, weil der vom Gutachterausschuss ermittelte Bodenrichtwert für ein unbebautes Grundstück gelte und der Verkehrswert des bebauten Grund und Bodens insbesondere dann nicht dem Bodenrichtwert entspräche, „wenn das **Maß der baurechtlich zulässigen Nutzung nicht ausgeschöpft** worden ist". Diesen Hinweisen kann mit dem unter Rn. 233 ff. erläuterten Verfahren Rechnung getragen werden[58].

101 Das FG Hamburg[59] stellt für die Aufteilung eines Kaufpreises auf die jeweiligen Sachwerte ab („beim Grund und Boden im unbebauten Zustand = Verkehrswert"); einen **Bebauungsabschlag** lässt das Gericht nicht zu[60]. Das FG Baden-Württemberg hat im Urt. vom 29.4.1998[61] einen Bebauungsabschlag von 25 % vom Bodenrichtwert (eines unbebaut gedachten Grundstücks), wie er z. B. in *Stuttgart* praktiziert wurde, nicht gelten lassen wollen.

102 Die **Absicht, beim Erwerb eines Grundstücks, die Gebäude abzureißen,** rechtfertigt im Übrigen nach ständiger finanzgerichtlicher Rechtsprechung nicht, den für ein bebautes Grundstück bezahlten Überpreis im Wesentlichen dem Grund und Boden zuzuordnen[62].

2.6 Bilanzbewertung

▶ *Vgl. Rn. 23; Vorbem. zur ImmoWertV Rn. 1; § 194 BauGB Rn. 153*

103 In der Bilanzbewertung ist der **„Grund und Boden"** unabhängig von seiner zivilrechtlichen Behandlung, die den Grund und Boden, die baulichen Anlagen und sonstige wesentliche Bestandteile als Einheit betrachtet, als eigenständiger Vermögensgegenstand anzusehen[63], d. h., bei der Bilanzierung des Anlagevermögens sind der Grund und Boden sowie das Gebäude zwei Vermögensgegenstände. Kein Bestandteil des Grund und Bodens sind in diesem Bereich auch grundstücksgleiche Rechte, unternehmenseigene Bodenbefestigungen, Straßen, Be- und Entwässerungsanlagen sowie Betriebsvorrichtungen[64].

2.7 Schlussfolgerungen

104 Sachverständige, die bei der Ermittlung des Bodenwerts bebauter Grundstücke mit generellen Bebauungsabschlägen arbeiten, begeben sich unnötig in Schwierigkeiten, denn

– die Höhe des gewährten Abschlags kann nicht schlüssig begründet werden, da die hierzu erforderlichen Grunddaten nicht ermittelbar sind;

---

57 FG Köln, Urt. vom 14.1.1988 – 5 K 296/86 –, BayHausbesitzer Zeitung 1988, 307 = EzGuG 4.120; BFH, Urt. vom 20.9.1980 – III R 21/78 –, BFHE 132, 101 = BStBl II 1981, 153 = EzGuG 20.86.
58 Entsprechend FG Düsseldorf, Urt. vom 5.5.1995 – 14 K 2917/91 E –, EFG 1995, 879 = EzGuG 4.161a.
59 FG Hamburg, Beschl. vom 27.8.1973 – I 8/70 –, EFG 1974, 9 = EzGuG 4.41; zur Aufteilung bei Grundstücken des öffentlich geförderten sozialen Wohnungsbaues vgl. FG Berlin, Urt. vom 10.3.1971 – VI 72/69 –, EzGuG 4.32.
60 FG Hamburg, Urt. vom 10.8.2004 – I 241/02 –, EzGuG 4.188a.
61 FG Baden-Württemberg, Urt. vom 29.4.1998 – 12 K 351/92 –, EFG 1998, 1191.
62 BFH, Urt. vom 16.12.1981 – I R 131/78 –, BStBl II 1982, 320 = EzGuG 4.80.
63 In der internationalen Bilanzbewertung müssen nach IAS 17 (Leasingverhältnisse) bei der Bewertung bebauter Grundstücke der Wert des Grund und Bodens (Bodenwert) und der Gebäude dann getrennt werden, wenn der Grund und Boden einen wesentlichen Anteil am Gesamtkaufpreis des Objekts ausmacht. In Analogie zu den US-GAAP-Vorschriften wird bei einem Bodenwert > 25 % der Gesamtkosten die Miete nach dem Verhältnis der Wertanteile auf Boden und Gebäude verteilt.
64 Spitz, H., Grundstücks- und Gebäudewerte in der Bilanz- und Steuerpraxis, Herne Berlin 1996, S. 2, 40.

Bodenwertanteil § 16 ImmoWertV IV

- bei Anwendung geminderter (gedämpfter) Bodenwerte müssen die üblicherweise bei der Wertermittlung verwendeten Parameter (z. B. Liegenschaftszinssatz, Sachwertfaktoren) korrigiert werden, da sie unter anderem von der Ermittlungsmethodik des Bodenwerts abhängen.

Im Übrigen würden bei der generellen **Bodenwertdämpfung** alle Einflüsse, die auf den Wert des Grundstücks einwirken, einseitig auf den Bodenwert abgewälzt. Das Verfahren ist damit mit der vom BFH verworfenen Restwertmethode vergleichbar. Es wird empfohlen, die Bodenwerte so anzusetzen, als ob das Grundstück unbebaut wäre, und auf Bebauungsabschläge zu verzichten. Dazu können die von den Gutachterausschüssen ermittelten Bodenrichtwerte ohne weiteres herangezogen werden, denn die Bodenrichtwerte in bebauten Gebieten werden seit jeher[65] mit dem Wert ermittelt, der sich ergeben würde, wenn der Boden unbebaut wäre[66]. Etwaige in ihrer Höhe nicht exakt feststellbare Bodenwertminderungen infolge Bebauung können ohne Begründungsprobleme bei der Anpassung des Ausgangswerts (Grundstückssachwert, Grundstücksertragswert) an die Marktlage berücksichtigt werden. 105

Die **Heranziehung von gedämpften Bodenwerten setzt bei Anwendung des Ertragswertverfahrens unter dem Grundsatz der Modellkonformität zwangsläufig die Ableitung und Anwendung gedämpfter Liegenschaftszinssätze** und bei Anwendung des Sachwertverfahrens „gedämpfter", aber auch „aufgekochter" Sachwertfaktoren voraus. Bei der grundsätzlich zu beachtenden Modellkonformität führt die Heranziehung gedämpfter Bodenwerte stets (und nicht nur bei Grundstücken, deren Bebauung eine lange Restnutzungsdauer aufweist) zu demselben Ergebnis wie bei Anwendung des „vollen" Bodenwerts. Sie ist damit letztlich stets ein (unsinniges) Nullsummenspiel (vgl. § 14 ImmoWertV Rn. 216 ff.). 106

Die Ausführungen zeigen, dass 107

a) eine Bodenwertdämpfung zwar unschädlich ist, wenn in systemkonformer Weise auch die erforderlichen Daten der Wertermittlung (insbesondere die Liegenschaftszinssätze und Sachwertfaktoren) mit derselben „Dämpfungsmethodik" abgeleitet worden sind (Grundsatz der Modellkonformität),

b) eine systemkonforme Bodenwertdämpfung im vorstehenden Sinne lediglich zu einem zusätzlichen und für das Ergebnis bedeutungslosen Rechengang führt,

c) die Grundsatzregelung des § 16 Abs. 1 Satz 1 ImmoWertV aus vorstehenden Gründen sachgerecht ist.

Den Bodenwert eines bebauten Grundstücks mit dem Bodenwert eines unbebauten Grundstücks anzusetzen entspricht zudem anderen Rechtsmaterien.

3 Bodenwertanteil am Gesamtwert bebauter Grundstücke

3.1 Allgemeines

▶ *Hierzu § 10 ImmoWertV Rn. 48; § 196 BauGB Rn. 22 ff.*

In bebauten Gebieten scheitert das nach § 16 Abs. 1 Satz 1 ImmoWertV vorrangig anzuwendende Vergleichswertverfahren an geeigneten Vergleichspreisen unbebauter Grundstücke. Dies betrifft insbesondere die **bebauten Innenstadtbereiche** der Großstädte (Einkaufsstraßen, Fußgängerbereiche). Als Vergleichspreise kommen allenfalls Kauffälle in Betracht, bei denen ein bebautes Objekt zum Zwecke der Freilegung erworben wurde. In diesen Fällen kann als Vergleichspreis für die Ermittlung des Bodenwerts eines unbebauten Grundstücks der Kaufpreis zuzüglich der vom Erwerber kalkulierten Freilegungskosten herangezogen werden. 108

---

65 § 144 Abs. 1 Satz 2 BBauG 76.
66 § 196 Abs. 1 Satz 2 BauGB 87.

109 Nach einer älteren aus dem Jahre 1996 stammenden **Untersuchung** wurden **in westdeutschen Großstädten** folgende Bandbreiten beobachtet:

Wohnfläche (Mietwohnungen)	210 bis	425 €/m²	Wohnfläche
	(Ausnahmen bis 450 €/m² je Wohnfläche)		
Bürofläche	700 bis	1 050 €/m²	Nutzfläche
Ladenfläche (Handelsfläche)	1 050 bis	1 400 €/m²	Nutzfläche
Nebenräume	350 bis	700 €/m²	Nutzfläche
Pkw-Stell- bzw. -Einstellplätze	2 100 bis	7 000 €/Stück	je Stell- bzw. Einstellplatz

110 Wo kein Bodenwert zur Verfügung, wird ersatzweise auch auf „Erfahrungswerte" des **Bodenwertanteils bebauter Grundstücke zurückgegriffen** (Abb. 6):

Abb. 6: **Bodenwertanteile in % der Verkehrswerte für Innenstadtlagen**

Bodenwertanteile in % der Verkehrswerte						
Baujahrs-gruppen	Einfamili-enhäuser	Zweifamili-enhäuser	Wohnungs- und Teileigen-tum	Mietwohn-grund-stücke	Gemischt genutzte Grund-stücke	Geschäfts-grund-stücke
bis 1900	39,5	41,4	32,8	32,5	36,0	40,0
1901 – 1924	35,6	43,7	45,5	28,8	34,7	32,9
1925 – 1949	30,5	48,4	43,7	29,9	31,8	33,3
1950 – 1959	32,6	38,2	38,3	24,1	24,6	27,3
1960 – 1969	25,3	31,5	32,2	23,8	22,9	22,9
1970 – 1979	21,1	24,6	24,7	18,3	20,7	19,9
ab 1980	20,9	18,6	17,1	19,5	21,8	21,9
Im Mittel	**35,3**	**32,5**	**24,9**	**26,8**	**27,7**	**29,6**

Quelle: Kleiber/Simon/Weyers, Verkehrswertermittlung von Grundstücken, 3. Aufl.

111 Großstädte (z. B. *Düsseldorf* und *Köln*) orientieren beim Verkauf eigener Grundstücke die Höhe des Verkaufspreises zunehmend nicht mehr an dem Bodenrichtwert i. V. m. der Katasterfläche, sondern bemessen den **Verkaufspreis nach der Größe der Laden-, Gewerbe- oder Wohnfläche**, die nach Maßgabe einer noch zu erteilenden Baugenehmigung auf der „Kauffläche" errichtet werden kann. Häufig bleiben dabei allgemeine Verkehrsflächen, wie Eingang, Foyer, Treppenhaus und Flur, und die Flächen für Pkw-Abstell- und -Einstellplätze unberücksichtigt. Kaufverträge werden unter Zugrundelegung von i. d. R. noch nicht genehmigten Bauzeichnungen beurkundet. Nutzfläche und Höhe des Kaufpreises gelten als vorläufig, Abrechnungsmaßstab sind die Flächen, für die eine Baugenehmigung erteilt wurde und die mängelfrei errichtet und abgenommen worden sind (Zustandsbericht; Schluss- bzw. Gebrauchsabnahme).

112 *Beispiel:*

a) Ein 5 915 m² großes Grundstück liegt gemäß rechtskräftigem Bebauungsplan im MK-Gebiet (Kern/Geschäftsgebiet); GRZ = 0,8; GFZ = 2,2; 4 Vollgeschosse; Satteldach.

Zur Bestimmung des Grundstücksverkaufspreises im erschlossenen Zustand sind anzusetzen:

für Ladenfläche	450 €/m²
für Gewerbefläche	375 €/m²
für Wohnfläche	250 €/m²

Unberücksichtigt bleiben Verkehrsflächen, die Tiefgarage und die oberirdisch anzulegenden Stellplätze.

Bodenwertanteil § 16 ImmoWertV IV

Mithilfe der Bauzahlen des Bauantrags vom 5.1.2001 ergibt sich der vorläufige Kaufpreis wie folgt:

Ladenfläche	3 052,20 m²	× 450 €/m² =	1 373 490 €
Gewerbefläche	831,67 m²	× 375 €/m² =	311 876 €
Wohnfläche	3 202,76 m²	× 250 €/m² =	800 690 €
	7 086,63 m²	× 350,80 €/m² =	2 486 056 €

Bei einer Grundstücksfläche von 5 915 m² sind dies   **420,30 €/m²**
    rd. 420 €/m²

b) Der nachhaltig erzielbare Jahresrohertrag wurde mit 0,9 Mio. € (= rd. 152 €/m² Grundstücksfläche) ermittelt.

c) *Anmerkung:* Ein in der Nachbarschaft zum 31.12.2000 ausgewiesener Bodenrichtwert (235 €/m² ebf. GFZ 1,5; Mischgebiet, 4 Vollgeschosse, Grundstückstiefe 40 m) war für die Ermittlung ungeeignet.

3.2 Bodenwertanteile von Geschäftsgrundstücken Innenstadtbereich

Für **Innenstadtbereiche** wurden mangels eines Geschäftsverkehrs trotz der Vorgabe des § 196 BauGB vielerorts keine Bodenrichtwerte beschlossen. Vereinzelt wird mit **Bodenwertanteilen je Quadratmeter Wohn- oder Nutzfläche** gearbeitet, wobei im gewerblichen Bereich zwischen Büro-, Laden- und Nebenflächen unterschieden wird. Auch Bodenwertanteile je Pkw-Stellplatz auf dem Grundstück bzw. in der Sammelgarage auf dem Grundstück sind üblich.

Aus neueren Projektbewertungen für **Geschäftsgrundstücke (Büro/Verwaltung) in hochwertiger Innenstadtlage** hat sich ein Bodenwertanteil von rd. 30 % am Verkehrswert des Gesamtgrundstücks bestätigt, ohne dass dabei eine Abhängigkeit von der Höhe des Bodenrichtwerts erkennbar wurde (Abb. 7).

Abb. 7: Anteil des Bodenwerts am Verkehrswert bei Bürogebäuden in hochwertiger Innenstadtlage

Anteil des Bodenwerts am Verkehrswert bei Bürogebäuden in hochwertiger Innenstadtlage		
Standort	**Bodenwert**	**Bodenwertanteil am Verkehrswert**
Berlin	< 10 000 €	38,3 %
Dortmund	> 5 000 €	26,8 %
Düsseldorf	> 5 000 €	30,9 %
Köln	< 10 000 €	36,3 %
Stuttgart	< 10 000 €	28,6 %
Mittel		29,2 %

Quelle: Datenbank der Deutschen Immobilien Akademie Consulting AG Freiburg

Es muss aber angemerkt werden, dass es sich bei diesen Werten trotz ihrer Ausweisung mit einer Nachkommastelle um residuell abgeleitete Schätzwerte handelt, da es eben keine Möglichkeit gibt, den Bodenwertanteil aus einem Gesamtkaufpreis i. S. eines Verkehrswertanteils abzuleiten. Allgemein kann gelten, dass der **Bodenwertanteil** umso größer ist, je höher das allgemeine Bodenwertniveau, je größer das Grundstück, je geringer das Maß der baulichen Nutzung und je älter die Bebauung ist.

3.3 Bodenwertanteil von Einfamilienhäusern

Schrifttum: *Debus, M./Helbach, Ch.*, Ist der Bodenwertansatz beim Verkauf bei bebauten Objekten von Bedeutung?, GuG 2012, 65.

▶ *Syst. Darst. des Sachwertverfahrens Rn. 48*

116 Die wohl umfassendste Untersuchung zum Bodenwertanteil am Sachwert bebauter Grundstücke ist derzeit die vom Gutachterausschuss in *Bergisch Gladbach* im Grundstücksmarktbericht 2013 veröffentliche Untersuchung des Bodenanteils von verschiedenen Einfamilienhäusern in Abhängigkeit von der Restnutzungsdauer des Gebäudes (Abb. 8):

117 **Abb. 8:** Bodenwertanteil am Sachwert bebauter Grundstücke (Bergisch Gladbach 2013)

Restnutzungs-dauer des Gebäudes	Gebäudeart	Durchschnittlicher Bodenwertanteil in % Alterswertminderung		Durchschnittliche Grundstücksgröße
		Ross	linear	m²
30 – 40 Jahre Alter: 50 bis 60 Jahre	Freistehendes Einfamilienhaus	63 % ± 8 %	68 % ± 8 %	720 ± 265 m²
	Doppelhaushälfte	56 % ± 9 %	62 % ± 9 %	475 ± 160 m²
	Reihenendhaus	56 % ± 8 %	62 % ± 7 %	410 ± 90 m²
	Reihenmittelhaus	48 % ± 9 %	54 % ± 9 %	250 ± 50 m²
41 – 50 Jahre Alter: 40 bis 49 Jahre	Freistehendes Einfamilienhaus	57 % ± 8 %	62 % ± 8 %	770 ± 260 m²
	Doppelhaushälfte	52 % ± 7 %	57 % ± 7 %	450 ± 130 m²
	Reihenendhaus	49 % ± 10 %	54 % ± 10 %	390 ± 80 m²
	Reihenmittelhaus	45 % ± 9 %	50 % ± 9 %	240 ± 60 m²
51 – 60 Jahre Alter: 30 bis 39 Jahre	Freistehendes Einfamilienhaus	50 % ± 8 %	54 % ± 8 %	790 ± 260 m²
	Doppelhaushälfte	41 % ± 9 %	45 % ± 9 %	430 ± 160 m²
	Reihenendhaus	40 % ± 7 %	44 % ± 7 %	340 ± 100 m²
	Reihenmittelhaus	31 % ± 7 %	35 % ± 8 %	210 ± 50 m²
61 – 70 Jahre Alter: 20 bis 29 Jahre	Freistehendes Einfamilienhaus	42 % ± 7 %	45 % ± 7 %	690 ± 260 m²
	Doppelhaushälfte	34 % ± 6 %	37 % ± 6 %	380 ± 130 m²
	Reihenendhaus	32 % ± 7 %	35 % ± 7 %	290 ± 85 m²
	Reihenmittelhaus	26 % ± 5 %	29 % ± 6 %	200 ± 40 m²
71 – 90 Jahre Alter: < 20 Jahre	Freistehendes Einfamilienhaus	36 % ± 6 %	37 % ± 6 %	600 ± 190 m²
	Doppelhaushälfte	27 % ± 5 %	28 % ± 5 %	300 ± 85 m²
	Reihenendhaus	26 % ± 6 %	28 % ± 6 %	270 ± 85 m²
	Reihenmittelhaus	21 % ± 4 %	22 % ± 4 %	170 ± 30 m²

Quelle: Grundstücksmarktbericht 2013 von Bergisch Gladbach

Andere Gutachterausschüsse differenzieren bei ihrer Ableitung des Bodenwertanteils nach der Lage.

Bodenwertanteil in v. H. am Kaufpreis bei Ein- und Zweifamilienhäusern im Rhein-Erft-Kreis							
	Restnutzungsdauer						
	20	30	40	50	60	70	80
Westliche der Ville	55,8	43,9	35,4	28,9	23,5	19,0	15,1
Östlich der Ville	67,5	55,6	47,1	40,6	35,2	30,7	26,8

Quelle: Grundstücksmarktbericht Rhein-Erft-Kreis 2011

Nach einer älteren Untersuchung des IVD (im Frühjahr 2008) ist der Bodenwertanteil von der Höhe des Gesamtkaufpreises abhängig (Abb. 9): 118

Abb. 9: Bodenwertanteil für Einfamilienhäuser in Städten

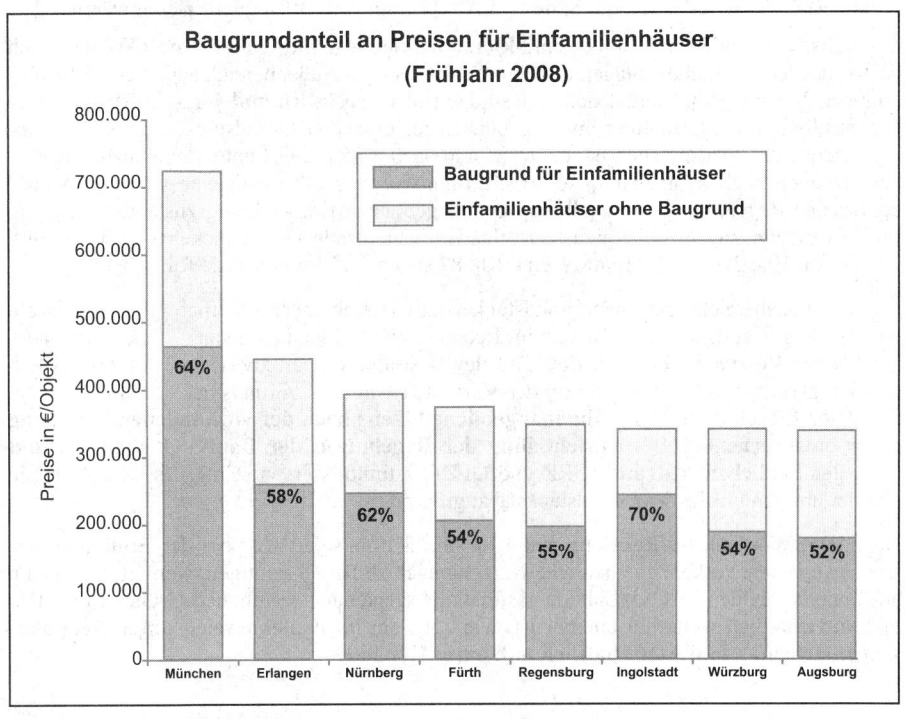

Quelle: IVD Professional Süd 4/08

Der Gutachterausschuss von *Aalen* hat in seinem Grundstücksmarktbericht 2007 **für Einfamilienhäuser** mit durchschnittlicher Wohnfläche zum Herstellungszeitpunkt und einer durchschnittlichen Bauplatzgröße von 500 bis 600 m² folgende Bodenwertanteile festgestellt: 2000 – 2006 ca. 25 %, 1970 – 1979 ca. 50 %, 1950 – 1960 ca. 62 %, 1900 – 1930 ca. 68 %.

4 Im Außenbereich gelegene bebaute Grundstücke (§ 16 Abs. 2 ImmoWertV)

▶ *Vgl. § 5 ImmoWertV Rn. 135, 170 ff., 210, 229; zur Bodenwertermittlung § 5 ImmoWertV Rn. 229 ff., 245 ff.; § 6 ImmoWertV Rn. 86 ff.; zum Bestandsschutz vgl. § 5 ImmoWertV Rn. 191, 243, 246 und § 13 ImmoWertV Rn. 66; Teil V Rn. 680, Teil VI Rn. 759*

Mit der konsequenten Anwendung der Grundsatzregelung des § 16 Abs. 1 Satz 1 ImmoWertV, nach der sich der Bodenwert eines bebauten Grundstücks nach dem Bodenwert bemisst, der sich für das unbebaute Grundstück ergeben würde, ist die Frage aufgeworfen, wie die im Außenbereich gelegenen bebauten Grundstücke zu qualifizieren sind: 120

- Aus der mit § 16 Abs. 1 Satz 1 ImmoWertV gegebenen Vorgabe, die vorhandene Bebauung auf dem Grundstück nicht zu berücksichtigen, ist einerseits zu folgern, dass diese Grundstücke als land- oder forstwirtschaftliche Flächen i. S. des § 5 Abs. 1 ImmoWertV zu qualifizieren wären, denn eine bauliche Nutzung ist im Außenbereich nur für die in § 35 BauGB genannten privilegierten Vorhaben zulässig.

– Auf der anderen Seite sind die betroffenen Grundstücke nach öffentlich-rechtlichen Vorschriften, nämlich nach § 35 BauGB, aufgrund ihrer Bebauung baulich nutzbar, sodass sie insoweit als baureifes Land i. S. des § 5 Abs. 4 ImmoWertV zu qualifizieren wären.

§ 16 Abs. 2 ImmoWertV enthält eine **klarstellende Regelung zu § 5 ImmoWertV**, nach der vorhandene bauliche Anlagen auf dem Grundstück im Außenbereich auch bei der Ermittlung des Bodenwerts zu berücksichtigen sind, wenn sie **rechtlich und wirtschaftlich weiterhin nutzbar sind.** Dies führt im Ergebnis dazu, dass den Grundstücken eine De-facto-Baulandqualität zuzusprechen ist, denn sie sind nach § 35 BauGB unter den genannten Voraussetzungen baulich nutzbar. § 16 Abs. 2 ImmoWertV stellt damit eine § 5 ImmoWertV ergänzende Regelung zur Feststellung des maßgeblichen Entwicklungszustands dar. (Zum Bodenwert von im Außenbereich baurechtswidrig bebauten Grundstücken vgl. § 5 ImmoWertV Rn. 195, 246 ff.; § 6 ImmoWertV Rn. 87 sowie § 15 ImmoWertV Rn. 5 ff.)

121 Die im Außenbereich gelegenen Grundstücke sind vielfach außerordentlich groß und nur ein beschränkter Teil dieser Grundstücke im Rechtssinne wird baulich genutzt. Bei dieser Sachlage ist **die Vorschrift nur auf den Teil der Grundstücke anzuwenden, der tatsächlich baulich genutzt wird,** auch wenn in der Vorschrift von dem „Grundstück" die Rede ist. Im konkreten Einzelfall muss also die **maßgebliche Fläche nach der vorhandenen Bebauung unter entsprechender Berücksichtigung der Regelungen der BauNVO über Art und Maß der baulichen Nutzung** (GRZ und GFZ) bestimmt werden (Umgriffsfläche), um sie von der übrigen Fläche des Grundstücks abzugrenzen.

122 Nach dem Wortlaut der Regelung des § 16 Abs. 2 ImmoWertV ist bei der Ermittlung des Bodenwerts eine vorhandene bauliche Nutzung auch zu berücksichtigen, wenn ihre Nutzung aus anderen als den in § 35 BauGB ausdrücklich genannten rechtlichen Gründen rechtlich und wirtschaftlich weiterhin nutzbar ist, wie z. B. ein **im Außenbereich unter Denkmalschutz stehendes und wirtschaftlich nutzbares Gebäude.**

5 Bodenwert von Grundstücken mit abbruchträchtiger Bausubstanz (§ 16 Abs. 3 ImmoWertV)

5.1 Vorbemerkungen

5.1.1 Allgemeiner Regelungsgehalt

▶ *Vgl. Rn. 171 ff.; Syst. Darst. des Ertragswertverfahrens Rn. 61 ff.; § 8 ImmoWertV Rn. 89, 401; Teil VI Rn. 771*

123 § 16 Abs. 3 ImmoWertV regelt die Bodenwertermittlung von Grundstücken, bei denen mit einem alsbaldigen Abriss (Rückbau) der baulichen Anlagen zu rechnen ist. Nach der Grundsatzregelung des § 16 Abs. 1 Satz 1 ImmoWertV bestimmt sich der Bodenwert auch in diesem Fall nach dem **Bodenwert eines unbebauten Grundstücks.** Ist alsbald mit dem Abriss der baulichen Anlagen zu rechnen, ist der Bodenwert um die üblichen Freilegungskosten zu mindern, soweit sie im gewöhnlichen Geschäftsverkehr berücksichtigt werden. Nach § 16 Abs. 3 Satz 2 ImmoWertV „kann" von einer alsbaldigen Freilegung ausgegangen werden, wenn

1. die baulichen Anlagen nicht mehr nutzbar sind (§ 16 Abs. 3 Nr. 1 ImmoWertV) oder

2. der nicht abgezinste Bodenwert ohne Berücksichtigung der Freilegungskosten den im Ertragswertverfahren (§§ 17 bis 20 ImmoWertV) ermittelten Ertragswert erreicht oder übersteigt (§ 16 Abs. 3 Nr. 2 ImmoWertV).

Es handelt sich dabei nicht um eine abschließende Aufzählung, denn eine **Minderung des Bodenwerts nach Satz 1 kann auch geboten sein, wenn der Ertragswert (noch nicht) den nicht abgezinsten Bodenwert übersteigt** und gleichwohl mit einer alsbaldigen Freilegung des Grundstücks zu rechnen ist. Diese Vorgehensweise wird auch als Liquidationswertverfahren bezeichnet. Anders als in der steuerlichen Bewertung ist von diesem Grundsatz nicht erst auszugehen, wenn die baupolizeiliche Aufsichtsbehörde die sofortige Räumung angeordnet hat.

Bei der **Marktwertermittlung bebauter Grundstücke unter Heranziehung von Vergleichsfaktoren bebauter Grundstücke, Liegenschaftszinssätze und Sachwertfaktoren**, die aus Vergleichspreisen abgeleitet wurden, die nicht von einer alsbaldigen Freilegung betroffen sind, ist der vorläufige Vergleichs-, Ertrags- und Sachwert nach dem Grundsatz der Modellkonformität zunächst auf der Grundlage des Bodenwerts eines unbebauten Grundstücks i. S. des § 16 Abs. 1 Satz 1 ImmoWertV zu ermitteln. Die Freilegungskosten sind in diesem Fall nachträglich als „besondere objektspezifische Grundstücksmerkmale" i. S. des § 8 Abs. 3 ImmoWertV zu berücksichtigen.

5.1.2 Rechtsänderungen

Wie schon nach der Vorgängerregelung des § 20 Abs. 1 WertV ist eine alsbaldige Freilegung eines Grundstücks im Rahmen der Bodenwertermittlung zu berücksichtigen. Dies gilt **für alle zur Anwendung kommenden Wertermittlungsverfahren (Vergleichs-, Ertrags- und Sachwertverfahren)**. Die WertV wies diesbezüglich eine Lücke auf, weil sie die anstehende Freilegung eines Grundstücks in unsystematischer Weise nur im Zusammenhang mit dem Ertragswertverfahren regelte. **124**

Anders als nach § 20 WertV wird in § 16 Abs. 3 ImmoWertV nicht mehr nach dem Fall einer sofortigen, alsbaldigen und längerfristig anstehenden Freilegung unterschieden. Die in § 20 Abs. 3 WertV geregelte Berücksichtigung einer längerfristig anstehenden Freilegung stellte – wie in der Vorauflage auf S. 1795 eingehend erläutert – eine fachlich unsinnige Regelung dar. Dem ist der Verordnungsgeber gefolgt und hat die Vorschrift ersatzlos fallen gelassen. Eine **längerfristig anstehende Freilegung kann außer Betracht bleiben, da die künftig anfallenden Freilegungskosten finanzmathematisch gegen null** gehen. **125**

Ersatzlos gestrichen ist auch das bislang in § 20 Abs. 2 WertV geregelte Liquidationswertverfahren. Wie in der Vorauflage auf. S. 1784 ausführlich erläutert, handelt es sich bei dem dort geregelten Verfahren um kein eigenständiges Verfahren, sondern um das seit jeher angewandte und nunmehr in § 17 Abs. 2 Nr. 2 ImmoWertV geregelte Ertragswertverfahren. Inhaltlich bestimmte § 20 Abs. 2 WertV 88/98 ergänzend, dass sich der im Rahmen der Ertragswertermittlung anzusetzende Bodenwert bei alsbaldiger Freilegung nach dem um die Freilegungskosten verminderten Bodenwert bemisst. **126**

5.1.3 Verfahrensübergreifende Bedeutung der Vorschrift

▶ *Vgl. Vorbem. zur ImmoWertV Rn. 36; § 8 ImmoWertV Rn. 387 ff.; Syst. Darst. des Sachwertverfahrens Rn. 48 ff.*

§ 16 Abs. 3 ImmoWertV ist keine Vorschrift, deren Anwendung sich auf Grundstücke beschränkt, deren Wert sich allein nach dem Bodenwert und den wertmindernd zu berücksichtigenden Freilegungskosten bemisst (Bodenwertermittlung). Dies wäre allenfalls bei sofortiger Freilegung der Fall. Die Bedeutung der Vorschrift geht über den Fall der sofortigen Freilegung hinaus, denn sie ist ausdrücklich anzuwenden, wenn zum Wertermittlungsstichtag zwar mit einer „alsbaldigen" Freilegung der baulichen Anlagen zu rechnen ist, die baulichen Anlagen aber noch wirtschaftlich genutzt werden oder eine unwirtschaftliche Nutzung aufgrund wohnungs- und mietrechtlicher Bindungen oder aus sonstigen Gründen möglicherweise sogar noch über eine längere Zeit nicht aufgegeben werden kann oder soll. In diesem Fall geht es um die **Verkehrswertermittlung eines bebauten Grundstücks,** wobei das Vergleichs-, Ertrags- oder Sachwertverfahren zur Anwendung kommen kann. **127**

128 Bei Anwendung des Vergleichs-, Ertrags- und Sachwertverfahrens auf Grundstücke mit einer alsbald zum Abriss anstehenden Bausubstanz ist ebenfalls der Bodenwert nach Maßgabe des § 16 Abs. 3 um die Freilegungskosten zu mindern. Dies ergibt sich durch die Bezugnahme in § 17 Abs. 2 und § 21 Abs. 1 ImmoWertV auf § 16 ImmoWertV. § 16 Abs. 3 ImmoWertV hat damit verfahrensübergreifende Bedeutung. Wertermittlungstechnisch ergeben sich dabei allerdings unterschiedliche Verfahrensweisen (vgl. Rn. 171 ff.).

Insbesondere bei *Anwendung des Sachwertverfahrens* kann es aufgrund des Grundsatzes der Modellkonformität geboten sein, den vorläufigen Sachwert zunächst auf der Grundlage eines **mit dem heranzuziehenden Sachwertfaktor kompatiblen Bodenwert** zu ermitteln und die bodenbezogenen Besonderheiten des zu bewertenden Grundstücks erst nachträglich und subsidiär als „besondere objektspezifische Grundstücksmerkmale" i. S. des § 8 Abs. 3 ImmoWertV zu berücksichtigen (vgl. Rn. 223; § 8 ImmoWertV Rn. 387 ff.; Syst. Darst. des Sachwertverfahrens Rn. 48 ff., Vorbem. zur ImmoWertV Rn. 36).

5.1.4 Steuerrechtliche Bewertung

▶ *Vgl. Rn. 18, 219, 249; Vorbem. zum Vergleichswertverfahren Rn. 15 ff., 166; § 8 ImmoWertV Rn. 47, 151; § 10 ImmoWertV Rn. 33 ff.; Syst. Darst. des Sachwertverfahrens Rn. 42; Syst. Darst. des Ertragswertverfahrens Rn. 117*

129 **Grundstücke mit baufälligen nicht mehr benutzbaren Gebäuden** oder sonstiger dem Verfall preisgegebener Bausubstanz **gelten in der steuerlichen Bewertung als unbebaute Grundstücke** (§ 72 Abs. 3 BewG, § 179 BewG)[67]. Wertermittlungstechnisch kann es dahinstehen, wie derartige Grundstücke zu bezeichnen sind, in jedem Fall mindern die Baureste den Bodenwert. Wird zur Ermittlung des Bodenwerts von Vergleichspreisen unbebauter Grundstücke oder von Bodenrichtwerten ausgegangen, so sind deshalb die Freilegungskosten zum Abzug zu bringen (vgl. Abschn. 12 Abs. 2 BewR Gr).

5.2 Anwendungsvoraussetzung der Vorschrift

5.2.1 Allgemeine Anwendungsvoraussetzung

▶ *Vgl. hierzu auch die Syst. Darst. des Vergleichswertverfahrens Rn. 149 ff. und die Syst. Darst. des Ertragswertverfahrens Rn. 61 ff.*

130 Die mit § 16 Abs. 3 ImmoWertV vorgegebene Berücksichtigung eines anstehenden Abrisses bei der Bodenwertermittlung betrifft ganz allgemein die Fälle, in denen die **bauliche Nutzung in einem Missverhältnis zum Bodenwert** (i. S. der Grundsatzregelung des § 16 Abs. 1 Satz 1 ImmoWertV) steht, der sich für das unbebaute Grundstück ergibt. Dies kann verschiedene Ursachen haben, insbesondere wenn

a) die bauliche Anlage nicht mehr nutzbar ist,

b) die bauliche Anlage zwar nutzbar ist, jedoch das Grundstück nach der realisierten Art und dem Maß der baulichen Nutzung unwirtschaftlich genutzt wird, insbesondere wenn die nach § 6 Abs. 1 ImmoWertV maßgebliche zulässige bzw. lagetypische Nutzbarkeit nicht realisiert worden ist; dieser Fall ist auch gegeben, wenn die zulässige bzw. lagetypische Nutzbarkeit aufgrund der Stellung des Baukörpers auf dem Grundstück nicht realisiert wurde,

c) die bauliche Anlage zwar nutzbar ist und auch die zulässige bzw. lagetypische Nutzbarkeit realisiert wurde, jedoch eine wirtschaftliche Nutzung nicht möglich ist, z. B. aufgrund

- eines erheblichen und dauerhaften Leerstandes mit entsprechenden Ertragsausfällen oder

---

[67] BFH, Urt. vom 20.6.1975 – III R 87/74 –, BStBl II 1975, 803.

- eines Instandhaltungsrückstaus, der sich bei wirtschaftlicher Betrachtungsweise nicht mehr beheben lässt.

Darüber hinaus ist auch der Fall hervorzuheben, in dem eine bestehende Bebauung der Modernisierung bzw. Umstrukturierung bedarf und sich diese wiederum bei wirtschaftlicher Betrachtungsweise nicht realisieren lässt (Abb. 10).

Abb. 10: Untergenutzte Grundstücke

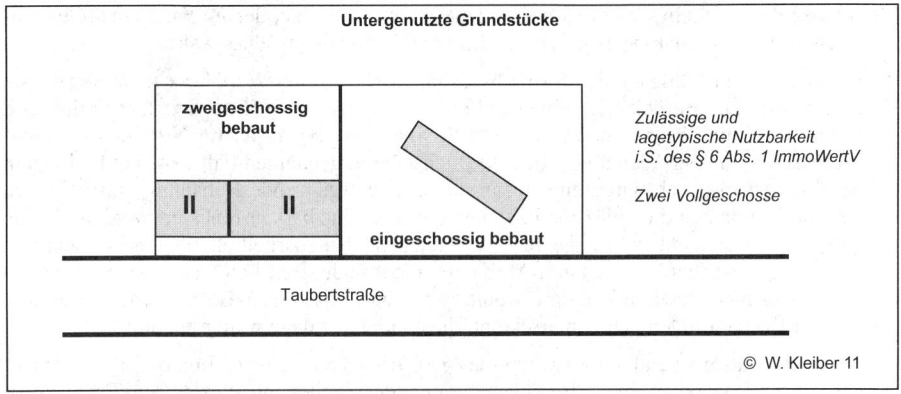

5.2.2 Liquidationsfalle

▶ *Vgl. § 8 ImmoWertV Rn. 88*

Nach dem Wortlaut des § 16 Abs. 3 ImmoWertV „*kann*" mit einer alsbaldigen Freilegung gerechnet werden, wenn 131

- die baulichen Anlagen nicht mehr nutzbar sind (§ 16 Abs. 3 Satz 2 Nr. 1 ImmoWertV) *oder*
- nach Maßgabe des § 16 Abs. 3 Satz 2 Nr. 2 ImmoWertV der nicht abgezinste Bodenwert ohne Berücksichtigung der Freilegungskosten den Ertragswert z. B. aufgrund der unter Rn. 130 Buchstabe b) und c) genannten Gegebenheiten übersteigt.

Es *muss* jedoch nicht zwangsläufig mit einer Freilegung gerechnet werden. Die genannten **Tatbestände indizieren lediglich eine Freilegung und es muss im Einzelfall geprüft werden, ob** unter Berücksichtigung der sonstigen Gegebenheiten **tatsächlich mit einer „alsbaldigen" Freilegung gerechnet werden muss.**

In der 6. Auflage der Verkehrswertermittlung wurde auf S. 1173 schon darauf hingewiesen, dass bei den vorstehenden Konstellationen der Sachverständige sich vor der sog. **Liquidationsfalle** hüten muss. Dem hat der Verordnungsgeber mit der „Kann-Bestimmung" Rechnung getragen. Im Rahmen dieser „Kann-Bestimmung" ist zu prüfen: 132

1. Sind bauliche Anlagen nicht mehr nutzbar (§ 16 Abs. 3 Satz 2 Nr. 1 ImmoWertV), so ist immer dann eine Freilegung nicht angezeigt, wenn der „Restwert" der baulichen Anlagen im Rahmen der Realisierung einer neuen baulichen Nutzung Verwendung finden kann. Ist z. B. damit zu rechnen, dass die Rohbausubstanz eines heruntergekommen wirtschaftlich nicht mehr nutzbaren Gründerzeithauses baulich genutzt werden kann, findet die Freilegungsregelung des § 16 Abs. 3 ImmoWertV keine Anwendung. Dies ergibt sich aus der Bestimmung selbst, denn in diesem Falle ist die bauliche Anlage „baulich nutzbar". Bauliche Anlagen sind nur dann „nicht mehr nutzbar", wenn die bisherige Nutzung aufgegeben werden musste und auch die verbleibende Bausubstanz keine Weiterverwendung finden kann (vgl. hierzu den steuerrechtlichen Begriff der Unbenutzbarkeit bei Rn. 20).

2. Dies gilt entsprechend, wenn auch nur Teile der alten Bausubstanz (z. B. das Kellergeschoss oder die Fundamente) Weiterverwendung finden können. In diesem Fall sind nur die anteiligen Freilegungskosten zu berücksichtigen.

3. Soweit es sich bei dem Objekt um eine **denkmalgeschützte Bausubstanz** handelt oder das Objekt im Geltungsbereich einer stadtgestalterischen Erhaltungssatzung i. S. des § 172 BauGB liegt, ist eine Freilegung nicht zulässig und i. S. des § 16 Abs. 3 Satz 1 ImmoWertV auch nicht „alsbald" zu erwarten. Dann muss geprüft werden, ob und ggf. in welchem Maße die Erhaltungspflicht für den Eigentümer unzumutbar ist. **Unterste Grenze des Verkehrswerts** ist in solchen Fällen der Betrag, der im Falle einer Geltendmachung des Übernahmeanspruchs als Entschädigung zu gewähren wäre.

4. Übersteigt nach Maßgabe des § 16 Abs. 3 Satz 2 Nr. 2 ImmoWertV der nicht abgezinste Bodenwert ohne Berücksichtigung der Freilegungskosten den Ertragswert, weil die nach § 6 Abs. 1 ImmoWertV maßgebliche **zulässige bzw. lagetypische Nutzbarkeit nicht realisiert** wurde (vgl. den unter Rn. 130 Buchstabe b) genannten Fall), ist eine Freilegung des Grundstücks nicht angezeigt, wenn durch eine ergänzende Bebauung einschließlich An- und Aufbauten die zulässige bzw. lagetypische Nutzbarkeit realisiert werden könnte. Selbst wenn sich die zulässige bzw. lagetypische Nutzbarkeit durch eine ergänzende Bebauung einschließlich An- und Aufbauten nicht realisieren ließe, kann eine alsbaldige Freilegung nicht erwartet werden, wenn es bei wirtschaftlicher Betrachtungsweise oder aus sonstigen Gründen geboten erscheint, die bauliche Anlage weiter zu nutzen.

5. Übersteigt entsprechend der Regelung des § 16 Abs. 3 Satz 2 Nr. 2 ImmoWertV der nicht abgezinste Bodenwert ohne Berücksichtigung der Freilegungskosten den Ertragswert, weil aufgrund eines **erheblichen und dauerhaften Leerstandes, eines erheblichen Instandhaltungsrückstaus, einer gebotenen Modernisierung bzw. Umstrukturierung** oder aus sonstigen Gründen entsprechende Ertragsausfälle hingenommen werden müssen (vgl. den unter Rn. 130 Buchstabe b) genannten Fall), ist auch damit nicht zwangsläufig die Freilegung angezeigt. Mit einer alsbaldigen Freilegung ist in diesen Fällen nur dann zu rechnen, wenn eine wirtschaftliche Nutzung durch entsprechende Instandsetzungs-, Modernisierungs- oder Umstrukturierungsmaßnahmen nicht realisierbar ist bzw. der Abriss und die Neubebauung rentierlicher sind.

133 **Entscheidendes Kriterium für die mit § 16 Abs. 3 vorgegebene Minderung des Bodenwerts um die Freilegungskosten** ist bei alldem, dass bei einer Gesamtbetrachtung und unter Berücksichtigung der vorstehenden Möglichkeiten und Fallkonstellationen **tatsächlich mit einer** alsbaldigen **Freilegung des Grundstücks** zu rechnen ist. Liegen die in § 16 Abs. 3 Satz 2 ImmoWertV genannten Gegebenheiten vor, „kann", aber muss nicht zwangsläufig mit einer Freilegung gerechnet werden. Dies kann bedeuten, dass sich der Sachverständige entsprechend den Ausführungen in den Vorbem. zur ImmoWertV (Rn. 7) mit verschiedenen Nutzungsalternativen befassen muss, um dann den sog. *best use value* seiner Verkehrswertermittlung zugrunde zu legen.

134 Darüber hinaus ist in diesem Zusammenhang ergänzend darauf hinzuweisen, dass man auch **durch** eine **unsachgemäße Anwendung des Ertragswertverfahrens in die Liquidationsfalle** geraten kann: Bei übergroßen Grundstücken, die selbstständig nutzbare Teilflächen i. S. des § 16 Abs. 2 Satz 3 ImmoWertV aufweisen, sind diese bei der Ermittlung des Bodenwertverzinsungsbetrags nach § 17 Abs. 2 Nr. 1 ImmoWertV nicht zu berücksichtigen. Wird dies nicht beachtet, kann sich der Bodenwertverzinsungsbetrag dermaßen erhöhen, dass er den Reinertrag des Grundstücks übersteigt und der Ertragswert geringer als der nicht abgezinste und nicht um die Freilegungskosten verminderte Bodenwert ausfällt.

Indizierte Freilegung § 16 ImmoWertV IV

Beispiel: **135**

Wertermittlungsobjekt:
- Bodenwert (BW) des Gesamtgrundstücks — 500 000 €
- davon der Bebauung zurechenbar — 300 000 €
- selbstständig nutzbare Teilfläche i. S. des § 17 Abs. 2 Satz 2 ImmoWertV — 200 000 €
- Reinertrag (RE) — 25 000 €
- Liegenschaftszinssatz p — 6 %
- Restnutzungsdauer n — 40 Jahre

Ermittlung des Ertragswerts nach § 17 Abs. 2 Nr. 1 ImmoWertV

FALSCH			RICHTIG		
Reinertrag		25 000 €	Reinertrag		25 000 €
./. Bodenwertverzinsungsbetrag			./. Bodenwertverzinsungsbetrag		
500 000 € × 6/100	=	− 30 000 €	300 000 € × 6/100	=	− 18 000 €
Differenz:	=	− 5 000 €	Differenz:	=	7 000 €
Kapitalisiert bei			Kapitalisiert bei		
p = 6 % und n = 40 Jahre			p = 6 % und n = 40 Jahre		
Vervielfältiger = 15,05	=	− 75 250 €	Vervielfältiger = 15,05	=	+ 105 350 €
+ Bodenwert	=	500 000 €	+ Bodenwert	=	500 000 €
Ertragswert:	=	*424 750 €*	Ertragswert:	=	605 350 €

Falsche Schlussfolgerung: Anwendung des § 16 Abs. 3 ImmoWertV, weil 500 000 € ≥ *424 750 €*.

5.2.3 Indizierte Freilegung (§ 16 Abs. 3 Satz 2 ImmoWertV)

5.2.3.1 Allgemeines

Die **Freilegung eines Grundstücks kann** nach § 16 Abs. 3 Satz 2 ImmoWertV **technisch** **136**
(Nr. 1) **und wirtschaftlich** (Nr. 2) **indiziert sein.** Liegt im konkreten Einzelfall einer der in dieser Vorschrift aufgeführten Tatbestände vor, so „*kann*" eine alsbaldige Freilegung angezeigt sein. In aller Regel werden beide Tatbestände gegeben sein, denn wenn eine bauliche Anlage technisch nicht mehr nutzbar ist, kann auch eine wirtschaftliche Nutzung nicht erwartet werden. Ob bei entsprechenden Feststellungen auch eine alsbaldige Freilegung erwartet werden *muss*, ist in einem zweiten Schritt entsprechend den vorangegangenen Ausführungen zu prüfen, weil nur dann der Bodenwert um die Freilegungskosten zu mindern ist.

Bei der „Kann-Bestimmung" handelt sich nicht um eine abschließende Aufzählung. Eine **137**
Berücksichtigung der Freilegung kann entgegen dem Wortlaut der Bestimmung auch
angezeigt sein, wenn die baulichen Anlagen am Wertermittlungsstichtag baulich nutzbar sind und der **Ertragswert den Bodenwert übersteigt,** jedoch damit zu rechnen ist, dass in absehbarer Zeit nach Maßgabe der Vorschrift eine Freilegung indiziert ist (vgl. Rn. 144 ff.).

5.2.3.2 Nicht nutzbare bauliche Anlage (§ 16 Abs. 3 Satz 2 Nr. 1 ImmoWertV)

▶ *Vgl. Rn. 19 ff.*

Technisch kann die Freilegung indiziert sein, wenn die bauliche Anlage nicht (mehr) nutzbar **138**
ist. In diesem Fall kann sich auch kein entsprechender Gebäudeertrags- oder Gebäudesachwert ergeben. Gleichwohl kann sich ein Restwert ergeben, nämlich insoweit, wie die vorhandene baulich nicht (mehr) nutzbare Anlage im Rahmen einer Neubebauung genutzt (revitalisiert) werden kann. Der **Restwert** lässt sich in Anlehnung an die damit ersparten Herstellungskosten eines Neubaus ermitteln.

5.2.3.3 Unwirtschaftlich nutzbare bauliche Anlage (§ 16 Abs. 3 Satz 2 Nr. 2 ImmoWertV)

139 Die Freilegung eines Grundstücks ist nach § 16 Abs. 3 Satz 2 Nr. 2 ImmoWertV indiziert, wenn die bauliche Anlage wirtschaftlich nicht genutzt werden kann. Als Kriterium einer wirtschaftlich nicht gegebenen Nutzbarkeit stellt die Vorschrift darauf ab, dass der nicht abgezinste und nicht um die Freilegungskosten verminderte Bodenwert den Ertragswert des Grundstücks (nach den §§ 17 bis 20 ImmoWertV) erreicht oder übersteigt.

$$BW \geq EW_{\text{nach den §§ 17 bis 20 ImmoWertV}}$$

Die Verordnung knüpft damit an das entsprechende Kriterium des § 20 Abs. 1 WertV 88/98 an, nach dem eine Liquidation angezeigt war, wenn der Bodenwertverzinsungsbetrag (§ 17 Abs. 2 Nr. 1 ImmoWertV) den Reinertrag übersteigt.

$$p \times BW > RE$$

wobei
RE Reinertrag
BW Bodenwert
p   Liegenschaftszinssatz

140 In diesem Fall verbleibt im Rahmen des Ertragswertverfahrens mit der Verminderung des Reinertrags um den Verzinsungsbetrag des Bodenwerts (Bodenwertverzinsungsbetrag) **kein (positiver) Betrag** für die Ermittlung des Ertragswerts der baulichen Anlage.

$$RE - p \times BW \leq 0$$

Beispiel:

Jahresreinertrag RE	=	10 000 €
Bodenwert BW	=	250 000 €
Liegenschaftszinssatz	=	5,0 %
Jahresreinertrag des Grundstücks	=	10 000 €
./. 250 000 € × 5/100 (Bodenwertverzinsung)	=	– 12 500 €
= Differenz	=	– 2 500 € ≤ 0

141 In diesem Fall übersteigt der nicht verminderte „volle" Bodenwert zwangsläufig den Ertragswert.

Beispiel:
Der Ertragswert (EW) bestimmt sich nach § 17 Abs. 2 Nr. 1 ImmoWertV wie folgt:

$$EW = [(RE - (p \times BW)] \times V + BW \text{ wobei } V = \text{Vervielfältiger (Barwertfaktor)}$$

Bei einer Restnutzungsdauer von 30 Jahren ergeben sich im vorstehenden Beispiel ein Vervielfältiger von 15,37 und ein Ertragswert von 211 575 € (= – 2 500 € × 15,37 + 250 000 €). Der unverminderte Bodenwert von 250 000 € übersteigt mithin den Ertragswert.

Als Anwendungsvoraussetzung kann mithin gelten:

$$RE - (BW \times p) \leq 0 \quad \text{oder} \quad BW \geq EW$$

Der Wortlaut der Vorschrift hebt dabei ausdrücklich auf den Ertragswert nach den §§ 17 bis 20 ImmoWertV ab. Nach dem Einleitungssatz des § 8 Abs. 2 ImmoWertV sind „in" dem Ertragswertverfahren auch die besonderen objektspezifischen Grundstücksmerkmale i. S. des § 8 Abs. 3 ImmoWertV zu berücksichtigen; dies muss im konkreten Einzelfall jeweils geprüft werden.

Fällt der Ertragswert geringer als der Bodenwert aus, so ist die ausgeübte Nutzung unwirtschaftlich, denn **allein der Kapitalwert des Grund und Bodens wirft eine höhere Verzinsung ab.** Dies indiziert eine Freilegung des Grundstücks, wenn nicht – wie vorstehend ausgeführt – durch geeignete Maßnahmen eine Rentierlichkeit der baulichen Anlagen herbeigeführt werden kann. 142

Fällt der Ertragswert geringer als der Bodenwert aus, ist eine **Freilegung unabhängig davon indiziert, ob der Verkehrswert im Wege des Vergleichs- Ertrags- oder Sachwertverfahrens ermittelt werden soll.** Auch bei Anwendung des Sachwertverfahrens ist dies gegebenenfalls zu prüfen. 143

5.2.3.4 Wirtschaftlich (noch) nutzbare bauliche Anlage

Ist am Wertermittlungsstichtag eine bauliche Anlage (noch) nutzbar und übersteigt (in Umkehrung des in § 16 Abs. 2 Nr. 2 ImmoWertV gegebenen Grundsatzes) der Ertragswert den nicht um die Freilegungskosten verminderten Bodenwert, kann es entgegen dem Wortlaut der Bestimmung gleichwohl angezeigt sein, den Bodenwert entsprechend zu vermindern. Dies betrifft **Grundstücke, deren bauliche Anlage nur noch eine kurze Restnutzungsdauer (i. d. R. 10 Jahre) aufweist,** denn auch in diesem Fall „kann" mit einer alsbaldigen Freilegung gerechnet werden. In diesem Fall muss wiederum nach der Gesamtsituation geprüft werden, ob tatsächlich mit einer alsbaldigen Freilegung des Grundstücks gerechnet werden muss. 144

5.2.3.5 Wirtschaftlich indizierte, aber unzulässige Freilegung (Denkmalschutz)

▶ *Teil V Rn. 730 ff.*

Der Bodenwert, vermindert um die Freilegungskosten, kann auch für ein **mit einem Baudenkmal bebautes Grundstück** von Bedeutung sein, auch wenn die Freilegung des Grundstücks unzulässig ist. Ist nämlich der Erhalt eines Baudenkmals wirtschaftlich unzumutbar, z. B. wenn das Baudenkmal einen dem Verfall preisgegebenen Zustand aufweist, so stellt der um die Freilegungskosten verminderte Bodenwert den Wert dar, der im Falle der Geltendmachung eines dann gegebenen **Übernahmeanspruchs** zu entschädigen wäre. 145

5.2.4 Alsbaldige Freilegung (Abriss/Rückbau)

5.2.4.1 Allgemeines

Kann eine Freilegung aus (den in § 16 Abs. 3 Satz 2 ImmoWertV genannten) **technischen oder wirtschaftlichen Gründen erwartet werden und ist** (nach den sonstigen Gegebenheiten) **auch tatsächlich mit einer „alsbaldigen" Freilegung zu rechnen, weil** – wie vorstehend ausgeführt – eine Rentierlichkeit der baulichen Anlagen nicht durch geeignete Maßnahmen herbeigeführt werden kann, ist der Bodenwert um die Freilegungskosten zu mindern. Die „Liquidationsregelung" *(break-down-method,* die zum *default market value* führt) ist darin begründet, dass im gewöhnlichen Geschäftsverkehr der Bebauung grundsätzlich keine Bedeutung mehr beigemessen wird und der Verkehrswert allein durch den Bodenwert bestimmt wird. Dem ist auch die Rechtsprechung gefolgt[68]. Die Anwendung des Verfahrens ist im Übrigen auch bei **Objekten mit verhältnismäßig geringwertigen Aufbauten** als sachgerecht anerkannt worden, selbst wenn sich erhebliche Nutzungserträge ergeben und von der Anwendung des Sachwertverfahrens keine brauchbaren Ergebnisse zu erwarten sind[69]. 146

Der vom Verordnungsgeber gebrauchte **Begriff der „alsbaldigen"**[70] **Freilegungskosten** ist der Vorgängerregelung (§ 20 Abs. 1 WertV 88/98) entlehnt und im Zusammenhang mit der 147

---

[68] RFH, Urt. vom 9.1.1931 – I A 346/30 –, RStBl. 1931, 307 = EzGuG 20.13; OLG Koblenz, Urt. vom 1.6.1977 – 1 U 9/76 –, DB 1977, 1362; OLG Köln, Beschl. vom 3.5.1962 – 4 W 7/62 –, BlGBW 1962, 368 = EzGuG 20.30.
[69] BGH, Urt. vom 19.12.1963 – III ZR 162/63 –, BRS Bd. 19 Nr. 21 = EzGuG 20.35.
[70] Zum Begriff „alsbald" im WoBauG, § 82 Abs. 5 Satz 1: BVerwG, Urt. vom 22.9.1966 – 7 C 22/64 –, WM 1967, 101 = BBauBl. 1967, 394 = FWW 1967, 294 und 396 = DWW 1967, 82 = ZMR 1967, 216.

bewertungstechnischen Maßgabe zu interpretieren, nach der die Freilegungskosten nur zu berücksichtigen sind, „soweit sie im gewöhnlichen Geschäftsverkehr berücksichtigt werden". Es geht um die Berücksichtigung *künftiger Kosten*, mit denen der Eigentümer eines Grundstücks rechnen muss. Dazu gehören auch Freilegungskosten, die möglicherweise sogar bereits am Wertermittlungsstichtag aufgebracht werden müssten, wenn eine rentierliche Nutzung verwirklicht werden soll. Der **Begriff der „alsbaldigen" Freilegungskosten schließt von daher auch die bereits am Wertermittlungsstichtag anstehenden Freilegungskosten einer sofortigen Liquidation** ein, wobei auch in diesem Falle nur die „im gewöhnlichen Geschäftsverkehr berücksichtigten" Freilegungskosten zum Abzug zu bringen sind.

148 **Künftig anfallende Kosten** und somit auch künftig anfallende Freilegungskosten **werden in erster Linie in dem Maße vom Grundstücksverkehr berücksichtigt, wie sie nach dem im Einzelfall dafür bestehenden Zeithorizont absehbar sind.** Künftig anstehende Kosten werden in der Verkehrswertermittlung deshalb grundsätzlich in einer auf den Wertermittlungsstichtag finanzmathematisch mit Hilfe des in Anl. 2 zur ImmoWertV tabellierten Abzinsungsfaktors diskontierten Höhe berücksichtigt.

149 *Beispiel:*

Es wird in 5 Jahren mit Freilegungskosten in Höhe von 100 000 € gerechnet. Der Barwert dieser Freilegungskosten beträgt dann bei einem Zinssatz von 5 % rd. 78 350 € (= 100 000 € x 0,7835).

150 Wie hoch die künftigen Freilegungskosten ausfallen werden, lässt sich bei alldem nicht voraussagen. Um jedwede spekulative Ansätze zu vermeiden, wird deshalb in der gängigen Wertermittlungspraxis von den **am Wertermittlungsstichtag üblichen Freilegungskosten** ausgegangen und zur Abzinsung auf den Liegenschaftszinssatz zurückgegriffen. Der Liegenschaftszinssatz ist nämlich ein Zinssatz, mit dem die vom Grundstücksmarkt erwarteten immobilienwirtschaftlich relevanten Wertänderungen implizit berücksichtigt werden[71].

151 Finanzmathematisch reduzieren sich bei dieser Vorgehensweise die **berücksichtigungsfähigen Freilegungskosten** mit zunehmender Zeit, wobei die abgezinsten Freilegungskosten in aller Regel bereits **nach etwa 10 Jahren** im Rahmen der allgemeinen Unsicherheitsmarge der Verkehrswertermittlung und vor dem Hintergrund der Auf- oder Abrundung des Wertermittlungsergebnisses **eine zu vernachlässigende Größenordnung** einnehmen. Nach § 16 Abs. 3 ImmoWertV zu berücksichtigende Freilegungskosten sind mithin Freilegungskosten, mit denen i. d. R. innerhalb eines Zeitraums von bis zu 10 Jahren unter Berücksichtigung der Gesamtsituation zu rechnen ist. Dies entspricht auch dem, was im allgemeinen Grundstücksverkehr absehbar sein kann, und der gewöhnliche Geschäftsverkehr kann auch nur berücksichtigen, was absehbar ist.

5.2.4.2 Aufgeschobene Freilegung

▶ *Vgl. Rn. 170 ff.*

152 Grundsätzlich steht es in der **freien Entscheidung des Eigentümers, ob und wann er unter Berücksichtigung der Gesamtsituation eine grundsätzlich angezeigte Freilegung des Grundstücks durchführt,** wenn man von den Fällen absieht, in denen er sich dazu verpflichtet hat oder in denen die Freilegung aus Gründen der Sicherheit bauordnungsrechtlich geboten ist. Zum Rückbau (Abriss) kann ein Grundstückseigentümer nämlich nur (nach dem Bauordnungsrecht der Länder) verpflichtet werden, wenn von dem Gebäude eine Gefahr für die Sicherheit und Ordnung ausgeht.

Auch ein **Rückbaugebot nach § 179 BauGB** verpflichtet den Eigentümer nicht zum Rückbau. Nach § 179 Abs. 1 BauGB hat der Eigentümer lediglich die Beseitigung einer baulichen Anlage (ganz oder teilweise) zu dulden und die durch die Beseitigung entstehenden Vermögensnachteile sind nach § 179 Abs. 3 BauGB zu entschädigen.

---

71 Diesen Grundsätzen entspricht Nr. 3.1.4.2 der WERTR 06.

Für den Eigentümer besteht damit die Möglichkeit, die Freilegung aufzuschieben (sog. **aufge-** **153** **schobene oder gestreckte Liquidation**). Umgekehrt kann aber auch die Dispositionsfreiheit des Eigentümers aufgrund vertraglicher Bindungen eingeschränkt sein und er muss Ertragseinbußen hinnehmen, auch wenn eine nach der Gesamtsituation angezeigte sofortige Freilegung des Grundstücks zum Zwecke der Realisierung einer rentierlichen Nutzung angezeigt ist.

- Selbst wenn bereits am Wertermittlungsstichtag mit einer Freilegung des Grundstücks gerechnet werden kann, ist es dem Eigentümer und auch einem Erwerber freigestellt, die Freilegung zu einem späteren Zeitpunkt auch tatsächlich vorzunehmen (sog. aufgeschobene Liquidation). Dies mag verschiedene Gründe haben, die nicht nur persönlicher Art, sondern auch wirtschaftlich begründbarer Art sein können. So mag der Eigentümer den Abriss zurückstellen, weil eine bauliche Nutzung am Wertermittlungsstichtag aufgrund einer ungünstigen Konjunkturlage und Vermietbarkeit nicht erwartet werden kann. Von einer sofortigen Freilegung wird er insbesondere auch dann absehen, wenn eine untergeordnete Zwischennutzung der baulichen Anlage möglich ist, auch wenn der Bodenwert höher ausfällt, als der sich auf dieser Grundlage ergebende Ertragswert. Dies ist nämlich für ihn im wirtschaftlichen Ergebnis vorteilhafter als die sofortige kostenverursachende Freilegung. Wertermittlungstechnisch sind dies schwierige Fälle, die auf der Grundlage eines wirtschaftlich handelnden Eigentümers zu behandeln sind.

- Umgekehrt kann aber eine zum Wertermittlungsstichtag unter Berücksichtigung der Gesamtsituation angezeigte Freilegung insbesondere aufgrund vertraglicher Bindungen nicht möglich sein und die bisherige Nutzung muss vertragsgemäß fortgesetzt werden, auch wenn sie unwirtschaftlich ist und allein die Bodenwertverzinsung ertragreicher ist als der erzielte Ertrag (§ 16 Abs. 3 Satz 2 Nr. 2 ImmoWertV).

Dies gilt es nach den konkreten Verhältnissen des Einzelfalls bei der **Abschätzung des Zeitraums** zu berücksichtigen, **in dem mit der „alsbaldigen Freilegung" zu rechnen ist**.

Als **rechtliche Gründe,** die einer sofortigen Freilegung entgegenstehen können, kommen vor **154** allem bestehende **Miet- und Pachtverträge** in Betracht. § 20 Abs. 2 WertV 88/98 nannte daneben noch „sonstige" einer sofortigen Freilegung entgegenstehende Gründe. Was darunter zu verstehen ist, lässt die Vorschrift offen. Es muss sich aber um solche Gründe handeln, die nach objektiven Maßstäben jeden Eigentümer veranlassen, die angezeigte Freilegung zurückzustellen, und nicht etwa um persönliche Gründe, z. B. ein freiwilliger Verzicht. Hier ist in erster Linie der in § 16 Abs. 4 ImmoWertV genannte Sachverhalt hervorzuheben.

5.2.5 Freilegungskosten

5.2.5.1 Übliche Freilegungskosten

Schrifttum: *Stock, K.-D./Gütter, K.,* Abrisskosten und Entsorgungskosten bei der Bewertung von Gebäuden, Verlag Pflug und Feder, 1. Aufl. 2000.

Freilegungskosten bzw. die Kosten der Freimachung (vgl. Nr. 1.3 DIN 276) sind insbeson- **155** dere die Abbruch- bzw. Abrisskosten einschließlich der damit einhergehenden **Nebenkosten**[72],
- Kosten der Genehmigungen (ggf. einschließlich Kampfmittelnachweis),
- Kosten der Umverlegung von Leitungen und Kabeln,
- Kosten der Entleerung und Entgasung von Öltanks,
- Kosten der Sperrmüllentsorgung,

---

72 Zur steuerlichen Behandlung vgl. BFH, Urt. vom 6.11.1968 – I R 12/66 –, BStBl II 1969, 35 = EzGuG 20.44.

- Folgekosten auf Nachbargrundstücken z. B. bei gemeinsamer Giebelwand[73] und
- Kosten für Baustrom, Bauwasser sowie Bauleitung, soweit sie nicht in den Kosten selbst enthalten sind. Die Kosten werden etwa mit 10 % der Freilegungskosten anzusetzen sein.

156 Von besonderer Bedeutung ist die **Entsorgung von Sondermüll,** die erhebliche Kosten verursachen kann.

157 Nach § 16 Abs. 3 Satz 1 ImmoWertV ist – entsprechend dem Marktprinzip der Verkehrswertermittlung von den „üblichen" Freilegungskosten auszugehen. Aufgrund persönlicher Verhältnisse außergewöhnlich hohe oder niedrige Freilegungskosten müssen mithin außer Betracht bleiben.

158 Auch die üblicherweise gewährten Förderungen einer Freilegung – direkt oder indirekt – sind zu berücksichtigen, wenn im gewöhnlichen Geschäftsverkehr damit gerechnet werden kann.

159 Zur *indirekten* Förderung gehört die steuerliche Absetzbarkeit der Abbruchkosten[74]. Lässt der Erwerber eines objektiv technisch oder wirtschaftlich noch nicht verbrauchten Gebäudes dieses nach dem Erwerb abreißen, so kann er eine Absetzung für außergewöhnliche Abnutzung nach § 7 Abs. 1 Satz 4 i. V. m. Abs. 4 Satz 3 EStG vornehmen und die Abbruchkosten als Betriebsausgaben (Werbungskosten) abziehen. Hat er dagegen ein solches Gebäude in Abbruchabsicht angeschafft, so gehören der (Buch-)Wert und die Abbruchkosten, wenn der Abbruch des Gebäudes mit dem Herstellungsgut in einem engen wirtschaftlichen Zusammenhang steht, zu den Herstellungskosten dieses Wirtschaftsguts, sonst zu den Anschaffungskosten des Grund und Bodens[75].

160 Soweit zu erwarten ist, dass die Freilegung unternehmerseitig betrieben wird, muss eine Minderung der Freilegungskosten um die **Umsatzsteuer** (als durchlaufender Posten) in Betracht gezogen werden. Auch wenn die Freilegungskosten steuerrechtlich den Herstellungskosten zuzuordnen sind, steht diese Umsatzsteuer nämlich im engen Zusammenhang mit dem Grund und Boden und ist insoweit bei der Verkehrswertermittlung nach den Preisbildungsmechanismen bei den abzuziehenden Freilegungskosten kostenmindernd zu berücksichtigen (vgl. § 33a Abs. 5 Nr. 3 EStR).

161 Die **Berücksichtigung von steuerlichen Vorteilen** ist allerdings in der Wertermittlungspraxis nicht unumstritten und stellt eine gewisse „Grauzone" dar, da darin „persönliche Verhältnisse" gesehen werden, die nach der Definition des Verkehrswerts (§ 194 BauGB) nicht berücksichtigt werden dürfen. In diesem Zusammenhang wird auch darauf verwiesen, dass die steuerlichen sich nach den Einkommensverhältnissen des einzelnen Steuerpflichtigen ergebenden Vorteile für den Sachverständigen nicht erkennbar sind und entsprechend vorstehenden Ausführungen letztlich im Rahmen der steuerlichen Behandlung der Gebäudeherstellungskosten (und nicht des Grund und Bodens) berücksichtigt werden[76].

162 Zur *direkten* Förderung gehören Maßnahmen nach **§ 249h des Arbeitsförderungsgesetzes** (AFG). Aus dem umfangreichen Förderkatalog können die folgenden relevanten Schwerpunkte hervorgehoben werden:

---

73 BGH, Urt. vom 27.7.2012 – V ZR 2/12 –, GuG 2013, 58 = EzGuG 4.212: Verläuft z. B. die Grenze zwischen Nachbargrundstücken in der Mitte einer gemeinsamen Giebelwand (§ 921 BGB), müssen diejenigen Maßnahmen getroffen werden, die zur Veränderung oder Beseitigung der Auswirkungen des Abrisses auf das Nutzungsinteresse des Nachbarn geboten sind, d. h. der das Gebäude abreißende Grundstückseigentümer schuldet bei gemeinsamer Giebelwand dem Nachbarn die Erstattung der Kosten für die Herstellung der Wärmedämmung und des Außenputzes.
74 BFH, Urt. vom 12.6.1978 – GrS 1/77 –, BFHE 125, 516 = EzGuG 4.56a.
75 BFH, Urt. vom 12.6.1978 – GrS 1/77 –, BFHE 125, 516 = EzGuG 4.56a; wird mit dem Abbruch eines Gebäudes innerhalb von drei Jahren nach dem Erwerb begonnen, so spricht der Beweis des ersten Anscheins dafür, dass der Erwerber das Gebäude in der Absicht erworben hat, es abzureißen.
76 Darüber hinaus wird die Auffassung vertreten, dass auf dem Grundstücksmarkt allgemein geltende Steuervor- und nachteile bereits mit dem Liegenschaftszinssatz erfasst werden und eine gesonderte Berücksichtigung zu einer unzulässigen Doppelberücksichtigung führt. Der Liegenschaftszinssatz (p) wird nämlich aus tatsächlich auf dem Grundstücksmarkt erzielten Kaufpreisen abgeleitet. Soweit sich steuerliche Vor- und Nachteile auf das Marktgeschehen auswirken, finden sie mithin Eingang in diese Kaufpreise und werden mit den daraus abgeleiteten Liegenschaftszinssätzen bereits erfasst.

- Sicherung und Sanierung von Gebäuden, Hallen und sonstigen Bauwerken,
- Aufräumarbeiten (Beräumung und Flächenregulierung),
- Demontage von Anlagen oder Anlagenteilen einschließlich Verschrottung,
- Abriss nicht mehr benötigter oder nicht sanierungsfähiger Bauwerke, Fundamente und Nebeneinrichtungen (inkl. Entsorgung von Bauschutt, Einbringen und Planieren von neuem Erdreich).

Abb. 11: Erfassung von Abfallmengen

Formblatt zur Ermittlung von Abfallmengen								
Baustelle/Abfallerzeuger[1]:			Dokumentation zur:		Vorkalkulation[2] projektspezifischen Abfallbilanz[2] Abfallbilanz gemäß KrW-/AbfG			
Baumaßnahme(n)[1]:								
[1] je nach Art der Dokumentation / [2] Zutreffendes ankreuzen								
Abfallbezeichnung		Entsorgung (Verwertung bzw. Beseitigung)						
Abfall-schlüssel	Bezeichnung	Menge in t	Menge in m³	Beseitigung	Verwertung	Begründung der Beseitigung	Angaben zur Entsorgungsanlage	Kosten	Kosten pro Einheit
17 02 19									
17 07 01	Gemischte Bau- und Abbruchabfälle	17			Ja		Bauabfallsortierung Mustermann	3 230,–	190,–
Beseitigung z. B.: **BBD** = Boden- und Bauschuttdeponie · **HMD** = Hausmülldeponie · **SAV** = Sonderabfallverbrennungsanlage · **SAD** = Sonderabfalldeponie · **CPB** = chemische/physikalische Behandlung									

▶ *Zu den Gebühren: http://www.rhein-main-deponie.de*

Des Weiteren sind ggf. **Verwertungserlöse für wiederverwendbare Bauteile** gegenzurechnen, auch wenn der Wortlaut des § 16 Abs. 3 ImmoWertV hierauf keinen Bezug nimmt. Auch die Verkaufswerte müssen in der Höhe angesetzt werden, wie dies dem gewöhnlichen Geschäftsverkehr entspricht (vgl. Rn. 166)[77]. **163**

Im Jahre 2010 beliefen sich die Freilegungskosten auf etwa 25 bis 30 €/m³ umbautem Raum (Raummeter) einschließlich Abfuhr der anfallenden Schuttmassen und aller Gebühren für die Entsorgung/Versorgung[78]. Der Betrag kann sich deutlich erhöhen, soweit es sich um Sondermüll handelt, der bei der Entsorgung besonders behandelt werden muss, oder besondere Transport- und Sicherungskosten anfallen. Die Freilegungskosten vermindern sich deutlich mit dem Volumen der freizulegenden Bausubstanz, insbesondere dann, wenn es sich um großvolumige Hallen mit „viel Luft" handelt. Bei einem Verbleib von **vor Ort recycelfähigen Abbruchmassen** und ihrer Aufbereitung zu Recyclingschotter auf der Baustelle können sich darüber hinaus Einsparungen von 1,50 bis 2,00 €/m³ ergeben. Dies kommt aber nur bei entsprechend hohem Abbruchvolumen in Betracht und setzt voraus, dass durch einen hohen Mauerwerksanteil ein Recyclingschotter in ausreichender Qualität herzustellen ist, der für die nachfolgenden Bauarbeiten in dieser Menge benötigt wird oder sonst verwertbar ist. **164**

Die Feststellung der üblichen Freilegungskosten, insbesondere wenn Sondermüll zu entsorgen ist, steht bei aufwendigen baulichen Anlagen nicht in der Kompetenz des Sachverständigen für **165**

---

77 BGH, Urt. vom 25.6.1964 – III ZR 111/61 –, BRS Bd. 19 Nr. 128 = EzGuG 20.37.
78 Zu den Rückbau- und Entsorgungskosten in Berlin/Brandenburg 1993 vgl. Teil VI sowie GuG 1996, 228.

Grundstückswerte. I. d. R. wird er sich nur auf grobe Schätzungen stützen können, die **unter dem Vorbehalt einer Feststellung durch Spezialgutachter** stehen. Für eine verlässliche Abschätzung von Freilegungskosten wird deshalb – wie für die Feststellung von Baumängeln und Bauschäden und die Ermittlung von Schadensbeseitigungskosten – auf speziell ausgebildete Abrisskostengutachter zurückgegriffen. Liegen konkrete Kostenangebote für die Freilegungskosten vor, so gehören sie zu den Anknüpfungstatsachen der Gutachtenerstattung, die bezüglich Vollständigkeit und Angemessenheit einer Plausibilisierung zu unterziehen sind.

5.2.5.2 Im „gewöhnlichen Geschäftsverkehr berücksichtigte" Freilegungskosten

166 „Übliche Freilegungskosten" sind nicht mit den nach § 16 Abs. 3 Satz 1 ImmoWertV „im gewöhnlichen Geschäftsverkehr berücksichtigten" Freilegungskosten gleichzusetzen. **Die üblichen Freilegungskosten können aber einen Anhaltspunkt für die „im gewöhnlichen Geschäftsverkehr berücksichtigten" Freilegungskosten bieten.** Ausgehend von den üblichen Freilegungskosten und den üblichen Verwertungserlösen der freizulegenden Bausubstanz sind diese nur insoweit zu berücksichtigen, wie sie „im gewöhnlichen Geschäftsverkehr berücksichtigt" werden.

167 Generell kann davon ausgegangen werden, dass „im gewöhnlichen Geschäftsverkehr" die künftig anfallenden Freilegungskosten in umso geringerem Maße den Kaufpreis eines Grundstücks mit freizulegender Bausubstanz beeinflussen, je länger die Freilegung aussteht. Diesem aus dem „gewöhnlichen Geschäftsverkehr" resultierenden Erfahrungssatz wird man gerecht, wenn die künftig – und möglicherweise erst in vielen Jahren – anfallenden **Kosten über den erwarteten Zeitraum diskontiert werden.** Die auf der Grundlage der allgemeinen Wertverhältnisse des Wertermittlungsstichtags geschätzten Freilegungskosten finden damit nur zu einem entsprechenden Bruchteil Eingang in die Bodenwertermittlung.

168 Ob darüber hinaus die künftig anfallenden Freilegungskosten im Verhältnis zu den üblichen Freilegungskosten im gewöhnlichen Geschäftsverkehr „über- oder untersetzt" berücksichtigt werden, ist i. d. R. eine nur schwer oder gar nicht zu beantwortende Frage, wenn im konkreten Einzelfall keine weiteren Erkenntnisse vorliegen.

– Soweit mit erheblichen Freilegungskosten zu rechnen ist und üblicherweise im Zuge der Kaufpreisverhandlungen Voranschläge eingeholt werden, kann davon ausgegangen werden, dass sie in plausibilisierter Höhe berücksichtigt werden und das Marktgeschehen bestimmen.

– Soweit nach der Beschaffenheit der abzureißenden Bausubstanz ein besonderes Risiko besteht, insbesondere wenn Sondermüll erkennbar oder nicht auszuschließen ist, ist ein „gewöhnlicher" Käufer geneigt, dieses Risiko wertmindernd (zusätzlich zu den allgemein erwarteten Freilegungskosten) zu berücksichtigen, denn Sondermüll kann die Freilegungskosten bei den heute gestellten Anforderungen in unkalkulierbarem Ausmaß drastisch erhöhen, zumal diesbezüglich eine hohe Sensibilisierung des Umweltschutzes besteht.

Bei alledem gibt es weder den Erfahrungssatz, dass künftige Freilegungskosten über die mit ihrer Abzinsung einhergehende Minderung hinaus per se nur zu einem Bruchteil „im gewöhnlichen Geschäftsverkehr" berücksichtigt werden, noch gibt es den Erfahrungssatz, dass sie im Hinblick auf ein allgemeines nicht konkretisierbares Risiko beispielsweise im Hinblick auf „Unvorhergesehenes" in übersetzter Höhe berücksichtigt werden.

169 Bei größeren Objekten treten vielfach Fälle auf, in denen die Kosten des Abrisses den Bodenwert „auffressen" würden, wenn dieser um die Freilegungskosten vermindert wird; es können sich dann auch negative Werte (**Unwerte;** *Nil-value*)[79] ergeben, wenn allein das „bloße" Halten eines Grundstücks mit Kosten verbunden ist, z. B. wenn ein munitionshaltiges Grundstück bewacht werden muss.

---

79 Statements of Valuation and Appraisal Practice and Guidance Notes des RICS, London 1996, VAS. 3.6.

5.2.6 Bodenwertermittlung bei aufgeschobener (gestreckter) Freilegung

5.2.6.1 Allgemeines

▶ *Vgl. Rn. 152; Syst. Darst. des Ertragswertverfahrens Rn. 61 ff.*

Nach den vorstehenden Ausführungen kann eine bereits am Wertermittlungsstichtag unter Berücksichtigung der Gesamtsituation angezeigte Freilegung aufgrund vertraglicher oder sonstiger Gründe nicht möglich sein. Darüber hinaus kann eine entsprechende am Wertermittlungsstichtag angezeigte Freilegung zwar sofort realisierbar sein, gleichwohl jedoch nicht zu erwarten ist, dass das Grundstück tatsächlich freigelegt wird. Derartige Grundstücke werden in einem nicht unerheblichen Umfang gehandelt, ohne dass sie nach dem Erwerb (sofort) freigelegt werden. In diesem Zusammenhang wird von einer gestreckten (aufgeschobenen) Liquidation gesprochen.

5.2.6.2 Aufgrund vertraglicher Bindungen aufgeschobene Freilegung

a) *Allgemeines*

Eine am Wertermittlungsstichtag unter Berücksichtigung der Gesamtsituation angezeigte, aber aufgrund vertraglicher Bindungen oder aus sonstigen Gründen am Wertermittlungsstichtag nicht mögliche und deshalb aufgeschobene Freilegung wird „im gewöhnlichen Geschäftsverkehr" nicht mit den Freilegungskosten berücksichtigt, wie sie am Wertermittlungsstichtag „üblich" sind, sondern in geringerer Höhe. Die Kosten werden in einem umso geringeren Maße wertmindernd berücksichtigt, je länger die Freilegung aufgeschoben ist. Deswegen werden die Freilegungskosten bei aufgeschobener Freilegung der breiten Wertermittlungspraxis in der über den jeweiligen Zeitraum diskontierten Höhe berücksichtigt.

$$\text{Freilegungskosten (aufgeschoben)} = \frac{\text{Freilegungskosten am Wertermittlungsstichtag}}{q^n}$$

Damit trägt man der Vorgabe des § 16 Abs. 3 ImmoWertV, die Freilegungskosten nur insoweit zu berücksichtigen, wie sie im „gewöhnlichen Geschäftsverkehr" berücksichtigt werden. Bei aufgeschobener Freilegung ergibt sich der Bodenwert – ausgehend von dem Bodenwert (BW) eines unbebauten Grundstücks (nach Maßgabe der Grundsatzregelung des § 16 Abs. 1 ImmoWertV) – zu:

$$BW_{\text{freilegungskostenvermindert}} = \text{Bodenwert}_{\text{unbebaut}} - \frac{\text{Freilegungskosten}}{q^n}$$

wobei
q = Zinsfaktor = $(1 + p/100)$
p = Liegenschaftszinssatz
n = Aufschiebungszeitraum (Wartezeit)

Wie schon unter Rn. 128 ausgeführt, hat § 16 ImmoWertV eine verfahrensübergreifende Bedeutung und der freilegungskostenverminderte Bodenwert ist bei alsbaldiger Freilegung entsprechend auch in das Ertrags- und Sachwertverfahren einzubinden. Dies ergibt sich durch die Bezugnahme in § 17 Abs. 2 und § 21 Abs. 1 ImmoWertV auf § 16 ImmoWertV. § 17 Abs. 2 ImmoWertV macht dabei keinen Unterschied bezüglich der Anwendung des *zweigleisigen* Ertragswertverfahrens nach § 17 Abs. 2 Nr. 1 ImmoWertV und des *eingleisigen* Ertragswertverfahrens nach § 17 Abs. 2 Nr. 2 ImmoWertV. Verfahrenstechnisch muss aber zwischen beiden Varianten des Ertragswertverfahrens unterschieden werden. Vorbehaltlich der Ausführungen unter Rn. 177 zur **modellkonformen Berücksichtigung von alsbald anstehenden Freilegungskosten** lässt sich der Ertragswert wie folgt berechnen:

Bei **Anwendung des eingleisigen Ertragswertverfahrens** nach § 17 Abs. 2 Nr. 2 ImmoWertV ist, vorstehenden Ausführungen entgegen, dem Wortlaut dieser Bestimmung nicht dadurch Rechnung zu tragen, dass man den freilegungskostenverminderten Bodenwert (nach

§ 16 Abs. 3 ImmoWertV) in die mit der Vorschrift gegebene Ertragswertberechnung einführt. Die Freilegungskosten müssen vielmehr in abgezinster Höhe zusätzlich wertmindernd berücksichtigt werden:

$$EW = RE \times V + \frac{BW_{unbebaut}}{q^n} \Rightarrow EW = RE \times V + \frac{BW_{unbebaut}}{q^n} - \frac{Freilegungskosten}{q^n}$$

wobei
BW = Bodenwert
FLK = Freilegungskosten
q = Zinsfaktor (1 + p/100)
p = Liegenschaftszinssatz
n = Restnutzungsdauer (Bindungszeitraum)

Statt der gesonderten Abzinsung des Bodenwerts und der Freilegungskosten kann gleich der um die Freilegungskosten verminderte Bodenwert diskontiert werden, denn:

$$\frac{BW}{q^n} + \frac{FLK}{q^n} = (BW - FLK) \times \frac{1}{q^n}$$

und man erhält:

$$EW = RE \times V + (BW - FLK) \frac{1}{q^n}$$

175 *Beispiel 1:*

a) Sachverhalt

Bodenwert: 200 €/m², d. h. insgesamt 2 000 m² × 200 €/m² =	400 000 €
umbauter Raum der aufstehenden Gebäude (DIN 277 [1950])	3 000 m³
Marktüblich erzielbare Jahresnettokaltmiete	30 000 €
Bewirtschaftungskosten	30 %
Marktüblich erzielbarer Jahresreinertrag	21 000 €
Restnutzungsdauer der Gebäude	ca. 30 Jahre
Liegenschaftszinssatz	6,5 %

Bodenwertverzinsungsbetrag = 400 000 € × 0,065 = **26 000 €** > RE

b) Wertermittlung

Jahresnettokaltmiete	=	30 000 €	
Bewirtschaftungskosten 30 %	=	– 9 000 €	
Reinertrag	=	21 000 €	
Barwert des Reinertrags bei p = 6,5 % und Restlaufzeit von 7 Jahren			
21 000 € × 5,484520	=	115 175 €	= 115 175 €
Bodenwert 2 000 m² × 200 €/m²	=	400 000 €	
Freilegungskosten 3 000 m² × 15 €/m²	=	– 45 000 €	
	=	355 000 €	
Abzinsung bei 6,5 % und 7 Jahren: 355 000 € × 0,6435062	=	228 445 €	+ 228 445 €
c) Ertragswert des Grundstücks			**rd. 343 620 €**

176 Zu demselben Ergebnis gelangt man bei Anwendung des in § 17 Abs. 2 Nr. 1 ImmoWertV geregelten **allgemeinen (zweigleisigen) Ertragswertverfahrens**, wenn man dort als Bodenwert den um die Freilegungskosten verminderten Bodenwert einführt. Im Unterschied zum eingleisigen Ertragswertverfahren bedarf es dabei nicht einer gesonderten Abzinsung der Freilegungskosten.

Aufgeschobene Freilegung § 16 ImmoWertV IV

$$EW = (RE - [BW - FLK]) \times V + (BW - FLK)$$

Beispiel 2:

RE = 21 000 € wie im vorangegangenen Beispiel
BW = 400 000 €
FLK = 45 000 €
BW – FLK = 355 000 €
p = 6,5 %
n = 7 Jahre
V = 5,4845207

EW = (21 000 € – 0,065 × [400 000 € – 45 000 €]) × 5,4845207 + 355 000 €
EW = – (2 075 € × 5,4845207) × 355 000 = **343 620 €**

Fazit: Bei Anwendung des Ertragswertverfahrens kann in beiden der in § 17 Abs. 2 Immo-WertV aufgeführten Varianten der nach § 16 Abs. 3 ImmoWertV **um die Freilegungskosten verminderte Bodenwert in die Ertragswertermittlung** eingeführt werden, ohne dass die Freilegungskosten abzuzinsen sind.

Abb. 12: Vergleich des Ertragswertverfahrens nach § 17 Abs. 2 Nr. 1 und 2 Immo-WertV unter Berücksichtigung der Freilegungskosten und eines um die Bodenwertverzinsung verminderten negativen Reinertrags

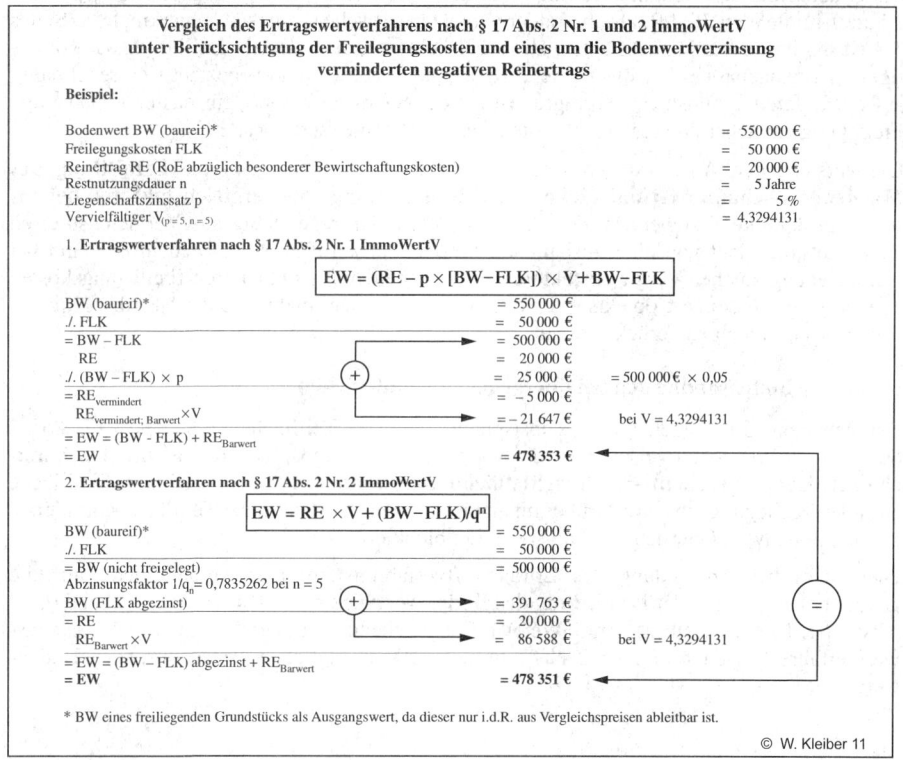

IV § 16 ImmoWertV — Aufgeschobene Freilegung

b) Modellkonforme Berücksichtigung von Freilegungskosten

▶ *Vgl. § 8 ImmoWertV Rn. 393*

177 Die vorstehend beschriebene Verfahrensweise ist künftig nicht mehr anzuwenden, wenn zur Ermittlung des vorläufigen Ertragswerts ein **Liegenschaftszinssatz** herangezogen wird, **der sich nicht auf Grundstücke bezieht, die von einer alsbaldigen Freilegung betroffen sind**. Nach dem Grundsatz der Modellkonformität muss dann zunächst der vorläufige Ertragswert auf der Grundlage des Bodenwerts eines unbebauten Grundstücks i. S. des § 16 Abs. 1 Satz 1 ImmoWertV ermittelt werden. Die Freilegungskosten sind in diesem Fall nachträglich als „besondere objektspezifische Grundstücksmerkmale" i. S. des § 8 Abs 3 immoWertV zu berücksichtigen (vgl. Beispiel bei § 8 ImmoWertV Rn. 393).

178 Ergänzend ist darauf hinzuweisen, dass bei Anwendung des Ertragswertverfahrens auf Objekte mit sehr kurzer Restnutzungsdauer als **Bewirtschaftungskosten nur solche** angesetzt werden, **die ein Eigentümer im Hinblick auf den bevorstehenden Abbruch notwendigerweise gerade noch aufbringt** (reduzierte Bewirtschaftungskosten).

179 Ähnlich stellt sich die Situation bei **Anwendung des Sachwertverfahrens** dar. § 21 Abs. 1 ImmoWertV verweist bezüglich des maßgeblichen Bodenwerts – wie in § 17 Abs. 2 ImmoWertV – auf den gemäß § 16 ImmoWertV ermittelten Bodenwert. Im Falle einer indizierten, aber aufgeschobenen Freilegung wäre die aufgrund der vertraglichen Bindungen aufgeschobene Freilegung in der Weise zu berücksichtigen, dass die Freilegungskosten nur in einer über den Bindungszeitraum diskontierten Höhe zum Abzug kommen.

Die gegebenenfalls reduzierten Freilegungskosten sind wiederum unter stringenter Beachtung des Grundsatzes der Modellkonformität jedoch abweichend von den Vorgaben des § 21 Abs. 1 Satz 1 ImmoWertV i.d.R. als „besondere objektspezifische Grundstücksmerkmale" i. S. des § 8 Abs. 3 ImmoWertV nachträglich zu berücksichtigen, denn der zur Ermittlung des vorläufigen marktangepassten Sachwerts heranzuziehende Sachwertfaktor bezieht sich regelmäßig auf ein Referenzgrundstück (Normgrundstück des Sachwertfaktors), für das eine alsbaldige Freilegung baulicher Anlagen nicht ansteht (vgl. § 8 ImmoWertV Rn. 393).

180 Die vorstehenden Ausführungen sind im Übrigen entsprechend auf die **Ermittlung des Marktwerts bebauter Grundstücke unter Heranziehung von Vergleichsfaktoren bebauter Grundstücke** anzuwenden, denn auch diese werden regelmäßig aus Vergleichspreisen abgeleitet, die nicht von einer alsbaldigen Freilegung betroffen sind. Demzufolge sind bei Heranziehung solcher Vergleichsfaktoren die gegebenenfalls reduzierten Freilegungskosten wiederum als „besondere objektspezifische Grundstücksmerkmale" i. S des § 8 Abs. 3 ImmoWertV nachträglich zu berücksichtigen.

5.2.6.3 Bodensondierung bei übergroßen Grundstücken

181 Bei bebauten Grundstücken, die selbstständig nutzbare Teilflächen i. S. des § 17 Abs. 2 Satz 2 ImmoWertV aufweisen, sind die vorstehenden **Grundsätze nur auf die den baulichen Anlagen zurechenbare Umgriffsfläche anzuwenden,** denn nur auf diese Teilfläche entfallen Freilegungskosten. Darüber hinaus ist auch nur der auf diese Teilfläche entfallende „volle" Bodenwert über den Bindungszeitraum blockiert.

Dies muss bei Anwendung des Ertragswertverfahrens beachtet werden, denn nur die Umgriffsfläche ist bei der **Ermittlung des Bodenwertverzinsungsbetrags** maßgebend (§ 17 Abs. 2 Nr. 1 letzter Halbsatz ImmoWertV). Entsprechendes gilt bei Anwendung des Ertragswertverfahrens nach § 17 Abs. 2 Nr. 2 ImmoWertV bezüglich des abzuzinsenden Bodenwerts.

Abb. 13: Unterschiedliche Bodenwerte bei übergroßen Grundstücken

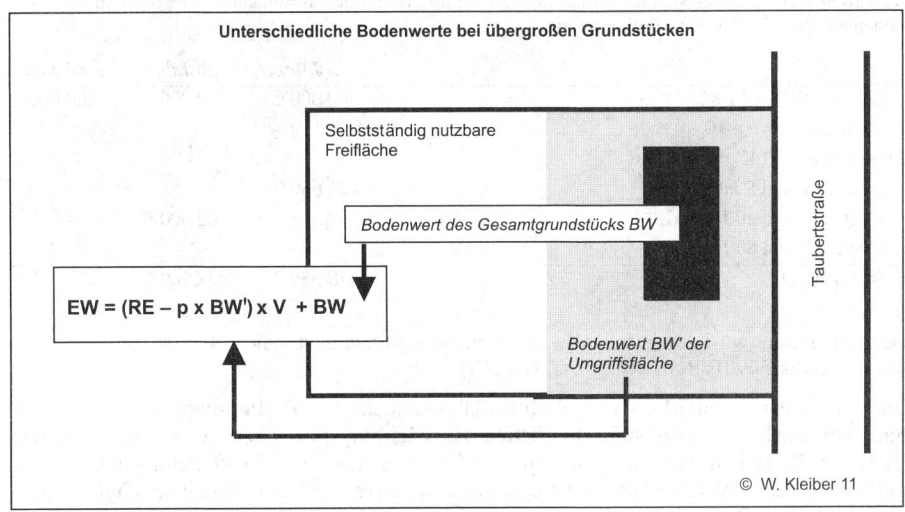

5.2.6.4 Vorzeitige Beendigung vertraglicher Bindungen

Eine am Wertermittlungsstichtag unter Berücksichtigung der Gesamtsituation angezeigte, aber aufgrund vertraglicher Bindungen oder aus sonstigen Gründen nicht mögliche Freilegung führt zwangsläufig zu einem **Ertragswert, der den „vollen" Bodenwert des Grundstücks unterschreitet**. Wenn nämlich schon allein das im Grund und Boden investierte Kapital eine höhere Rendite abwirft, als aus der baulichen Nutzung des Grundstücks erzielt wird, wird der „volle" Bodenwert umso mehr „aufgefressen", je länger die rechtlichen oder sonstigen Gründe eine Freilegung des Grundstücks verhindern und je ausgeprägter die Unternutzung ist.

Beispiel:

a) **Sachverhalt**

- Reinertrag RE   20 000 €
- Bodenwert BW (baureif)   550 000 €
- Freilegungskosten   50 000 €
- Liegenschaftszinssatz p   5 %
- Gebäudeertragswert
  Reinertrag   =   20 000 €
  BW – FLK =   500 000 €
  abzüglich Bodenwertverzinsungsbetrag   500 000 € × 0,05 =   – 25 000 €
  = RE – p (BW – FLK)   =   – 5 000 €   RE ≤ p × (BW – FLK)

IV § 16 ImmoWertV — Aufgeschobene Freilegung

b) Wertermittlung

Als Ertragswerte ergeben sich bei Fortsetzung einer unwirtschaftlichen Bebauung entsprechend dem vorstehenden Beispiel bei einer Weiternutzung um

		5 Jahre	20 Jahre	80 Jahre
Bodenwert (BW – FLK)	=	500 000 €	500 000 €	500 000 €
Gebäudeertragswert:				
RE – p (BW – FLK) = – 5 000 €				
× V von 5 % und 5 Jahren	= 4,33	– 21 650 €		
× V von 5 % und 20 Jahren	= 12,46		– 62 300 €	
× V von 5 % und 80 Jahren	= 19,60			– 98 000 €
= **Ertragswert**	=	**478 350 €**	**437 700 €**	**402 000 €**

Der Eigentümer wird demzufolge bestrebt sein, das Nutzungsverhältnis baldmöglichst aufzulösen (vgl. §§ 569 ff. BGB; §§ 182 ff. BauGB).

184 Eine Aufhebung von Miet- und Pachtverhältnissen kann z. B. **in förmlich festgelegten Sanierungsgebieten und städtebaulichen Entwicklungsbereichen nach Maßgabe der §§ 182 ff. BauGB** in Betracht kommen. Des Weiteren kann ein Mietverhältnis über Wohnraum nach § 573 Abs. 2 BGB bei berechtigtem Interesse des Vermieters gekündigt werden, wobei nach Nr. 3 dieser Regelung ein berechtigtes Interesse vorliegt, wenn der Vermieter durch die Fortsetzung des Mietverhältnisses an einer angemessenen wirtschaftlichen Verwertung des Grundstücks gehindert und dadurch erhebliche Nachteile erleiden würde.

185 Bei **gewerblichen Mietverhältnissen** stellt sich die Situation i. d. R. einfacher als für Wohnraum dar. Ist nämlich das Mietverhältnis für eine feste Vertragslaufzeit abgeschlossen worden, endet es mit dem vertraglichen Ablauf (§ 542 BGB), ohne dass das Mietverhältnis gekündigt werden müsste. Setzt der Mieter nach Ablauf der vertraglichen Festmietzeit das Mietverhältnis fort und teilen sich weder Mieter noch Vermieter innerhalb von zwei Wochen gegenseitig mit, dass eine stillschweigende Verlängerung des Mietverhältnisses nicht gewollt sei, tritt nach Maßgabe § 545 BGB eine Verlängerung des Mietverhältnisses auf unbestimmte Zeit ein.

186 Ansonsten kann das Mietverhältnis nach § 542 Abs. 1 BGB von jeder Vertragspartei nach den gesetzlichen Vorschriften gekündigt werden (§§ 573 ff. BGB); insoweit ist bei einer **unwirtschaftlichen Nutzung des Grundstücks für gewerbliche Zwecke** die Situation einfacher als bei einer Nutzung für Wohnzwecke.

187 Wo der Vermieter keine rechtlichen Möglichkeiten zur Durchsetzung einer vorzeitigen Beendigung des Mietverhältnisses hat, kann diese im Verhandlungswege herbeigeführt werden, z. B. durch **Abstandszahlungen** (Abb. 9). Dabei können sich – rein rechnerisch – gewaltige Spielräume ergeben. Profitieren können dabei sowohl der Rechtsinhaber als auch der Grundstückseigentümer. Kommt es zu einer Einigung mit der Folge, dass das Grundstück sofort freilegbar wird, bemisst sich der Verkehrswert nach Maßgabe des § 16 Abs. 3 ImmoWertV unter ergänzender Berücksichtigung der Abstandszahlung.[80]

188 *Beispiel:*

a) Sachverhalt

Ein hochwertiges Baugrundstück in Berlin-Mitte ist mit einer eingeschossigen Stahlbetonhalle sowie im hinteren Teil mit einem kleinen fünfgeschossigen Altbauteil bebaut. Das Grundstück liegt in einem 34-er MK-Gebiet mit einer GFZ von 4,0. Der Bodenwert des insgesamt 1 792 m² großen Grundstücks wurde mit 16 Mio. € ermittelt, d. h. rd. 9 000 €/m².

---

[80] Vgl. hierzu die ältere Erhebung der Aufina (1993); abgedruckt bei Kleiber, Marktwertermittlung, 7. Aufl. 2012, S. 1200.

Aufgeschobene Freilegung § 16 ImmoWertV IV

Es besteht ein **langfristiges Mietverhältnis** an den Baulichkeiten bis zum 31.12.2019, das aufgrund einer Option des Mieters um 5 Jahre, also bis zum 31.12.2024, verlängert werden kann. Der Reinertrag beträgt danach 11 000 € mtl., d. h. 132 000 € p. a.

Die dem Reinertrag zugrunde liegende Miete ist für den Mieter außerordentlich günstig, da sich für das Grundstück, wie es steht und liegt, im Falle der Vereinbarung einer ortsüblichen Miete ein nachhaltiger jährlicher Reinertrag von 320 000 € p. a. ergeben würde.

Was immer den Eigentümer bewogen haben mag, ein derartiges Mietverhältnis eingegangen zu sein, er hat sich gleich doppelt bestraft: Neben dem Mietverzicht hat er sich über die Mietdauer der Möglichkeit beraubt, sein Grundstück „bodenwertgemäß" zu nutzen. Es ist erheblich untergenutzt und es wird so auch bleiben, wenn der Mieter auf Einhaltung des Mietvertrages „pocht"; eine vorzeitige Kündigung des Mietverhältnisses erscheint nicht möglich.

Der Eigentümer – inzwischen klüger geworden – möchte trotzdem aus dem Mietvertrag „aussteigen" – gefragt ist nach der **Höhe der Abstandszahlung,**

Wertermittlungsstichtag 1.1.2012.

b) **Lösungsansätze**

1. Es handelt sich um ein **Liquidationsobjekt**, denn das Grundstück weist im Verhältnis zum Bodenwert eine deutliche Unternutzung aus:

   Bei einem Bodenwert von 16 Mio. € und einem Liegenschaftszinssatz von 6 % ergibt sich ein Bodenwertverzinsungsbetrag von 960 000 €, dem ein Reinertrag von 132 000 € gegenübersteht: Der Verkehrswert würde sich bei einem sofort zulässigen Abriss aus dem Bodenwert abzüglich der Freilegungskosten – FLK – ergeben:

   Bei einem umbauten Raum von 7 000 m³ und Freilegungskosten von 50 €/m³ ergibt sich:

Bodenwert (wenn unbebaut)	=	16 000 000 €
– FLK = 7 000 m³ × 50 €/m³	=	350 000 €
= Verkehrswert (sofort freilegbar)	**=**	**15 650 000 €**

2. Unter Berücksichtigung des langfristigen Mietvertrags, aus dem sich der Eigentümer erst zum 1.1.2015 lösen kann, ergibt sich der Liquidationswert wie folgt:

Bodenwert unter Berücksichtigung der FLK	=	15 650 000 €
abgezinst über 14 Jahre bei p = 6 %	=	6 922 010 €
+ kapitalisierter Reinertrag von 132 000 € diskontiert mit $1{,}06^{-14}$	=	1 227 600 €
= Liquidationswert (= Verkehrswert/Marktwert)	**=**	**8 149 610 €**

c) **Zwischenfazit**

Der Liquidationswert ist zugleich der Verkehrswert, wenn der Mieter auf Einhaltung des Mietvertrags besteht; stimmt er der sofortigen Auflösung zu, steigt der Verkehrswert auf den zuvor berechneten Verkehrswert von 15,65 Mio. €, d. h., es tritt eine Wertsteigerung von **7 500 390 €** ein!

Anders stellt sich die Situation für den Mieter dar: Als marktüblich erzielbare Miete für vergleichbaren Raum hätte er üblicherweise eine Jahresmiete (ohne Bewirtschaftungskosten) von 320 000 € aufzubringen (= Reinertrag zur Vereinfachung). Mit der sofortigen Auflösung des Mietvertrags würde er auf den Differenzbetrag gegenüber der vereinbarten Miete verzichten. Dies ergibt kapitalisiert:

Vermögensverlust des Mieters = (320 000 € – 132 000 €) × $9{,}30^{14}$ = **1 748 400 €**

Vervielfältiger für 14 Jahre bei p = 6 % = 9,30

Umzugskosten und dgl. sollen hier vernachlässigt werden.

d) **Ergebnis**

Im Falle der sofortigen Auflösung des Mietverhältnisses ist der Nachteil für den Mieter weitaus geringer als der Vorteil für den Eigentümer. Beide Beträge setzen die Grenzen für den Verhandlungsspielraum der Parteien, wenn sie sich auf einen Ablösebetrag einigen wollen. Die ermittelte Spanne von

1 748 400 € bis 7 500 390 €

IV § 16 ImmoWertV — Disponierbare Freilegungskosten

ist außerordentlich groß. Selbst eine Einigung auf den Mittelwert

(7 500 390 € – 1 748 400 €) : 2 = 2 875 995 €

wäre ein gutes Geschäft für den ohnehin schon günstig gestellten Mieter.

189 Dies macht die **Grenzen der Verkehrswertermittlung** deutlich. Es ist in solchen Fällen kaum möglich, vom Schreibtisch aus einen Verkehrswert zu ermitteln, denn die Höhe der Abstandszahlung hängt maßgeblich vom Verhandlungsgeschick der Parteien ab. Falsch wäre es jedenfalls, in einem solchen Fall schematisch den Liquidationswert ohne Beachtung dieser Zusammenhänge zu ermitteln und diesen als Verkehrswert unkommentiert im Gutachten auszuwerfen. Die finanziellen Verhandlungsspielräume des Eigentümers können je nach Lage des Einzelfalls sehr groß sein, sodass man eine einvernehmliche Lösung von vornherein nicht als aussichtslos einstufen darf.

5.2.7 Disponierbare Freilegungskosten

190 Eine am Wertermittlungsstichtag in entsprechender Anwendung des § 16 Abs. 3 ImmoWertV zwar angezeigte Freilegung gibt nicht stets Veranlassung, das Grundstück sofort freizulegen. Die Freilegung verursacht erhebliche Kosten, die wiederum nur dann rentierlich sind, wenn der volle Bodenwert durch Verkauf des Grundstücks oder durch eine dem Bodenwert angemessene Bebauung realisiert werden kann. Besonders problematisch sind die Fälle, in denen die **Freilegungskosten den Bodenwert überschreiten.** Diese Fälle treten insbesondere in Regionen mit niedrigem Bodenwertniveau aus. Das Marktgeschehen kann in diesen Fällen auch durch eine „gestrecke" Liquidation geprägt sein:

191 *Beispiel:*

Es liegen die sich aus Abb. 14 ergebenden Verhältnisse vor:

Abb. 14: Beispielsfall für den Bodenwert überschießende Freilegungskosten

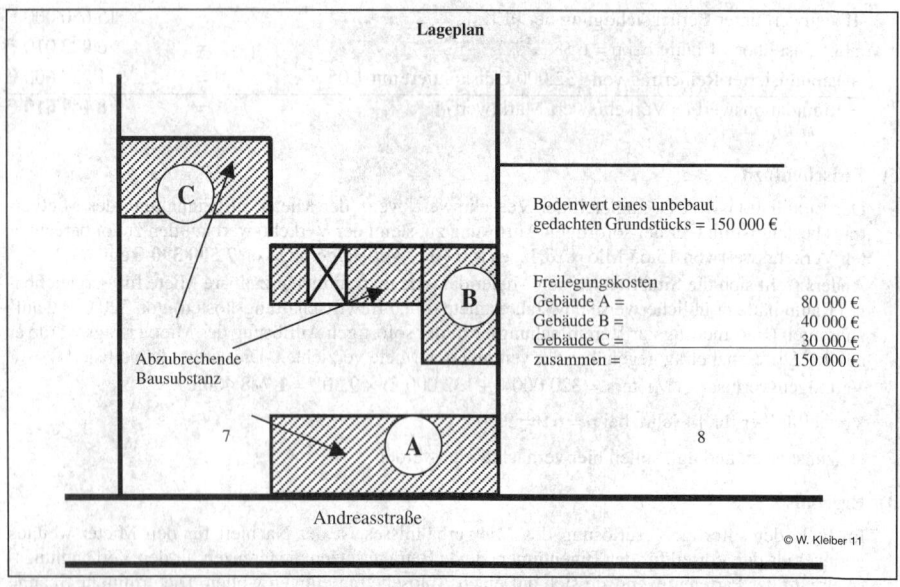

Ein Grundstückseigentümer bzw. ein potenzieller Erwerber wird in dem vorstehenden Fall danach trachten, die Möglichkeiten der ertragreichsten baulichen Nutzung des Grundstücks „auszuschöpfen" und gleichzeitig die unrentierlichen Kosten zu minimieren.

Disponierbare Freilegungskosten   **§ 16 ImmoWertV IV**

Er wird bezüglich der Freilegung nur die unabweisbaren Maßnahmen ergreifen. In dem Beispielfall wird er, um den Bodenwert realisieren zu können, das Gebäude A abreißen müssen. Geht man also bei der Wertermittlung vom Bodenwert des unbebaut gedachten Grundstücks aus, so ist dieser mindestens um die Freilegungskosten des Gebäudes A zu vermindern.

- Bei den übrigen baulichen Anlagen, die nicht zwangsläufig abzureißen sind, muss kritisch die Notwendigkeit eines sofortigen oder baldigen Abrisses geprüft werden. Dabei ist auch in Erwägung zu ziehen, ob allein schon zur Kostenersparnis der **Abbruch** gedanklich **in die Zukunft verschoben** wird, wenn nicht die ästhetische Beeinträchtigung so stark ist, dass sie zu sofortigem Handeln zwingt. Auch muss eine „einfache" Zwischennutzung in Erwägung gezogen werden.
- Vielfach kann die **Notwendigkeit** des Abbruchs **am Wertermittlungsstichtag noch nicht beurteilt werden** und es wird bewusst im Hinblick auf sich möglicherweise noch ergebende Weiterverwendungsmöglichkeiten davon Abstand genommen. Auch diese Überlegungen können sich für die vorhandenen Gebäude B und C in dem vorgestellten Beispielfall ergeben.
- Es kommt schließlich hinzu, dass eine substantiell abbruchreife Bausubstanz insoweit auch eine **werterhöhende Komponente** haben kann, als diese Bausubstanz im Hinblick auf ihren Bestandsschutz (zu Recht oder zu Unrecht) dem Eigentümer eine bauliche Nutzung dort sichert, wo ein Neubau nicht genehmigungsfähig wäre.

Soweit nach den Usancen des Grundstücksmarktes eine **Freilegung erst zu einem (sehr viel) späteren Zeitpunkt üblicherweise verwirklicht** wird, ist es begründet, die Freilegungskosten nur zu einem Bruchteil anzusetzen. Dies entspricht auch der finanzmathematischen Betrachtungsweise, bei der die Freilegungskosten nur in Höhe der über den Zeitraum des Fortbestands der abgängigen Bausubstanz diskontierten Freilegungskosten unter Berücksichtigung eines Abschlags für eventuelle ästhetische Beeinträchtigungen berücksichtigt werden. **192**

Es kann nicht beobachtet werden, dass in derartigen Fällen Grundstücke unentgeltlich abgegeben werden. Vielmehr werden für derartige Grundstücke durchaus „positive" Veräußerungserlöse erzielt. **193**

Dies hat seine Begründung darin, dass Erwerber z. B. den Rückbau „strecken", d. h. erst zu einem späteren Zeitpunkt in Betracht ziehen und Zwischennutzungen planen. **194**

Beispiel: 1. Fall „gestreckter" Abriss

Bodenwert (eines unbebaut gedachten Grundstücks)		150 000 €
Freilegungskosten		
a)	des Gebäudes A, das sofort freigelegt werden soll	– 80 000 €
b)	der Gebäude B und C in ca. 10 Jahren: 70 000 € × $1{,}05^{-10}$	– 42 974 €
	Differenz	27 026 €
	– Abschlag/ästhetische Minderung	– 2 026 €
	= **Verkehrswert**	**25 000 €**

Eine bauliche Weiterverwendung soll für die Gebäude B und C nicht in Betracht kommen. Kommt hingegen in dem betrachteten Zeitraum noch eine **rentierliche Zwischennutzung**, z. B. für Lagerzwecke und dgl. in Betracht, so ist das Ergebnis um die kapitalisierten Erträge aufzustocken: **195**

Beispiel: 2. Fall Zwischennutzung   **196**

Die Gebäude B und C können noch für einfache Lagerzwecke mit einem jährlichen Reinertrag von 4 000 € zwischengenutzt werden.

Kapitalisierter Mehrertrag bei p = 5 % und 10 Jahren (Vervielfältiger = 7,72):

$$4\ 000\ \text{€} \times 7{,}72 = 30\ 880\ \text{€}$$

$$\text{Verkehrswert} = 25\ 000\ \text{€} + 30\ 880\ \text{€} = \mathbf{56\ 000\ \text{€}}$$

Das Beispiel soll deutlich machen, dass ein **schematischer Abzug der Freilegungskosten** das Ergebnis und die wirtschaftliche Realität erheblich **verfälschen kann**.

IV § 16 ImmoWertV — Disponierbare Freilegungskosten

197 *Beispiel 3:*

a) **Sachverhalt**

Technikgebäude in einem im Zusammenhang bebauten Ortsteil in Mittelstadt von Schleswig-Holstein

Abb. 15: Lageplan

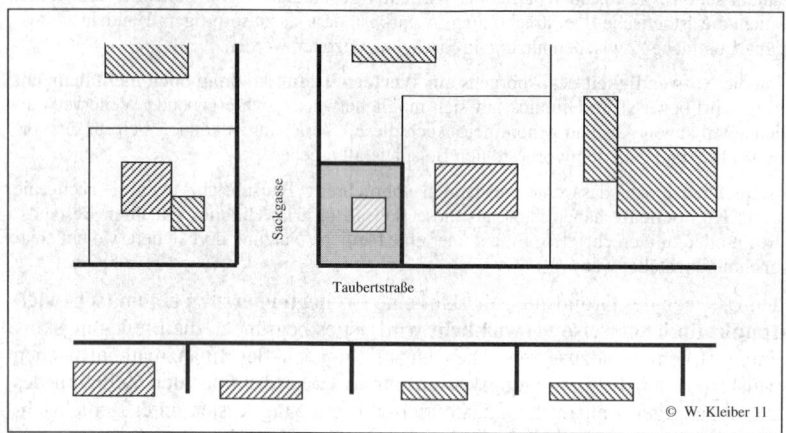

© W. Kleiber 11

Boden:
Grundstücksgröße	1 000 m²
Bodenwert (Bodenrichtwert) pro m²	20 €
Gesamtwert 1 000 m² × 20 €/m² =	20 000 €

Das Grundstück ist belastet mit einem unentgeltlichen Wegerecht. Das Wegerecht führt zu einer Wertminderung des dienenden Grundstücks, die mit einem Betrag von bis zu 50 % des Bodenwerts der betroffenen Fläche berücksichtigt wird.

Wertminderung mit 50 % des Bodenwerts der betroffenen Teilflächen angesetzt: 2 500 €

Abb. 16: Grundstück

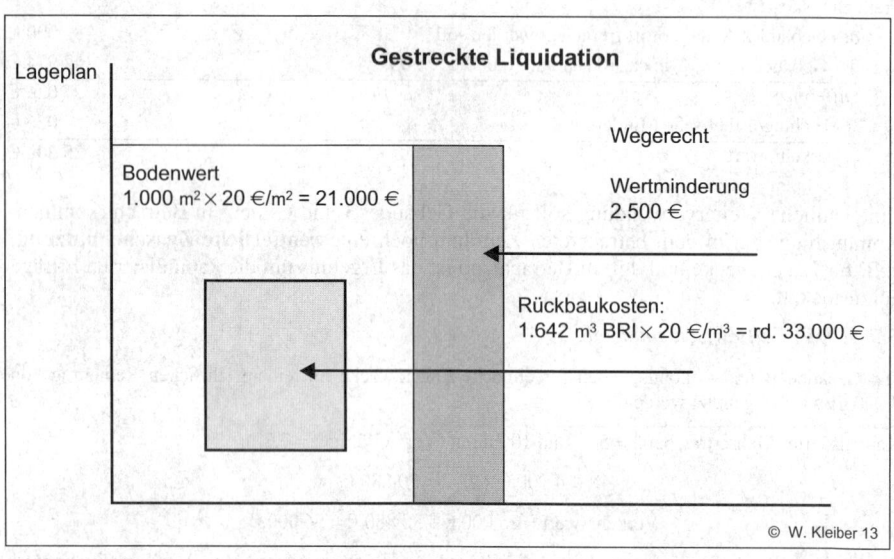

© W. Kleiber 13

Disponierbare Freilegungskosten § 16 ImmoWertV IV

Gebäude:

Restnutzungsdauer am Wertermittlungsstichtag	10 Jahre
Übliche Gesamtnutzungsdauer	40 Jahre
Baualter am Wertermittlungsstichtag	30 Jahre
Nutzfläche	275 m²
Nettokaltmiete als Technikfläche pro m² Nutzfläche im Monat im Soll-Zustand	6 €
Nettokaltmiete als Lager pro m² Nutzfläche im Monat im Ist-Zustand	2 €
Liegenschaftszinssatz	8 %
Rückbaukosten pro m³	20 €
Gesamtrückbaukosten 1 642 m³ BRI × 20 €/m³	rd. 33 000 €
Instandhaltungsrückstand	rd. – 15 000 €
Brutto-Rauminhalt (BRI)	1 642 m³
Normalherstellungskosten werden zum Wertermittlungsstichtag ermittelt mit	360 000 €

b) Wertermittlung (Modell konforme Ertragswertermittlung)

Wird die bisherige Nutzung über eine Restnutzungsdauer von 10 Jahren fortgesetzt, ergibt sich folgender vorläufiger Ertragswert:

$$EW = (RE - p \times BW) \, V + BW - FLK \times q^{-n}$$

1. Berechnung:

	Jahresnettokaltmiete (bei Soll-Zustand) 275 m² × 6 €/m² × 12 Monate =	19 800 €
./.	Bewirtschaftungskosten (10 %) : Jahresreinertrag = 19 800 € × 0,90 =	17 820 €
./.	Bodenwertverzinsungsbetrag (20 000 €) × 0,08 =	– 1 600 €
=	RE – (p × BW) =	16 220 €
×	Vervielfältiger V = 6,7100814 bei p = 8 % und 10 Jahren =	108 838 €
+	BW +	20 000 €
=	Vorläufiger Ertragswert =	128 838 €

Besondere objektspezifische Grundstücksmerkmale

a)	Instandsetzungsrückstau		= – 15 000 €	
b)	Freilegungskosten	= 33 000 €		
	Abzinsungsfaktor bei 10 Jahren	× 0,46319		
	Abgezinste Freilegungskosten		= – 15 285 €	
c)	Wertminderung infolge Wegerecht		= – 2 500 €	
=	Summe der objektspezifischen Grundstücksmerkmale		= – 32 785 €	– 32 785 €
=	Ertragswert			= 96 053 €

2. Alternativberechnung

Der Bodenwert (BW – FLK) ist kleiner als die Wertminderung!
Der Bodenwert ist durch das Wegerecht gemindert. Infolgedessen sind die Vorhaltekosten für den Bodenwert gemindert, d. h. der Bodenwert ergibt sich aus:
  Bodenwert =
  Bodenwert (im unbebauten Zustand) – Wertminderung infolge Wegerechts – Freilegungskosten
  Bodenwert = 20 000 € – 2 500 € – 33 000 € = – **15 500 €**

$$EW = RE - (p \times [BW - FLK - WertM_{Wegerecht}]) + (BW - FLK - WertM_{Wegerecht})$$

	Jahresnettokaltmiete (bei Soll-Zustand) 275 m² × 6 €/m² × 12	=	19 800 €
./.	Bewirtschaftungskosten (10 %) : Jahresreinertrag = 19 800 € × 0,90	=	17 820 €
./.	Bodenwertverzinsungsbetrag (– 15 500 €) × 0,08	+	1 240 €
=	RE – (p × BW)	=	19 060 €
×	Vervielfältiger V = 6,7100814 bei p = 8 % und 10 Jahren	=	127 894 €
+	BW – Wertminderung infolge Wegerechts – FLK	–	15 500 €
./.	Instandsetzungsrückstau	–	15 000 €
=	Ertragswert	=	97 394 €

IV § 16 ImmoWertV — Disponierbare Freilegungskosten

Die bisherige Nutzung wird auf dem Grundstücksmarkt jedoch nicht mehr nachgefragt. Das Gebäude ist damit wirtschaftlich verbraucht (*functional obsolescence*). Die rein schematisch ermittelte Restnutzungsdauer:

Gesamtnutzungsdauer (40 Jahre) – Alter (30 Jahre) = 10 Jahre Restnutzungsdauer

gibt ein falsches Bild.

Bei sofortiger Liquidation ergibt sich ein negativer Bodenwert:

20 000 € – 2 500 € – 33 000 € = – 15 500 €

Auf dem Grundstücksmarkt kann beobachtet werden, dass die Objekte dennoch Käufer finden, die gleichwohl noch einen (positiven) Preis bezahlen und sich dabei an dem Bodenwert (des unbebauten Grundstücks) orientieren:

Bodenwert (des unbebauten Grundstücks) einschließlich Wertminderung infolge Wegerechts
= 20 000 € – 2 500 € = 17 500 €

Dieses Käuferverhalten ist darin begründet, dass der Eigentümer nicht zum Rückbau der baulichen Anlage gezwungen werden kann, d. h., der Käufer verdrängt die Freilegung in die Zukunft und rechnet möglicherweise noch mit einer „Magerrendite" für „Kümmernutzungen", z. B. hier als Lagerfläche unter Zurückstellung des Instandhaltungsrückstaus.

Bei einer Vermietung des Objekts für Lagerzwecke und einer monatlichen Nettokaltmiete von 2 €/m², einer Nutzfläche von rd. 275 m² sowie Bewirtschaftungskosten von rd. 10 % ergibt sich:

Jahresnettokaltmiete: 275 m² × 2 €/m² × 12 Monate = 6 600 €
./. Bewirtschaftungskosten (10 %): Jahresreinertrag = 6 600 € × 0,90 = 5 940 €

c) Ertragswertermittlung bei „gestreckter Liquidation":

Ertragswertermittlung bei „gestreckter Liquidation"				
	Restnutzungsdauer			
	5 Jahre		10 Jahre	
	Wertminderung durch Wegerecht		Wertminderung durch Wegerecht	
	ohne	mit	ohne	mit
Jahresreinertrag	5 940 €	5 940 €	5 940 €	5 940 €
BW – FLK (– WertM$_{Wegerecht}$)	– 13 000 €	– 15 500 €	– 13 000 €	– 15 500 €
./. Bodenwertverzinsungsbetrag bei 8 %	+ 1 040 €	+ 1 240 €	+ 1 040 €	+ 1 240 €
= RE – [BW – FLK (– WertM$_{Wegerecht}$)] × p	6 980 €	7 180 €	6 980 €	7 180 €
Vervielfältiger bei 8 % und 5 bzw. 10 Jahren	3,99	3,99	6,71	6,71
= (RE – [BW – FLK (– WertM$_{Wegerecht}$)]) × V	27 850 €	28 648 €	48 836 €	48 178 €
+ [BW – FLK (– WertM$_{Wegerecht}$)]	– 13 000 €	– 15 500 €	– 13 000 €	– 15 500 €
= Ertragswert (vorläufig)	14 850 €	13 148 €	35 836 €	32 678 €
./. Wertminderung wegen Wegerechts (– 2 500 €)				
Diskontierungsfaktor bei 8 %	0,68058		0,46319	
./. Diskontierte WertM$_{Wegerecht}$	– 1 701 €		– 1 158 €	
= **Ertragswert**	**13 149 €**	**13 148 €**	**34 678 €**	**33 678 €**

Das Ergebnis zeigt, dass bei einer gestreckten Liquidation mit einer „Kümmernutzung" der Ertragswert in „beliebiger Höhe" ermittelbar ist. Bei dieser Betrachtung ist von geminderten Bewirtschaftungskosten ausgegangen worden, und auch der Instandhaltungsrückstau wurde nicht berücksichtigt.

Man wird die Liquidation nicht beliebig strecken, aber das *Beispiel* zeigt, dass sich bei einer zeitlichen „Streckung" der Liquidation um etwa 7 Jahre der Bodenwert ergibt.

d) **Sachwertermittlung bei gestreckter Liquidation**

Sachwertermittlung			
	Restnutzungsdauer		
	5 Jahre	7 Jahre	10 Jahre
Normalherstellungskosten	360 000 €	360 000 €	360 000 €
Alter in Jahren zum Wertermittlungsstichtag Gesamtnutzungsdauer	30 35	30 37	30 40
./. Alterswertminderung linear in %	85,714 %	81,081	75,000
Alterswertminderungsfaktor	0,14286	0,18919	0,25000
Alterswertgeminderte Normalherstellungskosten 2010	51 430 €	68 108 €	90 000 €
./. Instandsetzungsrückstau	– 15 000 €	– 15 000 €	– 15 000 €
= altersgeminderter Wert der baulichen Anlagen	36 430 €	53 108 €	75 000 €
+ [BW – FLK (– WertM$_{Wegerecht}$)]	– 14 500 €	– 14 500 €	– 14 500 €
= vorläufiger Sachwert abzüglich Instandsetzung	**21 930 €**	**38 608 €**	**60 500 €**
Ertragswert zum Vergleich	**13 830 €**	**21 490 €**	**33 141 €**

Die Differenz zwischen Sach- und Ertragswert spreizt sich mit der Zunahme des Liquidationszeitraumes. Dies ist darin begründet, dass

– der Sachwert mit der Verlängerung des Liquidationszeitraumes deutlich ansteigt, weil die Alterswertminderung erheblich abnimmt und

– der Ertragswert im Hinblick auf die „Kümmernutzung" weitaus geringer ansteigt und die diskontierte Rendite mit der Zeit abnimmt.

5.2.8 Beleihungswertermittlung

5.2.8.1 Überblick

▶ *Vgl. Rn. 123 sowie Teil IX Rn. 275 ff.*

198 Der in § 16 Abs. 3 ImmoWertV geregelte Liquidationsfall ist in § 13 Abs. 1 BelWertV noch in Anlehnung an § 20 Abs. 1 WertV 88 geregelt. Insoweit besteht auch kein Unterschied zur ImmoWertV, denn § 16 Abs. 3 ImmoWertV entspricht materiell dem bisherigen § 20 Abs. 1 WertV; die Nachfolgeregelung geht aber über den bisher in § 20 Abs. 1 WertV geregelten Sachverhalt einer sofortigen Freilegung hinaus und ist auch für die Fälle einschlägig, in denen die Freilegung „alsbald" erwartet werden kann (gestreckte Liquidation).

199 § 13 Abs. 1 BelWertV enthält keine vergleichbare Regelung insbesondere für den Fall, dass aufgrund mietvertraglicher bzw. mietrechtlicher Regelungen die sofortige Freilegung (Abbruch) nicht möglich ist. Die BelWertV enthält stattdessen

a) Vorgaben für die Anwendung des Ertragswertverfahrens auf Grundstücke, deren bauliche Anlagen eine Restnutzungsdauer von weniger als 30 Jahren aufweisen (§ 13 Abs. 2 BelWertV), und

b) in einer weiteren Vorschrift (§ 13 Abs. 3 BelWertV) ergänzende Vorgaben für die Bodenwertermittlung bei Anwendung des Ertragswertverfahrens auf Grundstücke, bei denen der Bodenwert mehr als die Hälfte des Ertragswerts i. S. der BelWertV ausmacht.

IV § 16 ImmoWertV — Beleihungswertermittlung

§ 20 WertV 88/98 Ermittlung des Ertragswerts in besonderen Fällen	§ 13 BelWertV Ermittlung des Ertragswerts in besonderen Fällen
(1) Verbleibt bei der Minderung des Reinertrags um den Verzinsungsbetrag des Bodenwerts nach § 16 Abs. 2 kein Anteil für die Ermittlung des Ertragswerts der baulichen Anlagen, so ist als Ertragswert des Grundstücks nur der Bodenwert anzusetzen. Der Bodenwert ist in diesem Fall um die gewöhnlichen Kosten zu mindern, insbesondere Abbruchkosten, die aufzuwenden wären, damit das Grundstück vergleichbaren unbebauten Grundstücken entspricht, *soweit diese im gewöhnlichen Geschäftsverkehr berücksichtigt werden.*	(1) Verbleibt bei der Minderung des Reinertrags um den Verzinsungsbetrag des Bodenwerts nach § 9 Abs. 2 kein Anteil für die Ermittlung des Ertragswerts der baulichen Anlagen, so ist als Ertragswert des Beleihungsobjekts abweichend von § 8 Abs. 3 nur der Bodenwert anzusetzen. Der Bodenwert ist in diesem Fall um die gewöhnlichen Kosten zu mindern, die aufzuwenden wären, um das Grundstück vergleichbaren unbebauten Grundstücken anzugleichen. Gewöhnliche Kosten im Sinne des Satzes 2 sind insbesondere die Abbruchkosten für die baulichen Anlagen.
(2) Wenn das Grundstück aus rechtlichen oder sonstigen Gründen alsbald nicht freigelegt und deshalb eine dem Bodenwert angemessene Verzinsung nicht erzielt werden kann, ist dies bei dem nach Absatz 1 Satz 2 verminderten Bodenwert für die Dauer der Nutzungsbeschränkung zusätzlich angemessen zu berücksichtigen. Der so ermittelte Bodenwert zuzüglich des kapitalisierten aus der Nutzung des Grundstücks nachhaltig erzielbaren Reinertrags ergibt den Ertragswert. Der für die Kapitalisierung des nachhaltig erzielbaren Reinertrags maßgebende Vervielfältiger bestimmt sich nach der Dauer der Nutzungsbeschränkung und dem der Grundstücksart entsprechenden Liegenschaftszinssatz.	*(2) Bei einer Restnutzungsdauer der baulichen Anlage von weniger als 30 Jahren ist auch der Anteil des Bodenwerts am Ertragswert des Grundstücks auf die Restnutzungsdauer des Gebäudes zu kapitalisieren oder es müssen die Abbruchkosten der baulichen Anlagen ermittelt, ausgewiesen und vom Ertragswert abgezogen werden.*
(3) Stehen dem Abriss der Gebäude längerfristig rechtliche oder andere Gründe entgegen und wird den Gebäuden nach den Verhältnissen des örtlichen Grundstücksmarkts noch ein Wert beigemessen, kann der Ertragswert nach den §§ 15 bis 19 mit einem Bodenwert ermittelt werden, der von dem Wert nach § 15 Abs. 2 abweicht. Bei der Bemessung dieses Bodenwerts ist die eingeschränkte Ertragsfähigkeit des Grundstücks sowohl der Dauer als auch der Höhe nach angemessen zu berücksichtigen.	*(3) In Fällen, in denen der Bodenwert mehr als die Hälfte des Ertragswerts ausmacht, sind im Gutachten die bei der Ermittlung des Bodenwerts zugrunde gelegten Annahmen im Einzelnen zu begründen und die Voraussetzungen für eine Ersatzbebauung und die dafür gegebenenfalls notwendigen Aufwendungen besonders darzulegen.*

200   Die **BelWertV** enthält keine Regelung zur Behandlung von anstehenden Freilegungen im Rahmen des Sachwertverfahrens. Bei Anwendung des Sachwertverfahrens „schlägt" der Bodenwert stets in voller Höhe auch auf den Sachwert (B) „durch". Die Vorgaben des § 13 Abs. 2 und 3 BelWertV müssten auch hier entsprechend gelten, zumal das **Sachwertverfahren** bei Ein- und Zweifamilienhäusern für sich allein zur Anwendung kommen kann.

5.2.8.2 Beleihungswertermittlung bei sofortiger Freilegung (§ 13 Abs. 1 BelWertV)

201   Verbleibt bei Anwendung des Ertragswertverfahrens bei der dafür vorgeschriebenen Minderung des Reinertrags um den Verzinsungsbetrag des Bodenwerts kein Anteil für die Ermittlung des Ertragswerts der baulichen Anlagen, soll „als Ertragswert" allein der um die Freilegungskosten verminderte Bodenwert ermittelt werden. Liegen die Anwendungsvoraussetzungen vor, übersteigt der (unverminderte) Bodenwert zwangsläufig den Ertragswert. Für den Fall einer sofort anstehenden Freilegung entspricht die Vorgabe der BelWertV materiell der ImmoWertV.

Beleihungswertermittlung § 16 ImmoWertV IV

5.2.8.3 Ertragswertermittlung für Grundstücke, deren Bebauung eine Restnutzungsdauer von weniger als 30 Jahre aufweist (§ 13 Abs. 2 BelWertV)

▶ Vgl. Teil IX, § 13 BelWertV Rn. 281; Syst. Darst. des Ertragswertverfahrens Rn. 8, 41

a) *Vorbemerkung*

Das der Ertragswertermittlung nach den Grundsätzen der BelWertV zugrunde liegende mathematische Modell entspricht dem Standardverfahren nach § 17 Abs. 2 Nr. 1 ImmoWertV: **202**

$$EW\ (B) = (RE - p \times BW) \times V + BW$$

wobei:
RE = Reinertrag
p = Liegenschaftszinssatz bzw. Kapitalisierungszinssatz
BW = Bodenwert
V = Vervielfältiger

Es handelt sich bei genauerer Betrachtung um eine vereinfachte mathematische Form, denn eigentlich ist der Bodenwert stets um die Freilegungskosten zu vermindern, die nach Ablauf der Restnutzungsdauer der baulichen Anlage anfallen (vgl. Syst. Darst. des Ertragswertverfahrens Rn. 8, 41)[81]. **203**

Die vollständige Formel lautet mithin: **204**

$$EW\ (B) = (RE - p \times [BW - FLK]) \times V + [BW - FLK]$$

wobei:
FLK = Freilegungskosten (Kosten des Abbruchs)

Im diametralen Unterschied zur ImmoWertV wird mit § 13 Abs. 2 BelWertV nicht vorgeschrieben, dass bei Anwendung des Ertrags- oder Sachwertverfahrens auf Objekte, die baulich noch genutzt werden, bei denen aber mit einer alsbaldigen Freilegung zu rechnen ist (sog. Liquidationsobjekte), der Bodenwert um die Freilegungskosten zu mindern ist. Dies ergab sich aus § 20 Abs. 2 WertV 88/98 und ergibt sich nunmehr aus § 16 Abs. 3 i. V. m. § 17 Abs. 2 bzw. § 21 Abs. 1 ImmoWertV. Nach dem Wortlaut des § 13 Abs. 2 BelWertV soll auch bei entsprechenden Objekten, deren Bebauung eine Restnutzungsdauer ≤ 30 Jahre aufweist, das Standardverfahren des § 17 Abs. 2 Nr. 1 ImmoWertV Anwendung finden. Eine mit der Vorgabe des § 16 Abs. 3 ImmoWertV vergleichbare Reduktion des Bodenwerts ist nicht vorgeschrieben. **205**

Mit § 13 Abs. 2 BelWertV wird das allgemeine (zweigleisige) Ertragswertverfahren (nach den §§ 8 ff. BelWertV) für den Fall, dass die baulichen Anlagen des Grundstücks eine kurze Restnutzungsdauer aufweisen (RND < 30 Jahre), lediglich dahingehend modifiziert, dass **206**

a) entweder *„auch der Anteil des Bodenwerts am Ertragswert" nur auf die Restnutzungsdauer (der baulichen Anlagen)* zu kapitalisieren ist oder (alternativ)

b) die Abbruchkosten der vorhandenen baulichen Anlagen ermittelt, ausgewiesen und vom Ertragswert abgezogen werden müssen.

Die unter b) genannte Alternative stellt eine Regelung dar, die generell zur Anwendung kommen kann, wenn die Restnutzungsdauer der baulichen Anlage ≤ als 30 Jahre ist, unabhängig davon, ob es sich um einen Liquidationsfall i. S. des § 13 Abs. 1 BelWertV handelt. **207**

---

81 Mit der ImmoWertV wird die Anwendung der (eigentlich) vollständigen Formel indessen nicht vorgeschrieben, weil bei Anwendung dieser Formel auf ein Grundstück, dessen Bebauung eine lange Restnutzungsdauer aufweist, ein unnötiger Rechenaufwand betrieben würde, denn unter diesen Voraussetzungen ist – wie bereits erläutert – ein fehlerhafter Bodenwert für das Ergebnis bedeutungslos, sodass auf den Abzug der Freilegungskosten verzichtet werden kann. Es kommt hinzu, dass nicht in jedem Fall eine Freilegung absehbar ist.

IV § 16 ImmoWertV — Beleihungswertermittlung

b) *Alternative 1: Kapitalisierung des „Bodenertragsanteils" über die Restnutzungsdauer des Gebäudes*

208 Bei Anwendung dieses Lösungswegs soll („alternativ" zum 2. Lösungsweg) der „Anteil des *Bodenwerts am Ertragswert*" nur über die Restnutzungsdauer des Gebäudes kapitalisiert werden. Was unter dem „Anteil des Bodenwerts am Ertragswert" zu verstehen ist, wird in der BelWertV nicht definiert. Bei semantischer Auslegung dürfte es sich um die „angemessene Verzinsung des Bodenwerts" i. S. des § 9 Abs. 2 Satz 1 BelWertV handeln, die in Satz 2 dieser Vorschrift auch als der „Verzinsungsbetrag" des Bodenwerts, mithin als der (jährliche) „Bodenwertverzinsbetrag" (p × BW) bezeichnet wird. Dieser Betrag wird bereits nach der allgemeinen Ertragswertformel (als ein vom Reinertrag abzuziehender Betrag) stets nur über die Restnutzungsdauer des Gebäudes kapitalisiert, so dass der Wortlaut dieser Vorschrift keinen Sinn ergibt.

209 Die **allgemeine Ertragswertformel** hat nämlich folgende mathematische Form:

$$EW = (RE - [p \times BW]) \times V + BW$$

V in Abhängigkeit von der Restnutzungsdauer

c) *Alternative 2: Abzug der Abbruchkosten vom Ertragswert*

210 Auch die mit § 13 Abs. 2 BelWertV alternativ zugelassene Regelung, nämlich der vorgeschriebene „Abzug" der Abbruchkosten (Freilegungskosten) vom Ertragswert, stellt eine wertermittlungstechnisch fragwürdige und zudem auch unklar formulierte Regelung dar.

211 Nach den §§ 8 bis 12[82] i.V.m dem mit § 13 Abs. 2 BelWertV vorgeschriebenen Abzug der Freilegungskosten (FLK) von dem Ertragswert ergibt sich folgende mathematische Form:

$$EW_{\text{Liquidation}} = \underbrace{(RE - (BW - [p \times BW]) \times V + BW}_{\text{Ertragswert nach den §§ 8 bis 12 BelWertV}} - \boldsymbol{FLK}$$

212 Finanzmathematisch wäre dies eine falsche und durch die Besonderheiten der Beleihung nicht zu rechtfertigende Formel, da dann auch der Bodenwertverzinsungsbetrag unter Berücksichtigung des um die Freilegungskosten verminderten Bodenwerts zu ermitteln wäre. Wenn nämlich nur ein entsprechend verminderter Bodenwert zum Ansatz kommt, vermindert sich auch das in den Grund und Boden investierte Kapital entsprechend.

213 *Beispiel:*

Bodenwert BW (baureif, d. h. im unbebauten Zustand)	=	550 000 €
Freilegungskosten FLK	=	50 000 €
Reinertrag RE (RoE abzüglich besonderer Bewirtschaftungskosten)	=	20 000 €
Restnutzungsdauer n	=	5 Jahre
Liegenschaftszinssatz p	=	5,0 %
Kapitalisierungszinssatz p'	=	5,5 %
Vervielfältiger $V_{(p=5,0;\ n=5)}$	=	4,3294131

214 Zwecks direkten Vergleichs wird der Beleihungswert nach § 13 Abs. 2 BelWertV mit dem Liegenschaftszinssatz von 5 % berechnet.

---

[82] § 8 Abs. 3 BelWertV: „(3) Bodenwert und Ertragswert der baulichen Anlage ergeben vorbehaltlich § 13 den Ertragswert des Beleihungsobjekts."

Beleihungswertermittlung   § 16 ImmoWertV IV

$EW = (RE - p \times [BW - FLK]) \times V + [BW - FLK]$	$EW = RE \times V + (BW - FLK) / \times q^n$	$EW = (RE - [p \times BW]) \times V + BW - FLK$
§ 17 Abs. 2 Nr. 1 ImmoWertV	§ 17 Abs. 2 Nr. 2 ImmoWertV	§ 13 Abs. 2 BelWertV

RE	=	20 000 €	RE	=	20 000 €	RE	=	20 000 €
BW	=	550 000 €				BW	=	550 000 €
− FLK	=	50 000 €						
$BW_{vermindert}$	=	500 000 €						
$(BW - FLK) \times p$	=	− 25 000 €				$BW \times p$	=	−27 500 €
$RE - [(BW - FLK) \times p]$	=	− 5 000 €				$RE - (BW \times p)$	=	− 7 500 €
$(RE - [(BW - FLK) \times p]) \times V$	=	− 21 647 €	$RE \times V$	=	86 588 €	$(RE - [BW \times p]) \times V$	=	− 32 471 €
BW	=	550 000 €	BW =		550 000 €	+ BW	=	+ 550 000 €
− FLK	=	50 000 €	FLK =		50 000 €	− FLK	=	− 50 000 €
$BW_{vermindert}$	=	500 000 €	BW_{ve} =		500 000 €	EW	=	467 529 €
EW			= + 500 000 €					
			$\times q^n (0{,}7835262)$	=	391 763 €			
EW	=	478 353 €	EW	=	478 351 €			**Falsch**

5.2.8.4 Ertragswertermittlung bei einem Bodenwertanteil von mehr als 50 % des Ertragswerts (§ 13 Abs. 3 BelWertV)

Nach § 13 Abs. 3 BelWertV sind (beschränkt) auf die Fälle, „*in denen der Bodenwert mehr als die Hälfte des Ertragswerts ausmacht, ... im Gutachten die bei der Ermittlung des Bodenwerts zugrunde gelegten Annahmen im Einzelnen zu begründen und die Voraussetzungen für eine Ersatzbebauung und die dafür gegebenenfalls notwendigen Aufwendungen besonders darzulegen*". 215

Die Vorschrift ist einerseits darin begründet, dass ein fehlerhafter Bodenwert bei Anwendung des Ertragswertverfahrens auf Grundstücke, deren Bebauung eine lange Restnutzungsdauer aufweist, allenfalls marginal auf das Ergebnis der Ertragswertermittlung durchschlägt und ein hoher Bodenwertanteil (am Ertragswert) ein Indiz für eine unwirtschaftliche Grundstücksnutzung ist, die per se liquidationsverdächtig ist. Dies steht im Einklang mit der Regelung des § 13 Abs. 1 BelWertV, nach der „als Ertragswert" der um die Freilegungskosten verminderte Bodenwert anzusetzen ist, wenn der Bodenwertverzinsungsbetrag den Reinertrag überschreitet. Der Ertragswert wird dann also entscheidend durch den Bodenwert bestimmt und deshalb sollen nach Sinn und Zweck der Regelung des § 13 Abs. 3 BelWertV die *der Ermittlung des Bodenwerts zugrunde gelegten Annahmen im Einzelnen begründet werden*. 216

5.2.8.5 Zusammenfassung

Die Vorschriften der BelWertV sind fachlich und „handwerklich" völlig misslungen und geeignet, das Vertrauen in die Beleihungswertermittlung zu erschüttern. 217

Bei Anwendung des (allgemeinen) Ertragswertverfahrens auf ein Grundstück, dessen Bebauung eine kurze Restnutzungsdauer erwarten lässt (Liquidationsobjekte), liegen die Verhältnisse anders. Die Realisierung des vollen Bodenwerts und auch die Kosten der Freilegung des Grundstücks fallen schon in einer absehbaren Zeit an und ein fehlerhafter Bodenwert „schlägt" auf den Ertragswert unabhängig davon durch, ob man das Ertragswertverfahren nach § 17 Abs. 2 Nr. 1 ImmoWertV, das die BelWertV übernommen hat, oder das Ertragswertverfahren nach § 17 Abs. 2 Nr. 2 ImmoWertV anwendet. 218

$$EW(B) = (RE - p \times [BW - FLK]) \times V + [BW - FLK] \quad = \quad RE \times V + (BW - FLK) \times q^{-n}$$

Ertragswertverfahren § 17 Abs. 2 Nr. 1 ImmoWertV   Ertragswertverfahren § 17 Abs. 2 Nr. 2 ImmoWertV

wobei:
n = Restnutzungsdauer

5.2.9 Steuerliche Bewertung

▶ Vgl. Rn. 18, 129, 249; Vorbem. zur ImmoWertV Rn. 15 ff., 166; § 8 ImmoWertV Rn. 158; § 10 ImmoWertV Rn. 33 ff.

219 In der steuerlichen **Einheitsbewertung** wird Grundstücken, deren bauliche Anlagen baulich nicht nutzbar sind, mit der Regelung des § 77 BewG Rechnung getragen. Danach gilt für entsprechend bebaute Grundstücke der sog. **Mindestwert**. Die Vorschrift hat folgende Fassung:

„Der für ein bebautes Grundstück anzusetzende Wert darf nicht geringer sein als der Wert, mit dem der Grund und Boden allein als unbebautes Grundstück zu bewerten wäre. Müssen Gebäude oder Gebäudeteile wegen ihres baulichen Zustands abgebrochen werden, so sind die Abbruchkosten zu berücksichtigen."

220 Nach Art. 7 des Steueränderungsgesetzes[83] ist die Vorschrift im **Hauptfeststellungszeitraum 1964** jedoch in folgender Fassung anzuwenden:

„Der für ein bebautes Grundstück anzusetzende Wert darf nicht geringer sein als 50 vom Hundert des Werts, mit dem der Grund und Boden allein als unbebautes Grundstück zu bewerten wäre."

221 Eine entsprechende Regelung sieht auch § 146 Abs. 6 BewG für Zwecke der **Grundbesitzbewertung** (Erbschaft- und Schenkungsteuer) vor.

6 Abweichungen der realisierten Nutzung von der zulässigen bzw. lagetypischen Nutzung (§ 16 Abs. 4 ImmoWertV)

▶ Vgl. Rn. 128, 235, 252 ff., 268; Vorbem. zur ImmoWertV Rn. 36, 51; § 5 ImmoWertV Rn. 89; § 6 ImmoWertV Rn. 35 ff., 75 ff.; § 8 ImmoWertV Rn. 361 ff., 387 ff.; Syst. Darst. des Ertragswertverfahrens Rn. 139 ff., 294 ff.; Teil VI Rn. 698, 714 ff., 818 ff.; Syst. Darst. des Sachwertverfahrens Rn. 48 ff.

6.1 Allgemeines

222 Mit § 16 Abs. 4 ImmoWertV wird erstmals die in den Vorauflagen dieses Werks[84] stets vertretene Auffassung in die Verordnung aufgenommen, nach der Abweichungen der auf einem Grundstück realisierten Nutzung (Bebauung) von der zulässigen bzw. lagetypischen Nutzung bei der Bodenwertermittlung zu berücksichtigen sind. Dies war bislang nur in § 28 Abs. 3 WertV 88/98 für die Bemessung von Ausgleichsbeträgen nach § 154 BauGB in förmlich festgelegten Sanierungsgebieten bzw. Entwicklungsbereichen geregelt.

223 Die mit § 16 Abs. 4 ImmoWertV vorgeschriebene Berücksichtigung von Abweichungen der auf einem Grundstück realisierten Nutzung (Bebauung) von der zulässigen bzw. lagetypischen Nutzung muss grundsätzlich auch bei der Ertrags- und Sachwertermittlung nach den §§ 17 ff. ImmoWertV zur Anwendung kommen; dies ergibt sich aus den entsprechenden Verweisen in § 17 Abs. 2 Satz 1 und § 21 Abs. 1 Satz 1 ImmoWertV auf § 16 ImmoWertV:

– Bei *Anwendung des Ertragswertverfahrens* kann – wenn die Restnutzungsdauer hinreichend lang ist (vgl. Rn. 235) – davon abgesehen werden, denn der Bodenwert ist dann für das Gesamtergebnis ohnehin nur von marginaler Bedeutung.

– Bei *Anwendung des Sachwertverfahrens* kann es aufgrund des Grundsatzes der Modellkonformität geboten sein, den vorläufigen Sachwert zunächst auf der Grundlage eines **mit dem heranzuziehenden Sachwertfaktor kompatiblen Bodenwerts** zu ermitteln und Abweichungen der auf dem Grundstück realisierten Nutzung (Bebauung) von der zulässigen bzw. lagetypischen Nutzung erst nachträglich und subsidiär als „besondere objektspe-

---
[83] Steueränderungsgesetz vom 18.8.1969 (BGBl. I 1969, 1211).
[84] Kleiber/Simon, Verkehrswertermittlung von Grundstücken, 5. Aufl. 2007, S. 1262.

Abweichende Nutzungen § 16 ImmoWertV IV

zifische Grundstücksmerkmale" i. S. des § 8 Abs. 3 ImmoWertV zu berücksichtigen (vgl. Rn. 128; § 8 ImmoWertV Rn. 387 ff.; Syst. Darst. des Sachwertverfahrens Rn. 48 ff., Vorbem. zur ImmoWertV Rn. 36).

Die besonderen Maßgaben des § 16 Abs. 4 ImmoWertV sind in Folgendem begründet: **224**

a) Nach der Grundsatzregelung des § 16 Abs. 1 ImmoWertV wird der **Bodenwert eines bebauten Grundstücks mit dem Bodenwert eines vergleichbaren unbebauten Grundstücks** ermittelt; die auf dem Grundstück vorhandene Bebauung bleibt mithin außer Betracht.

b) Darüber hinaus wird mit § 6 Abs. 1 Satz 1 (und sonstigen) ImmoWertV vorgegeben, dass der Bodenwertermittlung die Art und das Maß der baulichen Nutzung zugrunde zu legen ist, die sich insbesondere nach den planungsrechtlichen Vorschriften ergeben (§§ 30, 33 und 34 BauGB), d. h., Art und Maß der baulichen Nutzung bestimmen sich grundsätzlich nach der zulässigen Nutzung; wird vom Maß der baulichen Nutzung in der Umgebung regelmäßig abgewichen, ist nach § 16 Abs. 1 Satz 2 ImmoWertV die *lagetypische* Nutzung maßgebend, die im gewöhnlichen Geschäftsverkehr zugrunde gelegt wird.

c) Aus alledem folgt, dass sich der **Bodenwert eines bebauten Grundstücks** – wie der Bodenwert eines unbebauten Grundstücks – **nach dem zulässigen bzw. lagetypischen Maß der baulichen Nutzung bestimmt,** das sich auf einem unbebauten Grundstück realisieren ließe.

d) **Weicht nun die auf einem Grundstück realisierte „tatsächliche" Nutzung erheblich von dem zulässigen bzw. lagetypischen Maß der baulichen Nutzung ab,** so ist dies nach § 16 Abs. 4 ImmoWertV insbesondere zu berücksichtigen, wenn durch die vorhandene Bebauung die Nutzbarkeit erheblich beeinträchtigt ist, weil die Bebauung einer Realisierung der zulässigen bzw. lagetypischen Nutzung entgegensteht.

Beispiel: **225**

Auf einem Grundstück, für das bauplanungsrechtlich eine GFZ von 2,0 zulässig ist, ist ein Gebäude mit einer realisierten GFZ von 1,0 errichtet worden. Die Nutzbarkeit ist beeinträchtigt, wenn sich im konkreten Fall

– *die bauplanungsrechtlich zulässige Nutzung weder durch An- oder Aufbauten noch in sonstiger Weise realisieren lässt und*

– *eine Freilegung des Grundstücks zum Zwecke der Realisierung der bauplanungsrechtlich zulässigen Nutzung eine unwirtschaftliche „Vernichtung" der vorhandenen Bausubstanz bedeuten würde, und es bei wirtschaftlicher Betrachtungsweise oder aus sonstigen Gründen geboten erscheint, die vorhandenen baulichen Anlagen weiter zu nutzen.*

Abweichungen der auf einem Grundstück realisierten Nutzung (Bebauung) von der zulässigen bzw. lagetypischen Nutzung sind bei der Bodenwertermittlung nur zu berücksichtigen, wenn es sich um irreparable Abweichungen handelt. Abweichungen sind z. B. **reparabel,** wenn die zulässige bzw. lagetypische Nutzung jederzeit durch An- und Aufbauten realisiert werden kann. Abweichungen sind *irreparabel*, wenn sie **226**

– bei wirtschaftlicher Betrachtungsweise oder

– aus sonstigen, insbesondere rechtlichen Gründen (z. B. Denkmalschutz, aber auch nach den §§ 172 ff. BauGB)

irreparabel sind. Bedingt z. B. die Realisierung der nach § 6 Abs. 1 ImmoWertV maßgeblichen zulässigen bzw. lagetypischen Nutzung die Freilegung der vorhandenen baulichen Anlagen, sind die Abweichungen bei wirtschaftlicher Betrachtungsweise irreparabel, wenn der dabei aufzugebende Restwert der baulichen Anlagen den Bodenwertzuwachs übersteigt, der sich aus der Realisierbarkeit der zulässigen bzw. lagetypischen Nutzung ergäbe. Davon ist insbesondre bei baulichen Anlagen auszugehen, die noch eine verhältnismäßig lange Restnutzungsdauer aufweisen.

Als sonstige sich über eine wirtschaftliche Betrachtungsweise hinwegsetzende Gründe kommen vor allem rechtliche Gründe in Betracht, z. B. wenn eine bauliche Anlage aus Gründen des Denkmalschutzes oder nach den §§ 172 ff. BauGB auf Dauer oder nur vorübergehend zu erhalten ist. Umgekehrt findet die Vorschrift keine Anwendung, wenn eine **Freilegung des Grundstücks** nach Maßgabe des § 16 Abs. 3 ImmoWertV **angezeigt** ist, weil damit auch die Realisierung der zulässigen bzw. lagetypischen Nutzung möglich wird.

227 Aus Abweichungen der tatsächlichen Nutzung von der zulässigen bzw. lagetypischen Nutzung resultieren indessen nicht stets Beeinträchtigungen der Nutzbarkeit eines bebauten Grundstücks. Die **Abweichungen können** im konkreten Einzelfall **wertneutral** (z. B. bei unerheblichen Abweichungen), **wertmindernd und werterhöhend sein.** Der Bodenwert eines bebauten Grundstücks kann sich im Verhältnis zum Bodenwert eines unbebauten Grundstücks beispielsweise erhöhen, wenn auf dem Grundstück eine unter Bestandsschutz und möglicherweise auch unter Denkmalschutz fallende Bebauung realisiert wurde, die nach Art und Maß der baulichen Nutzung die sonst zulässige Nutzbarkeit deutlich überschreitet.

228 **Die Nutzbarkeit eines bebauten Grundstücks kann aufgrund der vorhandenen Bebauung im Verhältnis zu seinem unbebauten Zustand vorübergehend** (bis zum Abriss der baulichen Anlage), **aber auch auf Dauer** (bei den auf Dauer zu erhaltenden Denkmälern) **gemindert oder erhöht sein.**

6.2 Anwendungsbereich

6.2.1 Abweichende Nutzungen

▶ *Vgl. § 5 ImmoWertV Rn. 191, 243 ff.; § 6 ImmoWertV Rn. 86; § 8 ImmoWertV Rn. 47, 151, 251; Syst. Darst. des Sachwertverfahrens Rn. 198 ff.; Teil II Rn. 584 ff.*

229 Der Anwendungsbereich der Vorschrift erstreckt sich neben der sich aus den §§ 30, 33 und 34 BauGB und den sonstigen Vorschriften ergebenden

- **Art der baulichen Nutzung** und
- dem sich daraus ergebenden **Maß der baulichen Nutzung**
- auch auf **Art und Maß „sonstiger" Nutzungen.**

230 **Zu den „sonstigen nach § 6 Abs. 1 ImmoWertV maßgeblichen Vorschriften, die die bauliche Nutzbarkeit betreffen",** gehören beispielsweise

- die Erteilung eines Dispenses, der eine höhere als die in einem Bebauungsplan festgesetzte Nutzung zulässt,
- der Bestandsschutz einer zulässigerweise errichteten baulichen Anlage, die auf einem Grundstück steht, für das im Falle einer beabsichtigten Neuerrichtung der baulichen Anlage (z. B. nach vorheriger Bebauungsplanänderung) keine Baugenehmigung erteilt werden könnte,
- die denkmalschutzrechtlichen Bestimmungen, die dem Abriss einer vorhandenen baulichen Anlage entgegenstehen, so dass eine Neubebauung entsprechend einer ansonsten zulässigen Nutzung nicht möglich ist (es ist jedoch möglich, dass der Bebauungsplan ein höheres, aber auch geringeres Maß der baulichen Nutzung vorsieht).

231 Dem angesprochenen Sonderfall einer Abweichung der realisierten von der zulässigen bzw. lagetypischen Nutzung gleichgesetzt wird der Fall einer mit zunehmendem Alter der baulichen Anlage gegenüber einem Neubau qualitativ abfallenden Baugestaltung und Ausstattung, weil auch in diesem Fall die Nutzung nicht in einem angemessenen Verhältnis zum Bodenwert eines unbebauten Grundstücks stünde. Die Berücksichtigung entsprechender Beeinträchtigungen mit einem irgendwie gearteten **„Bebauungsabschlag"** lässt § 16 Abs. 4 ImmoWertV nicht zu. Tatsächlich kann eine ältere Bebauung auch keinesfalls a priori als unwirtschaftlich gelten, denn auch die Altvorderen waren auf Wirtschaftlichkeit bedacht.

Was sich z. B. als unwirtschaftliche Raumhöhe in einem Gründerzeithaus aufdrängt, kann sogar zu höheren Mieterträgen führen. Darüber hinaus sind entsprechende Beeinträchtigungen i. d. R. reparabel.

Als Beispiel einer unwirtschaftlichen Bebauung kann z. B. ein **ungünstiges Verhältnis der Nutz- zur Geschossfläche**, also ein ungünstiger **Nutzflächenfaktor** bzw. ein ungünstiges **Ausbauverhältnis**, gelten (vgl. § 8 ImmoWertV Rn. 251; Teil II Rn. 584 ff.; Syst. Darst. des Sachwertverfahrens Rn. 198 ff.). Untersuchungen zur zeitlichen Entwicklung des Nutzflächenfaktors haben z. B. für *München* ergeben, dass der Nutzflächenfaktor dort im Zeitraum von 1899 bis 1960 gerade einmal von 0,72 auf 0,77 gestiegen ist. 232

Ergeben sich im konkreten Fall aus der Baugestaltung und Ausstattung der baulichen Anlagen Beeinträchtigungen, sind sie nicht bei der Bodenwertermittlung, sondern als besondere objektspezifische Grundstücksmerkmale nach § 8 Abs. 3 ImmoWertV zu berücksichtigen. Dabei muss insbesondere bei Anwendung des Ertragswertverfahrens eine Doppelberücksichtigung vermieden werden, denn bei **systemkonformer Ableitung des Liegenschaftszinssatzes (unter Berücksichtigung der Restnutzungsdauer des Gebäudes) wird dem Baustandard älterer Gebäude bereits mit dem Liegenschaftszinssatz Rechnung getragen**. 233

6.2.2 „Erheblich" abweichende Nutzungen

Nach dem Wortlaut des § 16 Abs. 4 ImmoWertV ist nur ein **„erhebliches" Abweichen** der tatsächlichen (realisierten) Nutzung von der nach § 6 Abs. 1 ImmoWertV maßgeblichen Nutzung zu berücksichtigen. Bei nicht erheblichen Abweichungen findet sie keine Anwendung. Die Verordnung konnte keine „festen" Grenzen vorgeben, denn eine Berücksichtigung ist nur insoweit geboten, wie 234

– es dem gewöhnlichen Geschäftsverkehr entspricht und
– sie auf das Ergebnis der Wertermittlung „durchschlägt".

Dies ist vor allem auch von dem zur Anwendung kommenden Wertermittlungsverfahren abhängig. Während bei Anwendung des Sachwertverfahrens der Bodenwert unmittelbar in das Ergebnis der Sachwertermittlung eingeht, kann bei **Anwendung des Ertragswertverfahrens** in aller Regel auf eine Korrektur des Bodenwerts unter- oder übergenutzter Grundstücke verzichtet werden, wenn das Gebäude eine Restnutzungsdauer von 40 Jahren aufweist, da sich eine Minderung bzw. Erhöhung des Bodenwerts aufgrund eines unter- bzw. übergenutzten Grundstücks ohnehin nur marginal auf das Gesamtergebnis auswirkt. Mit der Minderung bzw. Erhöhung des Bodenwerts geht nämlich komplementär eine Erhöhung bzw. Minderung des Gebäudeertragswerts einher, d. h., sie bewirkt lediglich eine für das Gesamtergebnis unbedeutende „Insichverschiebung" der Boden- und Gebäudeanteile. 235

Beispiel: 236

Wertermittlungsobjekt:
– Bodenwert (BW) i. S. des § 16 Abs. 1 ImmoWertV
  (= Bodenwert nach zulässiger bzw. lagetypischer Nutzung)   500 000 €
– Bodenwert unter Berücksichtigung der realisierten Nutzung   400 000 €
– Reinertrag (RE)   100 000 €
– Liegenschaftszinssatz p   6 %
– Restnutzungsdauer n   40 Jahre

Ermittlung des Ertragswerts

Berechnung 1			Berechnung 2		
Bodenwert nach zulässiger bzw. lagetypischer Nutzung („*voller*" Bodenwert i. S. des § 16 Abs. 1 ImmoWertV)			Bodenwert unter Berücksichtigung der realisierten Nutzung		
Bodenwert	=	500 000 €	Bodenwert	=	*400 000 €*
Reinertrag ./. Bodenwertverzinsungsbetrag 500 000 € × 6/100	=	100 000 € 30 000 €	Reinertrag ./. Bodenwertverzinsungsbetrag *400 000 €* × 6/100	=	100 000 € 24 000 €
Differenz: Kapitalisiert bei $p = 6\%$ und $n = 40$ Jahre Vervielfältiger = 15,05 + Bodenwert	= =	70 000 € 1 053 250 € 500 000 €	Differenz: Kapitalisiert bei $p = 6\%$ und $n = 40$ Jahre Vervielfältiger = 15,05 + Bodenwert	= =	76 000 € 1 143 800 € 400 000 €
Ertragswert	=	**1 553 500 €**	**Ertragswert**	=	**1 543 800 €**

Δ 9 700 € ≈ 0,6 %!

237 Im vorstehenden *Beispiel* führt eine Minderung des „vollen" Bodenwerts um 20% im Gesamtergebnis gerade einmal zu einer Minderung des Ertragswerts um 4,6%. I. d. R. fallen die Bodenwertminderungen unter Anwendung der vorgestellten Methodik weitaus geringer aus und die Vorgaben des § 16 Abs. 4 ImmoWertV können bei Anwendung des Ertragswertverfahrens unbeachtlich bleiben. Das Beispiel zeigt aber eine nicht unerhebliche „Insichverschiebung" des Boden- und Gebäudewertanteils, so dass der abweichende Bodenwert bei **Wertermittlungen für steuerliche Zwecke** von Bedeutung ist.

6.3 Ermittlung der Bodenwertminderung bzw. Bodenwerterhöhung

6.3.1 Allgemeines

▶ *Vgl. Syst. Darst. des Vergleichswertverfahrens Rn. 218; § 8 ImmoWertV Rn. 394*

238 Ausgangspunkt der Bodenwertermittlung unter Berücksichtigung von einer erheblichen Abweichung der realisierten Nutzung von der zulässigen bzw. lagetypischen Nutzbarkeit eines Grundstücks ist der sich auf der Grundlage der auf dem Grundstück realisierten Nutzung ergebende Bodenwert (BW_{real}). Daneben muss der sich auf der Grundlage der zulässigen bzw. lagetypischen Nutzung ergebende Bodenwert ($BW_{zul/lag}$) ermittelt werden.

– Der Bodenwert, der sich auf der Grundlage der auf dem Grundstück realisierten (tatsächlichen) Nutzung ergibt, wird auch als der **„nutzungsabhängige Bodenwert"** bezeichnet.

– Der Bodenwert, der sich nach Maßgabe des § 6 Abs. 1 ImmoWertV auf der Grundlage der planungsrechtlich zulässigen bzw. der lagetypischen Nutzung ergibt, wird als der **„maßgebliche Bodenwert"** bezeichnet.

239 Die sich aus beiden Bodenwerten ergebende Bodenwertdifferenz ($BW_{zul/lag} - BW_{real}$) stellt jedoch noch nicht die Bodenwertminderung oder -erhöhung dar, denn die auf dem Grundstück vorhandene Bebauung blockiert die Realisierung der zulässigen bzw. lagetypischen Nutzung so lange, wie die vorhandene bauliche Anlage noch genutzt wird. Die **Bodenwertdifferenz muss** deshalb **über die am Wertermittlungsstichtag gegebene Restnutzungsdauer der baulichen Anlage abgezinst werden**.

– Die Bodenwertdifferenz wird im Falle eines nicht „voll" ausgenutzten Grundstücks als *„Wertvorteil"* bezeichnet, der jedoch über die Restnutzungsdauer der baulichen Anlage abzuzinsen ist.

Abweichende Nutzungen   **§ 16 ImmoWertV IV**

– Im Falle einer Nutzung des Grundstücks, die über die nach § 6 Abs, 1 ImmoWertV maßgeblichen Nutzung hinausgeht, ist die Bodenwertdifferenz dementsprechend als „*Wertnachteil*" zu bezeichnen, der ebenfalls über die Restnutzungsdauer der baulichen Anlage abzuzinsen ist.

Wird unter dem Grundsatz der Modellkonformität der **Ertrags- und Sachwert auf der Grundlage des „nutzungsabhängigen Bodenwerts",** d. h. auf der Grundlage des Bodenwerts, wie er sich nach der realisierten Nutzung ergibt, **ermittelt, sind die abgezinsten „Wertvorteile" bzw. „Wertnachteile" nachträglich als besondere objektspezifische Grundstücksmerkmale zu berücksichtigen,** soweit dies marktgerecht ist (vgl. Beispiele bei § 8 ImmoWertV Rn. 394).

Zur Ermittlung des Bodenwerts eines bebauten Grundstücks unter Berücksichtigung von Abweichungen der tatsächlichen Nutzung von der zulässigen bzw. lagetypischen Nutzung wird deshalb der Bodenwert auf der Grundlage der realisierten Nutzung ermittelte Ausgangswert (nutzungsabhängiger Bodenwert) ermittelt und   **240**

– im Falle einer **Unternutzung** um die diskontierte Bodenwertdifferenz aufgestockt bzw.

– im Falle einer **Übernutzung** um die diskontierte Bodenwertdifferenz vermindert.

In Formeln: **241**

$$BW = BW_{real} + (BW_{zul/lag} - BW_{real}) \times q^{-n}$$

wobei
BW_{real} = nutzungsabhängiger Bodenwert auf der Grundlage der realisierten Nutzung
$BW_{zul/lag}$ = maßgeblicher Bodenwert auf der Grundlage der zulässigen bzw. lagetypischen Nutzung
q = Zinsfaktor = 1 + Zinssatz/100 = 1 + p/100
n = Restnutzungsdauer in Jahren

Die **Abzinsung** ist **über** die Dauer vorzunehmen, die die bauliche Anlage unter Berücksichtigung ihres Bestandsschutzes entsprechend ihrer **Restnutzungsdauer** voraussichtlich genutzt wird, sofern nicht aus anderen rechtlichen Gründen ein vorheriger Abbruch erwartet werden muss.   **242**

Bei einer auf Dauer zu erhaltenden baulichen Anlage mit einer (zumindest theoretisch) gegen unendlich strebenden Restnutzungsdauer, wie z. B. bei **denkmalgeschützten Gebäuden,** führt diese Vorgehensweise dazu, dass das Korrekturglied in der Formel gegen null geht und der Bodenwertermittlung die tatsächlich mit dem Denkmal realisierte Nutzung zugrunde gelegt wird. Diese kann niedriger, aber auch höher als die nach den heute geltenden bauplanungsrechtlichen Vorschriften zulässige Nutzbarkeit sein. In der Praxis, so z. B. in *Hamburg*, werden deshalb zu Recht Abweichungen der realisierten von der rechtlich zulässigen und lagetypischen Nutzung nur besonders berücksichtigt, wenn die vorhandene Nutzung nach Art und Maß nicht nachhaltig ist, so z. B. wenn die vorhandene Bebauung eine wirtschaftliche Restnutzungsdauer von weniger als 30 Jahren hat[85].   **243**

6.3.2 Maß der baulichen Nutzung

▶ *Vgl. § 6 ImmoWertV Rn. 35; § 10 ImmoWertV Rn. 74; Syst. Darst. des Vergleichswertverfahrens Rn. 218 ff.*

Hauptanwendungsfall des § 16 Abs. 4 ImmoWertV sind Abweichungen des realisierten Maßes der baulichen Nutzung von dem zulässigen Maß der baulichen Nutzung. Die sich aus dem abweichenden Maß der baulichen Nutzung ergebende Bodenwertdifferenz lässt sich dabei unter Heranziehung der Umrechnungskoeffizienten für Grundstücke mit unterschiedlichem Maß der baulichen Nutzung (§ 12 ImmoWertV) ermitteln (vgl. Abb. 17).   **244**

---
[85] Vgl. AK Wertermittlung des Deutschen Städtetages, Vorbericht zu TOP 8 der Sitzung am 11.11.1991.

Abb. 17: Berücksichtigung von Abweichungen des Maßes der tatsächlichen Bebauung eines Grundstücks von dem rechtlich zulässigen bzw. lagetypischen Maß der baulichen Nutzung (i. S. des § 6 Abs. 1 ImmoWertV)

Berücksichtigung von Abweichungen des Maßes der tatsächlichen Bebauung eines Grundstücks von dem rechtlich zulässigen bzw. lagetypischen Maß der baulichen Nutzung (i.S. des § 6 Abs. 1 ImmoWertV) bei der Bodenwertermittlung

$$BW = BW_{real} + (BW_{zul/lag} - BW_{real}) \times 1/q^n$$

wobei:
BW_{real} = Bodenwert aufgrund realisierter Nutzung (nutzungsabhängiger Bodenwert)
$BW_{zul/lag}$ = Bodenwert aufgrund zulässiger bzw. lagetypischer Nutzung
q = Zinsfaktor = $1 + $ Zinssatz$/100 = 1 + p$
n = Restnutzungsdauer

Beispiele:

a) **bei Unterschreitung der rechtlich zulässigen Nutzung**

BW_{real} bei GFZ von 0,8 = 244 €/m²
$BW_{zul/lag}$ bei GFZ von 1,2 = 300 €/m²
Liegenschaftszinssatz p = 5 %
Restnutzungsdauer n = 20 Jahre
$BW = 244$ €/m² $+ 56$ €/m² $\times 1/1,05^{20} = 265$ €/m²

b) **bei Überschreitung der rechtlich zulässigen Nutzung**

BW_{real} bei GFZ von 1,2 = 300 €/m²
$BW_{zul/lag}$ bei GFZ von 0,8 = 244 €/m²
Liegenschaftszinssatz p = 5 %
Restnutzungsdauer n = 20 Jahre
$BW = 300$ €/m² $- 56$ €/m² $\times 1/1,05^{20} = 279$ €/m²

c) **bei „auf Dauer" zu erhaltenden Gebäuden (Denkmäler)**

$\lim_{n \to \infty} \frac{1}{q^n} = 0 \quad BW = BW_{real}$

© W. Kleiber 13

---

245 *Beispiel:*

a) **Sachverhalt** (Abb. 18)

- Der Bodenwert betrage bei einer zulässigen bzw. lagetypischen Nutzung mit einer GFZ von 1,0 = 400 €/m².
- Auf einem Grundstück sei eine GFZ von 0,6 realisiert worden.
- Die Restnutzungsdauer des Gebäudes liege bei 40 Jahren.

Abb. 18: Unternutzung

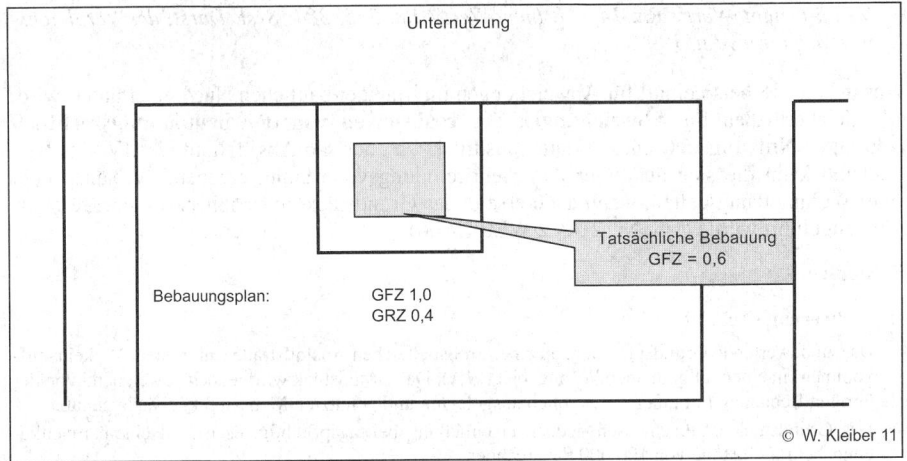

Kann dabei (im Falle der Unternutzung) die vorhandene Bebauung der bauplanungsrechtlich zulässigen bzw. lagetypischen Nutzung nicht durch An- oder Aufbauten angeglichen werden, kann sich daraus eine Bodenwertminderung ergeben. Im Falle der Übernutzung kann sich eine Bodenwerterhöhung ergeben.

Wertminderung und Werterhöhung lassen sich auf der Grundlage des Unterschieds der Bodenwerte ermitteln, die sich für das Grundstück auf der Grundlage

– der realisierten Geschossflächenzahl (GFZ) und

– der bauplanungsrechtlich zulässigen bzw. lagetypischen Geschossflächenzahl (GFZ)

ergeben.

Die Bodenwertunterschiede lassen sich mithilfe geeigneter Umrechnungskoeffizienten (GFZ/GFZ) ermitteln, sofern keine ortsüblichen Umrechnungskoeffizienten für das Verhältnis GFZ/GFZ vorliegen. Diese Bodenwertunterschiede sind sodann nach der vorstehend beschriebenen Methode zu berücksichtigen.

Ausgangspunkt für die **Ermittlung des gegenüber einem unbebauten Grundstück im Wert geminderten bzw. erhöhten Bodenwerts** ist zunächst der Bodenwert, der sich nach dem realisierten Maß der baulichen Nutzung (GFZ) ergibt. Dieser Bodenwert ist dann

– im Falle einer **Unternutzung** um die diskontierte Werterhöhung „aufzustocken", die nach Ablauf der Restnutzungsdauer im Hinblick auf die zulässige Nutzbarkeit bzw. lagetypische Nutzung dann realisiert werden kann bzw.

– im Falle einer **Übernutzung** um die diskontierte Wertminderung „abzusenken", die nach Ablauf der Restnutzungsdauer im Hinblick auf die zulässige Nutzbarkeit bzw. lagetypische Nutzung im Neubaufall realisierbar wäre.

b) Wertermittlung

Bodenwert bei einer zulässigen bzw. lagetypischen Nutzung mit einer GFZ von 1,0 = 400 €/m²

Ermittlung des Bodenwerts bei einer GFZ von 0,6 auf der Grundlage folgender Umrechnungskoeffizienten bei einer

GFZ von 0,6 = 0,78
GFZ von 1,0 = 1,00

$$BW_{GFZ=0,6} = 400\ \text{€/m}^2 \times 0{,}78\ /\ 1{,}00\ \text{€/m}^2 = 312\ \text{€/m}^2$$

$$\text{Bodenwertdifferenz } (BW_{zul./lag} - BW_{real}) = 400\ \text{€/m}^2 - 312\ \text{€/m}^2 = 88\ \text{€/m}^2$$

Bodenwert unter Berücksichtigung des realisierten Maßes der baulichen Nutzung:

$$BW = BW_{real} + (BW_{zul./lag} - BW_{real}) \times q^{-n}$$

$$BW = 312\ \text{€/m}^2 + 88\ \text{€/m}^2 \times 1{,}06^{-40} = \mathbf{320\ \text{€/m}^2}$$

bei einem Zinssatz von 6 %

IV § 16 ImmoWertV — Abweichende Nutzungen

6.3.3 Art der baulichen Nutzung

▶ Vgl. § 6 ImmoWertV Rn. 14; § 8 ImmoWertV Rn. 345, 384; Syst. Darst. des Vergleichswertverfahrens Rn. 199

247 Was in Abb. 18 beispielhaft für Abweichungen im Maß der baulichen Nutzung erläutert wird, gilt gleichermaßen für **Abweichungen der realisierten von der bauplanungsrechtlich zulässigen Nutzungsart.** Dies verlangt ausdrücklich auch § 6 Abs. 1 ImmoWertV. Als Beispielsfall kann die sich aus einer Zweckentfremdungsverordnung ergebende Erhaltpflicht einer Wohnnutzung gelten, wenn andererseits das Grundstück einer höherwertigen Büronutzung zugeführt würde (vgl. Nr. 2.3.4.2 WERTR 06).

248 *Beispiel:*

a) Sachverhalt (Abb. 19)

– Das zu bewertende Grundstück liegt an einer großstädtischen Ausfallstraße (mit hohem Verkehrsaufkommen) in einem allgemeinen Wohngebiet (WA). Das Grundstück wird jedoch abweichend von der übrigen Bebauung mit einem gewerblich ausgelegten und genutzten Mehrzweckgebäude genutzt.
– Das Grundstück ist erschlossen, jedoch erschließungsbeitragspflichtig; es ist mit einem Erschließungsbeitrag in Höhe von 100 000 € zu rechnen.
– Das 6 469 m² große Grundstück weist in Bezug auf die vorhandene Bebauung eine Übergröße aus; die selbstständig nutzbare Teilfläche i. S. des § 17 Abs. 2 Satz 2 beläuft sich auf rd. 580 m²; die der Bebauung zurechenbare Umgriffsfläche beläuft sich mithin auf 5 889 m².
– Der für das Belegenheitsgebiet ausgewiesene Bodenrichtwert beläuft sich auf 200 €/m² (ebf); dem Bodenrichtwert zugeordnet sind die im Belegenheitsgebiet zulässige WA-Nutzung sowie das dort zulässige Maß der baulichen Nutzung, das auch realisiert wurde.
– Für die gegenüber der Ausfallstraße gelegene Bodenrichtwertzone wird ein Bodenrichtwert von 150 €/m² (ebf) ausgewiesen; dem Bodenrichtwert ist eine GE-Nutzung sowie das auch im WA-Gebiet zulässige Maß der baulichen Nutzung zugeordnet.
– Die Restnutzungsdauer des Gebäudes liegt bei 14 Jahren.
– Die Freilegungskosten wurden mit 300 000 € ermittelt.
– Der am Wertermittlungsstichtag marktüblich erzielbare Jahresreinertrag wurde mit 60 000 € ermittelt.
– Der Liegenschaftszinssatz beläuft sich auf 6,5 %.

Abb. 19: Abweichende Art der baulichen Nutzung

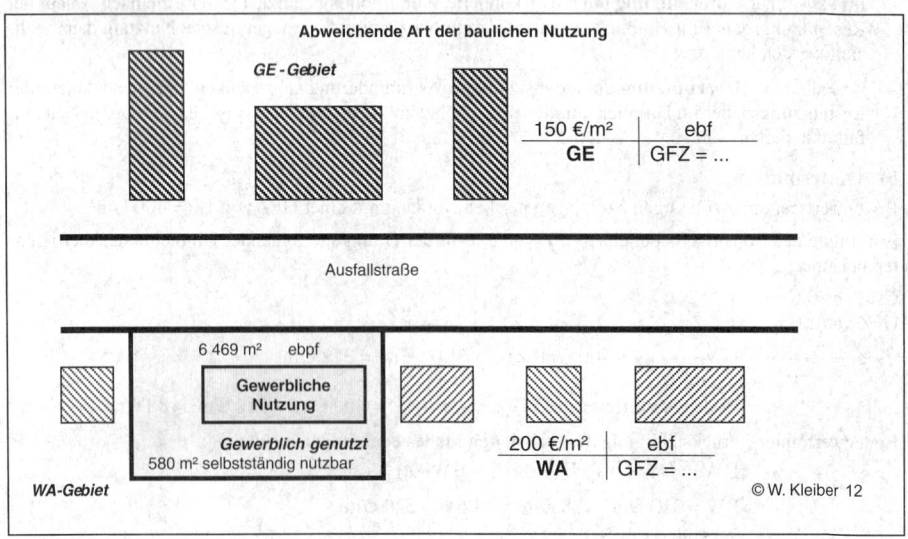

Abweichende Nutzungen § 16 ImmoWertV IV

Bei dem gegebenen Sachverhalt ist bei Anwendung des hier angezeigten Ertragswertverfahrens der Bodenwert grundsätzlich auf der Grundlage des nach § 6 Abs. 1 maßgeblichen Bodenwerts zu ermitteln. Darüber hinaus könnte die abweichende Art der baulichen Nutzung in analoger Anwendung des § 16 Abs. 4 ImmoWertV berücksichtigt werden. Dies wäre allerdings problematisch, wenn sich der Liegenschaftszinssatz auf ein Referenzgrundstück bezieht, das nicht von einer derartigen Fallgestaltung betroffen und im Übrigen auch erschließungsbeitragsfrei ist. Davon ist regelmäßig auszugehen. Aus Gründen der Modellkonformität empfiehlt sich in diesem Fall den Ertragswert zunächst auf der Grundlage des sog. nutzungsabhängigen sowie erschließungsbeitragsfreien Bodenwerts abzuleiten und die hier eigentlich maßgebliche Art der baulichen Nutzung, die Erschließungsbeitragspflicht sowie die anstehenden Freilegungskosten als „besondere objektspezifische Grundstücksmerkmale" i. S. des § 8 Abs. 3 ImmoWertV nachträglich zu berücksichtigen.

Als modellkonformer und mit dem Liegenschaftszinssatz kompatibler Bodenwert ist der Bodenwert in die Ermittlung des vorläufigen Ertragswerts einzuführen, der sich ohne Berücksichtigung der Freilegungskosten und der Erschließungsbeitragspflicht für die auf dem Grundstück tatsächlich realisierte Nutzung ergibt, nämlich der Bodenwert einer gewerblichen Nutzung. Bei einer Grundstücksgröße von 6 469 m² und einem Bodenrichtwert von 150 €/m² ergibt sich für das Gesamtgrundstück mithin:

Gesamtgrundstück	6 469 m² × 150 €/m²	= 970 350 €
abzüglich der selbstständig nutzbaren Teilfläche von 580 m²:	580 m² × 150 €/m²	= 87 000 €
Modellkonformer (nutzungsabhängiger) Bodenwert der Umgriffsfläche		= 883 350 €

b) Wertermittlung

Nach den Vorschriften der ImmoWertV ergibt sich unter analoger Anwendung des § 16 Abs. 4 ImmoWertV folgender Bodenwert:

Bodenwert (ebf) bei einer zulässigen bzw. lagetypischen WA Nutzung	= 200 €/m²	(§ 6 Abs 1 ImmoWertV)
Bodenwert (ebf) bei einer zulässigen bzw. lagetypischen GE Nutzung	= 150 €/m²	(§ 6 Abs. 1 ImmoWertV)
Bodenwertdifferenz:	= 50 €/m²	

Bodenwert unter Berücksichtigung der realisierten Art der baulichen Nutzung:

BW = 150 €/m² + 50 €/m² × $1{,}065^{-14}$ = rd. 170 €/m² (ebf) bei einem Zinssatz von 6,5 %

Bodenwert des *Gesamtgrundstücks* unter entsprechender Anwendung des § 16 Abs. 3 und 4 ImmoWertV auf die erheblich abweichende Art der baulichen Nutzung sowie unter Berücksichtigung der in 14 Jahren anstehenden Freilegung sowie der Erschließungsbeitragspflicht:

6 469 m² x 170 €/m²	=	rd. 1 099 730 €	ebf
abzüglich Erschließungsbeitrag	=	100 000 €	
Bodenwert des erschließungsbeitragspflichtigen Gesamtgrundstücks	=	999 730 €	ebpf
davon entfallen auf die selbstständig nutzbare Teilfläche (999 730 €/6 469 m² × 580 m²)	=	89 634 €	
Verbleibt für Umgriffsfläche	=	910 096 €	
abzüglich Freilequnqskosten (§ 16 Abs. 3 ImmoWertV)	=	– 300 000 €	
Bodenwert der Umgriffsfläche i. S. des § 16 Abs. 3 und 4 ImmoWertV	=	**610 096 €**	ebpf
Bodenwert des Gesamtgrundstücks (610 096 € + 89 634 €)	=	699 730 €	ebpf

IV § 16 ImmoWertV Abweichende Nutzungen

Ertragswertermittlung (Methodenvergleich)

		modellkonform	nach § 16 Abs. 3 und 4
Jahresreinertrag		60 000 €	60 000 €
Bodenwert			
Gesamtfläche			
Umgriffsfläche	6 469 m²		
Selbstständig nutzbare Teilfläche	5 889 m²		
Modellkonformer nutzungsabhängiger Bodenwert	580 m²		
Bodenwert i. S. des § 16 Abs. 3 und 4 ImmoWertV	883 350 €		
Bodenwertverzinsungsbetrag bei p = 6,5 %	610 096 €		
		− 57 418 €	− 39 656 €
(RE − BW × p)		2 582 €	20 344 €
Vervielfältiger bei RND von 14 Jahren und 6,5 %		× 9,01384	× 9,01384
Gebäudeertragswert: (RE − BW × p) × V =		23 429 €	183 378 €
Bodenwert i. S. des § 16 Abs. 3 und 4 ImmoWertV			+ 699 730 €
Modellkonformer nutzungsabhängiger Bodenwert		+ 883 350 €	
Vorläufiger marktangepasster Ertragswert		906 779 €	
Ertragswert			883 108 €
Besondere objektspezifische Grundstücksmerkmale			
a) Selbstständig nutzbare Freifläche (580 m²)		+ 87 000 €	
b) Bodenwertzuwachs nach Freilegung*	50 €/m²		
Bodenwertzuwachs insgesamt bei 6 469 m²	323 450 €		
Abzinsungsfaktor bei 14 Jahren und 6,5 %	× 0,4141	+ 133 941 €	
c) Freilegungskosten	300 000 €		
Abzinsungsfaktor bei 14 Jahren und 6,5 %	× 0,4141	− 124 230 €	
d) Erschließungsbeitragspflicht		− 100 000 €	
Ertragswert		903 490 €	
Ertragswert gerundet		**900 000 €**	<-> 880 000 €

*Es wird unterstellt, dass sich der Bodenwertzuwachs auf das Gesamtgrundstück einschließlich der selbstständig nutzbaren Teilfläche bezieht.

c) Nachbetrachtung

Tatsächlich handelt es sich jedoch um ein Liquidationsobjekt, denn bei sofortiger Freilegung des Grundstücks kann ein höherer Wert realisiert werden:

Bodenwert des Gesamtgrundstücks:

6 469 m² × 200 €/m² (WA-Nutzung)	=	1 293 800 €
abzüglich Erschließungsbeitrag	=	− 100 000 €
abzüglich Freilegungskosten	=	− 300 000 €
Liquidationswert	**=**	**rd. 900 000 €**

Die anstehende Freilegung ist auch nach den mit § 16 Abs. 2 Nr. 2 ImmoWertV gegebenen Kriterien erkennbar. Nach dieser Vorschrift kann von einer „alsbaldigen Freilegung" ausgegangen werden, wenn der nicht abgezinste Bodenwert ohne Berücksichtigung der Freilegungskosten den im Ertragswertverfahren (§§ 17 bis 20 ImmoWertV) ermittelten Ertragswert erreicht oder übersteigt:

Der nicht abgezinste Bodenwert (ohne Berücksichtigung der Freilegungskosten)	=	1 193 800 €	(= 1 293 800 € − 100 000 €)
übersteigt den Ertragswert nach den §§ 17 bis 20	=	835 000 €	deutlich.

6.4 Steuerliche Bewertung

▶ *Vgl. Rn. 18, 129, 219; Vorbem. zur ImmoWertV Rn. 15 ff., 166*

In der **steuerlichen Grundbesitzbewertung** findet bei der Bewertung von bebauten Grundstücken im Ertragswertverfahren nach § 146 BewG bzw. § 184 BewG eine vereinfachende Betrachtungsweise Anwendung. Danach ist im Falle einer Abweichung der tatsächlichen Bebauung von der rechtlich zulässigen Bebauung des Bodenrichtwertgrundstücks das Maß der tatsächlichen Bebauung für die Bodenwertermittlung maßgebend, wenn rechtlich keine Möglichkeit besteht, das Maß der zulässigen baulichen Nutzung durch Erweiterung und Neubau auszuschöpfen[86].

In den einschlägigen ErbStR und ErbStH[87] heißt es hierzu:

„... Der Wert von Grundstücken, die von den wertbeeinflussenden Grundstücksmerkmalen des Bodenrichtwertgrundstücks abweichen, ist grundsätzlich nach den Vorgaben des Gutachterausschusses (Abs. 2 bis 6) aus dem Bodenrichtwert der jeweiligen Richtwertzone abzuleiten.
(2) Wird zu dem Bodenrichtwert eine Geschossflächenzahl bzw. wertrelevante Geschossflächenzahl (WGFZ; Tz. 6 Abs. 6 Bodenrichtwertrichtlinie – BRW-RL) angegeben, ist bei Grundstücken, deren Geschossflächenzahl von der des Bodenrichtwertgrundstücks abweicht, der Bodenwert nach folgender Formel abzuleiten:

$$\text{Bodenwert/m}^2 = \frac{\text{Umrechnungskoeffizient für die Geschossflächenzahl des zu bewertenden Grundstücks} \times \text{Bodenrichtwert}}{\text{Umrechnungskoeffizient für die Geschossflächenzahl des Bodenrichtwertgrundstücks}}$$

Weiter heißt es dort:

„Die Umrechnungskoeffizienten sind den Bewertungsstellen der Finanzämter vom zuständigen Gutachterausschuss zusammen mit den Bodenrichtwerten mitzuteilen.
(3) Sofern die Gutachterausschüsse Umrechnungskoeffizienten in Abhängigkeit von der Grundstücksgröße vorgegeben haben, sind diese anzusetzen.
(4) Sind die Bodenrichtwerte in Abhängigkeit von der Grundstückstiefe ermittelt worden, ist die Grundstücksfläche aufzuteilen. Dabei ist die Grundstücksfläche nach ihrer Tiefe in Zonen zu gliedern, deren Abgrenzung sich nach den Vorgaben des Gutachterausschusses richtet."

6.5 Ergänzende Regelungen für Sanierungsgebiete und Entwicklungsbereiche (§ 16 Abs. 5 ImmoWertV)

▶ *Vgl. Teil VI Rn. 556, 714 ff.; § 6 ImmoWertV Rn. 35, 75 ff.; § 8 ImmoWertV Rn. 387; § 15 ImmoWertV Rn. 5 ff.*

Nach § 16 Abs. 5 ImmoWertV sind bei der Ermittlung der sanierungs- oder entwicklungsbedingten Bodenwerterhöhung zur Bemessung von Ausgleichsbeträgen nach § 154 Abs. 1 oder § 166 Abs. 3 Satz 4 BauGB die Anfangs- und Endwerte auf denselben Zeitpunkt zu ermitteln. Mit dem „Zeitpunkt" ist nur der Wertermittlungsstichtag (§ 3 Abs. 1 ImmoWertV) und nicht der Qualitätsstichtag (§ 4 Abs. 1 ImmoWertV) angesprochen. **Wertermittlungsstichtag** ist der Zeitpunkt des Abschlusses der städtebaulichen Sanierungs- oder Entwicklungsmaßnahme nach den §§ 162 und 163 BauGB (ggf. i. V. m. § 169 Abs. 1 Nr. 8 BauGB); Entsprechendes gilt für Anpassungsgebiete i. S. des § 170 BauGB. Wertermittlungsstichtag ist danach

a) in den Fällen einer *Aufhebung der Sanierungssatzung* nach § 162 BauGB der Zeitpunkt des Inkrafttretens der Satzung, mit dem die Sanierungssatzung aufgehoben wird,

---

86 ErbStR vom 17.3.2003; Erl. des Min. für Finanzen und Energie des Landes Schleswig-Holstein vom 9.10.1997 – VI 310 – S 3014 – 097 – (GuG 1998, 166 = DStZ 1998, 144 = DStR 1997, 1728) versus Erl. des bay. FM vom 15.10.1997 – 17/106 – 53 946 –, GuG 1998, 305; OFD Frankfurt am Main, Vfg. vom 31.10.1997 – S 3289 d A 1 St III 30 –, GuG 1998, 353.
87 Erbschaftsteuer-Richtlinien 2011 (ErbStR 2011) vom 19.12.2011 (BStBl Sondernummer 1/2011, S. 2) und Hinweise zu den Erbschaftsteuer-Richtlinien 2011 (ErbStH 2011) vom 19.12.2011 (BStBl Sondernummer 1/2011, S. 117), vgl. GuG 2012, 167 ff.; vgl. BR-Finanzausschuss (zu Punkt 3 der TO der 709. Sitzung am 25.6.1998), BR-Drucks. 525/1/98.

b) in den Fällen des § 169 Abs. 1 Nr. 8 i. V. m. § 162 BauGB der Zeitpunkt des Inkrafttretens der Satzung, mit der die Entwicklungssatzung aufgehoben wird,

c) in den Fällen Abgeschlossenheitserklärung für einzelne Grundstücke nach § 163 Abs. 1 und 2 BauGB sowie des § 169 Abs. 1 Nr. 8 i. V. m. § 163 Abs. 1 und 2 BauGB der Zeitpunkt der Abschlusserklärung.

253 Die Vorschrift ist aus § 28 Abs. 2 Satz 1 WertV 88 hervorgegangen und stellt einen Fremdkörper innerhalb der Regelungen des § 16 ImmoWertV dar. Sie enthält keinerlei materielle Regelungen zur Bodenwertermittlung und ist zudem überflüssig, weil sich der Regelungsinhalt bereits aus dem Ausgleichsbetragsrecht des BauGB ergibt.

254 Soweit im Rahmen der Ausgleichsbetragsermittlung Abweichungen zwischen der auf dem zu bewertenden Grundstück realisierten und der (nach § 6 Abs. 1 ImmoWertV maßgeblich) zulässigen bzw. lagetypischen Nutzung bestehen, findet § 16 Abs. 4 ImmoWertV grundsätzlich Anwendung. Die Berücksichtigung von Beeinträchtigungen der zulässigen Nutzung kann allerdings bei der Ermittlung des Anfangswerts problematisch sein und ist i. d. R aus bodenrechtlichen Gründen abzulehnen. Dementsprechend sind auch nach der Rechtsprechung **Beeinträchtigungen der zulässigen bzw. lagetypischen Nutzung nur bei der Ermittlung des Endwerts zu berücksichtigen**[88].

255 § 16 Abs. 4 ist aus § 28 Abs. 5 Satz 2 WertV 88/98 hervorgegangen, nach dem „Beeinträchtigungen der zulässigen Nutzbarkeit, die sich aus einer bestehen bleibenden Bebauung auf dem Grundstück ergeben", bei der Ermittlung des Ausgleichsbetrags zu berücksichtigen waren, wenn es bei wirtschaftlicher Betrachtungsweise oder aus sonstigen Gründen geboten erscheint, das Grundstück in der bisherigen Weise zu nutzen. Diese Regelung bezog sich ausdrücklich nur auf den Endwert, denn es waren damit nur Beeinträchtigungen angesprochen, die sich im Zuge der Sanierung aus einer „bestehen bleibenden Bebauung" ergeben. In der **amtlichen Begründung** wurde in diesem Sinne klarstellend festgestellt, dass diese Vorschrift „nur den Endwert" betrifft, „denn als zulässige Nutzbarkeit im Sanierungs- und Entwicklungsgebiet kann nach dem Sinn der Bestimmung – Einschränkung der Nutzbarkeit durch bestehen bleibende Bebauung – nur der Zustand des Grundstücks nach Abschluss der Sanierungs- und Entwicklungsmaßnahme gemeint sein". Im Schrifttum ist hierzu bereits darauf hingewiesen worden, dass eine andere Auslegung zur Abschöpfung nicht sanierungsbedingter Bodenwerterhöhungen führen kann, die nach den ausgleichsbetragsrechtlichen Bestimmungen der §§ 153 ff. BauGB nicht zulässig wäre[89].

256 Eine **Minderung des Anfangswerts** aufgrund von Beeinträchtigungen der zulässigen bzw. lagetypischen Nutzbarkeit **ist bei städtebaulichen Sanierungs- und Entwicklungsmaßnahmen insbesondere aus rechtlichen Gründen abzulehnen.** Die besonderen sanierungs- und entwicklungsrechtlichen Vorschriften der §§ 152 ff. BauGB sind nämlich darauf angelegt, mit dem Ausgleichsbetrag Bodenwerterhöhungen „abzuschöpfen", die kausal auf die Aussicht auf die städtebauliche Maßnahme sowie ihre Vorbereitung und Durchführung zurückzuführen sind. Die sanierungs- bzw. entwicklungsbedingte Bodenwerterhöhung ermittelt sich deshalb aus dem Unterschied

– des Bodenwerts, der sich aufgrund der rechtlichen und tatsächlichen Neuordnung des Sanierungsgebiets bzw. Entwicklungsbereichs ergibt, und

– dem Bodenwert, der sich ohne Aussicht auf die Sanierung bzw. Entwicklung und ohne Berücksichtigung der mit der Vorbereitung und Durchführung einhergehenden Bodenwerterhöhung ergibt.

Die Bodenwerte sind dabei grundsätzlich ohne Berücksichtigung der Bebauung, d. h. mit dem Bodenwert eines unbebauten Grundstücks zu ermitteln (§ 16 Abs. 1 ImmoWertV).

---

88 VGH Mannheim, Urt. vom 18.11.2005 – 8 S 496/05 –, BauR 2006, 1187 = EzGuG 15.118b.
89 Kleiber in Ernst/Zinkahn/Bielenberg/Krautzberger, BauGB, Komm. zu § 154 BauGB Rn. 107; gleicher Auffassung Tabbe in VR 1990, 4; vgl. auch Nds. RdErl. vom 2.5.1988 – 301 – 21013 –, Nds. MBl. 1988, 547, geändert durch RdErl. vom 6.3.1991 (nds. MBl. 1991, 470) Nr. 226.4.2; VG Berlin, Beschl. vom 11.11.1998 – 19 A 86/98 –, GE Bln1999, 51 = GuG 1999, 186 = EzGuG 15.93.

Abweichende Nutzungen § 16 ImmoWertV IV

Ist auf einem Grundstück bereits vor der Sanierungs- und Entwicklungsmaßnahme das seinerzeit zulässige bzw. lagetypische Maß der baulichen Nutzung mit einer GFZ von beispielsweise 2,0 nur mit einer GFZ von 1,0 realisiert worden, so wäre nach dem Wortlaut des § 16 Abs. 4 ImmoWertV der Anfangswert entsprechend zu vermindern:

Beispiel 1:

Anfangswert	bei einer zulässigen GFZ von 2,0	= 400 €/m²
Anfangswert	bei einer realisierten GFZ von 1,0	= 200 €/m² im Falle einer Reduktion
Endwert	bei einer zulässigen GFZ von 2,0*	= 420 €/m² aufgrund von Sanierungsmaßnahmen
Sanierungsbedingte Bodenwerterhöhung		= 220 €/m²

Ausgleichsbetrag bei 1 000 m² Grundstücksfläche = 220 000 € = 1 000 m² × 220 €/m²

* Das zulässige bzw. lagetypische Maß der baulichen Nutzung blieb im Zuge der Sanierung unverändert, soll aber im Zuge der Sanierung aufgrund der allgemeinen Gebietsaufwertung nunmehr realisiert werden.

Tatsächlich beläuft sich die ursächlich auf die Sanierungsmaßnahme zurückführbare sanierungsbedingte Bodenwerterhöhung im vorstehenden Beispiel nur auf 20 000 €. Der Eigentümer eines vergleichbaren bebauten Grundstücks, auf dem eine GFZ von 2,0 realisiert worden ist, hätte dementsprechend auch nur einen Ausgleichsbetrag von 20 000 € zu entrichten.

Gegenstand der „Abschöpfung" dürfen jedoch nur die sanierungsbedingten Bodenwerterhöhungen sein. Die Minderung des Anfangswerts aufgrund eines bereits „vor" der Sanierung nicht realisierten zulässigen bzw. lagetypischen Maßes der baulichen Nutzung führt – wie das Beispiel zeigt – zu einer sanierungsrechtlich unzulässigen Bodenwertabschöpfung, die im Übrigen auch mit dem Gleichheitsgrundsatz (Art. 3 GG) unvereinbar ist.

Abb. 20: Erhöhung des Ausgleichsbetrags durch geminderten Anfangswert

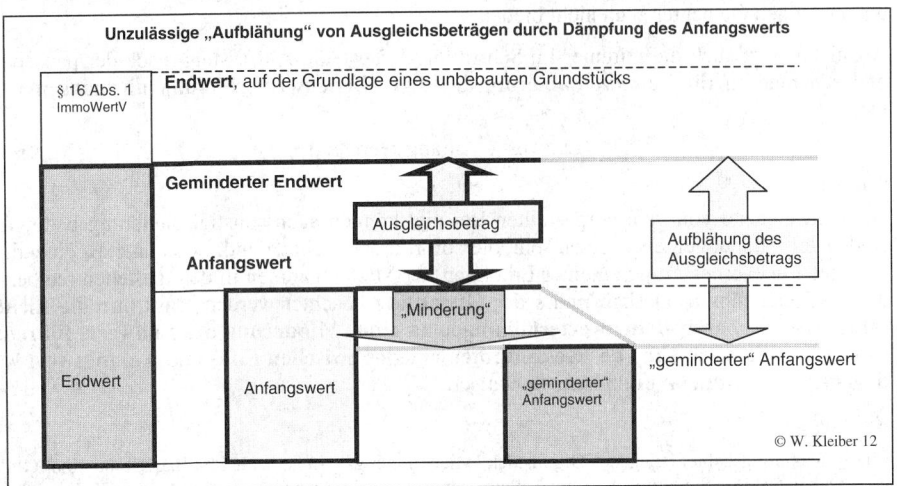

Anders stellt sich die Situation bei der **Ermittlung des Endwerts** dar. Hier ist insbesondere auf den „klassischen Fall" hinzuweisen, in dem ein Grundstück vor Einleitung der Sanierungs- bzw. Entwicklungsmaßnahme planungskonform (z. B. mit einer GFZ von 1,0) genutzt wurde und das realisierte Maß der baulichen Nutzung dem zulässigen Maß der baulichen Nutzung entsprach. Wird nun im Zuge der Sanierungs- bzw. Entwicklungsmaßnahme das Maß der baulichen Nutzung (z. B. auf eine GFZ von 2,0) erhöht, kann nicht erwartet werden, dass das nunmehr zulässige Maß der baulichen Nutzung realisiert wird, wenn es bei wirtschaftlicher Betrachtungsweise geboten erscheint, das Grundstück (mit dem darauf realisierten Maß der

IV § 16 ImmoWertV — Abweichende Nutzungen

baulichen Nutzung) weiter zu nutzen. Die Anwendung der Grundsatzregelung des § 16 Abs. 1 ImmoWertV würde aber dazu führen, dass sich der Ausgleichsbetrag zwar nach einer kausal auf die Sanierungs- bzw. Entwicklungsmaßnahme zurückführbaren Bodenwerterhöhung bemisst, diese jedoch bei wirtschaftlicher Betrachtungsweise nicht „realisiert" werden kann.

262 *Beispiel 2:*

			unverminderter Endwert	verminderter Endwert
Anfangswert	bei einer zulässigen GFZ von 1,0 „vor" Sanierung	=	200 €/m²	= 200 €/m²
Endwert	bei einer zulässigen GFZ von 2,0 „nach" Sanierung	=	420 €/m²	
Endwert	bei einer realisierten GFZ von 1,0 „nach" Sanierung			= 220 €/m²
Sanierungsbedingte Bodenwerterhöhung			220 €/m²	= 20 €/m²
Ausgleichsbetrag bei 1 000 m² Grundstücksfläche			220 000 €	20 000 €/m²

263 Die Reduktion des Endwerts nach Maßgabe des § 16 Abs. 4 ImmoWertV ist geboten, denn andererseits würden mit dem Ausgleichsbetrag Bodenwerterhöhungen zur „Abschöpfung" kommen, die der Eigentümer bei wirtschaftlicher Betrachtungsweise nicht „realisieren" kann.

264 Im Ergebnis bleibt festzustellen, dass die **Reduktionsregel des § 16 Abs. 4 ImmoWertV im Rahmen der Ermittlung von Ausgleichsbeträgen nur auf die Ermittlung des Endwerts anzuwenden** ist.

265 Abzulehnen ist deshalb der AusführungsErl des SenBauWohn *Berlin*[90], in dem apodiktisch auch eine Minderung des Anfangswerts sachwidrig angeordnet wird und willkürlich unterschiedliche Fallgruppen (vom Denkmalschutz bis zur Zweckentfremdungsverbotsverordnung) vermischt werden, obwohl gerade letztere angesichts der Rspr. des BVerwG und BVerfG mit Befreiungsvorbehalt ausgestaltet ist[91]. Diese kaum nachvollziehbaren Vorgaben können nicht dem Gebot der Entscheidungstransparenz genügen (§ 39 VwVfG) und den unabhängigen Gutachter auch nicht binden.

266 Abzulehnen ist auch die mitunter im Schrifttum dargestellte Auffassung, nach der pauschal und schematisch **die *gesamte* sanierungsbedingte Bodenwerterhöhung abzuzinsen** ist, nämlich

$$(\text{Endwert} - \text{Anfangswert}) \times q^{-n}$$

wobei $q = 1 + p/100$

denn abweichend von dem vorgestellten Beispiel können auch sonstige sanierungsbedingte Bodenwerterhöhungen eingetreten sein, die sofort „realisierbar" sind. So kann z. B. eine allgemeine Lageverbesserung zu einer Erhöhung der Mieteinnahmen in dem bestehen bleibenden Gebäude führen. Deshalb muss der **Grundsatz** beachtet werden, **dass nur die nicht sofort realisierbaren Bodenwerterhöhungen zu einer Minderung des Endwerts führen. Eine generelle Abzinsung des Gesamtunterschiedes zwischen End- und Anfangswert ist dagegen schon vom Grundansatz her falsch.**

267 *Beispiel 3:*

Ein im Sanierungsgebiet belegenes Grundstück (Mietwohnungsbau) ist nach § 34 BauGB mit einer GFZ von 1,5 bebaut. Der Sanierungsbebauungsplan erlaubt nunmehr eine Bebauung mit einer GFZ von 2,4, die jedoch nicht realisierbar ist, weil das Gebäude nicht „aufstockbar" ist und auch nicht angebaut werden kann.

---

[90] Nr. 3 Abs. 2 der Ausführungsvorschriften a. F. zur Ermittlung der sanierungsbedingten Bodenwerterhöhung und zur Festsetzung von Ausgleichsbeträgen nach §§ 152 bis 155 des Baugesetzbuchs (AV Ausgleichsbeträge) des Senators für Bau- und Wohnungswesen von Berlin vom 20.2.2009 (ABl. Bln. 2009, 434); hierzu VG Berlin, Urt. vom 20.3.2002 – 19 A 32/99 –, GuG 2003, 114 = EzGuG 15.104a; vgl. Neufassung vom 12.11.2002 – SenStadt IV C 3/III E 2 – (ABl. 2003, 2597 = GuG 2003, 164, 219).

[91] BVerwG, Urt. vom 17.10.1997 – 8 C 18/96 –, GuG aktuell 1998, 15 (LS) = ZfBR 1998, 55.

Das Gebäude weist eine Restnutzungsdauer von 20 Jahren auf. Als Endwert wurde für das Grundstück bei einer GFZ von 2,4 ein Bodenwert von 1 000 €/m² ermittelt.

Abb. 21: Lageplan

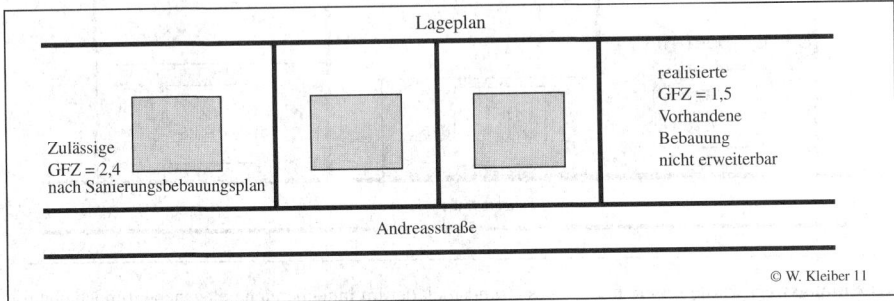

Als Ergebnis der Sanierung erhält der Grundstückseigentümer ein höheres Maß der baulichen Nutzung, das er allerdings infolge der Bebauung seines Grundstücks erst in 20 Jahren nach Ablauf der Restnutzungsdauer des Gebäudes realisieren kann. Die sanierungsbedingte Bodenwerterhöhung „schlummert" quasi auf seinem Grundstück.

Sie ergibt sich wie folgt:

Bodenwert$_{GFZ = 1,5}$ = 1 000 €/m² × UK$_{GFZ = 1,5}$/UK$_{GFZ = 2,4}$ = 1 000 €/m² × 1,24/1,61 = 770 €/m²

wobei: aus Anl. 11 zur WERTR   UK$_{GFZ = 1,5}$ = 1,24
                                  UK$_{GFZ = 2,4}$ = 1,61

Bodenwert$_{GFZ = 2,4}$	= 1 000 €/m²
Bodenwert$_{GFZ = 1,5}$	= 770 €/m²
= Bodenwertdifferenz	= 230 €/m²

Dem Eigentümer erwächst zusätzlich zu dem aufgrund der tatsächlichen Bebauung sich ergebenden Bodenwert von 770 €/m² ein Bodenwertzuwachs von 230 €/m², der ihm jedoch nur in einer über die Restnutzungsdauer abgezinsten Höhe zufällt (Diskontierungszinssatz = 5 %).

Der Endwert ergibt sich mithin wie folgt:

Endwert = 770 €/m² + 230 €/m² / 1,05^{-20} = **857 €/m²**.

Abgezinst wurde in dem vorstehenden Beispiel nur die auf die nicht sofort realisierbare Erhöhung des Maßes der baulichen Nutzung zurückgehende Bodenwerterhöhung (230 €/m²).

Beispiel 4:

Ein förmliches Sanierungsverfahren wird in einem unbeplanten Innenbereich durchgeführt. Als zulässiges Maß der baulichen Nutzung ergibt sich nach Maßgabe des § 34 BauGB „vor der Sanierung" wiederum eine GFZ von 1,5.

Es soll die sanierungsbedingte Bodenwerterhöhung für drei atypisch bebaute Grundstücke ermittelt werden, wobei lediglich durch die Festsetzungen des Sanierungsbebauungsplans über das Maß der baulichen Nutzung sanierungsbedingte Bodenwerterhöhungen bewirkt werden. Der Sanierungsbebauungsplan sieht (künftig) eine GFZ von 2,0 vor.

IV § 16 ImmoWertV — Abweichende Nutzungen

Abb. 22: Lageplan

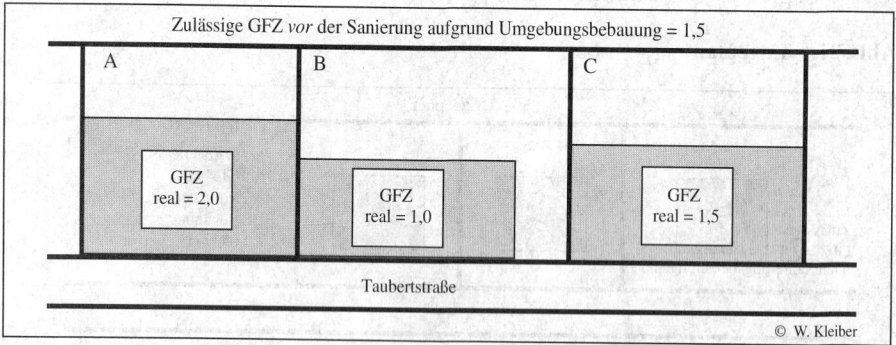

Als **Anfangswert** wurde für ein unbebautes Grundstück der im Innenbereich gelegenen Grundstücke mit einer vor der Sanierung zulässigen Nutzung GFZ von 1,5 ein Bodenwert von 500 €/m² ermittelt.

Gesucht ist der Ausgleichsbetrag für die Grundstücke A, B und C, wobei eine sanierungsbedingte Bodenwerterhöhung allein aufgrund des Sanierungsbebauungsplans zu erwarten ist.

Die Abhängigkeit des Bodenwerts vom Maß der baulichen Nutzung (GFZ: GFZ) soll sich nach den vom Gutachterausschuss abgeleiteten Umrechnungskoeffizienten bestimmen.

Die Grundstücke der Eigentümer A, B und C sind alle mit Gebäuden bebaut, die eine 20-jährige Restnutzungsdauer aufweisen.

Der Diskontierungszinssatz ist mit 5 % anzusetzen.

269 *a) Ausgleichsbetrag für Grundstück A*

Das **Grundstück A** wies bereits vor der Sanierung eine **Übernutzung** auf, die über die Restnutzungsdauer des Gebäudes Bestandsschutz genoss.

Bodenwert bei einer GFZ von 1,5	= 500 €/m²
Bodenwert bei einer GFZ von 2,0 (realisiert):	
$BW_{GFZ=2,0} = 500$ €/m² $\times 1{,}45/1{,}24$	= 585 €/m²
Bodenwertunterschied	= 85 €/m²

Bei der **Ermittlung des Anfangswerts** ist zu berücksichtigen, dass sich der Eigentümer zumindest über die verbleibende Restnutzungsdauer des Gebäudes einer GFZ von 2,0 aufgrund der realisierten Bebauung i. V. m. dem Bestandsschutz „erfreuen" konnte. Ohne Aussicht auf den Sanierungsbebauungsplan musste der Eigentümer davon ausgehen, dass er von dem realisierten Bodenwert in Höhe von 585 €/m² nach Ablauf der Restnutzungsdauer auf einen Bodenwert von 500 €/m² zurückfällt, mithin in 20 Jahren eines Betrags von 85 €/m² „verlustig" wird.

Anfangswert = 585 €/m² − 85 €/m²/$1{,}05^{-20}$ = 553 €/m²

Für die **Ermittlung des Endwerts** unter Berücksichtigung des Sanierungsbebauungsplans mit einer künftigen GFZ von 2,0 findet § 16 Abs. 4 ImmoWertV keine Anwendung, da die vorhandene Bebauung die künftige Nutzung nicht beeinträchtigt.

Ausgleichsbetrag = Endwert − Anfangswert

Ausgleichsbetrag = 585 €/m² − 553 €/m² = **32 €/m²**

In diesem Fall ist der Anfangswert gegenüber dem nach § 34 BauGB im Gebiet vor der Sanierung zulässigen Maß der baulichen Nutzung nach § 6 Abs. 1 ImmoWertV zu erhöhen.

b) Ausgleichsbetrag für Grundstück B

Das **Grundstück B** war bereits *vor* der Sanierung im Verhältnis zu dem nach § 34 BauGB im Gebiet zulässigen Maß der baulichen Nutzung **untergenutzt**. Das Ausmaß der Unternutzung wird sich infolge der Sanierung mit der Heraufsetzung des zulässigen Maßes der baulichen Nutzung auf eine GFZ von 2,0 noch erhöhen.

Abweichende Nutzungen § 16 ImmoWertV IV

Anfangswert:
Bodenwert bei einer GFZ von 1,5   = 500 €/m²
Bodenwert bei einer GFZ von 1,0 (realisiert):
$BW_{GFZ=1,0}$ = 500 €/m² × 1,00/1,24   = – 403 €/m²
wobei aus Anl. 11 WERTR $UK_{GFZ=1,5}$ = 1,24
                                 $UK_{GFZ=1,0}$ = 1,00

Bodenwertunterschied   = 97 €/m²

Der Eigentümer konnte aber schon vor der Sanierung damit rechnen, dass er nach Ablauf der Restnutzungsdauer des Gebäudes von 20 Jahren das in der Umgebung zulässige Maß der baulichen Nutzung in Höhe einer GFZ von 1,5 realisieren kann. Mithin „schlummerte" auf dem Grundstück ein Bodenwertzuwachs von 500 €/m² – 403 €/m² = 97 €/m². Auch wenn er diesen Bodenwertzuwachs aufgrund der vorhandenen Bebauung wirtschaftlich erst nach Ablauf der Restnutzungsdauer realisieren kann, muss von einem Anfangswert von 500 €/m² bei einer GFZ von 1,5 ausgegangen werden, denn der sich im Vergleich zur realisierten Nutzung ergebende **Bodenwertzuwachs ist nicht auf die Sanierung zurückführbar und damit nach § 154 Abs. 2 BauGB auch nicht abschöpfbar,** weder in voller noch in diskontierter Höhe.

Endwert:
Die vorhandene Bebauung „blockiert" zusätzlich zu der bereits mit dem Anfangswert in Höhe von 500 €/m² berücksichtigten und zulässigen GFZ von 1,5 vor der Sanierung die Realisierung der Bodenwerterhöhung infolge der zusätzlichen Erhöhung des Maßes der baulichen Nutzung mit einer GFZ von 1,5 auf eine GFZ von 2,0. Diese auf dem Grundstück „schlafende" Bodenwerterhöhung beträgt 85 €/m² und ist in 20 Jahren „realisierbar":

Endwert   = 500 €/m² + 85 €/m²/$1,05^{-20}$ = 532 €/m²
Ausgleichsbetrag   = Endwert – Anfangswert
                   = 532 €/m² – 500 €/m² = 32 €/m²

c) *Ausgleichsbetrag für Grundstück C*

Anfangswert   = 500 €/m²
Endwert   = 532 €/m² (vgl. Grundstück B)
Ausgleichsbetrag   = Endwert – Anfangswert
Ausgleichsbetrag   = 532 €/m² – 500 €/m² **= 32 €/m²**

Übersicht   **Syst. Darst. Ertragswertverfahren IV**

> *„Der Preis fürs Schwein ist oft nicht klein, weil Futtermais, nicht wahr, man weiß, auch wächst auf Land, von dem bekannt, dass oft es etwas hoch im Preis. Hast du bedacht, warum die Pacht so hoch? Sie ist nicht klein, weil man erhält von jenem Feld den teuren Mais, das teure Schwein."*
> (H. J. Davenport)

Unterabschnitt 2:
Ertragswertverfahren
(§§ 17 bis 20 ImmoWertV)

Systematische Darstellung des Ertragswertverfahrens

Gliederungsübersicht   Rn.

1 Anwendungsbereich
  1.1 Allgemeines 1
  1.2 Ertragswert als Zukunftserfolgswert 4
  1.3 Allgemeine Ertragswertformel
    1.3.1 Allgemeines 7
    1.3.2 Grundproblem der Ertragswertermittlung 12
    1.3.3 Lösungsalternativen
      1.3.3.1 Übersicht 17
      1.3.3.2 Berücksichtigung künftiger Erträge mittels prognostizierter Ertragsentwicklungen 19
      1.3.3.3 Berücksichtigung künftiger Erträge mittels Kapitalisierungszinssatz ... 22
  1.4 Verfahrensübersicht
    1.4.1 Allgemeines 32
    1.4.2 Markt- und modellkonforme Ertragswertermittlung 33
    1.4.3 Ein- und zweigleisiges Ertragswertverfahren (Standardverfahren)
      1.4.3.1 Eingleisiges Ertragswertverfahren (§ 17 Abs. 2 Nr. 2 ImmoWertV) ... 34
      1.4.3.2 Zweigleisiges Ertragswertverfahren (§ 17 Abs. 2 Nr. 1 ImmoWertV) ... 36
      1.4.3.3 Mehrperiodisches Ertragswertverfahren (§ 17 Abs. 1 Satz 2 i. V. m. Abs. 3 ImmoWertV) 41
      1.4.3.4 Prognoseorientiertes Ertragswertverfahren (Discounted Cash Flow Verfahren) 50
    1.4.4 Besonderheiten bei Anwendung der Ertragswertverfahren
      1.4.4.1 Überblick 58
      1.4.4.2 Bodensondierung bei übergroßen Grundstücken 59
      1.4.4.3 Freilegungskosten 61
      1.4.4.4 Temporäre Mehr- oder Mindererträge und sonstige grundstücksspezifische Besonderheiten 64
    1.4.5 Vereinfachtes Ertragswertverfahren 66
    1.4.6 Vervielfältigerverfahren (Maklermethode) 87
    1.4.7 Instandhaltungs- und Modernisierungsmodell 97
2 Grundzüge der Ertragswertverfahren
  2.1 Übersicht
    2.1.1 Ertragswertverfahren nach ImmoWertV 103
    2.1.2 BelWertV 113
    2.1.3 Steuerliche Bewertung
      2.1.3.1 Einheitsbewertung 115
      2.1.3.2 Grunderwerbsteuerliche Grundbesitzbewertung 116
      2.1.3.3 Erbschaftssteuerliche Grundbesitzbewertung 117
  2.2 Grundzüge des allgemeinen Ertragswertverfahrens nach § 17 Abs. 2 Nr. 1 ImmoWertV (Standardverfahren) 119

IV Syst. Darst. Ertragswertverfahren   Übersicht

2.3 Ermittlung des vorläufigen Ertragswerts
- 2.3.1 Bodenwert
  - 2.3.1.1 Rechtsgrundlagen 124
  - 2.3.1.2 Bodensondierung 125
  - 2.3.1.3 Abweichungen der realisierten von der zulässigen bzw. lagetypischen Nutzung 139
  - 2.3.1.4 Berücksichtigung von Freilegungskosten 141
  - 2.3.1.5 Abgabenpflicht 149
  - 2.3.1.6 Gespaltene Bodenwerte 163
  - 2.3.1.7 Aufwuchs 178
- 2.3.2 Reinertrag
  - 2.3.2.1 Allgemeines 179
  - 2.3.2.2 Marktüblich erzielbarer Rein- bzw. Rohertrag nach ImmoWertV ... 187
  - 2.3.2.3 BelWertV 194
  - 2.3.2.4 Steuerliche Bewertung 196
- 2.3.3 Bewirtschaftungskosten
  - 2.3.3.1 Verkehrswertermittlung nach ImmoWertV 198
  - 2.3.3.2 Beleihungswertermittlung nach BelWertV 204
  - 2.3.3.3 Steuerliche Bewertung 206
  - 2.3.3.4 Betriebskosten 208
  - 2.3.3.5 Verwaltungskosten 214
  - 2.3.3.6 Mietausfallwagnis 216
  - 2.3.3.7 Instandhaltungskosten 220
  - 2.3.3.8 Modernisierungsrisiko 223
- 2.3.4 Ertragswert der baulichen Anlage (Gebäudeertragswert)
  - 2.3.4.1 Allgemeines 226
  - 2.3.4.2 Gebäudeertragswert bei Anwendung des zweigleisigen Ertragswertverfahrens 229
  - 2.3.4.3 Bodenwertverzinsungsbetrag 241
- 2.3.5 Vervielfältiger (Barwertfaktor)
  - 2.3.5.1 Allgemeines 244
  - 2.3.5.2 Vervielfältiger nach ImmoWertV, BelWertV und BewG 247
  - 2.3.5.3 Abweichende Vervielfältiger 248
- 2.3.6 Liegenschaftszinssatz
  - 2.3.6.1 Verkehrswertermittlung nach ImmoWertV 249
  - 2.3.6.2 Beleihungswertermittlung 260
  - 2.3.6.3 Steuerliche Bewertung 262
- 2.3.7 Gesamt- und Restnutzungsdauer
  - 2.3.7.1 ImmoWertV 263
  - 2.3.7.2 BelWertV 270
  - 2.3.7.3 Steuerliche Bewertung 271
- 2.3.8 Betrachtungszeitraum und Restwert nach § 17 Abs. 3 ImmoWertV
  - 2.3.8.1 Allgemeines 272
  - 2.3.8.2 Betrachtungszeitraum 273
  - 2.3.8.3 Restwert des Grundstücks 275
- 2.3.9 Vorläufiger Ertragswert 276

2.4 Subsidiäre Berücksichtigung besonderer objektspezifischer Grundstückmerkmale 277
2.5 Ertragswert und Verkehrswert
- 2.5.1 Allgemeines 281
- 2.5.2 Auf- und Abrundung 282

2.6 Beispiel zum Ertragswertverfahren 283
2.7 Allgemeine Fehlerbetrachtung 284
2.8 Ermittlung der Soll- bzw. Kostenmiete (Reinertrag) – Frontdoor-Approach
- 2.8.1 Allgemeines 291
- 2.8.2 Soll- bzw. Kostenmiete (Reinertrag) auf ertragswirtschaftlicher Grundlage ... 293
- 2.8.3 Soll- bzw. Kostenmiete (Reinertrag) auf investiven Grundlagen 296

3 Finanzmathematische Grundlagen
- 3.1 Allgemeines 297
- 3.2 Aufzinsung 301
- 3.3 Abzinsung/Diskontierung 305
- 3.4 Barwertermittlung einer jährlich wiederkehrenden Zahlung 311
- 3.5 Endwertermittlung einer jährlich wiederkehrenden Zahlung oder Einnahme 314

1 Anwendungsbereich

1.1 Allgemeines

Schrifttum: *Dieterich/Kleiber*, Verkehrswertermittlung von Grundstücken, vhw-Verlag 4. Aufl.; *Dröge*, Handbuch der Mietpreisbewertung für Wohn- und Gewerberaum, 2. Aufl.; *Gottschalk, G-J.*, Immobilienwertermittlung, 2. Aufl.; *Petersen, H., u. a.*, Verkehrswertermittlung von Immobilien, 2. Aufl. 2013.; *Pohnert, F., u. a.*, Kreditwirtschaftliche Wertermittlungen, 7. Aufl. Luchterhand 2010; *Popp, M.*, Simultan integrierte Unternehmensbewertung, DStR 1998, 542; *Schwetzler, B.*, Unternehmensbewertung und Risiko, DB 2002, 390; *Schwirley*, Mietwertermittlung, 2. Aufl.; *Simon/Kleiber*, Schätzung und Ermittlung von Grundstückswerten, 8. Aufl. Luchterhand 2004; *Simon/Cors/Halaczinsky/Teß*, Handbuch der Immobilienwertermittlung, 5. Aufl.; *Tiemann, M.*, Reformvorschläge zum Ertrags- und Sachwertverfahren, AVN 1970, 523; *Vogels, M.*, Grundstücksbewertung – marktgerecht, 5. Aufl.; *Zunft*, Der Ertragswert als maßgeblicher Faktor des Verkehrswerts von Grundstücken, MDR 1961, 550.

▶ *Zu den Anwendungsfällen vgl. § 8 ImmoWertV Rn. 63 ff.; § 18 ImmoWertV Rn. 130*

Das **Ertragswertverfahren** *(Rental Method)* ist für die Ermittlung des Verkehrswerts von Objekten geeignet, für die die **Verzinsung des investierten Kapitals bei der Preisbildung im gewöhnlichen Geschäftsverkehr ausschlaggebend** ist. Dies sind insbesondere Mietwohn- und Geschäftsgrundstücke, gemischt genutzte Grundstücke, Gewerbe- und Industriegrundstücke. Heute kommt dem Ertragswertverfahren eine allgemein gültige Bedeutung für die Verkehrswertermittlung bebauter Grundstücke zu, zumindest wenn man von Ein- und Zweifamilienhäusern (sog. Sachwertobjekte) und den Fällen absieht, wo das Vergleichswertverfahren gesichertere Ergebnisse erwarten lässt.

Neben Mietwohngrundstücken werden gewerblich genutzte Grundstücke aller Art als „Ertragswertobjekte" angesehen. Dazu gehören

a) **Handelsimmobilien** einschließlich Einzelhandelsimmobilien,

b) **Büro-, Verwaltungs- und Sozialgebäude,**

c) **Fabrikgrundstücke** (deren Verkehrswert über Jahrzehnte traditionell aus dem Sachwert abgeleitet wurde), **Werkstätten, Logistikimmobilien** (Lagerhallen), **Speditionen, Garagengrundstücke** (Parkhäuser, Garagenhöfe, Tief- und Sammelgaragen, Kfz-Pflege- und Waschhallen) **usw.,**

d) **sonstige Sonderimmobilien, insbesondere** Betreiberimmobilien, wie **Hotels, Kliniken und Altenheimgrundstücke, Freizeit- und Dienstleistungsimmobilien,**

e) öffentlich genutzte Gebäude (**Gemeinbedarfsgrundstück**), die auf Dauer einer **öffentlichen Zweckbindung** unterworfen sind (vgl. § 8 ImmoWertV Rn. 131 und § 5 ImmoWertV Rn. 475 ff.; Syst. Darst. des Sachwertverfahrens Rn. 3). Dies ist darin begründet, dass auch die öffentliche Hand, wenn es um den Erwerb solcher Grundstücke geht, vor der Alternative steht, entsprechende Grundstücke anzumieten oder selber zu bauen (Sachwert). Bei Anwendung des Ertragswertverfahrens auf Gemeinbedarfsgrundstücke ist allerdings als Besonderheit zu beachten, dass bei der Ermittlung des Bodenwertverzinsungsbetrags ein mit der angesetzten Miete korrespondierender Bodenwert, ansonsten aber der tatsächliche Bodenwert zum Ansatz kommen muss.

Wie unter § 8 ImmoWertV Rn. 78 ausgeführt, kann das Ertragswertverfahren auch auf die Ermittlung des Verkehrswerts von **Ein- und Zweifamilienhäusern** Anwendung finden. Diese Objekte gelten zwar als typische Sachwertobjekte, denn im gewöhnlichen Geschäftsverkehr orientiert sich das Kaufverhalten maßgeblich an den Kosten, die für diese Objekte aufzubringen sind. Einem Käufer stellt sich hier die Frage „Bauen oder kaufen?". Gleichwohl kann prinzipiell auch das Ertragswertverfahren Anwendung finden, wenn dafür geeignete Liegenschaftszinssätze zur Verfügung stehen. Daran scheitert es aber oftmals, zumal die Liegenschaftszinssätze je nach Lage und Ausstattung dieser Objekte erhebliche Unterschiede

IV Syst. Darst. Ertragswertverfahren Zukunftswert

aufweisen können (auch negative Liegenschaftszinssätze!). Im Schrifttum ist der hierzu geführte Methodenstreit in völlig unangemessener Weise hochstilisiert worden[1].

Im Übrigen ist darauf hinzuweisen, dass sich der **Begriff des „Ertragswertverfahrens"** bei genauerer Betrachtung nicht auf ein bestimmtes Verfahren beziehen kann. Es handelt sich hierbei vielmehr um einen **Oberbegriff für renditeorientierte Wertermittlungsverfahren**. Von daher kann von der „Familie der Ertragswertverfahren" gesprochen werden. Hierzu gehören auch das prognoseorientierte Ertragswertverfahren (*Discounted Cash Flow* Verfahren, vgl. Rn. 50), die **Kapitalwertverfahren** für Rentabilitätsanalysen[2] und auch das sog. **Pachtwertverfahren** (modifiziertes Ertragswertverfahren)[3].

1.2 Ertragswert als Zukunftserfolgswert

▶ *Vgl. § 194 BauGB Rn. 44 ff.; § 14 ImmoWertV Rn. 148 ff.; Vorbem. zur ImmoWertV Rn. 4*

4 Der **Verkehrswert (Marktwert)** ist in § 194 BauGB zwar **als stichtagsbezogener,** gleichwohl **aber zukunftsorientierter Wert** definiert. Er bestimmt sich maßgeblich durch den Nutzen, den ein Grundstück seinem Eigentümer zukünftig gewährt (Zukunftserfolgswert), auch wenn der Eigentümer aus subjektiven Gründen darauf verzichten mag, diesen Nutzen aus dem Grundstück zu ziehen. Dies gilt insbesondere für bebaute Objekte, für deren Wertschätzung im gewöhnlichen Geschäftsverkehr der nachhaltig erzielbare Ertrag im Vordergrund steht. Der **Verkehrswert** dieser Grundstücke **bestimmt sich dann nach den auf den Wertermittlungsstichtag eskomptierten Erträgen.** Im Kern ist jedes Ertragswertverfahren darauf gerichtet, den **auf den Wertermittlungsstichtag bezogenen Barwert aller künftigen Erträge** zu ermitteln *(Income Approach)*. Das Ertragswertverfahren ist deshalb – wie immer es im Einzelnen ausgestaltet ist – ein Barwertverfahren (*Discounted Cash Flow* Verfahren). Dies gilt grundsätzlich auch für das in der ImmoWertV geregelte Ertragswertverfahren. Die in der Vergangenheit erzielten Erträge werden dabei hilfsweise als Indiz für die künftig erzielbaren Erträge herangezogen, und zwar auch nur insoweit, wie sie sich auf die künftige Nutzung projizieren lassen.

5 Die künftig erzielbaren Erträge sind dabei nicht nur ein wesentlicher wertbeeinflussender Faktor für den Wertanteil der baulichen Anlage. Auch der **Bodenwert (-anteil)** wird durch die auf einem Grundstück erzielbaren Erträge bestimmt. Zur Verdeutlichung sei nur auf die Umrechnungskoeffiziententabelle zur Berücksichtigung eines unterschiedlichen Maßes der baulichen Nutzung verwiesen (vgl. Syst. Darst. des Vergleichswertverfahrens Rn. 218).

6 Grundsätzlich kann der Sachverständige darauf vertrauen, dass er mit den am Wertermittlungsstichtag marktüblich erzielbaren Ertragsverhältnissen die nachhaltige Ertragssituation „einfängt", wenn er zur Kapitalisierung dieser Erträge den (dynamischen) Liegenschaftszinssatz heranzieht, der auf dem Grundstücksmarkt im Hinblick auf die nachhaltige Entwicklung ermittelt wurde. Dies ist aber dann nicht der Fall, wenn eine Immobilie zur Umnutzung ansteht, die der Sachverständige erkennen muss, denn das **in einer Immobilie „schlummernde" Entwicklungspotenzial** ist Bestandteil der nachhaltigen Ertragsfähigkeit. Das Gleiche gilt, wenn die am Wertermittlungsstichtag **tatsächlich gegebenen Ertragsverhältnisse** aufgrund vertraglicher Bindungen bzw. des geltenden Mietrechts von den nachhaltigen Erträgen **der Höhe nach und über eine zeitliche Bindungsfrist in einem Maße abweichen, dass sie sich nachhaltig auswirken** und für das Ergebnis der Ertragswertermittlung bedeutsam sind.

---

1 Zu dem letztlich fruchtlosen Methodenstreit vgl. Sailer in GuG 1999, 50; Möckel in GuG 1998, 270; Hiller in GuG 1999, 52 und Sommer in GuG 1998, 215.
2 Kleiber, Verkehrswertermittlung von Grundstücken, 5. Aufl. 2010, S. 1627.
3 Kleiber, Verkehrswertermittlung von Grundstücken, 5. Aufl. 2010, S. 1619.

1.3 Allgemeine Ertragswertformel

1.3.1 Allgemeines

Wie bereits ausgeführt, geht es bei Anwendung des Ertragswertverfahrens im Kern stets darum, den Verkehrswert (Ertragswert) eines bebauten Grundstücks als den auf einen Wertermittlungsstichtag bezogenen **Barwert aller künftigen (d. h. ad infinitum) Erträge** zu ermitteln. Da mit der Unterhaltung von Immobilien in aller Regel Bewirtschaftungskosten verbunden sind, geht es konkret um die aus der Immobilie fließenden Reinerträge.

Betrachtet man einmal die sich jährlich ergebenden Reinerträge, setzt sich der **Ertragswert** aus

– der **Summe der über die verbleibende wirtschaftliche Restnutzungsdauer der baulichen Anlage jährlich anfallenden Reinerträge, jeweils diskontiert auf den Wertermittlungsstichtag,**

– **zuzüglich des** nach Ablauf der Restnutzungsdauer des Gebäudes **verbleibenden diskontierten Restwerts**

zusammen. Restwert ist nach Ablauf der wirtschaftlichen Restnutzungsdauer des Gebäudes der Bodenwert, denn nur dieser verbleibt als wertbeständiger „Rest". Geht man zur Ermittlung des verbleibenden Bodenwerts vom Bodenwert eines unbebauten Grundstücks aus, so muss dieser um die Freilegungskosten vermindert werden, denn die wirtschaftlich verbrauchte Bausubstanz stellt eine wertmindernde Belastung dar. Als **„Urmutter" aller Ertragswertverfahren** kann deshalb folgende Formel gelten:

$$EW = \frac{RE_1}{q^1} + \frac{RE_2}{q^2} + \frac{RE_3}{q^3} + \frac{RE_4}{q^4} + \ldots \frac{RE_n}{q^n} + \frac{BW-FLK}{q^n}$$

oder (in anderer mathematischer Schreibweise, da $1/q^n = q^{-n}$):

$$EW = RE_1 \times q^{-1} + RE_2 \times q^{-2} + RE_3 \times q^{-3} + RE_4 \times q^{-4} + \ldots RE_n \times q^{-n} + (BW - FLK) \times q^{-n}$$

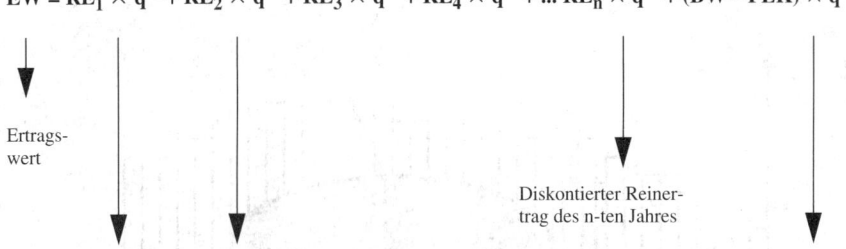

Ertragswert

Diskontierter Reinertrag des 1. Jahres

Diskontierter Reinertrag des 2. Jahres

Diskontierter Reinertrag des n-ten Jahres

Diskontierter Bodenwert des n-ten Jahres (vermindert um die Freilegungskosten)

wobei
EW = Ertragswert
RE_i = Reinertrag des jeweiligen Jahres
n = Restnutzungsdauer der baulichen Anlage
BW = Bodenwert
FLK = Freilegungskosten
q = Zinsfaktor = $1 + p/100$
p = Diskontierungszinssatz

IV Syst. Darst. Ertragswertverfahren — Ertragswertformel

Hinweis: Bei langer Restnutzungsdauer der baulichen Anlage kann auf die Verminderung des Bodenwerts um die Freilegungskosten zur Vereinfachung verzichtet werden, denn der Bodenwert reduziert sich mit seiner Abzinsung auf eine marginale Restgröße.

9 Der Jahresreinertrag und der verbleibende Restwert sind gewissermaßen der *cash flow*. Der Ertragswert ist mithin nichts anderes als ein *Discounted Cash Flow* Wert, der sich aus den aufsummierten *discounted cash flows* ergibt. **Grundsätzlich ist daher jedes Ertragswertverfahren ein *Discounted Cash Flow* Verfahren und umgekehrt.**

10 In etwas eleganterer Schreibweise stellt sich vorstehende Formel wie folgt dar:

Ertragswertverfahren (1)

$$EW = \sum_{1}^{n} RE_i \times q^{-n} + \text{Restwert} \times q^{-n}$$

11 Bei dem Ertragswertverfahren handelt es sich nicht um ein bestimmtes streng definiertes Wertermittlungsverfahren, sondern um ein Verfahren, das in unterschiedlichen Variationen zur Anwendung kommen kann. Insofern kann von der **„Familie der Ertragswertverfahren"** gesprochen werden. Die ImmoWertV regelt davon drei Varianten, ohne damit die Anwendung anderer Verfahrensvarianten auszuschließen.

1.3.2 Grundproblem der Ertragswertermittlung

12 Das **Kardinalproblem jedweder Ertragswertermittlung besteht** stets **darin, die künftigen Erträge** sowie den Restwert „Bodenwert" (zum Zeitpunkt des wirtschaftlichen Abgangs der baulichen Anlage abzüglich der dann anfallenden Freilegungskosten) **richtig zu prognostizieren,** um sie in zutreffender Weise in die Ertragswertermittlung einzustellen (Abb. 1):

Abb. 1: Prognose der Jahresreinerträge

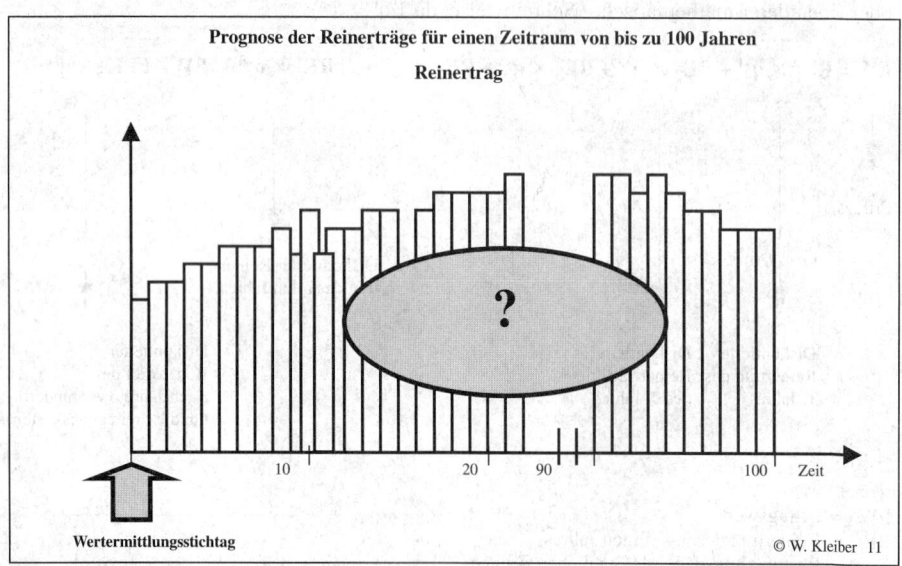

13 Bei einer langlebigen Immobilie kann dies bedeuten, dass die Erträge über einen Zeitraum von bis zu 100 Jahren und mehr prognostiziert werden müssen. Dieses schier unlösbare Problem entschärft sich ein wenig dadurch, dass sich die **künftigen Erträge mit fortschreitender Zeit** infolge ihrer Diskontierung vermindern und bei **zu einer vernachlässigbaren Größe werden.**

Eine 100-jährige Restnutzungsdauer kommt praktisch einer unendlichen Nutzungsdauer gleich (Abb. 2).

Abb. 2: Barwerte künftiger Erträge

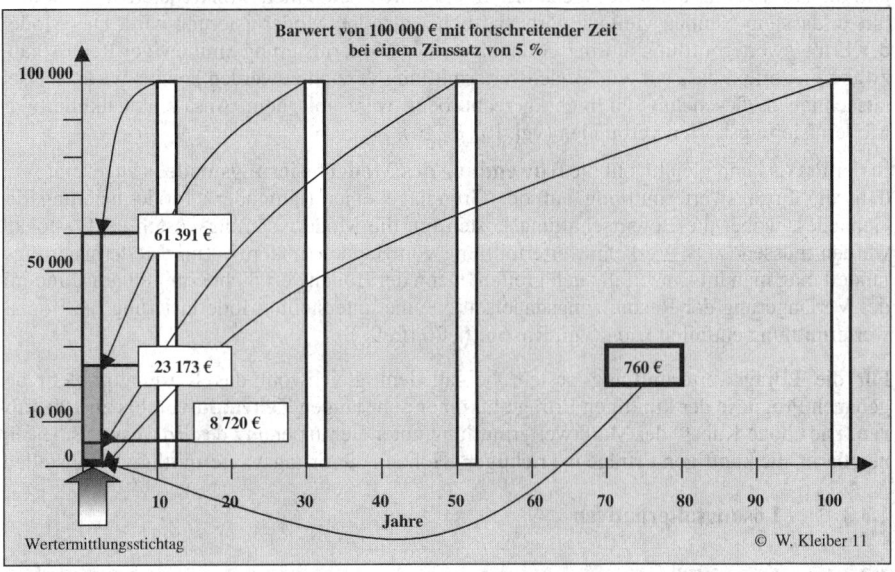

Darüber hinaus wird der zu betrachtende **Zeitraum durch die wirtschaftliche Nutzbarkeit der baulichen Anlage – die Restnutzungsdauer** (§ 6 Abs. 6 ImmoWertV) – **begrenzt.** Es kommt dabei auf die wirtschaftliche Nutzbarkeit der baulichen Anlage an, denn aus der bloßen physischen Existenz sind keine Erträge zu erzielen. Über welchen Zeitraum eine wirtschaftliche Nutzung gegeben ist, hängt neben den allgemeinen Marktverhältnissen vor allem davon ab, wie die bauliche Anlage unterhalten wird. Dabei kann unterschieden werden zwischen 14

a) einer laufenden Instandhaltung und

b) einer laufenden Instandhaltung i. V. m. einer Modernisierung

der baulichen Anlage. Im Falle einer bloßen Instandhaltung ist die wirtschaftliche Gesamt- bzw. Restnutzungsdauer einer baulichen Anlage zeitlich begrenzt, da sich die Anforderungen an die Nutzung baulicher Anlagen mit der Zeit erheblich wandeln und dem nicht mit der Instandhaltung entsprochen wird (vgl. Rn. 220; § 19 ImmoWertV Rn. 105). Als maximal erreichbare wirtschaftliche Gesamtnutzungsdauer bei ordnungsgemäßer Instandhaltung wird ein Zeitraum von wiederum 100 Jahren angesehen. Unter Einbeziehung der Modernisierung kann eine bauliche Anlage theoretisch auf ewig erhalten werden (sog. **„ewige" Restnutzungsdauer**), jedoch wird auch in diesem Fall die Modernisierung i. d. R. irgendwann auch einmal unwirtschaftlich (vgl. Rn. 97 f.).

In der Wertermittlungspraxis wird bei der Ertragswertermittlung regelmäßig nur die **Instandhaltung** der baulichen Anlage mit der Folge unterstellt, dass der bei der Ertragswertermittlung zu betrachtende Zeitraum durch die daraus resultierende wirtschaftliche Gesamt- und Restnutzungsdauer begrenzt wird. Dem entspricht auch die ImmoWertV. Dem dort geregelten Ertragswertverfahren liegt das sog. **Instandhaltungsmodell** zugrunde, bei dem sich Gesamt- und Restnutzungsdauer nach der Anzahl von Jahren bestimmen, in denen die baulichen Anlagen *bei ordnungsgemäßer Bewirtschaftung* voraussichtlich wirtschaftlich genutzt werden können (§ 6 Abs. 5 und § 23 Satz 3 ImmoWertV); im Rahmen einer *ordnungsgemäßen Bewirtschaftung* ist das Gebäude lediglich instand zu halten. Die Ertragswertermittlung 15

IV Syst. Darst. Ertragswertverfahren — Ertragswertformel

unter Einbeziehung einer Modernisierung (**Modernisierungsmodell**) ist im Verhältnis zum Instandhaltungsmodell fehlerträchtig, da dann die künftigen Modernisierungskosten in die Ertragswertermittlung eingestellt werden müssen, und diese sind nur mit großen Unsicherheiten abschätzbar. So sind z. B. die Anforderungen an den Grundriss (z. B. Achsabstandsmaß) und die Ausstattung eines Bürogebäudes in 40 Jahren heute nicht konkretisierbar; es kommt hinzu, dass ein Neubau vielfach wirtschaftlicher als eine Modernisierung wird. Das Modell der Ertragswertermittlung auf der Grundlage einer Modernisierung „mit ewiger Rente" hätte zwar den Vorteil, dass auf eine Bodenwertermittlung verzichtet werden könnte, wird aber den tatsächlichen Geschehnissen nicht gerecht oder wäre mit dem Ansatz unkalkulierbarer Modernisierungskosten verbunden (vgl. Rn. 97 ff.).

In der Praxis kann gleichwohl die **Anwendung des Modernisierungsmodells** angezeigt sein, d. h. die Ertragswertermittlung auf der Grundlage einer (laufenden) Modernisierung des Gebäudes, wobei die Bewirtschaftungskosten um die Modernisierungskosten „aufgestockt" werden müssen (z. B. Verkehrswertermittlung von Baudenkmälern). Zum Modernisierungsmodell mag man im Einzelfall auch greifen, wenn der Bodenwert nicht ermittelbar ist und mit der Verlängerung der Restnutzungsdauer durch eine unterstellte Modernisierung die Bodenwertermittlung entfallen kann (vgl. Rn. 66 ff., 76 ff., 97).

16 Für die Ertragswertermittlung besteht bei alledem gleichwohl das Kardinalproblem der genauen Prognose der künftigen Erträge für einen sehr langen **Zeitraum von bis zu 100 Jahren**. Die „hohe Kunst" der Marktwertermittlung unter Heranziehung des Ertragswerts besteht nun darin, die künftigen Erträge in „richtiger" Höhe in die Ertragswertermittlung einzustellen.

1.3.3 Lösungsalternativen

1.3.3.1 Übersicht

17 Zur Lösung des Kardinalproblems jedweder Ertragswertermittlung sind zwei Verfahren gebräuchlich, von denen die zweite Methode international[4] im Vordergrund steht.

1. Das **prognoseorientierte bzw. prognosegestützte Ertragswertverfahren** (*Discounted Cash Flow* Verfahren), bei dem die künftigen Einnahmen und Ausgaben auf der Grundlage einer Analyse der Ertragsentwicklung prognostiziert und mittels eines geeigneten Zinssatzes auf den Wertermittlungsstichtag diskontiert werden.

   Dieses Verfahren ist in erster Linie ein Investorenverfahren, das direkt zum *investment value* und nicht zum Verkehrswert (*market value*) führt. Für das **prognoseorientierte Ertragswertverfahren** wird in irreführender Weise der Begriff „*Discounted Cash Flow* Verfahren" vereinnahmt, obwohl sich auch bei Anwendung des dynamischen Ertragswertverfahrens (nach ImmoWertV) der Ertragswert aus den „*discounted cash flows*" ergibt. Dies gilt im Übrigen auch dann, wenn der Ertragswert auf der Grundlage der am Wertermittlungsstichtag marktüblich erzielbaren Jahresreinerträge mithilfe des dynamischen Liegenschaftszinssatzes kapitalisiert wird, denn auch hier ermittelt sich der Ertragswert aus den *discounted cash flows*.

   Das prognoseorientierte Ertragswertverfahren (*Discounted Cash Flow* Verfahren) ist im Hinblick auf die i. d. R. sehr lange Restnutzungsdauer einer baulichen Anlage äußerst fehlerträchtig, zumal selbst nach zehn Jahren die diskontierten Reinerträge noch erheblich sind. Das prognoseorientierte Ertragswertverfahren kommt deshalb in der Weise zur Anwendung, dass man die Prognosen auf einen Zeitraum von etwa zehn Jahren beschränkt und den dafür ermittelten Barwert mit einem zumeist nach dem (klassischen) Ertragswertverfahren ermittelten Restwert zusammenfasst. Das Verfahren bleibt dennoch äußerst fehlerträchtig.

2. Das **dynamische Ertragswertverfahren** (*direct capitalization*), bei dem der am Wertermittlungsstichtag marktüblich erzielbare Jahresreinertrag mit einem speziellen Liegen-

---

[4] The Appraisal of Real Estate, 12. Aufl. Chicago, S. 493.

schaftszinssatz (*all over capitalization rate*, vgl. § 14 Abs. 3 ImmoWertV) kapitalisiert wird, mit dem die vom allgemeinen Grundstücksmarkt erwartete immobilienwirtschaftliche Gesamtentwicklung (einschließlich der Ertragsentwicklung) berücksichtigt wird (*growth implicit method; all over capitalization method*).

Der Vorteil dieser international gebräuchlichen Methode besteht darin, dass die künftigen Entwicklungen der Erträge nicht mit der subjektiven Einschätzung des Sachverständigen, sondern nach der objektiven Betrachtungsweise des Grundstücksmarktes berücksichtigt werden. Der dabei heranzuziehende Liegenschaftszinssatz wird nämlich aus auf dem Grundstücksmarkt getätigten Käufen und damit unter Berücksichtigung der Einschätzung der künftigen Entwicklung eben dieses Marktes abgeleitet (§ 20 ImmoWertV i. V. m. § 14 Abs. 3 ImmoWertV). Insoweit handelt es sich um ein Verfahren, das in besonderem Maße für sich in Anspruch nehmen kann, zu einem Marktwert (Verkehrswert) zu führen.

Abb. 3: Überblick zum Ertragswertverfahren

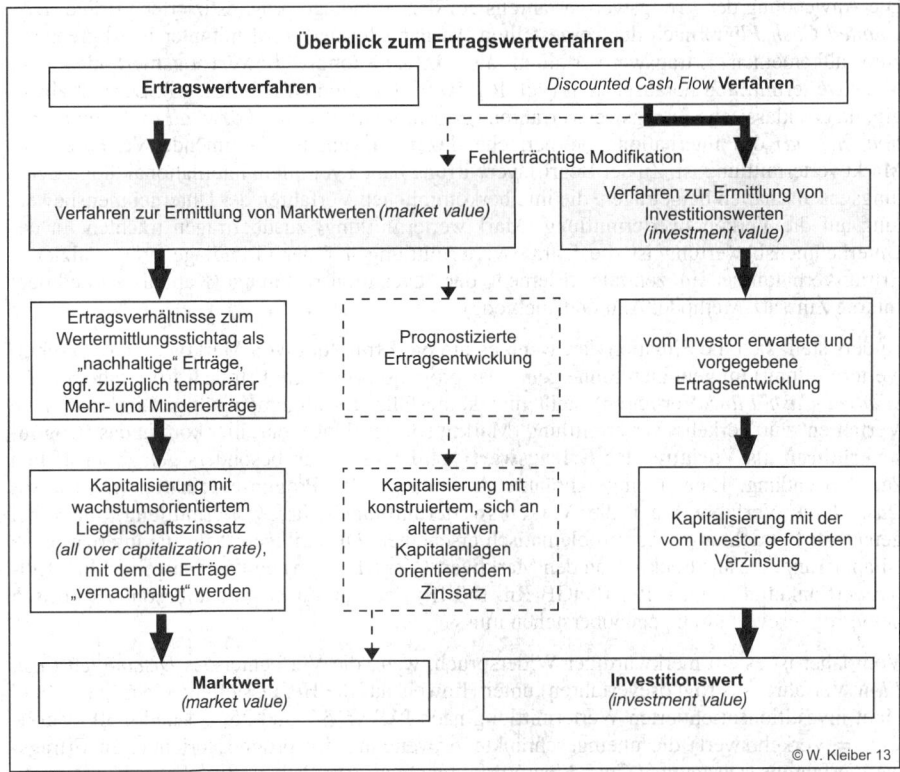

Die **ImmoWertV enthält keinerlei Regelungen über ein prognosegestütztes Ertragswertverfahren** (*Discounted Cash Flow* **Verfahren**, vgl. hierzu ausführlich Vorbem. zur ImmoWertV Rn. 13). Bei dem in den §§ 17 bis 20 ImmoWertV geregelten Ertragswertverfahren handelt es sich um ein sich auf das Marktgeschehen stützendes dynamisches Ertragswertverfahren im vorstehenden Sinne. 18

§ 17 ImmoWertV enthält im Einzelnen Regelungen zum

1. *zweigleisigen* Ertragswertverfahren unter Aufteilung des Ertragswerts in einen Boden- und Gebäudewertanteil (vgl. § 17 Abs. 2 Nr. 1 ImmoWertV),

2. *eingleisigen* Ertragswertverfahren ohne Aufteilung des Ertragswerts in einen Boden- und Gebäudewertanteil (vgl. § 17 Abs. 2 Nr. 2 ImmoWertV) und

3. *mehrperiodischen* Ertragswertverfahren auf der Grundlage alternierender Erträge (§ 17 Abs. 1 Satz 2 i. V. m. Abs. 3 ImmoWertV).

Die vorgegebenen drei **Verfahrensvarianten entsprechen internationalen Standards** *(growth implicit method; all over capitalization method)* und sind mathematisch identisch. Sie müssen deshalb allesamt zu ein- und demselben Ergebnis führen. Diese Überregulierung ist vor dem Hintergrund der erklärten Entbürokratisierungsbemühungen ungewöhnlich, zumal es sich bei allen Varianten um solche handelt, die schon seit jeher zum alltäglichen Handwerkszeug der gängigen Wertermittlungspraxis gehören und zudem schon vor Inkrafttreten der ImmoWertV in den WERTR 2002 verankert waren.

1.3.3.2 Berücksichtigung künftiger Erträge mittels prognostizierter Ertragsentwicklungen

▶ *Vgl. Rn. 50 ff.*

19 Die Anwendung des Ertragswertverfahrens auf der Grundlage prognostizierter Erträge (*Discounted Cash Flow*) nach der vorgestellten Ausgangsformel) wird mitunter in Abgrenzung zum allgemeinen Ertragswertverfahren als **„internationale Bewertungsmethode"**[5] der Marktwertermittlung herausgestellt (vgl. Rn. 50 ff., § 8 ImmoWertV Rn. 16). Dies ist abwegig, da das klassische Ertragswertverfahren (*growth implicit method* bzw. *all over capitalization method*) das international vorherrschend zur Anwendung kommende Verfahren der Marktwertermittlung ist. Zu der Begriffsverwirrung haben vor allem international tätige Beratungsgesellschaften beigetragen, die ihre herkömmlichen Verfahren der Unternehmensbewertung auf die Verkehrswertermittlung (Marktwertermittlung) zu übertragen trachten. In der Unternehmensbewertung ist die Ertragswertermittlung auf der Grundlage prognostizierter Ertragsverhältnisse ein zentrales Element der Investitionsrechnung (Kapitalwertmethode; Interne Zinssatz-Methode, Annuitätsmethode).

20 Anders stellt sich die Situation dar, wenn es um die Ermittlung von Marktwerten (Verkehrswertermittlung) im genuinen Sinne geht. Das prognoseorientierte Ertragswertverfahren (*Discounted Cash Flow* Verfahren) stellt hier keinesfalls das allgemeingültige „internationale Verfahren" zur Verkehrswertermittlung (Marktwertermittlung)[6] dar; hier kommt das **Prognoseverfahren als Variante des Ertragswertverfahrens** nur in besonders gelagerten Fällen zur Anwendung. Eine uneingeschränkte Anwendung des Prognoseverfahren (*Discounted Cash Flow* Verfahren) auf die Verkehrswertermittlung (Marktwertermittlung) muss bei genauerer Betrachtung sogar problematisch erscheinen. Dies gilt selbst für die internationale Bilanzierung, die ausdrücklich an den Marktwert (Verkehrswert) und nicht an einen Investitionswert anknüpft (vgl. § 194 BauGB Rn. 160 ff.) und von daher gerade besonders kritisch dem Prognoseverfahren gegenüberstehen muss.

21 Von daher ist es ein merkwürdiger Widerspruch, wenn die Verfechter des *Discounted Cash Flow* Verfahrens (Prognoseverfahren) unter Hinweis auf die Herausstellung einer markt- und nicht investitionsorientierten Wertermittlung nach IAS 16 § 7 und 25, § 4 und § 30 (Marktwert = Verkehrswert) die uneingeschränkte Anwendung des prognoseorientierten Ertragswertverfahrens (*Discounted Cash Flow* Verfahrens) gefordert haben. Eine *Ertragswertermittlung auf der Grundlage von Prognosen* ist danach nur zulässig, soweit sie auf verlässlichen Schätzungen von zukünftigen *Cash Flows* – „gestützt durch die **Vertragsbedingungen bestehender Mietverhältnisse** und anderer Verträge sowie durch (wenn möglich) externe substanzielle Hinweise wie aktuelle Mieten für ähnliche Immobilien am gleichen Ort und im gleichen Zustand" (IAS 40 § 40c) – beruht. Die Berücksichtigung von „Prognosen", die auf Vertragsbedingungen gestützt werden, betrifft im eigentlichen Sinne keine Prognosen; die Berücksichtigung von Vertragsbedingungen ist auch dem Ertragswertverfahren (nach ImmoWertV) immanent (§ 4 Abs. 3, § 6 Abs. 2 und § 8 Abs. 3 ImmoWertV). Das Gleiche gilt für die Vorgaben der IAS-Regelung zum Abzinsungszinssatz. Zur Abzinsung gibt IAS 40 § 40c

---

5 Vgl. Kleiber in GuG 2004, 193.
6 Vgl. Hök, G.-S., DCF-Verfahren in Frankreich, GuG 2002, 284.

nämlich vor, dass solche Zinssätze zu verwenden sind, die die gegenwärtigen Bewertungen des Marktes hinsichtlich der Unsicherheit der Höhe und des zeitlichen Anfalls künftiger *Cash Flows* widerspiegeln. Auch dies entspricht materiell den mit § 14 Abs. 3 ImmoWertV gegebenen Vorgaben zum Liegenschaftszinssatz.

Die ImmoWertV enthält bei alledem keine Regelungen über ein prognosegestütztes Ertragswertverfahren; dies wurde im Rahmen des Gesetzgebungsverfahrens abgelehnt (vgl. Vorbem. zur ImmoWertV Rn. 26 ff.). Insoweit sind prognosegestützte Ertragswertverfahren (*Discounted Cash Flow Verfahren*) nicht mit der ImmoWertV vereinbar.

1.3.3.3 Berücksichtigung künftiger Erträge mittels Kapitalisierungszinssatz

▶ *Vgl. § 14 ImmoWertV Rn. 148 ff.*

International bedient man sich zumindest im Rahmen der Verkehrswertermittlung (Marktwertermittlung) nicht des fehlerträchtigen prognoseorientierten Ertragswertverfahrens *(Discounted Cash Flow* Verfahren), sondern des **dynamischen (klassischen) Ertragswertverfahrens.** Bei Anwendung des (klassischen) Ertragswertverfahrens bedient man sich zur Lösung der Prognoseproblematik eines „Kunstgriffs". Man geht im Grundsatz zur Ermittlung des Ertragswerts von dem Jahresreinertrag aus, der mit Blick auf die Zukunft zum Wertermittlungsstichtag (empirisch belegbar) bei ordnungsgemäßer Bewirtschaftung üblicherweise am Wertermittlungsstichtag erzielbar ist, und kapitalisiert diesen Jahresreinertrag mit einem besonderen, aus dem Marktgeschehen abgeleiteten Kapitalisierungszinssatz, der entsprechend den Erwartungen des allgemeinen Grundstücksmarktes die angesetzte Anfangsrendite dynamisiert. Dieser besondere Kapitalisierungszinssatz wird in der ImmoWertV als Liegenschaftszinssatz (vgl. die Erläuterungen zu § 14 Abs. 3 ImmoWertV) bezeichnet. Der Liegenschaftszinssatz ist eine aus repräsentativen Marktdaten ermittelte Wachstumsrendite, mit der ein Miet- und Kapitalwachstum und somit auch die Inflation berücksichtigt wird. Er entspricht dem in den *Uniform Standards of Professional Practice (Appraisal Institute Chicago)* als *„all over capitalization rate"* bezeichneten Kapitalisierungszinssatz, im englischsprachigen Schrifttum auch als *„all risks yield" „growth yield"* bzw. *„equivalent yield"* bezeichnet.

Bei dieser Vorgehensweise geht man rein rechnerisch von einem gleich bleibenden Jahresreinertrag aus (RE_i = Konstanz), und die vorgestellte allgemeine **Ertragswertformel vereinfacht sich mathematisch zu:**

$$EW = RE \times V + \frac{BW - FLK}{q^n} = RE \times V + \frac{BW}{q^n} - \frac{FLK}{q^n} \qquad (2)$$

wobei
V = Vervielfältiger (Barwertfaktor), abhängig von
p = dynamischem Liegenschaftszinssatz und
n = Restnutzungsdauer der baulichen Anlage
BW = Bodenwert
FLK = Freilegungskosten

Hinweis: Auf den Abzug der Freilegungskosten kann bei n ≤ 20 Jahre verzichtet werden, da die Freilegungskosten mit der Abzinsung zu einer marginalen Größe werden.

International bedient man sich zumindest im Rahmen der Verkehrswertermittlung (Marktwertermittlung) vornehmlich dieser Vorgehensweisen, und zwar in einer noch vereinfachten Form. Bei langer Restnutzungsdauer des Gebäudes geht nämlich der Restwert (BW/q^n) gegen null und kann vernachlässigt werden. Die Formel vereinfacht sich damit zum sog. **Vereinfachten Ertragswertverfahren** (vgl. Rn. 35, 66, 72, 85, 388; § 17 ImmoWertV, Rn 1, 37, 45).

$$EW = RE \times V \qquad (3)$$

Man erhält damit einen **Ertragswert für das Gesamtgrundstück,** d. h. für Boden und Gebäude (eingleisiges Verfahren). Weist das Grundstück eine selbstständig nutzbare Freiflä-

IV Syst. Darst. Ertragswertverfahren — Ertragswertformel

che i. S. des § 17 Abs. 2 Satz 2 ImmoWertV auf, muss diese allerdings mit ihrem „vollen" Bodenwert gesondert berücksichtigt werden.

26 Die Formel des vereinfachten Ertragswertverfahrens erlaubt eine weitere **Vereinfachung.** Anstelle des Ansatzes des mathematischen Barwertfaktors (Vervielfältiger – abhängig von der Restnutzungsdauer n und dem dynamischen Liegenschaftszinssatz p) bedient man sich ohne explizite Kenntnis des Liegenschaftszinssatzes eines aus dem Marktgeschehen abgeleiteten Vervielfältigers *(Years' Purchase),* mit dem man wiederum die künftige Entwicklung „einzufangen" trachtet. Dies entspricht dem Vervielfältigerverfahren auf der Grundlage von Ertragsfaktoren (vgl. § 13 ImmoWertV).

27 Der Einwand, dass dieses Verfahren „statisch" sei[7], weil (scheinbar) von einem konstant bleibenden Reinertrag ausgegangen werde und sich die Reinerträge schon aufgrund inflationärer oder sonstiger allgemeinwirtschaftlicher Veränderungen erhöhen oder vermindern bzw. aufgrund von Besonderheiten z. B. mietvertraglicher Art verändern, verkennt die Zusammenhänge. Diese Umstände werden sogar in einer besonders marktorientierten Weise berücksichtigt:

– **Allgemeine konjunkturelle Entwicklungen**, wie z. B. Veränderungen der Mieteinnahmen oder der Wertverhältnisse, **und Risiken werden**, wie bereits angesprochen, mit dem Diskontierungszinssatz **erfasst, indem zur Diskontierung der Reinerträge der empirisch-dynamische Liegenschaftszinssatz herangezogen wird** (vgl. Rn. 118 ff. und § 14 Abs. 3 ImmoWertV).

– **Besonderheiten der Mietentwicklung,** z. B. mietvertraglicher Art (sog. Anomalien), **lassen sich dagegen durch ergänzende Rechenschritte berücksichtigen** (vgl. Rn. 130 ff.). Dies ist in § 8 Abs. 3 ImmoWertV ausdrücklich geregelt.

28 Bei Anwendung des dynamischen Liegenschaftszinssatzes geht die künftige **Entwicklung** nicht nach den subjektiven Vorstellungen des Sachverständigen **in die Ertragswertermittlung** ein, sondern **nach den objektiven Erwartungen des Grundstücksmarktes.** Das Ertragswertverfahren ist somit ein marktkonformes Verfahren. Der Liegenschaftszinssatz „justiert" gewissermaßen den Ertragswert an die Marktverhältnisse. Das Verfahren gewährleistet damit die Ermittlung von Marktwerten (Abb. 4).

Abb. 4: Ertragswertermittlung mittels dynamischer Liegenschaftszinssätze

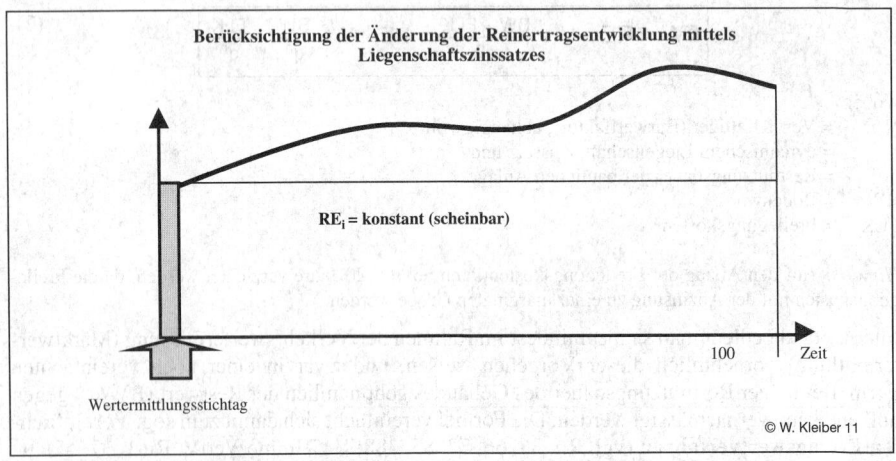

---

[7] Abwegig: Belik, M., (Cushman & Wakefield, Deutschland) in Deutsche Immobilien-Zeitung 1.10.2009, S. 38 sowohl hinsichtlich der methodischen Einschätzung des international angewandten Ertragswertverfahrens als auch hinsichtlich der „Transparenz" des DCF-Verfahrens.

29 Während bei Anwendung des dynamischen Ertragswertverfahrens die zentrale Problemstellung in dem Ansatz des dynamischen Liegenschaftszinssatzes liegt, müssen bei Anwendung des Prognoseverfahrens *(Discounted Cash Flow)* eine **Vielzahl von Wertermittlungsparametern allein auf der Grundlage von Prognosen** zum Ansatz kommen (Abb. 5).

Abb. 5: Überblick über das Ertragswertverfahren und seine Varianten

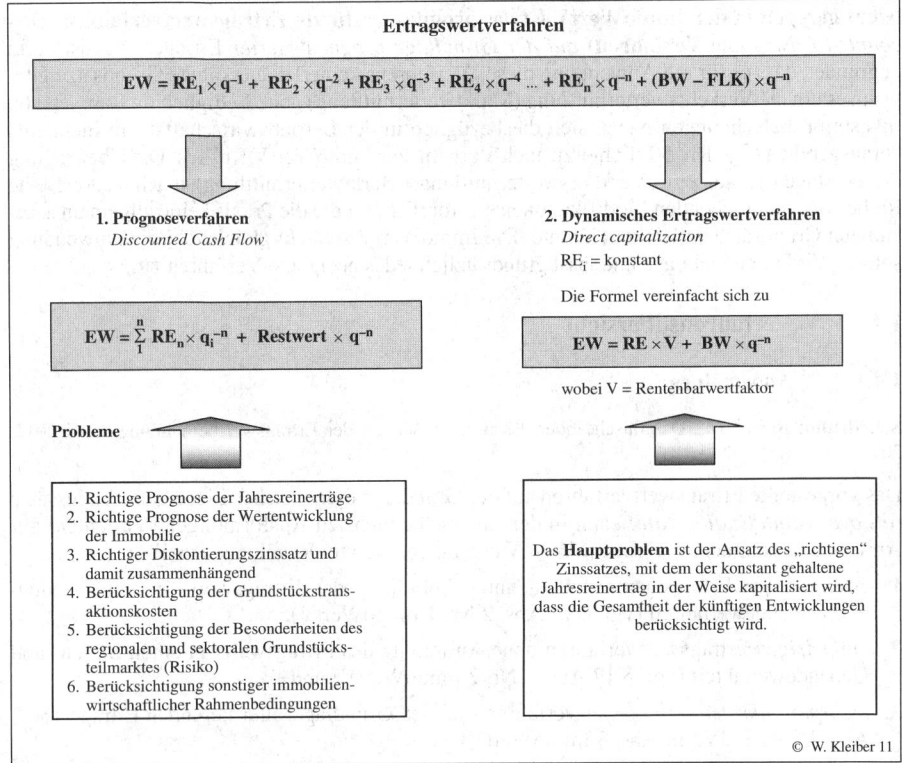

30 Die **ImmoWertV** beschränkt sich auf Regelungen zum

a) international gebräuchlichen (dynamischen) Ertragswertverfahren (§§ 17 bis 20 ImmoWertV) in drei Varianten (vgl. Rn. 32) und

b) Vervielfältigerverfahren (z. B. Mietenmultiplikatoren nach § 13 ImmoWertV; vgl. § 13 ImmoWertV Rn. 8; Syst. Darst. des Vergleichswertverfahrens Rn. 136 ff.).

Darüber hinaus gibt es andere, nicht in der ImmoWertV geregelte Varianten des Ertragswertverfahrens. Zu erwähnen ist in diesem Zusammenhang das **Pachtwertverfahren** (vgl. Teil V Rn. 394; § 8 ImmoWertV Rn. 67)[8], bei dem zur Ermittlung des Ertragswerts anstelle von marktüblich erzielbaren Mieterlösen von marktüblich erzielbaren Pachterträgen ausgegangen wird. Diese Variante kommt insbesondere bei gewerblichen Grundstücken zur Anwendung, die üblicherweise verpachtet werden (§§ 581 bis 597 BGB) bzw. verpachtet werden können. Das Verfahren kann aber auch bei eigengenutzten gewerblichen Objekten Anwendung finden. Der marktüblich erzielbare Pachterlös lässt sich aus branchenspezifischen Durchschnittspachten ableiten, wie sie von Handelsforschungsinstituten veröffentlicht werden (vgl. Teil V Rn. 281 ff.). Die marktspezifischen örtlichen Gegebenheiten sind dabei zu berücksichtigen. Die marktüblich erzielbaren Durchschnittspachten werden üblicherweise in einem Vomhundertsatz des üblicherweise erzielbaren branchenspezifischen Umsatzes (z. B. in € pro m² Verkaufsfläche bzw. pro m² Geschäftsraum) angegeben.

---

8 Umfassend dargestellt in Kleiber, Verkehrswertermittlung von Grundstücken, 6. Aufl. 2010, S. 1619 ff.

IV Syst. Darst. Ertragswertverfahren — Verfahrensübersicht

Jahresrohertrag$_{€/m²}$ = Jahresumsatz$_{€/m²}$ x Pachtzins$_%$

Das von *Loew/Riedel/Bruss*[9] unter der Bezeichnung „**Ertragskraftorientierte Pachtwertmethode**" publizierte Verfahren zur Ermittlung von Pachtzinsen vornehmlich im gastwirtschaftlichen Bereich ist allerdings vom BGH als ungeeignet zur Feststellung einer Sittenwidrigkeit von Miet- und Pachtverträgen aufgrund eines Missverhältnisses von Leistung und Gegenleistung erkannt[10]. Es kann insoweit auch nicht – zumindest nicht direkt – als geeignet zur Ermittlung von Verkehrswerten angesehen werden. Der BGH hat es im Übrigen offengelassen, ob das Verfahren für Investitions- und Beleihungszwecke geeignet ist[11].

31 Nicht geregelt in der ImmoWertV ist das **prognosegestützte Ertragswertverfahren** (*Discounted Cash Flow* **Verfahren**) *auf der Grundlage prognostizierter* Erträge. Dies ist darin begründet, dass es für die Anwendung dieses Verfahrens keinerlei anerkannte Grundsätze gibt, wenn es um die Verkehrswertermittlung (Marktwertermittlung) geht. Lediglich im Rahmen von Investitionsberechnungen haben sich diesbezüglich in der Betriebswirtschaftslehre Standards herausgebildet (vgl. Rn. 50 ff.; hierzu auch Vorbem. zur ImmoWertV Rn. 13). Die Übertragung dieser Standards auf eine Verkehrswertermittlung (Marktwertermittlung) macht jedoch eine Reihe von weitergehenden Modifikationen erforderlich, für die die Praxis keine allgemein anerkannten Grundsätze entwickeln konnte. Die ImmoWertV schließt gleichwohl die Anwendung solcher Verfahren nicht aus und lässt grundsätzlich jedes geeignete Verfahren zu.

1.4 Verfahrensübersicht

1.4.1 Allgemeines

Schrifttum: *Berka, Th.*, Das falsche oder das richtige Modell der Ertragswertberechnung, GuG 2012, 209.

32 Das vorgestellte Ertragswertverfahren auf der Grundlage dynamischer Liegenschaftszinssätze (*all over capitalization rate*) kann in den unterschiedlichsten Ausformungen (Varianten) zur Anwendung kommen. **§ 17 ImmoWertV** enthält enumerativ Regelungen zum

1. *zweigleisigen* Ertragswertverfahren unter Aufteilung des Ertragswerts in einen Boden- und Gebäudewertanteil (vgl. § 17 Abs. 2 Nr. 1 ImmoWertV),
2. *eingleisigen* Ertragswertverfahren ohne Aufteilung des Ertragswerts in einen Boden- und Gebäudewertanteil (vgl. § 17 Abs. 2 Nr. 2 ImmoWertV) und
3. *mehrperiodischen* Ertragswertverfahren auf der Grundlage alternierender Erträge (§ 17 Abs. 1 Satz 2 i. V. m. Abs. 3 ImmoWertV).

Die **BelWertV** beschränkt sich lediglich auf Regelungen zum *zweigleisigen* Ertragswertverfahren.

---

9 Loew/Riedel/Bruss, Miet- und Pachtverträge im Gastgewerbe unter wirtschaftlicher Betrachtung, hrsg. Gastgewerbliche Schriftenreihe (Dehoga), Bonn 1993 Nr. 57.
10 BGH, Urt. vom 14.7.2004 – XII ZR 352/00 –, NJW 2004, 3553 = EzGuG 20.193; BGH, Urt. vom 13.6.2001 – XII ZR 49/99 –, GuG 2001, 302 = EzGuG 20.178; BGH, Urt. vom 28.4.1999 – XII ZR 150/97 – BGHZ 141, 257 = GuG 2000, 54 = EzGuG 20.170c; OLG Stuttgart, Beschl. vom 19.6.2001 – 5 U 121/00 –, GuG 2001, 313 = EzGuG 20.179; OLG Stuttgart, Urt. vom 6.8.1998 – 13 U 262/97 –, OLGR Stuttgart 1998, 389; OLG Stuttgart, Urt. vom 26.5.1997 – 5 U 155/95 –, OLGR Stuttgart 1997, 18 = EzGuG 20.160f; OLG Stuttgart, Urt. vom 26.6.1995 – 5 U 189/94 –, EzGuG 20.161b; OLG Stuttgart, Urt. vom 17.5.1993 – 5 U 107/92 –; OLG Stuttgart, Urt. vom 1.2.1993 – 5 U 138/91 –, NJW-RR 1993, 654; OLG Stuttgart, Urt. vom 13.7.1992 – 5 U 2/92 –, EzGuG 20.142; OLG München, Urt. vom 21.11.1997 – 14 U 140/97 –, NZM 1991, 224; OLG Nürnberg, Beschl. vom 8.10.1997 – 5 W 3283/97 –; OLG Stuttgart, Urt. vom 4.9.1997 – 13 U 96/97 –; OLG Stuttgart, Urt. vom 26.5.1997 – 5 U 155/95 –, OLGR Stuttgart 1997, 18 = EzGuG 20.160f; OLG München, Urt. vom 4.9.2000 – 17 U 5278/98 –, NZM 2000, 1059 = EzGuG 20.175; OLG München, Urt. vom 27.4.1999 – 25 U 1817/98 –, GuG 2003, 187 = MDR 1999, 1131 = NZM 1999, 617 = OLGR München 1999, 186 = EzGuG 20.170a; OLG München, Urt. vom 25.9.1998 – 23 U 2624/98 –, GuG 1999, 248 = EzGuG 20.165a; OLG München, Urt. vom 21.11.1997 – 14 U 140/97 –, NZM 1999, 224 = EzGuG 20.162b; OLG München, Urt. vom 18.4.1997 – 21 U 5900/96 –, OLGR München 1998, 20; OLG München, Urt. vom 24.2.1995 – 23 U 4255/94 –; OLG München, Urt. vom 27.5.1994 – 21 U 2236/92 –, OLGR München 1996, 163; OLG Nürnberg, Urt. vom 16.7.1998 – 8 U 197/98 –, OLG Nürnberg, Urt. vom 26.9.1996 – 2 U 3060/92 –; OLG Hamm, Beschl. vom 17.9.1996 – 2 W 22/96 –; OLG Karlsruhe, Urt. vom 9.6.1998 – 19 U 203/97 –; OLG Karlsruhe, Urt. vom 6.2.1997 – 12 U 92/96 –, NJWE-MietR 1997, 151 = EzGuG 20.160d; OLG Karlsruhe, Urt. vom 6.2.1997 – 12 U 92/76 –, EzGuG 20.160d; LG Konstanz, Urt. vom 21.8.1998 – 3 O 586/96 –, ZMR 1999, 258 = EzGuG 20.164c.
11 Die Methode ist umfassend dargestellt in Kleiber, Verkehrswertermittlung von Grundstücken, 6. Aufl. 2010, S. 1619.

1.4.2 Markt- und modellkonforme Ertragswertermittlung

▶ *Vgl. Rn. 103, 249; Vorbem. zur ImmoWertV Rn. 34; § 14 ImmoWertV Rn. 2 ff., 23 ff., 25, 94 ff.; § 8 ImmoWertV Rn. 73, 180, 389; § 9 ImmoWertV Rn. 4, 16, 25; § 13 ImmoWertV Rn. 17; Syst. Darst. des Vergleichswertverfahrens Rn. 176; Syst. Darst. des Sachwertverfahrens Rn. 235*

Das Ertragswertverfahren ist in besonderer Weise auf eine marktkonforme Verkehrswertermittlung ausgerichtet. Die dem gewöhnlichen Geschäftsverkehr entsprechenden Marktverhältnisse gehen insbesondere dadurch in die Wertermittlung ein, dass von am Wertermittlungsstichtag marktüblich erzielbaren Erträgen, am Wertermittlungsstichtag marktüblich anfallenden Bewirtschaftungskosten, einer nach allgemeinen Erfahrungssätzen sich bemessenen Restnutzungsdauer der baulichen Anlage und einem **die Lage auf dem Grundstücksmarkt erfassenden Liegenschaftszinssatz** ausgegangen wird. Auch sonstige „besondere objektspezifische Grundstücksmerkmale" (u.a. eine wirtschaftliche Überalterung, ein überdurchschnittlicher Erhaltungszustand, Baumängel und Bauschäden sowie auch sonstige die wirtschaftliche Nutzbarkeit beeinflussende Besonderheiten, Rechte am Grundstück usw.) sind nach § 8 Abs. 3 ImmoWertV in der Höhe zu berücksichtigen, wie „dies dem gewöhnlichen Geschäftsverkehr entspricht", d.h. insoweit, wie der Verkehrswert (Marktwert) dadurch beeinflusst wird.

33

Die marktüblich erzielbaren Erträge werden nach den Grundsätzen der ImmoWertV mit einem Zinssatz kapitalisiert, der in marktkonformer Weise, sei es ökonomisch begründbar oder nicht, die vom Grundstücksmarkt erwartete immobilienwirtschaftliche Entwicklung (insbesondere der Erträge) und die vom Grundstücksmarkt erwartete Verzinsung des in die Immobilie investierten Kapitals reflektiert. Der in § 14 Abs. 3 ImmoWertV definierte und aus Marktpreisen abgeleitete Liegenschaftszinssatz ist zugleich ein Zinssatz, mit dem die Ertragswertermittlung an die allgemeinen Wertverhältnisse auf dem Grundstücksmarkt „justiert" wird und zwar im Ertragswertverfahren selbst. Da der Liegenschaftszinssatz aus Kaufpreisen des gewöhnlichen Geschäftsverkehrs nach einem bestimmten Modell abgeleitet wird, bestimmt er sich nach den Grundstücksmerkmalen und den allgemeinen Wertverhältnissen des Grundstücksmarktes, die dem Referenzgrundstück des Liegenschaftszinssatzes zugrunde liegen. Bei Heranziehung von Liegenschaftszinssätzen des Gutachterausschusses muss deshalb der **Grundsatz der Modellkonformität** beachtet werden. Der vorläufige Ertragswert muss deshalb grundsätzlich ermittelt werden unter Berücksichtigung

- der Grundstücksmerkmale des jeweiligen Referenzgrundstücks und
- des Modells der Ertragswertermittlung, die der Ableitung des Liegenschaftszinssatzes zugrunde liegt.

Soweit mit dem vorläufigen Ertragswert und mit dem Liegenschaftszinssatz besondere objektspezifische Grundstücksmerkmale noch nicht berücksichtigt worden sind, müssen diese nach § 8 Abs. 3 ImmoWertV nachträglich in marktkonformer Höhe berücksichtigt werden. Nach der Vorschrift sind diese nur insoweit berücksichtigungsfähig, „soweit dies dem gewöhnlichen Geschäftsverkehr entspricht."

1.4.3 Ein- und zweigleisiges Ertragswertverfahren (Standardverfahren)

1.4.3.1 Eingleisiges Ertragswertverfahren (§ 17 Abs. 2 Nr. 2 ImmoWertV)

▶ *Vgl. auch § 17 ImmoWertV Rn. 45*

Mit § 17 Abs. 2 Nr. 2 ImmoWertV wird das aus der allgemeinen Ertragswertformel (vgl. Rn. 7) abgeleitete *ein*gleisige Ertragswertverfahren geregelt, mit dem sich der **Gesamtwert des Grundstücks ohne Aufteilung in einen Boden- und Gebäudewertanteil** ermitteln lässt. Der Ertragswert wird ermittelt, indem

34

IV Syst. Darst. Ertragswertverfahren — Eingleisiges Verfahren

a) der Jahresreinertrag direkt, d. h. ohne vorherige Verminderung um den Bodenwertverzinsungsbetrag, mithilfe des Vervielfältigers (Barwertfaktor) kapitalisiert wird und

b) der Bodenwert in einer über die Restnutzungsdauer der baulichen Anlagen abgezinsten Größenordnung dem kapitalisierten Jahresreinertrag zugeschlagen wird.

$$EW = RE \times V + \frac{BW}{q^n} \qquad (2)$$

wobei
BW = Bodenwert
V = Vervielfältiger (Barwertfaktor), abhängig von
p = dynamischem Liegenschaftszinssatz und
n = Restnutzungsdauer der baulichen Anlage
q = Zinsfaktor = 1 + p/100

▶ *Hinweis: Zur Ertragswertermittlung bei kurzer Restnutzungsdauer der baulichen Anlage vgl. Rn. 61 ff., 141 ff.*

Bei dem abgezinsten Bodenwert (BW/q^n) handelt es sich nicht etwa um den Bodenwertanteil am Ertragswert, sondern lediglich um den komplementären Restwert. Insoweit ergibt sich auch keine Disparität zum Bodenwertanteil am Ertragswert bei Anwendung des zweigleisigen Ertragswertverfahrens.

§ 17 Abs. 2 Nr. 2 ImmoWertV ordnet irreführenderweise dieser Variante des Ertragswertverfahrens den Begriff des „Vereinfachten Ertragswertverfahrens" zu. **Tatsächlich handelt es sich nur um ein vereinfach*bares* Ertragswertverfahren**. Auf eine Minderung des Bodenwerts um die Freilegungskosten kann nämlich bei langer Restnutzungsdauer der baulichen Anlage (≥ 20 Jahre) verzichtet werden, und erst dann ergibt sich die unter Rn. 25 angegebene Formel des „Vereinfachten Ertragswertverfahrens" ($EW = RE \times V$).

35 *Beispiel 1* zum *ein*gleisigen Ertragswertverfahren (§ 17 Abs. 2 Nr. 2 ImmoWertV):

Ausgangsdaten:

Mehrfamilienhaus im Jahre 1932 in massiver Bauweise erstellt: 8 abgeschlossene Wohnungen; Wohnfläche (WF) insgesamt 700 m²; marktüblich erzielbare Nettokaltmiete 9,50 €/m² WF im Monat; Restnutzungsdauer 30 Jahre; Liegenschaftszinssatz 5 %; Bodenwert 200 000 €

Es seien keine vom marktüblich erzielbaren Reinertrag erheblich abweichenden Erträge zu berücksichtigen.

Berechnung:

Ertragswert: $EW = RE \times V + BW \times q^{-n}$

a) Ermittlung des Reinertrags
 9,50 €/m² (Nettokaltmiete) × 700 m² WF × 12 Monate = Jahresnettokaltmiete = 79 800 €
 abzüglich nicht umlagefähige Bewirtschaftungskosten
 – Verwaltungskosten: 8 × 230 €/WE = – 1 840 €
 – Instandhaltungskosten: 11,50 €/m² × 700 m² WF = – 8 050 €
 – Mietausfallwagnis: 2 % der Jahresnettokaltmiete = – 1 596 €

 = Jahresreinertrag (RE) = 68 314 €

b) Vervielfältiger bei
 – Restnutzungsdauer von 30 Jahren
 – Liegenschaftszinssatz von 5 % lt. Anlage zur ImmoWertV   15,372452

c) Kapitalisierte Reinerträge
 68 314 € × 15,372452 = 1 050 154 €

Zweigleisiges Verfahren — Syst. Darst. Ertragswertverfahren IV

d) Diskontierungsfaktor bei
   - Restnutzungsdauer von 30 Jahren
   - Liegenschaftszinssatz von 5 % lt. Anlage zur ImmoWertV   0,2313774

e) abgezinster Bodenwert: 200 000 € × 0,2313774   =   + 46 275 €

= **Vorläufiger Ertragswert**   =   **1 096 429 €**

Bei langer Restnutzungsdauer des Gebäudes geht der Restwert (BW/q^n) gegen null und kann vernachlässigt werden. Die Formel vereinfacht sich damit zu dem bereits angesprochenen sog. **Vereinfachten Ertragswertverfahren** (vgl. Rn. 26, 66):

$$EW = RE \times V \quad (3)$$

1.4.3.2 Zweigleisiges Ertragswertverfahren (§ 17 Abs. 2 Nr. 1 ImmoWertV)

Schrifttum: *Moll-Amrein/Schaper*, Ermittlung des Gebäudewertanteils von Renditeobjekten in Gebieten mit hohem Bodenpreisniveau, GuG 2013, 257.

▶ *Vgl. § 17 ImmoWertV Rn. 39*

Die Formel des *ein*gleisigen Ertragswertverfahrens lässt sich mathematisch in der Weise umformen, dass sich der **Ertragswert formelmäßig aus Boden- und Gebäudewertanteil zusammensetzt** (*zwei*gleisiges Standardverfahren). Auf eine Minderung des Bodenwerts um die Freilegungskosten kann bei langer Restnutzungsdauer der baulichen Anlage (≥ 20 Jahre) wiederum verzichtet werden (vgl. hierzu Rn. 63), und es ergibt sich die in § 17 Abs. 2 Nr. 1 ImmoWertV angegebene Formel: **36**

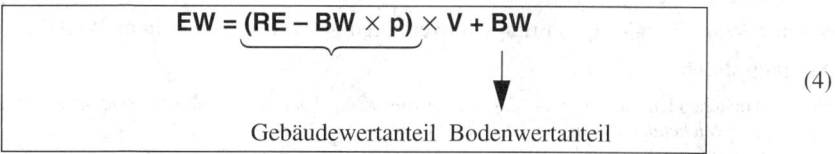

$$EW = \underbrace{(RE - BW \times p) \times V}_{\text{Gebäudewertanteil}} + \underbrace{BW}_{\text{Bodenwertanteil}} \quad (4)$$

Das Verhältnis zwischen Reinertrag und Bodenwertverzinsungsbetrag ($BW \times p$) sowie der um den Bodenwertverzinsungsbetrag verminderte Reinertrag   **37**

$$(RE - p \times BW)$$

sind wichtige Kenngrößen, die über die Wirtschaftlichkeit der Grundstücksnutzung Aufschluss geben (vgl. Rn. 241 ff.).

Abb. 6: Bodenwertverzinsungsbetrag

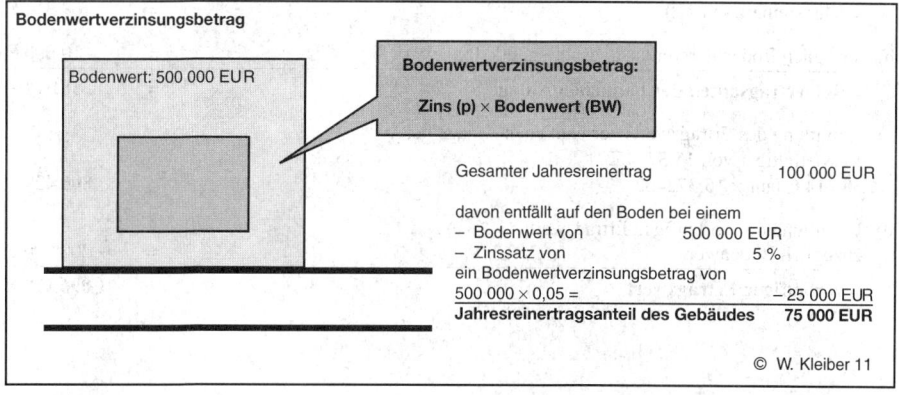

IV Syst. Darst. Ertragswertverfahren — Zweigleisiges Verfahren

38 Geht der Reinertrag nämlich nach Abzug des Bodenwertverzinsungsbetrags (BW × p) gegen null oder ergibt sich sogar ein negativer Reinertrag, liegt ein **Missverhältnis zwischen Boden und Gebäude** vor, das die Notwendigkeit einer Umnutzung bzw. einer Liquidation des Gebäudes signalisiert. Das Verhältnis zwischen dem Reinertrag (vor Abzug des Bodenwertverzinsungsbetrags) und dem Bodenwertverzinsungsbetrag gibt dem Sachverständigen auch sonsthin unverzichtbare Aufschlüsse über die bodenwirtschaftlichen Verhältnisse des zu bewertenden Grundstücks. Ein atypisches Verhältnis signalisiert ihm eine unwirtschaftliche Bodennutzung, der er ggf. Rechnung tragen muss.

39 Wegen der mathematischen Identität führt das *zwei*gleisige Verfahren zu demselben Ergebnis wie das eingleisige Ertragswertverfahren. **Das *zwei*gleisige Ertragswertverfahren** ist kein „anderes" Verfahren als die vornehmlich im Ausland zur Anwendung kommende eingleisige Variante (vgl. Rn. 237 ff.). Sie stellt die fachlich **ausgereifte „Luxusvariante"** dar, die universeller anwendbar und bei vielen Bewertungsaufgaben unverzichtbar ist. Sie ermöglicht eine gesonderte Ermittlung des Gebäudewertanteils (Gebäudeertragswert). Dieser wird benötigt im Rahmen

– der Marktwertermittlung von Erbbaurechten und erbbaurechtbelasteten Grundstücken,

– steuerlicher Bewertungen (für die Abschreibung des Gebäudewerts),

– der Marktwertermittlung nach dem Vermögensrecht sowie

– im Rahmen städtebaulicher Maßnahmen.

Diese Variante hat zudem den Vorzug, dass aus dem Verhältnis zwischen dem Reinertrag (RE) zum Bodenwertverzinsungsbetrag (BW × p) liquidationsverdächtige Grundstücksnutzungen erkennbar sind. ImmoWertV und BelWertV geben deshalb als Standardverfahren das *zwei*gleisige Ertragswertverfahren vor.

40 *Beispiel 2* zum *zwei*gleisigen Ertragswertverfahren (§ 17 Abs. 2 Nr. 1 ImmoWertV):

Ausgangsdaten

wie im vorstehenden *Beispiel*; es sind wiederum keine vom marktüblichen Reinertrag erzielbaren erheblich abweichenden Erträge zu berücksichtigen

Ertragswert: $EW = (RE - p \times BW) \times V + BW$

a) Ermittlung des Reinertrags
9,50 €/m² (Nettokaltmiete) × 700 m² WF × 12 Monate = Jahresnettokaltmiete = 79 800 €
abzüglich nicht umlagefähige Bewirtschaftungskosten
– Verwaltungskosten: 8 × 230 €/WE = – 1 840 €
– Instandhaltungskosten: 11,50 €/m² × 700 m² WF = – 8 050 €
– Mietausfallwagnis: 2 % der Jahresnettokaltmiete = – 1 596 €

= Jahresreinertrag (RE) = 68 314 €

b) abzüglich Bodenwertverzinsungsbetrag: 200 000 € × 0,05 = – 10 000 €

= **Reinertragsanteil der baulichen Anlage** = 58 314 €

c) Ermittlung des Ertragswerts der baulichen Anlage bei Vervielfältiger von 15,372452:
58 314 €/Jahr × 15,372452 = 896 429 €

d) Ermittlung des vorläufigen Ertragswerts
zuzüglich Bodenwert = + 200 000 €

= **vorläufiger Ertragswert** **1 096 429 €**

1.4.3.3 Mehrperiodisches Ertragswertverfahren
(§ 17 Abs. 1 Satz 2 i. V. m. Abs. 3 ImmoWertV)

▶ *Vgl. auch § 17 ImmoWertV Rn. 19 ff., Rn. 48 ff. und die rechentechnischen Hinweise dort bei Rn. 64 ff.*

a) *Allgemeines*

Bei dem in § 17 Abs. 1 Satz 2 i. V. m. Abs. 3 ImmoWertV geregelten *mehrperiodischen Ertragswertverfahren* handelt es sich um nichts anderes als um die unter Rn. 7 bereits vorgestellte **allgemeine Ertragswertformel**. Auf eine Minderung des Bodenwerts um die Freilegungskosten kann bei langer Restnutzungsdauer der baulichen Anlage (= 20 Jahre) auch bei dieser Variante verzichtet werden. **41**

$$EW = RE_1 \times q^{-1} + RE_2 \times q^{-2} + RE_3 \times q^{-3} + RE_4 \times q^{-4} \ldots + RE_n \times q^{-n} + (BW - FLK) \times q^{-n}$$

Abb. 7: Mehrperiodisches Ertragswertverfahren bei gleichbleibendem Ertrag

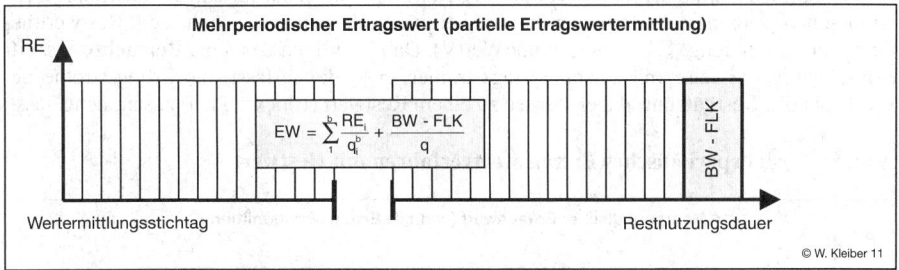

Nach § 17 Abs. 1 Satz 2 ImmoWertV soll die mehrperiodische Variante des Ertragswertverfahrens Anwendung finden können, „soweit

1. die Ertragsverhältnisse absehbar wesentlichen Veränderungen unterliegen (vgl. Rn. 52 ff.; § 17 ImmoWertV Rn. 32 ff.) oder

2. wesentlich von den marktüblich erzielbaren Erträgen abweichen" (vgl. § 17 ImmoWertV Rn. 25 ff.).

Das **mehrperiodische Ertragswertverfahren kann** (entgegen dem Wortlaut des § 17 Abs. 1 ImmoWertV) **auch Anwendung finden, wenn keine Änderungen der Ertragsverhältnisse absehbar sind** und auch keine von den marktüblich erzielbaren Erträgen abweichenden Erträge vorliegen, insbesondere wenn man die jährlichen Ertragsflüsse explizit „auswerfen" will (vgl. Rn. 49).

Die **mathematische Form des mehrperiodischen Ertragswertverfahrens ist mit der mathematischen Form des prognoseorientierten Ertragswertverfahrens** (*Discounted Cash Flow* Verfahren) identisch, jedoch darf es damit nicht verwechselt werden. Bei Heranziehung des dynamischen Liegenschaftszinssatzes stellt auch diese Vorgehensweise ein Ertragswertverfahren i. S. der ImmoWertV *(all over capitalization method)* und nicht etwa ein *Discounted Cash Flow* Verfahren dar. **42**

Der **wesentliche Unterschied des prognoseorientierten Ertragswertverfahrens** (*Discounted Cash Flow* **Verfahrens**) **zum marktorientierten Ertragswertverfahren** besteht nämlich darin, dass es an prognostizierte Erträge (i. V. m. einem kapitalmarktorientierten Diskontierungszinssatz) anknüpft, während das Ertragswertverfahren grundsätzlich von den zum Wertermittlungsstichtag marktüblich erzielbaren Reinerträgen ausgeht und deren künftige Entwicklung nach § 20 i. V. m. § 14 Abs. 3 ImmoWertV mit dem Liegenschaftszinssatz *(all over capitalization rate)* berücksichtigt wird. Soweit von den „marktüblich erzielbaren Erträgen" abweichende Erträge vorliegen, können sie auch direkt berücksichtigt werden (anstelle einer gesonderten Erfassung nach § 8 Abs. 3 ImmoWertV), aber auch nur dann, wenn es sich um

IV Syst. Darst. Ertragswertverfahren — Mehrperiodisches Verfahren

"**gesicherte Daten erzielbarer Reinerträge**" handelt (§ 17 Abs. 3 Satz 1 ImmoWertV). Dies sind insbesondere aufgrund wohnungs- und mietrechtlicher Bindungen von den marktüblich erzielbaren Erträgen abweichende Jahresreinerträge.

b) *Blockmodell (Restwertmodell) unter Aufteilung in den Wertanteil eines Betrachtungszeitraums und einen Restwert*

▶ *Vgl. Rn. 272*

43 Mit § 17 Abs. 3 ImmoWertV wird die allgemeine Ertragswertformel in zwei Phasen „aufgeblockt", und zwar in
– einen Betrachtungsraum (von etwa 10 Jahren), gerechnet ab dem Wertermittlungsstichtag und
– eine Restphase (bis zum Ablauf der Restnutzungsdauer der baulichen Anlage).

Das sog. „2-Phasen-Modell" entspricht der allgemeinen Wertermittlungspraxis und dient der Vermeidung unübersichtlicher Rechenwerke. Für den „Auswurf" der jährlichen Ertragsströme besteht nämlich nur ein zeitlich beschränktes Bedürfnis (i. d. R. nur für einen Betrachtungszeitraum von 10 Jahren), und deswegen kommt bei dieser Vorgehensweise die sog. Restwertmethode zur Anwendung (§ 17 Abs. 3 ImmoWertV). Dabei wird nur der sog. „**Betrachtungszeitraum**" jahrgangsweise mit seinen Ertragsströmen gesondert erfasst, die Ertragsströme der verbleibenden Restnutzungsdauer werden zu einem Restwert (Blockmodell) zusammengefasst:

Abb. 8: Mehrperiodisches Ertragswertverfahren mit Restwert

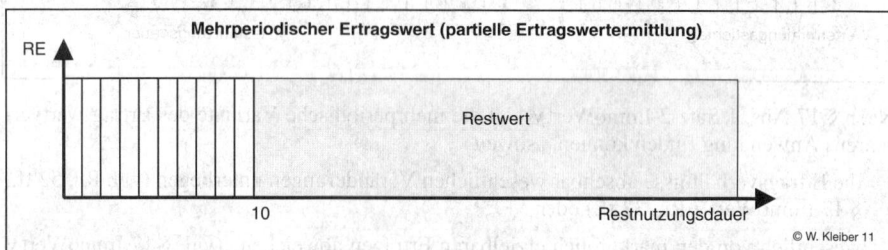

Wie sich der **Restwert** ermittelt, wird in der ImmoWertV nicht vorgegeben. Grundsätzlich kommen dafür alle Wertermittlungsverfahren in Betracht, jedoch wird hier regelmäßig das Ertragswertverfahren nach § 17 Abs. 2 ImmoWertV sachgerecht sein.

44 Beispiel 3 zum *mehrperiodischen* Ertragswertverfahren (§ 17 Abs. 1 Satz 2 i. V. m. Abs. 3 ImmoWertV):

1. Ausgangsdaten

wie im vorstehenden *Beispiel* (Rn. 35). Es sind wiederum keine vom marktüblich erzielbaren Reinertrag erheblich abweichenden Erträge zu berücksichtigen.

Ertragswert:

$$EW = \sum_{1}^{b} RE_b \times q^{-b} + \underbrace{RE_i \times (V_n - V_b) + Bodenwert \times q^{-n}}_{\text{Restwert}} \quad (5)$$

wobei
n = Restnutzungsdauer
b = Betrachtungszeitraum
q = Zinsfaktor = 1 + p/100
p = Liegenschaftszinssatz
V = Barwertfaktor

Mehrperiodisches Verfahren Syst. Darst. Ertragswertverfahren IV

2. Berechnung:

a) Barwerte des Betrachtungszeitraums von 10 Jahren

Jahr	RE		Abzinsungsfaktor		Barwerte der Reinerträge
1. Jahr	68 314 €	×	0,952380952	=	65 061 €
2. Jahr	68 314 €	×	0,907029478	=	61 963 €
3. Jahr	68 314 €	×	0,863837599	=	59 012 €
4. Jahr	68 314 €	×	0,822702475	=	56 202 €
5. Jahr	68 314 €	×	0,783526166	=	53 526 €
6. Jahr	68 314 €	×	0,746215397	=	50 977 €
7. Jahr	68 314 €	×	0,710681330	=	48 549 €
8. Jahr	68 314 €	×	0,676839362	=	46 238 €
9. Jahr	68 314 €	×	0,644608916	=	44 036 €
10. Jahr	68 314 €	×	0,613913254	=	41 939 €
Summe der Jahresreinerträge des Betrachtungszeitraums				**=**	**527 502 €**	**527 502 €**

b) Restwertermittlung

RE		Barwertfaktor p = 5 % n = 20 Jahre		RE × V		Abzinsungs-faktor		Barwerte der Reiner-träge
11.–30. Jahr 68 314 €	×	12,4622103	=	851 343,43 €	×	0,613913254	=	522 651 €
+ Bodenwert 200 000 €		abgezinst über 30 Jahre:		200 000 €	×	0,231377449	=	46 275 €
Restwert							**=**	**568 927 €**

c) Ertragswert

Ertragswert = Restwert + Summe der diskontierten Reinerträge des Betrachtungszeitraums = **1 096 429 €**

d) Alternativberechnung zur Restwertermittlung

Jahr	Barwertfaktor		RE		
30. Jahr	15,37245100				
10. Jahr	7,72173493				
Δ Barwertfaktoren =	7,65071607	×	68 314 €	=	522 651 €

Auch die dritte (*mehrperiodische*) Variante des Ertragswertverfahrens führt zu exakt demselben Ergebnis wie das ein- und zweigleisige Standardverfahren. **Der wesentliche Unterschied besteht mithin in der Darstellung der Ergebnisse** (vgl. Rn. 105 ff., 283 ff.): 45

Weichen die tatsächlich erzielten Erträge von den marktüblich erzielbaren Erträgen z. B. aufgrund wohnungs-, miet- oder vertragsrechtlicher Bindungen ab, so hat

1. das *ein- und zweigleisige Ertragswertverfahren* (Standardverfahren) den Vorteil, dass die Erträge des „*over- bzw. underrented*"-Ertragsanteils konkret „ausgeworfen" werden und zu diesem Zweck allerdings in einem eigenen Rechenschritt nach Maßgabe des § 8 Abs. 3 ImmoWertV berechnet werden müssen, um sie auf den vorläufigen Ertragswert „aufzusatteln";

2. das *mehrperiodische* Ertragswertverfahren den Vorteil, dass die jährlichen Erträge in ihrer Gesamtheit (ohne eigenständige Ermittlung der „*underrented bzw. overrented*"-Ertragsanteile) ermittelt und dargestellt werden; die Mehr- bzw. Mindermiete aufgrund des

IV Syst. Darst. Ertragswertverfahren   Mehrperiodisches Verfahren

„*overbzw. underrented*"-Ertragsanteils wird im Gutachten dann allerdings auch nicht beziffert.

c) *Ein- und zweigleisiges Mehrperiodenmodell*

46 Im Übrigen lässt sich auch das vorgestellte **mehrperiodische Ertragswertverfahren**

$$EW = \sum_{1}^{n} \frac{RE_i}{q^n} + \frac{BW - FLK}{q^n} \qquad bzw.* \quad EW = \sum_{1}^{n} \frac{RE_i}{q^n} + \frac{BW}{q^n}$$

* bei langer Restnutzungsdauer

unter Aufteilung in einen Boden- und Gebäudewertanteil anwenden (zweigleisig und mehrperiodisch):

$$EW = \sum_{1}^{n} \frac{(RE_i - [BW \times p])}{q^n} + BW \tag{6}$$

bzw. als „**Blockmodell**" unter Aufteilung des Gesamtwerts in einen Teilwert des „Betrachtungszeitraums" und einen Restwert:

$$EW = \underbrace{\sum_{1}^{b} \frac{(RE_b - [BW \times p])}{q^b}}_{\text{Teilwert (Betrachtungszeitraum)}} + \underbrace{(RE_i - p \times BW) \times (V_n - V_b) + BW}_{\text{Restwert}}$$

wobei
n = Restnutzungsdauer
b = Betrachtungszeitraum
q = Zinsfaktor = 1 + p/100
p = Liegenschaftszinssatz
V = Barwertfaktor

47 *Beispiel 4* zum *mehrperiodischen* (zweigleisigen) Ertragswertverfahren:

1. Ausgangsdaten
wie im vorstehenden Beispiel (Rn. 35)

2. Berechnung

a) **Barwerte des Betrachtungszeitraums von 10 Jahren**

Jahr	RE	Bodenwertverzinsungsbetrag $p \times BW$		RE – $(p \times BW)$		Abzinsungsfaktor		Barwerte der Reinerträge
1. Jahr	68 314 €	– 10 000 €	=	58 314 €	×	0,952380952	=	55 537 €
2. Jahr	68 314 €	– 10 000 €	=	58 314 €	×	0,907029478	=	52 892 €
3. Jahr	68 314 €	– 10 000 €	=	58 314 €	×	0,863837599	=	50 373 €
4. Jahr	68 314 €	– 10 000 €	=	58 314 €	×	0,822702475	=	47 975 €
5. Jahr	68 314 €	– 10 000 €	=	58 314 €	×	0,783526166	=	45 691 €
6. Jahr	68 314 €	– 10 000 €	=	58 314 €	×	0,746215397	=	43 515 €
7. Jahr	68 314 €	– 10 000 €	=	58 314 €	×	0,710681330	=	41 443 €
8. Jahr	68 314 €	– 10 000 €	=	58 314 €	×	0,676839362	=	39 469 €
9. Jahr	68 314 €	– 10 000 €	=	58 314 €	×	0,644608916	=	37 590 €
10. Jahr	68 314 €	– 10 000 €	=	58 314 €	×	0,613913254	=	35 800 €
Summe der Jahresreinerträge des Betrachtungszeitraums							=	450 285 €

Mehrperiodisches Verfahren Syst. Darst. Ertragswertverfahren IV

b) Restwertermittlung

	RE – p × BW	A $V_{30} - V_{10}$ 15,37245100 – 7,72173493	(RE – p × BW) × V		Barwerte der Reinerträge
11.–30. Jahr	58 314 €	× 7,65071607 =	446 143,85 €	=	446 144 €
+ Bodenwert				=	200 000 €
Restwert				=	**646 144 €**

c) Ertragswert

Ertragswert = Restwert + Summe der diskontierten Reinerträge des Betrachtungszeitraums = **1 095 429 €**

d) Direkte und indirekte (differenzielle) Berücksichtigung temporär abweichender Erträge

▶ Vgl. § 17 ImmoWertV Rn. 19 ff., § 8 ImmoWertV Rn. 255 ff.

Nach § 17 Abs. 1 Satz 2 ImmoWertV kann das mehrperiodische Ertragswertverfahren zur Anwendung kommen, „soweit die Ertragsverhältnisse **48**

1. absehbar wesentlichen Veränderungen unterliegen oder
2. wesentlich von den marktüblich erzielbaren Erträgen abweichen" (vgl. Übersicht Rn. 41 ff.).

a) Mit den an erster Stelle angesprochenen **absehbaren wesentlichen Veränderungen der Ertragsverhältnisse** sind in erster Linie solche Änderungen angesprochen, die auf absehbare qualitative Änderungen der Immobilie zurückzuführen sind. Dies können qualitative Änderungen der auf dem Grundstück vorhandenen baulichen Anlage sein, z. B. eine anstehende Modernisierung, ein anstehender Dachgeschossausbau, qualitative Änderungen der Umgebung, z. B. die Verlegung einer Straße, einer Kaserne oder der Bau einer Flussbrücke und dgl., Planänderungen, absehbare Änderungen der örtlichen Marktverhältnisse aufgrund eines durchgreifenden Rückbauprogramms und vieles mehr. Allgemein absehbare Änderungen der Ertragsverhältnisse aufgrund allgemeiner demografischer Entwicklungen, der allgemeinen konjunkturellen Verhältnisse und auch der allgemeinen örtlichen Siedlungsentwicklung können mit der Regelung nicht angesprochen sein, denn diese sollen bereits mit dem nach § 20 i. V. m. § 14 Abs. 3 ImmoWertV anzusetzenden Liegenschaftszinssatz berücksichtigt werden. Angesprochen sind aber auch aufgrund wohnungs-, miet- und auch förderungsrechtlicher Bestimmungen absehbare Änderungen (vgl. § 17 ImmoWertV Rn. 22 ff.).

Die „absehbar wesentlichen Veränderungen" müssen nach § 2 Satz 2 ImmoWertV **mit hinreichender Sicherheit aufgrund konkreter Tatsachen auch tatsächlich absehbar und „wesentlich"** sein, d. h., die erwarteten Änderungen der Ertragsverhältnisse müssen eine Größenordnung haben, die sich auf das Ergebnis der Ertragswertermittlung auswirken kann. Nach einer allgemeinen Faustformel ändert sich der Ertragswert einer Immobilie mit langer Restnutzungsdauer der baulichen Anlage (Restnutzungsdauer ≥ 50 Jahre) prozentual so, wie sich der Reinertrag ändert, d. h., eine Erhöhung des Reinertrags um 10 % erhöht den Ertragswert entsprechend. Eine mit hinreichender Sicherheit aufgrund konkreter Tatsachen absehbare Änderung der Ertragsverhältnisse um 10 % z. B. aufgrund anstehender baulicher Maßnahmen ist von daher wesentlich.

Auch im Falle der mit hinreichender Sicherheit aufgrund konkreter Tatsachen absehbaren Veränderungen der Ertragsverhältnisse ist die **Anwendung des mehrperiodischen Ertragswertverfahrens nach § 17 Abs. 1 i. V. m. Abs. 3 ImmoWertV nicht geboten**. Dem kann nämlich bei Anwendung des ein- oder zweigleisigen Ertragswertverfahrens gleichermaßen dadurch Rechnung getragen werden, dass der vorläufige Ertragswert auf der Grundlage der mit hinreichender Sicherheit aufgrund konkreter Tatsachen absehbaren Ertragsverhältnisse ermittelt wird und der am Wertermittlungsstichtag vorübergehend erzielte Mehr- oder Minderertrag nach Maßgabe des § 8 Abs. 3 ImmoWertV berücksichtigt wird (Abb. 9).

IV Syst. Darst. Ertragswertverfahren Mehrperiodisches Verfahren

Abb. 9: Marktüblich erzielbarer Ertrag bei absehbaren Veränderungen

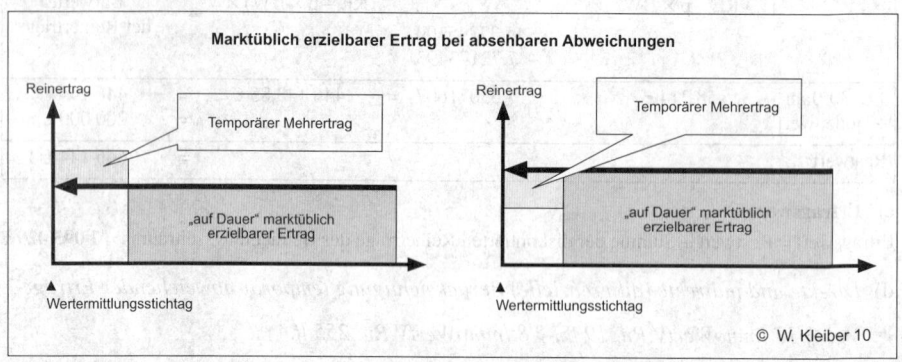

b) Mit den an zweiter Stelle angesprochenen **wesentlich von den marktüblich erzielbaren Erträgen** abweichenden Ertragsverhältnissen sind nach § 18 Abs. 2 Satz 2 ImmoWertV insbesondere solche angesprochen, die aufgrund wohnungs-, miet- oder vertragsrechtlicher Bindungen von den marktüblich erzielbaren Erträgen abweichen. Sie sind i. d. R. temporär und gehen deshalb auch nur temporär in die Ertragswertermittlung ein (vgl. § 17 ImmoWertV Rn. 25 ff.).

49 Wie unter Rn. 45 herausgestellt, werden **bei Anwendung des mehrperiodischen Ertragswertverfahrens** die von den marktüblich erzielbaren Erträgen abweichenden Erträge direkt berücksichtigt, indem die entsprechend erhöhte oder verminderte Gesamtmiete der Ertragswertermittlung (jahrgangsweise) zugrunde gelegt wird; nach Ablauf der entsprechenden wohnungs-, miet- oder vertragsrechtlichen Bindungen fällt die Miete wieder auf die marktüblich erzielbare Miete zurück (Abb. 10).

Abb. 10: Mehrperiodisches Ertragswertverfahren bei alternierenden Erträgen (mit Restwert)

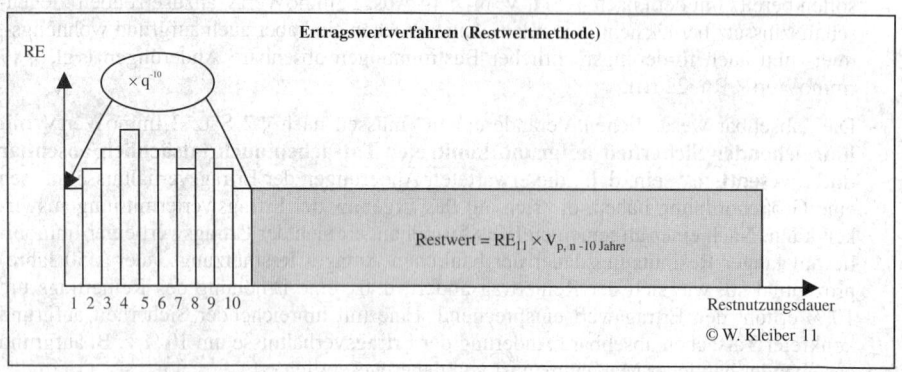

Bei **Anwendung des ein- und zweigleisigen Ertragswertverfahrens (Standardverfahren)** wird dagegen im ersten Schritt der vorläufige Ertragswert auf der Grundlage des marktüblich erzielbaren Ertrags unter Anwendung des ein- oder zweigleisigen Ertragswertverfahrens (Standardverfahren nach § 17 Abs. 2 ImmoWertV) ermittelt; im zweiten Schritt werden die differenziellen Mehr- oder Mindererträge mit ihrem Barwert nach Maßgabe des § 8 Abs. 3 ImmoWertV auf den im Standardverfahren ermittelten vorläufigen Ertragswert aufgesattelt (sog. Auf- und Abschichtung).

Beide Verfahrenswege führen wiederum auch in Bezug auf die Berücksichtigung temporär abweichender Erträge zu demselben Gesamtergebnis (Abb. 11).

Abb. 11: Direkte und differenzielle Berücksichtigung von temporär „abweichenden" Ertragsverhältnissen

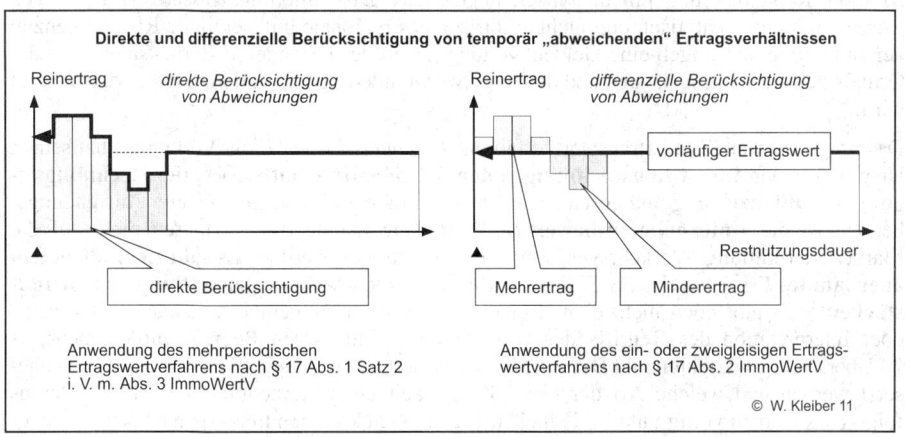

1.4.3.4 Prognoseorientiertes Ertragswertverfahren (*Discounted Cash Flow* Verfahren)

Schrifttum: *Brand, E.,* Verfahrenskritik zum *Discounted Cash Flow Verfahren* in der Grundstücksbewertung, GuG 2000, 210; *Engel, R.,* Das Aus für die DCF-Methode, GuG 2002, 321; *Engel, R.,* Ertragswertverfahren und DCF-Verfahren im Überblick, GuG 2003, 350; *Eves/Wills,* in Sailer/Kippes/Rehkugler, Handbuch für Immobilienmakler und Immobilienberater, Beck Verlag 2003, S. 576; *Hinrichs, K./Schultz, E.,* Das Discounted Cash Flow Verfahren in der Praxis, GuG 2003, 265; *Hök, G.-S.,* DCF-Verfahren in Frankreich, GuG 2002, 284; *IDW ES 1:* Grundsätze zur Durchführung von Unternehmensbewertungen, WPg 1999, 200; *Janssen, O.,* Simulation für Investitionsentscheidungen leicht gemacht: Das Discounted Cash Flow Verfahren, GuG 2002, 193; *Jenyon, B.,* Valuation Methods for Investment Properties in the United Kingdom, Der langfristige Kredit 1995, 73; *Jenyon, B./Janzen, S.,* Die Bewertung eines Bürogebäudes auf der Basis des Offenen Marktwerts, GuG 1998, 294; *Kleiber, W.,* Immobilienbewertung in der Bunderepublik Deutschland (Discounted Cash Flow), in Francke/Rehkugler, Immobilienmärkte und Immobilienbewertung, 1. Aufl. Vahlen Verlag München 2005; *Kleiber, W.,* Die „europäischen Bewertungsstandards" des Blauen Buchs, GuG 2000, 292; *Kleiber, W.,* Was sind eigentlich die internationalen Bewertungsverfahren?, GuG 2004, 193; *Mandl, G./Rabel, K.,* Unternehmensbewertung; Ueberreuter; *Petersen, H.,* DCF-Prognoseverfahren oder Verkehrswertermittlungsmethode, GuG 2006, 142; *Simon, J.,* Quo vadis – Deutsche Verfahren der Grundstückswertermittlung auf dem Prüfstand, GuG 1996, 134; *Simon, J.,* Europäische Standards der Immobilienbewertung, GuG 2000, 134; *Sommer, G.,* Zur Ableitung des Kalkulationszinssatzes im *Discounted Cash Flow Verfahren,* DS 2001, 244; *Sotelo, R.,* Die WertV ist tot, es lebe die WertV, GuG 1995, 91; *Sotelo, R.,* Fehlverhalten bei der Beleihungswertermittlung und Immobilienfinanzierung, Der langfristige Kredit 1995, 650; *Thomas, M.,* Income Approach versus Ertragswertverfahren, GuG 1991, 307; *Petersen, H.,* „DCF" nach der ImmoWertV, GuG 2011, 276; *Vogel, R.,* Angelsächsische Investitionsverfahren und marktorientierte Verkehrswertermittlung in Deutschland, GuG 2000, 202; *Wöhle, C.,* Moderne Immobilienbewertung mit Hilfe der *Discounted Cash Flow Verfahren* in Francke/Rehkugler, Immobilienmärkte und Immobilienbewertung, 2. Aufl. München 2011.

▶ *Vgl. Allgemeines bei Rn 10 ff., 26, 42, Vorbem. zur ImmoWertV Rn. 13, § 8 ImmoWertV 17, 69; § 194 BauGB Rn. 176 ff.*

a) Allgemeines zur Anwendung

Das **prognoseorientierte Ertragswertverfahren (*Discounted Cash Flow* Verfahren) entspricht in seiner mathematischen Form dem allgemeinen mehrperiodischen Ertragswertverfahren.** Gleichwohl wäre es falsch, wenn man das in der ImmoWertV geregelte mehrperiodische Ertragswertverfahren mit dem *Discounted Cash Flow* Verfahren gleich setzen würde. 50

IV Syst. Darst. Ertragswertverfahren   Prognoseorient. Verfahren

Im Unterschied zum allgemeinen Ertragswertverfahren (*rental method*) werden die künftigen Erträge als prognostizierte Erträge angesetzt (*prophecy valuation*)[12]. Dementsprechend muss zu ihrer Kapitalisierung ein analytisch abgeleiteter Diskontierungszinssatz herangezogen werden, mit dem analytisch und nicht empirisch das regionale und sektorale Risikopotenzial der Immobilie, die allgemeine Geldentwertung neben der besonderen Berücksichtigung der Grundstückstransaktionskosten und der Alterswertminderung und vielem mehr berücksichtigt wird.

51 Das prognoseorientierte Ertragswertverfahren (*Discounted Cash Flow* Verfahren) hat seinen Ursprung in den **Investitionsrechnungen der Betriebswirtschaftslehre, der Rechnungslegung und Bilanzierung** und dort auch seine berechtigte Stellung. Ein weiterer Anwendungsbereich ist die **Unternehmensbewertung**[13]. Bislang konnte das Verfahren nicht auf die Marktwertermittlung (Verkehrswertermittlung) übertragen werden. **Es gibt kein allgemein anerkanntes** *Discounted Cash Flow* **Verfahren für die Marktwertermittlung von Grundstücken**[14]. Es gibt noch nicht einmal eine eindeutige und allgemein anerkannte Definition oder Interpretation des Begriffs der „*Cash Flows*". Für diesen Begriff wurden mehr als 20 Übersetzungsvarianten und Definitionen registriert, „je nachdem, welche Positionen angesetzt werden und welche Art der Geschäftstätigkeit ein Unternehmen verfolgt"[15]. Daraus folgt, dass man zu völlig unterschiedlichen Ergebnissen kommen muss, je nachdem, welches der völlig unterschiedlichen *Discounted Cash Flow* Verfahren zur Anwendung kommt.

52 Es gibt weder eine eindeutige Definition des dabei anzuwendenden Diskontierungs- bzw. Kapitalisierungszinssatzes, noch gibt es eine allgemein anerkannte Methode, nach der hilfsweise ein kapitalmarkttheoretischer Zinssatz unter Berücksichtigung des immobilienspezifischen Risikos abzuleiten ist[16]. Bei den vielfach dafür ins Feld geführten „gleichwertigen Zinssätzen" (*equivalent yield*) bzw. „gleichgesetzten Zinssätzen" (*equatet yield*) handelt es sich um Zinssätze, die in der Praxis ambivalent sind und zumeist unklar ist, was darunter gemeint ist[17]; i. d. R. wird in hilfloser Weise nur auf einen Kapitalisierungszinssatz („*cap rate*") verwiesen, womit lediglich die Funktion des Zinssatzes, nicht aber sein materieller Gehalt in nachvollziehbarer Weise beschrieben wird.

53 Der **Begriff des** *Discounted Cash Flow* **Verfahrens** stellt bei alledem einen nicht nur äußerst schillernden und vor allem missbrauchten Begriff dar. Unter Berufung auf die angeblich international dominierende Bewertungsmethode[18] „*Discounted Cash Flow* Verfahren" wer-

---

[12] So auch die Definition des American Institute of Appraisers: Cash Flow Analysis is a study of the anticipation movement of cash into or out of an investment (The Appraisal of Real Estate 12. Aufl. 2002, S. 654).
[13] IDW ES 1: Grundsätze zur Durchführung von Unternehmensbewertungen, WpG 1999, 200.
[14] Auch die vom BIIS und der gif vorgelegten Vorschläge für ein prognosegestütztes Ertragswertverfahren (Discounted Cash Flow Verfahren) konnten die an ein praktikables und allgemein anzuerkennendes Verfahren der Marktwertermittlung zu stellenden Anforderungen nicht erfüllen und wurden fallen gelassen (vgl. Vorbem. zur ImmoWertV Rn. 13).
[15] Wendlinger, P., Immobilienkennzahlen, Wien 2012, S. 105.
[16] Kleiber, Verkehrswertermittlung von Grundstücken, 6. Aufl. 2010 S. 1645ff. Zimmerer, C., Ertragswertverfahren – Eine Polemik. Die Betriebswirtschaft 1988, 417; Schwetzler, B. in DB 2002, 390. Für das gemeinhin ins Feld geführte Capital Asset Pricing Model (CAPM) zur Berücksichtigung des immobilienspezifischen Risikos gibt es wiederum keine allgemein anerkannte Methodik.
[17] Wendlinger, P. Immobilienkennzahlen, Wien 2012 S. 132f; zu den Begriffen Kleiber, Verkehrswertermittlung von Grundstücken, 6. Aufl. 2010 S. 1637.
[18] Tatsächlich dominiert aber international das vereinfachte Ertragswertverfahren (*Gross Income Multiplier* = Ertragsfaktoren, vgl. Rn. 24, 35 und 66) und die Methode findet selbst im *Red Book* 2003 des *Royal Institution of Chartered Surveyors* nur am Rande im Zusammenhang mit der Verkehrswertermittlung von Objekten des staatlich geförderten Wohnungsbau Erwähnung. Das *American Institute* lässt diese Methode nur als nachrangige Methode und lediglich als Investorenmethode für die Fälle zu, in denen es bei gegebenem Kaufpreis oder vorgegebenen Erträgen, um die Ermittlung der individuellen Verzinsung der Investition geht (*investment analysis*, The Appraisal of Real Estate, 12. Aufl. (Chicago 2001), S. 570 ff.). Die *Discounted Cash Flow analysis* wird dort definiert als eine *"procedure in which a yield rate is applied to a set of projected income streams and a reversion to determine whether the investment property will produce a required yield given a known acquisition price. If the rate of return is known, DCF analysis can be used to solve for the present value of the property. If the property's purchase price is known, DCF analysis can be applied to find the rate of return.* (vgl. § 8 ImmoWertV Rn. 12). Im Vordergrund der amerikanischen Praxis der Verkehrswertermittlung steht dagegen die Ertragswertermittlung auf der Grundlage sog. „*over all capitalization rates*", die – wie in Deutschland – aus Marktpreisen abgeleitet werden. Das prognoseorientierte Ertragswertverfahren (*Discounted Cash Flow* Verfahren) kann bei alledem keineswegs als internationales Standardverfahren zur Verkehrswertermittlung und auch nicht als Standardverfahren der Bilanzbewertung bezeichnet werden.

den insbesondere von international tätigen Unternehmen Bewertungen erstellt, deren Methodik höchst fragwürdig ist und deren Ansätze vielfach überhaupt nicht oder völlig unzureichend begründet sind. Sie kommen im Allgemeinen auf der Grundlage von Computerprogrammen zur Anwendung, deren Grundlagen dem Anwender verborgen bleiben (*Black-Box Verfahren*)[19] und die von fachfremden Hilfskräften bedient werden. Diese Bewertungen können auch wenn das die BaFin bisher vor dieser Praxis seine Augen geschlossen hat, schon von daher nicht als seriöse Wertermittlungsverfahren gelten[20]. Dementsprechend ist das prognoseorientierte Ertragswertverfahren (*Discounted Cash Flow* Verfahren) auch im Rahmen der Beleihungswertermittlung nicht zulässig. Die letztlich stets spekulative Einrechnung von Ertragssteigerungen ist unvereinbar mit dem in der **Beleihungswertermittlung** herrschenden Vorsichtsprinzip[21]. Es kommt hinzu, dass das prognoseorientierte Ertragswertverfahren (*Discounted Cash Flow* Verfahren) im Verhältnis zum allgemeinen Ertragswertverfahren höchst fehlerträchtig ist, eine verhängnisvolle Fehlerfortpflanzung aufweist und sich praktisch durch geringe Änderung einzelner „Schräubchen" jeder „Wert" ermitteln lässt[22].

Das **prognoseorientierte Ertragswertverfahren (*Discounted Cash Flow* Verfahren) wird auch in den IAS-Bestimmungen nicht zugelassen.** IAS 40 (§ 40c) lässt zwar eine Ertragswertermittlung auf der Grundlage von „Prognosen" zu; schränkt dies aber gleichzeitig auf „verlässliche Schätzungen von zukünftigen *Cash Flows*" ein, die sich auf „Vertragsbedingungen bestehender Mietverhältnisse und anderer Verträge sowie durch (wenn möglich) externe substanzielle Hinweise, wie aktuelle Mieten für ähnliche Immobilien am gleichen Ort und im gleichen Zustand", stützen sollen[23]. Die Berücksichtigung von „Prognosen", die auf Vertragsbedingungen gestützt werden, sind im eigentlichen Sinne keine Prognosen, sondern rechtliche Gegebenheiten, die bei jeder Ertragswertermittlung zu berücksichtigen sind (§ 4 Abs. 3, § 6 Abs. 2 und § 8 Abs. 3 ImmoWertV). Zur Abzinsung gibt IAS 40 (§ 40c) vor, dass solche Zinssätze zu verwenden sind, die die gegenwärtigen Bewertungen des Marktes hinsichtlich der Unsicherheit der Höhe und des zeitlichen Anfalls künftiger *Cash Flows* widerspiegeln. Dies entspricht dem Liegenschaftszinssatz i. S. des § 14 Abs. 3 ImmoWertV. Die Immo-WertV ist mit diesen Regelungen materiell identisch (vgl. § 194 BauGB Rn. 176 ff.). 54

Das **prognoseorientierte Ertragswertverfahren** (*Discounted Cash Flow* Verfahren) **ist** aus den vorstehenden Gründen nach eingehender Prüfung **nicht in die ImmoWertV aufgenommen worden.** Gleichwohl ist die Anwendung der Methode nicht ausgeschlossen (vgl. § 8 ImmoWertV Rn. 4 f.). Die Anwendung des prognoseorientierten Ertragswertverfahrens (*Discounted Cash Flow* Verfahren) kann nach den Grundsätzen des § 8 Abs. 1 ImmoWertV sogar angezeigt sein, wenn das zu bewertende Grundstück im gewöhnlichen Geschäftsverkehr allein unter investitionsanalytischen Aspekten gehandelt wird. 55

b) Grundzüge des prognoseorientierten Ertragswertverfahrens (Discounted Cash Flow Verfahren)

Das prognoseorientierte Ertragswertverfahren (*Discounted Cash Flow* Verfahren) entspricht nach den vorstehenden Ausführungen in seiner mathematischen Form dem allgemeinen mehrperiodischen Ertragswertverfahren, wobei folgende Modifikationen zu beachten sind: 56

---

19 So z. B. Rau in Immobilien Zeitung vom 31.7.2003 unter Vermengung von Verkehrs- und Investitionswert.
20 Ertragswertverfahren versus *Discounted Cash Flow*" ist nicht nur inhaltlich eine sonderbare Feststellung, da beide Verfahren Ertragswertverfahren sind, sondern auch hinsichtlich ihrer Anwendungsbereiche. So stellt Maier (Risikomanagement im Immobilien- und Finanzwesen, 2. Aufl. Frankfurt am Main) zutreffend heraus, dass das Ertragswertverfahren auf der Grundlage empirischer Liegenschaftszinssätze eine marktorientierte Verkehrswertermittlung ermögliche, während das Ertragswertverfahren auf der Grundlage prognostizierter Erträge (*Discounted Cash Flow*) zu einem subjektiven Immobilienwert (Kalkulationswert) für Investitionsentscheidungen führe. Wenn dieser aber nicht gefordert ist, kann sich auch kein Gegensatz ergeben.
21 Rüchardt, Studienbriefe, der HypZert 2001, S. 44.
22 Vgl. Kleiber, Verkehrswertermittlung von Grundstücken, 6. Aufl. 2010, S. 1638, 1656.
23 Vgl. Kleiber, Verkehrswertermittlung von Grundstücken, 6. Aufl. 2010, § 194 BauGB Rn. 212 ff.

IV Syst. Darst. Ertragswertverfahren — Prognoseorient. Verfahren

a) Die **Einnahmen** (*Cash Flows*) und Ausgaben (Bewirtschaftungskosten) kommen jahrgangsweise und jeweils aufgrund prognostizierter Annahmen (*forecasting*) zum Ansatz[24].

Für die Prognosen bedient man sich der analytischen „Simulation" und ökonometrischer Verfahren. Dabei werden die zu prognostizierenden Zielgrößen (z. B. Miet-, Wert-, Inflationsentwicklung usw.) auf der Grundlage von Modellvorstellungen über die Kausalbeziehung von Einflussgrößen über Regressionsverfahren und andere ökonometrische Modelle abgeleitet. Hierfür müssen wiederum Annahmen über den Verlauf der maßgeblichen exogenen Größen getroffen werden, die dann in aller Regel schon nach wenigen Jahren überholt sind. Ökonometrische Modelle müssen als Prognoseinstrument angesichts der langfristigen Nutzungsdauer von Immobilien scheitern[25], zumal sich Erfahrungssätze der Vergangenheit bei sich stetig und häufig aber auch abrupt verändernden Rahmenbedingungen nicht in die Zukunft projizieren lassen. Ökonometrische Modelle können bei Heranziehung einer Vielzahl von Erklärungsfaktoren bekanntlich ein statistisch scheinbar (mit einem hohen Bestimmtheitsmaß) abgesichertes Ergebnis liefern, ohne dass sie die tatsächlichen Kausalzusammenhänge richtig beschreiben. Nicht die Masse der Erklärungsfaktoren, sondern nur einige wenige und dafür „richtige" Einflussgrößen ergeben ein gutes ökonometrisches Modell.

b) Die Einnahmen werden auf den Wertermittlungsstichtag diskontiert. Soll das prognosegestützte Ertragswertverfahren (*Discounted Cash Flow* Verfahren) zur Ermittlung von Verkehrswerten (Marktwerten) herangezogen werden, so liegt in der „richtigen" Dimensionierung des **Kapitalisierungs- bzw. Diskontierungszinssatzes** ein Hauptproblem, denn von dem Zinssatz ist zu fordern, dass er auch tatsächlich in marktkonformer Weise zum Verkehrswert (Marktwert) führt.

Zur Kapitalisierung bzw. Diskontierung wird ein analytisch abgeleiteter Diskontierungszinssatz herangezogen, mit dems analytisch und nicht empirisch das regionale und sektorale Risikopotenzial der Immobilie, die allgemeine Geldentwertung neben der besonderen Berücksichtigung der Grundstückstransaktionskosten und der Alterswertminderung berücksichtigt wird (Abb. 12).

Abb. 12: Kapitalisierungs- bzw. Diskontierungszinssatz

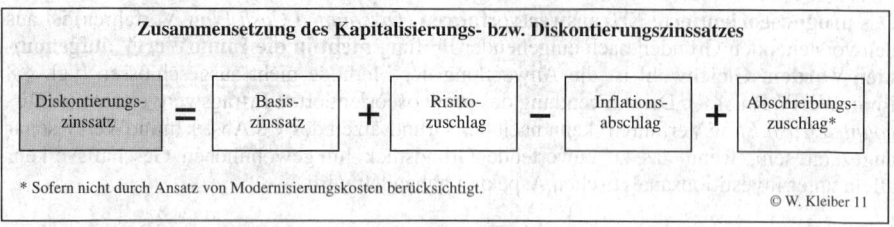

* Sofern nicht durch Ansatz von Modernisierungskosten berücksichtigt.

© W. Kleiber 11

Ausgangspunkt ist ein **(risikoloser) Basiszinssatz** (vgl. § 203 Abs. 1 BewG), der nicht mit dem Basiszinssatz i. S. des § 247 BGB verwechselt werden darf. Dabei orientiert man sich am Zinssatz vergleichbarer alternativer (Geld-) Anlagen (Kapitalmarktanlagen). Entsprechend der langfristigen Geldanlage muss es sich dabei um einen langfristigen Zinssatz[26] handeln, der eine mit der Geldanlage in Immobilien *vergleichbare Sicherheit* garantiert. Als risikoloser Basiszinssatz wird hilfsweise der Zinssatz langfristiger festverzinslicher Wertpapiere, insbesondere staatsgarantierte Bundesanleihen (Bundesschatzbriefe), herangezogen (Landeszinsfuß[27]); konkret greift man auf die von der Deut-

---

24 Olaf Storbeck, „Irren ist menschlich", Handelsblatt 5.2.2002; Würfelspiel Prognosen: Zwischen Punktlandung und „voll daneben" Immobilien Zeitung vom 16.9.2004.
25 Schon vor über 25 Jahren ist das Battelle-Institut (Frankfurt am Main) in einer groß angelegten Forschungsarbeit hieran gescheitert (Entwicklung eines EDV-gestützten Verfahrens zur Bestimmung von Grundstückswerten, Stufe I und II, Frankfurt am Main 1977).
26 OLG Hamm, Urt. vom 23.01.1963 – 8 AR 1/60 –, DB 1963, 444 = EzGuG 20.33a; OLG Düsseldorf, Urt. vom 11.4.1988 – 19 W 32/86 –, NJW-RR 1988, 1499 = 20.124a.
27 Veröffentlicht in den Monatsbriefen der Deutschen Bundesbank: Rendite der im Umlauf befindlichen festverzinslichen Wertpapiere (Pfandbriefe, Kommunalobligationen, Industrieobligationen, Anleihen der öffentlichen Hand); vgl. Ränsch in AG 1984, 2120; vgl. im Übrigen BFH, Urt. vom 28.3.1984 – IV R 224/81 –, EzGuG 20.106.

schen Bundesbank veröffentlichte „Umlaufrendite börsennotierter Wertpapiere" zurück[28]. Dies findet seine Begründung im Vergleich von Immobilieninvestitionen mit alternativen Anlageformen[29].

Umstritten ist, ob bei der Bemessung das Stichtagsprinzip, d. h. die Verhältnisse am Wertermittlungsstichtag, die Durchschnittsrenditen einer Laufzeit von mindestens 10 Jahren oder ein Prognosezinssatz[30] maßgeblich sein sollen. Im Rahmen der Unternehmensbewertung hat sich die Rechtsprechung aber an der Vergangenheit orientiert[31].

c) Da es sich nun aber bei diesem Basiszinssatz um einen Zinssatz handelt, der für Deutschland einheitlich gilt, und sich auf der anderen Seite die Wertigkeit von (physisch gleichen) Immobilien regional und sektoral unterschiedlich darstellt, bedarf es einer Modifikation dieses Basiszinssatzes. Entsprechend der Grundstücksart und der Lage des Grundstücks wird der Basiszinssatz um einen **Risikozuschlag** (*risk premium*) erhöht, der eine regionale und sektorale Komponente enthält. Mit der Modifikation des Basiszinssatzes sollen die objektbezogenen regionalen und sektoralen Besonderheiten (Risikozuschlag) und die allgemein zu erwartenden Änderungen der konjunkturellen Verhältnisse (Inflationsabschlag) berücksichtigt werden.

Entsprechend dem Risiko, das mit der jeweiligen Immobilienart verbunden ist, kann die Notwendigkeit bestehen, den **Basiszinssatz um bis zu 1 bis 5 %** (ggf. bis um weitere 50 % des Basiszinssatzes) **zu erhöhen**[32]. Als Gründe dafür gelten
– allgemeine Unsicherheiten der Immobilie, da eine Geldanlage in einer (unternehmenswirtschaftlichen) Immobilie weniger Sicherheit bietet als eine langfristige Anlage in Staatsanleihen[33],
– unvorhersehbare Ergebnisschwankungen,
– Haftungsrisiken,
– sich verschlechternde Wiederverkaufsbedingungen sowie
– das Risiko eines möglichen erhöhten persönlichen Engagements des Investors.

d) Mit der hilfsweisen Heranziehung des Zinssatzes langfristiger staatsgarantierter Bundesanleihen (landesüblicher Zinsfuß als risikofreier Basiszinssatz) wird ein Zinssatz in die Wertermittlung eingeführt, die sich auf eine Anlage bezieht, bei der sich das Anlagegut – von der allgemeinen Geldentwertung abgesehen – innerhalb des Anlagezeitraums wertmäßig nicht vermindert. Demgegenüber verliert die Immobilie als Anlagegut auch bei ordnungsgemäßer Bewirtschaftung mit fortschreitendem Alter an Wert. Im Unterschied zum klassischen Ertragswertverfahren auf der Grundlage von Liegenschaftszinssätzen, die „aus dem Markt" unter Berücksichtigung inflationärer Entwicklungen abgeleitet werden, muss bei Heranziehung eines „konstruierten" Diskontierungszinssatzes die Geldentwertung zusätzlich durch einen **Inflationsabschlag** berücksichtigt werden.

---

28 Deutsche Bundesbank, Kapitalmarktstatistik, Statistisches Beiheft zum Monatsbericht (www.bundesbank.de).
29 Piltz, Die Unternehmensbewertung in der Rechtsprechung, 2. Aufl. 1989, S. 26.
30 Ahrens, Die rationale Erwartungshypothese der Zinsstruktur, WiSt 1999, 313.
31 OLG Celle, Urt. vom 4.4.1979 – 9 Wx 2/77 –, WM 1979, 1336 = EzGuG 20.80a = LG Düsseldorf, Urt. vom 4.4.1988 – 19 W 32/86 –, WM 1988, 1052 = EzGuG 20.124a; OLG Düsseldorf, Urt. vom 11.1.1990 – 19 W 6/86 –, WM 1990, 1282 = EzGuG 20.129a; OLG Düsseldorf, Urt. vom 7.6.1990 – 19 W 13/86 –, DB 1990, 1394 = EzGuG 20.132a; BGH, Urt. vom 30.9.1981 – IVa ZR 127/80 –, NJW 1982, 575 = DB 1982, 106 = EzGuG 20.90b. In der steuerlichen Unternehmensbewertung ist der Basiszinssatz „aus der langfristig erzielbaren Effektivverzinsung inländischer öffentlicher Anleihen abzuleiten. Dabei ist auf den Zinssatz abzustellen, den die Deutsche Bundesbank anhand der Zinsstrukturdaten jeweils auf den ersten Börsentag des Jahres errechnet" (§ 203 Abs. 2 BewG). Dieser Zinssatz ist leicht ermittelbar und wurde in der Rechtsprechung nicht beanstandet (BGH, Urt. vom 30.9.1981 – IV a ZR 127/80 –, NJW 1982, 575 = DB 1982, 106 = EzGuG 20.90a); auf den landesüblichen Zinssatz abstellend: LG Hannover, Urt. vom 6.2.1979 – 26/22 AktE 104/79 –, AG 1979, 234; LG Frankfurt am Main, Urt. vom 8.12.1982 – 3/3 AktE 104/79 –, BB 1983, 1432 = EzGuG 20.101a. Der Zugriff zu den Zinssätzen kann erfolgen über: www.bundesbank.de, -statistik, -Zeitreihen; Zinssätze, Soll- und Habenzins, Hypotheken.
32 BGH, Urt. vom 30.9.1978 – II ZR 142/76 –, BGHZ 71, 40 = EzGuG 20.72a; BGH, Urt. vom 9.5.1968 – IX ZR 190/66 –, MDR 1968, 837 = EzGuG 20.43a; LG Frankfurt am Main, Urt. vom 16.5.1984 – 3/3 AktE 144/80 –, AG 1985, 58; a. A. OLG Celle, Urt. vom 4.4.1979 – 9 Wx 2/77 –, WM 1979, 1336 = EzGuG 20.80a; OLG München, Urt. vom 15.12.1964 – AllgReg 11/38 und 40/60 –, DB 1965, 179. Der Risikozuschlag ermittelt sich in der Unternehmensbewertung als Produkt aus dem allgemeinen Marktrisiko und den branchenspezifischen Faktoren (Beta-Faktoren vgl. Kleiber, Verkehrswertermittlung von Grundstücken, 6. Aufl. 2010, S.1649).
33 BGH, Urt. vom 30.9.1981 – IVa ZR 127/80 –, NJW 1982, 575 = EzGuG 20.90b; OLG Karlsruhe, Urt. vom 16.12.1983 – 15 U 99/82 –, WM 1984, 656 = EzGuG 20.103a; LG Frankfurt am Main, Urt. vom 16.5.1984 – 3/3 AktE 144/80 –, AG 1985, 58; OLG Frankfurt am Main, Urt. vom 24.1.1989 – 20 W 477/86 –, DB 1989, 471 = EzGuG 20.125b.

IV Syst. Darst. Ertragswertverfahren — Prognoseorient. Verfahren

In der Betriebswirtschaftslehre ist strittig, ob die Geldentwertungsrate bei der Bemessung des Diskontierungszinssatzes durch einen entsprechenden Inflationsabschlag zum Basiszinssatz besonders berücksichtigt werden muss. Während sich nämlich die Zinseinnahmen aus Kapitalanlagen durch **inflationären „Kapitalfraß"** vermindern, rechnet der Anleger in Immobilien zusätzlich zu den Einnahmen aus der Immobilie mit Wertzuwächsen. Das OLG Düsseldorf[34] hat einen Inflationsabschlag dem Grunde nach für zulässig befunden, jedoch im konkreten Fall vor dem Hintergrund einer 2%-igen Inflationsrate abgelehnt. Ansonsten haben sich die Gerichte für Abschläge von 1 bis 3 % ausgesprochen[35]. Im Schrifttum blieb ein Inflationsabschlag gleichwohl strittig[36]. Dies ist insbesondere darin begründet, dass der aus langfristigen (staatsgarantierter) Bundesanleihen abgeleitete Basiszinssatz bereits mit der allgemeinen Geldentwertungsrate korreliert ist.

e) Der **Alterswertminderung (Abschreibung)** kann bei Anwendung des prognoseorientierten Ertragswertverfahrens (*Discounted Cash Flow* Verfahren) in unterschiedlicher Weise Rechnung getragen werden (Abb. 13), durch

- Verminderung des Jahresreinertrags um die jährliche Abschreibung (vgl. § 19 ImmoWertV Rn. 44 ff. sowie § 14 ImmoWertV Rn. 170);

- Einrechnung in den Diskontierungszinssatz (Abschreibungszuschlag, z. B. von ca. 2 % linearer Abschreibung und einer wirtschaftlichen Gesamtnutzungsdauer von 50 Jahren)[37] oder

- Ansatz von Modernisierungskosten, mit denen die Alterswertminderung kompensiert wird (z. B. nach dem Betrachtungszeitraum, vgl. § 19 ImmoWertV Rn. 33, 44 ff.).

Abb. 13: Berücksichtigung der Alterswertminderung bei Anwendung des prognoseorientierten Ertragswertverfahrens (Discounted Cash Flow Verfahren)

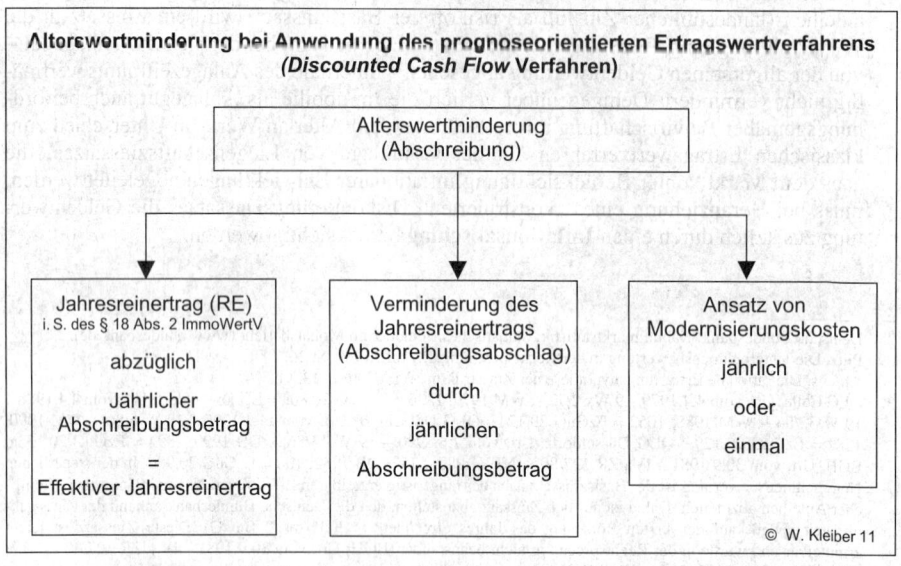

Die in der Praxis vornehmlich zur Anwendung kommende Methode besteht aber darin, dass zum Ausgleich der Alterswertminderung (Abschreibung) Modernisierungskosten zum Ansatz kommen,

---

[34] OLG Düsseldorf, Urt. vom 27.11.1962 – 19 W 21/57 –.
[35] BGH, Urt. vom 13.3.1978 – II ZR 142/76 –, BGHZ 71, 40 = EzGuG 20.72a, OLG Celle, Urt. vom 4.4.1979 – 9 Wx 2/77 –, EzGuG 20.80a; LG Berlin, Urt. vom 24.11.1982 – 98 AktE 3/80 –, AG 1983, 135 = BB 1983, 1432 = EzGuG 20.101b.
[36] Großfeld, Unternehmens- und Anteilsbewertung im Gesellschaftsrecht, 2. Aufl. 1988; ders. in JZ 1981, 641; Ränsch, Die Bewertung von Unternehmen in der Rechtswissenschaft, AG 1984, 210 ff.; Piltz, Die Unternehmensbewertung in der Rechtsprechung, 2. Aufl. 1989, S. 162; Meilicke, Rechtsgrundsätze der Unternehmensbewertung, DB 1980, 2121 Fn. 128.
[37] Hinrichs/Schultz, Das *Discounted Cash Flow* Verfahren in der Praxis, GuG 2003, 265.

die so bemessen sein müssen, dass die altersbedingte Wertminderung ausgeglichen wird. Damit verlängert sich die Restnutzungsdauer um den Zeitraum, der sonst mit der Alterswertminderung kompensiert werden soll. Die Modernisierung kann angesetzt werden

- mit einem Einmalbetrag z. B. nach Ablauf des Betrachtungszeitraums oder
- mit einem alljährlich zum Ansatz kommenden Pauschalbetrag (etwa in Höhe von 2 % des Herstellungswerts), der dann direkt vom Reinertrag abgezogen wird und gleichzeitig die Restnutzungsdauer verlängert (Ertragswertverfahren nach dem Modernisierungsmodell).

f) Im Unterschied zur Anwendung des Ertragswertverfahrens auf der Grundlage des Liegenschaftszinssatzes[38] müssen bei Anwendung des prognoseorientierten Ertragswertverfahrens (*Discounted Cash Flow* Verfahren) auch die **Grundstückstransaktionskosten** besonders berücksichtigt werden. Der dabei zur Anwendung kommende Zinssatz langfristiger (staatsgarantierter) Bundesanleihen (Bundesschatzbriefe) lässt sich nämlich nicht unmittelbar als Diskontierungszinssatz für Immobilieninvestitionen übertragen, da hier die Verzinsung durch erhebliche Grundstückstransaktionskosten vermindert wird. Die Grunderwerbskosten können sich schon leicht auf 10 % des Kaufpreises aufaddieren, jedoch fallen sie deutlich niedriger aus, wenn keine Maklerprovision anfällt. Der Investor, der sich an der Verzinsung von alternativen Geldanlagen orientiert, muss die Grunderwerbskosten als verlorene Kosten betrachten, um die sich seine Verzinsung vermindert.

g) **Der Restwert wird** bei Anwendung des prognoseorientierte Ertragswertverfahrens (*Discounted Cash Flow* Verfahren) **praktisch nach den Grundsätzen des Ertragswertverfahrens unter Heranziehung des Liegenschaftszinssatzes** als „*exit cap rate*" ermittelt (vgl. Rn. 45, 272 sowie § 17 ImmoWertV Rn. 56, 61)[39].

- Soweit zum Ausgleich der Alterswertminderung Modernisierungskosten angesetzt worden sind, muss die verlängerte Restnutzungsdauer beachtet werden. Da es sich bei dem Restwert um den sich erst nach Ablauf des Betrachtungszeitraums ergebenden Ertragswert handelt, muss dieser noch auf den Wertermittlungsstichtag diskontiert werden.
- Wird der Restwert ermittelt, indem der prognostizierte Reinertrag des 11. Jahres (im Anschluss an den Betrachtungszeitraum) über die sich dann ergebende (ggf. durch Modernisierungsmaßnahmen verlängerte) Restnutzungsdauer kapitalisiert und der Barwert auf den Wertermittlungsstichtag diskontiert wird, gehen alle bei der Prognose der Ertragsentwicklung unterlaufenden Fehler in entsprechend vervielfachter Größenordnung in den Restwert ein. Dies lässt sich vermeiden, indem man den am Wertermittlungsstichtag marktüblich erzielbaren Ertrag unter Heranziehung des Liegenschaftszinssatzes mit der Vervielfältigerdifferenz kapitalisiert, d. h. mit der Differenz aus dem Vervielfältiger, der sich für die gesamte (verlängerte) Restnutzungsdauer ergibt, abzüglich des sich für den Betrachtungszeitraum ergebenden Vervielfältigers.

Nachfolgend wird ein **Verfahrensüberblick** gegeben (Abb. 14):

57

---

[38] Bei der Verkehrswertermittlung im Wege des Ertragswertverfahrens auf der Grundlage des Liegenschaftszinssatzes werden die Grunderwerbskosten mit dem Liegenschaftszinssatz berücksichtigt. Der Liegenschaftszinssatz wird nämlich aus dem Kaufpreis gleichartiger Grundstücke abgeleitet und die vom Erwerber aufzubringenden Grunderwerbskosten werden folglich indirekt mit dem aus diesen Kaufpreisen abgeleiteten Liegenschaftszinssatz berücksichtigt.
[39] Abzulehnen ist die fragwürdige Praxis einer bloßen Schätzung des Restwerts oder seiner Abschätzung mithilfe der Maklerformel (Kleiber, Verkehrswertermittlung von Grundstücken, 6. Aufl. 2010, S. 1637).

IV Syst. Darst. Ertragswertverfahren   Prognoseorient. Verfahren

Abb. 14: Prognoseorientiertes Ertragswertverfahren
(*Discounted Cash Flow* Verfahren)

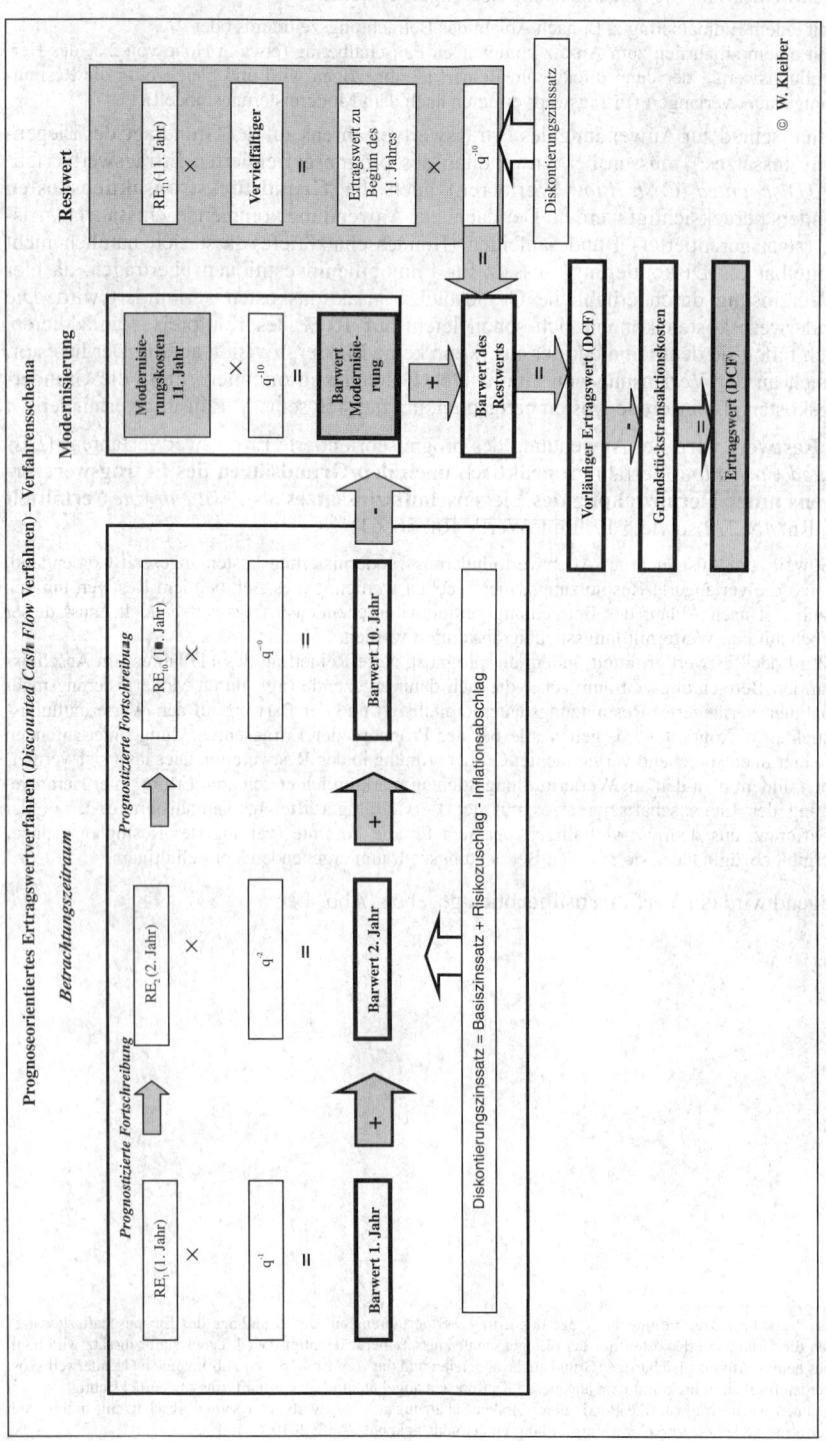

1.4.4 Besonderheiten bei Anwendung der Ertragswertverfahren

1.4.4.1 Überblick

▶ *Vgl. Rn. 64 ff., 105 ff., 141, 276; § 8 ImmoWertV Rn. 178, 189 ff., 256 ff., 387, 393 ff.; § 16 ImmoWertV Rn. 123*

Bei Anwendung der Ertragswertverfahren gilt es, eine Reihe von besonderen Sachverhalten (**Besonderheiten**) zu beachten. Hervorzuheben sind folgende besondere Sachverhalte: **58**

1. Bei sog. **übergroßen Grundstücken** muss der Ertragswertermittlung eine Bodensondierung vorausgehen. Eine Übergröße liegt vor, wenn das Grundstück neben der der Bebauung zurechenbaren Grundstücksflächen (sog. Umgriffsfläche) selbstständig nutzbare Teilflächen i. S. des § 17 Abs. 2 Satz 2 ImmoWertV umfasst (vgl. Rn. 59 ff. und 124 ff.).

2. Bei der Ertragswertermittlung von Grundstücken, deren **bauliche Anlage nur noch eine kurze Restnutzungsdauer** aufweist, müssen die „alsbald" anstehenden Freilegungskosten nach Maßgabe des § 16 Abs. 3 ImmoWertV berücksichtigt werden (vgl. Rn. 61 ff. und 141 ff.; § 16 ImmoWertV Rn. 123).

3. Temporäre Abweichungen der tatsächlich erzielten Reinerträge von den marktüblich erzielbaren Reinerträgen sowie sonstige **besondere objektspezifische Grundstücksmerkmale (Anomalien)**, insbesondere ein Instandhaltungsrückstau (Baumängel und Bauschäden), sind nach § 8 Abs. 3 ImmoWertV ergänzend zu berücksichtigen, sofern sie nicht direkt in die Ertragswertermittlung eingegangen sind (vgl. Rn. 64 ff., 105 ff., 276 sowie § 8 ImmoWertV Rn. 178 ff., 256 ff.).

Bei der Ermittlung des Ertragswerts unter Heranziehung der von den Gutachterausschüssen abgeleiteten Liegenschaftszinssätze muss regelmäßig erwartet werden, dass diese sich auf Referenzgrundstücke (Normgrundstück des Liegenschaftszinssatzes/Liegenschaftszinssatzgrundstück) beziehen, die nicht von derartigen Besonderheiten betroffen sind. Nach dem **Grundsatz der Modellkonformität** müssen diese Besonderheiten bei der Ermittlung des vorläufigen Ertragswerts auf der Grundlage derartiger Liegenschaftszinssätze deshalb zunächst außer Betracht bleiben. Sie werden dann nachträglich als „besondere objektspezifische Grundstücksmerkmale" i. S. des § 8 Abs. 3 ImmoWertV (§ 8 ImmoWertV Rn. 178, 189 ff., 256 ff., 387, 393 ff.) oder durch eine Anpassung des Liegenschaftszinssatzes berücksichtigt.

1.4.4.2 Bodensondierung bei übergroßen Grundstücken

▶ *Vgl. Rn. 124 ff.; § 8 ImmoWertV Rn. 388*

Am Anfang einer Ertragswertermittlung steht eine eingehende Befassung mit dem Bodenwert des Grundstücks (§ 16 ImmoWertV). Weist das Grundstück neben der der Bebauung zurechenbaren Grundstücksflächen (Umgriffsfläche) selbstständig nutzbare Teilflächen i. S. des § 17 Abs. 2 Satz 2 ImmoWertV auf, ist das Grundstück zu sondieren nach **59**

– der Grundstücksfläche und dem entsprechenden Bodenwert, der der Bebauung zurechenbar ist (Bodenwert der Umgriffsfläche, $BW_{Umgriff}$), und

– den selbstständig nutzbaren Teilflächen mit dem entsprechenden Bodenwert ($BW_{Selbstständig}$).

Diese Bodensondierung ist unabdingbar, denn die vorgestellten Formeln des Ertragswertverfahrens müssen unter **Beachtung der unterschiedlichen Bodenwertanteile** dahingehend modifiziert werden, dass **60**

a) bei Anwendung des *ein*gleisigen Ertragswertverfahrens nur der Bodenwert der Umgriffsfläche über die Restnutzungsdauer abzuzinsen ist und der Bodenwertanteil der selbstständig nutzbaren Teilfläche in voller Höhe berücksichtigt wird.

IV Syst. Darst. Ertragswertverfahren — Bodenwert

$$EW = RE \times V + BW_{Selbstständig} + BW_{Umgriff} \times q^{-n}$$

b) bei Anwendung des *zwei*gleisigen Ertragswertverfahrens der Bodenwertverzinsungsbetrag ($p \times BW$) nur auf der Grundlage des Bodenwerts der Umgriffsfläche ermittelt wird und ansonsten der Bodenwert des Gesamtgrundstücks berücksichtigt wird.

$$EW = (RE - p \times BW_{Umgriff}) \times V + BW_{Gesamt}$$

c) bei Anwendung des *mehrperiodischen* (eingleisigen) Ertragswertverfahrens wiederum nur der Bodenwert der Umgriffsfläche über die Restnutzungsdauer abzuzinsen ist und der Bodenwertanteil der selbstständig nutzbaren Teilfläche in voller Höhe berücksichtigt wird.

$$EW = \sum_{1}^{b} RE_i \times q_i^{-b} + RE_i \times (V_n - V_b) + BW_{Umgriff} \times q^{-n} + BW_{Selbstständig}$$

Abb. 15: Unterschiedliche Bodenwerte bei übergroßen Grundstücken

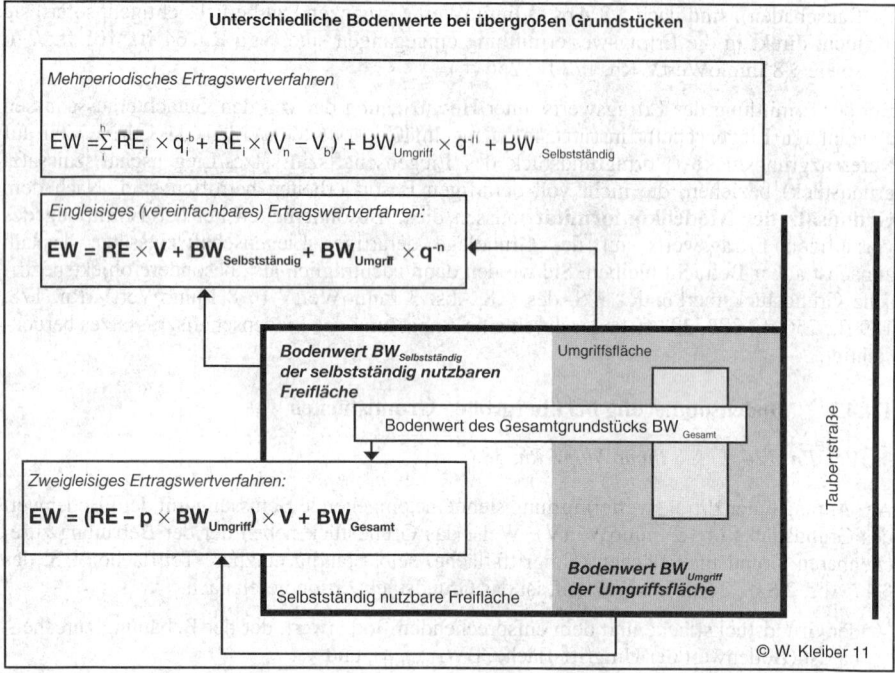

Eine Bodensondierung kann im Übrigen auch bei Anwendung des Sachwertverfahrens in Betracht kommen (vgl. Syst. Darst. des Sachwertverfahrens Rn. 46; § 8 ImmoWertV Rn. 387). **Die Bodensondierung bei Anwendung des Sachwertverfahrens kann allerdings von der Bodensondierung bei Anwendung des Ertragswertverfahrens abweichen.**

1.4.4.3 Freilegungskosten

▶ *Vgl. Rn. 141 ff.; § 8 ImmoWertV Rn. 384, 401; sowie § 16 ImmoWertV Rn. 123, 170 ff.; Syst. Darst. des Sachwertverfahrens Rn. 46*

Bodenwert   **Syst. Darst. Ertragswertverfahren IV**

Nach der Grundsatzregelung des § 16 Abs. 1 ImmoWertV bemisst sich der Bodenwert eines bebauten Grundstücks nach dem Bodenwert eines unbebauten Grundstücks. Für den Sonderfall, dass die auf dem Grundstück vorhandene bauliche Anlage aufgrund ihres Alters oder ihres Zustands unrentierlich ist oder sonst wie in einem Missverhältnis zu dem Grundstück steht, sieht § 16 Abs. 3 ImmoWertV vor, dass der so ermittelte Bodenwert um die Freilegungskosten zu vermindern ist. Dies ist allerdings generell und mithin auch bei Anwendung des Ertragswertverfahrens geboten, wenn die bauliche Anlage eine kurze Restnutzungsdauer (i. d. R. ≤ 20 Jahre) aufweist. Allgemein gilt für die **Anwendung des Ertragswertverfahrens auf Grundstücke, deren bauliche Anlage eine geringere Restnutzungsdauer als 20 Jahre aufweist,** dass der Bodenwert stets um die Freilegungskosten zu vermindern ist, wenn 61

– der Bodenwert aus Vergleichspreisen unbebauter Grundstücke abgeleitet wurde und

– zu erwarten ist, dass das Grundstück alsbald freigelegt wird.

Ist bei Anwendung des Ertragswertverfahrens von einer Freilegung des Grundstücks innerhalb eines Zeitraums von 20 Jahren auszugehen, empfiehlt es sich, den Ertragswert nach dem in § 17 Abs. 2 Nr. 2 ImmoWertV angegebenen *eingleisigen* Ertragswertverfahren zu ermitteln, wobei der nach der Grundsatzregelung des § 16 Abs. 1 ImmoWertV (Bodenwert eines unbebauten Grundstücks) ermittelte Bodenwert um die Freilegungskosten vermindert werden muss (vgl. Rn. 33): 62

$$EW = RE \times V + \frac{BW - FLK}{q^n} = RE \times V + \frac{BW}{q^n} - \frac{FLK}{q^n} \qquad (2a)$$

wobei
V = Vervielfältiger (Barwertfaktor), abhängig von
p = dynamischer Liegenschaftszinssatz und
n = Restnutzungsdauer
FLK = Freilegungskosten
BW = Bodenwert

Das in § 17 Abs. 2 Nr. 1 ImmoWertV angegebene *zweigleisige* **Ertragswertverfahren** kann ebenfalls zur Anwendung kommen und führt zu demselben Ergebnis. Auch bei Anwendung dieses Ertragswertverfahrens muss als Bodenwert der um die Freilegungskosten verminderte Bodenwert nach § 16 Abs. 1 ImmoWertV (Bodenwert eines unbebauten Grundstücks) angesetzt werden (vgl. Rn. 36): 63

$$EW = (RE - p \times [BW - FLK]) \times V + BW - FLK \qquad (4a)$$

Entsprechendes gilt wiederum bei Anwendung des *mehrperiodischen* **Ertragswertverfahrens:**

$$EW = \sum_{1}^{b} RE_b \times q^{-b} + RE_i \times (V_n - V_b) + \frac{BW}{q^n} - \frac{FLK}{q^n} \qquad (5a)$$

Es empfiehlt sich, abweichend von dem Befehl des § 17 Abs. 2 ImmoWertV, den Bodenwert nach Maßgabe des § 16 ImmoWertV ggf. unter Berücksichtigung der Freilegungskosten in die Ertragswertermittlung einzuführen, **den vorläufigen marktangepassten Ertragswert auf der Grundlage eines ohne Berücksichtigung anstehender Freilegungskosten ermittelten Bodenwerts zu ermitteln.** Die Liegenschaftszinssätze werden nämlich regelmäßig aus Vergleichspreisen von Grundstücken abgeleitet, die keine zur alsbaldigen Freilegung anstehenden baulichen Anlagen aufweisen. Bei modellkonformer Anwendung solcher Liegenschaftszinssätze müssen die im Einzelfall anstehenden Freilegungskosten zunächst außer Betracht bleiben. Sie werden nachträglich als „besondere objektspezifische Grundstücksmerkmale i. S. des § 8 Abs. 3 ImmoWertV berücksichtigt (vgl. § 8 ImmoWertV Rn. 393 ff.).

IV Syst. Darst. Ertragswertverfahren — Bodenwert

Werden im Rahmen der Ertragswertermittlung die (abgezinsten) Freilegungskosten als „besondere objektspezifische Grundstücksmerkmale" aus der Ermittlung des vorläufigen marktangepassten Ertragswerts herausgebrochen, so erhält man folgende **Formeln des Ertragswertverfahrens**:

Ertragswert bei anstehender Freilegung (Liquidation) unter Berücksichtigung der Freilegungskosten als besondere objektspezifische Grundstücksmerkmale i. S. des § 8 Abs. 3 ImmoWertV

Formelübersicht

a) **Allgemeines** (*zweigleisiges*) **Ertragswertverfahren**

$$EW = (RE - BW \times p) \times V + BW - \frac{FLK}{q^n}$$

b) **Vereinfachbares** (*eingleisiges*) **Ertragswertverfahren**

$$EW = RE \times V + \frac{BW}{q^n} - \frac{FLK}{q^n}$$

c) **Mehrperiodisches Ertragswertverfahren**

$$EW = \sum_{1}^{b} \frac{RE_b}{q^b} + RE_i \times (V_n - V_b) + \frac{BW}{q^n} - \frac{FLK}{q^n}$$

Abgezinste Freilegungskosten werden nachträglich als besondere objektspezifische Grundstücksmerkmale berücksichtigt (vgl. Beispiele bei § 8 ImmoWertV Rn. 395)

wobei
EW Ertragswert
RE marktüblich erzielbarer Reinertrag nach § 17 Abs. 1 ImmoWertV
BW Bodenwert eines unbebauten Grundstücks (§ 16 Abs. 1 Satz 1 ImmoWertV)
FLK Freilegungskosten
V   Rentenbarwertfaktor (Vervielfältiger)
n   vorläufige Restnutzungsdauer in Jahren entsprechend Modellansatz der üblichen Gesamtnutzungsdauer
b   Betrachtungszeitraum in Jahren
q   Zinsfaktor = $1 + p/100$
p   Liegenschaftszinssatz nach § 14 Abs. 3 ImmoWertV

© W. Kleiber 13

1.4.4.4 Temporäre Mehr- oder Mindererträge und sonstige grundstücksspezifische Besonderheiten

▶ *Vgl. Rn. 58, 105 ff., 276 sowie § 8 ImmoWertV Rn. 178 ff., 256 ff.*

64 **Temporäre Abweichungen in den Ertragsverhältnissen aufgrund von miet-, wohnungs- und sonstiger vertragsrechtlicher Bindungen** sowie sonstige **besondere objektspezifische Grundstücksmerkmale** müssen in den übrigen Fällen in einem zweiten Schritt besonders berücksichtigt werden (§ 8 Abs. 3 ImmoWertV). Zur **Berücksichtigung temporärer Mehr- oder Mindererträge** wird der Unterschied zwischen dem marktüblich am Wertermittlungsstichtag erzielbaren Reinertrag und dem aufgrund vertraglicher oder mietrechtlicher Bindungen tatsächlich erzielten Reinertrag (Δ RE) über die jeweilige Dauer mithilfe des Vervielfältigers kapitalisiert und auf den Wertermittlungsstichtag diskontiert. Dies ergibt den temporären Ertragswertanteil.

Barwert $\Delta RE_i = (RE_{marktüblich[€/m² NF]} - RE_{tatsächlich[€/m² NF]}) \times 12 \text{ Monate} \times NF\ [m^2] \times V_i$

Vereinfachtes Verfahren   **Syst. Darst. Ertragswertverfahren IV**

Der Ertragswert setzt sich dann aus dem nach § 17 Abs. 2 ImmoWertV abgeleiteten **vorläufigen Ertragswert** (langfristiger Ertragswertanteil) und dem Barwert der Mehr- oder Mindereinnahmen (temporärer Ertragswertanteil) zusammen: **65**

$$EW = \text{Vorläufiger Ertragswert} +/- \sum_{1}^{m} \Delta RE_i \times V \times q^{-t}$$

wobei
V   = Vervielfältiger (Barwertfaktor)
m   = Dauer der Mehr- oder Mindererträge in Jahren
t   = Zeitraum zwischen Beginn der Mehr- oder Mindererträge und dem Wertermittlungsstichtag
$RE_{marktüblich[€/m2\ NF]}$ = Marktüblich erzielbarer Reinertrag am Wertermittlungsstichtag
$RE_{tatsächlich[€/m2\ NF]}$ = Reinertrag aufgrund wohnungs- und mietrechtlicher Bindungen
RE_i = $RE_{marktüblich[€/m2\ NF]} - RE_{tatsächlich[€/m2\ NF]}$
NF   = Nutzfläche (Wohnfläche)

Die temporären Mehr- oder Mindereinnahmen (temporärer Ertragswertanteil) können auch jährlich berücksichtigt werden (Abb. 16):

Abb. 16:   Jährliche Berücksichtigung von Mehr- oder Mindereinnahmen

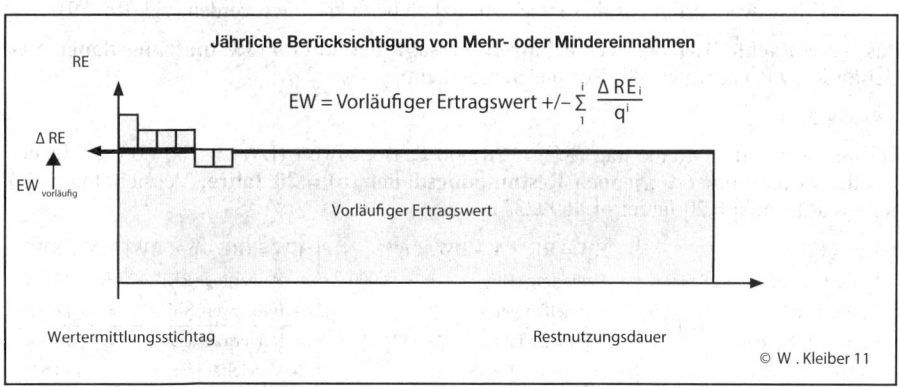

1.4.5 Vereinfachtes Ertragswertverfahren

▶ *Vgl. Rn. 24, 35 sowie Syst. Darst. des Vergleichswertverfahrens Rn. 578*

Wie unter Rn. 33 ff. ausgeführt, ist mit § 17 Abs. 2 ImmoWertV als Standardverfahren der Ertragswertermittlung die mathematisch identische ein- und zweigleisige Ertragswertermittlung vorgegeben: **66**

$$\text{Ertragswert} = (RE - p \times BW) \times V + BW = RE \times V + BW \times q^{-n}$$

wobei
RE = jährlicher Reinertrag des Grundstücks (§ 18 ImmoWertV)
BW = Bodenwert (§ 16 ImmoWertV)
V   = Vervielfältiger (lt. Anlage zur ImmoWertV)
q   = Zinsfaktor = 1 + p/100
p   = Liegenschaftszinssatz/100 = q − 1
n   = Restnutzungsdauer (§ 6 Abs. 6 ImmoWertV)

IV Syst. Darst. Ertragswertverfahren — Vereinfachtes Verfahren

67 Bei langer Restnutzungsdauer des Gebäudes kann der Ertragswert auch ohne Kenntnis des Bodenwerts abgeleitet werden. Dies ist leicht aus der Formel des sogenannten eingleisigen Ertragswertverfahrens erkennbar:

$$EW = RE \times V + BW/q^n \qquad (2)$$

über die Restnutzungsdauer abgezinster Bodenwert

Bereits ab einer Restnutzungsdauer von 50 Jahren reduziert sich der Bodenwert zu einer vernachlässigbaren Größe, und die vollständige Formel des Ertragswertverfahrens lässt sich zum sogenannten **„vereinfachten Ertragswertverfahren"** reduzieren

$$EW = RE \times V$$

wobei V = finanzmathematischer Vervielfältiger

68 **Voraussetzung für die Anwendung des (so definierten) vereinfachten Ertragswertverfahrens** ist mithin, dass die Restnutzungsdauer der baulichen Anlage 50 Jahre ist. Sofern das Grundstück eine selbstständig nutzbare Teilfläche aufweist, muss bei Anwendung des vereinfachten Ertragswertverfahrens diese noch zusätzlich berücksichtigt werden (vgl. Rn. 59).

69 Das **vereinfachte Ertragswertverfahren versagt bei kurzer Restnutzungsdauer des Gebäudes,** wie nachfolgendes Beispiel verdeutlicht:

70 *Beispiel 5:*

Beispiel wie vorher: Reinertrag (RE) = 28 000 €: Bodenwert (BW) = 200 000 €, Liegenschaftszinssatz (p) = 6 %; **jedoch Restnutzungsdauer (n) = 20 Jahre;** Vervielfältiger (V) bei p = 6 % und n = 20 Jahre: 11,46992371

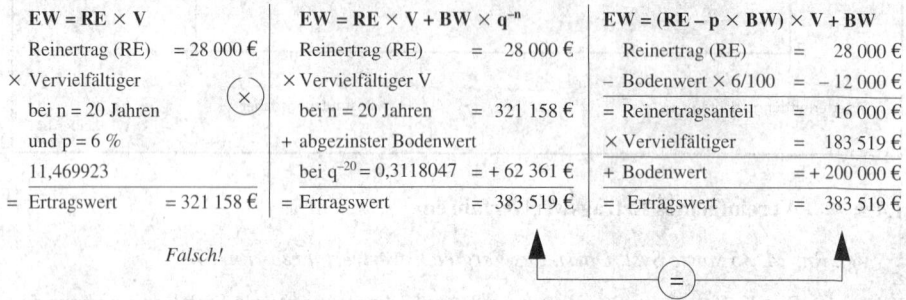

Falsch!

Dass das vereinfachte Ertragswertverfahren (EW = RE × V) bei kurzer Restnutzungsdauer versagt, ist darin begründet, dass der Bodenwert ein „Dauerwert" ist, der sich auf ∞ verzinst, während das Gebäude sich nur auf einen endlichen Zeitraum verzinst.

72 Diese Vereinfachung stellt sich ein, weil – wie bereits angesprochen – der **Bodenwert bei langer Restnutzungsdauer für das Ergebnis eine vernachlässigbare Größe** wird, da er ohnehin nur in der über die Restnutzungsdauer der baulichen Anlage diskontierten Höhe eingeht. Das gilt allerdings nur für die Grundstücksfläche, die der Bebauung zuzurechnen ist.

Vereinfachtes Verfahren   **Syst. Darst. Ertragswertverfahren IV**

Beispiel 6:

Bodenwert	480 000 €
Restnutzungsdauer	60 Jahre
Liegenschaftszinssatz	5 %
$BW \times q^{-n} = 480\,000\,€ \times 1{,}05^{-60} =$	25 697 €

Umgekehrt ist bei kurzer Restnutzungsdauer der Bodenwert nicht vernachlässigbar; er muss bei **sehr kurzer Restnutzungsdauer (RND ≤ 20 Jahre)** dann sogar um die Freilegungskosten vermindert werden (vgl. Rn. 61).

$$EW = RE \times V \begin{cases} + BW \times q^{-n} - FLK \times q^{-n} & \text{bei } RND \leq 20 \text{ Jahre} \\ + BW \times q^{-n} & 20 \text{ Jahre} \geq RND \leq 50 \text{ Jahre} \\ \text{entfällt} & \text{bei } RND \geq 50 \text{ Jahre} \end{cases}$$

Soweit zum Grundstück **selbstständig nutzbare Teilflächen** (§ 17 Abs. 2 Satz 2 ImmoWertV) gehören, muss der entsprechende Bodenwertanteil in jedem Fall gesondert berücksichtigt werden.

Die vorstehenden Ausführungen machen deutlich, dass die **Ermittlung des Ertragswerts von Objekten mit einer langen Restnutzungsdauer auch ohne Kenntnis des Bodenwerts erfolgen kann**, denn dessen Anteil am Ertragswert tendiert mit wachsender Restnutzungsdauer gegen eine zu vernachlässigende Größe. Dies gilt um so mehr, je höher der Liegenschaftszinssatz ist, sodass sich der Ertragswert von Objekten, die eine längere Restnutzungsdauer als 50 Jahre aufweisen, allein durch Kapitalisierung des nachhaltigen Reinertrags ermitteln lässt. Die ImmoWertV sieht dies zwar ausdrücklich nicht vor, jedoch zeugt es eher von Unkenntnis, wenn der Sachverständige bei Objekten mit einer langer Restnutzungsdauer filigrane und wissenschaftlich anmutende Untersuchungen zur Ermittlung des „richtigen" Bodenwerts anstellt, die für das Ergebnis letztlich bedeutungslos sind (Abb. 17):

Abb. 17: Aufteilung des Ertragswerts in einen Boden- und Gebäudewertanteil in Abhängigkeit von der Restnutzungsdauer

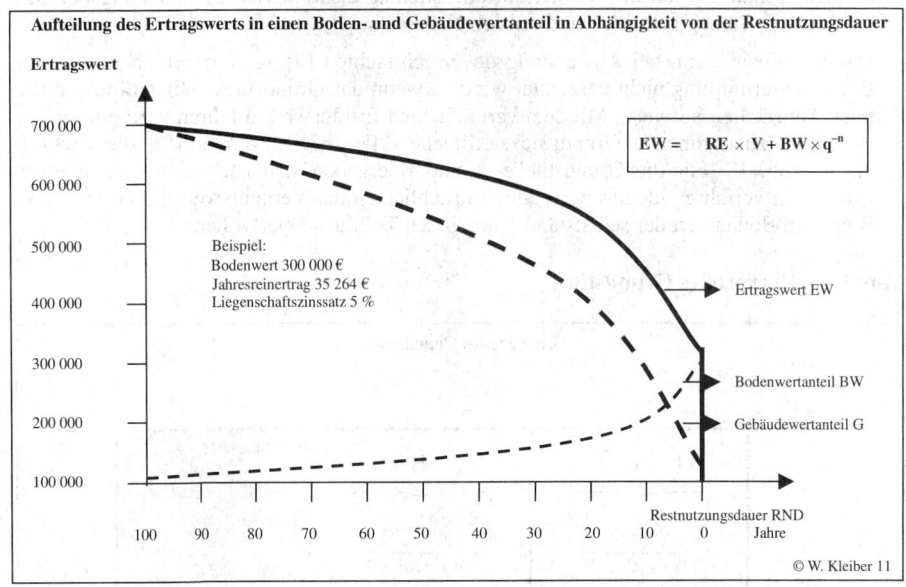

Einschränkend muss aber darauf hingewiesen werden, dass in **Extremfällen bei sehr hohen Bodenwerten** auch bei längerer Restnutzungsdauer der Bodenwert nicht vernachlässigt werden darf, wenn der diskontierte Bodenwert zu einem nicht vernachlässigbaren Bodenwertanteil führt. Darüber hinaus muss eine selbstständig nutzbare Freifläche (§ 17 Abs. 2 Satz 2 ImmoWertV) gesondert ermittelt werden.

78 *Beispiel 7:*

Bodenwert = 10 000 €/m²
Grundstücksgröße = 2 000 m²
Bodenwert = 10 000 €/m² × 2 000 m² = 20 Mio. €
Bei einem Liegenschaftszinssatz von p = 5 % und einer Restnutzungsdauer von 50 Jahren ergibt der diskontierte Bodenwert immer noch:

Diskontierter Bodenwert = 20 Mio. € × $1{,}05^{-50}$ = 1,744 Mio. €

Dieser Betrag mag zwar im Verhältnis zum Gesamtwert gering sein, er sollte gleichwohl nicht vernachlässigt bleiben.

79 Des Weiteren wird darauf hingewiesen, dass das vereinfachte Ertragswertverfahren auch bei langer Restnutzungsdauer in den neuen Bundesländern nicht unbedachterweise zur Anwendung kommen darf, wenn dort nur der **Gebäudewert (ohne Grund und Boden)** ermittelt werden soll und für diesen Zweck nur das erste Glied der Formel des vereinfachten Ertragswertverfahrens zum Ansatz kommt:

$$EW = RE \times V$$

80 Mit dieser Formel wird nämlich stets zugleich **der zur Bebauung gehörende Bodenwertanteil** (Umgriffsfläche) miterfasst. Der **Bodenwert findet** hier **Eingang in den angesetzten Reinertrag, der durch die Höhe des Nutzungsentgelts und die Nutzfläche bestimmt wird.**

81 Das **vereinfachte Ertragswertverfahren ist** für den ungeübten Anwender jedoch **fehleranfälliger bezüglich im Einzelfall zu beachtender Besonderheiten.**

– Der **Bodenwert wird** auch im Falle eines erschließungsbeitragspflichtigen (ebp) Zustands des Grund und Bodens **mit dem Wert des erschließungsbeitragsfreien (ebf) Baulands berücksichtigt.** Ist das Grundstück jedoch tatsächlich erschließungsbeitragspflichtig, müssen deshalb die auf den Wertermittlungsstichtag diskontierten Erschließungsbeiträge zusätzlich in Abzug gebracht werden (vgl. Näheres bei Rn. 149 ff.).

– Darüber hinaus kann bei Anwendung des vereinfachten Ertragswertverfahrens auf eine Bodenwertermittlung nicht verzichtet werden, wenn das Grundstück **selbstständig nutzbare Teilflächen** aufweist. Mit dem vereinfachten Ertragswertverfahren wird nur die der Bebauung zuzuordnende Grundstücksteilfläche erfasst. Dies verdeutlicht die nachfolgende Abb. 18. Für die Grundstücke A und B ergeben sich nach dem vereinfachten Ertragswertverfahren identische Werte. Tatsächlich ist der Verkehrswert des Grundstücks B um den Bodenwert der selbstständig nutzbaren Teilfläche wertvoller.

Abb. 18: Übergroßes Grundstück

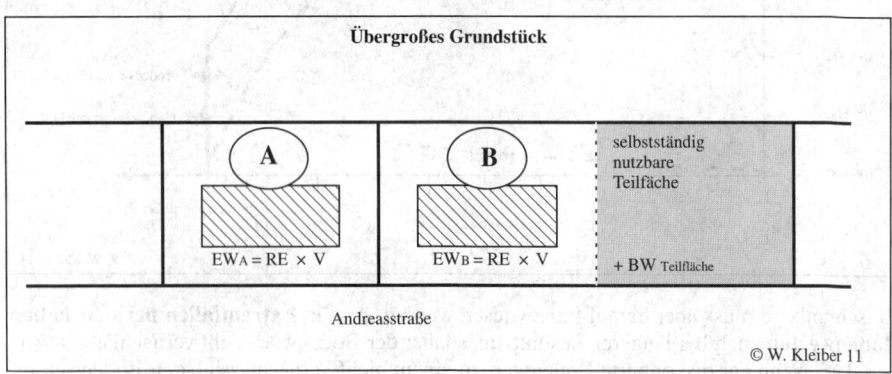

Bei der Ermittlung des **Ertragswerts von Objekten mit kurzer Restnutzungsdauer** sowie für den Teil eines bebauten Grundstücks, der eine zusätzliche Nutzung oder Verwertung zulässt, ist eine Bodenwertermittlung also unabweislich. Dann muss der Bodenwert mit der höchstmöglichen Genauigkeit ermittelt werden. **82**

Übersteigt der sich durch Multiplikation des Bodenwerts mit dem Liegenschaftszinssatz ergebende sog. Bodenwertverzinsungsbetrag (= BW × p) den Reinertrag des Grundstücks, so muss der Bodenwert nach § 16 Abs. 3 ImmoWertV darüber hinaus um die Freilegungskosten vermindert werden, wenn zur Ermittlung des Bodenwerts von Vergleichspreisen unbebauter Grundstücke ausgegangen wurde. **83**

In diesem Fall ist der so ermittelte **Bodenwert zugleich der Ertragswert.** Auf die Ermittlung des Gebäudewertanteils kann dann verzichtet werden, da dieser auf eine zu vernachlässigende Größe zusammengeschrumpft und allein der Bodenwert im gewöhnlichen Geschäftsverkehr preisbildend ist. **84**

Zusammenfassend kann also festgestellt werden, dass die Anwendung des vereinfachten Ertragswertverfahrens auf Grundstücke mit einer Bebauung, die eine längerfristige Restnutzungsdauer aufweisen, eine Reihe von Vorteilen hat, aber auch **Gefahrenmomente** aufweist. Wesentlicher Vorteil ist, dass der **Bodenwert** unter den vorstehenden Voraussetzungen gar **nicht** erst **ermittelt zu werden braucht,** da er – diskontiert über die Restnutzungsdauer – zu einer vernachlässigbaren Größe wird. Dies gilt allerdings nur insoweit, wie das Grundstück keine selbstständig nutzbaren Flächen aufweist und größenmäßig der Bebauung entspricht. **85**

Bei sog. **ewigerer Restnutzungsdauer** ist der Liegenschaftszinssatz reziprok zum Vervielfältiger (V = 1/p). Die Formel des vereinfachten Ertragswertverfahrens geht in die allgemeine Grundrentenformel über. Das vereinfachte Ertragswertverfahren kann dann auch direkt unter Heranziehung des Liegenschaftszinssatzes zur Anwendung kommen **86**

$$EW = \frac{\text{Reinertrag (RE)}}{\text{(Liegenschafts-) Zinssatz}}$$

1.4.6 Vervielfältigerverfahren (Maklermethode)

▶ *Vgl. § 13 ImmoWertV Rn. 8, 14 ff., 26*

Bei Anwendung des vereinfachten Ertragswertverfahrens wird als Vervielfältiger der finanzmathematische Vervielfältiger (Barwertfaktor) in Abhängigkeit von dem Liegenschaftszinssatz p und der Restnutzungsdauer n angesetzt. Der Vervielfältiger kann aber auch direkt aus geeigneten Verkaufsfällen empirisch abgeleitet werden. Diese Vorgehensweise entspricht der sogenannten Maklermethode. Die Methode ist in § 13 ImmoWertV geregelt. Die Vorschrift spricht in diesem Zusammenhang nicht von Vervielfältigern bzw. Barwertfaktoren, sondern von Ertragsfaktoren. Sie werden auch Mietenmultiplikatoren genannt. **87**

$$\boxed{EW = RE \times V} \qquad (4)$$

wobei V = empirisch abgeleiteter Vervielfältiger (Ertragsfaktor)

Hiervon ausgehend, kommt in der angelsächsischen „Magerbewertung"[40] das Ertragswertverfahren i. d. R. allein unter Heranziehung des aus dem Grundstück in seiner Gesamtheit fließenden Ertrags **ohne besondere Berücksichtigung des Bodenwerts und der Restnutzungsdauer der baulichen Anlage** als „vereinfachtes Ertragswertverfahren" entsprechend den Ausführungen unter Rn. 66 zur Anwendung (Abb. 19): **88**

---

40 Auch Simon in GuG 1996, 134 und GuG 2000, 134.

IV Syst. Darst. Ertragswertverfahren — Maklermethode

Abb. 19: Vergleich der unterschiedlichen Grundprinzipien der umfassenden und angelsächsischen Ertragswertmethode

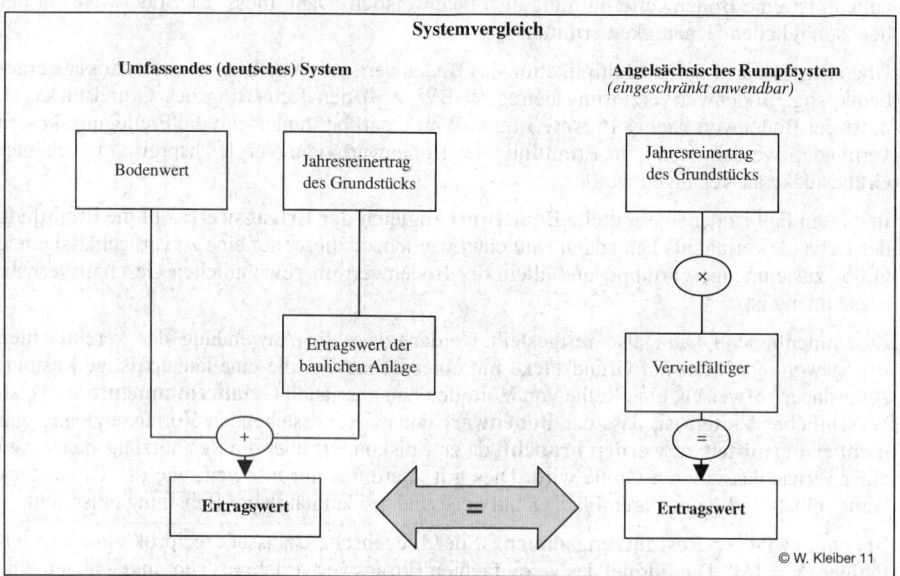

89 Diese Methode ist für die Ertragswertermittlung von Grundstücken, deren Bebauung eine kurze Restnutzungsdauer aufweist, aus den unter Rn. 66 ff. dargestellten Gründen untauglich.

90 *Beispiel 8:*
(für ein Wertermittlungsobjekt mit *kurzer* Restnutzungsdauer der baulichen Anlage):

a) **Wertermittlungsobjekt:**
- Jahresreinertrag RE = 50 000 €
- Bodenwert BW = 200 000 €
- Restnutzungsdauer n = 20 Jahre
- Liegenschaftszinssatz p = 5 %
- Vervielfältiger V = 12,56 (lt. Anl. ImmoWertV)

b) **Wertermittlung:**
- nach § 17 Abs. 2 Nr. 1 ImmoWertV: $EW = (RE - p \times BW) \times V + BW = \mathbf{700\,000\ €}$
- allein unter Verwendung des Vervielfältigers: $EW = RE \times V = \mathbf{628\,000\ €}$

91 Mit **Verlängerung der Restnutzungsdauer** der baulichen Anlage vermindert sich der Anteil des Bodenwerts am Ertragswert des Grundstücks.

92 Die **Ertragswertermittlung allein unter Anwendung des Vervielfältigers V** der Anlage zur ImmoWertV **ohne Berücksichtigung** (der Besonderheiten) **des Grund und Bodens** muss bei kurzer Restnutzungsdauer des Gebäudes das Ergebnis verfälschen.

93 Dies gilt entsprechend bei Heranziehung von empirisch abgeleiteten Vervielfältigern, die im angelsächsischen Sprachraum als „*Years' Purchase*" – abgekürzt Y. P. – bzw. *Gross Income Multiplier* – abgekürzt GIM – bezeichnet werden. Sie werden ermittelt als Quotient aus

$$\frac{\text{Kaufpreis}}{\text{Reinertrag (RE)}}$$

Abb. 20: Nettokaltmietenmultiplikatoren des IVD in Abhängigkeit vom Baujahr

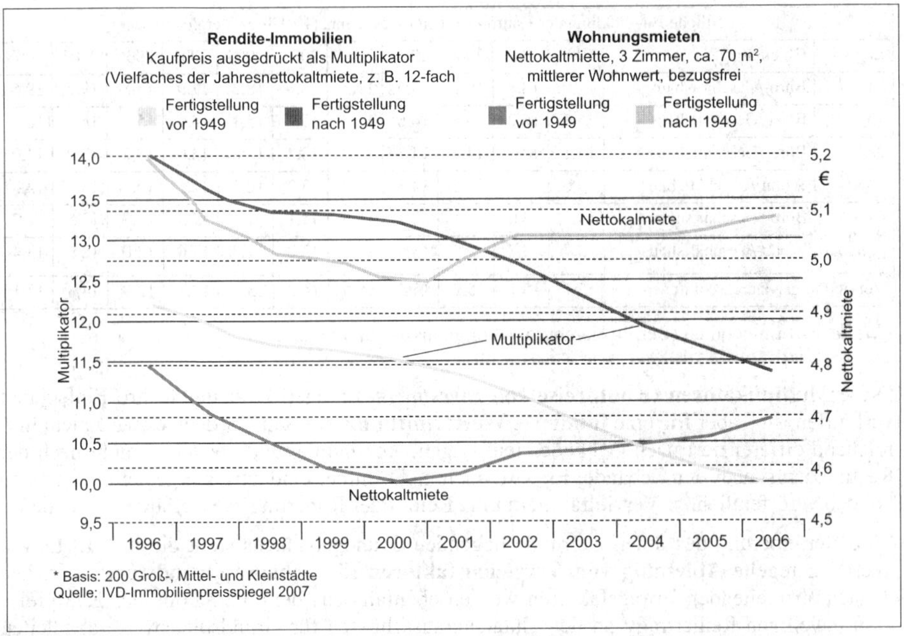
Rendite-Immobilien
Kaufpreis ausgedrückt als Multiplikator
(Vielfaches der Jahresnettokaltmiete, z. B. 12-fach
Fertigstellung vor 1949
Fertigstellung nach 1949
Wohnungsmieten
Nettokaltmiette, 3 Zimmer, ca. 70 m², mittlerer Wohnwert, bezugsfrei
Fertigstellung vor 1949
Fertigstellung nach 1949
Multiplikator
Nettokaltmiete
14,0 13,5 13,0 12,5 12,0 11,5 11,0 10,5 10,0 9,5
5,2 € 5,1 5,0 4,9 4,8 4,7 4,6 4,5
Nettokalmiete
Multiplikator
Nettokaltmiete
1996 1997 1998 1999 2000 2001 2002 2003 2004 2005 2006
* Basis: 200 Groß-, Mittel- und Kleinstädte
Quelle: IVD-Immobilienpreisspiegel 2007

Diese Vorgehensweise entspricht der in Deutschland als **Maklermethode** bekannten Vorgehensweise, die auch den von verschiedenen Seiten veröffentlichten **„Kaufpreisen von Investments“** bzw. **„Mietenmultiplikatoren“** zugrunde liegt (Abb. 21): 94

Abb. 21: Kaufpreise von Investments (Stand: 2. Quartal 2008)

Standortkategorie		Größere Städte im Westen												Größere Städte im Osten				Mittelstädte			
Lage	Objektart	Berlin	Frankfurt	Hamburg	Köln	München	Stuttgart	Freiburg	Karlsruhe	Ludwigshafen*	Mannheim	Wiesbaden	Essen	Chemnitz	Dresden	Potsdam*	Rostock	Bad Homburg*	Heidelberg*	Neustadt/Weinstr.*	Konstanz*
Ia	Büro-/Geschäftshaus	19,5	19,0	20,0	19,5	20,0	20,0	17,0	16,5	12,5	16,5	18,0	15,5	14,0	16,5	15,0	13,0	16,5	17,0	13,6	15,0
Ib	Büro-/Geschäftshaus	16,5	16,0	18,5	14,5	18,0	16,5	15,5	14,5	12,0	13,5	15,5	14,0	12,0	15,5	13,0	12,0	15,0	15,0	12,0	13,5
IIer	Büro-/Geschäftshaus	14,0	14,0	14,0	13,0	16,5	15,0	14,5	13,0	10,0	12,0	13,5	13,0	12,0	14,0	11,5	10,0	13,5	13,5	11,0	12,0
	Wohn-/Geschäftshaus	13,5	14,0	16,0	14,0	18,5	14,0	15,0	13,0	12,0	12,5	14,0	12,5	12,0	13,5	11,0	12,0	14,0	14,5	11,5	13,0
Stadtteil	Büro-/Geschäftshaus	12,0	12,5	13,0	13,0	16,0	13,0	12,5	12,0	10,0	11,5	12,0	11,5	11,0	13,5	10,0	10,0	12,0	12,5	11,0	11,0
	Wohn-/Geschäftshaus	12,0	12,5	15,5	13,5	17,5	13,5	13,5	12,5	12,0	11,5	12,5	11,0	11,5	13,5	10,0	11,0	12,5	13,5	11,0	11,5
	Nahversorgungszentrum	12,0	12,0	12,5	12,0	12,0	12,0	12,0	11,5	10,0	11,0	11,5	10,5	12,0	13,0	12,0	11,0	11,5	11,0	11,0	11,0
	SB-Fachmarkt	12,0	12,0	11,5	12,0	12,0	11,5	12,0	12,0	9,0	11,0	11,5	10,5	13,0	12,0	12,0	11,0	11,0	11,0	11,0	11,0
Peripherie (Stadtrand Grüne Wiese Vororte)	Bürohaus	10,5	10,5	10,5	11,0	13,0	10,0	11,0	11,0	9,0	11,5	11,0	9,0	9,0	11,0	9,0	9,0	10,5	10,0	10,0	10,0
	Wohn-/Geschäftshaus	10,5	11,0	12,5	12,0	15,5	11,5	12,0	11,5	11,0	10,5	12,0	10,5	10,0	11,5	10,0	10,0	11,0	11,0	10,5	10,5
	Büro und Gewerbe	10,0	10,0	10,0	10,5	11,5	10,0	10,0	9,5	9,0	9,5	12,0	8,5	9,0	9,5	9,0	8,0	9,5	9,0	9,0	9,0
	Gewerbe/Industrie/Hallen	10,0	9,5	9,5	9,0	10,0	10,0	9,0	9,0	9,5	9,0	9,0	8,5	9,0	8,5	8,5	7,0	9,0	8,5	8,0	8,0
	SB-Fachmarkt	11,5	11,5	11,0	12,0	11,0	11,5	11,0	11,5	9,0	10,0	10,5	9,0	12,0	12,5	10,0	10,0	10,5	11,0	9,5	9,5

Quelle: DB Immobilien, Stand: 2. Quartal 2008 (Nettokaufpreis + Erwerbsnebenkosten/Jahresnettomiete an Standorten von DB Immobilien
* Angaben des Vorjahrs

IV Syst. Darst. Ertragswertverfahren — Modelle

Abb. 22: Zeitliche Entwicklung der Kaufpreise von Investments (10-Jahres-Vergleich)

Lage	Objektart	\multicolumn{11}{c}{Zeitliche Entwicklung der Kaufpreise von Investments (10-Jahres-Vergleich)}

Lage	Objektart	1998	1999	2000	2001	2002	2003	2004	2005	2006	2007	2008
1a	Büro-/Geschäftshaus	19,0	18,8	19,2	19,6	19,3	18,8	18,2	17,9	18,5	19,2	19,6
1b	Büro-/Geschäftshaus	16,1	16,2	16,4	16,6	16,3	15,7	15,1	14,6	15,3	16,2	16,4
2er	Büro-/Geschäftshaus	14,1	14,1	14,2	14,3	14,2	13,4	12,8	12,6	13,2	13,9	14,0
	Wohn-/Geschäftshaus	14,6	14,5	14,5	14,3	14,0	13,2	12,5	12,1	12,9	13,9	14,3
Gute Stadtteillage	Büro-/Geschäftshaus	13,1	13,0	13,1	13,1	13,0	12,1	11,8	11,3	11,7	12,5	12,7
	Wohn-/Geschäftshaus	13,7	13,7	13,5	13,5	13,2	12,2	11,9	11,6	12,0	12,9	13,4
Vervielfältiger-Durchschnitt		15,1	15,1	15,2	15,2	15,0	14,2	13,7	13,4	13,9	14,8	15,1

Quelle: DB Immobilien (Berlin, Hamburg, Köln, Frankfurt und Stuttgart)

95 Diese **Multiplikatoren (Kaufpreise von *Investments*)** mögen zwar durch ihre Einfachheit verblüffen, sind aber **für** eine **fundierte Wertermittlung untauglich**, denn es wird nicht hinreichend differenziert nach Gebäudearten, Lagen, Ausstattung und vor allem nicht nach der Restnutzungsdauer der Gebäude. Es wird auch nicht immer eindeutig klargestellt, ob es sich bei den veröffentlichten Vervielfältigern um „Rein- oder Rohertragsvervielfältiger" handelt.

96 Eine Verfeinerung des ihnen zugrunde liegenden Grundgedankens stellt die in § 13 ImmoWertV geregelte **Ableitung von Vergleichsfaktoren für bebaute Grundstücke** dar. Die danach abzuleitenden Ertragsfaktoren werden ebenfalls aus dem Verhältnis der Kaufpreise zum jeweiligen Reinertrag von den Gutachterausschüssen für Grundstückswerte abgeleitet, wobei nach § 13 ImmoWertV ausdrücklich die „marktüblich erzielbaren" und nicht die tatsächlich erzielten Reinerträge Grundlage sein sollen. Diesen Ertragsfaktoren ist der Vorzug zu geben, auch wenn bei ihrer Ableitung der jeweiligen Restnutzungsdauer bislang ebenfalls noch nicht hinreichend Rechnung getragen wurde (vgl. § 13 ImmoWertV Rn. 14 ff.).

1.4.7 Instandhaltungs- und Modernisierungsmodell

▶ *Vgl. Rn. 15 sowie Rn. 223; § 17 ImmoWertV Rn. 17; § 19 ImmoWertV*

97 Ausgangspunkt der Ertragswertermittlung ist – wie vorstehend dargestellt – der Jahresreinertrag des Grundstücks *(cash flow)*. Der Reinertrag ergibt sich wiederum aus dem Rohertrag abzüglich der aufzubringenden Bewirtschaftungskosten. Bewirtschaftungskosten sind die Verwaltungs-, Betriebs- und Instandhaltungskosten sowie die Abschreibung und das Mietausfallwagnis. Instandhaltungskosten sind nach § 28 Abs. 1 Satz 1 II. BV die Kosten, die während der Nutzungsdauer zur Erhaltung des bestimmungsmäßigen Gebrauchs aufgewendet werden müssen, um die durch Abnutzung, Alterung und Witterungseinwirkung entstehenden baulichen oder sonstigen Mängel ordnungsgemäß zu beseitigen. **Mit der bloßen Instandhaltung lässt sich eine bauliche Anlage zwar „physisch" auf Dauer erhalten, jedoch führt sie zu einer endlichen wirtschaftlichen Nutzungsdauer eines Gebäudes,** da das Gebäude selbst bei ordnungsgemäßer Instandhaltung infolge der sich wandelnden Anforderungen an Immobilien irgendwann nicht mehr den zeitgemäßen Ansprüchen entspricht. Das Gebäude ist dann aus wirtschaftlicher Sicht „tot", und der Zeitraum bis zu diesem Ableben wird als Restnutzungsdauer bezeichnet.

98 Grundsätzlich werden der Reinertrag *(cash flow)* und damit der Ertragswert unter Abzug eben dieser Instandhaltungskosten ermittelt. Daneben kann aber auch unterstellt werden, dass zusätzlich zur Instandhaltung die bauliche Anlage laufend modernisiert wird, was zu einem geringeren Reinertrag führt. Von daher kann nach dem

a) Instandhaltungsmodell und

b) Modernisierungsmodell

unterschieden werden. Mit der Modernisierung, die sich als Verbesserung des Gebrauchswerts definiert (z. B. durch Änderung des Grundrisses bzw. der Ausstattung), geht einerseits eine Verminderung des Reinertrags und andererseits eine beliebige Verlängerung der Restnutzungsdauer einher, vorausgesetzt die Modernisierung ist bautechnisch und wirtschaftlich sinnvoll und durch die Lage auf dem Immobilienmarkt gerechtfertigt.

In der Praxis kommt vorherrschend das **Instandhaltungsmodell** zur Anwendung, wie es auch in der ImmoWertV geregelt ist, ohne dass die Verordnung die Anwendung des Modernisierungsmodells ausschließt. Dies ist darin begründet, dass über die Höhe der während der Restnutzungsdauer anfallenden Instandhaltungskosten verlässliche empirische Untersuchungen vorliegen, auf die sich eine fundierte Ertragswertermittlung stützen kann. Bei Anwendung dieses „Instandhaltungsmodells" ergibt sich zwangsläufig eine begrenzte Restnutzungsdauer der baulichen Anlage, der entsprechend Rechnung zu tragen ist. **99**

Bei Anwendung des **Modernisierungsmodells** wird der Ertragswert auf der Grundlage der um die Instandhaltungs- *und* Modernisierungskosten verminderten Reinerträge ermittelt. Dem verminderten Reinertrag steht dann eine entsprechende Verlängerung der Restnutzungsdauer gegenüber. Der damit einhergehende Vorteil des Modernisierungsmodells besteht nun darin, dass sich mit der Verlängerung der Restnutzungsdauer die Voraussetzungen für die Anwendung des vorgestellten vereinfachten Ertragswertverfahrens „künstlich" herbeiführen lassen, d. h., man kommt dann ohne den Bodenwert aus. **100**

– Das Modernisierungsmodell hat umgekehrt den Nachteil, dass im Vergleich zu den Instandhaltungskosten keine verlässlichen und allgemein anerkannten Erfahrungssätze über die künftigen Modernisierungskosten zur Verfügung stehen und auch nicht zur Verfügung stehen können. Welche Anforderungen schon im Hinblick auf die technischen Entwicklungen an bauliche Anlagen gestellt werden müssen, kann nämlich nicht verlässlich prognostiziert werden.

– Die Anwendung des Modernisierungsmodells verbietet sich dann, wenn aufgrund der Verhältnisse auf dem Grundstücksmarkt auch mit der aufwendigsten Modernisierung bzw. Umstrukturierung eine Immobilie nicht marktgängig gemacht werden kann oder die Modernisierungskosten unwirtschaftlich sind. So sind z. B. in den neuen Bundesländern auch aufwendig modernisierte Wohngebäude von einem erheblichen strukturellen Leerstand betroffen und stehen zum Abriss an.

– Dass bei Anwendung des Modernisierungsmodells der Ansatz eines Bodenwerts entbehrlich ist, stellt zumindest in Deutschland im Übrigen keinen echten Vorteil dar, denn mit den Bodenrichtwerten stehen die Bodenwerte mit einer für die Ertragswertermittlung hinreichenden Genauigkeit flächendeckend und jederzeit zur Verfügung.

Grundsätzlich wird aus Gründen der Nachvollziehbarkeit und Genauigkeit dem Instandhaltungsmodell der Vorzug gegeben. Das Modernisierungsmodell kommt gleichwohl in vielen Einzelfällen, z. B. bei Denkmälern, bei residueller Verkehrswertermittlung (Extraktion) einer instandsetzungs- bzw. modernisierungs- oder umstrukturierungsbedürftigen Immobilie oder bei besonderen Schwierigkeiten der Bodenwertermittlung zur Anwendung. Zur Anwendung kommen auch „Zwittermodelle" (vgl. Rn. 223). So setzen beispielsweise die der Ertragswertermittlung von Lagerhallen und Hotels herangezogenen Nutzungsdauern bei genauerer Betrachtung zumindest eine Teilmodernisierung voraus. **101**

Darüber hinaus kann im Hinblick auf das Prinzip des *„highest and best use"* die Anwendung des Modernisierungsmodells auch geboten sein, nämlich dann, wenn sich auf der Grundlage dieses Modells ein höherer Verkehrswert als bei bloßer Instandhaltung ergibt (vgl. Vorbem. zur ImmoWertV Rn. 7). **102**

2 Grundzüge der Ertragswertverfahren

2.1 Übersicht

2.1.1 Ertragswertverfahren nach ImmoWertV

▶ *Vgl. Vorbem. zur ImmoWertV Rn. 34; § 8 ImmoWertV Rn. 73; 180, 389; § 9 ImmoWertV Rn. 4, 16, 25; § 13 ImmoWertV Rn. 17; § 14 ImmoWertV Rn. 2, 12 ff.; § 22 ImmoWertV Rn. 18 ff., 27, 35, 49; § 24 ImmoWertV Rn. 13; Syst. Darst. des Vergleichswertverfahrens Rn. 176; Syst. Darst. des Sachwertverfahrens Rn. 235*

103 Das Ertragswertverfahren ist in §§ 17 bis 20 ImmoWertV geregelt. Es handelt sich hierbei um keine abschließende Regelung, denn nach § 8 Abs. 2 ImmoWertV sind subsidiär *„in"* dem zur Anwendung kommenden Wertermittlungsverfahren zu berücksichtigen

- die Lage auf dem Grundstücksmarkt (Marktanpassung) und
- die „besonderen objektspezifischen Grundstücksmerkmale" i. S. des § 8 Abs. 3 ImmoWertV.

Grundsätzlich können auch die besonderen objektspezifischen Grundstücksmerkmale „im Verfahren selbst" berücksichtigt werden, indem die Ertragsverhältnisse, die Restnutzungsdauer, der Liegenschaftszinssatz und der Bodenwert (vgl. Rn. 139) dem angepasst werden.

Die direkte Berücksichtigung der besonderen objektspezifischen Grundstücksmerkmale „im Verfahren" steht unter dem Gebot der Beachtung des **Grundsatzes der Modellkonformität** (vgl. unten Rn. 249 sowie Vorbem. zur ImmoWertV Rn. 36).

Nach § 20 i. V. m. § 14 Abs. 3 ImmoWertV ist zur Ermittlung des Ertragswerts nämlich der vom Gutachterausschuss für Grundstückswerte abgeleitete Liegenschaftszinssatz heranzuziehen. Dieser **Liegenschaftszinssatz bezieht sich**

- **auf ein normierbares Referenzgrundstück (Liegenschaftszinssatzgrundstück)** mit den durchschnittlichen Merkmalen der Grundstücke, die zu seiner Ableitung herangezogen wurden und deshalb bei der Veröffentlichung von Liegenschaftszinssätzen detailliert darzulegen sind und

- auf die Lage auf dem Grundstücksmarkt, die **in dem Zeitraum** herrschte, in dem die zur Ableitung des Liegenschaftszinssatzes **herangezogenen Kauffälle** angefallen sind.

Der Liegenschaftszinssatz kann insoweit deshalb auch nur direkte Anwendung finden, wie im konkreten Fall ein zu bewertendes Grundstück auch die gleichen Grundstücksmerkmale aufweist und sich die Lage auf dem Grundstücksmarkt nicht grundlegend verändert hat. I.d.R. weichen jedoch im konkreten Bewertungsfall die Merkmale der zu bewertenden Liegenschaft von den Grundstücksmerkmalen ab, die dem Liegenschaftszinssatz zugrunde liegen. Dem kann bei Heranziehung des Liegenschaftszinssatzes damit Rechnung getragen werden, dass der vom Gutachterausschuss vorgegebene Liegenschaftszinssatz möglichst auf der Grundlage der vom Gutachterausschuss dafür vorgegebenen Anpassungsfaktoren den Grundstücksmerkmalen der zu bewertenden Immobilie angepasst wird; so werden beispielsweise Anpassungsfaktoren zur Berücksichtigung einer vom Liegenschaftszinssatzgrundstück abweichenden Restnutzungsdauer abgeleitet und veröffentlicht (vgl. Rn. 258 ff. sowie § 14 ImmoWertV Rn. 137 ff.). Soweit die besonderen Grundstücksmerkmale der zu bewertenden Immobilie mit einem entsprechend angepassten Liegenschaftszinssatz in den Ertragswert eingehen, werden diese Grundstücksmerkmale „im Verfahren" berücksichtigt. Auch eine veränderte „Lage auf dem Grundstücksmarkt" kann durch eine angemessene „Nachkorrektur" des Liegenschaftszinssatzes berücksichtigt werden.

Der mittelbaren Berücksichtigung besonderer objektspezifischer Grundstücksmerkmale durch Anpassung des Liegenschaftszinssatzes sind vielfach jedoch praktische Grenzen gesetzt und ist mitunter auch nicht praxisgerecht, so z. B. bei einem Instandsetzungsrückstau, besonderen Rechtsverhältnissen und vielem mehr. In diesem Fall wird zunächst der Ertragswert des Grundstücks ohne Berücksichtigung dieser Grundstücksmerkmale, abgeleitet. Der sich **nach den §§ 17 bis 20 ImmoWertV** ergebende Wert ist in diesen Fällen deshalb auch **nur der „vorläufige Ertragswert"** und es bedarf nach § 8 Abs. 3 ImmoWertV einer ergänzenden Berücksichtigung *besonderer objektspezifischer Grundstücksmerkmale*, um zum Ertragswert zu kommen.

Wie in der Verfahrensübersicht bei Rn. 33 ff. erläutert, werden mit § 17 ImmoWertV drei Varianten ein- und desselben Ertragswertverfahrens angeboten:

1. Das als **„allgemeines Ertragswertverfahren"** bezeichnete *zweigleisige* Ertragswertverfahren unter Aufteilung des Ertragswerts in einen Boden- und Gebäudewertanteil (vgl. § 17 Abs. 2 Nr. 1 ImmoWertV),

2. das als **„vereinfachtes Ertragswertverfahren"** bezeichnete *eingleisige* Ertragswertverfahren *ohne* Aufteilung des Ertragswerts in einen Boden- und Gebäudewertanteil (vgl. § 17 Abs. 2 Nr. 2 ImmoWertV) und

3. das **„*mehrperiodische* Ertragswertverfahren"** auf der Grundlage periodisch konstanter oder alternierender Erträge (§ 17 Abs. 1 Satz 2 i. V. m. Abs. 3 ImmoWertV; vgl. Rn. 42).

Die Verfahren sind mathematisch identisch und müssen allesamt zu ein- und demselben Ertragswert führen.

Der in der Verordnung gebrauchte Begriff des „vereinfachten Ertragswertverfahrens" ist irreführend, da das Verfahren lediglich vereinfachungsfähig ist, nämlich im Falle seiner Anwendung auf Grundstücke, deren Bebauung eine lange Restnutzungsdauer aufweist und keine selbstständig nutzbaren Teilflächen gegeben sind. Auf die Ermittlung des Bodenwerts kann dann verzichtet werden, da er nur in diskontierter Höhe in den Ertragswert eingeht und gegen null geht (vgl. Rn. 33, 72, 86 und Rn. 288). Nur in diesem Fall wird – wie schon in den Vorauflagen dieses Werks – vom vereinfachten Ertragswertverfahren gesprochen.

104 Bei allen Verfahrensvarianten ist grundsätzlich von den **am Wertermittlungsstichtag marktüblich erzielbaren Roh- bzw. Reinerträgen und den bei ordnungsgemäßer Bewirtschaftung und zulässiger Nutzung marktüblich entstehenden Bewirtschaftungskosten** auszugehen. Die vom Grundstücksmarkt allgemein erwarteten Änderungen immobilienwirtschaftlich bedeutsamer Rahmenbedingungen, insbesondere die allgemeinen Ertragsentwicklungen, werden mit dem für alle Verfahren maßgeblichen Liegenschaftszinssatz nach § 14 Abs. 3 ImmoWertV berücksichtigt. Der Liegenschaftszinssatz „vernachlaltigt" den als Ausgangsgröße herangezogenen (am Wertermittlungsstichtag) marktüblich erzielbaren Ertrag. Es handelt sich mithin bei allen Verfahrensvarianten um die international gebräuchliche *all over capitalization method* auf der Grundlage der *all over capitalization rate*.

105 Das **ein- und zweigleisige Ertragswertverfahren** nach § 17 Abs. 2 ImmoWertV unterscheidet sich von dem mehrperiodischen Ertragswertverfahren nach § 17 Abs. 1 Satz 2 i. V. m. Abs. 3 ImmoWertV lediglich darin, dass

a) bei Anwendung des ein- und zweigleisigen Ertragswertverfahrens *temporäre Abweichungen der wohnungs-, miet- und vertragsrechtlich erzielten Erträge* und auch Abweichungen der tatsächlich entstehenden Bewirtschaftungskosten insbesondere aufgrund wohnungs-, miet- oder vertragsrechtlicher Bindungen („gesicherte Daten" i. S. des § 17 Abs. 3 ImmoWertV) von den marktüblich erzielbaren Erträgen bzw. marktüblich entstehenden Bewirtschaftungskosten *(over-* und *underrented)* in einem ergänzenden Rechenschritt zu ermitteln und zu berücksichtigen sind, während

b) bei Anwendung des mehrperiodischen bzw. mehrphasigen Ertragswertverfahrens entsprechende Abweichungen *(over-* und *underrented)* direkt berücksichtigt werden, indem in den jeweiligen Jahren nicht von den marktüblich erzielbaren Erträgen bzw. den marktüblich entstehenden Bewirtschaftungskosten, sondern von den Erträgen bzw. Bewirtschaftungs-

IV Syst. Darst. Ertragswertverfahren — Grundzüge

kosten ausgegangen wird, die aufgrund wohnungs-, miet- oder vertragsrechtlicher Bindungen „sicher" zu erwarten sind.

106 Das allgemeine und vereinfachte Ertragswertverfahren (ein- und zweigleisiges Ertragswertverfahren) unterscheidet sich von dem *mehrperiodischen* Ertragswertverfahren dementsprechend in der Darstellung der Ergebnisse. Während bei Anwendung des ein- und zweigleisigen Ertragswertverfahrens der Barwert von Mehr- oder Mindereinnahmen aufgrund wohnungs-, miet- oder vertragsrechtlicher Bindungen *(over- und underrented)* gesondert „ausgeworfen" wird, gehen bei Anwendung des mehrperiodischen Ertragswertverfahrens diese **Mehr- oder Mindereinnahmen in den** jeweiligen **jährlichen Ertragswertanteil** ein, d. h., die jährlichen Ertragsflüsse werden in ihrer Gesamtheit „ausgeworfen".

107 *Beispiel:*

a) **Sachverhalt**

Auf der Grundlage des am Wertermittlungsstichtag marktüblich erzielbaren Reinertrags von 104 400 € p. a. wurde im ersten Schritt ein vorläufiger Ertragswert von 1 620 822,89 € ermittelt.

Aufgrund mietvertraglicher Bindungen werden jährlich unterschiedliche Mehr- und Mindereinnahmen *(over-* und *underrented)* erzielt. Diese stellen sich im zeitlichen Verlauf wie folgt dar (Abb. 1):

Abb. 1: Zeitlicher Verlauf der Ertragsflüsse der Mehr- und Mindereinnahmen

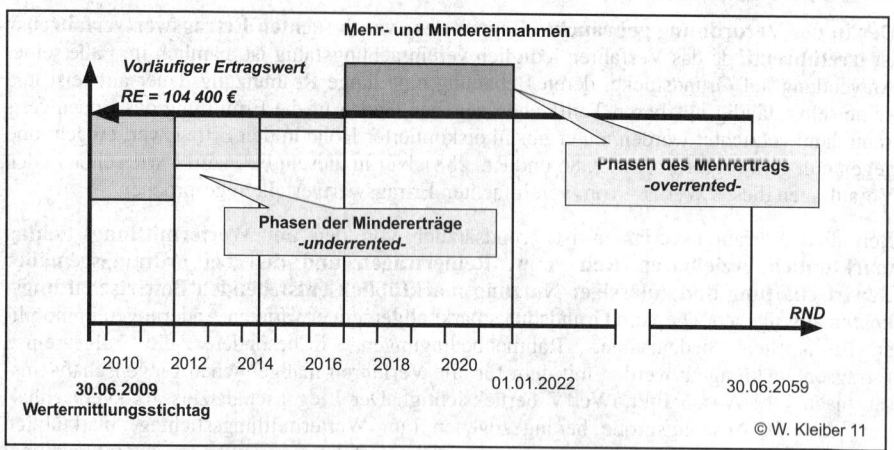

Aufgrund mietvertraglicher Bindungen stellt sich die Ertragsentwicklung wie folgt dar:

Ertragsentwicklung aufgrund Vertragslage, Wertermittlungsstichtag 31.6.2009				
Phase	ab	bis	Jahresreinertrag	Dauer in Jahren
1	ab 30.06.2009	bis 31.12.2011	93 600 €	2,5
2	ab 01.01.2012	bis 30.06.2014	96 300 €	2,5
3	ab 01.07.2014	bis 31.12.2016	99 900 €	2,5
4	ab 01.01.2017	bis 31.12.2021	108 900 €	5,0
5	ab 01.01.2022	bis 30.06.2059	104 400 €	37,5

b) **Ertragswertermittlung unter Anwendung des ein- und zweigleisigen Ertragswertverfahrens:**

Ermittlung des Ertragswerts unter Anwendung des ein- und zweigleisigen Ertragswertverfahrens und Berücksichtigung von vertraglichen Mehr- und Mindereinnahmen mithilfe des Auf- und Abschichtungsverfahrens:

Grundzüge — Syst. Darst. Ertragswertverfahren IV

Nr. Lage	Vorläufiger Ertragswert					Auf- und Abschichtung *(Top and Bottom Slicing)*					
	NF/WF m²	marktüblicher Reinertrag		vertraglicher Reinertrag		Mehr- und Mindererträge					Mehr- bzw. Minderertrag
		€/m² NF Monat	€ p. a.	€ p. a.	€/m² NF Monat	ΔRE €/p. a.	Beginn	Ende	Δ Jahre	V	
1 EG links	50	12	7 200	7 200	12,00	–					
2 EG Mitte	150	10	18 000	9 000	5,00	– 9 000	30.06.2009	31.12.2011	2,50	2,26	– 20 334 €
Bemerkung	Staffelmietvertrag			13 500	7,50	– 4 500	01.01.2012	31.12.2016	7,50	5,90	
								Vervielfältigerdifferenz		3,64	– 16 386 €
				22 500	12,50	4 500	01.01.2017	31.12.2021	12,50	8,82	
									7,50	–5,90	
								Vervielfältigerdifferenz		2,72	12 245 €
3 EG rechts	100	80	9 600	9 600	8,00						
4 OG links	50	120	7 200	7 200	12,00						
5 OG Mitte	150	10	18 000	14 400	8,00	– 3 600	30.06.2009	30.06.2014	5,00	4,21	– 15 165 €
Bemerkung	Mietvertrag (underrented)										
6 OG rechts	100	8	9 600	9 600	8,00						
7 DG inks	50	12	7 200	7 200	12,00						
8 DG Mitte	150	10	18 000	19 800	11,00	1 800	31.06.2009	31.12.2011	2,50	2,26	4 067 €
Bemerkung	Mietvertrag (overrented)										
9 DG rechts	100	8	9 600	9 600	8,00	–					
Summe	900		104 400 €								– 35 573 €

Ertragswertermittlung   **Wertermittlungsstichtag: 30.6.2009**

Bodenwert = 200 000 €
Restnutzungsdauer = 50 Jahre   Gebäudeertragswert
Liegenschaftszinssatz = 6,00 %

1. **Ein**gleisiges Ertragswertverfahren

$EW = RE \times V + BW \times q^{-n}$

RE	=	104 400 €
V	=	15,761861
RE × V	=	1 645 538 €
BW	=	200 000 €
q^{-n}	=	0,054288
BW × q^{-n}	=	10858 €
EW (vorläufig)	**=**	**1 656 396 €**
abzüglich *(underrented)*	=	– 35 573 €
EW	=	1 620 823 €

2. **Zwei**gleisiges Ertragswertverfahren

$EW = (RE - p \times BW) \times V + BW$

RE	=	104 400 €
BW	=	200 000 €
BW × p	=	12 000 €
RE – (p × BW)	=	92 400 €
V	=	15,761861
(RE – p × BW) × V	=	1 456 396 €
BW	=	+ 200 000 €
EW (vorläufig)	=	1 656 396 €
abzüglich *(underrented)*	=	– 35 573 €
EW	=	1 620 823 €

Der vorläufige Ertragswert ergibt sich damit zu **rd. 1 620 000 €**.

Die Mehr- oder Mindereinnahmen ergeben sich bezogen auf die einzelnen Mieteinheiten und in ihrer Gesamtheit aus der Aufstellung.

c) **Ertragswertermittlung unter Anwendung des mehrperiodischen Ertragswertverfahrens:**
Ermittlung des Ertragswerts unter Anwendung des mehrperiodischen Ertragswertverfahrens und direkter Berücksichtigung von vertraglichen Mehr- und Mindereinnahmen (Abb. 2)

IV Syst. Darst. Ertragswertverfahren — Grundzüge

Abb. 2: Ermittlung des Ertragswerts unter Offenlegung der jährlichen Ertragsflüsse

Jahr	Dauer von WST: 31.6.2009 bis	Periode	Differenz Jahre	V bei Zins 6,00 %	Reinertrag €/Jahr	RE × V = Cash Flow
2009	31.12.2009	1	0,50	0,478568961	× 93 600 €	= 44 794 €
2010	31.12.2010	2	1,50	1,394876378		
	31.12.2009		−0,50	−0,478568961		
			= 1,00	0,916307417	× 93 600 €	= 85 766 €
2011	31.12.2011	3	2,50	2,259317338		
	31.12.2010		−1,50	−1,39487638		
			= 1,00	0,86444096	× 93 600 €	= 80 912 €
2012	31.12.2012	4	3,50	3,074827677		
	31.12.2011		−2,50	−2,25931734		
			= 1,00	0,81551034	× 96 300 €	= 78 534 €
2013	31.12.2013	5	4,50	3,844177054		
	31.12.2012		−3,50	−3,07482768		
			= 1,00	0,76934938	× 96 300 €	= 74 088 €
2014 1. Jahreshälfte	31.06.2014	6a	5,00	4,212363786		
	31.12.2013		−4,50	−3,84417705		
			= 0,50	0,36818673	× 96 300 €	= 35 456 €
2014 2. Jahreshälfte	31.12.2014	6b	5,50	4,569978353		
	30.06.2014		−5,00	−4,21236379		
			= 0,50	0,35761457	× 99 900 €	= 35 726 €
2015	31.12.2015	7	6,50	5,254696559		
	31.12.2014		−5,50	−4,56997835		
			= 1,00	0,68471821	× 99 900 €	= 68 403 €
2016	31.12.2016	8	7,50	5,900657131		
	31.12.2015		−6,50	−5,25469656		
			= 1,00	0,64596057	× 99 900 €	= 64 531 €
2017	31.12.2017	9	8,50	6,51005390		
	31.12.2016		−7,50	−5,90065713		
			= 1,00	0,60939677	× 108 900 €	= 66 363 €
2018	31.12.2018	10	9,50	7,08495651		
	31.12.2017		−8,50	−6,51005390		
			= 1,00	0,57490261	× 108 900 €	= 62 607 €
2019	31.12.2019	11	10,50	7,62731746		
	31.12.2018		−9,50	−7,08495651		
			= 1,00	0,54236095	× 108 900 €	= 59 063 €
2020	31.12.2020	12	11,50	8,13897874		
	31.12.2019		−10,50	−7,62731746		
			= 1,00	0,51166128	× 108 900 €	= 55 720 €
2021	31.12.2021	13	12,50	8,62167805		
	31.12.2020		−11,50	−8,13897874		
			= 1,00	0,48269932	× 108 900 €	= 52 566 €
(Restwert) 2022–2059	30.06.2059	14	50,00	15,76186064		
	31.12.2021		−12,50	−8,62167805		
			= 37,50	7,14018258	× 104 400 €	= 745 435 €
Σ RE × V						1 609 965 €
+ Bodenwert: 200 000 € diskontiert über 50 Jahre					10 858 €	+ 10 858 €
= Ertragswert (vorläufig)						1 620 823 €

108 Bei Anwendung des mehrperiodischen Ertragswertverfahrens sind die Mehr- oder Mindereinnahmen aufgrund wohnungs-, miet- oder vertragsrechtlicher Bindungen – im Unterschied zum ein- und zum zweigleisigen Ertragswertverfahren – nicht mehr bezogen auf die einzelnen Mieteinheiten und in ihrer Gesamtheit erkennbar. Stattdessen sind aber die **jährlichen Gesamterträge unter Berücksichtigung der Mehr- oder Mindereinnahmen** erkennbar.

Bei dem nach den §§ 17 bis 20 ImmoWertV ermittelten Ertragswert handelt es sich i. d. R. um einen **vorläufigen Ertragswert**. Nach der auf alle Wertermittlungsverfahren anzuwendenden „Rahmenvorschrift" des § 8 Abs. 2 und 3 ImmoWertV bedarf es noch **109**

a) einer Marktanpassung an die allgemeinen Wertverhältnisse auf dem Grundstücksmarkt sowie

b) der Berücksichtigung sonstiger „besonderer objektspezifischer Grundstücksmerkmale",

soweit dem nicht direkt mit dem herangezogenen Wertermittlungsverfahren Rechnung getragen worden ist. Darüber hinaus ist nach § 8 Abs. 1 Satz 3 ImmoWertV das Ergebnis der Ertragswertermittlung unter Berücksichtigung der Ergebnisse anderer herangezogener Wertermittlungsverfahren zu würdigen.

Eine **Marktanpassung ist bei Anwendung des Ertragswertverfahrens** i. d. R. nicht erforderlich, wenn der herangezogene Liegenschaftszinssatz, die zugrunde gelegten Ertragsverhältnisse und auch die sonstigen Wertermittlungsparameter der Lage auf dem Grundstücksmarkt am Wertermittlungsstichtag entsprechen. Das Ertragswertverfahren kann als ein besonders marktkonformes Wertermittlungsverfahren gelten, denn die herangezogenen Ertragsverhältnisse und Liegenschaftszinssätze werden „aus dem Markt" abgeleitet und lassen sich gegebenenfalls direkt an die zum Wertermittlungsstichtag herrschenden allgemeinen Wertverhältnisse auf dem Grundstücksmarkt angleichen, wenn sie sich auf „überholte" Marktverhältnisse beziehen. **110**

Neben den bereits nach § 17 ImmoWertV direkt berücksichtigten Abweichungen der marktüblich erzielbaren Erträge gilt es aber nach der „Auffangregelung" des § 8 Abs. 3 ImmoWertV noch die **sonstigen „besonderen objektspezifischen Grundstücksmerkmale"**, wie z. B. Baumängel und Bauschäden (Instandhaltungsrückstau), ein überdurchschnittlicher Erhaltungszustand, eine wirtschaftliche Überalterung, Rechte und Belastungen usw. (Anomalien), ergänzend zu berücksichtigen, soweit dem nicht mit den angesetzten Erträgen Rechnung getragen wurde. Auch bei Anwendung des mehrperiodischen Ertragswertverfahrens unter direkter Berücksichtigung temporärer Mehr- und Mindererträge ist der Auffangregelung des § 8 Abs. 3 ImmoWertV große Beachtung zu schenken (vgl. § 8 ImmoWertV Rn. 178 ff.). **111**

Unter den bei Anwendung des Ertragswertverfahrens im Regelfall nicht gesondert zu berücksichtigenden „sonstigen" Anlagen versteht die Verordnung insbesondere **Gartenanlagen, Anpflanzungen und Parks.** Dass deren Wertanteil hier keiner gesonderten Wertermittlung bedarf, ist darauf zurückzuführen, dass die aus der baulichen Anlage fließende Rendite zugleich ein Entgelt für die Annehmlichkeit des Grundstücks in seiner Gesamtheit darstellt und mithin z. B. die Rendite aus einer parkähnlichen Gestaltung des Grundstücks umfasst[41]. Dies entspricht dem erkennbaren Willen des Verordnungsgebers. In der Begründung zu § 15 Abs. 1 WertV 88 heißt es hierzu: „... Dies trägt einmal der Tatsache Rechnung, dass die baulichen Anlagen auf dem Grundstück insgesamt gesehen werden müssen und ihnen nur noch die sonstigen Anlagen gegenüberstehen, die i. d. R. für das Ertragswertverfahren nicht von Bedeutung sind, aber erforderlichenfalls über § 19 *(WertV 88, nunmehr § 8 Abs. 3 ImmoWertV)* erfasst werden können"[42]. Soweit sich zusätzlich zum Wertanteil der baulichen Anlagen ein Wertanteil für die „sonstigen" Anlagen tatsächlich einmal ergibt, ist dies nach § 8 Abs. 3 ImmoWertV zu berücksichtigen; eine doppelte Berücksichtigung muss dabei in jedem Fall vermieden werden (vgl. Rn. 32, 84; Syst. Darst. des Vergleichswertverfahrens Rn. 113 ff.; Syst. Darst. des Sachwertverfahrens Rn. 47, 202 ff., 219; § 1 ImmoWertV Rn. 48 ff.; § 8 ImmoWertV Rn. 67, 403; § 19 ImmoWertV Rn. 4, 51; § 21 ImmoWertV Rn. 8, 16). **112**

---

41 OLG Koblenz, Urt. vom 13.1.1982 – 1 U 6/80 –, AVN 1988, 158 = EzGuG 2.28; so auch in der steuerlichen Bewertung (vgl. BewR Gr vom 19.9.1966, BAnz Nr. 183 Beil. = BStBl I 1966, 890, zu § 79 BewG Nr. 21).
42 BR-Drucks. 352/58, S. 55 f.

IV Syst. Darst. Ertragswertverfahren

Abb. 3: Systematik der ImmoWertV

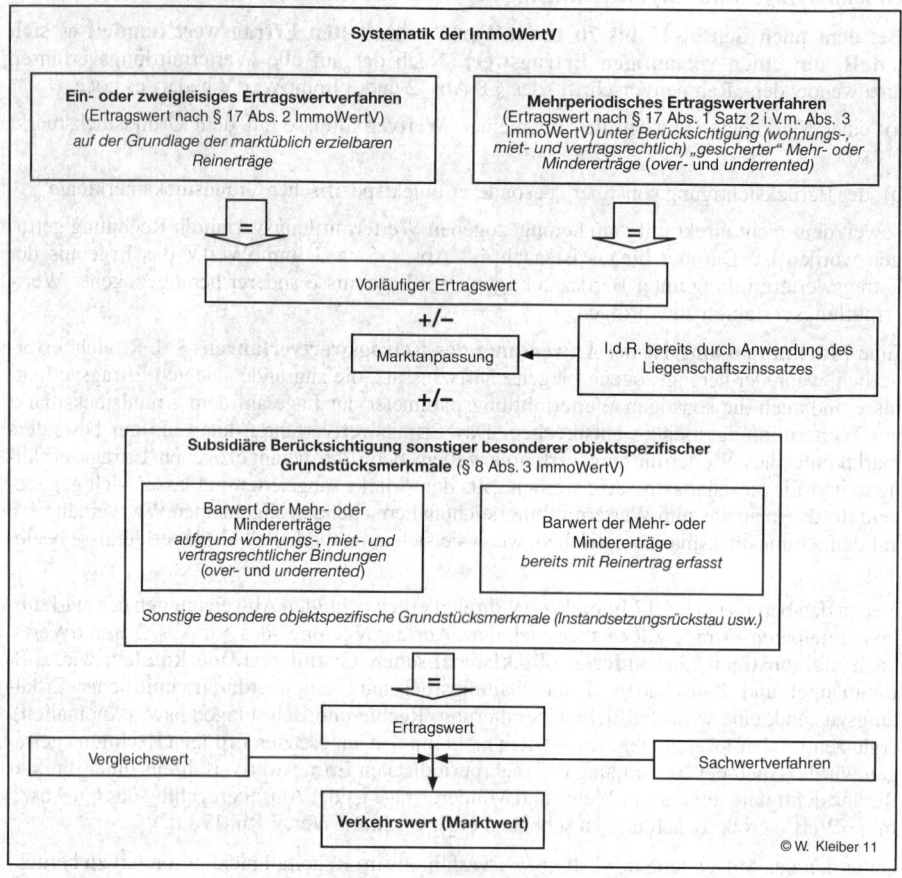

2.1.2 BelWertV

▶ *Vgl. Teil IX Rn. 188 ff.*

113 Die §§ 8 bis 13 BelWertV **regeln die Ermittlung des Beleihungswerts unter Anwendung des Ertragswertverfahrens weitgehend identisch mit dem in** § 17 Abs. 2 Nr. 1 Immo-WertV **geregelten zweigleisigen Ertragswertverfahren** auf der Grundlage eines Kapitalisierungszinssatzes, der in materieller Übereinstimmung mit dem Liegenschaftszinssatz nach § 14 Abs. 3 ImmoWertV definiert ist. Die Ertragswertermittlung nach der BelWertV vollzieht sich mithin ebenfalls nach der *all over capitalization method*. Die BelWertV gibt diesbezüglich auch keine Hinweise, wie dem bei der Beleihungswertermittlung maßgeblichen Vorsichtsprinzip durch entsprechende Risikozuschläge zum Liegenschaftszinssatz Rechnung zu tragen ist.

Die Systematik der BelWertV weicht an einer nicht unbedeutenden Stelle von der Systematik der ImmoWertV ab. Im Unterschied zur Systematik des Ertragswertverfahrens nach der ImmoWertV und auch im Unterschied zur Systematik des Sachwertverfahrens der BelWertV regelt die BelWertV die **Berücksichtigung besonderer objektspezifischer Grundstücksmerkmale** (§ 8 Abs. 3 ImmoWertV) nicht in einer eigenständigen Auffangvorschrift. Hier besteht eine Lücke, denn erfahrungsgemäß gilt es eine Vielzahl besonderer wertbeeinflussender Umstände zu berücksichtigen. Die BelWertV sieht diesbezüglich lediglich zwei besonders zu berücksichtigende Tatbestände:

a) Ein erkennbarer *Instandhaltungsrückstau oder sonstiger baulicher Aufwand sowie Baumängel und Bauschäden;* sie sind als gesonderter Wertabschlag in Höhe der zu erwartenden Aufwendungen zu quantifizieren. Dieser Wertabschlag soll allerdings im Unterschied zur ImmoWertV aus nicht verständlichen Gründen nicht in den Ertragswert eingehen. Vielmehr soll nach § 4 Abs. 5 BelWertV der Beleihungswert entsprechend korrigiert werden.

b) Nach § 10 Abs. 1 Satz 2 BelWertV soll der Ertragswert auf der Grundlage der vertraglich vereinbarten Miete ermittelt werden, wenn sie unter der „nachhaltigen" Miete liegt. „Nachhaltig" ist die am Wertermittlungsstichtag marktüblich erzielbare Miete (§ 17 Abs. 1 Satz 1 ImmoWertV).

Mit diesen Regelungen wird der breite Fächer der sonstigen besonderen objektspezifischen Grundstücksmerkmale nur unzureichend berücksichtigt.

Darüber hinaus gibt die BelWertV für die Anwendung des Ertragswertverfahrens folgende Vorgaben: **114**

1. Die **Bewirtschaftungskosten** sind mindestens mit 15 % des Rohertrags anzusetzen (§ 11 Abs. 2 Satz 3 BelWertV); darüber hinaus haben sich die Einzelkostenansätze der Bewirtschaftungskosten innerhalb der nach Anl. 1 zur BelWertV zulässigen *Bandbreiten* zu bewegen, sofern nicht die besonderen Umstände des Einzelfalls einen höheren Ansatz erfordern (§ 11 Abs. 2 Satz 1 BelWertV).

2. Nach § 11 Abs. 1 Satz 2 BelWertV i. V. m. Abs. 7 ist „objektartenspezifisch ein **Modernisierungsrisiko** nach den Kosten für notwendige Anpassungsmaßnahmen als prozentualer Anteil an den Neubaukosten anzusetzen, die zusätzlich zu den Instandhaltungskosten zur Aufrechterhaltung der Marktgängigkeit und der dauerhaften Sicherung des Mietausgangsniveaus notwendig sind.

3. Der **Bodenwertverzinsungsbetrag** wird auf der Grundlage eines Kapitalisierungszinssatzes ermittelt, der materiell zwar als Liegenschaftszinssatz definiert wird, jedoch entsprechend dem mit der Immobilie verbundenen kreditwirtschaftlichem Risiko höher ausfällt. Dieser Kapitalisierungszinssatz wird auch zur Kapitalisierung der um den Bodenwertverzinsungsbetrag verminderten Reinerträge herangezogen.

4. Die mit der Anl. 2 zur BelWertV genannten Erfahrungssätze für die (Gesamt-)**Nutzungsdauer** sind zu berücksichtigen (§ 12 Abs. 2 Satz 3 BelWertV).

Schließlich ist nach § 10 Abs. 3 BelWertV für den Fall eines strukturellen oder lang anhaltenden **Leerstands** zu prüfen, ob aufgrund der jeweiligen Marktlage eine Vermietung überhaupt oder zu den angesetzten Mietpreisen in absehbarer Zeit noch zu erwarten ist. Dies stellt keine Besonderheit gegenüber der ImmoWertV, sondern eine Selbstverständlichkeit dar, denn dies gilt gleichermaßen für die Ermittlung des Verkehrswerts nach den Grundsätzen der ImmoWertV.

2.1.3 Steuerliche Bewertung

2.1.3.1 Einheitsbewertung

Das Ertragswertverfahren ist grundsätzlich anzuwenden bei der Bewertung bebauter Grundstücke mit Ausnahme der sonstigen bebauten Grundstücke (§ 76 Abs. 1 BewG). Der nach nachfolgendem Schema abzuleitende Einheitswert ist nur dann festzusetzen, wenn er nicht unter dem Mindestwert nach § 77 BewG liegt, d. h. nicht unter 50 % des Werts, mit dem der Grund und Boden als unbebautes Grundstück zu bewerten wäre. **115**

IV Syst. Darst. Ertragswertverfahren   Steuerliche Bewertung

Schema

	Jahresrohmiete	Jährliches Gesamtentgelt, das Mieter und Pächter für die Benutzung des Grundstücks aufgrund vertraglicher Vereinbarung nach den Wertverhältnissen zum 1.1.1964 zu entrichten hat (§ 79 Abs. 1 BewG)
×	Vervielfältiger	Multiplikator nach § 80 BewG, der sich bestimmt nach – der Grundstücksart, – der Bauart und Bauausführung – dem Baujahr und – der Einwohnerzahl der Gemeinde zum 1.1.1964
=	Zwischenwert	
+	Zuschläge*	für große, nicht bebaute Flächen, Nutzung für Reklameflächen
–	Abschläge*	Bei Lärm-, Rauch- oder Geruchsbelästigung, behebbaren Baumängeln oder Bauschäden, baldiger Abbruchnotwendigkeit
	Einheitswert	

* Soweit sich die werterhöhenden bzw. wertmindernden Gegebenheiten nicht bereits mit der Jahresrohmiete oder dem Vervielfältiger berücksichtigt worden sind.

2.1.3.2 Grunderwerbsteuerliche Grundbesitzbewertung

116 Der Grundbesitzwert bebauter Grundstücke (§ 146 Abs. 1 BewG) wird im Ertragswertverfahren nach den Vorgaben des § 146 Abs. 2 bis 7 BewG nach folgendem Schema ermittelt:

Schema

	Vereinbarte Jahresmiete* im Besteuerungszeitpunkt (bis 31.12.2006: durchschnittliche Jahresmiete* der letzten drei Jahre)
×	12,5
=	Kapitalisierte Jahresmiete
–	Alterswertminderung in Höhe von - 0,5 % für jedes vollendete Jahr zwischen Bezugsfertigkeit und Besteuerungszeitpunkt - maximal 25 %
=	Zwischenwert
+	20 % Zuschlag bei Wohngrundstücken mit nicht mehr als zwei Wohnungen
–	Abrundung auf volle Euro 500
	Grundbesitzerwert

* Jahresmiete ist das vertraglich vereinbarte Gesamtentgelt für die Nutzung ohne Betriebskosten (Nettokaltmiete) bzw. die „Sollmiete", d. h., auf die tatsächliche Miete soll es nicht ankommen.

Statt der Jahresmiete ist die übliche Miete, d. h. die für vergleichbare Objekte von Dritten üblicherweise gezahlte Miete, anzusetzen bei

– Eigennutzung,
– Nichtnutzung,
– vorübergehender oder unentgeltlicher Nutzung,
– Vermietung zu einer Miete, die um mehr als 20 % von der üblichen Miete abweicht.

2.1.3.3 Erbschaftssteuerliche Grundbesitzbewertung

Schrifttum: *Roscher, M.*, Bewertung eines Geschäftsgrundstücks nach dem Erbschaftssteuerreformgesetz, GuG 2009, 221.

117 Nach § 182 BewG sind **im Ertragswertverfahren zu bewerten**

1. Mietwohngrundstücke,
2. Geschäftsgrundstücke und gemischt genutzte Grundstücke, für die sich auf dem örtlichen Grundstücksmarkt eine übliche Miete ermitteln lässt.

118 Mit den §§ 184 bis 188 BewG ist ein **typisiertes** („abgespecktes") **Ertragswertverfahren** vorgegeben, und zwar in Anlehnung an das zweigleisige Ertragswertverfahren der ImmoWertV. Es gelten folgende Vereinfachungen:

a) Die *Restnutzungsdauer* wird grundsätzlich aus dem Unterschiedsbetrag zwischen einer mit Anlage 22 zum BewG vorgegebenen wirtschaftlichen Gesamtnutzungsdauer und dem Alter des Gebäudes am Bewertungsstichtag angesetzt.

- Sind nach Bezugsfertigkeit des Gebäudes Veränderungen eingetreten, die die wirtschaftliche Gesamtnutzungsdauer des Gebäudes verlängert oder verkürzt haben, ist von einer Verlängerung oder Verkürzung der entsprechenden Restnutzungsdauer auszugehen.
- Die Restnutzungsdauer eines noch nutzbaren Gebäudes beträgt regelmäßig mindestens 30 % der wirtschaftlichen Gesamtnutzungsdauer.

b) Der *Rohertrag* ist das Entgelt, das der Mieter oder Pächter für die Benutzung des bebauten Grundstücks nach den am Bewertungsstichtag geltenden vertraglichen Vereinbarungen, umgerechnet auf zwölf Monate, zu zahlen hat (vgl. Rn. 196)[43]. Die *(markt)übliche* Miete ist nur anzusetzen bei Grundstücken oder Grundstücksteilen, die

1. *eigengenutzt*,
2. ungenutzt,
3. zu vorübergehendem Gebrauch überlassen,
4. unentgeltlich überlassen sind oder
5. zu einer um mehr als 20 % von der üblichen Miete abweichenden tatsächlichen Miete überlassen werden.

c) Die *Bewirtschaftungskosten* sind pauschal mit Erfahrungssätzen anzusetzen; die tatsächlich entstandenen Kosten sind nicht zu berücksichtigen. Sofern vom Gutachterausschuss geeignete Erfahrungssätze vorliegen, sind diese zugrunde zu legen. Stehen diese nicht zur Verfügung, ist von den pauschalierten Bewirtschaftungskosten nach Anl. 23 zum BewG auszugehen (vgl. Rn. 206 ff., § 19 ImmoWertV Rn. 24).

d) Der angemessene und nutzungstypische Liegenschaftszinssatz ist nach der Grundstücksart (§ 181 BewG, vgl. R B 181.1) und der Lage auf dem Grundstücksmarkt zu bestimmen. Dabei ist vorrangig auf den für diese Grundstücksart vom Gutachterausschuss für Grundstückswerte ermittelten und veröffentlichten Liegenschaftszinssatz zurückzugreifen[44]. Werden durch den Gutachterausschuss keine geeigneten Liegenschaftszinssätze ermittelt, so sind die typisierten Liegenschaftszinssätze des § 188 Abs. 2 Satz 2 BewG anzuwenden:

5 % für Mietwohngrundstücke,

5,5 % für gemischt genutzte Grundstücke mit einem gewerblichen Anteil von bis zu 50 %, berechnet nach der Wohn- und Nutzfläche,

---

43 Zur Schätzung des Rohmietwerts in der **steuerlichen Bewertung** vgl. BFH, Urt. vom 21.1.1986 – IX R 7/79 –, BFHE 146, 51 = EzGuG 20.113; BFH, Urt. vom 10.8.1984 – III R 41/75 –, BFHE 142, 289 = EzGuG 20.107; BFH, Urt. vom 25.6.1984 – GrS 4/82 –, BFHE 141, 405 = BStBl II 1984, 751 = NJW 1985, 93; BFH, Urt. vom 10.8.1984 – III R 41/75 –, BFHE 142, 289 = EzGuG 20.107; BFH, Urt. vom 11.10.1977 – VIII R 20/75 –, BFHE 123, 347 = EzGuG 20.68; BFH, Urt. vom 17.10.1969 – VI R 17/67 –, BFHE 97, 117 = EzGuG 20.45; BFH, Urt. vom 20.10.1965 – VI 292/64 U –, BFHE 84, 37 = EzGuG 20.42; ferner BFH, Urt. vom 14.12.1976 – VII R 99/72 –, BFHE 151, 50 = EzGuG 19.31.

44 ErbStH 2011 R B 188.2: Sind von den Gutachterausschüssen Liegenschaftszinssätze in Wertspannen veröffentlicht worden, bestehen keine Bedenken, folgende Vereinfachungsregeln anzuwenden: 1. Liegt der gesetzliche Liegenschaftszinssatz nach § 188 Absatz 2 Satz 2 Nummer 1 bis 4 BewG innerhalb der vom Gutachterausschuss angegebenen Spanne, ist der gesetzliche Liegenschaftszinssatz der Grundbesitzbewertung zugrunde zu legen. 2. Liegt der gesetzliche Zinssatz außerhalb der Spanne, ist der Liegenschaftszinssatz innerhalb der Spanne zu wählen, der dem gesetzlichen Liegenschaftszinssatz am nächsten liegt. Dies ist der obere oder untere Grenzwert der Spanne. Kein Liegenschaftszinssatz in Spannen liegt vor, wenn der Gutachterausschuss den Liegenschaftszinssatz als festen Wert vorgibt und zusätzlich nach oben und nach unten eine Standardabweichung benennt. In diesem Fall ist als Liegenschaftszinssatz der vorgegebene Wert anzusetzen.

IV Syst. Darst. Ertragswertverfahren — Steuerliche Bewertung

6 % für gemischt genutzte Grundstücke mit einem gewerblichen Anteil von mehr als 50 %, berechnet nach der Wohn- und Nutzfläche, und

6,5 % für Geschäftsgrundstücke.

e) *Besondere objektspezifische Grundstücksmerkmale* i. S. des § 8 Abs. 3 ImmoWertV bleiben unberücksichtigt, insbesondere auch Rechte am Grundstück, wie z. B. ein Nießbrauch und ein Wohnrecht, ein Wegerecht usw.

Abb. 4: Übersicht über das erbschaftsteuerliche Ertragswertverfahren nach den §§ 184 bis 188 BewG

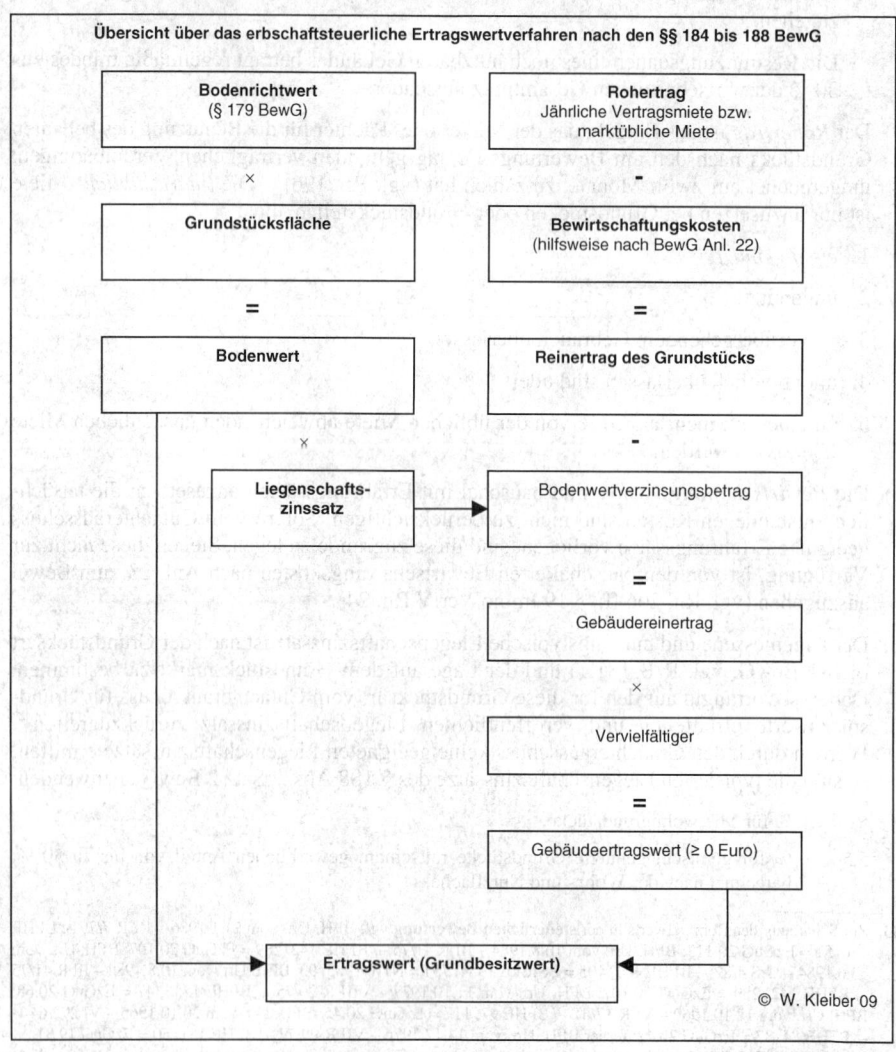

2.2 Grundzüge des allgemeinen Ertragswertverfahrens nach § 17 Abs. 2 Nr. 1 ImmoWertV (Standardverfahren)

▶ Vgl. Rn. 36 ff.

Das in § 17 Abs. 2 Nr. 1 ImmoWertV geregelte zweigleisige Ertragswertverfahren ist das Standardverfahren der Ertragswertermittlung. Es ist universell anwendbar und bietet die größte Gewähr für eine fundierte Ertragswertermittlung.

Formelmäßig stellt sich das Verfahren wie folgt dar:

$$EW = (RE - p \times BW) \times V + BW \quad + \text{besondere objektspezifische Grundstücksmerkmale}$$

mit Gebäudeertragswert = $(RE - p \times BW) \times V$ und Bodenwertverzinsungsbetrag = $p \times BW$

- BW: Bodenwert des Gesamtgrundstücks
- V: Vervielfältiger (Barwertfaktor)
- Bodenwert der der Bebauung zurechenbaren Umgriffsfläche
- p: Liegenschaftszinssatz
- RE: Reinertrag des Grundstücks

wobei
- EW = Ertragswert
- BW = Bodenwert
- V = Vervielfältiger (Barwertfaktor)
- p = Liegenschaftszinssatz

Der Ertragswert setzt sich zusammen aus dem nach § 17 Abs. 2 Nr. 1 ImmoWertV ermittelten „vorläufigen Ertragswert" und den Zu- bzw. Abschlägen aufgrund „besonderer objektspezifischer Grundstücksmerkmale" nach § 8 Abs. 3 ImmoWertV. Der „vorläufige Ertragswert" teilt sich in einen Boden- und Gebäudewertanteil auf. Als Gebäudewertanteil (Gebäudeertragswert) wird zunächst der Gebäudewert ohne Berücksichtigung temporärer Minder- oder Mehreinnahmen aufgrund wohnungs-, miet- oder vertragsrechtlicher Bindungen ermittelt; es handelt sich mithin um den „langfristigen" Gebäudewertanteil (Abb. 5).

Abb. 5: Zusammensetzung des Ertragswerts

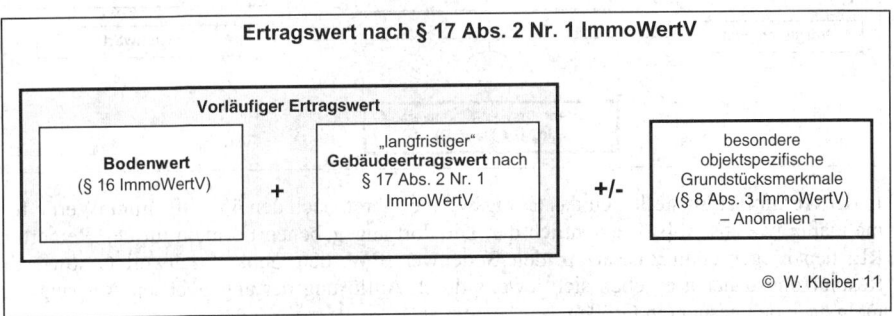

Der **schematische Ablauf des Ertragswertverfahrens** ergibt sich aus Abb. 6. Die einzelnen Schritte der Ertragswertermittlung werden anschließend erläutert.

IV Syst. Darst. Ertragswertverfahren — Standardverfahren

Abb. 6: Verfahrensgang des *zweigleisigen* Standardverfahrens

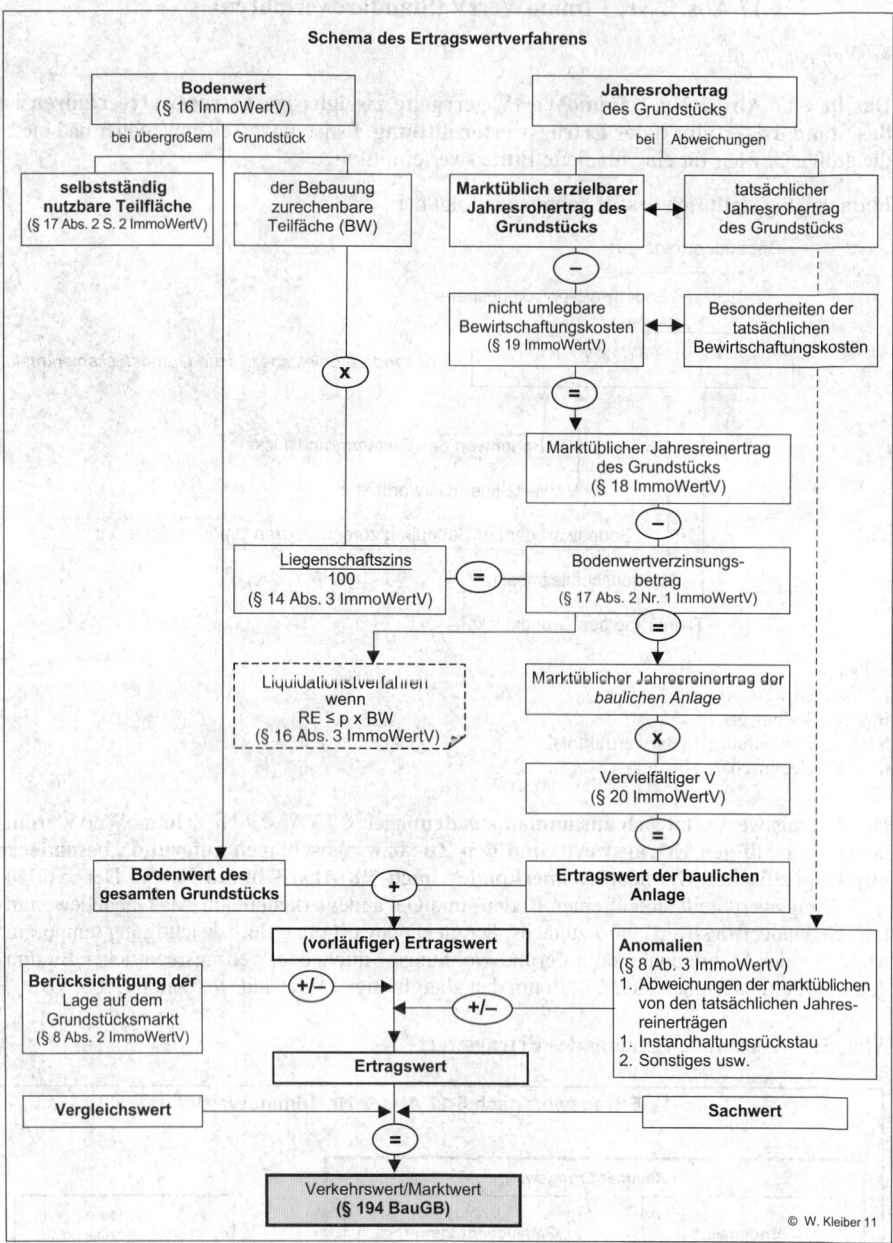

123 In der **Gesamtschau** stellt sich das Ertragswertverfahren nach den §§ 17 ff. ImmoWertV formelmäßig wie aus Abb. 7 ersichtlich dar. Die dort angegebenen Formeln für den Reinertrag RE, den Liegenschaftszinssatz p, den Bodenwert BW, den Gebäudezeitwert G sowie die Restnutzungsdauer n ergeben sich jeweils durch Auflösung der angegebenen Ausgangsformeln nach den gesuchten Größen.

Abb. 7: Das *zwei*gleisige Ertragswertverfahren in Formeln

Ertragswertverfahren in Formeln

$$EW = (RE - p \times BW) \times \frac{q^n - 1}{q^n(q-1)} + BW = (RE - p \times BW) \times V + BW = RE \times V + \frac{BW}{q^n}$$

EW	= Ertragswert (§§ 17 bis 20 ImmoWertV)
RE	= Jährlicher Reinertrag des Grundstücks (§ 18 ImmoWertV)
BW	= Bodenwert (§ 16 ImmoWertV)
G	= Gebäudeertragswert (= EW – BW)
p	= Liegenschaftszinssatz/100 = q – 1
q	= Zinsfaktor = 1 + p/100
n	= Restnutzungsdauer (§ 6 Abs. 6 ImmoWertV)
BewK	= Bewirtschaftungskosten
NF	= Nutzfläche

$$V = \text{Vervielfältiger} = \frac{(1+p)^n - 1}{(1+p)^n \times p} = \frac{q^n - 1}{q^n(q-1)} = \frac{1 - (1+p)^n}{p} = \frac{EW - \frac{BW}{q^n}}{RE}$$

aufgelöst:

a) nach dem Reinertrag:

$$RE = \frac{(EW \times q^n - BW) \times p}{q^n - 1} = BW \times p + \frac{G}{V}$$

b) nach dem Liegenschaftszinssatz/100:

$$p = \frac{RE \times 100}{EW} - \frac{(q-1) \times 100}{q^n - 1} \times \frac{EW - BW}{EW} \qquad \text{hierzu § 14 Abs. 3 ImmoWertV}$$

c) nach dem Bodenwert:

$$BW = \frac{RE - \frac{G}{V}}{p} = \frac{EW - RE \times V}{1 - (p \times V)} = EW \times q^n - \frac{RE(q^n - 1)}{(q-1)} = (EW - RE \times V) \times q^n$$

d) nach dem Gebäudeertragswert (bei Gebäudewert G = EW – BW):

$$G = \frac{(RE - BW \times p)(q^n - 1)}{(q^n \times p)}$$

e) nach der Restnutzungsdauer:

$$n = \frac{\log(RE - p \times BW) - \log(RE - p \times EW)}{\log q}$$

f) nach der Monatsmiete pro Quadratmeter MF bzw. WF (Nettokaltmiete) auf der Grundlage des EW:

$$\text{Monatsmiete}_{\text{Nettokalt}} = \frac{[G/V + (BW \times p)] / (1 - BewK_{\%}/100)}{12 \times NF}$$

g) nach der Monatsmiete (Nettokaltmiete) auf der Grundlage einer erwarteten Verzinsung von i %:

$$\text{Monatsmiete}_{\text{Nettokalt}} = \frac{(RE \times i) / [1 - (BewK_{\%}/100)] + G/V}{12 \times NF}$$

© W. Kleiber 2012

IV Syst. Darst. Ertragswertverfahren — Bodensondierung

▶ *Zur Ermittlung der „Sollmiete" aus einem vorgegebenen Ertragswert bzw. Kaufpreis vgl. Rn. 300 ff.*

2.3 Ermittlung des vorläufigen Ertragswerts

2.3.1 Bodenwert

2.3.1.1 Rechtsgrundlagen

▶ *Zur Bodenwertermittlung vgl. Syst. Darst. des Vergleichswertverfahrens Rn. 149 ff.; zur Ermittlung des Bodenwertanteils ohne Kenntnis des Bodenwerts § 16 ImmoWertV Rn. 116 ff.*

124 Am Anfang der Ertragswertermittlung steht die Ermittlung des Bodenwerts. Der Bodenwert ist nach Maßgabe des § 16 ImmoWertV zu ermitteln und bestimmt sich nach der Grundsatzregelung des § 16 Abs. 1 ImmoWertV nach dem Wert, der sich für das unbebaut gedachte Grundstück ergeben würde. Die Vorschrift bestimmt des Weiteren, dass der Bodenwert „vorrangig" aus Vergleichspreisen (§ 15 ImmoWertV) abzuleiten sei, und lässt nachrangig auch die Ableitung auf der Grundlage geeigneter Bodenrichtwerte zu. Bei der Ertragswertermittlung von Grundstücken, deren Gebäude eine lange Restnutzungsdauer aufweisen, ist der von der ImmoWertV gestellte Anspruch praxisfremd, denn das **Bodenrichtwertverfahren erfüllt in aller Regel die zu stellenden Anforderungen.** Der Bodenwert braucht unter den genannten Voraussetzungen nämlich nicht mit übertriebener Genauigkeit ermittelt zu werden, weil selbst grobe Fehler sich nur marginal auf das Ergebnis der Ertragswertermittlung auswirken.

2.3.1.2 Bodensondierung

▶ *Vgl. Rn. 58 ff.; Vorbem. zur ImmoWertV Rn. 36; § 8 ImmoWertV Rn. 388; Syst. Darst. des Sachwertverfahrens Rn. 51; zur Bodensondierung bei der Beleihungswertermittlung vgl. Teil IX Rn. 194 ff.*

a) Bodensondierung nach Umgriffsfläche und selbstständig nutzbarer Teilfläche

125 Bei sog. übergroßen Grundstücken ist eine Bodensondierung der Grundstücksfläche geboten, und zwar nach

a) der der Bebauung zurechenbaren Fläche (auch Umgriffsfläche genannt) und

b) den selbstständig nutzbaren Teilflächen.

Eine **selbstständig nutzbare Teilfläche ist** nach § 17 Abs. 2 Satz 2 ImmoWertV **„der Teil eines Grundstücks, der für die angemessene Nutzung nicht benötigt wird und selbstständig genutzt oder verwertet werden kann".**

126 Eine **Bodensondierung** nach Umgriffsflächen und selbstständig nutzbaren Teilflächen i. S. des § 17 Abs. 2 Satz 2 ImmoWertV ist bei Anwendung des Ertragswertverfahrens unabhängig von der zur Anwendung kommenden Verfahrensvariante, d. h., sie **ist auch bei Anwendung des eingleisigen (einschließlich vereinfachten Ertragswertverfahrens) und mehrperiodischen Ertragswertverfahrens unverzichtbar,** auch wenn die Teilflächen gleichwertig sind. I.d.R. weist die selbstständig nutzbare Teilfläche eine von der Umgriffsfläche abweichende Wertigkeit auf, sodass auch von daher eine Bodensondierung bei Anwendung anderer Wertermittlungsverfahren geboten ist.

– Bei *Anwendung des zweigleisigen Ertragswertverfahrens* ist die Aufteilung der Grundstücksfläche in eine Umgriffsfläche und einen selbstständig nutzbaren Grundstücksteil geboten, weil bei der Ermittlung des Ertragswerts der baulichen Anlage (Gebäudeertragswert) von dem aus dem Gebäude und aus dem zugehörigen Bodenanteil „fließenden" Ertrag ausgegangen und hieraus der auf die bauliche Anlage entfallende Reinertrag „abgespalten" werden muss. Verfahrenstechnisch vollzieht sich dies durch Verminderung des

Reinertrags um den sog. Bodenwertverzinsungsbetrag. Der **Bodenwertverzinsungsbetrag stellt die Verzinsung des im Grund und Boden investierten Kapitals dar, und zwar nur insoweit, wie der Boden flächenmäßig dem Gebäude dient**. Da dieses Kapital zum Zwecke der Ertragserzielung vorgehalten werden muss und nicht bankenüblich angelegt werden kann, ist dieser Betrag in Abzug zu bringen (Abb. 8):

Abb. 8: Isolierung des Reinertragsanteils der baulichen Anlagen

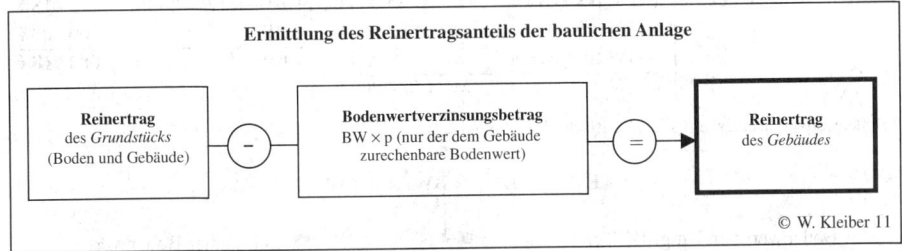

– Die **eigenständige Behandlung der sog. selbstständig nutzbaren Flächen ist** aber auch bei Anwendung **des eingleisigen und mehrperiodischen Ertragswertverfahrens (einschließlich des vereinfachten Ertragswertverfahrens) geboten.** Selbstständig nutzbare Teilflächen gehen bei Anwendung dieser Verfahrensvarianten nämlich in „voller" und nicht in abgezinster Höhe in den Ertragswert ein, da sie für eine wirtschaftliche Nutzung sofort zur Verfügung stehen (Abb. 9).

Abb. 9: Beispiel

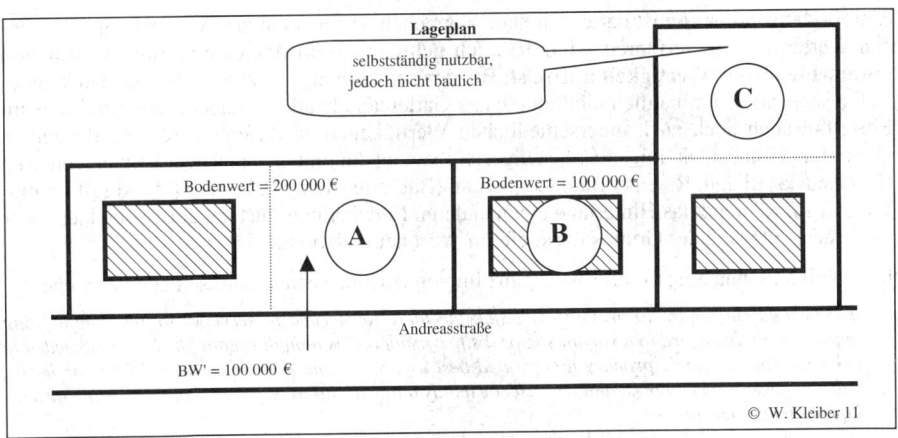

Reinertrag =	50 000 €
Restnutzungsdauer =	80 Jahre
Liegenschaftszinssatz =	5 %
Vervielfältiger =	19,60
Ertragswert =	50 000 € × 19,60 = 980 000 € in allen Fällen!

IV Syst. Darst. Ertragswertverfahren   Bodensondierung

Deshalb (Ertragswert für das Grundstück A):

Vereinfachtes Ertragswertverfahren		Ertragswertverfahren nach § 17 Abs. 2 Nr. 1 ImmoWertV		Ertragswertverfahren nach § 17 Abs. 2 Nr. 2 ImmoWertV	
EW = RE × V		EW = (RE − p × BW') × V + BW oder		EW = RE × V + BW' × q^{-n} + BW	
EW =	980 000 €	RE =	50 000 €	RE =	50 000 €
+ BW' =	100 000 €	− 5 % von 100 000 € =	− 5 000 €	× V =	980 000 €
= EW =	1 080 000 €	(RE − p × BW)* =	45 000 €	+ BW' × $1{,}05^{-80}$ =	2 018 €
		× V (= 19,60) =	882 000 €	+ BW' =	100 000 €
		+ BW (insgesamt) =	200 000 €	= EW =	1 082 018 €
		= EW =	1 082 000 €		

* Bodenwertverzinsungsbetrag von Teilfläche 100 000 €

$$EW = (RE - p \times BW) \times V + BW$$

Bodenwert von Umgriffsfläche ⇐   ⇒ Gesamter Bodenwert

128 Dem Bodenwert der der Bebauung zuzurechnenden „Umgriffsfläche" wird mitunter der eigentlich abzulehnende Begriff des **„rentierlichen Bodenwerts"** zugeordnet; der Bodenwert der übrigen selbstständig nutzbaren Teilfläche wird als der **„unrentierliche Bodenwert"** bezeichnet (vgl. § 16 ImmoWertV Rn. 24 sowie Syst. Darst. des Vergleichswertverfahrens Rn. 5).

b) *Bodensondierung nach Teilflächen unterschiedlicher Wertigkeit*

129 Eine **Bodensondierung** ist darüber hinaus – unabhängig von dem zur Anwendung kommenden Wertermittlungsverfahren – i. d. R. **auch geboten, wenn das Grundstück Teilflächen unterschiedlicher Wertigkeit aufweist.** Bei den selbstständig nutzbaren Teilflächen kann es sich insbesondere um baulich nicht nutzbares Gartenland handeln, wobei diese Teilfläche im Einzelfall auch noch nach unterschiedlichen Wertigkeiten zu differenzieren ist. Bei einem übertiefen Grundstück mit straßenseitiger Bebauung kommt beispielsweise dem vorderen Grundstücksteil i. d. R. eine Baulandqualität (Baureifes Land i. S. des § 5 Abs. 4 ImmoWertV) zu, während das Hinterland einen anderen Entwicklungszustand aufweisen kann oder zumindest aufgrund der Grundstückstiefe im Wert gemindert ist.

130 Im amerikanischen Schrifttum[45] wird ganz im vorstehenden Sinne unterschieden zwischen:

– *Excess land: In regard to an improved site, the land not needed to serve or support the existing improvement. In regard to a vacant site or a site considered as though vacant, the land not needed to accommodate the site's primary highest and best use. Such land may be separated from the larger site and have its own highest and best use, or it may allow for future expansion of the existing or anticipated improvement.*

– *Surplus land: Land not necessary to support the highest and best use of the existing improvement but, because of physical limitations, building placement, or neighbourhood norms, cannot be sold off separately. Such land may or may not contribute positively to value and may or may not accommodate future expansion of an existing or anticipated improvement.*

c) *Ermittlung der Umgriffsfläche und selbstständig nutzbarer Teilflächen*

131 Die **selbstständig nutzbare Teilfläche** wird in § 17 Abs. 2 Satz 2 ImmoWertV als der Teil des Grundstücks definiert, *„der für die angemessene Nutzung nicht benötigt wird und selbstständig genutzt oder verwertet werden kann"*. Ein derartiger Fall kann z. B. gegeben sein, wenn sich ein Gewerbebetrieb im Hinblick auf späteres Wachstum Flächen für Erweiterungsbauten gesichert hat. Dabei kommt es allerdings nicht darauf an, dass die zusätzlich nutzbare

---

45 The Appraisal of Real Estate, American Institute 12. Aufl., S. 198.

Teilfläche *baulich* nutzbar ist. Jede irgendwie geartete selbstständige Nutzbarkeit (Gartenland, Lagerfläche, Abstellfläche und dgl.), die neben der baulichen Nutzung auf dem Grundstücksmarkt einen „Markt" hat, kommt in Betracht. Generell muss man fordern, dass die selbstständig nutzbare Teilfläche zunächst hinreichend groß und so gestaltet ist, um eine entsprechende Nutzung zu ermöglichen. Eine gesonderte Zuwegung wird man dagegen nicht fordern können. Allgemein gültige Regeln zur Abtrennung selbstständiger Teilflächen können also nicht vorgegeben werden; vielmehr muss man nach der im Einzelfall gegebenen Situation darüber befinden.

132 Die Notwendigkeit der Bodensondierung beschränkt sich entgegen den Ausführungen unter Nr. 3.5.5 WERTR 06 auch nicht auf die Fälle, in denen „nach rechtlichen Gegebenheiten eine *höherwertige* selbstständige Nutzung der Mehrfläche zulässig und möglich" ist. Dass nur eine „höherwertige selbstständige" Nutzung der überschüssigen Grundstücksfläche auszusondieren und nicht in die Ermittlung des Bodenwertverzinsungsbetrags einzubeziehen ist, wird mit § 17 Abs. 2 Satz 2 ImmoWertV nicht vorgegeben und wäre fachlich falsch. Vielmehr ist auch eine **minderwertige selbstständige Nutzung der übergroßen Fläche** auszusondieren, wenn die Fläche schon aufgrund ihrer Größe selbstständig nutzbar wäre. Sie ist wertmäßig gesondert zu berücksichtigen und bleibt insbesondere bei der Ermittlung des Bodenwertverzinsungsbetrags unberücksichtigt (vgl. Abb. 10).

Abb. 10: Selbstständige und unselbstständig nutzbare Teilfläche

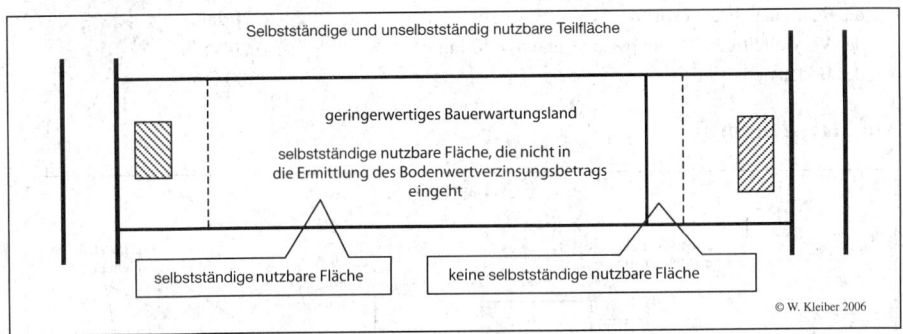

133 Die Ermittlung der selbstständig nutzbaren Teilflächen gestaltet sich insbesondere bei unregelmäßiger Grundstücksgestalt schwierig. I.d.R. dürfte sich zur Ermittlung der selbstständig nutzbaren Teilflächen die **Restflächenmethode** empfehlen, bei der

a) zunächst die Umgriffsfläche ermittelt wird und

b) hieran anschließend die sich nach Abzug der Umgriffsfläche von der Gesamtfläche ergebende Restfläche daraufhin untersucht wird, ob sie als „selbstständig nutzbare Teilfläche" die dafür erforderliche Größe und Nutzbarkeit aufweist.

134 Die „Umgriffsfläche bestimmt sich maßgeblich nach der Anschauung des Grundstücksmarktes, insbesondere nach den lagetypischen Umgriffsflächen. Die in den Bodenrichtwertkarten angegebene Größe des Bodenrichtwertgrundstücks kann dafür einen Anhalt geben. Es kommt also entscheidend auf die nach der **örtliche Situation übliche Umgriffsfläche an**[46]. Im ländlichen Bereich sind die Umgriffsflächen i. d. R. größer als die baurechtlich erforderliche Mindestfläche. Das Gleiche gilt für Ein- und Zweifamilienhäuser, sofern diese nicht in hochpreisigen Ballungsgebieten gelegen sind.

Die sich für die vorhandene Bebauung ergebende **baurechtlich erforderliche Mindestfläche** unter Berücksichtigung

— der gesetzlichen Abstandsflächen nach den Regeln der Bauordnung des Landes,

---

[46] BGH, Urt. vom 27.9.1990 – III ZR 57/89 –, GuG 1991, 31 = EzGuG 4.134.

IV Syst. Darst. Ertragswertverfahren — Bodensondierung

- der Mindestgrundstücksfläche auf der Grundlage der Geschossfläche nach § 20 i. V. m. § 19 BauNVO und

- der Mindestgrundstücksfläche auf der Grundlage der Grundfläche nach § 19 i. V. m. § 17 Abs. 1 BauNVO ggf. unter Berücksichtigung der notwendigen Kfz-Stellplätze[47] und der Richtgröße für Kinderspielflächen (3 m² je Wohneinheit)

stellt mithin nur die unterste Grenze der Umgriffsfläche dar. Sie kann nach der örtlichen Lage im Einzelfall größer sein.

135 Wenn sich **nach Abzug der nach der örtlichen Situation üblichen Umgriffsflächen unzweckmäßig geformte Restflächen ergeben,** die nicht selbstständig genutzt werden können (z. B. ein schmaler Randstreifen), müssen sie den Umgriffsflächen zugerechnet werden. Dies wird sich im Einzelfall nicht immer in eindeutiger Weise klären lassen.

136 Die Bodensondierung hat im Übrigen Auswirkungen auf den Gebäudeertragswert (Gebäudewertanteil), wie das nachfolgende *Beispiel* zeigt:

137 *Beispiel:*

Die in dem Lageplan eingetragenen Gebäude seien völlig gleichartig.

Wie im Beispiel 1 betrage
- der Reinertrag (RE) = 28 000 €
- der Liegenschaftszinssatz (p) = 6 %
- die Restnutzungsdauer(n) = 70 Jahre
- der Vervielfältiger (V) bei p = 6 % und n = 70 Jahre: 16,384544
- der Bodenwert 500 €/m²

Abb. 11: Lageplan

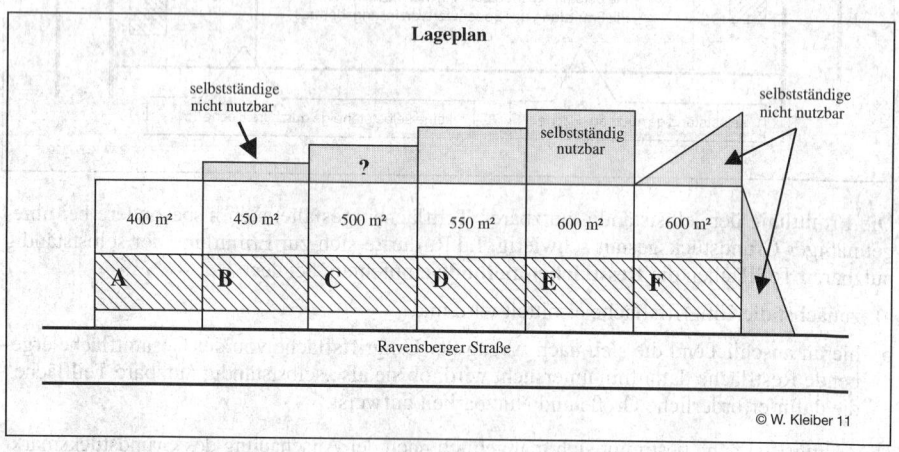

© W. Kleiber 11

1. Ertragswert für das Grundstück A

Bodenwert = 400 m² × 500 €/m²	=	200 000 €
Reinertrag (RE)	=	28 000 €
− Bodenwertverzinsungsbetrag: 200 000 € × 6/100	=	− 12 000 €
= RE − p × BW	=	16 000 €
× Vervielfältiger (V = 16,384544)	=	**262 153 € = Gebäudewert A**
+ Bodenwert	=	+ 200 000 €
= Ertragswert	=	**462 153 €**

---

[47] Z.B. Sächsisches Amtsblatt, Sonderdruck 4 aus 1995 vom 8.3.1995; vgl. § 14 WertV Rn. 160.

2. Ertragswert für das Grundstück B

Bodenwert = 450 m² × 500 €/m²	=	225 000 €
Reinertrag (RE)	=	28 000 €
– Bodenwertverzinsungsbetrag: 225 000 € × 6/100	=	*– 13 500 €*
= RE – p × BW	=	14 500 €
× Vervielfältiger (V = 16,384544)	=	**221 191 €** = Gebäudewert B
+ Bodenwert	=	*+ 225 000 €*
= Ertragswert	=	**446 191 €**

Für das Grundstück E ist die Teilfläche von 200 m² als selbstständig nutzbare Teilfläche erachtet worden und es ergibt sich ein Gebäudeertragswert wie im Falle des Grundstücks A.

3. Ertragswert für das Grundstück E

Bodenwert = 600 m² × 500 €/m²	=	300 000 €
Reinertrag (RE)	=	28 000 €
– Bodenwertverzinsungsbetrag: 200 000 € × 6/100	=	*– 12 000 €*
= RE – p × BW	=	16 000 €
× Vervielfältiger (V = 16,384544)	=	**262 153 €** = Gebäudewert E
+ Bodenwert	=	*+ 300 000 €*
= Ertragswert	=	**562 153 €**

4. Ertragswert für das Grundstück F

Bodenwert = 600 m² × 500 €/m²	=	300 000 €
Reinertrag (RE)	=	28 000 €
– Bodenwertverzinsungsbetrag: 300 000 € × 6/100	=	*– 18 000 €*
= RE – p × BW	=	10 000 €
× Vervielfältiger (V = 16,384544)	=	**163 845 €** = Gebäudewert F
+ Bodenwert	=	*+ 300 000 €*
= Ertragswert	=	**463 945 €**

Dass die Gebäudeertragswerte der Grundstücke B bis D und F gegenüber dem Gebäudewert des Grundstücks A trotz der gleichen Beschaffenheit der Gebäude abfallen, ist darauf zurückzuführen, dass die Grundstücke im Verhältnis zum Grundstück A unwirtschaftlich gestaltet sind. Es muss mehr in den Grund und Boden investiertes Kapital vorgehalten werden, um den gleichen Reinertrag zu erzielen, wie das Grundstück A erzielt. Dies mag im Hinblick auf die Gleichartigkeit der Gebäude zunächst als widersinnig erscheinen, ist aber bei Anwendung des Ertragswertverfahrens nur konsequent.

Bei der Ermittlung des **Bodenwerts der Umgriffsfläche** des Gebäudes – Grundlage der Ermittlung des Bodenwertverzinsungsbetrags – können aus fehlertheoretischen Gründen eingeschränkte Anforderungen an die Genauigkeit der Bodenwertermittlung gestellt werden, wenn die bauliche Anlage eine lange Restnutzungsdauer aufweist, denn Fehler der Bodenwertermittlung haben in diesem Fall nur einen marginalen Einfluss auf den Gesamtwert.

2.3.1.3 Abweichungen der realisierten von der zulässigen bzw. lagetypischen Nutzung

a) Maß der baulichen Nutzung

▶ § 6 ImmoWertV Rn. 35, 75 ff.; § 16 ImmoWertV Rn. 222; § 8 ImmoWertV Rn. 361 ff.; zu Abweichungen zu Sanierungsgebieten Teil VI Rn. 714; zu Abweichungen beim Denkmalschutz vgl. Teil V Rn. 815

IV Syst. Darst. Ertragswertverfahren — GFZ/GRZ

139 Im Rahmen der Bodensondierung sind auch festzustellen
- die realisierte GRZ und
- die realisierte GFZ.

Grundsätzlich bestimmt sich der Bodenwert nach Maßgabe des § 6 Abs. 1 ImmoWertV nämlich nach der nach den §§ 30, 33 und 34 BauGB zulässigen Nutzung. Soweit die bauplanungsrechtlich zulässige Nutzung auf dem örtlichen Teilmarkt am Wertermittlungsstichtag üblicherweise nicht ausgenutzt wird, ist die sog. lagetypische Nutzung maßgebend. I.d.R. kann davon ausgegangen werden, dass sich auch ein herangezogener Bodenrichtwert auf die lagetypische Nutzung bezieht. Im Einzelfall ergibt sich dies aus den zum Bodenrichtwert ausgewiesenen Angaben in der Bodenrichtwertkarte. Der Bodenwert, der sich auf der Grundlage der planungsrechtlich zulässigen Nutzung nach § 6 Abs. 1 Satz 1 ImmoWertV bzw. der lagetypischen Nutzung nach § 6 Abs. 1 Satz 2 ImmoWertV ergibt, wird als der **„maßgebliche Bodenwert"** bezeichnet.

Weicht die auf dem Grundstück vorhandene bauliche Anlage von der **zulässigen bzw. lagetypischen Nutzbarkeit ab** und ergeben sich daraus „irreparable" Beeinträchtigungen, sind diese nach § 16 Abs. 4 ImmoWertV bei der Bodenwertermittlung zu berücksichtigen, wenn es bei wirtschaftlicher Betrachtungsweise oder aus sonstigen Gründen geboten erscheint, die baulichen Anlagen weiter zu nutzen. „Irreparabel" ist eine die zulässige bzw. lagetypische Nutzung nicht „ausschöpfende" Bebauung dann, wenn sie nicht durch ergänzende An- und Aufbauten oder sonst wie der zulässigen bzw. lagetypischen Nutzung angeglichen werden kann. Der Bodenwert, der sich auf der Grundlage der auf dem Grundstück realisierten Bebauung ergibt, wird auch als der **nutzungsabhängige Bodenwert** bezeichnet. Bei einer denkmalgeschützten Bebauung kann im Übrigen gleich von Art und Maß der tatsächlichen Nutzung ausgegangen werden.

Abweichungen der realisierten Bebauung von der nach § 6 Abs. 1 ImmoWertV maßgeblichen (zulässigen bzw. lagetypischen) **Nutzung** können grundsätzlich im Rahmen der Bodenwertermittlung, nach Maßgabe der bei § 16 ff. gegebenen Erläuterungen berücksichtigt werden.

Danach ergibt sich der Bodenwert wie folgt

in Formeln:

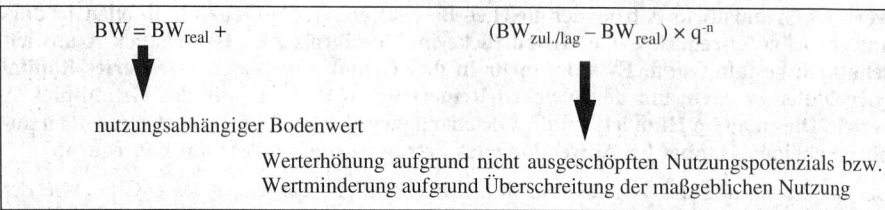

wobei
BW_{real} = nutzungsabhängiger Bodenwert auf der Grundlage der realisierten Nutzung
$BW_{zul./lag}$ = maßgeblicher Bodenwert auf der Grundlage der planungsrechtlich zulässigen bzw. lagetypischen Nutzung
q = Zinsfaktor = $1 + $ Zinssatz$/100 = 1 + p/100$
n = Restnutzungsdauer in Jahren

Nach vorstehender Formel wird der Bodenwert, der sich nach der realisierten Bebauung ergibt (nutzungsabhängiger Bodenwert BW_{real}),
- im Falle einer *Unternutzung* um die diskontierte Bodenwertdifferenz (sog. **„Wertvorteil"**) aufgestockt bzw.
- im Falle einer *Übernutzung* um die diskontierte Bodenwertdifferenz (sog. **„Wertnachteil"**) vermindert.

Bei einer **denkmalgeschützten Bebauung** kann im Übrigen gleich von Art und Maß der realisierten Nutzung ausgegangen werden.

Mit der VergleichswertR (Entwurf v. 9.7.2013) wird den Gutachterausschüssen generell empfohlen, bei der Marktwertermittlung bebauter Grundstücke den **Bodenwert zunächst nur mit dem sog. nutzungsabhängigen Bodenwert**, d. h. dem Bodenwert **anzusetzen**, der sich nach der realisierten Bebauung ergibt (BW_{real} = erster Wertanteil). Der sich nach der vorstehenden Formel ergebende „Wertvorteil" bzw. „Wertnachteil" soll nachträglich als „besonderes objektspezifisches Grundstücksmerkmal" i. S. des § 8 Abs. 3 ImmoWertV berücksichtigt werden (($BW_{zul./lag}$ – BW_{real}) × q^{-n} = zweiter Wertanteil). Dies bedeutet im Ergebnis, dass der Bodenwert in zwei Wertanteile zerlegt werden soll und zwar grundsätzlich bei allen zur Anwendung kommenden Wertermittlungsverfahren (Vergleichs-, Ertrags- und Sachwertverfahren).

Die den Gutachterausschüssen gegebenen Empfehlungen sind nach dem Grundsatz der Modellkonformität zwangsläufig auch für den außerhalb der Gutachterausschüsse stehenden Sachverständigen maßgeblich, wenn der Gutachterausschuss den **Liegenschaftszinssatz** ebenfalls **auf der Grundlage des nutzungsabhängigen Bodenwerts** abgeleitet hat und dieser herangezogen werden soll; Entsprechendes gilt aber auch bei Anwendung des Vergleichs- und Sachwertverfahrens unter Heranziehung von Vergleichsfaktoren bebauter Grundstücke bzw. Sachwertfaktoren.

Der **vorläufige Vergleichs-, Ertrags- und Sachwert** sind unter den genannten Voraussetzungen **auf der Grundlage des nutzungsabhängigen Bodenwerts** zu ermitteln.

b) Art der baulichen Nutzung

▶ *§ 16 ImmoWertV Rn. 247*

Vorstehende Ausführungen sind entsprechend anzuwenden, wenn der herangezogene Liegenschaftszinssatz bei abweichender **Art der baulichen Nutzung** wiederum auf der Grundlage des nutzungsabhängigen Bodenwerts ermittelt wurde (vgl. § 16 ImmoWertV Rn. 247). **140**

2.3.1.4 Berücksichtigung von Freilegungskosten

▶ *Vgl. Rn. 61, § 16 ImmoWertV Rn. 123, 170 ff., § 8 ImmoWertV Rn. 401; § 16 ImmoWertV Rn. 123 ff.; Teil VI Rn. 61, 557 ff., 706 ff.*

Bei der Ermittlung des vorläufigen Ertragswerts nach den §§ 17 bis 20 ImmoWertV soll der Bodenwert nach den Grundsätzen des § 16 ImmoWertV ermittelt werden. Dies folgt aus dem in § 17 Abs. 2 Nr. 1 und Nr. 2 ImmoWertV gegebenen Hinweis auf § 16 ImmoWertV. **Nach der Grundsatzregelung des § 16 Abs. 1 Satz 1 ImmoWertV ist vom Bodenwert eines unbebaut gedachten Grundstücks** auszugehen, jedoch ist dieser Bodenwert nach § 16 Abs. 3 ImmoWertV unter den in dieser Vorschrift genannten Voraussetzungen um die üblichen Freilegungskosten zu mindern, wenn „alsbald" mit dem Abriss einer vorhandenen baulichen Anlage zu rechnen ist (§ 16 ImmoWertV Rn. 123 ff.). **141**

Hieraus folgt, dass bei einer kurzen Restnutzungsdauer der baulichen Anlagen (≤ 20 Jahre) der nach Maßgabe der Grundsatzregelung des § 16 Abs. 1 ImmoWertV als Wert des unbebauten Grundstücks ermittelte Bodenwert um die üblichen Freilegungskosten zu mindern ist. **142**

Auf den **Abzug der Freilegungskosten** kann bei einer Bebauung, die eine längere Restnutzungsdauer aufweist, verzichtet werden, denn bei langer Restnutzungsdauer der baulichen Anlage hat die Höhe des Bodenwerts nur einen marginalen Einfluss auf das Gesamtergebnis. Die Freilegungskosten können deshalb vernachlässigt werden. Aus den gleichen Gründen sind auch keine übertriebenen Genauigkeitsanforderungen an die Ermittlung des Bodenwerts der der Bebauung zuzurechnenden Fläche zu stellen, wenn die bauliche Anlage eine Restnutzungsdauer ≥ 40 Jahre aufweist. **143**

Bei einer am Wertermittlungsstichtag unmittelbar anstehenden Freilegung der baulichen Anlage (Liquidationsobjekte) sowie bei kurzer Restnutzungsdauer der baulichen **144**

IV Syst. Darst. Ertragswertverfahren — Abgaben

Anlage müssen nach dem vorher Gesagten alsbald anstehende **Freilegungskosten** stets **berücksichtigt werden**. Hierzu werden unter Rn. 63 folgende Formeln angegeben:

145 *a) Allgemeines (zweigleisiges) Ertragswertverfahren*

$$EW = (RE - BW \times p) \times V + BW - \frac{FLK}{q^n}$$

b) Vereinfachbares (eingleisiges) Ertragswertverfahren

$$EW = RE \times V + \frac{BW}{q^n} - \frac{FLK}{q^n}$$

c) Mehrperiodisches Ertragswertverfahren

$$EW = \sum_{1}^{b} \frac{RE_b}{q^b} + RE_i \times (V_n - V_b) + \frac{BW}{q^n} - \frac{FLK}{q^n}$$

wobei
EW   Ertragswert
RE   marktüblich erzielbarer Reinertrag nach § 17 Abs. 1 ImmoWertV
BW   Bodenwert eines unbebauten Grundstücks (§ 16 Abs. 1 Satz 1 ImmoWertV)
FLK   Freilegungskosten
V   Rentenbarwertfaktor (Vervielfältiger)
n   vorläufige Restnutzungsdauer in Jahren entsprechend Modellansatz der üblichen Gesamtnutzungsdauer
b   Betrachtungszeitraum in Jahren
q   Zinsfaktor = 1 + p/100
p   Liegenschaftszinssatz nach § 14 Abs. 3 ImmoWertV

146 Da sich der zur Ermittlung des Ertragswerts heranzuziehende Liegenschaftszinssatz in aller Regel auf ein Referenzgrundstück (Liegenschaftszinssatzgrundstück) bezieht, das nicht von einem alsbaldigen Abriss der baulichen Anlage betroffen ist, muss der **vorläufige Ertragswert** nach dem Grundsatz der Modellkonformität **abweichend von den Vorgaben des § 16 ImmoWertV** zunächst **ohne Berücksichtigung der** (ggf. abgezinsten) **Freilegungskosten** ermittelt werden.

147 Die **Freilegungskosten** müssen in diesem Fall nach Maßgabe des § 8 Abs. 3 ImmoWertV als „**besondere objektspezifische Grundstücksmerkmale**" nachträglich berücksichtigt werden. Dabei sind die Freilegungskosten – wie nach § 16 Abs. 3 ImmoWertV – nur insoweit zu berücksichtigen, wie „sie im gewöhnlichen Geschäftsverkehr" den Marktwert beeinflussen. So sind deshalb bei einer aufgeschobenen Freilegung die Freilegungskosten über die Wartezeit abzuzinsen.

148 Im Übrigen bleibt zu prüfen, ob im Falle der Freilegung des Grundstücks **Restwerte** werterhöhend gegenzurechnen sind. In diesem Fall ist als Bodenwert jeweils einzuführen:

$$BW_{freigelegt} - FLK + Restwert$$

2.3.1.5 Abgabenpflicht

▶ *Vgl. hierzu Rn. 81; Syst. Darst. des Vergleichswertverfahrens Rn. 318 ff.; § 6 ImmoWertV Rn. 107 ff.; Teil VI Rn. 583*

149 Der **Grund und Boden eines bebauten Grundstücks** kann **am maßgeblichen Wertermittlungsstichtag erschließungsbeitrags***pflichtig* sein, und dem erschließungsbeitragspflichtigen Zustand des Grundstücks wird im Rahmen des Ertragswertverfahrens nicht allein damit Rechnung getragen, dass man den erschließungsbeitragspflichtigen Bodenwert in die Berechnung einführt.

Syst. Darst. Ertragswertverfahren IV

Der erschließungsbeitragspflichtige Bodenwert (BW – ebpf –) wird üblicherweise aus dem Bodenwert erschließungsbeitragsfreier Grundstücke (BW – ebf –) abgeleitet, indem dieser um den üblicherweise zu erwartenden Erschließungsbeitrag vermindert wird.

Beispiel:

Bodenwert (erschließungsbeitragsfrei – ebf –)	200 €/m²
Erschließungsbeitrag – 50 €/m²	
Bodenwert (erschließungsbeitragspflichtig – ebp –)	150 €/m²

Ist der Grund und Boden eines bebauten Grundstücks am maßgeblichen Wertermittlungsstichtag erschließungsbeitrags*pflichtig,* wird diesem Sachverhalt bei Anwendung des Ertragswertverfahrens unzureichend Rechnung getragen, wenn der erschließungsbeitragspflichtige Bodenwert in die Ertragswertermittlung eingeführt wird. Vielmehr muss bei allen Ertragswertverfahren berücksichtigt werden, dass **eine am Wertermittlungsstichtag absehbare Beitragspflicht** vom Eigentümer zu tragen ist, ohne dass sich damit sein Reinertrag erhöht. Die marktüblich erzielbare Miete erhöht sich nämlich in aller Regel nicht dadurch, dass der Eigentümer die Abgabe entrichtet und sich sein Bodenwert dadurch erhöht.

a) *Anwendung des zweigleisigen Ertragswertverfahrens*

Bei Anwendung des zweigleisigen Ertragswertverfahrens auf ein am Wertermittlungsstichtag erschließungsbeitragspflichtiges Grundstück bemisst sich der Gesamtwert des Grund und Bodens nach dem erschließungsbeitragspflichtigen Zustand, jedoch ist **der Ermittlung des Bodenwertverzinsungsbetrags ein erschließungsbeitragsfreier Bodenwert zugrunde zu legen** (gespaltene Bodenwerte).

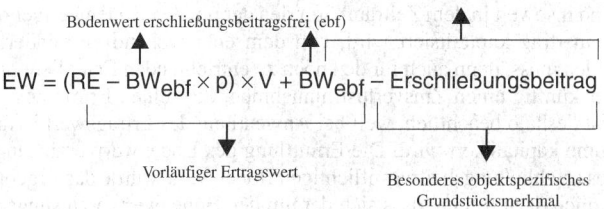

$$EW = (RE - BW_{ebf} \times p) \times V + BW_{ebf} - \text{Erschließungsbeitrag}$$

Da sich der zur Ermittlung des Ertragswerts heranzuziehende Liegenschaftszinssatz in aller Regel auf ein erschließungsbeitragsfreies (ebf) Referenzgrundstück (Liegenschaftszinssatzgrundstück) bezieht, muss der **vorläufige Ertragswert** wiederum aus Gründen der Modellkonformität **auf der Grundlage eines erschließungsbeitragsfreien Bodenwerts (BW$_{ebf}$)** ermittelt werden. Die Beitragspflicht wird dann nachträglich als besonderes objektspezifisches Grundstücksmerkmal i. S. des § 8 Abs. 3 ImmoWertV durch Abzug des zu erwartenden Erschließungsbeitrags berücksichtigt, soweit dieser im gewöhnlichen Geschäftsverkehr berücksichtigt wird. Bei einer aufgeschobenen Beitragspflicht ist die erwartete Abgabe über die Wartezeit abzuzinsen.

Beispiel:

Reinertrag (RE)	60 844 €	p. a.
Grundstücksfläche	1 000 m²	
Bodenwert (erschließungsbeitragsfrei – ebf –)	200 €/m²	(= 200 000 €)
Bodenwert (erschließungsbeitragspflichtig – ebpf –)	150 €/m²	(= 150 000 €)
Erschließungsbeitrag	50 000 €	
Restnutzungsdauer n: 80 Jahre, Liegenschaftszinssatz p	5 %	
Vervielfältiger V	19,5964605	

IV Syst. Darst. Ertragswertverfahren

$$EW = (RE - BW \times p) \times V + BW*$$

Das Grundstück ist erschließungsbeitrags*pflichtig*.

Richtig:			*Falsch:*		
$EW = (RE - BW_{ebf} \times p) \times V + BW_{ebf} - FLK$			$EW = (RE - BW_{ebpf} \times p) \times V + BW_{ebpf}$		
RE	=	60 844 €	RE	=	60 844 €
$BW_{(ebf)}$	=	*200 000 €*	$BW_{(ebpf)}$	=	*150 000 €*
$BW \times 0{,}05$	=	10 000 €	$BW \times 0{,}05$	=	7 500 €
$RE - p \times BW$	=	50 844 €	$RE - p \times BW$	=	53 344 €
$\times V (= 19{,}5964605)$	=	996 362 €	$\times V (= 19{,}5964605)$	=	1 045 354 €
$+ BW_{(ebf)}$	=	200 000 €	$+ BW_{(ebpf)}$	=	150 000 €
= Vorläufiger Ertragswert	=	1 196 362 €	= Ertragswert	=	**1 195 354 €**
– Erschließungsbeitrag	=	– 50 000 €			
= Ertragswert		**1 146 362 €**			

$$\Delta EW = 48\,992\ €$$

Der **Unterschied** fällt umso **deutlicher aus, je länger die Restnutzungsdauer ist.** Bei Restnutzungsdauer $\to \infty$ entspricht er exakt dem Erschließungsbeitrag (50 000 €). Bei Ermittlung des Bodenwertverzinsungsbetrags auf der Grundlage des erschließungsbeitragsfreien Bodenwerts „korrespondiert" der Bodenwert mit dem Reinertrag in der Weise, wie dies vergleichbaren Grundstücken (mit erschließungsbeitragsfreiem Bodenwert) entspricht, und man erhält denselben Gebäudeertragswert.

155 Die als „richtig" vorgestellte Berechnungsweise ist im Übrigen auch darin begründet, dass in solchen Fällen davon ausgegangen werden muss, dass der Eigentümer noch mit einem Erschließungsbeitrag belastet wird und insoweit in dem Zeitraum, für den der um den Bodenwertverzinsungsbetrag verminderte Reinertrag kapitalisiert wird, von dem entsprechend verminderten Reinertrag ausgegangen werden muss, denn auch für den noch zu entrichtenden Erschließungsbeitrag muss der Eigentümer künftig einen Zinsverlust hinnehmen, der seinen Ertrag aus der Immobilie schmälert. Dies ist deshalb beachtlich, weil bei Anwendung des Ertragswertverfahrens über „künftige" Zeiträume kapitalisiert wird. Die Ermittlung des Bodenwertverzinsungsbetrags auf der Grundlage des erschließungsbeitragspflichtigen Bodenwerts würde das Ergebnis verfälschen. Dies würde nämlich dazu führen, dass sich der um den Bodenwertverzinsungsbetrag verminderte Reinertrag im Verhältnis zu einem erschließungsbeitragsfreien Grundstück erhöht und sich ein entsprechend höherer Gebäudeertragswert ergibt. Diese Verhältnisse können allenfalls nur kurzfristig unterstellt werden, denn es muss erwartet werden, dass der Erschließungsbeitrag schon bald aufzubringen ist, ohne dass sich dadurch der Reinertrag erhöht (Abb. 12).

Abb. 12: Langfristiger Bodenwertverzinsungsbetrag bei erschließungsbeitragspflichtigem Bodenwert

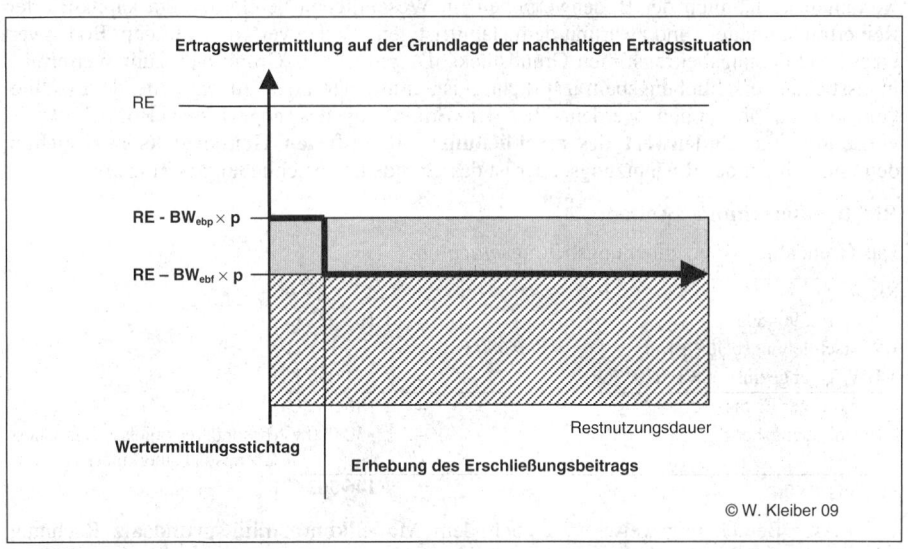

Ist im Einzelfall davon auszugehen, dass der **Erschließungsbeitrag längerfristig nicht erhoben** wird, kann dies zu einer Verfälschung des Ergebnisses führen. Dies lässt sich korrigieren, indem der Ertragswert um den Zinsertrag „aufgestockt" wird, der sich für den kapitalmäßig angelegten Erschließungsbeitrag ergibt. I.d.R. kann dies aber im Rahmen der allgemeinen Ungenauigkeit einer Verkehrswertermittlung vernachlässigt werden.

b) *Anwendung des eingleisigen Ertragswertverfahrens*

Bei Anwendung des eingleisigen Ertragswertverfahrens scheint sich die vorgestellte Problematik nicht zu stellen, denn der Bodenwert geht ohnehin nur in abgezinster Höhe in den Ertragswert ein. Die Ertragswertermittlung auf der Grundlage eines erschließungsbeitragspflichtigen oder erschließungsbeitragsfreien Bodenwerts unterscheidet sich mithin geringfügig.

Beispiel:

$$EW = RE \times V + BW \times q^{-n}$$

Reinertrag (RE)	60 844 €	p. a.
Grundstücksfläche	1 000 m²	
Bodenwert (erschließungsbeitragsfrei – ebf –)	200 €/m²	(= 200 000 €)
Bodenwert (erschließungsbeitragspflichtig – ebpf –)	150 €/m²	(= 150 000 €)
Restnutzungsdauer n: 50 Jahre, Liegenschaftszinssatz p	5 %	
Vervielfältiger V	19,5964605	

Das Grundstück ist erschließungsbeitrags*pflichtig*.

Bodenwert erschließungsbeitragsfrei			*Bodenwert erschließungsbeitragspflichtig*		
RE	= 60 844 €		RE	= 60 844 €	
× V (= 19,5964605)	=	1 192 327 €	× V (=19,5964605)	=	1 192 327 €
BW	*= 200 000 €*		BW'	*= 150 000 €*	
+ BW$_{(ebf)}$ abgezinst (q = 0,0201769)	=	4 035 €	+ BW$_{(ebpf)}$ abgezinst (q = 0,0201769)	=	3 026 €
= EW	=	**1 196 362 €**	= EW	=	**1 195 353 €**

IV Syst. Darst. Ertragswertverfahren — Bes. Bodenwerte

159 Nach der hier vertretenen Auffassung sind aber **beide Ergebnisse falsch.** Bei Anwendung des *ein*gleisigen Ertragswertverfahrens ohne Unterscheidung nach dem Boden- und Gebäudewertanteil ist nämlich der Bodenwertanteil im Wesentlichen bereits in dem kapitalisierten Reinertrag enthalten, und zwar mit dem „langfristigen" Bodenwert, d. h. mit dem Bodenwert eines erschließungsbeitragsfreien Grundstücks. Da jedoch das Grundstück zum Wertermittlungsstichtag erschließungsbeitragspflichtig ist, muss der noch zu entrichtende Erschließungsbeitrag abgezogen werden. Bei der Ermittlung des abgezinsten Bodenwerts ist wiederum vom **Bodenwert des erschließungsbeitragsfreien Grundstücks auszugehen,** denn mit Ablauf der Restnutzungsdauer ist das Grundstück erschließungsbeitragsfrei.

160 **Richtige Berechnungsweisen:**

Das Grundstück ist erschließungsbeitrags*pflichtig*.

RE	= 60 844 €		
× V (= 19,5964605)		=	1 192 327 €
BW erschließungsbeitragsfrei	= *200 000 €*		
+ BW$_{(ebf)}$ abgezinst (q = 0,0201769)		=	4 035 €
= Vorläufiger Ertragswert		=	1 196 362 €
– Erschließungsbeitrag		–	50 000 € (besonderes objektspezifisches Grundstücksmerkmal)
= Ertragswert		=	**1 146 362 €**

Bei dieser Berechnungsweise wird auch dem **Modellkonformitätsgrundsatz** Rechnung getragen (vgl. Rn. 153).

Ist die Erhebung des Erschließungsbeitrags erst längerfristig zu erwarten, ist der voraussichtlich anfallende Erschließungsbeitrag über die Wartezeit abzuzinsen.

c) *Anwendung des vereinfachten Ertragswertverfahrens*

161 Im Übrigen ist auch bei **Anwendung des vereinfachten Ertragswertverfahrens** (EW = RE × V) der Erschließungsbeitrag zum Abzug zu bringen:

162 *Beispiel:*

RE	= 60 844 €		
× V (= 19,5964605)		=	1 192 327 €
– Erschließungsbeitrag		–	50 000 €
= Ertragswert		=	1 142 327 €

2.3.1.6 Gespaltene Bodenwerte

▶ *Vgl. auch § 18 ImmoWertV Rn. 165*

a) *Nutzungsrechtsbefangenes Grundstück*

163 Auf dem Gebiet der neuen Bundesländer stellt sich häufig die Aufgabe, den Verkehrswert eines Gebäudes (ohne Grund und Boden) zu ermitteln. Nach dem **Teilungsmodell des Sachenrechtsbereinigungsgesetzes (SachenRBerG)** ist dabei der hälftige Bodenwert dem Nutzungsberechtigten und der verbleibende hälftige Bodenwert dem Eigentümer des Grundstücks zuzurechnen. Soll der Gebäudewertanteil im Wege des Ertragswertverfahrens ermittelt werden, so scheidet die Anwendung des vereinfachten Ertragswertverfahrens

$$EW = RE \times V$$

auch bei Objekten mit langer Restnutzungsdauer von vornherein aus, weil damit der Wert des dem Gebäude zuzuordnenden Bodens miterfasst wird. Bei der hier angezeigten Anwendung des zweigleisigen Ertragswertverfahrens nach § 17 Abs. 2 Nr. 1 ImmoWertV ermittelt sich der Ertragswert wiederum nach der Formel

$$EW = (RE - BW \times p) \times V + BW$$

wobei der erste Term den Gebäudewertanteil ergibt. Bei Anwendung dieser Ertragswertformel ist es unzulässig, den Bodenwertverzinsungsbetrag überhaupt nicht anzusetzen oder allenfalls auf der Grundlage des hälftigen Bodenwerts zu ermitteln.

Diese **Vorgehensweise wäre abzulehnen,** weil sie zu übersetzten Gebäudeertragswerten führen muss, denn der unverminderte Reinertrag muss – kapitalisiert – den Gebäudeertragswert „hochschrauben". Dies wäre sachlich falsch, denn allein der Umstand, dass der hälftige Bodenwert nach den Vorschriften des SachenRBerG dem Nutzungsberechtigten unentgeltlich zukommt, ändert nichts daran, dass vermögensmäßig die übrige Hälfte vom Nutzungsberechtigten zur Erzielung des Reinertrags vorgehalten werden muss, sei es durch Kauf oder durch einen entsprechenden Erbbauzins. Es spielt grundsätzlich keine Rolle, wie der Gebäudeeigentümer zu seinem Eigentum am Grund und Boden gekommen ist; im Ergebnis hält er den Bodenwert (kapitalmäßig) auch dann vor, wenn er den Boden geschenkt bekommen hat. **164**

Zur Ermittlung des Gebäudewerts (Gebäudeertragswert) muss in jedem Fall also **der volle Bodenwert der Ermittlung des Bodenwertverzinsungsbetrags zugrunde gelegt werden,** denn selbst für den dem Eigentümer des Grundstücks zuzurechnenden hälftigen Bodenwert muss der Nutzungsberechtigte in Ausübung seines Wahlrechts für den Erwerb bezahlen bzw. Erbbauzinsen aufbringen[48]. **165**

b) *Sanierungsgebiete und Entwicklungsbereiche*

▶ *Weitere Hinweise für Sanierungsgebiete und Entwicklungsbereiche vgl. Teil VI Rn. 394, 406, 698 ff., 714 ff.*

In förmlich festgelegten Sanierungsgebieten, die nicht im vereinfachten Sanierungsverfahren saniert werden, sowie in städtebaulichen Entwicklungsbereichen bleiben während des Verfahrens bei der Bodenwertermittlung grundsätzlich die sanierungs- bzw. entwicklungsbedingten Bodenwerterhöhungen außer Betracht. Maßgeblicher Bodenwert ist hier der sog. sanierungs- bzw. entwicklungsunbeeinflusste Bodenwert (vgl. § 153 BauGB). Die **Entwicklung der Mieten** kann sich dagegen der tatsächlichen Neuordnung schon während des Verfahrens angleichen, d. h., mit Fortschreiten der Sanierung bzw. Entwicklung kann eine Disparität zwischen Ertrag und dem bodenrechtlich maßgeblichen Bodenwert eintreten. **166**

Solange die sanierungs- bzw. entwicklungsbedingten Bodenwerterhöhungen vom Eigentümer z. B. im Wege der Ablösung nach § 154 Abs. 2 BauGB oder durch Erwerb des Grundstücks zum Neuordnungswert nach § 153 Abs. 4 BauGB noch nicht erbracht worden sind, muss die **Mietentwicklung bei der Ermittlung des Verkehrswerts eines bebauten Grundstücks im Wege des Ertragswertverfahrens** unberücksichtigt bleiben. Andererseits läuft der Sachverständige Gefahr, überhöhte Ertragswerte zu ermitteln, wenn er gleichzeitig bei der Ermittlung des Bodenwertverzinsungsbetrags vom sanierungs- bzw. entwicklungsunbeeinflussten Bodenwert ausgeht. **167**

Beispiel: **168**

a) **Sachverhalt**

– Sanierungs- bzw. entwicklungsunbeeinflusster Bodenwert = 100 000 €
– Wohnfläche = 500 m²
– Reinertrag vor der Sanierung bzw. Entwicklung = 3,50 €/m²
  unter Sanierungs- bzw. Entwicklungseinfluss = 4,00 €/m²

Der Unterschied im Reinertrag ergebe sich ausschließlich aufgrund einer Lageverbesserung im Zuge der bereits durchgeführten Sanierungs- bzw. Entwicklungsmaßnahmen.

– Liegenschaftszinssatz p = 5 %
– Restnutzungsdauer n = 40 Jahre
– Vervielfältiger V = 17,16

---

[48] Weiteres Beispiel: Kleiber in GuG 1993, 351.

IV Syst. Darst. Ertragswertverfahren — Bes. Bodenwerte

b) Ertragswertermittlung

RICHTIG:		FALSCH:	
RE = 500 m² × *3,50* €/m² × 12 Monate =	21 000 €	RE = 500 m² × 4,00 €/m² × 12 Monate =	24 000 €
– Bodenwertverzinsungsbetrag		– Bodenwertverzinsungsbetrag	
100 000 € × 0,05	= – 5 000 €	*100 000* € × 0,05	= – 5 000 €
= RE – BW × p	= 16 000 €	= RE – BW × p	= 19 000 €
(RE – BW × p) × V	= 274 560 €	(RE – BW × p) × V	= 326 040 €
+ BW	= 100 000 €	+ BW	= 100 000 €
= EW	**= 374 560 €**	= EW	**= 426 040 €**

169 Der Fehler ist erheblich, weil hier die bereits infolge der Durchführung von Sanierungs- bzw. Entwicklungsmaßnahmen gestiegenen Reinerträge mit dem sanierungs- bzw. entwicklungsunbeeinflussten Bodenwert unzulässigerweise kombiniert wurden. **Der sanierungs- bzw. entwicklungsunbeeinflusste Bodenwert korrespondiert nicht mit dem angesetzten Reinertrag.** In solchen Fällen kann nicht mit gespaltenen Bodenwerten gearbeitet werden; vielmehr ist der sanierungs- bzw. entwicklungsunbeeinflusste Bodenwert sowohl der Ermittlung des Bodenverzinsungsbetrags als auch dem Bodenwert selbst zugrunde zu legen, wenn von sanierungs- bzw. entwicklungsunbeeinflussten Erträgen ausgegangen wird:

$$EW = (RE - p \times BW) \times V + BW$$

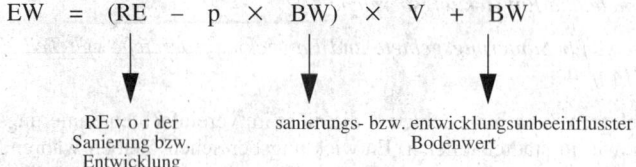

RE v o r der Sanierung bzw. Entwicklung   sanierungs- bzw. entwicklungsunbeeinflusster Bodenwert

170 Geht man indessen vom **Reinertrag aus, der sich bereits unter Berücksichtigung der durchgeführten Sanierungs- bzw. Entwicklungsmaßnahmen ergibt** (hier: 4,00 €/m² WF), muss zur Ermittlung des Bodenwertverzinsungsbetrags der Bodenwert angesetzt werden, der sich korrespondierend zu der Ertragsentwicklung ergibt, d. h., es ist die Bodenwerterhöhung bereits zu berücksichtigen, die sich kausal auf die durchgeführten Sanierungs- bzw. Entwicklungsmaßnahmen zurückführen lässt und den erhöhten Mieteinnahmen entspricht:

$$EW = (RE - BW \times p) \times V + BW$$

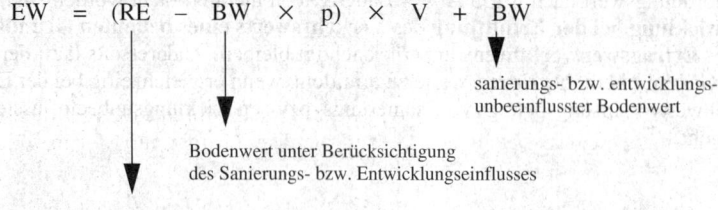

Reinertrag unter Berücksichtigung des Sanierungs- bzw. Entwicklungseinflusses

Bodenwert unter Berücksichtigung des Sanierungs- bzw. Entwicklungseinflusses

sanierungs- bzw. entwicklungsunbeeinflusster Bodenwert

c) Verbilligte Abgabe von Grundstücken

171 Bei einer verbilligten Abgabe des Grund und Bodens, wie dies beispielsweise unter besonderen haushaltsrechtlichen Voraussetzungen vom Bund, den Ländern und Gemeinden praktiziert wird, ist der **Bodenwertverzinsungsbetrag auf der Grundlage des „vollen" Bodenwerts** zu ermitteln[49]. Die gewährte Verbilligung würde andernfalls zu einer Verminderung des Bodenwertverzinsungsbetrags und damit zu einer Erhöhung des Gebäudeertragswerts führen. Im Ergebnis würde damit die Verbilligung gar nicht „durchschlagen".

---

49 Vgl. Nr. 3.5.5 lit. c WERTR 06.

Syst. Darst. Ertragswertverfahren IV

Beispiel: 172

1. Sachverhalt

„Voller" Bodenwert (BW) eines unbebauten Grundstücks	=	400 000 €
Verbilligung der Abgabe	=	50 %
Reduzierter Bodenwert 400 000 € × 0,5	=	200 000 €
Liegenschaftszinssatz p	=	6 %
Jahresreinertrag RE	=	100 000 €
Restnutzungsdauer n	=	50 Jahre
Vervielfältiger V	=	15,761863

2. Ertragswertermittlung eines bebauten Grundstücks bei verbilligter Abgabe des Grund und Bodens

RICHTIG			FALSCH		
RE	=	100 000 €	RE	=	100 000 €
– Bodenwertverzinsungsbetrag *400 000 € × 0,06*	=	– 24 000	– Bodenwertverzinsungsbetrag *200 000 € × 0,06*	=	– 12 000 €
= RE – (BW × p)	=	76 000 €	= RE – (BW × p)	=	88 000 €
× V	=	1 197 902 €	× V	=	1 387 044 €
+ BW	=	+ 200 000 €	+ BW	=	+ 200 000 €
= EW	=	**1 397 902 €**	= EW	=	**1 587 044 €**

Zur Klarstellung sei darauf hingewiesen, dass der ausgeworfene Ertragswert von 1 397 902 € nicht auf die Ermittlung des Verkehrswerts, sondern auf die Ermittlung eines Kaufpreises unter Berücksichtigung einer Verbilligung abzielt.

d) *Gemeinbedarfsflächen*

▶ *Näheres hierzu auch § 5 ImmoWertV Rn. 182, 190 und 470 ff.; § 8 ImmoWertV Rn. 130 ff. sowie Teil VI Rn. 715 ff.*

Das Ertragswertverfahren ist auch eine geeignete Methode zur Ermittlung des (Verkehrs-)Werts bebauter Grundstücke, die einer öffentlichen Zweckbindung vorbehalten bleiben sollen (Gemeinbedarfsflächen). 173

Dies gilt insbesondere in den Fällen, in denen für die öffentliche Hand alternativ eine Anmietung in Betracht kommt[50]. Dabei macht es keinen Unterschied, ob die am Wertermittlungsstichtag gegebene öffentliche Zweckbindung erhalten bleibt oder das Grundstück einer anderen öffentlichen Zweckbindung zugeführt werden soll (ein aufgegebenes Kasernengebäude des Bundes soll in eine landeseigene Polizeischule umgenutzt werden). 174

Der **Bodenwert** wiederum bestimmt sich für derartige Grundstücke nach dem sog. aktualisierten Beschaffungswertprinzip, d. h. nach dem Entwicklungszustand, der sich vor dem *neu* festgesetzten Gemeinbedarfszweck nach den vorhandenen Situationsmerkmalen ohne Berücksichtigung der tatsächlichen Bebauung bei erstmaliger Beschaffung (auch entschädigungsrechtlich) ergeben würde. 175

Die empfohlene **Anwendung des Ertragswertverfahrens für Gemeinbedarfsgrundstücke auf der Grundlage von Erträgen, die im privatwirtschaftlichen Bereich üblich sind** und die Vorhaltung hochwertigen Baulands erfordern, verbietet es, den Bodenwertverzinsungsbetrag auf der Grundlage eines – unter Anwendung des Beschaffungswertprinzips – vergleichsweise niedrigen Bodenwerts abzuleiten. Wird z. B. der Wert des Grund und Bodens einer im Außenbereich gelegenen Kaserne als Bauerwartungsland bewertet (vgl. Teil V Rn. 606 ff. auch Teil VI Rn. 413 ff.), ist der Bodenwertverzinsungsbetrag wiederum auf der Grundlage 176

---

50 Vgl. Ziff. 3.1.2.2 WERTR 06.

IV Syst. Darst. Ertragswertverfahren — Reinertrag

des „vollen" Bodenwerts abzuleiten, wenn gleichzeitig von Erträgen ausgegangen wird, die auf privatwirtschaftlich nutzbaren Grundstücken erzielt werden. Auch in diesem Fall müssen Bodenwert und Ertragsverhältnisse korrespondieren, d. h., der Ermittlung des Bodenwertverzinsungsbetrags ist ein (fiktiver) sich an eine privatwirtschaftliche Nutzung orientierender Bodenwert zugrunde zu legen, während ansonsten der nach dem aktualisierten Beschaffungswertprinzip ermittelte Bodenwert maßgeblich ist (gespaltene Bodenwerte).

177 Abzulehnen ist auch die Praxis, den Ertragswert z. B. einer **Schule** auf der Grundlage der privatwirtschaftlich üblichen Erträge unter Abzug eines Bodenwertverzinsungsbetrags zu ermitteln, bei dem der Bodenwert mit einem „Wert", beispielsweise mit 50 v. H. des Bodenrichtwerts der umliegenden Grundstücke, angesetzt wird. Dies muss wiederum zu übersetzten und fehlerhaften Gebäudeertragswerten führen.

2.3.1.7 Aufwuchs

▶ Vgl. Rn. 32, 84; § 1 ImmoWertV Rn. 48 ff.; § 8 ImmoWertV Rn. 28, 67, 324, 384; § 18 ImmoWertV Rn. 27; § 19 ImmoWertV Rn. 4, 51; § 21 ImmoWertV Rn. 8, 23; Syst. Darst. des Vergleichswertverfahrens Rn. 113, Syst. Darst. des Sachwertverfahrens Rn. 202 ff.

178 Dem Aufwuchs braucht bei Anwendung des Ertragswertverfahrens in aller Regel keine besondere Beachtung geschenkt zu werden. Ein ortsüblicher **Aufwuchs findet zum einen bereits mit dem Bodenwert Eingang in die Wertermittlung.** Zum anderen wird, soweit tatsächlich ein werterhöhender Aufwuchs vorhanden ist, dem Aufwuchs mit den angesetzten Erträgen hinreichend Rechnung getragen. Nur in besonderen Ausnahmefällen kann eine ergänzende Berücksichtigung nach § 8 Abs. 3 ImmoWertV in Betracht kommen.

2.3.2 Reinertrag

2.3.2.1 Allgemeines

Schrifttum: *Engels, R.*, Das Problem der Unschärfe in der Wertermittlung, GuG 2008, 269; *Kleiber*, Nachhaltige Einnahmen und Ausgaben, GuG 2006, 25.

▶ Vgl. Erläuterungen zu § 18 ImmoWertV Rn. 1 ff., 9, 20

179 Der in die Ertragswertermittlung eingeführte **Reinertrag** stellt **neben dem** zur Anwendung kommenden Kapitalisierungszinssatz **(Liegenschaftszinssatz) und der** angesetzten **Wohn- oder Nutzfläche die wichtigste wertbeeinflussende Eingangsgröße** dar. Dies gilt für alle zur Anwendung kommenden Ertragswertverfahren und ist insbesondere aus der Ertragswertformel des vereinfachten Ertragswertverfahrens ersichtlich:

$$EW = RE \times V$$

180 Jede **prozentuale Änderung des Reinertrags wirkt sich mit dem gleichen Prozentsatz auf die Höhe des Ertragswerts** aus. Darüber hinaus wirkt sich auch jeder **Fehler in der Flächenermittlung in gleicher Weise direkt auf den Ertragswert** aus, denn der angesetzte Jahresreinertrag ist das Produkt aus dem jährlichen Reinertrag pro Quadratmeter Wohn- oder Nutzfläche und der gesamten Wohn- oder Nutzfläche.

181 Der Reinertrag definiert sich nach § 18 ImmoWertV als

> Reinertrag = Rohertrag – Bewirtschaftungskosten

182 **In aller Regel** geht man bei der Ertragswertermittlung zur Vereinfachung von den jährlichen Reinerträgen aus; d. h., die monatlichen Reinerträge werden zu Jahresreinerträgen zusammengefasst. Wenn vom Reinertrag die Rede ist, ist mithin grundsätzlich der **Jahresreinertrag** gemeint; diesbezüglich spricht nur § 19 Abs. 1 ImmoWertV von den „jährlichen" Aufwendungen. Der mit der Zusammenfassung der monatlichen Erträge zu einem Jahresreinertrag einhergehende Fehler wird dadurch kompensiert, dass man die Jahresreinerträge „nachschüssig" kapitalisiert bzw. bei Anwendung des mehrperiodischen Ertragswertverfahrens diskontiert (vgl. hierzu § 20 ImmoWertV Rn. 12 ff.).

Grundsätzlich ist zu unterscheiden zwischen **183**

a) dem Reinertrag, der bei Anwendung des *ein- und zweigleisigen* Ertragswertverfahrens nach § 17 Abs. 2 ImmoWertV und

b) dem Reinertrag, der bei Anwendung des *mehrperiodischen* Ertragswertverfahrens nach § 17 Abs. 1 Satz 2 i. V. m. Abs. 3 ImmoWertV

die Ausgangsgröße der Ertragswertermittlung ist.

Bei **Anwendung des ein- und zweigleisigen Ertragswertverfahrens** bestimmen sich **184** sowohl Roh- als auch Reinertrag nach den „bei ordnungsgemäßer Bewirtschaftung und zulässiger Nutzung (am Wertermittlungsstichtag) marktüblich erzielbaren Erträgen" (§ 17 Abs. 1 Satz 1 und § 18 Abs. 2 Satz 1 ImmoWertV), wobei auch die Bewirtschaftungskosten in Höhe der „bei ordnungsgemäßer Bewirtschaftung und zulässiger Nutzung marktüblich entstehenden" Aufwendungen zum Abzug kommen. (Temporäre) Abweichungen der aufgrund wohnungs-, miet- oder vertraglicher Bindungen tatsächlich erzielten Erträge von dem marktüblich erzielbaren Ertrag bleiben zunächst unberücksichtigt und werden gegebenenfalls nach § 8 Abs. 3 ImmoWertV in einem weiteren Rechenschritt berücksichtigt. Dies bedeutet:

– Es ist zunächst von den **marktüblich** *erzielbaren* **Erträgen** auszugehen, und zwar solchen, die der zulässigen Nutzung entsprechen; die bei unzulässiger Nutzung marktüblichen Erträge müssen außer Betracht bleiben.

– Bei der Ermittlung des Reinertrags sind **grundsätzlich die bei ordnungsgemäßer Bewirtschaftung aufzubringenden Bewirtschaftungskosten in Abzug zu bringen.** Dazu gehören insbesondere die Instandhaltungskosten und nicht Kosten einer Modernisierung. Dem Standardverfahren der ImmoWertV liegt damit das sog. „Instandhaltungsmodell" der Ertragswertermittlung zugrunde (vgl. Rn. 15, 97).

Die vorgeschriebene Ertragswertermittlung auf der Grundlage der **marktüblich erzie***baren* **Reinerträge** bedeutet, dass dieser Reinertrag **unabhängig von den tatsächlichen Verhältnissen auch bei**

– **eigen genutzten Gebäuden** bzw. Gebäudeteilen

– **leerstehenden Gebäuden** bzw. Gebäudeteilen **und**

– **Vermietung zu von den marktüblich erzielbaren Erträgen erheblich abweichenden Erträgen**

der Ertragswertermittlung zugrunde zu legen ist.

Die am Wertermittlungsstichtag „marktüblich erzielbaren Erträge" werden über die Restnut- **185** zungsdauer kapitalisiert. Künftige Änderungen dieser Erträge, insbesondere aufgrund inflationärer Entwicklungen, des Wertverzehrs der baulichen Anlage und sonstiger allgemein vom Grundstücksmarkt erwartete Ertragsänderungen werden mit dem Liegenschaftszinssatz nach § 14 Abs. 3 ImmoWertV berücksichtigt *(all over capitalization method)*. Dieser bestimmt sich nämlich (näherungsweise) aus den Quotienten der unter gewöhnlichen Verhältnissen tatsächlich erzielbaren Reinerträge und den diesen zugeordneten im gewöhnlichen Geschäftsverkehr tatsächlich erzielten Kaufpreisen. In diese Kaufpreise gehen die Zukunftserwartungen in umfassender Weise ein, d. h., in die Kaufpreise gehen die vom Markt erwartete inflationäre Entwicklung ebenso wie die allgemeine Entwicklung der Mieten und Pachten ein. Mit der Ableitung des Liegenschaftszinssatzes aus diesen Kaufpreisen wird infolgedessen die Zukunft in der Weise „eingefangen", wie sie vom allgemeinen Geschäftsverkehr eingeschätzt wird. **Mit dem Liegenschaftszinssatz werden die am Wertermittlungsstichtag marktüblich erzielbaren Erträge gewissermaßen vernachlässigt.** Das Ertragswertverfahren stellt insoweit kein „statisches" Verfahren dar.

IV Syst. Darst. Ertragswertverfahren — Reinertrag

186 Bei **Anwendung des** *mehrperiodischen* **Ertragswertverfahrens** bestimmen sich sowohl Roh- als auch Reinertrag nach den aufgrund wohnungs-, miet- oder vertraglicher Bindungen in den jeweiligen Phasen tatsächlich erzielten Erträgen, d. h., (temporäre) Abweichungen von den marktüblich erzielbaren Erträgen sind zunächst bei der Ermittlung des Rein- und Rohertrags zu berücksichtigen. Daneben können beispielsweise aufgrund vertraglicher Bindungen auch Abweichungen im Verhältnis zu den nach § 19 Abs. 1 ImmoWertV in Abzug zu bringenden marktüblich entstehenden Aufwendungen bestehen. Anders als bezüglich des Rein- bzw. Rohertrags (§ 18 Abs. 2 Satz 2 ImmoWertV) hat es der Verordnungsgeber versäumt, die direkte Berücksichtigung derartiger (temporärer) Abweichungen bei der Ermittlung des Reinertrags zu berücksichtigen; § 19 ImmoWertV sieht keine entsprechende Abweichungsklausel vor. Dessen ungeachtet muss auch dies zulässig sein. Im Übrigen kann das mehrperiodische Ertragswertverfahren entgegen dem Wortlaut des § 17 Abs. 1 Satz 2 ImmoWertV auch dann zur Anwendung kommen, wenn keine von den marktüblich erzielbaren Erträgen abweichenden Ertragsverhältnisse absehbar sind.

2.3.2.2 Marktüblich erzielbarer Rein- bzw. Rohertrag nach ImmoWertV

▶ *§ 18 ImmoWertV Rn. 20 ff., § 17 ImmoWertV Rn. 13 ff.*

187 Zur Ermittlung des „marktüblich erzielbaren Reinertrags" ist auf entsprechende **Vergleichsmieten** zurückzugreifen, die für hinreichend vergleichbare Objekte in hinreichend vergleichbarer Lage zum jeweiligen Wertermittlungsstichtag üblicherweise entrichtet werden. Zur Ermittlung der marktüblich erzielbaren Erträge empfiehlt es sich, auch auf entsprechende Erhebungen und Veröffentlichungen (Mietwertübersichten) zurückzugreifen.

a) *Wohnraum*

▶ *Vgl. § 18 ImmoWertV Rn. 13, 20, 26 ff., 64 ff., 102, 174*

188 Bei der Marktwertermittlung von **Wohnimmobilien ist als marktüblich erzielbare Miete i. d. R. die ortsübliche Vergleichsmiete** maßgebend. Zur Ermittlung der marktüblich erzielbaren Miete können (einfache und qualifizierte) **Mietspiegel** nach den §§ 558c und d BGB herangezogen werden (vgl. § 18 ImmoWertV Rn. 174). Der **Rückgriff auf den Mietspiegel ist insbesondere unter dem Grundsatz der Modellkonformität angezeigt**, wenn bei der Ableitung des herangezogenen Liegenschaftszinssatzes ebenfalls die sich aus dem Mietspiegel ergebenden marktüblich erzielbaren Erträge (ortsübliche Vergleichsmieten) herangezogen wurden (vgl. Vorbem. zur ImmoWertV Rn. 36). Wird von Mietspiegeln ausgegangen, so muss beachtet werden, welche Mietentgelte (Nettokaltmiete, Mietnebenkosten) der Auswertung zugrunde gelegt und mit den Zahlenwerten wiedergegeben werden. Soweit erforderlich, muss die ausgewiesene Miete auf den Wertermittlungsstichtag umgerechnet werden. Ausgewiesen ist die **ortsübliche Vergleichsmiete**, die nach § 558 Abs. 2 BGB „aus den üblichen Entgelten ... gebildet wird", „die in der Gemeinde oder einer vergleichbaren Gemeinde für Wohnraum vergleichbarer Art, Größe, Ausstattung, Beschaffenheit und Lage in den letzten vier Jahren vereinbart" wurde[51]. Diese aus Mietvereinbarungen der Vergangenheit abgeleitete ortsübliche Vergleichsmiete kann gleichwohl auch zum aktuellen Wertermittlungsstichtag herangezogen werden, weil sie Bemessungsgrundlage für ein Mieterhöhungsverlangen ist. Wird tatsächlich eine geringere Miete entrichtet und kann diese Miete unter Berücksichtigung der mietrechtlichen Regelungen zur sog. Kappungsgrenze an die ortsübliche Vergleichsmiete angeglichen werden, kann diese Abweichung außer Betracht bleiben und muss auch nach § 8 Abs. 3 ImmoWertV unberücksichtigt bleiben.

189 In der Regel handelt es sich bei den im Mietspiegel ausgewiesenen ortsüblichen Vergleichsmieten um sog. **Nettokaltmieten** (vgl. § 18 ImmoWertV Rn. 13), d. h., neben der Nettokaltmiete werden vom Mieter die Betriebskosten entrichtet. Die **Nettokaltmiete stellt** dann den

---

[51] § 558c Mietspiegel: (1) Ein Mietspiegel ist eine Übersicht über die ortsübliche Vergleichsmiete, soweit die Übersicht von der Gemeinde oder von Interessenvertretern der Vermieter und der Mieter gemeinsam erstellt oder anerkannt worden ist.

Rohertrag dar und braucht nur noch um die nicht umgelegten Bewirtschaftungskosten vermindert zu werden, um zum Reinertrag zu kommen (§ 19 Abs. 1 ImmoWertV).

Von der ortsüblichem Vergleichsmiete zu unterscheiden ist die **Marktmiete,** die im Falle einer Neuvermietung unter Berücksichtigung von Angebot und Nachfrage erzielt werden kann; im Falle einer Neuvermietung kann der Vermieter diese Marktmiete verlangen; er ist nicht an die ortsübliche Vergleichsmiete gebunden. Diese Marktmiete ist dann heranzuziehen, wenn es um die Marktwertermittlung eines zur Vermietung anstehenden Gebäudes geht.   190

b) *Gewerberaum*

▶ *Vgl. § 18 ImmoWertV Rn. 33, 106 ff.*

Bei gewerblich genutzten Grundstücken ist der Rückgriff auf entsprechende Vergleichsmieten von hinreichend vergleichbaren Objekten in hinreichend vergleichbarer Lage ungleich schwieriger als bei Wohnobjekten, weil aufgrund der weitgehenden Vertragsfreiheit die **Gewerberaummietverträge** in ihrer Ausgestaltung sehr unterschiedlich sind. Grundsätzlich ist zulässig die Umlage von   191

– Betriebskosten[52],

– Verwaltungskosten[53],

– Instandhaltungskosten (ganz oder teilweise, z. B. „Dach und Fach") und selbst ein

– Mietausfallwagnis.

Darüber hinaus sind auch die den gewerblichen Mietverträgen zugrundeliegenden **Flächenberechnungen** sehr unterschiedlich. Sie können sich auf die im Wohnungswesen üblichen Berechnungsnormen (§§ 42 – 44 II. BV, WoFlV, DIN 283), aber auch auf eine BGF- oder gif-Fläche beziehen und nach Haupt- und Nebennutzflächen differenziert sein. Wird nicht nach Haupt- und Nebennutzflächen unterschieden, können die Mieten den jeweiligen Anteilen entsprechend unterschiedlich ausfallen. Darüber hinaus werden Optionen und zahlreiche nutzungsspezifische Sonderregelungen vereinbart.   192

Die zur Verfügung stehenden Vergleichsmieten lassen nur selten alle vorstehenden vertragsspezifischen Besonderheiten erkennen, sodass die **„marktüblich erzielbare Miete" eines gewerblichen Objektes zwangsläufig eine unsicherheitsbehaftete Größe** sein muss.   193

2.3.2.3 BelWertV

▶ *Vgl. weiterführend Teil IX Rn. 145 ff.*

Nach § 8 BelWertV ist bei der Ermittlung des Ertragswerts der baulichen Anlagen vom „nachhaltig" erzielbaren jährlichen Reinertrag auszugehen. Bei dem „nachhaltig" erzielbaren Reinertrag handelt es sich tatsächlich um den „marktüblich erzielbaren" Reinertrag. Der **Begriff des „nachhaltigen" Reinertrags** ist irreführend und wurde aus gutem Grunde mit der ImmoWertV durch den Begriff des „marktüblich erzielbaren" Reinertrags ersetzt.   194

Das in der BelWertV vorgegebene Ertragswertverfahren entspricht in seinen Grundzügen im Übrigen dem zweigleisigen Ertragswertverfahren nach § 17 Abs. 2 Nr. 1 ImmoWertV, wobei abweichend   195

– im Regelfall die vertraglich vereinbarte Miete anzusetzen ist, wenn die nachhaltige (marktüblich erzielbare) Miete über der vertraglich vereinbarten Miete liegt und

– **besondere objektspezifische Grundstücksmerkmale i. S. des § 8 Abs. 3 ImmoWertV weitgehend unberücksichtigt bleiben.**

---

52 OLG Rostock, Urt. vom 10.4.2006 – 3 U 156/06 –.
53 OLG Frankfurt am Main, Urt. vom 1.11.1984 – 3 U 143/83 –, WuM 1985, 91; OLG Nürnberg, Urt. vom 21.3.1995 – 3 U 3727/94 –, WuM 1995, 306; KG, Urt. vom 2.10.2003 – 8 U 25/03 –, GE 2004, 234.

2.3.2.4 Steuerliche Bewertung

▶ *Vgl. Rn. 118; § 18 ImmoWertV Rn. 11 f.*

196 Im Rahmen der erbschaftsteuerlichen Bewertung ist nach § 186 BewG von dem **Entgelt (Rohertrag)** auszugehen, **das für die Benutzung des bebauten Grundstücks nach den am Bewertungsstichtag geltenden vertraglichen Vereinbarungen für den Zeitraum von zwölf Monaten zu zahlen ist.** Das gilt auch für öffentlich geförderte Wohnungen. Bei dem Entgelt handelt es sich um eine Sollmiete. Auf die tatsächlich gezahlte Miete kommt es nicht an. Neben der vertraglich vereinbarten Miete rechnen zum Entgelt auch

– Mieteinnahmen für Stellplätze,

– Mieteinnahmen für Nebengebäude, z. B. für Garagen,

– Vergütungen für außergewöhnliche Nebenleistungen des Vermieters, die nicht die Raumnutzung betreffen, aber neben der Raumnutzung aufgrund des Mietvertrags gewährt werden (z. B. Reklamenutzung sowie für das Aufstellen von Automaten),

– Vergütungen für Nebenleistungen, die zwar die Raumnutzung betreffen, jedoch nur einzelnen Mietern zugutekommen (z. B. zusätzliche Mieteinnahmen für die Verkabelung des Gebäudes zwecks Datenfernübertragung, für den Einbau einer Klimaanlage oder für die Nutzung eines Schwimmbads),

– Untermietzuschläge,

– Baukostenzuschüsse und Mietvorauszahlungen, soweit sie auf die Miete anzurechnen sind,

– Zahlungen des Mieters an Dritte für den Eigentümer, soweit es sich nicht um Betriebskosten i. S. des § 27 II. BV oder § 2 BetrKV handelt (z. B. Erschließungskosten),

– Leistungen des Mieters, die nicht in Geld bestehen, soweit sie nicht gleichzeitig als Betriebskosten zu berücksichtigen wären (z. B. die Übernahme der Grundstücksverwaltung),

– um Neben- und Betriebskosten bereinigte Leasing-Raten, soweit sie auf die Überlassung des Grundstücks entfallen.

Nicht zum Rohertrag gehören Umlagen, die zur Deckung der Betriebskosten neben der Miete mit dem Mieter abgerechnet werden können (umlagefähige Bewirtschaftungskosten ErbStR und ErbStH R B 186.2 und R B 187.1).

– Sind die Betriebskosten ganz oder teilweise in der vereinbarten Miete enthalten, sind sie herauszurechnen.

– Werden Betriebskosten pauschal erhoben und nicht mit dem Mieter abgerechnet, sind sie in der Jahresmiete zu erfassen. Die tatsächlich angefallenen Betriebskosten sind davon abzuziehen.

Nicht zur Jahresmiete gehören des Weiteren

– Einnahmen für die Überlassung von Maschinen und Betriebsvorrichtungen,

– Einnahmen für die Überlassung von Einrichtungsgegenständen (z. B. bei möblierten Wohnungen, Ferienwohnungen, Studentenwohnheimen),

– Dienstleistungen, die nicht die Grundstücksnutzung betreffen (Reinigungsdienste),

– Zuzahlungen Dritter außerhalb des Mietverhältnisses (z. B. bei Bauherrengemeinschaften Zahlungen des Mietgarantiegebers),

– Aufwendungszuschüsse im öffentlich geförderten Wohnungsbau,

– die Umsatzsteuer.

Bewirtschaftungskosten   **Syst. Darst. Ertragswertverfahren IV**

Der **Reinertrag des Grundstücks** ergibt sich nach § 188 BewG aus dem Rohertrag des **197** Grundstücks (§ 186 BewG) abzüglich der Bewirtschaftungskosten (§ 187 BewG) und ist um den Betrag zu vermindern, der sich durch eine angemessene Verzinsung des Bodenwerts ergibt. Der Verzinsung des Bodenwerts ist der Liegenschaftszinssatz (§ 188 BewG) zugrunde zu legen. Ist das Grundstück wesentlich größer, als es einer den Gebäuden angemessenen Nutzung entspricht, und ist eine zusätzliche Nutzung oder Verwertung einer Teilfläche zulässig und möglich, ist bei der Berechnung des Verzinsungsbetrags der Bodenwert dieser Teilfläche nicht zu berücksichtigen.

2.3.3 Bewirtschaftungskosten

2.3.3.1 Verkehrswertermittlung nach ImmoWertV

▶ *Zu den Bewirtschaftungskosten im Einzelnen vgl. die Kommentierung zu § 19 ImmoWertV Rn. 24 ff., 33, 44*

Der Jahresreinertrag ergibt sich nach vorstehenden Ausführungen aus dem **Jahresrohertrag** **198** **abzüglich der Bewirtschaftungskosten** *(outgoings, maintenance).*

Die **Bewirtschaftungskosten sind** in der Grundsatzregelung des § 19 Abs. 1 ImmoWertV als **199** **die bei ordnungsgemäßer Bewirtschaftung marktüblich entstehenden jährlichen Aufwendungen** definiert, **die nicht durch Umlagen oder sonstige Kostenübernahmen gedeckt sind.** Dabei sind nur die in § 19 Abs. 2 ImmoWertV aufgeführten Bewirtschaftungskostenarten berücksichtigungsfähig:

1. Verwaltungskosten,
2. Instandhaltungskosten,
3. Mietausfallwagnis und
4. Betriebskosten.

Abb. 13:   **Bewirtschaftungskosten (§ 19 ImmoWertV, § 2 BetrKV)**

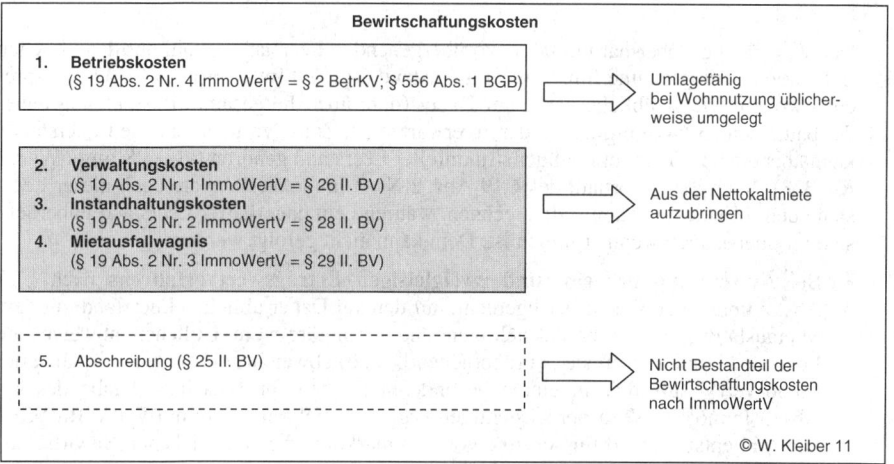

200 Nicht zu den (berücksichtigungsfähigen) Bewirtschaftungskosten gehören

1. **die Abschreibung, und zwar generell.**

   Unter der Abschreibung ist die mit dem Gebrauch des Gebäudes einhergehende Wertminderung (vgl. § 19 ImmoWertV Rn. 33) zu verstehen, die in der Immobilienwirtschaft den Bewirtschaftungskosten zugerechnet wird. Die davon abweichende Regelung der ImmoWertV ist darin begründet, dass bei Anwendung des Ertragswertverfahrens die Abschreibung mit dem Liegenschaftszinssatz berücksichtigt wird (vgl. § 19 ImmoWertV Rn. 44), der nach Maßgabe des § 20 ImmoWertV der Ertragswertermittlung zugrunde gelegt werden muss. Etwas anderes muss gelten bei Anwendung des prognoseorientierten Ertragswertverfahrens (*Discounted Cash Flow* Verfahren) auf der Grundlage prognostizierter Erträge und ihrer Kapitalisierung mit einem sich an alternativen Kapitalanlagen orientierenden besonderen Zinssatz.

2. **die Aufwendungen, die durch Umlage oder sonstige Kostenübernahmen gedeckt werden** (§ 19 Abs. 1 ImmoWertV).

   Die vom Rohertrag abzuziehenden Bewirtschaftungskosten definieren sich damit fallbezogen, d. h., es sind nur die Bewirtschaftungskosten vom Rohertrag abzuziehen, die im jeweiligen Einzelfall nicht durch Umlage oder sonstige Kostenübernahmen gedeckt werden. Durch Umlagen gedeckte Bewirtschaftungskosten bleiben damit von vornherein außer Betracht.

3. **die aufgrund vertraglicher Bindungen, persönlicher Verhältnisse oder aufgrund anderer Gegebenheiten temporär von den marktüblichen Bewirtschaftungskosten abweichenden Bewirtschaftungskosten.**

   Die Verordnung stellt mit der Grundsatzregelung des § 19 Abs. 1 ImmoWertV vielmehr ausdrücklich auf die bei ordnungsgemäßer Bewirtschaftung „marktüblich" entstehenden Aufwendungen ab.

   In diesem Zusammenhang wird mit § 19 Abs. 2 Nr. 3 ImmoWertV **nur ein** „*vorübergehender Leerstand*" dem „Mietausfallwagnis" zugerechnet. Der Verordnungsgeber hat damit eine auf die Belange der Verkehrswertermittlung ausgerichtete Definition geben wollen, jedoch ist die gegebene Einschränkung nicht sachgerecht (vgl. § 19 ImmoWertV Rn. 166).

   Der Verordnungsgeber hat mit dem „vorübergehenden Leerstand" wohl nur den üblichen fluktuationsbedingten und funktionalen Leerstand (vgl. § 8 ImmoWertV Rn. 327) ansprechen wollen, wie er üblicherweise auf Dauer (d. h. über die gesamte Restnutzungsdauer der baulichen Anlage) immer wieder zu erwarten ist. Zum „vorübergehenden Leerstand" kann aber auch z. B. ein einmaliger struktureller Leerstand gehören (vgl. § 8 ImmoWertV Rn. 328). Nach dem Wortlaut des § 19 Abs. 2 Nr. 3 ImmoWertV wäre auch dieser Leerstand dem Mietausfallwagnis zuzurechnen, während ein dauerhafter Leerstand unberücksichtigt bliebe, auch wenn er üblich ist. Dem kann nicht gefolgt werden:

   - Bei **Anwendung des ein- und zweigleisigen Ertragswertverfahrens** nach § 17 Abs. 2 ImmoWertV ist es sachgerecht, nur den auf Dauer üblichen Leerstand mit dem Mietausfallwagnis zu berücksichtigen und temporäre vom Üblichen abweichende Leerstände (auch wenn sie „vorübergehend" sind) abweichend von den Vorgaben der ImmoWertV subsidiär in einem besonderen Rechenschritt nach Maßgabe des § 8 Abs. 3 ImmoWertV zu berücksichtigen (vgl. Beispiel bei § 8 ImmoWertV Rn. 338). Dies gilt entsprechend für sonstige von den marktüblichen abweichende Bewirtschaftungskosten (vgl. § 17 ImmoWertV Rn. 9).

   - Bei **Anwendung des mehrperiodischen Ertragswertverfahrens** nach § 17 Abs. 1 Satz 2 i. V. m. Abs. 3 ImmoWertV ist es sachgerecht, temporäre Abweichungen der Bewirtschaftungskosten ebenso wie temporäre Abweichungen der Erträge von den sonst marktüblichen Erträgen und Bewirtschaftungskosten in der jeweiligen Periode direkt zu berücksichtigen.

| Bewirtschaftungskosten | Syst. Darst. Ertragswertverfahren IV |

Zur Ermittlung des Reinertrags sind die **nicht durch Umlagen (oder sonstige Kostenübernahmen) nicht gedeckten Bewirtschaftungskosten vom Rohertrag abzuziehen, und zwar nicht als Gesamtpauschale, sondern möglichst untergliedert nach den Kostenarten.**   **201**

Nach § 19 Abs. 2 Satz 2 ImmoWertV können die Bewirtschaftungskosten nach Erfahrungssätzen angesetzt werden, soweit sie sich in ihrer marktüblichen Höhe nicht ermitteln lassen. Im Bereich von Wohnimmobilien wird in der breiten Wertermittlungspraxis auf die **Bewirtschaftungskosten der II. BV** zurückgegriffen. Dabei wird nicht zwischen dem freifinanzierten und dem öffentlich geförderten Wohnraum unterschieden: **202**

Übliche Bewirtschaftungskosten für Verwaltung, Instandhaltung sowie Mietausfallwagnis für Mietwohnungen nach Zweiter Berechnungsverordnung – II. BV – (Anl. 3 WERTR i. d. F. vom 1.3.2006; aktualisiert auf den 1.1.2011)

Vorbemerkung: Es handelt sich um Höchstsätze, die nur in markt- und objektüblicher Höhe berücksichtigungsfähig sind.

Vorbemerkung
Es handelt sich um Höchstsätze, die nur in markt- und objektüblicher Höhe berücksichtigungsfähig sind.

I   Verwaltungskosten nach § 26 Abs. 2 und 3 sowie § 41 Abs. 2 II. BV
bis   263,55 €   jährlich je *Wohnung, bei Eigenheimen, Kaufeigenheimen und Kleinsiedlungen je Wohngebäude,*
bis   315,11 €   jährlich *je Eigentumswohnung, Kaufeigentumswohnung und Wohnung in der Rechtsform eines eigentumsähnlichen Dauerwohnrechts nach § 41 Abs. 2 II. BV,*
bis   32,90 €   jährlich für *Garagen oder ähnliche Einstellplätze.*

Die nach § 26 Abs. 4 II. BV vorgesehene Anpassung zum 1.1.2011 ist berücksichtigt. Die genannten Beträge verändern sich ab 1. Januar eines jeden darauf folgenden dritten Jahres um den Prozentsatz, um den sich der vom Statistischen Bundesamt festgestellte Verbraucherpreisindex für Deutschland für den der Veränderung vorausgehenden Monat Oktober gegenüber dem Verbraucherpreisindex für Deutschland für den der letzten Veränderung vorausgehenden Monat Oktober erhöht oder verringert hat.

II   Instandhaltungskosten nach § 28 Abs. 2 und Abs. 5 II. BV:
bis   8,13 €/m²   Wohnfläche je Jahr für Wohnungen, deren Bezugsfertigkeit am Ende des Kalenderjahres weniger als 22 Jahre zurückliegt
bis   10,31 €/m²   Wohnfläche je Jahr für Wohnungen, deren Bezugsfertigkeit am Ende des Kalenderjahres mindestens 22 Jahre zurückliegt,
bis   13,18 €/m²   Wohnfläche je Jahr für Wohnungen, deren Bezugsfertigkeit am Ende des Kalenderjahres mindestens 32 Jahre zurückliegt,
bis   77,92 €   jährlich für Garagen oder ähnliche Einstellplätze.

IV Syst. Darst. Ertragswertverfahren — Bewirtschaftungskosten

Im Falle einer *Modernisierung der baulichen Anlage*, die zu einer Verlängerung der Restnutzungsdauer geführt hat, ist im Rahmen der Verkehrswertermittlung von einem entsprechenden fiktiven Baujahr (Bezugsfertigkeit) auszugehen.

Zu- und Abschläge:

abzüglich	0,23 €	jährlich je Quadratmeter Wohnung, bei eigenständiger gewerblicher Leistung von Wärme i. S. des § 1 Abs. 2 Nr. 2 der HeizkostenV;
abzüglich	1,20 €	jährlich je Quadratmeter Wohnung, wenn der Mieter die Kosten der kleinen Instandhaltung i. S. des § 28 Abs. 3 Satz 2 II. BV trägt;
zuzüglich	1,15 €	jährlich je Quadratmeter Wohnung, wenn ein maschinell betriebener Aufzug vorhanden ist;
zuzüglich bis	9,74 €	jährlich je Quadratmeter Wohnung, wenn der Vermieter die Kosten der Schönheitsreparaturen i. S. des § 28 Abs. 4 Satz 2 II. BV trägt.

Die nach § 26 Abs. 4 II. BV vorgesehene Anpassung zum 1.1.2011 ist berücksichtigt. Die genannten Beträge verändern sich ab 1. Januar eines darauf folgenden dritten Jahres nach Maßgabe des vorstehenden für die Verwaltungskosten maßgeblichen Grundsatzes.

III Mietausfallwagnis nach § 29 Abs. 2 II. BV
Als Erfahrungssätze können angesetzt werden

2 vom Hundert der Nettokaltmiete bei Mietwohn- und gemischt genutzten Grundstücken,
4 vom Hundert der Nettokaltmiete bei Geschäftsgrundstücken.

Die fortgeschriebenen Werte wurden zur Vermeidung von Fortführungsfehlern durch Indexierung der Ursprungswerte der II. BV abgeleitet.

© W. Kleiber 11

Bewirtschaftungskosten für gewerblich genutzte Grundstücke gemäß AGVGA-NRW (2012):

I Verwaltungskosten

Für alle gewerblichen Objekte 3 % bis 7 % des Jahresrohertrags in Abhängigkeit von Größe und Mietniveau; in jedem Einzelfall ist jedoch objektbezogen darauf zu achten, dass der ausgewiesene absolute Betrag für eine ordnungsgemäße Verwaltung angemessen ist. In begründeten Einzelfällen können auch niedrigere oder höhere Sätze infrage kommen:

Verwaltungskosten für alle gewerblichen Objekte		
	ab 3 % des Jahresrohertrags	bis 7 % des Jahresrohertrags
Nutzfläche	Groß	Klein
Mietniveau	Hoch	Niedrig
Zahl der Mietparteien	Gering	Hoch
Lage- und Mieterqualität	Sehr gut, geringe Fluktuationsgefahr	Schlecht, hohe Fluktuationsgefahr

II Instandhaltungskosten

Für alle gewerblichen Objekte 2,50 €/m² bis 9,00 €/m² Nutzfläche und i. d. R. bezogen auf Dach und Fach. Davon abweichende mietvertragliche Regelungen müssen berücksichtigt werden:

Instandhaltungskosten für alle gewerblichen Objekte bezogen auf Dach und Fach		
	ab 2,50 €/m²	bis 9 €/m²
Objektart	Lager, Gewerbe, Industrie	Büro, Läden
Bauausführung	Einfach	Hochwertig
Baualter	Gering	Hoch

Bewirtschaftungskosten   **Syst. Darst. Ertragswertverfahren IV**

III Mietausfallwagnis
Für alle gewerblichen Objekte i. d. R. 3 % bis 8 % des Jahresrohertrags in Abhängigkeit von Gebäudeart, Lage, Ausstattung und Mietverhältnis; in begründeten Einzelfällen können auch höhere Sätze infrage kommen:

Mietausfallwagnis für alle gewerblichen Objekte		
	ab 3 % des Jahresrohertrags	bis 8 % des Jahresrohertrags
Lage	Gut	Mäßig
Ausstattung	Gut	Mäßig
Objektart	Büro, Läden	Lager, Gewerbe, Industrie
Mietverträge	Langfristig	Kurzfristig

Die **Bewirtschaftungskosten sind in der am Wertermittlungsstichtag marktüblichen Höhe** anzusetzen. Ist der Verkehrswert bezogen auf einen zurückliegenden Wertermittlungsstichtag zu erstatten, so sind die zu diesem Zeitpunkt marktüblichen Bewirtschaftungskosten anzusetzen.   **203**

Im Hinblick auf die Heranziehung des vom Gutachterausschuss für Grundstückswerte abgeleiteten und nach § 14 Abs. 3 ImmoWertV heranzuziehenden Liegenschaftszinssatzes muss der Grundsatz der Modellkonformität beachtet werden (vgl. Vorbem. zur ImmoWertV Rn. 36). Nach diesem Grundsatz sind bei Anwendung dieses Liegenschaftszinssatzes die Wertermittlungsparameter so anzusetzen, wie dies der Gutachterausschuss bei der Ableitung des Liegenschaftszinssatzes praktiziert hat. Dementsprechend müssen die **modellkonformen Bewirtschaftungskosten** nach den Grundsätzen angesetzt werden, die vom Gutachterausschuss für Grundstückswerte **bei der Ableitung des Liegenschaftszinssatzes** zur Anwendung gekommen sind und in dessen Grundstücksmarktbericht dargelegt sein sollten.

2.3.3.2   Beleihungswertermittlung nach BelWertV

▶ *Vgl. Teil IX; § 11 BelWertV Rn. 249 ff.*

Bei der Beleihungswertermittlung sind die Bewirtschaftungskosten nach § 11 Abs. 2 Satz 3 BelWertV insgesamt in einer Mindesthöhe von 15 % des Jahresrohertrags (besser Jahresnettokaltmiete), jedoch differenziert nach Einzelpositionen anzusetzen. Darüber hinaus haben sich Einzelkostenansätze innerhalb der nach Anl. 1 zur BelWertV zulässigen Bandbreiten zu bewegen, sofern nicht die besonderen Umstände des Einzelfalls einen höheren Ansatz erfordern (Abb. 14).   **204**

Abb. 14: Bandbreiten der Bewirtschaftungskosten nach Anl. 1 zur BelWertV

Bewirtschaftungskosten-Einzelansätze nach Anl. 1 BelWertV	
Verwaltungskosten	
a) Wohnungsbau Bandbreiten der Kosten, kalkuliert auf Basis der Einheiten:	
– Wohnungen:	200,00 bis 275,00 Euro
– Garagen:	25,00 bis 50,00 Euro
b) Gewerbliche Objekte Bandbreite:	1 bis 3% des Jahresrohertrags
In jedem Einzelfall ist darauf zu achten, dass der ausgewiesene absolute Betrag unzweifelhaft für eine ordnungsgemäße Verwaltung angemessen ist.	
Instandhaltungskosten	
Kalkulationsbasis: Herstellungskosten pro m² Wohn- oder Nutzfläche (ohne Baunebenkosten und Außenanlagen). Die untere Grenze der Bandbreite ist in der Regel für neue, die obere Grenze für ältere Objekte angemessen. Objektzustand, Ausstattungsgrad und Alter sind bei der Bemessung der Instandhaltungskosten zu berücksichtigen.	
a) z. B. Lager- und Produktionshallen mit Herstellungskosten von 250,00 bis 500,00 Euro/m²: 0,8 % – 1,2 %, absolute Untergrenze:	2,50 Euro/m²
b) z. B. gewerbliche Objekte einfachen Standards und SB-Verbrauchermärkte mit Herstellungskosten von mehr als 500,00 Euro/m²: 0,8 % – 1, 2%, absolute Untergrenze:	5,00 Euro/m²
c) z. B. Wohngebäude und gewerbliche Gebäude mit mittlerem Standard und Herstellungskosten von mehr als 1 000,00 Euro/m²: 0,5 % – 1%, absolute Untergrenze:	7,50 Euro/m²
d) z. B. hochwertige Büro- und Handels- und andere gewerbliche Objekte mit Herstellungskosten von mehr als 2 000,00 Euro/m²: 0,4 % – 1 %, absolute Untergrenze:	9,00 Euro/m²
e) Garagen und Tiefgaragenstellplätze:	30,00 bis 80,00 Euro je Stellplatz
Mietausfallwagnis	
a) Wohnungsbau:	2 % oder mehr
b) Gewerbliche Objekte:	4 % oder mehr

205 Des Weiteren ist auch ein Modernisierungs- bzw. Revitalisierungsrisiko zu berücksichtigen. Berechnungsbasis für das **Modernisierungsrisiko** sind nach Anl. 1 zu § 11 BelWertV die Neubauherstellungskosten (ohne Baunebenkosten und Außenanlagen); dort werden folgende Regelansätze vorgegeben[54]:

a) Kein Modernisierungsrisiko (z. B. normale Wohnhäuser, kleinere Wohn- und Geschäftshäuser, kleine und mittlere Bürogebäude, Lager und Produktionshallen)	0 % bis 0,3 %
b) geringes Modernisierungsrisiko (z. B. größere Bürogebäude, Wohn-, Büro- und Geschäftshäuser mit besonderen Ausstattungsmerkmalen, Einzelhandel mit einfachem Standard)	0,2 % bis 1,2 %
c) höheres Modernisierungsrisiko (z. B. innerstädtische Hotels, Einzelhandel mit höherem Standard, Freizeitimmobilien mit einfachem Standard)	0,5 % bis 2 %
d) sehr hohes Modernisierungsrisiko (z. B. Sanatorien, Kliniken, Freizeitimmobilien mit höherem Standard, Hotels und Einzelhandelsobjekte mit besonders hohem Standard)	0,75% bis 3%

2.3.3.3 Steuerliche Bewertung

▶ *Vgl. Rn. 118*

206 Nach § 187 BewG sind im Rahmen von Bewertungen für erbschaftsteuerliche Zwecke als Bewirtschaftungskosten die bei gewöhnlicher Bewirtschaftung nachhaltig entstehenden Verwaltungskosten, Betriebskosten, Instandhaltungskosten und das Mietausfallwagnis mit Aus-

---

54 Die Ansätze sind aus den vom Verband Deutscher Hypothekenbanken (VdH) empfohlenen exemplarischen Bandbreiten der Bewirtschaftungskosten in Abhängigkeit von dem Gebäudezustand und den Investitionskosten abgeleitet worden (vgl. Abb. 21 der 5. Aufl.).

nahme der durch Umlagen gedeckten Betriebskosten zu berücksichtigen. Die Bewirtschaftungskosten sind nach Erfahrungssätzen anzusetzen. Soweit von den Gutachterausschüssen i. S. der §§ 192 ff. BauGB keine geeigneten Erfahrungssätze zur Verfügung stehen, ist von den nachstehend abgedruckten pauschalierten Bewirtschaftungskosten nach Anlage 23 auszugehen.

Pauschalierte Bewirtschaftungskosten für Verwaltung, Instandhaltung und Mietausfallwagnis in Prozent der Jahresmiete/üblichen Miete (ohne Betriebskosten) 207

Restnutzungsdauer	Grundstücksart			
	1	2	3	4
	Mietwohngrundstück	gemischt genutztes Grundstück mit einem gewerblichen Anteil von bis zu 50 % (berechnet nach der Wohn- bzw. Nutzfläche)	gemischt genutztes Grundstück mit einem gewerblichen Anteil von mehr als 50 % (berechnet nach der Wohn- bzw. Nutzfläche)	Geschäftsgrundstück
> 60 Jahre	21	21		18
40 bis 59 Jahre	23	22		20
20 bis 39 Jahre	27	24		22
< 20 Jahre	29	26		23

2.3.3.4 Betriebskosten

▶ *Vgl. § 19 ImmoWertV Rn. 74 ff.; Betriebskosten für Büroimmobilien vgl. Teil V Rn. 157 ff.*

Die Betriebskosten *(operating expense)* werden i. d. R. umgelegt und zählen in diesem Fall 208
nicht zu den abzugsfähigen Bewirtschaftungskosten. Die ImmoWertV führt die Betriebskosten deshalb als Bestandteil der Bewirtschaftungskosten nur auf, ohne sie zu konkretisieren. Betriebskosten sind nach § 556 Abs. 1 Satz 2 BGB die **Kosten, die dem Eigentümer oder Erbbauberechtigten durch das Eigentum oder das Erbbaurecht am Grundstück oder durch den bestimmungsgemäßen Gebrauch des Gebäudes, der Nebengebäude, Anlagen, Einrichtungen und des Grundstücks laufend entstehen.**

Betriebskosten sind nach der Betriebskostenverordnung[55] 209

- laufende öffentliche Lasten wie zum Beispiel Grundsteuer; bei grundsteuerbefreiten Objekten ist zu prüfen, inwieweit fiktive Beträge für die Grundsteuer in Ansatz zu bringen sind (vgl. WERTR Nr. 3.5.2.2);
- die Kosten der Wasserversorgung;
- die Kosten der Entwässerung;
- die Kosten des Betriebs einer zentralen Heizungsanlage einschließlich der Abgasanlage oder der zentralen Brennstoffversorgungsanlage oder der eigenständig gewerblichen Lieferung von Wärme und der Reinigung und Wartung von Etagenheizungen;
- die Kosten des Betriebs der zentralen Warmwasserversorgungsanlage, der eigenständig gewerblichen Lieferung von Warmwasser oder der Reinigung und Wartung von Warmwassergeräten;
- die Kosten verbundener Heizungs- und Warmwasserversorgungsanlagen;
- die Kosten des Betriebs des maschinellen Personen- und Lastenaufzugs;
- die Kosten der Straßenreinigung und Müllbeseitigung;
- die Kosten der Gebäudereinigung und Ungezieferbekämpfung;
- die Kosten der Gartenpflege;
- die Kosten der Beleuchtung;
- die Kosten der Schornsteinreinigung;
- die Kosten der Sach- und Haftpflichtversicherung;
- die Kosten für den Hauswart;

---
[55] Betriebskostenverordnung vom 25.11.2003 (BGBl. I 2003, 2346, 2347).

IV Syst. Darst. Ertragswertverfahren — Bewirtschaftungskosten

- die Kosten des Betriebs der Gemeinschafts-Antennenanlage oder des Betriebs einer Breitbandkabel-netzverteileranlage;
- die Kosten des Betriebs der Einrichtungen für die maschinelle Wäschepflege und
- sonstige Kosten, die dem Eigentümer oder Erbbauberechtigten durch das Eigentum oder Erbbaurecht oder durch den bestimmungsgemäßen Gebrauchs des Gebäudes, der Nebengebäude, Anlagen, Einrichtungen und des Grundstücks laufend entstehen (z. B. Kosten der Dachrinnenreinigung).

210 Bezüglich **gewerblicher Immobilien** ist der Katalog der Betriebskosten der BetrKV unvollständig; ergänzend sind beispielsweise zu nennen die laufenden Kosten von Klimaanlagen, eines Wachdienstes usw. Die Betriebskosten werden wie im Wohnungsbereich üblicherweise vertraglich umgelegt. Dabei treten häufig Zweifelsfragen bezüglich der vertraglichen Umlage einzelner Positionen auf. Aus diesem Grund ist es üblich, in die Wertermittlung einen Betrag von 0,5 % der vereinbarten Miete als nicht umgelegte Betriebskosten anzusetzen.

211 Im **Bereich des Wohnungswesens** können die Vertragsparteien gemäß § 556 Abs. 1 Satz 1 BGB vereinbaren, dass der Mieter die Betriebskosten trägt. Dies entspricht auch der üblichen Vermietungspraxis; die bei einer entsprechenden Vereinbarung zu zahlende Miete wird als **Nettokaltmiete** bezeichnet. Geht man von dieser Miete als Rohertrag aus, so sind nur noch die Verwaltungs- und Instandhaltungskosten sowie das Mietausfallwagnis abzuziehen, um zum Reinertrag zu gelangen (Abb. 15):

Abb. 15: Nettokaltmiete

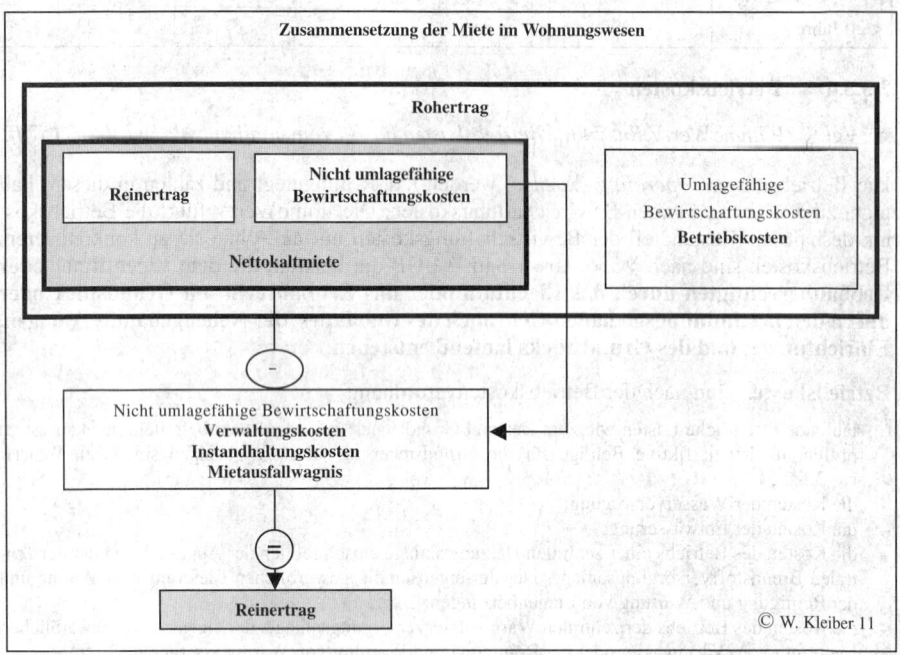

Abb. 16: Nettokaltmiete

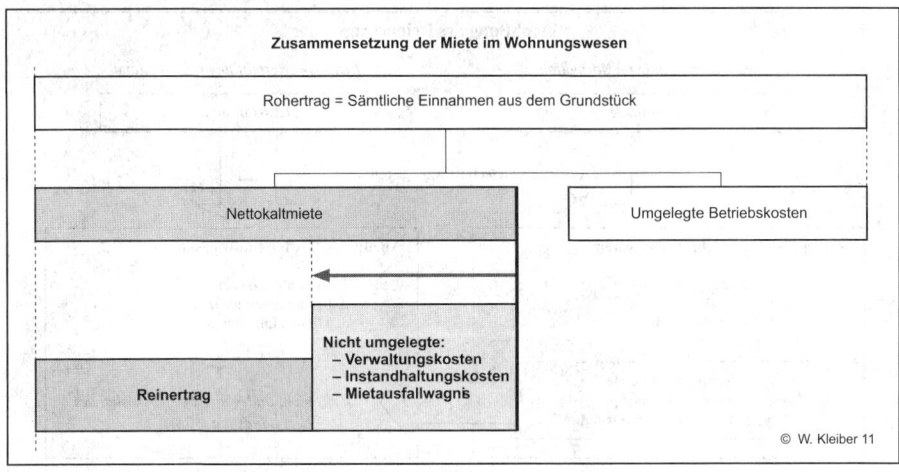

Schematisch vollzieht sich die Berechnung nach der aus nachfolgendem Schema ersichtlichen

Vorgehensweise:

Schema zur Ermittlung des Reinertrags des Grundstücks
Nettokaltmiete/Grundmiete (um umlagefähige Betriebskosten verminderter Rohertrag)
./. Verwaltungskosten (§ 19 Abs. 2 Nr. 1 ImmoWertV, § 26 II. BV)
./. Instandhaltungskosten (§ 19 Abs. 2 Nr. 2 ImmoWertV, § 28 II. BV)
./. Mietausfallwagnis (§ 19 Abs. 2 Nr. 3 ImmoWertV, § 29 II. BV)
= **Reinertrag des Grundstücks** (§ 18 ImmoWertV)

© W. Kleiber 11

Bei **Leerstand** sind die Betriebskosten nicht umlegbar, und die üblicherweise auf den Mieter umgelegten Betriebskosten muss der Eigentümer selbst tragen. Diese bestehen nämlich zu einem Großteil aus verbrauchsunabhängigen Fixkosten. Zur Einsparung kommen jedoch insbesondere die Kosten des reduzierten Wasser- und Energieverbrauchs, und die Betriebskosten reduzieren sich auf etwa 40 bis 80 % der sonst anfallenden Betriebskosten. Die vom Eigentümer getragenen Betriebskosten sind begrifflich dem Mietausfallwagnis zuzurechnen und werden grundsätzlich mit dem Mietausfallwagnis berücksichtigt (vgl. § 19 ImmoWertV Rn. 112, 167 ff.; § 18 ImmoWertV Rn. 19, 211). **212**

Etwas anderes gilt, wenn es sich um einen **vorübergehenden Leerstand** handelt, der nach § 19 Abs. 2 Nr. 3 ImmoWertV nicht unter das Mietausfallwagnis fällt und mithin auch nicht mit dem Mietausfallwagnis berücksichtigt wird. In diesem Fall sind die Betriebskosten neben der insoweit nicht erzielten Nettokaltmiete nach § 8 Abs. 3 ImmoWertV als „besonderes objektspezifisches Grundstücksmerkmal" zu berücksichtigen (vgl. hierzu Rn. 218 ff. sowie § 8 ImmoWertV Rn. 303, 328 ff.). **213**

Abb. 17: Ermittlung des Reinertrags

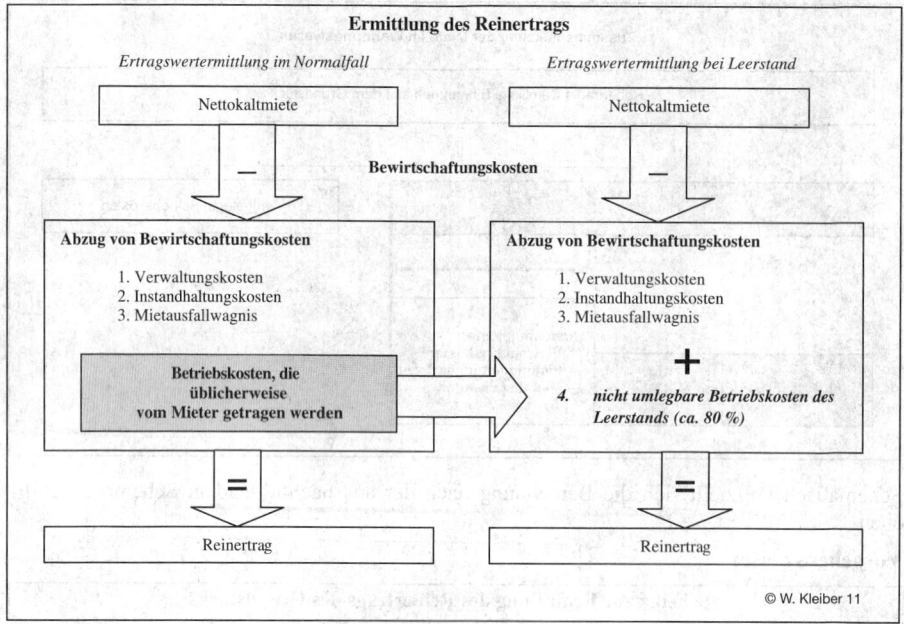

2.3.3.5 Verwaltungskosten

▶ *Vgl. Rn. 202 sowie weiterführend § 19 ImmoWertV Rn. 57 ff.; § 18 ImmoWertV Rn. 13, 106 ff.; zur Beleihungswertermittlung vgl. Teil IX Rn. 250*

214 **Verwaltungskosten** *(overhead management)* **sind die Kosten der zur Verwaltung des Grundstücks einschließlich seiner baulichen Anlagen erforderlichen Arbeitskräfte und Einrichtungen, die Kosten der Aufsicht sowie die Kosten der Geschäftsführung.** Die Höhe der Verwaltungskosten ist insbesondere von der Anzahl der Mieteinheiten eines Objekts und weniger von der Nutzfläche bzw. dem Rohertrag **abhängig**.

215 Die **Verwaltungskosten sind nach der Generalklausel des § 19 Abs. 1 ImmoWertV in der bei „ordnungsgemäßer Bewirtschaftung marktüblichen" Höhe** anzusetzen. Dabei wird auf entsprechende Erfahrungssätze zurückgegriffen, die den Grundsätzen einer ordnungsgemäßen Bewirtschaftung entsprechen[56]. Zur Beurteilung der Eignung der in Betracht kommenden Erfahrungssätze muss man sich verdeutlichen, von welchen Faktoren die jeweilige Höhe der angemessenen Bewirtschaftungskostengruppen abhängig ist. Die Verwaltungskosten fallen erfahrungsgemäß umso höher aus, je kleinteiliger eine Wohnanlage[57] ist.

Ganz allgemein werden Gewerbeimmobilien mit nur wenigen Mietern in der Bewirtschaftung „pflegeleichter" als Wohnimmobilien angesehen. Werden größere Komplexe nur an einen einzigen Nutzer vermietet, fallen erheblich reduzierte Verwaltungskosten an. Als **übliche Verwaltungskosten sind** in diesem Falle jedoch **die Verwaltungskosten anzusetzen, die sich bei der sonst üblichen Anzahl von Mieteinheiten ergeben würden.**

Bei **Gewerbeimmobilien** werden Verwaltungskosten zwischen 0,15 €/m² bis 0,25 €/m² monatlich gezahlt. *Reeker/Slomian*[58] geben Verwaltungskosten von 3 bis 6 % der Nettokaltmiete an, wobei sie sich tatsächlich eher im unteren Bereich bewegen.

---

56 BAnz Nr. 154 vom 12.8.1964.
57 Vgl. auch Reeker/ Slomian, Immobilienverwaltung, Praxishandbuch, München 2000.
58 Immobilienverwaltung – Praxishandbuch, München 2000.

Bei **Gewerbeimmobilien** kommt es im Einzelfall zu **mietvertraglichen Vereinbarungen über die Umlage der Verwaltungskosten** (vgl. § 18 ImmoWertV Rn. 13, 106 ff.)[59]; vielfach werden die Verwaltungskosten sogar in voller Höhe umgelegt und es fallen insoweit keine Verwaltungskosten an. In diesen Fällen empfiehlt es sich, „zur Sicherheit" die Verwaltungskosten noch mit 0,5 % der Einnahmen anzusetzen.

Abb. 18: Durchschnittliche Nebenkosten (2010) für Bürogebäude in €/m² NF (im Monat) in den wichtigsten Bürostandorten

Durchschnittliche Nebenkosten (2010) für Bürogebäude in €/m² NF (im Monat) in den wichtigsten Bürostandorten												
	Klimatisiert						Vollklimatisiert					
	2005	2006	2007	2008	2009	2010	2005	2006	2007	2008	2009	2010
Berlin	3,00	3,03	2,98	3,05	3,19	3,86	3,10	3,19	3,06	3,01	2,90	3,17
Düsseldorf	3,07	3,14	3,25	3,13	3,20	3,82	2,83	3,07	2,84	2,91	2,93	3,30
Frankfurt	3,60	3,53	3,31	3.34	3,40	3,41	3,35	3,14	3,05	3,08	3,02	3,06
Hamburg	3,26	3,18	3,28	3,06	3,24	3,35	2,81	2,81	2,87	2,89	2,92	3,20
München	3,08	3,43	3,32	3,23	3,36	3,58	2,52	2,82	2,84	3,03	3,04	3,36

Quelle: Jones Lang Lasalle Oscar 2010

Abb. 19: Durchschnittswerte aller Nebenkosten (2010) für Bürogebäude in €/m² NF (im Monat)

Durchschnittswerte aller Nebenkosten (2010) für Bürogebäude in €/m² NF (im Monat)												
	Klimatisiert						Vollklimatisiert					
	2005	2006	2007	2008	2009	2010	2005	2006	2007	2008	2009	2010
Öffentliche Abgaben	0,52	0,51	0,49	0,48	0,49	0,53	0,51	0,50	0,50	0,49	0,49	0,49
Versicherung	0,17	0,17	0,17	0,14	0,16	0,13	0,15	0,15	0,15	0,14	0,11	0,10
Wartung	0,39	0,48	0,44	0,42	0,48	0,48	0,32	0,41	0,31	0,35	0,39	0,42
Strom	0,29	0,31	0,30	0,33	0,36	0,39	0,21	0,23	0,21	0,27	0,29	0,29
Heizung	0,40	0,42	0,47	0,46	0,49	0,54	0,37	0,40	0,45	0,43	0,48	0,59
Wasser/Kanal	0,14	0,14	0,13	0,12	0,13	0,13	0,11	0,11	0,11	0,11	0,12	0,12
Reinigung	0,29	0,30	0,28	0,25	0,26	0,32	0,27	0,28	0,30	0,26	0,25	0,31
Bewachung	0,23	0,24	0,28	0,31	0,28	0,30	0,17	0,19	0,17	0,25	0,23	0,23
Verwaltung	0,33	0,32	0,31	0,25	0,29	0,29	0,34	0,33	0,32	0,25	0,29	0,31
Hausmeister	0,26	0,30	0,28	0,29	0,30	0,29	0,25	0,26	0,26	0,09	0,28	0,28
Sonstiges	0,09	0,11	0,06	0,09	0,06	0,11	0,06	0,08	0,06	0,09	0,05	0,09
Gesamt	**3,11**	**3,30**	**3,21**	**3,14**	**3,30**	**3,51**	**2,78**	**2,54**	**2,84**	**2,93**	**2,58**	**3,23**

Quelle: Jones Lang Lasalle Oscar 2010

2.3.3.6 Mietausfallwagnis

▶ *Vgl. Rn. 200; weiterführend § 19 ImmoWertV Rn. 165 ff; § 8 ImmoWertV Rn. 319*

Mietausfallwagnis *(vacancy & collection loss)* ist nach § 29 II. BV das Risiko „einer Ertragsminderung, die durch uneinbringliche Rückstände von Mieten, Pachten, Vergü-

---

[59] OLG Hamburg, Urt. vom 6.2.2002 – 4 U 32/00 –, NJW-RR 2002, 802= NZM.

tungen und Zuschlägen oder durch Leerstehen von Raum, der zur Vermietung bestimmt ist, entsteht". Die nach § 19 Abs. 2 Nr. 3 ImmoWertV gegebene Definition weicht hiervon im Wesentlichen darin ab, dass nur ein **vorübergehender Leerstand** dem **Mietausfallwagnis** zuzurechnen ist.

217 Das **Mietausfallwagnis** ist nach der Generalklausel des § 19 **Abs. 1 ImmoWertV in der bei „ordnungsgemäßer Bewirtschaftung marktüblichen" Höhe** anzusetzen.

218 Mit der Beschränkung auf den **vorübergehenden Leerstand** hat der Verordnungsgeber den üblichen fluktuationsbedingten und funktionalen Leerstand ansprechen wollen (vgl. Rn. 200), wie er für die Restnutzungsdauer repräsentativ ist. Indessen ist es nicht sachgerecht, einen Leerstand „in das Mietausfallwagnis einzubeziehen, der zwar vorübergehend", aber nicht repräsentativ für die Restnutzungsdauer ist.

219 Bei **Anwendung des ein- und zweigleisigen Ertragswertverfahrens** nach § 17 Abs. 2 ImmoWertV werden temporäre Abweichungen von den marktüblich erzielbaren Erträgen und mithin auch für die Restnutzungsdauer nicht repräsentative, vorübergehende Leerstände in einem besonderen Rechenschritt nach § 8 Abs. 3 ImmoWertV berücksichtigt (vgl. Rn. 200, 212 f. sowie § 8 ImmoWertV Rn. 319, 338).

Bei **Anwendung des mehrperiodischen Ertragswertverfahrens** nach § 17 Abs. 1 Satz 2 i. V. m. Abs. 3 ImmoWertV gehen temporäre Abweichungen der Bewirtschaftungskosten und mithin auch des Mietausfallwagnisses ebenso wie temporäre Abweichungen der Erträge von den marktüblich erzielbaren Erträgen in den zu kapitalisierenden Reinertrag direkt ein (vgl. Rn. 200).

Bei alledem ist auch die **Bonität der Mieter** von ausschlaggebender Bedeutung.

2.3.3.7 Instandhaltungskosten

▶ *Vgl. Rn. 202, weiterführend § 19 ImmoWertV Rn. 105 ff.; zur Beleihungswertermittlung vgl. Teil IX Rn. 254*

220 **Instandhaltungskosten sind die Kosten, die während der Nutzungsdauer zur Erhaltung des bestimmungsgemäßen Gebrauchs aufgewendet werden müssen, um die durch Abnutzung, Alterung und Witterungseinwirkungen entstehenden baulichen oder sonstigen Mängel ordnungsgemäß zu beseitigen.** Sie sind insbesondere von der Wohn- bzw. Nutzfläche und dem Alter der baulichen Anlage abhängig. Darüber hinaus fallen sie in aller Regel bei älteren Gebäuden höher als bei jüngeren Gebäuden aus.

In den Instandhaltungskosten sind auch die Kosten von Instandsetzungen enthalten[60]. Nach der gesetzlichen Regelung des § 536 BGB ist nämlich der Vermieter zur *Instandhaltung*, erforderlichenfalls bei vernachlässigter Instandhaltung zur **Instandsetzung** verpflichtet, wobei jedoch regelmäßig die Schönheitsreparaturen auf den Mieter durch eine ausdrückliche Vereinbarung überwälzt werden. Aus einer vernachlässigten Instandhaltungspflicht kann sich dementsprechend eine Schadensersatzpflicht zur Instandsetzung ergeben.

221 Die **Instandhaltungskosten sind** nach der Generalklausel des § 19 Abs. 1 ImmoWertV **in der bei „ordnungsgemäßer Bewirtschaftung marktüblichen" Höhe** anzusetzen.

222 In der breiten Wertermittlungspraxis kommen bei **Wohngebäuden** wieder die Instandhaltungssätze der II. BV zur Anwendung (vgl. Rn. 202). **In den dort angegebenen Instandhaltungskosten sind die Kosten für Schönheitsreparaturen nicht enthalten.** Trägt der Vermieter die Schönheitsreparaturen zum 1.1.2011, erhöhen sich die angegebenen Pauschalen um bis zu 9,74 €/m².

Im **gewerblichen Bereich** liegen sie bei 1,0 bis 1,5 % der Herstellungskosten bzw. in Abhängigkeit vom Alter der baulichen Anlage

---

60 Bub/Treier, Handbuch der Geschäfts- und Wohnraummiete, II Rn. 88; III A Rn. 1062.

- 5,00 bis 8,00 €/m² bei Bürogebäuden und
- 3,00 bis 4,00 €/m² bei Selbstbedienungsläden, Lagerflächen usw.

Die **Instandhaltungskosten**, einschließlich Schönheitsreparaturen, **für Garagen** oder ähnliche **Einstellplätze** betragen zum 1.1.2011 bis 77,92 € je Garagen- oder Einstellplatz im Jahr. Die Instandhaltungskosten für Tiefgaragenplätze lagen 2013 im Durchschnitt bei 70 €/m²; bei Außenstellplätzen sind 20 €/m² ausreichend.

2.3.3.8 Modernisierungsrisiko

▶ *Vgl. Rn. 97; § 19 ImmoWertV Rn. 115; zur Beleihungswertermittlung vgl. Rn. 205 sowie Teil IX Rn. 257*

Als Bewirtschaftungskosten sind nach der Grundsatzregelung des § 19 Abs. 1 ImmoWertV nur die bei „ordnungsgemäßer Bewirtschaftung" anzusetzenden Bewirtschaftungskosten berücksichtigungsfähig. Dazu gehört die Instandhaltung, jedoch nicht die Modernisierung (vgl. § 19 ImmoWertV Rn. 115). Die **Modernisierung fällt auch sonsthin nicht unter den Begriff der „ordnungsgemäßen Bewirtschaftung".**

In der Gebäudebewirtschaftung sind aber vielfach auch laufende oder periodische Modernisierungen bzw. Teilmodernisierungen üblich, um die wirtschaftliche Nutzbarkeit von baulichen Anlagen zu erhalten. Dies betrifft insbesondere zahlreiche Sonderimmobilien wie Hotels, Kliniken, Sanatorien, Freizeitimmobilien und andere Betreiberimmobilien, Logistikimmobilien usw. Die im Schrifttum für die Immobilien angegebene **Gesamtnutzungsdauer bei ordnungsgemäßer Bewirtschaftung auf der Grundlage einer laufenden Instandhaltung, jedoch ohne Modernisierung, ist bei genauerer Betrachtung nur realistisch,** wenn die Immobilie zumindest partiell laufend modernisiert wird (z. B. durch Erneuerung der Nasszellen eines Hotels). Es kommt hinzu, dass die laufende Instandhaltung häufig mit einer Modernisierung verbunden wird. Aus diesem Grunde ist es in der Wertermittlungspraxis üblich, abweichend von den Regelungen der ImmoWertV neben der Instandhaltung auch eine Modernisierung als Bewirtschaftungskosten zu berücksichtigen. Diese Position wird als Modernisierungsrisiko bezeichnet. Das jährliche Modernisierungsrisiko ist von den Herstellungskosten der baulichen Anlage abhängig und kann sich bei besonders hohem Standard auf bis zu 3 % der Herstellungskosten belaufen.

Eine Modernisierung muss auch berücksichtigt werden, wenn man im Rahmen der **Verkehrswertermittlung eines denkmalgeschützten Objekts** im Hinblick auf die auf Dauer angelegte Erhaltungspflicht von einer unendlichen Restnutzungsdauer des Objekts ausgeht (vgl. Teil V Rn. 824 ff.). Das Modernisierungsrisiko ist hier insbesondere von den sich an den Rekonstruktionskosten orientierenden Herstellungskosten der baulichen Anlage abhängig.

2.3.4 Ertragswert der baulichen Anlage (Gebäudeertragswert)

2.3.4.1 Allgemeines

Die Ermittlung des Verkehrswerts (Marktwerts) eines bebauten Grundstücks unter Anwendung des Ertragswertverfahrens erfordert nicht zwangsläufig die Ermittlung des Gebäudewerts, denn es geht letztlich um den Gesamtwert der Immobilie.

In der Wertermittlungspraxis sind gleichwohl zahlreiche **Anlässe für die gesonderte Ermittlung des Gebäudewerts** gegeben, z. B.

- bei der Bewertung von Erbbaurechten,
- für steuerliche Zwecke (vgl. § 16 ImmoWertV Rn. 88),
- für Bilanzierungszwecke (vgl. Rn. 237, § 16 ImmoWertV Rn. 103, § 194 BauGB Rn. 153 ff., § 17 ImmoWertV Rn. 39),
- bei Bewertungen nach dem Vermögensrecht sowie
- bei städtebaulichen Maßnahmen (vgl. Teil VI).

IV Syst. Darst. Ertragswertverfahren — Gebäudeertragswert

228 Der **Gebäudewertanteil** lässt sich bei allen zur Anwendung kommenden Ertragswertverfahren ermitteln, indem der Ertragswert um den Bodenwert vermindert wird:

$$\text{Gebäudewertanteil} = \text{Ertragswert} - \text{Bodenwert}$$

2.3.4.2 Gebäudeertragswert bei Anwendung des zweigleisigen Ertragswertverfahrens

▶ Vgl. Rn. 125

229 Das in § 17 Abs. 2 Nr. 1 ImmoWertV geregelte zweigleisige Ertragswertverfahren ist, im Unterschied zu den übrigen Varianten des Ertragswertverfahrens, darauf ausgerichtet, den Boden- und Gebäudewertanteil eines bebauten Grundstücks getrennt zu ermitteln. Der Anteil des Gebäudewerts am Gesamtwert lässt sich ermitteln, indem der allein auf das Gebäude bezogene Reinertrag kapitalisiert wird. Der nach Maßgabe des § 17 ff. ImmoWertV ermittelte Reinertrag (RE) stellt aus wirtschaftlicher Sicht ein Nutzungsentgelt für das Grundstück in seiner Gesamtheit (Gebäude *und* Boden) dar, auch wenn sich der Mietvertrag z. B. nur auf eine bestimmte Wohn- oder Gewerbefläche des Gebäudes beziehen mag und sich Mieter, Pächter und Eigentümer im Allgemeinen keine Gedanken darüber machen, wie sich der Gesamtertrag auf Boden und Gebäude aufteilt.

230 Um ausgehend von dem für die Nutzung des Gebäudes *und* der dafür erforderlichen Grundstücksfläche marktüblich erzielbaren Jahresreinertrag (RE) zu dem allein auf das Gebäude entfallenden Jahresreinertrag zu kommen, wird der Jahresreinertrag um den Verzinsungsbetrag des Bodenwerts ($= p \times BW$) vermindert.

231 Verzinsungsbetrag des Bodenwerts ist das Produkt aus Bodenwert und Liegenschaftszinssatz, das auch als **Bodenwertverzinsungsbetrag** (vgl. Rn. 125) bezeichnet wird:

$$\text{Bodenwertverzinsungsbetrag} = \text{Bodenwert} \times p/100$$

wobei
p = Liegenschaftszinssatz

232 Der Bodenwertverzinsungsbetrag stellt den jährlichen Ertragsausfall für das **im Grund und Boden investierte Kapital** dar, weil das Kapital nicht anderweitig zu banküblichen Zinsen angelegt werden kann. Erst der um den Bodenwertverzinsungsbetrag verminderte Reinertrag ergibt – kapitalisiert über die Restnutzungsdauer – den allein auf Gebäude bezogenen Wertanteil, den Gebäudeertragswert.

233 **Während der Bodenwertverzinsungsbetrag sich im Hinblick auf die Unzerstörbarkeit des Grund und Bodens als ewige Rente darstellt,** stellt der nach Abzug des Bodenwertverzinsungsbetrags sich ergebende Reinertragsanteil der baulichen Anlagen dagegen eine Zeitrente dar, die nur über die Dauer der voraussichtlichen wirtschaftlichen Restnutzungsdauer des Gebäudes erzielt werden kann.

234 Die Aufteilung des Ertragswerts in einen Boden- und Gebäudeanteil ist eine Besonderheit des zweigleisigen Ertragswertverfahrens:

$$EW = \underbrace{(RE - p \times BW) \times V}_{\text{Gebäudewertanteil}} + \underbrace{BW}_{\text{Bodenwertanteil}}$$

wobei
BW = Bodenwert
RE = Reinertrag

| Gebäudeertragswert | **Syst. Darst. Ertragswertverfahren IV** |

V = Barwertfaktor (Vervielfältiger)
p = Liegenschaftszinssatz/100
n = Restnutzungsdauer
q = Zinsfaktor = 1 + p/100

Der **Gebäudeertragswert** 235

$$\text{Gebäudeertragswert} = (\text{RE} - p \times \text{BW}) \times V$$

wird dabei als der Barwert aller (allein) aus dem Gebäude fließenden Reinerträge ermittelt. Es handelt sich bei genauerer Betrachtung allerdings nur um den vorläufigen Gebäudeertragswert, denn es müssen subsidiär die *besonderen objektspezifischen Grundstücksmerkmale* i. S. des § 8 Abs. 3 ImmoWertV berücksichtigt werden, wobei allerdings nur die gebäudebezogenen Grundstücksmerkmale dem Gebäudewertanteil zugerechnet werden können.

Bodenwert und Wert der baulichen Anlagen ergeben zusammen den (vorläufigen) Ertragswert des Grundstücks. 236

An dem zweigleisigen Ertragswertverfahren unter Aufspaltung in einen Boden- und Gebäudewertanteil (durch Verminderung des Reinertrags um den Bodenwertverzinsungsbetrag) ist bemängelt worden, dass es nicht „internationalen Standards" entspräche. Dies ist abwegig, da es **finanzmathematisch mit dem eingleisigen (vereinfachten) Ertragswertverfahren (ohne Aufteilung in einen Boden- und Gebäudewertanteil) identisch** ist und dies selbst einem Laien vermittelbar ist (vgl. Rn. 39). Auch die getrennte Ermittlung eines Boden- und Gebäudeanteils stellt keine deutsche Besonderheit dar *(estimation distinct)*[61]. 237

Das zweigleisige Ertragswertverfahren ist auch unverzichtbar, da es zahlreiche Fallgestaltungen gibt, die einer gesonderten Ermittlung des Gebäudewertanteils bedürfen (vgl. Rn. 226). Dies ist nicht nur für steuerliche Zwecke, bei Bodenordnungsmaßnahmen oder bei der Ermittlung des Werts von Erbbaurechten erforderlich, sondern gerade auch in den Fällen, die von den Kritikern angeführt werden. So wird in der Bilanzbewertung der „Grund und Boden" unabhängig von seiner zivilrechtlichen Behandlung, die den Grund und Boden, die baulichen Anlagen und sonstige wesentliche Bestandteile als Einheit betrachtet, als eigenständiger Vermögensgegenstand angesehen (vgl. § 240 HGB). Kein Bestandteil des Grund und Bodens sind in diesem Bereich auch grundstücksgleiche Rechte, unternehmenseigene Bodenbefestigungen, Straßen, Be- und Entwässerungsanlagen sowie Betriebsvorrichtungen[62]. 238

Die **Anwendung des *zwei*gleisigen Ertragswertverfahrens empfiehlt sich auch in den Fällen, in denen eine gesonderte Ermittlung des Gebäudeertragswerts nicht erforderlich ist.** Das Verhältnis des Bodenwertanteils (Bodenwertverzinsungsbetrag) am Gesamtertrag des Grundstücks gibt dem Anwender des Verfahrens nämlich wichtige Hinweise zur Ökonomie der Grundstücksnutzung. 239

Abzug des Bodenwertverzinsungsbetrags vom Reinertrag des Grundstücks

	1	2	3	4	5	6
Reinertrag	100 000 €	100 000 €	100 000 €	100 000 €	100 000 €	100 000 €
− Bodenwertverzinsungsbetrag	20 000 €	40 000 €	60 000 €	80 000 €	100 000 €	120 000 €
= RE − p × BW	80 000 €	60 000 €	40 000 €	20 000 €	0 €	− 20 000 €

Reduziert sich der Reinertrag des Grundstücks mit dem Abzug des Bodenwertverzinsungsbetrags gegen null oder ergibt sich sogar ein negativer Reinertrag, so signalisiert dies dem Anwender die angezeigte **„Liquidation"** der baulichen Anlage (Spalte 5 und 6). In diesem Fall ist der Bodenwert um die Freilegungskosten zu vermindern (§ 16 Abs. 3 ImmoWertV). Bereits ein erheblicher Anteil des Bodenwertverzinsungsbetrags am Reinertrag (Spalte 3 und 4) gibt Anlass, die ausgeübte Nutzung kritisch (z. B. auf Abweichungen vom zulässigen Maß der baulichen Nutzung – § 16 Abs. 4 ImmoWertV – usw.) zu analysieren und gegebenenfalls 240

---

61 The Appraisal of Real Estate, Chicago, 12. Aufl., S. 493 ff.
62 Spitz, H., Grundstücks- und Gebäudewerte in der Bilanz- und Steuerpraxis, Herne Berlin 1996, S. 2, 40.

die Ertragswertermittlung zu modifizieren. Der sonst übliche Anteil des Bodenwertverzinsungsbetrags am Gesamtertrag (Spalte 1 und 2) ist insbesondere von der Art der Grundstücksnutzung und der Lage abhängig. Bei Ein- und Zweifamilienhäusern sowie bei der Lage des Objekts in hochpreisigen Gebieten ist der **Anteil des Bodenwertverzinsungsbetrags am Gesamtertrag** höher als in einer geringerwertigen Lage bei höherem realisiertem Maß der baulichen Nutzung.

2.3.4.3 Bodenwertverzinsungsbetrag

▶ *Vgl. Rn. 36 ff., 125, 231; § 17 ImmoWertV Rn. 41*

241 Das Verhältnis zwischen Bodenwertverzinsungsbetrag und Reinertrag bzw. der um den Bodenwertverzinsungsbetrag verminderte Reinertrag sind wichtige Kenngrößen, die Aufschluss über die „**Ökonomie der Grundstücksnutzung**" geben (vgl. hierzu vorstehende Ausführungen bei Rn. 239 f. und Rn. 36 ff.).

242 Bei **der Ermittlung des Bodenwertverzinsungsbetrags** wird davon ausgegangen, dass

– der Grund und Boden ein unzerstörbares Gut ist, das auf ewig eine Bodenrente abwirft; dementsprechend wird der **Verzinsungsbetrag des Bodenwerts auf ewig kapitalisiert** und ergibt den Bodenertragswert (= Bodenwert);

– der Ermittlung des Bodenwertverzinsungsbetrags der **Liegenschaftszinssatz nach § 14 Abs. 3 ImmoWertV** zugrunde zu legen ist (§ 17 Abs. 2 Nr. 1 ImmoWertV); dieser Zinssatz ist auch für die Kapitalisierung des verbleibenden Reinertragsanteils maßgebend (vgl. § 20 ImmoWertV)[63]. Finanzwirtschaftlich kann dies auch als der Schuldzins angesehen werden, der für das im Grund und Boden gebundene Kapital aufgebracht werden muss. Im Falle der **Beleihungswertermittlung** tritt an die Stelle des Liegenschaftszinssatzes der Kapitalisierungszinssatz nach § 12 Abs. 3 BelWertV;

– nur der Teil des Grundstücks der Ermittlung des Bodenwertverzinsungsbetrags zugrunde zu legen ist, der der Bebauung zuzurechnen ist (**Umgriffsfläche**); bei sog. übergroßen Grundstücken bleiben mithin selbstständig nutzbare Teilflächen bei der Ermittlung des Bodenwertverzinsungsbetrags außer Betracht (vgl. Rn. 125);

– der Bodenwert grundsätzlich mit dem **Wert des erschließungsbeitragsfreien Grund und Bodens** anzusetzen ist, auch wenn das Grundstück am Wertermittlungsstichtag erschließungsbeitragspflichtig ist (vgl. Rn. 149) und

– der Bodenwert nach der Grundsatzregelung des § 16 Abs. 1 ImmoWertV grundsätzlich mit dem Bodenwert eines unbebauten Grundstücks ermittelt wird, jedoch bei kurzer Restnutzungsdauer des Gebäudes um die **Freilegungskosten** zu vermindern ist (vgl. Rn. 161 sowie § 16 Abs. 3 ImmoWertV).

243 Der **Bodenwertverzinsungsbetrag** lässt sich im Übrigen auch aus der Ertragswertformel (durch Umformung) ableiten:

$$\boxed{\text{Bodenwertverzinsungsbetrag} = BW \times p = RE - G/V}$$

wobei
BW = Bodenwert
RE = Reinertrag
G = Gebäudewert (§ 22 ImmoWertV)
V = Vervielfältiger
p = Liegenschaftszinssatz/100
n = Restnutzungsdauer
q = Zinsfaktor = $1 + p/100$

---

[63] Die ImmoWertV geht diesbezüglich von einer Ableitung des Liegenschaftszinssatzes als „Mischzinssatz" (Soll- und Habenzins) aus. Bei kurzer Restnutzungsdauer kann eine Unterscheidung nach Soll- und Habenzinssatz sinnvoll sein, da für die im Reinertrag (theoretisch) enthaltene Abschreibung Habenzinsen anfallen.

2.3.5 Vervielfältiger (Barwertfaktor)

2.3.5.1 Allgemeines

▶ Vgl. Rn. 311 sowie § 20 ImmoWertV Rn. 3

Zur **Kapitalisierung der Reinerträge** ist bei allen in der ImmoWertV geregelten Varianten des Ertragswertverfahrens gemäß § 20 ImmoWertV der sich aus Anl. 1 zur ImmoWertV ergebende (nachschüssige) Barwertfaktor (Vervielfältiger) in Abhängigkeit von

– dem jeweiligen Liegenschaftszinssatz p (§ 14 Abs. 3 ImmoWertV) und

– der Restnutzungsdauer n (§ 6 Abs. 6 ImmoWertV)

heranzuziehen. Dies entspricht internationalen Standards (*direct capitalization* auf der Grundlage einer *all over capitalization rate*)[64]. Auch die getrennte Ermittlung eines Boden- und Gebäudeanteils stellt keine deutsche Besonderheit dar (*estimation distinct*).

Der sich **nach dem Liegenschaftszinssatz bemessende Vervielfältiger ist für alle in der ImmoWertV vorgegebenen Varianten des Ertragswertverfahrens maßgebend:**

a) für das *zwei*gleisige Ertragswertverfahren nach § 17 Abs. 2 Nr. 2 ImmoWertV:

$$EW = (RE - p \times BW) \times V + BW$$

b) für das *ein*gleisige Ertragswertverfahren nach § 17 Abs. 2 Nr. 2 ImmoWertV:

$$EW = RE \times V + BW \times q^{-n}$$

c) für das *mehr*periodische Ertragswertverfahren nach § 17 Abs. 1 Satz 2 i. V. m. Abs. 3 ImmoWertV:

$$EW = \sum_{1}^{b} RE_b \times q^{-b} + RE \times (V_n - V_b) + \text{Bodenwert} \times q^{-n}$$

Das *mehrperiodische* bzw. mehrphasige Ertragswertverfahren unter Anwendung des Liegenschaftszinssatzes ist mithin kein prognoseorientiertes Ertragswertverfahren (*Discounted Cash Flow* Verfahren), bei dem von prognostizierten Erträgen ausgegangen wird, die dann mit einem vom Liegenschaftszinssatz abweichenden besonderen Zinssatz diskontiert werden.

2.3.5.2 Vervielfältiger nach ImmoWertV, BelWertV und BewG

Der **Vervielfältiger** ist in der Anlage zum Text der ImmoWertV am Anfang dieses Werks abgedruckt. Es handelt sich um einen *nachschüssigen* Barwertfaktor (Vervielfältiger) für jährlich fließende Nutzungsentgelte, der nach den zu § 20 ImmoWertV gegebenen Erläuterungen **nur einschlägig ist, wenn die Erträge monatlich vorschüssig anfallen und die monatlichen Erträge zu einem Jahresreinertrag zusammengefasst werden.**

Die in der Anlage zur BelWertV sowie in Anl. 21 zu § 185 Abs. 3 Satz 1, § 193 Abs. 3 Satz 2, § 194 Abs. 3 Satz 3 und § 195 Abs. 2 Satz 2 und Abs. 3 Satz 3 BewG veröffentlichten Vervielfältiger sind mit den Vervielfältigern der ImmoWertV identisch.

2.3.5.3 Abweichende Vervielfältiger

Abweichend vom Wortlaut des § 20 ImmoWertV ist der in der ImmoWertV tabellierte Vervielfältiger nach den zu § 20 ImmoWertV gegebenen Erläuterungen zu modifizieren, wenn die genannten Voraussetzungen nicht erfüllt sind und die Erträge beispielsweise viertel- oder halbjährlich erzielt werden.

---

[64] The Appraisal of Real Estate, Chicago, 12. Aufl. S. 493 ff.

2.3.6 Liegenschaftszinssatz

2.3.6.1 Verkehrswertermittlung nach ImmoWertV

▶ *Zu den örtlichen von den Gutachterausschüssen für Grundstückswerte abgeleiteten Liegenschaftszinssätzen vgl. § 14, 122, 137 ff., 148 ff.; § 17 ImmoWertV Rn. 7, 19 ff.*

249 Nach § 20 ImmoWertV bestimmt sich der **Barwertfaktor (Vervielfältiger) nach dem Liegenschaftszinssatz** i. S. des § 14 Abs. 3 ImmoWertV. Mit dem Liegenschaftszinssatz wird die **Lage auf dem Grundstücksmarkt** (= „allgemeine Wertverhältnisse auf dem Grundstücksmarkt") an zentraler Stelle des Ertragswertverfahrens, nämlich bereits bei der Kapitalisierung der Erträge, berücksichtigt. Nach § 14 Abs. 1 ImmoWertV „sollen" die allgemeinen Wertverhältnisse auf dem Grundstücksmarkt mit den von den Gutachterausschüssen für Grundstückswerte abgeleiteten Liegenschaftszinssätzen erfasst werden. Die in den Marktberichten der Gutachterausschüsse veröffentlichten Liegenschaftszinssätze sind deshalb grundsätzlich heranzuziehen.

Dieser Liegenschaftszinssatz ist nur insoweit unmittelbar anzuwenden, wie die Grundstücksmerkmale des zu bewertenden Grundstücks mit den durchschnittlichen Grundstücksmerkmalen übereinstimmen, die der Ableitung des Liegenschaftszinssatzes zugrunde lagen. Theoretisch wäre es von daher denkbar, den vorläufigen Ertragswert des zu bewertenden Grundstücks unter stringenter Beachtung des **Grundsatzes der Modellkonformität** (vgl. Vorbem. zur ImmoWertV Rn. 36 ff.) zunächst auf der Grundlage der durchschnittlichen Grundstücksmerkmale des herangezogenen Liegenschaftszinssatzes zu ermitteln und Abweichungen als *besondere objektspezifische Grundstücksmerkmale* i. S. des § 8 Abs. 3 ImmoWertV nachträglich zu berücksichtigen. Anders als bei Anwendung des Sachwertverfahrens, bei dem der vom Gutachterausschuss ermittelte Sachwertfaktor ggf. unter Berücksichtigung besonders ausgewiesener Grundstücksmerkmale direkt angesetzt wird, wird bei Anwendung des Ertragswertverfahrens bereits der vom Gutachterausschuss angegebene Liegenschaftszinssatz im Rahmen einer dem Liegenschaftszinssatz zurechenbaren Bandbreite den lage- und objektspezifischen Merkmalen des zu bewertenden Grundstücks angepasst (vgl. Rn. 258).

250 **Der Liegenschaftszinssatz ist des Weiteren einschlägig**

a) bei *Anwendung des zweigleisigen Ertragswertverfahrens* nach § 17 Abs. 2 Nr. 1 ImmoWertV zur Ermittlung des Bodenwertverzinsungsbetrags und

b) bei *Anwendung des mehrperiodischen Ertragswertverfahrens* nach § 17 Abs. 1 Satz 2 i. V. m. Abs. 3 ImmoWertV zur Abzinsung der sich im Betrachtungszeitraum ergebenden Reinerträge (§ 20 ImmoWertV).

251 Bei dem zur Anwendung kommenden **Liegenschaftszinssatz** handelt es sich um einen Zinssatz, **der** aufgrund der Methodik seiner empirischen Ableitung **allgemein zu erwartende Änderungen der Erträge (Mietwertsteigerungen, aber auch Mietwertminderungen), erwartete Veränderungen der allgemeinen Wertverhältnisse auf dem Grundstücksmarkt, erwartete Änderungen in der Entwicklung der Bewirtschaftungskosten sowie der steuerrechtlichen Rahmenbedingungen bereits berücksichtigt.**

252 Diese Methode wird auch im angelsächsischen Raum unter der Bezeichnung *all over capitalization method* bzw. *Growth Implicit Model* praktiziert. Die deutsche Wertermittlungslehre entspricht damit durchaus internationalen Verfahren und ist ihnen sogar überlegen, weil der Liegenschaftszinssatz aufgrund der umfassenden Kaufpreissammlung der Gutachterausschüsse von diesen präziser als in anderen Ländern abgeleitet wird.

253 Bei alledem werden **temporäre Abweichungen der Erträge vom marktüblich erzielbaren Reinertrag auch bei Anwendung des ein- und zweigleisigen Ertragswertverfahrens** (Über- und Untervermietungen; *underrented property* und *overrented property*) nach Maßgabe des § 8 Abs. 3 ImmoWertV ergänzend berücksichtigt. Die dabei zur Anwendung kommenden **Rechentechniken** (Auf- und Abschichtungsverfahren bzw. Vervielfältigerdifferenzenverfahren) sind im Übrigen schon seit jeher in Deutschland praktiziert worden (vgl. im Einzelnen § 8 ImmoWertV Rn. 264 ff.; § 17 ImmoWertV Rn. 19 ff.). Diese bekannten

Rechentechniken sind unter ihrer englischen Bezeichnung *(Top and bottom slicing* bzw. *Term and Reversion)* fälschlicherweise als internationale Bewertungsverfahren bzw. als angelsächsische Bewertungsverfahren bezeichnet worden. Tatsächlich handelt es sich aber noch nicht einmal um eigenständige Wertermittlungsverfahren, sondern lediglich um einfache Rechentechniken zur ergänzenden Berücksichtigung temporärer Besonderheiten im Rahmen eines umfassenden Ertragswertverfahrens.

Wie vorstehend ausgeführt sind **grundsätzlich die vom örtlichen Gutachterausschuss für Grundstückswerte abgeleiteten Liegenschaftszinssätze** bei allen Varianten des Ertragswertverfahrens heranzuziehen. Die Verwendung von Angaben des Schrifttums bzw. der WERTR ist nur ersatzweise zu empfehlen, wenn dem Sachverständigen eigene Erfahrungssätze oder örtliche Marktdaten nicht zur Verfügung stehen (Abb. 20): 254

Abb. 20: Weitergehende Empfehlungen für anzuwendende Liegenschaftszinssätze und „Kapitalisierungszinssätze" nach Anl. 3 BelWertV 255

Vorschlag für anzuwendende Liegenschaftszinssätze (Bandbreiten)				
Grundstücksart	Liegenschaftszinssatz			
	in ländlichen Gemeinden	in den übrigen Gemeinden	nach BewG**	nach BelWertV
Wohngrundstücke				
Ein- und Zweifamilienhäuser				
Villa	1,0 bis 2,5 %	0,5 bis 2,0 %	-	-
Freistehende Einfamilienhausgrundstücke*	2,5 bis 3,0 %	2,0 bis 2,5 %	-	-
Reihenhäuser und Doppelhaushälften	3,0 bis 3,5 %	2,5 bis 3,0 %	-	-
Zweifamilienhausgrundstücke	3,5 bis 4,0 %	3,0 bis 3,5 %	-	-
Dreifamilienhausgrundstücke	4,0 bis 4,5 %	3,5 bis 4,0 %	-	-
Mehrfamilienhausgrundstücke				
Mietwohngrundstücke	4,5 bis 6,0 %	4,0 bis 5,0 %	5,0 %	5,0 bis 8,0 %
Eigentumswohnungen	4,0 %	3,5 %		
Gemischt genutzte Grundstücke mit einem				
– gewerblichen Anteil der Jahresnettokaltmiete bis zu 50 %	5,0 %	4,5 %	5,5 %	-
– gewerblichen Anteil der Jahresnettokaltmiete über 50 %	5,5 %	5,0 %	6,0 %	-
Gewerbliche Grundstücke				
Büro- und Geschäftshäuser		6,0 bis 7,0 %	6,5 %	6,0 bis 7,5 %
Gewerbeparks		6,0 bis 8,0 %		
Verbrauchermärkte und Einkaufszentren		6,5 bis 8,5 %		6,5 bis 9,0 %
Selbstbedienungs- und Fachmärkte		6,5 bis 7,5 %		6,5 bis 8,5 %
Warenhäuser		6,5 bis 7,5 %		6,5 bis 8,0 %
Hotels und Gaststätten		6,0 bis 8,5 %		6,5 bis 8,5 %
≥ 4 Sterne		6,0 bis 7,5 %		-
≤ 4 Sterne		6,5 bis 8,0 %		-
Budgethotels		7,0 bis 8,5 %		-
Sport- und Freizeitanlagen (Tennishallen, Multiplexkinos)		7,5 bis 9,5 %		6,5 bis 9,0 %
Campingplätze		5,5 bis 7,5 %		
Sozialimmobilien (z. B. Kliniken und Altenpflegeheime, Reha-Einrichtungen)		6,5 bis 8,5 %		6,5 bis 8,5 %
Parkhäuser, Sammelgaragen		6,0 bis 9,0 %		6,5 bis 9,0 %
Tankstellen		7,0 bis 8,5 %		6,5 bis 8,5 %
Landwirtschaftlich genutzte Objekte		6,5 bis 8,5 %		6,5 bis 8,5 %
Logistikimmobilien		6,5 bis 8,5 %		-
Lagerhallen (Speditionsbetriebe)		6,0 bis 8,0 %		6,5 bis 9,0 %
Industrieobjekte (Fabrikhallen)		6,5 bis 8,5 %		-
Fabriken und ähnliche spezielle Produktionsstätten		7,5 bis 9,0 %		7,0 bis 9,0 %
Öffentliche Gebäude				
mit Drittverwendungsmöglichkeit		5,0 bis 7,0 %	-	-
ohne Drittverwendungsmöglichkeit		6,0 bis 8,0 %	-	-

* Bei Anmietung von Einfamilienhäusern liegen die Liegenschaftszinssätze darüber (+ 30 % bei freistehenden Einfamilienhäusern: + 20 % bei Reihenhäusern).

** Erbschaftsteuerliche Bewertung (§ 188 Abs. 2 BewG): Vorrang haben Liegenschaftszinssätze der Gutachterausschüsse; ersatzweise Liegenschaftszinssätze nach § 188 Abs. 2 BewG.

IV Syst. Darst. Ertragswertverfahren — Liegenschaftszinssatz

256 Die **Liegenschaftszinssätze sind** insbesondere von **der Grundstücksart abhängig**. Geht man von dem typischen Renditeobjekt, nämlich dem Mehrfamilienhaus mit einem typischen Liegenschaftszinssatz von 5 % aus, so ergibt sich allgemein folgendes typische Zinsgefüge:

– Der Liegenschaftszinssatz ist umso höher, je größer der gewerbliche Anteil ist und je mehr man in den industriell produzierenden Bereich kommt.

– Der Liegenschaftszinssatz ist umso geringer, je „feiner" und „aufwendiger" die Wohnnutzung ist.

257 Eine **Übersicht über typische Liegenschaftszinssätze** ergibt sich aus Abb. 21.

Abb. 21: Typische Liegenschaftszinssätze

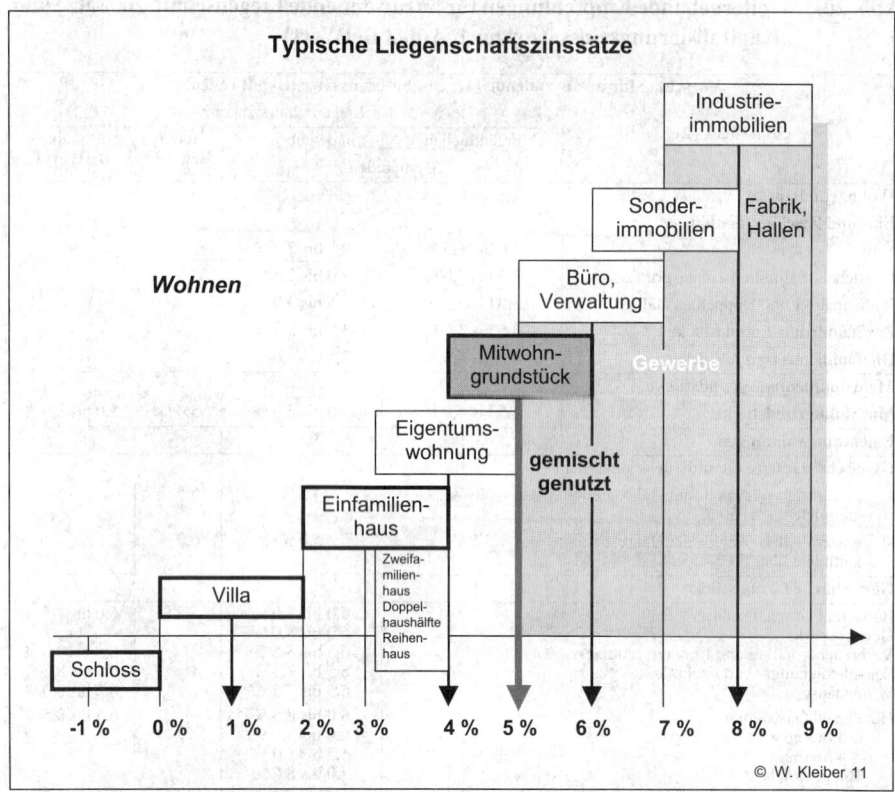

258 Die **von den Gutachterausschüssen für Grundstückswerte** in ihren Grundstücksmarktberichten **veröffentlichten Liegenschaftszinssätze** beziehen sich auf die durchschnittlichen Merkmale der Grundstücke, aus denen sie abgeleitet worden sind, d. h. auf die Grundstücksmerkmale eines fiktiven Normgrundstücks (Liegenschaftszinssatzgrundstücks). Um die veröffentlichten Liegenschaftszinssätze sachgerecht anwenden zu können, ist es daher erforderlich, die Ableitungsmethode, den Bezugsstichtag und vor allem die durchschnittlichen Grundstücksmerkmale nach Maßgabe der Ausführungen zu § 14 Abs. 3 ImmoWertV bei der Veröffentlichung darzulegen (vgl. § 14 ImmoWertV Rn. 139 ff., 178 ff., 224 ff.). Die Angaben sind bei Heranziehung des Liegenschaftszinssatzes in das Gutachten im erforderlichen Umfang zu übernehmen, weil sich nur dadurch der Aussagewert des herangezogenen Liegenschaftszinssatzes erschließt.

259 Bei Anwendung des veröffentlichten Liegenschaftszinssatzes müssen Abweichungen der Grundstücksmerkmale des zu bewertenden Grundstücks von den Grundstücksmerkmalen des

Referenzgrundstücks (Liegenschaftszinssatzgrundstück) durch Zu- und Abschläge angemessen berücksichtigt werden (vgl. Rn. 249). Generell sind die von den Gutachterausschüssen für Grundstückswerte für bestimmte normierte „Liegenschaftszinssatzgrundstücke" veröffentlichten Liegenschaftszinssätze jedoch nur im Hinblick auf davon abweichende Grundstücksmerkmale des zu bewertenden Grundstücks zu modifizieren, die den Grundstückswert auf Dauer beeinflussen. **Temporär abweichende Grundstücksmerkmale** sind dagegen nach Maßgabe des § 8 Abs. 3 ImmoWertV ergänzend zu berücksichtigen (vgl. Abb. 22).

Die Zu- und Abschläge, die zur Berücksichtigung der besonderen objektspezifischen Grundstücksmerkmale der zu bewertenden Liegenschaft an den herangezogenen Liegenschaftszinssatz „angebracht" werden, sollten in ihrer absoluten Gesamthöhe (unter Weglassen des Vorzeichens) **nicht 2,5 Prozentpunkte überschreiten** (vgl. § 14 ImmoWertV Rn. 138; Syst. Darst. des Vergleichswertverfahrens Rn. 43).

Abb. 22: Zu- und Abschläge bei der Festsetzung des Liegenschaftszinssatzes

Abschlag vom Liegenschaftszinssatz − 0,5 % bis −1,0 %	Zuschlag zum Liegenschaftszinssatz + 0,5 % bis 1,0 %
LAGEBEZOGENE KRITERIEN (sofern nicht sonst wie berücksichtigt)	
Lagekriterien	
− gute bis sehr gute Lage (hoher Bodenwert) − geringes bis besonders geringes wirtschaftliches Risiko des Objekts − Orts- bis Zentrumsnähe − städtisches Gebiet − große Nachfrage − wachsende Bevölkerung − zunehmendes Wirtschaftswachstum	− schlechte bis sehr schlechte Lage (niedriger Bodenwert) − erhöhtes bis besonders hohes wirtschaftliches Risiko des Objekts − Randlage bis Umlandlage − ländliches Gebiet − geringe Nachfrage − abnehmende Bevölkerung − abnehmendes Wirtschaftswachstum
Wohnnutzung (Häuser und Eigentumswohnungen):	
Haus/Grundstück sehr groß Haus sehr aufwendig ausgestattet Eigennutzung steht eindeutig im Vordergrund je weniger Wohneinheiten im Haus	Modernisierungsbedarf besteht Haus sehr individuell Kapitalanlage steht eindeutig im Vordergrund je mehr Wohneinheiten im Haus
Eigentumswohnungen	
− besonders kleine Wohnungen (WF ≤ 40 m²)	− besonders große Wohnungen (WF ≥ 100 m²)
Gemischt genutzte Grundstücke:	
− geringer bis sehr geringer gewerblicher Anteil − je besser die Drittverwendungsfähigkeit − je größer der Anteil der Wohnnutzung	− hoher bis sehr hoher gewerblicher Anteil − je geringer die Drittverwendungsfähigkeit − je kleiner der Anteil der Wohnnutzung
Gewerbe- und Industriegrundstücke:	
− je wahrscheinlicher eine Eigennutzung ist − je funktionaler die Baulichkeiten sind − je kleiner die Immobilie ist	− je wahrscheinlicher die Kapitalanlage ist − je individueller die Baulichkeiten sind − je größer die Immobilie ist
OBJEKTBEZOGENE KRITERIEN (sofern nicht sonst wie berücksichtigt)	
Wohn- und Nutzfläche	
− besonders klein	− besonders groß
Restnutzungsdauer	
− besonders kurz	− besonders lang
Nettokaltmiete	

IV Syst. Darst. Ertragswertverfahren — Liegenschaftszinssatz

Abschlag vom Liegenschaftszinssatz − 0,5 % bis −1,0 %	Zuschlag zum Liegenschaftszinssatz + 0,5 % bis 1,0 %
− besonders niedrig − regelmäßige Mietzahlungen − unterdurchschnittliche Instandhaltungskosten − gute Vermietbarkeit	− besonders hoch − unregelmäßige Mietzahlungen − überdurchschnittliche Instandhaltungskosten − schlechte Vermietbarkeit
MIETERBEZOGENE KRITERIEN (sofern nicht mit Mietausfallwagnis oder sonst wie berücksichtigt)	
− bei besonders geringem Leerstandsrisiko − solvente Mieter − bei gesicherten Einnahmen	− bei erhöhtem Leerstand − Risikomieter − bei nicht gesicherten Einnahmen
I. d. R. handelt es sich hierbei um temporäre Besonderheiten, denen dann nach Maßgabe des § 8 Abs. 3 ImmoWertV Rechnung zu tragen ist.	

Doppelberücksichtigungen sind unbedingt zu vermeiden, d. h., Grundstücksmerkmale, die mit dem Liegenschaftszinssatz berücksichtigt worden sind, dürfen nicht noch ergänzend berücksichtigt werden.

2.3.6.2 Beleihungswertermittlung

▶ Vgl. § 14 ImmoWertV Rn. 149; Teil IX; § 12 BelWertV Rn. 265

260 Im Rahmen der Beleihungswertermittlung ist als Liegenschaftszinssatz der Kapitalisierungszinssatz maßgebend, der nach den Vorgaben der BelWertV weitgehend den in der Verkehrswertermittlung üblichen Liegenschaftszinssätzen entspricht. **Die Definition des Kapitalisierungszinssatzes der BelWertV entspricht der Definition des Liegenschaftszinssatzes.** Darüber hinaus entsprechen die in Anl. 3 zu § 12 Abs. 4 BelWertV angegebenen Regelbandbreiten auch den üblicherweise in der Verkehrswertermittlung zur Anwendung kommenden Liegenschaftszinssätzen. Damit wird dem Vorsichtsprinzip der Beleihungswertermittlung nur unzureichend Rechnung getragen. Um dem konkreten Einzelfall sachgerecht Rechnung zu tragen, empfiehlt es sich auch **in der Beleihungswertermittlung, direkt von den vom Gutachterausschuss für Grundstückswerte ermittelten Liegenschaftszinssätzen auszugehen und sie mit einem dem Objekt angemessenen Risikozuschlag** zu versehen.

261 Bei **wohnwirtschaftlicher Nutzung** dürfen nach § 12 Abs. 4 BelWertV Kapitalisierungszinssätze nicht unter 5 %, bei gewerblicher Nutzung nicht unter 6 % in Ansatz gebracht werden (Mindestsätze). Die in Anlage 3 zur BelWertV genannten Bandbreiten für einzelne Nutzungsarten sind zugrunde zu legen. Die untere Grenze der jeweiligen Bandbreite darf bei gewerblich genutzten Objekten um höchstens 0,5 % unterschritten werden, wenn es sich um erstklassige Immobilien handelt. Dies ist dann der Fall, wenn mindestens folgende Kriterien erfüllt sind:

1. eine sehr gute Lage im Verdichtungsraum,
2. ein entsprechend der jeweiligen Objektart bevorzugter Standort,
3. eine gute Infrastruktur,
4. eine gute Konzeption,
5. eine hochwertige Ausstattung,
6. eine hochwertige Bauweise,
7. eine besonders hohe Marktgängigkeit,
8. die Beschränkung auf die Nutzungsarten Handel, Büro und Geschäfte,
9. ein sehr guter Objektzustand und
10. die gegebene Möglichkeit anderweitiger Nutzungen.

2.3.6.3 Steuerliche Bewertung

▶ *Vgl. § 14 ImmoWertV Rn. 123*

Im Rahmen der **erbschaftsteuerlichen Bewertung** sind nach § 188 BewG die von den Gutachterausschüssen i. S. der §§ 192 ff. BauGB ermittelten örtlichen Liegenschaftszinssätze heranzuziehen. Soweit von den Gutachterausschüssen keine geeigneten Liegenschaftszinssätze zur Verfügung stehen, gelten die folgenden Zinssätze:

1. 5 Prozent für Mietwohngrundstücke,
2. 5,5 Prozent für gemischt genutzte Grundstücke mit einem gewerblichen Anteil von bis zu 50 Prozent, berechnet nach der Wohn- und Nutzfläche,
3. 6 Prozent für gemischt genutzte Grundstücke mit einem gewerblichen Anteil von mehr als 50 Prozent, berechnet nach der Wohn- und Nutzfläche, und
4. 6,5 Prozent für Geschäftsgrundstücke.

2.3.7 Gesamt- und Restnutzungsdauer

2.3.7.1 ImmoWertV

▶ *Näheres vgl. § 6 ImmoWertV Rn. 370 ff., 381*

Im Rahmen der Ertragswertermittlung kann die Gesamtnutzungsdauer der baulichen Anlage außer Betracht bleiben, denn zur Kapitalisierung des Reinertrags muss lediglich die Restnutzungsdauer *(remaining economic life)* abgeschätzt werden. Diese bestimmt sich nach der Grundsatzregelung des ersten Halbsatzes des § 6 Abs. 6 ImmoWertV nach der **prognostizierten Anzahl der Jahre, in denen die baulichen Anlagen bei** *„ordnungsgemäßer Bewirtschaftung"* **voraussichtlich noch wirtschaftlich genutzt werden können.**

In der Praxis bedient man sich zur Abschätzung der Restnutzungsdauer einer **Hilfsmethode**, indem man die **Restnutzungsdauer aus der Differenz zwischen der üblichen Gesamtnutzungsdauer (GND)**[65] **und dem Alter der baulichen Anlage** ableitet:

> Restnutzungsdauer (RND) = Übliche Gesamtnutzungsdauer (GND) – Alter

Die **übliche Gesamtnutzungsdauer** *(economic life)* fällt je nach Objektart unterschiedlich aus. Bei konsequenter Beachtung des Modellkonformitätsgrundsatzes ist von der üblichen Gesamtnutzungsdauer auszugehen, die der Gutachterausschuss für Grundstückswerte der Ableitung des einschlägigen Liegenschaftszinssatzes zugrunde gelegt hat. Des Weiteren ist – wenn keine anderweitigen Erkenntnisse vorliegen – davon auszugehen, dass vom Gutachterausschuss für Grundstückswerte die nach Maßgabe der Anl. 3 zu den SachwertR übliche Gesamtnutzungsdauer der Ableitung der Restnutzungsdauer als „Modellansatz" zugrunde gelegt wurde (abgedruckt bei § 6 ImmoWertV unter Rn. 381 zusammen mit den in der Anl. 2 zur BelWertV genannten Erfahrungssätzen). Gesamt- und Restnutzungsdauer sind nämlich bei Anwendung des Ertrags- und Sachwertverfahrens grundsätzlich identisch, sodass die Empfehlungen der SachwertR insoweit auch bei Anwendung des Ertragswertverfahrens beachtlich sind.

a) *Verlängerung der Restnutzungsdauer*

▶ *Vgl. § 6 ImmoWertV Rn. 405 ff.*

Ist die bauliche Anlage in der Vergangenheit modernisiert worden, ist nach dem zweiten Halbsatz des § 6 ImmoWertV von einer entsprechend verlängerten Restnutzungsdauer auszugehen. In diesem Fall kann es sinnvoll sein, das **fiktive Baujahr nach Maßgabe des sog.**

---

[65] In der BelWertV als „Nutzungsdauer" bezeichnet.

IV Syst. Darst. Ertragswertverfahren GND/RND

Verjüngungsprinzips auf der Grundlage der „bei ordnungsgemäßer Bewirtschaftung üblichen wirtschaftlichen Nutzungsdauer" (§ 23 Satz 3 ImmoWertV) zu ermitteln:

> Fiktives Alter = Übliche Gesamtnutzungsdauer (GND) – Restnutzungsdauer (RND)

267 Das fiktive Alter bzw. das **fiktive Baujahr** ist im Rahmen des Ertragswertverfahrens von Interesse, da sowohl die **marktüblich erzielbaren Erträge** als auch die Bewirtschaftungskosten (Instandhaltungskosten) vom Alter der baulichen Anlage abhängig sind.

b) *Verkürzung der Restnutzungsdauer*

268 Weist die bauliche Anlage **Baumängel oder Bauschäden auf, insbesondere aufgrund einer** unterlassenen Instandhaltung (Instandhaltungsrückstau), kann sich die Restnutzungsdauer verkürzt haben. Ob tatsächlich eine Verkürzung der Restnutzungsdauer damit einhergeht, muss zuvor allerdings geprüft werden. Werden die Reinerträge über die entsprechend verkürzte Restnutzungsdauer kapitalisiert bzw. abgezinst, so ist diesen besonderen objektspezifischen Besonderheiten damit Rechnung getragen. Dabei müssen allerdings auch entsprechend verminderte Reinerträge in einer dem Instandhaltungsrückstau angemessenen (marktüblichen) Weise angesetzt werden; des Weiteren ist zu prüfen, ob auch der Liegenschaftszinssatz zu modifizieren ist, wobei Doppelberücksichtigungen vermieden werden müssen. Dies gestaltet sich oftmals schwierig, und daher wird auch bei unterlassener Instandhaltung der Ertragswert auf der Grundlage eines (fiktiv) instand gehaltenen Gebäudes ermittelt und der Instandhaltungsrückstau nach Maßgabe des § 8 Abs. 3 ImmoWertV wertmindernd berücksichtigt.

269 Bei **unbehebbaren Baumängeln und Bauschäden** muss indessen von einer verkürzten Restnutzungsdauer ausgegangen werden. Das Gleiche gilt, wenn die Instandsetzung bei wirtschaftlicher Betrachtungsweise nicht angezeigt ist und eine Verkürzung der Restnutzungsdauer hinzunehmen ist.

Im Übrigen können auch andere Gegebenheiten wie z. B. eine **„wegbrechende" Nachfrage** zu einer Verkürzung der Restnutzungsdauer führen (vgl. § 6 ImmoWertV Rn. 401).

2.3.7.2 BelWertV

▶ *Vgl. Teil IX; § 12 ImmoWertV Rn. 263; § 6 ImmoWertV Rn. 381*

270 Nach § 12 Abs. 2 BelWertV ist bei der Bemessung der Restnutzungsdauer auf den Zeitraum abzustellen, in dem die bauliche Anlage bei ordnungsgemäßer Unterhaltung und Bewirtschaftung noch wirtschaftlich betrieben werden kann. Die wirtschaftliche Restnutzungsdauer ist unter Berücksichtigung der sich in zunehmend kürzer werdenden zeitlichen Abständen wandelnden Nutzeranforderungen objektspezifisch anhand der Fragestellung, wie lange die Vermietbarkeit des Beleihungsobjekts zu den angenommenen Erträgen gesichert erscheint, einzuschätzen. Die in Anl. 2 zur BelWertV genannten und in den Erläuterungen zu § 6 ImmoWertV unter Rn. 381 aufgeführten Erfahrungssätze für die Nutzungsdauer baulicher Anlagen sind zu berücksichtigen.

2.3.7.3 Steuerliche Bewertung

▶ *Vgl. § 6 ImmoWertV Rn. 381*

271 Die Restnutzungsdauer bestimmt sich nach § 185 Abs. 3 Satz 3 BewG „grundsätzlich aus dem Unterschiedsbetrag zwischen der wirtschaftlichen Gesamtnutzungsdauer, die sich aus Anlage 22 zum BewG (abgedruckt in den Erläuterungen zu § 6 ImmoWertV unter Rn. 381) ergibt, und dem Alter des Gebäudes am Bewertungsstichtag". Sind nach Bezugsfertigkeit des Gebäudes Veränderungen eingetreten, die die wirtschaftliche Gesamtnutzungsdauer des Gebäudes verlängert oder verkürzt haben, ist von einer der Verlängerung oder Verkürzung entsprechenden Restnutzungsdauer auszugehen. Die Restnutzungsdauer eines noch nutzbaren Gebäudes beträgt regelmäßig mindestens 30 Prozent der wirtschaftlichen Gesamtnutzungsdauer.

2.3.8 Betrachtungszeitraum und Restwert nach § 17 Abs. 3 ImmoWertV

2.3.8.1 Allgemeines

▶ *Vgl. Rn. 43 ff. sowie § 17 ImmoWertV Rn. 61*

Bei Anwendung des mehrperiodischen Ertragswertverfahrens setzt sich der (vorläufige) Ertragswert aus dem Teilwert des Betrachtungszeitraums und dem Restwert zusammen. **272**

$$EW = \underbrace{\sum_{1}^{b} RE_b \times q^{-b}}_{\text{Teilwert des Betrachtungszeitraums}} + \underbrace{RE \times (V_n - V_b) + \text{Bodenwert} \times q^{-n}}_{\text{Restwert}}$$

wobei
RE_b = Reinertrag des Betrachtungszeitraums
RE = Marktüblich am Wertermittlungsstichtag erzielbarer Reinertrag
V_n = Vervielfältiger für Restnutzungsdauer n
V_b = Vervielfältiger für Betrachtungszeitraum b (z. B. 10 Jahre)
p = Liegenschaftszinssatz/100
n = Restnutzungsdauer
q = Zinsfaktor = 1 + p/100
b = Betrachtungszeitraum (z. B. 10 Jahre)
n = Restnutzungsdauer am Wertermittlungsstichtag

2.3.8.2 Betrachtungszeitraum

▶ *Vgl. Rn. 43 ff. sowie § 17 ImmoWertV Rn. 56, 60*

Betrachtungszeitraum i. S. des § 17 Abs. 3 ImmoWertV ist der **Zeitraum, über den die jährlichen Reinerträge jeweils partiell mithilfe des Liegenschaftszinssatzes abgezinst und aufsummiert werden.** Entgegen dem Wortlaut des § 17 Abs. 1 Satz 2 ImmoWertV ist es nicht erforderlich, dass es sich dabei um alternierende Erträge handeln muss. **273**

Der Betrachtungszeitraum bemisst sich zweckmäßigerweise mindestens nach der **Zeitspanne, in der periodisch vom marktüblich erzielbaren Reinertrag abweichende Reinerträge** erzielt werden; ansonsten kann er frei gewählt werden. Bei entsprechender Bemessung des Betrachtungszeitraums kann davon ausgegangen werden, dass der Reinertrag im Anschluss auf den marktüblich erzielbaren Reinertrag zurückfällt. Dabei ist von dem am Wertermittlungsstichtag marktüblich erzielbaren Reinertrag auszugehen, der dann wiederum mit dem Liegenschaftszinssatz über die verbleibende Restnutzungsdauer kapitalisiert und auf den Wertermittlungsstichtag abgezinst wird. Dadurch werden – wie bei Anwendung des Ertragswertverfahrens nach § 17 Abs. 2 ImmoWertV – die vom Grundstücksmarkt allgemein erwarteten Änderungen der allgemeinen Wertverhältnisse implizit berücksichtigt. **274**

2.3.8.3 Restwert des Grundstücks

▶ *Vgl. Rn. 43, 56 und Rn. 358; § 17 ImmoWertV Rn. 6, 56*

Der **Restwert kann nach den allgemeinen Grundsätzen des in § 17 Abs. 2 ImmoWertV geregelten Ertragswertverfahrens ermittelt werden**. Er setzt sich zusammen aus **275**

– den kapitalisierten Reinerträgen der Restperiode, die auf den Wertermittlungsstichtag zu diskontieren sind, zuzüglich

– dem auf den Wertermittlungsstichtag abgezinsten Bodenwert.

IV Syst. Darst. Ertragswertverfahren — Vorl. Ertragswert

2.3.9 Vorläufiger Ertragswert

▶ Vgl. Rn. 103

276 Der sich **nach den §§ 17 bis 20 ImmoWertV ergebende Ertragswert stellt im Regelfall lediglich den vorläufigen Ertragswert dar,** denn die Vorschriften gewährleisten nicht, dass alle den Marktwert beeinflussenden Grundstücksmerkmale berücksichtigt werden. § 8 Abs. 2 und 3 ImmoWertV schreibt deshalb ergänzend die Berücksichtigung

a) der allgemeinen Wertverhältnisse auf dem Grundstücksmarkt (Marktanpassung) und

b) der besonderen objektspezifischen Grundstücksmerkmale des zu bewertenden Grundstücks

vor (Abb. 23).

Abb. 23: Vorläufiger Ertragswert und Ertragswert

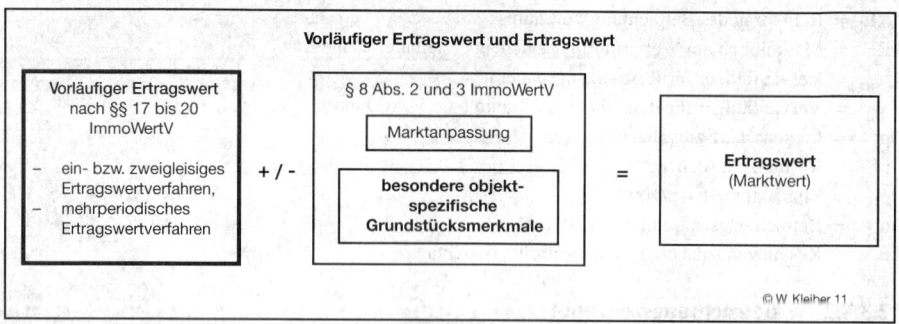

Die „allgemeinen Wertverhältnisse auf dem Grundstücksmarkt" **(Lage auf dem Grundstücksmarkt)** werden bei Anwendung des Ertragswertverfahrens insbesondere mit marktkonform angesetzten Ertragsverhältnissen und der Anwendung marktkonformer Liegenschaftszinssätze weitgehend berücksichtigt. Die Lage auf dem Grundstücksmarkt wird mit dem Liegenschaftszinssatz konkret in dem Umfang berücksichtigt, wie sie sich in den zur Ableitung des Liegenschaftszinssatzes herangezogenen Vergleichspreisen abgebildet hat, d.h., sie wird mit dem Liegenschaftszinssatz so berücksichtigt, wie sie sich am Bezugsstichtag des Liegenschaftszinssatzes darstellte.

Wie unter Rn. 103 ausgeführt, bezieht sich der vom Gutachterausschuss für Grundstückswerte vorgegebene Liegenschaftszinssatz darüber hinaus auf die durchschnittlichen Merkmale der Grundstücke, die zu seiner Ableitung herangezogen wurden, und kann insoweit deshalb auch nur direkte Anwendung finden, wie im konkreten Fall ein zu bewertendes Grundstück auch die gleichen Grundstücksmerkmale aufweist und sich die Lage auf dem Grundstücksmarkt nicht grundlegend verändert hat. Weichen die Grundstücksmerkmale der zu bewertenden Liegenschaften von den **Grundstücksmerkmalen des „Liegenschaftszinssatzgrundstücks"** ab, so können die Abweichungen bei Heranziehung des Liegenschaftszinssatzes damit berücksichtigt werden, dass der Liegenschaftszinssatz möglichst auf der Grundlage der vom Gutachterausschuss dafür vorgegebenen Anpassungsfaktoren den Grundstücksmerkmalen der zu bewertenden Immobilie angepasst wird (vgl. Rn. 258 ff. sowie § 14 ImmoWertV Rn. 137 ff.). Mit dem im konkreten Bewertungsfall angesetzten Liegenschaftszinssatz nicht berücksichtigte besondere objektspezifische Grundstücksmerkmale, wie z. B. Baumängel und Bauschäden, Rechte und Belastungen am Grundstück, ein überdurchschnittlicher Erhaltungsgrad (Anomalien), sind nach Maßgabe des § 8 Abs. 3 ImmoWertV ergänzend zu berücksichtigen.

2.4 Subsidiäre Berücksichtigung besonderer objektspezifischer Grundstückmerkmale

▶ *Vgl. Rn. 103 sowie § 8 ImmoWertV Rn. 178 ff.*

Nach den vorstehenden Ausführungen kann in aller Regel erwartet werden, dass mit dem nach Maßgabe der §§ 17 bis 20 ImmoWertV auf der Grundlage aktueller Liegenschaftszinssätze abgeleiteten Ertragswert die allgemeinen Wertverhältnisse auf dem Grundstücksmarkt (Marktanpassung), jedoch noch nicht die besonderen objektspezifischen Grundstücksmerkmale (Anomalien) vollständig erfasst werden. Demzufolge stellt der nach den §§ 17 bis 20 ImmoWertV ermittelte Ertragswert i. d. R. nur den „vorläufigen Ertragswert" dar und die besonderen objektspezifischen Grundstücksmerkmale müssen (subsidiär) insoweit berücksichtigt werden, wie sie mit dem vorläufigen Ertragswert noch nicht berücksichtigt worden sind. Bei Anwendung des Ertragswertverfahrens ist deshalb abschließend zu prüfen, welche besonderen objektspezifischen Grundstücksmerkmale subsidiär zu berücksichtigen sind.

Als „**besondere objektspezifische Grundstücksmerkmale**" führt § 8 Abs. 3 ImmoWertV beispielhaft und ohne Anspruch auf Vollständigkeit auf:

a) eine wirtschaftliche Überalterung,

b) ein überdurchschnittlicher Erhaltungszustand,

c) Baumängel oder Bauschäden (Instandhaltungsrückstau) und

d) von den marktüblich erzielbaren Erträgen erheblich abweichende Erträge.

„**Erheblich von den marktüblich erzielbaren Erträgen abweichende Erträge**" können insbesondere aus wohnungs-, miet- oder vertragsrechtlichen Bindungen, aber auch aus einem vorübergehenden Leerstand resultieren. Diese sind bei Anwendung des *ein-* oder *zweigleisigen* Ertragswertverfahrens nach § 17 Abs. 2 ImmoWertV stets zu berücksichtigen, denn nach § 17 Abs. 1 Satz 1 ImmoWertV wird der Ertragswert auf der Grundlage marktüblich erzielbarer Erträge ermittelt. Bei Anwendung des *mehrperiodischen* Ertragswertverfahrens werden dagegen entsprechende Abweichungen direkt mit dem angesetzten Reinertrag berücksichtigt und es bedarf insoweit keiner subsidiären Berücksichtigung nach § 8 Abs. 3 ImmoWertV. Ansonsten muss auch bei Anwendung des mehrperiodischen Ertragswertverfahrens geprüft werden, ob es einer subsidiären Berücksichtigung besonderer objektspezifischer Grundstücksmerkmale, wie z. B. eines Instandhaltungsrückstaus (Baumängel und Bauschäden), bedarf.

In der Gesamtschau setzt sich der **Ertragswert zusammen aus dem vorläufigen Ertragswert und den Zu- und Abschlägen für besondere objektspezifische Grundstücksmerkmale:**

a) *bei Anwendung des zweigleisigen Ertragswertverfahrens*

$$EW = \underbrace{(RE - p \times BW) \times V + BW}_{\text{Vorläufiger Ertragswert}} +/- \text{Zu- und Abschläge}$$

wobei
EW = Ertragswert
BW = Bodenwert
p = Liegenschaftszinssatz

b) *bei Anwendung des eingleisigen Ertragswertverfahrens*

$$EW = RE \times V + BW \times q^{-n} +/- \text{Zu- und Abschläge}$$

c) *bei Anwendung des mehrperiodischen Ertragswertverfahrens*

$$EW = \sum_{1}^{b} RE_b \times q^{-b} + RE \times (V_n - V_b) + \text{Bodenwert} \times q^{-n}$$

Auch bei Anwendung des mehrperiodischen Ertragswertverfahrens muss in aller Regel damit gerechnet werden, dass besondere objektspezifische Grundstücksmerkmale subsidiär zu berücksichtigen sind, denn die direkt „im" Verfahren berücksichtigten Mehr- oder Mindereinnahmen sind nur ein kleiner Ausschnitt dessen, was als besondere objektspezifische Grundstücksmerkmale zu berücksichtigen ist.

279 Des Weiteren ist darauf hinzuweisen, dass auch die übrigen in § 8 Abs. 3 ImmoWertV beispielhaft genannten „besonderen objektspezifischen Grundstücksmerkmale" sowohl bei Anwendung des ein- und zweigleisigen als auch des mehrperiodischen Ertragswertverfahrens „im Verfahren selbst" berücksichtigt werden können, indem z. B. die Ertragsverhältnisse, die Restnutzungsdauer, der Liegenschaftszinssatz und der Bodenwert (vgl. Rn. 103, 139) diesen Besonderheiten entsprechend angepasst werden. Soweit aber im Hinblick auf den Grundsatz der Modellkonformität davon Abstand genommen werden muss, weil sich die Liegenschaftszinssätze der Gutachterausschüsse für Grundstückswerte auf die Grundstücksmerkmale des Liegenschaftszinssatzgrundstücks beziehen und insbesondere Grundstücksmerkmale von temporärer Bedeutung (vorübergehender Leerstand und sonstige Beeinträchtigungen und dgl.) nicht berücksichtigen, sind derartige Grundstücksmerkmale ergänzend nach Maßgabe des § 8 Abs. 3 ImmoWertV zu berücksichtigen.

280 Die in § 8 Abs. 3 ImmoWertV namentlich aufgeführten Grundstücksmerkmale geben nur einen kleinen und sehr unvollständigen Ausschnitt der in Betracht kommenden besonderen objektspezifischem Grundstücksmerkmale wieder. Darüber hinaus kommen als besondere objektspezifische Grundstücksmerkmale vor allem auch

a) **grundstücksbezogene Rechte und Belastungen und**

b) **sonstige boden- und gebäudebezogene Besonderheiten**

in Betracht, insbesondere von marktüblich anfallenden Bewirtschaftungskosten abweichende Bewirtschaftungskosten, Leerstand, atypischer Nutzungen (Fehlnutzungen), Abweichungen der tatsächlichen von der zulässigen bzw. lagetypischen Nutzung (§ 16 Abs. 3 ImmoWertV), Aufwendungen für bevorstehenden Abbruch (§ 16 Abs. 4 ImmoWertV), Altlasten, Aufwuchs und besonders zu berücksichtigende Außenanlagen.

Die sich aus der Berücksichtigung der besonderen objektspezifischen Grundstücksmerkmale ergebenden **Wertminderungen bzw. Werterhöhungen sind nur insoweit zu berücksichtigen, wie dies dem gewöhnlichen Geschäftsverkehr entspricht**, d. h. in marktüblicher Höhe. Im Übrigen wird zur subsidiären Berücksichtigung besonderer objektspezifischer Grundstücksmerkmale auf die Ausführungen bei § 8 ImmoWertV Rn. 178 ff. verwiesen.

2.5 Ertragswert und Verkehrswert

2.5.1 Allgemeines

281 Der Ertragswert unter Berücksichtigung der Lage auf dem Grundstücksmarkt und unter subsidiärer Berücksichtigung **der besonderen objektspezifischen Grundstücksmerkmale ist zugleich der Verkehrswert (Marktwert),** soweit sich nicht unter Würdigung der Ergebnisse anderer zur Anwendung gekommenen Wertermittlungsverfahren nach § 8 Abs. 1 Satz 3 ImmoWertV etwas anderes ergibt.

Verkehrswert Syst. Darst. Ertragswertverfahren IV

2.5.2 Auf- und Abrundung

▶ *Vgl. Teil IV, Vorbem. zur ImmoWertV Rn. 15*   **282**

2.6 Beispiel zum Ertragswertverfahren

▶ *Weitere Beispiele vgl. Teil V bei Rn. 26 ff*

a) Sachverhalt: **283**

Fiktives Baujahr:	1968
Gesamtnutzungsdauer:	80 Jahre
Restnutzungsdauer:	40 Jahre
Liegenschaftszinssatz:	4,75 %
Vervielfältiger:	17,763

b) Ertragswertermittlung nach § 17 Abs. 2 Nr. 1 ImmoWertV

Ohne Berücksichtigung temporärer Besonderheiten ergibt sich als vorläufiger Ertragswert:

Jahresnettokaltmiete		
Wohnen	rd.	1 183 839 €
Stellplätze	rd.	1 440 €
zusammen	rd.	1 185 279 €
./. Bewirtschaftungskosten		
Wohnen	rd.	− 273 982 €
Stellplätze (20 %)	rd.	− 288 €
Zusammen		− 274 270 €
Reinertrag	rd.	911 009 €
./. Bodenwertverzinsungsbetrag: 4,75 % von 12 559 820 €		− 596 591 €
Gebäudeertragsanteil	rd.	314 418 €
Vervielfältiger bei 4,75 % Liegenschaftszins und einer Restnutzungsdauer von 40 Jahren = 17,763		
Gebäudeertragswert	rd.	5 585 007 €
+ Bodenwert		+ 12 559 820 €
Vorläufiger Ertragswert gerundet	rd.	**18 144 827 €**

c) Berücksichtigung der temporären mietrechtliche Situation nach § 8 Abs. 3 ImmoWertV

Die derzeit vertraglichen Mieten weichen von dem marktüblich erzielbaren Ertrag ab. Der Barwert der unter Berücksichtigung der Kappungsgrenzen in einem Anpassungszeitraum von bis zu sechs Jahren abschmelzbaren Mindererträge wird im Wege der Auf- bzw. Abschichtungsmethode („*top and bottom slicing*") ermittelt. Da die letzte Mietanpassung nach § 558 BGB bei den bestehenden Mietverhältnissen zuletzt am … (und mithin vor drei Jahren) vorgenommen wurde, wird bei der Ermittlung des Barwerts der temporären Mindererträge die derzeit entrichtete Miete um bis zu 20 % (jedoch nur bis zur ortsüblichen Vergleichsmiete) „aufgestockt".

In der Summe ergeben sich durch die Vertragssituation temporäre Mietausfälle, die aufgrund der gesetzlichen Kappungsgrenzen in Einzelfällen erst über einen Zeitraum von bis zu sechs Jahren abgebaut werden können. Diese wurden ermittelt mit insgesamt: rd. 56 224 € (vgl. Beispielsberechnung) und bezogen auf die einzelne Mieteinheit mit folgenden Barwerten:

Barwert $\Delta RE_i = (RE_{marktüblich[€/m²NF]} - RE_{tatsächlich[€/m²NF]}) \times 12 \text{ Monate} \times NF\,[m^2] \times V_i$

IV Syst. Darst. Ertragswertverfahren — Verkehrswert

Darüber hinaus ist der Mietausfall für die in den Dachgeschossen in Errichtung befindlichen Wohnungen zu berücksichtigen. Es ergibt sich ein Mietausfall für sieben Monate von rd. 120 052 € (Ermittlung nicht abgedruckt).

Haus	Mieteinheit	Strasse	Nr.	Lage	Wohnfläche m²	Letzte Mieterhöhung zum	Vertraglich am WST Monat €	€/m²	Marktüblich erzielbar €/m²	Monat €	Δ Ertrag p.a. €	voraussichtliche Dauer Jahre	Barwert Zins 5,00 %
1	2	3	4	5	6	7	8	9	10	11	12	13	14
1	1	C..str.	82	ER	110,13	1.4.2005	410,58	3,73	5,53	609,02	−1 395,87	5	−6 043
1	2	C..str.	82	EL	81,09	1.4.2005	343,82	4,24	5,39	437,08	−293,89	3	−800
1	3	C..str.	82	1L	125,80	1.4.2005	575,82	4,58	5,72	719,58	−343,10	3	−797
1	4	C..str.	82	1R	83,32	1.4.2005	313,28	3,76	5,58	464,93	−1 067,88	5	−4 623
...													
22	144	T.. Str.	9	2R	107,91	16.11.2007	849,37	7,87	6,50	701,42	1 775,46	3	4 835
23	145	K.. Str.	20	EM	125,22	1.4.2005	496,67	3,97	5,53	692,47	−1 157,55	3	−3 152
23	146	K.. Str.	20	1M	130,21	1.4.2005	578,13	4,44	5,72	744,80	−612,54	3	−1 668
23	147	K.. Str.	20	2M	118,45	1.5.2008	501,04	4,23	6,50	769,93	−2 024,12	5	−8 763
24	148	K.. Str.	21	EM	116,61	1.11.2007	913,27	7,83	6,31	735,81	2 129,53	3	5 799
24	149	K.. Str.	21	1M	129,39	1.4.2005	583,43	4,51	5,72	740,11	−479,94	3	−1 307
24	150	K.. Str.	21	2M	126,79	1.4.2005	475,36	3,75	5,72	725,24	−1 857,68	5	−8 043
		Σ = 13 693,67 m²								Σ 78 436 Monat	Σ		−56 224

Unter Berücksichtigung temporärer Besonderheiten ergeben sich folgende Ertragswerte:

Vorläufiger Ertragswert	rd.	18 144 827 €
abzüglich temporäre Mindererlöse *(underrented)*	rd	−56 224 €
abzüglich temporäre Mindererlöse Dachgeschosse		−120 052 €
Ertragswert	**rd.**	**17 968 551 €**

Die temporären Mehr- oder Mindereinnahmen werden ergänzend zum vorläufigen Ertragswert ausgeworfen und nach Maßgabe des § 8 Abs. 3 ImmoWertV gesondert berücksichtigt. Dem „Verbraucher" dieser Darstellung wird in anschaulicher Weise erläutert, bei welchen Wohneinheiten Abweichungen der Vertragsmieten gegenüber den marktüblich erzielbaren Erträgen auftreten.

d) **Ertragswertermittlung nach § 17 Abs. 1 Satz 2 i. V. m. Abs. 3 ImmoWertV**

Die Berechnung ergibt sich aus nachfolgender Berechnung wiederum entsprechend vorstehendem Ergebnis mit rd. 18 000 000 €.

Bei dieser Darstellung werden die aus Abweichungen der Vertragsmiete gegenüber den ortsüblich erzielbaren Erträgen resultierenden Mehr- und Mindererträge in ihrer Gesamtheit jahrgangsweise berücksichtigt.

Syst. Darst. Ertragswertverfahren IV

Ertragswertverfahren nach § 17 Abs. 1 Satz 2 i. V. m. Abs. 3 ImmoWertV

Lfd. Jahr	Jahr	Nutzungsart	Erträge (Nettokaltmieten)			Nicht umlegbare Bewirtschaftungskosten						Erzielter Reinertrag €	Dauer (Jahr)	Liegenschaftszinssatz	Auf WST diskontierter Cash Flow €
			Marktüblich erzielbarer Mietertrag	Temporärer Mehr- bzw. Minderertrag (ohne Leerstand)	Erzielter Mietertrag Ist	Instandhaltung	Verwaltung	Mietausfallwagnis	Betriebskosten	insgesamt in €	insgesamt in % des erzielbaren Mietertrags				
1. Jahr*	2008	WF	549 051	−465	548 587	72 691	14 583	7 844	1 961	97 078	17,68	451 508	0,58	4,75	435 193 €
2. Jahr	2009	WF	1 183 839	−797	1 183 042	204 885	39 500	23 677	5 919	273 981	23,14	909 061	1,00	4,75	844 662 €
3. Jahr	2010	WF	1 183 839	−797	1 183 042	204 885	39 500	23 677	5 919	273 981	23,14	909 061	1,00	4,75	806 359 €
4. Jahr	2011	WF	1 183 839	−5226	1 178 613	204 885	39 500	23 677	5 919	273 981	23,14	904 632	1,00	4,75	766 043 €
5. Jahr	2012	WF	1 183 839	−8390	1 175 449	204 885	39 500	23 677	5 919	273 981	23,14	901 468	1,00	4,75	728 749 €
6. Jahr	2013	WF	1 183 839	0	1 183 839	204 885	39 500	23 677	5 919	273 981	23,14	909 858	1,00	4,75	702 178 €
7. Jahr	2014	WF	1 183 839	0	1 183 839	204 885	39 500	23 677	5 919	273 981	23,14	909 858	1,00	4,75	670 337 €
8. Jahr	2015	WF	1 183 839	0	1 183 839	204 885	39 500	23 677	5 919	273 981	23,14	909 858	1,00	4,75	639 940 €
9. Jahr	2016	WF	1 183 839	0	1 183 839	204 885	39 500	23 677	5 919	273 981	23,14	909 858	1,00	4,75	610 921 €
10. Jahr	2017	WF	1 183 839	0	1 183 839	204 885	39 500	23 677	5 919	273 981	23,14	909 858	1,00	4,75	583 218 €

* 1. Juni – 31. Dezember — bis 2017 Σ **6 787 600 €**

Exit 1.1.2018 bis 31.12.2057 — Restwert:
WF 1 183 839 … 273 981   23,14   909 858   30,42 Jahre   **9 285 192 €**
zzgl. Bodenwert 12 559 820 € diskontiert   **1 962 556 €**
zzgl. StPl   **20 463 €**
Ertragswert 18 055 811 €

2.7 Allgemeine Fehlerbetrachtung

Ein Beispiel der Ermittlung des Ertragswerts eines Mietwohngrundstücks mit einer Restnutzungsdauer von 50 Jahren bei einer Gesamtnutzungsdauer von 80 Jahren ist in Abb. 24 dargestellt. An diesem *Beispiel* wird zugleich aufgezeigt, dass der Gutachter die fehlertheoretischen Zusammenhänge des Ertragswertverfahrens beherrschen muss, um das Ergebnis des Ertragswertverfahrens sachgerecht würdigen zu können. Zu beachten sind hierbei insbesondere die **Auswirkungen, die sich aus einem fehlerhaften Ansatz der in das Ertragswertverfahren eingehenden Parameter auf die Höhe des Ertragswerts ergeben.**

Dies sind:
– die (Größe der) Wohn- bzw. Nutzfläche,
– der marktüblich erzielbare Jahresrohertrag (Nettokaltmiete),
– die Höhe des Liegenschaftszinssatzes,
– die geschätzte Restnutzungsdauer,
– die Höhe der Bewirtschaftungskosten,
– der Bodenwert (Abb. 24).

IV Syst. Darst. Ertragswertverfahren — Fehlerbetrachtung

Abb. 24: Ermittlung des Ertragswerts; Fehlerbetrachtung

I Ermittlung des Ertragswerts

1. Wertermittlungsobjekt: Mietwohngrundstück

– Bodenwert (BW)	=	420 000 €
– Wohnfläche (WF)	=	1 000 m²
– Monatliche Nettokaltmiete	=	8 €/m²
– Nicht umlagefähige Bewirtschaftungskosten	=	22 %
– Restnutzungsdauer (n)	=	50 Jahre
– Liegenschaftszinssatz (p)	=	5 %
– Vervielfältiger V bei n = 50 Jahre und p = 5 %	=	18,26

2. Ermittlung des Ertragswerts:

Jahresnettokaltmiete (8,00 €/m² × 1 000 m² × 12)	=	96 000 €
– Bewirtschaftungskosten (= 22 %)	=	– 21 120 €
= Jahresreinertrag (RE)	=	74 880 €
– Bodenwertverzinsungsbetrag (420 000 € × 5/100)	=	– 21 000 €
= Ertragswert der baulichen Anlage bei V = 18,26	=	983 849 €
+ Bodenwert (BW)	=	420 000 €
= Ertragswert (EW)	=	1 403 849 €

II Auswirkung fehlerhafter Ansätze auf den Ertragswert

Die in *kursiv* gesetzten Ansätze sind gegenüber vorstehendem Beispiel jeweils um 10. v. H. zu niedrig angesetzt.

	A*	B	C
Wohnfläche	*900 m²*	1 000 m²	1 000 m²
Jahresnettokaltmiete	86 400 €	*86 400 €*	96 000 €
Liegenschaftszinssatz	5 %	5 %	*4,5 %*
Restnutzungsdauer	50 Jahre	50 Jahre	50 Jahre
Bewirtschaftungskosten	22 %	22 %	22 %
Bodenwert	420 000 €	420 000 €	420 000 €
Ertragswert (fehlerhaft)	1 267 118 €	1 267 118 €	1 526 165 €
Unterschied zu I in €	136 731 €	136 731 €	+ 122 316 €
in %	= – 9,7 %	= – 9,7 %	= + 8,7 %

	D	E	F
Wohnfläche	1 000 m²	1 000 m²	1 000 m²
Jahresnettokaltmiete	96 000 €	96 000 €	96 000 €
Liegenschaftszinssatz	5 %	5 %	5 %
Restnutzungsdauer	*45 Jahre*	50 Jahre	50 Jahre
Bewirtschaftungskosten	22 %	*19,8 %*	22 %
Bodenwert	420 000 €	420 000 €	*378 000 €*
Ertragswert (fehlerhaft)	1 377 448 €	1 442 414 €	1 400 195 €
Unterschied zu I in €	– 26 401 €	+ 38 565 €	3 654 €
in %	= – 1,9 %	= + 2,7 %	= – 0,3 %

* Dieser Fall ist im Ergebnis mit Fall B identisch.

286 Welche Auswirkungen diese Parameter auf das Ergebnis – den Ertragswert – haben, wenn sie (fehlerhaft) im Beispiel um 10 % zu niedrig gegenüber der „wahren" Höhe angesetzt wurden, wird in diesem Beispiel ergänzend dargestellt. **Neuralgische Größen sind** dabei insbesondere der **Rein- bzw. Rohertrag** (Nettokaltmiete) **sowie der Liegenschaftszinssatz**. Fehlerhafte Ansätze können dabei nicht nur bezüglich der „richtigen" Ermittlung des Ertrags pro Quadratmeter Wohn- oder Nutzfläche, sondern bereits bei der zutreffenden Ermittlung der Wohn- bzw. Nutzfläche auftreten.

287 Zur Vermeidung von Missverständnissen muss aber darauf hingewiesen werden, dass die in dem Beispiel ausgeworfenen Auswirkungen – relativ und absolut – insbesondere in Abhängigkeit von

– der Höhe des Liegenschaftszinssatzes und

– der Restnutzungsdauer

unterschiedlich ausfallen.

Fehlerbetrachtung   **Syst. Darst. Ertragswertverfahren IV**

Zu den **Auswirkungen fehlerhafter Ansätze bei der Ermittlung des Ertragswerts** wird bemerkt: **288**

a) **Fehler bei der Ermittlung der Wohnfläche** wirken sich direkt auf den Roh- bzw. Reinertrag aus. Insoweit gelten die unter Buchst. b) gemachten Ausführungen. Bezüglich der Flächenermittlung sollte dabei nicht unterstellt werden, dass Fehler nicht nur aufgrund falscher Berechnungen und Vermessungen auftreten; es kommt auch hier auf die Berechnungsmodalitäten an. Vielfach werden auch ungeprüft fehlerhafte Angaben, z. B. des Auftraggebers, übernommen.

b) Ein **Fehler bei der Ermittlung des Roh- bzw. Reinertrags** „schlägt" auf den Ertragswert besonders stark durch. Im vorstehenden Beispiel (Abb. 24) führt ein fehlerhafter Ansatz von 7,20 €/m² statt 8,00 €/m² (= 10 v. H.) zu einem nahezu um ebenfalls 10 % zu niedrigen Ertragswert. Fehler schlagen umso stärker durch, je länger die Restnutzungsdauer ist.

c) Ein **Fehler bei dem angesetzten Liegenschaftszinssatz** wirkt sich – wie ein Blick in die Vervielfältigertabelle zeigt – umso stärker auf das Ergebnis der Ertragswertermittlung aus, je länger die Restnutzungsdauer und je kleiner der Liegenschaftszinssatz in seiner absoluten Höhe ist. Als „Faustformel" kann gelten, dass ein Fehler von 0,5 % im Liegenschaftszinssatz den Ertragswert gleich um rd. 10 % verändert (vgl. § 14 ImmoWertV Rn. 112). Bei Objekten mit sehr langer Restnutzungsdauer und absolut niedrigen Liegenschaftszinssätzen sind eigentlich sogar Genauigkeiten von einer Dezimalstelle bei dem angesetzten Liegenschaftszinssatz anzustreben.

d) Ein **Fehler bei der geschätzten Restnutzungsdauer** wirkt sich – wie wiederum ein Blick in die Vervielfältigertabelle zeigt – umso stärker auf das Ergebnis der Ertragswertermittlung aus, je kürzer die Restnutzungsdauer und je kleiner der Liegenschaftszinssatz in seiner absoluten Höhe ist. Dies kommt im vorstehenden *Beispiel* unzureichend zum Ausdruck, da es sich hierbei um ein Beispiel handelt, das ein Objekt mit verhältnismäßig langer Restnutzungsdauer zum Gegenstand hat. Deshalb sei ausdrücklich darauf hingewiesen, dass das Ertragswertverfahren – angewandt auf Objekte mit kurzer Restnutzungsdauer – diesbezüglich besonders fehlerträchtig ist.

e) Ein **Fehler bei den angesetzten Bewirtschaftungskosten** schlägt direkt auf die Höhe des Reinertrags durch; insoweit gelten die zu Buchst. b) gemachten Ausführungen. Dass sich im vorstehenden *Beispiel* ein 10%iger Fehler bei den angesetzten Bewirtschaftungskosten verhältnismäßig geringfügig auf das Ergebnis der Ertragswertermittlung auswirkt, täuscht, denn beim Ansatz der Bewirtschaftungskosten können leicht größere Fehler gemacht werden. Deshalb muss auch auf die „richtige" Ermittlung der Bewirtschaftungskosten große Sorgfalt aufgebracht werden.

f) Ein **Fehler bei der Ermittlung des Bodenwerts** wirkt sich bei Objekten mit langer Restnutzungsdauer des Gebäudes in einer i. d. R. zu vernachlässigenden Größenordnung aus. Nur bei Objekten, deren Bebauung eine kurze Restnutzungsdauer aufweist, muss der Bodenwert besonders sorgfältig ermittelt werden. Bei Objekten mit sehr langer Restnutzungsdauer kann der Ertragswert unter Vernachlässigung des Bodenwerts allein durch Kapitalisierung des Reinertrags im sog. vereinfachten Ertragswertverfahren ermittelt werden (vgl. Rn. 72, 86 vgl. *Beispiel* bei § 16 ImmoWertV Rn. 244).

Bei **Anwendung des vereinfachten Ertragswertverfahrens** nach der unter Rn. 24, 35 und 66 vorgestellten Formel erhält man für das oben behandelte *Beispiel*:   **289**

$$EW = 74\,880\,€ \times 18{,}255886 = \mathbf{1\,367\,000\,€}$$

wobei
V bei n = 50 Jahre und p = 5 % : 18,233886

IV Syst. Darst. Ertragswertverfahren — Kostenmiete

290 Das Ergebnis zeigt, dass sich fehlerhafte Ansätze bei Anwendung des klassischen Ertragswertverfahrens weitaus verhängnisvoller auswirken können als bei Übergang zum vereinfachten Ertragswertverfahren (Abb. 25).

Abb. 25: Abhängigkeit des Grundstücks von der Höhe der Miete

	Wesentliche Einflussfaktoren auf den Gebäudeertragswert	
Miete in €/m² WF	Bewirtschaftungskosten in v. H.	Gebäudeertragswert in €
7,00	20,0	568 000
7,00	25,0	526 000
7,00	30,0	484 000
7,00	35,0	443 000
7,00	25,0	526 000
6,50	25,0	481 000
6,00	25,0	437 000
5,50	25,0	391 000

Berechnungsbasis: Gebäude mit 500 m² Wohnfläche
Bodenwert 100 000 €
Zinssatz 5 %

2.8 Ermittlung der Soll- bzw. Kostenmiete (Reinertrag) – Frontdoor-Approach

2.8.1 Allgemeines

▶ *Vgl. Syst. Darst. des Vergleichswertverfahrens Rn. 553 ff., 566 ff.*

291 Im Rahmen von Kaufpreisverhandlungen oder Investitionsüberlegungen stellt sich oftmals die Aufgabe, die „Sollmiete" zu ermitteln, die

a) auf der Grundlage einer vorgegebenen Verzinsung des investierten Kapitals bei einem geforderten Kaufpreis (Verkehrswert) oder

b) auf der Grundlage vorgegebener Investitionskosten (Herstellungskosten im umfassenden Sinne)

erzielt werden muss. Die Anwendung des Verfahrens unter Berücksichtigung der Finanzierungskosten wird in nicht gerade zutreffender Weise als *Frontdoor-Approach* bezeichnet. Die mit dieser Methode ermittelte „Sollmiete" oder Kostenmiete ist von der erzielbaren Marktmiete zu unterscheiden. Das Verfahren kann aber im Vergleich zu der erzielbaren Marktmiete gleichwohl wichtige Hinweise auf die Rentabilität einer Investition liefern.

292 Die **Ableitung des Kaufpreises aus der erzielbaren Monatsmiete** wiederum unter Berücksichtigung der Finanzierungskosten und sämtlicher Investitionskosten wird dagegen als *Backdoor-Approach* bezeichnet. Bei dieser Vorgehensweise handelt es sich letztlich um nichts anderes als um ein Extraktionsverfahren (Residualwertverfahren; vgl. Syst. Darst. des Vergleichswertverfahrens Rn. 553 ff., 566). Der so ermittelte Preis ist von dem Verkehrswert (Marktwert) zu unterscheiden und kann gleichwohl wichtige Hinweise zu der Rentabilität einer Kaufpreisforderung liefern.

2.8.2 Soll- bzw. Kostenmiete (Reinertrag) auf ertragswirtschaftlicher Grundlage

293 Die sich auf ertragswirtschaftlicher Grundlage ergebende **„Sollmiete" (Kostenmiete) kann durch Umkehrung des Verfahrensgangs** ermittelt werden, der der Ertragswertermittlung zugrunde liegt (vgl. Abb. 7 bei Rn. 123). Damit lässt sich die Angemessenheit eines Kaufprei-

ses im Hinblick auf eine vom Investor gewünschte (vorgegebene) Verzinsung prüfen. Zu diesem Zweck geht man in die Rechnung ein mit
- der gewünschten Verzinsung anstelle des Liegenschaftszinssatzes und
- dem Kaufpreis (Kaufofferte) anstelle des Verkehrswerts.

Man kann dann die monatliche Nettokaltmiete (Grundmiete) ermitteln, die man erzielen muss, um die gewünschte Verzinsung zu erhalten. In der Abb. 26 wird das Schema dieses Verfahrens ohne Berücksichtigung der Finanzierungskosten dargestellt.

Abb. 26: Ermittlung der Nettokaltmiete

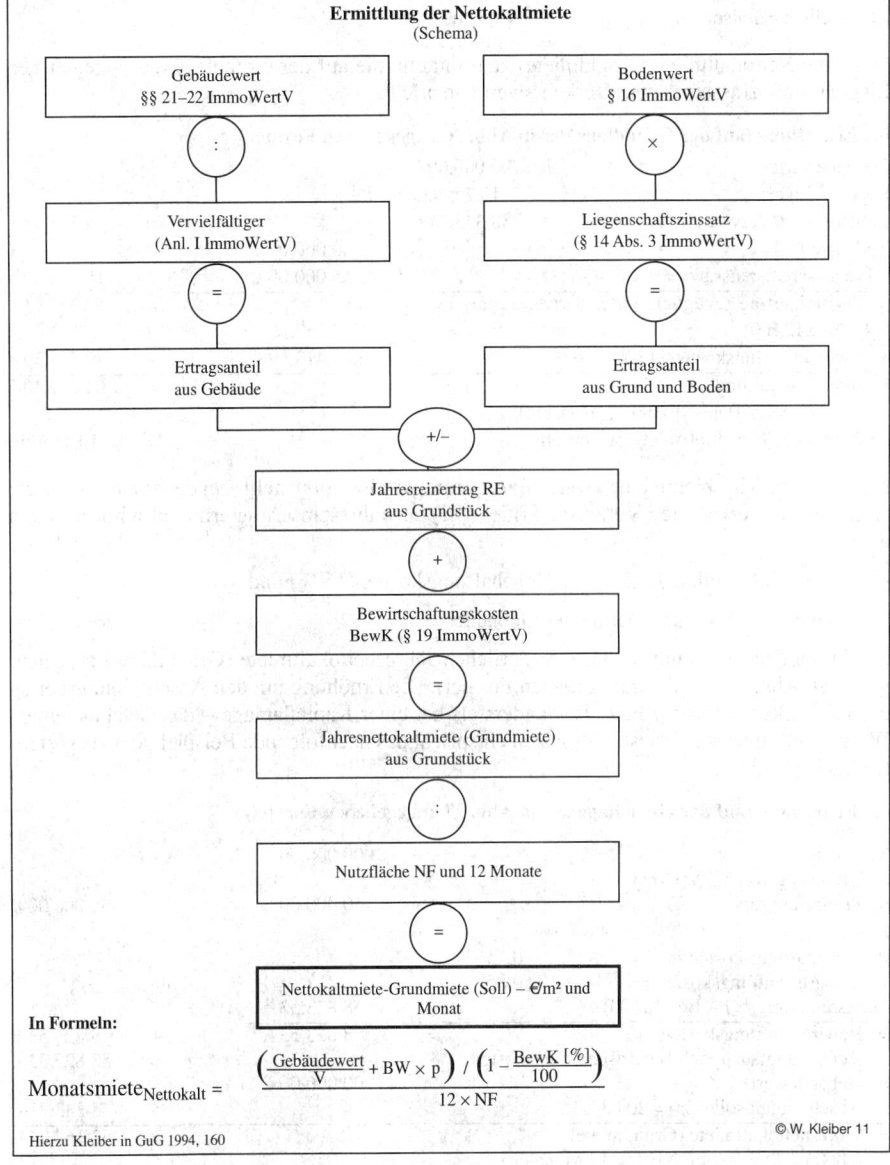

In Formeln:

$$\text{Monatsmiete}_{\text{Nettokalt}} = \frac{\left(\frac{\text{Gebäudewert}}{V} + BW \times p\right) / \left(1 - \frac{\text{BewK [\%]}}{100}\right)}{12 \times NF}$$

Hierzu Kleiber in GuG 1994, 160

© W. Kleiber 11

IV Syst. Darst. Ertragswertverfahren — Kostenmiete

294 *Beispiel:*

a) Sachverhalt

Verkehrswert	1 000 000 €
Bodenwert	300 000 €
Gebäudewert	700 000 €
Nutzfläche NF	500 m²
Restnutzungsdauer	50 Jahre
Bewirtschaftungskosten	15 %
Liegenschaftszinssatz	5 %
Vervielfältiger	18,255929
Abschreibungsdivisor	209,348

Es ist die Nettokaltmiete (Grundmiete) zu ermitteln, die auf der Grundlage des angegebenen Liegenschaftszinssatzes dem Verkehrswert entspricht.

b) Ermittlung (auf der Grundlage der in Abb. 26 angegebenen Formel)

Gebäudewert:	700 000,00 €		
Vervielfältiger:	18,255929		
Gebäudewert/Vervielfältiger	38 343,71 €	=	38 343,71 €
Bodenwert	300 000,00 €		
× Liegenschaftszinssatz (= 0,05)	15 000,00 €	+	15 000,00 €
= Jahresreinertrag zuzüglich Bodenwertverzinsungsbetrag		=	53 343,71 €
: (1 − BewK/100)	62 757,30 €		
+ Bewirtschaftungskosten (15 %)	= 9 413,59 €	+	9 413,59 €
= Jahresnettokaltmiete		=	62 757,30 €
: 6 000 m² (bei 500 m² NF und 12 Monaten)			
= Monatliche Nettokaltmiete pro m² NF		=	**10,45 €/m²**

295 Nachfolgend wird hierzu eine **zweite Berechnungsweise** vorgestellt, bei der zunächst auf der Grundlage der erwarteten Verzinsung (hier 5 %) der Jahreszinsertrag ermittelt wird, der dann noch

– um die nicht umlagefähigen Bewirtschaftungskosten (15 %) und

– um den Abschreibungsbetrag des Gebäudes

erhöht werden muss, um zu der erforderlichen Jahresnettokaltmiete (Grundmiete) zu gelangen (vgl. Abb. 27 mit der angegebenen Formel). Die Erhöhung um den Abschreibungsbetrag des Gebäudes ist erforderlich, da – anders als bei einer Kapitalanlage – das Gebäude einem Wertverzehr unterworfen ist. Ansonsten entspricht das nachfolgende Beispiel dem vorgestellten Sachverhalt.

c) Ermittlung (auf der Grundlage der in Abb. 27 angegebenen Formel)

Kaufpreis		=	1 000 000,00 €	
× Verzinsung von 5 %		×	0,05	
= Jahresreinertrag		×	50 000,00 €	50 000,00 €
Bewirtschaftungskosten in % =	0,15			
1 − Bewirtschaftungskosten =	0,85			
Jahresreinertrag / (1 − BewK/100)		=	58 823,53 €	
= Bewirtschaftungskosten		=	8 823,53 €	+ 8 823,53 €
= Verzinsung zuzüglich Bewirtschaftungskosten				= 58 823,53 €
= Gebäudewert		=	700 000,00 €	
: Abschreibungsdivisor (= 209,348)				+ 3 343,71 €
= Jahresnettokaltmiete (Grundmiete)				= 62 167,24 €
: 6 000 m² (bei 500 m² NF und 12 Monaten)				
= Monatliche Nettokaltmiete (Grundmiete) pro m² NF			=	**10,36 €/m²**

Abb. 27: Ermittlung der Nettokaltmiete bei vorgegebener Verzinsung eines Kaufpreises

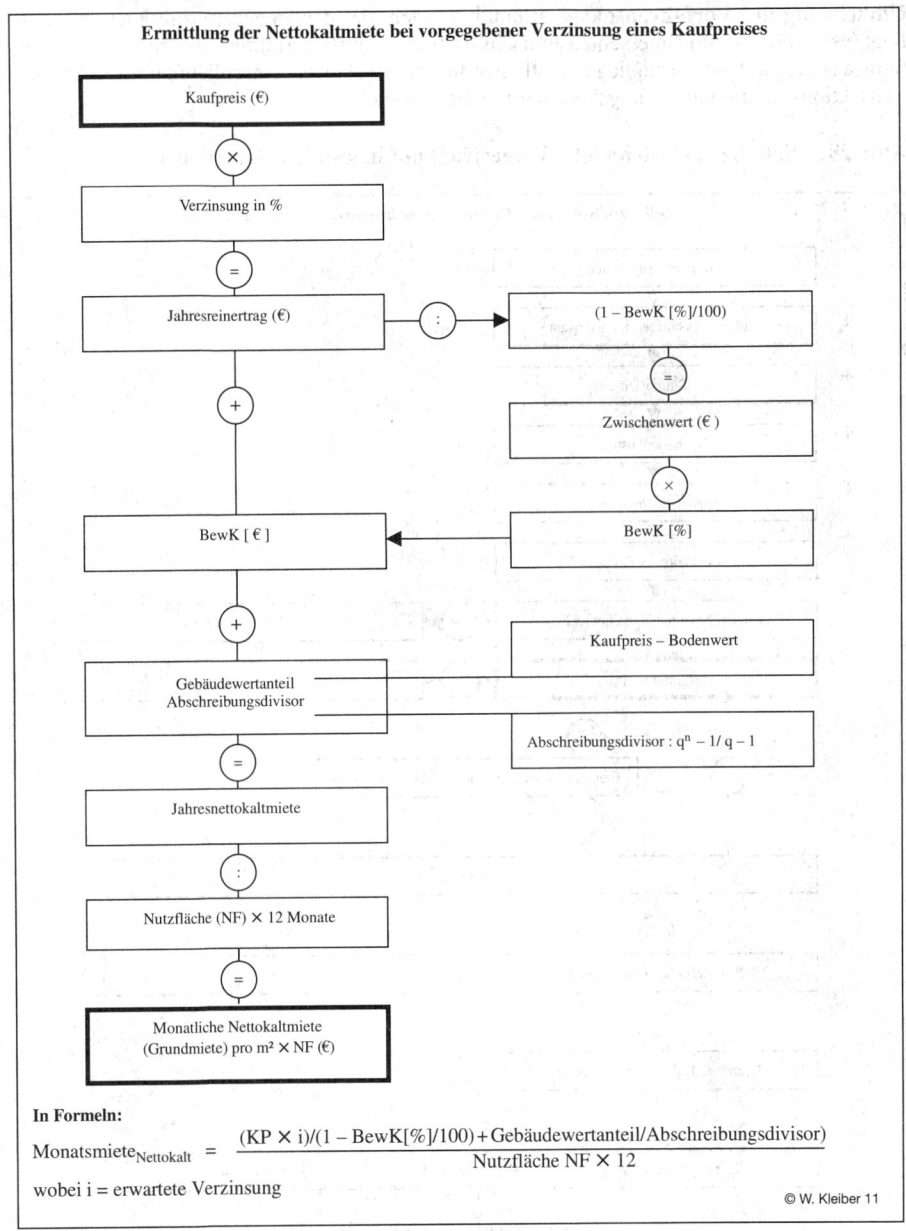

2.8.3 Soll- bzw. Kostenmiete (Reinertrag) auf investiven Grundlagen

296 Die sich auf investiver Grundlage ergebende „Sollmiete" (Kostenmiete) kann durch **Umkehrung des Verfahrensgangs** ermittelt werden, der der Sachwertermittlung zugrunde liegt (vgl. Abb. 28). Im Unterschied zum klassischen Sachwertverfahren muss dabei jedoch der Substanzwert auf der Grundlage sämtlicher Investitionskosten einschließlich Grundstückstransaktions- und Finanzierungskosten ermittelt werden.

Abb. 28: Soll- bzw. Kostenmiete (Reinertrag) auf investiven Grundlagen

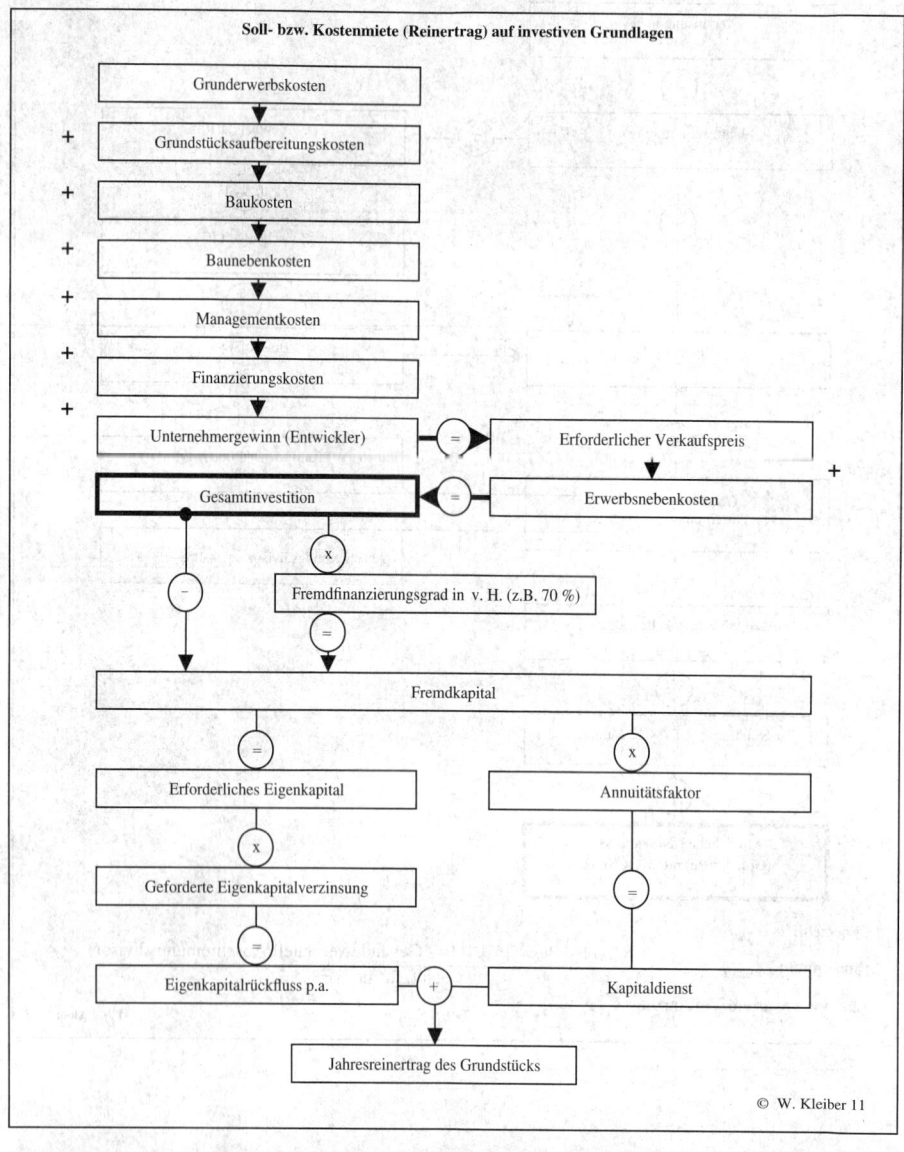

Zur Ermittlung der monatlichen Nettokaltmiete pro Quadratmeter Wohn- oder Nutzfläche aus dem Jahresreinertrag des Grundstücks vgl. Abb. 26 f.

3 Finanzmathematische Grundlagen

3.1 Allgemeines

Schrifttum: *Harboth, T., Müller, M.*, Ertragswertermittlung auf statistischer Grundlage, DS 2002, 29.

Bei der Ertragswertermittlung wird der am Wertermittlungsstichtag erzielbare nachhaltige **Grundstücksreinertrag wie eine jährlich wiederkehrende Rente** angesehen, die jedes Jahr in gleicher Höhe bis zum Ende der Nutzungsdauer des Gebäudes anfällt. Diese Rente wird als jährlich nachschüssige Zahlung angesehen, d. h., es wird unterstellt, dass der Jahresreinertrag erst am Ende eines jeweiligen Jahres in einer Summe dem Eigentümer zufließt. Aus dem Jahresreinertrag wird nach den Regeln der Rentenrechnung der Grundstücksertragswert ermittelt.

Zum Verständnis der finanzmathematischen Operationen beim Ertragswertverfahren sind **Grundkenntnisse der Zinseszins- und Rentenberechnung** erforderlich. Es sind im Allgemeinen folgende Rechenoperationen vorzunehmen:

– die Aufzinsung einer einmaligen Zahlung oder Einnahme,
– die Abzinsung einer einmaligen Zahlung oder Einnahme,
– die Barwertermittlung einer (jährlich) wiederkehrenden Zahlung oder Einnahme,
– die Endwertermittlung einer (jährlich) wiederkehrenden Zahlung oder Einnahme.

Für ausgeliehenes Kapital wird im Allgemeinen als Gegenleistung ein Entgelt verlangt. Dieses Entgelt ist der Preis für das geliehene Kapital und wird als **Zins** bezeichnet. Hat man Zinsen zu bezahlen, spricht man von **Sollzinsen**. Werden Zinsen eingenommen, werden diese als **Habenzinsen** bezeichnet. Die Höhe der Zinsen bestimmt sich wie jeder Preis nach Angebot und Nachfrage. Auf dem Grundstücksmarkt fördern niedrige Zinsen und hemmen hohe Zinsen die Investitionsbereitschaft. Die jeweilige Zinshöhe wird außerdem entscheidend vom jeweiligen Basiszinssatz[66] beeinflusst. Bei finanzmathematischen Berechnungen wird der Zinssatz meistens in Dezimalschreibweise angegeben (Zinssatz i = Zinsfuß/100, also für einen Zinsfuß von 6 % schreibt man i = 0,06).

Die Zeitdauer, für die das Kapital ausgeliehen wird, nennt man **Laufzeit**. Sie wird meistens in Jahren angegeben; n gibt die Anzahl der Perioden/Jahre an.

Es bedeuten:

K_0 = Anfangskapital am Anfang des 1. Jahres (heutiger Wert des Kapitals/Gelds)
K_1 = Kapital am Ende des 1. Jahres
K_n = Endkapital (Kapital am Ende des n-ten Jahres)
i = Zinssatz in Dezimalform (5 % Zins, also 0,05)
n = Anzahl der Perioden (Jahre).

Im Wirtschaftsleben werden unterschiedliche Zinsbegriffe verwendet, die zum Teil identische Bedeutung haben.

3.2 Aufzinsung

Unter der **Aufzinsung** (einer einmaligen Zahlung) versteht man die **Ermittlung eines Endkapitals K_n, das sich für ein Anfangskapital K_0** (zu einem bestimmten Zeitpunkt t_0) **nach n Jahren ergibt**, wenn das Anfangskapital K_0 über die Laufzeit n mit i Prozent verzinst wird (Abb. 1):

---

[66] Zinssatz, zu dem die Banken Geld leihen.

IV Syst. Darst. Ertragswertverfahren — Aufzinsung

Abb. 1: Aufzinsung

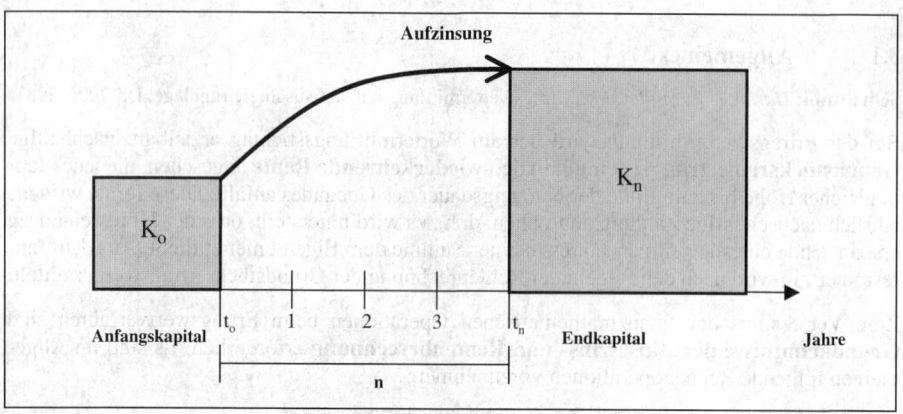

302 Die **Aufzinsungsformel** lautet $K_n = K_o \times (1 + i)^n$

oder vereinfacht wenn $(1 + i) = q \quad K_n = K_o \times q_n$

$q = (1 + i)$ wird auch als **Zinsfaktor** bezeichnet.

303 q^n wird als **Aufzinsungsfaktor** bezeichnet und ist in Abhängigkeit vom Zinssatz und der Laufzeit tabuliert. Es ist der Reziprokwert des in der Anl. 2 zur ImmoWertV abgedruckten Abzinsungsfaktors.

304 *Beispiel:*

A legt auf der Bank die Summe von 10 000 € für 5 Jahre zu 6 % Zinsen p. a. an. Wie hoch ist sein Kapital nach 5 Jahren?

Lösung:

K_n = 10 000 € × $1{,}06^5$
K_n = 10 000 € × 1,338226
K_n = 13 382,26 €

Nach Ablauf von 5 Jahren ist das Kapital von 10 000 € auf 13 382,26 € angewachsen.

Würde nicht der Aufzinsungsfaktor aus der Aufzinsungstabelle (q^n) verwendet werden, müsste wesentlich aufwendiger gerechnet werden:

Der Aufzinsungsfaktor (q^n) bei einem Jahr betrage 1,06:

Zeit	Anfangskapital	Zinsfaktor	Aufgezinstes Kapital (Endkapital)	Zinsanteil
1. Jahr	10 000,00 € ×	1,06	10 600,00 €	600,00 €
2. Jahr	10 600,00 € ×	1,06	11 236,00 €	636,00 €
3. Jahr	11 236,00 € ×	1,06	11 910,16 €	674,16 €
4. Jahr	11 910,16 € ×	1,06	12 624,77 €	714,61 €
5. Jahr	12 624,77 € ×	1,06	13 382,26 €	757,49 €
Summe				3 382,26 €

An Zinsen sind 3 382,26 € angefallen. Das Anfangskapital von 10 000 € ist folglich auf 13 382,26 € angewachsen. Das gleiche Ergebnis wird erzielt, wenn das Anfangskapital von 10 000 € mit dem Aufzinsungsfaktor 1,3382 (bei n = 5 und i = 0,06) multipliziert wird.

3.3 Abzinsung/Diskontierung

Unter einer **einfachen Abzinsung (einer einmaligen Zahlung)** versteht man die **Ermittlung eines Anfangskapitals K_0, das sich für ein bekanntes Endkapital K_n** (zu einem bestimmten Zeitpunkt t_n) ergibt, wenn dieses Anfangskapital über die Laufzeit n mit i Prozent verzinst wird. Die Abzinsung wird auch als Diskontierung bezeichnet (Abb. 2).

Abb. 2: Abzinsung

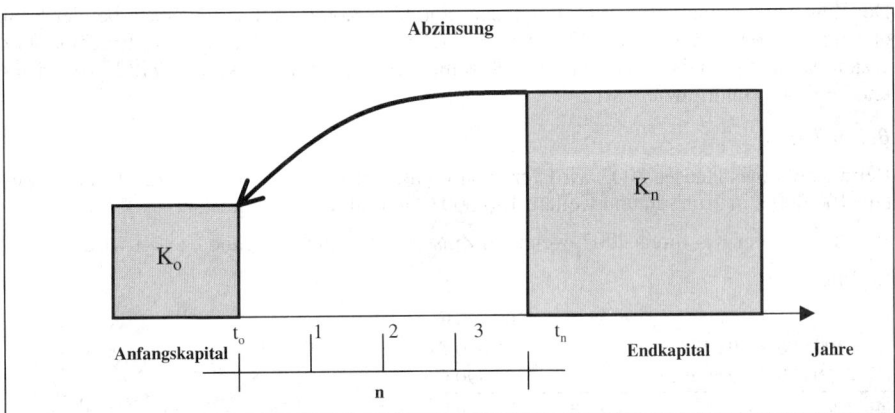

Die **Abzinsungsformel** (Diskontierungsformel) lautet:

$$K_0 = K_n \, \frac{1}{(1+i)^n}$$

oder vereinfacht t

$$K_0 = K_n \times \frac{1}{q^n} = K_n \times q^{-n}$$

Der **Abzinsungsfaktor (Diskontierungsfaktor)** $1/q^n$ ist mithin der Reziprokwert des Aufzinsungsfaktors. Er lässt sich mathematisch auch q^{-n} schreiben und ist wiederum in Abhängigkeit von Zinssatz und Laufzeit in der Anl. 2 zur ImmoWertV tabuliert.

Beispiel 1

A kann in 4 Jahren ein Grundstück zu einem vereinbarten Kaufpreis von 100 000 € kaufen. Welchen Anteil dieser Summe muss er heute zurücklegen, um in 4 Jahren den Kaufpreis von 100 000 € bezahlen zu können, wenn ihm die Bank einen Zinssatz von 6,5 % einräumt?

Lösung:

K_0 = 100 000 € × $1/1{,}065^4$
K_0 = 100 000 € × 0,777323
K_0 = 77 732 €

A muss demnach heute 77 732 € bei der Bank einzahlen, damit er in 4 Jahren mit dem dann auf 100 000 € angewachsenen Kapital das Grundstück kaufen kann.

Auch hier kann man die aufwendigere Einzelberechnung vornehmen. Der Abzinsungsfaktor ($1/q^n$) bei einem Jahr beträgt 0,938967.

IV Syst. Darst. Ertragswertverfahren — Abzinsung

Zeit	Endkapital	Zinsfaktor	Abgezinstes Kapital (Anfangskapital)	Zinsanteil
1. Jahr	100 000,00 € ×	0,938967	93 896,70 €	6 103,30 €
2. Jahr	93 896,70 € ×	0,938967	88 165,90 €	5 730,98 €
3. Jahr	88 165,90 € ×	0,938967	82 784,87 €	5 381,03 €
4. Jahr	82 784,87 € ×	0,938967	77 732,26 €	5 052,61 €
Summe				22 267,92 €

Der Zins beträgt innerhalb der 4 Jahre insgesamt 22 268,00 €. A muss demnach bei der Bank den Betrag von (100 000 € − 22 268 € =) 77 732 € einzahlen. Das gleiche Ergebnis wird erzielt, wenn das Endkapital von 100 000 € mit dem Abzinsungsfaktor 0,777323 (bei n = 4 und i = 0,065) multipliziert wird.

309 *Beispiel 2:*

Beim Kauf eines Hauses 2002 wird vereinbart, dass der Käufer 200 000 € sofort in bar, weitere 100 000 € in 2 Jahren und weitere 150 000 € in 5 Jahren zu zahlen hat.

Wie hoch ist der Kaufpreis 2002, wenn ein Zinssatz von 7,5 % zugrunde gelegt wird?

Lösung

K_1	=	200 000 €
K_2 = 100 000 € × 0,8653	=	86 530 €
K_3 = 150 000 € × 0,6066	=	104 490 €
Summe	=	391 020 €

Es wurde über eine Summe von insgesamt 450 000 € verhandelt, die in unterschiedlich hohen Teilbeträgen über einen fünfjährigen Zeitraum zu zahlen ist. Bezogen auf 2002 ist die Summe jedoch nur 391 020 € „wert", denn dem Verkäufer entgehen die Zinsen für 100 000 € über 2 Jahre und die Zinsen von 150 000 € für 5 Jahre.

310 Auf der Grundlage eines Kapitalbetrags von 10 000 € zum gegenwärtigen Zeitpunkt t_0 wird zur Veranschaulichung in Abb. 3 der Barwert dargestellt, der sich für diesen Betrag bei einem Zinssatz von 5 % in den vorherigen und nachfolgenden Jahren ergibt.

Abb. 3: Auf- und Abzinsung

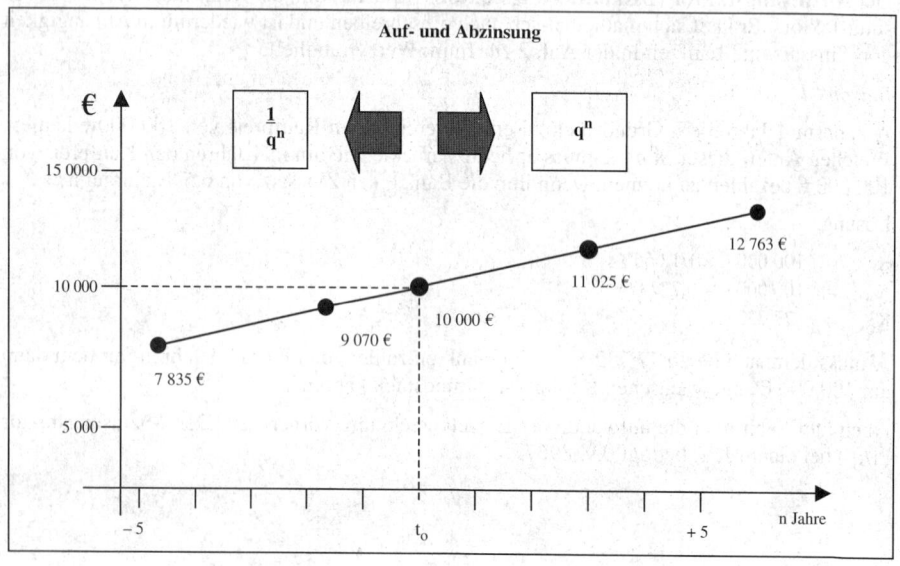

3.4 Barwertermittlung einer jährlich wiederkehrenden Zahlung

▶ *Grundsätzliches hierzu bei Rn. 244 ff. sowie bei § 20 ImmoWertV Rn. 3 ff.*

Erfolgen **gleichbleibende Zahlungen** (Einnahmen) **in gleichen wiederkehrenden Zeitabständen** spricht man von einer **Rente**. Fundamentaler Teil der Ertragswertermittlung ist es, den Gesamtwert regelmäßiger Einnahmen (Jahresreinerträge) auf einen vorgegebenen Zeitpunkt hin (Wertermittlungsstichtag) abzuzinsen, d. h. zu diskontieren und aufzusummieren (Abb. 4).

Abb. 4: Barwertermittlung

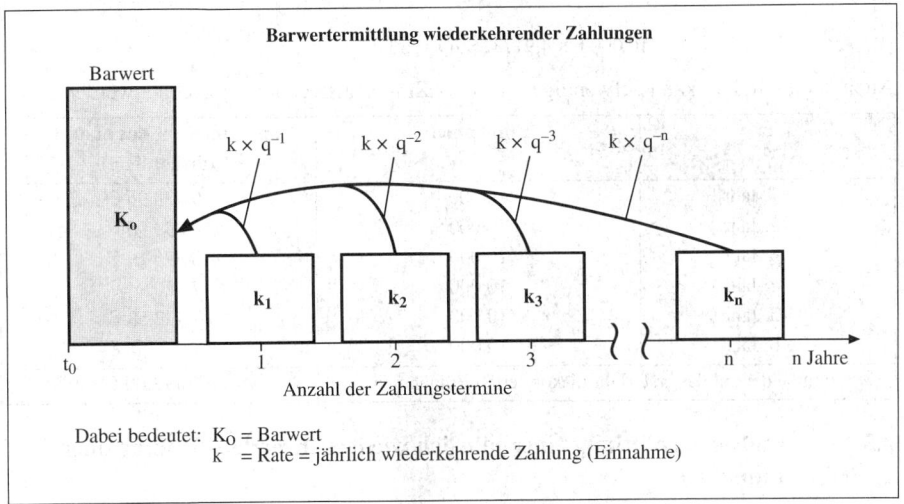

Bei der Verkehrswertermittlung wird definitionsgemäß grundsätzlich von jährlich nachschüssigen Zahlungen oder Einnahmen ausgegangen, obwohl die (Miet-) Erträge üblicherweise monatlich vorschüssig anfallen. Die in diesem Abschnitt behandelten Berechnungsformeln **beziehen sich** deshalb **auf jährlich nachschüssige Renten**.

Grundsätzlich ist diese Aufgabenstellung mit den Mitteln der Zinseszinsrechnung zu lösen. Die Verfahrensweise ist jedoch sehr umständlich, da eine Zusammenfassung mehrerer Diskontierungen in einem Rechengang nicht möglich ist.

Die **Barwertformel** lautet:

$$K_0 = k \times \frac{1}{q^n} \times \frac{q^n - 1}{q - 1}$$

wobei

Rentenbarwertfaktor $= \dfrac{1}{q^n} \times \dfrac{q^n - 1}{q - 1} = \dfrac{(1 + i)^n - 1}{i(1 + i)^n}$

k = jährliche Rate mit der Besonderheit, dass der Rentenbarwertfaktor bei $n \to \infty$ zu $1/i$ wird.

Die sich in Abhängigkeit von n (Restnutzungsdauer, Anzahl der Zahlungstermine) und dem jeweiligen Liegenschaftszinssatz ergebenden Barwertfaktoren werden auch als **Vervielfältiger** oder Kapitalisierungsfaktoren bezeichnet und können aus Tabellen entnommen werden (z. B. Anl. 1 zur ImmoWertV).

IV Syst. Darst. Ertragswertverfahren — Endwertermittlung

314 *Beispiel:*

Wie hoch ist der Barwert im Jahre 2000, wenn von 2000 an bis zum Jahr 2006 jährlich eine Einnahme von 10 000 € erzielt wird, die mit 6 % verzinst wird?

K_0 = 10 000 € × $1/1{,}06^6$ × $(1{,}06^6 - 1)/(1{,}06 - 1)$
K_0 = 10 000 € × 0,70486 × (1,41852 − 1)/0,06
K_0 = 49 173 €

Die Rechnung vereinfacht sich durch Anwendung der Vervielfältigertabelle.

Nach dieser Tabelle beträgt bei n = 6 Jahre und p = 6 % (i = 0,06) der Barwertfaktor (Vervielfältiger) 4,91832

$$10\,000\ € \times 4{,}91732 = 49\,173\ €$$

Auch in diesem Fall kann aufwendiger nach der Zinseszinsrechnung gerechnet werden;

n	Einnahmen €	Einnahmen auf das erste Jahr (diskontiert)
1. Jahr	10 000	9 433,96 €
2. Jahr	10 000	8 899,96 €
3. Jahr	10 000	8 396,19 €
4. Jahr	10 000	7 920,94 €
5. Jahr	10 000	7 472,58 €
6. Jahr	10 000	7 049,61 €
Summe der auf das erste Jahr diskontierten Einnahmen		49 173,00 €

3.5 Endwertermittlung einer jährlich wiederkehrenden Zahlung oder Einnahme

314 Der Endwert K_n einer Zahlungsreihe von n gleich großen Raten k bei einem Zinssatz von i bestimmt sich unter der Voraussetzung, dass die Zahlungen und die **Zinszuschläge jeweils am Jahresende** erfolgen als Produkt der Rate k und dem sog. Rentenendwertfaktor:

$$K_n = k \times \frac{q^n - 1}{q - 1}$$

wobei

Rentenbarwertfaktor $= \dfrac{q^n - 1}{q - 1} = \dfrac{(1 + i)^n - 1}{i}$

k = jährliche Rate

Der **Rentenendwertfaktor** ist also das Gegenstück zum Rentenbarwertfaktor.

315 *Beispiel:*

Ein Bausparer schließt einen Vertrag ab, in dem er sich verpflichtet, nach der ersten Zahlung von 2 000 € in Jahresabständen am Ende jeden Jahres 6 Jahre lang je 1 000 € zu zahlen. Wie hoch ist die Bausparsumme 10 Jahre nach Vertragsabschluss, wenn der Zinseszins 6 % beträgt (Abb. 5)?

Abb. 5: Endwert einer wiederkehrenden Zahlung

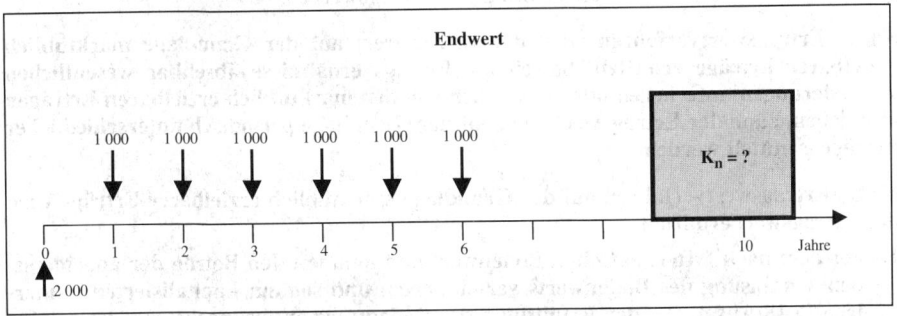

Lösung:

$$= (2\,000\ €\times q^{10}) + (1\,000\ €\times \frac{q^6-1}{q-1})q^4$$

$$= 3\,581{,}70\ € + (1\,000\ €\times 6{,}9753)\,1{,}2625$$

$$= 3\,581{,}70\ € + 8\,806{,}32$$

$$= 12\,388{,}02\ €$$

Die einmalige Zahlung von 2 000 € verzinst sich bis Ende des zehnten Jahres auf 3 581,70 €. Der Kapitalwert der jährlichen Einzahlungen beträgt am Ende des sechsten Jahres 6 975,30 €. Diese Summe steht weitere 4 Jahre auf Zinseszins, sodass sich (10 Jahre nach Vertragsabschluss) insgesamt ein Kapitalwert von 12 388,02 € ergibt.

§ 17 ImmoWertV
Ermittlung des Ertragswerts

(1) Im Ertragswertverfahren wird der Ertragswert auf der Grundlage marktüblich erzielbarer Erträge ermittelt. Soweit die Ertragsverhältnisse absehbar wesentlichen Veränderungen unterliegen oder wesentlich von den marktüblich erzielbaren Erträgen abweichen, kann der Ertragswert auch auf der Grundlage periodisch unterschiedlicher Erträge ermittelt werden.

(2) Im Ertragswertverfahren auf der Grundlage marktüblich erzielbarer Erträge wird der Ertragswert ermittelt

1. aus dem nach § 16 ermittelten Bodenwert und dem um den Betrag der angemessenen Verzinsung des Bodenwerts verminderten und sodann kapitalisierten Reinertrag (§ 18 Absatz 1); der Ermittlung des Bodenwertverzinsungsbetrags ist der für die Kapitalisierung nach § 20 maßgebliche Liegenschaftszinssatz zugrunde zu legen; bei der Ermittlung des Bodenwertverzinsungsbetrags sind selbstständig nutzbare Teilflächen nicht zu berücksichtigen (allgemeines Ertragswertverfahren), oder
2. aus dem nach § 20 kapitalisierten Reinertrag (§ 18 Absatz 1) und dem nach § 16 ermittelten Bodenwert, der mit Ausnahme des Werts von selbstständig nutzbaren Teilflächen auf den Wertermittlungsstichtag nach § 20 abzuzinsen ist (vereinfachtes Ertragswertverfahren).

Eine selbstständig nutzbare Teilfläche ist der Teil eines Grundstücks, der für die angemessene Nutzung der baulichen Anlagen nicht benötigt wird und selbstständig genutzt oder verwertet werden kann.

(3) Im Ertragswertverfahren auf der Grundlage periodisch unterschiedlicher Erträge wird der Ertragswert aus den durch gesicherte Daten abgeleiteten periodisch erzielbaren Reinerträgen (§ 18 Absatz 1) innerhalb eines Betrachtungszeitraums und dem Restwert des Grundstücks am Ende des Betrachtungszeitraums ermittelt. Die periodischen Reinerträge sowie der Restwert des Grundstücks sind jeweils auf den Wertermittlungsstichtag nach § 20 abzuzinsen.

Gliederungsübersicht

				Rn.
1	Grundlagen des Ertragswertverfahrens (§ 17 Abs. 1 ImmoWertV)			
	1.1	Übersicht		
		1.1.1	Systematik der Regelung	1
		1.1.2	Entstehungsgeschichte	9
	1.2	Ertrag		
		1.2.1	Allgemeines	10
		1.2.2	Marktüblich erzielbarer Ertrag der Standardverfahren	13
		1.2.3	Berücksichtigung besonderer Ertragsentwicklungen	
			1.2.3.1 Allgemeines	19
			1.2.3.2 Temporäre Abweichungen vom marktüblich erzielbaren Ertrag	25
			1.2.3.3 Absehbare wesentliche Veränderungen	32
2	Allgemeines Ertragswertverfahren (Standardverfahren nach § 17 Abs. 2 ImmoWertV)			
	2.1	Übersicht		37
	2.2	Allgemeines (zweigleisiges) Ertragswertverfahren nach § 17 Abs. 2 Nr. 1 ImmoWertV		39
	2.3	Vereinfachbares (eingleisiges) Ertragswertverfahren nach § 17 Abs. 2 Nr. 2 ImmoWertV		45
3	Mehrperiodisches Ertragswertverfahren			
	3.1	Allgemeines		48
	3.2	Mehrperiodisches Ertragswertverfahren nach § 17 Abs. 3 ImmoWertV		
		3.2.1	Allgemeines	56
		3.2.2	Reinerträge	59
		3.2.3	Betrachtungszeitraum	60

	3.2.4 Restwert des Grundstücks	61
	3.2.5 Rechentechnische Hinweise	64
4	Ertragswertermittlung nach Runge	69

1 Grundlagen des Ertragswertverfahrens (§ 17 Abs. 1 ImmoWertV)

1.1 Übersicht

1.1.1 Systematik der Regelung

Schrifttum: *Fischer/Lorenz/Biederbeck/Astl*, Verkehrswertermittlung von bebauten und unbebauten Grundstücken, Köln 2005; *Kleiber*, Nachhaltige Einnahmen und Ausgaben, GuG 2006, 25; *Petersen/Schnoor/Seitz/Vogel*, Verkehrswertermittlung von Immobilien, 2. Aufl., 2013; *Sommer/Kröll*, Lehrbuch zur Immobilienbewertung, 3. Aufl. 2010.

▶ *Weiterführend Syst. Darst. des Ertragswertverfahrens Rn. 1 ff., 33, 72, 86, 103, 288 ff., 249; zur Verfahrenswahl § 8 ImmoWertV Rn. 5, 62 ff.; § 14 ImmoWertV Rn. 148 ff.; Vorbem. zur ImmoWertV Rn. 13*

Mit § 17 ImmoWertV werden aus der großen „Familie" der Ertragswertverfahren insgesamt drei Varianten des Ertragswertverfahrens geregelt: **1**

1. das als **„allgemeines Ertragswertverfahren"** bezeichnete zweigleisige Ertragswertverfahren (vgl. § 17 Abs. 2 Nr. 1 ImmoWertV) unter Aufteilung des Ertragswerts in einen Boden- und Gebäudewertanteil,

2. das als **„vereinfachte Ertragswertverfahren"** bezeichnete *eingleisige* Ertragswertverfahren ohne Aufteilung des Ertragswerts in einen Boden- und Gebäudewertanteil (vgl. § 17 Abs. 2 Nr. 2 ImmoWertV; zum irreführenden Begriff vgl. unten Rn. 37, 45 sowie Syst. Darst. des Ertragswertverfahrens Rn. 33, 72, 86, 103 und 288) und

3. das **„mehrperiodische Ertragswertverfahren"** unter Aufteilung des Ertragswerts in Ertragswertanteile einzelner Perioden – i. d. R. einzelner Jahre – eines „Betrachtungszeitraums" und in einen Restwert (§ 17 Abs. 1 Satz 2 i. V. m. Abs. 3 ImmoWertV).

Es handelt sich dabei nicht um eine abschließende Aufzählung; andere in § 17 ImmoWertV nicht genannte Verfahrensvarianten sind grundsätzlich zulässig.

Bei den drei dort geregelten Verfahren handelt es sich um mathematisch identische Verfahren, die zu ein und demselben Ergebnis führen müssen. Das in § 17 Abs. 2 ImmoWertV geregelte *allgemeine und „vereinfachte" Ertragswertverfahren (ein- und zweigleisige Ertragswertverfahren)* auf Grundlage marktüblich erzielbarer Erträge steht dabei allerdings im engen Kontext zu der Regelung des § 8 Abs. 3 ImmoWertV, nach dem u. a. **„von den marktüblich erzielbaren Erträgen erheblich abweichende Erträge"** in einem ergänzenden Rechenschritt zu berücksichtigen sind. Bei Anwendung des mehrperiodischen Ertragswertverfahrens nach § 17 Abs. 1 Satz 2 i. V. m. Abs. 3 ImmoWertV werden diese Abweichungen direkt in der jeweiligen Periode mit dem jährlichen Gesamtertrag berücksichtigt. **2**

Die **Verfahren unterscheiden sich im Wesentlichen in der Darstellung des Ergebnisses:** **3**

– Während bei Anwendung des ein- und zweigleisigen Ertragswertverfahrens (allgemeines und „vereinfachtes" Ertragswertverfahren – Standardverfahren –) in einem ersten Schritt der vorläufige Ertragswert auf der Grundlage der „langfristigen" Ertragssituation ermittelt wird und die i. d. R. temporären Abweichungen von den marktüblich erzielbaren Erträgen gesondert ausgewiesen und differentiell berücksichtigt werden,

– werden bei Anwendung des mehrperiodischen Ertragswertverfahrens die in den jeweiligen Perioden des „Betrachtungszeitraums" unter Einbeziehung von Mehr- oder Minderer-

IV § 17 ImmoWertV — Grundlagen des Ertragswertverfahrens

trägen insbesondere aufgrund wohnungs-, miet- und vertragsrechtlicher Bindungen erwarteten Gesamterträge (i. d. R. jährlich) ausgewiesen.

§ 17 Abs. 1 ImmoWertV stellt gewissermaßen die Weiche zwischen

a) dem in Abs. 2 geregelten ein- und zweigleisigen Ertragswertverfahren (Standardverfahren) und

b) dem in Abs. 3 geregelten mehrperiodischen Ertragswertverfahren.

Nach Satz 1 soll bei Anwendung des in Abs. 2 geregelten ein- und zweigleisigen Ertragswertverfahrens (Standardverfahren) vom marktüblich erzielbaren Ertrag ausgegangen werden. Satz 2 eröffnet **als „Kann-Vorschrift" die Möglichkeit, den Ertragswert unter Anwendung des in Abs. 3 geregelten mehrperiodischen Ertragswertverfahrens zu ermitteln**, „soweit die Ertragsverhältnisse

1. absehbar wesentlichen Veränderungen unterliegen oder
2. wesentlich von den marktüblich erzielbaren Erträgen abweichen".

4 Darüber hinaus müssen bei allen in § 17 ImmoWertV geregelten Ertragswertverfahren nach § 8 Abs. 2 ImmoWertV

a) die allgemeinen Wertverhältnisse auf dem Grundstücksmarkt und

b) die *sonstigen* in § 8 **Abs. 3 ImmoWertV genannten besonderen objektspezifischen Grundstücksmerkmale, insbesondere Baumängel und Bauschäden** (Instandhaltungsrückstau) und dgl.,

ergänzend berücksichtigt werden, um zum Ertragswert zu kommen. Während die „allgemeinen Wertverhältnisse" i. d. R. bereits mit dem Liegenschaftszinssatz umfassend berücksichtigt werden, nimmt die Berücksichtigung der „besonderen" mit dem Verfahren (noch) nicht direkt berücksichtigten „objektspezifischen Grundstücksmerkmale" (Anomalien) häufig einen breiten Raum ein und stellt damit eine wesentliche Ergänzung der Ertragswertermittlung dar.

Der **Verkehrswert** ist abschließend **aus dem Ergebnis der Ertragswertermittlung** gegebenenfalls unter Heranziehung der Ergebnisse anderer herangezogener Wertermittlungsverfahren nach Maßgabe des § 8 Abs. 1 Satz 3 ImmoWertV **abzuleiten**.

5 § 17 ImmoWertV **gebraucht die Begriffe „Ertragswert" und „Ertragswertverfahren" materiell widersprüchlich:**

– So bestimmt sich nach § 17 Abs. 1 Satz 1 i. V. m. Abs. 2 ImmoWertV der Ertragswert allein auf der Grundlage der *marktüblich erzielbaren Erträge*. Von einer Berücksichtigung der besondere objektspezifische Grundstücksmerkmale i. S. des § 8 Abs. 3 ImmoWertV, wie z. B. der Berücksichtigung von Baumängeln und Bauschäden und insbesondere von der Berücksichtigung abweichender Mieten und Pachten, ist in § 17 ImmoWertV keine Rede; es wird noch nicht einmal darauf hingewiesen (so noch § 15 Abs. 1 WertV 88/98 mit dem Hinweis auf § 19 WertV). Daraus könnte geschlossen werden, dass sich der „Ertragswert" unter Ausschluss der „besonderen objektspezifischen Grundstücksmerkmale" i. S. des § 8 Abs. 3 ImmoWertV ergeben soll. Mit § 17 Abs. 1 Satz 2 i. V. m. Abs. 3 ImmoWertV sollen indessen vom marktüblich erzielbaren Ertrag abweichende Mieten und Pachten bei der Ertragswertermittlung direkt berücksichtigt werden und es ergibt sich ein Ertragswert unter Einbeziehung abweichender Mieten und Pachten.

– Auch **Baumängel und Bauschäden** sowie andere in § 8 Abs. 3 ImmoWertV genannte „besonderer objektspezifischer Grundstücksmerkmale" lassen sich bei Anwendung des Ertragswertverfahrens direkt insbesondere durch entsprechend geminderte oder erhöhte „marktüblich erzielbare Erträge", durch eine geänderte Restnutzungsdauer oder durch einen modifizierten Liegenschaftszinssatz berücksichtigen und sind dann Bestandteil des „Ertragswerts". In der Wertermittlungspraxis wird der Ertragswert bei vorhandenen Baumängeln und Bauschäden (Instandhaltungsrückstau) zumeist jedoch unter der Fiktion

Grundlagen des Ertragswertverfahrens § 17 ImmoWertV IV

eines ordnungsgemäß instand gehaltenen Gebäudes als vorläufiger Ertragswert ermittelt, der dann in einem zweiten Schritt entsprechend gemindert wird (vgl. Rn. 16).

Bei alledem empfiehlt es sich, die **Berücksichtigung der „besonderen objektspezifischen Grundstücksmerkmale"** i. S. des § 8 Abs. 3 ImmoWertV grundsätzlich **als Bestandteil der Ertragswertermittlung** zu betrachten. Dass die Berücksichtigung der „besonderen objektspezifischen Grundstücksmerkmale" integraler Bestandteil der Ertragswertermittlung ist, wurde in der ImmoWertV erst auf Empfehlung des Bundesrates klargestellt. Auf Vorschlag des Bundesrates[1] ist in § 8 Abs. 2 ImmoWertV klargestellt worden, dass sowohl die Marktanpassung als auch die besonderen objektspezifischen Grundstücksmerkmale „in" dem Ertragswertverfahren zu berücksichtigen sind.

Allen Verfahren gemeinsam ist die Kapitalisierung bzw. Abzinsung der Erträge mithilfe des Liegenschaftszinssatzes nach § 14 Abs. 3 ImmoWertV. Dies gilt auch für das mehrperiodische Ertragswertverfahren (§ 20 ImmoWertV). Es handelt sich mithin bei allen Verfahren um die international gebräuchliche Form der Ertragswertermittlung *(all over capitalization method*[2]*)* auf der Grundlage der *all over capitalization rate* (Liegenschaftszinssatz). Es handelt sich indessen auch bei Anwendung des mehrperiodischen Ertragswertverfahrens nicht um ein prognosegestütztes Ertragswertverfahren (*Discounted Cash Flow* Verfahren), denn dieses basiert auf prognostizierten Erträgen, die mit einem speziellen sich am Kapitalmarkt orientierten Zinssatz diskontiert werden (vgl. Vorbem. zur ImmoWertV Rn. 13; Syst. Darst. des Ertragswertverfahrens Rn. 249; § 14 ImmoWertV Rn. 148 ff.). 6

Darüber hinaus ist auch bei allen Verfahren der **Bodenwert** nach Maßgabe der Grundsatzregelung des § 16 Abs. 1 ImmoWertV mit dem Bodenwert eines unbebauten Grundstücks anzusetzen. Dieser Bodenwert ist bei allen Ertragswertverfahren 7

– nach § 16 Abs. 3 ImmoWertV um die **Freilegungskosten** zu vermindern, wenn „alsbald" (in einem Zeitraum von bis zu 20 Jahren) mit dem Abriss der Gebäude zu rechnen ist (vgl. Syst. Darst. des Ertragswertverfahrens Rn. 61),

– nach § 16 Abs. 4 ImmoWertV zu modifizieren, wenn die auf dem zu bewertenden Grundstück realisierte Bebauung „erheblich" von der nach § 6 Abs. 1 ImmoWertV zulässigen bzw. lagetypischen Nutzung abweicht. Bei einer langen Restnutzungsdauer des Gebäudes kann hierauf allerdings regelmäßig verzichtet werden, da der Bodenwert den Ertragswert nur marginal beeinflusst (vgl. § 16 ImmoWertV Rn. 222; Syst. Darst. des Ertragswertverfahrens Rn. 284 ff.).

Bei allen in § 17 ImmoWertV geregelten Ertragswertverfahren bestimmt sich der zu kapitalisierende bzw. abzuzinsende Ertrag nach dem Rohertrag abzüglich der Bewirtschaftungskosten nach § 19 ImmoWertV. Nach dieser Vorschrift sind stets alle bei ordnungsgemäßer Bewirtschaftung und zulässiger Nutzung **„marktüblich" entstehenden jährlichen Bewirtschaftungskosten** vom Rohertrag in Abzug zu bringen. Dies gilt auch bei Anwendung des mehrperiodischen Ertragswertverfahrens auf der Grundlage von Erträgen, die von dem marktüblich erzielbaren Ertrag aufgrund wohnungs- und mietrechtlicher Bindungen abweichen. Ist dabei die Entrichtung von Bewirtschaftungskosten vereinbart worden, die von den marktüblich entstehenden Bewirtschaftungskosten abweichen, so erhöht bzw. vermindert sich der Rohertrag entsprechend. Um zum Reinertrag zu gelangen, dürfen gleichwohl nur die **„marktüblich" entstehenden jährlichen Bewirtschaftungskosten** vom Rohertrag in Abzug gebracht werden (vgl. Syst. Darst. des Ertragswertverfahrens Rn. 200; § 19 ImmoWertV Rn. 23, 55, 73, 99, 155). 8

1.1.2 Entstehungsgeschichte

§ 17 ImmoWertV ist aus den §§ 15 und 16 WertV 88/98 ohne wesentliche materielle Änderungen hervorgegangen. Alle drei im geltenden Recht geregelten Varianten des Ertragswertverfahrens entsprechen materiell dem Ertragswertverfahren der WertV. Dass nach geltendem Recht bei Anwendung des Ertragswertverfahrens ausdrücklich vom „marktüblich erzielba- 9

---

1 BR-Drucks. 296/9 (Beschluss), S. 1.
2 Uniform Standards of Professional Practice – USPAP – (Appraisal Institute Chicago).

ren" Reinertrag und nicht mehr von dem „nachhaltig erzielbaren" Reinertrag (§ 16 Abs. 1 WertV) auszugehen ist, stellt lediglich eine Klarstellung dar, denn davon ist bei Anwendung des Ertragswertverfahrens unter Heranziehung des Liegenschaftszinssatzes stets auszugehen. Materiell ist lediglich die Regelung des § 16 Abs. 2 Satz 2 WertV 88 aufgegeben worden, nach der bei der Ermittlung des Bodenwertverzinsungsbetrags von dem zur Kapitalisierung des Reinertrags maßgebenden Liegenschaftszinssatz (§ 11 WertV 88/98) in Ausnahmefällen abgewichen werden konnte. Diese Ausnahmeregelung war praktisch bedeutungslos und ist mit Abs. 2 Nr. 1 2. Halbsatz ersatzlos fortgefallen[3].

1.2 Ertrag

1.2.1 Allgemeines

Schrifttum: *Adolf, W.*, Der nachhaltige erzielbare Ertrag – ein veralteter Begriff?, GuG 2005, 193: *Kleiber, W.*, Nachhaltige Einnahmen und Ausgaben, GuG 2006, 25.

▶ *Umfassend hierzu Syst. Darst. des Ertragswertverfahrens Rn. 12 ff., 187 ff. sowie § 18 ImmoWertV Rn. 1 ff. und § 19 ImmoWertV Rn. 1 ff.*

10 **Ausgangspunkt der Ertragswertermittlung sind die künftig über die Restnutzungsdauer zu erwartenden Erträge der zu bewertenden Immobilie.** § 17 Abs. 1 ImmoWertV spricht zwar nur allgemein von den „Erträgen", jedoch werden diese Erträge mit § 17 Abs. 2 und 3 ImmoWertV als „Reinerträge" konkretisiert. Der Reinertrag ergibt sich gemäß § 18 Abs. 1 ImmoWertV aus dem jährlichen Rohertrag abzüglich der für eine ordnungsgemäße Bewirtschaftung und zulässigen Nutzung marktüblich entstehenden Bewirtschaftungskosten nach § 19 ImmoWertV.

11 Die „richtige" Erfassung der zu erwartenden künftigen Erträge ist das **Kardinalproblem jeder Ertragswertermittlung** (vgl. Syst. Darst. des Ertragswertverfahrens Rn. 12). Dabei kommt es im Kern nicht darauf an, die künftigen Erträge in ihrer tatsächlichen Höhe, ihrer wirtschaftlich gerechtfertigten Höhe oder ihrer nach wirtschaftlichen Kriterien prognostizierten Höhe „richtig" zu erfassen. Im Rahmen der Marktwertermittlung müssen die künftigen Erträge vielmehr in der Weise erfasst werden, wie sie im „gewöhnlichen Geschäftsverkehr" vom allgemeinen Grundstücksmarkt eingeschätzt werden.

Dem Grundstücksmarkt und speziell dem Erwerber einer Immobilie sind diesbezüglich nur *die am Wertermittlungsstichtag marktüblich erzielbaren Erträge* (vgl. Rn. 13) und im Falle davon abweichender Erträge aufgrund wohnungs-, miet- oder vertraglicher Bindungen die sich daraus ergebende (zumeist temporär beschränkte) konkrete Ertragsentwicklung des jeweiligen Grundstücks bekannt. Alles andere unterliegt der Einschätzung des Grundstücksmarktes. Die allgemeine Zukunftserwartung des Grundstücksmarktes manifestiert sich in den Kaufpreisen, die auf dem allgemeinen Grundstücksmarkt in Kenntnis der aktuellen marktüblich erzielbaren Erträge entrichtet werden. Der aus Marktpreisen nach Maßgabe des § 14 Abs. 3 ImmoWertV abgeleitete **Liegenschaftszinssatz** berücksichtigt mithin die allgemein vom Grundstücksmarkt erwartete Entwicklung, und zwar nicht nur in Bezug auf die Entwicklung der Mieten oder Pachten, sondern in Bezug auf alle immobilienwirtschaftlich relevanten und den Marktwert beeinflussenden Perspektiven (vgl. § 14 ImmoWertV Rn. 161 ff.). Mit diesem Liegenschaftszinssatz werden deshalb bei allen in § 17 ImmoWertV geregelten Ertragswertverfahren die allgemein vom Grundstücksmarkt erwarteten Entwicklungen in umfassender Weise erfasst, wobei die vom Grundstücksmarkt erwartete jährliche Miet- und Pachtentwicklung im Verborgenen bleibt (Abb. 1). Dies gilt auch für das in § 17 Abs. 1 Satz 2 i. V. m. § 17 Abs. 3 ImmoWertV geregelte mehrperiodische Ertragswertverfahren, bei dem dieser Liegenschaftszinssatz ebenfalls heranzuziehen ist (§ 20 ImmoWertV).

---

3 Vgl. BR-Drucks. 265/72, S. 14.

Abb. 1: Liegenschaftszinssatz *(over all capitalization rate)*

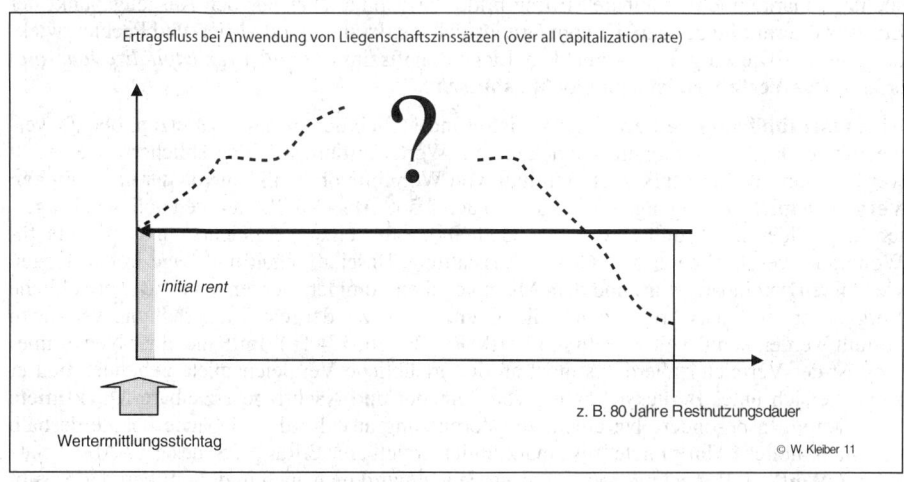

Temporär von den marktüblich erzielbaren Erträgen, insbesondere aufgrund wohnungs-, miet- oder vertragsrechtlicher Bindungen (Anomalien) **abweichenden Erträgen**, muss bei allen zur Anwendung kommenden Verfahren Rechnung getragen werden. Dies erfolgt

- bei Anwendung des *allgemeinen und vereinfachten Ertragswertverfahrens* (ein- und zweigleisiges Ertragswertverfahren) nach § 17 Abs. 2 ImmoWertV durch eine ergänzende Berücksichtigung nach § 8 Abs. 3 ImmoWertV und
- bei Anwendung des *mehrperiodischen Ertragswertverfahrens* nach § 17 Abs. 1 Satz 2 i. V. m. § 17 Abs. 3 ImmoWertV unmittelbar mit dem in der jeweiligen Periode angesetzten erhöhten oder geminderten Ertrag.

Dementsprechend bestimmt sich der jeweils maßgebliche Ertrag nach dem angewandten Ertragswertverfahren.

1.2.2 Marktüblich erzielbarer Ertrag der Standardverfahren

▶ *Vgl. Syst. Darst. des Ertragswertverfahrens Rn. 179 ff.; § 18 ImmoWertV Rn. 20 ff., 26, 174 ff.*

Nach § 17 Abs. 1 Satz 1 ImmoWertV ist der Ertragswert auf der Grundlage des **bei Fremdnutzung** (ohne die Zahlungen für Mobiliar) „**marktüblich erzielbaren**" Ertrags zu ermitteln. Die vorgeschriebene Ertragswertermittlung auf der Grundlage der marktüblich erziel*ba*ren Reinerträge bedeutet, dass dieser Reinertrag **unabhängig von den tatsächlichen Verhältnissen auch bei**

- **eigen genutzten Gebäuden** bzw. Gebäudeteilen,
- **leerstehenden Gebäuden** bzw. Gebäudeteilen **und**
- **Vermietung zu von den marktüblich erzielbaren Erträgen erheblich abweichenden Erträgen**

der Ertragswertermittlung zugrunde zu legen ist. Ein vom marktüblich erzielbaren Ertrag, insbesondere **aufgrund wohnungs-, miet- oder vertragsrechtlicher Bindungen abweichender Ertrag** bleibt zunächst außer Betracht. Diese Vorgabe betrifft die in § 17 Abs. 2 ImmoWertV geregelten Standardverfahren der Ertragswertermittlung (ein- und zweigleisiges Ertragswertverfahren). Die Ertragswertermittlung auf der Grundlage des am Wertermittlungsstichtag „marktüblich erzielbaren" Ertrags *(initial rent)* führt – kapitalisiert mit dem Barwertfaktor (Vervielfältiger) – zum vorläufigen Ertragswert.

14 Rein formal wird damit ein konstanter Einnahmefluss kapitalisiert. Der am Wertermittlungsstichtag „marktüblich erzielbare" Ertrag bildet tatsächlich aber nur den Ausgangspunkt der Ertragswertermittlung, denn die vom Grundstücksmarkt antizipierte Miet- und Pachtentwicklung wird – wie dargelegt – mit dem Liegenschaftszinssatz *(all over capitalization rate)* erfasst. **Das Verfahren ist** damit **nicht „statisch".**

15 Als **„marktüblich erzielbarer"** Ertrag ist grundsätzlich der Ertrag anzusetzen, der für vergleichbare Objekte in vergleichbarer Lage am Wertermittlungsstichtag üblicherweise erzielt werden kann. Bei der Marktwertermittlung von Wohnimmobilien kann von der **ortsüblichen Vergleichsmiete** ausgegangen werden, die nach § 558 Abs. 2 BGB „aus den üblichen Entgelten ... gebildet wird" und „die in der Gemeinde oder einer vergleichbaren Gemeinde für Wohnraum vergleichbarer Art, Größe, Ausstattung, Beschaffenheit und Lage in den letzten vier Jahren vereinbart" wird und dem Mietspiegel entnommen werden kann[4]. Die ortsübliche Vergleichsmiete markiert zugleich die Grenze, bis zu der ein Mieterhöhungsverlangen gestellt werden kann (vgl. § 18 ImmoWertV Rn. 20, 26, 174 ff.). Im Falle einer Neuvermietung ist der Vermieter allerdings nicht an die ortsübliche Vergleichsmiete gebunden und er kann die sich unter Berücksichtigung von Angebot und Nachfrage erzielbare **Marktmiete** vereinbaren. Insbesondere bei einem zur Vermietung anstehenden Gebäude könnte deshalb die „marktübliche Marktmiete" als „marktüblich erzielbarer Ertrag" i. S. des § 17 Abs. 1 Satz 1 ImmoWertV in Betracht gezogen werden, jedoch wird man auch in diesem Fall der ortsüblichen Vergleichsmiete den Vorzug geben, weil in aller Regel die Liegenschaftszinssätze auf der Grundlage von sog. Bestandsimmobilien abgeleitet werden und die ortsübliche Vergleichsmiete den „langfristig" bedeutsamen Grundstücksertrag darstellt.

16 Die Verordnung fordert nicht, dass stets die „bei ordnungsgemäßer Bewirtschaftung" marktüblich erzielbaren Erträge Grundlage der Ertragswertermittlung sind; lediglich als Bewirtschaftungskosten sind die „bei ordnungsgemäßer Bewirtschaftung" marktüblich entstehenden jährlichen Aufwendungen anzusetzen (§ 19 Abs. 1 ImmoWertV). Weist ein Objekt aufgrund einer unterlassenen Instandhaltung **Baumängel und Bauschäden** auf und fallen deshalb die marktüblich erzielbaren Erträge entsprechend geringer als bei einem ordnungsgemäß instand gehaltenen Gebäude aus, so kann der Ertragswert auf der Grundlage der dem entsprechenden marktüblich erzielbarer Erträge ermittelt werden. Dies kann insbesondere bei unbehebbaren Baumängeln und Bauschäden geboten sein oder wirtschaftlich sinnvoll sein, wenn bei einer wirtschaftlichen Betrachtungsweise von einer Behebung der Baumängel und Bauschäden abgesehen wird.

17 Der Ertragswert lässt sich auch dann auf der Grundlage der „marktüblich erzielbaren Erträge" ermitteln, wenn diese aufgrund der Beschaffenheit der baulichen Anlage nicht marktüblich erzielbar sind. Dies betrifft nicht nur die vorstehend angesprochenen Baumängel und Bauschäden. Auch der nach Realisierung einer anstehenden **Modernisierung und Umstrukturierung** *(refurbishment)* sich ergebende marktüblich erzielbare Ertrag kann Grundlage der Ertragswertermittlung sein, wobei auch dann (fiktiv) von dem am Wertermittlungsstichtag bei bereits unterstellter Modernisierung marktüblich erzielbaren Ertrag auszugehen ist. Die mit der Realisierung einhergehenden Ertragsausfälle und Kosten der Maßnahme sind dann in marktkonformer Weise wertmindernd zu berücksichtigen, sofern nicht als Ertragswert ein sog. „Würde-wenn-Wert" ausgeworfen wird (vgl. Syst. Darst. des Ertragswertverfahrens Rn. 15, 97 und 223; § 19 ImmoWertV Rn. 115).

18 Allgemein ist von den **„marktüblich erzielbaren Erträgen" auszugehen, die auf Dauer den Ertragswert bestimmen.** Weichen die am Wertermittlungsstichtag marktüblich erzielbaren Erträge (temporär) davon ab, sind die Abweichungen nach § 8 Abs. 3 ImmoWertV ergänzend zu berücksichtigen. Die (künftigen) marktüblich erzielbaren Erträge sind auch in diesen Fällen nach den am Wertermittlungsstichtag herrschenden Marktverhältnissen unter Berücksichtigung der künftigen qualitativen Eigenschaften anzusetzen. Damit werden im

---

[4] § 558c Mietspiegel: (1) Ein Mietspiegel ist eine Übersicht über die ortsübliche Vergleichsmiete, soweit die Übersicht von der Gemeinde oder von Interessenvertretern der Vermieter und der Mieter gemeinsam erstellt oder anerkannt worden ist.

Übrigen keine Marktentwicklungen i. S. des *Discounted Cash Flow* Verfahrens prognostiziert, es wird lediglich eine absehbare qualitative Eigenschaft antizipiert.

1.2.3 Berücksichtigung besonderer Ertragsentwicklungen

1.2.3.1 Allgemeines

▶ *Vgl. Rn. 6 ff. 25, 32 sowie Syst. Darst. des Ertragswertverfahrens Rn. 51 ff., 97, 223*

Auch wenn nach dem Wortlaut des § 17 Abs. 1 Satz 1 ImmoWertV der Ertragswert auf der Grundlage der marktüblich erzielbaren Erträge ermittelt wird, sind besondere Ertragsentwicklungen der in § 17 Abs. 2 Satz 2 ImmoWertV angesprochenen Art auch bei Anwendung des allgemeinen und vereinfachbaren Ertragswertverfahrens (ein- und zweigleisigen Ertragswertverfahren) nach § 17 Abs. 2 ImmoWertV zu berücksichtigen. Die Vorschrift nennt namentlich **19**

a) absehbare wesentliche Veränderungen der Ertragsverhältnisse oder

b) wesentlich von den marktüblich erzielbaren Erträgen abweichende Ertragsverhältnisse (vgl. Rn. 25).

Dass die ImmoWertV derartige besondere Ertragsverhältnisse nur im Zusammenhang mit der Anwendung des mehrperiodischen Ertragswertverfahrens ausdrücklich erwähnt, bedeutet nicht im Umkehrschluss, dass sie bei Anwendung des allgemeinen und vereinfachbaren Standardverfahrens (ein- oder zweigleisigen Ertragswertverfahrens) nach § 17 Abs. 2 Immo-WertV unberücksichtigt bleiben.

Bei jeder Verkehrswertermittlung und selbst bei Anwendung des Vergleichs- und Sachwertverfahrens ist es unabdingbar, das zu bewertende Grundstück im Hinblick auf besondere Ertragsentwicklungen zu analysieren und die daraus gewonnenen Erkenntnisse in die Verkehrswertermittlung einzustellen. **20**

1. Mit den *„absehbaren wesentlichen Veränderungen der Ertragsverhältnisse* sind in erster Linie Veränderungen der Ertragsverhältnisse aufgrund von Veränderungen der qualitativen Eigenschaften des zu bewertenden Grundstücks angesprochen und nicht absehbare Veränderungen der Ertragsverhältnisse aufgrund von Veränderungen der allgemein erwarteten Entwicklung der Miet- und Pachtverhältnisse. Dies ergibt sich allein schon daraus, dass zur Kapitalisierung bzw. Diskontierung der angesetzte Liegenschaftszinssatz herangezogen werden muss (§ 20 ImmoWertV) und mit dem Liegenschaftszinssatz die vom Grundstücksmarkt allgemein erwartete Entwicklung der Miet- und Pachtverhältnisse berücksichtigt werden muss. Für eine weitere Berücksichtigung ist dann kein Raum mehr und würde zu einer Doppelberücksichtigung führen.

2. Mit den **wesentlich von den marktüblich erzielbaren Erträgen abweichenden Ertragsverhältnissen** sind insbesondere Abweichungen aufgrund wohnungs-, miet- oder vertragsrechtlicher Bindungen angesprochen.

Während es im zweiten Fall um die **Berücksichtigung von temporär abweichenden Erträgen** geht, geht es im ersten Fall vornehmlich um die Berücksichtigung von langfristig wirksamen Ertragsveränderungen insbesondere aufgrund städtebaulicher Maßnahmen oder objektbezogener Maßnahmen. Sie müssen nach § 2 Satz 2 ImmoWertV „mit hinreichender Sicherheit aufgrund konkreter Tatsachen zu erwarten" sein. Die können z. B. sein

– die Durchführung städtebaulicher Maßnahmen (Sanierungs-, Entwicklungs- und Stadtumbaumaßnahmen), sonstiger städtebaulicher Maßnahmen, wie z. B. eine besondere Verkehrserschließung, aber auch sonstige den marktüblich erzielbaren Ertrag mindernde oder erhöhende Veränderungen (z. B. anstehende Konversionsmaßnahmen) bzw.

– die zum Wertermittlungsstichtag eingeleitete, aber noch nicht abgeschlossene Modernisierung, Umstrukturierung der baulichen Anlage (z. B. der Ausbau des Dachgeschosses) und dgl.

In derartigen Fällen müssen ggf. dafür anfallende Kosten und dgl. „gegengerechnet" werden.

21 Nur die **„wesentlichen"** absehbaren **Veränderungen der Ertragsverhältnisse** und nur *wesentlich*" von den „marktüblich erzielbaren Erträgen" abweichende Erträge sind zu berücksichtigen. Dies ist nicht allein von der Höhe der abweichenden Erträge (pro Quadratmeter Nutz- oder Wohnfläche) abhängig, sondern auch von der davon betroffenen Nutzfläche und dem Zeitraum. Eine absehbare Veränderung und Abweichung ist „wesentlich", wenn der sich daraus ergebende Barwert im Verhältnis zum Gesamtwert eine Größenordnung einnimmt, die im Rahmen der Auf- oder Abrundung des Gesamtergebnisses zu berücksichtigen ist (vgl. Syst. Darst. des Ertragswertverfahrens Rn. 283).

22 Um derartige Abweichungen berücksichtigen zu können, müssen **bei jeder Verkehrswertermittlung sämtliche Miet- und Pachtverträge** herangezogen und **ausgewertet werden**. Darüber hinaus ist festzustellen,

a) ob und inwieweit die sich daraus ergebenden Möglichkeiten der Mietanpassung „ausgeschöpft" worden sind,

b) welche Mieten und Pachten nach Maßgabe der vertraglichen Vereinbarungen und unter Berücksichtigung gesetzlicher Regelungen, insbesondere der Regelung zu den Kappungsgrenzen nach § 558 Abs. 3 BGB (vgl. § 18 ImmoWertV Rn. 102 ff.; zur Wucher- und Wesentlichkeitsgrenze vgl. § 18 ImmoWertV Rn. 90 ff.), am Wertermittlungsstichtag tatsächlich erzielt werden können,

c) in welchem Zeitraum bei festgestellten Abweichungen zum marktüblich erzielbaren Ertrag der am Wertermittlungsstichtag tatsächlich erzielbare Ertrag an den marktüblich erzielbaren Ertrag angepasst werden kann, und

d) ob sich aufgrund förderrechtlicher Bestimmungen, z. B. die des geförderten Wohnungsbaus, sich die Mieten nach Ablauf des Bindungszeitraums usw. ändern und Zinsvorteile wegfallen (vgl. § 6 ImmoWertV Rn. 92 ff., Teil VI Rn. 721 ff., Teil IX Rn. 144).

23 Darüber hinaus muss auch die **Solvenz des Mieters** in die Betrachtung einbezogen werden, denn bei vertraglichen Mehreinnahmen ist die Rechtsposition des Grundstückseigentümers nur so viel wert, wie der Mieter in der Lage ist, seinen Vertrag zu erfüllen.

24 Ergeben sich aus der **Analyse der Miet- und Pachtverhältnisse** nach Maßgabe der vertraglichen Vereinbarungen und unter Berücksichtigung gesetzlicher Regelungen temporäre Abweichungen gegenüber dem marktüblich erzielbaren Ertrag, müssen diese Abweichungen bei der Ertragswertermittlung, wie im Übrigen auch bei der Verkehrswertermittlung, unter Anwendung des Vergleichs- oder Sachwertverfahrens berücksichtigt werden. Bei Anwendung des Ertragswertverfahrens können die Abweichungen

a) differenziell, d. h., es werden die kapitalisierten Mehr- oder Mindererträge ergänzend zu dem unter Anwendung des *ein- oder zweigleisigen Ertragswertverfahrens* nach § 17 Abs. 2 ImmoWertV ermittelten vorläufigen Ertragswerts berücksichtigt, oder

b) direkt unter Ansatz der entsprechend periodisch unterschiedlichen Erträge bei Anwendung des *mehrperiodischen Ertragswertverfahrens* berücksichtigt werden.

Die **differenzielle Berücksichtigung** erfolgt mithilfe der Auf- und Abschichtungsmethode *(Top and bottom Slicing)* bzw. des Vervielfältigerdifferenzenverfahrens *(Term and Reversion,* vgl. § 8 ImmoWertV Rn. 178 ff.). Dabei muss sich in beiden Fällen dasselbe Ergebnis ergeben (vgl. Syst. Darst. des Ertragswertverfahrens Rn. 57).

1.2.3.2 Temporäre Abweichungen vom marktüblich erzielbaren Ertrag

▶ *Vgl. Syst. Darst. des Ertragswertverfahrens Rn. 41 ff., 51 ff.; § 8 ImmoWertV Rn. 255 ff.*

25 Nach den vorstehenden Ausführungen sind von dem marktüblich erzielbaren Ertrag insbesondere aufgrund wohnungs-, miet- oder vertraglicher Bindungen[5] **temporär abweichende Erträge** gesondert zu erfassen und zu berücksichtigen. Entsprechendes gilt auch für tempo-

Grundlagen des Ertragswertverfahrens § 17 ImmoWertV IV

räre Mehr- oder Mindereinnahmen z. B. aufgrund von nur vorübergehend bereitstellbaren Werbeflächen, Abstellplätzen, einem vorübergehenden Leerstand, einer vorübergehend nicht „artgerechten" Nutzung (Wohnung im Ladengeschoss), vorübergehenden Ertragseinbußen aufgrund von Baumaßnahmen, temporären Steuervor- und Nachteilen und dgl.

Aufgrund wohnungs-, miet- oder vertraglicher Bindungen vom marktüblich erzielbaren Ertrag abweichende Erträge können i. d. R. als **„gesicherte" Daten i. S. des § 17 Abs. 3 Satz 1 ImmoWertV** gelten. Soweit ein Miet- oder Pachtverhältnis mit einem „gefährdeten" Mieter besteht, kann dem Rechnung getragen werden (vgl. Rn. 30). 26

Ein **zulässigerweise vertraglich vereinbartes Mietverhältnis** ist – auch wenn es ungewöhnlich sein mag – als rechtliche Gegebenheit zu berücksichtigen[6]. Dies gilt unabhängig davon, ob derartige Vertragsverhältnisse im Verhältnis zu dem marktüblich erzielbaren Reinertrag zu einem besonders hohen oder niedrigen Reinertrag führen. Wird bei der Verkehrswertermittlung ein sich nachhaltig auswirkendes Mietverhältnis nicht beachtet, so kann dem Gutachter der Vorwurf der Fahrlässigkeit gemacht werden[7]. 27

Beispiel: 28

a) **Ertragswertverfahren auf der Grundlage des marktüblich erzielbaren Ertrags (Standardverfahren nach § 17 Abs. 2 Nr. 1 ImmoWertV)**

Geschäftsgrundstück

Marktüblich erzielbare und tatsächlich erzielte Nettokaltmiete 120 000 €/Jahr. Die Miete ist über acht Jahre vereinbart und über den Verbraucherpreisindex wertgesichert.

Bewirtschaftungskosten	12 v. H.
Liegenschaftszinssatz	7 v. H.
Restnutzungsdauer des Gebäudes	35 Jahre
Bodenwert	400 000 €
Ertragswertermittlung	
Jahresnettokaltmiete	120 000 €
– Bewirtschaftungskosten	– 14 400 €
Jahresreinertrag	105 600 €
– Bodenwertverzinsungsbetrag 7 % von 400 000 €	– 28 000 €
Gebäudereinertrag	77 600 €
Barwertfaktor bei 35 Jahren und 7 %= 12,95	
Gebäudeertragswert 77 600 € × 12,95	1 004 920 €
+ Bodenwert	+ 400 000 €
Ertragswert	= 1 404 920 €

Temporäre Mehr- oder Mindereinnahmen aufgrund vertraglicher Bindungen können mit Hilfe des **Auf- und Abschichtungsverfahrens** *(Top and Bottom Slicing Approach)* berücksichtigt werden: 29

b) **Ertragswertverfahren bei abweichenden Mietverhältnissen**

vorläufiger Grundstücksertragswert aus a)		1 404 920 €
Mehrertrag 160 000 € – 120 000 € (über 8 Jahre) p. a.	40 000 €	
Barwertfaktor (Vervielfältiger) bei 7 % und 8 Jahren =	5,97	
Kapitalisierter Mehrerlös: 40 000 € × 5,97		+ 238 800 €
Grundstücksertragswert		1 643 720 €

---

5   OLG Karlsruhe, RE vom 13.11.1989 – 9 REMiet 1/89 –, NJW-RR 1990, 155 = EzGuG 3.78; LG Düsseldorf, Urt. vom 2.5.1990 – 24 S – 452/89 –, DWW 1990, 308 = EzGuG 3.82; OLG Hamm, Beschl. vom 29.1.1993 – REMiet 2/92 –, DWW 1993, 78.
6   BR-Drucks. 352/88, S. 56.
7   BGH, Urt. vom 2.11.1983 – IVa ZR 20/82 –, NJW 1984, 355 = EzGuG 20.103; Schopp in ZMR 1990, 361.

30 Bei der Ermittlung des Ertragswerts unter Berücksichtigung des vertraglichen Mehrertrags wurden die **Bewirtschaftungskosten in gleicher Höhe wie bei Vermietung in marktüblicher Höhe** berücksichtigt. Dies ist grundsätzlich darin begründet, dass die Bewirtschaftungskosten sich durch ein besonders günstiges oder ungünstiges Mietverhältnis nicht ändern. In Bezug auf die Mehreinnahmen besteht allerdings ein erhöhtes **Mietausfallwagnis**, denn ein bestehendes Mietverhältnis schützt nicht vor einem Mietausfall (bei Insolvenz) und es kann nicht damit gerechnet werden, dass zu den gleichen Konditionen das Objekt neu vermietet werden kann. Dem kann damit Rechnung getragen werden, dass der Mehrertrag mit einem Liegenschaftszinssatz kapitalisiert wird, der um einen Risikozuschlag „aufgestockt" wird.

31 c) **Ertragswertverfahren bei abweichenden Mietverhältnissen**

Nach Ablauf des 8-jährigen Mietvertrags muss damit gerechnet werden, dass lediglich die marktüblich erzielbare Miete erzielt werden kann. Sie beträgt nur 120 000 €.

vorläufiger Grundstücksertragswert aus a)	1 404 920 €
Mehrertrag 160 000 € – 120 000 € (über 8 Jahre) p. a.	40 000 €
Vervielfältiger bei 10 % Zins und 8 Jahren =	5,33
Kapitalisierter Mehrerlös: 40 000 € × 5,33	213 200 €
Grundstücksertragswert	**1 618 120 €**

1.2.3.3 Absehbare wesentliche Veränderungen

▶ *Vgl. § 2 ImmoWertV Rn. 4; § 4 ImmoWertV Rn. 32; § 14 ImmoWertV Rn. 161 ff.; Vorbem. zur ImmoWertV Rn. 6*

32 Neben den *„wesentlich von den marktüblich erzielbaren Erträgen"* abweichenden Ertragsverhältnissen sind auch sonstige *„absehbare wesentliche Veränderungen"* der Ertragsverhältnisse zu berücksichtigen, die nicht mit dem angesetzten Liegenschaftszinssatz bereits berücksichtigt werden (vgl. Rn. 16). Es handelt sich dabei insbesondere um Änderungen der Ertragsverhältnisse aufgrund **absehbarer qualitativer Änderungen der baulichen Anlage und der Lage des Grundstücks**, die eine Erhöhung oder Minderung des Reinertrags gegenüber dem am Wertermittlungsstichtag marktüblich erzielbaren Reinertrag erwarten lassen.

33 In Betracht kommen z. B.

- eine absehbare Lageverbesserung durch städtebauliche Maßnahmen,
- die Errichtung eines großflächigen Einkaufszentrums in Konkurrenz zur Ortslage,
- die Verlegung einer Durchgangsstraße,
- die absehbare Fertigstellung einer U-Bahn, eines Flughafens, eines IC-Anschlusses,
- absehbare Verbesserungen der Nutzung des Gebäudes z. B. durch Ausbau des Dachgeschosses, Grundrissänderungen, auslaufende Belegungsrechte, den absehbaren Auslauf sog. Fehlnutzungen usw.

34 Nach der Generalklausel des § 2 Satz 2 ImmoWertV sind nur solche absehbaren „**Veränderungen**" zu berücksichtigen, **die mit „hinreichender Sicherheit aufgrund konkreter Tatsachen" zu erwarten sind.** § 17 Abs. 3 Satz 1 ImmoWertV fordert darüber hinaus, dass die daraus resultierenden Ertragsänderungen auf „gesicherten Daten" basieren sollen. Spekulative Erwartungen müssen deshalb unberücksichtigt bleiben.

35 Auch wenn die „absehbaren" Änderungen in der Zukunft liegen, sind die daraus resultierenden **Änderungen der Ertragsverhältnisse nach der am Wertermittlungsstichtag dafür marktüblich erzielbaren Ertragsdifferenz** bzw. dem am Wertermittlungsstichtag dafür marktüblich erzielbaren (fiktiven) Ertrag zu berücksichtigen, denn auch insoweit wird die allgemeine Ertragsentwicklung mit dem Liegenschaftszinssatz berücksichtigt.

36 Soweit die **absehbaren Änderungen der Ertragsverhältnisse nicht nur temporär, sondern auf Dauer zu erwarten sind,** ist der Ertragswert auf der Grundlage der künftig marktüblich erzielbaren Erträge zu ermitteln. Die Abweichungen gegenüber den zum Wertermittlungsstichtag marktüblich erzielbaren Erträgen sind in diesem Fall als temporäre Mehr- oder Mindereinnahme gesondert zu berücksichtigen (vgl. Rn. 18).

2 Allgemeines Ertragswertverfahren (Standardverfahren nach § 17 Abs. 2 ImmoWertV)

2.1 Übersicht

▶ *Weiterführend Syst. Darst. des Ertragswertverfahrens Rn. 36, 103*

Die Ermittlung des Ertragswerts auf der Grundlage des marktüblich erzielbaren Ertrags nach § 17 Abs. 1 Satz 1 ImmoWertV wird in § 17 Abs. 2 Satz 1 ImmoWertV in zwei mathematisch identischen Varianten geregelt, und zwar in folgender Reihenfolge: 37

1. als *zweigleisiges* Ertragswertverfahren („allgemeines" Standardverfahren) unter Aufteilung des Ertragswerts in einen Boden- und Gebäudewertanteil (vgl. § 17 Abs. 2 Nr. 1 ImmoWertV) und
2. als *eingleisiges* Ertragswertverfahren ohne Aufteilung des Ertragswerts in einen Boden- und Gebäudewertanteil (vgl. § 17 Abs. 2 Nr. 2 ImmoWertV).

Die in § 17 Abs. 2 Nr. 2 ImmoWertV genannte Variante wird als „vereinfachtes" Ertragswertverfahren bezeichnet. Tatsächlich handelt es sich dabei nur um ein vereinfachbares Ertragswertverfahrens, d. h. um die „Vorstufe" zum vereinfachten Ertragswertverfahren, denn nur bei einer langen Restnutzungsdauer der baulichen Anlage kann sich diese Form des Ertragswertverfahrens vereinfachen (vgl. Rn. 1 sowie 47; Syst. Darst. des Ertragswertverfahrens Rn. 33, 72, 86 und 288).

Darüber hinaus wird mit § 17 Abs. 2 Satz 2 ImmoWertV der Begriff der **„selbstständig nutzbaren Teilfläche"** definiert (vgl. Syst. Darst. des Ertragswertverfahrens Rn. 131). 38

2.2 Allgemeines (zweigleisiges) Ertragswertverfahren nach § 17 Abs. 2 Nr. 1 ImmoWertV

▶ *Weiterführend Syst. Darst. des Ertragswertverfahrens Rn. 33, 103 ff., 119, 241*

Das an erster Stelle genannte **allgemeine Ertragswertverfahren entspricht dem bereits in der WertV 88/98 geregelten umfassend anwendbaren zweigleisigen Ertragswertverfahren,** das eine gesonderte Ermittlung des Gebäudewertanteils (Gebäudeertragswert) ermöglicht. Dieser wird benötigt im Rahmen 39

– der Marktwertermittlung von Erbbaurechten und erbbaurechtbelasteten Grundstücken,
– steuerlicher Bewertungen (für die Abschreibung des Gebäudewerts),
– der Marktwertermittlung nach dem Vermögensrecht sowie
– im Rahmen städtebaulicher Maßnahmen.

Auch in der **Bilanzbewertung** wird der „Grund und Boden" unabhängig von seiner zivilrechtlichen Behandlung, die den Grund und Boden, die baulichen Anlagen und sonstige wesentliche Bestandteile als Einheit betrachtet, als eigenständiger Vermögensgegenstand angesehen (vgl. § 240 HGB). Kein Bestandteil des Grund und Bodens sind in diesem Bereich auch grundstücksgleiche Rechte, unternehmenseigene Bodenbefestigungen, Straßen, Be- und Entwässerungsanlagen sowie Betriebsvorrichtungen[8].

---

8 Spitz, H., Grundstücks- und Gebäudewerte in der Bilanz- und Steuerpraxis, Herne Berlin 1996 S. 2, 40.

IV § 17 ImmoWertV — Allgemeines Ertragswertverfahren

40 Das **allgemeine Ertragswertverfahren (zweigleisiges Standardverfahren)** hat folgende mathematische Form:

$$EW = (RE - p \times BW^*) \times V + BW$$

wobei
EW = Ertragswert
RE = Jährlicher Reinertrag = Rohertrag abzüglich nicht durch Umlagen gedeckter Bewirtschaftungskosten nach § 19 ImmoWertV
BW = Bodenwert nach § 16 ImmoWertV des gesamten Grundstücks
BW* = Bodenwertanteil der Umgriffsfläche bei übergroßen Grundstücken (ansonsten BW)
V = Vervielfältiger (Barwertfaktor) gemäß Anlage zur ImmoWertV in Abhängigkeit von dem Liegenschaftszinssatz p und der Restnutzungsdauer n (§ 20 ImmoWertV)
p = Liegenschaftszinssatz nach § 14 Abs. 3 ImmoWertV
BW* × p = Bodenwertverzinsungsbetrag
n = Restnutzungsdauer nach § 6 Abs. 6 ImmoWertV

41 Bei einem **übergroßen Grundstück**, d. h. bei einem Grundstück, **das selbständig nutzbare Teilflächen** i. S. des § 17 Abs. 2 Satz 2 ImmoWertV **aufweist**, bestimmt sich der Bodenwertverzinsungsbetrag nach dem Bodenwertanteil der Umgriffsfläche (BW* × p anstelle BW × p). Bei kurzer Restnutzungsdauer der baulichen Anlage (n = 20 Jahre) ist der Bodenwert BW nach § 16 Abs. 3 ImmoWertV jeweils um die Freilegungskosten zu vermindern; dies gilt bei übergroßen Grundstücken für den Bodenwertanteil der Umgriffsfläche BW* entsprechend. Im Übrigen wird auf die umfassenden Erläuterungen in der Syst. Darst. des Ertragswertverfahrens bei den Rn. 103 ff., 119 ff., 241 verwiesen.

42 Bei Anwendung des allgemeinen Ertragswertverfahrens wird der Reinertrag des Grundstücks in die Verzinsungsanteile des Bodens und der baulichen Anlagen aufgespalten. Das allgemeine Ertragswertverfahren wird deshalb auch als gespaltenes bzw. zweigleisiges Verfahren bezeichnet. Der **Bodenwert wird dabei unter Heranziehung des** objektspezifischen Liegenschaftszinssatzes **auf ewig kapitalisiert** und ergibt den Bodenwertverzinsungsbetrag (Bodenertragswert), während der Ertragswertanteil der baulichen Anlagen als Zeitrente über die Dauer der voraussichtlichen wirtschaftlichen Nutzungsmöglichkeit (Restnutzungsdauer) zu sehen ist. Sein Barwert ist der Ertragswertanteil der baulichen Anlagen.

43 Sowohl der Ermittlung des Bodenwertverzinsungsbetrags als auch der Kapitalisierung des Reinertragsanteils der baulichen Anlage ist der Liegenschaftszinssatz zugrunde zu legen. Eine theoretisch begründbare **Unterscheidung nach einem Soll- und Habenzins** schließt die ImmoWertV ausdrücklich aus. Eine Unterscheidung würde nämlich zu einem überflüssigen Rechenschritt führen, denn dann müsste auch bei der Ableitung des Liegenschaftszinssatzes nach § 14 Abs. 3 ImmoWertV nach einem Soll- und Habenzinssatz unterschieden werden. Auch dies sieht die ImmoWertV nicht vor[9]. Der Liegenschaftszinssatz stellt insoweit einen „gemischten Zinssatz" dar, der bei der Ertragswertermittlung auch als „gemischter" Liegenschaftszinssatz zur Anwendung kommt, sodass die theoretische Unterscheidung außer Betracht bleiben kann.

44 Die **Summe aus dem Bodenwert des Grundstücks und dem Ertragswert der baulichen Anlagen ergibt den Ertragswert.** Dabei handelt es sich allerdings um den vorläufigen Ertragswert, wenn nach Maßgabe des § 8 Abs. 3 ImmoWertV „besondere objektspezifische Grundstücksmerkmale" (Anomalien) berücksichtigt werden müssen, die noch nicht direkt mit dem vorläufigen Ertragswert berücksichtigt worden sind.

---

[9] Die ImmoWertV geht diesbezüglich von einer Ableitung des Liegenschaftszinssatzes als „Mischzinssatz" (Soll- und Habenzins) aus. Bei kurzer Restnutzungsdauer kann eine Unterscheidung nach Soll- und Habenzinssatz sinnvoll sein, da für die im Reinertrag (theoretisch) enthaltene Abschreibung Habenzinsen anfallen.

2.3 Vereinfachbares (eingleisiges) Ertragswertverfahren nach § 17 Abs. 2 Nr. 2 ImmoWertV

▶ *Weiterführend Syst. Darst. des Ertragswertverfahrens Rn. 33, 103 ff.*

Das an zweiter Stelle genannte vereinfachte *ein*gleisige Ertragswertverfahren hat folgende mathematische Form: **45**

$$EW = RE \times V + BW^* \times q^{-n} + BW^{**}$$

wobei
EW = Ertragswert
RE = Jährlicher Reinertrag = Rohertrag abzüglich Bewirtschaftungskosten nach § 19 ImmoWertV
BW* = Bodenwertanteil der Umgriffsfläche bei übergroßen Grundstücken (ansonsten BW)
BW** = Bodenwertanteil der selbstständig nutzbaren Teilfläche, sofern vorhanden
BW* + BW** = Bodenwert des Gesamtgrundstücks (BW)
V = Vervielfältiger (Barwertfaktor) gemäß Anlage zur ImmoWertV in Abhängigkeit von dem Liegenschaftszinssatz p und der Restnutzungsdauer n (§ 20 ImmoWertV)
p = Liegenschaftszinssatz nach § 14 Abs. 3 ImmoWertV
n = Restnutzungsdauer nach § 6 Abs. 6 ImmoWertV
q = Zinsfaktor = 1 + p/100 (Anlage 2 zur ImmoWertV)

Bei **kurzer Restnutzungsdauer der baulichen Anlage** ($n \leq 20$ Jahre) ist der Bodenwert der Umgriffsfläche BW* nach § 16 Abs. 3 ImmoWertV wiederum um die Freilegungskosten zu vermindern. Im Übrigen wird wiederum auf die umfassenden Erläuterungen in der Syst. Darst. des Ertragswertverfahrens bei den Rn. 103 ff., 119 ff. verwiesen. **46**

Bei **sehr langer Restnutzungsdauer der baulichen Anlage** ($n \geq 50$ Jahre) kann auf den Ansatz des abgezinsten Bodenwerts (BW* × q^{-n}) verzichtet werden, da der Bodenwert mit seiner Abzinsung gegen null geht. Weist das Grundstück zudem keine selbstständig nutzbaren Freiflächen auf, so reduziert sich die mathematische Form auf **47**

$$EW = RE \times V$$

Nur bei dieser Konstellation kann im eigentlichen Sinne von einem **vereinfachten Ertragswertverfahren** gesprochen werden (vgl. Rn. 37).

3 Mehrperiodisches Ertragswertverfahren

3.1 Allgemeines

▶ *Vgl. Syst. Darst. des Ertragswertverfahrens Rn. 8, 41 ff., 103 ff.*

Nach § 17 Abs. 1 Satz 2 ImmoWertV „kann" das in § 17 Abs. 3 ImmoWertV geregelte mehrperiodische Ertragswertverfahren zur Anwendung kommen, „soweit **48**
– die Ertragsverhältnisse absehbar wesentlichen Veränderungen unterliegen oder
– wesentlich von den marktüblichen Erträgen" abweichende Ertragsverhältnisse vorliegen.

Es handelt sich um eine **„Kann-Bestimmung"**, d. h., das mehrperiodische Ertragswertverfahren muss nicht unter den genannten Voraussetzungen zur Anwendung kommen. Umgekehrt kann das mehrperiodische Ertragswertverfahren entgegen dem Wortlaut der Bestimmung auch zur Anwendung kommen, wenn die genannten Voraussetzungen nicht gegeben sind, d. h. keine Veränderungen der Ertragsverhältnisse absehbar sind und auch keine wesentlich von den „marktüblichen Erträgen" abweichenden Ertragsverhältnisse vorliegen. **49**

IV § 17 ImmoWertV Mehrperiodisches Ertragswertverfahren

50 Bei Anwendung des mehrperiodischen Ertragswertverfahrens soll sich der Ertragswert nach dem Wortlaut des § 17 Abs. 1 Satz 2 ImmoWertV nicht auf der Grundlage der marktüblich erzielbaren Erträge gemäß § 17 Abs. 1 Satz 1 ImmoWertV ermitteln, sondern auf der „Grundlage periodisch unterschiedlicher Erträge". **Soweit im Einzelfall** nach den vorstehenden Ausführungen der marktüblich erzielbare Ertrag i. S. des § 17 Abs. 1 ImmoWertV erwirtschaftet wird und **keine Änderungen der Ertragsverhältnisse zu erwarten** sind, d. h. **keine periodisch unterschiedlichen Erträge anfallen, kann das mehrperiodische Ertragswertverfahren entgegen dem Wortlaut der Bestimmung ebenfalls zur Anwendung kommen.** In diesem Fall sind die marktüblich erzielbaren Erträge zugrunde zu legen (vgl. Syst. Darst. des Ertragswertverfahrens Rn. 41 ff.).

Die jährlich unterschiedlichen oder jährlich gleich bleibenden Erträge werden mithilfe des Abzinsungsfaktors partiell auf den Wertermittlungsstichtag diskontiert und aufsummiert.

51 **Das mehrperiodische Ertragswertverfahren führt zu demselben Ergebnis wie die Anwendung des ein- oder zweigleisigen Ertragswertverfahrens** nach § 17 Abs. 2 ImmoWertV i. V. m. der Berücksichtigung von „erheblich von dem marktüblich erzielbaren Ertrag abweichenden Erträgen nach § 8 Abs. 3 ImmoWertV (vgl. Syst. Darst. des Ertragswertverfahrens Rn. 103 ff.). Sprachlich wird in diesem Zusammenhang in § 17 Abs. 1 Satz 2 ImmoWertV von „*wesentlich*" von den marktüblich erzielbaren Erträgen abweichenden Erträgen gesprochen, während § 8 Abs. 3 ImmoWertV auf „*erheblich*" von marktüblich erzielbaren Erträgen abweichende Erträge abstellt, jedoch ist diese sprachliche Unterscheidung als redaktionelles und materiell bedeutungsloses Versehen zu werten.

52 Das mehrperiodische Ertragswertverfahren hat folgende (allgemeine) mathematische Form:

$$EW = \sum_{n=1}^{n} RE \times q^{-n} + BW^* \times q^{-n} + BW^{**}$$

wobei

EW	= Ertragswert
RE_i	= Jährliche Reinerträge in der Periode i = Rohertrag abzüglich Bewirtschaftungskosten nach § 19 ImmoWertV
BW*	= Bodenwertanteil der Umgriffsfläche bei übergroßen Grundstücken (ansonsten BW)
BW**	= Bodenwertanteil der selbstständig nutzbaren Teilfläche, sofern vorhanden
BW* + BW**	= Bodenwert des Gesamtgrundstücks (BW)
p	= Liegenschaftszinssatz nach § 14 Abs. 3 ImmoWertV
n	= Restnutzungsdauer nach § 6 Abs. 6 ImmoWertV
q	= Zinsfaktor = 1 + p/100 (Anlage 2 zur ImmoWertV)

53 Bei **kurzer Restnutzungsdauer der baulichen Anlage** (n ≤ 20 Jahre) ist der Bodenwert der Umgriffsfläche BW* nach § 16 Abs. 3 ImmoWertV wiederum um die Freilegungskosten zu vermindern. Im Übrigen wird wiederum auf die umfassenden Erläuterungen in der Syst. Darst. des Ertragswertverfahrens bei den Rn. 103 ff., 119 ff. verwiesen.

54 Die vorstehende **Formel des mehrperiodischen Ertragswertverfahrens ist nichts anderes als die allgemeinste Form des Ertragswertverfahrens (allgemeine Barwertformel),** quasi die „Urmutter" aller Ertragswertverfahren, bei der die jährlichen Reinerträge einzeln (partiell) diskontiert und die Barwerte aufsummiert werden (vgl. Syst. Darst. des Ertragswertverfahrens Rn. 8 ff.).

55 Die Anwendung des mehrperiodischen Ertragswertverfahrens ist immer dann sinnvoll, wenn der „Verbraucher" eines Gutachtens sich einen Überblick über die jährlich anfallenden Ertragsströme verschaffen will. **Im Unterschied zum ein- und zweigleisigen Ertragswertverfahren nach § 17 Abs. 2 ImmoWertV können zu diesem Zweck die jährlichen Ertragsströme sowohl in ihrer nominellen als auch in ihrer auf den Wertermittlungsstichtag abgezinsten Höhe tabellarisch dargestellt werden** (vgl. Syst. Darst. des Ertragswertverfahrens Rn. 107). Mehr- oder Mindererträge insbesondere aufgrund wohnungs-, miet- oder vertragsrechtlicher Bindungen werden indessen nicht gesondert „ausgeworfen", da diese Mehr- oder Mindereinnahmen bereits mit dem daraus resultierenden jährlichen Gesamtertrag in das mehrperiodische Ertragswertverfahren direkt eingehen. Das mehrperiodische (mehrphasige) Ertragswertverfahren unterscheidet sich vom ein- oder zweigleisigen Ertragswertverfahren im Wesentlichen lediglich in der Darstellung der Zwischenergebnisse.

3.2 Mehrperiodisches Ertragswertverfahren nach § 17 Abs. 3 ImmoWertV

3.2.1 Allgemeines

▶ *Weiterführend vgl. Syst. Darst. des Ertragswertverfahrens Rn. 41, 103 ff.*

Die Anwendung des mehrperiodischen Ertragswertverfahrens in der vorgestellten allgemeinen Form gestaltet sich in Anbetracht der verhältnismäßig langen Restnutzungsdauer baulicher Anlagen unübersichtlich, da sich der Ertragswert aus einer entsprechenden Vielzahl abdiskontierter Jahreserträge ergibt. Praktisch besteht auch kein Bedürfnis, die jährlichen Ertragsflüsse einzeln über längere Zeiträume darzustellen, zumal bei alternierenden Erträgen aufgrund wohnungs-, miet- und vertragsrechtlicher Bindungen damit gerechnet werden muss, dass die entsprechenden Bindungen über kurz oder lang auslaufen und dann mit den marktüblich erzielbaren Erträgen gerechnet werden kann. Aus diesem Grunde soll das mehrperiodische Ertragswertverfahren nach § 17 Abs. 3 Satz 1 ImmoWertV als sog. **Restwertmethode** zur Anwendung kommen. 56

Bei Anwendung der Restwertmethode wird der Ertragswert in den Ertragswertanteil eines bestimmten Betrachtungszeitraums und einen Ertragswertanteil des Restwerts aufgeteilt. Dies vollzieht sich in mehreren Schritten: 57

– Im ersten Schritt werden zunächst nur die Reinerträge eines zu bestimmenden Zeitraums – in der ImmoWertV als „Betrachtungszeitraum" bezeichnet – einzeln (i. d. R. jährlich) erfasst und jeweils mithilfe des Liegenschaftszinssatzes auf den Wertermittlungsstichtag abgezinst; die aufsummierten Barwerte der einzeln (partiell) erfassten jährlichen Erträge ergeben den Ertragswertanteil des Betrachtungszeitraums.

– Im zweiten Schritt wird der sich am Ende des Betrachtungszeitraums ergebende Grundstückswert – in der ImmoWertV als „Restwert" bezeichnet – ermittelt und auf den Wertermittlungsstichtag abgezinst; der abgezinste Restwert ist der Ertragswertanteil des Restwerts.

Die periodischen Reinerträge sowie der Restwert des Grundstücks sind nach § 17 Abs. 3 Satz 2 ImmoWertV jeweils mithilfe des **Liegenschaftszinssatzes** abzuzinsen (§ 20 ImmoWertV).

Das in § 17 Abs. 3 ImmoWertV geregelte mehrperiodische Ertragswertverfahren hat folgende (allgemeine) mathematische Form: 58

$$EW = \sum_{b=1}^{b} RE_b \times q^{-b} + Restwert \times q^{-b}$$

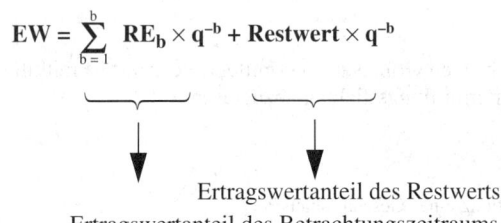

Ertragswertanteil des Restwerts
Ertragswertanteil des Betrachtungszeitraums

wobei
EW = Ertragswert
RE_b = Reinerträge des Betrachtungszeitraums
b = Betrachtungszeitraum in Jahren
q = Zinsfaktor = 1 + p/100
p = Liegenschaftszinssatz

3.2.2 Reinerträge

59 Im Unterschied zum allgemeinen und vereinfachten Ertragswertverfahren sind mit den periodisch anfallenden Reinerträgen die im Betrachtungszeitraum zu erwartenden Reinerträge unter Berücksichtigung „absehbarer wesentlicher Veränderungen" und „wesentlich von den marktüblich erzielbaren Erträgen" abweichende Erträge anzusetzen. Dies betrifft insbesondere die aufgrund wohnungs-, miet- und vertragsrechtlicher Bindungen **von den marktüblich erzielbaren Erträgen abweichenden Reinerträge**. Nicht zu berücksichtigen sind indessen allgemein vom Grundstücksmarkt erwartete Entwicklungen der Mieten und Pachten, die bereits mit dem Liegenschaftszinssatz erfasst werden (vgl. Rn. 25 ff.).

3.2.3 Betrachtungszeitraum

▶ *Vgl. Syst. Darst. des Ertragswertverfahrens Rn. 272*

60 Als Betrachtungszeitraum wird üblicherweise ein Zeitraum von 10 Jahren gewählt, ohne dass die ImmoWertV dafür Vorgaben macht. Bei periodisch unterschiedlichen Erträgen ist entsprechend dem Ziel und Zweck des mehrperiodischen Ertragswertverfahrens mindestens ein Zeitraum zu wählen, in dem vom marktüblich erzielbaren Ertrag abweichende Erträge anfallen (temporäre Mietabweichungen).

3.2.4 Restwert des Grundstücks

▶ *Vgl. Syst. Darst. des Ertragswertverfahrens Rn. 275, 358 und 428*

61 Restwert des Grundstücks ist der am Ende des Betrachtungszeitraums sich ergebende Grundstückswert. Wie sich dieser Grundstückswert ermittelt, wird in der ImmoWertV nicht vorgegeben, jedoch müssen die allgemeinen mit der ImmoWertV vorgegebenen Grundsätze der Marktwertermittlung zur Anwendung kommen. In aller Regel ist demzufolge der Restwert wie der Ertragswertanteil des Betrachtungszeitraums im Wege des Ertragswertverfahrens zu ermitteln, wenn zu erwarten ist, dass das Grundstück am Ende des Betrachtungszeitraums *(exit)* weiterhin ertragswirtschaftlich genutzt wird. Dabei sind periodisch unterschiedliche Erträge nicht mehr zu erwarten, denn der Betrachtungszeitraum wurde derart dimensioniert, dass periodisch unterschiedliche Erträge mit dem Ertragswertanteil des Betrachtungszeitraums berücksichtigt werden. Der **Restwert ist** mithin **unter Anwendung des allgemeinen oder vereinfachten Ertragswertverfahrens** (nach § 17 Abs. 2 ImmoWertV) **auf der Grundlage**

– **des marktüblich erzielbaren Ertrags und**

– **einer um die Anzahl der Jahre des Betrachtungszeitraums verminderten Restnutzungsdauer**

zu ermitteln.

62 Der nach vorstehenden Grundsätzen ermittelte Restwert ist mithilfe des Liegenschaftszinssatzes auf den Wertermittlungsstichtag abzuzinsen.

63 *Beispiel:*

a) **Sachverhalt**

Ertragswertermittlung eines Geschäftshauses

– Ertragswertanteil des Betrachtungszeitraums unter Berücksichtigung alternierender Reinerträge	900 000 €
– Marktüblich am Wertermittlungsstichtag erzielbarer Jahresreinertrag	100 000 €
– Bodenwert	200 000 €
– Liegenschaftszinssatz	6 %
– Betrachtungszeitraum	10 Jahre

Mehrperiodisches Ertragswertverfahren **§ 17 ImmoWertV IV**

- Restnutzungsdauer am Wertermittlungsstichtag 50 Jahre
- Restnutzungsdauer am Ende des Betrachtungszeitraums (50 Jahre – 10 Jahre) 40 Jahre

b) **Ermittlung des Restwerts unter Anwendung des vereinfachten Ertragswertverfahrens**

Marktüblich erzielbarer Jahresreinertrag	100 000 €
Barwertfaktor (Vervielfältiger) bei	
– Liegenschaftszinssatz von 6 %	
– Restnutzungsdauer von 40 Jahren	15,04630
Kapitalisierter Jahresreinertrag (100 000 € × 15,04630)	1 504 630 €
+ Bodenwert 200 000 € × 0,0972 (Restnutzungsdauer 40 Jahre)	+ 19 444 €
Restwert (= Ertragswert)	1 524 074 €

c) **Ertragswert unter Anwendung des mehrperiodischen Ertragswertverfahrens**

– Ertragswertanteil des Betrachtungszeitraums		900 000 €
– Restwert	1 524 074 €	
– abgezinst auf den Wertermittlungsstichtag: 1 524 074 € × 0,5583947		851 035 €
– Ertragswert		**1 751 035 €**

3.2.5 Rechentechnische Hinweise

Rechentechnisch lässt sich die mit § 17 Abs. 3 ImmoWertV vorgegebene Berechnungsweise dadurch vereinfachen, dass die über die Restwertperiode anfallenden marktüblich erzielbaren Erträge mit der Vervielfältigerdifferenz kapitalisiert werden; dies ersetzt die Abzinsung des Restwerts. Der Restwert wird dabei allerdings nicht „ausgeworfen". **64**

$$EW = \sum_{b=1}^{b} RE_b \times q^{-b} + RE_i \times (V_n - V_b) + \text{Bodenwert} \times q^{-n}$$

wobei
EW = Ertragswert
BW = Bodenwert
RE_b = Reinerträge des Betrachtungszeitraums
RE_i = Reinertrag der Restwertperiode
b = Betrachtungszeitraum in Jahren
n = Restnutzungsdauer der baulichen Anlage in Jahren
q = Zinsfaktor = 1 + p/100
p = Liegenschaftszinssatz

Als **Reinertrag der Restwertperiode** ist der am Wertermittlungsstichtag marktüblich erzielbare Reinertrag anzusetzen und nicht etwa ein prognostizierter Reinertrag, denn es werden die allgemein vom Grundstücksmarkt erwarteten ertragswirtschaftlichen Entwicklungen mit dem Liegenschaftszinssatz erfasst.

Bei *langer Restnutzungsdauer der baulichen Anlage* ($n \geq 50$ Jahre) kann wiederum auf den Ansatz des abgezinsten Bodenwerts ($BW \times q^{-n}$) verzichtet werden, da der Bodenwert mit seiner Abzinsung gegen null geht. **65**

IV § 17 ImmoWertV — Ertragswertermittlung nach Runge

66 *Fortsetzung des Beispiels*

d) **Ertragswert unter Anwendung des mehrperiodischen Ertragswertverfahrens**

Ertragswertanteil des Betrachtungszeitraums		900 000 €
Marktüblich erzielbarer Jahresreinertrag		100 000 €
Barwertfaktor (Vervielfältiger) bei Liegenschaftszinssatz von 6 % und		
Restnutzungsdauer von 50 Jahren	15,76186	
Restnutzungsdauer von 10 Jahren	− 7,36009	
Vervielfältigerdifferenz	8,40177	
Multipliziert mit marktüblich erzielbarem Jahresreinertrag von 100 000 €		+ 840 177 €
+ Bodenwert 200 000 € × 0,0543 (Restnutzungsdauer 50 Jahre)		+ 10 858 €
= Ertragswert		**1 751 035 €**

Abb. 2: Mehrperiodisches Ertragswertverfahren

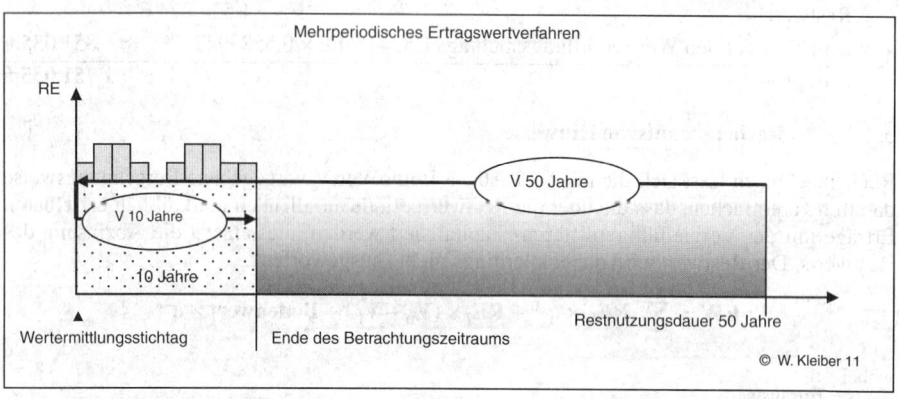

© W. Kleiber 11

67 Das **mehrperiodische Ertragswertverfahren entspricht rechentechnisch dem bekannten Vervielfältigerdifferenzverfahren,** denn auch die jeweiligen Barwerte der im Betrachtungszeitraum anfallenden Reinerträge lassen sich mithilfe von Vervielfältigerdifferenzen ermittelt.

68 ▶ *Vgl. das Beispiel eines Staffelmietvertrags bei § 8 ImmoWertV Rn. 296 ff. sowie § 18 ImmoWertV Rn. 82*

4 Ertragswertermittlung nach Runge

69 Vor Inkrafttreten der WertV von 1961 und ihrer Vorläuferin (WERTR 1955) war die Ertragswertermittlung nach dem sog. Runge-Verfahren[10] weit verbreitet. Das Verfahren wird heute nicht mehr den anerkannten Wertermittlungsmethoden zugerechnet. Gleichwohl scheut sich auch heute noch mancher Gutachter nicht vor seiner Anwendung. Es soll deshalb kurz mit seinen **Mängeln** vorgestellt werden:

---

10 Runge, Grundstücksbewertung, 3. Aufl. 1955, S. 157, 184 ff.; hierzu Erxleben in VR 1976, 381.

Ertragswertermittlung nach Runge — § 17 ImmoWertV IV

70 *Runge* hatte zunächst richtigerweise erkannt, dass der Grund und Boden im Gegensatz zum Gebäude grundsätzlich keiner Alterswertminderung unterworfen ist und deshalb der auf das Gebäude bezogene Reinertrag nicht als ewige Rente angesehen und berücksichtigt werden darf. Hiervon ausgehend hat *Runge* einen Weg gesucht, den aus einem bebauten Grundstück fließenden **Reinertrag auf das Gebäude und den Boden** nach einem sachgerechten Schlüssel **aufzuteilen.** Als Schlüssel dient *Runge* das Verhältnis aus Bodenwert zu Gebäudesachwert. Nach diesem Verhältnis wird der Reinertrag in einen Boden- und Gebäudeanteil aufgeteilt. Der auf ewig kapitalisierte Reinertragsanteil des Bodens ergibt dann zusammen mit dem über die Restnutzungsdauer kapitalisierten Reinertragsanteil des Gebäudes den Ertragswert:

71 *Beispiel:*

a) **Wertermittlungsobjekt**
- Der Sachwert eines Mehrfamilienhauses sei mit 800 000 € ermittelt.
- Der Bodenwert (BW) betrage 200 000 €.
- Der Reinertrag (RE) betrage 48 000 €.
- Die Restnutzungsdauer betrage 30 Jahre.
- Der Liegenschaftszinssatz betrage 5 %.

b) **Verkehrswertermittlung**

Reinertragsquotient = Bodenwert/Gebäudesachwert = 200 000 €/600 000 € = 1/3 = 0,333
wobei Gebäudesachwert = 800 000 € – 200 000 € = 600 000 €

Bei einem Reinertrag (RE) des Grundstückes von 48 000 € entfallen somit

a) auf den Boden: 48 000 € : 3	= 16 000 €
b) auf das Gebäude: 48 000 € – 16 000 €	= 32 000 €
zusammen	= 48 000 €

Runge-Verfahren		**Verfahren nach ImmoWertV**	
Reinertrag (RE)	= 48 000 €	Reinertrag (RE)	= 48 000 €
a) Bodenanteil	– 16 000 €	./. Bodenwertverzinsungsbetrag	
b) Gebäudeanteil	= 32 000 €	200 000 € × 0,05	= – 10 000 €
Ertragswert aus		= Verminderter RE	= 38 000 €
a) Bodenanteil*	= 320 000 €	× Vervielfältiger	= 584 060 €
b) Gebäudeanteil	= + 491 840 €	(Vervielfältiger = 15,37)	
(Vervielfältiger = 15,37)		+ Bodenwert BW	= 200 000 €
= Ertragswert (EW)	= 784 060 €	Ertragswert	= 811 840 €

* 16 000 €/0,05 = 320 000 €

72 Das sog. Runge-Verfahren stellte zwar einen Fortschritt dar gegenüber der bis dahin vielfach praktizierten Methode, den Ertragswert im Wege eines auf ewig kapitalisierten Reinertrags zu ermitteln

$$\text{Ertragswert} = 48\,000\,\text{€} \times \frac{100}{5} = 960\,000\,\text{€ (!)}$$

jedoch trägt die Methode nicht der wirtschaftlichen Erkenntnis Rechnung, dass das **im Grund und Boden investierte Kapital** nicht mehr eine bankübliche Verzinsung erbringt und insoweit der Reinertrag aus dem Grundstück um den Bodenwertverzinsungsbetrag vermindert werden muss. Deswegen ergeben sich bei Anwendung des Runge-Verfahrens übersetzte Werte.

73 Bessere Ergebnisse als nach *Runge* erhält man durch **Berücksichtigung einer Alterswertminderung** bei der Ermittlung des Ertragswerts eines Gebäudes durch Anwendung des Ver-

IV § 17 ImmoWertV — Ertragswertermittlung nach Runge

vielfältigerquotienten-Verfahrens. Ausgehend von einem Ertragswert, der sich ohne Beachtung der Restnutzungsdauer allein durch „ewige" Kapitalisierung des Reinertrags (im *Beispiel* 48 000 €) ergibt, wird dabei der auf das Gebäude entfallende Anteil um die Alterswertminderung reduziert. Diese soll sich aus dem Vervielfältigerquotienten ergeben, der sich wie folgt ermittelt:

$$\text{Vervielfältigerquotient} = 100 \times \frac{\text{Vervielfältiger}_{RND}}{\text{Vervielfältiger}_{GND}}$$

wobei
RND = Restnutzungsdauer
GND = Übliche Gesamtnutzungsdauer

Die **Alterswertminderung (W_{min}) des Gebäudeanteils** beträgt dann:

$$\boxed{W_{min}[\%] = 100 - \text{Vervielfältigerquotient}}$$

Bei einem neu erstellten Gebäude (RND = GND) ergibt sich eine Alterswertminderung von Null; bei einem abgenutzten Gebäude (RND = 0) ergibt sich eine Alterswertminderung von 100 %.

74 *Beispiel:*

Als Ertragswert (EW) des vorstehenden Beispiels ergibt sich bei einer „ewigen" Verrentung des Reinertrags (RE) von 48 000 € und einem Liegenschaftszinssatz p von 5 %:

$$EW = (48\,000\,€ \times 100) / 5 = 960\,000\,€$$

Gebäudewertanteil (960 000 € – 200 000 €) =	760 000 €
Vervielfältigerquotient = 100 × 15,37/19,85 =	77,43
Vervielfältiger bei p = 5 % und RND =	30 Jahre : 15,37
Vervielfältiger bei p = 5 % und GND =	100 Jahre : 19,85
Alterswertminderung	= 22,57 % (= 100 % – 77,43 %)

Ertragswert:

	Gebäudewertanteil	= 760 000 €
./.	Alterswertminderung	= 171 532 € (= 760 000 € × 22,57/100)
=	Differenz	= 588 468 €
+	Bodenwert	= 200 000 €
=	Ertragswert	= **788 468 €**

§ 18 ImmoWertV
Reinertrag, Rohertrag

(1) Der Reinertrag ergibt sich aus dem jährlichen Rohertrag abzüglich der Bewirtschaftungskosten (§ 19).

(2) Der Rohertrag ergibt sich aus den bei ordnungsgemäßer Bewirtschaftung und zulässiger Nutzung marktüblich erzielbaren Erträgen. Bei Anwendung des Ertragswertverfahrens auf der Grundlage periodisch unterschiedlicher Erträge ergibt sich der Rohertrag insbesondere aus den vertraglichen Vereinbarungen.

Gliederungsübersicht   Rn.

1 Reinertrag und Rohertrag
  1.1 Reinertrag (§ 18 Abs. 1 ImmoWertV) 1
  1.2 Rohertrag (§ 18 Abs. 2 ImmoWertV)
    1.2.1 Allgemeines 9
    1.2.2 Umlageverminderter Rohertrag 13
2 Marktüblich erzielbarer Reinertrag
  2.1 Allgemeines 20
  2.2 Allgemeines zur Wohn- und Gewerberaummiete
    2.2.1 Abgrenzung 33
    2.2.2 Miete und Pacht 38
    2.2.3 Schriftform 42
  2.3 Wohnraummiete
    2.3.1 Allgemeines 46
    2.3.2 Mietpreisgestaltung 48
    2.3.3 Mieterhöhungsverlangen
      2.3.3.1 Allgemeines 61
      2.3.3.2 Anpassung an die örtliche Vergleichsmiete 64
      2.3.3.3 Mieterhöhung nach Durchführung von Modernisierungsmaßnahmen 78
      2.3.3.4 Mieterhöhung wegen Änderung der Darlehenszinsen ... 80
      2.3.3.5 Mietanpassung bei Staffelmietverträgen 82
      2.3.3.6 Mietanpassung bei Indexmietverträgen 85
    2.3.4 Allgemeine Schranken der Mieterhöhung
      2.3.4.1 Wesentlichkeitsgrenze 90
      2.3.4.2 Wuchergrenze 97
      2.3.4.3 Kappungsgrenze 102
  2.4 Gewerberaummiete
    2.4.1 Allgemeines 106
    2.4.2 Umsatzmiete 115
    2.4.3 Mietpreisgestaltung 119
    2.4.4 Wettbewerbsbeschränkungen
      2.4.4.1 Allgemeines 121
      2.4.4.2 Konkurrenz- und Sortimentsschutzklauseln 122
      2.4.4.3 Bierbezugsverträge 123
  2.5 Mietpreisbestimmende Merkmale
    2.5.1 Wohnraum
      2.5.1.1 Allgemeines 125
      2.5.1.2 Art (der Wohnung) 128
      2.5.1.3 Beschaffenheit (der Wohnung) 131
      2.5.1.4 Wohnung, Wohnraum, Wohnungsgröße und Wohnfläche 133
      2.5.1.5 Ausstattung (der Wohnung) 150
      2.5.1.6 Lage 154
    2.5.2 Gewerberaum
      2.5.2.1 Allgemeines 158
      2.5.2.2 Mietfläche von Gewerberäumen 159
      2.5.2.3 Lage und Beschaffenheit gewerblicher Immobilien 160
    2.5.3 Gemeinbedarfsnutzung 165
    2.5.4 Landwirtschaftliche Gebäude 170

2.6 Mieterhöhungsverlangen
  2.6.1 Allgemeines ... 171
  2.6.2 Mietspiegel
    2.6.2.1 Allgemeines ... 174
    2.6.2.2 Beispiel eines Mietspiegels ... 197
  2.6.3 Sachverständigengutachten ... 199
  2.6.4 Vergleichsobjekte
    2.6.4.1 Allgemeines ... 208
    2.6.4.2 Mischungsverhältnis ... 212
    2.6.4.3 Offenbarungspflicht von Vergleichsobjekten ... 214
  2.6.5 Mietdatenbank ... 218
2.7 Mietminderung
  2.7.1 Allgemeines ... 222
  2.7.2 Ermittlung der Mietminderung ... 224
2.8 Mietwertgutachten (Beispiel) ... 236

1 Reinertrag und Rohertrag

1.1 Reinertrag (§ 18 Abs. 1 ImmoWertV)

Schrifttum: *Adolf, W.,* Der nachhaltig erzielbare Ertrag – ein veralteter Begriff?, GuG 2005, 193; *Kleiber, W.,* Nachhaltige Einnahmen und Ausgaben, GuG 2006, 25; *Streich, J.-W.,* Die ortsübliche Vergleichsmiete, GuG 2003, 1; *Streich. J.-W.,* Abhängigkeit der Quadratmetermiete von der Wohnungsgröße, DWW 1980, 188.

1 Der **Ertragswert** wird nach § 17 Abs. 1 ImmoWertV auf der Grundlage des „*Ertrags*" ermittelt und zwar auf der Grundlage des „*Reinertrags*". Dies ergibt sich aus § 17 Abs. 2 und 3 ImmoWertV; dort wird ausdrücklich auf den **Reinertrag** Bezug genommen.

2 Der **Reinertrag** wird in § 18 Abs. 1 ImmoWertV als der **Rohertrag abzüglich der bei ordnungsgemäßer Bewirtschaftung „marktüblich" entstehenden jährlichen Aufwendungen** i. S. des § 19 ImmoWertV (Bewirtschaftungskosten) definiert:

Reinertrag = Rohertrag – Bewirtschaftungskosten$_{\text{marktüblich bei „ordnungsgemäßer Bewirtschaftung"}}$

3 Zu den **Erträgen** gehören insbesondere

– die marktüblich erzielbaren Mieten und Pachten und sonstigen Nutzungsentgelte einschließlich besonderer Vergütungen (z. B. Garage, Einstellplatz);

– die marktüblich erzielbaren Vergütungen (§ 27 NMV[1]), für eine Nutzung von Grundstücksteilen für Werbezwecke;

– eine anteilige Miete für Grundstücksfreiflächen (Gartennutzung);

– Entgelte für die Nutzung von Bestandteilen des Grundstücks (Einrichtungs- und Ausstattungsgegenstände) und des Zubehörs (Möblierungszuschlag), soweit diese zugleich Bestandteil oder Zubehör des Wertermittlungsobjekts sind;

– von den marktüblich erzielbaren Erträgen aufgrund wohnungs-, miet- und vertragsrechtlicher Bindungen abweichende Erträge *(over-* und *underrented);*

– vom Mieter übernommene Schönheitsreparaturen, zu denen ansonsten nach § 535 BGB der Vermieter verpflichtet ist;

---

1 § 27 Vergütungen neben der Einzelmiete: „Neben der Einzelmiete kann der Vermieter für die Überlassung einer Garage, eines Stellplatzes oder eines Hausgartens eine angemessene Vergütung verlangen. Das Gleiche gilt für die Mitvermietung von Einrichtungs- und Ausstattungsgegenständen und für laufende Leistungen zur persönlichen Betreuung und Versorgung, wenn die zuständige Stelle dies genehmigt hat."

- besondere Leistungen aufgrund von Gestaltungsverträgen;
- Zuschläge für die Benutzung von Wohnraum zu anderen als Wohnzwecken (§ 26 Abs. 2 NMV);
- Zuschläge für die Untervermietung von Wohnraum (Untermietzuschlag; § 26 Abs. 3 NMV);
- Zuschläge wegen Ausgleichzahlungen nach § 7 des Wohnungsbindungsgesetzes (§ 26 Abs. 4 NMV);
- Zuschläge zur Deckung erhöhter laufender Aufwendungen, die nur für einen Teil der Wohnung des Gebäudes oder der Wirtschaftseinheit entstehen (§ 26 Abs. 5 NMV);
- Zuschläge für Nebenleistungen des Vermieters, die nicht allgemein üblich sind oder nur einzelnen Mietern zugutekommen (§ 26 Abs. 6 NMV);
- Zuschläge für Wohnungen, die durch Ausbau von Zubehörraum neu geschaffen wurden (§ 26 Abs. 7 NMV).

Vom Reinertrag ist bei allen nach § 17 ImmoWertV zur Anwendung kommenden **Varianten des Ertragswertverfahrens auszugehen:**   4

a) Bei Anwendung des *Standardverfahrens nach* § 17 Abs. 2 Nr. 1 oder 2 ImmoWertV *(ein und zweigleisiges Ertragswertverfahren)* ist gemäß § 17 Abs. 1 Satz 1 ImmoWertV von dem am Wertermittlungsstichtag „marktüblich erzielbaren Reinertrag" auszugehen, der sich nach § 18 Abs. 2 Satz 1 ImmoWertV aus dem marktüblich erzielbaren Rohertrag ergibt.

b) Bei Anwendung des *mehrperiodischen Ertragswertverfahrens* nach § 17 Abs. 1 Satz 2 i. V. m. Abs. 3 ImmoWertV ist ebenfalls von dem Reinertrag auszugehen, jedoch kann dieser aufgrund wohnungs- und mietrechtlicher Bindungen bzw. aufgrund vertraglicher Vereinbarungen von dem marktüblich erzielbaren Reinertrag abweichen; er ist deshalb gemäß § 18 Abs. 2 Satz 2 ImmoWertV aus den entsprechenden Roherträgen abzuleiten.

Bei allen zur Anwendung kommenden Varianten des Ertragswertverfahrens sind jeweils die bei ordnungsgemäßer Bewirtschaftung und zulässiger Nutzung marktüblich entstehenden jährlichen Bewirtschaftungskosten i. S. des § 19 ImmoWertV zum Abzug zu bringen.

Temporären (vorübergehenden) Erträgen, insbesondere **von den marktüblich erzielbaren**   5
Erträgen aufgrund wohnungs-, miet- oder vertragsrechtlicher Bindungen **abweichenden Mehr- oder Mindererträgen** *(over-* und *underrented)*, ist bei alledem in besonderer Weise Rechnung zu tragen:

a) Bei Anwendung des *ein- und zweigleisigen Standardverfahrens* nach § 17 Abs. 2 ImmoWertV ist der vorläufige Ertragswert ohne Berücksichtigung der temporär anfallenden Mehr oder Mindererträge zu ermitteln; sie sind nach Maßgabe des § 8 Abs. 3 ImmoWertV ergänzend zu berücksichtigen.

b) Bei Anwendung des *mehrperiodischen (mehrphasigen) Ertragswertverfahrens* nach § 17 Abs. 1 Satz 2 i. V. m. Abs. 3 ImmoWertV können von marktüblich erzielbaren Erträgen abweichende Erträge direkt Berücksichtigung finden, soweit sie innerhalb des Betrachtungszeitraums nach § 17 Abs. 3 ImmoWertV anfallen.

In der Rechtsprechung ist – wenn auch nicht einheitlich – als **Möblierungszuschlag** ein Prozentsatz von 2 % des Zeitwerts pro Monat allgemein anerkannt (vgl. Rn. 136)[2]; er kann ggf. als temporärer Sonderwert ermittelt werden.   6

Bezüglich des Rein- und Rohertrags ist zu unterscheiden: 7

1. Bei Anwendung des in § 17 Abs. 2 ImmoWertV geregelten *(ein- bzw. zweigleisigen)* Ertragswertverfahrens ist von dem bei „ordnungsgemäßer Bewirtschaftung" und zulässiger Nutzung *marktüblich erzielbaren Rohertrag* auszugehen. Mit dem Abzug der

---

2   LG Berlin, Urt. vom 21.3.2003 – 63 S 365/01 –, BlnGE 2003, 954.

marktüblich bei „ordnungsgemäßer Bewirtschaftung" anfallenden Bewirtschaftungskosten ergibt sich mithin der marktüblich erzielbare Reinertrag.

2. Bei Anwendung des *mehrperiodischen* Ertragswertverfahrens nach § 17 Abs. 1 Satz 2 ImmoWertV i. V. m. § 17 Abs. 3 ImmoWertV ist von dem *Rohertrag* auszugehen, *der sich insbesondere aus den vertraglichen Vereinbarungen ergibt.* Dieser ist wiederum um die bei ordnungsgemäßer Bewirtschaftung marktüblich entstehenden jährlichen Bewirtschaftungskosten i. S. des § 19 ImmoWertV zu vermindern.

8 **Bei allen** zur Anwendung kommenden Varianten des **Ertragswertverfahrens sind** mithin **die bei ordnungsgemäßer Bewirtschaftung „marktüblich entstehenden** jährlichen **Bewirtschaftungskosten** i. S. des § 19 ImmoWertV **zum Abzug zu bringen.**

1.2 Rohertrag (§ 18 Abs. 2 ImmoWertV)

1.2.1 Allgemeines

▶ *Vgl. Syst. Darst. des Ertragswertverfahrens Rn. 118, 179 ff., 196; § 7 ImmoWertV Rn. 20; § 19 ImmoWertV Rn. 11; zur Beleihungswertermittlung vgl. Teil IX Rn. 232*

9 Der **Begriff des Rohertrags** wird in § 18 Abs. 2 Satz 1 ImmoWertV mit der Bezugnahme auf die „marktüblich erzielbaren Erträge" bzw. auf die sich aus vertraglichen Vereinbarungen ergebenden Erträge (Satz 2) unscharf definiert. Die Vorschrift lässt offen, ob es sich dabei um „Erträge" handelt, die auch die üblicherweise umgelegten Bewirtschaftungskosten umfassen, oder um Erträge unter Ausschluss der üblicherweise umgelegten Bewirtschaftungskosten (vgl. aber § 19 Abs. 1 ImmoWertV). Der unter Einbeziehung *aller* erzielbaren Grundstückserträge definierte **Rohertrag schließt auch die Kosten der Bewirtschaftung als Einnahmen ein,** die der Vermieter als Grundstückseigentümer nach Maßgabe des Mietvertrags in Form einer Umlage i. V. m. einer Abrechnung nach Ablauf des Wirtschaftsjahres geltend macht. Grundsätzlich kann die Umlage jedoch auch als Pauschale vereinbart werden; es können auch Vorauszahlungen in angemessener Höhe vereinbart werden (§§ 556 und 556a BGB). Bezüglich der besonderen mietvertraglichen Regelungen über die Umlage wird auch von der „zweiten Miete" gesprochen.

10 **Nicht zum Rohertrag** gehört bei gewerblicher Vermietung im Übrigen die anfallende Mehrwertsteuer.

11 Eine **Vorsteuerabzugsberechtigung** bleibt grundsätzlich unberücksichtigt, da dies den ungewöhnlichen oder persönlichen Verhältnissen zuzurechnen ist[3]. Dies gilt auch für Gewerbemietraum, denn soweit dies allgemein üblich ist, wird dem bereits mit den dafür angesetzten Mieterträgen i. V. m. den dafür abgeleiteten Liegenschaftszinssätzen Rechnung getragen.

12 Zur **Ermittlung des Rohertrags in der steuerlichen Bewertung** wird auf die hierzu ergangene Rechtsprechung verwiesen[4].

1.2.2 Umlageverminderter Rohertrag

13 Im Regelfall ist schon aus pragmatischen Gründen von einem Rohertrag unter Ausschluss der üblicherweise umgelegten Bewirtschaftungskosten auszugehen. Diese Bewirtschaftungskosten können außer Betracht bleiben, denn sie müssten nach Maßgabe des § 18 Abs. 1 ImmoWertV ohnehin wieder zum Abzug gebracht werden:

---

[3] BGH, Urt. vom 10.7.1991 – XII ZR 109/90 –, NJW 1991, 3036 = EzGuG 20.134d; BFH, Urt. vom 30.6.2010 – II R 60/08 –, BStBl II S. 897 = GuG 2010, 377 = EzGuG 1.74.

[4] Zur Schätzung des Rohmietwerts in der steuerlichen Bewertung vgl. BFH, Urt. vom 21.1.1986 – IX R 7/79 –, BFHE 146, 51 = 20.113; BFH, Urt. vom 20.10.1965 – VI 292/64 U –, BFHE 84, 37 = EzGuG 20.42; BFH, Urt. vom 11.10.1977 – VIII R 20/75 –, BFHE 123, 347 = EzGuG 20.68; BFH, Urt. vom 17.10.1969 – VI R 17/67 –, BFHE 97, 117 = EzGuG 20.45; BFH, Urt. vom 10.8.1984 – III R 41/75 –, BFHE 142, 289 = EzGuG 20.107; BFH, Urt. vom 25.6.1984 – GrS 4/82 –, BFHE 141, 405 = BStBl II 1984, 751 = NJW 1985, 93; ferner BFH, Urt. vom 14.12.1976 – VII R 99/72 –, BFHE 151, 50 = EzGuG 19.31.

Reinertrag und Rohertrag § 18 ImmoWertV IV

- Bei **Wohnraum** werden heute die Betriebskosten mit der Folge **umgelegt** („sog. „zweite Miete", vgl. § 556 Abs. 1 BGB), dass der Vermieter aus der vereinbarten „ersten" Miete nur noch die Verwaltungs- und Instandhaltungskosten sowie das Mietausfallwagnis aufzubringen hat. Diese Miete wird Nettokaltmiete genannt, und von dieser Nettokaltmiete kann bei der Ertragswertermittlung direkt ausgegangen werden. Ein als Gesamtheit aller Erträge definierter Rohertrag würde damit eine nicht praxisrelevante Größe darstellen.

- Entsprechendes gilt auch für **Gewerberaum.** Im Unterschied zum Wohnraum bestehen dabei jedoch keine gesetzlichen Schranken, auch die übrigen Bewirtschaftungskosten umzulegen. Hier ist ein deutlicher Trend zu erkennen, möglichst alle Bewirtschaftungskostengruppen umzulegen (sog. *double-* und *triple-net*-Mieten). Im konkreten Einzelfall kommt es auf die übliche mietvertragliche Gestaltung an, die den herangezogenen Vergleichsmieten zugrunde liegt.

Auch die sog. **kleine Instandhaltung ist** nach § 28 Abs. 3 Satz 2 II. BV in Form der sog. zweiten Miete **umlagefähig.**

Bei alledem ist es stets **zwingend geboten, in den Miet- bzw. Pachtvertrag Einblick zu nehmen,** um sich darüber Klarheit zu verschaffen. 14

Beispiel: 15
Ermittlung des Grundstücksreinertrags

Mietwohngrundstück in einer Großstadt, Baujahr 1986, 7 Wohnungen, Gesamtwohnfläche 600 m^2, marktüblich erzielbare Nettokaltmiete 56 000 €

Es wird von der marktüblich erzielbaren Nettokaltmiete ausgegangen. Die Betriebskosten werden umgelegt. Alle anderen mit der ordnungsgemäßen Bewirtschaftung des Grundstücks verbundenen Kosten (Verwaltungs-, Instandhaltungskosten und das Mietausfallwagnis) werden vom Eigentümer getragen.

Marktüblich erzielbare Jahresnettokaltmiete (entspricht einer durchschnittlichen Miete von 7,78 €/m² WF)	56 000 €
Nicht umgelegte Bewirtschaftungskosten	
Verwaltungskosten 280 €/Wohnung × 7 Wohnungen	1 960 €
Instandhaltungskosten (600 m² × 10 €/m² WF)	6 000 €
Mietausfallwagnis (in Anlehnung an § 29 Satz 2 II. BV): 2 v. H. der Nettokaltmiete: 2 v. H. von 56 000 €	1 120 €
zusammen	9 080 € – 9 080 €
Jahresreinertrag	**46 920 €**

Die nicht umgelegten Bewirtschaftungskosten betragen real 16,2 v. H. der Nettokaltmiete.

Nach den Vorschriften der ImmoWertV ist von dem umlageverminderten Rohertrag auszugehen. Dies ergibt sich aus § 19 Abs. 1 ImmoWertV, nach dem sich die bei ordnungsgemäßer Bewirtschaftung anfallenden **Bewirtschaftungskosten nach den marktüblich entstehenden jährlichen Aufwendungen bemessen,** „die nicht durch Umlagen oder sonstige Kostenübernahmen gedeckt sind". 16

Rechtsgrundlage für die Umlage der Betriebskosten sind die **§§ 556 und 556a BGB,** die folgende Fassung haben: 17

„**§ 556 BGB** Vereinbarungen über Betriebskosten

(1) Die Vertragsparteien können vereinbaren, dass der Mieter Betriebskosten trägt. Betriebskosten sind die Kosten, die dem Eigentümer oder Erbbauberechtigten durch das Eigentum oder das Erbbaurecht am Grundstück oder durch den bestimmungsgemäßen Gebrauch des Gebäudes, der Nebengebäude, Anlagen, Einrichtungen und des Grundstücks laufend entstehen. Für die Aufstellung der Betriebskosten gilt die Betriebskostenverordnung vom 25. November 2003 (BGBl. I S. 2346, 2347) fort. Die Bundesregierung wird ermächtigt, durch Rechtsverordnung ohne Zustimmung des Bundesrates Vorschriften über die Aufstellung der Betriebskosten zu erlassen.

IV § 18 ImmoWertV   Reinertrag und Rohertrag

(2) Die Vertragsparteien können vorbehaltlich anderweitiger Vorschriften vereinbaren, dass Betriebskosten als Pauschale oder als Vorauszahlung ausgewiesen werden. Vorauszahlungen für Betriebskosten dürfen nur in angemessener Höhe vereinbart werden.

(3) Über die Vorauszahlungen für Betriebskosten ist jährlich abzurechnen; dabei ist der Grundsatz der Wirtschaftlichkeit zu beachten. Die Abrechnung ist dem Mieter spätestens bis zum Ablauf des zwölften Monats nach Ende des Abrechnungszeitraums mitzuteilen. Nach Ablauf dieser Frist ist die Geltendmachung einer Nachforderung durch den Vermieter ausgeschlossen, es sei denn, der Vermieter hat die verspätete Geltendmachung nicht zu vertreten. Der Vermieter ist zu Teilabrechnungen nicht verpflichtet. Einwendungen gegen die Abrechnung hat der Mieter dem Vermieter spätestens bis zum Ablauf des zwölften Monats nach Zugang der Abrechnung mitzuteilen. Nach Ablauf dieser Frist kann der Mieter Einwendungen nicht mehr geltend machen, es sei denn, der Mieter hat die verspätete Geltendmachung nicht zu vertreten.

(4) Eine zum Nachteil des Mieters von Absatz 1, Absatz 2 Satz 2 oder Absatz 3 abweichende Vereinbarung ist unwirksam.

§ 556a BGB Abrechnungsmaßstab für Betriebskosten

(1) Haben die Vertragsparteien nichts anderes vereinbart, sind die Betriebskosten vorbehaltlich anderweitiger Vorschriften nach dem Anteil der Wohnfläche umzulegen. Betriebskosten, die von einem erfassten Verbrauch oder einer erfassten Verursachung durch die Mieter abhängen, sind nach einem Maßstab umzulegen, der dem unterschiedlichen Verbrauch oder der unterschiedlichen Verursachung Rechnung trägt.

(2) Haben die Vertragsparteien etwas anderes vereinbart, kann der Vermieter durch Erklärung in Textform bestimmen, dass die Betriebskosten zukünftig abweichend von der getroffenen Vereinbarung ganz oder teilweise nach einem Maßstab umgelegt werden dürfen, der dem erfassten unterschiedlichen Verbrauch oder der erfassten unterschiedlichen Verursachung Rechnung trägt. Die Erklärung ist nur vor Beginn eines Abrechnungszeitraumes zulässig. Sind die Kosten bislang in der Miete enthalten, so ist diese entsprechend herabzusetzen.

(3) Eine zum Nachteil des Mieters von Absatz 2 abweichende Vereinbarung ist unwirksam."

18 Die **Betriebskosten** (§ 2 BetrKV) werden in den Syst. Darst. des Ertragswertverfahrens unter Rn. 208 ff. und bei § 19 ImmoWertV Rn. 74 ff. erläutert.

19 Bei **Gebäuden, die von einem strukturellen (dauerhaften) Leerstand betroffen sind,** müssen die **sonst auf die Mieter umgelegten Betriebskosten** vom Eigentümer getragen werden. Dies betrifft den Betriebskostenanteil, der als „fixe Kosten" unabhängig von der Vermietung anfällt (ca. 40 bis 80 % der sonst üblichen Betriebskosten).

2 Marktüblich erzielbarer Reinertrag

2.1 Allgemeines

▶ *Vgl. Rn. 69; Syst. Darst. des Ertragswertverfahrens Rn. 179, 190; § 17 ImmoWertV Rn. 13*

20 Der am Wertermittlungsstichtag **marktüblich erzielbare Reinertrag ist die Grundlage des** in § 17 Abs. 1 Satz 1 i. V. m. Abs. 2 ImmoWertV geregelten **ein- oder zweigleisigen Ertragswertverfahrens (Standardverfahren).** Es kann zwar nicht erwartet werden, dass die am Wertermittlungsstichtag marktüblich erzielbaren Reinerträge über die Restnutzungsdauer unverändert bleiben, jedoch werden bei Anwendung des Ertragswertverfahrens unter Heranziehung des Liegenschaftszinssatzes nach § 14 Abs. 3 ImmoWertV die vom Grundstücksmarkt erwarteten Ertragsänderungen sowie sonstige erwartete Änderungen der immobilienwirtschaftlich bedeutsamen Rahmenbedingungen mit diesem Liegenschaftszinssatz „vernachlässigt" *(all over capitalization method).*

„Marktüblich" erzielbarer Ertrag ist der am Wertermittlungsstichtag nach den allgemeinen mietrechtlichen Bestimmungen ohne Berücksichtigung temporär wirksamer mietvertrag- bzw. mietrechtlicher Besonderheiten für Wohn- bzw. Nutzflächen vergleichbarer Art, Größe, Ausstattung, Beschaffenheit und

Lage üblicherweise erzielbare Ertrag. **Bei Wohnimmobilien** ist der „marktüblich" erzielbare Ertrag **i. d. R. mit der ortsüblichen Vergleichsmiete** gleichzusetzen (vgl. Rn. 27 ff.). Bleibt der am Wertermittlungsstichtag tatsächlich erzielte Ertrag hinter dem marktüblich erzielbaren Ertrag zurück, so ist dies unbeachtlich, wenn weder rechtliche noch sonstige Gründe einer Anpassung des Ertrags an den marktüblich erzielbaren Ertrag entgegenstehen. Soweit z. B. die Kappungsgrenzen des § 558 BGB dem entgegenstehen, muss dies ergänzend nach Maßgabe des § 8 Abs. 3 ImmoWertV bzw. im Rahmen des mehrperiodischen Ertragswertverfahrens berücksichtigt werden.

Von den marktüblich erzielbaren Erträgen abweichend erzielte Reinerträge, insbesondere aufgrund wohnungs-, miet- sowie vertragsrechtlicher Bindungen, sind in jedem Falle festzustellen, da sie als temporäre Einnahmen in Ergänzung zu dem sich nach Maßgabe des § 17 Abs. 2 ImmoWertV ermittelten vorläufigen Ertragswert in einem zweiten Schritt berücksichtigt werden müssen (§ 8 Abs. 3 ImmoWertV). Lediglich bei Anwendung des mehrperiodischen (mehrphasigen) Ertragswertverfahrens nach § 17 Abs. 1 Satz 2 i. V. m. Abs. 3 ImmoWertV ist innerhalb des Betrachtungszeitraums i. S. des § 17 Abs. 3 ImmoWertV vom gesamten Reinertrag (einschließlich der vom marktüblich erzielbaren Reinertrag abweichenden Mehr- oder Mindererträge) auszugehen (vgl. Rn. 7). 21

Eine **Störung des marktüblich erzielbaren Ertrags** eines Grundstücks kann auch **durch die Art der vorgefundenen tatsächlichen Nutzung** gegeben sein, so z. B., wenn in einer Einkaufsstraße das Erdgeschoss zu Wohnzwecken genutzt wird und es der Eigentümer bisher versäumt hat oder daran gehindert war, hier eine ertragsreichere Ladennutzung einzurichten. Zwar mögen dann hier die ortsüblich erzielbaren Wohnungsmieten dem Eigentümer zufließen, jedoch bestimmt sich der marktüblich erzielbare Ertrag nach den erzielbaren Ladenmieten. 22

Soweit der tatsächlich erzielte Reinertrag nur deshalb hinter dem marktüblich erzielbaren Reinertrag zurückbleibt, weil die **rechtlich bestehenden Möglichkeiten der Mietanpassung nicht ausgeschöpft** wurden, ist von dem marktüblich erzielbaren Reinertrag auszugehen, d. h., eine Mietanpassung ist zu unterstellen. Es muss insbesondere unbeachtlich bleiben, wenn der Eigentümer aus subjektiven Gründen (z. B. aus wirtschaftlichem Unvermögen oder aus persönlichen Bindungen heraus) darauf verzichtet hat, das Nutzungsentgelt in zulässiger Weise anzuheben. Entsprechendes gilt auch bei unentgeltlicher Überlassung einer Wohnung, z. B. aus persönlichen Gründen. Auf eine Berücksichtigung des Ertragsausfalls im Zuge der Mietanpassung kann dabei verzichtet werden, da der temporäre Einnahmeausfall i. d. R. von marginaler Bedeutung ist. 23

Des Weiteren muss unbeachtlich bleiben, soweit der **tatsächlich erzielte Reinertrag den marktüblich erzielbaren Reinertrag in unzulässiger Weise überschreitet** (z. B. unter Verstoß gegen die Wesentlichkeits- bzw. Wuchergrenze). Dementsprechend ist bei Verkehrswertermittlungen in Sanierungsgebieten auch nicht von einer vermeintlich hohen Rendite auszugehen, wenn diese durch Vermietung an Gastarbeiter erzielt wird, aber wegen ungesunder Wohnverhältnisse (vgl. § 43 Abs. 4 BauGB) nicht gerechtfertigt ist[5]. 24

Aus vorstehenden Gründen ist es unerlässlich, die **Mietverhältnisse mietrechtlich zu analysieren.** Die rechtlichen Grundlagen der Mietpreisgestaltung und der Mietpreiserhöhung werden deshalb unter Rn. 25 ff. dargestellt. 25

Zur **Ermittlung des „marktüblich erzielbaren Reinertrags"** kommen in Betracht 26

a) die **ortsübliche Vergleichsmiete,** die nach § 558 Abs. 2 BGB „aus den üblichen Entgelten" ... gebildet wird, die in der Gemeinde oder einer vergleichbaren Gemeinde für Wohnraum vergleichbarer Art, Größe, Ausstattung, Beschaffenheit und Lage in den letzten vier Jahren vereinbart" wird und dem Mietspiegel entnommen werden kann[6], oder

---

5   BT-Drucks. VI/510, S. 39 sowie BR-Drucks. 265/75, S. 15; vgl. hierzu BGH, Urt. vom 2.12.1971 – III ZR 165/69 –, BGHZ 57, 108 = EzGuG 20.51.
6   § 558c Mietspiegel: (1) Ein Mietspiegel ist eine Übersicht über die ortsübliche Vergleichsmiete, soweit die Übersicht von der Gemeinde oder von Interessenvertretern der Vermieter und der Mieter gemeinsam erstellt oder anerkannt worden ist.

IV § 18 ImmoWertV — Reinertrag und Rohertrag

b) die **Marktmiete,** die im Falle einer Neuvermietung unter Berücksichtigung von Angebot und Nachfrage erzielt werden kann; im Falle einer Neuvermietung kann der Vermieter diese Marktmiete verlangen; er ist nicht an die ortsübliche Vergleichsmiete gebunden (vgl. Rn. 69).

27 Diese Miete stellt im Übrigen **auch das Entgelt für die auf dem Grundstück befindlichen sonstigen Anlagen** (z. B. parkähnliche Bepflanzungen) dar. So findet z. B. die Annehmlichkeit des „guten" Wohnens in einer begrünten Wohnanlage ihre Berücksichtigung in der Miete[7]. In Ausnahmefällen wäre dies nach § 8 Abs. 3 ImmoWertV besonders zu berücksichtigen (vgl. Syst. Darst. des Ertragswertverfahrens Rn. 190).

28 Für die **ortsübliche Vergleichsmiete** gelten **im Verhältnis zur Marktmiete** eine Reihe von **Besonderheiten** (vgl. Rn. 67 ff.):

29 Es stellt sich die Frage, ob im Rahmen der Ertragswertermittlung von der „ortsüblichen Vergleichsmiete" oder der „Marktmiete" auszugehen ist.

– Bei einem bestehenden **Gebäude im vermieteten Zustand** wird man regelmäßig der Heranziehung ortsüblicher Vergleichsmieten den Vorzug geben, denn sie „markieren die Obergrenze" eines Mieterhöhungsverlangens. Dass im Rahmen der allgemeinen Fluktuation die Marktmieten verlangt werden können, betrifft nur einen geringen Bestand und findet auch bei der Ableitung des Liegenschaftszinssatzes keine besondere Beachtung.

– Bei einem **zur Vermietung anstehenden Gebäude** (z. B. einem Neubau) könnte man die Heranziehung der Marktmiete in Betracht ziehen, jedoch muss auch im Hinblick auf die Gesamtnutzungsdauer des Gebäudes davon ausgegangen werden, dass die ortsübliche Vergleichsmiete auch in diesem Fall die künftigen Ertragsverhältnisse besser zu repräsentieren vermag, denn die Marktmiete wird aufgrund der Mietgesetzgebung über kurz oder lang von den ortsüblichen Vergleichsmieten „eingeholt".

Letztlich ist im Rahmen einer modellkonformen Marktwertermittlung aber stets der **Mietansatz** entscheidend, **der der Ableitung des Liegenschaftszinssatzes zugrunde lag** (vgl. Vorbem. zur ImmoWertV Rn. 36, § 17 ImmoWertV Rn. 15).

30 Zur **Ermittlung der marktüblich erzielbaren Erträge** empfiehlt es sich auch, auf entsprechende Erhebungen und Veröffentlichungen der Gutachterausschüsse (Mietwerkübersichten) zurückzugreifen. Des Weiteren sind in diesem Zusammenhang die einfachen oder qualifizierten **Mietspiegel** nach den §§ 558c und 558 d BGB zu nennen. Wird von Mietspiegeln ausgegangen, so muss beachtet werden, welche Mietentgelte (Nettokaltmiete, Mietnebenkosten) der Auswertung zugrunde gelegt und mit den Zahlenwerten wiedergegeben werden. Soweit erforderlich, muss die stichtagsbezogene Miete auf den Wertermittlungsstichtag umgerechnet werden. Dafür kann auf die vom Statistischen Bundesamt in der Reihe 7 der Fachserie 17 veröffentlichten „Preise und Preisindizes für die Lebenshaltung in Deutschland" zurückgegriffen werden. Des Weiteren ist zu beachten, dass es sich hierbei um Mieten handelt, die aus Bestands- und Neubaumieten der letzten vier Jahre abgeleitet wurden.

31 Bei Verwendung von Mietspiegeln ist i. d. R. das **fiktive Baujahr** (Bezugsfertigkeit) maßgebend, wenn die Wohnung modernisiert wurde und sich dadurch die Restnutzungsdauer entsprechend verlängert. Die Mietspiegel sind zur Ermittlung der ortsüblichen Vergleichsmiete von Ein- und Zweifamilienhäusern nicht geeignet, da die einschlägigen Mieten i. d. R. höher ausfallen[8].

32 Zur **Ermittlung marktüblich erzielbarer Mieten/Pachten** können darüber hinaus folgende Quellen benutzt werden:

– Internet-Portale
  z. B. Berlin http://www.stadtentwicklung.berlin.de/wohnen/mietspiegel/de,
  z. B. Bonn http://www.bonn.de/gutachterausschuss/welcome.html (Suchbegriff: Mietspiegel),
  z. B. Darmstadt: http://www.portal-darmstadt.de/files/mietspiegel/mietspiegel2003.pdf;

---

[7] OLG Koblenz, Urt. vom 13.1.1982 – 1 U 6/80 –, AVN 1988, 158 = EzGuG 2.28.
[8] LG Berlin, Urt. vom 22.5.2002 – 64 S 159/01 –, NJ 2001, 488.

- Mietspiegel für nicht öffentlich geförderte Wohnungen mit Bandbreiten für Nettokaltmieten je m² Wohnfläche, gegliedert nach Baujahresgruppen, Lagequalität, Wohnungsgröße und Ausstattungsmerkmalen, zusammengestellt von den örtlichen Verbänden der Wohnungswirtschaft, Behörden, Haus-, Wohnungs- und Grundbesitzerverbänden, Mietervereinen und Maklern;
- Mieten im Bereich der sozialen Wohnraumförderung, die sich aus Wirtschaftlichkeitsberechnungen ergeben (berücksichtigt werden müssen das Wohnungsbindungsgesetz, die Neubaumietenverordnung und die II. Berechnungsverordnung);
- der alle zwei Jahre jeweils zum 31. März erscheinende Wohngeld- und Mietenbericht der Bundesregierung als Spiegelbild der Situation auf dem Wohnungsmarkt (Bundesministerium für Verkehr, Bau und Stadtentwicklung);
- aus der eigenen langjährigen Erfahrung des Sachverständigen sind Mieten vergleichbarer Objekte in ausreichendem Maße bekannt;
- die Auswertung des Angebots an Immobilien, insbesondere von Miet- und Pachtgrundstücken, in der örtlichen und überörtlichen Presse, und Immobilienspiegel von Tochterunternehmen der Banken und Sparkassen vermitteln eine aktuelle Marktübersicht;
- der IVD, der RdM und viele örtliche Immobilienbörsen veröffentlichen Preisspiegel für Mieten von Geschäfts-, Büro- und Lagerräumen, Stellplätze in Großgaragen (Parkhaus, Tiefgaragen) sowie für befestigte und unbefestigte Freiflächen;
- die jährlichen Mietkosten der Einzelhandelsfachgeschäfte nach Branchen, Ortsgrößenklassen und Geschäftslagen durch das Institut für Handelsforschung an der Universität zu Köln;
- die zuständigen Fachverbände des Handels und des Handwerks erteilen Auskünfte;
- Mietrichtwertkarten für Ladenräume (z. B. in Wuppertal für die Bereiche City-Elberfeld, City-Barmen sowie Oberbarmen und Nebenzentren);
- Mietwertübersichten in den Jahres-Grundstücksmarktberichten der Gutachterausschüsse für Grundstückswerte für Ladenräume, Büro- und Praxisräume, Pkw-Stellplätze und Einfamilienhausmieten als Orientierungshilfe;
- Auswertungen zum Wohngeldbezug;
- Mietwerte für Ladenlokale, Büroräume und Gewerbeflächen im Kammerbezirk der IHKs mit Kaufkraftkennziffern je Einwohner der GfK Marktforschung GmbH & Co. KG, Nürnberg;
- Geschäftsberichte und statistische Berichte zum geforderten Wohnungsbau der Wohnungsbauförderungsanstalten der Länder;
- Mietwertübersichten in den Grundstücksmarktberichten der Gutachterausschüsse für Grundstückswerte;
- Jahres-Zahlenspiegel der Industrie- und Handelskammern mit Fläche in km², Einwohnerzahlen, Kammermitgliedern, verarbeitendem Gewerbe, Handel und Gastgewerbe, Fremdenverkehr, Gewerbeanzeigen (An-, Ab- und Ummeldungen), Realsteuerhebesätzen etc.;
- Monatszeitschriften der Industrie- und Handelskammern;
- Branchenprognosen von Bank- und Wirtschaftsinstituten, Verbänden;
- Jahresberichte renommierter Finanzberatungsgesellschaften;
- Fachserien zu Gewerbeimmobilien der Wirtschaftspresse;
- Wirtschaftsbriefe;
- Marktberichte international tätiger Immobiliengesellschaften;
- Top-Shop der Brockhoff & Zadelhoff Immobilien GmbH (Atlas der 1-a-Läden mit Straße, Haus-Nr., Schaufensterfrontlänge, Eck- bzw. Reihenhauslage, Differenzstufen im Eingangsbereich, Name des Nutzers);
- Strukturatlas der Hauptgemeinschaft des Deutschen Einzelhandels (HDE); u. a. mit Verkaufsflächenentwicklung, Umsätzen je Quadratmeter Verkaufsfläche, Mietpreisentwicklung; Karten ausgewählter Bürostandorte;
- Handelsatlanten der Industrie- und Handelskammern mit den Standorten großflächiger Einzelhandelsbetriebe, Strukturatlanten mit den Gewerbestandorten im Kammerbezirk;
- Berichte der Hauptgemeinschaft des Deutschen Einzelhandels (HDE) über Umsatzentwicklungen im Einzelhandel in der Bundesrepublik Deutschland;
- Wirtschafts- und Arbeitsmarktberichte der Großstädte (Ämter für Wirtschaftsförderung) über Stand, Entwicklung und Perspektiven der lokalen Wirtschaft und des Arbeitsmarktes;
- Studien zu den wirtschaftlichen Auswirkungen des EG-Binnenmarktes (ab 1993) auf Sektoren und Regionen der Bundesrepublik Deutschland;
- Standortanalysen verschiedener Institute zu Investitionsentscheidungen über größere Gewerbeimmobilien;
- Veröffentlichungen der Landesämter für Datenverarbeitung und Statistik (z. B. in Nordrhein-Westfalen; „Statistische Rundschau").

Im Unterschied zum geltenden Recht umfasste der Rohertrag nach § 17 WertV 88/98, aus dem § 18 ImmoWertV hervorgegangen ist, „alle ... nachhaltig erzielbaren Einnahmen", jedoch ist man in der Wertermittlungspraxis gleichwohl schon seit jeher vom umlageverminderten Rohertrag ausgegangen.

2.2 Allgemeines zur Wohn- und Gewerberaummiete

2.2.1 Abgrenzung

33 Das **Miet- und Pachtrecht** ist im Titel 5 des BGB (§§ 335 bis 606 BGB) geregelt (vgl. Rn. 46, 106).

34 Im Bereich des Mietrechts bedarf es deshalb einer sorgfältigen **Abgrenzung der Wohnraummiete von der Gewerberaummiete** *(commercial leases)*. Maßgebend für die Einordnung ist vor allem die Zweckbestimmung der Räume, die von den Parteien im Mietvertrag vereinbart wurde[9]. Ein Geschäftsraummietvertrag liegt vor, wenn die Fläche oder ein Gebäude aufgrund eines schuldrechtlichen Vertrags gegen Entgelt (unbefristet oder auf Zeit) zu anderen als Wohnzwecken überlassen wurde. Es kommt also auf die zwischen den Parteien vereinbarte Zweckbestimmung an, wobei eine ausdrückliche Festlegung entbehrlich ist, wenn die angemieteten Flächen eindeutig nur für gewerbliche oder geschäftliche Zwecke geeignet sind. Soweit im Mietvertrag keine eindeutige Zweckbestimmung vereinbart worden ist, richtet sich die Zweckbestimmung nach der objektiven Beschaffenheit der Räume. Wo nach den bestehenden Verhältnissen ein „Mischverhältnis" besteht, richtet sich die Zuordnung nach der sog. „Übergewichtstheorie"[10], wobei der Parteienwille und der Vertragszweck ausschlaggebend sind. Nach Vertragsabschluss wird durch eine ohne Abstimmung mit dem Vermieter vom Mieter vorgenommene Änderung der Nutzungsart an der rechtlichen Einordnung nichts geändert. (Abb. 1)

Abb. 1: Mietrecht

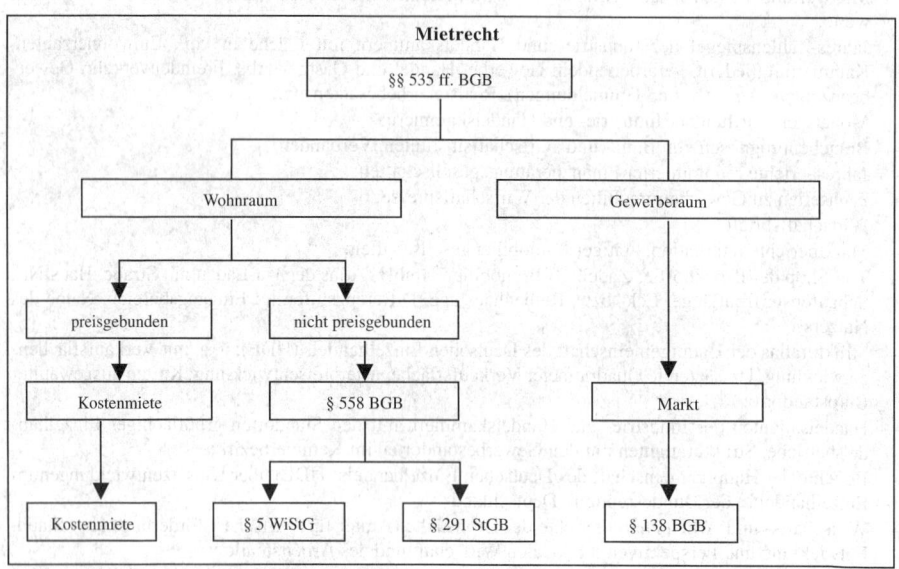

---

9 LG Hamburg, Urt. vom 9.10.1984 – 16 S 168/84 –, ZMR 1985, 54 = EzGuG 3.68a.
10 BGH, Urt. vom 15.11.1978 – VIII ZR 14/78 –, WM 1979, 148 = EzGuG 3.61a; BGH, Urt. vom 16.4.1986 – VIII ZR 60/85 –, NJW-RR 1986, 877 = EzGuG 7.96b.

Der **wesentliche Unterschied zwischen der Wohnraum- und Geschäftsraummiete** besteht in der Gestaltung des Mietzinses. 35

– Für *Mietverhältnisse über Wohnraum* finden insbesondere die Regelungen des Bürgerlichen Gesetzbuchs – BGB – Anwendung; des Weiteren sind die Regelungen über den sog. Rechtsentscheid (§ 541 ZPO) zu nennen.

– Für *Mietverhältnisse im gewerblichen Bereich* kann die Miete weitgehend frei vereinbart werden (Grundsatz der Vertragsfreiheit)[11]. Selbst die Kündigung des Mietverhältnisses mit dem Ziel einer Heraufsetzung des Mietzinses gilt nicht als sittenwidrig. Bei Geschäftsraummieten darf die Vereinbarung allerdings nicht gegen § 138 Abs. 2 BGB verstoßen.

Von einem gewerblichen Mietverhältnis ist auszugehen, wenn Wohnraum zum Zwecke der **Weitervermietung** an einen Dritten (sog. Endmieter) angemietet wird. Bei Beendigung des Zwischenmietverhältnisses tritt der Vermieter anstelle des gewerblichen Zwischenmieters in das Weitermietverhältnis mit dem Endmieter ein. Der Endmieter kann dann nach § 565 BGB die Kündigungsschutzbestimmungen (§§ 566a bis 566e, § 574 BGB) für sich in Anspruch nehmen. 36

Das **Immobilienleasing** wird in der Rechtsprechung als Miete mit Einzelelementen des Kaufes und der Darlehensgewährung qualifiziert[12]. 37

2.2.2 Miete und Pacht

Unter der **Miete ist die entgeltliche Überlassung einer Sache zum Gebrauch** an einen Dritten zu verstehen (§ 535 BGB). Die Miete setzt sich nach § 556 Abs. 1 BGB zusammen aus der Grundmiete (Netto- oder Kaltmiete) und den Betriebskosten als Teil der Mietnebenkosten, mit denen die laufend anfallenden Gemeinkosten der baulichen Anlage abgedeckt werden sollen. Die Grundmiete/Nettokaltmiete enthält damit weder die Umlagen noch die nicht als „Umlagen erhobenen Betriebskosten" und auch nicht die Abschreibung. 38

Die in den §§ 535 bis 580a BGB geregelte **Miete ist von der Pacht zu unterscheiden,** die in den §§ 581 bis 597 BGB geregelt ist. Während die Miete ein Nutzungsentgelt für den Gebrauch des vermieteten Gegenstands ist, wird mit der Pacht vom Verpächter dem Pächter zugleich auch das Recht zum „Genuss der Früchte" gewährt. Dies bedingt i. d. R. die Überlassung einer betriebsbereiten Einrichtung, wie z. B. im Falle einer eingerichteten Gaststätte oder einer sonstigen Immobilie. Auf Pachtverhältnisse finden die mietrechtlichen Vorschriften weitgehend Anwendung, jedoch sind im Einzelfall Besonderheiten bezüglich der Kündigungsfristen und Instandhaltungspflichten zu beachten. 39

Die **Höhe der Miete können Mieter und Vermieter** bei Abschluss des Mietvertrags **bis zur Grenze der Mietpreisüberhöhung** (§ 5 WiStG, § 302a StGB) **grundsätzlich frei vereinbaren**. Eine Ausnahme stellt – wie bereits erwähnt – die Miete im Bereich der sozialen Wohnraumförderung dar. Dass hierbei den allgemeinen Anforderungen an gesunde Wohn- und Arbeitsverhältnisse Rechnung zu tragen ist, bedarf nicht der Klarstellung. Im Übrigen muss aber bei der anzusetzenden Miete auf die rechtlich zulässige Nutzung abgestellt werden, weil nur diese nachhaltig ausgeübt werden kann[13]. 40

Im Rahmen des Mietvertrags können die Vertragsparteien auch eine Änderung der Miete während der Vertragsdauer vereinbaren. Es muss jedoch grundsätzlich zwischen **Wohnraum- und Geschäftsraummietverträgen** unterschieden werden. 41

---

11 Fritz, Gewerberaummietrecht, München 1991; Bub/Treier, Handbuch der Geschäfts- und Wohnraummiete, 2. Aufl., München 1993.
12 BGH, Urt. vom 25.1.1989 – VIII ZR 302/87 –, BGHZ 106, 304; BGH, Urt. vom 9.10.1985 – VIII ZR 217/84 –, BGHZ 96, 103.
13 BR-Drucks. 352/88, S. 57.

2.2.3 Schriftform

42 Mietverhältnisse, die für einen längeren Zeitraum als ein Jahr, gerechnet vom Beginn des Mietverhältnisses, **geschlossen werden, bedürfen** nach § 550 BGB grundsätzlich **der Schriftform.** Ein nicht schriftlich geschlossener Mietvertrag für länger als ein Jahr gilt für unbestimmte Zeit. Er kann unter Beachtung der gesetzlichen Kündigungsfristen frühestens zum Ablauf eines Jahres nach Überlassung des Wohnraums gekündigt werden. Die Anforderungen an die Schriftform ergeben sich aus den §§ 126ff. BGB:

– Unter einem **Vorvertrag** versteht man eine gegenseitige Verpflichtung der Vertragsparteien, einen Mietvertrag zu schließen. Er ist nur wirksam, wenn er den Inhalt des Mietvertrags hinreichend in dem Maße konkretisiert, dass ein Gericht den Vertragsinhalt durch Urteil bestimmen kann.

– Unter einem **Vormietrecht** versteht man analog zum Vorkaufsrecht das Recht eines dadurch Begünstigten, in ein Mietverhältnis vorrangig zu den Bedingungen einzutreten, die der Vermieter mit einem Dritten ausgehandelt hat. Der Begünstigte kann innerhalb einer Frist von zwei Monaten in den mit einem Dritten abgeschlossenen Mietvertrag eintreten. Der Vermieter ist analog zu § 510 BGB verpflichtet, dem Begünstigten unter Vorlage des mit einem Dritten geschlossenen Mietvertrags den Vertragsabschluss mitzuteilen.

– Unter einem **Anmietrecht** versteht man die vertraglich eingeräumte Verpflichtung des Vermieters, dem Begünstigten ein Mietobjekt anzubieten, bevor es an einen Dritten vermietet wird.

– Unter einer **Option** versteht man die Befugnis des Mieters, durch einseitige Erklärung ein bestehendes Mietverhältnis um eine bestimmte Zeit zu verlängern. Hierzu soll im Vertrag die Optionsfrist geregelt sein.

43 Im Übrigen tritt im **Falle des Todes des Mieters** oder des Vermieters sein Erbe als Gesamtrechtsnachfolgerin in die Rechte und Pflichten des Mietvertrags ein (§§ 1922, 1967ff. BGB). Die §§ 563 ff. BGB lassen abweichend vom Prinzip der Gesamtrechtsnachfolge unter bestimmten Voraussetzungen eine Sonderrechtsnachfolge für bestimmte Personen in das Mietverhältnis über Wohnraum zu. Findet die Sonderrechtsnachfolge nicht statt, so bleibt es bei dem allgemeinen Erbrechtsprinzip der Gesamtrechtsnachfolge und das Mietverhältnis wird mit dem Erben fortgesetzt. Im Todesfall haben jedoch Mieter und Vermieter gemäß §§ 563 f. BGB das Recht zur außerordentlichen Kündigung des Mietverhältnisses unter Wahrung der gesetzlichen Kündigungsfristen. Der Vermieter kann das Mietverhältnis mit den Erben des verstorbenen Wohnungsmieters grundsätzlich nur dann kündigen, wenn in der Person des Eingetretenen ein wichtiger Grund liegt, selbst wenn der Erbe zu Lebzeiten des Mieters nicht in der Wohnung gelebt hat (vgl. Rn. 106)[14].

44 Die Miete wird bei Wohnimmobilien typischerweise als monatlicher Festbetrag vereinbart. Bei der Vermietung von Geschäftsraum, insbesondere bei Einzelhandelsflächen, wird häufig eine zusätzliche **umsatzabhängige Miete** vereinbart, wobei solche Verträge i. d. R. eine Betriebspflicht des Mieters vorsehen (vgl. Rn. 115).

45 Der **Anstieg der Wohnungsmieten** ist in den letzten Jahren (in fast allen großen Städten der Bundesrepublik Deutschland) recht unterschiedlich gewesen.

2.3 Wohnraummiete

Schrifttum: *Beuermann/Blümmel,* Das neue Mietrecht, 1. Aufl. 2001; *Bub/Treier,* Handbuch der Geschäfts- und Wohnraummiete, 2. Aufl. 1993; *Dröge, F.,* Handbuch der Mietpreisbewertung für Wohn- und Gewerberaum, Wolters & Kluwer, 2. Aufl. 1999; *Kühne-Büning/Nordalm/Steveling (Hrsg),* Grundlagen der Wohnungs- und Immobilienwirtschaft, 4. Aufl., Hammonia 2004; *Sternel,* Mietrecht aktuell, 3. Aufl. 1996.

---

[14] BGH, Beschl. vom 12.3.1997 – VIII ARZ 3/96 –, BGHZ 135, 86.

2.3.1 Allgemeines

Das Miet- und Pachtrecht ist im Titel 5 des BGB (§§ 335 bis 606 BGB) geregelt. Nach § 549 BGB gelten für Mietverhältnisse über Wohnraum die §§ 535 bis 548 BGB, soweit sich nicht aus den §§ 549 bis 577a BGB etwas anderes ergibt. Nach § 578 Abs. 1 BGB (Mietverhältnis über Grundstücke und Räume) sind auf Mietverhältnisse über Grundstücke die Vorschriften der §§ 550, 562 bis 562d, 566 bis 567b sowie 570 entsprechend anzuwenden. Sind die Räume zum Aufenthalt von Menschen bestimmt, so gilt außerdem § 569 Abs. 1 BGB entsprechend. **46**

Im **frei finanzierten Wohnungsbau** kann der Vermieter mit den nachfolgend behandelten Einschränkungen zumindest im Falle der Neuvermietung die Miete mit dem Mieter frei vereinbaren. Im Bereich des **öffentlich geförderten Wohnungsbaus** oder der sozialen Wohnraumförderung steht dem Vermieter lediglich die nach den §§ 8a und 8b WoBindG ermittelte **Kostenmiete** zu. Die Kostenmiete umfasst die laufenden Aufwendungen für die Wohnung. Sie wird im Rahmen einer Wirtschaftlichkeitsberechnung aufgrund der Kapital- und Bewirtschaftungskosten errechnet. Die sich aus den **Wirtschaftlichkeitsberechnungen** ergebenden Kostenmieten bei Sozialwohnungen sind für die Vertragsparteien verbindlich. **47**

2.3.2 Mietpreisgestaltung

Als Miete kann aufgrund der Vertragsfreiheit bei nicht preisgebundenem Wohnraum für die eigentliche Überlassung des Wohnraums und alle sonstigen Verpflichtungen **ein Pauschalbetrag vereinbart** werden. Wurde eine pauschale Miete vereinbart und keine Regelung über Nebenkosten getroffen, so sind mit der Miete alle Entgelte des Mieters abgegolten. Es ist auch der freien Vereinbarung überlassen, ob und in welchem Umfang der Mieter bestimmte Mietnebenkosten neben der eigentlichen Miete trägt. Die unterschiedliche Vertragsgestaltung hat nach den §§ 558 ff., 560 BGB ein **unterschiedlich ausgestaltetes Mieterhöhungsrecht** des Vermieters zur Folge. **48**

Ausgehend vom Grundsatz, dass der Vermieter die auf der vermieteten Sache ruhenden Lasten zu tragen hat (§ 535 BGB), können dabei, soweit im Mietvertrag nichts anderes geregelt ist, von den Nebenkosten nur die Erhöhungsbeträge auf die Mieter umgelegt werden (§ 556 BGB; abgedruckt bei Rn. 17). **49**

Dies betrifft ab 1.1.2004 die in § 2 BetrKV aufgeführten **Betriebskosten**. Alle übrigen Mietnebenkosten dürfen nur unter den erschwerten Voraussetzungen des § 558 BGB erhöht werden (vgl. Syst. Darst. des Ertragswertverfahrens Rn. 198 ff.; § 19 ImmoWertV Rn. 74). **50**

Nach den §§ 556 ff. BGB kann in den **Fällen, in denen im Mietvertrag nur die Nettokaltmiete/Grundmiete vereinbart wurde** und die Betriebskosten gesondert ausgewiesen werden, auch nur die Nettokaltmiete/Grundmiete erhöht werden, während die Betriebskostenanteile nur über § 560 BGB verändert werden können. **51**

Neben dem Preis für die bloße Gebrauchsüberlassung einer Wohnung kann mit dem Mieter also die Übernahme insbesondere von **Neben- und Betriebskosten** vereinbart werden. Im Einzelnen wird zwischen folgenden Kostengruppen unterschieden: **52**

a) *Nutzungsabhängige Kosten:* Dies sind z. B. die Kosten für den Wasserverbrauch, die Heizung, die Müllabfuhr sowie für Energie und Strom.

b) *Existenzabhängige Kosten:* Dies sind insbesondere die Grundsteuer, Versicherungskosten sowie Straßenreinigungsgebühren.

c) *Anschaffungs- und herstellungsbedingte Kosten:* Dies sind insbesondere die Finanzierungskosten sowie die Eigenkapitalverzinsung.

Für die Abwälzung solcher Nebenkosten gilt das **Enumerationsprinzip**, nach dem auf den Mieter nur die Kosten übergehen, die im Mietvertrag besonders vereinbart sind. Soweit auf Anl. 3 der II. BV oder § 2 BetrKV Bezug genommen wird, sollte diese als Anlage zum Mietvertrag genommen werden. Sie erfasst aber nicht die Kosten der Hausverwaltung, deren Überwälzung auch bei kleineren Gewerbeimmobilien schon üblich ist. **53**

54 Für die Neben- und Betriebskosten können **Vorauszahlungen** mit anschließender Abrechnung[15], aber auch Pauschalzahlungen vereinbart werden. Dies ergibt sich im Einzelnen aus dem Mietvertrag[16]. Daneben kann auch die Übernahme von **Schönheitsreparaturen** vereinbart werden, die **grundsätzlich vom Vermieter zu tragen** sind (§ 535 BGB)[17].

55 Eine gesetzliche Definition der **Mietnebenkosten** besteht nicht. Neben den Bewirtschaftungskosten gehören hierzu insbesondere die Kapitalkosten.

56 Der unter Ausschluss der umlagefähigen Betriebskosten sich ergebende Rohertrag stellt die **Nettokaltmiete (= Grundmiete)** dar, wie sie für Wohnraum heute regelmäßig vereinbart wird. Was nachhaltig erzielbar ist, kann deshalb auf dieser Grundlage aufgrund örtlicher Vergleichsmieten einschließlich eines örtlichen Mietspiegels am zuverlässigsten ermittelt werden.

57 Im Überblick sind auch andere Vertragsgestaltungen möglich:

Bruttowarmmiete:	Miete einschließlich sämtlicher Bewirtschaftungskosten einschließlich Betriebskosten *einschließlich Heizung und Warmwasser* (und ohne Mehrwertsteuer); vielfach wird auch von Inklusivmiete, Pauschalmiete oder Festmiete gesprochen.
Bruttokaltmiete:	Miete einschließlich sämtlicher Bewirtschaftungskosten (einschließlich Betriebskosten), jedoch *ohne Heizung und Warmwasser* (und ohne Mehrwertsteuer),
Nettokaltmiete	Bruttokaltmiete, jedoch ohne umlegbare Bewirtschaftungskosten (Betriebskosten).[18]
Teilinklusivmiete	Miete einschließlich bestimmter Betriebskosten.
Reinertrag	Bruttokaltmiete, jedoch ohne Bewirtschaftungskosten.

Abb. 2: Mietbegriffe

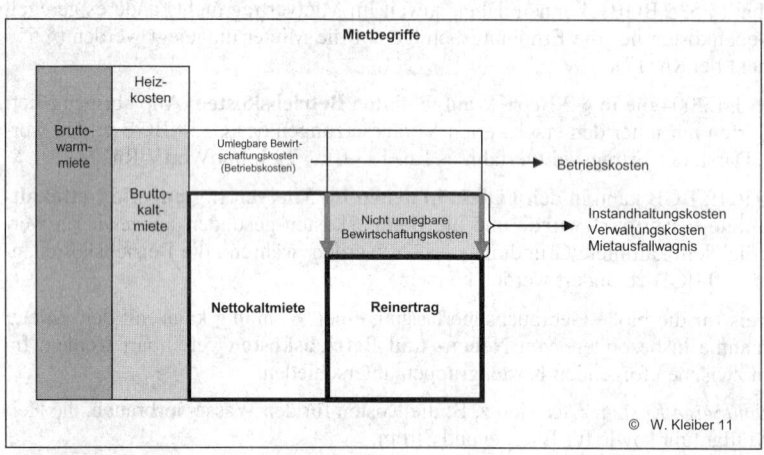

---

15 Zur Verjährung: Der Anspruch des Vermieters gegen den Mieter auf Nachzahlung von Betriebskosten verjährt in vier Jahren. Die Verjährungsfrist beginnt jeweils am Ende des Jahres, in dem der Anspruch entstanden ist. Unklar ist bisher, ob die Frist für die Verjährung einer Nachforderung des Vermieters gegen seinen Mieter bereits mit dem Ende des Jahres zu laufen beginnt, innerhalb dessen die Abrechnungsperiode endet, oder erst mit dem Ende desjenigen Jahres, in welchem dem Mieter die Abrechnung zugeht. Bei der Abrechnung von Heizkosten hat der BGH in einem Rechtsentscheid (vom 19.12.1990 – VIII ARZ 5/90 –, BGHZ 113, 188) festgestellt, dass derjenige Zeitpunkt maßgebend ist, zu dem dem Mieter die Abrechnung über die Heizkosten zugeht.
16 Zur Umlagefähigkeit vgl. BGH, Urt. vom 20.1.1993 – VIII ZR 10/92 –, GuG 1994, 127 (LS) = WuM 1993, 109 = DWW 1993, 74 = MDR 1993, 339 = WM 1993, 660 = ZMR 1993, 359.
17 Hierzu Schildt in WuM 1994, 237; Gather in ZAPF 4, S. 339 ff.
18 Der Begriff ist nicht immer eindeutig definiert, vgl. OLG Schleswig, Urt. vom 29.11.2011 – 11 U 26/10 –, GuG-aktuell 2012, 23.

Ist eine **Bruttowarmmiete** vereinbart worden, so ist sie um die aktuellen warmen und kalten Betriebskosten zu vermindern, um eine Vergleichbarkeit mit der Nettokaltmiete herzustellen[19]. 58

Bei der **Gestaltung der Wohnraummiete** sind neben den Preisvorschriften drei weitere allgemeine Schranken der Mietzinserhöhung zu beachten, wobei ein Verstoß – entgegen § 139 BGB – nicht den Bestand des Mietverhältnisses, sondern lediglich die Mietzinsvereinbarung berührt[20]. Dies sind 59

a) die Wesentlichkeitsgrenze (vgl. Rn. 90 ff.),

b) die Wuchergrenze (vgl. Rn. 97 ff.) und

c) die Kappungsgrenze (vgl. Rn. 101 ff.).

Bei Verwendung von **Formularmietverträgen** können sich jedoch Einschränkungen insbesondere bezüglich der Übernahme von Pflichten und Kosten auf den Mieter ergeben. 60

2.3.3 Mieterhöhungsverlangen

2.3.3.1 Allgemeines

▶ *Näheres hierzu Rn. 171 ff.; zur Wohnfläche vgl. Rn. 133 sowie Teil II Rn. 515 ff.*

Die Mietparteien können eine Mieterhöhung während des Mietverhältnisses nach Maßgabe des § 557 Abs. 1 und 2 BGB vereinbaren, und zwar in Form von Staffel- und Indexmieten nach den §§ 557a und 557b BGB. Im Übrigen kann der Vermieter **Mieterhöhungen nur nach Maßgabe des** 61

– **§ 558 BGB,** d. h. eine Mieterhöhung bis zur ortsüblichen Vergleichsmiete,

– **§ 559 BGB,** d. h. eine Mieterhöhung um elf vom Hundert der für die Wohnung aufgewendeten Modernisierungskosten sowie

– **§ 560 BGB,** d. h. eine Mieterhöhung bei Veränderung der Betriebskosten,

soweit nicht eine Erhöhung durch Vereinbarung ausgeschlossen ist oder sich der Ausschluss aus den Umständen ergibt, vornehmen. Eine zum Nachteil des Mieters abweichende Vereinbarung ist unwirksam.

In der **Gesamtschau** ergeben sich also folgende Möglichkeiten der Mieterhöhung: 62

a) Anpassung der Miete an die ortsübliche Vergleichsmiete nach § 558 BGB,

b) Erhöhung der Miete nach Durchführung von Modernisierungsmaßnahmen gemäß § 559 BGB,

c) Anpassung der Miete aufgrund einer vertraglichen Vereinbarung einer Indexmiete (Koppelung an den Verbraucherpreisindex bzw. an die Entwicklung der Lebenshaltungskosten aller privaten Haushalte in Deutschland nach § 557b BGB) und

d) Anpassung der Miete aufgrund einer Staffelmietvereinbarung nach § 557a BGB bzw. einer Indexmiete nach § 557b BGB.

Das Mieterhöhungsverlangen muss begründet werden und die Angabe der Wohnfläche in m^2 sowie die verlangte Miete in €/m^2 angeben[21]. 63

---

19 BGH, Urt. vom 19.7.2006 – VIII ZR 215/05 –, 1305 = NJW-RR 2006, 1305 = GE 2006, 1094.
20 BGH, Urt. vom 11.1.1984 – VIII ARZ 13/83 –, BGHZ 89, 316 = EzGuG 20.104a.
21 LG Darmstadt, Urt. vom 15.8.1990 – 21 S 70/90 –, WuM 1991, 49; AG Wiesbaden, Urt. vom 10.8.1972 – 51 b C 429/72 –, ZMR 1973, 217.

2.3.3.2 Anpassung an die örtliche Vergleichsmiete

64 Nach § 558 BGB hat der Vermieter unter bestimmten Voraussetzungen einen Anspruch gegen den Mieter auf Zustimmung zu einem begründeten Mieterhöhungsverlangen (sog. Zustimmungsverfahren) bis zur ortsüblichen Vergleichsmiete *(rent review)*. Mit § 558 Abs. 2 BGB ist die **ortsübliche Vergleichsmiete als das übliche Entgelt definiert, das in der Gemeinde oder einer vergleichbaren Gemeinde für Wohnraum vergleichbarer Art, Größe, Ausstattung, Beschaffenheit und Lage gezahlt wird.** Der Gesetzgeber hat dafür einen **Zeitraum von vier Jahren vorgegeben.** Dabei ist grundsätzlich zwischen zwei grundverschiedenen Tatbeständen zu unterscheiden (Abb. 3):

- Nach den §§ 556 f. BGB besteht ein *Zahlungsanspruch* bei der Umlegung von Modernisierungskosten (§ 559 BGB) und der Umlegung von Betriebskostenerhöhungen (§ 556 f. BGB).
- Nach § 558 BGB kann die Mieterhöhung bis zur ortsüblichen Vergleichsmiete nur im Wege eines *Zustimmungsanspruchs* geltend gemacht werden.

Abb. 3: Möglichkeiten der Mieterhöhung bei laufenden Mietverhältnissen

Möglichkeiten der Mieterhöhung bei laufenden Mietverhältnissen	
Staffelmietvereinbarung (§ 557a BGB) Erhöhung höchstens jedes Jahr; betragsmäßige Ausweisung der Erhöhungsbeträge	Indexmietvereinbarung (§ 557b BGB) Kopplung an Verbraucherpreisindex nach Angaben des Statistischen Bundesamtes (Erhöhung höchstens jedes Jahr)
Erhöhung nach § 558 BGB durch Anpassung an die ortsübliche Vergleichsmiete, allerdings nur, wenn die letzte Erhöhung ein Jahr zurückliegt und sich der Mietzins innerhalb von drei Jahren nicht um mehr als 20 % erhöht	Erhöhung nach § 559 BGB nach Durchführung von Modernisierungen; Erhöhung der Miete um bis zu 11 % der aufgewandten Kosten

65 Die **ortsübliche Vergleichsmiete** gilt für Mietwohnungen in Mehrfamilienhäusern, die keiner Mietpreisbindung unterliegen (einschließlich ehemaligen Sozialwohnungen, bei denen die Mietpreisbindung ausgelaufen ist) und nicht mit öffentlichen Mitteln modernisiert oder gefördert worden sind. Die vorstehend angesprochenen Vorschriften haben folgende Fassung[22]:

„**§ 558 BGB** Mieterhöhung bis zur ortsüblichen Vergleichsmiete

(1) Der Vermieter kann die Zustimmung zu einer Erhöhung der Miete bis zur ortsüblichen Vergleichsmiete verlangen, wenn die Miete in dem Zeitpunkt, zu dem die Erhöhung eintreten soll, seit 15 Monaten unverändert ist. Das Mieterhöhungsverlangen kann frühestens ein Jahr nach der letzten Mieterhöhung geltend gemacht werden. Erhöhungen nach den §§ 559 bis 560 werden nicht berücksichtigt.

(2) Die ortsübliche Vergleichsmiete wird gebildet aus den üblichen Entgelten, die in der Gemeinde oder einer vergleichbaren Gemeinde für Wohnraum vergleichbarer Art, Größe, Ausstattung, Beschaffenheit und Lage einschließlich der energetischen Ausstattung und Beschaffenheit in den letzten vier Jahren ver-

---

22 BT-Drucks. 14/4553, S. 53 ff.

einbart oder, von Erhöhungen nach § 560 abgesehen, geändert worden sind. Ausgenommen ist Wohnraum, bei dem die Miethöhe durch Gesetz oder im Zusammenhang mit einer Förderzusage festgelegt worden ist.

(3) Bei Erhöhungen nach Absatz 1 darf sich die Miete innerhalb von drei Jahren, von Erhöhungen nach den §§ 559 bis 560 abgesehen, nicht um mehr als 20 vom Hundert erhöhen (Kappungsgrenze). Der Prozentsatz nach Satz 1 beträgt 15 vom Hundert, wenn die ausreichende Versorgung der Bevölkerung mit Mietwohnungen zu angemessenen Bedingungen in einer Gemeinde oder einem Teil einer Gemeinde besonders gefährdet ist und diese Gebiete nach Satz 3 bestimmt sind. Die Landesregierungen werden ermächtigt, diese Gebiete durch Rechtsverordnung für die Dauer von jeweils höchstens fünf Jahren zu bestimmen.

(4) Die Kappungsgrenze gilt nicht,

1. wenn eine Verpflichtung des Mieters zur Ausgleichszahlung nach den Vorschriften über den Abbau der Fehlsubventionierung im Wohnungswesen wegen des Wegfalls der öffentlichen Bindung erloschen ist und
2. soweit die Erhöhung den Betrag der zuletzt zu entrichtenden Ausgleichszahlung nicht übersteigt.

Der Vermieter kann vom Mieter frühestens vier Monate vor dem Wegfall der öffentlichen Bindung verlangen, ihm innerhalb eines Monats über die Verpflichtung zur Ausgleichszahlung und über deren Höhe Auskunft zu erteilen. Satz 1 gilt entsprechend, wenn die Verpflichtung des Mieters zur Leistung einer Ausgleichszahlung nach den §§ 34 bis 37 des Wohnraumförderungsgesetzes und den hierzu ergangenen landesrechtlichen Vorschriften wegen Wegfalls der Mietbindung erloschen ist.

(5) Von dem Jahresbetrag, der sich bei einer Erhöhung auf die ortsübliche Vergleichsmiete ergäbe, sind Drittmittel im Sinne des § 559a abzuziehen, im Falle des § 559a Abs. 1 mit 11 vom Hundert des Zuschusses.

(6) Eine zum Nachteil des Mieters abweichende Vereinbarung ist unwirksam.

§ 558a BGB Form und Begründung der Mieterhöhung

(1) Das Mieterhöhungsverlangen nach § 558 ist dem Mieter in Textform zu erklären und zu begründen.

(2) Zur Begründung kann insbesondere Bezug genommen werden auf

1. einen Mietspiegel (§§ 558c, 558d),
2. eine Auskunft aus einer Mietdatenbank (§ 558e),
3. ein mit Gründen versehenes Gutachten eines öffentlich bestellten und vereidigten Sachverständigen,
4. entsprechende Entgelte für einzelne vergleichbare Wohnungen; hierbei genügt die Benennung von drei Wohnungen.

(3) Enthält ein qualifizierter Mietspiegel (§ 558d Abs. 1), bei dem die Vorschrift des § 558d Abs. 2 eingehalten ist, Angaben für die Wohnung, so hat der Vermieter in seinem Mieterhöhungsverlangen diese Angaben auch dann mitzuteilen, wenn er die Mieterhöhung auf ein anderes Begründungsmittel nach Absatz 2 stützt.

(4) Bei der Bezugnahme auf einen Mietspiegel, der Spannen enthält, reicht es aus, wenn die verlangte Miete innerhalb der Spanne liegt. Ist in dem Zeitpunkt, in dem der Vermieter seine Erklärung abgibt, kein Mietspiegel vorhanden, bei dem § 558c Abs. 3 oder § 558d Abs. 2 eingehalten ist, so kann auch ein anderer, insbesondere ein veralteter Mietspiegel oder ein Mietspiegel einer vergleichbaren Gemeinde, verwendet werden.

(5) Eine zum Nachteil des Mieters abweichende Vereinbarung ist unwirksam.

§ 558b BGB Zustimmung zur Mieterhöhung

(1) Soweit der Mieter der Mieterhöhung zustimmt, schuldet er die erhöhte Miete mit Beginn des dritten Kalendermonats nach dem Zugang des Erhöhungsverlangens.

(2) Soweit der Mieter der Mieterhöhung nicht bis zum Ablauf des zweiten Kalendermonats nach dem Zugang des Verlangens zustimmt, kann der Vermieter auf Erteilung der Zustimmung klagen. Die Klage muss innerhalb von drei weiteren Monaten erhoben werden.

(3) Ist der Klage ein Erhöhungsverlangen vorausgegangen, das den Anforderungen des § 558a nicht entspricht, so kann es der Vermieter im Rechtsstreit nachholen oder die Mängel des Erhöhungsverlangens beheben. Dem Mieter steht auch in diesem Fall die Zustimmungsfrist nach Absatz 2 Satz 1 zu.

(4) Eine zum Nachteil des Mieters abweichende Vereinbarung ist unwirksam."

67 Für die Durchsetzung des Zustimmungsanspruchs hat das BVerfG wiederholt klargestellt, dass dabei **keine überhöhten formalen Anforderungen** gestellt werden dürfen[23].

68 **Übliches Entgelt** i. S. der Vorschrift **ist die so genannte ortsübliche Vergleichsmiete**[24]. Dieser in § 5 WiStG gebrauchte Begriff entspricht dem des § 558 Abs. 2 BGB. Eine ordnungswidrige Mietpreisüberhöhung lässt sich demzufolge auf der Grundlage von Mietspiegeln feststellen[25].

69 **Die ortsübliche Vergleichsmiete stellt bei Mieterhöhungen die Obergrenze dar.** Aufschläge (Erhöhungen) wegen Modernisierung und höheren Betriebs- oder Kapitalkosten (soweit diese mietvertraglich vereinbart sind) bleiben bei der Bemessung der Kappungsgrenze unberücksichtigt. Dies gilt ebenso für den Fall der Mieterhöhung, wenn die Miete mindestens ein Jahr unverändert ist.

70 Von der ortsüblichen Vergleichsmiete zu unterscheiden ist die **Marktmiete (vgl. Rn. 26).**

71 **Die ortsübliche Vergleichsmiete ist auf den Zugang des Erhöhungsverlangens zu beziehen.** Dies ist im Übrigen bei Stellung eines Mieterhöhungsverlangens beachtlich. Soweit ein Sachverständiger mit der Ermittlung der ortsüblichen Vergleichsmiete beauftragt ist, wird i. d. R. die ortsübliche Vergleichsmiete auf den im Auftrag angegebenen Zeitpunkt bezogen.

72 Im Rahmen der allgemeinen Schranken kann der Vermieter von Wohnraum eine Mietpreiserhöhung verlangen, wenn der Mietzins seit einem Jahr unverändert geblieben ist und der verlangte Mietzins die **üblichen Entgelte** nicht übersteigt. Als übliches Entgelt ist die **ortsübliche Vergleichsmiete zu verstehen,** die aus einem repräsentativen Querschnitt der in den letzten vier Jahren geänderten Bestandsmieten bzw. neu vereinbarten Mieten für nicht preisgebundenen Wohnraum vergleichbarer Art, Größe, Ausstattung, Beschaffenheit und Lage abzuleiten ist.

73 Für die **ortsübliche Vergleichsmiete** gelten (auch im Verhältnis zur Marktmiete vgl. Rn. 26) eine Reihe von Besonderheiten (vgl. Rn. 28 ff.):

- Bei der Ermittlung der ortsüblichen Vergleichsmiete werden **Alt- (Bestands-) und Neumieten** berücksichtigt, wobei das Verhältnis zwischen Alt- (Bestands-) und Neumieten ausgewogen und angemessen sein soll.
- Das **Verhältnis ist** dann **ausgewogen und angemessen, wenn Alt- (Bestands-) und Neumieten** mit ihrem tatsächlichen Bestand und damit **gemäß ihrer Üblichkeit in der jeweiligen Gemeinde repräsentativ berücksichtigt werden** und so an der Bildung der ortsüblichen Vergleichsmiete angemessen teilnehmen[26].
- Es werden **Alt- (Bestands-) und Neumieten der letzten vier Jahre** berücksichtigt.
- Von den herangezogenen Bestandsmieten ist ferner zu fordern, dass sie während der Vertragslaufzeit angepasst wurden.

74 Bei der Auswahl ortsüblicher **Vergleichsmieten** zur Ermittlung des üblichen Entgelts müssen solche außer Betracht bleiben, **die aus einem verknappten Wohnungsangebot für benachteiligte Mietergruppen als überhöht gelten müssen**[27]. Allgemeine Änderungen der ortsüblichen Miete sind aber zu berücksichtigen[28].

---

23 BVerfG, Beschl. vom 10.10.1978 – 1 BvR 180/77 –, BVerfGE 49, 244 = EzGuG 3.60a; BVerfG, Beschl. vom 12.3.1980 – 1 BvR 759/77 –, BVerfGE 53, 352 = EzGuG 20.82; BVerfG, Beschl. vom 14.5.1986 – 1 BvR 494/85 –, NJW 1987, 313 = ZMR 1986, 272 = WuM 1986, 237 = DWW 1986, 173 = EzGuG 11.153a.

24 Frantziock in Fischer/Dieskau/Pergande, Wohnungsbaurecht, § 1 MHRG Rn. 2.

25 AG Dortmund, Urt. vom 20.5.1991 – 125 C 11518/90 –, NJW-RR 1991, 1228 = EzGuG 11.184; LG Dortmund, Urt. vom 24.7.1991 – 21 S 73/91 –, WuM 1991, 559.

26 Huber in ZMR 1992, 475; Wullkopf in WuM 1985, 4; Voelskow in ZMR 1992, 327; weiterführend zur Gewichtung von Bestands- und Neumieten: Dröge, Handbuch der Mietpreisbewertung für Wohn- und Gewerberaum, 2. Aufl., Neuwied 1999, S. 179 ff.

27 OLG Hamburg, RE vom 15.11.1982 – 4 U 181/81 –, NJW-RR 1983, 1004 = EzGuG 3.64d; OLG Stuttgart, RE vom 7.7.1981 – 8 REMiet 1/81 –, NJW 1981, 2365 = EzGuG 20.89d; KG, RE vom 16.7.1992 – 8 REMiet 3166/92 –, ZMR 1992, 486 = WuM 1992, 514.

28 OLG Frankfurt am Main, RE vom 4.4.1985 – 20 REMiet 3/85 –, WuM 1985, 139 = EzGuG 20.109 a.

Wohnraummiete § 18 ImmoWertV IV

Daneben gilt es noch, eine Reihe von **Besonderheiten** zu beachten: 75

- Maßgeblich ist die ortsübliche Vergleichsmiete in Bezug auf bestimmte Wohnungen, die selbst innerhalb eines Hauses sehr unterschiedlich sein können[29].
- Nach § 558 Abs. 2 BGB soll die ortsübliche Vergleichsmiete auf Wohnraum vergleichbarer Art, Größe, Ausstattung, Beschaffenheit und Lage abstellen, d. h., die Wohnwertmerkmale sind das entscheidende Kriterium.
- Ausreißer, insbesondere Liebhabermieten und Gefälligkeitsmieten, müssen nach dem Kriterium der Üblichkeit unberücksichtigt bleiben.

Die angeführten Regelungen schließen nicht die **Gültigkeit individueller und einvernehmlicher Vereinbarungen über eine Mieterhöhung aus,** die auch über der ortsüblichen Vergleichsmiete liegen kann (vgl. § 557 Abs. 1 BGB). Sofern dies nicht möglich ist, stellt das Mieterhöhungsverlangen nach § 558a BGB einen besonderen formalisierten Antrag i. S. des § 145 BGB auf Zustimmung des Mieters zu einer Mieterhöhung dar. 76

Eine Erhöhung der **Miete für frei finanzierte Wohnungen** ist nach alledem nur unter Beachtung der gesetzlichen Bestimmungen zulässig. Der Vermieter kann verlangen, dass der Mieter einer Mieterhöhung (Anpassung) zustimmt, wenn 77

- die Miete seit 15 Monaten unverändert war; nach einer erfolgten Mieterhöhung kann ein erneutes Erhöhungsverlangen nicht schon nach zwölf Monaten zugestellt werden; es ist unwirksam[30],
- die neue Miete die üblichen Entgelte nicht übersteigt, die für nicht preisgebundenen Wohnraum vergleichbarer Art, Größe, Ausstattung, Beschaffenheit und Lage in den letzten vier Jahren vereinbart worden sind, und
- der Mietzins sich innerhalb eines Zeitraums von drei Jahren nicht um mehr als 20 v. H. erhöht (Kappungsgrenze).

2.3.3.3 Mieterhöhung nach Durchführung von Modernisierungsmaßnahmen

Nach § 559 BGB kann der Vermieter eine **Erhöhung der jährlichen Miete** um elf vom Hundert der für die Wohnung für Maßnahmen aufgewendeten Kosten verlangen, wenn dadurch 78

- der Gebrauchswert der Mietsache nachhaltig erhöht wird,
- die allgemeinen Wohnverhältnisse auf Dauer verbessert werden
- oder nachhaltige Einsparungen von Energie oder Wasser bewirkt werden (Modernisierung).

§§ 559 ff. BGB haben folgenden Wortlaut: 79

„**§ 559 BGB** Mieterhöhung nach Modernisierungsmaßnahmen

(1) Hat der Vermieter Modernisier ungsmaßnahmen im Sinne des § 555b Nummer 1, 3, 4, 5 oder 6 durchgeführt, so kann er die jährliche Miete um 11 Prozent der für die Wohnung aufgewendeten Kosten erhöhen.

(2) Kosten, die für Erhaltungsmaßnahmen erforderlich gewesen wären, gehören nicht zu den aufgewendeten Kosten nach Absatz 1; sie sind, soweit erforderlich, durch Schätzung zu ermitteln.

(3) Werden Modernisierungsmaßnahmen für mehrere Wohnungen durchgeführt, so sind die Kosten angemessen auf die einzelnen Wohnungen aufzuteilen.

(4) Die Mieterhöhung ist ausgeschlossen, soweit sie auch unter Berücksichtigung der voraussichtlichen künftigen Betriebskosten für den Mieter eine Härte bedeuten würde, die auch unter Würdigung der berechtigten Interessen des Vermieters nicht zu rechtfertigen ist. Eine Abwägung nach Satz 1 findet nicht statt, wenn

1. die Mietsache lediglich in einen Zustand versetzt wurde, der allgemein üblich ist, oder

---

29 OLG München, RE vom 27.10.1992 – REMiet 3/92 –, NJW-RR 1993, 202 = EzGuG 20.143a.
30 BGH, Urt. vom 16.6.1993 – VIII ARZ 2/93 –, BGHZ 123, 37 = EzGuG 3.112.

2. die Modernisierungsmaßnahme aufgrund von Umständen durchgeführt wurde, die der Vermieter nicht zu vertreten hatte.

(5) Umstände, die eine Härte nach Absatz 4 Satz 1 begründen, sind nur zu berücksichtigen, wenn sie nach § 555d Absatz 3 bis 5 rechtzeitig mitgeteilt worden sind. Die Bestimmungen über die Ausschlussfrist nach Satz 1 sind nicht anzuwenden, wenn die tatsächliche Mieterhöhung die angekündigte um mehr als 10 Prozent übersteigt.

(6) Eine zum Nachteil des Mieters abweichende Vereinbarung ist unwirksam.

§ 559a BGB Anrechnung von Drittmitteln

(1) Kosten, die vom Mieter oder für diesen von einem Dritten übernommen oder die mit Zuschüssen aus öffentlichen Haushalten gedeckt werden, gehören nicht zu den aufgewendeten Kosten im Sinne des § 559.

(2) Werden die Kosten für die Modernisierungsmaßnahmen ganz oder teilweise durch zinsverbilligte oder zinslose Darlehen aus öffentlichen Haushalten gedeckt, so verringert sich der Erhöhungsbetrag nach § 559 um den Jahresbetrag der Zinsermäßigung. Dieser wird errechnet aus dem Unterschied zwischen dem ermäßigten Zinssatz und dem marktüblichen Zinssatz für den Ursprungsbetrag des Darlehens. Maßgebend ist der marktübliche Zinssatz für erstrangige Hypotheken zum Zeitpunkt der Beendigung der Modernisierungsmaßnahmen. Werden Zuschüsse oder Darlehen zur Deckung von laufenden Aufwendungen gewährt, so verringert sich der Erhöhungsbetrag um den Jahresbetrag des Zuschusses oder Darlehens.

(3) Ein Mieterdarlehen, eine Mietvorauszahlung oder eine von einem Dritten für den Mieter erbrachte Leistung für die Modernisierungsmaßnahmen stehen einem Darlehen aus öffentlichen Haushalten gleich. Mittel der Finanzierungsinstitute des Bundes oder eines Landes gelten als Mittel aus öffentlichen Haushalten.

(4) Kann nicht festgestellt werden, in welcher Höhe Zuschüsse oder Darlehen für die einzelnen Wohnungen gewährt worden sind, so sind sie nach dem Verhältnis der für die einzelnen Wohnungen aufgewendeten Kosten aufzuteilen.

(5) Eine zum Nachteil des Mieters abweichende Vereinbarung ist unwirksam.

§ 559b BGB Geltendmachung der Erhöhung, Wirkung der Erhöhungserklärung

(1) Die Mieterhöhung nach § 559 ist dem Mieter in Textform zu erklären. Die Erklärung ist nur wirksam, wenn in ihr die Erhöhung auf Grund der entstandenen Kosten berechnet und entsprechend den Voraussetzungen der §§ 559 und 559a erläutert wird. § 555c Absatz 3 gilt entsprechend.

(2) Der Mieter schuldet die erhöhte Miete mit Beginn des dritten Monats nach dem Zugang der Erklärung. Die Frist verlängert sich um sechs Monate, wenn

1. der Vermieter dem Mieter die Modernisierungsmaßnahme nicht nach den Vorschriften des § 555c Absatz 1 und 3 bis 5 angekündigt hat oder
2. die tatsächliche Mieterhöhung die angekündigte um mehr als 10 Prozent übersteigt.

(3) Eine zum Nachteil des Mieters abweichende Vereinbarung ist unwirksam."

2.3.3.4 Mieterhöhung wegen Änderung der Darlehenszinsen

80 Nach § 5 MHG war der Vermieter berechtigt, unter bestimmten Voraussetzungen **Erhöhungen der Kapitalkosten** infolge einer Erhöhung des Zinssatzes aus einem dinglich gesicherten Darlehen auf den Mieter umzulegen.

81 § 5 MHG ist mit dem Mietrechtsreformgesetz aufgehoben worden[31].

2.3.3.5 Mietanpassung bei Staffelmietverträgen

Schrifttum: *Evans, A./Seifert, U.,* Staffelmietverträge und Verkehrswerte, GuG 1994, 147; *Güttler, H.,* Ertragswert bei Staffelmieten, GuG 1991, 96; *Simon, J.,* Wertermittlung eines Mietwohngrundstücks mit Staffelmieten, GuG 1990, 31; *Simon, J.,* Ertragswert bei Staffelmieten, GuG 1991, 94; *Vogels, M.,* Staffelmieten und Instandhaltungsrückstellungen, GuG 2004, 157. *Werth* in GuG 1994, 279.

▶ *Vgl. Beispiel bei § 8 ImmoWertV Rn. 296 ff.; § 17 ImmoWertV Rn. 67*

---

31 Vgl. BT-Drucks. 14/4553, S. 37.

Das BGB schränkt für Mietverträge über Wohnraum die Möglichkeiten einer vertraglichen Mieterhöhung durch § 557 Abs. 1 und 2 BGB auf Index- und Staffelmietverträge nach den §§ 557a und 557b BGB ein. Zum Nachteil des Mieters davon abweichende Vereinbarungen sind unwirksam (§ 557a Abs. 4 und § 557b Abs. 4 BGB)[32]. 82

Nach § 557a BGB kann für bestimmte Zeiträume die Miete in unterschiedlicher Höhe schriftlich vereinbart werden (**Staffelmiete**), wobei 83

– der jeweilige Mietzins oder die Erhöhung betragsmäßig ausgeworfen sein muss und

– der jeweilige Mietzins mindestens ein Jahr unverändert bleiben muss und

– der Mietzins absolut durch § 5 WiStG und § 302a StGB begrenzt bleibt.

Nach Ablauf der Staffelmietvereinbarung gelten im Übrigen wieder die Regelungen der §§ 558 ff. BGB; § 557a BGB lautet:

„**§ 557a BGB** Staffelmiete

(1) Die Miete kann für bestimmte Zeiträume in unterschiedlicher Höhe schriftlich vereinbart werden; in der Vereinbarung ist die jeweilige Miete oder die jeweilige Erhöhung in einem Geldbetrag auszuweisen (Staffelmiete).

(2) Die Miete muss jeweils mindestens ein Jahr unverändert bleiben. Während der Laufzeit einer Staffelmiete ist eine Erhöhung nach den §§ 558 bis 559b ausgeschlossen.

(3) Das Kündigungsrecht des Mieters kann für höchstens vier Jahre seit Abschluss der Staffelmietvereinbarung ausgeschlossen werden. Die Kündigung ist frühestens zum Ablauf dieses Zeitraumes zulässig.

(4) Eine zum Nachteil des Mieters abweichende Vereinbarung ist unwirksam."

Der Ertragswert eines Mietwohngrundstücks mit Staffelmieten kann besonders einfach unter Anwendung des **Vervielfältigerdifferenzverfahrens** ermittelt werden, wobei sich die Phasen unterschiedlicher Ertragsverhältnisse besonders eindrucksvoll nachvollziehen lassen. Die Anwendung des Verfahrens kann dadurch vereinfacht werden, dass das Ertragswertverfahren als ein sog. einsträngiges Verfahren ohne besondere Behandlung des Bodenwerts zur Anwendung kommt (vgl. hierzu das Beispiel bei § 17 ImmoWertV Rn. 68). 84

2.3.3.6 Mietanpassung bei Indexmietverträgen

Nach § 557b BGB kann schriftlich vereinbart werden, dass die Miete durch den vom Statistischen Bundesamt ermittelten Preisindex für die Lebenshaltung aller privaten Haushalte in Deutschland bestimmt wird (**Indexmiete**), wobei 85

– von Erhöhungen für durchgeführte Modernisierungen nach § 559 BGB und Veränderungen der Betriebskosten nach § 560 BGB abgesehen, die Miete mindestens ein Jahr unverändert bleiben muss,

– Mieterhöhungen nach § 558 BGB (ortsübliche Vergleichsmiete) ausgeschlossen sind,

– die Mietänderung in Textform unter Angabe der eingetretenen Änderung des Preisindexes sowie die jeweilige Miete oder die Erhöhung in einem Geldbetrag anzugeben sind.

§ 557b BGB hat folgende Fassung: 86

„**§ 557b BGB** Indexmiete

(1) Die Vertragsparteien können schriftlich vereinbaren, dass die Miete durch den vom Statistischen Bundesamt ermittelten Preisindex für die Lebenshaltung aller privaten Haushalte in Deutschland bestimmt wird (Indexmiete).

(2) Während der Geltung einer Indexmiete muss die Miete, von Erhöhungen nach den §§ 559 bis 560 abgesehen, jeweils mindestens ein Jahr unverändert bleiben. Eine Erhöhung nach § 559 kann nur verlangt werden, soweit der Vermieter bauliche Maßnahmen aufgrund von Umständen durchgeführt hat, die er nicht zu vertreten hat. Eine Erhöhung nach § 558 ist ausgeschlossen.

---

32 Staffelmietverträge bei Mischmietverhältnissen: LG Berlin, Urt. vom 18.12.2003 – 67 S 343/03 –, BlnGE 2004, 425 = EzGuG 3.132.

(3) Eine Änderung der Miete nach Absatz 1 muss durch Erklärung in Textform geltend gemacht werden. Dabei sind die eingetretene Änderung des Preisindexes sowie die jeweilige Miete oder die Erhöhung in einem Geldbetrag anzugeben. Die geänderte Miete ist mit Beginn des übernächsten Monats nach dem Zugang der Erklärung zu entrichten.

(4) Eine zum Nachteil des Mieters abweichende Vereinbarung ist unwirksam."

87 Die Vorschrift lehnt sich an § 10a MHG (aufgehoben) mit folgenden Änderungen an:

a) Maßgeblich ist künftig der ab dem Basisjahr 2000 nur noch für Deutschland ausgewiesene Lebenshaltungskostenindex (Verbraucherpreisindex) maßgebend.

b) Eine Mindestlaufzeit für Indexmieten gibt es nicht mehr. Mit Wegfall des Genehmigungserfordernisses einer Indexmietvereinbarung aufgrund des Euroeinführungsgesetzes konnte die Festlegung einer Mindestlaufzeit entfallen.

88 Eine **Genehmigungspflicht** besteht nicht mehr (§ 4 Abs. 2 PreisklauselVO).

89 Ab Inkrafttreten des Mietrechtsreformgesetzes (1. Juli 2001) gilt das neue Recht. Es ist grundsätzlich auch auf **Miet- und Pachtverträge** anzuwenden, **die bereits vor Inkrafttreten abgeschlossen worden sind.** Artikel 229 § 3 EGBGB sieht bestimmte Ausnahmen (Übergangsregelungen) insbesondere bezüglich der Kündigungsregelungen, bestehender Mietspiegel und der Betriebskostenabrechnung vor. Von den außer Kraft getretenen Vorschriften ist insbesondere das Gesetz zur Regelung der Miethöhe (MHG) zu nennen.

Haben die Parteien eines Gewerberaummietvertrags vereinbart, dass bei einer bestimmten prozentualen Veränderung des „Lebenshaltungskostenindex eines 4-Personen-Arbeitnehmerhaushaltes der mittleren Einkommensgruppe in der Bundesrepublik Deutschland" die Miete zu ändern ist, entsteht durch den **Wegfall des Indexes** eine Regelungslücke, die im Wege der ergänzenden Vertragsauslegung geschlossen werden muss[33]. Sind die Indexreihen für ein neues Basisjahr veröffentlicht, haben allein sie Gültigkeit für die Prozentklausel, während die früher veröffentlichten Indexreihen auf einem statistisch überholten Wägungsschema beruhen und allein deshalb nicht länger herangezogen werden können.

2.3.4 Allgemeine Schranken der Mieterhöhung

2.3.4.1 Wesentlichkeitsgrenze

90 **Schrifttum:** *Eckert, H.-G.,* Wucherähnliche Immobilienverträge, ZfIR 2001, 884; *Mersson, G.,* Der neue alte § 5 WiStG, seine Voraussetzungen und die Darlegungslast im Mietrückforderungsprozess, DWW 2002, 220.

91 Eine **ordnungswidrige Mietpreiserhöhung** liegt nach § 5 des Wirtschaftsstrafgesetzes (WiStrG) vor, wenn für die Vermietung von Räumen zum Wohnen oder damit verbundene Nebenleistungen unangemessen hohe Entgelte gefordert werden. Hierunter versteht das Gesetz solche, die infolge der Ausnutzung eines geringen Angebots an vergleichbaren Räumen **die üblichen Entgelte (örtliche Vergleichsmiete)**[34] um mehr als 20 v. H. übersteigen, die in der Gemeinde oder in vergleichbaren Gemeinden für die Vermietung von Räumen vergleichbarer Art, Größe, Ausstattung, Beschaffenheit und Lage oder damit verbundene Nebenleistungen in den letzten vier Jahren vereinbart wurden[35].

92 Maßstab ist die Nettokaltmiete/Grundmiete zuzüglich der Entgelte für Nebenleistungen[36].

---

33 BGH, Urt. vom 7.11.2012 – XII ZR 41/11 –, NZM 2013, 148 im Anschluss an BGH, Urt. vom 4.3.2009 – XII ZR 141/07 –, ZMR 2009, 591.
34 OLG Hamburg, RE vom 15.11.1982 – 4 U 181/81 –, NJW 1983, 1004 = EzGuG 3.64d.
35 Mersson, G. in DWW 2002, 220; vgl. hierzu BGH, Urt. vom 28.1.2004 – VIII ZR 190/03 –, NJW 2004, 1740.
36 OLG Stuttgart, RE vom 26.2.1982 – 8 REMiet 5/81 –, NJW 1982, 1160 = EzGuG 20.93d; OLG München, RE vom 26.6.1972 – RReg 4 St 504/72 OWi –, ZMR 1972, 381 = WuM 1972.

§ 5 WiStG hat folgende Fassung:

„**§ 5 WiStG** Mietpreisüberhöhung

(1) Ordnungswidrig handelt, wer vorsätzlich oder leichtfertig für die Vermietung von Räumen zum Wohnen oder damit verbundene Nebenleistungen unangemessen hohe Entgelte fordert, sich versprechen lässt oder annimmt.

(2) Unangemessen hoch sind Entgelte, die infolge der Ausnutzung eines geringen Angebots an vergleichbaren Räumen die üblichen Entgelte um mehr als 20 vom Hundert übersteigen, die in der Gemeinde oder in vergleichbaren Gemeinden für die Vermietung von Räumen vergleichbarer Art, Größe, Ausstattung, Beschaffenheit und Lage oder damit verbundene Nebenleistungen in den letzten vier Jahren vereinbart oder, von Erhöhungen der Betriebskosten abgesehen, geändert worden sind. Nicht unangemessen hoch sind Entgelte, die zur Deckung der laufenden Aufwendungen des Vermieters erforderlich sind, sofern sie unter Zugrundelegung der nach Satz 1 maßgeblichen Entgelte nicht in einem auffälligen Missverhältnis zu der Leistung des Mieters stehen.

(3) Die Ordnungswidrigkeit kann mit einer Geldbuße bis zu fünfzigtausend Euro geahndet werden."

Nach dieser Vorschrift steht die Sanktionierung zu hoher Mietabschlüsse unter drei Voraussetzungen:

a) Es muss eine **Wohnraummangellage** im gesamten Gemeindegebiet[37] vorhanden sein.

b) Die vereinbarte Miete muss die ortsübliche Miete um mehr als 20 % übersteigen.

c) Der Mieter muss nachweisen, dass der Vermieter eine aufgrund des zu geringen Angebots an vergleichbaren Wohnungen entstandene **Zwangslage des Mieters** ausgenutzt hat[38].

Übersteigt die vereinbarte Miete die ortsübliche Miete um mehr als 20 %, wird die Mietvereinbarung zivilrechtlich auf die um 20 % erhöhte ortsübliche Vergleichsmiete beschränkt und der Mieter kann die überbezahlte Miete zurückfordern.

Nach der **Überleitungsregelung** des § 3 Abs. 11 Satz 1 des Art. 229 EGBGB sind nicht unangemessen hoch i. S. des § 5 WiStrG Entgelte für Wohnraum i. S. des § 11 Abs. 2 MHG in der bis zum 31.8.2001 geltenden Fassung, die

1. bis zum 31.12.1997 nach § 3 oder § 13 MHG in der bis zum 31.8.2001 geltenden Fassung geändert oder nach § 13 i. V. m. § 17 jenes Gesetzes in der bis zum 31.8.2001 geltenden Fassung vereinbart oder

2. bei der Wiedervermietung in einer der Nr. 1 entsprechenden Höhe vereinbart

worden sind. Für Zwecke des Satzes 1 bleiben die hier genannten Bestimmungen weiterhin anwendbar.

Die Wesentlichkeitsgrenze von 20 % darf grundsätzlich nicht überschritten werden, d. h., die geforderte Miete darf die üblichen Entgelte (ortsübliche Vergleichsmiete) für vergleichbare Räume nicht unwesentlich überschreiten[39].

Darüber hinaus handelt nach § 26 **WoBindG** ordnungswidrig, wer im Bereich der sozialen Wohnraumförderung für die Überlassung einer Wohnung ein höheres Entgelt fordert, sich versprechen lässt oder annimmt, als nach §§ 8 bis 9 WoBindG zulässig ist (Kostenmiete).

2.3.4.2 Wuchergrenze

Ein auffälliges **Missverhältnis zwischen dem geforderten und üblichen Entgelt** kann angenommen werden, wenn der Mietzins die ortsübliche Vergleichsmiete um mehr als 50 % überschreitet **(Wuchergrenze)**. Bei einer Überschreitung der ortsüblichen Vergleichsmiete um mehr als 50 % aufgrund laufender Aufwendungen des Vermieters bleibt die Mietvereinbarung bis zu einer Höhe von 150 % der ortsüblichen Vergleichsmiete wirksam[40]. Zum Wucher bestimmt § 138 BGB:

---

37 BGH, Urt. vom 13.4.2005 – VIII ZR 44/04 –, GE 2005, 790.
38 BGH, Urt. vom 28.1.2004 – VIII ZR 190/03 –, NJW 2004, 1740 = GE 2004, 540.
39 OLG Stuttgart, RE vom 7.7.1981 – 8 REMiet 1/81 –, NJW 1981, 2365 = EzGuG 20.89d.
40 BGH, Urt. vom 8.12.1981 – 1 StR 416/81 –, BGHSt 30, 280 = NJW 1982, 896; BGH, Urt. vom 23.4.1997 – VIII ZR 212/96 –, NJW 1997, 1845 = ZfIR 1997, 328.

98 „§ 138 BGB Sittenwidriges Rechtsgeschäft, Wucher

(1) Ein Rechtsgeschäft, das gegen die guten Sitten verstößt, ist nichtig.

(2) Nichtig ist insbesondere ein Rechtsgeschäft, durch das jemand unter Ausbeutung der Zwangslage, der Unerfahrenheit, des Mangels an Urteilsvermögen oder der erheblichen Willensschwäche eines anderen sich oder einem Dritten für eine Leistung Vermögensvorteile versprechen oder gewähren lässt, die in einem auffälligen Missverhältnis zu der Leistung stehen."

99 Eine weitere Begrenzung eines Mieterhöhungsverlangens ergibt sich aus dem Strafgesetzbuch (StGB). So liegt nach § 291 StGB der Straftatbestand des Wuchers vor, wenn ein **auffälliges Missverhältnis zwischen der Miete und der Leistung des Vermieters** besteht. In diesem Fall ist die Rede von Mietwucher[41].

100 § 291 StGB hat folgende Fassung:

„§ 291 StGB Wucher

(1) Wer die Zwangslage, die Unerfahrenheit, den Mangel an Urteilsvermögen oder die erhebliche Willensschwäche eines anderen dadurch ausbeutet, dass er sich oder einem Dritten

1. für die Vermietung von Räumen zum Wohnen oder damit verbundene Nebenleistungen,
2. für die Gewährung eines Kredits,
3. für eine sonstige Leistung oder
4. für die Vermittlung einer der vorbezeichneten Leistungen

Vermögensvorteile versprechen oder gewähren lässt, die in einem auffälligen Missverhältnis zu der Leistung oder deren Vermittlung stehen, wird mit Freiheitsstrafe bis zu drei Jahren oder mit Geldstrafe bestraft. Wirken mehrere Personen als Leistende, Vermittler oder in anderer Weise mit und ergibt sich dadurch ein auffälliges Missverhältnis zwischen sämtlichen Vermögensvorteilen und sämtlichen Gegenleistungen, so gilt Satz 1 für jeden, der die Zwangslage oder sonstige Schwäche des anderen für sich oder einen Dritten zur Erzielung eines übermäßigen Vermögensvorteils ausnutzt.

(2) In besonders schweren Fällen ist die Strafe Freiheitsstrafe von sechs Monaten bis zu zehn Jahren. Ein besonders schwerer Fall liegt in der Regel vor, wenn der Täter

1. durch die Tat den anderen in wirtschaftliche Not bringt,
2. die Tat gewerbsmäßig begeht,
3. sich durch Wechsel wucherische Vermögensvorteile versprechen lässt."

101 Die **Wuchergrenze** des § 291 Abs. 1 Ziff. 1 StGB **bezieht sich wie die Wesentlichkeitsgrenze des § 5 WiStrG nur auf die Vermietung von Räumen zum Wohnen**, worunter im Übrigen auch Nebenräume fallen, die eigentlich nicht zum Wohnen vermietet werden. Jedoch dürfen nach § 138 Abs. 2 BGB auch Mietvereinbarungen über Geschäftsräume nicht in einem auffälligen Missverhältnis zu der Leistung stehen. I.d.R. liegt ein solches Missverhältnis auch hier vor, wenn die vereinbarte Miete die angemessene marktübliche Miete um mehr als 50 % übersteigt[42].

2.3.4.3 Kappungsgrenze

▶ *Vgl. Rn. 65*

102 Bei bestehenden Mietverhältnissen sind im frei finanzierten Wohnungsbau Mieterhöhungen (-anpassungen) möglich, wenn die bisherige Grundmiete (Nettokaltmiete) seit einem Jahr unverändert ist. Eine **neue Mietforderung** ist dem Mieter gegenüber zu begründen.

103 Zur **Begründung** kann nach § 558a BGB insbesondere Bezug genommen werden auf

1. einen Mietspiegel (§§ 558c, 558d BGB),
2. eine Auskunft aus einer Mietdatenbank (§ 558e BGB),

---

41 OLG Köln, Urt. vom 22.8.1978 – 1 Ss 391/78 –, WuM 1980, 36 = EzGuG 20.77.
42 LG Darmstadt, Urt. vom 14.1.1972 – 2 KLS 2/71 –, NJW 1972, 1244 = EzGuG 3.38a.

3. ein mit Gründen versehenes Gutachten eines öffentlich bestellten und vereidigten Sachverständigen,
4. entsprechende Entgelte für einzelne vergleichbare Wohnungen; hierbei genügt die Benennung von drei Wohnungen.

Zur Begründung kann auf eine Mietdatenbank oder auf einen qualifizierten Mietspiegel zurückgegriffen werden.

Die Mietsteigerung darf nach § 558 Abs. 3 BGB (abgedruckt bei Rn. 65) **in drei Jahren nicht mehr als 20 v. H. betragen (Kappungsgrenze).** In den durch Rechtsverordnung nach § 558 Abs. 3 Satz 3 BGB bestimmten Gebieten ist der Prozentsatz auf 15 % beschränkt. Erreicht der Vermieter vom Mieter indessen die Zustimmung für eine höhere (angemessene) Grundmiete, so hat der Mieter in aller Regel kein Recht zum Widerruf i. S. d. Gesetzes über den Widerruf von Haustürgeschäften. Die Kappungsgrenze bemisst sich nach der vereinbarten Mietstruktur, d. h., ist eine Bruttomiete vereinbart (Inklusivmiete), ist diese maßgebend[43]. **104**

Der Umfang der möglichen Mieterhöhung wird dabei von der jeweils niedrigeren Grenze bestimmt, d. h., eine **Angleichung der Miete an die ortsübliche Vergleichsmiete ist im Rahmen der Kappungsgrenze nur bis zur ortsüblichen Vergleichsmiete möglich.** **105**

2.4 Gewerberaummiete

2.4.1 Allgemeines

Schrifttum: *Dröge, F.*, Handbuch der Mietpreisbewertung für Wohn- und Gewerberaum, 3. Aufl. 2005, S. 107; *Fritz*, Gewerberaummietrecht, 2. Aufl. 1995; *Schaper, D.*, Mietwert einer Gewerbefläche ohne Berücksichtigung mieterseitiger Investitionen, GuG 2013, 277.

▶ *Allgemeine Hinweise vgl. Rn. 33, 46 und § 19 ImmoWertV Rn. 70 ff.; zu Betreiberpflichten und zum Konkurrenzschutz Teil V Rn. 298*

Das Miet- und Pachtrecht ist im Titel 5 des BGB (§§ 335 bis 606 BGB) geregelt. Nach § 578 Abs. 2 BGB sind auf **Mietverhältnisse über Räume, die keine Wohnräume sind,** die in Abs. 1 genannten Vorschriften sowie § 552 Abs. 1, § 554 Abs. 1 bis 4 und § 569 Abs. 2 BGB entsprechend anzuwenden. Anwendbar sind gemäß § 578 Abs. 2 BGB neben den allgemeinen Vorschriften insbesondere § 550 BGB (Geltung des Mietvertrags auf unbestimmte Zeit ohne Schriftform), §§ 562 bis 562d BGB (Vermieterpfandrecht), §§ 566 bis 567b BGB („Kauf bricht nicht Miete") und § 569 Abs. 1 und 2 BGB (außerordentliche fristlose Kündigung aus wichtigem Grunde). **106**

– Eine **ordentliche Kündigung** ist gemäß § 580a Abs. 2 BGB spätestens am dritten Werktag eines Kalendervierteljahres zum Ablauf des nächsten Kalendervierteljahres zulässig, ohne dass es eines „besonderen Interesses" bedarf.

– Bei **Tod eines Mieters** sind gemäß § 580 BGB sowohl der Erbe als auch der Vermieter berechtigt, das Mietverhältnis innerhalb eines Monats, nachdem sie vom Tod des Mieters Kenntnis erlangt haben, außerordentlich mit der gesetzlichen Frist zu kündigen (vgl. Rn. 43).

Bei alledem bedarf es einer sorgfältigen **Abgrenzung der Wohnraummiete von der Gewerberaummiete** *(commercial leases)*. Maßgebend für die Abgrenzung ist vor allem die Zweckbestimmung der Räume, die von den Parteien im Mietvertrag vereinbart wurde (vgl. Rn. 34 ff.). **107**

Der **wesentliche Unterschied zwischen der Wohnraum- und Geschäftsraummiete** besteht darin, dass bei der **Gestaltung von Geschäfts- und Gewerberaummieten** weitgehend Vertragsfreiheit gegeben ist; jedoch sind Vereinbarungen unwirksam, wenn sie sittenwidrig oder wucherisch sind oder gegen gesetzliche Vorschriften verstoßen (§§ 134, 138 BGB); im Hin- **108**

---

43 BGH, Urt. vom 19.11.2003 – VIII ZR 160/03 –, BlnGE 2004, 349 = NJW 2004, 1380.

blick auf die Umlegung von Nebenkosten ist insbesondere das **Transparenzgebot** nach § 307 Abs. 1 Satz 2 BGB zu beachten.

109 Sollen bei Gewerberaummietverträgen **Betriebskosten** umgelegt werden, so genügt i. d. R. ihre schlagwortartige Bezeichnung. Inhaltlich sind dann die in § 3 Nr. 1 bis 16 BetrKV definierten Betriebskosten angesprochen, es sei denn, diese werden im allgemeinen Sprachgebrauch anders verwendet. Es kann auch eine Höchstgrenze der Umlagefähigkeit vereinbart werden[44].

110 Bei Gewerberaummietverträgen ist grundsätzlich auch eine Umlage der **Verwaltungskosten** zulässig[45]; der Begriff der „Verwaltungskosten" ist i. S. des § 307 Abs. 1 Satz 2 BGB hinreichend bestimmt, da bestimmt zur Ausfüllung des Begriffs der Verwaltungskosten auf die im Wesentlichen übereinstimmenden Definitionen in § 1 Abs. 2 Nr. 1 BetrKV und § 26 Abs. 1 II. BV zurückgegriffen werden kann[46]. Einer Umlegung von Verwaltungskosten stehen keine zwingenden Vorschriften entgegen. Sowohl Fremd- als auch Eigenkosten können umgelegt werden. Dafür bedarf es einer wirksamen ausdrücklichen Vereinbarung[47]. Diese muss bei Formularmietverträgen dem Transparenzgebot des § 307 Abs. 1 Satz 2 BGB entsprechen. Allein dem Begriff „Verwaltungskosten" kann nach allgemeinem Sprachgebrauch kein hinreichend bestimmter Inhalt beigemessen werden[48]. Eine unmittelbare Anwendung des § 1 Abs. 2 Nr. 1 BetrKV scheidet aus, denn die Vorschrift findet mangels einer entsprechenden Verweisung in § 578 BGB keine Anwendung. Der in § 26 II. BV bzw. § 1 Abs. 2 Nr. 1 BetrKV für die Wohnraummiete definierte Begriff der Verwaltungskosten kann nicht unmittelbar auf Gewerberaummietverträge übertragen werden, weil die dort erforderliche Verwaltung einen darüber hinausgehenden Umfang hat[49]. Auch ein Rückgriff auf § 27 WEG verbietet sich. Bei Gewerberaummietverträgen können, anders als bei Wohnraummietverhältnissen, insbesondere Aufgaben im Zusammenhang mit der technischen Verwaltung, Kosten für Leitungs- und Organisationsaufgaben, Managementaufgaben und Unwägbarkeiten zu den Verwaltungskosten gehören[50].

Die formularmäßig vereinbarte Klausel eines Gewerberaummietvertrags, die dem Mieter eines in einem Einkaufszentrum belegenen Ladenlokals als Nebenkosten des Einkaufscenters zusätzlich zu den Kosten der „Verwaltung" nicht näher aufgeschlüsselte Kosten des „Center-Managements" gesondert auferlegt, verstößt allerdings gegen das **Transparenzgebot nach § 307 Abs. 1 Satz 2 BGB** und ist unwirksam[51].

Wird eine **Pauschale** vereinbart, bleibt es bei dem Betrag, wenn nichts anderes ausbedungen wurde.

111 **Instandhaltungs- und Instandsetzungsmaßnahmen** können im Rahmen von Individualverträgen über Gewerberäume – wie andere Bewirtschaftungskosten – auf den Mieter überwälzt werden.

Der bei Mietwohnobjekten übliche pauschalierte Abzug der nicht umlagefähigen Bewirtschaftungskosten (Verwaltungs- und Instandhaltungskosten sowie Mietausfallwagnis) vom Rohertrag/Nettokaltmiete ist bei hochwertigen Gewerbeimmobilien nicht statthaft und kann zu katastrophalen Fehlbewertungen führen.

---

44 OLG Rostock, Urt. vom 10.4.2006 – 3 U 158/06 –.
45 OLG Frankfurt am Main, Urt. vom 1.11.1984 – 3 U 143/83 –, WuM 1985, 91; OLG Nürnberg, Urt. vom 21.3.1995 – 3 U 3727/94 –, WuM 1995, 306; KG, Urt. vom 2.10.2003 – 8 U 25/03 –, GE 2004, 234.
46 BGH, Urt. vom 24.2.2010 – XII ZR 69/08 –, NJW-RR 2010, 739; BGHZ 183, 299 = NJW 2010, 671.
47 BGH, Urt. vom 6.4.2005 – XII ZR 158/01 –, NJW 2006, 766.
48 KG, Urt. vom 8.10.2001 – 8 U 6267/90 –, NZM 2002, 954; a. A. OLG Hamburg, Urt. vom 6.2.2002 – 4 U 32/00 –, NZM 2002, 388.
49 OLG Köln, Urt. vom 4.7.2006 – 22 U 40/06 –, NZM 2006, 701.
50 KG, Urt. vom 2.10.2003 – 8 U 25/03 –, GE 2004, 234; OLG Hamburg, Urt. vom 6.2.2002 – 4 U 32/00 –, NZM 2002, 388.
51 BGH, Urt. vom 3.8.2011 – XII ZR 205/09 –, NJW 2012, 54; BGH, Urt. vom 26.9.2012 – XII ZR 112/10 –, NJW 2013, 41; BGHZ 183, 299 = NJW 2010, 671; BGH, Urt. vom 4.5.2011 – XII ZR 112/09 –, GuT 2011, 48; BGH, Urt. vom 24.2.2010 – XII ZR 69/08 –, NJW-RR 2010, 739.

Es bestehen **keine Einschränkungen für den Abschluss von Staffelmietverträgen**. Es kann dabei im Vorhinein festgelegt werden, in welchem Umfang der Mietzins zu bestimmten Zeitpunkten erhöht wird. Es kann ein bestimmter Prozentsatz oder ein fester Betrag vereinbart werden. Von der Möglichkeit wird man insbesondere Gebrauch machen, wenn dem Mieter bei Geschäftsbeginn eine Anlaufzeit gewährt werden soll und andererseits der Vermieter am Gedeihen des Geschäfts partizipieren will.

112

Zulässig sind auch **Wertsicherungsklauseln**[52] *(stable value clauses)*. Sofern in einer Wertsicherungsklausel eine automatische Anpassung des Mietzinses ohne Ermessensspielraum für die Parteien geregelt ist und sofern als Wertmesser keine gleichartige oder vergleichbare, sondern eine andere Leistung geregelt ist, handelt es sich um eine genehmigungsbedürftige Gleitklausel. Typischer Fall ist eine automatische Anpassung des Mietzinses an Veränderungen des Verbraucherpreisindexes. Entsprechendes gilt für eine Anpassung des Mietzinses an die Entwicklung der Hypothekenzinsen, der Beamtengehälter und an die Entwicklung des Grundstückswerts[53].

Nach **§ 4 Abs. 1 PreisklauselVO** gelten Anpassungsklauseln als genehmigt und bedürfen damit keiner Einzelgenehmigung, wenn

113

– der Vermieter für 10 Jahre auf sein Kündigungsrecht verzichtet oder
– der Mieter das Recht hat, die Vertragsdauer auf mindestens 10 Jahre zu verlängern und der Vertrag zulässige Bezugsgrößen verwendet.

Zulässig sind die Verbraucherpreisindices des Statistischen Bundesamtes, eines Statistischen Landesamtes oder des Statistischen Amtes der Europäischen Gemeinschaft. Für Mietanpassungsvereinbarungen in Verträgen über Wohnraum gilt § 557 BGB (§ 4 Abs. 2 PreisklauselVO). Daneben können Preisklauseln genehmigt werden, wenn besondere Gründe des nationalen oder internationalen Wettbewerbs dies rechtfertigen (§ 5).

Genehmigungsfrei sind Umsatz- und Gewinnbeteiligungsklauseln.

Nicht zum Rohertrag gehört bei gewerblicher Vermietung im Übrigen die anfallende Mehrwertsteuer.

Entscheidend bei der Vermietung von Gewerbe- und Geschäftsräumen sind die **Vereinbarungen im Mietvertrag**, der deshalb vom Sachverständigen eingesehen werden sollte. So kann beispielsweise das langfristig vereinbarte Mietverhältnis von dem Betreiber eines *Selbstbedienungsmarktes* durch einseitige Erklärung unter Beachtung einer Kündigungsfrist (i. d. R. sechs bis zwölf Monate) vorzeitig beendet werden, wenn eine nicht von ihm zu vertretende geschäftliche Entwicklung eintritt und zu einem nachhaltig unwirtschaftlichen Ergebnis führt, sodass die Weiterführung im Hinblick auf hohe Verluste ihm nicht zugemutet werden kann. In solchen Fällen wird der Nachweis der Unwirtschaftlichkeit durch Vorlage der Geschäftsbücher erbracht und meist eine Abstandszahlung bis zu einer Jahrespacht geleistet, beziehungsweise es wird eine um bis zu einem Drittel reduzierte Miete bis zum Vertragsende als Ausgleichszahlung vereinbart.

114

Mietsicherheiten in Form einer Barkaution und einer Bankbürgschaft sind im gewerblichen Bereich zu verzinsen, soweit hierüber eine Vereinbarung im Mietvertrag getroffen wurde.

2.4.2 Umsatzmiete

▶ *Vgl. Rn. 44*

Schrifttum: *Brunn* in Bub/Treier, Handbuch der Geschäfts- und Wohnraummiete, 3. Aufl. 1999, Rn. III. A, 21; a. A. *Moeser*, Gewerblicher Mietvertrag, 1998, Rn. 91; zur Ermittlung der Sittenwidrigkeit nach der sog. EOP-Methode (ertragsorientierte Pachtwertfindung) bei Gewerberaummietverträgen; *Fritz*, Gewerberaummietrecht, 2. Aufl. 1995, Rn. 102 m. w. N.; *Gather* in DWW 1993, 12; *Wolf/Eckert*, Hand-

---
52 BGH, Urt. vom 2.2.1977 – VIII ZR 271/75 –, WM 1977, 418 = EzGuG 3.58a.
53 BGH, Urt. vom 27.6.1973 – VIII ZR 98/72 –, WM 1973, 905 = NJW 1973, 1498 = WuM 1974, 42 = ZMR 1973, 298 = BB 1973, 998; BGH, Urt. vom 23.2.1979 – V ZR 106/76 –, EzGuG 7.65.

buch des gewerblichen Miet-, Pacht und Leasingrechts, 7. Aufl. 1995, Rn. 418; *Sternel*, Mietrecht, 3. Aufl. 1988, Rn. II, 273f.; *Staudinger/Emmerich*, BGB, 13. Bearb. 1995, § 535 Rn. 159; *Kraemer* in Bub/Treier a. a. O., Rn. III. A, 938.

115 I. d. R. einigen sich die Parteien eines Gewerbemietvertrags auf einen Festbetrag als Mietzins, der in bestimmten Zeitabständen (etwa aufgrund einer Wertsicherungsklausel) angepasst wird. Bei der Vermietung von Geschäftsräumen (z. B. Einzelhandelsflächen) wird zwischen den Vertragsparteien darüber hinaus häufig eine Umsatzmiete vereinbart (*turnover rent*).

Eine gesetzliche Definition des Begriffs Umsatzmiete gibt es nicht. Entscheidend ist, was die Mietvertragsparteien unter **Umsatzmiete** verstehen.

Die **Höhe der Umsatzmiete** richtet sich i. d. R. nach einem im Mietvertrag vereinbarten prozentualen Anteil am Monatsumsatz, der in den betreffenden Räumlichkeiten erzielt wird und an den Vermieter abgeführt werden muss. **Umsatz- und Gewinnbeteiligungsklauseln sind genehmigungsfrei.** Umsatzmietvereinbarungen sind auch unter dem Gesichtspunkt des nunmehr in § 2 PaPkG geregelten Indexierungsverbots unbedenklich. Lediglich bei Mietverträgen über Apotheken bleibt den Parteien wegen des Verbots von Umsatzmietvereinbarungen nach § 8 Satz 2 ApothekenG[54] nur die Möglichkeit, unter engen Voraussetzungen Pachtverträge mit einem vom Umsatz oder Gewinn abhängigen Pachtzins abzuschließen. Die Vereinbarung eines solchen umsatzabhängigen Mietzinses ist grundsätzlich – i. d. R. auch formularmäßig – zulässig, da die Miete im gewerblichen Bereich – anders als beim Wohnraummietrecht – weitgehend frei vereinbart werden kann[55].

116 Aus der *Sicht des Vermieters* hat die Vereinbarung einer Umsatzmiete zwar grundsätzlich den Vorteil, dass ihm über die Miete eine Beteiligung am Gewinn des Mieters eingeräumt wird; umgekehrt wird er auch am geschäftlichen Risiko des Mieters beteiligt, ohne Einfluss auf den Umsatz des Mieters nehmen zu können. Er wird deshalb danach trachten, seine Beteiligung am geschäftlichen Risiko des Mieters dadurch nach unten zu begrenzen, dass eine **umsatzunabhängige Mindestmiete** vereinbart wird, die auf die Umsatzmiete anzurechnen ist. Darüber hinaus sehen Umsatzmietvereinbarungen häufig Anpassungsmöglichkeiten (insbesondere Staffelmietvereinbarungen oder Wertsicherungsklauseln) für die Mindestmiete vor.

Aus der *Sicht des Mieters* hat die Vereinbarung einer Umsatzmiete den Vorteil, dass er bei einem schlechten Geschäftsverlauf eine geringere Miete zu zahlen hat; umgekehrt hat eine umsatzabhängige Miete für den Mieter den Nachteil, dass er bei hohen Umsätzen (die im Übrigen nicht unbedingt mit hohen Gewinnen einhergehen müssen) eine im Vergleich zu anderen Gewerberaummietern möglicherweise höhere Miete bezahlt. Dem kann als Korrelat zur Mindestmiete durch die **Vereinbarung einer Höchstmiete** Rechnung getragen werden.

117 Die **Vereinbarung einer Umsatzmiete begründet keine Betriebs- und Gebrauchspflicht**; sie kann auch nicht als stillschweigend vereinbart angesehen werden. Ohne Vereinbarung einer Betriebs- und Gebrauchspflicht ist der Mieter grundsätzlich nicht verpflichtet, seinen Betrieb aufrechtzuerhalten. Es kann vom Mieter auch nicht verlangt werden, dass er einen möglichst hohen Umsatz oder Gewinn erzielt[56]. Stellt der Mieter den Betrieb ein, so folgt daraus allerdings auch keine Mietbefreiung. Die Höhe der Miete ist in diesen Fällen im Wege der Vertragsauslegung zu ermitteln[57]; persönliche Gründe für die Betriebseinstellung (z. B. Alter des Mieters) sollen dabei keine Rolle spielen[58]. Für den Vermieter können sich daraus gleich-

---

54 Gesetz über das Apothekenwesen i. d. F. vom 15.10.1980 (BGBl. I 1980, 1993); hierzu BGH; Urt. vom 22.10.1997 – XII ZR 142/95 –, NJW-RR 1998, 303 = NZM 1998, 192 = MDR 1998, 94 = WM 1998, 609 = DB 1998, 875; OLG Oldenburg, NJW-RR 1990, 84.
55 Muster eines Mietvertrags vgl. Schwirley, Bewertung von Mieten bei Miet- und Verkehrswertgutachten, 2. Aufl. 2006, S. 958.
56 BGH, Urt. vom 30.5.1990 – V ZR 207/98 –, BGHZ 111, 301 (305) = NJW 1990, 2376 (2377) = NJW-RR 1990, 1231 = MDR 1991, 142 = DB 1990, 2369; LG Lübeck, Urt. vom 20.2.1992 – 14 S 11/92 –, NJW-RR 1993, 78; LG Hannover, Urt. vom 9.10.1992 – 8 S 146/92 –, ZMR 1993, 280; OLG Celle in ZMR 1973, 109; OLG Düsseldorf in ZMR 1994, 408; Wolf/Eckert, Handbuch des gewerblichen Miet-, Pacht und Leasingrechts, 7. Aufl. 1995, Rn. 418; Staudinger/ Emmerich, BGB, 13. Bearb. 1995, § 535 Rn. 159.
57 Bub/Treier, Handbuch der Geschäft- und Wohnraummiete, 3. Aufl. III Rn. 22 f.
58 BGH, Urt. vom 4.4.1979 – VII ZR 118/78 –, NJW 1979, 2352.

wohl erhebliche Nachteile ergeben, da im Falle der Betriebsaufgabe die Gefahr besteht, dass das Mietobjekt in seinem Marktwert nicht unerheblich absinkt und hiernach nicht mehr mit gleichem Gewinn weitervermietet werden kann[59].

Da die Vertragsparteien bei der Bestimmung des Umsatzes nicht an bestimmte steuerliche oder zivilrechtliche Begriffe gebunden sind, empfiehlt es sich in jedem Fall **im Mietvertrag zu regeln**,

– welche Umsätze bei der Berechnung der Umsatzmiete zugrunde gelegt werden sollen,
– in welcher Weise Skonti, Boni, Warenentnahmen, Retouren und Personalrabatte zu berücksichtigen sind und wie Kreditkartengeschäfte und Ratenverkäufe behandelt werden,
– wie Änderungen der Geschäftstätigkeit des Mieters berücksichtigt werden,
– wie sich der Umsatz bei einer Untervermietung durch den Mieter bemisst sowie
– der Zahlungsmodus für die Umsatzmiete und
– die Abrechnungsmodalitäten, insbesondere wie die getätigten Umsätze nachzuweisen sind (Kontrollrecht zu den vom Mieter erzielten Umsätzen z. B. durch ein Einsichtsrecht eines Wirtschaftsprüfers).

2.4.3 Mietpreisgestaltung

Wichtige Punkte bei Mietverträgen für Gewerbeimmobilien sind 119

1. **Bezeichnung der Vertragsparteien**
   - Genaue Angaben des Vertragspartners, ggf. unter Beachtung
     – der Gesellschaftsform,
     – der Mieterbranche und
     – der Einschätzung der Mieterbonität.
2. **Beschreibung des Vertragsgegenstandes**
   - Lage, Größe der Flächen, Definition der Mietflächen (WoFlV, DIN 277),
   - Darstellung im Lageplan (wesentlicher Bestandteil des Vertrags),
   - Nutzungsfestschreibung,
   - Konkurrenzschutz,
   - Schlüsselverzeichnis als Anlage.
3. **Miete**
   - Miete pro m^2,
   - Mehrwertsteuer,
   - Fälligkeit der Miete,
   - Verzug, Verzugsschaden,
   - Ausschluss von Aufrechnung sowie Minderungs- oder Zurückhaltungsrechten,
   - Untermietvereinbarungen,
   - mietfreie Zeiten,
   - Ausbauzuschüsse,
   - kostenlose Ergänzungsflächen,
   - Rückbauverpflichtungen.
4. **Mietbeginn und Mietdauer**
   - Festmietzeit,
   - Fortsetzung nach Ablauf der Mietzeit,
   - Kündigungsfrist,
   - Ausschluss § 545 BGB (Stillschweigende Verlängerung),
   - Duldung von Vermietungsplakaten.

---

59 Wolf/Eckert, Handbuch des gewerblichen Miet- und Pachtrechts, 7. Aufl. 1995, Rn. 649; Fritz, Gewerberaummietrecht, 5 Aufl. 1996, Rn. 234; Roquette, Das Mietrecht des BGB, Komm. 1966 Rn. 5 vor § 584.

5. Mieterhöhung
Mieterhöhungsregelung, insbesondere
- indizierte Miete (Wertgleitklausel auf Index-Basis),
- Umsatzmiete,
- Staffelmiete,
- verhandelbar.

6. Kündigung des Mieters bzw. Vermieters (aus wichtigem Grunde)
- Vorbehaltserklärung,
- beispielhafte Benennung von Kündigungsgründen.

7. Bewirtschaftungskosten
- Betriebskosten (inkl. Hausverwaltung) gemäß Anlage (= § 2 BetrKV),
- Verwaltungskosten *(overhead)*,
- Vorauszahlungen,
- Umlageschlüssel,
- Abrechnungszeitraum,
- Änderung der Vorauszahlungen.

8. Optionen
- Verlängerungsoption,
- Erweiterungsoptionen.

9. Sammelheizung und Warmwasserversorgung
- Heizperiode,
- Haftungsausschluss bei Betriebsstörungen,
- Haftungsbegrenzung auf Dritthaftung,
- Änderung der Beheizungsart.

10. Benutzung der Gemeinschaftsanlagen
- Aufzug,
- Tiefgarage usw.

11. Haftung für den Zustand des Mietobjekts
  11.1 Haftung des Vermieters
  - Instandhaltung und Instandsetzung durch den Vermieter,
  - Ausschluss von Mietminderung oder Schadenersatzansprüchen bei vom Vermieter nicht zu vertretenden Störungen,
  - Versicherungsangelegenheiten.

  11.2 Haftung des Mieters
  - Umgang mit der Mietsache,
  - Schönheitsreparaturen,
  - Kleinreparaturen,
  - Anzeigepflicht des Mieters.

120 Von besonderer Bedeutung für die Nutzung ist die **Raumkonfiguration und ihre Flexibilität** für die jeweils nachgefragte Büroform (vgl. Rn. 163).

2.4.4 Wettbewerbsbeschränkungen

2.4.4.1 Allgemeines

Schrifttum: *Amann, H.*, Steuerung des Bierabsatzes durch Dienstbarkeiten, DNotZ 1986, 578 und DNotZ 1988, 581; *Baetge, D.*, Wettbewerbsbeschränkende Dienstbarkeiten in Europa, RabelsZ 59 (1995); *Bormann, J.*, Wettbewerbsbeschränkungen durch Grundstücksrechte, Heidelberg 2004; *Daubner, R.*, Probleme bei der Bestellung von Sicherungsdienstbarkeiten im Rahmen von Alleinbezugsvereinbarungen nach europäischem Kartellrecht, JA 1993, 19; *Höchtl, F.*, Die dingliche Sicherung von Bierbezugsverpflichtungen durch Reallast und Dienstbarkeit, Diss. 1959; *Joost, D.*, Sachenrechtliche Zulässigkeit wettbewerbsbeschränkender Dienstbarkeiten, NJW 1981, 308; *Münch, J.*, Die Sicherungsdienstbarkeit zwischen Gewerberecht und Kartellrecht, ZHR 157 (1993).

▶ *Zu den wettbewerbsbeschränkenden Dienstbarkeiten vgl. Teil VIII Rn. 417 ff.*

In gewerblichen Mietverträgen werden häufig Konkurrenzschutzklauseln aufgenommen, um dem Mieter eine erhöhte Standortsicherheit zu geben. **Vereinbarungen von Wettbewerbsverboten** zugunsten des Mieters und *Mieterbetriebsverpflichtungen* sind bei der Verkehrswertermittlung zu berücksichtigen. Hingewiesen wird in diesem Zusammenhang auf ein Urteil des OLG Celle[60], nach dem der Warenhauskonzern ein Warenhaus in Hameln 1988 nicht schließen durfte, weil die Stadt Hameln im Jahre 1977 dem Warenhausneubau im Altstadtkern nur unter der Voraussetzung zugestimmt hatte, dass das neue Haus auch über 20 Jahre hinweg als Vollwarenhaus zu betreiben ist.

121

2.4.4.2 Konkurrenz- und Sortimentsschutzklauseln

In Mietverträgen für Gewerberäume sind mitunter auch **Konkurrenz- und Sortimentsschutzklauseln** sowie Werbeverbote hinsichtlich des Vertriebs bestimmter Artikel vereinbart[61]. Obschon der Vermieter gewerblicher Räume grundsätzlich die Pflicht hat, den Mieter vor Konkurrenz im eigenen Haus zu schützen, hat er bei innerstädtischen Immobilien ein besonderes Interesse daran, den Konkurrenzschutz generell auszuschließen. Hierdurch bleiben die Vermietungschancen besser gewahrt, und neue interessante Mieter müssen aus Rücksicht auf bestehende Schutzpflichten nicht abgewiesen werden.

122

Die **Verletzung der** in einem Gewerberaummietvertrag **vereinbarten Konkurrenzschutzklausel durch den Vermieter** stellt einen **Mangel der Mietsache** gemäß § 536 Abs. 1 Satz 1 BGB dar, der zur Minderung der Miete führen kann.

Hingewiesen in diesem Zusammenhang wird auf ein Urteil des BGH[62]. Der Vermieter hatte im Mietvertrag mit einem **Drogisten** vereinbart, dass keine Konkurrenzbranchen bezüglich der im gleichen Gebäudekomplex vorhandenen anderen Mieter betrieben werden dürfen. Der Drogist verkaufte nun neben Babynahrung, Kinderpflegemittel und Windeln auch nicht apothekenpflichtige Arzneimittel. Eine auf dem gleichen Grundstück befindliche Apotheke hatte einen Umsatzanteil von 8 % für diese Artikel. Unter Berufung auf die vereinbarte Konkurrenzschutzklausel verlangte der Apotheker die Aufgabe des Ladens, zumindest aber die Einstellung des Verkaufs der nicht apothekenpflichtigen Arzneimittel.

Der BGH hielt eine **Unterlassungspflicht in Form von Werbebeschränkungen** bei teilweiser Sortimentsüberschneidung durch die Vereinbarungen im Mietvertrag für nicht erfasst; nur das Betreiben einer weiteren Apotheke auf demselben Grundstück sei ausgeschlossen.

2.4.4.3 Bierbezugsverträge

Die Pflicht zum ausschließlichen Ausschank und Verkauf von Bier einer bestimmten Brauerei oder eines Bierverlegers **kann** als **positive Leistungspflicht nicht Inhalt einer Dienstbarkeit sein und** ist deshalb unzulässig[63]. Das Verbot zum Ausschank oder Verkauf von Bier ist hingegen als **Inhalt einer Dienstbarkeit** zulässig (Unterlassungsdienstbarkeit)[64].

123

Brauereien und Bierverleger umgehen die §§ 1018 und 1090 BGB (Dienstbarkeiten), indem sie die Untersagung jeglichen **Bierausschanks und Verkaufs als Grunddienstbarkeit dinglich absichern lassen** und zugleich einen schuldrechtlichen Ausschließlichkeitsvertrag abschließen, der den Grundstückseigentümer zwingt, ausschließlich Bier ihrer Brauerei bzw. ihres Vertriebs abzunehmen, auszuschenken und zu verkaufen. Diese Rechtskonstruktion ist

124

---

60 OLG Celle, Urt. vom 16.6.1987 – 20 U 10/87 –, rechtskräftig.
61 Zu den Voraussetzungen einer ergänzenden Vertragsauslegung bei einer mietvertraglich vereinbarten Konkurrenzschutzklausel vgl. BGH, Urt. vom 11.1.2012 – XII ZR 40/10 –, NZM 2012, 196.
62 BGH, Urt. vom 9.7.1987 – I ZR 140/85 –, NJW 1987, 3132 = EzGuG 14.81a.
63 BGH. Beschl. vom 30.1.1959 – V ZB 31/58 –, EzGuG 14.9; für die dingliche Absicherung einer positiven Leistungspflicht kennt das BGB das Rechtsinstitut der Reallast (vgl. § 1105 BGB). Es ist ein Verwertungsrecht, ähnlich dem Grundpfandrecht. Der Berechtigte hat die Befugnis, das belastete Grundstück im Wege der Zwangsversteigerung zu verwerten und sich durch den Erlös in Geld zu befriedigen. Ein Bierbezugsvertrag bedeutet jedoch lediglich eine Gegenleistung in Geld für das gelieferte Bier. Diese Gegenleistung kann nicht Inhalt einer Reallast sein (vgl. Joost in JZ 1979, 467).
64 Baur in Soergel. a. a. O., § 1090 Rn. 16.

möglich⁶⁵. Es wird praktisch ein dingliches Recht (Unterlassungsdienstbarkeit) bestellt, auf dessen Ausübung schuldrechtlich verzichtet wird (vgl. Abb. 93). Der Eigentümer des Grundstücks soll nicht etwa kein Bier ausschenken und verkaufen, sondern dies gerade im Verhältnis zum dinglich Berechtigten tun.

Bei dem durch eine Grunddienstbarkeit abgesicherten **Bierbezugsvertrag** liegt eine Sonderform der Dienstbarkeit vor. Sie wird in diesem speziellen Fall dazu benutzt, eine Bezugsbindung des jeweiligen Grundstückseigentümers an einer Brauerei abzusichern.

Vor Jahren waren **Laufzeiten von Bierlieferungsverträgen** von mehr als 30 Jahren üblich. Nach einer Entscheidung des BGH liegt nun die Grenze für die Bindung eines Wirtes an eine Brauerei oder einen Bierverleger bei höchstens 20 Jahren. Nach der neueren Rechtsprechung besteht die Tendenz, die höchstzulässige Bindungsdauer in Ansehung des § 138 Abs. 1 BGB noch weiter herabzusetzen[66].

Die **Unterlassungsdienstbarkeit** stellt eine Grundstücksbelastung dar und schränkt die wirtschaftliche Nutzung ein. Die daraus resultierende Wertminderung ist vom Standort des Objekts, des möglichen Hektoliterumsatzes, dem Bekanntheitsgrad und dem „Ruf" des Berechtigten abhängig.

Bei Verstößen gegen die Bierbezugsverpflichtung werden üblicherweise ein pauschalisierter Schadensersatz je Hektoliter fremdbezogenes Bier (Fass- und Flaschenbier) berechnet. Als Entschädigung werden auch 20 % des jeweils gültigen Brauereibezugspreises für alle anderweitig bezogenen Biere vereinbart[67].

2.5 Mietpreisbestimmende Merkmale

2.5.1 Wohnraum

2.5.1.1 Allgemeines

Schrifttum: *Rossmann,* Handbuch der Wohnraummiete 2003, S. 235, Rn. 25.

▶ *Vgl. hierzu auch Teil V Rn. 282 ff.*

Schrifttum: *Dröge,* Handbuch der Mietpreisbewertung für Wohn- und Gewerberaum, 3. Aufl.; *Krämer,* Vergleichswerte für Mehrfamilienhausgrundstücke in den neuen Bundesländern, GuG 1995, 12; *Roth, Ch.,* Qualitätsforderungen für Mietgutachten GuG 2005, 13; *Schulz, E./Streich, J.-W.,* Mindestanforderungen an Mietgutachten, ZMR 1985/11; *Stelter, M./Swat, R.,* Zur Mietpreisbewertung von ortsüblichen Vergleichsmieten, GuG 2012, 134, *Streich, J.-W.,* Die ortsübliche Vergleichsmiete, GuG 2005, 13.

125 Bei der Verkehrswertermittlung im Wege des Ertragswertverfahrens sowie der Erstattung von Mietwertgutachten sind als geeignete Vergleichsmieten solche heranzuziehen, die für hinreichend vergleichbare Wohnungen vereinbart worden sind. Entsprechend der Regelung des § 558 Abs. 2 BGB sind **Vergleichskriterien Art, Größe (Wohnfläche), Ausstattung und Beschaffenheit (Wohnwertmerkmale) der Wohnung.** Unterschiede der Vergleichswohnungen zu den zu bewertenden Wohnungen sind durch Zu- und Abschläge zu berücksichtigen[68].

126 Des Weiteren sind **folgende Merkmale von Belang:**

– Trennung von Bad und WC,

– Kochnische oder Küche,

---

65 BGH. Urt. vom 18.5.1979 – V ZR 70/78 –, EzGuG 14.61; BGH. Urt. vom 13.7.1979 – V ZR 122/77 –, EzGuG 14.63; BGH, Urt. vom 21.5.1975 –VIII ZR 215/72 –, EzGuG 14.49b; BGH, Urt. vom 22.1.1975 – VIII ZR 243/73 –, EzGuG 14.48i; BGH, Urt. vom 17.10.1971 – VIII ZR 91/72 –, EzGuG 14.48b; BGH, Urt. vom 2.10.1969 – V ZR 10/68 –, EzGuG 14.38a; BGH, Urt. vom 16.10.1956 – VIII ZR 2/56 –, EzGuG 14.1a; BGH, Urt. vom 23.11.1951 – I ZR 24/51 –, EzGuG 14.2a; OLG Düsseldorf, Urt. vom 3.12.1987 – 10 U 126/87 –, EzGuG 3,71f.
66 BGH, Urt vom 21.3.1990 – VIII ZR 49/89 –, GuG 1990, 102 = EzGuG 14.88.
67 BGH, Urt. vom 22.2.1989 – VIII ZR 45/88 –, EzGuG 14.84c.
68 Kaupmann in Nachr. der nds. Kat.- und VermVw 1989, 144; auf Ablehnung im Schrifttum stößt die sog. Grenzwertmethode von Töllner in DS 1990, 307; Dröge, a. a. O., S. 170 ff.

Wohnraummiete § 18 ImmoWertV IV

- Vorhandensein eines Balkons, einer Terrasse oder einer Loggia, soweit diese Umstände nicht der Beschaffenheit zugeordnet werden,
- Gesamteindruck, Fassadengestaltung.

Mieterbefragungen haben folgende Präferenzen ergeben:

Abb. 4: Wichtigste Ausstattungsmerkmale

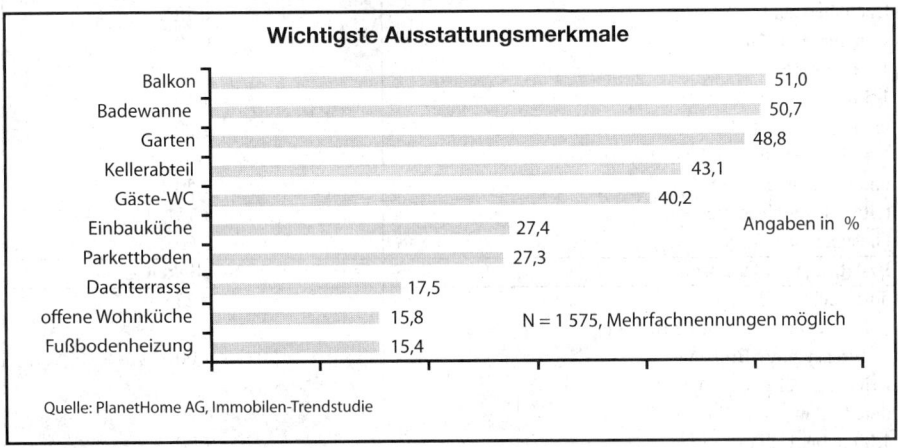

Die genannten vier **Wohnwertmerkmale** (Art, Größe, Ausstattung und Beschaffenheit) sind nicht gleichwertig. Folgende **Gewichtungen** werden den wohnwertbestimmenden Merkmalen zugeordnet (Abb. 5).

Abb. 5: Merkmale

Merkmal	Bewertungsanteil %	
	1	2
Art (Hochhaus usw.)	20	5
Beschaffenheit	20	10
Größe	30	10
Ausstattung	10	15
Lage (Wohnlage)	40	60

1 Isenmann in DWW 1994, 178.
2 Oberhofer in WM 1993, 10; vgl. auch Dröge, 1. Aufl. a. a. O., S. 172 f., vgl. auch Isenmann in DWW 1992, 234 und DWW 1994, 178.

Abb. 6: Art und Beschaffenheit

Objekt	Wertigkeit
Wintergarten	2,00
Freisitz ebenerdig	
beidseitig gedeckt	1,25
einseitig gedeckt	1,00
nicht gedeckt	0,75
Freisitz Dachgeschoss	
beidseitig gedeckt	1,75
einseitig gedeckt	1,50
nicht gedeckt	1,25

IV § 18 ImmoWertV — Wohnraummiete

Objekt	Wertigkeit
Loggia	1,25
Veranda	1,25
Balkon	1,00

Überdachung	Wertigkeit
nicht überdacht	0,60
Teilüberdachung	
Dachüberstand	0,70
weniger als 1,0 m	0,80
1,0 m bis 1,5 m	1,00
1,5 m bis 2,0 m	1,10
mehr als 2 m	1,20
Vollüberdachung	
undurchsichtig	1,50
teilweise durchsichtig	1,75
Glasüberdachung	2,00

Brüstung und Deckung	Wertigkeit
durchsichtige Brüstung	0,25
teilweise undurchsichtige Brüstung	0,50
undurchsichtige Brüstung	1,00
Brüstungshöhe	
unter 1,0 m	0,50
1,00 m bis 1,25 m	1,00
1,25 m bis 1,50 m	1,25
über 1,50 m	0,50
für Bepflanzung geeignet	0,50
Pflanztrog o.Ä. vorhanden	0,75
Sichtschutz	
einseitig	0,75
zweiseitig	1,50
zusätzlich bepflanzt	0,25
Windschutz	
einseitig	0,60
zweiseitig	1,20
zusätzlich bepflanzt	0,25
Brüstung und Sichtschutz	
einseitig	1,25
zweiseitig	1,90
Brüstung und Windschutz	
einseitig	1,10
zweiseitig	1,75

Oberflächenbeschaffenheit	Wertigkeit
bindiges Material	0,25
Betonplatte ohne Glattstrich	0,40
Betonplatte mit Glattstrich	0,60
Verbundsteine o.Ä.	1,10
raue Bodenplatten	0,75
glatte Bodenplatten	1,00
Bodenfliesen	1,25

Entwässerung	Wertigkeit
ohne	0
Innenentwässerung	0,75

Objekt	Wertigkeit
Außenentwässerung	
Wasser tropft ab	1,00
Wasserspeier	1,10
Wasserrinne	1,25

2.5.1.2 Art (der Wohnung)

Unter der Art i. S. des § 558 Abs. 2 BGB ist in erster Linie die **Struktur des Hauses und des Wohnraums** zu verstehen, beispielsweise **128**

- Einfamilienhaus,
- Penthauswohnung,
- Reihenhaus,
- Hochhaus.

So stellen die **Wohnungen in Hochhäusern** einen Markt sui generis dar, der nicht in einen Topf mit dem Wohnraum in Ein- und Zweifamilienhäusern geworfen werden kann[69]. Die Wohnung in einem Ein- und Zweifamilienhaus lässt sich selbst nur bedingt mit einer Wohnung in einem einfachen Mehrfamilienhaus vergleichen, weil dort das Wohnen in ruhiger und gepflegter Vorortlage im Vordergrund steht. **129**

Bei **Anmietung von Einfamilienhäusern** liegt die marktübliche Miete erheblich über der Miete im Geschosswohnungsbau. Nach einer älteren Untersuchung des Gutachterausschusses von *Mainz* (Gutachterausschussbericht 1997) ist mit folgenden Zuschlägen zu rechnen: **130**

Freistehende Einfamilienhäuser + 30 v. H.
Reihenhäuser + 20 v. H.

2.5.1.3 Beschaffenheit (der Wohnung)

Unter der Beschaffenheit wird insbesondere der **Zuschnitt der Wohnung** einschließlich der **mitvermieteten Hausteile sowie Art und Gestaltung der Umgebung** verstanden. Behebbare Mängel sind dagegen bedeutungslos, da der Mieter seine Gewährleistungsansprüche (§§ 536 ff. BGB) geltend machen kann (Minderungsrechte)[70]. **131**

Unter der **Beschaffenheit ist des Weiteren zu verstehen** **132**
- die architektonische Gestaltung der Wohnung,
- die Baualtersklasse (vgl. Mietspiegel),
- die Raumeinteilung (Schnitt),
- das Vorhandensein von Balkon und Nebenräumen,
- der bauliche Zustand der Wohnung und der mitzubenutzenden Hausteile,
- die Aussicht,
- die Besonnungslage,
- der Garten und Grünanlagen,
- die Abgeschlossenheit der Wohnung,
- der Modernisierungsgrad,
- die Wärmedämmung.

2.5.1.4 Wohnung, Wohnraum, Wohnungsgröße und Wohnfläche

Schrifttum: *Durst/v. Zitzewitz*, in NZM 1999, 605; *Isenmann*, in NZM 1998, 749; *Käser/Beck*, in BWNotZ 2001, 143; *Kramer*, in NZM 1999, 156 und NZM 2000, 1121; *Schul, A./Wichert, J.*, Berechnung und Bedeutung der Mietfläche von Gewerberäumen, ZMR 2002, 633.

---

69 A. A. LG Lübeck, Urt. vom 11.10.1994 – 6 S 256/93 –, WuM 1995, 189; Beuermann, Miete und Mieterhöhung, 2. Aufl. Berlin 1994, § 2 Rn. 29.
70 OLG Stuttgart, Urt. vom 7.7.1981 – 8 REMiet 1/81 –, NJW 1981, 2365 = EzGuG 20.89c; LG Braunschweig, Urt. vom 21.11.1988 – 13 BS 145/88 –, WuM 1989, 578; LG Hamburg, Urt. vom 10.10.1989 – 11 S 99/89 –, WuM 1991, 593.

a) *Allgemeines*

133 Für die Prüfung, ob die vorliegende Ertragssituation dem entspricht, was nachhaltig und rechtlich erzielbar ist, kann auf Vergleichsmieten und insbesondere auch auf Mietspiegel zurückgegriffen werden. Dabei muss die Wohnungsgröße berücksichtigt werden, denn erfahrungsgemäß fallen die **Mieten pro Quadratmeter Wohnfläche umso geringer aus, je größer die Wohnfläche** insgesamt ist[71]. In den sog. „Adressenlagen" (am Englischen Garten in München) kann es sich jedoch umgekehrt verhalten; dort sind große repräsentative Wohnungen teurer als kleinere Wohnungen.

134 Unter der **Größe des Mietobjekts** wird vielfach nicht nur die Quadratmeterzahl der Wohnung, sondern auch die Zahl der Zimmer einer Wohnung verstanden. I.d.R. bestimmt sich die Größe des Wohnobjektes jedoch nach der Wohnfläche.

135 **Der Wohnflächenberechnung der zu untersuchenden Wohnung und der Vergleichswohnungen sind miteinander identische Berechnungsweisen zugrunde zu legen,** weil sonst die Höhe der zum Ansatz gebrachten Mieterträge verfälscht würde. Dies konnte insbesondere die Berechnungsvorschrift der WoFlV bzw. der §§ 42 bis 45 II. BV[72] sein, obwohl diese nur für die Ermittlung der Wohnfläche im Bereich der sozialen Wohnraumförderung gilt[73], und die der DIN 283 (März 1951)[74] sein. Auch nach Inkrafttreten der neuen Wohnflächenverordnung kann es zunächst weiterhin erforderlich werden, die Wohnfläche nach der DIN 283 oder den §§ 42 bis 45 II. BV zu ermitteln, wenn Vergleichsmieten herangezogen werden, die sich auf Wohnraum beziehen, dessen Fläche nach den entsprechenden Berechnungsvorschriften ermittelt wurde.

136 Der wesentliche **Unterschied zwischen der Wohnflächenberechnung** nach der WoFlV, der DIN 283 (1951) und den §§ 42 bis 44 II. BV liegt bei der Ermittlung der Flächen für **Balkone, Loggien, Dachgärten oder „gedeckte" Freisitze.** Nach der WoFlV und der DIN 283 (1951) sind die diesbezüglichen Flächen zu *einem Viertel* anzurechnen. Nach § 44 Abs. 2 II. BV konnten dagegen deren Grundflächen zur Ermittlung der Wohnfläche (WF) bis *zur Hälfte* angerechnet werden. Folglich hat sich die Praxis – auch bei gewerblich genutzten Räumen – weitgehend an den Vorgaben der II. BV mit dem Ergebnis größerer Wohn-/Nutzflächen orientiert. Von Interesse ist in diesem Zusammenhang, welche Berechnungsnorm den Mietspiegeln zugrunde liegt, denn Wohn- bzw. Nutzflächen sind für die Ermittlung der Nettokaltmiete und als Umlagemaßstab von Betriebskosten von wesentlicher Bedeutung.

▶ *Zu den Hobbyräumen vgl. § 6 ImmoWertV Rn. 44 sowie Teil V Rn. 74; zum Keller vgl. Teil II Rn. 515 ff., 529 und § 6 ImmoWertV Rn. 44 sowie Teil V Rn. 74*

---

71 Schnoor in RDM Informationsdienst 1/1994; Streich in RDM Informationsdienst 1994 Nr. 1, S. 3.
72 Der Anwendungsbereich der II. BV ergab sich aus § 1 II. BV; die Vorschrift lautet: „§ 1 Anwendungsbereich der Verordnung. (1) Diese Verordnung ist anzuwenden, wenn 1. die Wirtschaftlichkeit, Belastung, Wohnfläche oder der angemessene Kaufpreis für öffentlich geförderten Wohnraum bei Anwendung des Zweiten Wohnungsbaugesetzes oder des Wohnungsbindungsgesetzes, 2. die Wirtschaftlichkeit, Belastung oder Wohnfläche für steuerbegünstigten oder frei finanzierten Wohnraum bei Anwendung des Zweiten Wohnungsbaugesetzes, 3. die Wirtschaftlichkeit, Wohnfläche oder der angemessene Kaufpreis bei Anwendung der Verordnung zur Durchführung des Wohnungsgemeinnützigkeitsgesetzes zu berechnen ist. (2) Diese Verordnung ist ferner anzuwenden, wenn in anderen Rechtsvorschriften ihre Anwendung vorgeschrieben oder vorausgesetzt ist. Das Gleiche gilt, wenn in anderen Rechtsvorschriften die Anwendung der Ersten Berechnungsverordnung vorgeschrieben oder vorausgesetzt ist." (Pohnert in GuG 1991, 150).
73 Die Wohnflächenverordnung ist im Übrigen nicht die einzige Möglichkeit zur Bestimmung der Wohnungsgröße. Nach § 27 Abs. 4 WoFG kann die Wohnungsgröße bei Erteilung des Wohnberechtigungsscheins auch mit der Raumzahl angegeben werden.
74 Der Normungsausschuss des Deutschen Instituts für Normung e. V. hat die DIN 283 aus dem Jahre 1951 – Berechnung von Wohnflächen und Nutzflächen – mit Teil 1 am 8.3.1983 und mit Teil 2 am 1.6.1989 ersatzlos zurückgezogen (abgedruckt im Anhang 11); vgl. Kremer, Zur Berechnung der Wohnflächen im BBauBl. 1990, 367.

b) *Wohnfläche nach WoFlV*

Zur **Berechnung der Wohnfläche** sind die nach § 2 WoFlV zur Wohnfläche gehörenden Grundflächen zu ermitteln und nach § 4 WoFlV auf die Wohnfläche anzurechnen (§ 1 Abs. 2 WoFlV). 137

Zur Ermittlung der Wohnfläche nach der WoFlV vgl. die Ausführungen im Teil II unter Rn. 519 ff. 138

c) *Wohnfläche nach den §§ 42 bis 44 der II. Berechnungsverordnung*

Zur Ermittlung der Wohnfläche vgl. Ausführungen in Teil II unter Rn. 519 ff. 139

d) *Wohnfläche nach DIN 283*

Zur Ermittlung der Wohnfläche vgl. die Ausführungen in Teil II unter Rn. 519 ff. 140

e) *Außenflächen (Balkone, Dachgärten, Terrassen)*

▶ *Hierzu Teil II Rn. 519 ff.*

Für gute bzw. schlechte **Balkon- oder Terrassenlagen** sind in Anlehnung an die Regelungen des § 4 Nr. 4 WoFlV, nach denen die diesbezüglichen Flächen in der Regel zu einem Viertel, höchstens jedoch zur Hälfte in die Wohnfläche eingehen (nach der DIN 283 ebenfalls zu einem Viertel und nur nach den §§ 42 ff. II. BV zur Hälfte), Zu- oder Abschläge in einer maximalen Größenordnung von 50 % angemessen[75]. 141

Bei der Ermittlung des Mietwerts müssen die sog. Außenflächen, worunter im Gegensatz zur eigentlichen allseits umschlossenen Innenfläche Balkone, Dach- und Wintergärten, Terrassen, Veranden, Loggien und Freisitze (nunmehr Terrasse) zu verstehen sind, besonders beachtet werden. Für die anzusetzende Fläche gibt es, abgesehen von der Regelung der WoFlV für den mietpreisgebundenen Wohnraum, keine verbindlichen Berechnungsregeln, nachdem die DIN 283 bereits im August 1983 zurückgezogen wurde (vgl. Teil II Rn. 546 ff.). Das OLG München[76] hat hierzu ausgeführt, dass bei einem Mieterhöhungsverlangen nach den Umständen des Einzelfalls der **Flächenanteil je nach seinem Wohnwert überhaupt nicht oder in guten Lagen bis zu 1/4 und in Ausnahmefällen bei sehr guter Lage bis zu 1/2 zu berücksichtigen** ist. 142

f) *Flächenabweichung*

Schrifttum: *Kraemer*, NZM 1999, 156.

▶ *Zu Flächenabweichungen bei Gewerberaummietverträgen vgl. Rn. 159*

Die Ermittlung einer **im Mietvertrag vereinbarten Wohnfläche** richtet sich – soweit die Parteien nichts anderes vereinbart haben oder eine andere Berechnungsweise ortsüblich ist – nach den für den preisgebundenen Wohnraum im Zeitpunkt des Abschlusses des Mietvertrags maßgeblichen Bestimmungen[77]. Einer Mieterhöhung nach § 557 BGB ist die vereinbarte Wohnfläche zugrunde zu legen, wenn die tatsächliche Wohnfläche zum Nachteil des Mieters um nicht mehr als 10 % davon abweicht[78]. 143

Im Falle einer **Unterschreitung der Mietfläche** um mehr als 10 % ist in ständiger Rechtsprechung des BGH zum Wohnraummietrecht die prozentuale Flächenunterschreitung als Maßstab der Minderung zugrunde zu legen[79]. 144

---

75 OLG München, RE vom 20.7.1983 – REMiet 6/82 –, MDR 1983, 1027 = EzGuG 20.102a; OLG München, Beschl. vom 7.3.1996 – 2 Z BR 136/95 –, NJW 1996, 2106 = GuG 1996, 381 = EzGuG 20.160a.
76 OLG München, Urt. vom 20.7.1983 – REMiet 6/82 –, MDR 1983, 1027 = EzGuG 20.102a.
77 BGH, Urt. vom 22.4.2009 – VIII ZR 86/08 –, GuG-aktuell 2009, 47 = EzGuG 3.141.
78 BGH, Urt. vom 8.7.2009 – VIII ZR 205/08 –, GuG-aktuell 2009, 47.
79 BGH, Urt. vom 24.3.2004 – VIII ZR 295/03 –, NJW 2004, 1947, 1949 unter Bezugnahme auf Kraemer, NZM 1999, 156, 161 und BGH. Urt. vom 10.3.2010 – VIII ZR 144/09 –, NJW 2010, 1745.

IV § 18 ImmoWertV **Wohnraummiete**

145 In **Wohnungsmietverträgen** wird die Wohnfläche meist mit Zirka-Quadratmetern[80] vereinbart. Ergibt sich durch ein späteres Aufmaß eine geringere als die vereinbarte Wohnfläche, so ist eine Reduzierung der Miete nicht möglich. Zur Begründung führte der BGH[81] in einer Entscheidung an, dass der Verkäufer gewusst hat, dass der Käufer von der im Prospekt genannten Wohnfläche von 78 m² ausging. Hatte der Verkäufer eine andere Vorstellung über die tatsächliche Größe, so wäre diese für die Bestimmung des Vertrags nur dann von Bedeutung, wenn der Käufer das erkannt und in dieser Kenntnis den Vertrag abgeschlossen hätte. Des Weiteren mache der verwendete **Zusatz „ca."** die Angabe nur dann unverbindlich, wenn **die Abweichung geringfügig gewesen wäre, „nicht aber für einen Unterschied von mehr als 10 %"**.

146 Auch beim **Erwerb noch zu errichtender Eigentumswohnungen** führen Flächenabweichungen häufig zum Streit. Im Kern geht es dabei um die zugesicherten Eigenschaften des Kaufgegenstands. Ist z. B. einem Erwerber vom Bauträger eine bestimmte Wohnfläche zugesichert worden, die z. B. aufgrund eines Nachbareinspruchs (wenn die Bauerlaubnis unbeschadet von Rechten Dritter erteilt wurde) mit der Folge einer Planungsänderung und einer damit verbundenen Reduzierung der Wohnfläche nicht realisiert werden konnte, so wird dem Erwerber in der Rechtsprechung[82] eine Kaufpreisminderung zugestanden.

g) *Umrechnungskoeffizient Wohnungsgröße*

▶ *Vgl. zu Eigentumswohnungen die Hinweise im Teil V Rn. 81*

147 Bezüglich der Wohnungsgröße haben sich bislang keine anerkannten Klasseneinteilungen feststellen lassen. Die Mietspiegel weisen hier unterschiedliche **Klasseneinteilungen** auf[83] bzw. geben die Nettokaltmieten gestaffelt nach der Wohnfläche an (Abb. 7).

---

80 LG Berlin, Urt. vom 8.9.2003 – 67 S 92/03 –, BlnGE 2004, 51 = EzGuG 3.129.
81 BGH, Urt. vom 11.7.1997 – V ZR 246/96 –, NJW 1997, 2874.
82 LG Ravensburg, Urt. vom 21.12.1990 – 2 O 1745/90 –, BauR 1992, 81 = EzGuG 12.79a.
83 Vgl. Kleiber, Verkehrswertermittlung von Grundstücken, 6. Aufl. 2010, S. 1729.

Abb. 7: Durchschnittliche monatliche Basis-Nettokaltmiete in Darmstadt

Wohn-fläche m²	Durchschnittliche monatliche Basis-Nettokaltmiete Baujahr			
	bis 1918	1919 – 1948	1949 – 1977	1978 – 2007
	EUR/m²			
25	9,17	8,87	9,17	9,61
30	8,70	8,39	8,70	9,14
35	8,29	7,99	8,29	8,73
40	7,94	7,63	7,94	8,38
45	7,61	7,30	7,61	8,05
50	7,31	7,00	7,31	7,75
55	7,02	6,71	7,02	7,46
60	6,74	6,43	6,74	7,18
65	6,47	6,17	6,47	6,91
70	6,21	5,91	6,21	6,65
75	5,96	5,65	5,96	6,40
80	5,71	5,40	5,71	6,15
85	5,46	5,16	5,46	5,90
90	5,22	4,91	5,22	5,66
95	4,98	4,67	4,98	5,42
100	4,74	4,43	4,74	5,18
105	4,52	4,21	4,52	4,96
110	4,31	4,00	4,31	4,75
115	4,12	3,82	4,12	4,56
120	3,95	3,64	3,95	4,39
125	3,79	3,49	3,79	4,23
130	3,65	3,34	3,65	4,09

Quelle: Mietspiegel für Darmstadt 2010; Grundstücksmarktbericht 2013

Von den Gutachterausschüssen für Grundstückswerte sowie aus Kreisen der Sachverständigen wurden zu diesem Zweck **Umrechnungskoeffizienten für das Verhältnis von Wohnfläche zur Miethöhe für Neubauwohnungen in mittlerer Wohnlage mit mittlerer Ausstattung** ermittelt (vgl. Abb. 8). Bezüglich der Abhängigkeit der Miete von der sich nach der Zahl der Zimmer bestimmenden Wohnungsgröße sind nach vorliegenden Erfahrungen geringe Abweichungen hinnehmbar, und zwar umso eher, je größer die Wohnung (Haus) ist, d. h. ab vier Zimmer; ansonsten ist die Gewichtung im Schrifttum sehr strittig.

148

Abb. 8: Umrechnungskoeffizienten für das Verhältnis der Wohnfläche zur Miethöhe

Wohnflä-che (WF) m²	Umrechnungskoeffizient							
	München (Eng-lert)*	Bonn, Essen 2012	Mainz	Hessen 2011	Süd-hessen 2013	Heppenheim		Streich* 1982
						Woh-nungen	Häuser	
10	–	–	1,67	–	–	–	–	–
20	1,70	–	1,40	–	–	–	–	–
30	1,31	1,38	1,26	1,12	–	1,25	–	1,17
40	1,16	1,35	1,18	1,09	1,10	1,16	–	1,14
50	1,10	1,15	1,11	1,06	1,08	1,10	–	1,08
60	1,05	1,08	1,06	1,03	1,06	1,05	–	1,05
70	1,02	1,02	1,02	**1,00**	1,04	1,02	–	1,02
75	**1,00**	**1,00**	**1,00**	0,97	1,03	**1,00**	–	**1,00**
80	0,98	0,98	0,98	0,94	1,02	0,98	–	0,99
90	0,96	0,94	0,95	0,91	**1,00**	0,96	1,09	0,96
100	0,93	0,90	0,93	0,88	0,98	0,93	1,07	0,94
110	0,92	0,87	0,91	0,85	0,96	0,91	1,05	0,92
120	0,90	0,85	0,88	0,82	0,94	0,89	1,04	0,91
130	0,88	0,82	0,87	–	0,92	0,88	1,02	0,90
140	0,86	0,80	0,85	–	0,90	–	1,01	0,89
150	0,85	0,78	0,84	–	0,88	–	1,00	0,88
160	–	–	–	–	0,86	–	0,99	0,87
170	–	–	–	–	–	–	0,98	0,86
180	–	–	–	–	–	–	0,97	–
190	–	–	–	–	–	–	0,96	–
200	–	–	–	–	–	–	0,95	–
210	–	–	–	–	–	–	0,95	–
220	–	–	–	–	–	–	0,94	–
230	–	–	–	–	–	–	0,93	–
240	–	–	–	–	–	–	0,93	–
250	–	–	–	–	–	–	0,92	–

* Streich in VR 1981, 381; ders. in VR 1982, 147 und in DWW 1984, 90; DWW 1980,188; Englert in Immobilien-Wirtschaft heute, Nr. 17/92; Gutachterausschuss für Grundstückswerte in Heppenheim; Immobilienmarktbericht Hessen 2011

Beispiel:
- Gegeben: Vergleichsmiete von 3,00 €/m² für eine 50 m² große Wohnung in Bonn
- Gesucht: Miete für eine 80 m² große Wohnung
- Aus Abb. 8: Umrechnungskoeffizient für 50 m² = 1,15
  Umrechnungskoeffizient für 80 m² = 0,98

Gesuchte Miete = 0,98/1,15 × 3,00 €/m² = **2,56 €/m²**

Als **ausgeglichene Umrechnungskoeffizienten** ergeben sich die in Abb. 9 angegebenen Mittelwerte:

Wohnraummiete § 18 ImmoWertV IV

Abb. 9: Umrechnungskoeffizienten für das Verhältnis der Wohnfläche (WF) zur Miethöhe

Wohnfläche (WF) m²	Umrechnungskoeffizient für das Verhältnis der Wohnfläche (WF) zur Miethöhe		
	von	Mittel	bis
10	1,50	1,60	1,70
20	1,34	1,40	1,46
30	1,23	1,29	1,35
40	1,16	1,20	1,24
50	1,09	1,13	1,17
60	1,03	1,07	1,11
70	0,98	1,02	1,06
75	-	1,00	-
80	0,94	0,98	1,02
90	0,92	0,96	1,00
100	0,90	0,94	0,98
110	0,87	0,91	0,95
120	0,83	0,88	0,93
130	0,70	0,85	0,90
140	0,76	0,82	0,88
150	0,73	0,79	0,85
160	0,70	0,76	0,82

© W. Kleiber 11

h) Umrechnungskoeffizient Wohnfläche (vermietete Einfamilienhäuser)

Die für den Mietwohnungsbau abgeleiteten Umrechnungskoeffizienten für die Anhängigkeit der Mieten von der Wohnfläche können nicht generell auf **vermietete Einfamilienhäuser** übertragen werden. In hessischen Grundstücksmarktberichten werden folgende Umrechnungskoeffizienten angegeben: 149

Abb. 10: Umrechnungskoeffizienten für die Abhängigkeit der Miete von der Wohnfläche (WF) für vermietete Einfamilienhäuser in Hessen, Südhessen

Wohnfläche m²	Umrechnungskoeffizient		Wohnfläche m²	Umrechnungskoeffizient	
	Hessen	Südhessen		Hessen	Südhessen
100	1,03	1,07	180	0,99	0,98
110	1,02	1,06	190	0,99	0,97
120	1,02	1,05	200	0,98	0,96
130	1,01	1,03	210	0,98	0,95
140	1,01	1,02	220	0,97	0,94
150	1,00	1,01	230	0,97	0,93
160	**1,00**	**1,00**	240	0,96	0,92
170	1,00	0,99	250	0,96	0,91

Quelle: Landesgrundstücksmarktbericht Hessen 2011, Südhessen 2013

2.5.1.5 Ausstattung (der Wohnung)

▶ *Vgl. Rn. 124 sowie Teil II Rn. 516 ff.*

Unter der Ausstattung werden **alle räumlichen und sonstigen Ausstattungsmerkmale** verstanden, die der Vermieter dem Mieter zur Verfügung gestellt hat. Hilfsweise kann hier auf die DIN 283 Teil I Ziff. 3 zurückgegriffen werden, die allerdings auch keine vollständige Aufzählung enthält. 150

151 Der Ausstattung kommt von den unter Rn. 134 ff. genannten wohnwertbestimmenden Merkmalen das höchste Gewicht zu; innerhalb der Merkmale bedient sich die Praxis eines **Schulnotensystems**; z. B.

- gehobene Ausstattung,
- übliche Ausstattung und
- einfache Ausstattung.

152 Ausstattungsmerkmale sind alle im leeren Wohnraum eingebauten oder eingerichteten Teile, insbesondere

- sanitäre Einrichtungen,
- Heizung/Warmwasser,
- Kücheneinrichtungen,
- Heizungseinrichtungen,
- Fußböden,
- Fenster und Türen,
- besondere Isolierungen,
- Gemeinschaftsantennen,
- Gemeinschaftseinrichtungen,
- Decken und Wände (Holz, Stuck, Tapete),
- Keller- und Speicherräume,
- Gemeinschaftsräume,
- Wandschränke/Garderoben/offener Kamin.

153 Einrichtungen des Mieters (zum Möblierungszuschlag vgl. Rn. 6) sind hingegen nicht zu berücksichtigen[84].

2.5.1.6 Lage

▶ *Vgl. § 6 ImmoWertV Rn. 118 ff.; § 8 ImmoWertV Rn. 158 ff.; Syst. Darst. des Vergleichswertverfahrens Rn. 376 ff.; Teil V Rn. 149, Rn. 239, Rn. 313 ff., Rn. 499 ff.*

154 Lagemerkmale sind insbesondere[85]:

- Baudichte,
- baulicher Zustand,
- Frei- und Grünflächen,
- landschaftlicher Charakter, Beeinträchtigungen durch Lärm, Staub, Geruch,
- Ortslage: Lage des Wohnquartiers innerhalb des Stadtgebietes (Zentralität),
- Verkehrsanbindung zur Innenstadt oder zu Bezirkszentren,
- Parkmöglichkeiten,
- Versorgung mit Läden, Schulen und sonstigen Infrastruktureinrichtungen,
- Infrastruktur (öffentliche Einrichtungen wie Verkehrsanbindung, Schulen, Krankenhäuser, Spielplatz, Grünflächen, Kindergärten usw.),
- Lage im Haus (Geschosslage – auch abhängig vom Vorhandensein eines Fahrstuhls – und Ausrichtung nach der Himmelsrichtung[86] sowie Lage innerhalb des Komplexes (Vorderhaus – Rückgebäude).

---

[84] LG Baden-Baden, Urt. vom 8.5.1992 – 1 S 98/91 –, WuM 1993, 358 = EzGuG 11.193a; OLG München, Urt. vom 14.7.1981– AllgReg 32/81 –, WuM 1981, 201; a. A. Walterscheidt, Typische Fehler in einem Vergleichsmietzinsgutachten, Hannover 1999, S. 45.

[85] Hinweise des BMJ in WM 1980, 189 = ZMR 1980; weiterführend Niederberger in WuM 1980, 173; Isenmann in DS 1992, 153.

[86] LG Köln, Urt. vom 16.2.1994 – 10 S 407/93 –, WuM 1994, 691.

Im Hinblick auf die hohe Streitbefangenheit, die mit der **Einordnung von Lagemerkmalen** verbunden ist, hat *Börstinghaus* [87] einen **Kriterienkatalog** (Abb. 11) mit nachstehend abgedruckten Erläuterungen vorgegeben:

Erläuterungen zur Lageklassentabelle

Spalte 1: Enthält beispielhaft die wichtigsten Lagekriterien. Selbstverständlich können Sie noch andere Kriterien, die für den Einzelfall zutreffen, hinzufügen und/oder andere Kriterien weglassen.

Spalte 2: Hier sollten Sie Noten eintragen, wobei Sie sinnvollerweise eine Notenskala verwenden sollten, die Ihrem Mietspiegel entspricht (hat der Mietspiegel vier Lageklassen, sollte man die Noten Eins bis Vier vergeben). Auf diese Weise wird die Eingruppierung in die Lageklasse für beide Vertragsparteien nachvollziehbarer und überprüfbarer. Wenn Sie die Gesamtnotenzahl durch die Anzahl der vergebenen Noten dividieren, erhalten Sie einen Wert, der zunächst eine Aussage über die Eingruppierung in eine Lageklasse erlaubt, und zum anderen kann man unter Umständen an dem entsprechenden Dezimalwert auch schon ablesen, ob die Benotung im oberen, mittleren oder unteren Bereich der Notenskala liegt, was dann ggf. ein Anhaltspunkt dafür sein kann, aus welchem Bereich der Mietpreisspanne die konkrete Vergleichsmiete zu entnehmen ist. Maßstab für die Benotung muss aber auf jeden Fall ein objektiver sein. Wie oben bereits festgestellt, kann für den einen Mieter ein fehlender U-Bahnanschluss bedeutungslos sein und für den anderen von sehr großer Bedeutung. Objektiv ist ein solcher Anschluss aber immer vorteilhaft. Wichtig ist in diesem Zusammenhang aber der Hinweis, dass manche Mietspiegel bestimmte Bedingungen an die Eingruppierung in eine bestimmte Lageklasse knüpfen. In diesem Fall muss zusätzlich überprüft werden, ob diese Bedingungen erfüllt sind.

Abb. 11: Tabelle zur Ermittlung der Lageklasse

Tabelle zur Ermittlung der Lageklasse	
Lagemerkmal	**Beurteilung**
Lage	
Im Stadtgebiet	
Im Stadtbezirk	
Wohnberuhigung	
Bebauung	
Offene/geschlossene Bauweise	
Bebauungsdichte	
Wohnbeeinträchtigungen	
Straßenlärm	
Bahn- oder Fluglärm	
Industrielärm	
Sonstiger Lärm	
Geruchs- u. Staubimmissionen	
Verkehrsanbindung	
Auto	
Bahn/Bus	
U-Bahn	
Radwege	
Fußwege	
Schulweg	
Einkauf	
Für den täglichen Einkauf	
Andere Dinge	
Freizeiteinrichtungen	
Kinderspielplätze	
Naherholungsgebiete	
Sportplätze, -hallen	

---

[87] Börstinghaus, U., Mieterhöhungen bei Wohnraummietverträgen, 2. Aufl. 1995, S. 322.

Tabelle zur Ermittlung der Lageklasse	
Lagemerkmal	Beurteilung
Sonstige Einrichtungen	
Medizinische Versorgung	
Schulen	
Kindergärten	
Öffentliche Einrichtungen	
Sonstige Lagevor- und -nachteile	

156 Es handelt sich bei dem vorstehenden Kriterienkatalog um die sog. Makrolage. Umstritten ist dagegen, ob die sog. Mikrolage, d. h. die **Lage der Wohnung innerhalb des Hauses,** unter den Begriff der Lage i. S. des § 558 Abs. 2 BGB fällt, da diese möglicherweise bereits mit der „Beschaffenheit" erfasst werden kann. Entscheidend ist bei alledem, dass diese Mikrolage nicht doppelt berücksichtigt wird.

157 Die Aufnahme des zum Vermietungszeitpunkt aktuellen Vermietungszustands eines Einkaufszentrums in der Präambel zu einem Mietvertrag stellt keine Zusicherung der Vollvermietung dar, die weder zu einer außerordentlichen Kündigung noch zu einer Mietreduzierung aufgrund eines Leerstands berechtigt[88].

2.5.2 Gewerberaum

2.5.2.1 Allgemeines

▶ *Allgemeines zu den Lagemerkmalen von Gewerbeimmobilien vgl. GuG 2003, 108, 175 und 243 sowie Teil V Rn. 236, 314, 499*

158 Gewerbeimmobilien weisen eine große Spannbreite unterschiedlicher Nutzungen auf. Die **mietpreisbestimmenden Merkmale sind** deshalb **nutzungsabhängig.**

2.5.2.2 Mietfläche von Gewerberäumen

▶ *Zu Flächenabweichungen bei Wohnraummietverträgen vgl. Rn. 143; Näheres zu den Flächenberechnungen Teil II Rn. 513 ff., 552*

159 In **Mietverträgen für gewerblich genutzte Räume** wird die Nutzfläche im Allgemeinen durch Angabe der Quadratmeterzahl beschrieben. Bei Neubauten (Erstbezug) ist meist das gemeinsame Aufmaß Grundlage für die Bemessung der Kaltmiete und den Umlageschlüssel. Die Kaltmiete wird dann in einem Preis je m² Gesamtnutzfläche (ohne Kellerräume, Tiefgarage etc.) angegeben. Für Haupt- und Nebenflächen in Büro-, Verwaltungsgebäuden sowie für Verkaufs-, Büro-, Lager-, Sozial- und Werkstatträume werden oft auch differenzierte Mietansätze entsprechend der Wertigkeit dieser Räumlichkeiten vereinbart. Bei *Selbstbedienungsmärkten* (SB-Märkte) umfasst der Durchschnittssatz pro Quadratmeter Nutzfläche (m² NF) meist auch das Nutzungsrecht an den Pkw-Parkplätzen auf der Freifläche des Grundstücks.

Die **Mietfläche** kann insoweit problematisch sein, als es hierfür an einheitlichen mietvertraglichen Berechnungsnormen mangelt.

Lässt sich im Fall einer **Unterschreitung der vertraglich vereinbarten Fläche** bei der Geschäftsraummiete die Minderfläche eindeutig Nebenräumen (hier Kellerräume) zuordnen, so darf die Minderung nicht pauschal nach dem prozentualen Anteil der fehlenden Fläche an der vertraglich vereinbarten Gesamtfläche berechnet werden. Vielmehr muss eine angemes-

---

[88] BGH, Urt. vom 26.5.2004 – XII ZR 149/02 –.

sene Herabsetzung des Mietzinses den geringeren Gebrauchswert dieser Räume in Rechnung stellen[89].

2.5.2.3 Lage und Beschaffenheit gewerblicher Immobilien

▶ Zu den Lage- und Beschaffenheitsmerkmalen von Büroimmobilien vgl. Teil V Rn. 149 ff. **160**

Neben den allgemeinen **Lagemerkmalen, die die Rangfolge der wertbeeinflussenden** **161** **Merkmale von Büroimmobilien anführen, sind** vor allem die **Ausstattungsmerkmale von hoher Bedeutung.** Gute Lagemerkmale mit guter Ausstattung des Gebäudes sind Voraussetzung für Spitzenmieten. Daneben sind auch die Größe, die **Flexibilität** der Nutzbarkeit, ihre Teilbarkeit und das Alter von Bedeutung.

Zu den Lage- und Beschaffenheitsmerkmalen von **Handelsimmobilien** (auch **Läden**) vgl. **162** Teil V Rn. 236 ff.

Zu den Lage- und Beschaffenheitsmerkmalen im **industriell-produzierenden Bereich** (ein- **163** schließlich **Lager- und Logistikimmobilien** sowie **Gewerbeparks**) vgl. Teil V Rn. 176 ff.

Zu den Lage- und Beschaffenheitsmerkmalen von **Sonderimmobilien** einschließlich **Frei-** **164** **zeitimmobilien** vgl. Teil V Rn. 313 ff., 499 ff.

Bei **speziellen Immobilien,** deren Mietwert bzw. Miete üblicherweise nicht über die m²-Nutzfläche ermittelt wird, sind zusätzliche Objektangaben erforderlich:

– Bei **Hotels** bedarf es für die Bereiche Logis, Gastronomie und Sonstiges (Tagungsräume, Verkauf, Schwimmbad usw.) einschlägiger Angaben über den mehrjährigen Umsatz (netto ohne MwSt.) sowie der Zimmerauslastung (vgl. Teil V Rn. 334, 347 ff.).

– Bei **Tennis-, Badminton-, Squash- und Reithallen** bedarf es der Angaben über den Umsatz sowie der Auslastung in der Sommer- und Wintersaison (vgl. Teil V Rn. 576, 604 ff.).

2.5.3 Gemeinbedarfsnutzung

▶ Vgl. Syst. Darst. des Ertragswertverfahrens Rn. 163 ff.; Teil V Rn. 596 ff.; § 5 ImmoWertV Rn. 182 ff., 470 ff.; § 8 ImmoWertV Rn. 130 ff.; Teil VI Rn. 1 ff.; Teil VII Rn. 515; zu Sonderbauflächen als Gemeinbedarfsflächen vgl. § 6 ImmoWertV Rn. 30 f.; Teil VI Rn. 223 ff.

Das **Ertragswertverfahren kann grundsätzlich auch zur Ermittlung des Verkehrswerts** **165** **von baulich für Gemeinbedarfszwecke genutzte Grundstücke zur Anwendung** kommen. Dabei gilt es insbesondere zwei Besonderheiten zu beachten:

a) Als Erträge sind solche anzusetzen, die von der öffentlichen Hand im Falle einer Anmietung der Räumlichkeiten für vergleichbare Objekte auf dem privatwirtschaftlichen Grundstücksmarkt aufgebracht werden müssten.

b) Als Bodenwert ist in solchen Fällen bei der Ermittlung des Bodenwertverzinsungsbetrags der mit diesen Ertragsverhältnissen **korrespondierende Bodenwert** vergleichbarer privatwirtschaftlich nutzbarer Grundstücke anzusetzen, während es ansonsten bei dem Bodenwert der Gemeinbedarfsfläche verbleibt (gespaltene Bodenwerte).

---

[89] BGH, Urt. vom 18.7.2012 – XII ZR 97/09 – NJW 2012, 3173 (Abgrenzung zu BGH, Urt. vom 24.3.2004 – VIII ZR 295/03 –, NJW 2004, 1947 und BGH, Urt. vom 10.3.2010 – VIII ZR 144/09 –, NJW 2010, 1745).

IV § 18 ImmoWertV — Gemeinbedarfsnutzung

Dies ist in dem Modell der Ertragswertermittlung begründet:

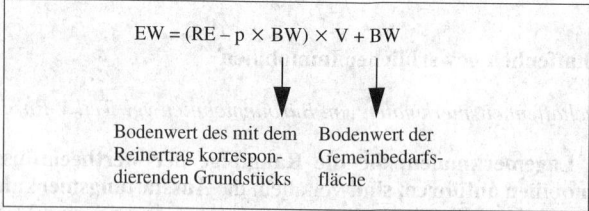

wobei
EW = Ertragswert
BW = Bodenwert
V = Barwertfaktor = Vervielfältiger
p = Liegenschaftszinssatz

166 Würde man nämlich den Bodenwertverzinsungsbetrag auf der Grundlage der Gemeinbedarfsnutzung ermitteln, so würde der um den Bodenwertverzinsungsbetrag verminderte Reinertrag (RE – p × BW) unangemessen „hochschnellen", denn der **Bodenwert einer Gemeinbedarfsnutzung ist in aller Regel niedriger** als der einer vergleichbaren privatwirtschaftlich nutzbaren Fläche (Prinzip korrespondierender Bodenwerte).

167 Bezüglich der für Gemeinbedarfsnutzungen anzusetzenden Erträge gilt der bereits angesprochene **Grundsatz, nach dem solche Erträge anzusetzen sind, die für vergleichbare privatwirtschaftlich nutzbare bauliche Anlagen ortsüblich und nachhaltig sind.** Dies ist in vielen Fällen unproblematisch, bereitet mitunter aber auch Schwierigkeiten:

- Bei öffentlichen *Verwaltungsgebäuden* bereitet der Ansatz in aller Regel keine Schwierigkeiten, weil hier auf vergleichbare Büronutzungen zurückgegriffen werden kann.
- Bei anderen Gemeinbedarfsnutzungen, wie *Schulen, Kindergärten und öffentlichen Versammlungsstätten*, stellt sich die Situation schon komplizierter dar, jedoch gibt es auch für dieses Segment durchaus einen (kleinen) Mietmarkt.

168 In der Wertermittlungspraxis kann hier vielfach auf die **Benutzungs- und Entgeltverordnung** der jeweiligen Städte zurückgegriffen werden.

169 ▶ *Ein Beispiel für die **Benutzungs- und Entgeltverordnung** vgl. Kleiber, Verkehrswertermittlung von Grundstücken, 6. Aufl., S. 1736.*

2.5.4 Landwirtschaftliche Gebäude

170 Bei der Vermietung von landwirtschaftlichen Wirtschaftsgebäuden (z. B. Lagernutzung, Getränkeverkauf) lassen sich nur geringe unterhalb der Kostenmiete liegende Einnahmen erzielen, die i. d. R. zwischen monatlich 0,25 und 1,00 €/m² liegen (in Ballungsgebieten mitunter bis zu 3,50 €/m² für z. B. eine gute Maschinenhalle). Stellplatzflächen für z. B. Wohnwagen können monatliche Mietpreise von 10 bis 25 €/m² bei einem durchschnittlichen Flächenbedarf von 30 m² einschließlich Rangierflächen erzielen.

2.6 Mieterhöhungsverlangen

2.6.1 Allgemeines

▶ *Vgl. hierzu Rn. 61 ff.*

171 Ein Mieterhöhungsverlangen muss begründet werden. Das Gesetz sieht hierfür verschiedene **Begründungsmittel** vor (§ 558a BGB):
1. Mietspiegel (§§ 558c und d BGB),
2. eine Auskunft aus einer Mietdatenbank (§ 558e BGB),

3. Gutachten eines öffentlich bestellten und vereidigten Sachverständigen,
4. Hinweis auf Entgelte für mindestens drei vergleichbare Wohnungen.

Streitig ist bei alledem, ob auch ein Sachverständigengutachten eines nicht öffentlich bestellten Sachverständigen zulässig ist[90].

Der Vermieter ist in der Wahl seines Begründungsmittels frei. Der **Heranziehung von Mietspiegeln räumt das Gesetz keine Priorität bei.** Nach Auffassung von *Fischer*[91] bieten Mietspiegel und, wenn im Streitfall nötig, deren Handhabung und Begründung durch Sachverständige die „richtigste" Lösung zur Ermittlung der ortsüblichen Vergleichsmiete. | 172

sich das Mieterhöhungsverlangen auf ein Gutachten eines Sachverständigen stützen, so muss es sich dabei um „ein mit Gründen versehenes Gutachten eines öffentlich bestellten und vereidigten Sachverständigen" handeln. Insoweit gelten nicht die unmittelbaren Regelungen der ZPO. An ein vorprozessuales Gutachten sind keine minderen Ansprüche zu stellen als an ein gerichtliches Gutachten[92].

Wertermittlungsstichtag ist der **Zeitpunkt des Zugangs des Mieterhöhungsverlangens**[93]. | 173

2.6.2 Mietspiegel

2.6.2.1 Allgemeines

▶ *Vgl. hierzu Rn. 30*

Unter einem Mietspiegel ist eine **Übersicht über die ortsüblichen Vergleichsmieten** zu verstehen. Das BGB kennt zwei Arten von Mietspiegeln, | 174

a) den *(einfachen)* Mietspiegel nach § 558c BGB und

b) den *qualifizierten* Mietspiegel nach § 558 d BGB.

Die **Anwendung des Mietspiegels ist in den in § 549 BGB genannten Fällen ausgeschlossen**, d. h. bei Mietverhältnissen über | 175

1. Wohnraum, der nur zum vorübergehenden Gebrauch vermietet ist,
2. Wohnraum, der Teil der vom Vermieter selbst bewohnten Wohnung ist und den der Vermieter überwiegend mit Einrichtungsgegenständen auszustatten hat, sofern der Wohnraum dem Mieter nicht zum dauernden Gebrauch mit seiner Familie oder mit Personen überlassen ist, mit denen er einen auf Dauer angelegten gemeinsamen Haushalt führt,
3. Wohnraum, den eine juristische Person des öffentlichen Rechts oder ein anerkannter privater Träger der Wohlfahrtspflege angemietet hat, um ihn Personen mit dringendem Wohnungsbedarf zu überlassen, wenn sie den Mieter bei Vertragsschluss auf die Zweckbestimmung des Wohnraums und die Ausnahme von den genannten Vorschriften hingewiesen hat, sowie
4. Wohnraum in einem Studenten- oder Jugendwohnheim.

Sowohl für den einfachen als auch für den qualifizierten Mietspiegel fordert das Gesetzbuch, dass sie von der Gemeinde oder **von Interessenvertretern der Vermieter und der Mieter gemeinsam erstellt oder anerkannt** worden sind[94]. | 176

---

90 Bub/Treier (Schulz) § 2 MHG IIIa Rn. 242.
91 Fischer, Der Sachverständige im Spannungsfeld zwischen Mietspiegel und Mietprozess, WuM 1996, 604 ff., OLG München, RE vom 23.7.1987 – REMiet 2/87 –, NJW-RR 1987, 1302 = EzGuG 20.121; OLG Oldenburg, Beschl. vom 22.12.1980 – 5 UH 13/80 –, DWW 1981, 120 = EzGuG 11.120o.
92 OLG Karlsruhe, Beschl. vom 20.7.1982 – 3 REMiet 2/82 –, NJW 1983, 1863 = EzGuG 11.132d.
93 OLG München, Beschl. vom 27.10.1992 – REMiet 3/92 –, WuM 1992, 677 = EzGuG 20.143a; OLG Stuttgart, Urt. vom 15.12.1993 – 8 REMiet 4/93 –, WuM 1994, 58 = NJW-RR 1994, 334 = ZMR 1994, 109 = DWW 1994, 47 = EzGuG 3.113a.
94 OLG Hamm, Urt. vom 11.10.1991 – 30 REMiet 4/90 –, WuM 1990, 538 = ZMR 1991, 22.

177 Für den **qualifizierten Mietspiegel** wird darüber hinaus gefordert, dass

- er nach „anerkannten wissenschaftlichen Grundsätzen" erstellt worden ist,
- von der Gemeinde oder von Interessenvertretern der Vermieter und der Mieter anerkannt worden ist und
- im Abstand von zwei Jahren der Mietentwicklung angepasst wird bzw. nach vier Jahren neu erstellt wird.

178 **§§ 558c und 558d BGB** haben folgende Fassung:

„**§ 558c BGB** Mietspiegel

(1) Ein Mietspiegel ist eine Übersicht über die ortsübliche Vergleichsmiete, soweit die Übersicht von der Gemeinde oder von Interessenvertretern der Vermieter und der Mieter gemeinsam erstellt oder anerkannt worden ist.

(2) Mietspiegel können für das Gebiet einer Gemeinde oder mehrerer Gemeinden oder für Teile von Gemeinden erstellt werden.

(3) Mietspiegel sollen im Abstand von zwei Jahren der Marktentwicklung angepasst werden.

(4) Gemeinden sollen Mietspiegel erstellen, wenn hierfür ein Bedürfnis besteht und dies mit einem vertretbaren Aufwand möglich ist. Die Mietspiegel und ihre Änderungen sollen veröffentlicht werden.

(5) Die Bundesregierung wird ermächtigt, durch Rechtsverordnung mit Zustimmung des Bundesrates Vorschriften über den näheren Inhalt und das Verfahren zur Aufstellung und Anpassung von Mietspiegeln zu erlassen.

§ 558d BGB Qualifizierter Mietspiegel

(1) Ein qualifizierter Mietspiegel ist ein Mietspiegel, der nach anerkannten wissenschaftlichen Grundsätzen erstellt und von der Gemeinde oder von Interessenvertretern der Vermieter und der Mieter anerkannt worden ist.

(2) Der qualifizierte Mietspiegel ist im Abstand von zwei Jahren der Marktentwicklung anzupassen. Dabei kann eine Stichprobe oder die Entwicklung des vom Statistischen Bundesamt ermittelten Preisindexes für die Lebenshaltung aller privaten Haushalte in Deutschland zugrunde gelegt werden. Nach vier Jahren ist der qualifizierte Mietspiegel neu zu erstellen.

(3) Ist die Vorschrift des Absatzes 2 eingehalten, so wird vermutet, dass die im qualifizierten Mietspiegel bezeichneten Entgelte die ortsübliche Vergleichsmiete wiedergeben."

179 Die Gemeinde ist zur Erstellung eines qualifizierten Mietspiegels gesetzlich nicht verpflichtet. Das Gesetzbuch verzichtet auch auf Vorgaben bestimmter wissenschaftlicher Methoden (Tabellenmethode oder Regressionsanalyse) für die Erstellung qualifizierter Mietspiegel. Im Unterschied zum einfachen Mietspiegel soll dem qualifizierten Mietspiegel wegen der erforderlichen wissenschaftlichen Qualität eine **prozessuale (gleichwohl widerlegbare) (Richtigkeits-) Vermutung** im gerichtlichen Mieterhöhungsrechtsstreit zukommen. Der wesentliche Unterschied besteht also in den Rechtsfolgen[95]. Im Streitfalle kann man sich wegen der „Vermutungswirkung" grundsätzlich darauf beschränken, einen qualifizierten Mietspiegel als Beweismittel für die angesetzte ortsübliche Vergleichsmiete heranzuziehen, und die Einholung eines Sachverständigengutachtens ist dann nicht berechtigt.

180 Wenn der Vermieter der Auffassung ist, dass die ortsübliche Vergleichsmiete höher ist als im qualifizierten Mietspiegel angegeben, kann er sich ebenso wie im Falle des Vorliegens eines einfachen Mietspiegels auf drei Vergleichsmieten oder ein **Gutachten eines öffentlich bestellten und vereidigten Sachverständigen** berufen[96], d. h., den Parteien bleibt gemäß § 292 ZPO die Möglichkeit des Gegenbeweises. In jedem Fall muss der Sachverständige nach § 558a Abs. 3 BGB auf einen qualifizierten Mietspiegel Bezug nehmen.

---

[95] BGH, Urt. vom 20.4.2005 – VIII ZR 110/04 –, GuG 2005, 369 = EzGuG 20.199; LG Berlin, Urt. vom 9.12.2011 – 63 S 220/11 –, GuG 2012.

[96] LG Berlin, Urt. vom 8.12.2003 – 67 S 288/03 –, BlnGE 2004, 180 = GuG 2004, 187 = EzGuG 3.131; LG Berlin, Urt. vom 3.6.2003 – 65 S 17/03 –, GuG 2004, 50 = EzGuG 3.128; AG Charlottenburg, Urt. vom 5.11.2003 – 207 C 234/03 –, GuG-aktuell 2004, 15 = EzGuG 3.130.

Mietspiegel § 18 ImmoWertV IV

Der Mietspiegel hat sich bei außergerichtlichen Mieterhöhungserklärungen bewährt[97]. Im Rechtsstreit kommt dem **Mietspiegel** die **Bedeutung eines Parteigutachtens** bei. Sofern ein Mietspiegel vorliegt, hat sich der Sachverständige damit auseinanderzusetzen[98]. Für die Zeit zwischen der Datenerhebung zum Mietspiegel und dem Zugang des Mieterhöhungsverlangens (sog. Stichtagsdifferenz) kann ein Zu- bzw. Abschlag zu dem für die Wohnung betreffenden Mietspiegelwert gemacht werden, der sich nach der ermittelten Steigerung der ortsüblichen Vergleichsmieten bemisst[99]. **181**

Nach § 558c Abs. 3 und § 558d Abs. 2 BGB sollen die einfachen Mietspiegel und die qualifizierten Mietspiegel alle zwei Jahre der Entwicklung angepasst werden. Von der Ermächtigung des § 558c Abs. 5 BGB, durch Rechtsverordnung Vorschriften über den näheren Inhalt und das Verfahren zur Aufstellung und Anpassung von Mietspiegeln zu erlassen, hat die Bundesregierung bislang keinen Gebrauch gemacht. Stattdessen sind aber „**Hinweise für die Aufstellung von Mietspiegeln**" veröffentlicht worden[100]. Auf derartige Mietspiegel kann also Bezug genommen werden, wenn der Mietspiegel von der Gemeinde oder vom Interessenvertreter der Vermieter und der Mieter gemeinsam erstellt oder anerkannt worden ist. **182**

Ein Mieterhöhungsverlangen kann im Übrigen auch auf **Mietspiegel vergleichbarer Nachbargemeinden** gestützt werden. Davon wird man nur Gebrauch machen, wenn ein Mietspiegel der Belegenheitsgemeinde nicht zur Verfügung steht. An die Erstellung des Mietspiegels sind folgende **Anforderungen** zu stellen: **183**

– Der Mietspiegel soll einen repräsentativen Querschnitt der ortsüblichen Entgelte vergleichbarer Wohnungen enthalten.
– In den Mietspiegel sollen ortsübliche Entgelte eingehen, die in den letzten vier Jahren vereinbart oder geändert wurden.
– In den Mietspiegel dürfen preisgebundene Mieten nicht eingehen.
– Der Mietspiegel soll eine Einordnung der Wohnungen nach Art, Größe, Ausstattung, Beschaffenheit und Lage zulassen; dabei empfiehlt es sich, das Baualter anzugeben.

Die **Verwendung des IVD-Immobilienpreisspiegels** oder der Mietpreisübersichten der Finanzämter **ist bei einem Mieterhöhungsverlangen unzulässig**. Dies spricht gegen ihre Heranziehung zur Verkehrswertermittlung. Die Verwendung von Mietspiegeln zur Begründung der ortsüblichen Vergleichsmiete ist im Übrigen für **Zweifamilienhäuser** in der Rechtsprechung abgelehnt worden[101]. **184**

Bei der Verwendung von Mietspiegeln ist zu beachten, dass die meisten Mietspiegel die sog. **Grundmiete** ausweisen. Unter dem Begriff **Grundmiete** ist das **Entgelt für die Gebrauchsüberlassung einer Wohnung ohne Betriebskosten** zu verstehen (Nettomiete). **185**

Um die Vergleichbarkeit der ausgewiesenen Grundmiete mit der tatsächlich entrichteten Miete herzustellen, bedarf es insbesondere bei älteren Mietverträgen, mit denen nicht die gesamten umlagefähigen Betriebskosten umgelegt werden, der Umrechnung. Im Einzelnen kann zwischen folgenden Vertragstypen unterschieden werden: **186**

1. Mietverträge, mit denen alle umlagefähigen Betriebskosten umgelegt werden;

---

97 OLG Stuttgart, RE vom 2.2.1982 – 8 REMiet 4/81 –, NJW 1982, 945 = EzGuG 3.64b; AG Frankfurt am Main, Urt. vom 20.10.1988 – 33 C 4916/87-29 –, WuM 1989, 25 = EzGuG 3.74; AG Köln, Urt. vom 15.1.2001 – 207 C 338/00 –, GuG 2002, 65 = EzGuG 20.176a.
98 LG Berlin, Urt. vom 9.11.1992 – 66 S 84/92 –, GE 1993, 749; LG Köln, Urt. vom 19.9.1991 – 1 S 108/90 –, WuM 1992, 256 = EzGuG 20.134e; AG Dortmund, Urt. vom 9.12.1991 – 114 C 14266/90 –, WuM 1992, 138.
99 OLG Stuttgart, Beschl. vom 15.12.1993 – 8 REMiet 4/93 –, WuM 1994, 58 = EzGuG 3.113a.
100 BBauBl. 1980, 357 = WuM 1980, 165; Zur Methodik vgl. Klein, Th./Martin, F., in WuM 1994, 513; Voelskow, R. in ZMR 1992, 326; Aigner, K./Oberhofer, W./Schmidt, B. in WuM 1993, 10, 16; Gaede, K.-W./Kredler, C. in WuM 1992, 577; Krämer in WuM 1992, 172; Leutner, B. in WuM 1992, 652; BMBau: Hinweise zur Erstellung von Mietspiegeln, Bonn 1997.
101 LG Berlin, Urt. vom 22.5.2002 – 64 S 159/01 –, NJ 2001, 488 = EzGuG 3.126b.

2. Mietverträge, mit denen nicht alle umlagefähigen Betriebskosten umgelegt werden und stattdessen pauschal ein Teilbetrag vom Mieter vertraglich übernommen wird und damit auch die an sich umlagefähigen Betriebskosten abgegolten sind (**Teilinklusivmiete**);
3. Mietverträge, die eine Warm-, Inklusiv- oder Bruttomiete vorsehen, mit der die Betriebskosten als abgegolten gelten, d. h., die vereinbarte Miete enthält auch den gesamten Betriebskostenanteil.

187 Der **Vergleich der vertraglich vereinbarten Miete mit den im Mietspiegel ausgewiesenen Mietwerten** erfolgt regelmäßig in der Weise, dass – je nach mietvertraglicher Behandlung der umlagefähigen Betriebskosten bzw. überwälzungsfähigen Schönheitsreparaturen – die im Mietspiegel ausgewiesene Grundmiete „aufgestockt" wird.

188 Im 2. *Fall* (Teilinklusivmiete) muss, um eine Vergleichbarkeit herzustellen, unter Heranziehung des Mietvertrags, der **vom Mieter bezahlte Betriebskostenanteil** zunächst herausgerechnet werden. Einfacher ist es, wenn der Mieter seinen Betriebskostenanteil durch eine Nebenkostenpauschale entrichtet. Die mietvertraglich vereinbarte Miete kann dann direkt mit der im Mietspiegel ausgewiesenen Grundmiete verglichen werden[102].

189 Sieht der **Mietvertrag** indessen eine **Warm-, Inklusiv- oder Bruttomiete** vor *(Fall 3)*, müssen die in der Miete enthaltenen Betriebskosten zunächst im Wege einer fiktiven Umlage herausgerechnet werden. Zu diesem Zweck werden

a) die jährlich anfallenden Betriebskosten des Gesamtobjekts ermittelt,

b) anschließend wird der auf den Mieter entfallende Anteil pro Quadratmeter Wohnfläche in der Weise ermittelt, indem der Gesamtbetrag der jährlichen Betriebskosten durch die gesamte Wohnfläche des Mietobjekts geteilt wird;

c) schließlich wird der auf den Quadratmeter Wohnfläche bezogene Betriebskostenanteil auf den Monatswert umgerechnet, indem das vorstehende Ergebnis durch 12 geteilt wird.

190 Bei Berufung auf den Mietspiegel hat der Sachverständige die Bewertungsmerkmale (Rasterfeld) des Mietspiegels eindeutig anzugeben[103]. Zur Frage, ob und welche **Zu- und Abschläge an die im Mietspiegel ausgewiesenen Werte** anzubringen sind, ist zunächst auf den Mietspiegel selbst hinzuweisen, soweit dieser ausdrücklich für bestimmte Merkmale Zu- oder Abschläge vorsieht (vgl. nachfolgendes Beispiel). Weitere Zu- und Abschläge für bestimmte Beschaffenheitsmerkmale verbieten sich, wenn solche Merkmale bereits in das statistische Material, das der Ableitung zugrunde gelegt wurde, bereits eingegangen sind.

191 Unzulässig sind Zu- und Abschläge für Teilmärkte, wie z. B. für Wohnungen bestimmter Bevölkerungsgruppen (Studenten, Stationierungskräfte, Ausländer, Wohngemeinschaften). Selbst errechnete Zuschläge, z. B. für eine im Mietspiegel nicht berücksichtigte Gartennutzung des Mieters oder wegen des Alters des Mietspiegels, sind nach Auffassung einiger Gerichte unzulässig[104]. Als zulässig werden Zu- und Abschläge angesehen, um die Vergleichbarkeit hinsichtlich der Mietstruktur oder hinsichtlich der Abwälzbarkeit der Schönheitsreparaturen herzustellen[105].

---

[102] Hannemann in NZM 1998, 612 ff.; OLG Hamburg, Urt. vom 3.11.1983 – 4 U 79/83 –, WuM 1984, 24; OLG Stuttgart, Urt. vom 13.7.1983 – 8 REMiet 2/83 –, WuM 1983, 285; LG Nürnberg-Fürth, Urt. vom 22.3.1996 – 7 S 9637/95 –, WuM 1996, 344.
[103] LG Darmstadt, Urt. vom 12.8.1982 – 2 C 248/82 –, WuM 1982, 307.
[104] AG Dortmund, Urt. vom 16.2.1999 – 125 C 14138/98 –, NZM 1999, 415; LG Düsseldorf, Urt. vom 13.7.1993 – 24 S 614/92 – ; a. A. OLG Hamm, Beschl. vom 30.8.1996 – 30 REMiet 1/96 –, WuM 1996, 610; LG Wiesbaden, Urt. vom 11.7.1994 – 1 S 205/92 –, WuM 1996, 420.
[105] OLG Koblenz, Urt. vom 8.11.1984 – 4 W RE 571/84 –, NJW 1985, 333; AG Dortmund, Urt. vom 16.2.1999 – 125 C 14138/98 –, NZM 1999, 415.

Mietspiegel § 18 ImmoWertV IV

Beispiel:
Monatliche Zu- und Abschläge zur Basis-Nettokaltmiete in *Darmstadt*[106]

Durchschnittliche monatliche Zuschläge zur Basis Nettokaltmiete	
Wohnungstypen	
4-Zimmer-Etagenwohnung mit Küche	+ 0,70 €/m²
5 oder mehr- Zimmer- Etagenwohnung mit Küche	+ 1,19 €/m²
Dachwohnung mit Freifläche (z.B. Balkon/Dachterrasse), Tiefe mindestens 1,50 m	+ 0,62 €/m²
Grundriss	
Größter Wohnraum in einer 2- und Mehrzimmerwohnung ist mindestens 25 m²	+ 0,50 €/m²
Balkon, Terrasse, Wintergarten oder Loggia, Tiefe mindestens 2,50 m	+ 0,49 €/m²
Ausstattung	
Integrierte Küche bei 3 oder mehr Wohn-/Schlafräumen	+ 0,79 €/m²
Zweites oder weitere Badezimmer innerhalb der Wohnung vorhanden	+ 0,69 €/m²
Hochwertiger Fußboden in der überwiegenden Zahl aller Räume	+ 0,86 €/m²
Gebäudemerkmale	
Repräsentativer Altbau mit Stilfassade und mindestens eines der Merkmale – Stuck an Wand und/oder Decke – Überwiegende Raumhöhe 3,00 m oder mehr – Verbindung zwischen mindestens 2 Wohn-/Schlafräumen mit 2-teiligen Türen – Echtholzparkett in der überwiegenden Anzahl der Wohn-/Schlafräume	+ 0,94 €/m²
Aufzug in Gebäuden mit bis zu 4 Geschossen (einschließlich Erdgeschoss)	+ 0,94 €/m²
Zwei oder mehr Radabstellplätze pro Wohnung	+ 0,53 €/m²
Wärmetechnische Gebäudebeschaffenheit	
– Mittlerer Primärenergiekennwert (unter 250 bis 175 kWh/m²a)	+ 0,38 €/m²
– Verbesserter Primärenergiekennwert (unter 175 kWh/m²a)	+ 0,50 €/m²
Wohnlage	
Gute Wohnlage (in sep. Wohnlagenkarte markiert)	+ 1,35 €/m²
Durchschnittliche monatliche Abschläge zur Basis Nettokaltmiete	
Wohnungstypen	
1-Zimmer-Etagenwohnung mit Küche	-1,21 €/m²
2 Zimmer- Etagenwohnung mit Küche	- 0,47 €/m²
Grundriss	
Wohnung bis 85 m² und mit 4 und mehr Wohn-/Schlafräumen	- 0,41 €/m²
Ausstattung	
Kein Badezimmer vom Vermieter gestellt	- 0,68 €/m²
Keine Heizung oder überwiegend nur Einzelöfen für Holz/Kohle/Öl/Gas	- 0,54 €/m²
Heizung vom Vermieter gestellt, aber keine Beheizung In mindestens einem der Wohn-/Schlafräume	-0,72 €/m²
Gebäudemerkmale	
Nicht modernisierter Altbau, Baujahr bis 1968 und mit mindestens vier der folgenden Merkmale Nicht ausgebauter Speicher oder Dachboden Toilette außerhalb der Wohnung Kein Wohnungsabschluss zum Treppenhaus hin – Unverkleidete Elektroleitungen, -installationen auf Putz in mindestens einem Raum – Verkleidete Elektro-, Gas-, Wasser- oder Heizungsleitungen auf Putz in mindestens einem der Räume (einschließlich Küche und Bad) – Unverkleidete Wasser-, Gas-, Heizungsleitungen in mindestens einem der Wohn-/Schlafräume auf Putz	

---

106 Quelle: Grundstücksmarktbericht 2013

– Maximale Anzahl der Elektrodosen in Wohn-/Schlafräumen: höchstens eine Steckdose in Wohn-/Schlafräumen bis unter 12 m² Wohnfläche oder höchstens zwei Steckdosen in Wohn-/Schlafräumen ab 12 m² Wohnfläche (Mehrfachsteckdosen zählen als eine Steckdose, ebenso an einer Wand in geringem Abstand zueinander liegende Steckdosen)	- 0,79 €/m²
– Vom Vermieter gestellte Heizung, aber fehlende Heizung in Küche	
– Vom Vermieter gestellte Heizung, aber fehlende Heizung in Bad	
– Vom Vermieter gestellte Heizung, aber fehlende Heizung in mindestens einem Wohn-/Schlafraum	
– Fenster mit Einfachverglasung in mindestens einem der Räume	
– Zugang zum Bad nur über Küche und nicht über Flur	
– Von der Küche/Kochnische zugängliche Speisekammer bei einer Wohnfläche bis unter 70 m²	
– Sichtbar an der Wand angebrachter großer (z.B. 80 Liter-)Boiler	
– Sichtbar im Raum freistehend aufgestellter (Kohle-) Badeofen oder großer (z.B. 80 Liter) Boiler	
Wohnlage	
Einfache Wohnlage oder Industrie-/Gewerbegebiet in separater Wohnlagenkarte markiert)	- 0,53 €/m²

193 Weist ein Mietspiegel **Leerstellen** auf, ist **eine Interpolation unzulässig**[107].

194 Soweit **Schönheitsreparaturen** vom Vermieter getragen werden, sind diese den im Mietspiegel ausgewiesenen Werten zuzuschlagen[108]. In Anlehnung an § 28 Abs. 4 II. BV n. F. kommt ein Höchstzuschlag von 8,50 € je Quadratmeter Wohnfläche im Jahr in Betracht, wobei sich dieser Satz für Wohnungen nach der *alten* Fassung der II. BV verringerte,

– die überwiegend nicht tapeziert sind, um 0,68 €
– die ohne Heizkörper ausgestattet sind, um 0,63 € und
– die überwiegend nicht mit Doppelfenster oder Verbundfenster ausgestattet si d:um 0,55 €.

195 Diese **Abzugsbeträge sind** nach der seit dem 1.1.2002 geltenden Fassung der II. BV **gestrichen worden,** weil – so die Begründung – diese Fälle „heute kaum noch gegeben" sind.

196 Bei Verwendung von Mietspiegeln kann ein **Zuschlag wegen zwischenzeitlich eingetretener Erhöhung der ortsüblichen Vergleichsmiete** verlangt werden, wenn die eingetretene Erhöhung begründbar ist. Maßstab hierfür ist die Entwicklung der ortsüblichen Vergleichsmiete.

2.6.2.2 Beispiel eines Mietspiegels

Mietspiegel für nicht öffentlich geförderte Wohnungen (Stadtgebiet Köln)

197 Stand 1.1.2013

zusammengestellt bei der Rheinischen Immobilienbörse durch
– Kölner Haus- und Grundbesitzerverein 1888,
– Verband der privaten Wohnungswirtschaft im Regierungsbezirk Köln,
– Mieterverein Köln e. V.,
– Rheinische Immobilienbörse,
– Stadt Köln, Amt für Wohnungswesen,
– Vereinigung von Haus-, Wohnungs- und Grundeigentümern Köln e. V.,

unter Mitarbeit von
– Arbeitsgemeinschaft Kölner Wohnungsunternehmen,
– Geschäftsstelle des Gutachterausschusses für Grundstückswerte in Köln,

---

107 LG Berlin, Urt. vom 1.2.1990 – 61 S 353/89 –, WuM 1990, 158.
108 OLG Koblenz, Urt. vom 8.11.1984 – 4 W RE 571/84 –, NJW 1985, 333 = WuM 1985, 15; LG Wiesbaden, Urt. vom 9.2.1987 – 1 S 104/86 –, WuM 1987, 127.

- Immobilienverband Deutschland IVD,
- Verband der Immobilienberufe, Makler und Sachverständigen Region West e. V.

Allgemeine Erläuterungen

Der „Mietspiegel für freifinanzierte Wohnungen" dient als Richtlinie zur Ermittlung ortsüblicher Vergleichsmieten. Er bietet den Mietpartnern eine Orientierungsmöglichkeit, um in eigener Verantwortung die Miethöhe je nach Lage (Grundstück, Wohnung), Ausstattung, Zustand der Wohnung und des Gebäudes zu vereinbaren. Die in der Tabelle aufgeführten Spannen, die den Schwerpunkt des Marktes darstellen, geben den unterschiedlichen Wohnwert wieder. In innerstädtischen Wohnlagen liegen die Mieten überwiegend im oberen Bereich. Höhere und niedrigere Mieten werden nicht ausgeschlossen. In Randlagen können sich niedrigere Mieten ergeben. Höhere Mieten können sich insbesondere bei Appartements, Maisonette- und Penthousewohnungen sowie bei außergewöhnlich gestalteten und gepflegten Wohnhäusern ergeben. Kleinappartements und Einfamilienhäuser sind nicht erfasst.

Es handelt sich um die „Nettomiete" je m² Wohnfläche.

Betriebskosten können gesondert erhoben werden, soweit der Mietvertrag entsprechende Regelungen enthält. Abrechnung und Umlage der Betriebskosten richten sich nach den mietvertraglichen Vereinbarungen.

Zusätzliche Kosten können anfallen für
- Grundsteuer,
- Schornsteinfeger,
- Entwässerung,
- Hauswart,
- Betrieb des Aufzugs,
- Müllbeseitigung,
- Straßenreinigung,
- Hausreinigung,
- Gartenpflege,
- Allgemeinbeleuchtung,
- Wasserversorgung,
- Betriebskosten der Heizung und Warmwasserversorgung,
- Gebäude- und Haftpflichtversicherung,
- Kosten des Betriebs einer maschinellen Wascheinrichtung,
- Kosten des Betriebs einer Gemeinschaftsantenne/Kabelanschluss,
- laufende Kosten des Betriebs von Sonderanlagen und -einrichtungen, die durch die Art des Gebäudes erforderlich sind

sowie für Schönheitsreparaturen. **Diese zusätzlichen Kosten sind somit nicht in der ausgewiesenen Mietspiegelmiete enthalten.**

Sofern die Parteien Kosten für die hier aufgeführten Betriebskosten insgesamt oder teilweise in den Mietpreis einberechnet haben, sind diese für die Feststellung der Vergleichsmiete zunächst abzusetzen und später wieder hinzuzurechnen.

Besondere Erläuterungen

Die im Mietspiegel verwandten Begriffe werden wie folgt erläutert:

1. Größe der Wohnung

Die Berechnung der Wohnungsgröße für diesen Mietspiegel erfolgt nach der 2. Berechnungsverordnung, wobei die Balkon- und die gedeckte Terrassenfläche zu 1/4 angerechnet werden.

2. Baualtersgruppe 1

Bei den Wohnungen der Gruppe 1 handelt es sich um Wohnungen in Häusern, die bis zum 31.12.1960 erstellt und bezugsfertig wurden und die im Rahmen der laufenden Instandhaltung einen Normalstandard erhalten haben bzw. bei denen einzelne Anpassungen an den Standard heutiger Wohnvorstellungen erfolgt sind (Teilmodernisierung). Soweit bei Wohnungen aus der Gruppe 1 die Altsubstanz weitgehend unverändert geblieben ist, bewegen sich die Mieten ca. 10 % unterhalb der angegebenen Spannen.

3. Lage der Wohnung

Einfache Wohnlagen

Eine einfache Wohnlage ist gegeben, wenn das Wohnen durch Geräusch- und Geruchsbelästigung oder aufgrund anderer Kriterien kontinuierlich erheblich beeinträchtigt und dadurch der Wohnwert gemindert wird.

Mittlere Wohnlagen

a) Standard

Bei der mittleren Wohnlage handelt es sich um normale Wohnlagen ohne besondere Vor- und Nachteile. Die überwiegende Zahl der Wohnungen innerhalb des Stadtgebiets liegt in diesen Wohngegenden. Solche Wohngebiete sind zumeist dicht bebaut und weisen keine kontinuierlich beeinträchtigenden Belastungen durch Geräusch oder Geruch auf.

b) gut

Die gute Wohnlage ist gekennzeichnet durch lockere Bebauung, Baumbepflanzung an der Straße oder Garten, fehlenden Durchgangsverkehr, gute Einkaufsmöglichkeiten, nicht beeinträchtigende Einrichtungen und günstige Verkehrsverbindungen auch mit öffentlichen Verkehrsmitteln zum Zentrum. Bei dieser Untergruppierung ist die Miete zwischen den Werten der mittleren und sehr guten Wohnlage einzuordnen.

Sehr gute Wohnlage

Die sehr guten Wohnlagen sind durch aufgelockerte, in der Regel zweigeschossige, in Villenlagen bis zu viergeschossige Bebauung in ruhiger und verkehrsgünstiger Grünlage gekennzeichnet.

4. Ausstattung der Wohnungen

a) Heizung

Ist maßgebend, wenn alle Räume einer Wohnung von zentraler Stelle aus mit Wärme, auch Fernwärme, versorgt werden (z. B. bei Etagen-/Gebäude- oder Blockheizung). Bei einer anderen nur überwiegenden Versorgung der Wohnung mit Wärme (z. B. mit Einraum-, Elektro-, Nachtspeicher) ist die Einordnung in der Gruppe mit Heizung, jedoch an der unteren Grenze der Mietspanne, angemessen. Einzelne Radiatoren sind hingegen nicht als Heizung zu bewerten..

b) besondere Ausstattung

Eine besondere Ausstattung von Wohnungen liegt vor, wenn

– die Gesamtanlage vom Gruppenstandard erheblich abweicht,
– wärme- und schalldämmende Verglasung (dies gilt für die Gruppen I bis III),
– ein außergewöhnlicher Fußboden (Parkett, Marmor, Solnhofener Platten und Keramik),
– ein separates WC und ein separates Zweitbad oder Dusche,
– Einbauschränke gehobener Qualität,
– eine Einbauküche oder
– ein großer Balkon, Terrasse, Loggia, Garten
vorhanden sind.

Es ist erforderlich, dass mehrere Merkmale vorliegen.

5. Modernisierung

Von einer modernisierten Wohnung kann gesprochen werden, wenn sie durch umfassende Wertverbesserung neuzeitlichen Wohnansprüchen gerecht wird. Hierfür müssen folgende Tatbestände vorliegen:

– Die Sanitäreinrichtungen müssen erneuert sein (neue Fliesen und Porzellan).
– Die Erweiterung der Elektroinstallation auf neuzeitlichen Standard muss vorgenommen worden sein.
– Es muss eine Zentralheizung bzw. eine Gas-Etagenheizung vorhanden sein.

In einem solchen Fall orientieren sich die Mietwerte an denen der Gruppe 3. Bei umfassend **sanierten Gebäuden** (grundlegende Veränderung des Ursprungszustands) wird für die Eingruppierung in die entsprechende Baualtersklasse auf das Jahr der Fertigstellung der Sanierung abgestellt; Entsprechendes gilt für durch Ausbau neu geschaffenen Wohnraum.

6. Appartements

Unter einem Appartement ist eine abgeschlossene Einzimmerwohnung mit eingerichteter Küche oder Kochnische, separatem Bad oder Dusche sowie WC zu verstehen.

Mietspiegel

Gruppe 1: Wohnungen in Gebäuden, die bis 1960 bezugsfertig wurden

		in einfacher Wohnlage €/m²	in mittlerer Wohnlage €/m²	in sehr guter Wohnlage €/m²
A Wohnungen um 40 m² Größe	1	3,80 – 5,30	4,40 – 5,70	–
	2	5,45 – 7,20	6,10 – 8,10	6,65 – 8,55
B Wohnungen um 60 m² Größe	1	3,60 – 5,30	4,30 – 5,60	–
	2	5,45 – 7,30	6,00 – 8,00	6,60 – 8,55
C Wohnungen um 80 m² Größe	1	3,70 – 5,15	4,20 – 5,50	–
	2	5,10 – 6,95	5,80 – 7,60	6,40 – 8,05
D Wohnungen um 100 m² Größe	1	3,50 – 4,95	3,90 – 5,30	–
	2	4,85 – 6,35	5,50 – 7,20	6,10 – 7,40
E Wohnungen um 120 m² Größe	1	3,45 – 4,55	3,90 – 5,20	–
	2	4,55 – 6,00	5,20 – 7,00	5,60 – 7,35

Gruppe 2: Wohnungen in Gebäuden, die von 1961 bis 1975 bezugsfertig wurden

		in einfacher Wohnlage €/m²	in mittlerer Wohnlage €/m²	in sehr guter Wohnlage €/m²
A Wohnungen um 40 m² Größe	2	6,05 – 8,15	6,90 – 9,00	7,55 – 9,60
	3	6,45 – 8,60	7,40 – 9,40	8,05 – 10,05
B Wohnungen um 60 m² Größe	2	5,70 – 8,00	6,80 – 8,80	7,30 – 9,20
	3	6,15 – 8,35	7,00 – 9,20	7,60 – 9,80
C Wohnungen um 80 m² Größe	2	5,70 – 7,50	6,20 – 8,20	6,65 – 8,70
	3	5,90 – 8,15	6,50 – 8,70	7,25 – 9,25
D Wohnungen um 100 m² Größe	2	5,35 – 7,50	6,10 – 7,80	6,55 – 8,20
	3	5,50 – 7,80	6,10 – 8,30	6,80 – 8,90
E Wohnungen um 120 m² Größe	2	5,10 – 7,20	5,80 – 7,70	6,45 – 8,10
	3	–	6,10 – 8,10	6,90 – 8,85

Gruppe 3: Wohnungen in Gebäuden, die von 1976 bis 1989 bezugsfertig wurden

		in einfacher Wohnlage €/m²	in mittlerer Wohnlage €/m²	in sehr guter Wohnlage €/m²
A Wohnungen um 40 m² Größe	2	–	7,20 – 9,60	8,25 – 10,55
	3	–	8,00 – 10,20	9,30 – 11,55
B Wohnungen um 60 m² Größe	2	–	6,60 – 9,10	7,55 – 10,00
	3	–	7,40 – 10,00	8,50 – 11,30
C Wohnungen um 80 m² Größe	2	–	6,30 – 8,80	7,25 – 9,50
	3	–	7,10 – 9,30	8,25 – 10,55
D Wohnungen um 100 m² Größe	2	–	6,00 – 8,40	6,90 – 9,30
	3	–	6,90 – 9,10	7,90 – 10,15
E Wohnungen um 120 m² Größe	2	–	5,80 – 8,20	6,80 – 8,95
	3	–	6,50 – 8,90	7,65 – 9,90

IV § 18 ImmoWertV — Sachverständigengutachten

Gruppe 4: Wohnungen in Gebäuden, die von 1990 bis 2004 bezugsfertig wurden

		in einfacher Wohnlage €/m²	in mittlerer Wohnlage €/m²	in sehr guter Wohnlage €/m²
A Wohnungen um 40 m² Größe	2	–	8,40 – 10,40	9,70 – 10,80
	3	–	8,70 – 10,80	10,05 – 11,70
B Wohnungen um 60 m² Größe	2	–	8,20 – 10,20	8,80 – 10,90
	3	–	8,70 – 10,40	9,60 – 11,30
C Wohnungen um 80 m² Größe	2	–	8,00 – 9,80	8,90 – 10,40
	3	–	8,60 – 10,30	9,30 – 11,00
D Wohnungen um 100 m² Größe	2	–	7,50 – 9,40	8,40 – 10,20
	3	–	8,00 – 9,90	8,90 – 10,50
E Wohnungen um 120 m² Größe	2	–	7,10 – 9,30	8,00 – 10,00
	3	–	7,80 – 9,70	8,60 – 10,50

Gruppe 5: Wohnungen, die ab 2005 bezugsfertig wurden

		in einfacher Wohnlage €/m²	in mittlerer Wohnlage €/m²	in sehr guter Wohnlage €/m²
A Wohnungen um 40 m² Größe	2	–	8,40 – 10,50	9,70 – 11,20
	3	–	8,90 – 11,00	10,20 – 12,20
B Wohnungen um 60 m² Größe	2	–	8,40 – 10,20	9,20 – 11,10
	3	–	8,90 – 10,60	10,00 – 11,70
C Wohnungen um 80 m² Größe	2	–	8,20 – 10,00	9,10 – 10,60
	3	–	8,80 – 10,50	9,50 – 11,20
D Wohnungen um 100 m² Größe	2	–	7,70 – 9,60	8,60 – 10,40
	3	–	8,20 – 10,10	9,10 – 10,70
E Wohnungen um 120 m² Größe	2	–	7,20 – 9,50	8,20 – 10,20
	3	–	8,00 – 9,90	8,80 – 10,70

1 ohne Heizung,
2 mit Heizung, Bad/WC
3 gehobene Ausstattung

198 Weitere Beispiele: www.bonn.de/gutachterausschuss/welcome.html

2.6.3 Sachverständigengutachten

▶ *Zum Beweis durch Sachverständigengutachten vgl. Teil II Rn. 287 ff. und §§ 402 bis 414 ZPO*

199 Neben dem Mietspiegel nennt § 558a Abs. 2 Nr. 3 BGB ein mit Gründen versehenes Gutachten eines öffentlich bestellten und vereidigten Sachverständigen als Grundlage eines Mieterhöhungsverlangens. Dem Gutachten kommt im Streitfall lediglich die Bedeutung eines Parteigutachtens bei[109]. Der Sachverständige muss nicht speziell für das Gebiet des Mietpreisrechts öffentlich bestellt und vereidigt sein. Auch Sachverständige für Grundstückswerte kommen in Betracht[110]. Es muss sich aber um einen **Sachverständigen** handeln, **der von der Industrie- und Handelskammer der Belegenheitsgemeinde der Wohnung bestellt worden ist.** Dabei ist es unerheblich, von welcher IHK der Sachverständige öffentlich bestellt und vereidigt worden ist[111]. Der Sachverständige muss auch nicht zwingend Kenntnisse des

---
109 OLG München, Urt. vom 23.7.1987 – REMiet 2/87 –, NJW-RR 1987, 1302 = EzGuG 20.121.
110 BGH, Urt. vom 21.4.1982 – VIII ARZ 2/82 –, BGHZ 83, 366 = EzGuG 20.97.
111 OLG München, Urt. vom 23.7.1987 – REMiet 2/87 –, NJW-RR 1987, 1302 = EzGuG 20.121.

örtlichen Wohnungsmarktes haben[112] oder über eigene Daten verfügen. Da ein Mieterhöhungsverlangen auch „auf sonstige Weise" begründet werden kann, kommen auch andere Gutachter und wissenschaftliche Institute in Betracht, jedoch wird man erhöhte Anforderungen an deren Qualifikation stellen müssen. Nicht öffentlich bestellte und vereidigte Sachverständige können herangezogen werden, wenn es in dem entsprechenden Bezirk keine von der IHK bestellten und vereidigten Sachverständigen gibt[113].

Wie andere Gutachten müssen auch Mietwertgutachten verständlich und in nachvollziehbarer Weise erstattet werden. Es genügt auch hier nicht, wenn sich der Gutachter allein auf seine Sachkunde beruft[114]. Die Gutachten dürfen sich auch nicht in „Allgemeinplätzen" verlieren[115]. **200**

Grundsätzlich muss der Sachverständige zur Beurteilung der Wohnlage die herangezogenen Vergleichswohnungen besichtigt haben[116]; ausnahmsweise genügt die Besichtigung einer Wohnung gleichen Typs[117]. **201**

Der Vermieter hat gegenüber dem Mieter einen durchsetzbaren Anspruch auf Besichtigung der Wohnung durch den Sachverständigen[118]. **202**

Grundsätzlich muss der Vermieter dem Mieterhöhungsverlangen das schriftliche Sachverständigengutachten im vollen Wortlaut beifügen[119]. Dies gilt auch dann, wenn das Gutachten im Rahmen eines Vorprozesses dem Mieter bereits zugegangen war[120]. Das Anerbieten einer Einsichtnahme reicht nicht aus. Im Sachverständigengutachten ist der zugrunde gelegte **Mietbegriff darzulegen,** damit eine Vergleichbarkeit zum Mietzinserhöhungsverlangen hergestellt werden kann. **203**

Ein Gutachten, in dem zur Ermittlung der ortsüblichen Miete keine konkreten Vergleichsobjekte angeführt sind, ist nicht hinreichend begründet, wenn daraus nicht wenigstens zu erkennen ist, dass dem Sachverständigen Vergleichswohnungen in ausreichender Zahl und deren Mietpreisgestaltung bekannt sind und dass er die zu beurteilende Wohnung in vergleichender Abwägung in das Mietpreisgefüge der Vergleichswohnungen eingeordnet hat[121]. Das Gutachten muss sich auch auf **repräsentatives Datenmaterial** stützen[122] (vgl. hierzu Rn. 212 ff.). **204**

Die Wirksamkeit eines Mieterhöhungsverlangens mit Hinweisen auf entsprechende Vergleichsmieten für einzelne vergleichbare Wohnungen ist nicht davon abhängig, dass die angegebenen Vergleichswohnungen eine mit der zu bewertenden Wohnung **vergleichbare Größe** haben[123]. **205**

---

112 OLG München, Urt. vom 23.7.1987 – REMiet 2/87 –, NJW-RR 1987, 1302 = EzGuG 20.121.
113 OLG Hamburg, Beschl. vom 30.7.1983 – 4 U 8/83 –, NJW 1984, 930 = EzGuG 20.102b.
114 OLG Karlsruhe, RE vom 20.7.1982 – 3 REMiet 2/82 –, NJW 1983, 1863 = EzGuG 11.132d; LG Baden-Baden, Beschl. vom 30.12.1992 – 1 S 52/93 –, WuM 1993, 357.
115 Schopp in ZMR 1977, 259; OLG Stuttgart, Beschl. vom 15. 12. 1993 – 8 REMiet 4/93 –, WuM 1994, 58 = EzGuG 3.113a; LG Köln, Urt. vom 28.8.1993 – 1 S 45/93 –, WuM 1995, 114; LG Mannheim, Urt. vom 18.1.1978 – 4 S 155/77 –, EzGuG 20.70a.
116 OLG Oldenburg, Beschl. vom 19.12.1980 – 5 UH 13/80 –, WuM 1981, 150 = EzGuG 11.120o; LG Koblenz, Urt. vom 9.7.1990 – 12 S 24/90 –, DWW 1991, 22 = EzGuG 11.179.
117 OLG Oldenburg, Urt. vom 2.1.1981 – 5 UH 4/80 –, DWW 1982, 120 = EzGuG 11.120o; OLG Celle, Urt. vom 27.4.1982 – 2 UH 1/81 –, MDR 1982, 627 = EzGuG 20.98; LG Nürnberg-Fürth, Urt. vom 20.7.1990 – 7 S 9789/89 –, NJW-RR 1991, 13; LG Koblenz, Urt. vom 9.7.1990 – 12 S 74/90 –, DWW 1991, 22 = EzGuG 11.179.
118 Franke in DWW 1998, 299; AG Rosenheim, Urt. vom 28.1.1981 – 13 C 575/80 –, WuM 1982, 83.
119 OLG Braunschweig, Urt. vom 19.4.1982 – 1 UH 1/82 –, WuM 1982, 272 = EzGuG 3.64c; LG Berlin, Beschl. vom 18.5.1987 – 61 T 27/87 –, WuM 1987, 265 = MDR 1987, 968.
120 AG Bonn, Urt. vom 28.4.1999 – 5 C 27/99 –, WuM 1999, 341 = EzGuG 20.170b.
121 OLG Karlsruhe, RE vom 29.12.1982 – 9 REMiet 2/82 –, WuM 1983, 133 = EzGuG 3.64f.
122 Bub/Treier (Schulz) III A Rn. 508; LG Köln, Urt. vom 11.1.1991 – 12 S 334/90 –, WuM 1992, 225; LG München, Urt. vom 1.6.1985 – 14 S 12391/85 –, ZMR 1986, 169; LG Köln, Urt. vom 19.9.1991 – 1 S 108/90 –, WuM 1992, 256 = EzGuG 20.134e.
123 OLG Schleswig, RE vom 3.10.1986 – 6 REMiet 1/86 –, WuM 1987, 140 = EzGuG 3.70b; OLG München, Beschl. vom 1.4.1982 – Allg.Reg. 68/81 –, WuM 1982, 154 = EzGuG 20.95.

206 Der Vermieter muss grundsätzlich dem Mieterhöhungsverlangen das schriftliche Sachverständigengutachten im vollen Wortlaut beifügen[124]. Dies gilt auch dann, wenn das Gutachten im Rahmen eines Vorprozesses dem Mieter bereits zugegangen war[125]. Das Anerbieten einer Einsichtsnahme reicht nicht aus. Im Sachverständigengutachten ist der zugrunde gelegte **Mietbegriff darzulegen,** damit eine Vergleichbarkeit zum Mietzinserhöhungsverlangen hergestellt werden kann.

207 Das Gutachten muss zum Zeitpunkt der Begründung des Mieterhöhungsverlangens aktuell sein. Zur **Konsistenz eines Mietwertgutachtens** hat das LG Berlin[126] festgestellt, dass der in § 2 Abs. 5 Satz 3 MHG (§ 558 Abs. 3 BGB) festgelegte Maßstab an Aktualität fordere, dass Sachverständigengutachten nicht mehr verwertet werden können, wenn sie älter als zwei Jahre sind. Nach Ablauf eines Zeitraums von über zwei Jahren können sich nämlich die tatsächlichen Verhältnisse so verändert haben, dass sie von einem so alten Gutachten nicht mehr belegt werden können.

2.6.4 Vergleichsobjekte

2.6.4.1 Allgemeines

208 Ein Mieterhöhungsverlangen kann nach § 558a Abs. 2 Nr. 4 BGH schließlich auch durch Hinweise auf **Entgelte vergleichbarer Wohnungen** begründet werden. Dabei können vom Vermieter auch eigene Vergleichswohnungen benannt werden, auch solche, die im selben Haus liegen[127]. Dies gilt allerdings nicht für die Ermittlung der ortsüblichen Vergleichsmiete in einem Rechtsstreit auf Zustimmung zur Mieterhöhung. Die Auswahl von Wohnungen, die sämtlich dem die Mieterhöhung begehrenden Vermieter gehören, stellt dabei keine repräsentative Stichprobe für die Ermittlung der ortsüblichen Vergleichsmiete dar und ein Sachverständiger muss seine Ermittlung auf ein breites Spektrum von Vergleichswohnungen aus der Gemeinde stützen[128].

209 Nach § 558a Abs. 2 Nr. 4 BGB genügt die **Benennung von drei Vergleichswohnungen**[129]. Die Vergleichswohnungen können aus dem eigenen Bestand des Vermieters herangezogen werden und sich in demselben Haus befinden, in dem der vom Mieterhöhungsverlangen betroffene Mieter wohnt[130]. Dies erfordert bei einem Mehrfamilienhaus mit mehreren Wohnungen auf demselben Geschoss weitere Erläuterungen wie etwa die genaue Lage der Wohnung, die Angabe einer nach außen erkennbaren Wohnungsnummer oder des Namens des derzeitigen Mieters[131]. Nur in besonders gelagerten Ausnahmefällen können zwei Vergleichswohnungen ausreichend sein[132]. In jedem Fall müssen die Vergleichswohnungen konkret beschrieben werden, sodass sie identifizierbar sind. Dabei muss der Quadratmeterpreis angegeben werden bzw. die Wohnfläche und die Miete. Wenn die angegebene Miete dem Mietbegriff entspricht[133], der dem Mieterhöhungsverlangen zugrunde liegt, müssen die Betriebskosten nicht zusätzlich angegeben werden. Unterschiedliche Mietbegriffe müssen ggf. erläutert

---

124 OLG Braunschweig, Urt. vom 19.4.1982 – 1 UH 1/82 –, WuM 1982, 272 = EzGuG 3.64c; LG Berlin, Beschl. vom 18.5.1987 – 61 T 27/87 –, WuM 1987, 265.
125 AG Bonn, Urt. vom 28.4.1999 – 5 C 27/99 –, WuM 1999, 341 = EzGuG 20.170b.
126 LG Berlin, Urt. vom 3.2.1998 – 63 S 364/97 –, NJW-RR 1999, 91 = EzGuG 11.262; AG Rheinbach, Urt. vom 7.10.1997 – 3 C 460/96 –, ZMR 1998, 638: 36 Monate; LG Hannover. Urt. vom 29.1.1986 – 11 S 374/84 –, WuM 1987, 125: 23 Monate; AG Bonn, Urt. vom 31.8.1993 – REMiet 2/93 –, WuM 1993, 660: 21 Monate.
127 OLG Frankfurt am Main, Urt. vom 5.10.1981 – 20 REMiet 2/81 –, MDR 1982, 147 = EzGuG 20.91; OLG Karlsruhe, RE vom 20.7.1982 – 3 REMiet 2/82 –, NJW 1983, 1863 = EzGuG 11.132d.
128 BGH, Urt. vom 3.7.2013 – VIII ZR 354/12 –, GE 2013, 1136 = GuG 2014/1; BGH, Urt. vom 3.7.2013 – VIII ZR 269/12 –, GE 2013, 1133 = GuG 2014/1.
129 Zur Angabe von Vergleichsmieten aus einem vorher abgelehnten Gutachten LG Berlin, Urt. vom 29.4.1982 – 61 S 62/82 –, WuM 1982, 246 = EzGuG 11.128a.
130 OLG Karlsruhe, RE vom 7.5.1984 – 3 REMiet 1/84 –, NJW 1984, 2367 = EzGuG 3.65b.
131 BGH, Urt. vom 18.12.2002 – VIII ZR 72/02 –, GuG 2003, 248; BGH, Urt. vom 18.12.2002 – VIII ZR 141/02 –, NJW 2003, 963.
132 OLG München, Urt. vom 23.7.1987 – REMiet 2/87 –, NJW-RR 1987, 1302 = EzGuG 20.121.
133 OLG Frankfurt am Main; RE vom 20.3.1984 – REMiet 2/84 –, MDR 1984, 582 = EzGuG 20.104c; BVerfG, Beschl. vom 12.5.1993 – 1 BvR 442/93 –, NJW 1993, 2039 = WuM 1994, 139 = ZMR 1994, 139.

werden. Im Übrigen müssen die Vergleichswohnungen mit der Wohnung, für die ein Mieterhöhungsverlangen gestellt wird, nur ungefähr vergleichbar und nicht identisch sein.

Vergleichbar sind Wohnungen, die insbesondere nach **Lage, Ausstattung und Alter** in ihren wesentlichen Merkmalen mit dem Objekt übereinstimmen. Bezüglich der Größe der Wohnung werden geringere Anforderungen gestellt, sofern es sich nicht um einen gänzlich anderen Wohnungsmarkt handelt, wie es etwa bei nur halb so großen Wohnungen der Fall ist[134]. Unterschiede sind, wie bei einem Sachverständigengutachten, zu berücksichtigen. Beim Vergleich mit Wohnungen aus benachbarten oder vergleichbaren Gemeinden sind erhöhte Anforderungen an die Vergleichbarkeit zu stellen. 210

Im Anschluss an die Berücksichtigung von Abweichungen des Vergleichs- vom Wertermittlungsobjekt ermittelt sich die ortsübliche **Vergleichsmiete aus dem arithmetischen Mittel**, wobei vorher Ausreißer ausgesondert werden müssen. Als Maß für die Aussagekraft der Spanne gilt der sog. Variationskoeffizient (vgl. Syst. Darst. des Vergleichswertverfahrens Rn. 125). 211

2.6.4.2 Mischungsverhältnis

I.d.R. können nur annähernd vergleichbare Wohnungen zum Mietvergleich herangezogen werden, wobei die **Daten der letzten vier Jahre** in ausgewogener Weise **möglichst gleichrangig heranzuziehen** sind. Des Weiteren ist auf ein gleichrangiges Mischungsverhältnis zwischen Neuabschlussmieten und Bestandsmieten Wert zu legen, weil sonst eine vom Gesetz nicht gewollte Verfälschung eintreten würde. Schließlich empfiehlt sich, den Vergleich auf der Grundlage der Nettokaltmiete/Grundmiete vorzunehmen und die zur Verfügung stehenden Mieten darauf zu überprüfen, ob Teilinklusivmieten vereinbart wurden. 212

Das **Mischungsverhältnis ist durch Offenlegung der Befundtatsachen transparent zu machen.** Hierzu hat der Sachverständige insbesondere die Herkunft der Vergleichsmieten darzulegen und ein für den Mietmarkt repräsentatives Verhältnis zwischen Bestands- und Neuvermietungsmieten zugrunde zu legen[135]. 213

2.6.4.3 Offenbarungspflicht von Vergleichsobjekten

▶ *Vgl. hierzu Teil II Rn. 312 ff., Rn. 387 ff., 398*

Zur Frage, ob zur Begründung eines Mieterhöhungsverlangens die herangezogenen Vergleichswohnungen zu offenbaren sind, fordert das BVerfG, dass die Geheimhaltungspflicht des Sachverständigen und das Rechtsschutzbedürfnis des durch ein Mieterhöhungsverlangen betroffenen Mieters gegeneinander abzuwägen sind. „**Auf eine Offenlegung von Mietpreis und Adressen der Vergleichswohnungen** oder sonstiger Angaben über deren Beschaffenheit **kann... in aller Regel nicht verzichtet werden, soweit deren Kenntnis für eine Überprüfung des Gutachtens praktisch unentbehrlich ist**", heißt es unmissverständlich im Beschl. des BVerfG vom 11.10.1994[136]. 214

Diese Rechtsprechung hat jedoch nur einen vorläufigen Schlusspunkt unter eine Rechtsprechung gesetzt, die dies überwiegend schon vorher gefordert hatte. Teilweise wurde in der Vergangenheit aber auch auf eine sachlich unangreifbare Berücksichtigung der Vergleichspreise vertraut und kein Bedürfnis für eine Überprüfung des Sachverständigen gesehen. Der Geheimhaltungspflicht des Gutachters sowie dem Schutzbedürfnis des Vermieters und des Mieters der Vergleichswohnungen, deren Mietpreise nunmehr im Gutachten konkret zu offenbaren sind, wurde dabei ein höherer Rang eingeräumt. Für die jüngere Rechtsprechung war entscheidend, dass ein Gutachten, mit dem ein Mieterhöhungsverlangen begründet wird, nach dem **Rechtsstaatsprinzip** einer Überprüfung zugänglich sein muss, denn aus diesem Gutachten folgt eine finanzielle Belastung des Mieters (vgl. Teil II Rn. 393 ff.). 215

---

134 BVerfG, Beschl. vom 12.3.1980 – 1 BvR 759/77 –, BVerfGE 53, 352 = EzGuG 20.82.
135 Bub/Treier (Schulz) III A Rn. 482 ff.; Osmer in ZMR 1995, 1 ff.
136 BVerfG, Beschl. vom 11.10.1994 – 1 BvR 1398/93 –, GuG 1995, 51 = EzGuG 11.217b.

216 Für **Schiedsgutachten hat der BGH**[137] **die Offenbarungspflicht** im Übrigen dahingehend **eingeschränkt,** dass im Hinblick auf das grundsätzliche Einvernehmen der Parteien, sich dem Schiedsgutachter zu unterwerfen, genügen soll, wenn der Sachverständige die Vergleichsobjekte lediglich mit der Anschrift (Straßenbezeichnung), den individuellen Beschaffenheitsmerkmalen und den Mietpreisen, jedoch ohne genaue Angabe über die Lage des Hauses und der Wohnung sowie Namen und Anschrift von Vermieter und Mieter benennt (vgl. Teil II Rn. 312 ff.)

217 Auf der Grundlage solcher Nutzungsentgelte und der sich nach der jeweiligen Marktlage ergebenden Belegung lässt sich der **ortsübliche Mietwert pro Quadratmeter Nutzfläche** ableiten.

2.6.5 Mietdatenbank

Schrifttum: *Szameitat, R.,* WuM 2002, 63; *Stover, B.,* WuM 2002, 65.

218 Seit dem 1.9.2001 kann ein Mieterhöhungsverlangen nach § 558a Abs. 2 Nr. 2 BGB auch auf eine Auskunft aus einer Mietdatenbank gestützt werden.

219 Eine **Mietdatenbank** ist nach § 558e BGB n. F. eine zur Ermittlung der ortsüblichen Vergleichsmiete fortlaufend geführte Sammlung von Mieten, die von der Gemeinde oder von Interessenvertretern der Vermieter und der Mieter gemeinsam geführt oder anerkannt wird und aus der Auskünfte gegeben werden, die für einzelne Wohnungen einen Schluss auf ortsübliche Vergleichsmieten zulassen (z. B. die Mietdatenbank in Hannover des „Verein zur Ermittlung und Auskunftserteilung über die ortsüblichen Vergleichsmieten e. V. [MEA]").

220 § 558e BGB hat folgende Fassung:

„§ 558e Mietdatenbank

Eine Mietdatenbank ist eine zur Ermittlung der ortsüblichen Vergleichsmiete fortlaufend geführte Sammlung von Mieten, die von der Gemeinde oder von Interessenvertretern der Vermieter und der Mieter gemeinsam geführt oder anerkannt wird und aus der Auskünfte gegeben werden, die für einzelne Wohnungen einen Schluss auf die ortsübliche Vergleichsmiete zulassen."

221 Im Umgang mit der Mietdatenbank dürften sich eine Reihe **datenschutzrechtlicher Fragen** stellen, und der Gesetzgeber hat es sich in der Begründung vorbehalten, das Instrument der Mietdatenbank mit weiter reichenden Rechtsfolgen auszustatten, wenn die notwendigen praktischen Erfahrungen vorliegen.

2.7 Mietminderung

2.7.1 Allgemeines

Schrifttum: *Dröge,* Handbuch der Mietpreisbewertung, Luchterhand, 3. Aufl. Neuwied 2005; *Kamphausen,* in DS 1982; 230 = WuM 1982, 3; *Kamphausen,* in DS 1993; 7; *Schwirley,* Bewertung von Mieten bei Miet- und Verkehrswertgutachten, 2. Aufl. 2006; *Sternel,* Mietrecht, Dr. O. Schmidt KG.

▶ § 6 ImmoWertV Rn. 118 ff., 137 ff., 155

222 Grundsätzlich ist bei Mieterhöhungen nach § 558 BGB von einem vertragsmäßigen Zustand der Mietsache auszugehen, d. h. behebbare Mängel bleiben unberücksichtigt. Nach § 536 Abs. 1 BGB

– ist der Mieter von der Entrichtung der Miete befreit, wenn die **Mietsache** zur Zeit der Überlassung an den Mieter **einen Mangel aufweist,** der ihre Tauglichkeit zum vertragsgemäßen Gebrauch aufhebt; Entsprechendes gilt auch, wenn während der Mietzeit ein solcher Mangel entsteht;

---

137 BGH, Beschl. vom 21.6.1995 – XII ZR 167/94 –, GuG 1996, 113 = EzGuG 20.157.

– ist der Mieter für die Zeit, während der die Tauglichkeit gemindert ist, nur verpflichtet, eine angemessen herabgesetzte Miete zu entrichten; d. h., er kann eine Mietminderung geltend machen.

„**§ 536 BGB** Mietminderung bei Sach- und Rechtsmängeln

(1) Hat die Mietsache zur Zeit der Überlassung an den Mieter einen Mangel, der ihre Tauglichkeit zum vertragsgemäßen Gebrauch aufhebt, oder entsteht während der Mietzeit ein solcher Mangel, so ist der Mieter für die Zeit, in der die Tauglichkeit aufgehoben ist, von der Entrichtung der Miete befreit. Für die Zeit, während der die Tauglichkeit gemindert ist, hat er nur eine angemessen herabgesetzte Miete zu entrichten. Eine unerhebliche Minderung der Tauglichkeit bleibt außer Betracht.

(1a) Für die Dauer von drei Monaten bleibt eine Minderung der Tauglichkeit außer Betracht, soweit diese aufgrund einer Maßnahme eintritt, die einer energetischen Modernisierung nach § 555b Nummer 1 dient.

(2) Absatz 1 Satz 1 und 2 gilt auch, wenn eine zugesicherte Eigenschaft fehlt oder später wegfällt.

(3) Wird dem Mieter der vertragsgemäße Gebrauch der Mietsache durch das Recht eines Dritten ganz oder zum Teil entzogen, so gelten die Absätze 1 und 2 entsprechend.

(4) Bei einem Mietverhältnis über Wohnraum ist eine zum Nachteil des Mieters abweichende Vereinbarung unwirksam."

Die Mietsache ist mangelhaft, wenn der tatsächliche Zustand vom vereinbarten Zustand zum Nachteil des Mieters abweicht[138]. Dies können u. a. sein Beeinträchtigungen durch Verkehrslärm[139], Baulärm aufgrund (vorübergehender) Baumaßnahmen sowie Lärm durch Nachbarn, Gaststätten usw.

Der **Schadens- und Aufwendungsersatzanspruch des Mieters** wegen eines Mangels ergibt sich aus § 536a BGB:

„**§ 536a BGB** Schadens- und Aufwendungsersatzanspruch des Mieters wegen eines Mangels

(1) Ist ein Mangel im Sinne des § 536 bei Vertragsschluss vorhanden oder entsteht ein solcher Mangel später wegen eines Umstands, den der Vermieter zu vertreten hat, oder kommt der Vermieter mit der Beseitigung eines Mangels in Verzug, so kann der Mieter unbeschadet der Rechte aus § 536 Schadensersatz verlangen.

(2) Der Mieter kann den Mangel selbst beseitigen und Ersatz der erforderlichen Aufwendungen verlangen, wenn

1. der Vermieter mit der Beseitigung des Mangels in Verzug ist oder
2. die umgehende Beseitigung des Mangels zur Erhaltung oder Wiederherstellung des Bestands der Mietsache

notwendig ist."

Der temporäre Ausschluss einer Mietminderung aufgrund Minderung einer **energetischen Modernisierungsmaßnahme** nach § 555b Nr. 1 BGB gemäß § 536 Abs. 1a BGB ist bei alledem ein Sonderfall. Ausgeschlossen sind nach § 536b BGB auch Ansprüche wegen Mängeln, die der Mieter bei Vertragsschluss oder Annahme kannte.

„**§ 536b BGB** Kenntnis des Mieters vom Mangel bei Vertragsschluss oder Annahme

Kennt der Mieter bei Vertragsschluss den Mangel der Mietsache, so stehen ihm die Rechte aus den §§ 536 und 536a nicht zu. Ist ihm der Mangel infolge grober Fahrlässigkeit unbekannt geblieben, so stehen ihm diese Rechte nur zu, wenn der Vermieter den Mangel arglistig verschwiegen hat. Nimmt der Mieter eine mangelhafte Sache an, obwohl er den Mangel kennt, so kann er die Rechte aus den §§ 536 und 536a nur geltend machen, wenn er sich seine Rechte bei der Annahme vorbehält."

---

[138] BGH, Urt. vom 7.7.2010 – VIII ZR 85/09 –, GEBln 2010, 1110; BGH, Urt. vom 6.10.2004 – VIII ZR 355/03 –, GEBln 2004, 1586;
[139] BGH, Urt. vom 19.12.2012 – VIII ZR 152/12 –, NJW 2013, 680; BGH, Urt. vom 23.9.2009 – VIII ZR 300/08 –, NJW 2010, 1133; BGH, Urt. vom 17.6.2009 – VIII ZR 131/08 –, NJW 2009, 2441; BGH, Urt. vom 6.10.2004 – VIII ZR 355/03 –, NJW 2005, 218.

IV § 18 ImmoWertV — Mietminderung

Folgende Grundsätze sind hervorzuheben:

– Bei großer **Lärmimmission** in der Innenstadt kann eine Mietminderung nur in Betracht kommen, wenn die Lärmbelastung nicht lageüblich ist (Lärmvorbelastung)[140]. Eine vorübergehende erhöhte Verkehrslärmbelastung aufgrund von Straßenbauarbeiten stellt nach der Rechtsprechung des BGH unabhängig von ihrer zeitlichen Dauer jedenfalls dann, wenn sie sich innerhalb der in Innenstadtlagen üblichen Grenzen hält, keinen Mangel der vermieteten Wohnung dar.[141] Im konkreten Einzelfall ist entscheidend darauf abzustellen, ob die zum Vergleich herangezogenen Vergleichsmieten sich auf Objekte beziehen, die gleichartig „vorbelastet" sind (vgl. § 6 ImmoWertV Rn. 137 ff., 155). Auch **Baulärm**, der von einem Nachbargrundstück ausgeht, kann zu einer Mietkürzung führen (vgl. § 6 ImmoWertV Rn. 258 ff.)[142].

– Bei Belastungen des Grund und Bodens (eines Wohngrundstücks) durch **giftige Chemikalien** kann allein schon die Sorge um mögliche Schäden zur Mietminderung oder sogar zur fristlosen Kündigung berechtigen; d. h., eine Mietminderung hängt nicht davon ab, dass die Mieter infolge der Gifte bereits Schäden erlitten haben[143]. Kriterien der Mietminderung sind „der Ernst der Lage", die Zusammensetzung und Konzentration der Schadstoffe, das Urteil von Sachverständigen, die Möglichkeit von Sanierungsmaßnahmen, der Kreis der gefährdeten Personen, die Dauer der Mietzeit usw.[144].

2.7.2 Ermittlung der Mietminderung

224 Die Ermittlung der Mietminderung auf der Grundlage pauschaler Abschlagssätze trägt nur unzureichend den Gegebenheiten des Einzelfalls Rechnung. Die in der Rechtsprechung genannten Minderungssätze können allenfalls nur als Anhalt dienen (vgl. Abb. 12).

Abb. 12. Mietminderungstabelle (Orientierungshilfe)

Mietminderungstabelle		
Kurzbeschreibung des Mangels	Gericht	Minderung der Monatsmiete
Der Balkon ist wegen Baufälligkeit unbenutzbar	AG Bonn[145]	3 %–15 %
Die Gegensprechanlage ist defekt		3 %
Die Hauseingangstüre ist defekt		3 %
Verunreinigungen durch am Haus nistende Tauben		5 %
Im Kellerraum tritt Feuchtigkeit auf		5 %
Die Waschküche kann nicht benutzt werden		5 %
Der Küchenherd ist defekt		5 %
Abblätternde Farbe und sich lösender Putz im Treppenhaus	LG Köln[146]	5 %
Lärmbelästigung durch Waschsalon im Hause	AG Hamburg[147]	7 %
Lärmbelästigung durch Einwerfen von Flaschen in Sammelcontainer	AG Rudolfstadt[148]	10 %
Feuchtigkeit in mehreren Räumen, außerdem Schimmel- und Algenbefall		10 %

---

140 AG Mainz, Urt. vom 12.3.1998 – 86 C 197/97 –, EzGuG 13.137.
141 BGH, Urt. vom 19.12.2012 – VIII ZR 152/12 –, NJW 2013, 680; BGH, Urt. vom 23.9.2009 – VIII ZR 300/08 –, NJW 2010, 1133.
142 OLG München, Urt. vom 4.2.1987 – REMiet 2/86 –, NJW 1987, 1950 = EzGuG 12.84a.
143 OLG Hamm, Urt. vom 25.5.1987 – 30 REMiet 1/86 –, WuM 1987, 248 = EzGuG 3.71b.
144 Thieler/Montasser, Mietminderungsliste, 6. Aufl. Bayerisch Gmain.
145 AG Bonn, Beschl. vom 27.11.1985 – 5 C 175/85 –, WuM 1986, 212.
146 LG Köln, Beschl. vom 7.9.1989 – 1 S 117/89 –, WuM 1990, 17.
147 AG Hamburg, Urt. vom 24.1.1975 – 43 C 268/74 –, WuM 1976, 151.
148 AG Rudolfstadt, Beschl. vom 20.5.1999 – 1 C 914/98 –, WuM 2000, 19.

Mietminderungstabelle

Kurzbeschreibung des Mangels	Gericht	Minderung der Monatsmiete
Blindwerden eines Doppelfensters durch Feuchtigkeit		10 %
Bei teilweisem Ausfall der Warmwasserversorgung	AG Münster WuM 1981, 22	10 %
Vertraglich vorgesehener Stellplatz steht nicht zur Verfügung	AG Köln[149]	10 %
Bleibelastung im Trinkwasser zwischen 126 und 176 mg/ltr		10 %
Fenster sind luftdurchlässig und lassen sich nur schwer schließen		10 %
Die Nutzungsmöglichkeit des Kellers entfällt	OLG Düsseldorf[150]	10 %
Mäuse und Kakerlaken befinden sich über Monate hinweg in der Wohnung		10 %
Gesundheitsgefährdender Nitratgehalt des Trinkwassers		10 %
Das Trinkwasser ist rostig und bräunlich verfärbt		10 %
Bei schlechtem Fernsehempfang	AG Schöneberg[151]	10 %
Bei vermeidbarem Kinderlärm innerhalb der allgemeinen Ruhezeiten	AG Neuss[152]	10 %
Bei Entziehung der Nutzung von Waschküche und Trockenraum	AG Osnabrück[153] AG Brühl[154]	10 %
Bei Einrüstung und Verhängung des Hauses im Zuge von Bauarbeiten am Haus	AG Hamburg[155]	15 %
Bei schlechter Heizleistung	AG Köln[156]	15 %
Bei fehlender Wohnungseingangstür	LG Düsseldorf[157]	15 %
Die Wohnung ist empfindlich feucht	AG Köln[158]	20 %
Bei Ruhestörung nach 22:00 Uhr durch Tanzschule	AG Köln[145]	20 %
Unbenutzbarkeit der Badewanne		20 %
Erheblicher Schwammbefall im Wohn- und Schlafzimmer sowie im Bad		20 %
Die Heizung fällt im Oktober aus	LG Hannover[160]	20 %
Bei nächtlichem Lärm durch Garagentor	AG Mainz[161]	20 %
Bei mangelhaftem Schallschutz	AG Gelsenkirchen[162]	20 %
Feuchtigkeitsschäden wirken sich auf den Funktionswert aller Räume aus	AG Köln[163]	20 %
Taubenhaltung Dritter	AG Dortmund[164]	25 %

---

149 AG Köln, Beschl. vom 9.1.1989 – 213 C 295/86 –, WuM 1990, 146.
150 OLG Düsseldorf, Urt. vom 3.9.1980 – 15 U 39/80 –, WuM 1981, 19.
151 AG Schöneberg, Beschl. vom 8.7.1987 – 12 C 354/87 –, BlnGE 1988, 361.
152 AG Neuss, Urt. vom 1.7.1988 – 36 C 232/88 –, WuM 1988, 264.
153 AG Osnabrück, Urt. vom 6.5.1988 – 44 C 57/88 –, WuM 1990, 147.
154 AG Brühl, Urt. vom 25.7.1975 – 2 C 38/73 –, WuM 1975, 145.
155 AG Hamburg, Urt. vom 24.8.1995 – 38 C 483/95 –, WuM 1996, 30.
156 AG Köln, Urt. vom 4.11.1974 – 153a C 587/73 –, WuM 1975, 69.
157 LG Düsseldorf, Urt. vom 17.5.1973 – 12 S 282/73 –, WuM 1973, 187.
158 AG Köln, Urt. vom 23.5.1973 – 152 C 195/73 –, WuM 1974, 241.
159 15AG Köln, Urt. vom 28.9.1987 – 222 C 407/87 –, WuM 1988, 56.
160 LG Hannover, Urt. vom 17.5.1973 – 12 S 282/73 –, WuM 1980, 130.
161 AG Mainz, Urt. vom 13.11.2002 – 81 C 230/01 –, WuM 2003, 87.
162 AG Gelsenkirchen, Urt. vom 22.12.1975 – 3 C 29/75 –, WuM 1978, 66.
163 AG Köln, Urt. vom 23.5.1973 – 152 C 195/73 –, WuM 1974, 241.
164 AG Dortmund, Urt. vom 14.9.1979 – 121 C 151/79 –, WuM 1980, 6.

Mietminderungstabelle		
Kurzbeschreibung des Mangels	Gericht	Minderung der Monatsmiete
Im Haus wird ein Bordell betrieben	LG Berlin, MM 1996, 449; MM 1995, 534	10 bis 30 %
Erhebliche Lärmstörungen wegen Bauarbeiten im Haus		30 %
Bei einer Durchschnittstemperatur von 15 ° C im Wohnzimmer	LG Düsseldorf[165]	30 %
Im Wohnzimmer droht Deckeneinsturz durch Wasserschaden, Unbenutzbarkeit des Wohnzimmers	AG Bochum[166]	30 %
Bei erheblicher Belästigung durch eine nahe Großbaustelle	LG Hamburg[167]	35 %
Erheblicher Gaststättenlärm bis 1:00 Uhr nachts		37 %
Nächtlicher Musiklärm durch eine Wohngemeinschaft im Haus	AG Braunschweig[168]	50 %
Erhebliche Feuchtigkeitsschäden, Tropfwasser an der Decke und Durchfeuchtung des Teppichbodens	AG Leverkusen[155]	50 %
Alle Fenster sind undicht	AG Leverkusen WuM 1981, 9	50 %
Formaldehydbelastung in der Wohnung zwischen 0,13 und 0,21 ppm, asbesthaltige Elektronachtspeicheröfen	LG Dortmund[170]	50 %
Schimmelpilzbefall in allen Räumen einer Neubauwohnung	LG Köln [171]	75 %
Die Wohnung ist wegen Durchfeuchtung, Versandung und unerträglichem Gestank infolge Überschwemmung für 2 bis 3 Wochen unbewohnbar	AG Friedberg[172]	80 %
Bei vollständigem Ausfall der Elektrik für Warmwasser, Licht, Küche usw.	AG Neukölln MM 1988, 151	100 %
Die Heizung fällt während der Wintermonate aus	LG Berlin[173], LG Hamburg[174]	100 %
Wohnung ist unbewohnbar	AG Köln[175], LG Wiesbaden [176]	100 %

Quelle: GuG 1994, 364; vgl. auch Thieler/Huber, Deutscher Mieterbund Köln, Sonderheft 94/I, 1995; Hannemann/Wiek, Handbuch des Mietrechts, 2. Aufl. 2003; Der Immobilien Berater 1993 Altenkirchen

Ist die Mietsache hingegen von Anfang an mit einem Mangel behaftet, der im Laufe der Mietzeit zur Aufhebung der Gebrauchstauglichkeit führen würde, und nimmt der Vermieter sie in seinen Besitz, um den Mangel beheben zu lassen, so gilt die Gebrauchstauglichkeit für die Dauer der Mängelbeseitigung als aufgehoben mit der Folge, dass der Mieter während dieser Zeit von der Entrichtung des Mietzinses befreit ist[177].

---

165 LG Düsseldorf, Urt. vom 17.5.1973 – 12 S 382/73 –, WuM 1973, 187.
166 AG Bochum, Urt. vom 28.11.1978 – 5 C 668/78 –, WuM 1979, 74.
167 LG Hamburg, Urt. vom 5.7.2001 – 333 S 13/01 –, WuM 2001, 444.
168 AG Braunschweig, Urt. vom 3.8.1989 – 113 C 168/89 –, WuM 1990, 147.
169 AG Leverkusen, Urt. vom 18.4.1979 – 23 C 141/76 –, WuM 1980, 163.
170 LG Dortmund, Urt. vom 16.2.1994 – 11 S 197/93 –, WuM 1996, 141.
171 LG Köln, Urt. vom 15.11.2000 – 9 S 25/00 –, WuM 2001, 604.
172 AG Friedberg, Urt. vom 6.7.1983 – C 389/82 –, WuM 1984, 198.
173 LG Berlin, Beschl. vom 10.1.1992 – 64 S 219/91 –, BlnGE 1993, 263.
174 LG Hamburg, Urt. vom 15.5.1975 – O 80/75 –, WuM 1976, 10.
175 AG Köln, Urt. vom 25.2.1976 – 54 C 596/74 –, ZMR 1980, 87.
176 LG Wiesbaden, Urt. vom 4.7.1977 – 1 S 426/76 –, WuM 1980, 17.
177 BGH, Urt. vom 29.10.1986 – VIII ZR 144/85 –, NJW 1987, 432 = EzGuG 20.118; vgl. Deutscher Mieterbund, Wohnungsmangel und Mietminderung, Köln 1987; Zentralverband der Dt. Haus-, Wohnungs- und Grundeigentümer, Handbuch für Wohnungsrecht und Wohnungswirtschaft.

Für die Höhe der Mietminderung kommt es entscheidend auf die Intensität des Mangels und **225** den Umgang der betroffenen Räume und die sich daraus ergebende eingeschränkte Gebrauchstauglichkeit an. Von daher ist eine differenzierende Betrachtungsweise angezeigt. Es gibt auch keine allgemein gültigen Kriterien. Nach der von *Sternel* angegebenen Formel soll die **Mietminderung nach einem** aus der „vollen" Gebrauchstauglichkeit (Soll-Beschaffenheit) im Verhältnis zur eingeschränkten Gebrauchstauglichkeit (Ist-Beschaffenheit) sich ergebenden **Vomhundertsatz** bestimmt werden.

$$\text{Mietminderung} = \text{Vereinbarte Miete} \cdot \frac{\text{Gebrauchstauglichkeit der mangelhaften Sache (Ist-Beschaffenheit)}}{\text{Gebrauchstauglichkeit der mangelhaften Sache (Soll-Beschaffenheit)}}$$

Zur **Ermittlung der Minderung** wird unterschieden zwischen **226**

- dem Funktionswert,
- dem Geltungswert und
- der Wertigkeit des mangelbehafteten Raums.

Der **Funktionswert** bezieht sich auf die Gebrauchs- und Betriebsfähigkeit eines Wohnraums, **227** der wesentlich durch den Zuschnitt, die Belichtung und Belüftung, den Schallschutz, den Wärmeschutz, die technische Ver- und Entsorgung (Energie- und Wasserversorgung und Entwässerung, Beheizung und Kochmöglichkeiten), die Funktionsabläufe in der Wohnung und die Sicherheit der Wohnung vor Diebstahl und Gewalt bestimmt wird.

Der **Geltungswert** bezieht sich auf den räumlich-optischen Eindruck (Repräsentation), der **228** wesentlich durch die Raumaufteilung, die Qualität des Materials und die Farbgebung bestimmt wird.

Die **Wertigkeit des Raums** wird in Form einer Wertzahl bestimmt, ausgehend vom Wohn- **229** zimmer, Esszimmer, der Wohndiele sowie dem Bad/WC mit der höchsten Wertzahl von 100. Ausgehend von dieser muss der Anteil des Funktions- bzw. Gebrauchswerts der einzelnen Flächen bestimmt werden.

Die **Feststellung der Gebrauchstauglichkeit** vollzieht sich dann in folgenden Schritten: **230**

Im *ersten Schritt* gilt es,

a) die Wertigkeit der einzelnen Flächen durch Wertzahlen (W) sowie

b) die einzelnen Anteile des Funktions- und Gebrauchswerts der einzelnen Flächen

festzulegen, beispielsweise (Abb. 13):

Abb. 13: Wertigkeit der einzelnen Flächen einer Wohnung

Flächen	Wertigkeit der einzelnen Flächen einer Wohnung			
	Wertzahl (W)	Anteil in % des		zusammen in v. H.
		Funktionswerts	Gebrauchswerts	
Wohnzimmer/Esszimmer/Wohndiele	100	60	40	100
Bad/WC	100	80	20	100
Schlafzimmer	90	70	30	100
Kinder- und Gästezimmer	95	70	30	100
Küche	70	80	20	100
Flur/Diele	20 bis 60	50 bis 70	30 bis 50	100
Balkon, Terrasse/Loggia	10 bis 20	80	20	100
Abstellraum, sonstige Nebenräume	10	95	5	100

Quelle: Dröge a. a. O., anders Schwirley a. a. O. S. 613

231 Wie sich aus vorstehendem *Beispiel* ergibt, weisen Küchen üblicherweise einen hohen Funktionswert und einen geringeren Gebrauchswert auf, während das Wohnzimmer einen höheren Gebrauchswert und einen geringeren Funktionswert aufweist. Funktions- und Gebrauchswert ergeben zusammen jeweils einen 100%igen Anteil. Die Wertzahl ist sodann in einen Funktions- und Geltungswert aufzuteilen.

232 Zu diesem Zweck ist in einem *zweiten Schritt* auf der Grundlage der in Quadratmeter angegebenen Fläche der einzelnen Räume (Flächen) einer Wohnung

a) der mangelfrei Soll-, Funktions- und Gebrauchswert der einzelnen Räume (Flächen) und

b) der mangelbehaftete Gebrauchswert der einzelnen Räume (Flächen)

festzustellen, und zwar

Soll-Funktionswert = Größe$_{[m^2]}$ × Wertzahl (W) × Funktionswert$_{[\%]}$
Soll-Gebrauchswert = Größe$_{[m^2]}$ × Wertzahl (W) × Gebrauchswert$_{[\%]}$

Das Produkt aus der Größe des jeweiligen Raums (Wohnfläche) und der Wertzahl (W) wird als der **Wohnwertanteil** bzw. dessen **Wertigkeit** bezeichnet.

Ist-Funktionswert = Soll-Funktionswert × (1 − Abschlagsfaktor)
Ist-Gebrauchswert = Soll-Gebrauchswert × (1 − Abschlagsfaktor)

233 Der **Abschlagsfaktor** bemisst sich nach einem die Beeinträchtigung aufgrund des vorhandenen Mangels darstellenden Vomhundertsatz. Der Abschlag wird im Dezimalsystem in Stufen von 0,10 ermittelt, denen Kamphausen folgende Begriffe zugeordnet hat (Abb. 14):

Abb. 14: Abschlagsfaktoren

Abschlagsfaktoren	
Faktor	Beschreibung
0,00	Keine bzw. unerhebliche Beeinträchtigung
0,10	Fast keine Beeinträchtigung
0,20	Noch leichte, geringe Beeinträchtigung
0,30	Mäßige Beeinträchtigung
0,40	Deutliche, schon etwas stärkere Beeinträchtigung
0,50	Starke Beeinträchtigung
0,60	Sehr starke Beeinträchtigung
0,70	Schwere Beeinträchtigung
0,80	Sehr schwere Beeinträchtigung
0,90	Massive Beeinträchtigung
1,00	Vollständige Beeinträchtigung, die zur völligen Gebrauchsuntauglichkeit führt

234 Der **Grad der Minderung** ist abhängig von

– Art und Umfang von Funktionseinbußen für die Nutzung,

– Dauer und Häufigkeit der Beeinträchtigung,

– Gesteigerten Qualitätsansprüchen des Nutzers im Hinblick auf den Kaufpreis,

– Absinken auf den Mindeststandard oder sogar dessen Unterschreitung,

– Berücksichtigung von Jahreszeiten (z. B. Heizung) und Wohngegend (Geltungsbereich),

– Optischer Auffälligkeit des Mangels für den Geltungswert; Ausmaß der Folgebeeinträchtigung.

Mietwertgutachten § 18 ImmoWertV IV

Beispiel: 235

Es ist die Wertminderung einer im 1. Obergeschoss gelegenen Wohnung durch den Betrieb einer Klimaanlage im Erdgeschoss des Hauses zu ermitteln:

Abb. 15: Ermittlung der prozentualen Wertminderung

	Ermittlung der prozentualen Wertminderung										
Raum	Größe und Wertzahl			Funktionswert (FW)				Geltungswert (GW)			
	Größe	Wert-zahl	Wertig-keit	Anteil	Soll	Abschlag	Ist	Anteil	Soll	Abschlag	Ist
1	2	3	4	5	6	7	8	9	10	11	12
	m²	W	2×3	%	4×5	%		%		%	
Wohnen	21,17	100	2 117	60	1 270	10	1 143	40	847	0	847
Schlafen	11,18	90	1 006	70	704	20	563	30	302	0	302
Kind	12,58	85	1 069	70	749	0	749	30	321	0	321
Küche	11,29	70	790	80	632	0	632	20	158	0	158
Bad	4,26	50	213	80	170	0	170	20	43	0	43
WC	1,23	50	62	80	49	0	49	20	12	0	12
Diele	10,06	40	402	60	241	0	241	40	161	0	161
Balkon	2,60	20	52	80	42	20	33	20	10	0	10
Summe	**74,37**		**5 712**		**3 858**		**3 582**		**1 854**		**1 854**
Summe: Ist-Funktionswert + Ist-Gebrauchswert = 3 582 + 1 854 =											**5 436**

Im *dritten Schritt* wird die prozentuale Mietminderung nach folgender Formel ermittelt:

$$\text{Mietminderung}_{[\%]} = 100 - \frac{[\text{Ist-Funktionswert} + \text{Ist-Gebrauchswert}]}{\text{Größe} \times \text{Wertzahl}} \times 100$$

Im Beispiel:

$\text{Mietminderung}_{[\%]} = 100 - (5\ 436 / 5\ 712) \times 100 = 4{,}84\ \%$

2.8 Mietwertgutachten (Beispiel)

Schrifttum: *Brinkmann, W.*, Mietwertgutachten für eine Wohnung, GuG 2011, 289.

▶ Ein Beispiel ist in der 6. Auflage dieses Werkes auf den Seiten 1756 ff. abgedruckt. 236

§ 19 ImmoWertV
Bewirtschaftungskosten

(1) Als Bewirtschaftungskosten sind die für eine ordnungsgemäße Bewirtschaftung und zulässige Nutzung marktüblich entstehenden jährlichen Aufwendungen zu berücksichtigen, die nicht durch Umlagen oder sonstige Kostenübernahmen gedeckt sind.

(2) Nach Absatz 1 berücksichtigungsfähige Bewirtschaftungskosten sind

1. die Verwaltungskosten; sie umfassen die Kosten der zur Verwaltung des Grundstücks erforderlichen Arbeitskräfte und Einrichtungen, die Kosten der Aufsicht, den Wert der vom Eigentümer persönlich geleisteten Verwaltungsarbeit sowie die Kosten der Geschäftsführung;
2. die Instandhaltungskosten; sie umfassen die Kosten, die infolge Abnutzung oder Alterung zur Erhaltung des der Wertermittlung zugrunde gelegten Ertragsniveaus der baulichen Anlage während ihrer Restnutzungsdauer aufgewendet werden müssen;
3. das Mietausfallwagnis; es umfasst das Risiko von Ertragsminderungen, die durch uneinbringliche Rückstände von Mieten, Pachten und sonstigen Einnahmen oder vorübergehenden Leerstand von Raum entstehen, der zur Vermietung, Verpachtung oder sonstigen Nutzung bestimmt ist; es umfasst auch das Risiko von uneinbringlichen Kosten einer Rechtsverfolgung auf Zahlung, Aufhebung eines Mietverhältnisses oder Räumung;
4. die Betriebskosten.

Soweit sich die Bewirtschaftungskosten nicht ermitteln lassen, ist von Erfahrungssätzen auszugehen.

Gliederungsübersicht   Rn.

1 Allgemeines
   1.1 Zusammensetzung der Bewirtschaftungskosten 1
   1.2 Entstehungsgeschichte 13
2 Marktübliche Bewirtschaftungskosten (§ 19 Abs. 1 ImmoWertV)
   2.1 Marktüblichkeit 14
   2.2 Bezugsstichtag 16
   2.3 Abweichungen der tatsächlichen von den marktüblichen Bewirtschaftungskosten 21
3 Gesamtpauschale der Bewirtschaftungskosten
   3.1 Allgemeines 24
   3.2 Wohnraum 25
   3.3 Gewerberaum 27
4 Einzelpauschalen der Bewirtschaftungskosten
   4.1 Allgemeines 29
   4.2 Abschreibung – AfA –
      4.2.1 Begriff 33
      4.2.2 Berücksichtigung der Abschreibung 44
      4.2.3 Besonderheiten (Anomalien) 55
   4.3 Verwaltungskosten (§ 19 Abs. 2 Nr. 1 ImmoWertV)
      4.3.1 Begriff 57
      4.3.2 Wohnraum 63
      4.3.3 Gewerberaum 70
      4.3.4 Landwirtschaftliche Wirtschaftsgebäude 72
      4.3.5 Besonderheiten (Anomalien) 73
   4.4 Betriebskosten (§ 19 Abs. 3 Nr. 4 ImmoWertV)
      4.4.1 Begriff 74
      4.4.2 Wohnraum 86
      4.4.3 Gewerberaum 94
      4.4.4 Land- und Forstwirtschaft 98
      4.4.5 Besonderheiten (Anomalien) 99

Bewirtschaftungskosten § 19 ImmoWertV IV

4.5	Instandhaltungs- und Modernisierungskosten (§ 19 Abs. 2 Nr. 2 ImmoWertV)		
	4.5.1	Begriffe	105
	4.5.2	Instandhaltungskosten	
		4.5.2.1 Instandhaltungskosten nach II. BV	122
		4.5.2.2 Instandhaltungskosten nach § 19 Abs. 2 Nr. 2 ImmoWertV	129
	4.5.3	Höhe der Instandhaltungskosten	133
	4.5.4	Kostenentwicklung	136
	4.5.5	Wohnraum	139
	4.5.6	Gewerberaum	151
	4.5.7	Landwirtschaftliche Wirtschaftsgebäude	154
	4.5.8	Besonderheiten (Anomalien)	155
4.6	Modernisierungs- und Revitalisierungsrisiko		
	4.6.1	Allgemeines	156
	4.6.2	Höhe des Modernisierungs- und Revitalisierungsrisikos	158
4.7	Mietausfallwagnis (§ 19 Abs. 2 Nr. 3 ImmoWertV)		
	4.7.1	Begriffe	
		4.7.1.1 Mietausfallwagnis nach II. BV	164
		4.7.1.2 Mietausfallwagnis nach ImmoWertV	165
		4.7.1.3 Mietausfallwagnis nach BelWertV	181
	4.7.2	Wohnraum	182
	4.7.3	Gewerberaum	184
	4.7.4	Landwirtschaftliche Wirtschaftsgebäude	192
5	Bonität der Mietverhältnisse (Scoring)		193

1 Allgemeines

1.1 Zusammensetzung der Bewirtschaftungskosten

Schrifttum: *Jones Lang Wootton,* Oscar 2000 – Büronebenkostenanalyse Office Service Charge Analysis Report, Düsseldorf 2000; *Verband Deutscher Hypothekenbanken,* Wesentliche Aspekte der Beleihungswertermittlung, Bonn Bad Godesberg 1998.

▶ *Allgemeines vgl. Syst. Darst. des Ertragswertverfahrens Rn. 198 ff.*

Nach § 17 Abs. 1 ImmoWertV ist bei der Ermittlung des Ertragswerts der baulichen Anlagen grundsätzlich von dem marktüblich erzielbaren Ertrag auszugehen. Der **Reinertrag ergibt sich aus dem Rohertrag** (Grund- bzw. Nettokaltmiete; § 18 ImmoWertV) **abzüglich der** bei ordnungsgemäßer Bewirtschaftung marktüblich anfallenden **Bewirtschaftungskosten**. **1**

Die gemäß § 19 Abs. 2 ImmoWertV „berücksichtigungsfähigen" **Bewirtschaftungskosten** setzen sich zusammen aus **2**

– den Verwaltungskosten,

– den Instandhaltungskosten,

– dem Mietausfallwagnis und

– den Betriebskosten.

Zu den Bewirtschaftungskosten gehört auch die **Abschreibung** (vgl. Rn. 33). Da die Abschreibung aber mit dem Liegenschaftszinssatz berücksichtigt wird, führt die ImmoWertV sie als „berücksichtigungsfähige" Bewirtschaftungskosten nicht auf. Dies gilt allerdings nicht bei Anwendung des Ertragswertverfahrens auf der Grundlage prognostizierter Erträge (*Discounted Cash Flow* Verfahren) und eines besonderen Diskontierungszinssatzes. **3**

Im weiteren Sinne gehört auch ein **Modernisierungsrisiko** zu den Bewirtschaftungskosten, das allerdings in der II. BV nicht ausdrücklich genannt wird. Das Modernisierungsrisiko steht in einem unmittelbaren Zusammenhang mit der üblichen Gesamtnutzungsdauer bzw. der im Einzelfall angesetzten Restnutzungsdauer. Insbesondere bei Bürogebäuden und sog. Manage- **4**

Kleiber

mentimmobilien (Hotels, Einkaufszentren, Warenhäuser, Freizeitimmobilien, Sanatorien und Kliniken) ist die üblicherweise erwartete Restnutzungsdauer nur zu erreichen, wenn über die Instandhaltung hinaus der Gebrauchswert des Gebäudes in zeitlichen Abständen den geänderten Anforderungen durch Modernisierungs- bzw. Revitalisierungsmaßnahmen angeglichen wird.

5 Die vorgenannten **Kostengruppen der Bewirtschaftungskosten werden** in Anlehnung an die entsprechenden Regelungen der §§ 24 bis 30 II. BV sowie der BetrKVO **mit § 19 Abs. 2 ImmoWertV definiert**[1].

6 Welche von den verbleibenden Kostengruppen der Bewirtschaftungskosten (Verwaltungs-, Betriebs- und Instandhaltungskosten sowie Mietausfallwagnis) zur Ermittlung des Reinertrags in Abzug zu bringen sind, hängt im Einzelnen von den zum Vergleich herangezogenen marktüblich erzielbaren Erträgen und den dabei umgelegten Bewirtschaftungskosten (der Ausgangsmiete) ab.

7 Grundsätzlich ist dabei vom „Rohertrag" auszugehen, der in § 18 Abs. 2 ImmoWertV als der bei ordnungsgemäßer Bewirtschaftung und zulässiger Nutzung marktüblich erzielbare Ertrag definiert ist. Dabei kann von dem marktüblich erzielbaren **Ertrag unter Ausschluss von Bewirtschaftungskosten ausgegangen werden, die durch Umlagen oder sonstige Kostenübernahmen gedeckt** sind. Dies ergibt sich aus § 19 Abs. 1 (letzter Halbsatz) ImmoWertV, nach dem zu den berücksichtigungsfähigen Bewirtschaftungskosten nur die Aufwendungen gehören, die nicht durch Umlagen oder sonstige Kostenübernahmen gedeckt sind. Sie können im Ergebnis sowohl beim Rohertrag als auch bei den berücksichtigungsfähigen Bewirtschaftungskosten als „durchlaufende Position" außer Betracht bleiben.

8 Dies betrifft insbesondere Wohnbaugrundstücke, für die Betriebskosten regelmäßig umgelegt werden. In diesen Fällen ist es bei der Ermittlung des Ertragswerts angezeigt, direkt von der **Nettokaltmiete/Grundmiete** auszugehen und als Bewirtschaftungskosten nur noch die Verwaltungs- und Instandhaltungskosten sowie das Mietausfallwagnis in Abzug zu bringen, um den Reinertrag zu ermitteln. § 19 Abs. 1 (letzter Halbsatz) ImmoWertV bestimmt deshalb, dass durch Umlagen gedeckte Betriebskosten unberücksichtigt bleiben.

9 Im Falle eines **erheblichen Leerstands** kann allerdings auch der Ansatz der dann nicht umlagefähigen Betriebskosten erforderlich werden.

10 Neben **Schönheitsreparaturen** (vgl. Rn. 125) **kann auch die sog. kleine Instandhaltung** (vgl. Rn. 124) mietvertraglich auf den Mieter umgelegt werden und bräuchte insoweit bei der Ermittlung des Reinertrags nicht mehr in Abzug gebracht zu werden. Allerdings stehen dafür i. d. R. keine zum Vergleich geeigneten marktüblich erzielbaren Erträge zur Verfügung, sodass derartige Vereinbarungen als „besondere objektspezifische Grundstücksmerkmale" differenziell oder durch entsprechend höhere Reinerträge berücksichtigt werden.

11 Auch andere Bewirtschaftungskosten, namentlich die Verwaltungskosten, die Instandhaltungskosten und das Mietausfallwagnis, bleiben sowohl bei der Ermittlung des Rohertrags als auch bei den davon abzuziehenden Bewirtschaftungskosten unberücksichtigt, soweit die **Umlage dieser Kosten in der Vermietungspraxis üblich** ist und von entsprechenden Roherträgen ausgegangen wird.

Wie bei Betriebskosten – auf die i. d. R. Vorauszahlungen geleistet werden – bleibt im Übrigen auch die in der Gesamtzahlung u. U. enthaltene **Mehrwertsteuer** unberücksichtigt (vgl. § 7 ImmoWertV Rn. 20, § 18 ImmoWertV Rn. 11 f.; zur Beleihungswertermittlung vgl. Teil IX Rn. 232).

---

1 Mit der seit dem 1.1.2002 geltenden Fassung der II. BV i. V. m. Art. 3 der Verordnung vom 25.11.2003 (BGBl. I 2003, 2345, 2347) sind die §§ 8, 26, 28 und 41 sowie die Anl. 3 geändert und die Verwaltungs- und Instandhaltungskosten mit Wirkung ab 1.1.2005 indiziert worden.

Nach der **Generalklausel des § 19 Abs. 1 ImmoWertV** sind die Bewirtschaftungskosten anzusetzen in Höhe der

a) bei ordnungsgemäßer Bewirtschaftung und zulässigen Nutzung marktüblich entstehenden jährlichen Aufwendungen,

b) jedoch nur insoweit, wie sie nicht – komplementär zu den angesetzten Roherträgen – durch Umlagen oder sonstige Kostenübernahmen gedeckt sind.

1.2 Entstehungsgeschichte

§ 19 ImmoWertV ist im Übrigen aus § 18 WertV 88/98 hervorgegangen; die bisherigen Regelungen wurden ohne wesentliche materielle Änderungen „gestrafft":.

2 Marktübliche Bewirtschaftungskosten (§ 19 Abs. 1 ImmoWertV)

2.1 Marktüblichkeit

▶ *Vgl. Syst. Darst. des Ertragswertverfahrens Rn. 203, § 14 ImmoWertV Rn. 178; Vorbem. zur ImmoWertV Rn. 36*

Die Generalklausel des § 19 Abs. 1 ImmoWertV, nach der von **marktüblichen Bewirtschaftungskosten bei „ordnungsgemäßer Bewirtschaftung"** auszugehen ist, entspricht § 24 Abs. 2 II. BV. Danach sind Bewirtschaftungskosten in der Höhe anzusetzen, **wie sie bei normalen,** die Art der Nutzung berücksichtigenden **Verhältnissen mit fremdem Personal für ein unverschuldetes Grundstück laufend entstehen.** Finanzierungskosten (Zinsen, Agien) und Steuern sind mit Ausnahme der Grundsteuer und Grundbesitzabgaben nicht eingeschlossen. Unberücksichtigt bleiben ebenso überdurchschnittliche, unnötige und unwirtschaftliche Ausgaben, die auf einer aufwendigen Wirtschaftsführung beruhen, und einmalige oder zufällige Kosten (z. B. die Kosten von größeren Reparatur-, Instandsetzungs- oder Modernisierungsmaßnahmen). Die Bewirtschaftungskosten müssen sich auf die erforderlichen Kosten beschränken[2].

Bei den marktüblich anzusetzenden Bewirtschaftungskosten soll es sich im Hinblick auf den zur Kapitalisierung des Reinertrags anzusetzenden Liegenschaftszinssatz zugleich auch um **modellkonforme Bewirtschaftungskosten** handeln. Modellkonform sind die Bewirtschaftungskosten dann, wenn sie den marktüblichen Bewirtschaftungskosten entsprechen, die der Gutachterausschuss für Grundstückswerte bei der Ableitung des Liegenschaftszinssatzes nach § 14 Abs. 3 ImmoWertV angesetzt hat. Nach dem Grundsatz der Modellkonformität sind nämlich bei Anwendung dieses Liegenschaftszinssatzes die Wertermittlungsparameter nach den gleichen Grundsätzen anzusetzen, die der Gutachterausschuss bei der Ableitung des Liegenschaftszinssatzes praktiziert hat.

Es sind grundsätzlich die **marktüblichen und modellkonformen Bewirtschaftungskosten** maßgebend, die für die jeweilige Gebäudeart und Beschaffenheit angemessen sind; so muss z. B. der Umstand berücksichtigt werden, dass eine bauliche Anlage aufgrund ihrer Konstruktion und Nutzbarkeit besonders hohe oder niedrige Verwaltungs-, Betriebs- oder Instandhaltungskosten verursacht (z. B. erhöhte Betriebs- und Instandhaltungskosten für denkmalgeschützte Gebäude). Soweit dem nicht direkt Rechnung getragen werden kann, muss dies nach § 8 Abs. 3 ImmoWertV als ein besonderes objektspezifisches Grundstücksmerkmal ergänzend berücksichtigt werden.

---

2 KG Berlin, Urt. vom 26.4.1976 – 8 U 1871/74 –, MDR 1976, 756 = FWW 1977, 52 = ZMR 1976, 204.

2.2 Bezugsstichtag

16 Spiegelbildlich zu den bei Anwendung des Ertragswertverfahrens anzusetzenden marktüblich erzielbaren Erträgen (§ 17 Abs. 1 Satz 1 ImmoWertV) sind auch die **„marktüblich entstehenden" Bewirtschaftungskosten nach den Verhältnissen des Wertermittlungsstichtags** anzusetzen. Wie auch bezüglich der Erträge kann aber nicht erwartet werden, dass z. B. das Mietausfallwagnis oder die Verwaltungskosten über die gesamte Restnutzungsdauer konstant bleiben. Vielmehr ist davon auszugehen, dass sich auch die Bewirtschaftungskosten einer baulichen Anlage mit fortschreitender Zeit ändern. Änderungen sind nicht nur im Hinblick auf allgemeine konjunkturelle Entwicklungen (sog. allgemeine Wertverhältnisse), sondern auch im Hinblick auf das zunehmende Alter der baulichen Anlage zu erwarten. So fallen z. B. bei älteren Objekten höhere Verwaltungskosten an und auch das Mietausfallwagnis muss bei einem Gebäude, das nicht mehr den zeitgemäßen Anforderungen entspricht, höher als bei einem Neubau eingeschätzt werden. Besonders augenfällig ist dies bei der Instandhaltung eines Gebäudes. Während bei einem Neubau (noch) verhältnismäßig geringe Instandhaltungskosten anfallen, sind in schwer kalkulierbaren zeitlichen Abständen sog. größere Instandhaltungen unvermeidbar (Abb. 1).

Abb. 1: Instandhaltungskosten

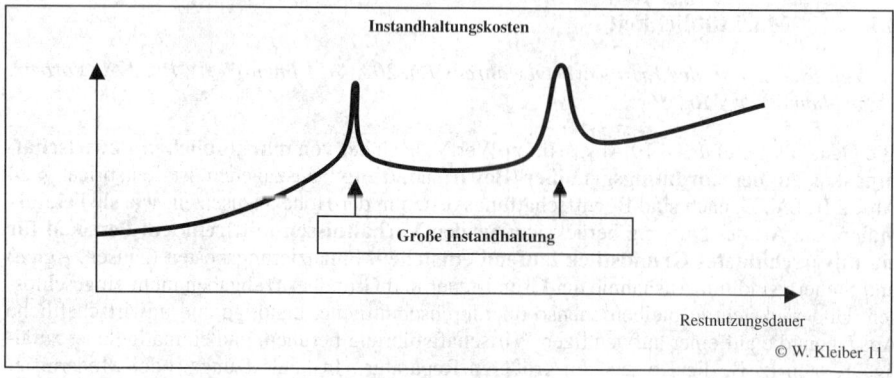

17 Spiegelbildlich zu der Problematik, die sich bezüglich der Ertragsentwicklung stellt, muss auch die **Entwicklung der Bewirtschaftungskosten** berücksichtigt werden. Zwei Lösungsalternativen kommen in Betracht:

a) Bei Anwendung des Ertragswertverfahrens auf der Grundlage prognostizierter Erträge (*Discounted Cash Flow* Verfahren) müssen die künftig anfallenden Bewirtschaftungskosten prognostiziert werden. Dies wiederum trachtet man dadurch zu vermeiden, dass man die Bewirtschaftungskosten in einem Vomhundertsatz der (prognostizierten) Einnahmen ansetzt. Gleichwohl bleiben die so zum Ansatz kommenden Bewirtschaftungskosten damit eine fehlerbehaftete Größe, denn die unvermeidlichen Fehler der Einnahmenprognosen werden damit zwangsläufig auf die Bewirtschaftungskosten übertragen.

b) In der internationalen Praxis der Verkehrswertermittlung (Marktwertermittlung) nach der sog. *overall capitalization method*, wie sie auch in dem Ertragswertverfahren nach den §§ 17 ff. ImmoWertV zur Anwendung kommt, ermittelt sich der Reinertrag unter Abzug der am Wertermittlungsstichtag anfallenden „üblichen" Bewirtschaftungskosten. Vom Grundstücksmarkt erwartete Änderungen dieser Bewirtschaftungskosten werden zusammen mit den erwarteten Änderungen der Erträge wiederum mit dem Liegenschaftszinssatz (*all over capitalization rate*) berücksichtigt. Der Liegenschaftszinssatz wird unter Berücksichtigung der Restnutzungsdauer ermittelt, sodass altersspezifische Bewirtschaftungskosten damit berücksichtigt werden.

Bewirtschaftungskosten § 19 ImmoWertV IV

Diese Vorgehensweise ist darin begründet, dass sich die Bewirtschaftungskosten bei realistischer Betrachtungsweise nicht prognostizieren lassen. So wie der Sachverständige steht nämlich auch der Käufer eines Grundstücks vor dem Problem, die künftigen Bewirtschaftungskosten abzuschätzen. Auch er ist sich bewusst, dass die zum Zeitpunkt des Ankaufs eines Grundstücks (wie auch zum Zeitpunkt der Wertermittlung) anfallenden Bewirtschaftungskosten nicht konstant bleiben, sondern muss erwarten, dass sie sich mit zunehmendem Alter der baulichen Anlage eher erhöhen und auch von der allgemeinen wirtschaftlichen Entwicklung nicht verschont bleiben. Wie auch die Einschätzung der künftigen Ertragsentwicklung findet die Einschätzung der künftigen Bewirtschaftungskosten ihren Ausdruck in dem Kaufpreis, den er für das Grundstück entrichtet. Mit der Ableitung des Liegenschaftszinssatzes aus Kaufpreisen wird mithin die vom Grundstücksmarkt erwartete Entwicklung der Bewirtschaftungskosten in marktkonformer Weise berücksichtigt. Aus diesem Grunde kann bei Anwendung des dynamischen Ertragswertverfahrens *(direct capitalization)* nach den §§ 17 ff. ImmoWertV von den **„üblichen"** Bewirtschaftungskosten ausgegangen werden, wie sie bei ordnungsgemäßer Bewirtschaftung **am Wertermittlungsstichtag** anfallen.

18

Die im Einzelfall zur Ermittlung des Reinertrags von der als Rohertrag herangezogenen Ausgangsmiete abzusetzenden Bewirtschaftungskosten werden in der Wertermittlungspraxis

19

a) als **Gesamtpauschalabschlag** in einem Vomhundertsatz der Ausgangsmiete (z. B. Nettokaltmiete) oder

b) **gegliedert nach den abzusetzenden Bewirtschaftungskostengruppen (Verwaltungs- und Instandhaltungskosten sowie dem Mietausfallwagnis)** in ihrer jeweils marktüblichen Höhe einzeln

angesetzt. Der zuletzt genannten Vorgehensweise ist grundsätzlich der Vorzug zu geben. Die pauschale Berücksichtigung kann allerdings wiederum aus Gründen der Modellkonformität (vgl. Vorbem. zur ImmoWertV Rn. 36) geboten sein, wenn auch die Liegenschaftszinssätze auf der Grundlage eines pauschalen Abzugs der Bewirtschaftungskosten vom Rohertrag (bzw. Nettokaltmiete) abgeleitet worden sind.

Beispiel:

20

a) **Sachverhalt**
Büroobjekt

Nutzfläche	1 500 m²
Liegenschaftszinssatz	6 %
Nettokaltmiete/Grundmiete	15 €/m²
Bodenwert	500 000 €
Restnutzungsdauer	40 Jahre

Der Vermieter trägt laut Mietvertrag nur die Reparaturen an Dach und Fach.
Der Mieter übernimmt lt. Mietvertrag sämtliche Bewirtschaftungskosten, also sowohl die gesamten Instandhaltungskosten als auch die Verwaltungskosten.

Variante A
b) **Fehlerhafter Ansatz pauschalierter Bewirtschaftungskosten**

Jahresnettokaltmiete/Grundmiete: 15 €/m² × 1 500 m² NF × 12 Monate	270 000 €
./. Bewirtschaftungskosten 30 % pauschal	– 81 000 €
	189 000 €
– Bodenwertverzinsungsbetrag 6 % von 500 000 €	– 30 000 €
Reinertrag – (p × BW)	= 159 000 €
Gebäudeertragswert 159 000 € × 15,05	= 2 392 950 €
Bodenwert	+ 500 000 €
Ertragswert	= 2 892 950 €
Verkehrswert	**2 895 000 €**

IV § 19 ImmoWertV — Bewirtschaftungskosten

Variante B

c) Fehlerhafter Ansatz (Einzelansätze) des Wohnungsbaus

Jahresnettokaltmiete/Grundmiete: 15 €/m² × 1 500 m² NF × 12 Monate	270 000 €
Bewirtschaftungskosten	
Verwaltungskosten 4 %	10 800 €
Instandhaltungskosten 1 500 m² × 8 €/m²	12 000 €
Mietausfallwagnis 3 %	8 100 €
	30 900 € – 30 900 €
	= 239 100 €
– Bodenwertverzinsungsbetrag 6 % von 500 000 €	– 30 000 €
Reinertrag – (p × BW)	= 209 100 €
Gebäudeertragswert 209 100 € × 15,05	3 146 955 €
+ Bodenwert	+ 500 000 €
Ertragswert	= 3 646 955 €
Verkehrswert	**3 645 000 €**

Variante C

Jahresnettokaltmiete/Grundmiete: 15 €/m² × 1 500 m² NF × 12 Monate	270 000 €
Bewirtschaftungskosten	
Verwaltungskosten (zur Sicherheit 0,5 %)	1 350 €
Instandhaltungskosten	–
Mietausfallwagnis 3 %	8 100 €
	9 450 € – 9 450 €
	= 260 550 €
– Bodenwertverzinsungsbetrag 6 % von 500 000 €	– 30 000 €
Reinertrag – (p × BW)	= 230 550 €
Gebäudeertragswert 230 550 € × 15,05 bei V von 40 Jahren und p = 6 %	= 3 469 778 €
+ Bodenwert	+ 500 000 €
Ertragswert	3 969 778 €
Verkehrswert	**3 970 000 €**

Hier wäre zu empfehlen, die Wertberechnung mit den üblichen Bewirtschaftungskosten vorzunehmen (also etwa 11 bis 12 v. H.) und den sich aufgrund des günstigen Mietvertrags ergebenden Mehrertrag lediglich über die Restlaufzeit des Mietvertrags zu kapitalisieren und zuzuschlagen.

Parameter	A	B	C
Bewirtschaftungskostenansatz	30 %	11,44 %	3,5 %
	81 000 €	30 900 €	9 450 €
Verkehrswert	2 895 000 € = 100 %	3 645 000 € = 125,91 %	3 970 000 € = 137,12 %

2.3 Abweichungen der tatsächlichen von den marktüblichen Bewirtschaftungskosten

▶ Vgl. § 8 ImmoWertV Rn. 298; Syst. Darst. des Ertragswertverfahrens Rn. 200; § 17 ImmoWertV Rn. 9

21 Mit dem Liegenschaftszinssatz werden die allgemein erwarteten Entwicklungen der Bewirtschaftungskosten, nicht jedoch Bewirtschaftungskosten erfasst, die aufgrund besonderer vertraglicher Bindungen ungewöhnlich sind. **Ungewöhnliche Bewirtschaftungskosten** liegen insbesondere vor, wenn die vom Vermieter bzw. dem Mieter zu tragenden Bewirtschaftungskosten von den üblichen Bewirtschaftungskosten aufgrund besonderer Vertragsgestaltungen oder aus sonstigen Gründen dem Grunde oder der Höhe nach nicht nur geringfügig abweichen. Bei geringen Abweichungen wird man solche Besonderheiten vernachlässigen können. Größere Abweichungen müssen indessen berücksichtigt werden, insbesondere wenn sie längerfristig hinzunehmen sind.

Ungewöhnliche Bewirtschaftungskosten können beispielsweise vorliegen, wenn 22

a) der Vermieter die Betriebskosten nicht oder nur teilweise auf den Mieter umgelegt hat,

b) der Vermieter (vertraglich) die Schönheitsreparaturen trägt oder der Mieter die Kosten der „kleinen Instandhaltung",

c) ein langfristiges Mietverhältnis mit einem solventen Mieter besteht und deshalb das Mietausfallwagnis zum Wertermittlungsstichtag (im Vergleich zur Gesamtnutzungsdauer) vorübergehend gering ist,

d) abweichend von den üblichen Vertragsgestaltungen vom Mieter bzw. Vermieter vertraglich bestimmte Bewirtschaftungskosten getragen werden,

e) ungewöhnlich hohe oder niedrige Bewirtschaftungskosten vertraglich umgelegt werden,

f) der Vermieter die Betriebskosten überhaupt nicht umgelegt hat oder die Grundsteuer im Rahmen der Umlage der Betriebskosten nicht umgelegt hat,

g) der Vermieter (einer gewerblichen Immobilie) ungewöhnlich hohe oder niedrige Bewirtschaftungskosten vertraglich umgelegt hat.

Solche **vertragliche Besonderheiten müssen** als Anomalien gelten und wie eine Unter- bzw. 23 Übervermietung *(over-* und *underrented)* wiederum **nach § 8 Abs. 3 ImmoWertV gesondert berücksichtigt werden**, da sie nicht nachhaltig sind. Der aus den Besonderheiten resultierende Vor- oder Nachteil ist zu diesem Zweck über den jeweiligen Zeitraum zu kapitalisieren und erhöht bzw. mindert den Verkehrswert. Bei Anwendung des mehrperiodischen Ertragswertverfahrens nach § 17 Abs. 1 Satz 2 i. V. m. Abs. 3 ImmoWertV können solche Besonderheiten auch mit dem sich daraus ergebenden Reinertrag berücksichtigt werden.

3   Gesamtpauschale der Bewirtschaftungskosten

3.1   Allgemeines

▶ *Zu den Bewirtschaftungskosten im steuerlichen Bereich vgl. Syst. Darst. des Ertragswertverfahrens Rn. 118 ff., 206*

Grundsätzlich besteht die Möglichkeit, die im Einzelfall nicht umgelegten Bewirtschaftungskosten(gruppen) mit einer Gesamtpauschale oder im Wege von Einzelansätzen in Abzug zu bringen. **Allgemein ist** jedoch **Einzelansätzen** schon deshalb **der Vorzug zu geben, weil damit Besonderheiten des Einzelfalls präziser erfasst werden können,** während der Ansatz von Pauschalansätzen nur dann zufriedenstellende Ergebnisse erwarten lässt, wenn das zu bewertende Objekt durchschnittliche Verhältnisse aufweist, wie sie der Ableitung von Pauschalen für die nicht umlagefähigen Bewirtschaftungskosten zugrunde lagen. Nr. 3.5.2 der WERTR und auch die Grundsätze der Beleihungswertermittlung fordern deshalb, dass die Bewirtschaftungskosten möglichst differenziert nach den einzelnen Positionen anzusetzen sind. 24

3.2   Wohnraum

Die Spannbreite der Bewirtschaftungskosten von Wohngebäuden ist äußerst groß und beträgt 25 je nach Ausstattung, Alter und Miethöhe zwischen 10 und 40 % (bei Altbauten bis Baujahr

1948) der Nettokaltmiete. Für Mietwohnobjekte enthielt Anl. 3 WERTR 96 eine **Tabelle für die Gesamtpauschale der nicht umlagefähigen Bewirtschaftungskosten**, d. h. für die Verwaltungs- und Instandhaltungskosten sowie das Mietausfallwagnis. Im Hinblick auf die Abhängigkeit der Verwaltungskosten von der Anzahl der Untereinheiten war ihre Anwendung auf Objekte mit drei bis acht Wohnungen beschränkt (Abb. 2). Von den Gutachterausschüssen werden Gesamtpauschalen der Bewirtschaftungskosten nur noch vereinzelt ermittelt.

Abb. 2: Durchschnittliche pauschalierte Bewirtschaftungskosten im freifinanzierten Wohnungsbau für Verwaltung, Instandhaltung und Mietausfallwagnis in v. H. der Nettokaltmiete (WERTR 96)

Baujahr	Wohnungsausstattung	
	ohne Bad oder *ohne* Zentralheizung v. H.: Anl. 3: WERTR 96	*mit* Bad oder mit Zentralheizung v. H.: Anl. 3: WERTR 96
bis 1948	35–40	29–33
1949–1965	31–28	26–23
1966–1977	29–22	22–15
ab 1978	22	15

26 Anl. 3 WERTR 96 bezog sich auf die wirtschaftlichen Verhältnisse von 1977/78 und wurde deshalb mit der WERTR 2002 durch eine nach Verwaltungs- und Instandhaltungskosten sowie dem Mietausfallwagnis differenzierende Tabelle ersetzt, die seither ständig aktualisiert worden ist (letzter Stand: 1.1.2011)[3].

3.3 Gewerberaum

Schrifttum: *Zeißler, M.,* Bewirtschaftungskosten für Gewerbeimmobilien, GuG 2002, 197.

27 Die **Spannbreite der Bewirtschaftungskosten** ist je nach Ausstattung, Alter und Miethöhe äußerst groß.

– Bei *Wohngebäuden* beträgt sie zwischen 10 bis 40 % (bei Altbauten bis Baujahr 1948) der Nettokaltmiete.

– Bei *gewerblichen Objekten* beträgt sie zwischen 10 bis 30 % der Nettokaltmiete.

28 Für gewerbliche Objekte lassen sich Pauschalsätze nur schwerlich angeben; allgemein gilt, dass sie i. d. R. deutlich niedriger als für Wohnraum ausfallen. Der bei Mietwohnobjekten (früher) übliche pauschalierte Abzug der Bewirtschaftungskosten vom Rohertrag (i. d. R. Jahresnettokaltmiete) kann insbesondere bei hochwertigen Gewerbeimmobilien zu Fehlbewertungen führen. Diesbezüglich muss in die Gewerbemietverträge eingesehen werden, denn bei Gewerbeobjekten besteht im Gegensatz zu Mietwohngrundstücken Gestaltungsfreiheit hinsichtlich der vom Mieter zu tragenden Bewirtschaftungskosten. Dies ist frei aushandelbar und selbst innerhalb eines Objekts können je nach Abschlusszeitpunkt der Mietverträge entweder mieter- oder vermieterfreundliche Vereinbarungen mit erheblichen Auswirkungen auf die jeweiligen Reinerträge getroffen worden sein. **Bei Heranziehung von Vergleichsmieten zur Verkehrswertermittlung von gewerblichen Objekte dürfen deshalb nur die Bewirtschaftungskosten zum Abzug gebracht werden, die in dem Vergleichsfall nicht umgelegt wurden.** Von daher muss bei der Verkehrswertermittlung auch sorgfältig zwischen Mietwohn- und gewerblichen Objekten unterschieden werden.

---

3 Zu den Bewirtschaftungskosten für Block- und Plattenbauweisen in den neuen Bundesländern im Jahre 1999 vgl. GuG-aktuell 1994, 42; Rundschreiben Nr. 185/1994 des Ostdeutschen Sparkassen- und Giroverbandes vom 6.10.1994; 3. Aufl. zu diesem Werk, S. 2158.

4 Einzelpauschalen der Bewirtschaftungskosten

4.1 Allgemeines

▶ *Vgl. Rn. 19 und Vorbem. zur ImmoWertV Rn. 36*

Grundsätzlich sind bei der Ertragswertermittlung die Bewirtschaftungskosten im Einzelnen gegliedert nach den Kostenarten partiell anzusetzen, sofern nicht ein pauschaler Ansatz aus Gründen der **Modellkonformität** geboten ist. **29**

Entsprechendes gilt auch für die **Ermittlung des Beleihungswerts** und entspricht den Vorgaben des BaFin zur Ermittlung von Beleihungswerten. **30**

Bei **größeren Objekten** sollte schon im Hinblick auf ein sicheres Ergebnis einer individuellen Berücksichtigung der Bewirtschaftungskosten der Vorrang eingeräumt werden. **31**

Bei **individueller Berücksichtigung der Bewirtschaftungskosten** ist es im Allgemeinen ausreichend, Verwaltungskosten, Instandhaltungskosten(rücklage) und Mietausfallwagnis nach Erfahrungssätzen zu berücksichtigen. Für Verwaltungs- und Instandhaltungskosten bieten die in der II. BV genannten Sätze eine Orientierungshilfe. **32**

4.2 Abschreibung – AfA –

4.2.1 Begriff

▶ *Syst. Darst. des Ertragswertverfahrens Rn. 149 ff., 411; Syst. Darst. des Sachwertverfahrens Rn. 149 ff.; Teil VI Rn. 246 ff.; für Baudenkmale Teil V Rn. 780 ff.*

Schrifttum: *Bauer/Bauer*, Steuerratgeber, Vermietung, Verpachtung, Selbstnutzung, 5. Aufl. Boorberg 2004.

Als **Abschreibung (AfA) definiert § 25 Abs. 1 II. BV** für die Belange der sozialen Wohnraumförderung **den auf jedes Jahr der Nutzung fallenden „Anteil der verbrauchsbedingten Wertminderung der Gebäude, Anlagen und Einrichtungen"**. Der Abschreibungsbetrag soll nach der mutmaßlichen Nutzungsdauer errechnet werden. **33**

Die **DIN 31 051** (Januar 1985) verwendet anstelle des Begriffs der Abschreibung den technischen Begriff der Abnutzung: **34**

„Abnutzung im Sinne der Instandhaltung sind z. B. Verschleiß, Alterung, Korrosion und auch plötzlich auftretende Istzustandsveränderungen wie z. B. ein Bruch (Abnutzung in kaufmännischer Bewertung ist die Abschreibung)."

Mit § 25 Abs. 2 und 3 II. BV werden folgende Abschreibungssätze empfohlen: **35**

„(2) Die Abschreibung soll bei Gebäuden 1 vom Hundert der Baukosten, bei Erbbaurechten 1 vom Hundert der Gesamtkosten nicht übersteigen, sofern nicht besondere Umstände eine Überschreitung rechtfertigen.

(3) Als besondere Abschreibung für Anlagen und Einrichtungen dürfen zusätzlich angesetzt werden von den Kosten

1. der Öfen und Herde 3 vom Hundert,
2. der Einbaumöbel 3 vom Hundert,
3. der Anlagen und der Geräte zur Versorgung mit Warmwasser, sofern sie nicht mit einer Sammelheizung verbunden sind, 4 vom Hundert,
4. der Sammelheizung einschließlich einer damit verbundenen Anlage zur Versorgung mit Warmwasser 3 vom Hundert,
5. der Fernheizung 0,5 vom Hundert und einer damit verbundenen Anlage zur Versorgung mit Warmwasser 4 vom Hundert,
6. des Aufzugs 2 vom Hundert,
7. der Gemeinschaftsantenne 9 vom Hundert,
8. der maschinellen Wascheinrichtung 9 vom Hundert."

IV § 19 ImmoWertV — Abschreibung

36 Der **Begriff der „Abschreibung"** bleibt gleichwohl interpretationsbedürftig. Es stellt sich insbesondere die Frage, ob die Abschreibung auch die Wertminderung aufgrund des technologischen Wandels einschließlich marktbedingter Wertminderungen umfasst. Hiervon ist nach internationaler Betrachtungsweise auszugehen (vgl. IAS 16 §§ 50 ff.). Die Tegova definiert die Abschreibung als das Maß der Absetzung für Abnutzung, Verbrauch oder anderweitigen Wertverlust einer Sachanlage durch Gebrauch, Zeitablauf oder aufgrund einer Minderung durch technologische oder marktbedingte Änderungen[4].

37 Begrifflich steht die so definierte Abschreibung in enger Verwandtschaft mit der **Alterswertminderung nach** § 23 ImmoWertV (Syst. Darst. des Sachwertverfahrens Rn. 149 ff.). Im Rahmen des *Ertragswertverfahrens* stellt die Abschreibung jedoch nicht die verbrauchsbedingte Wertminderung, sondern die dieser Wertminderung entsprechende **Erneuerungsrücklage für den verbrauchsbedingten Wertverzehr der baulichen Anlagen** dar. Diese Erneuerungsrücklage wäre aus dem Reinertrag aufzubringen, wobei es dahingestellt sein mag, ob der Eigentümer diesen Bestandteil des Reinertrags „verfrühstückt" oder tatsächlich auf Zins und Zinseszins anlegt, um am Ende der Restnutzungsdauer den Ertragswert der baulichen Anlagen wieder angesammelt zu haben. Von daher braucht der Abschreibung (= Erneuerungsrücklage) in der Tat keine Beachtung geschenkt zu werden. Das Modell des in der ImmoWertV geregelten Ertragswertverfahrens und der mit § 18 ImmoWertV definierte Reinertrag sind aber gleichwohl irreführend, weil hierin eben die Erneuerungsrücklage enthalten ist. Kein Kapitalanleger würde den Kapitalrückfluss als *Rein*ertrag ansehen, wenn am Ende der Investitionsdauer das angelegte Kapital „verfrühstückt" wäre. Der eigentliche Reinertrag ist von daher der um die Erneuerungsrücklage verminderte Reinertrag i. S. der ImmoWertV.

38 In diesem Zusammenhang ist allerdings darauf hinzuweisen, dass bei Immobilien, die nicht der sog. Konsumgutlösung unterliegen, der Gesetzgeber den Wertverlust steuerlich dadurch kompensiert, dass der Anleger einen bestimmten Prozentsatz der Herstellungskosten oder des Kaufpreises (ohne Grund und Boden) steuersparend geltend machen kann. Die prozentuale Höhe hängt vom Alter des Gebäudes ab:

39 Der altersbedingte Wertverlust kann steuerlich dadurch geltend gemacht werden, dass der Anleger einen bestimmten Prozentsatz der Herstellungskosten oder des Kaufpreises (ohne Grund und Boden) steuersparend im Rahmen seiner Einkommensteuer geltend machen kann. Die prozentuale Höhe hängt vom Alter des Gebäudes ab.

Nach der Neuregelung des § 7 Abs. 5 EStG beläuft sich die degressive Gebäudeabschreibung für Gebäude, die

- nicht zu einem Betriebsvermögen gehören,
- Wohnzwecken dienen und
- die aufgrund eines Bauantrags errichtet worden sind, der nach dem 31.12.2003 gestellt wurde, bzw. in Erwerbsfällen, in denen der Notarvertrag nach dem 31.12.2003 rechtswirksam abgeschlossen wurde,

auf folgende Sätze:

Abb. 3: Degressive Gebäudeabschreibung nach § 7 Abs. 5 EStG (ab 1.1.2004)

Degressive Gebäudeabschreibung nach § 7 Abs. 5 EStG (ab 01.01.2004)		
Anzahl der Jahre	AfA-Satz	Gesamt
10 Jahre	4,00 %	40 %
8 Jahre	2,50 %	20 %
32 Jahre	1,25 %	40 %
50 Jahre (gesamt)		100 %

---

[4] Tegova, Europäische Bewertungsstandards, 2. Aufl., 2004.

| Abschreibung | § 19 ImmoWertV IV |

▶ *Zur erhöhten Abschreibung in Sanierungsgebieten vgl. Teil VI Rn. 246 ff.; für Baudenkmale Teil V Rn. 780 ff.*

Bei neu errichteten Wohnobjekten ist die AfA deutlich höher und degressiv, d. h., der Abschreibungsbetrag fällt mit der Zeit. **40**

– Für Gebäude, die nach dem 31.12.1995 errichtet wurden:

    1. bis 8. Jahr   je 5 %

    9. bis 14. Jahr   je 2,5 %

    15. bis 50. Jahr   je 1,25 %

– Bei Wohnobjekten aus zweiter Hand (gebrauchte Wohnobjekte) gilt die sog. lineare AfA, d. h., der Abschreibungsbetrag ist über 40 oder 50 Jahre konstant.

    Fertigstellung nach dem 31.12.1924   jeweils 2,0 % jährlich

    Fertigstellung vor dem 1.1.1925   jeweils 2,5 % jährlich

Wer ein *neues Gebäude* zu Wohnzwecken errichtet, darf in den ersten 10 Jahren 45 % des Gebäudewerts über die AfA abschreiben; bei *gebrauchten Wohnobjekten* im gleichen Zeitraum lediglich 20 bis 25 %. Bei *gewerblich genutzten Objekten* sieht das Einkommensteuergesetz andere AfA-Sätze vor, wobei noch danach unterschieden wird, ob sich das Objekt im Betriebs- oder Privatvermögen befindet. **41**

Die steuerlichen Abschreibungssätze können aber schon insofern nicht der tatsächlichen wirtschaftlichen Abschreibung entsprechen, weil sie an Kosten der Vergangenheit anknüpfen. Wirtschaftlich muss aber von der Abschreibung erwartet werden, dass sie – als Erneuerungsrücklage auf Zinseszins angelegt – mit Ablauf der Restnutzungsdauer einen Kapitalbetrag ergibt, mit dem das Gebäude unter Berücksichtigung zwischenzeitlich eingetretener Preissteigerungen ersetzt werden kann. **42**

Darüber hinaus können bei steuerpflichtigen **Einkünften aus Vermietung und Verpachtung Werbungskosten** geltend gemacht werden, wie z. B. **43**

– Instandhaltungsaufwand,

– Saalmiete für Eigentümerversammlung,

– Kontoführungsgebühren,

– Rechts- und Gerichtskosten,

– Verwaltergebühr,

– Fahrtkosten zum Besuch des Eigentums,

– Zeitungsannoncen bei Neuvermietung und

– Kosten für Fotokopien, Telefon und Büromaterial.

Zu den betragsmäßig dominierenden Ausgaben zählen vor allem die Zinsen für Hypothekendarlehen.

4.2.2 Berücksichtigung der Abschreibung

Das in den §§ 21 ff. ImmoWertV geregelte **Sachwertverfahren** schenkt der Frage der Rücklage der sog. Abschreibung im Übrigen keine Beachtung. Dies ist in dem grundlegenden Wesensunterschied zwischen Ertrags- und Sachwertverfahren begründet und bei Anwendung des Sachwertverfahrens auch systemgerecht. Mit der in § 23 ImmoWertV definierten **Alterswertminderung**, die auch als Abschreibung (für Abnutzungen – AfA –) bezeichnet wird, soll die mit zunehmendem Alter einhergehende Wertminderung des Objekts gegenüber dem als Neubauwert ermittelten Herstellungswert erfasst werden. Diese Wertminderung wächst von Null im Zeitpunkt der Gebäudeerrichtung bis zum vollen Herstellungswert im Jahre des wirtschaftlichen Abgangs des Gebäudes an, ohne dass dabei gefordert wird, dass die Wiederan- **44** lage eines der alljährlich anfallenden Wertminderung entsprechenden Betrags auf Zins und Zinseszins den „Wert der baulichen Anlagen" reproduziert.

45 Bei Anwendung des in den §§ 17 bis 20 ImmoWertV geregelten **Ertragswertverfahrens** braucht der Abschreibung auch keine Beachtung geschenkt zu werden. Die **Erneuerungsrücklage für den verbrauchsbedingten Wertverzehr der baulichen Anlage** ist nach vorstehenden Ausführungen nämlich im Reinertrag enthalten, und es wird bei der Anwendung des Vervielfältigers auf den ermittelten Reinertrag nicht zwischen der Kapitalisierung der darin enthaltenen Abschreibung und des eigentlichen Reinertrags unterschieden. Mit dem aus Kaufpreisen von Grundstücken und ihren jeweiligen Reinerträgen (einschließlich der darin enthaltenen Erneuerungsrücklage) abgeleiteten Liegenschaftszinssatz wird die Abschreibung mit dem zur Anwendung kommenden Liegenschaftszinssatz berücksichtigt. Dies gilt gleichermaßen für die steuerlichen Abschreibungen.

Der in § 18 Abs. 1 ImmoWertV definierte Jahresreinertrag definiert sich als ein Jahresreinertrag, der nicht um die jährliche Wertminderung aufgrund des jährlichen Wertverlustes der baulichen Anlage ergibt. Er ist insofern nicht „rein". Der effektive Jahresreinertrag ergibt sich aus dem Jahresreinertrag i. S. des § 18 Abs. 1 ImmoWertV abzüglich des jährlichen Abschreibungsbetrags (vgl. Abb. 4).

Abb. 4: Effektiver Reinertrag

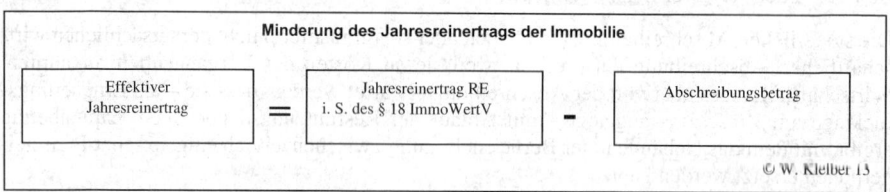

Der effektive Jahresreinertrag braucht aber nicht ermittelt zu werden, weil die Abschreibung indirekt mit dem Liegenschaftszinssatz berücksichtigt wird. Bei der Ableitung der Liegenschaftszinssätze als auch bei Heranziehung dieser Liegenschaftszinssätze zur Ertragswertermittlung wird nämlich jeweils von einem abschreibungsunverminderten Reinertrag ausgegangen wird und man bleibt in demselben System.

46 Dies soll an nachfolgendem *Beispiel* (RND = 100 Jahre) verdeutlicht werden:

a) **Ableitung des Liegenschaftszinssatzes (bei n = ∞)**

ohne Berücksichtigung der Abschreibung			*mit* Berücksichtigung der Abschreibung		
RE	=	50 000 €	RE	=	50 000 €
Abschreibung	=	0 €	Abschreibung	=	– 5 000 €
$RE_{unvermindert}$	=	50 000 €	$RE_{vermindert}$	=	45 000 €
Kaufpreis = Verkehrswert	=	1 000 000 €	Kaufpreis = Verkehrswert	=	1 000 000 €
p = RE × 100/KP	=	5 %	p = RE × 100/KP	=	4,5 %

b) **Verkehrswertermittlung: Verkehrswert = RE × 100/p (bei n = ∞)**

RE	=	50 000 €	RE	=	50 000 €
Abschreibung	=	0 €	Abschreibung	=	– 5 000 €
$RE_{unvermindert}$	=	50 000 €	$RE_{vermindert}$	=	45 000 €
p	=	5 %	p	=	4,5 %
VW = RE × 100/p	=	**1 000 000 €**	VW = RE × 100/p	=	**1 000 000 €**

47 Aus dem *Beispiel* wird deutlich, dass man zu demselben Ergebnis gelangt, wenn man jeweils in demselben System bleibt. Das Verfahren der ImmoWertV, die Abschreibung außer Betracht zu lassen, hat damit den Vorteil, dass man sich über die Höhe der angemessenen

Abschreibung § 19 ImmoWertV IV

Abschreibung keine Gedanken zu machen braucht, und zwar weder bei der Ableitung des Liegenschaftszinssatzes noch bei Anwendung des Ertragswertverfahrens. Festzuhalten bleibt aber, dass das, was als **Reinertrag nach** § 17 **Abs. 1 ImmoWertV** in die Wertermittlung eingeführt wird, **nicht der „wahre" Reinertrag** ist und diesen Ausdruck aus immobilienwirtschaftlicher Sicht nicht verdient. Auch die üblichen steuerlichen Abschreibungsmöglichkeiten gehen im Übrigen in den Liegenschaftszinssatz ein.

Entsprechendes gilt für den **Liegenschaftszinssatz**. Das *Beispiel* zeigt, dass sich Liegenschaften unter Berücksichtigung der Abschreibung zu einem geringeren Zinssatz verzinsen, als der angesetzte Liegenschaftszinssatz vorgibt. 48

Bei Anwendung des **prognoseorientierten Ertragswertverfahrens (*Discounted Cash Flow Verfahren*)** muss im Gegensatz zum klassischen Ertragswertverfahren die Abschreibung besonders berücksichtigt werden. 49

Die Höhe des **Abschreibungsbetrags, der im Reinertrag enthalten ist,** lässt sich nach dem Ertragswertverfahren zugrunde liegenden Modell aus dem jeweiligen Gebäudewert ableiten. Der Abschreibungsbetrag ergibt sich dann nach den Ausführungen bei § 20 ImmoWertV Rn. 7 aus: 50

$$\text{Abschreibungsbetrag des Gebäudes} = G \times \frac{q-1}{q^n - 1}$$

wobei
G Gebäudewert
q Zinsfaktor = 1 + Abschreibungszinssatz/100

Als **Abschreibungszinssatz** ist nach den Ausführungen unter § 20 ImmoWertV Rn. 7 ff. der Liegenschaftszinssatz maßgebend. 51

Der **jährliche Abschreibungsbetrag** kann ermittelt werden, indem der Gebäudeertragswert am Wertermittlungsstichtag durch den nachhaltigen **Abschreibungsdivisor,** 52

$$\text{Abschreibungsdivisor} = \frac{q^n - 1}{q - 1} \quad \text{tabelliert im Anhang 5.2 (vgl. Anl. 9 b WERTR)}$$

geteilt wird.

Beispiel: 53

Gebäudewert	500 000 €
Abschreibungszinssatz	5 %
Restnutzungsdauer	50 Jahre
Abschreibungsbetrag =	500 000 €/209,348 = 2 388 €

Der Gebäudewert kann als Gebäudeertragswert berechnet werden:

$$EW = \underbrace{(RE - p \times BW) \times V}_{\text{Gebäudeertragswert}} + \underbrace{BW}_{\text{Bodenwert}}$$

$$\boxed{\text{Gebäudeertragswert} = EW - BW = (RE - p \times BW) \times V}$$

Die jährlichen Abschreibungsbeträge für die ersten 10 Jahre des Betrachtungszeitraums ergeben sich dann nach der Ausgangsformel wie aus Abb. 5 ersichtlich (Abschreibungsdivisor = $(q^n - 1)/(q - 1)$). 54

IV § 19 ImmoWertV — Verwaltungskosten

Abb. 5: Jährliche Abschreibungsbeträge

Ermittlung der jährlichen Abschreibungsbeträge						
RND Jahre	V	RE – (p × BW) in €	Gebäude in €	Abschr Divisor	Abschr Betrag in €	Jahr
60	16,1614277	920 400	14 874 978	533,128181	27 901,32	2000
59	16,1311134	920 400	14 847 077	502,007718	29 575,40	2001
58	16,0989802	920 400	14 817 501	472,648790	31 349,92	2002
57	16,0649190	920 400	14 786 151	444,951689	33 230,91	2003
56	16,0288141	920 400	14 752 920	418,822348	35 224,77	2004
55	15,9905430	920 400	14 717 696	394,172027	37 338,26	2005
54	15,9499755	920 400	14 680 357	370,917006	39 578,55	2006
53	15,9069741	920 400	14 640 779	348,978308	41 953,26	2007
52	15,8613925	920 400	14 598 826	328,281422	44 470,46	2008
51	15,8130761	920 400	14 554 355	308,756059	47 138,69	2009
50	15,7618607	920 400	14 507 217	290,335905	49 967,01	2010

4.2.3 Besonderheiten (Anomalien)

▶ *Vgl. Syst. Darst. des Ertragswertverfahrens Rn. 200, 56 f.; § 17 ImmoWertV Rn. 9*

55 Bei Anwendung des dynamischen Ertragswertverfahrens *(direct capitalization)* wird die Abschreibung (einschließlich ihrer steuerlichen Geltendmachung) nach den vorstehenden Ausführungen bereits mit dem Liegenschaftszinssatz (Vervielfältiger) erfasst, und zwar in der objektspezifisch üblichen Höhe.

– Soweit sich die steuerlichen Rahmenbedingungen zum Wertermittlungsstichtag gegenüber denen, die der Ermittlung des Liegenschaftszinssatzes zugrunde liegen, geändert haben, kann dem durch eine Modifikation des Liegenschaftszinssatzes Rechnung getragen werden. Nach Fortfall von Steuervergünstigungen kann es z. B. angezeigt sein, den Liegenschaftszinssatz (z. B. um 0,5 %) zu erhöhen.

– Soweit ein allgemein gültiger Liegenschaftszinssatz auf Objekte mit besonders günstigen oder ungünstigen steuerlichen Abschreibungsmöglichkeiten zur Anwendung kommt, kann es ebenfalls angezeigt sein, den Liegenschaftszinssatz um 0,5 % zu vermindern bzw. zu erhöhen.

56 Bei Anwendung des prognoseorientierten Ertragswertverfahrens (*Discounted Cash Flow* Verfahren) auf der Grundlage eines besonderen Kapitalisierungszinssatzes **muss die Abschreibung in geeigneter Form berücksichtigt werden** (vgl. Syst. Darst. des Ertragswertverfahrens Rn. 56 ff.).

4.3 Verwaltungskosten (§ 19 Abs. 2 Nr. 1 ImmoWertV)

4.3.1 Begriff

▶ *Syst. Darst. des Ertragswertverfahrens Rn. 214*

57 Verwaltungskosten *(overhead management)* sind die **Kosten der zur Verwaltung des Grundstücks einschließlich seiner baulichen Anlagen erforderlichen Arbeitskräfte und Einrichtungen, die Kosten der Aufsicht sowie die Kosten der Geschäftsführung.** § 19 Abs. 2 Nr. 1 ImmoWertV stellt als Kosten der Verwaltung zur Klarstellung den „Wert der vom Eigentümer persönlich geleisteten Verwaltungsarbeit" gesondert heraus. Dazu gehören die Kosten für die Überwachung der Mieteingänge, der Mietanpassung und Mietveränderungen, der Neuvermietung und des Abschlusses von Mietverträgen, der Buchhaltung, Rechnungsprüfung, des Zahlungsverkehrs und des Jahresabschlusses, der Kosten für die Bearbeitung von Versicherungsfällen und der Organisation von Instandhaltungsarbeiten.

Die ausdrückliche Erwähnung des **„Werts der vom Eigentümer persönlich geleisteten Verwaltungsarbeit"** ist mit der ImmoWertV in Anlehnung an § 26 Abs. 1 Satz 1 II. BV in die Verordnung aufgenommen worden. Die vom Eigentümer persönlich geleistete Verwaltungsarbeit war bereits nach der in der WertV 72 gegebenen Definition Bestandteil der Verwaltungskosten. Mit der WertV 88 wurde diese Position unverständlicherweise gestrichen. Hieran ist in der Vorauflage[5] Kritik geübt worden, weil das Ergebnis der Ertragswertermittlung verfälscht wird, wenn die Eigenleistungen des Eigentümers außer Betracht blieben[6]. Der Verordnungsgeber ist dieser Kritik gefolgt. 58

Zu den Verwaltungskosten gehören die **Kosten der zur Verwaltung des Grundstücks erforderlichen Arbeitskräfte und Einrichtungen.** Demzufolge gehören zu den Verwaltungskosten auch die nach Nr. 14 der Anl. 3 zu § 27 Abs. 1 II. BV nicht umlegbaren Anteile der Hauswartskosten, die auf die Verwaltung entfallen. Bei persönlicher Arbeitsleistung ist auf den Betrag abzustellen, der für gleichwertige Unternehmerleistung zu erbringen wäre, jedoch ohne Umsatzsteuer. Im Unterschied zum bisherigen Recht werden die baulichen Anlagen des Grundstücks hierbei nicht mehr ausdrücklich genannt; begrifflich gehören sie nach wie vor zum Grundstück. 59

Die in § 26 Abs. 1 Satz 2 II. BV ergänzend genannten **Kosten der gesetzlichen und freiwilligen Prüfung des Jahresabschlusses und der Geschäftsprüfung** werden nicht mehr in der Definition der ImmoWertV ausdrücklich erwähnt. Diese Kosten sind nach wie vor für die unternehmerische Wohnungswirtschaft von Bedeutung und gehören zu den marktüblichen Verwaltungskosten bei Objekten, die diesem Teilmarkt zugeordnet werden müssen. 60

Auch die **Verwaltungskosten sind in der am Wertermittlungsstichtag üblichen Höhe anzusetzen.** 61

Als Bezugsgrundlage der **Erfahrungssätze** über die Höhe der Verwaltungskosten hat sich vor allem die Anzahl der Mieteinheiten bewährt. Erfahrungssätze für Verwaltungskosten in einem Vomhundertsatz der Durchschnittsmiete sind dagegen vor allem von der Höhe der Durchschnittsmiete und dem Baujahr abhängig. 62

4.3.2 Wohnraum

▶ *Zu den Verwaltungskosten nach Anl. 3 WERTR vgl. Syst. Darst. des Ertragswertverfahrens Rn. 198 ff.*

Die **Verwaltungskosten bewegen sich** bei Wohnimmobilien je nach Bundesland **in einer Größenordnung von 3 v. H. bis zu 10 v. H. der Jahresbruttomiete,** in Ausnahmefällen auch bis zu 12 v. H[7]. Die WERTR a. F. nennen 3 v. H. bis 5 v. H. des Rohertrags (eigentlich Nettokaltmiete/Grundmiete) je nach den örtlichen Verhältnissen. Auch diesen Sätzen kommt allerdings keine Verbindlichkeit zu. Allgemein gilt, dass der Vomhundertsatz bei großen Wohnanlagen geringer ausfällt als bei kleineren Wohnanlagen[8]. 63

Bei **Mietwohnungen** können Verwaltungskosten nicht umgelegt werden. Zahlt ein Mieter dennoch aus Unkenntnis der Rechtslage solche Nebenkosten, die im Mietvertrag nicht vereinbart wurden, so stellt dies gemäß einer Entscheidung des LG Kassel[9] keine Anerkennung 64

---

5 Kleiber/Simon/Weyers, Verkehrswertermittlung von Grundstücken, 5. Aufl., § 18 WertV Rn. 49.
6 BR-Drucks. 352/88, S. 58.
7 Vgl. durchschnittliche Verwaltungskosten nach Ermittlungen des Gutachterausschusses von Berlin (1993/95) in Kleiber Verkehrswertermittlung von Grundstücken, 6. Aufl. 2010, S. 1811.
8 Vgl. auch Recker/Slomian, Immobilienverwaltung, Praxishandbuch, München 2000.
9 LG Kassel, Urt. vom 27.7.1989 – 1 S 187/88 –, WuM 1990, 159 = EzGuG 20.127.

einer Zahlungspflicht dar. Die Zahlung der Kosten – so das Gericht – besage nur, dass der Wohnungsmieter von einer ordnungsgemäßen Abrechnung ausgegangen sei.

65 Mit der am 1.1.2002 in Kraft getretenen Neufassung der II. BV hält die Verordnung an Verwaltungskostenpauschalen fest, die sich auf die Wohneinheit beziehen. Die angegebenen Verwaltungs- und auch die Instandhaltungskosten wurden jedoch dynamisiert. Mit § 26 Abs. 4, § 28 Abs. 5a und § 41 Abs. 1 Satz 2 II. BV n. F. werden angegeben

a) die Höchstpauschale der Verwaltungskosten für Wohnungen, Eigentumswohnungen und Garagen,

b) die *Abzugssätze* nach § 28 Abs. 2 Satz 2 II. BV bei *eigenständig gewerblicher Leistung von Wärme*,

c) der Zuschlagssatz für Wohnungen, für die ein maschinell betriebener Aufzug vorhanden ist (§ 28 Abs. 2 Satz 3 II. BV),

d) die Abzugssätze nach § 28 Abs. 3 II. BV für die vom Mieter getragenen Kosten der *kleinen Instandhaltung*,

e) die gesondert zu berücksichtigenden Kosten der vom Vermieter getragenen *Schönheitsreparaturen* in Wohnungen nach § 28 Abs. 4 II. BV sowie

f) die *Instandhaltungspauschale für Garagen* und ähnliche Einstellplätze nach § 28 Abs. 5 II. BV.

66 **Die angegebenen Verwaltungskosten** sind nach § 26 Abs. 4 und § 41 Abs. 2 Satz 2 II. BV **ab dem 1.1.2005 und am 1. Januar eines jeden darauf folgenden dritten Jahres um den Prozentsatz anzupassen, um den sich der** vom Statistischen Bundesamt festgestellte **Verbraucherpreisindex** für Deutschland für den der letzten Veränderung vorausgehenden Monat Oktober **erhöht oder verringert hat.** Für die Veränderung am 1.1.2008 ist die Erhöhung oder Verringerung des Verbraucherpreisindexes für Deutschland maßgeblich, die im Oktober 2007 gegenüber dem Oktober 2004 eingetreten ist.

67 Die Sätze können als Anhalt dienen und wurden deshalb in die WERTR aufgenommen (vgl. Syst. Darst. des Ertragswertverfahrens Rn. 202). Bei Verkehrswertermittlungen, die sich auf einen zurückliegenden Wertermittlungsstichtag beziehen, sind die entsprechenden Ansätze der II. BV in der jeweils gültigen Fassung heranzuziehen (vgl. Abb. 6).

Abb. 6: Verwaltungskosten nach II. BV

Zeitraum		Verwaltungskosten					
		Wohnung		Eigentumswohnung		Garage	
ab	20.11.1950	15,34 €	p. a. je Wohnung	–	p. a. je Wohnung	5,11 €	p. a. je Garage
	01.11.1957	25,56 €	p. a. je Wohnung	–	p. a. je Wohnung	5,11 €	p. a. je Garage
	01.09.1963	30,67 €	p. a. je Wohnung	–	p. a. je Wohnung	5,11 €	p. a. je Garage
	01.01.1968	43,46 €	p. a. je Wohnung	–	p. a. je Wohnung	7,67 €	p. a. je Garage
	01.01.1971	51,63 €	p. a. je Wohnung	–	p. a. je Wohnung	10,23 €	p. a. je Garage
	01.06.1972	61,35 €	p. a. je Wohnung	–	p. a. je Wohnung	10,23 €	p. a. je Garage
	01.01.1975	92,03 €	p. a. je Wohnung	–	p. a. je Wohnung	15,34 €	p. a. je Garage
	01.07.1979	122,71 €	p. a. je Wohnung	148,27 €	p. a. je Wohnung	17,90 €	p. a. je Garage
	01.01.1984	122,71 €	p. a. je Wohnung	148,27 €	p. a. je Wohnung	17,90 €	p. a. je Garage
	01.07.1988	168,61 €	p. a. je Wohnung	196,85 €	p. a. je Wohnung	23,01 €	p. a. je Garage
	01.09.1993	214,74 €	p. a. je Wohnung	255,65 €	p. a. je Wohnung	28,12 €	p. a. je Garage
	01.01.2002	**230,00 €**	p. a. je Wohnung	**275,00 €**	p. a. je Wohnung	**30,00 €**	p. a. je Garage
	01.01.2005	240,37 €	p. a. je Wohnung	287,40 €	p. a. je Wohnung	31,00 €	p. a. je Garage
	01.01.2008	254,79 €	p. a. je Wohnung	304,64 €	p. a. je Wohnung	33,23 €	p. a. je Garage
	01.01.2011	263,55 €	p. a. je Wohnung	315,11 €	p. a. je Wohnung	32,90 €	p. a. je Garage

▶ *Vgl. die Ausführungen bei Rn. 30 ff.*

Verwaltungskostenpauschalen gibt es auch im freifinanzierten Wohnungsbau. Diese bewegten sich im Jahre 2009 z. B. bei **Eigentumswohnungen** zwischen 300 € und 350 € einschließlich der Mehrwertsteuer im Jahr. 68

Verwaltungskosten von Wohnungs- und Wohngeschäftsgebäuden

Verhältnis	Wohn- und Wohngeschäftsgebäude		
Qualifizierung	niedrig	mittel	hoch
Jährliche Verwaltungskosten in % der Sollmieten, Vollvermietung *ohne* Mietrückstände	4	8	12

Quelle: Gärtner, S., Beurteilung und Bewertung alternativer Planungsentscheidungen im Immobilienbereich mithilfe eines Kennzahlensystems, 1. Aufl. 1996

Bei **Wohnungs- und Teileigentum** können wesentliche Daten im Übrigen der jährlichen Wohngeldabrechnung des Verwalters (§§ 20 bis 29 WEG) entnommen werden. 69

4.3.3 Gewerberaum

Bei **Gewerbeimmobilien** kommt es im Einzelfall zu **mietvertraglichen Vereinbarungen über die Umlage der Verwaltungskosten.** Die Verwaltungskosten können umgelegt werden (vgl. § 18 ImmoWertV Rn. 13, 106 ff.)[10]. Meist handelt es sich hierbei um die Kosten für die Erstellung der Jahresabrechnungen zu den (Mietneben-)Betriebskosten. 70

Für **Gewerbeflächen** werden Verwaltungskosten zwischen 0,13 €/m² und 0,25 €/m² monatlich gezahlt[11]. *Reeker/Slomian*[12] geben Verwaltungskosten von 3 bis 6 % der Nettokaltmiete an, wobei sie sich tatsächlich eher im unteren Bereich bewegen. 71

4.3.4 Landwirtschaftliche Wirtschaftsgebäude

Bei **landwirtschaftlichen Wirtschaftsgebäuden** wird mit Verwaltungskosten von 3,0 bis 5,0 % des Rohertrags gerechnet. 72

4.3.5 Besonderheiten (Anomalien)

▶ *Vgl. Rn. 23, 55, Syst. Darst. des Ertragswertverfahrens Rn. 200; § 17 ImmoWertV Rn. 9*

Besonderen, von der üblichen Vertragspraxis und den herangezogenen Vergleichsmieten temporär abweichenden mietvertraglichen Regelungen muss wiederum Rechnung getragen werden, soweit sie den Verkehrswert beeinflussen: 73

- Bei Anwendung des *zwei- und eingleisigen Ertragswertverfahrens* nach § 17 Abs. 2 ImmoWertV kann solchen Besonderheiten nach § 8 Abs. 3 ImmoWertV differenziell Rechnung getragen werden, indem die kapitalisierte Differenz ergänzend berücksichtigt wird.
- Bei Anwendung des *mehrperiodischen Ertragswertverfahrens* nach § 17 Abs. 1 Satz 2 i. V. m. Abs. 3 ImmoWertV kann direkt von einem entsprechend erhöhten oder verminderten Reinertrag ausgegangen werden.

---

10 OLG Hamburg, Urt. vom 6.2.2002 – 4 U 32/00 –, NJW-RR 2002, 802 = NZM 2002, 388.
11 Vgl. z. B. Grundstücksmarktbericht Bochum 2011.
12 Immobilienverwaltung – Praxishandbuch, München 2000.

4.4 Betriebskosten (§ 19 Abs. 3 Nr. 4 ImmoWertV)

4.4.1 Begriff

Schrifttum: *Langenberg,* Betriebskostenrecht der Wohn- und Gewerbemiete, 2. Aufl. München 2000; *Fischer-Dieskau/Pergande/Schwender,* Wohnungsbaurecht; *Zwanck, H.,* Betriebskosten und Betriebskostenvergleich, GWW 1971, 172.

▶ *Allgemeines vgl. Syst. Darst. des Ertragswertverfahrens Rn. 198 ff. und § 18 ImmoWertV Rn. 12 ff., 50*

74 § 19 Abs. 2 Nr. 4 ImmoWertV nennt die Betriebskosten (operating expense) als Teil der Bewirtschaftungskosten, ohne sie zu definieren. Betriebskosten sind nach § 556 Abs. 1 Satz 2 BGB die **Kosten, die dem Eigentümer oder Erbbauberechtigten durch das Eigentum oder das Erbbaurecht am Grundstück oder durch den bestimmungsgemäßen Gebrauch des Gebäudes, der Nebengebäude, Anlagen, Einrichtungen und des Grundstücks laufend entstehen.** Wie sich die Betriebskosten zusammensetzen, bestimmt sich nach der BetrKV[13]; der Katalog der **Betriebskosten nach § 2 BetrKV** ist in den Syst. Darst. des Ertragswertverfahrens bei Rn. 208 abgedruckt. Darüber hinaus werden Betriebskosten auch in der DIN 18960 unter der Kostengruppe 300 definiert.

75 Betriebskosten werden vielfach auch als „**Nebenkosten**" bezeichnet. Auch wenn die Begriffe vielfach synonym gebraucht werden, empfiehlt es sich zu unterscheiden zwischen den

– *gesetzlich definierten Betriebskosten* und
– *den Nebenkosten,* die mitunter *durch Vertrag abweichend definiert* werden.

Als Nebenkosten gelten mithin die Kosten, die als solche im Mietvertrag ausdrücklich vereinbart worden sind.

76 Die **Definition der Betriebskosten des § 2 BetrKV gilt** unmittelbar für preisgebundenen Wohnraum und **mittelbar über § 556 BGB auch für preisfreien Wohnraum;** für preisfreien Wohnraum können die in der BetrKV genannten Betriebskostenarten im Übrigen nicht erweitert werden[14].

77 Betriebskosten (Nebenkosten) können im **Bereich der Wohnraumbewirtschaftung** gemäß § 556 BGB mietvertraglich auf die Mieter umgelegt werden. Davon wird regelmäßig Gebrauch gemacht. Die Betriebskosten werden deshalb i. d. R. von den Mietern ganz neben der Miete getragen. Nach § 19 Abs. 1 letzter Halbsatz ImmoWertV werden deshalb die **durch Umlagen** (nach den §§ 556 f. BGB) **gedeckten Betriebskosten** von vornherein **nicht den bei der Ermittlung des Ertragswerts berücksichtigungsfähigen Bewirtschaftungskosten zugerechnet.** Dies ist darin begründet, dass der Rohertrag spiegelbildlich unter Ausschluss der Umlagen ermittelt wird. Infolgedessen brauchen sie zur Ermittlung des Reinertrags aus dem Rohertrag nicht als Bewirtschaftungskosten in Abzug gebracht zu werden. Zur Ermittlung des Reinertrags wird deshalb regelmäßig von der Jahresnettokaltmiete ausgegangen. Dies gilt gleichermaßen für den gewerblichen Bereich; auch hier werden die Betriebskosten in aller Regel auf die Mieter umgelegt.

78 Bei **gewerblichen Mietverhältnissen** und solchen, die nicht auf Gewinnerzielung ausgerichtet sind, ist die Definition nur verbindlich, wenn sie vertraglich vereinbart worden ist oder im Wege der Auslegung Anwendung finden kann[15].

79 Im gewerblichen Bereich können die Vertragsparteien nach dem Grundsatz der Vertragsfreiheit selbst vereinbaren, von wem die Bewirtschaftungskosten im Einzelnen zu tragen sind. Demzufolge sind die wohnraumrechtlichen Regelungen über die Betriebskosten für sie nur verbindlich, wenn sie vertraglich vereinbart worden sind oder im Wege der Auslegung

---
13 Betriebskostenverordnung – BetrKV – vom 25.11.2003 (BGBl. I 2003, 2346, 2347).
14 Fischer-Dieskau/Pergande/Schwender, Wohnungsbaurecht, Bd. IV § 27 II BV, S. 711.
15 Langenberg, Betriebskostenrecht der Wohn- und Gewerberaummiete, 2. Aufl., München 2000, S. 2, 67 ff.

Anwendung finden können[16]. Um den Besonderheiten gewerblicher Mieträume Rechnung zu tragen, wird dabei häufig von einem erweiterten Betriebskostenbegriff ausgegangen und der Begriff der Betriebskosten durch den Begriff „Nebenkosten" ersetzt.

Die Regelungen der die **HeizkostenV** über die Verteilung der Kosten der Beheizung und Warmwasserversorgung finden generell, d. h. sowohl auf gewerbliche Mietverhältnisse als auch im wohnungswirtschaftlichen Bereich, Anwendung. 80

In jedem Fall ist **in Miet- bzw. Pachtverträge einzusehen**[17]. Die Umlagefähigkeit des *Fällens von Bäumen* ist je nach Fallgestaltung umlagefähig[18]; des Weiteren sind umlagefähig 81

– die Kosten eines *doorman*[19],
– die Kosten der Dachrinnenreinigung[20].

Marktuntersuchungen haben gezeigt, dass von der **Umlegbarkeit der Betriebskosten** jedoch nicht immer in vollständigem Umfang Gebrauch gemacht wird, und zwar vornehmlich im Handelsbereich. Nach einer Untersuchung der Deutschen Immobilien Datenbank (Ergebnisse des deutschen Marktes 1998) beliefen sich 1998 die zu Lasten des Eigentümers gehenden Betriebskostenanteile auf die sich aus Abb. 6 ergebenden Größenordnungen: 82

Durchschnittliche vom Eigentümer getragene Betriebskosten

	Betriebskosten	
	in % der tatsächlich erzielten Miete	absolut
Wohnen	1,9 %	1,20 €/m²/Jahr
Büro	2,6 %	4,20 €/m²/Jahr
Handel	6,0 %	7,80 €/m²/Jahr

Quelle: Deutsche Immobilien Datenbank

Es kommt insbesondere bei Wohnungsunternehmen vor, dass hier nur die Kosten von Wasserversorgung, Heizung und Warmwasser neben der Miete umgelegt werden. **Generell empfiehlt es sich daher zur Sicherheit, auch bei umgelegten Betriebskosten ca. 1 % der Nettokaltmiete als nicht umgelegte Betriebskosten anzusetzen.** 83

Auch bei den **Betriebskosten** ist im Übrigen ein **Ausfallwagnis** zu berücksichtigen. Dieses Umlageausfallwagnis darf z. B. im Bereich der sozialen Wohnraumförderung 2 v. H. der für alle Wohnungen entstandenen Betriebskosten nicht übersteigen. Darüber hinaus vermindern die Betriebskosten den Reinertrag, soweit sie im Zuge eines **dauerhaften Leerstands** als fixe Kosten vom Eigentümer getragen werden müssen. 84

Nach § 18 Abs. 1 ImmoWertV sind die **bei ordnungsgemäßer Bewirtschaftung üblichen Betriebskosten** zu berücksichtigen. Dabei wird wiederum auf **Erfahrungssätze** zurückgegriffen. 85

4.4.2 Wohnraum

Schrifttum: *Deutscher Mieterbund,* Betriebskostenspiegel Deutschland des Deutschen Mieterbundes, GuG 2011, 19.

Die Betriebskosten haben in der Wohnungswirtschaft immer mehr an Bedeutung gewonnen. Man spricht in diesem Zusammenhang von einer „zweiten Miete". Als Betriebskosten werden nach dem vorher Gesagten die Kosten definiert, die durch das Eigentum am Grundstück oder 86

---

16 Langenberg, Betriebskostenrecht der Wohn- und Gewerberaummiete, 2. Aufl., München 2000, S. 2, 67 ff.
17 Zur Umlagefähigkeit AG Dachau, Beschl. vom 7.4.1998 – 3 C 76/98 –, DWW 1998, 181.
18 AG Düsseldorf, Urt. vom 19.7.2002 – 33 C 6544/02 –, WuM 2002, 498; vgl. Schmidt-Futterer/Langenberg, Mietrecht, 7. Aufl., § 546 BGB Rn. 131 f.
19 LG Potsdam, Urt. vom 7.11.2002 – 11 S 63/02 –, BlnGE 2003, 743.
20 BGH, Urt. vom 7.4.2004 – VIII ZR 167/03 –, BlnGE 2004, 613 = GuG 2004, 317.

durch den bestimmungsgemäßen Gebrauch des Grundstücks sowie seiner baulichen und sonstigen Anlagen *laufend* entstehen. Im Unterschied zum bisherigen Recht werden die Betriebskosten nicht definiert und es wird auch nicht auf die Betriebskostenverordnung verwiesen; die dort genannten Betriebskostenarten sind aber weiterhin zu berücksichtigen.

87   Im öffentlich geförderten Wohnungsbau gehört die **Grundsteuer** nach § 2 Nr. 1 BetrKV neben anderen laufenden öffentlichen Lasten des Grundstücks zu den umlagefähigen Betriebskosten. Die Grundsteuer wird üblicherweise auch ohne gesetzliche Regelung im freifinanzierten Wohnungsbau umgelegt.

88   Da das Grundsteuersystem als sog. verbundene Grundsteuer auf der Grundlage von Boden *und* Gebäude ausgestaltet ist, ergibt sich für neue Gebäude eine höhere Grundsteuer als für ältere Gebäude.

89   Die **vom Eigentümer** (Erbbauberechtigten) **selbst erbrachten Sach- und Arbeitsleistungen,** durch die Betriebskosten gespart werden, dürfen nach § 27 Abs. 2 Satz 1 II. BV mit dem Betrag angesetzt werden, der für eine gleichwertige Leistung eines Dritten, insbesondere eines Unternehmers, angesetzt werden könnte. Die Umsatzsteuer des Dritten darf allerdings nicht berücksichtigt werden.

90   Für den **Bereich des geförderten Wohnungsbaus** sowie für den **steuerbegünstigten oder freifinanzierten Wohnungsbau, der mit Wohnungsbauförderungsmitteln gefördert worden ist,** schreibt § 27 Abs. 3 II. BV im Übrigen vor, dass **Betriebskosten nicht in der Wirtschaftlichkeitsberechnung angesetzt** werden dürfen.

91   **Maßstab für die Verteilung der umlagefähigen Betriebskosten** ist im Allgemeinen der Anteil der Nutz- bzw. Wohnfläche an der gesamten nutzbaren Fläche (vgl. § 556a BGB). Nachdem die DIN 283 (1951) in den Jahren 1983 und 1989 ersatzlos zurückgezogen wurde, wird die Nutz- bzw. Wohnfläche heute meist auf der Grundlage der §§ 42 bis 44 II. BV berechnet. Es ist damit zu rechnen, dass künftig die Wohnflächenverordnung breitere Anwendung findet.

92   Zur Ermittlung der **nicht umgelegten Betriebskosten,** die den Jahresreinertrag des Vermieters mindern, werden nachfolgende Erfahrungssätze angegeben (Abb. 7):

Abb. 7:   **Durchschnittliche Betriebskosten pro m² Wohnfläche in €**

Betriebskostenart	im Jahr	im Monat	umgelegt	nicht umgelegt
Wasserversorgung und -entsorgung	4,70	0,40		
Zentrale Warmwasserversorgung	1,50	0,12		
Verbundene Heizungs- und Warmwasserversorgungsanlagen	1,30	0,11		
Maschinell betriebener Personen- und Lastenaufzug	1,00	0,08		
Straßenreinigung und Müllbeseitigung (Schneebeseitigung)	4,00	0,33		
Gebäudereinigung und Ungezieferbekämpfung	1,10	0,09		
Gartenpflege	1,30	0,11		
Beleuchtung	0,40	0,03		
Schornsteinfegerreinigung	0,60	0,05		
Sach- und Haftpflichtversicherung	1,50	0,12		
Hauswart	1,70	0,14		
Gemeinschaftsantennenanlage	0,50	0,04		
Breitbandkabelnetzverteileranlage	1,00	0,08		
Wäschepflegeanlage	0,50	0,04		
Sonstiges (Dachrinnenreinigung)				
Grundsteuer	2,80	0,23		
	Verbleibt beim Vermieter:			

Zahlungen auf Betriebskosten erfolgen regelmäßig als Vorauszahlungen. Der Vermieter muss jährlich abrechnen und angeben, welchen Abrechnungszeitraum er zugrunde legt. So kann es möglich sein, dass der Vermieter nicht alle Betriebskosten in einer Abrechnung erfasst. Dies ist dann der Fall, wenn für Heizkosten als Abrechnungszeitraum beispielsweise der 1.7. bis 30.6. vereinbart ist, im Übrigen aber das Kalenderjahr zugrunde gelegt wird. Der Vermieter muss die jeweilige Abrechnung spätestens bis zum Ablauf des zwölften Monats nach Ablauf des Abrechnungszeitraums vorlegen. Auch bei den Betriebskosten ist ein Ausfallwagnis zu berücksichtigen. Dieses Umlageausfallwagnis darf z. B. im Bereich der sozialen Wohnraumförderung 2 v. H. der für alle Wohnungen entstandenen Betriebskosten nicht übersteigen. Der Anspruch des Vermieters gegen den Mieter auf Nachzahlung von Betriebskosten verjährt in vier Jahren[21]. 93

4.4.3 Gewerberaum

▶ *Im Einzelnen Teil V Rn. 158 ff.; zu den Nebenkosten für Shopping-Center vgl. Teil V Rn. 306; für offene Parkhäuser vgl. Teil V Rn. 491*

Zu den Mietnebenkosten zählen auch im gewerblichen Bereich die Betriebskosten gemäß § 2 BetrKV, d. h. einschließlich Grundbesitzabgaben und Prämien für Sach- und Haftpflichtversicherungen. Bei der *Neuvermietung gewerblich nutzbarer Räume* wird nur noch selten die **Umlage der Grundsteuer und Versicherungsprämien** vereinbart. 94

Durch **individualvertragliche Regelungen** kann im gewerblichen Bereich der Vermieter den Mieter mit Kosten belasten, die über den Betriebskostenkatalog des § 2 BetrKV hinausgehen. Dies ist darauf zurückzuführen, dass 95

- sich der wohnungswirtschaftlich ausgerichtete Betriebskostenkatalog der BetrKV für gewerbliche Immobilien als zu eng erwiesen hat,
- im gewerblichen Bereich von den Möglichkeiten der Vertragsfreiheit Gebrauch gemacht wird und über die wohnungsrechtlichen Beschränkungen hinaus weitere Kosten auf den Mieter umgelegt werden und
- zudem auch vielfache Abgrenzungsschwierigkeiten zwischen den einzelnen Bewirtschaftungskostenarten damit überwunden werden können.

In diesem Zusammenhang wird dann der Begriff der Betriebskosten durch den Begriff der **Nebenkosten** ersetzt.

Die Richtlinie der GEFMA/gif 210 über Betriebs- und Nebenkosten für gewerblichen Raum (Stand: Dezember 2006; Anh. A, Teil 2 dieser Richtlinie) führt hierzu auf: 96

- die Kosten des Betriebs von Feuerlöschanlagen, z. B. Sprinkleranlagen,
- die Kosten des Betriebs von luft- und klimatechnischen Anlagen, einschließlich zugehöriger Klimakälteerzeugung, Rückkühlwerke etc.,
- die Kosten des Betriebs von Blindstromkompensationsanlagen, Netzersatzanlagen, unterbrechungsfreien Stromversorgungen (USV), Notbeleuchtungsanlagen und weiteren Starkstromanlagen,
- die Kosten des Betriebs von fernmelde- und informationstechnischen Anlagen, insbesondere Gefahrenmelde-, Alarm- und Videoüberwachungsanlagen,
- die Kosten des Betriebs weiterer Fördertechnik, z. B. Rolltreppen,
- die Kosten des Betriebs nutzungsspezifischer Anlagen,
- die Kosten des Betriebs der Gebäudeautomation,
- die Kosten des Betriebs sonstiger Anlagen und Einrichtungen, die der Bedienung, Überwachung, Prüfung, Pflege, Inspektion oder Wartung bedürfen, z. B. kraftbetätigte Türen und Tore.

---

21 Zur Auslegung und Zulässigkeit von Formularklauseln in einem Wohnungsmietvertrag (z. B. Verteilungsschlüssel, Dübeleinsätze in Küche und Bad), wird auf BGH, Urt. vom 20.1.1993 – VIII ZR 10/92 –, GuG 1994, 127 [LS] verwiesen.

97 Darüber hinaus können auch andere Bewirtschaftungskostenarten umgelegt werden, z. B.
- die Kosten der Verwaltung bei der Vermietung von Teileigentum,
- die Kosten einer rechtlich nicht mit dem Vermieter identischen Hausverwaltung,
- die laufenden Kosten von Befahranlagen für Grasdächer und Fassaden,
- die Kosten von Fahnen und Hinweisschildern,
- die laufende Instandhaltung und Instandsetzung im Innern der Räume[22].

4.4.4 Land- und Forstwirtschaft

98 Bei **landwirtschaftlichen Wirtschaftsgebäuden** wird mit Betriebskosten von 5,0 bis 18,0 % des Rohertrags gerechnet; zumeist werden sie jedoch vom Mieter getragen und können dann unberücksichtigt bleiben.

4.4.5 Besonderheiten (Anomalien)

▶ *Vgl. Rn. 23, 55, 73, Syst. Darst. des Ertragswertverfahrens Rn. 200; § 17 ImmoWertV Rn. 9*

99 Da die Betriebskosten umgelegt werden können und i. d. R. auch umgelegt werden, ist davon auszugehen, dass den herangezogenen Vergleichsmieten Vertragsgestaltungen zugrunde liegen, bei denen die Betriebskosten umgelegt worden sind. Gleichwohl sollte diesbezüglich geprüft werden, ob tatsächlich alle Betriebskosten umgelegt worden sind. **Betriebskosten sind** nach § 8 Abs. 3 ImmoWertV **gesondert zu berücksichtigen, wenn sie in nicht üblicher Weise nicht umgelegt wurden.** Beispielsweise werden die Kosten der Gebäudeversicherung oder die Grundsteuer nicht umgelegt.

100 Solchen besonderen von der üblichen Vertragspraxis und den herangezogenen Vergleichsmieten temporär abweichenden mietvertraglichen Regelungen muss wiederum Rechnung getragen werden, soweit sie den Verkehrswert beeinflussen:
- Bei Anwendung des *zwei- und eingleisigen Ertragswertverfahrens* nach § 17 Abs. 2 ImmoWertV kann solchen Besonderheiten nach § 8 Abs. 3 ImmoWertV differenziell Rechnung getragen werden, indem zunächst der (vorläufige) Ertragswert in der Weise ermittelt wird, wie er sich bei der sonst üblichen Umlage der „vollen" Betriebskosten ergibt. Die nicht umgelegten Betriebskosten, die dann vom Eigentümer zu tragen sind, müssen anschließend als Mindereinnahmen über den Zeitraum kapitalisiert werden, über den sie nach den vertraglichen Gegebenheiten hinzunehmen sind.
- Bei Anwendung des *mehrperiodischen Ertragswertverfahrens* nach § 17 Abs. 1 Satz 2 i. V. m. Abs. 3 ImmoWertV kann direkt von einem entsprechend erhöhten oder verminderten Reinertrag ausgegangen werden.

101 Eine weitere Besonderheit kann bei **Leerstand** gegeben sein. Wie dargelegt wird bei der Ertragswertermittlung dem Mietausfallwagnis im Allgemeinen durch Minderung der Jahresnettokaltmiete (Rohertrag) unter

a) Ansatz (z. B. 2 %) eines pauschalen Vomhundertsatzes der Jahresnettokaltmiete (Rohertrag) oder

b) Ansatz eines pauschalen Vomhundertsatzes der nicht umgelegten Bewirtschaftungskosten (insgesamt)

Rechnung getragen.

102 Im Falle eines nur **zeitweise und in ungewöhnlicher Höhe auftretenden vorübergehenden Leerstands**, z. B. in der Anlaufphase eines neu errichteten Bürokomplexes (Akquisitionszeitraum), ist es i. d. R. angezeigt, dem vorübergehenden Leerstand dadurch Rechnung zu tragen,

---

[22] Langenberg, Betriebskostenrecht der Wohn- und Gewerbemiete, 2. Aufl. München 2000, S. 68; Betriebskosten von Shopping-Centern: Kinzer in GuG 2001, 74.

dass der Ertragswertermittlung zunächst das übliche Mietausfallwagnis (bei Vollvermietung) zugrunde gelegt wird und der vorübergehende ungewöhnliche Leerstand zusätzlich als besonderer Ertragsausfall (z. B. nach § 8 Abs. 3 ImmoWertV als *„underrent"*) berücksichtigt wird.

In diesen Fällen erhöht sich der Ertragsausfall um die üblicherweise auf den Mieter umgelegten Betriebskosten, die dann in der Leerstandsphase vom Vermieter getragen werden müssen, sofern nichts Anderweitiges mit *allen* Mietern vereinbart worden ist[23]. Für den Bereich der Wohnraumbewirtschaftung sind nach der Rechtsprechung des BGH die verbrauchsunabhängigen Betriebskosten nach der gesamten Wohnfläche vom Vermieter zu tragen. Diese bestehen nämlich zu einem Großteil aus verbrauchsunabhängigen Fixkosten. Zur Einsparung kommen jedoch insbesondere die Kosten des reduzierten Wasser- und Energieverbrauchs. **Die Betriebskosten sind bei Leerstand etwa mit 80 % der sonst anfallenden Betriebskosten anzusetzen** und erhöhen insoweit den Ertragsausfall:

103

Beispiel:

104

Jährlicher Mietausfall infolge Leerstands	= 480 000 €	
2 000 m² × 20 €/m² × 12 Monate		
zuzüglich üblicherweise umlagefähiger Betriebskosten:	= 48 000 €	
2 000 m² × 2 €/m² × 12 Monate		
davon 80/100 : 48 000 € × 80/100	= 38 400 €	+ 38 400 €
Gesamter Ertragsausfall		518 400 €

Bei einer erwarteten Leerstandszeit von 3 Jahren und einem Liegenschaftszinssatz von 6 % ergibt sich ein Vervielfältiger von 2,67.
Mithin bemisst sich der kapitalisierte Ertragsausfall auf
518 400 € × 2,67   = 1 384 128 €

4.5 Instandhaltungs- und Modernisierungskosten (§ 19 Abs. 2 Nr. 2 ImmoWertV)

4.5.1 Begriffe

Schrifttum: *Fuchs, P.,* Die Instandsetzungskosten im Wohnungsbau – pauschaliert und in Wirklichkeit, BlGBW 1972, 49.

▶ *Allgemeines vgl. Syst. Darst. des Ertragswertverfahrens Rn. 201 ff.; § 6 ImmoWertV Rn. 389 ff.*

a) *Instandhaltung*

Nach der gesetzlichen Regelung des § 536 BGB ist der Vermieter zur **Instandhaltung**, erforderlichenfalls bei vernachlässigter Instandhaltung zur **Instandsetzung** (vgl. Rn. 110) verpflichtet, wobei jedoch regelmäßig die Schönheitsreparaturen auf den Mieter durch eine ausdrückliche Vereinbarung überwälzt werden. Aus einer vernachlässigten Instandhaltungspflicht kann sich dementsprechend eine Schadensersatzpflicht zur Instandsetzung ergeben.

105

§ 28 II. BV definiert (ohne den Begriff zu gebrauchen) als **Instandhaltung** die Maßnahmen, die während der Nutzungsdauer zur Erhaltung des bestimmungsgemäßen Gebrauchs getätigt werden müssen, um die durch Abnutzung, Alterung und Witterungseinwirkung entstehenden baulichen und sonstigen Mängel ordnungsgemäß zu beseitigen. Die Instandhaltung ist von der Modernisierung abzugrenzen.

106

---

23 Der BGH hat mit Urt. vom 21.1.2003 – VIII ZR 137/03 – (NJW-RR 2004, 659 = GuG-aktuell 2004, 22 = EzGuG 3.133) entschieden, dass bei Leerstand der Vermieter die verbrauchsunabhängigen Betriebskosten anteilig (nach der gesamten Wohnfläche) übernehmen muss; BGH, Urt. vom 31.5.2006 – VIII ZR 159/05 –, GuG-aktuell 2006, 38 = EzGuG 3.141a.

107 Mit der **DIN 31 052** (Januar 1985; vgl. auch DIN 18 960) wird die Instandhaltung definiert als Maßnahmen zur *Bewahrung und Wiederherstellung des Sollzustands* sowie zur Feststellung und Beurteilung des Istzustands von technischen Mitteln eines Systems. Diese Maßnahmen beinhalten:

– **Wartung** (Nr. 1.1),

– **Inspektion** (Nr. 1.2) und

– **Instandsetzung** (Nr. 1.3).

Sie schließen ein:

– **Abstimmung** der Instandhaltungsziele mit den Unternehmenszielen,

– **Festlegung entsprechender Instandhaltungsstrategien.**

108 Als **Wartung** werden in Nr. 4.1.2 DIN 31 051, 2003 „Maßnahmen zur Verzögerung des Abbaus des vorhandenen Abnutzungsvorrats" definiert.

109 Als **Inspektion** werden in Nr. 4.1.3 DIN 31 051, 2003 „Maßnahmen zur Feststellung und Beurteilung des Istzustands einer Betrachtungseinheit einschließlich der Bestimmung der Ursachen der Abnutzung und des Ableitens der notwendigen Konsequenzen für eine künftige Nutzung" definiert.

▶ *Hierzu VDMA 24186, AMEV Wartung 2002, VDI 2067 – 1 Tabellen A2-A4*

b) *Instandsetzung*

▶ *Vgl. § 6 ImmoWertV Rn. 393*

110 Die **Instandhaltung ist zu unterscheiden von der Instandsetzung.** Die Instandsetzung war in § 3 Abs. 4 ModEnG[24] definiert als die Behebung von baulichen Mängeln, insbesondere von Mängeln, die infolge von Abnutzung, Alterung, Witterungseinflüssen *oder Einwirkungen Dritter* entstanden sind, durch Maßnahmen, die in den Wohnungen den zum bestimmungsgemäßen Gebrauch geeigneten Zustand wiederherstellen (vgl. § 28 Abs. 1 Satz 2 II. BV, § 3 Nr. 10 HOAI, auch § 177 BauGB), sofern sie nicht unter den Wiederaufbau fallen oder durch Modernisierungen verursacht worden sind.

111 Dies bedeutet aber nicht, dass die Instandsetzung immer in der Wiederherstellung des ursprünglichen Zustands des Gebäudes bestehen muss, zumal namentlich ältere Gebäude im Laufe der Jahrzehnte oder Jahrhunderte mehrfach verändert werden[25]. Instandsetzung und Instandhaltung sind danach wesensgleich, aber nicht identisch. Die Begriffe werden im Verhältnis zueinander so abgegrenzt, dass die Instandhaltung die Beseitigung von Mängeln umfasst, die durch Alterung, Abnutzung oder Witterungseinflüsse in mehr oder weniger zeitlich gleich bleibenden Abständen auftreten, und die vorbeugenden Maßnahmen zur Verhinderung von eingetretenen Schäden, deren Auftreten ungewiss und unregelmäßig ist oder die durch unterlassene Instandhaltung oder durch Einwirkungen Dritter entstanden sind[26].

112 Als Instandsetzungen werden in der **DIN 31 052** definiert:

Maßnahmen zur Wiederherstellung des Sollzustands von technischen Mitteln eines Systems. Diese Maßnahmen beinhalten:

– **Auftrag**, Auftragsdokumentation und Analyse des Auftragsinhalts,

– **Planung** im Sinne des Aufzeigens und Bewertens alternativer Lösungen unter Berücksichtigung betrieblicher Forderungen,

– **Entscheidung** für eine Lösung,

---

24 Aufgehoben durch Art. 4 des Gesetzes zur Reform des Wohnungsbaurechts.
25 Battis/Krautzberger/Löhr, BauGB § 177 Rn. 10.
26 Pergande, Wohnungsbaurecht, II. BV, § 11 Anm. 10.4; zu den Kosten § 17 Rn. 6 und § 18 Rn. 15.

- **Vorbereitung** der Durchführung, beinhaltend Kalkulation, Terminplanung, Abstimmung, Bereitstellung von Personal, Mitteln und Material, Erstellung von Arbeitsplänen,
- **Vorwegmaßnahmen** wie Arbeitsplatzausrüstung, Schutz- und Sicherheitseinrichtungen usw.,
- **Überprüfung** der Vorbereitung und der Vorwegmaßnahmen einschließlich der Freigabe zur Durchführung,
- **Durchführung**,
- **Funktionsprüfung** und Abnahme,
- **Fertigmeldung**, **Auswertung** einschließlich Dokumentation, Kostenaufschreibung, Aufzeigen und gegebenenfalls Einführen von Verbesserungen.

c) *Unterlassene Instandhaltung*

▶ *Vgl. § 6 ImmoWertV Rn. 391*

Von einer unterlassenen Instandhaltung spricht man, wenn eine bauliche Anlage nicht ordnungsgemäß instand gehalten wurde und hierdurch Bauschäden eingetreten sind (**Instandhaltungsrückstau**). **113**

Unterlassene Instandhaltungen können zu einer **Verkürzung der üblichen Restnutzungsdauer** führen. Dies können z. B. auch durch höhere Gewalt entstandene Schäden sein, die nicht behoben worden sind. Bei unterlassener Instandhaltung kann jedoch nicht schematisch eine Verkürzung der üblichen Restnutzungsdauer angenommen werden, denn nicht in jedem Fall wird die übliche **Restnutzungsdauer** durch unterlassene Instandsetzungsmaßnahmen verkürzt[27]. **114**

d) *Modernisierung*

▶ *Vgl. § 6 ImmoWertV Rn. 396 ff.*

Unter **Modernisierung**[28] sind im Bereich der Wohnraumbewirtschaftung bauliche **Maßnahmen zu verstehen** (§ 559 Abs. 1 BGB; § 16 Abs. 3 WoFG[29]; § 11 Abs. 6 II. BV[30]), **die** **115**
- **den Gebrauchswert des Wohnraums nachhaltig erhöhen,**
- **die allgemeinen Wohnverhältnisse auf Dauer verbessern oder**
- **nachhaltig Einsparungen von Energie und Wasser bewirken.**

§ 6 Abs. 6 Satz 2 ImmoWertV definiert ähnlich als **Modernisierung** beispielhaft „Maßnahmen, die eine wesentliche Verbesserung der Wohn- oder sonstigen Nutzungsverhältnisse oder wesentliche Einsparungen von Energie und Wasser bewirken". **116**

Wesentliche Voraussetzung der Modernisierung ist immer die nachhaltige Erhöhung des Gebrauchswerts des Objekts. Dies schließt also eine Erhöhung des reinen Verkaufs- oder Handelswerts des Objekts allein aus. Unter dem **Gebrauchswert** ist der Wert zu verstehen, der ein Objekt nach Nutzung, funktionellen Eigenschaften, Wirtschaftlichkeit und Anforderungen an den Stand der Erkenntnis und Technik qualifiziert. Auch gestalterisch-ästhetische Verbesserungen können als Teilmaßnahmen den Gebrauchswert erhöhen. Als alleinige Maßnahmen sind sie jedoch keine Modernisierung, sondern i. d. R. Instandsetzung oder Instand- **117**

---

27 BGH, Urt. vom 8.12.1975 – III ZR 93/73 –, BRS Bd. 34 Nr. 126 = EzGuG 20.58.
28 Vgl. § 3 Nr. 6 HOAI a. F.; § 559 BGB; § 16 Abs. 3 WoFG; früher: Gesetz zur Förderung und Modernisierung von Wohnungen (BGBl. I 1976, 2429); § 17 Abs. 1 Satz 2 II. WoBauG; BVerfG, Urt. vom 3.7.1987 – 8 C 73/86 –, NJW-RR 1987, 1489.
29 Förderrechtlich fällt nach § 16 Abs. 3 WoFG unter den Begriff der Modernisierung auch die Instandsetzung, die durch Modernisierungsmaßnahmen verursacht wird.
30 Es besteht Verwandtschaft zum Umbau, worunter nach allgemeinem Sprachgebrauch (nur) die bauliche Umgestaltung eines vorhandenen Gebäudes oder von Räumen zu verstehen ist; im Rechtssinne liegt ein Umbau vor, wenn das äußere Erscheinungsbild der bisherigen Räume nachhaltig geändert wird (vgl. BVerwG, Urt. vom 3.3.1987 – 8 C 73/86 –, NJW-RR 1987, 1489; OVG Hamburg, Urt. vom 8.10.1984 – Bf. II 51/80 –; BFH, Urt. vom 28.6.1977 – VIII R 115/73 –, BFHE 122, 512).

haltung[31]. Die **nachhaltige Erhöhung des *Gebrauchswerts*** bezieht sich deshalb nicht nur auf Wohnobjekte, sondern auch auf alle übrigen Objekte, wie zum Beispiel Grünanlagen oder raumbildende Ausbauten, Anlagen der Technischen Ausrüstung oder der Verbesserung des Wärme- und Schallschutzes.

Mit dem wirtschaftstheoretischen Begriff des Gebrauchswerts *(use value)* wird der subjektive Nutzen eines Gutes nach seiner objektiven Eignung bezeichnet. Der Gebrauchswert steht komplementär zum objektiven Wert und in keinem quantitativen Zusammenhang zum Tauschwert.[32] Der Begriff „Gebrauchswert" wird auch vielfach als Synonym zum Nutzwert und im Zusammenhang mit dem Modernisierungsbegriff verwendet (vgl. § 7 Abs. 3 NdsDSchG).

118 **Instandsetzungen, die durch Maßnahmen der Modernisierung verursacht werden**, fallen unter die Modernisierung. Eine ähnliche Definition enthält § 559 BGB in Bezug auf die Modernisierungsumlage[33]. Danach kann für bauliche Maßnahmen, die den Gebrauchswert der Mietsache nachhaltig erhöhen, die allgemeinen Wohnverhältnisse auf Dauer verbessern oder nachhaltig Einsparungen von Energie oder Wasser bewirken (Modernisierung), die jährliche Miete um 11 vom Hundert der für die Wohnung aufgewendeten Kosten erhöht werden.

119 Der Modernisierungsbegriff gilt auch für § 9 Abs. 3 des Wohnungsbindungsgesetzes – WoBindG – sowie für die §§ 6, 13 Abs. 1 und für den § 16 Abs. 5 der Neubaumietenverordnung. Trotz Aufhebung des ModEnG ist dessen Modernisierungsbegriff nach wie vor zur Auslegung heranzuziehen. Danach fallen unter den **Modernisierungsbegriff** insbesondere Maßnahmen zur Verbesserung

a) des Zuschnitts der Wohnung,

b) der Belichtung und Belüftung,

c) des Schallschutzes,

d) der Energie- und Wasserversorgung sowie der Entwässerung,

e) der sanitären Einrichtungen,

f) der Beheizung und der Kochmöglichkeiten,

g) der Funktionsabläufe in Wohnungen und

h) der Sicherheit vor Diebstahl und Gewalt.

Solche Maßnahmen sind geeignet, die sonst übliche wirtschaftliche Nutzungsdauer eines Gebäudes um mindestens 35 bis 40 Jahre zu verlängern; dies muss jedoch im Einzelfall gewissenhaft geprüft werden[34].

e) *Wiederherstellung*

120 **Wiederherstellung** ist der Oberbegriff für Instandsetzungen und Wiederaufbauten (§ 3 Nr. 10 HOAI).

f) *Umbau*

121 Unter einem Umbau ist eine **nachhaltige Änderung des äußeren Erscheinungsbildes** mit wesentlichen Eingriffen in die Konstruktion und Gestaltung zu verstehen, wie etwa bei Grundrissänderungen oder der Zusammenfassung von mehreren Räumen oder kleinen Wohnungen zu einer abgeschlossenen Wohneinheit[35].

---

31 Locher/Koeble/Frik, HOAI Kommentar, Wiesbaden 1962, S. 243.
32 Opitz, Nutzwertanalyse von Immobilien, GuG 2000, 82.
33 Das Miethöhengesetz sowie das Gesetz zur Förderung der Modernisierung von Wohnungen und von Maßnahmen zur Einsparung von Heizenergie (ModEnG), in denen die Modernisierung ähnlich definiert war (§ 3 Abs. 1 MHG), sind mit Art. 10 Nr. 1 des Mietrechtsreformgesetzes und Art. 4 des Wohnraumförderungsgesetzes aufgehoben worden.
34 OLG Hamburg, Urt. vom 16.3.2001 – 11 U 131/98 –, GuG 2002, 125 = EzGuG 20.178b.
35 BVerwG, Urt. vom 3.7.1987 – 8 C 73/86 –, NJW-RR 1987, 1489; OVG Hamburg, Urt. vom 8.10.1981 – Bf II 51/80 –, BBauBl. 1992, 793; BFH, Urt. vom 28.6.1977 – VIII R 115/73 –, BFHE 122, 512. Nach § 11 Abs. 6 Satz 2 II. a. F. gehörte zur Modernisierung auch der Ausbau und der Anbau i. S. des § 17 Abs. 1 Satz 2 und Abs. 2 des II. WoBauG, soweit die baulichen Maßnahmen den Gebrauchswert des bestehenden Wohnraums nachhaltig erhöhen (Pergande, Wohnungsbaurecht II BV Anm. 10). Diese Vorschrift ist wie auch das II. WoBauG ersatzlos aufgehoben worden (Art. 2 Wohnraumförderungsgesetz); vgl. auch das durch Art. 4 des Gesetzes zur Reform des Wohnungsbaurechts aufgehobene ModEnG.

4.5.2 Instandhaltungskosten

4.5.2.1 Instandhaltungskosten nach II. BV

Instandhaltungskosten *(repairs & maintanance)* sind nach § 28 Abs. 1 II. BV die **Kosten, die während der Nutzungsdauer zur Erhaltung des bestimmungsgemäßen Gebrauchs der baulichen Anlagen aufgewendet werden müssen, um die durch Abnutzung, Alterung, Witterungs- und Umwelteinflüsse bzw. durch gesetzliche Auflagen entstehenden baulichen Schäden ordnungsgemäß zu beseitigen, um die Qualität und damit die Ertragsfähigkeit des Renditeobjektes zu erhalten** (§ 3 Nr. 11 HOAI[36]; § 28 II. BV[37], § 1 Abs. 2 Satz 2 BetrKV). Die Instandhaltungskosten umfassen sowohl die Kosten der laufenden Unterhaltung wie auch der Erneuerung einzelner baulicher Teile (z. B. Flachdächer, Fassaden, Fensterrahmen einschließlich Isolierglas). **122**

In den Instandhaltungskosten sind auch die Kosten von Instandsetzungen enthalten[38]. **123**

Es kann zwischen der sog. **kleinen und großen Instandhaltung** (vgl. Rn. 10) unterschieden werden. **124**

– Unter der *kleinen Instandhaltung* ist nach § 28 Abs. 3 Satz 2 II. BV das Beheben kleinerer Schäden an den Installationsgegenständen für Elektrizität, Wasser und Gas, den Heiz- und Kocheinrichtungen, den Fenster- und Türverschlüssen sowie den Verschlussvorrichtungen von Fensterläden zu verstehen. Die kleine Instandhaltung kann selbst im Bereich der sozialen Wohnraumförderung (§ 28 Abs. 3 II. BV) mietvertraglich auf den Mieter übertragen werden, sodass sich die Bewirtschaftungskosten insoweit für den Vermieter vermindern (vgl. Rn. 100).

– Die *große Instandhaltung* fällt insbesondere mit der Erneuerung von Gebäudeteilen an.

Wie sich aus § 28 Abs. 4 II. BV ergibt, sind die sog. **Schönheitsreparaturen** (vgl. Rn. 10) **begrifflich der Instandhaltung zuzurechnen.** Hierunter definiert die Vorschrift „das Tapezieren, Anstreichen oder Kalken der Wände und Decken, das Streichen der Fußböden, Heizkörper einschließlich Heizrohre, der Innentüren sowie der Fenster und Außentüren von innen". Schönheitsreparaturen sind zwar grundsätzlich Sache des Vermieters, werden heute aber i. d. R. in der Wohnraumbewirtschaftung auf die Mieter umgelegt. **125**

Nach **§ 536 BGB** hat der Vermieter die vermietete Sache in einem zu dem vertragsgemäßen Gebrauch geeigneten Zustand zu überlassen und sie während der Mietzeit in diesem Zustand zu erhalten. Demzufolge sind Schönheitsreparaturen zwar grundsätzlich Sache des Vermieters, jedoch werden sie regelmäßig mietvertraglich auf den Mieter „übergewälzt". Dementsprechend schließen die in den II. BV angegebenen Instandhaltungspauschalen die Kosten der Schönheitsreparaturen aus. **126**

Instandhaltungskosten dienen nach § 28 Abs. 1 II. BV n. F. im Übrigen nicht mehr **zur Deckung der** *Instandsetzung.* **127**

Instandhaltungen und gegebenenfalls Sanierungsarbeiten sind wegen der damit verbundenen z.T. erheblichen Kosten langfristig zu planen. Zudem sollten die notwendigen und zumeist lohnintensiven Arbeiten nicht erst ausgeführt werden, wenn die Maßnahmen nicht mehr aufschiebbar sind. Zu bedenken ist ebenso, dass für die Dauer der Arbeiten mitunter Mietausfall unvermeidbar ist, weil Räumlichkeiten nicht benutzt werden können. Aus diesem Grunde sind **Reparaturrücklagen** unumgänglich. Sie empfehlen sich zudem, um die bei jeder Immo- **128**

---

[36] § 3 Nr. 11 HOAI a. F.: „11. Instandhaltungen und Maßnahmen zur Erhaltung des Soll-Zustandes eines Objekts.".

[37] § 28 Abs. 1 II. BV: „(1) Instandhaltungskosten sind die Kosten, die während der Nutzungsdauer des bestimmungsmäßigen Gebrauchs aufgewendet werden müssen, um die durch Abnutzung, Alterung und Witterungseinwirkung entstehenden baulichen oder sonstigen Mängel ordnungsgemäß zu beseitigen. Der Ansatz der Instandhaltungskosten dient auch zur Deckung der Kosten von Instandsetzungen, nicht jedoch der Kosten von Baumaßnahmen, soweit durch sie eine Modernisierung vorgenommen wird oder Wohnraum oder anderer auf die Dauer benutzbarer Raum neu geschaffen wird. Der Ansatz dient nicht zur Deckung der Kosten einer Erneuerung von Anlagen und Einrichtungen, für die eine besondere Abschreibung nach § 25 Abs. 3 zulässig ist."

[38] Bub/Treier, Handbuch der Geschäfts- und Wohnraummiete, II Rn. 88; III A Rn. 1062.

bilie unerwartet eintretenden Schadenfälle beheben bzw. notwendige Maßnahmen durchführen und bezahlen zu können. Zu erwähnen in diesem Zusammenhang ist beispielsweise die Umrüstung (Neuanlage) von Heizungsanlagen, die älter als 10 Jahre sind.

4.5.2.2 Instandhaltungskosten nach § 19 Abs. 2 Nr. 2 ImmoWertV

129 Die Definition der Instandhaltungskosten des § 19 Abs. 2 Nr. 2 ImmoWertV lehnt sich an die für den öffentlich geförderten Wohnraum geltende Definition der Instandhaltungskosten der II. BV an. Während § 28 Abs. 1 II. BV auf die Kosten abstellt, die *„zur Erhaltung des bestimmungsgemäßen Gebrauchs der baulichen Anlagen"* aufgebracht werden müssen, stellt die Definition auf die Kosten ab, die *„zur Erhaltung des der Wertermittlung zugrunde gelegten Ertragsniveaus der baulichen Anlage"* aufgewendet werden müssen.

130 Der Zustand, der dem *„der Wertermittlung zugrunde gelegten Ertragsniveau der baulichen Anlage während ihrer Restnutzungsdauer"* entspricht, kann insbesondere bei älteren baulichen Anlagen von dem Zustand abweichen, der zum *„bestimmungsgemäßen Gebrauch"* einer baulichen Anlage nach § 28 II. BV zu erhalten ist. Nach der Begründung zu dieser Vorschrift sind nach den Anschauungen des gewöhnlichen Geschäftsverkehrs bzw. einer marktgerechten Betrachtungsweise solche Kosten Folge einer ordnungsgemäßen Bewirtschaftung[39].

131 In der Immobilienwirtschaft werden bauliche Anlagen aber nicht immer ordnungsgemäß instand gehalten, insbesondere wenn ein Gebäude abgängig ist und nur noch eine sehr begrenzte Restnutzungsdauer ausweist. Die Eigentümer beschränken sich dann vielfach auf die notwendigen Instandhaltungen und nehmen dabei Mieten in Kauf, die im Verhältnis zu ordnungsgemäß instand gehaltenen Gebäuden gemindert sind. Umgekehrt kann ein Gebäude aber auch einen besonders aufwendigen Erhaltungszustand aufweisen. Mit der Bezugnahme auf die *„zur Erhaltung des der Wertermittlung zugrunde gelegten Ertragsniveaus der baulichen Anlage"* wird eine **Korrespondenz der anzusetzenden Instandhaltungskosten zu dem Gebäudezustand entsprechenden Ertragsniveau vorgegeben.**

132 Nach den allgemeinen Grundsätzen des Ertragswertverfahrens ist bei der Ermittlung des Ertragswerts von der ordnungsgemäßen Instandhaltung des Objekts auf der Grundlage einer ordnungsgemäßen „Bewirtschaftung"[40] der baulichen Anlage auszugehen[41]. Die Instandhaltungskosten nach ihrer zum Wertermittlungsstichtag tatsächlich anfallenden Höhe bei der Ermittlung des Ertragswerts anzusetzen, ist regelmäßig schon deshalb abzulehnen, weil sie zeitlich in erheblich unterschiedlicher Höhe anfallen. Auf die in der Vergangenheit aufgebrachten Instandhaltungskosten kommt es nicht an. Maßgebend sind der am Wertermittlungsstichtag vorgefundene Zustand und die künftig über die gesamte Restnutzungsdauer erwarteten Instandhaltungskosten. Bei Neubauten fallen in den ersten fünf Jahren meist keine nennenswerten Kosten an. In den folgenden fünf Jahren sind es i. d. R. Kleinreparaturen, die das Gebäudeinstandsetzungskonto belasten. Die sog. *große* Instandhaltung fällt erst zu einem späteren Zeitpunkt an. **Angemessene Instandhaltungskosten können deshalb nur auf der Grundlage langfristiger Beobachtungen** unter Einbeziehung der sog. großen und kleinen Instandhaltung **gewonnen werden.**

4.5.3 Höhe der Instandhaltungskosten

133 Innerhalb der Bewirtschaftungskosten nehmen die Instandhaltungskosten allein schon aufgrund ihrer Größenordnung eine besondere Stellung ein. **Für die Instandhaltungskosten soll auf Erfahrungssätze zurückgegriffen werden,** die den Grundsätzen einer ordnungsgemäßen Bewirtschaftung entsprechen[42]. Die Höhe der Instandhaltungskosten ist in erster Linie eine Funktion

---

39 Vgl. BR-Drucks. 171/10.
40 Eine ordnungsgemäße „Bewirtschaftung" schließt u. a. auch eine ordnungsgemäße „Instandhaltung" ein.
41 BR-Drucks. 265/72, S. 17.
42 BAnz Nr. 154 vom 12.8.1961.

- des Alters und des Zustands der baulichen Anlage,
- der Wohn- bzw. Nutzfläche,
- des Ausstattungsstandards,
- der Bauweise und -konstruktion,
- der Herstellungskosten sowie
- der Nutzungsart.

Bezugsgrundlage der Erfahrungssätze über Instandhaltungskosten sind deshalb vornehmlich 134

- die Wohn- und Nutzfläche (unter Berücksichtigung des Alters) und
- die Herstellungskosten.

a) *Wohn- oder Nutzfläche*

Instandhaltungskosten werden in der Wertermittlungspraxis üblicherweise in Abhängigkeit von der Wohn- und Nutzfläche (unter Berücksichtigung des Alters) angesetzt; dies entspricht auch den Vorgaben der II. BV; vgl. z. B. die für Berlin abgeleiteten durchschnittlichen Instandhaltungskosten von 1996[43].

b) *Herstellungskosten*

Instandhaltungskosten werden hilfsweise auch in Abhängigkeit der Herstellungskosten angesetzt.

c) *Reinertrag*

Die oben genannten Einflusskriterien für die Höhe der Instandhaltungskosten beeinflussen 135
alle auch die Miethöhe. Von daher könnte auch eine Bezugnahme auf die Einnahmen in Betracht kommen, d. h., man könnte auf Pauschalsätze in Höhe eines Vomhundertsatzes des Rohertrags (Nettokaltmiete) rekurrieren. Schwachstelle solcher Pauschalsätze ist die Tatsache, dass die Instandhaltungskosten für gleich große und gleichermaßen ausgestatte Objekte in guten und schlechten Lagen etwa gleich hoch ausfallen, sodass diese vor ihrer Anwendung auf Objekte in besonders guter oder besonders schlechter Lage korrigiert werden müssen, denn die Instandhaltungskosten fallen für Objekte, die z. B. aufgrund ihrer schlechten Lage einen entsprechend geringeren Ertrag einbringen, nicht niedriger aus, wenn eine ordnungsgemäße Bewirtschaftung gewährleistet sein soll.

4.5.4 Kostenentwicklung

Auch bezüglich des Ansatzes der Instandhaltungskosten stellt sich die Frage, wie bei Anwendung 136
dung des Ertragswertverfahrens auf der Grundlage dynamischer Liegenschaftszinssätze[44] die Entwicklung der Instandhaltungskosten über die gesamte Restnutzungsdauer zu berücksichtigen ist:

1. Die *allgemeine Entwicklung der Instandhaltungskosten*, wie sie etwa auch mit der Indizierung der vorstehenden Sätze beschrieben wird, wird wiederum mit dem Liegenschaftszinssatz erfasst. Dass die Instandhaltungskosten sich aufgrund allgemeiner Entwicklungen verändern, braucht also nicht berücksichtigt zu werden.

---

43 Vgl. ABl. Berlin 1996, 4098, abgedruckt auch bei Kleiber, Verkehrswertermittlung von Grundstücken, 6. Aufl. 2010, S. 1812.
44 Bei Anwendung des prognoseorientierten Ertragswertverfahrens (*Discounted Cash Flow*) auf der Grundlage prognostizierter Erträge (*Discounted Cash Flow* Verfahren) müssen indessen die künftig anfallenden Bewirtschaftungskosten prognostiziert werden. Dies wiederum trachtet man dadurch zu vermeiden, dass man die Bewirtschaftungskosten mit einem Vomhundertsatz der (prognostizierten) Einnahmen ansetzt, d. h., im Ergebnis wird die Prognose der Ertragsentwicklung direkt auf die Entwicklung der Bewirtschaftungskosten übertragen.

IV § 19 ImmoWertV   Instandhaltungskosten

2. Anders stellt sich die Frage bezüglich der objektspezifischen Entwicklung der Instandhaltungskosten, die mit zunehmendem Alter der baulichen Anlage (bzw. mit abnehmender Restnutzungsdauer) tendenziell steigen.

137 Dies soll am Beispiel der in der II. BV angegebenen Instandhaltungskosten verdeutlicht werden. Für ein neu errichtetes Wohngebäude betragen die Instandhaltungskosten zum 1.1.2005 danach 7,42 €/m² WF. Für ein 22 Jahre altes Gebäude betragen sie dagegen 9,41 €/m² und belaufen sich schließlich ab dem 33. Lebensjahr auf 12,02 €/m². Demzufolge mindert sich der Reinertrag mit der Zeit in entsprechender Höhe.

Abb. 8: Entwicklung der Instandhaltungskosten nach II. BV

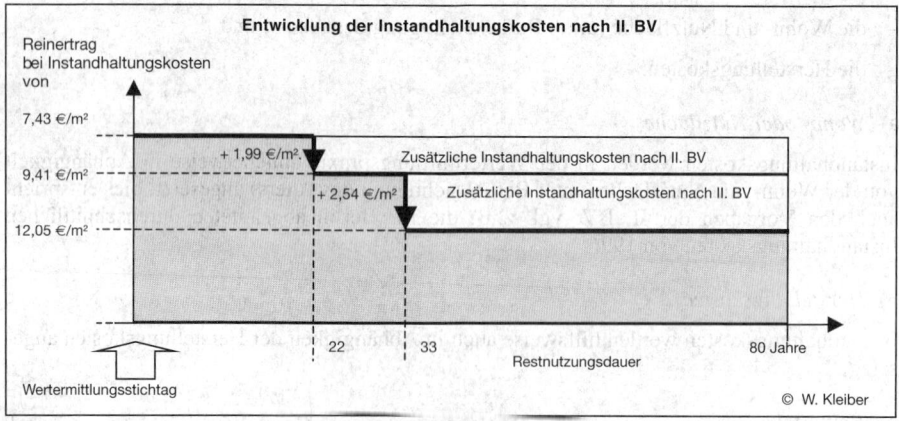

Die gesamten über die Restnutzungsdauer der baulichen Anlage anfallenden Instandhaltungskosten lassen sich auf der Grundlage der Vorgaben der II. BV für ein neu errichtetes Gebäude nach den Wertverhältnissen des Wertermittlungsstichtags wie folgt ermitteln (Abb. 9):

Abb. 9: Nachhaltige Instandhaltungskosten gemäß II. BV

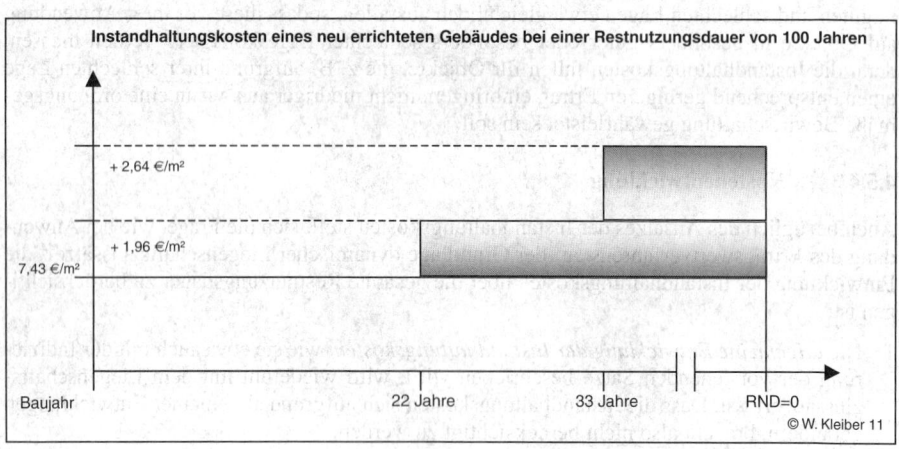

Instandhaltungskosten § 19 ImmoWertV IV

Der Barwert der Instandhaltungskosten für ein neu errichtetes Objekt mit einer Restnutzungsdauer von 100 Jahren ergibt sich bei einem Zinssatz von 5 % – ausgehend von 7,42 €/m² im Jahre 2005 – wie folgt:

$$7,42 \text{ €/m}^2 \times V_{5\%,\ 100\ \text{Jahre}} = 7,42 \text{ €/m}^2 \times 19,85 = 147,29 \text{ €/m}^2$$
$$+\ 1,99 \text{ €/m}^2 \times (V_{5\%,\ 100\ \text{Jahre}} - V_{5\%,\ 22\ \text{Jahre}}) = 1,99 \text{ €/m}^2 \times 7,27 = 14,47 \text{ €/m}^2$$
$$+\ 2,64 \text{ €/m}^2 \times (V_{5\%,\ 100\ \text{Jahre}} - V_{5\%,\ 33\ \text{Jahre}}) = 2,64 \text{ €/m}^2 \times 4,77 = 12,59 \text{ €/m}^2$$
$$\text{Summe} = 174,35 \text{ €/m}^2$$

Dies entspricht über die gesamte Restnutzungsdauer durchschnittlichen Instandhaltungskosten von

$$174,35 \text{ €/m}^2 / 19,85 = \mathbf{8,78\ €/m^2}$$

In der Wertermittlungspraxis wird zumeist jedoch von den Instandhaltungskosten ausgegangen, die sich entsprechend dem Baujahr (Bezugsfertigkeit) nach der II. BV ergeben, obwohl der Anwender sich darüber im Klaren sein müsste, dass diese sich – über die gesamte Restnutzungsdauer betrachtet – altersbedingt erhöhen. Die Vorgehensweise der Praxis ist bei alledem nicht zwangsläufig falsch. Entscheidend für die richtige Verfahrensweise ist auch hier die Beachtung des **Grundsatzes der Modellkonformität:** Die Gutachterausschüsse für Grundstückswerte leiten die Liegenschaftszinssätze i. d. R. auf der Grundlage der am Wertermittlungsstichtag unter Berücksichtigung der Restnutzungsdauer der baulichen Anlage „marktüblichen" Instandhaltungskosten ab. Selbst wenn damit dem tatsächlichen Marktgeschehen nicht Rechnung getragen würde, so würde sich dieser Fehler bei der Ertragswertermittlung unter Heranziehung dieser Liegenschaftszinssätze von selbst dadurch „heilen", dass wiederum die stichtagsbezogenen marktüblichen Instandhaltungskosten angesetzt werden.

4.5.5 Wohnraum

In der inzwischen abgelösten WERTR aus dem Jahre 1996 sind Erfahrungswerte der Instandhaltungskosten in Abhängigkeit von den Einnahmen angegeben worden:

bei Mietwohngrundstücken, mit vor 1925 errichteten Gebäuden

einfacher Ausstattung (ohne Bad, ohne Heizung)   *etwa 20–25 v. H. des Rohertrags,*

mittlerer und besserer Ausstattung   *etwa 15–20 v. H. des Rohertrags,*

bei Mietwohngrundstücken mit nach 1924 errichteten Gebäuden   *etwa 10–15 v. H. des Rohertrags.*

In den Richtlinien wurde aber auch schon darauf hingewiesen, dass auch die Sätze des § 28 der II. BV in der jeweils geltenden Fassung herangezogen werden können. Nach den auf den 1.1.2011 aktualisierten Sätzen der II. BV[45] belaufen sich diese auf

„bis   8,13 €/m²   Wohnfläche je Jahr für Wohnungen, deren Bezugsfertigkeit am Ende des Kalenderjahres weniger als 22 Jahre zurück liegt,

bis 10,31 €/m²   Wohnfläche je Jahr für Wohnungen, deren Bezugsfertigkeit am Ende des Kalenderjahres mindestens 22 Jahre zurück liegt,

bis 13,18 €/m²   Wohnfläche je Jahr für Wohnungen, deren Bezugsfertigkeit am Ende des Kalenderjahres mindestens 32 Jahre zurück liegt".

Es handelt sich bei den angegeben Sätzen um Höchstwerte („bis"). Als „Zeitpunkt der Bezugsfertigkeit" ist auf das Baujahr abzustellen. **Bei modernisierten Gebäuden ist das fiktive Baujahr (Bezugsfertigkeitsjahr) zugrunde zu legen**[46].

---

45 Die fortgeschriebenen Werte wurden zur Vermeidung von Fortführungsfehlern durch Indexierung der Ursprungswerte der II. BV abgeleitet.
46 BFH, Urt. vom 31.3.1992 – IX R 175/87 –, DWW 1992, 286 = BFHE 168, 109 = EzGuG 19.40a.

Abb. 10: Gesamtübersicht ab 1.1.2011

	Instandhaltungskosten				
Bezugsfertigkeit am Ende des Kalenderjahres	Jährliche Instandhaltungskosten pro m² Wohnfläche höchstens	Abschläge bei Wohnungen mit		Zuschläge bei Wohnungen mit	
		kleiner Instandhaltung durch Mieter	eigenständig gewerblicher Leistung von Wasser	maschinell betriebenem Aufzug	Kostentragung der Schönheitsreparaturen durch Vermieter
	€/m²	€/m²	€/m²	€/m²	€/m²
weniger als 22 Jahre	8,13	1,20	0,23	1,15	9,74
mindestens 22 Jahre	10,31	1,20	0,23	1,15	9,74
mindestens 32 Jahre	13,18	1,20	0,22	1,15	9,74

142 Die II. BV sieht unter Berücksichtigung der vorgeschriebenen Indexierung ab 1.1.2011 folgende ausstattungsabhängige **Zu- und Abschläge** vor:

Abschlag von 0,23 €/m²	bei eigenständig gewerblicher Leistung von Wärme i. S. d. § 1 Abs. 2 Nr. 2 HeizkostenV;
Abschlag von 1,20 €/m²	wenn der Mieter die Kosten der kleinen Instandsetzung trägt;
Zuschlag von 1,15 €/m²	wenn ein maschinell betriebener Aufzug vorhanden ist und
Zuschlag von bis zu 9,74 €/m²	wenn der Vermieter die Kosten der Schönheitsreparaturen i. S. d. § 28 Abs. 4 Satz 2 II. BV trägt.

143 Die Zu- und Abschläge sind nach § 28 Abs. 5a II. BV ab dem 1. Januar eines jeden darauf folgenden dritten Jahres entsprechend der Entwicklung des Verbraucherpreisindexes in Deutschland nach Feststellung des Statistischen Bundesamtes anzupassen.

144 Die **Zu- und Abschläge sind aber bei der Ermittlung der Instandhaltungskosten nur insoweit zu berücksichtigen, wie sie auf Dauer zu erwarten sind.** Dies ist bezüglich des Zuschlags für einen maschinell betriebenen Aufzug zu bejahen, denn dieser besteht i. d. R. auf Dauer. Bezüglich des Zu- und Abschlags für die vom Mieter bzw. Vermieter übernommenen Kosten der kleinen Instandsetzung und der Kosten der Schönheitsreparaturen stellt sich die Situation anders dar: Der II. BV liegt die übliche Vertragspraxis zugrunde, nach der

- der Vermieter die Kosten der kleinen Instandhaltung und
- der Mieter die Kosten der Schönheitsreparaturen[47]

trägt, und es kann nicht erwartet werden, dass ein davon abweichender Mietvertrag auf Dauer Bestand hat. Die Beteiligung der Mieter, z. B. an Kleinreparaturen bis zu 50 € im Einzelfall sowie bei Beendigung des Mietverhältnisses Dübeleinsätze zu entfernen und Löcher zu verschließen, ist meist in Formularmietverträgen geregelt[48].

145 Trägt indessen der Vermieter die Schönheitsreparaturen[49] und der Mieter die Kosten der kleinen Instandhaltung, handelt es sich um Besonderheiten i. S. des § 8 Abs. 3 ImmoWertV, die zunächst bei der Ermittlung des vorläufigen Ertragswerts außer Betracht bleiben.

---

47 Schmidt in WuM 1994, 237; Gather in ZAP F 4, S. 339 ff.
48 BGH, Urt. vom 7.6.1989 – VIII ZR 91/88 –, BGHZ 108, 1= EzGuG 3.75a.
49 Zu den Schönheitsreparaturen in der steuerlichen Bewertung: BFH, Urt. vom 2.6.1971 – III R 105/70; BFHE 102, 563 = EzGuG 20.49e.

Die vom Üblichen abweichenden Vereinbarungen sind für die Dauer ihres voraussichtlichen Bestands zusätzlich zu dem vorläufigen Ertragswert zu berücksichtigen: **146**

Beispiel:

Für 3 jeweils 100 m² große Wohnungen trägt der Vermieter die Schönheitsreparaturen.

Es wird mit einer 10-jährigen Vertragsdauer gerechnet:

Wertermittlungsstichtag 1.1.2005

8,54 €/m² × 3 Wohnungen × 100 m² = 2 562 €

Zusätzliche Instandhaltungskosten des Vermieters = 2 562 € p. a.

Vervielfältiger bei einem Kapitalisierungszinssatz von 5 % und einer Dauer von 10 Jahren: 7,72

Es sind zusätzlich Instandhaltungskosten von 19 778,64 € vom vorläufigen Ertragswert zum Abzug zu bringen.

Für den **Bereich der sozialen Wohnraumförderung** sind die angegebenen Pauschalsätze verbindlich. Die seit dem 1.1.2002 geltende Fassung der II. BV bedarf im Unterschied zu den früheren Fassungen der II. BV nicht mehr der Anpassung an die wirtschaftliche Entwicklung, weil die angegebenen Pauschalsätze mit § 20 Abs. 5a II. BV ab 1.1.2005 entsprechend der Entwicklung des Verbraucherpreisindexes turnusmäßig anzupassen sind[50]. **147**

Bei **neueren baulichen Anlagen** muss zudem beachtet werden, dass die auf die Wirtschaftlichkeitsberechnung im öffentlich geförderten sozialen sowie im steuerbegünstigten Wohnungsbau zugeschnittenen Instandhaltungskosten der II. BV gegenüber den für den freifinanzierten Wohnungsbau angemessenen Sätzen i. d. R. zurückbleiben, weil dieser regelmäßig eine aufwendigere Bauart und Ausstattung aufweist. Infolgedessen müssen ggf. entsprechende Zuschläge angebracht werden. **148**

Für **Einfamilienhäuser** wird z. B. mit einer Rücklage von 1,60 € pro Quadratmeter Wohnfläche im Monat gerechnet; dies entspricht 19,20 €/m² im Jahr. Bei **Wohnungseigentum** sind die Eigentümer nach § 21 Abs. 5 Nr. 4 WEG zur Ansammlung einer angemessenen Instandhaltungsrücklage verpflichtet. Ihre Höhe bestimmen die Wohnungseigentümer bei der Aufstellung des jährlichen Wirtschaftsplans durch Stimmenmehrheit. Zur Durchführung erforderlicher Instandsetzungsmaßnahmen genügt im Übrigen die Stimmenmehrheit der Wohnungseigentümergemeinschaft. Gemäß einer Entscheidung des OLG München[51] ist ein einstimmiger Beschluss der Eigentümergemeinschaft nur erforderlich, wenn die Veränderung der Wohnanlage über eine ordnungsgemäße Instandhaltung hinausgeht. Eine Instandhaltung ist auch dann gegeben, wenn die Maßnahmen wirtschaftlich sinnvoll und erprobt sind und der Zustand des Gebäudes verändert wird. **149**

Die **Instandhaltungskosten im Wohnungsbau bezogen auf Herstellungskosten** belaufen sich – je nach Ausstattung – zwischen 0,8 und 1,2 % (vgl. Abb. 11). **150**

---

50 Zu der Entwicklung der Instandhaltungskosten nach den früheren Fassungen der II BV vgl. Kleiber, Verkehrswertermittlung von Grundstücken, 6. Aufl. 2011, S. 1796 ff., dort Abb. 13.
51 OLG München, Entsch. vom 26.2.1990 – 2 Z 104/89 –, WuM 1990, 234 = EzGuG 20.132.

Abb. 11: Instandhaltungskosten in % des Herstellungswerts

Instandhaltungskosten in % des Herstellungswerts			
Qualifizierung	Wohn- und Wohnungsgeschäftsgebäude		
	niedrig	mittel	hoch
Instandsetzungskosten in % der Herstellungskosten Annahme: Kosten des Bauwerks eines 3- bis 4-geschossigen Wohnungsbaus 1994: 1 120 €/m²	0,8	1,0	1,2

Quelle: Gärtner, S., Beurteilung und Bewertung alternativer Planungsentscheidungen im Immobilienbereich mithilfe eines Kennzahlensystems, 1. Aufl. 1996

4.5.6 Gewerberaum

151 Bei Gewerbeimmobilien kann die **Instandhaltungskostenpauschale** je nach Art ihrer Nutzung, ihrer Beanspruchung unter Berücksichtigung von Alter und Ausstattung etwa 15 € bis 20 € je Quadratmeter Nutzfläche betragen. Da im gewerblichen Bereich die Instandhaltungskosten – wie im Übrigen auch die anderen Bewirtschaftungskosten – umgelegt werden können, kommt es entscheidend auf die mietvertraglichen Vereinbarungen an.

Sofern der Vermieter aufgrund mietvertraglicher Regelungen nur die „**Instandhaltung von Dach und Fach**" trägt, liegen die bei der Wertermittlung zugrunde zu legenden Instandhaltungspauschalen zumeist zwischen 5 und 7,50 €/m² NF.

Für **Garagen oder ähnliche Stellplätze** dürfen als Instandhaltungskosten einschließlich der Kosten für Schönheitsreparaturen höchstens 68 € jährlich je Garagen- oder Einstellplatz angesetzt werden (§ 28 Abs. 5 II. BV). Für **Lager und Industrieflächen bei einfacher Ausführung** sind Instandhaltungskosten von 2,50 €/m² angemessen.

152 **Kalkulationsbasis für die Instandhaltungskosten** pro Quadratmeter Wohn- oder Nutzfläche **ist insbesondere der Herstellungswert (ohne Außenanlagen und Baunebenkosten) zum Wertermittlungsstichtag.** Ein entsprechender Vomhundertsatz ist von der Ausstattung abhängig:

- Einfache gewerbliche Objekte (z. B. Lager- und Produktionshallen)   0,8 bis 1,2 %
- Einfache gewerbliche Objekte (z. B. Selbstbedienungs- und Verbrauchermärkte)   0,8 bis 1,2 %
- Mittlere gewerbliche Objekte und Wohngebäude   0,5 bis 1,0 %
- Hochwertige Büro- und Handelsobjekte   0,4 bis 0,8 %
- Hotels, Betreiberimmobilien   bis 0,4 %

Abb. 12: Instandhaltungskosten in % des Herstellungswerts

Instandhaltungskosten in % des Herstellungswerts			
Qualifizierung	Büro- und Verwaltungsgebäude		
	niedrig	mittel	hoch
Instandsetzungskosten in % der Herstellungskosten Annahme: Kosten des Bauwerks eines 3- bis 4-geschossigen Wohnungsbaus 1994: 1 120 €/m²	0,6	0,9	1,2

Quelle: Gärtner, S., Beurteilung und Bewertung alternativer Planungsentscheidungen im Immobilienbereich mithilfe eines Kennzahlensystems, 1. Aufl. 1996

Neben den Instandhaltungskosten ist insbesondere bei Gewerbeobjekten ein **Modernisierungsrisiko** – ergänzend zu den Vorgaben der ImmoWertV – zu berücksichtigen, insbesondere bei Objekten, die neben der Instandhaltung einer Modernisierung bedürfen. Dies betrifft beispielsweise Hotelobjekte, deren Nasszellen einer ständigen Modernisierung bedürfen, um die üblicherweise angesetzte Gesamtnutzungsdauer zu gewährleisten. Darüber hinaus sind Dienstleistungs-, Freizeitimmobilien, aber auch Büroobjekte zu nennen. 153

4.5.7 Landwirtschaftliche Wirtschaftsgebäude

Bei **landwirtschaftlichen Wirtschaftsgebäuden** wird mit Instandhaltungskosten von 1,0 bis 3,0 % des Herstellungswerts am Wertermittlungsstichtag gerechnet. 154

4.5.8 Besonderheiten (Anomalien)

▶ *Vgl. Rn. 23, 55, 73, 99, § 8 ImmoWertV Rn. 314 ff.; Syst. Darst. des Ertragswertverfahrens Rn. 200; § 17 ImmoWertV Rn. 9*

Besonderen von der üblichen Vertragspraxis und den herangezogenen Vergleichsmieten temporär abweichenden mietvertraglichen Regelungen muss wiederum Rechnung getragen werden, soweit sie den Verkehrswert beeinflussen: 155

– Bei Anwendung des *ein- und zweigleisigen Ertragswertverfahrens* nach § 17 Abs. 2 ImmoWertV kann solchen Besonderheiten nach § 8 Abs. 3 ImmoWertV differenziell Rechnung getragen werden, indem die kapitalisierte Differenz ergänzend berücksichtigt wird.

– Bei Anwendung des *mehrperiodischen Ertragswertverfahrens* nach § 17 Abs. 1 Satz 2 i. V. m. § 17 Abs. 3 ImmoWertV kann direkt von einem entsprechend erhöhten oder verminderten Reinertrag ausgegangen werden.

4.6 Modernisierungs- und Revitalisierungsrisiko

4.6.1 Allgemeines

Schrifttum: *Engel, E./Esselmann, D.,* Der Einfluss der Modernisierungskosten auf Nutzungsdauer, Ertragswert und Immobilienrenditen, GuG 2005, 321.

Insbesondere bei gewerblichen Immobilien (Bürogebäude und sog. Managementimmobilien) ist die üblicherweise angesetzte Gesamt- und Restnutzungsdauer nur dann realistisch, wenn das Objekt über die Instandhaltung hinaus durch Modernisierungsmaßnahmen den **sich verändernden Anforderungen des Grundstücksmarktes** angeglichen wird. Dies kann durch Ansatz eines Modernisierungsrisikos (Revitalisierungsrisiko) berücksichtigt werden, mit dem die notwendigen Anpassungsmaßnahmen abgedeckt werden, die zur Aufrechterhaltung der Marktgängigkeit und Ertragsfähigkeit aufgebracht werden müssen. 156

Grundsätzlich kann einem Modernisierungs- und Umstrukturierungsrisiko (Revitalisierungsrisiko) auch durch eine verkürzte Restnutzungsdauer, einen erhöhten Liegenschaftszinssatz oder einen (individuellen) Wertabschlag Rechnung getragen werden, jedoch empfiehlt es sich aus Gründen der Transparenz, dem Modernisierungsrisiko im Rahmen der Bewirtschaftungskosten durch einen gesonderten Ansatz eines Modernisierungsrisikos Rechnung zu tragen. Dies entspricht auch den Grundsätzen der **Beleihungswertermittlung.** 157

4.6.2 Höhe des Modernisierungs- und Revitalisierungsrisikos

Das Modernisierungs- und Umstrukturierungsrisiko (Revitalisierungsrisiko) ist abhängig von 158

– der Objektart,

– der Lage des Objekts,

– dem Zustand des Objekts (bauliche Struktur und Ausstattung) sowie

– der Höhe des Ausgangsmietniveaus.

IV § 19 ImmoWertV — Mietausfallwagnis

159 Das Modernisierungs- und Umstrukturierungsrisiko (Revitalisierungsrisiko) ist umso höher,
- je älter die Immobilie ist,
- je höher das Ausgangsmietniveau ist,
- je exponierter die Immobilie ist,
- je zeitgemäßer Ausstattung und Struktur sein müssen und
- je zeitgemäßer die ausgeübte Nutzung ist.

160 Es empfiehlt sich, den **akuten und konkreten Modernisierungsbedarf** eines überschaubaren Zeitraums von bis zu 30 Jahren auf der Grundlage der kalkulierten Aufwendungen zusammen mit einer ggf. veränderten Restnutzungsdauer und einem erhöhten Ertrag zu berücksichtigen[52].

161 **Modernisierungskosten liegen** im Vergleich deutlich **über den Instandhaltungs-/Sanierungskosten.** Folgende Werte je Quadratmeter Wohnfläche (WF) sind im Jahre 2000 für eine durchgreifende Modernisierung angemessen:

- einfacher Standard: 500 bis   700 €/m² WF
- mittlerer Standard: 700 bis   1 000 €/m² WF
- gehobener Standard: 1 000 bis   1 400 €/m² WF

162 Berechnungsbasis für das **Modernisierungsrisiko** sind nach Anl. 1 zu § 11 BelWertV die Neubauherstellungskosten. Die in der Beleihungswertermittlung anzuhaltenden Bandbreiten sind in der Syst. Darst. des Ertragswertverfahrens unter Rn. 96 ff. abgedruckt.

163 **Fazit:** Bei Spezialimmobilien empfiehlt es sich, über die Instandhaltung hinaus ein Modernisierungs- und Umstrukturierungsrisiko (Revitalisierungsrisiko) zu berücksichtigen, weil die üblicherweise herangezogene Gesamt- und Restnutzungsdauer dies bedingt.

4.7 Mietausfallwagnis (§ 19 Abs. 2 Nr. 3 ImmoWertV)

4.7.1 Begriffe

Schrifttum: *Lehmann, H.-J.,* Wertansätze bei Ertragswertberechnungen angesichts der Wohnungs- und Leerstandsproblematik, GuG 2001, 276.

4.7.1.1 Mietausfallwagnis nach II. BV

164 Mietausfallwagnis *(vacancy & rent collection loss)* ist nach § 29 II. BV das Risiko „einer **Ertragsminderung, die durch uneinbringliche Rückstände von Mieten, Pachten, Vergütungen und Zuschlägen oder durch Leerstehen von Raum, der zur Vermietung bestimmt ist, entsteht.** Es umfasst auch die uneinbringlichen Kosten einer Rechtsverfolgung auf Zahlung oder Räumung."

4.7.1.2 Mietausfallwagnis nach ImmoWertV

▶ *Zum Leerstand vgl. § 8 ImmoWertV Rn. 319, 338; Syst. Darst. des Ertragswertverfahrens Rn. 200, 216*

165 Das Mietausfallwagnis wird mit Abs. 2 Nr. 3 als das **Risiko von Ertragsminderungen** definiert, **die durch**
- **uneinbringliche Rückstände von Mieten, Pachten und sonstigen Einnahmen oder**
- **vorübergehenden Leerstand** von Raum entstehen, der zur Vermietung, Verpachtung oder sonstigen Nutzung bestimmt ist.

---

[52] VDH, Wesentliche Aspekte der Beleihungswertermittlung (Stand 3.6.1998).

Es umfasst auch das „Risiko von uneinbringlichen Kosten einer Rechtsverfolgung auf Zahlung, Aufhebung eines Mietverhältnisses oder Räumung".

Der wesentliche Unterschied beider Definitionen besteht darin, dass **nur der „vorübergehende Leerstand"** nach der ImmoWertV zum Mietausfallwagnis gehören soll. Die Vorschrift ist lex specialis und nur für die Ertragswertermittlung nach Unterabschnitt 3 der Verordnung maßgebend. Sie wird damit begründet[53], dass „bei dauerhaften, strukturellen Leerständen – die insbesondere in Stadtumbaugebieten zu verzeichnen sind – ... sich von vornherein der marktüblich erzielbare Ertrag" mindere und nur ein vorübergehender Leerstand mit dem Mietausfall zu berücksichtigen ist. **166**

Die Vorschrift ist nicht nachvollziehbar. Nach der Begründung sollen bei einem dauerhaften Leerstand die auf die leerstandsbetroffenen Flächen entfallenden Erträge von vornherein außer Betracht bleiben. Zieht man den darauf entfallenden Ertrag als Mietausfallwagnis vom Gesamtertrag ab, käme man im Übrigen zu demselben Ergebnis. Insofern ist auch ein dauerhafter Leerstand zu berücksichtigen, damit sich i. S. der Begründung der „marktüblich erzielbare Ertrag" mindert. **167**

Indessen ist es bei Anwendung des Ertragswertverfahrens sachgerecht, den vorübergehenden (temporären) Leerstand gerade nicht mit dem üblichen Mietausfallwagnis zu berücksichtigen und den damit einhergehenden Ertragsausfall – ergänzend zu dem sonst üblichen Leerstand – in besonderer Weise nach Maßgabe des § 8 Abs. 3 ImmoWertV zu berücksichtigen. **168**

Auf das in § 8 ImmoWertV unter Rn. 322 vorgestellte *Beispiel* wird verwiesen.

– Bei Anwendung des *mehrperiodischen Ertragswertverfahrens* (§ 17 Abs. 1 i. V. m. Abs. 3 ImmoWertV) ist einem **erhöhten, aber temporären Mietausfallwagnis** dadurch Rechnung zu tragen, dass der Mietausfall direkt mit entsprechend verminderten Einnahmen berücksichtigt wird. Davon wird man beispielsweise Gebrauch machen, wenn z. B. eine Büroimmobilie mit erhöhtem Leerstand zu bewerten ist und erkennbar ist, dass die Phase des erhöhten Leerstands zeitlich befristet ist.

– Bei Anwendung des *ein- oder zweigleisigen Ertragswertverfahrens* (§ 17 Abs. 2 ImmoWertV) ist ein temporär erhöhter Leerstand rechentechnisch nach den Methoden zu berücksichtigen, die auch zur Berücksichtigung von Mieterträgen Anwendung finden, die gegenüber dem marktüblich erzielbaren Mietertrag temporär abweichen *(over-* und *under-rented).*

Lässt man bei einem dauerhaften Leerstand die auf die leerstandsbetroffenen Flächen entfallenden Erträge von vornherein außer Betracht, so ist insoweit auch kein Mietausfallwagnis zu berücksichtigen. Indessen müssen in diesem Fall die **auf die leerstandsbetroffenen Flächen entfallenden fixen Betriebskosten** wertmindernd mit dem Barwert der über die Restnutzungsdauer kapitalisierten Betriebskosten berücksichtigt werden. **169**

Die Position Mietausfallwagnis dient auch zur Deckung der **Kosten einer Rechtsverfolgung** mit dem Ziele der Zahlung rückständiger Mieten (etwa durch eine formelle Abmahnung mit Nachweis der Zustellung), Aufhebung eines Mietverhältnisses oder Räumung der Mietfläche. Daneben können Kosten für die eventuelle Lagerung von Einrichtungsgegenständen, Maschinen, Möbeln und Zubehör sowie für eine u. U. notwendige Renovierung des geräumten Mietobjekts anfallen. **170**

Ertragsminderungen können auch aus **Mietkürzungen und Mietausfällen resultieren** (vgl. § 18 ImmoWertV Rn. 224). **171**

Uneinbringliche Zahlungsrückstände ergeben sich i. d. R. dann, wenn der Mieter die von ihm geschuldete Miete nicht zu zahlen fähig oder willens ist. Die Praxis zeigt, dass zwischen der Erklärung der fristlosen Kündigung wegen Zahlungsverzugs und der Räumung des Mietobjekts Monate vergehen können, die ein Anwachsen der Zahlungsrückstände bewirken. So ist beispielsweise bei der Räumung von Wohnraum – auch wegen der Mieterschutzgesetzge- **172**

---

[53] Vgl. BR-Drucks. 171/10.

bung – oft mit sechs, meistens jedoch mit acht bis zu zwölf Monaten (im Einzelfall) zu rechnen. Während dieser Zeit erhält der Vermieter i. d. R. weder die Grundmiete noch die Abschlagszahlungen für die Betriebskosten. Reduzierungen der Zahlungsrückstände bei Wohnungsmieten können sich allenfalls durch die Zahlungen der Sozial- und Ordnungsämter sowie Aufrechnungen der Vermieter mit Mietkautionen ergeben. Neben Barkautionen sind auch selbstschuldnerische Bürgschaften – häufig von Kreditinstituten – üblich. Diese Sicherheiten dürfen bei Wohnungen betragsmäßig zusammengenommen die Summe von drei Monatsmieten nicht übersteigen[54].

173 Bezüglich des Mietausfallwagnisses ist wiederum **von dem am Wertermittlungsstichtag üblichen Mietausfallwagnis auszugehen**; auf Erfahrungssätze, die den Grundsätzen einer ordnungsgemäßen Bewirtschaftung entsprechen[55], kann zurückgegriffen werden. Dass das Mietausfallwagnis mit der wirtschaftlichen Abnutzung des Gebäudes ansteigt, kann unbeachtlich sein, da dies in den Liegenschaftszinssatz eingeht.

174 Die vielfach vertretene Auffassung, dass **langfristig vereinbarte Mietverhältnisse** das Mietausfallwagnis reduzierten, ist falsch, denn auch solche Mietverhältnisse können den Grundstückseigentümer nicht vor Zahlungsrückständen und dgl. schützen. Das Mietausfallwagnis ist vielmehr in erster Linie von der Solvenz des Mieters abhängig. Bei sog. *overrented*-Objekten ist es erfahrungsgemäß höher als bei sog. *underrented*-Objekten. Selbst bei einem ungewöhnlich langfristigen Mietverhältnis mit einem solventen Mieter kann keinesfalls von einem „nachhaltig" verminderten Mietausfallwagnis ausgegangen werden, da dies eine Besonderheit i. S. des § 8 Abs. 3 ImmoWertV darstellt.

175 *Beispiel:*

Bei der Bewertung hochkarätiger neu errichteter Büroimmobilien im Rahmen der Fondsbewertungen (denen vielfach eine Restnutzungsdauer von 80 Jahren beigemessen wird!) ist es weit verbreitete Praxis, das Mietausfallwagnis (nur) mit 1 bis 2 % anzusetzen, wenn ein Mietverhältnis von 5 bis 10 Jahren besteht und der Mieter zudem solvent erscheint.

Ein Mietausfallwagnis in dieser Größenordnung ist nicht „nachhaltig", denn die „Momentaufnahme" des Wertermittlungsstichtags gibt nicht das langfristige Mietausfallwagnis wieder, das über 80 Jahre mit der wirtschaftlichen Abnutzung der baulichen Anlage erheblich anwächst, wenn nicht modernisiert wird.

176 Einem phasenweise verminderten Mietausfallwagnis (auch vorübergehender Leerstand) aufgrund vertraglicher Besonderheiten kann nach § 8 Abs. 3 ImmoWertV Rechnung getragen werden. In diesem Rahmen sind insbesondere bei Gewerbeobjekten die Laufzeit von Mietverträgen, die **Bonität des Mieters und das Wiedervermietungsrisiko** in die Betrachtung einzustellen. Je kürzer die Laufzeit ist und je geringer die Bonität des Mieters eingeschätzt wird, umso höher ist das prognostizierbare Mietausfallwagnis.

177 Die **Höhe des Mietausfallwagnisses** ist, wie die Höhe der Instandhaltungskosten, wiederum eine Funktion der Wohn- bzw. Nutzfläche i. V. m. den nach Lage des Objekts und seiner Ausstattung erzielbaren Erträgen. Darüber hinaus ist das Mietausfallwagnis aber besonders von der Grundstücksart abhängig. Angebots- und Nachfragesituation weisen je nach Grundstücksart erhebliche Unterschiede aus. Gewerbliche Objekte, die eine deutlich höhere Fluktuation als Wohnobjekte aufweisen, sind bezüglich der Nachfrage stark von der wirtschaftlichen Konjunktur abhängig; sie weisen deshalb ein deutlich höheres Mietausfallwagnis auf. Das Mietausfallwagnis ist insbesondere abhängig von:

– der Miethöhe,

– der Restlaufzeit der Mietverträge,

– der individuellen Objekteigenschaften,

---

[54] BGH, Urt. vom 20.4.1989 – IX ZR 212/88 –, BGHZ 107, 210 = WM 1989, 795 = NJW 1989, 1853 = WuM 1989, 289 = ZMR 1989, 236 = DWW 1989, 255 = BB 1989, 1082.
[55] BAnz Nr. 154 vom 12.8.1961.

Für das Mietausfallwagnis kann auf Erfahrungssätze zurückgegriffen werden, die den Grundsätzen einer ordnungsgemäßen Bewirtschaftung entsprechen[56]. Das Mietausfallwagnis wird üblicherweise dadurch berücksichtigt, dass die Jahresnettokaltmiete um einen bestimmten Vomhundertsatz vermindert wird. Mit **Nr. 3.5.2.5 WertR** werden keine Vorgaben für die Höhe des Mietausfallwagnisses mehr gemacht. Nach der aufgehobenen Vorgängerregelung waren als Mietausfallwagnis in etwa anzusetzen: 178

- *2 % des Rohertrags (Nettokaltmiete) bei* **Mietwohn- und gemischt genutzten Grundstücken** *und*
- 4 % des Rohertrags (Nettokaltmiete) bei **Geschäftsgrundstücken**.

Bei diesem Ansatz wird davon ausgegangen, dass das Mietausfallwagnis über die Restnutzungsdauer (im Verhältnis zur Jahresnettokaltmiete) gleich bleibt und Schwankungen sich ausgleichen.

Das Mietausfallwagnis kann im Einzelfall deutlich über den angegebenen Sätzen liegen, jedoch sollte bei **strukturell hohen Leerständen** das Mietausfallwagnis i. d. R. nicht höher als mit 10 bis 15 % angesetzt werden, da höhere Leerstände auf Dauer wirtschaftlich nicht tragbar sind. 179

Wird einem erhöhten, aber zeitlich begrenzten Mietausfallwagnis wie vorstehend erläutert durch Abzug des Mietausfalls gesondert Rechnung getragen, muss aber umgekehrt berücksichtigt werden, dass der **fixe Kostenanteil der Bewirtschaftungskosten** gleichwohl zum Ansatz kommt. Nach Untersuchungen von *Jones Lang Wootton* mussten 1999 für ein leerstehendes Bürogebäude Betriebskosten in Höhe von 40 % der umlagefähigen Betriebskosten[57] aufgebracht werden. 180

4.7.1.3 Mietausfallwagnis nach BelWertV

▶ *Vgl. Syst. Darst. des Ertragswertverfahrens Rn. 204*

Bei der **Beleihungswertermittlung** ist nicht unter diese Sätze zu gehen, sondern eher ein höherer Ansatz zu wählen. 181

4.7.2 Wohnraum

Das **Mietausfallwagnis** darf **nach § 29 Satz 3 II. BV** höchstens mit 2 v. H. des Rohertrags (Jahresnettokaltmiete) angesetzt werden. Für Geschäftsgrundstücke war in den WertR von 1991 noch ein Mietausfallwagnis von 4 v. H. der Nettokaltmiete/Grundmiete angegeben. Diese Sätze können aber nur einen Anhalt geben, denn grundsätzlich gilt auch diesbezüglich, dass die örtliche Marktlage, der Zustand und die Art des Grundstücks sowie vor allem auch die Restnutzungsdauer zu beachten sind. Die jüngsten Erfahrungen (strukturelle Probleme, Insolvenzen, Fluktuationen, Leerstände) zeigen, dass die vorgenannten Sätze insbesondere für die Gebiete außerhalb der Ballungsräume eher am unteren Rand einer möglichen Bandbreite liegen. 182

An **folgendem Beispiel** wird die Höhe der Bewirtschaftungskosten (individuell ermittelt) in Abhängigkeit von der Nettokaltmiete nach § 18 ImmoWertV sichtbar gemacht: 183

---

[56] BAnz Nr. 154 vom 12.8.1961.
[57] GuG 1999, 56.

IV § 19 ImmoWertV — Mietausfallwagnis

Beispiel:

Mehrfamilienhaus

Sachverhalt:

Die Ermittlung des Verkehrswerts ist zum Zwecke des Verkaufs erfolgt. Der Verkäufer hat die Immobilie geerbt; sie war im Zeitpunkt des Verkaufs rd. 45 Jahre im Eigentum der Familie.

Objektdaten:

Baujahr 1926, Keller-, Erd-, 1. und 2. Ober- sowie ausgebautes Dachgeschoss, Modernisierung 1985/86 mit Bädereinbau, Kunststoff-Fenster mit Isolierglas, abgehängte Decken, PVC-Böden, zentrale Etagenheizungen Gas/Strom, 2002/03 komplett neue Dacheindeckung und neuer Fassadenputz; Kosten rd. 100 000 €, fiktives Baujahr daher 1952. 8 abgeschlossene Wohnungen mit insgesamt 696 m² Wohnfläche, Vorortlage in rheinischer Großstadt, Grundstücksgröße 486 m²; umbauter Raum 4 300 m³.

Wertermittlung:

Summe der Einnahmen aus Vermietung und Verpachtung (Grundmiete, Neben- bzw. Betriebskosten)		49 150 €
abzüglich umlegbarer *Betriebskosten* (Wasser, Entwässerung, allgemeine Beleuchtung, Müllabfuhr, Gemeinschaftsantenne, Ungezieferbekämpfung) i. S. der mietvertraglichen Vereinbarungen (dies sind 6,87 €/m² WF (monatlich 0,57 €/m²) und 9,7 % von 49 150 €		– 4 780 €
Jahresnettokaltmiete: = (63,75 €/m² bzw. 5,31 €/m² WF monatliche Nettokaltmiete i.D.)		= 44 370 €

Kontrolle der Grund-(Nettokalt-)Miete auf Angemessenheit unter Zuhilfenahme des örtlichen Mietspiegels für nicht öffentlich geförderte Wohnungen.

Für Wohnungen um 80 m² WF mit Heizung, Bad/WC in mittlerer Wohnlage werden 5 bis 7 €/m² WF der Objekt-Gruppe 3 mit Heizung, im Mittel also 6 €/m² ausgewiesen.

Die gezahlte Miete liegt im Rahmen der ortsüblichen Vergleichsmiete, und zwar noch unterhalb des Mittels.

			44 370 €
Abzüglich Bewirtschaftungskosten			
– *Verwaltungskosten* (gezahlt werden mtl. 200 €)			
(= 4,88 % der Gesamteinnahmen)		= 2 400,00 €	
– *Betriebskosten* (nicht umlegbar)			
– Grundsteuer (Teilbetrag)	310,03 €		
– Straßenreinigung	376,04 €		
– Sachversicherung	1 102,03 €		
– Haftpflichtversicherung	267,36 €		
Summe	rd. 2 055,46 €	2 055,46 €	
– *Instandhaltungskosten*			
696 m² WF × 10 €/m² WF		= rd. 6 960,00 €	
– *Mietausfallwagnis*			
2 % der gesamten Einnahmen von 49 150 €		rd. 983,00 €	
entspricht 27,9 % der Nettokaltmiete (§ 18 ImmoWertV)		12 398,46 €	– 12 398 €
Reinertrag des Grundstücks:			31 972 €
abzüglich Bodenwertverzinsungsbetrag 5 % von 150 000 €			– 7 500 €
Ertragsanteil der baulichen Anlagen:			24 472 €

= 308,64 €/m² Grundstück

Bei einer wirtschaftlichen Restnutzungsdauer von 40 Jahren und einem Liegenschaftszinssatz von 5 % beträgt der Vervielfältiger gem. Anl. zur ImmoWertV = 17,16.

24 472 € × 17,16 = 419 940 € = rd. 420 000 €

Mietausfallwagnis § 19 ImmoWertV IV

Vorläufiger Ertragswert der baulichen Anlage	rd. 420 000 €
+ Bodenwert	+ 150 000 €
= Vorläufiger Ertragswert	= 570 000 €

Das Objekt hinterlässt einen gepflegten Eindruck. Reparaturstau ist demnach nicht zu berücksichtigen.
Der Verkehrswert für das Mehrfamilienhausgrundstück wird mit 570 000 € beziffert.
Nachrichtlich: Der Verkehrswert entspricht dem 12,8-fachen Rohertrag; es ergibt sich ein Wert von rd. 820 € für einen Quadratmeter Wohnfläche.

Anmerkungen:
Gemäß Grundstücksmarktbericht des Gutachterausschusses für Grundstückswerte sind die folgenden erforderlichen Daten (§§ 9 ff. ImmoWertV) bekannt geworden:

– Bodenrichtwerte
– Bodenpreisindexreihen
– *Liegenschaftszinssatz*
– Für Mietwohngrundstücke Altbauten mit einer Restnutzungsdauer von 30 bis 45 Jahren wird ein durchschnittlicher Liegenschaftszinssatz von 5 % ausgewiesen.
– *Rohertragsfaktoren (Vergleichsfaktoren für bebaute Grundstücke)*
– Aus dem Datenmaterial (Verkäufe) haben sich für Mietwohngrundstücke und Altbauten mit einer Restnutzungsdauer von 30 bis 45 Jahren Ertragsfaktoren in einer Bandbreite von 12 bis 16 (im Beispielsfall = 12,8) ergeben.
– Das Beispiel belegt den vorher genannten Erfahrungssatz (Pauschalansatz für Bewirtschaftungskosten) von bis zu 40 % des Rohertrags bei Wohnimmobilien/Altbauten bis Baujahr 1948. Hier ergeben sich rund 28 %.
– Nach einer Vermarktungsdauer von rd. zwei Monaten wird das Objekt für 625 000 € verkauft. Zudem erklärt eine Sparkasse schriftlich und unwiderruflich, diese bei Fälligkeit auf das Girokonto des Verkäufers zu überweisen. Der Kaufpreis entspricht einer Steigerung von 9,65 % gegenüber dem mit 570 000 € ermittelten Verkehrswert. Andererseits ist der Kaufpreis das 14,09-Fache des Rohertrags (Bandbreite gem. Marktbericht 12 bis 16). Auf einen Quadratmeter Wohnfläche entfallen zudem rd. 900 €.

4.7.3 Gewerberaum

Das Mietausfallwagnis hat im gewerblichen Bereich besondere Bedeutung, denn der Vermieter hat es hier regelmäßig – ausgenommen die *Shopping-Center* mit z. B. 50 bis 150 Fachgeschäften – nicht mit einer Vielzahl von Einzelmietern zu tun, wie dies bei Mietwohnhäusern der Fall ist, sondern mit wenigen Partnern. Das Risiko eines Mietausfalls liegt sowohl in der **Mieterbonität** als auch in der eingeschränkten **Vermietbarkeit von „maßgeschneiderten" und** vielfach **übergroßen Nutzungsflächen.** Zeiten starker Konjunktureinbrüche sind regelmäßig von Zurückhaltung der Konsumenten begleitet. **184**

Bei ausschließlich gewerblich genutzten Objekten sollte das Mietausfallwagnis mit 4 bis 8 v. H. der Jahresroherträge berücksichtigt werden. **185**

Beispiel: **186**
Für ein hochwertiges Gewerbeobjekt mit Leerstand
Bei hochwertigen Gewerbeobjekten bestimmt sich der Verkehrswert nach
– der Lage des Objekts,
– der Bonität der Mieter,
– der Qualität der Mietverträge.
Die Qualität des Mietvertrags wird bestimmt durch
– den Ablaufzeitpunkt des Mietvertrags,

IV § 19 ImmoWertV — Mietausfallwagnis

– Optionsvereinbarungen,
– Abgleich der vereinbarten Miete mit der nachhaltig erzielbaren Miete,
– Indexvereinbarungen zur Wertsicherung der Miete und
– Überprüfung der im Vertrag vereinbarten vermietbaren Fläche.

Laufen die Verträge in Kürze aus und sind die Konditionen der Weitervermietung unklar, ist die Nachhaltigkeit der Ertragssituation gefährdet, insbesondere wenn davon der Hauptmieter betroffen ist.

187 **a) Sachverhalt:**

Gemischt genutztes Grundstück
Baujahr 2001
Wertermittlungsstichtag 1.11.2012
Die Miet- und Nutzungssituation stellt sich wie folgt dar:

Sachverhalt	Nutzung	Fläche	Miete	Nettokaltmiete	Nettokaltmiete	Laufzeit des Mietvertrags Leerstand
		m²	€/m²	€/Monat	€/p. a.	
Mieter A	EG: Ladenfläche	2 000	50	100 000	1 200 000	Mieter hat zum 1.11.2012 gekündigt
Mieter B	I. OG: Bürofläche	2 000	10	20 000	240 000	1.5.2015
Mieter C	II. OG: Bürofläche	2 000	9	18 000	216 000	Mieter hat zum 1.11.2013 gekündigt
	Summe:	6 000		138 000	1 656 000	

188 **b) Wertermittlung:**

Lösung 1:

Aus der Miet- und Nutzungsübersicht folgt, dass 72 % der Gesamteinnahmen durch die Ladenmiete erzielt werden und durch die Kündigung des Mieters ein Ertragsausfall droht, wenn nicht in absehbarer Zeit eine gleichwertige Anschlussvermietung gelingt. In diesem Falle ergäbe sich für eine Vollvermietung folgender Ertragswert:

Nettokaltmiete p. a.		1 656 000 €
Bewirtschaftungskosten		
– Verwaltungskosten	– 41 400 €	
– Instandhaltungskosten: 6 000 m² × 6 €/m²	– 36 000 €	
– Mietausfallwagnis	– 49 680 €	
insgesamt	127 080 €	– 127 080 €
Grundstücksreinertrag		1 528 920 €

Bei einer Restnutzungsdauer von 50 Jahren und einem Liegenschaftszinssatz von 6 % ergibt sich ein Vervielfältiger von 15,76
Vorläufiger Ertragswert: 1 528 920 € × 15,76   **rd. 24 100 000 €**

Der Umstand, dass der Mieter C bereits am Wertermittlungsstichtag seinen Vertrag gekündigt hat, kann vernachlässigt werden, da der Akquisitionszeitraum bis zur möglichen Nachvermietung noch 12 Monate beträgt und nach der Marktsituation zu dem aktuellen Mietpreis eine Weitervermietung ohne Weiteres erwartet werden kann.

189 *Lösung 2:*

Grundsätzlich anders stellt sich die Situation für den kurzfristig gekündigten Mietvertrag des Mieters A dar.

Hier ist zunächst zu prüfen, ob das bestehende Mietpreisniveau von 50 €/m² als angemessen und nachhaltig erzielbar anzusehen ist. Da der Mieter selbst noch keine Nachvermietungsverhandlungen aufgenommen hat, sind Zweifel angezeigt. Unterstellt man gleichwohl die Angemessenheit und Nachhaltigkeit

Mietausfallwagnis § 19 ImmoWertV   IV

der derzeitigen Miete, muss bei der Verkehrswertermittlung ein angemessener Akquisitionszeitraum angesetzt werden.

Nettokaltmiete p. a.		1 656 000 €
Bewirtschaftungskosten		
– Verwaltungskosten	– 41 400 €	
– Instandhaltungskosten: 6 000 m² × 6 €/m²	– 36 000 €	
– Mietausfallwagnis	– 49 680 €	
insgesamt	127 080 €	– 127 080 €
Grundstücksreinertrag		1 528 920 €

Bei einer Restnutzungsdauer von 50 Jahren und einem Liegenschaftszinssatz von 6 % ergibt sich ein Vervielfältiger von 15,76

Vorläufiger Ertragswert (bei Vollvermietung) 1 528 920 € × 15,76	rd. 24 100 000 €

Geschätzter Mietausfall bis zur Vollvermietung	
2 000 m² × 50 €/m² × 12 Monate	1 200 000 €
zuzüglich üblicherweise umlagefähiger Bewirtschaftungskosten	
2 000 m² × 2 €/m² × 12 Monate	+ 48 000 €
Zusammen	1 248 000 €

Abzinsung auf den Wertermittlungsstichtag über 1 Jahr und einem Zinssatz von 6 %: q^{-1} = 0,9434

1 248 000 € × 0,9434	– 1 180 000 €
Vorläufiger Ertragswert	22 920 000 €

Lösung 3:

Wird nach der Marktsituation am Wertermittlungsstichtag mit einem längerfristigen Leerstand gerechnet, so wäre der Minderertrag der bereits gekündigten Teilfläche C zusätzlich zu berücksichtigen.

Ertragswert *(bei Vollvermietung)*	rd. 24 100 000 €
Geschätzter Mietausfall für Fläche A	
2 000 m² × 50 €/m² × 24 Monate	2 400 000 €
zuzüglich üblicherweise umlagefähiger Bewirtschaftungskosten	
2 000 m² × 2 €/m² × 24 Monate	+ 96 000 €
zusammen	2 496 000 €

Abzinsung auf den Wertermittlungsstichtag über 2 Jahre und einem Zinssatz von 6 %: q^{-2} = 0,8900

2 496 000 € × 0,8900	– 2 220 000 €

Geschätzter Mietausfall für Fläche C	
2 000 m² × 9 €/m² × 12 Monate	216 000 €
zuzüglich üblicherweise umlagefähiger Bewirtschaftungskosten	
2 000 m² × 2 €/m² × 12 Monate	+ 48 000 €
zusammen	264 000 €

Abzinsung auf den Wertermittlungsstichtag über 2 Jahre und einem Zinssatz von 6 % : q^{-2} = 0,8900

264 000 € × 0,8900	– 235 000 €
Vorläufiger Ertragswert	21 645 000 €

IV § 19 ImmoWertV — Mietausfallwagnis

191 *Lösung 4:*

Resultieren die Nachvermietungsprobleme aus einer Verschlechterung der Lagequalitäten des Grundstücks und seiner unmittelbaren Umgebung (z. B. Umleitung der Passantenfrequenz), fällt die Prüfung auf Angemessenheit und Nachhaltigkeit der erzielten Miete von 50 €/m² negativ aus. In diesem Fall ist einzuschätzen,

- welche Nutzung und welche Miete aufgrund der geänderten Situation nachhaltig erzielbar ist,
- welche Akquisitionszeit bis zur Nachvermietung angemessen ist und
- ob und in welchem Umfang dem Eigentümer durch die Folgenutzung Umbaukosten entstehen.

Aufgrund der Lagequalitätsverschlechterung ist im vorstehenden Beispiel die erdgeschossige Ladennutzung zwar weiterhin marktgerecht, das Mietniveau ist aber deutlich niedriger anzunehmen (20 €/m²). Umbauten zu Lasten des Eigentümers fallen nicht an. Die Akquisitionszeit bis zur Vermietung wird auf ein halbes Jahr veranschlagt.

Nettokaltmiete p. a.		936 000 €
Bewirtschaftungskosten		
– Verwaltungskosten	– 23 400 €	
– Instandhaltungskosten: 6 000 m² × 6 €/m²	– 36 000 €	
– Mietausfallwagnis	– 28 100 €	
insgesamt	87 500 €	– 87 500 €
Grundstücksreinertrag		848 500 €

Bei einer Restnutzungsdauer von 50 Jahren und einem Liegenschaftszinssatz von 6 % ergibt sich ein Vervielfältiger von 15,76

Vorläufiger Ertragswert (bei Vollvermietung) 848 500 € × 15,76	rd. 13 370 000 €

Geschätzter Mietausfall bis zur Vollvermietung		
2 000 m² × 50 €/m² × 6 Monate	240 000 €	
zuzüglich üblicherweise umlagefähiger Bewirtschaftungskosten		
2 000 m² × 2 €/m² × 6 Monate	+ 24 000 €	
zusammen	264 000 €	264 000 €
Abzinsung auf den Wertermittlungsstichtag entfällt wegen Geringfügigkeit		
Vorläufiger Ertragswert		13 100 000 €

Darüber hinaus ist zu prüfen, ob angesichts der Lageverschlechterung der Liegenschaftszins zu erhöhen ist.

4.7.4 Landwirtschaftliche Wirtschaftsgebäude

192 Bei **landwirtschaftlichen Wirtschaftsgebäuden** wird mit einem Mietausfallwagnis von 5,0 bis 18,0 % des Rohertrags gerechnet.

5 Bonität der Mietverhältnisse (Scoring)

Schrifttum: *Dobberstein, M.,* Scoringmodelle als Analyseinstrument des Immobilienportfoliomanagements, GuG 2000, 8.

Bei hochwertigen Immobilien kann es angezeigt sein, die Ausfallwahrscheinlichkeit eines Mieters durch ein Mieter*scoring* zu konkretisieren. Mit dem Mieter*scoring* wird eine Kennzahl ermittelt, die das Vermietungsrisiko transparent macht und risikoreiche sowie risikoarme Objekte identifiziert. 193

Das **Mietausfallrisiko** setzt sich insbesondere zusammen aus 194

- der Branche (nachfolgend Indikator a),
- der Bonität des Mieters (nachfolgend Indikatoren b bis g) und
- dem vertragsabhängigen Laufzeitrisiko.

Indikatoren sind 195

a) das branchenspezifische Risikopotenzial; hierzu bedarf es zunächst einer Klassifikation der Branchen[58],

b) Ort/Kreis des Mieters, z. B. auf der Grundlage eines Bonitätsatlasses[59],

c) Gründungsjahr des Unternehmens (je länger ein Unternehmen auf dem Markt ist, desto niedriger die Ausfallquote),

d) Rechtsform des Unternehmens,

e) offene Posten, d. h. das bisherige Zahlungsverhalten des Mieters einschließlich anhängiger Rechtsstreitigkeiten,

f) Auskünfte über die Bonität des Mieters; hier kommen insbesondere in Betracht:
   - eigene Auskünfte,
   - Schufa-Auskünfte,
   - Bankauskünfte,
   - Auskünfte des Creditforums,

g) Laufzeit des Vertrags einschließlich Verlängerungsoption.

Grundlage für die Indikatoren a), b) und d) kann hier insbesondere die vom Statistischen Bundesamt jährlich veröffentlichte **Datei der Insolvenzhäufigkeit nach ausgewählten Wirtschaftszweigen**, Rechtsformen und Ländern sein[60]. 196

Die **Indikatoren sind schulnotenmäßig zu bewerten** (z. B. 1 bis 10) und bedürfen einer Gewichtung, wie z. B. (Abb. 13): 197

Abb. 13: Mietausfallrisiko: Indikatoren und Gewichtung

Indikatoren und Gewichtung	
Indikator	Gewicht
a) Branche des Mieters	17 %
b) Ort/Kreis des Mieters	7 %
c) Gründungsjahr des Unternehmens	6 %
d) Rechtsform des Unternehmens	10 %
e) offene Posten	30 %
f) Auskunft und Bonität des Mieters	20 %
g) Laufzeitrisiko	10 %
zusammen	100 %

---

58 Z.B. Klasseneinteilung der Deutschen Immobiliendatenbank Wiesbaden mit 28 unterschiedlichen Branchen.
59 Bonitätsatlas des Creditforums und der ExperConsult Wirtschaftsförderung und Investitionen GmbH & Co KG.
60 Statistisches Bundesamt: http://www.destatis.de/basis/d/insol/insoltab1.htm.

IV § 19 ImmoWertV   Scoring

198 Das **Gesamtmieter-*Rating* eines Objekts** bestimmt sich unter Berücksichtigung des Mietanteils der einzelnen Mieter am gesamten Mietertrag.

199 *Beispiel (Abb. 14):*

Abb. 14: Gesamtmieter-Rating

Gesamtmieter-Rating			
Mieterspezifisches Rating	Kennziffer	Mietertrag p. a.	Mietertrag × Kennziffer
Mieter 1	4,20	30 000 €	126 000 €
Mieter 2	7,85	10 000 €	78 500 €
Mieter 3	5,34	40 000 €	213 600 €
		Σ = 80 000 €	418 100 €
		Mittlere Kennzahl = 418 100 €/80 000 € = **5,22**	

§ 20 ImmoWertV
Kapitalisierung und Abzinsung

Der Kapitalisierung und Abzinsung sind Barwertfaktoren zugrunde zu legen. Der jeweilige Barwertfaktor ist unter Berücksichtigung der Restnutzungsdauer (§ 6 Absatz 6 Satz 1) und des jeweiligen Liegenschaftszinssatzes (§ 14 Absatz 3) der Anlage 1 oder Anlage 2 zu entnehmen oder nach der dort angegebenen Berechnungsvorschrift zu bestimmen.

Gliederungsübersicht   Rn.
1 Kapitalisierung und Abzinsung 1
2 Vervielfältiger (Barwertfaktor)
   2.1   Allgemeines
       2.1.1   Vervielfältiger nach ImmoWertV 3
       2.1.2   Vervielfältiger in der steuerlichen Bewertung 12
   2.2   Nach-, vor- und mittelschüssiger Vervielfältiger
       2.2.1   Allgemeines 13
       2.2.2   Nachschüssiger Barwertfaktor 14
       2.2.3   Vorschüssiger Barwertfaktor 15
       2.2.4   Ermittlung vorschüssiger Barwertfaktoren 19
   2.3   Unterjähriger Vervielfältiger 20
3 Barwertfaktor für die Abzinsung (Diskontierungsfaktor) 29
4 Aufzinsung (Aufzinsungsfaktor) 31

1 Kapitalisierung und Abzinsung

§ 20 ImmoWertV bestimmt ergänzend zu den Vorschriften des Ertragswertverfahrens, dass zur Kapitalisierung und Abzinsung die den Anlagen zur ImmoWertV zu entnehmenden Barwertfaktoren heranzuziehen sind.   **1**

– Der danach maßgebliche **Barwertfaktor für die Kapitalisierung** wird umgangssprachlich als Vervielfältiger bezeichnet.

– Der **Barwertfaktor für die Abzinsung** wird umgangssprachlich auch als Diskontierungsfaktor bezeichnet.

Die in der Anlage zur ImmoWertV tabellierten Vervielfältiger entsprechen denen der WertV 88/98 sowie den in der Anl. zur **Beleihungswertverordnung (BelWertV)** sowie in Anl. 21 zu § 185 Abs. 3 Satz 11, § 193 Abs. 3 Satz 2, § 194 Abs. 3 Satz 3 und § 195 Abs. 2 Satz 2 und Abs. 3 Satz 3 **Bewertungsgesetz (BewG)** veröffentlichten Vervielfältigern.   **2**

2 Vervielfältiger (Barwertfaktor)

2.1 Allgemeines

2.1.1 Vervielfältiger nach ImmoWertV

▶ *Vgl. Syst. Darst. des Ertragswertverfahrens Rn. 247, 311*

Der Vervielfältiger (Barwertfaktor für die Kapitalisierung) ist nach § 20 Satz 2 ImmoWertV unter Berücksichtigung   **3**

– des jeweiligen Liegenschaftszinssatzes p und
– der Restnutzungsdauer n

IV § 20 ImmoWertV — Vervielfältiger

zu bestimmen. Der **Vervielfältiger** ist im Anh. 1 zum Text der ImmoWertV am Anfang dieses Werks abgedruckt. Er **stellt** mathematisch nichts anderes als **den Barwertfaktor** *(present value factor)* **einer endlichen Rente** dar, wobei als Rente die jährlich anfallenden Reinerträge der baulichen Anlage mithilfe des Vervielfältigers kapitalisiert werden.

4 **Die der Anl. zur ImmoWertV zugrunde liegende Formel lautet**

$$V_{nachschüssig} = \frac{q^n - 1}{q^n \times (q-1)} = \frac{(p+1)^n - 1}{(p+1)^n \times p} = \frac{1 - (1+p)}{p} \tag{1}$$

wobei
q = Zinsfaktor = (1+p)/100
p = Liegenschaftszinssatz (§ 14 Abs. 3 ImmoWertV); als Jahreszinssatz
n = Restnutzungsdauer der baulichen Anlage (Perioden)
V = Vervielfältiger

5 Finanzmathematisch bedeutet die Kapitalisierung des Reinertrags der baulichen Anlagen die **Ermittlung des Barwerts einer endlichen Rente**, bestehend aus den über die Restnutzungsdauer der baulichen Anlage fließenden Erträgen. Die Abschreibung, d.h. die Erneuerungsrücklage zum Ausgleich des Wertverfalls infolge Alterung und Abnutzung der baulichen Anlage, braucht nicht zusätzlich angesetzt zu werden (vgl. § 19 ImmoWertV Rn. 35 ff.). Dabei wird entsprechend der Vorgabe des § 17 Abs. 2 Nr. 1 ImmoWertV der Abschreibungszinssatz (Habenzinssatz) mit dem Sollzinssatz gleichgesetzt.

6 Die vorstehend vorgestellte **Formel des Vervielfältigers** lässt sich aus dem jährlichen Gebäudeertrag der allgemeinen Ertragswertformel ableiten.

$$EW = (RE - p \times BW) \times V + BW$$

mit (RE − p × BW) × V = Gebäudeertragswert und BW = Bodenwert

wobei EW = Ertragswert
BW = Bodenwert
p = Liegenschaftszinssatz

7 Der **Gebäudeertragswertanteil ergibt sich durch Kapitalisierung des um den Bodenwertverzinsungsbetrag verminderten Reinertrags.** Dieser jährlich anfallende Betrag entspricht der Summe aus dem Verzinsungs- und dem Abschreibungsbetrag des Gebäudes. In einer Formel:

$$RE - \left(BW \times \frac{p}{100}\right) = \underbrace{G \times p}_{\text{Verzinsung des Gebäudes}} + \underbrace{G \frac{(q-1)}{(q^n - 1)}}_{\text{Abschreibung des Gebäudes}} \tag{2}$$

wobei RE = Reinertrag
BW = Bodenwert
G = Gebäudezeitwert
n = Restnutzungsdauer
p = Sollzinssatz
q = Zinsfaktor = 1 + Abschreibungszinssatz/100
$(q^n - 1)/(q - 1)$ = Abschreibungsdivisor

Vervielfältiger § 20 ImmoWertV IV

Die **Abschreibung des Gebäudes** definiert sich dabei als Zeitrente, die n-mal über die Restnutzungsdauer am Ende eines jeden Jahres auf Zins und Zinseszins angelegt wird und so bemessen ist, dass sich als Endwert der Gebäudezeitwert ergibt. 8

Bezüglich der **Verzinsung** kann unterschieden werden zwischen 9

– dem *Sollzinssatz,* dem Zinssatz für Schulden auf dem investierten Kapital (= übliche Kapitalverzinsung), und

– dem *Abschreibungszinssatz* (= Habenzinssatz), dem Zinssatz auf Guthaben, die der Grundstückseigentümer während der Restnutzungsdauer n des Gebäudes aus der Rücklage ansammelt (§ 19 ImmoWertV Rn. 51 ff.).

Durch Umformung der Gleichung (1) erhält man die Vervielfältigerformel: 10

$$\text{Vervielfältiger } V = \frac{G}{(RE - BW) \times \frac{p}{100}} = \frac{1}{\frac{q-1}{q^n - 1} + p} \qquad (3)$$

Setzt man darüber hinaus **Soll- und Abschreibungszinssatz**[1] **gleich,** folgt hieraus: 11

$$\boxed{\text{Vervielfältiger } V = \frac{q^n - 1}{q^n \times (q-1)} = \frac{1 - (1+p)^{-n}}{p} = \frac{(1+p)^n - 1}{(1+p)^n \times p}}$$

(tabelliert in der Anl. zur ImmoWertV)

wobei nunmehr q = 1 + Liegenschaftszinssatz p/100

  p/100 = q – 1

Bei n → ∞ ergibt sich: $V = \frac{1}{p}$.

2.1.2 Vervielfältiger in der steuerlichen Bewertung

Der für die **Einheitsbewertung** maßgebliche Vervielfältiger bestimmt sich nach § 8 i. V. m. Anl. 21 zum BewG unter Berücksichtigung 12

– der Grundstücksart,

– der Bauart und Bauausführung,

– des Baujahrs und

– der Einwohnerzahl der Gemeinde zum 1.1.1964.

Im Rahmen der **grunderwerbsteuerlichen Grundbesitzbewertung** kommt (bis zum 31.12.2006) ein Vervielfältiger von 12,5 zur Anwendung.

Im Rahmen der **erbschaftsteuerlichen Grundbesitzbewertung** bestimmt sich der Vervielfältiger nach § 185 Abs. 3 BewG i. V. m. Anl. 21 zum BewG in Abhängigkeit von dem Liegenschaftszinssatz und der Restnutzungsdauer. Der sich danach ergebende Vervielfältiger entspricht dem Vervielfältiger nach Anl. 1 der ImmoWertV.

---

1 Kleiber in DS 1983, 106; Stemmler in Archivbericht der Fédération Internationale des Géomètres (FIG) 1971 Nr. 904.2; zum Einfluss der Inflation auf den Ertragswert vgl. Lüftl in Österreichische Immobilien-Zeitung 1975,359; Haenle in DWW 1982, 354.

2.2 Nach-, vor- und mittelschüssiger Vervielfältiger

2.2.1 Allgemeines

13 In der Marktwertermittlung wird das für die Überlassung einer Immobilie entrichtete Nutzungsentgelt (Miete) finanzmathematisch als Rente verstanden. Unter einer Rente versteht man wiederum eine periodische Folge von Zahlungen. Eine Rente (bzw. Miete) wird als „nachschüssig" oder als **Postnumerando-Rente** bezeichnet, wenn die Zahlung am Ende des Zeitraums entrichtet wird, für den die Rente gezahlt werden soll.

Im **Mietrecht** wird im Allgemeinen eine monatliche Zahlweise vereinbart.

Wird die Rente (bzw. Miete) am Anfang des Zeitraums entrichtet, wird von einer vorschüssigen oder einer **Postnumerando-Rente** gesprochen.

Von einer **mittelschüssigen Zahlweise** spricht man, wenn die Rente in der Mitte des jeweiligen Zeitraums entrichtet wird, z. B. in der Monats- bzw. Jahresmitte.

Von einer mittelschüssigen Zahlweise wird z. B. nach den §§ 13 f. BewG bei der Ermittlung des Kapitalwerts von wiederkehrenden Nutzungen und Leistungen ausgegangen, für den die Rente gezahlt werden soll. Der Kapitalwert bestimmt sich nach Anl. 9a zum BewG unter Berücksichtigung von Zwischenzinsen und Zinseszinsen mit 5,5 Prozent als Mittelwert zwischen dem Kapitalwert für jährlich vorschüssige und jährlich nachschüssige Zahlungsweise.

2.2.2 Nachschüssiger Barwertfaktor

14 Die angegebene **Formel bezieht sich auf eine jährlich nachschüssig anfallende Rente bzw. Zahlweise** (Reinertrag der baulichen Anlage), d.h., die Anwendung dieser Formel ist im strengen Sinne eigentlich nur zulässig, wenn der Reinertrag aus der Grundstücksnutzung erst am 31.12. des Jahres „fließt". Tatsächlich werden die Mieten i. d. R. jedoch vorschüssig, und zwar am Monatsanfang erbracht.

2.2.3 Vorschüssiger Barwertfaktor

15 Bei vorschüssigem Nutzungsentgelt lautet die Vervielfältigerformel

$$V_{vorschüssig} = \frac{q^n - 1}{q^{n-1} \times (q - 1)}$$

Das Glied q^n im Nenner wird bei Umstellung der tabellierten nachschüssigen Vervielfältigerformel um 1 vermindert.

16 Bei **längerer Restnutzungsdauer** kann eine vorschüssige Zahlungsweise schon „zu Buche" schlagen, wie sich aus nachfolgendem Beispiel ergibt:

Vervielfältiger   § 20 ImmoWertV IV

Beispiel:

Ertragswertermittlung bei

1. „*Nachschüssiger*" jährlicher Zahlweise

Bodenwert BW	=	200 000 €
Reinertrag RE p. a.	=	60 844 €
Liegenschaftszins	=	5 %
Restnutzungsdauer	=	60 Jahre
Vervielfältiger: $V = \dfrac{q^n - 1}{q^n \times (q-1)}$	=	18,92929
RE × V	=	1 151 734 €
BW/q^n	=	+ 10 707 €
Ertragswert	=	**1 162 441 €**

2. „*Vorschüssiger*" jährlicher Zahlweise

Bodenwert BW	=	200 000 €
Reinertrag RE p. a.	=	60 844 €
Liegenschaftszins	=	5 %
Restnutzungsdauer	=	60 Jahre
Vervielfältiger: $V = \dfrac{q^n - 1}{q^{n-1} \times (q-1)}$	=	19,87575
wobei q = (1+p)/1200	=	1,0041666
RE × V	=	1 209 320 €
BW/q^n	=	+ 10 707 €
Ertragswert	=	**1 220 027 €**

$$\Delta = 57\,586\ € \approx 5\,\%$$

Die Ergebnisse machen deutlich, dass der **Unterschied mit rd. 5 % recht hoch** ausfällt. Dies findet seine Erklärung darin, dass bei der hier vorgenommenen jahrgangsweisen Kapitalisierung des alljährlich anfallenden Jahresreinertrags bei Verwendung des vorschüssigen Vervielfältigers gegenüber dem nachschüssigen Vervielfältiger jeweils über einen um ein Jahr verminderten Zeitraum diskontiert wird.   **17**

Unter Hinweis auf den nicht unerheblichen Unterschied zwischen der nachschüssigen Kapitalisierung gemäß Anlage zur ImmoWertV und der vorschüssigen Kapitalisierung wird vereinzelt eine Umstellung des ImmoWertV-Vervielfältigers auf vorschüssige Zahlungsweise gefordert, weil dies dem tatsächlichen Zahlungsfluss entspräche. Dies klingt zunächst plausibel, jedoch ist in diesem Zusammenhang auch darauf hinzuweisen, dass man dann konsequenterweise auch die *unterjährige* Zahlungsweise berücksichtigen muss. Üblicherweise werden nämlich (in Deutschland) die Mieten monatlich (unterjährig) entrichtet. Im Rahmen der Ertragswertermittlung werden jedoch die Jahresreinerträge (statt der monatlichen Ertragsflüsse) kapitalisiert. Dies geschieht zur Vereinfachung, wobei sich (nur) im Falle einer   **18**

– Umstellung von einer *monatlichen* auf eine *jährliche* Zahlweise bei gleichzeitiger
– Heranziehung eines *nach*schüssigen Barwertfaktors (Vervielfältigers) statt eines *vor*schüssigen Barwertfaktors

die in Kauf genommenen Fehler nahezu kompensieren (vgl. Rn. 25 ff.). Wird indessen die **Miete vierteljährlich, halbjährlich oder gar jährlich im Voraus entrichtet,** muss man jedoch seine Berechnung auf einen vorschüssigen Barwertfaktor und die entsprechenden Zahlungsintervalle umstellen. Eine Umstellung auf vorschüssig erbrachte Nutzungsentgelte ist mithin geboten, wenn das Nutzungsentgelt über einen längeren Zeitraum (z. B. vierteljährlich) erbracht wird, wie z. B. im angelsächsischen Raum bei Gewerbeobjekten oder bei der Kapitalisierung der Rente für einen Überbau.

2.2.4   Ermittlung vorschüssiger Barwertfaktoren

Da häufig keine Tabellen für vorschüssige Rentenbarwertfaktoren zur Hand sind, kann im Übrigen der **nachschüssige Barwertfaktor** (Vervielfältiger) **wie folgt umgerechnet** werden: **19**

IV § 20 ImmoWertV   Vervielfältiger

1. Der nachschüssige Rentenbarwertfaktor wird mit dem Zinsfaktor q multipliziert:
Zinssatz 6,5 %
Laufzeit 10 Jahre
Vervielfältiger nach ImmoWertV (nachschüssiger Rentenbarwertfaktor)   = 7,19
Vorschüssiger Rentenbarwertfaktor: 7,19 × 1,065   = 7,66

2. Es wird der nachschüssige Rentenbarwertfaktor für die um ein Jahr verminderte Laufzeit aus der Tabelle entnommen und dieser Wert um 1 erhöht:
Zinssatz 6,5 %
Laufzeit 10 Jahre
Vervielfältiger für 10 – 1 Jahre, also 9 Jahre   = 6,66
Vorschüssiger Rentenbarwertfaktor: 6,66 + 1   = 7,66

2.3 Unterjähriger Vervielfältiger

Schrifttum: *Gottschalk, G.-J.*, Der falsche oder der richtige Vervielfältiger, GuG 2012, 94; *Berka, Th.*, Das falsche oder richtige Modell zur Ertragswertermittlung, GuG 2012, 209.

20 Die vorstehenden **Vervielfältigerformeln für** vor- und nachschüssig entrichtete Nutzungsentgelte lassen sich auf eine **unterjährige Verzinsung** umstellen. Von einer unterjährigen Verzinsung spricht man bei Intervallen zwischen den Zinszahlungen kleiner als ein Jahr.

21 Bei unterjähriger Verzinsung tritt an die Stelle der jahresbezogenen Laufzeit n die Gesamtzahl der unterjährigen Zinsperioden (m × n).

22 Des Weiteren ist der Jahreszins in den **unterjährigen (Perioden-)Zinssatz** anzusetzen, z. B. bei einem Jahreszinssatz von 8 % und
   – bei *vierteljährlicher* Zahlweise   p* = 8/4   = 2 %
   – bei *monatlicher* Zahlweise   p* = 8/12   = 0,6666 %

23 Dementsprechend ist z. B. bei monatlicher (m = 12) oder vierteljährlicher Zahlweise (m = 4) der **Zinsfaktor** entsprechend zu modifizieren:
   q = 1 + p/1200   Zinsfaktor bei *monatlicher* Zahlweise
   q = 1 + p/400   Zinsfaktor bei *vierteljährlicher* Zahlweise
   q = 1 + p/100   Zinsfaktor bei *jährlicher* Zahlweise

24 Darüber hinaus ist bei Anwendung des *zweigleisigen Ertragswertverfahrens* der **Bodenwertverzinsungsbetrag auf die unterjährige Verzinsung umzustellen**.

25 Unter Rn. 18 wurde darauf hingewiesen, dass eine **Umstellung des ImmoWertV-Vervielfältigers** auf eine vorschüssige Zahlungsweise gefordert wurde. Die Forderung übersieht die Tatsache, dass das **Nutzungsentgelt üblicherweise monatsweise und nicht jahrgangsweise im Voraus entrichtet** wird und dann auch ein monatlicher Ertragsfluss zu kapitalisieren wäre. Mit der alleinigen Umstellung der Kapitalisierung auf einen vorschüssigen Vervielfältiger würde man den Fehler begehen, der Immobilie eine Rendite unterzuschieben, die sie tatsächlich nicht hat. Die Rendite „fließt" nämlich i. d. R. gar nicht in voller Höhe zum Jahresbeginn, sondern verteilt über 12 Monate jeweils am Monatsanfang. Wollte man also das Berechnungsverfahren der Ertragswertmethode realitätsbezogener verfeinern wollen, müsste das Rechenverfahren konsequenterweise auf eine Kapitalisierung der vorschüssig erbrachten *Monatsentgelte* umgestellt werden. Dies wäre zunächst rechenaufwendiger, was in Anbetracht moderner Rechenhilfsmittel für sich allein heute nicht mehr dagegen spräche, jedoch muss sich diese Umstellung das Ergebnis wiederum dem annähern, was sich bei nachschüssiger jährlicher Zahlungsweise ergibt. Dies soll nachfolgend demonstriert werden:

Vervielfältiger § 20 ImmoWertV IV

Beispiel: 26
Ertragswertermittlung bei monatlicher Zahlweise des Nutzungsentgelts

1. *Nachschüssige* Zahlweise am Monatsende			2. *Vorschüssige* Zahlweise am Monatsanfang		
Bodenwert BW	=	200 000 €	Bodenwert BW	=	200 000 €
Reinertrag RE p. a.	=	60 844 €	Reinertrag RE p. a.	=	60 844 €
Reinertrag RE im Monat 60 844 € : 12	=	5 077 €	Reinertrag RE im Monat 60 844 € : 12	=	5 077 €
Jährlicher Liegenschaftszins	=	5 %	Jährlicher Liegenschaftszins	=	5 %
Restnutzungsdauer in Jahren	=	60	Restnutzungsdauer in Jahren	=	60
Restnutzungsdauer in Monaten	=	**720**	Restnutzungsdauer in Monaten	=	**720**
$V_{23} = \dfrac{q^n - 1}{q^n \times (q-1)}$	=	(227,98086)	$V_{23} = \dfrac{q^n - 1}{q^{n-1} \times (q-1)}$	=	(228,93056)
wobei q = (1 + p) / 1200	=	1,0041666	wobei q = (1 + p) / 1200	=	1,0041666
Monatlicher Liegenschaftszins: 5 %/12	=	0,41666 %	Monatlicher Liegenschaftszins: 5 %/12	=	0,41666 %
$RE_{Monat} \times V$	=	1 157 459 €	$RE_{Monat} \times V$	=	1 162 280 €
BW/q^n	=	+ 10 707 €	BW/q^n	=	+ 10 707 €
Ertragswert	=	**1 168 166 €**	**Ertragswert**	=	**1 172 987 €**

Δ = 4 821 € = 0,4 %

Δ = 10 546 €
= 0,9 %

Ertragswert bei nachschüssiger jährlicher Zahlweise: **1 162 441 €**

Mit dem Rechenergebnis auf der Grundlage eines vorschüssig entrichteten Monatsentgelts nähert man sich von allen dargestellten Berechnungsarten den tatsächlichen Verhältnissen am nächsten an. Das Ergebnis (im Beispiel: 1 172 987 €) stimmt überraschend gut mit dem sich unter Anwendung des (nachschüssigen) Vervielfältigers ermittelten Ertragswert (EW = 1 162 441 €) überein.

Bei **mehrmonatiger Vorauszahlung des Nutzungsentgelts**, z. B. wenn Gewerbemieten 27
vierteljährlich vorschüssig gezahlt werden, kann eine Umstellung geboten sein. Dann ergeben sich pro Jahr 4 Zahlungstermine, jeweils am 1.1., 1.4., 1.7. und 1.10. des Jahres.

Beispiel: 28

Vierteljährlich vorschüssige Zahlung	25 000 €
Zinssatz	6,5 %
Laufzeit der Zahlungen	10 Jahre
Anzahl der Zahlungsintervalle 10 Jahre × 4	40
Zinssatz je Zahlungstermin 6,5 %/4	1,63 %
Vorschüssiger Rentenbarwertfaktor bei 1,63 % Zins und 40 Zahlungsintervallen: 29,24 × 1,0163	29,72
Kapitalisierter Wert der vierteljährlich vorschüssigen Zahlungen über 10 Jahre: 25 000 € × 29,72	743 000 €
Würde man hier die Zahlungsmodalitäten ignorieren und als jährlich nachschüssige Zahlungen behandeln, ergäbe sich	
100 000 € × 7,19* = 719 000 €	

* Vervielfältiger bei 6,5 % und 10 Jahren Laufzeit

3 Barwertfaktor für die Abzinsung (Diskontierungsfaktor)

▶ *Vgl. Syst. Darst. des Ertragswertverfahrens Rn. 305*

29 Bei dem in Anlage 2 zur ImmoWertV abgedruckten Barwertfaktor für die Abzinsung handelt es sich um den üblichen Diskontierungsfaktor.

30 Berechnungsvorschrift für die der Tabelle nicht zu entnehmenden Barwertfaktoren für die Abzinsung ist:

$$\text{Abzinsungsfaktor} = q^{-n} = \frac{1}{q^n} \qquad \text{wobei } q = 1 + \frac{p}{100}$$

p = Liegenschaftszinssatz
q = Zinsfaktor
n = Restnutzungsdauer

4 Aufzinsung (Aufzinsungsfaktor)

▶ *Vgl. Syst. Darst. des Ertragswertverfahrens Rn. 305*

31 Unter der Aufzinsung versteht man die Ermittlung eines Endkapitals K_n, das sich für ein Anfangskapital K_0 (zu einem bestimmten Zeitpunkt t_0) nach n-Jahren ergibt, wenn das Anfangskapital K_0 über die Laufzeit n mit p-Prozent verzinst wird.

32 Der Barwertfaktor für die Aufzinsung eines Anfangskapitals (**Aufzinsungsfaktor**) ist der reziproke Diskontierungsfaktor:

$$\text{Aufzinsungsfaktor} = q^n \qquad \text{wobei } q = 1 + \frac{p}{100}$$

p = Liegenschaftszinssatz
q = Zinsfaktor
n = Restnutzungsdauer

33 Der Barwertfaktor für die Aufzinsung eines Anfangskapitals kann deshalb der Anl. 2 zur ImmoWertV als **Reziprokwert des Abzinsungsfaktors** entnommen werden. Mit seiner Hilfe lässt sich der Endwert K_n eines Anfangskapitals K_0 ermitteln:

$$K_n = K_0 \times q^n$$

wobei

K_n = Endkapital
K_0 = Anfangskapital
n = Anzahl der Jahre, Laufzeit
p = Zinssatz, Zinsfuß
q^n = Aufzinsungsfaktor = $(1 + \frac{p}{100})^n$

Unterabschnitt 3:

Sachwertverfahren (§§ 21 bis 23 ImmoWertV)

Systematische Darstellung des Sachwertverfahrens

Gliederungsübersicht   Rn.

1 Anwendungsbereich
- 1.1 Allgemeines 1
- 1.2 Ersatzbeschaffungs- und Reproduktionskosten 6
- 1.3 Kosten und Wert 7
- 1.4 Marktwertkonformes Sachwertverfahren
  - 1.4.1 Allgemeines 10
  - 1.4.2 Marktkonformer Sachwert 11
  - 1.4.3 Modellkonforme Sachwertermittlung 15

2 Verfahrensübersicht
- 2.1 Sachwertverfahren nach ImmoWertV
  - 2.1.1 Allgemeines 21
  - 2.1.2 Sachwertmodell der SachwertR 26
- 2.2 Sachwertverfahren nach BelWertV 30
- 2.3 Sachwertverfahren in der steuerlichen Bewertung
  - 2.3.1 Einheitsbewertung 42
  - 2.3.2 Erbschaftsteuerliche Grundbesitzbewertung 43

3 Grundzüge des Sachwertverfahrens
- 3.1 Übersicht 45
- 3.2 Bodenwert
  - 3.2.1 Allgemeines
    - 3.2.1.1 Bodenwertermittlung nach ImmoWertV 48
    - 3.2.1.2 Bodenwertermittlung nach BelWertV 49
    - 3.2.1.3 Bodenwertermittlung in der steuerlichen Bewertung ... 50
  - 3.2.2 Vorläufiger Bodenwert 51
- 3.3 Vorläufiger Sachwert der baulichen Anlage (Gebäudesachwert)
  - 3.3.1 Übersicht 53
  - 3.3.2 Grundlagen
    - 3.3.2.1 Normalherstellungskosten (NHK 2010) 58
    - 3.3.2.2 Baunebenkosten (§ 22 Abs. 2 Satz 3 ImmoWertV) 78
    - 3.3.2.3 Ermittlung der Brutto-Grundfläche (BGF) und der reduzierten Brutto-Grundfläche (BGFred) 89
  - 3.3.3 Ermittlung objektspezifischer Normalherstellungskosten
    - 3.3.3.1 Übersicht 94
    - 3.3.3.2 Gebäudeart 95
    - 3.3.3.3 Gebäudestandard 96
    - 3.3.3.4 Baualtersstufen (Gebäudebaujahrsklassen) 105
    - 3.3.3.5 Geschosshöhe 110
  - 3.3.4 Korrekturfaktoren zu den Kostenwerten der NHK 2010
    - 3.3.4.1 Allgemeines 111
    - 3.3.4.2 Korrekturfaktor für freihstehende Zweifamilienhäuser .. 114
    - 3.3.4.3 Gebäude mit ausgebautem Dachgeschoss ohne Drempel ... 115
    - 3.3.4.4 Gebäude mit nicht ausgebautem Dachgeschoss und Drempel ... 117
    - 3.3.4.5 Eingeschränkt nutzbare Dachgeschosse 119
    - 3.3.4.6 Spitzboden bei Wohngebäuden 124
    - 3.3.4.7 Landwirtschaftliche Gebäudearten 134

IV Syst. Darst. Sachwertverfahren — Übersicht

		3.3.4.8		Korrekturfaktoren für Mehrfamilienhäuser und Wohnhäuser mit Mischnutzung	135
		3.3.4.9		Regionalisierung der Normalherstellungskosten	137
	3.3.5			Einzelne Bauteile, Einrichtungen und Vorrichtungen (§ 22 Abs. 2 Satz 2 ImmoWertV) sowie c-Flächen	
		3.3.5.1		Allgemeines	150
		3.3.5.2		Direkte Berücksichtigung des Wertanteils von noch nicht berücksichtigten besonderen Bauteilen und c-Flächen	153
	3.3.6			Umrechnung der Normalherstellungskosten auf die Baupreisverhältnisse am Wertermittlungsstichtag (§ 22 Abs. 3 ImmoWertV)	
		3.3.6.1		Allgemeines	157
		3.3.6.2		Baupreisindexreihe	160
	3.3.7			Gewöhnliche Herstellungskosten eines Neubaus der zu bewertenden baulichen Anlage	170
	3.3.8			Alterswertminderung (§ 23 ImmoWertV)	
		3.3.8.1		Übersicht	178
		3.3.8.2		Gesamt- und Restnutzungsdauer	187
		3.3.8.3		Alterswertminderung bei ordnungsgemäßer Instandhaltung	189
		3.3.8.4		Alterswertminderung bei verkürzter oder verlängerter Restnutzungsdauer	201
		3.3.8.5		Alterswertminderung in der steuerlichen Bewertung	222
	3.3.9			Vorläufiger Gebäudesachwert	223
	3.3.10			Gebäudesachwert in der steuerlichen Bewertung	224
3.4				Berücksichtigung der baulichen Außenanlagen und sonstigen Anlagen (Aufwuchs)	
	3.4.1			Allgemeines	225
	3.4.2			Berücksichtigung des Wertanteils bei der Bodenwertermittlung	228
	3.4.3			Berücksichtigung des Wertanteils mit dem Sachwertfaktor	230
	3.4.4			Wertanteil von Außenanlagen	
		3.4.4.1		Pauschale Ermittlung des Wertanteils von Außenanlagen nach Erfahrungssätzen	232
		3.4.4.2		Ermittlung nach gewöhnlichen Herstellungskosten	241
	3.4.5			Beleihungswertermittlung	259
	3.4.6			Steuerliche Bewertung	260
3.5				Vorläufiger Sachwert	
	3.5.1			Vorläufiger Sachwert nach ImmoWertV	262
	3.5.2			Vorläufiger Sachwert bei der steuerlichen Bewertung	264
3.6				Marktangepasster vorläufiger Sachwert	
	3.6.1			Marktanpassung bei der Verkehrswertermittlung unter Anwendung des Sachwertverfahrens (ImmoWertV)	265
	3.6.2			Beleihungswertermittlung	268
	3.6.3			Steuerliche Bewertung	269
3.7				Subsidiäre Berücksichtigung besonderer objektspezifischer Grundstücksmerkmale	270
3.8				Sach- und Verkehrswert	
	3.8.1			Allgemeines	275
	3.8.2			Auf- und Abrundung	276
4	Beispiel				
4.1	Allgemeines				277
4.2	Sachverhalt				
	4.2.1			Gegenstand der Marktwertermittlung	279
	4.2.2			Grundlagen der Ermittlung des Sachwerts	281
	4.2.3			Sachwertfaktor	285
	4.2.4			Ermittlung des zum Sachwertfaktor kompatiblen Bodenwerts	287
	4.2.5			Modellkonforme Ermittlung des Marktwerts unter Anwendung des Sachwertverfahrens	
5	Sonderfälle				
5.1				Gebäudesachwert bei Gebäudemix (Teilunterkellerungen und Anbauten)	
	5.1.1			Gebäudemix	289
	5.1.2			Teilunterkellerung	292
	5.1.3			Gebäudeanbau	298
5.2				Kosten des Ausbaus von Dachgeschossen	304
6	Anhang				308

6.1	Anlage 1 zur SachwertR	308
	Normalherstellungskosten 2010 – NHK 2010	
6.2	Anlage 2 zur SachwertR	??
	Beschreibung des Gebäudestandards	
6.3	Regelherstellungskosten 2007 nach Anl. 24 zu § 190 BewG, Preisstand 1.1.2007	310
6.4	Regelherstellungskosten 2010 (RHK 2010) nach Anlage 24 zu § 190 Abs. 1 Satz 4 und 5	??
6.5	Baukosten Vergleichswerte nach Schmitz/Krings/Dahlhaus/Meisel	??

1 Anwendungsbereich

1.1 Allgemeines

Schrifttum: *Buske, K./Lüder, H.*, Verkehrswertermittlung von Grundstücken mit Betonplattenbauweise, GuG 1994, 86 und 1995, 96; *Dieterich/Kleiber*, Verkehrswertermittlung von Grundstücken, 4. Aufl.; *Dröge*, Handbuch der Mietpreisbewertung für Wohn- und Gewerberaum, 2. *Aufl.; Gottschalk, G.-J.*, Immobilienwertermittlung, 2. Aufl.; *Hiller, H.;* Die Diskussion um den Sachwert muss sachlich sein, GuG 1999, 52; *Hübner, K.-H.*, Anmerkungen zur Anwendung von Baupreisindices für Grundstückswertermittlungen in der ehemaligen DDR, GuG 1993, 224; *Mittag, M.*, Ermittlung zeitgemäßer Normalherstellungskosten für die Belange der Verkehrswertermittlung, Bundesanzeiger Verlag 1996; *Möckel, R.*, Gedanken zur Irrationalität des Sachwertverfahrens, GuG 1998, 292; *Netscher, H.*, Sachwertverfahren – koste es, was es wolle, GuG 1996, 26; *Petersen/Seitz/Schnoor/Vogel*, Verkehrswertermittlung von Immobilien, 2. Aufl. 2013; *Pohnert, F.*, Konkurrierende Normen bei Hochbauten GuG 1991, 150; *Sailer, E.*, Ist der Sachwert nicht doch obsolet?, GuG 1999, 50; *Schnoor, J.*, Das Sachwertverfahren nach Sachwertrichtlinie mit NHK 2010 mittels Excel-Programm, GuG 2013, 77; *Sommer, G.*, Das Sachwertverfahren nach Sachwertrichtlinie, GuG 2013, 65; *Sommer/Kröll*, Lehrbuch der Immobilienbewertung, 4. Aufl. 2013; *Tiemann, M.*, Reformvorschläge zum Ertragswert- und Sachwertverfahren, AVN 1970, 523; *Vogels, M.*, Grundstücksbewertung – marktgerecht, 5. Aufl.; *Vogel, R.*, Zur Sachwertermittlung von baulichen Anlagen in Gebieten der ehemaligen DDR, ZOV 1992, 30; *Wolk, P.*, Sachwert-Ost, GuG 1994, 89.

▶ *Zu den Anwendungsfällen ausführlich vgl. § 8 ImmoWertV Rn. 39, 63, 70 ff., 78 ff., 113 ff.; zur Anwendung des Ertragswertverfahrens auf die Verkehrswertermittlung von Ein- und Zweifamilienhäusern vgl. Syst. Darst. des Ertragswertverfahrens Rn. 2 f., 173 ff.; zu öffentlichen Zwecken vorbehaltenen Grundstücken vgl. Syst. Darst. des Sachwertverfahrens Rn. 3*

Das Sachwertverfahren *(Cost Approach, contractor's method)* kommt zur Anwendung, wenn die **Ersatzbeschaffungskosten des Wertermittlungsobjekts nach den Gepflogenheiten des gewöhnlichen Geschäftsverkehrs preisbestimmend** sind *(Depreciated Replacement Cost Approach).* Dies sind in erster Linie eigen genutzte Ein- und Zweifamilienhäuser, bei deren Nutzung nicht der erzielbare Ertrag, sondern ein besonderer persönlicher Nutzen, wie z. B. die Annehmlichkeit des „schöneren" Wohnens, im Vordergrund steht. Sachwertobjekte können grundsätzlich auch im Wege des Ertragswertverfahrens bewertet werden. **1**

Auf die persönliche „eigene" Nutzung des Grundstücks kommt es allerdings nicht entscheidend an. Dass das Sachwertverfahren insbesondere bei *eigen genutzten* Einfamilienhäusern zur Anwendung kommt, darf nicht zu der Annahme verleiten, dass das Sachwertverfahren generell bei eigen genutzten Objekten zur Anwendung kommt. Diese weit verbreitete Auffassung kann schon als **missverstandenes Eigennutzprinzip**[1] verstanden werden (vgl. § 8 ImmoWertV Rn. 82 ff.). **2**

Auf das missverstandene Eigennutzprinzip kann zurückgeführt werden, dass in der Vergangenheit insbesondere eigen genutzte Gewerbe- und Industrieobjekte, eigengenutzte Verwal- **3**

---

[1] Nicht zu folgen BGH, Urt. vom 13.7.1970 – VII ZR 189/68 –, NJW 1970, 2018 = EzGuG 20.49; OLG Hamm, Urt. vom 22.4.1993 – 21 U 39/92 –, BauR 1993, 628 = EzGuG 20.144c; dort auch nur für Fälle der Bausummenüberschreitung.

tungsgebäude sowie bauliche Anlagen der öffentlichen Hand gemeinhin unter Anwendung des Sachwertverfahrens bewertet wurden (vgl. § 8 ImmoWertV Rn. 115):

a) **Gewerbe- und Industrieobjekte** sind indessen nicht als Sachwertobjekte anzusehen, weil es dem Nutzer dieser Objekte wohl mehr als bei anderen Objekten um die Rendite geht. Wenn in der Vergangenheit das Sachwertverfahren zur Ermittlung des Verkehrswerts von Gewerbe- und Industrieobjekten zur Anwendung gekommen ist, so ließ sich das allenfalls damit begründen, dass die Ertragsverhältnisse häufig „undurchsichtig" sind und persönliche Umstände, steuerliche Besonderheiten oder die Verschachtelung von Betriebszweigen nicht erkennen lassen, was als marktüblich erzielbarer Reinertrag bei ordnungsgemäßer Bewirtschaftung gelten kann. Soweit es um die Bewertung von Unternehmen mit eigenem „Firmenwert" geht, kann das Sachwertverfahrens allenfalls zur Ermittlung eines **Substanzwerts** zur Anwendung kommen, mit dem aber lediglich ein Element des Unternehmenswerts erfasst werden kann.

Die Anwendung des Sachwertverfahrens auf Gewerbe- und Industrieobjekte muss von daher für den Regelfall abgelehnt werden. Es kommt hinzu, dass insbesondere bei älteren Gewerbe- und Industrieobjekten das Verfahren (z. B. wegen aufwendiger Bauweisen, die aber keineswegs neueren Produktionsmethoden entsprechen oder auch nicht erforderlich sind – so z. B. erhebliche Mauerstärken –) zu einem Wert führen muss, der dann drastisch zu vermindern wäre.

b) Auch die dem Gemeinbedarf vorbehaltenen bebauten Grundstücke werden heute nicht (mehr) im Wege des Sachwertverfahrens bewertet. **Die öffentliche Zweckbindung steht der Anwendung des Ertragswertverfahrens grundsätzlich nicht entgegen.** Die Verkehrswertermittlung auf der Grundlage der ortsüblich erzielbaren Rendite lässt vielmehr auch bei den von der öffentlichen Hand eigengenutzten Objekten ein dem wahren und inneren Wert angemesseneres Ergebnis als bei Anwendung des Sachwertverfahrens erwarten. Dies gilt nicht nur, wenn die öffentliche Zweckbindung aufgegeben werden soll, sondern auch bei Fortführung einer öffentlichen Nutzung (vgl. § 8 ImmoWertV Rn. 131; Syst. Darst. des Ertragswertverfahrens Rn. 2, 173, 177).

Dem Sachwertverfahren ist bei solchen Objekten nur dann der Vorzug zu geben, wenn es um die **Ermittlung eines Ersatzbeschaffungswertes** geht, z. B. wenn ein öffentlich genutztes Objekt an einem bestimmten Standort aufgegeben werden muss und die ersatzweise Fortführung der Nutzung an anderer Stelle einen Neubau erfordert[2].

4 Das Sachwertverfahren ist wiederholt schon für „tot" erklärt worden. Dem ist nicht so. Ein modernes Sachwertverfahren wird für die Praxis auch weiterhin von Bedeutung sein; im amerikanischen Schrifttum hat es jedenfalls noch einen hohen Stellenwert[3]. Dies gilt nicht nur für den Bereich der Verkehrswertermittlung von Ein- und Zweifamilienhäusern.

Das Sachwertverfahren kann für die Ermittlung des Verkehrswerts typischer Ertragswertobjekte zur **„Abstützung" des Ergebnisses anderer Wertermittlungsverfahren** von nicht unerheblicher Bedeutung sein. Dies gilt insbesondere für neu errichtete Ertragswertobjekte. Denn wenn die gewöhnlichen Herstellungskosten eines solchen Objekts dessen Ertragswert übersteigen, wäre es kaum verständlich, dass ein solches Objekt von einem Investor „hochgezogen" wurde. Bei neu errichteten Objekten kann für die Anwendung des Sachwertverfahrens ins Feld geführt werden, dass sich der (investierte) Sachwert „rechnen" sollte, wenn der Investor die Möglichkeit hatte, sich ein entsprechendes Objekt anzumieten. Ein vernünftig handelnder Investor wird deshalb den Sachwert durchaus „im Blick" haben, und dies sollte auch für den Sachverständigen gelten[4].

5 Weiterhin von Bedeutung ist das Sachwertverfahren bei der **Ermittlung von Beleihungswerten** nach den Vorschriften der BelWertV (vgl. Rn. 28 und 49).

---

2 Erl. des BMBau vom 12.10.1993 (BAnz Nr. 199; 1993, 9630; vgl. Kleiber, WERTR 76/96, Bundesanzeiger Verlag, 7. Aufl. 2000, S. 69 f.
3 The Appraisal of Real Estate, The American Institute, 12. Aufl., S. 350 ff.
4 Insoweit abzulehnen die Stellungnahme des BvS zu den SachwertR vom Dezember 2011 (GuG 2012, 106).

Des Weiteren wird dem Sachwertverfahren auch eine Bedeutung für die Bemessung der Enteignungsentschädigung von betrieblich genutzten Grundstücken zugesprochen, wobei jeweils und im Gegensatz zu dem Sachwertverfahren nach den Vorschriften der ImmoWertV der Sachwert ohne Marktanpassung i. S. des § 8 Abs. 2 ImmoWertV maßgeblich sein soll. Zur Begründung dieser Auffassung wird auf die Rechtsprechung des BGH[5] hingewiesen, nach der im Falle der Entschädigung von Industriegrundstücken der Sachwert (Substanzwert) ohne Anpassung an die Marktlage zu entschädigen sei, damit der Eigentümer in die Lage versetzt werde, sich ein anderes Grundstück gleicher Art zu verschaffen. Nach der dem zugrunde liegenden Wiederbeschaffungstheorie wird mit dem Sachwert nämlich die wirtschaftliche Bedeutung der Bebauung für den Eigentümer eines eingerichteten und ausgeübten Gewerbebetriebs direkt mit der Entschädigung für den Rechtsverlust (Grundstück) berücksichtigt; die dieser Rechtsprechung entgegenstehende Auffassung will dagegen die Entschädigung für den Rechtsverlust konsequent unter Berücksichtigung der Marktlage an dem Verkehrswert (Marktwert) orientieren und die dem enteigneten Eigentümer entstehenden Kosten der betriebsspezifischen Herrichtung eines Ersatzgrundstücks als Folgekosten nach Maßgabe des § 96 BauGB entschädigen.

Eine hoheitliche Einwirkung auf ein **betrieblich genutztes Grundstück** stellt nach gefestigter Rechtsprechung im Übrigen erst dann einen enteignungsrechtlich relevanten Eingriff in den Gewerbebetrieb dar, wenn das Grundstück in die Betriebsorganisation einbezogen ist; d. h., nur der „eingerichtete und ausgeübte Gewerbebetrieb" genießt den Schutz des Art. 14 Abs. 1 Satz 1 GG[6]. Auch insoweit folgt aus dem Verbot der Doppelentschädigung, dass Erwerbsverluste nach § 96 BauGB nur zu entschädigen sind, wenn sie nicht bereits im Rahmen der Entschädigung für den Rechtsverlust mitberücksichtigt wurden[7]. Es ist aber eine Erfahrungssache, dass gewerbliche Unternehmen vielfach einen „inneren Wert" haben, der sich darin äußert, dass der Erwerber eines solchen Unternehmens bereit ist, einen höheren Kaufpreis zu zahlen, als es dem reinen Sachwert entspricht[8]. Dies kann z. B. darin seine Ursache haben, dass ein Grundstück nach seiner Lage, Beschaffenheit, Einrichtung und Bebauung „auf Dauer" für einen bestimmten Gewerbebetrieb besonders geeignet ist. In diesem Fall ist nach der Rechtsprechung des BGH[9] bei der sich nach dem Verkehrswert bemessenden Entschädigung für den Rechtsverlust von einem Kaufpreis auszugehen, der für die Beschaffung eines gleichartig gelegenen und eingerichteten Grundstücks erforderlich wäre oder den ein Kaufbewerber, der ebenfalls einen solchen Betrieb betreiben wollte, dafür aufwenden würde.

Etwas anderes gilt, wenn auf einem Grundstück ohne besondere Vorzüge ein Gewerbe ausgeübt wird, das ohne wesentliche Unterschiede auch an anderen vergleichbaren Orten fortgesetzt oder durch andere gewerbliche Nutzungen ersetzt werden kann. In diesem Fall ist der Gewerbebetrieb nur „äußerlich" mit dem Grundstück verbunden[10].

1.2 Ersatzbeschaffungs- und Reproduktionskosten

Ausgangspunkt für die Ermittlung des Sachwerts sind die gewöhnlichen Kosten, die unter Berücksichtigung der am Wertermittlungsstichtag vorherrschenden wirtschaftlichen Rahmenbedingungen für die Neuerrichtung einer baulichen Anlage ersatzweise aufzubringen wären. Insoweit definieren sich die zur Ermittlung der „gewöhnlichen" Herstellungskosten herangezogenen Normalherstellungskosten für bauliche Anlagen älterer Baujahrsklassen nicht als „Rekonstruktionskosten", wie sie z. B. für den Wiederaufbau der Dresdner Frauenkirche aufzubringen sind, sondern als die (gewöhnlichen) Herstellungskosten, die am Wertermittlungsstichtag nach wirtschaftlichen Gesichtspunkten unter Berücksichtigung technischer Entwick-

---

5 BGH, Urt. vom 16.12.1974 – III ZR 39/72 –, NJW 1975, 387 = WM 1975, 275 = EzGuG 19.26.
6 BGH, Urt. vom 18.9.1986 – III ZR 83/85 –, BGHZ 98, 341 = EzGuG 4.111 (Denkmalschutz); zur Bemessung der Enteignungsentschädigung für ein Grundstück, dessen Wert auch durch seine wirtschaftliche Bedeutung für benachbarte Betriebsstätten mitbestimmt wird, vgl. BGH, Urt. vom 31.1.1972 – III ZR 133/69 –, BRS Bd. 26 Nr. 115 = EzGuG 18.57.
7 BGH, Urt. vom 19.9.1966 – III ZR 216/63 –, BRS Bd. 19 Nr. 136 = EzGuG 6.92; BGH, Urt. vom 29.5.1967 – III ZR 143/66 –, BGHZ 48, 58 = EzGuG 18.36.
8 BGH, Urt. vom 23.11.1977 – IV ZR 131/76 –, BGHZ 70,224 = EzGuG 20.69; BGH, Urt. vom 9.3.1977 – IV ZR 166/75 –, BGHZ 68, 163 = EzGuG 20.66.
9 BGH, Urt. vom 16.12.1974 – III ZR 39/72 –, NJW 1975, 387 = WM 1975, 275 = EzGuG 19.26; BGH, Urt. vom 26.5.1977 – III ZR 93/75 –, BRS Bd. 34 Nr. 145 = EzGuG 6.193; BGH, Urt. vom 13.7.1978 – III ZR 112/75 –, BRS Bd. 34 Nr. 180 = EzGuG 6.200 –, EzGuG 19.34.
10 BGH, Urt. vom 27.4.1964 – III ZR 136/63 –, BRS Bd. 19 Nr. 131 = EzGuG 6.75.

lungen aufzubringen wären, um zu einem mit dem älteren Gebäude vergleichbaren Bauwerk zu gelangen. In diesem Sinne definieren sich z. B. die Normalherstellungskosten für ein Ende des 19. Jahrhunderts errichtetes Mietshaus auch nicht nach den Kosten einer Holzbalkendecke, sondern nach Betondecken, die ja auch im Falle einer Erneuerung tatsächlich eingezogen würden. Insoweit geht das **Sachwertverfahren nicht von Reproduktionskosten** *(reproduction cost)*, **sondern von neuzeitlichen Ersatzbeschaffungskosten** *(replacement-cost)* aus[11].

1.3 Kosten und Wert

▶ *Vgl. Syst. Darst. des Vergleichswertverfahrens Rn. 59 ff.; § 8 ImmoWertV Rn. 200*

7 Die **Sachwertermittlung** ist als **ein Rechenverfahren** zur Ermittlung der Herstellungskosten der Grundstückssubstanz angesehen worden. Tatsächlich ist ein sich allein daran orientierender „Sachwert" des Grundstücks nur selten mit dessen Marktwert (Verkehrswert) gleichzusetzen. Der Marktwert wird aber durch den Grundstücksmarkt bestimmt, d. h. danach, was ein Kaufwilliger üblicherweise für das jeweilige Objekt bezahlen würde oder, anders ausgedrückt, wie viel Geld ihm das Objekt „wert" ist. Das kann unter Umständen wesentlich weniger sein als die dafür aufgebrachten Kosten. Ein sehr gut ausgestattetes Einfamilienhausgrundstück wird fast immer unter seinem Sachwert gehandelt. In der Rechtsprechung zur Verkehrswertermittlung von Einfamilienhäusern sind Abschläge von ca. 10 bis 15 % von einem sich allein an Kosten orientierenden „Sachwert" zur Anpassung an die **Lage auf dem Grundstücksmarkt** deshalb nicht beanstandet worden[12]; bei sehr aufwendigen Villen sind die Abschläge sogar vielfach höher. Der (vorläufige) nach den §§ 21 bis 23 ImmoWertV abgeleitete Grundstückssachwert muss deshalb nach § 8 Abs. 2 ImmoWertV an die jeweilige Marktlage mithilfe von Sachwertfaktoren angepasst werden.

8 Die hohen Abschläge, die insbesondere bei hochwertigen Immobilien angebracht werden müssen, um über den Sachwert zum Verkehrswert zu gelangen, sind letztlich darauf zurückzuführen, dass **keine Identität zwischen Kosten und Wert** besteht. Infolge der Verquickung von Kosten und Wert und den daraus resultierenden Unzulänglichkeiten des Sachwertverfahrens, auf einem möglichst direkten Weg zum Verkehrswert zu gelangen, wird das Verfahren auch als *„method of last resort"* bezeichnet[13].

9 Auch der BGH[14] hat schon 1953 darauf hingewiesen, dass es keinen Erfahrungssatz gäbe, nach dem sich der Verkehrswert eines Grundstücks dadurch, dass es bebaut wird, um den Wert der für die Bebauung gemachten angemessenen Baukosten erhöht. In diesem Sinne führt das OLG Karlsruhe[15] aus, dass die **Baukosten eines Gebäudes** lediglich einen Anhalt für die Höhe des Verkehrswerts bilden und u. a. die Konjunktur berücksichtigt werden muss.

---

11 So bereits Nr. 3.6.1.1.1 WERTR 06; nunmehr Nr. 4.1 SachwertR. Kontrovers im amerikanischen Schrifttum (The Appraisal of Real Estate, The American Institute 2002, 12. Aufl., S. 357); Reproduction cost is the estimated cost to construct, as of the effective appraisal date, an exact duplicate or replica of the building being appraised ...; Replacement cost is the estimated cost to construct, as of the effective appraisal date, a building with utility equivalent to the building being appraised, using contemporary materials, standards, design, and layout.
12 BGH, Urt. vom 4.3.1982 – III ZR 156/80 –, BRS Bd. 45 Nr. 18 = EzGuG 11.127.
13 Scarett, D., Property Valuation – The five methods, London 1991, S. 171.
14 BGH, Urt. vom 10.7.1953 – V ZR 22/52 –, BGHZ 10, 171 = EzGuG 20.16.
15 OLG Karlsruhe, Urt. vom 13.6.1958 – 7 U 1/58 –, HGBR 1959, 48 = EzGuG 20.20.

1.4 Marktwertkonformes Sachwertverfahren

1.4.1 Allgemeines

Der Verordnungsgeber war seit jeher bestrebt, das **Sachwertverfahren auf eine marktkonforme Verkehrswertermittlung auszurichten** (vgl. § 8 ImmoWertV Rn. 187). Tatsächlich darf die Sachwertermittlung nicht als eine sich allein an Baukosten orientierende „Rechenmethode" verstanden werden, bei der sowohl der Markt als auch die Rentabilität der Immobilie ignoriert werden. Zwar stellen bei Anwendung dieses Verfahrens die gewöhnlichen Herstellungskosten die Ausgangsgröße der Sachwertermittlung dar, jedoch sind alle daran anschließenden weiteren Rechenschritte darauf gerichtet, die Sichtweise des Grundstücksmarktes und dabei vor allem auch **ertragswirtschaftliche Sichtweisen des Grundstücksmarktes** in das Verfahren zu integrieren:

a) Dies beginnt bereits bei der **Gesamt- und Restnutzungsdauer**, auf deren Grundlage die Alterswertminderung ermittelt wird. Gesamt- und Restnutzungsdauer bestimmen sich auch bei Anwendung des Sachwertverfahrens – wie bei Anwendung des Ertragswertverfahrens – nach dem prognostizierten Zeitraum, über den die bauliche Anlage voraussichtlich *wirtschaftlich* nutzbar ist, d. h. eine Rendite abwirft (§ 6 Abs. 6 ImmoWertV, vgl. dort Rn. 370 ff.). Mit dem Hinweis in § 21 Abs. 1 ImmoWertV auf die „nutzbaren" baulichen und sonstigen Anlagen hat der Verordnungsgeber i. S. einer ertragswirtschaftlichen Betrachtungsweise klargestellt, dass ggf. auch eine technisch intakte Bausubstanz keinen Sachwert haben kann, wenn sie wirtschaftlich nicht (mehr) nutzbar ist (vgl. Rn. 21 sowie § 21 ImmoWertV Rn. 2).

b) Die bei Anwendung des Sachwertverfahrens zu berücksichtigende und nach der Restnutzungsdauer zu bemessende **Alterswertminderung** ist damit zugleich eine ertragswirtschaftlich ausgerichtete Marktanpassung. Mit der Alterswertminderung soll die Wertminderung erfasst werden, die sich für das Gebäude trotz ordnungsgemäßer Instandhaltung auf dem Grundstücksmarkt ergibt, weil das Gebäude mit zunehmendem Alter hinter die sich wandelnden Anforderungen an Gebäude zurückfällt und die wirtschaftliche Nutzungsfähigkeit eines Gebäudes mit fortschreitender Zeit gegen null läuft. Die Alterswertminderung ist im Kern die eigentliche Marktanpassung.

c) Neben der Alterswertminderung müssen auch sonstige **besondere objektspezifische Grundstücksmerkmale** (u.a. eine wirtschaftliche Überalterung, ein überdurchschnittlicher Erhaltungszustand, Baumängel und Bauschäden sowie auch sonstige die wirtschaftliche Nutzbarkeit beeinflussende Besonderheiten, Rechte am Grundstück usw.) nach § 8 Abs. 3 ImmoWertV in der Höhe berücksichtigt werden, wie „dies dem gewöhnlichen Geschäftsverkehr entspricht", d. h. insoweit, wie der Verkehrswert (Marktwert) dadurch beeinflusst wird. Auf die Kosten zur Behebung entsprechender Mängel kommt es nicht entscheidend an, wenngleich diese Hinweise auf die Wertminderung geben können. Sie kann in marktkonformer Weise auch nach ertragswirtschaftlichen Maßstäben ermittelt werden.

1.4.2 Marktkonformer Sachwert

Das in der ImmoWertV geregelte Sachwertverfahren ist im Unterschied zum Sachwertverfahren der mit der ImmoWertV abgelösten WertV 88/98 auf eine stringente Berücksichtigung der Lage auf dem Grundstücksmarkt ausgerichtet. Während nämlich nach der WertV ein vornehmlich kostenorientierter Sachwert (nach den §§ 21 bis 25 WertV) ermittelt wurde und erst nachträglich aus diesem „Sachwert" nach § 7 Satz 2 WertV der Verkehrswert unter **Berücksichtigung der Lage auf dem Grundstücksmarkt (sog. Marktanpassung)** abgeleitet wurde, ist die Marktanpassung mit § 8 Abs. 2 ImmoWertV in die Sachwertermittlung integriert (Integrierte Marktanpassung). Der „Sachwert" i. S. der ImmoWertV ist also ein marktangepasster Sachwert und entspricht damit sogar dem Verkehrswert (Abb. 1).

IV Syst. Darst. Sachwertverfahren

Abb. 1: Sachwert i. S. der ImmoWertV

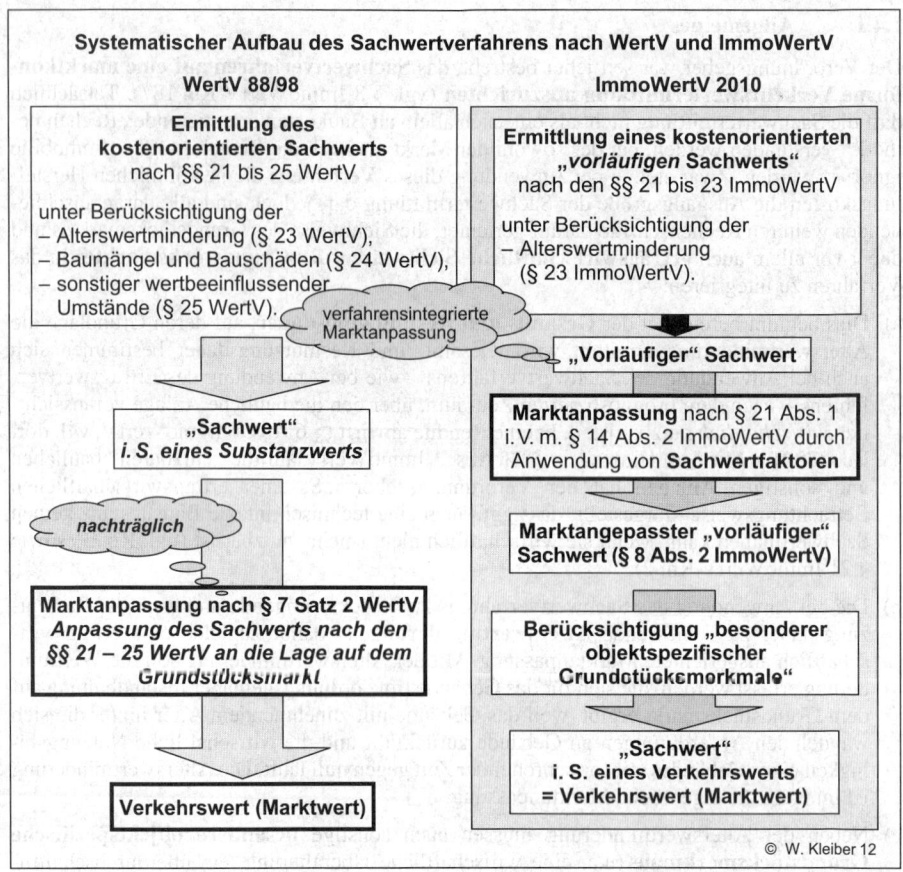

© W. Kleiber 12

Nach der Systematik der ImmoWertV wird nach Maßgabe der §§ 21 bis 23 ImmoWertV zunächst ein vornehmlich an Kosten orientierter vorläufiger Sachwert ermittelt, der sodann mithilfe von empirisch, d. h. aus dem Grundstücksmarkt abgeleiteten Sachwertfaktoren der Lage auf dem Grundstücksmarkt angepasst wird (Marktanpassung nach § 21 Abs. 1 ImmoWertV), bevor die besonderen objektspezifischen Grundstücksmerkmale der zu bewertenden Liegenschaft nach Maßgabe des § 8 Abs. 2 und 3 ImmoWertV berücksichtigt werden. Der so ermittelte Sachwert ist mithin nicht mehr ein allein an Kosten orientierter Wert. Der mitunter gebrauchte Begriff des „Substanzwerts" wird im allgemeinen Sprachgebrauch dagegen i. S. eines bloßen Sachwerts der baulichen Anlage unter Berücksichtigung besonderer objektspezifischer Grundstücksmerkmale jedoch ohne Anpassung an die Lage auf dem Grundstücksmarkt gebraucht. **Begrifflich kann der „Substanzwert" deshalb nicht mehr mit dem Sachwert i. S. der ImmoWertV gleichgesetzt werden.** Sachwert i. S. der ImmoWertV ist mithin ein Aliud.

12 Auch die **Berücksichtigung „besonderer objektspezifischer Grundstücksmerkmale"** (i. S. des § 8 Abs. 3 ImmoWertV: z. B. Baumängel oder Bauschäden, eine wirtschaftliche Überalterung, ein überdurchschnittlicher Erhaltungszustand, vom marktüblich erzielbaren Ertrag erheblich abweichender Ertrag usw.) **ist integraler Bestandteil der Sachwertermittlung nach den §§ 20 bis 23 ImmoWertV,** auch wenn dort deren Berücksichtigung keine Erwähnung findet und sich der „Sachwert" nach § 21 Abs. 1 ImmoWertV allein aus dem nach den

§§ 22 und 23 ImmoWertV ermittelten Sachwert der baulichen und sonstigen Anlagen sowie dem Bodenwert nach § 16 ImmoWertV zusammensetzen soll.

Bei den nach § 8 Abs. 3 ImmoWertV subsidiär zu berücksichtigenden „besonderen objektspezifischen Grundstücksmerkmalen" geht es um solche, die nicht bereits mit dem zur Anwendung gekommenen Wertermittlungsverfahren direkt berücksichtigt worden sind. Bei Anwendung des Sachwertverfahrens nach den §§ 22 und 23 ImmoWertV ist eine direkte Berücksichtigung jedoch nur in sehr eingeschränktem Maße möglich, denn die mit § 22 Abs. 1 ImmoWertV vorgeschriebene Ableitung des Sachwerts aus „gewöhnlichen" (Normal-) Herstellungskosten ist zunächst darauf angelegt, Baumängel und Bauschäden und andere besondere objektspezifische Grundstücksmerkmale nicht zu berücksichtigen. Ein sich ohne Berücksichtigung solcher und anderer besonderer objektspezifischer Grundstücksmerkmale definierender Sachwert ist nur eingeschränkt praxisgerecht (vgl. Rn. 37)[16]. **13**

Nach den Vorschriften der ImmoWertV soll sich der Sachwert letztendlich unter Einbeziehung der „besonderen objektspezifischen Grundstücksmerkmale" definieren. Dies ergibt sich aus § 8 **Abs. 2 ImmoWertV, nach dem u. a.** „in den Wertermittlungsverfahren" **die besonderen objektspezifischen Grundstücksmerkmale des zu bewertenden Grundstücks zu berücksichtigen sind** (Anomalien). Hieraus folgt, dass sich unter Anwendung der §§ 21 bis 23 ImmoWertV nur der „vorläufige Sachwert" ergibt und die objektspezifischen Grundstücksmerkmale ergänzend zu berücksichtigen sind, um zum Sachwert zu gelangen. **14**

Nach dem 1. RegEntw der ImmoWertV (vgl. Vorbem. zur ImmoWertV Rn. 13 ff.) sollte sich der „Sachwert" unverständlicherweise noch weitgehend unter Ausschluss besonderer objektspezifischer Grundstücksmerkmale definieren. Der Bundesrat hat die von der Fachwelt hieran geübte Kritik aufgenommen und die geltende Fassung des § 8 Abs. 2 ImmoWertV empfohlen. Die Vorschrift regelt nunmehr für alle zur Anwendung kommenden Wertermittlungsverfahren, dass besondere „objektspezifische Grundstücksmerkmale" in den Wertermittlungsverfahren zu berücksichtigen sind, d. h. die Berücksichtigung – wie nach bisherigem Recht (§§ 14, § 19 und §§ 45 und 25 WertV 88/98) – jeweils integraler Bestandteil der Verfahren bleibt. Die BReg ist mit ihrem 2. RegE dem Vorschlag des Bundesrates gefolgt, wobei allerdings versäumt wurde, in die Vorschriften über das Ertrags- und Sachwertverfahren auf die Berücksichtigung der Grundstücksmerkmale nach § 8 Abs. 3 ImmoWertV hinzuweisen (vgl. auch § 15 Abs. 1 Satz 4 ImmoWertV).

1.4.3 Modellkonforme Sachwertermittlung

▶ *Vgl. Vorbem. zur ImmoWertV Rn. 38; § 14 ImmoWertV Rn. 94*

Die **Marktanpassung** (vgl. Rn. 11) erfolgt bei Anwendung des Sachwertverfahrens **durch Anwendung der Sachwertfaktoren** (§ 193 Abs. 5 Nr. 2 BauGB) auf den nach den §§ 21 bis 23 ImmoWertV ermittelten vorläufigen Sachwert. Die Marktanpassung **ist** damit **integraler Bestandteil der Sachwertermittlung**. Nach § 21 Abs. 1 (letzter Halbsatz) Immo-WertV sind die nach Maßgabe des § 14 ImmoWertV abgeleiteten Sachwertfaktoren des örtlichen Gutachterausschusses bzw. hilfsweise die für vergleichbare Gebiete von dem jeweiligen Gutachterausschuss abgeleiteten Sachwertfaktoren zur Marktanpassung heranzuziehen (vgl. Nr. 5 Abs. 1 Satz 4 SachwertR). **15**

---

[16] Aus diesem Grunde schrieb § 21 Abs. 3 i. V. m. den §§ 24 und 25 WertV 88/98 ausdrücklich die ergänzende Berücksichtigung solcher Grundstücksmerkmale im Rahmen der Sachwertermittlung vor („sonstige wertbeeinflussende Umstände").

IV Syst. Darst. Sachwertverfahren Sachwertermittlung

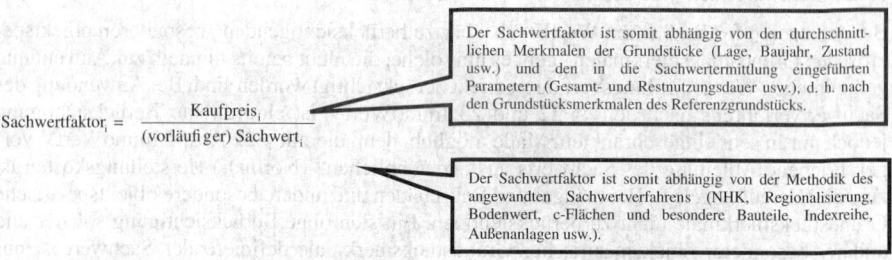

Nach dem **Grundsatz der Modellkonformität** muss das in der ImmoWertV geregelte Wertermittlungsverfahren exakt in der Weise zur Anwendung kommen, wie es vom Gutachterausschuss für Grundstückswerte bei der Ableitung der erforderlichen Daten der Wertermittlung i. S. des Zweiten Abschnitts (insbesondere Liegenschaftszinssätze, Sachwertfaktoren, Vergleichsfaktoren bebauter Grundstücke, Umrechnungskoeffizienten) nach einem

– methodisch eindeutig definierten Bewertungsmodell einschließlich der einschlägigen Modellparameter

– unter Berücksichtigung der Grundstücksmerkmale des Referenzgrundstücks

praktiziert worden ist.

16 Die bei Anwendung des Sachwertverfahrens nach § 21 Abs. 1 i. V. m. § 14 Abs. 2 Nr. 1 ImmoWertV heranzuziehenden Sachwertfaktoren werden – differenziert nach verschiedenen Grundstücksarten – aus einer hinreichenden Anzahl von Kaufpreisen geeigneter Grundstücke mit bestimmten Grundstücksmerkmalen nach der vorstehend abgedruckten Formel abgeleitet, wobei Einflüsse aufgrund besonderer objektspezifischer Grundstücksmerkmale auf den jeweiligen Kaufpreis ggf. zu eliminieren sind (vgl. Nr. 5 Abs. 2 Satz 2 SachwertR). Hieraus folgt:

– Die vom Gutachterausschuss für Grundstückswerte bei der Ableitung des Sachwertfaktors angewandte Methode der Sachwertermittlung (**Sachwertmodell**) ist die bei Heranziehung dieses Sachwertfaktors anzuwendende Methode der Sachwertermittlung.

– Die durchschnittlichen Merkmale aller zur Ableitung des Sachwertfaktors herangezogenen Grundstücke bilden die Grundstücksmerkmale des dem Sachwertfaktor zugrunde liegenden Referenzgrundstücks und seinen **Anwendungsbereich** ab.

17 **Sachwertfaktoren müssen modellkonform zur Anwendung kommen (Grundsatz der Modellkonformität).** Der Anwendung des Sachwertfaktors auf den nach den §§ 21 bis 23 ImmoWertV ermittelten vorläufigen Sachwert führt nämlich nur dann zu sachgerechten Ergebnissen, wenn

a) der vorläufige Sachwert nach dem Sachwertmodell ermittelt wurde, die der Gutachterausschuss für Grundstückswerte bei der Ableitung des Sachwertfaktors angewendet hat, und

b) das zu bewertende Grundstück und insbesondere dessen Gebäude sowohl nach seiner Gebäudeart als auch den sonstigen Grundstücksmerkmalen (des Bodens und des Gebäudes) im Wesentlichen den durchschnittlichen Eigenschaften der Grundstücke entspricht, die wiederum zur Ableitung des Sachwertfaktors ggf. unter Ausschluss besonderer objektspezifischer Grundstücksmerkmale herangezogen wurden (Referenzgrundstück).

Nur bei stringenter Beachtung dieser Grundsätze kann der Sachwertfaktor Gültigkeit beanspruchen; nur unter diesen Voraussetzungen ist er einschlägig. Die zur Ableitung des Sachwertfaktors angewandte Methode der Sachwertermittlung (Sachwertmodell) sowie die dem Sachwertfaktor zugrunde liegenden Grundstücksmerkmale des Referenzgrundstücks müssen deshalb bei der **Veröffentlichung der Sachwertfaktoren** (zumeist im Grundstücksmarktbericht des Gutachterausschusses) konkretisiert werden, damit die Sachwertfaktoren auch sachgerecht zur

Anwendung kommen können. Im Gutachten müssen bei Heranziehung des Sachwertfaktors das **Sachwertmodell, der Anwendungsbereich des Sachwertfaktors** und **seine Leistungsfähigkeit** in umfassender Weise beschrieben werden, weil nur so die daraus resultierende Sachwertermittlung nachvollziehbar und verständlich wird.

Bei konsequenter Beachtung des Grundsatzes der Modellkonformität müssen bei der Ermittlung des vorläufigen Sachwerts nach den §§ 21 bis 23 ImmoWertV grundsätzlich auch die besonderen Eigenschaften des Grund und Bodens sowie des Gebäudes der zu bewertenden Liegenschaft als „besondere objektspezifische Grundstücksmerkmale" zunächst insoweit unberücksichtigt bleiben, wie diese Merkmale außerhalb der Bandbreite dessen liegen, was Bezugsgrundlage der Sachwertfaktoren ist. Das kann im Ergebnis bedeuten, dass der vorläufige Sachwert zunächst nur unter Berücksichtigung einer marktüblichen Teilfläche des Grund und Bodens (vorläufiger mit dem Sachwertfaktor kompatibler Bodenwert) sowie unter Ausschluss besonderer baulicher Gegebenheiten (vorläufiger Gebäudewert) ermittelt wird. Der **vorläufige Sachwert** ergibt sich dann **auf der Grundlage eines vorläufigen Bodenwerts und eines vorläufigen Gebäudesachwerts.** Die in § 8 Abs. 3 ImmoWertV namentlich aufgeführten „besonderen objektspezifischen Grundstücksmerkmale", nämlich eine wirtschaftliche Überalterung, ein überdurchschnittlicher Erhaltungszustand, Baumängel oder Bauschäden sowie von den marktüblich erzielbaren Erträgen erheblich abweichende Erträge, geben vor diesem Hintergrund nur einen Teil dessen an, was im Rahmen der Sachwertermittlung bei konsequenter Beachtung des Grundsatzes der Modellkonformität als „besondere objektspezifische Grundstücksmerkmale" nachträglich zu berücksichtigen ist. **18**

Unter der Herrschaft des Modellkonformitätsgrundsatzes ändert sich der Aufbau eines Sachwertgutachtens grundlegend. Der Sachverständige hängt insoweit (grundsätzlich) an der Nabelschnur des Gutachterausschusses für Grundstückswerte, auch wenn er fachlich abweichende Auffassungen vertritt. **19**

1. Vor Anwendung des Sachwertverfahrens muss man sich zuallererst Klarheit über den heranzuziehenden Sachwertfaktor des Gutachterausschusses für Grundstückswerte sowohl hinsichtlich des ihm zugrunde liegenden Sachwertmodells als auch der dem Sachwertfaktor zugrunde liegenden **Merkmale des Referenzgrundstücks** (Normgrundstück) verschaffen. Die eigene Sachwertermittlung muss sich methodisch auf eben dieses Sachwertmodell ausrichten.

2. Darüber hinaus **muss sich auch das Sachwertverfahren in seiner verfahrensmäßigen Abfolge am herangezogenen Sachwertfaktor orientieren:**

   a) Gegenstand der Ermittlung des vorläufigen Sachwerts ist zunächst nicht das Bewertungsobjekt mit seinen tatsächlichen Grundstücksmerkmalen, sondern ein (fiktives) Grundstück mit den Grundstückseigenschaften des Referenzgrundstücks.

   b) Zu diesem Zweck empfiehlt es sich, im Gutachten schon bei den Erläuterungen zum angewandten Wertermittlungsverfahren auf die Verknüpfung der Sachwertermittlung mit dem herangezogenen Sachwertfaktor des Gutachterausschusses damit hinzuweisen, dass

   – „der Sachwert nach Maßgabe der §§ 21 ff. ImmoWertV unter Heranziehung des vom Gutachterausschuss für Grundstückswerte in ... abgeleiteten und in ... veröffentlichten Sachwertfaktoren ermittelt wird" und

   – der vorläufige Sachwert des Bewertungsobjektes zunächst auf der Grundlage der dem Sachwertfaktor zugrunde liegenden Grundstücksmerkmale ermittelt wird (Grundstücksmerkmale des Referenzgrundstücks).

   c) Die dem Sachwertfaktor zugrunde liegenden Grundstücksmerkmale sind möglichst detailliert im Gutachten darzulegen, damit der Leser erkennen kann, dass zunächst ein fiktiver (vorläufiger) Sachwert ermittelt wird. Weichen die Merkmale des zu bewertenden Grundstücks davon erheblich ab, so muss im Gutachten neben der vollständigen Grundstücksbeschreibung (am Anfang des Gutachtens) eine zweite sich am Sachwertfaktor orientierende **Grundstücksbeschreibung** erscheinen, **die der Ermittlung des vorläufigen Sachwerts zugrunde gelegt wird.**

Kleiber 1879

d) Die besonderen objektspezifischen Grundstücksmerkmale des Bewertungsobjekts bestimmen sich sodann nach den Abweichungen der tatsächlichen Grundstücksmerkmale von denen, die der Ermittlung des vorläufigen Sachwerts zugrunde gelegt wurden.

20 Verfahrensmäßig bedeutet dies auch, dass die **tatsächlichen Eigenschaften des Grund und Bodens sowie des Gebäudes zunächst noch nicht vollständig in den vorläufigen Sachwert eingehen** und (z. B. im Gutachten) entsprechend dargelegt werden muss, welche qualitativen Grundstücksmerkmale der Ermittlung des vorläufigen Sachwerts zugrunde liegen. Des Weiteren sind die davon abweichenden tatsächlichen Eigenschaften des Grund und Bodens sowie des Gebäudes darzulegen; sie werden nachträglich und differenziell als „besondere objektspezifische Grundstücksmerkmale" berücksichtigt, soweit dies dem gewöhnlichen Geschäftsverkehr entspricht, d. h. in marktkonformer Höhe.

2 Verfahrensübersicht

2.1 Sachwertverfahren nach ImmoWertV

2.1.1 Allgemeines

▶ *Zu den Begriffen Gebäude, bauliche Anlagen, Außenanlagen, „sonstige" Anlagen und den besonderen Betriebseinrichtungen vgl. § 1 ImmoWertV Rn. 18 ff.*

21 Im Unterschied zu dem zweisträngigen Ertragswertverfahren (bestehend aus Boden- und Gebäudeertragswert) ist das Sachwertverfahren dreisträngig ausgestaltet. Der **„Sachwert" setzt sich nach § 21 Abs. 1 ImmoWertV im ersten Schritt zusammen aus**

- dem (*vorläufigen mit dem Sachwertfaktor kompatiblen*) Bodenwert (§ 16 ImmoWertV),
- dem (*vorläufigen*) Sachwert der (*nutzbaren*) baulichen Anlagen (Gebäudesachwert) und
- dem (*vorläufigen*) Sachwert der (*nutzbaren*) sonstigen Anlagen (§ 21 Abs. 1 ImmoWertV).

Der **„Sachwert der baulichen Anlagen"** schließt zwar grundsätzlich auch den Sachwert baulicher Außenanlagen und vorhandener besonderer Betriebseinrichtungen ein, jedoch wird der „Sachwert der baulichen Anlagen" (Gebäudesachwert) zunächst ohne den Sachwert der baulichen Außenanlagen und im Übrigen ohne den Sachwert der „sonstigen Anlagen" (Aufwuchs, insbesondere Gartenanlagen, Anpflanzungen und Parks) nach Maßgabe des § 21 Abs. 2 ImmoWertV ermittelt.

Der sich nach Maßgabe der §§ 21 bis 23 ImmoWertV aus dem Bodenwert, Gebäudesachwert und dem Wertanteil der baulichen und sonstigen Außenanlagen unter Berücksichtigung objektspezifischer Grundstücksmerkmale nach Maßgabe des § 8 Abs. 2 und 3 ImmoWertV zusammensetzende **„Sachwert" ist mit dem Verkehrswert gleichzusetzen, sofern sich nicht „unter Würdigung" der Aussagefähigkeit der Ergebnisse anderer angewandter Verfahren etwas anderes ergibt** (§ 8 Abs. 1 Satz 3 ImmoWertV).

Bei genauerer Betrachtung ist die mit § 21 Abs. 1 ImmoWertV vorgegebene Aufteilung des Sachwerts in einen Bodenwert und einen Sachwert der nutzbaren baulichen und sonstigen Anlagen aufgegeben worden. Unter der Herrschaft des Modellkonformitätsgrundsatzes kann es bei Anwendung des Sachwertverfahrens darüber hinaus geboten sein, sowohl den Bodenwert als auch den Sachwert des Gebäudes (rechnerisch) aufzuteilen, nämlich in

- einen **Bodenwertanteil**, der der Ermittlung des vorläufigen Sachwerts zugrunde liegt, und einen Bodenwertanteil, der ergänzend nach Maßgabe des § 8 Abs. 3 ImmoWertV zu berücksichtigen ist, sowie
- einen **Gebäudewertanteil**, der der Ermittlung des vorläufigen Sachwerts zugrunde liegt, und einen Gebäudewertanteil, der ergänzend nach Maßgabe des § 8 Abs. 3 ImmoWertV zu berücksichtigen ist.

Dies ist darin begründet, dass der Sachwertfaktor nach dem **Grundsatz der Modellkonformität** nur auf einen vorläufigen Sachwert zur Anwendung kommen kann, der den durchschnittlichen Eigenschaften der Grundstücke zugrunde liegt, aus denen der Sachwertfaktor abgeleitet worden ist. Abweichende Grundstücksmerkmale, die sowohl den Grund und Boden als auch das Bauwerk betreffen, sind dann ergänzend nach Maßgabe des § 8 Abs. 3 ImmoWertV zu berücksichtigen. Dies beeinträchtigt dann erheblich die Lesbarkeit eines Gutachtens (vgl. Rn. 27).

Es ist grundsätzlich nur der **Sachwert der „nutzbaren" Anlagen** zu berücksichtigen (vgl. Rn. 9). Maßgeblich für die Beurteilung der Nutzbarkeit von Anlagen ist eine wirtschaftliche Betrachtungsweise. Wirtschaftlich nicht mehr nutzbare Anlagen haben praktische keine Restnutzungsdauer mehr; d. h., ihr Sachwert würde sich ohnehin über die Alterswertminderung auf „null" reduzieren; die Bebauung steht dann zur Liquidation an. Die Begründung nennt in diesem Zusammenhang Wohngebäude in Stadtumbaugebieten, die nicht ausreichend nachgefragt werden und auch nicht in wirtschaftlicher Weise umgenutzt werden können[17].

22

Grundsätzlich sind mit dem Sachwert der nutzbaren baulichen Anlagen (Gebäudesachwert) auch die **Wertanteile einzelner Bauteile, Einrichtungen oder sonstige Vorrichtungen (besondere Betriebseinrichtungen des Gebäudes)** zu erfassen. Sie sind nach § 22 Abs. 2 Satz 2 ImmoWertV durch angemessene Zu- oder Abschläge zu erfassen, soweit sie nicht bereits mit den herangezogenen Normalherstellungskosten nach § 22 Abs. 1 ImmoWertV oder mit dem Sachwertfaktor berücksichtigt werden.

Integraler Bestandteil des „Sachwerts" sind die nach § 8 Abs. 2 ImmoWertV „im" Sachwertverfahren zu berücksichtigende

23

- *„Marktanpassung"* und
- die subsidiär noch zu berücksichtigenden **besonderen objektspezifischen Grundstücksmerkmale**.

Dies ergibt sich daraus, dass nach § 8 Abs. 2 ImmoWertV sowohl die *Marktanpassung* als auch die *besonderen objektspezifischen Grundstücksmerkmale* „in" dem nach § 8 Abs. 1 ImmoWertV zur Anwendung kommenden Sachwertverfahren zu berücksichtigen sind. Deshalb ergibt sich nach den §§ 21 bis 23 ImmoWertV eigentlich nur der **„vorläufige Sachwert"**. Diesen in § 182 BewG gebrauchten Begriff kennt die ImmoWertV nicht, jedoch ist er auch in der Marktwertermittlung gebräuchlich.

Die ImmoWertV ist in Bezug auf die Berücksichtigung der „besonderen objektspezifischen Grundstücksmerkmale" i. S. des § 8 Abs. 3 ImmoWertV inkonsequent, als sie bei Anwendung des Vergleichswertverfahrens nach § 15 Abs. 1 Satz 4 ImmoWertV (Abweichungen einzelner Grundstücksmerkmale von denen der Vergleichsgrundstücke) direkt in den Vergleichswert eingehen sollen, während sie bei Anwendung des Ertrags- und Sachwertverfahrens erst mit der Auffangvorschrift des § 8 Abs. 2 und 3 ImmoWertV in das Verfahren integriert werden.

Der (vorläufige) **Sachwert der baulichen Anlagen** (ohne bauliche Außenanlagen) ist nach § 21 Abs. 2 ImmoWertV regelmäßig auf der Grundlage der gewöhnlichen **Herstellungskosten der baulichen Anlagen (Normalherstellungskosten)** zu ermitteln. Dies sind die gewöhnlichen Herstellungskosten eines am Wertermittlungsstichtag errichteten Neubaus. Soweit sich die dazu herangezogenen Normalherstellungskosten auf einen älteren Bezugsstichtag beziehen, sind sie nach § 21 Abs. 3 ImmoWertV mithilfe geeigneter Baupreisindexreihen auf die Preisverhältnisse des Wertermittlungsstichtags umzurechnen. Die so ermittelten gewöhnlichen Herstellungskosten sind sodann nach § 21 Abs. 2 i. V. m. § 23 ImmoWertV einer linearen Alterswertminderung zu unterziehen.

---

17 BR-Drucks. 296/09.

IV Syst. Darst. Sachwertverfahren — Marktangepasster Sachwert

Der (vorläufige) Sachwert der baulichen Außenanlagen sowie der sonstigen Anlagen ist, soweit sie nicht vom Bodenwert oder vom Sachwertfaktor miterfasst sind, in erster Linie nach Erfahrungssätzen und hilfsweise in entsprechender Anwendung der §§ 22 und 23 ImmoWertV nach gewöhnlichen Herstellungskosten unter Berücksichtigung einer Alterswertminderung zu ermitteln. Dabei geht die ImmoWertV von Erfahrungssätzen aus, die sich direkt auf den Wertermittlungsstichtag beziehen und ggf. die Alterswertminderung bereits berücksichtigen (Abb. 1).

Abb. 1: Ermittlung des vorläufigen Sachwerts nach § 21 Abs. 1 ImmoWertV

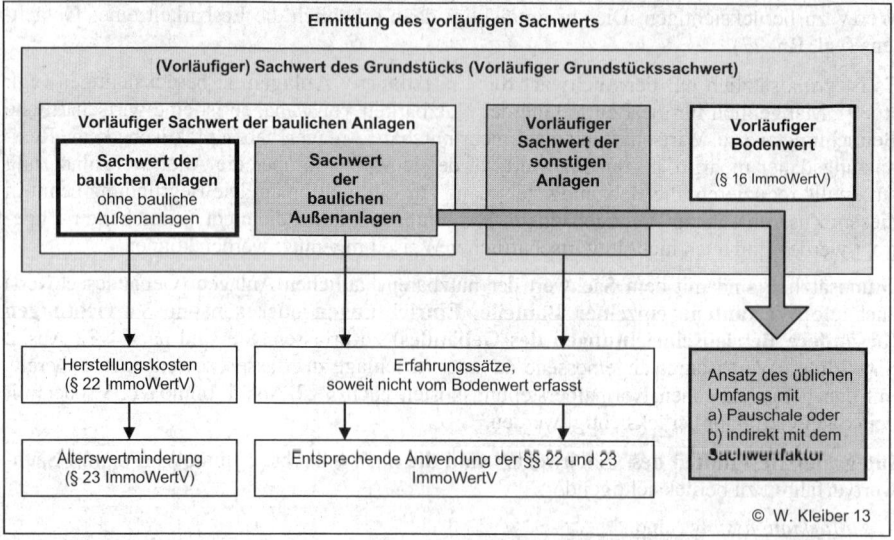

24 Den detaillierten **Verfahrensgang des Sachwertverfahrens** zeigt Abb. 2.

Abb. 2: Sachwertverfahren nach ImmoWertV

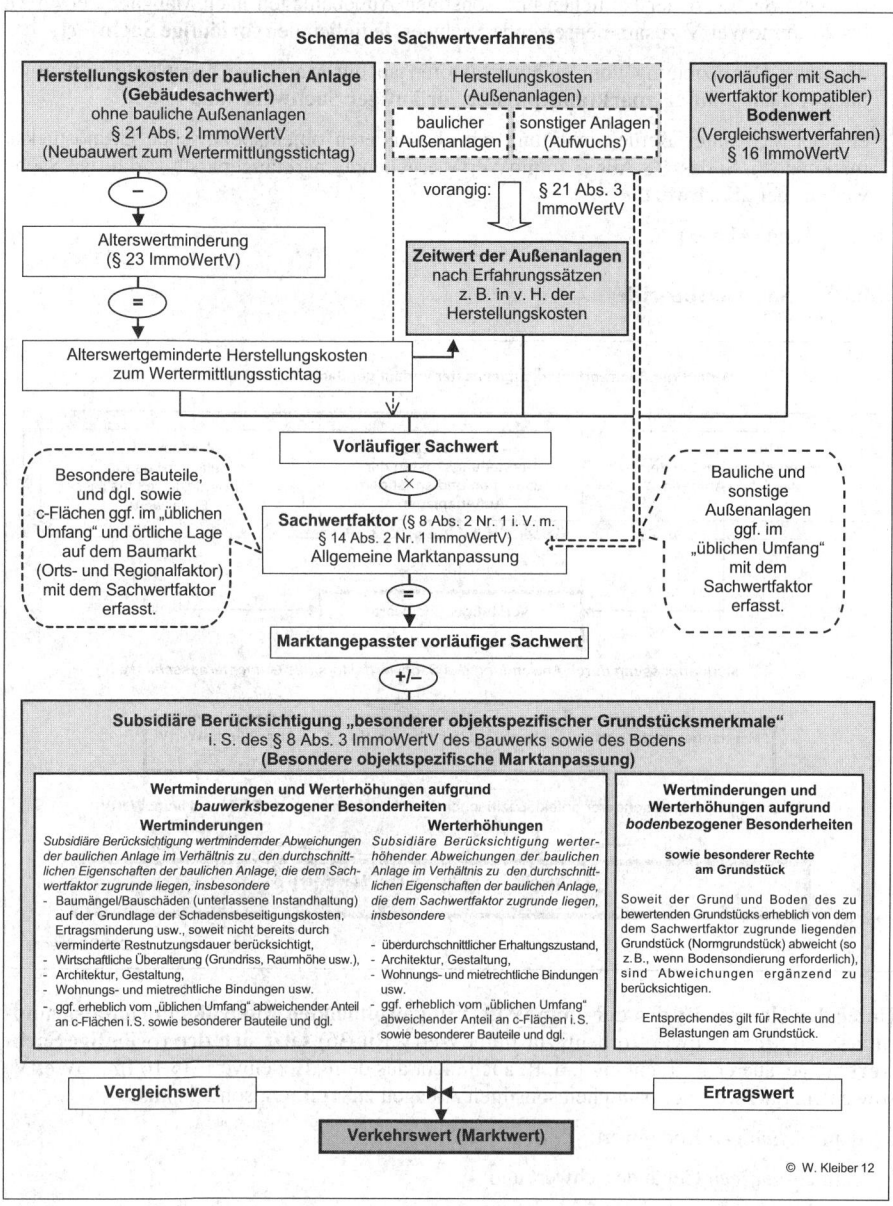

Nach den vorstehenden Ausführungen soll sich der „Sachwert" gemäß § 21 Abs. 1 ImmoWertV aus dem „Bodenwert" (§ 16 ImmoWertV), dem Sachwert der baulichen Anlagen (Gebäudesachwert) und dem Sachwert der baulichen und sonstigen Außenanlagen zusammensetzen. „Besondere objektspezifische Grundstücksmerkmale" i. S. des § 8 Abs. 3 ImmoWertV sollen dabei erst nachträglich, nämlich nach Anpassung des vorläufigen Sachwerts an die Marktlage unter Heranziehung des einschlägigen vom Gutachterausschuss ermittelten Sachwertfaktors (§ 21 Abs. 1, zweiter Halbsatz i. V. m. § 14 Abs. 2 Nr. 1 ImmoWertV) berücksichtigt werden. Aus diesem Grunde ist

IV Syst. Darst. Sachwertverfahren — Marktangepasster Sachwert

- der sich aus dem Bodenwert, dem Sachwert der baulichen Anlagen (Gebäudesachwert) und dem Sachwert der baulichen und sonstigen Außenanlagen nach Maßgabe der §§ 21 bis 23 ImmoWertV zusammensetzende Sachwert lediglich der **vorläufige Sachwert,**
- der unter Heranziehung von Sachwertfaktoren an die Marktlage angepasste vorläufige Sachwert auch nur als **marktangepasster vorläufiger Sachwert"** und
- erst der sich unter Berücksichtigung der „besonderen objektspezifischen Grundstücksmerkmale" i. S. des § 8 Abs. 3 ImmoWertV ergebende marktangepasste vorläufige Sachwert als der **„Sachwert"**

zu bezeichnen (Abb. 3).

Abb. 3: Sachwertbegriffe

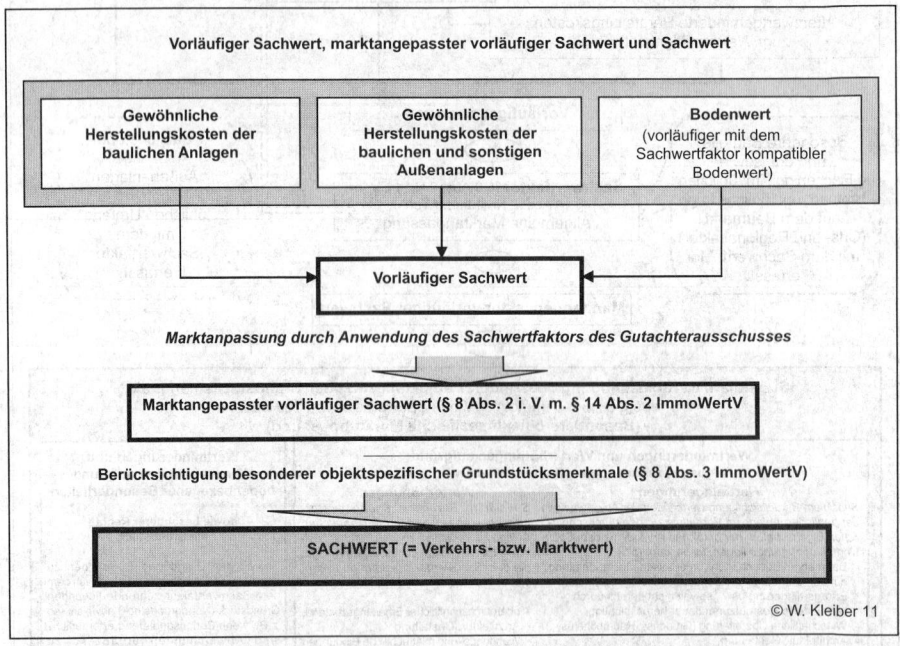

Unter der Herrschaft des der ImmoWertV innewohnenden Modellkonformitätsgrundsatzes (vgl. Rn. 15 sowie Vorbem. zur ImmoWertV Rn. 36) **setzt sich der vorläufige Sachwert** bei genauerer Betrachtung i. d. R. auch nicht aus dem „Bodenwert" (§ 16 ImmoWertV) sowie dem Sachwert der baulichen sonstigen Anlagen **zusammen,** sondern **aus**

a) dem *vorläufigen* Bodenwert,

b) dem *vorläufigen* Gebäudesachwert und

c) dem *vorläufigen* Sachwert der baulichen und sonstigen Außenanlagen.

Bei der **Ermittlung des vorläufigen Sachwerts** müssen nämlich sowohl der Bodenwert als auch der Gebäudesachwert und der Sachwert der baulichen und sonstigen Außenanlagen mit den Grundstücksmerkmalen ermittelt werden, die den durchschnittlichen Grundstücksmerkmalen entsprechen, die der Ableitung des Sachwertfaktors zugrunde liegen.

Marktangepasster Sachwert — Syst. Darst. Sachwertverfahren IV

Beispiel:

Vom Gutachterausschuss für Grundstückswerte ist für Grundstücke

- mit einer marktüblich objektbezogenen Grundstücksfläche von 1 000 m² und
- mit Gebäuden, die ordnungsgemäß instand gehaltenen wurden,

ein Sachwertfaktor ermittelt worden, der

- einen üblichen Wertansatz für bauliche und sonstige Außenanlagen in Höhe von 6 % der Gebäudeherstellungskosten und
- einen üblichen Wertansatz für besondere Bauteile, Einrichtungen und Vorrichtungen, die mit der BGF nicht erfasst sind, in Höhe von 4 % der Gebäudeherstellungskosten

erfasst.

Davon abweichende Grundstücksmerkmale des zu bewertenden Grundstücks müssen bei der Ermittlung des vorläufigen Sachwerts zunächst außer Betracht bleiben.

Daraus folgt, dass für ein zu bewertendes Grundstück, das eine Grundstücksfläche von 1 500 m², ein Gebäude ohne besondere Bauteilen, Einrichtungen und Vorrichtungen sowie keine baulichen und sonstigen Außenanlagen aufweist, nach Maßgabe der §§ 21 bis 23 ImmoWertV zunächst ein fiktiver vorläufiger Sachwert zu ermitteln ist, bestehend aus

a) einem vorläufigen Bodenwert für ein 1 000 m² großes Grundstück,

b) einem vorläufigen Gebäudesachwert für ein Gebäude mit besonderen Bauteilen, Einrichtungen und Vorrichtungen im sonst üblichen Umfang von 4 % der Gebäudeherstellungskosten und

c) einem sonst üblichen Anteil an baulichen und sonstigen Außenanlagen in Höhe von 6 % der Gebäudeherstellungskosten.

Die differenziellen Abweichungen der tatsächlichen Grundstücksmerkmale von den genannten, dem Sachwertfaktor zugrunde liegenden Grundstücksmerkmalen werden nachträglich nach Maßgabe des § 8 Abs. 3 ImmoWertV berücksichtigt; d. h., nach § 8 Abs. 3 ImmoWertV müssen neben den dort genannten Besonderheiten auch die mit dem vorläufigen Sachwert noch nicht berücksichtigten Bodenwert- und Gebäudewertanteile differenziell ermittelt und ergänzend angesetzt werden, soweit dies dem gewöhnlichen Geschäftsverkehr entspricht.

Der **Sachwertfaktor** kann nach den Hinweisen der Anl. 5 zu der SachwertR auch **auf der Grundlage eines pauschalen Ansatzes für** die mit der Berechnung der BGF nicht erfassten **Bauteile und sonstigen Einrichtungen sowie** eines pauschalen Ansatzes **für die baulichen und sonstigen Außenanlagen (Aufwuchs)** ermittelt worden sein. Auch in diesem Fall bestimmt sich der **vorläufige Sachwert** in modellkonformer Weise nach dem vorläufigen Bodenwert sowie dem unter Heranziehung dieser Pauschalen ermittelten vorläufigen Gebäudesachwert und vorläufigen Sachwert der baulichen und sonstigen Außenanlagen.

Im Ergebnis ist also festzuhalten, dass unter der Herrschaft des der ImmoWertV innewohnenden Modellkonformitätsgrundsatzes im Mittelpunkt jeder **Sachwertermittlung** der Sachwertfaktor steht. Am Anfang jeder Sachwertermittlung ist deshalb zunächst der nach Maßgabe des § 21 Abs. 1 i. V. m. § 14 Abs. 2 Nr. 1 ImmoWertV heranzuziehende **Sachwertfaktor mit dem ihm zugrunde liegenden Sachwertmodell und seinem Anwendungsbereich** festzustellen und eingehend zu analysieren. Die Ermittlung des Boden- und Gebäudesachwerts hat sich daran auszurichten. Soweit der Grund und Boden, das Gebäude sowie die baulichen und sonstigen Außenanlagen der zu bewertenden Liegenschaft erheblich von den Grundstücksmerkmalen des Referenzgrundstücks abweichen, müssen der Bodenwert und der Wert der baulichen und sonstigen Anlagen aufgesplittet werden in

- einen *vorläufigen Bodenwert, Gebäudesachwert und Wertanteil für bauliche und sonstige Außenanlagen* und

- **den ergänzend (differenziell) zu berücksichtigenden Bodenanteil, Gebäudewertanteil und Wertanteil der baulichen und sonstigen Anlagen** (Abb. 4).

25

IV Syst. Darst. Sachwertverfahren — Marktangepasster Sachwert

Abb. 4: Vorläufiger Boden- und Gebäudesachwert

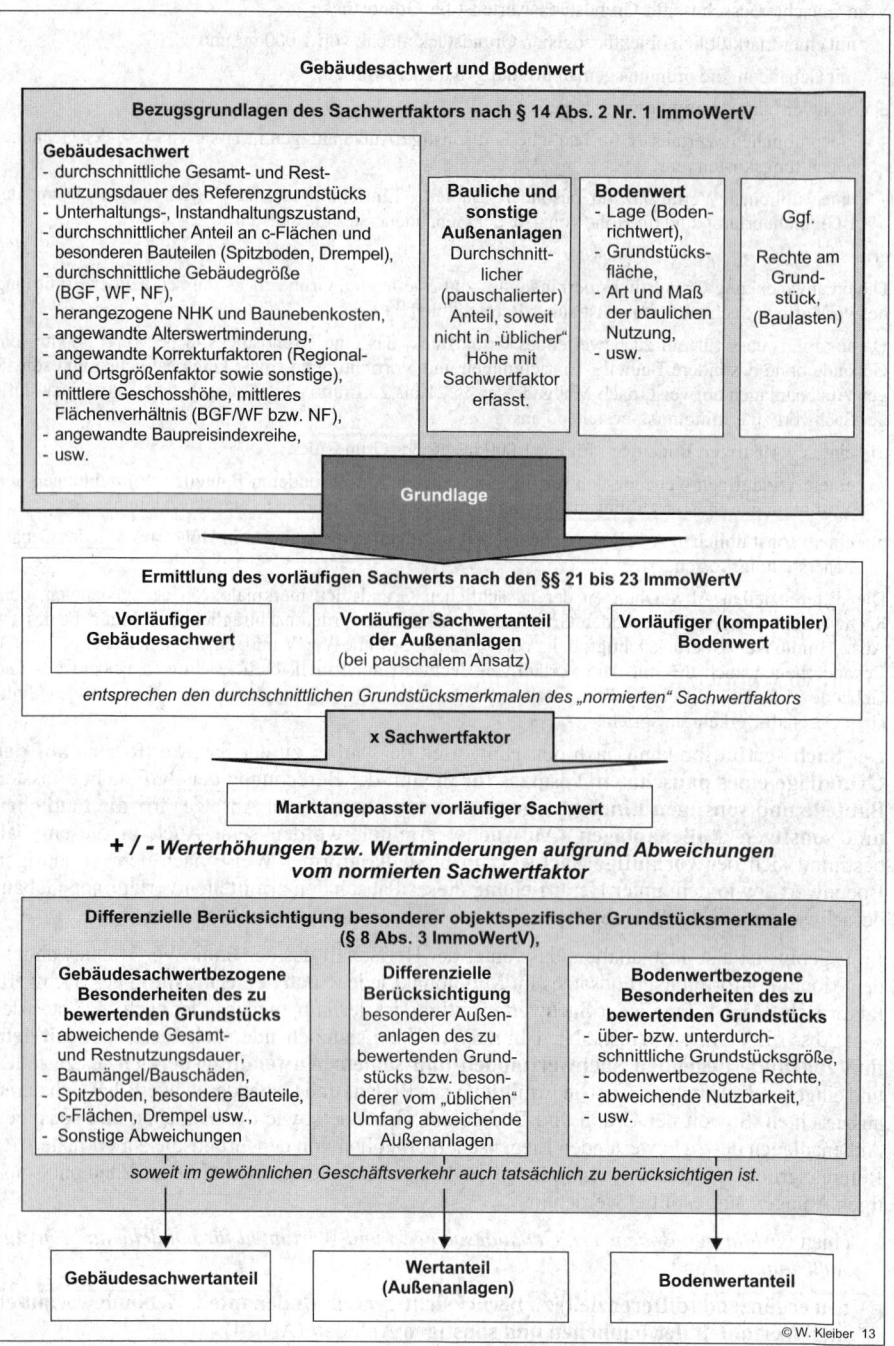

2.1.2 Sachwertmodell der SachwertR

Mit der SachwertR des BMVBS wird kein Standardmodell der Sachwertermittlung vorgegeben, das zwingend von den Gutachterausschüssen für Grundstückswerte bei der Ableitung der Sachwertfaktoren nach § 14 Abs. 2 Nr. 1 ImmoWertV anzuwenden ist und das bei Heranziehung dieser Sachwertfaktoren nach den vorstehenden Ausführungen zur Anwendung kommen muss. Anl. 5 zur SachwertR empfiehlt jedoch beispielhaft ein **„Modell" für die Ableitung der Sachwertfaktoren**. Die wesentlichen Modellparameter für die Ermittlung der Sachwertfaktoren werden darin wie folgt beschrieben:

Normalherstellungskosten	NHK 2010 (Anlage 1 der SachwertR)
Gebäudebaujahrsklassen	keine
Gebäudestandard	nach Standmerkmalen und Standardstufen der Anlage 2 der SachwertR
Baunebenkosten	in den NHK 2010 enthalten
Korrekturfaktor für das Land und die Ortsgröße (Regionalfaktor)	keine
Bezugsmaßstab	Brutto-Grundfläche*
Baupreisindex	Preisindex für die Bauwirtschaft des Statistischen Bundesamtes
Baujahr	ursprüngliches Baujahr
Gesamtnutzungsdauer	nach (Standardstufe) der Anlage 3 der SachwertR
Restnutzungsdauer	Gesamtnutzungsdauer abzüglich Alter, ggf. modifizierte Restnutzungsdauer
	bei Modernisierungsmaßnahmen Verlängerung der Restnutzungsdauer nach Anlage 4 der SachwertR
Alterswertminderung	linear
Wertansatz für bauliche Außenanlagen, sonstige Anlagen	kein gesonderter Ansatz – Anlagen sind im üblichen Umfang im Sachwert enthalten **oder** pauschaler Ansatz in Höhe von ...
Wertansatz für bei der BGF-Berechnung nicht erfasste Bauteile	kein gesonderter Ansatz – Bauteile sind im üblichen Umfang im Sachwert enthalten **oder** pauschaler Ansatz in Höhe von ...
Besondere objektspezifische Grundstücksmerkmale	keine bzw. entsprechende Kaufpreisbereinigung
Bodenwert	ungedämpft, zutreffender Bodenrichtwert ggf. angepasst an die Merkmale des Einzelobjekts
Grundstücksfläche	marktüblich objektbezogene Grundstücksfläche
Nach der SachwertR soll auch die **Nutzbarkeit von Dachgeschossen** entsprechend **Giebelbreiten**, Trauflängen und Dachneigungen berücksichtigt werden.	

* Es handelt sich tatsächlich um die sog. reduzierte Brutto-Grundfläche.

Der Sachwertfaktor ergibt sich – wie unter Rn. 15 dargelegt – aus dem Verhältnis von Kaufpreisen von Grundstücken zu den dafür ermittelten vorläufigen Sachwerten, die nach Nr. 5 Abs. 2 i. V. m. Anl. 5 der SachwertR nach folgendem **Sachwertmodell** ermittelt werden:

1. Der vorläufige Sachwert wird auf der Grundlage von Herstellungskosten ermittelt, die sich aus den auf eine **reduzierte Brutto-Grundfläche** (BGF_{red}, insbesondere ohne c-Flächen und ohne überdeckte Balkonflächen) bezogenen Kostenkennwerten der NHK 2010 (Anl. 1 der SachwertR) mit den darin enthaltenen Baunebenkosten ergeben sollen. Zur Ermittlung der Herstellungskosten einer baulichen Anlage sind die dafür in den NHK 2010 ausgewiesenen Kostenkennwerte mit der reduzierten Brutto-Grundfläche (BGF_{red}) der baulichen Anlage zu multiplizieren.

IV Syst. Darst. Sachwertverfahren — Sachwertmodell

2. Der für den Kostenkennwert maßgebliche **Gebäudestandard** wird nach den Kriterien der Anl. 2 zur SachwertR ermittelt.

3. Die lineare **Alterswertminderung nach** § 23 ImmoWertV wird auf der Grundlage des sich nach Anl. 3 zur SachwertR ergebenden **Modellansatzes der üblichen Gesamtnutzungsdauer** (GND) und der daraus resultierenden (vorläufigen) Restnutzungsdauer (RND) ermittelt, wobei sich die Restnutzungsdauer aus der um das Alter der baulichen Anlage verminderten üblichen Gesamtnutzungsdauer ergibt.

4. Bei unterlassener Instandhaltung bzw. Modernisierung ist auf der Grundlage des fiktiven Baujahrs und Alters ggf. die modifizierte Restnutzungsdauer anzusetzen; bei **Modernisierungsmaßnahmen** soll die entsprechend verlängerte Restnutzungsdauer nach Maßgabe der Anl. 4 der SachwertR abgeleitet werden.

5. Die zur Ableitung des Sachwertfaktors herangezogenen Kaufpreise sind um den Einfluss besonderer objektspezifischer Grundstücksmerkmale i. S. des § 8 Abs. 3 ImmoWertV zu bereinigen (vgl. Nr. 5 Abs. 2 Satz 2 der SachwertR).

6. Der Bodenwert soll mit dem einschlägigen Bodenrichtwert unter Berücksichtigung der Grundstücksmerkmale des jeweiligen Grundstücks, jedoch auf der Grundlage einer **marktüblich objektbezogenen Grundstücksfläche** angesetzt werden, wenn die tatsächliche Grundstücksfläche hiervon abweicht.

Die „marktüblich objektbezogene Grundstücksfläche" ist – um eine sachgerechte Anwendung der Sachwertfaktoren zu gewährleisten – bei der Ableitung der Sachwertfaktoren zu erfassen und muss bei der Veröffentlichung des Sachwertfaktors angegeben werden.

7. Im Übrigen sind im Rahmen der Ableitung von Sachwertfaktoren die zur Ermittlung des vorläufigen Sachwerts angesetzten **Kostenkennwerte der NHK 2010 nicht den örtlichen Verhältnissen mittels eines Regional- und Ortsgrößenfaktors anzupassen.**

8. • Für **bauliche und sonstige Außenanlagen** i. S. des § 21 Abs. 3 ImmoWertV sowie

   • für **besondere Bauteile, Einrichtungen und Vorrichtungen** i. S. des § 21 Abs. 2 Satz 2 ImmoWertV

   kann bei der Ableitung des Sachwertfaktors vom Ansatz der entsprechenden Herstellungskosten abgesehen werden, jedoch soll der **„übliche Umfang"**

   • an baulichen und sonstigen Außenanlagen sowie

   • an besonderen Bauteilen und dgl.

   erfasst und bei der Veröffentlichung des Sachwertfaktors angegeben werden.

   Alternativ können für bauliche und sonstige Außenanlagen sowie für besondere Bauteile, Einrichtungen und Vorrichtungen auch pauschalierte Herstellungskosten angesetzt werden, wobei die Pauschalen dann offen gelegt werden müssen, damit Abweichungen der zu bewertenden Liegenschaft angemessen berücksichtigt werden können.

   Der **„übliche Umfang"** bestimmt sich nach Sinn und Zweck der Regelung nach dem durchschnittlichen Umfang der Grundstücke, deren Kaufpreise zur Ableitung des Sachwertfaktors herangezogen wurden.

27 Aus der *unter Nr. 7 genannten Modellvorgabe* (vgl. Anl. 5 zur SachwertR) folgt, dass mit dem so abgeleiteten Sachwertfaktor die als Bundesmittelwert angegebenen Kostenkennwerte der NHK 2010 regionalisiert werden, denn die örtlichen Verhältnisse gehen mit den zur Ableitung des Sachwertfaktors herangezogenen Kaufpreisen direkt in den Sachwertfaktor ein. Bei der Ermittlung des Sachwerts unter Anwendung des so abgeleiteten Sachwertfaktors werden die Kostenkennwerte der NHK 2010 „automatisch" regionalisiert, ohne dass es dafür dann noch eines besonderen Ansatzes bedarf. Der **Sachwertfaktor ist** in diesem Fall zugleich auch ein **Regionalisierungsfaktor**.

Aus der *unter Nr. 8 der an erster Stelle genannten Modellvorgabe* folgt, dass bei der Ermittlung des Sachwerts unter Anwendung des so abgeleiteten Sachwertfaktors *bauliche und sonstige Außenanlagen* i. S. des § 21 Abs. 3 ImmoWertV sowie *besondere Bauteile, Einrichtungen und Vorrichtungen* i. S. des § 21 Abs. 2 Satz 2 ImmoWertV in dem „üblichen Umfang" in die Sachwertermittlung „automatisch" eingehen können, ohne dass es dafür eines besonderen Ansatzes bedarf. Weichen jedoch die **Außenanlagen sowie die besonderen Bauteile und dgl. der zu bewertenden Liegenschaft** erheblich von dem „üblichen Umfang" ab, der mit dem Sachwertfaktor bereits berücksichtigt ist, müssen die Abweichungen differenziell nach Maßgabe des § 8 Abs. 3 ImmoWertV **als besonderes objektspezifisches Grundstücksmerkmal** nachträglich berücksichtigt werden (vgl. 4.1.1.7 SachwertR). 28

Werden die Herstellungskosten der baulichen und sonstigen Außenanlagen sowie der besonderen Bauteile, Einrichtungen und Vorrichtungen alternativ mit pauschalierten Herstellungskosten angesetzt, müssen Abweichungen ebenfalls nachträglich und differenziell berücksichtigt werden.

Keine Modellvorgaben werden **bezüglich der Berücksichtigung von c-Flächen i. S. der DIN 277 gemacht** (nicht überdeckte Bereiche wie Loggien, Dachterrassen und *nicht überdeckte* Balkone). Mit Nr. 4.1.1.4 Abs. 2 Satz 3 ImmoWertV werden jedoch die *überdeckten* Balkone, die nach der DIN 277 den sog. b-Flächen zuzurechnen sind, zu c-Flächen erklärt, die nach Nr. 4.1.1.4 Abs. 2 Satz 2 der SachwertR bei „Anwendung der NHK 2010" nicht in die BGF eingehen sollen. 29

Balkone sollen nach Nr. 4.1.1.7 der SachwertR als besondere Bauteile nachträglich berücksichtigt werden.

Ob und ggf. in welchem „üblichen Umfang" der Kostenanteil der sog. c-Flächen in dem für die jeweilige Gebäudeart angegebenen Kostenkennwerten der NHK 2010 enthalten sind, konnte zu den ausgewiesenen Kostenkennwerten in der SachwertR nicht dargelegt werden. Bei dieser Sachlage empfiehlt es sich – analog zu den Modellvorgaben zur Berücksichtigung von Außenanlagen und besonderen Bauteilen (vgl. Nr. 8), dass bei der Ableitung der Sachwertfaktoren für c-Flächen wiederum keine Herstellungskosten angesetzt werden, jedoch der **„übliche Umfang" an c-Flächen**, der sich wiederum aus dem Durchschnitt der ausgewerteten Objekte ergibt, bei der Veröffentlichung des Sachwertfaktors darzulegen ist. Soweit im Einzelfall die zu bewertende Liegenschaft c-Flächen in einem Umfang aufweist, der vom üblichen Umfang erheblich abweicht, müssen die Abweichungen wie vorstehend erläutert, ergänzend nach Maßgabe des § 8 Abs. 3 ImmoWertV berücksichtigt werden.

In der Gesamtschau stellt sich das **Sachwertmodell der Anl. 5 der SachwertR** wie folgt dar (Abb. 5):

IV Syst. Darst. Sachwertverfahren — Sachwertmodell

Abb. 5: Sachwertmodell für die Ableitung von Sachwertfaktoren nach Empfehlungen der SachwertR

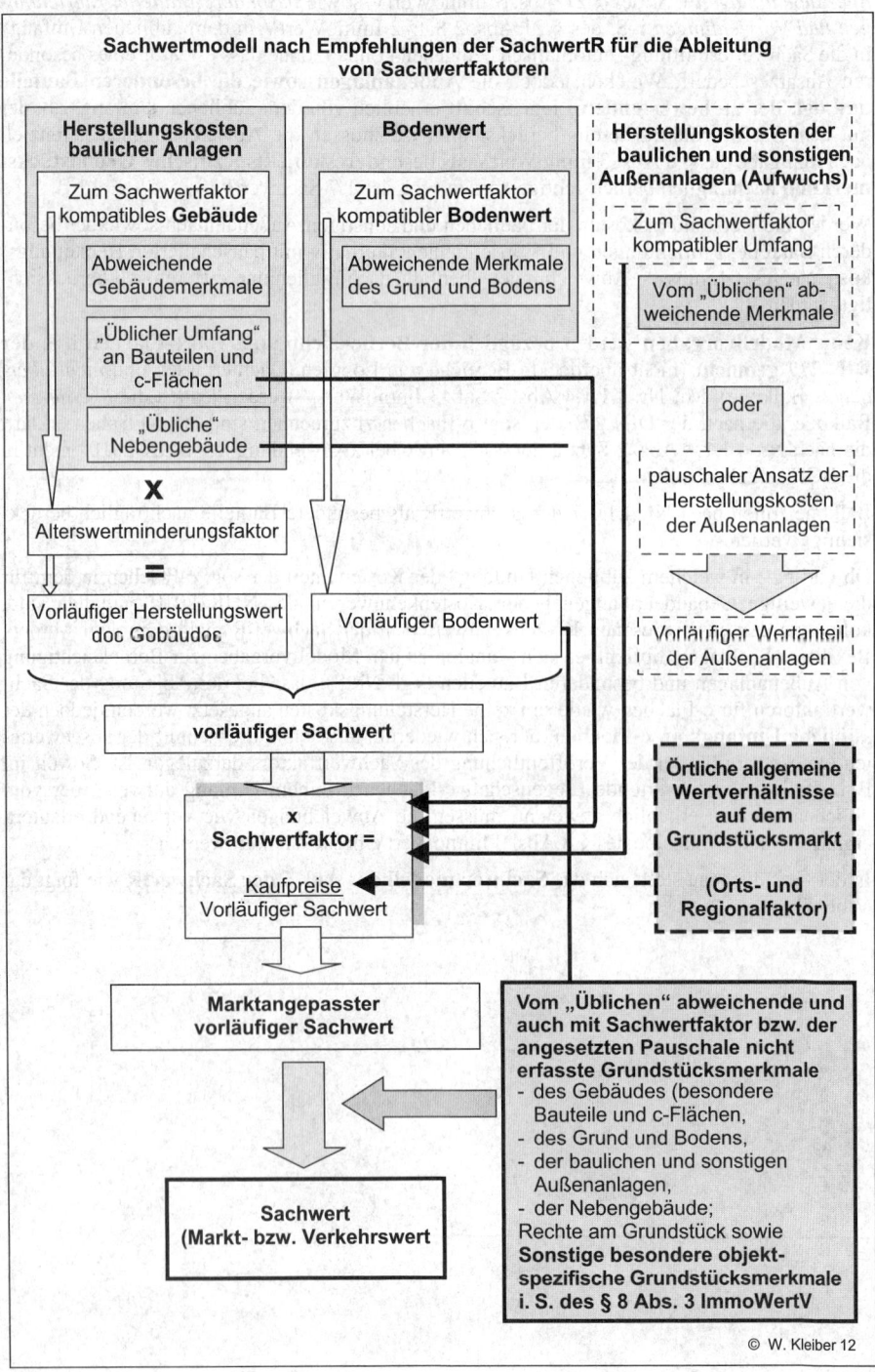

2.2 Sachwertverfahren nach BelWertV

▶ *Vgl. Teil IX, § 14 BelWertV Rn. 299 ff.*

In der Beleihungswertermittlung wird der Sachwert nach den §§ 14 bis 19 BelWertV als „Substanzwert" ohne Berücksichtigung der Lage auf dem Grundstücksmarkt (Marktanpassung) ermittelt. Nach § 4 Abs. 1 BelWertV ist der Sachwert des Beleihungsobjekts getrennt vom Ertragswert zu ermitteln[18]. **Maßgeblich für die Ermittlung des Beleihungswerts ist** jedoch nach § 4 Abs. 3 Satz 1 BelWertV **regelmäßig der Ertragswert**, der nicht überschritten werden darf.

Dem **Sachwert** kommt danach die **Funktion eines Kontrollwerts** zu. Bleibt nämlich der Sachwert (ohne Marktanpassung) des Beleihungsobjekts um mehr als 20 % hinter dem Ertragswert zurück, bedarf es einer besonderen Überprüfung der Nachhaltigkeit der zugrunde gelegten Erträge und ihrer Kapitalisierung. Bestätigt sich hierbei der anfangs ermittelte Ertragswert, bedarf das Ergebnis der Überprüfung einer nachvollziehbaren Begründung, andernfalls ist der Ertragswert entsprechend zu mindern.

Bei **Ein- und Zweifamilienhäusern sowie Eigentumswohnungen** kann der Beleihungswert am Sachwert orientiert werden und eine Ertragswertermittlung entfallen, wenn das zu bewertende Objekt nach Zuschnitt, Ausstattungsqualität und Lage zweifelsfrei zur Eigennutzung geeignet und bestimmt ist und bei gewöhnlicher Marktentwicklung nach den Umständen des Einzelfalls sicher vorausgesetzt werden kann, dass das Objekt von potenziellen Erwerbern für die eigene Nutzung dauerhaft nachgefragt wird.

Das Sachwertverfahren ist im Zweiten Abschnitt des Dritten Teils (§§ 14 bis 19 BelWertV) in Anlehnung an die Vorschriften der ImmoWertV geregelt, jedoch mit einer Reihe von **Modifikationen und „Leitplanken"**.

– Im Unterschied zur ImmoWertV setzt sich der in der BelWertV geregelte Sachwert lediglich aus dem **Bodenwert und dem Sachwert der baulichen Anlage** zusammen. Demgegenüber gehört nach § 21 Abs. 1 ImmoWertV zu dem „Sachwert" auch der **Sachwert der sonstigen Anlagen (Aufwuchs)**, soweit er nicht vom Bodenwert miterfasst wird. Zu den „sonstigen Anlagen" i. S. des § 21 Abs. 1 ImmoWertV gehören allerdings auch nur ungewöhnliche und besondere nicht bauliche Anlagen wie Parks, Gärten und Anpflanzungen[19]. Diese werden nach § 14 Satz 2 BelWertV mit den „Außenanlagen" als Teil der „baulichen Anlagen" erfasst.

– Mit § 23 BelWertV (**Maschinen und Betriebseinrichtungen**) wird ergänzend vorgegeben, dass „Maschinen und Betriebseinrichtungen bei der Ermittlung des Sachwerts grundsätzlich unberücksichtigt zu lassen" sind, „sofern sie nicht wesentliche Bestandteile[20] des Gegenstandes der Beleihungswertermittlung i. S. des § 2 BelWertV sind. Der Wert solcher wesentlicher Bestandteile ist, wenn sich das Grundpfandrecht darauf erstreckt, unter Berücksichtigung einer normalen Abschreibung und ausreichender Abschläge für Abnutzung und technische Entwertung gesondert zu schätzen. Sofern bei Maschinen infolge der technischen Entwicklung mit einer schnellen Überalterung zu rechnen ist, können diese wertmäßig nicht angesetzt werden."

---

18 Die Hervorhebung einer „getrennten Ermittlung" bleibt unklar, denn auch nach den Grundsätzen der ImmoWertV werden Ertrags- und Sachwert getrennt voneinander ermittelt, ohne dass dafür die Notwendigkeit einer Hervorhebung gesehen wurde.
19 BR-Drucks. 352/88, S. 60 f.
20 Vgl. § 1 ImmoWertV Rn. 32.

Abb. 6: Zusammensetzung des Sachwerts nach BelWertV

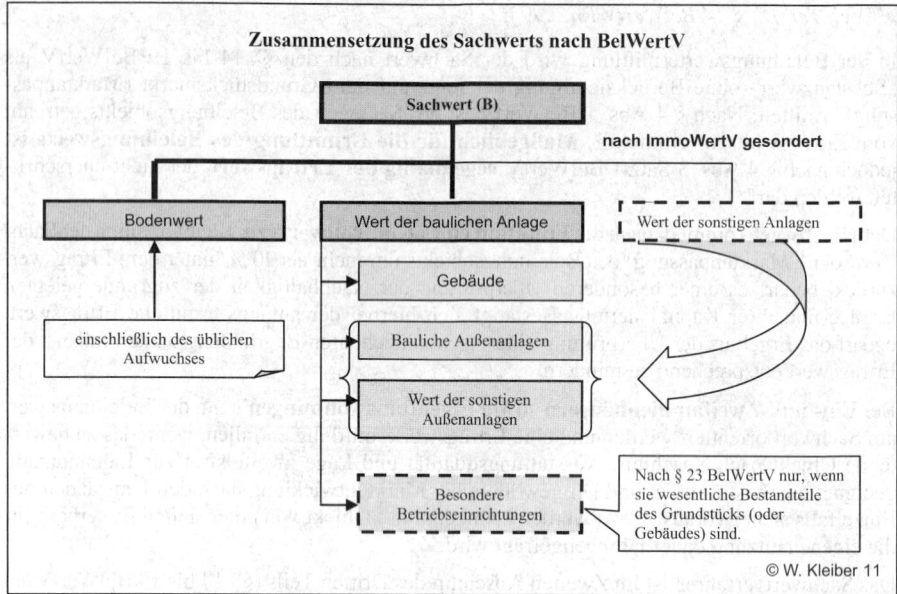

32 Nach § 16 Abs. 1 Satz 3 Nrn. 5 und 6 BelWertV ist der **„Wert der baulichen Anlagen"** (anders als nach den Grundsätzen der ImmoWertV) zu ermitteln, wobei u. a.

a) das Alter und der Erhaltungszustand nach Maßgabe des § 17 BelWertV und

b) sonstige wertbeeinflussende Umstände nach Maßgabe des § 18 BelWertV

zwar in besonderen Rechenschritten zu berücksichtigen sind, jedoch in den „Herstellungswert" (gewöhnliche Herstellungskosten) nach § 16 Abs. 1 Satz 1 BelWertV eingehen sollen[21]. Nach § 4 Abs. 5 BelWertV[22] sind darüber hinaus ein zum *Zeitpunkt der Bewertung* erkennbarer **Instandhaltungsrückstau** oder sonstiger baulicher Aufwand sowie **Baumängel und Bauschäden auf der Grundlage der für ihre Beseitigung am *Wertermittlungsstichtag*** (den die Beleihungswertermittlung ansonsten nicht kennen will, obwohl auch der Beleihungswert ein stichtagsbezogener Wert ist) **erforderlichen Aufwendungen** oder nach Erfahrungssätzen „als gesonderter Wertabschlag" zu berücksichtigen. Nach dem Wortlaut der Regelung geht dieser Wertabschlag allerdings nicht unmittelbar in den „Herstellungswert" (gewöhnliche Herstellungskosten) ein, denn nach § 4 Abs. 5 Satz 2 BelWertV ist erst der Beleihungswert „entsprechend anzupassen".

33 Ausgangsbasis für die **Ermittlung des Herstellungswerts** sind die **aus Erfahrungssätzen** abzuleitenden Herstellungskosten je Raum- oder Flächeneinheit, für die unverständlicherweise nicht der Begriff der „Normalherstellungskosten" verwandt wird. Gleichwohl handelt es sich bei diesen „Erfahrungswerten" um „Normalherstellungskosten", denn sie sind – wie die in der SachwertR veröffentlichten Normalherstellungskosten – unter Berücksichtigung

- der Bauweise,
- der für den Rohbau verwendeten Materialien und
- der Ausstattung

---

21 § 16 Abs. 1 Satz 3 BelWertV: „Wertmäßig zu berücksichtigen sind *dabei* insbesondere 1. die beabsichtigte und mögliche Verwendung, 2. der Umfang und die Raumaufteilung, 3. die Bauweise und die für den Rohbau verwendeten Materialien, 4. die Ausstattung und die wertbeeinflussenden Nebenanlagen, 5. das Alter und der Erhaltungszustand nach Maßgabe des § 17, 6. sonstige wertbeeinflussende Umstände nach Maßgabe des § 18."

22 Nach der Stellung dieser Vorschrift innerhalb des Gesamtsystems der BelWertV findet die Vorschrift auch auf die Ermittlung des Sachwerts B Anwendung.

in angemessener Höhe anzusetzen. Dass darüber hinaus die Normalherstellungskosten die beabsichtigte und mögliche Verwendung (§ 16 Abs. 1 Nr. 1 BelWertV) und dem Umfang und der Raumaufteilung (§ 16 Abs. 1 Nr. 2 BelWertV) Rechnung tragen sollen, ist ermittlungstechnisch eher dem § 19 BelWertV (entspricht § 8 Abs. 3 ImmoWertV) zuzuordnen. Diesbezüglich ist die ImmoWertV systematischer gegliedert, und die Praxis wird sich hier über die BelWertV hinwegsetzen.

Mit § 16 Abs. 1 bis 3 BelWertV wird der **Herstellungswert (B)** im Verhältnis zum Herstellungswert nach der ImmoWertV abgesenkt. Materiell von Bedeutung ist insbesondere, dass   34

a) nach § 16 Abs. 2 Satz 1 BelWertV der nach § 16 Abs. 1 BelWertV ermittelte Herstellungswert um einen *Sicherheitsabschlag* von mindestens 10 % zu kürzen ist,

b) nach § 16 Abs. 3 Satz 2 BelWertV der Ansatz von *Baunebenkosten* auf bis zu 20 % des nach Maßgabe des § 16 Abs. 2 Abs. 2 BelWertV (um mindestens 10 %) verminderten Herstellungswerts beschränkt ist und

c) nach § 16 Abs. 1 Satz 4 BelWertV die Kosten für *Außenanlagen* im Regelfall mit nicht mehr als 5 % des Herstellungswerts angesetzt werden dürfen.

Der „**Sicherheitsabschlag**" vom Herstellungswert ist die entscheidende Stellschraube für die Verminderung des Sachwerts B (der Beleihungswertermittlung) gegenüber dem nach der ImmoWertV ermittelten Sachwert. Die angegebenen Kappungsgrenzen der Baunebenkosten und der Kosten der Außenanlagen sind dagegen i. d. R. bedeutungslos.   35

Die **Alterswertminderung** ist in der BelWertV noch in Anlehnung an § 23 WertV 88/98 geregelt. Die Alterswertminderung ist nach § 17 Abs. 1 Satz 1 BelWertV in einem Prozentsatz des nach § 16 BelWertV ermittelten „Herstellungswerts" auszudrücken. Dies ist sprachlich und materiell unsinnig, denn – wie vorstehend ausgeführt – ist bei der Ermittlung des „Herstellungswerts" i. S. der BelWertV die Alterswertminderung bereits zu berücksichtigen (§ 16 Abs. 1 Satz 3 Nr. 5 BelWertV).   36

Die **Wertminderung wegen Baumängeln und Bauschäden** soll nach § 4 Abs. 5 BelWertV „als gesonderter Wertabschlag" berücksichtigt werden; der Beleihungswert ist entsprechend „anzupassen" (§ 4 Abs. 5 Satz 2 BelWertV). Daraus könnte im Umkehrschluss zu § 16 Abs. 1 BelWertV geschlossen werden, dass sich der Sachwert i. S. der BelWertV ohne diesen Wertabschlag definiert (vgl. Rn. 32).   37

Die **Berücksichtigung sonstiger wertbeeinflussender Umstände** ist in der BelWertV noch in Anlehnung an § 25 WertV 88/98 mit nahezu gleichem Wortlaut geregelt. Unklar bleibt allerdings, was unter der „vorgesehenen Nutzung" nach § 19 BelWertV zu verstehen ist. Darüber hinaus ist das Verhältnis zu der Regelung des § 16 Abs. 1 Satz 3 Nr. 1 und 2 BelWertV unsystematisch, da nach dieser Vorschrift die „Erfahrungssätze der Herstellungskosten" (Normalherstellungskosten) u. a.   38

1. die beabsichtigte und mögliche Verwendung und

2. die Raumaufteilung

berücksichtigen sollen und dem aber zweckmäßigerweise im Rahmen des § 19 BelWertV Rechnung getragen wird.

Im Unterschied zur ImmoWertV sieht die BelWertV allerdings nicht vor, dass die Lage auf dem Grundstücksmarkt mit entsprechenden **Marktanpassungszu- und -abschlägen** (Marktanpassung; Sachwertfaktoren) zu berücksichtigen ist (§ 8 Abs. 2 Nr. 1 ImmoWertV). Eine Marktanpassung wäre nun auch völlig systemwidrig, denn unter der Marktanpassung ist die Angleichung des Sachwerts an den Verkehrswert zu verstehen, und die BelWertV zielt ja nun gerade nicht darauf ab, den Verkehrswert zu ermitteln. Es macht auch keinen Sinn, den Herstellungswert zunächst durch irgendwie geartete Sicherheitsabschläge zu vermindern, um dann den Sachwert (B) wieder der Lage auf dem Grundstücksmarkt (durch eine Marktanpassung) anzupassen, was dann wieder zum Verkehrswert (Marktwert) führen würde.   39

IV Syst. Darst. Sachwertverfahren — Steuerliche Bewertung

40 Eine Marktanpassung lässt sich vor diesem Hintergrund auch nicht aus § 4 Abs. 4 Satz 1 BelWertV herleiten. Diese Vorschrift spricht – gesetzessprachlich unscharf – zwar von einer „Orientierung" des Beleihungswerts am Sachwert und man mag hieraus die rechtliche Grundlage für eine Marktanpassung herauslesen. Die genannte Vorschrift betrifft aber lediglich Ein- und Zweifamilienhäuser sowie Eigentumswohnungen, sodass sich für die übrigen Objekte im Umkehrschluss eine Marktanpassung verbieten würde.

41 Wenn man bei Anwendung des Sachwertverfahrens nach den Grundsätzen der ImmoWertV vielfach mit nicht unerheblichen Marktanpassungsabschlägen (z. B. in einer Größenordnung von 30 %) rechnet und demgegenüber bei der Ableitung des Sachwerts (B) nach den Grundsätzen der BelWertV lediglich den Herstellungswert mit einem Sicherheitsabschlag von 10 % versieht, kommt man zu dem skurrilen Ergebnis, dass der **nach den Grundsätzen der ImmoWertV im Weg des Sachwertverfahrens ermittelte Verkehrswert sehr deutlich unter dem nach einem „Vorsichtsprinzip" ermittelten Sachwert i. S. der BelWertV liegt** und so der Sachwert nach BelWertV kaum seine Kontrollfunktion erfüllen kann.

2.3 Sachwertverfahren in der steuerlichen Bewertung

▶ *Vgl. auch § 23 ImmoWertV Rn. 18 ff.*

2.3.1 Einheitsbewertung

42 Das Sachwertverfahren ist gemäß § 76 Abs. 2 und 3 BewG anzuwenden bei

– sonstigen bebauten Grundstücken,

– besonders gestalteten oder ausgestatteten Ein- und Zweifamilienhäusern (Wohnfläche 220 m²),

– Geschäfts-, Mietwohn- und gemischt genutzten Grundstücken, bei denen eine Jahresrohmiete nicht geschätzt werden kann, und

– Grundstücken mit Behelfsbauten und Gebäuden, für die ein Vervielfältiger nicht vorgegeben ist.

Der **Einheitswert bestimmt sich nach Maßgabe der §§ 83 bis 90 BewG.**

Schema

Bodenwert als unbebautes Grundstück	**Ermittlung des Gebäudewerts:**
	Anzahl der Kubikmeter des umbauten Raums
	× Raummeterpreis zum 1.1.1964
	= vorläufiger Herstellungswert des Gebäudes
	Abschläge wegen unorganischem Aufbau oder wirtschaftlicher Überalterung
	+ Zuschläge wegen nachhaltiger Nutzung zu Reklamezwecken
+ Gebäudewert ◀	= Gebäudewert
+ Wert der Außenanlagen ◀	Ermittlung entsprechend Gebäudewert
= Ausgangswert	
× Vomhundertsatz ◀	In Abhängigkeit von der Grundstücksart
= Einheitswert	

2.3.2 Erbschaftsteuerliche Grundbesitzbewertung

▶ *Vgl. Rn. 26, 89; Syst. Darst. des Vergleichswertverfahrens Rn. 15 ff., 166 ff., 231; Teil II Rn. 504*

Im Rahmen der **erbschaftsteuerlichen Bewertung** sind nach § 182 Abs. 4 BewG im Sachwertverfahren (§§ 189 bis 191 BewG; Abschn. 25 bis 33 der Ländererlasse) zu bewerten: **43**

1. Grundstücke i. S. des § 182 Abs. 2 (Wohnungseigentum, Teileigentum, Ein- und Zweifamilienhäuser), wenn kein Vergleichswert vorliegt,
2. Geschäftsgrundstücke und gemischt genutzte Grundstücke mit Ausnahme der Geschäftsgrundstücke und gemischt genutzten Grundstücke, für die sich auf dem örtlichen Grundstücksmarkt eine übliche Miete ermitteln lässt,
3. sonstige bebaute Grundstücke.

Ein Grundstück gilt nach § 181 Abs. 2 Satz 2 BewG auch dann als **Ein- oder Zweifamilienhaus,** wenn es zu weniger als 50 %, berechnet nach der Wohn- oder Nutzfläche, zu anderen als Wohnzwecken mitbenutzt und dadurch die Eigenart als Ein- oder Zweifamilienhaus nicht wesentlich beeinträchtigt wird.

Nach § 182 BewG ist bei Anwendung des Sachwertverfahrens der Gebäudesachwert getrennt vom Bodenwert (des unbebauten Grundstücks nach § 179 BewG) zu ermitteln. Sonstige bauliche Anlagen, insbesondere Außenanlagen, und der Wert der sonstigen Anlagen (gärtnerische Anpflanzungen) sind regelmäßig mit dem Gebäudewert und dem Bodenwert abgegolten. **Bodenwert und Gebäudesachwert ergeben den vorläufigen Sachwert des Grundstücks,** der an den Marktwert (gemeiner Wert) durch Multiplikation mit einer Wertzahl (Sachwertfaktor) nach § 191 BewG zu ermitteln ist.

Mit den §§ 189 ff. BewG wird ein **typisiertes** („abgespecktes") **Sachwertverfahren** vorgegeben, das sich an das Verfahren der ImmoWertV anlehnt. Es weist folgende **Vereinfachungen** auf: **44**

1. Der steuerliche **Sachwert** setzt sich im Unterschied zur ImmoWertV regelmäßig nur aus **zwei Komponenten** zusammen, dem **Bodenwert und dem Gebäudesachwert**.
2. Sonstige bauliche Anlagen, die nicht den Gebäuden zuzurechnen sind, insbesondere **bauliche Außenanlagen, und der Wert der sonstigen Anlagen** sollen nach § 189 Abs. 1 Satz 2 BewG *regelmäßig* mit dem Gebäudewert und dem Bodenwert abgegolten sein, d. h., Außenanlagen **bleiben unberücksichtigt**. Nur in Ausnahmefällen mit besonders werthaltigen Außenanlagen, wie z. B. ein größerer *Swimmingpool*, und sonstigen Anlagen werden hierfür gesonderte Wertansätze nach gewöhnlichen Herstellungskosten berücksichtigt (vgl. Rn. 231)[23].
3. Der **Bodenwert** bestimmt sich wie nach § 16 Abs. 1 ImmoWertV als der Wert des unbebauten Grundstücks und **ist** nach § 189 Abs. 2 i. V. m. § 179 BewG *regelmäßig* **mit dem** nach § 196 BauGB zuletzt vom Gutachterausschuss ermittelten **Bodenrichtwert anzusetzen;** lässt sich von den Gutachterausschüssen kein Bodenrichtwert ermitteln, ist der Bodenwert aus den Werten vergleichbarer Flächen abzuleiten.
4. Der Gebäudesachwert ist stets auf der Grundlage der Brutto-Grundfläche (BGF) und der in Anl. 24 zum BewG vorgegebenen **Regelherstellungskosten (RHK)** zu ermitteln (Anh. 3 und 4 zu dieser Syst. Darst.). Die Regelherstellungskosten (RHK) entsprechen den NHK 2000 bzw. 2010, wobei
   - die Baunebenkosten bereits eingerechnet sind;
   - die angegebenen Regelherstellungskosten nur noch nach drei Ausstattungsmerkmalen differenziert sind;
   - die Baujahrsgruppen vor 1946 zusammengefasst wurden;

---

23 ErbStR und ErbStH zu § 190 BewG R B 189, 190.5, zu den besonderen Ausnahmefällen.

- die angegebenen Regelherstellungskosten sich auf den Preisstand vom 1.1.2007 bzw. das IV. Quartal von 2010 beziehen.

5. Die Berücksichtigung von **besonderen Bauteilen** ist nicht vorgeschrieben. Sog. c-Flächen i. S. der DIN 277 (vgl. Rn. 26, Rn. 89 und Teil II Rn. 504) sind nach der als Berechnungsgrundlage vorgegebenen BGF grundsätzlich zu berücksichtigen und können mit den vorgegebenen Regelherstellungskosten als miterfasst gelten.

6. Auf eine Regionalisierung der Regelherstellungskosten wurde aus Vereinfachungsgründen verzichtet.

7. Eine Umrechnung der auf 2007 bezogenen Regelherstellungskosten auf den Wertermittlungsstichtag ist nicht vorgesehen, jedoch wird mit § 190 Abs. 1 Satz 4 BewG das BMF u. a. ermächtigt, die Anl. 24 zum BewG (Regelherstellungskosten) durch Rechtsverordnung mit dem vom Statistischen Bundesamt veröffentlichten Baupreisindex zu aktualisieren, soweit dies zur Ermittlung des gemeinen Werts erforderlich ist; es ist mithin die jeweils einschlägige Fassung der Anl. 24 zum BewG heranzuziehen.

8. Der Gebäuderegelherstellungswert ist (wie nach § 21 Abs. 1 ImmoWertV) einer **Alterswertminderung** zu unterziehen (§ 190 Abs. 2 Satz 1 BewG). Die Alterswertminderung bestimmt sich regelmäßig nach dem Alter des Gebäudes zum Bewertungsstichtag und einer typisierten wirtschaftlichen Gesamtnutzungsdauer, die sich aus der Anl. 2 zu dieser Verordnung ergibt und beispielsweise bei Ein- und Zweifamilienhäusern 80 Jahre beträgt (vgl. § 6 ImmoWertV Rn. 386, 413).

9. Die Alterswertminderung bestimmt sich wie in der Verkehrswertermittlung unter Berücksichtigung des Verjüngungs- bzw. Alterungsprinzips nach der vorgegebenen **linearen Alterswertminderung.** Sind nach Bezugsfertigkeit des Gebäudes Veränderungen eingetreten, die die wirtschaftliche Gesamtnutzungsdauer des Gebäudes verlängert oder verkürzt haben, ist nach § 190 Abs. 2 Satz 3 BewG von einem entsprechenden früheren oder späteren Baujahr auszugehen (vgl. § 6 ImmoWertV Rn. 413).

10. Der nach Abzug der Alterswertminderung verbleibende Gebäudewert ist nach § 190 Abs. 2 Satz 4 BewG *regelmäßig* mit mindestens 40% des Gebäuderegelherstellungswerts anzusetzen.

11. Die sonstigen „besonderen objektspezifischen Grundstücksmerkmale" i. S. des § 8 Abs. 3 ImmoWertV werden nur eingeschränkt berücksichtigt; insbesondere bleiben Rechte am Grundstück, wie z. B. ein Nießbrauch, ein Wohnrecht oder ein Wegerecht usw., unberücksichtigt (vgl. BFH-Rechtsprechung).

12. Zur Anpassung des so ermittelten „vorläufigen Sachwerts" an die Lage auf dem Grundstücksmarkt (an den gemeinen Wert = Marktwert) sollen nach § 189 Abs. 3 Satz 2 BewG die in § 191 BewG genannten Wertzahlen (Sachwertfaktoren) herangezogen werden. Als Wertzahlen sind nach § 191 Abs. 1 BewG die von den Gutachterausschüssen für das Sachwertverfahren bei der Verkehrswertermittlung abgeleiteten Sachwertfaktoren anzuwenden. Soweit von den Gutachterausschüssen keine geeigneten Sachwertfaktoren zur Verfügung stehen, sind nach § 191 Abs. 2 BewG die in der Anl. 25 zum BewG bestimmten Wertzahlen zu verwenden.

▶ *Abgedruckt bei § 14 ImmoWertV Rn. 224, vgl. dort auch Rn. 20*

Abb. 7: Sachwertverfahren nach den §§ 189 ff. BewG

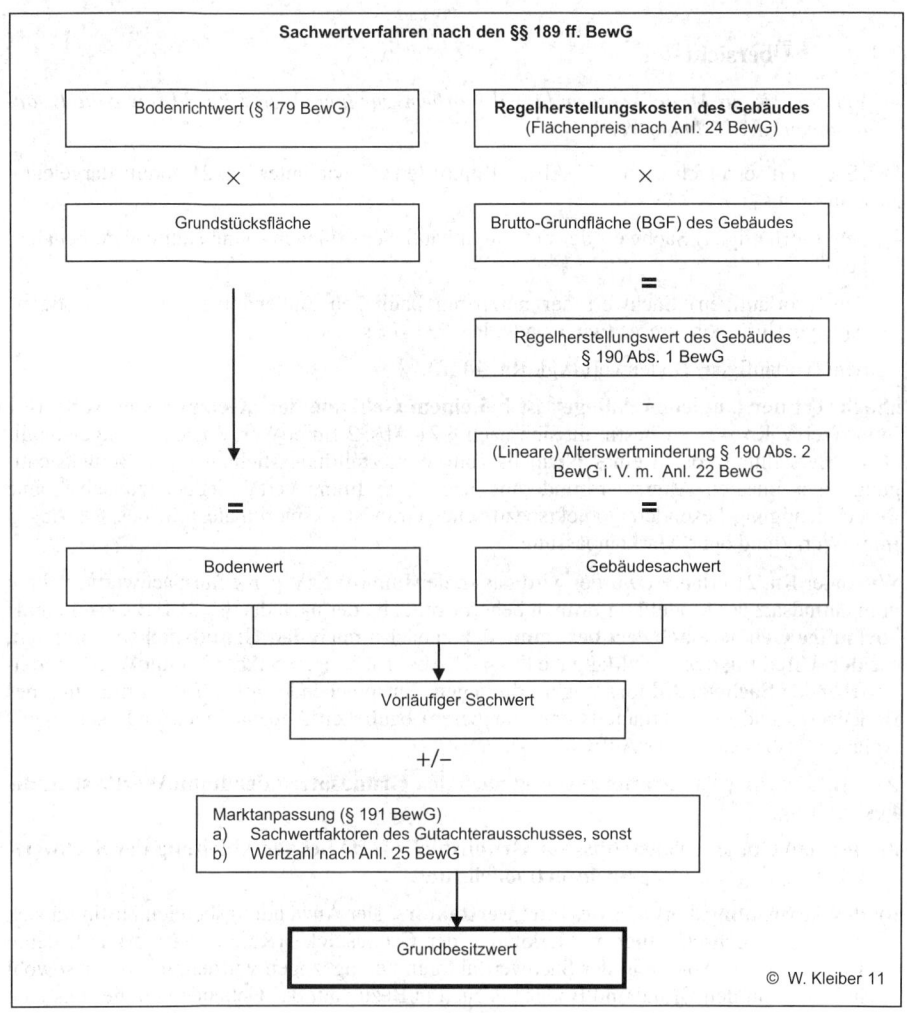

3 Grundzüge des Sachwertverfahrens

3.1 Übersicht

▶ Vgl. Rn. 21; zur Modellkonformität vgl. Vorbem. zur ImmoWertV Rn. 34 sowie die Erläuterungen zu § 22 ImmoWertV

45 Der Sachwert setzt sich nach § 21 Abs. 1 ImmoWertV – wie unter Rn. 21 bereits dargelegt – zusammen aus

– dem (vorläufigen) Sachwert der nutzbaren baulichen Anlagen (ohne bauliche Außenanlagen),
– dem (vorläufigen) Sachwert der nutzbaren baulichen Außenanlagen und „sonstigen" Anlagen (insbesondere Aufwuchs, vgl. Rn. 231 ff.) sowie
– dem (vorläufigen) Bodenwert (vgl. Rn. 48 ff.).

„Sachwert der baulichen Anlage" ist bei einem Gebäude der „Gebäudesachwert" (§ 1 ImmoWertV Rn. 42). Er bestimmt sich nach § 21 Abs. 2 ImmoWertV nach den „gewöhnlichen" Herstellungskosten eines Neubaus zum Wertermittlungsstichtag unter Berücksichtigung einer linearen Alterswertminderung nach § 23 ImmoWertV, jedoch zunächst ohne Berücksichtigung besonderer objektspezifischer Grundstücksmerkmale i. S. des § 8 Abs. 3 ImmoWertV und ohne Marktanpassung.

46 Wie unter Rn. 21 erläutert wurde, wird das in der ImmoWertV geregelte Sachwertverfahren vom Grundsatz der Modellkonformität beherrscht, d. h., der nach den §§ 21 ff. zu ermittelnde **vorläufige Gebäudesachwert bestimmt sich** zunächst **nach den Grundstücksmerkmalen, die der Ableitung des** nach Maßgabe des § 21 Abs. 1 i. V. m. § 8 Abs. 2 ImmoWertV heranzuziehenden **Sachwertfaktors zugrunde liegen**. Entsprechendes gilt für die Ermittlung des Bodenwerts und des Wertanteils der (nutzbaren) baulichen Außenanlagen und „sonstigen" Anlagen (insbesondere des Aufwuchses).

Am Anfang einer Sachwertermittlung nach den Grundsätzen der ImmoWertV steht die Feststellung

a) **des vom Gutachterausschuss für Grundstückswerte bei der Ableitung der Sachwertfaktoren angewandten Sachwertmodells und**

b) **des Anwendungsbereichs des Sachwertfaktors.** Der Anwendungsbereich bestimmt sich nach den durchschnittlichen Merkmalen der Grundstücke (Referenzgrundstück), deren Kaufpreise zur Ableitung der Sachwertfaktoren herangezogen wurden, und zwar sowohl in Bezug auf den Grund und Boden als auch in Bezug auf das Gebäude und die sonstigen Anlagen.

Diesbezüglich empfiehlt es sich, den einschlägigen Grundstücksmarktbericht des Gutachterausschusses für Grundstückswerte auszuwerten und die diesbezüglichen **Angaben insbesondere zum Referenzgrundstück des Sachwertfaktors** im Interesse der Nachvollziehbarkeit im Gutachten möglichst vollständig anzugeben (vgl. Rn. 64).

47 Soweit einzelne **Grundstücksmerkmale des zu bewertenden Grundstücks** erheblich von den Grundlagen des Sachwertmodells und dem Anwendungsbereich des Sachwertfaktors abweichen und dies auch nicht mit dem entsprechend modifizierten Sachwertfaktor berücksichtigt wird, müssen diese Abweichungen nach Maßgabe des § 8 Abs. 3 ImmoWertV ergänzend als „besondere objektspezifische Grundstücksmerkmale" (Anomalien) erfasst werden (vgl. Rn. 15, 21 und 26). Das kann im Ergebnis dazu führen, dass bei der Ermittlung des Sachwerts sowohl die Boden- als auch die Gebäudewertermittlung auseinandergerissen werden und die Lesbarkeit eines Gutachtens dadurch nicht unerheblich beeinträchtigt wird.

3.2 Bodenwert

3.2.1 Allgemeines

Schrifttum: *Debus, M./Helbach, Ch.*, Ist der Bodenwertansatz beim Verkauf bei bebauten Objekten von Bedeutung? GuG 2012, 65.

3.2.1.1 Bodenwertermittlung nach ImmoWertV

▶ Vgl. *§ 8 ImmoWertV Rn. 387 ff.; zur Bodenwertermittlung vgl. Syst. Darst. des Vergleichswertverfahrens Rn. 149 ff.; zur Ermittlung des Bodenwertanteils ohne Kenntnis des Bodenwerts § 16 ImmoWertV Rn. 116 ff., 128, 226; Erläuterungen zu § 21 ImmoWertV Rn. 12; zur Modellkonformität vgl. oben Rn. 11 ff. und Vorbem. zur ImmoWertV Rn. 36*

Der Bodenwert ist – wie bei Anwendung des Ertragswertverfahrens – regelmäßig nach dem Vergleichswertverfahren zu ermitteln. Dabei ist nach der Grundsatzregelung des § 16 Abs. 1 ImmoWertV grundsätzlich vom **Bodenwert des unbebaut gedachten Grundstücks** auszugehen, wobei die Umgebungsbebauung ebenso zu berücksichtigen ist wie die rechtlichen Gegebenheiten, die insbesondere Art und Maß der Nutzbarkeit des Grundstücks mitbestimmen (§ 6 Abs. 1 ImmoWertV). **48**

Grundsätzlich hat die **Bodenwertermittlung** nach § 16 ImmoWertV auf der Grundlage einer ausreichenden Anzahl von geeigneten Vergleichspreisen Vorrang vor dem Bodenrichtwertverfahren. Nach Nr. 3 Abs. 1 SachwertR soll auch auf geeignete Bodenrichtwerte zurückgegriffen werden können (vgl. Syst. Darst. des Vergleichswertverfahrens Rn. 155 ff.). Dies kann in erster Linie nach dem Grundsatz der Modellkonformität angezeigt sein, nämlich dann, wenn der Sachwertfaktor unter Heranziehung von Bodenrichtwerten ermittelt wurde. Auf die Erläuterungen in der Syst. Darst. des Vergleichswertverfahrens unter Rn. 149 ff., 155 und die Erläuterungen zu § 16 ImmoWertV Rn. 116 ff. sowie in den Vorbem. zur ImmoWertV Rn. 34 wird verwiesen.

Der Bodenwert soll sich bei Anwendung des Sachwertverfahrens nach den Maßgaben des § 16 ImmoWertV bestimmen; dies ergibt sich aus § 21 Abs. 1 ImmoWertV, der ausdrücklich auf § 16 ImmoWertV Bezug nimmt. Nach der hier vertretenen Auffassung können bei der Ermittlung des vorläufigen Sachwerts unter der Herrschaft des Modellkonformitätsgrundsatzes **die Regelungen des § 16 ImmoWertV entgegen dem Wortlaut der Verordnung nur eingeschränkt zur Anwendung** kommen. Der im Rahmen der Sachwertermittlung heranzuziehende Sachwertfaktor wird nämlich i. d. R. aus Kaufpreisen von Grundstücken abgeleitet, die nicht durch

– eine anstehende Freilegung der Bausubstanz (§ 16 Abs. 3 ImmoWertV) bzw.
– eine atypische Bebauung des Grundstücks i. S. des § 16 Abs. 4 ImmoWertV

geprägt sind. Nach dem Grundsatz der Modellkonformität muss deshalb der vorläufige Sachwert auf der Grundlage eines vorläufigen Bodenwerts mit den durchschnittlichen Grundstücksmerkmalen der Kaufpreise ermittelt werden, die der Ermittlung des Sachwertfaktors zugrunde liegen. Es handelt sich dabei um einen **mit dem Sachwertfaktor kompatiblen Bodenwert**.

Der **mit dem Sachwertfaktor kompatible Bodenwert** bestimmt sich nach der durchschnittlichen Fläche und den sonstigen Merkmalen des Grund und Bodens der Grundstücke, aus deren Kaufpreisen der Sachwertfaktor abgeleitet wurde. Bezüglich der Grundstücksfläche spricht Anl. 5 der SachwertR von der „marktüblich objektbezogenen Grundstücksfläche" (des Referenzgrundstücks).

Besondere davon abweichende Merkmale des Grund und Bodens wie auch die besonderen nach § 16 Abs. 3 und 4 ImmoWertV grundsätzlich bei der Bodenwertermittlung zu berücksichtigenden Verhältnisse sind aus diesem Grunde als „besondere objektspezifische Grundstücksmerkmale" i. S. des § 8 Abs. 3 ImmoWertV nachträglich zu berücksichtigen:

– Bei kurzer Restnutzungsdauer der baulichen Anlage ist der Bodenwert nach Maßgabe des § 16 Abs. 3 ImmoWertV um die über die Restnutzungsdauer der Gebäude diskontierten

IV Syst. Darst. Sachwertverfahren — Bodenwert

Freilegungskosten zu vermindern, wenn zu erwarten ist, dass das Grundstück alsbald freigelegt wird. Auch nach § 21 Abs. 1 ImmoWertV, der ausdrücklich auf die bei der Bodenwertermittlung zu berücksichtigenden besonderen Maßgaben des § 16 Abs. 3 und 4 ImmoWertV hinweist, ist dies gegebenenfalls erst nachträglich nach § 8 Abs. 3 ImmoWertV zu berücksichtigen.

- Entsprechendes kann auch für ein *erhebliches Abweichen der tatsächlichen von der nach § 6 Abs. 1 ImmoWertV maßgeblichen Nutzung* gelten.

Neben diesen in § 16 ImmoWertV genannten Besonderheiten kann eine **nachträgliche Berücksichtigung auch anderer den Bodenwert betreffende Besonderheiten** in Betracht kommen, wie z. B.

- die in § 4 Abs. 3 ImmoWertV aufgeführten Besonderheiten,
- ein besonderer abgabenrechtlicher Zustand (Erschließungsbeitrags- oder Ausgleichsbetragspflicht und dgl., (vgl. § 6 Abs. 3 ImmoWertV),
- bodenbezogene Rechte und Belastungen (vgl. § 6 Abs. 2 ImmoWertV),
- die besondere Bodenbeschaffenheit (Altlasten und dgl., vgl. § 6 Abs. 5 ImmoWertV).

3.2.1.2 Bodenwertermittlung nach BelWertV

▶ *Vgl. Syst. Darst. des Vergleichswertverfahrens Rn. 172 ff.; zu Gebäuden im Zustand der Bebauung vgl. § 8 ImmoWertV Rn. 345, 368; zu baufälligen Gebäuden vgl. § 16 ImmoWertV Rn. 233; § 5 ImmoWertV Rn. 89*

49 Im Rahmen der **Beleihungswertermittlung** sind die für die Verkehrswertermittlung geltenden Grundsätze maßgeblich. Auf eine Reihe von Besonderheiten wird in der Syst. Darst. des Vergleichswertverfahrens unter Rn. 172 ff. hingewiesen.

3.2.1.3 Bodenwertermittlung in der steuerlichen Bewertung

▶ *Vgl. Rn. 42 sowie Syst. Darst. des Vergleichswertverfahrens Rn. 15, 166 ff.; § 10 ImmoWertV Rn. 33 ff.; § 8 ImmoWertV Rn. 148; § 16 ImmoWertV Rn. 129*

50 Nach § 179 BewG bestimmt sich der Bodenwert nach dem Wert unbebauter Grundstücke auf der Grundlage des zuletzt vom Gutachterausschuss ermittelten Bodenrichtwerts bzw. aus Werten vergleichbarer Flächen. Der Bodenrichtwert ist lediglich Ausgangspunkt für die erbschaftsteuerliche Bewertung. Das Nähere ist im gleich lautenden Erlass der obersten Finanzbehörden der Länder zur Umsetzung des Gesetzes zur Reform des Erbschaftsteuer- und Bewertungsrechts vom 5.5.2009[24] unter Berücksichtigung der Rechtsprechung des BFH[25] geregelt. Das Nähere wird in der Syst. Darst. des Vergleichswertverfahrens unter Rn. 166 ff. erläutert.

3.2.2 Vorläufiger Bodenwert

▶ *Vgl. Vorbem. zur ImmoWertV Rn. 36; § 8 ImmoWertV Rn. 387; Syst. Darst. des Ertragswertverfahrens Rn. 59, 125 ff.*

51 Im Unterschied zu den Regelungen des Ertragswertverfahrens wird in der ImmoWertV im Falle der Anwendung des Sachwertverfahrens eine Aufteilung übergroßer Grundstücke in Teilflächen nicht ausdrücklich vorgeschrieben. Dennoch empfiehlt es sich, auch bei Anwendung des Sachwertverfahrens schon im Hinblick auf eine unterschiedliche Wertigkeit der Teilflächen stets zu prüfen, ob insbesondere bei übergroßen Grundstücken (**Übergröße**) das Grundstück in Teilflächen aufzuteilen ist (**Bodensonderung**). Diese Bodensonderung unter-

---

[24] GuG 2009, 225 ff.
[25] Die Grundsätze sind vom BFH in drei Grundsatzentscheidungen entwickelt worden: **Erschließungsbeitragsrechtlicher Zustand des Grundstücks** (BFH Urt. vom 18.8.2005 – II R 62/03 –, BStBl II 2006, 5 = EzGuG 4.195b); **Umrechnungskoeffizienten für Geschossflächenzahl** (BFH, Urt. vom 12.7.2006 – II R 1/04 –, GuG 2008, 249 = EzGuG 4.197a = BStBl II 2006, 742); **Umrechnungskoeffizienten für Grundstücksgröße** BFH, Urt. vom 11.5.2005 – II R 21/02 –, GuG 2005, 376 = BStBl II 2005, 686 = EzGuG 4.195.

scheidet sich grundsätzlich von der Bodensondierung nach § 17 Abs. 2 Satz 2 ImmoWertV, der für die Anwendung des Ertragswertverfahrens eine eigenständige Behandlung sog. „selbstständig nutzbarer Teilflächen" vorsieht[26].

Eine Bodensondierung ist bei Anwendung des Sachwertverfahrens geboten, wenn der **Grund und Boden des zu bewertenden Grundstücks erheblich von der „marktüblichen" Grundstücksgröße abweicht, die dem zur Anwendung kommenden Sachwertfaktor zugrunde liegt**, d. h. von den Eigenschaften der Grundstücke abweicht, die zur Ermittlung des Sachwertfaktors herangezogen worden sind (vgl. Anl. 5 zur SachwertR). Der Sachwertfaktor, der sich regelmäßig auf Boden- und Gebäudeanteil bezieht, ist nämlich nur für Grundstücke einschlägig, die vergleichbare Grundstücksmerkmale auch in Bezug auf den Grund und Boden aufweisen. Dies folgt wiederum aus dem Grundsatz der Marktkonformität. Hierzu wird auf die Ausführungen bei § 8 ImmoWertV Rn. 387 verwiesen. 52

Die vom kompatiblen Bodenwert **abweichende Grundstücksgröße** ist dann **als „besonderes objektspezifisches Grundstücksmerkmal"** nach § 8 Abs. 3 ImmoWertV in marktkonformer Höhe nachträglich zu berücksichtigen, wenn dem nicht durch eine Anpassung des Sachwertfaktors Rechnung getragen werden kann. Dies gilt gleichermaßen für andere in Anl. 5 der SachwertR nicht aufgeführte Besonderheiten des Grund und Bodens, insbesondere

– die alsbald anfallenden **Freilegungskosten** i. S. des § 16 Abs. 3 ImmoWertV (vgl. die entsprechend zu beachtenden Hinweise bei Rn. 144 der Syst. Darst. des Ertragswertverfahrens),

– **Abweichungen der Art und des Maßes der realisierten von der** nach Maßgabe des § 6 Abs. 1 ImmoWertV **maßgeblichen Nutzung** (vgl. die entsprechend zu beachtenden Hinweise bei Rn. 139 der Syst. Darst. des Ertragswertverfahrens sowie bei § 16 ImmoWertV Rn. 247) sowie

– ein vom Referenzgrundstück des Sachwertfaktor unterschiedlicher **abgabenrechtlicher Zustand** des Grundstücks i. S. des § 6 Abs. 3 ImmoWertV (vgl. die entsprechend zu beachtenden Hinweise bei Rn. 149 der Syst. Darst. des Ertragswertverfahrens).

Soweit es geboten ist, aus Gründen der Modellkonformität den vorläufigen Sachwert auf der Grundlage eines mit dem Sachwertfaktor kompatiblen Bodenwerts unter Ausschluss von Besonderheiten des Grund und Bodens zu ermitteln, geht zunächst nur ein „**vorläufiger Bodenwert**" in die Sachwertermittlung ein.

Der **vorläufige Bodenwert bestimmt sich dann nach den Merkmalen, die den durchschnittlichen Eigenschaften des Grund und Bodens der Grundstücke entsprechen, aus denen der Sachwertfaktor abgeleitet wurde.** Dieser Bodenwert wird hier als der mit dem Sachwertfaktor kompatible Bodenwert bezeichnet. Die SachwertR spricht mit Anl. 5 als Besonderheit lediglich die Spezifizierung der „marktüblich objektbezogenen Grundstücksfläche" an und weist ansonsten daraufhin, dass bei der Ableitung der Sachwertfaktoren die Merkmale des einzelnen Objektes individuell zu berücksichtigen sind. Gleichwohl müssen auch diese spezifiziert werden, denn alle den Bodenwert beeinflussenden Merkmale, die außerhalb der Bandbreite dessen liegen, was in den Sachwertfaktor eingehen konnte, müssen besondere Beachtung finden.

3.3 Vorläufiger Sachwert der baulichen Anlage (Gebäudesachwert)

3.3.1 Übersicht

▶ *Vgl. Rn. 58; § 8 ImmoWertV Rn. 14; § 22 ImmoWertV Rn. 18*

Der Sachwert der baulichen Anlage (z. B. Gebäudesachwert) bestimmt sich nach dessen „gewöhnlichen" Herstellungskosten (§ 21 Abs. 2 ImmoWertV). Der Ermittlung dieser Her- 53

---

[26] Die in Nr. 3 Abs. 1 der SachwertR gegebene Empfehlung, den Bodenwert nach „selbstständig nutzbaren Teilflächen" (vgl. § 17 Abs. 2 Satz 2 ImmoWertV) zu sondieren, ist sachlich nicht geboten und steht im Widerspruch zu der mit Anl. 7 der SachwertR empfohlenen Sondierung nach der „marktüblichen" Grundstücksgröße.

IV Syst. Darst. Sachwertverfahren — Gebäudesachwert

stellungskosten sind die für die Neuerrichtung nach Art der baulichen Anlage, ihrer Ausstattung und Beschaffenheit (Gebäudestandard) **„gewöhnlichen bzw. marktüblichen Herstellungskosten" (Normalherstellungskosten)** zugrunde zu legen. Besonders preisgünstige oder überzogene Herstellungskosten, z. B. aufgrund von Feierabendarbeiten oder unter Zeitdruck in Kauf genommene Preiszugeständnisse, müssen dabei außer Betracht bleiben.

Zur Ermittlung des Sachwerts der baulichen Anlage (z. B. des Gebäudesachwerts) sind nach § 22 Abs. 1 ImmoWertV die gewöhnlichen Herstellungskosten je Flächen-, Raum- oder sonstiger Bezugseinheit (Normalherstellungskosten) mit der Anzahl der entsprechenden Bezugseinheiten der baulichen Anlage zu vervielfachen. Als Bezugseinheit wird dabei heute regelmäßig eine sich an die DIN 277 anlehnende sog. reduzierte **Brutto-Grundfläche (BGF_{red})** zugrunde gelegt.

Nach der Grundsatzregelung des § 22 Abs. 1 ImmoWertV sind die „gewöhnlichen" Herstellungskosten nach den Gesamtkosten einer vergleichbaren baulichen Anlage – bezogen auf eine geeignete Flächen-, Raum- oder sonstige Bezugseinheit – zu ermitteln (zu den Bezugseinheiten vgl. § 22 ImmoWertV Rn. 18, Teil II Rn. 497 ff.). Die entsprechend definierten **„gewöhnlichen Herstellungskosten"** werden in der ImmoWertV mit dem Begriff **„Normalherstellungskosten"** gleichgesetzt.

Zur Ermittlung des Sachwerts der baulichen Anlage (z. B. des Gebäudesachwerts) sind nach § 22 Abs. 1 ImmoWertV die gewöhnlichen Herstellungskosten je Flächen-, Raum- oder sonstiger Bezugseinheit (Normalherstellungskosten) mit der Anzahl der entsprechenden Bezugseinheiten der baulichen Anlage zu vervielfachen. Als Bezugseinheit wird dabei heute regelmäßig eine sich an die DIN 277 anlehnende sog. reduzierte **Brutto-Grundfläche (BGF_{red})** zugrunde gelegt.

54 Nur in besonderen Ausnahmefällen ist nach § 22 Abs. 2 Satz 4 ImmoWertV eine **Ermittlung nach** den Herstellungskosten einzelner Bauleistungen (*unit-in-place method*) – **Einzelkosten** – (vgl. § 22 ImmoWertV Rn. 91) unter der Voraussetzung zulässig, dass es sich dabei um „gewöhnliche" Kosten der Einzelgewerke handelt. Diese Voraussetzung ist i. d. R. nicht gegeben, da die Gesamtkosten (bei einer Gesamtausschreibung und insbesondere der Errichtung eines Gebäudes durch einen Generalunternehmer) geringer ausfallen als bei Einzelvergaben (Mengenrabatt). So wäre z. B. auch ein Auto unbezahlbar, wenn man es sich durch Einzelvergabe zusammenbauen würde.

55 Die **Ermittlung der gewöhnlichen Herstellungskosten nach tatsächlich entstandenen Herstellungskosten** (so noch § 22 Abs. 5 WertV 88/98) ist nicht zugelassen. Nach einer älteren Entscheidung des RFH war die Heranziehung der tatsächlichen Herstellungskosten deshalb nur „hilfsweise als Anhaltspunkt" zulässig[27].

56 Die Ermittlung des Herstellungswerts nach Normalherstellungskosten stellt eine Kostenschätzung nach Vergleichswerten dar, die mit einer **Ungenauigkeit** von +/– 25 % verbunden ist[28].

57 Verfahrensmäßig stellt sich die Ermittlung der Herstellungskosten baulicher Anlagen nach den Regelungen des § 22 ImmoWertV wie folgt dar:

1. Zur Ermittlung der Herstellungskosten sind geeignete Normalherstellungskosten heranzuziehen; dies können insbesondere die mit der SachwertR empfohlenen **Kostenkennwerte der NHK 2010** sein, die

   - sich nach Nr. 4.1.1.1 Abs. 3 Satz 1 sowie Nr. 4.1.1.4 Abs. 1 Satz 1 SachwertR auf einen Quadratmeter Brutto-Grundfläche (BGF) i. S. der DIN 1:2005-02 beziehen sollen, und
   - die Baunebenkosten in dem im Tabellenwerk angegebenen Umfang einschließen (vgl. Rn. 94 ff.).

---

[27] RFH, Urt. vom 22.11.1934 – III A 247/33 –, RStBl 1935, 107.
[28] Schmitz/Krings/Dahlhaus/Meisel, Baukosten, 18. Aufl., S. 10.

Gebäudesachwert — Syst. Darst. Sachwertverfahren IV

2. Es ist sodann die Gesamtfläche (bzw. der Rauminhalt) der zu bewertenden baulichen Anlage zu ermitteln, und zwar nach Berechnungsgrundsätzen, die grundsätzlich den herangezogenen Normalherstellungskosten zugrunde liegen. Bei Heranziehung der NHK 2010 ist für die zu bewertende bauliche Anlage nach Ziff. 4.1.1.4 Abs. 2 Satz 2 SachwertR jedoch die in diesem Werk als **„reduzierte BGF"** bezeichnete Brutto-Grundfläche zu ermitteln. Dies ist die sich ohne Berücksichtigung der sog. c-Flächen, der Flächen überdeckter Balkone (b-Flächen) sowie der Flächen nutzbarer Spitzböden ergebende Brutto-Grundfläche (vgl. Rn. 97); auch die Flächen eines Spitzbodens sollen nach Nr. 4.1.1.4. Abs. 4 der SachwertR nicht in die reduzierte BGF eingehen, auch wenn sie als nutzbare Grundrissebene i. S. der DIN 277 bei der Ermittlung der BGF zu berücksichtigen wären.

3. Die herangezogenen Normalherstellungskosten sind gemäß § 22 Abs. 1 ImmoWertV mit der nach vorstehenden Grundsätzen ermittelten Gesamtfläche (bzw. der Rauminhalt) der zu bewertenden baulichen Anlage zu vervielfachen und ergeben die **vorläufigen Herstellungskosten der baulichen Anlage bezogen auf** den Stichtag, der den herangezogenen Normalherstellungskosten zugrunde liegt. Dies ist im Falle der Heranziehung der NHK 2010 nach Ziff. 4.1.1.1 Abs. 3 Satz 3 SachwertR die Jahresmitte von 2010 (Jahresdurchschnitt).

4. Soweit mit den herangezogenen Normalherstellungskosten **„einzelne Bauteile, Einrichtungen oder sonstige Vorrichtungen"** (z. B. auch besondere Betriebseinrichtungen des Gebäudes) nicht erfasst worden sind, sind diese nach Maßgabe des § 20 Abs. 2 Satz 2 ImmoWertV durch Zu- oder Abschläge zu berücksichtigen, „soweit dies dem gewöhnlichen Geschäftsverkehr entspricht" und soweit diese nicht mit dem Sachwertfaktor berücksichtigt werden. Entsprechendes muss bei Heranziehung der NHK 2010 in entsprechender Anwendung des § 20 Abs. 2 Satz 2 ImmoWertV grundsätzlich auch für den **Wertanteil sog. c-Flächen** i. S. der DIN 277 gelten, denn nach Nr. 4.1.1.4 Abs. 2 Satz 2 SachwertR soll für die zu bewertende bauliche Anlage lediglich die reduzierte BGF ohne c-Flächen ermittelt werden.

Im Hinblick auf den Grundsatz der Modellkonformität (vgl. Vorbem. zur ImmoWertV Rn. 17, 36) ist es i. d. R. angezeigt, die mit den herangezogenen Normalherstellungskosten nicht berücksichtigten „einzelnen Bauteile, Einrichtungen oder sonstige Vorrichtungen" (z. B. auch besondere Betriebseinrichtungen) sowie die mit den herangezogenen Normalherstellungskosten nicht erfassten c-Flächen nach Maßgabe des § 8 Abs. 3 ImmoWertV **als besondere objektspezifische Grundstücksmerkmale** im Anschluss an die Marktanpassung zu berücksichtigen, soweit sie nicht mit den Sachwertfaktoren erfasst werden.

5. Entsprechendes gilt auch für besondere den Grund und Boden betreffende objektspezifische Grundstücksmerkmale sowie für **Rechte am Grundstück**, soweit das zu bewertende Grundstück diesbezüglich von den Grundstücksmerkmalen abweicht, die der Ableitung der Sachwertfaktoren zugrunde liegen.

6. Soweit die herangezogenen Normalherstellungskosten noch nicht die üblicherweise entstehenden **Baunebenkosten** umfassen, können diese nach Maßgabe des § 20 Abs. 2 Satz 3 ImmoWertV ebenfalls ergänzend berücksichtigt werden. Bei Anwendung der NHK 2010 kann dies regelmäßig entfallen, weil diese nach Nr. 4.1.1.1 Abs. 1 Satz 1 SachwertR bereits in die Kostenkennwerte der NHK 2010 eingerechnet worden sind.

Soweit bei Heranziehung der NHK 2010 die im konkreten Einzelfall angemessenen Baunebenkosten von den Baunebenkosten abweichen, die den Kostenkennwerten zugeordnet sind, können die Abweichungen differenziell und subsidiär nach § 8 Abs. 3 ImmoWertV berücksichtigt werden. Davon kann jedoch regelmäßig abgesehen werden, da der Marktwert i. d. R nicht durch die in der Vergangenheit angefallenen besonders niedrigeren oder hohen Baunebenkosten beeinflusst wird und diese ggf. nach § 8 Abs. 3 ImmoWertV ausdrücklich nur zu erfassen sind, wenn sie im „gewöhnlichen Geschäftsverkehr" berücksichtigt werden.

7. Die nach vorstehenden Erläuterungen ermittelten Herstellungskosten der baulichen Anlage müssen schließlich an die Preisverhältnisse des Wertermittlungsstichtags mittels geeigneter Baupreisindexreihen angepasst werden (§ 22 Abs. 3 ImmoWertV, vgl. Rn. 130 ff.). Diesbezüglich empfiehlt Nr. 4.1.2 Abs. 1 SachwertR den „für die jeweilige Gebäudeart

IV Syst. Darst. Sachwertverfahren — Gebäudesachwert

zutreffenden **Preisindex für die Bauwirtschaft des Statistischen Bundesamtes (Baupreisindex)**.

In der **Zusammenfassung** stellt sich die Ermittlung des Gebäudesachwerts (Herstellungskosten der baulichen Anlagen) wie folgt dar (Abb. 1):

Abb. 1: Ermittlung der Herstellungskosten der baulichen Anlage (Gebäudesachwert)

Ermittlung der Herstellungskosten der baulichen Anlage (Gebäudesachwert)

| **Normalherstellungskosten** (NHK 2010) des zu bewertenden Gebäudes, insbesondere unter Berücksichtigung
- der Gebäudeart,
- des Gebäudestandards,
- eines Drempels, der Trauflänge, der Giebelbreite und ggf. der Dachneigung | Brutto-Grundfläche (BGF) des zu bewertenden Gebäudes, wobei sich diese bei Anwendung der NHK 2010 auf die Teilfläche a und b i. S. der DIN 277 (ohne Berücksichtigung überdeckter Balkone und nutzbarer Grundrissebenen in Spitzböden) beschränkt, d. h. Ermittlung der **sog. reduzierten Brutto-Grundfläche (BGF$_{red}$)** |

Vorläufige Herstellungskosten des zu bewertenden Gebäudes
einschließlich Baunebenkosten
- bezogen auf die Preisverhältnisse des Bezugsjahres der NHK 2010,
- jedoch ggf. ohne den mit den Kostenkennwerten (der NHK 2010) nicht erfassten Anteil an c-Flächen i. S. der DIN 277 sowie den Kosten einzelner Bauteile, Einrichtungen oder sonstiger Vorrichtungen i. S. des § 22 Abs. 2 Satz 2 ImmoWertV
 (vgl. Nr. 4.1.1.4 Abs. 4 SachwertR)

Umrechnung der vorläufigen Herstellungskosten auf die Preisverhältnisse des Wertermittlungsstichtags:

$$x \; \frac{\text{Baupreisindexzahl des Wertermittlungsstichtags}}{\text{Baupreisindexzahl des Bezugsstichtags der Normalherstellungskosten (2010)}}$$

Vorläufige HERSTELLUNGSKOSTEN (Neubauwert am Wertermittlungsstichtag)
ggf. nachträglich (nach § 8 Abs. 3 ImmoWertV) zu ergänzen durch marktkonforme Zu- oder Abschläge für
- c-Flächen i. S. der DIN 277,
- Bauteile, Einrichtungen oder sonstige Vorrichtungen i. S. des § 22 Abs. 2 Satz 2 ImmoWertV,
- Baunebenkosten,

soweit sich erhebliche Abweichungen gegenüber deren Erfassung durch die Kostenkennwerte bzw. den angesetzten Sachwertfaktor ergeben und dies dem gewöhnlichen Geschäftsverkehr entspricht.

© W. Kleiber 12

3.3.2 Grundlagen

3.3.2.1 Normalherstellungskosten (NHK 2010)

Schrifttum: *BKI,* Aktuelle Gebäudesachwerte in der Verkehrswertermittlung, *Cramer, J.,* Quo vadis NHK? Neue Normalherstellungskosten, GuG 2009; *Kröll, R.,* Nachbesserungsbedarf bei NHK 2005 und Restwertmodell, GuG 2010, 65; *Gartung, K./ Gütter, H./Müller, K-U./Wiederhold, U./Bertz, U./Kleiber, W.,* Normalherstellungskosten 2000 (NHK 2000) für landwirtschaftliche Betriebsgebäude, GuG 2001, 326; *Kleiber, W.,* Aktuelle Normalherstellungskosten (NHK 2010) – eine neue Chance für das Sachwertverfahren?, GuG 2012, 193; *Menning, U.,* Aktuelle Gebäudesachwerte in der Verkehrswertermittlung, GuG 2009; *Jardin, A./Roscher, M.,* Die Sachwertrichtlinie – Gedanken zum aktuellen Sachstand der Diskussion, GuG 2012, 204; *Rölver,* GuG 1998, 201; *Sauerborn, Chr.,* NHK 2006 – eine Gesamtwürdigung des Entwurfs, Immobilien und Bewerten 2009.

Sonstige Normalherstellungskosten: *Metzmacher/Krinkler,* Gebäudeschätzung über die Brutto-Geschossfläche, Bundesanzeiger Verlag Köln 1996; *Simon/Kleiber,* Schätzung und Ermittlung von Grundstückswerten, 7. Aufl., Neuwied 1996, Rn. 5.86 ff.; Bauschätzpreise für Eigenheime und für gewerbliche Bauten, Marshall & Swift Neuss LG-Datei + Kostenflächenarten; Zentrale Sammlung und Auswertung der Planungs- und Kostendaten von Hochbaumaßnahmen der Länder bei der IWB, Argebau-Hochbauausschuss (LAG), Freiburg BBD-Datei; Zentrale Sammlung und Auswertung der Planungs- und Kostendaten von Hochbaumaßnahmen des Bundes bei der BBR; Landesinstitut für Bauwesen und angewandte Bauschadensforschung Aachen; Ermittlung von zeitgemäßen Normalherstellungskosten für die Belange der Verkehrswertermittlung, Forschungsarbeit im Auftrag des Bundesministeriums für Raumordnung, Bauwesen und Städtebau, Bonn 1996, Bundesanzeiger Verlag Köln 1997; Architektenkammer Baden-Württemberg, Gebäudekosten-, Baupreistabellen zur überschlägigen Kostenermittlung, Stuttgart (Baukostenberatungsdienst BKB der AK Baden-Württemberg, Dannecker str. 52 in 70182 Stuttgart); Kosteninformationsdienst Architektenkammer Nordrhein-Westfalen; *Thormälen, R.,* Baurichtwerte und Richtdaten für die Wertermittlung, Essen 1990; *Schmitz/Krings/Dahlhaus/Meisel,* Baukosten, Instandsetzung, Sanierung, Modernisierung, Umnutzung, Verlag Hubert Wingen, Essen; Schätzungsrichtlinien für Bayern, Bay. Bauernverband München 1992; *Schieweg:* Bauwerkspreise, Verlag für Wirtschaft und Verwaltung, Hubert Wingen, Essen; Schulbaukosten (mehrere Veröffentlichungen) des Schulbauinstituts der Länder, Berlin; *Lohrmann, G.,* Bewertung von Kirchengebäuden und ihren Einrichtungen, Hess. Brandversicherungsanstalt, Kassel 1989; Durchschnittspreise für Grundstücke und Behelfsbauten bezogen auf den Hauptfeststellungszeitpunkt 1.1.1964 (Anl. zu Abschn. 16 Abs. 9 BewGr) Erl. des brem. FM vom 26.9.1967 – S 3208-A 1 St 51-, abgedruckt in der 3. Aufl. zu diesem Werk, S. 2112; Normalherstellungskosten nach dem Entwurf der BReg für die steuerliche Grundbesitzbewertung (BT-Drucks. 13/5359, Preisbasis 1.6.1996, abgedruckt in der 3. Aufl. zu diesem Werk); Baukosten-Daten, Kennwerte für Gebäudekosten, CRB Schweizerische Zentralstelle für Baurationalisierung Zürich; BCIS The Building Cost Information Service, The Royal Institution of Chartered Surveyors, Kingston upon Thames, Surey England; SPON'S Architects' and Builders' Price Book, E & FN SPON, Chapman & Hall, London, Weinheim.

Zu **Normalherstellungskosten für Lauben und Wochenendhäuser** in den neuen Bundesländern (Preisbasis 1913)[29] sowie zu **Regelherstellungskosten für Verkehrsflächen**[30] wird auf das weiterführende Schrifttum verwiesen.

a) Allgemeines

▶ *Vgl. Rn. 54, Rn. 79 und Rn. 122, § 22 ImmoWertV Rn. 14*

Normalherstellungskosten (*unit cost*) sind standardisierte für bauliche Anlagen bestimmter Bauart (Gebäudearten), Ausstattung und Beschaffenheit (Gebäudestandards) unter Ausschluss ungewöhnlicher Mehr- oder Minderkosten üblicherweise anfallende „gewöhnliche" Herstellungskosten für die Neuerrichtung (Neubau) einer entsprechenden baulichen Anlage. Es handelt sich um stichtagsbezogene Kosten der Ersatzbeschaffung und nicht um Rekonstruktionskosten, denn die Herstellungskosten ändern sich mit der Zeit; sie werden i. d. R. für

58

---

29 Abgedruckt in Kleiber/Simon/Weyers, Verkehrswertermittlung von Grundstücken, 5. Aufl. 2007, S. 3121; vgl. Erl. des FM Thüringen vom 14.12.1995 zur steuerlichen Bewertung von Wochenendhäusern, abgedruckt bei Kleiber/Söfker, Vermögensrecht, Jehle-Rehm Verlag, Nr. 7.10 sowie Grundsätze der Wertermittlung des Bundesverbandes Deutscher Gartenfreunde e. V. vom 15.4.2000 (GuG 2001, 42), Bewertungshinweise für Lauben und Wochenendhäuser des Verbandes der Vereinigten Sachverständigen e. V. (Fachgruppe Grundstückswertermittlung) vom 31.1.1994 (GuG 1994, 174).
30 Anl. 3 der Bewertungsrichtlinien der Kommunalen Verwaltung Sachsen, vgl. GuG 2009, 33.

IV Syst. Darst. Sachwertverfahren — Gebäudesachwert

das gesamte Bundesgebiet als Bundesmittelwerte ohne Unterscheidung nach örtlichen Verhältnissen abgeleitet.

59 Zu den Normalherstellungskosten gehören per definitionem die üblicherweise entstehenden **Baunebenkosten,** insbesondere die Kosten für Planung, Baudurchführung, behördliche Prüfungen und Genehmigungen (§ 22 Abs. 3 ImmoWertV, vgl. Rn. 79 ff.).

60 Auch bei den in der steuerlichen Bewertung zur Anwendung kommenden **Regelherstellungskosten** nach Anl. 24 zu § 190 BewG (Anh. 3 und 4) sowie den in der Beleihungswertermittlung heranzuziehenden „Erfahrungssätzen" (vgl. Rn. 33) handelt es sich um Normalherstellungskosten.

61 Die ImmoWertV gibt anders als das steuerliche Bewertungsrecht (§ 190 BewG) keine bestimmten Normalherstellungskosten vor. Die **Wahl der Normalherstellungskosten steht grundsätzlich im Ermessen des Anwenders**; sie muss aber fachlich begründbar sein. Dafür stehen zahlreiche Tabellenwerke zur Verfügung (vgl. Aufstellung bei § 22 ImmoWertV Rn. 34), jedoch „können" nach Nr. 4.1 Abs. 2 SachwertR der Ermittlung der Herstellungskosten eines Gebäudes „vorrangig" die **Normalherstellungskosten 2010 (NHK 2010)**, d. h. die gewöhnlichen Herstellungskosten, die für die jeweilige Gebäudeart unter Berücksichtigung des Gebäudestandards je Flächeneinheit in Anl. 1 der SachwertR angegeben sind, zugrunde gelegt werden. Soweit die entsprechende Gebäudeart in den NHK 2010 nicht erfasst ist, können geeignete Datensammlungen und ausnahmsweise Einzelkosten herangezogen werden, d. h. die gewöhnlichen Herstellungskosten einzelner Bauleistungen.

b) Modellkonforme Anwendung

62 Die Heranziehung der NHK 2010 setzt nach dem Grundsatz der Modellkonformität voraus, dass geeignete Sachwertfaktoren i. S. des § 14 Abs. 2 Nr. 1 ImmoWertV zur Verfügung stehen, die auf der Grundlage der NHK 2010 abgeleitet wurden. Solange solche Sachwertfaktoren nicht zur Verfügung stehen, können die mit den SachwertR (vgl. Nr. 1 Abs. 3 SachwertR) abgelösten NHK 2000 übergangsweise zur Anwendung kommen; auf die entsprechenden Erläuterungen zur Anwendung der NHK 1995 und 2000 wird verwiesen[31].

Die **NHK 2000**[32] bzw. die zunächst eingeführten **NHK 95** wurden von der GESBIG[33] in Zusammenarbeit mit dem Verband der öffentlich bestellten und vereidigten (und qualifizierten) Sachverständigen (BVS), dem Bundesministerium der Finanzen (BMF), dem Statistischen Bundesamt, der Versicherungswirtschaft, dem Deutschen Verein für Vermessungswesen (DVW), dem Kreditgewerbe, dem Arbeitskreis „Wertermittlung" der FK Vermessungs- und Liegenschaftswesen des Deutschen Städtetags und weiteren Sachverständigen erstellt. Mit der Einführung der NHK 95/2000 ging gleich in mehrerer Hinsicht eine grundlegende Umstellung der Anwendungspraxis bei der Ermittlung der Normalherstellungskosten einer baulichen Anlage im Vergleich zu der früheren Wertermittlungspraxis auf der Grundlage der sog. 13er-Werte einher (vgl. § 22 ImmoWertV Rn. 33[34]).

63 Zur Anpassung des nach den §§ 21 bis 23 ImmoWertV ermittelten vorläufigen Sachwerts an die allgemeinen Wertverhältnisse auf dem Grundstücksmarkt (Marktanpassung) „sollen" die von den Gutachterausschüssen für Grundstückswerte abgeleiteten Sachwertfaktoren zugrunde gelegt werden. Nach dem 2. Halbsatz des § 21 Abs. 1 ImmoWertV „sind" sie sogar zwingend zugrunde zu legen. Hieraus folgt, dass

1. bei Heranziehung dieser Sachwertfaktoren auch **die Normalherstellungskosten** heranzuziehen sind, **die der Gutachterausschuss für Grundstückswerte seiner Ableitung von**

---

31 Kleiber, Verkehrswertermittlung von Grundstücken, 6. Aufl. 2010, S. 1839 ff.
32 Eingeführt als Normalherstellungskosten 1995 (NHK 95) mit Erl. des Bundesministeriums für Raumordnung, Bauwesen und Städtebau vom 1.8.1997 (abgedruckt bei Kleiber, WERTR 76/96, 6. Aufl. Bundesanzeiger Verlag Köln) sowie mit VV 5334 des Bundesministeriums der Finanzen vom 17.7.1998 in dessen Geschäftsbereich. Die NHK 1995 wurden auf das Jahr 2000 fortgeschrieben und auf Euro zu den NHK 2000 umgestellt; zuletzt i. d. F. der Bekanntmachung der Neufassung der Richtlinien für die Ermittlung der Verkehrswerte (Marktwerte) von Grundstücken (Wertermittlungsrichtlinien 2006 – WERTR 06) vom 1.3.2006, BAnz Nr. 108a vom 10.6.2006; vgl. Kleiber WERTR 06, 10. Aufl. 2010 Bundesanzeiger Verlag; vgl. Schaar in GuG 1997, 230.
33 Ermittlung von zeitgemäßen Normalherstellungskosten für die Belange der Verkehrswertermittlung; Bundesanzeiger Verlag Köln 1997.
34 Ablehnend BGH, Urt. von 30.11.2006 – V ZB 44/06 –, GuG 2008, 122 = EzGuG 2.66.

Sachwertfaktoren zugrunde gelegt hat, denn die Heranziehung anderer Normalherstellungskosten würde zwangsläufig das Ergebnis verfälschen (Grundsatz der Modellkonformität).

2. der Anwender die Flächen bzw. den Rauminhalt der zu bewertenden baulichen Anlage aus den gleichen Gründen nach denselben Berechnungsgrundsätzen (Berechnungsnormen) ermitteln muss, wie sie vom Gutachterausschuss für Grundstückswerte der Ableitung der Sachwertfaktoren zugrunde gelegt worden sind (**korrespondierende Raum- oder Flächenberechnung**).

Um den Sachwert des Gebäudes auf der Grundlage von Normalherstellungskosten zu ermitteln und mithilfe des Sachwertfaktors in sachgerechter Weise an die allgemeinen Wertverhältnisse auf dem Grundstücksmarkt (Marktanpassung) anpassen zu können, muss sich der Gutachter unter Beachtung des **Grundsatzes der Modellkonformität** von Beginn an umfassend Klarheit verschaffen über 64

a) das vom Gutachterausschuss für Grundstückswerte bei der Ableitung seiner Sachwertfaktoren angewandte Bewertungsmodell und die angesetzten Modellparameter, insbesondere

- die herangezogenen Normalherstellungskosten und ihr Bezugsjahr,
- die Baunebenkosten,
- die herangezogene Baupreisindexreihe,
- die angewandte Alterswertminderungsmethode.

b) die durchschnittlichen Merkmale der Grundstücke, deren Kaufpreise der Ableitung der Sachwertfaktoren zugrunde liegen („Referenzgrundstück", vgl. Vorbem. zur ImmoWertV Rn. 38), insbesondere in Bezug auf

- Gebäudeart und (durchschnittlichen) Gebäudestandard der zur Ableitung herangezogenen Kaufpreise,
- die Gesamt- und Restnutzungsdauer,
- die durchschnittliche Geschosshöhe (BRI/BGF),
- den durchschnittlichen Nutzflächenfaktor (BGF/WF bzw. BGF/NF),
- Trauflängen, Giebelbreiten, Dachneigungen, Drempel, Gaupen, Spitzböden usw.

c) Des Weiteren sind **Angaben zur Methodik der Ableitung des Sachwertfaktors** erforderlich:

- Angaben zur Berücksichtigung bzw. Nichtberücksichtigung von Ortsgrößen- und Regionalfaktoren ggf. unter Angabe ihrer Höhe,
- Angaben zum „üblichen Umfang" der ggf. mit dem Sachwertfaktor berücksichtigten sog. c-Flächen und besonderen Bauteile bzw. Angaben zu der dafür angesetzten Pauschale und dgl.,
- Angaben zum „üblichen Umfang" der ggf. mit dem Sachwertfaktor berücksichtigten baulichen Außenanlagen und sonstigen Anlagen bzw. Angaben zu der dafür angesetzten Pauschale,
- Angaben zum „üblichen Umfang" der ggf. mit dem Sachwertfaktor berücksichtigten Drempel und Drempelhöhen, Trauflängen, Giebelbreiten, Dachneigungen usw.,
- Bezugsstichtag des Sachwertfaktors.

Bei Heranziehung der Kostenkennwerte der NHK 2010 soll nach Nr. 4.1.1.4 Abs. 2 SachwertR für die zu bewertende Liegenschaft nur die sog. **„reduzierte BGF"** ermittelt und angesetzt werden (vgl. Rn. 69). 65

Die mit den herangezogenen Normalherstellungskosten nicht berücksichtigten **Herstellungskosten „einzelner Bauteile, Einrichtungen oder sonstiger Vorrichtungen (z. B. auch besondere Betriebseinrichtungen)** sowie die der mit den herangezogenen Normalher-

IV Syst. Darst. Sachwertverfahren — Gebäudesachwert

stellungskosten nicht erfassten c-Flächen brauchen nicht ergänzend erfasst zu werden, soweit sie nach den Ausführungen unter Rn. 26 mit dem Sachwertfaktor berücksichtigt werden. In diesem Fall brauchen diese Positionen nach Maßgabe des § 8 Abs. 3 ImmoWertV als besondere objektspezifische Grundstücksmerkmale im Anschluss an die Marktanpassung nur noch insoweit ergänzend berücksichtigt zu werden, wie diese erheblich über den üblichen Umfang hinausgehen.

66 Entsprechendes gilt für die **Berücksichtigung des Regional- und Ortsgrößenfaktors** bei der Ableitung und Anwendung der Sachwertfaktoren. Werden die Sachwertfaktoren direkt aus den NHK 2010 abgeleitet, ohne dass die Kostenkennwerte zuvor regionalisiert wurden, geht die Regionalisierung automatisch in den **regionalspezifischen Sachwertfaktor** ein, und für den Anwender der Sachwerfaktoren entfällt die Regionalisierung der NHK: Der Gutachterausschuss für Grundstückswerte muss diesbezüglich bei der Veröffentlichung darlegen, wie er die Sachwertfaktoren abgeleitet hat.

c) *Normalherstellungskosten 2010 (NHK 2010)*

67 Die **in der Anl. 1 der SachwertR ausgewiesenen Normalherstellungskosten 2010 (NHK 2010)** sind in einem äußerst langwierigen und kontroversen Prozess aus den NHK 95/2000 hervorgegangen. In dem Tabellenwerk werden für insgesamt 22 Gebäudearten mit zahlreichen Untergruppen Normalherstellungskosten differenziert nach

– der Dachkonstruktion, dem Dachausbau (bei Ein- und Zweifamilienhäusern, Doppel- und Reihenendhäusern sowie Reihenmittelhäusern) und

– dem Gebäudestandard

nachgewiesen.

68 Die Normalherstellungskosten werden auch als **Kostenkennwerte** bezeichnet. Sie erfassen die Kostengruppen 300 und 400 der DIN 276, ohne danach zu unterscheiden, lediglich die für landwirtschaftliche Betriebsgebäude ausgewiesenen Kostenkennwerte unterscheiden nach den genannten Kostengruppen.

Bei den NHK 2010 handelt es sich um konstruierte Kostenkennwerte **aus der Retorte**, die auch als „**Kunstwerte**"[35] bezeichnet worden sind.

Das Baukosteninformationszentrum Deutscher Architektenkammern (BKI) hat 2008 einen Vorschlag für aktuelle Normalherstellungskosten unter dem Titel „Aktuelle Gebäudesachwerte in der Verkehrswertermittlung" zusammen mit einem bauteilorientierten Alterswertminderungsmodell vorgestellt[36]. Die darin ausgewiesenen Normalherstellungskosten sind aus 1 400 abgerechneten und in der Baukostendatenbank des BKI registrierten Bauprojekten deutscher Architekturbüros zu Neu- und Altbauten, energiesparendem Bauen und Freianlagen hervorgegangen. Dabei ist unklar geblieben, ob neben den in der Bewertungspraxis unter Sachverständigen allgemein als überhöht eingeschätzten Kosten von Architekturbüros[37] auch solche von Bauträgermaßnahmen, Bauten in großen Ballungsgebieten oder von Fertighäusern als Datenquelle berücksichtigt wurden. Die im Jahre 2008[38] erstmals daraus abgeleiteten NHK 2005 sind ebenso wie das vom BKI vorgeschlagene bauteilorientierte Alterswertminderungsmodell auf massive Kritik gestoßen[39], insbesondere auch was die ausgewiesenen Werte und die Verkomplizierung des Systems anbelangt. Zudem haben die empirischen Grundlagen der Tabellenwerte erhebliche Bedenken ausgelöst. Bei den rd. 7 000 aus gerade einmal 1 400 abgerechneten Bauprojekten abgeleiteten Tabellenwerten handelt es sich vornehmlich um **synthetische Herstellungskosten**, von denen gerade einmal rd. 20 % empirisch belegt sind. Das BMVBS hat deshalb seine ursprüngliche Absicht, die NHK 2005 in die WERTR aufzunehmen, schnell fallen gelassen und die Tabellen einer grundlegenden Revision unterzogen, ohne allerdings die erforderlichen empirischen Nacherhebungen zu veranlassen.

---

35 Abele, G., Normalherstellungskosten 2010, 37. Arbeitstagung des Arbeitskreises der Bausachverständigen im BDB Baden-Württemberg am 19.5.2012 in Bodman.
36 Zur Entstehungsgeschichte vgl. Kleiber, Verkehrswertermittlung von Grundstücken, 6. Aufl. 2010, S. 1843 ff., 1921 ff.
37 So auch DeBRIV in seiner Stellungnahme zu dem NHK-Entwurf 2005 vom 20.4.2009 – Ka/90420 –.
38 GuG 2008, 204.
39 Stemmler auf der Fachtagung des IVD am 10.7.2009 in Berlin; Kröll, R., Nachbesserungsbedarf bei NHK 2005 und Restwertmodell, GuG 2010, 65.

Die NHK 2010 sind aus den umstrittenen und nicht in Kraft gesetzten NHK 2005 durch eine nicht nachvollziehbare Fortschreibung hervorgegangen, indem man ohne durchgreifende empirische Überprüfung die rd. 7 000 Tabellenwerte der NHK 2005 bis zur Unkenntlichkeit auf nunmehr nur noch rd. 430 Kostenkennwerte „zusammengeschmolzen" und die ursprünglich vorgesehene, aber unsinnige Aufteilung in die Kostengruppe 300 (Baukonstruktion) und Kostengruppe 400 (Technische Anlagen) aufgegeben hat. Hatte man die vom BKI abgeleiteten Normalherstellungskosten von 2005 noch als „synthetische" Werte bezeichnet, kann man die Kostenkennwerte der NHK 2010 als **„konstruierte Kostenkennwerte aus der Retorte"** bezeichnen[40]. Sie wurden erstmals vom BMVBS im Internet mit dem Vorentwurf der SachwertR nach dem Stand vom 25.10.2011 veröffentlicht[41]. Die darin veröffentlichten Kostenkennwerte hatten sich ebenfalls nicht als tragfähig erwiesen. Ihre Glaubwürdigkeit ist auch deshalb infrage gestellt, weil für zahlreiche Gebäudearten die Kostenkennwerte nachträglich und ohne hinreichende empirische Begründung geändert und „gespreizt" wurden; so wurden beispielsweise die Kostenkennwerte von zahlreichen Gebäudearten von Monat zu Monat in nicht nachvollziehbarer Weise drastisch und mitunter um über 100 % (Sakralbauten, Kirchen) nachkorrigiert. Dies muss zulasten ihrer Vertrauenswürdigkeit gehen.

Das Konstrukt weist nicht unerhebliche Abweichungen von den empirisch abgeleiteten Kostenkennwerten der NHK 2000 auf: So hat man beispielsweise im Rahmen der Ableitung der NHK 2000 festgestellt, dass die Normalherstellungskosten von Reihenhäusern „einfacher" und „mittlerer" Ausstattung höher ausfallen als die entsprechenden Normalherstellungskosten von freistehenden Einfamilienhäusern. Dieses zunächst nicht gerade plausibel erscheinende Ergebnis hat sich im Rahmen einer empirischen Überprüfung bestätigt und wurde damit erklärt, dass die im Vergleich zu freistehenden und „luftigen" Einfamilienhäusern kompakte Bauweise von Reihenhäusern bezogen auf den Quadratmeter Brutto-Grundfläche tatsächlich auch höhere Bauleistungen erfordert. **Die NHK 2010** folgen der gegenteiligen und nur vordergründig plausiblen Auffassung und **weisen** nunmehr **für freistehende Einfamilienhäuser bei gleicher Ausstattung höhere Normalherstellungskosten als für Reihenhäuser auf:**

Abb. 2: Vergleich der Normalherstellungskosten von frei stehenden Einfamilienhäusern zu Reihenendhäusern

Vergleich der Normalherstellungskosten von frei stehenden Einfamilienhäusern zu Reihenendhäusern			
NHK 2000		**NHK 2010**	
Bezugszeitpunkt 2000		*Bezugszeitpunkt 2010*	
Frei stehendes Einfamilienhaus	Einfamilien-, Reihenhaus (Kopfhaus)	Frei stehendes Einfamilienhaus	Einfamilien-, Reihenhaus (Kopfhaus)
KG, EG, ausgebautes DG		KG, EG, ausgebautes DG	
Typ Ausstattung	Typ Ausstattung	Typ Ausstattung	Typ Ausstattung
1.01 €/m²	2.01 €/m²	1.01 €/m²	2.01 €/m²
einfach 580	einfach **635**	2 725	2 **685**
mittel 660	mittel **675**	3 835	3 **785**
bislang höher		*nunmehr kleiner*	
Frei stehendes Einfamilienhaus	Einfamilien-, Reihenhaus (Kopfhaus)	Frei stehendes Einfamilienhaus	Einfamilien-, Reihenhaus (Kopfhaus)
KG, EG, nicht ausgebautes DG		KG, EG, ausgebautes DG	

---

40 Da sich die in der Baukostendatenbank des BKI registrierten Herstellungskosten von Bauprojekten damit als unbrauchbar erwiesen haben, ist die Heranziehung dieser Daten ebenso wie die Heranziehung der Regionalfaktoren des BKI künftig nicht frei von Bedenken.
41 Abgedruckt in GuG 2012, 29 ff.

IV Syst. Darst. Sachwertverfahren Gebäudesachwert

Vergleich der Normalherstellungskosten von frei stehenden Einfamilienhäusern zu Reihenendhäusern							
NHK 2000 *Bezugszeitpunkt 2000*				NHK 2010 *Bezugszeitpunkt 2010*			
1.02	€/m²	2.02	€/m²	1.02	€/m²	2.02	€/m²
einfach	475	einfach	**580**	2	605	2	*570*
mittel	540	mittel	**620**	3	695	3	*655*
bislang höher				nunmehr kleiner			

Die Umstellung der bisherigen Struktur ist mit Recht auf Kritik gestoßen[42].

Die **Konstruktion der Kostenkennwerte** folgt folgenden Grundsätzen:

1. Das Verhältnis zwischen den Kostenkennwerten freistehender Einfamilienhäuser zu den übrigen Gebäudetypen ist unabhängig von den einzelnen Geschossen und den Gebäudestandards einheitlich konstruiert. Ausgehend von den Kostenkennwerten für freistehende Einfamilienhäuser (100 %) sollen sich die Kostenkennwerte für Doppel- und Reihenendhäuser sowie für Reihenhäuser schrittweise jeweils um 6 Prozentpunkte auf 94 % bzw. 88 % vermindern:

Verhältnis der Kostenkennwerte nach Gebäudearten		
Freistehende Einfamilienhäuser	1.01/ 1.11/ 1.21/ 1.31	100 %
Freistehende Zweifamilienhäuser	1.01/ 1.11/ 1.21/ 1.31	105 %
Doppel und Reihenendhäuser	2.01/ 2.11/ 2.21/ 2.31	94 %
Reihenmittelhäuser	3.01/ 3.11/ 3.21/ 3.31	88 %

2. Das Verhältnis der Kostenkennwerte zwischen den jeweiligen Gebäudestandards ist bei allen Gebäudetypen ebenfalls einheitlich.

Verhältnis der Kostenkennwerte nach Gebäudestandards						
	Δ [%]	1	2	3	4	5
Gebäudestandard 1		**100 %**	90 %	78 %	65 %	52 %
	+ 11 %					
Gebäudestandard 2		111 %	**100 %**	87 %	72 %	58 %
	+ 15 %					
Gebäudestandard 3		128 %	115 %	**100 %**	83 %	66 %
	+ 20 %					
Gebäudestandard 4		153 %	140 %	120 %	**100 %**	80 %
	+ 25 %					
Gebäudestandard 5		192 %	174 %	151 %	125 %	**100 %**

Vgl. auch die einheitlichen Tafeldifferenzen bei Rn. 300 f. (Abb. 43 und 44)

---

42 Der Deutsche Braunkohlenindustrie-Verein e. V. (DeBRIV), in dem die RWE Power AG, die Mitteldeutsche Braunkohlengesellschaft mbH und Vattenfall Europe Mining AG organisiert sind, hat dies in seiner Stellungnahme vom 15.12.2011 mit den Worten bemängelt: „So ist bei größeren Ein- und Zweifamilienhäusern i. d. R. mit geringeren NHK-Ansätzen zu rechnen, da sich „teure" Räume (Nassräume) und „teure" Bauteile (Treppen, Haustüren) auf eine größere Brutto-Grundfläche verteilen." (GuG 2012, 104). Auffällig ist auch die Identität der Kostenkennwerte der Haustypen 1.01 = 1.11; 2.01 = 2.11 sowie 3.01 = 3.11 trotz unterschiedlicher Geschossigkeit.

3. Die Abhängigkeit der Kostenkennwerte von der Geschossigkeit ist widersprüchlich und unlogisch. Die Kostenkennwerte der Gebäudetypen 1.01/2.01 und 3.01 (Einfamilienhaus mit Erd-und Kellergeschoss sowie ausgebautem Dachgeschoss) sind identisch mit den Kostenkennwerten der Gebäudetypen 1.11/2.11 und 3.11, die neben dem Erd-, Keller- und ausgebautem Dachgeschoss ein weiteres Obergeschoss aufweisen. In allen übrigen Fällen führt ein weiteres Obergeschoss mal zu mehr oder minder höheren und mal zu mehr oder minder niedrigeren Kostenkennwerten.

Die **Kostenkennwerte der NHK 2010 definieren sich** wie bereits die der NHK 2000 **als Bundesmittelwerte nach dem Preisstand von 2010**. Der Preisstand 2010 wird als der Preisstand 2010 **zur Jahresmitte** konkretisiert. Dies ist im Hinblick auf die Indizierung der NHK bedeutsam, da damit der Ausgangspunkt der Indizierung bestimmt wird. **69**

Auf eine **Anpassung der Kostenkennwerte der NHK 2010 an die örtlichen Verhältnisse mittels Ortsgrößen- bzw. Regionalisierungsfaktor** kann im Übrigen verzichtet werden, wenn der Gutachterausschuss für Grundstückswerte bei der Ableitung der Sachwertfaktoren ebenfalls darauf verzichtet hat und somit die örtlichen Verhältnisse direkt in den Sachwertfaktor eingehen (zum regionalisierenden Sachwertfaktor vgl. Rn. 27).

Wie bereits nach den NHK 2000 enthalten die Kostenkennwerte die zum Preisstand geltende **Umsatz- bzw. Mehrwertsteuer** von 19 %. Im Falle einer Erhöhung der Umsatz- bzw. Mehrwertsteuer verlieren die ausgewiesenen Normalherstellungskosten nicht ihre Gültigkeit, da die mit einer Änderung des Mehrwertsteuersatzes einhergehenden Auswirkungen auf die Höhe der Normalherstellungskosten mit dem Baupreisindex erfasst werden (vgl. Nr. 4.1.2 Abs. 1 Satz 2 SachwertR). **70**

Im Unterschied zu den NHK 2000 definieren sich die Kostenkennwerte der NHK 2010 – wie im Übrigen auch die in der steuerlichen Bewertung maßgeblichen Regelherstellungskosten der Anl. 24 zu § 190 BewG – unter Einbeziehung der üblichen **Baunebenkosten** (Kostengruppen 730 und 771 der DIN 276-11:2006), und zwar in der im Tafelwerk jeweils angegebenen Höhe. **71**

Nach Ziff. 4.1.1.4 Abs. 1 Satz 1 SachwertR sollen sich die NHK 2010 auf die nach der DIN 277-1:2005-02 berechnete Brutto-Grundfläche (BGF) beziehen (vgl. Rn. 65), jedoch sollen nach Nr. 4.1.1.4 Abs. 2 Satz 2 SachwertR für die Anwendung der NHK 2010 im Rahmen der Ermittlung der BGF nur die Grundflächen der Bereiche a und b zugrunde gelegt werden; d. h. nur eine um die sog. c-Flächen sowie die Flächen nicht überdeckter Balkone „reduzierte Brutto-Grundfläche. **Bezugsgrundlage der NHK 2010 ist** mithin **die** so definierte **reduzierte Brutto-Grundfläche (BGF_{red})**, wobei Grundrissebenen von zugänglichen und begehbaren Dachgeschossen mit einer lichten Höhe kleiner als 1,25 m nach Nr. 4.1.1.4 Abs. 6 der SachwertR nicht nutzbar sind und deswegen nicht in die BGF eingehen sollen (vgl. Rn. 93). **72**

Unklar bleibt dabei, ob und ggf. in welchem für die jeweilige Gebäudeart „üblichen Umfang" die c-Flächen (z. B. nicht überdachte Loggien und Balkone sowie entsprechende Dachterrassen) mit den Kostenkennwerten der NHK 2010 erfasst sind. Davon kann nicht ohne Weiteres ausgegangen werden, denn dann hätte der „übliche Umfang" in den SachwertR dargelegt werden müssen, wie es mit Anlage 5 der SachwertR bezüglich des in die Ermittlung der Sachwertfaktoren einzubeziehenden „üblichen Umfangs" der mit der BGF-Berechnung nicht erfassten Bauteile und der Außenanlagen von den Gutachterausschüssen gefordert wird. Bei dieser Sachlage erscheint es angezeigt, die **c-Flächen** grundsätzlich außer Betracht zu lassen, weil sie **i. d. R. nur etwa 2 bis 3 % der Herstellungskosten** ausmachen **und insoweit vernachlässigbar** sind. Nur besonders außergewöhnliche und werthaltige c-Flächen sind analog der Hinweise der Nr. 4.1.1.7 der SachwertR zusammen mit den mit der BGF-Berechnung nicht erfassten Bauteilen ergänzend zu berücksichtigen (z. B. große Dachterrassen). **73**

Bei der in Nr. 4.1.1.7 der SachwertR angesprochenen **ergänzenden Berücksichtigung von Balkonen** sind im Übrigen nicht nur die den c-Flächen zuzuordnenden nicht überdachten Balkone zu erfassen, sondern auch die überdachten Balkone, die nach der DIN 277 eigentlich **74** b-Flächen sind, jedoch bei Heranziehung der NHK 2010 – wie c-Flächen – nach Nr. 4.1.1.4 Abs. 2 Satz 3 SachwertR bei der Ermittlung der BGF nicht zu berücksichtigen sind.

75 Bei **Ein- und Zweifamilienhäusern, Doppel- und Reihenendhäusern sowie Reihenmittelhäusern** wird im Tafelwerk der NHK 2010 unterschieden

– nach *Gebäuden mit ausgebautem und nicht ausgebautem Dachgeschoss*,

– nach *Gebäuden mit Flachdach oder flach geneigtem* Dach sowie

– jeweils nach fünf verschiedenen Stufen des *Gebäudestandards* (Standardstufen 1 bis 5).

Bei den übrigen Gebäudearten differenziert das Tafelwerk nur nach drei Gebäudestandards (Standardstufen 3 bis 5).

Im Übrigen wird **die Beschaffenheit der baulichen Anlagen, auf die sich die Kostenkennwerte der NHK 2010 beziehen, bezüglich der Trauflängen, Giebelbreiten und Dachneigungen und auch nicht in Bezug auf das Vorhandensein von Gaupen und Spitzböden definiert.**

76 Im **Unterschied zu den NHK 2000**

– beziehen sich die Kostenkennwerte der NHK 2010 auf eine davon abweichende *reduzierte Brutto-Grundfläche* (BGF_{red}),

– enthalten die Kostenkennwerte der NHK 2010 bereits die *Baunebenkosten* in der angegebenen Höhe,

– wird zu den Kostenkennwerten nicht die durchschnittliche *Geschosshöhe* des jeweiligen Gebäudetyps angegeben; diese kann allenfalls der einschlägigen Vorveröffentlichung[43] entnommen werden (vgl. im Übrigen Rn. 110 sowie § 8 ImmoWertV Rn. 250 und 441),

– differenzieren die Kostenkennwerte der NHK 2010 nicht mehr nach *Gebäudebaujahrsklassen*,

– differenzieren die Kostenkennwerte der NHK 2010 bei Ein- und Zweifamilienhäusern, Doppel- und Reihenhäusern nicht mehr nach drei Ausstattungsstandards, sondern nunmehr nach fünf normierten *Gebäudestandards;* bei den sonstigen Gebäudearten zumeist nach drei Gebäudestandards,

– differenzieren die Kostenkennwerte der NHK 2010 bei Mehrfamilienhäusern nicht mehr nach der Anzahl der Geschosse, nach freistehenden Gebäuden sowie Kopf- und Mittelhäusern, sondern nur noch nach der *Anzahl der Wohneinheiten*.

77 Die NHK 2010 sehen **Korrekturfaktoren** vor für die Berücksichtigung

– von *freistehenden Zweifamilienhäusern*,

– der *Wohnungsgröße und der Grundrisse* von Mehrfamilienhäusern und Wohnhäusern mit Mischnutzung sowie

– von *Gebäudegrößen und Unterbauten landwirtschaftlicher Gebäudearten*.

Die sich hieraus ergebenden Zu- und Abschläge sind durch Multiplikation mit dem Tabellenwert der Normalherstellungskosten zu berücksichtigen (vgl. hierzu Rn. 111 ff.).

Des Weiteren werden in Nr. 4.1.1.5 Abs. 2 Satz 2 der SachwertR **Korrekturfaktoren zur Berücksichtigung der eingeschränkten Nutzbarkeit eines Dachgeschosses** empfohlen, ohne dass solche vorgegeben werden (vgl. Rn. 111 ff.). Sie müssen aber abgelehnt werden, denn die Besonderheiten des Dachgeschosses können nach dem dachgeschossspezifischen Nutzflächenfaktor berücksichtigt werden und beeinflussen i. d. R. nicht die Herstellungskosten der übrigen Geschosse.

---

43 Abgedruckt in GuG 2012, 29 ff.

3.3.2.2 Baunebenkosten (§ 22 Abs. 2 Satz 3 ImmoWertV)

a) *Begriff*

▶ *Näheres hierzu bei § 22 ImmoWertV Rn. 17 ff.*

Baunebenkosten (*Fees and Charges*[44]) **sind begrifflich integraler Bestandteil der Normalherstellungskosten.** Die Baunebenkosten sind dementsprechend in den Tabellenwerken der Normalherstellungskosten 2010 (NHK 2010) enthalten, und zwar in der dort angegebenen Höhe. Soweit die Baunebenkosten im Einzelfall davon abweichen, muss der Unterschied in einem ergänzenden Rechenschritt ggf. nach Maßgabe des § 8 Abs. 3 ImmoWertV zusätzlich berücksichtigt werden. 78

Die Baunebenkosten werden in § 22 Abs. 2 Satz 3 ImmoWertV definiert als die **üblicherweise entstehenden Baunebenkosten, insbesondere Kosten für Planung, Baudurchführung, behördliche Prüfungen und Genehmigungen**. Es handelt sich dabei um keine abschließende Definition („insbesondere"). 79

In § 22 Abs. 2 WertV 88/87 wurde darüber hinaus ausdrücklich auch die „Finanzierung" genannt, jedoch nur insoweit, wie sie in unmittelbarem Zusammenhang mit der Herstellung der baulichen Anlage erforderlich ist. Konkret geht es um die Finanzierungsbeschaffungskosten, die im Allgemeinen von der Bonität des Bauherrn abhängig sind. Außergewöhnlich hohe oder niedrige Kosten der Finanzierungsbeschaffung (z. B. Zwischenfinanzierungskosten) zum Zeitpunkt der Erbauung, die zweifellos in unmittelbarem Zusammenhang mit der Herstellung des Gebäudes stehen, gehören zu den sogenannten „persönlichen Umständen", die nach § 194 BauGB bei der Verkehrswertermittlung nicht zu berücksichtigen sind. Sie sind zudem nicht werthaltig und erhöhen deshalb auch nicht den Verkehrswert. Deshalb können hier nur die bei jedem Bauvorhaben üblicherweise anfallenden Finanzierungsbeschaffungskosten berücksichtigt werden, insbesondere ein Disagio, Bearbeitungsgebühren, Bereitstellungszinsen, Kosten der Beleihungsprüfung, Gerichts- und Notargebühren und die Kosten der Wertermittlung.

Als Kosten der in unmittelbarem Zusammenhang mit der Herstellung der baulichen Anlagen erforderlichen **Finanzierung** können üblicherweise **etwa 2 v. H. der ohne Baunebenkosten angesetzten Normalherstellungskosten** angenommen werden. Diese Kosten der Finanzierungsbeschaffung sind nach der Natur der Sache von dem Herstellungswert des Gebäudes abhängig.

Nach **DIN 276 i. d. F. von 1993** (Ziff. 4.3) zählen zu den Baunebenkosten: 80

– *Grundstücksnebenkosten*, „die im Zusammenhang mit dem Erwerb eines Grundstücks entstehen: Vermessungsgebühren, Gerichtsgebühren, Notariatsgebühren, Maklerprovisionen, Grunderwerbsteuer, Wertermittlungen/Untersuchungen (Wertermittlungen, Untersuchungen zu Altlasten und deren Beseitigung, Baugrunduntersuchungen und Untersuchungen über die Bebaubarkeit, soweit sie zur Beurteilung des Grundstückswerts dienen), Genehmigungsgebühren, Bodenordnung/Grenzregulierung, sonstige Grundstücksnebenkosten" (Kostengruppen 120 bis 129).

– *Baunebenkosten,* „die bei der Planung und Durchführung auf der Grundlage von Honorarordnungen, Gebührenordnungen oder nach weiteren vertraglichen Vereinbarungen entstehen" (Kostengruppe 700).

Unter der **Kostengruppe 700 ff.** werden folgende Positionen aufgeführt: 81

– 710 Bauherrenaufgaben,
– 720 Vorbereitung der Objektplanung,
– 730 Architekten- und Ingenieurleistungen,
– 740 Gutachten und Beratung,
– 750 Kunst,
– 760 Finanzierung,
– 770 Allgemeine Baunebenkosten und
– 790 Sonstige Baunebenkosten.

---

[44] Die Baunebenkosten sind in Großbritannien allerdings nicht einheitlich definiert.

IV Syst. Darst. Sachwertverfahren — Baunebenkosten

In Anl. 1 zu § 5 Abs. 5 II. BV sind die Baunebenkosten (entsprechend DIN 1954/81) wie folgt definiert:

a) „Kosten der Architekten- und Ingenieurleistungen; diese Leistungen umfassen namentlich Planungen, Ausschreibungen, Bauleitung, Bauführung und Bauabrechnung,
b) Kosten der dem Bauherrn obliegenden Verwaltungsleistungen bei Vorbereitung und Durchführung des Bauvorhabens,
c) Kosten der Behördenleistungen; hierzu gehören die Kosten der Prüfungen und Genehmigungen der Behörden oder Beauftragten der Behörden,
d) folgende Kosten:
   aa) Kosten der Beschaffung der Finanzierungsmittel, z. B. Maklerprovisionen, Gerichts- und Notarkosten, einmalige Geldbeschaffungskosten (Hypothekendisagio, Kreditprovisionen und Spesen, Wertberechnungs- und Bearbeitungsgebühren, Bereitstellungskosten usw.),
   bb) Kapitalkosten und Erbbauzinsen, die auf die Bauzeit entfallen,
   cc) Kosten der Beschaffung und Verzinsung der Zwischenfinanzierungsmittel einschließlich der gestundeten Geldbeschaffungskosten (Disagiodarlehen),
   dd) Steuerbelastungen des Baugrundstücks, die auf die Bauzeit entfallen,
   ee) Kosten der Beschaffung von Darlehen und Zuschüssen zur Deckung von laufenden Aufwendungen, Fremdkapitalkosten, Annuitäten und Bewirtschaftungskosten,
e) sonstige Nebenkosten, z. B. die Kosten der Bauversicherungen während der Bauzeit, der Bauwache, der Baustoffprüfungen des Bauherrn, der Grundsteinlegungs- und Richtfeier."

82 Die **Kosten der Architekten- und Ingenieurleistungen** lassen sich auf der Grundlage der HOAI ermitteln. Nach § 8 Abs. 2 II. BV ist nämlich für die Berechnung der Architekten- und Ingenieurleistungen die HOAI zugrunde zu legen. Als Kosten für die Verwaltungsleistungen dürfen im Bereich der sozialen Wohnraumförderung höchstens die Beträge angesetzt werden, die sich nach § 8 Abs. 3 bis 5 II. BV ergeben; die Sätze können auch sonsthin als Anhalt dienen. An Kosten für Behördenleistungen fallen insbesondere Gebühren für Baugenehmigungen, Genehmigungen des Gewerbeaufsichtsamts, Abwassergenehmigungen, Gebühren für die Prüfung der Statik, die Abnahme des Rohbaus und die Bauabnahme, Gutachten und dgl. an.

b) *Höhe der Baunebenkosten*

83 Nur die „**üblicherweise entstehenden**" **Baunebenkosten gehören nach § 22 Abs. 2 Satz 3 ImmoWertV zu den berücksichtigungsfähigen Baunebenkosten.**

Die **Höhe der** üblicherweise entstehenden Baunebenkosten hängt insbesondere von

a) dem **Gebäudestandard** (Ausstattung des Bauwerks) und

b) der **Höhe der Gesamtkosten**

ab und beträgt je nach Qualität des Gebäudes 5 bis 25 v. H. der reinen Bauwerkskosten. Hierzu werden in den Tabellenwerken der Normalherstellungskosten objektspezifische Baunebenkosten als Empfehlung angegeben (Abb. 3).

Abb. 3: Baunebenkosten in % des Herstellungswerts (ohne Baunebenkosten)

Aufwandskennzahlen						
Qualifizierung	Büro- und Verwaltungsgebäude			Wohn- und Wohnungs- geschäftsgebäude		
	niedrig	mittel	hoch	niedrig	mittel	hoch
Baunebenkosten in % der Kosten des Bauwerks	10,5	12,25	20,0	12,0	16,0	20,0

Quelle: Gärtner, S., Beurteilung und Bewertung alternativer Planungsentscheidungen im Immobilienbereich mithilfe eines Kennzahlensystems, 1. Aufl. 1996

Bezüglich der **Höhe der Gesamtkosten** gilt der Grundsatz, dass die **Baunebenkosten als Vomhundertsatz der reinen Baukosten umso niedriger** ausfallen, je höher **die Baukosten**

Baunebenkosten — **Syst. Darst. Sachwertverfahren IV**

ausfallen. Dies ist darauf zurückzuführen, dass nicht alle Baunebenkosten direkt von der Höhe des Herstellungswerts abhängig sind.

Werden **Eigenleistungen** erbracht, so sind dafür die Kosten einzusetzen, die für entsprechende Fremdleistungen entstehen würden. **Besondere Erschwernisse** liegen insbesondere bei Altbauprojekten vor. Hier sind die Kosten der Mieterumsetzung und für Ausweichwohnungen sowie einer Möbelzwischenlagerung zu nennen. Des Weiteren können zusätzliche Kosten für Sonderuntersuchungen anfallen.

Für Baunebenkosten (Kostengruppe 700 DIN 276) bestehen folgende **Rahmensätze**, wenn keine besonderen Erschwernisse vorliegen:

15 – 18 %	der Baukosten bei größeren Objekten mit Baukosten	$\geq$ 1 Mio. €,
18 – 22 %	der Baukosten bei kleineren Objekten mit Baukosten	$\leq$ 1 Mio. €,
23 – 25 %	der Baukosten bei kleinen Objekten mit Baukosten	$\leq$ 500 000. €,
etwa 5 %	der Baukosten bei Garagen.	

Von verschiedenen Gutachterausschüssen kommen eigens abgeleitete Erfahrungssätze über Baunebenkosten zur Anwendung.

c) *Berücksichtigung von Baunebenkosten*

Soweit die im konkreten Bewertungsfall zu berücksichtigenden Baunebenkosten den dem herangezogenen Sachwertfaktor zugeordneten Baunebenkosten entsprechen, sind die Baunebenkosten hinreichend berücksichtigt. Bei Sachwertfaktoren, die unter Heranziehung der Normalherstellungskosten 2010 (NHK 2010) abgeleitet wurden, kann i. d. R. erwartet werden, dass den Sachwertfaktoren die den Kostenkennwerten zugeordneten Baunebenkosten zugrunde liegen.

Soweit im konkreten Bewertungsfall Baunebenkosten anzusetzen sind, die von den in den ausgewiesenen Kostenkennwerten bereits eingerechneten Baunebenkosten abweichen, können die Kostenkennwerte entsprechend umgerechnet werden, indem die Baunebenkosten mit der im Tafelwerk angegebenen Höhe zunächst herausgerechnet und die **im konkreten Einzelfall angemessenen Baunebenkosten** wieder eingerechnet werden:

Beispiel:

– Kostenkennwert (lt. Tabellenwerk) einschließlich Baunebenkosten 1 000 €/m² BGF (NHK 2010)
– darin enthaltene Baunebenkosten als Vomhundertsatz des Kostenkennwerts 17 v. H.

Kostenkennwert (NHK 2010) ohne Baunebenkosten von 17 % =

$$\frac{1\,000\ \text{€/m}^2\ \text{BGF}}{1 + 17/100} = \frac{1\,000\ \text{€/m}^2\ \text{BGF}}{1{,}17} = 854{,}70\ \text{€/m}^2\ \text{BGF}$$

Der Kostenkennwert berechnet sich bei abweichenden Baunebenkosten wie folgt:

– Kostenkennwert (lt. Tabellenwerk) einschließlich
  Baunebenkosten in Höhe von 17 % 1 000 €/m² BGF (NHK 2010)
– Kostenkennwert (lt. Tabellenwerk) ohne Baunebenkosten 854,70 €/m² BGF (vgl. oben)

Kostenkennwert (NHK 2010) mit Baunebenkosten in Höhe von 15 % =

$$854{,}70\ \text{€/m}^2\ \text{BGF} \times (1 + \frac{15}{100}) = 982{,}905\ \text{€/m}^2\ \text{BGF}$$

Der Multiplikator (1 + Baunebenkosten in v. H.) wird als **Baunebenkostenfaktor** bezeichnet.

Baunebenkostenfaktor = 1,00 + Vomhundertsatz der Baunebenkosten

In aller Regel ist auch bei abweichenden Baunebenkosten von einer Modifikation der Kostenkennwerte aus Gründen der Modellkonformität abzusehen, denn der Sachwertfaktor wird regelmäßig auf der Grundlage von Normalherstellungskosten und den darin eingerechneten Regelsätzen der Baunebenkosten ermittelt. Deshalb käme allenfalls eine **ergänzende Berück-**

IV Syst. Darst. Sachwertverfahren — BGF

sichtigung ausnahmsweise nur dann in Betracht, **wenn die im konkreten Einzelfall üblicherweise anfallenden Baunebenkosten erheblich von den bereits mit den herangezogenen Normalherstellungskosten bzw. dem Sachwertfaktor berücksichtigten Baunebenkosten abweichen.** In diesem Fall könnten die Baunebenkosten nachträglich nach Maßgabe des § 8 Abs. 3 ImmoWertV als ein „besonderes objektspezifisches Grundstücksmerkmal" berücksichtigt werden, und zwar

a) nur noch (differenziell) insoweit, wie sie nicht mit dem Regelsatz bereits berücksichtigt sind, und

b) nur soweit dies dem gewöhnlichen Geschäftsverkehr entspricht.

Beispiel:

Die ermittelten Normalherstellungskosten des Gesamtobjekts einschließlich Baunebenkosten betragen		5 000 000 €
– darin enthalten sind gemäß Angaben zu den Kostenkennwerten Baunebenkosten von		16 %
– übliche objektspezifische Baunebenkosten (gemindert wegen „Großanlage")		12 %
– Normalherstellungskosten ohne Baunebenkosten von 16 % (= 5 000 000 €/1,16)	4 310 345 €	
Baunebenkosten von 16 % (= 4 310 345 € × 0,16)	689 655 €	689 655 €
zusammen	5 000 000 €	
– Baunebenkosten von 12 % (= 4 310 345 € × 0,12)		– 517 241 €
verminderte Baunebenkosten bei dem realisierten Großprojekt		= 172 414 €

Von einer nachträglichen Berücksichtigung abweichender Baunebenkosten ist regelmäßig abzusehen, denn es kann nicht erwartet werden, dass dies den Verkehrswert beeinflusst. Im vorstehenden Fall kann wohl nicht erwartet werden, dass ein Käufer aufgrund der bei Errichtung des Gebäudes eingesparten Baunebenkosten einen entsprechend höheren Kaufpreis entrichtet.

3.3.2.3 Ermittlung der Brutto-Grundfläche (BGF) und der reduzierten Brutto-Grundfläche (BGF$_{red}$)

a) *Allgemeines*

▶ *Vgl. Teil II Rn. 503 ff.*

89 Die der Ermittlung des Sachwerts der baulichen Anlage (z. B. des Gebäudesachwerts) nach § 22 Abs. 1 ImmoWertV zugrunde gelegte **Brutto-Grundfläche (BGF) ist** in einem Gutachten **in nachvollziehbarer Weise darzulegen.** Dies folgt aus dem allgemeinen Begründungs- und Sachaufklärungsgebot und den Sorgfaltspflichten (vgl. Teil II Rn. 369 ff.).

Die Ermittlung der maßgeblichen Brutto-Grundfläche (BGF) ist möglichst im Gutachten in nachvollziehbarer Weise darzustellen. Davon kann bei großen und kompliziert gestalteten baulichen Anlagen abgesehen werden, wenn eine vertrauenswürdige Flächenberechnung vorliegt. In diesem Fall muss die Flächenberechnung jedoch gründlich auf Plausibilität überprüft werden. Im Rahmen der **„Plausibilisierung" vorliegender Flächenberechnungen** müssen Unstimmigkeiten erkannt und offengelegt werden, soweit sie objektiv erkennbar sind. Aus diesem Grunde ist eine eigehende Befassung mit der Ermittlung der maßgeblichen Brutto-Grundfläche unverzichtbar.

b) *Brutto-Grundfläche (BGF) nach DIN 277*

90 Die Brutto-Grundfläche (BGF) ist in der DIN 277-1:2005-02 als die **Summe der nutzbaren Grundflächen aller Grundrissebenen eines Bauwerks einschließlich deren konstruktiven Umschließungen** definiert. Die von der BGF erfassten Nutzungen ergeben sich aus der DIN 277-2:2005-02 (Abb. 4):

Abb. 4: Nutzungsgruppen und Gliederung der Netto-Grundfläche (Tabelle 1 DIN 277-2:2005-02)

Nr.	Netto-Grundflächen	Nutzungsgruppe
1	Nutzflächen (NF)	Wohnen und Aufenthalt
2		Büroarbeit
3		Produktion, Hand- und Maschinenarbeit, Experimente
4		Lagern, Verteilen und Verkaufen
5		Bildung, Unterricht und Kultur
6		Heilen und Pflegen
7		Sonstige Nutzflächen
8	Technische Funktionsfläche (TF)	Technische Anlagen
9	Verkehrsfläche (VF)	Verkehrserschließung und -sicherung

Zur Brutto-Grundfläche i. S. der DIN 277 gehören nicht die **Flächen, die keine nutzbaren Grundrissebenen** von Geschossen, Zwischengeschossen, Dachgeschossen oder Dachflächen sind, z. B.

— Flächen, die ausschließlich der Wartung, Inspektion und Instandsetzung von Baukonstruktionen und technischen Anlagen bzw. der Schornsteinreinigung dienen, z. B. *nicht nutzbare* Dachflächen, fest installierte Dachleitern und -stege, Wartungsstege in abgehängten Decken, Gewölbedecken in Kirchen,

— nicht begehbare oder nutzbare Dachflächen (z. B. Flächen von Flachdächern, die nicht als Dachterrasse genutzt werden),

— konstruktive Hohlräume, z. B. über abgehängten Decken,

— Zwischenräume bei Kaltdächern,

— Kriechkeller,

— Flächen von Hohlräumen zwischen Gelände und Unterfläche des Bauwerks.

Zur **steuerlichen Bewertung** vgl. Anl. 24 zu § 190 Abs. 1 Satz 4 und 5 BewG.

Der **Begriff der „Nutzbarkeit"** ist gesetzlich nicht definiert und bedarf einer anwendungsbezogenen Auslegung. Dabei muss berücksichtigt werden, dass die gesamte Fläche einer Dachgeschossebene mit den „vollen" gebäudespezifischen Normalherstellungskosten in die Sachwertermittlung eingeht, wenn sie als Brutto-Grundfläche qualifiziert wird. Von daher ist für die Auslegung des Begriffs der „nutzbaren" Dachgeschossfläche zu fordern, dass die Fläche mit dem für die übrigen Geschossebenen üblichen Aufwand erstellt worden ist und nicht etwa lediglich mit rigipsverkleideten Dachsparren, einer ausziehbaren Leiter oder einer einfachen „Jägertreppe".

Nutzbarkeit einer Grundrissebene setzt in diesem Sinne voraus, dass die Fläche zugänglich und begehbar ist, ohne dass sie ausgebaut sein muss (i. S. der NHK). Dementsprechend muss eine nutzbare Grundrissebene

— über eine **„ortsfeste" Treppe**[45] zugänglich und

— auf **„fester" Decke** begehbar sein.

Ein Anschluss des Dachgeschosses mit den üblichen Versorgungsleitungen wird dagegen zu fordern sein.

---

[45] Vgl. z. B. § 36 BauO Nordrh.-Westf. Die nutzbare Breite der Treppen und Treppenabsätze notwendiger Treppen muss mindestens 1 m betragen; in Wohngebäuden mit nicht mehr als zwei Wohnungen genügt eine Breite von 0,8 m (vgl. § 36 Abs. 5 BauO Nordrh.-Westf); dies gilt allerdings nicht für Treppen innerhalb von Wohnungen (vgl. § 36 Abs. 11 BauO Nordrh.-Westf.). Die ausnahmsweise zulässige einschiebbare Treppe fällt kostenmäßig nicht ins Gewicht und kann von daher nicht zur Qualifizierung der dadurch „erschlossenen" Grundrissebene als „nutzbare" BGF führen. So im Übrigen auch der DEBRIV in seiner Stellungnahme zur SachwertR vom 15.12.2011 (Ka111215).

IV Syst. Darst. Sachwertverfahren   BGF

Ein Ausbau des Dachgeschosses ist nicht erforderlich; es können auch **eingeschränkte bzw. untergeordnete Nutzungen in Betracht kommen**, wie beispielsweise als Lager- und Abstellfläche, Trockenräume oder Räume für betriebstechnische Anlagen (vgl. DIN 277-2:205-02).

92 Die **DIN 277 unterscheidet bei den Grundflächen in folgende Bereiche:**
- Bereich a: überdeckt und allseitig in voller Höhe umschlossen,
- Bereich b: überdeckt, jedoch nicht allseitig in voller Höhe umschlossen sowie
- Bereich c: nicht überdeckt.

Für die Ermittlung der BGF[46] sind die **äußeren Maße der Bauteile einschließlich Bekleidung**, z. B. Putz, Außenschalen, mehrschalige Wandkonstruktionen, in Höhe der Bodenbelagsoberkanten anzusetzen. Konstruktive und gestalterische Vor- und Rücksprünge der Grundrissfläche sowie Profilierungen, Fuß-, Sockelleisten, Schrammborde und Unterschneidungen sowie vorstehende Teile von Fenstern und Türbekleidungen bleiben unberücksichtigt.

Grundflächen von waagerechten Flächen sind aus ihren tatsächlichen Maßen, **Grundflächen von schräg liegenden Flächen**, z. B. Tribünen, Zuschauerräume, Treppen und Rampen, aus ihrer vertikalen Projektion zu ermitteln. Brutto-Grundflächen des Bereiches b sind an Stellen, an denen sie nicht umschlossen sind, bis zur vertikalen Projektion ihrer Überdeckung zu ermitteln. Brutto-Grundflächen von Bauteilen (Konstruktions-Grundflächen), die zwischen den Bereichen a und b liegen, sind dem Bereich a zuzuordnen.

b) Reduzierte Brutto-Grundfläche (BGF_{red}) nach NHK 2010 der SachwertR

▶ *Vgl. Rn. 72*

93 **Bezugsgrundlage der NHK 2010 ist** nicht die Brutto-Grundfläche (BGF) i. S. der DIN 277, sondern **eine reduzierte BGF (BGF_{red})**, die sich in Anlehnung an die DIN-Vorschrift nach Maßgabe folgender Besonderheiten ermittelt (vgl. Abb. 5):

a) Die reduzierte BGF ergibt sich zunächst auf der Grundlage der Teilbereiche a und b (sog. a- und b-Flächen) der DIN 277, d. h. **ohne Berücksichtigung der c-Flächen** (Nr. 4.1.1.4 Abs. 2 Satz 2 SachwertR).

b) **Dachgeschosse mit einer lichten Höhe kleiner als 1,25 m** sollen nach Nr. 4.1.1.4 Abs. 6 Satz 3 SachwertR nicht nutzbar i. S. der DIN 277 sein und sind dann bei der Berechnung der reduzierten BGF nicht zu berücksichtigen, selbst wenn sie zugänglich und begehbar sind.

c) Des Weiteren sollen bei der Ermittlung der reduzierten BGF **überdeckte Balkone** (b-Flächen i. S. der DIN 277) nicht berücksichtigt werden. Dies ergibt sich aus Nr. 4.1.1.4 Abs. 2 Satz 3 SachwertR, nach der Balkone, auch wenn sie überdeckt sind[47], dem Bereich c zugeordnet werden sollen (vgl. Abb. 5); hiervon abweichend werden Balkone nach Nr. 4.1.1.7 SachwertR allesamt den besonderen Bauteilen zugeordnet.

d) Schließlich sollen auch die **Grundrissebenen von Spitzböden unberücksichtigt** bleiben, auch wenn sie nutzbar sind und die gleichen Merkmale wie die darunterliegende Grundrissebene aufweisen. Dies ergibt sich aus Nr. 4.1.1.4 Abs. 5 Satz 1 i. V. m. Nr. 4.1.1.6 Abs. 4 SachwertR.

---

46 Zur Ermittlung vgl. Kleiber, Verkehrswertermittlung von Grundstücken, 6. Aufl. 2010, S. 308 ff.
47 Überdachte Balkone sind b-Flächen und werden nach der DIN 277 grundsätzlich mit der BGF erfasst.

Abb. 5: Brutto-Grundfläche

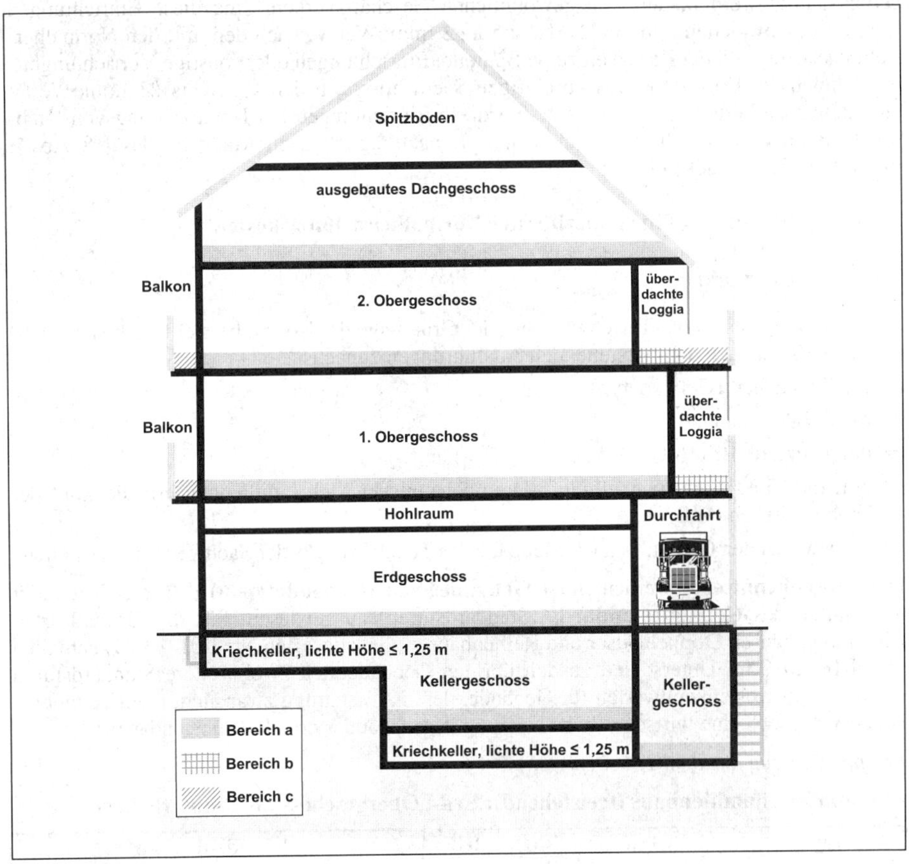

Balkone sind offene aus der Außenwand oberhalb der Geländeoberfläche hervorkragende Austritte. Die **Loggia** unterscheidet sich vom Balkon dadurch, dass der Austritt innerhalb der Außenwand, d. h. innerhalb der Kubatur, des Gebäudes liegt.

Die vorstehenden von den Regelungen der DIN 277 abweichenden Besonderheiten machen ergänzende Berechnungen erforderlich, wenn z. B. **eine BGF-Berechnung auf der Grundlage der DIN 277** aus den Bauakten bereits vorliegt, denn diese **kann nicht mehr unmittelbar herangezogen werden**.

Geht man von vorliegenden BGF-Berechnung aus, so ist diese Berechnung zu mindern um

– die c-Flächen,

– die Flächen überdachter Balkone (b-Flächen) und

– ggf. um Dachgeschosse mit einer lichten Höhe kleiner als 1,25 m.

Des Weiteren müssen vorliegende auf der Grundlage der DIN 277 erstellte BGF-Berechnungen um die Grundrissebene eines ggf. vorhandenen nutzbaren Spitzbodens vermindert werden, wenn man entgegen der hier vertretenen Auffassung tatsächlich den ausgebauten Spitzboden nach den abzulehnenden Hinweisen der 4.1.1.6 Abs. 4 SachwertR berücksichtigen will.

Im Übrigen sind nach der hier vertretenen Auffassung c-Flächen sowie besondere Bauteile i. d. R. vernachlässigbar, wenn sie den üblichen Umfang von bis zu 2 % der Herstellungskosten nicht überschreiten (vgl. Rn. 65 und Rn. 226). Dagegen muss jedoch **ein übergroßer und**

IV Syst. Darst. Sachwertverfahren NHK

vom üblichen Umfang abweichender Anteil an Balkonen[48], Dachterrassen und Ähnliches berücksichtigt werden, denn im gewöhnlichen Geschäftsverkehr sind diese Einrichtungen werthaltig. Abweichend von § 22 Abs. 2 Satz 2 ImmoWertV, nach dem mit den Normalherstellungskosten „nicht erfasste einzelne Bauteile, Einrichtungen oder sonstige Vorrichtungen" im Rahmen der Ermittlung des vorläufigen Sachwerts nach den §§ 21 bis 23 ImmoWertV unmittelbar zu berücksichtigen sind, sind diese Einrichtungen bei Heranziehung von Sachwertfaktoren der Gutachterausschüsse i. d. R. nachträglich nach Maßgabe des § 8 Abs. 3 ImmoWertV zu berücksichtigen.

3.3.3 Ermittlung objektspezifischer Normalherstellungskosten

3.3.3.1 Übersicht

94 Zur Ermittlung des Gebäudesachwerts auf der Grundlage der Normalherstellungskosten 2010 (NHK 2010) ist nach den vorstehenden Ausführungen zunächst

a) die Gebäudeart (Gebäudetyp),

b) der Gebäudestandard,

c) die reduzierte Brutto-Grundfläche (BGF_{red}) und

d) ggf. die Trauflänge, Giebelbreite, Drempel und bei Mehrfamilienhäusern die Zahl der Wohneinheiten (WE)

des zu bewertenden Gebäudes nach Maßgabe des Tabellenwerks der SachwertR festzustellen.

Die **Kostenkennwerte** werden **nach Gebäudearten (Gebäudetypen) differenziert nach** drei Stufen des **Gebäudestandards** (Standardstufen) ausgewiesen. Für die Gebäudearten Einfamilienhäuser, Doppelhäuser und Reihenhäuser (Gebäudearten Nr. 1.01 – 3.33) enthalten die NHK 2010 im Unterschied zu den übrigen Gebäudearten zwei weitere Standardstufen (1 und 2) mit Kostenkennwerten für Gebäude, deren Ausstattung zwar nicht mehr zeitgemäß ist, aber dennoch eine wirtschaftliche Nutzung des Gebäudes erlaubt (Substandard).

Beispiel (Auszug aus dem Tabellenwerk):

Ein- und Zweifamilienhaus (freistehend): Erd-, Obergeschoss nicht unterkellert

	Typ	BRI*/BGF	BGF*/WF	Gebäudestandard				
				1	2	3	4	5
Dachgeschoss voll ausgebaut	1.31	2,97	1,5	720	800	920	1 105	1 385
				Angaben in €/m² BGF				
					80	120	185	280
Dachgeschoss nicht ausgebaut	1.32	2,67	2,1	620	690	790	955	1 190
				Angaben in €/m² BGF				
					70	100	165	235
Flachdach oder flach geneigtes Dach	1.33	3,37	1,4	785	870	1 000	1 205	1 510
				Angaben in €/m² BGF				
					85	130	205	305

* Der hier angegebene Nutzflächenfaktor und das hier angegebene Ausbauverhältnis sind dem vom BMVBW veröffentlichten Vorentwurf (vgl. GuG 2012, 29) entnommen.

Die pro Quadratmeter (reduzierter) Brutto-Grundfläche angegebenen Normalherstellungskosten können nicht einer bestimmten Fläche eines Gebäudes zugeordnet werden, denn es handelt sich um einen **„Mischkostenansatz" für das Gesamtobjekt**, das gegebenenfalls ein Kellergeschoss und ein (ausgebautes oder nicht ausgebautes) Dachgeschoss[49] umfasst, wobei

---

48 Überdachte Balkone sind b-Flächen und werden mit der BGF erfasst.
49 Als „Dachgeschoss" bezeichnet man üblicherweise einen als Wohn- und Gewerbefläche ausgebauten Dachboden.

es ohne Belang ist, ob es sich dabei um ein Vollgeschoss handelt und wie hoch z. B. der Wohn- und Nutzflächenanteil ist (Abb. 6).

Abb. 6:   Normalherstellungskosten 2010

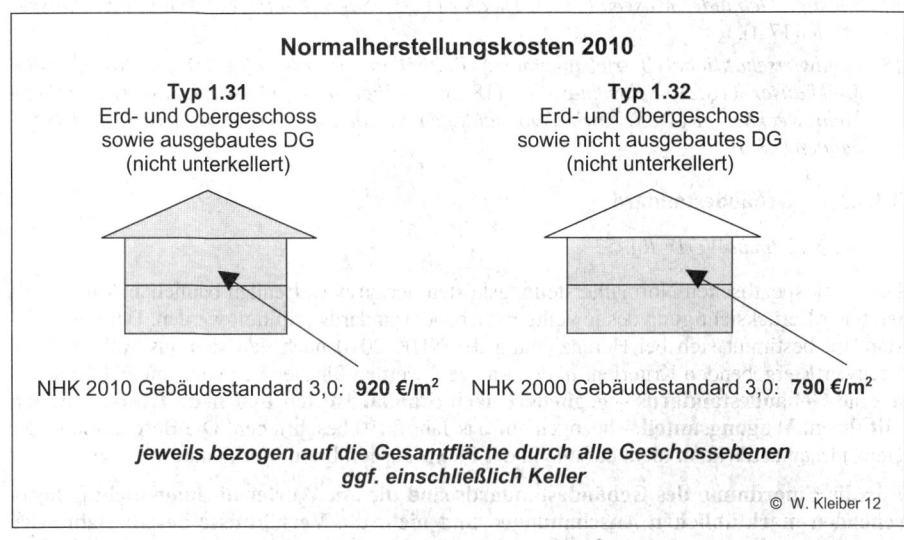

3.3.3.2   Gebäudeart

▶ *§ 8 ImmoWertV Rn. 27 ff. sowie bei der steuerlichen Bewertung vgl. § 8 ImmoWertV Rn. 47 ff.; § 10 ImmoWertV Rn. 72; Syst. Darst. des Sachwertverfahrens Rn. 95*

Nach den NHK 2010 ist zwischen folgenden **Gebäudearten** zu unterscheiden: 95

1. *Freistehende Ein- und Zweifamilienhäuser*, gegliedert nach Geschossen, Dachausbau und Gebäudestandards,
2. *Doppel- und Reihenendhäuser*, gegliedert nach Geschossen, Dachausbau und Gebäudestandards,
3. *Reihenmittelhäuser*, gegliedert nach Geschossen, Dachausbau und Gebäudestandards,
4. *Mehrfamilienhäuser*, gegliedert nach Anzahl der Wohneinheiten und Gebäudestandards,
5. *Wohnhäuser mit Mischnutzung, Banken/Geschäftshäuser*, gegliedert nach Gebäudestandards,
6. *Bürogebäude*, gegliedert nach Bauweisen und Gebäudestandards,
7. *Gemeindezentren, Saalbauten/Veranstaltungsgebäude*, gegliedert nach Gebäudestandards,
8. *Kindergärten, Schulen*, gegliedert nach Gebäudestandards,
9. *Wohnheime, Alten-/Pflegeheime*, gegliedert nach Gebäudestandards,
10. *Krankenhäuser, Tageskliniken, Ärztehäuser,*
11. *Beherbergungsstätten* (Hotels), gegliedert nach Gebäudestandards,
12. *Sporthallen, Freizeitbäder/Heilbäder*, gegliedert nach Nutzungen und Gebäudestandards,
13. *Verbrauchermärkte, Kauf-/Warenhäuser, Autohäuser*, gegliedert nach Gebäudestandards,
14. *Garagen*, gegliedert nach Einzel- und Mehrfach-, Hoch- und Tiefgaragen sowie Nutzfahrzeuggaragen, gegliedert nach Gebäudestandards,

15. *Betriebs-/Werkstätten, Produktionsgebäude*, gegliedert nach Geschossigkeit, Hallenanteil, Bauweise und Gebäudestandards,

16. *Lager-/Versandgebäude*, gegliedert nach anteiliger Mischnutzung und Gebäudestandards,

17. *Sonstige Gebäude: Museen* (17.1), *Theater* (17.2), *Sakralbauten* (17.3) *und Friedhofsgebäude* (17.4),

18. *Landwirtschaftliche Betriebsgebäude: Reithallen, Pferdeställe* (18.1), *Rinderställe, Melkhäuser* (18.2), *Schweineställe* (18.3), *Geflügelställe* (18.4), *Landwirtschaftliche Mehrzweckhallen* (18.5) *sowie Außenanlagen zu allen landwirtschaftlichen Betriebsgebäuden* (18.6).

3.3.3.3 Gebäudestandard

▶ *Vgl. § 22 ImmoWertV Rn. 52*

96 Die objektspezifischen Normalherstellungskosten der zu bewertenden baulichen Anlage sollen unter Berücksichtigung des jeweiligen Gebäudestandards ermittelt werden. Der Gebäudestandard bestimmt sich bei Heranziehung der NHK 2010 nach den sich aus Anlage 2 der SachwertR ergebenden Kriterien. In der Anlage 2 werden für die oben genannten Gebäudearten die **Gebäudestandards – gegliedert nach Standardstufen und neun Kostengruppen mit ihrem Wägungsanteil** – bezogen auf das Jahr 2010 beschrieben. Die Beschreibung der Gebäudestandards kann nicht auf alle in der Praxis ausgeführten Merkmale zutreffen.

97 **Für die Einordnung des Gebäudestandards sind die am Wertermittlungsstichtag herrschenden marktüblichen Anschauungen und nicht die Verhältnisse des Baujahrs der baulichen Anlage maßgebend.** Ein baujahrsüblicher bei Errichtung des Gebäudes hoher Gebäudestandard kann mithin am Wertermittlungsstichtag ein „Substandard" sein (z. B. Gebäudestandard 1). Gebäude mit einschaligem Mauerwerk, Holzdielenböden, Nachtspeicherheizungen, unzeitgemäße bzw. fehlende Wärmedämmung sind nicht mehr zeitgemäß und den untersten Gebäudestandards zuzuordnen. Verblendmauerwerke, die im Zuge einer Wärmedämmung nicht mehr sichtbar sind, können mithin auch nicht zu einem höheren Gebäudestandard führen.

98 Zu alledem führt **Nr. 4.1.1.2 Abs. 2 der SachwertR** aus:

„(2) Die Einordnung zu einer Standardstufe ist insbesondere abhängig vom Stand der technischen Entwicklung und den bestehenden rechtlichen Anforderungen am Wertermittlungsstichtag. Sie hat unter Berücksichtigung der für das jeweilige Wertermittlungsobjekt am Wertermittlungsstichtag relevanten Marktverhältnisse zu erfolgen. Dafür sind die Qualität der verwandten Materialen und der Bauausführung, die energetischen Eigenschaften sowie solche Standardmerkmale, die für die jeweilige Nutzungs- und Gebäudeart besonders relevant sind, wie z. B. Schallschutz oder Aufzugsanlagen in Mehrfamilienhäusern, von Bedeutung. Bei den freistehenden Ein- und Zweifamilienhäusern, Doppelhäusern und Reihenhäusern, (Gebäudearten Nr. 1.01 – 3.33) enthalten die NHK 2010 zwei weitere Standardstufen (1 und 2) mit Kostenkennwerten für Gebäude, deren Standardmerkmale zwar nicht mehr zeitgemäß sind, aber dennoch eine zweckentsprechende Nutzung des Gebäudes erlauben. Bei den übrigen Gebäudearten ist ein entsprechender Abschlag wegen nicht mehr zeitgemäßer Standardmerkmale sachverständig vorzunehmen."

99 Die in der Tabelle angegebenen Jahreszahlen beziehen sich im Übrigen auf die im jeweiligen Zeitraum gültigen **Wärmeschutzanforderungen**; in Bezug auf das konkrete Bewertungsobjekt ist zu prüfen, ob von diesen Wärmeschutzanforderungen abgewichen wird.

Auszug aus Anl. 2 zu der SachwertR

		Standardstufe		
1	2	3	4	5
Außenwände				**Wägungsanteil: 23 %**
Holzfachwerk, Ziegelmauerwerk; Fugenglattstrich, Putz, Verkleidung mit Faserzementplatten, Bitumenschindeln oder einfache Kunststoffplatten; kein oder deutlich nicht zeitgemäßer Wärmeschutz (vor ca. 1980)	ein-/zweischaliges Mauerwerk, z. B. Gitterziegel oder Hohlblocksteine; verputzt und gestrichen oder Holzverkleidung; nicht zeitgemäßer Wärmeschutz (vor ca. 1995)	ein-/zweischaliges Mauerwerk, z. B. aus Leichtziegeln, Kalksandsteinen, Gasbetonsteinen; Edelputz; Wärmedämmverbundsystem oder Wärmedämmputz (nach ca. 1995)	Verblendmauerwerk, zweischalig, hinterlüftet, Vorhangfassade (z. B. Naturschiefer); Wärmedämmung (nach ca. 2005)	aufwendig gestaltete Fassaden mit konstruktiver Gliederung (Säulenstellungen, Erker etc.), Sichtbeton-Fertigteile, Natursteinfassade, Elemente aus Kupfer-/Eloxalblech, mehrgeschossige Glasfassaden; Dämmung im Passivhausstandard
Dach				**Wägungsanteil: 15 %**
Dachpappe, Faserzementplatten/Wellplatten; keine bis geringe Dachdämmung	einfache Betondachsteine oder Tondachziegel, Bitumenschindeln; nicht zeitgemäße Dachdämmung (vor ca. 1995)	Faserzement-Schindeln, beschichtete Betondachsteine und Tondachziegel, Folienabdichtung; Rinnen und Fallrohre aus Zinkblech; Dachdämmung (nach ca. 1995)	glasierte Tondachziegel, Flachdachausbildung tlw. als Dachterrassen; Konstruktion in Brettschichtholz, schweres Massivflachdach; besondere Dachformen, z. B. Mansarden-, Walmdach; Aufsparrendämmung, überdurchschnittliche Dämmung (nach ca. 2005)	hochwertige Eindeckung z. B. aus Schiefer oder Kupfer, Dachbegrünung, befahrbares Flachdach; aufwendig gegliederte Dachlandschaft, sichtbare Bogendachkonstruktionen; Rinnen und Fallrohre aus Kupfer; Dämmung im Passivhausstandard
Fenster und Außentüren				**Wägungsanteil: 11 %**
Einfachverglasung; einfache Holztüren	Zweifachverglasung (vor ca. 1995); Haustür mit nicht zeitgemäßem Wärmeschutz (vor ca. 1995)	Zweifachverglasung (nach ca. 1995), Rollläden (manuell); Haustür mit zeitgemäßem Wärmeschutz (nach ca. 1995)	Dreifachverglasung, Sonnenschutzglas, aufwendigere Rahmen, Rollläden (elektr.); höherwertige Türanlage, z. B. mit Seitenteil, besonderer Einbruchschutz	Große feststehende Fensterflächen, Spezialverglasung (Schall- und Sonnenschutz); Außentüren in hochwertigen Materialien
Innenwände und -türen				**Wägungsanteil: 11 %**
Fachwerkwände, einfache Putze/Lehmputze, einfache Kalkanstriche; Füllungstüren, gestrichen, mit einfachen Beschlägen ohne Dichtungen	massive tragende Innenwände, nicht tragende Wände in Leichtbauweise (z. B. Holzständerwerk mit Gipskarton), Gipsdielen; leichte Türen, Stahlzargen	nicht tragende Innenwände in massiver Ausführung bzw. mit Dämmmaterial gefüllte Ständerkonstruktionen; schwere Türen, Holzzargen	Sichtmauerwerk, Wandvertäfelungen (Holzpaneele); Massivholztüren, Schiebetürelemente, Glastüren, strukturierte Türblätter	gestaltete Wandabläufe (z. B. Pfeilervorlagen, abgesetzte oder geschwungene Wandpartien); Vertäfelungen (Edelholz, Metall), Akkustikputz, Brandschutzverkleidung; raumhohe aufwendige Türelemente
Deckenkonstruktion und Treppen				**Wägungsanteil: 11 %**
Holzbalkendecken ohne Füllung, Spalierputz; Weichholztreppen in einfacher Art und Ausführung; kein Trittschallschutz	Holzbalkendecken mit Füllung, Kappendecken; Stahl- oder Hartholztreppen in einfacher Art und Ausführung	Beton- und Holzbalkendecken mit Tritt- und Luftschallschutz (z. B. schwimmender Estrich); geradläufige Treppen aus Stahlbeton oder Stahl, Harfentreppe, Trittschallschutz	Decken mit größerer Spannweite, Deckenverkleidung (Holzpaneele/Kassetten); gewendelte Treppen aus Stahlbeton oder Stahl, Hartholztreppenanlage in besserer Art und Ausführung	Decken mit großen Spannweiten, gegliedert, Deckenvertäfelungen (Edelholz, Metall); breite Stahlbeton-, Metall- oder Hartholztreppenanlage mit hochwertigem Geländer

IV Syst. Darst. Sachwertverfahren NHK

Standardstufe				
1	2	3	4	5
Fußböden				**Wägungsanteil: 5 %**
ohne Belag	Linoleum-, Teppich-, Laminat- und PVC-Böden einfacher Art und Ausführung	Linoleum-, Teppich-, Laminat- und PVC-Böden besserer Art und Ausführung, Fliesen, Kunststeinplatten	Natursteinplatten, Fertigparkett, hochwertige Fliesen, Terrazzobelag, hochwertige Massivholzböden auf gedämmter Unterkonstruktion	hochwertiges Parkett, hochwertige Natursteinplatten, hochwertige Edelholzböden auf gedämmter Unterkonstruktion
Sanitäreinrichtungen				**Wägungsanteil: 9 %**
einfaches Bad mit Stand-WC, Installation auf Putz, Ölfarbenanstrich, einfache PVC-Bodenbeläge	1 Bad mit WC, Dusche oder Badewanne; einfache Wand- und Bodenfliesen, teilweise gefliest	1 Bad mit WC, Dusche und Badewanne, Gäste-WC; Wand- und Bodenfliesen, raumhoch gefliest	1–2 Bäder mit tlw. zwei Waschbecken, tlw. Bidet/Urinal, Gäste-WC, bodengleiche Dusche; Wand- und Bodenfliesen; jeweils in gehobener Qualität	mehrere großzügige, hochwertige Bäder, Gäste-WC; hochwertige Wand- und Bodenplatten (oberflächenstrukturiert, Einzel- und Flächendekors)
Heizung				**Wägungsanteil: 9 %**
Einzelöfen, Schwerkraftheizung	Fern- oder Zentralheizung, einfache Warmluftheizung, einzelne Gasaußenwandthermen, Nachtstromspeicher-, Fußbodenheizung (vor ca. 1995)	elektronisch gesteuerte Fern- oder Zentralheizung, Niedertemperatur- oder Brennwertkessel	Fußbodenheizung, Solarkollektoren für Warmwassererzeugung, zusätzlicher Kaminanschluss	Solarkollektoren für Warmwassererzeugung und Heizung, Blockheizkraftwerk, Wärmepumpe, Hybrid-Systeme; aufwendige zusätzliche Kaminanlage
Sonstige technische Ausstattung				**Wägungsanteil: 6 %**
sehr wenige Steckdosen, Schalter und Sicherungen, kein Fehlerstromschutzschalter (FI-Schalter), Leitungen teilweise auf Putz	wenige Steckdosen, Schalter und Sicherungen	zeitgemäße Anzahl an Steckdosen und Lichtauslässen, Zählerschrank (ab 1985) mit Unterverteilung und Kippsicherungen	zahlreiche Steckdosen und Lichtauslässe, hochwertige Abdeckungen, dezentrale Lüftung mit Wärmetauscher, mehrere LAN- und Fernsehanschlüsse	Video- und zentrale Alarmanlage, zentrale Lüftung mit Wärmetauscher, Klimaanlage, Bussystem

100   Die Wägungsanteile der neun Kostengruppen sind unterschiedlich, sodass im Einzelfall für das zu bewertende Gebäude der jeweilige **Gebäudestandard als gewichtetes Mittel** ermittelt werden muss. Des Weiteren ist zu beachten, dass die angegebenen Normalherstellungskosten auch jeweils nur für die angegebenen Gebäudestandards gelten, d. h., bei *besonders exklusivem oder besonders zurückgebliebenem Gebäudestandard* müssen die angegebenen Normalherstellungskosten erhöht bzw. vermindert werden.

Abb. 7: Wägungsanteile der Kostengruppen

Wägungsanteile der Kostengruppen	
Kostengruppe	Kostenanteil in %
1. Außenwände	23
2. Dächer	15
3. Außentüren und Fenster	11
4. Innenwände	11
5. Deckenkonstruktion und Treppen	11
6. Fußböden	5
7. Sanitäreinrichtungen	9
8. Heizung	9
9. Sonstige technische Ausstattung	6
Zusammen	**100**

Die **Einordnung des zu bewertenden Objektes durch eine Benotung der jeweiligen Kostengruppe stellt eine Schätzung dar.** Die zu den Kostengruppen angegebenen Wägungsanteile dürfen nicht zu der Annahme verleiten, der Gebäudestandard lasse sich mathematisch exakt berechnen. Der im konkreten Fall vorliegende Gebäudestandard lässt sich damit gleichwohl als gewogener Gebäudestandard „berechnen", indem der jeweiligen Benotung der angegebene Wägungsanteil als Gewicht zugeordnet wird. Dabei können selbst innerhalb einer Kostengruppe unterschiedliche Standards gegeben sein. Ein Gebäude kann z. B. in den verschiedenen Wohn- bzw. Gewerbeeinheiten unterschiedliche Sanitäreinrichtungen, Bodenbeläge, technische Ausstattung oder z. B. an seiner Vorder- und Rückseite qualitativ unterschiedliche Fassaden (Außenwände mit einem Wägungsanteil von 23 %) aufweisen.

101

Beispiel

102

Zu bewerten ist ein Gebäude des Typs 1.22. Die Benotung des Gebäudestandards in den jeweiligen Kostengruppen ergibt sich aus dem nachfolgenden Berechnungsschema (kursiv). Zu den Kostengruppen Außenanlagen, Fußböden und Sanitäreinrichtungen werden entsprechend dem Anteil am Gesamtgebäude unterschiedliche Benotungen gegeben, und zwar:

- Die Außenwände sind zu 30 % der Stufe 4 und zu 70 % der Stufe 3 zuzuordnen.
- Die Fußböden sind zu 50 % der Stufe 3 und zu 50 % der Stufe 2 zuzuordnen.
- Die Sanitäreinrichtungen sind zu 60 % der Stufe 4 und zu 40 % der Stufe 3 zuzuordnen.

Hinweis: Die Summe der Anteile innerhalb einer Kostengruppe muss 100 % ergeben, d. h. im Berechnungsschema zusammen 1,0 ergeben.

IV Syst. Darst. Sachwertverfahren   NHK

Berechnungsschema
zur Ermittlung eines gewichteten Standards und gewichteter Normalherstellungskosten

Ausstattungsmerkmal	Standardeinstufung 1	2	3	4	5	Wägungs-anteil	Standard gew.	anteilige NHK gewogen
Außenwände			0,3			0,23	0,76*	62,10** €/m² BGF
Dächer *(Anteil in % des Bewertungsobjekts in der Stufe 4)*				0,7				119,95 €/m² BGF
Dächer				1,0		0,15	0,45	111,75 €/m² BGF
								0,00 €/m² BGF
Außentüren und Fenster				1,0		0,11	0,44	99,00 €/m² BGF
								0,00 €/m² BGF
Innenwände				1,0		0,11	0,33	81,95 €/m² BGF
								0,00 €/m² BGF
Deckenkonstruktion und Treppen				1,0		0,11	0,44	99,00 €/m² BGF
								0,00 €/m² BGF
Fußböden Σ stets 1,0			0,5			0,07	0,18	26,08 €/m² BGF
		0,5						22,75 €/m² BGF
Sanitäreinrichtungen					0,6	0,07	0,25	37,80 €/m² BGF
				0,4				20,86 €/m² BGF
Heizung				1,0		0,09	0,36	81,00 €/m² BGF
								0,00 €/m² BGF
Sonstige technische Einrichtungen				1,0		0,06	0,18	44,70 €/m² BGF
								0,00 €/m² BGF
						Σ = 1,00		
						Gewogener Standard = 3,39		
Typ des zu bewertenden Gebäudes								
Typ 1.22	585	650	745	900	1125	Gewogene NHK = 807 €/m² BGF		

* Berechnung: Gewogene Standardeinstufung [(4,0 × 0,3 × 23/100) + (3,0 × 0,7 × 23/100)] = 0,76
** Berechnung des gewogenen NHK-Anteils des Gebäudestandards:
900 €/m² × 0,3 × 23/100 = 62,10 €/m²

© W. Kleiber 12

103 Die **Normalherstellungskosten können auf der Grundlage des gewogenen Gebäudestandards** durch lineare Interpolation der jeweiligen Kostenkennwerte ermittelt werden:

Beispiel:

In dem Beispiel ergibt sich ein gewichteter Gebäudestandard von 3,39.

    Kostenkennwerte des Typs 1.33 für den
– Gebäudestandard 3:   745 €/m² BGF
– Gebäudestandard 4:   900 €/m² BGF
– Differenz: 55 €/m² BGF

Objektspezifische NHK 2010 = 745 €/m² BGF + (155 €/m² × 39/100) ≈ **805 €/m²**

104 Rechentechnisch genauer ist die **Ermittlung der gewogenen NHK** in der Weise, dass man nach Maßgabe des Berechnungsschemas den jeweiligen Anteil einer Standardstufe direkt mit dem jeweiligen Wägungsanteil und den jeweiligen Kostenkennwert der jeweiligen Standardstufe multipliziert und aufaddiert. Im Beispiel ergibt sich eine objektspezifische NHK von 807 €/m² BGF (statt 805 €/m² BGF). Die Unterschiede können durchaus auch größer sein und darin ist begründet, dass die Differenzen zwischen den verschiedenen Standardstufen unterschiedlich sind und dies mit der verfeinerten Berechnungsmethode berücksichtigt wird. Gleichwohl stellt dies i. d. R. eine übertriebene Rechenschärfe dar, denn bereits die zugrunde gelegten Kostenkennwerte haben eine Rechenunschärfe von +/– 25 % (vgl. Rn. 56).

3.3.3.4 Baualtersstufen (Gebäudebaujahrsklassen)

Schrifttum: *Böhning*, Altbaumodernisierung im Detail – Konstruktionsempfehlungen, 4. Aufl. 2002; *Eckermann/Preißler*, Altbaumodernisierung – Haustechnik, 2000 DVA Stuttgart; *Neddermann*, Kostenermittlung in der Altbauerneuerung – und technische Beurteilung von Altbauten, 2. Aufl. 2000.

▶ Vgl. *§ 14 ImmoWertV Rn. 64; § 22 ImmoWertV Rn. 50 ff.; § 24 ImmoWertV Rn. 4: zur Ermittlung des fiktiven Baujahrs bei unterlassener Instandhaltung und Modernisierung vgl. die Erläuterungen zu § 6 ImmoWertV Rn. 405*

Normalherstellungskosten ändern sich mit der Zeit aufgrund unterschiedlicher Bautechniken, Baustoffe, Baugestaltungen und Bauelemente sowie der sich wandelnden Zusammensetzung der maßgeblichen Kostengruppen. So hat z. B. der Anteil technischer Anlagen am Gebäude in den letzten 100 Jahren deutlich zugenommen, während der Anteil des Bauwerks (Baukonstruktion) an den gesamten Neubaukosten kontinuierlich abgenommen hat. Demzufolge müssen sich grundsätzlich auch die auf einen aktuellen Stichtag bezogenen Normalherstellungskosten für Gebäude unterschiedlicher Bauperioden (Baualtersstufen bzw. Gebäudebaujahrsklassen) grundsätzlich unterscheiden, und zwar – wie von in den aktuellen Baukostenwerken von *Schmitz/Krings/Dahlhaus/Meisel*[50] und seinerzeit von *Mittag*[51] festgestellt wurde – nicht unerheblich. Im Rahmen der empirischen Ableitung der Normalherstellungskosten 1995/2000 wurden nachstehende **Gebäudebaujahrsfaktoren** ermittelt, die das Verhältnis zu den auf das Jahr 2000 ermittelten Normalherstellungskosten abbilden. **105**

Berücksichtigung der Gebäudebaujahrsklasse		
Baualtersstufen ggf. fiktiv	**Gebäudebaujahrsfaktor näherungsweise**	**Bemerkungen**
vor 1925	0,70 – 0,74	Bei durchgreifend modernisierten oder überdurchschnittlich instand gesetzten Gebäuden sowie bei unterlassener Instandhaltung ist vom sog. fiktiven Baujahr auszugehen. – Bei durchgreifend modernisierten oder überdurchschnittlich instand gesetzten Gebäuden ist fiktiv eine entsprechend verjüngte Gebäudebaujahrsklasse zugrunde zu legen, die dem Standard der Gebäudebaujahrsklasse entspricht, der durch die Modernisierung herbeigeführt wurde, wenn dem nicht bereits durch Zuschläge Rechnung getragen wurde. – Bei unterlassener Instandhaltung ist entsprechend von einer älteren Baujahrsklasse auszugehen, wenn dem Instandhaltungsstau nicht in anderer Weise Rechnung getragen wird. Dies ist regelmäßig der Fall, wenn ein Instandsetzungsstau bereits durch Ansatz von Instandsetzungskosten nach Maßgabe des § 8 Abs. 3 ImmoWertV berücksichtigt wird.
1925–1945	0,74 – 0,76	
1946–1959	0,76 – 0,82	
1960–1969	0,82 – 0,86	
1970–1984	0,86 – 0,92	
1985–1999	0,92 – 0,99	
ab 2000	1,00	

Die **NHK 2010 unterscheiden** im Unterschied zu den NHK 1995/2000 **nicht mehr nach Baualtersstufen bzw. Gebäudebaujahrsklassen**. Dieser Mangel muss durch dementsprechend abgeleitete Sachwerfaktoren aufgefangen werden. **106**

---

50 Schmitz/Krings/Dahlhaus/Meisel, Baukosten 2010/11, Wingen Verlag Essen, S. 45.
51 Ermittlung von zeitgemäßen Normalherstellungskosten für die Belange der Verkehrswertermittlung, Forschungsbericht im Auftrag vom Bundesministerium für Raumordnung, Bauwesen und Städtebau, vorgelegt von Mittag, M.; Bundesanzeiger Verlag Köln 1996; vgl. die nach Baujahrklassen gegliederte Kostengliederung in Kleiber, Verkehrswertermittlung von Grundstücken, 6. Aufl., S. 1067 ff.

IV Syst. Darst. Sachwertverfahren NHK

107 Zur Begründung wird lapidar ausgeführt, dass die sachlich begründete Differenzierung der Normalherstellungskosten für Gebäude unterschiedlicher Bauperioden (Baualtersklassen bzw. Gebäudebaujahrsklassen) mit der Umstellung von einer progressiven zu einer linearen Alterswertminderung quasi „aufgefangen" werde[52]. Die **amtliche Begründung ist abwegig**.

– Tatsächlich kam die lineare Abschreibung insbesondere bei gewerblichen Objekten auch schon vor Inkrafttreten der ImmoWertV zur Anwendung, sodass sich die notwendige Differenzierung nach Baualtersklassen insoweit gar nicht kompensieren konnte.

– Die im Rahmen der Sachwertermittlung nach § 23 ImmoWertV anzusetzende **Alterswertminderung hat mit der Abhängigkeit der gewöhnlichen Herstellungskosten** (Normalherstellungskosten) **von der jeweiligen Baualtersstufe** (Gebäudebaujahrsklasse) **grundsätzlich nichts zu tun** (vgl. § 24 ImmoWertV Rn. 4)[53]. Bei den Normalherstellungskosten handelt es sich um „gewöhnliche" Herstellungskosten, die für einen Neubau aufzubringen sind. Die **Neubaukosten baulicher Anlagen sind nun schon per definitionem lediglich von den zum jeweiligen Baujahr üblichen Herstellungskosten (Normalherstellungskosten) und nicht von dem in den Folgejahren bei der Wertermittlung zur Anwendung kommenden Alterswertminderungsmodell** abhängig. Dies gilt grundsätzlich auch für die empirische Ableitung von Normalherstellungskosten für Gebäude älterer Baualtersklassen (Gebäudebaujahrsklassen), denn auch dabei handelt es sich um Neubaukosten. Wenn die gewöhnlichen Herstellungskosten eines im Jahre 1920 errichteten Gebäudes (bezogen auf 2010) tatsächlich geringer als die eines im Jahre 2010 errichteten Gebäudes sind, so sind folgerichtig zunächst auch die geringeren Normalherstellungskosten anzusetzen.

– Abwegig ist im Übrigen auch die gelegentliche Feststellung, dass man auf eine Differenzierung der Normalherstellungskosten nach Baualtersklassen bzw. Gebäudebaujahrsklassen verzichten könne, weil die Berücksichtigung der unterschiedlichen Normalherstellungskosten für unterschiedliche Baualtersklassen (Gebäudebaujahrsklassen) eine „Marktanpassung" sei. Richtig ist dagegen, dass man mit der Ableitung von baujahrsspezifischen Sachwertfaktoren die unterschiedlichen Normalherstellungskosten quasi kompensatorisch „auffangen" kann[54].

Bei der empirischen Ableitung der Normalherstellungskosten 2000 erschien es angezeigt, die Normalherstellungskosten nicht nur nach Gebäudetypen und Ausstattungsstandards, sondern auch nach Baualtersstufen (Gebäudebaujahrsklassen) zu unterscheiden, denn **in den unterschiedlichen Bauperioden ist nun einmal mit erheblich unterschiedlichem Kostenaufwand gebaut worden, der dementsprechend auch zu unterschiedlichen Normalherstellungskosten führen muss**[55]. Die NHK 2000 waren deshalb aus gutem Grunde auch nach Gebäudebaujahrsklassen gegliedert, denn mit den Normalherstellungskosten soll dem Anwender zunächst ermöglicht werden, die Neubaukosten von Gebäuden aller Baualtersklassen (Gebäudebaujahrsklassen) – und nicht nur von Neubauten – möglichst realitätsnah zu ermitteln. Die Alterswertminderung hat bei der empirischen Ableitung der NHK 2000 deshalb keine Rolle gespielt[56].

---

52 Initiiert durch ein Schreiben des BMVBS vom 9.12.2010 und den daraus gezogen abwegigen Folgerungen der Obersten Baubehörde im Bayerischen Staatsministerium des Innern; anders: Bekanntmachung der Senatsverwaltung für Stadtentwicklung vom 10.11.2010 – ABl. Berlin 2010, 1886.

53 Die irrige Feststellung ist durch den missverständlichen Hinweis im Forschungsbericht „Aktuelle Gebäudesachwerte in der Verkehrswertermittlung" des Baukosteninformationszentrums der Deutschen Architektenkammern ausgelöst worden, dass sich die Restwertfunktion nach Ross (100 % – Alterswertminderung) mit der Altersklassenfunktion, die den NHK 2005 zugrunde liegt, fast eine lineare Alterswertminderung ergebe. Diese Feststellung durfte das Baukosteninformationszentrums jedoch nicht veranlassen, die Gebäudebaujahrsklassen bei der Ableitung der Normalherstellungskosten für ältere Gebäudebaujahrsklassen zu ignorieren und das Problem in ein irgendwie geartetes Alterswertminderungsmodell zu verlagern.

54 Eine Reihe von Gutachterausschüssen für Grundstückswerte haben schon in der Vergangenheit ihre Sachwertfaktoren in Abhängigkeit von Gebäudebaujahrsklassen abgeleitet und dieser Trend muss sich verstärken, wenn die Gebäudebaujahrsklassen nicht schon direkt mit den Normalherstellungskosten erfasst werden.

55 Allein schon ein Langzeitvergleich der von den statistischen Ämtern veröffentlichten Kostengliederungen nach Bauelementen macht deutlich, dass sich die Normalherstellungskosten unterschiedlicher Gebäudebaujahrsklassen erheblich unterscheiden.

56 Von daher ist die durch das Schreiben des BMVBS vom 9.12.2010 ausgelöste Auffassung der Obersten Baubehörde im Bayerischen Staatsministerium des Innern abwegig, die NHK 2000 basieren nicht auf linearer Abschreibung (vgl. GuG-aktuell 2011, 5) und deshalb könne die lineare Alterswertminderung nicht zur Anwendung kommen. Der Berliner Gutachterausschuss hat inzwischen den Beweis angetreten, dass es doch geht (Bekanntmachung der Senatsverwaltung für Stadtentwicklung vom 10.11.2010 – ABl. Berlin 2010, 1886), ebenso unsinnig RdSchr. des Ministeriums für Inneres und Kommunales des Landes Nordrhein-Westfalen vom 3.8.2010 (GeschZ 32 – 51.11.01 – 9210) an die Gutachterausschüsse für Grundstückswerte in Nordrhein-Westfalen sowie an den Oberen Gutachterausschuss für Grundstückswerte im Land Nordrhein-Westfalen betr. Übergangsregelung für die Anwendung des Sachwertverfahrens nach ImmoWertV (vgl. GuG 2012, 28).

Dementsprechend wird auch in der **steuerlichen Bewertung** – unabhängig von der Alterswertminderung – die Baualtersstufe (Gebäudebaujahrsklasse) gesondert berücksichtigt (§ 190 Abs. 1 Satz 1 BewG i. V. m. Anl. 25).

Bei Anwendung der NHK 2010 kommt es aufgrund der aufgegebenen Differenzierung der ausgewiesenen Kostenkennwerte nach Baualtersklassen (Gebäudebaujahrsklassen) mehr als bisher darauf an, die unterschiedlichen Ausstattungsstandards der verschiedenen Bauperioden möglichst mit dem „richtigen" *Gebäudestandard* zu erfassen. Der **Gebäudestandard ist – wie ausgeführt, nach den Anschauungen und der „Baukultur" des Wertermittlungsstichtags zu bestimmen**, sodass z. B. der zeitlich überholte Gebäudestandard eines älteren und nicht modernisierten Gebäudes zwangsläufig zu einer „niedrigen" Gebäudestandardstufe führt.

Darüber hinaus bleibt abzuwarten, ob die Gutachterausschüsse für Grundstückswerte nunmehr dazu übergehen werden, **Sachwertfaktoren in Abhängigkeit von Baualtersstufen (Gebäudebaujahrsklassen)** abzuleiten (vgl. § 14 ImmoWertV Rn. 64, 69; so z. B. in den Grundstücksmarktberichten von *Frankfurt an der Oder* (2011), *München, Düsseldorf, Bonn, Duisburg*).

3.3.3.5 Geschosshöhe

▶ *Vgl. § 8 ImmoWertV Rn. 250, 441*

Das amtlich bekannt gemachte Tafelwerk der Normalherstellungskosten macht – anders noch als das Tafelwerk zu den NHK 2000 – keine Angabe zu der durchschnittlichen Geschosshöhe, die den angegebenen Kostenkennwerten bzw. den jeweiligen Gebäudetypen zugrunde liegt. Diesbezüglich kann allenfalls auf die jeweiligen Angaben der Vorveröffentlichung[57] zurückgegriffen werden. **Bei alldem ist aber entscheidend, welche Geschosshöhe mit dem Sachwertfaktor in die Marktwertermittlung eingeht**. Aus diesem Grunde ist zu fordern, dass der Gutachterausschuss bei der Veröffentlichung von Sachwertfaktoren auch die durchschnittliche Geschosshöhe des Referenzgrundstücks angibt. Im Einzelfall kann es geboten sein, davon abweichende Geschosshöhen ggf. nach Maßgabe des § 8 Abs. 3 ImmoWertV ergänzend zu berücksichtigen.

Bei Verwendung von Kubikmeterpreisen für großvolumige Gebäudearten wird die Frage aufgeworfen, ob sich mit zunehmender **Geschosshöhe** der **Raummeterpreis** verringert, da vor allem im Niveau des Erdgeschosses sowie des Dachs kostenintensive Bauleistungen enthalten sind und ansonsten mit zunehmender Geschosshöhe der Luftraum erfasst wird. Dafür sprechen auch die von *Schieweg* veröffentlichten Untersuchungen[58]. Neuere Untersuchungen im Bereich der Bundesfinanzverwaltung haben indessen ergeben, dass sich mit zunehmender Geschosshöhe die Kubikmeterpreise keinesfalls signifikant vermindern, da mit höheren Geschosshöhen **Mehrkosten bei den Außenwänden insbesondere im Hinblick auf den nicht unerheblich zunehmenden Winddruck einhergehen**[59].

3.3.4 Korrekturfaktoren zu den Kostenwerten der NHK 2010

3.3.4.1 Allgemeines

▶ *Vgl. Rn. 77*

Die NHK 2010 sehen **Korrekturfaktoren** vor für die Berücksichtigung

– von *freistehenden Zweifamilienhäusern*,
– der *Wohnungsgröße und der Grundrisse* von Mehrfamilienhäusern und Wohnhäusern mit Mischnutzung sowie
– von *Gebäudegrößen und Unterbauten landwirtschaftlicher Gebäudearten*.

---
57 Abgedruckt in GuG 2012, 29 ff.
58 Vgl. *Schieweg*, Bauwerkspreise, Verlag für Wirtschaft und Verwaltung Hubert Wingen, Essen 1993, abgedruckt in Kleiber, Verkehrswertermittlung von Grundstücken, 6. Aufl. 2010, S. 1932.
59 Vgl. Darstellung in Kleiber, Verkehrswertermittlung von Grundstücken, 6. Aufl. 2010, S. 1932.

IV Syst. Darst. Sachwertverfahren — Korrekturfaktoren

Des Weiteren sollen die in den NHK 2010 ausgewiesenen Kostenkennwerte in bestimmten Fällen modifiziert werden, um die Kostenkennwerte speziellen Merkmalen des zu bewertenden Grundstücks anzupassen, nämlich zur Berücksichtigung

- eines *fehlenden bzw. vorhandenen Drempels* bei **Gebäudearten mit ausgebautem bzw. nicht ausgebautem, aber ausbaufähigem Dachgeschoss** (vgl. Nr. 4.1.1.5 Abs. 3 Satz 1 bis 3 SachwertR),
- einer *eingeschränkten Nutzbarkeit des Dachgeschosses* bei **Gebäudearten mit nicht ausgebautem und nicht ausbaufähigem Dachgeschoss** bzw. mit Flachdach oder flach geneigtem Dach (vgl. Nr. 4.1.1.5 Abs. 2 Satz 2 SachwertR) sowie
- eines **ausgebauten Spitzbodens** bei Gebäudearten mit ausgebautem Dachgeschoss (vgl. Nr. 4.1.1.5 Abs. 3 Satz 4 SachwertR).

Die hiernach an den in Tabellenwerten der Normalherstellungskosten ausgewiesenen Kostenkennwerte anzubringenden Zu- bzw. Abschläge vermindern den jeweiligen Kostenkennwert.

Nach den SachwertR ist in diesem Zusammenhang zwischen folgenden Fallgestaltungen zu unterscheiden:

Abb. 8: Nutzbarkeit von Dachgeschossen

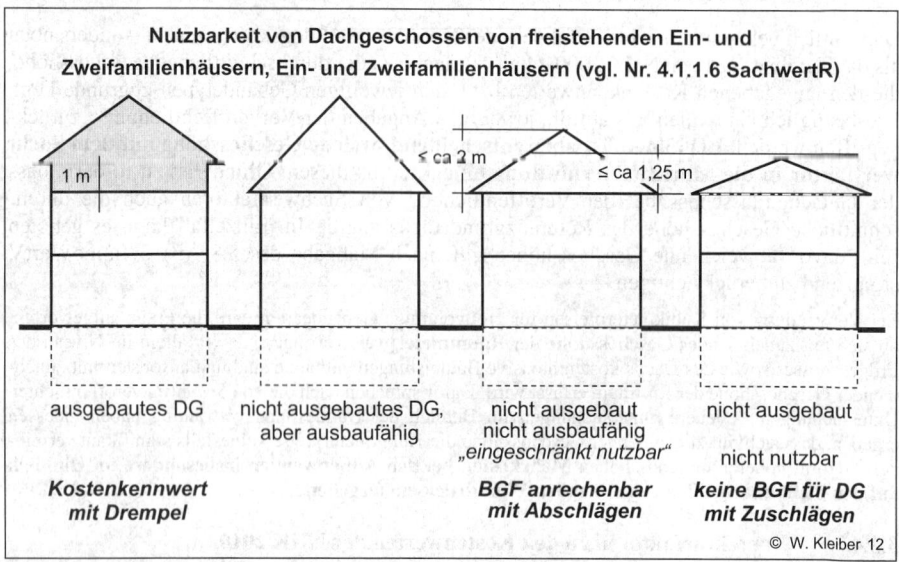

112 Die in diesen Sonderfällen nach Nr. 4.1.1.5 Abs. 2 Satz 2 der SachwertR an die Kostenkennwerte anzubringenden **Abschläge** sind aus vielerlei Gründen **äußerst problematisch**:

a) So soll die Nutzbarkeit des Dachgeschosses, wie noch näher dargelegt wird, in Abhängigkeit von der Giebelbreite und Trauflänge der zu bewertenden baulichen Anlage bestimmt werden, obwohl die den angesetzten Kostenkennwerten zugrunde liegenden Giebelbreiten und Trauflängen noch nicht einmal ansatzweise bekannt sind, um entsprechende Abweichungen sachgerecht berücksichtigen zu können.

b) Die vom BMVBS veröffentlichte Vorversion des Tabellenwerks[60] mit den dort ausgewiesenen mittleren Geschosshöhen lässt erkennen, dass nicht in jedem Fall davon ausgegangen werden kann, dass bei ausgebautem Dachgeschoss stets ein Drempel unterstellt werden kann. Gleichwohl wird mit der SachwertR unterstellt, dass – wie noch näher dar-

---

60 GuG 2012, 29.

gelegt wird – bei fehlendem Drempel die Kostenkennwerte zu vermindern sind. Entsprechendes gilt umgekehrt für Gebäude ohne ausgebautes Dachgeschoss.

c) Die genannten Korrekturen betreffen jeweils den Kostenkennwert, der bei der Ermittlung des Sachwerts eines Gebäudes auf die gesamte Brutto-Grundfläche angewandt wird, obwohl die Besonderheiten lediglich das Dachgeschoss betreffen. Dies hat beispielsweise zur Folge, dass bei einer (wegen einer lichten Höhe von 2 m) eingeschränkten Nutzbarkeit des Dachgeschosses der für das Gesamtgebäude maßgebliche Kostenkennwert vermindert wird. Dies wiederum hat zur Folge, dass sich die Minderung der Herstellungskosten bei einer bestimmten Dachgeschossebene verdoppeln würde, wenn sich die BGF des Gebäudes verdoppelt.

Die Regelungen sind bei alledem abzulehnen, denn sie gaukeln eine nicht gegebene Rechenschärfe vor, die mit den ohnehin nicht vertrauenswürdigen Kostenkennwerten der NHK 2010 unvereinbar ist. Die **Wirtschaftlichkeit eines Dachgeschosses kann einfach und plausibel nach dem Verhältnis der Wohnfläche des Dachgeschosses zu seiner Brutto-Grundfläche beurteilt werden.** 113

Des Weiteren müssen die bundesdurchschnittlichen Kostenkennwerte der Normalherstellungskosten 2010 (NHK 2010) den örtlichen Verhältnissen angepasst werden, denn die gewöhnlichen Herstellungskosten baulicher Anlagen weichen in den Regionen (Bundesländer) und Ballungsräumen (Ortsgrößen) teilweise erheblich voneinander ab. Davon ist bei Heranziehung regionalisierender Sachwertfaktoren abzusehen.

3.3.4.2 Korrekturfaktor für freistehende Zweifamilienhäuser

Die in Anlage 1 der SachwertR für freistehende Einfamilienhäuser abgedruckten Kostenkennwerte sind nach einer dort gegebenen Fußnote mit einem Korrekturfaktor von 1,05 zu multiplizieren, wenn sie zur Ermittlung der Herstellungskosten von freistehenden Zweifamilienhäusern herangezogen werden. 114

3.3.4.3 Gebäude mit ausgebautem Dachgeschoss ohne Drempel

Bei **Gebäuden mit ausgebautem Dachgeschoss**[61] **wird** mit Nr. 4.1.1.5 Abs. 3 Satz 3 der **SachwertR unterstellt, dass die dafür ausgewiesenen Kostenkennwerte einen Drempel aufweisen**, denn ein fehlender Drempel soll in Abhängigkeit von der Dachneigung, Giebelbreite und Drempelhöhe wertmindernd berücksichtigt werden. 115

Hieraus folgt, dass – abweichend von den Vorentwürfen zu der SachwertR – ein fehlender Drempel nicht durch einen Korrekturfaktor zum Kostenkennwert berücksichtigt werden soll, sondern allenfalls „*wertmindernd*" als besonderes objektspezifisches Grundstücksmerkmal nach § 8 Abs. 3 ImmoWertV.

Der äußerst problematische Vorschlag der AGVGA Nordrhein-Westfalen, in die SachwertR **Korrekturfaktoren für einen „fehlenden Drempel" aufzunehmen, ist damit verworfen worden.** Allein der dachgeschossspezifische Nutzflächenfaktor gibt ein ausreichendes Bild über die Nutzbarkeit des Dachgeschosses. Dafür braucht es noch nicht einmal der Feststellung, ob und ggf. mit welcher Höhe ein Drempel vorhanden ist. Nachstehend sind die abzulehnenden Korrekturfaktoren nach dem Vorentwurf der SachwertR abgedruckt:

---

61   Gebäudearten 1.01; 2.01; 3.01; 1.11; 2.11; 3.11; 1.21; 2.21; 3.21; 1.31; 2.31; 3.31.

IV Syst. Darst. Sachwertverfahren — Korrekturfaktoren

Abgelehnter Vorschlag für Korrekturfaktoren für Gebäude mit ausgebautem Dachgeschoss bei fehlendem Drempel

Gebäudeart	Abschlag an dem Kostenkennwert für die Gebäudeart mit ausgebautem Dachgeschoss	
	6 m Trauflänge 8 m Giebelbreite Standardstufe 2	14 m Trauflänge 14 m Giebelbreite Standardstufe 4
1.01 / 2.01 / 3.01	6,0 %	2,0 %
1.11 / 2.11 / 3.11	4,5 %	1,5 %
1.21 / 2.21 / 3.21	7,5 %	2,5 %
1.31 / 2.31 / 3.31	5,5 %	1,5 %

116 Anwendungsbeispiel:
Einfamilienhaus, Gebäudetyp 1.01,
kein Drempel
12,5 m Trauflänge,
10 m Giebelbreite
Standardstufe 3

Ermittlung des Orientierungswerts für den Abschlag wegen fehlendem Drempel

	Interpolierte Abschläge für die einzelnen Merkmale
Trauflänge: 12,5 m Giebelbreite: 10,0 m Standardstufe 3	2,8 % 4,7 % 4,0 %
Mittelwert	3,8 %
Ergebnis	**Abschlag zum Kostenkennwert = rd. 4,0 %**

3.3.4.4 Gebäude mit nicht ausgebautem Dachgeschoss und Drempel

117 Bei **Gebäuden mit nicht ausgebautem, aber ausbaubarem und voll nutzbarem Dachgeschoss** wurde mit dem Entwurf der **SachwertR** unterstellt, dass die dafür ausgewiesenen **Kostenkennwerte keinen Drempel aufweisen**, denn ein vorhandener Drempel sollte in Abhängigkeit von der Trauflänge und der Giebelbreite durch einen Zuschlag berücksichtigt werden. Dabei wiederum wurde eine Drempelhöhe von 1 m unterstellt. Auch dieser äußerst problematische Vorschlag der AGVGA Nordrhein-Westfalen ist aus den oben stehenden Gründen verworfen worden.

Abgelehnter Vorschlag für Korrekturfaktoren für Gebäude mit nicht ausgebautem Dachgeschoss bei fehlendem Drempel

Gebäudeart	Zuschlag zum Kostenkennwert für die Gebäudeart ohne ausgebautes Dachgeschoss	
	6 m Trauflänge 8 m Giebelbreite Standardstufe 2	14 m Trauflänge 14 m Giebelbreite Standardstufe 4
1.02/ 2.02/ 3.02	7,5 %	2,5 %
1.12/ 2.12/ 3.12	5,5 %	2,0 %
1.22/ 2.22/ 3.22	10,5 %	3,5 %
1.32/ 2.32/ 3.32	6,5 %	2,5 %

118 Anwendungsbeispiel:
Einfamilienhaus, Gebäudetyp 1.02,
mit Drempel (1 m)
12,5 m Trauflänge,
10 m Giebelbreite
Standardstufe 3

Ermittlung des Orientierungswerts für den Zuschlag wegen vorhandenem Drempel

	Interpolierte Zuschläge für die einzelnen Merkmale
Trauflänge: 10,0 m Giebelbreite: 11,0 m Standardstufe 3	3,4 % 5,8 % 5,0 %
Mittelwert	4,8 %
Ergebnis	**Zuschlag zum Kostenkennwert = rd. 5,0 %**

3.3.4.5 Eingeschränkt nutzbare Dachgeschosse

▶ *Vgl. Rn. 70; § 8 ImmoWertV Rn. 250, 411*

a) Allgemeines

Zur Brutto-Grundfläche gehören nur die *nutzbaren* Grundrissebenen von Dachgeschossen oder Dachflächen. **Nutzbarkeit einer Grundrissebene setzt voraus, dass die Fläche zugänglich und begehbar** ist, **ohne dass sie ausgebaut sein** muss. Nicht nutzbar sind z. B. belüftete Dächer, die nur einen Notzugang haben und nur eingeschränkt begehbar sind. Die Nutzbarkeit beschränkt sich nicht nur auf Hauptnutzungen (z. B. Wohn- oder Büronutzung), sondern auch auf untergeordnete bzw. eingeschränkte Nutzungen (vgl. DIN 277- 2:205-02), wie beispielsweise die Nutzung als Lager- und Abstellfläche oder für betriebstechnische Anlagen.

Aus der Dachkonstruktion (u. a. Dachneigung, Vorhandensein von Drempeln bzw. Dachgauben) der Gebäudegeometrie und der Giebelhöhe können sich bei alledem **Unterschiede hinsichtlich der wirtschaftlichen Nutzbarkeit** ergeben, die im Rahmen der Wertermittlung angemessen zu berücksichtigen sind. Nr. 4.1.1.6 der SachwertR unterscheidet zwischen zwei Fällen:

b) *Gebäuden mit Flachdächern und sehr flach geneigten Dächern mit lichte Höhe kleiner als 1,25 m*

Bei Gebäuden mit **flach geneigten Dächern** (z. B. Pultdächer) **und einer maximalen lichten Höhe von 1,25 m** ist eine Nutzbarkeit nicht gegeben. Aus diesem Grunde soll die Grundfläche des Dachgeschosses – analog zu der Nichtberücksichtigung von Kriechkellern – gar nicht erst in die BGF eingehen, auch wenn die Fläche begehbar sein mag. Derartige Dachgeschosse verfügen i. d. R. auch nicht über eine feste Treppe und sind auch mangels ausreichender Zugänglichkeit nicht als „nutzbar" einzustufen und damit bei der Ermittlung der BGF auch nicht zu berücksichtigen.

Nach dem Entwurf der SachwertR sollten derartige Grundrissebenen dennoch zu einer Erhöhung des Kostenkennwerts führen. Auch diese Empfehlung ist abzulehnen, denn auch nach dieser Empfehlung soll sich der Kostenkennwert des Gesamtgebäudes um 0 – 4 % erhöhen und auch diese Erhöhung ist nicht von der BGF des Gesamtobjektes abhängig. Der Vorschlag ist verworfen worden und hat keine Aufnahme in die Richtlinie gefunden.

Abgelehnter Vorschlag für Korrekturfaktoren für Gebäude mit Flachdach oder sehr flach geneigtem Dach (Höhe ca. 1,25 m)

Berücksichtigung des Grades der Nutzbarkeit des Dachgeschosses bei den Kostenkennwerten				
Dachgeschoss	Gebäudeart	BGF der DG-Ebene	Zuschlag zum jeweiligen Kostenkennwert	Abschlag vom jeweiligen Kostenkennwert
nicht ausgebaut, nicht nutzbar flach geneigtes Dach	1.03 / 1.13 / 1.33 2.03 / 2.13 / 2.33 3.03 / 3.13 / 3.33 1.23 / 2.23 / 3.23	Wird nicht angerechnet	0 – 4 % 0 – 4 % 0 – 4 % 0 – 6 %	- - - -

IV Syst. Darst. Sachwertverfahren — Korrekturfaktoren

c) *Gebäuden mit Flachdächern und flach geneigten Dächern mit eingeschränkter Nutzbarkeit (lichte Höhe kleiner als 2,00 m)*

123 Ein nicht ausgebautes und nicht ausbaufähiges Dachgeschoss gilt nach Nr. 4.1.1.4 Abs. 6 der SachwertR als „eingeschränkt nutzbar", wenn es an der höchsten Stelle eine **lichte Höhe aufweist, die größer als ca. 1,25 m und kleiner als ca. 2,00 m ist** und eine untergeordnete Nutzung (vgl. DIN 277-2:2005-02), z. B. als Lager- und Abstellräume, Räume für betriebstechnische Anlagen, möglich ist. Nach dem Entwurf der SachwertR sollten in diesem Fall die jeweiligen Kostenkennwerte abgesenkt werden. Der nachstehend abgedruckte Vorschlag ist nicht in die SachwertR aufgenommen worden.

Abgelehnter Vorschlag für Korrekturfaktoren für Gebäude mit nicht ausgebautem und eingeschränkt nutzbarem Dachgeschoss (Höhe ≤ ca. 2,00 m)

Berücksichtigung des Grades der Nutzbarkeit des Dachgeschosses bei den Kostenkennwerten				
Dachgeschoss	Gebäudeart	BGF der DG-Ebene	Zuschlag zum jeweiligen Kostenkennwert	Abschlag vom jeweiligen Kostenkennwert
nicht ausgebaut, eingeschränkt nutzbar	1.02 / 1.12 / 1.32	Wird angerechnet	-	4 – 12 %
	2.02 / 2.12 / 2.32		-	4 – 12 %
	3.02 / 3.12 / 3.32		-	4 – 12 %
	1.22 / 2.22 / 3.22		-	6 – 18 %

Nach Nr. 4.1.1.5 Abs. 2 Satz 2 der SachwertR soll im hier behandelten Fall einer **eingeschränkten Nutzbarkeit des Dachgeschosses** (nicht ausbaufähig) **„in der Regel ein Abschlag vom Kostenkennwert für die Gebäudeart mit nicht ausgebautem Dachgeschoss"** angesetzt werden. Die Höhe des Abschlags wird nicht vorgegeben; der angesetzte Abschlag soll jedoch begründet werden. Diese Empfehlung ist abzulehnen, denn ein Abschlag vom Kostenkennwert läuft im Ergebnis auf einen Korrekturfaktor hinaus, der dann die Herstellungskosten auch der übrigen Geschossebenen mindern, auch wenn sie durch die eingeschränkte Nutzbarkeit des Dachgeschosses gar nicht betroffen sind (vgl. Rn. 111).

3.3.4.6 Spitzboden bei Wohngebäuden

▶ *Vgl. Rn. 88, 111 sowie § 8 ImmoWertV Rn. 250, Rn. 411 ff.*

a) Allgemeines

124 Unter einem Spitzboden soll in den nachfolgenden Ausführungen eine im Satteldach befindliche Grundrissebene verstanden werden, die i. S. der DIN 277 nutzbar sein kann und in diesem Fall nach den Regelungen der DIN 277 in die Brutto-Grundfläche eingeht. Eine **nutzbare Grundrissebene** kann wie für die darunterliegende Dachgeschossebene angenommen werden, wenn der Spitzboden über eine begehbare Decke verfügt und durch eine ortsfeste Treppe zugänglich ist (vgl. Rn. 88).

Ob ein Spitzboden als Aufenthaltsraum genutzt werden darf, richtet sich nach bauordnungsrechtlichen Vorschriften[62].

125 Ist die **Grundrissebene des Spitzbodens nicht nutzbar** i. S. der DIN 277, dann ist der Spitzboden nicht werthaltig und kann i. d. R. vernachlässigt werden; er könnte allenfalls mit einem geringen Zuschlag als „besonderes Bauteil" berücksichtigt werden, wenn dies tatsächlich dem gewöhnlichen Geschäftsverkehr entspräche.

Die folgenden Ausführungen sollen sich deshalb auf **„nutzbare" Spitzböden** in *ausgebautem* oder *nicht ausgebautem* Zustand beziehen.

126 Das Tafelwerk der NHK 2010 sieht für Gebäude mit nutzbaren Spitzböden – ausgebaut oder nicht ausgebaut – keine besonderen Kostenkennwerte vor. Dafür besteht auch gar keine Not-

---

[62] BVerwG, Urt. vom 9.11.1990 – 8 C 81/89-, NJW-RR 1991, 400 (LS) = WuM 1991, 407 = BBauBl. 1991, 767 (LS) = DÖV 1991, 517.

wendigkeit, denn der Spitzboden geht nach den vorstehenden Ausführungen grundsätzlich mit seiner nutzbaren Brutto-Grundfläche ohnehin in die Ermittlung der gewöhnlichen Herstellungskosten des Gebäudes ein, d. h., die **Fläche des Spitzbodens geht wie die darunterliegende nutzbare Dachgeschossfläche in die Brutto-Grundfläche** ein, wenn die Fläche i. S. der DIN 277 nutzbar ist (vgl. Syst. Darst. des Sachwertverfahrens Rn. 89).

Nach Nr. 4.1.1.1.4 Abs. 4 SachwertR soll die nutzbare Grundrissebene des Spitzbodens abweichend von den Regelungen der DIN 277 nicht in die Brutto-Grundfläche (BGF) der zu bewertenden baulichen Anlage eingehen, sodass die auf die Grundrissebene des Spitzbodens entfallenden Herstellungskosten auch nicht in die Ermittlung des vorläufigen Gebäudesachwerts eingehen können. Dies ist abzulehnen, denn **der Grundrissebene des Spitzbodens müssen dieselben Herstellungskosten zugeordnet werden, die dem darunterliegenden Dachgeschoss zugerechnet werden, wenn sie im Hinblick auf die Nutzbarkeit den gleichen baulichen Anforderungen entspricht und technisch gleichartig ist.** Nicht erhebliche Abweichungen können ggf. durch angemessene Ab- oder Zuschläge berücksichtigt werden. Soweit insbesondere aufgrund der lichten Höhe die Nutzung beeinträchtigt ist, muss dies durch angemessene Abschläge berücksichtigt werden. **127**

Im Rahmen der Ermittlung des Sachwerts von Gebäuden mit nutzbaren Spitzböden ist grundsätzlich zwischen drei Fallgestaltungen zu unterscheiden, von denen nur der Fall besondere Beachtung finden muss, in dem der Spitzboden abweichend vom übrigen Dachgeschoss ausgebaut ist (vgl. Abb. 9, Fall 3): **128**

Abb. 9: Fallgestaltungen

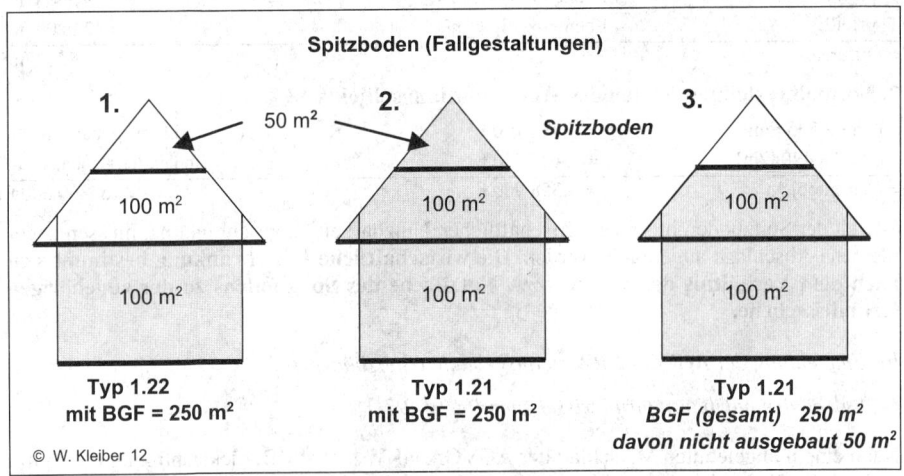

Ist der Spitzboden abweichend vom übrigen Dachgeschoss ausgebaut, so können die **Kosten des Ausbaus des Dachgeschosses** durch einen Vergleich der Gebäudetypen 1.11 und 1.12 (Gebäudestandard 3) ermittelt werden. **129**

IV Syst. Darst. Sachwertverfahren — Korrekturfaktoren

130 *Beispiel:*

Abb. 10: Berücksichtigung von Spitzböden

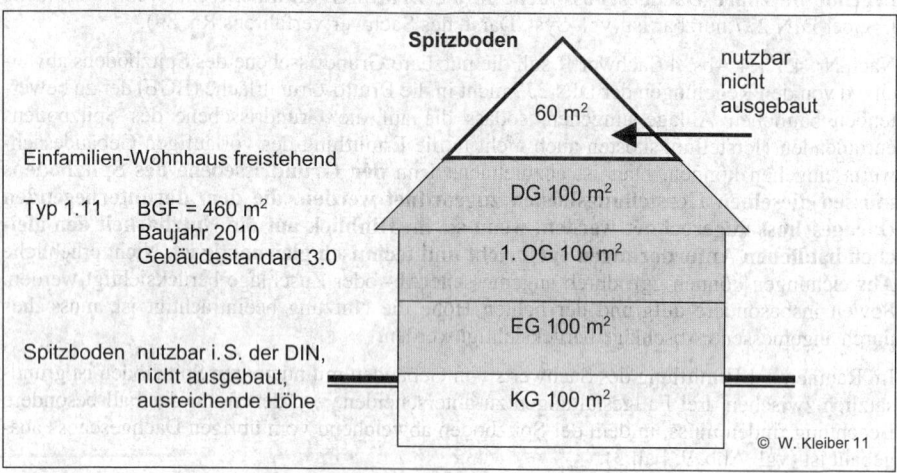

1. Normalherstellungskosten für Dachausbau

Typ 1.11:	4 Ebenen × 835 €/m²	= 3 340 €/m²
Typ 1.12:	4 Ebenen × 730 €/m²	= 2 920 €/m²
= Differenz		= 420 €/m²

2. Normalherstellungskosten des Wertermittlungsobjekts

460 m² × 835 €/m²	= 384 100 €	(Typ 1.11, ausgebautes DG)
− 60 m² × 420 €/m²	= − 25 200 €	(fehlender Dachausbau)
= Gesamtobjekt	= 358 900 €	= rd. 360 000 €

Soweit der Spitzboden in seiner wirtschaftlichen Nutzbarkeit eingeschränkt ist, müssen angemessene Abschläge angebracht werden. **Die wirtschaftliche Einschränkung bestimmt sich nach dem Verhältnis der Wohn- bzw. Nutzfläche des Spitzbodens zu der zugehörigen Grundrissebene.**

b) *Empfehlung der AGVGA NRW zu ausgebauten Spitzböden*

▶ *Vgl. zu den nutzbaren Grundrissebenen Rn. 91, 93*

131 Nach einem abgelehnten Vorschlag der AGVGA NRW soll zur Berücksichtigung des Spitzbodens der Kostenkennwert der jeweiligen Gebäudeart in Abhängigkeit von der Dachneigung, Giebelbreite und einem Drempel durch einen Zuschlag aufgestockt werden.

| Korrekturfaktoren | Syst. Darst. Sachwertverfahren IV |

Abgelehnter Vorschlag zur Berücksichtigung eines ausgebauten Spitzbodens*

Gebäudeart	Abschlag an dem Kostenkennwert für die Gebäudeart mit ausgebautem Dachgeschoss		Differenzen
	40° Dach 10 m Giebelbreite mit Drempel (1 m)** Standardstufe 4	50 ° Dach 14 m Giebelbreite mit Drempel (1 m)** Standardstufe 2	Dach 10 ° Giebelbreite: 4 m Standardstufe 2
1.01 / 2.01 / 3.01	7,5 %	14,0 %	6,5 %
1.11 / 2.11 / 3.11	5,5 %	10,5 %	5,0 %
1.21 / 2.21 / 3.21	9,5 %	17,5 %	8,0 %
1.31 / 2.31 / 3.31	7,0 %	13,0 %	6,0 %

* Die Tabelle unterstellt unzulässigerweise, dass sich zu Wohnzwecken ausbaubare, baurechtlich genehmigungsfähige Spitzböden i. d. R. nur bei Vorhandensein eines Drempels und ab einer Höhe des Dachraumes inkl. Drempel von ca. 5,2 m ergeben.
** Da die nutzbare Fläche des Spitzbodens umso größer wird, je höher der Drempel ist, sind die ermittelten Zuschläge wegen eines ausgebauten Spitzbodens je 0,5 m Drempelhöhe um ca. 1,5 Prozentpunkte zu erhöhen oder zu mindern.

Beispiel:

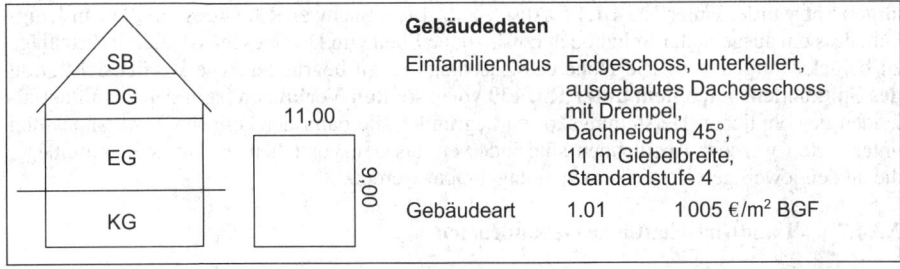

Gebäudedaten

Einfamilienhaus   Erdgeschoss, unterkellert, ausgebautes Dachgeschoss mit Drempel, Dachneigung 45°, 11 m Giebelbreite, Standardstufe 4

Gebäudeart   1.01   1 005 €/m² BGF

Ermittlung des interpolierten Zuschlags für das abweichende Einzelmerkmal Giebelbreite

Differenz zwischen dem Wert der linken und rechten Tabellenspalte (vgl. Tabelle bei Rn. 131):

Giebelbreite:	4 m
Abschläge:	6,5 %
Differenz zwischen linkem Tabellenwert und Giebelbreite:	1 m
Ausgangswert (Tabellenwert linke Spalte):	7,5 %
7,5 % + (6,5 % × 1 / 4) =	9,125 %
Ergebnis für das Merkmal *Giebelbreite*	ca. 9,1 %

Interpolierte Zuschläge für alle aufgeführten Merkmale

Dachneigung:	45°	10,8 %
Giebelbreite:	11 m	9,1 %
Standardstufe	4	7,5 %
Mittelwert		9,1 %
Drempelhöhe 0,5 m		abzüglich 1,5 %
Ergebnis Zuschlag zum Kostenkennwert:		rd. 7,5 %

zutreffender Kostenkennwert	1 005 €/m² BGF + 7,5 % × 1 005 €/m² BGF = 1 080 €/m² BGF	
Grundfläche 9 m × 11 m =	99 m²	BGF: 3 × 99 m² = 297 m²
Herstellungskosten	= 297 m² BGF × 1 080 €/m² BGF = 320 215 €	
Herstellungskosten	= 320 000 €	

IV Syst. Darst. Sachwertverfahren — Korrekturfaktoren

Soweit der Spitzboden in seiner wirtschaftlichen Nutzbarkeit eingeschränkt ist, müssen wiederum angemessene Abschläge angebracht werden (vgl. oben).

133 Das vorgestellte **Verfahren der AGVGA NRW ist** aus mehreren Gründen **abzulehnen** (vgl. Rn. 112):

1. Die im Tabellenwerk der NHK 2010 ausgewiesenen Kostenkennwerte lassen nicht erkennen, welche Giebelbreiten und Dachneigungen die den Kostenkennwerten zugrunde liegenden Objekte haben und ob und ggf. in welchem Umfang die Objekte Drempel haben. Wenn aber die Beschaffenheit der Objekte, die den Kostenkennwerten zugrunde liegen, nicht bekannt ist, können auch keine davon abhängigen Korrekturen daran angebracht werden.

2. Mit dem sich im vorstehenden Beispiel ergebenden Zuschlag von rd. 9 % sollen sich die Herstellungskosten des gesamten Gebäudes um diesen Prozentsatz erhöhen, d. h., der Kostenanteil eines Spitzbodens bestimmter Größe soll sich mit der BGF des übrigen Gebäudes erhöhen und vermindern. Würde man also im vorstehenden Beispiel die BGF des Gebäudes bei einem gleichbleibenden Spitzboden verdoppeln, müssten sich die Herstellungskosten des Spitzbodens rechnerisch verdoppeln.

Ergänzend ist darauf hinzuweisen, dass die **Aufnahme dieses Verfahrens in die SachwertR abgelehnt** wurde. Unter Nr. 4.1.1.5 Abs. 3 Satz 4 der SachwertR heißt es zu alledem lediglich, dass ein ausgebauter Spitzboden (zusätzliche Ebene im Dachgeschoss) „durch Zuschläge zu berücksichtigen" sei. Die Höhe des Zuschlags ist zu begründen. Die **Berücksichtigung des Spitzbodens nach dem unter Rn. 130 vorgestellten Verfahren** ist in den darauf entfallenden gewöhnlichen Herstellungskosten begründet, die dann der üblichen Marktanpassung unterworfen werden. Abzulehnen sind indessen aus den vorstehenden Gründen Zuschläge, die an den jeweiligen Kostenkennwert angebracht werden.

3.3.4.7 Landwirtschaftliche Gebäudearten

▶ Vgl. Teil II Rn. 506 f.

134 Des Weiteren werden für landwirtschaftliche Gebäudearten **Korrekturfaktoren für die Berücksichtigung der Gebäudegröße und des Unterbaus** angegeben.

3.3.4.8 Korrekturfaktoren für Mehrfamilienhäuser und Wohnhäuser mit Mischnutzung

▶ Vgl. § 22 ImmoWertV Rn. 65 ff.

135 Das Tabellenwerk der **NHK 2010 differenziert zwischen Mehrfamilienhäusern und Wohnhäusern mit Mischnutzung.** Als Wohnhäuser mit Mischnutzung sollen Gebäuden gelten, die überwiegend eine Wohnnutzung und einen geringen gewerblichen Anteil aufweisen. Der Wohnanteil soll ca. 75 % betragen; bei deutlich abweichenden Nutzungsanteilen soll eine Ermittlung durch Gebäudemix sinnvoll sein. Alle Gebäudearten werden darüber hinaus nach drei Gebäudestandards differenziert (3 bis 5).

136 Für (reine) Mehrfamilienhäuser werden Kostenkennwerte angegeben, differenziert nach der **Zahl der Wohneinheiten (WE)**, konkret nach Mehrfamilienhäusern mit

– bis zu sechs Wohneinheiten,

– sieben bis 20 Wohneinheiten und

– mehr als 20 Wohneinheiten.

Die Kostenkennwerte für *Mehrfamilienhäuser sowie Wohnhäuser mit Mischnutzung* beziehen sich auf Gebäude, die als Zweispänner mit einer durchschnittlichen Wohnungsgröße von 50 m^2 pro Wohneinheit (WE) errichtet wurden. Abweichungen von der **Art des Grundrisses und** der **Wohnungsgröße** sollen mit folgenden Korrekturfaktoren berücksichtigt werden:

Korrekturfaktoren für Mehrfamilienhäuser sowie Wohnhäuser mit Mischnutzung

für die Wohnungsgröße	für die Grundrissart
ca. 35m² WF/WE = 1,10	Einspänner = 1,05
ca. 50 m2 WF/WE = 1,00	**Zweispänner = 1,00**
ca. 135 m² WF/WE = 0,85	Dreispänner = 0,97
	Vierspänner = 0,95

Die Korrekturfaktoren lehnen sich an die mit den NHK 1995/2000 bereits vorgegebenen Korrekturfaktoren an, ohne dass sie aufeinander abgestimmt wurden. Die Korrekturfaktoren sind nämlich insoweit problematisch, weil sie sich zum Teil neutralisieren. Ein Einspänner weist in aller Regel zwangsläufig größere Wohnungen als Drei- oder Vierspänner auf, sodass der anzubringende Korrekturzuschlag durch den Korrekturabschlag für größere Wohnungsflächen aufgefangen wird[63].

3.3.4.9 Regionalisierung der Normalherstellungskosten

a) *Allgemeines*

Schrifttum: *Zaddach, S./Weitkamp, A./Käker, R./Alkhatib, H.*, Empirische Ableitung des Regionalfaktors mit statistischen Methoden, GuG 2011, 200.

▶ *Vgl. Rn. 27, 69 sowie § 22 ImmoWertV Rn. 43, 60 ff.; § 14 ImmoWertV Rn. 46, 85 ff.*

Die Kostenkennwerte der NHK 2010 sind Bundesmittelwerte. Tatsächlich weichen jedoch die gewöhnlichen Herstellungskosten baulicher Anlagen in den Regionen (Bundesländern) und Ballungsräumen (Ortsgrößen) teilweise erheblich voneinander ab. 137

Die örtliche Lage auf dem Baumarkt muss grundsätzlich berücksichtigt werden, auch wenn weder die ImmoWertV noch die SachwertR diesbezügliche Hinweise enthalten. Zur **Berücksichtigung der örtlichen Lage auf dem Baumarkt** kommen, sofern nicht aus dem örtlichen Baugeschehen abgeleitete Normalherstellungskosten herangezogen werden, grundsätzlich zwei Wege in Betracht: 138

1. Die sich auf das Bundesgebiet beziehenden Kostenkennwerte (der NHK 2010) werden durch **Orts- und Regionalfaktoren** bzw. mithilfe eines kombinierten Orts- und Regionalfaktors der örtlichen Lage angepasst (vgl. Abb. 11). Dabei müssen möglichst aktuelle, d. h. auf den Wertermittlungsstichtag bezogene Faktoren, herangezogen werden, wenn entsprechend den Vorgaben der Nr. 4.1.2 SachwertR die herangezogenen Kostenkennwerte der NHK 2010 mit dem Bundesbaupreisindex auf den Wertermittlungsstichtag indiziert wurden.

2. Die sich auf das Bundesgebiet beziehenden Kostenkennwerte (der NHK 2010) werden mit dem vom örtlichen Gutachterausschuss für Grundstückswerte nach Maßgabe des § 14 Abs. 3 ImmoWertV abgeleiteten Sachwertfaktor der örtlichen Lage angepasst. Voraussetzung dafür ist, dass der örtliche Gutachterausschuss für Grundstückswerte entsprechende **regionalisierende Sachwertfaktoren** abgeleitet hat (vgl. Rn. 69 sowie § 14 ImmoWertV Rn. 46, 85 ff.). Werden nämlich bei der Ableitung von Sachwertfaktoren die auf dem örtlichen Grundstücksmarkt anfallenden Kaufpreise in Beziehung zu ihren (vorläufigen) Sachwerten gesetzt, ohne dass dabei die örtliche Lage auf dem Baumarkt berücksichtigt wurde, geht die Lage auf dem örtlichen Baumarkt direkt in den Sachwertfaktor ein, und es bedarf keines gesonderten Ansatzes von Orts- und Regionalfaktoren. Orts- und Regionalfaktoren sind in diesem Fall allenfalls noch für die Sachwertermittlung von solchen Grundstücksarten erforderlich, für die der Gutachterausschuss für Grundstückswerte keine Sachwertfaktoren abgeleitet hat. Von dieser Vorgehensweise geht auch die SachwertR aus, denn nach Anl. 5 sind Orts- und Regionalfaktoren bei der Ableitung von Sachwertfaktoren nicht heranzuziehen.

---

63 Hierzu vgl. Kleiber, Verkehrswertermittlung von Grundstücken, 6. Aufl. 2010, S. 1857 f.

IV Syst. Darst. Sachwertverfahren   Korrekturfaktoren

b) *Orts- und Regionalfaktoren*

139 Orts- und Regionalfaktoren sind im Schrifttum und von der Immobilienwirtschaft wiederholt publiziert worden (vgl. Abb. 11):

Abb. 11:   Orts- und Regionalfaktoren

Regionalfaktoren nach Bundesländern					Ortsgrößenfaktoren	
Bundesdurchschnitt (1,00)					*Bundesdurchschnitt (1,00)*	
Bundesland	NHK 95	LBS**	S/K/G/M***		Ortsgröße	S/G/M***
	1995*	2012	2010/11	2012/13		
Baden-Württemberg	1,00 – 1,10	1,535	**1,02**	1,02		
Bayern	1,05 – 1,10	1,675	**1,03**	1,03	Großstädte mit mehr als 500 000 und weniger als 1 500 000 Einwohnern	1,03 – 1,10
Berlin	1,25 – 1,45	1,231	**1,05**	1,05		
Brandenburg	0,95 – 1,10	1,160	**1,00**	1,00		
Bremen	0,90 – 1,00	1,141	**0,98**	0,98	Städte mit mehr als 50 000 und weniger als 500 000 Einwohnern	0,98 – 1,03
Hamburg	1,25 – 1,30	1,291	**1,00**	1,00		
Hessen	0,95 – 1,00	1,478	**1,00**	1,00		
Mecklenburg-Vorpommern	0,95 – 1,10	1,123	**1,00**	1,00	Orte bis 50 000 Einwohner	0,95 – 0,98
Niedersachsen	0,75 – 0,90	1,147	**0,98**	0,98		
Nordrhein-Westfalen	9,90 – 1,00	1,296	**0,98**	0,98		
Rheinland-Pfalz	0,95 – 1,00	1,429	**0,98**	0,98	**Konjunkturelle Schwankungen**	
Saarland	0,85 – 1,00	1,320	**0,98**	0,98	Sehr gute konjunkturelle Lage	1,05
Sachsen	1,00 – 1,10	1,212	**1,00**	1,00	gute konjunkturelle Lage	1,03
Sachsen-Anhalt	0,90 – 0,95	1,050	**1,00**	1,00	mittlere konjunkturelle Lage	1,00
Schleswig-Holstein	0,90 – 0,95	1,238	**0,98**	0,98	schlechte konjunkturelle Lage	0,98
Thüringen	1,00 – 1,05	1,221	**1,00**	1,00	sehr schlechte konjunkturelle Lage	0,95

*   Einführungserlass des Bundesministeriums für Raumordnung, Bauwesen und Städtebau vom 1.8.1997 (abgedruckt bei Kleiber, WERTR 76/96, 7. Aufl. 2000 S. 151).
**   LBS Research 2012/Statistisches Bundesamt, vgl. GuG 2006, 232; vgl. auch die Kostenunterschiede in GuG-aktuell 2010, 22.
***   Schmitz/Krings/Gerlach/Meisel, Baukosten 2012/13, Verlag Wingen, 21. Aufl., S. 29.

Allgemeiner Hinweis:
1. Eine Regionalisierung mithilfe von Orts- bzw. Regionalfaktoren entfällt, wenn mit dem herangezogenen Sachwertfaktor eine Regionalisierung der angesetzten Normalherstellungskosten einhergeht.
2. Sofern mit dem herangezogenen Sachwertfaktor keine Regionalisierung einhergeht, ist grundsätzlich der vom Gutachterausschuss für Grundstückswerte im Rahmen seiner Ableitung von Sachwertfaktoren zugrunde gelegte Regional- und Ortsgrößenfaktor bzw. der entsprechend kombinierte Regionalfaktor heranzuziehen; er kann i. d. R. dem einschlägigen Grundstücksmarktbericht entnommen werden.
3. Die angegebenen Korrekturfaktoren sollen nur als Anhalt dienen, wenn keinerlei Vorgaben des örtlichen Gutachterausschusses für Grundstückswerte zu beachten sind. Von den Korrekturfaktoren kann im Hinblick auf örtliche Marktkenntnisse abgewichen werden. Abweichungen von den Korrekturfaktoren, die auch „über" und „unter" dem gesetzten Rahmen liegen können, sind also nicht nur zulässig, sondern auch geboten, wenn es die Marktverhältnisse erfordern.
4. Von der Anwendung der Regional- und Ortsgrößenfaktoren des BKI wird abgeraten, weil diese sich im Vergleich zu den von den örtlichen Gutachterausschüssen abgeleiteten Faktoren als unzuverlässig erwiesen haben und zudem auf einer unzureichenden Datengrundlage beruhen.

140 Die angegebenen Faktoren können nur hilfsweise zur Anwendung kommen, wenn nämlich vom örtlichen Gutachterausschuss für Grundstückswerte keine aus dem örtlichen Grundstücksmarkt abgeleitete Orts- und Regionalfaktoren zur Verfügung gestellt werden. **Die vom örtlichen Gutachterausschuss für Grundstückswerte abgeleiteten und zumeist als kombinierte Regional- und Ortsgrößenfaktoren veröffentlichten Korrekturfaktoren haben grundsätzlich Vorrang.**

Auch **die vom Baukosteninformationszentrum Stuttgart** (BKI) abgeleiteten Regionalfaktoren haben keine Bestätigung durch empirische Untersuchungen der Gutachterausschüsse für Grundstückswerte gefunden; sie **sind** von daher **abzulehnen.** Für eine fundierte Sachwertermittlung kommt es entscheidend darauf an, dass das zur Anwendung kommende Sachwertmodell mit dem der Ableitung dieser Korrekturfaktoren (Ortsgrößen- und Regionalfaktoren, Marktanpassungs- bzw. Sachwertfaktoren) zugrunde liegenden Sachwertmodell identisch ist. Abzulehnen sind auch die vom Sächsischen Bauinstitut[64] bis **auf die Ebene von Postleitzahlen abgeleiteten und veröffentlichten Regionalfaktoren,** auch wenn bei deren Veröffentlichung in irreführender Weise ein Zusammenhang mit dem Einführungserlass des Bundes bzw. der diesem zugrunde liegenden Forschungsarbeit von *Mittag* aufkommen mag. Es handelt sich hier um Faktoren, die wohl für eine bestimmte Versicherungsgesellschaft abgeleitet worden sind und von dieser – soweit erkennbar – noch nicht einmal eigenverantwortlich publiziert wurden.

141

Es kann auch geboten sein, spezifische Ortsfaktoren heranzuziehen. So fallen beispielsweise auf den Ostfriesischen Inseln – bedingt durch deutlich höhere Aufwendungen für den Transport von Material und Gerät, durch höhere Personalkosten und durch Bausperren während der Saison – erheblich höhere gewöhnliche Herstellungskosten als auf dem Festland an. Dementsprechend wurden im Vergleich zum Festland für die Ostfriesischen Inseln weitaus höhere Ortsfaktoren ermittelt:

142

Insel	Ortsfaktor	Insel	Ortsfaktor
Juist	1,9	Langeoog	1,6
Norderney	1,4	Spiekeroog	1,7
Baltrum	1,8	Borkum	1,3

c) *Verfahrenshinweise*

Die ImmoWertV schreibt lediglich die Verwendung marktgerechter Normalherstellungskosten vor und gibt keine Vorgaben, wie bei Heranziehung von Normalherstellungskosten, die sich auf das Bundesgebiet beziehen, die örtliche Lage zu berücksichtigen ist. Die SachwertR gehen in Anl. 7 davon aus, dass von den Gutachterausschüssen regionalisierende Sachwertfaktoren abgeleitet werden und zur Anwendung kommen (vgl. § 14 ImmoWertV Rn. 46 und 85). Gleichwohl kann nicht ausgeschlossen werden, dass die Praxis der Gutachterausschüsse uneinheitlich sein wird. Bei Anwendung des Sachwertverfahrens muss deshalb zunächst festgestellt werden, wie der örtliche Gutachterausschuss für Grundstückswerte bei der Ableitung der nach § 21 Abs. 1 i. V. m. § 14 Abs. 3 ImmoWertV heranzuziehenden Sachwertfaktoren vorgegangen ist:

143

a) Hat der Gutachterausschuss für Grundstückswerte den **Sachwertfaktor** entsprechend der Anl. 7 der SachwertR abgeleitet, **ohne dass er dabei die örtliche Lage auf dem Baumarkt durch Anwendung entsprechender Regional- und Ortsgrößenfaktoren explizit berücksichtigt hat**, so wird die Lage auf dem Baumarkt implizit mit dem *regionalisierenden* Sachwertfaktor berücksichtigt und es bedarf nicht des Ansatzes eines besonderen Regional- und Ortsgrößenfaktors.

b) Hat der Gutachterausschuss für Grundstückswerte den **Sachwertfaktor unter Berücksichtigung eines Regional- und Ortsgrößenfaktors** abgeleitet, so müssen die Normalherstellungskosten auf die örtlichen Verhältnisse umgerechnet werden. Dabei ist nach dem Grundsatz der Modellkonformität derselbe Regional- und Ortsgrößenfaktor heranzuziehen, den der Gutachterausschuss bei der Ableitung des einschlägigen Sachwertfaktors verwendet hat und der üblicherweise dann auch in dem Grundstücksmarktbericht angegeben ist.

Regional- und Ortsgrößenfaktoren werden bei alledem auch **weiterhin von Bedeutung sein,** denn es kann nicht erwartet werden, dass Sachwertfaktoren allerorts und vor allem nicht für alle Grundstücksarten zur Verfügung stehen werden. Die Gutachterausschüsse für Grundstückswerte sind von daher gefordert, entsprechende Korrekturfaktoren für ihren Bereich zu veröffentlichen; dies steht im Interesse einer Vergleichbarkeit der örtlichen Wertermittlungspraxis. Qualifizierte Gutachterausschüsse haben inzwischen ortsspezifische Regional- und

144

---

64 Rödenbeck in Nachr. der nds. Kat.- und VerVw 1999, 157.

IV Syst. Darst. Sachwertverfahren   C-Flächen

Ortsfaktoren bzw. **(kombinierte) Korrekturfaktoren** (A × B) in ihren Marktberichten veröffentlicht. Diese Veröffentlichungen sind heranzuziehen.

145 *Beispiel:*

Es werden die Normalherstellungskosten in einer kleineren saarländischen Gemeinde mit 40 000 Einwohnern gesucht:

Regionalfaktor für das Bundesland:	1,00
Ortsgrößenfaktor des Ortes:	0,95
Kombinierter Korrekturfaktor:	0,95 × 1,00 ~ **0,95**

Die Multiplikation der Tafelwerte mit dem kombinierten Korrekturfaktor ergibt dann die ortsspezifischen Normalherstellungskosten bezogen auf 2010.

146 Im **Grenzbereich eines Bundeslandes sowie** insbesondere **in kleineren Gemeinden im Umland größerer Städte und Gemeinden** kommt es bei der Wahl der Korrekturfaktoren nicht allein auf die geografische Lage des zu bewertenden Grundstücks an; vielmehr muss das wirtschaftliche Beziehungsgeflecht berücksichtigt werden. Der Korrekturfaktor B kleinerer Gemeinden im Umland größerer Städte und Gemeinden (im sog. Speckgürtel) bestimmt sich mithin i. d. R. nach dem Korrekturfaktor der größeren Stadt.

d) *Konjunkturfaktoren*

▶ *Vgl. § 22 ImmoWertV Rn. 64*

147 Keine besondere Erwähnung in den Tafelwerken zu den Normalherstellungskosten finden **konjunkturelle Schwankungen**, die möglicherweise beachtlich sind. Dabei ist entscheidend **darauf abzustellen, ob die aktuelle Konjunkturlage bereits mit dem regional- und ortsspezifischen Korrekturfaktor bzw. dem Sachwertfaktor hinreichend berücksichtigt wird.**

148 Konjunkturelle Schwankungen, die sich erfahrungsgemäß im Bereich von +/− 10 % bewegen, können sich insbesondere aus der **Beschäftigungslage, der Konkurrenzintensität und dem Auslastungsgrad der örtlichen Bauwirtschaft**[65] ergeben und dürfen nur ergänzend berücksichtigt werden, wie sie nicht bereits mit dem Orts- bzw. Sachwertfaktor erfasst sind.

149

Konjunkturelle Lage	Faktor
für sehr gute konjunkturelle Lage	1,05
für gute konjunkturelle Lage	1,03
für mittlere konjunkturelle Lage	**1,00**
für schlechte konjunkturelle Lage	0,98
für sehr schlechte konjunkturelle Lage	0,95

3.3.5 Einzelne Bauteile, Einrichtungen und Vorrichtungen (§ 22 Abs. 2 Satz 2 ImmoWertV) sowie c-Flächen

3.3.5.1 Allgemeines

▶ *Vgl. Rn. 28 f., 57, Rn. 70 ff.; § 8 ImmoWertV 393 ff., Teil II Rn. 504 ff.*

150 Nach § 22 Abs. 2 Satz 2 ImmoWertV sind „einzelne **Bauteile, Einrichtungen oder sonstige Vorrichtungen**" grundsätzlich bei der Ermittlung des vorläufigen Gebäudesachwerts und entsprechend bei der Ermittlung des vorläufigen Sachwerts der baulichen und sonstigen Außenanlagen durch Zu- und Abschläge zu berücksichtigen, sofern sie mit den herangezogenen Kostenkennwerten der herangezogenen NHK (2010) noch nicht erfasst sind. Dies betrifft insbesondere **Kellerlichtschächte, Außentreppen zum Keller, Eingangstreppen und Gauben**.

Entsprechendes gilt für **c-Flächen** i. S. der DIN 277, die mit den herangezogenen Kostenkennwerten nicht erfasst werden.

---

[65] Vgl. Kleiber, Verkehrswertermittlung von Grundstücken, 6. Aufl., S. 1862.

Einzelne mit den herangezogenen Kostenkennwerten nicht erfasste Bauteile, Einrichtungen oder sonstige Vorrichtungen sowie c-Flächen können – abweichend von § 22 Abs. 2 Satz 2 ImmoWertV – auch mit dem **Sachwertfaktor** erfasst werden. Der Wertanteil kann nämlich mittelbar mit dem Sachwertfaktor in dem Umfang berücksichtigt werden, wie sie im Rahmen der Ableitung der Sachwertfaktoren nicht gesondert angesetzt wurden und damit in den Sachwertfaktor eingehen. Von dieser Vorgehensweise geht auch die SachwertR aus, denn nach Anl. 5 sind bei der Ableitung von Sachwertfaktoren „für die bei der BGF-Berechnung nicht erfassten Bauteile" keine gesonderten Ansätze zu machen. Wird der Sachwertfaktor dementsprechend ermittelt, muss aber der „übliche Umfang" der mit dem Sachwertfaktor berücksichtigten Bauteile und dgl. vom Gutachterausschuss für Grundstückswerte bei der Veröffentlichung seiner Sachwertfaktoren angegeben werden. Weist im konkreten Einzelfall die zu bewertende bauliche Anlage besondere Bauteile und dgl. in einem Umfang auf, der von dem „üblichen Umfang" abweicht, so sind die daraus resultierenden Wertminderungen oder Werterhöhungen nach Maßgabe des § 8 Abs. 3 ImmoWertV insoweit nachträglich (subsidiär) als „besondere objektspezifische Grundstücksmerkmale" zu berücksichtigen, soweit dies dem gewöhnlichen Geschäftsverkehr entspricht. Dies kann nur bei erheblich vom Üblichen abweichenden Bauteilen, Einrichtungen und Vorrichtungen erwartet werden. Die Werterhöhung bemisst sich dann auch nicht nach dem Zeitwert dieser Bauteile, sondern lediglich aus der daraus resultierenden Erhöhung des Marktwerts (Verkehrswerts) und die ist in aller Regel nicht signifikant.

Der **Wertanteil der vom Üblichen abweichenden besonderen Bauteile sowie der mit den herangezogenen NHK nicht erfassten c-Flächen ist i. d. R. von geringer Bedeutung** (nach Untersuchungen 2 %) und weitgehend vernachlässigbar. Ist in besonderen Ausnahmefällen der Anteil an besonderen Bauteilen und c-Flächen so erheblich, dass er ergänzend berücksichtigt werden muss, so ist die mit § 22 Abs. 2 Satz 2 ImmoWertV vorgeschriebene „Aufstockung" des auf der Grundlage der herangezogenen NHK (2010) gleich aus mehreren Gründen abzulehnen.

3.3.5.2 Direkte Berücksichtigung des Wertanteils von noch nicht berücksichtigten besonderen Bauteilen und c-Flächen

▶ *Vgl. Teil II Rn. 504, § 8 ImmoWertV Rn. 400*

Sofern abweichend von den vorstehenden Grundsätzen der Wertanteil der besonderen vom Üblichen abweichenden Bauteile und der mit den herangezogenen NHK nicht erfassten und nicht vernachlässigbaren c-Flächen entsprechend den Vorgaben des § 22 Abs. 2 Satz 2 ImmoWertV direkt bereits bei der Ermittlung des vorläufigen Gebäudesachwerts berücksichtigt werden soll, besteht die Möglichkeit, den Wertanteil zu ermitteln:

a) pauschal mit am Zeitwert orientierten Zu- und Abschlägen oder

b) in besonderen Ausnahmefällen eigenständig in entsprechender Anwendung der §§ 22 und 23 ImmoWertV.

Die vorstehend angesprochene Möglichkeit, die besonderen „Bauteile, Einrichtungen oder sonstige Vorrichtungen" einschließlich der mit den herangezogenen NHK nicht erfassten und nicht vernachlässigbaren c-Flächen zusätzlich zu den Normalherstellungskosten mit ihren gewöhnlichen Herstellungskosten (Normalherstellungskosten) anzusetzen und sie zusammen mit den übrigen Normalherstellungskosten einer Alterswertminderung nach § 23 ImmoWertV zu unterwerfen, ist abzulehnen, denn die Kosten sind letztlich immer nur insoweit berücksichtigungsfähig, wie sie im gewöhnlichen Geschäftsverkehr auch tatsächlich in den Verkehrswert (Marktwert) eingehen. Der **Ermittlung eines pauschalen Zeitwerts ist** deshalb der **Vorzug zu geben**.

Dies gilt auch für die **Ermittlung des Herstellungswerts der besonderen Betriebseinrichtungen**. Im Verhältnis zu der Alterswertminderung von Gebäuden sind die besonderen Betriebseinrichtungen – je nach Art – i. d. R. zudem einem sehr viel kürzeren Abschreibungszeitraum unterworfen.

IV Syst. Darst. Sachwertverfahren — C-Flächen

Abb. 12: Normalherstellungskosten 2010 für besondere Bauteile und Einrichtungen

Normalherstellungskosten 2010 für besondere Bauteile und Einrichtungen einschließlich Umsatzsteuer und Baunebenkosten				
Gewerke	Kosten	Einheit	Menge	
1 Treppen				
Hauseingangstreppe				
bis 5 Stufen pauschal	570 – 1 150	€/Stück	Stück	€
bis 10 Stufen pauschal	850 – 1 700	€/Stück	Stück	€
Zuschlag bei Klinkerbelag	50	%		€
Zuschlag bei Natursteinbelag	100	%		
Freitreppe	40 – 80	€/Stufe	Stufen	
Kelleraußentreppe (einschließlich Tür, Geländer, Handlauf)	6 000	€/Stück	Stück	€
Außentreppe mit mehr als 3 Stufen (b = 1 m; Beton mit Belag)	400	€/Stufe	Stufen	€
2 Balkon, soweit nicht in BGF enthalten				
Balkon einschließlich Geländer, ISO-Korb Grundbetrag	1 000	€/Stück	Stück	€
zuzüglich Dämmung, Abdichtung und Belag, Kragplatte, Isolierung, Geländer, Dämmung, Fliesenbelag	750	€/m²	m²	€
Balkon pauschal bis 5 m²	2 800 – 5 700	€/Stück	Stück	€
Balkon pauschal bis 10 m²	4 500 – 8 500	€/Stück	Stück	€
Balkon pauschal größer als 10 m²				
Balkon aus Stahlbeton, Stahlgeländer	600	€/m²	m²	
Balkonplatte (mit keramischem Belag, Abdichtung, ohne Brüstung)	ab 280	€/m²	m²	€
3 Kellerlichtschacht				
Beton oder gemauert bis 100/40 cm	570	€/Stück	Stück	€
Beton oder gemauert bis 200/40 cm	850 – 1 150	€/Stück	Stück	€
Kunststoff (pauschal)	230 – 570	€/Stück	Stück	€
4 Eingangsvorbauten/Vordächer, soweit nicht in BGF enthalten				
Stahl/Zink	150	€/m²	m²	€
Stahl/Glas	350	€/m²	m²	€
Stahl/Edelstahl	300	€/m²	m²	€
Stahlkonstruktion auf Stützen	1 150 – 3 400	€/Stück	Stück	€
Holzkonstruktion	550 – 1 700	€/Stück	Stück	€
Massiv ein- und zweiseitig offen (bis 10 m² BGF)	3 400 – 17 000	€/Stück	Stück	€
Leichtmetallkonstruktion (bis 10 m² BGF)	1 700 – 11 500	€/Stück	Stück	€
geschlossene Leichtmetallkonstruktion (bis 10 m² BGF)	bis 17 000	€/Stück	Stück	€
Vordach (Stahltragewerk/Trapezprofil)	140	€/m²	m²	€

C-Flächen — Syst. Darst. Sachwertverfahren IV

5	Gartenterrasse			
	Waschbetonplatten (10 – 20 m²)	1 700 – 3 400 €/Stück	Stück	€
	Fliesen/Klinkerplatten (10 – 20 m²)	1 900 – 3 700 €/Stück	Stück	€
	Bruchsteinplatten (10 – 20 m²)	2 000 – 4 000 €/Stück	Stück	€
	Gartenterrasse	280 €/m²	m²	€
	Waschbetonplatten (40 × 40 cm)	60 €/m²	m²	€
	Betonplatte (40 cm × 40 cm)	50 €/m²	m²	€
	Kunststeinplatten (Betonwerkstein)	65 €/Stück	Stück	€
	Keramischer Belag (einschließlich Betonunterbau)	100 €/Stück	Stück	€

6	Markise			
	Pauschal	650 – 4 000 €/Stück	Stück	€
	Breite bis 2,5 m	650 €/Stück	Stück	€
	Breite bis 5 m	4 000 €/Stück	Stück	€

7	Dachterrasse			
	bis 10 m²	2 800 – 5 700 €/Stück	Stück	€
	über 10 m² in angemessener Größe bezogen auf Baulichkeit	11 500 €/Stück	Stück	€
	Oberer Spannwert bei hochwertigem Bodenbelag (z. B. Terrakotta, Naturstein) und gemauerter Brüstung			

8	Gauben (mehr als 2 m² Ansichtsfläche)			
	Flachdachgaube (einschließlich Fenster)			
	Grundbetrag	1 800 €/Stück	Stück	€
	zuzüglich Ansichtsfläche, Front	1 100 €/m²	m²	€
	Schleppdachgaube (einschließlich Fenster)			
	Grundbetrag	1 900 €/Stück	Stück	€
	zuzüglich Ansichtsfläche, Front	1 200 €/m²	m²	€
	Satteldachgaube (einschließlich Fenster)			
	Grundbetrag	2 100 €/Stück	Stück	€
	zuzüglich Ansichtsfläche, Front	1 400 €/m²	m²	€
	Steildachgaube, Wangengaube	2 300 – 6 300 €/Stück	Stück	€
	Fledermausgaube	3 400 – 6 800 €/Stück	Stück	€

9	Wintergarten, soweit nicht in BGF enthalten			
	Leichtmetallkonstruktion bis 20 m²	11 000 – 23 000 €		€
	Leichtmetallkonstruktion ab 20 m²	8 000 – 23 000 €		€
	Untere Spannwerte beziehen sich auf offene Konstruktionen (Loggia)			

10	Rampen			
	Garagenabfahrt	120 €/m²	m²	€
	Gewerblich mit Unterbau und Entwässerung	170 €/m²	m²	€
	Freistehende Rampe (Breite 4,00 m)	bis 170 €/m²		€
	Rampe i. V. m. Gebäude	400 – 450 €/Stück	Stück	€
	auskragende Rampe	60 – 90 €/m²	m²	€
	untermauerte Rampe	70 – 95 €/m²	m²	€

IV Syst. Darst. Sachwertverfahren   C-Flächen

11 Offener Kamin (je nach Qualität)	850 – 6 000 €/Stück	Stück	€
12 Einbauküche (je nach Ausstattung des Gebäudes)			
max. 3 % des Gebäudeherstellungswerts			€
einfach	1 159 – 2 300 €/Stück	Stück	€
mittel	2 800 – 6 000 €/Stück	Stück	€
gehoben	6 300 – 17 000 €/Stück	Stück	€
stark gehoben	8 500 – 35 000 €/Stück	Stück	€

13 Whirlpool			
Whirlpoolwannen	1 700 €/Stück	Stück	€
Professionelle Systeme (z. B. Fittnesscenter)	bis 28 000 €/Stück	Stück	€

14 Innenschwimmbad			
Alternativ: Pauschalzuschlag für Schwimmbadtechnik Pauschal (50 – 100 m²)	35 000 – 120 000 €/Stück	Stück	€

15 Sauna	2 300 – 8 500 €/Stück	Stück	€

16 Satellitenspiegel	230 – 550 €/Stück	Stück	€

17 Alarmanlage	1 150 – 12 000 €/Stück	Stück	€
18 Notstromaggregat 110 kVA	75 000 €/Stück	Stück	€

19 Aufzugsanlagen			
320 kg (4 Personen, 4 Haltestellen)	45 000 €/Stück	Stück	€
630 kg (8 Personen, 6 Haltestellen)	55 000 €/Stück	Stück	€
1 000 kg (13 Personen, 6 Haltestellen)	85 000 €/Stück	Stück	€
Paternoster (bei 7 Geschossen)	180 000 €/Stück	Stück	€
Bei Aufzügen in Glasschächten erhöhen sich die Angaben um 10 bis 15 % sowie um 12 000 € je zusätzliches Geschoss.			

20 Rolltreppen (je Geschosstreppenlauf)	100 000 – 140 000 €/Stück	Stück	€

21 Hundezwinger	180 €/m²	m²	€

Gesamtsumme			€

Quellen: Gutachterausschuss Köln, *Mittag,* Kostenplanung mit Bauelementen nach DIN, IVD Berlin-Brandenburg

156 Im Rahmen der **Beleihungswertermittlung** bleiben gemäß § 23 BelWertV Maschinen und Betriebseinrichtungen bei der Ermittlung des Sachwerts grundsätzlich unberücksichtigt, „sofern sie nicht wesentliche Bestandteile des Gegenstands der Beleihungswertermittlung i. S. des § 2 (BelWertV) sind. Der Wert solcher wesentlicher Bestandteile ist, wenn sich das Grundpfandrecht darauf erstreckt, unter Berücksichtigung einer normalen Abschreibung und ausreichender Abschläge für Abnutzung und technische Entwertung gesondert zu schätzen. Sofern bei Maschinen infolge der technischen Entwicklung mit einer schnellen Überalterung zu rechnen ist, können diese wertmäßig nicht angesetzt werden."

3.3.6 Umrechnung der Normalherstellungskosten auf die Baupreisverhältnisse am Wertermittlungsstichtag (§ 22 Abs. 3 ImmoWertV)

3.3.6.1 Allgemeines

Schrifttum: *Hübner, K-H.*, Anmerkungen zur Anwendung von Baupreisindizes für Grundstückswertermittlungen in der ehemaligen DDR, GuG 1993, 224.

▶ *Näheres hierzu bei § 22 ImmoWertV Rn. 95 ff.*

Normalherstellungskosten liegen i. d. R. nur bezogen auf die Preisverhältnisse eines zurückliegenden Bezugsstichtags vor und müssen mithilfe geeigneter Baupreisindexreihen auf die Preisverhältnisse des Wertermittlungsstichtags umgerechnet werden. **Bezugsstichtag der NHK 2010 ist das Jahr 2010,** und zwar der Jahresdurchschnitt. Dies bedeutet, dass bei der Fortschreibung dieser Werte mittels Baupreisindexreihen von der Indexzahl des Jahresdurchschnitts von 2010 auszugehen ist. 157

Soweit in Ausnahmefällen nach Maßgabe des § 22 Abs. 2 Satz 4 ImmoWertV die gewöhnlichen Herstellungskosten der zu bewertenden baulichen Anlage auf der Grundlage von **gewöhnlichen Herstellungskosten einzelner Bauleistungen (Einzelkosten)** ermittelt werden sollen, muss auch der Bezugsstichtag der herangezogenen Einzelkosten beachtet werden. Auch diese müssen mittels geeigneter Baupreisindexreihen auf die Preisverhältnisse des Wertermittlungsstichtags umgerechnet werden. 158

Von nur noch historischer Bedeutung ist der in der Versicherungswirtschaft zur Ermittlung des Neubauwerts eines Gebäudes herangezogene **„Schadensregulierungsindex" (SRI)**. Er wurde auf der Grundlage amtlicher Baupreisindizes ermittelt und war darauf angelegt, den Neubauwert eines vom Schaden betroffenen Gebäudes unter Berücksichtigung dessen baulicher Besonderheiten sowie der örtlichen Verhältnisse zu ermitteln. Es handelt sich hierbei um eine nicht nachvollziehbare und rechtlich nicht anerkannte Vorgehensweise, die heute kaum noch bekannt ist. 159

3.3.6.2 Baupreisindexreihe

Baupreisindexreihen bzw. **Baupreisindizes** (*construction price index*) beschreiben die Entwicklung der Preise für den Neubau sowie für die Instandhaltung ausgewählter Bauwerksarten. Aus der Sicht der Käufer können sie zugleich als Kaufpreisindizes gelten[66]. 160

§ 22 Abs. 3 ImmoWertV verpflichtet nicht zur Heranziehung bestimmter (amtlicher) Baupreisindexreihen, die im „örtlichen" Einzelfall problematisch sein können. Vielmehr kann grundsätzlich auch auf bekannte, allgemein zugängliche Erfahrungssätze zurückgegriffen werden, wie sie teilweise örtlich oder regional vorliegen. Im bisherigen Recht war dagegen noch die Verwendung geeigneter *amtlicher* Baupreisindexreihen vorgeschrieben. Die Verwendung nicht amtlicher Baupreisindexreihen muss trotz der an sich zu begrüßenden Flexibilität der Nachfolgeregelung auf grundsätzliche Bedenken stoßen, insbesondere wenn deren Ableitung nicht überprüfbar ist. 161

Ziff. 4.1.2 der SachwertR geht weiter als § 22 Abs. 3 ImmoWertV. Danach sollen die auf den Jahresdurchschnitt 2010 bezogenen Kostenkennwerte der NHK 2010 mit dem „für die jeweilige Gebäudeart zutreffenden Preisindex für die Bauwirtschaft des Statistischen Bundesamtes (Baupreisindex)" auf die Preisverhältnisse des jeweiligen Wertermittlungsstichtags umgerechnet werden. 162

Hiervon abweichend ist in bestimmten Fällen der Baupreisindex des Landes heranzuziehen, nämlich wenn

a) ein Sachwertfaktor herangezogen wird, mit dem die örtliche Lage auf dem örtlichen Baumarkt nicht integriert wird und

---

[66] Vorholt, H., Zur Neuberechnung der Baupreisindizes auf Basis 1991, Wirtschaft und Statistik 1995/1; Mindig, B., Zur Neuberechnung der Preisindizes auf Basis 1991, Wirtschaft und Statistik 1991, 209 ff., Vorholt, H., Neuberechnung der Baupreisindizes auf Basis 2005, Statistisches Bundesamt, Wirtschaft und Statistik 2008, 808.

IV Syst. Darst. Sachwertverfahren Baupreisindizes

b) ein auf das Bezugsjahr der NHK 2010 bezogener Orts- und Regionalfaktor zur Anwendung kommt, mit dem die Normalherstellungskosten regionalisiert werden.

163 Es sind die **Baupreisindexreihen** heranzuziehen, **die der Gebäudeart des zu bewertenden Objekts entsprechen.** Dabei wird vom Statistischen Bundesamt unterschieden zwischen
- Wohngebäuden und
- Nichtwohngebäuden.

Im Einzelnen werden Baupreisindexreihen abgeleitet für den Neubau von
- Wohn- und Mehrfamiliengebäuden,
- Einfamilienhäusern (in verschiedenen Bauarten),
- gewerblichen Betriebsgebäuden und
- Bürogebäuden.

164 Daneben werden insbesondere **Baupreisindexreihen für die Instandhaltung von Wohngebäuden sowie für Außenanlagen abgeleitet.** Die Indexreihen werden auf verschiedene Basisjahre bezogen und teilweise mit und ohne Umsatzsteuer ausgeworfen.

165 Zur Anwendung der Indexreihen **des Statistischen Bundesamtes**[67] führt dieses aus:

„Baupreisindizes geben Auskunft über Stand und Entwicklung der Neubauwerte, nicht aber der Verkehrs-, Ertrags- oder Mietwerte von Bauwerken.

Die Tatsache, dass aus den Indexzahlen der Effekt von Qualitätsänderungen und anderen Änderungen in den preisbestimmenden Merkmalen der beobachteten Bauleistungen herausgerechnet wurde, kann von besonderer Bedeutung sein, wenn die Indizes zur Ermittlung von Wiederbeschaffungswerten verwendet werden. Werden Bauwerke in der ursprünglichen Qualität nicht mehr angeboten, weil sich bei der betreffenden Bauwerksart die Ausführung durchweg verbessert hat, dann können sich bei der Verwendung der Preisindizes Wiederbeschaffungswerte ergeben, die unter den Beträgen liegen, die bei der Wiederbeschaffung tatsächlich aufgewendet werden müssen.

Soweit Grundstückswerte nach dem Baugesetzbuch (BauGB) zu ermitteln sind, wird in der „Wertermittlungsverordnung" vom 6.12.1988 (BGBl. I 1988, 2209) vorgeschrieben, den Bauwert von Gebäuden in der Weise zu bestimmen, dass die Baukosten eines bekannten Bezugszeitpunktes mithilfe geeigneter amtlicher Baupreisindizes auf die Preisverhältnisse am Wertermittlungsstichtag umgerechnet werden.

Das Statistische Bundesamt ist nicht zuständig für die Festsetzung von Prämien-Richtzahlen bzw. gleitenden Neuwertfaktoren der Gebäudeversicherer."

166 Zur **Anwendung der Indexreihen** werden folgende Erläuterungen gegeben:

Beispiel:

Der Kostenkennwert betrage 1 000 €/m² BGF_{red} bezogen auf 2010 (Jahresmitte). Wertermittlungsstichtag ist der 1. Juli 2012. Der Baupreisindex auf der Basis 2010 (= 100) betrage 100; der Baupreisindex zum Wertermittlungsstichtag 1. Juli 2012 betrage 112,7.

Der Kostenkennwert ist wie folgt umzurechnen:

$$\text{Kostenkennwert}_{1.7.2012} = 1\,000\,\frac{€}{m^2} \times \frac{112,7}{100,0} = 1\,000\,€/m^2 \times 1{,}127 = 1\,127\,€/m^2$$

Der Quotient der Indexzahlen (im Beispiel: 112,7/100,0) wird auch als **Indexfaktor** bezeichnet.

167 Grundsätzlich ist das **Indizieren von Normalherstellungskosten umso fehlerträchtiger, je größer die Zeiträume sind, die mit Baupreisindexreihen überbrückt werden.** Dies ist u. a. auf die Verknüpfung verschiedener Rechnungsmethoden (Warenkörbe) zurückzuführen.

168 **Ein Hoch- und Herunterindizieren über einen Zeitraum von mehr als 15 Jahren ist fachlich abzulehnen,** weil die dafür zwar zur Verfügung stehenden Indexreihen aus der Verkettung von Indexreihen mit unterschiedlichen Erfassungsmethoden und sich stetig ändernden Regelbauleistungen hervorgegangen sind[68].

---

[67] Statistisches Bundesamt in GWW 1967, Brüdgam in Bauwirtschaft 1977, 474; Wirtschaft und Statistik 1959, 588.
[68] Metzmacher/Krikler, Gebäudeschätzung über die Bruttogeschossfläche, 2. Aufl., Bundesanzeiger Verlag Köln 2005, S. 13 f.

Neubau   **Syst. Darst. Sachwertverfahren IV**

Schon aus diesem Grunde, aber vor allem aus grundsätzlichen Erwägungen ist die mitunter immer noch vertretene **Heranziehung der sog. 13er-Werte** (so aber teilweise noch die Versicherungswirtschaft) heute **mit den an eine fundierte Sachwertermittlung zu stellenden Anforderungen unvereinbar**. Es kommt hinzu, dass sich die Normalherstellungskosten auf die zum Zeitpunkt ihrer Ableitung herrschenden Bauregeln, Baugestaltungen, Bauausführungen und Bautechniken beziehen und schon von daher untauglich sind[69].   **169**

3.3.7 Gewöhnliche Herstellungskosten eines Neubaus der zu bewertenden baulichen Anlage

In der Gesamtschau ergeben sich die gewöhnlichen Herstellungskosten der zu bewertenden baulichen Anlage zunächst auf der Grundlage der nach Gebäudearten und Gebäudestandards tabellierten objektspezifischen und auf den Quadratmeter Brutto-Grundfläche bezogenen Kostenkennwerte der NHK-Tabelle von 2010 ggf. unter Berücksichtigung von Korrekturfaktoren, die sodann   **170**

– mit der nach Art der baulichen Anlage (Gebäudeart) einschlägigen Indexreihe des Statistischen Bundesamtes (d. h. mit dem daraus abgeleiteten Indexfaktor) auf die maßgeblichen Preisverhältnisse des Wertermittlungsstichtags umgerechnet werden und

– mit der reduzierten Brutto-Grundfläche (BGF_{red}) der zu bewertenden baulichen Anlage (Gebäude) multipliziert wird.

Die Baunebenkosten sind in der im Tabellenwerk der NHK 2010 angegebenen Höhe enthalten. Soweit die im Einzelfall angemessenen Baunebenkosten davon abweichen, müssen sie ggf. ergänzend berücksichtigt werden.   **171**

Die so ermittelten gewöhnlichen Herstellungskosten der zu bewertenden baulichen Anlage (Gebäude) sind die gewöhnlichen bundesdurchschnittlichen **Herstellungskosten eines zum Wertermittlungsstichtag neu errichteten Gebäudes (Neubaukosten).** Sie müssen noch nach Maßgabe des § 21 Abs. 2 i. V. m. § 23 ImmoWertV einer Alterswertminderung unterworfen werden, um zum vorläufigen Gebäudesachwert zu kommen.   **172**

Rechenschema: **173**

ohne Berücksichtigung von Regional- und Ortsfaktoren, vom Üblichen abweichender c-Flächen sowie von nicht erfassten Bauteilen, Einrichtungen oder sonstigen Vorrichtungen (§ 22 Abs. 2 Satz 2 ImmoWertV).

Sachverhalt: Zu ermitteln sind die gewöhnlichen Herstellungskosten (Normalherstellungskosten) eines frei stehenden Zweifamilienhauses des Typs 1.01 (Keller-, Erd- und voll ausgebautes Dachgeschoss).

Reduzierte Brutto-Grundfläche des Gesamtobjekts (BGF_{red})	300 m²
Gebäudestandard	3
Wertermittlungsstichtag	1.1.2013

Ermittlung des vorläufigen Gebäudesachwerts

Tabellierter Kostenkennwert 2010 (Grundwert des Gebäudestandards 3)		835,00	€/m² BGF_{red}
darin enthaltene Baunebenkosten von	17 %		
Korrekturfaktor für Zweifamilienhaus	1,05	876,75	€/m² BGF_{red}
Index des Wertermittlungsstichtags	105,8		
Index des Bezugsjahres 2010	100,0		
Indexfaktor	105,8 / 100,0 ×	1,058	
Objektspezifischer Kostenkennwert bezogen auf Wertermittlungsstichtag		927,60	€/m² BGF_{red}
Gewöhnliche Herstellungskosten eines Neubaus (bei einer BGF_{red} von 300 m²)		**278 280 €***	

---

[69] Vgl. Kleiber/Simon, Verkehrswertermittlung von Grundstücken, 5. Aufl., 2007, S. 1982 f., Kleiber, Verkehrswertermittlung von Grundstücken, 6. Aufl., 2010, S. 1841, 1919.

IV Syst. Darst. Sachwertverfahren Neubau

* Soweit die mit dem vorläufigen Gebäudesachwert nicht erfassten besonderen Bauteile, Einrichtungen oder sonstigen Vorrichtungen (§ 22 Abs. 2 Satz 2 ImmoWertV) sowie c-Flächen nicht mit dem Sachwertfaktor im vollen Umfang berücksichtigt werden, müssen sie nach Maßgabe des § 8 Abs. 3 ImmoWertV differenziell berücksichtigt werden, soweit sie vom „üblichen Umfang" abweichen und dies dem gewöhnlichen Geschäftsverkehr entspricht.

174 Bei einem Gebäude, das aus unterschiedlichen Gebäudetypen besteht, bzw. bei Gebäuden mit unterschiedlichen Gebäudestandards (sog. **Gebäudemix**) können die jeweiligen Anteile gesondert, aber auch aus entsprechend gewichteten relativen Gebäudeanteilen abgeleitet werden:

175 Rechenschema:

ohne Berücksichtigung von Regional- und Ortsfaktoren, vom Üblichen abweichender c-Flächen sowie von nicht erfassten Bauteilen, Einrichtungen oder sonstigen Vorrichtungen (§ 22 Abs. 2 Satz 2 ImmoWertV).

Sachverhalt: Zu ermitteln sind die gewöhnlichen Herstellungskosten eines frei stehenden Zweifamilienhauses des Typs 1.01 (Keller-, Erd- und voll ausgebautes Dachgeschoss) *mit unterschiedlichen Gebäudestandards.*

Reduzierte Brutto-Grundfläche des Gesamtobjekts:	300 m²	
Reduzierte Brutto-Grundfläche der zu bewertenden Teilfläche A:	200 m²	Gebäudestandard 4
Relativer Gebäudeanteil der Teilfläche A:	66,67 %	
Reduzierte Brutto-Grundfläche der zu bewertenden Teilfläche B:	100 m²	Gebäudestandard 3
Relativer Gebäudeanteil der Teilfläche B:	33,33 %	
Wertermittlungsstichtag:	1.1.2013	

Ermittlung des vorläufigen Gebäudesachwerts

Tabellierter Kostenkennwert 2010 für Teilfläche A (66,67 %, Gebäudestandard 4)	1 005,00 €/m² BGF$_{red}$
Korrekturfaktor für freistehendes Zweifamilienhaus	1,05
Korrigierter Kostenkennwert für Teilfläche A des Zweifamilienhauses	1 055,25 €/m² BGF$_{red}$
Tabellierter Kostenkennwert 2010 für Teilfläche B (33,33 %, Gebäudestandards 3)	835,00 €/m² BGF$_{red}$
Korrekturfaktor für Zweifamilienhaus	1,05
Kostenkennwert für Zweifamilienhaus	876,75 €/m² BGF$_{red}$
Gewichteter Kostenkennwert 2010 *[(1 055,25 €/m² ×66,67) + (876,75 €/m² ×33,33)] / 100 =*	**995,76 €/m² BGF$_{red}$**
Index des Wertermittlungsstichtags 105,8	
Index des Bezugsjahres 2010 100,0	
Indexfaktor *105,8 / 100,0* ×	1,058
Objektspezifischer Kostenkennwert bezogen auf Wertermittlungsstichtag	1 053,51 €/m² BGF$_{red}$
Gewöhnliche Herstellungskosten eines Neubaus (bei einer gesamten BGF$_{red}$ von 300 m²)	**316 054 €***

* Soweit die mit dem vorläufigen Gebäudesachwert nicht erfassten besonderen Bauteile, Einrichtungen oder sonstigen Vorrichtungen (§ 22 Abs. 2 Satz 2 ImmoWertV) sowie c-Flächen nicht mit dem Sachwertfaktor berücksichtigt werden, müssen sie nach Maßgabe des § 8 Abs. 3 ImmoWertV ggf. differenziell berücksichtigt werden, soweit dies dem gewöhnlichen Geschäftsverkehr entspricht.

176 Die **Ergebnisse stehen** allerdings **unter dem Vorbehalt, dass** nach dem zur Anwendung kommenden Sachwertmodell **die orts- und regionalspezifischen Besonderheiten sowie die vom Üblichen abweichenden c-Flächen und besonderen Bauteile und Einrichtungen mit dem nach Maßgabe des § 8 Abs. 2 und 3 ImmoWertV zur Anwendung kommenden Sachwertfaktor bzw. als besonderes objektspezifisches Grundstücksmerkmal subsidiär berücksichtigt werden**. Andernfalls bedarf es einer ergänzenden Berücksichtigung

– des Regional- und Ortsfaktors sowie
– der von den Kostenkennwerten der NHK 2010 abweichenden c-Flächen sowie „einzelner Bauteile, Einrichtungen oder sonstiger Vorrichtungen (§ 22 Abs. 2 Satz 2 ImmoWertV).

Alterswertminderung **Syst. Darst. Sachwertverfahren IV**

Soweit die im Einzelfall angemessenen **Baunebenkosten** von den mit den angesetzten Normalherstellungskosten berücksichtigten Baunebenkosten abweichen, sind die Abweichungen vorbehaltlich der Ausführungen unter Rn. 88 f. ergänzend zu berücksichtigen.

Rechenschema: 177

mit Berücksichtigung von Regional- und Ortsfaktoren, vom Üblichen abweichender c-Flächen sowie von nicht erfassten Bauteilen, Einrichtungen oder sonstigen Vorrichtungen (§ 22 Abs. 2 Satz 2 ImmoWertV).

Sachverhalt: Zu ermitteln sind die gewöhnlichen Herstellungskosten (Normalherstellungskosten) eines frei stehenden Einfamilienhauses des Typs 1.01 (Keller-, Erd- und voll ausgebautes Dachgeschoss).

Reduzierte Brutto-Grundfläche des Gesamtobjekts: 500 m²
Gebäudestandard: 4
Wertermittlungsstichtag 1.7.2013

Ermittlung des vorläufigen Gebäudesachwerts

Tabellierter Kostenkennwert 2010 (Gebäudestandard 4)	1 005,00	€/m² BGF$_{red}$
Index des Wertermittlungsstichtags	106,1	
Index des Bezugsjahres 2010	100,0	
Indexfaktor	106,1 / 100,0 × 1,061	
tabellierter Kostenkennwert (Grundwert), bezogen auf Wertermittlungsstichtag	1 066,30	€/m² BGF$_{red}$
Regionalisierung der gewöhnlichen Herstellungskosten		
nur, wenn der vorläufige Sachwert nicht mit dem herangezogenen Sachwertfaktor regionalisiert wird.		
Regionalfaktor	1,20	
Ortsgrößenfaktor	1,00	
kombinierter Orts- und Regionalfaktor	× 1,20	
ortsspezifischer Kostenkennwert, bezogen auf Wertermittlungsstichtag	1 279,57	€/m² BGF$_{red}$
Vorläufige Herstellungskosten eines Neubaus (bei einer BGF von 500 m²):	**639 780 €**	

Ergänzungen nach § 22 Abs. 2 Satz 2 ImmoWertV (stichtagsbezogene Herstellungskosten)

Übertrag:	639 780 €
Herstellungskosten der vom Üblichen abweichenden c-Flächen nach marktangepassten Ansätzen bezogen auf den Wertermittlungsstichtag*	+ 4 940 €
Besondere nicht erfasste Bauteile, Einrichtungen oder sonstige Vorrichtungen	
4 Satteldachgauben zu 5 000 €/Stück	+ 20 000 €
4 Balkone zu 5 000 €/Stück	+ 20 000 €
Kelleraußentreppe 6 000 €/Stück	+ 6 000 €
abweichende Baunebenkosten	–
Gewöhnliche Herstellungskosten eines Neubaus (insgesamt)	**666 000 €**

* Hinweis: Ansätze nur insoweit, wie vom Grundstücksmarkt berücksichtigt. Soweit die Ansätze in Anlehnung an Herstellungskosten ermittelt werden, empfiehlt es sich, die Herstellungskosten der vom Üblichen abweichenden c-Flächen sowie der besonderen nicht erfassten Bauteile, Einrichtungen oder sonstigen Vorrichtungen abweichend von § 22 Abs. 2 Satz 2 ImmoWertV durch alterswertgeminderte und stichtagsbezogene Pauschalen zu berücksichtigen.

3.3.8 Alterswertminderung (§ 23 ImmoWertV)

3.3.8.1 Übersicht

Schrifttum: *Mann, W.,* Marktkonforme Gebäudewertabschreibung im Sachwertverfahren, GuG 2008, 129; *Mann, W.,* Die Regressionsanalyse zur Unterstützung der Anwendung des Normierungssystems in der Grundstücksbewertung, ZfV 2005, 283.

▶ *Vgl. Rn. 9, 23; hierzu die Erläuterungen zu § 23 ImmoWertV Rn. 1 ff.*

IV Syst. Darst. Sachwertverfahren — Alterswertminderung

178 Ausgangspunkt der Sachwertermittlung ist der auf der Grundlage von Ersatzbeschaffungskosten ermittelte Herstellungswert eines am Wertermittlungsstichtag neu errichteten Gebäudes (Neubauwert des Gebäudes). Soweit es sich tatsächlich jedoch um ein älteres Gebäude handelt, muss deshalb u. a. berücksichtigt werden, dass ein Gebäude aufgrund sich wandelnder Anforderungen an ein **Gebäude trotz Instandhaltung einem wirtschaftlichen Wertverzehr unterworfen** ist. Es entspricht nämlich mit fortschreitendem Alter bzw. abnehmender Restnutzungsdauer nach Anlage, Struktur, Grundriss, Ausstattung und vielem mehr immer weniger dem Standard eines neu errichteten Gebäudes und irgendwann „stirbt" seine wirtschaftliche Nutzbarkeit (vgl. IAS 16 §§ 50 ff.). Dem muss mit der Alterswertminderung Rechnung getragen werden.

179 Die **Alterswertminderung ist allein von der wirtschaftlichen Gebrauchsfähigkeit einer Immobilie und nicht von den Kosten der Instandhaltung** oder der wirtschaftlichen Nutzungsdauer bzw. physischen Lebensdauer einzelner Bauteile **abhängig**, wie in dem Ergebnisbericht des Baukosteninformationszentrums Deutscher Architektenkammern (BKI) unter Ziff. 5 unterstellt und in der Fachwelt verworfen wird. Von daher ist auch der Ansatz von *Vogels*[70] abzulehnen, der die Alterswertminderung nach den am Stichtag der Wertermittlung erforderlichen Instandsetzungsrückstellungen bemessen will. Auch das Sachwertverfahren geht nämlich grundsätzlich von einer ordnungsgemäßen Instandhaltung aus. Das Gebäude unterliegt indessen unabhängig von den Kosten dieser Instandhaltung einem wirtschaftlichen Wertverzehr, weil es irgendwann trotz Instandhaltung nicht mehr zeitgemäß ist und wirtschaftlich „stirbt". Die Alterswertminderung stellt damit letztlich eine sich an der wirtschaftlichen Ertragsfähigkeit orientierende Größe dar. Je nach Gebäudeart können sich die an ein Gebäude gestellten Anforderungen in relativ kurzer Zeit (Logistikimmobilien) oder erst langfristig (z. B. Kirchen) derart wandeln, dass ein Gebäude entweder wirtschaftlich abgängig ist oder modernisiert werden muss, um es weiterhin wirtschaftlich nutzen zu können.

180 Die **Alterswertminderung (Abschreibung)** kann auch als eine **Marktanpassung** begriffen werden. Sie zielt nämlich darauf ab, den zunächst nach den üblichen Kosten eines Neubaus ermittelten Herstellungswert auf einen marktüblichen Wert zu reduzieren, der für ein wirtschaftlich gealtertes Objekt im gewöhnlichen Geschäftsverkehr erzielbar ist. Mit der Alterswertminderung soll also die Wertminderung erfasst werden, die im gewöhnlichen Geschäftsverkehr hinzunehmen ist, weil ein Gebäude mit zunehmendem Alter trotz seiner ordnungsgemäßen Instandhaltung gegenüber den zeitgemäßen Anforderungen zurückfällt. Sofern keine Notwendigkeit der Berücksichtigung von Wertminderungen bzw. Werterhöhungen aufgrund von Baumängeln und Bauschäden und sonstigen besonderen objektspezifischen Grundstücksmerkmalen (§ 8 Abs. 3 ImmoWertV) bestünde, müsste allein schon eine „richtig" dimensionierte Alterswertminderung zum Verkehrswert (Marktwert) führen. Für eine weitere Marktanpassung (§ 8 Abs. 2 ImmoWertV) wäre kein Raum mehr.

181 Im Rahmen einer marktkonformen Sachwertermittlung wäre es nur konsequent, die Alterswertminderung empirisch aus dem Markt (mithilfe von Vergleichspreisen) abzuleiten[71]. Dies ist der Wertermittlungspraxis allerdings bislang nicht gelungen und auch die angeblich empirisch abgeleiteten Alterswertminderungen (*Schindler*, *Gerardy* und *Vogels*) sind falsch. Wären sie richtig, dürfte es bei Heranziehung dieser Tabellen (ceteris paribus) keine Marktanpassung geben. Tatsächlich sind aber auch bei Heranziehung dieser Tabellen bekanntlich erhebliche Marktanpassungszu- und -abschläge erforderlich.

182 Da es **keine gesicherten Erkenntnisse über die „richtige" Alterswertminderung** gibt, bietet es sich im Interesse der Vereinheitlichung und der Vergleichbarkeit von Wertermittlungen an, für den Regelfall von einer linearen Abschreibung auszugehen. Die (klassische) Marktanpassung ist letztlich ein Korrekturfaktor, mit dem eine letztlich „unbekannte" Alterswertminderung korrigiert, d. h. an den Markt angepasst wird. Wo man indes auf empirisch abgeleitete

---

[70] Vogels, Verfahren zur Alterswertminderung im Sachwertverfahren, Tag der Immobilienbewertung 1993 Deutsche Consulting Institut GmbH München; a. A. Simon/Kleiber, Schätzung und Ermittlung von Grundstückswerten, 8. Aufl., S. 424; vgl. hierzu Kleiber/Simon, Verkehrswertermittlung von Grundstücken, 5. Aufl., S. 1862.
[71] So auch Mann, W., Marktkonforme Gebäudewertabschreibung im Sachwertverfahren, GuG 2008, 129.

Sachwertfaktoren der Gutachterausschüsse für Grundstückswerte zurückgreifen kann, muss man die Alterswertminderung seiner Wertermittlung zugrunde legen, die der Gutachterausschuss für Grundstückswerte bei seiner Ableitung der Sachwertfaktoren herangezogen hat (Grundsatz der Modellkonformität).

Die Alterswertminderung steht in unmittelbarem Zusammenhang mit der Gesamt- und Restnutzungsdauer. Während die übliche Gesamtnutzungsdauer die Anzahl der Jahre angibt, in denen eine neuerrichtete bauliche Anlage bei ordnungsgemäßer Instandhaltung voraussichtlich wirtschaftlich genutzt werden kann, gibt die wirtschaftliche Restnutzungsdauer die Anzahl der Jahre an, in denen eine älter werdende bauliche Anlage aufgrund ihres Wertverzehrs noch wirtschaftlich genutzt werden kann. Sofern die **Restnutzungsdauer (RND)** nicht unabhängig vom Alter der baulichen Anlage geschätzt werden kann, wird sie in der Praxis regelmäßig **durch Abzug des Alters der baulichen Anlage von der üblichen (wirtschaftlichen) Gesamtnutzungsdauer** ermittelt: **183**

Restnutzungsdauer (RND) = Übliche Gesamtnutzungsdauer (GND) – Alter

a) Haben hingegen durchgreifende Instandsetzungs- und *Modernisierungsmaßnahmen* zu einer Verlängerung der üblichen Gesamtnutzungsdauer geführt, so ist zur Ermittlung der Alterswertminderung gleichwohl von der üblichen Gesamtnutzungsdauer und der sich daraus ergebenden (verlängerten) Restnutzungsdauer auszugehen; im Ergebnis entspricht dies einer (rechnerischen) Verjüngung des Gebäudes.

b) Haben indessen *unterlassene Instandhaltungsmaßnahmen* oder *andere Gegebenheiten* zu einer Verkürzung der üblichen Gesamtnutzungsdauer geführt, so muss auch in diesen Fällen bei der Ermittlung der Alterswertminderung von der üblichen Gesamtnutzungsdauer und der sich daraus ergebenden (verkürzten) Restnutzungsdauer ausgegangen werden. Im Ergebnis entspricht diese Vorgehensweise einer (rechnerischen) Alterung des Gebäudes (Abb. 13).

Abb. 13: Übersicht über die Fallgruppen der Alterswertminderung

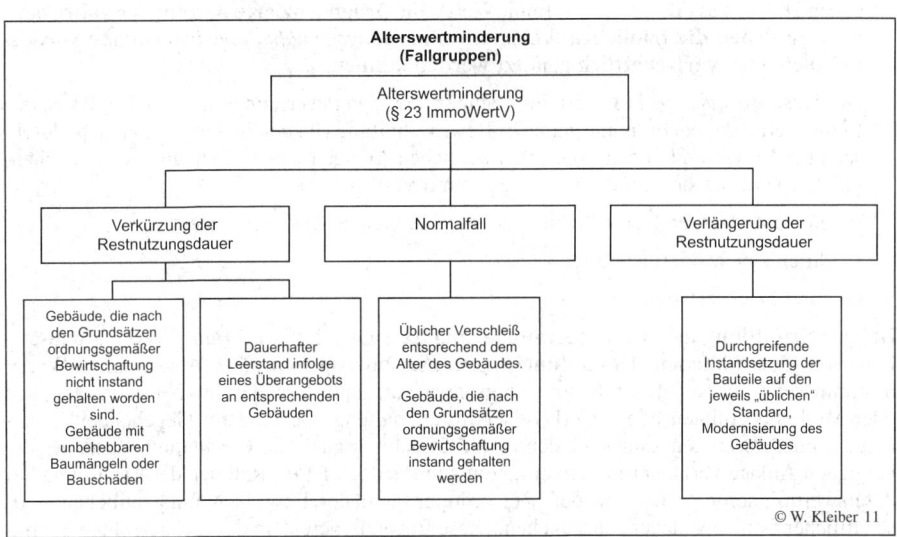

Neben den unterlassenen Instandhaltungen können nach § 6 Abs. 6 ImmoWertV auch „**andere** **184** **Gegebenheiten**" zu einer Verkürzung der Restnutzungsdauer geführt haben.

Dies können sein u. a.:
- Baumängel oder Bauschäden (vgl. § 8 Abs. 3 ImmoWertV),
- eine wirtschaftliche Überalterung i. S. des § 8 Abs. 3 ImmoWertV,

IV Syst. Darst. Sachwertverfahren — Alterswertminderung

- ein Zurückbleiben hinter den allgemeinen Anforderungen an gesunde Wohn- und Arbeitsverhältnisse (städtebauliche Missstände oder Mängel; vgl. § 4 Abs. 3 Nr. 3 ImmoWertV),
- eine „wegbrechende Marktlage" mit einem dauerhaften Leerstand kann die wirtschaftliche Restnutzungsdauer im Grenzfall sogar zu „null" gehen lassen. Die bauliche Anlage ist dann nicht mehr nutzbar i. S. des § 21 Abs. 1 Satz 1 ImmoWertV (vgl. Rn. 9, 23, § 8 ImmoWertV Rn. 337, 332).

185 Aus der vorstehenden Formel lässt sich umgekehrt das (fiktive) Alter der baulichen Anlage ermitteln, wenn die Restnutzungsdauer z. B. im Wege der Schätzung ermittelt worden ist:

(Fiktives) Alter = Übliche Gesamtnutzungsdauer (GND) − Restnutzungsdauer (RND)

186 Die Formel ergibt ein fiktives Alter, wenn

- die Restnutzungsdauer aufgrund durchgeführter Modernisierungsmaßnahmen verlängert und damit das Gebäude künstlich verjüngt worden ist oder
- die Restnutzungsdauer aufgrund unterlassener Instandhaltung verkürzt und damit das Gebäude künstlich einer Alterung unterworfen worden ist.

Eine sachverständige Schätzung der Restnutzungsdauer nach dem Zustand des Gebäudes ohne Blick auf dessen Alter kann oft zu angemesseneren Ergebnissen führen.

3.3.8.2 Gesamt- und Restnutzungsdauer

a) Allgemeines

▶ *Allgemeines vgl. § 6 ImmoWertV Rn. 370 ff., 381 ff.; § 8 ImmoWertV Rn. 246*

187 Grundsätzlich ist zwischen der Gesamtnutzungsdauer und der Restnutzungsdauer einer baulichen Anlage zu unterscheiden.

- Als **Restnutzungsdauer** (*remaining economic life*) wird nach der Grundsatzregelung des ersten Halbsatzes des § 6 Abs. 6 ImmoWertV die **prognostizierte Anzahl der Jahre** definiert, **in denen die baulichen Anlagen** bei *ordnungsgemäßer Bewirtschaftung* **voraussichtlich noch wirtschaftlich genutzt werden können**.
- Als **Gesamtnutzungsdauer** ist im Rahmen der Alterswertminderung nach § 23 Satz 3 ImmoWertV die bei ordnungsgemäßer Bewirtschaftung (Instandhaltung) „übliche" (durchschnittliche) Gesamtnutzungsdauer der baulichen Anlagen vorgegeben, und zwar unabhängig davon, ob sie sich gemäß § 6 Abs. 6 ImmoWertV durch
    - eine unterlassene Instandhaltung oder „andere Gegebenheiten" oder
    - durch eine Modernisierung

  verkürzt bzw. verlängert hat.

Bei der Ermittlung der Alterswertminderung ist nach § 23 Satz 3 ImmoWertV grundsätzlich von **der üblichen Gesamtnutzungsdauer auszugehen.** § 6 Abs. 6 ImmoWertV bestimmt zwar, dass sich die Restnutzungsdauer aufgrund durchgeführter Instandsetzungen oder Modernisierungen oder unterlassener Instandhaltung oder anderer Gegebenheiten verlängern oder verkürzen kann und sich damit tatsächlich auch die Gesamtnutzungsdauer der baulichen Anlage verlängern oder verkürzen kann, jedoch ist im Rahmen der Ermittlung der Alterswertminderung stets von der „bei ordnungsgemäßer Bewirtschaftung üblichen wirtschaftlichen Nutzungsdauer" auszugehen. Diese Besonderheit ist in der sachgerechten Ermittlung der Alterswertminderung begründet (vgl. Rn. 173).

b) Modellansatz der üblichen Gesamtnutzungsdauer und vorläufige Restnutzungsdauer

188 Wird der Sachwert auf der Grundlage von Sachwertfaktoren i. S. des § 14 Abs. 2 ImmoWertV abgeleitet, muss nicht nur die übliche Gesamtnutzungsdauer der zu bewertenden Liegenschaft, sondern auch die übliche Gesamtnutzungsdauer, die der Gutachterausschuss für Grundstückswerte bei der Ableitung des Sachwertfaktors den ausgewerteten Kauffällen zugrunde gelegt hat, beachtet werden. In diesem Zusammenhang spricht man von der als **„Modellansatz" vom Gutachterausschuss angesetzten Gesamtnutzungsdauer**, d. h. der Gesamtnutzungsdauer, die der Gutachterausschuss seinem Sachwertfaktor untersetzt hat. Weicht nun die übliche Gesamtnutzungsdauer der im Einzelfall zu bewertenden Liegenschaft von diesem Modellansatz ab, so ist es aus Gründen der Modellkonformität geboten, den vorläufigen Sachwert zu ermitteln auf der Grundlage

– des Modellansatzes der üblichen Gesamtnutzungsdauer,
– der sich daraus ergebenden **vorläufigen Restnutzungsdauer** (vgl. § 6 ImmoWertV Rn. 388) und
– der sich aus dem Verhältnis der vorläufigen Restnutzungsdauer zum Modellansatz der üblichen Gesamtnutzungsdauer ergebenden modellkonformen (vorläufigen) Alterswertminderung (§ 23 ImmoWertV Rn. 17).

Die für die zu bewertende Liegenschaft angemessene Gesamt- und Restnutzungsdauer muss dann differenziell nach Maßgabe des § 8 Abs. 3 ImmoWertV als **wirtschaftliche Überalterung** nachträglich berücksichtigt werden (§ 8 ImmoWertV Rn. 236 ff.).

Abb. 14: Modellansatz der üblichen Restnutzungsdauer

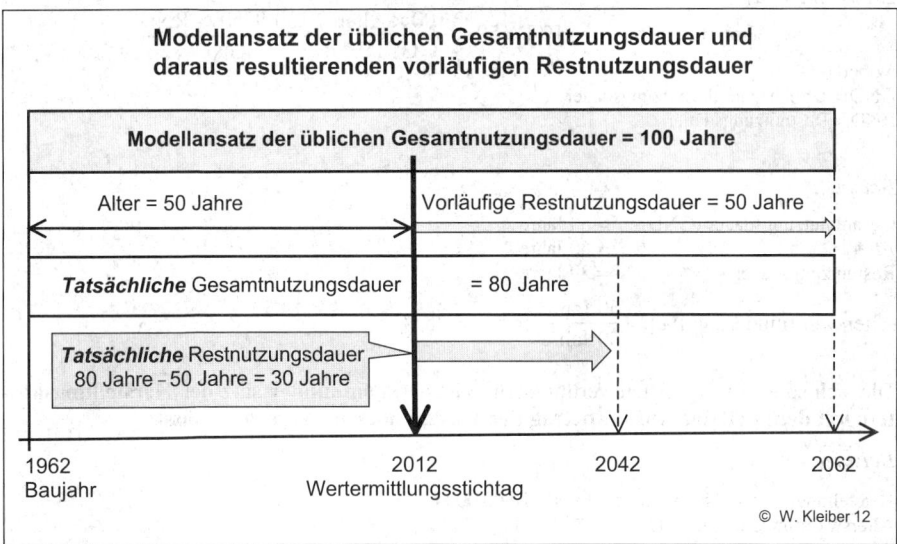

3.3.8.3 Alterswertminderung bei ordnungsgemäßer Instandhaltung

a) *Allgemeines*

Schrifttum: *Erxleben,* Schätzung der Wertminderung, VR 1976, 381; *Schindler,* Analyse von Kaufpreisen bei Einfamilienhäusern, Lehrbriefe zum Kontaktstudium des Geodätischen Instituts, Nieders. Landesverwaltungsamt Hannover 1976; Mann, W., Marktkonforme Gebäudewertabschreibung im Sachwertverfahren, GuG 2008, 129; *Tiemann, M.,* Reformvorschläge zum Ertrags- und Sachwertverfahren, AVN 1970, 523; *Tscheließnigg,* Die Alterung von Bauwerken, DBZ 1981, 251.

▶ *Vgl. nähere Erläuterungen bei § 23 ImmoWertV*

Die Alterswertminderung bestimmt sich nach § 23 Satz 1 ImmoWertV nach dem Verhältnis der Restnutzungsdauer zur üblichen Gesamtnutzungsdauer. Dies lässt zunächst jede Art einer stetigen Abschreibung zu. Mit § 23 Satz 2 ImmoWertV wird jedoch als **Regelabschreibung**

IV Syst. Darst. Sachwertverfahren — Alterswertminderung

eine „gleichmäßige" Alterswertminderung, d. h. lineare Abschreibung, vorgegeben (vgl. § 23 ImmoWertV Rn. 12). Andere Abschreibungen (vgl. § 14 ImmoWertV Rn. 59), wie sie noch nach § 23 WertV 88/98 zulässig waren, sind mit Inkrafttreten der ImmoWertV nicht mehr zulässig. Unzulässig ist damit auch die in der Wertermittlungspraxis verbreitete Abschreibung nach *Ross* (1838–1901) „Rosskur", vgl. Anl. 8a WERTR 06[72]); diese weist im Unterschied zur linearen Abschreibung einen parabolischen Verlauf auf:

$$\text{Werminderung [\%]} = 50 \times \left(\frac{\text{Alter}^2}{\text{GND}^2} \div \frac{\text{Alter}}{\text{GND}} \right)$$

wobei
GND = Gesamtnutzungsdauer
RND = GND – Alter

190 Die früher (regional unterschiedlich) gebräuchlichen Abschreibungen (nach *Tiemann, Gerardy, Vogels, AGVGA* usw.) sind überholt und werden aus vorstehenden Gründen nicht mehr abgedruckt[73].

b) *Lineare Alterswertminderung*

191 Unter einer „gleichmäßigen" Alterswertminderung i. S. d. **§ 23 Satz 2 ImmoWertV ist eine lineare Alterswertminderung** zu verstehen, bei der die Alterswertminderung über die Gesamtnutzungsdauer (GND) für dieselben Jahresraten gleich (hoch) ist (*straight line depriciation method*).

$$\text{Alterswertminderung [\%]} = 50 \times \frac{100 \times \text{Alter}}{\text{GND}} = \frac{100 \, (\text{GND} - \text{RND})}{\text{GND}}$$

wobei
GND = Übliche Gesamtnutzungsdauer
RND = Restnutzungsdauer

192 *Beispiel:*

Gesamtnutzungsdauer (GND) = 80 Jahre
Alter = 60 Jahre
Restnutzungsdauer = 20 Jahre

$$\text{Alterswertminderung [\%]} = \frac{60 \text{ Jahre}}{80 \text{ Jahre}} \times 100 = 75\,\%$$

193 Die sich so ergebende Alterswertminderung ist der **Vomhundertsatz der Herstellungskosten, mit dem sich der Absolutbetrag der Wertminderung errechnen lässt:**

194 *Beispiel:*

Herstellungskosten (Neubauwert)	=	1 000 000 €
Alterswertminderung in v. H.	=	75 %
Alterswertminderung absolut	=	1 000 000 € × 0,75 = 750 000 €

Alterswertgeminderte Herstellungskosten:

Herstellungskosten (Neubau)	=	1 000 000 €
– Alterswertminderung	=	– 750 000 €
= Herstellungskosten (alterswertgemindert)	=	**250 000 €**

195 Das **Alter der baulichen Anlage** wird dabei lediglich hilfsweise zur Ermittlung der Restnutzungsdauer auf der Grundlage des Baujahrs und des Wertermittlungsstichtags ermittelt (vgl. Abb. 15). Wie sich aus dem Wortlaut des § 23 ImmoWertV und aus der oben stehenden Formel ergibt, kommt es aber auf das Alter nicht entscheidend an.

---

[72] Vgl. im Einzelnen Kleiber/Simon, Verkehrswertermittlung von Grundstücken, 5. Aufl., 2007, S. 1854.
[73] Vgl. eingehende Darstellung in Kleiber/Simon, Verkehrswertermittlung von Grundstücken, 5. Aufl., 2007, S. 1854 ff., 1939 ff.

Abb. 15: Alterswertminderung bei einer üblichen Gesamtnutzungsdauer

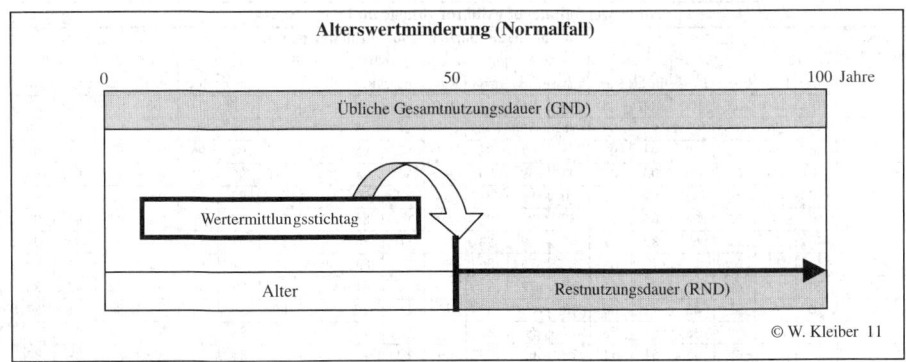

Beispiel: 196

Restnutzungsdauer 60 Jahre, übliche Gesamtnutzungsdauer (GND) 100 Jahre.
Alterswertminderung (linear): 40 × 100 /100 = 40 v. H.
(bei üblicher Gesamtnutzungsdauer von 80 Jahren:)
Alterswertminderung (linear): 20 × 100/80 = 25 v. H.

Die vorgestellte Vorgehensweise hat den Vorteil, dass der Alterswertminderungsbetrag in absoluter Höhe ausgeworfen wird; sie ist aber unnötig rechenaufwendig. Rechentechnisch einfacher ist es, wenn unter Verzicht auf einen gesonderten Auswurf des Alterswertminderungsbetrags gleich in „einem Zuge" die alterswertgeminderten Herstellungskosten ermittelt werden. **Die alterswertgeminderten Herstellungskosten ergeben sich als Produkt aus Herstellungskosten (Neubauwert) und Alterswertminderungsfaktor,** der sich wie folgt definiert: 197

$$\text{Alterswertminderung} = \frac{\text{RND}}{\text{GND}}$$

Beispiel (vgl. vorangehendes Beispiel): 198

Gesamtnutzungsdauer (GND) = 80 Jahre
Restnutzungsdauer (RND) = 20 Jahre
Herstellungskosten (Neubau) = 1 000 000 €

$$\text{Alterswertminderung} = \frac{20 \text{ Jahre}}{80 \text{ Jahre}} = 25\,\%$$

Alterswertgeminderter Herstellungswert = 1 000 000 € × 0,25 = 250 000 €

Diese Vorgehensweise hat auch den Vorteil, dass man das **Alter der baulichen Anlage erst gar nicht zu ermitteln braucht.** Dies ist oftmals auch gar nicht möglich. Es kommt hinzu, dass es auf das tatsächliche Alter – wie noch zu erläutern ist – gar nicht ankommt. 199

Nachfolgend werden deshalb die Alterswertfaktoren in Prozent angesetzt, mit denen die ermittelten Neubaukosten direkt zu multiplizieren sind, um zu den alterswertgeminderten Herstellungskosten zu kommen: 200

$$\text{Alterswertgeminderte Herstellungskosten} = \text{Herstellungskosten}_{\text{Neubau}} \times \frac{\text{Alterswertminderungsfaktor}}{100}$$

IV Syst. Darst. Sachwertverfahren — Alterswertminderung

Alterswertminderungsfaktor (linear und nach Ross)

Restnutzungs-dauer	10 linear	10 Ross	20 linear	20 Ross	30 linear	30 Ross	40 linear	40 Ross	50 linear	50 Ross	60 linear	60 Ross	70 linear	70 Ross	80 linear	80 Ross	90 linear	90 Ross	100 linear	100 Ross
0	100	100	100	100	100	100	100	100	100	100	100	100	100	100	100	100	100	100	100	100
1	90	86	95	93	97	95	98	96	98	97	98	98	99	98	99	98	99	98	99	99
2	80	72	90	86	93	90	95	93	96	94	97	95	97	96	98	96	98	97	98	97
3	70	60	85	79	90	86	93	89	94	91	95	93	96	94	96	94	97	95	97	96
4	60	48	80	72	87	81	90	86	92	88	93	90	94	92	95	93	96	93	96	94
5	50	38	75	66	83	76	88	82	90	86	92	88	93	90	94	91	94	92	95	93
6	40	28	70	60	80	72	85	79	88	83	90	86	91	88	93	89	93	90	94	91
7	30	20	65	54	77	68	83	75	86	80	88	83	90	86	91	87	92	89	93	90
8	20	12	60	48	73	64	80	72	84	77	87	81	89	84	90	86	91	87	92	88
9	10	6	55	43	70	60	78	69	82	75	85	79	87	82	89	84	90	86	91	87
10	0	0	50	38	67	56	75	66	80	72	83	76	86	80	88	82	89	84	90	86
11			45	33	63	52	73	63	78	69	82	74	84	78	86	80	88	82	89	84
12			40	28	60	48	70	60	76	67	80	72	83	76	85	79	87	81	88	83
13			35	24	57	44	68	57	74	64	78	70	81	74	84	77	86	79	87	81
14			30	20	53	41	65	54	72	62	77	68	80	72	83	75	84	78	86	80
15			25	16	50	38	63	51	70	60	75	66	79	70	81	74	83	76	85	79
16			20	12	47	34	60	48	68	57	73	64	77	68	80	72	82	75	84	77
17			15	9	43	31	58	45	66	55	72	62	76	67	79	70	81	73	83	76
18			10	6	40	28	55	43	64	52	70	60	74	65	78	69	80	72	82	75
19			5	3	37	25	53	40	62	50	68	58	73	63	76	67	79	71	81	73
20			0	0	33	22	50	38	60	48	67	56	71	61	75	66	78	69	80	72
21					30	20	48	35	58	46	65	54	70	60	74	64	77	68	79	71
22					27	17	45	33	56	44	63	52	69	58	73	63	76	66	78	69
23					23	14	43	30	54	42	62	50	67	56	71	61	74	65	77	68
24					20	12	40	28	52	40	60	48	66	54	70	60	73	64	76	67
25					17	10	38	26	50	38	58	46	64	53	69	58	72	62	75	66
26					13	8	35	24	48	36	57	44	63	51	68	57	71	61	74	64
27					10	6	33	22	46	34	55	43	61	50	66	55	70	60	73	63
28					7	4	30	20	44	32	53	41	60	48	65	54	69	58	72	62
29					3	2	28	18	42	30	52	39	59	46	64	52	68	57	71	61
30					0	0	25	16	40	28	50	38	57	45	63	51	67	56	70	60
31							23	14	38	26	48	36	56	43	61	49	66	54	69	58
32							20	12	36	24	47	34	54	42	60	48	64	53	68	57
33							18	10	34	23	45	33	53	40	59	47	63	52	67	56
34							15	9	32	21	43	31	51	39	58	45	62	50	66	55
35							13	7	30	20	42	30	50	38	56	44	61	49	65	54
36							10	6	28	18	40	28	49	36	55	43	60	48	64	52
37							8	4	26	16	38	26	47	35	54	41	59	47	63	51
38							5	3	24	15	37	25	46	33	53	40	58	46	62	50
39							3	1	22	13	35	24	44	32	51	39	57	44	61	49
40							0	0	20	12	33	22	43	31	50	38	56	43	60	48
41									18	11	32	21	41	29	49	36	54	42	59	47
42									16	9	30	20	40	28	48	35	53	41	58	46
43									14	8	28	18	39	27	46	34	52	40	57	45
44									12	7	27	17	37	25	45	33	51	39	56	44
45									10	6	25	16	36	24	44	31	50	38	55	43
46									8	4	23	14	34	23	43	30	49	36	54	42
47									6	3	22	13	33	22	41	29	48	35	53	41
48									4	2	20	12	31	21	40	28	47	34	52	40
49									2	1	18	11	30	20	39	27	46	33	51	39
50									0	0	17	10	29	18	38	26	44	32	50	38
51											15	9	27	17	36	25	43	31	49	37
52											13	8	26	16	35	24	42	30	48	36
53											12	7	24	15	34	23	41	29	47	35
54											10	6	23	14	33	22	40	28	46	34
55											8	5	21	13	31	21	39	27	45	33
56											7	4	20	12	30	20	38	26	44	32
57											5	3	19	11	29	19	37	25	43	31
58											3	2	17	10	28	18	36	24	42	30
59											2	1	16	9	26	17	34	23	41	29

Alterswertminderung — Syst. Darst. Sachwertverfahren IV

Rest-nutzungs-dauer	Alterswertminderungsfaktor (linear und nach Ross) — Übliche Gesamtnutzungsdauer in Jahren (GND)																			
	10		20		30		40		50		60		70		80		90		100	
	linear	Ross	linear	Ross	linear	Ross	linear	Ross	linear	Ross	linear	Ross	linear	Ross	linear	Ross	linear	Ross	linear	Ross
60											0	0	14	8	25	16	33	22	40	28
61													13	7	24	15	32	21	39	27
62													11	6	23	14	31	20	38	26
63													10	6	21	13	30	20	37	25
64													9	5	20	12	29	19	36	24
65													7	4	19	11	28	18	35	24
66													6	3	18	10	27	17	34	23
67													4	2	16	9	26	16	33	22
68													3	1	15	9	24	15	32	21
69													1	1	14	8	23	14	31	20
70													0	0	13	7	22	14	30	20
71															11	6	21	13	29	19
72															10	6	20	12	28	18
73															9	5	19	11	27	17
74															8	4	18	10	26	16
75															6	3	17	10	25	16
76															5	3	16	9	24	15
77															4	2	14	8	22	14
78															3	1	13	8	22	13
79															1	1	12	7	21	13
80															0	0	11	6	20	12
81																	10	6	19	11
82																	9	5	18	11
83																	8	4	17	10
84																	7	4	16	9
85																	6	3	15	9
86																	4	2	14	8
87																	3	2	13	7
88																	2	1	12	7
89																	1	1	11	6
90																	0	0	10	6
91																			9	5
92																			8	4
93																			7	4
94																			6	3
95																			5	3
96																			4	2
97																			3	2
98																			2	1
99																			1	1
100																			0	0

3.3.8.4 Alterswertminderung bei verkürzter oder verlängerter Restnutzungsdauer

a) *Allgemeines*

▶ *Zur Berücksichtigung einer geänderten Restnutzungsdauer bei Anwendung des Ertragswertverfahrens vgl. Syst. Darst. des Ertragswertverfahrens Rn. 263 ff. sowie Erläuterungen zu § 6 WertV Rn. 389 ff.*

Wird die übliche Gesamtnutzungsdauer durch Modernisierungsmaßnahmen verlängert oder wird sie durch unterlassene Instandhaltung verkürzt, so bleibt (nach § 23 Satz 3 ImmoWertV) **im Rahmen der Ermittlung der Alterswertminderung die übliche Gesamtnutzungsdauer (GND) unverändert** (lex specialis). **201**

IV Syst. Darst. Sachwertverfahren — Alterswertminderung

202 Das „**Prinzip der gleich bleibenden Gesamtnutzungsdauer**" ist darin begründet, dass sich für eine bauliche Anlage mit einer bestimmten Restnutzungsdauer die Alterswertminderung nicht

– durch eine Verlängerung der tatsächlichen Gesamtnutzungsdauer (aufgrund durchgeführter Modernisierungen) erhöht bzw.

– durch eine Verkürzung der tatsächlichen Gesamtnutzungsdauer (aufgrund unterlassener Instandhaltung) vermindert.

203 Dies würde sich, wie nachstehend erläutert wird, aber im Falle einer Ermittlung der Alterswertminderung auf der Grundlage einer entsprechend verlängerten und verkürzten Gesamtnutzungsdauer ergeben und wäre nicht sachgerecht. Denn in Bezug auf die künftige wirtschaftliche Nutzungsfähigkeit zählt, wie bei Anwendung des Ertragswertverfahrens, allein die verbleibende Restnutzungsdauer.

204 *1. Alterswertminderung bei üblicher Gesamtnutzungsdauer*

Zur Erläuterung wird zunächst die Alterswertminderung für eine bauliche Anlage mit einer üblichen Gesamtnutzungsdauer von 100 Jahren bei einer Restnutzungsdauer von 50 Jahren ermittelt:

Abb. 16: Wertminderung bei üblicher Gesamtnutzungsdauer

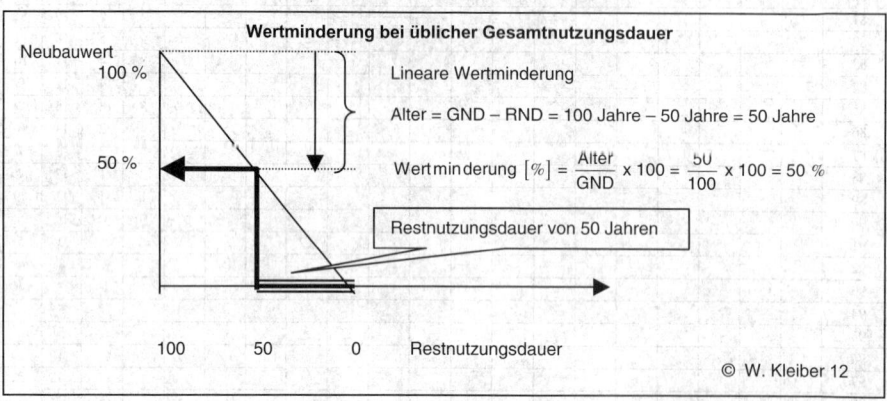

205 *2. Alterswertminderung bei verlängerter und verkürzter Gesamtnutzungsdauer*

Würde man die Alterswertminderung für dieselbe bauliche Anlage mit derselben Restnutzungsdauer von 50 Jahren (im Falle einer Modernisierung oder unterlassenen Instandhaltung) auf der Grundlage einer verlängerten bzw. verkürzten Gesamtnutzungsdauer ermitteln, so würde sich eine Wertminderung ergeben, die der Restnutzungsdauer nicht gerecht wird. Die Wertminderung würde sich nämlich bei unterlassener Instandhaltung vermindern und umgekehrt bei durchgeführter Modernisierung erhöhen (Abb. 17).

Abb. 17: Wertminderung bei verlängerter bzw. verkürzter Gesamtnutzungsdauer

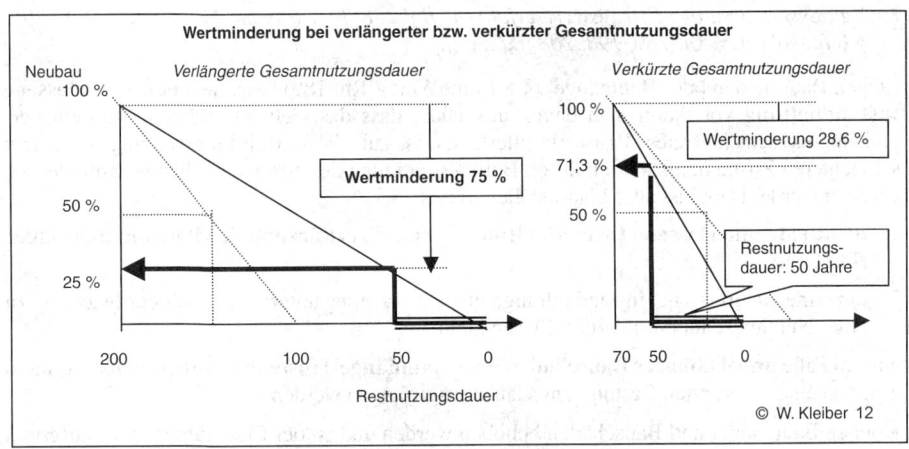

Die Restnutzungsdauer beläuft sich jedoch in allen vorgestellten *Beispielen* auf 50 Jahre; im Verhältnis zur üblichen Gesamtnutzungsdauer muss sich in allen Fällen dieselbe Alterswertminderung ergeben. Dabei kann es keine Rolle spielen, ob sich in der Vergangenheit die tatsächliche Gesamtnutzungsdauer verlängert oder vermindert hat. Dies wäre eine Disparität gegenüber dem Ertragswertverfahren, denn die Höhe des Ertragswerts ist allein von der Restnutzungsdauer der baulichen Anlage abhängig; der Vervielfältiger nach § 20 ImmoWertV ist allein eine Funktion der Restnutzungsdauer und des Liegenschaftszinssatzes.

Dies lässt sich auch damit begründen, dass durchgreifend instand gesetzte oder modernisierte Gebäude erheblich mehr neuwertige Bauteile als vergleichsweise nicht modernisierte Objekte aufweisen und sich ein **derartiges Objekt am Wertermittlungsstichtag jünger** darstellt, **als es seinem tatsächlichen Baujahr entspricht.** Die Verlängerung der Restnutzungsdauer durch Instandsetzungen oder Modernisierungen stellt also eine künstliche Verjüngung der baulichen Anlage dar.

Um diesbezüglich Unterschiede zwischen Sach- und Ertragswertverfahren zu vermeiden, schreibt § 23 ImmoWertV vor, dass es bei der **Ermittlung der Alterswertminderung** auch für den Fall einer **Verkürzung oder Verlängerung der Restnutzungsdauer** und damit der Gesamtnutzungsdauer der baulichen Anlage

a) bei der ansonsten „üblichen" Gesamtnutzungsdauer verbleiben soll und

b) der geänderten Restnutzungsdauer durch Berechnung eines fiktiven Alters der baulichen Anlage Rechnung getragen wird.

Die Alterswertminderung kann in beiden behandelten Fällen nach der unter Rn. 156 f. angegebenen Formel bestimmt werden, wobei **anstelle des tatsächlichen Alters das fiktive Alter** anzusetzen ist:

$$\text{Wertminderung [\%]} = \frac{\text{fiktives Alter}}{\text{übliche Gesamtnutzungsdauer}} \times 100$$

Ein weiterer Vorteil des beschriebenen Verfahrens liegt in der **verfahrenstechnischen Vereinfachung,** denn die Praxis kommt infolgedessen mit Alterswertminderungstabellen aus, die allein auf die übliche Gesamtnutzungsdauer (GND) bezogen sind. Sie können sowohl im „Normalfall" als auch bei tatsächlich verlängerter und verkürzter Gesamtnutzungsdauer Anwendung finden, wobei – wie erläutert – lediglich mit einem fiktiven Alter der baulichen Anlage in die Tabelle eingegangen werden muss.

b) *Unterlassene Instandhaltung*

▶ *Vgl. Syst. Darst. des Ertragswertverfahrens Rn. 238 ff.; § 6 ImmoWertV Rn. 369 ff., 405; § 8 ImmoWertV Rn. 189, 198, 208 ff., 230 ff.*

211 Liegen Bauschäden oder Baumängel (§ 8 ImmoWertV Rn. 189) bzw. liegt eine **unterlassene Instandhaltung** vor, kann man davon ausgehen, dass das Gebäude schneller als ein vergleichbares schadenfreies Bauwerk altert. Es ist am Wertermittlungsstichtag in einem schlechteren Zustand, als es sich durch Berücksichtigung der normalen Alterswertminderung ergeben würde. Dabei ist aber klarzustellen, dass

1. **nicht jede unterlassene Instandhaltung zu einer Verkürzung der Restnutzungsdauer führt** und

2. nur eine unterlassene Instandhaltung, nicht etwa eine unterlassene Modernisierung zu einer Nutzungsdauerverkürzung führen kann[74].

212 Nur im Falle **unbehebbarer Bauschäden oder Baumängel (Instandhaltungsrückstau)** muss ggf. von einer verkürzten Restnutzungsdauer ausgegangen werden.

213 Können Baumängel und Bauschäden behoben werden und ist der Eigentümer (z. B. aufgrund eines Mietverhältnisses) dazu verpflichtet *(nicht disponible Baumängel und Bauschäden*, vgl. § 6 ImmoWertV Rn. 236 ff.), muss dies nach Maßgabe des § 8 Abs. 3 ImmoWertV berücksichtigt werden und für eine verminderte Restnutzungsdauer ist dann kein Raum mehr.

Bei *disponiblen* **Bauschäden oder Baumängeln** (Instandhaltungsrückstau) ist die Restnutzungsdauer nicht automatisch zu vermindern. In diesem Fall muss vielmehr nach wirtschaftlichen Kriterien abgewogen werden, ob der Sachwert auf der Grundlage

a) einer ordnungsgemäß instand gehaltenen baulichen Anlage und damit auch auf der Grundlage der üblichen Restnutzungsdauer, jedoch unter Berücksichtigung der Schadensbeseitigungskosten nach Maßgabe des § 8 Abs. 3 ImmoWertV zu ermitteln ist oder

b) einer bauschadens- bzw. baumängelbehafteten baulichen Anlage zu ermitteln ist, wobei dann ergänzend zu prüfen ist, ob sich dadurch die Restnutzungsdauer vermindert hat. Eine Doppelberücksichtigung der Bauschäden oder Baumängel (Instandhaltungsrückstau) muss dabei vermieden werden.

▶ *Zur Verfahrenswahl vgl. § 8 ImmoWertV Rn. 208 ff.*

214 Im Falle einer Verkürzung der Restnutzungsdauer aufgrund unterlassener Instandhaltungen oder anderer Gegebenheiten ermittelt sich die Alterswertminderung auf der Grundlage des fiktiven Alters (vgl. Rn. 104 sowie § 6 ImmoWertV Rn. 369 ff., 405).

---

74 BR-Drucks. 352/88, S. 64.

Abb. 18: Verkürzung der Restnutzungsdauer wegen unterlassener Instandhaltung oder unbehebbarer baulicher Mängel oder Schäden

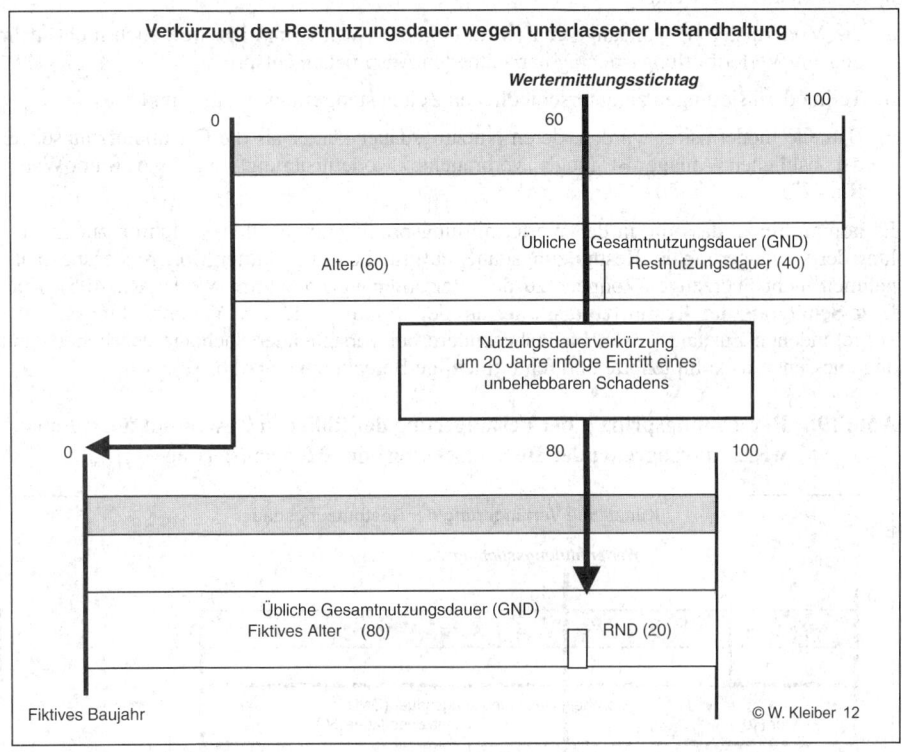

Beispiel A

Übliche Gesamtnutzungsdauer = 80 Jahre
Restnutzungsdauer = 20 Jahre (tatsächliches Alter = 60 Jahre)

Durch unterlassene Instandhaltungen hat sich die Restnutzungsdauer (RND) um 10 Jahre verkürzt.
Fiktives Alter = 80 – (20 – 10) = 70 Jahre

Wertminderung = 70/80 × 100 = **88** %

Beispiel B

Baujahr 1940
übliche Gesamtnutzungsdauer 80 Jahre

Ein im Jahre 1990 eingetretener Schaden begrenzt die Restnutzungsdauer auf 10 Jahre.

Alterswertminderung 1990 (ohne Schaden): 50 × 1,25 = 62,5 v. H.
Alterswertminderung 1990 (nach Schaden): 70 × 1,25 = 87,5 v. H.

c) *Modernisierung*

▶ *Zum Begriff vgl. § 19 ImmoWertV Rn. 115; § 6 ImmoWertV Rn. 396 ff., 413 ff., 427*

Die **Modernisierung einer baulichen Anlage** verlängert grundsätzlich ihre Restnutzungsdauer, jedoch führt nicht jede Modernisierung zu einer Verlängerung der Restnutzungsdauer.

218 Im Falle einer Modernisierung ist es **nicht erforderlich,** die damit einhergehende **Verlängerung der Restnutzungsdauer eigenständig zu ermitteln.** Dies gestaltet sich insbesondere dann problematisch, wenn

a) die Modernisierung vor längerer Zeit durchgeführt wurde und insoweit auch nicht mehr den am Wertermittlungsstichtag herrschenden Ansprüchen entspricht,

b) Teilmodernisierungen zu unterschiedlichen Zeiten stattgefunden haben und

c) Bauteile modernisiert wurden, deren Nutzungsdauer kürzer als die Gesamtnutzungsdauer der baulichen Anlage ist (sog. „verbrauchte Modernisierung", vgl. § 6 ImmoWertV Rn. 427).

219 Es kommt hinzu, dass die in der Wertermittlungspraxis entwickelten Verfahren zur Ermittlung der Verlängerung der Restnutzungsdauer aufgrund durchgeführter Modernisierungsmaßnahmen nicht überzeugen können (zu den Verfahren vgl. § 6 ImmoWertV Rn. 405). Eine **freie Schätzung der Restnutzungsdauer** auf der Grundlage des am Wertermittlungsstichtag vorgefundenen Zustands erscheint insbesondere bei vorstehender Sachlage „ehrlicher" und angemessener als komplizierte und fehlerträchtige Berechnungen (Abb. 19).

Abb. 19: **Berechnungsprinzip bei Verlängerung der üblichen Gesamtnutzungsdauer wegen durchgreifender Instandsetzung oder Modernisierung**

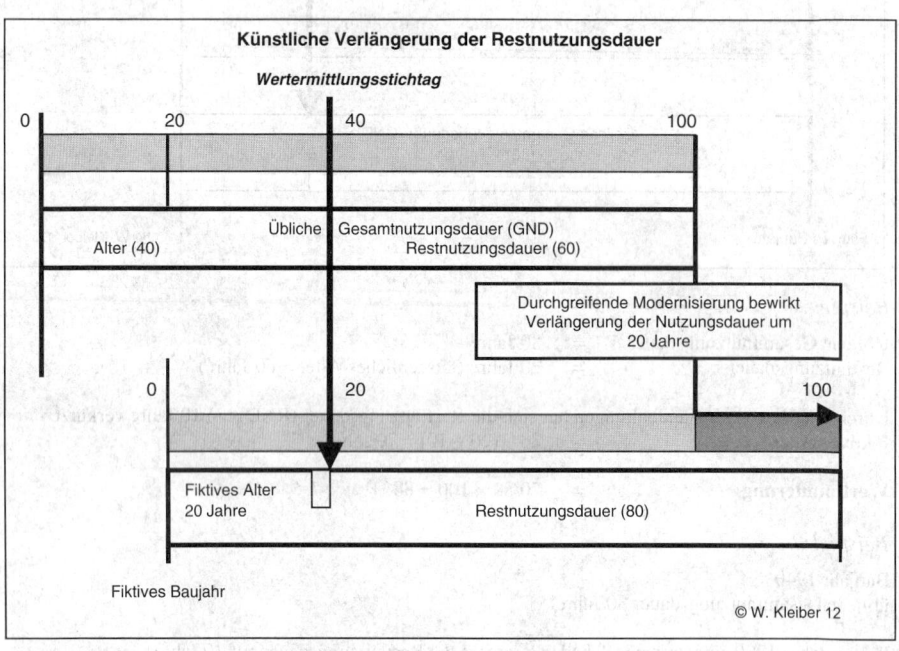

220 *Beispiel A (lineare Wertminderung):*

Gesamtnutzungsdauer = 80 Jahre
Restnutzungsdauer = 20 Jahre (tatsächliches Alter = 60 Jahre)

Durch umfangreiche Modernisierungsmaßnahmen wurde die Restnutzungsdauer (RND) um 20 Jahre verlängert.
Fiktives Alter = 80 – (20 + 20) = 40 Jahre
Alterswertminderung = 40/80 × 100 = 50 %

d) Andere die Restnutzungsdauer verlängernde oder verkürzende Gegebenheiten

▶ *Vgl. im Einzelnen § 8 ImmoWertV Rn. 178 ff., 401 ff.*

§ 6 Abs. 6 ImmoWertV nennt neben der „unterlassenen Instandsetzung" auch „andere Gegebenheiten", die zu einer Verkürzung oder Verlängerung der Restnutzungsdauer führen können. Dieser in der Praxis vielfach nicht beachteten Regelung kommt eine erhebliche Bedeutung zu, denn neben den technischen Gegebenheiten kann sich die Restnutzungsdauer vor allem auch aufgrund der Verhältnisse auf dem Grundstücksmarkt verringern. So kann sich selbst für hochwertig modernisierte Gebäude die Restnutzungsdauer auf ‚Null' reduzieren, wenn der (örtliche) **Grundstücksmarkt zusammenbricht**. Dafür sind viele modernisierte Plattenbauten in den neuen Bundesländern Beleg. **221**

Andere Gegebenheiten können insbesondere sein

– eine wirtschaftliche Überalterung (vgl. § 8 ImmoWertV Rn. 246),
– ein überdurchschnittlicher Erhaltungszustand (vgl. § 8 ImmoWertV Rn. 251),
– ein strukturell dauerhafter Leerstand (§ 8 ImmoWertV Rn. 303),
– eine Abbruchverpflichtung.

Die Restnutzungsdauer kann sich auch aufgrund einer vertraglichen **Abbruchverpflichtung** mindern. In diesem Fall liegt eine über die normale Alterswertminderung nach § 23 ImmoWertV hinausgehende Beeinträchtigung vor, die berücksichtigt werden muss. Die Höhe des Abschlags kann aus der Differenz der üblichen Gesamtnutzungsdauer und der aufgrund der Abbruchverpflichtung tatsächlich erreichbaren Nutzungsdauer des Gebäudes ermittelt werden:

Beispiel:

Normalherstellungskosten der baulichen Anlage		100 000 €
Alterswertminderung	40 × 100/100 = 40 v. H.	– 40 000 €
Sachwert der baulichen Anlage		60 000 €
Wertminderung wegen der Abbruchverpflichtung 40 × 100/50	= 80 v. H.	
Differenz	= 40 v. H.	
Abschlag wegen Abbruchverpflichtung beträgt 40 v. H. der Normalherstellungskosten		40 000 €
Sachwert der baulichen Anlage		**20 000 €**

3.3.8.5 Alterswertminderung in der steuerlichen Bewertung

▶ *Vgl. Rn. 43 f., Rn. 224 sowie die Erläuterungen zu § 6 ImmoWertV Rn. 431 ff.*

Im Rahmen der erbschaftsteuerlichen Bewertung ist der auf der Grundlage der Regelherstellungskosten (RHK) ermittelte **Gebäuderegelherstellungswert nach dem Verhältnis des Alters des Gebäudes am Bewertungsstichtag zur „typisierten" wirtschaftlichen Gesamtnutzungsdauer zu mindern** (Alterswertminderung); wobei die „typisierte" Gesamtnutzungsdauer der „üblichen" Gesamtnutzungsdauer i. S. des § 6 Abs. 4 ImmoWertV entspricht. Die wirtschaftliche Gesamtnutzungsdauer bestimmt sich nach den für das steuerliche Ertragswertverfahren maßgeblichen Grundsätzen[75]. Im Falle einer in den letzten zehn Jahren vorgenommenen durchgreifenden Modernisierung ist ein fiktiv späteres Baujahr anzunehmen. **222**

Die **Alterswertminderung bestimmt sich regelmäßig nach Anl. 22 zum BewG.**

Der nach Abzug der Alterswertminderung verbleibende Gebäudewert ist regelmäßig mit mindestens 40 % des Gebäuderegelherstellungswerts anzusetzen. Diese **Restwertregelung** berücksichtigt, dass auch ein älteres Gebäude, das laufend instand gehalten wird, einen Wert

---
[75] Vgl. ErbStR und ErbStH 2011, R B 185.3 Abs. 2 bzw. R B 185.4 Abs. 2, GuG 2012, 167, 228, 279.

IV Syst. Darst. Sachwertverfahren — Gebäudesachwert

hat. Sie berücksichtigt einen durchschnittlichen Erhaltungszustand und macht in vielen Fällen die Prüfung entbehrlich, ob die restliche Lebensdauer des Gebäudes infolge baulicher Maßnahmen verlängert wurde. Wenn eine geringere Nutzungsdauer objektiv feststeht, wie z. B. bei vertraglicher Abbruchverpflichtung für das Gebäude, kann dieser Mindestansatz jedoch unterschritten werden.

3.3.9 Vorläufiger Gebäudesachwert

223 In der Zusammenfassung ergibt sich der vorläufige Gebäudesachwert aus den gewöhnlichen Herstellungskosten eines Neubaus der zu bewertenden baulichen Anlage (vgl. Rn. 143 ff.) unter Berücksichtigung der Alterswertminderung nach folgendem Rechenschema:

Rechenschema:

ohne Berücksichtigung von Regional- und Ortsfaktoren, der vom Üblichen abweichenden c-Flächen und der von den Normalherstellungskosten nicht erfassten Bauteile, Einrichtungen oder sonstige Vorrichtungen (§ 22 Abs. 2 Satz 2 ImmoWertV).

Sachverhalt: Zu ermitteln sind die gewöhnlichen Herstellungskosten (Normalherstellungskosten) eines Reihenmittelhauses des Typs 3.01 (Keller-, Erd- und voll ausgebautes Dachgeschoss).

Reduzierte Brutto-Grundfläche des Gesamtobjekts:	130 m²
Gebäudestandard	2
Wertermittlungsstichtag:	1.1.2013

Ermittlung des vorläufigen Gebäudesachwerts

Tabellierter Kostenkennwert 2010 (Grundwert des Gebäudestandards 2)			640,00 €/m² BGF$_{red}$
darin Baunebenkosten	17 %		
Index des Wertermittlungsstichtags	105,8		
Index des Bezugsjahres 2010	100,0		
Indexfaktor zum 1.1.2012	105,8 / 100,0	×	1,058
tabellierter Kostenkennwert (Grundwert), bezogen auf Wertermittlungsstichtag			677,12 €/m² BGF$_{red}$
Vorläufiger Gebäudesachwert eines Neubaus (bei einer BGF$_{red}$ von 130 m²)			**88 026 €**

Alterswertminderung	(§ 23 ImmoWertV)			
Wertermittlungsstichtag	1.1.2013			
Baujahr	1933			
fiktives Baujahr	1963			
fiktives Alter = 2013 – 1963 =		50 Jahre		
Modellansatz der üblichen Gesamtnutzungsdauer (GND)		65 Jahre		(nach Anl. 3 SachwertR)
Vorläufige Restnutzungsdauer (RND)	= 65 – 50:	15 Jahre		
Alterswertminderungsfaktor	= 15/65:		×	0,2307692
Alterswertminderung	in %:	50/65 × 100 =	76,92 %	
(nachrichtlich)	als Betrag:	88 026 € x 0,7692 =	67 712 €	
Vorläufiger Gebäudesachwert (alterswertgeminderte Herstellungskosten):			**rd. 20 314 €***

* Soweit die mit dem vorläufigen Gebäudesachwert nicht erfassten besonderen Bauteile, Einrichtungen oder sonstigen Vorrichtungen (§ 22 Abs. 2 Satz 2 ImmoWertV) sowie c-Flächen nicht mit dem Sachwertfaktor berücksichtigt werden, müssen sie nach Maßgabe des § 8 Abs. 3 ImmoWertV ggf. differenziell berücksichtigt werden, soweit dies dem gewöhnlichen Geschäftsverkehr entspricht.

3.3.10 Gebäudesachwert in der steuerlichen Bewertung

▶ *Vgl. hierzu die Übersicht über das steuerliche Sachwertverfahren bei Rn. 42; zur Wertzahl Rn. 239; zur Ermittlung des Bodenwerts Rn. 50 und zum Sachwert der baulichen und sonstigen Außenanlagen (Aufwuchs) Rn. 230, 260*

Gebäudesachwert — Syst. Darst. Sachwertverfahren IV

224 Wie bereits unter Rn. 42 ausgeführt, wird wie nach den §§ 21 ff. ImmoWertV auch bei Anwendung des steuerlichen Sachwertverfahrens der §§ 189 bis 191 BewG der Gebäudesachwert getrennt vom Bodenwert auf der Grundlage von gewöhnlichen Herstellungskosten ermittelt. Der Bodenwert bestimmt sich – wie bei der Ermittlung von Marktwerten (Verkehrswerten) nach den Vorschriften der ImmoWertV – nach dem Wert des unbebauten Grundstücks (§ 179 BewG). Mit dem Gebäude- und dem Bodenwert ist regelmäßig auch der Wert der baulichen und sonstigen baulichen Anlagen (Außenanlagen) abgegolten (zu den Ausnahmefällen vgl. Rn. 260). Die Summe aus Gebäudesachwert und Bodenwert ergibt den vorläufigen Sachwert, der zur Anpassung an den gemeinen Wert mit einer Wertzahl nach § 191 BewG zu multiplizieren ist.

Der **Gebäudesachwert** ist wie bei der Ermittlung des (vorläufigen) Gebäudesachwerts nach den Vorschriften der ImmoWertV **auf der Grundlage von** gewöhnlichen Herstellungskosten zu bemessen. Als gewöhnliche Herstellungskosten (Normalherstellungskosten) werden in der steuerlichen Bewertung (im Unterschied zur Verkehrswertermittlung) die sog. **Regelherstellungskosten (RHK)** herangezogen. Die Regelherstellungskosten i. S. des § 190 Abs. 1 BewG ergeben sich aus Anl. 24 zum BewG (abgedruckt im Anh. 3 und 4 zu der Syst. Darst.). Die Regelherstellungskosten werden bezogen auf einen Quadratmeter Brutto-Grundfläche (vgl. Rn. 89) angegeben, wobei sich die Bezugsgrundlage allerdings von der mit der SachwertR für die Marktwertermittlung vorgegebenen reduzierten Brutto-Grundfläche unterscheidet. Des Weiteren sind die Regelherstellungskosten nach Grundstücksarten und Ausstattungsstandards (Gebäudestandards) sowie nach Gebäudeklassen und Baujahrsgruppen gegliedert. Im Übrigen handelt es sich bei den Regelherstellungskosten (RHK) ebenfalls um Bundesmittelwerte.

Die Berücksichtigung der örtlichen Marktverhältnisse erfolgt, sofern nicht die Sachwertfaktoren der Gutachterausschüsse heranzuziehen sind, ausschließlich über die Anwendung der Wertzahl nach § 191 BewG; eine Regionalisierung der Regelherstellungskosten mittels sog. Regionalisierungs- und Ortsgrößenfaktoren ist ansonsten nicht vorgesehen.

- Die **Gebäudeklasse** bestimmt sich nach dem gesamten Gebäude oder einem baulich selbstständig abgrenzbaren Teil eines Gebäudes (Gebäudeteil); entscheidend für die Einstufung ist allein das durch die Hauptnutzung des Gebäudes/Gebäudeteils entstandene Gesamtgepräge. Zur Hauptnutzung gehörende übliche Nebenräume (z. B. Lager- und Verwaltungsräume bei Warenhäusern) sind entsprechend dem Gesamtgepräge der Hauptnutzung zuzurechnen.

- Ist ein Gebäude zu mehr als 50 % der bebauten Fläche unterkellert, ist von einem **Gebäude mit Keller** auszugehen. Entsprechend ist von einem Gebäude mit ausgebautem Dachgeschoss auszugehen, wenn dies zu mehr als 50 % ausgebaut ist.

- Der **Ausstattungsstandard** bestimmt sich nach dem Ausstattungsbogen der Anl. 24 zum BewG. Um die für das Gebäude oder den Gebäudeteil maßgeblichen Regelherstellungskosten zu ermitteln, ist der dem Ausstattungsstandard eines jeden Bauwerksteils des Gebäudes oder Gebäudeteils entsprechende Flächenpreis zu addieren und die Gesamtsumme durch die Anzahl der Bauwerksteile zu dividieren. In Betracht kommen zehn verschiedene Bauwerksteile (Fassade, Fenster, Dächer, Sanitärinstallation, Innenwandbekleidung der Nassräume, Bodenbeläge, Innentüren, Heizung, Elektroinstallation, sonstige Einbauten). Ist ein Bauwerksteil bei einem Gebäude oder Gebäudeteil nicht vorhanden, bleibt dieser Bauwerksteil unberücksichtigt und die Anzahl der Bauwerksteile wird entsprechend reduziert (z. B. Einfamilienhaus ohne sonstige Einbauten).

- Der Ansatz eines *fiktiv späteren Baujahrs* im Falle einer in den letzten zehn Jahren vorgenommenen durchgreifenden Modernisierung ist bei der Bestimmung der Baujahrsgruppe zu berücksichtigen[76].

---

[76] Vgl. ErbStR und ErbStH 2011 R B 190.7 Abs. 3; vgl. GuG 2012, S. 167 ff., 228 ff., 279 ff.

IV Syst. Darst. Sachwertverfahren — Außenanlagen

Der auf der Grundlage der Regelherstellungskosten ermittelte Gebäuderegelherstellungswert ist um die **Alterswertminderung** zu reduzieren (vgl. Rn. 222), wobei ein fiktiv späteres Baujahr anzunehmen ist (vgl. die Erläuterungen zu § 6 ImmoWertV Rn. 431 ff.).

Der nach Abzug der Alterswertminderung verbleibende Gebäudewert ist regelmäßig mit mindestens 40 % des Gebäuderegelherstellungswerts anzusetzen. Diese **Restwertregelung** berücksichtigt, dass auch ein älteres Gebäude, das laufend instand gehalten wird, einen Wert hat. Sie berücksichtigt einen durchschnittlichen Erhaltungszustand und macht in vielen Fällen die Prüfung entbehrlich, ob die restliche Lebensdauer des Gebäudes infolge baulicher Maßnahmen verlängert wurde. Wenn eine geringere Nutzungsdauer objektiv feststeht, wie z. B. bei vertraglicher Abbruchverpflichtung für das Gebäude, kann dieser Mindestansatz jedoch unterschritten werden.

3.4 Berücksichtigung der baulichen Außenanlagen und sonstigen Anlagen (Aufwuchs)

3.4.1 Allgemeines

▶ *Vgl. Rn. 26, 34 und Rn. 237, § 1 ImmoWertV Rn. 48 ff., § 8 ImmoWertV Rn. 67, 390 ff., § 19 ImmoWertV Rn. 4, 51, § 21 ImmoWertV Rn. 8, 16, Syst. Darst. des Vergleichswertverfahrens Rn. 112 ff., Syst. Darst. des Ertragswertverfahrens Rn. 32, 84 und bei Kleingärten vgl. Kleiber/Simon, Verkehrswertermittlung von Grundstücken, 3. Aufl. auf S. 2247 ff.*

225 Bei Anwendung des Sachwertverfahrens ist nach § 21 Abs. 1 ImmoWertV neben dem Gebäudesachwert und dem Bodenwert grundsätzlich auch der Sachwert der nutzbaren baulichen Außenanlagen und der sonstigen Anlagen (Aufwuchs) anzusetzen. Zu den **Außenanlagen** gehören nach der DIN 276 u. a.

– *bauliche* Anlagen außerhalb des Gebäudes wie Hofbefestigungen, Wege, Einfriedungen und dgl. (bauliche Außenanlagen) sowie

– *Gartenanlagen* und *sonstige Bepflanzungen* (nicht bauliche Außenanlagen).

Dementsprechend unterscheidet auch § 21 ImmoWertV zwischen den baulichen Außenanlagen und den „sonstigen Anlagen". Sonstige Anlagen sind insbesondere der auf dem Grundstück vorhandene Aufwuchs.

226 Nach § 21 Abs. 1 Satz 1 sind **nur die „nutzbaren" baulichen Außenanlagen und sonstigen Anlagen (Aufwuchs) zu berücksichtigen.** Den wirtschaftlich und auch sonsthin nicht nutzbaren Anlagen ist i. d. R. im gewöhnlichen Geschäftsverkehr keine werterhöhende Bedeutung beizumessen (vgl. Rn. 252).

Der **Wertanteil „nutzbarer" baulicher Außenanlagen und sonstiger Anlagen (Aufwuchs) kann ganz oder teilweise bereits mit dem Bodenwert und vor allem auch mit dem Sachwertfaktor erfasst worden sein.** Deshalb ist zunächst zu prüfen, ob und ggf. in welchem Umfang bauliche Außenanlagen und sonstige Anlagen (Aufwuchs) bereits mit dem Bodenwert bzw. mit dem Sachwertfaktor berücksichtigt werden.

227 Mit dem Sachwertfaktor werden bauliche Außenanlagen und sonstige Anlagen (Aufwuchs) erfasst, wenn der Gutachterausschuss für Grundstückswerte den Sachwertfaktor ohne einen gesonderten Ansatz für diese Anlagen abgeleitet hat (vgl. Rn. 21). In diesem Fall gehen bauliche Außenanlagen und sonstige Anlagen in dem vom Gutachterausschuss für Grundstückswerte im Rahmen der Veröffentlichung der Sachwertfaktoren angegebenen „üblichen Umfang" in den Sachwertfaktor ein, sodass diese in dem angegebenen üblichen Umfang bei Heranziehung dieses Sachwertfaktors direkt Eingang in die Sachwertermittlung finden. Für bauliche Außenanlagen und sonstige Anlagen (Aufwuchs) sind dann insoweit keine Sachwerte nach Maßgabe des § 21 Abs. 3 ImmoWertV zu ermitteln und anzusetzen. Soweit allerdings die auf dem zu bewertenden Grundstück befindlichen baulichen Außenanlagen und sonstigen

Anlagen (Aufwuchs) erheblich von dem mit dem Sachwertfaktor erfassten „üblichen Umfang" abweichen, sind die Abweichungen nach Maßgabe des § 8 Abs. 3 ImmoWertV als besondere objektspezifische Grundstücksmerkmale differenziell in dem Maße zu berücksichtigen, wie dies dem gewöhnlichen Geschäftsverkehr entspricht (Abb. 20).

Das Gleiche gilt, wenn der Gutachterausschuss für Grundstückswerte nach den Grundsätzen der Anl. 5 zu der SachwertR den **Wertanteil für bauliche und sonstige Außenanlagen mit einem pauschalen Ansatz** berücksichtigt hat.

Abb. 20: **Fallgestaltungen zur Berücksichtigung des Sachwerts von baulichen Außenanlagen und sonstigen Anlagen (Aufwuchs)**

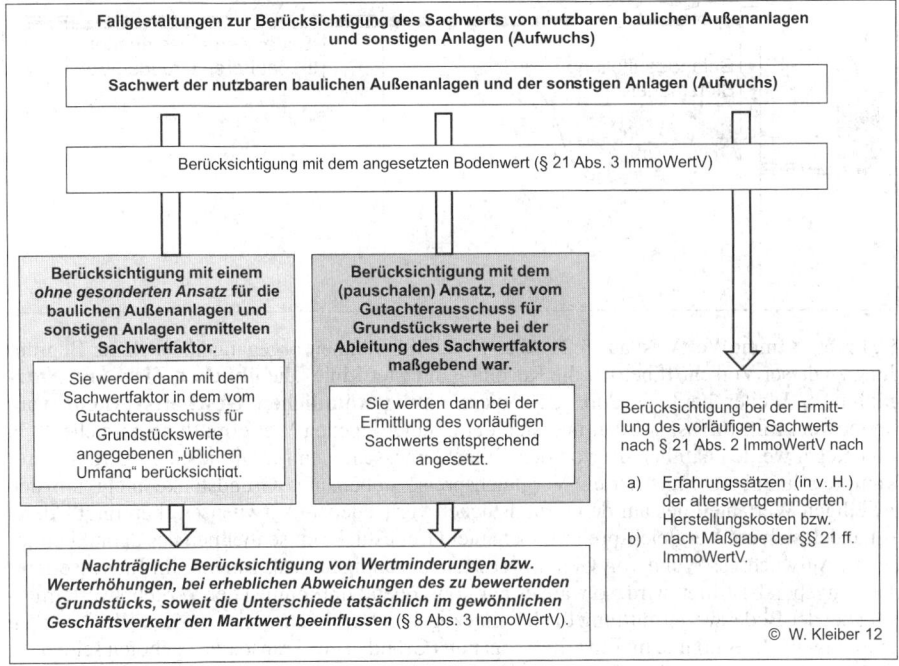

3.4.2 Berücksichtigung des Wertanteils bei der Bodenwertermittlung

Die ImmoWertV geht davon aus, dass die üblichen baulichen und sonstigen Außenanlagen (Aufwuchs) eines Grundstücks mit dem Bodenwert erfasst werden. Demzufolge bestimmt § 21 Abs. 3 ImmoWertV, dass ein Wertanteil für (bauliche) Außenanlagen und sonstige Anlagen, insbesondere für Anpflanzungen, nur zu berücksichtigen ist, *„soweit* sie nicht vom Bodenwert miterfasst werden".

– Wenn der Bodenwert aus Vergleichspreisen gleichartig bepflanzter Grundstücke mit vergleichbarer Funktion abgeleitet und der Vergleichspreis nicht um den vorhandenen Aufwuchs „bereinigt" worden ist, darf zur **Vermeidung einer Doppelberücksichtigung des Aufwuchses** dieser nicht noch zusätzlich berücksichtigt werden. Lediglich außergewöhnliche Anlagen, wie parkartige Gärten und besonders wertvolle Anpflanzungen, werden i. d. R. vom Bodenwert nicht umfasst und sind daher gesondert zu bewerten.

– Auch der Wertanteil **baulicher Außenanlagen** kann im Einzelfall bereits **mit dem Bodenwert berücksichtigt werden.** Sind z. B. für eine wirtschaftliche Nutzung des Grundstücks aufwendige Stützmauern (Pfahlgründungen und dgl.) erforderlich und wurde der Bodenwert auf der Grundlage von Vergleichspreisen von Grundstücken ermittelt, die solcher Stützmauern nicht bedürfen, so wird der Wert dieser Stützmauern bereits mit dem Bodenwert erfasst. In solchen Fällen können eher noch Abschläge notwendig werden, wenn die Stützmauer Unterhaltungskosten verursacht. Entsprechendes gilt z. B. auch für eine **Klärgrube,** wenn von einem erschließungskostenfreien Bodenwert ausgegangen wurde (Abb. 21).

Abb. 21: Erfassung baulicher Außenanlagen (Stützmauer) mit dem Bodenwert

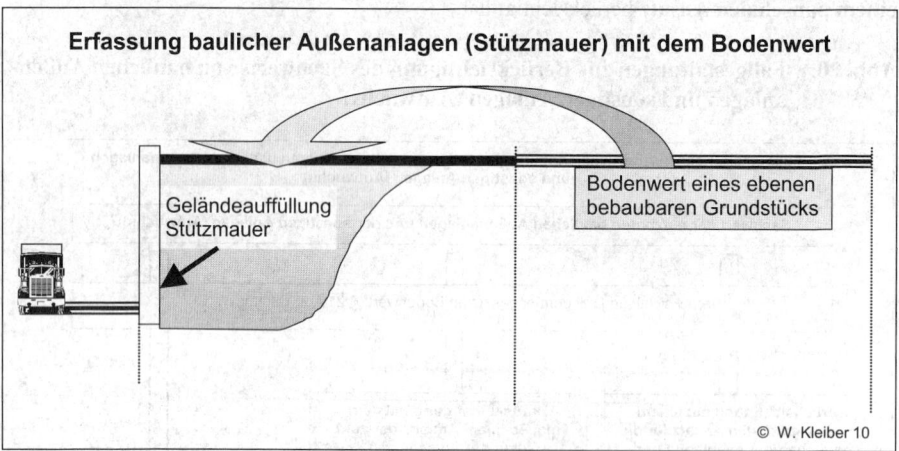

229 § 21 Abs. 3 ImmoWertV ist aus § 21 Abs. 4 WertV 88/98 hervorgegangen. Nach der Begründung zu dieser Vorschrift betrifft die Regelung in erster Linie „die **üblichen Zier- und Nutzgärten**"[77]. Weiter heißt es dort, dass diese „**im gewöhnlichen Geschäftsverkehr vom Bodenwert mitumfasst** werden und sich damit einer eigenen Wertermittlung entziehen". In aller Regel werden nämlich die von den Gutachterausschüssen für Grundstückswerte in ihrer Kaufpreissammlung registrierten Vergleichspreise unbebauter Grundstücke nicht um den jeweiligen Wertanteil des auf den Grundstücken vorhandenen Aufwuchses „bereinigt", d. h., es handelt sich um Vergleichspreise unbebauter Grundstücke einschließlich des darauf befindlichen Aufwuchses. Wenn von Gehölzwertsachverständigen dies, zumeist im Interesse ihrer Auftraggeber, bestritten wird, so wäre es nur konsequent, im Rahmen der Verkehrswertermittlung bei der Bodenwertermittlung die herangezogenen Vergleichspreise um den Wertanteil zu „bereinigen". Dies könnte im Einzelfall sogar aus Gründen der Transparenz geboten sein; d. R. sind jedoch solche unnötigen Rechenoperationen abzulehnen.

Lediglich außergewöhnliche Anlagen, wie parkartige Gärten und besonders wertvolle Anpflanzungen, werden i. d. R. vom Bodenwert nicht umfasst und sind nach § 21 Abs. 3 ImmoWertV ggf. gesondert zu bewerten. Ihr Herstellungswert ergibt sich nach Erfahrungssätzen oder notfalls aus den gewöhnlichen Herstellungskosten[78].

3.4.3 Berücksichtigung des Wertanteils mit dem Sachwertfaktor

230 Werden bei der Ableitung von Sachwertfaktoren die baulichen Außenanlagen sowie der Aufwuchs (sonstige Anlagen) nicht gesondert angesetzt, werden die baulichen Außenanlagen und der Aufwuchs bei Heranziehung so abgeleiteter Sachwertfaktoren **indirekt bei der Sachwertermittlung berücksichtigt,** ohne dass es dafür eines besonderen Ansatzes bedarf (vgl. Rn. 21). Die baulichen Außenanlagen und der Aufwuchs gehen dann nämlich mit dem Sach-

---

77 BR-Drucks. 352/88, S. 61.
78 OLG Frankfurt am Main, Urt. vom 14.3.1983 – 1 U 6/81 –, BRS Bd. 45 Nr. 118 = EzGuG 2.31 unter Bezugnahme auf OLG Hamburg, Urt. vom 6.12.1978 – 5 U 237/77 –, NJW 1979, 1168 = EzGuG 2.22; das OLG Frankfurt am Main bestätigend: BGH, Beschl. vom 29.9.1983 – III ZR 66/83 –, AgrarR 1987, 250 = EzGuG 2.34; BGH, Urt. vom 12.7.1965 – III ZR 214/64 –, BRS Bd. 19 Nr. 96 = EzGuG 2.8.

wertfaktor in den Sachwert ein. Der Sachwertfaktor ist dann kein reiner Marktanpassungsfaktor, sondern zugleich ein „Auffangfaktor" für nicht berücksichtigte Grundstücksmerkmale.

§ 21 Abs. 3 ImmoWertV läuft in diesem Fall insoweit leer. Leitet also der Gutachterausschuss für Grundstückswerte nach vorstehenden Grundsätzen Sachwertfaktoren ab, mit denen die baulichen und sonstigen Außenanlagen (Aufwuchs) miterfasst werden, so muss er konsequenterweise auch den „üblichen Umfang" der so erfassten baulichen und sonstigen Außenanlagen (Aufwuchs) bei der Veröffentlichung der Sachwertfaktoren angeben. Bauliche und sonstige Außenanlagen (Aufwuchs) sind dann nach Maßgabe des § 8 Abs. 3 ImmoWertV nur noch insoweit (differenziell) zu berücksichtigen, soweit sie im konkreten Fall von dem üblichen Umfang abweichen.

Eine daraus resultierende Wertminderung bzw. Werterhöhung kann nur in Betracht kommen, wenn ein „Mehr" oder ein „Weniger" an Aufwuchs auch tatsächlich im gewöhnlichen Geschäftsverkehr zu einer Werterhöhung oder Wertminderung führt; dies kann nur in besonderen Ausnahmefällen erwartet werden. **231**

3.4.4 Wertanteil von Außenanlagen

3.4.4.1 Pauschale Ermittlung des Wertanteils von Außenanlagen nach Erfahrungssätzen

Schrifttum: *Simon/Kleiber*, Schätzung und Ermittlung von Grundstückswerten, 8. Aufl., S. 462; *Vogels, M.*, Grundstücksbewertung marktgerecht, Bauverlag, 5. Aufl. 1996, S. 131.

Der Sachwert der baulichen Außenanlagen und der sonstigen Anlagen ist, soweit er nicht bereits mit dem angesetzten Bodenwert bzw. mit dem herangezogenen Sachwertfaktor (vgl. Rn. 229) hinreichend berücksichtigt worden ist, nach § 21 Abs. 3 ImmoWertV **232**

– nach Erfahrungssätzen oder
– nach den gewöhnlichen Herstellungskosten unter Anwendung der §§ 22 und 23 ImmoWertV

zu ermitteln. Dabei ist der an erster Stelle genannten Ermittlung nach Erfahrungssätzen der Vorzug zu geben.

Die Vorschrift führt ansonsten die Verfahren gleichrangig auf.

Für die Verkehrswertermittlung von Ziergehölzen (Aufwuchs) als Bestandteile von Grundstücken (Schutz- und Gestaltungsgrün) sind vom BMF die **Ziergehölzhinweise 2000 – ZierH 2000** – erlassen worden[79] (vgl. § 1 ImmoWertV Rn. 48 ff.). **233**

§ 21 Abs. 3 ImmoWertV führt an erster Stelle die **Ermittlung nach Erfahrungssätzen**[80] auf, wobei regelmäßig pauschale Erfahrungssätze herangezogen werden. Auf pauschale Erfahrungssätze wird man nach vorstehenden Ausführungen schon deshalb regelmäßig zurückgreifen, weil die nach § 14 Abs. 1 ImmoWertV heranzuziehenden Sachwertfaktoren regelmäßig auf der Grundlage einer entsprechenden Sachwertermittlung abgeleitet werden. Die Ermittlung des Wertanteils der baulichen Außenanlagen auf der Grundlage von gewöhnlichen Herstellungskosten, für die Tabellenwerke vorliegen, lässt sich zumeist durch den damit verbundenen Rechenaufwand nicht rechtfertigen, zumal sich die Neubaukosten durch erhebliche Alterswertabschreibungen insbesondere aufgrund einer im Verhältnis zu der Gesamtnutzungsdauer von Gebäuden verkürzten Restnutzungsdauer und Marktanpassungen zu Pauschalgrößen reduzieren. **234**

Der Wertanteil von baulichen und sonstigen Außenanlagen wird in der breiten Anwendungspraxis in einer zumindest vom Ergebnis her durchaus zu akzeptierenden Weise mit einem **pauschalen Zuschlag von i. d. R. 1 bis 5 v. H. des (vorläufigen) Gebäudesachwerts** berücksich- **235**

---
[79] Ziergehölzhinweise vom 20.3.2000, BAnz Nr. 94 vom 18.5.2000; abgedruckt in GuG 2000, 155; hierzu Wilbat/Bracke in GuG 2001, 74.
[80] U. a. Vogels, Grundstücksbewertung marktgerecht.

IV Syst. Darst. Sachwertverfahren — Außenanlagen

tigt. Diesem Erfahrungssatz liegt der Gedanke zugrunde, dass der Wert der Außenanlagen in einem dem entsprechenden Verhältnis zum (vorläufigen) Gebäudesachwert steht. Dieser Erfahrungssatz hat sich, von den angesprochenen Sonderfällen abgesehen, immer wieder bestätigt (Abb. 22).

236 Abb. 22: Kosten der Außenanlagen in Prozent der Herstellungskosten nach *Gärtner*

Kosten der Außenanlagen in Prozent der Herstellungskosten nach *Gärtner*						
Qualifizierung	Büro- und Verwaltungsgebäude			Wohn- und Wohnungsgeschäftsgebäude		
	niedrig	mittel	hoch	niedrig	mittel	hoch
Kosten der Außenanlagen in Prozent der Herstellungskosten	3,5	5,5	7,5	5,0	10,0	15,0

Quelle: Gärtner, S., Beurteilung und Bewertung alternativer Planungsentscheidungen im Immobilienbereich mithilfe eines Kennzahlensystems, 1. Aufl. 1996

237 Die Pauschalzuschläge sind umso größer, je aufwendiger, größer und neuwertiger die Bebauung ist. Bei mehrgeschossigen Gebäuden sinkt der pauschale Ansatz mit der Zahl der Geschosse. Bei **neuen Ein- und Zweifamilienhäusern** können die Pauschalsätze höhere Größenordnungen bis zu 10 % einnehmen.

238 Werden die Außenanlagen in einem Vomhundertsatz des Gebäudesachwerts angesetzt, so bemisst sich dieser Vomhundertsatz nach dem (vorläufigen) Gebäudesachwert eines mängelfreien Gebäudes. Der **Vomhundertsatz ist** deshalb **auf den für ein mängelfreies Gebäude ermittelten Gebäudesachwert** und nicht auf den um die Instandsetzungskosten verminderten Gebäudesachwert **anzuwenden**.

239 Auch die den aufstehenden Gebäuden dienenden Außenanlagen sind einer wirtschaftlichen Alterswertminderung unterworfen, wobei diese das wirtschaftliche Schicksal des Gebäudes teilen und mithin die **Alterswertminderung von Außenanlagen mit der Alterswertminderung des Gebäudes korreliert** ist. Aus diesem Grunde beziehen sich die für Außenanlagen anzusetzenden Vomhundertsätze im Übrigen auf den alterswertgeminderten Gebäudesachwert.

240 *Beispiel*:

- Ermittelter vorläufiger (alterswertgeminderter) Gebäudesachwert eines mängelfreien Gebäudes zum Wertermittlungsstichtag = 500 000 €
- Instandsetzungsrückstau = 100 000 €
- Gebäudesachwert unter Berücksichtigung des Instandhaltungsrückstaus = 400 000 €
- Vomhundertsatz der Außenanlagen 6 %

FALSCH		RICHTIG	
Instandhaltungsgeminderter Gebäudesachwert	400 000 €	Mängelfreier Gebäudesachwert	500 000 €
+ Außenanlagen: 400 000 € × 0,06	+ 24 000 €	+ Außenanlagen: 500 000 € × 0,06	+ 30 000 €
= Gesamtwert	424 000 €	= Gebäudesachwert + Außenanlagen	530 000 €
		– Instandsetzungsrückstau	– 100 000 €
		= Gesamtwert	430 000 €

Abb. 23: Pauschale Ermittlung des Wertanteils von Außenanlagen als Vomhundertsatz des alterswertgeminderten Gebäudewerts

Pauschale Ermittlung des Wertanteils von Außenanlagen als Vomhundertsatz des alterswertgeminderten Gebäudewerts				
			Wohn- und Geschäftsgebäude	
Kategorie	Beschreibung	Ein- und Zweifamilienhäuser	3- bis 5-geschossig	> als 5-geschossig
Einfachste Anlagen	Hofflächenbefestigung in geringem Umfang, Gehwegplatten, einfachste Holz- oder Metallzäune	1 – 2 %	0,5 – 1,0 %	0,25 – 0,50 %
Einfache Anlagen	Hofflächenbefestigung, Gehwegplatten in winterfester Ausführung, gemauerte Einfriedung mit Holz- oder Metallzäunen	2 % – 4 %	1 % – 2 %	0,5 % – 1 %
Durchschnittliche Anlagen	Großflächig befahrbare Weg- und Hoffläche; Gehwege und Einfriedung in Natur- oder Kunststein	4 % – 6 %	2 % – 3 %	1 % – 1,5 %
Aufwendige Anlagen	Großflächig befahrbare Weg- und Hoffläche; Gehwege und Einfriedung in Natur- oder Kunststein, Pergola; Stützmauern und Treppenanlagen für Grundstücke mit Höhenunterschieden, Zierteiche	bis 10 %	bis 5 %	bis 2,5 %

3.4.4.2 Ermittlung nach gewöhnlichen Herstellungskosten

a) *Bauliche Außenanlagen*

Als „gewöhnliche Herstellungskosten" gelten nach der Terminologie der ImmoWertV die letztlich auch aus Erfahrungssätzen resultierenden Normalherstellungskosten. Die Ermittlung des Wertanteils von baulichen Außenanlagen auf der Grundlage von Normalherstellungskosten kann sich recht „rechenaufwendig" gestalten. Dieser **Rechenaufwand steht** dabei **oftmals in keinem Verhältnis zum Wertanteil der Außenanlagen,** zumal man i. d. R. auch noch sehr hohe **Marktanpassungsabschläge** berücksichtigen muss. Der Rechnungsaufwand ist deshalb nur bei außergewöhnlichen baulichen Außenanlagen zu rechtfertigen.

Zur Ermittlung des Herstellungswerts von Außenanlagen ist nachstehend eine sich an eine Tabelle des Gutachterausschusses im Bereich Köln anlehnende Aufstellung von Normalherstellungskosten für Außenanlagen (einschließlich Nebenkosten) abgedruckt. Im Falle ihrer Heranziehung auf aktuelle Wertermittlungen müssen diese Normalherstellungskosten mittels des Baupreisindexes für Außenanlagen auf den Wertermittlungsstichtag indiziert und einer Alterswertminderung unterworfen werden.

Bei der Ermittlung der Alterswertminderung muss bedacht werden, dass

a) die **Alterswertminderung von Außenanlagen** einerseits gegenüber dem Alterswertminderungsverlauf eines Gebäudes abweicht und für die einzelnen Außenanlagen zwar unterschiedlich ausfallen kann, aber andererseits die Nutzungen korreliert sind und

b) darüber hinaus auch die **Gesamt- und Restnutzungsdauer** von vorhandenen Außenanlagen wiederum von der des Gebäudes abweicht und für einzelne Außenanlagen unter-

IV Syst. Darst. Sachwertverfahren — Außenanlagen

schiedlich ausfallen kann. Im Durchschnitt kann von einer Gesamtnutzungsdauer von 50 Jahren ausgegangen werden.

Neben der Alterswertminderung sind etwaige Baumängel und Bauschäden zusätzlich zu berücksichtigen.

244 Weist ein **Grundstück besonders viele Außenanlagen** auf, so kann die vorstehend erläuterte Vorgehensweise angezeigt sein. Allerdings kann in solchen Fällen vielfach beobachtet werden, dass es der Grundstücksmarkt in seiner Preisgestaltung nicht „honoriert", wenn der Grundstückseigentümer persönlichen Neigungen folgend sein Grundstück mit vielen Außenanlagen „bepflastert" hat; die Marktanpassungsabschläge fallen dann i. d. R. besonders hoch aus. Auch können solche Außenanlagen wertmindernd sein, wenn es sich um eher verunstaltend wirkende Außenanlagen handelt.

Abb. 24: Normalherstellungskosten 2010 für Außenanlagen[81]

1. Normalherstellungskosten für Außenanlagen (Preisbasis 2010)

Die angegebenen Werte für die Kosten von Außenanlagen enthalten die geltende Mehrwertsteuer.

Die aufgeführten m²- bzw. m³-Sätze sind auf Außenanlagen abgestellt, die i. d. R. keine größeren Gewerke sind. Bei größeren Anlagen können die angegebenen Werte wegen rationellerer Arbeitstechniken geringer sein.

Die Wertansätze für Bodenaushub beziehen sich je nach Bodenverhältnissen auf nichtbelastete Materialien (Erdreich).

	Gewerke	Kosten	Menge	
1	**Hausanschlüsse** (Pauschal)	6 800 €	Stück	€
	Kanal (je nach Lage und Bodenverhältnissen)			
	im Straßenbereich	620 €/m	m	€
	im Grundstücksbereich	340 €/m	m	€
	Stromanschluss			
	bei EFH pauschal	2 850 €	Stück	€
	bei MFH pauschal	4 600 €	Stück	€
	Gasanschluss			
	bei EFH pauschal	1 700 €	Stück	€
	bei MFH pauschal	2 300 €	Stück	€
	Fernwärmeanschluss (ohne Übergabestation)	2 550 €	Stück	€
	Wasseranschluss	4 000 €	Stück	€
	Entwässerungsleitung DN 100	75 €/m	m	€
	Einfache Elektroleitung, im Garten verlegt		m	€
2	**Erdaushub**			
	Mutterbodenabtrag (30 cm) einschl. Transport und Lagerung	7 €/m²	m²	€
	Fundamentaushub einschl. Transport und Lagerung			
	Streifenfundament	70 €/m³	m³	€
	Flächenfundament (30 cm), z. B. für Hoffläche	17 €/m³	m³	€
	Kiesverfüllung und Verdichtung	28 €/m³	m³	€
	Fundament (frostfrei)	150 €/m³	m³	€
	zzgl. Schalung (mittlere Dicke 30 cm)	50 €/m³	m³	€
	Betonsockel (einschl. Schalung)	340 €/m³	m³	€

---

[81] Quelle: Gutachterausschuss für Grundstückswerte im Bereich der Stadt Köln.

Außenanlagen — Syst. Darst. Sachwertverfahren IV

Gewerke		Kosten	Menge	
3 Zysterne				
Einzelgewerk bis 1 – 2 m³ (pauschal)		570 €	Stück	€
– aus Betonringen Ø 1 m T bis 3 m (pauschal)		850 €	Stück	€
Sickerbrunnen mit Einlaufschacht		340 €	Stück	€
Kläranlage (3- bis 4-Kammer-System)				
für 4 Personen (pauschal)		4 000 €	Stück	€
für 6 Personen (pauschal)		5 700 €	Stück	€
für 8 Personen (pauschal)		8 000 €	Stück	€
4 Hofbefestigung				
Schotterfläche		35 €/m²	m²	€
Bitumen (Grob- und Feinasphalt 10 + 4 cm)				
einfache Garagenhofbefestigung		50 €/m²	m²	€
Bitumen einschließlich Unterbau		70 €/m²	m²	€
Bitumen für Schwerlastverkehr inklusive Unterbau, Entwässerung (Industriegrundstücke)		90 €/m²	m²	€
Verbundsteine				
– ohne Unterbau		40 €/m²	m²	€
– einschl. Unterbau		55 €/m²	m²	€
Betonierte Hoffläche				
Beton einschl. Unterbau (ab 15 cm stark)		55 €/m²	m²	€
Beton einschl. Unterbau mit Fugenteilung		75 €/m²	m²	€
Unterbau		17 €/m²	m²	€
Kiesverfüllung und Verdichtung		28 €/m²	m²	€
Mutterbodeneintrag 30 cm		7 €/m²	m²	
5 Wegebefestigungen				
Betonweg (Verdichtung Tiefe 50 cm)		28 €/m²	m²	€
Pflasterweg Blaubasalt (Verdichtung Tiefe 50 cm)		85 €/m²	m²	€
Verbundsteinpflaster		85 €/m²	m²	€
6 Wegeeinfassung				
Rasenkantensteine (6 × 25 cm)		17 €/m	m	€
Bordsteine (8 × 25 cm)		28 €/m	m	€
7 Einfriedungen				
Jägerzaun (ohne Betonsockel)	h = 0,6 m	40 €/m	m	€
	h = 1,0 m	46 €/m	m	€
Jägerzaun (auf Betonsockel)	h = 0,6 m	105 €/m	m	€
	h = 1,0 m	120 €/m	m	€
Holzgeflechtzaun				
ohne Betonsockel	h = 2,0 m	85 €/m	m	€
mit Betonsockel	h = 2,0 m	160 €/m	m	€
Maschendrahtzaun				
zwischen T-Eisen-Pfosten, in Betonklotz	h = 1,0 m	35 €/m	m	€
Zaun kunststoffummantelt	h = 1,5 m	40 €/m	m	€
	h = 2,0 m	50 €/m	m	€
Stahlzaun	h = 2,0 m	170 €/m	m	€
Stahlgitter (runde/eckige Stäbe)	h = 1,0 m	200 €/m	m	€
Eisengitter (verzinkt) auf Betonsockel	h = 1,0 m	330 €/m	m	€

IV Syst. Darst. Sachwertverfahren — Außenanlagen

Gewerke		Kosten	Menge	
Schmiedeeisernes Gitter				
runde/eckige Stäbe	h = 1,0 m	170 €/m	m	€
ohne Betonsockel	h = 1,0 m	200 €/m	m	€
mit Betonsockel	h = 1,0 m	285 €/m	m	€
Ziegelsteinmauer auf Fundament				
0,12 Abdeckung (einschließlich Aushub und Schalung)	h = 1,0 m	130 €/m	m	€
	h = 1,5 m	155 €/m	m	€
	h = 2,0 m	190 €/m	m	€
0,25 Abdeckung (einschließlich Aushub und Schalung)	h = 1,0 m	190 €/m	m	€
	h = 1,5 m	245 €/m	m	€
	h = 2,0 m	300 €/m	m	€
Kalksandstein (KS) Mauer auf Fundament				
0,12 Abdeckung	h = 1,0 m	180 €/m	m	€
	h = 1,5 m	230 €/m	m	€
	h = 2,0 m	275 €/m	m	€
0,24 Abdeckung verputzt	h = 1,0 m	245 €/m	m	€
	h = 1,5 m	305 €/m	m	€
	h = 2,0 m	370 €/m	m	€
Kalksandstein (KS) Sichtmauer auf Fundament				
0,12 Abdeckung	h = 1,0 m	130 €/m	m	€
	h = 1,5 m	150 €/m	m	€
	h = 2,0 m	190 €/m	m	€
0,24 Abdeckung verputzt	h = 1,0 m	190 €/m	m	€
	h = 1,5 m	245 €/m	m	€
	h = 2,0 m	300 €/m	m	€
Bimsmauer auf Fundament				
0,12 Abdeckung	h = 1,0 m	170 €/m	m	€
	h = 1,5 m	210 €/m	m	€
	h = 2,0 m	255 €/m	m	€
0,24 Abdeckung verputzt	h = 1,0 m	205 €/m	m	€
	h = 1,5 m	280 €/m	m	€
	h = 2,0 m	340 €/m	m	€
Klinkermauer auf Fundament				
0,12 Abdeckung	h = 1,0 m	155 €/m	m	€
	h = 1,5 m	190 €/m	m	€
	h = 2,0 m	230 €/m	m	€
0,24 Abdeckung verputzt	h = 1,0 m	210 €/m	m	€
	h = 1,5 m	300 €/m	m	€
	h = 2,0 m	365 €/m	m	€
Waschbetonplatten zwischen Betonpfählen (Fundament)	h = 1,0 m	160 €/m	m	€
	h = 1,5 m	210 €/m	m	€
	h = 2,0 m	270 €/m	m	€
Gebrochener Beton einschließlich Fundament	h = 1,0 m	180 €/m	m	€
	h = 1,5 m	240 €/m	m	€
	h = 2,0 m	320 €/m	m	€
Betonplatten einschließlich Fundament und Abdeckung	h = 1,0 m	140 €/m	m	€
	h = 1,5 m	180 €/m	m	€
	h = 2,0 m	205 €/m	m	€
Betonmauer 24 cm dick		370 €/m	m	€

Außenanlagen — Syst. Darst. Sachwertverfahren IV

Gewerke		Kosten	Menge	
Bruchsteinmauer (Plattenstärke 0,12)	h = 1,0 m	290 €/m	m	€
auf Betonsockel mit	h = 1,5 m	425 €/m	m	€
Abdeckung und Verfugen	h = 2,0 m	535 €/m	m	€
Einfacher Betonsockel		170 €/m	m	€

8 Hecken				
Naturhecke (je nach Strauchgut)	h = 2,0 m	55 €/m	m	€

9 Mauerwerke unverfugt und unverputzt			
Klinker	370 €/m	m	€
Ziegel Sichtmauerwerk	295 €/m	m	€
Kalksandstein Sichtmauerwerk	270 €/m	m	€
Bimsstein	270 €/m	m	€
Waschbeton (ab 10 cm) bzw. Stahlbeton mit Struktur	115 €/m	m	€
Gebrochener Beton (ab 10 cm), z. B. Betonwaben	140 €/m	m	€
Bruchstein			
unbearbeitet, an 0,12 cm stark	215 €/m	m	€
bearbeitet	330 €/m	m	€
Betonplatte (8 cm) oder Stegzementdielen bzw. Pfeiler	75 €/m	m	€
Mauerabdeckung (für mindestens 24 cm Mauerwerk)	50 €/m	m	€
Nebenleistung			
Verfugen	15 €/m	m	€
Verputzen	40 €/m	m	€

10 Vorgarteneingangstür				
Stahlrohrrahmen mit Wellengitterfüllung einflüglig 1 m × 1 m	h = 1,0 m	240 €/Stück	Stück	€
Schmiedeeisern einflüglig einfach 1 m × 1 m	h = 1,0 m	340 €/Stück	Stück	€
	h = 1,5 m	455 €/Stück	Stück	€
Eisengitter verzinkt einflüglig einfach 1 m × 1 m	h = 1,0 m	400 €/Stück	Stück	€
	h = 1,5 m	510 €/Stück	Stück	€
Holz einfach 1 m × 1 m	h = 1,0 m	230 €/Stück	Stück	€
	h = 1,5 m	310 €/Stück	Stück	€

11 Einfahrtstor				
Schmiedeeisern doppelflüglig einfach	h = 1,0 m	340 €/Stück	Stück	€
	h = 1,5 m	455 €/Stück	Stück	€
	h = 2,0 m	570 €/Stück	Stück	€
Eisengitter doppelflüglig einfach	h = 1,0 m	400 €/Stück	Stück	€
	h = 1,5 m	520 €/Stück	Stück	€
	h = 2,0 m	680 €/Stück	Stück	€
Holz doppelflüglig einfach	h = 1,0 m	230 €/Stück	Stück	€
	h = 1,5 m	310 €/Stück	Stück	€
	h = 2,0 m	400 €/Stück	Stück	€
Stahlgitter verzinkt		400 €/Stück	Stück	€

Kleiber

IV Syst. Darst. Sachwertverfahren — Außenanlagen

Gewerke		Kosten	Menge	
12 Sonstiges				
Gartenhaus	einfach	340 €/m² BGF	m²	€
	mittel	455 €/m² BGF	m²	€
	gehoben	510 €/m² BGF	m²	€
Gewächshaus		230 €/m² BGF	m²	€
Grillplatz		850 €/Stück	Stück	€
Teichanlage		8 000 €/Stück	Stück	€
Gesamtsumme				€

b) *Sonstige Außenanlagen (Aufwuchs)*

▶ *Vgl. Rn. 26, 34, 47, 208, 226; § 1 ImmoWertV Rn. 48 ff.; § 8 ImmoWertV Rn. 67, 390 ff.; § 19 ImmoWertV Rn. 4, 51 sowie § 21 ImmoWertV Rn. 11 ff., 16; Syst. Darst. des Ertragswertverfahrens Rn. 32, 84; Syst. Darst. des Vergleichswertverfahrens Rn. 113 ff., zu Kleingärten vgl. 3. Aufl. dieses Werks auf S. 2247 ff.*

245 Der Wertanteil der sonstigen Anlagen, insbesondere Gartenanlagen und Anpflanzungen, wird nach vorstehenden Ausführungen regelmäßig mit dem Bodenwert und bei der Marktwertermittlung bebauter Grundstücke im Übrigen auch mit dem herangezogenen Sachwertfaktor i. V. m. einem pauschalen Erfahrungssatz entsprechend vorstehender Ausführungen erfasst. Soweit darüber in besonderen Ausnahmefällen bei **außergewöhnlich werthaltigen Anlagen wie parkartigen Gärten und besonders wertvollen Anpflanzungen** eine ergänzende Ermittlung des Wertanteils von Aufwuchs erforderlich wird, ist dieser gemäß § 21 Abs. 3 ImmoWertV in erster Linie nach **Erfahrungssätzen** oder „notfalls aus den gewöhnlichen Herstellungskosten" zu ermitteln[82].

246 Dem Ansatz von Erfahrungssätzen wird in der Praxis der Vorzug eingeräumt, weil es entscheidend auf die Funktion der Außenanlagen und nicht auf deren Kosten ankommt. Die Ermittlung über gewöhnliche Herstellungskosten verursacht dagegen einen erheblichen und fragwürdigen Rechenaufwand, weil das Ergebnis i. d. R. mit erheblichen Abschlägen der Marktlage angepasst werden muss. Der Wertanteil des Aufwuchses bestimmt sich nämlich nach dem Betrag, um den sich der Verkehrswert des Grundstücks durch den vorhandenen Aufwuchs erhöht oder vermindert; er kann auch wertneutral sein (vgl. Nr. 1 ZierH); der funktionale Zusammenhang ist entscheidend. Aus diesem Grunde ist eine **eigenständige Ermittlung des Aufwuchswerts ohne Berücksichtigung seiner Bedeutung für den Gesamtwert des Grundstücks sachwidrig**. Es kommt entscheidend auf den Wertanteil des Aufwuchses am Gesamtwert an und die Beauftragung eines Zweitgutachters mit der Erstellung eines eigenständigen Gutachtens allein zum „Aufwuchswert" ist i. d. R. sachwidrig. Der Grundstückssachverständige, der eine von einem Zweitgutachter eigenständige Ermittlung des Aufwuchswerts heranzieht, kann diese auch nicht ungeprüft seiner eigenen Wertermittlung zuschlagen, sondern muss unter Berücksichtigung der funktionalen Bedeutung des Aufwuchses für ein konkretes Grundstück eigenverantwortlich entscheiden, in welchem Umfang der eigenständig ermittelte Aufwuchswert in den Gesamtwert eingeht. Die **bloße Summation von unabhängig voneinander ermittelten Werten ist deshalb auch in der Rechtsprechung verworfen worden**[83].

---

[82] BR-Drucks. 352/88, S. 56.
[83] OLG Frankfurt am Main, Urt. vom 14.3.1983 – 1 U 6/81 –, VersR 1984, 118 = BRS Bd. 45 Nr. 118 = EzGuG 2.31: „Auf einem Grundstück wachsende Gehölze können wertmäßig grundsätzlich nicht isoliert betrachtet werden."

Aufwuchs kann je nach Funktion wertneutral, werterhöhend oder wertmindernd sein[84]. 247

Als *wertmindernde* Aspekte werden in den ZierH beispielsweise genannt: 248

– Unvereinbarkeit der Gehölze mit der zukünftigen Nutzung des Grundstücks (z. B. Rohbauland, baureifes Land),

– Einschränkung der aus der Sicht des Marktes üblichen Ausnutzung des Baurechts eines Grundstücks,

– Gefahr der Beschädigung unter- und oberirdischer Leitungsnetze, der Gebäude und sonstiger Außenanlagen,

– Gehölze, deren Beseitigung aufgrund ihres Alters, Zustands oder sonstiger Gegebenheiten (z. B. Dichtstand) aus der Sicht des verständigen Marktteilnehmers sofort oder in naher Zukunft geboten ist und deren Werteinschätzung daher überwiegend durch die zu erwartenden Kosten geprägt ist,

– Störungen des Lichteinfalls im Gebäude oder auf das Grundstück (Verschattungen und Beeinträchtigung der Aussichtslage),

– sonstige erheblich störende Einwirkungen des Aufwuchses (starker Laubfall, Blütenstaub, Nektar) oder hohe Pflege- und Bewirtschaftungskosten, insbesondere bei Renditeobjekten, ohne dass diesen Nachteilen entsprechende Vorteile, z. B. Mietmehreinnahmen, gegenüberstehen.

Wertmindernd können insbesondere bei außergewöhnlich werthaltigen Anlagen wie parkartigen Gärten und besonders wertvollen Anpflanzungen die hohen Pflege- und Bewirtschaftungskosten sein. Dies wird bei Anwendung des Ertragswertverfahrens besonders deutlich, wobei die daraus zu ziehenden Erkenntnisse auch für die Sachwertermittlung von Bedeutung und im Rahmen der Marktanpassung zu berücksichtigen sind. Ein in einer aufwendig gestalteten Parkanlage gelegenes Gebäude wird zwar auch einen höheren Ertrag als ein Gebäude in schlichter Umgebung abwerfen, jedoch wird man nicht erwarten können, dass sich ein für den Aufwuchs ermittelter „Herstellungswert" von z. B. 350 000 € auch in einem entsprechenden rentierlichen Ertragszuwachs niederschlägt. Soweit Mehreinnahmen tatsächlich nachweisbar sind, werden diese allein schon durch die Pflege des Parks „aufgefressen", denn Pflege- und Bewirtschaftungskosten sind bei der Aufwuchsbewertung wertmindernd zu berücksichtigen (vgl. Ziff. 1 ZierH). Der BGH hat deshalb selbst einem aufwendigen Landschaftsgarten keine Wertsteigerung beigemessen und ihm allenfalls einen für die Verkehrswertermittlung unmaßgeblichen Affektionswert zugeordnet[85]. 249

Die Minderung des Grundstückswerts durch störenden Aufwuchs kann über die Beseitigungskosten, ggf. korrigiert um Erlöse aus der Materialverwertung, ermittelt werden. Dabei sind die nach den ggf. zu beachtenden Rechtsvorschriften zu leistenden öffentlichen Abgaben oder Strafen und Kosten vorgeschriebener Ersatzpflanzungen zu berücksichtigen. Bei alledem ist zu untersuchen, ob ihre Beseitigung aufgrund rechtlicher Einschränkungen (z. B. Baumschutzsatzung, Naturdenkmal) ausgeschlossen oder erschwert ist. 250

Als *wertneutral* sind beispielsweise anzusehen: 251

– Bepflanzungen, deren Vor- und Nachteile sich gegenseitig aufheben, oder

– Ziergehölze, die bei Renditeobjekten keine Mehreinnahmen bewirken.

Ziergehölze, die keine Funktion für das Grundstück haben, bewirken keine Werterhöhung des Grundstücks, sodass eine Berücksichtigung entfällt (vgl. Rn. 226). 252

---

84 So auch die BReg zur parl. Anfrage zur ImmoWertV (BT-Drucks. 17/1298, vgl. GuG-aktuell 2010, S.18, dort auch S. 21).
85 BGH, Beschl. vom 30.11.2006 – V ZB 44/06 –, GuG 2008, 121.

253 Als *wertsteigernde* Funktionen sind beispielsweise zu nennen:

- Abgrenzung von Grundstücken und Nutzungsbereichen (Hecken),
- Windschutz,
- Schutz vor Immissionen (Lärm, Staub),
- Schutz vor Einblicken von außen,
- Verblendung von wenig attraktiven Ausblicken auf Nachbargrundstücke oder die Umgebung,
- Hangbefestigung,
- biologische Entwässerung von Nassstellen,
- ästhetische Gestaltungen, z. B.
  - Auflockerung und Strukturierung ansonsten eintöniger Flächen,
  - Bestandteil eines Gartens mit parkähnlichem Charakter,
  - Teil eines gartenarchitektonischen Gesamtkonzeptes in Beziehung mit der Bebauung des Grundstücks,
- Erholungsfunktion unter Berücksichtigung der städtebaulichen Umgebungssituation,
- bessere Vermarktbarkeit.

254 Insbesondere bei den stark durch individuelle Einstellungen geprägten Aspekten (Ästhetik und Erholung) ist jeweils konkret für das betrachtete Objekt und das entsprechende Marktsegment zu prüfen, ob und inwieweit sie für den einschlägigen potenziellen Nachfragerkreis tatsächlich von werterhöhender Bedeutung sind. Dabei ist auch einzuschätzen, inwieweit diese potenziell werterhöhenden Aspekte mit dem Wunsch vereinbar sind, die Garten- bzw. Parkanlage mit möglichst geringem Einsatz an Arbeit und Kosten zu unterhalten.

255 Für den Fall der Ermittlung des Wertanteils von Aufwuchs nach gewöhnlichen Herstellungskosten ist die „entsprechende Anwendung" der §§ 22 und 23 ImmoWertV vorgeschrieben. Des Weiteren ist auf die vom Bundesministerium der Finanzen herausgegebenen **Ziergehölzhinweise**[86] und auf die fachlich umstrittene **Methode *Koch*** hinzuweisen (vgl. § 1 ImmoWertV Rn. 48 ff.).

256 – Die **Aufwuchsbewertung nach der Methode *Koch* wird in der allgemeinen Wertermittlungslehre und im juristischen Schrifttum abgelehnt** und in der Rechtsprechung stark *relativiert*[87]. In dieser Rechtsprechung wird von „völlig übersetzten Entschädigungsbeträgen", „überzogenen Entschädigungssätzen", „Abschlägen von 50 % und deutlich mehr" und einer „Reduktion auf null" gesprochen. Derartige Abschläge sprechen gegen die Eignung der Methode. Besonders problematisch ist, wenn neben dem Grundstückssachverständigen ein sog. „Gehölzsachverständiger" den Aufwuchs für sich bewertet hat, denn deren Kenntnisse beschränken sich, wie im *Palandt*[88] festgestellt wird, auf Herstellungskosten. Im Falle der Ermittlung von Wertminderungen des Grundstücks bei Beschädigungen des Aufwuchses sind nach der dort dargelegten Auffassung „allein Grundstückssachverständige" kompetent, und dies gilt auch umgekehrt für die Ermittlung der Werterhöhung aufgrund eines besonderen Aufwuchses. Wenn im *Palandt* zusammenfassend festgestellt wird, dass „die Methode *Koch/ Breloer* zur Schadensermittlung offen-

---

[86] BAnz Nr. 94 vom 18.5.2000 (GuG 2000, 155).
[87] OLG Zweibrücken, Urt. vom 25.1.2005 – 8 U 105/04 –, DS 2005, 146 = NZM 2005, 438 = EzGuG 2.64a; LG Traunstein, Urt. vom 27.5.1999 – 2 O 1849/98 –, MDR 1999, 1446 = NJW-RR 2000, 615 = EzGuG 2.61; OLG Koblenz, Urt. vom 13.6.1997 – 8 U 1009/96 –, OLGR Koblenz 1997, 138 = EzGuG 2.60; OLG Düsseldorf, Urt. vom 12.12.1996 – 18 U 118/95 –, NJW-RR 1997, 856; LG Berlin, Urt. vom 11.1.1994 – 31 O 266/93 –, VersR 1995, 107 = EzGuG 2.58; OLG München, Urt. vom 28.4.1994 – 1 U 6995/93 –, OLGR München 1994, 146 = EzGuG 2.58a; LG Arnsberg, Urt. vom 12.11.1993 – 5 S 96/92 –, VersR 1995, 844 = EzGuG 2.54; OLG Düsseldorf, Urt. vom 24.10.1986 – 22 U 104/86 –, VersR 1987, 1139; vgl. auch die lesenswerten Ausführungen in Palandt, 67. Aufl. 2008, BGB zu § 251 und Staud/Schiemann, Komm. zum BGB zu § 251 Rn. 91; AnwK/Magnus, § 249 Rn. 99.
[88] BGB, 67. Aufl. § 251 Rn. 11.

sichtlich ungeeignet" ist, so wird damit die vorherrschende Meinung[89] aufgegriffen, und dies gilt mithin auch zur Ermittlung einer Werterhöhung des Grundstücks aufgrund eines besonderen Aufwuchses.

– Ergänzend wird darauf hingewiesen, dass die **Beleihungswertverordnung** überhaupt **keinen gesonderten Aufwuchswert** kennt, da er nicht als werthaltig i. S. der Beleihungsfähigkeit angesehen wird. Die Kreditinstitute haben dafür gute Gründe, denn sie wissen sehr gut, dass die nach der Methode *Koch* „errechneten" Aufwuchswerte im Verwertungsfalle nicht realisiert werden können. **257**

In **bergrechtlichen Abbaugebieten** hat ein Umsiedler nach dem BBergG grundsätzlich Anspruch auf Entschädigung des Verkehrswerts und der Folgekosten, wobei Einflüsse aus dem bevorstehenden Abbau unberücksichtigt bleiben. In der **Entschädigungspraxis** (z. B. der RWE Power) wird Aufwuchs nach den Kosten einer Neuanlage des alten Gartens in handelsüblicher Ausführung ggf. unter Anrechnung der Aufwuchsentschädigung entschädigt. **258**

Der Aufwuchs wird in 12 Kategorien katalogisiert:

Kategorien		Beispiele	Bezugsgröße
Bäume	Laubbäume (solitär*)	Ahorn, Linde, Buche, Walnuss, Kastanie, Eiche, Birke, Eberesche, Esche	Stück
	Nadelbäume (solitär*)	Fichte, Kiefer, Tanne, Zeder, Lärche, Eibe, Zypresse als Solitär	
	Obstbäume (solitär*)	Apfel-, Kirsch-, Birn-, Pflaumen-, Pfirsich-, Zwetschgenbaum	
Hecken	Laubholzhecken (≥ 1 m)	Buchenhecken, Ligusterhecken, Weißdornhecken, Kirschlorbeer, Himmbeere, Brombeere	Lfd. Meter
	Nadelholzhecken (≥ 1 m)	Zypressen, Thuja, Taxus, Buxus	
	Hecken (≤ 1 m)	Alle vorgenannten ≤ 1 m	
Sträucher & Heister**	Sträucher (≥1,5 m)	Blütengehölze wie Forsythien, Weigelien, Holunder, Hibiskus, Kerria, Stachel- und Johannesbeere	Stück
	Sträucher (≤1,5 m)	Buche, Ahorn, Erle, Eberesche	
Stauden &		Mehrjährige Blütenstauden (Phlox, Margeriten, Lilien, Astern, Pfingstrosen, Fette Henne)	m²
Bodendecker***		Efeu, Cotoneaster, Geranium, Immergrün, Dickmännchen, Polsterstauden	
Rosen			Stück
Rasen		Regelmäßig gemähte Rasenfläche, keine Wildwiesen	m²

* solitär: in Einzelstellung stehende Laub-, Nadel- und Obstbäume.
** Heister: Laubbaum vom Boden an belastet.
*** Bodendecker; Wandbegrünung wie Wilder Wein, Efeu werden den Bodendeckern zugeordnet.

---

[89] So u. a. selbst auch im Zusammenhang mit der Bewertung denkmalgeschützter Objekte: BVVG, Fachbeiratsrichtlinie: Bewertungsgrundsätze für denkmalgeschützte Objekte am Beispiel der neuen Bundesländer (17.2.1999).

IV Syst. Darst. Sachwertverfahren — Außenanlagen

und kostenmäßig angesetzt (Beispiel):

Kategorien		Handels-übliche Größe	EP incl. Pflege (€)	Pflanzkosten (€) (35 % vom Einheitspreis)	Kosten (€)	Wiederanlage-kosten (€)
Bäume	Laubbäume (solitär) Stück	14/16	315,00	110,00	425,00	Anzahl × Kosten
	Nadelbäume (solitär) Stück	125 – 150	130,00	45,00	175,00	Anzahl × Kosten
	Obstbäume (solitär) Stück	125 – 150	130,00	45,00	175,00	Anzahl × Kosten
Hecken	Laubholzhecken (≥ 1 m) lfd. m	125 – 150	55,00	20,00	75,00	Anzahl × Kosten
	Nadelholzhecken (≥ 1 m) lfd. m	125 – 150	134,00	46,00	180,00	Anzahl × Kosten
	Hecken (≤ 1 m) lfd. m	60 – 80	70,00	25,00	95,00	
Sträucher & Heister	Sträucher (≥ 1,5 m) Stück	100 – 125	48,00	17,00	65,00	Anzahl × Kosten
	Sträucher (≤ 1,5 m) Stück	60 – 80	33,00	12,00	45,00	Anzahl × Kosten
Stauden & Bodendecker	m²		12,00	4,50	16,50	Anzahl × Kosten
Rosen	Stück		6,30	2,20	8,50	Anzahl × Kosten
Rasen	m²				5,00	Anzahl × Kosten
				Summe Wiederanlagekosten		Zwischensumme
			abzüglich Wertanteil für Aufwuchs im Verkehrswert			Abzugsbetrag
					Zulage Aufwuchs	Summe

Quelle: RWE Power

3.4.5 Beleihungswertermittlung

259 Im Rahmen der **Beleihungswertermittlung** gehört nach § 14 BelWertV zum Wert der baulichen Anlage auch der Wertanteil der Außenanlagen, ohne dass diese in bauliche und sonstige Außenanlagen aufgegliedert werden. „Maschinen und Betriebseinrichtungen" bleiben bei der Ermittlung des Sachwerts grundsätzlich unberücksichtigt, „sofern sie nicht wesentliche Bestandteile des Gegenstandes der Beleihungswertermittlung i. S. des § 2 BelWertV sind".

3.4.6 Steuerliche Bewertung

▶ *Erl. des BMF zur Bewertung mehrjähriger Kulturen in Baumschulbetrieben nach § 6 Abs. 1 Nr. 2 EStG vom 8.9.2009 (GuG 2010, 107)*

260 Zur Ermittlung des **Wertanteils von Außenanlagen in der steuerlichen Einheitsbewertung** führt Abschn. 45 der BewGr[90] folgende Grundsätze an[91]:

„(1) Zu den Außenanlagen gehören insbesondere die Einfriedungen, Tore, Stützmauern, Brücken, Unterführungen, Wegebefestigungen, Platzbefestigungen, Schwimmbecken, Tennisplätze, Gartenanlagen sowie die außerhalb des Gebäudes gelegenen Versorgungsanlagen und Abwasseranlagen innerhalb der Grundstücksgrenzen.

---

[90] Richtlinien für die Bewertung des Grundvermögens vom 19.9.1966 (BAnz Nr. 183 vom 29.9.1966); VV THFM vom 19.6.1996 – S 3219b A – 3 – 201.5, GuG 2000, 107.
[91] Zur steuerlichen Betrachtungsweise vgl. BFH, Urt. vom 15.10.1965 – VI 181/65 U –, BFHE 84, 33 = BStBl III 1966, 12 = EzGuG 20.41.

Außenanlagen   **Syst. Darst. Sachwertverfahren IV**

(2) Der Wert der Außenanlagen wird neben dem Gebäudewert gesondert erfasst (§ 83 BewG). Bei Geschäftsgrundstücken wird im Allgemeinen bei der Bewertung der Außenanlagen von ins Einzelne gehenden Ermittlungen abgesehen werden können. In vielen Fällen wird es genügen, als Wert der Außenanlagen 2 bis 8 v. H. des gesamten Gebäudewerts anzusetzen. Andernfalls muss auf Erfahrungswerte zurückgegriffen werden. Solche Erfahrungswerte können für oft vorkommende Außenanlagen aus der Anlage 17 entnommen werden. Die angegebenen Preise sind bereits unter Berücksichtigung eines Baupreisindex von 135 (1958 = 100) auf die Baupreisverhältnisse im Hauptfeststellungszeitpunkt (1. Januar 1964) umgerechnet worden. Von dem Normalherstellungswert ist die Wertminderung wegen Alters abzuziehen. Sie bestimmt sich nach dem Alter der einzelnen Außenanlagen im Hauptfeststellungszeitpunkt und ihrer Lebensdauer.

(3) Auch bei jeder einzelnen Außenanlage ist in der Regel ein Restwert von 30 v. H. des Normalherstellungswerts anzusetzen.

Neben der Wertminderung wegen Alters kommen noch Abschläge wegen etwaiger baulicher Mängel und Schäden in Betracht. Darüber hinaus können in Einzelfällen weitere Abschläge vorzunehmen sein."

Zu den Durchschnittspreisen bezogen auf den **Hauptfeststellungszeitpunkt 1.1.1964** vgl. **261**
Kleiber/Simon, Verkehrswertermittlung von Grundstücken, 5. Aufl., S. 1972.

Nach den Grundsätzen der **erbschaftsteuerlichen Bewertung** sind Außenanlagen regelmäßig mit dem Gebäudewert und dem Bodenwert abgegolten und nur in besonderen Einzelfällen mit besonders werthaltigen Außenanlagen ergänzend zu berücksichtigen[92]. Außenanlagen gelten als besonders werthaltig, wenn

– die in der nachfolgenden Tabelle dargestellten Größenmerkmale erreicht werden oder

– ihre Sachwerte (RHK für Außenanlagen nach Alterswertminderung) in der Summe 10 % des Gebäudewerts übersteigen; sie sind dann entsprechend der nachfolgenden Tabelle zu berücksichtigen.

Abb. 25: Regelherstellungskosten für Außenanlagen einschließlich Baunebenkosten und Umsatzsteuer

Regelherstellungskosten 2007 für Außenanlagen einschließlich Baunebenkosten und Umsatzsteuer			
Typisierte Gesamtnutzungsdauer = 40 Jahre			
Einfriedung bei mehr als 500 lfd. m	€ je lfd. m		
	bis 1 m hoch	bis 2 m hoch	über 2 m hoch
Einfriedungsmauer aus Ziegelstein, 11,5 cm dick	65	105	130
Einfriedungsmauer aus Ziegelstein, 24 cm dick	100	145	170
Einfriedungsmauer aus Ziegelstein, 36,5 cm dick	130	205	280
Einfriedungsmauer aus Beton, Kunststein und dgl.	70	130	160
Einfriedungsmauer aus Naturstein mit Abdeckplatten	190	250	310
Wege- und Platzbefestigungen über 1 000 m² Fläche	€ je m²		
Wassergebundene leichte Decke auf leichter Packlage	15		
Betonplattenbelag	45		
Sonstiger Plattenbelag	50		
Asphalt-, Teer-, Beton- oder ähnliche Decke auf Pack- oder Kieslage	40		
Kopfstein- oder Kleinpflaster	55		
Bruchsteinplatten mit Unterbeton	55		
Freitreppen bei mehr als 100 lfd. m	€ je lfd. m. Stufen		
	75		
Rampen bei mehr als 100 m²	€ je m² Grundfläche		

---

92 ErbStR und ErbStH 2011, zu § 190 BewG R B 190.5 (GuG 2012, 167 und 228 ff. sowie 279); vgl. auch gleichlautende Erlasse der obersten Finanzbehörden der Länder zur Umsetzung des Gesetzes zur Reform des Erbschaftsteuer- und Bewertungsrechts vom 5.5.2009, Abschn. 29 (GuG 2009, 305 ff.).

IV Syst. Darst. Sachwertverfahren — Vorläufiger Sachwert

Regelherstellungskosten 2007 für Außenanlagen einschließlich Baunebenkosten und Umsatzsteuer			
Typisierte Gesamtnutzungsdauer = 40 Jahre			
Einfriedung bei mehr als 500 lfd. m	€ je lfd. m		
	bis 1 m hoch	bis 2 m hoch	über 2 m hoch
frei stehend ohne Verbindung mit einem Gebäude		100	
Stützmauern bei mehr als 200 lfd. m	€ je m² vordere Ansichtsfläche		
Beton	100		
Bruchstein	130		
Werkstein	250		
Typisierte Gesamtnutzungsdauer = 30 Jahre			
Schwimmbecken je nach Ausführung bei mehr als 50 m² Fläche	€ je m²		
einfache Ausführung	190		
normale Ausführung	500		
gehobene Ausführung	810		

3.5 Vorläufiger Sachwert

3.5.1 Vorläufiger Sachwert nach ImmoWertV

▶ *Vgl. Rn. 21 f.; § 8 ImmoWertV Rn. 165; zur subsidiären Berücksichtigung besonderer objektspezifischer Grundstücksmerkmale vgl. § 8 ImmoWertV Rn. 178 ff.*

262 Nach § 21 Abs. 1 ImmoWertV wird der „**Sachwert des Grundstücks**" (**Grundstückssachwert**) ermittelt aus

- dem Sachwert der nutzbaren baulichen Anlagen (Gebäudesachwert einschließlich dem Wert der baulichen Außenanlagen und den besonderen Betriebseinrichtungen),
- dem Sachwert der sonstigen nutzbaren (nicht baulichen) Anlagen (Anpflanzungen) und
- dem Bodenwert.

263 Die Summe dieser drei Komponenten ergibt jedoch noch nicht den „Sachwert des Grundstücks", denn nach § 8 Abs. 2 ImmoWertV sind subsidiär „in" dem angewandten Sachwertverfahren „regelmäßig" in folgender Reihenfolge noch gesondert zu berücksichtigen:

1. die allgemeinen Wertverhältnisse auf dem Grundstücksmarkt (Marktanpassung) und
2. die „besonderen objektspezifischen Grundstücksmerkmale" des zu bewertenden Grundstücks.

Dies ist **integraler Bestandteil der Sachwertermittlung**. Der Verkehrswert ist sodann nach § 8 Abs. 1 Satz 3 ImmoWertV aus dem Ergebnis des Sachwertverfahrens abzuleiten, wobei ggf. auch die Ergebnisse anderer herangezogener Wertermittlungsverfahren zu berücksichtigen sind.

Abb. 26: Vorläufiger Sachwert und Sachwert nach ImmoWertV (Überblick)

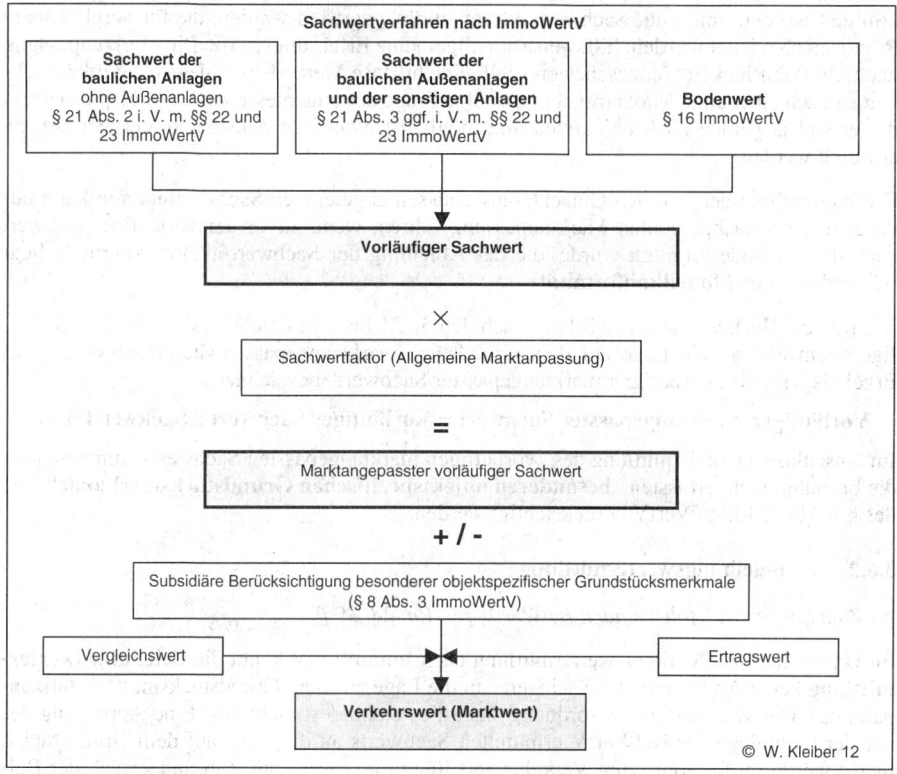

Der sich allein nach den §§ 21 bis 23 ImmoWertV ergebende „Sachwert" stellt mithin nur den „vorläufigen Sachwert" dar.

3.5.2 Vorläufiger Sachwert bei der steuerlichen Bewertung

Auch bei Anwendung des erbschaftsteuerlichen Sachwertverfahrens ergibt die Summe aus dem Bodenwert und dem Gebäudesachwert nach § 190 BewG den vorläufigen Sachwert des Grundstücks, der zur Anpassung an den gemeinen Wert mit einer Wertzahl nach § 191 BewG zu multiplizieren ist (§ 189 Abs. 3 BewG).

3.6 Marktangepasster vorläufiger Sachwert

3.6.1 Marktanpassung bei der Verkehrswertermittlung unter Anwendung des Sachwertverfahrens (ImmoWertV)

Schrifttum: *Gripp. P.*, Anpassungsfaktoren für NHK-Gebäudetypen mit Kostenangaben pro m³ Brutto-Rauminhalt, GuG 2007, 48; *Leutner, B./Wartenberg, J.*, Aktuelle Marktanpassungsfaktoren für das Sachwertverfahren, GuG 2009, 152.

▶ Vgl. Vorbem. zur ImmoWertV Rn. 37; § 8 ImmoWertV Rn. 164 ff., 175; § 9 ImmoWertV Rn. 16 sowie § 14 ImmoWertV Rn. 12 ff., 94 und Anl. zu § 14 ImmoWertV

Zur Berücksichtigung der allgemeinen Wertverhältnisse auf dem Grundstücksmarkt gemäß § 8 Abs. 2 Nr. 1 ImmoWertV „sollen" nach § 14 Abs. 1 ImmoWertV die **von den Gutachterausschüssen für Grundstückswerte abgeleiteten Sachwertfaktoren** nach § 14 Abs. 2 Nr. 1

IV Syst. Darst. Sachwertverfahren — Vorläufiger Sachwert

ImmoWertV herangezogen werden. Dabei ist vorrangig der vom örtlichen Gutachterausschuss für die jeweilige Grundstücksart abgeleitete Sachwertfaktor heranzuziehen. Sind solche nicht ermittelt worden, muss auf Sachwertfaktoren zurückgegriffen werden, die für vergleichbare Regionen abgeleitet wurden; hilfsweise auf allgemeine Erfahrungswerte. Die Marktanpassung nach „Verkäuflichkeit" einzuschätzen, stellt eine hilflose Methode dar, denn die Verkäuflichkeit ist nach einer alten Maklerregel immer eine Frage des angemessenen Verkaufspreises und dieser soll ja gerade nach objektiven und möglichst empirisch belegbaren Vergleichsdaten ermittelt werden.

266 Die Anwendung der von den Gutachterausschüssen abgeleiteten Sachwertfaktoren kann nur dann zu einer sachgerechten Marktanpassung führen, wenn zuvor der vorläufige Sachwert nach der Methode ermittelt wurde, die der Ableitung der Sachwertfaktoren zugrunde liegt (**Grundsatz der Modellkonformität**).

267 Mithilfe des Sachwertfaktors wird der nach den §§ 21 bis 23 ImmoWertV ermittelte „vorläufige Sachwert" an die Lage auf dem Grundstücksmarkt angepasst (Marktanpassung). Das Ergebnis wird als „vorläufiger marktangepasster Sachwert" bezeichnet:

Vorläufiger marktangepasster Sachwert = Vorläufiger Sachwert × Sachwertfaktor

Im Anschluss an die Ermittlung des „vorläufigen marktangepassten Sachwerts" müssen noch die bis dahin nicht erfassten **„besonderen objektspezifischen Grundstücksmerkmale"** i. S. des § 8 Abs. 3 ImmoWertV berücksichtigt werden.

3.6.2 Beleihungswertermittlung

268 ▶ *Zum Sachwertverfahren nach BelWertV vgl. Rn. 28, 39 ff.*

Im Unterschied zur Verkehrswertermittlung nach ImmoWertV kennt die **Beleihungswertermittlung** keine Anpassung des Sachwerts an die Lage auf dem Grundstücksmarkt (Marktanpassung). Der Wortlaut der Verordnung sieht dies zumindest nicht vor. Eine Anpassung des auf der Grundlage der BelWertV ermittelten Sachwerts an die Lage auf dem Grundstücksmarkt würde im Ergebnis zum Verkehrswert führen und wäre mit Ziel und Zweck der BelWertV unvereinbar.

3.6.3 Steuerliche Bewertung

269 ▶ *Vgl. ErbStR und ErbStH 2011, GuG 2012, 167 ff., 228 ff. und 279*

Auch bei Anwendung des steuerlichen Sachwertverfahrens der §§ 189 bis 191 BewG ist der sich aus Gebäudesach- und Bodenwert zusammensetzende vorläufige Sachwert (vgl. oben Rn. 44) an die Lage auf dem Grundstücksmarkt anzupassen. Dazu sind nach § 191 Abs. 1 BewG vorrangig die vom Gutachterausschuss ermittelten **Sachwertfaktoren (Marktanpassungsfaktoren) i. S. des § 14 Abs. 2 Nr. 1 ImmoWertV** heranzuziehen. Diese sind als geeignet anzusehen, wenn die Ableitung der Sachwertfaktoren weitgehend in demselben Modell erfolgt ist wie die Bewertung:

– Sind von den Gutachterausschüssen lediglich Sachwertfaktoren in Wertspannen veröffentlicht worden, ist der Faktor anzusetzen, der der typisierten Wertzahl nach Anl. 25 BewG weitgehend entspricht[93].

– Hat der örtliche Gutachterausschuss bei der Ableitung der Sachwertfaktoren z. B. die NHK 2000 mittels eines Regionalisierungs- oder Ortsgrößenfaktors umgerechnet, sind die Sachwertfaktoren für das typisierte Sachwertverfahren nicht geeignet.

Stehen **keine geeigneten Sachwertfaktoren** zur Verfügung, sind die in der Anl. 25 zum BewG dargestellten Wertzahlen (vgl. Anl. 1.1 zu § 14 ImmoWertV) zu verwenden:

---

[93] Vgl. ErbStR uns ErbStH zu § 191 BewG R B 191.2, GuG 2012, 167 ff., 228 ff. und 279.

- Bei Anwendung der Wertzahlen nach Anl. 25 zum BewG ist auf den Bodenrichtwert ohne Wertkorrekturen[94] abzustellen. In den Fällen des § 179 Satz 4 BewG ist auf den Bodenrichtwert der herangezogenen vergleichbaren Flächen abzustellen.

- Bei einer Differenzierung zwischen einem Vorder- und Hinterlandpreis ist ausschließlich der Bodenrichtwert für das Vorderland anzusetzen.

3.7 Subsidiäre Berücksichtigung besonderer objektspezifischer Grundstücksmerkmale

▶ Vgl. § 21 ImmoWertV Rn. 4, 19 sowie vor allem § 8 ImmoWertV Rn. 178 ff.

Im Anschluss an die Marktanpassung sind gemäß § 8 Abs. 2 und 3 ImmoWertV die sonstigen besonderen objektspezifischen Grundstücksmerkmale des zu bewertenden Grundstücks zu berücksichtigen, soweit sie noch nicht nach §§ 21 bis 23 ImmoWertV selbst berücksichtigt worden sind. Soweit beispielsweise einem Baumangel und Bauschaden (Instandsetzungsrückstau) mit einer verminderten Restnutzungsdauer hinreichend Rechnung getragen worden ist, besteht insoweit kein Ergänzungsbedarf. **270**

Als **besondere objektspezifische Grundstücksmerkmale** (Anomalien) kommen insbesondere in Betracht: **271**

- Baumängel und Bauschäden (Instandhaltungsrückstau, § 8 ImmoWertV Rn. 198 ff.),
- eine wirtschaftliche Überalterung (§ 8 ImmoWertV Rn. 247 ff.),
- ein überdurchschnittlicher Erhaltungszustand (§ 8 ImmoWertV Rn. 251),
- die architektonische Gestaltung (§ 8 ImmoWertV Rn. 254),
- vom marktüblich erzielbaren Ertrag abweichender Ertrag (vgl. § 8 ImmoWertV Rn. 255 ff.),
- von marktüblich anfallenden Bewirtschaftungskosten abweichende Bewirtschaftungskosten (vgl. § 8 ImmoWertV Rn. 314 ff.),
- Leerstand (vgl. § 8 ImmoWertV Rn. 319 ff.),
- atypische Nutzungen (Fehlnutzungen),
- Abweichungen der tatsächlichen von der zulässigen bzw. lagetypischen Nutzung (vgl. § 8 ImmoWertV Rn. 395),
- Aufwendungen für bevorstehende Freilegung (§ 8 ImmoWertV Rn. 393),
- besondere mit dem vorläufigen Bodenwert noch nicht berücksichtigte Flächen (vgl. Bodensanierung § 8 ImmoWertV Rn. 388),
- besondere mit dem vorläufigen Bodenwert noch nicht berücksichtigte Abgaben (vgl. § 8 ImmoWertV Rn. 390, § 16 ImmoWertV Rn. 248),
- Baunebenkosten, soweit sie von den mit den Normalherstellungskosten erfassten Baunebenkosten abweichen und auch nicht mit dem Sachwertfaktor erfasst werden,
- Bodenverunreinigungen, Altlasten (vgl. § 8 ImmoWertV Rn. 397),
- Aufwuchs und andere Außenanlagen (vgl. § 8 ImmoWertV Rn. 414),
- Rechte am Grundstück (vgl. § 8 ImmoWertV Rn. 416).

Daneben kann aber auch eine **ergänzende Berücksichtigung besonderer Bestandteile des Gebäudes sowie des Grund und Bodens** in Betracht kommen, soweit diese Bestandteile unter Beachtung des Grundsatzes der Modellkonformität (vgl. Rn. 15) bei der Ermittlung des vorläufigen Sachwerts unberücksichtigt geblieben sind. Dies können beispielsweise sein

- Teilflächen des Grundstücks bei Abweichungen von marktüblichen Grundstücksgrößen,
- besondere (erheblich vom Üblichen oder der angesetzten Pauschale abweichende) Bauteile und Einrichtungen sowie bauliche und sonstige Außenanlagen (Aufwuchs) usw.

---

[94] Vgl. ErbStR und ErbStH 2011, R B 179.2 Abs. 2 bis 6, 167 ff., 228 ff. und 279.

IV Syst. Darst. Sachwertverfahren   **Grundstücksmerkmale**

272 Der **Berücksichtigung besonderer objektspezifischer Grundstücksmerkmale** kommt regelmäßig eine sehr große Bedeutung zu, denn nur selten entspricht ein bebautes Grundstück in allen Belangen den Grundstücksmerkmalen, die mit einem auf der Grundlage von Normalherstellungskosten ermittelten Grundstückssachwert und dem zur Anwendung kommenden Sachwertfaktor erfasst werden.

273 Die besonderen objektspezifischen Grundstücksmerkmale sind nach § 8 Abs. 3 ImmoWertV durch

– marktgerechte Zu- oder Abschläge oder

– in anderer geeigneter Weise zu berücksichtigen,

und zwar **nur insoweit, wie dies dem gewöhnlichen Geschäftsverkehr entspricht**, d. h. nur in marktkonformer Höhe.

274 Die sich aus der Berücksichtigung der besonderen objektspezifischen Grundstücksmerkmale ergebenden **Wertminderungen bzw. Werterhöhungen sind nämlich nur insoweit zu berücksichtigen, wie dies dem gewöhnlichen Geschäftsverkehr entspricht**, d. h. in marktüblicher Höhe. Im Übrigen wird zur subsidiären Berücksichtigung besonderer objektspezifischer Grundstücksmerkmale auf die Ausführungen bei § 8 ImmoWertV Rn. 178 ff. verwiesen.

3.8 Sach- und Verkehrswert

3.8.1 Allgemeines

▶ *Näheres hierzu bei § 8 ImmoWertV Rn. 172 ff.*

275 Der nach vorstehenden Grundsätzen unter Berücksichtigung der Marktlage und der besonderen objektspezifischen Grundstücksmerkmale ermittelte Sachwert ist regelmäßig der Verkehrswert. Soweit andere Wertermittlungsverfahren unterstützend herangezogen worden sind, ist er nach Maßgabe des § 8 Abs. 1 Satz 3 ImmoWertV unter Berücksichtigung der Ergebnisse dieser Verfahren abzuleiten.

3.8.2 Auf- und Abrundung

276 ▶ *Vgl. Teil IV, Vorbem. zur ImmoWertV Rn. 15*

4 Beispiel

4.1 Allgemeines

▶ Zur Modellkonformität vgl. Vorbem. zur ImmoWertV Rn. 34; weitere Beispielfälle Teil V Rn. 10 ff.

Die Ermittlung des Marktwerts (Verkehrswerts) auf der Grundlage des Sachwertverfahrens soll zur Erläuterung der vorstehenden Ausführungen an folgendem *Beispiel* dargestellt werden.

4.2 Sachverhalt

Zu ermitteln ist der Verkehrswert eines Einfamilienhauses unter Anwendung des Sachwertverfahrens. Der Sachwert wird nach § 22 Abs. 1 letzter Halbsatz ImmoWertV auf der Grundlage des einschlägigen vom Gutachterausschuss für Grundstückswerte abgeleiteten und veröffentlichten Sachwertfaktors nach § 14 Abs. 2 Nr. 1 ImmoWertV unter Beachtung des **Grundsatzes der Modellkonformität** zu ermitteln.

4.2.1 Gegenstand der Marktwertermittlung

Es handelt sich um ein im Jahre 1993 in massiver Bauweise erstelltes Einfamilienhaus mit zwei Vollgeschossen, bestehend aus einem Kellergeschoss (KG), einem Erdgeschoss (EG) und einem ausgebauten Dachgeschoss (DG), einschließlich Garage im „Speckgürtel" einer nordrhein-westfälischen Stadt von 350 000 Einwohnern (E).

Gemäß Wertermittlungsauftrag ist:

Wertermittlungsstichtag (§ 3 Abs. 1 ImmoWertV):	1.1.2013
Qualitätsstichtag (§ 4 Abs. 1 ImmoWertV):	1.1.2013

Zu den **Grundstücksmerkmalen** wurde festgestellt:

a) Art und Maß der baulichen Nutzung

Das Grundstück ist als baureifes Land i. S. des § 5 Abs. 4 ImmoWertV zu qualifizieren. Es liegt innerhalb des Geltungsbereichs eines Bebauungsplans mit folgenden Festsetzungen zur **zulässigen baulichen Nutzung:**

- Art der baulichen Nutzung: WA,
- Maß der baulichen Nutzung (GFZ): 1,0,
- Bauweise: offene Bauweise.

b) Zum Bodenrichtwert

Das Grundstück liegt in einer Bodenrichtwertzone, für die der Gutachterausschuss zum Wertermittlungsstichtag einen

$$\text{Bodenrichtwert von 250 €/m}^2$$

ermittelt hat mit folgenden Angaben zum (fiktiven) Bodenrichtwertgrundstück:

- B — Baureifes Land
- WA — Allgemeines Wohngebiet
- 1,0 — (GFZ)
- II — Zahl der Vollgeschosse
- 500 m² — Grundstücksgröße
- ebf — erschließungsbeitrags*frei*

IV Syst. Darst. Sachwertverfahren — Beispiel

Abb. 1: Lageplan

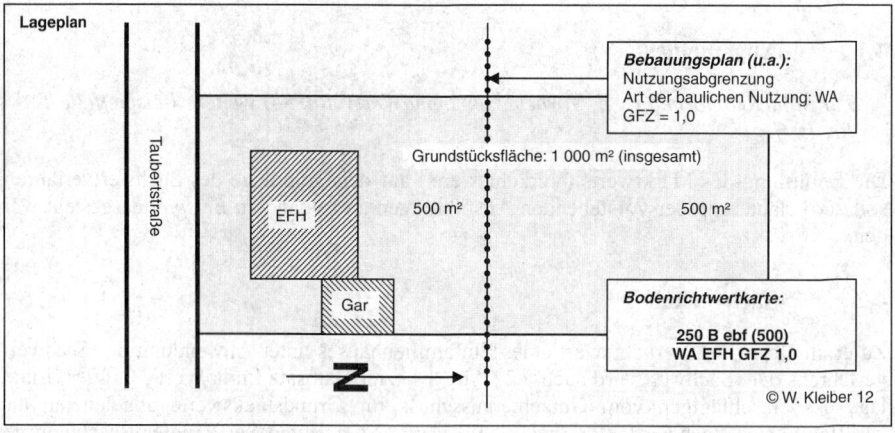

c) **Zum Grund und Boden**

Das zu bewertende Grundstück

- liegt in einer bevorzugten Randlage der Bodenrichtwertzone,
- ist planungskonform mit einem Einfamilienhaus (EFH) bebaut,
- weist eine Grundstücksgröße von 1 000 m² auf, von denen 500 m² innerhalb des festgesetzten Baugebiets liegt; die Restfläche ist als Hinterland des eigentlichen Baugrundstücks nutzbar,
- ist erschlossen, jedoch erschließungsbeitragspflichtig (ebpf),
- ist gartenmäßig nach Norden ausgerichtet und
- weist die üblichen Außenanlagen auf.

d) **Zur Bebauung**

Das Grundstück ist bebaut mit

- einem frei stehenden **Einfamilienhaus des Gebäudetyps**   1.01   und einer reduzierten BGF_{red} von   333,95 m²
- einer **Garage des Gebäudetyps**   14.1   und einer reduzierten BGF_{red} von   29,89 m²

gemäß Tabellenwerk der NHK 2010.

Die reduzierte **Brutto-Grundfläche** (BGF_{red}) wurde ermittelt nach der DIN 277 auf der Grundlage von Bauzeichnungen:

Abb. 2: Ansicht

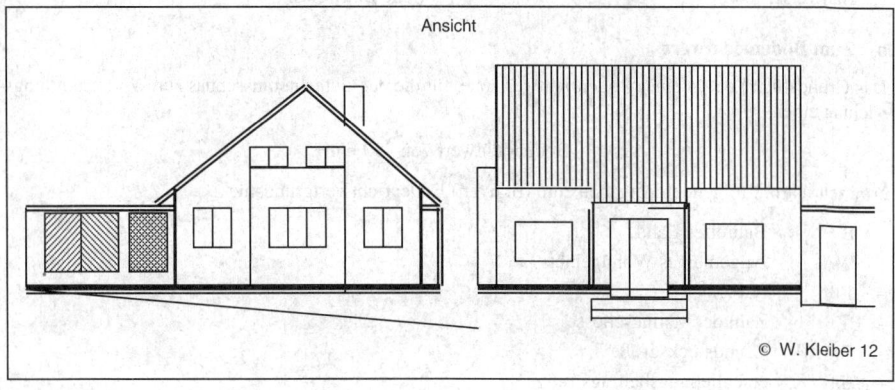

Beispiel   **Syst. Darst. Sachwertverfahren IV**

Abb. 3:   Grundrisse Keller- und Erdgeschoss

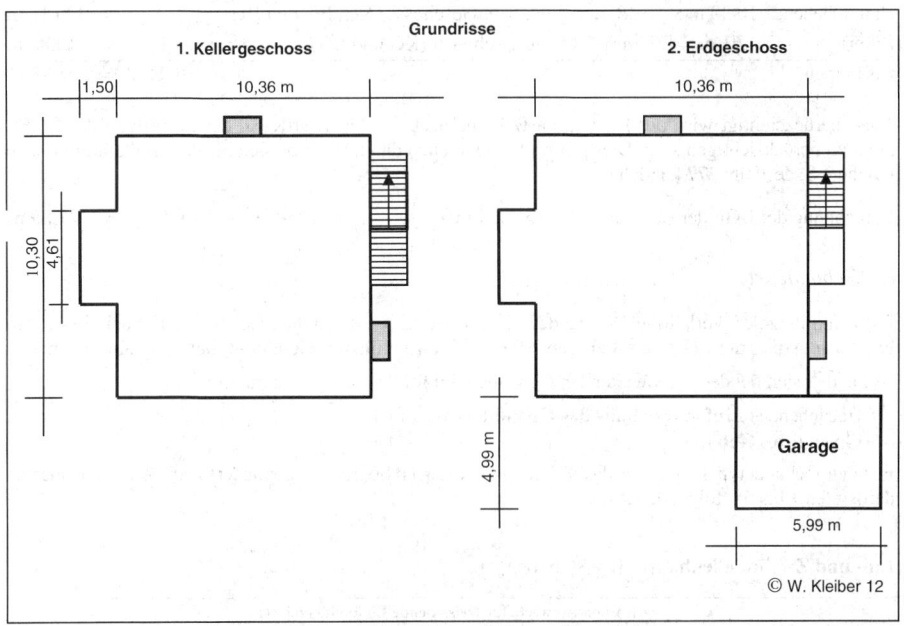

Abb. 4:   Grundriss Dachgeschoss

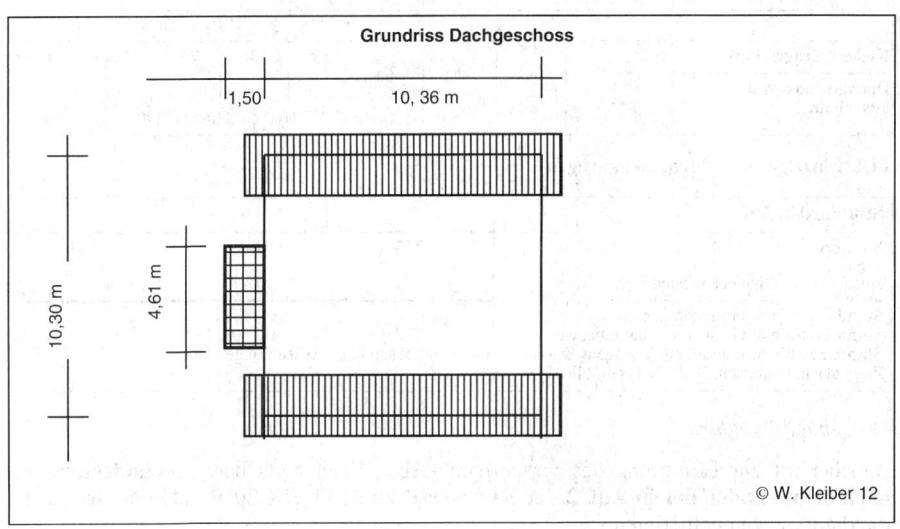

4.2.2 Grundlagen der Ermittlung des Sachwerts

a) Reduzierte Brutto-Grundfläche

Zur Ermittlung des vorläufigen Sachwerts wird zunächst die sog. „reduzierte" Brutto-Grundfläche" (BGF_{red}) auf der **Grundlage** der **Vorgaben der SachwertR** (vgl. Rn. 89) sowie von **Grundrissen** wie folgt ermittelt: **281**

IV Syst. Darst. Sachwertverfahren   Beispiel

Berechnung der BGF_{red} des *Einfamilienhauses (EFH)*:

Hauptebenen: 10,30 m × 10,36 m × 3 nutzbare Geschosse (KG, EG und DG)	= 320,12 m²
Erker: 4,61 m × 1,50 m × 2 Grundrissebenen (KG und EG)	= 13,83 m²
zusammen	BGF_{red} = **333,95 m²**

Nicht berücksichtigt wird der Balkon, da Balkone nach der SachwertR bei der Ermittlung der BGF_{red} nicht zu berücksichtigen sind. Dies gilt im Übrigen auch dann, wenn es sich bei dem Balkon um eine b-Fläche i. S. der DIN 277 handelt.

Berechnung der BGF der *Garage* (4,99 m × 5,99 m) BGF_{red} = **29,89 m²**

b) Gebäudeart

282 Zur Ermittlung des (vorläufigen) Gebäudesachwerts ist des Weiteren die **„Gebäudeart" nach dem Katalog der in Anl. 1 der SachwertR zu den NHK 2010 aufgeführten Gebäudetypen** zu qualifizieren:

Es handelt sich bei den zu bewertenden Gebäuden um folgende Gebäudearten:

– freistehendes **Einfamilienhaus des Gebäudetyps**   1.01,
– **Garage des Gebäudetyps**   14.1.

Für den Gebäudetyp 1.01 weist das Tabellenwerk der NHK 2010 – gegliedert nach den Gebäudestandardstufen 1 bis 5 – folgende Kostenkennwerte aus:

Ein- und Zweifamilienhäuser (freistehend)

	Kostenkennwerte für freistehende Einfamilienhäuser einschließlich Mehrwertsteuer und *Baunebenkosten in Höhe von 17 %*							
					Gebäudestandard			
Typ		BRI/BGF	BGF/WF	1	2	3	4	5
				NHK in €/m² BGF:				
Keller-, Erdgeschoss	1.01	2,83	2,3	655	725	835	1 005	1 260
Dachgeschoss voll ausgebaut					70	110	170	255

14.1 Einzelgaragen/Mehrfachgaragen

Standardstufen	3	4	5
Bauwerk	245	485	780
einschließlich Baunebenkosten i. H. von		12 %	

Standardstufe 3: Fertiggaragen
Standardstufe 4: Garagen in Massivbauweise
Standardstufe 5: Individuelle Garage in Massivbauweise mit besonderen Ausführungen wie Ziegeldach, Gründach, Bodenbelägen, Fliesen o. Ä., Wasser

c) Gebäudestandard

283 Daneben ist zur Ermittlung des vorläufigen Gebäudesachwerts der **„Gebäudestandard" nach dem Katalog der in Anl. 2 der SachwertR zu den NHK 2010 aufgeführten „Standardstufen"** zu qualifizieren:

Der Gebäudestandard des Einfamilienhauses wird auf der Grundlage einer **Einstufung der tatsächlich gegebenen Gebäudemerkmale (Außenwände, Dächer usw.)** nach der „Beschreibung des Gebäudestandards für Ein- und Zweifamilienhäuser, Doppelhäuser, Reihenhäuser" ermittelt, wobei die jeweiligen Ausstattungsmerkmale anteilig verschiedenen Standardstufen zurechenbar sind.

Beispiel   **Syst. Darst. Sachwertverfahren IV**

Unter Berücksichtigung der Wägungsanteile der jeweiligen Ausstattungsmerkmale errechnen sich für das Einfamilienhaus
- ein gewogener Gebäudestandard   hier 3,39 und
- der entsprechend gewogene Kostenkennwert (NHK)   hier 903 €/m² BGF

Berechnungsschema zur Ermittlung eines gewichteten Standards und gewichteter Normalherstellungskosten (NHK 2010)							
Ausstattungs-merkmal	Anteiliger Vomhundertsatz der Standardeinstufung					Wägungs-anteil	Gebäu-destan-dard	anteilige NHK gewichtet
	1	2	3	4	5		gew.	€/m² BGF$_{red}$
Außenwände				30		0,23	0,76	69,35 €/m² BGF$_{red}$
			70					134,44 €/m² BGF$_{red}$
Dächer			100			0,15	0,45	125,25 €/m² BGF$_{red}$
								0,00 €/m² BGF$_{red}$
Außentüren und Fenster				100		0,11	0,44	110,55 €/m² BGF$_{red}$
								0,00 €/m² BGF$_{red}$
Innenwände			100			0,11	0,33	91,85 €/m² BGF$_{red}$
								0,00 €/m² BGF$_{red}$
Deckenkonstruktion und Treppen				100		0,11	0,44	110,55 €/m² BGF$_{red}$
								0,00 €/m² BGF$_{red}$
Fußböden				50		0,07	0,18	29,23 €/m² BGF$_{red}$
		50						25,38 €/m² BGF$_{red}$
Sanitäreinrichtungen				60		0,07	0,25	42,21 €/m² BGF$_{red}$
			40					23,38 €/m² BGF$_{red}$
Heizung			100			0,09	0,36	90,45 €/m² BGF$_{red}$
								0,00 €/m² BGF$_{red}$
Sonstige technische Einrichtungen			100			0,06	0,18	50,10 €/m² BGF$_{red}$
								0,00 €/m² BGF$_{red}$
						Σ = 1,00		
						Gewogener Standard =	3,39	
Typ des zu bewertenden Gebäudes							
Typ 1.01 Kostenkennwerte:	655	725	835	1005	1260	Gewogene NHK =	903 €/m² BGF$_{red}$	

IV Syst. Darst. Sachwertverfahren — Beispiel

d) Modellansatz der üblichen Gesamtnutzungsdauer

▶ *Vgl. § 6 ImmoWertV Rn. 381 ff.*

284 Nach den Grundsätzen der SachwertR soll sich die **übliche Gesamtnutzungsdauer (GND) in Abhängigkeit vom jeweils gegebenen Gebäudestandard** nach Anl. 3 zu der SachwertR ergeben:

- Der Gebäudestandard des Einfamilienhauses wurde mit 3,39 ermittelt. Hieraus ergibt sich eine **übliche Gesamtnutzungsdauer** von 72 Jahren.
- Der Gebäudestandard der Garage wird mit der Standardstufe 5 angesetzt. Nach Anl. 3 zu der SachwertR ergibt sich in Abhängigkeit vom Gebäudestandard eine **übliche Gesamtnutzungsdauer** von 60 Jahren.

Die so abgeleitete **übliche Gesamtnutzungsdauer ist der Modellansatz**. Die tatsächliche Gesamtnutzungsdauer kann im konkreten Einzelfall hiervon abweichen. Dies soll hier nicht der Fall sein.

4.2.3 Sachwertfaktor

▶ *Vgl. Vorbem. zur ImmoWertV Rn. 37 sowie § 14 ImmoWertV Rn. 12, 21 ff., 99 ff.*

285 Zur Ermittlung des Marktwerts unter Anwendung des Sachwertverfahrens ist nach § 21 Abs. 1 ImmoWertV der vom Gutachterausschuss für Grundstückswerte abgeleitete und veröffentlichte Sachwertfaktor heranzuziehen. Bei Beachtung des **Grundsatzes der Modellkonformität** muss sich die Sachwertermittlung an dem Sachwertmodell und an den durchschnittlichen Grundstücksmerkmalen des Referenzgrundstücks ausrichten, das dem Sachwertfaktor zugrunde liegt.

286 Der einschlägige Sachwertfaktor wird im Grundstücksmarktbericht des örtlichen Gutachterausschusses angegeben mit **0,85**.
Der vorläufige Sachwert setzt sich nach den §§ 21 bis 23 ImmoWertV zusammen aus
- dem vorläufigen Gebäudesachwert,
- dem vorläufigen Wertanteil baulicher und sonstiger Außenanlagen (Aufwuchs)und
- dem vorläufigen Bodenwert.

Diese bestimmen sich im Wesentlichen nach
a) dem vom Gutachterausschuss für Grundstückswerte *bei der Ableitung des Sachwertfaktors angewandten Sachwertmodell* und
b) den *durchschnittlichen Merkmalen der Grundstücke, die der Ableitung des einschlägigen Sachwertfaktors zugrunde liegen* (Grundstücksmerkmale des Referenzgrundstücks).

Zum einschlägigen hier heranzuziehenden **Sachwertfaktor** wurden im Grundstücksmarktbericht folgende Angaben gemacht:
- Der **bei der Ableitung des Sachwertfaktors angesetzte (vorläufige)** *Gebäudesachwert* wurde methodisch ermittelt auf der Grundlage
  - der Kostenkennwerte der NHK 2010 ohne Berücksichtigung von abweichenden Baunebenkosten,
  - der Baupreisindexreihe des Statistischen Bundesamtes,
  - einer linearen Alterswertminderung nach § 23 ImmoWertV,
  - des sich nach Anl. 3 der SachwertR ergebenden Modellansatzes der üblichen Gesamtnutzungsdauer (GND),
  - ohne ergänzende Berücksichtigung der vom üblichen abweichenden c-Flächen (i. S. der DIN 277) und der mit den Normalherstellungskosten nicht erfassten besonderen Bauteile, Einrichtungen und Vorrichtungen i. S. von § 22 Abs. 2 Satz 2 ImmoWertV,
  - ohne Berücksichtigung von baulichen Außenanlagen und sonstigen Anlagen (Aufwuchs),
  - ohne Regionalisierung der Kostenkennwerte mittels Regional- und Ortsgrößenfaktoren sowie
  - ohne Berücksichtigung besonderer objektspezifischer Grundstücksmerkmale i. S. des § 8 Abs. 3 ImmoWertV.

- Der **bei der Ableitung des Sachwertfaktors angesetzte (vorläufige) Bodenwert** wurde methodisch ermittelt auf der Grundlage
    - von Bodenrichtwerten erschließungsbeitragsfreier (ebf) Grundstücke ohne Berücksichtigung von Abweichungen der einzelnen Grundstücke im Verhältnis zu den in der Bodenrichtwertkarte angegebenen Eigenschaften des Bodenrichtwertgrundstücks (GFZ, abgabenrechtlicher Zustand usw.),
    - von marktüblichen Grundstücksgrößen von 500 m².
- Der Ableitung des herangezogenen Sachwertfaktors liegen Kaufpreise von Grundstücken zugrunde, deren **Gebäude**
    - in den Jahren 1980 bis 2000 errichtet und ordnungsgemäß instand gehalten wurden,
    - einen durchschnittlichen Erhaltungszustand und keine wesentlichen Baumängel oder Bauschäden aufwiesen,
    - besondere Bauteile und c-Flächen in einem üblichen Umfang von 1 % der Herstellungskosten aufwiesen,
    - einen Gebäudestandard von 3,0, eine durchschnittliche Wohnfläche von rd. 140 m² und eine lichte Geschosshöhe von 2,80 m aufwiesen und
    - die auch ansonsten keine besonderen objektspezifischen Grundstücksmerkmale i. S. des § 8 Abs. 3 ImmoWertV aufwiesen.
  Darüber hinaus wurden die Sachwertfaktoren gestaffelt nach der Höhe des Sachwerts angegeben.
- Die *Grundstücke*, deren Kaufpreise zur Ableitung des Sachwertfaktors herangezogen wurden, werden **marktüblich genutzt** und weisen insbesondere
    - keine vom marktüblich erzielbaren Ertrag abweichenden Erträge und Bewirtschaftungskosten,
    - keinen von der marktüblichen Leerstandsrate abweichenden Leerstand und
    - keine Abweichung der tatsächlichen von der zulässigen bzw. lagetypischen Nutzung auf.
- Der bei der Ableitung des Sachwertfaktors angesetzte **Wertanteil der baulichen und sonstigen Außenanlagen** wurde methodisch auf der Grundlage durchschnittlicher Pauschalen der (vorläufigen) alterswertgeminderten Herstellungskosten des Gebäudes (Vomhundertsatz) ohne Berücksichtigung besonderer objektspezifischer Grundstücksmerkmale i. S. des § 8 Abs. 3 ImmoWertV) ermittelt.

Die für Einfamilienhäuser ermittelten Sachwertfaktoren wurden unter Einbeziehung des Gebäudesachwerts einer Garage und differenziert nach Lageverhältnissen ermittelt, wobei diese sich nach der Höhe des Bodenrichtwerts ergeben (hier Bodenrichtwert 200 bis 300 €/m²).

4.2.4 Ermittlung des zum Sachwertfaktor kompatiblen Bodenwerts

Der Bodenwert des zu bewertenden Grundstücks ist nach Maßgabe des § 21 Abs. 1 i. V. m. § 16 ImmoWertV zu ermitteln. Bei der Ermittlung des Sachwerts unter Heranziehung von Sachwertfaktoren wird unter Beachtung des Grundsatzes der Modellkonformität der vorläufige Bodenwert ermittelt

a) auf der Grundlage des einschlägigen Bodenrichtwerts sowie

b) einer Bodensondierung, d. h. einer Aufteilung des Grund und Bodens

- in einer dem Sachwertfaktor zugrunde liegenden „Regelfläche" und der davon abweichenden Teilfläche sowie
- nach Flächenanteilen unterschiedlicher Wertigkeit (Vorder- und Hinterland).

Dem **Grundstücksmarktbericht des Gutachterausschusses** kann entnommen werden:

- die durchschnittlichen im Gemeindegebiet anfallenden Erschließungsbeiträge: 30 €/m² Baugrundstücksfläche,
- der durchschnittliche Wertansatz für gartenmäßig genutztes Hinterland: 30 v. H. des Bodenrichtwerts (Vorderland),
- der Wertabschlag bei Nordausrichtung von Ein- und Zweifamilienhäusern: 5 %.

IV Syst. Darst. Sachwertverfahren   Beispiel

Ermittlung des tatsächlichen Bodenwerts des Gesamtgrundstücks sowie des **zum Sachwertfaktor kompatiblen Bodenwerts**:

		BRW €/m²	Bodenwert kompatibel zum Sachwertfaktor	Bodenwert tatsächlich
Gesamtfläche	1 000 m²			
Baulandanteil*	500 m²	250	125 000 € (ebf)	125 000 €
Restfläche	500 m²			
Wertansatz (Restfläche)	30 v. H.			37 500 €
Zwischenwert				162 500 €
Sonstige Zu- und Abschläge				
> Abschlag wegen Erschließungsbeitrag	30 €/m²			– 15 000 €
> Zuschlag wegen bevorzugter Lage	10 v. H.			+ 16 250 €
> Abschlag wegen Nordausrichtung	5 v. H.			– 8 125 €
>				€
>				€
Bodenwert (kompatibel zum Sachwertfaktor)			125 000 € (ebf)	
Bodenwert des Gesamtgrundstücks	(ebpf)			155 625 €

* Regelfläche gemäß Erläuterungen zum Sachwertfaktor i.V. mit der Attributierung des ausgewiesenen Bodenrichtwerts

4.2.5 Modellkonforme Ermittlung des Marktwerts unter Anwendung des Sachwertverfahrens

Sachwertermittlung		
1. Vorläufiger Sachwertanteil der baulichen Anlage (vorläufiger Gebäudesachwert)		
Gebäude	Einfamilienhaus (1.01)	Garage (14.1)
Reduzierte Brutto-Grundfläche (BGF$_{red}$)	333,95 m²	29,89 m²
(gewichteter) Gebäudestandard (vgl. Berechnungsblatt)	3,39	5,00
(gewichteter) Kostenkennwert nach NHK 2010* *im Jahr 2010*	903,00 €/m² BGF$_{red}$	780,00 €/m² BGF$_{red}$
nachrichtlich: darin enthaltene Baunebenkosten	17 %	12 %
*Berechnung des Kostenkennwerts nach gewichtetem Gebäudestandard		

Umrechnung auf den Wertermittlungsstichtag 1.1.2013		
Baupreisindex zum Wertermittlungsstichtag	105,8	
Baupreisindex des Bezugsjahrs der NHK	100,0	
Indexfaktor 105,8/100,00 =	1,058	1,058
Gewöhnliche Herstellungskosten zum Wertermittlungsstichtag	955, 37 €/m² BGF$_{red}$	825,24 €/m² BGF$_{red}$
Gewöhnliche Herstellungskosten insgesamt (eines Neubaus)	**319 046 €**	**24 666 €**

Alterswertminderung (§ 23 ImmoWertV)		
(Fiktives) Baujahr	1993	1993
(Fiktives) Alter	20 Jahre	20 Jahre
Modellansatz der üblichen Gesamtnutzungsdauer (GND) nach Anl. 3 SachwertR	72 Jahre	60 Jahre
vorläufige Restnutzungsdauer	52 Jahre	40 Jahre
Alterswertminderungsfaktor 72 Jahre/52 Jahre =	0,722222	0,6667
Alterswertminderung in v. H. der Herstellungskosten	27,78 %	33,33 %
Alterswertminderung als Betrag	88 631 €	8 221 €
Vorläufige (alterswertgeminderte) Gebäudesachwerte	**230 042 €**	**16 445 €**
zusammen	246 487 €	

1996

Beispiel Syst. Darst. Sachwertverfahren IV

2. Vorläufiger Sachwertanteil der baulichen und sonstigen Außenanlagen		
Dem Sachwertfaktor zugrunde liegender pauschaler Ansatz in v. H. der alterswertgeminderten Gebäudesachwerte	3 %	7 395 €

3. Vorläufiger mit dem Sachwertfaktor kompatibler Bodenwert		
Gesamtfläche des Grundstücks, davon	1 000 m²	
mit dem Sachwertfaktor kompatibler Flächenanteil	500 m²	
Bodenrichtwert (ebf)	× 250 €/m²	125 000 €
nachrichtlich: verbleibende Restfläche	+ 500 m²	

Vorläufiger Sachwert (1 + 2 + 3)	378 882 €
Sachwertfaktor (§ 21 Abs. 1 i. V. m. § 8 Abs. 2 und § 14 Abs. 2 Nr. 1 ImmoWertV)	× 0,85
Marktangepasster vorläufiger Sachwert	**322 050 €**

Subsidiäre Berücksichtigung besonderer objektspezifischer Grundstücksmerkmale (§ 8 Abs. 3 ImmoWertV), soweit nicht bereits mit dem vorläufigen Sachwert oder dem Sachwertfaktor berücksichtigt

1. Gebäudebezogene Besonderheiten

– Wertanteil der mit dem Sachwertfaktor bzw. einer Pauschale nicht erfassten besonderen Bauteile, Einrichtungen bzw. Vorrichtungen und c-Flächen usw.	
• 1 Kellertreppe	entfällt
• 1 Balkon	
• 2 Lichtkästen	
– Wirtschaftliche Überalterung	entfällt
– Überdurchschnittlicher Erhaltungszustand	entfällt
– Baumängel und Bauschäden	entfällt
– Vermietung	
– Vom marktüblich erzielbaren Ertrag erheblich abweichende Erträge	entfällt
– außergewöhnliche Baunebenkosten usw.	entfällt
Summe	entfällt €

2. Besondere bauliche Außenanlagen und sonstige Anlagen (Aufwuchs)

Nur soweit sie „nutzbar" i. S. des § 21 Abs. 1 Satz 1 ImmoWertV sind und nicht bereits mit dem Bodenwert, dem Sachwertfaktor oder einer Pauschalen berücksichtigt worden sind

Werterhöhung wegen	
Wertminderung wegen	
Summe	entfällt €

entfällt hier, weil die Außenanlagen und sonstigen Anlagen nur unerheblich von denen abweichen, die entsprechend dem herangezogenen Sachwertfaktor hier pauschaliert angesetzt wurden

3. Bodenbezogene Besonderheiten

Restfläche	500 m²	
Wertanteil in v. H. des Bodenrichtwerts: 30 % von	250 €/m²	+ 37 500 €
abzuziehende Freilegungskosten (§ 16 Abs. 3 ImmoWertV)		entfällt
Abweichende Nutzung nach § 16 Abs. 4 ImmoWertV		
Abgabenrechtliche Besonderheiten	ebpf	– 15 000 €
Abweichende Lagemerkmale	bevorzugte Lage	+ 16 200 €
	Nordausrichtung	– 8 125 €
	Summe	30 625 €

4. Besondere Rechte und Belastungen

z. B. Wegerecht	entfällt
Summe	€
Summe der subsidiär zu berücksichtigenden Grundstücksmerkmale	**30 625 €**

Sachwert (Marktwert)	**352 675 €**
= marktangepasster vorläufiger Sachwert zuzüglich subsidiär zu berücksichtigende besondere Grundstücksmerkmale	

IV Syst. Darst. Sachwertverfahren — Sonderfälle

5 Sonderfälle

5.1 Gebäudesachwert bei Gebäudemix (Teilunterkellerungen und Anbauten)

5.1.1 Gebäudemix

▶ *Vgl. Rn. 58 ff.; § 6 ImmoWertV 436 ff.*

289 Bei einem **Gebäude**, das sich zumeist als wirtschaftliche Einheit **aus unterschiedlichen Gebäudearten zusammensetzt,** spricht man von einem Gebäudemix. Der Gebäudesachwert kann in derartigen Fällen grundsätzlich auf der Grundlage

 a) der jeweiligen Teilbereiche (z. B. aufgrund unterschiedlicher Gebäudearten, Nutzungen, Standardstufen, Ausbaugraden) sowie

 b) nach entsprechend gewichteten Kostenkennwerten (Mischkalkulation)

ermittelt werden.

290 Soll der Sachwert von Gebäuden, die sich aus unterschiedlichen Gebäudearten zusammensetzen, auf der Grundlage der verschiedenen Teilbereiche (vgl. Abb. 1) ermittelt werden, sind die jeweiligen Flächenanteile (d. h. die dafür ermittelte BGF_{red}) mit den jeweiligen vom Gebäudestandard abhängigen Kostenkennwerten zu multiplizieren und die Produkte aufzusummieren.

Bilden die Gebäudeteile eine **wirtschaftliche Einheit**, ist die Alterswertminderung regelmäßig auf der Grundlage einer einheitlichen Restnutzungsdauer zu bemessen.

Abb. 1: Gebäudemix

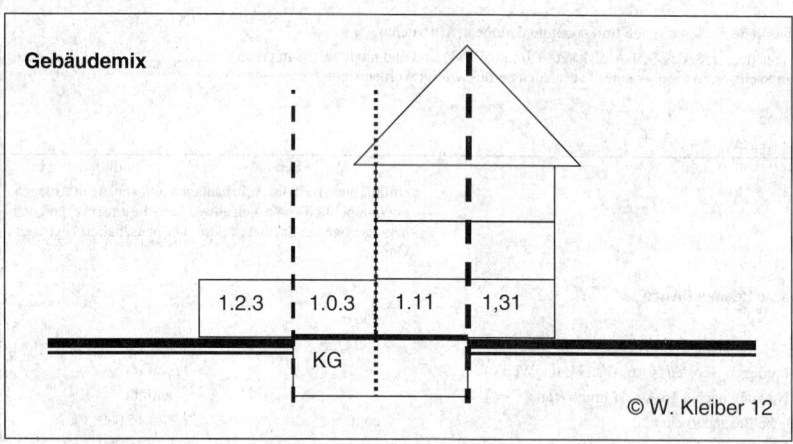

291 Soll der Sachwert von Gebäuden, die sich aus unterschiedlichen Gebäudearten zusammensetzen, auf der Grundlage entsprechend **gewichteter Kostenkennwerte (Mischkalkulation)** ermittelt werden, muss der relative Flächenanteil (in v. H. der Gesamtfläche des Gebäudes) der Teilflächen ermittelt werden, um daraus den gewichteten Kostenkennwert abzuleiten, der dann auf die Gesamtfläche des Gebäudes zur Anwendung kommen kann. Dies soll nachfolgend am Beispiel der Nr. 4.1.1.6 der SachwertR vorgestellt werden.

Syst. Darst. Sachwertverfahren IV

Sonderfälle

5.1.2 Teilunterkellerung

Für ein teilunterkellertes Gebäude, das sich zu 55 % aus dem Gebäudetyp 2.11 und zu 45 % aus dem Gebäudetyp 2.31 zusammensetzt, wird nachfolgend der **gewichtete Kostenkennwert** ermittelt:

Mischkalkulation:

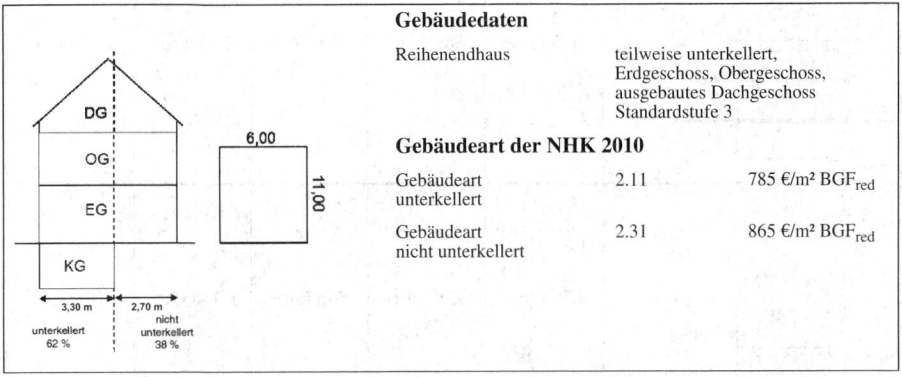

Gebäudedaten		
Reihenendhaus	teilweise unterkellert, Erdgeschoss, Obergeschoss, ausgebautes Dachgeschoss Standardstufe 3	
Gebäudeart der NHK 2010		
Gebäudeart unterkellert	2.11	785 €/m² BGF_{red}
Gebäudeart nicht unterkellert	2.31	865 €/m² BGF_{red}

Unterkellerter Gebäudeteil: Grundfläche: 3,30 m × 11 m = 36,30 m²
   BGF_{red}:   4 Ebenen   36,30 m²   × 4   =   145,20 m²

Nicht unterkellerter Gebäudeteil: Grundfläche   2,70 m × 11 m = 29,70 m²
   BGF_{red}:   3 Ebenen   29,70 m³   × 3   =   89,10 m²
Summe   =   234,30 m²

Gewichteter Kostenkennwert
= 61,97 % × 785 €/m² BGF_{red} + 38,03 % × 865 €/m² BGF_{red}
= **815,42 €/ m² BGF_{red}**
Herstellungskosten = 815,42 €/m² BGF_{red} × 234,30 m² =   191 053 €
Ermittlung nach Flächenanteilen
Herstellungskosten
= 145,20 m² BGF_{red} × 785 €/m² BGF_{red} + 89,10 m² BGF_{red} × 865 €/m² BGF_{red} =   191 053 €
Herstellungskosten   **rd. 190 000 €**

Die **Normalherstellungskosten einzelner Geschossebenen** lassen sich auch im Wege eines Schnittvergleichs ermitteln. Dies soll am vorstehenden *Beispiel* der SachwertR eines teilunterkellerten Reihenendhauses erläutert werden:

IV Syst. Darst. Sachwertverfahren — Sonderfälle

Abb. 2: Schnittvergleich

Typ Reihenendhaus	Gebäudestandard				
	1	2	3	4	5
2.11	615 €/m²	685 €/m²	785 €/m²	945 €/m²	1 180 €/m²
2.31	675 €/m²	750 €/m²	865 €/m²	1 040 €/m²	1 300 €/m²

```
   4 Ebenen × 785 €/m²    (Typ 2.11, Gebäudestandard 3,0)    =   3 140 €/m²
 − 3 Ebenen × 865 €/m²    (Typ 2.31, Gebäudestandard 3,0)    = − 2 595 €/m²
 = 1 m² Kellergeschoss                                        =     545 €/m²
```

294 Die Normalherstellungskosten (2010) pro Quadratmeter Kellergeschoss eines zweigeschossigen Reihenendhauses betragen 545 €/m² BGF_{red}. Das Ergebnis soll mit den Ergebnissen des vorstehenden Beispiels verglichen werden:

Ermittlung der Herstellungskosten:

1. Kostenkennwert für Gebäudetyp 2.31 bei Gebäudestandard 3,0   865 €/m² BGF
2. BGF_{red} des Gebäudes = 6,00 m × 11,00 m × 3 Ebenen   198 m²
3. Gesamtherstellungskosten (198 m² × 865 €/m²)   171 270 €   171 270 €

Ergänzende Berücksichtigung des Kellergeschosses

4. BGF_{red} des Kellergeschosses = 3,30 m × 11,00 m =   36,30 m²
5. Normalherstellungskosten pro Quadratmeter Kellergeschoss   545 €/m² BGF (vgl. oben)
6. Herstellungskosten des Kellergeschosses (36,30 m² × 545 €/m²) =   19 783 €   19 783 €

Gesamtherstellungskosten   **191 053 €**

Das Ergebnis entspricht exakt den oben ermittelten Herstellungskosten.

295 Die vorstehend ermittelten **NHK pro 1 m² Kellergeschoss** können nicht verallgemeinernd auf andere Gebäudetypen übertragen werden. Sie sind insbesondere von

– der Anzahl der Geschosse und

– dem Dachtypus

abhängig, wie das nachfolgende *Beispiel* zeigt:

Sonderfälle — Syst. Darst. Sachwertverfahren IV

Beispiel 2:

Teilunterkellertes Einfamilienhaus

BGF_red des Obergeschosses 300 m²
BGF_red des Kellergeschosses 100 m²
BGF_red (gesamt) 400 m²

Das Gebäude ist damit zu 2/3 ein Gebäude des Typs 1.23 und zu 1/3 ein Gebäude des Typs 1.03.

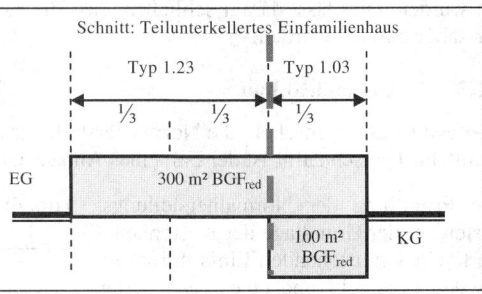

Berechnung nach Teilbereichen (Gebäudestandard 3):

Typ 1.23:	200 m² × 1 180 €/m² =	236 000 €	(200 m² des Obergeschosses)
Typ 1.03:	200 m² × 900 €/m² =	180 000 €	(100 ² im OG und 100 m² im KG)
zusammen	400 m² =	416 000 €	

Berechnung unter gesonderter Berücksichtigung des Kellergeschosses (Gebäudestandard 3):

OG (Typ 1.23):	300 m² × 1 180 €/m² =	354 000 €	
KG (vgl. oben)	100 m² × 620 €/m² =	62 000 €	siehe nachfolgende Ermittlung
Zusammen:	400 m² =	416 000 €	Ergebnis wie vorstehend

NHK für ein Kellergeschoss eines Einfamilienhauses (Abb. 3, Flachdach, Gebäudestandard 3,0):

Abb. 3: Schnittvergleich

Typ	Gebäudestandard				
	1	2	3	4	6
1.03	705 €/m²	785 €/m²	900 €/m²	1 085 €/m²	1 360 €/m²
Geschosshöhe 3,02 m					
1.23	920 €/m²	1 025 €/m²	1 180 €/m²	1 420 €/m²	1 775 €/m²
Geschosshöhe 3,51 m					

2 Ebenen × 900 €/m²	(Typ 1.03, Gebäudestandard 3,0)	=	1 800 €/m²
− 1 Ebene × 1 180 €/m²	(Typ 1.23, Gebäudestandard 3,0)	=	− 1 180 €/m²
= 1 m² Kellergeschoss		=	620 €/m²

Für 1 m² Kellergeschoss in einem eingeschossigen Einfamilienhaus (Gebäudestandard 3,0) ergeben sich Normalherstellungskosten (2010) von 620 €/m².

IV Syst. Darst. Sachwertverfahren — Sonderfälle

297 Es fällt auf, dass beide Berechnungsmethoden zu exakt demselben Ergebnis führen, wobei die bei der Ausgangsberechnung angesetzten Normalherstellungskosten des Kellergeschosses ohne Berücksichtigung der unterschiedlichen Geschosshöhen der Typen 1.03 und 1.23 ermittelt wurden. Dies lässt darauf schließen, dass die Kostenkennwerte der NHK 2010 aufeinander „abgestimmt" wurden.

5.1.3 Gebäudeanbau

298 Vielfach ist es erforderlich, die Normalherstellungskosten eines Vollgeschosses gesondert zu ermitteln. Typisch dafür ist der Fall eines Anbaus (Abb. 4).

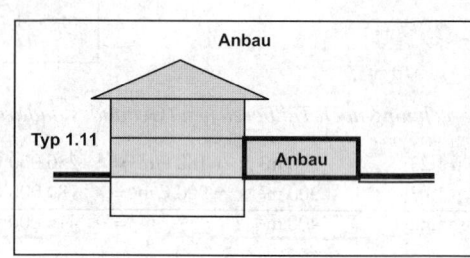

Abb. 4: Anbau

Die Ermittlung der Normalherstellungskosten auf der Grundlage der Kostenkennwerte eines freistehenden Einfamilienhauses des Typs 1.11 und eines gesonderten Ansatzes der Normalherstellungskosten für den Anbau auf der Grundlage des Typs 1.23 würde nicht zu einem sachgerechten Ergebnis führen, da mit den für den Typ 1.23 im Tabellenwerk angegebenen Normalherstellungskosten die gesamte Haustechnik Berücksichtigung finden würde, die aber bereits mit den Normalherstellungskosten des Typs 1.11 erfasst ist.

299 Bei einem Gebäudestandard von 3,0 ergäben sich für den Typ 1.23 – bezogen auf 2010 – Normalherstellungskosten von 1 180 €/m². Diese sind aus vorstehenden Gründen zu hoch. Im Rahmen eines Schnittvergleichs ergeben sich für den Anbau gerade einmal Normalherstellungskosten von rd. 835 €/m² BGF$_{red}$.

300 *Beispiel:*

NHK für ein Vollgeschoss eines zweigeschossigen Einfamilienhauses (Abb. 5, Satteldach, Gebäudestandard 3,0); Typen 1.01 und 1.11:

Abb. 5: Schnittvergleich für freistehendes Einfamilienhaus

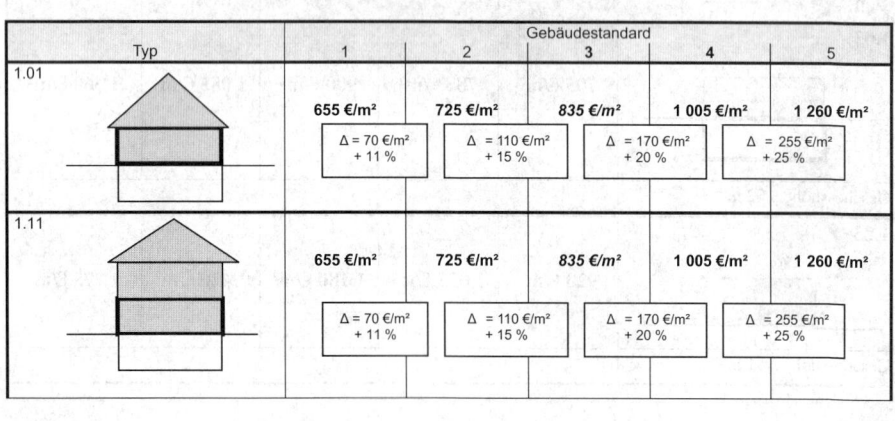

	4 Ebenen × 835 €/m²	(Typ 1.11, Gebäudestandard 3,0)	=	3 340 €/m²
–	3 Ebenen × 835 €/m²	(Typ 1.01, Gebäudestandard 3,0)	=	– 2 505 €/m²
=	1 m² Vollgeschoss		=	835 €/m²

Sonderfälle   **Syst. Darst. Sachwertverfahren IV**

Die Normalherstellungskosten 2010 pro 1 m² Vollgeschoss eines zweigeschossigen Einfamilienhauses mit Satteldach betragen rd. 835 €/m².

Für ein Vollgeschoss eines zweigeschossigen Reihenmittelhauses (Abb. 6, Satteldach, Gebäudestandard 3,0) der Typen 3.01 und 3.11 ergeben sich aus nachfolgender Vergleichsberechnung geringere Normalherstellungskosten pro Quadratmeter Vollgeschoss: **301**

Abb. 6:   **Schnittvergleich für Reihenmittelhaus**

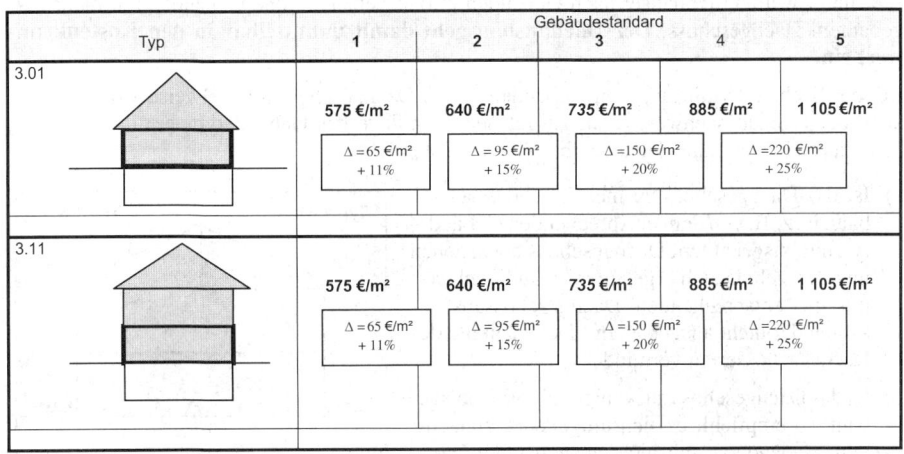

4 Ebenen × 735 €/m²	(Typ 3.11 Gebäudestandard 3,0)	=	2 940 €/m²
− 3 Ebenen × 735 €/m²	(Typ 3.01 Gebäudestandard 3,0)	=	− 2 205 €/m²
= 1 m² Vollgeschoss		=	735 €/m²

Die Normalherstellungskosten (2010) pro 1 m² Vollgeschoss eines zweigeschossigen Reihenmittelhauses mit Satteldach betragen 735 €/m² und fallen damit um 100 €/m² geringer als die eines (analogen) zweigeschossigen Einfamilienhauses aus. Dies ist nur auf den ersten Blick plausibel, denn tatsächlich erfordern Reihenhäuser mit vergleichsweise kleinteiliger Aufteilung i. d. R. höhere Bauleistungen pro Quadratmeter BGF$_{red}$ als Einfamilienhäuser mit großzügigerem Grundriss.

Fortsetzung des Beispiels: **302**

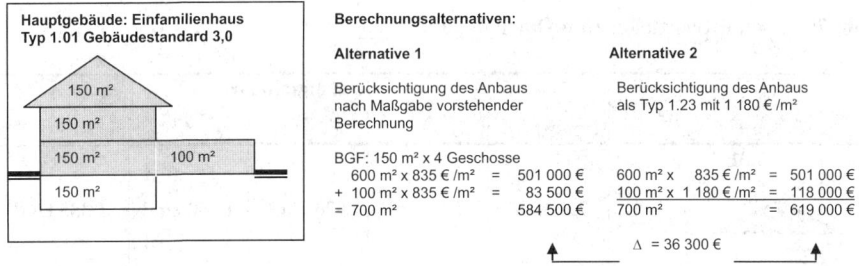

Beiden Berechnungen kann nicht uneingeschränkt gefolgt werden, weil   **303**

− Alternative 1 die Gründungskosten unzureichend berücksichtigt und

− Alternative 2 nicht dem Umstand Rechnung trägt, dass beim Anbau die Kosten für Versorgungsleitungen und die innere Erschließung nicht anfallen.

IV Syst. Darst. Sachwertverfahren — Sonderfälle

Die „Lösung" liegt zwischen den Alternativlösungen. Unter Berücksichtigung der Gründungskosten ergeben sich „gerundete" Herstellungskosten von 600 000 €.

5.2 Kosten des Ausbaus von Dachgeschossen

▶ *Zur Ermittlung der BGF im Dachgeschoss und Spitzboden vgl. Teil II Rn. 508*

304 Das Tafelwerk der NHK 2010 unterscheidet wie das Tafelwerk der NHK 2000 im Bereich der Ein- und Zweifamilienhäuser nach Gebäuden mit ausgebautem und Gebäuden mit nicht ausgebautem Dachgeschoss. **Der Dachausbau geht damit unmittelbar in den Kostenkennwert ein.**

Bei der Sachwertermittlung von Gebäuden, deren Dachgeschoss nur teilweise ausgebaut ist, kann der Gebäudesachwert zunächst auf der Grundlage des Gebäudetyps ermittelt werden, dem das zu bewertende Gebäude überwiegend entspricht.

a) Ist das Dachgeschoss zu mehr als 50 % ausgebaut, ist z. B. von dem entsprechenden Gebäudetyp mit ausgebautem Dachgeschoss auszugehen und der sich danach ergebene Gebäudesachwert um die entsprechenden Dachgeschossausbaukosten der nicht ausgebauten Flächenanteile des Dachgeschosses zu vermindern.

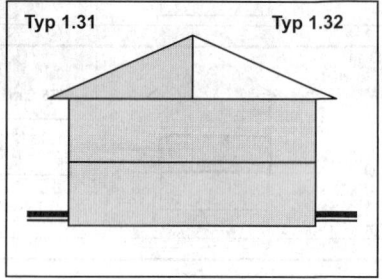

b) Ist das Dachgeschoss zu weniger als 50 % ausgebaut, so empfiehlt es sich umgekehrt, zunächst vom Gebäudetyp mit nicht ausgebautem Dachgeschoss auszugehen und den sich danach ergebenden Gebäudesachwert um die entsprechenden Dachgeschossausbaukosten der ausgebauten Flächenanteile des Dachgeschosses zu erhöhen.

305 Die **Dachgeschossausbaukosten** ergeben sich wiederum aus dem Unterschied der Normalherstellungskosten des jeweiligen Gebäudetyps mit und ohne ausgebautem Dachgeschoss.

306 *Beispiel*

Unterschied der NHK zwischen ausgebautem und nicht ausgebautem Dachgeschoss eines nicht unterkellerten Einfamilienhauses (Abb. 7, zweigeschossiges Einfamilienhaus, Gebäudestandard 3,0), Typen 1.31 und 1.32.

Abb. 7: Schnittvergleich zum Dachausbau

Typ	Gebäudestandard				
	1	2	3	4	5
1.31	720 €/m²	800 €/m²	920 €/m²	1 150 €/m²	1 385 €/m²

Geschosshöhe 2,97 m (die Geschosshöhe ist der vom BMVBW veröffentlichten Vorversion entnommen (GuG 2012, 30))

Sonderfälle   **Syst. Darst. Sachwertverfahren IV**

1.32	620 €/m²	690 €/m²	790 €/m²	955 €/m²	1 190 €/m²
Geschosshöhe 2,67 m (die Geschosshöhe ist der vom BMVBW veröffentlichten Vorversion entnommen (GuG 2012, 30))					

Umrechnung der NHK des Gebäudetyps 1.32 (Gebäudestandard 3,0) auf eine Geschosshöhe von 2,97 m:

$NHK_{GH = 2,97\ m}$ = 790 €/m² × 2,97 m/2,67 m = 878,76 €/m²

Eine Berücksichtigung der Geschosshöhe erscheint angezeigt, da die Geschosshöhen der Typen 1.31 und 1.32 erheblich voneinander abweichen und dem Gebäudetyp 1.31 ein Drempel von 1 m Höhe unterstellt wird (vgl. Rn. 117). Die entsprechenden Herstellungskosten müssten dann auch in den Kostenkennwert eingegangen sein.

	3 Ebenen × 920,00 €/m²	(Typ 1.31, Gebäudestandard 3,0)	=	2 760,00 €/m²
–	3 Ebenen × 878,75 €/m²	(Typ 1.32, Gebäudestandard 3,0)	=	– 2 636,25 €/m²
=	Differenz (Dachausbau)		=	124,75 €/m²

Die Normalherstellungskosten für den Ausbau von 1 m² einer nutzbaren Dachgeschossfläche betragen unter Berücksichtigung der unterschiedlichen Geschosshöhen im Beispiel rd. 125 €/m². Ohne Berücksichtigung der unterschiedlichen Geschosshöhen ergäben sich Dachausbaukosten von 390 €/m².

Die **Kosten für den Ausbau des Dachgeschosses** fallen je nach Gebäudetyp und Ausstattungsstandard unterschiedlich aus. Sie sind erwartungsgemäß bei frei stehenden Einfamilienhäusern mit gehobenem Gebäudestandard am höchsten.

Bei Reihenhäusern, die nur ein Erd- und ein Dachgeschoss aufweisen, ergeben sich geringere Ausbaukosten als bei mehrgeschossigen Reihenhäusern. Dies dürfte darauf zurückzuführen sein, dass diese Reihenhäuser zwangsläufig eine geringe Wohnfläche aufweisen und die Dachgeschosse regelmäßig bereits für den endgültigen Ausbau vorbereitet sind. Dies gilt insbesondere für kellerlose Reihenhäuser. Für diese Auslegung spricht auch, dass sich für Reihenhäuser in auffälliger Weise deutlich geringere Ausbaukosten als für freistehende Einfamilienhäuser ergeben.

Abb. 8:   Einfamilienhaus

	Kosten des Dachgeschossausbaus (Baujahr 2010)			
	Typ	Typ	Typ	Typ
Gebäudestandard	1.21/1.22	1.31/1.32	1.01/1.02	1.11/1.12
1	120 €/m²	92 €/m²	53 €/m²	340 €/m²
2	128 €/m²	98 €/m²	53 €/m²	360 €/m²
3	151 €/m²	124 €/m²	67 €/m²	420 €/m²
4	184 €/m²	128 €/m²	68 €/m²	500 €/m²
5	222 €/m²	185 €/m²	96 €/m²	640 €/m²
Hinweis: Ermittlung unter Berücksichtigung der unterschiedlichen Geschosshöhen				

IV Syst. Darst. Sachwertverfahren — Sonderfälle

Abb. 9: Reihenmittelhaus

	Kosten des Dachgeschossausbaus (Baujahr 2010)			
	Typ 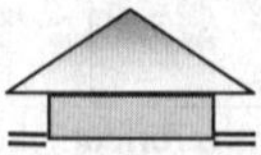	Typ 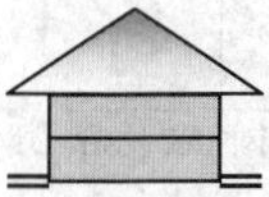	Typ 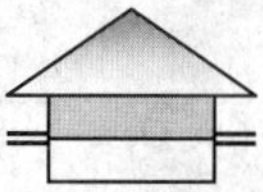	Typ 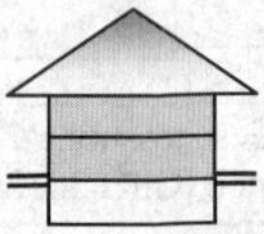
Gebäude-standard	3.21/3.22	3.31/3.32	3.01/3.02	3.11/3.12
1	360 €/m²	270 €/m²	285 €/m²	280 €/m²
2	400 €/m²	300 €/m²	315 €/m²	320 €/m²
3	460 €/m²	345 €/m²	360 €/m²	380 €/m²
4	550 €/m²	405 €/m²	435 €/m²	440 €/m²
5	690 €/m²	495 €/m²	540 €/m²	560 €/m²

Abb. 10: Doppelhäuser und Reihenendhäuser

	Kosten des Dachgeschossausbaus (Baujahr 2010)			
	Typ 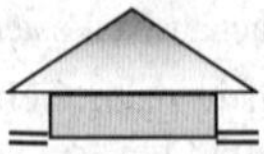	Typ 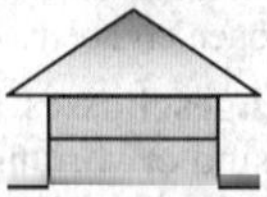	Typ 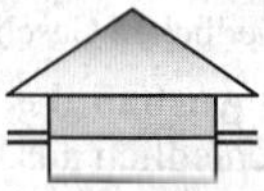	Typ 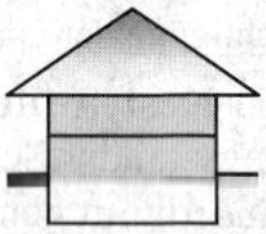
Gebäudestandard	2.21/2.22	2.31/2.32	2.01/2.02	2.11/2.12
1	380 €/m²	285 €/m²	300 €/m²	320 €/m²
2	430 €/m²	315 €/m²	345 €/m²	360 €/m²
3	490 €/m²	360 €/m²	390 €/m²	400 €/m²
4	590 €/m²	435 €/m²	465 €/m²	480 €/m²
5	740 €/m²	540 €/m²	585 €/m²	580 €/m²

6 Anhang

6.1 Anlage 1 zur SachwertR 308
Normalherstellungskosten 2010 – NHK 2010
Kostenkennwerte für die Kostengruppen 300 und 400 in Euro/m²
Brutto-Grundfläche einschließlich Baunebenkosten und Umsatzsteuer
Kostenstand 2010

Inhaltsübersicht

1	freistehende Ein- und Zweifamilienhäuser	18.1.2	Pferdeställe
2	Doppel- und Reihenendhäuser	18.2	Rinderställe, Melkhäuser
3	Reihenmittelhäuser	18.2.1	Kälberställe
4	Mehrfamilienhäuser	18.2.2	Jungvieh-/Mastbullen-/Milchviehställe ohne Melkstand und Warteraum
5	Wohnhäuser mit Mischnutzung, Banken/Geschäftshäuser	18.2.3	Milchviehställe mit Melkstand und Milchlager
6	Bürogebäude	18.2.4	Melkhäuser mit Milchlager und Nebenräumen als Einzelgebäude ohne Warteraum und Selektion
7	Gemeindezentren, Saalbauten/Veranstaltungsgebäude		
8	Kindergärten, Schulen	18.3	Schweineställe
9	Wohnheime, Alten-/Pflegeheime	18.3.1	Ferkelaufzuchtställe
10	Krankenhäuser, Tageskliniken	18.3.2	Mastschweineställe
11	Beherbergungsstätten, Verpflegungseinrichtungen	18.3.3	Zuchtschweineställe, Deck-/Warte-/Abferkelbereich
12	Sporthallen, Freizeitbäder/Heilbäder		
13	Verbrauchermärkte, Kauf-/Warenhäuser, Autohäuser	18.3.4	Abferkelstall als Einzelgebäude
		18.4	Geflügelställe
14	Garagen	18.4.1	Mastgeflügel, Bodenhaltung (Hähnchen, Puten, Gänse)
15	Betriebs-/Werkstätten, Produktionsgebäude		
16	Lagergebäude	18.4.2	Legehennen, Bodenhaltung
17	Sonstige Gebäude	18.4.3	Legehennen, Volierenhaltung
17.1	Museen	18.4.4	Legehennen, Kleingruppenhaltung, ausgestalteter Käfig
17.2	Theater		
17.3	Sakralbauten	18.5	Landwirtschaftliche Mehrzweckhallen
17.4	Friedhofsgebäude	18.6	Außenanlagen zu allen landwirtschaftlichen Betriebsgebäuden
18	Landwirtschaftliche Betriebsgebäude		
18.1	Reithallen, Pferdeställe		
18.1.1	Reithallen		

IV Syst. Darst. Sachwertverfahren — NHK 2010

1 – 3 freistehende Ein- und Zweifamilienhäuser, Doppelhäuser, Reihenhäuser[2]

Keller-, Erdgeschoss

	Dachgeschoss voll ausgebaut						Dachgeschoss nicht ausgebaut						Flachdach oder flach geneigtes Dach				
Standardstufe		1	2	3	4	5		1	2	3	4	5		1	2	3	4	5
freistehende Einfamilienhäuser[3]	1.01	655	725	835	1 005	1 260	1.02	545	605	695	840	1 050	1.03	705	785	900	1 085	1 360
Doppel- und Reihenendhäuser	2.01	615	685	785	945	1 180	2.02	515	570	655	790	985	2.03	665	735	845	1 020	1 275
Reihenmittelhäuser	3.01	575	640	735	885	1 105	3.02	480	535	615	740	925	3.03	620	690	795	955	1 195

Keller-, Erd-, Obergeschoss

	Dachgeschoss voll ausgebaut						Dachgeschoss nicht ausgebaut						Flachdach oder flach geneigtes Dach				
Standardstufe		1	2	3	4	5		1	2	3	4	5		1	2	3	4	5
freistehende Einfamilienhäuser[3]	1.11	655	725	835	1 005	1 260	1.12	570	635	730	880	1 100	1.13	665	740	850	1 025	1 285
Doppel- und Reihenendhäuser	2.11	615	685	785	945	1 180	2.12	535	595	685	825	1 035	2.13	625	695	800	965	1 205
Reihenmittelhäuser	3.11	575	640	735	885	1 105	3.12	505	560	640	775	965	3.13	585	650	750	905	1 130

Erdgeschoss, nicht unterkellert

	Dachgeschoss voll ausgebaut						Dachgeschoss nicht ausgebaut						Flachdach oder flach geneigtes Dach				
Standardstufe		1	2	3	4	5		1	2	3	4	5		1	2	3	4	5
freistehende Einfamilienhäuser[3]	1.21	790	875	1 005	1 215	1 515	1.22	585	650	745	900	1 125	1.23	920	1 025	1 180	1 420	1 775
Doppel- und Reihenendhäuser	2.21	740	825	945	1 140	1 425	2.22	550	610	700	845	1 055	2.23	865	965	1 105	1 335	1 670
Reihenmittelhäuser	3.21	695	770	885	1 065	1 335	3.22	515	570	655	790	990	3.23	810	900	1 035	1 250	1 560

Erd-, Obergeschoss, nicht unterkellert

	Dachgeschoss voll ausgebaut						Dachgeschoss nicht ausgebaut						Flachdach oder flach geneigtes Dach				
Standardstufe		1	2	3	4	5		1	2	3	4	5		1	2	3	4	5
freistehende Einfamilienhäuser[3]	1.31	720	800	920	1 105	1 385	1.32	620	690	790	955	1 190	1.33	785	870	1 000	1 205	1 510
Doppel- und Reihenendhäuser	2.31	675	750	865	1 040	1 300	2.32	580	645	745	895	1 120	2.33	735	820	940	1 135	1 415
Reihenmittelhäuser	3.31	635	705	810	975	1 215	3.32	545	605	695	840	1 050	3.33	690	765	880	1 060	1 325

[2] einschließlich Baunebenkosten in Höhe von 17 %
[3] Korrekturfaktor für freistehende Zweifamilienhäuser: 1,05

4 Mehrfamilienhäuser[4]

		Standardstufe		
		3	4	5
4.1	Mehrfamilienhäuser[5, 6] mit bis zu 6 WE	825	985	1 190
4.2	Mehrfamilienhäuser[5, 6] mit 7 bis 20 WE	765	915	1 105
4.3	Mehrfamilienhäuser[5, 6] mit mehr als 20 WE	755	900	1 090

[4] einschließlich Baunebenkosten in Höhe von   Gebäudeart   4.1 – 4.3   19 %

[5] Korrekturfaktoren für die Wohnungsgröße   ca. 35 m² WF/WE = 1,10
   ca. 50 m² WF/WE = 1,00
   ca. 135 m² WF/WE = 0,85

[6] Korrekturfaktoren für die Grundrissart   Einspänner = 1,05
   Zweispänner = 1,00
   Dreispänner = 0,97
   Vierspänner = 0,95

5 Wohnhäuser mit Mischnutzung, Banken/Geschäftshäuser[7]

		Standardstufe		
		3	4	5
5.1	Wohnhäuser mit Mischnutzung [8, 9, 10]	860	1 085	1 375
5.2	Banken und Geschäftshäuser mit Wohnungen[11]	890	1 375	1 720
5.3	Banken und Geschäftshäuser ohne Wohnungen	930	1 520	1 900

[7] einschließlich Baunebenkosten in Höhe von   Gebäudeart   5.1   18 %
   Gebäudeart   5.2 – 5.3   22 %

[8] Korrekturfaktoren für die Wohnungsgröße   ca. 35 m² WF/WE = 1,10
   ca. 50 m² WF/WE = 1,00
   ca. 135 m² WF/WE = 0,85

[9] Korrekturfaktoren für die Grundrissart   Einspänner = 1,05
   Zweispänner = 1,00
   Dreispänner = 0,97
   Vierspänner = 0,95

[10] Wohnhäuser mit Mischnutzung sind Gebäude mit überwiegend Wohnnutzung und einem geringen gewerblichen Anteil. Anteil der Wohnfläche ca. 75 %. Bei deutlich abweichenden Nutzungsanteilen ist eine Ermittlung durch Gebäudemix sinnvoll.

[11] Geschäftshäuser sind Gebäude mit überwiegend gewerblicher Nutzung und einem geringen Wohnanteil. Anteil der Wohnfläche ca. 20 bis 25 %.

6 Bürogebäude[12]

		Standardstufe		
		3	4	5
6.1	Bürogebäude, Massivbau	1 040	1 685	1 900
6.2	Bürogebäude, Stahlbetonskelettbau	1 175	1 840	2 090

[12] einschließlich Baunebenkosten in Höhe von   Gebäudeart   6.1 – 6.2   18 %

7 Gemeindezentren, Saalbauten/Veranstaltungsgebäude[13]

		Standardstufe		
		3	4	5
7.1	Gemeindezentren	1 130	1 425	1 905
7.2	Saalbauten/Veranstaltungsgebäude	1 355	1 595	2 085

[13] einschließlich Baunebenkosten in Höhe von   Gebäudeart   7.1 – 7.2   18 %

8 Kindergärten, Schulen[14]

		Standardstufe		
		3	4	5
8.1	Kindergärten	1 300	1 495	1 900
8.2	Allgemeinbildende Schulen, Berufsbildende Schulen	1 450	1 670	2 120
8.3	Sonderschulen	1 585	1 820	2 315

[14] einschließlich Baunebenkosten in Höhe von   Gebäudeart   8.1   20 %
   Gebäudeart   8.2   21 %
   Gebäudeart   8.3   17 %

IV Syst. Darst. Sachwertverfahren   NHK 2010

9 Wohnheime, Alten-/Pflegeheime[15]

		Standardstufe		
		3	4	5
9.1	Wohnheime/Internate	1 000	1 225	1 425
9.2	Alten-/Pflegeheime	1 170	1 435	1 665

[15] einschließlich Baunebenkosten in Höhe von   Gebäudeart   9.1 – 9.2   18 %

10 Krankenhäuser, Tageskliniken[16]

		Standardstufe		
		3	4	5
10.1	Krankenhäuser/Kliniken	1 720	2 080	2 765
10.2	Tageskliniken/Ärztehäuser	1 585	1 945	2 255

[16] einschließlich Baunebenkosten in Höhe von   Gebäudeart   10.1 – 10.2   21 %

11 Beherbergungsstätten, Verpflegungseinrichtungen[17]

		Standardstufe		
		3	4	5
11.1	Hotels	1 385	1 805	2 595

[17] einschließlich Baunebenkosten in Höhe von   Gebäudeart   11.1   21 %

12 Sporthallen, Freizeitbäder/Heilbäder[18]

		Standardstufe		
		3	4	5
12.1	Sporthallen (Einfeldhallen)	1 320	1 670	1 955
12.2	Sporthallen (Dreifeldhallen/Mehrzweckhallen)	1 490	1 775	2 070
12.3	Tennishallen	1 010	1 190	1 555
12.4	Freizeitbäder/Heilbäder	2 450	2 985	3 840

[18] einschließlich Baunebenkosten in Höhe von   Gebäudeart   12.1 + 12.3   17 %
                                                  Gebäudeart   12.2   19 %
                                                  Gebäudeart   12.4   24 %

13 Verbrauchermärkte, Kauf-/Warenhäuser, Autohäuser[19]

		Standardstufe		
		3	4	5
13.1	Verbrauchermärkte	720	870	1 020
13.2	Kauf-/Warenhäuser	1 320	1 585	1 850
13.3	Autohäuser ohne Werkstatt	940	1 240	1 480

[19] einschließlich Baunebenkosten in Höhe von   Gebäudeart   13.1   16 %
                                                  Gebäudeart   13.2   22 %
                                                  Gebäudeart   13.3   21 %

14 Garagen[20]

		Standardstufe		
		3	4	5
14.1	Einzelgaragen/Mehrfachgaragen[21]	245	485	780
14.2	Hochgaragen	480	655	780
14.3	Tiefgaragen	560	715	850
14.4	Nutzfahrzeuggaragen	530	680	810

[20] einschließlich Baunebenkosten in Höhe von   Gebäudeart   14.1   12 %
                                                  Gebäudeart   14.2 – 14.3 15 %
                                                  Gebäudeart   14.4   13 %

[21] Standardstufe 3: Fertiggaragen;
    Standardstufe 4: Garagen in Massivbauweise;
    Standardstufe 5: individuelle Garagen in Massivbauweise mit besonderen Ausführungen wie Ziegeldach, Gründach, Bodenbeläge, Fliesen o.Ä., Wasser, Abwasser und Heizung

15 Betriebs-/Werkstätten, Produktionsgebäude[22]

		Standardstufe		
		3	4	5
15.1	Betriebs-/Werkstätten, eingeschossig	970	1 165	1 430
15.2	Betriebs-/Werkstätten, mehrgeschossig, ohne Hallenanteil	910	1 090	1 340
15.3	Betriebs-/Werkstätten, mehrgeschossig, hoher Hallenanteil	620	860	1 070
15.4	Industrielle Produktionsgebäude, Massivbauweise	950	1 155	1 440
15.5	Industrielle Produktionsgebäude, überwiegend Skelettbauweise	700	965	1 260

[22] einschließlich Baunebenkosten in Höhe von Gebäudeart 15.1 – 15.4 19 %
　　　　　　　　　　　　　　　　　　　　　　　 Gebäudeart 15.5　　　 18 %

16 Lagergebäude[23]

		Standardstufe		
		3	4	5
16.1	Lagergebäude ohne Mischnutzung, Kaltlager	350	490	640
16.2	Lagergebäude mit bis zu 25 % Mischnutzung[24]	550	690	880
16.3	Lagergebäude mit mehr als 25 % Mischnutzung[24]	890	1 095	1 340

[23] einschließlich Baunebenkosten in Höhe von Gebäudeart 16.1　 16 %
　　　　　　　　　　　　　　　　　　　　　　　 Gebäudeart 16.2　 17 %
　　　　　　　　　　　　　　　　　　　　　　　 Gebäudeart 16.3　 18 %

[24] Lagergebäude mit Mischnutzung sind Gebäude mit einem überwiegenden Anteil an Lagernutzung und einem geringeren Anteil an anderen Nutzungen wie Büro, Sozialräume, Ausstellungs- oder Verkaufsflächen etc.

17 Sonstige Gebäude[25]

		Standardstufe		
		3	4	5
17.1	Museen	1 880	2 295	2 670
17.2	Theater	2 070	2 625	3 680
17.3	Sakralbauten	1 510	2 060	2 335
17.4	Friedhofsgebäude	1 320	1 490	1 720

[25] einschließlich Baunebenkosten in Höhe von Gebäudeart 17.1　 18 %
　　　　　　　　　　　　　　　　　　　　　　　 Gebäudeart 17.2　 22 %
　　　　　　　　　　　　　　　　　　　　　　　 Gebäudeart 17.3　 16 %
　　　　　　　　　　　　　　　　　　　　　　　 Gebäudeart 17.4　 19 %

18 Landwirtschaftliche Betriebsgebäude
18.1 Reithallen, Pferdeställe
18.1.1 Reithallen

	Standardstufe		
	3	4	5
300 Bauwerk – Baukonstruktion	215	235	280
400 Bauwerk – Technische Anlagen	20	25	30
Bauwerk	235	260	310
einschließlich Baunebenkosten in Höhe von	12 %		
Traufhöhe	5,00 m		
BGF/Nutzeinheit	–		
Korrekturfaktoren	Gebäudegröße BGF　　　　　500 m² 　1,20　　　　　1 000 m² 　1,00　　　　　1 500 m² 　0,90		

18.1.2 Pferdeställe

	Standardstufe		
	3	4	5
300 Bauwerk – Baukonstruktion	310	450	535
400 Bauwerk – Technische Anlagen	55	70	90
Bauwerk	365	520	625
einschließlich Baunebenkosten in Höhe von	12 %		
Traufhöhe	3,50 m		
BGF/Nutzeinheit	15,00 – 20,00 m²/Tier		
Korrekturfaktoren	Gebäudegröße BGF 250 m² 1,20 500 m² 1,00 750 m² 0,90		

18.2 Rinderställe, Melkhäuser
18.2.1 Kälberställe

	Standardstufe		
	3	4	5
300 Bauwerk – Baukonstruktion	335	375	455
400 Bauwerk – Technische Anlagen	145	165	195
Bauwerk	480	540	650
einschließlich Baunebenkosten in Höhe von	12 %		
Traufhöhe	3,00 m		
BGF/Nutzeinheit	4,00 – 4,50 m²/Tier		
Korrekturfaktoren	Gebäudegröße BGF 100 m² 1,20 150 m² 1,00 250 m² 0,90	Unterbau Güllekanäle (Tiefe 1,00 m) 1,05 ohne Güllekanäle 1,00		

18.2.2 Jungvieh-/Mastbullen-/Milchviehställe ohne Melkstand und Warteraum

	Standardstufe		
	3	4	5
300 Bauwerk – Baukonstruktion	235	260	310
400 Bauwerk – Technische Anlagen	55	65	80
Bauwerk	290	325	390
einschließlich Baunebenkosten in Höhe von	12 %		
Traufhöhe	4,00 m		
BGF/Nutzeinheit	6,50 – 10,50 m²/Tier		
Korrekturfaktoren	Gebäudegröße BGF 500 m² 1,20 1 000 m² 1,00 1 500 m² 0,90	Unterbau Güllekanäle (Tiefe 1,00 m) 1,20 ohne Güllekanäle 1,00 Güllelagerraum (Tiefe 2,00 m) 1,40		

18.2.3 Milchviehställe mit Melkstand und Milchlager

	Standardstufe		
	3	4	5
300 Bauwerk – Baukonstruktion	225	255	310
400 Bauwerk – Technische Anlagen	100	110	130
Bauwerk	325	365	440
einschließlich Baunebenkosten in Höhe von	12 %		
Traufhöhe	4,00 m		
BGF/Nutzeinheit	10,00 – 15,00 m²/Tier		
Korrekturfaktoren	Gebäudegröße BGF 1 000 m² 1,20 1 500 m² 1,00 2 000 m² 0,90	Unterbau Güllekanäle (Tiefe 1,00 m) 1,20 ohne Güllekanäle 1,00 Güllelagerraum (Tiefe 2,00 m) 1,40		

18.2.4 Melkhäuser mit Milchlager und Nebenräumen als Einzelgebäude ohne Warteraum und Selektion

	Standardstufe		
	3	4	5
300 Bauwerk – Baukonstruktion	700	780	935
400 Bauwerk – Technische Anlagen	470	520	625
Bauwerk	1 170	1 300	1 560
einschließlich Baunebenkosten in Höhe von	12 %		
Traufhöhe	3,00 m		
BGF/Nutzeinheit	–		
Korrekturfaktoren	Gebäudegröße BGF 100 m² 1,20 150 m² 1,00 250 m² 0,90		

18.3 Schweineställe

18.3.1 Ferkelaufzuchtställe

	Standardstufe		
	3	4	5
300 Bauwerk – Baukonstruktion	300	330	395
400 Bauwerk – Technische Anlagen	155	175	215
Bauwerk	455	505	610
einschließlich Baunebenkosten in Höhe von	12 %		
Traufhöhe	3,00 m		
BGF/Nutzeinheit	0,45 – 0,65 m²/Tier		
Korrekturfaktoren	Gebäudegröße BGF 400 m² 1,20 600 m² 1,00 800 m² 0,90	Unterbau Güllekanäle (Tiefe 0,60 m) ohne Güllekanäle Güllelagerraum (Tiefe 1,50 m)	1,10 1,00 1,20

18.3.2 Mastschweineställe

	Standardstufe		
	3	4	5
300 Bauwerk – Baukonstruktion	290	325	400
400 Bauwerk – Technische Anlagen	125	145	170
Bauwerk	415	470	570
einschließlich Baunebenkosten in Höhe von	12 %		
Traufhöhe	3,00 m		
BGF/Nutzeinheit	0,90 – 1,30 m²/Tier		
Korrekturfaktoren	Gebäudegröße BGF 750 m² 1,20 1 250 m² 1,00 2 000 m² 0,90	Unterbau Güllekanäle (Tiefe 0,60 m) ohne Güllekanäle Güllelagerraum (Tiefe 1,50 m)	1,10 1,00 1,20

18.3.3 Zuchtschweineställe, Deck-/Warte-/Abferkelbereich

	Standardstufe		
	3	4	5
300 Bauwerk – Baukonstruktion	305	340	405
400 Bauwerk – Technische Anlagen	165	180	220
Bauwerk	470	520	625
einschließlich Baunebenkosten in Höhe von	12 %		
Traufhöhe	3,00 m		
BGF/Nutzeinheit	4,50 – 5,00 m²/Tier		
Korrekturfaktoren	Gebäudegröße BGF 750 m² 1,20 1 250 m² 1,00 2 000 m² 0,90	Unterbau Güllekanäle (Tiefe 0,60 m) ohne Güllekanäle Güllelagerraum (Tiefe 1,50 m)	1,10 1,00 1,20

18.3.4 Abferkelstall als Einzelgebäude

	Standardstufe		
	3	4	5
300 Bauwerk – Baukonstruktion	320	350	420
400 Bauwerk – Technische Anlagen	205	235	280
Bauwerk	525	585	700
einschließlich Baunebenkosten in Höhe von	12 %		
Traufhöhe	3,00 m		
BGF/Nutzeinheit	6,30 – 6,50 m²/Tier		
Korrekturfaktoren	Gebäudegröße BGF 200 m² 1,20 400 m² 1,00 600 m² 0,90	Unterbau Güllekanäle (Tiefe 0,60 m) 1,10 ohne Güllekanäle 1,00	

18.4 Geflügelställe

18.4.1 Mastgeflügel, Bodenhaltung (Hähnchen, Puten, Gänse)

	Standardstufe		
	3	4	5
300 Bauwerk – Baukonstruktion	210	235	280
400 Bauwerk – Technische Anlagen	50	55	70
Bauwerk	260	290	350
einschließlich Baunebenkosten in Höhe von	12 %		
Traufhöhe	3,00 m		
BGF/Nutzeinheit	0,05 – 0,06 m²/Tier		
Korrekturfaktoren	Gebäudegröße BGF 1 000 m² 1,20 1 900 m² 1,00 3 800 m² 0,90		

18.4.2 Legehennen, Bodenhaltung

	Standardstufe		
	3	4	5
300 Bauwerk – Baukonstruktion	290	325	390
400 Bauwerk – Technische Anlagen	130	145	170
Bauwerk	420	470	560
einschließlich Baunebenkosten in Höhe von	12 %		
Traufhöhe	3,00 m		
BGF/Nutzeinheit	0,15 – 0,20 m²/Tier		
Korrekturfaktoren	Gebäudegröße BGF 1 000 m² 1,20 2 500 m² 1,00 3 500 m² 0,90	Unterbau Kotgrube (Tiefe 1,00 m) 1,10	

18.4.3 Legehennen, Volierenhaltung

	Standardstufe		
	3	4	5
300 Bauwerk – Baukonstruktion	335	370	445
400 Bauwerk – Technische Anlagen	275	305	365
Bauwerk	610	675	810
einschließlich Baunebenkosten in Höhe von	12 %		
Traufhöhe	3,00 m		
BGF/Nutzeinheit	0,07 – 0,10 m²/Tier		
Korrekturfaktoren	Gebäudegröße BGF 500 m² 1,20 1 600 m² 1,00 2 200 m² 0,90		

18.4.4 Legehennen, Kleingruppenhaltung, ausgestalteter Käfig

	Standardstufe		
	3	4	5
300 Bauwerk – Baukonstruktion	340	370	450
400 Bauwerk – Technische Anlagen	335	370	445
Bauwerk	675	740	895
einschließlich Baunebenkosten in Höhe von	12 %		
Traufhöhe	3,00 m		
BGF/Nutzeinheit	0,05 – 0,07 m²/Tier		
Korrekturfaktoren	Gebäudegröße BGF 500 m² 1,20 1 200 m² 1,00 1 500 m² 0,90		

18.5 Landwirtschaftliche Mehrzweckhallen

	Standardstufe		
	3	4	5
300 Bauwerk – Baukonstruktion	230	255	330
400 Bauwerk – Technische Anlagen	15	15	20
Bauwerk	245	270	350
einschließlich Baunebenkosten in Höhe von	11 %		
Traufhöhe	5,00 m		
BGF/Nutzeinheit	–		
Korrekturfaktoren	Gebäudegröße BGF 250 m² 1,20 800 m² 1,00 1 500 m² 0,90	Unterbau Remise (ohne Betonboden)	0,80

18.6 Außenanlagen zu allen landwirtschaftlichen Betriebsgebäuden

Raufutter-Fahrsilo	60 – 100	€/m³ Nutzraum
Kraftfutter-Hochsilo	170 – 350	€/m³ Nutzraum
Fertigfutter-Hochsilo	170 – 350	€/m³ Nutzraum
Mistlager	60 – 100	€/m³ Nutzraum
Beton-Güllebehälter	30 – 60	€/m³ Nutzraum
Waschplatz (4,00 x 5,00 m) mit Kontrollschacht und Ölabscheider	4 000 – 5 000	€/Stck.
Vordach am Hauptdach angeschleppt	80 – 100	€/m²
Hofbefestigung aus Beton-Verbundsteinen	40 – 50	€/m²
Laufhof für Rinder	70 – 100	€/m² Nutzraum
Auslauf mit Spaltenboden	150 – 220	€/m² Nutzraum
Auslauf, Wintergarten für Geflügel	100 – 120	€/m² Nutzraum
Schüttwände bis 3,00 m Höhe	100 – 125	€/m²

IV Syst. Darst. Sachwertverfahren — Gebäudestandards

6.2 Anlage 2 zur SachwertR
Beschreibung der Gebäudestandards

Inhaltsübersicht

Tabelle 1	Freistehende Ein- und Zweifamilienhäuser, Doppelhäuser und Reihenhäuser
	Anwendungsbeispiel für Tabelle 1
Tabelle 2	Mehrfamilienhäuser, Wohnhäuser mit Mischnutzung
Tabelle 3	Bürogebäude, Banken, Geschäftshäuser
Tabelle 4	Gemeindezentren, Saalbauten/Veranstaltungsgebäude, Kindergärten, Schulen
Tabelle 5	Wohnheime, Alten-/Pflegeheime, Krankenhäuser, Tageskliniken, Beherbergungsstätten, Verpflegungseinrichtungen
Tabelle 6	Sporthallen, Freizeitbäder/Heilbäder
Tabelle 7	Verbrauchermärkte, Kauf-/Warenhäuser, Autohäuser
Tabelle 8	Garagen
Tabelle 9	Betriebs-/Werkstätten, Produktionsgebäude, Lagergebäude
Tabelle 10	Reithallen
Tabelle 11	Pferdeställe
Tabelle 12	Rinderställe und Melkhäuser
Tabelle 13	Schweineställe
Tabelle 14	Geflügelställe
Tabelle 15	Landwirtschaftliche Mehrzweckhallen

Tabelle 1: Beschreibung der Gebäudestandards für freistehende Ein- und Zweifamilienhäuser, Doppelhäuser und Reihenhäuser

Die Beschreibung der Gebäudestandards ist beispielhaft und dient der Orientierung. Sie kann nicht alle in der Praxis auftretenden Standardmerkmale aufführen. Merkmale, die die Tabelle nicht beschreibt, sind zusätzlich sachverständig zu berücksichtigen. Es müssen nicht alle aufgeführten Merkmale zutreffen. Die in der Tabelle angegebenen Jahreszahlen beziehen sich auf die im jeweiligen Zeitraum gültigen Wärmeschutzanforderungen; in Bezug auf das konkrete Bewertungsobjekt ist zu prüfen, ob von diesen Wärmeschutzanforderungen abgewichen wird. Die Beschreibung der Gebäudestandards basiert auf dem Bezugsjahr der NHK (Jahr 2010).

	Standardstufe					Wägungs-anteil
	1	2	3	4	5	
Außenwände	Holzfachwerk, Ziegelmauerwerk; Fugenglattstrich, Putz, Verkleidung mit Faserzementplatten, Bitumenschindeln oder einfachen Kunststoffplatten; kein oder deutlich nicht zeitgemäßer Wärmeschutz (vor ca. 1980)	ein-/zweischaliges Mauerwerk, z. B. Gitterziegel oder Hohlblocksteine; verputzt und gestrichen oder Holzverkleidung; nicht zeitgemäßer Wärmeschutz (vor ca. 1995)	ein-/zweischaliges Mauerwerk, z. B. aus Leichtziegeln, Kalksandsteinen, Gasbetonsteinen; Edelputz; Wärmedämmverbundsystem oder Wärmedämmputz (nach ca. 1995)	Verblendmauerwerk, zweischalig, hinterlüftet, Vorhangfassade (z. B. Naturschiefer); Wärmedämmung (nach ca. 2005)	aufwendig gestaltete Fassaden mit konstruktiver Gliederung (Säulenstellungen, Erker etc.), Sichtbeton-Fertigteile, Natursteinfassade, Elemente aus Kupfer-/Eloxalblech, mehrgeschossige Glasfassaden; Dämmung im Passivhausstandard	23

Gebäudestandards — Syst. Darst. Sachwertverfahren IV

	Standardstufe					Wägungs-anteil
	1	2	3	4	5	
Dach	Dachpappe, Faserzementplatten/Wellplatten; keine bis geringe Dachdämmung	einfache Betondachsteine oder Tondachziegel, Bitumenschindeln; nicht zeitgemäße Dachdämmung (vor ca. 1995)	Faserzement-Schindeln, beschichtete Betondachsteine und Tondachziegel, Folienabdichtung; Rinnen und Fallrohre aus Zinkblech; Dachdämmung (nach ca. 1995)	glasierte Tondachziegel, Flachdachausbildung tlw. als Dachterrassen; Konstruktion in Brettschichtholz, schweres Massivflachdach; besondere Dachformen, z. B. Mansarden-, Walmdach; Aufsparrendämmung, überdurchschnittliche Dämmung (nach ca. 2005)	hochwertige Eindeckung z. B. aus Schiefer oder Kupfer, Dachbegrünung, befahrbares Flachdach; aufwendig gegliederte Dachlandschaft, sichtbare Bogendachkonstruktionen; Rinnen und Fallrohre aus Kupfer; Dämmung im Passivhausstandard	15
Fenster und Außentüren	Einfachverglasung; einfache Holztüren	Zweifachverglasung (vor ca. 1995); Haustür mit nicht zeitgemäßem Wärmeschutz (vor ca. 1995)	Zweifachverglasung (nach ca. 1995), Rollläden (manuell); Haustür mit zeitgemäßem Wärmeschutz (nach ca. 1995)	Dreifachverglasung, Sonnenschutzglas, aufwendigere Rahmen, Rollläden (elektr.); höherwertige Türanlage z. B. mit Seitenteil, besonderer Einbruchschutz	große feststehende Fensterflächen, Spezialverglasung (Schall- und Sonnenschutz); Außentüren in hochwertigen Materialien	11
Innenwände und -türen	Fachwerkwände, einfache Putze/Lehmputze, einfache Kalkanstriche; Füllungstüren, gestrichen, mit einfachen Beschlägen ohne Dichtungen	massive tragende Innenwände, nicht tragende Wände in Leichtbauweise (z. B. Holzständerwände mit Gipskarton), Gipsdielen; leichte Türen, Stahlzargen	nicht tragende Innenwände in massiver Ausführung bzw. mit Dämmmaterial gefüllten Ständerkonstruktionen; schwere Türen, Holzzargen	Sichtmauerwerk, Wandvertäfelungen (Holzpaneele); Massivholztüren, Schiebetürelemente, Glastüren, strukturierte Türblätter	gestaltete Wandabläufe (z. B. Pfeilervorlagen, abgesetzte oder geschwungene Wandpartien); Vertäfelungen (Edelholz, Metall), Akustikputz, Brandschutzverkleidung; raumhohe aufwendige Türelemente	11
Deckenkonstruktion und Treppen	Holzbalkendecken ohne Füllung, Spalierputz; Weichholztreppen in einfacher Art und Ausführung; kein Trittschallschutz	Holzbalkendecken mit Füllung, Kappendecken; Stahl- oder Hartholztreppen in einfacher Art und Ausführung	Beton- und Holzbalkendecken mit Tritt- und Luftschallschutz (z. B. schwimmender Estrich); geradläufige Treppen aus Stahlbeton oder Stahl, Harfentreppe, Trittschallschutz	Decken mit größerer Spannweite, Deckenverkleidung (Holzpaneele/Kassetten); gewendelte Treppen aus Stahlbeton oder Stahl, Hartholztreppenanlage in besserer Art und Ausführung	Decken mit großen Spannweiten, gegliedert, Deckenvertäfelungen (Edelholz, Metall); breite Stahlbeton-, Metall- oder Hartholztreppenanlage mit hochwertigem Geländer	11

IV Syst. Darst. Sachwertverfahren — Gebäudestandards

	Standardstufe					Wägungs-anteil
	1	2	3	4	5	
Fußböden	ohne Belag	Linoleum-, Teppich-, Laminat- und PVC-Böden einfacher Art und Ausführung	Linoleum-, Teppich-, Laminat- und PVC-Böden besserer Art und Ausführung, Fliesen, Kunststeinplatten	Natursteinplatten, Fertigparkett, hochwertige Fliesen, Terrazzobelag, hochwertige Massivholzböden auf gedämmter Unterkonstruktion	hochwertiges Parkett, hochwertige Natursteinplatten, hochwertige Edelholzböden auf gedämmter Unterkonstruktion	5
Sanitäreinrichtungen	einfaches Bad mit Stand-WC, Installation auf Putz, Ölfarbenanstrich, einfache PVC-Bodenbeläge	1 Bad mit WC, Dusche oder Badewanne; einfache Wand- und Bodenfliesen, teilweise gefliest	1 Bad mit WC, Dusche und Badewanne, Gäste-WC; Wand- und Bodenfliesen, raumhoch gefliest	1 - 2 Bäder mit tlw. zwei Waschbecken, tlw. Bidet/Urinal, Gäste-WC, bodengleiche Dusche; Wand- und Bodenfliesen; jeweils in gehobener Qualität	mehrere großzügige, hochwertige Bäder, Gäste-WC; hochwertige Wand- und Bodenplatten (oberflächenstrukturiert, Einzel- und Flächendekors)	9
Heizung	Einzelöfen, Schwerkraftheizung	Fern- oder Zentralheizung, einfache Warmluftheizung, einzelne Gasaußenwandthermen, Nachtstromspeicher-, Fußbodenheizung (vor ca. 1995)	elektronisch gesteuerte Fern- oder Zentralheizung, Niedertemperatur- oder Brennwertkessel	Fußbodenheizung, Solarkollektoren für Warmwassererzeugung, zusätzlicher Kaminanschluss	Solarkollektoren für Warmwassererzeugung und Heizung, Blockheizkraftwerk, Wärmepumpe, Hybrid-Systeme; aufwendige zusätzliche Kaminanlage	9
Sonstige technische Ausstattung	sehr wenige Steckdosen, Schalter und Sicherungen, kein Fehlerstromschutzschalter (FI-Schalter), Leitungen teilweise auf Putz	wenige Steckdosen, Schalter und Sicherungen	zeitgemäße Anzahl an Steckdosen und Lichtauslässen, Zählerschrank (ab ca. 1985) mit Unterverteilung und Kippsicherungen	zahlreiche Steckdosen und Lichtauslässe, hochwertige Abdeckungen, dezentrale Lüftung mit Wärmetauscher, mehrere LAN- und Fernsehanschlüsse	Video- und zentrale Alarmanlage, zentrale Lüftung mit Wärmetauscher, Klimaanlage, Bussystem	6

Anwendungsbeispiel für Tabelle 1

Einfamilienhaus freistehend;

Gebäudeart: 1.01

Keller-, Erdgeschoss, ausgebautes Dachgeschoss

Nach sachverständiger Würdigung werden den in Tabelle 1 angegebenen Standardmerkmalen die zutreffenden Standardstufen zugeordnet. Eine Mehrfachnennung ist möglich, wenn die verwendeten Bauteile Merkmale mehrerer Standardstufen aufweisen, z. B. im Bereich Fußboden 50 % Teppichbelag und 50 % Parkett.

	Standardstufe					Wägungs-anteil
	1	2	3	4	5	
Außenwände			1			23
Dächer			0,5	0,5		15
Außentüren und Fenster				1		11
Innenwände und -türen			0,5	0,5		11
Deckenkonstruktion und Treppen				1		11

Syst. Darst. Sachwertverfahren IV

	Standardstufe					Wägungs-anteil
	1	2	3	4	5	
Fußböden			0,5	0,5		5
Sanitäreinrichtungen	1					9
Heizung			0,6	0,4		9
Sonstige technische Ausstattung	0,5	0,5				6

Kostenkennwerte für Gebäudeart 1.01:	655 €/m² BGF	725 €/m² BGF	835 €/m² BGF	1 005 €/m² BGF	1 260 €/m² BGF

Außenwände	$1 \times 23\,\% \times 835\,€/m^2$ BGF =	192 €/m² BGF
Dächer	$0,5 \times 15\,\% \times 835\,€/m^2$ BGF + $0,5 \times 15\,\% \times 1\,005\,€/m^2$ BGF =	138 €/m² BGF
Außentüren und Fenster	$1 \times 11\,\% \times 1\,005\,€/m^2$ BGF =	111 €/m² BGF
Innenwände	$0,5 \times 11\,\% \times 835\,€/m^2$ BGF + $0,5 \times 11\,\% \times 1\,005\,€/m^2$ BGF =	101 €/m² BGF
Deckenkonstruktion und Treppen	$1 \times 11\,\% \times 1\,005\,€/m^2$ BGF =	111 €/m² BGF
Fußböden	$0,5 \times 5\,\% \times 835\,€/m^2$ BGF + $0,5 \times 5\,\% \times 1\,005\,€/m^2$ BGF =	46 €/m² BGF
Sanitäreinrichtungen	$1 \times 9\,\% \times 655\,€/m^2$ BGF =	59 €/m² BGF
Heizung	$0,6 \times 9\,\% \times 835\,€/m^2$ BGF + $0,4 \times 9\,\% \times 1\,005\,€/m^2$ BGF =	81 €/m² BGF
Sonstige technische Ausstattung	$0,5 \times 6\,\% \times 655\,€/m^2$ BGF + $0,5 \times 6\,\% \times 725\,€/m^2$ BGF =	41 €/m² BGF
	Kostenkennwert (Summe)	880 €/m² BGF

Tabelle 2: Beschreibung der Gebäudestandards für Mehrfamilienhäuser, Wohnhäuser mit Mischnutzung

Die Beschreibung der Gebäudestandards ist beispielhaft und dient der Orientierung. Sie kann nicht alle in der Praxis auftretenden Standardmerkmale aufführen. Merkmale, die die Tabelle nicht beschreibt, sind zusätzlich sachverständig zu berücksichtigen. Es müssen nicht alle aufgeführten Merkmale zutreffen. Die in der Tabelle angegebenen Jahreszahlen beziehen sich auf die im jeweiligen Zeitraum gültigen Wärmeschutzanforderungen; in Bezug auf das konkrete Bewertungsobjekt ist zu prüfen, ob von diesen Wärmeschutzanforderungen abgewichen wird. Die Beschreibung der Gebäudestandards basiert auf dem Bezugsjahr der NHK (Jahr 2010). Bei nicht mehr zeitgemäßen Standardmerkmalen ist ein Abschlag sachverständig vorzunehmen.

	Standardstufe		
	3	4	5
Außenwände	ein-/zweischaliges Mauerwerk, z. B. aus Leichtziegeln, Kalksandsteinen, Gasbetonsteinen; Edelputz; Wärmedämmverbundsystem oder Wärmedämmputz (nach ca. 1995)	Verblendmauerwerk, zweischalig, hinterlüftet, Vorhangfassade (z. B. Naturschiefer); Wärmedämmung (nach ca. 2005)	aufwendig gestaltete Fassaden mit konstruktiver Gliederung (Säulenstellungen, Erker etc.), Sichtbeton-Fertigteile, Natursteinfassade, Elemente aus Kupfer-/Eloxalblech, mehrgeschossige Glasfassaden; hochwertigste Dämmung

IV Syst. Darst. Sachwertverfahren — Gebäudestandards

	Standardstufe		
	3	4	5
Dach	Faserzement-Schindeln, beschichtete Betondachsteine und Tondachziegel, Folienabdichtung; Dachdämmung (nach ca. 1995)	glasierte Tondachziegel; Flachdachausbildung tlw. als Dachterrasse; Konstruktion in Brettschichtholz, schweres Massivflachdach; besondere Dachform, z. B. Mansarden-, Walmdach; Aufsparrendämmung, überdurchschnittliche Dämmung (nach ca. 2005)	hochwertige Eindeckung z. B. aus Schiefer oder Kupfer, Dachbegrünung, befahrbares Flachdach; stark überdurchschnittliche Dämmung
Fenster und Außentüren	Zweifachverglasung (nach ca. 1995), Rollläden (manuell); Haustür mit zeitgemäßem Wärmeschutz (nach ca. 1995)	Dreifachverglasung, Sonnenschutzglas, aufwendigere Rahmen, Rollläden (elektr.); höherwertige Türanlagen z. B. mit Seitenteil, besonderer Einbruchschutz	große feststehende Fensterflächen, Spezialverglasung (Schall- und Sonnenschutz); Außentüren in hochwertigen Materialien
Innenwände und -türen	nicht tragende Innenwände in massiver Ausführung bzw. mit Dämmmaterial gefüllte Ständerkonstruktionen; schwere Türen	Sichtmauerwerk; Massivholztüren, Schiebetürelemente, Glastüren, strukturierte Türblätter	gestaltete Wandabläufe (z. B. Pfeilervorlagen, abgesetzte oder geschwungene Wandpartien); Brandschutzverkleidung; raumhohe aufwendige Türelemente
Deckenkonstruktion	Betondecken mit Tritt- und Luftschallschutz (z. B. schwimmender Estrich); einfacher Putz	zusätzlich Deckenverkleidung	Deckenvertäfelungen (Edelholz, Metall)
Fußböden	Linoleum-, Teppich-, Laminat und PVC-Böden besserer Art und Ausführung, Fliesen, Kunststeinplatten	Natursteinplatten, Fertigparkett, hochwertige Fliesen, Terrazzobelag, hochwertige Massivholzböden auf gedämmter Unterkonstruktion	hochwertiges Parkett, hochwertige Natursteinplatten, hochwertige Edelholzböden auf gedämmter Unterkonstruktion
Sanitäreinrichtungen	1 Bad mit WC je Wohneinheit; Dusche und Badewanne; Wand- und Bodenfliesen, raumhoch gefliest	1 bis 2 Bäder je Wohneinheit mit tlw. zwei Waschbecken, tlw. Bidet/Urinal, Gäste-WC, bodengleiche Dusche; Wand- und Bodenfliesen jeweils in gehobener Qualität	2 und mehr Bäder je Wohneinheit; hochwertige Wand- und Bodenplatten (oberflächenstrukturiert, Einzel- und Flächendekors)
Heizung	elektronisch gesteuerte Fern- oder Zentralheizung, Niedertemperatur- oder Brennwertkessel	Fußbodenheizung, Solarkollektoren für Warmwassererzeugung	Solarkollektoren für Warmwassererzeugung und Heizung, Blockheizkraftwerk, Wärmepumpe, Hybrid-Systeme
Sonstige technische Ausstattung	zeitgemäße Anzahl an Steckdosen und Lichtauslässen; Zählerschrank (ab ca. 1985) mit Unterverteilung und Kippsicherungen	zahlreiche Steckdosen und Lichtauslässe, hochwertige Abdeckungen, dezentrale Lüftung mit Wärmetauscher, mehrere LAN- und Fernsehanschlüsse, Personenaufzugsanlagen	Video- und zentrale Alarmanlage, zentrale Lüftung mit Wärmetauscher, Klimaanlage; Bussystem; aufwendige Personenaufzugsanlagen

Tabelle 3: Beschreibung der Gebäudestandards für Bürogebäude, Banken, Geschäftshäuser

Die Beschreibung der Gebäudestandards ist beispielhaft und dient der Orientierung. Sie kann nicht alle in der Praxis auftretenden Standardmerkmale aufführen. Merkmale, die die Tabelle nicht beschreibt, sind zusätzlich sachverständig zu berücksichtigen. Es müssen nicht alle aufgeführten Merkmale zutreffen. Die in der Tabelle angegebenen Jahreszahlen beziehen sich auf die im jeweiligen Zeitraum gültigen Wärmeschutzanforderungen; in Bezug auf das konkrete Bewertungsobjekt ist zu prüfen, ob von diesen Wärmeschutzanforderungen abgewichen wird. Die Beschreibung der Gebäudestandards basiert auf dem Bezugsjahr der NHK (Jahr 2010). Bei nicht mehr zeitgemäßen Standardmerkmalen ist ein Abschlag sachverständig vorzunehmen.

	Standardstufe		
	3	4	5
Außenwände	ein-/zweischalige Konstruktion; Wärmedämmverbundsystem oder Wärmedämmputz (nach ca. 1995)	Verblendmauerwerk, zweischalig, hinterlüftet, Vorhangfassade (z. B. Naturschiefer); Wärmedämmung (nach ca. 2005)	aufwendig gestaltete Fassaden mit konstruktiver Gliederung (Säulenstellungen, Erker etc.), Sichtbeton-Fertigteile, Natursteinfassade, Elemente aus Kupfer-/Eloxalblech, mehrgeschossige Glasfassaden; Vorhangfassade aus Glas; stark überdurchschnittliche Dämmung
Dach	Faserzement-Schindeln, beschichtete Betondachsteine und Tondachziegel, Folienabdichtung; Dachdämmung (nach ca. 1995)	glasierte Tondachziegel; schweres Massivflachdach; besondere Dachform; überdurchschnittliche Dämmung (nach ca. 2005)	hochwertige Eindeckung z. B. aus Schiefer oder Kupfer; Dachbegrünung; befahrbares Flachdach; aufwendig gegliederte Dachlandschaft; stark überdurchschnittliche Dämmung
Fenster und Außentüren	Zweifachverglasung (nach ca. 1995)	Dreifachverglasung, Sonnenschutzglas, aufwendigere Rahmen, höherwertige Türanlagen	große feststehende Fensterflächen, Spezialverglasung (Schall- und Sonnenschutz); Außentüren in hochwertigen Materialien; Automatiktüren
Innenwände und -türen	nicht tragende Innenwände in massiver Ausführung; schwere Türen	Sichtmauerwerk, Massivholztüren, Schiebetürelemente, Glastüren, Innenwände für flexible Raumkonzepte (größere statische Spannweiten der Decken)	gestaltete Wandabläufe (z. B. Pfeilervorlagen, abgesetzte oder geschwungene Wandpartien); Wände aus großformatigen Glaselementen, Akustikputz, tlw. Automatiktüren; rollstuhlgerechte Bedienung
Deckenkonstruktion	Betondecken mit Tritt- und Luftschallschutz; einfacher Putz; abgehängte Decken	höherwertige abgehängte Decken	Deckenvertäfelungen (Edelholz, Metall)
Fußböden	Linoleum- oder Teppich-Böden besserer Art und Ausführung; Fliesen, Kunststeinplatten	Natursteinplatten, Fertigparkett, hochwertige Fliesen, Terrazzobelag, hochwertige Massivholzböden auf gedämmter Unterkonstruktion	hochwertiges Parkett, hochwertige Natursteinplatten, hochwertige Edelholzböden auf gedämmter Unterkonstruktion
Sanitäreinrichtungen	ausreichende Anzahl von Toilettenräumen in Standard-Ausführung	Toilettenräume in gehobenem Standard	großzügige Toilettenanlagen jeweils mit Sanitäreinrichtung in gehobener Qualität
Heizung	elektronisch gesteuerte Fern- oder Zentralheizung, Niedertemperatur- oder Brennwertkessel	Fußbodenheizung; Solarkollektoren für Warmwassererzeugung	Solarkollektoren für Warmwassererzeugung und Heizung, Blockheizkraftwerk, Wärmepumpe, Hybrid-Systeme; Klimaanlage

IV Syst. Darst. Sachwertverfahren — Gebäudestandards

	Standardstufe		
	3	4	5
Sonstige technische Ausstattung	zeitgemäße Anzahl an Steckdosen und Lichtauslässen; Zählerschrank (ab ca. 1985) mit Unterverteilung und Kippsicherungen; Kabelkanäle; Blitzschutz	zahlreiche Steckdosen und Lichtauslässe; hochwertige Abdeckungen, hochwertige Beleuchtung; Doppelboden mit Bodentanks zur Verkabelung; ausreichende Anzahl von LAN-Anschlüssen; dezentrale Lüftung mit Wärmetauscher, Messverfahren von Verbrauch, Regelung von Raumtemperatur und Raumfeuchte, Sonnenschutzsteuerung; elektronische Zugangskontrolle; Personenaufzugsanlagen	Video- und zentrale Alarmanlage; zentrale Lüftung mit Wärmetauscher, Klimaanlage, Bussystem; aufwendige Personenaufzugsanlagen

Tabelle 4: Beschreibung der Gebäudestandards für Gemeindezentren, Saalbauten/ Veranstaltungsgebäude, Kindergärten, Schulen

Die Beschreibung der Gebäudestandards ist beispielhaft und dient der Orientierung. Sie kann nicht alle in der Praxis auftretenden Standardmerkmale aufführen. Merkmale, die die Tabelle nicht beschreibt, sind zusätzlich sachverständig zu berücksichtigen. Es müssen nicht alle aufgeführten Merkmale zutreffen. Die in der Tabelle angegebenen Jahreszahlen beziehen sich auf die im jeweiligen Zeitraum gültigen Wärmeschutzanforderungen; in Bezug auf das konkrete Bewertungsobjekt ist zu prüfen, ob von diesen Wärmeschutzanforderungen abgewichen wird. Die Beschreibung der Gebäudestandards basiert auf dem Bezugsjahr der NHK (Jahr 2010). Bei nicht mehr zeitgemäßen Standardmerkmalen ist ein Abschlag sachverständig vorzunehmen.

	Standardstufe		
	3	4	5
Außenwände	ein-/zweischalige Konstruktion; Wärmedämmverbundsystem oder Wärmedämmputz (nach ca. 1995)	Verblendmauerwerk, zweischalig, hinterlüftet; Vorhangfassade (z. B. Naturschiefer); Wärmedämmung (nach ca. 2005)	aufwendig gestaltete Fassaden mit konstruktiver Gliederung (Säulenstellungen, Erker etc.), Sichtbeton-Fertigteile, Natursteinfassade, Elemente aus Kupfer-/Eloxalblech, mehrgeschossige Glasfassaden; stark überdurchschnittliche Dämmung
Dach	Faserzement-Schindeln, beschichtete Betondachsteine und Tondachziegel, Folienabdichtung; Dachdämmung (nach ca. 1995)	glasierte Tondachziegel; besondere Dachform; Dämmung (nach ca. 2005)	hochwertige Eindeckung z. B. aus Schiefer oder Kupfer, Dachbegrünung, befahrbares Flachdach; aufwendig gegliederte Dachlandschaft, stark überdurchschnittliche Dämmung
Fenster und Außentüren	Zweifachverglasung (nach ca. 1995)	Dreifachverglasung, Sonnenschutzglas, aufwendigere Rahmen, höherwertige Türanlagen	große feststehende Fensterflächen, Spezialverglasung (Schall- und Sonnenschutz); Außentüren in hochwertigen Materialien
Innenwände und -türen	nicht tragende Innenwände in massiver Ausführung bzw. mit Dämmmaterial gefüllte Ständerkonstruktionen; schwere und große Türen	Sichtmauerwerk, Massivholztüren, Schiebetürelemente, Glastüren	gestaltete Wandabläufe (z. B. Pfeilervorlagen, abgesetzte oder geschwungene Wandpartien); Vertäfelungen (Edelholz, Metall), Akustikputz, raumhohe aufwendige Türelemente; tlw. Automatiktüren; rollstuhlgerechte Bedienung

	Standardstufe		
	3	4	5
Deckenkonstruktion	Betondecken mit Tritt- und Luftschallschutz; einfacher Putz; abgehängte Decken	Decken mit großen Spannweiten, Deckenverkleidung	Decken mit größeren Spannweiten
Fußböden	Linoleum- oder Teppich-Böden besserer Art und Ausführung; Fliesen, Kunststeinplatten	Natursteinplatten, hochwertige Fliesen, Terrazzobelag, hochwertige Massivholzböden auf gedämmter Unterkonstruktion	hochwertiges Parkett, hochwertige Natursteinplatten, hochwertige Edelholzböden auf gedämmter Unterkonstruktion
Sanitäreinrichtungen	ausreichende Anzahl von Toilettenräumen in Standard-Ausführung	Toilettenräume in gehobenem Standard	großzügige Toilettenanlagen mit Sanitäreinrichtung in gehobener Qualität
Heizung	elektronisch gesteuerte Fern- oder Zentralheizung, Niedertemperatur- oder Brennwertkessel	Solarkollektoren für Warmwassererzeugung; Fußbodenheizung	Solarkollektoren für Warmwassererzeugung und Heizung; Blockheizkraftwerk, Wärmepumpe, Hybrid-Systeme; Klimaanlage
Sonstige technische Ausstattung	zeitgemäße Anzahl an Steckdosen und Lichtauslässen; Zählerschrank (ab 1985) mit Unterverteilung und Kippsicherungen; Kabelkanäle; Blitzschutz	zahlreiche Steckdosen und Lichtauslässe; hochwertige Abdeckungen, hochwertige Beleuchtung; Doppelboden mit Bodentanks zur Verkabelung, ausreichende Anzahl von LAN-Anschlüssen; dezentrale Lüftung mit Wärmetauscher, Messverfahren von Raumtemperatur, Raumfeuchte, Verbrauch, Einzelraumregelung, Sonnenschutzsteuerung; elektronische Zugangskontrolle; Personenaufzugsanlagen	Video- und zentrale Alarmanlage; zentrale Lüftung mit Wärmetauscher, Klimaanlage, Bussystem

Tabelle 5: Beschreibung der Gebäudestandards für Wohnheime, Alten-/Pflegeheime, Krankenhäuser, Tageskliniken, Beherbergungsstätten, Verpflegungseinrichtungen

Die Beschreibung der Gebäudestandards ist beispielhaft und dient der Orientierung. Sie kann nicht alle in der Praxis auftretenden Standardmerkmale aufführen. Merkmale, die die Tabelle nicht beschreibt, sind zusätzlich sachverständig zu berücksichtigen. Es müssen nicht alle aufgeführten Merkmale zutreffen. Die in der Tabelle angegebenen Jahreszahlen beziehen sich auf die im jeweiligen Zeitraum gültigen Wärmeschutzanforderungen; in Bezug auf das konkrete Bewertungsobjekt ist zu prüfen, ob von diesen Wärmeschutzanforderungen abgewichen wird. Die Beschreibung der Gebäudestandards basiert auf dem Bezugsjahr der NHK (Jahr 2010). Bei nicht mehr zeitgemäßen Standardmerkmalen ist ein Abschlag sachverständig vorzunehmen.

	Standardstufe		
	3	4	5
Außenwände	ein-/zweischalige Konstruktion; Wärmedämmverbundsystem oder Wärmedämmputz (nach ca. 1995)	Verblendmauerwerk, zweischalig, hinterlüftet, Vorhangfassade (z. B. Naturschiefer); Wärmedämmung (nach ca. 2005)	aufwendig gestaltete Fassaden mit konstruktiver Gliederung (Säulenstellungen, Erker etc.), Sichtbeton-Fertigteile, Natursteinfassade, Elemente aus Kupfer-/Eloxalblech, mehrgeschossige Glasfassaden; hochwertigste Dämmung

IV Syst. Darst. Sachwertverfahren — Gebäudestandards

	Standardstufe		
	3	4	5
Dach	Faserzement-Schindeln, beschichtete Betondachsteine und Tondachziegel, Folienabdichtung; Dachdämmung (nach ca. 1995)	glasierte Tondachziegel; besondere Dachformen; überdurchschnittliche Dämmung (nach ca. 2005)	hochwertige Eindeckung z. B. aus Schiefer oder Kupfer, Dachbegrünung, befahrbares Flachdach; aufwendig gegliederte Dachlandschaft, sichtbare; hochwertigste Dämmung
Fenster und Außentüren	Zweifachverglasung (nach ca. 1995); nur Wohnheime, Altenheime, Pflegeheime, Krankenhäuser und Tageskliniken: Automatik-Eingangstüren	Dreifachverglasung, Sonnenschutzglas, aufwendigere Rahmen; nur Beherbergungsstätten und Verpflegungseinrichtungen: Automatik-Eingangstüren	große feststehende Fensterflächen, Spezialverglasung (Schall- und Sonnenschutz)
Innenwände und -türen	nicht tragende Innenwände in massiver Ausführung bzw. mit Dämmmaterial gefüllte Ständerkonstruktionen; schwere Türen; nur Wohnheime, Altenheime, Pflegeheime, Krankenhäuser und Tageskliniken: Automatik-Flurzwischentüren; rollstuhlgerechte Bedienung	Sichtmauerwerk; nur Beherbergungsstätten und Verpflegungseinrichtungen: Automatik-Flurzwischentüren; rollstuhlgerechte Bedienung	gestaltete Wandabläufe (z. B. Pfeilervorlagen, abgesetzte oder geschwungene Wandpartien); Akustikputz, raumhohe aufwendige Türelemente
Deckenkonstruktion und Treppen	Betondecken mit Tritt- und Luftschallschutz; Deckenverkleidung, einfacher Putz	Decken mit großen Spannweiten	Decken mit größeren Spannweiten; hochwertige breite Stahlbeton-, Metalltreppenanlage mit hochwertigem Geländer
Fußböden	Linoleum- oder PVC-Böden besserer Art und Ausführung; Fliesen, Kunststeinplatten	Natursteinplatten, hochwertige Fliesen, Terrazzobelag, hochwertige Massivholzböden auf gedämmter Unterkonstruktion	hochwertiges Parkett, hochwertige Natursteinplatten, hochwertige Edelholzböden auf gedämmter Unterkonstruktion
Sanitäreinrichtungen	mehrere WCs und Duschbäder je Geschoss; Waschbecken im Raum	je Raum ein Duschbad mit WC; nur Wohnheime, Altenheime, Pflegeheime, Krankenhäuser und Tageskliniken: behindertengerecht	je Raum ein Duschbad mit WC in guter Ausstattung; nur Wohnheime, Altenheime, Pflegeheime, Krankenhäuser und Tageskliniken: behindertengerecht
Heizung	elektronisch gesteuerte Fern- oder Zentralheizung, Niedertemperatur- oder Brennwertkessel	Solarkollektoren für Warmwassererzeugung	Solarkollektoren für Warmwassererzeugung und Heizung; Blockheizkraftwerk, Wärmepumpe, Hybrid-Systeme; Klimaanlage
Sonstige technische Ausstattung	zeitgemäße Anzahl an Steckdosen und Lichtauslässen; Blitzschutz, Personenaufzugsanlagen	zahlreiche Steckdosen und Lichtauslässe; hochwertige Abdeckungen; dezentrale Lüftung mit Wärmetauscher; mehrere LAN- und Fernsehanschlüsse	Video- und zentrale Alarmanlage, zentrale Lüftung mit Wärmetauscher, Klimaanlage, Bussystem; aufwendige Aufzugsanlagen

Tabelle 6: Beschreibung der Gebäudestandards für Sporthallen, Freizeitbäder/ Heilbäder

Die Beschreibung der Gebäudestandards ist beispielhaft und dient der Orientierung. Sie kann nicht alle in der Praxis auftretenden Standardmerkmale aufführen. Merkmale, die die Tabelle nicht beschreibt, sind zusätzlich sachverständig zu berücksichtigen. Es müssen nicht alle aufgeführten Merkmale zutreffen. Die in der Tabelle angegebenen Jahreszahlen beziehen sich auf die im jeweiligen Zeitraum gültigen Wärmeschutzanforderungen; in Bezug auf das konkrete Bewertungsobjekt ist zu prüfen, ob von diesen Wärmeschutzanforderungen abgewichen wird. Die Beschreibung der Gebäudestandards basiert auf dem Bezugsjahr der NHK (Jahr 2010). Bei nicht mehr zeitgemäßen Standardmerkmalen ist ein Abschlag sachverständig vorzunehmen.

	Standardstufe		
	3	4	5
Außenwände	ein-/zweischalige Konstruktion; Wärmedämmverbundsystem oder Wärmedämmputz (nach ca. 1995)	Verblendmauerwerk, zweischalig, hinterlüftet; Vorhangfassade (z. B. Naturschiefer); Wärmedämmung (nach ca. 2005)	aufwendig gestaltete Fassaden mit konstruktiver Gliederung (Säulenstellungen, Erker etc.), Sichtbeton-Fertigteile, Elemente aus Kupfer-/Eloxalblech, mehrgeschossige Glasfassaden; hochwertigste Dämmung
Dach	Faserzement-Schindeln, beschichtete Betondachsteine und Tondachziegel, Folienabdichtung; Dachdämmung (nach ca. 1995)	glasierte Tondachziegel; besondere Dachformen, überdurchschnittliche Dämmung (nach ca. 2005)	hochwertige Eindeckung z. B. aus Schiefer oder Kupfer, Dachbegrünung; aufwendig gegliederte Dachlandschaft, sichtbare Bogendachkonstruktionen; hochwertigste Dämmung
Fenster und Außentüren	Zweifachverglasung (nach ca. 1995)	Dreifachverglasung, Sonnenschutzglas, aufwendigere Rahmen, höherwertige Türanlagen	große feststehende Fensterflächen, Spezialverglasung (Schall- und Sonnenschutz); Automatik-Eingangstüren
Innenwände und -türen	nicht tragende Innenwände in massiver Ausführung bzw. mit Dämmmaterial gefüllte Ständerkonstruktionen; schwere Türen	Sichtmauerwerk; rollstuhlgerechte Bedienung	gestaltete Wandabläufe (z. B. Pfeilervorlagen, abgesetzte oder geschwungene Wandpartien); Akustikputz, raumhohe aufwendige Türelemente
Deckenkonstruktion und Treppen	Betondecke	Decken mit großen Spannweiten	Decken mit größeren Spannweiten; hochwertige breite Stahlbeton-, Metalltreppenanlage mit hochwertigem Geländer
Fußböden	nur Sporthallen: Beton, Asphaltbeton, Estrich oder Gussasphalt auf Beton; Teppichbelag, PVC; nur Freizeitbäder/Heilbäder: Fliesenbelag	nur Sporthallen: hochwertigere flächenstatische Fußbodenkonstruktion, Spezialteppich mit Gummigranulatauflage; hochwertigerer Schwingboden	nur Sporthallen: hochwertigste flächenstatische Fußbodenkonstruktion, Spezialteppich mit Gummigranulatauflage; hochwertigster Schwingboden; nur Freizeitbäder/Heilbäder: hochwertiger Fliesenbelag und Natursteinboden
Sanitäreinrichtungen	wenige Toilettenräume und Duschräume bzw. Waschräume	ausreichende Anzahl von Toilettenräumen und Duschräumen in besserer Qualität	großzügige Toilettenanlagen und Duschräume mit Sanitäreinrichtung in gehobener Qualität
Heizung	elektronisch gesteuerte Fern- oder Zentralheizung, Niedertemperatur- oder Brennwertkessel	Fußbodenheizung; Solarkollektoren für Warmwassererzeugung	Solarkollektoren für Warmwassererzeugung und Heizung, Blockheizkraftwerk, Wärmepumpe, Hybrid-Systeme
Sonstige technische Ausstattung	zeitgemäße Anzahl an Steckdosen und Lichtauslässen; Blitzschutz	zahlreiche Steckdosen und Lichtauslässe, hochwertige Abdeckungen, Lüftung mit Wärmetauscher	Video- und zentrale Alarmanlage; Klimaanlage; Bussystem

IV Syst. Darst. Sachwertverfahren — Gebäudestandards

Tabelle 7: Beschreibung der Gebäudestandards für Verbrauchermärkte, Kauf-/ Warenhäuser, Autohäuser

Die Beschreibung der Gebäudestandards ist beispielhaft und dient der Orientierung. Sie kann nicht alle in der Praxis auftretenden Standardmerkmale aufführen. Merkmale, die die Tabelle nicht beschreibt, sind zusätzlich sachverständig zu berücksichtigen. Es müssen nicht alle aufgeführten Merkmale zutreffen. Die in der Tabelle angegebenen Jahreszahlen beziehen sich auf die im jeweiligen Zeitraum gültigen Wärmeschutzanforderungen; in Bezug auf das konkrete Bewertungsobjekt ist zu prüfen, ob von diesen Wärmeschutzanforderungen abgewichen wird. Die Beschreibung der Gebäudestandards basiert auf dem Bezugsjahr der NHK (Jahr 2010). Bei nicht mehr zeitgemäßen Standardmerkmalen ist ein Abschlag sachverständig vorzunehmen.

	Standardstufe		
	3	4	5
Außenwände	ein-/zweischalige Konstruktion, Wärmedämmverbundsystem oder Wärmedämmputz (nach ca. 1995)	Verblendmauerwerk, zweischalig, hinterlüftet; Vorhangfassade (z. B. Naturschiefer); Wärmedämmung (nach ca. 2005)	aufwendig gestaltete Fassaden mit konstruktiver Gliederung (Säulenstellungen, Erker etc.), Sichtbeton-Fertigteile, Natursteinfassade, Elemente aus Kupfer-/Eloxalblech, mehrgeschossige Glasfassaden; hochwertigste Dämmung
Dach	Faserzement-Schindeln, beschichtete Betondachsteine und Tondachziegel, Folienabdichtung; Rinnen und Fallrohre aus Zinkblech; Dachdämmung (nach ca. 1995)	glasierte Tondachziegel; besondere Dachform; überdurchschnittliche Dämmung (nach ca. 2005)	hochwertige Eindeckung z. B. aus Schiefer oder Kupfer, Dachbegrünung; aufwendig gegliederte Dachlandschaft; hochwertigste Dämmung
Fenster und Außentüren	Zweifachverglasung (nach ca. 1995)	Dreifachverglasung, Sonnenschutzglas, aufwendigere Rahmen, höherwertige Türanlagen	große feststehende Fensterflächen, Spezialverglasung (Schall- und Sonnenschutz); Außentüren in hochwertigen Materialien
Innenwände und -türen	nicht tragende Innenwände in massiver Ausführung bzw. mit Dämmmaterial gefüllte Ständerkonstruktionen; schwere Türen	Sichtmauerwerk	gestaltete Wandabläufe (z. B. Pfeilervorlagen, abgesetzte oder geschwungene Wandpartien); Akustikputz, raumhohe aufwendige Türelemente; rollstuhlgerechte Bedienung, Automatiktüren
Deckenkonstruktion	Betondecken mit Tritt- und Luftschallschutz, einfacher Putz, Deckenverkleidung	Decken mit großen Spannweiten	Decken mit größeren Spannweiten, Deckenvertäfelungen (Edelholz, Metall)
Fußböden	Linoleum- oder Teppichböden besserer Art und Ausführung; Fliesen, Kunststeinplatten	Natursteinplatten, Fertigparkett, hochwertige Fliesen, Terrazzobelag, hochwertige Massivholzböden auf gedämmter Unterkonstruktion	hochwertiges Parkett, hochwertige Natursteinplatten, hochwertige Edelholzböden auf gedämmter Unterkonstruktion
Sanitäreinrichtungen	Toilettenräume	ausreichende Anzahl von Toilettenräumen, jeweils in gehobenem Standard	großzügige Toilettenanlagen mit Sanitäreinrichtung in gehobener Qualität
Heizung	elektronisch gesteuerte Fern- oder Zentralheizung; Niedertemperatur- oder Brennwertkessel	Fußbodenheizung; Solarkollektoren für Warmwassererzeugung	Solarkollektoren für Warmwassererzeugung und Heizung; Blockheizkraftwerk, Wärmepumpe, Hybrid-Systeme; Klimaanlage

Gebäudestandards — Syst. Darst. Sachwertverfahren IV

	Standardstufe		
	3	4	5
Sonstige technische Ausstattung	zeitgemäße Anzahl an Steckdosen und Lichtauslässen, Zählerschrank (ab 1985) mit Unterverteilung und Kippsicherungen; Kabelkanäle; Blitzschutz; Personenaufzugsanlagen	zahlreiche Steckdosen und Lichtauslässe; hochwertige Abdeckungen, hochwertige Beleuchtung; Doppelboden mit Bodentanks zur Verkabelung, ausreichende Anzahl von LAN-Anschlüssen; dezentrale Lüftung mit Wärmetauscher, Messverfahren von Raumtemperatur, Raumfeuchte, Verbrauch, Einzelraumregelung, Sonnenschutzsteuerung	Video- und zentrale Alarmanlage; zentrale Lüftung mit Wärmetauscher, Klimaanlage, Bussystem; Doppelboden mit Bodentanks zur Verkabelung; aufwendigere Aufzugsanlagen

Tabelle 8: Beschreibung der Gebäudestandards für Garagen

Die Beschreibung der Gebäudestandards ist beispielhaft und dient der Orientierung. Sie kann nicht alle in der Praxis auftretenden Standardmerkmale aufführen. Merkmale, die die Tabelle nicht beschreibt, sind zusätzlich sachverständig zu berücksichtigen. Es müssen nicht alle aufgeführten Merkmale zutreffen. Die Beschreibung der Gebäudestandards basiert auf dem Bezugsjahr der NHK (Jahr 2010). Bei nicht mehr zeitgemäßen Standardmerkmalen ist ein Abschlag sachverständig vorzunehmen.

	Standardstufe		
	3	4	5
Außenwände	offene Konstruktion	einschalige Konstruktion	aufwendig gestaltete Fassaden mit konstruktiver Gliederung (Säulenstellungen, Erker etc.)
Konstruktion	Stahl- und Betonfertigteile	überwiegend Betonfertigteile; große stützenfreie Spannweiten	größere stützenfreie Spannweiten
Dach	Flachdach, Folienabdichtung	Flachdachausbildung; Wärmedämmung	befahrbares Flachdach (Parkdeck)
Fenster und Außentüren	einfache Metallgitter	begrünte Metallgitter, Glasbausteine	Außentüren in hochwertigen Materialien
Fußböden	Beton	Estrich, Gussasphalt	beschichteter Beton oder Estrichboden
Sonstige technische Ausstattung	Strom- und Wasseranschluss; Löschwasseranlage; Treppenhaus; Brandmelder	Sprinkleranlage; Rufanlagen; Rauch- und Wärmeabzugsanlagen; mechanische Be- und Entlüftungsanlagen; Parksysteme für zwei PKW übereinander; Personenaufzugsanlagen	Video- und zentrale Alarmanlage; Beschallung; Parksysteme für drei oder mehr PKW übereinander; aufwendigere Aufzugsanlagen

Tabelle 9: Beschreibung der Gebäudestandards für Betriebs-/Werkstätten, Produktionsgebäude, Lagergebäude

Die Beschreibung der Gebäudestandards ist beispielhaft und dient der Orientierung. Sie kann nicht alle in der Praxis auftretenden Standardmerkmale aufführen. Merkmale, die die Tabelle nicht beschreibt, sind zusätzlich sachverständig zu berücksichtigen. Es müssen nicht alle aufgeführten Merkmale zutreffen. Die in der Tabelle angegebenen Jahreszahlen beziehen sich auf die im jeweiligen Zeitraum gültigen Wärmeschutzanforderungen; in Bezug auf das konkrete Bewertungsobjekt ist zu prüfen, ob von diesen Wärmeschutzanforderungen abgewichen wird. Die Beschreibung der Gebäudestandards basiert auf dem Bezugsjahr der NHK (Jahr 2010). Bei nicht mehr zeitgemäßen Standardmerkmalen ist ein Abschlag sachverständig vorzunehmen.

IV Syst. Darst. Sachwertverfahren — Gebäudestandards

	Standardstufe		
	3	4	5
Außenwände	ein-/zweischaliges Mauerwerk, z. B. aus Leichtziegeln, Kalksandsteinen, Gasbetonsteinen; Edelputz; gedämmte Metall-Sandwichelemente; Wärmedämmverbundsystem oder Wärmedämmputz (nach ca. 1995)	Verblendmauerwerk, zweischalig, hinterlüftet; Vorhangfassade (z. B. Naturschiefer); Wärmedämmung (nach ca. 2005)	Sichtbeton-Fertigteile; Natursteinfassade, Elemente aus Kupfer-/Eloxalblech; mehrgeschossige Glasfassaden; hochwertigste Dämmung
Konstruktion	Stahl- und Betonfertigteile	überwiegend Betonfertigteile; große stützenfreie Spannweiten; hohe Deckenhöhen; hohe Belastbarkeit der Decken und Böden	größere stützenfreie Spannweiten; hohe Deckenhöhen; höhere Belastbarkeit der Decken und Böden
Dach	Faserzement-Schindeln, beschichtete Betondachsteine und Tondachziegel; Folienabdichtung; Dachdämmung (nach ca. 1995)	schweres Massivflachdach; besondere Dachformen; überdurchschnittliche Dämmung (nach ca. 2005)	hochwertige Eindeckung z. B. aus Schiefer oder Kupfer, hochwertigste Dämmung
Fenster und Außentüren	Zweifachverglasung (nach ca. 1995)	Dreifachverglasung, Sonnenschutzglas, aufwendigere Rahmen; höherwertige Türanlage	große feststehende Fensterflächen, Spezialverglasung (Schall- und Sonnenschutz); Außentüren in hochwertigen Materialien
Innenwände und -türen	Anstrich	tlw. gefliest, Sichtmauerwerk; Schiebetürelemente, Glastüren	überwiegend gefliest; Sichtmauerwerk; gestaltete Wandabläufe
Fußböden	Beton	Estrich, Gussasphalt	beschichteter Beton oder Estrichboden, Betonwerkstein, Verbundpflaster
Sanitäreinrichtungen	einfache und wenige Toilettenräume	ausreichende Anzahl von Toilettenräumen	großzügige Toilettenanlagen
Heizung	elektronisch gesteuerte Fern- oder Zentralheizung; Niedertemperatur- oder Brennwertkessel	Fußbodenheizung; Solarkollektoren für Warmwassererzeugung; zusätzlicher Kaminanschluss	Solarkollektoren für Warmwassererzeugung und Heizung; Blockheizkraftwerk; Wärmepumpe; Hybrid-Systeme; aufwendige zusätzliche Kaminanlage
Sonstige technische Ausstattung	zeitgemäße Anzahl an Steckdosen und Lichtauslässen; Blitzschutz; Teeküchen	zahlreiche Steckdosen und Lichtauslässe; hochwertige Abdeckungen; Kabelkanäle; dezentrale Lüftung mit Wärmetauscher; kleinere Einbauküchen mit Kochgelegenheit, Aufenthaltsräume; Aufzugsanlagen	Video- und zentrale Alarmanlage; zentrale Lüftung mit Wärmetauscher, Klimaanlage; Bussystem; Küchen, Kantinen; aufwendigere Aufzugsanlagen

Tabelle 10: Beschreibung der Gebäudestandards für Reithallen

Die Beschreibung der Gebäudestandards ist beispielhaft und dient der Orientierung. Sie kann nicht alle in der Praxis auftretenden Standardmerkmale aufführen. Merkmale, die die Tabelle nicht beschreibt, sind zusätzlich sachverständig zu berücksichtigen. Es müssen nicht alle aufgeführten Merkmale zutreffen. Die Beschreibung der Gebäudestandards basiert auf dem Bezugsjahr der NHK (Jahr 2010). Bei nicht mehr zeitgemäßen Standardmerkmalen ist ein Abschlag sachverständig vorzunehmen.

Gebäudestandards — Syst. Darst. Sachwertverfahren IV

	Standardstufe		
	3	4	5
Außenwände	Holzfachwerkwand; Holzstützen, Vollholz; Brettschalung oder Profilblech auf Holz-Unterkonstruktion	Kalksandstein- oder Ziegel-Mauerwerk; Metallstützen, Profil; Holz-Blockbohlen zwischen Stützen, Wärmedämmverbundsystem, Putz	Betonwand, Fertigteile, mehrschichtig; Stahlbetonstützen, Fertigteil; Kalksandstein-Vormauerung oder Klinkerverblendung mit Dämmung
Dach	Holzkonstruktionen, Nagelbrettbinder; Bitumenwellplatten, Profilblech	Stahlrahmen mit Holzpfetten; Faserzementwellplatten; Hartschaumplatten	Brettschichtholzbinder; Betondachsteine oder Dachziegel; Dämmung mit Profilholz oder Paneelen
Fenster und Außentüren bzw. -tore	Lichtplatten aus Kunststoff, Holz-Brettertüren	Kunststofffenster, Windnetze aus Kunststoff, Jalousien mit Motorantrieb	Türen und Tore mehrschichtig mit Wärmedämmung, Holzfenster, hoher Fensteranteil
Innenwände	keine	tragende bzw. nicht tragende Innenwände aus Holz; Anstrich	tragende bzw. nicht tragende Innenwände als Mauerwerk; Sperrholz, Gipskarton, Fliesen
Deckenkonstruktion	keine	Holzkonstruktionen über Nebenräumen; Hartschaumplatten	Stahlbetonplatte über Nebenräumen; Dämmung mit Profilholz oder Paneelen
Fußböden	Tragschicht: Schotter, Trennschicht: Vlies, Tretschicht: Sand	zusätzlich/alternativ: Tragschicht: Schotter, Trennschicht: Kunststoffgewebe, Tretschicht: Sand und Holzspäne	Estrich auf Dämmung, Fliesen oder Linoleum in Nebenräumen; zusätzlich/alternativ: Tragschicht: Schotter, Trennschicht: Kunststoffplatten, Tretschicht: Sand und Textilflocken, Betonplatte im Bereich der Nebenräume
baukonstruktive Einbauten	Reithallenbande aus Nadelholz zur Abgrenzung der Reitfläche	zusätzlich/alternativ: Vollholztafeln fest eingebaut	zusätzlich/alternativ: Vollholztafeln, Fertigteile zum Versetzen
Abwasser-, Wasser-, Gasanlagen	Regenwasserableitung	zusätzlich/alternativ: Abwasserleitungen, Sanitärobjekte (einfache Qualität)	zusätzlich/alternativ: Sanitärobjekte (gehobene Qualität), Gasanschluss
Wärmeversorgungsanlagen	keine	Raumheizflächen in Nebenräumen, Anschluss an Heizsystem	zusätzlich/alternativ: Heizkessel
lufttechnische Anlagen	keine	Firstentlüftung	Be- und Entlüftungsanlage
Starkstrom-Anlage	Leitungen, Schalter, Dosen, Langfeldleuchten	zusätzlich/alternativ: Sicherungen und Verteilerschrank	zusätzlich/alternativ: Metall-Dampfleuchten
nutzungsspezifische Anlagen	keine	Reitbodenbewässerung (einfache Ausführung)	Reitbodenbewässerung (komfortable Ausführung)

Tabelle 11: Beschreibung der Gebäudestandards für Pferdeställe

Die Beschreibung der Gebäudestandards ist beispielhaft und dient der Orientierung. Sie kann nicht alle in der Praxis auftretenden Standardmerkmale aufführen. Merkmale, die die Tabelle nicht beschreibt, sind zusätzlich sachverständig zu berücksichtigen. Es müssen nicht alle aufgeführten Merkmale zutreffen. Die Beschreibung der Gebäudestandards basiert auf dem Bezugsjahr der NHK (Jahr 2010). Bei nicht mehr zeitgemäßen Standardmerkmalen ist ein Abschlag sachverständig vorzunehmen.

IV Syst. Darst. Sachwertverfahren — Gebäudestandards

	Standardstufe		
	3	4	5
Außenwände	Holzfachwerkwand; Holzstützen, Vollholz; Brettschalung oder Profilblech auf Holz-Unterkonstruktion	Kalksandstein- oder Ziegel-Mauerwerk; Metallstützen, Profil; Holz-Blockbohlen zwischen Stützen, Wärmedämmverbundsystem, Putz	Betonwand, Fertigteile, mehrschichtig; Stahlbetonstützen, Fertigteil; Kalksandstein-Vormauerung oder Klinkerverblendung mit Dämmung
Dach	Holzkonstruktionen, Vollholzbalken; Nagelbrettbinder; Bitumenwellplatten, Profilblech	Stahlrahmen mit Holzpfetten; Faserzementwellplatten; Hartschaumplatten	Brettschichtholzbinder; Betondachsteine oder Dachziegel; Dämmung mit Profilholz oder Paneelen
Fenster und Außentüren bzw. -tore	Lichtplatten aus Kunststoff, Holz-Brettertüren	Kunststofffenster, Windnetze aus Kunststoff, Jalousien mit Motorantrieb	Türen und Tore mehrschichtig mit Wärmedämmung, Holzfenster, hoher Fensteranteil
Innenwände	keine	tragende bzw. nicht tragende Innenwände aus Holz; Anstrich	tragende bzw. nicht tragende Innenwände als Mauerwerk; Sperrholz, Putz, Fliesen
Deckenkonstruktion	keine	Holzkonstruktionen über Nebenräumen; Hartschaumplatten	Stahlbetonplatten über Nebenräumen; Dämmung mit Profilholz oder Paneelen
Fußböden	Beton-Verbundpflaster in Stallgassen, Stahlbetonplatte im Tierbereich	zusätzlich/alternativ: Stahlbetonplatte; Anstrich, Gummimatten im Tierbereich	zusätzlich/alternativ: Stahlbetonplatte als Stallprofil mit versetzten Ebenen; Nutzestrich auf Dämmung, Anstrich oder Fliesen in Nebenräumen, Kautschuk im Tierbereich
baukonstruktive Einbauten	Fütterung: Futtertrog PVC	Fütterung: Krippenschalen aus Polyesterbeton	Fütterung: Krippenschalen aus Steinzeug
Abwasser-, Wasser-, Gasanlagen	Regenwasserableitung, Wasserleitung	zusätzlich/alternativ: Abwasserleitungen, Sanitärobjekte (einfache Qualität) in Nebenräumen	zusätzlich/alternativ: Sanitärobjekte (gehobene Qualität), Gasanschluss
Wärmeversorgungsanlagen	keine	Elektroheizung in Sattelkammer	zusätzlich/alternativ: Raumheizflächen, Heizkessel
lufttechnische Anlagen	keine	Firstentlüftung	Be- und Entlüftungsanlage
Starkstrom-Anlage	Leitungen, Schalter, Dosen, Langfeldleuchten	zusätzlich/alternativ: Sicherungen und Verteilerschrank	zusätzlich/alternativ: Metall-Dampfleuchten
nutzungsspezifische Anlagen	Aufstallung: Boxentrennwände aus Holz, Anbindevorrichtungen; Fütterung: Tränken, Futterraufen	Aufstallung: zusätzlich/alternativ: Boxentrennwände: Hartholz/Metall Fütterung: zusätzlich/alternativ: Fressgitter, Futterautomaten, Rollraufe mit elektr. Steuerung	Aufstallung: zusätzlich/alternativ: Komfort-Pferdeboxen, Pferde-Solarium Fütterung: zusätzlich/alternativ: Futter-Abrufstationen für Rau- und Kraftfutter mit elektr. Tiererkennung und Selektion, automatische Futterzuteilung für Boxenställe

Tabelle 12: Beschreibung der Gebäudestandards für Rinderställe und Melkhäuser

Die Beschreibung der Gebäudestandards ist beispielhaft und dient der Orientierung. Sie kann nicht alle in der Praxis auftretenden Standardmerkmale aufführen. Merkmale, die die Tabelle nicht beschreibt, sind zusätzlich sachverständig zu berücksichtigen. Es müssen nicht alle aufgeführten Merkmale zutreffen. Die Beschreibung der Gebäudestandards basiert auf dem Bezugsjahr der NHK (Jahr 2010). Bei nicht mehr zeitgemäßen Standardmerkmalen ist ein Abschlag sachverständig vorzunehmen.

Gebäudestandards — Syst. Darst. Sachwertverfahren IV

	Standardstufe		
	3	4	5
Außenwände	Holzfachwerkwand; Holzstützen, Vollholz; Brettschalung oder Profilblech auf Holz-Unterkonstruktion	Kalksandstein- oder Ziegel-Mauerwerk; Metallstützen, Profil; Holz-Blockbohlen zwischen Stützen	Betonwand, Fertigteile, mehrschichtig; Stahlbetonstützen, Fertigteil; Klinkerverblendung
Dach	Holzkonstruktionen, Vollholzbalken, Nagelbrettbinder; Bitumenwellplatten, Profilblech	Stahlrahmen mit Holzpfetten; Faserzementwellplatten; Hartschaumplatten	Brettschichtholzbinder; Betondachsteine oder Dachziegel; Dämmung mit Profilholz oder Paneelen
Fenster und Außentüren bzw. -tore	Lichtplatten aus Kunststoff	Kunststofffenster, Windnetze aus Kunststoff, Jalousien mit Motorantrieb	Türen und Tore mehrschichtig mit Wärmedämmung, Holzfenster, hoher Fensteranteil
Innenwände	keine	tragende und nicht tragende Innenwand aus Holz; Anstrich	tragende und nicht tragende Innenwände aus Mauerwerk; Sperrholz, Putz, Fliesen
Deckenkonstruktion	keine	Holzkonstruktionen über Nebenräumen; Hartschaumplatten	Stahlbetonplatte über Nebenräumen; Dämmung mit Profilholz oder Paneelen
Fußböden	Stahlbetonplatte	zusätzlich/alternativ: Stahlbetonplatte mit Oberflächenprofil, Rautenmuster; Epoxidharzbeschichtung am Fressplatz, Liegematten im Tierbereich	zusätzlich/alternativ: Stahlbetonplatte als Stallprofil mit versetzten Ebenen; Estrich auf dem Futtertisch, Liegematratzen im Tierbereich, Gussasphalt oder Gummiauflage
baukonstruktive Einbauten	Aufstallung: Beton-Spaltenboden, Einzelbalken	Aufstallung: Beton-Spaltenboden, Flächenelemente; Krippenschalen aus Polyesterbeton; Güllerohre vom Stall zum Außenbehälter	Aufstallung: Spaltenboden mit Gummiauflage, Gussroste über Treibmistkanal; Krippenschalen aus Steinzeug; zusätzlich/alternativ: Spülleitungen für Einzelkanäle
Abwasser-, Wasser-, Gasanlagen	Regenwasserableitung; Wasserleitung	zusätzlich/alternativ: Abwasserleitungen, Sanitärobjekte (einfache Qualität) in Nebenräumen	zusätzlich/alternativ: Sanitärobjekte (gehobene Qualität); Gasanschluss
Wärme-, Versorgungsanlagen	keine	Elektroheizung im Melkstand	zusätzlich/alternativ: Raumheizflächen, Heizkessel
lufttechnische Anlagen	keine	Firstentlüftung	Be- und Entlüftungsanlage
Starkstrom-Anlage	Leitungen, Schalter, Dosen, Langfeldleuchten	zusätzlich/alternativ: Sicherungen und Verteilerschrank	zusätzlich/alternativ: Metall-Dampfleuchten
nutzungsspezifische Anlagen	Aufstallung: Fressgitter, Liegeboxenbügel, Kälberboxen, Abtrennungen aus Holz, Kurzstandanbindung Fütterung: Selbsttränke, Balltränke Entmistung: keine Technik (Schlepper) Tierproduktentnahme: Fischgrätenmelkstand, Melkanlage, Maschinensatz, Milchkühltank, Kühlaggregat, Wärmerückgewinnung	Aufstallung: zusätzlich/alternativ: Einrichtungen aus verz. Stahlrohren Fütterung: Tränkewanne mit Schwimmer, Tränkeautomat für Kälber Entmistung: Faltschieber mit Seilzug und Antrieb, Tauchschneidpumpe, Rührmixer Tierproduktentnahme: zusätzlich/alternativ: Milchflussgesteuerte Anrüst- und Abschaltautomatik	Aufstallung: zusätzlich/alternativ: Komfortboxen Fütterung: Edelstahl-Kipptränke, computergesteuerte Kraftfutteranlage mit Tiererkennung Entmistung: Schubstangenentmistung Tierproduktentnahme: zusätzlich/alternativ: Melkstand-Schnellaustrieb, Tandem- oder Karussellmelkstand, Automatisches Melksystem (Roboter)

IV Syst. Darst. Sachwertverfahren — Gebäudestandards

Tabelle 13: Beschreibung der Gebäudestandards für Schweineställe

Die Beschreibung der Gebäudestandards ist beispielhaft und dient der Orientierung. Sie kann nicht alle in der Praxis auftretenden Standardmerkmale aufführen. Merkmale, die die Tabelle nicht beschreibt, sind zusätzlich sachverständig zu berücksichtigen. Es müssen nicht alle aufgeführten Merkmale zutreffen. Die Beschreibung der Gebäudestandards basiert auf dem Bezugsjahr der NHK (Jahr 2010). Bei nicht mehr zeitgemäßen Standardmerkmalen ist ein Abschlag sachverständig vorzunehmen.

	Standardstufe		
	3	4	5
Außenwände	Holzfachwerkwand; Holzstützen, Vollholz; Brettschalung oder Profilblech auf Holz-Unterkonstruktion	Kalksandstein- oder Ziegel-Mauerwerk; Metallstützen, Profil; Holz-Blockbohlen zwischen Stützen, Beton-Schalungssteine mit Putz	Betonwand, Fertigteile, mehrschichtig; Stahlbetonstützen, Fertigteil; Kalksandstein-Vormauerung oder Klinkerverblendung mit Dämmung
Dach	Holzkonstruktionen, Vollholzbalken; Nagelbrettbinder; Bitumenwellplatten, Profilblech	Stahlrahmen mit Holzpfetten; Faserzementwellplatten; Hartschaumplatten	Brettschichtholzbinder; Betondachsteine oder Dachziegel; Dämmung, Kunststoffplatten, Paneele
Fenster und Außentüren bzw. -tore	Lichtplatten aus Kunststoff, Holz-Brettertüren	Kunststofffenster, Windnetze aus Kunststoff, Jalousien mit Motorantrieb, Metalltüren	Türen und Tore mehrschichtig mit Wärmedämmung, Holzfenster, hoher Fensteranteil
Innenwände	keine Innenwände	tragende Innenwände aus Mauerwerk, Putz und Anstrich; nichttragende Innenwände aus Kunststoff-Paneelen mit Anstrich	tragende Innenwände als Betonwand, Fertigteile, Anstrich; nichttragende Innenwände aus Mauerwerk, Putz und Anstrich; Sperrholz, Putz, Fliesen
Deckenkonstruktion	keine Decke	Holzkonstruktionen über Nebenräumen; Hartschaumplatten	Stahlbetonplatten über Nebenräumen; Dämmung, Kunststoffplatten, Paneele
Fußböden	Stahlbetonplatte	Stahlbetonplatte; Verbundestrich	zusätzlich/alternativ: Stahlbetonplatte als Stallprofil mit versetzten Ebenen; Stallbodenplatten mit Dämmung, Fliesen auf Estrich in Nebenräumen
baukonstruktive Einbauten	Fütterung: Tröge aus Polyesterbeton	Aufstallung: Beton-Spaltenboden, Flächenelemente Fütterung: Tröge aus Polyesterbeton Entmistung: Güllerohre vom Stall zum Außenbehälter, Absperrschieber in Güllekanälen	Aufstallung: Gussroste in Sauenställen, Kunststoffroste in Ferkelställen Fütterung: Tröge aus Steinzeug Entmistung: zusätzlich/alternativ: Spülleitungen für Einzelkanäle
Abwasser-, Wasser-, Gasanlagen	Regenwasserableitung, Wasserleitung	zusätzlich/alternativ: Abwasserleitungen, Sanitärobjekte (einfache Qualität) in Nebenräumen	zusätzlich/alternativ: Sanitärobjekte (gehobene Qualität), Gasanschluss
Wärmeversorgungsanlagen	Warmluftgebläse, Elt.-Anschluss	Raumheizflächen oder Twin- bzw. Delta-Heizungsrohre, Anschluss an vorh. Heizsystem	zusätzlich/alternativ: Warmwasser-Fußbodenheizung, Heizkessel mit Gasbefeuerung, Wärmerückgewinnung aus Stallluft
lufttechnische Anlagen	Zuluftklappen, Lüftungsfirst	Be- und Entlüftungsanlage im Unterdruckverfahren; Zuluftkanäle oder Rieseldecke; Einzelabsaugung, Abluftkanäle, Ventilatoren	zusätzlich/alternativ: Gleichdrucklüftung, Zentralabsaugung, Luftwäscher

Gebäudestandards — Syst. Darst. Sachwertverfahren IV

	Standardstufe		
	3	4	5
Starkstrom-Anlage	Leitungen, Schalter, Dosen, Langfeldleuchten	zusätzlich/alternativ: Sicherungen und Verteilerschrank	zusätzlich/alternativ: Metall-Dampfleuchten
nutzungsspezifische Anlagen	Aufstallung: Buchtenabtrennungen aus Kunststoff-Paneelen, Pfosten und Beschläge aus verz. Stahl, Abferkelbuchten, Selbstfang-Kastenstände für Sauen Fütterung: Trockenfutterautomaten, Tränkenippel	Aufstallung: zusätzlich/alternativ: Pfosten und Beschläge aus V2A, Ruhekisten, Betteneinrichtungen Fütterung: zusätzlich/alternativ: Transportrohre, Drahtseilförderer, Rohrbreiautomaten mit Dosierung Entmistung: Tauchschneidpumpe, Rührmixer	Aufstallung: zusätzlich/alternativ: Sortierschleuse Fütterung: zusätzlich/alternativ: Flüssigfütterungsanlage mit Mixbehälter, Sensorsteuerung, Fütterungscomputer, Abrufstation, Tiererkennung, Selektion Entmistung: Schubstangenentmistung

Tabelle 14: Beschreibung der Gebäudestandards für Geflügelställe

Die Beschreibung der Gebäudestandards ist beispielhaft und dient der Orientierung. Sie kann nicht alle in der Praxis auftretenden Standardmerkmale aufführen. Merkmale, die die Tabelle nicht beschreibt, sind zusätzlich sachverständig zu berücksichtigen. Es müssen nicht alle aufgeführten Merkmale zutreffen. Die Beschreibung der Gebäudestandards basiert auf dem Bezugsjahr der NHK (Jahr 2010). Bei nicht mehr zeitgemäßen Standardmerkmalen ist ein Abschlag sachverständig vorzunehmen.

	Standardstufe		
	3	4	5
Außenwände	Holzfachwerkwand, Holzstützen, Vollholz, Brettschalung oder Profilblech auf Holz-Unterkonstruktion	Kalksandstein- oder Ziegel-Mauerwerk, Metallstützen, Profil, Metall-Sandwichelemente mit Hartschaumdämmung	Betonwand, Fertigteile, mehrschichtig, Stahlbetonstützen, Fertigteil, Klinkerverblendung
Dach	Holzkonstruktionen, Vollholzbalken, Nagelbrettbinder, Bitumenwellplatten, Profilblech	Stahlrahmen mit Holzpfetten, Faserzementwellplatten, Hartschaumplatten	Brettschichtholzbinder, Betondachsteine oder Dachziegel, Dämmung, Profilholz oder Paneele
Fenster und Außentüren bzw. -tore	Lichtplatten aus Kunststoff; Holz-Brettertüren	Kunststofffenster; Windnetze aus Kunststoff, Jalousien mit Motorantrieb	Türen und Tore mehrschichtig mit Wärmedämmung, Holzfenster, hoher Fensteranteil
Innenwände	keine	tragende bzw. nicht tragende Innenwände aus Holz; Anstrich	tragende bzw. nicht tragende Innenwände als Mauerwerk; Profilblech, Plantafeln, Putz
Deckenkonstruktion	keine	Holzkonstruktionen über Nebenräumen; Hartschaumplatten	Stahlbetonplatten über Nebenräumen; Dämmung, Profilblech oder Paneele
Fußböden	Stahlbetonplatte	zusätzlich/alternativ: Oberfläche maschinell geglättet; Estrich mit Anstrich (Eierverpackung)	zusätzlich/alternativ: Stallprofil mit versetzten Ebenen, Estrich mit Fliesen (Eierverpackung)
Abwasser-, Wasser-, Gasanlagen	Regenwasserableitung, Wasserleitung	zusätzlich/alternativ: Abwasserleitungen, Sanitärobjekte (einfache Qualität) in Nebenräumen	zusätzlich/alternativ: Sanitärobjekte (gehobene Qualität), Gasanschluss
Wärmeversorgungsanlagen	Warmluftgebläse, Elt.-Anschluss	zusätzlich/alternativ: Raumheizflächen oder Twin- bzw. Delta-Heizungsrohre, Heizkessel	zusätzlich: Wärmerückgewinnung aus der Stallluft
lufttechnische Anlagen	Firstenlüftung	Be- und Entlüftungsanlage im Unterdruckverfahren; Zuluftklappen, Abluftkamine, Ventilatoren	zusätzlich/alternativ: Gleichdrucklüftung, Zentralabsaugung, Luftwäscher

IV Syst. Darst. Sachwertverfahren — Gebäudestandards

	Standardstufe		
	3	4	5
Starkstrom-Anlage	Leitungen, Schalter, Dosen, Langfeldleuchten	zusätzlich/alternativ: Sicherungen und Verteilerschrank	zusätzlich/alternativ: Metall-Dampfleuchten
nutzungsspezifische Anlagen	Aufstallung: Geflügelwaage	Aufstallung: zusätzlich/alternativ: Kotroste, Sitzstangen, Legenester Fütterung: Vollautomatische Kettenfütterung, Strang-Tränkeanlage, Nippeltränken Entmistung: Kotbandentmistung Tierproduktentnahme: Eier-Sammelband	Aufstallung: zusätzlich/alternativ: Etagensystem (Voliere, Kleingruppe) Entmistung: zusätzlich/alternativ: Entmistungsbänder mit Belüftung Tierproduktentnahme: zusätzlich/alternativ: Sortieranlage, Verpackung

Tabelle 15: Beschreibung der Gebäudestandards für landwirtschaftliche Mehrzweckhallen

Die Beschreibung der Gebäudestandards ist beispielhaft und dient der Orientierung. Sie kann nicht alle in der Praxis auftretenden Standardmerkmale aufführen. Merkmale, die die Tabelle nicht beschreibt, sind zusätzlich sachverständig zu berücksichtigen. Es müssen nicht alle aufgeführten Merkmale zutreffen. Die Beschreibung der Gebäudestandards basiert auf dem Bezugsjahr der NHK (Jahr 2010). Bei nicht mehr zeitgemäßen Standardmerkmalen ist ein Abschlag sachverständig vorzunehmen.

	Standardstufe		
	3	4	5
Außenwände	Holzfachwerkwand; Holzstützen, Vollholz; Brettschalung oder Profilblech auf Holz-Unterkonstruktion	Kalksandstein- oder Ziegel-Mauerwerk; Metallstützen, Profil; Holz-Blockbohlen zwischen Stützen, Wärmedämmverbundsystem, Putz	Betonwand, Fertigteile, mehrschichtig; Stahlbetonstützen, Fertigteil; Kalksandstein-Vormauerung oder Klinkerverblendung mit Dämmung
Dach	Holzkonstruktionen, Nagelbrettbinder; Bitumenwellplatten, Profilblech	Stahlrahmen mit Holzpfetten; Faserzementwellplatten; Hartschaumplatten	Brettschichtholzbinder; Betondachsteine oder Dachziegel; Dämmung mit Profilholz oder Paneelen
Fenster und Außentüren bzw. -tore	Lichtplatten aus Kunststoff, Holztore	Kunststofffenster, Metall-Sektionaltore	Türen und Tore mehrschichtig mit Wärmedämmung, Holzfenster, hoher Fensteranteil
Innenwände	keine	tragende bzw. nicht tragende Innenwände aus Holz; Anstrich	tragende bzw. nicht tragende Innenwände als Mauerwerk; Sperrholz, Gipskarton, Fliesen
Deckenkonstruktion	keine	Holzkonstruktionen über Nebenräumen; Hartschaumplatten	Stahlbetonplatte über Nebenräumen; Dämmung mit Profilholz oder Paneelen
Fußböden	Beton-Verbundsteinpflaster	zusätzlich/alternativ: Stahlbetonplatte	zusätzlich/alternativ: Oberfläche maschinell geglättet; Anstrich
Abwasser-, Wasser-, Gasanlagen	Regenwasserableitung	zusätzlich/alternativ: Abwasserleitungen, Sanitärobjekte (einfache Qualität) in Nebenräumen	zusätzlich/alternativ: Sanitärobjekte (gehobene Qualität) in Nebenräumen, Gasanschluss
Wärmeversorgungsanlagen	keine	Raumheizflächen in Nebenräumen, Anschluss an Heizsystem	zusätzlich/alternativ: Heizkessel
lufttechnische Anlagen	keine	Firstentlüftung	Be- und Entlüftungsanlage

	Standardstufe		
	3	4	5
Starkstrom-Anlage	Leitungen, Schalter, Dosen, Langfeldleuchten	zusätzlich/alternativ: Sicherungen und Verteilerschrank	zusätzlich/alternativ: Metall-Dampfleuchten
nutzungsspezifische Anlagen	keine	Schüttwände aus Holz zwischen Stahlstützen, Trocknungsanlage für Getreide	Schüttwände aus Beton-Fertigteilen

6.3 Regelherstellungskosten 2007 nach Anl. 24 zu § 190 BewG, Preisstand 1.1.2007

1. Ein- und Zweifamilienhäuser 310

1. Ein- und Zweifamilienhäuser (Euro/m² BGF)
Typisierte Gesamtnutzungsdauer = 80 Jahre

GKL	Baujahr	bis 1945			1946-1959			1960-1969			1970-1984			1985-1999			ab 2000		
	Ausstattungs-standard	einf.	mittel	geh.	einf.	mittel	geh.	einf.	mittel	geh.	einf.	mittel	geh.	einf.	mittel	geh.	einf.	mittel	geh.
	mit Keller																		
1.11	Dachgeschoss ausgebaut	580	630	740	620	680	800	670	720	850	710	770	900	860	820	970	790	860	1010
1.12	Dachgeschoss nicht ausgebaut	520	570	660	560	610	720	600	650	760	640	690	810	680	740	870	720	770	910
1.13	Flachdach	590	630	740	630	680	800	680	730	850	720	770	900	770	830	960	800	870	1010
	ohne Keller																		
1.21	Dachgeschoss ausgebaut	660	720	860	710	770	930	760	820	990	800	870	1050	860	940	1130	900	980	1180
1.22	Dachgeschoss nicht ausgebaut	580	640	760	630	690	820	670	730	880	710	770	930	760	830	1000	800	870	1040
1.23	Flachdach	720	780	930	770	840	1000	830	900	1070	770	840	1130	940	1030	1220	990	1070	1270

2. Wohnungseigentum

2. Wohnungseigentum (Euro/m² BGF)
Typisierte Gesamtnutzungsdauer = 80 Jahre

GKL	Baujahr	bis 1945			1946-1959			1960-1969			1970-1984			1985-1999			ab 2000		
	Ausstattungs-standard	einf.	mittel	geh.	einf.	mittel	geh.	einf.	mittel	geh.	einf.	mittel	geh.	einf.	mittel	geh.	einf.	mittel	geh.
2.11	Alle Gebäude	680	680	690	680	720	780	730	760	830	770	810	880	830	870	950	870	910	990

Für Wohnungseigentum in Gebäuden, die wie Ein- und Zweifamilienhäuser gestaltet sind, werden die Regelherstellungskosten der Ein- und Zweifamilienhäuser zugrunde gelegt.
Umrechnungsfaktor Wohnfläche (WF) – Brutto-Grundfläche (BGF):
für Wohnungseigentum in Mehrfamilienwohnhäusern (Mietwohngrundstücke): BGF = 1,55 x WF

3. Geschäftsgrundstücke, gemischt genutzte Grundstücke und sonstige bebaute Grundstücke

3. Geschäftsgrundstücke, gemischt genutzte Grundstücke und sonstige bebaute Grundstücke (Euro/m² BGF)
3.1 Typisierte Gesamtnutzungsdauer = 70 Jahre

GKL	Baujahr	bis 1945			1946-1959			1960-1969			1970-1984			1985-1999			ab 2000		
	Ausstattungs-standard	einf.	mittel	geh.	einf.	mittel	geh.	einf.	mittel	geh.	einf.	mittel	geh.	einf.	mittel	geh.	einf.	mittel	geh.
3.11	Gemischt genutzte Grundstücke (mit Wohn- und Gewerbeflächen)	660	960	960	720	1040	1040	770	1110	1450	810	1180	1540	870	1260	1650	910	1310	1720
3.12	Hochschulen	1430	1430	1710	1540	1540	1830	1640	1640	1960	1740	1740	2080	1870	1870	2230	1940	1940	2330
3.13	Saalbauten	1270	1560	1560	1270	1680	2110	1360	1790	2260	1450	1900	2390	1550	2040	2570	1620	2120	2680
314	Kur- und Heilbäder	2500	2500	2780	2690	2690	2870	2870	3190	3040	3040	3380	3380	3260	3260	3410	3410	3410	3780

IV Syst. Darst. Sachwertverfahren

3. Geschäftsgrundstücke, gemischt genutzte Grundstücke und sonstige bebaute Grundstücke (Euro/m² BGF)
3.2 Typisierte Gesamtnutzungsdauer = 60 Jahre

GKL	Baujahr	bis 1945			1946-1959			1960-1969			1970-1984			1985-1999			ab 2000		
	Ausstattungsstandard	einf.	mittel	geh.	einf.	mittel	geh.	einf.	mittel	geh.	einf.	mittel	geh.	einf.	mittel	geh.	einf.	mittel	geh.
3.211	Verwaltungsgebäude (ein- bis zweigeschossig, nicht unterkellert)	950	950	950	950	1110	1360	1010	1190	1460	1080	1260	1540	1160	1350	1650	1210	1410	1720
3.212	Verwaltungsgebäude (zwei- bis fünfgeschossig)	1260	1250	1510	1140	1350	1630	1220	1450	1740	1290	1540	1850	1380	1640	1980	1440	1710	2060
3.213	Verwaltungsgebäude (sechs- und mehrgeschossig)	1760	1760	1760	1760	1760	2190	1880	1880	2350	1990	1990	2480	2140	2140	2660	2230	2230	2780
3.22	Bankgebäude	1860	1860	1860	1860	1860	2140	1990	1990	2260	2110	2110	2400	2260	2260	2600	2350	2350	2710
3.23	Schulen	1030	1170	1270	1110	1260	1370	1190	1350	1460	1260	1430	1550	1350	1530	1670	1410	1600	1730
3.24	Kindergärten	1090	1090	1090	1090	1180	1510	1170	1270	1610	1230	1340	1710	1320	1440	1840	1380	1500	1910
3.25	Altenwohnheime	920	1080	1190	990	1160	1280	1060	1240	1370	1120	1310	1450	1200	1410	1560	1250	1470	1620
3.26	Personalwohnheime	800	980	1080	860	1060	1160	919	1130	1240	970	1190	1320	1040	1280	1420	1080	1340	1480
3.27	Hotels	880	1150	1490	950	1230	1600	1010	1320	1710	1080	1400	1810	1150	1500	1940	1200	1570	2020
3.18	Sporthallen	970	970	970	970	1170	1250	1030	1250	1340	1100	1330	1420	1170	1420	1520	1230	1480	1580

3.3 Typisierte Gesamtnutzungsdauer = 50 Jahre

GKL	Baujahr	bis 1945			1946-1959			1960-1969			1970-1984			1985-1999			ab 2000		
	Ausstattungsstandard	einf.	mittel	geh.	einf.	mittel	geh.	einf.	mittel	geh.	einf.	mittel	geh.	einf.	mittel	geh.	einf.	mittel	geh.
3.31	Kaufhäuser, Warenhäuser	950	1120	1490	1020	1210	1600	1100	1290	1720	1160	1370	1820	1250	1470	1950	1300	1530	2030
3.32	Ausstellungsgebäude	1450	1450	1450	1450	1450	1450	1550	1550	1550	1540	1640	2070	1760	1760	2210	1840	1840	2310
3.33	Krankenhäuser	1430	1840	2260	1540	1980	2430	1650	2110	2600	1750	2240	2760	1870	2400	2950	1950	2500	3080
3.34	Vereinsheime	1020	1020	1020	1020	1130	1310	1090	1210	1410	1160	1280	1490	1240	1370	1600	1300	1430	1670
3.351	Parkhäuser (offene Ausführung, Parkpaletten)	490	490	490	490	490	490	530	530	530	560	560	560	590	590	590	620	620	620
3.352	Parkhäuser (geschlossene Ausführung)	610	610	610	610	610	610	650	650	650	690	690	690	740	740	740	780	780	780
3.353	Tiefgaragen	540	540	540	540	700	700	580	750	750	610	790	790	650	850	850	680	890	890
3.36	Funktionsgebäude für Sportanlagen (z. B. Sanitär- und Umkleideräume)	800	800	800	800	1010	1400	850	1080	1490	910	1150	1580	970	1230	1700	1010	1280	1770
3.37	Hallenbäder	1390	1390	1390	1390	1830	2020	1490	1960	2160	1570	2080	2290	1680	2230	2460	1750	2320	2570
3.381	Industriegebäude, Werkstätten ohne Büro- und Sozialtrakt	450	450	450	450	630	740	500	670	780	520	720	840	560	770	910	610	800	940
3.382	Industriegebäude, Werkstätten mit Büro- und Sozialtrakt	660	660	660	660	850	980	700	910	1040	740	970	1120	780	1040	1190	840	1090	1260
3.391	Lagergebäude (Kaltlager)	390	390	390	390	740	740	430	800	800	460	830	830	490	900	900	520	950	950
3.392	Lagergebäude (Warmlager)	510	510	510	510	860	860	550	920	920	580	970	970	610	1060	1060	660	1090	1090
3.393	Lagergebäude (Warmlager mit Büro- und Sozialtrakt)	820	820	820	820	1100	1100	850	1180	1180	920	1250	1250	970	1350	1350	1030	1430	1430

3.4 Typisierte Gesamtnutzungsdauer = 40 Jahre

GKL	Baujahr	bis 1945			1946-1959			1960-1969			1970-1984			1985-1999			ab 2000		
	Ausstattungs-standard	einf.	mittel	geh.	einf.	mittel	geh.	einf.	mittel	geh.	einf.	mittel	geh.	einf.	mittel	geh.	einf.	mittel	geh.
3.41	Einkaufs-märkte, Großmärkte, Läden	630	630	630	630	850	850	680	910	910	720	970	1090	770	1050	1170	800	1080	1220
3.42	Tennishallen	520	520	520	520	610	610	550	650	650	580	690	790	630	740	850	650	770	890
3.43	Reitsporthallen	200	200	200	200	200	200	200	200	200	200	210	260	210	240	280	220	240	290

4. Kleingaragen und Carports

4. Kleingaragen und Carports (Euro/m² BGF)
Typisierte Gesamtnutzungsdauer = 50 Jahre

GKL	Baujahr	alle
	Ausstattungsstandard	alle
4.11	Kleingaragen	290
4.12	Carports	170

6.4 Regelherstellungskosten 2010 (RHK 2010) [95] nach Anlage 24 zu § 190 Abs. 1 Satz 4 und 5[96]
Ermittlung des Gebäuderegelherstellungswerts
(einschließlich Baunebenkosten, Preisstand IV. Quartal 2010)

1. Ein- und Zweifamilienhäuser (EUR/m2 BGF) Typisierte Gesamtnutzungsdauer = 80 Jahre

GKL	Ausstattungs-standard	bis 1945			1946 – 1959			1960 – 1969			1970 – 1984			1985 – 1999			ab 2000		
	Baujahr	einf.	mittel	geh.	einf.	mittel	geh.	einf.	mittel	geh.	einf.	mittel	geh.	einf.	mittel	geh.	einf.	mittel	geh.
	mit Keller																		
1.11	Dachgeschoss ausgebaut	640	690	810	690	740	880	730	790	940	780	840	990	840	910	1060	870	940	1110
1.12	Dachgeschoss nicht ausgebaut	570	620	730	620	670	790	660	720	840	700	760	890	750	820	960	790	850	1010
1.13	Flachdach	640	700	810	700	750	880	740	800	930	790	850	990	850	910	1060	880	950	1110
	ohne Keller																		
1.21	Dachgeschoss ausgebaut	720	790	940	780	850	1020	830	910	1090	880	960	1150	950	1040	1250	990	1080	1300
1.22	Dachgeschoss nicht ausgebaut	640	700	840	690	760	910	740	800	960	780	850	1020	840	920	1100	880	960	1150
1.23	Flachdach	790	860	1020	850	930	1100	910	990	1180	850	920	1250	1040	1130	1350	1080	1180	1400

2. Wohnungseigentum und vergleichbares Teileigentum/ohne Tiefgaragenplatz (EUR/m2 BGF) Typisierte Gesamtnutzungsdauer = 80 Jahre

GKL	Ausstattungsstandard	bis 1945			1946 – 1959			1960 – 1969			1970 – 1984			1985 – 1999			ab 2000		
	Baujahr	einf	mittel	geh.	einf.	mittel	geh.	einf.	mittel	geh.	einf.	mittel	geh.	einf.	mittel	geh.	einf.	mittel	geh.
2.11	Alle Gebäude	750	760	770	760	800	870	810	850	920	860	900	980	920	970	1050	970	1010	1100

Für Wohnungseigentum in Gebäuden, die wie Ein- und Zweifamilienhäuser im Sinne des § 181 Absatz 2 BewG gestaltet sind, werden die Gebäudenormalherstellungswerte der Ein- und Zweifamilienhäuser zugrunde gelegt.
Umrechnungsfaktor hinsichtlich der Brutto-Grundfläche (BGF) für Wohnungseigentum in Mehrfamilienhäusern (Mietwohngrundstücke): BGF = 1,55 x Wohnfläche

3. Geschäftsgrundstücke, gemischt genutzte Grundstücke und sonstige bebaute Grundstücke (EUR/m2 BGF)

3.1	Typisierte Gesamtnutzungsdauer = 70 Jahre																		
GKL	Ausstattungs-standard	bis 1945			1946 – 1959			1960 – 1969			1970 – 1984			1985 – 1999			ab 2000		
	Baujahr	einf.	mittel	geh.	einf.	mittel	geh.	einf.	mittel	geh.	einf.	mittel	geh.	einf.	mittel	geh.	einf.	mittel	geh.
3.11	Gemischt genutzte Grundstücke/Gebäude (mit Wohn- und Gewerbefläche)	750	1090	1090	800	1170	1170	860	1250	1640	910	1320	1730	980	1420	1860	1020	1480	1940
3.12	Hochschulen, Universitäten	1610	1610	1920	1730	1730	2070	1850	1850	2210	1960	1960	2340	2100	2100	2510	2190	2190	2620
3.13	Saalbauten, Veranstaltungszentren	1430	1760	1760	1430	1890	2380	1530	2020	2550	1630	2140	2690	1740	2290	2890	1820	2390	3020
3.14	Kur- und Heilbäder	2820	2820	3130	3020	3020	3360	3240	3240	3600	3430	3430	3810	3680	3680	4090	3840	3840	4260

---

95 Gem. § 205 Abs. 4 BewG ist Teil II der Anlage 24 i .d. F. des Art. 10 des Gesetzes vom 7.12.2011 (BGBl. I S. 2592) auf Bewertungsstichtage nach dem 31.11.2011 anzuwenden.
96 Fundstelle: BGBl. I 2008, 3071 - 3076

3.2 Typisierte Gesamtnutzungsdauer = 60 Jahre

GKL	Baujahr / Ausstattungsstandard	bis 1945 einf.	mittel	geh.	1946–1959 einf.	mittel	geh.	1960–1969 einf.	mittel	geh.	1970–1984 einf.	mittel	geh.	1985–1999 einf.	mittel	geh.	ab 2000 einf.	mittel	geh.
3.211	Verwaltungsgebäude (ein- bis zweigeschossig, nicht unterkellert)	1060	1060	1060	1060	1240	1510	1130	1320	1620	1200	1400	1710	1280	1500	1840	1340	1570	1910
3.212	Verwaltungsgebäude (zwei- bis fünfgeschossig)	1400	1400	1680	1270	1500	1810	1350	1610	1940	1430	1710	2050	1540	1830	2210	1600	1900	2290
3.213	Verwaltungsgebäude (sechs- und mehrgeschossig)	1950	1950	1950	1950	1950	2440	2090	2090	2610	2220	2220	2760	2380	2380	2960	2470	2470	3090
3.22	Bankgebäude	2070	2070	2070	2070	2070	2380	2210	2210	2510	2340	2340	2670	2510	2510	2890	2620	2620	3010
3.23	Schulen, Berufsschulen	1150	1300	1410	1240	1400	1520	1320	1500	1630	1400	1590	1720	1500	1710	1850	1570	1780	1930
3.24	Kindergärten	1210	1210	1210	1210	1310	1680	1300	1410	1790	1370	1490	1900	1470	1600	2040	1530	1670	2130
3.25	Altenwohnheime	1020	1200	1320	1100	1290	1420	1170	1380	1520	1250	1460	1610	1340	1570	1730	1390	1640	1800
3.26	Personalwohnheime	890	1090	1200	950	1170	1290	1020	1260	1380	1080	1330	1470	1160	1430	1570	1210	1490	1640
3.27	Hotels	980	1280	1650	1050	1370	1780	1120	1470	1900	1200	1550	2010	1280	1670	2160	1330	1740	2250
3.28	Sporthallen	1080	1080	1080	1080	1300	1390	1150	1390	1480	1220	1470	1570	1300	1580	1690	1360	1650	1760

3.3 Typisierte Gesamtnutzungsdauer = 50 Jahre

GKL	Baujahr / Ausstattungsstandard	bis 1945 einf.	mittel	geh.	1946–1959 einf.	mittel	geh.	1960–1969 einf.	mittel	geh.	1970–1984 einf.	mittel	geh.	1985–1999 einf.	mittel	geh.	ab 2000 einf.	mittel	geh.
3.31	Kaufhäuser, Warenhäuser	1070	1260	1670	1150	1350	1800	1230	1440	1920	1300	1530	2030	1400	1640	2180	1450	1710	2270
3.32	Ausstellungsgebäude	1630	1630	1630	1630	1630	1630	1730	1730	1730	1840	1840	2310	1970	1970	2480	2050	2050	2580
3.33	Krankenhäuser	1610	2060	2530	1730	2210	2720	1850	2360	2910	1950	2500	3080	2100	2680	3310	2180	2800	3450
3.34	Vereinsheime, Jugendheime, Tagesstätten	1140	1140	1140	1140	1260	1470	1220	1350	1570	1300	1430	1670	1390	1530	1790	1450	1600	1860
3.351	Parkhäuser (offene Ausführung, Parkpaletten), Tankstellen	550	550	550	550	550	550	590	590	590	620	620	620	670	670	670	700	700	700
3.352	Parkhäuser (geschlossene Ausführung)	680	680	680	680	680	680	730	730	730	770	770	770	830	830	830	870	870	870
3.353	Tiefgaragen*)	600	600	600	600	780	780	650	840	840	680	890	890	730	950	950	770	990	990
3.36	Funktionsgebäude für Sportanlagen (z. B. Sanitär- und Umkleideräume)	900	900	900	900	1140	1560	960	1210	1670	1020	1290	1770	1090	1380	1900	1140	1430	1980
3.37	Hallenbäder	1550	1550	1550	1550	2050	2260	1660	2190	2420	1760	2320	2570	1890	2490	2750	1960	2600	2870
3.381	Industriegebäude, Werkstätten ohne Büro- und Sozialtrakt	510	510	510	510	710	830	550	750	880	590	800	940	630	860	1020	680	890	1050
3.382	Industriegebäude, Werkstätten mit Büro- und Sozialtrakt	740	740	740	740	960	1100	780	1020	1160	830	1080	1250	880	1160	1330	940	1220	1410
3.391	Lagergebäude (Kaltlager)	440	440	440	440	820	820	480	900	900	510	930	930	550	1010	1010	590	1060	1060
3.392	Lagergebäude (Warmlager)	570	570	570	570	960	960	610	1040	1040	650	1090	1090	680	1180	1180	740	1220	1220
3.393	Lagergebäude (Warmlager mit Büro- und Sozialtrakt)	910	910	910	910	1230	1230	950	1320	1320	1030	1400	1400	1080	1510	1510	1160	1600	1600

*) Umrechnungsfaktor hinsichtlich der Brutto-Grundfläche (BGF) für Tiefgaragen: BGF = tatsächliche Stellplatzfläche (Länge x Breite) x 1,55

IV Syst. Darst. Sachwertverfahren RHK 2010

3.4 Typisierte Gesamtnutzungsdauer = 40 Jahre

Baujahr		bis 1945			1946 – 1959			1960 – 1969			1970 – 1984			1985 – 1999			ab 2000		
GKL	Ausstattungs-standard	einf.	mittel	geh.	einf.	mittel	geh.	einf.	mittel	geh.	einf.	mittel	geh.	einf.	mittel	geh.	einf.	mittel	geh.
3.41	Einkaufsmärkte, Großmärkte, Discountermärkte, Läden, Apotheken, Boutiquen u. Ä.	710	710	710	710	950	950	760	1020	1020	800	1090	1220	860	1170	1310	900	1210	1370
3.42	Tennishallen	580	580	580	580	680	680	620	730	730	650	770	890	700	830	950	730	860	1000
3.43	Reitsporthallen mit Stallungen, andere Stallungen, ehemalige landwirtschaftliche Mehrzweckhallen, Scheunen u. Ä.	220	220	220	220	220	220	220	220	220	220	240	290	240	260	310	250	270	330

4. Kleingaragen und Carports (EUR/m2 BGF)

	Typisierte Gesamtnutzungsdauer = 50 Jahre	
	Baujahr	alle
GKL	Ausstattungsstandard	alle
4.11	Kleingaragen, freistehend	320
4.12	Carports	190

5. Teileigentum

Teileigentum ist in Abhängigkeit von der baulichen Gestaltung den vorstehenden Gebäudeklassen zuzuordnen.

6. Auffangklausel

Regelherstellungskosten für nicht aufgeführte Gebäudeklassen sind aus den Regelherstellungskosten vergleichbarer Gebäudeklassen abzuleiten.

Baukosten Syst. Darst. Sachwertverfahren IV

6.5 Baukosten Vergleichswerte nach Schmitz/Krings/Dahlhaus/Meisel

Der in der Praxis gebräuchliche Baukostenkatalog 2012/13[97] gibt als Baukosten Vergleichswerte an, die

- sich auf den Quadratmeter Wohn- oder Nutzfläche beziehen, wobei sich die Wohnfläche (WF) nach der WFlVO und die Nutzfläche nach der DIN 277 bestimmt,
- die 19%ige Mehrwertsteuer einschließt und
- noch nicht die Baunebenkosten einschließen.

Abb. 1: Baukosten je Quadratmeter Wohn- oder Nutzfläche einschließlich 19 % Mehrwertsteuer

Baukosten 2012/III	von	mittel	bis
Fachwerkhäuser			
– schlechter Zustand	2 100	2 900	3 350
– mittlerer Zustand	1 300	1 800	2 100
– guter Zustand	1 200	1 350	1 500
Gründerzeithäuser			
– Städtische Gebäude	850	1 050	1 150
– Siedlungshäuser	950	1 200	1 250
Bauten 1920 bis 1939	850	1 000	1 100
Bauten 1950 bis 1959	850	950	1 050

Quelle: Schmitz/Krings/Dahlhaus, Meisel, Baukosten 2012/13, 21. Aufl.

Abb. 2: Baukosten je Quadratmeter Wohn- oder Nutzfläche einschließlich 19 % Mehrwertsteuer von Fachwerkhäusern

Baukosten von Fachwerkhäusern in € pro Quadratmeter Wohn- bzw. Nutzfläche									
	schlecht			mittel			gut		
	von	mittel	bis	von	mittel	bis	von	mittel	bis
Abbruch-Rohbauarbeiten	965	1 125	1 300	380	480	525	240	275	305
Zimmerarbeiten	440	575	670	278	310	336	184	204	225
Dachdeckerarbeiten	100	115	131	95	105	116	90	94	105
Putzarbeiten/Trockenbau	220	285	325	178	220	246	148	158	168
Fliesenarbeiten	37	42	53	34	42	50	37	42	53
Estricharbeiten	23	32	37	21	26	34	21	26	32
Schreinerarbeiten	136	162	184	100	116	130	60	68	74
Schlosserarbeiten	19	26	37	12,50	16	21	10,50	16	21
Fenster	116	136	162	110	126	142	105	112	126
Malerarbeiten	84	100	116	79	84	95	79	84	95
Bodenbelagsarbeiten	29	37	42	29	37	42	29	37	42
Heizungsinstallation	68	74	84	68	75	84	68	74	84
Sanitärinstallation	68	84	95	68	84	95	68	84	95
Elektroinstallation	40	47	58	40	47	58	40	47	58
Außenanlagen	10,50	37	63	10,50	37	63	10,50	37	63
Baukosten gesamt (Mittelwert)		2 900			1 800			1 350	

Quelle: Schmitz/Krings/Dahlhaus, Meisel, Baukosten 2012/13, 21. Aufl.

---

[97] Schmitz/Krings/Dahlhaus/Meisel, Baukosten 2012/13 Altbau, 21. Aufl. 2012/13.

IV Syst. Darst. Sachwertverfahren — Baukosten

Abb. 3: Baukosten je Quadratmeter Wohn- oder Nutzfläche einschließlich 19 % Mehrwertsteuer von Gründerzeithäusern sowie Bauten der Baualtersstufen 1920 – 1939 und 1950 – 1959.

Baukosten von Fachwerkhäusern sowie Bauten nach Baualtersstufen in € pro Quadratmeter Wohn- bzw. Nutzfläche									
	Gründerzeithäuser Städtische Gebäude			Bauten (1920 – 1939)			Bauten (1950 – 1959)		
	von	mittel	bis	von	mittel	bis	von	mittel	bis
Abbruch-Rohbauarbeiten	68	84	95	68	79	95	50	63	68
Zimmerarbeiten	16	32	42	16	32	42	16	32	42
Dachdeckerarbeiten	68	79	95	63	75	84	63	69	74
Putzarbeiten/Trockenbau	126	158	184	126	158	178	136	162	184
Fliesenarbeiten	26	37	47	37	42	53	29	37	42
Estricharbeiten	21	32	40	21	32	40	16	26	32
Schreinerarbeiten	47	63	89	47	63	79	47	58	65
Schlosserarbeiten	16	21	26	23	32	25	23	32	37
Fenster	95	116	132	63	79	95	74	84	90
Malerarbeiten	95	116	132	68	79	84	79	84	89
Bodenbelagsarbeiten	21	32	47	23	32	40	27	32	42
Heizungsinstallation	63	74	89	57	68	79	47	58	68
Sanitärinstallation	79	89	100	80	89	100	79	84	89
Elektroinstallation	74	84	105	74	84	105	74	84	105
Außenanlagen	16	37	47	32	58	79	32	42	53
Baukosten gesamt (Mittelwert)		1 050			1 000			950	

Quelle: Schmitz/Krings/Dahlhaus, Meisel, Baukosten 20012/13, 21. Aufl.

Die **Baunebenkosten** (Kostengruppe 700 DIN 276) sind ergänzend anzusetzen mit

- 15 bis 18 % der Baukosten bei größeren Projekten (≥ 1 Mio. €),
- 18 bis 22 % der Baukosten bei kleineren Projekten (≤ 1 Mio. €),
- 23 bis 25 % der Baukosten bei kleineren Projekten (≤ 0,5 Mio. €) und hohem Schwierigkeitsgrad.

§ 21 ImmoWertV
Ermittlung des Sachwerts

(1) Im Sachwertverfahren wird der Sachwert des Grundstücks aus dem Sachwert der nutzbaren baulichen und sonstigen Anlagen sowie dem Bodenwert (§ 16) ermittelt; die allgemeinen Wertverhältnisse auf dem Grundstücksmarkt sind insbesondere durch die Anwendung von Sachwertfaktoren (§ 14 Absatz 2 Nummer 1) zu berücksichtigen.

(2) Der Sachwert der baulichen Anlagen (ohne Außenanlagen) ist ausgehend von den Herstellungskosten (§ 22) unter Berücksichtigung der Alterswertminderung (§ 23) zu ermitteln.

(3) Der Sachwert der baulichen Außenanlagen und der sonstigen Anlagen wird, soweit sie nicht vom Bodenwert miterfasst werden, nach Erfahrungssätzen oder nach den gewöhnlichen Herstellungskosten ermittelt. Die §§ 22 und 23 sind entsprechend anzuwenden.

Gliederungsübersicht   Rn.

1 Übersicht (§ 21 Abs. 1 ImmoWertV)
   1.1 Zusammensetzung des Sachwerts 1
   1.2 Sachwertbezogene Begriffe
      1.2.1 Allgemeines 6
      1.2.2 Bauliche Anlagen 7
      1.2.3 Bauliche Außenanlagen 9
      1.2.4 Sonstige Anlagen 11
2 Ermittlung des Bodenwerts 12
3 Ermittlung des Sachwerts baulicher Anlagen (Gebäudesachwert) nach § 21 Abs. 2 ImmoWertV 13
4 Ermittlung des Sachwerts baulicher und sonstiger Außenanlagen (§ 21 Abs. 3 ImmoWertV) 16
5 Ermittlung des Wertanteils besonderer objektspezifischer Grundstücksmerkmale (§ 8 Abs. 3 ImmoWertV) 19

1 Übersicht (§ 21 Abs. 1 ImmoWertV)

▶ *Zur Verfahrenswahl vgl. § 8 ImmoWertV Rn. 70 ff. sowie Syst. Darst. des Sachwertverfahrens Rn. 1 ff.; zur Anwendung des Sachwertverfahrens vgl. die umfassende Darstellung in der Syst. Darst. des Sachwertverfahrens Rn. 16 ff.*

1.1 Zusammensetzung des Sachwerts

§ 21 ImmoWertV regelt in drei Absätzen die Ermittlung des Sachwerts des Grundstücks (Gebäudesachwert).   1

– Nach *§ 21 Abs. 1 Satz 1 ImmoWertV* setzt sich der **Grundstückssachwert** zusammen aus dem getrennt zu ermittelnden

   • *vorläufigen* Sachwert der baulichen Anlagen, die nach § 21 Abs. 2 ImmoWertV nicht die baulichen Außenanlagen umfassen,

   • *vorläufigen* Sachwert der sonstigen Anlagen, soweit sie nicht vom Bodenwert erfasst sind, und

   • *vorläufigen* Bodenwert.

IV § 21 ImmoWertV — Ermittlung des Sachwerts

- Nach § 21 *Abs. 2 ImmoWertV* ist **der Sachwert der baulichen Anlagen** nach den Herstellungskosten (§ 22 ImmoWertV) unter Berücksichtigung der Alterswertminderung (§ 23 ImmoWertV) zu ermitteln.

- Nach § 21 *Abs. 3 ImmoWertV* ist der **Sachwert der baulichen Außenanlagen und sonstigen Anlagen** vornehmlich nach Erfahrungssätzen oder nach Herstellungskosten (§ 22 ImmoWertV) unter Berücksichtigung der Alterswertminderung (§ 23 ImmoWertV) zu ermitteln.

2 Es ist grundsätzlich nur der **Sachwert der „nutzbaren" Anlagen** zu berücksichtigen, wobei es auf die wirtschaftliche und nicht die technische Nutzbarkeit ankommt (vgl. Syst. Darst. des Sachwertverfahrens Rn. 9, 21).

3 Nach § 21 ImmoWertV sind bei Anwendung des Sachwertverfahrens der **Bodenwert, der Sachwert der baulichen Anlagen** (ohne Außenanlagen) sowie **der Sachwert der baulichen Außenanlagen und sonstigen Anlagen (Aufwuchs) getrennt zu ermitteln und zum Grundstückssachwert zusammenzufassen.**

4 Mit § 21 ImmoWertV wird die Zusammensetzung des Sachwerts unvollständig beschrieben. Über die in § 21 Abs. 1 Satz 1 ImmoWertV genannten Bestandteile des Sachwerts hinaus sind auch die in § 8 Abs. 3 ImmoWertV aufgeführten „besonderen objektspezifischen Grundstücksmerkmale" integraler Bestandteil der Sachwertermittlung, soweit sie nicht direkt mit dem vorläufigen Sachwert der baulichen und sonstigen Anlagen, dem Bodenwert sowie mit dem Sachwertfaktor erfasst worden sind. Dies ergibt sich aus § 8 Abs. 2 ImmoWertV, nach dem „*in den Wertermittlungsverfahren*" neben den (auch in § 21 Abs. 1, 2. Halbsatz ImmoWertV) angesprochenen allgemeinen Wertverhältnissen auf dem Grundstücksmarkt (Lage auf dem Grundstücksmarkt), die „besonderen objektspezifischen Grundstücksmerkmale" gesondert zu berücksichtigen sind. Diese auf Empfehlung des Bundesrates eingeführte Ergänzung ist sachgerecht, denn die Ermittlung eines Sachwerts ohne Berücksichtigung etwaig vorhandener Baumängel und Bauschäden ist schlichtweg unsinnig[1]. Bei dem nach Maßgabe der §§ 21 bis 23 ImmoWertV ermittelten Sachwert handelt es sich deshalb in aller Regel nur um einen **„vorläufigen Sachwert"**.

5 Nach § 8 Abs. 2 und 3 ImmoWertV bestimmt sich der Sachwert des Grundstücks, indem

1. der nach den §§ 21 bis 23 ImmoWertV ermittelte vorläufige Sachwert durch **Anwendung des einschlägigen Sachwertfaktors** nach § 14 Abs. 2 Nr. 1 ImmoWertV an die allgemeinen Wertverhältnisse auf dem Grundstücksmarkt angepasst wird (Marktanpassung nach § 21 Abs. 1 2. Halbsatz ImmoWertV) und

2. die „besonderen **objektspezifischen Grundstücksmerkmale**" (Anomalien) in marktkonformer Weise ergänzend berücksichtigt werden (vgl. § 8 ImmoWertV Rn. 178).

Aus dem so ermittelten Sachwert ist der Verkehrswert (Marktwert) unter Würdigung der Ergebnisse anderer herangezogener Wertermittlungsverfahren abzuleiten (§ 8 Abs. 1 Satz 3 ImmoWertV).

---

1 Dementsprechend schrieb auch die WertV 88/98 ausdrücklich vor, dass im Rahmen der Sachwertermittlung besondere objektspezifische Grundstücksmerkmale zu berücksichtigen sind (§ 21 Abs. 3 i. V. m. §§ 24 und 25 WertV 88/98).

Abb. 1: Verkehrswertermittlung unter Anwendung des Sachwertverfahrens

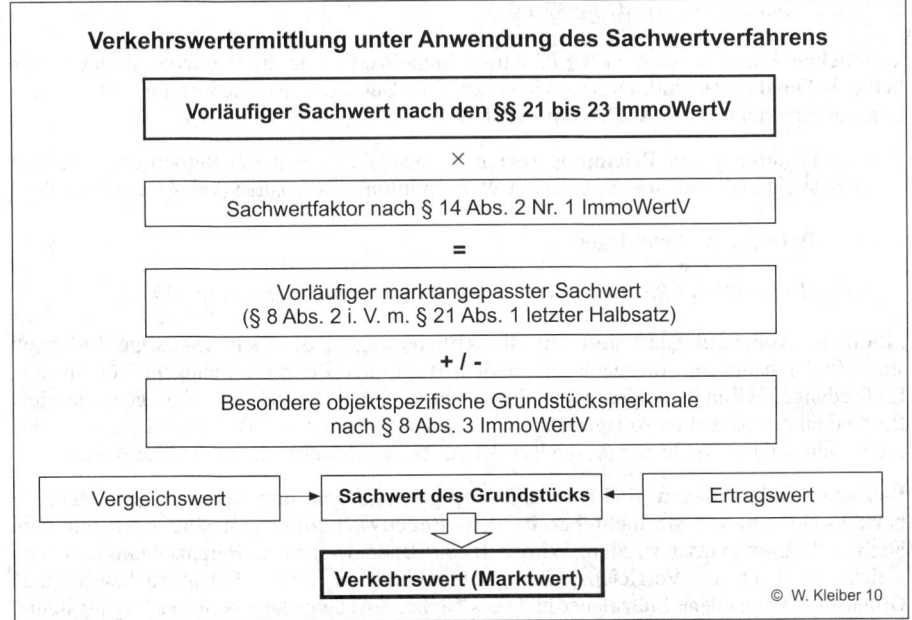

Der „Sachwert des Grundstücks" bestimmt sich nach der Gesamtsystematik der ImmoWertV (§§ 21 bis 23 i. V. m. § 8 Abs. 2 und 3 ImmoWertV) unter Einbeziehung der Marktlage bzw. „Lage auf dem Grundstücksmarkt"; es wird mithin ein **marktangepasster (vorläufiger) Sachwert** ermittelt. Dies ergibt sich daraus, dass § 21 Abs. 1 ImmoWertV ausdrücklich befiehlt, die allgemeinen Wertverhältnisse auf dem Grundstücksmarkt insbesondere durch Anwendung von Sachwertfaktoren (§ 14 Abs. 2 Nr. 1 ImmoWertV) zu berücksichtigen, und zwar noch vor der Berücksichtigung der besonderen objektspezifischen Grundstücksmerkmale (§ 8 Abs. 3 ImmoWertV).

Im Unterschied hierzu bestimmte sich der Sachwert des Grundstücks nach den §§ 21 bis 25 WertV 88/98, aus denen die §§ 21 ff. hervorgegangen sind, als ein kostenorientierter Sachwert des Grundstücks. §§ 21 bis 25 WertV 88/98 sahen keine Marktanpassung vor; der nach diesen Vorschriften ermittelte Sachwert war vielmehr erst nachträglich der Marktlage anzupassen. § 7 Abs. 1 Satz 1 WertV 88/98 bestimmte diesbezüglich, dass der Verkehrswert (Marktwert) „aus dem Ergebnis des herangezogenen" Sachwertverfahrens „unter Berücksichtigung der Lage auf dem Grundstücksmarkt (§ 3 Abs. 3 WertV 88/98 = § 3 Abs. 2 ImmoWertV) zu bemessen" ist. Hieraus folgt, dass **der unter Berücksichtigung der Marktlage ermittelte Sachwert (nach ImmoWertV) ein Aliud zu dem rein kostenorientierten Sachwert** (der WertV 88/98) ist.

1.2 Sachwertbezogene Begriffe

1.2.1 Allgemeines

Im Rahmen der Sachwertermittlung nach den Regelungen der ImmoWertV werden die Begriffe „bauliche Anlagen" und „Außenanlagen" mit einem vom allgemeinen Sprachgebrauch und von bundes- und landesrechtlichen Bestimmungen abweichenden Inhalt gebraucht.

1.2.2 Bauliche Anlagen

▶ *Vgl. § 1 ImmoWertV Rn. 41 ff., 57, 60*

7 „Baulichen Anlagen" sind nach § 22 Abs. 2 ImmoWertV **nur die baulichen Anlagen, die keine Außenanlagen sind.** Dies sind in erster Linie Gebäude einschließlich ihrer besonderen Betriebseinrichtungen (DIN 276 vom Juni 1993).

8 Bei der Ermittlung von **Beleihungswerten** bleiben die besonderen Betriebseinrichtungen außer Betracht und sind einer besonderen Wertermittlung vorbehalten (vgl. § 23 BelWertV).

1.2.3 Bauliche Außenanlagen

▶ *Vgl. § 1 ImmoWertV Rn. 44 ff.; Syst. Darst. des Sachwertverfahrens Rn. 200 ff.*

9 „**Bauliche Außenanlagen" sind nur die Außenanlagen, die nicht „sonstige Anlagen" sind.** Zu den baulichen Außenanlagen gehören Wege- und Platzbefestigungen, Stützmauern, Einfriedungen, Grundleitungen usw., aber auch besondere Betriebseinrichtungen, die nicht Bestandteil der baulichen Anlagen im vorstehenden Sinne sind (z. B. Gleisanlagen). Zu den „sonstigen Anlagen" gehört insbesondere der auf einem Grundstück vorhandene Aufwuchs.

10 Bauliche Außenanlagen sind wie die sonstigen Anlagen **nur insoweit gesondert zu berücksichtigen, wie sie nicht bereits vom Bodenwert miterfasst sind oder mit dem Sachwertfaktor erfasst werden.** Wird z. B. der Bodenwert unter Heranziehung von Vergleichspreisen ebener Vergleichsgrundstücke ermittelt, ist eine auf dem zu bewertenden Grundstück vorhandene Stützmauer nicht als bauliche Außenanlage berücksichtigungsfähig, wenn dadurch eine ebene Grundstücksnutzung herbeigeführt wurde.

1.2.4 Sonstige Anlagen

▶ *Vgl. Rn. 16; § 1 ImmoWertV Rn. 28, 48 ff.; § 8 ImmoWertV Rn. 51, 324, 384; Syst. Darst. des Sachwertverfahrens Rn. 200*

11 Mit dem aus der WertV 88/98 übernommenen Begriff der „sonstigen Anlagen" ist insbesondere der auf einem Grundstück vorhandene Aufwuchs (Gartenanlagen, Anpflanzungen und Parks) angesprochen (vgl. die Begründung zu § 21 WertV 88[2]), aber auch nur insoweit, wie die sonstigen Anlagen nicht bereits vom Bodenwert miterfasst sind. Des Weiteren kann der **verbleibende Anteil des Sachwerts von Aufwuchs am Marktwert** – wie der Anteil des Sachwerts baulicher Außenanlagen – nach dem Modell der Anl. 5 zur SachwertR **mit dem Sachwertfaktor erfasst** werden; eine ergänzende Berücksichtigung kommt dann nach Maßgabe des § 8 Abs. 3 ImmoWertV nur noch in Betracht, soweit der Aufwuchs vom üblichen mit dem Sachwertfaktor erfassten Umfang abweicht und diese Abweichung im gewöhnlichen Geschäftsverkehr berücksichtigt wird.

2 Ermittlung des Bodenwerts

▶ *Vgl. Syst. Darst. des Vergleichswertverfahrens Rn. 149; Syst. Darst. des Sachwertverfahrens Rn. 45 ff.; § 16 ImmoWertV Rn. 1 ff.; § 8 ImmoWertV Rn. 384 ff.*

12 Der Bodenwert ist nach § 21 Abs. 1 ImmoWertV gesondert zu ermitteln, wobei die Vorschrift lediglich auf § 16 ImmoWertV verweist. § 16 ImmoWertV enthält neben dem **Hinweis auf die vorrangig anzuwendenden Vorschriften über das Vergleichswertverfahren** (§ 15 ImmoWertV) keine eigenen verfahrensrechtlichen Regelungen der „Bodenwertermittlung",

---

[2] BR-Drucks. 352/88.

wenn man von den ergänzenden Hinweisen des § 16 Abs. 1 Satz 2 und 3 ImmoWertV über das Bodenrichtwertverfahren absieht.

Mit dem Hinweis auf § 16 ImmoWertV sollen aber die **materiellen Grundsätze der Bodenwertermittlung** herausgestellt werden:

a) Nach der Grundsatzregelung des § 16 Abs. 1 ImmoWertV ist der Bodenwert eines bebauten Grundstücks im Weg des Vergleichswertverfahrens nach § 15 ImmoWertV „ohne Berücksichtigung der vorhandenen baulichen Anlagen auf dem Grundstück" mit dem Wert zu ermitteln, der sich für ein vergleichbares unbebautes Grundstück ergeben würde.

b) Nach § 16 Abs. 3 ImmoWertV ist der nach § 16 Abs. 1 Satz 1 maßgebliche Bodenwert eines unbebauten Grundstücks bei alsbald anstehender Freilegung des Grundstücks um die üblichen Freilegungskosten zu mindern, soweit sie im gewöhnlichen Geschäftsverkehr berücksichtigt werden.

c) Soweit die auf dem Grundstück realisierte Bebauung von der nach § 6 Abs. 1 zulässigen bzw. lagetypischen Bebauung abweicht, ist dies nach Maßgabe des § 8 Abs. 3 ImmoWertV zu berücksichtigen (vgl. auch die Sonderregelung des § 16 Abs. 4 ImmoWertV zu Sanierungsgebieten und Entwicklungsbereichen).

Im Einzelnen wird auf die einschlägigen Erläuterungen hingewiesen.

3 Ermittlung des Sachwerts baulicher Anlagen (Gebäudesachwert) nach § 21 Abs. 2 ImmoWertV

▶ *Näheres in der Syst. Darst. des Sachwertverfahrens Rn. 50 ff.*

§ 21 Abs. 2 ImmoWertV bestimmt lediglich, dass der Sachwert der baulichen Anlagen, insbesondere eines Gebäudes, ausgehend von Herstellungskosten nach § 22 ImmoWertV unter Berücksichtigung der Alterswertminderung nach § 23 ImmoWertV zu ermitteln ist.

Die sich **nach Maßgabe des** § 22 ImmoWertV **bemessenden Herstellungskosten sind nur die Ausgangsgröße,** weil es sich dabei um die auf den Wertermittlungsstichtag bezogenen gewöhnlichen Herstellungskosten (Normalherstellungskosten eines Neubaus) handelt.

Ausgehend von diesen Herstellungskosten ergibt sich der Sachwert der baulichen Anlage (Gebäudesachwert) unter Berücksichtigung der bis zum Wertermittlungsstichtag eingetretenen Wertverluste durch Alterung (**Alterswertminderung**) nach Maßgabe des § 23 ImmoWertV.

4 Ermittlung des Sachwerts baulicher und sonstiger Außenanlagen (§ 21 Abs. 3 ImmoWertV)

▶ *Vgl. § 1 ImmoWertV Rn. 48 ff.; § 8 ImmoWertV Rn. 403; Syst. Darst. des Ertragswertverfahrens Rn. 32, 84; Syst. Darst. des Sachwertverfahrens Rn. 35 ff., 119, 200 ff., 207*

▶ **Aufwuchs** (Schutz- und Gestaltungsgrün, wie z. B. übliche Anpflanzungen, übliche Nutz- oder Ziergärten) wird im Allgemeinen mit dem Bodenwert erfasst, wenn er bei entsprechenden Vergleichspreisen nicht vorher herausgerechnet wurden. Im Ausnahmefall können aber parkartig gestaltete Gärten oder wertvolle Anpflanzungen den Wert eines Grundstücks erhöhen und sind als „sonstige Anlagen" ergänzend zu berücksichtigen[3].

---

3 BR-Drucks. 352/88, S. 60 f.

17 § 21 Abs. 3 ImmoWertV enthält eine zusammenfassende Regelung der Ermittlung des Sachwerts baulicher Außenanlagen und des Sachwerts sonstiger Anlagen (Aufwuchs). Dabei ist von folgenden **Grundsätzen** auszugehen:

1. Bauliche Außenanlagen und sonstige Anlagen (Aufwuchs) sind zur Vermeidung einer Doppelberücksichtigung nur insoweit zu erfassen, wie sie nicht bereits mit dem *Bodenwert* nach § 16 ImmoWertV berücksichtigt worden sind (vgl. Rn. 17).

2. Soweit eine ergänzende Berücksichtigung des Sachwerts baulicher Außenanlagen und sonstiger Anlagen (Aufwuchs) erforderlich ist, wird mit **§ 21 Abs. 3 ImmoWertV**

    a) an erster Stelle eine Ermittlung des Sachwerts baulicher Außenanlagen und sonstiger Anlagen (Aufwuchs) auf der Grundlage von „Erfahrungssätzen" und

    b) an zweiter Stelle und damit nachrangig eine Ermittlung auf der Grundlage von gewöhnlichen Herstellungskosten unter entsprechender Anwendung der §§ 22 und 23 ImmoWertV genannt.

Entsprechend der vom Verordnungsgeber vorgegebenen Reihenfolge und entsprechend der herrschenden Praxis kann der Sachwert der sonstigen Anlagen nach **Erfahrungssätzen** ermittelt werden, und zwar direkt auf der Grundlage von Erfahrungssätzen, die den Wertverhältnissen des Wertermittlungsstichtags entsprechen (Zeitwerte); eine Alterswertminderung ist in diesem Fall nicht mehr vorzunehmen. In Betracht kommen vor allem Erfahrungssätze, die sich (als Vomhundertsatz) an dem auf den Wertermittlungsstichtag bezogenen Grundstückssachwert orientieren.

18 Die **SachwertR** zeigt darüber hinaus einen weiteren Weg zur subsidiären Berücksichtigung des Wertanteils von baulichen Außenanlagen und sonstigen Außenanlagen (Aufwuchs) auf. Nach den Empfehlungen der SachwertR kann der Anteil des Sachwerts baulicher Außenanlagen und sonstiger Anlagen (Aufwuchs)

1. mit dem Sachwertfaktor oder
2. mit einem pauschalen Ansatz (vgl. die erstgenannte Alternative des § 21 Abs. 3 ImmoWertV)

erfasst werden; eine ergänzende Berücksichtigung kommt dann nach Maßgabe des § 8 Abs. 3 ImmoWertV nur noch in Betracht, soweit der Aufwuchs vom üblichen mit dem Sachwertfaktor oder der Pauschale erfassten Umfang abweicht und dies im gewöhnlichen Geschäftsverkehr berücksichtigt wird.

5 Ermittlung des Wertanteils besonderer objektspezifischer Grundstücksmerkmale (§ 8 Abs. 3 ImmoWertV)

▶ *Vgl. Rn. 4 sowie umfassend § 8 ImmoWertV Rn. 178 ff.; Syst. Darst. des Sachwertverfahrens Rn. 12 ff., 23, 270 ff.*

19 Der Bodenwert ergibt zusammen mit dem Sachwert der baulichen Anlagen (Gebäudesachwert) sowie dem Sachwert der Außenanlagen in aller Regel nur den „vorläufigen" Sachwert. Daneben sind im Rahmen der Sachwertermittlung auch noch die besonderen objektspezifischen Grundstücksmerkmale i. S. des § 8 Abs. 3 ImmoWertV, soweit sie mit den Herstellungskosten und der Alterswertminderung oder sonst wie noch nicht erfasst worden sind. Die **Berücksichtigung der besonderen objektspezifischen Grundstücksmerkmale (Anomalien) ist neben der Marktanpassung** (§ 21 Abs. 1 letzter Halbsatz i. V. m. § 8 Abs. 2 und § 16 Abs. 2 Nr. 1 ImmoWertV) **integraler Bestandteil der Sachwertermittlung,** auch wenn in den §§ 21 bis 23 ImmoWertV hierauf nicht hingewiesen wird. Auf die einschlägigen Erläuterungen wird verwiesen.

Besondere objektspezifische Grundstücksmerkmale sind neben den in § 8 Abs. 3 Immo- **20** WertV genannten Besonderheiten bei konsequenter Beachtung des Grundsatzes der Modellkonformität auch solche **Grundstücksmerkmale,**

a) *die von den durchschnittlichen Grundstücksmerkmalen der Referenzgrundstücke abweichen, die dem herangezogenen Sachwertfaktor (§ 14 Abs. 2 ImmoWertV) zugrunde liegen und deshalb bei der Ermittlung des vorläufigen Sachwerts zunächst nicht berücksichtigt wurden,* sowie

b) Grundstücksmerkmale, *die auch nicht direkt mit dem (ggf. modifizierten) Sachwertfaktor berücksichtigt worden sind.*

Sie sind ergänzend nach Maßgabe des § 8 Abs. 3 ImmoWertV zu berücksichtigen. Auf die einschlägigen Erläuterungen wird verwiesen.

IV § 22 ImmoWertV — Herstellungskosten

§ 22 ImmoWertV
Herstellungskosten

(1) Zur Ermittlung der Herstellungskosten sind die gewöhnlichen Herstellungskosten je Flächen-, Raum- oder sonstiger Bezugseinheit (Normalherstellungskosten) mit der Anzahl der entsprechenden Bezugseinheiten der baulichen Anlagen zu vervielfachen.

(2) Normalherstellungskosten sind die Kosten, die marktüblich für die Neuerrichtung einer entsprechenden baulichen Anlage aufzuwenden wären. Mit diesen Kosten nicht erfasste einzelne Bauteile, Einrichtungen oder sonstige Vorrichtungen sind durch Zu- oder Abschläge zu berücksichtigen, soweit dies dem gewöhnlichen Geschäftsverkehr entspricht. Zu den Normalherstellungskosten gehören auch die üblicherweise entstehenden Baunebenkosten, insbesondere Kosten für Planung, Baudurchführung, behördliche Prüfungen und Genehmigungen. Ausnahmsweise können die Herstellungskosten der baulichen Anlagen nach den gewöhnlichen Herstellungskosten einzelner Bauleistungen (Einzelkosten) ermittelt werden.

(3) Normalherstellungskosten sind in der Regel mit Hilfe geeigneter Baupreisindexreihen an die Preisverhältnisse am Wertermittlungsstichtag anzupassen.

Gliederungsübersicht   Rn.

1   Herstellungskosten (§ 22 ImmoWertV)
    1.1   Übersicht 1
    1.2   Ermittlung der Herstellkosten 8
    1.3   Umsatz-, Mehrwertsteuer (MwSt.)
        1.3.1   Marktwertermittlung nach ImmoWertV 11
        1.3.2   Steuerliche Bewertung 13
2   Normalherstellungskosten (§ 22 Abs. 2 ImmoWertV)
    2.1   Allgemeines 14
    2.2   Baunebenkosten (§ 22 Abs. 2 Satz 3 ImmoWertV) 17
    2.3   Bezugseinheit
        2.3.1   Allgemeines 18
        2.3.2   Raummeterpreise 20
        2.3.3   Flächenpreise 24
3   Ermittlung der Herstellungskosten baulicher Anlagen
    3.1   Allgemeines 26
    3.2   Ermittlung der Herstellungskosten auf der Grundlage von Normalherstellungskosten
        3.2.1   Allgemeines 29
        3.2.2   Normalherstellungskosten 2010 (NHK 2010) 35
4   Ermittlung der Herstellkosten baulicher Anlagen nach Einzelkosten (§ 22 Abs. 2 Satz 4 ImmoWertV)
    4.1   Verkehrswertermittlung 36
    4.2   Steuerliche Bewertung 38
5   Umrechnung von Normalherstellungskosten au die Preisverhältnisse am Wertermittlungsstichtag (§ 22 Abs. 3 ImmowertV) 40

1 Herstellungskosten (§ 22 ImmoWertV)

1.1 Übersicht

▶ *Hierzu bereits Syst. Darst. des Sachwertverfahrens Rn. 35 ff., 54 ff.*

1   § 22 ImmoWertV regelt die Ermittlung der **Herstellungskosten von Gebäuden** (Gebäudenormalherstellungswert), von denen bei der Ermittlung des Sachwerts der baulichen Anlagen (ohne Außenanlagen) auszugehen ist (§ 21 Abs. 2 ImmoWertV).

- Nach § 22 Abs. 1 ImmoWertV dürfen zur Ermittlung des Sachwerts baulicher Anlagen nur „gewöhnliche" Herstellungskosten herangezogen werden, die (mit dem Klammerzusatz) als **„Normalherstellungskosten"** (NHK) bezeichnet werden und auf eine geeignete Bezugseinheit der baulichen Anlage bezogen sind; die Verordnung nennt hier Flächen-, Raum- oder sonstige Bezugseinheiten. Der Verordnungsgeber gebraucht die Begriffe „gewöhnliche Herstellungskosten" und „Normalherstellungskosten" mit identischem Inhalt.

- Die Normalherstellungskosten werden mit § 22 Abs. 2 ImmoWertV als **marktübliche Kosten für die Neuerrichtung einer baulichen Anlage (Neubaukosten)** einschließlich der Baunebenkosten definiert. Des Weiteren enthält die Vorschrift ergänzende Regelungen zu § 22 Abs. 1 ImmoWertV.

- § 22 Abs. 3 ImmoWertV gibt schließlich vor, dass die herangezogenen **Normalherstellungskosten** mithilfe geeigneter Baupreisindexreihen **an die Preisverhältnisse am Wertermittlungsstichtag anzupassen** sind. Den zur Verfügung stehenden Normalherstellungskosten liegt nämlich i. d. R. ein zurückliegender Bezugsstichtag zugrunde (z. B. 2010). Die Normalherstellungskosten müssen in diesem Fall mittels geeigneter Baupreisindexreihen den Preisverhältnissen des Wertermittlungsstichtags (§ 3 Abs. 1 ImmoWertV) angepasst werden, bevor sie mit der Fläche bzw. dem Rauminhalt der zu bewertenden baulichen Anlage (Gebäude) nach § 22 Abs. 1 ImmoWertV vervielfacht werden.

Nach § 21 Abs. 2 ImmoWertV ist der Sachwert baulicher Anlagen (ohne Außenanlagen) ausgehend von den Herstellungskosten der zu bewertenden baulichen Anlage unter Berücksichtigung der Alterswertminderung nach § 23 ImmoWertV zu ermitteln. Die nach § 8 Abs. 2 und 3 ImmoWertV im Anschluss an die Marktanpassung ergänzend zu berücksichtigenden **besonderen objektspezifischen Grundstücksmerkmale**, wie z. B. Baumängel und Bauschäden, **sind** damit **nicht Bestandteil des „vorläufigen" Sachwerts** der baulichen Anlage nach § 21 Abs. 2 ImmoWertV; sie müssen gleichwohl der baulichen Anlage (Gebäude) zugeordnet werden.

Die **Herstellungskosten baulicher Außenanlagen** (vgl. zum Begriff § 1 Rn. 44 ff.) **und der sonstigen Anlagen** (Aufwuchs, vgl. § 1 ImmoWertV Rn. 48 f.) sollen gemäß § 21 Abs. 3 ImmoWertV nach Erfahrungssätzen *oder* gewöhnlichen Herstellungskosten ermittelt werden, soweit diese nicht bereits mit dem Bodenwert miterfasst sind bzw. mit dem Sachwertfaktor berücksichtigt werden (vgl. Anl. 5 der SachwertR). Auf die Ermittlung der Herstellungskosten baulicher und sonstiger Außenanlagen sind die Vorschriften des § 22 ImmoWertV demzufolge nur ausnahmsweise und ggf. entsprechend anzuwenden.

Als Herstellungskosten werden mit § 22 Abs. 2 Satz 1 ImmoWertV die marktüblich aufzubringenden Kosten definiert, die am Wertermittlungsstichtag für die Neuerrichtung der baulichen Anlage aufgebracht werden müssten, d. h. **die Herstellungskosten eines Neubaus**. 2

Die **Herstellungskosten sind nach Abs. 1 vorrangig auf der Grundlage von Normalherstellungskosten zu ermitteln**. Die Ermittlung der Herstellungskosten nach den gewöhnlichen Herstellungskosten einzelner Bauleistungen (Einzelkosten) wird mit Abs. 2 Satz 3 nur „ausnahmsweise" zugelassen. 3

§ 22 Abs. 2 Satz 3 ImmoWertV stellt klar, dass **zu den Normalherstellungskosten auch die üblicherweise entstehenden Baunebenkosten gehören**. Tatsächlich enthalten die im Schrifttum angegebenen Erfahrungssätze mitunter nicht die Baunebenkosten, sodass in diesem Fall im strengen Sinne eigentlich nicht von Normalherstellungskosten gesprochen werden darf. Wendet man solche Erfahrungssätze an, so sind die Baunebenkosten zusätzlich zu berücksichtigen. Dies muss vor der Verwendung der im Schrifttum angegebenen Erfahrungssätze für Normalherstellungskosten geprüft werden. 4

Der mit § 22 Abs. 1 ImmoWertV geregelten **Ermittlung der Herstellungskosten baulicher Anlagen (Gebäude) auf der Grundlage gewöhnlicher Herstellungskosten (Normalherstellungskosten)** räumt die ImmoWertV **Vorrang** ein. Für die Anwendung dieses Verfahrens bedarf es geeigneter Normalherstellungskosten, die 5

- sich auf bauliche Anlagen (Gebäude) beziehen, die dem zu bewertenden Gebäude vor allem bezüglich der Gebäudeart, Baujahr, Bauweise und Ausstattung entsprechen, und
- auf geeignete Bezugseinheiten bezogen sind; die Vorschrift führt nach der Begründung[1] zu § 22 Abs. 1 und § 13 Abs. 1 ImmoWertV an erster Stelle die Flächeneinheit auf, weil sie im Vergleich zur Raumeinheit eine höhere praktische Bedeutung habe.

6   Grundsätzlich muss bei Heranziehung von Normalherstellungskosten die Fläche oder der Rauminhalt der zu bewertenden baulichen Anlage (Gebäude) nach den Berechnungsregeln (Berechnungsnorm) ermittelt werden, die auch der Ableitung der Normalherstellungskosten als Bezugseinheit zugrunde liegen (Grundsatz der korrespondierenden Flächen- und Rauminhaltsermittlung).

- Bei Heranziehung der NHK 2010, deren gewöhnliche Herstellungskosten sich auf eine reduzierte Brutto-Grundfläche (BGF_{red}) beziehen, muss für die zu bewertende bauliche Anlage demzufolge eine reduzierte BGF ermittelt werden. Die **reduzierte BGF wird ausgehend von den Regeln der DIN 277 nach Maßgabe einer Reihe besonderer Vorgaben der SachwertR ermittelt** (vgl. Syst. Darst. des Sachwertverfahrens Rn. 89 ff.).
- Liegen für das zu bewertende Grundstück Flächen- bzw. Rauminhaltsberechnungen nach einer Berechnungsnorm (z. B. Wohn-, Nutz- oder Geschossflächen bzw. der umbaute Raum) vor, die von der Berechnungsnorm abweicht, die Bezugsgrundlage der nach den SachwertR vorrangig heranzuziehenden Normalherstellungskosten ist (die reduzierte BGF), muss die dieser Bezugsgrundlage entsprechende Fläche bzw. der entsprechende Rauminhalt des zu bewertenden Grundstücks i. d. R. originär ermittelt werden. Es gibt nämlich keine allgemeingültigen und für die Belange der Verkehrswertermittlung hinreichend exakte Formel für die Umrechnung
  - der Wohn-, Nutz- oder Geschossflächen in die Brutto-Grundfläche (BGF) bzw.
  - des umbauten Raumes nach der DIN 277 (1950) in den Rauminhalt (BRI).

  Wichtiger Hinweis: Das im amtlichen Tabellenwerk der NHK 2010 nicht mehr angegebene Verhältnis „BGF/WF" darf nicht als eine allgemeingültige Umrechnungsformel verstanden werden, sondern gibt lediglich das durchschnittliche Verhältnis an, das dem angegebenen Kostenkennwert zugrunde liegt.
- Die **Geschossfläche (GF)** nach § 20 Abs. 2 BauNVO, die Wohn-/Nutzfläche nach DIN 283 (1983), die Wohnfläche nach der Verordnung zur Berechnung der Wohnfläche (WoFlV) und der umbaute Raum nach DIN 277 (November 1950) bzw. nach der II. Berechnungsverordnung (II. BV) haben in aller Regel keine Bedeutung für die Ermittlung von Herstellungskosten; der umbaute Raum war Bezugsgrundlage der lange Zeit herangezogenen, auf die Preisbasis 1913 und 1914 (= 100 %) bezogenen Normalherstellungskosten von Ross/Brachmann, deren Anwendung heute nicht mehr vertretbar ist.

7   § 22 ImmoWertV ist im Übrigen **ohne wesentliche materielle Änderungen aus § 22 WertV 88/98 hervorgegangen,** wobei der Begriff der „Herstellungskosten" den bisher in der WertV gebrauchten Begriff „Herstellungswert" ersetzen soll[2].

1.2   Ermittlung der Herstellkosten

▶ *Syst. Darst. des Sachwertverfahrens Rn. 54 ff.; § 14 ImmoWertV Rn. 44 ff.*

8   Die für die zu bewertende bauliche Anlage (Gebäude) ermittelte **Fläche bzw. der ermittelte Rauminhalt des Bewertungsobjekts ist** nach § 22 Abs. 1 ImmoWertV **mit den dafür einschlägigen Normalherstellungskosten** (einschließlich Baunebenkosten nach § 22 Abs. 2

---

[1] BR-Drucks. 171/10.
[2] Von „Werten" statt von „Kosten" oder „Preisen" spricht man in der Wertermittlung jedoch immer nur dann, wenn nicht Einzelkosten oder Einzelpreise, sondern ein aus einer Vielzahl von Einzelkosten bzw. Preisen abgeleiteter Durchschnittswert maßgeblich sein soll (so z. B. Bodenrichtwert und nicht Bodenrichtpreis). Die sprachliche Umstellung ist von daher missverständlich und abzulehnen, denn die aus gewöhnlichen Herstellungskosten abgeleiteten Normalherstellungskosten und der daraus abgeleitete Herstellungswert stellen insoweit bereits „Werte" dar.

Satz 3 ImmoWertV) **zu vervielfachen**. Diese müssen, wenn sie sich nicht auf die Preisverhältnisse des Wertermittlungsstichtags beziehen, mithilfe geeigneter Baupreisindexreihen den Preisverhältnissen am Wertermittlungsstichtag angepasst worden sein (§ 22 Abs. 3 ImmoWertV).

Das Produkt aus den sich auf eine bestimmte Flächen- oder Raumeinheit beziehenden Normalherstellungskosten mit der Anzahl der entsprechend ermittelten Fläche oder dem Rauminhalt des zu bewertenden Gebäudes ergibt – vorbehaltlich des § 22 Abs. 2 Satz 2 ImmoWertV – die **Herstellungskosten der baulichen Anlage (des Gebäudes) bezogen auf die Preisverhältnisse des Wertermittlungsstichtags,** wenn die Normalherstellungskosten entsprechend vorstehender Ausführungen zuvor den Preisverhältnissen am Wertermittlungsstichtag angepasst worden sind.

Soweit mit den Normalherstellungskosten einzelne **Bauteile, Einrichtungen oder sonstige Vorrichtungen** nicht erfasst werden, sind diese nach Maßgabe des § 22 Abs. 2 Satz 2 ImmoWertV durch Zu- oder Abschläge ergänzend zu berücksichtigen. Einzelne mit den Normalherstellungskosten nicht berücksichtigte Bauteile, Einrichtungen oder sonstige Vorrichtungen können darüber hinaus auch mit den nach § 8 Abs. 2 i. V. m. § 14 Abs. 2 Nr. 1 ImmoWertV von den Gutachterausschüssen für Grundstückswerte abgeleiteten Sachwertfaktoren erfasst werden, soweit entsprechende Bauteile, Einrichtungen oder sonstige Vorrichtungen bei der Ableitung dieser Faktoren nicht berücksichtigt worden sind und damit in den Sachwertfaktor eingegangen sind (vgl. § 14 ImmoWertV Rn. 44 ff.).

1.3 Umsatz-, Mehrwertsteuer (MwSt.)

1.3.1 Marktwertermittlung nach ImmoWertV

▶ *§ 7 ImmoWertV Rn. 20; § 19 ImmoWertV Rn. 11; § 18 ImmoWertV Rn. 11; zur Beleihungswertermittlung vgl. Teil IX Rn. 232*

Über die Frage, ob bei der Wertermittlung im Sachwertverfahren die Umsatz-/Mehrwertsteuer berücksichtigt werden muss oder nicht, bestehen in der Fachwelt unterschiedliche Auffassungen. Auf der einen Seite wird die Meinung vertreten, dass es zwei Teilmärkte gibt, nämlich einerseits den **Teilmarkt der optierenden Personen,** für die die MwSt. nur ein Durchlaufposten darstellt und für die das „Wertniveau" nicht brutto (einschließlich MwSt.), sondern netto (ohne MwSt.) zu sehen ist, und andererseits den **Teilmarkt der Endverbraucher,** für die alle Preise Bruttopreise (einschließlich MwSt.) sind und für die das Wertniveau „brutto" besteht.

Allgemein ist davon auszugehen, dass Verkehrswerte gewissermaßen als „Endpreise" anzusehen sind und die **Umsatzsteuer keine besondere Berücksichtigung** findet. Die Berücksichtigung einer Vorsteuerabzugsberechtigung ist mit dem Verkehrswert nicht vereinbar, weil die zu den ungewöhnlichen oder persönlichen Verhältnissen gehört[3]. **Soweit die Umsatzsteuer allgemein den Verkehrswert beeinflusst, wird dies** bereits **mit den** Vergleichspreisen (Vergleichswertverfahren) und den aus „Endpreisen" abgeleiteten Liegenschaftszinssätzen (Ertragswertverfahren) bzw. **Sachwertfaktoren (Sachwertverfahren) berücksichtigt.** Im Einzelfall kann jedoch – entsprechend dem umsatzsteuerrechtlichen Sachverhalt – der *Preis* (und nicht der *Wert*) des Grundstücks beeinflusst werden:

Kauft ein Gewerbetreibender z. B. eine schlüsselfertige Lagerhalle, dann erwirbt er sie eigentlich zum Nettopreis, da er die gezahlte MwSt. seiner geschäftlich eingenommenen Umsatzsteuer gegenrechnen kann. Die MwSt. ist für ihn also kostenneutral. Das Wertniveau bewegt sich für ihn demnach auf der Basis von Nettopreisen. Dieses Gedankenmodell scheitert jedoch bei Verkauf oder Kauf von optierenden und nicht optierenden Personen untereinander. Bezogen auf die Verkehrswertermittlung spielt das MwSt.-Problem keine besondere

---

3 Vgl. BGH, Urt. vom 10.7.1991 – XII ZR 109/90 –, WM 1981, 1887 = EzGuG 20.134d; Gottschalk, Immobilienbewertung, 2. Aufl. München 2003, S. 35, 64, 366, 369, 371 ff., 492.

Rolle. Im Marktwert (Verkehrswert) ist die Mehrwertsteuer rechnerisch nicht enthalten. Sie ist auch nicht aus dem Kaufpreis abzugsfähig. Geht man z. B. bei der Wertermittlung im Sachwertverfahren von Herstellungskosten zuzüglich MwSt. aus, erhält man einen höheren Grundstückssachwert als bei Nichtberücksichtigung der MwSt. Letztlich ist aber als Marktwert (Verkehrswert) der „übliche" Kaufpreis zu ermitteln. Er lässt sich bekanntlich nur durch Preisvergleich am Markt ableiten. Mit dem objektspezifischen Sachwertfaktor wird auch in Bezug auf den Einfluss der Umsatzsteuer auf den Verkehrswert der maßgebliche gewöhnliche Geschäftsverkehr berücksichtigt.

12 Hat der Sachverständige auf Wunsch eines optierenden Auftraggebers den Grundstücks*preis* (ohne Umsatzsteuer) ermittelt, so sollte dies im Gutachten deutlich herausgestellt werden.

1.3.2 Steuerliche Bewertung

▶ *Vgl. Rn. 38; Syst. Darst. des Sachwertverfahrens Rn. 43, 50, 222, Anh. 3, 4*

13 Auch im Rahmen der **steuerlichen Bewertung** sind nach der Rechtsprechung des BFH[4] die Herstellungskosten einschließlich der Umsatzsteuer anzusetzen. Dem steht auch nicht die im Einzelfall gegebene Berechtigung zum Vorsteuerabzug (§ 15 UStG) entgegen, denn diese Berechtigung zählt zu den ungewöhnlichen und persönlichen Verhältnissen i. S. des § 9 Abs. 2 Satz 3 BewG, die, wie in der Verkehrswertermittlung (§ 7 ImmoWertV), nicht zu berücksichtigen sind (vgl. § 7 ImmoWertV Rn. 20). Der Wert eines Grundstücks ist objektiv zu bestimmen und kann daher nicht von den steuerlichen Verhältnissen des Eigentümers abhängen[5]. Ein Abzug der Umsatzsteuer ist auch nicht geboten, um einen Vergleich mit den Raummeterpreisen nach den BewRGr zu ermöglichen. Diese Raummeterpreise enthalten nämlich wie die in der Verkehrswertermittlung zur Anwendung kommenden NHK die Umsatzsteuer, da es im Jahr 1964 aufgrund der Ausgestaltung der Umsatzsteuer als Allphasen-Bruttoumsatzsteuer keine Berechtigung zum Vorsteuerabzug gab und deshalb die entstandene Umsatzsteuer in jedem Fall in die Herstellungskosten eingegangen ist[6].

2 Normalherstellungskosten (§ 22 Abs. 2 ImmoWertV)

2.1 Allgemeines

▶ *Syst. Darst. des Sachwertverfahrens Rn. 58 ff., 94 ff., 150 ff.*

Schrifttum: BKI 2000,1, Baukosten 2000, Teil 1 Kostenkennwerte für Gebäude, Verlag Rudolf Müller; BKI 2000,2, Baukosten 2000, Teil 2 Kostenkennwerte für Bauelemente, Verlag Rudolf Müller; BKI 2000, 3; Baukosten 2000, Teil 3 Arbeitsunterlagen; Verlag Rudolf Müller, BKI 2000, A1; Objekte, Teil A1 Altbau – Kosten abgerechneter Bauwerke, Verlag Rudolf Müller, BKI 2002, 1, Baukosten 2002, Teil 1 Kostenkennwerte für Gebäude, Verlag Rudolf Müller; *Blaich:* Bauschäden – Analyse und Vermeidung; 1999; Fraunhofer IRB Verlag; *Böhning:* Altbaumodernisierung im Detail – Konstruktionsempfehlungen, 4. Aufl. 2002, Rudolf Müller Verlag (2005); *Eckermann/Preißler:* Altbaumodernisierung – Haustechnik; 2000, DVA Stuttgart, *Frick/Knöll:* Baukonstruktionslehre I, 33. Aufl. 2002, Teubner Verlag, *Frick/Knöll:* Baukonstruktionslehre II, 32. Aufl. 2003, Teubner Verlag, *Neddermann:* Kostenermittlung in der Altbauerneuerung – und technische Beurteilung von Altbauten, 2. Aufl. 2000; Werner Verlag (3. Auflage 2004); RWE Energie AG; Bauhandbuch – Technischer Ausbau, 10. Ausgabe 1991, Luchterhand Verlag (11. Ausgabe 1993), *Schmitz/Gerlach/Meisel*: Baukosten 2012 – Preiswerter Neubau von Ein- und Mehrfamilienhäusern, 21. Aufl.; Verlag für Wirtschaft und Verwaltung Hubert Wingen, *Schmitz/Krings/Dahlhaus/Meisel*: Baukosten 2000 – Instandsetzung/Sanierung/Modernisierung/Umnutzung, 14. Aufl.; Verlag für Wirtschaft und Verwaltung Hubert Wingen; *Stahr:* Bausanierung – Erkennen und Beheben von Bauschäden; 3. Auflage 2000, Vieweg & Sohn Verlag; *Stecken*: Vorteilhaftigkeit von

---

4 BFH, Urt. vom 30.6.2010 – II R 60/08 –, GuG 2010, 377 = EzGuG 1.74.
5 BGH, Urt. vom 10.7.1991 – XII ZR 109/90 –, NJW 1991, 3036 = EzGuG 20.134a.
6 Vgl. Klenk in Sölch/Ringleb, Umsatzsteuer, vor § 1 Rn. 1, Simon in Simon/Cors/Halaczinsky/Teß, Handbuch der Grundstückswertermittlung, 5. Aufl. 2003, S. 17 Rn. 17.

Investitionen im Mietwohnungsbau und Mieterschutzgesetzgebung; 1989; Bonn; *Volger/Laasch:* Haustechnik, 10. Auflage 1999; Teubner Verlag; *Zimmermann/Schumacher:* Bauschadensfälle Band 1–5; 2002–2004; Fraunhofer IRB Verlag.

Normalherstellungskosten sind standardisierte, aus „gewöhnlichen" Herstellungskosten abgeleitete marktübliche **Herstellungskosten,** die bei Gebäuden der jeweiligen Nutzung, Bauart und Ausstattung **unter Ausschluss ungewöhnlicher Mehr- oder Minderkosten,** z. B. aufgrund im Einzelfall in Kauf genommener Verteuerungen oder gewährter Verbilligungen oder sonstiger Kosteneinsparungen (Nachbarschaftshilfen), durchschnittlich anfallen. Sie setzen sich aus den reinen Baukosten einschließlich der üblichen **Bauteile, Einrichtungen und sonstigen Vorrichtungen** (jedoch ohne Kosten der Sonderbauteile nach DIN 277 [1950], Nr. 1.4) und den Baunebenkosten zusammen. 14

Einzelne Bauteile, Einrichtungen oder sonstige Vorrichtungen, die mit den Normalherstellungskosten *nicht* erfasst werden, sind nach § 22 Abs. 2 Satz 2 ImmoWertV ergänzend durch „Zu- *oder* Abschläge" zu berücksichtigen. Auch für die gewöhnlichen Herstellungskosten einzelner Bauteile werden im Schrifttum Erfahrungssätze angegeben. 15

§ 22 Abs. 2 Satz 2 ImmoWertV ist aus § 22 Abs. 1 WertV 88/98 hervorgegangen. Schon nach dieser Vorschrift war allerdings unklar, wie nicht mit den Normalherstellungskosten erfasste Bauteile und dgl. durch „Abschläge" von den Normalherstellungskosten zu berücksichtigen sind.

Zu den Normalherstellungskosten gehören auch die üblicherweise entstehenden Baunebenkosten. Die Baunebenkosten werden mit § 22 Abs. 2 Satz 3 ImmoWertV nicht abschließend als „Kosten für Planung, Baudurchführung, behördliche Prüfungen und Genehmigungen" definiert. 16

Abb. 1: Begriff der Herstellungskosten (§ 22 ImmoWertV)

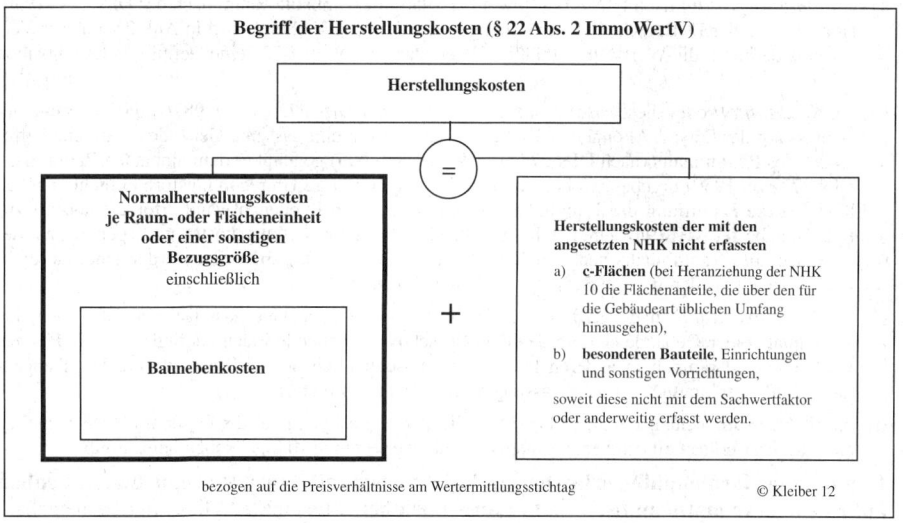

2.2 Baunebenkosten (§ 22 Abs. 2 Satz 3 ImmoWertV)

▶ *Vgl. Syst. Darst. des Sachwertverfahrens Rn. 79 ff.*

17 **Zu den gewöhnlichen Herstellungskosten** (Normalherstellungskosten)[7] **gehören begrifflich auch die Baunebenkosten** (vgl. § 22 Abs. 2 Satz 3 ImmoWertV, Kosten der Architekten-, Ingenieur-, Verwaltungs- und Behördenleistungen und sonstigen Nebenkosten nach DIN 276 Nr. 2.35). Die NHK 2010 enthalten dementsprechend – abweichend von den NHK 1995/ 2000 und abweichend von den sonstigen im Schrifttum angegebenen Normalherstellungskosten – die Baunebenkosten.

2.3 Bezugseinheit

2.3.1 Allgemeines

▶ *Zur Raum- und Flächenermittlung vgl. Teil II Rn. 497 ff. sowie vgl. Syst. Darst. des Sachwertverfahrens Rn. 89 ff.*

18 Nach § 22 Abs. 1 ImmoWertV können sich die heranzuziehenden **Normalherstellungskosten grundsätzlich auf jede geeignete Bezugseinheiten beziehen,** wobei die Vorschrift neben der Flächen- und Raumeinheit auch sonstige (geeignete) Bezugseinheiten, z. B. Bauteile, zulässt. Dem Sachverständigen ist es damit zwar grundsätzlich freigestellt, auf welche Weise er die Herstellungskosten des zu bewertenden Gebäudes ermittelt, jedoch wird ihm die Bezugseinheit mit den herangezogenen Normalherstellungskosten vorgegeben.

19 **Als Raum- oder Flächeneinheit kommen** insbesondere **in Betracht:**

a) der *umbaute Raum* nach DIN 277 (November 1950); der umbaute Raum nach der DIN 277 (1950) ist auch nach der II. Berechnungsverordnung – BV – maßgebend und wird in Anl. 2 zu dieser Verordnung definiert; die WertV 98 enthält im Unterschied zur WertV 72 keine Definition des umbauten Raums;

b) der *Rauminhalt* oder die *Brutto-Grundfläche* nach der DIN 277 (1973/1987/2005); aufgrund der Neufassung der DIN 277 können sich (rechnerisch) für ein und dasselbe Gebäude erhebliche Differenzen des Rauminhalts (nach DIN 277 von 1973/1987/2005) gegenüber dem umbauten Raum (nach DIN 277 von 1950) ergeben, wobei sich eine allgemein gültige Umrechnungsformel nicht angeben lässt. Da die Ermittlung des Rauminhalts einen erheblichen Rechenaufwand erfordert und bis zur Bekanntgabe der NHK 95 kaum Erfahrungssätze für Normalherstellungskosten vorliegen, die auf der Grundlage des Rauminhalts nach der DIN 277 (1973/1987/2005) abgeleitet worden sind, hat diese Bezugseinheit bis dahin keine Bedeutung erlangen können;

c) die *Geschossfläche* nach § 20 Abs. 2 BauNVO, wonach die Geschossfläche als die nach den Außenmaßen der Gebäude sich über alle Vollgeschosse ergebende Fläche definiert ist; die Flächen von Aufenthaltsräumen in anderen Geschossen einschließlich der zu ihnen gehörenden Treppenräume und einschließlich ihrer Umfassungswände sind mitzurechnen;

d) die Wohn-/Nutzfläche nach DIN 283 (1983), die sich überschlägig aus der Geschossfläche abzüglich eines Mauerwerksanteils und eines Anteils für nicht anrechnungsfähige Nebenräume ergibt.

Es gibt keine formelmäßig erfassbaren Beziehungen, mit denen sich eine Flächeneinheit auf eine andere mathematisch exakt umrechnen ließe. Es gibt lediglich allgemeine gebäudespezifische Erfahrungssätze, mit denen sich Flächenangaben plausibilisieren lassen:

---

[7] Brachmann, a. a. O., S. 151; Messenhöller, a. a. O., S. 116; Gütter, Bewertung landwirtschaftlicher Wirtschaftsgebäude und baulicher Anlagen. Diss. 1991 Göttingen, S. 72 ff.

Grundstücksart	Umrechnungsfaktor
Personal- und Schwesternwohnheime	1 m² NF erfordert durchschnittlich 1,65 m² BGF
Altenwohnheime	1 m² NF erfordert durchschnittlich 1,85 m² BGF
Hotels	1 m² NF erfordert durchschnittlich 1,80 m² BGF
Krankenhäuser	1 m² NF erfordert durchschnittlich 2,50 m² BGF
Kindergärten, Kindertagesstätten	1 m² NF erfordert durchschnittlich 1,80 m² BGF
Schulen, Berufsschulen	1 m² NF erfordert durchschnittlich 2,05 m² BGF
Hochschulen, Universitäten	1 m² NF erfordert durchschnittlich 1,55 m² BGF
Funktionsgebäude für Sportanlagen	1 m² NF erfordert durchschnittlich 1,40 m² BGF
Turnhallen, Sporthallenbäder	1 m² NF erfordert durchschnittlich 2,00 m² BGF
Kur- und Heilbäder	1 m² NF erfordert durchschnittlich 2,05 m² BGF
Tennishallen	1 m² NF erfordert durchschnittlich 1,20 m² BGF
Reitsporthallen und Stallungen	1 m² NF erfordert durchschnittlich 1,35 m² BGF
Kirchen	1 m² NF erfordert durchschnittlich 1,45 m² BGF
Gemeindezentren, Bürgerhäuser	1 m² NF erfordert durchschnittlich 1,65 m² BGF
Saalbauten, Veranstaltungszentren	1 m² NF erfordert durchschnittlich 1,45 m² BGF
Vereinsheime, Jugendheime, Tagesstätten	1 m² NF erfordert durchschnittlich 1,40 m² BGF
Einkaufsmärkte	1 m² NF erfordert durchschnittlich 1,30 m² BGF
Kaufhäuser, Warenhäuser	1 m² NF erfordert durchschnittlich 1,40 m² BGF
Ausstellungsgebäude	1 m² NF erfordert durchschnittlich 1,40 m² BGF
Bankgebäude	1 m² NF erfordert durchschnittlich 1,70 m² BGF
Gerichtsgebäude	1 m² NF erfordert durchschnittlich 1,05 m² BGF

Für **freistehende Ein- und Zweifamilienhäuser, Reihen- und Doppelhäuser** sind folgende Umrechnungsfaktoren gebräuchlich:

Gebäudetyp nach NHK 2010	Umrechnungsfaktor
1.01, 2.01, 3.01	1 m² NF erfordert durchschnittlich 1,50 m² BGF
1.02, 2.02, 3.02	1 m² NF erfordert durchschnittlich 2,45 m² BGF
1.03, 2.03, 3.03	1 m² NF erfordert durchschnittlich 1,85 m² BGF
1.11, 2.11, 3.11	1 m² NF erfordert durchschnittlich 1,30 m² BGF
1.12, 2.12, 3.12	1 m² NF erfordert durchschnittlich 1,75 m² BGF
1.13, 2.13, 3.13	1 m² NF erfordert durchschnittlich 1,45 m² BGF
1.21, 2.21, 3.21	1 m² NF erfordert durchschnittlich 1,20 m² BGF
1.22, 2.22, 3.22	1 m² NF erfordert durchschnittlich 1,85 m² BGF
1.23, 2.23, 3.23	1 m² NF erfordert durchschnittlich 1,15 m² BGF
1.31, 2.31, 3.31	1 m² NF erfordert durchschnittlich 1,15 m² BGF
1.32, 2.32, 3.32	1 m² NF erfordert durchschnittlich 1,40 m² BGF
1.33, 2.33, 3.33	1 m² NF erfordert durchschnittlich 1,15 m² BGF

2.3.2 Raummeterpreise

20 Der **Raummeterpreis** im Kubikmeterverfahren **ergibt sich durch Division der gewöhnlichen Herstellungskosten** eines Objekts **durch den Rauminhalt** (bzw. umbauten Raum) des Objekts und anschließende Mittelwertberechnung.

21 Dazu müssen aber die zur Preisbildung herangezogenen Herstellungskosten den **gewöhnlichen Baukosten** entsprechen. Das ist z. B. nicht der Fall, wenn

- das Bauwerk teilweise in Eigenleistung erstellt wurde;
- zwischen Bauherrn und Unternehmer besondere Beziehungen bestehen;
- der Bauherr selbst Unternehmer ist;
- das Bauwerk aus betriebswirtschaftlichen Erwägungen in besonders kurzer Zeit erstellt wurde;
- Bauart und Bauausstattung des Bauwerks nicht dem nutzungstypischen Gebäude entsprechen;
- besondere Baumaßnahmen (z. B. Tiefgründung) erforderlich waren, deren Kosten nicht befriedigend abgespalten werden können.

22 Werden die vorstehend genannten Punkte berücksichtigt, gestaltet sich die Ermittlung durchschnittlicher Herstellungskosten zeitaufwendig und ist i. d. R. schon mangels geeigneter Vergleichsdaten nicht leistbar.

23 Die mitunter in der Praxis noch zur **Anwendung** kommenden **auf 1913 bezogenen Normalherstellungskosten pro m³** umbauten Raums sind überholt und fachlich nicht mehr vertretbar[8].

Bei Verwendung von Kubikmeterpreisen für großvolumige Gebäudearten wird die Frage aufgeworfen, ob sich mit zunehmender **Geschosshöhe** der **Raummeterpreis** verringert, da vor allem im Niveau des Erd- und Dachgeschosses kostenintensive Bauleistungen auftreten und ansonsten mit zunehmender Geschosshöhe der Luftraum erfasst wird. Dafür sprechen auch die von *Schieweg* veröffentlichten Untersuchungen[9]. Neuere Untersuchungen im Bereich der Bundesfinanzverwaltung haben indessen ergeben, dass sich mit zunehmender Geschosshöhe die Kubikmeterpreise keinesfalls signifikant vermindern, da mit höheren Geschosshöhen **Mehrkosten bei den Außenwänden insbesondere im Hinblick auf den nicht unerheblich zunehmenden Winddruck** einhergehen.

2.3.3 Flächenpreise

▶ *Zur Ermittlung der Brutto-Grundfläche (BGF) vgl. Syst. Darst. des Sachwertverfahrens Rn. 89 ff. sowie Teil II Rn. 503 ff.*

24 In der Bauindustrie und Immobilienwirtschaft haben sich heute flächenbezogene Erfahrungssätze über die gewöhnlichen Herstellungskosten von baulichen Anlagen weitgehend durchgesetzt. Eine Ausnahme machen dabei allenfalls noch gewerbliche und hier insbesondere **industrielle Gebäude mit überdurchschnittlichen Raumhöhen (Hallen usw.)**. Die Praxis der Verkehrswertermittlung stellt sich dementsprechend auf flächenbezogene Normalherstellungskosten um.

25 Als Flächeneinheit kommen die Wohn- und Nutzflächen (nach der DIN 283 bzw. der II. BV), die Geschossfläche nach § 20 Abs. 2 BauNVO oder die Brutto-Grundfläche (BGF) nach der DIN 277 in Betracht. Von allen genannten Flächenberechnungsmethoden ist die **Brutto-Grundfläche für die Ermittlung des Gebäudesachwerts besonders geeignet**. Der beson-

---

[8] Die Verwendung 13er-Werte wird mitunter noch vertreten. Diese Praxis kann – im Prinzip – mit der Bodenwertermittlung unter Heranziehung von Vergleichspreisen aus dem Jahre 1913 und ihrer Hochindizierung auf aktuelle Verhältnisse werden und im Streitfall kaum Billigung erwarten, wenn erst einmal die Gerichte eine solche Praxis „durchschauen". Erstmals angesprochen wurde diese Problematik vom FG Düsseldorf, Urt. vom 10.9.1993 – 14 K 255/88 F –, GuG 1994, 253 = EzGuG 20.148.

[9] Vgl. Schieweg, Bauwerkspreise, Verlag für Wirtschaft und Verwaltung Hubert Wingen, Essen 1993, abgedruckt in Kleiber, Verkehrswertermittlung von Grundstücken, 6. Aufl. 2010, S. 1932.

dere Vorzug der Brutto-Grundfläche besteht darin, dass die kostenverursachenden Gebäudeebenen vollständiger erfasst werden als im Falle der Ermittlung von Wohn- bzw. Nutzflächen oder Geschossflächen.

- Da sich nach § 20 Abs. 3 BauNVO die Geschossfläche nur nach den Grundrissebenen der *Voll*geschosse bemisst, werden mit der Geschossfläche z. B. **Dach- und Kellergeschosse nicht erfasst,** auch wenn mit diesen Flächen der entsprechende Sachwert „verkörpert" wird und die Geometrie dieser Ebene zum Zwecke einer höheren bauplanungsrechtlichen Ausnutzung darauf angelegt worden ist, dass die Fläche mit wenigen Zentimetern in ihrer Abmessung die Eigenschaft eines **Vollgeschosses verfehlt.**

- Auch mit der Wohn- und Nutzfläche werden die kostenverursachenden Grundrissebenen unvollständig erfasst. Es kommt hinzu, dass es diesbezüglich keine für alle Gebäudearten geltende Berechnungsnorm gibt. Umgekehrt könnte der Vorteil von wohn- bzw. nutzflächenbezogenen Normalherstellungskosten darin gesehen werden, dass nur die wirtschaftlich nutzbaren Flächen a priori erfasst werden und insoweit eine wirtschaftlich ungünstige Baugestaltung bereits ihre Berücksichtigung findet. Bei näherer Betrachtung ist aber auch dieser Gesichtspunkt nicht unproblematisch.

Bei Heranziehung der NHK 2010 (Anl. 1 zur SachwertR) **ist die** in Anlehnung an die DIN 277 zu ermittelnde **reduzierte BGF (BGF$_{red}$)** die maßgebliche Bezugsgrundlage.

3 Ermittlung der Herstellungskosten baulicher Anlagen

3.1 Allgemeines

▶ *Vgl. Syst. Darst. des Sachwertverfahrens Rn. 50 ff.*

Schrifttum: *Deck/Böser* in AVN 1885, 145; *Klocke* in DAB 1983, 384; *Klocke* in DAB 1983, 384; *Kleiber* in Dieterich/Kleiber, Ermittlung von Grundstückswerten; Schriftenreihe des VHW, 3. Aufl., Bonn 2001; *Kleiber* in ImmobilienManager 1993, 92; *Metzmacher/Krikler*, Gebäudeschätzung über die Bruttogeschossfläche, 1. Aufl. Bundesanzeiger Verlag Köln 1996, S. 13 f. *Stiftung Warentest:* Finanztest 1996, 24, „Pi mal Daumen"; *Hofer, G,* Nennwertgestützte Sachwertermittlung auf der Grundlage der BKI-Datenbank für die NHK 2005, GuG 2009, 203; *Pohnert, F.,* Konkurrierende Normen bei Hochbauten, GuG 1991, 150.

Nach der **Grundsatzregelung** des § 22 Abs. 1 ImmoWertV sind die **Herstellungskosten unter Heranziehung von Normalherstellungskosten zu ermitteln;** die Heranziehung von gewöhnlichen Herstellungskosten einzelner Bauleistungen (Einzelkosten) soll nur in Ausnahmefällen in Betracht kommen. Die noch in § 22 Abs. 5 WertV 88/98 zugelassene Heranziehung *„tatsächlich entstandener"* Herstellungskosten[10] ist mit der ImmoWertV ersatzlos fortgefallen (vgl. Rn. 91). 26

Mit den Sachwertrichtlinien (SW-RL) wurden die **Normalherstellungskosten 2010 (NHK 10) eingeführt; sie sollen die bis dahin zur Anwendung gekommenen Normalherstellungskosten 2000 (NHK 2000) ersetzen.** 27

Den NHK 10 liegt als Bezugseinheit die **reduzierte Brutto-Grundfläche (BGF$_{red}$) gemäß DIN 277 zugrunde,** d. h., die angegebenen Tabellenwerte beziehen sich auf einen Quadrat- 28

---

10 In der Begründung zu § 16 Abs. 4 WertV 72 hieß es: „Die Ermittlung des Herstellungswerts nach den tatsächlich entstandenen Herstellungskosten soll zwar grundsätzlich nur zugelassen werden, wenn diese den gewöhnlichen Herstellungskosten entsprechen, jedoch wird die Bestimmung nicht eng auszulegen sein. Insbesondere kann diese in geeigneten Fällen sehr zweckmäßige Methode durchaus angewendet werden, wenn Abweichungen von den gewöhnlichen Herstellungskosten lediglich durch Ersparnisse oder Mehraufwendungen verursacht sind, deren Höhe festgestellt werden kann. Es erschien aber geboten, an dieser Stelle den früher in Abs. 3 enthaltenen Hinweis aufzunehmen, dass derartige Kosteneinsparungen oder auch Mehraufwendungen zu Abweichungen von den gewöhnlichen Herstellungskosten führen und deshalb bei der Ermittlung der Herstellungskosten nicht einzubeziehen bzw. abzusetzen sind" (BR-Drucks. 265/72, S. 20).

IV § 22 ImmoWertV Ermittlung der Herstellungskosten

meter BGF, der nach Maßgabe der DIN 277 jedoch ohne die sog. c-Flächen, ohne Balkone und ohne die nutzbaren Grundrissebenen von Spitzböden ermittelt werden soll.

Den bislang zur Anwendung gekommenen **Normalherstellungskosten 2000 (NHK 2000)** liegt als Bezugseinheit grundsätzlich als Flächeneinheit der Quadratmeter Brutto-Grundfläche gemäß DIN 277 zugrunde. Auch hierbei handelt es sich um eine reduzierte BGF, nämlich um die nach Maßgabe der DIN 277 jedoch nur unter Ausschluss der sog. c-Flächen ermittelte BGF. Lediglich für einige voluminöse Gebäudearten werden auf den Kubikmeter Rauminhalt (gemäß DIN 277) bezogene Normalherstellungskosten angegeben (Industriegebäude, Werkstätten, Lagergebäude sowie landwirtschaftliche Betriebsgebäude). Dies ist in der unterschiedlichen Geschosshöhe dieser Gebäude begründet.

Abb. 2: Verfahren zur Ermittlung der Herstellungskosten

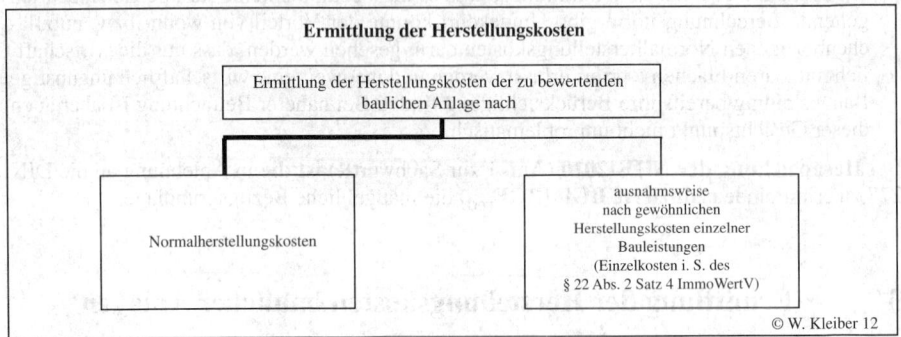

3.2 Ermittlung der Herstellungskosten auf der Grundlage von Normalherstellungskosten

3.2.1 Allgemeines

Schrifttum: *Gartung, K./Gütter, H./Müller, K-U./Wiederhold, U./Bertz, U./Kleiber, W.:* Normalherstellungskosten 2000 (NHK 2000) für landwirtschaftliche Betriebsgebäude, GuG 2001, 326.

▶ *Vgl. § 9 ImmoWertV Rn. 16; § 14 ImmoWertV Rn. 94; Syst. Darst. des Sachwertverfahrens Rn. 235*

29 Der **Sachwert der baulichen Anlage** ist nach § 22 Abs. 1 ImmoWertV **vorrangig unter Heranziehung von Normalherstellungskosten zu ermitteln;** die Vorschrift gibt dafür keine bestimmten Normalherstellungskosten vor und lässt auch offen, auf welche Bezugseinheit sich die Normalherstellungskosten beziehen sollen.

30 Die Vorschrift bestimmt lediglich, dass sich die Herstellungskosten als **Produkt aus den** auf eine bestimmte Flächen- oder Raumeinheit sich beziehenden **Normalherstellungskosten und der** entsprechend ermittelten **Fläche** oder dem Rauminhalt **des zu bewertenden Gebäudes** ergibt, wobei ergänzend

– mit den Normalherstellungskosten nicht erfasste einzelne Bauteile, Einrichtungen und sonstige Vorrichtungen (§ 22 Abs. 2 Satz 2 ImmoWertV) sowie

– Baunebenkosten (§ 22 Abs. 2 Satz 3 ImmoWertV)

zu berücksichtigen sind, soweit sie nicht mit den zugrunde gelegten Normalherstellungskosten bereits erfasst sind. Darüber hinaus sind die herangezogenen Normalherstellungskosten mithilfe geeigneter Baupreisindexreihen an die Preisverhältnisse des Wertermittlungsstichtags anzupassen, soweit sie den Preisverhältnissen des Wertermittlungsstichtags nicht entsprechen (§ 22 Abs. 3 ImmoWertV).

31 **Mit der ImmoWertV werden keine bestimmten Normalherstellungskosten vorgegeben.** Welche Erfahrungssätze herangezogen werden, steht mithin im Ermessen des Anwenders.

Die im Einzelfall herangezogenen Normalherstellungskosten müssen jedoch angemessen sein. Darüber hinaus wird das Ermessen durch die Regelung des 2. Halbsatzes des § 21 Abs. 1 ImmoWertV entscheidend eingegrenzt. Nach dieser Vorschrift „sind" nämlich die allgemeinen Wertverhältnisse insbesondere durch die Anwendung der „von den Gutachterausschüssen für Grundstückswerte nach § 14 Abs. 2 Nr. 1 ImmoWertV abgeleiteten Sachwertfaktoren zu berücksichtigen; vgl. auch die „Soll-Vorschrift" des § 14 Abs. 1 ImmoWertV. Die vorgeschriebene Anwendung der von den Gutachterausschüssen für Grundstückswerte abgeleiteten Sachwertfaktoren bedeutet, dass **der Sachwertermittlung grundsätzlich die Normalherstellungskosten einschließlich der ihnen zugrunde liegenden Bezugseinheit und sonstiger Verfahrensweisen zugrunde gelegt werden müssen, die Grundlage der Ableitung des herangezogenen Sachwertfaktors waren**. Dies folgt aus dem allgemeinen *Grundsatz der Modellkonformität,* denn die Verquickung der von den Gutachterausschüssen für Grundstückswerte abgeleiteten Sachwertfaktoren mit anderen Methoden der Ermittlung der Herstellungskosten würde das Ergebnis verfälschen (§ 9 ImmoWertV Rn. 16, § 14 ImmoWertV Rn. 94, Syst. Darst. des Sachwertverfahrens Rn. 235).

In der Praxis der Gutachterausschüsse für Grundstückswerte und auch der Sachverständigen kamen zur Sachwertermittlung baulicher Anlagen bis zum Erlass der SachwertR nahezu ausnahmslos die vom Bundesministerium für Verkehr, Bau und Stadtentwicklung veröffentlichten Normalherstellungskosten zur Anwendung. Sie entsprechen den erstmals als NHK 95 u. a. mit VV 5334 des Bundesministeriums der Finanzen von 17.07.1998 in dessen Geschäftsbereich eingeführten Normalherstellungskosten von 1995[11]. Diese wurden mit der Einführung des Euro auf die neue Währung und auf den Stand des Jahres 2000 umgerechnet; sie waren zuletzt in den WERTR 06 als Normalherstellungskosten 2000 – NHK 2000 – veröffentlicht. Die NHK 2000 wurden schließlich mit den in den Sachwertrichtlinien veröffentlichten **NHK 2010** abgelöst, die mit der Ableitung und Veröffentlichung entsprechender Sachwertfaktoren Anwendung finden können. 32

Die **Heranziehung anderer als den vom jeweiligen Gutachterausschuss bei der Ableitung der Sachwertfaktoren herangezogenen Normalherstellungskosten** ist im Hinblick auf die mit § 14 ImmoWertV vorgeschriebene Anwendung der von den Gutachterausschüssen für Grundstückswerte abgeleiteten Sachwertfaktoren abzulehnen; **dies würde den Grundsatz der Modellkonformität verletzen**, denn diese werden regelmäßig auf der Grundlage der „amtlichen" Normalherstellungskosten abgeleitet. 33

Abzulehnen ist vor allem auch die Verwendung der auf Aufzeichnungen von Ross (1838 bis 1901) zurückgehenden sog. **13er-Werte,** die sich auf die Wertverhältnisse von 1913 und auf den Kubikmeter umbauten Raums beziehen und sich **als untragbar erwiesen** haben. Ihre Anwendung ist mit den an eine fundierte Verkehrswertermittlung zu stellenden Ansprüchen fachlich nicht vereinbar; dies ist in der Vorauflage zu diesem Werk ausführlich dargelegt (vgl. Syst. Darst. des Sachwertverfahrens Rn. 68)[12].

Bei alledem ist auf **andere veröffentlichte Normalherstellungskosten** nur hilfsweise zurückzugreifen, wenn die in den WERTR angegebenen Normalherstellungskosten unzureichend sind. In Betracht kommen folgende Veröffentlichungen: 34

– Arbeitsgemeinschaft für Rationalisierung, Landtechnik und Bauwesen in der Landwirtschaft Hessen e. V., Richtpreise für den Neu- und Umbau landwirtschaftlicher Gebäude und ländlicher Wohnhäuser 2003/2004, Kassel 2003

– BKI 2011, 1 Kostenkennwerte für Gebäude; BKI 2011, BKI Baukosteninformationszentrum Deutscher Architektenkammer GmbH Stuttgart

– BMVBW, Normalherstellungskosten der Wertermittlungsrichtlinien des Bundes – NHK 2000 –

– Metzmacher/Krikler, Gebäudeschätzung über die Brutto-Geschossfläche, 2. Aufl. Bundesanzeiger-Verlag Köln 2004

---

11 Vollständige Wiedergabe in Kleiber, WERTR 02, 8. Aufl. Bundesanzeiger Verlag Köln 2002. Ermittlung von zeitgemäßen Normalherstellungskosten für die Belange der Verkehrswertermittlung, Bundesanzeiger Verlag Köln 1997, Schaar in GuG 1997, 230; Kleiber, WERTR, 8. Aufl. Köln 2003.
12 Vgl. auch die Rechtsprechung des BGH, Urt. vom 30.11.2006 – V ZB 44/06 –, GuG 2008, 122 = EzGuG 2.66; Kleiber/Simon, Verkehrswertermittlung von Grundstücken, 5. Aufl. 2007, S. 1982 f.; weitergehend Kleiber/Simon, Marktwertermittlung, 6. Aufl. § 22 WertV Rn. 39.

- Simon/Kleiber, Schätzung und Ermittlung von Grundstückswerten, 8. Aufl., Neuwied 2005, Rn. 5.86 ff.
- Kleiber/Simon/Weyers, Verkehrswertermittlung von Grundstücken, 2. Aufl., S. 131; Normalherstellungskosten auf Preisbasis 1985
- Baukostenberatungsdienst (BKB) Architektenkammer Baden-Württemberg
- Kosteninformationsdienst Architektenkammer Nordrhein-Westfalen
- Bauschätzpreise für Eigenheime/Bauschätzpreise für gewerbliche Bauten
- Marshall & Swift, Neuss LAG-Datei + Kostenflächenarten
- Zentrale Sammlung und Auswertung der Planungs- und Kostendaten von Hochbaumaßnahmen der Länder bei der IWBARGE BAU Hochbauausschuss (LAG), Freiburg im Breisgau BBD-Datei
- Zentrale Sammlung + Auswertung der Planungs- und Kostendaten von Hochbaumaßnahmen des Bundes bei der BBD Bundesbaudirektion Berlin
- Handbuch Baukostenplanung NRW Landesinstitut für Bauwesen und angewandte Bauschadensforschung, Aachen
- Planungs- und Kostendaten (Hessen)
- Hessisches Ministerium der Finanzen, Wiesbaden
- Planungs- und Kostendaten (Niedersachsen)
- Niedersächsisches Ministerium der Finanzen, Hannover
- Schulbaukosten (mehrere Veröffentlichungen) Schulbauinstitut der Länder, Berlin
- Schieweg, Bauwerkspreise, Verlag für Wirtschaft und Verwaltung, Hubert Wingen, Essen
- Schmitz/Gerlach/Meisel,Baukosten 2011 –, 21. Aufl. Verlag für Wirtschaft und Verwaltung, Hubert Wingen, Essen
- Baukosten-Daten, Kennwerte für Gebäudekosten CRB Schweizerische Zentralstelle für Baurationalisierung, Zürich
- BCIS (Hrsg.) BCIS WESSEX, Estimating Price Book SMM7 12. Aufl. UK Dorset 2007 Standard Form of Cost Analyse: Principle, Instructions and Definitions, Reprinted 2003 London
- SPON'S Architects' and Builders' Price Book E & FN SPON, 2007 132. Aufl. Oxon: Taylor and Francis
- Gardiner&Theobald, International Construction Cost survey, Values in Euros, Januar 2008
- Lohrmann, G., Bewertung von **Kirchengebäuden** und ihren Einrichtungen, Hess. Brandversicherungsanstalt, Kassel
- Normalherstellungskosten für **Lauben und Wochenendhäuser** (hrsg. Richtlinien des Landesverbandes Rheinland der Kleingärtner e. V.[13])
- Durchschnittspreise für Grundstücke und Behelfsbauten bezogen auf den Hauptfeststellungszeitpunkt 1.1.1964 (Anl. zu Abschn. 16 Abs. 9 BewGr) Erl. des brem. FM vom 26.9.1967 – S 3208 – A 1 St. 51[14]
- Normalherstellungskosten nach dem Entwurf der BReg für die steuerliche Grundbesitzbewertung[15]

3.2.2 Normalherstellungskosten 2010 (NHK 2010)

35 Die als Anl. 1 zu den SachwertR veröffentlichten Normalherstellungskosten 2010 sind im Anh. 1 der Syst. Darst. des Sachwertverfahrens abgedruckt.

---

13 Vgl. Kleiber/Simon, Verkehrswertermittlung von Grundstücken, 5. Aufl. § 22 WertV Anh. 4.3.
14 Abgedruckt bei Kleiber/Simon/Weyers, Verkehrswertermittlung von Grundstücken, 3. Aufl., S. 2112.
15 BT-Drucks. 13/5359 Preisbasis 1.6.1996, abgedruckt bei Kleiber/Simon/Weyers, 3. Aufl. zu diesem Werk, S. 2113.

4 Ermittlung der Herstellungskosten baulicher Anlagen nach Einzelkosten (§ 22 Abs. 2 Satz 4 ImmoWertV)

4.1 Verkehrswertermittlung

Nach der Ausnahmeregelung des § 22 Abs. 2 Satz 4 ImmoWertV können die Herstellungskosten baulicher Anlagen (Gebäude) nach den Herstellungskosten einzelner Bauleistungen ermittelt werden. Die Vorschrift fordert dabei ausdrücklich in Anlehnung an § 22 Abs. 1 ImmoWertV „gewöhnliche" Herstellungskosten einzelner Bauleistungen. Die Bestimmung geht im Übrigen auf § 22 Abs. 4 WertV 88/98 zurück; nach der Begründung[16] zu dieser Vorschrift sollen damit vor allem **besondere Bauteile wie Spezialgründungen und Kranbahnen** (besondere Betriebseinrichtungen) ergänzend erfasst werden können. 36

Die Ermittlung der Herstellungskosten einer baulichen Anlage in ihrer Gesamtheit nach den „gewöhnlichen" Herstellungskosten aller „einzelner" angefallenen Bauleistungen ist in aller Regel abzulehnen und allenfalls bei sehr einfachen Anlagen noch tragfähig, weil dies regelmäßig zu erheblich übersetzten Gesamtkosten führen muss. Bauliche Anlagen werden nämlich i. d. R. nicht durch Vergabe einzelner Bauleistungen errichtet (Generalvertrag) und die Summe der gewöhnlichen Kosten einzelner Bauleistungen entspricht von daher nicht den gewöhnlichen Herstellungskosten einer baulichen Anlage. Darüber hinaus kommt eine Ermittlung nach Einzelkosten in aller Regel schon deshalb nicht in Betracht, weil ein unter Berücksichtigung dieser Methode empirisch ermittelter Sachwertfaktor nicht zur Verfügung steht. 37

4.2 Steuerliche Bewertung

▶ Vgl. Rn. 13; Syst. Darst. des Sachwertverfahrens Rn. 43, 50, 260, 269 sowie Anh. 3 und 4

In der steuerlichen Bewertung ist der Rückgriff auf **tatsächliche Herstellungskosten einzelner Bauleistungen** schon im Hinblick darauf verworfen worden, dass das Gebäude zu besonders günstigen oder außergewöhnlich hohen Kosten errichtet worden sein kann und es bei der Ermittlung des Verkehrswerts im Übrigen entscheidend darauf ankomme, welcher Veräußerungspreis allgemein zu erzielen wäre[17]. Nach einer Entscheidung des RFH[18] können die **tatsächlich entstandenen Herstellungskosten allenfalls „hilfsweise als Anhaltspunkt" zugelassen werden, wenn geeignete Schätzungsgrundlagen nicht zur Verfügung stehen.** Stehen dem Sachverständigen aber Normalherstellungskosten zur Verfügung, so stellen diese eben eine „geeignetere Schätzungsgrundlage" dar, die die Heranziehung der tatsächlichen Herstellungskosten verbieten. 38

Zur Ermittlung von sog. **Lärmschutzdämmen** und sonstigen Bauteilen, die dem Umweltschutz dienen, in der steuerlichen Bewertung nach Durchschnittspreisen aus den tatsächlichen Herstellungskosten vgl. OFD Frankfurt am Main[19]. 39

---

16 Amtliche Begründung – BR Drucks. 352/88, S. 63.
17 BFH, Urt. vom 28.10.1998 – II R 37/97 –, BFHE 187, 99 = EzGuG 20.166.
18 RFH, Urt. vom 22.11.1934 – III A 247/33 –, RStBl 1935, 107.
19 OFD Frankfurt am Main, Vfg. vom 13.11.1987 – S 3211 A – 1 – St III 40, in Planen und Bauen 1988, 8.

5 Umrechnung von Normalherstellungskosten auf die Preisverhältnisse am Wertermittlungsstichtag (§ 22 Abs. 3 ImmoWertV)

▶ *Vgl. hierzu Syst. Darst. des Sachwertverfahrens Rn. 130 ff.*

40 Normalherstellungskosten und Einzelkosten i. S. des § 22 Abs. 2 ImmoWertV beziehen sich in aller Regel auf Preisverhältnisse, die von den am Wertermittlungsstichtag herrschenden Preisverhältnissen abweichen. Sie sind deshalb nach § 22 Abs. 3 ImmoWertV mithilfe geeigneter Baupreisindexreihen auf die Wertverhältnisse des Wertermittlungsstichtags umzurechnen. Nr. 4.1.2 der SachwertR empfiehlt die in der Wertermittlungspraxis übliche Heranziehung der **Baupreisindexreihe des Statistischen Bundesamtes**.

§ 23 ImmoWertV
Alterswertminderung

Die Alterswertminderung ist unter Berücksichtigung des Verhältnisses der Restnutzungsdauer (§ 6 Absatz 6 Satz 1) zur Gesamtnutzungsdauer der baulichen Anlagen zu ermitteln. Dabei ist in der Regel eine gleichmäßige Wertminderung zugrunde zu legen. Gesamtnutzungsdauer ist die bei ordnungsgemäßer Bewirtschaftung übliche wirtschaftliche Nutzungsdauer der baulichen Anlagen.

Gliederungsübersicht	Rn.
1 Allgemeines	1
2 Alterswertminderung nach ImmoWertV
2.1 Relative Alterswertminderung	7
2.2 Lineare Alterswertminderung	12
2.3 Maßgebliche Gesamtnutzungsdauer zur Ermittlung der Alterswertminderung nach § 23 Satz 3 ImmoWertV	16
2.4 Modellkonforme Alterswertminderung	17
3 Alterswertminderung nach BelWertV	18
4 Alterswertminderung in der steuerlichen Bewertung	20
5 Anlagen
5.1 Alterswertminderungsfaktoren bei linearer Wertminderung	22
5.2 Alterswertminderung der Einheitsbewertung	23

1 Allgemeines

▶ *Näheres vgl. Syst. Darst. des Sachwertverfahrens Rn. 10, 73 ff., 149 ff.; § 19 ImmoWertV Rn. 19, 33, 122, § 6 ImmoWertV Rn. 378*

Der sich nach den §§ 21 f. ImmoWertV ergebende **Herstellungswert** der Gebäude – vielfach auch als Gebäudenormalherstellungswert bezeichnet – **ist ein auf den Wertermittlungsstichtag bezogener** (vgl. § 22 Abs. 3) **Sachwert eines neu errichteten Gebäudes (Gebäudesachwert).** Dieser Neubauwert muss entsprechend dem Alter einer zu bewertenden baulichen Anlage gemindert werden. Dabei ist, wie bei Anwendung des Vergleichs- und Ertragswertverfahrens, grundsätzlich davon auszugehen, dass die bauliche Anlage ordnungsgemäß bewirtschaftet worden ist (§ 536 BGB). Dazu gehört insbesondere ihre Instandhaltung. Im Rahmen der Instandhaltung werden die durch Abnutzung, Alterung, Witterungs- und Umwelteinflüsse entstehenden baulichen Schäden ordnungsgemäß beseitigt. Technisch lässt sich damit eine bauliche Anlage auf Dauer erhalten. 1

Der technische Substanzerhalt ist letztlich aber bedeutungslos, denn die wirtschaftliche Nutzungsfähigkeit einer baulichen Anlage – und auf die kommt es allein an – vermindert sich mit fortschreitender Zeit, weil **mit der ordnungsgemäßen Instandhaltung keine Anpassung der baulichen Anlage an die sich wandelnden Anforderungen an bauliche Anlagen einhergeht,** insbesondere im Hinblick auf Art, Grundriss, Konstruktion, neue Technologien, Ausstattung des Gebäudes. Je nach Gebäudeart können sich diese Anforderungen in relativ kurzer Zeit (Logistikimmobilien) oder erst langfristig (z. B. Kirchen) derart wandeln, dass die Gebäude entweder modernisiert werden müssen, um sie wirtschaftlich nutzen zu können, oder die wirtschaftliche Nutzbarkeit kommt zum Erliegen. Allein die Instandhaltung kann die wirtschaftliche Nutzbarkeit einer baulichen Anlage nicht auf Dauer erhalten. 2

Der Begriff der „**Alterswertminderung**" (altersbedingter Wertverzehr) **ist** damit **in erster Linie ein wirtschaftlicher Wertverzehr.** Damit eng verbunden ist der Begriff der „Gesamt- und Restnutzungsdauer", als die prognostizierte Anzahl von Jahren, in der sich der wirtschaft- 3 liche Wertverzehr vollzieht. Das Sachwertverfahren ist insoweit keine „reine" Kostenermittlung, sondern auch durch wirtschaftliche Betrachtungsweisen geprägt.

4 Diese **Alterswertminderung ist** mithin auch **nicht von den Kosten der Instandhaltung oder der Lebensdauer einzelner Bauteile abhängig.** Der Wertverzehr wird vielmehr durch die sich wandelnden Anforderungen an bauliche Anlagen bestimmt, denn irgendwann ist die bauliche Anlage trotz Instandhaltung nicht mehr zeitgemäß und wirtschaftlich verbraucht.

5 Ein marktwertorientiertes Sachwertverfahren muss darauf angelegt sein, die Alterswertminderung in der Weise in die Sachwertermittlung einzustellen, wie sie im gewöhnlichen Geschäftsverkehr berücksichtigt wird. Welchem Wertverzehr eine bauliche Anlage unterworfen ist und wie sich dieser Wertverzehr mit fortschreitender Zeit auf dem Markt einstellt, konnte indessen bislang nicht empirisch überzeugend aus dem Marktgeschehen abgeleitet werden. Die angeblich empirisch abgeleiteten Alterswertminderungen *(Schindler, Gerardy* und *Vogels*[1]*)* haben sich als untauglich erwiesen. Wären sie richtig, dürfte es bei Heranziehung dieser Tabellen regelmäßig keine Marktanpassung geben. Tatsächlich sind aber auch bei Heranziehung dieser Tabellen bekanntlich erhebliche Marktanpassungszu- und -abschläge (Sachwertfaktoren i. S. des § 14 Abs. 2 Nr. 1 ImmoWertV) erforderlich. Erst mithilfe dieser Sachwertfaktoren wird der nach den §§ 21 bis 23 ImmoWertV ermittelte vorläufige Sachwert an den Marktwert herangeführt, sofern nicht noch besondere objektspezifische Grundstücksmerkmale zu berücksichtigen sind (§ 8 Abs. 2 und 3 ImmoWertV). **Sachwertfaktoren stellen mithin ein Korrektiv einer nicht am Marktgeschehen orientierten Alterswertminderung dar.**

6 Der **Alterswertminderung kommt** bei Anwendung des Sachwertverfahrens **eine andere Funktion zu als der Abschreibung bei Anwendung des Ertragswertverfahrens** (vgl. hierzu ImmoWertV Rn. 33 ff.). Dies ist in der Natur der grundsätzlich unterschiedlichen Verfahren begründet. Während nämlich das Ertragswertverfahren von der Bildung einer Erneuerungsrücklage ausgeht und dabei dahingestellt bleiben kann, ob und wie die Erneuerungsrücklage angelegt wird, geht es bei der Bemessung der Alterswertminderung um die Berücksichtigung des bis zum Wertermittlungsstichtag tatsächlich eingetretenen altersbedingten Wertverzehrs der baulichen Anlagen.

Die **Vorschrift ist im Übrigen aus § 23 WertV 88/98 hervorgegangen**; nach § 23 Abs. 1 Satz 2 WertV 88/98 war grundsätzlich jede Form der Alterswertminderung zulässig[2].

2 Alterswertminderung nach ImmoWertV

Schrifttum: *Mann, W.,* Marktkonforme Gebäudewertabschreibung im Sachwertverfahren, GuG 2008, 129.

▶ *Zur Gesamt- und Restnutzungsdauer vgl. Syst. Darst. des Sachwertverfahrens Rn. 9, 23, 75, 149 ff. und Syst. Darst. des Ertragswertverfahrens Rn. 121 f.; § 6 ImmoWertV Rn. 370 ff.*

2.1 Relative Alterswertminderung

7 Die **Alterswertminderung** bemisst sich gemäß § 23 ImmoWertV nach dem Verhältnis

– der geschätzten Restnutzungsdauer (RND) des Gebäudes
– zur „üblichen" Gesamtnutzungsdauer (GND) des Gebäudes.

---

1 Kleiber/Simon, Verkehrswertermittlung von Grundstücken, 5. Aufl. 2007, S. 1854 ff., 1862, 1939 ff.
2 In der Begründung (BR-Drucks. 352/88, S. 63) wird darauf verwiesen, dass der Gesetzgeber wegen der in Wissenschaft und Praxis unterschiedlichen Methoden keinem Verfahren den Vorzug geben könne, sondern alle sachgerechten Abschreibungsverfahren gleichermaßen möglich sein müssen.

Alterswertminderung § 23 ImmoWertV IV

§ 23 findet nach § 21 Abs. 3 Satz 2 entsprechende Anwendung auf die Ermittlung des Sachwerts der baulichen Außenanlagen und der sonstigen Anlagen (Aufwuchs), soweit sie nicht vom Bodenwert miterfasst sind.

Der Quotient aus Restnutzungsdauer und üblicher Gesamtnutzungsdauer/Nutzungsdauer ergibt den **Alterswertminderungsfaktor**, der angewandt auf die sich nach § 22 ImmoWertV ergebenden Herstellungskosten direkt zu den alterswertgeminderten Herstellungskosten führt: **8**

Alterswertminderungsfaktor = Restnutzungsdauer/Übliche Restnutzungsdauer

Beispiel:

Herstellungskosten nach § 22 ImmoWertV =	1 000 000 €
Übliche Gesamtnutzungsdauer (GND) =	80 Jahre
Restnutzungsdauer =	60 Jahre

$$\text{Alterswertminderungsfaktor} = \frac{60}{80} = 0{,}75$$

Alterswertgeminderte Herstellungskosten = 1 000 000 € × 0,75 = 750 000 €

Die **„Restnutzungsdauer"** bestimmt sich **nach** dem prognostizierten Zeitraum, über den erwartet werden kann, dass eine bauliche Anlage „bei ordnungsgemäßer Bewirtschaftung" (Instandhaltung) wirtschaftlich noch funktions- und verwendungsfähig ist und nach den Marktverhältnissen wirtschaftlich nutzungsfähig ist. Dies hängt zunächst davon ab, dass das Gebäude den jeweiligen **Anforderungen an seine wirtschaftliche Nutzungsfähigkeit** entspricht. Die Restnutzungsdauer wird darüber hinaus noch durch die allgemeinen Marktverhältnisse bestimmt, denn selbst ein modernisiertes Gebäude steht nur so lange im Gebrauch, wie es vom Eigentümer selbst oder durch andere genutzt wird. Eine auf Dauer zusammenbrechende Nachfrage stellt von daher eine „Gegebenheit" i. S. des § 6 Abs. 6 Satz 1 ImmoWertV dar, die die Restnutzungsdauer eines Gebäudes bis gegen „null" verkürzen kann. Das Gebäude ist dann nicht mehr „nutzbar" i. S. des § 21 Abs. 1 Satz 1 ImmoWertV (vgl. Syst. Darst. des Sachwertverfahrens Rn. 9, 23). **9**

Die „übliche" **Gesamtnutzungsdauer** (Nutzungsdauer) definiert sich grundsätzlich entsprechend als die prognostizierte Zahl der Jahre, in denen eine neuerrichtete bauliche Anlage bei ordnungsgemäßer Bewirtschaftung (Instandhaltung) voraussichtlich wirtschaftlich genutzt werden kann (vgl. § 6 ImmoWertV Rn. 371, 381). **10**

Wurde die Gesamtnutzungsdauer durch eine durchgreifende Instandsetzung oder durch Modernisierungsmaßnahmen verlängert oder hat sie sich aufgrund einer unterlassenen Instandhaltung verkürzt, so soll es im Rahmen der Ermittlung der Alterswertminderung bei der „üblichen" Gesamtnutzungsdauer (GND) bleiben (§ 23 Satz 3 ImmoWertV). In diesen Fällen verschiebt sich nur der Anteil des Alters und der Restnutzungsdauer an der Gesamtnutzungsdauer entsprechend.

Die **Alterswertminderung** wird im Allgemeinen **in einem Vomhundersatz des Gebäudeherstellungswerts** ausgedrückt. Dabei kann je nach Art des Gebäudes grundsätzlich von **11**

– einer gleichmäßigen oder
– einer mit zunehmendem Alter sich verändernden Wertminderung *(declining balance method)*

ausgegangen werden. Mit § 23 Satz 2 ImmoWertV wird jedoch für den Regelfall eine „gleichmäßige" Alterswertminderung vorgegeben. Darunter ist eine lineare Abschreibung zu verstehen[3].

---

3 Vgl. Begründung zur ImmoWertV BR-Drucks. 296/09.

2.2 Lineare Alterswertminderung

▶ *Vgl. § 24 ImmowertV Rn. 3*

12 Mit Inkrafttreten der ImmoWertV ist **für den Regelfall die lineare Alterswertminderung verbindlich vorgeschrieben, und zwar für alle Grundstücksarten.**

13 Die lineare Alterswertminderung ist die **einfachste Form der Abschreibung,** und die Vorgabe, sie „in der Regel" anzuwenden, ist allein schon deshalb ein Fortschritt, weil künftig alle dieselbe Methode anwenden. Damit werden nicht nur die von den Gutachterausschüssen abgeleiteten Marktanpassungsfaktoren vergleichbarer, sondern auch die Gutachten verschiedener Sachverständiger untereinander.

14 Mit der Vorgabe geht nicht nur eine **Vereinheitlichung der Wertermittlungspraxis,** sondern auch eine Vereinfachung einher. Bisher galt es nämlich die Alterswertmethode anzuwenden, die der Gutachterausschuss bei der Ableitung der Sachwertfaktoren angewandt hat, wenn man seine Marktwertermittlung im Hinblick auf den Grundsatz der Modellkonformität auf diese stützen wollte. Künftig kann davon ausgegangen werden, dass die Sachwertfaktoren bundeseinheitlich auf der Grundlage der linearen Wertminderung abgeleitet werden (zur Überleitung vgl. § 24 ImmoWertV Rn. 3).

15 Die lineare Alterswertminderung vermag den wirtschaftlichen Wertverzehr einer baulichen Anlage auch nicht in marktkonformer Weise zu beschreiben, jedoch werden die **Mängel mit den empirisch abgeleiteten Sachwertfaktoren kompensiert.** Diese stellen die eigentliche Marktanpassung dar, was auch keine der sonst bekannten Alterswertabschreibungen zu leisten vermag. Von einer Darstellung der in der Vergangenheit zur Anwendung gekommenen Abschreibungsmethoden wird deshalb abgesehen[4].

2.3 Maßgebliche Gesamtnutzungsdauer zur Ermittlung der Alterswertminderung nach § 23 Satz 3 ImmoWertV

▶ *Vgl. § 6 ImmoWertV Rn. 370, 378 ff., 381; § 8 ImmoWertV Rn. 246*

16 Nach § 6 Abs. 6 Satz 1 können
- durchgeführte Instandsetzungen
- oder Modernisierungen
- oder unterlassene Instandhaltungen
- oder andere Gegebenheiten

die bei der Ermittlung der Alterswertminderung anzusetzende Restnutzungsdauer verlängern oder verkürzen. In diesem Fall verlängert sich neben der Restnutzungsdauer zwangsläufig auch die Gesamtnutzungsdauer dieser Immobilie, jedoch ist auch in diesem Fall bei der Ermittlung der Alterswertminderung nach § 23 Satz 1 weiterhin von der „üblichen Gesamtnutzungsdauer" auszugehen. Dies ergibt sich aus § 23 Satz 3, nach dem die in Satz 1 genannte „Gesamtnutzungsdauer" die bei ordnungsgemäßer Bewirtschaftung „übliche wirtschaftliche Nutzungsdauer" der baulichen Anlage ist.

Die **Ermittlung der Alterswertminderung im Falle einer Verkürzung oder Verlängerung der Restnutzungsdauer (RND)** auf der Grundlage

a) der „üblichen" Gesamtnutzungsdauer (Nutzungsdauer) und

b) der geänderten Restnutzungsdauer

ist darin begründet, dass durchgeführte Instandsetzungen oder Modernisierungen oder unterlassene Instandhaltungen oder andere Gegebenheiten im Ergebnis lediglich zu einer künstlichen Verjüngung bzw. künstlichen Alterung des Gebäudes führen und es bei der sonst

---

4 Abgedruckt bei Kleiber/Simon, Verkehrswertermittlung von Grundstücken, 5. Aufl., S. 1939 ff.

üblichen Alterswertminderung bleibt. Auch bei Anwendung des Ertragswertverfahrens kommt es allein auf die Restnutzungsdauer an und allein diese ist sowohl bei Anwendung des Sachwertverfahrens als auch des Ertragswertverfahrens in den vorstehenden Fällen zu verlängern oder zu verkürzen.

2.4 Modellkonforme Alterswertminderung

▶ *Vgl. Vorbem. zur ImmoWertV Rn. 36 ff.; § 6 ImmoWertV Rn. 381; § 8 ImmoWertV Rn. 246*

17 Grundsätzlich bestimmt sich die Alterswertminderung, wie unter Rn. 8 erläutert, nach dem Verhältnis der Restnutzungsdauer zur üblichen Gesamtnutzungsdauer (Nutzungsdauer) der baulichen Anlage. Bei Anwendung des Sachwertverfahrens unter Heranziehung der vom Gutachterausschuss für Grundstückswerte abgeleiteten Sachwertfaktoren kann es jedoch erforderlich sein, die Alterswertminderung nicht auf der Grundlage der im konkreten Einzelfall anzusetzenden üblichen Gesamtnutzungsdauer (Nutzungsdauer) zu ermitteln, sondern auf der Grundlage der vom Gutachterausschuss bei der Ableitung des Sachwertfaktors **als Modellgröße angesetzten üblichen Gesamtnutzungsdauer** (vgl. Nr. 4.2.1 SachwertR), die von der tatsächlich anzusetzenden üblichen Gesamtnutzungsdauer (Nutzungsdauer) abweichen kann.

In diesem Fall bestimmt sich also der nach den §§ 21 f. ImmoWertV ermittelte vorläufige Gebäudesachwert nach der dementsprechenden *„modellkonformen"* Alterswertminderung.

Ist z. B. der Gutachterausschuss für Grundstückswerte bei der Ableitung von Sachwertfaktoren für eine **bestimmte Grundstücksart modellhaft von einer üblichen Gesamtnutzungsdauer von 100 Jahren** ausgegangen, so bestimmt sich nach dem **Grundsatz der Modellkonformität** der unter Heranziehung dieses Sachwertfaktors zu ermittelnde vorläufige Sachwert zunächst nach dieser „Modellgröße", auch wenn im Einzelfall eine davon abweichende Gesamtnutzungsdauer angezeigt ist. Der Alterswertminderungsfaktor ergibt sich dann mithin aus:

$$\text{Alterswertminderungsfaktor} = \frac{\text{Restnutzungsdauer}}{\text{Modellansatz der üblichen Gesamtnutzungsdauer}}$$

Ist im konkreten Einzelfall jedoch der Ansatz einer geringeren üblichen Gesamtnutzungsdauer sachgerecht, muss eine **wirtschaftliche Überalterung** nach Maßgabe des § 8 Abs. 3 ImmoWertV ergänzend berücksichtigt werden, denn eine geringere Gesamtnutzungsdauer führt bei gegebenem Baujahr zu einer entsprechend geringeren Restnutzungsdauer (vgl. Rn. 16; § 8 ImmoWertV Rn. 246).

3 Alterswertminderung nach BelWertV

▶ *Das Sachwertverfahren der Beleihungswertermittlung ist in der Syst. Darst. des Sachwertverfahrens unter Rn. 28 ff. dargestellt. Vgl. im Übrigen die Erläuterungen in der Syst. Darst. des Sachwertverfahrens bei Rn. 149 ff. sowie § 6 ImmoWertV Rn. 413*

18 Die Alterswertminderung (in der BelWertV noch als „Wertminderung wegen Alters" bezeichnet) ist in der BelWertV noch in Anlehnung an § 23 WertV 88/98 wie folgt geregelt:

„**§ 17 BelWertV** Wertminderung wegen Alters

(1) Die Wertminderung wegen Alters bestimmt sich nach dem Verhältnis der Restnutzungsdauer zur Nutzungsdauer der baulichen Anlagen; sie ist in einem Prozentsatz des Herstellungswerts auszudrücken. Bei der Bestimmung der Wertminderung kann je nach Art und Nutzung der baulichen Anlagen von einer gleichmäßigen oder von einer mit zunehmendem Alter sich verändernden Wertminderung ausgegangen werden.

(2) Ist die bei ordnungsgemäßem Gebrauch übliche Nutzungsdauer der baulichen Anlagen durch Instandsetzungen oder Modernisierungen verlängert worden oder haben unterlassene Instandhaltung oder andere Gegebenheiten zu einer Verkürzung der Restnutzungsdauer geführt, soll der Bestimmung der Wertminderung wegen Alters die geänderte Restnutzungsdauer und die für die baulichen Anlagen übliche Nutzungsdauer zugrunde gelegt werden."

19 Die **BelWertV lässt damit noch jede Form der Alterswertminderung zu.** Im Falle einer unterlassenen Instandhaltung oder einer Modernisierung ist wie bei der Verkehrswertermittlung von einer entsprechend verminderten oder verlängerten Restnutzungsdauer auszugehen, wobei es jedoch bei der üblichen Gesamtnutzungsdauer (Nutzungsdauer) bleibt.

4 Alterswertminderung in der steuerlichen Bewertung

▶ *Das erbschaftsteuerliche Sachwertverfahren ist in der Syst. Darst. des Sachwertverfahrens unter Rn. 42 dargestellt.*

20 Die Alterswertminderung bestimmt sich im Rahmen der **erbschaftsteuerlichen Bewertung** wie in der Verkehrswertermittlung unter Berücksichtigung des Verjüngungs- bzw. Alterungsprinzips nach vorgegebener linearer Alterswertminderung. Sind nach Bezugsfertigkeit des Gebäudes Veränderungen eingetreten, die die wirtschaftliche Gesamtnutzungsdauer des Gebäudes verlängert oder verkürzt haben, ist nach § 190 Abs. 2 Satz 3 BewG von einem entsprechenden früheren oder späteren Baujahr auszugehen (§ 6 ImmoWertV Rn. 413).

21 Zur **Alterswertminderung in der Einheitsbewertung** vgl. Anlage 5.2.

Alterswertminderung   § 23 ImmoWertV IV

5 Anlagen

Anlage 5.1: Alterswertminderungsfaktor bei linearer Abschreibung in v. H. der Herstellungskosten

Restnutzungs-dauer Jahre	Alterswertminderungsfaktor bei linearer Abschreibung in v. H. der Herstellungskosten — Übliche Gesamtnutzungsdauer (Nutzungsdauer) in Jahren									
	10	20	30	40	50	60	70	80	90	100
1	0,10	0,05	0,03	0,02	0,02	0,02	0,01	0,01	0,01	0,01
2	0,20	0,10	0,07	0,05	0,04	0,03	0,03	0,02	0,02	0,02
3	0,30	0,15	0,10	0,07	0,06	0,05	0,04	0,04	0,03	0,03
4	0,40	0,20	0,13	0,10	0,08	0,07	0,06	0,05	0,04	0,04
5	0,50	0,25	0,17	0,12	0,10	0,08	0,07	0,06	0,06	0,05
6	0,60	0,30	0,20	0,15	0,12	0,10	0,09	0,07	0,07	0,06
7	0,70	0,35	0,23	0,17	0,14	0,12	0,10	0,09	0,08	0,07
8	0,80	0,40	0,27	0,20	0,16	0,13	0,11	0,10	0,09	0,08
9	0,90	0,45	0,30	0,22	0,18	0,15	0,13	0,11	0,10	0,09
10	1,00	0,50	0,33	0,25	0,20	0,17	0,14	0,12	0,11	0,10
11		0,55	0,37	0,27	0,22	0,18	0,16	0,14	0,12	0,11
12		0,60	0,40	0,30	0,24	0,20	0,17	0,15	0,13	0,12
13		0,65	0,43	0,32	0,26	0,22	0,19	0,16	0,14	0,13
14		0,70	0,47	0,35	0,28	0,23	0,20	0,17	0,16	0,14
15		0,75	0,50	0,37	0,30	0,25	0,21	0,19	0,17	0,15
16		0,80	0,53	0,40	0,32	0,27	0,23	0,20	0,18	0,16
17		0,85	0,57	0,42	0,34	0,28	0,24	0,21	0,19	0,17
18		0,90	0,60	0,45	0,36	0,30	0,26	0,22	0,20	0,18
19		0,95	0,63	0,47	0,38	0,32	0,27	0,24	0,21	0,19
20		1,00	0,67	0,50	0,40	0,33	0,29	0,25	0,22	0,20
21			0,70	0,52	0,42	0,35	0,30	0,26	0,23	0,21
22			0,73	0,55	0,44	0,37	0,31	0,27	0,24	0,22
23			0,77	0,57	0,46	0,38	0,33	0,29	0,26	0,23
24			0,80	0,60	0,48	0,40	0,34	0,30	0,27	0,24
25			0,83	0,62	0,50	0,42	0,36	0,31	0,28	0,25
26			0,87	0,65	0,52	0,43	0,37	0,32	0,29	0,26
27			0,90	0,67	0,54	0,45	0,39	0,34	0,30	0,27
28			0,93	0,70	0,56	0,47	0,40	0,35	0,31	0,28
29			0,97	0,72	0,58	0,48	0,41	0,36	0,32	0,29
30			1,00	0,75	0,60	0,50	0,43	0,37	0,33	0,30
31				0,77	0,62	0,52	0,44	0,39	0,34	0,31
32				0,80	0,64	0,53	0,46	0,40	0,36	0,32
33				0,82	0,66	0,55	0,47	0,41	0,37	0,33
34				0,85	0,68	0,57	0,49	0,42	0,38	0,34
35				0,87	0,70	0,58	0,50	0,44	0,39	0,35
36				0,90	0,72	0,60	0,51	0,45	0,40	0,36
37				0,92	0,74	0,62	0,53	0,46	0,41	0,37

Alterswertminderungsfaktor bei linearer Abschreibung in v. H. der Herstellungskosten											
Restnutzungs-dauer Jahre	Übliche Gesamtnutzungsdauer (Nutzungsdauer) in Jahren									
	10	20	30	40	50	60	70	80	90	100
38				0,95	0,76	0,63	0,54	0,47	0,42	0,38
39				0,97	0,78	0,65	0,56	0,49	0,43	0,39
40				1,00	0,80	0,67	0,57	0,50	0,44	0,40
41					0,82	0,68	0,59	0,51	0,46	0,41
42					0,84	0,70	0,60	0,52	0,47	0,42
43					0,86	0,72	0,61	0,54	0,48	0,43
44					0,88	0,73	0,63	0,55	0,49	0,44
45					0,90	0,75	0,64	0,56	0,50	0,45
46					0,92	0,77	0,66	0,57	0,51	0,46
47					0,94	0,78	0,67	0,59	0,52	0,47
48					0,96	0,80	0,69	0,60	0,53	0,48
49					0,98	0,82	0,70	0,61	0,54	0,49
50					1,00	0,83	0,71	0,62	0,56	0,50
51						0,85	0,73	0,64	0,57	0,51
52						0,87	0,74	0,65	0,58	0,52
53						0,88	0,76	0,66	0,59	0,53
54						0,90	0,77	0,67	0,60	0,54
55						0,92	0,79	0,69	0,61	0,55
56						0,93	0,80	0,70	0,62	0,56
57						0,95	0,81	0,71	0,63	0,57
58						0,97	0,83	0,72	0,64	0,58
59						0,98	0,84	0,74	0,66	0,59
60						1,00	0,86	0,75	0,67	0,60
61							0,87	0,76	0,68	0,61
62							0,89	0,77	0,69	0,62
63							0,90	0,79	0,70	0,63
64							0,91	0,80	0,71	0,64
65							0,93	0,81	0,72	0,65
66							0,94	0,82	0,73	0,66
67							0,96	0,84	0,74	0,67
68							0,97	0,85	0,76	0,68
69							0,99	0,86	0,77	0,69
70							1,00	0,87	0,78	0,70
71								0,89	0,79	0,71
72								0,90	0,80	0,72
73								0,91	0,81	0,73
74								0,92	0,82	0,74
75								0,94	0,83	0,75
76								0,95	0,84	0,76
77								0,96	0,86	0,77
78								0,97	0,87	0,78
79								0,99	0,88	0,79

Alterswertminderung § 23 ImmoWertV IV

Restnutzungs-dauer Jahre	Alterswertminderungsfaktor bei linearer Abschreibung in v. H. der Herstellungskosten									
	Übliche Gesamtnutzungsdauer (Nutzungsdauer) in Jahren									
	10	20	30	40	50	60	70	80	90	100
80								1,00	0,89	0,80
81									0,90	0,81
82									0,91	0,82
83									0,92	0,83
84									0,93	0,84
85									0,94	0,85
86									0,96	0,86
87									0,97	0,87
88									0,98	0,88
89									0,99	0,89
90									1,00	0,90
91										0,91
92										0,92
93										0,93
94										0,94
95										0,95
96										0,96
97										0,97
98										0,98
99										0,99
100										1,00

Anlage 5.2: Alterswertminderung (Einheitsbewertung) 23

1. Lebensdauer* und jährliche Wertminderung von Außenanlagen (gemäß Nr. 45 der BewR Gr)

Bauart	Lebensdauer in Jahren	jährliche Wertminderung in v. H.
1. Einfriedungen		
Holz- und Drahtzäune	10 bis 20	10 bis 5
Plattenwände und Einfriedungsmauern	20 bis 50	5 bis 2
2. Wege und Platzbefestigungen		
Leichte Decken und Plattenwege	10 bis 20	10 bis 5
Sonstige Bodenbefestigungen	20 bis 50	5 bis 2
3. Rampen und Stützmauern	20 bis 50	5 bis 2
4. Schwimmbecken	10 bis 20	10 bis 5
5. Entwässerungs- und Versorgungsleitungen	20 bis 50	5 bis 2

*) Für die sachgerechte Verkehrswertermittlung kommt es entscheidend auf die wirtschaftliche *Restnutzungsdauer* an, die durch die technische Lebensdauer begrenzt wird.

2. Lebensdauer* und jährliche Wertminderung für Fabrikgebäude, Lagergebäude, Kühlhäuser, Trockenhäuser, Molkereigebäude, Tankstellengebäude, Transformatorenhäuser, Hallenbäder und Badehäuser (nach Nr. 41 der BewR Gr)

Bauart	Lebensdauer und jährliche Wertminderung für			
	Fabrikgebäude, Werkstattgebäude, Lagergebäude, Kühlhäuser, Trockenhäuser, Molkereigebäude, Tankstellengebäude, Transformatorenhäuser, Hallenbäder, Badehäuser		die übrigen Gebäude	
	in Jahren	in v. H.	in Jahren	in v. H.
1. Massivgebäude und Gebäude in Stahl oder Stahlbetonskelettkonstruktion	80	1,25	100	1,00
2. Holzfachwerkgebäude mit Ziegelsteinausmauerung	60	1,67	70	1,43
3. Holzgebäude und Holzfachwerkgebäude mit Lehmausfachung oder mit Verschalung, Massivgebäude aus großformatigen Betonplatten (Fertigteile)	50	2,00	60	1,67
4. Massivschuppen, Stahlfachwerkgebäude mit Plattenverkleidung, Gebäude in leichter Bauart, bei denen die Außenmauern – ohne Putz gemessen – weniger als 20 cm stark sind (ausgenommen Skelettbauten und Rahmenbauten), Fertigteilbauten aus Holz	40	2,50	40	2,50
5. Holzgebäude in Tafelbauart mit massiven Fundamenten	30	3,33	30	3,33
6. Wellblechschuppen, Holzschuppen, Holzgebäude in Tafelbauart ohne massive Fundamente	20	5	20	5

* Für eine sachgerechte Verkehrswertermittlung kommt es entscheidend auf die wirtschaftliche *Restnutzungsdauer* an, die durch die technische Lebensdauer begrenzt wird.

Abschnitt 4 ImmoWertV: Schlussvorschrift

§ 24 ImmoWertV
Inkrafttreten und Außerkrafttreten

Diese Verordnung tritt am 1. Juli 2010 in Kraft. Gleichzeitig tritt die Wertermittlungsverordnung vom 6. Dezember 1988 (BGBl. I S. 2209), die durch Artikel 3 des Gesetzes vom 18. August 1997 (BGBl. I S. 2081) geändert worden ist, außer Kraft.

Der Bundesrat hat zugestimmt.

Erläuterungen:

Die Vorschrift regelt das Inkrafttreten der ImmoWertV und das Außerkrafttreten der WertV 88/98.   **1**

Soweit vor dem Inkrafttreten der ImmoWertV der Verkehrswert eines Grundstücks nach den Vorschriften der WertV 88/98 ermittelt worden ist, bleiben diese Wertermittlungen unberührt.   **2**

Die **ImmoWertV enthält keine Überleitungsvorschriften**. Sie findet mit ihrem Inkrafttreten am 1.7.2010 auch Anwendung auf Wertermittlungen, die auf einen vor Inkrafttreten der ImmoWertV bezogenen Stichtag bezogen sind, jedoch kann es auch in diesen Fällen aus den vorstehenden Gründen geboten sein, von den Vorgaben der ImmoWertV abzuweichen.   **3**

Nach Inkrafttreten der ImmoWertV kann eine Wertermittlung auf der Grundlage der WertV allerdings geboten sein, wenn es um die **Überprüfung eines auf der Grundlage der WertV erstatteten Gutachtens** geht.   **4**

Soweit nach Inkrafttreten der ImmoWertV die Ermittlung eines Verkehrswerts auf der Grundlage der von den Gutachterausschüssen für Grundstückswerte abgeleiteten erforderlichen (wesentlichen) Daten der Wertermittlung nach § 193 Abs. 5 BauGB (vgl. 2. Abschnitt) erfolgt, kann es geboten sein, **übergangsweise von den Regelungen der ImmoWertV abzuweichen**. Dies betrifft beispielsweise die Anwendung des Sachwertverfahrens: Sind z. B. auf der Grundlage der WertV 88/98 Sachwertfaktoren auf der Grundlage der Alterswertminderung (§ 23 ImmoWertV/WertV) nach „Ross" ermittelt worden, kann es angezeigt sein, den Sachwert ebenfalls abweichend von der (für den Regelfall) vorgeschriebenen linearen Alterswertminderung auf dieser Grundlage zu ermitteln und sich der Systematik zu bedienen, die der Ableitung der Sachwertfaktoren zugrunde lag. Abzulehnen ist indessen die Auffassung der Obersten Baubehörde im Bayerischen Staatsministerium des Innern[1], die lineare Alterswertminderung brauche so lange nicht zur Anwendung zu kommen, wie zur Sachwertermittlung die NHK 2000 herangezogen werden (vgl. § 23 ImmoWertV Rn. 15). Andere Bundesländer haben die lineare Alterswertminderung auf der Grundlage der NHK 2000 eingeführt[2].   **5**

Der **Bundesrat hat der Verordnung** in seiner 869. Sitzung am 7.5.2010 gemäß Art. 80 Abs. 2 GG **zugestimmt**.   **6**

---

1   GuG-aktuell 2011, 5.; ebenso unsinnig RdSchr. des Ministerium für Inneres und Kommunales des Landes Nordrhein-Westfalen vom 3. August 2010 (GeschZ 32 – 51.11.01 – 9210) an die Gutachterausschüsse für Grundstückswerte in Nordrhein-Westfalen sowie an den Oberen Gutachterausschuss für Grundstückswerte im Land Nordrhein-Westfalen betr. Übergangsregelung für die Anwendung des Sachwertverfahrens nach ImmoWertV.
2   Bekanntmachung der Senatsverwaltung für Stadtentwicklung vom 10.11.2010 – ABl. Berlin 2010, 1886.

Teil V

**Verkehrswertermittlung
besonderer Immobilienarten
(Beispielsfälle)**

Teil V

Übersicht Besondere Immobilienarten V

Valuation is not science but an art.
Cash is king.
Supply meets demand.

Verkehrswertermittlung besonderer Immobilienarten (Beispielsfälle)

Gliederungsübersicht — Rn.

1 Grundstücksmarkt nach Immobilientypologie
  1.1 Übersicht 1
  1.2 Wohnimmobilien 6
  1.3 Gewerbeimmobilien 8

2 Wohnimmobilien
  2.1 Verkehrswertermittlung von Einfamilienhäusern im Sachwertverfahren
    2.1.1 Frei stehendes Einfamilienhaus ohne Baumängel 12
    2.1.2 Einfamilienhaus mit Baumängeln (Vereinfachte Berechnung) 15
    2.1.3 Zweifamilienhaus (mit Marktanpassung) 17
    2.1.4 Einfamilienhaus mit mehrfachem Um- und Anbau 20
    2.1.5 Einfamilienhaus mit mehreren Bauteilen (Gebäudemix, Teilunterkellerung) 22
    2.1.6 Einfamilienhaus mit mehreren Bauteilen (Gebäudemix, unterschiedliche Dächer) 24
  2.2 Verkehrswertermittlung von Mehrfamilien-Wohnhäusern im Ertrags- und Sachwertverfahren
    2.2.1 Mehrfamilien-Wohnhaus (Sach- und Ertragswertverfahren) 26
    2.2.2 Wohnhochhaus 29
    2.2.3 Mehrfamilien-Wohnhaus (Gebäudemix, Doppelhausgrundstück) 32
    2.2.4 Mehrfamilien-Wohnhaus (Sachwertverfahren) 33
  2.3 Verkehrswertermittlung eines gemischt genutzten Grundstücks im Ertragswertverfahren
    2.3.1 Gemischt genutztes Grundstück 34
    2.3.2 Mehrfamilienhaus mit Gewerbeeinheiten 36
    2.3.3 Gemischt genutztes Geschäftshaus 38
  2.4 Verkehrswertermittlung von Eigentumswohnungen
    2.4.1 Allgemeines
      2.4.1.1 Begriffe 39
      2.4.1.2 Begründung von Wohnungs- und Teileigentum 46
      2.4.1.3 Marktsegmente 51
      2.4.1.4 Bodenmarkt 53
      2.4.1.5 Wohnungserbbaurecht 56
    2.4.2 Wertermittlungsverfahren 59
    2.4.3 Vergleichswertverfahren
      2.4.3.1 Allgemeines 63
      2.4.3.2 Wohnwertverfahren 65
      2.4.3.3 Richtwerte (Durchschnittspreise/-werte) für Eigentumswohnungen 66
      2.4.3.4 Umrechnungskoeffizienten für Eigentumswohnungen 75
      2.4.3.5 Indexreihen zur Preisentwicklung von Eigentumswohnungen 95
    2.4.4 Ertragswertverfahren
      2.4.4.1 Allgemeines 96
      2.4.4.2 Erträge 97
      2.4.4.3 Bewirtschaftungskosten 98
      2.4.4.4 Liegenschaftszinssatz 102
      2.4.4.5 Anpassungsfaktoren bzw. nach Merkmalen differenzierte Liegenschaftszinssätze 103
      2.4.4.6 Bodenwert 110

V Besondere Immobilienarten　　　　　　　　　　　　Übersicht

	2.4.5 Sachwertverfahren	111
	2.4.6 Sonderfälle	
	2.4.6.1 Wohnungseigentum mit Reparaturstau	114
	2.4.6.2 Sondernutzungsrechte	115
	2.4.7 Beleihungswertermittlung	116
	2.4.8 Steuerliche Bewertung	119
	2.4.9 Beispiele	
	2.4.9.1 Verkehrswert einer Eigentumswohnung nach dem Vergleichswertverfahren	120
	2.4.9.2 Verkehrswert einer Eigentumswohnung mittels mehrdimensionaler Schätzfunktion (Regressionsanalyse)	122
	2.4.9.3 Verkehrswert einer Eigentumswohnung nach dem Vergleichs- und Ertragswertverfahren	124
3	**Gewerbeimmobilien**	
3.1	Typologie von Gewerbeimmobilien	131
3.2	Büroimmobilien	
	3.2.1 Allgemeines	139
	3.2.2 Büroformen	142
	3.2.3 Büroflächenbedarf	146
	3.2.4 Flächeneffizienz	147
	3.2.5 Lagemerkmale	149
	3.2.6 Mietfläche von Gewerberäumen	152
	3.2.7 Ertragsverhältnisse	
	3.2.7.1 Mietpreise	157
	3.2.7.2 Liegenschaftszinssatz	158
	3.2.7.3 Gesamtnutzungsdauer	159
	3.2.7.4 Bewirtschaftungskosten	160
	3.2.8 Beispiele	
	3.2.8.1 Verkehrs- und Beleihungswert eines Geschäftshauses	163
	3.2.8.2 Verkehrswert eines Geschäftshauses	169
	3.2.8.3 Ankauf eines Bürogebäudes mit Mietgarantie	171
	3.2.8.4 Verkehrswert eines Bürogebäudes mit besonderen Vertragsverhältnissen	173
3.3	Gewerbeparks	176
3.4	Industrieimmobilien	
	3.4.1 Allgemeines	178
	3.4.2 Lagemerkmale im industriell-produzierenden Bereich	179
3.5	Logistikimmobilien	
	3.5.1 Typologie von Logistikimmobilien	181
	3.5.2 Lagemerkmale	187
	3.5.3 Bauliche Anforderungen	188
	3.5.4 Baukosten	196
	3.5.5 Bodenwert	200
	3.5.6 Ertragsverhältnisse	
	3.5.6.1 Mietpreise	203
	3.5.6.2 Liegenschaftszinssatz	211
	3.5.6.3 Gesamtnutzungsdauer	212
	3.5.6.4 Bewirtschaftungskosten	213
	3.5.6.5 Drittverwendung	214
	3.5.7 Beispiele	
	3.5.7.1 Verkehrs- und Beleihungswert einer Logistikimmobilie	215
	3.5.7.2 Lagerhalle	216
	3.5.7.3 Hochregallager	217
	3.5.7.4 Kühlgutlagerhalle	221
	3.5.7.5 Tanklager	223
3.6	Kiesgrube	226
3.7	Gewerblich genutztes Altlastengrundstück	230
3.8	Deponie	
	3.8.1 Allgemeines	231
	3.8.2 Vergleichswertverfahren	232

Übersicht   Besondere Immobilienarten V

3.8.3	Ertragswertverfahren	233
3.8.4	Prognoseorientiertes Ertragswertverfahren (Discounted Cash Flow Verfahren)	234
3.8.5	Pachtwertmethode	235

4 Handelsimmobilien

4.1	Typologie der Handelsimmobilien		236
4.2	Lage		
	4.2.1	Allgemeines	239
	4.2.2	Makrolage	240
	4.2.3	Mikrolage	244
	4.2.4	Einzelhandelslage	247
	4.2.5	Konkurrenz	254
4.3	Kennziffern für Handelsimmobilien		
	4.3.1	Allgemeines	255
	4.3.2	Kaufkraftkennziffer	257
	4.3.3	Umsatzkennziffer	262
	4.3.4	Zentralität	264
	4.3.5	Flächenproduktivität (Raumleistung)	267
	4.3.6	Mietzahlungsfähigkeit	270
	4.3.7	Frequenzen	272
4.4	Einzelhandelsimmobilien (Läden)		
	4.4.1	Allgemeines	275
	4.4.2	Erträge	
		4.4.2.1 Mieten	278
		4.4.2.2 Umsatz	281
	4.4.3	Mietpreisbestimmende Merkmale	
		4.4.3.1 Allgemeines	282
		4.4.3.2 Ladenfläche	284
		4.4.3.3 Ladentiefe	286
		4.4.3.4 Passantenfrequenz	289
		4.4.3.5 Ecklage	291
		4.4.3.6 Geschosslage	292
		4.4.3.7 Branche	294
		4.4.3.8 Mietvertragliche Besonderheiten	298
4.5	Großflächige Handelsimmobilien		
	4.5.1	Allgemeines	299
	4.5.2	Ertragsverhältnisse von Fach- und Verbrauchermärkten	
		4.5.2.1 Mieten	306
		4.5.2.2 Nebenkosten	307
	4.5.3	Liegenschaftszinssätze	
		4.5.3.1 Marktwertermittlung	308
		4.5.3.2 Beleihungswertermittlung	309
		4.5.3.3 Steuerliche Bewertung	310
	4.5.4	Beispiele	
		4.5.4.1 Selbstbedienungswarenhaus	311
		4.5.4.2 Selbstbedienungsladen	312

5 Sonderimmobilien

5.1	Typologie der Sonderimmobilien		314
5.2	Hotels		
	5.2.1	Betriebsarten	317
	5.2.2	Bauliche Kennziffern	328
	5.2.3	Wirtschaftliche Kennziffern	
		5.2.3.1 Belegung (Kapazitätsauslastung)	330
		5.2.3.2 Umsatz	339
		5.2.3.3 Wareneinsatz und -umschlag	358
		5.2.3.4 Personalkosten und -besatz	362
	5.2.4	Wertermittlungsverfahren	368
	5.2.5	Vergleichswertverfahren	370
	5.2.6	Sachwertverfahren	371

V Besondere Immobilienarten — Übersicht

	5.2.7	Ertragswertverfahren	
		5.2.7.1 Allgemeines	377
		5.2.7.2 Einnahmen	379
		5.2.7.3 Bewirtschaftungskosten	390
		5.2.7.4 Liegenschaftszinssatz	392
		5.2.7.5 Plausibilitätskontrolle	393
	5.2.8	Pachtwertverfahren	394
	5.2.9	Betriebswirtschaftliches Verfahren	405
	5.2.10	Beispiele	
		5.2.10.1 Verkehrs- und Beleihungswert eines Hotelneubaus	424
		5.2.10.2 Beleihungswert eines Hotels (Sparkasse)	426
5.3	Alten- und Pflegeheim, Klinik		
	5.3.1	Allgemeines	427
	5.3.2	Bauliche Kenngrößen	431
	5.3.3	Grundlagen der Marktwertermittlung	432
	5.3.4	Marktwertermittlung	
		5.3.4.1 Wertermittlungsverfahren	433
		5.3.4.2 Bodenwert	435
		5.3.4.3 Ertragswertverfahren	437
		5.3.4.4 Sachwertverfahren	456
	5.3.5	Beispiele	
		5.3.5.1 Verkehrs- und Beleihungswert eines Seniorenzentrums	458
		5.3.5.2 Fachklinik	460
		5.3.5.3 Verkehrs- und Beleihungswert einer Rehabilitationsklinik	463
		5.3.5.4 Medizinisches Versorgungszentrum	464
5.4	Parkhaus		
	5.4.1	Allgemeines	466
	5.4.2	Beispiele	
		5.4.2.1 Musterkalkulation für ein Parkhaus	472
		5.4.2.2 Großparkhaus	473
		5.4.2.3 Verkehrs- und Beleihungswertermittlung eines innerstädtischen Parkhauses	476
5.5	Tankstelle		
	5.5.1	Allgemeines	479
	5.5.2	Lagemerkmale	487
	5.5.3	Verkehrswertermittlung	
		5.5.3.1 Übersicht	489
		5.5.3.2 Bodenwert	490
		5.5.3.3 Ertragswert	491
		5.5.3.4 Sachwert	496

6 Freizeitimmobilien

6.1	Allgemeines		
	6.1.1	Typologie von Freizeitimmobilien	500
	6.1.2	Marktentwicklung	506
	6.1.3	Lagemerkmale	507
	6.1.4	Ertragsverhältnisse	510
	6.1.5	Kennzahlen	515
6.2	Freizeitbad		516
6.3	Multiplexkino		
	6.3.1	Übersicht	517
	6.3.2	Kennzahlen	518
6.4	Golfanlage		
	6.4.1	Allgemeines	522
	6.4.2	Ertragsverhältnisse	528
	6.4.3	Herstellungskosten	535
	6.4.4	Bodenwert künftiger Golfanlagen	539
	6.4.5	Verkehrswertermittlung eingerichteter Golfanlagen	546
6.5	Tennisanlage		
	6.5.1	Allgemeines	
		6.5.1.1 Begriff	555

Übersicht Besondere Immobilienarten V

		6.5.1.2	Bauliche Anforderungen	559
		6.5.1.3	Herstellungskosten	566
		6.5.1.4	Kennzahlen	569
	6.5.2	Tennishalle		
		6.5.2.1	Vertragsgestaltungen	570
		6.5.2.2	Nutzungszeiten	571
		6.5.2.3	Ertragsverhältnisse	572
	6.5.3	Tennisfreiplätze		
		6.5.3.1	Herstellungskosten	577
		6.5.3.2	Ertragsverhältnisse	578
	6.5.4	Beispiel (Tennishalle mit Freiplätzen)		580
	6.5.5	Beachvolleyball		582
6.6	Reitanlage			
	6.6.1	Allgemeines		583
	6.6.2	Kennzahlen		585
	6.6.3	Verkehrswertermittlung		
		6.6.3.1	Wertermittlungsverfahren	588
		6.6.3.2	Bodenwert	589
6.7	Stadien und Arenen			590
6.8	Campingplatz			
	6.8.1	Allgemeines		592
	6.8.2	Bodenwert		593
	6.8.3	Vergleichswertverfahren		594
	6.8.4	Ertragswertverfahren		595

7 Gemeinbedarfsfläche

7.1	Allgemeines			596
7.2	Abgehender Gemeinbedarf			
	7.2.1	Allgemeines		600
	7.2.2	Abgehende Straßenflächen		604
	7.2.3	Abgehende Flächen der Landesverteidigung		
		7.2.3.1	Allgemeines	606
		7.2.3.2	Qualifizierung des maßgeblichen Entwicklungszustands i. S. des § 6 ImmoWertV	622
		7.2.3.3	Bauliche Anlagen und sonstige Einrichtungen	630
		7.2.3.4	Komplexe Wertermittlungsansätze (Extraktionsverfahren; Residualwertverfahren)	632
		7.2.3.5	Bodenverunreinigungen	635
7.3	Bleibender Gemeinbedarf			
	7.3.1	Allgemeines		636
	7.3.2	Pauschalierte Bruchteilsbewertung		639
	7.3.3	Bewertung nach Umgebungsbebauung		640
	7.3.4	Anerkennungsbetrag bzw. unentgeltliche Übertragung		641
	7.3.5	Bewertung nach Vorwirkungsgrundsatz		
		7.3.5.1	Allgemeines	644
		7.3.5.2	Historisches Beschaffungswertprinzip	645
		7.3.5.3	Aktuelles Beschaffungswertprinzip	646
	7.3.6	Ersatzbeschaffungsprinzip		647
	7.3.7	Bebaute Gemeinbedarfsgrundstücke		648
	7.3.8	Beispiel (Bleibendes Straßenland)		649
	7.3.9	Gemeinbedarfsgrundstücke in der Bilanzbewertung		651
7.4	Künftiger Gemeinbedarf			
	7.4.1	Allgemeines		652
	7.4.2	Freihändiger Ankauf		
		7.4.2.1	Allgemeines	654
		7.4.2.2	Straßenbau	656
		7.4.2.3	Öffentliche Grünflächen/Sportplätze	657
		7.4.2.4	Bahnflächen	659
	7.4.3	Entschädigung für den Rechtsverlust nach dem Vorwirkungsgrundsatz		
		7.4.3.1	Allgemeines	660

V Besondere Immobilienarten Übersicht

		7.4.3.2	Sonderfälle der Vorwirkung	662
		7.4.3.3	Künftiges Straßenland	666
	7.4.4	Teilfläche (Vorgarten)		
		7.4.4.1	Allgemeines	667
		7.4.4.2	Verschiebetheorie (vorgeschobenes Hinterland)	668
		7.4.4.3	Differenzwertverfahren	670
		7.4.4.4	Pauschalierte Bruchteilsmethode	675
	7.4.5	Berücksichtigung von Vermögensvor- und -nachteilen		
		7.4.5.1	Allgemeines	677
		7.4.5.2	Pufferzone	678

8 Bahnfläche
- 8.1 Allgemeine Grundsätze ... 680
- 8.2 Entwicklungszustand und Zulässigkeit von Vorhaben
  - 8.2.1 Allgemeines ... 681
  - 8.2.2 Erwartung einer baulichen und sonstigen Nutzung
    - 8.2.2.1 Allgemeines ... 682
    - 8.2.2.2 Künftige Nutzbarkeit ... 683
- 8.3 Verkehrswertermittlung
  - 8.3.1 Abgehende Bahnfläche ... 685
  - 8.3.2 Bahnfremde Nutzungen ... 687
  - 8.3.3 Künftige Bahnfläche ... 689

9 Post- und Fernmeldewesen
- 9.1 Allgemeines ... 692
- 9.2 Antennengrundstücke ... 694
- 9.3 Abgehender Post- und Fernmeldebedarf ... 697

10 Flugplatz
- 10.1 Allgemeines ... 700
- 10.2 Künftige Flughafenfläche ... 702
- 10.3 Bleibende Flughafenfläche ... 705
- 10.4 Abgehende Flughafenfläche ... 714

11 Kirchliche und kirchlichen Zwecken dienende Fläche
- 11.1 Allgemeines ... 715
- 11.2 Wertermittlungsverfahren
  - 11.2.1 Allgemeines ... 717
  - 11.2.2 Bleibender Kirchenbedarf ... 719
  - 11.2.3 Abgehender Kirchenbedarf ... 725
  - 11.2.4 Künftiger Kirchenbedarf ... 728
- 11.3 Symbolwert ... 729

12 Denkmalgeschützte Bausubstanz
- 12.1 Denkmale
  - 12.1.1 Übersicht ... 730
  - 12.1.2 Inhalt und Sozialpflichtigkeit des Denkmalschutzes ... 738
  - 12.1.3 Denkmalgeprägter Verkehrswert? ... 743
- 12.2 Zumutbarkeitsschwelle ... 749
- 12.3 Vor- und Nachteile des Denkmalschutzes
  - 12.3.1 Allgemeines ... 776
  - 12.3.2 Steuerliche Vorteile
    - 12.3.2.1 Allgemeines ... 780
    - 12.3.2.2 Grundsteuer ... 783
    - 12.3.2.3 Vermögensteuer ... 788
    - 12.3.2.4 Erbschaft- und Schenkungsteuer ... 789
    - 12.3.2.5 Einkommensteuer ... 791
    - 12.3.2.6 Umsatzsteuer ... 805
- 12.4 Verkehrswertermittlung
  - 12.4.1 Allgemeines ... 808
  - 12.4.2 Wertermittlungsverfahren ... 811

Übersicht Besondere Immobilienarten V

      12.4.3 Boden- und Ertragswertermittlung
           12.4.3.1 Bodenwert 815
           12.4.3.2 Ertragswert 824
  12.5 Schlösser, Burgen und Gutshäuser
      12.5.1 Allgemeines 844
      12.5.2 Bodenwert 849
      12.5.3 Sachwertverfahren 860
      12.5.4 Ertragswertverfahren 867
  12.6 Denkmalschutz in der steuerlichen Bewertung 870
13 Soziale Wohnraumförderung
  13.1 Allgemeines 871
  13.2 Wertermittlungsverfahren 889

V Besondere Immobilienarten   Immobilientypologie

1 Grundstücksmarkt nach Immobilientypologie

1.1 Übersicht

Schrifttum: *Bienert, S. (Hsg.)*, Bewertung von Spezialimmobilen, Wiesbaden 2005; *Kippes/Sailer*, Immobilienmanagement, Boorberg Verlag 2005; *Unterreiner in Bach/Ottmann/Sailer/Unterreiner*, Immobilienmarkt und Immobilienmanagement, München 2007.

▶ *Zu den Grundstücksarten vgl. § 8 ImmoWertV Rn. 27 ff.; Syst. Darst. des Sachwertverfahrens Rn. 95; § 10 ImmoWertV Rn. 47, 72; § 5 ImmoWertV Rn. 196 ff.*

1 Allgemein kann der Grundstücksmarkt in seiner Gesamtheit in einen **städtischen sowie einen land- und forstwirtschaftlichen Grundstücksteilmarkt** untergliedert werden.

2 Der Immobilienbestand lässt sich daneben nach seiner *Nutzung* in Wohn- und Gewerbeimmobilien einschließlich ihrer Mischformen (gemischt genutzte Immobilien) aufgliedern. Darüber hinaus wird von einem Grundstücksmarkt der **Sonder- bzw. Spezialimmobilien**, der sog. Management- und auch Frequenzimmobilien gesprochen, wobei die Übergänge fließend sind und die Märkte nicht eindeutig voneinander abgrenzbar sind.

3 In der **steuerlichen Grundstücksbewertung** werden bebaute Grundstücke mit den §§ 74 f. und § 181 BewG nach folgenden Grundstücksarten unterschieden.

(1) Bei der Bewertung bebauter Grundstücke sind die folgenden Grundstücksarten zu unterscheiden:

1. Mietwohngrundstücke,
2. Geschäftsgrundstücke,
3. gemischt genutzte Grundstücke,
4. Einfamilienhäuser,
5. Zweifamilienhäuser,
6. sonstige bebaute Grundstücke.

Im Rahmen der Sachwertermittlung wird nach den **Gebäudearten der SachwertR** unterschieden (vgl. Syst. Darst. des Sachwertverfahrens Rn. 95).

4 Darüber hinaus wurden im Rahmen der Führung und Auswertung der Kaufpreissammlung sowie der **Bodenrichtwertermittlung** Übersichten über Grundstücksarten vorgegeben[1].

5 Immobilien lassen sich auch nach den **Akteuren und Immobiliennutzern** gliedern.

1.2 Wohnimmobilien

▶ *Zu den Lagemerkmalen von Wohnimmobilien vgl. § 18 ImmoWertV Rn. 137 ff.; § 8 ImmoWertV Rn. 27*

6 **Wohnimmobilien lassen sich** danach **untergliedern** in die **Segmente:**
- Ein- und Zweifamilienhäuser,
- Eigentumswohnungen sowie
- Mehrfamilienhäuser, ggf. mit Eigentumswohnungen.

7 **Mehrfamilienhäuser** werden insbesondere nach der Anzahl der Wohneinheiten und der Anzahl der vom Treppenhaus „erschlossenen Wohnungen" (Ein-, Zwei- und Mehrspänner) untergliedert.

---

[1] Rh.-Pf. Richtlinien zur Ermittlung des Grundstückswerts vom 1.6.1988, geändert durch RSchr. vom 20.11.1996 – 356 4/648 – 15/0 (RiWert); abgedruckt in Kleiber, Simon, Marktwertermittlung 6. Aufl., S. 404.

| Immobilientypologie | Besondere Immobilienarten V |

1.3 Gewerbeimmobilien

▶ *Hierzu auch § 6 ImmoWertV Rn. 21 ff., 59, 203 ff.; § 18 ImmoWertV Rn. 99 ff., 141 ff.*

Bei gewerblichen Immobilien handelt es sich um **Objekte**, die überwiegend gewerblichen Aktivitäten, **insbesondere im Bereich der Produktion von Gütern und der Dienstleistungen einschließlich der Distribution von Gütern** mit der Absicht der Erzielung von Einnahmen dienen[2]. **8**

Bezüglich der Abgrenzung von anderen Immobilienarten kann auf verschiedene Rechtsbereiche rekurriert werden, insbesondere **9**

a) das *Mietvertragsrecht* (vgl. § 18 ImmoWertV Rn. 99 ff.), und

b) das *Steuerrecht*, das ein gemischt genutztes Grundstück erst dann als überwiegend Wohnzwecken dienend anerkennt, wenn das Verhältnis der Nutzflächen (Wohnfläche zu gewerblich genutzten Flächen) 66 $^2/_3$ % übersteigt[3].

Die **unter den Gewerbebegriff fallenden Immobilien** lassen sich nur schwerlich typisieren. Grob **lassen sie sich wie folgt unterscheiden:** **10**

a) *Dienstleistungsimmobilien einschließlich Betreiberimmobilien*

– Büro-, Geschäfts- und Verwaltungsimmobilien,

– Kliniken/Rehabilitationsanlagen,

– Senioreneinrichtungen,

– Hotels,

– Schank- und Speisewirtschaftsimmobilien,

– Freizeitimmobilien,

b) *Industrie- und Produktionsimmobilien*

– Fabriken, Werkstätten,

– Lagerhallen, Distributionszentren,

– Industrie- oder Technologieparks, Gründerzentren, Gewerbehöfe bzw. Gewerbeparks,

c) *Handelsimmobilien*

– Einzelhandel, Supermarkt, *Discounter,*

– Einkaufszentren, Fachmärkte, Verbrauchermärkte, Fachmarktzentren,

– Galerien, Passagen,

– Warenhäuser, Kaufhäuser, Markthallen, Einkaufshöfe,

– *Shopping-Center.*

In den nachfolgenden Abschnitten werden Beispiele der Verkehrs- und Beleihungswertermittlung zu den einzelnen Immobilienarten behandelt. **11**

---

[2] Bone-Winkel, Das strategische Management von offenen Immobilienfonds unter besonderer Berücksichtigung der Projektentwicklung von Gewerbeimmobilien, Verlag Rudolf Müller, Köln 1994, S. 33.
[3] BFH, Urt. vom 9.9.1980 – VIII R 5/79 –, BFHE 132, 223 = BStBl II 1981, 258 = EzGuG 3.63b.

V Besondere Immobilienarten

2   Wohnimmobilien

2.1   Verkehrswertermittlung von Einfamilienhäusern im Sachwertverfahren

2.1.1   Frei stehendes Einfamilienhaus ohne Baumängel

▶ *Grundsätzliches in der Syst. Darst. des Sachwertverfahrens sowie §§ 21 bis 23 ImmoWertV*

12 Für ein frei stehendes Einfamilien-Wohnhaus des Gebäudetyps 1.12 i. S. der NHK 2010 mit einem ermittelten Gebäudestandard von 3,0, bestehend aus Keller-, Erd- und Obergeschoss sowie einem nicht ausgebauten Dachgeschoss (Baujahr 1972), wurden die Normalherstellungskosten, bezogen auf die Preisverhältnisse 2010, der Normalherstellungskostentabelle 2010 entnommen, mit

$$730 \text{ €/m}^2 \text{ (reduzierter) Brutto-Grundfläche.}$$

Das Objekt befindet sich in einer kleineren saarländischen Gemeinde mit 40 000 Einwohnern.

Wertermittlungsstichtag: Mai 2012

Zur Ermittlung des Sachwerts soll ein Sachwertfaktor herangezogen werden, mit dem die Lage auf dem örtlichen Baumarkt nicht berücksichtigt wird (nicht regionalisierender Sachwertfaktor, vgl. Syst. Darst. des Sachwertverfahrens Rn. 139).

13 *Berechnung:*

a) Indizierung auf Mai 2012

Index 2010:   113,7

Index Mai 2012:   120,2

Normalherstellungskosten 2012: 730 €/m² BGF$_{red}$ × 120,2/113,7 = **rd. 772 €/m² BGF$_{red}$**

b) Korrigierte NHK 2012

Korrekturfaktoren:

Regionaleinfluss (2012) für das Saarland   0,98 (vgl. Syst. Darst. des Sachwertverfahrens Rn. 139)

Einfluss des Ortes (2012)   0,96 (vgl. Syst. Darst. des Sachwertverfahrens Rn. 139)

Kombinierter Korrekturfaktor: 0,98 × 0,96 =   0,9408

Korrigierte Normalherstellungskosten 2012 (NHK 2010 Korr.):

772 €/m² × 0,9408 = rd. 726 €/m² einschließlich Baunebenkosten

14 **Annex:**

Werden zur Berücksichtigung der Lage auf dem örtlichen Baumarkt Orts- und Regionalfaktoren herangezogen, die auf das Jahr 2010 bezogen sind, müssen der entsprechend korrigierte Kostenkennwert der NHK 2010 – abweichend von den Vorgaben der SachwertR mithilfe der Baupreisindexreihe des Landes auf die Preisverhältnisse des Wertermittlungsstichtags umgerechnet werden.

Gesamtrechnung: NHK$_{2012}$ = 730 €/m² BGF$_{red}$ × 120,2/113,7 × 0,98 × 0,96 = **726 €/m² BGF$_{red}$**

2.1.2 Einfamilienhaus mit Baumängeln (Vereinfachte Berechnung)

a) Sachverhalt

1½-geschossiges im Jahre 1994 in massiver Bauweise erstelltes Einfamilienhaus in Nordrhein-Westfalen, voll unterkellert, mit ausgebautem Dachgeschoss und einem ermittelten Gebäudestandard von 3,5; Holzsatteldach mit Ziegeleindeckung; Stahlbetondecken mit schwimmendem Estrich; mittlere Ausstattung; das Gebäude weist Baumängel und Bauschäden auf: Schadensbeseitigungskosten 30 000 €. Sachwertfaktor = 0,90. Keine Außenanlagen.

Wertermittlungsstichtag: Mai 2012

Reduzierte Brutto-Grundfläche – BGF_{red} – nach DIN 277 (1987/2005):

- Gebäude   200 m²
- Garage   20 m²

Die Kostenkennwerte der Normalherstellungskosten 2010 ergeben sich zu:

- Gebäude Typ 1.01   920 €/m² einschließlich Baunebenkosten: 16 % bei linearer Interpolation des Gebäudestandards
- Garage (Typ 14 bei Gebäudestandard 4)   485 €/m² einschließlich Baunebenkosten: 10 %

b) Wertermittlung

ba) Berechnung der Normalherstellungskosten 2010:

Gebäude 200 m² ×	920 €/m² =	=	184 000 €
Garage 20 m² ×	485 €/m² =	=	9 700 €
Summe		=	193 700 €

bb) Umrechnung auf Wertermittlungsstichtag:

Baupreisindex   2010: 113,7
                  Mai 2012: 120,2 (am Wertermittlungsstichtag)

193 700 € × 120,2/113,7   = 204 773 €

bc) Berechnung der linearen Alterswertminderung:

- Modellansatz der üblichen Gesamtnutzungsdauer nach Anl. 3 SachwertR   GND = 72,5 Jahre (bei linearer Interpolation)
- Alter   = 18,5 Jahre
- = Vorläufige Restnutzungsdauer   RND = 54,0 Jahre (= 72,5 − 18,5)

Alterswertminderung   204 773 € × 18,5/72,5   **= 52 252 €**

V Besondere Immobilienarten   Wohnimmobilien

bd) **Sachwertermittlung**

	Herstellung der baulichen Anlage:		204 773 €
./.	Alterswertminderung:	–	52 252 €
=	Alterswertgeminderte Herstellungskosten:		152 521 €
+	Bodenwert	+	100 000 €
=	Vorläufiger Sachwert:		252 521 €
×	Sachwertfaktor	×	0,90
Marktangepasster vorläufiger Sachwert			227 269 €
Marktkonformer Abschlag wegen Baumängeln und Bauschäden (§ 8 Abs. 3 ImmoWertV)			
30 000 € × (1 – 18,5/72,5)		–	22 345 €
=	**Sachwert:**		**204 924 €**

Es handelt sich um eine vereinfachte Sachwertermittlung, wobei der Sachwertfaktor die Regionalisierung der angesetzten Normalherstellungskosten berücksichtigt (vgl. Syst. Darst. des Sachwertverfahrens Rn. 112 ff.). Die Marktanpassung der Schadensbeseitigungskosten wurde auf der Grundlage der Alterswertminderung ermittelt.

2.1.3 Zweifamilienhaus (mit Marktanpassung)

a) **Sachverhalt**

17 Wertermittlungsobjekt: Freistehendes, unterkellertes Zweifamilienhausgrundstück mit Erd- und Obergeschoss sowie ausgebautem Dachgeschoss mit Gebäudestandard 3,5, Baujahr 1996, Brutto-Rauminhalt (BRI – DIN 277/1997) 900 m³, reduzierte Brutto Grundfläche BGF_{red} 300 m², Wohnfläche 280 m², Grundstücksgröße 700 m², GFZ 0,2.

Es liegt folgender Mangelfolgeschaden vor: Der Außenputz ist infolge Verwendung mangelhaften Materials bei der Erstellung des Gebäudes erneuerungsbedürftig. Die Kosten der Mängelbeseitigung betragen am Stichtag der Wertermittlung 10 000 €. Der Schaden muss baldmöglichst behoben werden, weil Mängelfolgeschäden zu befürchten sind (indisponibler Bauschaden).

Zur Ermittlung des Sachwerts wird ein regionalisierender Sachwertfaktor herangezogen, mit dem auch die üblichen besonderen Bauteile und c-Flächen, jedoch keine Außenanlagen berücksichtigt werden.

Wertermittlungsstichtag: Mai 2012

Lage des Objekts: Ortsgröße 30 000 Einwohner im direkten Umland einer Stadt mit 400 000 Einwohnern in Niedersachsen.

18 b) **Wertermittlung**

– *Bodenwertermittlung*
  - Bodenrichtwert gemäß Bodenrichtwertkarte:
    150 €/m² Grund und Boden für erschließungsbeitragsfreies baureifes Land
  - Bodenwert des Grundstücks
    700 m² × 150 €/m²   = 105 000 €

Wohnimmobilien   **Besondere Immobilienarten V**

- *Ermittlung des Herstellungswerts der baulichen Anlagen*

Reduzierte Brutto-Grundfläche (DIN 277 [1987]):	= 300 m²
Normalherstellungskosten (NHK 2010) (Wertverhältnisse 2010):	
Typ 1.1 für Einfamilienhaus bei einem Gebäudestandard von 3,5 einschließlich Baunebenkosten	= 920 €/m²
Korrekturfaktor für Zweifamilienhäuser	× 1,05
NHK 2010 für Zweifamilienhaus einschließlich Baunebenkosten	= 966 €/m²
Gebäudeherstellungswert (Gebäudeherstellungskosten 2010) 300 m² × 966 €/m²	= 289 800 €

Umrechnung auf Wertermittlungsstichtag
Baupreisindex 2010: 113,7
Baupreisindex 2012: 120,2

Gebäudeherstellungskosten zum Wertermittlungsstichtag Mai 2012: 289 800 € × 120,2/113,7	= 306 367 €
Alterswertminderung	
– Baujahr	1996
– Modellansatz der üblichen Gesamtnutzungsdauer GND nach Anl. 3 SachwertR (bei linearer Interpolation)	= 72,5 Jahre
– Alter	= 16,5 Jahre
Vorläufige Restnutzungsdauer RND	= 56,50 Jahre
Lineare Alterswertminderung 16,5/72,5 = 22,76 % hieraus folgt: 306 367 € × 22,76/100	= 69 729 €
Vorläufiger alterswertgeminderter Gebäudeherstellungswert (Gebäudeherstellungskosten)	236 638 €
Wertanteil der Außenanlagen (pauschal 5 % einschließlich Alterswertminderung)	+ 11 832 €
Alterswertgeminderter Herstellungswert der baulichen und sonstigen Anlagen	248 470 €
+ Bodenwert	+ 105 000 €
Vorläufiger Grundstückssachwert	**353 470 €**

c) **Anpassung des Grundstückssachwerts an die Marktlage (§ 8 Abs. 2 Nr. 1 ImmoWertV)**   19

- *Anpassung über Marktdaten*

Nach dem Marktbericht des Gutachterausschusses für Grundstückswerte der Stadt H. wurden Zweifamilienhausgrundstücke um 10 bis 30 % unter ihren Grundstückssachwerten gehandelt. Die Abschläge waren bei aufwendigen Objekten am größten. Bei einfach ausgestatteten, kleinen Grundstücken mit niedrigen Sachwerten wurden die Grundstückssachwerte am Markt realisiert. Das Wertermittlungsobjekt gehört zu den seiner Bauzeit entsprechenden üblichen Grundstücken mit einem Gebäudestandard von 3,5. Es besitzt dazu einen guten Lagewert. Der Sachwertfaktor liegt hier zwischen 0,75 und 0,90; bezogen auf die Höhe des vorläufigen Grundstückssachwerts hier bei 0,82. Das führt zu einem aus dem vorläufigen Sachwert abgeleiteten marktangepassten Grundstückssachwert von

rd. 289 845 € (= 353 470 € × 0,82).

d) Berücksichtigung besonderer objektspezifischer Grundstücksmerkmale (§ 8 Abs. 3 ImmoWert)

Der Außenputz des Gebäudes ist erneuerungsbedürftig. Die Kosten der Mängelbeseitigung betragen am Wertermittlungsstichtag 10 000 €. Es handelt sich um einen nicht disponiblen Bauschaden. Die Schadensbeseitigungskosten werden deshalb in voller Höhe berücksichtigt:

Verkehrswert = 289 845 € − 10 000 € = **rd. 280 000 €**

2.1.4 Einfamilienhaus mit mehrfachem Um- und Anbau

a) Sachverhalt

Das Objekt besteht aus einem 1948 errichteten Einfamilienhaus mit Keller und ausgebautem Dachgeschoss (450 m² BGF). Es befindet sich in einer Mittelstadt Nordrhein-Westfalens.

Das Objekt wurde im Jahr 1980 durchgreifend modernisiert.

Im Jahr 1985 wurde ein Anbau (Vergrößerung des Wohnzimmers, 80 m² BGF) vorgenommen.

Im Jahr 2008 wurde eine Doppelgarage (42 m² BGF) angebaut.

Folgende Normalherstellungskosten – ohne Baunebenkosten – (Wertverhältnisse 2000) können angenommen werden:

Hauptgebäude	655 €/m²
Anbau	510 €/m²
Doppelgarage	300 €/m²

Der Wert der Außenanlagen ist mit 8 % und die Baunebenkosten pauschal mit 15 % der Herstellungskosten des Gebäudes anzunehmen.

Abb. 1: Lageplan

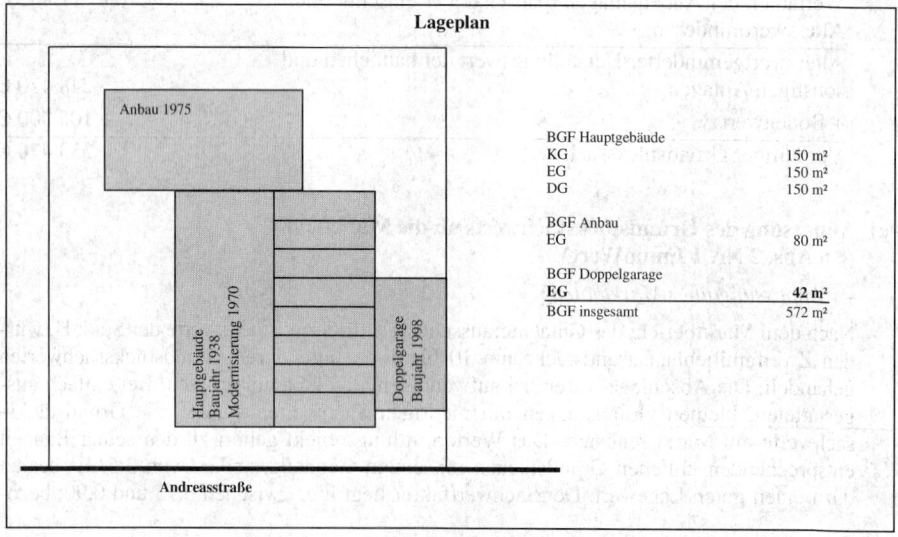

Wohnimmobilien — Besondere Immobilienarten V

b) Wertermittlung 21

Zu ermitteln ist der Sachwert zum Wertermittlungsstichtag 1.6.2010 auf der Grundlage der NHK 2000

Ermittlung des fiktiven Baujahrs:

Hauptgebäude	450 m² BGF =	78,7 %
Anbau	80 m² BGF =	14,0 %
Doppelgarage	42 m² BGF =	7,3 %
zusammen	572 m² BGF =	100,0 %

Das Objekt ist als eine wirtschaftliche Einheit anzusehen.

Fiktives Baujahr:

Hauptgebäude	(1948 + 1980)/2 = 1964	78,7 %
Anbau	1985	14,0 %
Doppelgarage	2008	7,3 %

$[(1964 \times 78{,}7) + (1985 \times 14{,}0) + (2008 \times 73{,}3)]/100$
= 1970,15   rd. 1970

Ermittlung der Herstellungskosten
Gebäudenormalherstellungskosten
bezogen auf 2000

450 m² BGF × 665 €/m²	299 250 €
80 m² BGF × 510 €/m²	40 800 €
42 m² BGF × 200 €/m²	12 600 €
zusammen	352 650 €
Baunebenkosten 15 % von 352 650 €	+ 57 129 €
Gebäudeherstellungskosten 2000	409 779 €

Umrechnung auf 1.6.2010

Baupreisindex 2010	113,3
Baupreisindex 2000	97,8

hieraus folgt ein Baupreisveränderungsfaktor von 1,158487 (= 113,3/97,8)

Gebäudenormalherstellungskosten 2010 einschließlich Baunebenkosten:
409 779 € × 1,158487   474 724 €
Lineare Alterswertminderung bei fiktivem Baujahr 1970 und 80 Jahren
Gesamtnutzungsdauer: 50 %   0,5
Alterswertgeminderte Gebäudenormalherstellungskosten   237 362 €
zuzüglich Außenanlagen: 8 % von 237 362 €   (237 362 € × 0,08)   +18 989 €
Herstellungskosten 2010 des Gebäudes und der baulichen und
sonstigen Außenanlagen   256 351 €
                                                                                                       rd. 260 000 €

c) Variante

Hauptgebäude 299 250 € × 1,158487		346 677 €
+ Außenanlagen 8 %: 346 677 € × 0,08		+ 27 734 €
+ Baunebenkosten 15 %: 346 677 € × 0,15		+ 52 002 €
zusammen		426 413 €

Lineare Alterswertminderung:

Baujahr	1964		
Alter	46 Jahre		
Gesamtnutzungsdauer	80 Jahre		
Restnutzungsdauer	34 Jahre		
Alterswertminderungsfaktor:	34/80	× 0,425	
Alterswertgeminderte Herstellungskosten		= 181 226 €	181 226 €

Anbau: 40 800 € × 1,158487	47 266 €
Außenanlagen 8 % von 47 266 €	+ 3 781 €
Baunebenkosten 15 % von 47 266 €	+ 7 090 €
zusammen	58 137 €

V Besondere Immobilienarten Wohnimmobilien

Lineare Alterswertminderung:			
Baujahr	1985		
Alter	25 Jahre		
Gesamtnutzungsdauer	80 Jahre		
Restnutzungsdauer	55 Jahre		
Alterswertminderungsfaktor:	55/80	× 0,6875	
Alterswertgeminderte Herstellungskosten		= 39 969 €	39 969 €

Doppelgarage: 12 600 € × 1,158487		14 597 €
Außenanlagen 8 % von 14 597 €		1 168 €
Baunebenkosten 10 % von 14 597 €		1 460 €
zusammen		17 225 €

Lineare Alterswertminderung:			
Baujahr	2008		
Alter	2 Jahre		
Gesamtnutzungsdauer	60 Jahre		
Restnutzungsdauer	58 Jahre		
Alterswertminderungsfaktor	58/60	× 0,966666	
Alterswertgeminderte Herstellungskosten		= 16 651 €	16 651 €

Alterswertgeminderte Herstellungskosten
(einschließlich Außenanlagen) insgesamt   rd. **240 000 €**

Die Differenz ist in den beiden Berechnungsergebnissen mit 20 000 € (3,8 %) relativ gering, sodass sich beide Lösungsmöglichkeiten anbieten.

2.1.5 Einfamilienhaus mit mehreren Bauteilen (Gebäudemix, Teilunterkellerung)

a) Sachverhalt

Der Normalherstellungswert eines freistehenden teilunterkellerten Einfamilienhauses (Baujahr 1981, gehobene Ausstattung) ist auf der Grundlage der NHK 2000 zu ermitteln. Das Gebäude befindet sich in einer Stadt mit 40 000 Einwohnern in Niedersachsen (Abb. 2).

Abb. 2: Schnitt

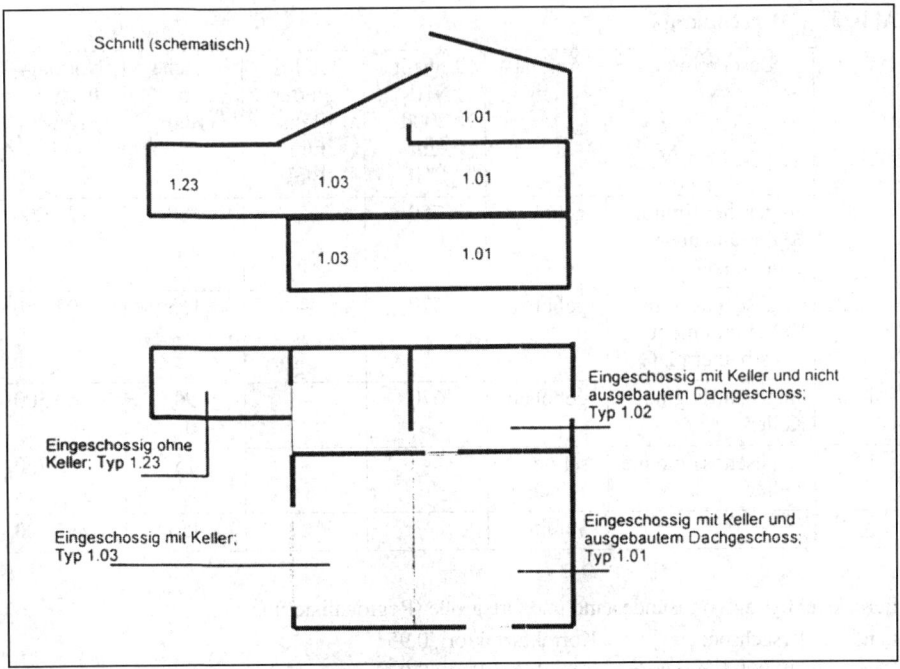

Mit Ausnahme des eingeschossigen Anbaues (Gebäudetyp 1.23 NHK 2000) ist das Gebäude voll unterkellert. Das Wohnzimmer reicht ohne Zwischendecke bis unter das Dach. In diesem Bereich ist das Gebäude eingeschossig und weist einen Keller auf (Gebäudetyp 1.03 NHK 2000). Das Wohnzimmer grenzt an einen Gebäudeteil mit ausgebautem Dachgeschoss, welches als offene Empore genutzt wird (Gebäudetyp 1.01 NHK 2000). Die Grenze zwischen diesen beiden Gebäudeteilen verläuft entlang der Austragung und wird entsprechend in das Kellergeschoss projiziert. Schließlich ist ein Bereich mit nicht ausgebautem Dachgeschoss und mit Keller vorhanden (Gebäudetyp 1.02 NHK 2000).

Der Ort liegt im Umland einer Großstadt mit ca. 500 000 Einwohnern. Aufgrund der Ortskenntnisse des Sachverständigen wird jeweils der zahlenmäßig höchste Korrekturfaktor gewählt.

V Besondere Immobilienarten — Wohnimmobilien

b) **Wertermittlung**

Abb. 3: Berechnung

Typ	Beschreibung	Ausstattung	Preis lt. NHK 2000 €/m² BGF	Modifizierter Preis €/m² BGF	Fläche m² BGF	Normalherstellungswert in €
1.01	eingeschossig mit Keller und ausgebautem DG	gehoben	700	–	180	126 000
1.02	eingeschossig mit Keller und nicht ausgebautem DG	gehoben	570	–	165	94 050
1.03	eingeschossig mit Keller	gehoben	670	–	90	60 300
1.23	eingeschossig ohne Keller	sehr einfach	–	–	15	6 750
		Summen			450	**287 100**

Berücksichtigung von Bundesland und Ortsgröße (Regionalisierung):
Land Niedersachsen: Korrekturfaktor 0,95
Ortsgröße 40 000 Einwohner: Korrekturfaktor 0,95

287 100 € × 0,95 × 0,95	259 108 €
+ Baunebenkosten 16 %	+ 39 275 €
Gebäudenormalherstellungswert	= 298 383 €
Durchschnittlicher Preis pro m² BGF = 298 383 € : 450 m² BGF	**rd. 300 000 €**
	= 663 €/m² BGF

Die einfache Mittelung der Quadratmeterpreise für die beiden Hauptbereiche (Typ 1.01 und 1.02) ergibt einen durchschnittlichen Preis von [(700 €/m² + 570 €/m²)/2 = 635 €/m²] und nach Regionalisierung und Hinzurechnung der Baunebenkosten 665 €/m². Dieser Preis ist ausreichend genau.

2.1.6 Einfamilienhaus mit mehreren Bauteilen (Gebäudemix, unterschiedliche Dächer)

a) **Sachverhalt**

Das Grundstück liegt am Rande der Stadt A und wird von der Bebauungsplangrenze durchschnitten (Abb. 4). Das aufstehende Mauerwerksmassivgebäude ist eingeschossig mit ausgebautem Dachgeschoss und besitzt keinen Keller. Es wurde 1978 gebaut. Die bauliche Ausstattung ist gehoben. Die Flachdachhaut des Anbaus ist defekt und muss vollständig erneuert werden (Kosten 2000: 10 000 €). Weitere bauliche Schäden oder Mängel sind nicht vorhanden.

Abb. 4: Ausschnitt aus der Bodenrichtwertkarte

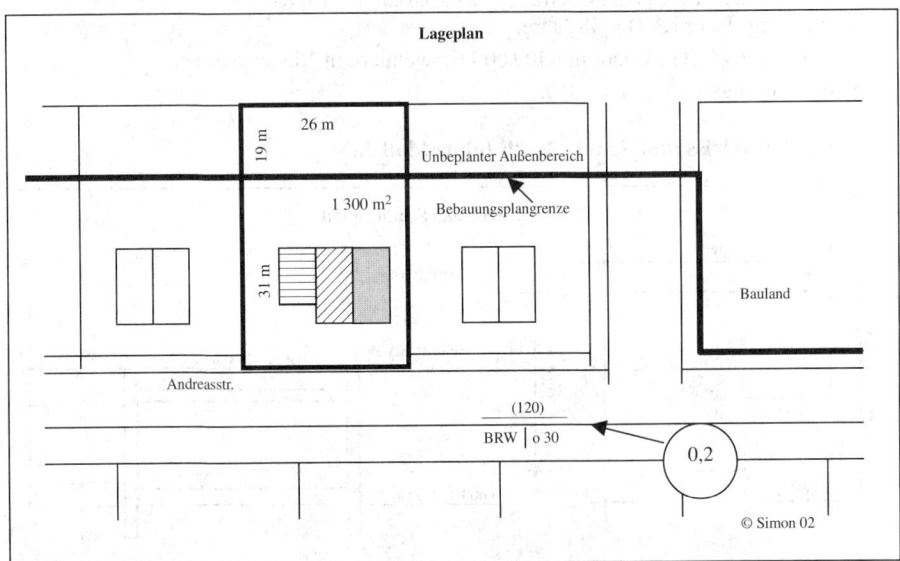

Der Verkehrswert des Grundstücks ist für das Jahr 2010 zu ermitteln.

Auf dem Grundstücksmarkt überstieg zu dieser Zeit das Angebot geringfügig die Nachfrage nach Einfamilienhausgrundstücken.

Ergänzende Daten:

- Preis des baureifen Lands: Die Bodenrichtwertkarte aus dem Jahr 2010 weist einen Bodenpreis von 100 €/m² für erschlossenes baureifes Land aus. Der Gartenlandpreis betrug 5 €/m² und der Ackerlandpreis 2,50 €/m².
- Brutto-Rauminhalt (BRI): Unterlagen über die ursprüngliche Berechnung des Brutto-Rauminhalts sind nicht mehr vorhanden. Nach Angabe des Eigentümers wurde der Brutto-Rauminhalt 1994 von einem Architekten auf 768 m³ berechnet.
- Die Ermittlung der Brutto-Grundfläche führte zu folgenden Ergebnissen

  I. (8,00 m × 14,00 m) × 2 = 224 m² (Bauteil mit Dachgeschoss)
  II. (8,00 m × 6,00 m) = 48 m² (Flachdachbauteil)

  Insgesamt = 272 m² BGF

- Normalherstellungskosten (NHK 2000)

  Bauteil I (Typ 1.21); gehobene Ausstattung; Baujahrsgruppe 1970 bis 1984;
  Baujahr 1978: 840 €/m² BGF

  Bauteil II (Typ 1.23); gehobene Ausstattung; Baujahrsgruppe 1970 bis 1984;
  Baujahr 1978: 1 053 €/m² BGF

- Bei einem Baupreisindex von 113,4 bezogen auf 2010 und 100,0 bezogen auf 2000 ergibt sich ein Baupreissteigerungsfaktor von 1,134. Daraus ergeben sich als indizierte Normalherstellungskosten für 2010:

  Bauteil I (Typ 1.21): 840 €/m² BGF × 1,134 = 952,56 €/m² BGF
  Bauteil II (Typ 1.23): 1 053 €/m² BGF × 1,134 = 1 194,10 €/m² BGF

V Besondere Immobilienarten   Wohnimmobilien

- Übliche Gesamtnutzungsdauer: Die übliche Gesamtnutzungsdauer für in Art und Bauweise vergleichbare Gebäude beträgt 80 Jahre. Baujahr 1978. Restnutzungsdauer RND = 48 Jahre.
- Lage des Objekts: Großstadt mit 400 000 Einwohnern in Niedersachsen.
- Wertermittlungsstichtag 1.1.2010.

Abb. 5: Grundriss und Schnitt B – B (ohne Maßstab)

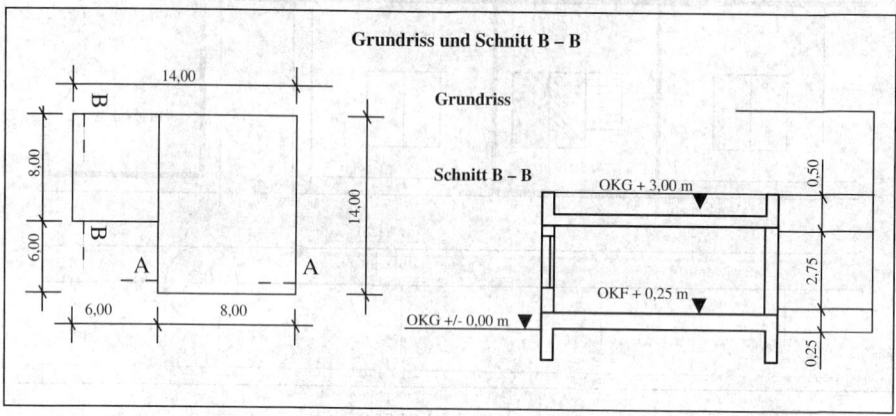

Abb. 6: Schnitt A – A (ohne Maßstab)

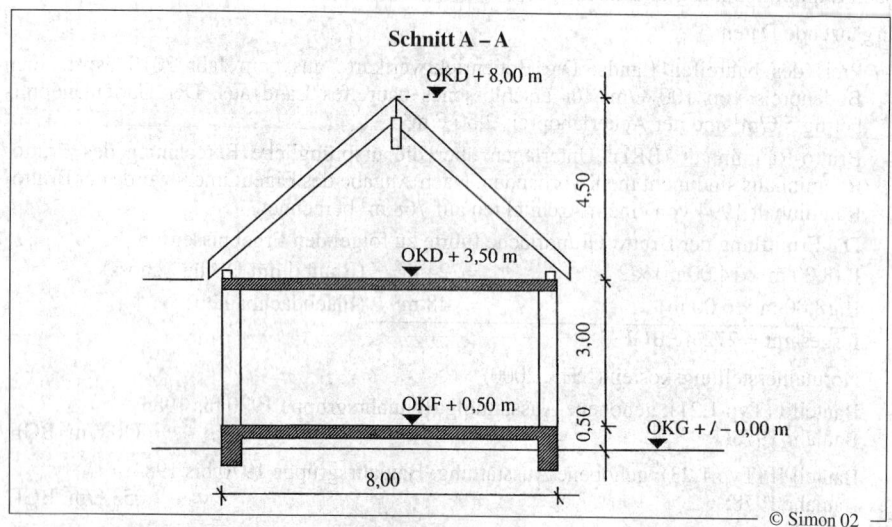

25 b) **Wertermittlung**

Bodenwertermittlung

Bodenrichtwert 100 €/m² für erschlossenes, baureifes Land
Überprüfung der baulichen Ausnutzung des Grundstücks (GFZ):
31 m × 26 m × 0,2 = 161,20 m² = 160 m²
Das Grundstück ist entsprechend der Festsetzungen im Bebauungsplan ausgenutzt.

Wohnimmobilien — Besondere Immobilienarten V

26 m × 31 m × 100 €/m²		+ 80 600 €	
19 m × 26 m × 5 €/m²	=	2 470 €	
Bodenwert	=	83 070 €	= 83 000 €

Ermittlung des Herstellungswerts der baulichen Anlagen

Bauteil I

Brutto-Grundfläche (BGF)	=	224 m²	
Normalherstellungskosten 2010	=	852,56 €/m² (ohne Baunebenkosten)	
– Korrekturfaktor A: Niedersachsen	=	0,95	
– Korrekturfaktor B: 400 000 E.	=	1,05	
– Baunebenkosten 16 %; dies entspricht einem Faktor von		1,16	
Normalherstellungskosten von Bauteil I 224 m² × 852,56 €/m² × 0,95 × 1,05 × 1,16	=	220 975 €	

Alterswertminderung
Alter 32 Jahre (2010 – 1978);
Restnutzungsdauer 48 Jahre (80 – 32)
32/80 = 40 % (linear), Alterswertminderungsfaktor = 0,6
(= 32/80)

		× 0,6	
Alterswertgeminderter Gebäudeherstellungswert (Bauteil I)		132 585 €	= 132 585 €

Bauteil II

Brutto-Grundfläche (BGF)	=	48 m²	
Normalherstellungskosten 2010 (ohne Baunebenkosten)	=	1 194,10 €/m² (ohne Baunebenkosten)	
Normalherstellungskosten von Bauteil II 48 m² × 1 194,10 €/m² × 0,95 × 1,05 × 1,16	=	66 321 €	
Alterswertminderung bei Alterswertminderungsfaktor von		× 0,6	
Alterswertgeminderter Gebäudeherstellungswert (Bauteil II)	=	39 793 €	+ 39 793 €
Summe der alterswertgeminderten Gebäudeherstellungswerte sowie des Bodenwerts			= 255 378 €
Bauliche und sonstige Außenanlagen (vernachlässigbar)			= 0 €
Vorläufiger Sachwert			**rd. 255 000 €**
Sachwertfaktor 0,95 (ggf. gewogen nach den Anteilen unterschiedlicher Bauwerke)			× 0,95
Ergibt vorläufigen marktangepassten Sachwert			**rd. 240 000 €**
Abschlag wegen Baumängeln entsprechend dem gewöhnlichen Geschäftsverkehr			– 10 000 €
c) Verkehrswert (Sachwert) des Grundstücks			**230 000 €**

V Besondere Immobilienarten

2.2 Verkehrswertermittlung von Mehrfamilien-Wohnhäusern im Ertrags- und Sachwertverfahren

▶ *Grundsätzliches in der Syst. Darst. des Ertragswertverfahrens (§§ 17 bis 20 ImmoWertV) und in der Syst. Darst. des Sachwertverfahrens Rn. 108 ff. sowie §§ 21 bis 23 ImmoWertV*

2.2.1 Mehrfamilien-Wohnhaus (Sach- und Ertragswertverfahren)

26 **a) Sachverhalt**

– Auftraggeber: Testamentsvollstrecker
– Zweck der Wertermittlung: Nachlassregelung

Das Wertermittlungsobjekt ist 1982 als 6-geschossiges Mehrfamilienhaus (freifinanziert mit 14 Wohnungen, 719 m² Wohnfläche) mit 14 Wohneinheiten sowie Sockelgeschoss für Pkw-Abstellplätze erstellt worden. Das Grundstück ist 315 m² groß und liegt gemäß Flächennutzungsplan im Mischgebiet (MI) einer westdeutschen Großstadt in guter Wohnlage.

Der Gebäudestandard wurde mit 4,0 ermittelt.

Wertermittlungsstichtag ist der 1. Mai 2012. Die Wertermittlung erfolgt im Sach- und Ertragswertverfahren.

27 **b) Wertermittlung**

Bodenwertermittlung

Der Bodenrichtwert für ein lagetypisches Grundstück, mit mindestens 10 m Frontbreite im Mischgebiet gelegen, wird bei 5-geschossiger Bebauung und 30 m Grundstückstiefe in der Bodenrichtwertkarte (zum Wertermittlungsstichtag) mit 800 €/m² Grundstücksfläche ausgewiesen. Die zulässige GFZ beträgt 3,3, wobei Sockel- und Garagengeschosse unberücksichtigt bleiben. Der Bodenrichtwert ist erschließungs- und kanalanschlussbeitragsfrei. Das in der Bodenrichtwertzone gelegene Wertermittlungsgrundstück hat eine GFZ (ohne Garagengeschoss) von 3,26, so dass der ausgewiesene Bodenrichtwert mit 800 €/m² ohne Korrektur herangezogen werden kann.

Bodenwert: 800 €/m² × 315 m² = 252 000 € = rd. **250 000 €**

Bei einem durchschnittlichen Bodenwertanteil von 5 000 € je Pkw-Stellplatz (insgesamt wären 8 Einstellplätze möglich) ergibt sich ein Bodenwertanteil von rd. 300 €/m² Wohnfläche, der akzeptabel ist.

Ermittlung des Herstellungswerts der baulichen Anlagen

Die bebaute Fläche wurde mit 150 m², die reduzierte Brutto-Grundfläche BGF_{red} mit 1 000 m² ermittelt.

Der Herstellungswert je m² Brutto-Grundfläche wird den Tabellen der NHK 2010 (Typ 4.2) mit 915 €/m² BGF_{red} entnommen. Bei einem Baupreisindex von 119,9 bezogen auf Mai 2012 und einem Baupreisindex von 113,9 bezogen auf 2010 ergibt sich ein Baupreisveränderungsfaktor von

$$\text{Baupreisveränderungsfaktor} = \frac{\text{Baupreisindexzahl 2012}_{Mai}}{\text{Baupreisindexzahl 2010}} = \frac{119,9}{113,9} = 1{,}10526778$$

Die auf den Wertermittlungsstichtag (Mai 2012) umgerechneten Normalherstellungskosten belaufen sich mithin auf:

$$915 \text{ €/m² } BGF_{red} \times 1{,}1052678 = \text{rd. } 963 \text{ €/m² } BGF_{red}$$

Die Anpassung an die regionale Lage sowie die Ortslage (Regionalfaktor, Ortsgrößenfaktor) wird mit dem vom Gutachterausschuss ermittelten Sachwertfaktor berücksichtigt, sodass ein gesonderter Ansatz eines Regional- und Ortsgrößenfaktors entfallen kann.

Wohnimmobilien   Besondere Immobilienarten V

Das Ausbauverhältnis (m³ BRI : m² Wohnfläche) beträgt bei dem zu bewertenden Mehrfamilienhaus 4,83 m (3 470 m² : 718,9 m²).

Die lineare Alterswertminderung wird auf der Grundlage des Modellansatzes nach Anl. 3 der SachwertR einer Gesamtnutzungsdauer des Gebäudes von 70 Jahren und einer vorläufigen Restnutzungsdauer von 40 Jahren ermittelt.

Herstellungskosten des Mehrfamilienhauses bezogen auf Mai 2012:		
1 000 m² × 963 €/m² BGF_{red} (einschließlich Baunebenkosten)	=	963 000 €
abzüglich lineare Wertminderung:		
Alterswertminderungsfaktor = 40 Jahre (RND)/70 Jahre (GND) =	×	0,57143
Alterswertgeminderte Herstellungskosten des Gebäudes (963 000 € × 0,57143)	=	550 285 €
zuzüglich Zeitwerte der Außenanlagen	+	11 250 €
Alterswertgeminderte Herstellungskosten des Gebäudes sowie der baulichen und sonstigen Außenanlagen	=	561 535 €
zuzüglich Bodenwert	+	250 000 €
Vorläufiger Sachwert des Grundstücks:	=	**811 535 €**
Sachwertfaktor des Gutachterausschusses für Grundstückswerte	×	0,9
Marktangepasster (vorläufiger Sachwert 811 535 € × 0,9)	=	730 382 €
zuzüglich besonderer Bauteile	+	5 000 €
abzüglich Wertminderung wegen Baumängeln und Bauschäden	–	30 000 €
= Sachwert	=	**705 380 €**

Ermittlung des Ertragswerts des Grundstücks

Das Gebäude besitzt 14 Wohneinheiten, 2 Wohnungen je Geschoss mit Durchschnittsgrößen von 48 bis 53 m² Wohnfläche; die Wohnfläche wurde nach der WoFlV ermittelt.

Abb. 7:   Bruttomieteinnahmen

Nr.	Geschoss	Wohnfläche	€/m² WF Monat	Miete/Monat €
1	I. OG	50,0	6,01	300
2		51,6	5,66	292
3	II. OG	50,0	6,10	305
4		51,6	5,76	297
5	III. OG	51,4	5,63	289
6		53,0	5,48	290
7	IV. OG	51,4	5,93	305
8		53,0	5,44	288
9	V. OG	51,4	5,83	300
10		53,0	5,48	290
11	VI. OG	52,3	5,84	305
12		54,0	5,40	292
13	VII. OG	48,1	5,62	270
14		48,1	5,62	270
		718,9	5,70	4 093

V Besondere Immobilienarten Wohnimmobilien

Die umlagefähigen Bewirtschaftungskosten (Betriebskosten) lagen in jüngster Zeit bei 1,00 €/m² Wohnfläche (Haus mit Personenaufzug). Der Höhe nach entsprechen sie den Kosten in vergleichbaren Objekten.

Nettokaltmiete (brutto) 4 093 € × 12 Monate	49 116 €
abzüglich umlagefähiger Betriebskosten 1,00 €/m² × 718,9 m² × 12 Monate −	8 627 €
Nettokaltmiete (korrigierter Grundstücksrohertrag i. S. von § 18 Abs. 1 ImmoWertV) =	40 489 €

Kontrolle der Grund-(Nettokalt-)Miete auf Angemessenheit

Die um die umlagefähigen Bewirtschaftungskosten geminderte Nettokaltmiete führt zu einer Nettokaltmiete/Grundmiete von 4,69 €/m². Nach der wertermittlungsstichtagsbezogenen Mietrichtwerttabelle für die Stadt D. ergibt sich bei Berücksichtigung von Baujahr, Wohnlage, Ausstattung und Beschaffenheit folgende Durchschnittsmiete je m² Wohnfläche (ohne Angabe der Berechnungsnorm – DIN 283/II. BV a. F. –) von 5,30 € bis 5,80 €.

Die gezahlte Miete liegt damit im Rahmen der marktüblich erzielbaren Vergleichsmiete.

Nettokaltmiete/Grundmiete		49 116 €
Garagenmiete: 6 Einstellplätze × 50 €/Pl. = 300 € × 12 Monate +		3 600 €
Jahresnettokaltmiete insgesamt (§ 18 Abs. 1 ImmoWertV) =		52 716 €
Bewirtschaftungskosten, soweit vom Vermieter zu tragen:		
Verwaltungskosten		
14 Wohneinheiten × 270 €		3 780 €
6 Garagen × 30 €		180 €
Instandhaltungskosten		
718 m² WF × 11,50 €		8 257 €
6 Garagen × 70 €		420 €
Mietausfallwagnis (§ 19 Abs. 2 Nr. 3 ImmoWertV)		
2 % von 52 716 €		1 054 €
insgesamt = (26 % der Nettokaltmiete) =	13 691 € −	13 691 €
Grundstücksreinertrag =		39 025 €
Bodenwertverzinsungsbetrag: 5,0 %* von 250 000 € −		12 500 €
Reinertrag der baulichen Anlagen		26 525 €

* Liegenschaftszinssatz

Im Jahresbericht zum Grundstücksmarkt der Stadt D. sind aktuelle Liegenschaftszinssätze ausgewiesen. Für Wohngebäude (Nachkriegsbauten ab Baujahr 1949) wurden Zinssätze zwischen 5,5 und 6,0 % unter folgenden Prämissen ermittelt:

Wohnimmobilien — Besondere Immobilienarten V

Wohnlage:	mittlere, stadtkernnahe Lage
Grundstücksgröße:	300 m² bis 500 m²
Gebäudegröße:	400 m² bis 800 m² Wohnfläche
Ausstattung:	entsprechend dem Baujahr
Mietgrundlage:	Nettokaltmiete/Grundmiete

Die Eigenschaften des Wertermittlungsobjekts sind:

Stadtlage:	gute
Grundstücksfläche:	315 m²
Wohnfläche:	719 m²
Fiktives Baujahr:	Wiederaufbau 1982

Bei Abweichungen von den wertrelevanten Eigenschaften des oben definierten Objekts sind Korrekturen des Liegenschaftszinssatzes vorzunehmen. Für Wohnungen in guter Stadtlage – wie im vorliegenden Fall – wird eine Minderung des Liegenschaftszinssatzes bis 15 % angegeben. Der beim Bodenwertverzinsungsbetrag *angenommene Liegenschaftszinssatz* ergibt sich daher wie folgt:

Mittelwert aus 5,5 bis 6,0 %		5,75 %
abzüglich 14 %	–	0,75 %
Liegenschaftszinssatz	=	5,00 %

Die Restnutzungsdauer wird bei einer üblichen Gesamtnutzungsdauer von 70 Jahren auf 40 Jahre geschätzt.

Ertragswert der baulichen Anlagen:

26 525 € × 17,16	=	455 169 €
+ Bodenwert	+	250 000 €
= Grundstücksertragswert	=	rd. 705 000 €

Der Grundstücksertragswert entspricht dem 13,4fachen der Jahresnettokaltmiete. Der Marktbericht des Gutachterausschusses hat für Mietwohngrundstücke mit Restnutzungsdauern zwischen 30 und 80 Jahren Vergleichsfaktoren in der Bandbreite von 12,6 bis 14,3 ermittelt. Eine Anpassung an die Marktlage wurde bereits bei der Ermittlung des Liegenschaftszinssatzes berücksichtigt.

Verkehrswert des Grundstücks	**700 000 €**

Umwandlungen in Eigentumswohnungen

Immobilien der vorgenannten Art sind zur Umwandlung in Eigentumswohnungen besonders geeignet. Auf das weitere Vorgehen wird daher im Folgenden näher eingegangen.

Erwerber sind i. d. R. professionelle Investoren, die häufig bei 100-prozentiger Fremdfinanzierung der Einstandskosten mit schlüssigen Konzepten aufwarten. Neben dem zu behebenden Reparaturstau sollen weitere Modernisierungsmaßnahmen vorgenommen werden. Gedacht ist an die Erweiterung der elektrischen Installation, Kabelanschluss, Beiputzarbeiten, Isolier-, Außenputz, Erneuerung der Aufzugstechnik, Treppenhausanstrich und diverse kleinere Arbeiten. Einschließlich der Position „Unvorhergesehenes" werden hierfür rd. 400 000 € (= rd. 555 €/m² WF) kalkuliert. Die Arbeiten sollen sukzessive (bei voll genutztem Objekt) in einem Zeitraum von etwa 15 Monaten durchgeführt werden.

Zinsen für Einstandspreis und Sanierungskosten werden marktgerecht mit 11 % effektiv für 1 Jahr angesetzt.

V Besondere Immobilienarten   Wohnimmobilien

Kalkulationsbasis

Einstandspreis		
(Verkehrswert zur 13,8-fachen Grundmiete)		730 000 €
+ Maklercourtage einschließlich 19 % MwSt.	+	138 700 €
+ Grunderwerbsteuer 5 % von 730 000 €	+	36 500€
+ Notar- und Gerichtskosten	+	7 200 €
Erwerbskosten Grund und Boden einschließlich Gebäude	=	912 400 €
+ Sanierungskosten einschließlich Reparaturen (555 €/m² WF)	+	399 000 €
Zwischensumme 1:	=	1 311 400 €
+ Zinsen für 1 Jahr, 11 % von 1 311 400 € rd.	+	144 254 €
Zwischensumme 2:	=	1 455 654 €
+ 15 % Unternehmerzuschlag	+	218 348 €
Erlöserwartung:	rd.	1 674 000 €

Nach Abzug von 52 000 € (= 8 700 €/Stellplatz) für Stellplätze ergibt sich ein Durchschnittspreis von rd. 2 250 €/m² WF.

Preisvergleich

Gemäß Jahresbericht zum Grundstücksmarkt der Stadt D. wurden für citynahe Wohnlagen in der Baujahresgruppe 1949–1960 durchschnittliche Marktpreise von 2 000 – 2 400 €/m² WF ermittelt, wobei folgende Wohnungsmerkmale zugrunde gelegt wurden:

Wohnlage	mittlere	
	gute	Zuschlag bis 40 %
	sehr gute	Zuschlag über 40 %
	einfache	Zuschlag bis 15 %
Wohnungsgröße	60–80 m²	
Ausstattung	neuzeitlich, mit Bad und Zentralheizung	
Unterhaltung	normale	
Gebäudegröße	mehr als 6 Wohnungen	
Finanzierung	mit freien Mitteln	

Im Preis €/m² WF nicht enthalten sind Wertanteile für Garagen oder Einstellplätze.

Die Erlöserwartung erscheint somit realistisch. Ein solches Vorgehen bewahrt Kreditinstitute vor überhöhten Beleihungen. Die für Reparaturen und Sanierung notwendigen Darlehensmittel sollten nur nach Baufortschritt zur Verfügung gestellt werden.

28 **Anmerkungen:**

a) Nach dem Wohnungseigentumsgesetz (WEG) müssen Wohnungen abgeschlossen sein. Strenge Voraussetzungen für die Erteilung der Abgeschlossenheitsbescheinigung bei älteren Gebäuden bewirkten in den vergangenen Jahren einen erheblichen Rückgang der Umwandlungsfälle. Nunmehr müssen gemäß einer Entscheidung des gemeinsamen Senats der Obersten Bundesgerichte[4] Eigentumswohnungen, die durch Sanierung von Altbauten entstehen, nicht mehr den aktuellen baurechtlichen Bestimmungen für Brand-, Schall- und Wärmeschutz entsprechen. Es genügt, dass die Wohnungen räumlich klar voneinander abgegrenzt sind.

b) Die Höhe der Sanierungskosten richtet sich nach dem Umfang der vorgesehenen Arbeiten. Sie bewegen sich im Allgemeinen zwischen 200 €/m² WF bei Fassaden- und Treppenhausanstrich und bis zu 1 000 €/m² WF bei Komplettsanierung an Dach und Fach bei unbewohnten Gebäuden.

---

[4] BGH, Beschl. vom 30.6.1992 – GmS – OBG – 1/91 –, BGHZ 119, 42 = WM 1992, 671 = NJW 1992, 329 = GE 1992, 1262.

Wohnimmobilien **Besondere Immobilienarten V**

c) Bei Umwandlung von alten Häusern in Wohnungseigentum muss von Beginn an (durch den Initiator) wegen der eingeschränkten Gewährleistung ein Gebäudeinstandsetzungskonto mit dem notwendigen Guthaben eingerichtet werden. Im Beispielsfall sollten dies mindestens 13 000 € sein (= rd. 1 % der Erlöserwartung bzw. die Instandhaltungsrücklage von etwa zwei Wirtschaftsjahren).

d) Bei umgewandelten Mietwohnungen in Eigentumswohnungen gilt nach dem 31.7.1990 in *Nordrhein-Westfalen* gemäß KündigungssperrfristVO für Mieter ein Kündigungsschutz von fünf Jahren ab Eintragung des Eigentumswechsels im Grundbuch; in Gebieten mit erhöhtem Wohnungsbedarf sind dies ab 1.4.1994 zehn Jahre. Hinzu kommt noch die gesetzliche Kündigungsfrist (3 bis 12 Monate). Die aufgeschobene Verfügbarkeit führt häufig zu Preiszugeständnissen der Verkäufer. Bei umgewandelten Wohnungen der sozialen Wohnraumförderung hat der Mieter ein Vorkaufsrecht. Der Käufer einer solchen Wohnung kann überhaupt nicht kündigen. Wurden die öffentlichen Darlehen vorzeitig zurückgezahlt, gilt i. d. R. eine Kündigungssperre von acht bzw. zehn Jahren, mindestens jedoch drei bzw. fünf Jahren (landesrechtlich unterschiedlich geregelt) zuzüglich gesetzlicher Kündigungsfrist.

2.2.2 Wohnhochhaus

a) **Sachverhalt**   29

Mehrfamilienhaus (Hochhaus mit 9 Vollgeschossen), Baujahr 1980, Holzfenster, Einfachverglasung

Bad, WC, zentrale Ölheizung, Durchlauferhitzer, Aufzug

34 Wohneinheiten (WE) mit insgesamt 2 536 m² Wohnfläche (WF)

Im Durchschnitt: 75 m²/WE; Brutto-Rauminhalt (BRI): 10 450 m³

Grundstücksgröße: 1 820 m²

Kein Leerstand; Sozialamt zahlt bei 28 WE (= 82,4 %) einen Härteausgleich

b) **Wertermittlung**   30

Summe der marktüblich erzielbaren *Einnahmen aus Vermietung und Verpachtung* (Nettokalt)		112 598 €
abzüglich nicht umlagefähiger Bewirtschaftungskosten (§ 18 ImmoWertV):		
Betriebskosten nicht umlegbar	= 1 000 €	
Verwaltungskosten (II BV a. F.) 34 WE × 230 €/WE	= 7 820 €	
Instandhaltungskosten 2 536 m² × 9,00 €/m² WF	= 22 824 €	
Mietausfallwagnis 2 % von 112 588 €	= 2 252 €	
	= 33 896 € (30 %)	− 33 896 €
Reinertrag des Grundstücks (§ 18 ImmoWertV):		78 702 €
abzüglich Bodenwertverzinsungsbetrag (§ 17 Abs. 2 Nr. 1 ImmoWertV): 5,5 % von 60 000 €		− 3 300 €
Ertragsanteil der baulichen Anlagen:		= 75 402 €
Bei einer wirtschaftlichen Restnutzungsdauer von 45 Jahren und einem Liegenschaftszinssatz von 5,5 % beträgt der Vervielfältiger gem. Anl. zur ImmoWertV: 16,55		
Ertragswert der baulichen Anlagen: 75 402 € × 16,55 = 1 233 802 €		1 247 903 €
		rd. 1 250 000 €
abzüglich Reparaturstau (Schätzung)		− 300 000 €
zuzüglich Bodenwert		+ 60 000 €
Grundstücksertragswert		**= 1 000 000 €**

V Besondere Immobilienarten — Wohnimmobilien

31 **Annex:**

Wertermittlung desselben Objekts ohne Überprüfung der Nettokaltmiete auf Angemessenheit (Auszug) unter Nichtbeachtung des Abzugs umlagefähiger Betriebskosten

a) **Sachverhalt:** wie bei vorstehendem Beispiel

b) **Wertermittlung**

Summe der *Einnahmen aus Vermietung und Verpachtung* 2 536 m² WF × 5,10 €/m² × 12 Monate	= 155 203 €
abzüglich Bewirtschaftungskosten (pauschal ca. 30 %)	= − 46 561 €
Grundstücksreinertrag	= 108 642 €
abzüglich Bodenwertverzinsungsbetrag 5,5 % von 60 000 €	= − 3 300 €
Gebäudeertragsanteil:	= 105 342 €
Restnutzungsdauer = 45 Jahre, 5,5 %, Vervielfältiger 16,55	
Gebäudeertragsanteil: 110 058 € × 16,55	= 1 743 410 €
	rd. 1 745 000 €
abzüglich Wertminderung wegen Reparaturstau	= − 320 000 €
zuzüglich Bodenwert	+ 60 000 €
Grundstücksertragswert (Verkehrswert)	= **1 485 000 €**

c) **Zum Vergleich:**

Das hier ermittelte Ergebnis liegt mit rd. 49 % über dem „wahren" Verkehrswert.

Dieses *Beispiel* zeigt einen der häufigsten **Fehler bei der Ertragswertermittlung.** Offensichtlich wurde im voranstehenden Beispiel der Sachverhalt nicht ausreichend aufgeklärt und die vom Vermieter angegebene Warmmiete (einschließlich der Umlagen) als Nettokaltmiete/Grundmiete angenommen. Dies führt zu der hier dargestellten Abweichung von rd. 49 % vom zutreffenden Ergebnis des vorstehenden Beispiels.

2.2.3 Mehrfamilien-Wohnhaus (Gebäudemix, Doppelhausgrundstück)

32 a) **Sachverhalt**

Der Normalherstellungswert eines freistehenden **Doppelhauses** (zweigeschossig **mit Keller- und Dachgeschoss,** Brutto-Grundfläche 600 m², Baujahr 2000, mittlere Ausstattung) ist zu ermitteln. Das Dachgeschoss der einen Doppelhaushälfte ist ausgebaut; das Dachgeschoss der anderen Doppelhaushälfte ist nicht ausgebaut. Das Gebäude befindet sich in einer Stadt mit 30 000 Einwohnern in Niedersachsen (Abb. 8).

Abb. 8: Doppelhaus mit je zur Hälfte ausgebautem Dachgeschoss

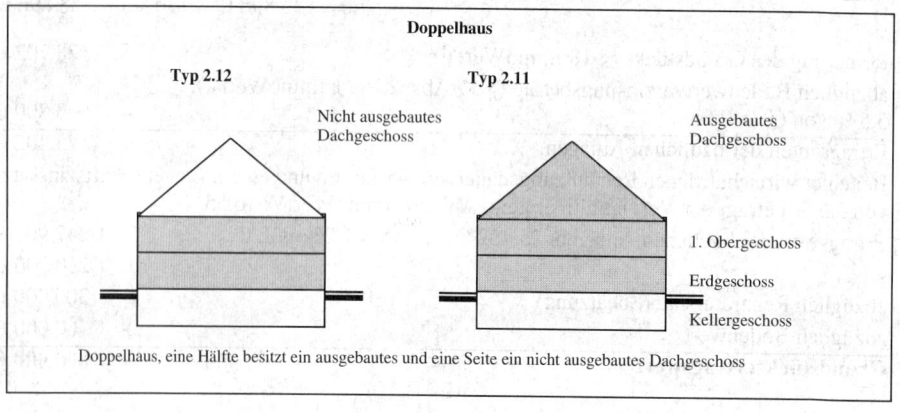

Wohnimmobilien   **Besondere Immobilienarten V**

Normalherstellungskosten 2010 (Gebäudestandard 3):

Typ 2.11 zweigeschossig mit Keller und ausgebautem
Dachgeschoss: Quadratmeterpreis: 785 €/m²

Typ 2.12 zweigeschossig mit Keller und nicht ausgebautem
Dachgeschoss: Quadratmeterpreis: 685 €/m²

Ansetzbarer Quadratmeterpreis:

(785 €/m² + 685 €/m²): 2   =   735 €/m²

Ausgangswert: 735 €/m² BGF_{red} × 600 m² BGF_{red} =   441 000 €

Mit dem zur Verfügung stehenden Sachwertfaktor wird die Orts- und Regionallage nicht berücksichtigt.

Korrekturfaktor für Niedersachsen (0,75–0,90):   0,80

Korrekturfaktor für Gemeindegröße unter 50 000 Einwohner (0,90 – 0,95):   0,80

Vorläufiger nicht marktangepasster Sachwert
441 000 € × 0,8 × 0,8   rd. **280 000 €**

In dem Beispiel ist das Dachgeschoss je zur Hälfte ausgebaut und nicht ausgebaut (Doppelhaus). Bei unterschiedlichen Flächenanteilen empfiehlt sich nachfolgende Berechnungsweise: Besondere Bauteile und c-Flächen (im üblichen Umfang) sollen dabei mit dem Sachwertfaktor berücksichtigt werden.

2.2.4 Mehrfamilien-Wohnhaus (Sachwertverfahren)

a) **Sachverhalt**

Mehrfamilien-Wohnhaus	Typ 3.11 (NHK 2000)
Bauart:	Kopfhaus unterkellert
Baujahr:	1970
Ausstattungsstandard:	gehoben
Grundrissart:	Einspänner (Korrekturfaktor = 1,05)
Durchschnittliche WF:	135 m² BGF_{red} (Korrekturfaktor = 0,85)
Lage (Ort/Land):	Großstadt mit 600 000 Einwohnern in Nordrhein-Westfalen

Die Korrekturen sind auf der Grundlage des örtlichen Grundstücksmarktes sachverständig in angemessener Höhe zu schätzen. Abweichungen sind zulässig.

Korrekturfaktor für Ortsgröße (hier rd. 600 000 E.)   1,15

Korrekturfaktor für Land (hier Nordrhein-Westfalen)   0,98

b) **Berechnung der NHK 2000 je m² BGF_{red}**

Aus der Tabelle des Gebäudetypenblatts 3.11 ergibt sich unter Berücksichtigung der Grundrissart und der durchschnittlichen Wohnfläche für 1 m² BGF_{red}:

NHK 2000 = 685 €/m² BGF_{red} (ohne Baunebenkosten)

mit folgenden Eigenschaften:

– Zweispänner
– durchschnittliche Wohnungsgröße von 70 m² BGF_{red} (= ca. 50 m² WF)
– ohne Baunebenkosten (von 14 %).

V Besondere Immobilienarten Wohnimmobilien

Die dem Gebäudetypenblatt entnommenen 800 €/m² BGF$_{red}$ werden auf die Eigenschaften des Wertermittlungsobjektes unter Einbeziehung der **Baunebenkosten** auf der Grundlage von Korrekturfaktoren für

- die Grundrissart (hier: Einspänner) Korrekturfaktor 1,05
- die Wohnungsgröße (hier: 135 m² BGF$_{red}$) Korrekturfaktor 0,85
- die Baunebenkosten (hier: 14 %) Korrekturfaktor 1,14

wie folgt ermittelt:

NHK 2000 = 685 €/m² BGF$_{red}$ × 0,85 × 1,14 × 1,05 = 696,95 €/m² BGF$_{red}$

Die **Regionalisierung** der ermittelten NHK 2000 ergibt auf der Grundlage der Korrekturfaktoren für

- die Ortsgröße (hier: rd. 600 000 E.) Korrekturfaktor 1,05
- das Land (hier: Nordrhein-Westfalen) Korrekturfaktor 0,98

697 €/m² BGF$_{red}$ × 1,05 × 0,98 = 717,21 €/m² BGF$_{red}$ = **rd. 717 €/m² BGF$_{red}$**

Die überschlägige **Umrechnung** der auf 1 m² BGF bezogenen NHK 2000 **auf 1 m² Wohnfläche** (WF) ergibt überschlägig bei einem NFF von 0,80:

717 €/m² /0,80 = **896 €/m² WF**

Das Ergebnis bedarf ggf. der Indizierung auf den Wertermittlungsstichtag!

2.3 Verkehrswertermittlung eines gemischt genutzten Grundstücks im Ertragswertverfahren

2.3.1 Gemischt genutztes Grundstück

a) **Sachverhalt**

Das im allgemeinen Wohngebiet (WA) gelegene Reihengrundstück ist 799 m² groß, voll erschlossen und mit einem viergeschossigen Mauerwerksmassivbau mit ausgebautem Dachgeschoss (Baujahr 1966) sowie mit 7 Massivgaragen bebaut. Das Grundstück ist entsprechend den Bauvorschriften voll ausgenutzt. Es besteht aus bebaubarem Vorderland (35 m tief) und nicht bebaubarem Hinterland. Der Bodenrichtwert für Vorderland beträgt 400 €/m². Im Gebäude befinden sich 8 Wohnungen und 2 Büros. Die bauliche Ausstattung des Gebäudes entspricht dem heute üblichen Standard, der bauliche Unterhaltungszustand ist gut. Es sind Nettokaltmieten vereinbart, sämtliche umlagefähigen Betriebskosten werden umgelegt. Die Nettokaltmieten (Grundmiete) betragen für die Wohnungen 4,12 €/m² WF und für die Büroräume 5 €/m² NF. Die Garagen werden für je 40 €/Monat vermietet. Der ortsübliche Liegenschaftszinssatz beträgt 5 %. Der Verkehrswert des Grundstücks ist zum 1.6.2010 zu ermitteln (Abb. 9).

Abb. 9: Lageplan

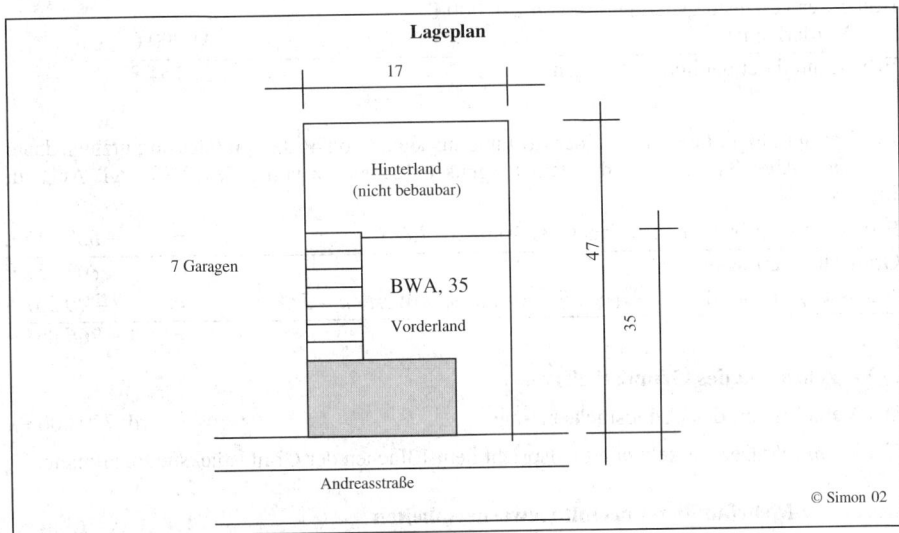

b) **Wertermittlung**

Ermittlung des Bodenwerts

Die Bodenrichtwertkarte vom 31.12.2009 weist für das allgemeine Wohngebiet einen Bodenrichtwert von 400 €/m² für Vorderland aus. Der vordere Grundstücksteil des Wertermittlungsgrundstücks erfüllt alle Merkmale des Bodenrichtwertgrundstücks. Die geringfügige Bodenwertsteigerung vom 31.12.2009 bis zum Wertermittlungsstichtag bleibt außer Betracht. Der nicht bebaubare rückwärtige Grundstücksteil wird als Gartenland mit 15 % des Bodenrichtwerts berücksichtigt.

Vorderland 17 m × 35 m × 400 €/m²	238 000 €	
Hinterland 17 m × 12 m × 60 €/m²	+ 12 240 €	
Summe	250 240 €	= rd. 250 000 €

Ermittlung des Werts der baulichen Anlagen

Jahresnettokaltmiete

930 m² × 4,12 €/m²	3 831,60 €
200 m² × 5,00 €/m²	+ 1 000,00 €
insgesamt	4 831,60 €/Monat
	4 831,60 € × 12 = 57 980 € p. a.

Nicht umlagefähige Bewirtschaftungskosten

–	Verwaltungskosten 2 % von 57 980 €	=	– 1 160 €
–	Instandhaltungskosten* 130 m² × 10,75 €/m²	=	– 12 148 € 26 % der Jahresnettokaltmiete
–	7 Garagen × 64 €/Jahr	=	– 448 €
–	Mietausfallwagnis 2 % von 57 980 €	=	– 1 160 €
	zusammen	=	– 14 916 € – 14 916 €

V Besondere Immobilienarten   Wohnimmobilien

Grundstücksreinertrag	= 43 064 €
Bodenwertverzinsungsbetrag 5 % von 238 000 € (nur Vorderland!)	− 11 900 €
Ertragsanteil der baulichen Anlagen	= 31 164 €

Der Vervielfältiger beträgt bei einer Restnutzungsdauer von 46 Jahren (Gesamtnutzungsdauer 80 Jahre, Alter 34 Jahre) und einem Liegenschaftszinssatz von 5 % 17,88 (vgl. Anl. zur ImmoWertV).

Ertragswert der baulichen Anlagen: 31 164 € × 17,88	= + 557 212 €
Grundstücksertragswert	= 807 212 €
Anpassung an die Marktlage *(vgl. § 8 Abs. 2 ImmoWertV);* − 5 %	= − 40 361 €
	= 766 851 €

c) Verkehrswert des Grundstücks

Der Verkehrswert des Grundstücks beträgt   rd. 770 000 €.

Nachrichtlich: Der Verkehrswert entspricht dem 13fachen der Grundstücksnettokaltmiete.

2.3.2 Mehrfamilienhaus mit Gewerbeeinheiten

36 a) **Sachverhalt**

– *Zum Grundstück:*

Großstadt, westliche Neustadt; mittlere Wohnlage im Mischgebiet; ebenes, gut geschnittenes Reihengrundstück, Frontbreite 17,0 m, mittlere Tiefe 53,5 m, groß 888 m²; Bebauung nach § 34 BauGB, 5 Vollgeschosse, ausgebautes Dachgeschoss, GRZ − 0,27, GFZ − 1,54, keine Bau- und Altlasten, keine wertmindernden Eintragungen in Abt. II des Grundbuchs; Bodenrichtwerte: Vorderland 385 €/m² ebf., Hinterland 130 €/m² ebf.; Straße komplett und endgültig ausgebaut, direkter Zugang, kein Überbau, wirtschaftliche Einheit.

– *Zum Gebäude:*

Baujahr 1938, durch Kriegseinwirkungen 1943/44 zu etwa 50 % zerstört, Wiederaufbau 1965/66; Wohnwertverbesserungen 1996/97 durch Einbau neuer Fenster mit Isolierverglasung i. S. der WärmeschutzVO, neuer Außenputz mit Wärmedämmung durch 60 mm starke Styroporplatten, Installation von Thermostatventilen an sämtlichen Heizkörpern.

Fiktives Baujahr 1958 bei 80 Jahren üblicher Gesamtnutzungsdauer ergibt sich im Jahre 2010 eine Restnutzungsdauer von 28 Jahren (2038–2010), Gesamtausstattung durchschnittlich, Unterhaltungszustand normal, Keller-, Souterrain-, 1.-4. Obergeschoss und ausgebaute Mansarde (ohne Fahrstuhl).

– Wertermittlungsstichtag: 30.4.2010

37 b) **Wertermittlung** [5]

Wohnhaus:
5 940 m²	Brutto-Rauminhalt (BRI)
977 m²	Wohnfläche (11 WE)
210 m²	Nutzfläche (2 WG)
1 187 m²	**Gesamtnutzfläche**
1 720,50 m²	Brutto-Grundfläche
199,50 m²	Brutto-Grundfläche (Garagen)
	Ausbauverhältnis 5,0 (5 940 m² : 1 187 m²)

Garagen: 475 m² (13 Pkw-Plätze)

Grundmiete/Nettokaltmiete:
(Mietverträge)   4 260 € (: 977 m² = i. D. 4,36 €/m² WF)

$$1\,050\ € \ (: 210\ m^2 = i.\ D.\ 5\ €/m^2\ NF)$$
$$650\ €\ \text{Garagenmiete}\ (: 13 = 50\ €/\text{Platz})$$
$$\overline{5\,960\ € \times 12 = \mathbf{71\,520\ €}\ p.\,a.}$$

Anteil der Mieteinnahmen aus gewerblich genutzten Räumen = 17,6 %

Büromieten in vergleichbaren Gebäuden liegen bei 4,50 bis 6,50 €/m² NF; dies sind i. D. 5,50 €/m² Nutzfläche (NF) im Monat. Die gezahlte Miete (5 €/m² NF) ist demnach angemessen und nachhaltig.

Für Pkw-Garagen sind 40 bis 60 €/Platz üblich; die gezahlten rd. 50 €/Platz sind demnach marktüblich erzielbar.

Zum Vergleich:

Ableitung der Nettokaltmiete/Grundmiete aus der Anlage V zur Einkommensteuererklärung

Einkünfte aus Vermietung und Verpachtung

Summe der Einnahmen (einschließlich Vorauszahlungen für Betriebskosten und Heizung sowie Ausgleich der Salden zur Mietnebenkostenabrechnung 2009)	83 570 €
abzüglich: (umlegbare Betriebskosten)	
– Grundsteuer, Straßenreinigung, Müllbeseitigung	2 860 €
– Wasserversorgung, Entwässerung, Hausbeleuchtung	3 480 €
– Heizung	5 600 €
– Schornsteinreinigung	70 €
(ohne Hausversicherungen)	12 010 € – 12 010 €
Das Ergebnis korrespondiert mit der Nettokaltmiete/Grundmiete:	= 71 560 €

Geringfügige Unterschiede beruhen auf dem Saldenausgleich der Mietnebenkostenabrechnung des Vorjahres.

Hinweise zu Instandhaltungskosten und zum Verwaltungsaufwand

(Instandhaltung § 19 Abs. 2 Nr. 2 ImmoWertV)

Kleinere Aufwendungen werden voll abgezogen, größere Aufwendungen können auf bis zu 5 Jahre verteilt werden.

Abb. 10: Aufwendungen

Jahr	kleinere Aufwendungen	große Aufwendungen	Bemerkungen
1994	–	11 745 €	½
1995	4 540 €	11 745 €	½
1996	11 464 €	17 990 €	¼
1997	2 140 €	17 990 €	¼
1998	2 635 €	17 990 €	¼
1999	–	17 990 €	¼

---

5 Modifizierte Mietspiegelsätze gemäß Beschluss des Gutachterausschusses Gruppe III (wegen Modernisierung): Für Wohnungen in mittlerer Wohnlage mit Heizung, Bad/WC um 100 m² Wohnfläche ist eine Bandbreite von 4,30 bis 5,30 €/m² WF ausgewiesen. Im Mittel sind dies 4,80 €/m² WF; die zzt. gezahlte Miete (1.6.1995–31.5.2000) liegt im Durchschnitt bei 4,36 €/m² WF; sie ist marktüblich erzielbar.

V Besondere Immobilienarten Wohnimmobilien

Kosten der Hausverwaltung

2006	1 574 €
2007	1 574 €
2008	2 011 €
2009	2 448 €

Bodenwertermittlung

Zur Ermittlung des Bodenwerts wird ein geeigneter Bodenrichtwert (Stand 31.12.2009) herangezogen.

Infolgedessen ergibt sich für das zu bewertende Grundstück der Bodenwert wie folgt:

595 m² Vorderland, Gebäude- und Freifläche (35 m Tiefe) je m² : 385 €	=	229 075 €
293 m² Hinterland, je m² 130 €	=	+ 38 090 €
888 m²	=	267 165 €
zur Rundung (1,06 %)		+ 2 835 €
= 304, 05 €/m² im Durchschnitt:	=	270 000 €

oder: Bodenanteil rd. 200 €/m² NF/WF und rd. 2 000 €/Pkw-Platz

Ermittlung des Herstellungswerts der baulichen Anlagen

Wohnhaus 1 720,50 m² × 725 €/m² ohne Baunebenkosten	= rd. 1 247 400 €	
Baunebenkostenfaktor bei 15 %:	× 1,15	
Herstellungswert des Gebäudes insgesamt	= 1 434 510 €	1 434 510 €
Garagen 199,50 m² × 250 €/m² ohne Baunebenkosten	= 49 875 €	
Baunebenkostenfaktor bei 10 %:	× 1,10	
Herstellungskosten (Herstellungswert) der Garagen insgesamt:	= 54 862 €	54 862 €
Herstellungskosten der baulichen Anlagen insgesamt	= 1 489 372 €	
	bezogen auf 2010	

Umrechnung auf 30.4.2010

- Baupreisindex 2010:   113,3
- Baupreisindex 2000:   97,8

hieraus folgt ein Baupreisveränderungsfaktor von 1,158487 (= 113,3/97,8)

Herstellungskosten (Herstellungswert) der baulichen Anlagen insgesamt: 1 725 418 €
bezogen auf 2010:

Lineare Alterswertminderung:

fiktives Baujahr	1958
Jahr der Wertermittlung	2010
Gesamtnutzungsdauer	80 Jahre
Restnutzungsdauer	28 Jahre

Alterswertminderungsfaktor 0,35	×	0,35
Altersgeminderte Herstellungskosten (alterswertgeminderter Herstellungswert)	=	603 896 €
Bauliche und nichtbauliche Außenanlagen 6 % von 603 896 €	+	36 234 €
Herstellungskosten (Herstellungswert) der Gebäude sowie Außenanlagen:	=	640 130 €

Wohnimmobilien   **Besondere Immobilienarten V**

		bezogen auf 2010
zuzüglich Bodenwert	+	270 000 €
Vorläufiger Sachwert (Bodenwert und Sachwert der baulichen Anlagen)	rd.	**910 000 €**
Anpassung an die Marktlage mittels Sachwertfaktor von 0,80:	×	0,8
Marktangepasster vorläufiger Sachwert: 910 000 € × 0,80	=	728 000 €
Zuzüglich besondere Bauteile: Balkone, Vordach, Rampe	+	12 000 €
abzüglich Wertminderung wegen Reparaturstau (Treppenhausanstrich)	–	10 000 €
Verkehrswert	rd.	**730 000 €**

Ertragswert

Grundstücksrohertrag		83 570 €	
abzüglich umlagefähige Bewirtschaftungskosten 15 % von 83 570 €	–	12 536 €	
Nettokaltmiete (Grundmiete):	=	71 034 €	71 034 €
abzüglich Bewirtschaftungskosten (§ 19 ImmoWertV) (soweit nicht umlagefähig)			
– nicht umlagefähige Betriebskosten (Versicherungsprämien)	–	1 500 € (2,1 %)	
– Verwaltungskosten (gezahlt) 230 € × 13	–	2 990 € (3,6 %)	
– Instandhaltungskosten			
1 187 m² × 11,50 €/m² NF/WF	–	13 650 €	
13 Pl.× 68 €/Platz	–	884 € (17,4 %)	
– Mietausfallwagnis 2 % von 83 570 € (Nettokaltmiete)	–	1 671 € (2,0 %)	
	–	20 695 €	– 20 695 €
Reinertrag des Grundstücks:		=	50 339 €
abzüglich Verzinsung des Bodenwerts (§ 17 Abs. 2 Nr. 1 ImmoWertV): 5,0 % von 270 000 € =		–	13 500 €
Ertragsanteil der baulichen Anlagen		=	36 839 €

Restnutzungsdauer 28 Jahre, Liegenschaftszinssatz 5,0 %,
Vervielfältiger 14,90 gemäß Anl. zur ImmoWertV
Ertragswert der baulichen Anlagen (Gebäudeertragswert):

36 839 €× 14,90 = 548 901 €	rd.	550 000 €
zuzüglich Bodenwert	+	270 000 €
Zwischenwert	=	820 000 €
abzüglich Wertminderung wegen Reparaturstau (Treppenhausanstrich)	–	10 000 €
Vorläufiger **Grundstücksertragswert**	= rd.	**810 000 €**

Der Ertragswert entspricht dem 9,6fachen Rohertrag i. S. des § 18 ImmoWertV.
Der Wert je m² NF/WF beträgt rd. 682 €/m².

2.3.3   Gemischt genutztes Geschäftshaus

a) **Sachverhalt**

Der Normalherstellungswert eines 1994 errichteten, **7-geschossigen gemischt genutzten Gebäudes mit gehobener Ausstattung** ist für das Jahr 2000 zu ermitteln. Das Gebäude ver-

V Besondere Immobilienarten

fügt über zwei Tiefgaragen, ein Ladengeschoss sowie 6 Bürogeschosse. Es steht in einer Großstadt (> 500 000 Einwohner) in Hessen (Abb. 11).

Abb. 11: Gemischt genutztes Geschäftshaus

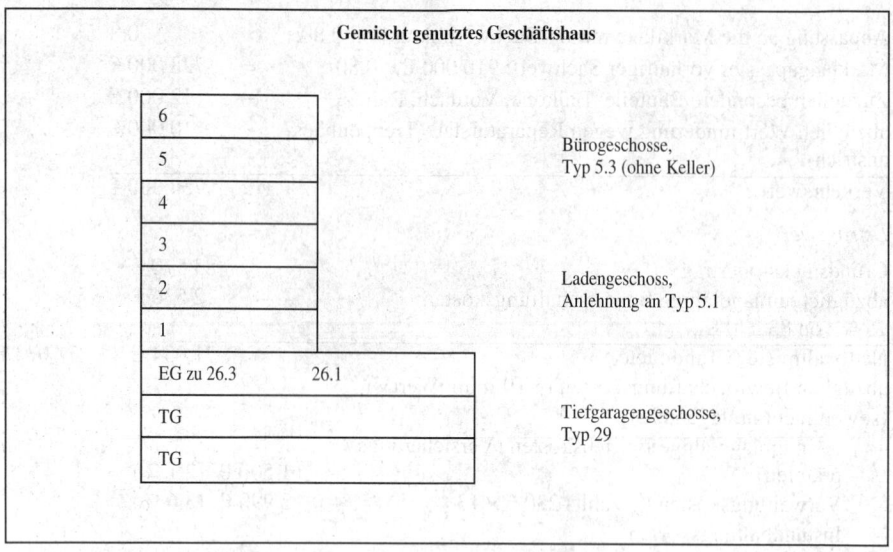

b) **Erläuterungen zur Wertermittlung**

1. Der siebengeschossige Gebäudeteil (EG – 6. OG) entspricht dem Typ 5.3 (NHK 2000). Der entsprechende Preis/m² BGF_{red} kann auf die Flächen dieses Gebäudeteils angewendet werden. Weicht die unter den Obergeschossen liegende Ladengeschossfläche hinsichtlich der baulichen Ausstattung von der Ausstattung der Obergeschosse deutlich ab, so ist der Flächenpreis sachverständig zu korrigieren. Darüber hinaus ist bei der Preisbildung zu beachten, dass der Typ 5.3 (NHK 2000) unterkellert ist. Im vorliegenden Fall ruhen die Geschosse jedoch auf den gesondert bewerteten Tiefgaragengeschossen.

2. Der Preis für die nicht überbaute Ladengeschossfläche kann in Anlehnung an Typ 5.1 (NHK 2000) (eingeschossig ohne Keller) angesetzt werden. Es entfällt jedoch der Preisanteil für die Gründung, da das Geschoss auf den Tiefgaragengeschossen ruht. Insoweit ist der anzusetzende Preis sachverständig zu korrigieren.

3. Die Tiefgaragengeschosse entsprechen dem Typ 29 (NHK 2000).

2.4 Verkehrswertermittlung von Eigentumswohnungen

2.4.1 Allgemeines

2.4.1.1 Begriffe

Schrifttum: *Bärmann/Pick/Merle*, Wohnungseigentumsgesetz Komm. 2000; *Dröge*, Handbuch der Mietpreisbewertung von Wohn- und Gewerberaummieten 2005, S. 177 ff.; *Kahlen*, Praxiskommentar zum Wohnungseigentumsgesetz 2000; *Hügel/Elzer*, Das neue WEG-Recht, München 2007; *Vogel, R.,* Zur sachgerechten Ableitung der Verkehrswerte von Eigentumswohnungen, GuG 2013, 1.

39 a) *Wohnungseigentum*

Eine besondere Form des Miteigentums nach Bruchteilen an einem Grundstück ist das Wohnungseigentum. Das **Wohnungseigentum ist das Sondereigentum an einer Wohnung**

i. V. m. dem **Miteigentum** (nach Bruchteilen und nicht als Gesamthandseigentum) **am gemeinschaftlichen Grundstück** (§ 1 Abs. 2 WEG)[6]. Es ist belastbar, kann vermietet und verpachtet werden (§ 13 Abs. 1 WEG), Gegenstand der Zwangsversteigerung sein und ist vererbbar.

Das **Wohnungseigentum (§ 1 Abs. 2 WEG) setzt sich zusammen** aus   **40**

– dem *Sondereigentum an einer Wohnung* (einschließlich der dazugehörigen Nebenräume wie Kellerräume, Bodenräume und Garagen, sofern sie nicht selbstständiges Teileigentum sind) i. V. m.
– dem *Miteigentum* (nach Bruchteilen und nicht als Gesamthandseigentum) am gemeinschaftlichen Grundstück.

Eine Wohnungseigentumsanlage kann auch durch mehrere Häuser (z. B. Reihenhäuser und Doppelhaushälften) auf einem Grundstück gebildet werden (**Hausanlage**). Abweichend von § 16 Abs. 2 WEG kann in solchen Fällen auch eine getrennte Lasten- und Kostentragung einschließlich getrennter Instandhaltungsrücklagen gebildet werden.

Der Marktwert (Verkehrswert) kann in diesen Fällen direkt bzw. in Anlehnung an den Marktwert des fiktiven (verselbstständigten) Grundstücksteils ermittelt werden. So hat der Gutachterausschuss von *Frankfurt am Main* in seinem Grundstücksmarktbericht 2011 als Ergebnis seiner Untersuchungen festgestellt, dass sich der **Marktwert eines Reihenhauses in der Rechtsform des WEG** aus dem unter Heranziehung von entsprechenden Vergleichsfaktoren bebauter Grundstücke abgeleiteten Vergleichswert unter zusätzlicher Berücksichtigung eines Faktors von 0,80 ableiten lässt, d. h., Reihen- und Doppelhaushälften in der Rechtsform des WEG werden zu Marktpreisen gehandelt, die 20 % unter dem Marktpreis vergleichbarer Grundstücke im „Volleigentum" liegen.

Nach dem Grundstücksmarktbericht von *Bremen* (2011) werden **Reihenhausneubauten in der Rechtsform des WEG mit 10 % unter den Kaufpreisen** gehandelt, die **für Reihenhäuser im „Normaleigentum"** erzielt werden.

b) *Teileigentum*   **41**

Teileigentum ist das Sondereigentum an nicht zu Wohnzwecken dienenden Räumen eines Gebäudes i. V. m. dem Miteigentumsanteil an dem gemeinschaftlichen Eigentum, zu dem es gehört (§ 1 Abs. 3 WEG). Es kommt jede beliebige Nutzung in Betracht, insbesondere für gewerbliche und geschäftliche Zwecke, wie Läden, Werkstätten, Bildungseinrichtungen usw. Maßgebend ist nicht die tatsächlich ausgeübte Nutzung, sondern die bauliche Ausgestaltung und die sich hieraus ergebende Zweckbestimmung. Die Umwandlung von Wohnungs- in Teileigentum und umgekehrt stellt eine Änderung der Zweckbestimmung dar und bedarf der Zustimmung aller Miteigentümer.

Das **Teileigentum (§ 1 Abs. 3 WEG) setzt sich zusammen** aus   **42**

– dem *Sondereigentum an nicht zu Wohnzwecken dienenden Räumen* eines Gebäudes wie Läden, Büros, Werkstätten und dgl. i. V. m.
– dem *Miteigentumsanteil an dem gemeinschaftlichen Eigentum*, zu dem es gehört (§ 1 Abs. 3 WEG).

Es kommt **jede beliebige Nutzung** in Betracht, insbesondere für gewerbliche und geschäftliche Zwecke, wie Läden, Werkstätten, Bildungseinrichtungen usw. Maßgebend ist nicht die tatsächlich ausgeübte Nutzung, sondern die bauliche Ausgestaltung und die sich hieraus ergebende Zweckbestimmung.

Die **Umwandlung von Wohnungs- in Teileigentum** und umgekehrt stellt eine Änderung der Zweckbestimmung dar und bedarf der Zustimmung aller Miteigentümer (Abb. 12).

---

[6] Fritz, Gewerberaummietrecht, Beck-Verlag München, 2. Aufl. 1995, Rn. 460 ff.

V Besondere Immobilienarten

Abb. 12: Wohnungs- und Teileigentum

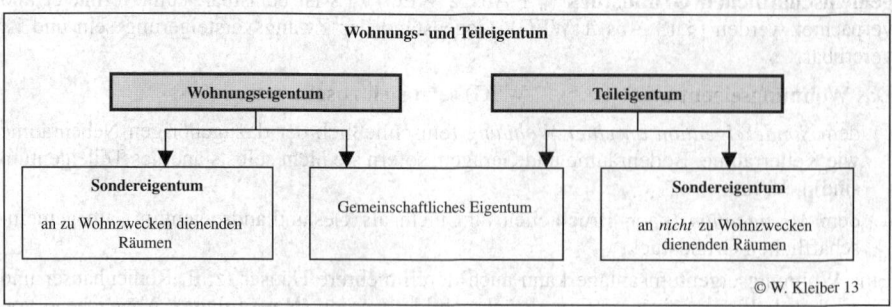

43 c) *Sondereigentum*

Sondereigentum ist der **mit dem Bruchteilseigentum verbundene Bereich des Alleineigentümers** sowohl an Wohnungen als auch an sonstigen Räumen (§ 5 WEG).

44 d) *Gemeinschaftliches Eigentum*

Zum gemeinschaftlichen Eigentum gehört nach § 1 Abs. 5 WEG der **gesamte Grund und Boden**, d. h. die bebaute und die unbebaute Fläche sowie die **Teile, Anlagen und Einrichtungen des Gebäudes, die nicht im Sondereigentum oder im Eigentum eines Dritten** stehen (z. B. Einfriedungen).

45 e) *Sondernutzungsrecht*

▶ *Vgl. Rn. 115*

Nach § 13 Abs. 2 WEG ist jeder Miteigentümer zum Mitgebrauch des gemeinschaftlichen Eigentums im Rahmen des § 14 und des § 15 WEG berechtigt, jedoch kann dieses Recht dahingehend mit einem Sondernutzungsrecht eingeschränkt werden, dass das **Recht zum Gebrauch des gemeinschaftlichen Eigentums** einem Miteigentümer unter Ausschluss des Mitbenutzungsrechts der anderen Wohnungseigentümer eingeräumt wird. Die Bewilligung eines solchen Sondernutzungsrechts stellt eine Gebrauchsregelung i. S. des § 15 WEG dar.

2.4.1.2 Begründung von Wohnungs- und Teileigentum

46 Wohnungs- und Teileigentum werden begründet durch

a) **Teilungserklärung** des oder der Eigentümer bzw. eines Verfügungsberechtigten (§ 8 WEG) bzw.

b) **Einräumungsvertrag** mehrerer Miteigentümer eines Grundstücks (§ 3 WEG).

47 Die **Teilungserklärung** stellt die dem Grundbuchamt gegenüber abgegebene Erklärung dar, mit der das Eigentum am Grundstück in Miteigentumsanteile verbunden mit einem Sondereigentum an einer Wohnung aufgeteilt wird. Sie bedarf der notariellen Beglaubigung (beglaubigte Urkunde). Aus der Urkunde (§ 29 GBO) muss hervorgehen, dass das Alleineigentum in bestimmte Miteigentumsanteile aufgelöst wird und dass mit jedem Anteil das Sondereigentum an einer bestimmten Wohnung oder an sonstigen Räumen verbunden ist.

48 Mit dem **Einräumungsvertrag** räumen sich mehrere Miteigentümer eines Grundstücks das Sondereigentum an einer Wohnung ein und beschränken damit ihre Miteigentumsanteile; er bedarf der notariellen Beurkundung.

49 Wohnungs- und Teileigentum bedürfen der Eintragung in das Grundbuch, wobei für jeden Miteigentumsanteil ein besonderes Grundbuchblatt angelegt wird **(Wohnungsgrundbuch/ Teileigentumsgrundbuch).** Dafür ist nicht Voraussetzung, dass das Gebäude bereits errichtet ist (§ 3 Abs. 1 WEG). Das bisher geführte Grundbuch wird dagegen geschlossen und bestehende Belastungen werden als Gesamtbelastung in die Wohnungsgrundbücher übertragen. Der Eintragungsbewilligung sind beizufügen:

- der **Aufteilungsplan** (als Teil des Einräumungsvertrags bzw. der Teilungserklärung); er stellt die i. d. R. auf der Grundlage von Bauzeichnungen erstellte zeichnerische Aufteilung unter nummernmäßiger Bezeichnung der zu Sondereigentum erklärten und im gemeinschaftlichen Eigentum stehenden Räume bzw. Gebäudeteile dar (§ 27 Abs. 4 Nr. 2 und § 32 WEG);
- die **Abgeschlossenheitserklärung** der Baubehörde, mit der die Abgeschlossenheit der Wohnung oder sonstigen Räume bestätigt wird; für Wohnungen wird sie erteilt, wenn sie eine Küche oder Kochgelegenheit, ein WC und eine Wasserver- und -entsorgung aufweist; darüber hinaus muss die Wohnung einen abschließbaren Zugang haben und durch feste Wände und Decken vom übrigen Gebäude getrennt sein; durch Rechtsverordnung des Landes kann die Erteilung der Abgeschlossenheitserklärung auf einen öffentlich bestellten oder anerkannten Sachverständigen für das Bauwesen übertragen werden (§ 7 Abs. 4 WEG);
- die im Einzelfall nach § 172 Abs. 1 BauGB erforderliche **Genehmigung der Begründung von Wohnungs- oder Teileigentum bzw. eines Negativattestes.**

Abgeschlossene Wohnungen sind solche, die baulich vollkommen von fremden Wohnungen oder Räumen abgeschlossen sind, z. B. durch Wände und Decken, die den Anforderungen der Bauaufsichtsbehörden an Wohnungstrennwände und Wohnungsdecken entsprechen und einen eigenen abschließbaren Zugang unmittelbar vom Freien, von einem Treppenhaus oder von einem Vorraum haben. Wasserversorgung, Ausguss und WC müssen innerhalb der Wohnung liegen. Zu abgeschlossenen Wohnungen können zusätzlich Räume außerhalb des Wohnungsabschlusses gehören. Zusätzliche Räume, die außerhalb des Wohnungsabschlusses liegen, müssen verschließbar sein.

Wohnungs- und Teileigentum kann auch an Erbbaurechten begründet werden (**Wohnungserbbaurecht**). Das Wohnungserbbaurecht (vgl. Rn. 56) kann – wie das Wohnungseigentum – durch Teilungserklärung oder durch Einräumungsvertrag begründet werden. Bei der Begründung von Wohnungserbbaurechten werden – wie bei der Begründung von Wohnungseigentum – grundsätzlich für jedes Erbbaurecht von Amts wegen ein eigenes Grundbuch, 50

- das Wohnungserbbaugrundbuch und
- das Teilerbbaugrundbuch

angelegt.

2.4.1.3 Marktsegmente

Der Eigentumswohnungsmarkt lässt sich untergliedern in neu erstellte Eigentumswohnungen sowie in Wohnungseigentum umgewandelte Mietobjekte. Des Weiteren ist insbesondere bei der Verkehrswertermittlung von Eigentumswohnungen, die zum Zwecke der Eigennutzung gehandelt werden, zwischen **bezugsfreien und vermieteten Eigentumswohnungen** zu unterscheiden. 51

Der Markt für Eigentumswohnungen lässt sich deshalb auch aufgliedern in solche,

a) die üblicherweise „*bezugsfrei*" gehandelt werden und somit dem Erwerber sofort zum Zwecke der Eigennutzung zur Verfügung stehen, und solchen,

b) die *vermietet* sind und im vermieteten Zustand veräußert werden (Abb. 13).

Abb. 13: Marktsegmente

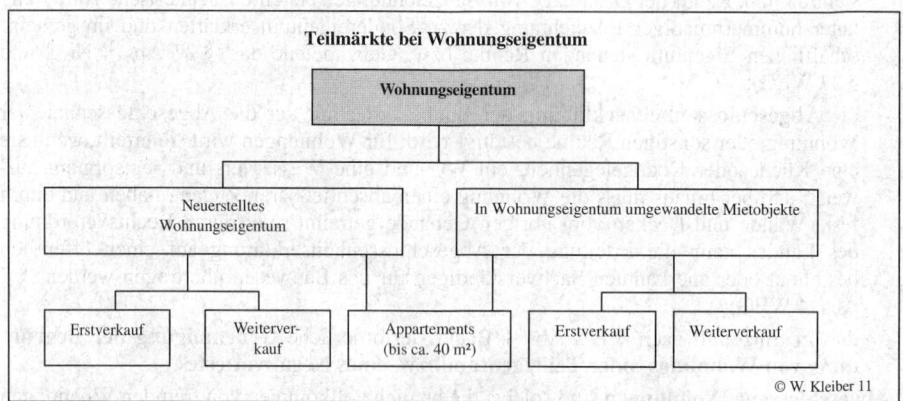

52 Grundsätzlich führt die **Zerstückelung eines Objekts** (z. B. Mehrfamilienhaus) **in Eigentumswohnungen** dazu, dass der Quadratmeter Wohnfläche im Wert steigt.

2.4.1.4 Bodenmarkt

53 Bezüglich des Bodenwertgefüges in Gebieten, die dem mehrgeschossigen Wohnungsbau vorbehalten sind, kann es angezeigt sein, zwischen Wohnlagen zu unterscheiden, die dem „Mietwohnungsbau", und solchen, die der Errichtung von Eigentumswohnungen zuzuordnen sind, wobei sich i. d. R. in typischen **Eigentumswohnungsgebieten** ein um ca. 10 bis 40 % höheres Bodenwertgefüge ergibt.

54 Die jeweilige Lage lässt sich oftmals nur mit sehr guten Ortskenntnissen beurteilen, insbesondere in den Phasen, in denen typische „Mietwohnungsbaugebiete" in „Eigentumswohnungsbaugebiete" umschlagen und die Eigentümer von Baulücken nicht mehr bereit sind, zu den niedrigeren Preisen des Mietwohnungsbaus zu verkaufen. Es handelt sich hierbei in erster Linie um Gebiete, die nach ihrer Lage und infrastrukturellen Ausstattung, vergleichbar mit Einfamilienhausgebieten, einen hohen Annehmlichkeitswert aufweisen. Ähnliches kann sich auch in Einfamilienhausgebieten mit großen Grundstücksflächen einstellen, wenn sich die Grundstücke für kleinere Eigentumsanlagen mit ca. 4 Wohneinheiten eignen.

55 Für *Bonn* ist dafür ein Verhältnis von etwa 1:1,3 und für *Köln je nach Lage und Art des Objekts* ein Verhältnis von etwa 1:1,2 bis 1:1,4 und in der Innenstadt (außer Deutz) bis 1,7 festgestellt worden, d. h., für Eigentumsmaßnahmen werden ca. 10 bis 40 % höhere Bodenpreise vereinbart, und diese müssen wohl auch dem gewöhnlichen Geschäftsverkehr zugerechnet werden, wenn dies in einem Gebiet üblich ist.

2.4.1.5 Wohnungserbbaurecht

56 Eigentumswohnungen können auch auf Erbbaugrundstücken errichtet werden. Man spricht dann von einem Wohnungserbbaurecht (vgl. Rn. 50). Im Vergleich zu Eigentumswohnungen mit Eigentumsanteil am Grund und Boden werden für Eigentumswohnungen auf Erbbaugrundstücken in Abhängigkeit von der Höhe des jährlichen Erbbauzinses **Kaufpreise** vereinbart, **die durchschnittlich um 5 bis 16 % niedriger ausfallen.**

57 In der Abb. 14 ist das Ergebnis einer Untersuchung des Gutachterausschusses von *Bergisch Gladbach* dargestellt.

Abb. 14: Verhältnis der Kaufpreise für Eigentumswohnungen auf Erbbaugrundstücken (Wohnungserbbaurecht) zu Kaufpreisen von Eigentumswohnungen mit Eigentumsanteil am Boden in Bergisch Gladbach

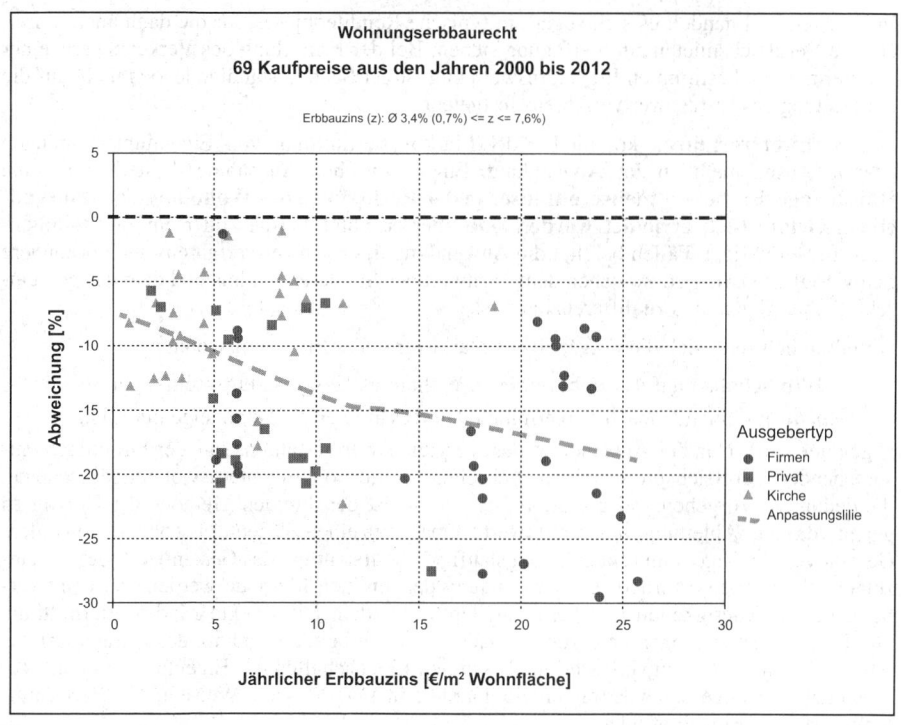

Quelle: Grundstücksmarktbericht Bergisch Gladbach 2013

Ein ähnlicher Verlauf ergibt sich auch nach Untersuchungen des Gutachterausschusses für Grundstückswerte in *Stuttgart*. 58

2.4.2 Wertermittlungsverfahren

▶ *Vgl. § 8 ImmoWertV Rn. 17 ff.*

Die Wertermittlung von Eigentumswohnungen kann grundsätzlich nach dem Vergleichs-, Sach- oder Ertragswertverfahren erfolgen. Vorrangig ist das **Vergleichswertverfahren**, wenn geeignete Vergleichspreise in ausreichender Zahl zur Verfügung stehen. Darüber hinaus werden von den Gutachterausschüssen für Grundstückswerte für Eigentumswohnungen heute vielfach auch umfangreiche Auswertungen über das Wertgefüge von Eigentumswohnungen bereitgestellt. Für Eigentumswohnungen werden insbesondere aus der Kaufpreissammlung abgeleitete und nach Wohnlagen differenzierte Durchschnittswerte für Eigentumswohnungen (Durchschnittswerte pro Quadratmeter WF) abgeleitet und (in den Marktberichten) veröffentlicht. 59

Auch das **Ertragswertverfahren** kommt für die Marktwertermittlung von Eigentumswohnungen und insbesondere für die Marktwertermittlung des zumeist gewerblich genutzten Teileigentums in Betracht. Dabei ist zwischen Eigentumswohnungen zu unterscheiden, 60

V Besondere Immobilienarten — Wohnimmobilien

a) die zumeist in sehr guten Wohnlagen üblicherweise eigengenutzt werden, und solchen,

b) die neben der Eigennutzung (als Kapitalanlage) vornehmlich zum Zwecke der Vermietung gehalten werden (typische Mietwohngrundstücke).

Im zweiten Fall handelt es sich sogar um typische Renditeobjekte, für die dann auch hinreichende Vergleichsmieten zur Verfügung stehen. Bei der Ermittlung des Verkehrswerts einer zur Vermietung bestimmten Eigentumswohnung ist der Sachverständige jedoch nicht auf die Anwendung des Ertragswertverfahrens festgelegt[7].

61 Das **Sachwertverfahren** kommt bei der Marktwertermittlung von Eigentumswohnungen eher in Ausnahmefällen zur Anwendung. Einen typischen Ausnahmefall stellt z. B. eine **Hausanlage** dar, **bei der mehrere Häuser in der Rechtsform des Wohnungseigentums auf einem Grundstück errichtet worden sind** oder errichtet werden, oder ein Zweifamilienhaus. In den übrigen Fällen bereitet die Anwendung des Sachwertverfahrens auch besondere Schwierigkeiten, da ggf. zwischen dem Sachwert des Sondereigentums und dem des gemeinschaftlichen Eigentums zu differenzieren ist.

62 Grundsätzlich stellt sich die Frage, ob der Marktwert einer Eigentumswohnung

– *direkt* (beschränkt auf das zu bewertende Wohnungs- bzw. Teileigentum) oder
– *deduktiv* aus einem zunächst zu ermittelnden Gesamtwert der Wohneigentumsanlage

abgeleitet wird. Nur bei Anwendung des Vergleichswertverfahrens auf der Grundlage entsprechender Vergleichspreise oder Durchschnittswerte von Eigentumswohnungen scheidet die deduktive Vorgehensweise a priori aus. I. d. R. ist der direkten Methode der Vorzug zu geben, da die Ableitung des Marktwerts einer einzelnen Eigentumswohnung aus dem Gesamtwert der Eigentumsanlage zwangsläufig die Aufspaltung des Gesamtwerts auf die einzelnen Wohnungen erfordert. Bei Anwendung der direkten Methode werden die damit verbundenen Schwierigkeiten und Fehlerquellen vermieden. Die direkte Marktwertermittlung von Eigentumswohnungen ist darüber hinaus vor allem bei Anwendung des Ertragswertverfahrens möglich und sinnvoll, weil die konkreten Eigenschaften der Eigentumswohnung vor allem über den angesetzten Ertrag unmittelbar und in angemessener Weise in das Wertermittlungsverfahren Eingang findet.

Die deduktive Methode würde dagegen zusätzliche, überflüssige und zudem fehlerträchtige Rechenschritte erfordern. Zwar stehen für die Aufspaltung die im Grundbuch ausgewiesenen **Miteigentumsanteile** – zumeist nach dem Flächenverhältnis der Wohnungen zur gesamten Wohnfläche – zur Verfügung, jedoch muss dieser Miteigentumsanteil damit keineswegs den tatsächlichen Wertverhältnissen entsprechen, in denen das Wohnungs- und Teileigentum einer Gesamtanlage zueinander stehen. Schon aufgrund der Lage einer Eigentumswohnung im jeweiligen Objekt und ihrer Ausstattung können sich erheblich abweichende Wertverhältnisse ergeben. Nur bei Anwendung des Sachwertverfahrens, bei dem es nur in Ausnahmefällen gelingt, den Sachwertanteil der Wohnung und des gemeinschaftlichen Eigentums eigenständig zu ermitteln, greift man deshalb hilfsweise auf die deduktive Methode unter Aufspaltung nach den Miteigentumsanteilen zurück (Abb. 15).

---

[7] BGH, Urt. vom 2.7.2004 – V ZR 213/03 –, BGHZ 160, 8 = EzGuG 19.50.

Abb. 15: Direkte und deduktive Ermittlung des Verkehrswerts einer Eigentumswohnung

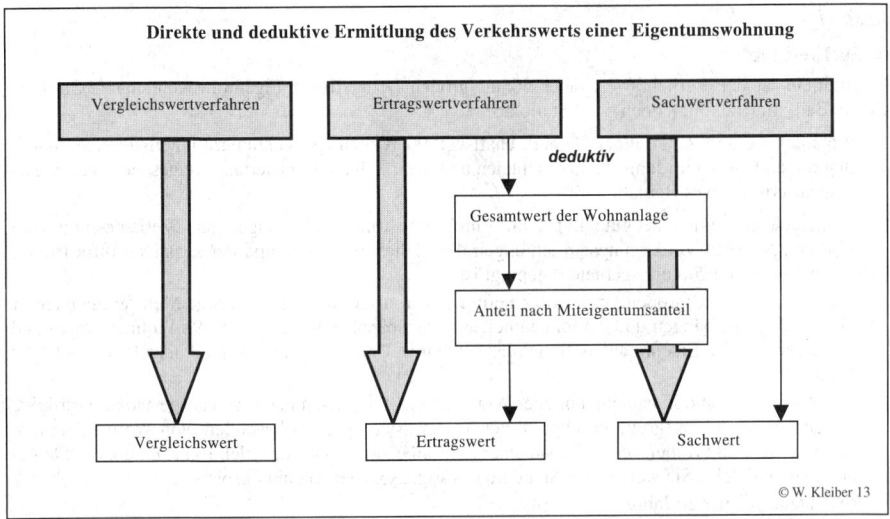

2.4.3 Vergleichswertverfahren

2.4.3.1 Allgemeines

In den häufigsten Fällen wird der Verkehrswert vom Wohnungseigentum im Vergleichswertverfahren ermittelt. Hierfür sprechen zwei gewichtige Gründe: 63

a) Der Teilmarkt orientiert sich nahezu ausschließlich an Quadratmeterpreisen (€/m² Wohnfläche).

b) Es liegt im Allgemeinen eine ausreichende Anzahl von Vergleichskaufpreisen oder geeignete Vergleichs- bzw. Gebäudefaktoren i. S. des § 13 ImmoWertV vor, da der Teilmarkt nach wie vor rege ist (vgl. Rn. 66 ff.).

Grundlage für die Anwendung des Vergleichswertverfahrens auf die Ermittlung des Verkehrswerts von Eigentumswohnungen können 64

a) einzelne Vergleichspreise für Eigentumswohnungen oder

b) die von den Gutachterausschüssen für Grundstückswerte abgeleiteten und in den Grundstücksmarktberichten veröffentlichten Richtwerte (Durchschnittspreise pro Quadratmeter Wohnfläche) einer vergleichbaren Eigentumswohnung

sein. Wie bei der Ermittlung von Bodenwerten kann insoweit zwischen dem unmittelbaren Vergleichswertverfahren (auf der Grundlage von Vergleichspreisen) und dem mittelbaren Vergleichswertverfahren unterschieden werden, wobei anstelle von Bodenrichtwerten auf entsprechende Durchschnittspreise zurückgegriffen wird. Bei der Wertermittlung im Vergleichswertverfahren kann auch die mathematische Statistik sinnvoll eingesetzt werden. Durchschnittskaufpreise lassen sich im Wege der Regressionsanalyse (mehrdimensionale Schätzfunktionen) einfach und schnell ermitteln. Der unbestreitbare Vorteil des Vergleichswertverfahrens liegt darin, dass keine Marktanpassungsab- oder -zuschläge ermittelt werden müssen, da das Marktgeschehen sich bereits in den Kaufpreisen der Vergleichsgrundstücke ausdrückt.

V Besondere Immobilienarten — Wohnimmobilien

2.4.3.2 Wohnwertverfahren

65 Das Wohnwertverfahren wird am nachstehenden *Beispiel* erläutert.

Beispiel:

a) Sachverhalt

Zu ermitteln ist der Verkehrswert einer 50 m² großen bezugsfreien Eigentumswohnung (2 Zimmer, Küche, Bad) mit Balkon, jedoch ohne Stellplatz.

Die Wohnung ist Bestandteil einer Gemeinschaft von 96 Wohnungseigentümern innerhalb einer Waldsiedlung mit einheitlich im Jahre 1930 errichteten und mehrfach modernisierten zweigeschossigen Mehrfamilienhäusern (fiktives Baujahr 1950).

– Es handelt sich um eine gute Lage, die durch eine ruhige Wohnlage, gute Verkehrsanbindung (U-Bahn, Nähe zu Versorgungseinrichtungen des täglichen Bedarfs und der sonstigen Infrastruktur und der Nähe zu Erholungsgebieten) geprägt ist.

– Auf dem 11 621 m² großen Grundstück befinden sich insgesamt 6 gleichartige Mehrfamilienhäuser mit jeweils 4 Aufgängen und 4 Wohneinheiten (Zweispänner) mit insgesamt 96 Wohneinheiten und eine innere private Erschließungsstraße (ca. 1 000 m²). Der Miteigentumsanteil beläuft sich auf 101/10 000.

– Die Wohnungen sind in baujahrsüblicher Weise errichtet worden und einfach ausgestattet; das fiktive Baujahr ergibt sich aufgrund durchgeführter Modernisierungen, insbesondere von Wärmedämmungen (Fassaden und Keller), dem Einbau einer Zentralheizung sowie der Elektroinstallationen (Steigeleitungen und dgl.). Sie weisen den Standard des sog. „sozialen Wohnungsbaus" auf.

– Restnutzungsdauer 20 Jahre.

Abb. 16: Lageplan

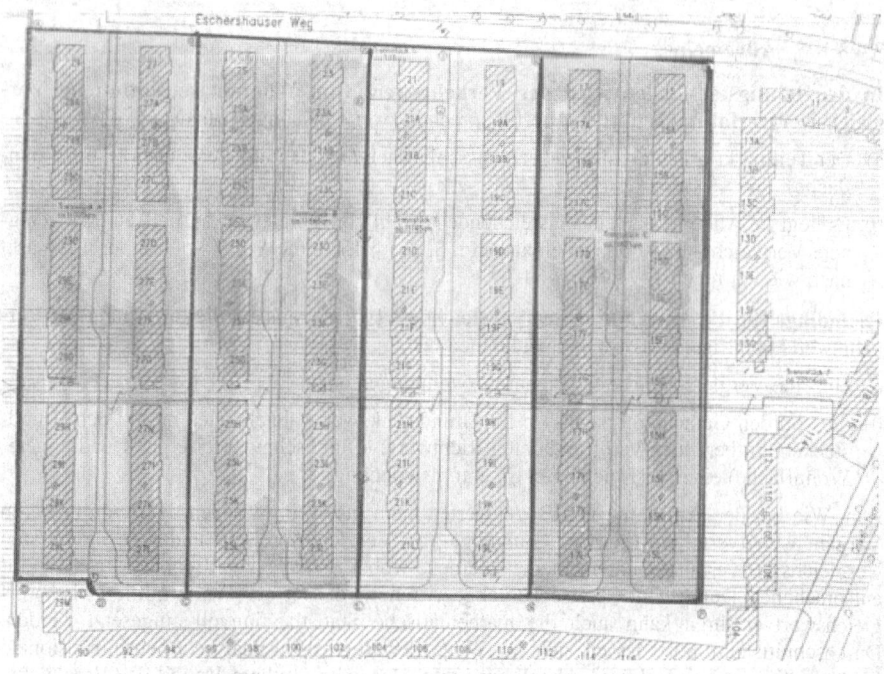

Wohnimmobilien — Besondere Immobilienarten V

Abb. 17: Grundrisse

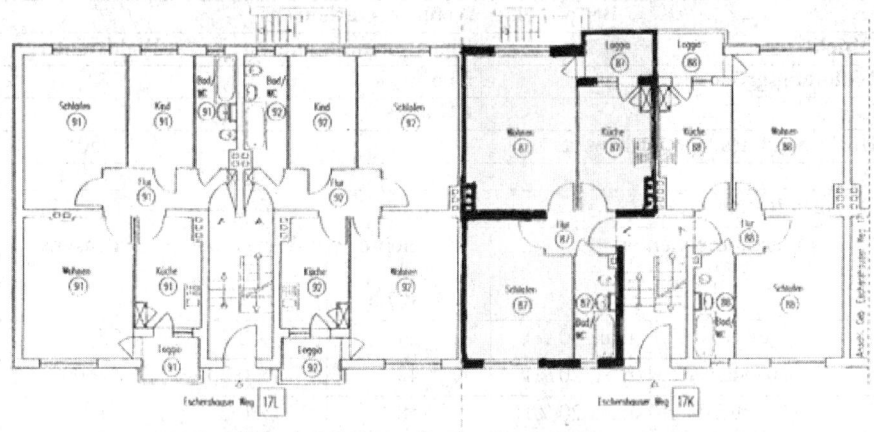

Der Gutachterausschuss für Grundstückswerte hat für bezugsfreie umgewandelte Mietwohnungen des sozialen Wohnungsbaus (Baujahre seit 1950) in guter Wohnlage ein Preisniveau von 650 – 1 850 €/m² Wohnfläche ermittelt (Mittel 1 180 €/m²), für entsprechende Wohnungen in sog. Zwischenkriegsbauten (Baujahre 1920 bis 1949) ein Preisniveau von 800 bis 1 920 €/m² (Mittel 1 240 €/m²).

b) Verkehrswertermittlung

Entsprechend der für Zielbaumverfahren üblichen Vorgehensweise soll sich der Vergleichswert auf der Grundlage vorgegebener Wertanteile ergeben:

– Lagewert (Lage, Straße, Infrastruktur)	max. 40 %
– Gebäudewert (Baujahr, Bauzustand, Qualität, Erschließungsanlagen)	max. 20 %
– Wohnungswert (Größe, Geschoss, Grundriss, Ausstattung)	max. 20 %
– Vertragswert (Bezugsfreiheit, Instandhaltungsrücklage)	max. 20 %
zusammen	100 %

Darüber hinaus soll ein weiterer Teilwert unter der Bezeichnung „Sonstiges (einzelfallbezogene Zu- und Abschläge)" berücksichtigt werden.

Die vorstehenden Teilwerte werden auf einer Skala von 0 bis 100 Punkten aufgrund einer analytischen Betrachtung des Bewertungsobjekts geschätzt. Der Gutachter kommt zu folgenden Ergebnissen:

– Lagewert	64 von 100 Punkten
– Gebäudewert	43 von 100 Punkten
– Wohnungswert	58 von 100 Punkten
– „Vertragswert"	50 von 100 Punkten

Als „Sonstiges" wird im Hinblick auf die Größe der Eigentümergemeinschaft ein geschätzter Abschlag von 5 % angesetzt.

V Besondere Immobilienarten — Wohnimmobilien

Abb. 18: Beispiel

Beispiel eines Wohnwertverfahrens	
Objekt	Eigentumswohnung Nr. x, Am Waldrand
Wohnungsgröße	50 m^2
Lage	EG links
Höchstwert des Vergleichswerts	1 850 €/m^2

Wertermittlung					
Nr.	Wertkomponenten		Erreichte Punkte Max. 100	Wertanteil %	Prozent
1	Lagewert	(max. 40 %)	64	× 0,4	25,60 %
2	Gebäudewert	(max. 20 %)	43	× 0,2	8,60 %
3	Wohnungswert	(max. 20 %)	58	× 0,2	11,60 %
4	„Vertragswert"	(max. 20 %)	50	× 0,2	10,00 %
5	Sonstiges				− 5,00 %
6	**Wohnwert in % (Summer der Prozente)**				**50,80 %**
7	Vergleichswert (€/m^2) = Wohnwert (%) × Höchstwert 1 850 €/m^2 × 0,508 =				**rd. 940 €/m^2**

Bei einer 50 m^2 großen Wohnung ergibt sich mithin: 940 €/m^2 × 50 m^2 = 47 000 €.

c) Erläuterung

Das sog. Wohnwertverfahren[8] lässt sich als ein indirektes **Vergleichswertverfahren** qualifizieren, das herangezogen wird, wenn ein direkter Preisvergleich nicht möglich ist. Methodisch handelt es sich um ein Zielbaumverfahren, bei dem die Hauptkomponenten der wertbeeinflussenden Merkmale in vorgegebene Gewichtsanteile zerlegt und entsprechend berücksichtigt werden. „Wunder Punkt" ist die prozentuale Gewichtung der Komponenten, die kaum objektiv und zumindest nicht nachweisbar begründet werden kann, sondern letztlich freie Schätzung ist[9]. Das Ergebnis wird jedoch maßgeblich durch diese „Vorgaben" präjudiziert. Die schematische Anwendung des Verfahrens einhergehend mit einer „Punktevergabe" für einzelne wertbeeinflussende Umstände verleiht dem Verfahren zwar den Anschein einer objektiven Vorgehensweise und eine Scheingenauigkeit, jedoch stellt es mit seinen Vorgaben letztlich eine in der Literatur als „Zufallsverfahren" bezeichnete Methode dar. Sie kommt deshalb allenfalls hilfsweise zur Anwendung, wenn ein direkter Preisvergleich nicht möglich ist.

Das Wohnwertverfahren weist mannigfaltige **Schwachpunkte** sowohl in seiner „Konstruktion" als auch in seiner Anwendung auf.

1. Die für die Komponenten „*Lagewert* (Lage, Straße, Infrastruktur)", „*Gebäudewert* (Baujahr, Bauzustand, Qualität, Erschließungsanlagen)", „*Wohnungswert* (Größe, Geschoss, Grundriss, Ausstattung)" und „*Vertragswert* (Bezugsfreiheit, Instandhaltungsrücklage)" vorgegebenen Gewichtsanteile bedürfen einer nachvollziehbaren Begründung, die kaum möglich ist. Eine modifizierte Gewichtsverteilung führt nämlich in der Anwendung zu deutlich abweichenden Ergebnissen. Mithin ist bereits dieser Ansatz eine Schätzung.

2. Obwohl die vorstehende Gewichtsverteilung den Wert eigentlich bereits zu 100 % „erklärt", wird darüber hinaus ein weiterer Teilwert unter der Bezeichnung *Sonstiges (einzelfallbezogene Zu- und Abschläge)* angeführt und in der Berechnung mit einem weiteren Zu- bzw. Abschlag berücksichtigt; bei einem Abschlag wird der Höchstwert im Extremfall um mehr als 100 % gemindert!

3. Die **Punktevergabe** lässt sich bei Anwendung des Verfahrens nicht eindeutig begründen und **stellt eine grobe und fehlerträchtige Schätzung** dar.

---

8 Vgl. Springer in GuG 1995, 39, Treiber in GuG 1998, 219, Diemann in GuG 1999, 352, und Schmidt in GuG 1999, 352.
9 Vgl. Simon/Kleiber/Joeris/Simon, Schätzung und Ermittlung von Grundstückswerten, 8. Aufl. 2004 S. 101.

- Wie sich die „gute" Wohnlage der vorstehend abgedruckten Tabelle definieren könnte, kann dem Grundstücksmarkt allenfalls in groben Zügen an anderen Stellen entnommen werden, jedoch nicht mit der Präzision, die es erlaubt, mit der Scheingenauigkeit einer Punktevergabe auf einer Skala von 100 Punkten (!) die Lagewertigkeit beispielsweise mit „64 von 100 Punkten" anzugeben. Es ließe sich durchaus auch eine gute Wohnlage in einer gesunden Waldsiedlung mit sehr guter Anbindung an das Nahverkehrsnetz (U-Bahn) und guter Nahversorgung mit 80 von 100 Punkten begründen.

- Bei der Punktevergabe läuft man in nicht unerheblichem Maße Gefahr, unter Hinweis auf Zustandsmerkmale, die baujahrsspezifisch sind (z. B. Schalldämmung) und mithin bereits in dem nach Baujahren gegliederten Tabellenwerk des Gutachterausschusses für Grundstückswerte zumindest enthalten sein können, Punktereduktion anzubringen, die insoweit auf eine Doppelberücksichtigung hinauslaufen. So wird insbesondere die mit 43 von 100 Punkten angesetzte Punktezahl für den Gebäudewert mit baujahrsbedingten Zustandsmerkmalen begründet, wobei erwartet werden kann, dass sie bereits mit den nach Baujahren gegliederten Tabellenwerken erfasst sind. Auch hier werden die Mängel des Verfahrens deutlich, denn eine sachgerechte Punktevergabe ist nur möglich, wenn der Gutachterausschuss die angegebenen Werte auch mit den baujahrsspezifischen Merkmalen „untersetzt" hätte. Dies gilt beispielsweise auch für die Berücksichtigung der Größe der Wohnanlage.

4. Das sog. **Wohnwertverfahren** ist vor allem auch von seinem methodischen Grundansatz ein äußerst fragwürdiges Verfahren, denn es handelt sich **im Kern um ein Interpolationsverfahren**, bei dem über die gesamte Spanne quasi von der Nullwertigkeit einer Eigentumswohnung (0 €/m² WF) bis zum angegebenen Höchstwert (im Gutachten 1 850 €/m² WF) interpoliert wird. Interpolationen sind jedoch nur innerhalb des maßgeblichen Untersuchungsbereichs zulässig, der sich bei den herangezogenen Untersuchungsergebnissen nur auf den Bereich zwischen dem ausgewiesenen Minimalwert von 700 €/m² WF bis 1 850 €/m² WF erstreckt. Bei Anwendung des sog. Wohnwertverfahrens wird somit unzulässigerweise über eine Wertspanne interpoliert, die dem Tabellenwerk gar nicht zugrunde liegt[10].

Eine Interpolation (zwischen dem angegebenen Minimal- und Maximalwert) setzt zudem voraus, dass die qualitativen Eigenschaften der dem Minimal- und Maximalwert zugrunde liegenden Eigentumswohnungen mit derselben Schärfe bestimmt sind, mit der nach dem angewandten Punktesystem auf einer Skala zwischen 0 und 100 Punkten das Bewertungsobjekt qualifiziert wird. Weder der vom Gutachterausschuss für Grundstückswerte ausgeworfene Minimalwert, noch der herangezogene Maximalwert wird in dem Tabellenwerk des Gutachterausschusses hinsichtlich der qualitativen Eigenschaften der Eigentumswohnung qualifiziert (die Tabelle enthält nur grobe Angaben in der Kopfzeile). Damit ist eine sachgerechte Interpolation gar nicht möglich und schon gar nicht mit einem nach 100 Punkten untergliederten Bewertungssystem.

Man kann selbst bei gründlicher Befassung mit dem Bewertungsobjekt nicht zu einer eindeutigen Punktevergabe gelangen. Verschiedene unabhängig voneinander tätige Gutachter müssen zu divergierenden Ergebnissen kommen. Dies hat seine Ursache darin, dass es sich bei alledem um grobe Schätzungen handelt und sich die methodischen Mängel der Methode damit nicht überwinden lassen. In jedem Falle ist dem direkten Preisvergleich der Vorzug zu geben, denn alle wertbeeinflussenden Merkmale, die vom Gutachter analytisch aufbereitet wurden und nach einem vorgegebenen Rechenkalkül wertmäßig „umgesetzt" werden, finden bei Anwendung des direkten Preisvergleichs direkt Eingang in die Verkehrswertermittlung, und zwar in der Höhe, wie der Grundstücksmarkt ihnen tatsächlich Rechnung trägt.

d) Alternative: Direktes Vergleichswertverfahren

Entsprechend vorstehenden Ausführungen wird der Verkehrswert der Eigentumswohnung im Wege des Vergleichswertverfahrens ohne Aufteilung in einen Gebäude- und Bodenwertanteil ermittelt, und zwar im Wege des direkten Preisvergleichs. Die Anwendung des Vergleichswertverfahrens ist insbesondere angezeigt, wenn geeignete Vergleichspreise in ausreichender Zahl vorliegen.

---

10 Diesem grundsätzlichen Mangel der Zielbaummethode hat man im Rahmen der mit den Ausführungsvorschriften zur Ermittlung der sanierungsbedingten Bodenwerterhöhung und zur Festsetzung von Ausgleichsbeträgen nach §§ 152 bis 155 des Baugesetzbuches (AV Ausgleichsbeträge) vom 12.11. 2002 (SenStadt IV C 3/III E 2) damit Rechnung getragen, indem man den „veränderlicher Lage-Wertanteil" maximal begrenzt hat; vgl. auch die fortgeführte AV Ausgleichsbeträge vom 20.2.2009 (ABl. Bln. 2009, 434).

V Besondere Immobilienarten Wohnimmobilien

Im Beispielsfall liegt eine Vielzahl von Vergleichspreisen vor. Es handelt sich dabei allesamt um

a) Wohnungen gleichen Baujahres (1930),

b) Wohnanlagen gleicher Größenordnung und gleicher „Rechtskonstruktion",

c) Wohnungen gleicher Lage,

d) Wohnungen gleicher Größe,

e) Wohnungen gleicher Ausstattung und

f) Wohnungen mit Loggia

in unmittelbarer Nachbarschaft.

Die Vergleichsobjekte sind darüber hinaus auch im Hinblick auf den Zustand der Gebäude einschließlich der für diese Objekte üblichen Baumängel und Bauschäden mit dem Bewertungsobjekt unmittelbar vergleichbar. Darüber hinaus sind die Wohnungen allesamt von der gleichen Erschließungssituation (Privatstraße) und einer gleichen bauplanungsrechtlichen Situation (bauplanungsrechtlich untergenutzte Grundstücke) betroffen.

Um einen möglichst direkten Preisvergleich zu gewährleisten, kann sich die Wertermittlung auf die Heranziehung von Vergleichspreisen aus der unmittelbaren Nachbarschaft beschränken, so dass auch Abweichungen hinsichtlich verbleibender Lageunterschiede unwesentlich sind.

Es handelt sich um Vergleichsobjekte aus den in der „Skizze zum Teilungsentwurf" eingetragenen Trennstücken A, B, D und E, die – wie dargelegt – auch in Bezug auf die Gesamtgröße des Gemeinschaftseigentums mit dem Bewertungsobjekt unmittelbar vergleichbar sind (Trennstück A: 11 705 m^2; Trennstück B: 11 846 m^2; Trennstück D: 11 145 m^2; Trennstück E: 11 621 m^2).

Die angeführten Verkäufe beziehen sich auf Verkäufe an „Selbstnutzer" und geben den Verkaufspreis ohne Preisnachlass (bei Veräußerung an Mieter) und ohne Sondernutzungsrecht an einem Stellplatz wieder, wie dies auch Gegenstand dieser Wertermittlung ist (bezugsfrei ohne Sondernutzungsrecht an einem Stellplatz).

Es handelt sich um Verkäufe, die zwar allesamt von der Wohnungsbaugesellschaft „Schöner Wohnen" als Veräußerin getätigt worden sind. Die Verkaufspreise können insoweit gleichwohl als unkorrelierte Vergleichspreise gelten, als das Wohneigentum von jeweils unterschiedlichen Käufern erworben wurde und dem mithin eine jeweils individuelle Kaufentscheidung zugrunde liegt. Bei einer derartigen Verkaufssituation können allenfalls Verkaufspreise „massenweise" realisiert werden, die unter dem Verkehrswert liegen, nicht jedoch Verkaufspreise, die über dem sonst üblichen (angemessenen) Marktpreis liegen, denn üblicherweise weicht bei überzogenen Kaufpreisforderungen der Grundstücksmarkt in andere Gebiete aus. Unabhängig davon bilden Kaufpreise in dem hier gegebenen Umfang „den Markt" ab, wie er bei der Verkehrswertermittlung maßgeblich ist.

Im Übrigen wird auch davon ausgegangen, dass die sonstigen Konditionen für die Begründung des Gemeinschaftseigentums denen der Vergleichsobjekte entsprechen, sodass auch insoweit keine Abweichungen berücksichtigt werden müssen.

Insgesamt liegen in Anbetracht der zur Verfügung stehenden Vergleichspreise in nahezu idealtypischer Weise die Voraussetzungen für einen unmittelbaren Preisvergleich ohne Unterscheidung nach dem Boden- und Gebäudewertanteil vor.

e) Ermittlung des Vergleichswerts

Zur Ermittlung des Vergleichswerts werden die nachfolgenden Vergleichspreise herangezogen. Das Bewertungsobjekt ist unmittelbar mit den Vergleichsobjekten vergleichbar, so dass der Vergleichswert unmittelbar und mit einer vergleichsweise hohen Genauigkeit durch Bildung des arithmetischen Mittels abgeleitet werden kann. Bei insgesamt 18 Vergleichspreisen liegt nicht nur eine hinreichend große Anzahl, sondern sogar eine für Verkehrswertermittlung ungewöhnlich hohe Anzahl geeigneter Vergleichspreise vor:

Abb. 19: Vergleichswertermittlung

Abschluss	E–Weg Nr.	WF	Kaufpreis (€) (ohne Stellplatz)	
	Lage im Haus	m²	€	€/m² WF
27.09.2007	23 (1. OG rechts)	51,72	53 400	1 032,48
27.02.2008	19 D (1. OG rechts)	52,17	57 400	1 100,25
18.10.2007	23 E (EG links)	51,89	57 100	1 100,40
30.10.2007	27 F (EG rechts)	52,04	57 200	1 099,15
11.05.2007	15 F (EG rechts)	52,00	57 200	1 100,00
16.05.2007	27 F (1. OG links)	51,67	56 800	1 099,28
15.02.2008	15 G (1. OG links)	51,96	57 200	1 100,85
18.09.2007	19 H (1. OG links)	59,90	65 900	1 100,17
04.07.2007	15 I (1. OG rechts)	51,47	56 600	1 099,67
07.12.2007	15 K (EG rechts)	51,69	56 900	1 100,79
31.08.2007	17 A (1. OG rechts)	51,50	56 700	1 100,97
30.08.2007	25 C (EG rechts)	51,83	57 000	1 099,75
22.05.2007	21 E (1. OG rechts)	51,50	53 200	1 033,01
06.09.2007	25 E (1. OG rechts)	50,38	55 400	1 099,64
29.01.2008	25 F (EG rechts)	50,38	55 400	1 099,64
16.02.2007	17 F (1. OG rechts)	52,09	57 300	1 100,02
14.03.2008	29 I (1. OG rechts)	51,58	56 700	1 099,26
11.10.2007	17 I (1. OG links)	51,81	57 000	1 100,17
			Summe:	19 665,50
			Mittel:	**1 092,53**

Die Vergleichspreise lassen erkennen, dass der Grundstücksmarkt keine preislichen Unterschiede zwischen der Lage der Wohnung im Erdgeschoss und im 1. OG macht. Dies mag darauf zurückzuführen sein, dass die Wohnungen im Erdgeschoss mit (zusätzlichen) Rollläden ausgestattet sind.

Die Vergleichspreise stammen überwiegend aus dem Jahre 2007. Bei Veräußerungen im Jahre 2008 sind keine signifikant höheren Kaufpreise erzielt worden, zumal auch der allgemeine Teilmarkt für Wohnungseigentum in guten Lagen weitgehend preisstabil war und erst in jüngerer Zeit sich ein leichter Preisanstieg abzeichnet. Insoweit erscheint es gerechtfertigt, den errechneten Mittelwert – bezogen auf den Wertermittlungsstichtag – auf

Vergleichspreis = 1 100 €/m² WF

aufzurunden[11].

Der Gutachterausschuss für Grundstückswerte hat in seinem Marktbericht 2006/2007 für umgewandelte Wohnungen in Mehrfamilienhäusern (E 4.3.1) – bezogen auf 2006 – für bezugsfreies Wohneigentum in sog. Zwischenkriegsbauten (Baujahr 1920 bis 1949) in guter Lage ein

Preisniveau von 800 bis 1 920 €/m² Wohnfläche (Mittel: 1 240 €/m²)

ermittelt.

---

11 Vgl. Preistendenzen im Marktbericht 2006/2007 des Gutachterausschusses für Grundstückswerte (Senatsverwaltung für Stadtentwicklung, Mai 2007), S. 51.

V Besondere Immobilienarten — Wohnimmobilien

Abb. 20: Erst- und Weiterverkäufe (Baujahre 1920 – 1949)

Erst- und Weiterverkäufe umgewandelter ehemaliger Mietwohnungen in sog. Zwischenkriegsbauten (Baujahre 1920 bis 1949)				
Stadtlage	Preisniveau €/m² Wohnfläche			
Wohnlage	2005		2006	
	vermietet	bezugsfrei	vermietet	bezugsfrei
Berlin				
einfach	490 bis 1 790 / 940	580 bis 1 850 / 960	500 bis 1 770 / 950	570 bis 1 850 / 980
mittel	550 bis 1 830 / 1 050	670 bis 1 860 / 1 060	620 bis 1 830 / 1 050	670 bis 1 850[1] / 1 070
gut	640 bis 1 760 / 1 050	740 bis 1 900 / 1 210	700 bis 1 670[1] / 1 040	800 bis 1 920 / 1 240
sehr gut	850 bis 1 850 / 1 340	920 bis 2 040 / 1 340	850 bis 1 875 / 1 340	930 bis 1 950[2] / 1 320

[1] Wenige Wohnanlagen mit Kaufpreisen bis etwa 2 150 €/m²
[2] Im Vergleich zum Vorjahr fehlen Kaufpreise im oberen Preisbereich.

Unter Berücksichtigung der durchgeführten Modernisierung und eines fiktiven Baujahres (1950 – 1955) sind des Weiteren auch die vom Gutachterausschuss für Grundstückswerte für den sozialen Wohnungsbau für die Baujahre seit 1950 abgeleiteten Durchschnittspreise beachtlich. Für umgewandelte Wohnungen in Mehrfamilienhäusern weist der Marktbericht bezogen auf 2006 für bezugsfreies Wohneigentum der „Baujahre seit 1950" in guter Lage ein

Preisniveau von 650 bis 1 850 €/m² Wohnfläche (Mittel: 1 180 €/m²)
auf.

Abb. 21: Erst- und Weiterverkäufe (Baujahre seit 1950)

Erst- und Weiterverkäufe umgewandelter ehemaliger Mietwohnungen des sozialen Wohnungsbaus (Baujahre seit 1950)				
Stadtlage	Preisniveau €/m² Wohnfläche			
Wohnlage	2005		2006	
	vermietet	bezugsfrei	vermietet	bezugsfrei
Westteil Berlins				
einfach	490 bis 1 720 / 1 100	510 bis 1 450 / 930	510 bis 1 780 / 1 100	530 bis 1 520[1] / 870
mittel	640 bis 1 810 / 1 250	610 bis 1 700 / 1 040	650 bis 1 850 / 1 280	640 bis 1 750 / 1.060
gut	690 bis 1 800 / 1 070	700 bis 1 920 / 1 130	660 bis 1 860 / 1 000	650 bis 1 850 / 1 180
sehr gut	k.A.	810 bis 2 010 / 1 200	k.A.	k.A.

[1] Im Vergleich zum Vorjahr fehlen Kaufpreise im oberen Preisbereich.
k.A. = Keine Angabe, Anzahl der verwertbaren Kauffälle zu gering.

Wohnimmobilien   **Besondere Immobilienarten V**

Der vorstehend ermittelte Vergleichspreis von 1 100 €/m² WF unterschreitet sowohl den Mittelwert von 1 240 €/m² als auch den Mittelwert von 1 180 €/m². Das Ergebnis ist plausibel im Hinblick auf die aufgeführten vornehmlich baujahrsbedingten Mängel und die bauplanungsrechtliche Situation des Bewertungsobjekts. Der Vergleich lässt aber auch erkennen, dass der örtliche Teilmarkt durch ein eher moderat geprägtes Preisverhalten der Verkäuferin geprägt ist.

2.4.3.3 Richtwerte (Durchschnittspreise/-werte) für Eigentumswohnungen

▶ *Vgl. § 13 ImmoWertV Rn. 6 ff., 33 ff.*

Die von den Gutachterausschüssen für Grundstückswerte veröffentlichten „Richtwerte" (Durchschnittswerte/-preise) sind ihrem Charakter nach durchaus mit Bodenrichtwerten i. S. des § 196 BauGB vergleichbar. Insofern wäre bei entsprechender Ableitung dieser „Preise" der Begriff „Durchschnittswerte" vorzuziehen. Die Durchschnittspreise können aber auch als **Vergleichs- bzw. Gebäudefaktoren** i. S. des § 13 ImmoWertV qualifiziert werden.   66

Als *Beispiel* werden die vom Gutachterausschuss für Grundstückswerte in *Frankfurt am Main* in Abhängigkeit von der Lage (Ortsteil/Grundbuchbezirke) und dem Baujahr angegebenen mittleren Preise für Eigentumswohnungen im Jahre 2012 vorgestellt.   67

V Besondere Immobilienarten — Wohnimmobilien

Abb. 22: Vergleichspreise von Eigentumswohnungen

Grundbuch-bezirke	Jahr	Baujahr vor 1950	1950–1974	1975–1999	ab 2000	Neubauten
Alt-/Innenstadt, Bahnhofs-, Gutleut- und Gallusviertel						
1, 9, 15, 16	2011	2 320	1 640	1 730	2 820	3 300
	2012	2 450	1 750	1 800	3 000	3 570
Westend						
10, 11, 17–19	2011	4 300	3 450	3 800	5 010	6 620
	2012	5 130	3 880	4 000	4 230	6 920
Nordend, Ostend						
12, 14, 20–25	2011	3 340	2 230	2 920	3 850	3 760
	2012	3 530	2 600	3 580	3 810	3 560
Riederwald, Fechenheim						
26, 51	2011	1 680	1 420	1 340	-	-
	2012	1 680	1 390	2 000	-	2 980
Bornheim						
27–29	2011	2 510	1 810	2 700	3 140	3 750
	2012	2 960	1 840	2 560	3 300	-
Sachsenhausen, Westhafen						
30–33, 70	2011	3 070	1 820	2 230	4 050	3 670
	2012	3 480	1 780	2 570	3 920	4 190
Bockenheim						
34	2011	2 460	2 250	1 790	3 140	3 230
	2012	2 660	2 230	3 040	3 660	3 780
Niederrad, Schwanheim						
37, 53	2011	1 780	1 420	2 080	3 830	3 000
	2012	2 140	1 600	2 240	2 470	3 610
Oberrad						
38	2011	-	1 280	1 890	-	-
	2012	-	1 450	1 790	-	2 220
Seckbach, Bergen-Enkheim						
39, 68	2011	1 630	1 730	2 310	2 490	3 040
	2012	1 850	1 750	2 500	2 890	3 590
Rödelheim, Hausen, Praunheim, Heddernheim, Niederursel						
40–43, 48	2011	1 920	1 660	1 970	2 700	2 940
	2012	2 170	1 710	2 170	2 890	2 920
Ginnheim, Eschersheim, Eckenheim, Preungesheim						
44–47	2011	2 470	1 850	2 380	2 740	3 370
	2012	2 340	1 930	2 720	3 260	3 450
Bonames, Frankfurter Berg, Berkers-/Harheim, Nieder-, Erlen-/Eschbach, Klabach						
49, 50, 64–67	2011	-	1 180	1 750	2 770	3 150
	2012	-	1 240	1 870	2 870	3 320
Griesheim, Nied						
54, 56	2011	1 040	1 290	2 020	-	2 820
	2012	-	1 430	2 150	2 550	2 830
Höchst, Sinflingen, Zeilsheim, Unterliederbach, Sossenheim						
57, 60–63	2011	1 430	1 470	1 360	-	-
	2012	3 090	1 580	1 370	2 030	-

Quelle: Grundstücksmarktbericht 2013

Die Durchschnittspreise beziehen sich auf die durchschnittlichen der Auswertung zugrunde liegenden Eigenschaften. Aus diesem Grunde ist von der Veröffentlichung dieser Daten zu fordern, dass möglichst **alle wertbeeinflussenden Grundstücksmerkmale** mit bekannt gemacht werden. Da die Durchschnittspreise auch von der Lage der Objekte im und außerhalb des Stadtgebiets abhängig sind, hat sich auch die Veröffentlichung dieser „Durchschnittspreise" in Karten bewährt.

Stützt sich die Verkehrswertermittlung auf solche „Durchschnittspreise", so müssen die **Eigenschaften der Eigentumswohnung** bekannt sein, die jeweils dem angegebenen „Durchschnittspreis" zugrunde liegen. Wie bei der Ableitung von individuellen Bodenwerten aus Bodenrichtwerten müssen darüber hinaus die wesentlichen wertbeeinflussenden Merkmale von Eigentumswohnungen möglichst auch im Hinblick auf das Maß ihres Einflusses bekannt sein. Wie noch darzustellen ist, liegen auch hierüber empirische Erkenntnisse vor.

Die **Durchschnittspreise von Eigentumswohnungen weisen eine** große **Abhängigkeit auf von**

– der Wohnfläche,
– dem Ersterwerb bzw. Wiederverkaufsfall,
– der Pkw-Stellplatzmöglichkeit,
– dem Wohnungsalter (Baujahr bzw. Restnutzungsdauer des Gebäudes),
– der Geschosslage,
– der Ausstattung, die vielfach mit dem Baujahr korreliert,
– der stadträumlichen Lage (Zentrumsnähe, Wohnlage, Verkehrslage und dgl.),
– der Anzahl der Wohneinheiten im Objekt,
– der Anzahl der Vollgeschosse,
– der Größe der Wohnanlage,
– dem Renovierungsgrad (insbesondere bei Altbauten),
– der Himmelsrichtung (Nord- oder Südseite),
– der „Anbindung" an eine Gartenfläche (bei Erdgeschosswohnung) und
– einem bestehenden Mietverhältnis.

Eigentumswohnungen ohne Balkon haben wie Mietwohnungen eine eingeschränkte Marktakzeptanz, selbst wenn die Nutzung eines Balkons nicht mehr den ursprünglichen Stellenwert zu haben scheint. Die eingeschränkte Marktgängigkeit von Eigentumswohnungen ohne Balkon gegenüber vergleichbaren Eigentumswohnungen mit Balkon ist je nach Lage und Bedeutung durch Abschläge zu berücksichtigen, wenn nicht bereits entsprechende Vergleichspreise herangezogen worden sind. Im Grundstücksmarktbericht von *Hannover* (2012) wird ein Abschlag von bis zu 3 % angegeben[12].

Bezüglich des **Stellplatzes** werden die „Durchschnittspreise" für Eigentumswohnungen entweder einschließlich oder ausschließlich eines Stellplatzes angegeben. **Ist der Stellplatz in dem angegebenen Durchschnittspreis nicht enthalten, ist er gesondert nach Erfahrungssätzen anzusetzen** (Abb. 23).

---

12 Grundstücksmarktbericht Wuppertal 2009: Abschlag von 20 %.

V Besondere Immobilienarten Wohnimmobilien

73 *Beispiel:*

Abb. 23: Kaufpreise für den Erwerb von Teileigentum bzw. Sondernutzungsrechten an Pkw-Stellplätzen und Pkw-Garagen einschließlich Grundstück

Art	Anzahl	Erstverkauf		Anzahl	Wiederverkauf	
		Mittelwert €	Streuung €		Mittelwert €	Streuung €
Carport	14	5 200	4 400 – 7 500	-	-	-
Tiefgaragenstellplatz	40	12 900	10 500 – 15 000	20	6 900	4 490 – 12 780
Stellplatz im Freien	12	5 400	3 000 – 8 500	12	2 200	1 250 – 4 490
Pkw-Garage	4	12 000	10 000 – 14 000	10	7 750	5 000 – 10 000

Quelle: Grundstücksmarktbericht 2012 des Gutachterausschusses für Grundstückswerte für die Stadt Bergisch-Gladbach

74 **Hobbyräume** (vgl. § 6 ImmoWertV Rn. 44 sowie Teil II Rn. 530), die nicht mit der Wohnung verbunden sind, wurden in *München* gemäß Grundstücksmarktbericht 2012 zu rd. 1 300 €/m² Nutzfläche gehandelt. In diesem Marktsegment sind jedoch Preisschwankungen nach unten und oben teilweise sehr extrem. Für Hobbyräume, die mit der Wohnung verbunden sind, wurde, soweit dies statistisch zu ermitteln war, i. d. R. bis 50 % des entsprechenden Quadratmeterpreises der Wohnung (€/m² WF) gezahlt. Dies gilt nur für Hobbyräume von Wohnungen, die im mittleren Preisbereich liegen.

2.4.3.4 Umrechnungskoeffizienten für Eigentumswohnungen

▶ *Vgl. Rn. 108 sowie § 12 ImmoWertV Rn. 2 ff.*

75 Bei Heranziehung von Durchschnittswerten für Eigentumswohnungen müssen **Abweichungen der qualitativen Eigenschaften** der zu bewertenden Eigentumswohnungen von den Eigenschaften der den Durchschnittswerten zugrunde liegenden Eigentumswohnungen berücksichtigt werden. Abweichungen können berücksichtigt werden

a) bei *Anwendung des Ertragswertverfahrens* durch entsprechende Modifizierungen des Liegenschaftszinssatzes (vgl. Rn. 108) und

b) bei *Anwendung des Vergleichswertverfahrens* nach den allgemeinen Grundsätzen des Vergleichswertverfahrens (§§ 15 f. ImmoWertV), wobei auch hier i. d. R. eine Reihe von Umrechnungskoeffizienten herangezogen werden können, die von den Gutachterausschüssen für Grundstückswerte aus der Kaufpreissammlung abgeleitet werden.

Hierzu veröffentlichen die Gutachterausschüsse für Grundstückswerte in zunehmendem Maße Umrechnungskoeffizienten für Eigentumswohnungen.

Beispiel:

Umrechnungskoeffizienten für Eigentumswohnungen in Düsseldorf			
	Norm	Ausprägung	Zu- bzw. Abschläge
Kaufzeitpunkt			Index
Lage		Lagebezirke und Wohnlagen	nach Wohnlage
Alter		Verkaufsjahr minus Baujahr	nach Altersfunktion
Modernisierung (nicht bei Neubauten)	neuzeitlich	nicht modernisiert	bis – 20 %
Wohnungsgröße	60 bis 120 m²	bis 40 m² (Appartement)	bis – 20 %
		über 120 m² (in guten Lagen)	bis + 20 %
Wohnungsausstattung	mittel/gut	sehr gut	+ 10 %
		einfach	– 10 %
Entstehungstyp	erstellt als WE	Umwandlung	– 5 %
Verkaufsumstände	an Dritte	Verkauf an Mieter	bis – 10 %
Anzahl der Wohnungen im Gebäude	7 bis 65 Wohnungen	bis 6 Wohnungen	bis + 10 %
		über 65 Wohnungen	bis – 10 %
Mietsituation	Eigennutzung	vermietet	– 5 %
Gebäudeart	Reines Wohngebäude	gemischt genutztes Gebäude	– 5 %
Geschosslage	EG bis DG	Souterrain	bis – 10 %
		ab 3.OG (mit Aufzug)	+/- 0 %
		Dach- oder Terrassengeschoss	+ 5 %
Wohnungsart	Normalwohnung	Maisonettewohnung	+ 10 %
Verkehrsanbindung	normal	sehr gut	+ 5 %
Denkmalschutz (bei Vorkriegsbauten)	ohne	vorhanden	+ 10 %
Baujahrsgruppe	Neubau/Nachkrieg	Vorkriegsbau	+ 10 %
Altersfunktion für bebaute Grundstücke (bei neuzeitlicher Ausstattung und modernisierten Altbauten): $f(\text{Alter}) = (2\,550 - 42 \times \text{Alter} + 0{,}065 \times \text{Alter}^2 - 0{,}0034 \times \text{Alter}^3)$			

Quelle: Grundstücksmarktbericht des Gutachterausschusses für Grundstückswerte in Düsseldorf 2013

Nachfolgend werden die **wesentlichen wertbeeinflussenden Merkmale** im Einzelnen dargestellt (Abb. 24).

V Besondere Immobilienarten — Wohnimmobilien

Abb. 24: Umrechnungskoeffizienten für Eigentumswohnungen

| Umrechnungskoeffizienten für Eigentumswohnungen ||||||||
| Alter || Wohnfläche || Größe der Wohnanlage || Geschoss || Bemerkungen |
Jahre	UK_{Alter}	m²	UK_{WF}	Zahl der WE	$UK_{Größe}$	Geschoss	$UK_{Geschoss}$	
1	0,90	20	1,15	5	1,10	UG	0,95	
2	0,86	30	1,10	10	1,05	EG	0,98	
3	0,84	40	1,06	20	1,03	1. OG	1,00	
4	0,83	50	1,04	30	1,02	2. OG	1,02	
5	0,82	60	1,02	40	1,01	3. OG	1,04	
6	0,80	70	1,00	50	1,00	4. OG	1,06	mit Aufzug
7	0,78	80	0,98	60	0,99	4. OG	1,00	ohne Aufzug
8	0,76	90	0,96	70	0,99	5. OG	1,06	mit Aufzug
9	0,75	100	0,95	80	0,99	5. OG	0,95	ohne Aufzug
10	0,74	110	0,94	90	0,99	6. OG	1,06	mit Aufzug
11	0,73	120	0,93	100	0,98			
12	0,72	130	0,92	110	0,98			
13	0,71	140	0,91	120	0,98	Wohnlage und Ausstattung		
14	0,71	150	0,90	130	0,98	Qualität	Wohnlage	Ausstattung
15	0,70	160	0,90	140	0,97		$UK_{Wohnlage}$	$UK_{Ausstattung}$
16	0,70	170	0,89	150	0,97	einfach	0,85	0,85
17	0,69	180	0,89	160	0,97	mittel	1,00	1,00
18	0,69	190	-	170	0,97	gut	1,10	1,10
19	0,68	200	-	180	0,96	sehr gut	1,15	1,15
20	0,68							
21	0,67							
22	0,67							
23	0,66							
24	0,65							
25	0,64							
30	0,61							
40	0,51							

© W. Kleiber

a) *Baujahr und Alter*

76 Untersuchungen der Gutachterausschüsse zur **Abhängigkeit der Wertigkeit einer Eigentumswohnung vom Alter bzw. Baujahr haben zu nachstehenden Ergebnissen geführt,** wobei davon ausgegangen werden kann, dass in diese Kaufpreisuntersuchung Wiederverkaufsfälle eingegangen sind (Abb. 25):

Abb. 25: Abhängigkeit des Verkehrswerts von Eigentumswohnungen vom Alter

Alter	Umrechnungskoeffizient			
	Bonn	Karlsruhe	Mainz	Nürnberg
1	0,91	–	0,84	–
2	0,89	–	0,83	–
3	0,86	–	0,82	–
4	0,84	–	0,82	–
5	0,82	–	0,81	1,06
6	0,80	–	0,80	–
7	0,78	–	0,79	–
8	0,76	–	0,77	–
9	0,75	–	0,77	–
10	0,73	–	0,76	1,02
11	0,72	1,05	0,76	–
12	0,71	–	0,75	–
13	0,70	–	0,74	–
14	0,69	–	0,73	–
15	0,68	–	0,72	–
16	0,68	–	0,71	–
17	0,67	–	0,71	–
18	0,67	–	0,70	–
19	0,67	–	0,69	–
20	0,67	–	0,68	0,94
21	0,67	1,00	0,67	–
22	0,67	–	0,66	–
23	0,67	–	0,65	–
25	–	–	0,64	–
30	–	0,95	0,61	0,89
40	–	0,91	0,51	0,84
45	–	0,82	–	–
50	–	0,77	–	0,81
60	–	–	–	0,80
70	–	–	–	0,79
80	–	–	–	0,79
90	–	–	–	0,81
100	–	–	–	0,83

Quelle: Grundstücksmarktberichte

Nach Marktuntersuchungen der Gutachterausschüsse ergeben sich folgende formelmäßige Abhängigkeiten: **77**

Frankfurt am Main $\text{Wert}_{Altbau} = \text{Wert}_{Neubau} \times 0{,}0085 \times (100 - \text{Alter})$

Kleve $\text{Wert}_{Altbau} = 22{,}197 \times \text{Baujahr} - 42\,910$

Neben den individuellen Werteinflüssen von Lage, Ausstattung, Zuschnitt usw. ist gerade bei Altbauten den **Gemeinschaftsanlagen** besondere Beachtung zu schenken. Dazu zählen beispielsweise Dächer, Fassaden, Zufahrten, Treppenhäuser, Flure, technische Einrichtungen wie Heizungen oder Aufzüge usw., an deren Instandhaltung bzw. Modernisierung jeder Eigentümer anteilig beteiligt ist. **78**

V Besondere Immobilienarten Wohnimmobilien

b) *Wohnfläche*

▶ *Vgl. zu den Abhängigkeiten der Mieten von der Wohnfläche bei Mietwohnungen § 18 ImmoWertV Rn. 133*

79 Über die **Abhängigkeit des Verkehrswerts einer Eigentumswohnung von den unterschiedlichen wertbeeinflussenden Merkmalen** liegen folgende empirische Untersuchungen vor (Abb. 26):

Abb. 26: Abhängigkeit des Verkehrswerts von Eigentumswohnungen von der Wohnfläche

Fläche m²	Abhängigkeit des Verkehrswerts von Eigentumswohnungen von der Wohnfläche											
	Umrechnungskoeffizienten											
	Aachen	Bergisch Gladbach		Dresden EW	Karlsruhe	Koblenz EW	Nürnberg	Esslingen	Kleve	Offenbach	Rheine			Schwerin
		Erstverkauf	Wiederverkauf								EW Erstverkauf	EW Wiederverkauf	1–2 FamH	
20	1,19	–	–	–	–	1,052	0,93	–	–	–	–	–	–	–
30	1,12	1,08	**1,10**	1,12	–	1,099	0,95	0,83	–	1,092	1,026	1,058	–	–
35	–	–	–	–	–	–	–	–	–	–	1,023	1,051	–	1,08
40	1,08	1,05	**1,08**	1,08	1,04	1,064	0,97	0,90	1,05	1,069	1,020	1,043	–	–
45	–	–	–	–	–	–	–	–	1,03	–	1,016	1,036	–	–
50	1,05	1,03	**1,06**	1,05	1,03	1,038	0,98	0,95	1,03	1,047	1,013	1,029	–	1,06
55	–	–	–	–	–	–	–	–	1,02	–	1,010	1,022	–	–
60	1,02	1,00	1,04	1,02	1,02	1,017	0,99	0,98	1,02	1,027	1,007	1,014	–	–
65	–	–	–	–	–	–	–	–	1,01	–	1,003	1,007	–	1,02
70	**1,00**	**1,00**	1,02	**1,00**	1,01	**1,00**	**1,00**	**1,00**	**1,00**	1,008	**1,000**	**1,000**	–	**1,00**
75	–	–	–	–	1,00	–	–	–	0,99	**1,000**	0,997	0,993	–	0,98
80	0,98	1,00	**1,00**	0,98	0,99	0,986	1,01	1,00	0,99	0,992	0,993	0,986	1,140	–
85	–	–	–	–	–	–	–	–	0,99	–	0,990	0,978	–	0,95
90	0,97	0,97	0,98	0,97	0,98	0,973	1,02	1,00	0,98	0,976	0,987	0,971	1,112	–
95	–	–	–	–	–	–	–	–	0,98	–	0,984	0,964	–	0,93
100	0,95	0,95	0,96	0,95	0,97	0,962	1,02	0,98	0,97	0,965	0,980	0,957	1,084	–
110	0,94	0,93	0,94	–	0,96	0,952	1,01	0,99	0,97	0,954	–	–	1,056	0,90
120	0,93	0,91	0,92	–	0,94	0,943	1,01	0,98	0,96	0,944	–	–	1,028	0,88
130	0,92	0,89	0,90	–	–	0,935	1,00	–	–	0,937	–	–	1,000	–
140	0,91	0,87	0,88	–	–	0,928	1,00	–	–	0,931	–	–	0,972	–
150	0,90	–	–	–	–	–	0,99	–	–	–	–	–	0,944	–
160	0,89	–	–	–	–	–	–	–	–	–	–	–	0,916	–

Quelle: Gutachterausschuss für Grundstückswerte in Aachen, Bergisch Gladbach (2011), Karlsruhe, Koblenz, Nürnberg, Esslingen, Dresden, Offenbach, Rheine und Schwerin

Abb. 27: Abhängigkeit des Verkehrswerts von Eigentumswohnungen von der Wohnfläche 80

Fläche m²	Umrechnungskoeffizienten		
	Heppenheim	Hessen	Rheinland-Pfalz
20	-	-	-
30	1,15	1,19	0,892
35	1,14	-	0,908
40	1,12	1,12	0,924
45	1,11	-	0,937
50	1,10	1,07	0,950
55	1,09	-	0,960
60	1,07	1,03	0,970
65	1,06	-	0,978
70	1,05	1,00	0,986
75	1,04	-	0,991
80	1,03	0,97	0,995
85	1,01	-	0,998
90	1,00	0,95	1,000
95	0,95	-	1,001
100	0,98	0,93	1,001
105	0,96	-	0,999
110	0,95	0,91	0,997
115	0,94	-	0,993
120	0,93	0,90	0,990
125	0,91	-	-
130	0,90	0,88	-
135	0,89	-	-
140	0,88	-	-
145	0,86	-	-
150	0,85	-	-
155	0,84	-	-
160	0,83	-	-
165	0,82	-	-
170	0,80	-	-

Quelle: Gutachterausschuss für Grundstückswerte in Heppenheim; ZGGH Grundstücksmarktbericht Hessen 2010, Oberer GAA Rheinland-Pfalz (2011)

c) *Geschosslage*

Der Einfluss der Geschosslage auf das Wertniveau stellt sich teilweise recht widersprüchlich dar. Ausgehend vom Wertniveau einer Eigentumswohnung im 1. Obergeschoss kann generell von einem verminderten **Wertniveau im Erdgeschoss** ausgegangen werden. Im Erdgeschoss gelegene Wohnungen weisen allerdings ein höheres Wertniveau auf, wenn für die Wohnung ein Sondernutzungsrecht z. B. an einer direkt zugänglichen Gartenfläche besteht; insoweit muss bei der Verkehrswertermittlung eine Doppelberücksichtigung vermieden werden. 81

Für das 2. bis 4. Obergeschoss sind gegenüber dem Wertniveau im 1. Obergeschoss Wertzuschläge (aber auch Abschläge [*Wuppertal* [13]]) festgestellt worden. Diese Tendenz setzt sich 82

---

13 Grundstücksmarktbericht für die Stadt Wuppertal 2009.

V Besondere Immobilienarten Wohnimmobilien

darüber hinaus fort, wenn ein Aufzug vorhanden ist. Für das **Dachgeschoss** können sich unter dieser Voraussetzung sogar erhebliche Wertzuschläge ergeben (Abb. 28).

Abb. 28: Abhängigkeit des Verkehrswerts von Eigentumswohnungen von der Geschosslage

Abhängigkeit des Verkehrswerts von Eigentumswohnungen von der Geschosslage in Karlsruhe					
Geschoss	EG	**1. OG**	2. OG	3. OG	4. OG
	0,98	**1,00**	1,02	1,04	10,6

Quelle: Grundstücksmarktbericht 2005

d) *Zahl der Wohneinheiten (Größe der Wohnanlage)*

83 Generell gilt, dass der Verkehrswert einer Eigentumswohnung mit zunehmender **Größe der Wohnanlage** abnimmt. Von der Größe der Wohnanlage zu unterscheiden ist die **Anzahl der Wohneinheiten im Gebäude**. Allgemein gilt auch diesbezüglich, dass der Verkehrswert mit der Zahl der Wohneinheiten im Gebäude absinkt, insbesondere bei Gebäuden mit mehr als 20 Wohneinheiten.

Generell gilt, dass der Verkehrswert einer Eigentumswohnung mit zunehmender **Größe der Wohnanlage** abnimmt (Abb. 29).

84 **Abb. 29: Abhängigkeit des Verkehrswerts von Eigentumswohnungen von der Anzahl der Wohneinheiten pro Wohnanlage**

Abhängigkeit des Verkehrswerts von Eigentumswohnungen von der Anzahl der Wohneinheiten pro Wohnanlage			
Wohneinheiten	Umrechnungskoeffizienten		
	Karlsruhe	Hannover	Rheinland-Pfalz
5	-	+ 100 €/m^2	1,084
6	-	-	1,062
7	-	-	1,043
8	-	-	1,027
9	-	-	1,013
10	1,05	+ 25 €/m^2	**1,000**
11	-	-	0,988
12	-	-	0.978
13	-	-	0,968
14	-	-	0,959
15	-	+/- 0	0,951
16	-	-	0,943
17	-	-	0,936
18	-	-	0,929
19	-	-	0,922
20	1,03	-	0,916
21	-	-	0,910
22	-	-	0,905
23	-	-	0,899
24	-	-	0,894
25	-	− 25 €/m^2	0,889

Wohnimmobilien — Besondere Immobilienarten V

Abhängigkeit des Verkehrswerts von Eigentumswohnungen von der Anzahl der Wohneinheiten pro Wohnanlage			
Wohneinheiten	Umrechnungskoeffizienten		
	Karlsruhe	Hannover	Rheinland-Pfalz
30	1,02	-	-
40	1,01	-	-
50	1,01	-50 €/m^2	-
60	1,00	-	-
70	0,99	-	-
100	0,99	-75 €/m^2	-
110	0,88	-	-
120	0,98	-	-
130	0,97	-	-
170	0,97	-	-
180	0,96	-	-

Quelle: Grundstücksmarktbericht 2005, 2007; Landesgrundstücksmarktbericht Rheinland-Pfalz 2011

Bei sehr wenigen **Wohneinheiten innerhalb des Gebäudes** sind Zuschläge anzusetzen; bei sehr vielen Wohnungen innerhalb eines Gebäudes sind progressive Abschläge marktüblich. Vom Gutachterausschuss der Stadt *Wuppertal* ist folgende Abhängigkeit festgestellt worden (Abb. 30):

Abb. 30: Abhängigkeit des Verkehrswerts von Eigentumswohnungen von der Zahl der Wohnungen im Gebäude

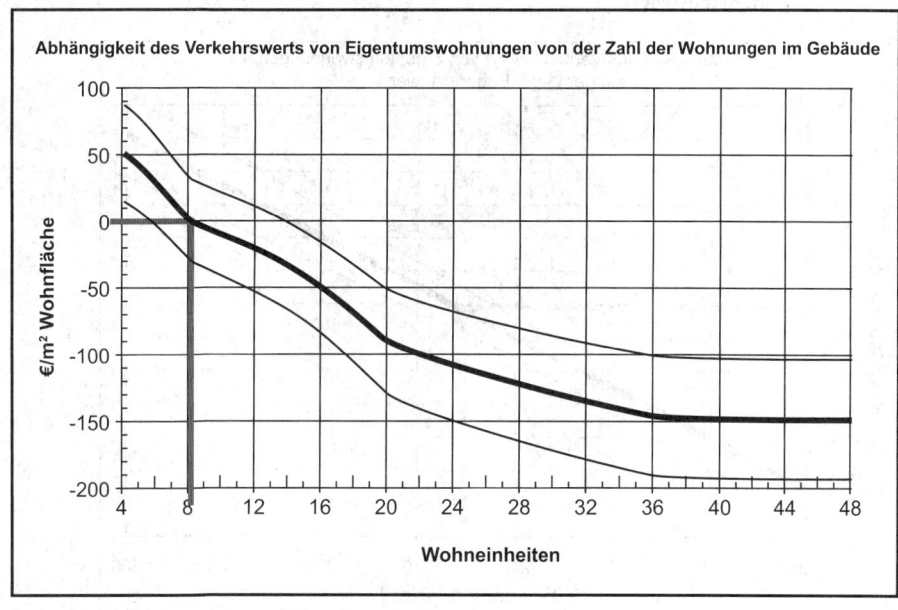

Quelle: Grundstücksmarktbericht 2013 Wuppertal

Der Gutachterausschuss von *Frankfurt am Main*[14] verweist bezüglich „größerer Wohnungsanlagen" (≥ 100 Einheiten) auf einen Abschlag von 25 % (Faktor 0,75).

---
14 Grundstücksmarktbericht 2011.

Abb. 31: Abhängigkeit des Verkehrswerts von Eigentumswohnungen von der Größe der Wohnanlage in Hannover und Region

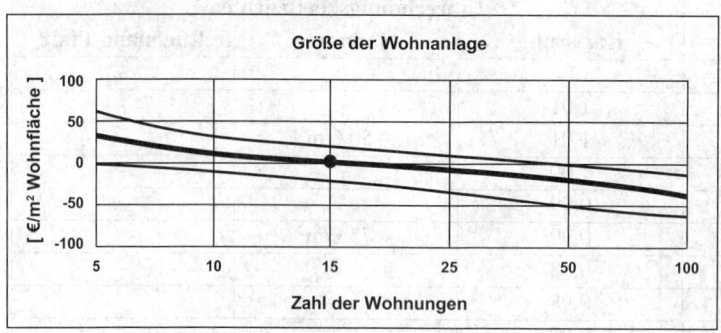

e) *Lage im Stadtgebiet*

▶ *Vgl. Syst. Darst. des Vergleichswertverfahrens Rn. 385 ff.*

85 Die **Abhängigkeit des Verkehrswerts von der Lage** wird in den Grundstücksmarktberichten in entsprechenden Karten oder in Abhängigkeit vom Bodenrichtwertniveau bzw. von Lagekategorien dargestellt (vgl. Rn. 67):

86 Am sinnvollsten erscheint die Erfassung der Abhängigkeit des Verkehrswerts von Eigentumswohnungen von der Lage auf der **Grundlage des Bodenrichtwertgefüges**, wie dies vom Gutachterausschuss in *Wuppertal* praktiziert wird:

Abb. 32: Abhängigkeit des Verkehrswerts von Eigentumswohnungen von der Lage (Bodenrichtwert)

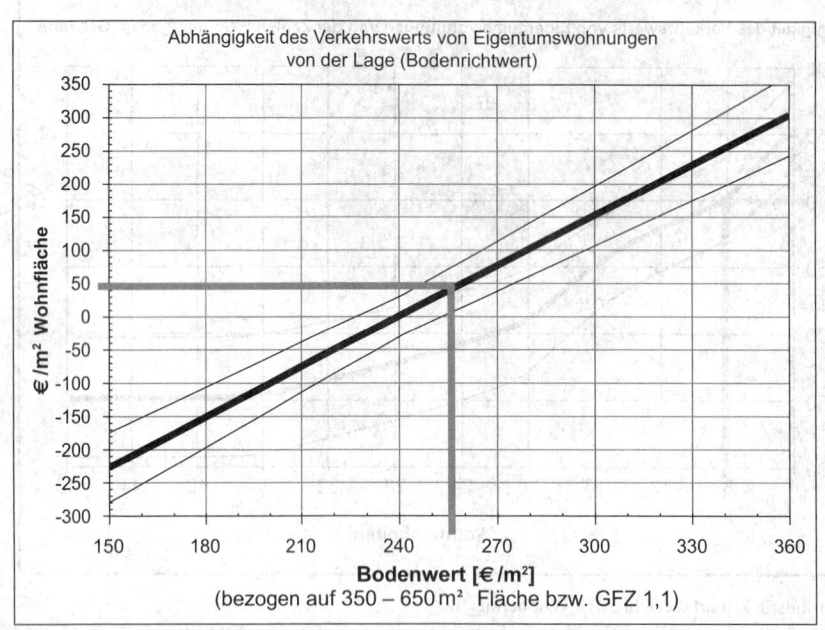

Quelle: Grundstücksmarktbericht 2013 von Wuppertal

Abb. 33: Abhängigkeit des Verkehrswerts von Eigentumswohnungen von der Wohnlage

Abhängigkeit des Verkehrswerts von Eigentumswohnungen von der Wohnlage		
Wohnlage	Karlsruhe	
	Erstverkauf	Weiterverkauf
mäßig	–	0,98
mittel	**1,00**	**1,00**
gut	1,10	1,03
sehr gut	–	–

Quelle: Grundstücksmarktbericht Karlsruhe 2009

Abb. 34: Abhängigkeit des Verkehrswerts von Eigentumswohnungen von der Wohnlage (Wohnlagen-Koeffizienten)

Abhängigkeit des Verkehrswerts von Eigentumswohnungen von der Wohnlage (Wohnlagen-Koeffizienten)				
Bodenwertniveau €/m²	Wohnlagen-Koeffizienten			
	LK Cloppenburg 2013	LK Oldenburg 2013	LK Vechta 2013	Rheinland Pfalz 2011
20	-	-	0,67	-
30	-	-	-	-
40	0,68	-	0,81	-
50	-	0,94	-	98
60	0,80	-	0,89	-
70	-	0,96	-	-
75	-	-	-	114
80	0,91	-	0,95	-
90	-	0,99	-	-
100	1,00	-	1,00	125
110	-	1,01	-	-
120	1,07	-	1,04	-
125	-	-	-	133
130	-	1,04	-	-
140	1,12	-	1,07	-
150	-	1,06	-	140
160	1,15	-	1,10	-
170	-	1,09	-	-
175	-	-	-	146
180	1,17	-	1,12	-
200	1,16	-	1,15	151
220	-	-	1,17	-
225	-	-	-	156
250	-	-	-	160
275	-	-	-	164
300	-	-	-	167

Quelle: Landesgrundstücksmarktbericht Rheinland-Pfalz 2011, Marktberichte

V Besondere Immobilienarten — Wohnimmobilien

f) *Ausstattung*

87 **Abb. 35:** Abhängigkeit des Quadratmeterwerts von Eigentumswohnungen in Hannover von der Ausstattung

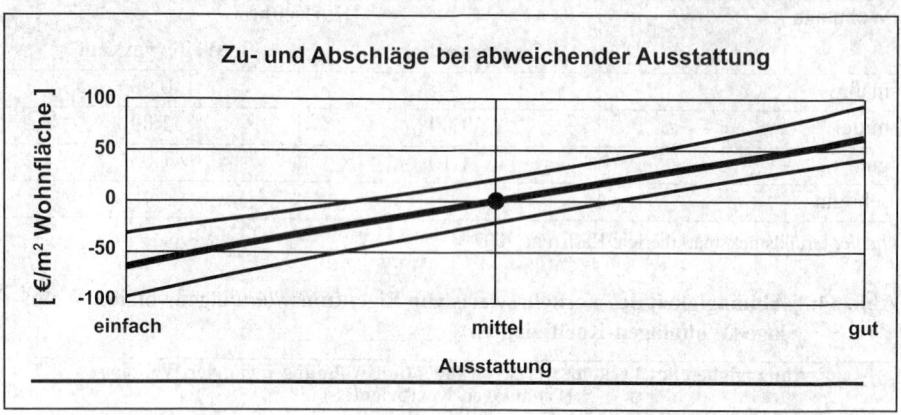

Quelle: Gutachterausschuss für Grundstückswerte in Hannover (Grundstücksmarktbericht 2013)

Abb. 36: Ausstattungskoeffizienten für Eigentumswohnungen

Ausstattungskoeffizienten für Eigentumswohnungen	
Ausstattungsstandard	Rheinland-Pfalz 2010
einfach	80
mittel	88
gehoben	100
stark gehoben	126

Quelle: Landesgrundstücksmarktbericht Rheinland-Pfalz 2011

g) *Vermietungszustand/Erst- und Weiterkauf*

Schrifttum: *Stelter, M.*, Zur Problematik „gespaltener Markt" bei Eigentumswohnungen und Verkehrswertermittlung, GuG 2004, 164.

88 Wie eingangs dargestellt, muss bei Eigentumswohnungen über deren konkrete Eigenschaften hinaus nach

- Erstverkäufen und
- Weiterverkäufen

unterschieden werden. Die Unterscheidung korreliert vielfach mit der **Unterscheidung nach bezugsfreiem und vermietetem Wohnungseigentum.**

Der Gutachterausschuss von *Frankfurt am Main*[15] unterscheidet bei vermieteten Eigentumswohnungen nach „kleinen Wohnungsanlagen" (< 100 Einheiten) und „großen Wohnungsanlagen" (≥ 100 Einheiten) und gibt folgende Faktoren an für

- kleine Wohnungsanlagen (< 100 Einheiten) – Faktor 0,95,
- große Wohnungsanlagen (≥ 100 Einheiten) – Faktor 0,75.

---

15 Grundstücksmarktbericht 2013.

Weiterverkäufe (Wiederverkäufe) weisen ein deutlich geringeres Wertniveau gegenüber Erstverkäufen auf. Deshalb wird bereits bei der Ableitung der Durchschnittswerte für Eigentumswohnungen zwischen Erst- und Weiterverkäufen unterschieden. Darüber hinaus ist im Einzelfall bei eigentumswohnungsspezifischen Umrechnungskoeffizienten zwischen Erst- und Weiterverkäufen zu unterscheiden.

Die im Grundstücksmarktbericht 2009 dargestellten empirischen Untersuchungen des Gutachterausschusses in *Heppenheim* haben ergeben, dass die Umrechnungskoeffizienten in erster Linie vom Baujahr und weniger von der Wohnfläche abweichen:

Abb. 37: **Umrechnungskoeffizienten in Heppenheim (2009) für vermietete Eigentumswohnungen**

Umrechnungskoeffizienten in Heppenheim (2009) für vermietete Eigentumswohnungen	
Baujahr	**Umrechnungskoeffizienten (Basis 1980 = 100)**
1960	0,83
1965	0,87
1970	0,91
1975	0,95
1980	1,00
1985	1,05
1990	1,10
1995	1,15
2000	1,20

Quelle: Immobilienmarktbericht 2009

Wie schon einleitend festgestellt wurde, ist insbesondere bei der Verkehrswertermittlung von Eigentumswohnungen, die zum Zwecke der Eigennutzung gehandelt werden, zwischen bezugsfreien und vermieteten Eigentumswohnungen zu unterscheiden, und man hat es insoweit mit gespaltenen Marktverhältnissen zu tun. Generell haben **vermietete Eigentumswohnungen wie vermietete Ein- und Zweifamilienhäuser einen eingeschränkten Markt.** Da der Kauf einer solchen Wohnung nicht „die Miete bricht" und Eigenbedarf nur unter engen Voraussetzungen zumeist auch nur in einem langwierigen Verfahren „durchsetzbar" ist, müssen für solche Objekte erfahrungsgemäß *Preisabschläge bis zu 30 %* hingenommen werden, wenn die Wohnung keine Aussicht hat, auf absehbare Zeit frei zu werden (in *Trier* bis 10 % und in *Essen* bis 15 %; *München* 5 bis 10 % und *Hannover* (2012) bis 10 % nach Angabe des Gutachterausschusses). Derartige rechtliche und wirtschaftliche Gegebenheiten sind im Rahmen der Verkehrswertermittlung zu berücksichtigen und nicht als „ungewöhnliche oder persönliche Umstände" i. S. d. § 7 ImmoWertV anzusehen, d. h., die Eigenschaft der Eigentumswohnung „vermietet" ist verkehrswertrelevant und muss deshalb im Rahmen der Verkehrswertermittlung bereits berücksichtigt werden.

Bei genauerer Betrachtung müssen allerdings die Verhältnisse des Einzelfalls betrachtet werden. **Bestehende Mietverhältnisse** führen gegenüber bezugsfreien Wohnungen je nach

– Größe der Wohnanlage,
– Größe der Wohnung und
– Lage und Ausstattung der Wohnung

zu unterschiedlichen Abweichungen gegenüber dem Verkehrswert bezugsfreier (unvermieteter) Eigentumswohnungen.

V Besondere Immobilienarten

92 Die wohl eingehendste Untersuchung unter Einbeziehung der **Größe der Wohnanlage** liegt derzeit vom Gutachterausschuss für Grundstückswerte in *Bergisch Gladbach* vor. Danach fallen die Abschläge, die im Grundstücksverkehr mit vermieteten Eigentumswohnungen im Vergleich zu dem Grundstücksmarkt bezugsfreier Wohnungen üblich sind, bei kleineren Wohnanlagen höher als bei größeren Wohnanlagen aus (Abb. 38):

Abb. 38: Abschläge für vermietete Eigentumswohnungen gegenüber bezugsfreien Eigentumswohnungen

Wohnanlage	Durchschnittliche Abweichung der vermieteten Wohnung zu bezugsfreien Wohnungen
3 bis 6 Wohnungen	– 14 %
7 bis 12 Wohnungen	– 13 %
13 bis 60 Wohnungen	– 9 %
über 60 Wohnungen	– 8 %

Quelle: Grundstücksmarktbericht Bergisch Gladbach 2010

93 Bezüglich der Abhängigkeit des Verkehrswerts von Eigentumswohnungen von der **Größe der Wohnung** sind die Verhältnisse komplizierter. Größere Wohnungen werden tendenziell eher zur Eigennutzung erworben als kleinere Wohnungen, sodass für größere Eigentumswohnungen im vermieteten Zustand ebenfalls Abschläge hinzunehmen sind. Für kleine vermietete Eigentumswohnungen ist indessen von den Gutachterausschüssen ein gegenüber bezugsfreien Objekten höheres Wertniveau festgestellt worden (Abb. 39):

Abb. 39: Vermietungsindex

	Vermietungsindex von Nürnberg in % (bezugsfrei = 100 %)										
Index in	Wohnfläche (m²)										
	20	30	40	50	60	70	80	90	100	110	120
	Indizes bezugsfrei (unvermietet)										
	100	100	100	100	100	100	100	100	100	100	100
	Indizes vermietet										
Nürnberg	103	105	106	105	104	102	99	95	90	84	77
Wuppertal	1,25		0,99		0,91		0,96		–	–	–

Quelle: Grundstücksmarktberichte 2005, 2006

94 Je höherwertig eine Eigentumswohnung nach **Lage und Ausstattung** beschaffen ist, desto größer ist die Disparität zwischen dem Wert der bezugsfreien Eigentumswohnung im Verhältnis zu den aus der Vermietung dieser Wohnung erzielbaren Erträgen und ihrer Kapitalisierung. Für den Erwerber einer solchen Eigentumswohnung, der sie für eigene Wohnzwecke erwerben will, kommt es – wie im Übrigen auch auf dem Teilmarkt für Ein- und Zweifamilienhäuser – hierauf primär auch gar nicht an. Er ist allein am schönen Wohnen in den „eigenen vier Wänden" interessiert.

Etwas anderes kann gelten, wenn z. B. aufgrund eines Mietvertrags oder anderer Besonderheiten davon ausgegangen wird, dass die **Eigentumswohnung nur noch vorübergehend vermietet** ist. Zusammenfassend ist also festzustellen, dass die vermieteten Eigentumswohnungen (auch vermietete Ein- und Zweifamilienhäuser) aufgrund ihrer eingeschränkten Verwendungsfähigkeit einem Grundstücksteilmarkt unterworfen sind, der durch deutliche Wertabschläge gegenüber „bezugsfreien" Objekten gekennzeichnet ist, wobei der Wertunter-

Wohnimmobilien Besondere Immobilienarten V

schied umso deutlicher ausfällt, je besser die Lage ist. In den einfachen Lagen kann der Wertunterschied bis auf null zurückgehen.

2.4.3.5 Indexreihen zur Preisentwicklung von Eigentumswohnungen

▶ *Vgl. § 11 ImmoWertV Rn. 31*

Angesichts der Bedeutung und des Umfangs des Teilmarktes für Eigentumswohnungen kann erwartet werden, dass die Gutachterausschüsse für Grundstückswerte aus der Kaufpreissammlung Indexreihen für die Preisentwicklung dieses Teilmarktes ableiten und veröffentlichen. Der Gutachterausschuss von *Köln*[16] hat hierzu beispielsweise **Indexreihen differenziert nach Baujahrsklassen** veröffentlicht.

95

Der Gutachterausschuss von *Wuppertal* hat Indexreihen differenziert nach neu errichteten Eigentumswohnungen (Neubauten), wiederverkauften Eigentumswohnungen (Wiederverkäufe) und aus umgewandelten Mietwohnungen entstandene Eigentumswohnungen veröffentlicht.

Vom Gutachterausschuss in *Berlin* wird die Entwicklung lediglich grafisch und unverständlicherweise ohne Angaben der Indexzahlen angegeben (Abb. 40).

Abb. 40: Preisentwicklung von Wohnungs- und Teileigentum in Berlin seit 1989 in mittlerer Wohnlage

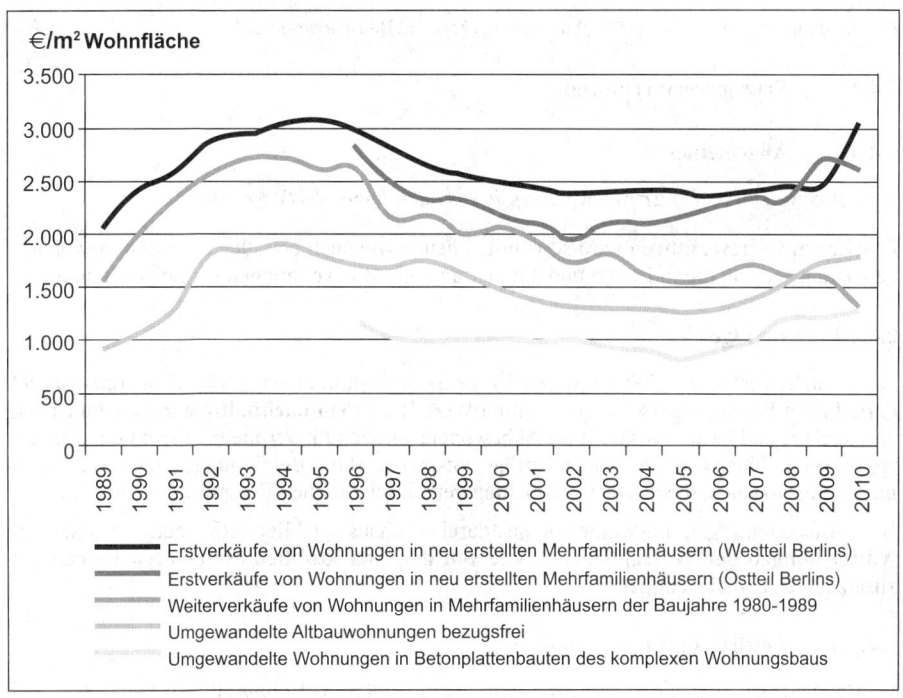

Quelle: Grundstücksmarktbericht 2010/2011

Hilfsweise wird auch auf den **Deutschen Eigentums-Immobilien-Index für Eigentumswohnungen**[17] zurückgegriffen (Abb. 41).

---
16 Vgl. auch Grundstücksmarktbericht von Offenbach 2006, S. 24.
17 GEWOS im Auftrag des Instituts für Städtebau, Wohnungswirtschaft und Bausparwesen Berlin e.V. (ifs).

V Besondere Immobilienarten — Wohnimmobilien

Abb. 41: Deutschen Eigentums-Immobilien-Index für Eigentumswohnungen

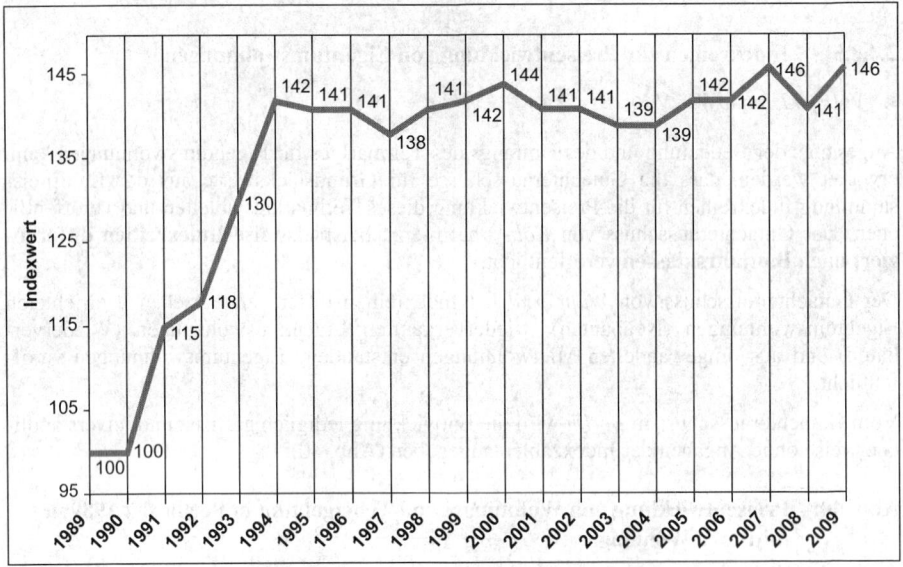

Quelle: ifs Institut für Städtebau, Wohnungswirtschaft und Bausparwesen e.V.

2.4.4 Ertragswertverfahren

2.4.4.1 Allgemeines

▶ *Vgl. Syst. Darst. des Ertragswertverfahrens nach ImmoWertV Rn. 103 ff.*

96 Das **Ertragswertverfahren** wird sowohl bei neuen wie auch bei älteren Eigentumswohnungen herangezogen, die in Bauart und Ausstattung mit Mietwohnungen vergleichbar sind.

2.4.4.2 Erträge

97 Grundsätzlich ist – wie bei sonstigen Verkehrswertermittlungen – von dem **marktüblich erzielbaren Ertrag** (vgl. § 17 Abs. 1 ImmoWertV) **als dem nachhaltig erzielbaren Ertrag** auszugehen, und zwar sowohl für selbst bewohnte als auch für vermietete Eigentumswohnungen. Darüber hinaus sind ggf. noch Erträge entsprechend der Beteiligungsquote des Eigentümers heranzuziehen, die aus der Vermietung gemeinschaftlichen Eigentums resultieren.

Bei vermieteten Eigentumswohnungen ist darüber hinaus der Mietvertrag heranzuziehen, um **Abweichungen der vertraglichen Miete von dem marktüblich erzielbaren Ertrag** ggf. zusätzlich zu berücksichtigen.

2.4.4.3 Bewirtschaftungskosten

▶ *Vgl. Syst. Darst. des Ertragswertverfahrens Rn. 198 ff.; § 19 ImmoWertV Rn. 29 ff.*

98 Die für Wohn- und Teileigentum anfallenden Bewirtschaftungskosten können differenziert werden nach den Bewirtschaftungskosten, die auf das Sondereigentum und die auf das gemeinschaftliche Eigentum entfallen. Die *tatsächlich angefallenen Bewirtschaftungskosten* können der jährlichen Wohngeldabrechnung des Verwalters (§§ 20 bis 29 WEG) entnommen werden. Der Sachverständige sollte deshalb immer die Jahresabrechnungen der letzten Jahre und den Wirtschaftsplan des laufenden Jahres beim Verwalter einsehen. Bei der Ertragswertermittlung ist jedoch – wie bei der allgemeinen Ertragswertermittlung – von **marktüblichen Bewirtschaftungskosten** (§ 19 ImmoWertV) auszugehen (in München z. B. im Jahre 2010: 12,5 % bei einer Nettokaltmiete von 11 – 15 €/m²)[18]. Die Jahresabrechnung ist deshalb nur von beschränkter Aussagekraft; sie kann insbesondere das Bild über die marktüblichen Instandhaltungs- und Verwaltungskosten verfälschen, wenn in den Vorjahren nur geringe Instandhaltungskosten aufgebracht worden sind oder ein besonders „preiswerter" bzw. „teurer" Verwalter tätig war.

Auf das Sondereigentum entfallende Bewirtschaftungskosten, die nicht mit der Jahresabrechnung erfasst werden, müssen zusätzlich berücksichtigt werden.

Abweichungen der tatsächlichen von den marktüblichen Bewirtschaftungskosten sind, sofern sie ins Gewicht fallen, ggf. für den jeweiligen (vertraglichen) Zeitraum nach den Methoden zu berücksichtigen, wie sie auch zur Berücksichtigung einer sog. Unter- und Übervermietung (*over- and underrented*) zur Anwendung kommen (vgl. Erläuterungen zu § 8 Abs. 3 ImmoWertV).

a) *Verwaltungskosten*

Die **Verwaltungskosten für Eigentumswohnungen** (sowie Kaufeigentumswohnungen oder Wohnungen) in der Rechtsform des eigentumsähnlichen Dauerwohnrechts) werden in **§ 41 Abs. 1 II. BV** unter Berücksichtigung der Anpassung zum 1.1.2011 mit höchstens 315,11 € angegeben, wobei sich der genannte Betrag ab 1. Januar eines jeden dem 1. Januar 2005 folgenden dritten Jahres um den Prozentsatz verändert, um den sich der vom Statistischen Bundesamt festgestellte Verbraucherpreisindex für Deutschland für den der Veränderung vorausgehenden Monat Oktober gegenüber dem Verbraucherpreisindex für Deutschland für den der letzten Veränderung vorausgehenden Monat Oktober erhöht oder verringert hat. **99**

Es handelt sich hierbei um einen **Höchstsatz**, der nur einen Anhalt bietet, denn die Höhe der Verwaltungskosten ist abhängig von der Größe der Wohnanlage. Die Verwaltung eines Hochhausblocks mit 500 Eigentümern erfordert geringere Verwaltungskosten als eine Gruppe von drei Reihenhäusern in der Rechtsform des Wohnungseigentums. Zudem wurden regionale Unterschiede festgestellt[19].

b) *Instandhaltungskosten*

Grundsätzlich kann zwar bei Eigentumswohnungen von denselben Instandhaltungskosten ausgegangen werden, die sich für vergleichbaren Wohnraum ergeben. Erfahrungsgemäß fallen jedoch **für Eigentumswohnungen regelmäßig höhere Instandhaltungskosten** an. Im Hinblick darauf, dass die Instandhaltungskosten zeitlich in sehr unterschiedlicher Höhe anfallen (kleine und große Instandhaltung), können die sich aus Wohngeldabrechnungen der letzten Jahre ergebenden Instandhaltungskosten nicht als die hier maßgeblichen „nachhaltigen" Instandhaltungskosten angesehen werden. Es kommt hinzu, dass insbesondere bei älteren Objekten die Instandhaltungsrücklagen für die notwendigen Unterhaltungsarbeiten oft nicht ausreichen (vgl. Rn. 116). Der Rückgriff auf die nach den Wohngeldabrechnungen tatsächlich angefallenen Instandhaltungskosten kann bei alldem leicht zu Fehlbewertungen führen. Sind z. B. in den abgelaufenen Jahren verhältnismäßig geringe Instandhaltungskosten angefallen, so würde sich auf dieser Basis der vermeintliche (nachhaltige) Reinertrag erhöhen und es kommt zu Überbewertungen. Dies lässt sich dadurch schnell feststellen, dass der Instandhaltungsaufwand ins Verhältnis zum (fiktiven) Mietertrag gesetzt wird. **100**

c) *Instandhaltungsrückstellung*

Schrifttum: *Vogels, M.,* Staffelmieten und Instandhaltungsrückstellungen, GuG 2004, 213.

Für Wohnungseigentum gebildete Instandhaltungsrücklagen sind festzustellen und vor allem im Hinblick auf einen ggf. vorhandenen Instandhaltungsrückstau zu berücksichtigen. **101**

---

18 Grundstücksmarktbericht 2010.
19 Kleiber, Verkehrswertermittlung von Grundstücken 6. Aufl., 2010, S. 2021.

V Besondere Immobilienarten

Die Wohnungseigentümergemeinschaft kann nämlich nach § 21 Abs. 5 Nr. 4 WEG mit einfacher Mehrheit die **Bildung einer angemessenen Instandhaltungsrückstellung** zur Begleichung der Kosten notwendig werdender Reparaturen beschließen. Die anteilige Beitragsleistung des einzelnen Wohnungseigentümers bestimmt sich nach dem Verhältnis der Miteigentumsanteile, wenn nicht eine abweichende Vereinbarung getroffen wird.

Im Rahmen der Ertragswertermittlung ist die **Instandhaltungsrückstellung weitgehend unbeachtlich, wenn von marktüblich anfallenden Instandhaltungskosten ausgegangen wurde,** denn die Instandhaltungsrückstellung dient dem Ausgleich von Kostenspitzen. Besondere Umlagen, die über das übliche Wohngeld zur Durchführung von Instandsetzungsmaßnahmen (auf der Grundlage eines Beschlusses der Eigentümerversammlung) hinaus erhoben werden, sind jedoch als Instandsetzungskosten wertmindernd zu berücksichtigen, wenn von einem mangelfreien Gebäude ausgegangen wurde und die Rückstellung der Behebung eines Instandsetzungsrückstaus dient, der nicht mit den nachhaltigen Instandhaltungskosten beglichen werden kann. In diesem Fall liegt ein nicht unerheblicher Instandsetzungsbedarf vor, der sich nach dem Barwert der noch ausstehenden (anteiligen) jährlichen Umlagen der jeweiligen Eigentumswohnung bemisst.

Beispiel:
– besondere Umlage zur Durchführung größerer Instandsetzungsmaßnahmen 2 000 € p. a.
– Zahlungsverpflichtung für 5 Jahre
Daraus folgt bei einem Zinssatz von 5 % und einem Vervielfältiger von 4,33:
Instandsetzungskosten = 2 000 € × 4,33 = 8 660 €

Abb. 42: Gesamt- und Restnutzungsdauer, Reparaturkosten von Bauteilen

Bauteil	GNDn	Reparaturkosten in €/m² WF (1995)	Instandhaltungsrückstellung in €/m² WF bei sechs Zustandsstufen i. V. m. % Restnutzungsdauer																Ausgewählte Rückstellung in € p. a.
Zustandsstufe			1* 100 %			2 80 %			3 60 %			4 40 %			5 20 %			6** 0 %	
Ausstattung***			e	m	g	e	m	g	e	m	g	e	m	g	e	m	g	e	m	g	
Dach	40	65,6	0,0	4,4	5,2	5,9	11,0	12,8	14,7	20,7	24,2	27,6	35,0	40,9	46,7	56,2	65,6	75,0	
Sanitärinstallation	30	93,7	0,0	7,2	9,6	12,0	16,8	22,4	28,1	29,8	39,7	49,6	47,1	62,8	78,4	70,3	93,7	117,1	
Heizung	40	84,3	0,0	5,2	6,7	8,9	12,8	16,5	22,0	24,2	31,1	41,4	40,9	52,6	70,1	65,6	84,3	112,4	
Elektroinstallation	30	51,5	0,0	4,1	5,3	6,7	9,5	12,3	15,7	16,9	21,8	27,8	26,7	34,5	43,9	39,8	51,5	65,6	
Putz/Fliesen	35	75,0	0,0	5,1	6,8	8,4	12,2	16,3	20,3	22,2	29,6	37,1	36,3	48,5	60,6	56,2	75,0	93,7	
Fenster	30	65,6	0,0	5,0	6,7	8,6	11,8	15,7	20,2	20,8	27,8	35,7	32,9	43,9	56,5	49,2	65,6	84,3	
Türen	40	32,8	0,0	1,9	2,6	3,3	4,6	6,4	8,3	8,6	12,1	15,5	14,6	20,4	26,3	23,4	32,8	42,2	
Oberböden	20	51,5	0,0	5,2	6,7	9,2	11,5	14,9	20,3	19,2	25,8	33,8	28,5	36,9	50,3	39,8	51,5	70,3	
Maler	10	65,6	0,0	8,0	10,7	13,7	16,9	22,5	28,9	26,6	35,5	45,6	37,3	49,8	64,0	49,2	65,6	84,3	
Fassade	40	75,0	0,0	4,4	5,9	7,4	11,0	14,7	18,3	20,7	27,6	34,5	35,0	46,7	58,4	56,2	75,0	93,7	
Sonstiges	30	0,0	0,0	0,0	0,0	0,0	0,0	0,0	0,0	0,0	0,0	0,0	0,0	0,0	0,0	0,0	0,0	0,0	
Summe		660,6	0,0	50,5	66,1	84,2	118,2	154,6	196,8	209,6	274,1	348,6	334,4	436,9	555,2	505,9	660,5	838,5	
Rohbau	100	500,0	–																
		1 160,6																		

* Zustandsstufe 1: Keine Schäden: Restnutzungsdauer = Gesamtnutzungsdauer
** Zustandsstufe 6: Sofortige Erneuerung erforderlich: Restnutzungsdauer = 0
*** Ausstattung: e = einfach; m = mittel; g = gehoben

Quelle: Vogels, GuG 2004, 216

Die Summe der ausgewählten Rückstellungsbeträge ergibt die auf den Quadratmeter Wohnfläche bezogene Instandhaltungsrückstellung per annum. Die **auf die einzelne Wohnung entfallende Instandhaltungsrückstellung** ergibt sich mithin als Produkt dieses Betrags mit der Wohnfläche.

Wohnimmobilien **Besondere Immobilienarten V**

2.4.4.4 Liegenschaftszinssatz

▶ *Vgl. § 14 ImmoWertV Rn. 133 ff.; zur Abhängigkeit des Liegenschaftszinssatzes von Lage, Restnutzungsdauer usw. vgl. § 14 ImmoWertV Rn. 142 ff.*

Die besonderen Eigenschaften der Eigentumswohnung können mit dem Liegenschaftszinssatz berücksichtigt werden, soweit eine anderweitige Berücksichtigung dieser Eigenschaften nicht sachgerecht ist. Dabei ist insbesondere zu unterscheiden nach   102

– neu erstelltem Wohnungs- bzw. Teileigentum, jeweils bezugsfrei oder vermietet
– in Wohn- bzw. Teileigentum umgewandelte Mietobjekte, jeweils bezugsfrei oder vermietet.

Der **Liegenschaftszinssatz von vermietetem Wohnungs- und Teileigentum** liegt jeweils um

– etwa bis 1,00 Prozentpunkte über dem Liegenschaftszinssatz von neu erstelltem Wohnungs- und Teileigentum und
– etwa 0,5 Prozentpunkte über dem Liegenschaftszinssatz von umgewandeltem Wohnungs- und Teileigentum.

Abb. 43: Zusammenstellung von Liegenschaftszinssätzen in ausgewählten Städten (2013)

Stadt/Kreis	Eigentumswohnung						
	1950–1975	1976–2000	Selbstgenutzt	Vermietet	Erstverkauf		Weiterverkauf
					Neubau	Saniert Umwandlung	
Aachen Stadtregion	-	-	3,5	3,8	-		-
Bergisch-Gladbach	3,5	4,75	4,3	4,5	4,85 (2010)		-
Bielefeld	-	-	3,5	4,9	-		-
Bochum	-	-	3,6	3,5	-		-
Bonn	-	-	4,0	4,2	4,1 – 5,9		-
LK Borken	-	-	3,6	3,6	3,7		-
Bottrop	-	-	3,3	3,3	3,6		-
Chemnitz	-	-	-	-	2,0		-
LK Cloppenburg (2013)	-	-	-	-	4,1		-
Coesfeld Kreis	-	-	-	4,0	-		-
Delmenhorst 2013	-	-	-	-	6,2		-
Dinslaken	-	-	4,0	-	3,8		-
Dorsten/Gladbach/Marl	-	-	4,0	4,1	3,7		-
Dortmund	-	-	3,5	3,9	3,8		-
Dresden	-	-	-	-	1,5 – 3,5		3,0 – 6,0
Duisburg	-	-	-	5,5	-		-
Düren	-	-	-	3,5	4,0		
Düsseldorf (2013)	-	-	-	-	3,5		3,5
LK Ennepe-Ruhr	-	-	-	4,0	-		-
Essen	-	-	4,1	5,6	2,6 – 5,6		3,1 – 7,1

V Besondere Immobilienarten — Wohnimmobilien

Stadt/Kreis	Eigentumswohnung						
	1950–1975	1976–2000	Selbstgenutzt	Vermietet	Erstverkauf		Weiterverkauf
					Neubau	Saniert Umwandlung	
Esslingen	-	-	-	-	2,0 – 4,0		
LK Euskirchen	-	-	3,9	-	4,1		
Frankfurt/Main	-	-	-	-	2,2 – 7,5		-
Gelsenkirchen	-	-	4,3	4,1	4,4		-
Gladbeck	-	-	3,6	3,6	3,6		-
LK Gütersloh	-	-	-	4,9	3,0 – 4,5		
Hagen	-	-	3,8	4,8	-		
Hamm	-	-	-	4,0	-		-
Hannover	-	-	-	5,9	4,7		
LK Heinsberg	-	-	-	4,1	3,2		4,3
Herford	-	-	5,8	-	-		
Herne	-	-	3,5	1,4	3,7		-
Heppenheim	-	-	-	3,7 – 4,3	-		-
Herten	-	-	-	-	3,5		
Hochsauerlandkreis	-	-	4,9	4,7	-		
LK Höxter	-	-	4,9	4,9	3,8		-
Ilmenau	-	-	-	-	2,9 – 3,5		
Iserlohn	-	-	4,0	-	3,5		
Karlsruhe	-	-	-	-	2,5 – 4,0		
Kleve Kreis	-	-	3,5	3,9	3,5 – 4,0		
Konstanz	-	-	-	-	3,0 – 5,5		
Leipzig	-	-	-	-	2,0 – 4,0		-
Leverkusen	-	-	3,8	4,0	3,6		-
LK Lippe/Detmold	-	-	4,2	4,3	4,8		
Lippstadt	-	-	4,5	4,5	-		-
Lübbenau/Spreewald	-	-	4,5	-	-		-
Lüdenscheid	-	-	3,3	4,0	3,1		-
LK Lüneburg	-	-	-	-	4,5		-
Lünen	-	-	4,5	5,0	4,8		-
Mainz	-	-	-	-	3,67 (40 – 60 m²)	3,49 (60 –80 m²)	3,52 (≥ 80 m²)
Marl	-	-	-	-	4,2		
Märkischer Kreis	-	-	-	4,7	-		
Mettmann Kreis	-	-	4,4	-	-		
LK Minden-Lübbecke	-	-	4,4	-	3,5		
Mönchengladbach (2013)	-	-	4,2 – 6,0	4,5 – 7,2	-		
München	-	-	-	-	3,1 – 3,7		-

Besondere Immobilienarten V

Stadt/Kreis	Selbstgenutzt 1950–1975	Selbstgenutzt 1976–2000	Vermietet	Erstverkauf Neubau	Erstverkauf Saniert Umwandlung	Weiterverkauf
Münster	-	-	-	4,8	3,0 – 4,0	-
Neuss	-	-	-	4,5	-	-
LK Nienburg	-	-	-	-	3,4 – 4,5	
Oberbergischer Kreis	-	-	4,2	4,0	3,3	-
Offenburg	-	-	-	-	3,9	4,8
LK Oldenburg (2013)	-	-	-	-	6,5	-
Olpe, Kreis	-	-	4,1	4,0	-	-
Paderborn	-	-	3,4	4,9	3,6 – 4,4	3,6 – 4,4
Ratingen	-	-	4,0	4,0	4,0	-
Recklinghausen	-	-	3,8	4,0	-	-
LK Recklinghausen	-	-	4,0	4,4	-	-
Remscheid	-	-	3,6	3,6	3,0	
Rhein-Erft-Kreis	-	-	4,4	4,4	-	-
Rhein.-Bergischer Kreis	-	-	5,0	4,8	-	-
Rheine	-	-	-	-	2,4 – 4,6	
LK Rhein - Sieg	-	-	-	4,8	4,25	-
Senftenberg	-	-	4,5	-	-	-
Siegen	-	-	-	-	2,0 – 4,0	
LK Siegen/Wittgenstein	-	-	4,0	4,6	-	-
LK Soest	-	-	4,4	-	3,9	
Solingen	-	-	4,4	-	4,1	
Trier	-	-	-	-	3,3	-
Unna (2013)	-	-	4,1	4,5	-	-
LK Unna	-	-	4,1	4,5	3,7	-
LK Vechta (2013)	-	-	-	-	4,5	-
Velbert	-	-	4,5	4,5	3,7	-
Viersen, Kreis	-	-	4,0	-	-	-
LK Warendorf	-	-	4,0	4,2	-	-
LK Wesel	-	-	4,1	4,2	-	-
Wiesbaden	-	-	-	4,6	-	-
Witten	-	-	3,9	-	3,6	-
Wuppertal	-	-	4,1	4,8	2,5 – 5,9	

Quelle: Marktberichte der jeweiligen Gutachterausschüsse für Grundstückswerte

Zur **Abhängigkeit des Liegenschaftszinssatzes** von Eigentumswohnungen von der Lage, Restnutzungsdauer usw. vgl. § 14 ImmoWertV Rn. 142 ff.

V Besondere Immobilienarten Wohnimmobilien

Die empirisch für *neu erstellte* Eigentumswohnungen abgeleiteten **Liegenschaftszinssätze** weisen je nach Lage, Alter (Restnutzungsdauer), Wohnfläche, Gebäudegröße, Größe der Wohnanlage, Miete und Ausstattung eine große Spannbreite von 2,0 bis 5,0 % auf.

Bei in Eigentumswohnungen *umgewandelten Objekten* liegt die Spannbreite des Liegenschaftszinssatzes eher bei 4,0 bis 5,0 %.

2.4.4.5 Anpassungsfaktoren bzw. nach Merkmalen differenzierte Liegenschaftszinssätze

▶ *Vgl. § 14 ImmoWertV Rn. 137 ff., 178 ff.*

a) Allgemeines

103 Der für die Marktwertermittlung von Eigentumswohnungen herangezogene Liegenschaftszinssatz bezieht sich, wie Liegenschaftszinssätze für andere Objekte auch, naturgemäß auf Eigentumswohnungen mit bestimmten objektspezifischen Merkmalen. Man spricht in diesem Zusammenhang von den Grundstücksmerkmalen eines fiktiven „Referenz- bzw. Normgrundstücks" mit den Merkmalen einer normierten Eigentumswohnung, auf den sich der Liegenschaftszinssatz bezieht. Im Rahmen des Grundsatzes der Modellkonformität müssen von den Gutachterausschüssen bei der Veröffentlichung der Liegenschaftszinssätze neben der Ableitungsmethodik (vgl. § 14 ImmoWertV Rn. 139 ff., 178 ff.) und dem Bezugsstichtag die **durchschnittlichen objektspezifischen Grundstücksmerkmale dieser normierten Eigentumswohnung** hinreichend konkretisiert werden. Ausgehend von dem Liegenschaftszinssatz, der sich auf diese Grundstücksmerkmale bezieht, werden von den Gutachterausschüssen zunehmend Anpassungsfaktoren veröffentlicht, mit denen die vom Liegenschaftszinssatzgrundstück abweichenden Merkmale des zu bewertenden Grundstücks marktgerecht berücksichtigt werden können. Daneben werden aber auch Liegenschaftszinssätze in Abhängigkeit von bestimmten Grundstücksmerkmalen abgeleitet, insbesondere nach

– der Lage im Stadtgebiet, zumeist gemessen am Boden(richt)wert,
– dem Baujahr bzw. dem Alter oder der Restnutzungsdauer,
– der Wohnfläche,
– der Zahl der Wohneinheiten bzw. der Gesamtwohnfläche einer Wohnanlage (Größe der Wohnanlage),
– der Ausstattung,
– der Nettokaltmiete und
– der Nutzung bzw. Nutzungsmischung.

Weichen die Merkmale der zu bewertenden Eigentumswohnungen von den einschlägigen Merkmalen des Referenzgrundstücks ab, das dem herangezogenen Liegenschaftszinssatz zugrunde liegt, müssen die Abweichungen berücksichtigt werden, wobei **Doppelberücksichtigung** vermieden werden müssen. Zur Berücksichtigung solcher Abweichungen können die Liegenschaftszinssätze „modelliert" werden. Sofern dafür keine Anpassungsfaktoren vom Gutachterausschuss bereit gestellt werden, können den bislang veröffentlichten Anpassungsfaktoren allgemeine Hinweise für eine Verminderung bzw. Erhöhung der im Regelfall für qualitativ durchschnittliche Eigentumswohnungen ermittelten Liegenschaftszinssätze entnommen werden (vgl. auch § 14 ImmoWertV Rn. 178 ff.).

b) Abhängigkeit von der Lage im Stadtgebiet (Bodenrichtwertniveau)

104 Die **Abhängigkeit des Liegenschaftszinssatzes von der Lage** lässt sich durch eine Abhängigkeit vom Bodenrichtwert beschreiben. Je höher der Bodenrichtwert ist, desto geringer ist der Liegenschaftszinssatz. Der Gutachterausschuss für Grundstückswerte in *Heppenheim* hat in seinem Immobilienmarktbericht 2010 für Südhessen folgende Liegenschaftszinssätze ausgewiesen.

Abb. 44: Liegenschaftszinssätze für Eigentumswohnungen in Abhängigkeit vom Bodenrichtwertniveau und Baujahr in Heppenheim

Liegenschaftszinssätze für Eigentumswohnungen in Abhängigkeit vom Bodenrichtwertniveau und Baujahr in Heppenheim (Grundstücksmarktbericht 2010)							
Baujahr	Bodenrichtwert						
	50 €/m²	150 €/m²	250 €/m²	275 €/m²	350 €/m²	400 €/m²	450 €/m²
1960	-	4,3	4,2	-	4,1	-	4,0
1965	-	4,3	4,2	-	4,2	-	4,1
1970	-	4,3	4,3	-	4,2	-	4,1
1975	-	4,4	4,3	-	4,2	-	4,1
1980	-	4,4	4,3	-	4,2	-	4,1
1985	-	4,0	4,3	-	4,2	-	4,2
1990	-	4,4	4,3	-	4,3	-	4,2
1995	-	4,4	4,3	-	4,3	-	4,2
2000	-	4,4	4,4	-	4,3	-	4,2
2005	-	4,5	4,4	-	4,3	-	4,2
2010	-	4,6*	-	4,4*	-	4,2*	-

Quelle: Gutachterausschuss AfM Heppenheim Immobilienmarktbericht 2010, 2011 (*)

Abb. 45: Anpassungsfaktoren für den Liegenschaftszinssatz von Eigentumswohnungen in Abhängigkeit von der Lage (Bodenrichtwertniveau) in Hannover und Region

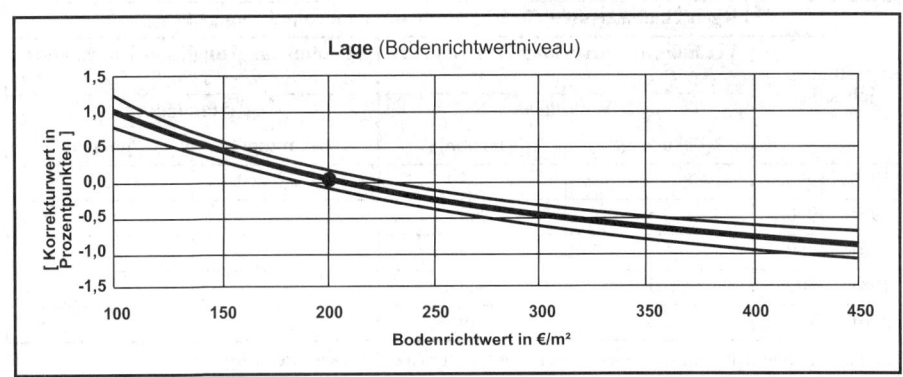

Quelle: Grundstücksmarktbericht 2012

V Besondere Immobilienarten — Wohnimmobilien

Abb. 46: Liegenschaftszinssätze für Eigentumswohnungen in Abhängigkeit von der Lage, Wohnungsgröße und Vermietung

Liegenschaftszinssätze für Wohnungseigentum in der Stadt Aachen						
Lage	Weiterverkauf			Wohnungsgröße	Weiterverkauf	
	bezugsfrei	vermietet			bezugsfrei	vermietet
sehr gut	2,5	3,0		bis 30 m²	3,9	4,1
gut	3,3	4,0		31 bis 60 m²	3,8	3,7
mittel	3,2	3,5		61 bis 100 m²	3,1	3,1
einfach	3,6	4,5		101 bis 160 m²	2,6	2,9
				≥ 161 m²	2,3	-

Quelle: Grundstücksmarktbericht 2013

c) Abhängigkeit vom Baujahr bzw. dem Alter oder der Restnutzungsdauer

105 Der Gutachterausschuss für Grundstückswerte in *Frankfurt am Main* hat in seinem Immobilienmarktbericht 2010 folgende Liegenschaftszinssätze für Eigentumswohnungen in **Abhängigkeit** von der Restnutzungsdauer bzw. (komplementär) **vom Baujahr** ausgewiesen.

Liegenschaftszinssätze für Eigentumswohnungen in Frankfurt am Main 2013					
	Baujahr				
	1880 - 1949	1950 - 1974	1975 - 1999	2000 - 2008	2009 - 2011
Mittlerer Liegenschaftszinssatz	1,43	4,01	3,9	3,25	2,87
Anzahl	39	39	23	19	43

Quelle: Marktbericht 2013 des Gutachterausschusses für Grundstückswerte in Frankfurt a.M.

Liegenschaftszinssätze für Eigentumswohnungen in Bremen 2011				
Bau-jahrsklasse	Veräußerung ursprünglicher Erstverkäufe		Verkäufe ursprünglicher Umwandlungen	
	Wohnlage		Wohnlage	
	bevorzugt	normal	bevorzugt	normal
1949 – 1960	-	-	2,5	2,5
1951 – 1960	4,5	5,9	-	-
1961 – 1980	5,1	5,9	3,7	3,6
1981 – 2000	4,1	4,8	-	-
2001 - 2010	2,4	2,9	-	-

Quelle: Marktbericht 2011 des Gutachterausschusses für Grundstückswerte in Bremen

Abb. 47: Liegenschaftszinssätze in Abhängikeit von der Restnutzungsdauer

RND	Rheinland-Pfalz 2013 Wohnungseigentum in Mehrfamilienhäusern
bis 20	3,2 %
25	3,3 %
30	3,5 %
35	3,6 %
40	3,6 %
45	3,7 %
50	3,8 %
60	3,9 %
65	4,0 %
70	4,0 %
75	4,0 %
80	4,1 %

Quelle: Grundstücksmarktbericht

Abb. 48: Anpassungsfaktoren für den Liegenschaftszinssatz für Eigentumswohnungen in Abhängigkeit vom Alter in Hannover und Region

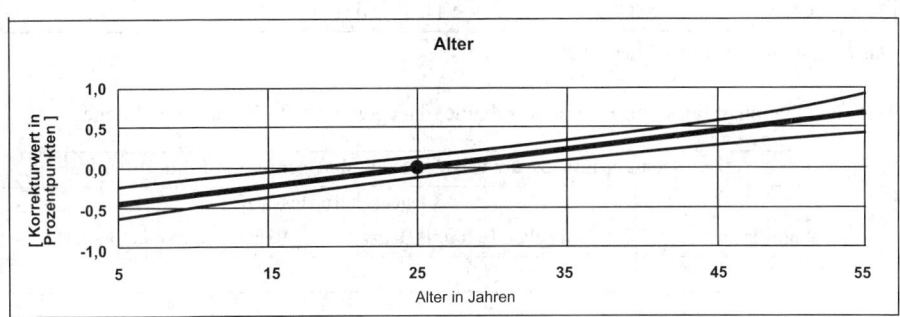

Quelle: Grundstücksmarktbericht 2013

In *Mönchengladbach* ist eine Abhängigkeit von der Restnutzungsdauer sowohl für selbstgenutztes als auch vermietetes Wohnungseigentum festgestellt worden.

d) *Abhängigkeit von der Wohnfläche*

Zur **Abhängigkeit des Liegenschaftszinssatzes für Eigentumswohnungen von der Wohnfläche** ist festzustellen, dass der Liegenschaftszinssatz bei besonders kleinen Wohnungen (WF ≤ 40 m²) auch besonders niedrig ausfällt und umgekehrt (WF ≥ 100 m²).

V Besondere Immobilienarten — Wohnimmobilien

Abb. 49: Anpassungsfaktoren für den Liegenschaftszinssatz für Eigentumswohnungen in Abhängigkeit von der Wohnfläche in Hannover und Region

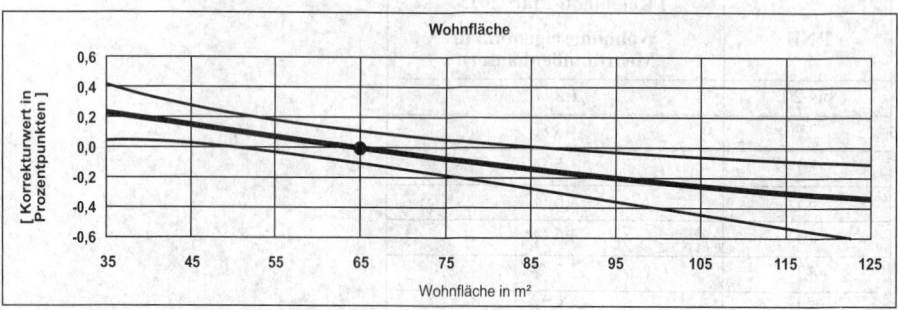

Quelle: Grundstücksmarktbericht 2013

Vom Gutachterausschuss *Essen* wurde im Marktbericht 2010 folgende Untersuchung für unvermietetes Wohnungseigentum vorgelegt:

Liegenschaftszinssätze für unvermietetes Wohnungseigentum in Essen				
Wohnfläche	Anzahl der Vollgeschosse			
	1 und 2	3	4 und 5	6 und mehr
35 m² – 49 m²	5,2	6,6	6,8	7,2
50 m² – 69 m²	4,3	4,9	6,2	6,4
70 m² – 150 m²	3,9	4,1	4,6	5,7

Quelle: Gutachterausschuss Essen 2010

Der Gutachterausschuss von *Köln* unterscheidet dagegen nach Wohnfläche und Lage:

Liegenschaftszinssätze für vermietetes Wohneigentum in Köln		
	Liegenschaftszinssatz in %	
Wohnfläche	Linksrheinisch und Deutz	Rechtsrheinisch ohne Deutz
40 m²	4,9	6,2
60 m²	4,1	5,4
80 m²	3,6	4,9
100 m²	3,6	4,9

Quelle: Grundstücksmarktbericht von Köln 2013

e) *Abhängigkeit von der Zahl der Wohneinheiten bzw. der Gesamtwohnfläche einer Wohnanlage (Größe der Wohnanlage)*

107 In **größeren Wohnanlagen** liegt der Liegenschaftszinssatz bis zu 2 % über dem Durchschnittswert. Zur **Abhängigkeit des Liegenschaftszinssatzes für vermietete Eigentumswohnungen von der** Größe der Wohnanlage in der Region *Hannover* liegen die sich aus Abb. 50 ergebenen Werte vor.

Abb. 50: Anpassungsfaktoren für den Liegenschaftszinssatz von Eigentumswohnungen in Abhängigkeit von der Größe der Wohnanlage (Anzahl der Wohnungen) in Hannover und Region

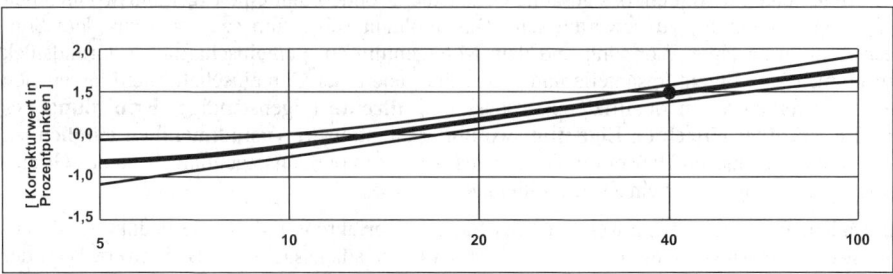

Quelle: Grundstücksmarktbericht 2012

f) Abhängigkeit von der Nettokaltmiete

Abb. 51: Anpassungsfaktoren für den Liegenschaftszinssatz von Eigentumswohnungen in Abhängigkeit von der Miete Hannover und Region

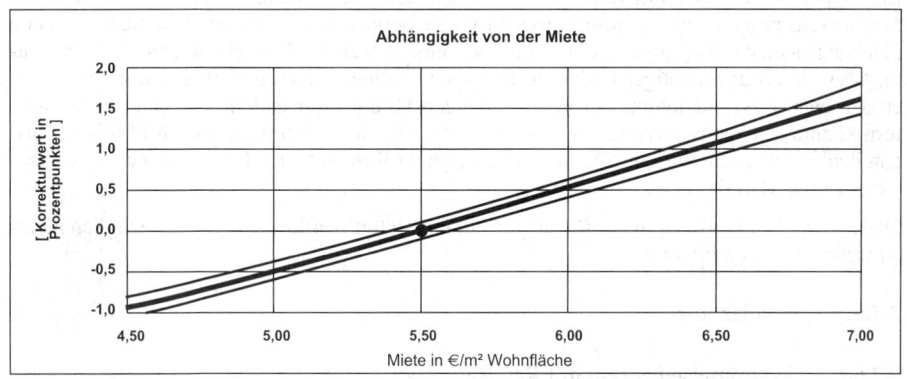

Quelle: Grundstücksmarktbericht 2013

g) Abhängigkeit vom Vermietungszustand (Erst- und Weiterverkauf)

▶ Vgl. Rn. 102 ff.

Der **Liegenschaftszinssatz von vermietetem Wohnungs- und Teileigentum** liegt jeweils um

– etwa bis 1,00 Prozentpunkte über dem Liegenschaftszinssatz von neu erstelltem Wohnungs- und Teileigentum und
– etwa bis 0,5 Prozentpunkte über dem Liegenschaftszinssatz von umgewandeltem Wohnungs- und Teileigentum.

2.4.4.6 Bodenwert

Grundsätzlich ist der Bodenwert des Grundstücks mit dem entsprechend der Beteiligungsquote der Eigentumswohnung an der Gesamtanlage entfallenden Bodenwertanteil anzusetzen.

2.4.5 Sachwertverfahren

▶ *Vgl. Syst. Darst. des Sachwertverfahrens nach ImmoWertV Rn. 45 ff.*

111 Im Allgemeinen wird nicht das gesamte Grundstück, sondern nur eine Eigentumswohneinheit (Wohnungseigentum) zu bewerten sein. Das Wohnungseigentum setzt sich aus dem Sondereigentum an einer Wohnung und dem Miteigentum am gemeinschaftlichen Grundstück zusammen. Die Eigentumsanteile und hier insbesondere der Gemeinschaftsanteil lassen sich nach Gewerken kaum qualifizieren, sodass eine **direkte** (eigenständige) **Ermittlung des Sachwerts einer einzelnen Eigentumswohnung** allenfalls **in Ausnahmefällen möglich** ist, z. B. ein mit mehreren Häusern in der Rechtsform des Wohnungseigentums bebautes Grundstück (Hausanlage) oder ein Zweifamilienhaus[20].

112 Bei alledem kommt bei Anwendung des Sachwertverfahrens i. d. R. die deduktive Vorgehensweise zur Anwendung, bei der zunächst der Grundstückssachwert (Bodenwert, Wert der baulichen Anlagen, insbesondere der Gebäude und der Wert der sonstigen Anlagen) des Gesamtobjekts als Ausgangswert ermittelt und hieraus der Wert des Wohnungseigentums entsprechend der **Beteiligungsquote des Wohnungseigentümers am Miteigentum** als Bruchteil des Grundstückssachwerts abgeleitet wird. Diese Ermittlung ist im Prinzip fehlerfrei, wenn die Miteigentumsanteile nach Quadratmeter Wohnfläche am Gesamtflächenanteil aufgeteilt worden sind und die Flächenverhältnisse auch den Wertverhältnissen entsprechen.

Bei **Objekten mit Mischnutzung** (z. B. Läden im Erdgeschoss und Wohnungen in den Obergeschossen) richten sich die Kaufpreise für Gewerbeflächen im Allgemeinen nicht nach den Flächengrößen des jeweiligen Teileigentums, sondern nach der Ertragserwartung. Das bedeutet, dass ein ertragsträchtiger Laden im Erdgeschoss einen höheren Verkehrswert besitzt, als er sich unter Zugrundelegung der flächenmäßigen Miteigentumsanteile ergeben würde. Insofern könnte das Sachwertverfahren bei der Aufteilung des Gesamtwerts nach Miteigentumsanteilen zu falschen Werten führen. Zudem besteht das Problem der Anpassung des Sachwerts an die Marktlage.

113 Diese Vorgehensweise ist in der Rechtsprechung bestätigt worden, sofern diesbezüglich nichts Abweichendes vereinbart wurde[21].

2.4.6 Sonderfälle

2.4.6.1 Wohnungseigentum mit Reparaturstau

114 Probleme können sich bei der Wertermittlung von Wohnungs- oder Teileigentum insbesondere in den neuen Bundesländern dann ergeben, wenn bei dem Objekt ein erheblicher Reparaturstau vorliegt. Normalerweise hat die Eigentümergemeinschaft ein Reparaturrücklagenkonto (Instandhaltungsrückstellung), aus dem die laufenden Instandhaltungskosten und andere Reparaturen für die im gemeinschaftlichen Eigentum stehenden Bauteile gedeckt werden. Dieses Konto muss ausreichend groß sein, damit auch die im Laufe der Zeit anfallenden Großreparaturen aufgefangen werden können. Anderenfalls können die einzelnen Eigentümer mit zum Teil erheblichen Kosten belastet werden. Bei der Verkehrswertermittlung von Wohnungs- und Teileigentum ist deshalb stets zu prüfen, ob dieses **Rücklagenkonto** einen entsprechenden positiven Betrag ausweist. Ist dies nicht der Fall, mindert sich der Wert des Wohnungs- oder Teileigentums (Abb. 51):

---

20 Beispiel in Simon/Kleiber, Schätzung und Ermittlung von Grundstückswerten, 8. Aufl. S. 549.
21 BFH, Urt. vom 15.1.1985 – IX R 81/83 –, BFHE 143, 61 = BStBl II 1985, 252 = EzGuG 20.109; zur Frage des Bodenwertanteils BGH, Urt. vom 18.6.1976 – V ZR 156/75 –, NJW 1976, 1976; BFH, Urt. vom 24.2.1999 – IV B 73/98 –, GuG 2000, 186 = EzGuG 20.170; LG Göttingen, Urt. vom 8.9.1998 – 10 T 43/98 –, NZM 1999, 95 = EzGuG 20.165.

Abb. 52: Wertermittlung von Wohnungs- oder Teileigentum bei Instandhaltungs- oder Reparaturstau

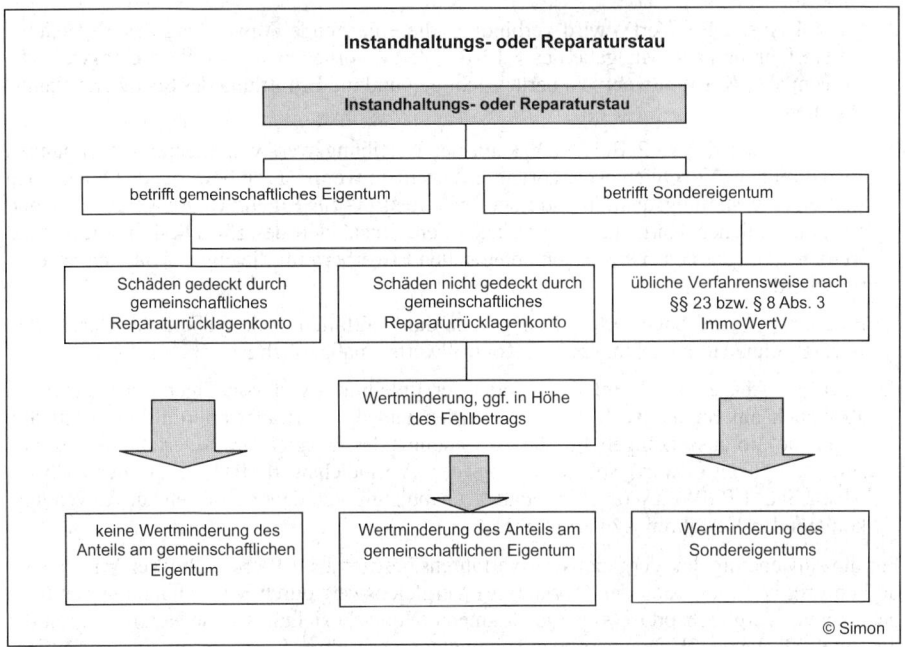

2.4.6.2 Sondernutzungsrechte

▶ Vgl. Rn. 45

Sondernutzungsrechte[22] (z. B. Gartenbenutzung) werden in der Praxis nach dem jährlichen Nutzwert der betroffenen Fläche berücksichtigt. Der **jährliche Nutzwert** kann dabei mit einem Vomhundertsatz des Bodenrichtwerts (z. B. 1 %) angesetzt werden, wobei die individuelle Lage mit einer Erhöhung oder Minderung berücksichtigt werden kann (vgl. Rn. 127). Der jährliche Nutzwert (z. B. 1/100 × Bodenrichtwert × Fläche) ist dann zu kapitalisieren, z. B. mit 5 %[23].

Ein Sondernutzungsrecht an einer **Stellplatzfläche** lässt sich durch Kapitalisierung des üblichen Nutzungsentgelts ermitteln.

2.4.7 Beleihungswertermittlung

▶ Vgl. Teil IX Rn. 155 ff.

Die **Ermittlung des Beleihungswerts von Eigentumswohnungen** ist im § 4 BelWertV in einer unverständlich verkomplizierten Weise geregelt:

1. Nach dem Grundsatz des § 4 BelWertV sind zur Ermittlung des *Beleihungswerts* von Wohnungs- und Teileigentum zunächst der Ertragswert (§§ 8 bis 13 BelWertV) und der Sachwert (§§ 14 bis 19 BelWertV) des Beleihungsobjekts getrennt zu ermitteln (§ 4 Abs. 1 Satz 1 BelWertV). **Maßgebend** soll nach § 4 Abs. 3 Satz 1 BelWertV jedoch **regelmäßig der Ertragswert** sein. Bleibt der Sachwert des Beleihungsobjekts um mehr

---
22 OLG Celle, Urt. vom 19.4.2000 – 3 U 47/99 –, GuG 2004, 184 = EzGuG 14.134c zum Sondernutzungsrecht am Dachgeschoss.
23 Zur Abgrenzung der Fläche vgl. BayObLG, Beschl. vom 17.4.2003 – 2 Z BR 7/03 –, GE 2003, 1029.

V Besondere Immobilienarten — Wohnimmobilien

als 20 % hinter dem Ertragswert zurück, sollen die „Nachhaltigkeit" des der Ertragsgewinnung zugrunde gelegten Ertrags und seine Kapitalisierung einer besonderen Überprüfung unterworfen werden.

2. Mit § 4 Abs. 2 BelWertV wird verbindlich die ergänzende Anwendung des Vergleichswertverfahrens nach Maßgabe des § 19 BelWertV vorgegeben. Der **Vergleichswert** (B) **ist** dann als **„Kontrollwert"** zu berücksichtigen und die Ermittlung des Sachwerts „kann" entfallen.

3. Nach § 4 Abs. 4 Satz 2 BelWertV kann der Beleihungswert von Eigentumswohnungen auch direkt am **Vergleichswert** „orientiert" werden, **wenn** das zu bewertende Objekt nach Zustand, Ausstattungsqualität und Lage „zweifelsfrei" zur **Eigennutzung** geeignet ist und bei gewöhnlicher Marktentwicklung nach den Umständen des Einzelfalls vorausgesetzt werden kann, dass das Objekt von potenziellen Erwerbern für die eigene Nutzung nachgefragt wird.

Eine Ertrags- und Sachwertermittlung kann dann entfallen, sodass allein der Vergleichswert (B) ohne Heranziehung eines „Kontrollwerts" maßgeblich ist.

4. Nach § 4 Abs. 2 Satz 1 BelWertV kann der Beleihungswert von Eigentumswohnungen aber auch am **Sachwert** „orientiert" werden und eine Ertragswertermittlung entfallen, wenn die Voraussetzungen für die Anwendung des Vergleichswertverfahrens gegeben sind. Als „Kontrollwert" soll dann wohl der „Vergleichswert (B)" dienen, der nach § 4 Abs. 2 Satz 1 BelWertV (in jedem Fall) – unabhängig von dem ansonsten zur Anwendung kommenden Verfahren – zu ermitteln ist.

117 Für die Anwendung des Vergleichswertverfahrens bestimmt § 19 Abs. 2 BelWertV nicht sonderlich originell, dass sich der (vorläufige) Vergleichswert durch Vervielfachung des (der) geeigneten „Vergleichspreise(s) je Quadratmeter Wohn- beziehungsweise Nutzfläche mit der gesamten Fläche des Wohnungs- oder Teileigentums" ergibt[24]. Der so ermittelte (vorläufige) Vergleichswert entspricht dem auch nach den Grundsätzen der ImmoWertV ermittelten Vergleichswert. Als **Vergleichswert i. S. der BelWertV soll jedoch ein um einen Sicherheitsabschlag in Höhe von mindestens 10 % verminderter Vergleichswert (B)** dienen, der darüber hinaus lediglich die Funktion eines „Kontrollwerts" hat (§ 4 Abs. 5 Satz 1 BelWertV).

118 In der **Gesamtschau** stellen sich die Verfahrensvorgaben wie aus Abb. 52 ersichtlich dar.

---

24 Im Falle von Stellplätzen aus der Vervielfachung des Vergleichspreises für einen Stellplatz mit der entsprechenden Anzahl.

Abb. 53: Verfahren der Ermittlung des Beleihungswerts von Wohnungs- und Teileigentum

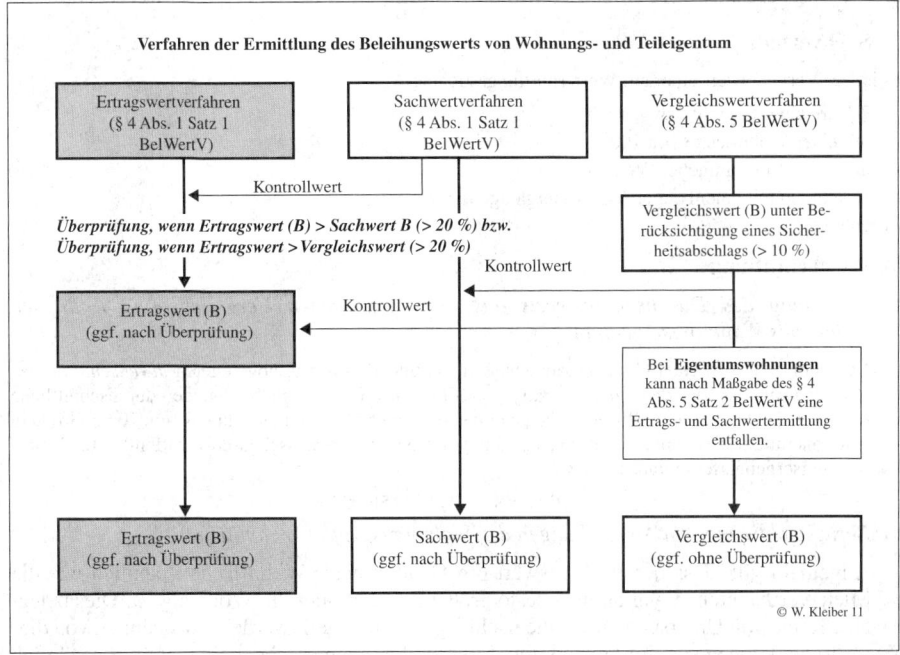

2.4.8 Steuerliche Bewertung

„**§ 93 BewG** Wohnungseigentum und Teileigentum

(1) Jedes Wohnungseigentum und Teileigentum bildet eine wirtschaftliche Einheit. Für die Bestimmung der Grundstücksart (§ 75) ist die Nutzung des auf das Wohnungseigentum und Teileigentum entfallenden Gebäudeteils maßgebend. Die Vorschriften der §§ 76 bis 91 finden Anwendung, soweit sich nicht aus den Absätzen 2 und 3 etwas anderes ergibt.

(2) Das zu mehr als 80 % Wohnzwecken dienende Wohnungseigentum ist im Wege des Ertragswertverfahrens nach den Vorschriften zu bewerten, die für Mietwohngrundstücke maßgebend sind. Wohnungseigentum, das zu nicht mehr als 80 %, aber zu nicht weniger als 20 % Wohnzwecken dient, ist im Wege des Ertragswertverfahrens nach den Vorschriften zu bewerten, die für gemischt genutzte Grundstücke maßgebend sind.

(3) Entsprechen die im Grundbuch eingetragenen Miteigentumsanteile an dem gemeinschaftlichen Eigentum nicht dem Verhältnis der Jahresrohmiete zueinander, so kann dies bei der Feststellung des Wertes entsprechend berücksichtigt werden. Sind einzelne Räume, die im gemeinschaftlichen Eigentum stehen, vermietet, so ist ihr Wert nach den im Grundbuch eingetragenen Anteilen zu verteilen und bei den einzelnen wirtschaftlichen Einheiten zu erfassen."

2.4.9 Beispiele

2.4.9.1 Verkehrswert einer Eigentumswohnung nach dem Vergleichswertverfahren

120 a) **Sachverhalt**

Es ist der Verkehrswert einer am Wertermittlungsstichtag
- 7 Jahre alten Eigentumswohnung
- mit einer Wohnfläche von 100 m²
- in mittlerer bis einfacher Wohnlage
- zusammen mit einem zugehörigen Tiefgaragenplatz

zu ermitteln.

121 b) **Wertermittlung**

a) *Ermittlung des Durchschnittswerts aus flächenbezogenen Vergleichspreisen für neu errichtetes Wohnungseigentum*

Nach den vom örtlichen Gutachterausschuss für Grundstückswerte abgeleiteten *durchschnittlichen Vergleichspreisen für den Weiterverkauf von Eigentumswohnungen* beträgt der durchschnittliche Kaufpreis je Quadratmeter Wohnfläche einer neu errichteten Eigentumswohnung von 70 m² Größe in guter bis mittlerer Wohnlage 1 500 €; vgl. die von den Gutachterausschüssen veröffentlichten Untersuchungsergebnisse; hieraus folgt z. B.:

$$100 \text{ m}^2 \times 1\,500 \text{ €} = \mathbf{150\,000 \text{ €}}$$

b) *Berücksichtigung von Abweichungen der Wohnungsgröße (Wohnfläche)*

Allgemein gilt, dass der Verkehrswert pro Quadratmeter Wohnfläche – ähnlich wie die Miete vermieteten Wohnraums – desto größer ist, je kleiner die Wohnung ist. Dies belegt eine Reihe von Untersuchungen, die nachfolgend dargestellt werden. Ausnahmen von dieser Regel können sich für hochwertige Luxuswohnungen ergeben, die nicht nur bezüglich Ausstattung, sondern auch bezüglich der Wohnfläche großzügig gestaltet sein müssen, um auf diesem Teilmarkt höhere Preise erzielen zu können.

Klöckner hat für Aachen folgende Gleichung für den Umrechnungskoeffizienten für die Abhängigkeit des Quadratmeterwerts von Eigentumswohnungen von der Wohnfläche abgeleitet:

$$UK = 1{,}78908 \times WF\,[\text{m}^2]^{-0{,}137}$$

bezogen auf eine 70 m² große Eigentumswohnung mit einem UK = 100 oder

$$UK = 1{,}8802 \times WF\,[\text{m}^2]^{-0{,}137}$$

bezogen auf eine 100 m² große Eigentumswohnung mit einem UK = 100

▶ *Zu anderen Untersuchungen vgl. Rn. 81 ff.*

Nach Untersuchungen des örtlichen Gutachterausschusses für Grundstückswerte mindert sich im Beispielsfall also der durchschnittliche Vergleichspreis je Quadratmeter Nettowohnfläche mit zunehmender *Wohnungsgröße*.

Im Verhältnis zu dem auf eine 70 m² große Wohnung bezogenen durchschnittlichen Kaufpreis beträgt der Umrechnungskoeffizient für eine 100 m² große Wohnung entsprechend dem Beispielsfall z. B. in Aachen 0,95; hieraus folgt:

$$150\,000 \text{ €} \times 0{,}95 = \mathbf{142\,500 \text{ €}}$$

c) *Berücksichtigung des Stellplatzes*

Sofern ein Stellplatz nicht bereits mit den Vergleichspreisen berücksichtigt wurde, kann er durch Einzelansätze zusätzlich berücksichtigt werden. Die Gutachterausschüsse veröffentlichen entsprechende Regelsätze.

Ein *Tiefgaragenplatz* wird mit 10 000 € berücksichtigt; hieraus folgt:

$$142\,500 \text{ €} + 10\,000 \text{ €} = \mathbf{152\,500 \text{ €}}$$

Wohnimmobilien — Besondere Immobilienarten V

d) *Berücksichtigung des Alters*

Nach Untersuchungen des örtlichen Gutachterausschusses für Grundstückswerte nimmt der *Verkehrswert von Eigentumswohnungen in Abhängigkeit vom Wohnungsalter* ab (hier: Ergebnisse der Untersuchungen des Gutachterausschusses für Grundstückswerte in den Städten Bonn, Essen, Mainz, Stuttgart und Nürnberg).

Für die im vorliegenden Fall 7 Jahre alte Eigentumswohnung ist damit bei einem Umrechnungsfaktor von 0,80 anzusetzen:

152 500 € × 0,80 = **122 000 €**

e) *Berücksichtigung der Lage*

Der Wert einer Eigentumswohnung ist wie der Wert anderer Immobilien abhängig von der Lage des Objektes. Sofern mit den herangezogenen Vergleichspreisen (differenziert nach Wohnlagen) die Lage noch nicht berücksichtigt wurde, ist eine zusätzliche Berücksichtigung erforderlich.

Nach Untersuchungen des örtlichen Gutachterausschusses für Grundstückswerte ist zur Berücksichtigung des Unterschieds zwischen einer den durchschnittlichen Vergleichspreisen zugrunde liegenden „guten bis mittleren" Wohnlage und der „mittleren ungünstigen" Wohnlage des Wertermittlungsobjekts ein weiterer Abschlag von 8 % anzubringen; hieraus folgt:

122 000 € × 0,92 = **112 240 €**

Von den Gutachterausschüssen für Grundstückswerte werden Umrechnungskoeffizienten abgeleitet, mit denen sich die Verkehrswerte von Eigentumswohnungen nach unterschiedlichen Wohnlagen umrechnen lassen (Rn. 86).

Weiterhin ist nach Lage des Einzelfalls zu berücksichtigen:

– Erst- und Wiederverkäufe (Rn. 76),

– vorangegangene Veräußerungen,

– die Ausstattung des Wohneigentums sowie des Gesamtobjekts (vgl. Rn. 88),

– die Lage des Wohneigentums innerhalb des Gesamtobjekts (z. B. Geschoss, vgl. Rn. 83),

– Besonderheiten bezüglich der zu tragenden Lasten (Instandsetzungen, Verwaltung, Gemeinschaftsanlagen usw.),

– Besonderheiten bezüglich der übrigen Bewohner,

– sonstige nach der Lage auf dem Grundstücksmarkt zu berücksichtigende Besonderheiten,

– die Anzahl der Wohneinheiten im Objekt (Rn. 85 ff.),

– allgemeine Lage[25].

Zu den angesprochenen wertbeeinflussenden Umständen liegen die unter Rn. 75 ff. vorgestellten **Untersuchungsergebnisse** vor.

2.4.9.2 Verkehrswert einer Eigentumswohnung mittels mehrdimensionaler Schätzfunktion (Regressionsanalyse)

a) **Vorbemerkungen**

Auftraggeber des Gutachtens: Herr E. F., 30000 H., E-Straße 9.

Das Gutachten wird vom Auftraggeber für steuerliche Zwecke benötigt.

Wertermittlungsstichtag ist der 1. Januar 20..

Die Eigentumswohnung wurde am 2.10.20.. vom Unterzeichner im Beisein des Herrn F. besichtigt.

---

[25] Krumm in AVN 1988, 166.

V Besondere Immobilienarten — Wohnimmobilien

b) **Beschreibung des Wertermittlungsobjekts**

30000 H., E-Straße 9, Wohnung Nr. 6 mit 100/1 000 Miteigentumsanteil

Grundbuch von H., Blatt 1213.

Gemarkung St., Flur 12, Flurstück 19/7.

Eigentümer: Herr E. F., 30000 H., E-Straße 9.

(Lageplan)

Tatsächliche Wertmerkmale

Lage: Das Grundstück liegt im südöstlichen Teil von H. an der E-Straße in einem bevorzugten Wohngebiet mit hohem Freizeitwert.

Form, Größe, Bodenbeschaffenheit: Die Form des Grundstücks und seine nähere Umgebung sind aus dem Lageplan zu erkennen. Das Grundstück ist farbig gekennzeichnet. Es ist 850 m² groß. Die Baugrundverhältnisse sind normal (nicht bindiger Boden, Grundwasser tiefer als 2 m). Das Grundstück ist mit 10 Eigentumswohneinheiten unterschiedlicher Größe in Blockbebauung bebaut.

Erschließungszustand: Das Grundstück ist voll erschlossen. Alle ortsüblichen Ver- und Entsorgungsleitungen (Wasser, Strom, Gas) sind vorhanden. Die E-Straße ist eine öffentliche Straße mit Durchgangsverkehr. Beidseitig sind Gehwege vorhanden.

Verkehrsanbindung: Bus- und Straßenbahnhaltepunkte befinden sich in unmittelbarer Nähe des Grundstücks an der E-Straße. Anschluss an die BAB 7 in ca. 500 m Entfernung über Zubringer.

Versorgungs- und Dienstleistungsbetriebe: Gute Einkaufsmöglichkeiten befinden sich im nahe gelegenen Einkaufszentrum an der H-Straße.

Rechtliche Wertmerkmale

Das Grundstück ist Bauland (§ 30 BauGB). Für das Wertermittlungsobjekt ist im rechtsverbindlichen Bebauungsplan Nr. 131 ein allgemeines Wohngebiet (WA) in offener Bauweise (o) festgesetzt. Als Maß der baulichen Nutzung ist zulässig:

Geschossflächenzahl (GFZ): 1,1

Bebauung mit 4 Vollgeschossen.

Die Bebauung entspricht der zulässigen Ausnutzung. In der näheren Umgebung des Grundstücks befindet sich ein Wohngebiet mit gehobener Einfamilienhausbebauung mit geringerer GFZ.

Erschließungsbeiträge: Das Grundstück ist erschließungsbeitragsfrei.

Rechte und Belastungen: Grundbuch und Baulastenverzeichnis wurden eingesehen. Wertbeeinflussende Rechte und Belastungen liegen nicht vor.

Beschreibung der baulichen Anlage

Baulicher Zustand: Das ausschließlich dem Wohnen dienende Gesamtgebäude wie auch die Eigentumswohnung Nr. 6 befinden sich in sehr gutem Erhaltungszustand. Nach den vorgelegten Jahresabrechnungen des Verwalters sind die Rücklagen für Instandhaltungsmaßnahmen ausreichend hoch.

Baumängel und Bauschäden: Es wurden keine Baumängel oder Bauschäden festgestellt.

Wohnfläche der Eigentumswohnung Nr. 6: 80 m².

Baujahr: 1984.

Restnutzungsdauer: Bei einem zum Zeitpunkt der Wertermittlung bestehenden Alter von 5 Jahren und einer gewöhnlichen Nutzungsdauer von 80 Jahren beträgt die Restnutzungsdauer des Objekts 75 Jahre.

Zusammenfassung: Das Wertermittlungsobjekt besteht aus der 80 m² großen 3-Zimmer-Eigentumswohnung Nr. 6 des Aufteilungsplans mit 100/1 000 Miteigentumsanteil. Sie liegt im II. Obergeschoss rechts in Südlage. Der Wohnungsgrundriss sowie die bauliche Ausstattung der Wohnung entsprechen derzeitig gehobenen Wohnvorstellungen und sind von guter bis sehr guter Qualität.

c) Ermittlung des Verkehrswerts

Grundstücksverkehrswerte werden auf der Grundlage des Sach-, Ertrags- oder Vergleichswertverfahrens ermittelt. Die Wahl des Verfahrens richtet sich nach den Gepflogenheiten des Grundstücksmarkts. Es ist dabei von den Maßstäben auszugehen, die der Verkehr beim Grundstückskauf anzuwenden pflegt[26].

Eigentumswohnungen werden i. d. R. nach Preisen je Quadratmeter Wohnfläche gehandelt. Aus diesem Grunde kann der Verkehrswert im Vergleichswertverfahren ermittelt werden. Für die Wertermittlung sind Quadratmeterpreise geeigneter Vergleichsobjekte heranzuziehen. Liegen sie nicht vor, kann der Verkehrswert je nach Charakter der Wohnung hilfsweise nach dem Ertrags- oder Sachwertverfahren ermittelt werden. Die danach errechneten Ausgangswerte sind unter Würdigung der besonderen Situation auf dem Grundstücksmarkt zu ermäßigen oder zu erhöhen.

Im vorliegenden Fall liegt eine ausreichende Anzahl von Vergleichsobjekten vor, die mit dem Wertermittlungsobjekt hinsichtlich der wertrelevanten Merkmale vergleichbar sind. Der Verkehrswert wird deshalb auf der Grundlage des Vergleichswertverfahrens ermittelt.

Da die Eigentumswohnung Nr. 6 unter Umständen auch als Renditeobjekt (Mietwohnung) angesehen werden kann, wird zu Kontrollzwecken der Ertragswert ermittelt.

Für die Ermittlung des Vergleichswerts liegen 51 bzw. 13 Kaufpreise von in Lage, Art und Ausstattung vergleichbaren Eigentumswohnungen vor, die in den Jahren 1988 bis 1993 veräußert wurden (Zweitverkäufe vgl. Abb. 53).

Abb. 54: Vergleichskaufpreise (nur Zweitverkäufe)

Vergleichskaufpreise (nur Zweitverkäufe)							
Nr.	Lage	Baujahr	Kaufzeitpunkt	x-Wert	Kaufpreis	Wohnfläche m²	Kaufpreis je m² WF
1	B-Weg	1983	13.05.1990	3,25	112 000	102,69	1 091
2	B-Weg	1983	20.12.1993	6,75	105 000	102,69	1 100
3	H-Weg	1982	11.10.1992	5,75	81 500	61,48	1 326
4	H-Weg	1982	28.07.1988	1,50	49 500	61,48	900
5	H-Weg	1982	10.06.1990	3,25	83 750	80,81	136
6	H-Weg	1982	28.05.1990	3,25	69 000	80,82	977
7	H-Weg	1982	28.12.1991	4,75	174 500	142,36	1 226
8	St-Straße	1984	21.01.1990	3,00	80 000	74,06	1 080
9	St-Straße	1984	02.01.1990	3,00	70 000	74,06	945
10	St-Straße	1984	29.07.1990	3,50	75 000	74,06	1 013
11	St-Straße	1984	28.11.1990	3,75	96 000	95,57	1 005
12	E-Straße	1987	16.07.1991	4,50	97 500	80,39	1 213
13	E-Straße	1987	23.08.1989	2,50	735 000	67,86	1 083
Kaufzeitpunkt im Quartal 1988 entspricht einem x-Wert von 1,00 je Quartal + 0,25							

Der für den Wertermittlungsstichtag maßgebende Vergleichswert wurde im Wege der linearen **Regressionsanalyse** ermittelt. Hierzu wurden die Quadratmeterpreise (y) mit ihren entsprechenden Veräußerungszeitpunkten (x) in Beziehung gesetzt (vgl. nachstehende Abb. 54).

---

[26] OLG Köln, Urt. vom 28.8.1962 – 9 U 28/58 –, NJW 1962, 2161 = EzGuG 20.31.

V Besondere Immobilienarten   Wohnimmobilien

Abb. 55: Regressionsanalyse über Kaufpreise (€/m²) von Eigentumswohnungen und Kaufzeitpunkt

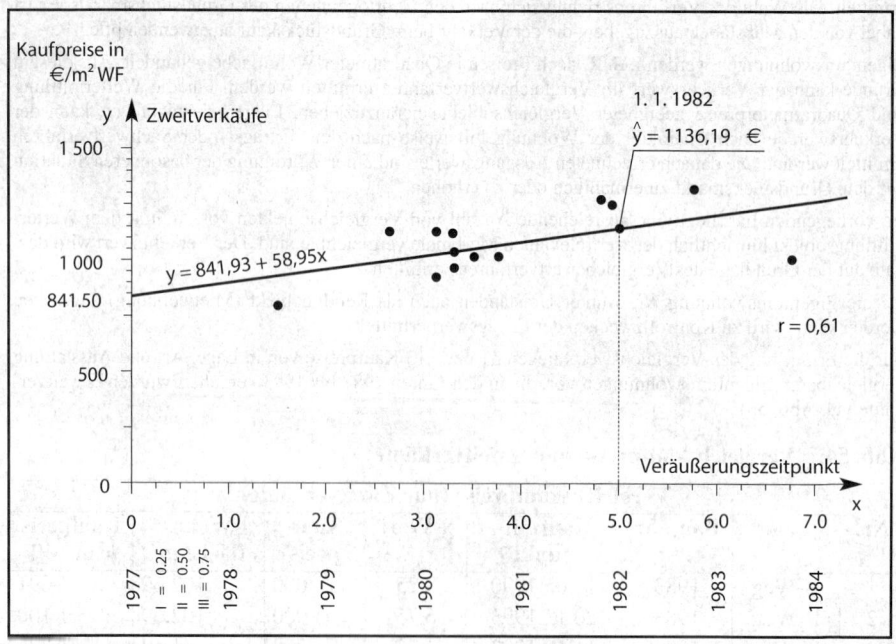

Die Schätzfunktion (Regressionsgerade) für die Zweitverkäufe lautet

y = 59,959 × + 851,65

bei einem Bestimmtheitsmaß von 0,4795.

Der zum 1.1.1991 (Wertermittlungsstichtag) ermittelte x-Wert ergibt sich zu 4,00. Der durchschnittliche Kaufpreis pro m² Wohnfläche ergibt sich aus:

y = 59,959 × 4,00 + 851,65 = 1 091 €/m².

Bei einer Wohnfläche von 80 m² wird der Vergleichspreis zu

80,00 m² × 1 091 €/m² = 85 280 € bzw. rd. 85 000 €.

2.4.9.3 Verkehrswert einer Eigentumswohnung nach dem Vergleichs- und Ertragswertverfahren

124   a) Sachverhalt

Es ist der Verkehrwert einer Eigentumswohnung (Wohnungseigentum Nr. 38) mit Keller und Balkon, jedoch ohne Stellplatz und Sondernutzungsrechte zum Wertermittlungsstichtag 13.5.2005 zu ermitteln. Die Wohnung ist Bestandteil einer Wohnanlage (Mehrfamilienhaus Nr. 56a) mittlerer Größe mit insgesamt 61 weiteren Wohnungen. Die auf dem Grundstück befindliche Wohnung Nr. 38 ist bezugsfrei.

- Lage   Erdgeschoss links
- Zimmer   3
- Wohnfläche   94,28 m²
- nachhaltige Nettokaltmiete   6,00 €/m²
- Nettokaltmiete pro Monat   565,68 € (= 94,28 m² × 6,00 €/m²)
- Nettokaltmiete pro Jahr   rd. 6 788,16 € (= 565,68 € × 12 Monate)
- Miteigentumsanteil   242,39/10 000
- Grundstücksgröße   5 795 m²

– Bodenrichtwert (1.1.2005)	240,00 €/m² (ebf) bei einer Nutzung „Wohngebiet" (W) und einer GFZ von 1,5 ohne Bezug auf eine Größe des Bodenrichtwertgrundstücks
– Art der baulichen Nutzung	Allgemeines Wohngebiet
– Maß der baulichen Nutzung	etwa 0,8
– Art des Gebäudes	Mehrfamilienhaus mit 62 Wohneinheiten und einer Gewerbeeinheit, dreigeschossig, voll unterkellert, nicht ausgebautes Dachgeschoss
– Baujahr	ca. 1930–1939
– Fiktives Baujahr	2003 (Vollmodernisierung in 2003)
– Gesamtnutzungsdauer	70 Jahre
– Restnutzungsdauer	68 Jahre
– Besondere Bauteile	Balkon; südwestliche Ausrichtung

Die auf dem Grundstück realisierte Bebauung weist mit einer überbauten Fläche von 1 363 m² bei einer (fiktiven) Grundstücksfläche von 5 795 m² eine tatsächliche GRZ von rd. 0,2 und mit einer Geschossfläche von rd. 4 317 m² eine GFZ von rd. 0,8 auf. Die tatsächliche Nutzung entspricht der lagetypischen Nutzung. Das Grundstück ist damit gemäß § 6 Abs. 1 Satz 2 ImmoWertV nicht untergenutzt. Dem Bodenrichtwert ist indessen eine GFZ von 1,5 zugeordnet. Der Bodenrichtwert wird deshalb mithilfe von Umrechnungskoeffizienten auf die lagetypische und realisierte Nutzung von 0,8 umgerechnet. Daraus ergibt sich folgende Berechnung: **125**

$UK_{GFZ = 0,8}$ = 0,7960

$UK_{GFZ = 1,5}$ = 1,4769

$BW_{GFZ = 0,8}$ = 240 €/m² × 0,7960/1,4769 = rd. 130 €/m²

Da seit der Bodenrichtwertveröffentlichung vom 1.1.2005 keine Wertminderungen oder Werterhöhungen auf dem allgemeinen Grundstücksmarkt erkennbar waren, ergibt sich – bezogen auf den Wertermittlungsstichtag – für das Grundstück ein Bodenwert von 795 m² × 130 €

= rd. 753 350 €

Bei einem Miteigentumsanteil am Grundstück von 243,39/10 000 und einer Grundstücksgröße von 5 795 m² ergibt sich ein Bodenanteil von

= rd. 18 336 €

Die Bewirtschaftungskosten ergeben sich wie folgt: **126**

Verwaltungskosten	260 €/pro Whg.	260 €/m² × 1	rd. 260 €
Instandhaltungskosten	9,00 €/m²	9,00 €/m² × 94,45 m²	rd. 850 €
Mietausfallwagnis in % der Nettokaltmiete	3 %	3 % von 6 788 €	rd. 204 €
Nicht umlegbare Betriebskosten	0,5 %	0,5 % von 6 788 €	rd. 34 €
Nicht umgelegte Bewirtschaftungskosten insgesamt			**rd. 1 348 €**

Bezogen auf die Jahresnettokaltmiete ergeben sich als nicht umgelegte Bewirtschaftungskosten rd. 20 %.

V Besondere Immobilienarten   Wohnimmobilien

127 b) **Ertragswertermittlung**

Eigentumswohnung	
Jahresnettokaltmiete	6 788 €
./. nicht umgelegte BewK (20 %)	– 1 348 €
Jahresreinertrag	**5 440 €**
./. Bodenwertverzinsung (4,5 % von 18 336 €)	rd. – 825 €
Gebäudeertragsanteil	**4 615 €**
Vervielfältiger bei – Restnutzungsdauer – p von 4,5 % Vervielfältiger V Gebäudeertragswert = (RE – p × BW) × V zuzüglich Bodenwert	68 Jahre 4,5 % × 20,49 rd. 94 561 € + 18 336 €
Vorläufiger Ertragswert	**112 897 €**

128 Die Ertragswertermittlung stützt das Ergebnis des Vergleichswertverfahrens, für das nur wenige Vergleichspreise vornehmlich aus dem Jahre 1998 zur Verfügung stehen. Nur ein weiterer Vergleichspreis stammt aus dem Jahre 2004. Deshalb werden auch die älteren Vergleichspreise berücksichtigt.

Soweit in den vom Gutachterausschuss angegebenen Vergleichspreisen ein Tiefgaragenstellplatz enthalten ist, werden die angegebenen Vergleichspreise in der nachfolgenden Tabelle um den anteiligen (in der Kaufpreissammlung mit 12 500 € angegebenen) Kaufpreisanteil bereinigt.

Des Weiteren sind die angegebenen Vergleichspreise auf die allgemeinen Wertverhältnisse des Wertermittlungsstichtags umzurechnen. Nach der veröffentlichten Indexreihe für die Preisentwicklung von Eigentumswohnungen ist bis zum Jahre 2005 ein erheblicher Wertrückgang von 30 % zu verzeichnen, während bis 2000 nur eine Wertminderung von 10 % berücksichtigt wurde. Die jüngere Preisentwicklung weist dagegen in diesem Segment ein unverändertes Preisniveau auf.

129 Somit ergeben sich folgende auf den Wertermittlungsstichtag 13.5.2005 umgerechnete Vergleichspreise für freifinanzierte, neu errichtete und bezugsfreie Eigentumswohnungen in freistehenden Gebäuden:

Umrechnung der Vergleichspreise für bezugsfreie Eigentumswohnungen auf den Wertermittlungsstichtag							
Nr.	Datum	KP/m² €	Tiefgarage	KP/m² * €	Wertminderung bis 2005		KP/m² €
					%	€	
1 (2576)	15.12.1998	1 917	x	1 772	– 30	– 532	**1 240**
2 (2371)	17.12.1998	2 440		2 440	– 30	– 732	**1 708**
3 (2575)	22.12.1998	1 917	x	1 779	– 30	– 534	**1 245**
4 (1075)	09.06.1999	2 426		2 426	– 25	– 606	**1 820**
5 (635)	22.07.2004	1 200		1 200	– 0	– 0	**1 200**

* um den Tiefgaragenplatz bereinigte Kaufpreise

Die Eigenschaften der Vergleichswohnungen werden wie folgt angegeben:

Eigenschaften der Vergleichswohnungen						
Nr.	KP/m² €	Stadträumliche Lage	Bemerkung	Baujahr	WF m²	Zimmer	Wohnanlage Zahl der WE

Nr.	KP/m² €	Stadträumliche Lage	Bemerkung	Baujahr	WF m²	Zimmer	Wohnanlage Zahl der WE
1	1 240	mittel	–	2000	89	4	29
2	1 708	mittel	Wasserlage	1998	97	3	23
3	1 245	mittel	–	2000	89	3	29
4	1 820	mittel	Wasserlage	1998	97	3	23
5	1 200	gut	–	1998	81	3	50

Alle Vergleichspreise beziehen sich (wie die zu bewertende Eigentumswohnung) auf Wohnungen
a) in Erdgeschosslage,
b) in guter (neuzeitlicher) Ausstattung,
c) ohne Stellplatz.

Wohnimmobilien — Besondere Immobilienarten V

Im Unterschied zu dem Bewertungsobjekt weisen sie keinen Balkon auf, jedoch beziehen sich die Vergleichspreise auf erdgeschossige Objekte, die mit einem Sondernutzungsrecht an der Gartenfläche verbunden sind, so dass dieser Umstand außer Betracht bleiben kann.

Die zu bewertende Eigentumswohnung liegt nach den vorstehenden Ausführungen in
- einer mittleren stadträumlichen Lage,
- in einer Wohnanlage mit 62 Wohneinheiten (zuzüglich einer Gewerbeeinheit) und
- weist eine Wohnfläche von rd. 94 m² auf.

Die vorstehend erläuterten Abweichungen der Vergleichsobjekte von dem Bewertungsobjekt werden nachstehend mittels Umrechnungskoeffizienten (UK) auf die Zustandsmerkmale der zu bewertenden Eigentumswohnung umgerechnet. **130**

Vergleichspreise mit Eigenschaften und Umrechnungskoeffizienten							
Nr.	KP/m² €	Stadträumliche Lage	UK_{Lage}	m²	UK_{WF}	Wohnanlage Zahl der WE	$UK_{Wohnanlage}$
1	1 240	mittel	1,00	89	0,96	29	1,02
2	1 708	mittel	1,00	97	0,95	23	1,03
3	1 245	mittel	1,00	89	0,96	29	1,02
4	1 820	mittel	1,00	97	0,95	23	1,03
5	1 200	gut	1,10	81	0,98	50	1,00
Bewertungsobjekt							
Eigenschaften		mittel	1,00	94	0,96	63	0,99
Umrechnung der Vergleichspreise auf die Eigenschaften des Bewertungsobjekts							
Nr.	KP/m² €	Umrechnung UK_{Lage}	KP (umgerechnet)	Umrechnung UK_{WF}	KP (umgerechnet)	Zahl der WE	KP (umgerechnet)
1	1 240	× UK/UK	1 240	× UK/UK	1 240	× UK/UK	1 204
2	1 708	× UK/UK	1 708	× UK/UK	1 726	× UK/UK	1 659
3	1 245	× UK/UK	1 245	× UK/UK	1 245	× UK/UK	1 208
4	1 820	× UK/UK	1 820	× UK/UK	1 839	× UK/UK	1 768
5	1 200	× UK/UK	1 091	× UK/UK	1 069	× UK/UK	1 080

▶ Zu den Umrechnungskoeffizienten vgl. Rn. 75

Die Vergleichspreise weisen eine erhebliche Streuung auf. Insbesondere die Vergleichspreise Nr. 2 und 4 liegen nicht unerheblich über den übrigen Vergleichspreisen. Dies kann darauf zurückgeführt werden, dass es sich ausweislich der Kaufpreissammlung um Objekte „in Wasserlage" handelt. Sie werden deshalb nicht zum Preisvergleich herangezogen.

Nr.	KP/m² €	Umrechnung UK_{Lage}	KP (€ m²) (umgerechnet)	Umrechnung UK_{WF}	KP (€/m²) (umgerechnet)	Zahl der WE	KP (€/m²) (umgerechnet)
1	1 240	× UK/UK	1 240	× UK/UK	1 240	× UK/UK	1 204
2	1 708	× UK/UK	1 708	× UK/UK	1 726	× UK/UK	1 659
3	1 245	× UK/UK	1 245	× UK/UK	1 245	× UK/UK	1 208
4	1 820	× UK/UK	1 820	× UK/UK	1 839	× UK/UK	1 768
5	1 200	× UK/UK	1 091	× UK/UK	1 069	× UK/UK	1 080

Des Weiteren ist zu berücksichtigen, dass es sich bei den Vergleichspreisen 1 und 3 um ältere aus dem Jahre 1998 stammende Vergleichspreise handelt, die deshalb bei der Mittelwertbildung mit hälftigem Gewicht berücksichtigt werden.

V Besondere Immobilienarten — Gewerbeimmobilien

Somit ergibt sich im Wege der Mittelbildung ein Vergleichswert in Höhe von 1 143 €/m² WF und für das Bewertungsobjekt (ohne Stellplatz) insgesamt:

94,28 m² WF × 1 143 €/m² WF = **rd. 110 000 €**

Dieser Wert ist plausibel im Verhältnis zu dem vom Gutachterausschuss angegebenen aggregierten Durchschnittswert von 1 176 €/m².

3 Gewerbeimmobilien

3.1 Typologie von Gewerbeimmobilien

▶ *Hierzu auch § 6 ImmoWertV Rn. 19 ff., 59; § 18 ImmoWertV Rn. 141 ff.*

131 Gewerbliche Immobilien lassen sich nur schwerlich typisieren. Neben den klassischen Büro- und Verwaltungsimmobilien sowie industriell genutzten gehören dazu insbesondere Handelsimmobilien und Betreiberimmobilien (Abb. 1).

Abb. 1: Gewerbeimmobilien

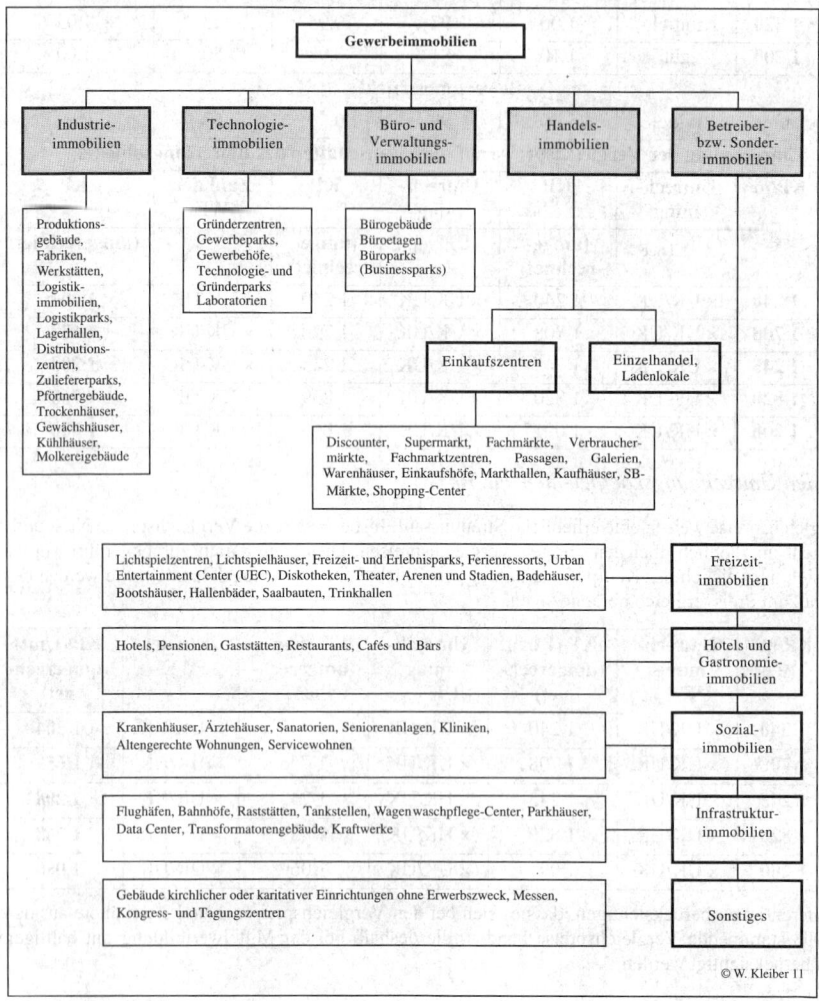

In der Verkehrswertermittlung wird unter Berücksichtigung der Situationsgebundenheit, der **allgemeinen Verkehrsauffassung** und der lagetypischen Nutzung wie folgt unterschieden: 132

– *klassische Gewerbeflächen* für das produzierende Gewerbe, Großhandel, Lagerplätze, Speditionen, die zumeist ebenerdig bebaut sind und größere Freiflächen aufweisen (Büroflächenanteil i. d. R. < 30 %); die Verkehrswerte weisen in diesen Gebieten zumeist eine geringe „Empfindlichkeit" gegenüber einem unterschiedlichen Maß der baulichen Nutzbarkeit von i. d. R. (GFZ) 0,4 bis 1,0 auf;
– *„verdichtetes klassisches Gewerbe"* in zumeist mehrgeschossig bebauten älteren und nicht selten mit „Wohnen" durchmischten Baugebieten;
– *Büro- und Geschäftslage* mit i. d. R. mehrgeschossiger Bebaubarkeit (typische GFZ von 2,0); die Verkehrswerte weisen in diesen Gebieten häufig eine lineare Empfindlichkeit gegenüber der Geschossfläche (GF) auf;
– *„Shopping-Center"* in zumeist peripher gelegener Lage, zumeist autogerecht mit einem breiten Parkangebot und mit sehr geringer baulicher Ausnutzung (GFZ 0,2 bis 0,6) ausgelegt, insbesondere für Gartencenter, Autohändler und den sog. *„(Fast-)Food*-Bereich";
– *Läden*, wobei zwischen „klassischen" Zentrumslagen und Einkaufszentren unterschieden wird.

Für den städtebaurechtlichen Gewerbebegriff hat § 1 Abs. 1 der Gewerbesteuerdurchführungsverordnung Bedeutung: Danach stellt ein **Gewerbebetrieb** „eine selbstständige nachhaltige Tätigkeit" dar, „die mit Gewinnabsichten unternommen wird und sich als Beteiligung am allgemeinen wirtschaftlichen Verkehr darstellt, wenn die Betätigung weder als Ausübung von Land- und Forstwirtschaft noch als Ausübung eines freien Berufs oder als selbstständige Arbeit i. S. des Einkommensteuerrechts anzusehen ist". Der bauplanungsrechtliche Gewerbebegriff weist zwar zum gewerbeordnungsrechtlichen Gewerbebegriff (§ 30 GewO) eine Reihe von Verwandtschaften auf, ist aber nicht damit identisch. So können danach selbst Betriebe der öffentlichen Hand unter den bauplanungsrechtlichen Gewerbebegriff fallen (§ 8 Abs. 2 Nr. 9 BauNVO). 133

Die gewerbliche Nutzung von Grundstücken ist mit unterschiedlicher Intensität in den verschiedensten **bauplanungsrechtlichen Gebietstypen der BauNVO** (vgl. § 6 ImmoWertV Rn. 19) zulässig. Sie können nach Art und Umfang die Lage des Gebiets bestimmen oder auch von untergeordneter Bedeutung für die Lage sein. Zu den wichtigsten Unterscheidungsmerkmalen gehört die **Unterscheidung zwischen** 134

a) **Gewerbegebieten** i. S. des § 8 BauNVO (GE) und

b) **Industriegebieten** i. S. des § 9 BauNVO (GI),

die teilweise überschneidende Nutzungsmöglichkeiten aufweisen.

Die planungsrechtliche Ausweisung von Gewerbe- und Industrieflächen nach den Grundsätzen der BauNVO lässt aus wirtschaftlicher Sicht recht unterschiedliche Nutzungen zu. Dies reicht oftmals vom Schrottplatz bis zu einer hochwertigen Büronutzung. **Gewerblich-industrielle Immobilien** weisen eine große Bandbreite unterschiedlicher Nutzungen auf (Abb. 2). 135

V Besondere Immobilienarten — Gewerbeimmobilien

Abb. 2: Gewerbliche und industrielle Nutzung GE/GI nach BauNVO

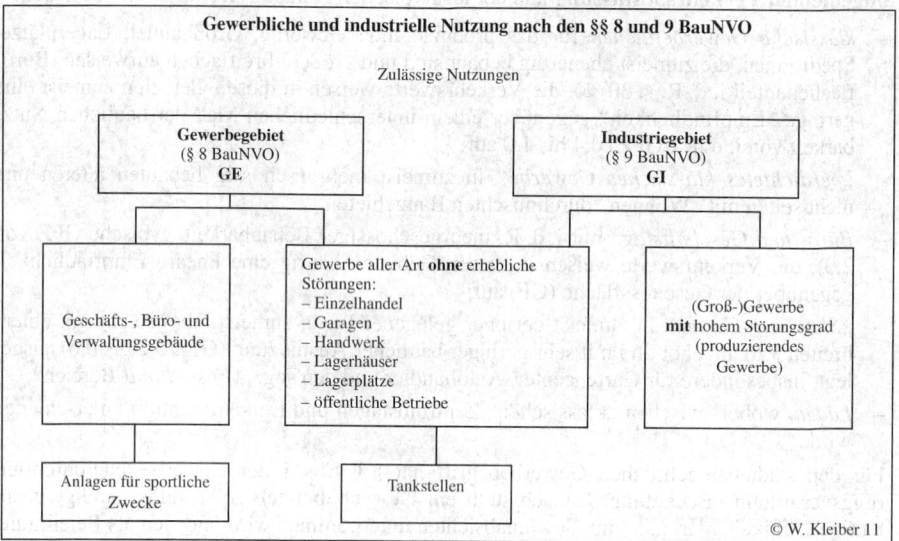

136 Die bauplanungsrechtliche **Unterscheidung zwischen GE- und GI-Gebieten** i. S. der §§ 8 und 9 BauNVO **führt häufig bereits zu Wertunterschieden von 100 %,** d. h., Industriegebiete weisen dann den hälftigen Wert von sonstigen Gewerbegebieten auf. Bei Heranziehung von Bodenrichtwerten und von Vergleichspreisen müssen Unterschiede in der gewerblichen Nutzung deshalb ggf. im Wege der Interpolation berücksichtigt werden. Allein die Unterscheidung nach GE und GI beschreibt die im Einzelfall maßgeblichen Wertverhältnisse gleichwohl nur unzureichend, denn Gewerbebetriebe ohne erhebliche Störungen sind sowohl im GE- als auch im GI-Gebiet zulässig. In den GE-Gebieten sind darüber hinaus hochwertige Büronutzungen zulässig, sodass GE-Gebiete infolgedessen ebenfalls – je nach Nutzung – große Wertunterschiede aufweisen können. Das **geringste Bodenwertniveau weisen** dagegen **die mit hohem Störungsgrad** zumeist **produktiv genutzten GI-Gebiete auf.**

137 Unter die in GE-Gebieten zulässigen „Gewerbebetriebe aller Art" fallen im Übrigen auch **Einzelhandelsbetriebe.** Dagegen sind großflächige Einzelhandelsbetriebe mit mehr als 1 500 m² Geschossfläche in einem GI-Gebiet unzulässig[27].

138 **Gewerbebetriebe** sind insgesamt zulässig in
- besonderen Wohngebieten,
- Mischgebieten,
- Gewerbegebieten und
- Industriegebieten.

Nicht störende Gewerbebetriebe sind des Weiteren zulässig in
- Kerngebieten,
- ausnahmsweise in Kleinsiedlungsgebieten,
- im allgemeinen Wohngebiet.

Nicht störende Handwerksbetriebe sind zulässig im
- Kleinsiedlungsgebiet,
- allgemeinen Wohngebiet und
- ausnahmsweise im reinen Wohngebiet.

---

[27] BVerwG, Urt. vom 3.2.1984 – 4 C 54/80 –, BVerwGE 68, 343 = NJW 1984, 1768 = BauR 1984, 380 = DVBl. 1984, 62 = ZfBR 1984, 135 = UPR 1984, 225 = DÖV 1984, 849 = BRS Bd. 42 Nr. 50 = BayVBl. 1984, 726.

Geschäfts-, Büro- und Verwaltungsgebäude sind zulässig in
- besonderen Wohngebieten,
- Mischgebieten,
- Kerngebieten und
- Gewerbegebieten.

3.2 Büroimmobilien

3.2.1 Allgemeines

Schrifttum: *Blecken/Holthausen-Sellheier/Raabe*, Büroimmobilien, Prognosemodelle, GuG 2013, 30; GuG 2011, 30, 156; *Janzen, S./Jenyon, B.*, Die Bewertung eines Bürogebäudes auf der Basis des Offenen Marktwerts, GuG 1998, 294; *Leopoldsberger, G.*, Wertermittlung eines Büroobjekts, GuG 1998, 154; *Simon, J.*, Wertermittlung eines Büroobjekts, GuG 1998, 40.

Mietpreisbestimmende Merkmale für Büroflächen sind 139
- Lage,
- Zuschnitt,
- Verbindung der Geschosse (Lifte/Rolltreppen),
- klimatechnische Ausstattung (Heizung/Lüftung),
- datentechnische Ausstattung (Verkabelung),
- sozialtechnische Ausstattung (Sozial- und Personalräume),
- sicherheitstechnische Ausstattung,
- sanitäre Ausstattung (WC, Waschräume),
- Erreichbarkeit,
- Parkplatzsituation,
- Repräsentation (Vorfahrt, Eingang, Empfang, Zugangskontrollen),
- Identifikation,
- städtebauliches Umfeld,
- Außenanlagen,
- Architektur,
- Fassade,
- Baustoffe,
- Baujahr,
- Beleuchtung,
- Belichtung (Fenster, Sonnenschutz),
- Art der Decke und Deckenhöhe,
- Türhöhe,
- Dach,
- Schallschutz,
- Energieversorgung.

Nach älteren Untersuchungen von *Birkner*[28] bestehen bei Büroimmobilien mit folgender **Aus-** 140 **stattung:**
- offene, geschossweise Verbindung der Mietflächen, z. B. Rolltreppen oder innerbetriebliche Treppen,
- Klimatisierung der Mietflächen in Untergeschossen,
- Lifte, bei mehr als 2 Obergeschossen,
- Sozialflächen: WC-Anlagen, Wasch- und Personalräume,

folgende Zusammenhänge zwischen den **Mieten in unterschiedlichen Geschossebenen** (Abb. 3):

---
28 DS 1986, 137; vgl. hierzu weitergehend Dröge a. a. O., S. 298 f.

V Besondere Immobilienarten Gewerbeimmobilien

Abb. 3: Richtwerte

Richtwerte für Mietunterschiede nach Stockwerken in % bei Gewerbeflächen				
Geschoss	Verkaufs-fläche	Bürofläche	Sozialfläche	Verkehrs-fläche
2. Untergeschoss	50–70	5–20	10–20	10–30
1. Untergeschoss	70–80	5–25	15–25	15–25
Erdgeschoss	100	–	–	–
EG Schaufenster	150–200	–	–	–
EG Passage	120–150	–	–	–
1. Obergeschoss	70–90	10–60	15–25	20–30
2. Obergeschoss	50–70	10–60	15–20	10–30
3. bis 6. Obergeschoss	40–60	10–60	15–30	10–30

Quelle: Birkner in DS 1986, 137

141 Gute Lagemerkmale mit guter Ausstattung des Gebäudes sind Voraussetzung für Spitzenmieten. Neben den allgemeinen Lagemerkmalen, die die Rangfolge der wertbeeinflussenden Merkmale von Büroimmobilien anführen, sind vor allem die **Ausstattungsmerkmale**, die Größe, die Flexibilität der Nutzbarkeit, ihre Teilbarkeit und das Alter von Bedeutung.

3.2.2 Büroformen

142 Man unterscheidet zwischen[29]

- Einzel- und Zweierbüros (auch Zellenbüros),
- Gruppenbüros (mit Räumen für 3 bis 15 Mitarbeiter),
- Großraumbüros (400 bis 1 000 m² mit flexiblen Trennwänden),
- Kombibüros (Kombination von Zellen- und Großraumbüro; Team-Büro zum Teil mit benachbarter „Denkerzelle").

Beurteilungskriterien für die Büroform sind Arbeitsabläufe, Kommunikationsfluss, Störungsunanfälligkeit und Flächenökonomie. In der Branchensprache sind auch folgende schillernde Begriffe gebräuchlich:

Atmendes Büro: Büro mit flexibler Aufteilung und Einrichtung mittels versetzbarer Trennwände *(Loose Space)*; Projektwerkstatt

Decisive Space: Abgeteiltes Chefbüro
Desk Sharing: Arbeiten an wechselnden Schreibtischen
Fraktales Büro: Sich selbst organisierende Unternehmenseinheit
Lean Office: Büro mit Minimalausstattung
Human Office: Mitarbeiterfreundlich ausgestattetes Büro
Hoteling Office: Multifunktionaler Arbeitsplatz *(Free Adressable Workstation)*, der im *Desk Sharing* genutzt wird
Quality Office: Ansprechende, praktische und preiswerte Bürogestaltung
Team Center: Büro mit Aufenthaltsqualität (Sofas, Terrassen, Bistro)
Separate Office: Kombibüro mit fest zugeteilten und abgetrennten Zellenbüros

---

[29] Hahn, H., Das moderne Bürogebäude, Ehningen 1991; Lorenz, P., Gewerbebau Industriebau, Leinfelden-Echterdingen 1991.

Abb. 4: Ausstattungsmerkmale eines modernen Bürogebäudes

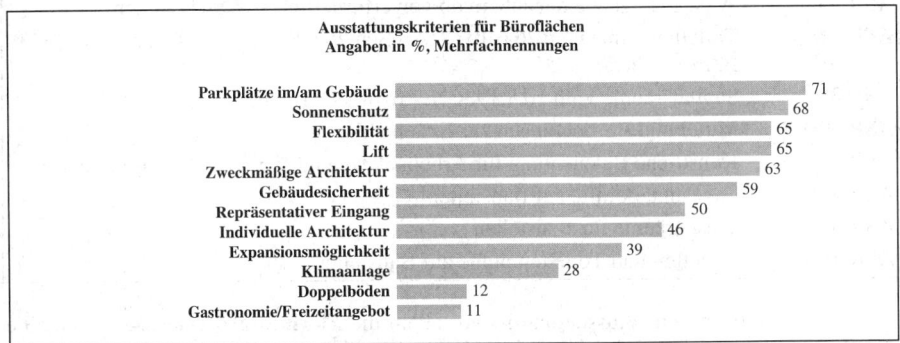

Quelle: DIFA 2002

Die **Klimatisierung von Gebäuden** ist sehr kostenintensiv. Voll- oder Teilklimatisierungen sind deshalb nur in „Top-Lagen" gefragt.

Verkehrsflächen sollten aus Gründen der Wirtschaftlichkeit 15 % der Nutzfläche nicht überschreiten.

Bei alledem ist zu fordern, dass die Regelungen der **Arbeitsstättenverordnung**[30] i. V. m. den **Arbeitsstättenrichtlinien – ASR –** beachtet worden sind.

Abb. 5: Übersicht über die Arbeitsstättenrichtlinien

ASR 5	Lüftung 1979 (BArbBl. 10/86 S. 103, geändert durch BArbBl. 12/84 S. 85)
ASR 6	Raumtemperaturen
ASR 7/1	Sichtverbindung nach außen
ASR 7/3	Künstliche Beleuchtung
ASR 7/4	Sicherheitsbeleuchtung
ASR 8/1	Fußböden
ASR 8/4	Lichtdurchlässige Wände
ASR 8/5	Nicht durchtrittsichere Dächer
ASR 10/1	Türen, Tore
ASR 10/5	Glastüren, Türen mit Glaseinsatz
ASR 10/6	Schutz gegen Ausheben, Herausfallen und Herabfallen von Türen und Toren
ASR 11/1–5	Kraftbetätigte Türen und Tore
ASR 12/1–3	Schutz gegen Absturz und herabfallende Gegenstände
ASR 13/1,2	Feuerlöscheinrichtungen
ASR 17/1,2	Verkehrswege
ASR 18/1–3	Fahrtreppen und Fahrsteige
ASR 20	Steigeisengänge
ASR 25/1	Sitzgelegenheiten
ASR 29/1–4	Pausenräume vom 25.4.1977 (ArbSch 6/77 S. 141, zuletzt geändert am 1.8.1988 BArbBl. 9/88 S. 46)
ASR 31	Liegeräume
ASR 34/1–5	Umkleideräume

---

30 Arbeitsstättenverordnung – ArbStättVO – vom 20.3.1975, zuletzt geändert durch VO vom 4.12.1996 (BGBl. 1996, 1841).

ASR 35/1–4	Waschräume
ASR 35/5	Waschgelegenheiten außerhalb von erforderlichen Waschräumen
ASR 37/1	Toilettenräume vom 26.6.1977 (ArbSch 9/76 S. 322, geändert am 20.4.1979 BArbBl. 7/8/79 S. 26)
ASR 38/2	Sanitätsräume vom 10.8.1986 (BArbBl. Nr. 10/86)
ASR 39/1,3	Mittel und Einrichtungen zur Ersten Hilfe
ASR 41/3	Künstliche Beleuchtung für Arbeitsplätze und Verkehrswege im Freien
ASR 45/1–6	Tagesunterkünfte auf Baustellen
ASR 47/1–3,5	Waschräume für Baustellen
ASR 48/1,2	Toiletten und Toilettenräume auf Baustellen

145 Neben der Mietfläche und Ausstattung ist vor allem die **Flexibilität**[31] einer Büroimmobilie von Bedeutung. Eine hohe Flexibilität ist bei einem großzügigen Grundraster mit möglichst weit gespannten und unterzugsfreien Decken, das den Einbau reversibler Trennwandsysteme erlaubt, gegeben. Multifunktionale Büroformen ermöglichen eine gemischte Nutzung zwischen Dienstleistung, Verwaltung, Handel und Wohnen. Eine hohe Flexibilität ist bei einem großzügigen Grundraster mit entsprechendem Achsabstandsmaß und möglichst weit gespannten und unterzugsfreien Decken, das den Einbau reversibler Trennwandsysteme erlaubt, gegeben (vgl. Rn. 147).

3.2.3 Büroflächenbedarf

146 Der **Flächenbedarf pro Mitarbeiter** schwankt zwischen 25 und 30 m² „über alles". Der Arbeitsraum muss nach § 23 Abs. 1 und 2 ArbStättVO

– eine *Grundfläche* von mindestens 8 m² und
– eine *lichte Höhe* bei einer Grundfläche

– von nicht mehr als 50 m²	von mindestens 2,50 m
– von mehr als 50 m²	von mindestens 2,75 m
– von mehr als 100 m²	von mindestens 3,00 m
– von mehr als 2 000 m²	von mindestens 3,25 m

haben. Unabdingbar für den Einsatz moderner Bürotechniken sind Doppelböden (teuerste Variante für Großmieter der EDV-Branche bzw. Rechenzentren) oder alternative Möglichkeiten (Kombination von Boden- und Fensterkanälen) für eine **Vernetzung der Bürotechnik**. Bei Bürogebäuden geht im Hinblick darauf der Trend zu Raumhöhen von 4 m (Abb. 6).

---

31 Kretschmer, R., Mehrfunktional genutzte Gewerbeimmobilien, in Falk, Gewerbeimmobilien.

Abb. 6: Büroflächenbedarf je Mitarbeiter in m² ohne Wegeflächen, Nass-, Besprechungs- und Raucherbereiche sowie sonstige Flächen (Kantine, Erste Hilfe usw.)

Büroflächenbedarf je Mitarbeiter in m² ohne Wegeflächen, Nass-, Besprechungs- und Raucherbereiche sowie sonstige Flächen (Kantine, Erste Hilfe usw.)	
KGSt-Empfehlung für Einzelbüro	14,0 m²
Bundesstelle für Büroorganisation/-technik	12,0 m²
KGSt-Empfehlung für Doppelbüro	10,5 m²
Arbeitsstättenverordnung	8,0 m²
Bei Kommunen	20,0 m²

Quelle: evans consulting GmbH The Corporate Real Estate Consultant; vgl. GuG 2004, 169

3.2.4 Flächeneffizienz

▶ *Vgl. § 8 ImmoWertV Rn. 251 ff.*

Für die Flächeneffizienz ist das **Achsmaß** (**Achsenabstandmaß:** im Bürobereich i. d. R. zwischen 1,25 bis 1,50 m) von Bedeutung. Ein Achsmaß von 1,315 m bietet bei einer Raumtiefe von 5,20 bis 5,70 m individuelle Gestaltungsmöglichkeiten. Bei einer Flurbreite von 1,50 m und den angegebenen Raumtiefen wird eine Gebäudetiefe von mehr als 13 m problematisch. Im Hinblick auf andere Büroformen (Kombibüros, *Business*-Büros) bieten größere Raumtiefen allerdings eine größere Gestaltungsmöglichkeit. 147

Bei der Prognose zur Entwicklung der Büromärkte geht man von einer engen **Korrelation zu der allgemeinen Wirtschaftsentwicklung** aus. 148

3.2.5 Lagemerkmale

Schrifttum: *Leopoldsberger, G.*, Kontinuierliche Wertermittlung von Immobilien, Köln 1998 (vgl. 6. Aufl. S. 2055).

▶ *Hierzu auch Rn. 239 ff., 313 ff., 499 ff.; § 6 ImmoWertV Rn. 118; Syst. Darst. des Vergleichswertverfahrens Rn. 376 ff.; § 18 ImmoWertV Rn. 158 ff.*

Büro- und Verwaltungsimmobilien werden im Hinblick auf Lage und Funktion insbesondere nach ihrem Standort unterschieden. **Typische Segmente sind folgende Standorte:** 149

– City, 150
– City-Randlage,
– Bürozentrum (Bürostandort); *Backoffice*-Standort,
– übriges Stadtgebiet,
– Stadtumland.

V Besondere Immobilienarten — Gewerbeimmobilien

151 Abb. 7: **Standortkriterien für Bürogebäude**

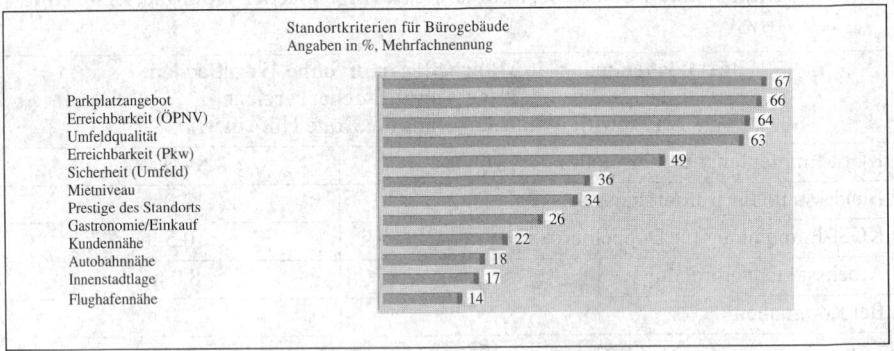

Quelle: DIFA 2002

3.2.6 Mietfläche von Gewerberäumen

Schrifttum: *Durst/v. Zitzewitz,* in NZM 1999, 605; *Isenmann,* in NZM 1998, 749; *Käser/Beck,* in BWNotZ 2001, 143; *Kramer,* in NZM 1999, 156 und NZM 2000, 1121; *Schul, A./Wichert, J.,* Berechnung und Bedeutung der Mietfläche von Gewerberäumen, ZMR 2002, 633.

152 Die Ermittlung der Mietfläche für Gewerberäume ist insoweit problematisch, als sich hierfür einheitliche mietvertragliche Berechnungsnormen noch nicht durchgesetzt haben.

153 Während bei der Vermietung von Wohnraum die maßgebliche Mietfläche auf der Grundlage der WoFlV, der §§ 42 bis 44 II. BV bzw. der DIN 283 ermittelt wird und Vergleichsmieten sich darauf beziehen, fehlt es in der **gewerblichen Vermietungspraxis** an eindeutigen allgemein anerkannten Grundlagen zur Berechnung der Mietfläche. In der Vermietungspraxis konnte man auf eine entsprechende Anwendung der genannten Normen bzw. auf die nach Maßgabe der DIN 277 ermittelte Nutzfläche zurückgreifen.

154 In jedem Fall gilt für die Heranziehung von Vergleichsmieten und ihre Übertragbarkeit auf das im Wege des Ertragswertverfahrens zu bewertende Objekt der Grundsatz, dass die diesen Vergleichsmieten zugrunde liegende Mietflächenermittlungsmethodik der Ermittlung der maßgeblichen Mietfläche des zu bewertenden Objekts zugrunde gelegt werden muss (**Einheitlichkeit der Mietflächenermittlungsmethodik**). Unterschiedlichkeiten der Mietflächenermittlungsmethodik beeinträchtigen die Vergleichbarkeit.

155 Im Bereich der Ertragswertermittlung von zu Wohnzwecken genutzten Grundstücken ist der Grundsatz der einheitlichen Mietflächenermittlungsmethodik i. d. R. schon deshalb weitgehend erfüllt, weil hier vornehmlich nur die zwei genannten Wohnflächenermittlungsmethoden zur Anwendung kommen und diese allenfalls in Einzelfällen zu deutlich voneinander abweichenden Wohnflächen führen.

Anders stellt sich aber die Vermietungspraxis für Gewerberaum dar. Hier haben sich insbesondere bei **Großobjekten, an denen mehrere Mietverhältnisse begründet wurden**, unterschiedliche Modalitäten z. B. zur Berechnung der Bürofläche herausgebildet, die die Übertragbarkeit von Vergleichsmieten verkomplizieren müssen.

156 Um im gewerblichen Bereich zu eindeutigen und einheitlichen Grundlagen für die Ermittlung der Mietfläche zu gelangen, hat die Gesellschaft für Immobilienwirtschaftliche Forschung entsprechende **Richtlinien zur Ermittlung der Mietfläche für Gewerbeflächen** erarbeitet (**MF-G**). Es bleibt abzuwarten, ob sie von der Praxis angenommen werden. Soweit zur Verkehrswertermittlung von Büroflächen Erfahrungssätze z. B. über die erzielbaren Erträge oder deren Herstellungskosten herangezogen werden, sind dessen ungeachtet die Berechnungsmethoden maßgebend, die diesen Erfahrungssätzen zugrunde liegen. So werden z. B. in *Mün-*

chen rd. 72 %[32] aller Mietverträge auf der Grundlage der BGF vereinbart, so dass man dann auch bei dem zu wertenden Objekt die BGF als Bemessungsgrundlage heranziehen muss.

3.2.7 Ertragsverhältnisse

3.2.7.1 Mietpreise

▶ *Vgl. hierzu § 18 ImmoWertV Rn. 20 ff.*

Neben den Industrie- und Handelskammern werden insbesondere auch von den Gutachterausschüssen für Grundstückswerte in zunehmendem Maße Büromieten in den Marktberichten ausgewiesen:

Abb. 8: Büromieten (Praxen)

Stadt/Region	Nutzung	Lage	Bezugsjahr	Nutzfläche m²	Fallzahl	Miete €/m²
Bergisch-Gladbach	Büro/Praxen		2013			
		Einfacher Nutzwert in Nebenzentren und zentralen Randlagen				4,00 – 8,00
		Mittlerer Nutzwert in verkehrsmäßig guten Lagen				6,00 – 11,00
		Guter Nutzwert in zentralen Lagen				8,00 – 13,00
Wuppertal						
Elberfeld-Barmen	Büro	Innenstadtlage	2013	270	139	4,00 – 9,50
Elberfeld	Praxen			145	65	5,00 – 10,00
Barmen	Praxen			187	20	5,00 – 10,00
Ennepe-Ruhr-Kreis	Büro/Praxen		2013			4,00 – 8,00

Quelle: Grundstücksmarktberichte der jeweiligen Gutachterausschüsse

3.2.7.2 Liegenschaftszinssatz

▶ *Grundsätzliches bei § 14 ImmoWertV Rn. 105 ff.*

Die Liegenschaftszinssätze sind insbesondere von der Lage des Grundstücks, der Nutzfläche und der Restnutzungsdauer (Baujahr) des Gebäudes, der Nettokaltmiete und dem Anteil der gewerblichen Nutzfläche abhängig.

Für *Niedersachsen* wird im Landesgrundstücksmarktbericht 2012 ein mittlerer Liegenschaftszinssatz von 7,1 % bezogen auf folgende Referenzgrößen angegeben:

- Lage (durchschnittlicher Bodenrichtwert)   23 €/m² – 270 €/m²
- durchschnittliche Gebäudenutzfläche   820 – 1 900 m²
- durchschnittliche Restnutzungsdauer   25 – 60 Jahre
- durchschnittliche (monatliche) Nettokaltmiete   8,40 – 13,41 €/m²
- durchschnittlicher Gewerbeanteil   100 %

Der Gutachterausschuss von *Frankfurt am Main* unterscheidet zwischen Liegenschaftszinssätzen für Büronutzungen differenziert nach unterschiedlichen geographischen Lagen, die aber auch jeweils ein unterschiedliches Bodenrichtwertniveau aufweisen:

---

[32] Colliers, Büromarktbericht Juli 2006.

V Besondere Immobilienarten   Gewerbeimmobilien

Liegenschaftszinssätze für Büronutzungen in Frankfurt am Main (2013) nach unterschiedlichen Lagen				
Bankenviertel/ Westend/Innenstadt	(erweiterte) Innenstadt	City-Rand	Subzentren	Sonstige Lagen
3,1	4,3	4,3	5,0	-

Quelle: Grundstücksmarktbericht 2013 von Frankfurt am Main

3.2.7.3 Gesamtnutzungsdauer

Schrifttum: *Rath. J.*, Wirtschaftliche Nutzungsdauer von Bürogebäuden, GuG 2011, 265.

▶ *Grundsätzliches vgl. § 6 ImmoWertV Rn. 370 ff.*

159 Die **übliche Gesamtnutzungsdauer von Bürogebäuden** bei Instandhaltung bemisst sich wie folgt:

Abb. 9: Durchschnittliche Gesamtnutzungsdauer von Büro- und Verwaltungsgebäuden

Gesamtnutzungsdauer von Büro- und Verwaltungsgebäuden bei ordnungsgemäßer Instandhaltung				
Gebäudeart	Gesamtnutzungsdauer in Jahren			
	Empfehlung	nach WertR	nach BelWertV	Nach BewG (Anl. 22)
Büro- und Verwaltungsgebäude (Geschäftshäuser)	-	-	30 bis 60	-
Büro- und Verwaltungsgebäude, Bankgebäude	50 bis 70	50 bis 80	-	60
Gerichtsgebäude	60 bis 70	60 bis 80	-	-

3.2.7.4 Bewirtschaftungskosten

▶ *Vgl. hierzu § 19 ImmoWertV Rn. 77 ff., 94 ff.*

160 Die **Höhe der Nebenkosten** (Betriebskosten) wird bestimmt insbesondere durch

a) Standort,

b) Gebäudequalität (Ausstattung) und

c) Gebäudegröße.

Allgemein gilt, dass bei Bürogebäuden die Nebenkosten

– mit der **Gebäudequalität** geringfügig ansteigen und

– mit zunehmender **Gebäudegröße** abnehmen.

Die Gebäudequalität (Ausstattung) wird maßgeblich durch die Stufe der **Klimatisierung** bestimmt, wobei selbst hochqualitative Gebäude nicht immer klimatisiert sind (vgl. hierzu Rn. 160). Eine Besonderheit stellen allerdings einfachste Bürogebäude mit veralteter und unwirtschaftlicher Betriebstechnik und dgl. dar, die vielfach überdurchschnittliche Nebenkosten ausweisen.

Für **Bürogebäude** sind nach Untersuchungen von *Jones Lang LaSalle* Betriebskosten in Höhe von rd. 10 bis 17 % der Mieten[33] aufzubringen. In Abhängigkeit von den genannten Einflussgrößen liegen nachfolgende Untersuchungsergebnisse vor:

---

[33] Jones Lang LaSalle: Oscar 2006 – Büronebenkostenanalyse Office Service Charge Analysis.

Abb. 10: Durchschnittliche Nebenkosten (2010) für Bürogebäude in €/m² NF (im Monat) in den wichtigsten Bürostandorten

Durchschnittliche Nebenkosten (2010) für Bürogebäude in €/m² NF (im Monat) in den wichtigsten Bürostandorten												
	Klimatisiert						Vollklimatisiert					
	2005	2006	2007	2008	2009	2010	2005	2006	2007	2008	2009	2010
Berlin	3,00	3,03	2,98	3,05	3,19	3,86	3,10	3,19	3,06	3,01	2,90	3,17
Düsseldorf	3,07	3,14	3,25	3,13	3,20	3,82	2,83	3,07	2,84	2,91	2,93	3,30
Frankfurt	3,60	3,53	3,31	3.34	3,40	3,41	3,35	3,14	3,05	3,08	3,02	3,06
Hamburg	3,26	3,18	3,28	3,06	3,24	3,35	2,81	2,81	2,87	2,89	2,92	3,20
München	3,08	3,43	3,32	3,23	3,36	3,58	2,52	2,82	2,84	3,03	3,04	3,36

Quelle: Jones Lang Lasalle Oscar 2010; GuG-aktuell 2012, 4

Abb. 11: Durchschnittswerte aller Nebenkosten (2013) für Bürogebäude in €/m² NF (im Monat)

Durchschnittswerte aller Nebenkosten (2013) für Bürogebäude in €/m² NF (im Monat)												
	Klimatisiert						Vollklimatisiert					
	2008	2009	2010	2011	2012	2013	2008	2009	2010	2011	2012	2013
Öffentliche Abgaben	0,48	0,49	0,53	0,53	0,52	0,53	0,49	0,49	0,49	0,50	0,50	0,51
Versicherung	0,14	0,16	0,13	0,12	0,13	0,13	0,14	0,11	0,10	0,09	0,10	0,10
Wartung	0,42	0,48	0,48	0,50	0,50	0,51	0,35	0,39	0,42	0,43	0,43	0,43
Strom	0,33	0,36	0,39	0,38	0,39	0,41	0,27	0,29	0,29	0,28	0,30	0,32
Heizung	0,46	0,49	0,54	0,57	0,58	0,60	0,43	0,48	0,59	0,53	0,55	0,58
Wasser/Kanal	0,12	0,13	0,13	0,12	0,12	0,13	0,11	0,12	0,12	0,12	0,12	0,12
Reinigung	0,25	0,26	0,32	0,35	0,34	0,32	0,26	0,25	0,31	0,31	0,29	0,29
Bewachung	0,31	0,28	0,30	0,33	0,32	0,33	0,25	0,23	0,23	0,27	0,28	0,29
Verwaltung	0,25	0,29	0,29	0,30	0,31	0,32	0,25	0,29	0,31	0,27	0,29	0,29
Hausmeister	0,29	0,30	0,29	0,28	0,27	0,28	0,29	0,28	0,28	0,27	0,28	0,28
Sonstiges	0,09	0,06	0,11	0,11	0,17	0,19	0,09	0,05	0,09	0,09	0,10	0,12
Gesamt	**3,14**	**3,30**	**3,51**	**3,59**	**3,65**	**3,75**	**2,93**	**2,58**	**3,23**	**3,16**	**3,24**	**3,33**

Quelle: Jones LangLasalle Oscar 2010; GuG-aktuell 2012, 4; vgl. Kleiber, Verkehrswertermittlung von Grundstücken, 6. Aufl. 2010 S. 2058 ff.; GuG 2013/6.

Der **Klimatisierung** ist insbesondere an den wichtigsten Bürostandorten eine besondere Bedeutung beizumessen. Für diese Standorte ist es deshalb sinnvoll, die Nebenkosten von Bürogebäuden nach dem Grad der Klimatisierung zu differenzieren. Zwischen einem unklimatisierten und einem vollklimatisierten Gebäude ergibt sich ein Unterschied in den monatlichen Nebenkosten von bis zu rd. 0,75 €/m². Bei klimatisierten Gebäuden gehen die Nebenkosten mit zunehmender Gebäudegröße stärker als bei unklimatisierten Gebäuden zurück. Bei größeren Gebäuden kann nämlich die Klimatisierung wirtschaftlich günstiger als bei kleineren Gebäuden angelegt werden (Abb. 12):

V Besondere Immobilienarten — Gewerbeimmobilien

Abb. 12: Durchschnittliche Betriebskosten (2008) für Bürogebäude in €/m² NF und Monat nach Gebäudegröße

Betriebskosten in Bürogebäuden 2008									
	1 000 m² – 4 999 m²		5 000 m² – 9 999 m²		10 000 m² – 19 999 m²		20 000 m² – 49 999 m²		> 49 999 m²	
	Klimatisiert	Nicht klimatisiert	Klimatisiert	Nicht klimatisiert	Klimatisiert	Nicht klimatisiert	Klimatisiert	Nicht klimatisiert	Klimatisiert	Nicht klimatisiert
Öffentliche Abgaben	0,55	0,53	0,54	0,55	0,51	0,50	0,40	0,42	0,45	–
Versicherung	0,13	0,14	0,14	0,14	0,18	0,14	0,16	0,13	0,15	–
Wartung	0,38	0,33	0,40	0,34	0,33	0,37	0,35	0,37	0,47	–
Strom	0,30	0,24	0,32	0,26	0,30	0,28	0,27	0,29	0,35	–
Heizung	0,50	0,49	0,51	0,47	0,40	0,43	0,38	0,40	0,46	–
Wasser, Kanal	0,11	0,11	0,13	0,12	0,14	0,11	0,13	0,10	0,12	–
Reinigung	0,31	0,30	0,29	0,32	0,26	0,25	0,25	0,24	0,25	–
Bewachung	0,30	0,29	0,28	0,24	0,29	0,25	0,30	0,28	0,37	–
Verwaltung	0,34	0,32	0,30	0,27	0,26	0,25	0,25	0,22	0,21	–
Hausmeister	0,42	0,36	0,29	0,30	0,28	0,24	0,24	0,21	0,23	–
Sonstiges	0,10	0,11	0,06	0,04	0,04	0,10	0,15	0,12	0,11	–
Gesamt	**3,42**	**3,22**	**3,26**	**3,05**	**2,98**	**2,92**	**2,90**	**2,78**	**3,17**	–

Quelle: Jones Lang LaSalle, Büronebenkostenanalyse 2002/2008

Abb. 13: Durchschnittliche Betriebskosten für Bürogebäude in €/m² NF und Monat nach Klimatisierungsgrad (2002) und Geschosszahlen (2008)

Durchschnittliche Betriebskosten für Bürogebäude in €/m² NF und Monat nach Klimatisierungsgrad (2002) und Geschosszahlen (2008)					
	Klimatisierungsgrad			Geschosse	
	Vollklimatisiert	Teilklimatisiert	Unklimatisiert	< 8 Geschosse	Hochhaus
Öffentliche Abgaben	0,64	0,49	0,49	0,48	0,50
Versicherung	0,11	0,10	0,10	0,13	0,15
Wartung	0,44	0,30	0,23	0,34	0,43
Strom	0,41	0,26	0,17	0,28	0,34
Heizung	0,46	0,35	0,36	0,42	0,47
Wasser, Kanal	0,12	0,11	0,11	0,11	0,13
Reinigung	0,28	0,25	0,25	0,26	0,26
Bewachung	0,29	0,26	0,18	0,25	0,32
Verwaltung	0,34	0,38	0,38	0,24	0,27
Hausmeister	0,22	0,22	0,25	0,29	0,29
Sonstiges	0,04	0,07	0,07	0,11	0,06
Gesamt	**3,35**	**2,79**	**2,59**	**2,91**	**3,22**

Quelle: Jones Lang LaSalle, Büronebenkostenanalyse 2002/2008

Bei **landwirtschaftlichen Wirtschaftsgebäuden** wird mit Betriebskosten von 5,0 bis 18,0 % des Rohertrags gerechnet; zumeist werden sie jedoch vom Mieter getragen und können dann unberücksichtigt bleiben.

3.2.8 Beispiele

3.2.8.1 Verkehrs- und Beleihungswert eines Geschäftshauses

1. **Verkehrswert**

a) **Sachverhalt**

Das 625 m² große Eckgrundstück liegt mit 14,50 m an einer großstädtischen Fußgängerzone, Seitenstraße, Frontbreite 43,00 m. Wiederaufbau 1954 mit teilweise Tiefkeller-, Keller-, Erd-, 1. bis 3. Ober- und teilweise 4. und 5. Obergeschoss. 1996 Umbau und durchgreifende Modernisierung des Gesamtobjekts, fiktives Baujahr daher 1976. Guter Bau- und Unterhaltungszustand. Kein Leerstand; kein Modernisierungs- bzw. Revitalisierungsrisiko.

Bauzahlen:		
	ca. 15 000 m³	BRI/Ausbauverhältnis 5,5 m³/m²
KG	80 m²	Lagerräume
UG, EG und 1. OG	1 455 m²	Verkaufsfläche
2. OG	375 m²	Lager- und Sozialräume
3. OG bis 5. OG	875 m²	Büroräume

b) **Bodenwert**

Unter Bezugnahme auf die Bodenrichtwerte zum 31.12.2010 wird der Bodenwert wie folgt ermittelt:

295 m² Vorderland Fußgängerzone × 12 500 €/m²	3 687 500 €
330 m² Hinterland/Seitenland × 2 500 €/m²	825 000 €
625 m² im Mittel 7 220 €/m²	4 512 500 €
zuzüglich Grundstücksnebenkosten und zur Rundung (1,94 %)	87 500 €
Bodenwert	**4 600 000 €**

c) **Wert der baulichen Anlagen (Bauwert)**

15 000 m³ BRI × 450 €/m³		6 750 000 €
zuzüglich besonders zu veranschlagende Bauteile: Fahrtreppen, Aufzüge, Klimaanlage usw.		1 250 000 €
Zwischensumme		8 000 000 €
zuzüglich Ver- und Entsorgungsanschlüsse und Baunebenkosten (18,75 %)		1 500 000 €
Neubauwert		9 500 000 €
abzüglich Wertminderung nach Ross 38 %*	rd.	3 600 000 €
Bauwert (= 393 €/m³ bzw. 2 181 €/m³ NF)		**5 900 000 €**

* Heute ist die lineare Wertminderung anzusetzen.

d) **Ertragswert**

Die zum Wertermittlungsstichtag gezahlten Nettokaltmieten für Verkaufs- und Büroräume entsprechen dem marktüblich erzielbaren Marktniveau. Sämtliche Betriebskosten sowie die volle Grundsteuer und die Prämien für Haft- und Sachversicherungen sind umlegbar; eine substantiierte Auflistung dieser Kosten ist in den Mietverträgen erfolgt[34]. Die Mietdauer ist in allen Fällen mit 15 Jahren zzgl. 2 Optionen von jeweils 5 Jahren vereinbart. Gemäß Wertsicherungsklausel (+/− 10 %) ändert sich die Miete um 50 % der Wertveränderung.

---

[34] Auch LG Osnabrück, Urt. vom 31.5.1995 – 2 S 160/94 –, WuM 1995, 434.

V Besondere Immobilienarten   Gewerbeimmobilien

KG	Lagerräume	80 m² ×	6 €/m²	480 €
UG, EG und 1. OG	Verkaufsräume	1 455 m² × i. D.	40 €/m²	58 200 €
2. OG	Lager- und Sozialräume	375 m² ×	10 €/m²	3 750 €
3. bis 5. OG	Büro- und Nebenräume	875 m² × i. D.	12 €/m²	10 500 €

Monatliche Nettokaltmiete (Grundmiete)	72 930 €
Jahresnettokaltmiete (Grundmiete) × 12 Monate =	875 160 €
abzüglich marktüblich anfallende Bewirtschaftungskosten von 15 %	131 274 €
= Gebäude- und Bodenreinertrag	743 886 €
abzüglich Bodenwertverzinsungsbetrag 5,0 % von 4 600 000 €	– 230 000 €
Reinertrag der baulichen Anlagen	513 886 €
Vervielfältiger bei RND von 45 Jahren und einem Liegenschaftszinssatz von 5,0 %: 17,77	
Gebäudeertragswert 513 886 € × 17,77	9 131 754 €
zuzüglich Bodenwert	4 600 000 €
Vorläufiger Ertragswert	13 731 754 €
	rd. 13 700 000 €

Gemäß Grundstücksmarktbericht des Gutachterausschusses für Grundstückswerte hat die Auswertung für die Objektgruppe „Geschäfts- und Bürogrundstücke" (RND > 30 Jahre) einen Liegenschaftszins von 5 % und einen Vergleichs-(Rohertrags-)Faktor von 11 bis 16 ergeben.

Zusammenfassung der Werte:

Bodenwert	4 600 000 €
Bauwert	5 900 000 €
Vorläufiger Sachwert	10 500 000 €
Vorläufiger Ertragswert	13 700 000 €

Unter Berücksichtigung von Kosten für in Kürze auszuführende Schönheitsreparaturen wird der **Verkehrswert mit 13 500 000 €** beziffert; dies entspricht einem Rohertragsfaktor von 15,4.

167 **2. Ermittlung des Beleihungswerts für eine Hypothekenbank**

Bodenwert (wie zuvor bei 1. b)			4 600 000 €
Bauwert (wie zuvor bei 1. c)	5 900 000 €		
abzüglich Risikoabschlag von rd. 15 %	885 000 €		
Bauwert	5 015 000 €	rd.	5 000 000 €
Sachwert			**9 600 000 €**

Ertragswert

Nettokaltmiete (Grundmiete); marktüblich erzielbar			875 160 €
abzüglich marktüblich anfallende Bewirtschaftungskosten:			
– Verwaltungskosten	43 800 €	5,0 %	
– Instandhaltungskosten 2 705 m² × 20 €/m²	54 100 €	6,2 %	
– Mietausfallwagnis	35 000 €	4,0 %	
zusammen	132 900 €	15,2 %	
		der Jahresnettokaltmiete	– 132 900 €
= Gebäude- und Bodenreinertrag			742 260 €
abzüglich Bodenwertverzinsungsbetrag: 5,5 % von 4 600 000 €			253 000 €
Reinertrag der baulichen Anlagen			489 260 €
Vervielfältiger bei RND von 45 Jahren und einem Liegenschaftszinssatz von 5,5 %: 16,55			
Gebäudeertragswert: 489 260 € × 16,55			8 097 253 €

Gewerbeimmobilien — Besondere Immobilienarten V

Der Risikoabschlag vom Gebäudeertragswert muss bei gewerblich genutzten Grundstücken 10 bis 25 % betragen.

Im vorliegenden Fall werden 15 % für ausreichend angesehen; mithin	–	1 214 588 €
Gebäudeertragswert		6 882 665 €
zuzüglich Bodenwert		4 600 000 €
Beleihungswertvorschlag		11 482 665 €
	rd.	**11 500 000 €**

Der Risikoabschlag vom mit 13,5 Mio. € ermittelten Verkehrswert beträgt demnach rd. 15 %.

Anmerkungen:
- Bei gewerblich genutzten Grundstücken gilt eine Regelbandbreite von 6 % bis 7 % für den Kapitalisierungszinssatz. Da es sich hier um eine erstklassige Gewerbeimmobilie mit geringem Risiko in guter Innenstadtlage (Fußgängerzone) handelt, ist es vertretbar, die Regelbandbreite des Kapitalisierungszinssatzes um 0,5 %-Punkte zu unterschreiten.
- Das Objekt ist realkreditfähig i. S. des bankaufsichtsrechtlichen Begriffs.
- Beleihungsgrenze:
- 60 % von 11 500 000 € = 6 900 000 €; dies sind 51,1 % des Verkehrswerts.
- Beleihungsgrenze unter Bezugnahme auf den Verkehrswert:
- 50 % von 13 500 000 € = 6 750 000 €

Als Realkredit dürfen demnach 6 750 000 € gewährt werden.

3. Ermittlung des Beleihungswerts für eine Sparkasse   168

Sachwert

Bodenwert (wie zuvor bei 1. b)		4 600 000 €
Bauwert (wie zuvor bei 1. c)		5 900 000 €
abzüglich Risikoabschlag: 20 % von 5 900 000 €	–	1 180 000 €
ergibt		4 720 000 €
weiterer Risikoabschlag: 10 % von 4 720 000 €	–	472 000 €
Bauwert	4 248 000 €	rd. 4 250 000 €
Sachwert		**8 850 000 €**

Ertragswert

Nettokaltmiete (Grundmiete); (wie zuvor bei 1. d))		875 160 €
abzüglich Bewirtschaftungskosten von 15 %	–	131 274 €
Gebäude- und Bodenreinertrag		743 886 €
abzüglich Gewerbeabschlag: 10 % von 743 886 €	–	74 389 €
Zwischensumme		669 497 €
abzüglich Bodenwertverzinsung (wie zuvor bei 2.)	–	253 000 €
Reinertrag der baulichen Anlagen		416 497 €
Vervielfältiger bei RND von 45 Jahren und einem Liegenschaftszinssatz von 5,5 %: 16,55		
Gebäudeertragswert: 416 497 € × 16,55		6 893 031 €
zuzüglich Bodenwert		4 600 000 €
Ertragswert		**11 493 031 €**
Beleihungswertvorschlag		**11 500 000 €**

Mithin kann auch die Sparkasse einen Realkredit in Höhe von 6 750 000 € (= 50 % des Verkehrswerts) ausweisen.

Der Fall zeigt in eindeutiger Weise, wie wichtig die Kenntnis des Verkehrswerts ist. Andererseits würden 60 % des Beleihungswerts (= 6 900 000 €) bezogen auf den Verkehrswert – wie bei der Hypobank – 51,1 % ausmachen.

V Besondere Immobilienarten   Gewerbeimmobilien

3.2.8.2 Verkehrswert eines Geschäftshauses

169 **a) Sachverhalt**

Baujahr 1995 (tlws. modernisiert) mit Tiefkeller, *Basement,* Erd- bis 6. Obergeschoss, Kaufhauscharakter, Feuermelde- und Sprinkleranlage, Rolltreppen, Aufzüge, Luftschleier, Zentralheizung, insgesamt 5 830 m² Nutzfläche (Lager-, Verkaufs-, Verkehrsfläche),

25 000 m³ umbauter Raum, Frontbreite 17 m, unregelmäßige Grundstücksform, Grundstück 800 m², Fußgängerzone (City), westdeutsche Großstadt. Zwei Hauptmieter. Guter Bau- und Unterhaltungszustand. Gesamtnutzungsdauer des Gebäudes 60 Jahre.

170 **b) Verkehrswertermittlung**

Summe der Einnahmen aus Vermietung und Verpachtung
(= Nettokaltmiete ohne MwSt./Grundmiete)   890 000 €
(entspricht rd. 13 €/m² Nutzfläche im Durchschnitt mtl.)
abzüglich nicht umlegbarer Bewirtschaftungskosten:

- *Betriebskosten* (soweit nicht umlegbar)
- Grundsteuer   +   22 000 €   (2,5 %)
- Versicherungsprämien   +   3 090 €   (0,3 %)
- *Verwaltungskosten* in der angefallenen Höhe
  2 000 € × 12   =   24 000 €   (2,7 %)
- *Instandhaltungskosten* 5 830 m² × 10 €/m²   = + 58 300 €   (6,5 %)
- *Mietausfallwagnis* (§ 19 Abs. 2 Nr. 3 ImmoWertV)
  3 % von 890 000 €   = + 26 700 €   (3,0 %)

                                                 =   134 090 € −   134 090 €

Reinertrag des Grundstücks: =   755 910 €
abzüglich Bodenwertverzinsungsbetrag 5 000 000 € × 0,06   −   300 000 €

Ertragsanteil der baulichen Anlagen: −   455 910 €

Bei einer wirtschaftlichen Restnutzungsdauer von 45 Jahren (zum Wertermittlungsstichtag) und einem Liegenschaftszinssatz von 6 % beträgt der Vervielfältiger 15,46 (gem. Anl. zur ImmoWertV).

Ertragswert:
455 910 € × 15,46   =   7 048 369 €
                                                            rd.   7 000 000 €*

abzüglich Reparaturanstau   0 €
zuzüglich Bodenwert   +   5 000 000 €

Ertragswert (Verkehrswert):   **12 000 000 €**

* = 480 €/m³

Nachrichtlich: Dies sind das 13,5-fache der gezahlten Jahresnettokaltmiete und rd. 2 060 €/m² Nutzfläche im Durchschnitt; vgl. weiteres Beispiel eines Büroobjekts in GuG 2001, 208.

3.2.8.3 Ankauf eines Bürogebäudes mit Mietgarantie

171 **a) Sachverhalt**

Ein Investor bietet ein neu erstelltes Büroobjekt zu einem Kaufpreis von 14,5 Mio. € an.
Von den 5 000 m² vermietbarer Fläche sind 4 000 m² vermietet.
Die vereinbarte Miete liegt mit 15 €/m² über der marktüblich erzielbaren Miete von 12 €/m².
Der Investor garantiert für die restlichen 1 000 m² noch nicht vermietete Mietfläche über 5 Jahre Vollvermietung auf der Basis von 15 €/m² im Monat.

Mietfläche	5 000 m² NF
	davon 4 000 m² NF vermietet
Restnutzungsdauer	60 Jahre
Marktüblich erzielbare Nettokaltmiete	12 €/m²
Tatsächliche Nettokaltmiete im Objekt	15 €/m²
Liegenschaftszinssatz	6 %
Garantierte Vollvermietung für 5 Jahre zu	15 €/m²

Gewerbeimmobilien — Besondere Immobilienarten V

b) Wertermittlung

Überschlägige Wertermittlung des Investors

5 000 m² × 15 €/m² × 12 × 16,16	= rd.	14 540 000 €
Vervielfältiger von 6 % und 60 Jahren = 16,16		

Genauere Wertermittlung

5 000 m² × 12 €/m² × 12 Monate × 16,16	= rd.	11 630 000 €
16,16 = Vervielfältiger von 6 % und 60 Jahren		
zuzüglich des Mehrwerts von		
(15 €/m² – 12 €/m²) × 4 000 m² × 12 Monate × 4,21		
Vervielfältiger von 6 % und 5 Jahren = 4,21		606 000 €
zusammen		12 236 000 €

– Da der Verkäufer eine Mietgarantie über 5 Jahre abgegeben hat, muss er, wenn weitere Vermietungsbemühungen erfolglos bleiben, im ungünstigsten Fall fünf Jahre lang die vertraglich garantierte Miete für 1 000 m² Mietfläche bezahlen. Seine Kosten belaufen sich einschließlich einer Bewirtschaftungskostenpauschale von 2 €/m² auf:

1 000 m² × 15 €/m² × 12 Monate × 4,21		757 800 €
1 000 m² × 2 €/m² × 12 Monate × 4,21		101 040 €
zusammen	rd.	860 000 €

Würde der Vermieter den verlangten Kaufpreis von 14,5 Mio. € erhalten, hätte er trotz der Garantiezahlung noch einen Vorteil.

Geforderter Kaufpreis		14 500 000 €
Angemessener Kaufpreis	–	12 236 000 €
Differenz		2 264 000 €
Garantiemiete	–	860 000 €
		1 404 000 €
Vorteil des Verkäufers	rd.	1 400 000 €

Dieser Vorteil geht voll zu Lasten des Käufers, der im ungünstigsten Fall nach Auszug des Mieters mit Ablauf von 5 Jahren vor einem leer stehenden Objekt steht, welches er nur zur geringeren Marktmiete vermieten kann.

3.2.8.4 Verkehrswert eines Bürogebäudes mit besonderen Vertragsverhältnissen

a) Sachverhalt

Objektbeschreibung

– Bürogebäude innerhalb eines peripher gelegenen Gewerbeparks
– Stadt mit 253 495 Einwohnern in den neuen Bundesländern
– Anbindung an Autobahn und IC-Netz; das Stadtzentrum ist mit Bussen zu erreichen
– keine Immissionsbeeinträchtigung
– Leerstandsrate in der Region: ca. 15 %

Boden

– Grundstücksgröße	6 102 m²
– Bodenrichtwert zum 1.1.2010 für ortsüblich erschlossenes Bauland bezogen auf Gewerbenutzung (G)	60 €/m²
– Bodenwert 6 102 m² × 60 €/m²	366 120 €
– nahezu rechteckige Grundstücksgestalt	
– voll erschlossenes Grundstück (ebf)	

V Besondere Immobilienarten — Gewerbeimmobilien

- Leitungsrecht: Auf dem Gelände befinden sich 66 Kfz-Außenstellplätze
- dinglich gesichertes Leitungsrecht: Hochgasdruckleitung nach § 9 Abs. 3 GBBerG
- rechtskräftiger Flächennutzungsplan vom 24.10.2001: gewerbliche Baufläche
- Bebauungsplan: liegt nicht vor

Bebauung

- Baujahr 2006
- zweigeschossiger, ringförmiger Baukörper, der einen ebenfalls zweigeschossigen V-förmigen Baukörper umschließt
- Das Gebäude ist nicht unterkellert.

– Bauweise:	Stahlbeton
– Gesamtnutzungsdauer:	40 Jahre
– geschätzte RND:	36 Jahre
– Fassade:	Metall-Glas-Fassade
– Außenwände:	Stahlbeton
– Dach:	Flachdach
– Decken:	Stahlbetondecken
– Treppen:	Stahltreppen mit Gitterrost (außen liegend)

- In dem zu bewertenden Objekt befinden sich klein- und großteilige Büroräume, ein Casino, ein Salon, Küche und auf jeder Etage ausreichende Sanitäreinrichtungen.
- Grundrisse/Rastermaße/Raumtiefen
  Der Achsenabstand (Achsmaß) in der Ebene beläuft sich nach den Entwurfsplanungen auf rd. 1,20 m (Mittelwert) bei einer Raumtiefe von ca. 4,80 m an der Außenwand. Dies ermöglicht eine flexible Raumgestaltung. Darüber hinaus sind Statik und Raumgestaltung (insbesondere die Schulungs- und Tagungsräume) darauf ausgerichtet, die Räume durch flexible Raumteiler (verschiebbare Wände) bedarfsgerecht umzufunktionieren.
- Das Objekt weist keinen Instandhaltungsrückstau auf.
- Außenanlagen gärtnerisch angelegt; Hoffläche ist gepflastert.

Flächen

– Brutto-Grundfläche (BGF)	1 783 m²
– Geschossfläche (GF)	1 783 m²
– Brutto-Rauminhalt (BRI)	7 050 m³
– Grundfläche	960 m²
– vermietete Nutzflächen (NF) gemäß Mietvertrag	1 743 m²

- Das Grundstück weist bei einer Geschossfläche von 1 783 m² und einer Grundstücksgröße von 6 102 m² eine rechnerische Geschossflächenzahl (GFZ) von 0,3 auf.
- Das Grundstück weist bei einer bebauten Grundfläche von 960 m² und einer Grundstücksgröße von 6 102 m² eine rechnerische Grundflächenzahl (GRZ) von 0,16 auf.
- Das Grundstück weist im Verhältnis zur realisierten Bebauung eine Übergröße auf. Diese ergibt sich insbesondere aus der flächenintensiven Zufahrt zum Grundstück. Diese Fläche kann allerdings nicht als „selbstständig nutzbare Teilfläche" angesehen werden, da sie zur Erschließung des Grundstücks zwingend notwendig ist.

Die Ausnutzung entspricht der gegenüblichen Nutzung und braucht nicht besonders berücksichtigt zu werden.

Ertragsverhältnisse

– Liegenschaftszinssatz	7,0 %
– Marktüblich erzielbare Miete:	5,46 €/m²
(Mittelwert) bei einer Spanne von 2,45 bis 9,71 €/m²: angemessen:	8,00 €/m² pro Monat
– Vertragsmiete	16,31 €/m² pro Monat
	15,00 € pro Stellplatz im Monat

Gewerbeimmobilien — Besondere Immobilienarten V

- Mietvertrag mit einer Laufzeit von 10 Jahren und einem Optionsrecht des Mieters von 3 × 5 Jahren. Das Mietverhältnis endet, wenn das Mietverhältnis nicht verlängert wird, am 31.3.2017, d. h. nach rd. 7 Jahren.
- Die Erhöhung des Mietzinses wurde in Form einer Wertsicherungsklausel (Lebenshaltungskosten- bzw. Verbraucherpreisindex Basis 1995 = 100, Erhöhung um mind. 10 Punkte) vereinbart.
- Nach dem vorliegenden Mietvertrag sind die Verwaltungskosten (4,5 % des Reinertrags) für die Zeit des Mietverhältnisses vom Mieter zu tragen.
- Nach dem vorliegenden Mietvertrag obliegen die Instandhaltungskosten für die Dauer des Mietverhältnisses dem Mieter; ausgenommen davon sind Instandsetzungen an Dach, Fassade, Fenster und Betonsanierungen.
- Nach dem vorliegenden Mietvertrag trägt der Mieter die Betriebskosten mit Ausnahme der Gebäudeversicherung in Höhe von 5 568 € p. a. Gleichwohl verbleiben immer gewisse Betriebskostenbelastungen beim Vermieter; diese werden mit 0,5 % der marktüblich erzielbaren Nettokaltmiete angesetzt.
- Mietausfallwagnis 6 % der marktüblich erzielbaren Nettokaltmiete.

Üblicherweise kann nicht ohne Weiteres davon ausgegangen werden, dass bei einem erheblich über der marktüblich erzielbaren Miete entrichteten Nutzungsentgelt der Mieter sein Optionsrecht ausübt. Es kommt hinzu, dass der Mieter auch die Bewirtschaftungskosten weitgehend trägt und damit das vertragliche Mietentgelt besonders deutlich von der marktüblich erzielbaren Miete abweicht.

Bei dieser Sachlage wird unterstellt, dass keine Option ausgeübt wird und das Mietverhältnis am 31.3.2010 endet, sodass die tatsächliche Miete von 16,31 €/m², die 8,31 €/m² über der marktüblich erzielbaren Miete liegt, für einen Zeitraum von insgesamt 7 Jahren erzielt wird.

Wertermittlungsstichtag 1.1.2010

b) Ermittlung des Ertragswerts 174

Jahresnettokaltmiete
1 743 m² × 8,00 €/m² (einschließlich Stellplätze) = 13 944 € × 12 = 167 328 €
marktüblich nicht umgelegte Bewirtschaftungskosten

– Instandhaltungskosten: 1 743 m² × 8 €/m² =	13 944 €	
– zuzüglich 66 Stellplätze × 30 € =	1 980 €	
– Verwaltungskosten: 4,5 % von 167 328 € =	7 530 €	
– Mietausfallwagnis: 6 % von 167 328 €	10 040 €	
– nicht umlegbare Betriebskosten: 0,5 % von 167 328 €	837 €	
zusammen	34 331 €	34 331 €
= Jahresreinertrag		132 997 €
./. Bodenwertverzinsungsbetrag: 7,0 % von 366 120 €	–	25 628 €
Gebäudeertragsanteil		107 369 €
× Vervielfältiger bei 7,0 % Liegenschaftszins und einer Restnutzungsdauer von 36 Jahren = 13,04		
Gebäudeertragswert		1 400 092 €
zuzüglich Bodenwert	+	366 120 €
vorläufiger Ertragswert		1 766 212 €

Mehrertrag für insgesamt 7 Jahre

Für einen Zeitraum von 7 Jahren ergeben sich folgende Mehreinnahmen:

Büro- und Schulungsräume 1 743 m² × 8,31 €/m²	14 484 €/Monat	
Stellplätze: 66 Stück × 15,34 €/Stück	1 012 €/Monat	
Mehreinnahmen im Monat	15 496 €	
Mehreinnahmen pro Jahr	185 952 €	
zuzüglich		
vom Mieter getragener Instandhaltung: 1 743 m² × 8 €/m² =	+	13 944 €
66 Stellplätze × 30 € p. a.	+	1 980 €

V Besondere Immobilienarten   Gewerbeimmobilien

zuzüglich vom Mieter getragene Verwaltungskosten:
4,5 % der Vertragsmiete

16,31 €/m² × 1 743 m² × 12 Monate =	341 140 €	
+ Stellplätze =	1 980 €	
= Vertragsmiete	343 120 €	
davon 4,5 % =	+ 15 441 €	
abzüglich vom Vermieter getragener Versicherungskosten (marktüblich umlagefähig):	− 5 568 €	
Gesamt	211 749 €	
Kapitalisiert bei einem Vervielfältiger von V = 5,39 (bei 7 % und 7 Jahren): 211 749 € × 5,39 =	+ 1 141 327 €	1 141 327 €
Ertragswert des Schulungsgebäudes		2 907 754 €

175 Die durch das Leitungsrecht eingetretene Wertermittlung kann unberücksichtigt bleiben. Verkehrswert damit rd. **2 900 000 €**

3.3 Gewerbeparks

▶ *Zu Lager- und Logistikimmobilien vgl. Rn. 180*

176 Gewerbeparks sind Gewerbegebiete, die aus einer **Kombination von Büro-, Service- und Lagerflächen** in einem parkähnlich konzipierten und mit professionellem Management ausgestatteten zur Miete angebotenen Umfeld bestehen. Die Größe schwankt zwischen 30 000 und 80 000 m².

Die wichtigsten **Anforderungen** sind

– flexible Raumaufteilung der Gebäude,
– niedriger Mietpreis,
– repräsentativer Eindruck,
– hoher Standard der Grundausstattung,
– ausreichende Lagerhöhe,
– überproportionale Anzahl von Parkplätzen,
– großzügige Anlieferung und
– Kombination von Lagerflächen und Serviceflächen.

177 Als **Gewerbepark** werden in einem parkähnlich angelegten Gebiet errichtete Gebäude verstanden, die i. d. R. aus einer professionell verwalteten Kombination von Büro-, Service- und Lagerflächen bestehen. Gewerbeparks werden nach folgenden Typen unterschieden:

Typ I	ca. 10 % Büro- und 90 % Lagerflächen,
Typ II	ca. 40 % Büro- und 60 % Lagerflächen,
Typ III	ca. 45 % Büro-, 10 % Service- und 45 % Lagerflächen,
Typ IV	ca. 80 % Büro- und 20 % Serviceflächen.

3.4 Industrieimmobilien

3.4.1 Allgemeines

Charakteristisch für Industrieimmobilien sind relativ große Räume und Hallen mit wenigen Innenausbauten, insbesondere

- Fertigungsgebäude
- Werkstätten
- Lagerhallen und
- Distributionszentren.

3.4.2 Lagemerkmale im industriell-produzierenden Bereich

▶ *Allgemeines zur Wahl des Wertermittlungsverfahrens § 8 ImmoWertV Rn. 110 ff.*

Zur Berücksichtigung von Abweichungen bei der **Bodenwertermittlung von Fabrikgrundstücken** im Verhältnis zu den sonstigen Gewerbegrundstücken enthalten die steuerlichen Bewertungsrichtlinien eine Reihe auch bei der Verkehrswertermittlung anwendbarer Grundsätze; dort wird ausgeführt[35]:

„Bei den Fabrikgrundstücken und den anderen gewerblich genutzten Grundstücken kann sich eine besonders günstige Lage zum öffentlichen Verkehrsnetz werterhöhend auswirken, z. B. bei der Anschlussmöglichkeit an das Eisenbahnnetz, Lage an schiffbaren Gewässern und in Hafengebieten. Schlechter Baugrund wirkt sich auf den gemeinen Wert des Grund und Bodens wertmindernd aus. Mit diesem wertmindernden Umstand können werterhöhende Umstände zusammentreffen; trotz schlechten Baugrunds besteht z. B. ein Interesse an der Lage des Grundstücks an einem Gewässer (Fluss, See). Dabei kann auch die Möglichkeit, Wasser günstig zu erwerben und abzuleiten, ein werterhöhender Umstand sein. Kann der gemeine Wert nicht von Werten für gleichartige Grundstücke an einem Gewässer abgeleitet werden, sondern stehen nur Werte für Grundstücke mit gutem Baugrund, die nicht am Wasser liegen, als Vergleichswerte zur Verfügung, so ist ggf. der Umstand, dass der Baugrund nur bedingt tragfähig ist, durch einen Abschlag und die Lage am Wasser durch einen Zuschlag zu berücksichtigen. Bei besonders günstigen Industrielagen (z. B. in **Hafengebieten**) kann der Zuschlag wegen der Lage höher sein als der Abschlag wegen des schlechten Baugrunds. Aufgefüllter Boden ist nicht als tragfähiger Baugrund anzusehen; reicht er unter die normale Gründungstiefe (vgl. DIN 277, Ausgabe November 1950, Abschn. 1.344 – Anl. 1.1), so wirkt er sich wertmindernd aus."

Für die **neuen Bundesländer** vgl. auch die

- gleich lautenden Erlasse der neuen Bundesländer betr. Bewertung von Fabrikgrundstücken, Lagerhausgrundstücken, Grundstücken mit Werkstätten und vergleichbaren Grundstücken im Beitrittsgebiet[36],
- gleich lautenden Erlasse der neuen Bundesländer betr. Bewertung des Grundvermögens und der Betriebsgrundstücke im Beitrittsgebiet[37].

---

35 BewR Gr vom 19.9.1966 (BAnz Nr. 183 Beil. = BStBl I 1966, 890, zu § 83 Nr. 35 [3]).
36 BStBl I 1993, 467 = GuG 1994, 226 = Vermögensrecht (a. a. O.) II 7.3.9.
37 Vermögensrecht (a. a. O.).

Abb. 14: Wertigkeit einzelner Bauteile zum Gesamtbauwerk nach gleich lautenden Erlassen der obersten Finanzbehörden

Wertigkeit einzelner Bauteile zum Gesamtbauwerk nach gleich lautenden Erlassen der obersten Finanzbehörden	
Gebäudeklasse I (Verwaltungsgebäude einschließlich Bürobaracken und Bürocontainern, Sozialgebäuden, Laboratorien, Pförtnergebäuden und vergleichbaren Gebäude)	
Dacheindeckung	14,8
Elektrische Installation	3,4
Türen	1,6
Tore	3,4
Fenster	3,3
Außenwand/Fassade einschließlich Tragekonstruktion	34,7
Fußboden	4,5
Fundament und Bodenplatte	19,3
Erdarbeiten	3,3
Heizung	5,0
Sonstiges	6,7
Gebäudeklasse I (Fabrikgebäude, Lagergebäude, Transformatorengebäude, Wirtschaftsbaracken, Garagen und vergleichbare Gebäude)	
Erdarbeiten, Gründung und Fundamente	11,7
Außenwände	12,5
Decken	10,4
Dach	4,1
Innenwände	6,7
Innenausbau insgesamt	43,3
– Bodenbeläge	3,9
– Türen	2,1
– Fenster	8,0
– Malerarbeiten	1,6
– Wandverkleidung	4,4
– Deckenverkleidung	2,9
– Sanitäre Anlagen	3,9
– Heizung	7,8
– Elektrische Installation	6,9
– Treppen	1,8
Sonstiges	11,3

3.5 Logistikimmobilien

3.5.1 Typologie von Logistikimmobilien

Schrifttum: *Baumgarten, H.,* Trends und Strategien in der Logistik, Berlin 2000; *Dehler, M.,* Entwicklungsstand Logistik, 2001; *Domschke/Drexl,* Logistik-Standorte, 1996; *Ehrmann, H.,* Kompakttraining Logistik, 2001; *Feinen,* Bewertungsfragen bei gewerblichen Objekten im Realkredit- und Immobilien-Leasinggeschäft, DLK 1984/8; *Fischer, R./Lorenz, H.-J./Biederbeck, M./Astl, B.,* Verkehrswertermittlung bebauter und unbebauter Grundstücke, Bundesanzeiger 2005 S. 483; *Fortmann, K.-W./Kallweit, A.,* Logistik, Kohlhammer 2000; *Pohnert, F.,* Kreditwirtschaftliche Wertermittlungen, 6. Aufl., S. 354 ff.; *Schoebel, P.,* Verkehrswertermittlung eines Lagergrundstücks mit Gebäuden auf fremdem Grund und Boden, GuG 2004, 150; *Schulte, Ch.,* Lexikon der Logistik; *Baumgarten/Weber* (Hrsg.), Handbuch Logistik; *Sternberg, A.,* Der Markt der Logistikimmobilien in Deutschland, GuG 2010, 321.

181 **Logistikgrundstücke** sind Immobilien für die automatische Lagerhaltung zum Zwecke der Distribution von Waren. Logistikimmobilien stellen ein Marktsegment dar, das von einfachen

Grundstücken der Lagerwirtschaft und des Speditionswesens bis hin zu hochtechnisch vernetzten Distributionszentren reicht.

Man unterscheidet Logistikimmobilien vornehmlich nach **Größenordnung und Nutzungsart:**

- *Hub/Distribution Center* (Europa Zentrallager): Umschlaganlage vornehmlich im Stückgutbereich,
- *Public Shared Warehouse:* Erweiterte Dienstleistung mit Lagerung, Kommissionierung, Montage, Verteilung und Umschlag,
- *One Customer Warehouse* (Zentrallager für einen Auftraggeber/Großkunden),
- City Logistik Center *(Metropolitan Distribution Center)*: Letzte Umschlags- und Verbindungsstelle zwischen Produktion und Endverbraucher,
- Güterverkehrszentrum (GVZ).

Darüber hinaus wird unterschieden nach

- Flachlagern bei Höhen bis 7–8 m und
- Hochlagern bei Gebäuden mit Höhen über 8 m.

Die **Gesamtnutzfläche von Logistikzentren** differiert erheblich zwischen 2 000 und 200 000 m², wobei sich der überbaute Flächenanteil zwischen 45 und 65 % bewegt (Abb. 15).

Abb. 15: Lagerarten nach Kupsch (1979)

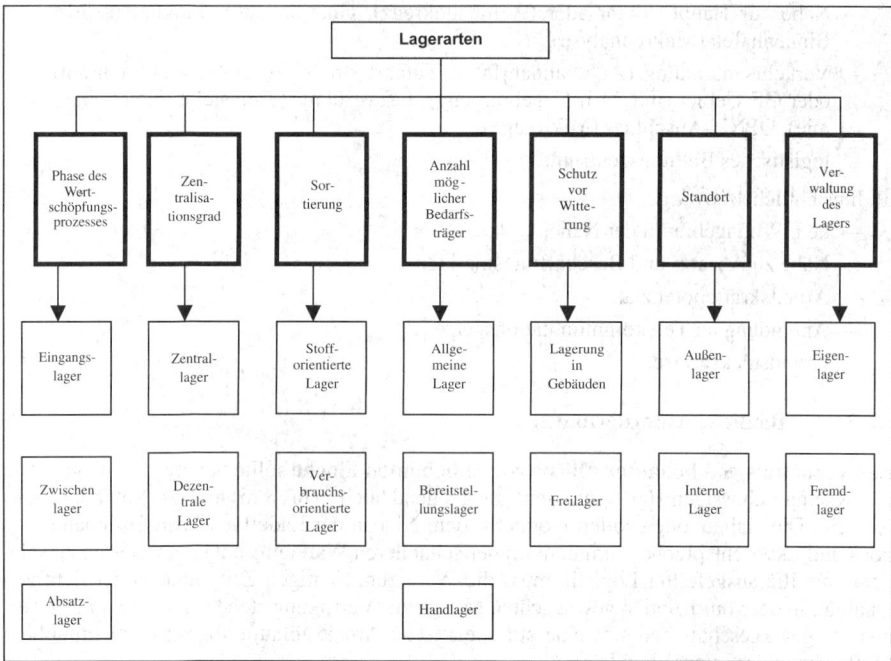

Lagerhallen sind Hallenbaukörper, die überwiegend zur Zwischenlagerung und zum Umschlag von Waren genutzt werden.

Lagergebäude sind alle Gebäude, die der Aufbewahrung von Gegenständen und Materialien dienen. Silos zählen nicht hierzu, da sie keine Gebäude sind und im Regelfall nicht von Menschen betreten werden können.

Lagergebäude können betrieblichen, landwirtschaftlichen, aber auch privaten Zwecken dienen. Zu den privaten Zwecken dienenden Lagergebäuden gehören etwa ein Holz- oder Heiz-

V Besondere Immobilienarten   Gewerbeimmobilien

öllagerschuppen, ein Gartenhaus zur Unterbringung von Gartengeräten, ein Abstellgebäude für Fahrräder, Kinderwagen und dergl. Zu den landwirtschaftlichen Lagergebäuden zählen Schuppen, Scheunen und Hallen zur Unterbringung landwirtschaftlicher Erzeugnisse, zur Lagerung von Streu- und Futtermitteln und zum Abstellen der landwirtschaftlichen Geräte und Fahrzeuge.

185 Im Jahre 2002 gab es in der Bundesrepublik Deutschland ca. 3 700 Logistikzentren mit ca. 65 Mio. m² Lagerfläche. Sie zeichnen sich durch eine Bündelung von Dienstleistungen aus, insbesondere Konfektionierung, Etikettierung bis hin zur Fakturierung. Die Lagerung erfolgt zunehmend in modernen Hochregallagern, errichtet in Stahlbetonbauweise mit 8,50 bis 10 m Deckenhöhe (dreilagige Palettenstellung).

186 Logistikimmobilien sind zumeist monofunktional ausgerichtet und haben daher eine geringe **Drittverwendungsmöglichkeit**.

3.5.2 Lagemerkmale

Schrifttum: *Bischoff, Ch.*, Analyse von Logistikstandorten, in Immobilien-Research 2005.

187 **Lagerhaus- und Speditionsgesellschaften** legen Wert auf gute Anbindungen an Bahnlinien, örtliche und überörtliche Straßennetze sowie ausreichende Freiflächen. **Standortfaktoren** sind

a) hinsichtlich *Makrolage:*
   – Nähe zur Hauptverkehrsader (Autobahnkreuz), Güterbahnhof, Flughafen, See- und Binnenhäfen (Makroanalyse),
   – Verkehrsanbindung (Autobahnauffahrt, Zufahrtsstraße; keine Ortsdurchfahrten), GI- oder GE-Gebiet (mit 24-h-Genehmigung), Infrastruktur (Tankstelle, Hotel, Gastronomie), ÖPNV-Anschluss (Mikrolage),
   – logistisches Ballungszentrum;

b) hinsichtlich *Mikrolage:*
   – kein Wohngebiet in der Nähe,
   – Nähe zu Absatz- und Beschaffungsmärkten,
   – Arbeitskräftepotenzial,
   – Anbindung an Telekommunikationsnetze,
   – Grundstückspreise.

3.5.3 Bauliche Anforderungen

188 Das **Verhältnis von bebauter Fläche zur unbebauten Fläche** sollte bei etwa 1:1 liegen. Die i. d. R. eingeschossigen Hallen müssen entsprechend hoch (6 bis 8 m) und die Nutzfläche teilbar sein. Die Hallenböden sollen möglichst dem Niveau der Ladefläche von Eisenbahnwaggons und Lkws entsprechen, um dem immer schnelleren Warenumschlag gewachsen zu sein, denn mithilfe ausgefeilter Logistik muss die Ware zum richtigen Zeitpunkt, in der richtigen Qualität, in der vom Kunden gewünschten Menge zur Verfügung stehen (*„just in time"*). Das neue Logistikgeschäft benötigt eine auf spezifische Arbeitsabläufe abgestimmte Immobilie (z. B. wegen des Internethandels).

189 **Baulich werden an Logistikimmobilien folgende Anforderungen** (*form follows function*) gestellt:
   – rechtwinkliger Grundstückszuschnitt,
   – breite Straßenfront mit Zu- und Abfahrtsmöglichkeiten,
   – ebenes Gelände,
   – vollständige Umzäunung des Grundstücks, Abzäunung mit Videoüberwachung,
   – geeignete Außenflächengestaltung,

Gewerbeimmobilien   **Besondere Immobilienarten V**

- tragfähige Bodenbeschaffenheit auch für Staplerverkehr (6 Kn),
- ausreichende Straßendimensionierung,
- Reserve- und Erweiterungsflächen (Expansionsmöglichkeiten in der Nachbarschaft),
- ausreichende Lieferzone,
- ausreichende Grundstücksgröße (ca. 150 bis 250 % der benötigten Gebäudegröße je nach Nutzungsart),
- Rangier-/Hoffläche mit einer Mindesttiefe von 35 m,
- ausreichende Pkw-Stellplätze (Faustregel 1 Stellplatz für 300 – 400 m²), Lagerfläche (1 Stellplatz für 125 – 175 m² Umschlaglager), Lkw-Stellplätze (Wechselbrückenstellplätze),
- eingeschossige Halle (Drittverwertbarkeit),
- Stahlbetonstützen mit Stützabstand ≥ 12,5 m,
- ausreichende Büro- und Sozialräume (10 bis 15 % der Bebauung),
- 45 bis 60 % überbaute Grundstücksfläche,
- Ebener und widerstandsfähige Hallenboden,
- Belastbarkeit (Tragkraft der Hallensohle) mindestens 5 t/m² (optimal 7,5 t/m²); Sohlenebenheitstoleranzen nach DIN 18202 Tab. 3 Zeile 3–4,
- Hallenkonstruktion mit Unterteilbarkeit für mehrere Nutzer,
- Hallengrößen min. 10 000 m² (ggf. teilbar),
- ausreichende Traufhöhe (TH) und Firsthöhe (FH), Hallenhöhe 10 – 12 m (mind. 10 m UKB = Unterkante Binder),
- ausreichend (große) Torgröße, ein ebenerdiges Tor pro Abschnitt (mind. eine Überladebrücke pro 1 000 m² Halle,
- zweiseitige Andienung bei Umschlagslager,
- Rammschutz für Gebäude und modulare Länge, möglichst ohne Stützen innerhalb der Brandabschnitte (max. 10 000 m²), sonst mit einem *Stützraster* von 7 m × 22 m,
- Beleuchtung (200 Lux/m² am Boden),
- Höhe im Andockbereich (5 m für Umschlag und 10 m UKK, HRL ab 14 m – ca. 60 m),
- Sprinkleranlage (z. B. ESFR Sprinkelung nach Erfordernis Regalsprinkler),
- Heizung (meist Gasdeckenluftheizung, u. U. Strahlungsheizung) und 20 % Reservefläche,
- wartungsfreie Einbauten,
- große Anzahl von Rampen, elektrohydraulische Überladebrücken (Tragfähigkeit 6 t/m²),
- Brandschutz (Sprinkleranlage, z. B. ESFR-Sprinklierung ggf. Regalsprinkler),
- Ausreichende Logistiktechnik (ausreichende Verladetore; 1 Tor/900 m² Lager), Immissionsschutzrecht,
- EDV-Verkabelung,
- 30 m Andienungszonen mit entsprechender Traglast,
- Andockmöglichkeiten an mindestens zwei Seiten,
- 22 × 15 m Innenflächenstützen,
- 24 Stunden Betriebserlaubnis,
- Erweiterungsflächen.

Anlagen und Funktionsbereiche weisen i. d. R. folgende Abläufe auf: **190**
- Wareneingang,
- Lagerhaltung,
- Auszeichnung,
- Sortieranlage (Einschleuser, Sortenstrang und Endstellen),
- Verteilwagen,
- Behälterfördertechnik,
- Packplätze,
- automatischer Verteiler,
- Warenausgang.

V Besondere Immobilienarten Gewerbeimmobilien

191 Wegen des geforderten schnellen Warenumschlags besitzen Lagerhallen gute Andienungs- und Fördereinrichtungen. Der **Fußboden** ist für Gabelstaplerverkehr ausgelegt (mindestens 2 500 kp/m² Bodentragfähigkeit). Die darüber hinausgehende bauliche Ausstattung ist dagegen einfach.

192 Ein Großteil der Lagerhallen besitzt einen **Büro- und Sozialteil** (Büroräume, Teeküche, sanitäre Anlagen), der deutlich besser ausgestattet ist. Dabei handelt es sich entweder um in die Halle integrierte Einbauten mit Staubdecken und ohne eigene Außenwände oder um selbstständige Anbauten. Der Umfang des Büro- und Sozialteils beträgt im Allgemeinen unter 10 % des umbauten Raums des Gesamtbaukörpers.

193 **Folgenutzungen von Lagerhallen** (Ausnahme: Hochregallager und mit Einschränkungen Kühlgutlagerhallen) sind vielfältig möglich. Denkbar sind folgende Nutzungen: Kfz-Ausstellungshallen, Möbelausstellungshallen, Speditionslagerhallen, Textil- und Baumärkte, Gartencenter usw.

194 Der **Normaltyp der Lagerhalle** besteht aus einer nicht unterkellerten, eingeschossigen Stahl- oder Stahlbetonskelettkonstruktion. Er hat durchschnittlich 2 000 bis 5 000 m² Brutto-Grundfläche (BGF), 15 m Spannweite der Tragkonstruktion und ca. 6,5 m Traufhöhe. Dies entspricht der Stapelhöhe von 4 Europaletten.

195 Im Allgemeinen werden folgende **Bautypen** unterschieden:

Bautyp	Traufhöhe
Lagerhalle (Normaltyp)	6,5–7,5 m
Hochlagerhalle	8,0–14,0 m
Hochregallager (Sonderform)	15,0–45,0 m
Kühlhalle (Sonderform)	6,5–12,0 m

3.5.4 Baukosten

▶ Vgl. Syst. Darst. des Sachwertverfahrens Rn. 58 ff.; § 22 ImmoWertV Rn. 8 ff.

196 Eindeutiges preisbeeinflussendes Merkmal ist die Qualität der baulichen Ausstattung. Die Größe (umbauter Raum, Brutto-Grundfläche), die Spannweite der Tragkonstruktion und die Traufhöhe haben einen deutlich geringeren und damit bei der Verkehrswertermittlung vernachlässigbaren Einfluss auf den Raummeterpreis.

197 Die **Baukosten** (ohne Außenanlagen und Baunebenkosten) beliefen sich im Jahre 2010 auf etwa 500 bis 600 €/m² BGF[38] bzw. 45 bis 70 €/m³ BRI bei einer **Gesamtnutzungsdauer** von maximal 20 Jahren (bei regelmäßiger Modernisierung – alle 15 bis 25 Jahre – maximal 40 Jahre); nach Nutzung

- 500 €/m² BGF Hallenfläche,
- 950 €/m² BGF Verwaltungsgebäude,
- 75 €/m² befestigte Außenfläche.

Ein zwanzig Jahre altes Lager- und Speichergebäude, das nicht modernisiert worden ist, kann deshalb bereits als Abbruchobjekt gelten[39]. Die Baunebenkosten und die Kosten der Außenanlagen werden etwa mit 20 % der Baukosten angesetzt (12 % + 8 %).

198 **Baukosten** und die **Kosten der Lagersysteme** (besondere Betriebsvorrichtungen einschließlich Hard- und Software) entsprechen sich in etwa.

199 Zur überschlägigen Ermittlung von **Wertminderungen wegen baulicher Mängel oder Schäden** kann mit den im Anh. zu § 8 ImmoWertV sowie unter Rn. 244 ff. bei § 8 Abs. 3 ImmoWertV abgedruckten Bauanteilen in % der Herstellungskosten gerechnet werden (Abb. 16).

---

38 Bischoff, Ch. (Analyse von Logistikstandorten, in Immobilien-Research 2005) gibt als bundesweit geltende Faustregel 300 €/m² für „große" Logistikimmobilien an.
39 Simon/Cors/Halaczinsky/Teß, Handbuch der Grundstückswertermittlung, 5. Aufl., S. 105, 891.

Abb. 16: Wertanteile für eingeschossige, nicht unterkellerte Lagerhallen

Wertanteile für eingeschossige, nicht unterkellerte Lagerhallen		
a) in besserer Bauausführung, mit Wärmedämmung und mit Heizung		
Bauwerk/Gewerk	durchschnittlicher Anteil in % der Herstellungskosten (ohne Baunebenkosten nach DIN 276 Blatt 3 Nr. 7)	
	Stahlskelett-, Rahmen- oder Fachwerkbauwerke	Stahlbeton-, Skelett- oder Rahmenbauweise
Dacheindeckung	17,5	19,0
Heizanlage	4,5	4,0
Elektroinstallation	3,5	4,0
Fenster	3,0	4,0
Fußboden	4,0	4,0
Wandbekleidung	13,5	10,0
Tragkonstruktion	19,0	18,0
Gründung und Bodenplatte	18,0	17,0
Türen	2,0	2,0
Tore	3,5	3,0
Erdarbeiten	2,5	3,5
insgesamt	100,0	100,0

b) in einfacher Bauausführung, ohne Wärmedämmung und ohne Heizung				
Bauwerk/Gewerk	durchschnittlicher Anteil in % der Herstellungskosten (ohne Baunebenkosten nach DIN 276 Blatt 3 Nr. 7)			
	Mauerwerks-massivbau	Holzskelett-, Rahmen- oder Fachwerkbauweise	Stahlskelett-, Rahmen- oder Fachwerkbauwerke	Stahlbeton-, Skelett- oder Rahmenbauweise
Dacheindeckung	13,0	13,5	14,0	13,5
Heizanlage	–	–	–	–
Elektroinstallation	8,0	2,5	2,5	3,0
Fenster	3,0	2,0	3,5	1,5
Fußboden	4,5	4,5	6,0	6,0
Wandbekleidung	–	12,0	12,5	15,5
Tragkonstruktion	50,0	24,0	23,5	24,0
Gründung und Bodenplatte	19,0	20,0	20,5	20,0
Türen	–	–	1,0	–
Tore	5,0	4,5	3,0	2,5
Erdarbeiten	2,5	3,5	4,0	4,0
insgesamt	100,0	100,0	100,0	100,0

3.5.5 Bodenwert

Logistikimmobilien liegen wegen der nachteiligen Umwelteinwirkungen (Lärm, Abgase) meistens in Gewerbegebieten. Sie sind überwiegend großflächig (ca. 50 000 bis 80 000 m² Grundstücksfläche, erreichen auch schon einmal eine Größe von 100 000 m² und mehr). **Bebaut ist i. d. R. ein Anteil von 25 bis 30 % der gesamten Grundstücksfläche.** Die Restfläche besteht größtenteils aus befestigter Freifläche.

Das Grundstück einer Logistikimmobilie ist häufig nach **Baulandflächen** (gewerblicher Nutzung) **und den nicht bebaubaren Acker- und Grünflächen** zu untergliedern, wobei vielfach die Übergröße der Logistikimmobilie gegenüber den herangezogenen Vergleichspreisen wertmindernd berücksichtigt werden muss.

V Besondere Immobilienarten — Gewerbeimmobilien

202 In den Ballungsräumen *München, Stuttgart, Rhein/Main, Rhein/Ruhr* und *Hamburg* liegen die Grundstückspreise zwischen 50 und 150 €/m². In den übrigen Regionen kann je nach Lagequalität mit Preisen zwischen 15 und 50 €/m² gerechnet werden. In einigen Gebieten werden geeignete Gewerbeflächen aus Wettbewerbsgründen zu Dumpingpreisen angeboten.

3.5.6 Ertragsverhältnisse

3.5.6.1 Mietpreise

203 Allgemein ist ein deutlicher Trend zu kurzer **Mietvertragsdauer** erkennbar (2 bis 3 Jahre). Die Nachhaltigkeit des Mietverhältnisses ist bei alledem gewährleistet, wenn
- sich die Logistikimmobilie in einem großflächigen Logistikpark befindet und eine Nachvermietung „aus der Nachbarschaft" in Betracht kommt;
- ein „überregionales Mietmanagement" betrieben wird und somit ohne große Leerstandszeiten ein Nachfolgemietverhältnis gesichert ist; dies wiederum führt zu erhöhten Verwaltungskosten;
- die Immobilie drittverwendungsfähig ausgestaltet ist.

204 Bei Objekten mit Hochregallagern wird die Miete vielfach in eine Gebäudemiete und eine Miete für die Hochregallager gesplittet. Diese gelten als **besondere Betriebseinrichtung** (vgl. Rn. 216).

205 Die **Mietpreise** schwanken je nach Lage zwischen 5,50 €/m² in Großstadtnähe und 14 €/m² in der Nähe zu Großflughäfen (Abb. 17).

Abb. 17: Mieten für Lager- und Logistikflächen

Ort	Mittlere Lage (€/m²)	Beste Lage (€/m²)	Gute Lage (€/m)
Bergisch Gladbach (2013)	2,00 bis 5,00		
Berlin	3,5 bis 4,5	bis 6,1	4,5 bis 5,5
Dortmund		3,0 bis 5,0	3,0 bis 4,0
Dresden		4,1 bis 5,1	2,6 bis 4,1
Düsseldorf	3,0 bis 3,8	5,5 bis 6,0	4,5 bis 5,0
Frankfurt/Main	3,9 bis 4,6	6,0 bis 7,9	4,9 bis 5,7
Frankfurt/Oder (2011)	1,0 bis 2,5		
Hamburg		4,6 bis 6,0	3,6 bis 4,6
Hannover (2012)	1,0 bis 5,5	1,5 bis 6,0	1,5 bis 5,0
Köln		4,0 bis 5,5	3,0 bis 4,5
Leipzig	1,5 bis 2,6	3,0 bis 5,2	2,6 bis 4,0
München	4,0 bis 5,0	7,0 bis 8,0	5,0 bis 6,0
Stuttgart	2,5 bis 4,3	4,6 bis 6,4	3,5 bis 5,2
Die angegebenen Preisspannen bzw. Werte sind abhängig von der Lage, dem Zustand, der Ausstattung, der Beziehbarkeit bzw. der architektonischen Gestaltung und von dem Maß der baulichen Nutzungsmöglichkeit. Erste objektbezogene Einschätzungen lassen sich daraus ableiten. Der Prognosezeitraum beträgt sechs Monate.			

Quelle: DB Research 2000/DEGI Deutsche Gesellschaft für Immobilienfonds mbH, Research 2003/Allianz-Dresdner 2003; vgl. GuG-aktuell 2003, 28; GuG 2003, 57; GuG 2004, 29 f., 171, 239

206 Die **Neubaumieten** liegen i. d. R. höher.[40]

---

[40] Vgl. Kleiber, Verkehrswertermittlung von Grundstücken, 6. Aufl. 2010, S. 2078.

Abb. 18: Durchschnittliche Mietpreise von Hallenflächen

Mietpreise	Durchschnittliche Mieten in € pro Quadratmeter Hallenfläche (2013)						
	Süd	Südwest	Mitte	Nord-west	Nord	Nordost	Ost
Lagerhallen							
Alter ≤ 10 Jahre	4,20	3,90	4,50	3,90	3,60	3,50	2,60
Alter 10 bis 30 Jahre	3,60	3,30	3,90	3,40	3,00	3,20	2,30
Alter ≥ 30 Jahre	2,70	2,60	3,00	2,50	2,30	2,50	1,40
Logistikhallen							
Alter ≤ 10 Jahre	4,50	4,50	4,70	4,20	4,10	3,90	3,80
Alter 10 bis 30 Jahre	3,80	3,90	4,00	3,50	3,50	3,60	2,70
Alter ≥ 30 Jahre	2,80	2,90	3,20	2,80	3,00	2,70	2,10
Produktionshallen							
Alter ≤ 10 Jahre	4,40	4,00	4,30	3,80	3,10	4,10	2,80
Alter 10 bis 30 Jahre	3,50	3,30	3,80	3,20	2,70	3,20	2,40
Alter ≥ 30 Jahre	2,50	2,60	2,90	2,40	2,10	2,00	1,40

Quelle: IndustrialPort ARCADIS Deutschland 2013

Abb. 19: Benchmarks der Nutzungskosten

Benchmarks der Nutzungskosten in €/m²nach Kategorien				
	Alter			
	≤ 10 Jahre	10 bis 30 Jahre	≥ 30 Jahre	Summe
Lagerhallen				
Technik Mittelwert	2,61	2,21	1,83	2,11
Technik Median	1,14	1,35	1,10	1,25
Reinigung Mittelwert	1,24	1,23	0,98	1,15
Reinigung Median	0,54	0,75	0,59	0,68
Sicherheit Mittelwert	1,49	1,47	1,35	1,43
Sicherheit Median	0,65	0,90	0,81	0,85
Kaufmännisches Gebäudemanagement Mittelwert	1,49	1,35	1,22	1,32
Kaufmännisches Gebäudemanagement Median	0,65	0,82	0,73	0,77
Logistikhallen				
Technik Mittelwert	2,78	2,56	2,38	2,70
Technik Median	1,83	1,66	1,30	1,52
Reinigung Mittelwert	1,33	1,22	1,07	1,29
Reinigung Median	0,88	0,79	0,59	0,73
Sicherheit Mittelwert	1,70	1,46	1,43	1,62
Sicherheit Median	1,12	0,95	0,78	0,90
Kaufmännisches Gebäudemanagement Mittelwert	1,70	1,71	1,66	1,70
Kaufmännisches Gebäudemanagement Median	1,12	1,11	0,91	0,98
Produktionshalle				
Technik Mittelwert	15,62	15,28	14,59	15,03
Technik Median	9,61	7,59	6,57	7,37
Reinigung Mittelwert	1,70	1,59	1,21	1,45
Reinigung Median	1,04	0,79	0,54	0,70
Sicherheit Mittelwert	1,70	1,47	1,45	1,47
Sicherheit Median	1,04	0,73	0,65	0,72
Kaufmännisches Gebäudemanagement Mittelwert	2,06	2,08	2,05	2,07
Kaufmännisches Gebäudemanagement Median	1,27	1,03	0,92	1,01

Quelle: WISAG Facility Management Holding/IndustrialPort ARCADIS Deutschland 2013

V Besondere Immobilienarten — Gewerbeimmobilien

207 Von den Gutachterausschüssen wurden folgende **Mieten für Lager-, Werkstatt- und Produktionsflächen** gemeldet (Abb. 20):

Abb. 20: Mieten für Produktions-, Lager- und Technikflächen

Stadt	Hoffläche befestigt und unbefestigt*	Lagerfläche geschlossen				Offene überdachte Lagerfläche	Lagerhallen (einfach)	Hallen für Speditionsbetriebe	Hallen für Fertigung und Service
		unbeheizt	beheizt	Altbau	Neubau				
Bergisch Gladbach 2013	1,10						2,30 – 4,20	3,60 bis 8,00	
Bonn	0,30 – 1,00	2,50 – 5,00	3,00 – 6,00			1,50 – 2,50			
Ennepe-Ruhr Kreis 2013								2,00 – 5,00	
Hagen	0,50 – 1,00		1,50 – 3,00	3,00 – 4,00					
Köln (2012)			2,00 – 5,00						
Leverkusen (2012)			2,00 – 4,50						
Nürnberg							2,00 – 2,50	3,00 – 3,50	3,50 – 5,00
Oberbergischer Kreis (2012)			2,00 – 4,00						
Rheine	0,25 – 1,00	2,00 – 4,00					0,50 – 1,30		
Rhein-Erft Kreis 2012			1,50 – 5,00						
Rheinisch-Bergischer Kreis (2012)			2,00 – 4,00						
Wiesbaden (2013)		3,70 – 7,60							
Wuppertal (2013)			1,00 – 4,00						

Quellen: Grundstücksmarktberichte (GuG-aktuell 2013, 6)
* sofern sie nicht als Zufahrt oder notwendige Rangierfläche dient.

Daneben wird noch nach der Lagerfläche unterschieden. So soll sich ausweislich des Grundstücksmarktberichts von *Frankfurt/Oder* (2011) die Miete/m² NF ab einer Fläche von etwas 700 m² sowohl bei Hallen- als auch bei Freiflächen halbieren.

208 Für das **Freigelände** werden folgende Mietpreise (ohne Umsatzsteuer und Nebenkosten) bezahlt (Abb. 21):

Gewerbeimmobilien **Besondere Immobilienarten V**

Abb. 21: Mietpreise für Freigelände

\multicolumn{3}{c}{Mietpreise für Freigelände}		
Stadt	Mittelwert	Streubreite
Bergisch Gladbach	2000 und 2009	1,10 €/m²	0,50 bis 2,25 €/m²
Land Brandenburg	2010	1,78 €/m²	0,12 bis 9,09 €/m²
Frankfurt/Oder	2011		0,50 bis 1,00 €/m²

Quellen: Grundstücksmarktberichte

Nach Untersuchungen von DTZ Zadelhoff Tie Leung bewegte sich die Anfangsrendite *(initial rent)* in den fünf deutschen Logistikzentren Berlin, Düsseldorf, Frankfurt am Main, Hamburg und München zwischen 7,4 und 8,8 %, wobei Hamburg das höchste Renditeniveau aufwies und sich in keinem dieser Standorte die Quadratmetermiete für Spitzenobjekte unter 4,50 €/m² belief.

Das **Mietniveau für Lager- und Logistikflächen** wurde für 2013 allgemein wie folgt angegeben:

- sehr gute Lage in Ballungszentren   6,00 bis 8,00 €/m² NF
- gute Lage in Ballungszentren   4,00 bis 7,00 €/m² NF
- außerhalb von Ballungszentren   2,00 bis 6,00 €/m² NF

Bei Altbeständen kommt die Miete allerdings selten über 5,00 €/m² hinaus.

Das **Mietniveau** orientiert sich bei alledem an der Investitionssumme (ca. 8 %).

3.5.6.2 Liegenschaftszinssatz

▶ *Vgl. § 14 ImmoWertV Rn. 133 ff.*

Der Liegenschaftszinssatz für **Läger** beläuft sich je nach **Lage und Ausstattung** auf etwa 6,5 bis 10,0 %.

In *Frankfurt am Main* wurden 2013 für Hallenflächen > 3 000 m² bei zeitgemäßer Konzeption, guter Verkehrsanbindung, lichter Höhe > 10 m und einer Spitzenrendite von 6 % Liegenschaftszinssätze in einer Spanne von 5,75 bis 8,50 ermittelt (im Mittel 7,0 %)[41].

Für *Hamburg* wurde im Grundstücksmarktbericht 2011 ein Liegenschaftszinssatz von 7,3 % bei einer Gesamtnutzungsdauer von 40 Jahren, Verwaltungskosten von 3 %, einem Mietausfallwagnis von 6 %, einem Umlageausfallwagnis von 6 % der Betriebskosten und bei Instandhaltungskosten in Höhe von 50 % der Instandhaltungskosten für Wohnungen angegeben.

Für *Südhessen* wurde 2011 vom AfB Heppenheim ein Liegenschaftszinssatz von 7,1 % ermittelt, bezogen auf eine Nutzfläche von 5 284 m² bei einem Baujahr von 1983.

Für Lagerhallen und **Produktionsgebäude** in *Niedersachsen* wurden folgende Liegenschaftszinssätze ermittelt (Abb. 22):

---

41 Vgl. GuG-aktuell 2003, 27.

Abb. 22: Liegenschaftszinssätze für Lagerhallen und Produktionsgebäude in Niedersachsen

Liegenschaftszinssätze für Lagerhallen und Produktionsgebäude in Niedersachsen			
Landkreis, kreisfreie Stadt, Region	Lage	Objektart	Liegenschaftszinssatz
Landkreis Wolfenbüttel	LK Wolfenbüttel	gewerblich genutzte Objekte	4,7–7,5 %
Stadt Braunschweig	Innenstadt	Gewerbe	
		Baujahr vor 1945	6,3 %
		Baujahr ab 1945	7,2 %
	Außenbereich	Gewerbe	
		Baujahr vor 1945	7,3 %
		Baujahr ab 1945	7,6 %
	Stadt Braunschweig	Gewerbe	
		Baujahr vor 1945	6,9 %
		Baujahr ab 1945	7,5 %

Quelle: Landesgrundstücksmarktbericht Niedersachsen 2012

Für mit Lagerhallen bebaute Grundstücke (NF = 1 100 m², BW = 57 €/m²) in *Rheinland-Pfalz* wurden in Abhängigkeit von der Restnutzungsdauer folgende Liegenschaftszinssätze ermittelt (Abb. 23):

Abb. 23: Liegenschaftszinssätze für mit Lagerhallen bebaute Grundstücke in Rheinland-Pfalz

Liegenschaftszinssätze für mit Lagerhallen bebaute Grundstücke	
Restnutzungsdauer	Rheinland-Pfalz 2013
Jahre	%
20	4,7 %
25	5,1 %
30	5,5 %
35	5,7 %
40	6,0 %
45	6,2 %
50	6,2 %

Quelle: Landesgrundstücksmarktbericht 2013 (Rheinland-Pfalz)

3.5.6.3 Gesamtnutzungsdauer

▶ *Vgl. § 6 ImmoWertV Rn. 378 ff.*

212 Der Dauerbetrieb führt zu einer hohen Abnutzung der Gebäude, d. h., sie weisen eine **Gesamtnutzungsdauer** von 30–40 Jahren auf.

3.5.6.4 Bewirtschaftungskosten

▶ *Vgl. Syst. Darst. des Ertragswertverfahrens Rn. 189 ff.; § 19 ImmoWertV Rn. 8 ff.*

213 Die **Bewirtschaftungskosten** werden zumeist umgelegt (*triple-net*-Verträge), und vom Vermieter wird lediglich die Unterhaltung von Dach und Fach getragen. Ein Ansatz von 6 % der Jahresnettokaltmiete (0,25 €/m² NF) ist üblich. Ansonsten ist mit

- Verwaltungskosten von rd. 1,00 €/m² Nutzfläche (für Lager-, Büro- und Sozialräume) und
- Instandsetzungskosten von
  - rd. 3,00 €/m² Lagerfläche,
  - rd. 5,00 €/m² Büro- und Sozialraum sowie
  - rd. 0,30 €/m² Freifläche

zu rechnen.

3.5.6.5 Drittverwendung

Der Logistikmarkt ist verhältnismäßig intransparent. Renditen, Umsatzzahlen für einzelne Geschäftsfelder, Sach- und Personalkosten sind nur selten bekannt.

Der Drittverwendung von Logistikimmobilien sind Grenzen gesetzt, wenn die Immobilie auf die Transport-Technologie eines Unternehmens ausgerichtet und eine Nachnutzung außerhalb der Branche durch Umnutzung ausgeschlossen ist. Mietverträge werden für eine Dauer von drei bis fünf Jahren abgeschlossen, wobei die Nachvermietung oft nicht sicher ist.

3.5.7 Beispiele

3.5.7.1 Verkehrs- und Beleihungswert einer Logistikimmobilie

a) Sachverhalt

27 000 m² Hafengrundstück mit Anbindung an Schiene und Straße, bebaut mit zwei großen Lagerhallen und einem zweigeschossigen Bürogebäude, insgesamt 11 885 m² (GRZ = 0,44), Baujahr 2000, nutzbare Flächen: 1 200 m² Büroräume, 11 750 m² Lagerhalle und 13 500 m² befestigte Hoffläche (Abstellplätze für Lastkraftwagen); das moderne Objekt gestattet eine optimale Nutzung (mögliche Stapelhöhe z. B. ca. 8 m).

b) Ermittlung des Verkehrswerts

Bodenwert

Das zu bewertende Grundstück liegt im Geltungsbereich des rechtskräftigen Bebauungsplans Nr. 25 A der Stadt. Festgesetzt ist Gewerbegebiet (GE) mit dreigeschossiger geschlossener Bauweise, Grundflächenzahl (GRZ) = 0,8 und Geschossflächenzahl (GFZ) = 2,0.

Zum 31.12.2010 hat der Gutachterausschuss für Grundstückswerte in der Stadt einen Bodenrichtwert für Gewerbeflächen guter Lagequalität (erschließungs- und kanalanschlussbeitragsfrei) in Höhe von 150 €/m² beschlossen, wobei das Bodenrichtwertgrundstück größer als 5 000 m² ist.

Der Bodenwert ergibt sich demnach wie folgt:

27 000 m² × 150 €/m² ebf	4 050 000 €
zuzüglich Grundstücksnebenkosten für Notar-, Gerichts- und Vermessungskosten sowie Rundungen (= 2,47 % von 4 050 000 €)	100 000 €
Bodenwert	4 150 000 €

Wert der baulichen Anlagen (Bauwert)

Die Wertermittlung erfolgt zum Nettowert, d. h. ohne Mehrwertsteuer.

Die Mehrwertsteuer bzw. **Umsatzsteuer** ist eine umfassende, nahezu auf allen Gütern und Leistungen lastende Verkehrssteuer für den Verbraucher, die im Beschaffungsfall auch als Vorsteuer bezeichnet wird. Umsätze aus der Vermietung und Verpachtung von Immobilien sind grundsätzlich steuerfrei. Vorsteuern sind nur dann absetzbar, wenn sie im Zusammenhang mit Umsatzerlösen stehen, die mehrsteuerpflichtig sind. Eigentümer von Gewerbeimmobilien verzichten regelmäßig auf die Umsatzsteuerbefreiung der Einkünfte aus Vermietung/Verpachtung (Option zur Umsatzsteuer) und lassen sich die „Vorsteuer" von den Kosten zur Errichtung der baulichen Anlagen erstatten.

V Besondere Immobilienarten Gewerbeimmobilien

Gemäß § 2 des Mietvertrags vom 6.12.2000 ist vereinbart worden, dass neben dem Mietzins die jeweils gültige gesetzliche Mehrwertsteuer zu entrichten ist. Die Ermittlung des Werts der baulichen Anlagen (Bauwert) muss demnach wie oben aufgeführt zum Nettowert, d. h. ohne Mehrwertsteuer, erfolgen. Zurückgegriffen wird hierbei auf die NHK (Typ 26.1 = Typ 5.1 NHK 2000 und Typ 32.1 = Typ 31.1 NHK 2000). Die durchschnittliche wirtschaftliche Gesamtnutzungsdauer (GND) der baulichen Anlagen wird mit 60 Jahren[42] angenommen; die Restnutzungsdauer beträgt demnach 49 Jahre (60–11).

89 900 m³	× 120 €/m³	10 788 000 €
4 450 m³	× 260 €/m³	1 157 000 €
zusammen		11 945 000 €
abzüglich 11 % von 11 945 000 € (Wertminderung)		1 313 950 €
ergibt		10 631 050 €
zuzüglich besonderer Bauteile und Außenanlagen (Zeitwert)		848 950 €
Zwischenwert		11 480 000 €
zuzüglich Baunebenkosten von 15 %		1 720 000 €
ergibt Bauwert		13 200 000 €
zuzüglich Bodenwert		4 150 000 €
vorläufiger Sachwert (Boden- und Bauwert)		17 350 000 €

Ertragswert

Etwa 50 % der nutzbaren Flächen sind langfristig vermietet. Die gezahlten Mieten – 14 €/m² für Büroräume, 7 €/m² für Lagerhallen – sind marktgerecht. Die Jahresnettokaltmiete (Grundmiete) ergibt sich demnach wie folgt:

1 200 m²	Büro- und Nebenräume × 14 €/m²	16 800 €
11 750 m²	Lagerhallenfläche × 7 €/m²	82 250 €
13 500 m²	befestigte Hoffläche × 1 €/m²	13 500 €
Monatliche Nettokaltmiete (Grundmiete)		112 550 €
Jahresnettokaltmiete (Grundmiete p. a.) × 12 Monate		1 350 600 €
abzüglich 25 % Bewirtschaftungskosten (üblich)	–	337 650 €
Jahresreinertrag		1 012 950 €
abzüglich Bodenwertverzinsungsbetrag (6 % von 4 150 000 €)	–	249 000 €
Gebäudeertragsanteil		763 950 €
Gebäudeertragswert bei einer RND von 49 Jahren und p = 6 %; V = 15,71		
763 950 € × 15,71 = 12 001 654 €, d. h. rd.		12 000 000 €
zuzüglich Bodenwert		4 150 000 €
vorläufiger Ertragswert (Verkehrswert)		16 150 000 €

Bau- und Unterhaltungszustand sind gut, ein Reparaturstau ist demnach nicht zu berücksichtigen. Der Verkehrswert entspricht dem 12-fachen Jahresrohertrag. Standort und Modernität der Logistikimmobilie garantieren eine vielseitige Nutzung und die Nachhaltigkeit der Mieterträge. Außerdem besteht Bedarf an solchen Distributionsflächen.

c) Ermittlung des Beleihungswerts

Unter Bezugnahme auf die Einzelansätze zur Verkehrswertermittlung kommt die Sparkasse zu „ihrem Beleihungswert". Zu berücksichtigen hat sie hierbei einerseits die Beleihungsgrundsätze und andererseits die Bestimmungen des Organisationshandbuchs. Zwei Wege führen zum Beleihungswert. Zunächst der etwas umständliche, im Sparkassenbereich aber durchaus verbreitete Lösungsweg (jeweils nur für den Ertragswert):

---

[42] RdErl. des BMBau vom 12.10.1993 (BAnz. Nr. 199; 1993, 9630 = GuG 1994, 42).

Gewerbeimmobilien — Besondere Immobilienarten V

Ertragswert des Beleihungsgrundstücks *für das gewerblich genutzte Grundstück*

	Jahresrohertrag		
	Summe der tatsächlichen (erforderlichenfalls angeglichenen) bzw. geschätzten Bruttoeinnahmen (ohne Mehrwertsteuer) aus Grundstück und Gebäuden		1 350 600 €
./.	Bewirtschaftungskosten		
	Verwaltungs-, Betriebs- und Instandhaltungskosten sowie Mietausfallwagnis. Die Abschreibung entfällt hier, da sie mit dem Vervielfältiger berücksichtigt wird	–	337 650 €
=	Mietreinertrag (Gebäude- und Bodenreinertrag)		1 012 950 €
./.	Risikoabschlag für die gewerbliche Nutzung = 15 %	–	151 942 €
=	Mietreinertrag nach Gewerbeabschlag		861 008 €
./.	Bodenwertverzinsungsbetrag (6 % von 4 150 000 €)		
	Verzinsung des in der Sachwertermittlung zugrunde gelegten Bodenwerts mit dem der Kapitalisierung des Gebäudereinertrags zugrunde gelegten Zinssatzes. Behandlung einer Übergröße des Grundstücks (§ 17 Abs. 2 Satz 2 ImmoWertV)	–	249 000 €
=	Gebäudeertragsanteil		612 008 €
×	Vervielfältiger		
	Dieser ergibt sich aus der Restnutzungsdauer der baulichen Anlagen und dem der Kapitalisierung zugrunde gelegten Zinssatz. Der Zinssatz ist nach der Art der baulichen Anlagen und nach der Lage auf dem Grundstücksmarkt zu bestimmen (vgl. § 14 ImmoWertV): 15,71		
=	Gebäudeertragswert	rd.	9 600 000 €
+	Bodenwert (Bodenertragswert)		
	Dies ist der mit dem Zinssatz für die Kapitalisierung des Gebäudeertragsanteils – jedoch im Gegensatz dazu auf ewig – kapitalisierte Bodenwertertragsanteil		
	Er entspricht dem bei der Ermittlung des Sachwerts zugrunde gelegten Bodenwert	+	4 150 000 €
=	Ertragswert des gesamten Objekts (Beleihungswertvorschlag)		13 750 000 €*
*	Der „Risikoabschlag" vom Verkehrswert (mit 16 150 000 € ermittelt) beträgt demnach rd. 15 %.		

Mindestabschläge zur Ermittlung des Ertragswerts aus einer Übersicht im Organisationshandbuch einer anderen Sparkasse führen zu folgendem Ergebnis:

Jahresrohmiete (wie vorher)		1 350 600 €
abzüglich 40 % (Lagerhallen; Speditionsbetrieb)		540 000 €
Mietreinertrag		810 600 €
abzüglich Bodenwertverzinsungsbetrag (wie vorher)		249 000 €
Gebäudeertragsanteil		561 600 €
× Vervielfältiger von 15,71 ergibt Gebäudeertragswert	rd.	8 850 000 €
zuzüglich Bodenwert		4 150 000 €
= Ertragswert (Beleihungswertvorschlag)		13 000 000 €

Die pauschale Berücksichtigung von Bewirtschaftungskosten und Risikoabschlag führt zu einem um rd. 5 % niedrigeren Beleihungswert. Der Abschlag vom Verkehrswert beträgt in diesem Fall rd. 20 %.

3.5.7.2 Lagerhalle

a) **Sachverhalt**

Das 68 400 m² große Grundstück besteht aus einem zweigeschossigen Bürogebäude mit 2 300 m² Nutzfläche und zwei Betriebswohnungen mit je 105 m² Wohnfläche, aus einer Wagenpflegehalle mit Werkstatt (550 m² NF), einer Lagerhalle (7 000 m² NF) mit 12 m Stapelhöhe und einer Lagerhalle (7 000 m² NF) mit 6,5 m Stapelhöhe. Die dazugehörende befestigte Hoffläche beträgt 30 000 m².

V Besondere Immobilienarten — Gewerbeimmobilien

Das Grundstück liegt im Gewerbegebiet. Der anzusetzende Bodenpreis beträgt 25 €/m² (einschließlich Erschließungskosten). Das Grundstück ist eigengenutzt. Üblich erzielbare Mieten für vergleichbare Grundstücke:

Lagerhalle:	0,40 €/m² pro lfm. Stapelhöhe
Büro- und Sozialflächen:	6 €/m² NF
Wohnflächen:	3,50 €/m² WF
Werkstattgebäude:	4,60 €/m² NF
Befestigte Hofflächen:	0,35 €/m² nutzbarer Fläche

Für Vermieter fallen bei vergleichbaren Objekten üblicherweise folgende **Bewirtschaftungskosten** an:

Instandhaltungskosten:	7 bis 8 %
anteiliges Mietausfallwagnis:	4 %
Verwaltungskosten:	3 %

Der ortsübliche Liegenschaftszinssatz beträgt 6 % des Reinertrags. Die Restnutzungsdauer der baulichen Anlagen beträgt im Mittel noch 50 Jahre.

Abb. 24: Lageplan

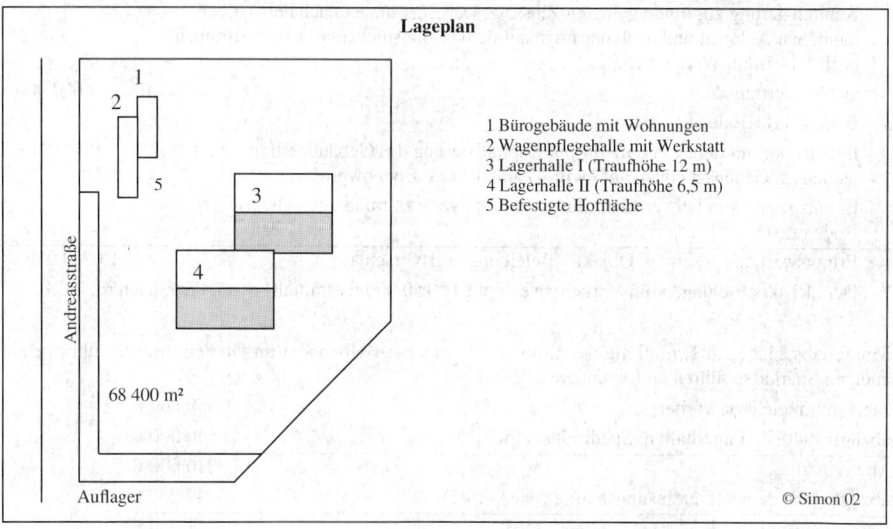

1 Bürogebäude mit Wohnungen
2 Wagenpflegehalle mit Werkstatt
3 Lagerhalle I (Traufhöhe 12 m)
4 Lagerhalle II (Traufhöhe 6,5 m)
5 Befestigte Hoffläche

b) Wertermittlung

Bodenwertermittlung

68 400 m² × 25 €   = 1 710 000 €

Ermittlung des Gebäudeertragswerts

1. Bürogebäude (Büroflächen) 2 300 m² NF × 6,00 €   = 13 800 €
   Bürogebäude (Wohnflächen) 210 m² WF × 3,50 €   = 735 €
2. Wagenpflegehalle mit Werkstatt 550 m² NF × 4,60 €   = 2 530 €
3. Lagerhalle I (0,40 €/m² × 12) × 7 000 m²   = 33 600 €
4. Lagerhalle II (0,40 €/m² × 6,5) × 7 000 m²   = 18 200 €
5. Befestigte Hoffläche 30 000 m² × 0,35 €   = 10 500 €
= Monatsnettokaltmiete (Grundmiete)   = 79 365 €/Monat
Jahresnettokaltmiete (Grundmiete) 79 365 € × 12   952 380 €
Bewirtschaftungskosten 15 %   − 142 857 €
Bodenwertverzinsungsbetrag (6 % von 1 710 000 €)   − 102 600 €
RE − p × BW   = 706 923 €

Vervielfältiger bei 50 Jahren Restnutzungsdauer und 6 % Liegenschaftszinssatz: 15,76

706 923 € × 15,76	=	+ 11 141 106 €
Grundstücksertragswert	=	12 851 106 €
c) **Verkehrswert**		rd. **13 000 000 €**

Nachrichtlich zu den Vergleichsdaten: Der Verkehrswert entspricht dem 13,7-Fachen der Jahresrohmiete. Der flächenbezogene Wertfaktor für die Lagerhallengrundstücke beträgt 762 €/m² NF.

Generell kann heute davon ausgegangen werden, dass der **Nettokaltmietenvervielfältiger** bei reinen Lagerhausgrundstücken bei nur etwa der 10-fachen Jahresnettokaltmiete liegt. Im vorliegenden Beispiel ist dieser Faktor wegen des schon erheblichen Anteils an nicht zu Lagerzwecken vermieteten Nutzflächen entsprechend höher.

3.5.7.3 Hochregallager

▶ *Vgl. Rn. 204; zu Betriebseinrichtungen § 1 ImmoWertV Rn. 57 ff.*

Schrifttum: *Dippold, R.*, Wertermittlung von Hochregallagern für kreditwirtschaftliche Zwecke, GuG 2013/4; *Pohnert*, Kreditwirtschaftliche Wertermittlung, 7. Aufl. 2010, S. 440.

Eine Sonderform des Lagergebäudes bildet das Hochregallager. Es besteht überwiegend aus einem Stahllagergerüst, das lediglich mit einer leichten Außenhaut verkleidet ist. Das Lagersystem moderner Hochregallager mit Verteileranlage, Greifer und Fahrschlitten ist vollautomatisch computergesteuert, der Aufenthalt von Menschen ist während des Betriebs nicht möglich. **Hochregallager** werden meistens **als Distributionslager an Produktionsbetriebe** vermietet. **217**

Das **Hochregal ist eine Betriebsvorrichtungen und kein Gebäude**. Aus steuerlichen Gründen wird vielfach die Miete unterteilt in eine Gebäudemiete und eine Miete für die besonderen Betriebseinrichtungen. Sie bleiben damit bei der Verkehrswertermittlung von Grundstücken unberücksichtigt. **218**

Als Betriebseinrichtungen sind Hochregallager nicht realkreditfähig. Nur wenn das Lager als Gebäude auch ohne die besonderen Betriebseinrichtungen wirtschaftlich tragfähig ist, kann für das Lagergebäude ein **Beleihungswert** ermittelt werden.

Ein Hochregallager ist steuerrechtlich kein Gebäude, sondern eine Betriebsvorrichtung (vgl. § 1 ImmoWertV Rn. 59). Bei Logistikimmobilien mit Hochregallagern ist eine **Drittverwendungsfähigkeit** nahezu ausgeschlossen.

Abb. 25: Herstellungskosten von Hochregallagern (Preisverhältnisse 2010)

Bauart	Raummeterpreis in €/m³ umbautem Raum (ohne Baunebenkosten und ohne MwSt.)
Stahl- bzw. Stahlbetonskelettkonstruktion (bis 25 m Traufhöhe)	65–80

Die **Raummeterpreise** für Lager mit größeren Traufhöhen sind um 30 bis 50 % je m³ Brutto-Rauminhalt niedriger. Für betriebliche Einrichtungen (Computer, Greifer usw.) sind durchschnittlich zusätzlich 11 bis 26 €/m³ Brutto-Rauminhalt anzusetzen. **219**

Die **Instandhaltungskosten** belaufen sich auf ca. 0,6–1,0 % des Gebäudeherstellungswerts.

Beispiel[43] **220**

Das zu bewertende Objekt ist ein Logistikzentrum für Frischwaren mit Hochregallager (Höhe 30 m, 10 Nutzebenen, davon 4 begehbar, Kühlung bis −30 °C, 6 000 m² Nutzfläche, 28 000 Europaletten-Plätze, Palettenmaß 0,8 m × 1,3 m × 1,6 m, Außenfassade Sandwich-Dämmplatten und zusätzlich hinterlüftete Trapezbleche, Flachdach), Verteilungszentrum – Sortierhalle, 2-geschossig, 33 Verladerampen/

---

[43] Schröter in Kleiber, Verkehrswertermittlung von Grundstücken, 6. Aufl. 2010, S. 3045.

V Besondere Immobilienarten   Gewerbeimmobilien

Sektionaltore – mit 23 000 m² Nutzfläche und einem 5-geschossigen Bürogebäude mit 3 000 m² Nutzfläche. Das Grundstück umfasst 17 ha Fläche, davon 10 ha betriebsnotwendiges Grundstück und 7 ha Erweiterungsfläche. Die Erweiterungsfläche ist nicht selbstständig verwertbar. Der Bodenrichtwert für Grundstücke dieser Größe, Ausnutzung und Lage liegt bei 10 €/m².

Die Lage ist als verkehrsgünstig am Schnittpunkt zweier Bundesautobahnen zu bewerten. Die Zufahrt zum Objekt (500 m bis BAB) ist ebenfalls für Lkw problemlos gegeben. Aufgrund der besonderen Gebäudestruktur wird die Verwertbarkeit als schwierig beurteilt.

Das Hochregallager erfüllt nicht die Kriterien eines Gebäudes. Die Tragkonstruktion besteht aus dem Regalsystem, an dem die Außenverkleidung und das Dach lediglich als Witterungsschutz angebracht sind. Horizontal- und Vertikalkräfte werden durch das Regalsystem nach unten übertragen. Das Hochregallager ist aufgrund der Ausführungsmerkmale nicht realkreditfähig. Gleichwohl ist für die übrigen Bestandteile des Grundstücks eine Nachhaltigkeit und Drittverwendungsfähigkeit gegeben.

Der Marktwert diese Logistikimmobilie wird durch den in der Immobilie stattfindenden Umschlag- und Lagerprozess bestimmt. Somit ergibt sich die Frage nach der Wahl des Wertermittlungsverfahrens. Einerseits erscheint der Ansatz von Vergleichsmieten möglich, die für Lagerimmobilien veröffentlicht werden. Im vorliegenden Fall wird der Ertragswert über Vergleichsmieten ermittelt. Die Qualität eines Kühlhauses wird durch eine gegenüber ungekühlten Lagerflächen höhere Miete (um ca. 1 bis 1,50 €/m²) gewürdigt.

Andererseits kann auch über die Pachtwertmethode eine angemessene Pacht für das Objekt bestimmt werden. Die Ableitung des Pachtwerts ist allerdings durch die geringe Vergleichsmenge an veröffentlichten Daten nicht verallgemeinerungsfähig. Auch ist zu beachten, dass die ermittelte Pacht über alle Flächen gilt, da in der GuV des Unternehmens Lagerung, Konfektionierung und Distribution ggf. zusammengefasst dargestellt werden.

Die Gesamtnutzungsdauer des Hochregallagers wird auf ca. 25 Jahre als Obergrenze geschätzt. Dabei kann davon ausgegangen werden, dass schon nach 10–15 Jahren die Lagertechnik modernisiert werden muss. Häufig finden wir (vor allem bei nachgelagerten Logistikstandorten), dass bereits nach 15 Jahren keine Nutzung mehr stattfindet. Nur durch hohe Anpassungskosten kann eine Revitalisierung erfolgreich verlaufen.

Ertragswertermittlung für den Markt und Beleihungswert eines Logistikzentrums
mit Kühlhaus in nachrangiger Lage

Restnutzungsdauer	25 Jahre
Liegenschaftszinssatz	7,50 %
Liegenschaftszinssatz gemittelt aus Ertragsanteil für Hochregal (8,5 %), Lager (7,25 %) und Büro (7,00 %)	
Kapitalisierungszinssatz	8,00 %
Kapitalisierungszinssatz gemittelt aus Ertragsanteil für Lager (8,00 %) und Büro (7,75 %) ohne Hochregal	
Normalherstellungskosten (NHK) des Gebäudes (gerundet)	19 500 00 €
Wert der baulichen Anlagen (gerundet)	16 400 00 €
Risikoabschlag zum Gebäudewert	30 %
Bodenwert (nachrichtlich, gerundet)	1 700 000 €
Sachwert (Verkehrswert) nachrichtlich	18 100 000 €
Sachwert (Beleihungswert) nachrichtlich	13 200 000 €

		Verkehrswert	Beleihungswert
Jahresnettokaltmiete			
– Hochregallager	6 000 m² × 6 €/m² × 12 =	432 000 €	0 €
– Lager	23 000 m² × 3 €/m² × 12 =	828 000 €	828 000 €
– Büro- und Sozialgebäude	3 000 m² × 6 €/m² × 12 =	216 000 €	216 000 €
Σ Jahresnettokaltmiete	32 000 m²	1 476 000 €	1 044 000 €

abzüglich Bewirtschaftungskosten (Einzelansätze)			
– Instandhaltung	7,00 €/m² NF		
– Verwaltungskosten	32 000 €		
– Mietausfallwagnis	4 %		
– Modernisierungsrisiko in % der NHK	0,50 %		
Bewirtschaftungskosten (Verkehrswert)	9,85 €/m²	= 21,34 % – 315 040 €	
Bewirtschaftungskosten (Beleihungswert)	12,34 €/m²	37,86 %	– 395 260 €
= Jahresreinertrag des Grundstücks		1 160 960 €	648 740 €
abzüglich Bodenwertverzinsungsbetrag			
Verkehrswert	7,50 % von 1 700 000 €	– 127 500 €	
Beleihungswert	8,00 % von 1 700 000 €		136 000 €
= Gebäudeertragswert		1 033 460 €	512 740 €
× Vervielfältiger			
Verkehrswert	bei 25 Jahren und 7,50 %: 11,15	11 519 923 €	
Beleihungswert	bei 25 Jahren und 8,00 %: 10,67		5 473 385 €
+ Bodenwert		+ 1 700 000 €	+ 1 700 000 €
= Ertragswert des Grundstücks		13 219 923 €	7 173 385 €
Zu- und Abschläge			
Abschlag wegen ...		–	–
Zuschlag wegen ...		–	–
Verkehrs- bzw. Beleihungswert		13 219 923 €	7 173 385 €
Verkehrs- bzw. Beleihungswert aufgerundet		**13 200 000 €**	**7 170 000 €**

Der Verkehrswert entspricht dem 9fachen Jahresrohertrag   413 €/m².
Der Beleihungswert entspricht dem 7fachen Jahresrohertrag   224 €/m².

3.5.7.4 Kühlgutlagerhalle

Schrifttum: *Klocke,* in GuG 1994, 38; *Pohnert,* Kreditwirtschaftliche Wertermittlungen, 6. Aufl., S. 361; Verband Deutscher Kühlhäuser und Kühllogistikunternehmen e.V. (VDKL) http://www.dkv.org; Deutscher Kälte- und Klimatechnischer Verein (DKV) http://www.dkv.org; Bundesvereinigung Logistik (BVL), http://www.bvl.de.

a) Definition

Kühlhallen (Kühlhäuser, Kühlgutlagerhallen) sind Hallenbaukörper, in denen Lebensmittel in gekühltem Zustand gelagert werden. Sie besitzen eine gute Wärmedämmung der Fußböden, Decken und Außenwände.   **221**

b) Gebäudeformen und Herstellungskosten

Kühlgutlagerhallen bestehen meistens aus Stahl- oder Stahlbetonskelettkonstruktionen mit 2 000 bis 5 000 m² Brutto-Grundfläche, Spannweiten von 15 bis 30 m und Traufhöhen von 7 bis 10 m.   **222**

Es sind **drei Konstruktionsformen** bekannt:

– Einschalige massive Wandausführung mit innen liegender Wärmedämmung
– Zweischaliger leichter Wandaufbau mit dazwischen liegender Wärmedämmung
– Zweischaliger massiver Wandaufbau mit dazwischen liegender Wärmedämmung

Im Bereich der Vorzone sind Stahlkonstruktionen zur Aufnahme von Kühlmitteltrassen, Luftkanälen, Verdampfern und Laufstegen üblich.

Vielfach wird für den Bereich des Tiefkühllagers bzw. des Kühllagers einschließlich der Vorzone die Kältetechnik (Kühlaggregate, Dämm-Einhausung usw.) nicht fest verbunden mit dem Gebäude, sondern modular als **„Haus in Haus"-Technik** ggf. vom Mieter eingebaut.

V Besondere Immobilienarten Gewerbeimmobilien

Die Komponenten sind dann besondere Betriebseinrichtungen, die ggf. ausgebaut werden können.

Die **Dicke der Wärmedämmung** ist davon abhängig, ob im Gebäude gekühlt (2 bis 6 °C) oder tiefgekühlt (bis – 25 °C) wird. Sie beträgt zwischen 100 und 200 mm. Im Bereich von Kühllagern, Tiefkühllagern und der dazugehörigen Vorzone sind auf dem Unterbeton regelmäßig Dämmschichten, aber auch elektrische Heizgewebe aufgetragen. Verschleißschicht sowie Fußboden sind i. d. R. gabelstaplerfest.

Raummeterpreise für leichtere Konstruktionen (Tiefkühlung) betragen rd. 70 €/m³ umbauten Raums (ohne Baunebenkosten und ohne MwSt., Preisverhältnisse 2010).

c) Ertragsverhältnisse

Für Kühlgutläger werden i. d. R. aufgrund der aufwendigeren Herstellungslosten erheblich höhere Erträge als für entsprechende Warmlagerflächen entrichtet. Für Kühlfächen bewegen sich die Mietpreise je nach Standort und Ausstattung zwischen 6 €/m³ (Kühlfläche bis ca. – 10 °C) und 15 €/m³ (Tiefkühlfläche bis ca. – 28 °C). Es ist vielfach jedoch angezeigt, nach den Flächenanteilen für die Vorzone, die Kühlzone und die Tiefkühlzone zu unterscheiden: Als „Faustgröße" für „Kühlflächen" kann ein Zuschlag von 100 % zu den entsprechenden Mieten für Warmlager gelten; für Tiefkühlflächen erhöht sich die Miete etwa um weitere 30 %. Für die Vorzone kann ein Zuschlag von 20 % zu der entsprechenden Miete für Warmlager angesetzt werden.

Hat der Mieter die Kühltechnik als „Haus-in Haus"-Technik selbst eingebaut, ist trotzdem von erhöhten Mieten auszugehen, soweit das Gebäude hierfür die notwendigen Voraussetzungen aufweist.

Für Kühlflächen ist mit **Bewirtschaftungskosten** zu rechnen, die rd. 20 % über denen von entsprechenden Warmlagern liegen.

Die übliche **Gesamtnutzungsdauer** beträgt 40 bis 60 Jahre.

3.5.7.5 Tanklager

Schrifttum: *Pohnert*, Kreditwirtschaftliche Wertermittlungen, 6. Aufl., S. 361.

223 Tanklager dienen der **Bevorratung und Verteilung von Flüssigkeiten** (z. B. Mineralölen). Sie unterliegen hohen Sicherheitsanforderungen. Rechtsgrundlage sind insbesondere das Bundesemissionsschutzgesetz, die Gefahrstoffverordnung, die Störfallverordnung sowie die Verordnung über brennbare Flüssigkeiten.

224 Wesentliche Kenndaten der Ertragswertermittlung sind

a) Lagerkapazität in m³,

b) Lagerdauer,

c) Lagergebühren pro m³ p. a.,

d) Mittlere Füllmenge p. a. in m³ (Auslastung),

e) Kapazitätsausnutzung (= mittlere Füllmenge/maximale Füllmenge),

f) Umschlag und Umschlagsgebühren pro m³,

g) Instandhaltungs-, Personal- und Verwaltungskosten sowie Betriebskosten,

h) Gesamt- und Restnutzungsdauer (mittlere Gesamtnutzungsdauer = 30–40 Jahre),

i) Liegenschaftszinssatz (7 bis 8 %).

225 Die **Einnahmen** setzen sich aus den Lager- und Umschlagsgebühren, die Bewirtschaftungskosten aus den Instandhaltungs-, Personal-, Verwaltungs- und Betriebskosten und ggf. den ausstehenden Kosten bezüglich Umweltauflagen zusammen.

3.6 Kiesgrube

▶ *Vgl. Vorbem. zur ImmoWertV Rn. 12; § 5 ImmoWertV Rn. 306 ff.; § 196 BauGB Rn. 16 zur Teilmarktrechtsprechung*

Verkehrswert einer Kiesgrube 226

1. Sachverhalt

a) Sand- und Kiesgrube

Gewerblich genutztes Grundstück mit 191 746 m² Abgrabungsfläche (Ausweisung im Flächennutzungsplan der Stadt Köln ist erfolgt); es ist noch mit einer Abbauzeit von 15 Jahren zu rechnen.

b) Grundstücksbeschreibung/-bezeichnung

– Katasterbezeichnung: Gemarkung Köln, Flur 96

Flurstück 1204/224	=	58 774 m²
226	=	102 203 m²
249	=	30 769 m²
insgesamt	=	191 746 m²

– Grundbuchbezeichnung: Grundbuch von Longerich, Blatt 1819
– Eigentümer: Firma Wilhelm Metzler KG, Köln

Örtliche und geologische Lage:

Das Grundstück liegt im nördlichen Stadtgebiet in einem Bereich, in dem schon mehrere z. T. ausgebeutete Baggerseen vorhanden sind. Dieses Gebiet beabsichtigt die Stadt Köln für die Zukunft in das ausgedehnte Naherholungsgebiet mit Freibad im Baggersee (Stockheimer Hof) einzubeziehen. Wegen der angespannten finanziellen Lage der Stadt ist jedoch in absehbarer Zeit mit der Verwirklichung dieses Vorhabens nicht zu rechnen. Lediglich die Planungsarbeiten sind abgeschlossen und Kiesaufbereitungsanlagen sowie die Baulichkeiten eines ehemaligen Betonfertigteilebetriebs in der Nachbarschaft der zu bewertenden Abgrabungsstätte wurden bereits abgebrochen. Die Gewässer der bereits stillgelegten Kiesbaggereibetriebe sind an Angelsportvereine verpachtet. Das Areal liegt in der Wasserschutzzone zum Trinkwasserwerk Weiler. Eine Autobahnauffahrt der BAB „Kölner Westring" befindet sich in geringer Entfernung (etwa 3 km). Die Ortsdurchfahrten sind für die schweren Kiesfahrzeuge nur zu bestimmten Zeiten tagsüber erlaubt.

c) Wertermittlungsmerkmale

Grundlagen: 227

– Katasterunterlagen;
– Grundbuchauszug;
– Lagepläne;
– Erläuterungsbericht;
– Abgrabungsgenehmigung;
– 4 Bohrungen/Schichtenverzeichnisse;
– Gutachten eines geologischen Sachverständigen (Auszug);
– Aufmessungen und Berechnungen eines öffentlich bestellten Vermessungsingenieurs;
– Beleihungsgrundsätze;
– Ortsbesichtigung.

Ausnutzbarkeit: Es handelt sich um eine Kies- und Sandgrube, die bereits seit Jahren betrieben wird und deren Sohle zzt. bei etwa 12 m Tiefe liegt. Durch ein geologisches Bohrgutachten wurde festgestellt, dass unter der jetzigen Sohle noch abbauwürdige Kiesvorkommen lagern. Ein auf dem Nachbargrundstück vorhandener Baggersee greift zu einem Teil auf das

V Besondere Immobilienarten Gewerbeimmobilien

Wertermittlungsgrundstück über. Der Regierungspräsident hat die weitere Abgrabung der aufgeführten Grundstücke gemäß den §§ 3, 7 und 8 AbgrG NW genehmigt. Die Auskiesung behindert das städtische Fernziel nicht; ja, sie ist sogar auf Dauer gesehen von Nutzen für die Stadt. Die Genehmigung erstreckt sich ausschließlich auf die Gewinnung von Sand und Kies im Trocken- und Nassabbau. Die Abgrabungstiefe ist auf + 35 m über NN begrenzt. Die für die Auskiesung erforderlichen Betriebsanlagen werden auf hierfür reservierten Freiflächen aufgestellt. Die Herrichtung (die unter Bezugnahme auf die Folgenutzung als Naherholungsgebiet notwendige Rekultivierung) muss bis zu einem vereinbarten Zeitpunkt abgeschlossen sein.

Behördliche Auflagen: Die Erlaubnis zur Abgrabung (sie ist bei Verstößen widerruflich) hat die Stadt Köln (als untere Wasserbehörde) mit folgenden Auflagen verbunden:

- Die Auskiesung ist so zu betreiben, dass eine Verunreinigung des Grundwassers ausgeschlossen wird (es dürfen keine Schleppkähne mit Verbrennungsmotor eingesetzt werden; die Förderung muss ausschließlich über Transportbänder erfolgen), es ist also auch Nassauskiesung erlaubt;
- Einfriedung des Geländes 2 m hoch und verschließbares Tor;
- Verfüllung der Grube ist ausgeschlossen;
- einzuhaltende Sicherheitsabstände (Schutzstreifen):

  a) 20 m von der Straße Baggerfeld,

  b) 15 m mindestens von Gebäuden,

  c) 10 m von sonstigen Wegen,

  d) 5 m von unbebauten Nachbargrundstücken;
- die vorhandenen Böschungsneigungen sind beizubehalten;
- neue Böschungsneigungen 1:1,5, unter Grundwasserspiegel 1:3.

d) Ermittlung der Kiesmassen-Mächtigkeit:

Nach den Bodenuntersuchungen des Geologen ergeben sich unter Berücksichtigung des Abraumes (Mutterboden, Lehm etc.) und der bisherigen Förderung noch folgende Kies- und Sand-Mächtigkeiten, die im Wesentlichen hier wiedergegeben werden:

Bohrung 1:	17,80 m
	– 2,20 m Sandlagen
	15,60 m reine Kieslagen (Grundwasserspiegel bei 3,40 m)
Bohrung 2:	16,60 m
	– 1,30 m Sandlagen
	15,30 m reine Kieslagen (Grundwasserspiegel bei 3,30 m)
Bohrung 3:	20,30 m
	– 6,50 m Sandlagen
	13,80 m reine Kieslagen (Grundwasserspiegel bei 3,40 m)
Bohrung 4:	16,50 m
	– 6,70 m Sandlagen
	9,80 m reine Kieslagen (Grundwasserspiegel bei 3,30 m)
	Ø 13,60 m reine Kieslagen
	Ø 17,80 m Kies mit Sandlagen
im Mittel	= 15,70 m (Grundwasserspiegel bei Ø 3,35)

Als **mittlere Mächtigkeit** für die weitere Abgrabung werden 15,70 m angehalten, wobei die weniger ertragreichen Sandlagen mit der halben Mächtigkeit berücksichtigt werden. Die Qualität des Kieses wurde durch Siebanalyse festgestellt; es überwiegt mittlere Körnung.

- Das Ergebnis der Aufmessungen und Berechnungen des öffentlich bestellten Vermessungsingenieurs wird im Wesentlichen wie folgt wiedergegeben:

katastermäßige Fläche	=	191 746 m²
./. Abstandsflächen und nicht abbaubare Teilflächen	ca.	11 246 m² (rd. 6 %)
Grubenfläche	ca.	180 500 m²
./. vorhandene Böschungen (bis 12 m Tiefe)	ca.	29 000 m² (rd. 16 %)
obere Fläche (augenblickliche Sohle)	ca.	151 500 m²
./. neue Böschungen (im Bereich von 15,7 m) (Böschungsneigung 1:3, da fast ausschließlich Unterwasserabbau durch Schwimmbagger)	ca.	48 000 m² (rd. 32 %)
untere Fläche an der neuen Sohle in insgesamt 27,70 m Tiefe (ab Geländeoberkante)	ca.	103 500 m²
mittlere Fläche mithin (obere und untere: 2) (151 500 m² + 103 500 m²): 2	ca.	127 500 m²

e) *Massenberechnung*

127 500 m² × 15,70 m (weitere Abgrabung) = 2 001 750 m³

feste (gewachsene) Kiesmasse mithin rd. 2 000 000 m³

Bei einem Auflockerungszuschlag von 20 % beträgt der Umrechnungsfaktor von fester Masse: loser Masse = 1:1,2.

Spezifisches Gewicht der losen Masse bei trockenem Kies = 1,6 t pro m³, bei nassem Kies = 2,0 t pro m³ im Durchschnitt.

Da die Grundwassergrenze bei durchschnittlich 3,35 m unter der jetzigen Sohle liegt und die Sandschichten hauptsächlich in den ersten Metern bis knapp über der Wassergrenze liegen, handelt es sich hier fast ausschließlich um eine **Unterwasserförderung**. Das Gewicht wird deshalb mit 1,9 t pro m³ geförderten Kies angehalten. Die mögliche Kiesförderung ergibt sich wie folgt:

2 000 000 m³ × 1,2 = **2 400 000 m³ lose Masse**

2 400 000 m³ × 1,9 = **4 560 000 t**

Abbauzeit und Beleihungszeitraum: Gemäß Abbauplan ist eine Förderung von durchschnittlich **ca. 300 000 t jährlich** vorgesehen. Das bedeutet, dass das Kiesvorkommen in 15,2 Jahren abgebaut ist. Entsprechend kontinuierlich muss der Kreditrahmen gekürzt werden.

Der Beleihungszeitraum sollte daher maximal 15 Jahre betragen. Bei höheren Entnahmen als 300 000 t p. a. ist die Beleihungsdauer entsprechend zu kürzen. **Regelmäßige Überprüfungen** – meist jährlich – **sind daher unentbehrlich.**

2. Wertermittlung

Verkaufspreis und Ertrag: Als Verkaufspreis ab Grube für gewaschenes Material, mittlere Korngruppe, frei Lkw verladen, können zzt. Ø 3 € pro t (ohne MwSt.) angehalten werden. Der mögliche jährliche Umsatz wird mithin auf **900 000 €** (300 000 t × 3 €) taxiert.

Der **Reinerlös** (vor Steuern) nach Abzug sämtlicher Förderkosten wurde mit **0,66 €/t** ermittelt (ca. 22 % von 3 €/t). Für eine vergleichbare verpachtete Förderstelle beträgt die **Pacht 0,70 € je entnommene Tonne.**

Der jährliche **Reinertrag** für das zu wertende Abgrabungsgrundstück kann daher mit **198 000 €** (300 000 t × 0,66 €/t) angehalten werden.

Die Nettoerlöse fallen sukzessive im Verlauf der nächsten 15 Jahre an. Eine Abzinsung des Reinertrags ist daher erforderlich. Als Kapitalisierungszinssatz werden für diese spezielle gewerbliche Nutzung 7,5 % angenommen. Zudem ist ein Risikoabschlag zu berücksichtigen.

Bei rd. 15 Jahren Abbauzeit und einem Kapitalisierungszins von 7,5 % beträgt der Vervielfältiger = 8,83 (Vervielfältigertabelle zur ImmoWertV).

Ertragswert = Jahresreinertrag × Vervielfältiger = 198 000 € × 8,83 = 1 748 340 €

V Besondere Immobilienarten — Gewerbeimmobilien

Der **Verkehrswert** beträgt mithin rd. **1 750 000 €** abzüglich eines gewerblichen Risikoabschlags von 30 % des Reinertrags (0,66 €/t) gehen in die Berechnung des Beleihungswerts nur noch 0,46 €/t (70 %) ein. Das Ergebnis:

300 000 t × 0,46 €/t = 138 000 € × 8,83 = 1 218 540 €

Der **Beleihungswert** kann mit rd. **1 220 000 €** zur Festsetzung vorgeschlagen werden.

Anmerkung: Aus dem Verkehrswert dieses z. T. bereits abgebauten Kiesvorkommens ergibt sich ein durchschnittlicher Quadratmeterpreis von 9,13 € (1 750 000 €: 191 746 m²); dies sind beim Beleihungswert 6,36 € (1 225 000 €: 191 746 m²).

Für in der Anfangsmächtigkeit vergleichbare (unverritzte) Böden, für die eine Auskiesungserlaubnis zu erwarten ist, liegen die Kaufpreise bei 15,00 € bis 17,50 € je Quadratmeter Grundstück.

229 **3. Besondere Hinweise zur Beleihung**

Zu bedenken sind die Einschränkungen (Umwege), die sich für die schweren Kiesfahrzeuge aus der Verkehrsanbindung (Ortsdurchfahrten) ergeben. Verkehrsgünstiger gelegene Kiesbaggereien/-werke werden unter Umständen bevorzugt angefahren. **Der Beleihungsauslauf sollte daher möglichst 60 % des Beleihungswerts nicht überschreiten.** Eine Beleihung sollte auch nur vorgenommen werden, wenn ein weiterer Abbau des Kiesvorkommens erfolgt und ein Ertrag erwirtschaftet wird. Abnahme- bzw. Lieferungsverträge können dabei von Bedeutung sein.

Der Kreditnehmer ist zu verpflichten, regelmäßig die Jahreszahlen (Verkaufsmenge, Preise, Erlöse usw.) bekannt zu geben und eine Gewässerschaden-Haftpflichtversicherung abzuschließen.

Von Bedeutung ist auch die Haftung des Kiesgrubenbetreibers für Altlasten und Neulasten nach den Normen des Abfall-, Wasser- und des allgemeinen Polizei- und Ordnungsrechts. Zu bedenken ist ferner, dass **Haftpflichtversicherungen meist ein Jahr nach Beendigung der Abgrabungen erlöschen.**

Um einen aussagekräftigen Nachweis der Entnahmemenge zu ermöglichen, sollte der Verkauf ausschließlich über die Fuhrwerkswaage erfolgen. Die Zubehörhaftung für Förderbänder, Aufbereitungs- und Mischanlage, Schwimmbagger, Silos, Fuhrwerkswaage entfällt, da sämtliche Einrichtungen geleast sind.

Die Wertermittlung muss jährlich nach Eingang des Zahlenmaterials überprüft und fortgeschrieben werden. **Bei dem mit 300 000 t p. a. geplanten Abbau beträgt die Betriebsdauer noch etwa 15 Jahre.**

3.7 Gewerblich genutztes Altlastengrundstück

Schrifttum: *Morgenstern/Rau/Nagel,* Marktwertermittlung eines Industriegrundstücks unter Berücksichtigung von Altlasten, GuG 2011, 228.

1. Sachverhalt

Beispiel:

Verkehrswert eines gewerblich genutzten Altasten-Grundstücks

a) Allgemeines

230 Am Rand einer (heutigen) Großstadt (125 000 Einwohner) im Bergischen Land siedelte sich 1890 auf einer Fläche von 7 925 m² ein Metallverarbeitungsbetrieb in landschaftlich schöner Lage an (Abb. 26):

Abb. 26: Lageplan

In der bis 1970 gewachsenen Gebäudesubstanz befinden sich die Bereiche Gießerei, Schleiferei, Härterei und Galvanik. Aus den Bauakten ergibt sich, dass das Unternehmen zu Beginn der 20er-Jahre eine eigene Gaserzeugung betrieben hat. Dieser kurzfristige Eigenbetrieb wurde nach Anschluss der Fabrik an die öffentliche Versorgung eingestellt.

Auch besaß der Betrieb eine eigene Transformatorenstation. Im Laufe der Zeit wurde der Gewerbebetrieb von einer Wohnbebauung umgeben, die wegen der intensiven gewerblichen Nutzung am Ort zum Teil von geringerer Qualität war.

Der Betrieb ging Mitte der 80er-Jahre in Konkurs, und der Rat der Stadt beschließt die Aufstellung eines Bebauungsplans mit folgenden Festsetzungen:

– allgemeines Wohngebiet (WA) mit einer zweigeschossigen Bebauung entlang der Schäferstraße und
– reines Wohngebiet (WR) mit ebenso zweigeschossiger Bebauung auf dem hinteren Grundstücksteil.

Im Übersichtsplan **„Altablagerungen und Altstandorte"** (Stand: März 1998) sind insgesamt 134 Verdachtsflächen eingetragen; für das Plangebiet gibt es keinen konkreten Hinweis (Abb. 27).

V Besondere Immobilienarten — Gewerbeimmobilien

Abb. 27: Bebauungsplanentwurf

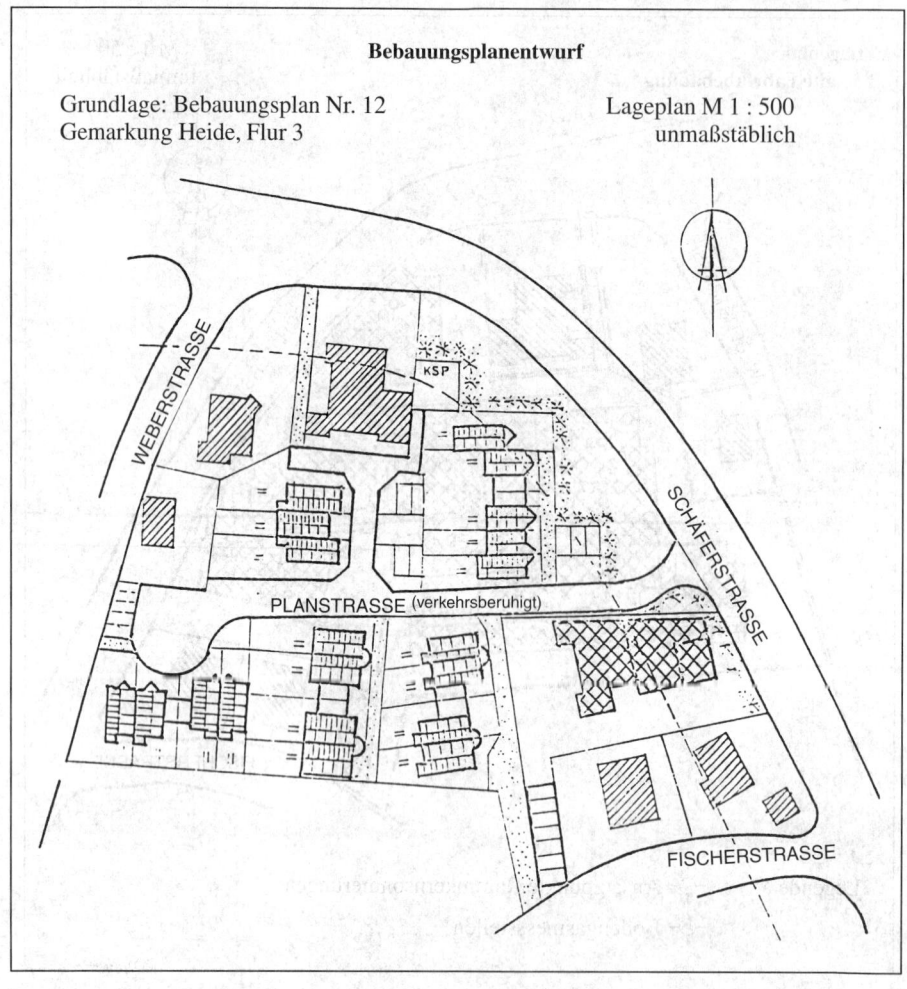

b) Untersuchungsergebnisse und Sanierungsmaßnahmen

Der Rat von Sachverständigen für Umweltfragen hat den Begriff **Altlastensanierung** 1989 in Anlehnung an § 28 LAbfGNW wie folgt definiert:

„Altlastensanierung ist die Durchführung von Maßnahmen, durch die sichergestellt wird, dass von der Altlast nach der Sanierung keine Gefahren für Leben und Gesundheit der Menschen sowie keine Gefährdung für die belebte und unbelebte Umwelt im Zusammenhang mit der vorhandenen und geplanten Nutzung ausgehen."

Aufgrund der Erkenntnisse aus der Nutzungsgeschichte wurde ein Untersuchungsprogramm mit den Schwerpunkten Bodenluftanalytik und Bodenanalytik aufgestellt. Hierbei sollten die Bodenluftuntersuchungen u. a. ein Bild über mögliche Kontaminationen durch Entfettungsmittel und die hier anzutreffenden leicht flüchtigen Chlorkohlenwasserstoffe bringen. Untersucht wurde die Bodenluft auf Sauerstoff (O_2), Stickstoff (N_2), Methan (CH_4), Kohlendioxyd (CO_2) und Schwefelwasserstoff (H_2S) sowie die Summe CKW (chlorierte Kohlenwasserstoffe) und die Summe BTX (Benzol, Toluol und Xylol). Aus den Bodenproben analysiert wurden Schwermetalle (Pb, Cd, Cr, Ni, Cn, Zn, Hg, As), Nitrit (NO_2), Ammonium (NH_4), Gesamtcyanid (CN) und im Hinblick auf die mögliche Verunreinigung durch Transformatoröle polycyclische chlorierte Biphenyle (PCB).

Die Ergebnisse der Untersuchungen haben gezeigt, dass lediglich in wenigen Bereichen der Bohr-/Messpunkte Kontaminationen unter dem Gebäudeboden im Fundamentbereich vorliegen. Im Einzelnen und verkürzt ergibt sich folgendes Bild:

- großflächige Belastungen mit Arsen im südlicheren Teil (P 8, 9, 15, 16) und im Bereich von P 7;
- großflächige Belastungen mit Nickel in der nördlichen Mitte (P 4, 5, 8 und 9) sowie im Bereich von P 14;
- kleinflächige Belastungen mit Kupfer, Blei und Zink vor allem in den Bereichen P 12 und 13;
- isolierte Belastungen mit verschiedenen anderen Parametern in der Mitte, im Osten und Südwesten der Fläche.

Der Gutachter fasst die **Gefährdungsabschätzung** wie folgt zusammen:

Gegen eine Folgenutzung der Fabrikfläche für eine Wohnbebauung bestehen keine Bedenken, sofern folgende Maßnahmen durchgeführt werden:

- Bestimmte Bereiche des Gebäudes (Traforaum) müssen während des Abbruchs auf PCB untersucht und ggf. auf einer zugelassenen Deponie entsorgt werden.
- Der Boden in den Bereichen P 5, 6, 7, 12 und 13 ist aufzunehmen und auf einer zugelassenen Deponie zu entsorgen. Bei den Arbeiten zur Wiedernutzbarmachung ist in den Bereichen um P 3 und 8 zu beurteilen, ob auch hier Material entsorgt werden sollte.
- Nach Abtrag der Gebäude und Bereinigung im Umfeld von P 5, 6, 7, 12 und 13 empfiehlt sich eine Begehung der Fläche gemeinsam mit den zuständigen Behörden und dem Gutachter. Gegebenenfalls können dabei Proben für eine Nachuntersuchung festgelegt werden.
- Die freigelegten Flächen sollten im Hinblick auf die Folgenutzung mit inertem Boden abgedeckt werden. Diese Maßnahme ist aus bautechnischen Gründen (freiliegender Fels) vermutlich für große Bereiche des Grundstücks erforderlich.

Durch diese Maßnahmen wird sichergestellt, dass eine spätere Gefährdung möglicher Bewohner mit hoher Wahrscheinlichkeit ausgeschlossen werden kann.

c) Abbruch der alten Fabrikgebäude

Eine erste Abbruchgenehmigung wird im Oktober 1989 noch ohne mögliche Altlasten berücksichtigende Bedingungen und Auflagen erteilt. Anders war dies im Februar 1998.

Da nicht innerhalb eines Jahres mit den Abbrucharbeiten begonnen worden war, musste erneut ein Abbruchantrag gestellt werden. Gemäß Abbruchgenehmigung ist nunmehr die Beseitigung von Bauschutt und Altlasten in Abstimmung mit dem Amt für Umwelt und Grünflächen vorzunehmen.

Der Abbruch der Gebäudesubstanz (insgesamt 32 855 m³) kann zum Festpreis von 115 000 € vergeben werden. Altmaterialien darf der Abbruchunternehmer verwerten. Insbesondere aus Schrotterlösen mit 90–100 €/t lassen sich die Abbruchkosten mindern.

2. Wertermittlung

a) Wertermittlung bei weiterhin gewerblicher Nutzung des Grundstücks

Die Anforderungen an Altlastensanierungen bei gewerblich nutzbaren Grundstücken ist i. d. R. geringer. So wird zum Beispiel das Eindringen von möglicherweise belastetem Niederschlagswasser ins Grundwasser durch Versiegelung der Grundstücksfläche (Bebauung und befestigte Hoffläche) vermieden. Die Kosten für Bohrarbeiten/Gutachten, Sonderfachleute/Behörden und Entsorgung sind in solchen Fällen im Allgemeinen geringer gegenüber einer Folgenutzung durch Wohnbebauung.

V Besondere Immobilienarten   Gewerbeimmobilien

Nach den Bodenrichtwerten des Gutachterausschusses liegt der Bodenwert bezogen auf den 31.12.1998 für vergleichbare GE-Grundstücke bei 40 €/m² erschließungsbeitragsfrei (ebf).

7 925 m² GE-Fläche × 40 €/m² ebf	317 000 €
Grundstücksnebenkosten/Rundung (2,5 %)	8 000 €
Bodenwert	**325 000 €**
abzüglich Freilegungs- und Sanierungskosten (inkl. MwSt.) – Geländeaufbereitungskosten	
– Bohrarbeiten und geologisches Gutachten 19 425 €	
– sonstige Honorare[44] und Behördengebühren 8 075 €	
– Abbruch zum Festpreis 115 000 €	
– Entsorgung auf Sondermülldeponie	
(Verladungs-, Transportkosten und Deponiegebühren) 32 500 €	
175 000 €[45]	– 175 000 €[46]
Bodenwert des dekontaminierten Grundstücks (nach Freilegung und Sanierung)	**150 000 €[47]**

Anzumerken ist, dass sanierte Grundstücke kaum zum „Wert im unbelasteten Zustand" veräußert werden können. I. d. R. werden sie mit einem Abschlag (**merkantiler Minderwert,** vgl. § 8 ImmoWertV Rn. 419 ff.) geringer bewertet. Beobachtet werden Abschläge zwischen 10 und 30 % des Werts des Grundstücks im unbelasteten Zustand.

b) Wertermittlung bei einer höherwertigen Nutzung des Grundstücks

Die Teilflächen wurden mit dem Planimeter grafisch ermittelt. Grundlage hierzu bildete der Bebauungsplanentwurf im Maßstab 1: 500. Im Einzelnen ergaben sich folgende Flächen:

3 220 m²	WR zwischen Planstraße und Südgrenze
615 m²	WR östlich von Haus Weberstraße
1 365 m²	WA nördlich Planstraße und westlich Schäferstraße
45 m²	WA als Arrondierung zu Schäferstraße
1 105 m²	Anbaubeschränkungszone Schäferstraße als Gemeinschaftsfläche
1 465 m²	Fläche Planstraße
110 m²	Fläche Gehweg zwischen Schäferstraße und Weberstraße
7 925 m²	**Fläche des Fabrikgrundstücks**

Es entfallen auf:		in %
* baureifes Land	5 245 m²	66,2
– Fläche Anbaubeschränkungszone als Bauland von geringerer Qualität	1 105 m²	13,9
– Erschließungsfläche	1 575 m²	19,9
	7 925 m²	**100,0**

---

44 Z. B. Eluatuntersuchungen 800 €/Probe zuzüglich Probe-Entnahmekosten, Sonderfachleute: Bauingenieure, Chemiker, Geologen 72,50 €/h inkl. Nebenkosten. Die Preise verstehen sich zuzüglich gesetzlicher MwSt.
45 = rd. 22 €/m² . Nach Tiedemann, Thyssen Stahl AG, Oberhausen, sind für die Geländeaufbereitung ehemals industriell genutzter Grundstücke (Bergbau, Schwerindustrie) auch 90 bis 100 €/m² Grundstücksfläche möglich. Fast unlösbare Wertermittlungsprobleme werfen i. d. R. große Flächen auf, für die noch keine planerischen Zielvorstellungen existieren.
46 = rd. 22 €/m².
47 = rd. 19 €/m² ebf.

Gewerbeimmobilien — Besondere Immobilienarten V

c) Ermittlung der Bodenwerte

Wert der erschlossenen unbelasteten Baugrundstücke:

Grundlage sind die Bodenrichtwerte des Gutachterausschusses für Grundstückswerte zum Wertermittlungsstichtag.

3 835 m²	WR-Gebiet × 115 €/m² ebf (Baugrundstücke) =	441 025 €
1 365 m²	WA-Gebiet × 105 €/m² ebf (Baugrundstücke) =	143 325 €
1 105 m²	WA-Gebiet × 70 €/m² ebf (Gemeinschaftsfläche) =	77 350 €
45 m²	Arrondierungsfläche × 90 €/m² ebf =	4 050 €
6 350 m²	Zwischensumme (Nettobauland)	
1 575 m²	Erschließungsfläche × 4 €/m² (Gemeindeanteil = 10 %)	
	Gemeindeanteil (10 %)	6 300 €
7 925 m²	Rohbauland/Zwischensumme	672 050 €
	Grundstücksnebenkosten/Rundung (4,2 %)	27 950 €
	Bodenwert des erschlossenen Grundstücks in „unbelastetem Zustand"	**700 000 €**

(= rd. 110 €/m² ebf Nettobauland i. D.)

Wert der Baugrundstücke vor Freilegung, Sanierung und Erschließung:

Zu berücksichtigen sind hierbei Mehrausgaben für weitergehende Untersuchungen, Honorare, Gebühren, Deponiekosten und Bodenauftrag wegen der anschließenden Wohnbaunutzung.

Bodenwert (ebf) wie vor		700 000 €
abzüglich:		
– Freilegungs- und Sanierungskosten	30 700 €	15,75 €/m² Nettobauland
– Bohrarbeiten und geologisches Gutachten zusätzliche Maßnahmen		
Sonstige Honorare und Gebühren	12 800 €	
– Abbruchkosten 32 855 m³ × 3,50 € (bis zu 0,50 m unter Geländeoberkante)	115 000 €	
– Entsorgung auf Sondermülldeponie (Verladungs-, Transportkosten und Deponiegebühren) Bodenauftrag	56 500 €	
Zwischensumme:	215 000 €	
Das entspricht 33,86 €/m² Nettobauland oder 27,13 €/m² Grundstücksfläche.		
*Erschließungskosten:		
6 350 m² Nettobauland × 33 €/m² (in Anlehnung an das Ausschreibungsergebnis ohne Hausanschlusskosten)	210 000 €	– 425 000 €
= 34,70 €/m² Rohbauland vor Freilegung und Erschließung		**275 000 €**

Nachrichtlich: Im März 2001 wird das Grundstück an eine andere zum Konzern gehörende Gesellschaft verkauft. Im Ergebnis beträgt der Veräußerungserlös (440 000 €) rd. 91 % des Werts der Baugrundstücke nach Freilegung und Sanierung sowie vor Erschließung.

Anschließend werden **15 Einzelgrundstücke** zum Preis von 650 000 € (= rd. 102,50 €/m² ebf) an einen Bauträger verkauft. Der Veräußerer trägt alle für die erstmalige vollständige Erschließung nach BauGB und KAG (aufgrund des derzeitigen Planungsstandes) entstehenden Erschließungskosten und Anliegerbeiträge, mit Ausnahme der Hausanschlusskosten. Der durchschnittliche Baustellenwert beträgt rund 42 500 €.

V Besondere Immobilienarten — Gewerbeimmobilien

d) Grundstückskaufvertrag und Zustandsmerkmale

Die durch Vornutzung und Sanierung zu begründende Wertminderung des Bodens (**merkantiler Minderwert**) stellt sich im Beispielsfall (rein rechnerisch; landschaftlich schöne Lage) auf 7,50 €/m² ebf Nettobauland (= rd. 7 % von 110 €/m² ebf). Bezüglich der Sachmängel ist im notariellen Kaufvertrag u. a. Folgendes vereinbart:

- Der Veräußerer haftet nicht für sichtbare oder unsichtbare Sachmängel.
- Dem Käufer ist bekannt, dass der Grundbesitz fast vollständig mit alten Industriegebäuden bebaut war, in denen jahrzehntelang u. a. eine Gießerei, Härterei und Galvanik betrieben wurden, wodurch eine Verunreinigung des Erdreiches eingetreten ist. Der Verkäufer hat zusammen mit dem Abbruch der aufstehenden Industriegebäude die Beseitigung der Altlasten unter Zuziehung und Kontrolle eines Fachinstituts für Bodenschutz und des Amtes für Umwelt und Grünflächen der Stadt veranlasst. Nach dem Schlussprotokoll des Fachinstituts und dem Schreiben der Stadt vom …, welche in Ablichtung als Anlage und Bestandteil zu dieser Urkunde genommen werden, bestehen lediglich geringfügige Restkontaminationen im Bereich zukünftiger Erschließungsflächen, die somit ausweislich des B-Plans einer Wohnnutzung des Grundbesitzes nicht entgegenstehen.
- Sollten trotz der durchgeführten Sanierungsmaßnahmen weitere Kontaminationen festgestellt werden, so gehen diese ausschließlich zu Lasten des Käufers; Ersatzansprüche und Ansprüche auf Wandlung und Minderung gegen den Verkäufer sind ausgeschlossen.
- Der Verkäufer wird das auf dem Grundbesitz derzeit noch lagernde kontaminierte restliche Erdmaterial auf seine Kosten bis zum … abtransportieren lassen. Die Übererdung (Auffüllung mit Mutterboden bis zu einem Meter) der bekannten Teilflächen ist Sache des Erwerbers.

e) Vermarktung von Einfamilien-Reihenhäusern und Doppelhaushälften

Unter Berücksichtigung von Herstellungskosten (Grundstücks- und Gebäudekosten), Wagnis und Gewinn kalkuliert der Bauträger mit einem Veräußerungserlös – nach vollendeter Bebauung der Grundstücke – in Höhe von 3 850 000 €. Für die einzelnen Objekte (z. T. als Wohnungseigentum) ergibt sich so eine Preisspanne von 150 000 € bis 157 500 € im Durchschnitt, bei Wohnflächen von 93 bzw. 95 m² und 123 bzw. 125 m² (Abb. 28).

Abb. 28: Abdruck der Flurkarte, M 1: 1 000

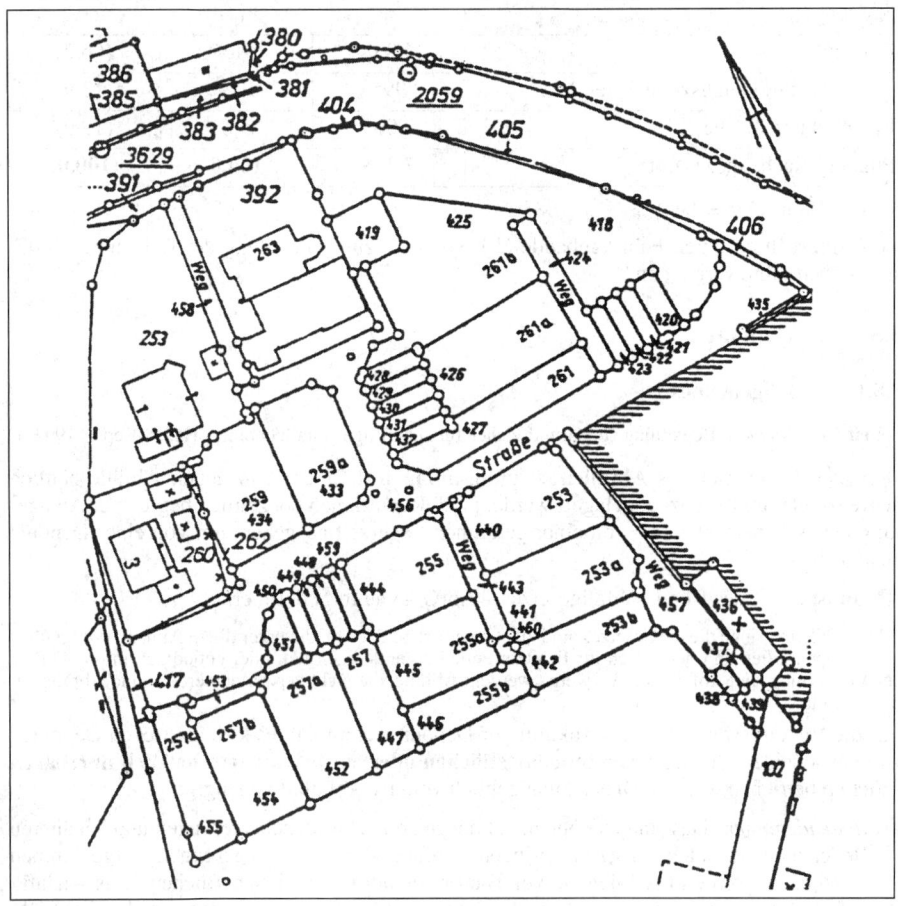

Gegenüberstellung der Flächen laut Kataster mit dem Ergebnis der graphischen Ermittlung anlässlich der 1. Wertermittlung (Abb. 29):

Abb. 29: Flächen und Nutzungsarten

Nutzungsart	Kataster-Fläche (m²)	Fläche graf. ermittelt (m²)	Abweichung in %
Planstraße/Wohnwege	2 005	1 575	+ 27,3
Anbaubeschränkungszone/Kinderspielplatz	995	1 105	– 10,0
Planstraße/südlich und östlich Haus Weberstr. 3	3 433	3 880	– 11,5
Planstraße/nördlich und westlich Schäferstr.	1 405	1 365	+ 2,9
Planungsfläche insgesamt	**7 838**	**7 925**	**– 1,1**

Die Anteile baureifes Land, Fläche Anbaubeschränkungszone und Erschließungsfläche verändern sich demnach, wie in Abb. 30 zusammengestellt.

V Besondere Immobilienarten Gewerbeimmobilien

Abb. 30: Zusammenstellung

Nutzungsart	m²	in %	in %
Bauland	4 838	61,7	(66,2)
Anbaubeschränkungszone/Spielplatz	995	12,7	(13,9)
Erschließungsfläche	2 005	25,6*	(19,9)
Planungsfläche insgesamt	**7 338**	**100,0**	**(100,0)**

* ohne Wohnwege = 19,0 %

Vom Abbruch der alten Fabrikgebäude (1998) an bis zur Vollendung der Bebauung (2005) sind sieben Jahre vergangen.

3.8 Deponie

3.8.1 Allgemeines

Schrifttum: *Niebuhr*, Bewertung von Grundflächen für zukünftige Abfalldeponien, HLBS-Report 1994, 1.

231 Deponien lassen sich als **Abfallentsorgungsanlagen** definieren, in denen Abfälle zeitlich begrenzt oder unbegrenzt abgelagert werden; i. d. R. wird man bei zeitlich begrenzter Ablagerung (Zwischenlager) schon von einer geraumen Lagerzeit ausgehen, um von einer Deponie zu sprechen.

Abfall ist in § 1 des Bundesabfallgesetzes – AbfG – wie folgt definiert:

„(1) Abfälle im Sinne dieses Gesetzes sind alle beweglichen Sachen, die unter die in Anhang I aufgeführten Gruppen fallen und deren sich ihr Besitzer entledigt, entledigen will oder entledigen muss. Abfälle zur Verwertung sind Abfälle, die verwertet werden; Abfälle, die nicht verwertet werden, sind Abfälle zur Beseitigung."

Für die Verkehrswertermittlung zukünftiger Deponien empfiehlt es sich, zwischen Deponien zu unterscheiden, die auf **Gemeinbedarfsflächen** oder auf **privatwirtschaftlich nutzbaren Flächen** betrieben werden. Dies ist maßgeblich von der Abfallart abhängig:

a) *Bodendeponien:* Das sind Deponien, auf denen „reine" Bodenablagerungen und bei älteren Bodendeponien auch noch im geringen Umfang Bauschuttablagerungen vorgenommen werden. Sie werden überwiegend von Baufirmen auf privatwirtschaftlicher Basis – häufig auf Pachtflächen – betrieben. Eine Beeinträchtigung des Grundwassers soll dabei nicht befürchtet werden. Ein Kontakt zum Grundwasser ist deshalb zulässig.

b) *Mineralstoffdeponien:* Das sind Deponien, auf denen im großen Umfang neben Bodenablagerungen vor allem Bauschutt gelagert wird. Gefordert wird ein Mindestabstand von 1 m zum höchsten Grundwasserstand. Es handelt sich dabei faktisch um Gemeinbedarfsflächen, auch wenn solche Deponien im Auftrag der Städte und Gemeinden bzw. der Bezirksregierungen von privaten Unternehmen auf der Grundlage eines Planfeststellungsverfahrens eingerichtet werden.

c) *Siedlungsabfalldeponien:* Das sind Deponien, auf denen Hausmüll, Bauschutt, hausmüllähnlicher Gewerbeabfall, Schlämme, Schlacken usw. gelagert werden. Sie werden nach der TA Siedlungsabfall eingerichtet und müssen eine geologische Barriere mit hohem Schadstoffrückhaltepotenzial aufweisen; im Übrigen gelten die vorstehenden Ausführungen sinngemäß.

d) *Sonderabfalldeponien:* Das sind Deponien, auf denen schadstoffbelastete Reststoffe gelagert werden. Sie werden nach der TA Abfall eingerichtet.

Deponien[48] werden im Hinblick auf ihre öffentliche Daseinsfunktion i. d. R. **als Gemeinbedarfsflächen** angesehen. Sie werden i. d. R. im Außenbereich eingerichtet und können als solche im Bebauungsplan nach § 9 Abs. 1 Nr. 14 BauGB festgesetzt werden. Im Flächennut-

---
48 Korff/Steiner-Nattermann/Müller-Velten, in „Müll und Abfall" 1993/8.

zungsplan werden sie nach § 5 Abs. 1 Nr. 4 BauGB dargestellt. Grundsätzlich könnte es von daher sachgerecht erscheinen, künftige Deponieflächen nach den Grundsätzen der enteignungsrechtlichen Vorwirkung zu qualifizieren, jedoch muss in der Praxis immer wieder festgestellt werden, dass höhere Preise für künftige Deponieflächen vereinbart werden und die vereinbarten Kaufpreise im Durchschnitt jeweils um 3 % per annum gestiegen sind. Dies findet seine Erklärung darin, dass Deponien faktisch zwar als Gemeinbedarfsflächen qualifizierbar sind, jedoch Deponien privatwirtschaftlich mit Gewinn betrieben werden[49]. Deshalb erscheint es durchaus sachgerecht, künftige Deponieflächen nicht auf der Grundlage der enteignungsrechtlichen Vorwirkung, sondern auf der Grundlage der vom BGH entwickelten **Teilmarkttheorie** (vgl. § 194 BauGB Rn. 40) zu bewerten.

Grundsätzlich kommen für die Verkehrswertermittlung von Deponien alle „klassischen" Verkehrswertermittlungsverfahren in Betracht (Vergleichs-, Ertrags- und Sachwertverfahren), jedoch versagt das Vergleichswertverfahren häufig bereits mangels geeigneter Vergleichspreise.

3.8.2 Vergleichswertverfahren

Für die Wertermittlung künftiger zumeist im Außenbereich einzurichtender Deponieflächen im Wege des Vergleichswertverfahrens wird i. d. R. von Kaufpreisen land- oder forstwirtschaftlicher Flächen auszugehen sein. Die darüber hinausgehende **Wertigkeit ist eine Funktion** der

- *Untergrundbeschaffenheit,* wobei die Wertzuschläge umso höher ausfallen, je geringer der technische Aufwand zur Herrichtung der Deponie ist und umgekehrt;
- *ablagerungsfähigen Gesamtmenge* (Schutthöhe und Flächengröße), wobei die Wertzuschläge wiederum umso höher ausfallen, je größer das Gesamtvolumen ist und umgekehrt;
- *Verkehrsanbindung,* wobei die Wertzuschläge umso höher ausfallen, je verkehrsgünstiger die Fläche gelegen ist und umgekehrt.

Die **Qualitätsmerkmale** wurden von *Niebuhr* wie folgt zusammengestellt (Abb. 31):

Abb. 31: Vergleichsmerkmale für Deponieflächen

Zustands- und Vergleichsmerkmale von Grundflächen für Siedlungsabfalldeponien

(1) Planungsstadium der Deponie
     – Abschluss von Voruntersuchungen   – Beginn der Erschließung
     – genehmigte Planfeststellung   – Beginn des Betriebs

(2) Ausgangsqualität der Deponiefläche
     – landwirtschaftliche Nutzfläche/forstwirtschaftliche Nutzfläche
     – ehemaliges Abbauland
     – Altdeponieflächen und Grundstücke mit Altlasten

(3) Technische Deponiedaten
     – Deponievolumen
     – Laufzeit   – durchschnittliche Schütthöhe

(4) Untergrundbeschaffenheit   – Geologie   – Hydrologie
(5) Verkehrsanbindung und Umweltverträglichkeit   – Lage zu Ballungszentren   – Anschluss an öffentliches Verkehrsnetz

Quelle: Niebuhr, Bewertung von Grundflächen für zukünftige Abfalldeponien, HLBS Report 1994, 11

---

[49] ORG CONSULT, Methoden zur Ermittlung von Vergleichspachten und Vergleichskaufpreisen für Deponieflächen, Essen 1992; Korff/Steiner-Nattermann/Müller-Velten, Methoden zur Ermittlung von Vergleichspreisen für Deponieflächen, in „Müll und Abfall" 1993, 585.

V Besondere Immobilienarten — Gewerbeimmobilien

Aus Marktuntersuchungen des Gutachterausschusses des Kreises *Paderborn* ist bekannt, dass die **Vergleichspreise für Deponien** zwischen 2,50 €/m² und 25,00 €/m² mit einem Mittelwert von rd. 11 €/m² erheblich streuen. Der Gutachterausschuss des Landkreises *Wesel* leitet daraus in seinem Grundstücksmarktbericht 2011 den Bodenwert von Deponieflächen mit dem zweifachen Bodenwert landwirtschaftlicher Flächen ab.

Im Grundstücksmarktbericht 2009 des Oberen Gutachterausschusses für das Land *Brandenburg* wird ein Durchschnittspreis von 0,63 €/m² bei einer Preisspanne von 0,15 €/m² bis 1,10 €/m² angegeben. Preisunterschiede zwischen der öffentlichen Hand und privaten Unternehmern als Erwerber konnten dabei nicht festgestellt werden.

Wird eine Deponiefläche auf Flächen höheren Entwicklungszustands (z. B. Rohbauland oder baureifes Land) eingerichtet, so wäre es verfehlt, entsprechende Zuschläge anzubringen, da **mit der Einrichtung einer Deponie vielmehr Wertminderungen** verbunden sind. Eine vormals baureife Fläche oder eine auf absehbare Zeit zur Bebauung anstehende Fläche wird durch die minderwertigere Deponienutzung im Wert „gekappt", zumal auch nach Verfüllung die Fläche i. d. R. für geraume Zeit von einer baulichen Nutzung ausgeschlossen bleibt. Dies ist im Einzelfall zu prüfen, um ggf. den Wertunterschied zwischen dem Wert des Grundstücks als Bauland nach Ablauf der Bodensetzung und dem Wert der Deponiefläche über die Wartezeit abzuzinsen. Der abgezinste Betrag ist dann dem Wert der Deponiefläche, wie er sich allein im Hinblick auf die Nutzung der Fläche als Deponie bilden würde, hinzuzuschlagen.

3.8.3 Ertragswertverfahren

▶ *Vgl. Syst. Darst. des Ertragswertverfahrens Rn. 28 ff.*

233 Der Bodenwert lässt sich in sehr einfacher Weise aus dem zu erwartenden Ertrag ableiten. Das Verfahren vollzieht sich nach den **Grundsätzen des vereinfachten Ertragswertverfahrens**, wobei der Gewinn aus der Bodennutzung (Deponie) „fließt" und sich als Verkehrswert der Bodenwert ergibt:

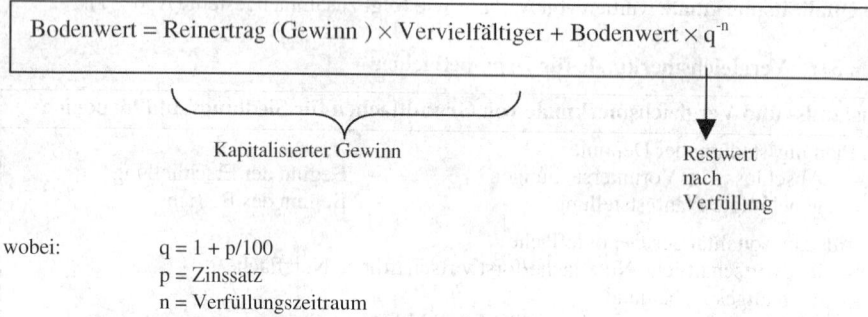

$$\text{Bodenwert} = \underbrace{\text{Reinertrag (Gewinn)} \times \text{Vervielfältiger}}_{\text{Kapitalisierter Gewinn}} + \underbrace{\text{Bodenwert} \times q^{-n}}_{\text{Restwert nach Verfüllung}}$$

wobei:
$q = 1 + p/100$
$p = $ Zinssatz
$n = $ Verfüllungszeitraum

Der **Restwert kann häufig vernachlässigt werden,** da der Grund und Boden für eine gewisse Zeit auch nach der Verfüllung nicht genutzt werden kann. Der Verfüllungszeitraum sowie die anschließende „Liegezeit" ergeben zusammen zumeist eine so lange Zeitspanne, dass der diskontierte Bodenwert gegen null tendiert.

Bevor auf die Fehleranfälligkeit des Verfahrens eingegangen wird, soll das Verfahren an einem Beispiel erläutert werden:

Beispiel:

a) Wertermittlungsobjekt:

Deponiefläche	1 000 000 m²	
Verfüllungsmenge	200 000 m³	per annum
Füllhöhe	10 m	

daraus folgt:
Deponievolumen   10 000 000 m³   (= 1 000 000 m² × 10 m)
Verfüllungsdauer   50 Jahre   (= 10 000 000 m³ : 200 000 m³ per annum)

b) Kalkulatorischer Gewinn:
Deponiegebühr   50 €/t
Spezifisches Gewicht   1,2 t/m³   für Siedlungsabfall
daraus folgt:
Deponiegebühr   60 €/m³   (= 50 €/t × 1,2 t/m³)

Der angenommene kalkulatorische Gewinn beträgt 6 % der Deponiegebühr; daraus folgt:
– Gewinn pro m³ Füllmenge:
Wie bei dem Ertragswertverfahren nach der ImmoWertV wird hier von nachschüssigen Gewinnen ausgegangen. Der jährlich angenommene kalkulatorische Gewinn von 6 % muss deshalb jeweils um ein Jahr diskontiert werden:
60 €/m³ × 6/100 = 3,60 €/m³ × 1/1,06 = 3,39 €/m³
Im Falle der rechnerisch einfacheren Berechnungsweise:
60 €/m² × 6/106 = 3,39 €/m³

– Gewinn für jährliche Verfüllungsmenge des
  Gesamtgrundstücks: 3,39 €/m³ × 200 000 m² = 678 000 €
– Gewinn pro Quadratmeter Grundstücksfläche: 678 000 € : 1 000 000 m² = 0,68 €/m²

c) Kalkulatorische Bodenwertermittlung:
Bodenwert = Reinertrag (Gewinn) × Vervielfältiger
– Die Verfüllungsdauer wurde mit 50 Jahren ermittelt.
– Als Zinssatz sei der Liegenschaftszinssatz für gewerbliche Nutzung mit 6,5 % herangezogen.
– Vervielfältiger = 14,72 (vgl. Anl. zur ImmoWertV)
– Bodenwert = 0,68 €/m² × 14,72 ≈ 10,00 €/m²

Bei dem im *Beispiel* ausgeworfenen „Reinertrag" handelt es sich im eigentlichen Sinne nicht um den Reinertrag i. S. der ImmoWertV, da er nicht aus der Differenz zwischen den nachhaltigen ortsüblichen Erträgen und den Bewirtschaftungskosten bei ordnungsgemäßer Betriebsführung abgeleitet worden ist. Der im Beispiel mit 6 % der Deponiegebühr angesetzte **„Gewinn" (Reinertrag) ist** zudem **sehr fehleranfällig**, da die Gebühren einerseits erheblich schwanken können (25 €/m³ bis 250 €/m³) und sich am Selbstkostenpreis zuzüglich eines Unternehmergewinns orientieren sollen. Es kommt hinzu, dass das angesetzte spezifische Gewicht recht unterschiedlich ausfallen kann und überdies die Fehlerfortpflanzung des angewandten Verfahrens groß ist.

3.8.4 Prognoseorientiertes Ertragswertverfahren (*Discounted Cash Flow* Verfahren)

▶ Vgl. Syst. Darst. des Ertragswertverfahrens Rn. 22, 50 ff.

234 Eine Alternative zu dem vorgestellten Verfahren bietet die allgemeine Barwertmethode, bei der der Bodenwert aus einer **vollständigen Ertrags- und Aufwandsanalyse** ermittelt wird. Diese Methode kann zu einer Investorenmethode unter Einbeziehung der Kapitalkosten und eines Unternehmergewinns erweitert werden.

Diese Vorgehensweise, die im Schrifttum **fälschlicherweise als Sachwertverfahren** bezeichnet wurde[50], hat den Vorteil, dass sämtliche Kosten in die Analyse einbezogen werden können, wie z. B.

V Besondere Immobilienarten — Gewerbeimmobilien

- Grunderwerbskosten,
- Umweltverträglichkeitsprüfung,
- technische Vorkehrungen,
- Gutachtenkosten,
- Anlaufkosten,
- Rekultivierungskosten,
- Genehmigungsverfahrenskosten,
- sonstige Vorlaufs- und Betreiberkosten.

3.8.5 Pachtwertmethode

235 Bei Anwendung der Pachtwertmethode ergibt sich der **Bodenwert aus der kapitalisierten Nettopacht zuzüglich des** nach Abschluss der Verfüllung verbleibenden **Restwerts,** der der kapitalisierten Nettopacht in diskontierter Höhe zuzuschlagen ist.

Niebuhr (a. a. O.) schlägt hierzu folgende **Vorgehensweise** vor:

Bodenwert = Bodenwert vor Verfüllung (Landwirtschaftliche Fläche)
+ Barwert des Verfüllzinses
− Barwert der entgangenen Gewinne aus landwirtschaftlicher Nutzung
− Diskontierte Differenz der Bodenwerte vor und nach der Verfüllung

und gibt hierfür das folgende *Beispiel*:

Kalkulation für eine Siedlungsabfalldeponie
Kalkulationsdaten:

Deponiefläche:	200 000 m²
Verfüllmenge im Jahr:	100 000 m³
Deponievolumen:	4 000 000 m³
Laufzeit:	40 Jahre
Ø Schütthöhe:	20 m
Verfüllzins/m³:	1,25 €/m³
Kalkulationszinssatz:	4 % p. a.
jährliche Verfüllmenge	
je m² Grundfläche: 100 000 m3/200 000 m²	= 0,50 m³

Bodenwert vor Deponierung	3,00 €/m²
+ Barwert des Verfüllzinses bei einer Deponielaufzeit von 40 Jahren 0,50 m² × 1,25 €/m² × 17,159:	10,72 €/m²
− Barwert der entgangenen Grundrente aus landwirtschaftlicher Nutzung 0,03 €/m² × 17,159:	− 0,51 €/m²
− diskontierte Differenz der Bodenwerte vor und nach Verfüllung (3,00 €/m² − 0 €/m²) × 0,14205:	− 0,43 €/m²
	12,78 €/m²
	oder rd. 13,00 €/m²

Die vorgegebene Berechnungsweise und das Beispiel gehen von der Annahme aus, dass das **Grundstück nach der Verfüllung** wertlos sei. Das wird aber nicht immer den Realitäten gerecht, insbesondere wenn bei einer entsprechenden Abdeckung – zumindest zu einem späteren Zeitpunkt – eine Nachnutzung möglich ist. Zweifelhaft ist aber vor allem, ob der „Bodenwert vor Verfüllung" überhaupt angesetzt werden darf, denn dieser ergibt sich im Hinblick auf eine landwirtschaftliche Nutzung, die sich auf der Fläche gerade nicht vollziehen kann und durch die Nutzung als Deponiefläche ersetzt wird. Wertmäßig kumulieren hier nicht

---

50 Westhoff in GuG 1994, 12.

zwei Nutzungen (Landwirtschaft und Deponie); vielmehr wird die landwirtschaftliche Nutzung durch die Deponie ersetzt.

Bezüglich des **Kalkulationszinssatzes zur Bemessung des Verfüllzinses** liegt es nahe, sich am Liegenschaftszinssatz für gewerbliche Objekte zu orientieren, insbesondere bei einer langen und schon deshalb risikobehafteten Laufzeit (z. B. 7 %).

4 Handelsimmobilien

4.1 Typologie der Handelsimmobilien

Schrifttum: *Kippes/Sailer,* Immobilienmanagement, Boorberg Verlag 2005, S. 51 ff.; *Lerchenmüller, M.,* Handelsbetriebslehre, 3. Aufl., Ludwigshafen 1998.

Handelsimmobilien sind der Ort des institutionellen Handels, der sich in den Versand- und (halb)stationären Handel unterscheiden lässt. Neben den klassischen Läden zählen zu den Handelsimmobilien insbesondere **Kaufhäuser, Einkaufszentren und sonstige großflächige Einzelhandelsagglomerationen** (sog. *Shopping-Center*). Handelsimmobilien werden insbesondere nach Größe und Standort unterschieden:

– Innenstadt/innerstädtische Kern- und Randlage (Saumzone),
– Konsumlage,
– Luxuslage,
– Niveaulage,
– Stadtrand,
– Streulage (Einzelbetriebe in verstreuter Lage),
– Stadtteilzentrum (Sub- bzw. Nebenzentren)/Nahbereichszentren und
– „grüne Wiese".

Im Vergleich zu Büroobjekten hat die **Bau- und Objektqualität** von Handelsimmobilien eine weitaus geringere wertbeeinflussende Bedeutung. Die Handelsunternehmen übernehmen hier häufig die Einbauten, Fassadengestaltung und Schaufensteranordnung in eigener Regie und tragen i. d. R. auch die Instandhaltungskosten (Ausnahme: Unterhaltung von Dach und Fach).

Handelsimmobilien lassen sich grob in kleinteilige Handelsflächen des Einzelhandels und großflächige Handelsflächen (Supermärkte, Einkaufszentren) unterscheiden. Die unter den Begriff der Handelsimmobilien fallenden **Läden, Ladengebiete, Einkaufszentren** usw. sind in verschiedenen bauplanungsrechtlichen Gebietstypen zulässig:

1. **Läden** sind zulässig in
   – besonderen Wohngebieten (WR),
   – Kerngebieten (obwohl § 7 BauNVO diese nicht ausdrücklich erwähnt).

2. **Der Versorgung des Gebiets dienende Läden** sind zulässig in
   – Kleinsiedlungsgebieten.

3. **Einzelhandelsbetriebe** sind zulässig in
   – Dorfgebieten (MD),
   – Mischgebieten (MI),
   – Kerngebieten (MK).

4. **Ladenbetriebe** sind zulässig in
   – sonstigen Sondergebieten (SO).

V Besondere Immobilienarten — Handelsimmobilien

5. **Einkaufszentren**[51] sind zulässig in
   - sonstigen Sondergebieten (SO).

6. **Großflächige Handelsbetriebe**[52] sind zulässig in
   - sonstigen Sondergebieten (SO).

7. **Großflächige Einzelhandelsbetriebe und sonstige Handelsbetriebe** sind zulässig in
   - sonstigen Sondergebieten (SO).

8. **Schank- und Speisewirtschaften** sind zulässig in
   - besonderen Wohngebieten,
   - Dorfgebieten,
   - Mischgebieten,
   - Kerngebieten.

9. **Der Versorgung des Gebiets dienende Schank- und Speisewirtschaften** sind zulässig in
   - Kleinsiedlungsgebieten.

238 Bezüglich der **Ausprägung von Handelsimmobilien** wird nach *Schulte/Schäfers/Hoberg/Sotelo/Homann/Vogler* wie folgt unterschieden[53]:

Mixed-Use-Immobilien: Typische Centerform für Innenstadtlagen, die sowohl als frequenzstarke *Shopping-* als auch als attraktive Bürostandorte gelten. Kennzeichnend ist die Verbindung unterschiedlicher Nutzungsformen in einer Großimmobilie. Neben Einzelhandels- und Büroflächen ist auch eine zusätzliche Wohn- oder Freizeitnutzung möglich. Der Einzelhandel ist i. d. R. als Passage oder Galerie konzipiert.

Vertical Mall: Einkaufszentren, in denen sich die Mietflächen über mehrere Etagen erstrecken. Insbesondere die vertikale Erschließung und Aktivierung höher gelegener Geschosse stellen weitgehende Anforderungen an die Konzeption. *Vertical Malls* befinden sich überwiegend in Städten mit stark konzentrierten Citykernen.

Strip-Center: Urform der Einkaufszentren, bei der die Einzelhandelsgeschäfte als Streifen (Strip) nebeneinander aufgereiht liegen. Das Center orientiert sich zu den Parkflächen hin, welche sich direkt vor den Läden befinden.

Specialty-Center: Immobilienkonzept, welches durch zielgerichteten Mietermix Kompetenz in einem bestimmten Handelsbereich schaffen möchte. Denkbar sind Spezialisierungen auf einzelne Themen, wie junge Mode, Sport- und Freizeitartikel, Inneneinrichtung, Autozubehör oder *Entertainment* sowie die Fokussierung auf einzelne Kundengruppen oder Preissegmente.

Fachmarkt-Zentren: Agglomeration von großflächigen Einzelhandelsbetrieben unter einem gemeinsamen Dach. Häufig ergänzt um kleinere Versorgungsgeschäfte und Gastronomiebetriebe. Standort ist meist die Peripherie größerer Städte.

Offprice-Center, Factory-Outlets und *Mills-Concept:* Centerformen mit preisaggressiver Ausrichtung. Während in *Offprice-Centern* verschiedene Einzelhändler Markenartikel unterschiedlicher Hersteller anbieten und in *Factory-Outlets* mehrere unterschiedliche Hersteller Markenartikel des eigenen Unternehmens vertreiben, sind die *Mills-Concepts* eine Kombination beider vorgenannten Centertypen.

---

51 Gleichlautende Erlasse der neuen Bundesländer betr. Bewertung von Warenhausgrundstücken, Einkaufszentren sowie Groß-, SB- und Verbrauchermärkten und Messehallen im Beitrittsgebiet (BStBl I 1993, 528 = Vermögensrecht [a. a. O.] II 7.3.10).
52 Leopoldsberger, G., Kontinuierliche Wertermittlung von Immobilien, Köln 1998.
53 Immobilienökonomie, Bd. 1, S. 15 ff.

4.2 Lage

4.2.1 Allgemeines

▶ *Vgl. Rn. 149, 313 ff., 499 ff.; § 6 ImmoWertV Rn. 118 ff.; § 8 ImmoWertV Rn. 158 ff.; Syst. Darst. des Vergleichswertverfahrens Rn. 376 ff.*

Bei der Beurteilung der **Lage von Handelsimmobilien** ist es besonders wichtig, zwischen der **Makro- und Mikrolage** zu unterscheiden. **239**

4.2.2 Makrolage

Zur Berücksichtigung des **Makrobereichs** ist in erster Linie auf Standortfaktoren und die **Strukturdaten der Region und der Stadt** zurückzugreifen. Bei gewerblichen Immobilien wird man für eine entsprechende Analyse die Materialien der einschlägigen Kammern und Verbände heranziehen. Zu erwähnen sind des Weiteren die Informationen der Statistischen Ämter des Bundes und der Länder, wissenschaftlicher Institute und dgl. Im Einzelnen sind von Bedeutung: **240**

Standortfaktoren: **241**
- Lage, städtebauliche und räumliche Einordnung,
- Infrastruktur und Erreichbarkeit (Entfernung zum ÖPNV), Parkmöglichkeit und Erschließung,
- Passantenfrequenz und -qualität,
- Einzugs- und Verflechtungsbereich, Pendlerbewegungen,
- Standortdaten (über komplexe Datenbanken),
- Gewerbesteuer,
- Umsatzsteuerstatistiken,
- Freizeitwert/Umgebung,
- Bevölkerungsentwicklung und -struktur sowie entsprechende Veränderungen,
- Wirtschafts- und Kaufkraft, Kaufkraftströme, Kaufkraftentwicklung, Kaufkraftbindung,
- Branchenanalysen, Konkurrenzsituation (Wettbewerbsposition und Tragfähigkeit), Konzentrationsprozesse,
- Arbeitslosenquote, Beschäftigungsmöglichkeiten,
- Arbeitsplatzbedarf und -nachfrage (Arbeitslosenentwicklung),
- sozialdemografische Struktur.

Bei der Beurteilung der Standortqualität kommt es nicht allein auf die derzeitige Situation (Status quo), sondern vor allem auf die **Entwicklung des Standorts und der Region** an. **242**

Zur Beurteilung der Qualität des Makrobereichs bedient man sich, wie im Übrigen auch zur Beurteilung der Qualität des Mikrobereichs, zumeist eines einfachen Schulnotensystems, indem man je nach Branche die maßgeblichen **Standortqualitätskriterien gewichtet und den „Erfüllungsgrad" des einzelnen Standorts sowie ggf. damit konkurrierender Standorte feststellt.**

243 *Beispiel (Abb. 1):*

Abb. 1: Gewichtete Standortfaktoren

Kriterien zur Beurteilung der Qualität des Makrobereichs		Standort		Erfüllungsgrade		
			Gewichtet	Wettbewerbsstandorte		
	Gewicht	Erfüllungsgrad		Gewichteter Erfüllungsgrad		
1	2	3	4 = 2 × 3	A	B	C
Verkehrsanbindung	1,0	0,8	0,80	1,00	0,50	0,20
Arbeitsmarkt	0,8	0,8	0,64	0,80	0,40	0,10
Absatzmarkt	1,0	0,6	0,60	1,00	0,50	0,35
Parkplatz	1,0	1,0	1,00	1,00	0,50	0,20
Umweltauflagen	0,7	0,5	0,35	0,70	0,35	0,25
Wohnumfeld	0,6	0,8	0,48	0,60	0,30	0,30
Lieferantennähe	0,5	0,5	0,25	0,50	0,25	0,20
Freizeitwert	0,5	0,8	0,40	0,50	0,25	0,10
Summen	6,2		4,52	6,10	3,05	1,60
				sehr gut	mittel	nicht ausreichend

4.2.3 Mikrolage

244 Im **Mikrobereich** sind insbesondere **Grundstücksmerkmale und die Ausstattung** des Objekts wertbeeinflussend.

245 a) **Grundstück**
- Lageklassifizierung des jeweiligen Handelssegments einschließlich Infrastruktur,
- die Lagermöglichkeiten, soweit nicht sog. „*Just-in-time*-Bedienung" möglich,
- Möglichkeiten der Außenwerbung (Werbewirksamkeit des Standorts),
- Grundstückszuschnitt,
- Grundstückswert, Energiepreise, kommunale Abgaben,
- Parkplatzangebot, Stellplatzablösung,
- Erweiterungsmöglichkeiten.

b) **Nutzungskonzeption**
- Flächenkonzept (Grundrisslösungen, Raumflexibilität, Funktionalität),
- die Ladengröße (Eingangsbereich, Breite der Ladenfront und repräsentationsgeeignete Schaufensterfläche; Ladentiefe; nutzbare Deckenhöhe; Anzahl der Verkaufsebenen, Rastermaß),
- Umgestaltungs- und Erweiterungsmöglichkeiten,
- Lager- und Sozialräume, Warenanlieferung,
- Drittverwendungsfähigkeit,
- markt- und standortgerechte Nutzungskonzeption,
- Portfoliostrategie,
- Ertragskalkulation (objektbezogene Ertrags- und Mietprognose),
- Branchen- und Mietstruktur,
- Vermietungschancen,
- Miet- und Pachtkonditionen (Mietvertragsdauer und ggf. Auflagen sowie Mietanpassung),

- Nebenkosten,
- Finanzierungsmodell/Wirtschaftlichkeitsberechnung.

c) **Betrieb**
- Centermanagement,
- Werbegemeinschaft,
- Betreiber- bzw. Vertriebskonzept.

d) **Marktanalyse**
- Bedarfsberechnungen und Nachfrageanalysen,
- Akzeptanzuntersuchung für Produktenpalette,
- Quantitative und Qualitative Konkurrenzanalyse,
- Wirtschaftsfaktor/Multiplikatoreneffekte,
- Preis- und Mietspiegel,
- Branchenmix,
- Kommunales Einzelhandelskonzept.

e) **Bau**
- baulicher Zustand (z. B. Ausbaustandard im Sanitärbereich) und Revitalisierungsbedarf,
- Vorbereitung,
- Durchführung,
- Technik (Bauweise, Baustoffe, Haustechnik, Ausstattung),
- Kosten,
- Baurecht,
- Architektur,
- bauliche Anpassungsmöglichkeiten und Drittverwendungsmöglichkeiten.

Die Qualität des Mikrobereichs kann nach dem Beispiel der Bewertung des Makrobereichs ermittelt werden.

4.2.4 Einzelhandelslage

Die für Handelsimmobilien generell geltenden Lagekriterien gelten auch für Einzelhandelsimmobilien, und zwar sowohl, was den Makrobereich, als auch, was den Mikrobereich betrifft. **Standortfaktoren** und ihre Parameter bestimmen nicht nur den Verkehrswert von Einzelhandelsimmobilien, sondern sind auch besonders geeignet **zur Umrechnung von Vergleichspreisen** (Abb. 2).

V Besondere Immobilienarten   Handelsimmobilien

Abb. 2:   Standortfaktoren des Einzelhandels

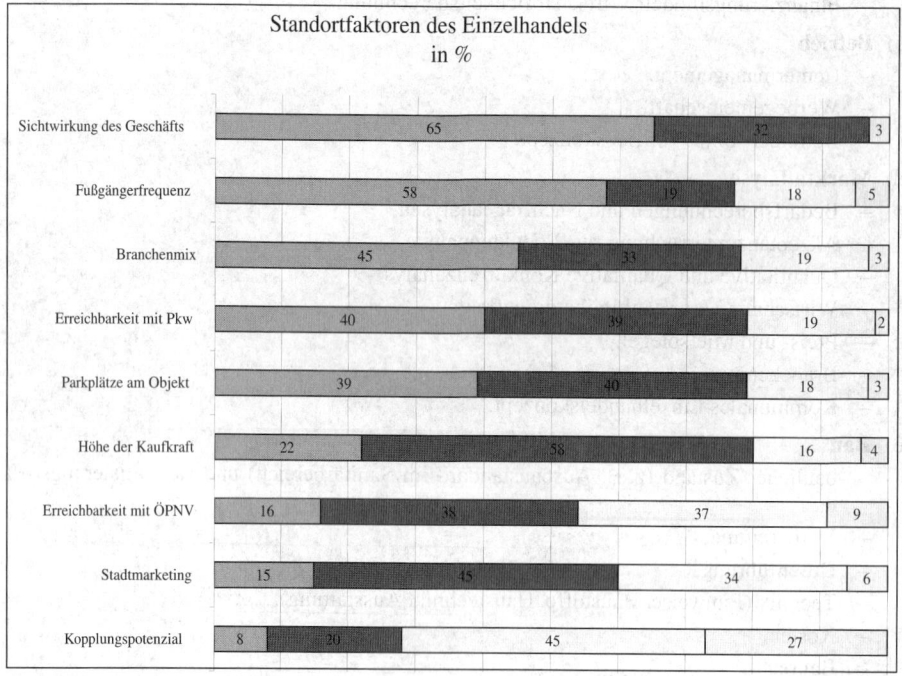

Quelle: Jones Lang LaSalle (Gewichtungsanteile der Bedeutung in %; Befragung von 644 Einzelhandelsflächen in Deutschland)

248   Einen **Überblick über die wichtigsten Standortfaktoren** gibt die Zusammenstellung der Abb. 3.

Abb. 3: Übersicht über die wichtigsten Standortfaktoren

Standortfaktoren im Einzelhandel	
Bedarfsorientierung – Konsumentendichte, -nähe und -struktur im Einzugsbereich (u. a. Einwohnerzahl und -dichte, Bevölkerungs- und Sozialstruktur, Größe des zentralörtlichen Einzugsbereichs, Kaufkraftdifferenzierung, Fremden- und Besucherfrequenz) – Versorgungsgewohnheiten (u. a. Konsumhäufigkeit, d. h. Häufigkeit der Inanspruchnahme) – Ausrichtung des Einzelhandels- und Dienstleistungsangebots auf die Nutzergruppen (u. a. Konsumwertigkeit, Spezialisierungsgrad, Ausrichtung auf Massenbedarf oder spezielle Konsumentengruppen) **Erreichbarkeit (Verkehrslage und Transportaufwand für Kunden-, Berufs- und Geschäftsverkehr sowie Materialaufwand)** – Funktionsräumliche Lage (Lagesituation des Betriebes in Bezug auf den zentralen Standortraum der Stadt, innerhalb des zentralen Standortraumes, innerhalb der Geschäftsstraße, Lage zu Wohngebieten usw.) – Verkehrsanbindung, -bedienung und -struktur (u. a. Verteilung, Frequenz und Tarife des öffentlichen Nahverkehrsnetzes; Erreichbarkeit und Dichte für den motorisierten Individualverkehr, insb. Lage im Straßennetz, Autobahnanbindung; Lage zu regionalen o. internationalen Flughäfen; Fußgängerverkehr, insb. Dichte und Frequenz) – Lage zu Verkehrsakkumulationspunkten/Lage zu Passantenmagneten (Lage zu Haltestellen öffentl. Verkehrslinien, insb. zum Hauptbahnhof, zu größeren Parkgelegenheiten, zu bes. Verkehrsanziehungspunkten wie größere Behörden) – Verkehrszukunft (u. a. vorgesehener Schnellstraßenbau, geplante Haltestellen oder unterirdische Stadtbahn) **Konkurrenzsituation/Agglomerationsvorteile** – Branchengleiche Konkurrenzakkumulation (Konkurrenzanziehung) – Branchengleiche Absatzagglomeration – Sonstige Agglomerationsvorteile (u. a. Möglichkeiten der Werbung; Messen; Fühlungsvorteile mit wichtigen Entscheidungsfunktionen der öffentliche Verwaltung und Wirtschaft) – Konkurrenzevitation (Konkurrenzvermeidung) **Stadtfunktionale Faktoren** – Wirtschaftsstruktur der Stadt – Bedeutung der Stadt als zentraler Ort/innerstädtische Zentrenausstattung (Nebenzentren) – Spezielle Funktionen der Stadt (z. B. Universitätsstadt, Fremdenverkehrsort) **Zwischen- und außerbetriebliche Kontaktbedürfnisse bzw. Interaktionen** – Persönliche (Geschäfts-)Kontaktmöglichkeiten zwischen gleichen, ähnlichen oder andersartigen Einrichtungen/Betrieben (Face-to-Face-Kontakte)	– Andere zwischenbetriebliche Kontaktarten (Interaktionsformen) (z. B. schriftlich/telefonisch) – Art der Kontakte zwischen Kunden und Einrichtungen/Betrieben **Raumbedarf, -angebot und -kosten** – Verfügbarkeit der Betriebsraumfläche/Betriebsraumqualität – Räumliche Expansionsmöglichkeiten des Betriebes – Grundstücks-, Gebäude-, Miet- und Instandhaltungskosten – Rendite (z. B. Bürogebäude als Renditeobjekt) **Einflüsse der Planung/städtebauliche Gründe** – Bebauungsplan/Flächennutzungsplan (Art und Maß der baulichen Nutzung; Nutzungsbeschränkungen durch Bauvorschriften) – Städtische Infrastruktur (z. B. Entsorgungseinrichtungen) – Spezielle Maßnahmen städtebaulicher Gestaltung (u. a. Errichtung von Fußgängerzonen, Auswirkungen von Gestaltungssatzungen) – Maßnahmen der Verkehrsplanung – Direkte Standortbeeinflussung (u. a. Umlegung im Rahmen von Sanierungsvorhaben, Standortlenkung beim Bau von Cityerweiterungsprojekten, z. B. im Zusammenhang mit dem U-Bahnbau) **Standortbeeinflussung durch übergeordnete Institutionen** – Vorgaben und Beeinflussung durch berufsständische Kammern – Steuern und Abgaben – Sonstige Bestimmungen **Betriebsinterne Faktoren** – Betriebsstruktur und -organisation (u. a. Art des Angebots bzw. der Spezialisierung, Größe, Besitzverhältnisse, Zugehörigkeit zu freiwilligen Ketten usw., Investitionen in Betriebsausstattung, Finanzen) – Innerbetriebliche Kommunikation und Arbeitsteilung – Persönliche Verhältnisse der Betriebsleitung (Persönlichkeit, Fachausbildung, persönliche Bindungen, berufliche Beziehungen und sonstige Präferenzen) – Arbeitskräftebedarf und -angebot (Quantität, Qualität) **Standorttradition** – Räumlich-zeitliche Persistenz von Betriebsstandorten (Standortbeharrung) **Repräsentations- und Imagefaktoren** – Historischer Lagewert, Image, Symbolwert eines Standortraumes – Landschaftliche Lagefaktoren – Attraktivität und Image des Betriebes

Quelle: Heineberg, H.; de Lange, N., Die Cityentwicklung in Münster und Dortmund seit der Vorkriegszeit, in Weber, P./Schreiber, K.-F. (Hg.), Westfalen und angrenzende Regionen, Paderborn 1983, S. 221–285

V Besondere Immobilienarten — Handelsimmobilien

249 Innerhalb der **Geschäftslagen** gilt die Citylage der Innenstadt *(CBD – Central Business District)* als Spitzenlage. So werden unter City-Immobilien vornehmlich Geschäftshäuser in erstklassiger Lage und mit Einzelhandelsnutzung verstanden, wobei sich die Hauptnutzfläche (Verkaufsfläche) in erster Linie auf das Erdgeschoss und bei guter Einbeziehung auf das *Basement* und das erste Obergeschoss erstreckt. Für den Verkehrswert dieser Immobilien ist der Mietertrag in diesem Bereich ausschlaggebend; die darüber hinausgehende Nutzung der Obergeschosse zu Wohn- und Bürozwecken ist dagegen eher bedeutungslos.

250 Die **Geschäftslage** beurteilt sich nach dem jeweiligen Nutzungszweck. Zentralität und Attraktivität des Standorts mit guter Verkehrsanbindung stehen im Vordergrund. Ohne wissenschaftlichen Unterbau und in unzureichender Weise wird im Einzelhandelsbereich **nach Ia-, Ib- und IIa-Lagen unterschieden** (Abb. 4).

Abb. 4: Lagemerkmale von Einzelhandelsimmobilien

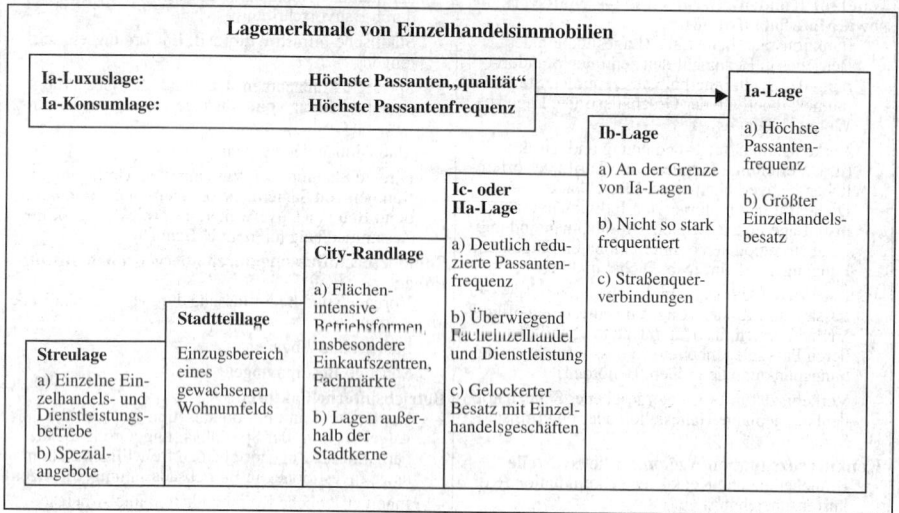

251 Die **Ia-(City-)Lage** (beste Lage) wird im Allgemeinen als die Lage definiert, die den höchsten „Lauf", d. h. die höchste **Passantenfrequenz,** aufweist. Die sog. Ia-Lage allein nach der Passantenfrequenz zu definieren, wird der „Wertigkeit" der Lage nicht gerecht, weil damit allenfalls die „Ia-Konsumlage" erfasst wird und sich hier allenfalls „Rossmann" und „Pimkie", aber nicht „Bulgari" und „Strenesse" niederlassen. Es empfiehlt sich deshalb, auch nach der **Passantenqualität** zu unterscheiden, die vor allem in den Großstädten bei geringerer Passantenfrequenz zu einer „Ia-Luxuslage" führen kann. Besonders hohe Passantenfrequenzen mit hohem Verkaufsumsatz weisen häufig **Fußgängerzonen** auf. Branchenmäßig sind sie weniger auf die Versorgung der Bevölkerung mit dem Grundbedarf, sondern i. d. R. durch *Shopping* bzw. *luxury goods* des sog. *Non-Food*-Bereichs gekennzeichnet, insbesondere Textilien und Lederwaren (60 %), Porzellan, Schmuck und dgl. Es handelt sich dabei um einen sehr engen Markt, der sich zumeist auf 350 bis 500 m Straßenlänge in Gemeinden mit mehr als 50 000 Einwohnern beschränkt[54].

252 In den großen Metropolen unterscheidet man nach der **sog. Kaufhausrennbahn und der sog. Luxusmeile.**

253 Weiteres Kriterium für die Ia-Lage ist ein **Einzelhandelsbesatz mit gutem Branchenmix**. Als „Laufkiller" gelten dagegen Banken, Postämter, aber auch Vitrinen, Bepflanzungen und U-Bahn-Eingänge.

---

[54] Vgl. Zusammenstellung in GuG 1995, 361.

Handelsimmobilien **Besondere Immobilienarten V**

Der Trend zum Erlebniskauf begünstigt die Innenstädte gegenüber den Einkaufszentren in Randlagen, und tatsächlich stiegen die Geschäftsraummieten anfangs der 90er-Jahre auch stark an. Inzwischen mussten erhebliche Einbrüche verzeichnet werden und haben dem „Beschauer" verdeutlicht, dass es sich hier um einen **instabilen Markt** handelt, **der sich nicht durch Spitzenmieten in Ia-Lagen beschreiben lässt.**

4.2.5 Konkurrenz

Die **Wettbewerbsfähigkeit** wird wesentlich durch die branchenspezifische Konkurrenzsituation bestimmt. Bei gesättigten Märkten können Ertragssteigerungen vor allem nur noch durch Konzentration und Verdrängung erzielt werden. 254

Die allgemeine Konkurrenzsituation lässt sich aufgrund folgender Daten analysieren:
- Flächenumsatzentwicklung,
- Anzahl der konkurrierenden Unternehmen im branchenspezifischen Einzugsbereich,
- Abdeckung des branchenspezifischen Bedarfs im Einzugsbereich,
- Projektentwicklungen und Entwicklungspotenzial im Einzugsbereich,
- Kommunale Einzelhandelskonzepte,
- Branchenkonkurrierende Verkaufsflächen,
- Entwicklungspotenziale.

4.3 Kennziffern für Handelsimmobilien

4.3.1 Allgemeines

Als wichtigste **Kennziffern für den Standort** können gelten 255

a) das nach Bedarfsgruppen zu differenzierende einzelhandelsrelevante **Kaufkraftpotenzial im Einzugsgebiet;** das Kaufkraftpotenzial wird durch **Kaufkraftkennziffern** erfasst, die die Konsumfähigkeit der ortsansässigen Bevölkerung (das Nachfragepotenzial) angeben,

b) die jeweilige **Kaufkraftabschöpfung durch bestehende Angebote** einschließlich der Konkurrenzstabilität,

c) die **Umsatzkennziffer,** die den Einzelhandelsumsatz in Relation zum durchschnittlichen Umsatz der übrigen Gemeinden angibt,

d) der **Einzelhandelsumsatz pro Kopf der ortsansässigen Bevölkerung innerhalb eines Jahres,**

e) die **Zentralität** und der Einzugsbereich,

f) die **Immobilienkennziffern,** insbesondere
  - die **Flächenproduktivität (Raumleistung),** der jährliche Umsatz pro Verkaufsfläche,
  - die Frequenzen, d. h. der durchschnittliche Umsatz pro Kunde,

und **speziell in Einzelhandelslagen:**

g) der **Filialisierungsgrad,** d. h. der Anteil von Filialunternehmen am Marktbesatz (in Ia-Lagen),

h) die **Passantenfrequenz,** d. h. die Zahl der Passanten, die in einer bestimmten Zeit (z. B. einer Stunde) zu einer bestimmten Zeit eine Straße durchlaufen, und

i) die **Passantenqualität,** wobei insbesondere deren Kaufbereitschaft und Kaufkraft im Vordergrund stehen.

Angaben hierfür können von **regionalen Marktforschungsinstituten** gemacht werden, die bestehende Konkurrenzstandorte mit ihren Verkaufsflächen und Umsätzen sowie Kaufkraftpotenziale abschätzen können. 256

4.3.2 Kaufkraftkennziffer

Quellen: BBE Unternehmensberatung Köln; *gesa* Gesellschaft für Handels-, Standort- und Immobilienberatung Hamburg; *GfK* Gesellschaft für Konsum-, Markt- und Absatzforschung Nürnberg; *Icon Regio* Gesellschaft für Regional- und Verkehrsforschung und Standortmarketing Nürnberg.

257 Ein wichtiger Indikator der Nachfragesituation an den regionalen und lokalen Märkten ist die Kaufkraft der Bewohner des jeweiligen Gebiets.

Das **Nachfragepotenzial** wird bezogen auf die individuellen Bedürfnisse nach Gütern einer besonderen Warengruppe (Sortiment, Sparte) und lässt sich – jeweils bezogen auf das Einzugsgebiet – überschlägig ermitteln aus:

Nachfragepotenzial = Einwohner × Branchenspezifische bundesdurchschnittliche Ausgaben × Kaufkraftkennziffer

258 Die **Kaufkraftkennziffer** (auch **Kaufkraftindex** genannt) beschreibt die Kaufkraft „vor Ort": Sie wird aus dem Verhältnis der örtlichen Kaufkraft (Bundesland, Landkreis oder Gemeinde) zu der durchschnittlichen Kaufkraft in der Bundesrepublik Deutschland mit dem Indexwert = 100 ermittelt.

Als **Kaufkraft**[55] wird diejenige Geldmenge verstanden, die den privaten Haushalten innerhalb eines bestimmten Zeitraums zur Verfügung steht; sie ergibt sich aus dem verfügbaren Nettoeinkommen zuzüglich der Einnahmen aus Ersparnissen und aufgenommener Kredite abzüglich der Bildung von Ersparnissen und der Tilgung von Schulden[56]. Zur Ermittlung der Kaufkraft werden von der Gesamtkaufkraft die je nach Gebiet unterschiedlichen Ausgaben für Dienstleistungen, Altersvorsorge und Auto abgezogen.

Die **Abschöpfungsquote,** mit der die Zentralität des Standorts beschrieben wird, bildet sich aus dem Quotienten des realisierten Handelsumsatzes und des theoretischen Kaufkraftpotenzials.

Die **Kaufkraft** ist demzufolge regional unterschiedlich und darüber hinaus nach Sortimenten sowie nach dem

– kurzfristigen bzw. *periodischen* Bedarf (Lebensmittel und Verbrauchsgüter),
– dem mittel- bzw. langfristigen *aperiodischen* Bedarf (Gebrauchsgüter)

zu unterscheiden.

Die **einzelhandelsbezogene Kaufkraft** („einzelhandelsrelevantes Konsumpotenzial")[57] ist die wichtigste Kennziffer für Geschäftsleute; die monatlichen Belastungen (durch Miete, Schuldzinsen, Sparquote) werden bei der Bildung der einzelhandelsbezogenen Kaufkraft (in € und als Index) herausgerechnet. Das **Kaufkraftvolumen** ergibt sich als Produkt der Kaufkraft pro Einwohner (ggf. je Teilsortiment) und der erfassten Einwohneranzahl.

Im Jahre 2008 betrug die Kaufkraft pro Einwohner bundesweit im Durchschnitt 5 260 € (im Jahre 2002 wurden noch 5 418 € ermittelt).

Die **altersklassenbezogene Kaufkraft**[58] unterscheidet die Kaufkraft darüber hinaus nach sieben Altersklassen (15 bis unter 20 Jahre, 20 bis unter 30 Jahre, 30 bis unter 40 Jahre, 40 bis unter 50 Jahre, 50 bis unter 60 Jahre, 60 bis unter 65 Jahre, 65 Jahre und älter).

259 Ausgehend von einer bundesdurchschnittlichen Kaufkraft im Jahre 2003 von 4 708 € pro Einwohner und einer Einwohnerzahl von z. B. 500 000 (E.) kann mithilfe der örtlichen Kaufkraftkennziffer von z. B. 87,3 das **einzelhandelsrelevante Konsumpotenzial (ERKP)** errechnet werden:

4 708 € × 0,873 × 500 000 E. = 2,055 Mrd. €

---

55 www.gfk-geomarketing.de/kaufkraft.
56 Vgl. Institut für Handelsforschung der Universität Köln, 5. Aufl. S. 94 (Katalog E).
57 www.gfk-geomarketing.de/kaufkrafthandel.
58 http://www.gfk-geomarketing.de/kaufkraft_alter.

Mithilfe der **Kaufkraftkennziffern lässt sich** für den jeweiligen Einzugsbereich eines Handelsunternehmens **die Kaufkraft ermitteln,** der das vorhandene und geplante Verkaufsflächenangebot gegenübergestellt werden kann. Aus der Gegenüberstellung lässt sich dann ablesen, ob ein örtlicher Verkaufsflächenbedarf oder ein Verkaufsflächenüberangebot besteht. Dies kann zur Beurteilung eines vorhandenen oder geplanten Handelsunternehmens herangezogen werden (Abb. 5). **260**

Beispiel: **261**

Abb. 5: Örtlicher Flächenbedarf

Stadtteil	Einwohner	Kaufkraft-kennziffer	Kaufkraft Mio. €	Verkaufsfläche Angebot m²	Verkaufsfläche Bedarf m²
A	70 000	1,10	385	70 000	85 000
B	50 000	0,95	237	50 000	50 000
C	20 000	1,25	125	18 000	22 000
D	10 000	1,19	60	25 000	17 000
E	30 000	1,30	195	28 000	32 000
	180 000		1 002	191 000	206 000

Ergebnis: Im Stadtteil D, in dem ein zu wertendes Handelsobjekt gelegen ist, besteht ein Überangebot an Verkaufsflächen. In den übrigen Stadtteilen besteht dagegen zumeist ein Unterangebot. Die wirtschaftliche Situation ist dadurch gekennzeichnet, dass eine stadtteilgrenzenübergreifende Konkurrenzsituation gegeben ist.

Das **Kaufkraftvolumen** ergibt sich aus dem Produkt der örtlich angepassten einzelhandelrelevanten Verbrauchausgaben pro Einwohner und der Zahl der Einwohner. Kaukraftvolumen werden für Hauptwarengruppen und ggf. für Teilsortimente ermittelt.

4.3.3 Umsatzkennziffer

Schrifttum: IHK Köln, Merkblatt zu Kaufkraft und Umsatz, GuG 2013, 301

Maßstab für den Umsatz sind **Umsatzkennziffern,** die den vor Ort erzielten Einzelhandelsumsatz in Beziehung zum Bundesdurchschnitt wiedergeben. Die Umsatzkennziffern werden regelmäßig von den einschlägigen Instituten veröffentlicht. Eine Umsatzkennziffer von 130,0 gibt an, dass der Umsatz vor Ort 30 % über dem Bundesdurchschnitt von 100 % liegt. Die Gesellschaft für Konsumgüterforschung (GfK) gibt Umsatzkennziffern an differenziert nach **262**

– Umsatz des Einzelhandels im Gebiet (Mio. €) und
– Umsatz des Gebiets in Promille zu Gesamtdeutschland.

Der **Einzelhandelsumsatz im engeren Sinne** liegt seit 1993 in Deutschland zwischen 355 und 360 Mrd. € (1998 = 359 Mrd. €). Der Umsatz des Einzelhandels „im weiteren Sinn" unter Einschluss von **Apotheken, Tankstellen** und dem **Autohandel** liegt bei 476 Mrd. € und ist im Gegensatz zum Umsatz im engeren Sinn seit 1993 laufend weitergestiegen. Autohändler und Tankstellen fragen keine Einzelhandelsflächen nach. Ihr Umsatzanteil von 90 Mrd. € soll daher in dieser Untersuchung nicht betrachtet werden. Hinzugerechnet werden muss zum traditionellen Umsatz im engeren Sinn aber ein Umsatzanteil von 25,5 Mrd. € für **Apotheken** und 28 Mrd. € für **Gastronomie** und Dienstleistungen. Insbesondere die **Dienstleistungsbranche** steigert die Nachfrage nach Einzelhandelsflächen in Kernstädten, aber auch innerhalb großflächiger Betriebe[59]. **263**

---

[59] DSL Bank, Die Zukunft der Handelsimmobilien 1999.

4.3.4 Zentralität

Schrifttum: IHK Köln, Merkblatt zu Kaufkraft und Umsatz, GuG 2013, 301

264 Unter der Zentralität wird vereinfacht gesagt das Verhältnis zwischen dem realisierbaren Handelsumsatz der Betriebe innerhalb eines Gebiets und dem durch die ansässige Bevölkerung gebildeten Marktpotenzial (z. B. einzelhandelsbezogene Kaufkraft) in dem jeweiligen Einzugsbereich (multipliziert mit 100) verstanden.

$$\text{Zentralitätskennziffer} = \frac{\text{Umsatzkennziffer}}{\text{Kaufkraftkennziffer}} \times 100$$

Die Zentralitätskennziffer ist desto größer, je höher die Umsatzkennziffer über der Kaufkraftkennziffer liegt. Weiter gehende Analysen sind hierzu von *Tietz*[60] gemacht worden (Abb. 6).

Abb. 6: Zentralität

Zentralität (Reinking)			
Stadtkreise	Einwohner	Kaufkraft	Zentralität
Straubing	44 724	101,1	219,2
Passau	50 548	101,0	214,2
Weiden (Oberpfalz)	41 954	101,0	210,9
Trier	105 675	91,2	207,7
Schweinfurt	53 247	97,9	207,5
Rosenheim	61 512	105,3	188,0
Würzburg	138 808	100,9	183,0
Memmingen	41 030	102,6	181,5
Zweibrücken	33 807	97,6	180,8
Hof	45 904	95,6	178,8

Quelle: GfK Geomarketing Einzelhandelszentralität 2013

265 Mithilfe der Zentralität lässt sich ermitteln, **welche Kaufkraft amf Ort gebunden** ist. Bei einer Zentralität

– von > 1 ist mehr Kaufkraft am Ort gebunden, als am Ort selbst vorhanden ist, und
– von < 1 ist weniger Kaufkraft am Ort gebunden, als am Ort selbst vorhanden ist.

266 Beispiel:

– Umsatzkennziffer 80,5
– Kaufkraftkennziffer 110,5,

daraus folgt eine Zentralität von 0,73 (= 80,5/110,5).

Damit sind rd. 27 % (100 % – 73 %) der am Ort vorhandenen Kaufkraft nicht am Ort gebunden.

4.3.5 Flächenproduktivität (Raumleistung)

▶ *Vgl. Teil II Rn. 559*

Quellen: Statistisches Bundesamt: Wirtschaftsrechnung privater Haushalte; Institut für Einzelhandelsforschung an der Universität Köln; Handels- und Gaststättenzählung.

267 Für die Größe der Handelsimmobilien ist insbesondere die **Verkaufsfläche** (VF) entscheidend. Es gibt keine allgemein gültige Definition der Verkaufsfläche. Im großflächigen Einzelhandel ist die Verkaufsfläche nach einer Entscheidung des BVerwG[61] „die Fläche, die von Kunden zum Zwecke der Verkaufsanbahnung betreten werden kann, einschließlich Wind-

---

[60] Tietz, B., City Studie, Landsberg 1991; vgl. § 14 Rn. 230 der 4. Aufl. Kleiber, Verkehrswertermittlung.
[61] BVerwG, Urt. vom 24.11.2005 – 4 C 10/04 –, BVerwGE 124,364; BVerwG, Urt. vom 27.4.1990 – 4 C 35/87 –, BauR 1990, 569.

fang, Kassenvorraum (Einpackzone) und Bedientheken, auch wenn diese für den Kunden unzugänglich, aber einsehbar sind". Allgemein lässt sich dementsprechend die Verkaufsfläche definieren als die dem Verkauf dienende Fläche einschließlich Gängen, Treppen, Standflächen für Einrichtungsgegenstände, Schaufenstern und Freiflächen, soweit sie dem Kunden zugänglich sind und soweit sie nicht nur vorübergehend für Verkaufszwecke genutzt werden (Innen- und Außenflächen). Nicht zur Verkaufsfläche gehören Büroräume, Lager- und Vorbereitungsflächen, Werkstätten und Flächen für Personalzwecke.

Als internationaler Standard gilt die **Gross Leasable Area (GLA)**. Sie definiert sich nach der zur exklusiven Nutzung durch den Mieter verfügbaren Fläche einschließlich Konstruktions-, Verkehrs- und sonstiger vermieteter Flächen. Es gibt jedoch keine verbindlichen Berechnungsgrundlagen (*„Gross leasable area is the total area [square feed] that is used for rental space in building"*).

Die wichtigste Immobilienkennziffer zur Beurteilung von Einzelhandelsimmobilien ist die **268 Flächenproduktivität** (bzw. die **Raumleistung**). Unter der Flächenproduktivität von Handelsräumen wird das Verhältnis von Umsatz pro Quadratmeter Verkaufsfläche verstanden:

$$\text{Flächenproduktivität (Raumleistung)} = \frac{\text{Jährlicher Umsatz}}{\text{Verkaufsfläche}}$$

Die Flächenproduktivität ist mit dem regionalen Verkaufsflächenangebot korreliert. Allgemein ist die Flächenproduktivität mit der Zunahme der Verkaufsfläche in den letzten Jahren nicht unerheblich gesunken. Die Flächenproduktivität fällt je nach Branche und örtlicher Lage unterschiedlich aus[62]. **269**

4.3.6 Mietzahlungsfähigkeit

Die Spannbreite der **Mietzahlungsfähigkeit** variiert je nach Branche zwischen 4 und 9 % des Umsatzes (im Bundesdurchschnitt 5,5 %). **270**

Der **durchschnittliche Umsatz je Kunde** betrug 2003 (1997): **271**

- SB-Geschäfte (1997)   8,30 €
- Supermarkt einschließlich Lebensmitteleinzelhandel (400 bis 800 m²)   9,50 €
- Supermarkt einschließlich Lebensmitteleinzelhandel (ab 800 m²)   12,60 €
- „Soft"-Discounter (ohne Aldi)   10,20 €
- Aldi   20,50 €
- Verbrauchermarkt (1 500 bis 2 500 m²)   18,75 €
- Verbrauchermarkt (ab 5 000 m²)   17,50 €
- SB-Warenhaus (ab 5 000 m²)   29,00 €
- Drogerie   9,50 €
- Oberbekleidung (1997)   112 – 133 €
- Schuhe (1997)   45 €
- Braune Ware (1997)   100 €
- Möbel   900 – 1 000 €

---

62 Vgl. hierzu die Ergebnisse älterer Untersuchungen, abgedruckt in Kleiber, Verkehrswertermittlung von Grundstücken, 6. Aufl. S. 2118 (Teil VI Rn. 269 ff.)

4.3.7 Frequenzen

▶ *Vgl. Rn. 289*

272 **Weiteres Kriterium (im Mikrobereich)** ist vor allem der Quotient aus

$$\frac{\text{Käuferfrequenz}}{\text{Passantenfrequenz}}$$

u. U. gegliedert nach Alter und Geschlecht der Passanten, Besucher und Käufer.

Die **Passantenfrequenz** ist **mit** der Ladenmiete (Erdgeschossmiete) und die wiederum mit dem **Bodenwertgefüge korreliert**[63].

Abb. 7: Passantenfrequenz

Rank	Passantenfrequenz		Passanten Samstag 27.04.2013
1	München	Kaufinger Str.	15 496
2	München	Neuhauser Str.	13 384
3	Wien	Kärntner Str.	8 364
4	Stuttgart	Königsstr.	8 215
5	Hamburg	Mönckebergstr.	8 204
6	Köln	Schildergasse	7 756
7	Wien	Graben	7 686
8	Hannover	Georgstraße	7 447
9	Wien	Mariahilfer Str.	7 187
10	Hamburg	Spitaler Str.	6 977
11	Hannover	Bahnhofstraße	6 803
12	Köln	Hohe Straße	6 728
13	Frankfurt am Main	Zeil	6 132
14	München	Sendlinger Straße	6 027
15	Berlin	Tauentzienstraße	5 644
16	Dortmund	Westenhellweg	5 556
17	Nürnberg	Karolinenstraße	5 533
18	München	Theatinerstraße	5 408
19	Essen	Kettwiger Straße	5 299
20	Münster	Ludgeristraße	4 928
21	Berlin	Kurfürstendamm	4 618
22	Bielefeld	Bahnhofstraße	4 584
23	Berlin	Alexanderplatz	4 477
24	Karlsruhe	Kaiserstraße	4 208
25	Wien	Kohlmarkt	4 301
26	Hannover	Große Packhofstraße	4 137
27	Düsseldorf	Königsallee	4 099
28	Bonn	Poststraße	4 072
29	Stuttgart	Königstraße 21	4 021
30	Berlin	Schlossstraße	3 953
31	Düsseldorf	Flingerstraße	3 914

---

63 GuG 2003, 162.

Besondere Immobilienarten V

Rank	Passantenfrequenz		Passanten Samstag 27.04.2013
32	Berlin	Rosenthaler Straße	3 905
33	Bonn	Remigiusstraße	3 847
34	Berlin	Friedrichstraße	3 793
35	Berlin	Wilmersdorfer Straße	3 777
36	Mannheim	O 5, 1 -12/P5, 15-19	3 577
37	Duisburg	Königstraße	3 474
38	Wien	Tuchlauben/Graben	3 351
39	Nürnberg	Königstraße 10	3 302
40	Hamburg	Poststraße	3 299
41	Nürnberg	Breite Gasse 1	3 292
42	Bremen	Sögestraße	3 253
43	Braunschweig	Damm	3 219
44	Bonn	Sternstraße	3 153
45	Regensburg	Neupfarrplatz	3 152
46	Bremen	Obernstraße	3 092
47	Nürnberg	Königstraße 42 -52	2 569
48	Pforzheim	Westliche Karl-Friedrich Straße	2 431
49	Nürnberg	Breite Gasse 88	2 423
50	Regensburg	Maximilianstraße	2 360
51	Köln	Ehrenstraße	2 333
52	Hamburg	Große Bleichen	2 264
53	Potsdam	Brandenburger Straße	2 246
54	Hannover	Lister Meile	2 243
55	Essen	Limbecker Straße	2 228
56	Hannover	Niki-de-Saint Phalle Promenade	2 223
57	Hamburg	Neuer Wall	2 149
58	Münster	Salzstraße	2 135
59	Regensburg	Königstraße	2 067
60	Düsseldorf	Schadowstraße	2 064
61	Regensburg	Weiße-Lilien-Straße	1 907
62	Nürnberg	Hefnerplatz	1 777
63	Hamburg	Gerhofstraße	1 684
64	Regensburg	Gesandtenstraße	1 596
65	Regensburg	Haidplatz	1 577
66	Frankfurt am Main	Kalbächer Straße	1 547
67	Braunschweig	Bohlerg	1 494
68	Bonn	Alte Bahnhofstraße	1 221
69	Regensburg	Untere Bachgasse	1 196
70	Nürnberg	Kaiserstraße	1 069
71	Regensburg	Pfauengasse	905
72	Baden Baden	Lange Straße	659
73	Regensburg	Schwarze Bären Straße	529

Quelle: Engels & Völkers, vgl. GuG-aktuell 2005, 30, GuG 2008, 288, GuG 2011, 244; Kleiber, Verkehrswertermittlung von Grundstücken, 6. Aufl., 2010, S. 2121.

Abb. 8: Passantenfrequenz von Berlin 2008

Rang 2008	Rang 2007	Standort	2008
Passantenfrequenzen Berlin 2008			
Berlin, Passantenfrequenzen Samstag 12–13 Uhr			
1	1	Tauentzienstraße	5 927
2		Schlossstr./Albrechtstraße	4 393
3	8	Alexanderplatz	4 103
4	6	Wilmersdorfer Straße	3 326
5	5	Schlossstr./Treitschkestr.	3 233
6	3	Friedrichstraße/Georgenstraße	2 589
7	7	Rosenthaler Straße	2 505
8	4	Friedrichstraße/Französische Straße	2 181
9	2	Kurfürstendamm	1 970
10	10	Neue Schönhauser Straße	1 114
11	9	Oranienburger Straße	796
Berlin, Passantenfrequenzen 17–18 Uhr			
1	2	Tauentzienstraße	4 777
2	1	Friedrichstraße/Georgenstraße	3 613
3	3	Alexanderplatz	3 165
4		Schlossstr./Albrechtstraße	3 036
5	4	Wilmersdorfer Straße	2 808
6	8	Schlossstr./Treitschkestraße	2 124
7	5	Kurfürstendamm	2 102
8	7	Friedrichstraße/Französische Straße	1 607
9	6	Rosenthaler Straße	1 463
10	10	Neue Schönhauser Straße	920
11	9	Oranienburger Straße	745

Quelle: Engels & Völkers Commercial; vgl. GuG 2008, 288

273 *Beispiel:*

Zur Verkehrswertermittlung eines innerstädtischen Geschäftsgrundstücks liegen verschiedene Vergleichspreise aus benachbarten Straßenzügen vor, die vom Käuferstrom unterschiedlich frequentiert werden. Im Hinblick auf die bestehende Einzelhandelsnutzung wird der Verkehrswert maßgeblich durch den Käuferstrom bestimmt. Auf der Grundlage einer Zählung des Käuferstroms lässt sich – ceteris paribus – der Bodenwert des Wertermittlungsobjektes aus Vergleichspreisen von Grundstücken benachbarter Straßenzüge ableiten. Zur Umrechnung können die Ergebnisse z. B. von Fußgängerzählungen ins Verhältnis zueinander gesetzt werden oder sogar Umrechnungskoeffizienten im Wege einer Regressionsanalyse als Funktion der Fußgängerfrequenz abgeleitet werden (vgl. Abb. 9):

Abb. 9: Ergebnisse einer Fußgängerzählung im Fußgängerbereich in der Zeit von 10.00–18.00 Uhr am ... (Beispiel)

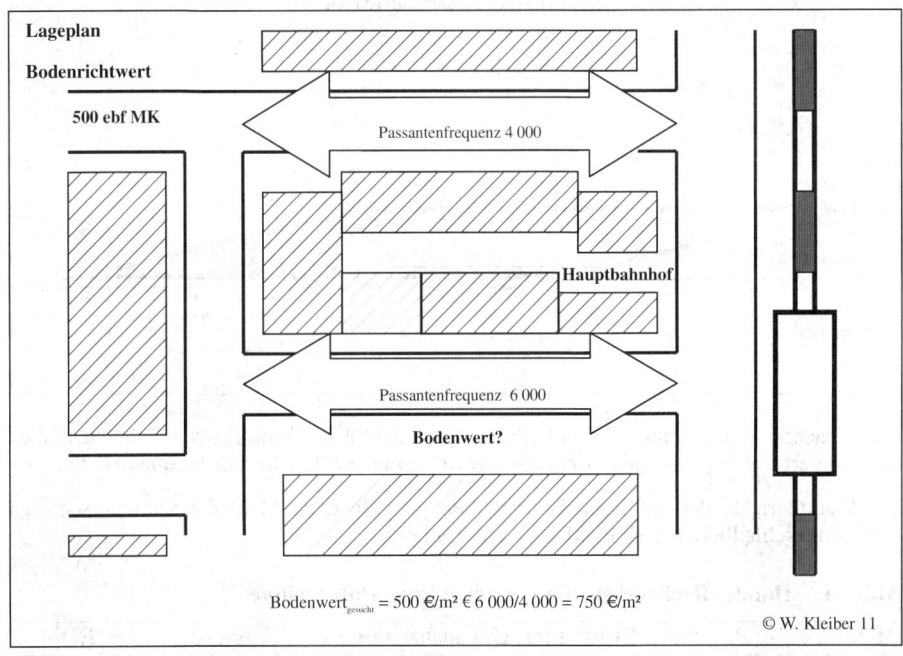

▶ *Zum Liegenschaftszinssatz vgl. Rn. 308 ff.*

4.4 Einzelhandelsimmobilien (Läden)

4.4.1 Allgemeines

Schrifttum: *Hannen, V.*, Abhängigkeit von Ladenmieten von der Größe der Nutzfläche, VR 1987, 165; *Paul, G.*, Zur Korrelation von Geschäftsraummieten und Bodenwerten in Kernbereichen, VR 1983, 141; *Salewski, F.*, Einfluss der Ladengröße auf die Miethöhe, VR 1990, 398.

▶ *Vgl. bei § 18 ImmoWertV Rn. 141 ff. und Rn. 161 ff.*

Der ideale Einzelhandelsladen ergibt sich aus der Darstellung in Abb. 12 mit folgenden Merkmalen: **275**

– Größe ca. 100 m²,
– Schaufensterfront mindestens 6,00 m,
– rechtwinkliger Schnitt,
– ebenerdiger stufenfreier Zugang.

V Besondere Immobilienarten — Handelsimmobilien

Abb. 10: Idealtypischer Einzelhandelsladen

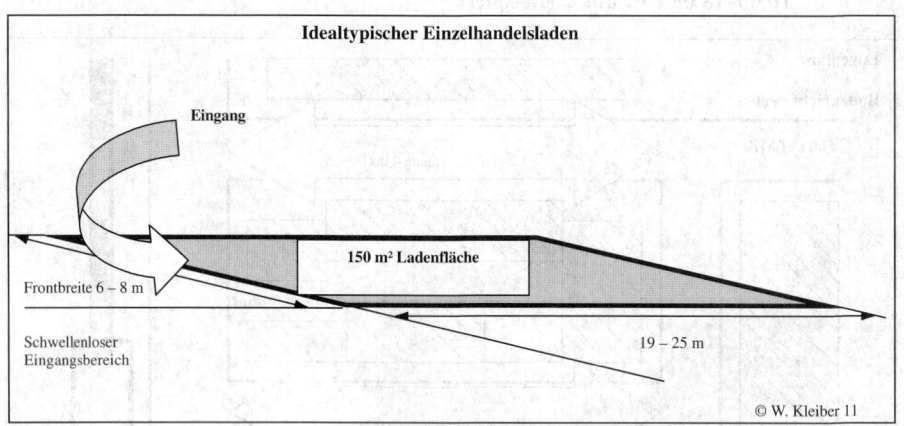

276 Bei genauerer Betrachtung muss allerdings die „Idealfläche" eines Ladens branchenüblich differenziert werden, denn **jede Branche hat branchenspezifische Flächenansprüche**.

277 Die Marktberichte der auf Handelsimmobilien spezialisierten Maklerhäuser unterscheiden nach **unterschiedlichen Größenklassen** (Abb. 11):

Abb. 11: Handelsflächeneinteilung verschiedener Unternehmen[64]

Brockhoff & Partner	BBE-Unternehmensberatung	Comfort	RDM
< 60 m²			< 60 m²
60 m²–120 m²		< 100 m²	
120 m²–260 m²	< 250 m²	100 m²–300 m²	> 100 m²
> 260 m²	250 m²–800 m²		
> 800 m²	300 m²–2 000 m²	300 m²–2 000 m²	
	< 10 000 m²	< 10 000 m²	

Der **Anteil der Verkaufsfläche an der Gesamtnutzfläche** liegt üblicherweise zwischen 75 und 80 %.

4.4.2 Erträge

4.4.2.1 Mieten

278 Der Gutachterausschuss für Grundstückswerte in *Wuppertal* erstellt schon seit einiger Zeit **Mietrichtwertkarten für Ladenräume**. Vorausgegangen sind umfangreiche Befragungen zur Miethöhe, Nutzfläche, Ladenfront, Grundrissgestaltung, zum Baujahr und Modernisierungsgrad und zu den Betriebskosten. Sie haben gezeigt, dass die Miethöhe fast allein von der Geschäftslage abhängig ist. Nur gering wirkt sich der Umfang der nutzbaren Fläche aus, kaum die Lage des Geschäftslokals im Eckhaus, und nur schwach beeinflussen Baujahr, Branche oder Modernisierungsgrad die Miethöhe.

279 Untersuchungen zu den lagespezifischen Mieten werden von großen Immobilienfirmen angestellt. Aus einem **Top-Shops-Atlas** der Brockhoff & Zadelhoff Immobilien GmbH (Essen) ist der Ausschnitt in Abb. 12 entnommen.

---

[64] Comfort: Marktbericht Vermietung 1994/1995; vgl. Brockhoff & Partner Immobilien: Der Markt für Einzelhandelsimmobilien, Büro- und Hallenflächen 1996; Kempers City-Makler: Kempers Frequenzanalyse 96/97, 1996, S. 30; Comfort: Marktbericht Vermietung 1994/1995, S. 1.

Handelsimmobilien **Besondere Immobilienarten V**

Abb. 12: Düsseldorf, Königstraße

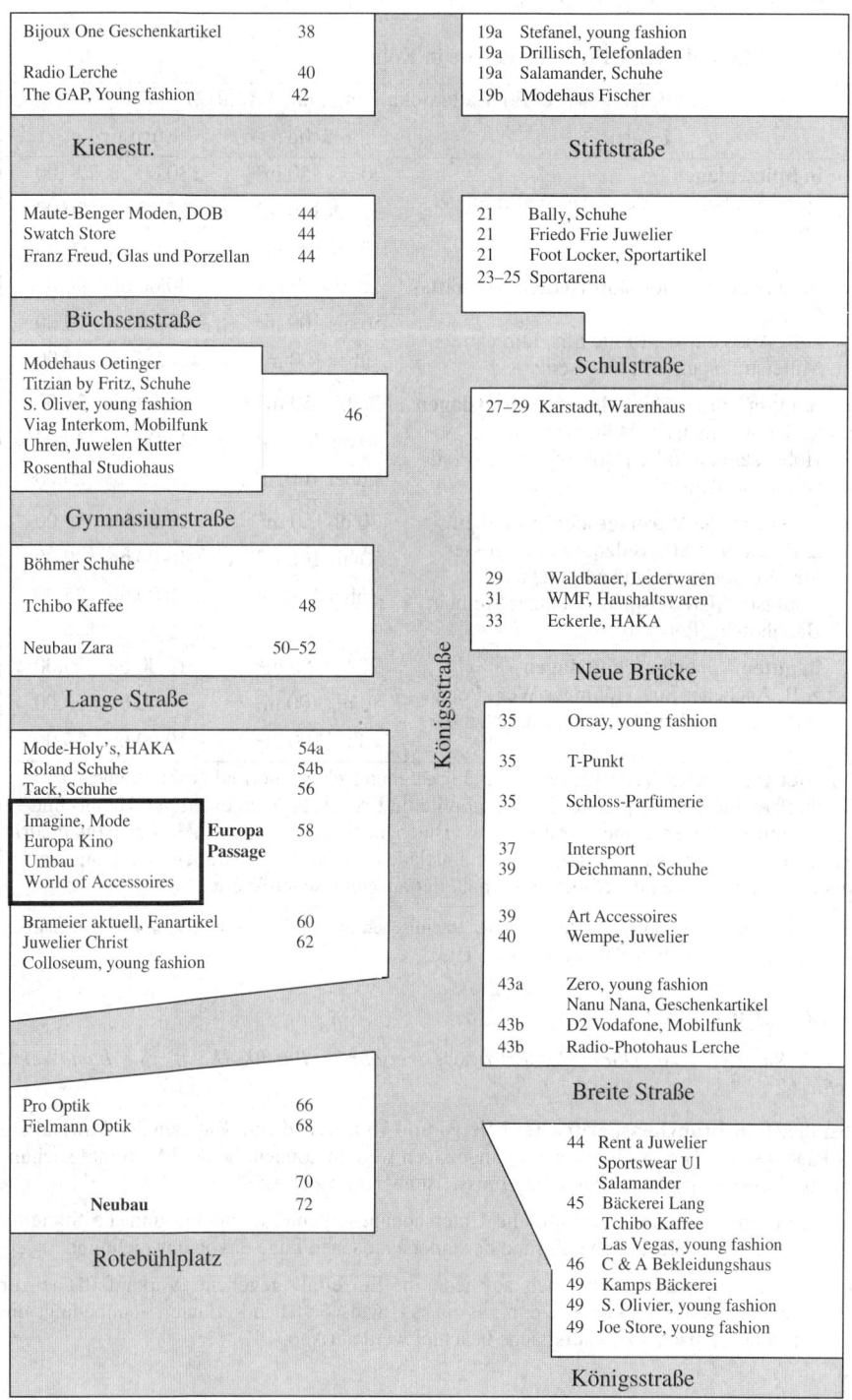

Quelle: Kempers Frequenz-Analyse 1995/96

V Besondere Immobilienarten   Handelsimmobilien

280   Für gewerbliche Räume werden in verschiedenen Städten Mietspiegel aufgestellt. So weist z. B. der Mietspiegel von Köln folgende Mietwerte aus (Abb. 13):

Abb. 13:   Mietrichtwerte für Ladenlokale in Köln

Mietrichtwerte für Ladenlokale in Köln (1.1.2012)		
Lagen	Fläche	Euro pro m²
a) **in Spitzenlagen** Hohe Straße, Schildergasse, Wallrafplatz Ostseite	20 bis 50 m² 50 bis 100 m² über 100 m²	130,00 bis 220,00 75,00 bis 130,00 50,00 bis 100,00
b) **in sehr guten innerstädtischen Geschäftslagen** z. B. Apostelnstr., Breite Str., Ehrenstr., Mittelstr., Neumarkt Nordseite	20 bis 50 m² 50 bis 100 m² über 100 m²	40,00 bis 90,00 35,00 bis 70,00 20,00 bis 45,00
c) **in guten innerstädtischen Geschäftslagen** z. B. Gürzenichstr., Hohenzollernstr., Hohenstaufen- oder Habsburgerring, Pfeilstr., Minoritenstr.	20 bis 50 m² 50 bis 100 m² über 100 m²	20,00 bis 35,00 15,00 bis 30,00 10,00 bis 20,00
d) **in sehr guten Vorortgeschäftsstraßen** z. B. Dürener Str., Sülzburgstr., Neusser Str., Venloer Str., Rodenkirchener Hauptstr./Maternusplatz, Deutzer Freiheit, Bahnhofstr. (Porz)	20 bis 50 m² 50 bis 100 m² über 100 m²	20,00 bis 35,00 15,00 bis 30,00 10,00 bis 25,00
e) **in guten Vorortgeschäftslagen** z. B. Aachener Str., Höninger Weg, Frankfurter Str., Kalker Hauptstr., Zülpicher Str.	20 bis 50 m² 50 bis 100 m² über 100 m²	15,00 bis 25,00 10,00 bis 20,00 10,00 bis 15,00
Erläuterungen: Die Werte für Ladenlokale beziehen sich auf normal geschnittene Geschäftsräume mit entsprechender Frontbreite im Erdgeschoss in jeweiligen Haupt- und Nebenzentren. Nebenräume, vor allem Lagerflächen, sind nicht erfasst. Höhere bzw. niedrigere Mieten ergeben sich vor allem bei Kleinstläden. In den Nebenstraßen und in angrenzenden Räumen liegen die Mieten unterhalb der ausgewiesenen Werte.		

Quelle: Mietspiegel, zusammengestellt von der Rheinischen Immobilienbörse e. V. in Zusammenarbeit mit der IHK Köln, dem Immobilienverband (IVD).

4.4.2.2   Umsatz

▶ *Vgl. Rn. 394; Syst. Darst. des Ertragswertverfahrens Rn. 30, 183 ff.; § 8 ImmoWertV Rn. 67*

281   Über die **Höhe branchenspezifischer Mieten und Umsätze,** die im Rahmen der Anwendung des Pachtwertverfahrens als Anhalt herangezogen werden können, liegen Marktuntersuchungen vor. Bei Heranziehung dieser Ergebnisse ist aber zu beachten, dass

   a) es sich um bundesdurchschnittliche Untersuchungsergebnisse handelt und die Situation vor Ort insbesondere auch aufgrund der innerstädtischen Lage davon abweicht und

   b) die Angaben nicht schematisch auf jede im Einzelfall gegebene Verkaufsfläche zur Anwendung kommen können, d. h., es muss – wie vorstehend erläutert – unbedingt die branchenspezifische Verkaufsfläche beachtet werden (Abb. 14).

Abb. 14: Branchenspezifische Kennzahlen (Handelsimmobilien)

Branche	Marktübliche Flächengröße m²	Flächenproduktivität Umsatz p. a./ m² Verkaufsfläche € City-Lage	€ Außenlage	Umsatzmiete Miete in % des Umsatzes Ort 100 000 E.	Ort 100 000 E.
SB-Warenhaus	6 000 – 15 000	3 500 – 5 000		2,0 – 2,51	
SB-Geschäfte	unter 400	4 900			
Warenhäuser	1 500				
Soft Discounter	400 – 1 500			3,3	
Verbrauchermarkt	1 500 – 4 500	4 000 – 6 000		6,6 – 8,1	
Supermarkt	400 – 800	4 500			
	800 – 1200	4 000		4,8 – 5,3	
	1 200 – 1 500	4 000 – 5 000			
Lebensmittel *Discounter*	800 – 1 500	3 700 – 8 000	3 000 – 7000		
	500 – 1 000			1,5 – 2,5 (3,5)	2,6
Lebensmittel					
Reformhaus	120			6,0	5,5
Naturkost-Einzelhandel	170			3,5	3,9
Möbelmarkt	3 000 – 30 000	1 500 – 2 500	1 550	5,0	5,2
Elektromarkt	2 000 – 6 000	4 000 – 7 000	3 000 – 5 500	3,0 – 4,0	2,9
Bürowirtschaftlicher Fachhandel	400 – 600			3,9	3,8
Schuhe	450 – 1 200	3 500	2 000	(7,2) 3,1	5,9
Foto		7 600			
Juwelier Uhren Schmuck	50 – 400	11 000 (9 800)	4 600	5,0 – 8,5	
Glas, Porzellan (Hartwaren)	500 – 1 000			(6,6) 3,1	6,6
Tabak/Zeitschriften	30 – 60			2,5 – 5,0	
Bäckerei	50 – 80			4,5 – 5,0	
Buchhandlung	200 – 800	5 100	4 550	4,5 – 5,5	
Getränke		3 950	3 150		
Apotheken		8750	7 950		
Blumen	700			4,5	
Lederwaren	250			4,4	
Wäsche, Miederwaren					
Bekleidung (Fachhandel Textil)	800 – 3 000	1 000 – 2 500 (3 650)	2 900	4,0 – 6,0	3,5 – 5,9
Mode Boutique	50 – 150			5,5 – 8,5	
	1 000 – 2 000			5,0 – 7,5	
Baumarkt	7 000 – 20 000	1 200 – 2 000	1 400		
Drogeriemarkt	300 – 800	2 500 – 6 500		4,0	
Parfümerie	100 – 300			5,0 – 7,5	
Freizeit/Sportmarkt	1 000 – 6 000	1 000 – 2 500 (3 300)	2 100	4,5	4,5
Sportartikeleinzelhandel	400				

Quelle: Institut für Handelsforschung an der Universität zu Köln, Postfach 410520 in 50865 Köln; www.ifhkoeln.de; vgl. auch GuG 1997, 368 und GuG 1997, 246; GuG-aktuell 2003, 5; GuG-aktuell 2003, 20; Jones Lang LaSalle; vgl. auch Einzelhandel im Internet: www.comfort-gmbh.de/seiten/Trend.htm

4.4.3 Mietpreisbestimmende Merkmale

4.4.3.1 Allgemeines

▶ *Vgl. hierzu auch § 18 ImmoWertV Rn. 125 ff. (Wohnungen)*

282 Die **Erträge aus Ladennutzungen** sind **stark abhängig von der Ladenfläche** und Ladentiefe. Für größere Ladenflächen (etwa ab 150 m² Nutzfläche) werden bis um etwa ein Drittel bis zur Hälfte geringere Mieten erzielt als für kleinere Läden an demselben Standort. Je kleiner die Verkaufsfläche des Ladens, desto höher der Ertrag.

283 Nach einer Untersuchung der BBE-Unternehmensberatung[65] liegt die **durchschnittliche Mietbelastung in Großstädten** über 250 000 E. bei

– Flächen unter 250 m² über 10,0 % des Umsatzes,
– Flächen über 250 m² 7,4 % des Umsatzes,
– Flächen über 800 m² 5,9 % des Umsatzes.

4.4.3.2 Ladenfläche

284 **Je kleiner die Verkaufsfläche des Ladens, desto höher der Ertrag.** Kleine Läden werfen, bezogen auf den Quadratmeter, die höchsten Mieten ab, wobei die Mieten ab etwa 100 m² Ladengröße mit Verkleinerung der Ladenfläche steil ansteigen. (Abb. 15).

---

[65] BBE Unternehmensberatung (Hg.), Diefenbach, R., Die Mietkosten im Griff 1997, S. 116 f.

Handelsimmobilien — **Besondere Immobilienarten V**

Abb. 15: Umrechnungskoeffizienten für das Verhältnis von Ladenfläche zur Miethöhe

Größe (m²)	Barmen/ Oberbarmen	Bonn	Essen	Gelsenkirchen**	Karlsruhe	Rheine	Schwerin	Wuppertal	Einzeluntersuchungen Haker*	Hannen***
10	1,52	–	–	3,75	–	1,73	1,727	1,45	2,79	1,55
20	1,35	1,55	–	3,27	–	1,42	1,432	1,30	2,05	1,46
30	1,26	1,39	1,66	2,82	–	1,31	1,295	1,22	1,69	1,38
40	1,19	1,28	1,47	2,42	–	1,22	1,204	1,16	1,50	1,30
50	1,14	1,21	1,34	2,07	1,20	1,17	1,159	1,12	1,36	1,23
60	1,10	1,15	1,24	1,76	–	1,12	1,113	1,09	1,26	1,18
70	1,07	1,10	1,16	1,50	–	1,07	1,068	1,06	1,17	1,13
80	1,04	1,06	1,10	1,29	–	1,05	1,045	1,04	1,10	1,07
90	1,02	1,03	1,05	1,12	–	1,02	1,023	1,02	1,05	1,03
100	1,00	1,00	1,00	1,00	1,00	1,00	1,000	1,00	1,00	1,00
110	–	0,97	0,96	0,92	–	0,97	0,977	–	–	0,97
120	0,97	0,95	0,92	0,91	–	0,94	0,954	0,97	–	0,94
130	–	0,93	0,89	0,90	–	0,94	0,932	–	–	0,91
140	0,94	0,91	0,86	0,89	–	0,93	0,909	0,95	–	0,89
150	–	0,90	0,84	0,88	0,87	0,92	0,886	–	–	0,87
160	0,91	0,88	0,82	0,88	–	0,91	0,864	0,93	–	0,85
170	–	0,87	0,80	0,88	–	0,90	0,841	–	–	0,83
180	0,89	0,85	0,78	0,87	–	0,89	0,830	0,91	–	0,81
190	–	0,84	0,76	0,86	–	0,88	0,918	–	–	0,80
200	0,87	0,83	0,74	0,85	0,80	0,87	0,795	0,89	–	0,78
210	–	0,82	0,73	0,84	–	0,86	0,733	–	–	0,77
220	–	0,81	0,71	0,83	–	0,85	0,730	–	–	0,76
230	–	0,80	0,70	0,82	–	0,85	0,727	–	–	0,75
240	–	0,79	0,69	0,81	–	0,84	–	–	–	0,74
250	0,84	0,78	0,68	0,80	–	0,84	–	0,86	–	0,74
275	–	–	–	0,79	–	0,83	–	–	–	0,72
300	0,80	–	–	0,77	–	0,82	–	0,84	–	0,69
325	–	–	–	0,75	–	0,82	–	–	–	0,68
350	–	–	–	0,73	–	0,81	–	–	–	0,67
375	–	–	–	0,71	–	0,81	–	–	–	0,66
400	0,78	0,69	–	0,69	–	0,80	–	0,80	–	0,66
450	–	–	–	0,65	–	0,80	–	–	–	0,65
500	0,75	–	–	0,61	–	0,79	–	0,77	–	0,63
600	0,73	0,62	–	0,53	–	0,78	–	0,75	–	0,61
700	0,71	–	–	0,44	–	–	–	0,73	–	0,60
800	0,69	–	–	0,36	–	–	–	0,71	–	0,59
900	–	–	–	0,28	–	–	–	–	–	0,59
1000	–	–	–	0,20	–	–	–	–	–	0,58

* Haker in RDM-Informationsdienst 1994, S. 9;
** Salewski in VR 1990, 398;
*** Hannen in VR 1987, 165

Der Gutachterausschuss in *Bonn* hat Umrechnungskoeffizienten für Ladenmieten in Abhängigkeit von der Ladenbreite und -tiefe ermittelt; die Breitenabhängigkeit beträgt etwa nur ein Drittel des tiefenabhängigen Rückgangs der Durchschnittsmiete:

V Besondere Immobilienarten — Handelsimmobilien

Umrechnungskoeffizienten für Ladenmieten																		
		Ladenbreite (m)																
		5	6	7	8	9	10	11	12	13	14	15	16	17	18	19	20	22	25
Ladentiefe (m)	7	1,56	1,50	1,46	1,42	1,39	1,37												
	8	1,45	1,40	1,36	1,33	1,30	1,28	1,26											
	9	1,36	1,32	1,28	1,25	1,22	1,20	1,18	1,17										
	10	1,29	1,24	1,21	1,18	1,16	1,14	1,12	1,10	1,09									
	11	1,23	1,18	1,15	1,12	1,10	1,08	1,06	1,05	1,04	1,02								
	12	1,17	1,13	1,10	1,07	1,05	1,03	1,01	1,00	0,99	0,98	0,97							
	13	1,12	1,08	1,05	1,03	1,01	0,99	0,97	0,96	0,95	0,94	0,93	0,92						
	14	1,08	1,04	1,01	0,99	0,97	0,95	0,93	0,92	0,91	0,90	0,89	0,88	0,88					
	15	1,04	1,00	0,97	0,95	0,93	0,91	0,90	0,89	0,88	0,87	0,86	0,85	0,84	0,84				
	16	1,00	0,97	0,94	0,92	0,90	0,88	0,87	0,86	0,85	0,84	0,83	0,82	0,81	0,81	0,80			
	17	0,97	0,94	0,91	0,89	0,87	0,85	0,84	0,83	0,82	0,81	0,80	0,79	0,79	0,78	0,78	0,77		
	18	0,94	0,91	0,88	0,86	0,84	0,83	0,82	0,80	0,79	0,79	0,78	0,77	0,76	0,76	0,75	0,75	0,74	
	19	0,91	0,88	0,86	0,84	0,82	0,80	0,79	0,78	0,77	0,76	0,75	0,75	0,74	0,74	0,73	0,73	0,72	
	20	0,89	0,86	0,83	0,81	0,80	0,78	0,77	0,76	0,75	0,74	0,73	0,73	0,72	0,72	0,71	0,71	0,70	
	21	0,86	0,83	0,81	0,79	0,77	0,76	0,75	0,74	0,73	0,72	0,71	0,71	0,70	0,70	0,69	0,69	0,68	
	22	0,84	0,81	0,79	0,77	0,75	0,74	0,73	0,72	0,71	0,70	0,70	0,69	0,68	0,68	0,67	0,67	0,66	
	23	0,82	0,79	0,77	0,75	0,74	0,72	0,71	0,70	0,69	0,69	0,68	0,67	0,67	0,66	0,66	0,65	0,64	
	24	0,80	0,77	0,75	0,73	0,72	0,71	0,70	0,69	0,68	0,67	0,66	0,66	0,65	0,65	0,64	0,64	0,63	
	25	0,78	0,76	0,74	0,72	0,70	0,69	0,68	0,67	0,66	0,65	0,65	0,64	0,64	0,63	0,63	0,62	0,62	
	26	0,77	0,74	0,72	0,70	0,69	0,68	0,67	0,66	0,65	0,64	0,63	0,63	0,62	0,62	0,61	0,61	0,60	0,59
	27	0,75	0,72	0,70	0,69	0,67	0,66	0,65	0,64	0,63	0,62	0,62	0,61	0,61	0,60	0,60	0,59	0,59	0,58
	28	0,74	0,71	0,69	0,67	0,66	0,65	0,64	0,63	0,62	0,61	0,61	0,60	0,60	0,59	0,59	0,58	0,58	0,57
	29	0,72	0,70	0,68	0,66	0,65	0,64	0,63	0,62	0,61	0,60	0,60	0,59	0,59	0,58	0,58	0,57	0,57	0,56
	30	0,71	0,68	0,66	0,65	0,63	0,62	0,61	0,60	0,60	0,59	0,58	0,58	0,57	0,57	0,57	0,56	0,56	0,55
	31	0,69	0,67	0,65	0,64	0,62	0,61	0,60	0,59	0,59	0,58	0,57	0,57	0,56	0,56	0,56	0,55	0,54	0,54
	32	0,68	0,66	0,64	0,62	0,61	0,60	0,59	0,58	0,58	0,57	0,56	0,56	0,55	0,55	0,55	0,54	0,54	0,53
	33	0,67	0,65	0,63	0,61	0,60	0,59	0,58	0,57	0,57	0,56	0,55	0,55	0,54	0,54	0,54	0,53	0,53	0,52
	34	0,66	0,64	0,62	0,60	0,59	0,58	0,57	0,56	0,56	0,55	0,54	0,54	0,53	0,53	0,53	0,52	0,52	0,51
	35	0,65	0,63	0,61	0,59	0,58	0,57	0,56	0,55	0,55	0,54	0,54	0,53	0,53	0,52	0,52	0,51	0,51	0,50

Quelle: Grundstücksmarktbericht Bonn 2012

Abb. 16: Umrechnungskoeffizienten für das Verhältnis der Ladenfläche (Hauptnutzfläche) und der Ladentiefe zur Miethöhe

Ladenfläche in m²	Umrechnungskoeffizient von	Mittel	bis	Ladentiefe in m²	Umrechnungskoeffizient von	Mittel	bis
10	1,45	2,24	3,05	–	–	–	–
20	1,30	2,00	2,70	–	–	–	–
30	1,22	1,80	2,28	–	–	–	–
40	1,16	1,63	2,10	–	–	–	–
50	1,12	1,48	1,84	–	–	–	–
60	1,09	1,35	1,61	–	–	–	–
70	1,06	1,20	1,34	–	–	–	–
80	1,04	1,12	1,20	–	–	–	–
90	1,02	1,05	1,08	–	–	–	–
100	0,97	**1,00**	1,03	7	0,9	**1,0**	1,1
120	0,91	0,94	0,97	8	0,8	0,9	1,0
140	0,87	0,89	0,95	9	0,7	0,8	0,9
160	0,82	0,85	0,88	10	0,6	0,7	0,8
180	0,77	0,82	0,87	11	0,5	0,6	0,7
200	0,75	0,80	0,86	12	0,4	0,5	0,6
250	0,73	0,78	0,85	13	0,3	0,4	0,5
300	0,70	0,76	0,84	14	0,2	0,3	0,4
400	0,67	0,73	0,83	–	–	–	–
500	0,63	0,70	0,81	–	–	–	–
600	0,59	0,67	0,76	–	–	–	–
700	0,55	0,64	0,73	–	–	–	–
800	0,51	0,61	0,71	–	–	–	–

4.4.3.3 Ladentiefe

Bedeutsamer als die Ladenfläche ist der Zuschnitt des Ladens. Die einfache Multiplikation von Ladenfläche und Mietpreis muss deshalb bei besonders tiefen Läden zu falschen Ergebnissen führen. *Brockhoff & Partner* (a. a. O.) unterscheiden deshalb nach **12 Größenklassen** (Abb. 17):

286

Abb. 17: Größenklassen für Handelsflächen

Handelsflächen	Ladentiefe		
Ladengröße	bis 7 m	bis 14 m	über 14 m
< 60 m²	060-I	060-II	060-III
60 m²–120 m²	120-I	120-II	120-III
120 m²–260 m²	260-I	260-II	260-III
> 260 m²	*[999-I]*	*[999-II]*	*[999-III]*

Zonierung

– Horizontale Zonierung

Bezüglich der **Ladenfläche, Ladentiefe und des Zuschnitts** lässt sich die Vergleichbarkeit der Läden untereinander durch die sog. *Zoning*-Methode herstellen, bei der die Ladenfläche

287

V Besondere Immobilienarten Handelsimmobilien

entsprechend der Tiefe in unterschiedliche Zonen aufgeteilt wird. Üblich ist hierbei eine Staffelung der Ladentiefe in jeweils 7-m-Schritten; im angelsächsischen Raum: 20 Fuß.

Das *Zoning* wird hingegen nicht bei Kaufhäusern, Warenhäusern und Supermärkten praktiziert; hier wird von einem einheitlichen Mietansatz ausgegangen *("overall rent")*.

Mit zunehmender Distanz von der Straßenfront (Lauflage) vermindert sich die Wertigkeit des Ladens, weil die Umsätze sinken. Hieraus lässt sich der Mietwert eines Ladens ableiten. Läden unterschiedlicher Größen und Zuschnitte lassen sich somit vergleichbar machen. Voraussetzung ist allerdings, dass man die **Staffelung der Mietpreise nach den angegebenen Zonen** kennt. Nach dem Städte-Index von *Kemper* ergeben sich nach dem Prinzip des *halfing-back* folgende Abstufungen:

Zone	Ladentiefe	Mietpreis
Zone I	bis 7 m Ladentiefe	100 %
Zone II	ab 7 bis 14 m	50 %
Zone III	ab 14 m Ladentiefe	25 %

Abb. 18: Untergliederung einer Ladenfläche in Zonen unterschiedlicher Tiefe nach der *Zoning*-Methode

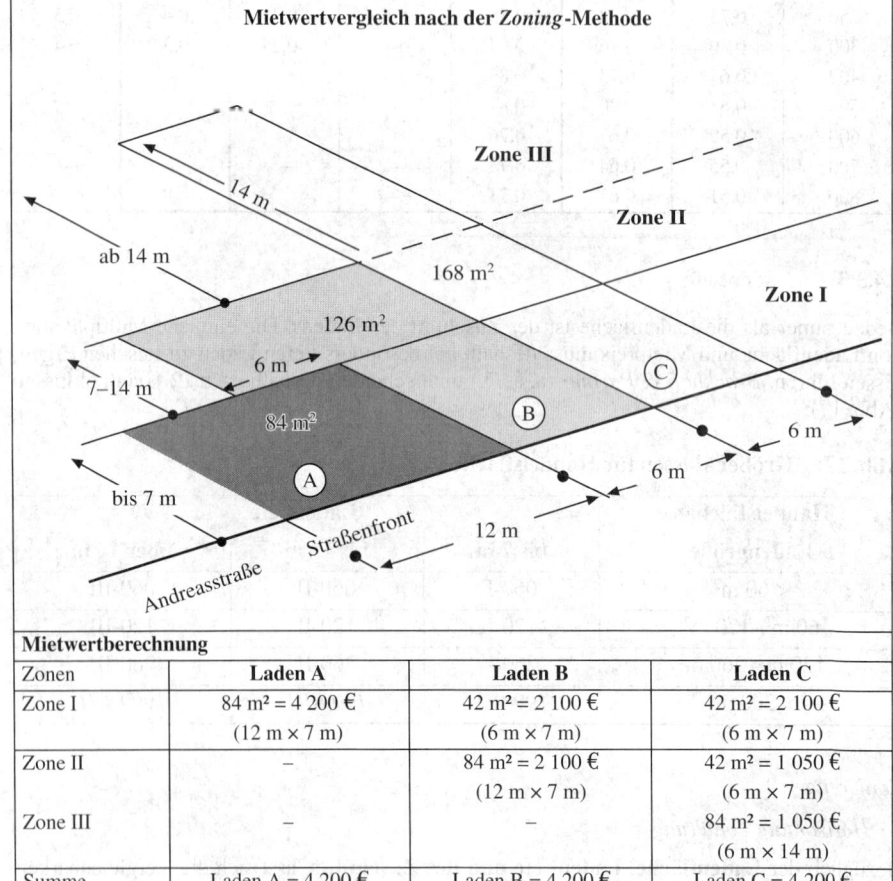

Mietwertberechnung			
Zonen	**Laden A**	**Laden B**	**Laden C**
Zone I	84 m² = 4 200 € (12 m × 7 m)	42 m² = 2 100 € (6 m × 7 m)	42 m² = 2 100 € (6 m × 7 m)
Zone II	–	84 m² = 2 100 € (12 m × 7 m)	42 m² = 1 050 € (6 m × 7 m)
Zone III	–	–	84 m² = 1 050 € (6 m × 14 m)
Summe	Laden A = 4 200 €	Laden B = 4 200 €	Laden C = 4 200 €

– *Vertikale Zonierung*

Bei mehrstöckigen Einkaufsläden (**Warenhäusern**) ist darüber hinaus ein vertikales *Zoning* üblich, bei dem man im Verhältnis zum Erdgeschoss mit dem Wert 1 dem Untergeschoss eine Wertigkeit von 50 % (Wert 0,5) und dem 1. Obergeschoss eine Wertigkeit von 50 % (Wert 0,5) beimisst (vgl. Rn. 292). Dieser Wertfaktor nimmt dann mit jedem weiteren Geschoss ab (2. OG mit 25 % und nachfolgend 10–15 %). **288**

Eine weitere Rolle spielen dabei vor allem die Erreichbarkeit durch Rolltreppen und konventionelle Treppen sowie deren Anordnung, die Raumhöhe und Belichtung.

4.4.3.4 Passantenfrequenz

▶ *Vgl. Rn. 272*

Die Ladenmieten und damit im Übrigen auch das Bodenwertgefüge weisen schließlich eine hohe Abhängigkeit von der jeweiligen Passantenfrequenz auf[66]. **289**

Problematisch ist bei Anwendung der Pachtwertmethode in Einzelhandelslagen der Ansatz der nachhaltigen Reinerträge, wenn im Einzelfall der Laden eine besonders hohe oder niedrige Ertragskraft aufweist. Die Situation in den Einzelhandelslagen ist nämlich durch einen erheblichen **Branchenmix** gekennzeichnet, wobei die einzelnen Branchen erhebliche Unterschiede in den Ertragsverhältnissen aufweisen. **290**

Dies wird deutlich, wenn man die vom Institut für Handelsforschung an der Universität zu Köln abgeleiteten

– Umsatzzahlen je Quadratmeter Verkaufsfläche und
– Umsatzpachten (Vomhundertsätze)

betrachtet. Je nach tatsächlicher Nutzung können sich die Erträge um ein Vielfaches unterscheiden.

4.4.3.5 Ecklage

▶ *Vgl. Syst. Darst. des Vergleichswertverfahrens Rn. 403*

Für **Eckläden** werden im Hinblick auf die höhere Passantenfrequenz und die besseren Werbemöglichkeiten mit breiterer Schaufensterfront **Zuschläge von 25 % und mehr** gemacht. **291**

4.4.3.6 Geschosslage

Die **Ladenmieten in Untergeschossen** sind erfahrungsgemäß nicht niedriger als die im 1. Obergeschoss, wie dies auch aus einer Untersuchung des Gutachterausschusses in *Karlsruhe* deutlich wird (Abb. 19, vgl. Rn. 287): **292**

Abb. 19: Mieten in Abhängigkeit von dem Geschoss in Karlsruhe

Mietansätze für Geschosslagen	
Geschoss	**Mietansatz in %**
1. Untergeschoss	30 bis 50 %
Erdgeschoss	100 %
1. Obergeschoss	30 bis 50 %

Quelle: Grundstücksmarktbericht 2004

---

[66] Vgl. GuG 2001, 40; vgl. Berechnungen der DSG Bank aufgrund der Datenbasis von Kempers Frequenzanalyse 1997/98 (vgl. GuG 2000, 46, abgedruckt in Kleiber, Verkehrswertermittlung von Grundstücken, 6. Aufl., 2010, S. 2132).

V Besondere Immobilienarten

293 Eine Besonderheit weist die Untersuchung des Gutachterausschusses für Grundstückswerte in *Wuppertal* auf. Diese bezieht sich auf einen **Richtwertladen, der einen Anteil der Ladenraumfläche im Erdgeschoss (EG) von 70 % aufweist.** Für Abweichungen werden vom Gutachterausschuss zusätzliche Umrechnungsfaktoren angegeben (Abb. 20).

Abb. 20: Umrechnungstabelle für verschiedene Ladenraumanteile im Erdgeschoss in Wuppertal-Elberfeld, Barmen/Oberbarmen

Anteil der Ladenraumfläche im EG in %	Miete in % Wuppertal	Miete in % Barmen/Oberbarmen
10	71	79
20	76	82
30	80	84
40	84	87
50	89	91
60	95	95
70	**100**	**100**
80	106	106
90	112	112
100	118	118

Umrechnungsbeispiel

	Richtwert	Laden
Definition des umzurechnenden		
Fläche:	100 m²	70 m²
Ladenanteil im EG:	70 %	90 %
Fußgängerfrequenz:	ist im Richtwert berücksichtigt	
Mietrichtwert:	20 €/m²	Miete =?

Umrechnung:
1. wegen Größe: 20 €/m² × 1,06 = 21,20 €/m²
2. wegen Ladenanteil im EG:
$$21{,}20\ \text{€/m}^2 \times 1{,}12 = 23{,}74\ \text{€/m}^2$$

Quelle: Gutachterausschuss für Grundstückswerte in Wuppertal

4.4.3.7 Branche

▶ *Vgl. Vorbem. zur ImmoWertV Rn. 7; § 8 ImmoWertV Rn. 41*

294 Die Mieten von Einzelhandelsläden können in Abhängigkeit von der vorhandenen Branche erheblich divergieren. In diesem Fall stellt sich die Frage, ob im Rahmen der Verkehrswertermittlung von der ortsüblichen Miete für die im Laden am Wertermittlungsstichtag tatsächlich ausgeübte branchenspezifische Nutzung oder von einer Durchschnittsmiete (aller Branchen) auszugehen ist. Der Grundsatz der Verkehrswertermittlung nach dem *„best use value"* wirft konkret die Frage auf, ob bei einer Ladennutzung mit geringer Mietzahlungsfähigkeit als marktüblich erzielbare Miete eine Ladenmiete zum Ansatz kommen muss, die der ertragreichsten Nutzung entspricht.

295 Die **Problematik** soll am nachfolgenden Fallbeispiel erläutert werden:

Beispiel:

Es ist der Verkehrswert der Grundstücke A, B und C zu ermitteln (Abb. 21).

Abb. 21: Tatsächliche Nutzung einer Einkaufszeile

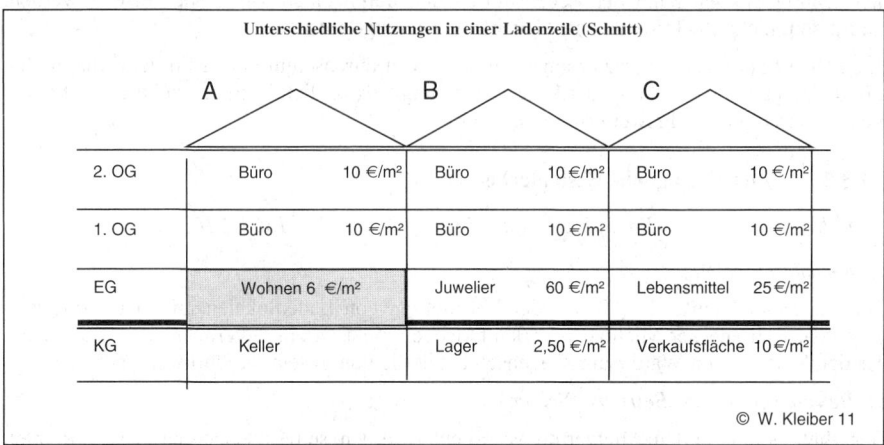

Grundsätzlich sind der Ertragswertermittlung die nachhaltige Nutzung und die marktüblich erzielbaren Erträge zugrunde zu legen. Hieraus folgt zunächst, dass sich der Ertragswert des Grundstücks A (mit der Nutzung Wohnen im Erdgeschoss) nicht auf der Grundlage der tatsächlich ausgeübten, d. h. aus der Wohnnutzung des Erdgeschosses fließenden Erträge ableiten lässt. Die Wohnnutzung stellt hier nämlich eine *atypische Nutzung* dar. 296

Lösung für die Verkehrswertermittlung des Grundstücks A: 297

a) Es wird zunächst der Ertragswert auf der Grundlage einer Vermietung des Erdgeschosses als Laden ermittelt.

b) Im zweiten Schritt wird der Kapitalwert der Untervermietung auf der Grundlage der Reinertragsdifferenz zwischen dem Jahresreinertrag aus einer Ladennutzung und dem Jahresreinertrag aus der Wohnnutzung und -dauer der Nutzungsbindung entsprechend der mietvertraglichen Regelung und den mietrechtlichen Bestimmungen ermittelt.

c) Darüber hinaus sind die Aufwendungen für eine sofortige Freimachung und Herrichtung für eine Ladennutzung festzustellen (ggf. i. V. m. Abstandszahlungen).

d) Der Verkehrswert ergibt sich dann nach dem Ertragswert auf der Grundlage der nachhaltigen Nutzung lit a) unter Abzug des geringeren sich nach lit b) oder c) ergebenden Betrags.

Problematisch bleibt bei alledem die Frage, von welchen marktüblich erzielbaren Erträgen im Falle einer Umnutzung des Erdgeschosses von Grundstück A auszugehen ist. Dies wird im Zusammenhang des Lösungsvorschlags für die Grundstücke B und C beleuchtet.

Lösung für die Verkehrswertermittlung der Grundstücke B und C:

Die Grundstücke B und C weisen einen erheblichen Unterschied in ihrer Ertragskraft auf, obwohl sie baulich völlig gleichartig sein sollen. Die Verkehrswertermittlung auf der Grundlage der tatsächlichen Nutzung führt deshalb auch bei Ansatz der ortsüblichen branchenspezifischen Nutzungsentgelte zu völlig unterschiedlichen Marktwerten. Im Erdgeschoss wird eine Miete erzielt, die insgesamt sechs Bürogeschossen entspricht. Dies ist eine äußerst sensible „Schraube der Ertragswertermittlung". Verkomplizierend kommt hinzu, dass jede einzelne Ladennutzung von den ertragsschwächeren und ertragsstärkeren Nutzungen der Nachbarschaft lebt, denn erst der Branchenmix verleiht der Einkaufsstraße ihren Wert. Ein Herausdrängen der ertragsschwächeren Nutzungen beeinträchtigt mithin die Nachhaltigkeit ertragsstärkerer Nutzungen.

V Besondere Immobilienarten — Handelsimmobilien

Die Nachhaltigkeit ertragsstarker als auch ertragsschwacher Nutzungen ist zudem „labil", denn schon morgen kann der Lebensmittelladen durch einen Tabakladen ersetzt werden, sofern dem nicht objektimmanente Gegebenheiten entgegenstehen.

In solchen Fällen kann es daher angezeigt sein, von durchschnittlichen Ertragsverhältnissen auszugehen und eine „Über- oder Untervermietung" als zeitlich begrenzt zu berücksichtigen, wenn es um die Verkehrswertermittlung geht.

4.4.3.8 Mietvertragliche Besonderheiten

▶ *Vgl. § 8 ImmoWertV Rn. 255, 314 ff.; § 18 ImmoWertV Rn. 106 ff., 160 ff.*

298 a) *Konkurrenzschutz*

Der Vermieter kann sich z. B. bei der Vermietung von Ladenlokalen im Mietvertrag verpflichten, während der Mietdauer Verkaufsflächen nicht an ein Unternehmen zu vermieten, das den Vertrieb von Waren zum Gegenstand hat, die vom Mieter geführt werden.

b) *Betreiberpflichten (Betriebspflichten)*

Der Mieter kann mit dem Mietvertrag verpflichtet werden, sein Ladengeschäft zu bestimmten Zeiten (z. B. während der gesetzlichen Öffnungszeiten) geöffnet zu halten; die Betreiberpflicht ist insbesondere bei *Shopping Centern* von Bedeutung.

4.5 Großflächige Handelsimmobilien

4.5.1 Allgemeines

Schrifttum: *Aumiller, Chr.*, Verkehrswertermittlung von Shopping Center, Verlag Akademie Texte 2007; *Ellrott,R./Petersen,O.*, Bewertung von Shopping Centern, in Bienert, Bewertung von Spezialimmobilien, S. 153; *Fröhlich, N.*, Wertermittlung von Shopping Center, Norderstedt 2007; *Harrop*, Die Verkehrswertermittlung von Shopping Centern, in Falk, Das große Handbuch Shopping Center 1998; *Widmann, S.*, Das Sterben der Dinosaurier, GuG 2010, 324.

299 **Einzelhandelsbetriebe** sind großflächig i. S. von § 11 Abs. 3 Satz 1 Nr. 2 BauNVO, wenn sie eine Verkaufsfläche von 800 m² überschreiten[67]. Großflächige Handelsimmobilien sind insbesondere Warenhäuser, *Shopping Center*, Verkaufshallen *(Discounter)* und Selbstbedienungsläden.

300 **Warenhäuser** sind Gebäude, die im Ganzen oder weit überwiegend dem Betrieb von Einzelhandelsunternehmen dienen und die sich von üblichen Ladengrundstücken durch ein umfassendes Sortiment aus unterschiedlichen Warengruppen und die Größe ihrer Nutzflächen unterscheiden. Die Nutzfläche von Warenhäusern liegt regelmäßig über 500 m². Warenhäuser sind regelmäßig mehrgeschossige Massivbauten und befinden sich häufig an zentralen Standorten; sie weisen teilweise Lebensmittelabteilungen und Restaurants auf[68]. Begrifflich sind Warenhäuser kaum von **Kaufhäusern** abzugrenzen, die sich ebenfalls als große Einzelhandelsbetriebe – i. d. R. an zentralen Standorten oder in Einkaufszentren – definieren und schwerpunktmäßig ausgerichtet sein können (z. B. Textilkaufhaus).

Verbrauchermärkte sind Einzelhandelsbetriebe mit Sortimentsschwerpunkt des täglichen Bedarfs, die in „kleine" und „große" Verbrauchermärkte unterschieden werden (mit einer Verkaufsfläche von 800 bis 1 500 m² bzw. einer Verkaufsfläche von 1 500 bis 5 000 m²).

---

67 BVerwG, Urt. vom 24.11.2005 – 4 C 14/04 –; BVerwGE 124, 364; BVerwG, Urt. vom 24.11.2005 – 4 C 10/04 –; BVerwGE 124, 364; BVerwG, Urt. vom 24.11.2005 – 4 C 8/04 –.

68 Vgl. BMF vom 16.3.1992 (BStBl I 1992, 230). Gleich lautender Erlass der neuen Bundesländer betr. Bewertung von Warenhausgrundstücken, Einkaufszentren sowie Groß-, SB- und Verbrauchermärkten und Messehallen im Beitrittsgebiet vom 25.6.1993 (BStBl I 1993, 528 = GuG 1993, 362).

Handelsimmobilien

a) *Shopping Center*

Quellen: ECE Projektmanagement GmbH, Hamburg; MRE Metro Real Estate Management Saarbrücken; CEV Center-Entwicklungs- und Verwaltungs-GmbH Bielefeld; ITCM Immobilien Consulting and Management Düsseldorf; Brune Consulting Düsseldorf

Innerhalb des Marktsegments des Einzelhandels nimmt das *Shopping Center* eine Sonderstellung ein. Unter einem *Shopping Center* wird ein großflächiges unter einheitlichem Management geführtes Einkaufszentrum (auch Galerien, Einkaufshöfe und Passagen) verstanden. Der *International Council of Shopping Centers* definiert als *Shopping Center* eine Anzahl von Handels- und Dienstleistungseinrichtungen, welche als eine einheitliche Immobilie geplant, entwickelt, finanziert und verwaltet wird. Die Gruppe der *Shopping Centers* kann man wie folgt weiter unterteilen (Abb. 22):

Abb. 22: *Shopping Center* und andere Handelsimmobilien

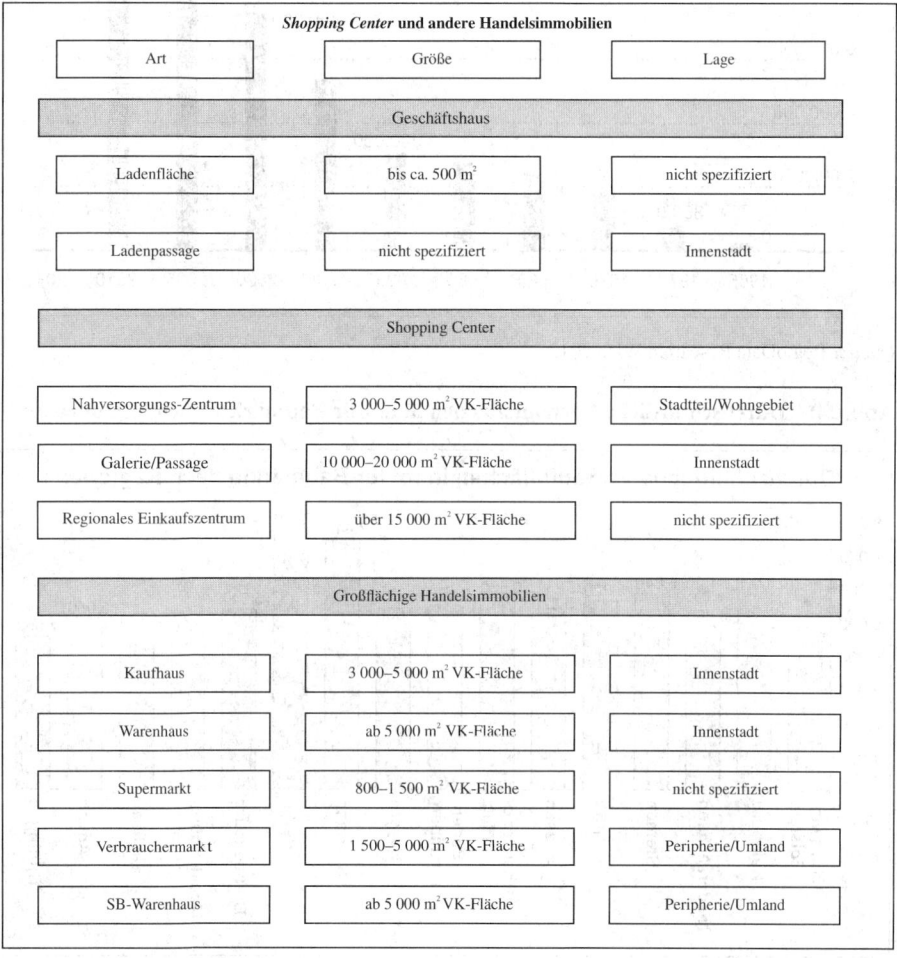

Quelle: Immobilienökonomie Bd. 1, Oldenbourg

V Besondere Immobilienarten — Handelsimmobilien

Abb. 23: *Shopping Center*-Flächenentwicklung in Deutschland

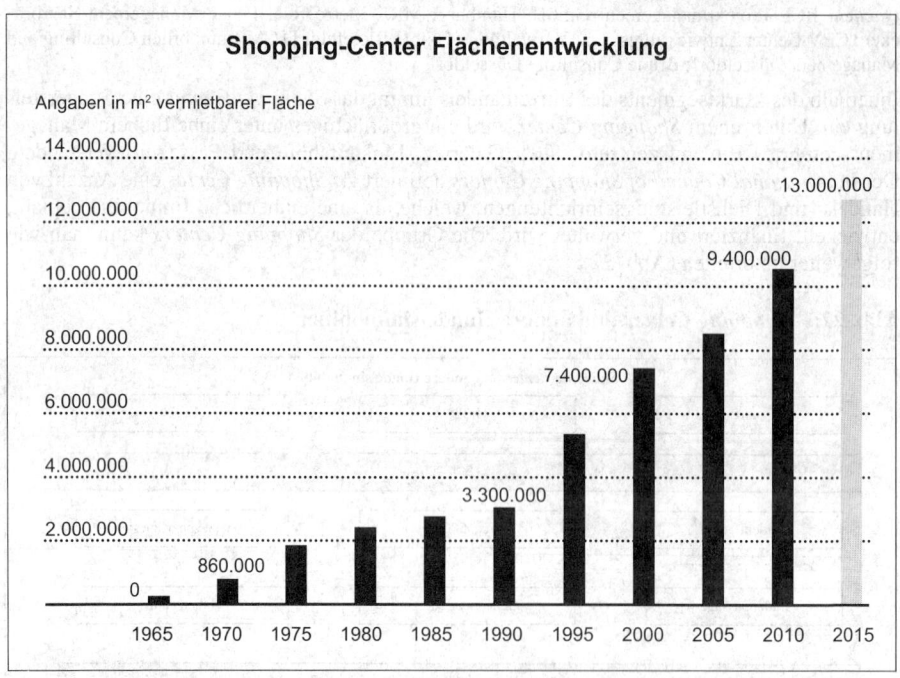

Quelle: RegioData Research, Wien 2013

Abb. 24: Durchschnittliche Verkaufsflächen in m² für Baumärkte nach Regionen

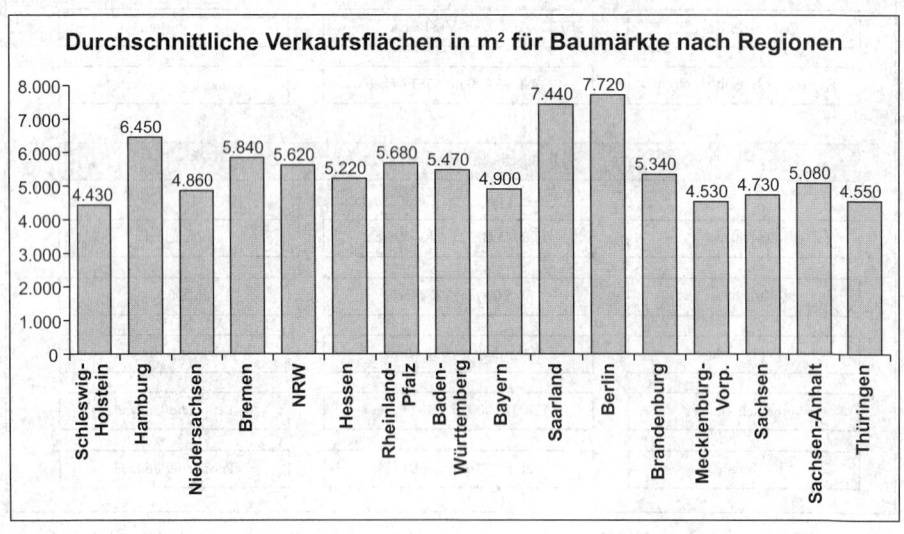

(vgl. GuG 2011, 298)

Handelsimmobilien **Besondere Immobilienarten V**

b) *Fachmärkte*

Fachmärkte sind **großflächige, unter einheitlichem Management geführte Einkaufszentren mit breitem branchenspezifischem Angebot einer Warengruppe**. Besonders hervorzuheben sind hier die Baumärkte mit einer Verkaufsfläche im Jahre 2003 von 11,5 Mio. m², verteilt auf 2 570 Fachmärkte. **303**

c) *Factory Outlet Center (FOC)*

Factory Outlet Center (FOC) sind **Einzelhandelsgroßimmobilien, bei denen sich die Betreibergesellschaften mit den Herstellern zusammenschließen,** um in baulich konzentrierter Form ihre Waren (Restposten, Überhänge und 2. Wahl) dem Käufer unter Ausschaltung des Groß- und Zwischenhandels mit erheblichen Preisnachlässen anzubieten. Sie bestehen aus mindestens 30 Läden mit einer Durchschnittsfläche von ca. 200 bis 250 m² bei einer Gesamtgröße von 20 000 bis 100 000 m² Grundstücksfläche und 5 000 bis 20 000 m² Mietfläche. Schwerpunkte sind Bekleidung, Glas, Porzellan und Hausrat. Es bestehen folgende *Factory Outlet Center (FOC)*: **304**

- *Designer Outlet Center* in Zweibrücken (Betreiber OCI mit 11 000 m²),
- *B 5 Outlet Center* in Wustermark (Berlin),
- Wertheim,
- Ingolstadt.

Factory Outlet Center (FOC) werden bevorzugt an Autobahnknotenpunkten sowie auf Konversionsflächen in ländlichem Raum mit einem Einzugsbereich einer Pkw-Fahrtzeit von einer Stunde nach § 11 Abs. 3 BauNVO eingerichtet.

d) *Retail Park*

Als Retail Park bezeichnet man **Fachmarktagglomerationen, die sich um eine gemeinsame Stellplatzanlage gruppieren**, einheitlich geplant und verwaltet werden. **305**

V Besondere Immobilienarten — Handelsimmobilien

4.5.2 Ertragsverhältnisse von Fach- und Verbrauchermärkten

4.5.2.1 Mieten

Abb. 25: Kennziffern, insbesondere Durchschnittsmieten für verschiedene Typen von Fach- und Verbrauchermärkten sowie Branchen in % des Jahresumsatzes und in €/m² Verkaufsfläche

Markttyp	Verkaufsfläche bis ... m²	Mieten in % des Jahresumsatzes	Mieten in €/m²
Lebensmittel-Discounter	2 000	2,5 – 3,5	8,00 – 9,00
Fachmarkt Möbel	5 000	4,5 – 5,0	6,00 – 7,00
Fachmarkt Medien/Computer	3 000	5,0 – 6,0	9,00 – 10,00
Baumarkt	10 000	3,0 – 4,0	6,50 – 7,50
Textilmarkt	2 000	6,0 – 8,0	9,50 – 11,50
SB-Warenhaus	7 000	4,0 – 5,0	9,00 – 10,50
Betten		ca. 3,5 – 4,5	
Bücher		ca. 4,5 – 5,5	
Drogerie		ca. 4,0 – 4,5	
Lebensmittel (auch Discounter)		ca. 2,0 – 3,0	
Optik		ca. 4,0 – 6,0	
Reformhaus		ca. 4,5 – 6,0	
Spielwaren		ca. 4,5 – 5,5	
Tabakwaren, Zeitschriften, Lotto		ca. 3,0 – 5,5	
weiß + braune Ware		ca. 2,5 – 3,0	
Zoo		ca. 3,5 – 5,0	
Blumen		ca. 5,5 – 8,0	
DOB/HAKA		ca. 6,0 – 8,0	
Kaffee + Tee		ca. 4,0 – 8,0	
Möbel		ca. 4,3 – 5,0	
Parfümerie		ca. 5,5 – 7,0	
Schuhe		ca. 5,0 – 7,0	
Sportartikel		ca. 4,0 – 5,5	
Uhren + Schmuck		ca. 5,0 – 7,5	
Young Fashion		ca. 6,0 – 8,0	

Quelle: Brockhoff City Immobilien; Brockhoff & Partner Immobilien GmbH, Essen, GuG 1999, 308

4.5.2.2 Nebenkosten

Die **durchschnittlichen Bewirtschaftungskosten** von Verbrauchermärkten belaufen sich in Abhängigkeit von der Nettokaltmiete und der Restnutzungsdauer auf 15 bis 25 %; sie steigen mit dem Alter der baulichen Anlage an (Abb. 26).

Handelsimmobilien Besondere Immobilienarten V

Abb. 26: Nebenkosten von *Shopping Centern* 2003

Kategorie	Alle Center		≤ 10 001 m²		10 001 bis 20 000 m²		≥ 20 000 m²	
	€/m²	%	€/m²	%	€/m²	%	€/m²	%
Öffentliche Ausgaben	0,53	14,0	0,40	12,2	0,55	14,0	0,56	14,6
Versicherungen	0,24	6,3	0,19	5,8	0,26	6,6	0,22	5,7
Strom	0,26	6,9	0,27	8,3	0,33	8,4	0,21	5,5
Heizung	0,32	8,5	0,36	11,0	0,32	8,2	0,30	7,8
Wasser/Kanal	0,18	4,8	0,14	4,3	0,23	5,9	0,16	4,2
Wartung/Inspektion	0,30	7,9	0,16	4,9	0,32	8,2	0,41	10,7
Reinigung	0,41	10,8	0,23	7,0	0,48	12,2	0,39	10,2
Verwaltung	0,56	14,8	0,48	14,7	0,50	12,8	0,66	17,2
Hausmeister	0,44	11,6	0,56	17,1	0,42	10,7	0,35	9,1
Bewachung	0,35	9,3	0,42	12,8	0,38	9,7	0,33	8,6
Information	0,02	0,5	–	–	0,01	0,3	0,03	0,8
Sonstige Nebenkosten	0,17	4,5	0,06	1,8	0,12	3,1	0,22	5,7
Gesamtkosten im Monat	3,78	100,0	3,27	100,0	3,92	100,0	3,84	100,0

Quelle: Jones Lang LaSalle: Shopping Center Analysis

4.5.3 Liegenschaftszinssätze

4.5.3.1 Marktwertermittlung

▶ *Vgl. § 14 ImmoWertV Rn. 104 ff.*

Für Warenhäuser, Verbrauchermärkte, Einkaufszentren, Verkaufshallen *(Discounter)*, Selbstbedienungs- und Fachmärkte sind Liegenschaftszinssätze von 6,5 bis 9,0 % ermittelt worden (Abb. 27). **308**

V Besondere Immobilienarten — Handelsimmobilien

Abb. 27: Liegenschaftszinssätze (Untersuchungsergebnisse) von Verbrauchermärkten

Ort		Untersuchungsjahr	Liegenschaftszinssatz	Bemerkungen					
				Fallzahl	Lage Bodenrichtwert €/m²	NF	RND Jahre	Stellplätze	Nettokaltmiete €/m²
Dortmund (2012)	Objekte in Sondergebieten	2008–2011	3,5 – 5,8						
Niedersachsen (2012	Discounter Verkaufshalle	2007–2010	6,5	36	23 – 270	1 205 m²	25 – 60		10,67 €/m²
Frankfurt a.M.	Discounter/ Fachmärkte zeitgemäße Konzeption, gute Verkehrsanbindung	2013	6,00 – 7,00			Ladenfläche ≥ 1 500 m² (BGF)	30 – 40	100	
	Verbrauchermärkte großflächiger Einzelhandel/ Baumärkte zeitgemäße Konzeption	2013	6,00 – 7,50			Ladenfläche ≥ 1 500 m² (BGF)	30 – 40	≥ 130	
Hannover	Kauf- und Warenhäuser	2012	4,0 – 8,0						
Hessen	Einkaufsmärkte (im Gewerbegebiet)	2011	5,8						
Heppenheim	Verbrauchermärkte	2011	6,1			1 628 m²	Baujahr 2003		
Potsdam-Mittelmark	Selbstbedienungsmärkte (SB-Märkte)	2009–2011	7,3	7	20 – 170 €/m²	865 m² – 5 765 m²	33 – 50		7,15 – 10,75 €/m²

Quelle: Grundstücksmarktberichte der angegebenen Jahre

Eine Auswertung von 36 Verkaufsfällen für Warenhäuser und Verkaufshallen im Land *Niedersachsen* (vornehmlich in Kleinstädten mit einem Bodenwert von 23 bis 270 €/m²) ergab 2012 einen Liegenschaftszinssatz von 6,5 %. Für die Innenstadt von Hannover wird im Marktbericht 2012 in Abhängigkeit von der Lage angegeben:

1a Lage   4,0 – 5,0 %
Ib Lage   5,0 – 6,5 %
II Lage   6,0 – 8,0 %

In *Frankfurt am Main* wurden 2013 ermittelt für

– Verbrauchermärkte/großflächigen Einzelhandel und Baumärkte bei einer Ladenfläche > 1 500 m² BGF, bei Stellplätzen >130, zeitgemäßer Konzeption und GND = 30 – 40 Jahre
6,00 bis 7,50 % (Mittel: 6,75 %)

– Discounter- und Fachmärkte bei einer Ladenfläche > 1 500 m² BGF, bei Stellplätzen ca. 100, zeitgemäßer Konzeption und guter Verkehrsanbindung und GND 30 – 40 Jahre
6,00 bis 7,00 % (Mittel 6,50 %)

Der Gutachterausschuss von *Heppenheim* hat 2010 einen Liegenschaftszinssatz von 6,1 % ermittelt[69].

Harrop (a. a. O.) empfiehlt die Bildung eines nach Mieteinheiten gewichteten Liegenschaftszinssatzes und unterscheidet zwischen fünf Gruppen von Mieteinheiten:

Gruppe 1:	Mieteinheiten bis 350 m²	6,00 %
Gruppe 2:	Mieteinheiten zwischen 351 m² und 1 000 m²	6,25 %
Gruppe 3:	Mieteinheiten über 1 000 m²	6,75 %
Gruppe 4:	Verschiedene Einkünfte, wie beispielsweise Tankstellen, Büros, Wohnungen und Arztpraxen,	7,00 %
Gruppe 5:	Freizeiteinrichtungen, Kino, Gastronomie usw.	8,00 %

Heerde[70] schlägt für Fachmarktzentren Liegenschaftszinssätze in einer Spanne von 5,5 bis 7,5 % vor.

4.5.3.2 Beleihungswertermittlung

▶ *Vgl. Teil IX Rn. 188 ff.*

Regelbandbreiten für Liegenschaftszinssätze (Kapitalisierungszinssätze) nach Anlage 3 zu § 12 Abs. 4 BelWertV: 309
- Warenhäuser: 6,5 % – 8,0 %
- SB- und Fachmärkte: 6,5 % – 8,5 %

Diese Angaben entsprechen den Liegenschaftszinssätzen. *HypZert*[71] zufolge liegen die Liegenschaftszinssätze für Lebensmittel-Discounter zwischen 5,0 und 7,0, für innerstädtische Warenhäuser, Fachmärkte und SB-Warenhäuser zwischen 6,0 und 8,0, für Fachmärkte, Baumärkte und Möbelmärkte zwischen 6,0 und 8,5, für innerstädtische *Shopping Center (Malls)* zwischen 5,5 und 8,0 sowie für außerstädtische Shopping Center zwischen 6,0 und 9,0.

4.5.3.3 Steuerliche Bewertung

Schrifttum: *Stockei, R.*, SB-Märkte, Warenhäuser oder Markt- und Messehallen, GuG 2011, 39.

Im Rahmen der Einheitsbewertung sind Selbstbedienungsmärkte (Discounter), Markthallen (Verkauf an Marktständen) und Verbrauchermärkte als Warenhäuser nach § 76 Abs. 3 Nr. 2 BewG i. V. m. Abschn. 16 der Richtlinien zur Bewertung des Grundvermögens (BewRGr) zu bewerten[72]. 310

4.5.4 Beispiele

4.5.4.1 Selbstbedienungswarenhaus

Schrifttum: *Weyers, G.*, Der Verkehrswert von Verbrauchermärkten, GuG 1999, 207; *Zeißler, M.*, Verkehrswert eines Einkaufszentrums, GuG 2003, 214; Statistische Daten: GuG-aktuell 2004, 30.

a) Sachverhalt 311
Baujahr 1995, in einem Sondergebiet gemäß § 11 Abs. 2 BauNVO, Halle aus Stahlbetonfertigteilen (Betonrahmenbinder), Verkleidung Trapezbleche, Flachdach, Warmluftheizung, Sprinkleranlage, Boden Kunststeinplatten, Grundstück Rechteckform, Größe 60 000 m², ausreichend Pkw-Stellplätze für Kunden (etwa 800), auf die Verkaufsfläche entfallen rd. 72 % der Nutzfläche (16 350 m²), Stadtrandlage rheinische Großstadt. Guter Bau- und Unterhaltungszustand. Bodenwert 3 000 000 €.

---

[69] Immobilienmarktbericht 2010.
[70] Heerde, Waldburg, Werling: Handelsimmobilien, in: Geppert/Werling (Hrsg.): Wertermittlung von Immobilieninvestments, Köln 2009, S. 224.
[71] HypZert e.V. (Hrsg.): Bewertung von Einzelhandelsimmobilien, Berlin 2009.
[72] BFH, Urt. vom 30.6.2010 – II R 60/08 –, GuG 2010, 37 = EzGuG 1.74.

V Besondere Immobilienarten   Handelsimmobilien

b) **Wertermittlung**

Marktüblich erzielbare Nettokaltmiete (ohne MwSt.)		1 103 500 €

dies sind 5,60 €/m² NF (einschließlich Nutzungsentschädigung für 800 Kundenparkplätze) im Monat

abzüglich nicht umlegbarer Bewirtschaftungskosten

– Betriebskosten (soweit nicht umlegbar)			
– Grundsteuer	23 173 €	(2,1 %)	
– Versicherungsprämien	5 517 €	(0,5 %)	
– Verwaltungskosten			
2 800 € × 12 Monate	33 600 €	(3,0 %)	
– Instandhaltungskosten			
16 350 m² × 7,70 €/m²	125 895 €	(11,4 %)	
– Mietausfallwagnis			
3 % von 103 500 €	33 105 €	(3,0 %)	
zusammen	221 290 €	(20,0 %)	– 221 290 €
Reinertrag des Grundstücks		=	882 210 €
abzüglich Bodenwertverzinsungsbetrag 3 000 000 € × 0,065		–	195 000 €
Ertragsanteil der baulichen Anlage		=	687 210 €

Bei einer wirtschaftlichen Restnutzungsdauer von 30 Jahren und einem Liegenschaftszinssatz von 6,5 % beträgt der Vervielfältiger 13,06

Ertragswert der baulichen Anlagen (Gebäudeertragswert)

687 210 € × 13,06	=	8 974 963 €
Ertragswert	=	rd. 9 000 000 €
abzüglich Reparaturstau		0 €
zuzüglich Bodenwert	+	3 000 000 €
= **Ertragswert (Verkehrswert)**	=	**12 000 000 €**

Nachrichtlich: Dies sind das 10,9-Fache der gezahlten Jahresrohmiete und rd. 734 €/m² Nutzfläche einschließlich des Werts der Außenanlagen/Pkw-Parkplätze.

4.5.4.2 Selbstbedienungsladen

a) **Sachverhalt**

312 Für einen Investor soll der Verkehrswert eines bestehenden Selbstbedienungsladens ermittelt werden. Der Standort für den Markt ist zufriedenstellend (mittlere Lagequalität). Folgende Daten liegen vor:

Verkaufsfläche (VF)		900 m²	(75 %)
Nebenflächen (Büro-, Sozial- und Lagerflächen)	+	300 m²	(25 %)
Nutzfläche (NF) insgesamt	=	1 200 m²	(100 %)
30 Pkw-Einstellplätze (30 m²/Platz)			
Grundstücksgröße		2 800 m²	
Umsatz		3 900 000 €/Jahr	
Üblicher Liegenschaftszinssatz		7 %	
Mieten (ohne MwSt.)			
Verkaufsflächen 900 m² × 8 €/m²	=	7 200 €	
Nebenflächen 300 m² × 2,50 €/m² NF	+	750 €	
30 Einstellplätze × 8 €/Platz	+	240 €	
Monatsmiete (Nettokaltmiete) insgesamt	=	8 190 €	

Neben der Frage nach dem Verkehrswert ist zu ermitteln, welche Umsatzmiete (in % und welche Quadratmetermiete (in €/m² NF) der Investor durchsetzen muss, wenn er eine Rendite seines zu investierenden Kapitals von 8 % erzielen will.

Besondere Immobilienarten V

b) Wertermittlung

Überprüfung der Vorgaben auf Schlüssigkeit

Verkaufsfläche VF	=	900 m²	(75 %)
Nebenflächen (Büro-, Sozial- und Lagerflächen)	+	300 m²	(25 %)
Nutzfläche (NF) insgesamt	=	1 200 m²	(100 %)

Überprüfung auf Verhältnis VF/NF: Flächenverhältnis liegt im üblichen Rahmen.

Überprüfung der Flächenproduktivität (Fl.Pr)

Verkaufsfläche (VF)	900 m²
Umsatz	3 900 000 €/Jahr

Ermittlung der Flächenproduktivität: 3 900 000 € : 900 m² VF = 4 333 €/m² VF: Die Flächenproduktivität liegt im üblichen Rahmen.

Überprüfung der Schlüssigkeit der Miete aus Umsatz

Mieten (ohne MwSt.)

Verkaufsfläche 900 m² × 8 €/m² VF			7 200 €
Nebenflächen 300 m² × 2,50 €/m² NF	+		750 €
30 Einstellplätze × 8 €/Platz	+		240 €
Monatsmiete (Nettokaltmiete) insgesamt	=		8 190 € im Monat bei einem Umsatz von 3 900 000 €

Umsatz (in %): 8 190 € × 12 Monate × 100/3 900 000 € = 2,5 %: Die gezahlte Miete beträgt rd. 2,5 % des Jahresumsatzes und liegt damit im üblichen Rahmen.

Durchschnittsmiete je m² Nutzfläche (insgesamt):

8 190 €/1 200 m² NF = 6,83 €/m²: Die Quadratmetermiete liegt im üblichen Rahmen.

Ermittlung des Grundstücksertragswerts

Jahresnettokaltmiete/Grundmiete (8 190 €/m² × 12)		98 280 €
abzüglich Bewirtschaftungskosten (25 %)	–	24 570 €
Grundstücksreinertrag/Jahr	=	73 710 €
abzüglich Bodenwertverzinsungsbetrag 7 % von 250 000 €	–	17 500 €
= Reinertrag der baulichen Anlage	=	56 210 €
Ertragswert der baulichen Anlage:		
Vervielfältiger bei 7 % Zinsen und 40 Jahren Restnutzungsdauer 13,33		
56 210 € × 13,33		749 279 €
zuzüglich Bodenwert	+	250 000 €
= Grundstücksertragswert	=	999 279 €
Verkehrswert[73]	=	**rd. 1 000 000 €**

---

[73] Bei dem angesetzten Liegenschaftszinssatz von 7 % beträgt der Verkehrswert das 10,2fache der Jahresnettokaltmiete (= 1 000 000 € : 98 280 €). Der Nutzflächenwert beträgt 833 €/m² (= 1 000 000 €/1 200 m²) und liegt damit im üblichen Rahmen.

V Besondere Immobilienarten　　　　　　　　　　Handelsimmobilien

c) **Ermittlung der geforderten Umsatzmiete**

Rendite der Gesamtinvestition 8 % von 1 000 000 €		80 000 €
Abschreibung bei 8 % Zinsen und 40 Jahren Restnutzungsdauer auf den Ertragswert der		
baulichen Anlage: 750 000 €/259,06*	+	2 895 €
Jahresreinertrag	=	82 895 €
Bewirtschaftungskosten (25 % der Jahresnettokaltmiete)		
82 895 € × 25/75	+	27 632 €
Jahresnettokaltmiete	=	110 527 €

*Abschreibungsdivisor aus Anhang Teil X.

Erforderliche Jahresnettokaltmiete in % des Umsatzes:

Bei einem Umsatz von 3 900 000 €: 110 527 € × 100/3 900 000 € = 2,8 %

Die Umsatzmiete muss 2,8 % des Jahresumsatzes betragen.

d) **Ermittlung der geforderten Quadratmetermiete**

Jährliche Quadratmetermiete:	110 527 €/1 200 m²	=	92,106 €/m²
Monatliche Quadratmetermiete:	92,106 €/m² : 12 Monate	=	7,68 €/m²

Das *Beispiel* zeigt, dass sowohl die Umsatzmiete (2,8 %) als auch die Miete je m² Nutzfläche (7,68 €/m²) die übliche Bandbreite für Selbstbedienungsmärkte in mittleren Lagen übersteigt. Der Investor wird deshalb entweder seine Renditevorstellungen korrigieren müssen oder aber ein anderes, günstigeres Objekt in Erwägung ziehen.

5 Sonderimmobilien

5.1 Typologie der Sonderimmobilien

Was unter **Sonderimmobilien** *(specialised properties, special-purpose properties)* zu verstehen ist, konnte bislang nicht eindeutig definiert werden; der Begriff wird gleichbedeutend mit **Spezialimmobilien** gebraucht. Sonderimmobilien werden unscharf als Immobilien definiert, die (nach Lage, Baugestaltung einschließlich Raumgestaltung und Architektur) auf eine spezielle Nutzung **mit geringer Drittverwendungsfähigkeit** ausgerichtet sind. Als „spezielle" Nutzungsart wird dabei eine Nutzung verstanden, die nicht dem Wohnen und dem Gewerbe (Büronutzung) zuzurechnen ist, jedoch geht es gerade bei solchen Sonderimmobilien um eine besondere gewerbliche Nutzung[74].

314

Zu den Sonderimmobilien gehören insbesondere auch alle Arten von **Betreiberimmobilien**, die synonym auch als **Managementimmobilien** bezeichnet werden. Sonderimmobilien weisen i. d. R. ein hohes Ertragspotenzial verbunden mit einem oftmals hohen Risikopotenzial auf. Ihre Nutzung ist, wie aus Abb. 1 ersichtlich, breit gefächert.

Abb. 1: Sonderimmobilien

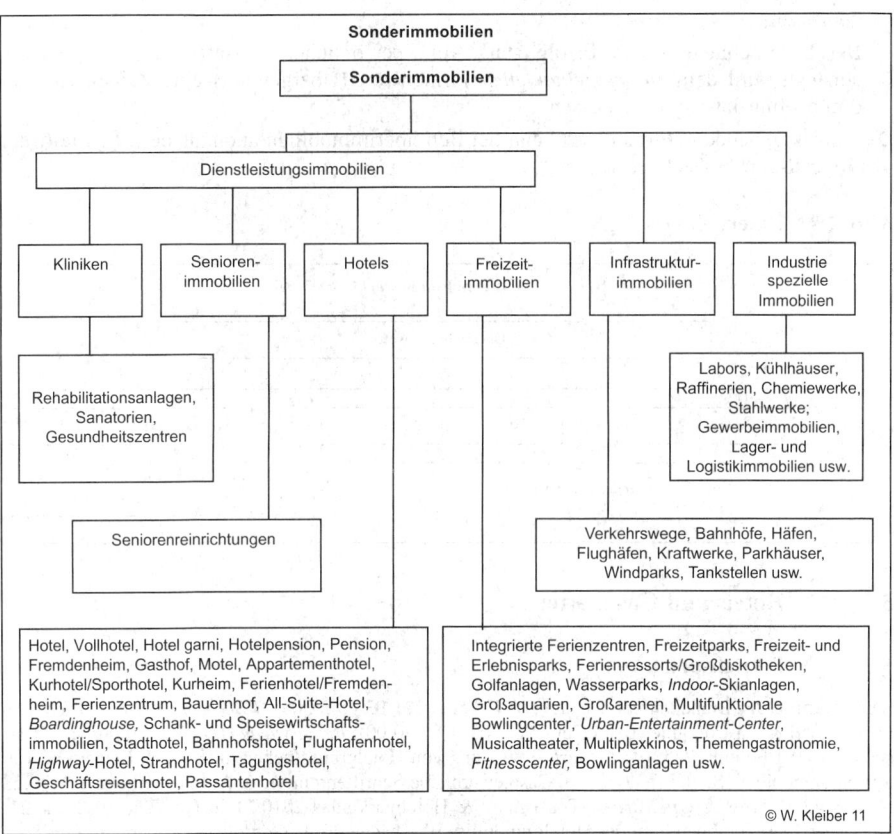

---

[74] Finch/Casavant, The Appraisal Journal 1996, 195; Credit Suisse.

V Besondere Immobilienarten — Hotels und Gaststätten

315 Bei Betreiberimmobilien muss zwischen der **Verkehrs- bzw. Marktwertermittlung** der Immobilie **und** der **Ermittlung des Unternehmenswertes** unterschieden werden, denn zum Unternehmen gehört neben der Immobilie insbesondere auch der Firmenwert.

316 Der **Firmenwert** *(good will)* stellt keine feste Größe dar und ist insbesondere abhängig von
- der Marktstellung des Unternehmens und der Konkurrenzsituation,
- dem Ruf des Unternehmens (der „Marke"),
- dem Wert der bestehenden Geschäftsbeziehungen und dem Organisationsnetz,
- dem Vorhandensein von Patenten, Lizenzen und dgl.,
- der Unternehmensleistung und Qualifikation der Mitarbeiter.

Der Firmenwert (Geschäftswert) ist auch als der (aus der „Marke") erzielbare **Mehrwert** (Übergewinn) gegenüber dem Betrag definiert worden, der sich aus einer angemessenen Verzinsung des Substanzwerts ergibt[75]. In diesem Sinne hat der BFH[76] den Firmenwert als den **Mehrwert** definiert, **„der einem gewerblichen Unternehmen über den Wert der Einzelwirtschaftsgüter hinaus innewohnt"**. Dem Firmenwert ist eine zeitlich befristete Bestandskraft beizumessen.

- Bei Unternehmen, die über eine ausgebaute Stellung auf dem Markt verfügen, wird dem *objektgebundenen* Firmenwert (Übergewinn) eine Zeitspanne von fünf bis acht Jahren beigemessen.
- Bei Unternehmen, deren Erfolg stark vom persönlichen Einsatz des Unternehmers abhängt, wird dem *subjektgebundenen* Firmenwert (Übergewinn) eine Zeitspanne von drei bis fünf Jahren beigemessen.

Der subjektgebundene Firmenwert kann bei Betreiberimmobilien auch als der **„Firmenwert des Betreibers"** bezeichnet werden.

Abb. 2: Unternehmenswert

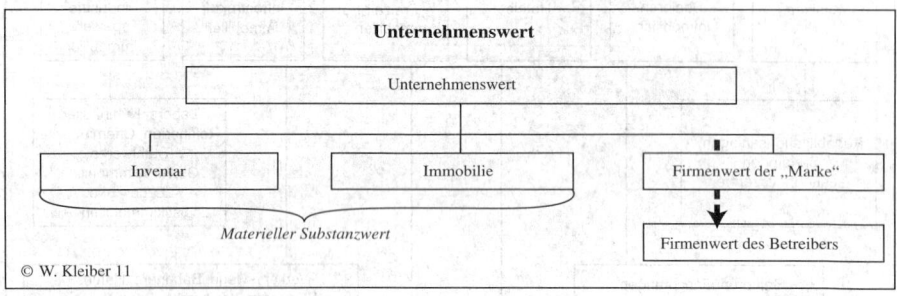

5.2 Hotels und Gaststätten

5.2.1 Betriebsarten

Schrifttum: *BBE,* Branchenreport Hotel (BBE Tel.: 0221 93 65 52 09); *BBG-Consulting,* Betriebsvergleich Hotel & Gastronomie (BBG Cons Tel.: 0211 86 40 00); *Beiderwieden, O.,* Bewertung von Gaststätten, BDVI-Forum 1975, 64; *Bienert,* Bewertung von Hotelgrundstücken, in Bienert, Bewertung von Spezialimmobilien, S. 407 ff.; *Dehoga,* Gastgewerbliche Schriftenreihe 1, 6. Aufl. (Interhoga Tel.: 0228 820 08 42); *Georg & Ottenströer,* Tourismus- & Hotelmarktatlas 2010/11 in GuG-aktuell 2011, 21; *Doerner* (Hrsg), Kompendium der Hotelimmobilie, Wiesbaden 2011; *Gottlöber, E.,* Planung, Finanzierung, Bewertung und Rentabilitätsbegutachtung von Hotels, Gastgewerbe Verlag Düsseldorf, 2. Aufl. 1992; *Gugg/Hank-Haase,* Der Hotelmarkt in Deutschland, Frankfurt am Main 1996; *Hotel Association of New York City:* Uniform System of Accounts for the Lodging Industry, 10th revised edition, published

---
75 Viel/Brendt/Renard, Die Bewertung von Unternehmungen und Unternehmensanteilen, Zürich 1970, S. 17 ff.
76 BFH, Urt. vom 7.11.1985 – IV R 7/83 –, BFHE 145, 194 = BStBl II 1986, 176.

by American Hotel & Lodging Educational Institute, Lansing, Michigan, 2006; *Joachim, E.-W.*, Projektentwicklung und Projektmanagement in der Immobilienwirtschaft und Hotellerie, Immobilien-Zeitung Wiesbaden 1998; *Loew, H.-G.*, Die Pachtwertfindung für gastgewerbliche Objekte, GuG 1997, 209; *Loew, H.-G.*, Zur Eignung von Ladenmiete als Maßstab für die Bestimmung von Gaststättenmieten, GuG 2001, 142; *Loew, H.-G.*, Zur Miet-/Pachtwertfindung gastgewerblicher Bewertungsobjekte mit Hilfe des Vergleichswertverfahrens, GuG 2002, 14; *Maschke, J.*, Hotelbetriebsvergleich 1999, Sonderreihe Nr. 70/ 2001 DWIF-Verlag München 2001; *Metz, H.*, Zur Anfechtbarkeit der Verkehrswertfestsetzung im Zwangsversteigerungsverfahren von Privathotels aus verfassungsrechtlicher Sicht, Rpfleger 2010, 13; *NGZ*, Der Hotelier (Zeitschrift Tel. 069 75951972; *Niemeyer, M.*, Hotel-Projektentwicklung, in Schulte/ Bone-Winkel (Hrsg.), Handbuch der Immobilien-Projektentwicklung, 2. Aufl., Köln 2002; *Ostermann, A.*, Die Verkehrswertermittlung von Hotels, GuG 1999, 143, 282; *Warstadt, E.*, Pacht im Gastgewerbe, GuG 2001, 199; *Schröder, M., Forstnig/J./Widmann, M.*, Bewertung von Hotels und Hotelimmobilien, Pannel Kerr Forster GmbH Schriftenreihe; *Simon, J.*, Wertermittlung für ein Hotel garni, GuG 1991, 152; *Simon, J./Weyers, G.*, Wertermittlung von Grundstücken mit Hotelgebäuden, GuG 1991, 312; *Weyers, G.*, Grundlagen der Wertermittlung für Hotel- und sonstige gastgewerbliche Grundstücke, DS 1985, 12; *Weyers, G.*, Gesamtnutzungsdauer von Hotelgebäuden, GuG 1993, 41.

Quellen: http://www.dehoga.de, Landesverbände DEHOGA: Anschriften über http://www.telefonbuch.de; BBG-Consulting Kreuzig GmbH, Düsseldorf, Tel: 02 11–86 40 00; Fax: 13 27 24, E-Post: *duesseldorf@bbg-consulting.com*; G.O.P.GmbH & Co KG, Frankfurt; http://www.gop-hotels.com; Deutsches-Verbände-Forum: http://www.verbaende.com

Zum **Beherbergungsgewerbe** gehören Hotels, Gasthöfe, Pensionen, Erholungs- und Ferienheime, Ferienzentren, Ferienhäuser, Ferienwohnungen, Hütten, Jugendherbergen, Sanatorien und Fach-(Kur-)Kliniken. 317

Eine gesetzliche Definition der **Betriebsarten des Beherbergungsgewerbes** fehlt bisher; es gibt lediglich grobe Einteilungskriterien. 318

– Als **Hotel** wird ein Beherbergungsbetrieb mit gehobener Ausstattung und Dienstleistungskomfort verstanden, der gewerblich Logis, Verpflegung und sonstige Dienstleistungen für den vorübergehenden Aufenthalt zur Verfügung stellt. Betriebe ohne Restaurants werden als *Hotels garni* bezeichnet. In der Regel wird der Begriff erst auf Betriebe angewandt, die mindestens mit 20 Gästezimmern und voll ausgerüsteten Sanitärzellen ausgestattet sind[77]. Etwa ein Drittel der gesamten Bettenkapazität im Beherbergungsgewerbe wird von Hotels angeboten. Als hotelähnliche Immobilien gelten Hotelpensionen, Fremdenheime, Gasthöfe und Privatzimmer.

– Als (bürgerliche) **Gasthöfe** (mit Übernachtungsangebot) werden Betriebe definiert, die bei einem in Kapazität und Komfort begrenzten Beherbergungsangebot ein bürgerliches Speisen- und Getränkeangebot aufweisen.

– Als **Schankbetriebe** gelten Betriebe, die ihre Einnahmen ganz oder weit überwiegend (mindestens zu 75 % des Umsatzes) aus dem Getränkeumsatz beziehen; auf den Speisenumsatz und auf Automatenprovision entfällt allenfalls bis 25 % des Umsatzes.

– Als **Gaststätte** gelten Betriebe, die ihre Einnahmen ebenfalls überwiegend aus dem Getränkeumsatz (über 50 %) beziehen und daneben ein größeres Angebot an bürgerlichen Speisen bereithalten. Es handelt sich vielfach um traditionelle Betriebe, die auch als Mischform eines Schankbetriebs und eines Restaurants bezeichnet werden können, häufig in Verbindung mit Kegelbahnen und Versammlungsräumen für Vereinstreffen und Familienfeiern ausgelegt.

Nach den Einteilungskriterien der Dehoga ist zunächst zwischen **Eigentümer- und Pachtbetrieben** zu unterscheiden (Kennziffer 1 und 2). Hotels werden entweder 319

– vom Eigentümer selbst betrieben (z. B. kleinere Familienbetriebe, aber auch der Bayerische Hof in München),
– von einer Hotelgesellschaft im Auftrag des Eigentümers betrieben (Managementvertrag nicht dinglicher Natur) oder
– vom Eigentümer an einen Pächter verpachtet (Pachtvertrag dinglicher Natur).

---

77 Bletschacher, Hotels, Ferienzentren und Boardinghouses, in Falk (Hrsg.), Gewerbeimmobilien, 3. Aufl. S. 59.

V Besondere Immobilienarten   Hotels und Gaststätten

Bei einem **Managementvertrag** wird das Hotel im Namen und im Auftrag des Eigentümers (als Unternehmer) von einem Betreiber auf Rechnung des Eigentümers betrieben. Das Risiko trägt der Eigentümer und ihm fließen auch die erwirtschafteten Erträge zu. Der Betreiber erhält für seine Leistung ein Betreiberentgelt.

Die deutsche Hotellerie wird durch den Pachtvertrag dominiert, wobei zumeist ein **Festpachtvertrag mit einer Laufzeit von i. d. R. 20 bis 30 Jahren** abgeschlossen wird, bei dem einerseits der Betreiber das Risiko aus dem Hotelbetrieb trägt und andererseits der Eigentümer nicht von guten Betriebsergebnissen profitiert. Betreiber sind deshalb bestrebt, den Festpachtvertrag mit Änderungsmöglichkeiten bei schwierigen Rahmenbedingungen zu kombinieren.

320 Des Weiteren unterscheidet die **Dehoga** nach
- Betriebsarten,
- Standorttypen,
- Gemeindegrößenklassen,
- Bundesländern und
- Umsatzgrößenklassen.

Die Hotelklassifizierung (Kategorie) in der Bundesrepublik Deutschland ist noch nicht ausgereift. Die Teilnahme an der Deutschen Hotelklassifizierung ist freiwillig. Die **internationale Hotellerie unterscheidet nach fünf bzw. sechs Leistungskategorien** (1- bis 6-Sterne-Hotels). Für die deutsche Hotelklassifizierung des Fachbereichs Hotellerie des Hotelverbandes Deutschland (IHA) sind fünf Sternekategorien üblich, die nach 270 Kriterien vergeben werden[78]. Unterschieden wird zwischen Hotels mit geringem, gutbürgerlichem, mittlerem, großem und größtem Komfort. Kriterien sind

- Gebäude/Raumangebot,
- Einrichtung und Ausstattung,
- Service,
- Empfangshalle,
- Personalisierte Begrüßung, Doorman, mehrsprachige Mitarbeiter,
- *Room-*, Pagen- und Gepäckservice sowie ergänzende Serviceleistungen,
- Schallschutz und Klimatisierung,
- IT-, Internet und Unterhaltungselektronik,
- Balkon und Terrassen,
- Bettenauswahl,
- Speiseangebote und Bar,
- Parkmöglichkeiten und Kfz-Service,
- Freizeit-, Tagungs- und Themenangebote einschließlich *Wellness*bereich.

a) *Hotelkategorien nach Betriebsarten*

321 Hotels können des Weiteren nach Schlüsselkategorien (**Betriebsarten**) aufgeteilt werden. Die Dehoga nennt hier folgende Betriebsarten:

 01 Hotel (ohne Hotel garni),
 02 Kurhotel (Hotels mit spezifischen Kurmittelleistungen),
 03 Beleghotel (Vertragshotels der Versicherungsträger),
 04 Motel,
 05 Hotel garni,
 06 Gasthof,

---
[78] Vgl. www.hotelsterne.de.

Hotels und Gaststätten   **Besondere Immobilienarten V**

07	Fremdenheim/Pension,
11	Restaurant,
12	Schankbetrieb,
21	Bahnhofsgaststätte,
22	Flughafengaststätte,
31	Autobahnraststätte,
32	Autobahnraststätte mit Motel,
41	Café/Konditorei/Eisdiele,
42	Bar, Tanz- oder Vergnügungslokal,
43	Diskothek,
44	Imbissbetrieb/Trinkhalle,
51	Kantine,
52	Caterer.

b) *Hotelkategorien nach Standort*

Nach Standorten lassen sich Hotels untergliedern in   **322**

- Hotels in größeren Städten (Stadthotels) als Hotel-Restaurant, Privat- bzw. Designer-Hotel, Hotel garni, All-Suite-Hotel, Appartementhotel und *Boardinghouse*, mit ggf. Kongress- und Seminarräumlichkeiten (Stadthotellerie);
- verkehrsabhängige Hotels an Bahnhöfen und Flugplätzen;
- Hotels in Orten mit Mineral- und Moorbädern, Seeheil- und Seebädern, Kneippheilbädern, in -kurorten sowie in heilklimatischen Kurorten (Kur- und Stadthotellerie);
- Hotels in Sport- und Feriengebieten, Strand-, Berg- und Landhotels (Ferienhotellerie);
- Motels an Fernverkehrsstraßen, Hotelschiffe auf Flüssen in Messestädten.

Die Dehoga macht folgende Unterscheidung:

1	Fremdenverkehrsort – Betrieb ganzjährig geöffnet
2	Fremdenverkehrsort – Saisonbetrieb
3	Autobahn
0	kein Standortmerkmal

c) *Hotelkategorien nach Ortsgrößen und Bundesland*

Des Weiteren unterscheidet die Dehoga **nach Gemeindegrößenklassen** und nach **Bundesländern:**   **323**

1	Gemeinden unter 20 000 Einwohner
2	Gemeinden mit 20 000 bis 100 000 Einwohnern und
3	Gemeinden über 100 000 Einwohner

d) *Hotelkategorien nach Nutzung (Zielgruppen)*

Hotels lassen sich darüber hinaus nach **Nutzung** (Zielgruppen), **Ausstattung und Leistung**   **324**
unterscheiden:

- Passantenhotels,
- Businesshotels,
- Tagungshotels,
- Ferienhotels,
- Kurhotels.

V Besondere Immobilienarten — Hotels und Gaststätten

Abb. 3: Zielgruppen in der Hotellerie

Zielgruppe	Anteil in %	Zimmerpreis (netto) in €	Gewichteter Wert
Einzelreisende	30 %	100	30,0
Geschäftsreisende	30 %	80	24,0
Konferenzteilnehmer	20 %	75	15,0
Gruppenreisende	10 %	65	6,5
Sonstige	10 %	60	6,0
Gesamt	100 %		81,5

e) *nach Ausstattung:*

325
- Vollhotel (mit Restauration),
- Hotel garni (nur Frühstück),
- Suiten-Hotel (getrennter Schlaf- und Wohnbereich),
- Appartement-Hotel (mit Küchenzeile), auch *Boardinghouse* genannt.

f) *nach Leistung*

326 International orientiert sich die **Hotelklassifizierung** nach unterschiedlicher Ausstattung und Service an Sternen (*) – in Deutschland allerdings nicht offiziell –, denen üblicherweise folgende Beschreibung zugeordnet wird:

***** Luxushotel,
**** First-Class-Hotel,
*** Mittelklassehotel (Komfort),
** komfortables oder *Economy*-Hotel,
* einfaches oder *Budget*-Hotel.

Daneben wird auch grob zwischen Hotels in ihrer Gesamtheit und sog. „Markenhotels" unterschieden. Von den 790 000 Hotelzimmern im Jahre 2001 entfielen im Jahre 2001 etwa 43 % aller Hotelzimmer (340 000 Hotelzimmer) und 13,5 % der Hotelbetriebe auf solche **Markenhotels**. Die durchschnittliche Zimmerzahl belief sich bei den Markenhotels auf ca. 117, während die übrigen Hotels im Durchschnitt lediglich 35 Zimmer hatten. Markenhotels befinden sich vornehmlich in den Ballungszentren (Abb. 4).

Abb. 4: Gliederung von Hotels

Preisniveau	Funktion	Ausstattung	Standort	Nutzerzielgruppe	Architektonische Besonderheit
a) Low-Budget b) Economy c) Mittelklasse d) First Class e) Luxusklasse	a) Business-Hotel b) Kongresshotel c) Ferienhotel d) Pension e) Kurheim f) Sporthotel g) Bauernhof	Vollhotel Garni-Hotel Suiten-Hotel Appartementhotel Boardinghouse Gasthof	a) Innenstadtlage b) Randlage c) Autobahn d) Bahnhof e) Flugplatz f) Strandhotel	a) Geschäftsreisende b) Erholungsuchende c) Incentive-Reisende d) Pauschaltouristen e) *Airline-Crews* usw. f) Passantenhotel	a) Design-Hotels b) All-Suite-Hotel c) historisches Gebäude d) Boutiquen-Hotel e) gemischt genutztes Gebäude

Zur Führung eines gastgewerblichen Betriebs ist nach § 2 Abs. 1 des **Gaststättengesetzes** eine Erlaubnis erforderlich. Diese wird für eine bestimmte Betriebsart und für bestimmte Räume meist auf Widerruf erteilt. Eine vorläufige Erlaubnis erlischt i. d. R. nach drei Monaten.

5.2.2 Bauliche Kennziffern

Für Hotels der unterschiedlichen Hotelkategorien bestehen unterschiedliche **Flächenanforderungen**. Dabei wird unterschieden zwischen

- der Betriebsgröße (brutto) pro Zimmer, d. h. einschließlich aller Nebenflächen (berechnet in BGF/Zimmer), und
- der Zimmergröße (netto).

Für ein 4-Sterne-Hotel ist z. B. eine BGF von 60 m²/pro Zimmer (ausstattungsabhängig) angemessen (Abb. 5).

Abb. 5: Betriebs- und Zimmergröße nach Hotelkategorien

Betriebs- und Zimmergröße nach Hotelkategorien				
	Economy**	Mittelklasse***	First Class****	Luxus*****
Betriebsgröße/Zimmer	80–120 m²	120–180 m²	200–400 m²	150–350 m²
Zimmergröße netto einschließlich Bad	16–18 m²	18–24 m²	24–32 m²	32–50 m²
Gastronomie	Restaurant oder Frühstücksraum	Restaurant, eventuell Bar: Plätze mindestens ½ Zimmerzahl	mindestens ein Restaurant und eine Bar	mindestens zwei Restaurants und zwei Bars
Konferenz	nicht zwingend	2–3 Räume mit 100–150 m²	umfangreich, abhängig vom Konzept	umfangreich, abhängig vom Konzept
BGF/Zimmer	30–35 m²	38–45 m²	50–70 m²	80–120 m²
Weitere Einrichtungen	keine	eventuell kleiner Fitnessbereich	umfangreich: Businesscenter, Spa, Garage	umfangreich: Spa, Läden, Garage, Lounge

Quelle: Niemeyer, M., Hotel-Projektentwicklung

Die „öffentliche" Fläche pro Zimmereinheit beläuft sich nach *Meding* bei einem Hotel mit rd. 150 Zimmern im Bereich

- *Budget:* auf 0,8 – 1,5 m² öffentliche Fläche,
- *Economy:* auf 2,0 – 3,5 m² öffentliche Fläche,
- *Luxury:* auf 4,0 – 6,0 m² öffentliche Fläche[79].

---

[79] Meding, Kompendium der Hotelimmobilie, 2011, S. 343.

V Besondere Immobilienarten — Hotels und Gaststätten

Abb. 6: Flächenbedarf nach Hotelkategorien

Flächenbedarf nach Hotelkategorien in m²						
Kategorie	Stadthotels				Seminar-hotels	Erholung Wellness
	2 Sterne	3 Sterne	4 Sterne	5 Sterne	5 Sterne	
Logis	17,5	25,0	27,5	32,5	20,0	35,0
Public areas	**2,5**	**6**	**8,2**	**10,6**	**14,2**	**14,5**
Aufenthalt	1	1,4	1,6	2	2	2,4
F&B	1,5	2,4	2,4	2,6	2,4	2,8
Konferenz	0	1,6	3	4	8	2
Leisure	0	0,6	1,2	2	1,8	7,3
Back-office	**5,8**	**6,5**	**6,8**	**8,2**	**5,6**	**7,4**
Verwaltung	0,8	0,8	1	1,2	0,8	1
Wirtschaft	2,4	2,8	3,2	3,8	2,8	4,2
Technik	2,6	2,9	2,6	3,2	2	2,3
Nettosumme	25,8	37,5	42,5	51,3	39,8	56,9
Faktor 1,35	1,35	1,35	1,35	1,35	1,35	1,35
BGF pro Zimmer	**34,83**	**50,63**	**57,38**	**69,26**	**53,73**	**76,82**

329 Die **Achsmaße von Hotels** liegen derzeit für
- ein 2-Sterne-Hotel bei 3,20 bis 3,40 m,
- ein 3-Sterne-Hotel bei 3,60 bis 3,75 m,
- ein 4-Sterne-Hotel bei 3,80 bis 4,00 m,
- ein 5-Sterne-Hotel bei 4,00 m und darüber.

5.2.3 Wirtschaftliche Kennziffern

5.2.3.1 Belegung (Kapazitätsauslastung)

330 Belegungs- und Kapazitätsauslastungskennwerte werden i. d. R. aus Jahreswerten abgeleitet. In staatlichen Statistiken wird mit **Belegungs- bzw. Auslastungszahlen auf der Grundlage von Bettenbelegungen** gearbeitet. Die Zimmerauslastung ist i. d. R. um 10 Prozentpunkte höher (Bettenauslastung 45 % entspricht einer Zimmerauslastung von ca. 55 %). Darüber hinaus wird mitunter auch die Belegungsziffer der Doppelzimmervermietung ermittelt, die allerdings von eingeschränkter Aussagekraft ist.

331 Die Belegung bzw. Auslastung ergibt sich aus der **Belegungsquote (Belegungsziffer)**, die die Auslastung in % angibt:

$$\text{Belegungsziffer} = \frac{\text{Anzahl der tatsächlichen Übernachtungen pro Jahr}}{\text{Anzahl der möglichen Übernachtungen pro Jahr}}$$

Bezogen auf Betten:

$$\text{Bettenbelegungsziffer} = \frac{\text{belegte Betten}}{\text{Anzahl der Betten}}$$

Belegte Betten sind dabei diejenigen, die im Berichtszeitraum entgeltlich belegt sind, wobei reservierte und bezahlte Betten, die nicht in Anspruch genommen wurden, mitgerechnet werden.

Hotels und Gaststätten   **Besondere Immobilienarten V**

- **Anzahl der Betten** ist die Zahl der vermietbaren Betten.

Die **Belegungsziffer** lässt sich auf der Grundlage der Zimmerbelegung errechnen, wobei die Zimmerbelegung naturgemäß höher ausfällt: **332**

$$\text{Zimmerbelegungsziffer} = \frac{\text{belegte Zimmer}}{\text{Anzahl der Zimmer}}$$

- **Belegte Zimmer** sind dabei die, die im Berichtszeitraum entgeltlich belegt sind, wobei reservierte und bezahlte Zimmer, die nicht in Anspruch genommen wurden, mitgerechnet werden.
- **Anzahl der Zimmer** ist die Zahl der vermietbaren Zimmer.

Beispiel: **333**

50 Zimmer mit 2 Betten × 365 Tage	=	36 500 mögliche Bettenbelegungen
Tatsächlich	=	16 000 Bettenbelegungen
Belegungsziffer (Auslastung)	=	16 000/36 500 = rd. 44 %

Die **Doppelbelegungsquote** (der Doppelbelegungsfaktor) gibt den Anteil der vermieteten Zimmer an, die mit einem zweiten Gast belegt wurden. Sie ergibt sich aus der Zahl der belegten Betten, dividiert durch die belegten Zimmer.   **334**

$$\text{Doppelbelegungsquote} = \frac{\text{Zahl der belegten Betten}}{\text{Zahl der belegten Zimmer}}$$

Beispiel: **335**

Bei einer Doppelbelegungsquote (einem Doppelbelegungsfaktor) von 1,2 und 100 Zimmern ergeben sich 120 Gäste, d. h. 20 % der Zimmer sind mit zwei Gästen belegt. Dies ist z. B. für die Ermittlung des Frühstücksumsatzes von Bedeutung.

Die **durchschnittliche Belegung** aller verfügbaren Zimmer bei Hotels in Eigen-, Management- und Pachtbetrieb belief sich im Jahre 2002 auf 65,0 % bei einem durchschnittlich erlösten Nettopreis von 104,20 € und einem durchschnittlichen Nettoumsatz von 42 914 € pro Zimmer, bei einer durchschnittlichen Personalbesetzung von 148 Mitarbeitern. Der F&B-Anteil betrug 37,8 %. Der *break even* wird i. d. R. bei einer Zimmerauslastung ab 55 bis 60 % erreicht[80].   **336**

Die **Aufenthaltsdauer** bestimmt sich durch die durchschnittliche Verweildauer der Gäste und ergibt sich aus der Zahl der Übernachtungen, dividiert durch die Ankünfte.   **337**

$$\text{Aufenthaltsdauer} = \frac{\text{Durchschnittliche Verweildauer der Gäste}}{\text{Zahl der Übernachtungen}}$$

Nach Angaben der hotel biz consulting (*Hotel Performance Trends, Executive Summary* 2002) ergaben sich für 2001 folgende Kennzahlen für die Bundesrepublik Deutschland[81]:   **338**

a) **Logis:**

– Zimmerauslastung	63 %
– Zimmerpreis	70 €
– Zimmerpreis unter Berücksichtigung der Belegung (Revpar =*Revenue per available room*)	44 €
– Zimmer pro Hotel	129
– Doppelbelegungsfaktor	1,4
– Aufenthaltsdauer	1,8 Tage

---
80   Deutsches Wirtschaftswissenschaftliches Institut für Fremdenverkehr (DWIF) an der Universität München, Maschke, Hotelbetriebsvergleich, Sonderreihe 63, 1995; vgl. GuG-aktuell 2004, 13.
81   Vgl. Performance nach USAL und SKR 70.

b) Gastronomie
- Umsatz je Restaurant/Sitzplatz im Jahr   6 719 €
- Wareneinsatzquote Speisen und Getränke   29 %

c) Personal
- Vollbeschäftigte je Zimmer   0,39
- Umsatz je Vollbeschäftigte im Jahr   79 510 €
- Personalkosten je Vollbeschäftigte im Jahr   26 118 €

5.2.3.2 Umsatz

Schrifttum: Deutsches Wirtschaftswissenschaftliches Institut für Fremdenverkehr (DWIF) an der Universität München, *Maschke,* Hotelbetriebsvergleich, Sonderreihe 63, 1995.

a) *Allgemeines*

339 Der **Hotelbetriebsumsatz ergibt sich aus** den **Einnahmen für Logis,** *Food & Beverage* **und Sonstigem.** Für die Beurteilung des Umsatzes von Hotels kommt es maßgeblich auf den **Betriebsumsatz** an, d. h. auf den Gesamtumsatz (einschließlich Bedienungsgeld und ohne Mehrwertsteuer), jedoch ohne betriebsfremde Umsätze, z. B. aus der Vermietung von Ladenlokalen, Umsätze aus einem gleichzeitig betriebenen gewerblichen Einzelhandel usw. Der Betriebsumsatz setzt sich zusammen aus

- dem *Warenumsatz* (Speisen-, Getränke- und Handelswarenumsatz),
- dem *Speisen- und Getränkeumsatz,* der sich aus dem Warenumsatz, vermindert um den Handelswarenumsatz, ergibt,
- dem *Beherbergungsumsatz* (ohne Frühstück, Speisen- und Getränkeumsatz sowie sonstige betriebliche Umsätze),
- den *sonstigen Umsätzen* (Telefonumsatz, Automatenprovision usw.).

Der Betriebsumsatz deckt sich somit nicht mit dem Umsatz der Umsatzsteuererklärung, der auch betriebsfremde Umsätze einschließt.

Der Betriebsumsatz ist i. d. R. Maßstab für Bemessung der Pacht. Eine wichtige Kenngröße ist der **Betriebsumsatz je Öffnungstag.**

$$\text{Betriebsumsatz je Öffnungstag} = \frac{\text{Betriebsumsatz}}{\text{Öffnungstage}}$$

340 Bei Hotels bestimmt sich die **Umsatzberechnung**[82] nach
- der Anzahl der Zimmer,
- der Anzahl der jährlichen Betriebstage (Öffnungstage = Tage des Jahres abzüglich Ruhetage und Betriebsferien),
- dem Zimmerpreis (ohne MwSt.),
- der Belegungsziffer je Bett (Zimmer),
- der Aufenthaltsdauer,
- der Anzahl der vorhandenen Sitzplätze,
- der Belegungshäufigkeit je Sitzplatz,
- dem Warenumsatz je Sitzplatz.

---

82 Zu den Umsätzen der 20 umsatzstärksten Hotelbetriebe in den Altbundesländern in den Jahren 1990/91 vgl. GuG 1991, 222; Quelle: NGZ service manager.

Hotels und Gaststätten **Besondere Immobilienarten V**

Abb. 7: Umsatzstärkste Hotelgesellschaften

	Umsatzstärkste Hotelgesellschaften 2013	Umsatz in Mio. €
1	Hotel Bayerischer Hof, München	59,6
2	Estrel Berlin, Berlin	53,9
3	Sheraton Frankfurt am Main Towers and Conference Center	50,8
4	Hotel Adlon Kempinski, Berlin	49,9
5	Hotel Intercontinental, Berlin	46,1
6	Center Parcs Bungalowpark Bispinger Heide, Bispingen	43,7
7	Kempinski Hotel Vier Jahreszeiten, München	36,8
8	Sport- und Kurhotel Sonnenalp, Ottenschwang	36,5
9	Park Inn Berlin Alexanderplatz, Berlin	36,2
10	The Westin Grand München, München	36,1
11	Hilton Berlin, Berlin	35,1
12	Grand Elysée Hotel Hamburg, Hamburg	32,2
13	Ferienpark Weissenhäuser Strand, Weissenhäuser Strand	31,9
14	Steigenberger Airport Hotel Frankfurt, Frankfurt am Main	31,1
15	Kempinski Hotel Airport München, München	30,9
16	Center Parcs Bunaalowpark Hochsauerland, Medebach	30,9

Quelle: AHGZ Allgemeine Hotel- und Gastronomie Zeitung (Verlagsgruppe Deutscher Fachverlag)

b) *Umsatz und Personalbesatz*

Die Angemessenheit des Personalbesatzes und die **Personalkosten** bzw. die Leistung eines Vollbeschäftigten lassen sich mit folgenden Kennzahlen prüfen: 341

$$\text{Umsatz je Vollbeschäftigtem} = \frac{\text{Betriebsumsatz - außerordentliche Erlöse}}{\text{Anzahl der Vollbeschäftigten}}$$

Die Anzahl der **Vollbeschäftigten** (VB) stellt dabei eine theoretische Größe der im Jahresdurchschnitt vollzeitbeschäftigten Mitarbeiter einschließlich der Unternehmer oder unentgeltlich mitarbeitenden Familienangehörigen dar. Teilzeitbeschäftigte und Auszubildende werden (entsprechend der Arbeitszeit) mit dem Faktor 0,5, Aushilfen und unregelmäßig mitarbeitende Familienangehörige mit dem Faktor 0,3 als Vollzeitbeschäftigte berücksichtigt.   342

Als **Vollbeschäftigte Arbeitnehmer** (VB AN) bezeichnet man dagegen nur die gegen Entgelt beschäftigten und nicht aus dem Gewinn entlohnten Arbeitskräfte. Mitarbeitende Familienangehörige und der Inhaber, soweit sie selbst tätig sind, sind mit einzubeziehen.   343

c) *Logisumsatz (Beherbergungsumsatz)*

Der **Logisumsatz** (Beherbergungsumsatz) ergibt sich aus: 344

> Logisumsatz = Bettenzahl × Bettenpreis × 365 Tage* × Belegung des Hotels in %
> * bzw. Betriebstage/Jahr

Beispiel:

– Bettenzahl 100
– Bettenpreis 81,5 €
– Belegung 70 %
Logisumsatz: 100 Zimmer × 81,5 € × 365 Tage × 0,70 = 2 082 325 €

Der Logisumsatz (**Beherbergungsumsatz**) definiert sich ohne Frühstücksumsatz und Nebenerlöse, wie Speise- und Getränkeumsatz, Telefon, Minibar, Video usw.[83]   345

---

83 Riedel/Bruss: Gastwirtschaftliche Schriftenreihe Nr. 57 der DEHOGA 1999; vgl. GuG-aktuell 2004, 13.

V Besondere Immobilienarten   Hotels und Gaststätten

346 Die **Bettenumsatzquote** wird aus dem Beherbergungsumsatz im Verhältnis zu den belegten Betten ermittelt bzw. entsprechend für die belegten Zimmer:

> Bettenumsatzquote pro belegtem Bett = Beherbergungsumsatz/belegte Betten
> Bettenumsatzquote pro belegtem Zimmer = Beherbergungsumsatz/belegtes Zimmer

347 Daneben lässt sich der **Beherbergungsumsatz** auch durch die Anzahl der Betten bzw. der Zimmer ermitteln:

> Bettenumsatzquote pro vorhandenem Bett = Beherbergungsumsatz/Anzahl der Betten
> Zimmerumsatzquote pro vorhandenem Zimmer = Beherbergungsumsatz/Anzahl der Zimmer

d) *Warenumsatz*

348 Unter dem **Warenumsatz** ist die Summe der Speisen-, Getränke- und Handelswarenumsätze einschließlich Bedienungsgeld, jedoch ausschließlich der Mehrwertsteuer, zu verstehen. Der Warenumsatz wird berechnet nach dem Umsatz pro Quadratmeter Verkaufsfläche oder pro Sitzplatz.

$$\text{Warenumsatz} = \frac{\text{Warenumsatz}}{\text{Verkaufsflächen [m}^2\text{] oder Sitzplätze}}$$

349 Der **Warenumsatz je Sitzplatz oder Verkaufsfläche [m²]** ist auf den Öffnungstag zu beziehen, d. h.

$$\text{Warenumsatz je Sitzplatz (Öffnungstag)} = \frac{\text{Warenumsatz}}{\text{Sitzplätze (Öffnungstag)}}$$

350 – **Verkaufsfläche** ist die Fläche, die den Gästen zur Einnahme von Speisen und Getränken zur Verfügung steht. Terrassen sind mit 25 % zu berücksichtigen; Garderoben- und Toilettenräume zählen nicht mit.
– **Sitzplätze** sind die den Gästen zur Einnahme von Speisen und Getränken zur Verfügung stehenden Gastplätze. Sitzplätze im Freien (Biergärten und Terrassen sowie in Veranstaltungsräumen) sind mit 25 % zu berücksichtigen.

351 *Beispiel:*

– Anzahl der Sitzplätze   150
– Warenumsatz pro Tag   10,00 €
– Belegung des Sitzplatzes pro Tag   50 %
Warenumsatz[84]:   150 Sitze × 10,00 € × 365 Tage × 0,50 = 273 750 €

352 Das Sitzplatzangebot muss der jeweiligen Hotelkategorie angemessen sein. Der **Flächenbedarf in der Restauration** beläuft sich auf etwa:

Flächenbedarf		
– Full-Service-Restaurant	4,5–6,0 m²	
– begrenztes Angebot (ohne große Küche)	2,5–3,5 m²	pro Platz
– Fast Food	1,5–2,0 m²	

Quelle: Münchener Institut für Markt-, Regional- und Wirtschaftsforschung

---

84 DEHOGA-Schriftenreihe Nr. 57 (1999).

Hotels und Gaststätten — Besondere Immobilienarten V

e) *Gastronomieumsatz*

▶ *Vgl. Rn. 386 ff.*

Der Gastronomieumsatz (Speisen und Getränke – F&B) definiert sich als der **Speisenumsatz** (einschließlich Frühstück) **und** der **Getränkeumsatz** (einschließlich Getränkesteuer und spezifischer Verbrauchssteuern) **inklusive Bedienungsgeld, jedoch ohne Umsatzsteuer**. 353

Er bestimmt sich nach der Anzahl der Sitzplätze, dem Warenumsatz pro Sitzplatz und seiner Belegung [%]. Er ergibt sich aus: 354

> Gastronomieumsatz = Anzahl der Sitzplätze × Warenumsatz × 365 Tage* × Belegungsquote
>
> * bzw. Betriebstage/Jahr

Nach einer Faustformel führt ein **Investitionsaufwand von 1 € zu einem Umsatz von 1 €** im **Gastronomiebereich**. 355

Für die **Themengastronomie** gelten folgende **Kennziffern** 356

– *Flächenbedarf*   600 bis 2 500 m^2,
– *Investitionsvolumen*   zwischen 1 500 und 3 600 €/m^2 einschließlich Ausstattung,
– *Umsatz pro Gast*   rd. 8,00 €.

Zu den Umsätzen und Einnahmen von **Gaststätten und Schankbetrieben** vgl. die Hinweise bei Rn. 385 ff. 357

5.2.3.3 Wareneinsatz und -umschlag

Als wichtige Kennziffer der Wirtschaftlichkeit beim Einkauf und der Restauration (Küchenproduktion) gilt die **Wareneinsatzquote**, die das prozentuale Verhältnis der Warenkosten (Speisen- und Getränke) zum Warenumsatz angibt. 358

$$\text{Wareneinsatzquote} = \text{Warenkosten} \times \frac{100}{\text{Warenumsatz}}$$

Die **Warenkosten** bemessen sich nach dem effektiven Verbrauch an Lebensmitteln und Handelswaren, bewertet nach Einstandspreisen, einschließlich Fracht, Rollgeld, Verpackung, Zoll und Verbrauchssteuern (z. B. Sektsteuer), zuzüglich der Differenz des Inventurbestands vor und am Ende der Periode. 359

Die **Warenumschlagsquote** ist eine Kennziffer zur Beschreibung des Lagerumfangs und der Lagerdauer von Warenvorräten und der damit verbundenen Kapitalbindung: 360

$$\text{Warenumschlagsquote} = \frac{\text{Warenkosten im Jahr}}{\text{duchschnittlicher Warenbestand}}$$

Der durchschnittliche **Warenbestand** ergibt sich aus der Summe der in den jährlichen Inventuren ermittelten Warenkosten, geteilt durch die Anzahl der Inventuren. 361

5.2.3.4 Personalkosten und -besatz

Die **Personalkosten** werden beschrieben mit den durchschnittlichen Kosten, die ein vollbeschäftigter Arbeitnehmer dem Betrieb verursacht. 362

$$\text{Personalkosten je Vollbeschäftigtem} = \frac{\text{Gesamtpersonalkosten}}{\text{Anzahl der Vollbeschäftigten}}$$

V Besondere Immobilienarten — Hotels und Gaststätten

363 Die **Gesamtpersonalkosten** setzen sich aus sämtlichen Personalkosten einschließlich der gesetzlichen und freiwilligen sozialen Aufwendungen und Sachleistungen aller Art (Kost, Logis, Dienstkleidung, Inserate, Personalwerbung) zusammen.

364 Die Personalkosten können auch als **Vomhundertsatz des Betriebsumsatzes** beschrieben werden:

$$\text{Personalkostenquote} = \frac{\text{Gesamtpersonalkosten} \times 100}{\text{Betriebsumsatz}}$$

365 Als **Leistungsmaßstab für den Personaleinsatz im Beherbergungswesen (Hotel)** gilt das Verhältnis der belegten Betten bzw. Zimmer pro Vollbeschäftigtem.

$$\text{Quote} = \frac{\text{Anzahl der belegten Betten (Zimmer)}}{\text{Anzahl der Vollbeschäftigten im Beherbungsbereich} \times \text{Öffnungstage}}$$

366 Als **Leistungsmaßstab für den Personaleinsatz im Restaurationsbetrieb** gilt die Sitzplatzquote pro Vollbeschäftigtem im Service. Sie ermittelt sich aus:

$$\text{Sitzplatzquote} = \frac{\text{Sitzplätze}}{\text{Anzahl der Vollbeschäftigten im Service}}$$

367 Der **Personalbesatz** (Vollzeitbeschäftigte) macht i. d. R. den größten Teil der Betriebskosten aus; ein unangemessener Personalbesatz kann den Betriebsgewinn erheblich verfälschen. Der Personalbesatz liegt üblicherweise bei

– einem *First-Class*-Hotel bei   0,5 bis 0,8 Angestelltem pro Zimmer

– einem Standardbetrieb (auch *Boarding*house) bei   0,1 bis 0,2 Angestelltem pro Zimmer

Abb. 8: Mitarbeiterzahl pro verfügbarem Zimmer (2003)

Mitarbeiterzahl pro verfügbarem Zimmer (Dezember 2003)				
Stadt	Berlin	Frankfurt am Main	München	Dresden
2003	0,49 bis 0,55	0,43 bis 0,46	0,39 bis 0,43	0,33 bis 0,63

Quelle: Horwarth Consulting Deutschland GmbH; vgl. GuG-aktuell 2004, 13

5.2.4 Wertermittlungsverfahren

▶ *Zur Wahl des Wertermittlungsverfahrens vgl. § 8 ImmoWertV Rn. 64 ff.*

368 – Grundsätzlich gelten für die Ermittlung des Verkehrswerts von Hotels und Gaststätten die klassischen Wertermittlungsverfahren (Vergleichs-, Ertrags- und Sachwertverfahren). In den bekannten Ausformungen in Betracht kommen Hotelgrundstücke[85].

– Die Anwendung des Vergleichswertverfahrens scheitert wegen der unterschiedlichen Beschaffenheit von Hotels in aller Regel an geeigneten Vergleichspreisen.

– Der Sachwert, d. h. der Substanzwert des Grund und Bodens, der Gebäude sowie des Inventars und der Einrichtungen kann zwar ermittelt werden, jedoch sind die aufgebrachten Kosten für einen Investor nur von nachrangiger Bedeutung. Abwegig und nicht nachvollziehbar die Rechtsprechung des LG Mönchengladbach[86], die am Geschehen auf dem Grundstücksmarkt vorbeigeht.

---

85 BGH, Beschl. vom 11.3.1993 – III ZR 24/92 –, GuG 1994, 116 = EzGuG 20.144b; BGH, Beschl. vom 18.10.1984 – III ZR 134/83 –, EzGuG 20.107d; LG Kempen, Urt. vom 28.4.1998 – 4 T 2605/97 –, Rpfleger 1998, 359 = EzGuG 20.162b; abwegig LG Mönchengladbach, Urt. vom 20.3.2003 – 5 T 364/02 –, Rpfleger 2003, 379 unter Hinweis auf BayObLG, Urt. vom 8.3.1979 – 3 Z 109/76 –, Rpfleger 1979, 395.

Hotelobjekte sind reine Renditegrundstücke, deren Verkehrswerte (Marktwerte) sich vornehmlich durch ihre Renditefähigkeit ergeben. Entscheidend ist der *Ertragswert*, der i. d. R. auf den Gewinn-und-Verlust-Rechnungen der letzten Jahre sowie einer Einschätzung der künftigen Leistungsfähigkeit beruht. Die Ermittlung des Gesamtwerts von Hotels gehört damit vorrangig zu den Aufgaben der Betriebswirtschaft.

Die Erscheinungsformen der Immobilien im Hotel- und Gaststättengewerbe sind allerdings derart vielfältig, dass eine pauschale Wertermittlung über standardisierte Wertansätze nicht empfohlen werden kann. **369**

5.2.5 Vergleichswertverfahren

Bei **Ableitung des Zimmerpreises aus dem Kaufpreis eines Hotels zu Vergleichszwecken** ist Vorsicht geboten. Im Kaufpreis sind neben dem Wert des Grund und Bodens und des Gebäudes in jedem Falle der *good will* (Firmenwert) und häufig auch der Inventarwert enthalten. Für eine Aussage über den Verkehrswert eines Hotels sind diese Werte üblicherweise außer Betracht zu lassen. **370**

5.2.6 Sachwertverfahren

Schrifttum: *Niemeyer, M.,* Hotel-Projektentwicklung, 2002.

Die **Anwendung des Sachwertverfahrens** als Hauptverfahren zur Wertermittlung von Hotelgrundstücken **ist abzulehnen.** Die Ermittlung des Grundstückssachwerts eines Hotels hat jedoch für Kontrollzwecke eine nicht unerhebliche Bedeutung, insbesondere, wenn es um die Verkehrswertermittlung eines Hotelneubaus geht. Der Sachwert eines Hotels auf der Grundlage von Normalherstellungskosten lässt sich i. d. R. leicht ermitteln. Die Höhe der Baukosten wird durch Bauart und Ausstattung beeinflusst. Allerdings täuschen hohe Gebäudenormalherstellungskosten oft einen ebenso hohen Verkehrswert vor, der bei Verkauf nicht erzielt werden kann. **371**

Die **Herstellungskosten** für Hotels mit durchschnittlicher bis guter Ausstattung weisen eine große Streuung auf. Sie liegen – bezogen auf das Jahr 2010 – zwischen 1 385 und 2 595 €/m² BGF (einschließlich Baunebenkosten; vgl. Typ 11.1 der NHK 2010)[87]. Die Höhe des Brutto-Grundflächen- bzw. Raummeterpreises ist nicht unbedingt ein Indiz für die Qualität der baulichen Ausführung und Ausstattung, da den größten Kostenfaktor im Hotelbau der Ausbau und die Haustechnik darstellen. Überschlagsrechnungen basieren auf den Herstellungskosten (Grundstücks- und Gebäudekosten ohne Inventar) je Gastzimmer (Appartement mit Vorraum, Bad/Dusche, WC). Sie liegen zwischen 60 000 € und 150 000 € je Zimmer. Bei *First-Class-* und Luxushotels liegen die Kosten je Zimmer zum Teil weit über 150 000 € (Kostenverhältnisse 2010). Die Methode, die Herstellungskosten eines Hotels nach den durchschnittlich aufzuwendenden Kosten je Gästebett zu ermitteln, kann nicht empfohlen werden. **372**

---

[86] LG Mönchengladbach, Urt. vom 20.3.2003 – 5 T 364/02 –, Rpfleger 2003, 379 unter Hinweis auf BayObLG, Urt. vom 8.3.1979 – 3 Z 109/76 –, Rpfleger 1979, 395 = EzGuG 20.18. Abwegig auch die Ausführungen von Metz (Rpfleger 2010, 13) nach dessen Begründung das Sachwertverfahren anzuwenden sei, wenn das Grundstück und nicht der darauf ausgeübte Betrieb zu bewerten sei. Im gewöhnlichen Geschäftsverkehr bestimmt sich der Verkehrswert eines mit einem Hotel bebauten Grundstücks i. d. R. nach dessen Rentierlichkeit und mithin nach dem Ertragswertverfahren. Vgl. auch BGH, Beschl. vom 11.3.1993 – III ZR 24/92 –, GuG 1994, 116 = EzGuG 20.144b; BGH, Beschl. vom 18.10.1984 – III ZR 134/83 –, EzGuG 20.107d; LG Kempen, Urt. vom 28.4.1998 – 4 T 2605/97 –, Rpfleger 1998, 359 = EzGuG 20.162b.

[87] Vgl. hierzu die in den SachwertR für Beherbergungsstätten (Gebäudetype 11) angegebenen Normalherstellungskosten 2010.

V Besondere Immobilienarten — Hotels und Gaststätten

Abb. 9: Gesamtinvestitionen pro Zimmer

Gesamtinvestitionen pro Zimmer (ohne Grundstückskostenanteil)			
Hotelkategorie	nach Heuer 1989	nach Pohnert 2004	nach GuG 2004
1-Sterne-Hotel	46 000 € bis 56 000 €	35 000 € bis 50 000 €	35 000 € bis 45 000 €
2-Sterne-Hotel	56 000 € bis 77 000 €	50 000 € bis 70 000 €	60 000 € bis 75 000 €
3-Sterne-Hotel	77 000 € bis 107 500 €	70 000 € bis 90 000 €	80 000 € bis 100 000 €
4-Sterne-Hotel	107 500 € bis 148 000 €	90 000 € bis 130 000 €	120 000 € bis 150 000 €
5-Sterne-Hotel	148 000 € bis 205 000 €	ab 130 000 €	ab 200 000 €

Das **Investitionsvolumen** lässt sich auch **auf einen Quadratmeter BGF** beziehen, z. B. ca. 200 bis 2 700 €/m² BGF bei durchschnittlich 50 m² BGF pro Zimmer für ein 4-Sterne-Hotel.

Abb. 10: Investitionskosten und Verteilung der Kostengruppen

Investitionskosten und Verteilung der Kostengruppen					
Investitionskosten					
Hotelkategorie	1 Stern	2 Sterne	3 Sterne	4 Sterne	5 Sterne
BGF pro Zimmer in m²	15 bis 25	26 bis 39	40 bis 50	51 bis 65	über 65
Investitionskosten pro Zimmer in €	50 000–75 000	75 000–100 000	100 000–150 000	150 000–200 000	über 200 000
Verteilung der Kostengruppen (nach DIN 276) in %					
Grundstück	10 bis 16	8 bis 14	8 bis 10	8 bis 10	6 bis 8
Erschließung	1	1	1	1	1
Bauwerk	35 bis 40	35 bis 40	35 bis 40	35 bis 40	35 bis 40
Technische Anl.	12 bis 16	12 bis 16	12 bis 18	16 bis 18	16 bis 20
Außenanlagen	1 bis 2	1 bis 2	1 bis 2	1 bis 2	1 bis 2
Ausstattung	8 bis 9	10 bis 11	12 bis 14	14 bis 16	14 bis 18
Baunebenkosten	14 bis 16	14 bis 16	14 bis 16	14 bis 16	14 bis 16

373 Im Rahmen der Sachwertermittlung müssen zusätzlich zu den Herstellungskosten die **Kosten der Ausstattung (FF&E –** *Furniture, Fixtures* **und** *Equipment*) berücksichtigt werden. Sie beliefen sich im Jahre 2012 auf rd. 15 000 € je Zimmer für ein normal ausgestattetes 4-Sterne-Hotel (bis zu 15 % der Investitionskosten). Darin eingeschlossen sind neben der Zimmerausstattung alle weiteren Ausstattungskosten (Küche, Gastronomie, Rezeption, Sozialräume usw.).

Gesamt- und Restnutzungsdauer

374 Im Allgemeinen werden bei Hotels **Gesamtnutzungsdauern von 40 bis 60 Jahren** angesetzt, die sich tatsächlich nur unter der Voraussetzung einer laufenden Modernisierung ergeben. Budgethotels haben eine kürzere Gesamtnutzungsdauer.

Bodenwert

Eine wichtige Kenngröße ist dabei der **Bodenwert**, der **etwa bei 10 % der Gesamtkosten** liegt. Eine Überschreitung eines Kostenanteils von 15 % für den Grund und Boden deutet auf einen nicht tragbaren Bodenwert hin. 20 % sind allenfalls in den besten Innenstadtlagen tragbar.

Die **Sachwertfaktoren** bewegen sich bei Anwendung des Sachwertverfahrens im Bereich von 0,4 (bei geringer Auslastung) bis 0,8 (bei hoher Auslastung). Sie sind darüber hinaus bei hohen Sachwerten geringfügig niedriger.

5.2.7 Ertragswertverfahren

5.2.7.1 Allgemeines

▶ *Zur Pachtwertmethode vgl. Rn. 393 ff. und in der Syst. Darst. des Ertragswertverfahrens Rn. 30; zur Gesamt- und Restnutzungsdauer Rn. 373; § 6 ImmoWertV Rn. 370 ff., § 19 ImmoWertV Rn. 105, 115*

Für die Wertermittlung von Hotelbetrieben (mit Ausnahme der kleinen Betriebe mit Werten deutlich < 500 000 €) ist bei Anwendung des Ertragswertverfahrens generell zwischen zwei Verfahren zu differenzieren:

– dem Pachtwertverfahren und
– dem betriebswirtschaftlichen Verfahren (Unternehmenswert).

Abb. 11: Bewertungsansätze

Grundlage beider Verfahren bildet der **durchschnittliche Gesamtjahresumsatz des Betriebs**. Er ist bei bestehenden Betrieben aus den Jahresabrechnungen der vergangenen drei bis fünf Jahre zu ermitteln oder bei geplanten oder im Bau befindlichen Objekten nach Erfahrungssätzen zu schätzen. Der nach der betriebswirtschaftlichen Methode ermittelte Unternehmenswert ist nicht identisch mit dem Verkehrswert und fällt i. d. R. höher aus[88].

---

[88] Gottlöber, E., Planung, Finanzierung, Bewertung und Rentabilitätsbegutachtung von Hotels, Gastgewerbe Verlag, 2. Aufl. 1992, S. 49

V Besondere Immobilienarten Hotels und Gaststätten

5.2.7.2 Einnahmen

a) *Einnahmen eines Hotelbetriebs*

379 Die **Einnahmen** eines **Hotelbetriebs** und auch die Kosten werden (nach der SKR 70 von DATEV) untergliedert:

a) Logis

b) Speisen und Getränke (*Food and Beverage*, F&B)

c) Sonstiges (Telefon, Garage usw.).

380 Im Rahmen der Ertragswertermittlung kommt dem Zimmerpreis eine maßgebliche Bedeutung zu. Dabei ist nicht der **veröffentlichte Zimmerpreis** – auch *Rack Rate* genannt – maßgebend, da dieser im Hinblick auf Preisabschläge in nachfrageschwachen Zeiten sowie bei Firmen- und Gruppenrabatten *(corporate rates)* oft um bis zu 50 % unterschritten wird. So zahlen z. B. Konferenzteilnehmer einen ca. 20 bis 30 % geringeren Zimmerpreis als Einzelreisende.

381 Internationaler Vergleichsmaßstab des Logisumsatzes (Beherbergungsumsatzes) ist der tatsächlich im Durchschnitt erzielte Zimmerpreis (*Average Room Rate*, **ARR**) ausschließlich der Mehrwertsteuer und der Umsätze aus Frühstück sowie sonstiger Nebenerlöse. Die *Average Room Rate* ergibt sich aus dem Zimmerumsatz, dividiert durch die Zahl der belegten Zimmer.

$$Average\ Room\ Rate\ (ARR) = \frac{Zimmerumsatz}{Zahl\ der\ belegten\ Zimmer}$$

Bei einem 4-Sterne-Hotel kann eine **monatliche Pacht** von ca. 600 bis 900 € (ausstattungsabhängig bei ca. 50 m² BGF pro Zimmer) angesetzt werden.

382 Die *Average Room Rate* sollte bei einer 60%igen Zimmerbelegung nicht 1/1 000 der Investitionssumme pro Zimmer unterschreiten (Abb. 12).

Abb. 12: Zimmerpreis und Belegung (2010)

Hotelmarkt 4 und 5 Sterne	Durchschnittlicher Zimmerpreis ARR (€)	Durchschnittliche Auslastung (Belegung)	RevPar	Veränderung zum Vorjahr
Frankfurt a.M.	105,00	58,3 %	61,00 €	– 10,3 %
Hamburg	92,00	70,4 %	65,00 €	– 8,6 %
Köln	93,00	61,0 %	57,00 €	– 8,9 %
Berlin	80,00	67,8 %	54,00 €	– 9,4 %
München	96,00	65,4 %	63,00 €	– 14,1 %
Stuttgart	86,00	56,9 %	48,00 €	– 17,5 %
Düsseldorf	89,00	57,1 %	51,00 €	– 25,8 %

* Durchschnittlicher Zimmerpreis × Belegung

Quelle: STR Global vgl. GuG-aktuell 2010, 45 sowie GuG-aktuell 2004, 13, IHK Hotelverband 2002/ G.O.P. Gmbh & Co KG, Frankfurt am Main (www.gop-hotels.com).

Abb. 13: Zimmerpreise und Auslastung (Belegung) von Flughafenhotels

	Flughafenhotels 2008/2009					
	Durchschnittlicher Zimmerpreis		Durchschnittliche Auslastung (Belegung)		Durchschnittlicher RevPar	
	1. Quartal 2008	1. Quartal 2009	1. Quartal 2008	1. Quartal 2009	1. Quartal 2008	1. Quartal 2009
Berlin	96,43 €	91,91 €	59,2 %	59,0 %	57,06 €	54,23 €
Düsseldorf	119,87 €	99,05 €	67,4 %	62,5 %	80,47 €	61,91 €
Frankfurt a. M.	118,15 €	118,03 €	64,4 %	58,2 %	76,10 €	68,69 €
Hamburg	92,67 €	91,49 €	66,5 %	67,3 %	61,61 €	61,57 €
Köln	119,62 €	121,49 €	64,8 %	63,9 %	76,82 €	77,63 €
München	93,04 €	91,41 €	60,4 %	57,9 %	56,17 €	52,93 €
Top 6	106,46 €	102,23 €	63.8 %	61,5 %	68,08 €	62,83 €
Flughafenhotels	98,93 €	96,80 €	66,4 %	58,3 %	65,29 €	56,43 €

Quelle: PKF hotelexperts, GuG-aktuell 2009, 35

Darüber hinaus ist zu berücksichtigen, dass dieser Zimmerpreis die Umsatzsteuer einschließt und entsprechend zu vermindern ist. Vor allem aber ist auch die Belegung zu berücksichtigen. Die wichtigste Kenngröße für die Wirtschaftlichkeit eines Hotels ist deshalb der Zimmerpreis unter Berücksichtigung der Belegung, der sog. **RevPar** *(Revenue per available room)*.

$$\text{RevPar} = \text{Zimmerbelegung} \times \text{Average Room Rate (ARR)}$$

Beispiel:

ARR = 100 €
Belegungsquote = 72 % RevPar in € × 72/100 = 72 €

Sofern keine Umsatzzahlen vorliegen, kann der maßgebliche Zimmerpreis entsprechend dem Anteil der jeweiligen Zielgruppe und dem entsprechenden Zimmerpreis abgeleitet werden (Abb. 14).

Abb. 14: Hotelkennzahlen in Deutschland

Hotelkennzahlen in Deutschland			
Jahr	*Average Room Rate* (ARR)	RevPar (Umsatz pro Zimmer)	Belegung
2000	82 €	52 €	63,4 %
2001	85 €	52 €	61,2 %
2002	77 €	48 €	62,3 %
2003	81 €	45 €	55,6 %
2004	82 €	49 €	59,8 %
2005	81 €	50 €	61,7 %
2006	88 €	55 €	62,5 %
2007	85 €	55 €	64,7 %

V Besondere Immobilienarten   Hotels und Gaststätten

385 Zur Ermittlung des Rohertrags (Nettokaltmiete) wird auch von der **Durchschnittspacht und dem Durchschnittsumsatz** ausgegangen (vgl. Rn. 158 und Syst. Darst. des Ertragswertverfahrens Rn. 193 ff.).

b) *Einnahmen aus der Gastronomie*

▶ *Vgl. Rn. 352 ff.*

386 Derzeit bestehen etwa 220 000 Gaststätten, die einen Gesamtumsatz von ca. 40 Mrd. € erwirtschaften. Je nach Standort kann eine **pauschale Pacht von bis zu 10 % des Umsatzes** vereinbart werden.

Pro Gast besteht ein Flächenbedarf von

– 4,5 bis 6,0 m² für ein *Full-Service*-Restaurant,
– 2,5 bis 3,5 m² für ein Restaurant mit mittlerem Angebot,
– 1,5 bis 2,0 m² für ein *Fast-Food*-Restaurant.

Ein „mittleres Restaurant" mit 100 Plätzen benötigt etwa 300 m².

387 Es liegen zumeist **Umsatzzahlen** vor:

Abb. 15:   Betriebsergebnisse in Nordrhein-Westfalen (2005)

Betriebsform	Warenumsatz pro Tag und Sitzplatz	Betriebs-ergebnis 1[a]	Betriebs-ergebnis 2[b]	Mieten/Pachten
Schankbetriebe	5,00 bis 7,50 €	30 %	10 bis 16 %	8 bis 14 %
Gaststätten	6,50 bis 10,00 €	20 bis 25 %	8 bis 12 %	7 bis 10 %
Restaurants		20 bis 30 %	6 bis 10 %	7 bis 9 %

a. Betriebsergebnis 1: Umsatz abzüglich Waren-, Personal-, Betriebs- und Verwaltungskosten
b. Betriebsergebnis 2: Betriebsergebnis 1 abzüglich Mieten/Pachten, AfA, Zinsen, Reparaturen

388 Vielfach liegen auch **Mietwerte** vor:

Abb. 16:   Mietwerte für Gaststätten, Restaurants, Cafés in Bonn und Bergisch Gladbach

	Gaststätten, Restaurants, Cafés Bergisch Gladbach 2012	
Lage	Nutzfläche inkl. Nebenräumen	€ pro m²
Zentren Bergisch Gladbach, Bensberg, Refrath	100–300 m²	8,00–19,00 €/m²
Stadtkernrandlagen	60–260 m²	7,00–13,00 €/m²
Nebenzentren	60–300 m²	4,00–10,00 €/m²
Wohngebiete, Stadtrandlagen	80–125 m²	5,00–19,00 €/m²
Großflächige Ladenlokale im Stadtgebiet	300–1 400 m²	5,00–17,00 €/m²
Die Relation der Nebenflächen an der Gesamtfläche beträgt bei 30 bis 200 m² großen Ladenlokalen 10 bis 30 %: Mietangaben i. d. R. einschließlich Kellerflächen (im Mittel 37 m²). Weitere Angaben nach Lagen vgl. Grundstücksmarktbericht 2012.		

Hotels und Gaststätten — **Besondere Immobilienarten V**

	Bonn 2012			
	€ pro m² ohne MwSt und ohne Nebenflächen			
	Hauptnutzfläche			
	50 m²	80 m²	120 m²	400 m²
Umrechnungskoeffizient gemäß Tab. 10.2.2 des Grundstücksmarktberichtes	1,19	1,06	0,95	0,68
Bonn 1a Lage Bonn	70–120	60–110	50–100	35–65
1b Lage Bonn	32–52	25–47	23–41	17–33
1c Lage	15–30	15–28	14–25	10–18
Poppelsdorf	12–20	11–19	10–17	9–13
Nebenlagen	9–16	8–15	8–13	6–10
Bad Godesberg 1a Lage	25–45	20–40	18–30	17–22
Bad Godesberg 1b Lage	13–21	12–20	10–19	8–14
Bad Godesberg Nebenlagen	8–13	7–12	6–11	5–10
Beuel Zentrum	10–18	10–16	9–14	8–12
Nebenlagen	8–14	8–12	7–11	5–10
Hardtberg Duisdorf Zentrum	14–25	12–20	11–18	9–15
Nebenlagen	8–12	8–11	7–10	6–10

Quelle: Gutachterausschuss für Grundstückswerte in Bonn (2012); Bergisch Gladbach (2012). Der Grundstücksmarktbericht enthält auch Mietwerte für Ladenlokale in Stadtteilen und Nebenzentren.

c) *Einnahmen von Tagungszentren*

Abb. 17: Preisliste (einschließlich Mehrwertsteuer) von Tagungszentren in Berlin (Stand 2004)

Räumlichkeit Raum mit Rednerpult und Verdunkelungsmöglichkeit	Raumgröße	Personen	Tagessatz
Tagungsraum	50 bis 70 m²	bis 30	230 €
	100 m²	bis 40	310 €
	160 m²	bis 80	450 €
Saal (ohne Foyer)	120 m²		
– Blockbestuhlung (Rechteck)		bis 40	410 €
– Parlamentsbestuhlung (mit Tisch)		bis 50	410 €
– Kinobestuhlung (ohne Tisch)		bis 70	460 €
Saal (ohne Foyer)	210 m²		
– Parlamentsbestuhlung (mit Tisch)		bis 100	770 €
– Kinobestuhlung (ohne Tisch)		bis 150	840 €
Saal (ohne Foyer)	330 m²		
– Parlamentsbestuhlung (mit Tisch)		160	1 000 €
– Kinobestuhlung (ohne Tisch)		250	1 125 €
Foyer	200 m²		150 €
	400 m²		250 €

V Besondere Immobilienarten   Hotels und Gaststätten

Tagungstechnik:

Internetzugang		nach Gebührenabrechnung
Telefonanschluss		nach Gebührenabrechnung
Faxanschluss		nach Gebührenabrechnung
PC	20,00 € pro Stunde	100,00 € pro Tag
Overhead-Projektor	8,00 € pro Stunde	40,00 € pro Tag
Flipchart	5,00 € pro Stunde	25,00 € pro Tag
Pinnwand	5,00 € pro Stunde	25,00 € pro Tag
Beamer	20,00 € pro Stunde	100,00 € pro Tag
Videorecorder	8,00 € pro Stunde	40,00 € pro Tag
Fernseher	8,00 € pro Stunde	40,00 € pro Tag
Diaprojektor	10,00 € pro Stunde	50,00 € pro Tag
Aktivboxen mit Mikrofon		20,00 € pro Tag
Stehtische		10,00 € pro Tag
Funkkopfhörer mit schnurlosem Mikrofon		5,00 € pro Person.

5.2.7.3 Bewirtschaftungskosten

390 Als Bewirtschaftungskosten (betriebsbedingte Kosten) sind insbesondere die direkten Kosten und die Personalkosten anzusetzen, insbesondere

a) **Wareneinsatz**   Benchmark: 25 %

Warenkosten sind insbesondere Lebensmittel, Getränke und sonstige Waren (Tabakwaren, Zeitungen, Süßwaren, Eis, Toilettenartikel, Ansichtskarten);

b) **Personalkosten**   Benchmark: 30 %

Personalkosten sind insbesondere Löhne und Gehälter, gesetzliche und tarifliche soziale Aufwendungen, freiwillige soziale Aufwendungen (z. B. Weihnachtsgeld, Kost, Fahrgeld), Aushilfslöhne und pauschale Steuern bei Aushilfe;

c) **Energiekosten** (4 bis 6 %),   Benchmark: 5 %

Energiekosten sind sämtliche Kosten für Strom, Gas, Heizöl, Wasser, Heizung und Klimatisierung.

Zur Beurteilung der Energiekosten werden diese in % des Betriebsumsatzes angegeben:

$$\text{Berechnung} = \frac{\text{Energiekosten} \times 100}{\text{Betriebsumsatz}}$$

d) **Betriebs- und Verwaltungskosten**   Benchmark: 3 %

Betriebs- und Verwaltungskosten sind insbesondere die Kosten der Verwaltung. Sonstige Betriebs- und Verwaltungskosten umfassen die Kosten für

- Wäsche und Reinigung einschließlich Abraum- und Abfallbeseitigung, Müllgebühren,
- Arbeitskleidung, Wäsche, Geschirr, Batterien usw.
- Kfz-Kosten einschließlich Kfz-Steuer und Kfz-Versicherung,
- Rechts- und Beratungskosten sowie Buchführungs-, Abschluss- und Prüfungskosten,
- Bürobedarfskosten, EDV-Kosten,
- Post- und Telefonkosten,
- Musik und Unterhaltung (Kabel- und Satellitenfernsehen, Pay-TV-Kosten)

- Werbeaufwand, Verkaufsförderung, Repräsentationsaufwendungen, Bewirtungskosten,
- Reisekosten, Kreditkartenprovisionen und
- sonstige Verwaltungskosten (Aufwendungen, Geldverkehr, Bargeldfehlbeträge).

Zur Beurteilung der sonstigen Betriebs- und Verwaltungskosten werden diese in % des Betriebsumsatzes angegeben:

$$\text{Berechnung} = \frac{\text{Sonstige Betriebs- und Verwaltungskosten} \times 100}{\text{Betriebsumsatz}}$$

e) **Steuern, Gebühren, Versicherungen, Beiträge** Benchmark: 5 %

Zu den Steuern, Gebühren, Versicherungen und Beiträgen gehören u. a. Umsatzsteuer, soweit nicht absetzbar, Getränke- und Vergnügungssteuer, Gewerbesteuer, Grundsteuer, GEMA usw., jedoch nicht Kfz-Steuer und Kfz-Versicherungen, Betriebsversicherungen (Versicherungsprämien), Verbandsbeiträge sowie öffentliche Gebühren und Beiträge.

Zur Beurteilung der Steuern, Gebühren, Beiträge, Versicherungsprämien werden diese in % des Betriebsumsatzes angegeben:

$$\text{Berechnung} = \frac{(\text{Steuern} + \text{Gebühren} + \text{Beiträge} + \text{Versicherungsprämien}) \times 100}{\text{Betriebsumsatz}}$$

f) **Erneuerungsrücklagen (Instandhaltung)**   Benchmark: 4 %

(Ergebnis vor Zinsen, Abschreibung und Steuern EBITDA)

Betreibervergütung

Die Einnahmen sind als Bezugsgrundlage für die Höhe der Instandhaltungskosten allerdings grundsätzlich ungeeignet, da ein gleichartiges Gebäude in Gebieten unterschiedlicher Ertragskraft einen gleichen Instandhaltungsbedarf hat. Gleichwohl werden die Instandhaltungskosten auch als Vomhundertsatz der Nettokaltmiete bzw. des Rohertrags dimensioniert. Für die sich vertragsmäßig auf die Instandhaltung von „Dach und Fach" beschränkende Instandhaltung wird z. B. ein Ansatz von 11,5 % des Rohertrags angegeben[89].

Bewirtschaftungskosten des Verpächters werden üblicherweise mit nicht mehr als 15 % der Jahresnettokaltmiete angesetzt. Als **Betreibervergütung** sind davon rd. 3 % des Umsatzes und 10 % des Bruttobetriebsergebnisses üblich.

5.2.7.4   Liegenschaftszinssatz

▶ *Vgl. § 14 ImmoWertV Rn. 135 ff.*

Hotelgrundstücke sind risikoreiche Kapitalanlagen. Insofern liegt der **Kapitalisierungszinssatz** im Ertragswertverfahren im Allgemeinen nicht unter 6,5 %. Durchschnittlich werden 7 % angenommen, da Modernisierungsinvestitionen insbesondere im Gästebereich alle 15 bis 20 Jahre erforderlich sind. In diesem Zeitraum muss sich der bei einem Hotelneubau mit 60

---

[89] Bienert, S., Bewertung von Hotelgrundstücken in Bewertung von Spezialimmobilien, S. 407, 521.

V Besondere Immobilienarten — Hotels und Gaststätten

bis 70 % der Herstellungskosten anzusetzende Ausbauanteil weitgehend amortisiert haben (vgl. § 14 ImmoWertV Rn. 142: 6,5 bis 8,5 %).

Abb. 18: Liegenschaftszinssätze von Hotels und Gaststätten nach Kategorien

Liegenschaftszinssätze von Hotels und Gaststätten	
Hotels und Gaststätten	6,0 bis 8,5 %
4 Sterne	6,0 bis 7,5 %
5 Sterne	6,5 bis 8,0 %
Budgethotels	7,0 bis 8,5 %

Der Liegenschaftszinssatz von Hotels und Gaststätten beläuft sich nach Untersuchungen verschiedener Gutachterausschüsse wie folgt:

Abb. 19: Liegenschaftszinssätze von Hotels und Gaststätten nach empirischen Untersuchungen

Liegenschaftszinssätze von Hotels und Gaststätten			
Frankfurt am Main	2013	4,75 – 6,75 % (Mittel 5,75 %)	3-4 Sterne, mittleres Segment mit bestehendem Pachtvertrag
LK Diepholz und Nienburg	2005	6,5 %	

Quelle: Grundstücksmarktberichte der angegebenen Jahre

5.2.7.5 Plausibilitätskontrolle

393 Als **Plausibilitätskontrolle** lässt sich der Ertragswert überschlägig als ein Vielfaches

– des *Jahresnettoumsatzes* (2,0 [schlechte Lage] bis 3,0 [gute Lage]) bzw.
– des *Jahresrohertrags* (10,0 [schlechte Lage] bis 13,0 [gute Lage])

ermitteln.

5.2.8 Pachtwertverfahren

Schrifttum: Deutsches Wirtschaftswissenschaftliches Institut für Fremdenverkehr (DWIF) an der Universität München; *Maschke*, Hotelbetriebsvergleich, Sonderreihe 63, 1995; BBG-Consulting Kreuzig GmbH Düsseldorf hat im Betriebsvergleich Hotellerie & Gastrononomie Deutschland 2002.

▶ *Vgl. Rn. 281, 339; § 8 ImmoWertV Rn. 67; Syst. Darst. des Ertragswertverfahrens Rn. 30 ff.*

394 Das Pachtwertverfahren ist das von Grundstückssachverständigen üblicherweise angewandte Verfahren zur Wertermittlung eines Hotelgrundstücks. Es wird im Wirtschaftsleben allgemein anerkannt und dient auch bei der Beleihung als Grundlage. Es gleicht im Prinzip dem Ertragswertverfahren nach der ImmoWertV, wobei der **Grundstücksreinertrag** aber nicht aus den üblichen Mieten, sondern **aus dem nachhaltig erzielbaren Pachtertrag des Eigentümers** gebildet wird. Bei bestehenden Objekten können meistens die Umsatzzahlen aus den vergangenen drei Jahren vergleichend mit herangezogen werden. Die mitgeteilten Umsatzzahlen sind jedoch zunächst auf Angemessenheit hin zu überprüfen. Grundsätzlich wird dabei vorausgesetzt, dass der Eigentümer des Hotelgrundstücks seinen Betrieb verpachtet.

395 Als Jahresnettokaltmiete wird dann die Pacht angesetzt, die ein Betreiber des Hotels (Pächter) üblicherweise dem Eigentümer (Verpächter) zahlt. Diese Verfahrensweise ist auch bei eigengenutzten Hotels anzuwenden, also in den Fällen, in denen Betreiber und Eigentümer eine

Hotels und Gaststätten — Besondere Immobilienarten V

Person sind. Bei geplanten oder im Bau befindlichen Objekten ist der künftige Pachtertrag nach Erfahrungssätzen zu schätzen.

Maßstab für die Bemessung der Pacht ist i. d. R. der Betriebsumsatz. Aus einem marktüblich erzielbaren Gesamtumsatz wird mittels **angemessener, marktüblicher Pachtsätze für Beherbergung, Gastronomie und sonstigem Umsatz** ein Jahrespachterlös als Jahresnettokaltmiete ermittelt. Von durchschnittlichen Umsätzen (etwa der letzten drei Jahre), die auf Dauer von durchschnittlich begabten Hoteliers erzielt werden können, und bei normalen Betriebs- und Sachkosten ergibt sich die Hotelpacht im Allgemeinen aus folgenden Prozentsätzen (Umsätze ohne MwSt. und gegebenenfalls auch ohne Kurtaxe) in den Teilbereichen (Abb. 20): 396

Abb. 20: Hotelbetriebsumsatz

	Hotel/Restaurant	Hotel garni
für Beherbergung	15–20 %	18–22 %
für Speisen	6–10 %	8–12 %
für Getränke	8–10 %	8–12 %
für Sonstiges	10–15 %	
– in Sonderfällen bis zu maximal	25 %	20–22 %
für Gesamtumsatz	15–18 %	20–22 %

Der sich nach Abzug der Bewirtschaftungskosten des Verpächters (üblicherweise nicht mehr als 15 % der Jahresnettokaltmiete) ergebende Grundstücksreinertrag wird wie bei dem normalen Ertragswertverfahren nach den §§ 17 bis 20 ImmoWertV mit einem marktüblichen Liegenschaftszinssatz über die voraussichtliche Restnutzungsdauer des Objekts kapitalisiert. Das Ergebnis ist der aus dem Grundstücksertragswert abgeleitete Verkehrswert nach § 194 BauGB. 397

Abb. 21: Durchschnittliche Pachten von Hotels

Ausstattung	Betriebsart				
	Stadthotel	Hotel garni	Groß-hotellerie	Kur- und Ferienhotel	Gasthöfe
Normale Ausstattung	11 bis 13 %	18 bis 20 %	15 bis 17 %	8 bis 10 %	11 bis 14 %
Gehobene Ausstattung	11 bis 13 %	20 bis 24 %	17 bis 20 %	11 bis 13 %	11 bis 15 %
First-Class Ausstattung	13 bis 15 %	-	20 bis 25 %	10 bis 12 %	12 bis 16 %

V Besondere Immobilienarten Hotels und Gaststätten

398 *Riedel/Busse*[90] geben für 1999 folgende **Pachtsätze** an (Abb. 22):

Abb. 22: Umsatz-Pachtsätze

Betriebsart/Umsatzbereich		Basis-Pachtsatz in %
Beherbergung		
– einfache Betriebe (ohne Nasszelle)		10 bis 15
– einfache Betriebe (mit Nasszelle)		15 bis 20
– gute Betriebe (mit Nasszelle)		20 bis 30
– sehr gute Betriebe (mit Nasszelle)		25 bis 35
– Luxushotels		über 30
Speisen/Getränke		
– Schankbetriebe		6 bis 8
– Pubs		
	gut	8 bis 10
	sehr gut	10 bis 12
– Bistros		10 bis 12
– Gaststätten		
	einfach	6 bis 8
	gut	7 bis 9
– Restaurants		
	gut	7 bis 9
	sehr gut	8 bis 10
– Spezialitätenlokale		8 bis 12
– Cafés/Eisdielen		8 bis 12
– Diskotheken		12 bis 18
– Hallenbetriebe		4 bis 7
Sonstige Betriebsumsätze		
– Spielautomatenprovisionen		40 bis 60*
– Kegelbahnmieten		30 bis 50
– Telefon/Garagen		10 bis 12
Bar- und Vergnügungsbetriebe		12 bis 16

* Hierbei handelt es sich um den vom Automatenaufsteller an den Pächter ausgezahlten Anteil an den Gesamteinspielergebnissen von mindestens 50 %.

399 Die **angegebenen Pachtsätze sind inkl. Pachtanteil für Mobiliar;** der Mobiliaranteil an den o. a. Pachtsätzen kann mit bis zu ca. 25 % angenommen werden,

– z. B. 25 % (Mobiliaranteil bei Beherbergung) von 20 % Basispacht = 5 % Pachtminderung oder

– 20 % (Mobiliaranteil beim Restaurant) von 10 % Basispacht = 2 % Pachtminderung.

400 **Bei der Verkehrswertermittlung von Hotel- und Gaststättengrundstücken ist der Verkehrswert immer ohne Mobiliaranteil zu ermitteln.** Die Pachtsätze müssen dementsprechend vermindert werden.

---

90 Schriftenreihe Nr. 57 der DEHOGA 1999.

Hotels und Gaststätten — Besondere Immobilienarten V

Das Verfahren vollzieht sich nach dem in Abb. 23 abgedruckten Schema.

401

Abb. 23: Pachtwertverfahren

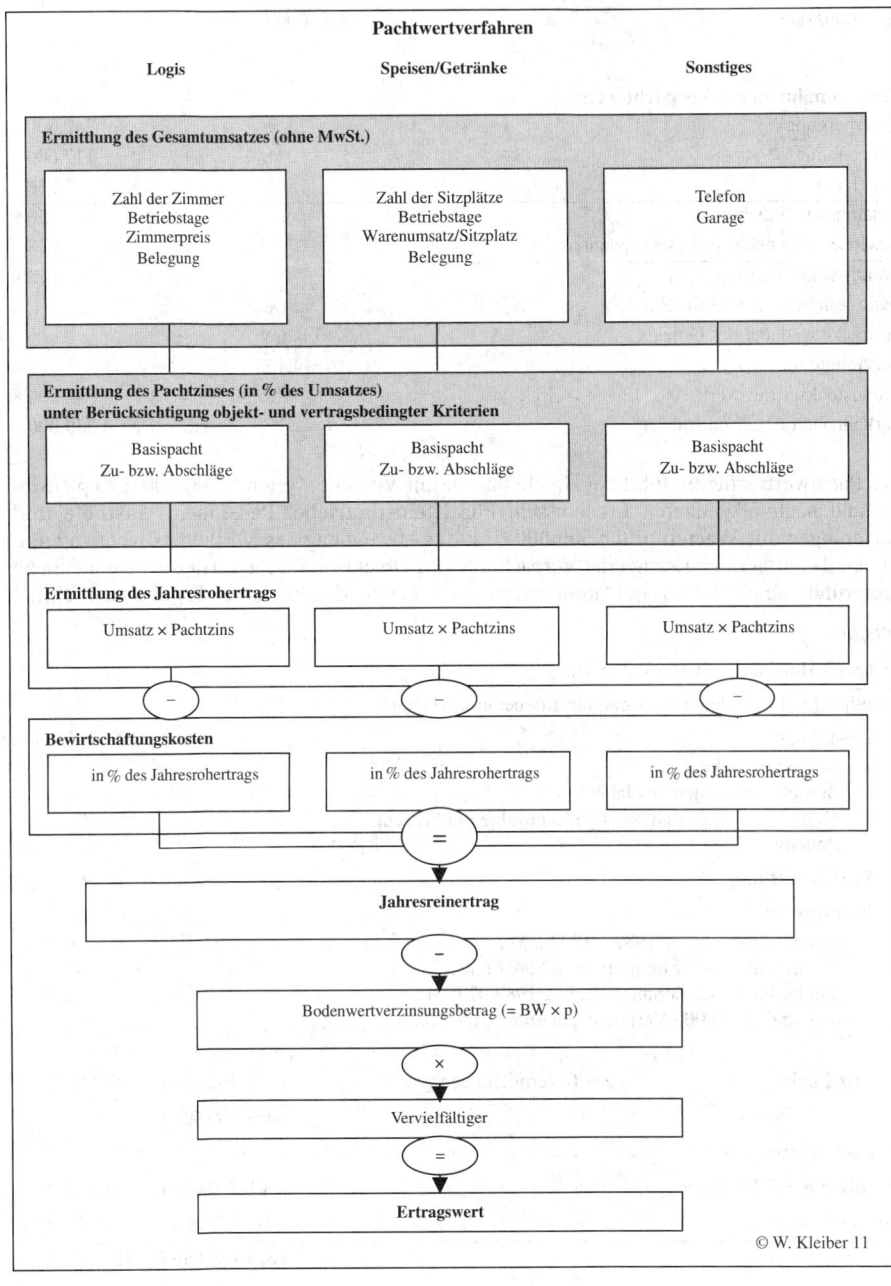

Beispiel (vereinfachte Wertermittlung):

402

Hotel mit 132 Betten, Jahresbetrieb, Zimmerpreise (ohne Frühstück) je nach Saison 30 bis 45 €.

V Besondere Immobilienarten   Hotels und Gaststätten

Umsätze im Jahr 1996 aus			
Beherbergung			1 100 000 €
Gastronomie	+		980 000 €
Sonstigem	+		15 000 €
Gesamtumsatz	=		2 085 000 €

Pachteinnahmen des Verpächters aus			
Beherbergung	22 %		242 000 €
Gastronomie	12 %	+	117 600 €
Sonstigem	15 %	+	2 250 €
Gesamtpachteinnahme		=	361 850 €
Bewirtschaftungskosten des Verpächters 15 %		–	54 278 €
Grundstücksreinertrag		=	307 572 €
marktüblicher Zinssatz für Hotelobjekte	6,5 %		
Restnutzungsdauer des Objekts	40 Jahre		
Vervielfältiger	14,15		
Grundstücksertragswert: 307 572 € × 14,15		=	4 352 000 €
Verkehrswert des Grundstücks		rd.	**4 350 000 €**

403 Das Pachtwertverfahren führt bei Hotelobjekten mit Verkehrswerten > 500 000 € zu plausiblen und nachvollziehbaren Ergebnissen. Für **Kleinstbetriebe, Pensionen, Gasthöfe und Ferienlager mit Werten unter 500 000 €** ist die Anwendung des Verfahrens nicht zu empfehlen, da der geringe Ertrag eine Verpachtung des Objekts nicht trägt. Hier wäre ohnehin zu überprüfen, ob nicht das Liquidationswertverfahren zu marktgerechteren Ergebnissen führt.

404 *Beispiel:*

Großstadt-Hotel der 3-Sterne-Kategorie:

Privathotel mit kompletter Gastronomie/Kooperations-Hotel

a) **Grundlagen**
   – Aktuelle Objektunterlagen
   – Betriebskennzahlen des Jahres
   – *Food & Beverage* und sonstige Kennzahlen in Prozent
   – Bodenwert

b) **Wertermittlung**

   Ertragswert

– Anteil Logis-Umsatz 1989 – 1992 i. M.:		62,8 %
– durchschnittlicher Zimmerpreis 1989/92 i. M.:		rd. 65 €
– durchschnittliche Zimmerbelegung 1989/92 i. M.:		66,3 %
– dies sind rd. 23 000 Vermietungen (95 × 365 × 0,663)		

Umsatz Logis	23 000 Vermietungen × 65 €	1 495 000 €	(62,0 %)
		rd. 1 500 000 €	
demnach ergeben sich für			
Umsatz *Food & Beverage*		rd. 790 000 €	(32,7 %)
Sonstige Umsätze:		rd. 130 000 €	(5,3 %)
Betriebsumsatz		**rd. 2 420 000 €**	(100,0 %)
Angemessener Pachtwert = Jahresnettokaltmiete i. S. von § 18 ImmoWertV:			
18 % von 2 420 000 €		=	435 600 €
./. Bewirtschaftungskosten (gemäß besonderem Nachweis rd. 15 %)		–	65 400 €
= Reinertrag des Grundstücks			370 200 €

Hotels und Gaststätten — Besondere Immobilienarten V

abzüglich Bodenwertverzinsungsbetrag 6,5 % von 1 000 000 €	–	65 000 €
= Ertragsanteil der baulichen Anlagen	rd.	**305 000 €**

Bei
- einer wirtschaftlichen Restnutzungsdauer von 40 Jahren
- einem Liegenschaftszinssatz von 6,5 %
- ist der Vervielfältiger: 14,15.

Gebäudeertragswert: 305 000 € × 14,15	=	4 315 750 €
	rd.	4 300 000 €
zuzüglich Bodenwert	+	1 000 000 €
= Ertragswert		**5 300 000 €**
Sachwert (Bau- und Bodenwert) wurde ermittelt mit	=	**5 600 000 €**
Verkehrswert der Immobilie	=	**5 500 000 €**

Nachrichtlich
- 103,8 % des Ertragswerts
- 12,6-fache Jahresnettokaltmiete
- 57 900 €/Zimmer
- 2,27-facher Betriebsumsatz.

5.2.9 Betriebswirtschaftliches Verfahren

Grundlage des betriebswirtschaftlichen Verfahrens ist das *„Uniform System of Accounts for the Lodging Industrie"* (USALI). Ausgangspunkt dieser Verfahren ist der Betriebsumsatz, der sich aus dem Gesamtumsatz (einschließlich Bedienungsgeldern, jedoch ohne betriebsfremde Umsätze und ohne Mehrwertsteuer) ergibt. Aufgrund der Besonderheiten im Hotel- und Gaststättengewerbe hat es sich als sinnvoll erwiesen, zwischen dem

Betriebsergebnis 1: Umsatz abzüglich der betriebsbedingten Kosten (operative Kosten), und

Betriebsergebnis 2: Umsatz abzüglich der Gesamtkosten, d. h.
- der betriebsbedingten Kosten (operativen Kosten) sowie
- des anlagebedingten Kostenaufwands

zu unterscheiden.

Abb. 24: Betriebsgewinne

Hotelkategorie	Betriebsgewinne	
	Betriebsgewinn 1	Betriebsgewinn 2
A	26 bis 31 %	11 bis 17 %
B	35 bis 40 %	16 bis 23 %
C	40 bis 43 %	19 bis 22 %
D	38 bis 41 %	22 bis 27 %

Die **anlagebedingten Kosten** sind im laufenden Geschäftsbetrieb nur noch geringfügig beeinflussbar; hierzu gehören insbesondere

- Mieten, Pachten, Leasing,
- Instandhaltung, Reparaturen, wobei im Hinblick auf die übliche Gesamtnutzungsdauer von 40 bis 60 Jahren auch Modernisierungen zu erfassen sind,
- Abschreibungen für Abnutzung (AfA) und GWGs,
- Zinsen und Nebenkosten des Geldverkehrs,
- Fremdkapitalzinsen.

V Besondere Immobilienarten — Hotels und Gaststätten

407 a) Nach der Bruttobetriebsmethode (*Gross Operating Profit,* G.O.P) wird – vereinfacht gesagt – der Ertrag zunächst damit ermittelt, dass die Umsatzerlöse um

- die ihnen direkt zurechenbaren Bewirtschaftungskosten,
- die Gemeinkosten und
- den angemessenen Betreibergewinn

vermindert werden (Betriebsergebnis 1).

b) Nach der Nettobetriebsmethode (*Net Operating Profit*, N.O.P) werden die Umsatzerlöse zusätzlich noch um die sonstigen anlagespezifischen Aufwendungen, wie Versicherungen, Grundsteuer, Fremdkapitalzinsen und Abschreibungen sowie um einen angemessenen Betreibergewinn vermindert.

Nach einer groben Faustformel liegt der **Anteil der Pacht an den Gesamtumsätzen**

- in der Großhotellerie bei   23 bis 26 %
- in der gehobenen Großhotellerie bei   28 bis 35 %.

408 Der gastgewerbliche Kontenrahmen (SKR 70) erfasst als **Abschreibung (AfA)** sowohl die Vollabschreibung der geringerwertigen Wirtschaftsgüter (GwG) im Jahr der Anschaffung als auch die Abschreibung des Anlagevermögens, wie Gebäude, Maschinen und Inneneinrichtungen.

409 Beim betriebswirtschaftlichen Bewertungsverfahren wird zunächst der Bruttobetriebsgewinn – *Gross Operating Profit* (G.O.P.) – ermittelt. Er ist die Ausgangsgröße der betrieblichen Wertbetrachtung und besteht aus der Differenz des jährlichen Gesamtumsatzes des Hotels und aller laufenden Betriebsaufwendungen. Dabei ist der Bruttobetriebsgewinn nicht mit dem nachhaltigen Grundstücksreinertrag nach den §§ 17 und 18 ImmoWertV gleichzusetzen und ist deshalb nicht auf der Grundlage von üblichen Erfahrungsgrößen ermittelbar, sondern kann nur für den jeweiligen Betrieb individuell festgestellt werden.

410 Das betriebswirtschaftliche Bewertungsverfahren lässt sich aber auch dahingehend modifizieren, dass der Ermittlung des Bruttobetriebsgewinns ein **durchschnittliches Management** ggf. auf der Grundlage von Kennziffernvergleichszahlen zugrunde gelegt wird.

411 Auch die weitere wertermittlungstechnische Behandlung des Bruttobetriebsgewinns ist von der entsprechenden Verfahrensweise bei der Ertragswertermittlung nach ImmoWertV deutlich unterschieden. Zur Ermittlung eines nachhaltig erzielbaren Unternehmensertragswerts wird der **Bruttobetriebsgewinn** üblicherweise **aus einer für die Zukunft geschätzten Fünfjahresperiode** gewichtet und kapitalisiert.

412 Bei der **Bemessung des Kapitalisierungszinssatzes** wird nicht von einem entsprechend der Risikoeinschätzung des Objekts sich ergebenden Liegenschaftszins ausgegangen, sondern von einem Kapitalmarktzins einer entsprechenden alternativen Investition, der um einen Risikozuschlag bis zu 50 %. erhöht wird. Betriebswirtschaftlich wird in der stark anlageintensiven Hotellerie eine 10%ige Gesamtkapitalrendite für erforderlich gehalten. Die Praxis akzeptiert daher Kapitalisierungszinssätze zwischen 10 und 11 %.

413 Die Kapitalisierung der Ertragskraft des Hotels (= Betrag, den der Hotelbetrieb jährlich erwirtschaften kann) ergibt im Allgemeinen seinen betriebswirtschaftlichen Wert oder den Unternehmenswert. Der **betriebswirtschaftliche Ertragswert** ist nicht identisch mit dem Verkehrswert nach § 194 BauGB, da er wesentlich von der künftigen Führung des Betriebs geprägt und nicht von typisierten Durchschnittsparametern abgeleitet wird. Der betriebswirtschaftliche Wert ist deshalb ein individueller Unternehmensertragswert (Abb. 25):

Hotels und Gaststätten — Besondere Immobilienarten V

Abb. 25: Unterschiede zwischen der Ertragswertermittlung nach ImmoWertV und dem betriebswirtschaftlichen Bewertungsverfahren

Verfahrensvergleich	
Ertragswertverfahren nach ImmoWertV	**Betriebswirtschaftliches Verfahren**
Wert wird bei freier Disponierbarkeit des Objekts am Grundstücksmarkt von der Verzinsung des investierten Kapitals bestimmt	Wert wird bei Fortführung der bestehenden Nutzung von den voraussichtlichen Gewinnen bestimmt
Kapitalisierung des Grundstücksreinertrags unter Berücksichtigung des Liegenschaftszinssatzes und der voraussichtlichen Restnutzungsdauer des Objekts (Zeitrentenvervielfältiger)	Kapitalisierung der Einnahmeüberschüsse unter Berücksichtigung des aktuellen Kapitalmarktzinssatzes zuzüglich eines Risikozuschlags (Kapitalisierungsfaktor für 100 Jahre Laufzeit)
Normiertes Verfahren nach §§ 17 bis 20 ImmoWertV	Keine Normung des Verfahrens

Beispiel (wie vorstehend): **414**

Gesamtumsatz	= 2 095 000 €
– Warenumsatz	– 330 000 €
– Personalkosten	– 715 000 €
– Energiekosten,	
– Steuern, Beiträge, Versicherungen,	
– sonstige Betriebs- und Verwaltungskosten,	
– Reparaturen, Instandhaltung, insgesamt	– 412 000 €
Bruttobetriebsgewinn (2008)	rd. 638 000 €

Bruttobetriebsgewinn für die Folgejahre bis 2012 geschätzt

(Kapitalisierungszinssatz 7,5 % Anlagezins + 50 % Risikozuschlag = 11,0 %; Diskontierungszinssatz: 11,0 %)

Jahr	2008	2009	2010	2012	2013
Bruttobetriebsgewinn	638 000 €	640 000 €	640 000 €	645 000 €	655 000 €
Diskontierungsfaktor	0,9009	0,8116	0,7312	0,6587	0,5935
Bruttobetriebsgewinn bezogen auf 2008	574 774 €	519 424 €	467 968 €	424 862 €	388 743 €

Summe der Betriebsgewinne 2008 – 2011	1 987 028 €
Geschätzter Betriebsgewinn des Jahres 2012 (kapitalisiert mit 11 %)	+ 3 534 024 €
Betriebswirtschaftlicher Ertragswert bzw. Unternehmenswert des Objekts	**5 520 000 €**

Das vorstehende *Beispiel* zeigt eine Methode der Ermittlung des betriebswirtschaftlichen **415** Ertragswerts oder des Unternehmenswerts auf. In der betriebswirtschaftlichen Praxis werden sehr unterschiedliche Verfahren angeboten, die zum Teil zu voneinander stark abweichenden Ergebnissen führen. Wenn schon bei der Verkehrswertermittlung nach ImmoWertV eine Schätzungsgenauigkeit von ± 15 % als üblich gilt, ist das **Ergebnis betriebswirtschaftlicher Wertermittlungen mit erheblich größeren Unsicherheiten behaftet,** da die Wertermittlungsansätze zukunftsorientiert vorgenommen werden, d. h. das Ergebnis noch stärker von der persönlichen Einschätzung des Wertermittlers geprägt wird als bei der Verkehrswerter-

V Besondere Immobilienarten — Hotels und Gaststätten

mittlung. Zudem fehlen Normierungen wie bei der Wertermittlung nach § 194 BauGB weitgehend (Abb. 26).

Abb. 26: Grundsätzliche Unterschiede bei der Wertermittlung von Hotelbetrieben nach § 194 BauGB und Unternehmensbewertung (schematisch)

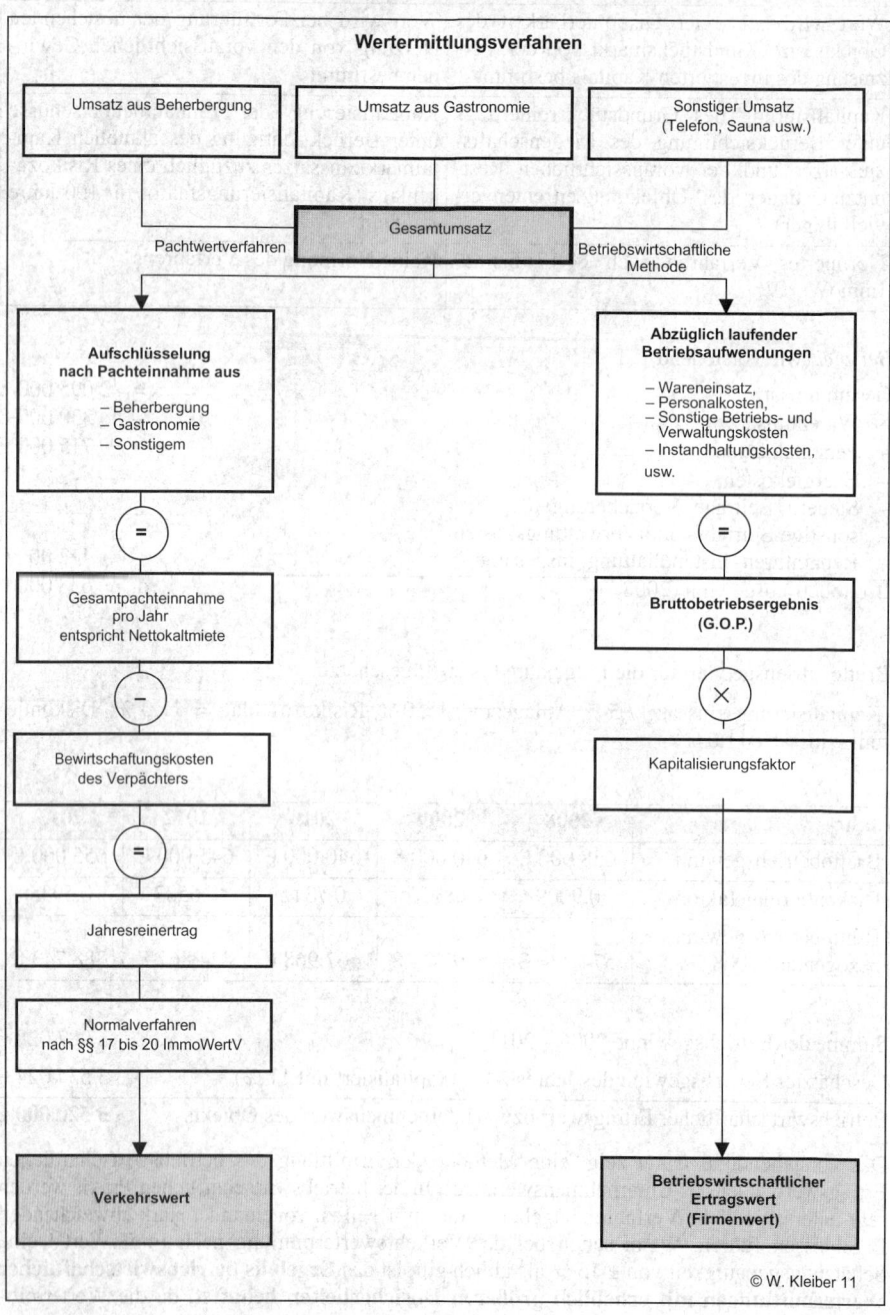

416 Im Zusammenhang mit der Unternehmensbewertung wird häufig auch ein **Mischverfahren** angewendet, welches Komponenten des Pachtwert- und des betriebswirtschaftlichen Verfahrens enthält. Von diesem Verfahren ist abzuraten, da der zunächst ermittelte Betriebsgewinn (G.O.P.; Umsatz abzüglich der Betriebsaufwendungen) mit einem aus dem Liegenschaftszinssatz abgeleiteten Vervielfältiger kapitalisiert wird. Es liegt auf der Hand, dass dieses Verfahren gegenüber der betriebswirtschaftlichen Methode (Kapitalmarktzinssätze zuzüglich Risikozuschlag) zu nicht vertretbar hohen Endwerten führt.

417 **Vor der Anwendung des betriebswirtschaftlichen Verfahrens bei der Verkehrswertermittlung muss** generell **gewarnt werden.** Das Verfahrensergebnis speziell bei der Hotelbewertung wird ausschlaggebend durch die Personalkosten bestimmt. Bei einem angenommenen jährlichen Personalkostenanteil von rd. 15 000 €/Person wirkt sich das Fehlen einer Person bereits in einem rd. 195 000 € höheren Ertragswert aus (Objekt mit 30 Jahren Restnutzungsdauer und 6,5 % Zins), andererseits wird bei Einbeziehung einer entbehrlichen Person der Ertragswert in gleicher Größenordnung vermindert. Ein Grundstückssachverständiger ohne detaillierte Kenntnisse im Hotelmanagement wäre schon bei der Frage des für das Hotel erforderlichen Personalaufwands hoffnungslos überfordert.

Abb. 27: Betriebswirtschaftliche Methode

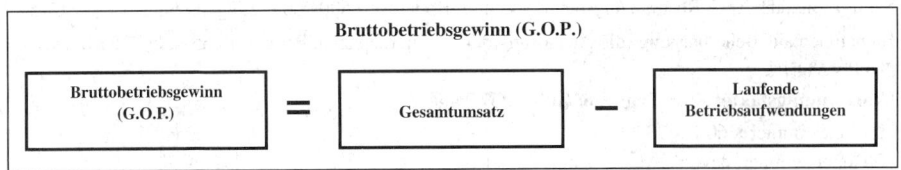

Beispiel **418**

einer überschlägigen Wertermittlung für ein Grundstück mit Hotelbetrieb im Ertragswertverfahren:

Grundstück mit Hotel der gehobenen Kategorie (70 Einzelzimmer, 30 Doppelzimmer, 3 Restaurants und Bar mit insgesamt 360 Sitzplätzen, Konferenzräume, Sauna); Baujahr 2005, Restnutzungsdauer 40 Jahre; Bodenwert 600 000 €; Liegenschaftszinssatz 6,75 %

Jahresumsatz	2 600 000 €
Jahresreinertrag rd. 14 % des Umsatzes	364 000 €
Bodenertragsanteil 6,75 % von 300 000 €	− 20 250 €
Ertragsanteil der baulichen Anlagen	343 750 €

Vervielfältiger bei

– Restnutzungsdauer von 40 Jahren
– Liegenschaftszinssatz von 6,75 %: 13,73

Ertragswert der baulichen Anlage 343 750 € × 13,73		4 719 688 €
Bodenwert	+	300 000 €
Grundstücksertragswert	=	5 019 688 €
Marktanpassung (risikoreiches Geschäftsgrundstück: – 10 %)	−	501 969 €
Verkehrswert rd.	=	**4 520 000 €**

419 Bei der Wertermittlung von geplanten Hotels oder **im Bau befindlichen Objekten** liegen noch keine Umsatzzahlen vor. Der Umsatz muss dann geschätzt werden. Einen Anhalt gibt z. B. der jährlich von der Betriebsberatung Gastgewerbe herausgegebene „Betriebsvergleich Hotellerie und Gastronomie"[91], der durchschnittliche Umsatzzahlen und andere für die Wertermittlung relevante Strukturdaten ausweist.

V Besondere Immobilienarten Hotels und Gaststätten

420 Als Idealfall werden in der Branche 60 % des Gesamtumsatzes aus dem Beherbergungsgeschäft und 40 % aus Gastronomie und Nebenabteilungen angesehen. Für die **Umsatzschätzung** sind folgende Ausgangsdaten für den Bereich Beherbergung erforderlich:

- Anzahl der Zimmer,
- Anzahl der Betriebstage/Jahr,
- Zimmerpreis (ohne MwSt.),
- Auslastung der Zimmerkapazität.

421 Für den **Bereich Gastronomie**[92] müssen hingegen folgende Strukturdaten ermittelt werden:

- Anzahl der vorhandenen Sitzplätze,
- Beleghäufigkeit der Sitzplätze,
- Warenumsatz je Sitzplatz.

422 Für die Umsatzschätzung der sonstigen Dienstleistungen können pauschale Ansätze erfolgen.

Umsatzschätzung

423 *Beispiel:*

Sachverhalt wie im vorstehenden Beispiel: Grundstück mit Hotel der gehobenen Kategorie (70 Einzelzimmer, 30 Doppelzimmer, 3 Restaurants und Bar mit insgesamt 360 Sitzplätzen, Konferenzräume, Sauna); Baujahr 2005, Restnutzungsdauer 40 Jahre; Bodenwert 600 000 €; Liegenschaftszinssatz 6,75 %. Einnahmen aus Beherbergung (die Auslastung der Zimmerkapazität beträgt rd. 65 % bei 365 Betriebstagen pro Jahr)

Umrechnungsfaktor: 365 Tage × 65/100 = 237 Tage

70 Einzelzimmer × 60 € × 237 Tage	995 400 €	
30 Doppelzimmer, davon i. M. 70 % einzeln belegt		
30 × 60 € × 237 Tage × 0,7 (Einzelbelegung)	298 620 €	
30 × 100 € × 237 Tage × 0,3 (Doppelbelegung)	213 300 €	
	1 507 320 €	
Einnahmen aus Saunabetrieb	+ 10 000 €	
Einnahmen aus Kiosk	+ 20 000 €	
Einnahmen aus Beherbergung und Sonstigem insgesamt	1 537 320 €	rd. 1 540 000 €
Einnahmen aus Gastronomie 360 Sitzplätze × 8 € × 340 Tage	979 200 €	
Konferenzräume: 80 Sitzplätze × 2,50 € × 100 Tage	+ 20 000 €	
Sonstige Einnahmen	+ 6 000 €	
Einnahmen aus Gastronomie	1 005 200 €	rd. 1 005 000 €
Jahresumsatz insgesamt		2 550 000 €
Fiktive Pachteinnahme aus Beherbergung		
20 % von 1 540 000 €	308 000 €	
Fiktive Pachteinnahme aus Gastronomie		
10 % von 1 005 000 €	100 500 €	
Jahresrohertrag	408 500 €	
Bewirtschaftungskosten, soweit vom Verpächter zu tragen		
15 % von 408 500 €	− 61 275 €	
Jahresnettokaltmiete	347 225 €	

---

[91] Betriebsvergleich Hotellerie und Gastronomie Deutschland 1998: BBG Consulting Betriebsberatung Gastgewerbe GmbH, Rathausufer 19, 40213 Düsseldorf; Miet- und Pachtverträge im Gastgewerbe (mit Rechtsprechung zur EOP-Methode): Gastgewerbliche Schriftenreihe Nr. 57 der DEHOGA und INTERHOGA, 4. Aufl. 1998.

[92] Hierzu auch Stelter/Krenz in GuG 2001, 203; Loew in GuG 2001, 142.

Hotels und Gaststätten **Besondere Immobilienarten V**

abzüglich Bodenwertverzinsungsbetrag:		
6,75 % von 300 000 €	−	20 250 €
Ertragsanteil der baulichen Anlagen	=	326 975 €
× Vervielfältiger bei n = 40 Jahren und p = 6,75 % (13,73)		4 489 367 €
zuzüglich Bodenwert	+	300 000 €
Grundstücksertragswert		4 789 367 €
Marktanpassung (risikoreiches Gewerbeobjekt [10 %])	−	478 937 €
Ertragswert/Verkehrswert	=	4 310 430 € rd. 4 300 000 €

Anzumerken ist, dass im ermittelten Verkehrswert weder der Wert des *„good will"* noch der Wert des Inventars enthalten ist.

Plausibilitätskontrolle:
Verkehrswert entspricht der 10,5-fachen Nettokaltmiete
Verkehrswert je Zimmer: 43 000 €
Verkehrswert entspricht dem 1,7-fachen Betriebsumsatz

5.2.10 Beispiele

5.2.10.1 Verkehrs- und Beleihungswert eines Hotelneubaus

Bei geplanten Neubauten müssen Verkehrs- und Beleihungswert auf der Grundlage von Grundbuch-/Katasterunterlagen und genehmigten Bauzeichnungen vorgenommen werden. Liegt eine Baugenehmigung noch nicht vor, so muss sich die Planung auf die Festsetzungen eines rechtsverbindlichen Bebauungsplans oder eines Bauvorbescheids beziehen und die Erschließung des Grundstücks gesichert sein. Bei Baubeginn stellt lediglich der Bodenwert die Kreditsicherheit dar.   **424**

An einem *Beispiel* für ein 5-Sterne-Hotel (das Hotel hat den Betrieb in der zweiten Jahreshälfte 2008 aufgenommen) wird das Vorgehen des Immobilien-Sachverständigen vor Baubeginn demonstriert.   **425**

1. Sachverhalt

- Bodenwert   3 500 000 €
- Hotel-Neubau, 370 Zimmer, komplette Gastronomie
- 135 050 verfügbare Zimmer (370 × 365 Tage),
- angenommene Zimmerbelegung 70 % = 94 535
- marktüblich erzielbarer Zimmerpreis, hochgerechnet auf den Zeitpunkt der Hoteleröffnung, 110 € (netto)

Ermittlung der möglichen Abteilungsumsätze bei Berücksichtigung der in dieser Hotelkategorie üblichen Kennzahlen am Gesamtumsatz:

− Umsatz Logis	60 %
− Umsatz *Food*	23 %
− Umsatz *Beverage*	12 %
− Umsatz Sonstiges	5 %
zusammen	100 %

Branchenübliche Pachtsätze
- vom Logis-Umsatz   20 %
- vom Gastronomie-Umsatz
  - *Food*   8 %
  - *Beverage*   12 %
- vom Umsatz Sonstiges   15 %

V Besondere Immobilienarten — Hotels und Gaststätten

2. Lösungswege

Mögliche Struktur des Gesamtumsatzes	Schätzung [€]	in %
– Logis 94 535 Zimmer × 110 €	10 398 225 €	60
– Gastronomie		
– Food	+ 3 986 255 €	23
– Beverage	+ 2 079 770 €	12
– Sonstiges	+ 866 571 €	5
Gesamtumsatz (geschätzt)	= 17 331 416 €	100
	rd. 17 300 000 €	

3. Ermittlung der Jahresnettokaltmiete

Die Abteilungsumsätze werden gerundet

Logis	10 400 000 € × 0,20	= 2 080 000 €
Food	4 000 000 € × 0,08	+ 320 000 €
Beverage	2 100 000 € × 0,12	+ 252 000 €
Sonstiges	800 000 € × 0,15	+ 120 000 €
Betriebsumsatz	17 300 000 € × 0,16	2 772 000 €

Jahresnettokaltmiete (§ 17 Abs. 1 ImmoWertV):	rd. 2 800 000 €
abzüglich 15 % Bewirtschaftungskosten	– 420 000 €
Reinertrag des Grundstücks	= 2 380 000 €
abzüglich Bodenwertverzinsungsbetrag: 3 500 000 € × 0,065	– 227 500 €
Ertragsanteil der baulichen Anlagen	= 2 152 500 €

Bei einer Gesamtnutzungsdauer für das Hotelgrundstück von 60 Jahren und einem Liegenschaftszinssatz von 6,5 % ist der Vervielfältiger 15,03.

Gebäudeertragswert: 2 152 500 € × 15,03 = 32 352 075 €	rd. 32 500 000 €
zuzüglich Bodenwert	+ 3 500 000 €
Ertragswert (Verkehrswert)	**36 000 000 €**

Nachrichtlich
Ertragswert entspricht
- 12,7-facher Jahresnettokaltmiete
- 2,06-fachem Betriebsumsatz
- rd. 97 300 €/Zimmer

5.2.10.2 Beleihungswert eines Hotels (Sparkasse)

1. Bodenwert — 3 500 000 €

2. Bauwert

Nettomethode, ohne MwSt.

370 Zimmer × 100 000 €/Zimmer =	rd. 37 000 000 €	
./. 20 % Risikoabschlag gemäß Abschlagsverfahren	– 7 400 000 €	
Zwischenwert:	29 600 000 €	
./. 15 % Gewerbeabschlag	– rd. 4 440 000 €	
Bauwert	= 25 160 000 €	25 200 000 €

3. Sachwert (Boden- und Bauwert) — **28 700 000 €**

Alten- und Pflegeheim

4. Ertragswert

Jahresnettokaltmiete (Grundmiete); geschätzt – (Gewerbliche Mieteinnahmen)	2 800 000 €
abzüglich 15 % Bewirtschaftungskosten	– 420 000 €
= Jahresreinertrag (Gebäude- und Bodenreinertrag)	2 380 000 €
./. 20 % Gewerbeabschlag	– 476 000 €
Mietreinertrag nach Gewerbeabschlag:	= 1 904 000 €
./. Bodenwertverzinsungsbetrag 6,5 % von 3 500 000 €	– 227 500 €
Ertragsanteil der baulichen Anlagen:	= 1 676 500 €
Gesamtnutzungsdauer 60 Jahre; Zinssatz 6,5 %, Vervielfältiger gemäß Anl. zur ImmoWertV = 15,03	
Gebäudeertragswert: 1 676 500 € × 15,03 = 25 197 795 €	rd. 25 200 000 €
zuzüglich Bodenwert	+ 3 500 000 €
Beleihungswertvorschlag:	= 28 700 000 €

Anmerkungen:

– Der Abschlag vom Verkehrswert beträgt in diesem Fall rd. 20 %. Nach der Tabelle *Risikokategorien* ist für ein gewerblich genutztes Grundstück mit durchschnittlichem Risiko ein Abschlag von 15 bis 20 % vom Verkehrswert vorzunehmen.
– Darstellbar wären ein *Realkredit* von rd. 17,2 Mio. € (= 47,8 % des Verkehrswerts) und ein *grundpfandrechtlich gesicherter Personalkredit* von rd. 23 Mio. € (= 63,9 % des Verkehrswerts).
– Die Darlehen werden i. d. R. nach „*Baufortschritt*" unter Berücksichtigung ihres Anteils an den Finanzierungsmitteln ausgezahlt. Beleihungswert bei Baubeginn ist nur der Bodenwert. Ein mit 28,7 Mio. € festgesetzter Beleihungswert wird erreicht, wenn das in allen Teilen baurechtlich genehmigte Bauwerk mängelfrei abgenommen ist[93].

Neue Hotels haben erfahrungsgemäß – insbesondere wenn Standort und Kategorie stimmen – eine **Anlaufdauer von bis zu fünf Jahren**.

5.3 Alten- und Pflegeheim, Klinik

5.3.1 Allgemeines

Schrifttum: *Bobka, G.*, Seniorenimmobilien – Neue Gesetze fordern neue Bewertungsschwerpunkte, GuG 2003, 7; *Brinkmann, C./Bienentreu, M.*, Bewertung von Seniorenwohn- und Pflegeimmobilien, in Bewertung von Spezialimmobilien (Bienert; Hsg.), 1. Aufl. 2005, S. 775; *Busz, P.*, Seniorenimmobilien als Investitionsobjekte, Köln 2003; *Jahn, W.*, Wertermittlung von Alten- und Pflegeheimen, GuG 2000, 282; *Fischer, R./Lorenz, H.-J./Biederbeck, M./Astl, B.*, Verkehrswertermittlung bebauter und unbebauter Grundstücke, Bundesanzeiger 2005, S. 471; *Jahn, W.*, Verkehrswert von Alten- und Pflegeheimen, GuG 2000, 1; *Jahn, W.*, Bewertung von Reha-Kliniken, GuG 2003, 129; *Heinze/Eichener/Höbel et al.*, Die Pflegeversicherung: Eine neue Herausforderung für Investoren, Hsg. Westfälische Hypothekenbank, Dortmund; *Gödecke*, in Nachr. der nds. Kat.- und VermVw 2001, 15 (Kankenhaus); *Keussen in Sailer/ Kippes/Rehkugler*, Handbuch für Immobilienmakler und Immobilienberater, München 2003, S. 390; *Krings-Heckemeier/Beyendung/Sinz*, Handbuch für Investoren – Altersgerechtes Wohnen, Hsg. Bundesgeschäftsstelle Landesbausparkassen im DSGV Bonn 1995; *Lemmer, K.*, Wohnungsrechte und Pflegeverpflichtungen, GuG 1998, 96; *Ulrich, Y.*, Verkehrs- und Beleihungswertermittlung von Reha-Kliniken, GuG 2003, 321; *Ulrich, Y.*, Wege zur sachgerechten Marktwertermittlung von Krankenhäusern, *Ulrich, Y.*, Abschätzung des regionalen Bedarfs an Pflegeplätzen im Rahmen der Bewertung von Pflegeheimen, GuG 2009, 82; *Weyers, G.*, Verkehrswert und Beleihungswert von Kurkliniken, GuG 1997, 218; *Wieczorek, J.*, Bewertung von Rehakliniken, GuG 2010, 330.

---

93 BGH, Urt. vom 16.9.1993 – VII ZR 206/92 –, NJW 1993, 3264 = MDR 1993, 1206 = BauR 1994, 108. Hiernach ist eine von Baufirmen häufig verwendete Vertragsklausel, wonach Auftraggeber vor Baubeginn eine unwiderrufliche Zahlungsgarantie einer Bank vorlegen müssen, unwirksam, weil selbst bei Ausführungsmängeln hätte gezahlt werden müssen. Die gesetzlich mögliche Leistungsverweigerung würde so abgeschnitten.

V Besondere Immobilienarten   Alten- und Pflegeheim

427 Die demografische Struktur der Bundesrepublik Deutschland erfordert bis zum Jahre 2010 einen Bedarf an Pflegeplätzen von 850 000. Im Jahre 2005 lag der Bestand dagegen bei 713 000 Pflegebetten. Davon werden 640 000 pflegebedürftige Personen (i. S. der Pflegeversicherung) betreut. Das Statistische Bundesamt hat bis 2020 rd. 2,83 Mio. pflegebedürftige Personen prognostiziert. Daraus resultiert ein zusätzlicher Bedarf an etwa 235 000 Betten (Abb. 28).

Abb. 28: Pflegebedarf bis 2050

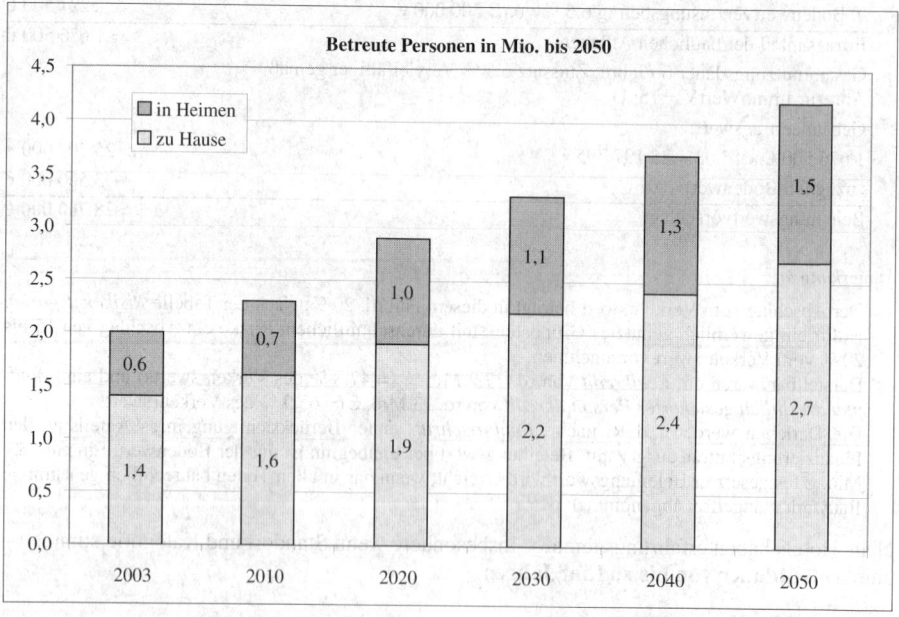

Quelle: Statistisches Bundesamt

Abb. 29: Pflegebedürftige 2006

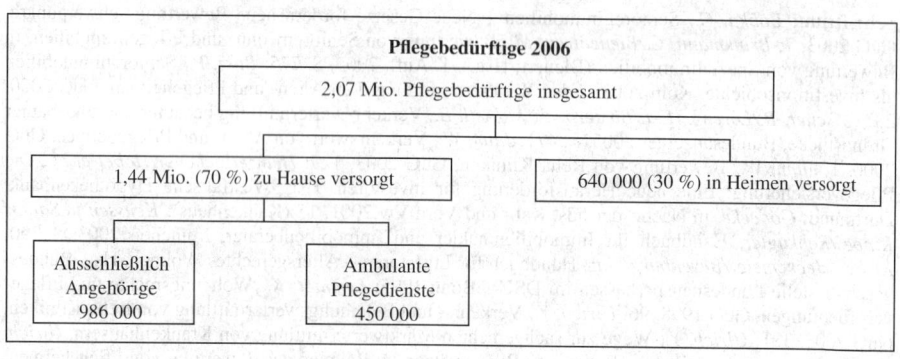

Quelle: Statistisches Bundesamt 2005

428 2003 lag die Anzahl der Pflegebedürftigen in Heimen bei 4,3 % der über 65-Jährigen. Im Hinblick auf die geringeren Familienbindungen in Großstädten ist diesbezüglich **zwischen Großstädten und dem ländlichen Raum zu differenzieren:**
- Großstädte   5,0 bis 5,5 % der über 65-Jährigen,
- ländlicher Raum   4,0 bis 4,5 % der über 65-Jährigen.

Die Angaben können im Rahmen der Standortanalyse Grundlage einer Bedarfsabschätzung sein.

Seniorenimmobilien lassen sich untergliedern in

1. Altenwohnungen (Seniorenwohnungen)

a) Wohnungen (Appartements) in altengerechter Ausstattung (barrierefrei) *ohne* Serviceangebot
   - in zusammengefassten Altenwohnhäusern,
   - in gemischten Wohnanlagen.

b) Wohnungen (Appartements) in altengerechter Ausstattung (barrierefrei) *mit* Serviceangebot für integrierte Betreuung oder als betreutes Wohnen (betreutes Wohnen/Servicewohnen), wobei Serviceleistung zu vergüten ist als
   - Grundleistung und
   - Wahlleistung.

Unter „**betreutem Wohnen**" ist mithin eine Wohnform zu verstehen, bei der den Bewohnern eine vollwertige, in sich abgeschlossene, nach den besonderen Bedürfnissen alter Menschen ausgestattete **Senioren- oder Altenwohnung** bzw. ein Appartement mit Bad und Küche zur Verfügung gestellt wird (Miet- oder Kaufvertrag). Neben der Wohnnutzung sind die Bewohner verpflichtet, über eine Grundpauschale weitergehende Serviceleistungen zu entgelten (Betreuungsvertrag). Dabei werden Grundleistungen mit einer monatlichen *Service*pauschale abgegolten; nach Bedarf in Anspruch genommene Wahlleistungen werden extra vergütet.

Der Begriff „betreutes Wohnen" wird häufig synonym als „*Service*-Wohnen" gebraucht.

Seniorenwohnungen (Altenwohnungen) können i. d. R. nach den allgemein für die Verkehrswertermittlung von (vergleichbaren) Wohnimmobilien herrschenden Grundsätzen unter Berücksichtigung der entsprechenden Parameter bewertet werden. Für den Bereich des betreuten Wohnens werden Mieten zugrunde gelegt, die am Markt marktüblich erzielt werden. Aufgrund der für das betreute Wohnen bereitgestellten Nebeneinrichtungen wurden Mieten erzielt, die üblicherweise etwa 20 bis 25 % über dem Niveau vergleichbarer Standardwohnungen lagen. Bedingt durch die vermehrt in normalen Wohnhäusern integriert angebotenen Wohnungen für betreutes Wohnen hat sich diese Situation allerdings geändert und dem allgemeinen Mietniveau angeglichen.

Altenwohnheime sind eine komplexe Zusammenfassung in sich abgeschlossener, auf die Belange alter Menschen ausgerichteter 1- oder 2-Zimmer-Wohnungen, für die im Bedarfsfall die Verpflegung und Betreuung durch einen Träger organisatorisch gesichert sind, einschließlich selbst organisierter Gruppenwohnprojekte:
   - Mehrgenerationenverbund,
   - Altenwohnverbund.

2. Wohnstifte/Residenzen (auch Seniorenresidenzen genannt)

Wohnungen (Appartements) in altengerechter Ausstattung (barrierefrei) *mit* umfangreichem hotelähnlichem Dienstleistungsangebot (Verpflegung und Vorhaltung von Service-, Funktions-, Verkehrs- und Gemeinschaftsflächen), deren Nutzung mit dem Basispreis abgegolten wird (**Senioreneinrichtungen**).

3. (Alten-)Pflegeheime (Pflegeeinrichtungen)

Immobilien, in denen Leistungen der stationären Pflege nach § 71 Abs. 2 SGB Elftes Buch (XI) – Soziale Pflegeversicherung – für dauernd bettlägerige oder pflegebedürftige Menschen auf Dauer und für 24 Stunden erbracht werden. Daneben bestehen Tages- und Kurzpflegeeinrichtungen.

V Besondere Immobilienarten — Alten- und Pflegeheim

„§ 71 Abs. 2 SGB XI:

(2) Stationäre Pflegeeinrichtungen (Pflegeheime) im Sinne dieses Buches sind selbstständig wirtschaftende Einrichtungen, in denen Pflegebedürftige

1. unter ständiger Verantwortung einer ausgebildeten Pflegefachkraft gepflegt werden,
2. ganztägig (vollstationär) oder nur tagsüber oder nur nachts (teilstationär) untergebracht und verpflegt werden können."

4. Geriatrie/geriatrische Einrichtungen

Krankenhausnahe Spezialeinrichtungen zur Behandlung älterer Patienten mit mehreren Gesundheitsschäden, die einer Fach- und Spezialklinik gleichkommen und deren Verkehrswert nach den Grundsätzen der Verkehrswertermittlung von Kliniken ermittelt wird.

Abb. 30: Übersicht über Seniorenimmobilien

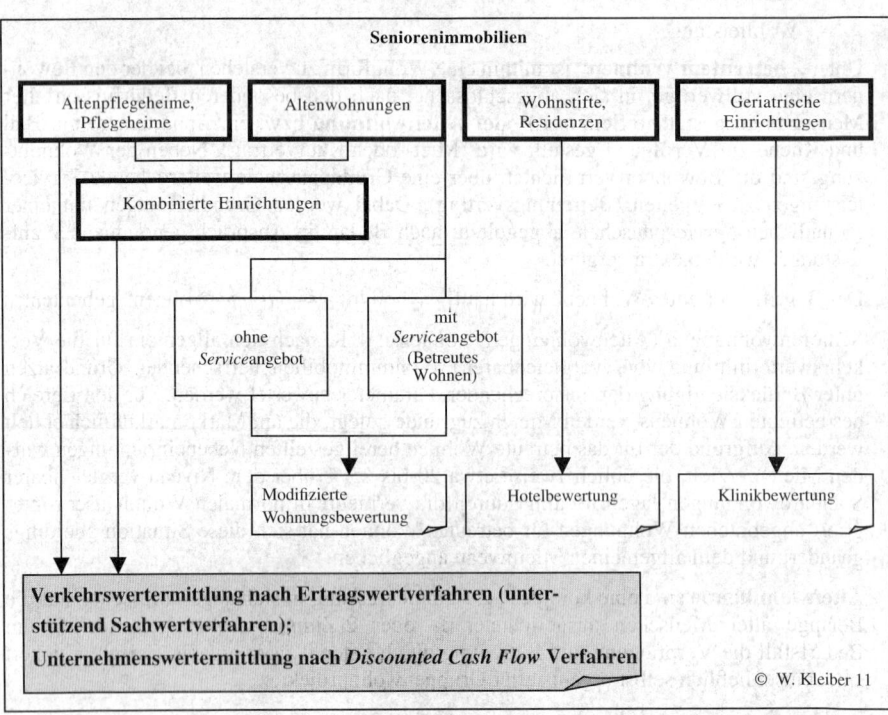

430 **Rechtsgrundlagen** sind neben den einschlägigen Bestimmungen des Sozialgesetzbuchs (SGB) und des Bundessozialhilfegesetzes (BSHG) insbesondere

- das *Heimgesetz (HeimG)* als gesetzliche Grundlage für den Betrieb von vermieteten Heimen für pflegebedürftige oder behinderte Volljährige. Unter das Heimgesetz fallen Pflegeheime, Altenheime, Altenwohnheime und unter bestimmten Voraussetzungen auch Einrichtungen des betreuten Wohnens;
- die *Heimmindestbauverordnung;*
- die *Heimpersonalverordnung (HeimPersV);*
- das *Pflegeversicherungsgesetz (SGB XI)* als gesetzliche Grundlage der sozialen Pflegeversicherung.

Im Unterschied zum betreuten Wohnen, bei dem neben der entgeltlichen Überlassung von Wohnraum lediglich ein Angebot von Betreuungs- und Verpflegungsleistungen sichergestellt

Alten- und Pflegeheim   **Besondere Immobilienarten V**

ist, verpflichten sich nach § 1 HeimG die Mieter eines Pflegeheims, Verpflegungen und weitergehende Betreuungsleistungen anzunehmen.

§ 1 Abs. 1 Satz 2 HeimG: „Heime im Sinne dieses Gesetzes sind Einrichtungen, die dem Zweck dienen, ältere Menschen oder pflegebedürftige oder behinderte Volljährige aufzunehmen, ihnen Wohnraum zu überlassen sowie Betreuung und Verpflegung zur Verfügung zu stellen oder vorzuhalten, und die in ihrem Bestand von Wechsel und Zahl der Bewohnerinnen und Bewohner unabhängig sind und entgeltlich betrieben werden."

Die **baulichen Normen** sind in der DIN 18024-1, DIN 18040-1 und 18040-2 geregelt; sie haben die DIN-Normen 18025-1 und 18025-2 sowie 18024-2 abgelöst. Des Weiteren sind von Bedeutung

- DIN 18025-1 Wohnungen für Rollstuhlfahrer,
- DIN 18025-2 Barrierefreie Wohnung (http://nullbarriere.de/din18025.htm),
- DIN 18040-1 Barrierefreies Bauen – Planungsgrundlagen – Teil 1: Öffentlich zugängliche Gebäude, Ausgabe 2010-10, http://nullbarriere.de/din18040-1.htm,
- DIN 18040-2 Barrierefreies Bauen – Planungsgrundlagen – Teil 2: Wohnungen, Ausgabe 2011-09; http://nullbarriere.de/din18040-2.htm,
- EDIN 18040-3: Barrierefreies Bauen – Planungsgrundlagen – Teil 3: Öffentlicher Verkehrs- und Freiraum, http://nullbarriere.de/din18040-3.htm,
- DIN 77800 Betreutes Wohnen, Qualitätsanforderungen an Anbieter der Wohnform „Betreutes Wohnen für ältere Menschen" vom September 2006: Die Norm regelt die Transparenz der Informationen der Anbieter bezüglich der Wohnung und der Wohnanlage (Dienstleistungsnorm DIN 77800).

5.3.2 Bauliche Kenngrößen für wirtschaftliche Pflegeheime

Die Größe von Alten- und Pflegeheimen (Seniorenimmobilien) wird zumeist an der Anzahl der verfügbaren Plätze festgemacht. Die **Kapazität von Pflegeheimen** sollte mindestens 60 Pflegeplätze aufweisen und liegt im Schnitt zwischen 80 und 150 Pflegeplätzen. Der Anteil der Einzelzimmer sollte mindestens 50 % betragen. Die zentralen „Dienstleistungszentren" sollten funktional integriert sein.

Hauptnutz- und Verkehrsflächen (Flure, Treppenhäuser) sollten etwa 60 bis 70 % der NGF (davon 50 % Hauptnutzfläche) ausmachen. Die Verkehrsfläche (VF) allein sollte an der BGF einen Anteil von 18 bis 24 % haben. Das **Verhältnis des Brutto-Rauminhalts (BRI) zur Brutto-Grundfläche (BGF)** beträgt etwa 2,8 bis 3,3.

- Größe eines Pflegeheimes: 80 bis 150 Einheiten[94],
- Bettenstruktur: Einzelzimmeranteil 70 bis 100 % (mindestens 50 %),
- NGF/BGF   85 – 90 %
- VF/BGF   20 – 25 %
- BRI/BGF   2,8 – 3,3
- Flächenbedarf (Netto-Grundfläche) je Pflegebett bei Einzelzimmer[95]:   40 bis 50 m²
- Flächenbedarf je Pflegebett bei Doppelzimmer[96]:   30 bis 50 m²
- Wohnflächenanteil an Gesamtnutzfläche: 60 bis 70 %
- Flächenbedarf für Therapieräume: 1,5 m² je Bewohner
- Flächenbedarf für Speiseraum (Multifunktionsraum):   1,5 m² je Bewohner
- Flächenbedarf für Gemeinschaftsflächen (Therapie, Aufenthalt, Speisesaal):

                                                                                                         3 m² je Bewohner

- Flächenbedarf für Küche: 1 m² je Bewohner

---

94 In Nordrhein-Westfalen maximal 80 Plätze mit einem Einzelzimmeranteil von 85 bis 100 %.
95 Nach Heimmindestbauverordnung bei Einzelzimmer 12 m² Wohnfläche (ohne Anrechnung der Nasszelle).
96 Nach Heimmindestbauverordnung bei Einzelzimmer 18 m² Wohnfläche (ohne Anrechnung der Nasszelle).

V Besondere Immobilienarten   Alten- und Pflegeheim

- Flächenbedarf für Personal: nach arbeitsrechtlichen Bestimmungen
- Ausstattung der Nasszellen: Waschtisch, WC, barrierefrei befahrbarer Duschplatz. Halte- und Stützgriffe
- Balkone (nicht vorgeschrieben):   Mindestgröße 4,5 m², schwellenlos
- Gemeinschaftsküche (kleinere Art für Wohngruppen),
- Verkehrswege: barrierefrei und behindertengerecht (Rampenneigung ≤ 6 %, Rampenbreite ≥ 175 cm).

5.3.3 Grundlagen der Marktwertermittlung

432 Neben den üblichen **Grundlagen für die Ermittlung des Marktwerts** (Verkehrswerts) sind bei der Bewertung von Alten- und Pflegeheimen (Seniorenimmobilien) insbesondere heranzuziehen

- Standortgutachten[97]
- Bedarfsanalyse,
- Wirtschaftlichkeitsberechnung,
- Betreiberkonzept,
- Pflegesatzvereinbarung nach § 85 SGB XI für vollstationäre Pflege,
- Vereinbarung nach § 80a SGB XI (Leistungs- und Qualitätsvereinbarung),
- Versorgungsvertrag nach § 72 SGB XI für vollständige Dauer- und Kurzzeitpflege,
- Pacht- bzw. Mietvertrag mit Anlagen, Nachträgen und aktuelle Miete,
- Vergütungsregelung für betriebsnotwendige Investitionsaufwendungen nach § 82 SGB XI i. V. m. § 93a BSHG,
- Betriebswirtschaftliche Auswertung (Gewinn-und-Verlustrechnung der vergangenen Jahre),Verhältnis Selbstzahler zu Sozialhilfeempfänger,
- Auslastungen in den vergangenen Jahren, Belegung nach Pflegestufen in den vergangenen Jahren,
- Kurzzeitpflege,
- Untermietverträge und Angaben zu sonstigen Einnahmen (*Catering*, Restaurant, mobiler Pflegedienst, Friseur usw).

5.3.4 Marktwertermittlung

Schrifttum: *Jahn, W.,* Wertermittlung von Alten- und Pflegeheimen, GuG 2000, 282; *Krings-Heckemeier,* Seniorenimmobilien, in Heuer/Schiller, Spezialimmobilien; *Busz,* Seniorenimmobilien als Investitionsobjekt; *Schaper, D.,* Bewertung von Seniorenimmobilien, Freiburg 2007.

5.3.4.1 Wertermittlungsverfahren

433 Der **wirtschaftliche Erfolg von Alten- und Pflegeheimen (Seniorenimmobilien)** bestimmt sich im Wesentlichen durch die örtliche Konkurrenzsituation, dem Vermarktungskonzept und dem Management. Dies muss unabhängig von dem angewandten Verkehrswertermittlungsverfahren eingehend analysiert werden. Dazu müssen im Rahmen einer Makroanalyse zunächst die Entwicklung des vorhandenen Bestands, unter Einbeziehung des zu erwartenden Bestands und der über 65-Jährigen geprüft werden. Die Sozialämter erwarten hier eine Quote von 3 bis 4 %, die möglicherweise aber höher liegen dürfte. Eine sich hieraus ergebende Unter- oder Überversorgung muss gegebenenfalls bei der Verkehrswertermittlung berücksichtigt werden. Im Rahmen einer Mikroanalyse sind dann die Lage des Objekts, sein baulicher Zustand, die Versorgungsmöglichkeiten im Umkreis der Einrichtung, die Konkurrenten

---
97 Hierzu z. B. geoport: Sozialimmobilien: Alten- und Pflegeeinrichtungen; Pflegestatistik und Bedarfskennziffern mit Historie; Potenzialanalyse: Hohe Altersklassen nach Geschlechtern.

Alten- und Pflegeheim   **Besondere Immobilienarten V**

(Belegung, Auslastung), die Pflegesätze, das Betriebskonzept (Investitionskosten) und die Planungen neuer Einrichtungen in einem Umkreis von ca. 20 km zu prüfen.

Zur Verkehrswertermittlung kommen grundsätzlich alle klassischen **Wertermittlungsverfahren** (Vergleichswert-, Ertrags- und Sachwertverfahren) in Betracht, jedoch dürfte schon mangels geeigneter Vergleichspreise das Ertragswertverfahren ausscheiden. Dabei kommen bei der Verkehrswertermittlung von

a) *Altenwohnungen (Seniorenwohnungen)* die allgemeinen Grundsätze zur Verkehrswertermittlung von Wohngebäuden,

b) *Residenzen, Wohnstiften* die allgemeinen Grundsätze zur Verkehrswertermittlung von Hotels (zumeist in der Kategorie von 4-Sterne-Hotels),

c) *(Alten-)Pflegeheimen* und

d) *Geriatrischen Einrichtungen*

die allgemeinen Grundsätze zur Verkehrswertermittlung von Kliniken zur Anwendung.

Dem **Sachwertverfahren** kommt im Hinblick auf die ertragsorientierte Ausrichtung von Seniorenimmobilien allenfalls eine **unterstützende Aussagekraft** zu und es findet zumeist als Investitionspauschalenrechnung Anwendung (Investitionsrechnung/*Discounted Cash Flow* Verfahren).

Bei der Verkehrswertermittlung von sog. Betreiberimmobilien steht das **Ertragswertverfahren** im Vordergrund, und zwar zumeist   **434**

– als Pachtwertverfahren oder
– als Betriebswirtschaftliches Verfahren.

Bei der Ermittlung des Verkehrswerts unter Anwendung des Ertragswertverfahrens ist eine Reihe von nachfolgend behandelten Besonderheiten zu beachten.

Bei **Pflegeheimen/Altenpflegeheimen** ist es angezeigt, zwischen

– der Ermittlung des Verkehrswerts unter Anwendung des Ertragswertverfahrens auf der Grundlage dynamischer Liegenschaftszinssätze (§§ 17 ff. ImmoWertV) und
– der Ermittlung des Unternehmenswerts unter Anwendung des prognoseorientierten Ertragswertverfahrens (*Discounted Cash Flow* Verfahren) zu unterscheiden.

Das prognoseorientierte Ertragswertverfahren (*Discounted Cash Flow* Verfahren) kann zur Ermittlung des Verkehrswerts von Pflegeheimen (Altenpflegeheimen) hilfsweise zur Anwendung kommen; es ist (fehlertheoretisch) im Hinblick auf die Unsicherheiten bei den zu prognostizierenden Ertragsverhältnissen, dem theoretisch abzuleitenden Diskontierungszinssatz und der Restwertabschätzung zwangsläufig mit großen Unsicherheiten behaftet.

5.3.4.2 Bodenwert

Alten- und Pflegeheime (Seniorenimmoblien) können in allgemeinen Wohngebieten bzw. in Sondergebieten liegen. Als gute Standorte gelten solche, die innerhalb der Städte oder Stadtteilzentren mit guter Infrastruktur und Verkehrsanbindung gelegen sind.   **435**

Der Bodenwert bestimmt sich nach den Vergleichspreisen bzw. dem entsprechenden Bodenrichtwert unter Berücksichtigung der nachfolgenden Standortfaktoren (Abb. 31).   **436**

V Besondere Immobilienarten — Alten- und Pflegeheim

Abb. 31: Standortkriterien für Seniorenimmobilien

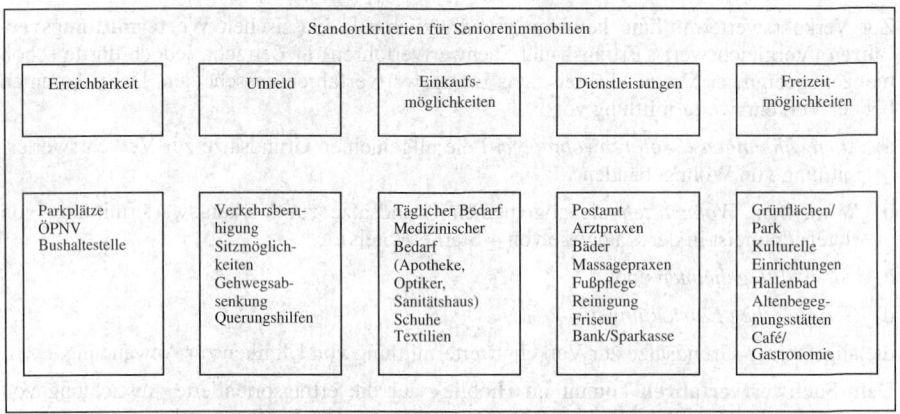

Die **Standortkriterien haben** je nach Art der Senioreneinrichtung **unterschiedliche Gewichte**. Generell werden urbane Standorte bevorzugt. Während im Rahmen des betreuten Wohnens die Einkaufsmöglichkeiten des täglichen Bedarfs, die medizinische Versorgung, das Freizeit- und Dienstleistungsangebot von hoher Wichtigkeit sind, ist die Nähe von Behördeneinrichtungen, die medizinische Versorgung und eine gute Verkehrsanbindung für stationäre Pflegeeinrichtungen von Bedeutung[98].

5.3.4.3 Ertragswertverfahren

▶ *Kaufpreisfaktoren vgl. GuG-aktuell 2008, 22*

a) *Ertragswertverfahren auf der Grundlage der marktüblich erzielbaren Einnahmen*

437 Grundsätzlich bestimmt sich der Ertragswert nach den am Wertermittlungsstichtag marktüblich erzielbaren Einnahmen und dem Liegenschaftszinssatzes *(all over capitalization rate)*. Die tatsächlich erzielten Einnahmen können als Anhalt dienen; sie müssen jedoch gegebenenfalls auf Angemessenheit überprüft werden *(over-* und *underrented)*.

438 Die **Nettokaltmieten von Altenwohnungen (Seniorenwohnungen)** weisen eine große Bandbreite auf und belaufen sich auf ca. 6 bis 25 €/m² (im Mittel 8 bis 16 €/m²), wobei Kleinstädte ein deutlich niedrigeres Preisniveau aufweisen. Im Bereich des *betreuten Wohnens* ist die ortsüblich erzielbare Miete zuzüglich eines ausstattungsabhängigen Zuschlags von 10 bis 35 % sowie ggf. weiterer Zuschläge für die Betreuung anzusetzen.

439 Die **Bemessung der Jahresnettomiete in Höhe eines Vomhundertsatzes** kommt hilfsweise in Betracht, wenn keine verlässlichen Vergleichsdaten über die Jahresmiete vorliegen.

440 Bei **geförderten Objekten** ist der Kapitalwert der Förderung zusätzlich als Einnahme zu berücksichtigen.

441 Die gesamten **Bewirtschaftungskosten** belaufen sich *für Pflegeheime* auf etwa 10 bis 30 % der Jahresnettomiete.

- Die *Betriebskosten* werden regelmäßig umgelegt; gleichwohl ist von nicht umlegbaren Betriebskosten in Höhe von 0,5 % des Jahresrohertrags auszugehen.
- Pflegeheime (Altenpflegeheime) erfordern im Vergleich zu Wohn- oder Büroimmobilien geringere *Verwaltungskosten*, da sie i. d. R. nur einen Mieter (den Betreiber) aufweisen und der Aufwand für die Vermietung im Pflegesatz enthalten ist. Die Verwaltungskosten

---
[98] Busz, P., Seniorenimmobilien als Investitionsobjekte, Köln 2003, S. 118.

Alten- und Pflegeheim   Besondere Immobilienarten V

sind teilweise in den Gehältern und in den Aufwendungen des Heimbetriebs enthalten. Sie sind daher nur in Höhe von 1 bis 2 % der Jahresnettomiete (Jahrespacht) anzusetzen.

– Die Kosten der *Instandhaltung* müssen ggf. unter Berücksichtigung der mietvertraglichen Vereinbarungen in entsprechend reduzierter Höhe (zwischen 10 bis 12 €/m² NF) angesetzt werden. Übernimmt der Verpächter nur die Aufwendungen für Dach und Fach, so können sich die Instandhaltungskosten auf 50 % reduzieren.

– Ein *Mietausfallwagnis* von 3 bis 5 % ist in Abhängigkeit von der Bonität des Betreibers angemessen; dabei ist zu berücksichtigen, dass das Mietausfallwagnis bereits in die Auslastungsquote Eingang findet.

Das **Modernisierungsrisiko** beträgt etwa 0,75 bis 1,50 % der Herstellungskosten bzw. 500 bis 900 €/Bett p. a.

Bei *betreutem Wohnen* sind die Bewirtschaftungskosten in Anlehnung an die Verwaltungskosten etwa mit 200 – 300 €/WE p. a., die Instandhaltungskosten mit 11 €/m² p. a. und das Mietausfallwagnis mit 4 % anzusetzen.

Die **Gesamtpauschale** der Bewirtschaftungskosten bei der Beleihungswertermittlung (Instandhaltung, Verwaltung, Mietausfall und Modernisierungsrisiko) beläuft sich auf rd. 15 – 35 %.

Zur **Ermittlung des Barwerts der Reinerträge** ist von   **442**

– einem *Liegenschaftszinssatz* auszugehen, der sich erfahrungsgemäß auf etwa 6,0 bis 8,5 % (auch im Rahmen der Beleihungswertermittlung) unter Berücksichtigung der konkreten Risikoabschätzung und der Drittverwendungsmöglichkeiten beläuft; vom Gutachterausschuss in *Frankfurt am Main* wurde beispielsweise ein durchschnittlicher Liegenschaftszinssatz von 6,5 % bei einer Spanne von 6,00 % – 7,25 % ermittelt (2012),

– einem *Kapitalisierungszinssatz* (BelWertV) von 6,5 bis 9,0 %,

– einer *Gesamtnutzungsdauer* (bei ordnungsgemäßer Bewirtschaftung), die sich nach Lage und Ausstattung des Gebäudes auf etwa 30 bis 50 Jahre beläuft, sofern die Konkurrenzsituation und die demoskopische Bevölkerungsstruktur eine entsprechende Gesamtnutzungsdauer zulassen; i. d. R. empfiehlt es sich, von einer Gesamtnutzungsdauer von 40 Jahren auszugehen.

Bei *betreutem Wohnen* sind Liegenschaftszinssatz und Restnutzungsdauer in Anlehnung an die Sätze des Wohnungsbaus anzusetzen.

Die Einnahmen sind von der **baulichen Struktur und dem Raumprogramm** abhängig. Der   **443**
Anteil der Pflegeplätze sollte sich auf mindestens 50 % belaufen; andernfalls sind Abschläge bei der Auslastung erforderlich.

Die **Einnahmestruktur von (Alten-)Pflegeheimen** wird durch das XI Sozialgesetzbuch   **444**
(SGB XI) strukturiert. Um Pflegeleistungen im Sinne dieses Gesetzes zu erbringen, benötigt der Betreiber einen Versorgungsvertrag, in dem nach § 72 Abs. 1 Satz 2 SGB XI Art, Inhalt und Umfang der allgemeinen Pflegeleistungen (§ 4 Abs. 2), die von der Pflegeeinrichtung während der Dauer des Vertrags für die Versicherten zu erbringen sind (Versorgungsauftrag), festzulegen sind. Nach § 75 Abs. 5 SGB XI regeln die Versorgungsverträge insbesondere:

1. den Inhalt der Pflegeleistungen sowie bei stationärer Pflege die Abgrenzung zwischen den allgemeinen Pflegeleistungen, den Leistungen bei Unterkunft und Verpflegung und den Zusatzleistungen,

2. die allgemeinen Bedingungen der Pflege einschließlich der Kostenübernahme, der Abrechnung der Entgelte und der hierzu erforderlichen Bescheinigungen und Berichte,

3. Maßstäbe und Grundsätze für eine wirtschaftliche und leistungsbezogene, am Versorgungsauftrag orientierte personelle Ausstattung der Pflegeeinrichtungen,

4. die Überprüfung der Notwendigkeit und Dauer der Pflege,

V Besondere Immobilienarten   Alten- und Pflegeheim

5. Abschläge von der Pflegevergütung bei vorübergehender Abwesenheit (Krankenhausaufenthalt, Beurlaubung) des Pflegebedürftigen aus dem Pflegeheim,

6. den Zugang des Medizinischen Dienstes und sonstiger von den Pflegekassen beauftragter Prüfer zu den Pflegeeinrichtungen,

7. die Verfahrens- und Prüfungsgrundsätze für Wirtschaftlichkeitsprüfungen,

8. die Grundsätze zur Festlegung der örtlichen oder regionalen Einzugsbereiche der Pflegeeinrichtungen, um Pflegeleistungen ohne lange Wege möglichst orts- und bürgernah anzubieten.

445 Pflegeheime erzielen 80 % ihrer Einnahmen aus dem **Pflegesatz (Heimentgelt),** der mit dem Investitionskostenanteil die Finanzierungsbasis bildet. Der Pflegesatz (Heimentgelt) setzt sich aus den Kostenbereichen für

– Pflegeleistungen (Pflegekosten),
– Unterkunft und Verpflegung (Hotelkosten) sowie
– Investitionskosten (zur Bedienung des Kapitaldienstes bzw. der Miete/Pacht)

zusammen, die sich in Personal- und Sachkosten, die Abschreibung und die Zinsen für Kapitaldienste mit den sich aus der nachfolgenden Darstellung ergebenden Positionen gliedern.

Die **monatliche Pflegeleistung** ist von der Pflegestufe abhängig:

	Monatliche Pflegeleistung		
	Pflegestufe I (Erhebliche Pflegebedürftige)	**Pflegestufe II** (Schwerpflegebedürftige)	**Pflegestufe III** (Schwerstpflegebedürftige)
Pflegegeldleistung	205 €	410 €	665 €
Pflegesachleistung	bis zu 384 €	bis zu 921 €	bis zu 1 432 € (Härtefälle bis zu 1 918 €)
Vollstationäre Pflege	1 023 €	1 279 €	bis zu 1 432 € (Härtefälle 1 918 €)

Quelle: Pflegeversicherungsgesetz

446 Die **Kostenstruktur von Pflegeheimen** stellt sich wie folgt dar:

– Personalkosten: 50 bis 60 %
– Miete und Pacht: 15 bis 25 %
– Zinsen: 4 bis 7 %
– Wasser, Energie, Brennstoffe: 2 bis 4 %
– Lebensmittel: 4 bis 6 %
– Abschreibung: 2 bis 3 %
– Wirtschaftsbedarf: 1 bis 2 %
– Verwaltung: 3 %
– Medizinischer Pflegebedarf: 1 %
– Instandsetzung: 1 bis 2 %
– Fuhrpark: 0,5 %
– Ersatzbeschaffung: 0,5 %
– Steuern und Versicherung: 0,5 %

Die **Personalkosten** bilden bei einer Betreiberkalkulation den Schwerpunkt (Abb. 32).

Abb. 32: Allgemeine Pflegesätze (in €)

Art der Pflege	Std./Tag Pfleger(in)	Stundensatz	Betrag	Leistung im Monat gemäß § 43 Abs. 5 SGB XI
Pflegestufe I (erhebliche Pflegebedürftige)	3	4–5	12	1 023 €
Pflegestufe II (Schwerpflegebedürftige)	4	4–5	18	1 279 €
Pflegestufe III (Schwerstpflegebedürftige)	8	4–5	36	1 432 €
Härtefälle (außergewöhnlich hoher und intensiver Pflegeaufwand; vgl. § 43 Abs. 3 SGB XI)				1 688 €

Die **Pflegefachquote** bestimmt sich nach

$$\text{Pflegefachquote} = \frac{\text{Fachkräfte}}{\text{betreutes Personal}}$$

und sollte gemäß Heimpersonalverordnung (HeimPersVO) mindestens 50 % betragen. Als Fachkräfte gelten dabei Krankenschwestern, -pfleger, Kinderkrankenschwester, -pfleger, Altenpfleger/-innen sowie Heilerziehungspfleger/-innen; nicht dagegen therapeutisches und sozialbetreuendes Personal[99].

b) *Ertragswertverfahren auf der Grundlage der Investitionskosten*

Von maßgeblicher Bedeutung für die Verkehrswertermittlung sind die Investitionskosten, die der Bewohner (Selbstzahler) oder im Falle der Aufnahme von Sozialhilfeempfängern der Sozialhilfeträger trägt (**Investitionskostensatz**). Voraussetzung ist eine Vereinbarung zur Übernahme der gesondert berechneten Investitionskosten. Im freifinanzierten Bereich gelten rd. 16 bis 21 €/Tag als realistischer Ansatz.

447

Der **Investitionsaufwand** pro Pflegeplatz belief sich im Jahre 2007 auf rd. 75 000 €. Der Betreibergewinn bewegt sich zwischen 5 und 10 %.

Der **Unterkunfts- und Verpflegungsanteil** beträgt 2006 im Bundesdurchschnitt 19 €/Tag und schwankt nach Bundesländern (*Sachsen*: 14 €/Tag; *Nordrhein-Westfalen* 25 €/Tag).

448

Bei Anwendung des Ertragswertverfahrens kann der **marktüblich erzielbare Ertrag** auf der Grundlage des Investitionskostensatzes unter Abzug der vom Betreiber zu leistenden Instandhaltungskosten und unter Berücksichtigung der zu unterstellenden Auslastung ermittelt werden. Wie in der Hotellerie kommt **der Auslastung von Pflegeheimen** eine entscheidende Bedeutung zu. Gut geführte Objekte haben eine Auslastung von mindestens 95 %; bei höherer Auslastung sollte gleichwohl keine höhere Auslastung angesetzt werden.

449

---

99 Brüggemann, J. in Igl/Schiemann/Gerste/Klose, Qualität in der Pflege, Stuttgart 2002, S. 363.

V Besondere Immobilienarten — Alten- und Pflegeheim

450 *Beispiel:*

Nach Angaben des Betreibers ist mit folgenden Investitionskostenpauschalen (IV-Pauschale) zu kalkulieren:

Zimmer	Anzahl		Investitionskostensatz nach Angabe des Betreibers			Auslastung	Rohertrag
	Zimmer	Plätze	pro Pflegeplatz und Tag	Tage	Gesamtsumme p. a.		
Doppelzimmer	17	34	15,00 €	365	186 150 €		
Einzelzimmer	60	60	21,14 €	365	462 966,00 €		
Summe					649 116 €	95 %	616 660 €

Ermittlung des Rohertrags nach Investitionskostensätzen

c) *Ertragswertverfahren (Pachtwertverfahren) auf der Grundlage der Umsatzpacht*

▶ Vgl. zu Staffelmietverträgen § 18 ImmoWertV Rn. 82

451 Pflegeeinrichtungen werden häufig an Betreiberfirmen verpachtet (§ 581 BGB). Die Ertragswertermittlung auf der Grundlage von Umsatzpachten kann zu erheblichen Fehleinschätzungen führen, denn der Investitionskostensatz kann sehr unterschiedlich ausfallen. Insbesondere bei neueren Heimen liegt der über Investitionskostenpauschalen ermittelte Rohertrag typischerweise deutlich über dem Wert der Umsatzpacht[100]. Die bei Pflegeheimen erzielbare **Umsatzpacht** beläuft sich bei einer 93%igen Auslastung auf etwa 17 bis maximal 20 %. Ulrich nennt für stationäre Pflegeeinrichtungen als Kenngröße für Pachtansätze 15 bis 25 € pro Bett und Tag bzw. 9 bis 15 €/m² NF. Es empfiehlt sich, zwischen privaten und öffentlichen Einrichtungen zu unterscheiden:

- öffentliche Einrichtungen 12 bis 20 %
- private Einrichtungen 15 bis 22 %

bei einer **Auslastung** von 75 bis 95 %.

Pachtverträge werden i. d. R. über einen Zeitraum von 10 bis 25 Jahren geschlossen, wobei die Vereinbarung von *Staffelmietverträgen*(§ 18 ImmoWertV Rn. 82) oder *Wertsicherungsklauseln* auf der Grundlage des Verbraucherpreisindexes üblich ist. Bei Wertsicherungsklauseln ist beachtlich

- die gewählte und auf der Grundlage der PreisklauselVO von der Bundeszentralbank geprüfte Zeitreihe,
- ein vereinbarter indexfreier Zeitraum (z. B. fünf Jahre nach Pachtvertrag),
- die Höhe der Anpassung in % (Voll- oder Teilanpassung, üblich sind 60 bis 100 %) und
- der für die erste Anpassung vereinbarte Schwellenwert.

Für den Betreiber eines Pflegeheimes ergeben sich verschiedene **Umsatzquellen:** Dazu zählen insbesondere das Entgelt für Pflegeleistungen (Pflegesatz, Pflegekosten), die Kosten für Unterkunft und Verpflegung sowie der Investitionskostenbeitrag. Während die Anteile für Unterkunft und Verpflegung sowie der Investitionskostenbeitrag für alle Bewohner gleich sind, hängt der Pflegesatz von der Pflegeintensität der Bewohner (Pflegestufe) ab.

---

[100] Jahn, Wertermittlung von Alten- und Pflegeheimen, GuG 2000, 282.

Beispiel:

Stufe	Anteil	Pflege-plätze	Kosten je Bewohner				Umsatz pro Tag Gesamtsumme
			Pflege-kosten	Unter-kunft Verpflegung	Investitions-pauschale	Summe pro Bewohner	
0	14 %	14	24,00	21,60	20,00	65,60	918,40
I	28 %	30	32,50	21,60	20,00	74,10	2 223,00
II	31 %	33	39,50	21,60	20,00	81,10	2 676,30
III	13 %	14	50,40	21,60	20,00	92,00	1 288,00
III/S	14 %	15	68,40	21,60	20,00	110,00	1 650,00
EZ-Zuschlag		10		4,60			46,00
Summe	**100 %**	**106**					**17 067,30**
Jahresumsatz per annum (365 Tage)							6 229 564 €
Pachtwert bei 18 % des Jahresumsatzes und 100%iger Auslastung							1 121 322 €
Pachtwert bei 18 % des Jahresumsatzes und 95%iger Auslastung							1 065 255 €
Pachtwert pro Bewohner und Tag (365 Tage, 106 Bewohner)							27,53 €

Der ermittelte Pachtwert p. a. von 1 065 255 € stellt den „Rohertrag" dar. Vermindert um die Bewirtschaftungskosten (z. B. 15 %), ergibt sich der **Reinertrag** (905 467 €). Dieser wird wiederum um den Bodenwertverzinsungsbetrag vermindert und mit dem üblichen Vervielfältiger kapitalisiert. Der sich so ergebende Gebäudeertragswert ergibt zusammen mit dem Bodenwert dann den Ertragswert.

Variabel sind vor allem die Pflegekosten, denn die Pflegesätze sind je nach Pflegestufe unterschiedlich hoch. Sie sind mithin zeitlichen Veränderungen unterworfen. Im Rahmen einer Verkehrswertermittlung ist deshalb von einem

– durchschnittlichen „Fallmix" (60 bis 80 % der Bewohner in Pflegestufe II und III) und
– einer durchschnittlichen Auslastung (etwa 95 %)

auszugehen.

Zur **Kontrolle** lässt sich der Reinertrag auch ermitteln, indem man den Jahresumsatz vermindert um

– die Betriebskosten des Betreibers,
– die Bewirtschaftungskosten des Eigentümers,
– den Unternehmergewinn und
– einen Sicherheitsabschlag.

V Besondere Immobilienarten   Alten- und Pflegeheim

Fortsetzung des Beispiels:

Jahresumsatz	6 229 564 €	vgl. vorstehendes Beispiel
– Betriebskosten des Betreibers	– 3 737 738 €	hier 60 % (durchschnittlich 55 bis 65 % des Umsatzes)
verbleiben	2 491 826 €	
– Bewirtschaftungskosten	– 373 774 €	hier 15 % (durchschnittlich 12 bis 18 % des verminderten Umsatzes)
verbleiben	2 118 052 €	
– Unternehmergewinn	– 622 956 €	hier 10 % (durchschnittlich 10 bis 15 % des Jahresumsatzes)
verbleiben	1 495 096 €	entspricht rd. 24 % des Jahresumsatzes
– Sicherheitsabschlag	– 633 956 €	hier 10 % (im Durchschnitt 5 bis 15 % des Jahresumsatzes)
= Reinertrag	**861 140 €**	

Zur **Plausibilisierung des Ergebnisses** kann auf Erfahrungswerte von 60 000 bis 80 000 €/pro Bett und Jahresrohmietenvervielfältiger von 11 bis 13 (Rohertragsfaktor) zurückgegriffen werden.

Umsatzbezogene Mietwertableitung für Alten- und Pflegeheime (angemessene Schätzwerte)

Abb. 33: Basisdaten

Basisdaten		
Nutzfläche (ohne Garagen):	m²	
Anzahl der Zimmer: (i. Mittel: m² je Zimmer inkl. antlg. Nebenfl.)	Stck.	
Anzahl der Betten/Plätze: (i. Mittel: Betten je Zimmer)	Stck.	
– Betreutes Wohnen:	Stck.	
– Tagespflege:	Stck.	
– Pflegestufe I:	Stck.	
– Pflegestufe II:	Stck.	
– Pflegestufe III:	Stck.	
Auslastung der Betten/Plätze:	%	90
Belegungstage (Erfahrungsw. bez. Nutzung, Lage u. Konzeption):		328,50
(365 Tage × 90 % Auslastung) p. a. Umsatzmiete		
– Betreutes Wohnen:	%	30,0
– Tagespflege:	%	20,0
– Pflegestufe I–III:	%	18,0
Tagessätze (Erfahrungswerte bez. Nutzung, Lage u. Konzeption)		
– Betreutes Wohnen: (Monatlich €/30 Tage)	€/Tg.	
– Tagespflege: (monatlich €/30 Tage)	€/Tg.	
– Pflegestufe I: (monatlich €/30 Tage)	€/Tg.	
– Pflegestufe II: (monatlich €/30 Tage)	€/Tg.	
– Pflegestufe III: (monatlich €/30 Tage)	€/Tg.	

Alten- und Pflegeheim — Besondere Immobilienarten V

Jahresumsatz			
– Betreutes Wohnen:	Plätze × €	× 328,50 Belegungstage	(%) €
– Tagespflege	Plätze × €	× 328,50 Belegungstage	(%) €
– Pflegestufe I:	Plätze × €	× 328,50 Belegungstage	(%) €
– Pflegestufe II:	Plätze × €	× 328,50 Belegungstage	(%) €
– Pflegestufe III:	Plätze × €	× 328,50 Belegungstage	(%) €
– Sonstiger Umsatz:			(%) €
Gesamtumsatz:	– Basisjahr		(%) €
Mietwert aus Umsatz			
– Betreutes Wohnen:	€	× 30,0 %	€
– Tagespflege:	€	× 20,0 %	€
– Pflegestufe I–III:	€	× 18,0 %	€
– Sonstiger Umsatz:	€	× 20,0 %	€
jährliche Umsatzmiete:		i. M.	%
monatliche Flächenmiete:	€	: 12: m²	€/m²
Mietwert je Bett und Belegungstag:	i. M. €		€

d) *Prognoseorientierte Ertragswertverfahren (Discounted Cash Flow Verfahren)*

Von Investoren und institutionellen Anlegern werden zumeist Marktwertermittlungen auf der Grundlage des prognoseorientierten Ertragswertverfahrens (*Discounted Cash Flow* Verfahren) präferiert. Es entspricht grundsätzlich den klassischen Ertragswertverfahren, wobei lediglich **453**

- die Ein- und Auszahlungsströme über einen Zeitraum von i. d. R. 10 Jahren prognostiziert und
- die jährlich prognostizierten Reinerträge mit einem geeigneten Zinssatz (an Stelle des Liegenschaftszinssatzes) diskontiert

werden. Darüber hinaus sind der Restwert, die Transaktionskosten und die Abschreibung zu berücksichtigen.

Der **Diskontierungszinssatz** wird zumeist (als ein kapitalmarktüblicher Zinssatz) bestimmt
- auf der Grundlage des Zinssatzes für langfristige Hypothekenpfandbriefe[101]
- zuzüglich eines Risikoaufschlags, der sich aus einem Branchenrisiko (zurzeit ca. 2 %), und
- zuzüglich eines Risikoaufschlags, der sich aus dem Objektrisiko zusammensetzt.

Beispiel:

Verzinsung von Hypothekenpfandbriefen mit 10-jähriger Laufzeit	6,0 %
+ Branchenrisiko	+ 2,0 %
+ Objektrisiko	+ 4,0 %
= Diskontierungszinssatz	= 12,0 %

Bei neu errichteten Einrichtungen können die Vor- und **Anlaufkosten (*Pre Opening* Kosten) eine Größenordnung von rd. 500 000 bis 1 000 000 € erreichen**[102]. Der Objektrisikozuschlag zur Berücksichtigung der Einführungsphase (*Pre Opening* Phase) fällt mit ca. 4 % entsprechend hoch aus. Im Jahre 2002 waren Diskontierungszinssätze von rd. 11 % üblich.

---
101 Quelle: Deutsche Bundesbank.
102 Ostermann/Weber, Senioreneinrichtungen in Falk, Gewerbe-Immobilien, 6. Aufl. 1996.

V Besondere Immobilienarten   Alten- und Pflegeheim

Der *Cash Flow* (Rendite) ergibt sich aus dem **Umsatz abzüglich der Kosten**.

Bei **zentral gesteuerten Einrichtungen** muss gegebenenfalls berücksichtigt werden, dass bestimmte Dienstleistungen wie z. B. das Rechnungs- und Personalwesen zentral angeboten werden und nur die entsprechende Umlage zum Ansatz kommt.

e) *Betriebswirtschaftliches Verfahren*

454 Bei dem Betriebswirtschaftlichen Verfahren handelt es sich nicht um ein originär anderes Verfahren als die bereits vorgestellten Methoden. Kennzeichnend für dieses Verfahren ist lediglich, dass auf der Grundlage einer detaillierten Betreiberanalyse unter Berücksichtigung seiner Bonität

- die Erträge nach den tatsächlich erzielten und tatsächlich erwarteten Erträgen (an Stelle der tatsächlich erzielbaren Erträge) angesetzt und
- wie bei Anwendung des prognoseorientierten Ertragswertverfahrens (*Discounted Cash Flow* Verfahren) mithilfe eines modifizierten kapitalmarktüblichen Zinssatzes diskontiert werden.

Das **Betriebswirtschaftliche Verfahren führt damit nicht zum Marktwert,** sondern zu einem unternehmensspezifischen Wert.

Bei Anwendung dieses Verfahrens kann wiederum von dem **Umsatz des Betreibers** ausgegangen werden. Dieser ist sodann um

- die Betriebskosten des Betreibers (Personal- und Sachkosten, etwa 55 bis 65 % des Umsatzes),
- die Bewirtschaftungskosten des Eigentümers (10 bis 20 %) und
- den Unternehmergewinn (10 bis 15 %)

zu vermindern. Inwieweit dabei ein Mietausfallwagnis anzusetzen ist, hängt wiederum von der angesetzten Auslastungsquote ab. Das Ergebnis ist der Reinertrag.

f) *Investitionspauschalenrechnung*

455 Bei dieser von *Jahn*[103] entwickelten Methode wird der Ertragswert allein auf der Grundlage der Gesamtsumme der Investitionspauschalen (ggf. auch dem Pflegewohngeld) aller verfügbaren Plätze – vermindert um 10 % (bzw. 1,30 bis 1,70 € pro Bett und Tag) zur Berücksichtigung der vom Pächter gestellten Ersteinrichtungen (Inventar) – unter Berücksichtigung der Auslastungsquote und der Einzelzimmerzuschläge ermittelt. Das Ergebnis dieser Berechnung ist der Rohertrag. Der Ertragswert ergibt sich sodann nach herkömmlicher Vorgehensweise:

---

103 Wertermittlung von Alten- und Pflegeheimen, GuG 2000, 282.

Alten- und Pflegeheim   **Besondere Immobilienarten V**

Beispiel:

Ertragswertermittlung					
Ermittlung des Jahresrohertrags:					
	Tage	Anzahl der Heimbewohner		Investitionspauschale	Jahresroh-ertrag
		DZ	EZ	voll vermindert	
Investitionspauschale	365	100		19,25 € 17,33 €	632 545 €
Einzelzimmerzuschlag	365		20	4,60 €	33 304 €
Summe					665 849 €
Rohertrag bei Auslastung von 98 %					652 532 €
Rohertrag pro Bewohner und Tag:			652 532 €/100 Bewohner/365 Tage		= 17,88 €
Ertragswertermittlung					
– Bewirtschaftungskosten: 15 %					97 880 €
Reinertrag					654 652 €
– Bodenwertverzinsungsbetrag bei einem Bodenwert von 500 000 € und einem Zins von 7 %					35 000 €
= bodenwertverzinsungsbetragsgeminderter Reinertrag					619 652 €
× Vervielfältiger bei Restnutzungsdauer von 50 Jahren (V = 13,80)					8 551 198 €
+ Bodenwert					500 000 €
= Ertragswert (gerundet)					**9 000 000 €**

Die **Einnahmen aus Pflegeaufwendungen sowie aus Unterkunft und Verpflegung bleiben außer Betracht**; es wird dabei davon ausgegangen, dass diese die betriebsnotwendigen Kosten decken.

5.3.4.4 Sachwertverfahren

▶ *Zu den Normalherstellungskosten vgl. § 22 ImmoWertV.*   456

Die Baukosten für Pflegeheime belaufen sich auf etwa 1 200 – 1 500 €/m² BGF_{red}. Nach den Förderrichtlinien der Bundesländer werden **Baukosten** (ohne Bodenwertanteil, jedoch einschließlich Inneneinrichtung von durchschnittlich 7 500 € pro Platz) im **Bereich von 75 000 bis 100 000 € pro Platz** empfohlen[104]. Die Baunebenkosten (sofern nicht in den herangezogenen Normalherstellungskosten enthalten) sind etwa mit 14 bis 20 % und die Außenanlagen sind maximal mit 5 % der Herstellungskosten anzusetzen.   457

5.3.5 Beispiele

5.3.5.1 Verkehrs- und Beleihungswert eines Seniorenzentrums

Schrifttum: *Stannigel/Kremer/Weyers,* Beleihungsgrundsätze, S. 516, Abschnitt 6.8.2 Altenheime, Pflegeheime; *Weyers, G.,* Verkehrswert und Beleihungswert von Seniorenimmobilien, GuG 1997, 2.

1. Ausgangsdaten   458

Das Zentrum besteht aus einem Alten- und Pflegeheim, den Bereichen beschütztes Wohnen sowie Tagespflege und Rehabilitation; sein Standort befindet sich in Nordrhein-Westfalen.

---

104 Arbeiter-Samariter-Bund 1998 (Register 5, S. 12).

V Besondere Immobilienarten — Alten- und Pflegeheim

a) Bodenbeschreibung

Lage	Stadtzentrum
Lagebeurteilung	zentrale, ruhige Lage; für die ausgeübte Nutzung besonders geeignet
Nahverkehrsmittel	Bushaltestelle in unmittelbarer Nähe
Straßenzustand	Anbindung an die endgültig ausgebaute Oststraße (verkehrsberuhigt gestaltet)
Zuwegung	direkter Straßenzugang
Versorgung	Strom, Gas, Wasser, Telefon
Entsorgung	Anschluss an den öffentlichen Kanal
Erschließungsbeiträge	fallen nicht mehr an, sie sind im Kaufpreis enthalten
Nachbarbebauung	Ein- und Zweifamilienhäuser sowie Mehrfamilienhäuser
Grundstückszuschnitt	Reihengrundstück, unregelmäßiger Zuschnitt, Südhanglage
Straßenfront	ca. 80 m
Baurecht	Sondergebiet
Seniorenzentrum	GRZ = 0,4; GFZ = 1,1; 5 Vollgeschosse
vorhandene Ausnutzung	GRZ = 0,26; GF = 6880 m^2; GFZ = 0,92
wertbeeinflussende Umstände	keine
Baulasten	keine Eintragungen im Baulastenverzeichnis
Altlasten	sind nicht bekannt geworden
Überbauungen	keine Grenzbebauungen (offene Bauweise)
wirtschaftliche Einheit	ja

b) Baubeschreibung

Bezeichnung	Seniorenzentrum bestehend aus:
– Alten- und Pflegeheim	90 Plätze
– Beschütztes Wohnen	21 Plätze
– Tagespflege/ambul. Reha-Bereich	12 Plätze
Baujahr	1993/1994
Funktion, Grundrisse	zweckmäßige, zeitgemäße Grundriss- und Gebäudekonzeption (Y-förmiger Baukörper)
Keller	als Sockel-/Hanggeschoss ausgebaut
Anzahl der Geschosse/Dachgeschosse	4 Vollgeschosse, DG im Kernbereich als Kapelle ausgebaut, ansonsten kein Dachausbau
Art	freistehend
Fundamente	Beton-Streifenfundamente
Außenwände, Fassaden	Mauerwerk, Außenhaut Thermoputz (weiß)
Innenwände	vorwiegend Mauerwerk, Putz; Tapeten, Anstrich oder Fliesen
Decken	Stahlbeton
Treppen	Stahlbeton, Natur-, Kunststein- oder Fliesenbelag
Dach	Holz-Satteldach, Falzziegeleindeckung
Fenster	Alukunststoffbeschichtet, Dämmglas
Türen	Naturholz oder kunststoffbeschichtete Türblätter, entsprechend den Anforderungen als FH-Türen ausgebildet
Bodenbeläge	vorwiegend PVC- oder Stein-/Fliesenbelag
Heizung	Zentralheizung, 500–700 kW
Sanitäre Installation	entsprechend den heutigen Erfordernissen in behindertengerechter Ausführung
Elektroinstallation	lt. VDE

Alten- und Pflegeheim **Besondere Immobilienarten V**

Personenaufzüge	Kern A: 1; Aufzug 140/240
	Trakt B: 1; Aufzug 110/240
	Trakt C: 1; Aufzug 110/210
Schall- u. Wärmeschutz	lt. DIN 4108 bzw. 4109
Gesamtausstattung	durchschnittlich bis überdurchschnittlich
Bau- und Unterhaltungszustand	gut; das Objekt ist mängelfrei erstellt und abgenommen worden
Außenanlagen, Zufahrten	40 Stellplätze und Wege in Verbundpflaster, gärtnerische Gestaltung (Strauch- und Baumbepflanzung)
Bauschein	Nr. 05/1847.015 vom 25.1.1993

Hinweis:
Die Angaben beziehen sich auf dominierende Ausstattungen und Ausführungen. In Teilbereichen können Abweichungen vorliegen.

c) Nutzungsmäßige Aufteilung

Gebäudeteil	Sockelgeschoss Ebene 0	Erdgeschoss Ebene 1	1.–3. Obergeschoss Ebenen 2–4	Dachgeschoss Ebene 5
Trakt A	nicht unterkellert	Küche, Vorrat, Lager, Personal	„Heim und Pflege"	keine Nutzung
Trakt B	Lager, Wäsche- und Bügelräume	Speiseraum, Cafeteria, WC-Räume	„Heim und Pflege"	keine Nutzung
Trakt C	Technik- und Werkstatträume	Foyer, Rezeption, Friseur	Zentralbereich, div. Nutzung	Kapelle, Technik
Trakt D	Personal- und Lagerräume	Tagespflege, Büroräume	„Heim und Pflege"	keine Nutzung
Trakt E	nicht unterkellert	Phys. Therapie, Sonderräume	„Beschütztes Wohnen"	keine Nutzung

d) Betriebliche Nutzung (Zimmer- und Bettenangebot)

A Alten- und Pflegeheim (Anzahl Zimmer) „Heim und Pflege"

Lage	1. Obergeschoss		2. Obergeschoss		3. Obergeschoss		insgesamt	
	EZ	DZ	EZ	DZ	EZ	DZ	EZ	DZ
Trakt A	6	1	6	1	6	1	18	3
Trakt B	1	4	1	4	1	4	3	12
Trakt C	1	–	1	–	1	–	3	–
Trakt D	12	–	12	–	12	–	36	–
	20	5	20	5	20	5	60	15

Σ der Zimmer = 75
Σ der Betten = 90

B Betreutes (heimverbundenes) Wohnen
in Trakt E, 1.–3. Obergeschoss

Lage/Geschoss	1-Bettenappartements (Stück)	2-Bettenappartements (Stück)	insgesamt	
			Zimmer	Betten
1. Obergeschoss	–	1	1	2
2. Obergeschoss	6	2	8	10
3. Obergeschoss	5	2	7	9
	11	5	16	21

V Besondere Immobilienarten   Alten- und Pflegeheim

C Tagespflege und ambulante Rehabilitation
Für diesen Betriebsbereich stehen im Erdgeschoss der Trakte D und E insgesamt 12 Plätze zur Verfügung.

D Zusammenfassung

Betriebsbereich	Zimmerzahl	Betten/Plätze
Alten- und Pflegeheim („Heim und Pflege")	75	90
Beschütztes (heimverbundenes) Wohnen	16	21
Zwischensumme:	91	111
Tagespflege und ambulante Rehabilitation		12
* = 1,35 Betten/Zimmer		123*

2. Bauzahlenübersicht
In der Projektbeschreibung sowie dem Antrag und Bescheid für die öffentliche Förderung der Baumaßnahme sind bei der Ermittlung des Gebäudevolumens als Bezugsgröße der Brutto-Rauminhalt – BRI – (insgesamt 26 616 m^3) und die Hauptnutzfläche (3 241 m^2) zugrunde gelegt worden.

Für die Bauwertermittlung (Wert der baulichen Anlagen) werden jedoch die dem Bauantrag zugrunde liegenden, geprüften Bauzahlenermittlungen herangezogen.

Grundlage:
Ausstellungen des Architekten ..., Schreiben vom 25.1.1992

a) Brutto-Grundfläche
Aus der geprüften Brutto-Rauminhalt-Berechnung entnommen: 1948, 84 m^2, rd. 1949 m^2
Geschossfläche, Brutto-Rauminhalt (DIN 277 – 1973/1987/2005)

Geschoss	Geschossfläche (m^2)	Brutto-Rauminhalt (m^3)
Sockelgeschoss	–	3 649
Erdgeschoss	1 348	5 813
1. Obergeschoss	1 877	5 298
2. Obergeschoss	1 849	5 097
3. Obergeschoss	1 806	5 000
Dachgeschoss	6 880	24 857
(ausgebaute Kapelle)		778
Dachgeschoss		25 635
nicht ausgebaut		3 140
		28 775

Zum Vergleich: umbauter Raum nach DIN 277/1950 = 26 616 m^3; dies sind 92,5 % des Brutto-Rauminhalts.

Alten- und Pflegeheim   **Besondere Immobilienarten V**

b) **Nutzflächen**

Geschoss	NF (m²)	FF (m²)	VF (m²)	NGF (m²)
Sockelgeschoss	509	162	193	864
Erdgeschoss	1 193	–	237	1 430
1. Obergeschoss	1 322	12	360	1 694
2. Obergeschoss	1 328	–	365	1 693
3. Obergeschoss	1 283	–	372	1 655
Dachgeschoss	121	48	92	261
	5 756	222	1 619	7 597

Legende:
F   Nutzfläche (Hauptnutzfläche + Nebennutzfläche)
FF   Funktionsfläche (Fläche für betriebstechnische Anlagen)
VF   Verkehrsfläche (Flure, Treppenhäuser)
NGF   Netto-Grundfläche

Dem geprüften Antrag auf öffentliche Förderung des Objektes sind die folgenden Flächenangaben entnommen:

Zu Alten- und Pflegeheim (90 Plätze)
57 Einzelzimmer	je 25,00 m²	1 425,00 m²
3 Doppelzimmer	je 31,97 m²	95,91 m²
12 Doppelzimmer	je 29,18 m²	350,16 m²
3 Einzelzimmer	je 27,36 m²	82,08 m²
75 Zimmer		1 953,15 m²

Zu Heimverbundenem Wohnen (21 Plätze)
7 Einzelappartements	je 40,98 m²	286,86 m²
2 Einzelappartements	je 42,49 m²	84,98 m²
2 Einzelappartements	je 43,44 m²	86,88 m²
5 Doppelappartements	je 49,02 m²	245,10 m²
16 Appartements		703,82 m²
Zwischensumme:		2 656,97 m²
Zu Sonderbereich, Tagespflege/ambul. Reha-Bereich		678,80 m²
		3 335,77 m²
		rd. 3 336 m² *

*   Es handelt sich hierbei um die Hauptnutzfläche (HNF). Unter Einbeziehung der Fläche für Flure und Treppenhäuser (Verkehrsfläche) mit 1 619 m² ergeben sich insgesamt 4 955 m². Dies sind 65,2 % der Netto-Grundfläche (NGF). Auf Gemeinschaftseinrichtungen entfallen demnach 34,8 % der NGF. Der Anteil der Wohnfläche an der NGF liegt in der Regel zwischen 60 und 70 %; im Beispielsfall sind es 65,2 % der NGF. Ganz allgemein gilt, dass ein hoher Anteil der Fläche für Gemeinschaftseinrichtungen die Nettokaltmiete in die Höhe treibt.

3. Bodenwertermittlung

a) Kaufpreis

Das Areal wurde von der Stadt Muster (siehe hierzu UR.-Nr. 1156/91 vom 12.10.1991, Notar Karl Müller) zu einem Kaufpreis von 85 €/m² Grundstücksfläche erschließungsbeitragsfrei erworben.

b) Bodenrichtwerte, erschließungsbeitragsfrei (ebf), zum 31.12.1999

Im unmittelbaren Einzugsbereich betragen die Bodenrichtwerte:

100 €/m², Misch-/Wohngebiet, 2 Vollgeschosse
105 €/m², Mischgebiet, 2–3 Vollgeschosse.

V Besondere Immobilienarten   Alten- und Pflegeheim

Hierbei handelt es sich um Richtwertgrundstücke von 20 m × 35 m = 700 m², die in offener Bauweise bebaut werden können.

c) Wert des Grundstücks

Unter Berücksichtigung der Preisentwicklung auf dem Grundstücksmarkt sowie aller sonstigen wertbestimmenden Eigenschaften wurden in Abstimmung mit dem örtlichen Gutachterausschuss für Grundstückswerte für das Bewertungsgrundstück 150 €/m² ebf für angemessen erachtet.

Bei einem Sachwert des Objekts in Höhe von 11 095 000 € ergibt sich ein Bodenwertanteil von 10,4 %. Bezogen auf die Netto-Grundfläche (NGF) von 7 597 m², sind dies 151,38 €/m². Damit liegen diese Kennzahlen (in % des Bodenwerts bzw. €/m² NGF) innerhalb der üblichen Bandbreiten.

Bezeichnung	Fläche m²	€/m	€
Gebäude- und Freifläche	7 500	150,00	1 125 000
Grundstücksnebenkosten und zur Rundung (2,22 %)			25 000
Insgesamt Bodenwert:	7 500	153,33	1 150 000

4. Ermittlung des Sachwerts der baulichen Anlage

Bezeichnung	Baujahr	beb. Fläche m²	Masse m³	Einheit	Neuwert €	WM* %	Zeitwert €
Seniorenzentrum	1994	1949	28 775	325	9 351 875	11,6	267 058
Außenanlagen, bes. Bauteile und zur Rundung (6,66 %)					623 125	11,6	550 842
Zwischensumme:					9 975 000	11,6	8 817 900
Baunebenkosten (12,78 %)					1 275 000	11,6	1 127 100
Bauwert bei Index 2 050 (1914 = 100)					11 250 000	11,6	9 945 000

Auf 1 Zimmer entfallen 316 m² (Bandbreite 200 bis 300 m²).
Ausbauverhältnis: 28 775 m³ : 7 597 m² = 3,8 (günstig).
* Bei einer durchschnittlichen wirtschaftlichen Gesamtnutzungsdauer (GND) von 60 Jahren und der Wertminderung wegen Alters nach Vogels.

Legende Bauwertermittlung:

beb. Fläche/m²	=	bebaute Fläche
Masse/m³	=	Bezugsgröße, Brutto-Rauminhalt
€/Einh.	=	€/m³ Brutto-Rauminhalt
Neuwert/€	=	Herstellungswert
WM %	=	Wertminderung in %
Zeitwert/€	=	Gebäudewert
Baupreisindex	=	Die Angabe der Indexzahl zum Stichtag der Wertermittlung erfolgt zum Zweck einer späteren Überarbeitung des Gutachtens. Der €/m³-Ansatz entspricht heutigen Kosten.

Bei den Wertansätzen (einschl. MwSt.) wurden keine Reproduktionskosten, sondern die Kosten vergleichbarer wirtschaftlicher Ersatzbauten zugrunde gelegt. Auf ein Zimmer entfallen rd. 125 000 € (Neuwert) (Bandbreite vergleichbarer Neubauten 100 bis 150 000 €).

5. Pachtwertermittlung

5.1 Altenheim (90 Plätze)

5.1.1 Heimkosten inkl. Investitionskosten per 1.1.2000 (ohne MwSt.)

Die Pflegesätze beinhalten sämtliche Aufwendungen für Beherbergung, Verpflegung, Investition und Pflege (nach Bedürftigkeit). Kosten für die ärztliche Versorgung sowie für Pflegemittel sind hierin nicht enthalten. Der Heimkostensatz für die Unterkunft und die Verpflegung sowie der Investitionskostenanteil sind Grundbeträge für alle Pflegeklassen. Sie ergeben sich aus dem Selbstkostenblatt.

Leistungen	Pflegestufen					
	I normale Pflege		II erhöhte Pflege		III schwere Pflege	
	€	%	€	%	€	%
Pflege	34,70	46,3	44,70	52,6	69,70	63,3
Unterkunft und Verpflegung	27,45	36,6	27,45	32,3	27,45	25,0
Investitionskosten	12,85	17,1	12,85	15,1	12,85	11,7
Gesamtkosten pro Tag	75,00	100,0	85,00	100,0	110,0	100,0

5.1.2 Erlöse

Die vorhandenen Plätze verteilen sich seit der Eröffnung der Anlage im Durchschnitt wie folgt:

a) Für normale Pflegebedürftige   15 Plätze   (= 16,7 % der verfügbaren Plätze)
b) Für erhöht Pflegebedürftige   35 Plätze   (= 38,9 % der verfügbaren Plätze)
c) Für schwer Pflegebedürftige   40 Plätze   (= 44,4 % der verfügbaren Plätze)

Auf die Kategorien „erhöht" bzw. „schwer pflegebedürftige Personen" entfallen i. d. R. 60 bis 80 % der verfügbaren Plätze: Hier sind es 83,3 %.

15 Plätze × 75 €	=	1 125 €
35 Plätze × 85 €	=	2 975 €
40 Plätze × 110 €	=	4 400 €
Zwischensumme:		8 500 €
60 Einzelzimmer (EZ-Zuschlag 1,30 €)		78 €
Heimkosten je Tag:		8 578 €

Das Alten- und Pflegeheim war von Anbeginn voll ausgelastet; es kann daher mit einer nachhaltigen Auslastung von 98 % gerechnet werden.

Der Jahreserlös ergibt sich demnach wie folgt:

8 578 € × 365 Tage × 0,98 = 3 068 350 = rd. 3 100 000 €

Der Jahreserlös in Höhe von 3 100 000 € entspricht einem durchschnittlichen Erlös von 95 €/Platz/Tag. Bei Berücksichtigung von 100 000 € (= rd. 3 %) für sonstige Erlöse ist bei der Pachtwertermittlung von rd. 3 200 000 € auszugehen.

Angemessener Pachtwert 18 % von 3 200 000 € = 576 000 €/Jahr = 48 000 €/Monat; dies sind 24,58 €/m² HNF.

5.2 Beschütztes (heimverbundenes) Wohnen (21 Plätze)

Für diesen Bereich wird der marktüblich erzielbare Erlös mit 16 €/m² HNF/Monat kalkuliert. Bei einer Gesamtfläche von rd. 704 m² sind dies rd. 11 264 €/Monat bzw. 536,38 €/Platz.

5.3 Tagespflege, ambulanter Reha-Bereich

Es stehen 12 Tagespflegeplätze zur Verfügung. Der Pflegesatz liegt bei 65 €/Platz/Tag (rd. 87 % des Normalpflegesatzes von 75 €/Tag). Bei voller Auslastung (12 × 65 € × 365) würde sich ein Jahreserlös von 284 700 € (= 23 725 €/mtl.) ergeben. Es wird eine Auslastung von 98 % angenommen. Demnach können der Bereich der Tagespflege sowie der ambulante Reha-Bereich mit einem Erlös von 23 250 €/mtl. berücksichtigt werden. Weiter sind noch Einnahmen aus Zusatzleistungen, die mit etwa 16 750 €/mtl. anzusetzen sind, zu berücksichtigen. Bei insgesamt 40 000 €/mtl. und 20 % Pachtanteil ergibt sich ein Pachtwert von 8 000 € (= 11,78 €/m² HNF bei 679 m²).

V Besondere Immobilienarten — Alten- und Pflegeheim

6. Ertragswertermittlung

Nr.	Bezeichnung	Einheit		€/Einheit	€/Monat
1	Alten- und Pflegeheim	90 Plätze	1 953 m²	24,58	48 000
2	Beschütztes Wohnen	21 Plätze	704 m²	16,00	11 264
3	Tagespflege/ambul. Reha-Bereich	12 Plätze	679 m²	11,78	8 000
Insgesamt:			3 336 m²	20,16	67,270
Jahresrohertrag: (§ 18 ImmoWertV)					807,228
./. Bewirtschaftungskosten: (§ 19 ImmoWertV) 15,00 %					– 121,084
Jahresreinertrag rd.:					686 100
./. Bodenwertverzinsungsbetrag: 6,5 % von 1 150 000 €					– 74 750
Gebäudeertragsanteil:					611 350
Vervielfältiger bei 54 Jahren Restnutzungsdauer und 6,5 % = 14,87 × 611 350 € = 9 090 700 €					
Gebäudeertragswert rd.					9 100 000
+ Bodenwert					+ 1 150 000
Ertragswert					10 250 000

7. Verkehrswertermittlung

Bodenwert	1 150 000 €
Bauwert	9 945 000 €
Sachwert (SW)	11 095 000 €
Ertragswert (EW)	10 250 000 €
Verkehrswert der Immobilie:	10 500 000 € belastungsfrei und ohne Zubehör

(94,64 % SW, 102,44 % EW)

Bezugsgrößen zum Verkehrswert (Kennzahlen):

– Jahresrohertrag	807 168 €	13,0-facher
– Anzahl Zimmer	91	rd. 115 385 €/Zimmer
– Anzahl Betten	123	rd. 85 365 €/Bett
– Netto-Grundfläche (NGF)	7 597 m²	rd. 1 385 €/NGF
– Hauptnutzfläche (HNF)	3 336 m²	rd. 3 150 €/HNF

8. Ermittlung des Beleihungswerts

8.1 Vorgaben/Wertermittlungsanweisung

8.1.1 Bodenwert

– Preise für Grundstücke gleicher Art und Lage, die auf Dauer als angemessen anzusehen sind.
– Aktuelle Verkaufspreise, die für Grundstücke gleicher oder ähnlicher Lage unter normalen Verhältnissen erzielt worden sind.
– Bodenrichtwerte der Gutachterausschüsse für Grundstückswerte.

8.1.2 Sachwert der baulichen Anlage

– Angemessene Herstellungskosten

Hierbei dürfen die Kosten der Außenanlagen ohne Nachweis höchstens bis zu 5 % der reinen Baukosten angesetzt werden. Baunebenkosten können bis zu 15 % der Summe aus Baukosten und Kosten der Außenanlagen ohne besonderen Nachweis berücksichtigt werden. Bei Berücksichtigung von Baunebenkosten bis zu 20 % ist ein besonderer Nachweis erforderlich.

– Risikoabschlag vom Bauwert bei Anwendung des Abschlagsverfahrens mindestens 10 %.

Alten- und Pflegeheim — Besondere Immobilienarten V

- Bau- und Unterhaltungszustand, Alter sowie zu erwartende Restnutzungsdauer der baulichen Anlagen sind Grundlage für die Berücksichtigung der Wertminderung.

8.1.3 Ertragswert

Jahresrohertrag (nachhaltig)
./. Bewirtschaftungskosten
= Gebäude- und Bodenreinertrag
./. Bodenwertverzinsungsbetrag (Normfläche)
= Gebäudeertragsanteil
× Vervielfältiger (Anl. zur ImmoWertV)
= Gebäudeertragswert
./. Risikoabschlag
= Gebäudeertragswert
+ Bodenwert
= Ertragswert

8.1.4 Bewirtschaftungskosten

Beim Ansatz der Bewirtschaftungskosten als Pauschalbetrag darf ein Satz von 15 % des Jahresrohertrags nicht unterschritten werden.

8.1.5 Kapitalisierungszinssätze (Mindestsätze)

Wohngrundstücke   5,0 %
Gemischt genutzte Grundstücke 5,5 %
Gewerbegrundstücke   6,0–6,5 %

8.1.6 Risikokategorien

(1) Geringes bis durchschnittliches Objektrisiko
(2) Erhöhtes Objektrisiko
(3) Hohes Objektrisiko

8.1.7 Risikoabschläge

Zur **Ermittlung des Sachwerts der baulichen Anlage** und des Gebäudeertragswerts sind die folgenden Risikoabschläge vorzunehmen:

- Bei Objekten mit geringem bis durchschnittlichem Risiko   Abschläge von 10 bis 25 %
- Bei Objekten mit erhöhtem Risiko   Abschläge von 25 bis 40 %
- Bei Objekten mit hohem Risiko   Abschläge von mindestens 40 %.

Bei der Ermittlung des Ertragswerts von Wohngrundstücken mit geringem Objektrisiko kann auf den Abschlag beim Gebäudeertragswert verzichtet werden.

8.1.8 Ableitung eines Beleihungswertvorschlags

Bodenwert	1 150 000 €
Bauwert bei 15 % Risikoabschlag	rd. 8 450 000 €
Gebäudeertragswert bei 15 % Risikoabschlag	7 750 000 €
Sachwert	9 600 000 €
Ertragswert	8 900 000 €
Beleihungswertvorschlag	rd. 9 000 000 €*

* Dies sind 87,71 % des mit 10 500 000 € ermittelten Verkehrswerts; d. h., der Risikoabschlag beim Praxisbeispiel beträgt rd. 14 %.

8.1.9 Objektbeurteilung und Risikoeinstufung

Das 1994 in Betrieb genommene Zentrum von Altenpflege, beschütztem Wohnen sowie Tagespflege und Rehabilitation mit insgesamt 123 Heimplätzen ist voll angenommen; die Betriebserlaubnis wurde am 25.10.1994 erteilt. Alle Anlagen hinterlassen einen gepflegten Eindruck. Ob seiner zentralen und ruhigen Lage ist das Zentrum derzeit völlig konkurrenzlos. Es kann von einem geringen bis durchschnittlichen Objektrisiko ausgegangen werden.

V Besondere Immobilienarten Klinik

Anzumerken ist, dass von den rd. 500 000 Heimplätzen für vollstationäre Pflege in der Bundesrepublik Deutschland derzeit (1. Hj. 2000) rd. 140 000 Plätze (= 28 %) auf Nordrhein-Westfalen entfallen. Das NRW-Sozialministerium hält (am 4.4.2000) den Bedarf an stationären Pflegebetten statistisch gesehen für ausreichend, auch wenn es noch örtlich Engpässe gibt. Das Angebot in der Tagespflege ist seit 1996 (das Landespflegegesetz ist in Kraft getreten) um 60 % auf 2 700 Plätze gesteigert worden; die Kurzzeit-Pflegeplätze haben sich in diesem Zeitraum verdoppelt, sie werden derzeit mit 5 000 angegeben.

5.3.5.2 Fachklinik

Schrifttum: GuG 2004, 168.

460 Vorbemerkungen

Bei dem zur Wertermittlung anstehenden Objekt handelt es sich um eine seit 1979 nach betriebswirtschaftlichen Kriterien in privater Trägerschaft geführte Klinik für psychosomatische Medizin mit 141 Einzelzimmern und den üblichen Nebeneinrichtungen (wie z. B. Therapiegebäude, Sporthalle, Küchenausbau etc.) in westdeutscher Mittelgebirgslandschaft.

Behandelt werden Patienten mit psychosomatischen, neurotischen und psychiatrischen Erkrankungen. Es besteht ein Versorgungsvertrag nach § 111 SGB V. Die Kosten der Behandlung werden von gesetzlichen und privaten Krankenkassen sowie von allen Rentenversicherungsträgern übernommen. Die Klinik ist zudem als beihilfefähig anerkannt.

Bis Ende 1996 war die Klinik voll ausgelastet. Infolge der Auswirkungen aufgrund des Wachstums- und Beschäftigungsgesetzes vom 13.9.1996 ist die Auslastung ab 1997 geringfügig zurückgegangen. Aus heutiger Sicht kann die Belegung mit 90 % als nachhaltig angenommen werden. Ganz allgemein gilt, dass Rehabilitationskliniken existenziell auf hohe Auslastungen (Belegungszahlen) angewiesen sind.

Für stationäre Reha-Maßnahmen (Eigenbeteiligung des Patienten mit 8,50 €/West oder 7 €/Ost, die Anrechnung auf den Urlaub wurde zurückgenommen) und stationäre Anschluss-Rehabilitation wurden 1999 (rd. 800 000 Fälle) rd. 6 Mrd. € aufgebracht, die zu rd. 95 % von den Krankenkassen und Rentenversicherungsträgern übernommen wurden. Für 2000 rechnen die Kostenträger mit rd. 1 Mio. Reha-Patienten.

461 a) Sachverhalt

Fachklinik, viergeschossiger Stahlbetonskelettbau, Baujahr 1980, Restnutzungsdauer am Wertermittlungsstichtag (2000) 40 Jahre, 130 Einzelzimmer mit Dusche/WC, insgesamt 6 100 m² Nutzfläche, Grundstücksgröße 100 000 m², davon 45 000 m² Sondergebiet Klinik (Bodenrichtwert 35 €/m² einschließlich Erschließungskosten) und 55 000 m² Grünfläche im Landschaftsschutzgebiet (Bodenwert 1 €/m²). Die Klinik ist verpachtet. Die Pacht betrug in den Jahren 1986 bis 1988 durchschnittlich 1 350 000 DM[105]. Folgende weitere Daten sind bekannt:

Pflegesatz in €/Tag (1997 bis 1999 im Mittel)	100 €
Pflegesatzeinnahmen (1997 bis 1999 im Mittel)	4 850 000 €
Sonstige Erlöse (Cafeteria, Kiosk, Frisör usw.)	15 000 €
Gesamterlöse	4 865 000 €
Jahrespacht (1997 bis 1999 im Mittel)	800 000 €[106]

Der Liegenschaftszinssatz beträgt 7 %.

b) Wertermittlung

Überprüfung der angegebenen Daten

Überprüfung der Pflegesatzeinnahmen:

130 Zimmer × 100 € × 365 Tage = 4 745 000 €

4 745 000 € < 4 850 000 €[107]

Überprüfung der Umsatzpacht:

---

[105] Pacht für Mobiliar und Sonstiges, nicht fest mit den baulichen Anlagen verbundenes Wirtschaftsgut ist nicht enthalten.
[106] Bezogen auf Nutzfläche: 800 000 € 12/6 100 m² = 10,93 €/m²/Monat.
[107] Die tatsächliche Ausnutzung liegt bei rd. 102 %. Das ist möglich, da Aufnahme- und Entlassungstag je als ein voller Pflegetag berechnet werden konnten.

Klinik   **Besondere Immobilienarten V**

Die Umsatzpachten bei Fachkliniken mit geringem Pflegeaufwand liegen i. d. R. zwischen 15 und 20 % des Gesamtumsatzes.

800 000 € × 100 = 16,44 %. Die erzielte Umsatzpacht liegt im üblichen Rahmen.

Bodenwertermittlung

45 000 m² Bauland × 35 €/m²	=	1 575 000 €
55 000 m² Grünland × 1 €/m²	+	55 000 €
Bodenwert insgesamt	=	1 630 000 €

Ermittlung des Werts der baulichen Anlagen

Nettokaltmiete	=	800 000 €
Bewirtschaftungskosten		
Verwaltungskosten 4 %	–	32 000 €
Instandhaltungskosten (15 €/m² Nutzfläche)	–	91 500 €
Mietausfallwagnis 4 %	–	32 000 €
Jahresreinertrag	=	**644 500 €**
abzüglich Bodenwertverzinsungsbetrag 7 % von 1 630 000 €	–	114 100 €
= Jahresreinertrag der baulichen Anlage	=	530 400 €
Vervielfältiger bei 7 % und 40 Jahren Restnutzungsdauer: 13,33		
Ertragswert der baulichen Anlagen 530 400 € × 13,33	=	7 070 232 €
Bodenwert	+	1 630 000 €
Grundstücksertragswert	=	8 700 232 €
Verkehrswert des Grundstücks	=	**8 700 000 €**

Vergleichsdaten: **462**
Wert je Zimmer   66 923 €
Jahresrohmietenvervielfältiger   10,9
Grundstücksbezogener Gebäudewertfaktor   1 426 €/m² Nutzfläche

5.3.5.3 Verkehrs- und Beleihungswert einer Rehabilitationsklinik

Schrifttum: *Gödecke* in Nachr. der nds. Kat- und VermVW 2001, 15.

a) Wertermittlung   **463**

1. Bodenwert

Die Bodenwertermittlung erfolgt unter Rückgriff auf die vom Gutachterausschuss für Grundstückswerte beschlossenen Bodenrichtwerte für erschließungsbeitragsfreie (ebf) Grundstücke (Abb. 34):

Abb. 34: Bodenwertermittlung*

Nutzungsart	Fläche	€/m²	€
Bauland (bebaubare Fläche 2 340 m²/GRZ = 0,4)	5 850	45,00 ebf	263 250
Reservebauland	44 150	10,00 ebf	441 500
Land- und forstwirtschaftliche Nutzfläche	83 000	1,00*	83 000
Zwischensumme	133 000		787 750
Grundstücksnebenkosten und zur Rundung (1,6 %)			12 250
Bodenwert			800 000**

* ohne Aufwuchs   ** 6,02 €/m² im Durchschnitt

2. Wert der baulichen Anlagen

Bei den Wertansätzen werden keine Reproduktionskosten, sondern **Kosten vergleichbarer, wirtschaftlicher Ersatzbauten** zugrunde gelegt. Es wird eine wirtschaftliche Nutzungsdauer von 60 Jahren angenommen. Im Hinblick auf die vor 10 Jahren durchgeführten Sanierungsarbeiten und die

V Besondere Immobilienarten   Klinik

Erweiterungsbauten wird die wirtschaftliche Restnutzungsdauer nach gutachterlichem Ermessen zum Wertermittlungsstichtag frei geschätzt mit 50 Jahren anzusehen.

3. Der Sachwert wurde ohne Marktanpassung ermittelt mit

Bodenwert		800 000 €
Sachwert der baulichen und sonstigen Anlagen	+	9 500 000 €
Vorläufiger Sachwert	=	10 300 000 €

4. Ertragswert

Umsätze aus Vermietung/Verpachtung von Immobilien sind grundsätzlich steuerfrei. Vorsteuern (MwSt.) sind nur dann absetzbar, wenn sie im Zusammenhang mit Umsatzerlösen stehen, die mehrwertsteuerpflichtig sind. Der Grundstückseigentümer hat die Möglichkeit, auf die Umsatzsteuerbefreiung der Mieteinnahmen zu verzichten (= Option zur MwSt.), wenn die Immobilie an einen Unternehmer, der selbst mit seinen Umsätzen der Steuer unterliegt, vermietet oder verpachtet wird.

Da die Umsätze des Klinikbetreibers „umsatzsteuerfrei" sind, ist auch die gezahlte Pacht ein „Nettobetrag", d. h. ohne MwSt. Diese hat bei i. d. R. 100 % Auslastung in den vergangenen Jahren im Jahresdurchschnitt rd. 900 000 € betragen. Flächenbezogen sind dies rd. 11,50 €/m² Nutzfläche im Monat. Vereinbart ist eine Wertsicherungsklausel (4-Personen-Haushalt mit mittlerem Einkommen).

Zum Vergleich: Gemäß aktuellem Mietspiegel für nicht öffentlich geförderte Wohnungen können bei Neubauten 6 bis 8 €/m² und bei Altbauten 3 bis 5 €/m² Wohnfläche mtl. angesetzt werden.

Aufgabe des Sachverständigen für die Immobilienwertermittlung ist es, Angemessenheit bzw. Marktüblichkeit der Pachtzahlung zu überprüfen. In diesem Fall konnte er hierbei – was selten möglich ist – auf die Jahresabschlüsse der Betreibergesellschaft (Pächter, ein privatwirtschaftliches Unternehmen für Gesundheitsdienstleistungen) zurückgreifen.

In den vergangenen Jahren hat der Pflegesatz unverändert rd. 120 €/Tag betragen. Bei 100 % Auslastung ergibt sich für den Klinikbetreiber somit ein Umsatz von 6 175 800 € p. a. (120 € × 141 Zimmer × 365). Die tatsächlichen Erlöse aus dem Klinikbereich haben im Durchschnitt der letzten drei Jahre rd. 5 700 000 € p. a. betragen, was einer Auslastung von rd. 92 % entsprach. Demnach ergibt die Pachtzahlung von 900 000 € p. a., die als marktüblich erzielbar angesehen werden kann, eine Umsatzbelastung von rd. 16 %.

Abb. 35: Wertermittlung

		€	€
Nettokaltmiete:			900 000
./.Bewirtschaftungskosten			
– Betriebskosten (nicht umlegbar)	5 %	45 000	
– Verwaltungskosten	3 %	27 000	
– Instandhaltungskosten (6 600 m² × 20 €/m² NF)	rd. 15 %	132 000	
– Mietausfallwagnis	6 %	54 000	
insgesamt	rd. 29 %	258 000	– 258 000
Mietreinertrag (Gebäude- und Bodenreinertrag)			= 642 000
./.Bodenwertverzinsungsbetrag der Umgriffsfläche, Zinssatz 7 % von rd. 270 000 €			– 18 900
Gebäudeertragsanteil			= 623 100
Bei einer wirtschaftlichen Restnutzungsdauer von 50 Jahren und einem Zinssatz von 7 % beträgt der Vervielfältiger gemäß ImmoWertV 13,80 Gebäudeertragswert (Gebäudeertragsanteil × Vervielfältiger) = 8 598 780 €			rd. 8 600 000
./.Reparaturstau (liegt nicht vor)			0
Zwischenwert			8 600 000
zuzüglich Bodenwert (Bodenwert der Umgriffsfläche + Bodenwert der selbstständig nutzbaren Grundstücksfläche)			+ 800 000
Ertragswert			= 9 400 000

Klinik   Besondere Immobilienarten V

Nachrichtlich (Vergleichszahlen):

- Bodenwertanteil am Ertragswert   (Bandbreite 5–15 %)
  (Verkehrswert) = 8,5 %
- Ertragswert (Verkehrswert) =   (Bandbreite 10–12-faches)
  10,4-fache Nettokaltmiete
  - = rd. 66 700 €/Zimmer   (Bandbreite Neubauten 75 000 bis 150 000 €/Zimmer)
  - = 1 425 €/m² Nutzfläche   (Bandbreite Neubauten 1 500 bis 2 000 €/m²)

5. Verkehrswert

Zusammenfassung:

Sachwert (Ziffer 3)	**10 300 000 €**
Ertragswert (Ziffer 4)	**9 400 000 €**

Unter Abwägung aller wertbeeinflussenden Umstände wird der Verkehrswert für das Klinikgrundstück in Anlehnung an den Ertragswert ermittelt zu **9 400 000 €**.

6. Beleihungswertermittlung (gewerblich genutztes Grundstück)

Schätzung eines externen Sachverständigen bei Berücksichtigung individueller Abschläge.

a) Sachwert

Bodenwert		800 000 €
Bauwert	9 500 000 €	
abzgl. angemessener Risikoabschlag (Abschlagsverfahren):		
25 %* von 9 500 000 €	− 2 375 000 €	
Zwischensumme	= 7 125 000 €	
abzüglich Gewerbeabschlag: 15 %** von 7 125 000 €	− 1 068 750 €	
Bauwert	6 056 250 € rd.	6 000 000 €
Boden- und Bauwert (Sachwert)		**6 800 000 €**

* Stannigel/Kremer/Weyers, BelGr für Sparkassen, S. 145;
** Stannigel/Kremer/Weyers, BelGr für Sparkassen, S. 477

b) Ertragswert

Nettokaltmiete/Grundmiete (4):		900 000 €
abzgl. rd. 29 % Bewirtschaftungskosten	−	260 000 €
Mietreinertrag (Gebäude- und Bodenreinertrag):	=	640 000 €
abzgl. 15 % gewerblicher Risikoabschlag		96 000 €
Zwischensumme		544 000 €
abzgl. Bodenwertverzinsungsbetrag der Umgriffsfläche: 7 % von rd. 270 000 €	−	18 900 €
Gebäudeertragsanteil		525 100 €
Restnutzungsdauer 50 Jahre, Zinssatz 7 %, Vervielfältiger 13,80 525 100 € × 13,80 = 7 246 380 €	rd.	7 200 000 €
zzgl. Bodenwert der Normfläche und Wert der abweichenden Grundstücksfläche (Bodenwert)	+	800 000 €
Ertragswert (Beleihungswertvorschlag)	=	**8 000 000 €**

c) Beleihungswert

Wird der Beleihungswert mit 8 000 000 € festgesetzt, so war bislang ein Realkredit in Höhe von 4 800 000 € (= 60 % von 8 000 000 € bzw. 51 % des mit 9 400 000 € ermittelten Verkehrswerts) darstellbar, wenn dies mit der Kapitaldienstgrenze vereinbar ist.

V Besondere Immobilienarten Parkhaus

d) Eigenschätzung

Gemäß Anwendungshandbuch müsste die Kredit-Sachbearbeitung den Jahresrohertrag um mindestens 40 % reduzieren (Bewirtschaftungskosten und gewerblicher Risikoabschlag) und mit mindestens 6,5 % kapitalisieren. Im Ergebnis erhöht sich der Beleihungswert um rd. 6,2 % auf rd. 8 500 000 €; die Beleihungsmöglichkeit (60 %) endet bei 5 100 000 €. Bezogen auf den Verkehrswert sind dies 54,2 %.

Bei einem Liegenschaftszinssatz von 7 % wäre die Eigenschätzung der Sparkasse zum gleichen Beleihungswert (Buchstabe c) gekommen.

e) Anmerkung

Das Konsultationspapier des Baseler Ausschusses für Bankenaufsicht besagt, dass an Immobilien gesicherte Kredite, wo der Betrieb eine Konzession erfordert (Privatkliniken, Alten- und Pflegeheime), zukünftig nicht mehr (bislang bevorzugte Behandlung) als *gewerblicher Realkredit* definiert werden können.

Für gewerbliche Realkredite ist ebenso wie bei Ausleihungen auf Wohnimmobilien ein Risikogewicht von 50 % vorgeschrieben, d. h. die Kredite sind zu 50 % mit Eigenkapital der Institute zu unterlegen.

5.3.5.4 Medizinisches Versorgungszentrum

464 Medizinische Versorgungszentren (MVZ) – auch Gesundheitszentren, Ärztehäuser, Polikliniken usw. genannt – sind **fachübergreifende ärztlich geleitete Einrichtungen**, in denen Ärzte als Angestellte oder Vertragsärzte **unter der Verwaltung eines gemeinsamen Trägers** (ohne Krankenhausträgerschaft) tätig sind. Kennzeichnend ist ein Mietermix, bestehend aus folgenden vernetzten Bereichen:

a) Ärztliche Leistungen (Haus- und Fachärzte, Ambulanzen),

b) Medizinische Dienstleistungen (Rehabilitation, Physiotherapiezentren, Logopädie),

c) Gesundheitlicher Einzelhandel (Apotheke, Sanitäts- und Reformhaus, Drogerie, Optiker, Hörgeräte usw.),

d) Allgemeine Dienstleistungen (Café, Bistro, Kiosk, Friseur, aber auch Fitness- und Wellnesscenter).

465 MVZ weisen eine **Nutzfläche** von etwa 5 000 bis 10 000 m² auf. Weitere Kennzahlen sind
- Gesamtnutzungsdauer 50 bis 60 Jahre
- Liegenschaftszinssatz 7,5 %
- Instandhaltungskosten im üblichen Rahmen, wobei die Verwaltungskosten entsprechend der Aufteilung erhebliche Unterschiede aufweisen können (1,80 bis 15,00 €/m² NF p. a.)
- i. d. R. eingeschränkte Drittverwendungsfähigkeit.

5.4 Parkhaus

5.4.1 Allgemeines

Schrifttum: *Weyers, G.,* Verkehrswert des Erbbaurechts einer Parkierungsanlage, GuG 2003, 216; Vfg. *OFD Frankfurt am Main vom 9.1.1995* – S 2196 A – A – St 88/23 –, GuG 2003. 323; *Klein, A.,* Plausibilisierung des Ertrags eines Flughafenparkhauses, GuG 2005, 77.

466 Der Parkraum ist ein wichtiger Standortfaktor. Neben den Parkmöglichkeiten im öffentlichen Straßenraum stehen dabei insbesondere in den Innenstädten Parkhäuser und Großgaragen zur Verfügung.

– **Parkhäuser** (Oberbegriff: Parkbauten) sind im Unterschied zu Tiefgaragen oberirdische Anlagen zum Abstellen von Fahrzeugen.

– **Großgaragen** sind Garagen mit einer Nutzfläche (= Summe der Stell- und Verkehrsfläche) ab 1000 m² (vgl. § 1 Abs. 5 GarVO).

Parkhäuser und Großgaragen haben eine stark **eingeschränkte Drittverwendungsfähigkeit**.

Parkhaus — Besondere Immobilienarten V

Wertbestimmende Kriterien für die Benutzerfreundlichkeit eines Parkhauses sind 467
- breite Zu- und Abfahrten,
- benutzerfreundliche Parkräume mit Sicherheitszonen und Überwachungssystem, einfach anfahrbarer Parkraum in ausreichender nutzerspezifischer Größe,
- übersichtliches Leitsystem,
- kurze Wege,
- moderne Parkabfertigungsanlage mit unkompliziertem Kassensystem und gutem Service.

Viele **Parkhäuser und Tiefgaragen,** die z. B. inzwischen 35 und 45 Jahre alt sind, müssen nunmehr saniert werden. Als häufigste Schadensursachen sind hierfür zu nennen:
- Unzureichendes Gefälle auf Geschossdecken und Flachdächern führt zu Pfützenbildung und zu Durchfeuchtung der Stahlbetonkonstruktionen mit den vielfältigen Folgeschäden,
- Zerstörung des Betons sowie Korrosion der Stahlbewehrung durch Tausalze, sauren Regen, Autoabgase und infolge von mangelhaften Betonqualitäten,
- Entstehung von Rissen durch Spannungen, Frostaufbrüche, Wechsellasten und Vibrationen, die zu Wassereinbrüchen führen,
- Zerstörungen der (meist) Beton-Fahrbahnverschleißschichten durch Abrieb (ehemals auch durch Spikesreifen). Erleichtert wird das Eindringen von Tausalzlösungen und anderen Einflüssen in den Beton.

Abhilfe kann meist durch folgende Maßnahmen getroffen werden:
- Untergrundbehandlungen,
- Korrosionsschutz-Vorkehrungen,
- Oberflächenbeschichtungen,
- neue Ausbildung der Dehnungsfugen,
- Asphalt-Fahrbahnbeläge oder Kunstharzmaterial auf Betondecken.

Abb. 36: Verweildauer von Kurzparkern 468

Standorttyp	Größe	Stunde
Hochwertige Einzelhandelslage	500 000 Einwohner	3 bis 5
Fußgängerzone	500 000 Einwohner	2 bis 4
Stadtteilzentrum	500 000 Einwohner	1 bis 2
Fußgängerzone	100 000 bis 500 000	1 bis 3
Zentrum	100 000 Einwohner	1 bis 2
Einkaufszentrum	35 000 m² Verkaufsfläche	2
Einkaufszentrum	15 000 bis 35 000 m² Verkaufsfläche	1 bis 2
Multiplexkino		2 bis 3
Bürozentrum		2 bis 3

Quelle: Apcoa Europa, Autoparking

Im Jahre 2012 beliefen sich die **durchschnittlichen Parkgebühren** zwischen 0 und 12 €/ 469
Stunde[108]. Für Dauerparkplätze in hochverdichteten Innenstadtlagen konnten Spitzenmieten von 200 €/Stellplatz im Monat zuzüglich Umsatzsteuer erzielt werden.

Bezüglich der (Normal-)Herstellungskosten von Einzel- und Mehrfachgaragen, Hochgaragen, 470
Tiefgaragen und Nutzfahrzeuggaragen unterscheiden die **NHK 2010** (einschließlich Baune-

---
[108] Institut der deutschen Wirtschaft, Parkgebühren in Deutschland.

V Besondere Immobilienarten Parkhaus

benkosten entsprechend Kostengruppe 300 und 400 DIN 276/1993 einschließlich 16 % Mehrwertsteuer, Preisstand 2010) nach folgenden Typen:
- Typ 14.1 Einzelgaragen/Mehrfachgaragen,
- Typ 14.2 Hochgaragen,
- Typ 14.3 Tiefgaragen und
- Typ 14.4 Nutzfahrzeuggaragen.

14.1 Einzelgaragen/Mehrfachgaragen

Standardstufen	3	4	5
Bauwerk	245	485	780
Einschließlich Baunebenkosten	12 %	12 %	12 %
Standardstufe 3: Fertiggaragen			
Standardstufe 4: Garagen in Massivbauweise			
Standardstufe 5: Individuelle Garage in Massivbauweise mit besonderen Ausführungen wie Ziegeldach, Gründach, Bodenbelägen, Fliesen o. Ä., Wasser			

14.2 Hochgaragen

Standardstufen	3	4	5
Bauwerk	480	655	780
Einschließlich Baunebenkosten	15 %		

14.3 Tiefgaragen

Standardstufen	3	4	5
Bauwerk	560	715	850
Einschließlich Baunebenkosten	15 %		

14.4 Nutzfahrzeuggaragen

Standardstufen	3	4	5
Bauwerk	530	680	810
Einschließlich Baunebenkosten	13 %		

Parkhaus — Besondere Immobilienarten V

Abb. 37: Wertanteile über die Wertigkeit einzelner Bauteile zum Gesamtbauwerk für Hoch- und Tiefgaragen

Bauteil/Gewerk	Anteile in %
Fundamente und Bodenplatte	13,0
Erdarbeiten	2,0
Außenwände/Fassade	10,0
Tragkonstruktion einschließlich Geschossdecken	33,5
Dacheindeckung	10,0
Fußboden	–
Türen/Tore/Fenster	3,0
Elektrische Installation	4,0
Sonstiges	24,5

Quelle: Gleichlautender Erl. der obersten Finanzbehörden vom 21.7.1994 (BStBl I 1994, 480)

Parkhäuser sind betriebskostenintensiv. Die **Betriebskosten von Parkhäusern** können bis zu einem Drittel der Einnahmen „auffressen". 471

▶ *Zur Kostenübersicht über die Betriebskosten 2003 vgl. Kleiber, Verkehrswertermittlung von Grundstücken, 6. Aufl., S. 2215 ff.; zu den Betriebskosten eines offenen Parkhauses im Jahre 2001 vgl. a. a. O., S. 2213 f.*

5.4.2 Beispiele

5.4.2.1 Musterkalkulation für ein Parkhaus

a) Sachverhalt 472

Parkhaus mit	400 Plätzen
	100 Plätze je Etage mit 25 m²
Parktarif	
– Kurzparker	1 €/Stunde
– Dauerparker	65 €/Monat
Personalpräsenz	entsprechend Handelsöffnungszeiten
Grundstück	Erbbaurecht mit Erbbauzins von 6 % des Verkehrswerts von 300 €/m²
Grundstücksgröße	2 500 m²
Betriebstage	303
Kurzparker	1 200/Tag mit 1,5 Stunden Verweildauer
Dauerparker	100
Werbung	8 Werbeflächen mit 100 € Miete im Monat

b) Einnahmen

Kurzparker: 1 200 Kurzparker × 1,5 Std. × 1 €	545 400 €
Dauerparker: 100 Dauerparker × 12 Monate × 65 €	78 000 €
Werbung: 8 Werbeflächen × 12 Monate × 100 €	9 600 €
= insgesamt (brutto)	633 000 €
abzüglich MwSt. (16 %) (633 000 €/1,16)	
insgesamt (netto)	545 690 €

V Besondere Immobilienarten — Parkhaus

c) Ausgaben

Betriebsaufwand

Betriebs- und Verwaltungskosten	168 000 €	
Wagnis und Gewinn (5 % der Einnahmen)	32 741 €	
Gesamtaufwand Betrieb	200 741 €	– 200 741 €

Grundstücksaufwand

Erbbauzins: 2 500 m² × 300 €/m² × 6,5 %	48 750 €	
Instandhaltungsrücklage, Steuern, Versicherung	95 000 €	
Gesamtaufwand Grundstück	143 750 €	– 143 750 €

d) Gewinn   201 198 €

5.4.2.2 Großparkhaus

473 **a) Sachverhalt**

Teiloffenes Parkhaus in City-Randlage einer westdeutschen Großstadt mit 700 Stellplätzen auf 8 Ebenen, Baujahr 1959/60, Modernisierung, Betonsanierung und Umbau Erdgeschoss (ehemalige Tankstelle) von 1991 bis 1999, Grundstück 3 480 m², 55 035 m³ umbauter Raum nach DIN 277/1950 (= rd. 79 m²/Stellplatz). Nutzfläche Parkhaus 19 000 m² (= rd. 27 m²/Stellplatz), sonstige Nutzfläche 200 m², das Parkhaus ist Tag und Nacht geöffnet, mit einem professionellen Betreiber besteht ein Geschäftsbesorgungsvertrag, guter Bau- und Unterhaltungszustand, es besteht Anschluss an das Parkleitsystem der Stadt.

Anzumerken ist, dass in 35 an das Parkleitsystem angeschlossenen Parkierungsanlagen[109] rund 17 000 Stellplätze zur Verfügung stehen. Zudem gibt es in der City rund 27 000 Stellplätze im öffentlichen Bereich, deren Bewirtschaftung mithilfe von Parkscheinautomaten erfolgt.

Am 1.7.1999 waren in der Stadt rd. 180 000 Personenkraftwagen zugelassen; nach Angaben des Kraftfahrtbundesamtes in Flensburg waren dies in der Bundesrepublik Deutschland rd. 42 Millionen Personenkraftwagen.

474 **b) Wertermittlung**

1. Bodenwert

Für den Bereich der Innenstadt hat der Gutachterausschuss für Grundstückswerte bislang Bodenrichtwerte nicht beschlossen. Seit 1988 wird hilfsweise mit Bodenwertanteilen je m² Nutz- bzw. Wohnfläche sowie je Stellplatz gearbeitet. So sind für den Parkhaus-Standort 4 500 € je Stellplatz und 350 € je m² Bürofläche anzusetzen.

Der Bodenwert ergibt sich demnach wie folgt: 700 Stellplätze zu je 4 500 €	=	3 150 000 €
200 m² Büro- und Ausstellungsfläche zu je 350 €	=	70 000 €
zzgl. Grundstücksnebenkosten und zur Rundung		80 000 €
Bodenwert (= rd. 950 € je m² Katasterfläche)		**3 300 000 €**

2. Sachwert der baulichen Anlage

Vorbemerkung: Der Grundstückseigentümer hat nach § 9 UStG zur Mehrwertsteuer optiert und somit die volle Vorsteuerabzugsberechtigung (§ 15 Abs. 1 UStG). Der Bauwert wird daher auf der Grundlage der „Nettomethode", d. h. ohne Mehrwertsteuer, ermittelt. Der Netto-Neubauwert ist zudem identisch mit der Deckungssumme für die Sachversicherung.

Wegen umfangreicher Modernisierungs- und Sanierungsarbeiten in den Jahren 1991 bis 1999 wird von einem fiktiven Baujahr 1970 ausgegangen. Bei einer durchschnittlichen Gesamtnutzungsdauer von 60 Jahren und einem Gebäudealter von 30 Jahren ergibt sich eine Restnutzungsdauer von 30 Jahren.

---

[109] Weyers in GuG 1994, 70 und 156 sowie GuG 1995, 352 und GuG 1997, 298.

Parkhaus   Besondere Immobilienarten V

55 035 m³ × 130 €/m³	=	7 154 550 €
Zuschläge für besondere Einbauten und Bauteile (rd. 3 %)	+	216 450 €
Außenanlagen und Hausanschlüsse (rd. 2,5 %)	+	179 000 €
Zwischensumme	=	7 550 000 €
Baunebenkosten rd. 12 %	+	900 000 €
Neubauwert:	=	8 450 000 €
(= rd. 12 000 €/Stellplatz einschl. sonstige NF)		
./. Alterswertminderung nach Tabelle Ross 38 %	rd. −	3 200 000 €
Bauwert (netto)	=	5 250 000 €
Bodenwert	+	3 300 000 €
Vorläufiger Sachwert	=	**8 550 000 €**
(= rd. 12 200 €/Stellplatz einschl. sonstige NF)		

3. Vorläufiger Ertragswert

Alle Erlöse und Mieten der Gewerberäume unterliegen der Mehrwertsteuer. Für die Ermittlung des Ertragswerts kommen Nettowerte in Ansatz. Angenommen werden marktüblich erzielbare Erlöse aus dem Parkhausgeschäft, und zwar in Anlehnung an die Ergebnisse im Zeitraum 1997–1999.

Einnahmen aus dem Kurzparkergeschäft	+	850 000 €
Einnahmen aus dem Dauerparkergeschäft	+	550 000 €
Gesamteinnahmen Parkhaus:	=	1 400 000 €
abzüglich 25 % für Betreiberhonorar, Personal- und sämtliche Betriebskosten gemäß Geschäftsbesorgungsvertrag	−	rd. 350 000 €
Nettokaltmiete Parkhaus:	=	1 050 000 €

Dies sind rd. 125 €/Stellplatz/mtl. Hiermit wird ein „Nettowert" erreicht, der innerhalb der in der Stadt üblichen Bandbreite (120–135 €/Stellplatz/mtl.) liegt. Zudem sind dies rd. 4,60 €/m² mtl. NF Parkhaus, ein Satz, der auch in vergleichbaren Parkhäusern erreicht wird. Mithin kann der Rohertrag als marktüblich erzielbar angesehen und für den weiteren Rechengang benutzt werden.

Zuzüglich Einnahmen aus der Vermietung von Büro-, Lager- und Nebenräumen
sowie Reklameflächen und Stellplätzen für Warenautomaten

(= rd. 8 €/m² NF i. D. mtl.)		+	20 000 €
Nettokaltmiete des Grundstücks		=	1 070 000 €
abzüglich nicht umlegbarer Bewirtschaftungskosten			
− Betriebskosten			
Grundbesitzabgaben	37 000 €		
Versicherungsprämien	15 000 €		
− Verwaltungskosten			
700 Einstellplätze × 35 €/Stpl.	24 500 €		
8 % von 20 000 €	1 600 €		
− Instandhaltungskosten (= 1,26 % des Neubauwerts)			
700 Einstellplätze × 150 €/Stpl.	105 000 €		
200 m² × 8 €/m²	1 600 €		
− Mietausfallwagnis			
8 % von 1 070 000 €	85 600 €		
= 25,26 % der Jahresnettokaltmiete	− 270 300 €	−	270 300 €
Vorläufiger Reinertrag des Grundstücks:		=	799 700 €
abzüglich Bodenwertverzinsungsbetrag 7,0 % von 3 300 000 €		−	231 000 €
Ertragsanteil der baulichen Anlagen:		=	568 700 €

V Besondere Immobilienarten   Parkhaus

Bei einer wirtschaftlichen Restnutzungsdauer von 30 Jahren und einem Liegenschaftszinssatz von 7,0 % beträgt der Vervielfältiger gem. Anl. zur ImmoWertV = 12,41

Der Ertragswert der baulichen Anlagen ergibt sich demnach wie folgt:

568 700 € × 12,41 = 7 057 567 €	rd.	7 100 000 €
zuzüglich Bodenwert	+	3 300 000 €
Vorläufiger Ertragswert der Immobilie		**10 400 000 €**

4. Einzelergebnisse

Bodenwert		3 300 000 €
Bauwert	+	5 250 000 €
Vorläufiger Sachwert	=	8 550 000 €
Vorläufiger Ertragswert		10 400 000 €

5. Verkehrswert rd. 10 000 000 €

(dies sind 116,96 % des Sachwerts und 96,15 % des Ertragswerts)

6. Beispielhaft die Beleihungswertermittlung einer Sparkasse in Baden-Württemberg

Bodenwert		3 300 000 €
Bauwert 5 250 000 € × 0,60 (Abschlag 40 %) =	+	3 150 000 €
Vorläufiger Sachwert		6 450 000 €

Ertragswert:

Nettokaltmiete		1 070 000 €
abzüglich 40 % für Bewirtschaftungskosten und Risiko	−	rd. 430 000 €
Reinertrag des Grundstücks:		640 000 €
abzüglich Bodenwertverzinsungsbetrag	−	231 000 €
Ertragsanteil der baulichen Anlagen:	=	409 000 €
Gebäudeertragswert: 409 000 € × 12,41	=	rd. 5 100 000 €
zuzüglich Bodenwert	+	3 300 000 €
Beleihungswert Vorschlag:	**=**	**8 400 000 €**

7. Personalkredit

Würden die Kompetenzträger der Sparkasse den Beleihungswert mit 8 000 000 € festsetzen, so bliebe man 20 % unter dem Marktwert. Andererseits wäre die Gewährung eines grundpfandrechtlich gesicherten Personalkredits bis zur Höhe von 8 000 000 € (bei Beachtung der Kapitaldienstgrenze) satzungsmäßig möglich. Nach der Vfg. der OFD Frankfurt/M. vom 9.1.1995 (S 2196 A – 9 – St II/23) bestehen seitens der Finanzverwaltung keine Bedenken, bei einem Parkhaus eine betriebsgewöhnliche Nutzungsdauer von 30 Jahren anzusetzen.

5.4.2.3 Verkehrs- und Beleihungswertermittlung eines innerstädtischen Parkhauses

a) Sachverhalt

Allseitig offenes, 6-geschossiges Parkhaus am westlichen Cityrand auf einem 3 500 m³ großen Grundstück mit insgesamt 700 Stellplätzen für Personenkraftwagen. Baujahr 1960, 50 000 m³ Bruttorauminhalt (= 80 m³/Stellplatz); Nutzfläche 18 900 m² (= 27 m²/Stellplatz), Sanierungs- und Modernisierungskosten im Zeitraum 1988–1999 (Kosten je Stellplatz netto rd. 10 000 €). Betrieben wird die Parkierungsanlage von einem potenziellen Fachunternehmen auf der Grundlage eines Geschäftsbesorgungsvertrags; im Zeitraum 1998–2000 haben die Parkhauserlöse aus dem Dauer- und Kurzparkergeschäft im Jahresdurchschnitt netto (ohne Mehrwertsteuer) 1 500 000 € betragen (= i. D. mtl. 178,57 €/Stellplatz); die Betriebskosten[110] des Betreibers haben im Jahresdurchschnitt rd. 25 % der Parkhauserlöse beansprucht.

---

110 Vgl. Ermittlung des Rohertrags mithilfe des Betriebsergebnisses in GuG 1997, 298.

b) Ermittlung des Verkehrswerts

Bodenwert

Für das zu bewertende Parkhausgrundstück existiert kein Bebauungsplan, für die geschlossene Bebauung ergibt sich eine GRZ von 0,8 und eine GFZ von 4,4. Zum 31.12.2000 hat der Gutachterausschuss für Grundstückswerte in der Stadt einen erschließungsbeitragsfreien Bodenrichtwert für innerstädtische Parkhausgrundstücke in Höhe von 1 000 €/m² beschlossen.

Der **Bodenwert** ergibt sich demnach wie folgt:

3 500 m² × 1 000 €/m² ebf = *3 500 000 €*,

bezogen auf einen Stellplatz sind dies 5 000 €

Sachwert der baulichen Anlagen (Bauwert)

Auch hier hat die Wertermittlung zum Nettowert, d. h. ohne Mehrwertsteuer, zu erfolgen, weil der Vermieter zur Umsatzsteuer optiert hat. Zudem ist bei der langfristigen Parkplatzüberlassung (Dauerparker) die gesetzlich vorgeschriebene Mehrwertsteuer zu erheben. Eine Übergangsregelung hierzu endete am 28.2.1993.

Die durchschnittliche wirtschaftliche Gesamtnutzungsdauer der baulichen Anlagen wird mit 50 Jahren angenommen. Wegen umfangreicher Betonsanierungs- und Modernisierungsarbeiten in der Vergangenheit wird 1970 als fiktives Baujahr angehalten. Mithin ergibt sich eine Restnutzungsdauer von 20 Jahren (50–30). Der Kostenansatz für den BRI bei mittlerem Ausstattungsstandard ergibt sich aus der Übersicht zu NHK 95 – Typ 29.1[111].

56 000 m³ BRI × 135 €/m³	7 560 000 €
abzüglich Wertminderung (52 % von 7 560 000 €)	− 3 628 800 €
ergibt	3 931 200 €
zuzüglich besondere Bauteile und Außenanlagen (Zeitwert = 6,84 %)	+ 268 800 €
Zwischensumme	4 200 000 €
zuzüglich Baunebenkosten (rd. 12 %)	+ 500 000 €
= Bauwert	4 700 000 €
(auf einen Stellplatz entfallen 6 714 €)	
zuzüglich Bodenwert	+ 3 500 000 €
Sachwert (Boden- und Bauwert)	8 200 000 €
(auf einen Stellplatz entfallen 11 714 €)	

Ertragswert

Parkhauserlöse im Durchschnitt der Jahre 1998 bis 2000, netto, d. h. ohne Mehrwertsteuer	1 500 000 €
abzüglich Betriebskosten eines Parkhauses 25 % von 1 500 000 €	− 375 000 €
Rohertrag i. S. von § 18 ImmoWertV	1 125 000 €

Das sind rd. 134 € je Stellplatz im Monatsdurchschnitt. Der Grundstücksmarktbericht für das Jahr 2000 des Gutachterausschusses für Grundstückswerte nennt Orientierungswerte für Stellplatzmieten in einer Bandbreite von 112,48 € bis 138,05 €.

abzüglich 35 % Bewirtschaftungskosten (durch Einzelnachweise belegt)	− 393 750 €
Gebäude- und Bodenreinertrag	731 250 €
abzüglich Bodenwertverzinsungsbetrag bei einem Zinssatz von 7 % von 3 500 000 €	− 245 000 €
Gebäudeertragsanteil	486 250 €

---

[111] Die OFD Frankfurt am Main hat keine Bedenken, bei einem Parkhaus von einer betriebsgewöhnlichen Nutzungsdauer von 30 Jahren auszugehen (Vfg. vom 9.1.1995 – S 2196 A – 9 – St II/23).

V Besondere Immobilienarten Tankstelle

Gebäudeertragswert bei einer RND von 20 Jahren und einem Zinssatz von 7 %

(Vervielfältiger = 10,59) 486 250 € × 10,59 = 5 149 388 €	rd. 5 150 000 €
zuzüglich Bodenwert	+ 3 500 000 €
= Ertragswert (Verkehrswert)	8 650 000 €

Bau- und Unterhaltungszustand sind zufriedenstellend; ein nennenswerter Reparaturstau steht nicht an. Der Verkehrswert entspricht dem 7,7-fachen Jahresrohertrag; auf einen Stellplatz entfallen 12 357 €. **Parkierungsanlagen,** ehemals von jedweder Beleihung ausgeschlossen, **sind wegen ihrer einseitigen Nutzungsmöglichkeit nicht realkreditfähig.**

478 c) Ermittlung des Beleihungswerts (Sparkasse)

Jahresrohertrag	1 125 000 €
abzüglich Bewirtschaftungskosten von 35 %	− 393 750 €
Gebäude- und Bodenreinertrag	731 250 €
abzüglich Risikoabschlag für die gewerbliche Nutzung von 15 %	− 109 688 €
Mietreinertrag nach Gewerbeabschlag	621 562 €
abzüglich Bodenwertverzinsungsbetrag (wie vorher)	− 245 000 €
= Gebäudeertragsanteil	376 562 €
× Vervielfältiger bei RND von 20 Jahren und einem Zinssatz von 7 % von 10,59 für die Kapitalisierung	
376 562 € × 10,59 = 3 987 792 € ergibt einen Gebäudeertragswert von	rd. 4 000 000 €
zuzüglich Bodenwert	+ 3 500 000 €
Ertragswert (Beleihungswertvorschlag)	**7 500 000 €**

Der Risikoabschlag vom Verkehrswert beträgt demnach rd. 13 %.

Für eine Landesbank ergäbe sich ein Beleihungswertvorschlag von rd. 7 350 000 € (8 650 000 € × 0,85).

In beiden Fällen wären demnach rd. 6,0 bzw. 5,9 Mio. € als grundpfandrechtlich gesicherter Personalkredit darstellbar. Sparkassen in *Baden-Württemberg* könnten gar bis zu 7,5 Mio. € (= 100 % des Beleihungswerts) ausleihen, sofern die Kapitaldienstgrenze dies zulassen würde.

5.5 Tankstelle

5.5.1 Allgemeines

Schrifttum: *Energie Informationsdienst (EID)* Hamburg; BTG Jahresberichte (http://www.btg-minden.de); *Schröter, K.,* Die Wertermittlung von Grundstücken mit Tankstellen, GuG 2003, 257; *Schubach, J.,* Bewertung von Tankstellen, Immobilienbewerter 2012, 3; *Smobilbowski, G.,* Aspekte zur Bewertung von Tankstellen, GuG 2005, 144; *Pohnert, F.,* Kreditwirtschaftliche Wertermittlungen, 5. Aufl. S. 319.

▶ *Vgl. § 6 ImmoWertV Rn. 26*

479 Unter Tankstellen werden **Immobilien zum Betreiben von Treibstoffzapfsäulen** verstanden, die i. V. m. Einrichtungen der Wagenpflege (z. B. Waschanlagen), der Wagenreparatur (z. B. Pannendienst), aber auch mit Verkaufsstellen betrieben werden können. Als „Verkaufsstelle" fallen sie unter den Begriff des § 1 Abs. 1 des Ladenschlussgesetzes (LadschlG)[112]. Als „Folgegeschäft" zum (klassischen) Tankgeschäft haben die Einnahmen aus dem *„Shop-*

---

[112] Fickert/Fieseler, Baunutzungsverordnung, § 2 BauNVO Rn. 10.1, 12; § 4 Rn. 10; § 4a Rn. 25.

geschäft" stetig an Bedeutung gewonnen. Über die *Shops* werden mittlerweile knapp 50 % des Bruttoverdienstes gegenüber rd. 25 % des Bruttoverdienstes aus dem Kraftstoffverkauf erwirtschaftet. Neben dem branchennahen Sortiment wie Reifen, Batterien, Autozubehör, Tabakwaren, Getränke, Zeitungen und Süßwaren sind der sog. *Food*-Bereich, aber auch neuerdings der *Non-Food*-Bereich zu nennen. Moderne Tankstellen verfügen bereits über eine Verkaufsfläche von bis zu 250 m² (Mindestgröße 80 m²). Zu den einnahmestärksten Zeiten gehören die Abendstunden und die Feiertage.

Städtebaurechtlich gehören Tankstellen zu den allgemeinen Versorgungseinrichtungen. Im Hinblick auf die von Tankstellen ausgehenden Störungen kann die Nutzung zeitlich aber auch im Hinblick auf den Umfang der Betriebstätigkeit unter Berücksichtigung der Lage einer Tankstelle (z. B. in einem Wohngebiet) eingeschränkt werden[113]. Städtebaurechtlich bestimmt sich ihre Zulässigkeit nach den Vorschriften des BauGB i. V. m. der BauNVO. **480**

Tankstellen[114] sind nach dem **BauGB i. V. m. der BauNVO und der Landesbauordnung** zulässig **481**

– in Gewerbegebieten,
– in Industriegebieten,
– in Dorfgebieten, ausnahmsweise
– in Kleinsiedlungsgebieten,
– im allgemeinen Wohngebiet,
– im besonderen Wohngebiet,
– im Kerngebiet,

ansonsten sind sie im Zusammenhang mit Parkhäusern und Garagen zulässig.

Sonstige zu beachtende **Rechtsgrundlagen** sind in den Bereichen: **482**

– *Gewerberecht:* Tankstellenverordnung (TankVO), Verordnung über brennbare Flüssigkeiten, Technische Regeln für brennbare Flüssigkeiten (TRKF-40),
– *Immissionsschutzrecht:* VOC
 VOC = Volatile Organic Compound = flüchtige organische Bestandteile.
– *Emissionsrichtlinie der EG*, 20. BImSchV zur Begrenzung der Emissionen flüchtiger organischer Verbindungen beim Umfüllen und Lagern von Ottokraftstoffen, 21. BImSchV VO zur Begrenzung der Kohlenwasserstoffemissionen bei der Betankung von Kfz,
– *Wasserrecht:* Wassergesetz, Wasserhaushaltsgesetz,
– allgemein anerkannte Regeln der Technik.

Das Betreiben von Tankstellen wird als eine wirtschaftlich risikobehaftete Branche angesehen, zumal ein erhebliches Altlastenrisiko besteht. Im *Rating* werden Tankstellen der Klasse E (erheblich gefährdete Betriebe) zugerechnet. **483**

Tankstellen weisen insbesondere ein hohes **Drittverwendungsrisiko** auf. Als Nachfolgenutzungen kommt eine Nutzung als Autowerkstatt, Getränkegroßmarkt, Imbissladen und dgl. in Betracht. **484**

Tankstellen werden unterschieden nach **485**
a) freien bzw. Markentankstellen (Betriebsform),
b) ihrer Lage an Straßen, Autobahnen- bzw. als Supermarkttanke sowie
c) ihrer Ausstattung (mit und ohne Verkaufsstellen („shop"), Autohof an Autobahnen.

Tankstellen an Autobahnen nehmen gemessen an der Gesamtzahl ein kleines Segment ein. **486**

---

113 Vgl. BVerwG, Beschl. vom 13.11.1968 – 4 B 58/68 –, BRS Bd. 20 Nr. 24 = DVBl 1969, 361 = RuS 1969, 64; VGH Kassel, Urt. vom 16.6.1965 – OS IV 77/64 – BRS Bd. 16 Nr. 12 = BRS Bd. 16 Nr. 26 = HessVGHRspr. 66, 42; OVG Lüneburg, Beschl. vom 27.10.1978 – 1 B 78/78 –, BRS Bd. 33 Nr. 128; OVG Saarland, Urt. vom 23.2.1978 – 2 R 123/77 –, BRS Bd. 33 Nr. 44; OVG Koblenz, Urt. vom 16.12.1981 – 2 A 1/81 –, DÖV 1982, 870.
114 GuG 1995, 301 = Vermögensrecht (a. a. O.), II 7.3.11.

5.5.2 Lagemerkmale

487 Die **Lage eines Tankstellengrundstücks** bestimmt sich insbesondere nach dem Verkehrsaufkommen und der Konkurrenzsituation. Entsprechenden Standortanalysen liegen folgende Erfahrungswerte[115] zugrunde:

– Mindestverkehrsaufkommen	– Straßentankstellen	ca. 30 000 Kraftfahrzeuge/24 Stunden,
	– Autohöfe	ca. 70 000 Kraftfahrzeuge/24 Stunden, Lkw-Anteil min. 20 %,
– Durchschnittliche Frequentierung	– je nach Konkurrenz 1 bis 2 % des Kraftfahrzeugverkehrs,	
	– ca. 2 700 Pkw/Tankstelle,	
	– 1 Autowäsche auf 10 Betankungen,	
– Durchschnittliche Tankmenge/Kfz	– 30 bis 35 Liter,	
– Durchschnittliches Einzugsgebiet	– 22,5 km²,	
– Durchschnittliche Einwohnerzahl	– 6 135 Einwohner,	
– Umsatz p. a. Kraftstoffabsatz	– Straßentankstellen	mindestens 4 000 000 Liter,
	– Autohöfe	mindestens 12 000 000 Liter,
Shopbereich	– 3 000 bis 6 000 €/m² Verkaufsfläche,	
Portalwaschanlagen	– 70 000 bis 80 000 €.	
– Reinertrag		
– Entwicklung der Geschäftslage		

488 Sofern der Betreiber ein Mineralölkonzern ist oder ein Pächter „im Namen oder auf Rechnung" des Konzerns die Tankstelle betreibt, werden die vom Mineralölkonzern getätigten Investitionen i. d. R. durch eine „**Tankstellendienstbarkeit**" gesichert. Damit gehen Wertminderungen insbesondere dann einher, wenn die vertragliche Pacht hinter der marktgerechten Pacht bleibt. Zur Ermittlung der Wertminderungen sind entsprechende Abweichungen über die Laufzeit der Dienstbarkeit zu kapitalisieren.

5.5.3 Verkehrswertermittlung

5.5.3.1 Übersicht

489 Grundsätzlich kann auch bei Tankstellen das Vergleichs-, Ertrags- und Sachwertverfahren zur Anwendung kommen.

5.5.3.2 Bodenwert

490 Unbebauten Tankstellengrundstücken wird i. d. R. der **Bodenwert** von Gewerbegrundstücken zugeordnet, jedoch ist dieser Wert – je nach Eignung des Standorts – erfahrungsgemäß um 10 bis 30 % (ausnahmsweise auch 40 %) zu erhöhen, wenn alle Genehmigungen zur Betreibung einer Tankstelle vorliegen. Für die Beurteilung der Eignung sind entscheidend

– die Lage,
– die Grundstücksgestalt mit einer niveaugleichen Straßenfront von möglichst 50 m und
– die Grundstücksgröße (1 500 bis 3 500 m²; Autohöfe 15 000 bis 40 000 m²).

---

[115] Bundesverband des Deutschen Tankstellen- und Garagenverbandes e.V. (BTG).

5.5.3.3 Ertragswert

Die Einnahmen setzen sich zusammen aus den Bereichen 491
a) Kraftstoffabsatz in Liter/Jahr,
b) Umsätze im *Shop*bereich (Autozubehör und ggf. „Minimarkt"),
c) Umsätze im Bereich Autowäsche, Autopflege und
d) Umsätze bei sonstige Dienstleistungen (Werkstatt).

Die **Umsatzermittlung** erfolgt auf der Grundlage einer betriebswirtschaftlichen Auswertung 492
(Gewinn- und Verlustrechnung – GuV) insbesondere des Kraftstoffabsatzes der letzten drei
Jahre.

Die **Pacht** ergibt sich nach Abzug der dafür aufzubringenden Kosten. Die **Pachtansätze**
(p. a.) beliefen sich 2010 auf[116]

– Kraftstoff	1,20 bis 1,80 Cent/Liter	ca. 1,5 %	des Kraftstoffumsatzes,
– Shop wobei der Umsatz sich etwa auf bis zu 10 000 €/m² Verkaufsfläche belaufen kann.	0,40 bis 0,70 Cent/Liter	ca. 3 bis 5 %	des Shopumsatzes,
– Wagenwäsche	0,20 bis 0,30 Cent/Liter	ca. 15 bis 25 %	des Waschumsatzes,
– Sonstige Dienstleistungen		ca. 5 bis 15 %	des Umsatzes.

Zur Ermittlung des Reinertrags ist von folgenden durchschnittlichen **Bewirtschaftungskosten** auszugehen: 493

– Verwaltungskosten	2 bis 4 %,
– Instandhaltungskosten	2 bis 4 % der Baukosten,
– für große Überdachungen separat ein Ansatz von	2 bis 3 €/m²,
– Mietausfallwagnis	4 bis 6 %.

Ertragswert aus Treibstoffgeschäft: 494

Ertragswert = Durchschnittlicher Jahresausschank (Liter) × Nettoertrag je Liter × 100 × V

Der **Liegenschaftszinssatz** beläuft sich je nach Risiko zwischen 7,0 bis 8,5 %. Dies entspricht dem Ansatz, wie er bei der Ermittlung von Beleihungswerten üblich ist[117]. 495

Bei Tankstellen ist üblicherweise von einer **Gesamtnutzungsdauer** der baulichen Anlage von 15 bis 20 Jahren auszugehen. Der Ansatz einer Gesamtnutzungsdauer von 30 Jahren bedingt einen zusätzlichen Ansatz eines Modernisierungs- bzw. Revitalisierungsrisikos von 2,0 % der Baukosten.

5.5.3.4 Sachwert

Die **Baukosten** setzen sich zusammen aus den Kosten 496

– des Grundstücks,
– der Gebäude (Kasse, Verkaufsfläche, Schnellimbiss, Toiletten),
– der Überdachung (Mittel: 200 bis 400 €/m²),

---

116 Bundesverband Tankstellen- und Garagenverband (BTG) Jahresbericht; 2004: Aufstellung nach Ott, in Pohnert, Kreditwirtschaftliche Wertermittlungen, 6. Aufl. 2004 S. 402.
117 Syst. Darst. des Ertragswertverfahrens Rn. 117.

V Besondere Immobilienarten   Tankstelle

- der Erdtanks (Mittel: 1 500 bis 2 000 €/m³),
- der Zapfanlage (Mittel: 15 000 bis 20 000 €/Anlage),
- der Portalwaschanlage (Mittel: 50 000 bis 80 000 €),
- der Außenanlagen, bestehend aus
  - den versiegelten Flächen ohne Ölabscheider (50 bis 60 €/m²),
  - den versiegelten Flächen mit Ölabscheider (100 bis 120 €/m²),
  - den begrünten Flächen (20 bis 40 €/m²).

497 Abb. 38: Herstellungskosten

Gebäude (BGF)	900 €/m²
Überdachung 380 m²	180 €/m²
Zapfsäule	20 000 €
Zapfsäulentechnik	200 000 €
Tankanlage	200 000 €
Außenanlagen	185 000 €
Autowaschanlage	80 000 €
Nebenkosten rd.	150 000 €

Quelle: Smobilowski, GuG 2005, 144

498 Die **Kosten der Treibstoffsäulen, Kreditautomaten und des Treibstofftanks** belaufen sich auf (2000)

- Einfachsäule   12 000 Schweizer Franken
- Doppelsäule   20 000 Schweizer Franken
- Treibstofftank   10 000 Schweizer Franken/je 10 000 Liter

499 Die **Treibstoffzapfsäulen und sonstigen technischen Einrichtungen** weisen i. d. R. eine kürzere Gesamtnutzungsdauer auf:

- Mechanische Zapfsäulen   8 bis 12 Jahre
- Elektronische Zapfsäulen   10 bis 15 Jahre
- Kreditautomaten   10 bis 15 Jahre
- Treibstofftanks   40 bis 60 Jahre

6 Freizeitimmobilien

6.1 Allgemeines

6.1.1 Typologie von Freizeitimmobilien

Schrifttum: *Bienert*, Bewertung von Spezialimmobilien, S. 258 ff.; *Kippes/Sailer*, Immobilienmanagement, Boorberg Verlag 2005, S. 68 ff.

▶ *Weitere Ausführungen bei § 18 ImmoWertV Rn. 149 ff.*

Freizeitimmobilien werden schon im Hinblick auf das Besucheraufkommen, die Flächenanforderungen und die damit verbundenen Verkehrsanforderungen unterschieden nach 500

a) „kleineren" innerstädtisch integrierten Freizeiteinrichtungen und

b) Freizeit-Großanlagen.

Von **Freizeit-Großanlagen** spricht man bei 501

– einer Flächeninanspruchnahme (bebaute Fläche) von 5 000 m² und mehr,
– einem Investitionsvolumen von 7 Mio. € und mehr,
– einer Beschäftigtenzahl von 30 Vollzeitkräften und mehr,
– einem Umsatzvolumen von 5 Mio. €/Jahr und mehr,
– einem Besucheraufkommen von 200 000 Besuchern und mehr und
– einem Einzugsgebiet, bei dem 30 % der Besucher weiter als 20 km anreisen[118].

Demzufolge sind **kleinere Freizeiteinrichtungen** (Gastronomiebetriebe etc.) nur für Innenstädte und Stadtteilzentren geeignet[119]. 502

Der Trend in Freizeitanlagensegmente geht eindeutig zu **Freizeit-Großanlagen** mit den Ausprägungen: 503

– Integrierte Ferienzentren,
– multifunktionale Bowlingcenter,
– *Freizeitbäder*,
– *Urban-Entertainment-Center*,
– Freizeitparks,
– Musicaltheater,
– Freizeit- und Erlebnisparks,
– Multiplexkinos,
– Ferienressorts/Ferienzentren,
– Themengastronomie,
– Großdiskotheken,
– Wasserparks,
– Fitnesscenter,
– *Indoor*-Skianlagen,
– Golfanlagen,
– Großaquarien,
– Bowlinganlagen,
– Großarenen.

---

118 Wenzel und Partner BDU-Typologie, Bedarf und Investitionsaufwand 1995.
119 Vgl. GuG 2003, 110; GuG 2003, 57.

V Besondere Immobilienarten   Freizeitimmobilien

504   Eine Sonderform der Freizeiteinrichtungen stellen die **Urban-Entertainment-Center** dar, die aus einem Mix von verschiedenen Freizeitangeboten bestehen, wobei i. d. R. ein bestimmtes Segment den „Anker" bildet, z. B.

- SI in Stuttgart,
- CAP in Kiel,
- CENTRO in Oberhausen,
- SONY Center in Berlin.

Abb. 1:   Urban Entertainment Center

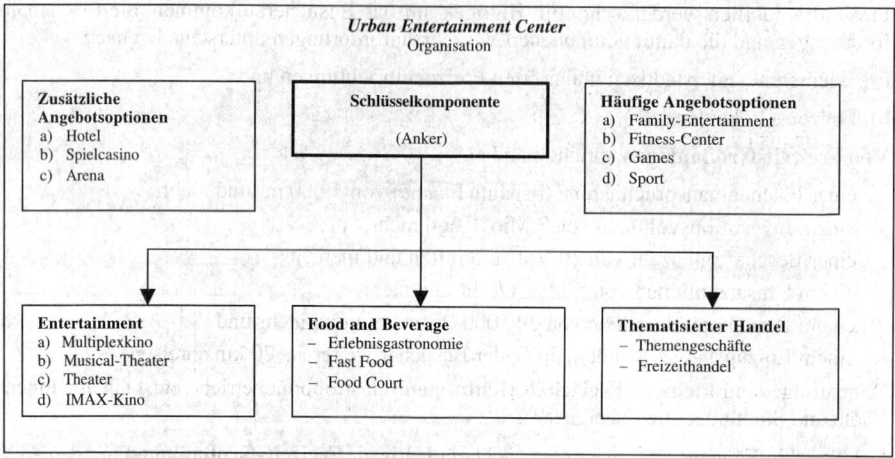

Quelle: Wenzel & Partner BDU Hamburg

505   „Spaßorientierte Freizeitanlagen" haben einen kurzen Lebenszyklus mit einem **steigenden Reinvestitionsbedarf.** Insbesondere Erlebnissportanlagen, Spaßbäder und Freizeitparks müssen sich auf schnell ändernde Nachfragebedürfnisse und steigende Ansprüche an immer neue und intensivere Erlebnisangebote einstellen (Abb. 2).

Abb. 2:   **Marktsegmente**

Marktsegment	Bestehende Anlagen	Zahl der Planungen und in Bau befindlichen Anlagen	Größenordnung der Investitionen in den nächsten 5 Jahren in Mrd. €
Multiplexkinos	etwa 40	etwa 100	1,5
Urban-Entertainment-Center	4	etwa 40	3,7
Freizeitgroßparks mit über 1 Mio. Jahresbesuchen	6	3	0,6
Ferienzentren mit mehr als 1 000 Betten	22	4 bis 5	0,5
Freizeitbäder einschließlich	ca. 250 i. w. S.	25	0,5
freizeitorientierter Freibäder, Thermal-, Mineral- und Solebäder	ca. 200 i. w. S.		

6.1.2 Marktentwicklung

Im Jahre 2000 wurde in Deutschland ein Volumen von 238 Mrd. € und damit ca. 3 000 € pro Einwohner oder 12 % des Bruttoinlandprodukts umgesetzt. Der Markt ist durch schnelle **Zyklenverläufe mit großer Unsicherheit** gekennzeichnet; langfristige Voraussagen sind nicht möglich.

6.1.3 Lagemerkmale

Bezüglich der **Standortfaktoren** kann generell zwischen
- Freizeiteinrichtungen mit einer ausgeprägten Erholungs-, Entspannungs- und Naturkomponente insbesondere im sog. *„Outdoor"*-Bereich sowie
- Freizeiteinrichtungen mit einem ausgeprägten *„Indoor"*-Angebot

unterschieden werden.

Für die *Outdoor*-Einrichtungen stellt ein landschaftlich ansprechendes Umfeld mit guter Erreichbarkeit eine gute Standortbedingung dar, während für den *Indoor*-Bereich innerstädtische Standorte optimale Rahmenbedingungen darstellen, wenngleich auch im Einzelfall solche Nutzungen auf der „grünen Wiese" realisierbar sind.

Im **Mikrobereich** sind insbesondere Grundstücksmerkmale und die Ausstattung des Objekts wichtige Standortfaktoren.

a) **Grundstück**
- Baugrund,
- Grundstückszuschnitt,
- Grundstückswert,
- Parkplatzangebot,
- Weiterentwicklungsmöglichkeiten.

b) **Nutzungskonzept**
- Zielgruppen und Zielgruppenverhalten,
- Umsetzung der Standortbedingungen, Integration standortspezifischer Themen,
- Thematisierung und Gestaltungsrichtlinien,
- Kreation eines Angebotsmixes, Selektion der Angebotsbausteine,
- klare Positionierung und Abgrenzung im Wettbewerbsumfeld,
- Gästeflussplanung.

c) **Betrieb**
- Angebotskonzept,
- Darstellung der Betriebsform,
- Unternehmens- und Wirtschaftsplan (fünf Jahre).

d) **Marktanalyse**
- Nachfrageverhalten,
- Einzugsgebiet,
- Synergieeffekte,
- Verkehrsanbindung,
- Wettbewerbssituation (Substitutionsmöglichkeiten),
- direkte Konkurrenzsituation,
- indirekte Konkurrenzsituation,
- soziodemografische Struktur in den Einzugsgebietszonen,
  - Altersstruktur,
  - Geschlecht,

- Bildungsstruktur (soziale Determinanten),
- sozioökonomische Struktur,
  - verfügbares Haushaltseinkommen (Kaufkraft, Preispolitik),
  - Haushaltsausstattung (u. a. mit Verkehrsmitteln),
  - Arbeitsplatzstruktur nach Qualifikation (Arbeitslosenrate),
- Siedlungsstruktur,
  - Bevölkerungsdichte (Ballungsraum, ländliche Strukturen),
  - Wohnverhältnisse,
  - Haushaltsgröße (Familien-, Singlehaushalte usw.),
- Gästeankünfte,
- Übernachtungsaufkommen,
- Verweildauer,
- Trends, insbesondere:
  - wirtschaftliche Entwicklung der Region,
  - Zu- und Abwanderungsstatistik,
  - Bevölkerungsprognose/Fremdenverkehrsentwicklung,
  - Veränderung der Altersstruktur usw.,
  - Trends der allgemeinen Wertedynamik,
  - Trends im Freizeitverhalten,
  - gesellschaftliche Rahmentrends.

e) **Bau**
- glaubwürdige Umsetzung einer Thematisierung im Innen- und Außenbereich,
- kostengünstiges Bauen,
- flexibles Bauen,
- Optimierung funktionaler Abläufe.

6.1.4 Ertragsverhältnisse

510 Die **Rentabilität von Freizeitanlagen** stellt sich sehr differenziert dar[120]. Erfolgreiche Freizeitanlagenkonzepte weisen Umsatzrenditen von 20 % und darüber auf. In den meisten Sportsegmenten jedoch liegt die Eigenkapitalrendite nach Abschreibung unter 10 %. Unterschiedliche anlagenspezifische Raumleistungen und Renditen je m² finden ihren Niederschlag in den jeweiligen differierenden umsatzverträglichen Mietsätzen.

511 Die **Raumleistungen von flächenintensiven Freizeitanlagen** (insbesondere Sportanlagen) erlauben zumeist nur umsatzverträgliche Mietbelastungen von 5,00 bis 7,50 € (teilweise auch deutlich unter 5 €) je m². Im Segment der Abendunterhaltung sind in Abhängigkeit vom Standort für einen qualifizierten Rohbau Mieten von 12,50 bis 17,50 € pro m², vereinzelt auch 20 € erzielbar. Die Spannbreite der Mieten in den Freizeitbereichen liegt zwischen 5 und 20 € bei gewerblichen Objekten. Flächenintensive Sportnutzungen liegen im unteren und abendlichen Unterhaltungsangebot mit hohen Nebenumsätzen im oberen Bereich. Der Kern der umsatzverträglichen „Freizeitmieten" liegt zwischen 10 und 12,50 € je m² (Abb. 3).

---

120 Vgl. Marktbericht III „Der Freizeitmarkt und seine Bedeutung für die Immobilienwirtschaft" (Westdeutsche Immobilienholding Düsseldorf).

Abb. 3: Mieten für Freizeitobjekte

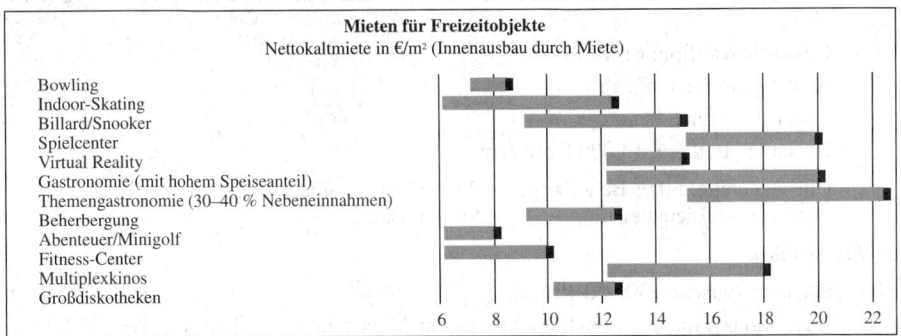

Freizeitimmobilien weisen i. d. R. zudem eine besonders geringe Fungibilität auf und sind auch deshalb risikobehaftet. Dem kann vor allem mit einem erhöhten **Liegenschaftszinssatz** (7,5 bis 9,5 %) und einem erhöhten Mietausfallwagnis Rechnung getragen werden.

Die Einbindung von Freizeitanlagen in *Mixed-Use-Center* (integrierte Freizeitanlagen) wird im Rahmen der Umstrukturierung klassischer Gewerbeimmobilienmärkte an Bedeutung gewinnen. Die **Rendite von Freizeiteinrichtungen in Mixed-Use-Immobilien** muss unter Umwegrentabilitätsaspekten analysiert werden. Nachfragesynergetisch geeignete Freizeitanlagen erzeugen zusätzliche Besucher- und Kundenfrequenzen.

Mixed-Use-Center führen zu einer Erhöhung der Wiederholungsbesucherquote und zu einer Verlängerung der Aufenthaltsdauer für das Gesamtzentrum. Die Umsätze und Renditen der integrierten Freizeitanlagen bleiben i. d. R. weit hinter den Vergleichsdaten von alternativen Einzelhandelsnutzungen zurück. Von den Betreibern kann somit keine dem Einzelhandel vergleichbare Miete erwirtschaftet werden. Zugeständnisse bei den Mietkonditionen sind daher durch das Centermanagement erforderlich, um Freizeiteinrichtungen als „Ankermieter" zu gewinnen[121].

6.1.5 Kennzahlen

Zur Beurteilung der Rentabilität von Freizeitimmobilien sind die nachfolgenden nach Art des Objektes gegliederten **Kennzahlen** von Bedeutung:

a) *Großdiskotheken*

- Flächen zumeist zwischen 1 000 und 3 500 m^2,
- Gesamtinvestition bei Neubauten ca. 2,5 bis 7,5 Mio. €,
- zwischen 150 000 und 350 000 Besuche pro Jahr (größere Anlagen realisieren durchschnittlich etwa 300 000 Besuche),
- Umsatz pro Gast: durchschnittlich 8,00 €,
- umsatzverträgliche Mieten von 10,00 bis 12,50 €/m^2 (10 bis 12 % vom Umsatz), bezogen auf den Ausbaustandard eines qualifizierten Rohbaus ohne Nebenkosten.

b) *Integrierte Ferienzentren*

- Fläche: 60 bis 100 ha,
- Investitionssumme (einschl. Infrastruktur) je Bett: rd. 28 000 bis 30 000 €,
- Kapazität: 3 000 bis 4 000 Betten,
- Investitionssumme (einschl. Infrastruktur) je Vermietungseinheit: rd. 135 000 €,

---

[121] Vgl. GuG 2001, 293.

V Besondere Immobilienarten — Freizeitimmobilien

- ein Drittel der Investitionssumme entfällt auf die Beherbergungseinrichtungen und ein weiteres Drittel auf die Freizeiteinrichtungen und den zentralen Unterhaltungskomplex,
- Gesamtinvestition: rd. 100 Mio. €,
- Amortisationszeit: 7 Jahre,
- Auslastungsraten bei ca. 90 %,
- Umsatz je Bett: ca. 13 000 € pro Jahr,
- Umsatzanteile: 50 % Beherbergung, 25 % Gastronomie, 10 % Freizeitdienstleistungen, 15 % Shopumsätze.

c) *Freizeitpark*

- Flächen: zwischen 30 und 100 ha,
- Investitionsvolumen: kumulierte Investition der gewachsenen Anlagen über 150 Mio. €,
- Besucherzahlen: über 2 Mio. Besuche pro Jahr; nur 7 der ca. 50 Freizeitparks weisen eine Besucherzahl von mehr als eine Million pro Jahr auf, z. B.:
  - Europapark in Rust,
  - Phantasialand in Brühl,
  - VW-Autostadt in Wolfsburg.
- durchschnittlicher Umsatz: pro Gast 23 bis 25 €,
  60 % Umsatzanteil aus Eintrittsentgelten,
  30 % Umsatzanteil Gastronomie.

d) *Musicaltheater*

- bebaute Fläche: rd. 5 000 m^2 (BGF zwischen 8 500 und 10 000 m^2),
- Kapazität: 1 600 bis 1 800 Sitzplätze,
- Investitionsvolumen (einschl. Infrastruktur): rd. 25 bis 30 Mio. €,
  je Sitzplatz: rd. 14 000 €,
- durchschnittliche Besucherzahlen: 650 000 bis 700 000 Besuche pro Jahr bei über 90 % Auslastung,
- durchschnittlicher Umsatz pro Gast: ca. 40 €.

Weitere Kennzahlen sind den jeweiligen Kapiteln zugeordnet.

6.2 Freizeitbad

Schrifttum: *Tost, S.* Bewertung von Freizeit- und Hallenbädern, in Bienert, Bewertung von Spezialimmobilien; *Deutsche Gesellschaft für das Badewesen,* Überörtlicher Betriebsvergleich 2002; Spaßbadstudie 2006 des Lehrstuhls für Organisation und Wirtschaftspsychologie München.

516 Bäder werden betrieben als öffentliche Bäder, Vereinsbäder, kommerziell betriebene Bäder, Hotel- oder Gemeinschaftsbäder oder Privatbäder. Sie lassen sich zum einen nach Anlage, Einrichtung und Angebot und zum anderen nach Angebot und Nutzung unterscheiden. In den „Richtlinien für den Bäderbau" (KOK-Richtlinien) erfolgt folgende **Differenzierung der Bäderarten**:

Freizeitimmobilien — Besondere Immobilienarten V

Anlage, Einrichtung und Angebot

Hallenbäder	Bäder mit künstlichen, überdachten Wasserflächen
Freibäder	Bäder mit künstlichen, nicht überdachten Wasserflächen
Naturbäder	Bäder mit natürlichen Wasserflächen (Meer, See-, Flussbäder, Bäder an gestauten Flussläufen, Bäder an Sand- und Kiesentnahmestellen)
Kur-, Heil und medizinische Bäder	Bäder mit vorrangiger Nutzung für Regeneration, Therapie und Rehabilitation. Sie weisen neben speziellen Beckenarten und Beckenwässern ergänzende Behandlungseinrichtungen auf.

Angebot und Nutzung

Sparte	Angebot	Nutzung
Freizeitbäder	Anlagen stark freizeitorientiert	Öffentlichkeit, Schwimmsport
Sportorientierte Bäder	Beckenabmessungen und Wassertiefe orientieren sich an Sportregeln	Öffentlichkeit, Schwimmsport
Spaßbäder	dienen allgemein dem Freizeitbedürfnis	Öffentlichkeit, Schwimmsport, Schulsport
Schulbäder	Becken mit kleineren Abmessungen, spezielle Wassertiefe	Schulsport
Leistungssportbäder	wettkampfgerechte Beckenabmessungen, i. d. R. Sprunganlagen	Leistungssport

Der Marktwert eines Bades ist insbesondere abhängig von der Konzeption, Funktionalität, Makrolage, dem Einzugsgebiet, der Konkurrenzsituation, dem Marktanteil sowie den Trends und der Fungibilität der Immobilie. Bäder sind zumeist mit einem hohen Anteil an Fördermitteln (bis zu 75 %) errichtet worden und sollten auf einen gewinnbringenden Betrieb ausgerichtet sein. Von daher ist eine Wirtschaftlichkeitsberechnung zu fordern.

Die **Makrolage** bestimmt sich durch

- **die Anzahl der verfügbaren Besucher des Bads** (Einzugspotenzial: Anzahl Einwohner und Touristen, die sich im 30/60/90-Pkw-Fahrminuten-Umkreis aufhalten),
- die übliche Besuchshäufigkeit und der durchschnittliche Verweildauer,
- den Marktanteil des Bads,
- die Konkurrenzsituation,
- die Kaufkraft und Arbeitslosenquote (geringe Kaufkraft und hohe Arbeitslosen-Quote verringern des Besucherpotenzial),
- die Erreichbarkeit mit öffentlichen und Individualverkehr (bis 1,5 Stunden Anreise werden in Kauf genommen) sowie
- die Altersstruktur der Bevölkerung des Standorts (entscheidend für Konzeption des Bads).

Die **Mikrolage** bestimmt sich u. a. durch störende Einflüssen auf das Bad (z. B. Lärm, Luftverschmutzung). Umgekehrt kann die Umgebung eines Bades durch die Lärmemission des Bads gestört werden (z. B. Friedhöfe, Krankenhäuser, Schulen, reine Wohngebiete). Ungeeignet sind Überschwemmungs- und Trinkwasserschutzgebiete sowie Freibäderanlagen unter Hochspannungsleitungen.

V Besondere Immobilienarten — Freizeitimmobilien

In der **Wirtschaftlichkeitsberechnung** sind insbesondere zu berücksichtigen:

- **Gesamtbesucherpotenzial** = Einwohnerpotenzial und Urlauberpotenzial mit einem Fahrzeitradius von bis 30, bis 60 und bis 90 Minuten;
- **Einwohnerpotenzial:** 20 % der Einwohner besuchen bis zu 4-mal im Jahr ein Bad, dabei existieren Abhängigkeiten vom Bad-Konzept und dem Alter der Besucher. Auch ist die abnehmende Häufigkeit des Besuchs in Abhängigkeit von der Entfernung zu beachten. Einfluss auf die Besucherhäufigkeit hat auch die Qualität des Mikrostandorts (Attraktivität und Bekanntheit des Orts, Altersstruktur und allgemeine soziodemografische Daten [Abwanderung, Arbeitslosenquote]).
- **Urlauberpotenzial:** 12 % aller Urlauber besuchen jeden zweiten Tag ein Bad.
- Erwartete **Tagesbesucher:** Gesamtbesucherpotenzial im Verhältnis zum erzielbaren Marktanteil des Bades, dynamisiert nach Entfernung. Dabei ist zu berücksichtigen, dass sich die Besucherangaben immer auf ein 365-Tage-Jahr beziehen, das Bad jedoch nur mit 340 Öffnungstagen gefahren werden sollte.
- Die **Erlös-Kosten-Struktur:** Als durchschnittlicher Eintrittspreis hat sich bei funktionierenden Bädern ein Betrag um 10 € herauskristallisiert. Weitere Erlöse entstehen durch die Pachteinnahmen aus Gastronomie (um 8 % des Umsatzes) und *Beauty/Wellness* (um 12 % des Umsatzes). Für das Bad hat sich eine Umsatz-Kosten-Struktur (ohne MwSt.) von ca. 80 % Kosten zu Umsatz herausgestellt. Dieses Verhältnis kann als typisch für Bäder gelten.

Freizeitbäder sind Betreiberimmobilien, deren Marktwert von der Konzeption des Bads, dessen Marktanteil und der Qualität des Ambientes und der Ausstattung abhängt. Es gibt in Deutschland etwa 360 Thermen, Freizeit- und Spaßbäder, die zu 80 % über Saunen, Liegewiesen, Außenbecken oder Freibecken verfügen. Im Zuge des Wellnesstrends werden Solarien, Tepidarien, Öl- und Aromabäder, Kneippanwendungen, Dampfbäder und Moorbäder mit Sport- und Spaßangeboten nachgefragt, während das klassische Hallenbad mit 50-Meter Bahnen und einem Drei-Meter-Turm außerhalb des Trends liegt. Aus diesem Grunde besteht ein erheblicher Sanierungsstau.

Als **Kennzahlen** für Freizeitbäder (Fitness- und Wellnesscenter[122]) können gelten:

- *Flächen:* 5 000 bis 6 000 m²,
  600 m² Trainingsfläche pro 10 000 Einwohner,
  4 m² Wasserfläche pro Gast

  Annex:
  - **Hallenbäder:** 6 bis 8 m² je Wasserfläche (je größer die Wasserfläche, desto kleiner der Wert) und 10 bis 20 % der vorher ermittelten Grundstücksfläche für zusätzliche Freiluftflächen;
  - **Freizeithallenbäder:** 9 bis 12 m² Grundstück je m² Wasserfläche.

- *Investitionsvolumen:* ca. 12,5 Mio. bis 17,5 Mio. € (Spannbreite zwischen 8 Mio. und 35 Mio. €)
- *Investitionskennziffern:* ca. 15 000 € je m² Wasserfläche und ca. 1 750 bis 2 000 €/m² Saunabereich;
- *Durchschnittliche Besucherzahlen:* ca. 325 000 Besuche pro Jahr (Spannbreite zwischen 150 000 und 850 000 Besuche pro Jahr);
- *Durchschnittlicher Umsatz pro Gast:* ca. 5 € (davon $^1/_3$ Nebenumsätze); kommerzielle Anlagen etwa 13 € bei einer Spannbreite von 6 bis 23 €;
- *Kapazität (Auslastung):* Als Kapazität wird die maximale Anzahl von Gästen verstanden, die sich zum gleichen Zeitpunkt im Badbetrieb aufhalten können. Sie ist abhängig von der Art des Badebetriebs, der Schwimmbeckenform und der Zielgruppe. Im öffentlichen Badbetrieb geht man davon aus, dass sich 25 % der Gäste im Wasser, 50 % der Gäste rund um das Wasser und 25 % in den Umkleiden aufhalten.

---

122 Vgl. GuG-aktuell 2001, 28;

Freizeitimmobilien   Besondere Immobilienarten V

- *Stellplätze:* 1 Pkw-Stellplatz für 5 bis 10 Garderobenschränke;
- *Umkleidebereich:* Verhältnis Garderobenplätze zu Umkleideplätze 1:4, Anzahl der Garderobenplätze 0,3 bis 0,4 /m² Wasserfläche, Anzahl Umkleideplätze 0,08 bis 0,1/m² Wasserfläche;
- *Restaurantumsätze:* ca. 2,50 € je Besucher und Tag;
- *Wirtschaftliche Gesamtnutzungsdauer:* 10 bis 20 Jahre; danach sind i. d. R. umfangreiche Modernisierungen ggf. unter Berücksichtigung von Änderungen der Konzeption und der Badtechnik (dafür sollten Erweiterungsflächen zur Verfügung stehen).

Beispiel[123]:

Zu ermitteln ist der Markt- und Beleihungswert eines Spaßbades mit deutlich medizinischem Aspekt (Therme). Das Objekt umfasst eine Badelandschaft mit 5 Innen- und 2 Außenbecken, einem Saunagarten, einer Therapieabteilung und ein Restaurant.

Die Badelandschaft umfasst folgendes Angebot:
- Therapeutikum (130 m²), Kaskade, Schwefel-Sole-Quelle, Geysir, Jungbrunnen, Kneipptretbecken (insgesamt 81 m²), Lagune (242 m², Ausstieg ins Freie), Dampfbad.
- Der Saunagarten (Dampfbad, Finnische Sauna, Blockhaussauna für 20 bis 30 Personen) umfasst 500 m² und ist ausgestattet mit einer Liegewiese, Schwallwasserbrausen und Ruhebänken.
- Die Therapieabteilung (verschiedene Badanwendungen) hat eine Zugangsmöglichkeit zur Thermenlandschaft.
- Die Nutzfläche der Therme umfasst 2 500 m² (ohne Gastronomie). Das Restaurant hat eine Fläche von 325 m².
- Das Anfang der 90er Jahre errichtete Objekt ist in gutem Zustand und macht einen gepflegten Eindruck. Die Besucherzahlen belegen ein stimmiges Konzept (700 bis 800 Tagesbesucher). Eine ausreichende Anzahl von Parkplätzen steht zur Verfügung.
- Die in Ansatz gebrachte Pacht wurde mittels der Pachtwertmethode abgeleitet. Grundlage bildeten die vorliegenden GuV mehrerer Jahre, die gemittelt und deren Tendenz berücksichtigt wurde.
- Die Umsätze liegen im Durchschnitt bei T€ 205 je Monat. Der Pachtansatz wurde mit 22 % aus der GuV abgeleitet. Das unternehmerische Risiko bei ggf. schlechteren Saisonjahren oder einer Veränderung der Erlös-Kosten-Struktur wurde durch die Berücksichtigung eines 10%igen Betreibergewinns in der Pachtableitung gewürdigt.
- Die Gastronomie wurde gesondert bewertet.
- Zunächst wurde eine Umsatzberechnung und Plausibilisierung der Besucherzahlen vorgenommen. Daran wurde die Kosten-Erlös-Situation gespiegelt und die mögliche Pacht abgeleitet. Die Bewertungsansätze sind der Berechnung zu entnehmen.

Umsatzberechnung für Bad und Freizeit
Objekt.......
Öffnungstage (8.00 bis 22:00 Uhr)

Preisübersicht			
	Preis (€)		Preis (€)
Erwachsene		Behinderte	
Einzelkarte	9	Einzelkarte	7
10er Karte	80	10er Karte	60
20er Karte	150	20er Karte	110
50er Karte	350	50er Karte	250
Jahreskarte	475		
Kinder, Jugendliche	3,5		
Busgruppen	7		

---

123 Vgl. Schrödter in Kleiber, Verkehrswertermittlung von Grundstücken, 6. Aufl. 2010 S. 3036.

V Besondere Immobilienarten   Freizeitimmobilien

Erlöse Schwimmbad	BWA Jan-Jul 2003	Ø Besucher	BWA Jan-Nov 2002	Ø Besucher	GuV 31.12.2001	Ø Besucher
Einzelkarte						
Erwachsene	370 946	196 Tag	653 144	220 Tag	726 629	224 Tag
10er Karte	140 561	251 Monat	229 533	261 Monat	307 843	321 Monat
20er Karte	75 841	72 Monat	112 850	68 Monat	126 545	70 Monat
50er Karte	181 542	74 Monat	169 766	44 Monat	121 955	39 Monat
Jahreskarte	17 757	5 Monat	19 533	4 Monat	32 087	6 Monat
Kinder	28 736	39 Tag	52 219	45 Tag	48 018	38 Tag
Behinderte	35 178	24 Tag	54 382	24 Tag	68 555	27 Tag
Busse	46 429	32 Tag/Gruppe	54 096	23 Tag/Gruppe	30 666	12 Tag/Gruppe
Gutscheine	135 284	72 Tag	139 272	47 Tag	796 956	243 Tag
Sonstige Erlöse	959	5 Tag	1 664	5 Tag	2 421	7 Tag
Abgrenzung Karte			256 885	86	-329 847	-102
Summe	1 033 233		1 743 344		1 921 828	
Ø Erlös im Monat	147 605		158 486		160 152	
Ø Erlös je Besucher	8,37		8,39		8,43	

Umsatzberechnung für Bad und Freizeit			
Besucherdurchschnitt am Tag	Per 12/ 2013	Per 11/ 2012	Per 12/2011
Einzelkarten	196	220	224
10er	84	87	107
20er	48	46	47
50er	123	73	48
Jahreskarten	0	0	0
Kinder	39	45	38
Behinderte	24	24	27
Busse (ca. 20 Personen)	2	1	1
Gutscheine	72	47	243
Abgrenzung Karten		86	- 102
ø Tagesbesucher	588	629	634
ø Besucher je Stunde (14 Std)	42	45	45
ø Besucher im Monat	17 638	18 881	19 008
ø Besucher p.a. (hochgerechnet)	123 469	207 696	228 101

Bemerkungen:

Die oben aufgeführten Besucherzahlen wurden durch einfache Rückrechnung ermittelt. In der Rechnung wird bei den abgegrenzten Karten und den Gutscheinen der Preis für Einzelkarten unterstellt. Keine Berücksichtigung finden Ermäßigungen wie „Mondscheintarif" oder Mehrfachkarten für Behinderte, die jedoch die Besucherzahlen erhöhen würden. Die tatsächlichen Besucherzahlen liegen nach Kundenauskunft über den einfach ermittelten Besucherzahlen. Gemäß Kundenauskunft verzeichnet die Therme 700 bis 800 Tagesbesucher. Eine Übersicht der vorangegangenen Jahre bestätigt die Auskunft der Kunden.

Die Zahlen für 2013 stellen eine rein rechnerische Größe dar. Durch die tendenziell besucherschwachen Sommermonate wird der Durchschnitt durch die erfahrungsgemäß gut besuchten Herbst-/Wintermonate erhöht. Werden beispielsweise in den verbleibenden Monaten mindestens 760 Tagesbesucher verzeichnet, würde dies bei obiger Rechnungsweise eine durchschnittliche Tagesbesucherzahl von 656 bedeuten.

Bei einer Tagesauslastung von 650 Besuchern bedeutet die ein Besucheraufkommen von 53 Gästen in der Stunde verteilt auf 14 Stunden je Tag. Dies liegt im wirtschaftlichen Bereich.

Freizeitimmobilien
Besondere Immobilienarten V

Erlös und Kostenstruktur						
Umsatzerlös aus	BWA Jan-Jul 2013	Im Monat	BWA Jan-Nov 2012	Im Monat	GuV 31.12.2011	Im Monat
Schwimmbad	1 033 233	147 605	1 743 344	158 486	1 921 828	160 152
Solarium	18 660	2 666	34 325	3 120	46 975	3 915
Handelswaren	17 045	2 435	23 940	2 176	25 273	2 106
Therapieabteilung	297 005	42 429	455 772	41 434	480 456	40 038
Sonstiges	2 814	402	3 063	278	6 072	506
Summe	**1 368 757**	195 537	**2 260 444**	205 495		206 717

Erlös- und Kostenstruktur				
Erlösstruktur im Monat	2013	2012	2011	Bei 760 bis 800 Tagesbesuchern im Durchschnitt bedeutet dies einen Umsatz je Besucher von 9 bis 8,60 €. (Bei Besucherermittlung durch Rückrechnung)
Erlöse aus Schwimmbad	147 605	158 4876	160 152	
Erlöse aus Solarium	2 666	3 120	3 915	
Erlöse aus Handelswaren	2 435	2 176	2 106	
Erlöse aus Therapieabteilung	42 429	41 434	40 038	
Sonstiges	402	278	506	
Summe	**195 537**	**205 495**	**206 717**	
Erlös/Besucher/Monat	11,09	10,88	10,88	
Kostenstruktur im Monat				
Personal	81 865	77 388	76 835	
Material	5 663	5 762	1 366	
Instandhaltung	4 404	5 770	4 249	
Werbe- und Reisekosten	2 313	3 016	2 319	
Energie	27 612	24 639	28 195	
Wasser und Abwasser	9 064	9 129	10 301	
Buchführung/Prüfungskosten	8 812	8 406	5 860	
Sonstige Betriebskosten	5 372	2 123	6 762	
Betriebskosten		2 219	6 984	
Korrektur wegen NK Restaurant (pauschal)	– 650	– 650	– 650	
Summe	**144 455**	**137 793**	**143 221**	
Kosten/Besucher/Monat	8,19	7,30	7,48	
Ergebnis	51 082	67 702	64 496	
./. Managementprovision	19 554	20 549	20 672	
Als Pacht erwirtschaftbarer Betrag	31 528	47 153	43 824	
Pachtansatz	16 %	23 %	21 %	

Pachtableitung

Nachgewiesener Umsatz um 205 000 € im Monat in den Jahren 2011 bis 2013 bei möglichen Pachtansätzen um 22 %.

Für die Pachtableitung ergibt sich daraus bei gleicher Erlös- und Kostenstruktur eine Pacht in Höhe von rd. 540 000 € p.a. bzw. 45 000 €/Monat.

V Besondere Immobilienarten — Freizeitimmobilien

Spartenaufteilung – Kosten				
	Jan–Nov. 2012	Im Monat	31.12.2011	Im Monat
Personalkosten Therme	466 565	42 415	470 603	39 217
Personalkosten Therapieabteilung	384 702	34 973	451 413	37 618
Materialaufwand Therme	57 415	5 220	16 394	1 365
Materialaufwand Therapieabteilung	5 966	542	0	0
Instandhaltung Therme	62 380	5 671	50 187	4 182
Instandhaltung Therapieabteilung	561	51	667	56
Instandhaltung Solarium	528	48	135	11
Werbe- und Reisekosten	33 175	3 016	27 822	2 319
Energie	271 032	24 639	338 342	28 195
Wasser und Abwasser	100 421	9 129	123 617	10 301
Buchführung/Prüfungskosten	92 462	8 406	70 320	5 860
Sonstige Betriebskosten allgemein	23 355	2 123	81 147	6 762
Betriebskosten Therme	19 542	1 777	68 464	5 705
Betriebskosten Therapie	2 383	217	7 823	652
Betriebskosten Solarium	2 383	217	7 520	627
Summe	1 522 670	138 443	1 714 454	142 871

Beispiel:
Ertragswertermittlung für Markt- und Beleihungswert

Restnutzungsdauer	25 Jahre
Liegenschaftszinssatz	7,00 %
Kapitalisierungszinssatz	8,30 %
Normalherstellungskosten (NHK) des Gebäudes	9 918 720 €
Wert der baulichen Anlagen (gerundet)	8 096 918 €
Risikoabschlag zum Gebäudewert	20 %
Bodenwert (nachrichtlich, gerundet)	800 000 €
Sachwert (Verkehrswert), nachrichtlich	8 900 000 €
Sachwert (Beleihungswert), nachrichtlich	7 300 000 €

			Verkehrswert	Beleihungswert
Jahresnettokaltmiete				
- Therme	2 500 m² × 18,00 €/m² × 12 Monate =		540 000 €	540 000 €
- Gastronomie	325 m² × 7,85 €/m² × 12 Monate =		30 615 €	30 615 €
= Jahresnettokaltmiete	2 825 m²		570 615 €	570 615 €
abzüglich Bewirtschaftungskosten (Einzelansätze)				
- Instandhaltung		12,00 €/m² NF		
- Verwaltungskosten		3 000 €		
- Mietausfallwagnis		6 %		
- Modernisierungsrisiko in % der NHK		0,75 %		
Bewirtschaftungskosten (Verkehrswert)	25,18 €/m²	≈ 12,47 %	– 71 137 €	
Bewirtschaftungskosten (Beleihungswert)	51,51 €/m²	≈ 25,50 %		– 145 527 €
= Jahresreinertrag des Grundstücks			499 478 €	425 088 €

Multiplexkino   **Besondere Immobilienarten V**

abzüglich Bodenwertverzinsungsbetrag				
Verkehrswert	7,00 % von 800 000 €		– 56 000 €	
Beleihungswert	8,30 % von 800 000 €			– 66 400 €
= Reinertrag des Gebäudes			443 478 €	358 688 €
× Vervielfältiger				
Verkehrswert	bei 25 Jahren und 7,00 %:	11,56	5 168 109 €	
Beleihungswert	bei 25 Jahren und 8,30 %:	10,41		3 732 794 €
+Bodenwert			+ 800 000 €	+ 800 000 €
= Ertragswert des Grundstücks			5 968 109 €	4 532 794 €
Ab- und Zuschläge				
Abschlag wegen …	Kapitalisierte Mietdifferenz			
Zuschlag wegen …				
Verkehrs- bzw. Beleihungswert			5 968 109 €	4 532 794 €
Verkehrs- bzw. Beleihungswert gerundet			**6 000 000 €**	**4 530 000 €**

Der Verkehrswert entspricht dem 11-fachen Jahresrohertrag von 2 124 €/m².
Der Beleihungswert entspricht dem 7-fachen Jahresrohertrag von 1 604 €/m².

6.3 Multiplexkino

Schrifttum: *Adam, B.*, Bewertung von Multiplexkinos, GuG 2007, 139; *Geßler, S./Leupold, E.*, Bewertung von Multiplexkinos in Bienert, Bewertung von Spezialimmobilien; *Kühbauer*, Die Bewertung eines Multiplexkinos, GuG 2001, 231; *Pätzold/Röper*, Kinos in NRW, Düsseldorf 1992.

▶ *Vgl. GuG 2001, 178 und 245; GuG 1995, 301 = Vermögensrecht, a. a. O. II 7.3.11*

6.3.1 Übersicht

Multiplexkinos sind eine Sonderform des Kinocenters, mit der verschieden groß dimensionierte Vorführräume architektonisch in Verbindung mit vielfältigen Freizeit- und Unterhaltungsangeboten zusammengefasst werden; sie weisen folgende Eigenschaften auf[124]:   **517**

– Mindestens 1 600 Sitzplätze mit Komfort-Bestuhlung (Sessel),

– Mindestens 8 Kinosäle,

– Mindestens 100 Sitzplätze je Saal,

– Amphitheater-Bestuhlung mit einem Neigungswinkel von 15 °,

– Große, gekrümmte Leinwand („4 Wand"), Projektion (1,37; 1,66; 1,85; Cinemascope-Formate),

– Vorhang, Kasch (Bildrandabdeckung), Bühnen- und Vorhangbeleuchtung, Gong,

– Beste Tonwiedergabe (mind. Dolby SR, besser alle Digitalsysteme und THX in einigen Sälen),

– Zweck- bzw. Solitärbau; weitläufiges Foyer, Parkhaus,

– Gastronomie (Restaurant, Bar) und mehrere Konzessionsstände, Shops und weitere Freizeitangebote,

– Parkplätze bzw. Parkdeck, Anbindung an ÖPNV.

---

124 Hauptverband Deutscher Filmtheater.

6.3.2 Kennzahlen

518 a) *Fläche*

Multiplexkinos der mittleren Größenklasse (2 000 bis 2 200 Sitzplätze)
- weisen eine Gesamtfläche rd. 5 000 m² auf,
- haben einen Flächenbedarf von 2 bis 3 m² BGF pro Platz (bei Raumhöhen von 9 bis 12 m),
- haben einen Einzugsbereich von 200 000 bis 250 000 Einwohnern in 20 bis 30 Fahrminuten.

b) *Gesamtbesuch und Auslastung*

Kennziffern über den Gesamtbesuch werden gemessen als
- Besuch pro Platz bzw.
- Besuch pro Leinwand,
- die **Auslastung** wird in % angegeben; die Auslastungsquoten liegen zwischen 25 und 35 % (Maxx in München fast 50 %). Umsatz je Besucher 8 bis 10 € (durchschnittlicher Eintrittspreis 8 €); durchschnittliche Auslastungsquote für alle Kinotypen ca. 13 %.

c) *Umsatz*

Bei Lichtspieltheatern bedarf es der **Umsatzangabe** in den Bereichen Filmgeschäft und „Kiosk" sowie der Anzahl der Vorführungen mit durchschnittlicher Auslastung:
- **Gesamtumsatz**
  - davon Kartenumsatz,
  - davon Konzessionen,
  - davon Werbung,
  - davon Sonstige in Umsätze/in % des Gesamtumsatzes),
- Rohertragsanteil je Besucher: rd. 60 %.

d) *Einnahmen*

Im Jahr 2004 setzen sich die Einnahmen nach Untersuchung der RMC Rinke Medien Consult, Wuppertal, zusammen aus
- Umsätzen aus dem Verkauf von Kinokarten (72 %),
- Warenerlösen (Speisen und Getränke etc.),
- Kinowerbung (5 %),
- Einnahmen aus Konzessionen (23 %),
- Einnahmen aus Parkgebühren.

e) *Ausgaben*
- Filmmieten
- Werbung (Marketing)
  - Gesamtkosten
  - Kosten pro Besucher
  - Kosten in % des Umsatzes (Nettokalt)
  - Reklamekostenzuschüsse
- Personalkosten
  - Gesamtkosten
  - Kosten pro Besucher
- Instandhaltung und Reparatur
  - Gesamtkosten
  - Kosten pro Sitzplatz

- Energiekosten
  - Gesamtkosten
  - Energiekosten pro Leinwand
  - Energiekosten pro Platz
- Versicherung
  - Gesamtkosten
  - Giroversicherung pro Platz
- Reinigung
  - Gesamtkosten
  - Reinigung pro Platz
- Sonstiger Betriebsbedarf (Verbandsgebühren, Wareneinkauf, GEMA-Gebühren)
  - Gesamtkosten
  - Kosten pro Platz
- Filmmiete
  - Filmmiete in % vor RZ
  - Filmmiete in % nach RZ

f) *Miete*

- Umsatzverträgliche Mieten (10 bis 15 %) zwischen 10,00 und 17,50 €/m², bezogen auf den Ausbaustandard eines qualifizierten Rohbaus ohne Nebenkosten;
- Miete je Sitzplatz: 30 bis 40 € im Mittel bzw. pro Quadratmeter; bei hervorragender Standortqualität sind Mieten von 50 € bis 53 €/m² erreichbar
  - CineStar: 16 €/m², 40 €/Platz
  - Branche: 17,50–20,00 €/m², 40–55 €/Platz;

g) *Lagekriterien*

- Innerörtliche Verkehrsanbindung,
- Parkangebot,
- Visibilität,
- Umfeld.

Gesamtnutzungsdauer: 30–40 Jahre

Bewirtschaftungskosten: zwischen 17 und 20 % des Jahresrohertrags bei einem hohen Instandhaltungskostenanteil von 10–12 €/m² und einem von der Anzahl der Mieter sowie vom Anteil der vermieteten Fläche abhängigen Mietausfallwagnis.

Liegenschaftszinssatz: 7,5–9,5 %

Der **Rohertrag** bestimmt sich bei umsatzbezogenen Mieten (üblich 20 % des Umsatzes) aus

- dem durchschnittlichen Umsatz pro Besucher,
- dem durchschnittlichen Eintrittspreis und
- der Auslastungsquote,

aufgeschlüsselt nach den jeweils vorliegenden Mietflächen (Multiplexkino, Café/Bar; Restaurant, Diskothek). *Adam* gibt für 2009 folgende Sitzplatzmieten an:

V Besondere Immobilienarten   Multiplexkino

	Sitzplatzmiete			
	Jahresmiete	Sitzplätze	Sitzplatzmiete einschließlich Gastrofläche	Bereinigte Sitzplatzmiete
Karlsruhe	1 975 200 €	2 942	56,96 €	46,96 €
Düsseldorf	1 784 740 €	2 845	52,57 €	40,00 €
Mainz	1 787 672 €	2 721	54,75 €	47,73 €
Bremen	1 806 459 €	3 341	45,06 €	36,86 €
Dortmund	2 285 901 €	3 702	51,46 €	42,55 €
	9 600 032 €	15 551	51,71 €	43,02 €

520 Die Gesamtinvestition bewegt sich zwischen 13 Mio. und 20 Mio. € (Cinedom in Köln rd. 65 Mio. €). Die **Erstellungskosten je Kinoplatz** (ohne Einrichtung mit Grundstück) belaufen sich auf Investitionen (je Sitzplatz) von 6 000 bis 8 500 € einschließlich Grundstück (CineStar: ca. 4 800 €/Platz; Branche: ca. 5 000–7 000 €/Platz) bei
- einem günstigen Grundstückspreis von ca. 250 €/m^2,
- guter Grundstücksausnutzung,
- ohne Projektentwicklungskosten.

521 Nach einer neueren Untersuchung von *Adam*[125] belaufen sich die **durchschnittliche Baukosten je Kinoplatz** auf rd. 5 700 €, wobei zu beachten ist, dass bei einer geringer werdenden Anzahl von Besucherplätzen die Stückkosten je Sitzplatz höher werden:

Multiplexkino, Berlin Baujahr 2001, 2 600 Kinoplätze   12,7 Mio. €   4 885 €/Platz
Multiplexkino, Rostock Baujahr 1996, 2 000 Kinoplätze   12,8 Mio. €   6 400 €/Platz
Multiplexkino, Lübeck Baujahr 2000, 1 654 Kinoplätze   11,0 Mio. €   6 651 €/Platz

Beispiel: Multiplexkino (München): Bei 2 700 Kinoplätzen lag die Gesamtinvestition bei 12,9 Mio. €, d. h. bei 4 778 €/Platz.

Abb. 4: Wertanteile einzelner Bauteile am Gesamtbauwerk für Lichtspielhäuser

Bauteil/Gewerk	Anteile in v. H.
Erdarbeiten, Fundamente und Bodenplatte	15,4
Außenwände/Fassade	16,1
Tragkonstruktion	25,0
Dacheindeckung	15,7
Fußboden	6,7
Türen	1,6
Fenster	6,2
Heizung	7,1
Elektrische Installation	5,2

Quelle: Gleich lautender Erl. der obersten Finanzbehörden vom 21.7.1994 (BStBl I 1994, 480)

---

[125] Adam, B., Bewertung von Multiplexkinos, GuG 2007, 139.

6.4 Golfanlage

Schrifttum: BBE-Branchenreport 2005; *Billion, F.*, Der Verkehrswert von Golfanlagen, GuG 1999, 331; *Böhm, G.*, Bewertung von Golfanlagen, in Bienert, Bewertung von Spezialimmobilien; *Köhne, M.*, Die Bewertung von Golfgeländen für verschiedene Anlässe, GuG 1999, 257; *Kastel/Thummert*, in Die Information über Steuer und Wirtschaft 1992, 492; *Köhne M.*, Landwirtschaftliche Taxationslehre, 3., neu bearbeitete Aufl., Parey Buchverlag, Berlin; *Köhne*, in GuG 1999, 257; *Pohnert*, Kreditwirtschaftliche Wertermittlungen, 6. Aufl. 2004, S. 223; *Störy, J.*, Die Verkehrswertermittlung von Golfplatzgrundstücken, GuG 2002, 222.

6.4.1 Allgemeines

Im Zusammenhang mit Golfanlagen stellen sich folgende **Wertermittlungsaufgaben:** 522

a) Verkehrswertermittlung von zumeist noch landwirtschaftlich genutzten oder nutzbaren Flächen zwecks Einrichtung einer Golfanlage,

b) Verkehrswertermittlung von bereits eingerichteten Golfanlagen,

c) Ermittlung angemessener Pachtentgelte für verpachtetes Golfgelände,

d) Ermittlung angemessener Erbbauzinsen für entsprechende Erbbaurechte.

Voraussetzung für die Errichtung eines Golfplatzes **sind die entsprechende Darstellung** 523 **der Fläche im Flächennutzungsplan und entsprechende Festsetzungen im Bebauungsplan.** Im Hinblick auf den damit verbundenen Eingriff in die Natur ist i. d. R. ein Verhältnis der reinen Spielfläche (Abschläge, Bahnen und Grün) zu ökologischen Ausgleichsflächen von 1:1 verbunden.

Nur 10 % aller Golfanlagen stehen im Eigentum des Betreibers. Infolgedessen stellt sich 524 i. d. R. nur die Aufgabe, den Bodenwert künftiger Golfanlagen und (angemessene) Pachtentgelte zu ermitteln.

Mit der Einrichtung eines Golfplatzes scheidet eine Fläche aus dem land- oder forstwirt- 525 **schaftlichen Vermögen eines Land- oder Forstwirts aus.** Folgende für die Verkehrswertermittlung bedeutsame Gestaltungsformen sind üblich:

a) Ein Landwirt verkauft eine Fläche für deren Aufbereitung (Nutzung) als Golfplatz.

b) Ein Landwirt verpachtet seine Flächen an einen gemeinnützigen Verein für deren Aufbereitung (Nutzung) als Golfplatz.

c) Ein Landwirt verpachtet seine Fläche an eine Betreibergesellschaft (GmbH), die den Golfplatz herrichtet und ihn einem gemeinnützigen Verein überlässt.

d) Ein Landwirt verpachtet eine Fläche zu gleichen Zwecken an eine Kommanditgesellschaft.

Soweit die Herrichtung eines Golfplatzes mit **Baumaßnahmen** i. S. des Vorhabensbegriffs 526 nach § 29 BauGB verbunden ist, bedarf es einer bauaufsichtlichen Genehmigung oder Zustimmung[126].

Für den Landwirt hat die Verpachtung bzw. der Verkauf eine Reihe **steuerrechtlicher Fol-** 527 **gen;** diese sind:

a) Mit der Herrichtung der Fläche scheidet diese aus dem land- oder forstwirtschaftlichen Vermögen aus und wird dem Grundvermögen mit einem Einheitswert von 2 bis 2,50 €/m² zugerechnet. Damit ergibt sich eine erhebliche Grundsteuermehrbelastung.

b) Aufgrund des neuen Einheitswerts ergibt sich eine entsprechend höhere Erbschaftsteuer.

c) Einkommensteuerlich ist bei Verpachtung einer ehemals land- oder forstwirtschaftlichen Betriebsfläche als Golfgelände bei gleichzeitiger Umwidmung (der Betriebsgebäude) mit

---

[126] Schink in StuGB 1986, 644; Schulze-Hagen in BauR 1986, 6 ff.; Schink in Kormann (Hrsg): Naturschutz und Bauleitplanung, UPR special Bd. 8, 1995; GuG-aktuell 1997, 11; Pohnert, 5. Aufl., a. a. O., S. 187.

V Besondere Immobilienarten — Golfanlage

der Überführung des Betriebsvermögens in das Privatvermögen eine steuerliche Entnahme verbunden. Neben der Versteuerung des Entnahmegewinns fällt dann eine Versteuerung der Pachteinnahmen aus Vermietung und Verpachtung an.

6.4.2 Ertragsverhältnisse

528 Ertragswirtschaftlich ist die **Betreibung eines Golfplatzes** von

- der Zahl der Mitglieder und dem jährlichen Beitrag,
- dem durchschnittlichen Umsatz und
- den Betreiberkosten

abhängig.

529 Als **wirtschaftliche Kennzahlen** für eine Golfanlage können gelten:

a) Durchschnittlicher Mitgliederstamm für eine 5-Mio.-€-Golfplatzanlage: 600 bis 700 Golfer

b) Durchschnittlicher Umsatz für eine 18-Loch-Golfanlage: rd. 0,6 bis 0,8 Mio. €

c) Durchschnittliche Mitgliederzahl je Golfanlage: rd. 530 Personen.

530 *Beispiel einer Gesamtkalkulation:*

Golfplatz mit 18 Löchern; Größe 70 ha

Jahresmitgliedsbeitrag	500 €		
Voll zahlende Mitglieder	700		
Pacht	750 €/ha		
Einnahmen	700 × 500 €		= 350 000 €
Ausgaben			
– Pacht	70 ha × 750 €/ha	= 52 500 €	
– 4 Platzarbeiter	4 × 30 000 €/Jahr	= 120 000 €	
– Maschinen		= 30 000 €	
– Platzpflege		= 25 000 €	
– Betrieb/Clubhaus		= 25 000 €	
– Verwaltung; Sonstiges		= 25 000 €	
Summe		= 277 500 €	– 277 500 €
Überschuss			= 72 500 €

531 Damit ist der Golfplatz jedoch noch nicht rentierlich, denn die Kalkulation berücksichtigt nicht die Herstellung. Bei einem Gesamtfinanzierungsvolumen von 2,5 Mio. € und Finanzierungskosten von 10 % ergibt sich ein Kapitaldienst von 250 000 €/Jahr, so dass – verteilt auf die Mitglieder – jährlich rd. 350 € als Kapitaldienst von den Mitgliedern aufzubringen sind. Um den Reinertrag eines Golfplatzes nach dem Ertragswertverfahren zu ermitteln, kann deshalb auf der Einnahmeseite gleich von den Mitgliederbeiträgen einschließlich eines Kapitaldienstbetrags ausgegangen werden.

532 Unter Berücksichtigung der steuerlichen Mehrbelastungen, die mit der Herrichtung einer vormals landwirtschaftlichen Fläche zu einer Golfanlage und der damit einhergehenden Zurechnung dieser Fläche zum Grundvermögen verbunden sind, ergibt sich für die Verpachtung als Golfplatz ein Mindestpachtzins von 0,07 €/m² im Jahr. In der Praxis wird bei Golfplätzen mit einer **Verzinsung von 2 %** „gerechnet", was bei den angegebenen Pachtpreisen einem Bodenwert von 5 €/m² entspricht.

533 Im konkreten Fall muss die Höhe des angemessenen **Pachtentgelts** aus entsprechenden Vergleichsdaten abgeleitet werden. Der Deutsche Golfverband (DGV) hat solche in der Vergangenheit – gegliedert nach Postleitzahlen – veröffentlicht. Die veröffentlichten Pachtentgelte machen deutlich, dass diese erhebliche Schwankungsbreiten aufweisen. Der Schwerpunkt lag im Jahre 1998 zwischen 0,04 bis 0,08 €/m² im Jahr.

Für Randzonen halbiert sich das Nutzungsentgelt. In Bezug auf die fallspezifische Differenzierung besteht eine Abhängigkeit von

a) der regionalen Kaufkraft und Bevölkerungsdichte mit verhältnismäßig hohen Pachtentgelten in Berlin, Stuttgart, München und dem Rhein-Main-Gebiet,

b) dem regionalen Pachtpreisniveau in der Landwirtschaft, das auch als Ausgangs- bzw. Mindestentgelt angesehen werden kann,

c) den jeweiligen Konditionen und dem Zeitpunkt des Pachtvertrags.

6.4.3 Herstellungskosten

Die **Herstellungskosten** für eine komplette Golfanlage mit 18 Löchern auf einer Fläche von 75 ha betrugen im Jahr 1994 ohne Grundstück und Unternehmergewinn etwa 5 bis 10 Mio. €. Der Golfplatz selbst hat daran nur einen Anteil von etwa 40 %. Flächenmäßig setzt sich eine Golfanlage grob zusammen aus:

1/3 Sportflächen (*Fairways*, Grüns, Abschläge und Wege)

1/3 Randzonen (*Rough, Semirough*, kleinere Baumgruppen und Büsche)

1/3 naturbelassene Flächen (Wald, Hecken, Teiche, dichtes Buschwerk)

Einzelpositionen[127] sind insbesondere

- das Clubhaus mit 1,3 Mio. €,
- Maschinenpark (300 000 €),
- Maschinenhalle mit Werkstatt sowie Caddiehalle (je 300 000 €),
- Abschlaggebäude der *Driving Range* (100 000 €),
- Zufahrt und Parkplatz (130 000 €),
- Wasser und Abwasser (70 000 €),
- Kleinbauten (50 000 €),
- ein Polster für Unvorhergesehenes (150 000 €),
- Planung und Architektenhonorar (je 300 000 €),
- Projektmanagement mit Vorlaufkosten (200 000 €),
- Fertigstellungspflege und Bauzeitpacht (je 100 000 €).

Für eine einfache **parkartige Herstellung der Golfanlage sind** im Jahre 2010 etwa 30 €/m² veranschlagt worden; Randflächen mit wildparkartigen Bepflanzungen und einfache Forstanlagen wurden mit rd. 8 €/m² veranschlagt.

Die Herrichtung eines Golfplatzes ist dabei regelmäßig auf eine **Mindestzeit von 20 bis 30 Jahren** angelegt (Gesamtnutzungsdauer). Als **Mindestfläche** kann eine Fläche von ca. 25 ha gelten. Meist werden jedoch 9- oder 18-Loch-Anlagen hergerichtet mit einem durchschnittlichen Flächenbedarf von 50 bis 100 ha[128].

6.4.4 Bodenwert künftiger Golfanlagen

Die Bodenwertermittlung über den mutmaßlichen Ertrag ist zudem höchst fehleranfällig. Deshalb ist das **Vergleichswertverfahren** vorzuziehen. Dabei wird von Vergleichspreisen landwirtschaftlich genutzter Flächen ausgegangen, und diese werden ins Verhältnis zu den für Golfplätze entrichteten Kaufpreisen gesetzt.

---

[127] Münchener Messegesellschaft, nach SZ vom 28.12.1994.
[128] LT-Drucks. Nordrh.-Westf. 11/4891 vom 12.1.1993; Brückner in UPR 1988, 424.

V Besondere Immobilienarten — Golfanlage

540 Flächen für Golfplätze werden

– in ländlichen Bereichen mit etwa dem 2- bis 3-fachen und
– in Ballungszentren mit dem 4- bis 5-fachen des

landwirtschaftlichen Pachtzinses verpachtet. Dementsprechend wurden künftige **Golfplätze** auch **mit dem 2- bis 4-fachen Wert landwirtschaftlicher Flächen** gehandelt, wobei der innerlandwirtschaftliche Verkehrswert (§ 5 Abs. 1 ImmoWertV) die Untergrenze bildet[129]. Überdurchschnittliche Kostenbelastungen bei hügeliger Geländeoberfläche sind wertmindernd zu berücksichtigen. Wertmindernd wirken sich darüber hinaus ökologische Auflagen sowie „Durchschneidungen" durch öffentliche Wege mit den notwendigen Sicherungsmaßnahmen aus.

541 Neuere Umfragen[130] deuten darauf hin, dass für künftige Golfanlagen nach der Boomphase Anfang der 90er-Jahre Landwirten allerdings nur noch die **Preise für landwirtschaftliche Nutzflächen bzw. bis zu 50 % darüber** bezahlt worden sind, wobei dies insbesondere für kleinere Teilflächen gelten soll. Nach einer Umfrage bei Gutachterausschüssen im nordwestdeutschen Raum liegt das Verhältnis im Mittel sogar nur bei 1,2[131] (Streuung der Einzelergebnisse zwischen 0,7 und 2,8). Der Markt ist bei alledem recht undurchsichtig und wird durch fallspezifische Verhandlungskonstellationen bestimmt. Unter Heranziehung einer landesweiten Umfrage bei Gutachterausschüssen im Jahre 2002 gibt der Gutachterausschuss des Landkreises Wesel in seinem Grundstücksmarktbericht 2011 einen durchschnittlichen Faktor von 1,6 für einen ca. 25 ha großen Golfplatz an.

542 Die in der Vergangenheit bezahlten **Grunderwerbspreise** zur Herrichtung von Golfanlagen schwanken nach Örtlichkeiten (Abb. 5):

Abb. 5: Grunderwerbspreise für die Herrichtung von Golfplätzen

Grunderwerbspreise für die Herrichtung von Golfplätzen		
Sylt	Wenningstedt	5,00 bis 6,00 €/m²
Rügen	Kanitz und Lebbin	0,20 bis 1,40 €/m²
Umland von Berlin	Bindow	3,75 €/m²
	Motzen	4 €/m²
	Tremmen (Kreis Nauen)	2,50 €/m²
	Wildenbruch (Kreis Potsdam)	2,70 €/m²
	Wilkendorf (Kreis Strausberg)	3,75 €/m²
	Stolpe (Kreis Oranienburg)	5,00 €/m²

543 Als weitere Orientierung für die Bodenwertermittlung können **Vergleichspreise** herangezogen werden, **die für Sport- und Freizeitanlagen bezahlt worden sind,** wobei der Quadratmeterpreis mit zunehmender Flächengröße geringer zu veranschlagen ist.

544 Ein höherer Bodenwert, der sich am Bodenwert vergleichbarer Gewerbeflächen orientiert, ist darüber hinaus für die Teilbereiche angemessen, die planungsrechtlich mit Gebäuden bebaut werden dürfen und ausreichend erschlossen sind. Für die **Baulandflächen des Clubhauses** werden etwa 40 % des Baulandwerts der Umgebung gezahlt.

545 Eine **Bodenwertermittlung auf der Grundlage des Ertragswertverfahrens,** in dem die Nettopacht mit dem entsprechenden Barwertfaktor unter Berücksichtigung einer vorschüssigen Zahlweise kapitalisiert wird, **empfiehlt sich nicht,** da – wie im landwirtschaftlichen Bereich – der Ertrags- und der Substanzwert auch hier auseinanderfallen. So werden im land-

---

[129] BFH, Urt. vom 20.10.2004 – II R 34/02 –, BFHE 207, 345 = BStBl II 2006, 256 = GuG 2005, 186 = EzGuG 20.195.
[130] Köhne in GuG 1999, 258 ff.; weiteres Schrifttum: Billion, F., in GuG 1999, 331.
[131] FG Düsseldorf, Urt. vom 24.6.2002 – 11 K 4416/99 –, GuG 2003, 114 = EzGuG 20.188.

Golfanlage   **Besondere Immobilienarten V**

wirtschaftlichen Bereich Flächen, für die eine Pacht von 0,04 €/m² erzielt wird, für 2,50 €/m² gehandelt, obwohl sich bei einer 6%igen Verzinsung dafür allenfalls = 0,64 €/m² ergeben (Faktor 16). Deshalb lässt sich der Bodenwert im Wege des Ertragswertverfahrens allenfalls in der Weise ermitteln, dass – ausgehend vom Bodenwert land- und forstwirtschaftlicher Grundstücke – der Kapitalwert des sog. Erfolgsvorteils hinzugerechnet und die Wertdifferenz der Fläche am Ende der Pachtzeit abgezogen wird. Der Kapitalwert des jährlichen Erfolgsvorteils des Golfgeländes errechnet sich durch Multiplikation der Differenz zwischen der Nettopacht des Golfgeländes und der Nettopacht der landwirtschaftlichen Nutzung mit jeweiligem Zins.

6.4.5 Verkehrswertermittlung eingerichteter Golfanlagen

Als Wertermittlungsverfahren kommt das **Ertragswertverfahren** in Betracht, da   **546**
- Vergleichspreise von eingerichteten Golfanlagen kaum zur Verfügung stehen und
- das Sachwertverfahren, wie aus der ansatzweise vorgestellten Gesamtkalkulation erkennbar, den Ertragswert, an dem sich ein wirtschaftlich denkender Käufer orientieren würde, mehr oder minder deutlich überschreitet.

Bei der Verkehrswertermittlung von Flächen, die zum Zwecke ihrer Nutzung als Golfanlage   **547** verpachtet sind, lässt sich der Verkehrswert nach allgemeinen Grundsätzen des Ertragswertverfahrens ermitteln (**Restwertmethode**):

$$EW = RE \times V + Restwert \times q^{-n}$$

Reinertrag (RE) ist dabei die Nettopacht, d. h. die dem Verpächter zufließende Barpacht.   **548** Bei der Ermittlung der Barpacht ist neben den Verwaltungskosten (in Höhe von rd. 3 % des Pachtzinses) auch ein Pachtausfallwagnis (etwa 4 % des Pachtzinses) zu berücksichtigen.

Zur Ermittlung des Reinertrags muss Einblick in den Pachtvertrag genommen werden. Als die   **549** wichtigsten wertbestimmenden **Parameter des Pachtvertrags** können gelten:
- die Höhe des Pachtentgelts,
- Anpassungsklauseln,
- die Zahlungspflicht für bodenbezogene Abgaben, insbesondere die Grundsteuer,
- die Zahlungsweise (vorschüssig oder nachschüssig),
- die Restlaufzeit des Pachtverhältnisses,
- eventuelle Entschädigungen für vorhandene Einrichtungen,
- die Regelungen zur Rückübertragung (z. B. Rekultivierungspflichten des Pächters),
- die Regelungen für eine Verlängerung der Pacht.

Die **Ausgaben** verteilen sich auf die Platzkosten (ca. 50 % = 10 000 bis 25 000 €/Loch), die   **550** Kosten des Klubhauses (10 %), die Verwaltungskosten (ca. 15 %) und Sonstiges (ca. 25 %).

Der **Vervielfältiger V** bestimmt sich nach Maßgabe der vertraglichen Restlaufzeit, ggf. unter   **551** Berücksichtigung von Verlängerungsoptionen, und dem Kalkulationszinssatz. Bei vorschüssiger Zahlung des jährlichen Pachtentgelts ist, abweichend von der Anlage zur ImmoWertV, der vorschüssige Vervielfältiger heranzuziehen.

Der **Restwert** ist mit dem Wert anzusetzen, den die Fläche nach Ablauf des Pachtvertrags   **552** unter Berücksichtigung der dann bestehenden Verwertungsmöglichkeiten aufweist. Fällt die Golfanlage entschädigungslos an den Verpächter zurück, muss insbesondere geprüft werden, ob dieselbe Nutzung oder eine gleichartige Nutzung fortgesetzt werden kann, wobei dann allerdings von einer entsprechend „gealterten" Anlage mit einem entsprechenden Modernisierungs- bzw. Umnutzungsbedarf ausgegangen werden muss. Ist hingegen für eine nach Ablauf der Pachtzeit noch werthaltige Anlage eine Entschädigung zu leisten, so kann als Restwert der Bodenwert angesetzt werden.

Kommt nach Ablauf der Pachtzeit nur eine landwirtschaftliche Nachfolgenutzung in Betracht,   **553** muss geklärt werden, wem die **Rekultivierungslast** obliegt. Hat der Pächter die Kosten der

V Besondere Immobilienarten   Tennisanlage

Rekultivierung zu tragen, kann direkt vom Verkehrswert landwirtschaftlicher Flächen ausgegangen werden. Hat diese Kosten indessen der Verpächter zu tragen, so ist der Verkehrswert landwirtschaftlicher Flächen abzüglich dieser Rekultivierungskosten anzusetzen.

554 Als **Kalkulationszinssatz** wird im Schrifttum ein Zinssatz von 4 % genannt[132], der nach der hier vertretenen Auffassung allerdings höher ausfällt. Dieser Auffassung hat sich *Köhne*[133] angeschlossen, der mit Recht darauf hinweist, dass im Hinblick auf ein drohendes Überangebot an Golfanlagen das Betreiberrisiko gestiegen ist. Mit einem Zinssatz von 5 bis 6 %, der sich immer noch unterhalb eines bankenüblichen Finanzierungszinssatzes bewegt, wird einer Anpassung des Pachtentgelts Rechnung getragen, andernfalls wäre der Kalkulationszinssatz noch höher anzusetzen.

6.5 Tennisanlage

6.5.1 Allgemeines

Schrifttum: BBE-Branchenreport 2005; *Borchert, H.,* Ermittlung des Verkehrswerts von Grundstücken mit Freizeit- und Sportanlagen, GuG 1994, 332, GuG 1995, 71, 153; *Neuffert, E.,* Bauentwurfslehre, 33. Aufl., S. 437; *Pohnert/Ehrenberg u. a.,* Kreditwirtschaftliche Wertermittlungen, 6. Aufl. 2005, S. 217 ff.; Handbuch Tennisanlagen, Sportverlag Sindelfingen.

6.5.1.1 Begriff

555 Tennisanlagen – synonym wird auch der Begriff Tennisplatz gebraucht – bestehen im Wesentlichen aus Freiplätzen, Tennishallen, den zugehörigen Clubgebäuden mit Sanitär- und Bürotrakt, Restaurant, Bar und Tennisshop (ggf. Pächterwohnung) sowie Parkplätzen. Tennishallen dienen im Allgemeinen dem unabhängig von der Jahreszeit und dem Wetter ganzjährig betriebenen Freizeittennissport. Betreiber der Hallen sind Vereine und kommerzielle Investoren. Die Zahl der im Deutschen Tennisbund registrierten Tennisspieler hat sich in den 90er-Jahren auf rd. 2 Mio. Spieler verdoppelt. Darüber hinaus gibt es noch eine große Anzahl nicht registrierter Freizeitspieler. Die Entwicklung des Tennissports ist in den letzten Jahren rückläufig.

556 Bauplanungsrechtlich gehören Tennisanlagen zu den **Flächen für Sport- und Spielanlagen bzw. Sportplätze** (§ 9 Abs. 1 Nr. 5 und 15 BauGB). Die Tennishallen oder Tenniszentren befinden sich meistens in **Sondergebieten (SO),** die der Erholung dienen.

557 Bei einer Tennisanlage kann es sich um

– eine privatwirtschaftlich betriebene Anlage oder
– um eine Gemeinbedarfseinrichtung handeln, wenn sie jedermann und damit der Öffentlichkeit zugänglich ist.

Es kommt entscheidend auf die **bauplanungsrechtliche Festsetzung im Bebauungsplan** an, wobei ein Tennisplatz mit ein oder zwei Spielfeldern, die der Öffentlichkeit zugänglich sind, i. d. R. in jedem Baugebiet ohne besondere Festsetzung zulässig ist, während es einer besonderen Festsetzung im Bebauungsplan dann bedarf, wenn ein Tennisplatz als Gemeinbedarfseinrichtung eine größere Fläche in Anspruch nimmt und infolgedessen die Verträglichkeit der davon ausgehenden Störungen mit den benachbarten Nutzungen zu prüfen ist.

558 Im **Außenbereich** ist eine Tennisanlage grundsätzlich unzulässig[134]. Privat oder gewerblich betriebene Tennisanlagen sind im allgemeinen Wohngebiet, besonderen Wohngebiet, Dorfgebiet, Mischgebiet, Kerngebiet und Gewerbegebiet allgemein zulässig. Zumeist befinden sich Tennisanlagen in Sondergebieten (SO) und Gewerbegebieten (GE). Wegen der Geräuschemission dürfen größere Anlagen im reinen Wohngebiet (WR) und im Industriegebiet nur ausnahmsweise unter Beachtung der Schranken des § 15 BauNVO errichtet werden (Abb. 6).

---
132 Köhne, Landwirtschaftliche Taxationslehre, 2. Aufl., S. 174; vgl. die 3. Aufl. dieses Werks, Köln 1998, S. 897.
133 Köhne in GuG 1999, 260.
134 BVerwG, Beschl. vom 3.12.1990 – 4 B 144/90 –, NVwZ 1991, 878 = BRS Bd. 50 Nr. 94.

Tennisanlage — Besondere Immobilienarten V

Abb. 6: Die Immissionsrichtwerte nach der 28. BImSchV

Nutzung	tagsüber, nachts		tagsüber, nachts
	außerhalb der Ruhezeiten dB (A)	innerhalb der Ruhezeiten dB (A)	dB (A)
Gewerbegebiet	65	60	50
Kerngebiet/Mischgebiet	60	55	45
Allgemeines Wohngebiet, Kleinsiedlungsgebiet	55	50	40
Reines Wohngebiet	50	45	35
Kurgebiet, Krankenhäuser, Pflegeanstalten	45	45	35

6.5.1.2 Bauliche Anforderungen

a) *Tennisfeld*

Abb. 7: Platzgrößen

Tennisfelder weisen eine Regelgröße auf von
- 10,97 m × 23,77 m je Doppelplatz und
- 8,23 m × 23,77 m je Einzelplatz

bei einem Sicherheitsstreifen an jeder Längsseite von 3,65 m sowie 6,40 m an den Stirnseiten (DTB-/IAKS-Handbuch).

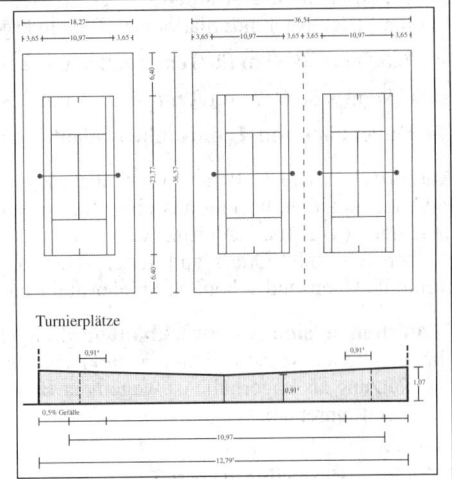

Turnierplätze

b) *Gebäudeformen*

Tennishallen überdecken ganzjährig ein oder mehrere Tennisfelder und werden überwiegend in **Holzrahmenbinderbauweise** errichtet. Man unterscheidet nach heizbaren (Warmluftheizung) und nicht heizbaren Hallenkonstruktionen mit leichter gedämmter Außenfassade (Wellfaserzementplatten oder Trapezblech) und leichter gedämmter Dacheindeckung (meistens Kaltdach). Sie haben Geschossflächen von 1 500 bis 2 000 m², Spannweiten bis zu 40 m und Traufhöhen von ca. 4,5 m.

V Besondere Immobilienarten — Tennisanlage

Tennishallen werden unterschieden nach:

Hallenkonstruktion	Nutzungstypen
– Satteldach mit senkrechten Stützen oder als Bogenbinder,	– Tennishalle ohne Sozialteil (Umkleideräume, Duschen),
– Satteldach mit bogenförmiger Rahmenecke,	– Tennishalle mit integriertem oder angebautem Sozialteil,
– Bogenform,	– Tenniszentren mit integriertem Sozialteil und Restauration.
– Polygonform,	
– Hallen mit zu öffnenden Elementen (Dachflächen, Außenwände).	

561   Darüber hinaus wird nach stationären, wandelbaren und demontablen Hallen unterschieden (Traglufthalle).

562   Bei modernen Tennishallen lassen sich die Dachflächen bzw. Außenwände öffnen *(Open-Air-Halle)*[135]. Damit kann das Aufheizen der Hallen auf 40 bis 50 °C in der warmen Jahreszeit vermieden werden[136].

563   Der **Flächen- bzw. Raumbedarf** beläuft sich für einen Tennisplatz auf ca. 615 m² oder rd. 4 300 m³ BRI. Nach internationalen Regeln ergeben sich **Spielfeldmaße** von

– 36,60 m × 36,60 m für Tennishallen mit 2 Spielfeldern,
– 54,90 m × 36,60 m für Tennishallen mit 3 Spielfeldern.

Die **Hallenhöhe von Tennishallen** beläuft sich nach Davis-Cup-Regeln auf 10,67 m.

564   **Ausstattung:** Die Hallen werden überwiegend mit Langfeldneonleuchten beleuchtet. Der Fußbodenunterbau besteht aus einer Beton- oder Asphaltbodenplatte, auf der meistens Teppichboden (Velours, Nadelfilz) verklebt ist. Neuere Hallen haben oft einen Belag aus Kunststoffteppich mit Quarzsand oder Gummigranulat. Hartplätze mit Kunststoff- oder Gummibelägen sind selten, da Spieler und Material erhöhtem Verschleiß unterliegen.

565   **Tennishallen sind Einzweckbauten.** Folgenutzungen sind i. d. R. nicht möglich. Eine Umnutzung als Selbstbedienungsmarkt wird aus bauordnungsrechtlichen Gründen scheitern. Die Nutzung als Lagerhalle ist wegen der Baukonstruktion (niedrige Traufhöhe, ungeeigneter Fußboden) unrentabel.

6.5.1.3 Herstellungskosten

566   Die **Herstellungskosten je Hallenplatz** (einschließlich Sozialteil) betragen ca. 250 000 bis 390 000 € (Preisverhältnisse 2012).

Baukosten von Tennishallen in €			
Bauweise	**1-Feld-Halle** *ohne Nebenräume*	**2-Feld-Halle**	**3-Feld-Halle**
Stationäre Hallen	270 000	470 000	640 000
Wandelbare Hallen	320 000	530 000	730 000
Transportable Hallen	135 000	210 000	320 000
Traglufthallen	60 000	110 000	170 000

---

135 *Open-Air*-Hallen liegen im Herstellungspreis um rd. 40 % über den Kosten für konventionelle Hallenkonstruktionen.
136 Klimatisierung der Tennishallen ist wegen des hohen Kostenaufwands unrentabel.

Tennisanlage — Besondere Immobilienarten V

Die **NHK 2010** weisen folgende Normalherstellungskosten aus:

Typ 12.3 Tennishallen			
Standardstufe	3	4	5
Bauwerk	1 010	1 190	1 555
einschließlich Baunebenkosten i. H. von	17 %		

Die **Klimatisierung von Tennishallen** erfordert etwa 40 % höhere Baukosten (gegenüber nicht klimatisierten Tennishallen).

Die Kosten der **Tennisbeläge für Freianlagen und Hallen** betrugen 2006 (Orientierungswerte):

Kosten von Tennisbelägen in Freianlagen und Hallen		
Belagsart	Oberbau einschließlich Belag Gesamter Schichtaufbau vom fertiggestellten Baugrund bis einschließlich Dränung, jedoch ohne ortsabhängige Einbauten €/m²	Belag ein- oder mehrlagige oberste Schicht €/m²
Tennenflächen (Sandplatzflächen)	25 bis 30	5
Kunststoffflächen	55 bis 65	15 bis 30
Kunststoffrasen mit Verfüllung	48 bis 55	18 bis 20
Kunststoffrasen ohne Verfüllung	58 bis 65	28 bis 30
Textil ohne Granulat	30 bis 35	20 bis 25
Textil mit Granulat	35 bis 40	25 bis 30
Kombinationen und Sonderbauweisen		
Kunststoffgitterroste	28 bis 35	15 bis 18
Flächenelastischer Boden mit Textil	–	45 bis 50
Flächenelastischer Boden mit Kunststoff	–	40 bis 55

Die Kosten der **Entwässerung**

- Dränstrang inklusive Erdarbeit, Leitung und Dränpackung 10 bis 13 €/m
- Oberflächenentwässerungsrinne mit Abdeckung 50 €/m
- Kontrollschacht inklusive Erdarbeiten 1 000 €/Stück

Kosten für **automatische Beregnungsanlage** (automatische Versenkregneranlage ohne Druckerhöhungsanlage)

- 1-Feld-Anlage (6 Regner) 3 000 €
- 2-Feld-Anlage (12 Regner) 5 000 €
- Druckerhöhungsanlage (ohne Schacht, notwendig 5,5 bis 6 bar am Regner) 2 500 €

V Besondere Immobilienarten   Tennisanlage

Kosten von **Tenniswänden**

– Ortbeton h = 3,00 m	850 €/m
– Betonfertigteile h = 3,00 m	800 €/m
– Fundamente	250 €/m

Kosten der **Einfriedung** (Preise einschließlich Fundamenten und Pfosten)

– Zaunhöhe 3,00 m	40 bis 45 €/m
– Zufahrtstor h = 2,50 m	1 250 €/Stück
– Zufahrtstor h = 1,10 m	400 €/Stück
– Zwischenzaun Barriere h = 0,90 m	30 €/m
– Zwischenzaun Barriere mit Holm h = 1,10 m	45 €/m

Kosten der **Beleuchtung** (Beleuchtungsanlage für 2-Feld-Anlage einschließlich Fundamenten)

– mit 4 Masten (Lichtpunkthöhe 14,00 m)	10 000 €
– mit 8 Masten (Lichtpunkthöhe 6,00 m)	10 000 €
– Halogen-Metalldampflampe (2 000 W, 380 V)	200 €/Stück
– Vorschaltgerät mit Kondensator	100 €/Stück
– Lampengehäuse	300 €/Stück

568 Zur überschlägigen Ermittlung von **Wertminderungen wegen baulicher Mängel** oder Schäden kann mit den entsprechenden Bauanteilen in % der Herstellungskosten gerechnet werden (Abb. 8).

Abb. 8:   Wertanteile einzelner Bauteile am Gesamtbauwerk von Tennishallen ohne Restaurations- und Sozialteil

Bauteil/Gewerk	Anteile in %
Fundamente und Bodenplatten	19,3
Erdarbeiten	3,3
Außenwände/Fassade einschließlich Tragkonstruktion	34,7
Dacheindeckung	14,8
Fußboden	4,5
Türen	1,6
Tore	3,4
Fenster	3,3
Heizung	5,0
Elektrische Installation	3,4
Sonstiges	6,7

Quelle: Gleich lautender Erl. der obersten Finanzbehörden vom 21.7.1994 (BStBl I 1994, 480)

6.5.1.4 Kennzahlen

Belegung nach Konkurrenzsituation:

Belegung u. a. unter Berücksichtigung nach Lage, Konkurrenzsituation		
	Freiplätze	Hallenplätze
Sommer	40 bis 50 %	30 bis 50 %
Winter		60 bis 80 %
Umsatzpacht		
	60 %	55 %

Bewirtschaftungskosten	20 bis 25 % des Jahresrohertrags
Pachtwertsätze	45 bis 60 %
Liegenschaftszinssatz	7,5 bis 9,5 %
Gesamtnutzungsdauer (von Tennishallen)	40 bis 60 Jahre
Zahl der aktiven Spieler	1,6 bis 3 % der Gesamtbevölkerung (2003)
Verhältniszahl Spielfeld zu Spieler	1:30
Flächenbedarf je Tennisplatz	20 m²
Parkflächenbedarf im Normalbetrieb	4 Stellplätze je Spielfeld

6.5.2 Tennishalle

6.5.2.1 Vertragsgestaltungen

Pachtverträge werden im Allgemeinen für die gesamte Tennisanlage (ggf. auch einschließlich der Außenplätze) geschlossen. Zur Beurteilung angemessener Mieten oder Pachten müssen getrennte Berechnungen nach Erfahrungssätzen vorgenommen werden.

6.5.2.2 Nutzungszeiten

Es ist nach **Winter- und Sommersaison** zu unterscheiden. Hallenplätze haben im Sommer eine weitaus geringere **Auslastung** als im Winter, z. B.

– Sommersaison	30 %
– Wintersaison	70 %

a) Die *Wintersaison* umfasst von Anfang Oktober bis Ende April 30 Wochen. Bei einer siebentägigen Öffnungszeit mit 14,5 Stunden (7.00 bis 22.00 Uhr abzüglich 1/2 Stunde) und einer Auslastung von 70 % errechnet sich eine Nutzungszeit von

Nutzungszeit (in Stunden) pro Hallenfeld bei einer Auslastung von 70 %:	
(30 Wochen × 7 Tage × 14,5 Stunden) × 70/100 =	2 132 Stunden

b) Die *Sommersaison* umfasst von Anfang Mai bis Ende September 22 Wochen. Bei einer siebentägigen Öffnungszeit mit 14,5 Stunden (7.00 bis 22.00 Uhr abzüglich 1/2 Stunde) und einer Auslastung von 30 % errechnet sich eine Nutzungszeit von

Nutzungszeit (in Stunden) pro Hallenfeld bei einer Auslastung von 30 %:	
(22 Wochen × 7 Tage × 14,5 Stunden) × 30/100 =	670 Stunden
zusammen	2 802 Stunden

V Besondere Immobilienarten   Tennisanlage

Daraus ergibt sich folgende Spieldauer in Stunden:

- 2-Feld-Halle   5 604 Stunden
- 3-Feld-Halle   8 406 Stunden
- 4-Feld-Halle   11 208 Stunden
- 5-Feld-Halle   14 010 Stunden

6.5.2.3 Ertragsverhältnisse

572 Der marktübliche Pachtzins wird von Branchenkennern vorsichtig mit 50 % des Jahresumsatzes unterstellt. Die Literaturangaben von 55 % bis 60 % des Jahresumsatzes werden als überholt und angesichts der allgemeinen Situation des Tennissports als nicht (mehr) erzielbar erachtet.

Die **Umsätze** ergeben sich aus den Benutzergebühren für die Spielfelder und ggf. den Einnahmen aus Gastronomie, der Pächterwohnung, den Sportshops, den Spielautomaten, den Reklameflächen und den sonstigen Dienstleistungen. Von dem Gesamtumsatz sind die Betriebskosten und der Gewinn des Betreibers abzuziehen. Zu diesen Kosten gehören:

- Kosten der Energieversorgung,
- Kosten der Instandhaltung (soweit vom Betreiber zu leisten),
- Kosten der Betriebsführung,
- Kosten des Personals,
- Bruttogewinn des Betreibers.

573 Zur Überprüfung der Umsatzangaben oder bei Neuprojektierungen ist eine **Umsatzermittlung nach Durchschnittsdaten** erforderlich. Dabei ist zunächst der Umsatz, bezogen auf einen Hallenplatz bei 100 % Auslastung nach Sommer- und Wintersaison, festzustellen. Die Mietpreise sind je nach Wochentagen und Spielzeiten gestaffelt. Bei Abonnements sind Ermäßigungen üblich, die in der Sommerspielzeit größer als im Winter sind. Bei fiktiv unterstellter 100%iger Auslastung ergeben sich unterschiedliche Erlöse in der Sommer- und Wintersaison.

574 Es ist der **Gesamtjahresumsatz des Tennisplatzes** zu ermitteln. Auch hier ist eine Aufteilung in Sommer- und Wintersaison erforderlich, weil sich die Auslastung jahreszeitbedingt ändert (vgl. Abb. 9 f.):

Abb. 9: Wintersaison

Tag	Zeiten	€/Std.	Anzahl (Tage)	Std./Tag	€
Mo.–Fr.	7–9	10,00	5	2	100
	9–16	12,00	5	6	360
	16–22	16,00	5	6	480
Sa.–So.	7–9	12,00	2	2	48
	9–20	13,00	2	10	260
	20–22	12,00	2	2	48
Summe pro Woche					1 296
Abo-Ermäßigung 5 %					– 65
Einnahmen pro Woche					1 231
Einnahmen p. a. bei 30 Wochen					36 930
Jahreseinnahmen bei 70 % Auslastung					25 851
abzüglich 45 % Betriebskosten und Pächtergewinn					11 633
Jahrespachtzins					14 218
Monatlich					1 185

Erlöse Wintersaison bei fiktiv unterstellter 100%iger Auslastung

Abb. 10: Sommersaison

Tag	Zeiten	€/Std.	Anzahl (Tage)	Std./Tag	€
Mo.–Fr.	7–16	8,00	5	8	320
	16–22	14,00	5	6	420
Sa.–So.	7–22	14,00	2	14	392
Summe pro Woche					1 132
Abo-Ermäßigung 10 %					– 113
Einnahmen pro Woche					1 019
Einnahmen p. a. bei 22 Wochen					22 418
Jahreseinnahmen bei 30 % Auslastung					6 725
abzüglich 45 % Betriebskosten und Pächtergewinn					– 3 026
Jahrespachtzins					3 699
Monatlich					308

Erlöse Sommersaison bei fiktiv unterstellter 100%iger Auslastung

Die vom Umsatz abzuziehenden **betriebsbedingten Ausgaben** liegen zwischen 40 und 50 % des Umsatzes[137]. Das führt zu einer Jahresnettokaltmiete von durchschnittlich 55 % des Umsatzes. Die noch zu berücksichtigenden Bewirtschaftungskosten des Eigentümers können mit 20 bis 25 % angenommen werden. 575

Nach Abzug der Betriebskosten in Höhe von rd. 45 % des Jahresumsatzes verbleibt eine Jahresnettokaltmiete von 17 912 €/Platz (= 32 576 € – 45 %). 576

Überprüfung auf übliche Monatsmiete je m^2 Nutzfläche: Platzfläche einschließlich Sozialteil und Nebenräumen (615 m^2 + 10 %) = 676 m^2, Monatsmiete danach (17 900 €/12/676) = 2,20 €/m^2 NF.

---

[137] Pohnert, Kreditwirtschaftliche Wertermittlungen, 5. Aufl., Luchterhand Verlag 1997, S. 184.

V Besondere Immobilienarten — Tennisanlage

Die **Betriebskosten** betrugen im Jahre 2000:

Jährliche Betriebskosten von Tennishallen und Nebenräumen				
Jährliche Betriebskosten von Tennishallen in €				
Nr.	Kostenart	2-Feld-Halle	3-Feld-Halle	4-Feld-Halle
1.	Beleuchtung	4 500	6 600	8 800
2.	Heizung	9 400	11 750	13 500
3.	Bodenreinigung	1 075	1 500	1 900
4.	Versicherungen	1 850	1 850	2 050
5.	Verwaltung	1 025	1 450	1 800
6.	Rücklage, Bodenbelag	4 100	6 150	8 200
7.	Allgemeine Rücklagen	1 550	2 050	2 600
8.	Sonstiges	510	775	1 020
Summe Tennishalle		23 810	32 125	39 870
Jährliche Betriebskosten von Nebenräumen in €				
		Nebenraumnutzfläche		
		200 m²	250 m²	300 m²
1.	Strom und Heizung	3 600	4 700	5 900
2.	Wasser	3 600	4 860	6 150
3.	Reinigung	3 400	3 850	4 100
4.	Versicherungen	775	1 100	1 400
5.	Verwaltung	510	510	510
6.	Rücklagen	775	1 550	2 600
7.	Sonstiges	250	250	250
Summe Nebenräume		12 910	16 810	20 910

6.5.3 Tennisfreiplätze

6.5.3.1 Herstellungskosten

577 Im Zusammenhang mit Tennishallen werden häufig auch Tennisfreiplätze zum Spielbetrieb angeboten. Die Freiplätze haben Fußbodenbeläge aus Grand (Ziegelmehl), Beton, Bitumen oder Kunststoff. Die Herstellungskosten eines Freiplatzes betragen (einschließlich Unterbau, Spielfeldbelag, Pfosten, Netzen, Drainage, Umrandung und Einzäunung) rd. 35 000 bis 55 000 €.

6.5.3.2 Ertragsverhältnisse

578 Ebenso wie bei Hallentennisplätzen muss bei Freiplätzen der **Umsatz** nach gestaffelten Stundenpreisen ermittelt werden. Die Mietpreise betragen zwischen 5 und 8 €/Std. Tennisvereine pachten Freiplätze oft an. Die üblichen Pachten betragen zwischen 250 und 500 €/Platz/Woche (das sind rd. 40 bis 70 % der bei freier Vermietung erzielbaren Erlöse bei 100 % Auslastung). Die Auslastung in der Freiluftsaison (25 Wochen pro Jahr) liegt bei 30 bis 50 %. Die Jahresnettokaltmiete beträgt bei Außenplätzen etwa 50 % des Umsatzes.

Abb. 11: Erlöse für einen Tennisfreiplatz bei 100 % Auslastung

Freiluftsaison					
Tag	Zeiten	Std./Tag	Anzahl Tage	€/Std.	€/Woche
Mo.–Fr.	7–13	6	5	6,00	180
	13–21	8	5	8,00	320
Sa.–So.	7–21	14	2	8,00	224
					724
Abo-Ermäßigung 10 % pauschal					– 72
Einnahme pro Woche					= 652
Der Durchschnittspreis/Stunde beträgt danach (652 €/7/14) = 6,65 €					

Abb. 12: Ermittlung des Jahresumsatzes eines Tennisfreiplatzes 579

Saison	Wocheneinnahme bei 100 % Auslastung	übliche Auslastung	Wochen/Jahr	Umsatz in €
Freiluftsaison	652	45	25	7 335
Gesamtjahresumsatz				7 335
Nach Abzug der Betriebskosten in Höhe von rd. 40 % des Jahresumsatzes verbleibt eine Jahresnettokaltmiete von (7 335 € – 40 %)= 4 401 €/Platz				

6.5.4 Beispiel (Tennishalle mit Freiplätzen)

a) Sachverhalt 580

Der Verkehrswert einer Tennisanlage, bestehend aus einer Tennishalle mit Sozialteil sowie 4 Spielplätzen und 4 Freiplätzen, ist zu ermitteln. Das Grundstück ist 9 000 m² groß und entsprechend den Vorgaben des Bebauungsplans baulich voll ausgenutzt. Der Bodenrichtwert beträgt 40 €/m². Die Halle hat eine Nutzfläche von 2 700 m² und einen umbauten Raum von 18 800 m³. Die Bewirtschaftungsdaten ergeben sich aus den vorstehenden Ausführungen. Das Objekt ist 5 Jahre alt und hat eine Restnutzungsdauer von 55 Jahren. Der übliche Liegenschaftszinssatz beträgt 6,5 %.

b) Wertermittlung 581

Ermittlung des Sachwerts

Bodenwert: 9 000 m² × 40 €/m²	=	360 000 €
Wert der baulichen Anlagen Halle (einschließlich Sozialteil)		
18 800 m³ × 59 €/m³	=	1 109 200 €
Alterswertminderung bei 5 Jahren und 55 Jahren Restnutzungsdauer		
8,3 % (lineare Alterswertminderung)	–	92 064 €
	=	1 017 136 €
Wert der Freiplätze:		
je Platz pauschal 25 000 € einschließlich Alterswert		
Minderung 4 × 25 000 €	=	100 000 €
Wert der sonstigen Außenanlagen: Parkplatzflächen, Wege- und Platzbefestigungen, Umzäunungen, einschließlich Alterswertminderung		
5 % von 1 017 136 €	+	50 857 €
Gebäudesachwert	=	1 167 993 € + 1 167 993 €
	=	1 527 993 €
Sachwert		**rd. 1 500 000 €**

V Besondere Immobilienarten — Beachvolleyball

Ermittlung des Ertragswerts

Gesamtjahresumsatz der Hallentennisplätze		
47 091 € × 4		188 364 €
Gesamtjahresumsatz der Tennisfreiplätze		
7 335 € × 4	+	29 340 €
Umsatz insgesamt		217 704 €
Betriebskosten und Gewinn des Pächters rd. 45 %		
Jahresnettokaltmiete 217 704 € – 45 %		119 737 €
Bewirtschaftungskosten 20 % der Jahresnettokaltmiete	–	23 947 €
Jahresreinertrag	=	95 790 €
Bodenwertverzinsungsbetrag 6,5 % von 360 000 €	–	23 400 €
Jahresreinertrag Vervielfältiger bei 55 Jahren Restnutzungsdauer und 6,5 % Zinssatz = 14,90	=	72 390 €
Ertragswert der baulichen Anlage 72 390 € × 14,90	=	1 078 611 €
Bodenwert	+	360 000 €
	=	1 438 611 €
Ertragswert	=	**rd. 1 400 000 €**

c) **Verkehrswert**

Die Tennisanlage ist ein Renditegrundstück. Der Verkehrswert richtet sich in erster Linie nach dem marktüblich erzielbaren Grundstücksertrag. Nach den am Wertermittlungsstichtag herrschenden wirtschaftlichen Verhältnissen beträgt der Verkehrswert
1 400 000 €.
Der Verkehrswert entspricht dem 11,7fachen der Jahresnettokaltmiete.

6.5.5 Beachvolleyball

Schrifttum: *Bundesinstitut für Sportwissenschaft*, Planung und Bau von Beach-Sportanlagen, Orientierungshilfe P1/05, Bonn 2005.

Abb. 13: Beachvolleyball

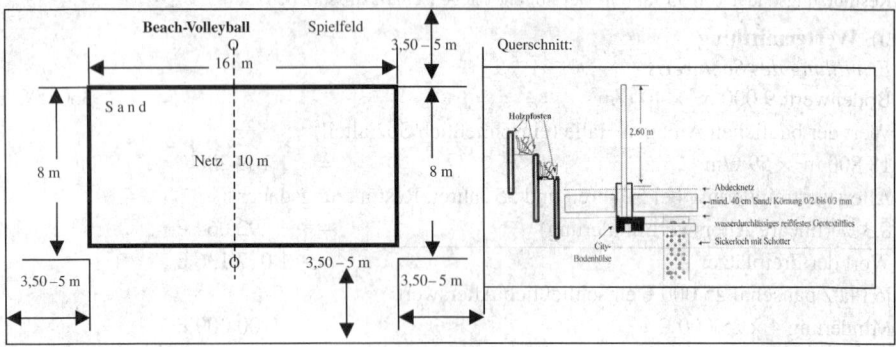

6.6 Reitanlage

6.6.1 Allgemeines

Schrifttum: *Borchert, H.*, Ermittlung des Verkehrswerts von Grundstücken mit Freizeit- und Sportanlagen, GuG 1994, 332, GuG 1995, 71, 153; *Stock, K.-D.*, Verkehrswert eines Pferdehaltungsbetriebs, HLBS Verlag, 1. Aufl. 2003.

In diesem Segment sind vielfältige Ausformungen der Nutzung möglich; folgende **Hauptgruppen** sind in der Praxis von Bedeutung:

a) *Privatställe,* die kommerziell oder privat (vereinsmäßig) vorrangig die Pferdehaltung betreiben,

b) *Reitanlagen,* die kommerziell oder privat (vereinsmäßig) betrieben werden für

- den Pensionsbetrieb von Reitpferden,
- die Vermietung von Reitpferden,
- den Reitunterricht sowie
- die Vermietung von Pferdeboxen.

c) *(Galopp-)Rennbahnen,* die üblicherweise gewinnwirtschaftlich insbesondere für den Wetteinsatz betrieben werden.

Reitanlagen setzen sich zusammen aus einer Reithalle und einem Freiplatz (Abreiteplatz), Pferdeboxen (Stallanlagen einschließlich Waschboxen), Stellplätzen, Sozialräumen (Umkleideräume und WC), Büro- und Gästeräumen, Sattel- und Futterkammern. Reithalle und Freiplatz sollten möglichst turnierfähig sein und über einen direkten Anschluss an das Reitwegenetz und die Weideplätze verfügen.

Haltungs- und Ausstattungskriterien für Stallanlagen sind

a) Einzelhaltung		Innenbox mit oder ohne Auslauf Außenbox mit oder ohne Auslauf
	Stallgasse	rutschfester Bodenbelag mit einer Breite von mindestens 2,00 bis 2,40 m
	Boxen	Mindestbreite = (Widerristhöhe × 1,5 m) Mindestfläche = (Widerristhöhe × 2,0 m)
	Widerristhöhe	Ponys 1,45 m; durchschnittlich große Pferde 1,60 m; sehr große Pferde 1,80 m
b) Gruppenhaltung		Außenbox mit Gemeinschaftsauslauf, Offenstall (ganzjährige Weidehaltung mit Witterungsschutz), Mehrraumauslaufhaltung (räumliche Trennung von Liege- und Fressplatz).

Reithallen werden zumeist in einfacher Ausführung (ohne besondere Wärmedämmung und Hallenbeleuchtung) errichtet. Der Bodenbelag besteht aus einem mit Sand und Sägespänen aufgeschütteten Boden.

Die **Gesamtanlage** hat eine durchschnittliche Fläche von 800 bis 2 000 m².

6.6.2 Kennzahlen

Folgende ertragswirtschaftliche Kenndaten können für **Reitanlagen** herangezogen werden (Verhältnisse 2004):

- durchschnittliche Auslastung: 50 bis 80 %;
- durchschnittlicher Pferdeeinsatz: 4 Reitstunden täglich an 6 Tagen;

V Besondere Immobilienarten   Reitanlage

- durchschnittliches Reitstundenentgelt: 10 bis 15 €/Stunde, ggf. Aufpreise für Sonderleistungen (Springen, Ausritte und dgl.);
- Pferdepensionspreis: 300 bis 500 €/Pferdebox in Großstädten und 200 bis 300 €/Pferdebox im ländlichen Bereich (ohne Nebenkosten), d. h. zwischen 2 400 bis 7 200 €/Pferd p. a.;
- Futterkosten: 80 bis 125 €/Monat und Pferd;
- sonstige Ausgaben: Pferdepflege, Energie-, Personal- und Betriebskosten;
- Gesamtbetriebskosten: ca. 60 bis 70 % des Rohertrags;
- Bewirtschaftungskosten: ca. 20 % des Rohertrags;
- Verwaltungskosten: 1 bis 3 % des Jahresrohertrags
- Mietausfallwagnis mindestens: 4 % des Jahresrohertrags
- Instandhaltungskosten; rd. 1 % der Neubaukosten (4 bis 6 €/m² NF)
- Modernisierungsrisiko: 0,3 bis 3 % der Neubaukosten;
- sonstige Einnahmen: An- und Verkauf von Pferdeartikeln, Vereinsbeiträge, Gaststättenbetrieb, Pferdezucht, Werbeeinnahmen;
- Jahrespachtwerte (2002):   1,50 bis 3 €/m² NF Hallenfläche,
  2,50 bis 4 €/m² NF Stallung,
  3 bis 6 €/m² Service-, Sozial- und Gästeräume.

586 **Gesamtnutzungsdauer** von Reithallen: 30 bis 50 Jahre.

587 Folgende **ertragswirtschaftliche Kenndaten**[138] können **für Rennbahnen** herangezogen werden:
- Totalisatorerträge,
- Werbeeinnahmen,
- Sponsoren,
- Mitgliedsbeiträge,
- Einsatz- und Reuegelder,
- Mieten, Pachten und Standgelder,
- Eintrittsgelder,
- sonstige Freiflächenveranstaltungen,
- Rennbahn,
- Betriebskosten wie Rennbahnpreise, Züchterprämien, Totalisatorkosten, Veranstaltungskosten, Personalkosten, Instandhaltungskosten,
- Wettumsätze.

Der **Rennbahnbetrieb** ist zeitlich und saisonal begrenzt und zudem wetterabhängig. Hinsichtlich der allgemeinen Konkurrenzsituation sind mehr als 20 große Renntage p. a. kaum möglich.

6.6.3 Verkehrswertermittlung

6.6.3.1 Wertermittlungsverfahren

588 I.d.R. werden Sportstätten unter gewinnwirtschaftlichen Gesichtspunkten betrieben, sodass wiederum dem **Ertragswertverfahren eine Vorrangstellung** einzuräumen ist. Dies kann auf der Grundlage einer Gewinn- oder Verlustrechnung der vergangenen sechs Jahre erfolgen, wobei ungewöhnliche Verhältnisse nicht berücksichtigt werden dürfen. Bei Heranziehung von Gewinn- und Verlustrechnungen muss deshalb das zur Verfügung stehende Material dar-

---
[138] Pohnert, F., Kreditwirtschaftliche Wertermittlungen, 5. Aufl., S. 117 (zum Reiterhof).

aufhin geprüft werden, inwieweit es von besonderen Verhältnissen wie besonderen Investitionen oder einem außerplanmäßigen Nutzungsausfall beeinflusst ist.

Als **Grundschema**[139] können **zur Ermittlung des Reinertrags** folgende **Einnahmen aus Reit- und Pensionsbetrieben** herangezogen werden:

- Nebeneinnahmen aus Pflege und Ausbildung der Pferde, Vermietung von Pferdeboxen und Pferdekoppeln sowie Reitveranstaltungen,
- Vereinsbeiträge,
- Nebeneinnahmen im sonstigen Dienstleistungsbereich (Gaststätten, Betriebswohnungen und dgl.).

Sie sind um die **Bewirtschaftungskosten** zu vermindern.

6.6.3.2 Bodenwert

Von besonderer Bedeutung für die Verkehrswertermittlung von Rennbahnen ist der **Bodenwert**, da z. B. Galopprennbahnen flächenintensiv sind und Flächen von 40 bis 60 ha aufweisen. Von den besonderen gewerblichen Flächen wie Verwaltungsgebäuden, Betriebsunterkünften und dgl. abgesehen, werden die Bodenflächen zumeist zum 3fachen der besonderen landwirtschaftlichen Flächen i. S. des § 5 Abs. 1 ImmoWertV gehandelt[140]. **589**

Dabei sind Preisabschläge bei **überdurchschnittlich großen Anlagen** sowie bei **Arrondierungsflächen** von untergeordneter Bedeutung denkbar, sofern dafür nicht eine Heraufzonung in Aussicht steht.

6.7 Stadien und Arenen

Schrifttum: *BMI*, Public Private Partnership; *DFL*, Die wirtschaftliche Situation des Lizenzfußballs 2004, Frankfurt 2004; *Kurscheidt, M.*, Finanzwissenschaftliche Analyse des Sports, in Festschrift für Rahmann, Frankfurt 2005; *Rahmann, B.*, Sozioökonomische Analyse der Fußball WM 2006, in Wissenschaftliche Beiträge und Materialien des Bundesinstituts für Sportwissenschaft Bd. 4, Köln 1998.

Stadien[141] sind bauliche Anlagen, die in erster Linie der **Durchführung von Sportveranstaltungen, aber auch Veranstaltungen nichtsportlicher Art** dienen; sie werden zunehmend auch als Arenen bezeichnet. **590**

Stadien und Arenen galten aufgrund ungenügender und fehlender Renditen als ökonomisch unrentabel, sie können heute wirtschaftlich rentabel sein. Voraussetzung dafür ist insbesondere die Multifunktionalität (vor allem im Hinblick auf Events), die wiederum die entsprechende technische Ausstattung und Beschaffenheit der Statik und der Bühne sowie der Ver- und Entsorgung voraussetzt. Betrieben werden solche Immobilien zumeist von Betriebsgesellschaften mit der Aufgabe der Verwaltung und Vermarktung. Die übliche Miete beläuft sich auf etwa 10 % der Nettomieteinnahmen.

Fußballstadien weisen eine Reihe besonderer Eigenschaften auf, insbesondere, wenn sie speziell auf den Fußballsport ausgelegt sind. Die Einnahmen stehen in einem engen Zusammenhang mit der Entwicklung des stadionnutzenden Fußballvereins, dessen Erfolg und Misserfolg. Die Risiken sind hoch und abhängig vom Tabellenstand (Bundesliga, internationale Wettbewerbe wie UEFA-Cup [zusätzliche Einnahmen von rd. 8 Mio. €], *Champions League* [zusätzliche Einnahmen von 20 Mio. € schon in der ersten Runde]). Sie werden vielfach „abgefedert" durch Bürgschaften der öffentlichen Hand für die refinanzierenden Kreditinstitute. **591**

---

[139] Borchert in GuG 1994, 337.
[140] Füllekrug in GuG 1994, 84.
[141] Zum Begriff vgl. die Muster-Stadienordnung, IM Nordrhein-Westfalen, IV C 2, Düsseldorf.

V Besondere Immobilienarten Campingplatz

Die **Einnahmen** lassen sich untergliedern in

a) stadionbezogene Einnahmen:
   – Stadionname, Banden- und Innenraumwerbung, Anzeigetafel, Videowand, Stadion-TV; sie machen etwa 60 bis 80 % der Gesamteinnahmen aus,
   – *Catering* (Umlaufebene und VIP-*Catering*),
   – Logen- und „*Business Seats*",
   – Anteil an den Zuschauereinnahmen *(Ticketing)*; der Anteil beläuft sich auf 10 % und bei zurückgehenden Zuschauerzahlen bis zu 20 %;

b) vereinsbezogene (nutzerbezogene) Einnahmen:
   – Trikotwerbung,
   – Namens- und Logorechte,
   – Transferrechte und
   – *Merchandising*.

Darüber hinaus bestehen wesentliche Einnahmen durch Sponsoring und Transfereinnahmen.

c) Mediale Rechte (Medien-Übertragungsrechte), insbesondere TV- und Hörfunkrechte unterliegen der Zentralvermarktung durch die Deutsche Fußballliga.

Die **Einnahmestruktur aus Pachtverträgen** eines Fußballstadions stellt sich etwa wie folgt dar:

– Ligasport (Risiken, abhängig vom Tabellenstand), Bundesliga, internationale Wettbewerbe, UEFA-Cup (zusätzliche Einnahmen von rd. 8 Mio. €), *Champions League* (zusätzliche Einnahmen von 20 Mio. € schon in der ersten Runde),
– Sport und Kultur, „*events*", allerdings beschränkt auf Freiluftveranstaltungen *(outdoor)*,
– Sonstiges/Randnutzungen,
– Werbeeinnahmen,
– Gastronomie,
– VIP-Bereich.

Die **Umsatzrendite** beläuft sich auf etwa 10 % der Gesamtrendite des Vereins bzw. der Betriebsgesellschaft.

Weitere **Kennzahlen** sind:
– Gesamtnutzungsdauer 25 bis 35 Jahre,
– Liegenschaftszinssatz 7 bis 9 %.

6.8 Campingplatz

Schrifttum: *Köhne*, Landwirtschaftliche Taxationslehre, 3. Aufl. S. 332 sowie 599; *Lang, H.T.*, Über die Schwierigkeiten, Sonderimmobilien oder Managementimmobilien zutreffend zu bewerten – das Beispiel Campingplatz, GuG 2012, 96; GuG 2012, 285; *Pohnert/Ehrenberg/Haase/Joeris*, Kreditwirtschaftliche Wertermittlung, 7. Aufl. 2010, S. 570.

▶ *Vgl. zur Verfahrenswahl § 8 ImmoWertV Rn. 64*

6.8.1 Allgemeines

592 Campingplätze werden neben den Spiel-, Sport- und Turnplätzen als Erholungsanlagen angesehen[142]. Sie werden nach § 10 BauNVO neben Wochenendhausgebieten und Feriengebieten als Sondergebiete im Bauleitplan als **Campingplatzgebiet** ausgewiesen. Zulässig im Campingplatzgebiet sind Campingplätze und Zeltplätze. Entsprechende Grundstücke können unterschiedliche Nutzungen aufweisen, insbesondere bebaute Flächen, Stellplatz-, Parkplatz-

---
[142] FG Saarland, Urt. vom 31.05.1968 – 14/68 –, EFG 1968, 480 = EzGuG 18.42a.

und Wegeflächen sowie Grünflächen; auch Wasserflächen können zum Campingplatzgebiet rechnen.

Campingplätze sind den sog. Betreiberimmobilien zuzurechnen. Das Gelände wird von den Landwirten meistens an den Betreiber verpachtet. Der Verkehrswert des Geländes bestimmt sich dann nach dem über die vertraglich vereinbarte Dauer des Pachtverhältnisses **kapitalisierten Pachtentgelt** zuzüglich des abgezinsten Bodenwerts.

Zur Ermittlung des Verkehrswerts von Campingplätzen (insgesamt) kommen grundsätzlich die drei klassischen **Wertermittlungsverfahren** in Betracht, jedoch steht im Hinblick auf die gewerbliche Ausrichtung von Campingplätzen das Ertragswertverfahren im Vordergrund. Daneben kann die Anwendung des Vergleichswertverfahrens vor allem zur Plausibilisierung in Betracht kommen, während die Anwendung des Sachwertverfahrens i. d. R. nicht den im gewöhnlichen Geschäftsverkehr bestehenden Gepflogenheiten entspricht (§ 8 Abs. 1 Satz 2 ImmoWertV).

6.8.2 Bodenwert

Der Bodenwert von Campingplätzen beläuft sich je nach Lage erfahrungsgemäß auf den zwei- bis fünffachen Bodenwert „reiner" land- und forstwirtschaftlicher Grundstücke und erreicht kaum jemals ein Drittel des Bodenwerts gewerblich nutzbarer Grundstücke. Die Bodenpreise bewegten sich 2010 i. d. R. im Bereich von 3 bis 15 €/m² in den Spitzenlagen (vornehmlich an der Küste). Der Gutachterausschuss des Landkreises *Wesel* gibt Bodenwerte in einer Spanne von 6 bis 8 €/m² an (2011).

6.8.3 Vergleichswertverfahren

Vergleichspreise für Campingplätze werden bezogen auf den einzelnen Standplatz angegeben. Bezogen auf eine Platzgröße von 150 bis 350 Standplätzen liegen die Vergleichspreise je nach Qualität zwischen 9 000 und 12 000 €/Stellplatz. Bei kleineren (nicht als Vollerwerbsbetrieb geführten) bzw. größeren Campingplätzen ergeben sich geringere Vergleichspreise.

6.8.4 Ertragswertverfahren

Der Ertragswertermittlung können die **anhand allgemeiner Betriebsvergleichszahlen überprüften Betriebsergebnisse** (Einnahmen und Ausgaben) zugrunde gelegt werden. Der so ermittelte Reinertrag kann entsprechend über die Restnutzungsdauer kapitalisiert werden. Die Gesamtnutzungsdauer kann i. d. R. mit 40 Jahren und der Liegenschaftszinssatz mit 5,5 bis 7,5 % angesetzt werden.

7 Gemeinbedarfsfläche

7.1 Allgemeines

Schrifttum: *Dresen* in Nachr. der rh.-pf. Kat- und VermVw 1988, 10; *Kuscha* in Nachr. der nds. Kat- und VermVw 1974, 124 ff. und 133; *Uebelhoer* in Nachr. der nds. Kat- und VermVw. 1974, 131; *Weyers, G.*, Nutzungsentgelt bei Inanspruchnahme öffentlichen Straßenlands, GuG 1998, 296.

▶ *Zur Verfahrenswahl vgl. § 5 ImmoWertV Rn. 182 ff., 190, 470 ff.; § 8 ImmoWertV Rn. 130 ff.; Teil VI Rn. 1 ff.; Teil VII Rn. 515; zu Sonderbauflächen als Gemeinbedarfsflächen vgl. § 6 ImmoWertV Rn. 30 f.; Teil VI Rn. 223 ff.*

596 Unter Gemeinbedarfsflächen werden **Grundstücke** verstanden, **die durch eine dauerhafte Zweckbindung,** insbesondere durch Festsetzungen i. S. der § 4 Abs. 2 Nr. 3, § 4a Abs. 2 Nr. 5, § 5 Abs. 2 Nr. 7, § 6 Abs. 2 Nr. 5 und § 7 Abs. 2 Nr. 4 BauNVO, **privatwirtschaftlichem Gewinnstreben entzogen sind,** ohne jedoch i. S. eines Gemeingebrauchs jedermann ohne Weiteres zugänglich sein zu müssen[143]. Es kommt nicht darauf an, dass der Gemeinbedarfszweck durch einen öffentlichen Träger wahrgenommen wird.

Festsetzungen, die den vorstehend beschriebenen **Gemeinbedarfszweck sichern,** sind insbesondere solche über Anlagen für kirchliche, kulturelle, soziale, gesundheitliche und sportliche Zwecke, Anlagen für (öffentliche) Verwaltungen und Verkehrsflächen (§ 5 Abs. 2 Nr. 3 und § 9 Abs. 1 Nr. 11 BauGB).

Allein aus den genannten Nutzungen kann nicht zwangsläufig auf eine Gemeinbedarfsfläche i. S. der gegebenen Definition geschlossen werden. Eine für sportliche, soziale und gesundheitliche Zecke festgesetzte Nutzung kann nämlich auch privatwirtschaftlich mit sogar hohen Gewinnerwartungen betrieben werden. Dementsprechend ist auch eine „Grünfläche" nicht zwangsläufig eine Gemeinbedarfsfläche. Nach der gegebenen Definition kommt es entscheidend auf den Ausschluss einer auf privatwirtschaftlichen Gewinn ausgerichteten Nutzung an, wie z. B. bei einer „öffentlichen Grünfläche". Den Gemeinbedarfsflächen sind in diesem Sinne auch Sondergebiete zuzurechnen, für die eine öffentliche Zweckbestimmung festgesetzt wurde.

597 Zu den Gemeinbedarfsflächen im erweiterten Sinne gehören auch **öffentliche Grundstücke „im Anstaltsgebrauch",** wenn sie als solche gewidmet und faktisch in Dienst gestellt wurden, wie z. B.

– Flughäfen (vgl. Rn. 700 ff.),
– Bahnflächen (vgl. Rn. 680 ff.) und
– Postflächen (vgl. Rn. 692 f.).

Es kommt also nicht darauf an, dass der Gemeinbedarfszweck durch einen öffentlichen Träger wahrgenommen wird. Im Zuge der Privatisierung werden öffentliche Aufgaben durch privatrechtlich wirtschaftliche Träger wahrgenommen, deren Tätigkeit auf die Erzielung von Gewinnen ausgerichtet ist.

598 **Gemeinbedarfsflächen** sind dem gewöhnlichen Geschäftsverkehr entzogen, denn entsprechend ihrer Zweckbestimmung kommt nur der Gemeinbedarfsträger als Erwerber in Betracht. Damit sind sie dem allgemeinen Marktgeschehen entzogen (extra commercium). Es gibt für diese Flächen deshalb **begrifflich keinen Marktwert (Verkehrswert)**[144].

Die Tatsache, dass eine Fläche für den allgemeinen Grundstücksverkehr keine Bedeutung hat, bedeutet indes nicht, dass die Fläche für den öffentlichen Bedarfsträger wertlos ist. Sie kann

---

[143] Zum Begriff: BVerwG, Beschl. vom 18.5.1994 – 4 NB 15/94 –, DVBl 1994, 1139 = GuG 1995, 53.
[144] KG Berlin, Urt. vom 25.10.1994 – 1 W 5012/94 –, DnotZ 1995, 790 = EzGuG 18.116a; BayObLG, Urt. vom 23.9.1985 – BReg 3 Z 36/84 –, BayObLGZ 1995, 325 = EzGuG 18.99a; OLG Bremen, Urt. vom 14.1.1970 – UB 13/68 –, BRS Bd. 26 Nr. 98 = EzGuG 18.47; BGH, Urt. vom 30.11.1959 – III ZR 122/59 –, BGHZ 31, 244 = EzGuG 6.46; OLG Hamburg, Urt. vom 6.12.1978 – 5 U 237/77 –, MDR 1979, 400 = EzGuG 18.31; a. A. RFH, Urt. vom 8.10.1926 – II A 429/26 –, JW 1928, 44 = ZfV 1928, 117 = EzGuG 14.1a.

vielmehr einen **bedarfsträgerspezifischen Wert** haben. Im amerikanischen Schrifttum spricht man diesbezüglich von einem *public interest value*, der eigentlich ein *non-market value* ist[145].

Nach einer älteren Entscheidung des OLG Braunschweig bedeutet die Innehabung des Eigentums für den Eigentümer nur eine Belastung, und eine Entschädigung könne ggf. bis auf 0 € reduziert werden[146]. Die Ansicht, derartige Flächen (z. B. dem öffentlichen Verkehr dienende Straßen) hätten keinen oder nur einen symbolischen Vermögenswert, wird vom BGH als mit Art. 14 GG unvereinbar abgelehnt. Dass für derartige Grundstücke ein freier Markt fehle, rechtfertige nicht die Schlussfolgerung, ihnen sei ein realer wirtschaftlicher Wert nicht beizumessen[147].

Vor diesem Hintergrund ist **bei der Bewertung von Gemeinbedarfsflächen grundsätzlich zu unterscheiden zwischen:** 599

a) *künftigem Gemeinbedarf:* Gemeinbedarfsflächen, die sich in dieser Eigenschaft (noch) nicht im Eigentum der öffentlichen Hand befinden und ggf. im Wege einer Enteignung erworben werden können;

b) *bleibendem Gemeinbedarf:* Gemeinbedarfsflächen im Eigentum der öffentlichen Hand, die auf absehbare Zeit einer öffentlichen Zweckbindung vorbehalten bleiben;

c) *abgehendem Gemeinbedarf:* Gemeinbedarfsflächen im Eigentum der öffentlichen Hand, deren öffentliche Zweckbindung aufgegeben wird.

Nr. 5 WERTR 06 regelt die Wertermittlung entsprechend dieser Typologie nach verschiedenen Grundsätzen (Abb. 1):

Abb. 1: Gemeinbedarfsflächen (Wertermittlungsgrundsätze)

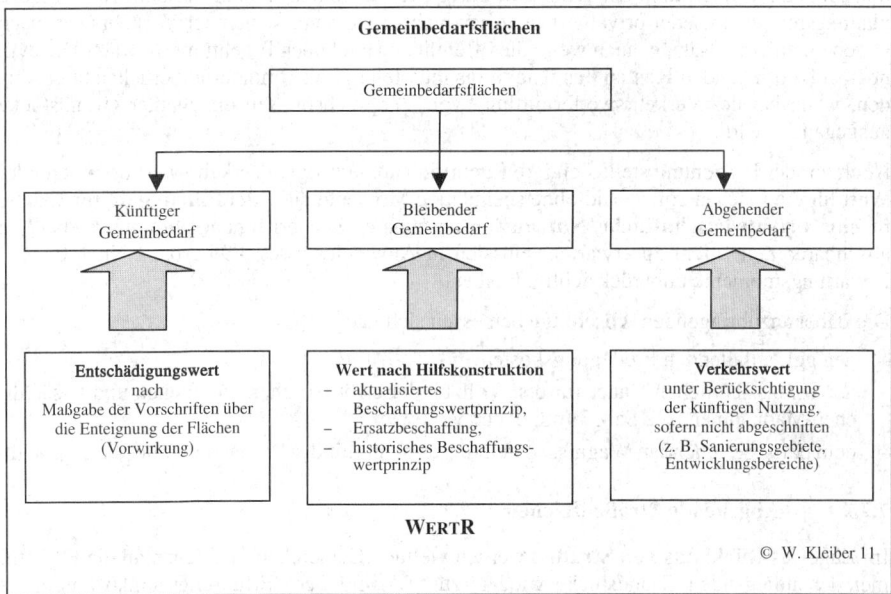

Besondere Probleme werfen dabei die sog. **bleibenden Gemeinbedarfsflächen auf.** Ihr Wert lässt sich nur auf der Grundlage von „Hilfskonstruktionen" bestimmen, die den berechtigten Interessen des Verkäufers und Käufers in ausgewogener Weise Rechnung tragen.

---

145 The Appraisal of Real Estate, 12. Aufl. Chicago, S. 649.
146 OLG Braunschweig, Urt. vom 1.9.1993 – 3 U 1/92 –, GuG 1994, 126 = EzGuG 18.116.
147 BGH, Urt. vom 20.4.1989 – III ZR 237/87 –, BRS Bd. 53 Nr. 129 = EzGuG 18.110a.

V Besondere Immobilienarten   Gemeinbedarfsfläche

Dabei ist von einem marktkonformen Modell unter Berücksichtigung wirtschaftlicher Vor- und Nachteile auszugehen (§ 1 Abs. 2 Satz 2 ImmoWertV).

7.2 Abgehender Gemeinbedarf

7.2.1 Allgemeines

▶ *Hierzu auch § 8 ImmoWertV Rn. 136*

600 Gemeinbedarfsflächen, die am Wertermittlungsstichtag formell noch einer öffentlichen Zweckbindung – z. B. aufgrund entsprechender Festsetzungen im Bebauungsplan – unterliegen, von denen aber **auf absehbare Zeit erwartet wird, dass sie wieder einer privatwirtschaftlichen Nutzung (durch Umplanungen) zugeführt werden** sollen, befinden sich in einer Übergangsphase. In dieser Zeit öffnen sich die Flächen wieder dem gewöhnlichen Geschäftsverkehr.

Nr. 5.1.2 WERTR 06 führt hierzu aus:

„Verlieren Gemeinbedarfsflächen ihre öffentliche Zweckbindung, so ist für den Verkehrswert derartiger Flächen die ausgewiesene bzw. die zu erwartende privatwirtschaftliche Qualität unter Berücksichtigung der Wartezeit maßgebend. Dabei kann der Verkehrswert der umliegenden Grundstücke herangezogen werden.

Soweit Umstände vorhanden sind, die sich wertmindernd gegenüber den angrenzenden Grundstücken auswirken, sind sie angemessen zu berücksichtigen (z. B. Aufwendungen infolge Abbruchs des Straßenkörpers, Rekultivierung)."

601 Vorstehende für Verkehrs- und Grünflächen angesprochene Grundsätze können grundsätzlich für alle Gemeinbedarfsflächen Anwendung finden, die ihre öffentliche Zweckbindung verlieren. Als Fallbeispiel kann der **Rückbau einer Straße** gelten. Sobald die betroffene Fläche planungsrechtlich wieder privatwirtschaftlich nutzbar ist, bemisst sich der Verkehrswert nach allgemeinen Grundsätzen, auch wenn die öffentliche Hand noch Eigentümerin wäre. Die evtl. noch aufzubringenden **Kosten des Rückbaus** müssten ggf. wertmindernd berücksichtigt werden, wenn bei der Verkehrswertermittlung von Vergleichspreisen unbebauter Grundstücke ausgegangen wird.

602 Noch vor der Umzonung stellt sich i. d. R. ein sich am künftigen Verkehrswert orientierender Wert für die Flächen ein, sobald ohne spekulative Momente die **Rückführung dieser Fläche in eine privatwirtschaftliche Nutzung** in absehbarer Zeit erkennbar wird; wäre dies „in absehbarer Zeit" nicht zu erwarten, müssten in Anwendung des § 95 Abs. 2 Nr. 1 BauGB Erwartungsmomente unberücksichtigt bleiben.

603 Die dabei anzubringenden **Abschläge** bemessen sich nach

– den ggf. anfallenden Freilegungskosten,
– der voraussichtlichen Dauer für den Vollzug der erforderlichen rechtlichen und tatsächlichen Maßnahmen (§ 2 Satz 3 ImmoWertV) sowie
– dem dafür bestehenden Wagnis, soweit dieses nicht mit der Wartezeit berücksichtigt wird.

7.2.2 Abgehende Straßenflächen

604 Im Zuge des **Rückbaus von Straßen** werden vielfach Gemeinbedarfsflächen an die Eigentümer der anliegenden Grundstücke wieder (zurück-)veräußert. Erfahrungsgemäß kommt es dabei zu Preisvereinbarungen über den **Rückkauf**, die nur einen Bruchteil des jeweiligen Verkehrswerts des baureifen Landes ausmachen.

Der Bruchteil beträgt

a) bei kleineren unmaßgeblichen Teilflächen etwa 10 bis 20 % und

b) bei größeren Teilflächen als Vorgartenland oder Stellplätze 35 bis 45 % des angrenzenden Baulands (Abb. 2):

Abb. 2: Bruchteilssätze bei Straßenrückveräußerung an Anlieger

Empirisch abgeleitete Bruchteilssätze des Gutachterausschusses				
Art der unselbstständigen Teilfläche	Ort	Anzahl	% des Baulandwerts	Durchschnittliche Preisspanne
Rückkauf				
a) unmaßgebliche Teilflächen bei bereits ausreichenden Vorgärten	Bergisch Gladbach (2012)	9	20 %	10–42 %
	Chemnitz	8	30 %	–
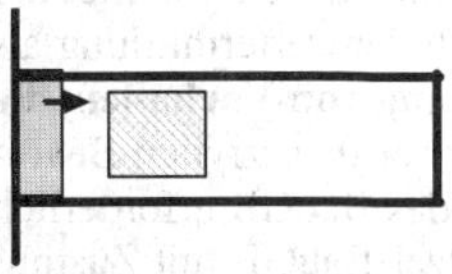	Oberbergischer Kreis	9	20 %	5–40 %
	Rheinisch-Bergischer Kreis	14	10 %	5–10 %
	Leipzig (2011)	8	23 %	11–36 %
	Schwerin		42 %	4–80 %
b) Große Teilfläche als Vorgarten oder Stellfläche	Bergisch Gladbach (2012)	10	40 %	27–70 %
	Chemnitz	12	44 %	–
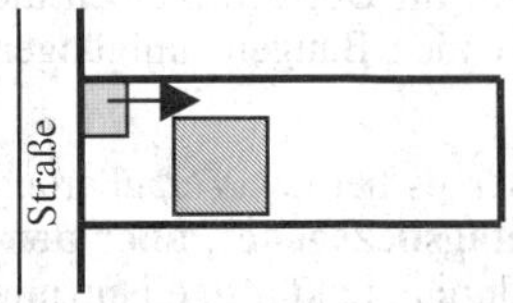	Oberbergischer Kreis	4	35 %	25–40 %
	Rheinisch-Bergischer Kreis	7	45 %	35–60 %
	Leipzig (2011)	8	47 %	25–69 %

Für **private Erschließungsflächen** werden erfahrungsgemäß Preise bis zu 50 % des angrenzenden Baulandes bezahlt. Von den Gutachterausschüssen liegen folgende Erfahrungswerte vor (Abb. 3):

Abb. 3: Bruchteilssätze für private Erschließungsflächen

Empirisch abgeleitete Bruchteilssätze des Gutachterausschusses				
Art der unselbstständigen Teilfläche	Ort	Anzahl	% des Baulandwerts	Durchschnittliche Preisspanne
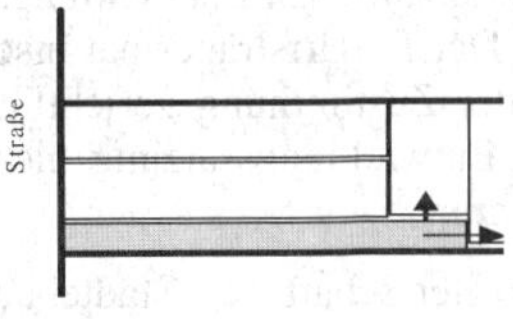	Bergisch Gladbach (2012)	7	50 %	27–70 %
	Chemnitz	14	63 %	–
	Rheinisch-Bergischer Kreis	5	50 %	40–65 %
	Leipzig (2011)	10	93 %	80–104 %
	Gütersloh (2013)		40 %	

Für **unbebaute Garagen- und Vorplatzflächen im Siedlungsbereich** wird nach Untersuchungen des Gutachterausschusses des *Rheinisch-Bergischen Kreises* i. d. R. der volle Baulandwert bezahlt. Nach Untersuchungen des Gutachterausschusses in *Mainz* (2008) werden für Stellplätze durchschnittlich 56 % des Bodenrichtwerts bezahlt.

7.2.3 Abgehende Flächen der Landesverteidigung

Schrifttum: *v. Feldmann*, Konversionsflächen als städtebaulicher Entwicklungsbereich, LKV 1997, 151; *Kleiber, W.*, Städtebauliche Integration von Konversionsflächen und ihre Verkehrswertermittlung, ZfBR

V Besondere Immobilienarten Gemeinbedarfsfläche

1993, 269; *Luers,* Der städtebauliche Rahmen von Konversionsflächen, Städte- und Gemeinderat 1993, 14; *Rohmer, F.,* Folgenbeseitigung nach Beendigung von militärischen und sonstigen Fachplanungsnutzungen von Liegenschaften, GuG 2002, 1; *Uechtritz,* Der planungsrechtliche Status von Konversionsflächen, BauR 1996, 485; *Wallraven-Lind/Strunz,* Die planungsrechtliche Beurteilung bestehender und aufgelassener Kasernen, UPR 1997, 94.

7.2.3.1 Allgemeines

▶ *Vgl. Teil VI Rn. 83 ff.; § 5 ImmoWertV Rn. 16, 144, 159 ff., 238; § 6 ImmoWertV Rn. 108 ff.; zu Bodenverunreinigungen vgl. § 6 ImmoWertV Rn. 298 ff.*

606 Die Verkehrswertermittlung aufgelassener **Militärflächen** (Konversionsflächen) bereitet der Praxis in erster Linie große Schwierigkeiten sowohl bezüglich der Bodenwertermittlung als auch der der Gebäudewertermittlung[148]. Die **Errichtung und Änderung von Vorhaben, die der Landesverteidigung**, dienstlichen Zwecken der Bundespolizei oder dem zivilen Bevölkerungsschutz dienen, können Abweichungen von den Vorschriften des BauGB erforderlich machen; in diesem Fall sind die Abweichungen nach § 37 Abs. 2 Satz 1 BauGB mit Zustimmung der höheren Verwaltungsbehörde nach Anhörung der Gemeinde zulässig. Versagt diese ihre Zustimmung oder widerspricht die Gemeinde dem beabsichtigten Vorhaben, entscheidet das zuständige Bundesministerium im Einvernehmen mit den beteiligten Bundesministerien und im Benehmen mit den zuständigen Obersten Landesbehörden. Im Übrigen bleiben die Bestimmungen über die nach den Landesbauordnungen zu erteilenden Baugenehmigungen unberührt.

607 Der **Verkehrswert** (= voller Wert i. S. d. Haushaltsrechts), um den es bei der Veräußerung ehemaliger Militärflächen geht, **ist in § 194 BauGB als ein stichtagsbezogener, aber dennoch zukunftsorientierter Wert definiert.** Er wird maßgeblich durch die künftige Nutzung (eskomptierte Nutzung) bestimmt, es sei denn, die künftige Nutzung wird als „rechtliche" Gegebenheit ganz oder teilweise „abgeschnitten", so z. B. im Falle

1. der Lage des Grundstücks in einem Sanierungsgebiet oder städtebaulichen Entwicklungsbereich (§ 153 Abs. 1, ggf. i. V. m. § 169 Abs. 4 Nr. 6 BauGB),

2. der Lage des Grundstücks in einem Umlegungsgebiet (§ 57, 58, 64 BauGB) oder

3. einer künftigen Nutzung der Fläche für den Gemeinbedarf (§ 96 BauGB).

Nach § 165 Abs. 5 Satz 3 i. V. m. § 26 Nr. 2a BauGB können der Landesverteidigung dienende Flächen im Übrigen nur mit **Zustimmung des Bedarfsträgers** in eine städtebauliche Entwicklungsmaßnahme einbezogen werden. Der Bedarfsträger soll nach § 165 Abs. 5 Satz 4 BauGB seine Zustimmung erteilen, wenn auch unter Berücksichtigung seiner Aufgaben ein überwiegendes öffentliches Interesse an der Durchführung der städtebaulichen Entwicklungsmaßnahme besteht und er in Zukunft auf die Flächen verzichtet. Der Bedarfsträger hat insoweit kein Ermessen[149] und die Gemeinde kann eine Ablehnung der Zustimmung gerichtlich überprüfen lassen. Liegt die Zustimmung bei Inkrafttreten der Entwicklungssatzung nicht vor, so kann dies zur Unwirksamkeit der Entwicklungssatzung führen[150].

608 Ansonsten wird der Verkehrswert von Grundstücken unter der Herrschaft des Städtebaurechts, das keinen allgemeinen maßnahmebedingten Wertausgleich und mithin auch keinen Planungswertausgleich kennt, von der künftigen Nutzung bestimmt, und zwar umso stärker, je konkreter sich die Nutzung abzeichnet. Von den vorstehenden Sonderfällen abgesehen, kommt es dabei nicht zwingend darauf an, dass die künftige Nutzung formalrechtlich feststeht, z. B. in Form eines Bebauungsplans. In der Entschädigungsrechtsprechung ist immer wieder auf die **Situationsgebundenheit** (§ 6 ImmoWertV Rn. 151 ff.) hingewiesen worden, die auch ohne formalrechtliche Planungsgrundlagen zur Einstufung einer Fläche in eine

---

148 Kleiber in ZfBR 1993, 275; RdErl. des bbg. Ministeriums für Stadtentwicklung, Wohnen und Verkehr über die rechtlichen, planerischen und finanziellen Aspekte der Konversion militärischer Liegenschaften vom 20.5.1997 (ABl. 1997, 476 = GuG 1998, 234); v. Feldmann in LKV 1997, 151.
149 Krautzberger/Battis/Löhr, BauGB 11. Aufl. § 165 Rn. 28; Spannowsky/Uechtritz, BauGB § 165 Rn. 37.2.
150 Neuhausen in Brügelmann, BauGB, § 165 BauGB Rn. 59.

höhere Entwicklungszustandsstufe i. S. des § 5 ImmoWertV führen kann, wenn sich die „von der Natur der Sache" gegebenen Möglichkeiten der Nutzung und der wirtschaftlichen Ausnutzung, wie sie sich aus der örtlichen Lage des Grundstücks bei wirtschaftlicher Betrachtungsweise objektiv anbietet[151] (z. B. Bauerwartungsland), ohne spekulative Momente aufdrängen. Dabei ist zudem noch zwischen der formalrechtlichen Einstufung einer Fläche und deren Wertigkeit zu unterscheiden. Allein die Einstufung einer Fläche als **Bauerwartungsland** sagt noch wenig über ihren Wert aus. Kann z. B. mit einer an Sicherheit grenzenden Wahrscheinlichkeit die Aufstellung eines Bebauungsplans mit einer Festsetzung der Nutzung für privatwirtschaftliche Zwecke erwartet werden, so kann dies zu einer Einstufung der Fläche als Bauerwartungsland führen, das sich wertmäßig vom Verkehrswert für (erschließungsbeitragspflichtiges) baureifes Land lediglich durch die jeweils zu berücksichtigende **Wartezeit** i. S. des § 2 Satz 3 ImmoWertV bis zur Herbeiführung der Baureife unterscheidet – und die kann auch sehr kurz sein (vgl. § 5 ImmoWertV Rn. 16, 144, 159 ff., 238; § 6 ImmoWertV Rn. 108 ff.).

609 Die möglicherweise zum Wertermittlungsstichtag noch tatsächlich gegebene Nutzung einer Fläche und ihre Bebauung für militärische Zwecke kann bei alledem allerdings auch nicht gänzlich außer Betracht bleiben:

– Die **militärische Bebauung eines Grundstücks** hat für den zukunftsorientierten Verkehrswert eine umso größere Bedeutung, je leichter sie sich in die vorgesehene Nachfolgenutzung überführen lässt. Das Spektrum reicht hier von einem „vollen" Wertanteil, wenn eine bauliche Anlage ohne bauliche Änderungen sofort in die Nachfolgenutzung überführt werden kann, bis zu einer deutlichen Wertminderung, wenn die bauliche Anlage abgerissen werden muss und die Freilegungskosten etwaige Verwertungserlöse überschreiten. Bei alledem kommt es auch hier entscheidend auf die künftige Nutzung der Flächen an.

Auch die auf den Flurstücken vorhandene Bebauung kann keine 34er-Qualität begründen, denn für militärische Zwecke im Außenbereich errichtete bauliche Anlagen genießen nach der endgültigen Aufgabe der militärischen Nutzung keinen Bestandsschutz, auch wenn sie aufgrund einer Zustimmung nach § 37 BauGB errichtet worden sind[152].

– Die **bisherigen rechtlichen Festsetzungen** für eine Militärfläche (Sondergebiet) sind im Falle der Aufgabe der militärischen Nutzung, wenn man von einer Nachfolgenutzung für öffentliche Zwecke absieht, nicht das entscheidende Kriterium für den künftigen der Verkehrswertermittlung zugrunde zu legenden Entwicklungszustand, auch wenn die Überführung der militärischen Nutzung in eine zivile Nutzung als eine Änderung der Zweckbestimmung zu werten ist. Die Rechtsgrundlagen für die bisherige militärische Nutzung können jedoch den „Umwidmungsprozess" vor allem in zeitlicher Hinsicht beeinflussen, insbesondere, wenn ein Bebauungsplan aufzustellen ist und zuvor möglicherweise noch die fachplanungsrechtliche Widmung nach § 1 Abs. 3 LBG aufzuheben ist, d. h. die Militärfläche für die Bauleitplanung erst wieder „freigegeben" werden muss[153]. Die Wartezeit ist wiederum der entscheidende Parameter!

610 Der **Verkehrswert** als stichtagsbezogener, aber dennoch zukunftsorientierter Wert **kann mit einer umso höheren Sicherheit und Genauigkeit ermittelt werden, je konkreter sich die Zukunft abzeichnet und bei der Wertermittlung berücksichtigt werden kann.** Es empfiehlt sich daher, die Verkehrswertermittlung nicht allzu früh „in Auftrag" zu geben und dem

---

151 BGH, Urt. vom 14.6.1984 – III ZR 41/83 –, BRS Bd. 45 Nr. 133 = EzGuG 8.61; BGH, Urt. vom 22.4.1982 – III ZR 131/80 –, BRS Bd. 45 Nr. 192 = EzGuG 17.44; BGH, Urt. vom 15.11.1979 – III ZR 78/78 –, BGHZ 76, 274 = EzGuG 17.36; BGH, Urt. vom 12.2.1976 – III ZR 184/73 –, BRS BD. 34 Nr. 166 = EzGuG 19.28; BGH, Urt. vom 25.11.1974 – III ZR 42/73 –, BGHZ 63, 240 = EzGuG 6.173; BGH, Urt. vom 28.4.1966 – III ZR 24/65 –, WM 1966, 774 = EzGuG 19.9; BGH, Urt. vom 30.9.1963 – III ZR 59/61 –, EzGuG 8.9.
152 BVerwG, Urt. vom 21.11.2000 – 4 B 36/00 –, UPR 2001, 147 = ZfBR 2001, 200 = EzGuG 18.109a.
153 Die Freigabeerklärung ist in geeigneter Weise bekannt zu machen (vgl. BVerwG, Urt. vom 16.12.1988 – 4 C 48/86 –, BVerwGE 81, 111 = NVwZ 1989, 655). Erschwerend kommt hinzu, dass Militärflächen im Flächennutzungsplan i. d. R. als „Sondergebiet" dargestellt sind.

V Besondere Immobilienarten — Gemeinbedarfsfläche

Gutachter die künftige Nutzung möglichst auf der Grundlage qualifizierter Nutzungsvorstellungen an die Hand zu geben – im Idealfalle wäre dies der rechtsverbindliche Bebauungsplan.

611 Im Vorfeld kann sich (und muss sich) der Gutachter auf das stützen, was ohne spekulative Erwartungen im gewöhnlichen Geschäftsverkehr unter Berücksichtigung der rechtlichen und tatsächlichen Gegebenheiten (Situationsgebundenheit) erwartet werden kann[154]; des Weiteren muss er dabei den **Zeitraum** berücksichtigen, **in dem die Umsetzung einer beabsichtigten Folgenutzung erwartet werden** kann. Zwangsläufig wird die Verkehrswertermittlung umso „schwammiger", je unsicherer die künftige Nutzung ist. Wenn bei alledem in der Praxis sog. Risikoabschläge berücksichtigt werden, so trägt dies dem Wagnis Rechnung, das ein Investor als Erwerber auf sich nimmt; dieses Wagnis kann bereits mit einer entsprechenden Wartezeit berücksichtigt werden (vgl. § 5 ImmoWertV Rn. 16, 144, 159; § 6 ImmoWertV Rn. 108). Bei alldem empfiehlt sich auch von daher, schon frühzeitig die Vorbereitungen für die Anschlussnutzung voranzutreiben. Idealtypisches Ziel ist, dass „der Bagger in dem Moment zum Zwecke der Realisierung der Anschlussnutzung in das Kasernengelände einfährt, in dem der letzte Panzer ausfährt".

612 Der **Bund steht** als Verkäufer der Flächen **unter der Verpflichtung, Vermögensgegenstände grundsätzlich zum „vollen Wert" (= Verkehrswert) zu veräußern.** Soweit Verbilligungen gewährt werden, ist dies keine Frage der Verkehrswertermittlung, sondern allenfalls im Anschluss an die Verkehrswertermittlung durch entsprechende Abschläge zu berücksichtigen. Da nun, wie eingangs erläutert, ein allgemeiner maßnahmebedingter Wertausgleich und somit auch ein Planungswertausgleich dem deutschen Städtebaurecht fremd ist, müssen – von den besonderen Verhältnissen in Sanierungsgebieten und Entwicklungsbereichen (auch in Umlegungsgebieten bezüglich umlegungsbedingter Werterhöhungen) abgesehen – die sich abzeichnenden künftigen Nutzungen bei der Verkehrswertermittlung (soweit sie nicht auf spekulativen Erwartungen beruhen) grundsätzlich berücksichtigt werden. Dies ist grundsätzlich von der Person des Veräußerers unabhängig. Um dennoch hier im Interesse einer erwünschten Folgenutzung den Erwerber finanziell zu entlasten, hat der Bund zahlreiche **Verbilligungstatbestände** geschaffen, bis hin zur Abgabe der Grundstücke zum entwicklungsunbeeinflussten Grundstückswert i. S. des § 153 Abs. 1 ggf. i. V. m. § 169 Abs. 4 Nr. 6 BauGB in Gebieten, in denen die Voraussetzungen für eine städtebauliche Entwicklungsmaßnahme vorliegen, ohne dass eine solche formalrechtlich eingeleitet wurde.

613 Die Verbilligungstatbestände tragen auch dem Umstand Rechnung, **dass die Baulanderschließung auf ehemaligen Militärflächen** – entgegen euphorischen Vorstellungen der Anfangsphase – die wohl **teuerste „Baulandgewinnung"** überhaupt sein dürfte – gleichwohl in aller Regel städtebaulich geboten und von daher gerechtfertigt.

614 Nur mit ganzheitlichen Konzepten kann man diese Aufgabe lösen. Man denke nur daran, dass **Versorgungsleitungen** die Militärflächen „kunterbunt" kreuzen und die Überführung dieser Flächen in eine Zivilnutzung, insbesondere wenn eine Parzellierung erforderlich wird, den „developer" vor allem unter Einbeziehung bodenordnerischer Belange fordern; denn es muss darum gehen, vernünftige Anschlussnutzung unter weitgehender Verwendung bestehender Anlagen und unter Berücksichtigung einer tragfähigen Grundstücksstruktur zu schaffen. Auch diesbezüglich ist ein enges Zusammengehen der Verkehrswertermittlung mit dem „developer" und dem Planungsträger idealtypisch.

615 Die Überplanung einer militärischen Anlage, Maßnahmen zur Sicherung der Bauleitplanung sowie sonstige städtebauliche Veranstaltungen zur Realisierung der Planung können nämlich bereits vor Aufhebung der militärischen Zweckbestimmung eingeleitet werden. Hier liegen im Übrigen **Möglichkeiten für die Beschleunigung der Revitalisierung** solcher Flächen:

---

[154] BGH, Urt. vom 8.11.1962 – III ZR 86/61 –, BGHZ 39, 198 = EzGuG 8.5; BGH, Urt. vom 25.3.1975 – V ZR 92/74 –, MDR 1977, 827 = EzGuG 4.50; BGH, Urt. vom 28.10.1971 – III ZR 84/70 –, BRS Bd. 26 Nr. 61 = EzGuG 8.37; BGH, Urt. vom 20.12.1963 – III ZR 60/63 –, BGHZ 40, 312 = EzGuG 14.17; BGH, Urt. vom 30.9.1963 – III ZR 59/61 –, WM 1964, 124 = EzGuG 8.9; BVerwG, Urt. vom 27.1.1967 – 4 C 33/65 –, BVerwGE 26, 111 = EzGuG 8.20; BVerwG, Urt. vom 9.6.1959 – 1 CB 27/58 –, BVerwGE 8, 343 = EzGuG 17.13.

1. frühzeitige Ankündigung der Freigabe;
2. frühzeitige Prüfung des Anschlussbedarfs des Bundes, der Länder und Gemeinden;
3. frühzeitige Einleitung der Überplanung, Altlastenuntersuchung, Erarbeitung von Nutzungskonzepten, Prüfung der Einleitung von Sanierungs- und Entwicklungsmaßnahmen.

Dies alles sind auch für die Verkehrswertermittlung die wesentlichsten Anhaltspunkte. Die künftige Nutzung und Verwertbarkeit muss sich – frei von spekulativen Erwartungen – konkretisiert haben, um fundierte Wertermittlungen vornehmen zu können.

Es muss vermieden werden, dass die mit der Verkehrswertermittlung verbundenen Schwierigkeiten, im Frühstadium, in dem sich die Anschlussnutzung noch nicht hinreichend konkretisiert hat, **zu einer Unterbrechung des Grundstücksverkehrs führen.** Unsicherheiten bei der Verkehrswertermittlung, die allein als Folge noch nicht vom Planungsträger hinreichend konkretisierter Planungsvorstellungen zwangsläufig auftreten und nicht in der Verkehrswertlehre begründet sind, können dadurch überwunden werden, dass **Nachzahlungsklauseln**[155] vereinbart werden. Die Verwaltungsvorschriften des Bundes halten hierfür solche Nachzahlungsklauseln bereit; sie sind nicht beliebt – weil konflikträchtig –, werden aber praktiziert. Hier tut sich nämlich insofern eine weitere Problematik auf, als der Investor Sicherheit über den Grundstückspreis begehrt; umgekehrt hat er bei dieser Vorgehensweise aber auch die Sicherheit, dass nur das in den Preis eingehen kann, was aufgrund einer qualifizierten Planung „gesichert" ist. 616

Politisch tritt daneben im Falle des Erwerbs der Flächen durch die Gemeinde die Auffassung zutage, dass die Gemeinde aufgrund ihrer Planungshoheit insbesondere die **planungsbedingten Wertsteigerungen** als selbst herbeigeführte Werterhöhung betrachtet und ausgeschlossen sehen möchte. Es ist offensichtlich – wie die Behandlung des Themas in der Tagespresse zeigt – schwer verständlich zu machen, dass der Bund als Veräußerer unter der Herrschaft des Haushaltsrechts sich so behandelt sehen will, wie die Gemeinde andere private Veräußerer behandeln müsste. Im gewöhnlichen Geschäftsverkehr nimmt nun einmal jedermann für sich in Anspruch, an künftigen Wertsteigerungen zu partizipieren – dies ist, vereinfacht gesagt, das bekannte Problem des Schöneberger Millionenbauern, der lediglich das damalige Städtebaurecht für sich in Anspruch nahm und die Bodenreformer auf den Plan rief. 617

Im Falle der Aufgabe einer militärischen Nutzung kann sich die **Aufgabe** stellen, den Verkehrswert einer solchen Fläche zu ermitteln, die 618

a) einer anderen Gemeinbedarfsnutzung zugeführt werden soll (Bleibender Gemeinbedarf) oder

b) künftig einer privatwirtschaftlichen Nutzung zugeführt werden soll (Abgehender Gemeinbedarf).

Wird die **bisher militärisch genutzte Fläche ohne Unterbrechung einem anderen Gemeinbedarfszweck zugeführt** (Fall a), so kann in diesem Fall – schon begrifflich – ein Verkehrswert nicht ermittelt werden, denn es besteht kein gewöhnlicher Geschäftsverkehr im Handel mit Gemeinbedarfsflächen. Dies bedeutet nicht, dass Gemeinbedarfsflächen in diesen Fällen ohne Wert sind, auch wenn eine Reihe gesetzlicher Vorschriften eine unentgeltliche Übertragung vorsehen. Im Einzelfall ist hier ein „Wert" zwischen den jeweiligen Bedarfsträgern „auszuhandeln", wobei dies unter Berücksichtigung eines angemessenen Interessenausgleichs und nach Grundsätzen der Billigkeit geschehen sollte. 619

Die Aufgabe, Verkehrswerte für aufgelassene Militärflächen in solchen Fällen zu ermitteln, die in eine privatwirtschaftliche Nutzung überführt werden sollen (Fall b), erfolgt nach den unter **Nr. 5.1.2 WERTR** (vgl. Rn. 476) vorgegebenen Grundsätzen[156]. Die Anwendung dieser Grundsätze gestaltet sich aber bei der Verkehrswertermittlung aufgelassener Militärflächen 620

---

[155] BMF – VSV – VV 0652.
[156] GuG 1994, 168.

V Besondere Immobilienarten Gemeinbedarfsfläche

äußerst schwierig, da diese Flächen häufig in Gebieten gelegen sind, die eine bauplanungsrechtlich komplizierte Situation aufweisen.

621 Wird eine militärische Nutzung, z. B. für ein dicht mit Kasernengebäuden (Wohnen und Verwaltung) bebautes Gebiet, aufgegeben, so folgt hieraus nicht automatisch, dass an seine Stelle ein „im Zusammenhang bebauter Ortsteil" mit Anspruch auf eine zivile Nachfolgenutzung entsteht. Die bisherige **militärische Anlage** kann zwar aufgrund ihres Quartiercharakters seinen im Zusammenhang bebauten Ortsteil bilden, jedoch ist dieser dann regelmäßig durch die militärische Nutzung „geprägt", insbesondere, wenn die Fläche aus Werkstätten, Sportplätzen und dergleichen besteht. Ein ziviler Nutzungsanspruch kann allerdings dann bestehen, wenn die baulichen Anlagen der militärischen Nutzung ein Gebiet überwiegend in einer Weise geprägt haben, die zugleich auch einer zivilen Nutzung entspricht, z. B.

– eine **reine Wohnanlage außerhalb eines eigentlichen Kasernengeländes,** die bislang von Soldaten genutzt wurde und allgemeinen Wohnzwecken zugeführt wird; in diesem Fall wird die Nutzung „Wohnen" nicht geändert. I. d. R. bedarf es dann noch nicht einmal einer Baugenehmigung, da die Nutzung nicht geändert wird;

Soweit die militärisch genutzte Fläche innerhalb bebauter Ortsteile liegt und – vor allem bei geringer Größe – insgesamt noch von der umliegenden Bebauung geprägt wird, ist das aufgelassene Militärgrundstück dem Innenbereich zuzurechnen. Dies gilt auch für größere Anlagen, z. B. Wohnsiedlungen, die von Soldaten und ihren Familien bewohnt wurden (sog. *„Housing Areas"*). Das BVerwG[157] hat dazu festgestellt, dass für solche Teile eines ehemaligen Militärgeländes, die einer zivilen Nutzung vergleichbaren Zwecken dienen (z. B. Wohnsiedlung, Kindergarten, Verwaltung usw.), eine Beurteilung nach § 34 Abs. 1 BauGB in Betracht kommt. Die sonstigen Voraussetzungen des § 34 Abs. 1 BauGB (Bebauung von gewissem Gewicht, die Ausdruck einer organischen Siedlungsstruktur ist) müssen ebenfalls erfüllt sein. Soweit auch eine zivile Bebauung in der Nachbarschaft als prägendes Element mit berücksichtigt werden kann, erleichtert dies eine planungsrechtliche Beurteilung nach § 34 Abs. 1 BauGB.

– eine außerhalb eines eigentlichen Kasernengeländes gelegene Anlage der **militärischen Verwaltung,** die künftig ohne Baugenehmigung zivilen Verwaltungszwecken dienen kann. Es handelt sich auch hier um die Aufnahme einer gleichartigen Nutzung[158]. Selbst wenn dabei allein wegen der Aufgabe der militärischen Nutzung eine Baugenehmigungspflicht besteht, steht dies dem nicht entgegen, wenn hierauf ein Anspruch besteht.

– Problematisch sind die in aller Regel auftretenden Fälle der „militärischen Mischnutzung" (Kasernenhof, Sportflächen, Werkstätten einerseits und Verwaltungs- und Wohngebäude andererseits). Strittig ist hier insbesondere die Frage einer **Anwendung des Mosaikprinzips,** da die Fläche ursprünglich einer einheitlichen militärischen Zweckbestimmung vorbehalten war. Es sind aber auch hier Fälle denkbar, wo die baulichen Anlagen der bisherigen militärischen Nutzung einen angrenzenden im Zusammenhang bebauten Ortsteil mitgeprägt haben, z. B. ein in der Innenstadt gelegenes Kasernengelände, das dominierende Verwaltungsgebäude an einer öffentlichen Straße aufweist, die der Bebauung auf der gegenüberliegenden Straßenseite entsprechen und das Gebiet prägen. Wenn zudem der Erhalt dieser Gebäude den städtebaulichen Vorstellungen der Gemeinde entspricht, diese möglicherweise zudem noch unter Denkmalschutz stehen und sich ohne bauliche Veränderungen eine zivile Anschlussnutzung geradezu aufdrängt (Bürogebäude), stehen für die Belange der Verkehrswertermittlung einer Qualifizierung dieser Flächen als privatwirtschaftlich nutzbares Bauland keine gewichtigen Gründe entgegen[159].

Das BVerwG[160] hat nur für den Fall einen Bestandsschutz für bauliche Anlagen verneint, in dem diese ausschließlich für öffentliche Zwecke errichtet wurden, und bezüglich einer Beseitigungsanordnung auf den Verhältnismäßigkeitsgrundsatz verwiesen. Bei dem hierzu geführten Streit, in dem auf die Notwendigkeit eines Bebauungsplans bzw. einer Baugenehmigung verwiesen wird, wird häufig übersehen, dass diese Problematik für die

---

157 BVerwG, Urt. vom 17.5.2002 – 4 C 6/01 –, GuG 2002, 314 = BRS Bd. 65 Nr. 233 = EzGuG 15.105.
158 BVerwG, Urt. vom 3.2.1984 – 4 C 25/82 –, BVerwGE 68, 360 = NJW 1984, 1771.
159 VG Regensburg, Beschl. vom 17.6.1996 – RN 65 96.1090 –, GuG 1997, 127.
160 BVerwG, Urt. vom 21.11.2000 – 4 B 36/00 –, GuG 2001, 249.

Verkehrswertermittlung **eher nur von theoretischer Bedeutung ist,** denn, soweit für die Nutzungsänderung ein Bebauungsplan tatsächlich zu fordern wäre, käme nach dem beschriebenen Sachverhalt auch nur eine solche Festsetzung in Betracht, die für die bestehenden baulichen Anlagen eine entsprechende zivile Nachfolgenutzung erlaubt. Diese wiederum wäre dann bei der Ermittlung des Verkehrswerts zu berücksichtigen, wobei lediglich der Faktor „Zeit" (und ggf. der Faktor „Kosten") mitberücksichtigt werden muss. Für die Ermittlung des Verkehrswerts ist es von daher vom Grundsatz her nicht entscheidend, ob in solchen Fällen die Notwendigkeit besteht, einen Bebauungsplan aufzustellen und eine Baugenehmigung einzuholen. Die Wertermittlung kann hier die juristische Streitfrage überbrücken, indem sie die mit Sicherheit zu erwartende höherwertige Nutzung **unter Berücksichtigung der Wartezeit und der Kosten** bis zur Realisierung dieser Nutzung zugrunde legt. Generell kann sogar gesagt werden, dass es für die Verkehrswertermittlung von Militärflächen, die einer zivilen Nutzung zugeführt werden sollen, weniger auf den derzeitigen rechtlichen Entwicklungszustand, sondern entscheidend auf die Wartezeit bis zu ihrer künftigen Baureife ankommt.

- Bestimmt sich der Entwicklungszustand einer im Innenbereich gelegenen **Militärfläche von** so **geringer Größe,** dass die dort vorhandene Umgebungsbebauung den im Zusammenhang bebauten Ortsteil prägt, so bleibt eine militärische Nutzung, die der den Innenbereich prägenden Bebauung widerspricht, unerheblich. Maßgebend für die Verkehrswertermittlung sind Art und Maß der den **Innenbereich** prägenden Bebauung in der Umgebung dieser Militärfläche (vgl. § 6 ImmoWertV Rn. 62).

Für den Fall der **Aufgabe einer militärischen Nutzung** folgt hieraus nicht „automatisch", dass an ihre Stelle ein „im Zusammenhang bebauter Ortsteil" mit Anspruch auf eine zivile Nachfolgenutzung entsteht. Die bisherige militärische Anlage kann zwar aufgrund ihres Quartiercharakters einen im Zusammenhang bebauten Ortsteil bilden, jedoch ist dieser dann regelmäßig durch die militärische Nutzung „geprägt", wenn die Fläche aus Werkstätten, Sportplätzen und dergleichen besteht.

Ein **ziviler Nutzungsanspruch** kann allerdings dann bestehen, wenn die baulichen Anlagen der militärischen Nutzung ein Gebiet überwiegend in einer Weise geprägt haben, die zugleich auch einer zivilen Nutzung entspricht, z. B.

- eine **reine Wohnanlage außerhalb eines eigentlichen Kasernengeländes**, die bislang von Soldaten genutzt wurde und allgemeinen Wohnzwecken zugeführt wird. In diesem Fall wird die Nutzung „Wohnen" nicht geändert; i. d. R. bedarf es dann noch nicht einmal einer Baugenehmigung, da die Nutzung nicht geändert wird;
- eine außerhalb eines eigentlichen Kasernengeländes gelegene Anlage der militärischen Verwaltung, die künftig ohne Baugenehmigung zivilen Verwaltungszwecken dienen kann. Es handelt sich auch hier um die Aufnahme einer „gleichartigen" Nutzung[161]. Selbst wenn dabei allein wegen der Aufgabe der militärischen Nutzung eine Baugenehmigungspflicht besteht, steht dies dem nicht entgegen, wenn hierauf ein Anspruch besteht.

7.2.3.2 Qualifizierung des maßgeblichen Entwicklungszustands i. S. des § 6 ImmoWertV

▶ *Vgl. Rn. 621; Syst. Darst. des Vergleichswertverfahrens Rn. 418 ff.*

Nach den vorstehenden Ausführungen bemisst sich der **Verkehrswert** aufgelassener bzw. aufzulassender Konversionsflächen, die einer privatwirtschaftlichen Nutzung zugeführt werden sollen, **nach den rechtlichen und tatsächlichen Merkmalen (Situationsgebundenheit), die sich nach Fortfall der öffentlichen Zweckbindung ergeben**, wobei die Wartezeit und Umnutzungskosten berücksichtigt werden müssen. Vereinfacht gesagt, die bisherige Zweckbindung muss weggedacht und es müssen die sich in der gleichen Sekunde einstellenden rechtlichen *und* tatsächlichen Zustandsmerkmale der Qualifizierung des Entwicklungszu-

---

161 BVerwG, Urt. vom 3.2.1984 – 4 C 25/82 –, BVerwGE 68, 60 = NJW 1984, 1771.

stands zugrunde gelegt werden. Dafür sind die bauplanungs- und städtebaurechtliche Situation des Grundstücks, aber auch seine tatsächlichen Situationsmerkmale nach Aufgabe der militärischen Nutzung maßgebend, insbesondere die Lage eines Grundstücks

- in einem Gebiet nach § 34 BauGB (vgl. Rn. 621),
- im unbeplanten Außenbereich (§ 35 BauGB),
- in einem Bebauungsplangebiet nach § 30 BauGB, der Festsetzungen über die zivile Anschlussnutzung enthält, einschließlich der Voraussetzungen nach § 33 BauGB für die Zulässigkeit einer baulichen Nutzung, sowie
- in einem Sanierungsgebiet oder städtebaulichen Entwicklungsbereich nach den §§ 136 ff. BauGB.

623 Ist für die Fläche bereits ein **Bebauungsplan** mit einer privatwirtschaftlichen Anschlussnutzung aufgestellt, kommt es des Weiteren für die Qualifizierung des Entwicklungszustands auf die Bodenordnung und -erschließung an, d. h., die Fläche kann Rohbauland oder bereits baureif sein. Die Qualifizierung des Entwicklungszustands wird bei alledem eine gesamtgebietliche Betrachtungsweise nicht immer erlauben. Vielmehr wird es entgegen anderer Auffassungen mitunter auch zweckmäßig sein können, die bisherige Militärfläche mosaikartig aufzuteilen. Im Einzelfall kann es sich zumindest bezüglich Teilflächen dabei um baureifes Land handeln, wenn die Erschließung gesichert ist. Sind die Grundstücke nach Lage, Form und Größe unzureichend gestaltet oder ist die Erschließung (noch) nicht gesichert, sind die Flächen als **Rohbauland** einzustufen. Des Weiteren ist wiederum die Wartezeit nach § 2 Satz 3 ImmoWertV bis zu ihrer Baureife zu berücksichtigen. Wertermittlungstechnisch vollzieht sich dies durch Abzinsung des „ausstehenden" Bodenwertzuwachses über die geschätzte Wartezeit (Bodenwertdifferenz × $1/q^n$). Die in der Syst. Darst. des Vergleichswertverfahrens unter Rn. 418 ff. dargelegten Berechnungsmethoden sind hier wiederum anwendbar.

624 **Ist ein Bebauungsplan nicht aufgestellt** worden und dessen Aufstellung auch nicht beabsichtigt, so kann **nach Aufhebung der militärischen Zweckbindung** gleichwohl als maßgeblicher Entwicklungszustand **„baureifes Land"** in Betracht kommen, nämlich

a) wenn die Fläche innerhalb eines im Zusammenhang bebauten Ortsteils liegt und aufgrund ihrer geringen Größe Bestandteil desselben wird, oder

b) wenn die Fläche – wie bereits dargestellt – aufgrund ihres Quartiercharakters und Eigengewichts einen im Zusammenhang bebauten Ortsteil bildet.

Für die Anwendung des § 34 BauGB kommt es auf die tatsächliche Bebauung an, unabhängig davon, ob sie Bestandsschutz genießt oder nicht[162].

▶ *Zur Einordnung einer Fläche in einen im Zusammenhang bebauten Ortsteil vgl. § 5 ImmoWertV Rn. 174, 208 ff., 234; § 6 ImmoWertV Rn. 58 ff.*

625 **Im Außenbereich gelegene Militärflächen,** die nicht das gemäß § 34 Abs. 1 BauGB erforderliche Bebauungsgewicht aufweisen (z. B. Flugplätze, Depots, Bunkeranlagen, Kasernenanlagen mit Übungsplätzen), **bleiben nach Aufgabe der militärischen Nutzung Außenbereich,** wenn nicht ein Bebauungsplan mit ziviler Anschlussnutzung aufgestellt werden soll oder bereits aufgestellt worden ist[163]. Ausnahmen stellen z. B. die bereits angesprochenen im Außenbereich gelegenen reinen Wohnanlagen dar, die für zivile Wohnzwecke eine Anschlussnutzung finden.

Soweit die militärisch genutzte Fläche außerhalb der im Zusammenhang bebauten Ortsteile liegt und nicht das nach § 34 Abs. 1 BauGB erforderliche Bebauungsgewicht besitzt (z. B. nur vereinzelte Gebäude, oberirdische Munitionslager, Depots, Bunkeranlagen, u. U. Flugplätze, Übungsplätze, Rake-

---

162 BVerwG, Urt. vom 17.5. 2002 – 4 C 6/01 –, GuG 2002, 314 = EzGuG 15.105; zur Möglichkeit einer Beseitigungsverfügung BVerwG, Beschl. vom 21.11.2000 – 4 B 36/00 –, GuG 2001, 249 = NVwZ 2001, 557; Wahl, Abschied von den Ansprüchen aus Art. 14 GG, in Bender, u. a. (Hrsg.), Festschrift für Redeker, 1993, 245.
163 OVG Lüneburg, Urt. vom 21.1.2000 – 1 L 4202/99 –, BauR 2000, 1030; gleicher Auffassung Tiemann in BBauBl. 1992, 819.

tenstationen), ist von einer Einordnung als Anlage im Außenbereich auszugehen. Dies trifft auf die Mehrheit der ehemaligen Militärgelände zu.

Ebenfalls dem Außenbereich zuzurechnen sind abgrenzbare Flächen einer militärischen Gesamtanlage auch innerhalb zusammenhängend bebauter Ortsteile, die keine oder nur planungsrechtlich unbedeutende Bebauung aufweisen, die aber bereits so groß sind, dass sie nach allgemeinen Grundsätzen nicht als im Zusammenhang bebaute Ortsteile zu qualifizieren sind. Dies hat zur Folge, dass dort lediglich die für den Außenbereich privilegierten Nutzungen zulässig sind.

Nach § 35 Abs. 2 BauGB können im Einzelfall auch sonstige Vorhaben zugelassen werden, die öffentliche Belange nicht beeinträchtigen. Eine Beeinträchtigung wird aber zumeist gegeben sein, sodass in Außenbereichsanlagen die Zulässigkeit von Vorhaben regelmäßig erst durch ein formelles Bauleitplanverfahren geschaffen werden muss.

Zum Außenbereich gehören auch abgrenzbare Militärflächen innerhalb im Zusammenhang bebauter Ortsteile, die nach ihrer Größenordnung eine zwanglose Fortsetzung der vorhandenen Bebauung nicht aufdrängen[164]. Sie stellen einen „Außenbereich im Innenbereich" dar, wobei solche Militärflächen auch am Ortsrand gelegen sein können. Sie haben grundsätzlich keinen Bestandschutz, jedoch können an den Grenzrändern die vorerwähnten Probleme auftreten.   **626**

Die Einordnung der Fläche als Außenbereichsfläche schließt nicht aus, dass es sich dennoch um warteständiges Bauland handeln kann, insbesondere, wenn ohne spekulative Motive eine „bauliche Nutzung" in absehbarer Zeit erwartet werden kann. Dies wäre z. B. durch eine entsprechende Darstellung im Flächennutzungsplan begründet. Daneben können es auch tatsächliche und sonstige Gegebenheiten sein, die eine Bauerwartung begründen. Auch § 5 Abs. 2 ImmoWertV fordert dafür nicht zwingend die entsprechende Darstellung in einem Flächennutzungsplan. Hier muss die Rechtsprechung des BGH zur allgemeinen Bauerwartung aufgrund eines Siedlungsdrucks, der Lage des Grundstücks innerhalb des Siedlungsgebiets sowie die vorhandene Infrastruktur einschließlich günstiger Verkehrsverhältnisse beachtet werden; danach steht selbst eine die Bebauung (noch) ausschließende Planung einer Bauerwartung nicht entgegen, weil Planungen auch geändert[165] werden können.   **627**

Auch hier ist die **Wartezeit** der entscheidende Wertermittlungsparameter.

In **Sanierungsgebieten und städtebaulichen Entwicklungsbereichen** (vgl. Teil VI Rn. 201 ff.) wird auch für aufgelassene Militärflächen als Verkehrswert der dort maßgebliche sanierungs- oder entwicklungsunbeeinflusste Grundstückswert ermittelt; d. h., der Entwicklungszustand bestimmt sich grundsätzlich nach dem **Zustand, den das Grundstück bei Aufgabe der militärischen Nutzung, jedoch unter Ausschluss von Werterhöhungen aufgrund der Aussicht auf die Maßnahmen sowie der Vorbereitung und Durchführung der anstehenden Maßnahmen hätte.** Dabei können die vorstehenden Grundsätze zur Anwendung kommen, jedoch darf dabei allerdings insbesondere nicht die Werterhöhung aufgrund eines Sanierungs- oder Entwicklungsmaßnahmebebauungsplans in die Verkehrswertermittlung eingehen. Maßgebend sind also allein die rechtliche Qualität und der tatsächliche Zustand des Grundstücks nach Aufgabe der militärischen Nutzung zu dem Zeitpunkt, als eine Aussicht auf Vorbereitung und Durchführung der genannten städtebaulichen Veranstaltungen nicht bestehen konnte. Allgemeine Erwartungen und die allgemeinen Situationsverhältnisse, die auch ohne eine Sanierungs- bzw. Entwicklungsmaßnahme bestehen würden, sind hingegen zu berücksichtigen.   **628**

Im **Ergebnis** bedeutet dies, dass eine Fläche entweder   **629**

– im Innenbereich als baureifes Land (Art und Maß der baulichen Nutzung nach der Umgebung),

– als „reine" Außenbereichsfläche (ohne Entwicklungschancen) oder

– als Außenbereichsfläche mit mehr oder minder großer Bauerwartung

---

164 BVerwG, Urt. vom 6.11.1968 – 4 C 2/66 –, BVerwGE 31, 20 = EzGuG 8.27.
165 BGH, Urt. vom 20.12.1963 – III ZR 60/63 –, BGHZ 40, 312 = EzGuG 14.17.

einzustufen ist. In Gebieten, wo die rechtlichen Voraussetzungen für die Durchführung einer Entwicklungsmaßnahme vorliegen, d. h. das Wohl der Allgemeinheit die Durchführung der Maßnahme unter Anwendung des besonderen Bodenrechts erfordert, kann es sich bei alledem zwar um eine **Bauerwartung, jedoch i. d. R. nicht um eine „hochkarätige" Bauerwartung** handeln, denn erst die Entwicklungsmaßnahme – verbunden mit dem intensiven Einsatz der Verwaltungskapazität der Gemeinde oder eines Trägers (Organisationsrecht), dem i. d. R. hohen finanziellen Einsatz (Förderung) und den dabei zur Anwendung kommenden bodenrechtlichen Instrumenten – rückt die städtebauliche Entwicklung in eine greifbare Nähe.

7.2.3.3 Bauliche Anlagen und sonstige Einrichtungen

630 Der **Wert(anteil) baulicher Anlagen** und sonstiger Einrichtungen wird ebenso wie der Entwicklungszustand entscheidend **durch die künftige Nutzung** (Nutzbarkeit) **bestimmt**. Sie bestimmt, welche Gebäude, sonstigen baulichen Anlagen und Einrichtungen sich in die künftige Nutzung integrieren lassen.

Der **Wert der Gebäude** bemisst sich nach dem, was bei wirtschaftlich vernünftigem Verhalten weiter Verwendung finden kann, und zwar unter Berücksichtigung von

– Anpassungs- und Umgestaltungsmaßnahmen,
– Freilegungskosten,
– Sicherungsmaßnahmen,
– Verwertungserlösen für nicht weiter verwendbare Bauteile sowie
– Zeitverlusten für Umgestaltungsmaßnahmen.

Entsprechendes gilt für die **sonstigen Einrichtungen.** Es bedarf hier ebenfalls einer genauen Bestandsaufnahme und Prüfung, in welchem Umfang die Anlagen Weiterverwendung finden können, wobei Kosteneinsparungen, aber auch Zusatzkosten auftreten können. Zum Beispiel kann die Weiterverwendung einer „gut zementierten" Panzerstraße erforderlich machen, dass zusätzlich ein Grünstreifen für Gemeinbedarfszwecke festgesetzt werden muss, um die notwendigen Versorgungsleitungen verlegen zu können.

Der **Anwendung des Ertragswertverfahrens** ist bei der Ermittlung des Gebäudewertanteils grundsätzlich der Vorzug zu geben[166]. Das Verfahren wird i. d. R. für die künftig zivilen Zwecken dienenden Anlagen zu marktorientierten Ergebnissen führen. Nur in Ausnahmefällen wird sich die **Anwendung des Sachwertverfahrens** empfehlen; die Anwendung des Vergleichswertverfahrens dürfte für bebaute Militärflächen dagegen in aller Regel schon mangels Vergleichspreisen ausscheiden.

631 Die Anwendung des Ertragswertverfahrens gewährleistet, dass die **künftige wirtschaftliche Nutzbarkeit baulicher Anlagen** maßgeblich die Wertfindung bestimmt, während die Anwendung des Sachwertverfahrens regelmäßig zu Ergebnissen führen muss, die bei eingeschränkter wirtschaftlicher Verwertbarkeit den „Wert" widerspiegeln, den die Sache gerade nicht wert ist. Vielen Sachverständigen ist es bis heute nicht geläufig, dass bereits im Rahmen der Sachwertermittlung eine eingeschränkte wirtschaftliche Verwendbarkeit berücksichtigt werden muss (§ 8 Abs. 3 ImmoWertV). Wer dies „vergisst" und über den Sachwert nach § 7 Abs. 1 Satz 2 zum Verkehrswert gelangen will, muss Marktanpassungsabschläge (§ 8 Abs. 2 ImmoWertV) anbringen, die allein schon aufgrund ihrer Größenordnung das Versagen des Sachwertverfahrens eindrucksvoll markieren.

Nicht untypisch für die Anwendung des Ertragswertverfahrens ist der Fall, dass eine ertragsbringende Weiternutzung verwendungsfähiger baulicher Anlagen einen sehr hohen **Instandsetzungs- bzw. Umnutzungsbedarf** bedingt. Wertermittlungstechnisch wird in solchen Fällen zunächst der fiktive Ertragswert auf der Grundlage eines instand gesetzten bzw. umgenutzten Gebäudes ermittelt. Dieser (fiktive) Ertragswert wird dann um die Instandsetzungs- bzw. Umnutzungskosten vermindert. Es handelt sich hierbei um eine Kombination aus

---

[166] Auch BGH, Urt. vom 24.1.1963 – III ZR 149/61 –, BGHZ 39, 40 = EzGuG 20.34.

Ertragswert- und Sachwertverfahren, denn die „gegengerechneten" Instandsetzungs- bzw. Umnutzungskosten sind ihrer Natur nach dem Sachwertverfahren zuzurechnen. Soweit das Sachwertverfahren in solchen Fällen abgelehnt wird, weil es zu überhöhten Werten führe, müssen solche Bedenken auch gegen diese Methode bestehen, zumal diese Methode im Zuge von Verkaufsverhandlungen käuferseitig dazu „verführt", mit preisdämpfender Wirkung überhöhte Instandsetzungs- und Umnutzungsansprüche zu stellen[167]. Diese Methode kann im Übrigen auch als Extraktionsverfahren (Residualwertverfahren) angesehen werden, die ohnehin kritisch beurteilt werden muss.

7.2.3.4 Komplexe Wertermittlungsansätze (Extraktionsverfahren; Residualwertverfahren)

▶ Vgl. Syst. Darst. des Vergleichswertverfahrens Rn. 447 ff.

Die Probleme der Verkehrswertermittlung aufgelassener Konversionsflächen konzentrieren sich derzeit noch sehr stark auf die Frage der Bodenwertermittlung und der ihr zugrunde zu legenden Qualifizierung des Entwicklungszustands. Dies muss für sich konfliktträchtig bleiben, selbst wenn der maßgebliche Entwicklungszustand einwandfrei ermittelt worden ist. Der **Erwerb** einer **solchen Fläche ist** nämlich für jeden Investor auch darüber hinaus **sehr risikobehaftet:** 632

– Zum einen geht er ein erhebliches Risiko ein, wenn und soweit er mit dem Verkehrswert die künftige Nutzung vorwegnimmt, auch wenn dabei die Wartezeit möglichst einschließlich der Realisierungschancen berücksichtigt wird.

– Zum anderen ist die Aufgabe, eine bislang militärische in eine zivile Nutzung zu überführen – vergleichbar mit der Umnutzung aufgelassener Industriekomplexe – derartig komplex, dass sie nur von einem erfahrenen Träger möglichst in einem einheitlichen Verfahren bewältigt werden kann. Dabei treten aufgrund der notwendig werdenden Bodenordnungs-, Erschließungs-, Freilegungs- und Umbaumaßnahmen Kosten in einer Größenordnung auf, die vielfach und vielleicht sogar in den meisten Fällen noch nicht einmal durch die maßnahmenbedingte Werterhöhung ausgeglichen werden.

Ohne eine konkretisierende Planungsvorstellung der Gemeinde wird ein Investor diese Kosten auch kaum quantifizieren können. Auf der anderen Seite muss die Planung auch so flexibel ausgestaltet sein, dass kostengünstige und zugleich bedarfsgerechte Lösungen unter Berücksichtigung des Bestands gefunden werden können. Soweit zur Bewältigung dieser Aufgabe nicht eine städtebauliche Entwicklungsmaßnahme eingeleitet wird, bietet sich hier vor allem ein **städtebaulicher Vertrag** an, wobei die Grunderwerbskosten – losgelöst von den klassischen Wertermittlungsverfahren – im Wege des Extraktionsverfahrens (Residualwertverfahrens, vgl. Syst. Darst. des Vergleichswertverfahrens Rn. 447 ff.) ermittelt werden könnten. Bei Anwendung dieses Verfahrens erübrigt sich die streitbefangene Ermittlung des maßgeblichen Entwicklungszustands. Der für den Erwerb der Fläche tragbare Grundstückspreis ergibt sich vielmehr dann aus dem Verkehrswert der Flächen nach Abschluss der rechtlichen und tatsächlichen Neuordnung der Grundstücke unter Abzug der dafür aufzubringenden Kosten einschließlich eines Unternehmergewinns. Bei dieser Vorgehensweise tragen planungsbedingte Wertsteigerungen zur Finanzierung der Maßnahme bei, wie dies im Übrigen auch im Falle der Durchführung einer städtebaulichen Entwicklungsmaßnahme der Fall ist.

Die **Anwendung des Extraktionsverfahrens (Residualwertverfahrens)** ist allerdings in höchstem Maße risikobehaftet und fehleranfällig. In Nr. 2.3.1 WERTR 06 wird darauf hingewiesen, dass eine Ableitung des Bodenwerts aus Vergleichspreisen oder Bodenrichtwerten eines Entwicklungszustands „höherer" Qualität nur in besonderen Ausnahmefällen in Betracht kommt und insbesondere dann auf Bedenken stößt, wenn der dabei zu berücksichtigende Wertunterschied den Ausgangswert überproportional übersteigt.

---

[167] RdErl. des BMBau vom 12.10.1993, BAnz Nr. 199, S. 9630 = GuG 1994, 42.

V Besondere Immobilienarten   Gemeinbedarfsfläche

Zu der vorstehenden Verfahrensweise ist zunächst darauf hinzuweisen, dass im Falle von sehr hohen Instandsetzungs- bzw. Umnutzungskosten, die den fiktiven Gebäudeertragswert mit der Folge überschreiten, dass im Ergebnis der „reine" Bodenwert „an- bzw. sogar aufgefressen" wird, der **Liquidationswert als Mindestwert** für die Verkehrswertermittlung maßgeblich sein muss. In solchen Fällen bemisst sich der Verkehrswert nach Maßgabe des § 16 Abs. 3 ImmoWertV. Hierbei handelt es sich aber – wie zu betonen ist – zunächst nur um einen Mindestwert. Darüber hinaus muss nämlich noch geprüft werden, ob die im Erlass des BMBau vom 12.10.1993[168] geregelte Vorgehensweise sachgerecht ist (vgl. Rn. 528 ff.).

633 Die Anwendung der in diesem Erlass dargelegten Grundsätze ist generell geboten, unabhängig davon, ob Instandsetzungs- bzw. Umnutzungskosten in einem Umfang anfallen, dass damit der **Bodenwert „an- oder aufgefressen"** wird. Dies wird nachstehend an einem der Praxis entnommenen Beispiel erläutert:

Beispiel:

Grund und Boden:

Grundstücksteilfläche:	=	4 363 m²
Bodenwert	=	200 €/m²
Bodenwert insgesamt	=	872 600 €

Instandsetzungs- und umstrukturierungsbedürftiges Gebäude:

Instandsetzungs- und Umstrukturierungsbedarf 5,5 Mio. €	=	1 104,50 €/m²
Gesamte Nutzfläche	=	4 980 m²
Durchschnittliche Nettokaltmiete/Grundmiete (nach Modernisierung)	=	9,30 €/m²/Monat
Bewirtschaftungskosten rd. 15 %	=	1,40 €/m² NF
Jährlicher Reinertrag: 4 980 m² × 9,30 €/m² × 12 × 0,85	=	rd. 472 403 €
Liegenschaftsverzinsung	=	6,5 %

Die Anwendung des Ertragswertverfahrens führt in einem solchen Fall zu folgendem Ergebnis:

RE = (9,30 €/m²/Monat – 1,40 €/m²/Monat) × 4 980 m² × 12 Monate	=	472 104 €
abzüglich Bodenwertverzinsungsbetrag (= 4 363 m² × 200 €/m² × 0,065)	=	– 56 719 €
Reinertrag der baulichen Anlage	=	415 385 €
× Vervielfältiger = 15,03 bei 60 Jahren und 6,5 %		
= Gebäudeertragswert	=	6,243 Mio. €
+ Bodenwert	=	+ 0,873 Mio. €
– Modernisierungskosten	=	– 5,500 Mio. €
= **vorläufiger Ertragswert**	=	**1,616 Mio. €**

In dem *Beispiel* wird der Ertragswert durch die hohen „Instandsetzungs- und Umstrukturierungskosten" erschlagen, wobei man sich dabei eigentlich darüber im Klaren sein sollte, dass das Ertragswertverfahren in solchen Fällen weitgehend zum Sachwertverfahren „mutiert", denn die Instandsetzungs- und Umstrukturierungskosten „fressen" den Gebäudeertragswert nahezu auf. Der Ansatz der „vollen" Umstrukturierungskosten wird damit begründet, dass sie von „jedem" Erwerber aufzubringen seien und deshalb auch in voller Höhe berücksichtigt werden müssten. Bei dieser Sichtweise kann umgekehrt ins Feld geführt werden, dass für jeden Erwerber die Bausubstanz einen **Restwert** aufweist, **der sich aus dem Unterschied gegenüber den Neubaukosten pro m² Nutzfläche ergibt,** d. h. die brachliegende Bausub-

---

[168] BAnz Nr. 199; 1993, 9630 = GuG 1994, 42.

stanz zu **Ersparnissen bei der Umstrukturierung** im Vergleich zur Neubebauung führt; für diese müssen ebenfalls die „vollen" Herstellungskosten aufgebracht werden.

Diese **Betrachtungsweise** führt **überschlägig** zu folgendem Ergebnis: **634**

Sachwertverfahren (vereinfacht)

Nutzfläche	=	4 980 m²
Herstellungskosten (Neubau)	=	1 500 €/m²
Sachwert: 4 980 m² × 1 500 €/m²	=	7,47 Mio. € (Neubau)
ersparte Herstellungskosten:		
1 500 €/m² – 1 104,50 €/m²	=	395,50 €/m²
4 980 m² × 395,50 €/m²	=	1,870 Mio. €
+ Bodenwert	=	+ 0,873 Mio. €
= Sachwert		2,843 Mio. € = 38 %
Ertragswert (nachrichtlich)		1,616 Mio. €

Die **Wahl zwischen beiden Verfahren** ist in solchen Fällen oft schwierig. Allgemein kann gelten, dass die vorgestellte Sachwertermittlung zumindest in solchen Fällen in Betracht gezogen werden muss, in denen nach den Situationsmerkmalen im gewöhnlichen Geschäftsverkehr für jeden Erwerber *keine Alternative zur Errichtung eines Neubaus besteht, d. h., auch ersatzweise eine Anmietung nicht in Betracht kommt, und die Umstrukturierung des vorhandenen Gebäudes im Vergleich zum Neubau wirtschaftliche Vorteile bietet.*

Ein Investor bzw. ein potenzieller Erwerber wird dies im Rahmen von Verkaufsverhandlungen stets in Abrede stellen, weil er natürlich am Erwerb eines Grundstücks zum Bodenwert unter Berücksichtigung der Freilegungskosten interessiert ist und erst im Anschluss daran gewinnbringende Überlegungen anstellt, inwieweit er die vorhandene Restbausubstanz verwertet. Allgemein kann hier die Behauptung gewagt werden, dass Sachverständige sich häufig allzu schnell einer „Abbruchmentalität" beugen und nicht realitätsbezogen bedenken, ob nicht eine **Restbausubstanz auch für eine Neubebauung Weiterverwendung finden kann.** Indessen gebietet es die unparteiische Stellung des Sachverständigen, auch die Momente zu bedenken, die seitens des (verkaufsbereiten) Eigentümers – alternativ zum Verkauf – bestehen müssen und auf eine möglichst werterhaltende Verwertung gerichtet sind. Der Eigentümer wird sich im gewöhnlichen Geschäftsverkehr nur der Verkehrswertermittlung auf der Grundlage einer Verwertungskonzeption beugen, die wirtschaftlich optimiert ist. Andernfalls würde er seine Immobilie anderen Erwerbswilligen anbieten oder selbst die wirtschaftlich optimale Verwertungskonzeption betreiben. Aus der Beobachtung, dass Sachverständige in vielen solcher Fälle – manchmal vorschnell – den Liquidationswert ermittelt haben und anschließend beobachtet werden konnte, dass der Investor die Altsubstanz weiterverwendet hat, kann allgemein die Schlussfolgerung gezogen werden, dass Grundstückswertermittler in solchen Fällen allzu leichtfertig mitunter den Liquidationswert ermittelt haben.

7.2.3.5 Bodenverunreinigungen

Bei der Veräußerung von altlastenverdächtigen und altlastenbehafteten Grundstücken prakti- **635** ziert der Bund die unter § 6 ImmoWertV Rn. 357 ff. beschriebene Verfahrensweise.

Im Übrigen werden bundeseigene Grundstücke verbilligt abgegeben; der **unter Anwendung der Verbilligungsregeln erzielte Preis ist** damit **nicht zugleich dem Verkehrswert gleichzusetzen.**

Bei Einbeziehung einer Konversionsfläche in eine städtebauliche Sanierungsmaßnahme muss der Bund den Erwerb des Grundstücks unter Anwendung des **§ 153 Abs. 1, ggf. i. V. m. § 169 Abs. 4 Nr. 6 BauGB** gegen sich gelten lassen. Das Grundstück kann ggf. im Wege der Enteignung erworben werden, wobei sich die Entschädigung wiederum nach den genannten Vorschriften bemisst.

7.3 Bleibender Gemeinbedarf

Schrifttum: *Debus, M.,* GuG 1994, 7; *Kleiber, W.,* Bewertung öffentlichen Straßenlandes, GuG 2011, 105.

▶ *Zu Gemeinbedarfsflächen und zur Verfahrenswahl vgl. § 8 ImmoWertV Rn. 130 ff.*

7.3.1 Allgemeines

636 **Gemeinbedarfsflächen, die** sich bereits im **Eigentum der öffentlichen Hand** befinden und **auf absehbare Zeit einer öffentlichen Zweckbindung vorbehalten bleiben, haben keinen Verkehrswert,** da sie dem gewöhnlichen Geschäftsverkehr entzogen sind (vgl. Rn. 597).

Die Aufgabe, den Wert solcher Flächen zu ermitteln, stellt sich insbesondere, wenn der **Bedarfsträger wechselt,** weil die Fläche einer anderen öffentlichen Nutzung zugeführt werden soll. Der hierzu gegebene Hinweis, für „spezielle", nicht marktgängige Objekte als Verkehrswert den Preis anzusetzen, der gezahlt werden würde, wenn ein gewöhnlicher Grundstücksverkehr bestünde, hilft hier nicht weiter. Da für derartige Objekte gerade kein entsprechender Grundstücksmarkt besteht, müsste ein anderer Teilmarkt unterstellt werden, der aber für derartige Objekte nicht einschlägig wäre.

637 **Grundsätzlich ist** bei alledem **zu unterscheiden zwischen**

a) Gemeinbedarfsflächen, die auch nach dem Eigentumswechsel *derselben öffentlichen Nutzung* vorbehalten bleiben, bei denen lediglich der Träger der Nutzung wechselt, und

b) Gemeinbedarfsflächen, die nach dem Eigentumswechsel *einer anderen als der bisherigen öffentlichen Nutzung* zugeführt werden (Wechsel der öffentlichen Nutzung).

Abb. 4: Wechsel von Gemeinbedarfsflächen

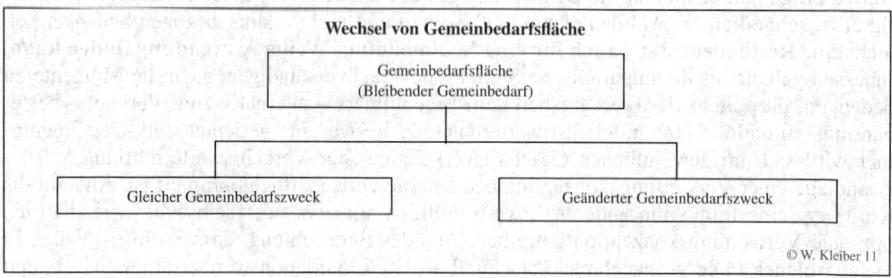

Vor allem im ersten Fall (Wechsel des Bedarfsträgers) entfällt eine Bewertung, wenn aufgrund gesetzlicher Regelungen eine unentgeltliche Übertragung vorgesehen ist.

Die Bestimmung des Werts einer solchen Fläche **stellt keine Aufgabe der Verkehrswertermittlung dar.** Es geht hier vielmehr um die Ermittlung eines „gerechten" Preises, der den unterschiedlichen Interessenlagen des Käufers und des Veräußerers Rechnung trägt. Dies kann von Fall zu Fall unterschiedlich beurteilt werden:

Der Wert dieser Flächen kann deshalb nur unter Berücksichtigung aller Umstände i. S. des § 287 ZPO auf der Grundlage von „Hilfskonstruktionen" bestimmt werden, die den berechtigten Interessen auf Seiten des Verkäufers und des Käufers in ausgewogener Weise Rechnung tragen.

Folgende **Hilfskonstruktionen** bieten sich an:

1. Pauschalierte Bruchteilsbewertung,
2. Bewertung nach Umgebungsbebauung,
3. Anerkennungsbetrag bzw. unentgeltliche Übertragung,

4. Bewertung nach dem Vorwirkungsgrundsatz:

   a) historisches Beschaffungswertprinzip,

   b) aktualisiertes Beschaffungswertprinzip,

5. Ersatzbeschaffungsprinzip.

In den nachfolgenden Ausführungen wird davon ausgegangen, dass eine Gemeinbedarfsfläche *ausschließlich* einer Nutzung für öffentliche Zwecke vorbehalten ist. In einer Reihe von Fällen ist aber nicht auszuschließen, dass die **vorgegebene Nutzung auch von einem privaten Bedarfsträger mit eingeschränkter Rendite ausgeübt wird.** In diesen Fällen lässt sich der Wert dieser Flächen auf der Grundlage der eingeschränkten Rendite ermitteln, wobei die sich für einen privaten Bedarfsträger ergebenden Vor- und Nachteile angemessen berücksichtigt werden müssen. Öffentliche Gebühren sind dabei nicht als Erträge berücksichtigungsfähig.

Soweit eine **Gemeinbedarfsfläche ausnahmsweise einen nicht unwesentlichen nachhaltigen Ertrag abwirft,** muss dies bei der Bewertung berücksichtigt werden; dieser Fall ist in erster Linie gegeben, wenn die Gemeinbedarfsfläche auf einen privaten Bedarfsträger (Schule, Krankenhaus und dgl.) übergeht und dieser Vorteile aus der Nutzung ziehen kann. Im Hinblick auf den Gemeinbedarfszweck ist dabei regelmäßig nur eine eingeschränkte Rendite erzielbar, wobei nach der gegebenen Rechtskonstruktion Vor- und Nachteile berücksichtigt werden müssen. Die gegenüber einem vergleichbaren unbeschränkt nutzbaren Grundstück eingeschränkte Rendite lässt sich bei der Bewertung des Grundstücks im Verhältnis zu dem Verkehrswert eines ansonsten vergleichbaren uneingeschränkt nutzbaren Grundstücks anteilig berücksichtigen. 638

7.3.2 Pauschalierte Bruchteilsbewertung

▶ *Vgl. Rn. 562 ff.; § 8 ImmoWertV Rn. 170 ff.*

Die mancherorts bestehende Gepflogenheit, den Wert einer Gemeinbedarfsfläche nach einem bestimmten Prozentsatz des angrenzenden privatwirtschaftlich nutzbaren baureifen Landes zu bemessen, ist grundsätzlich abzulehnen, weil dies ein letztlich willkürlicher und nicht begründbarer Ansatz wäre. Allenfalls bei der Wertermittlung von Vorgartenflächen konnte diese Vorgehensweise („pauschalierte Bruchteilsbewertung") unter bestimmten Voraussetzungen zur Anwendung kommen, jedoch ist die Methode angesichts der BGH-Rechtsprechung zum **Teilmarkt** fragwürdig geworden. 639

7.3.3 Bewertung nach Umgebungsbebauung

Abzulehnen ist des Weiteren die Praxis, den Wert einer Gemeinbedarfsfläche nach dem Verkehrswert zu bemessen, der sich fiktiv im Falle einer Aufhebung der öffentlichen Zweckbindung für das Grundstück nach „fingierter" Maßgabe des § 34 BauGB und der sog. Umgebungsbebauung ergeben würde. Da bei einem auf Dauer der öffentlichen Zweckbindung vorbehaltenen Grundstück gerade nicht mit der Aufhebung der öffentlichen Nutzung zu rechnen ist, muss diese Vorgehensweise zu sachlich nicht vertretbaren (i. d. R. „übersetzten") Ergebnissen führen. 640

7.3.4 Anerkennungsbetrag bzw. unentgeltliche Übertragung

Geht mit der Veräußerung des Grundstücks allein die Trägerschaft auf den Erwerber über, ohne dass die öffentliche Zweckbindung geändert wird, kann eine **unentgeltliche Übertragung** in Betracht kommen, denn Gemeinbedarfsflächen werfen i. d. R. keinen Ertrag ab, sondern verursachen bei dem Träger eher nur Kosten. Dies betrifft insbesondere die im Gemeingebrauch befindlichen Verkehrs- und Grünflächen, für deren Übertragung die gesetzlichen Regelungen deshalb regelmäßig keine Entschädigung vorsehen (vgl. § 6 Abs. 1b 641

V Besondere Immobilienarten Gemeinbedarfsfläche

FStrG)[169]. Dies stützt sich auf die ständige Rechtsprechung des BVerfG[170], nach der Art. 14 GG als Grundrecht nicht das Privateigentum, sondern das Eigentum Privater schützt. Demzufolge „greift" ein Grundrechtsschutz z. B. nicht, soweit gemeindliches Eigentum der Erfüllung öffentlicher Aufgaben dient. Infolgedessen gibt es für solche Flächen weder eine Bestands- noch eine Wertgarantie.

Im Gemeingebrauch befindliche Gemeinbedarfsflächen sind demzufolge nicht zu werten, soweit gesetzliche Regelungen vorhanden sind, die eine unentgeltliche Übertragung vorsehen. Dies gilt vor allem bei Gemeinbedarfsflächen, die nach dem Eigentümerwechsel derselben öffentlichen Nutzung vorbehalten bleiben. Soweit keine derartigen Regelungen bestehen, ist, da grundsätzlich keine rentierliche Nutzung aus den angesprochenen Flächen zu ziehen ist, allenfalls ein geringer Anerkennungsbetrag in Ansatz zu bringen (z. B. bei im Gemeingebrauch befindlichen Verkehrs- und Grünflächen, bei Wechsel der Straßenbaulast von Straßenbaugrundstücken).

642 Ansonsten ist die Praxis abzulehnen, als Wert der Gemeinbedarfsfläche einen Anerkennungsbetrag[171] festzusetzen, da auch diese Methode letztlich willkürlich wäre (so aber Nr. 5.1.1.3 WERTR 06).

Nr. 5.1.1.3 WERTR 06 sieht folgende Regelung vor:

„Im Gemeingebrauch befindliche Gemeinbedarfsflächen sind im Übrigen nicht zu werten, soweit gesetzliche Regelungen vorhanden sind, die eine unentgeltliche Übertragung vorsehen. Dies gilt vor allem bei Gemeinbedarfsflächen, die nach dem Eigentümerwechsel derselben öffentlichen Nutzung vorbehalten bleiben. Soweit keine derartigen Regelungen bestehen, ist, da grundsätzlich keine rentierliche Nutzung aus den angesprochenen Flächen zu ziehen ist, allenfalls ein geringer Anerkennungsbetrag in Ansatz zu bringen (z. B. bei im Gemeingebrauch befindlichen Verkehrs- und Grünflächen, bei Wechsel der Straßenbaulast von Straßenbaugrundstücken).

Dienen Grundstücke oder Grundstücksteile dem Gemeinbedarf, ohne dass die Eigentums- und Entschädigungsfragen geregelt worden sind, ist allerdings vorab zu klären, ob ein Anspruch auf Entschädigung besteht, der ggf. nach Nummer 5.1.3 zu behandeln ist. Entscheidend ist die nach Landesrecht und nach Ortssatzung mögliche unterschiedliche Regelung."

Das **Fernstraßengesetz** sieht deshalb wie die Straßengesetze der Länder beim Wechsel der Straßenbaulast einen entschädigungslosen Eigentumsübergang an Straßenbaugrundstücken vor. Grundsätzlich ist es aufgrund der vorstehend erläuterten Rechtslage bei alledem unerheblich, ob das **Straßengrundstück** Straße bleibt oder ob es für andere öffentliche Aufgaben Verwendung finden soll, jedoch wird man den entschädigungslosen Übergang auf solche Gemeinbedarfsflächen beschränken müssen, die für den bisherigen Träger entbehrlich geworden sind, weil sonst die Erfüllung seiner öffentlichen Aufgaben gefährdet wäre. Ist er aufgrund seines Verfassungsauftrags gehalten, Ersatz zu beschaffen, oder wird seine Vermögenslage im Hinblick auf seine sonstigen Aufgaben beeinträchtigt, muss man ihm einen lastenausgleichsähnlichen Anspruch auf Kostenausgleich für die Ersatzbeschaffungsmaßnahmen unter Anwendung der anerkannten Grundsätze wie Vorteilsausgleich und Abzug hinsichtlich „Neu für Alt" einräumen[172].

643 Eine unentgeltliche Übertragung ist bei **Fortführung der abstrakt gleichen Gemeinbedarfsnutzung** durch den Erwerber (wenn sich der Nutzerkreis ändert; z. B. eine von Militärangehörigen genutzte Schule wird infolge eines Truppenabzugs zum Zwecke der „Nachnutzung durch andere Schüler" veräußert) in vielen Fällen unbillig. In solchen Fällen käme eine Ermittlung des Werts

---

[169] VG Freiburg, Urt. vom 1.10.1969 – VS I 186/68 –, KStZ 1970, 75 = EzGuG 18.45.
[170] BVerfG, Beschl. vom 8.7.1982 – 2 BvR 1187/80 –, BVerfGE 61, 82 = EzGuG 6.216a; BGH, Urt. vom 31.11.1974 – III ZR 45/72 –, BGHZ 63, 196 = EzGuG 18.62.
[171] OLG Hamm, Urt. vom 3.12.1954 – 9 U 222/52 –, BIGBW 1961, 147 = AVN 1963, 123 = EzGuG 18.2; OLG Hamm, Urt. vom 27.6.1965 – 16 U1/64 –, AVN 1966, 511 = EzGuG 18.27; 1/10 des Baulandwerts; von einem symbolischen Wert spricht das OLG Bremen, Urt. vom 14.1.1970 – UB 13/68 –, BauR 1970, 103 = EzGuG 18.47.
[172] BGH, Urt. vom 24.3.1959 – VI ZR 90/58 –, BGHZ 30, 29 = EzGuG 6.39; OLG Celle, Urt. vom 30.7.1959 – 7 U 23/58 –, ZMR 1959, 1958 = EzGuG 6.44; BGH, Urt. vom 11.7.1963 – III ZR 133/62 –, VersR 1963, 1185 = EzGuG 6.71a.

a) nach den ersparten Kosten, die für die Errichtung der Schule für einen „anderen" Nutzerkreis aufzubringen wären (Ersatzbeschaffungswertprinzip), oder

b) nach dem „Beschaffungswertprinzip"

in Betracht.

Für den „Empfänger" unentgeltlich abgetretener Gemeinbedarfsflächen kann im Übrigen sogar der **Fall eines Unwerts** auftreten, wenn z. B.

– Entschädigungsansprüche auf den Erwerber übergehen oder
– unterlassene Instandsetzungen an baulichen Anlagen übernommen werden.

Dies kann entsprechend den Gegebenheiten des Einzelfalls durch Einrechnung solcher Kosten in den Preis berücksichtigt werden (Abb. 5).

Abb. 5: Bewertungsprinzipien für bleibenden Gemeinbedarf

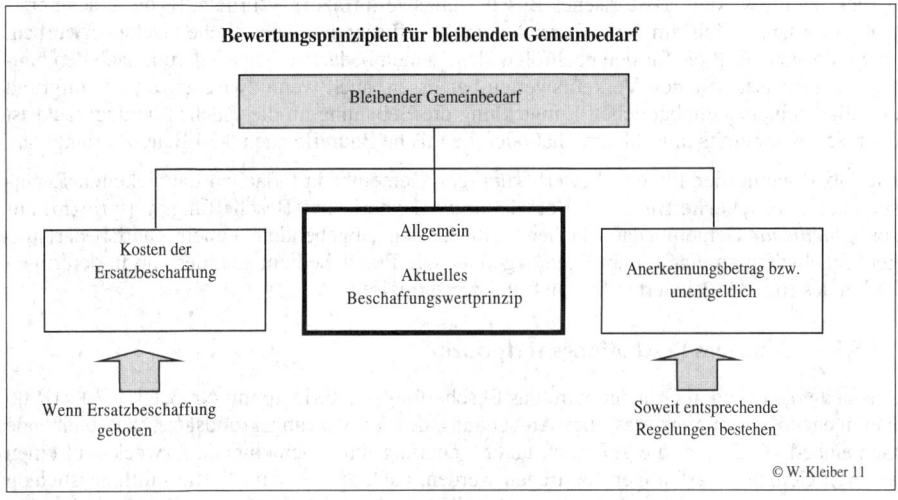

7.3.5 Bewertung nach Vorwirkungsgrundsatz

7.3.5.1 Allgemeines

▶ *Hierzu Teil VI Rn. 83 ff.*

Der Verkehrswert *künftiger* Gemeinbedarfsflächen bemisst sich nach den vorstehenden Ausführungen unter Anwendung des entschädigungsrechtlichen Vorwirkungsgrundsatzes. Bei einem sich über einen längeren Zeitraum hinziehenden Enteignungsvorgang ist ein enteignender Eingriff i. d. R. mit Sicherheit zu erwarten, wenn für das Grundstück in einem Bebauungsplan eine Gemeinbedarfsnutzung festgesetzt wird und ein ursächlicher Zusammenhang mit dem Eigentumsentzug besteht.

Im Falle einer **Änderung des Gemeinbedarfszwecks noch vor erstmaliger Übertragung des Eigentums auf eine öffentliche Hand** (Enteignungsverfahren, die sich über einen längeren Zeitraum hinziehen) ist die Änderung des Gemeinbedarfszwecks in Bezug auf die Vorwirkung nur dann unschädlich, wenn vor der Änderung im gewöhnlichen Geschäftsverkehr eine Aufhebung der öffentlichen Zweckbindung zu keiner Zeit erwartet werden konnte (**Verkettung der Vorwirkung**). In diesen Fällen wäre also auf den erstmaligen Ausschluss von

V Besondere Immobilienarten Gemeinbedarfsfläche

der qualitativen Weiterentwicklung des Grundstücks abzustellen, weil es auf eine bestimmte öffentliche Zweckbestimmung nicht ankomme[173].

Es wird mitunter in Erwägung gezogen, die für den erstmaligen Erwerb *künftiger* Gemeinbedarfsgrundstücke geltenden Grundsätze auf den Erwerb einer bereits in die öffentliche Nutzung überführten Gemeinbedarfsfläche zu übertragen (Bornstetter Feld). Dies führt zu der Auffassung, dass sich der Wert nach dem Entschädigungswert bemisst, der bei erstmaligem Erwerb der Fläche für Gemeinbedarfszwecke zu entrichten war (Historisches Beschaffungswertprinzip).

7.3.5.2 Historisches Beschaffungswertprinzip

645 In der Praxis wird häufig die Auffassung vertreten, dass sich beim Übergang einer Gemeinbedarfsfläche auf einen anderen Träger der Preis des Grundstücks nach dessen Zustand bemisst, der beim erstmaligen Erwerb dieser Fläche ggf. unter Anwendung des Vorwirkungsgrundsatzes maßgebend war, wobei zwischenzeitliche Änderungen der allgemeinen Wertverhältnisse berücksichtigt werden (Historisches Beschaffungswertprinzip). Wurde z. B. die Fläche erstmalig (vor langer Zeit) im Außenbereich zum Preis für landwirtschaftliche Flächen erworben, so würde sich der Preis für den nachfolgenden Gemeinbedarfsträger wiederum nach den heutigen landwirtschaftlichen Verkehrswerten bemessen, auch wenn zwischenzeitlich aufgrund der allgemeinen städtebaulichen Entwicklung die Bebauung an die Flächen herangerückt ist oder sie sogar bereits umschlossen hat oder die Fläche Baureife nach § 34 BauGB erlangt hat.

Die Übertragung der für den Erwerb *künftiger* Gemeinbedarfsflächen entwickelten Rechtsprechung zur **„Verkettung der Vorwirkung"** (Historisches Beschaffungswertprinzip) auf sog. *„bleibende* Gemeinbedarfsflächen" führt für den „abgebenden Gemeinschaftsbedarfsträger" regelmäßig zu einem unbilligen Ergebnis. Die Praxis bedient sich deshalb in derartigen Fällen des sog. Aktualisierten Beschaffungswertprinzips.

7.3.5.3 Aktuelles Beschaffungswertprinzip

646 Aus den vorstehenden Gründen wird das Beschaffungswertprinzip mit Nr. 5.1.1.1 WERTR 06 dahingehend modifiziert, dass bei Anwendung des Vorwirkungsgrundsatzes auf bleibende Gemeinbedarfsflächen, die ggf. auch unter Änderung ihres Gemeinbedarfszwecks auf einen anderen Gemeinbedarfsträger übertragen werden, auch die bis zum Wertermittlungsstichtag eingetretene allgemeine städtebauliche Entwicklung berücksichtigt wird. Der Preis bemisst sich dann nach dem **Wert des Grundstücks, der sich nach Fortfall des bisherigen Gemeinbedarfszwecks, jedoch unter Anwendung des Vorwirkungsgrundsatzes für den künftigen Gemeinbedarfszweck nach den Verhältnissen am Wertermittlungsstichtag ergeben würde** (Aktualisiertes Beschaffungswertprinzip)[174]. Für eine ursprünglich zu landwirtschaftlichen Preisen erworbene Fläche kann sich danach ein Bauerwartungslandpreis ergeben, wenn zwischenzeitlich eine dahingehende städtebauliche Entwicklung in der Umgebung eingetreten ist. Soweit es sich dabei um eine kleinere und nunmehr in einem im Zusammenhang bebauten Ortsteil gelegene Fläche handelt, kann sich sogar die Qualität baureifes Land ergeben. Der Erwerber wird bei Anwendung dieses Prinzips so gestellt, wie er am Wertermittlungsstichtag bei erstmaligem Erwerb auch sonst stehen würde. Der Veräußerer partizipiert demgegenüber an der allgemeinen städtebaulichen Entwicklung, ohne dass er planungsbedingte Werterhöhungen in Anspruch nimmt.

Vorstehende Grundüberlegungen liegen auch der **Nr. 5.1.1.1 WERTR 06** zugrunde:

„Der Wert einer Gemeinbedarfsfläche einschließlich solcher, die unter Änderung der öffentlichen Zweckbindung einem anderen Gemeinbedarf zugeführt werden soll (z. B. Konversionsflächen), bemisst

---
173 BGH, Urt. vom 13.12.1962 – III ZR 164/61 –, BRS Bd. 19 Nr. 110 = EzGuG 6.67; OLG Frankfurt am Main, Urt. vom 23.11.2000 – 1 U 78/98 –, GuG 2004, 371 = EzGuG 18.117a.
174 Die diesbezügliche Ergänzung der WertR 06 fand die Billigung des Deutschen Städtetags und wurde in Abstimmung mit dem Deutschen Städtetag 1994 eingeführt (vgl. Schreiben des Deutschen Städtetags vom 17.1.1994 [AktZ 61.05.70/62.63.30; Umdruck H 4814]).

sich vorbehaltlich des unter Nr. 5.1.1.3 geregelten Falles nach dem Entwicklungszustand, der sich bei ersatzlosem Wegfall der bisherigen öffentlichen Zweckbindung (z. B. militärische Nutzung) aufgrund der allgemeinen Situationsgebundenheit (Umgebungssituation einschließlich deren Planungsrechte, Lage, Erschließungszustand, verkehrliche Anbindung, wirtschaftlich und städtebaulich sich aufdrängende Nutzbarkeit baulicher Anlagen) für das Grundstück ergibt (Aktualisiertes Beschaffungswertprinzip). Der Wertermittlung sind der Entwicklungszustand und die Lagemerkmale unmittelbar vor dem Zeitpunkt, zu dem das Grundstück infolge der künftigen öffentlichen Zweckbestimmung von der konjunkturellen Weiterentwicklung ausgeschlossen worden ist, zugrunde zu legen.

Wertänderungen, insbesondere Wertverbesserungen aufgrund von Erschließungsmaßnahmen, die der „weichende" Eigentümer durchgeführt oder durch entsprechende Beiträge entgolten hat, sind zu berücksichtigen, soweit sie im Rahmen einer geordneten städtebaulichen Entwicklung unter wirtschaftlichen Gesichtspunkten der künftigen Gemeinbedarfsnutzung dienlich sein können.

Soweit Gemeinbedarfsflächen ausnahmsweise einen nicht unwesentlichen nachhaltigen Ertrag bringen, kann der Wert auf der Grundlage des Reinertrags ermittelt werden. Öffentliche Gebühren sind nicht als Erträge zu berücksichtigen."

Abb. 6: Aktualisiertes und Historisches Beschaffungswertprinzip

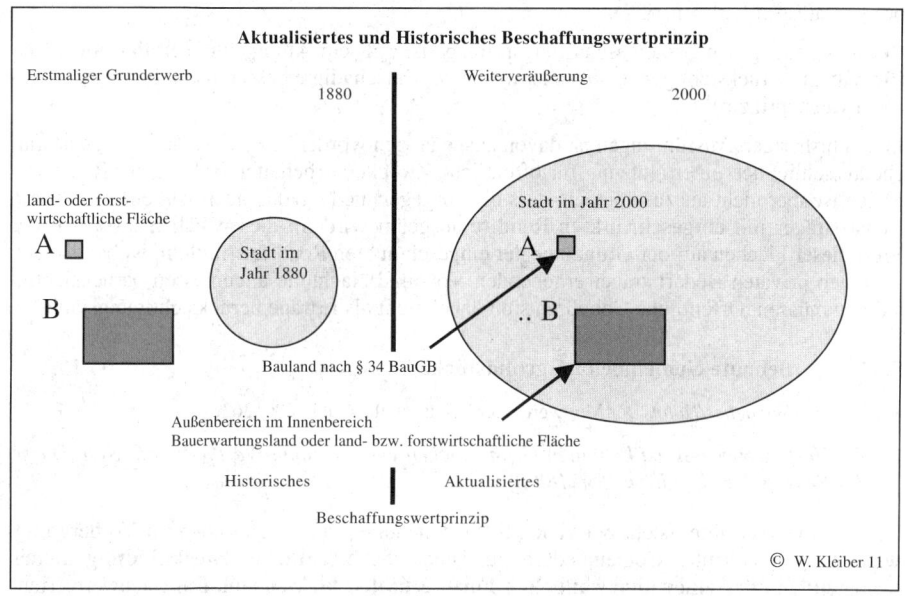

7.3.6 Ersatzbeschaffungsprinzip

▶ *Vgl. Rn. 537 ff.*

Soweit mit der Aufgabe der bisherigen Gemeinbedarfsnutzung **Ersatzbeschaffung geboten** ist (Verlagerungsfall), entspricht es nach der hier vertretenen Auffassung i. d. R. allgemeinen Grundsätzen der Billigkeit, wenn als Preis der zu übertragenden Gemeinbedarfsfläche die **Kosten** angesetzt werden, **die der Verkäufer unter vernünftiger Mitwirkung aufbringen müsste, um die bisher ausgeübte Nutzung an anderer Stelle fortzusetzen.** Vor- und Nachteile sind dabei in entsprechender Anwendung des § 5 LBG auszugleichen. Bei der Ermittlung des Verkehrswerts des Ersatzgrundstücks können die allgemeinen Grundsätze der Verkehrswertermittlung Anwendung finden[175]. Soweit dabei vormals privatwirtschaftlich nutzbare Grundstücke einer öffentlichen Zweckbindung unterworfen werden, sind die Ausführungen unter Rn. 537 ff. zu beachten. Im Ergebnis hält sich bei dieser Betrachtungsweise

647

---

175 BGH, Urt. vom 12.10.1970 – III ZR 117/67 –, BRS Bd. 26 Nr. 83 = EzGuG 6.128.

der abgebende Gemeinbedarfsträger schadlos, während der künftige Gemeinbedarfsträger als Preis die Kosten zu entrichten hat, die durch die Übernahme der Gemeinbedarfsflächen verursacht werden.

Nr. 5.1.1.2 WertR 06:

„Ist Ersatzbeschaffung geboten, so sind anstelle des Verkehrswertes der in Anspruch genommenen Fläche die notwendigen Kosten eines etwa bereitgestellten Grundstücks im Rahmen gleichartiger, gleichwertiger, u.U. auch fiktiver Maßnahmen zugrunde zu legen. Gesetzliche Bestimmungen über den Umfang der Ersatzbeschaffung sind zu berücksichtigen, Vor- und Nachteile sind auszugleichen."

Ist eine Ersatzlandbeschaffung nicht erforderlich, wird mitunter gleichwohl von fiktiven Maßnahmen ausgegangen **(fiktives Ersatzbeschaffungsprinzip)**. Dies kann allerdings für den Erwerber unbillig sein, wenn nämlich aufgrund der örtlichen Verhältnisse die Ersatzlandbeschaffung im Vergleich zu dem in der abzugebenden Gemeinbedarfsfläche investierten Kapital unverhältnismäßig hohe Kosten verursachen würde. Zur Vermeidung einer unbilligen Bereicherung des Veräußerers kann die Grenze bei dem Verkehrswert gezogen werden, den der veräußernde Gemeinbedarfsträger beim erstmaligen Erwerb dieser Fläche unter Berücksichtigung zwischenzeitlicher Änderungen in den allgemeinen Wertverhältnissen hätte aufbringen müssen (vgl. Rn. 532).

Bei Anwendung des Ersatzbeschaffungsprinzips ist ggf. ein **Abzug im Hinblick auf „Neu für Alt"** zu berücksichtigen, denn sonst würde der Entschädigte besser als vorher gestellt sein (Äquivalenzprinzip)[176].

In den bisherigen Ausführungen ist davon ausgegangen worden, dass eine Gemeinbedarfsfläche ausschließlich einer Nutzung für öffentliche Zwecke vorbehalten ist. In einer Reihe von Fällen ist aber nicht auszuschließen, dass die vorgegebene Nutzung auch von einem privaten Bedarfsträger mit **eingeschränkter Rendite** ausgeübt wird. In diesen Fällen lässt sich der Wert dieser Flächen auf der Grundlage der eingeschränkten Rendite ermitteln, wobei die sich für einen privaten Bedarfsträger ergebenden Vor- und Nachteile angemessen berücksichtigt werden müssen. Öffentliche Gebühren sind dabei nicht als Erträge berücksichtigungsfähig[177].

7.3.7 Bebaute Gemeinbedarfsgrundstücke

Schrifttum: *Skindelies/Höhn,* Der Mietwert einer Ersatzschule, GuG 2000, 363.

▶ *Zur Verfahrenswahl bei bebauten Grundstücken vgl. § 8 ImmoWertV Rn. 86; Syst. Darst. des Ertragswertverfahrens Rn. 183 ff.*

648 Das Sachwertverfahren steht bei vielen Sachverständigen auch dann noch im Vordergrund, wenn für ein bebautes Gemeinbedarfsgrundstück die **öffentliche Zweckbindung in der bestehenden oder einer abgewandelten Form erhalten bleiben soll.** Das Sachwertverfahren kann in solchen Fällen sachgerecht sein. In vielen Fällen muss man aber bei dieser Fallkonstellation dem Ertragswertverfahren Vorrang einräumen, insbesondere wenn – wie die Praxis zeigt – der Sachwert weitaus höher als der Ertragswert ausfällt.

Nr. 3.1.2.2 WertR bestimmt dagegen:

„Auch bei Grundstücken, die öffentlichen Zwecken vorbehalten bleiben sollen (vgl. Nr. 5.1.1) ist das Ertragswertverfahren insbesondere geeignet, wenn für die öffentliche Hand alternativ eine Anmietung in Betracht kommen würde. Dabei ist von der Ertragssituation vergleichbarer baulicher Anlagen auszugehen z. B.:

– *für Verwaltungsgebäude: Erträge einer Büronutzung vergleichbarer Qualität,*
– *für Kinderheime, Kindergärten, Freizeitzentren, Kindererholungsheime: vergleichbare privatwirtschaftliche Einrichtungen,*
– *für Schulen: Erträge aus vergleichbaren oder anderen dafür in Betracht kommenden gewerblich genutzten Objekten.*

---

176 OLG Celle, Urt. vom 30.7.1959 – 7 U 23/58 –, ZMR 1959, 357 = EzGuG 6.44.
177 Nr. 6.3.3.2 WertR (a. a. O.).

Steht danach die Anwendung des Ertragswertverfahrens im Vordergrund, kann es gleichwohl geboten sein, das Sachwertverfahren unterstützend heranzuziehen. Dabei muss insbesondere eine eingeschränkte wirtschaftliche Nutzbarkeit der baulichen Anlage z. B. durch eine wirtschaftliche Überalterung nach § 25 WertV (= § 8 Abs. 3 ImmoWertV) berücksichtigt werden; dies gilt insbesondere bei der Umnutzung ehemaliger Gemeinbedarfsanlagen, z. B. bei militärisch genutzten baulichen Anlagen für privatwirtschaftliche Zwecke (z. B. Wohnen, Gewerbe, Industrie; vgl. Nr. 5.1.2)."

Die Regelung ist darin begründet, dass der erwerbswillige Gemeinbedarfsträger vor die Wahl gestellt ist, ein Objekt anzumieten oder auf der Grundlage des Sachwerts zu kaufen. Vernünftiges wirtschaftliches Handeln vorausgesetzt, würde er sich zur Anmietung entschließen, wenn der Sachwert höher als der Ertragswert ausfällt. Dies ist erfahrungsgemäß regelmäßig der Fall. Dieses Kriterium muss deshalb für die Wahl des Wertermittlungsverfahrens in solchen Fällen ausschlaggebend sein. Etwas anderes mag gelten, wenn eine Anmietung nicht in Betracht kommt und der erwerbswillige Gemeinbedarfsträger zur Errichtung einer öffentlichen Zwecken dienenden Anlage „gezwungen" ist[178]. In diesem Fall können ihm bei der Bemessung eines „gerechten Kaufpreises" **Ersparnisse eigener Herstellungskosten** entgegengehalten werden, soweit die bauliche Anlage ganz oder teilweise und ggf. unter Berücksichtigung von Umnutzungskosten Verwendung finden kann.

Bei Anwendung des Ertragswertverfahrens auf bebaute Gemeinbedarfsgrundstücke gilt es, eine Reihe von **Besonderheiten** zu beachten:

a) Bei verbilligter Abgabe des Grund und Bodens muss ein mit dem privatwirtschaftlichen Reinertrag korrespondierender Bodenwert zum Ansatz kommen.

Beispiel:

– Der Grund und Boden wurde verbilligt abgegeben mit	500 000 €
– Der Bodenwert vergleichbarer privatwirtschaftlicher Grundstücke beträgt	1 000 000 €
– Der Jahresreinertrag bei privatwirtschaftlicher Nutzung beträgt	800 000 €
– Restnutzungsdauer	30 Jahre
– Liegenschaftszinssatz	6 %
– Vervielfältiger	13,76

Richtig		Falsch	
BW	1 000 000 €	BW	500 000 €
RE	800 000 €	RE	800 000 €
BW × p	– 60 000 €	BW × p	– 30 000 €
RE – (BW × p)	740 000 €	RE – (BW × p)	770 000 €
(RE – BW × p) × V	10 182 400 €	(RE – BW × p) × V	10 595 200 €
+ BW	500 000 €	+ BW	500 000 €
= EW	10 682 400 €	= EW	11 095 200 €

$\Delta = 412\,800\,€$

Der Unterschied „frisst" die gewährte Verbilligung nahezu vollständig auf.

Die Vorgehensweise ist unter **Nr. 3.5.5 WERTR 06** Buchstabe c ausdrücklich vorgegeben und darin begründet, dass die privatwirtschaftlich erzielbaren Reinerträge auch nur mit dem privatwirtschaftlich „vollen" Bodenwert kombiniert werden dürfen, weil sonst der Gebäudeertragswert aufgrund des geringen Bodenwertverzinsungsbetrags unangemessen wäre. Im Ergebnis muss hier mit „gespaltenen Bodenwerten" gearbeitet werden:

Die empfohlene Anwendung des Ertragswertverfahrens für Gemeinbedarfsgrundstücke auf der Grundlage von Erträgen, die im privatwirtschaftlichen Bereich üblich sind und die Vorhaltung hochwertigen Baulands erfordern, kann dann zu einer Kombination mit einem sehr niedrigen und der baulichen Nutzung nicht korrespondierenden Bodenwert führen, so z. B.,

---

[178] BGH, Urt. vom 12.10.1970 – III ZR 117/67 –, BRS Bd. 26 Nr. 83 = EzGuG 6.128.

V Besondere Immobilienarten   Gemeinbedarfsfläche

wenn eine im Außenbereich gelegene Kaserne zu bewerten ist und sich der Wert des Grund und Bodens am Bauerwartungslandwert orientiert. Auch in diesem Fall muss, wenn die Verkehrswertermittlung zu vernünftigen Ergebnissen führen soll, der **mit den angesetzten Ertragsverhältnissen korrespondierende (fiktive) Bodenwert der Ermittlung des Bodenwertverzinsungsbetrags zugrunde gelegt** werden, während ansonsten der nach dem Aktualisierten Beschaffungswertprinzip ermittelte Bodenwert maßgeblich ist (gespaltene Bodenwerte).

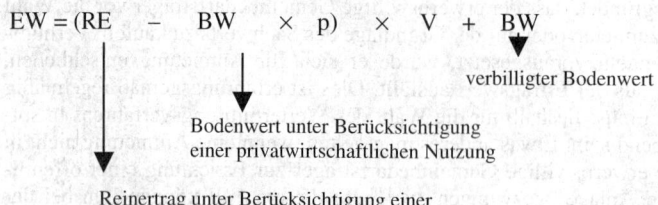

b) Entsprechendes gilt auch, wenn der unter Anwendung des aktualisierten Beschaffungswerts ermittelte Bodenwert niedriger als der privatwirtschaftliche Bodenwert ausfällt.

c) Bei entsprechend langer Restnutzungsdauer ist der Ansatz des „richtigen" Bodenwerts bedeutungslos.

Beispiel (Schule, Rathaus usw.)

Grundsätzlich ist auch bei der Verkehrswertermittlung von bebauten Gemeinbedarfsgrundstücken von dem Reinertrag auszugehen, der bei privatwirtschaftlicher Nutzung erzielt werden könnte, und das Ertragswertverfahren findet nach allgemeinen Grundätzen Anwendung.

Als Besonderheit ist nach vorstehenden Grundsätzen allein zu berücksichtigen, dass bei **Anwendung des zweigleisigen Ertragswertverfahrens der Bodenwertverzinsungsbetrag auf der Grundlage des korrespondierenden Bodenwerts** eines **entsprechend privatwirtschaftlich nutzbaren Grundstücks abgesetzt werden** und die Nutzungsbindung außer Betracht bleiben muss. Abzulehnen ist die Praxis, den Bodenwertverzinsungsbetrag auf der Grundlage eines geminderten Bodenwerts, z. B. mit 50 % des Bodenrichtwerts der umliegenden Grundstücke, anzusetzen, da dies im Verhältnis zu einem gleichartig bebauten, aber privatwirtschaftlich genutzten Gebäude zu übersetzten Gebäudeertragswerten führen muss (vgl. Syst. Darst. des Ertragswertverfahrens Rn. 183 ff.).

7.3.8 Beispiel (Bleibendes Straßenland)

▶ *Vgl. Syst. Darst. des Vergleichswertverfahrens Rn. 240 ff.*

649 a) *Sachverhalt*

Zu bewerten ist eine ca. 2 250 m² große Teilfläche einer dem Verkehr gewidmeten Straßenfläche (Gehweg), die von der Gemeinde im Rahmen eines städtebaulichen Vertrags auf einen Vorhabenträger übergehen soll. Nach den Festsetzungen des Bebauungsplans ist die Gehwegsfläche mit einem Tiefgeschoss unterbaubar. Des Weiteren ist die Errichtung von Brücken und Balkonen im Luftraum der Gehwegsfläche (ca. 850 m²) vorgesehen.

Die Fläche ist im Bebauungsplan zwar als Bauland ausgewiesen, jedoch besteht zur „Sicherung einer öffentlichen fußläufigen Durchwegung im Plangebiet" eine Baulast des Inhalts, dass die Fläche mit einem Gehrecht zugunsten der Allgemeinheit zu belasten ist und das Gehrecht zugunsten der Allgemeinheit durch Lichtschächte, Rolltreppen u. ä. ausnahmsweise eingeschränkt werden kann; unter auskragenden Bauteilen und Brücken ist eine lichte Höhe von mindestens 4,3 m einzuhalten.

Gemeinbedarfsfläche — Besondere Immobilienarten V

Eine Unterbauung der Gehwegsfläche und die Nutzung des „Luftraums" sind zulässig, jedoch sind für diesen Fall vom Erwerber die nicht unerheblichen Kosten der notwendig werdenden Verlegung sämtlicher Versorgungsleitungen zu tragen. Die Kosten der Umverlegung belaufen sich auf rd. 1 000 000 €; darüber hinaus obliegt dem Erwerber künftig die Straßenbaulast, Unterhaltung sowie die Verkehrssicherungspflicht. Dem steht ein wirtschaftlicher Vorteil gegenüber, nämlich

– die Unterbaubarkeit des Straßenraums bzw. der Gehwegsfläche (hier rd. 14.000 m³) und
– die Nutzung des „Luftraums" durch auskragende Bauteile.

Es handelt es sich im wirtschaftlichen Ergebnis um eine öffentliche Verkehrsfläche. Die formale Ausweisung darf nicht dazu verleiten, sie qualitätsmäßig als Bauland zu bewerten. Die Möglichkeit der Unterbauung hätte auch durch Nutzungsrechte ausgewiesener Gemeinbedarfsflächen (öffentliche Straße) gesichert werden können.

b) *Allgemeiner Bewertungsansatz*

Im Gemeingebrauch stehende Gemeinbedarfsflächen[179] sind dem gewöhnlichen Geschäftsverkehr entzogen (extra commercium). Mithin kann für diese Flächen begrifflich auch kein Verkehrswert (Marktwert) ermittelt werden. Die Tatsache, dass eine Fläche dem gewöhnlichen Geschäftsverkehr entzogen ist, bedeutet allerdings nicht, dass sie keinen oder nur einen symbolischen Vermögenswert hat und rechtfertige nicht die Schlussfolgerung, ihr sei ein realer wirtschaftlicher Wert nicht beizumessen.

Es sind diesbezüglich nur wenige Marktbeobachtungen veröffentlicht worden. So ist vom langjährigen Vorsitzenden des Gutachterausschusses von Berlin in einem Vortrag am 12.11.2003 berichtet worden, dass in der Berliner Praxis Straßenland mit 5 €/m² entschädigt wird (vgl. Abb. 7).

Abb. 7: Ankaufspreise für Straßenland

Nr.	Bezirk	Lage	Datum	Fläche m²	Veräußerer	Erwerber	Kaufpreis €/m²
1	Spandau	Mertensstr. 63	25.04.2001	12	Jr. Person	Land Berlin	5
2	Mitte	Leipziger Platz	08.10.2001	141	BRD	Land Berlin	5
3	Köpenick	Stubenrauchstr.	22.04.2002	315	Privat	BRD	5
4	Köpenick	Klafterzeile 26	26.08.2002	114	Privat	Privat	6
5	Köpenick	Buntzelstr. 131	09.09.2002	86	Privat	Land Berlin	5

Quelle: Ribbert, Vortrag am 12.11.2003 in Berlin

Die Veräußerung einer gemeindlichen Verkehrsfläche ohne tatsächlicher Aufgabe des Gemeinbedarfszwecks hat für das Gemeinwesen im Unterschied zu den vorstehenden Erwerbsfällen den besonderen Vorteil, dass die Straßenbaulast, die Unterhaltung und die Verkehrssicherungspflicht auf den Erwerber übergehen. Im Hinblick auf die auf den Erwerber übergehenden Belastungen kann sich nach Auffassung des OLG Braunschweig der Wert bis auf 0 € reduzieren[180]. Dies betrifft insbesondere die im Gemeingebrauch befindlichen Verkehrs- und Grünflächen, für deren Übertragung die gesetzlichen Regelungen deshalb regelmäßig keine Entschädigung vorsehen (vgl. § 6 Abs. 1b FStrG)[181].

c) *Bodenwertermittlung* 650

Zur Ermittlung des Bodenwertes der öffentlich zugänglichen Gehwegsflächen sind folgende Verfahrenswege in Betracht zu ziehen:

---

179 Vgl. hierzu Ziff. 5.1.1.3 WERTR 06; vgl. Rn. 642.
180 OLG Braunschweig, Urt. vom 1.9.1993 – 3 U 1/92 –, GuG 1994, 126 = EzGuG 18.116.
181 VG Freiburg, Urt. vom 1.10.1969 – VS I 186/68 –, KStZ 1970, 75 = EzGuG 18.45.

V Besondere Immobilienarten — Gemeinbedarfsfläche

1) *Bodenwertermittlung auf der Grundlage ersparter Nutzungsentgelte*

Die im Bebauungsplan festgesetzten Nutzungen könnten auch realisiert werden, wenn die Verkehrsflächen im Eigentum der Gemeinde verbleiben. In diesem Fall können für die vorgesehene Nutzung entsprechende Nutzungsentgelte nach der gemeindlichen Sondernutzungsgebührenverordnung geltend gemacht werden. Der mit dem Erwerb der öffentlichen Gehwegsfläche verbundene Vorteil lässt sich mithin auf der Grundlage ersparter Nutzungsentgelte ermitteln, denn im wirtschaftlichen Ergebnis besteht insoweit kein Unterschied zwischen den verschiedenen Rechtskonstruktionen.

– Nach der Sondernutzungsgebührenverordnung wird für die unterirdische Nutzung des Straßenraums eine vom Bodenrichtwert der Anliegergrundstücke abhängige Gebühr pro Quadratmeter Umbauten Raums erhoben. Sie beläuft sich in Abhängigkeit vom angrenzenden Bodenrichtwert auf 3,00 €/m³ Umbauten Raum im Jahr. Die Gebühr kann auch durch Zahlung eines einmaligen Betrags in 20facher Höhe des Jahresbetrags abgelöst werden.

Bei einem Umbauten Raum von 14 000 m³ und einer Gebühr von 3 €/m³ (auf der Grundlage eines Bodenrichtwerts von 500 €/m²) ergibt sich eine Jahresgebühr von rd. 42 000 € oder ein einmaliger Ablösungsbetrag von rd. 840 000 €.

– Der wirtschaftliche Vorteil der Errichtung von Brücken und Balkonen im Luftraum ermittelt sich entsprechend über die Kapitalisierung des Nutzungsentgelts für Sondernutzungen öffentlichen Straßenraums. Sie beläuft sich für Vorbauten wie Brücken und Balkone („Überhänge") auf 25 €/m² überbaubarer Fläche per annum. Die Gebühr kann wiederum durch Zahlung eines einmaligen Betrags in 20facher Höhe des Jahresbetrags abgelöst werden.

Bei einer Fläche von 850 m² × und einer Gebühr von 25 €/m² ergibt sich eine Jahresgebühr von rd. 21.250 € oder ein einmaliger Ablösungsbetrag von rd. 425 000 €.

– Betrachtet man die im Falle eines Erwerbs der Verkehrsflächen ersparten Ablösungsbeträge als wirtschaftlichen Vorteil, müssen allerdings die Bau- und Unterhaltungslast sowie Sicherungspflichten wertmindernd berücksichtigt werden, die auf den Erwerber übergehen. Der ermittelte Ablösungsbetrag kann von daher allenfalls einen Anhaltspunkt für den „Höchstpreis" für die zu erwerbende Fläche bieten. Im Hinblick auf die übergehende Bau- und Unterhaltungslast muss der Fläche indessen eine geringere Wertigkeit beigemessen werden. Bei einem Kostenansatz von 3 €/m² p. a. und 2 250 m² ergeben sich rd. 6 750 €, wiederum kapitalisiert mit dem 20fachen Jahresbetrag von rd. 135 000 €.

Somit ergibt sich folgende Gesamtrechnung

Kapitalisierte Vorteile aus der Unterbauung und den Überhängen insgesamt	1 265 000 €
abzüglich	
Kapitalisierte Unterhaltungskosten	– 135 000 €
Kosten der Verlegung bestehender Leitungen usw.	– 1 000 000 €
Verbleiben	130 000 €

2) *Deduktive Bodenwertermittlung*

Um zu einem entsprechenden Vomhundertsatz des Bodenwerts von Bauland für eine privatwirtschaftliche Unterbauung öffentlichen Straßenlandes zu kommen, stehen selten entsprechende Erfahrungswerte zur Verfügung. Im Schrifttum werden im Zusammenhang mit der Einräumung von Bahnunterfahrungsrechten Entschädigungen von 1,25 % bis 30 % des Bodenwerts der betroffenen Fläche genannt[182].

Hilfsweise kann der Vomhundertsatz ermittelt werden, indem der prozentuale Anteil des im Untergeschoss erzielbaren Mietwerts (pro Quadratmeter Grundstücksfläche) in das Verhält-

---

[182] Debus in GuG 1994, 7 aufgrund einer Rundfrage unter 13 deutschen Großstädten mit Bahnunterfahrungen.

nis zum Mietwert einer bebauungsplankonformen Bebauung der angrenzenden Baulandfläche gesetzt wird.

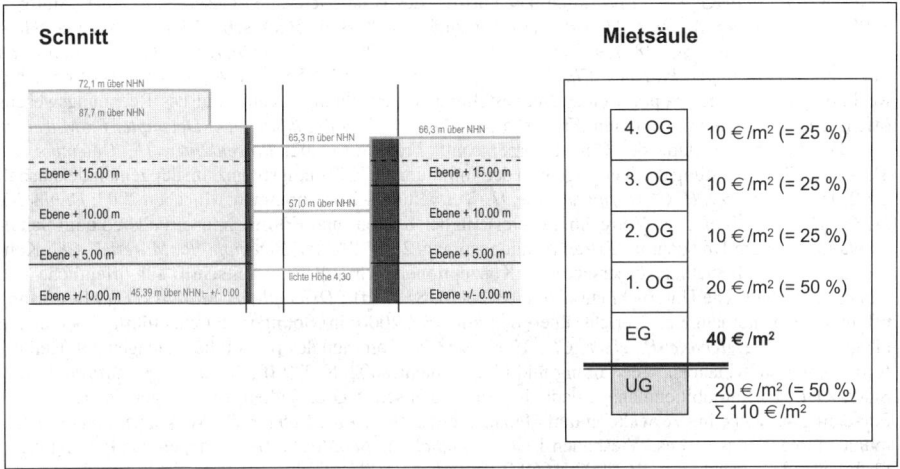

Gemessen am erzielbaren Mietertrag, ergibt sich für das Untergeschoss ein Vomhundertsatz von rd. 18 % (= 20/110), der – angewandt auf einen Bodenwert von rd. 600 €/m² für das angrenzende Bauland – einen Bodenwert von rd. 110 €/m² und für die gesamte Straßenfläche von 2 250 m² einen „Gesamtwert" von rd. 250 000 € ergibt. Dieser Betrag ist wiederum um die bei Erwerb der Fläche auf den Erwerber übergehenden Belastungen bezüglich der Straßenbaulast, Unterhaltung, Verkehrssicherungspflicht usw. (135 000 €) zu vermindern und reduziert sich damit auf 115 000 €.

Im Übrigen ist der ermittelte Vomhundertsatz nicht von der (absolut) erzielbaren Höhe der Erdgeschossmiete, sondern allein vom prozentualen Anteil der in den übrigen Geschossen erzielbaren Miete abhängig ist. Insoweit kommt es nicht auf eine „richtige" Ermittlung des ortsüblich erzielbaren Mietertrags an.

Ergänzend wird darauf hingewiesen, dass bei Anwendung des Mietsäulenverfahrens die in der Praxis mitunter betriebenen „Verfeinerungen" des Mietsäulenverfahrens unter Heranziehung von Nutzflächenfaktoren und anteiligen Herstellungskosten eine das Geschehen auf dem Grundstücksmarkt nicht reflektierende Verbrämung des Mietsäulenverfahrens darstellt, da nämlich

– der Nutzflächenfaktor unberücksichtigt bleiben kann, da er sich lediglich wie ein Maßstabsfaktor auswirkt, ohne den Vomhundertsatz zu verändern,

– der Baukostenanteil unberücksichtigt bleiben kann, denn auch die Baukosten wirken sich im Wesentlichen lediglich wie ein Maßstabsfaktor aus, ohne den Vomhundertsatz zu verändern (vgl. Syst. Darst. des Vergleichswertverfahrens Rn. 242 ff.)[183].

d) *Nachbetrachtung*

Bei der hier angezeigten investiven Betrachtung wird man schließlich und vor allem auch noch das Risiko mit in die Betrachtung einbeziehen müssen, das der Vorhabenträger eingeht. Dies ist nicht unerheblich, sodass in derartigen Fällen trotz der hier aufgezeigten Vorteile (Unterbauung und Überhänge) nur ein Anerkennungsbetrag gerechtfertigt ist.

---

[183] Vom Investor wird gesamtheitlich kalkuliert, zumal bei gemischten Nutzungen eine flächenbezogene Kostenkalkulation schon im Hinblick auf das gemeinsame Unter- und Dachgeschoss nicht möglich ist. Die amtlichen Wertermittlungsrichtlinien enthalten daher nur (gesamtheitliche) und keine nach unterschiedlichen Nutzungen differenzierenden flächenbezogenen Normalherstellungskosten.

7.3.9 Gemeinbedarfsgrundstücke in der Bilanzbewertung

Schrifttum:

Bilanzrecht: *Adler/Düring/Schmalz*, Rechnungslegung und Prüfung der Unternehmen. Kommentar zum HGB, AktG, GmbHG, PublG nach den Vorschriften des Bilanzrichtlinien-Gesetzes, 6. Aufl., Stuttgart 1995 – 2001; *Berger, A., Ring, M.*, Erläuterungen zu § 253 HGB, in: Beck'scher Bilanzkommentar. Handels- und Steuerrecht – §§ 238-339 HGB, 5. Aufl., München 2003; *Bolsenkötter, H. unter Mitwirkung von Boehnert, H., Detemple, P., Heck, Ch., Marettek, Ch., Pittelkow M., Schmidt, A.*, Integriertes öffentliches Rechnungswesen – Konzeption einer Neugestaltung der Rechnungslegung und des Rechnungswesens öffentlicher Gebietskörperschaften, Frankfurt am Main 2000; *Bolsenkötter, H., Detemple, P., Marettek, Ch.*, Die Eröffnungsbilanz der Gebietskörperschaft, Frankfurt 2002; *Bolsenkötter, H., Detemple, P., Marettek, Ch.*, Bewertung des Vermögens in der kommunalen Eröffnungsbilanz, in: der gemeindehaushalt 2002, 154 ff.; *Brixner, H. C., Harms, J., Noe, H.*, Verwaltungs-Kontenrahmen, München 2003; *Dahlheim, N., Günther, Th., Schill, O.*, Verrechnungspreise in der Kosten- und Erlösrechnung, Fallstudie im Schulverwaltungsamt in Dresden, in: Kostenrechnungspraxis 2001, 243 ff.; *Detemple, P., Marettek, Ch.*, Konzernabschlüsse für Gebietskörperschaften, Konzeptionelle Grundlagen, Zeitschrift für öffentliche und gemeinwirtschaftliche Unternehmen (ZögU) 3(2000), S. 277 ff.; *Detemple, P. Marettek, Ch.*, Bewertung öffentlicher Unternehmen, Bericht über die am 13.4.2000 in Solingen durchgeführte Fachtagung (Tagungsband); *Detemple, P., Heck, Ch., Marettek, Ch,*. Kommunales Immobilienmanagement, Herausforderungen und Chancen, Verwaltung und Management 2002, S. 279 ff.; *Detemple, P., Marettek, Ch.*, Status Quo des Immobilienmanagements in den 83 deutschen Großstädten, Erste Ergebnisse des PwC-Forschungsprojekts, in: Verwaltung und Management 2004, 29 ff.; *Diemer, R.*, Neukonzeption des kommunalen Rechnungswesens, Wiesbaden 1996; *Dörschell, A., Schulte, J.*, Bewertungen von Beteiligungen für bilanzielle Zwecke, in: DB, 2002, 1669 ff.; *Forstnds (2003)*: Waldbewertungsrichtlinien des Landes Niedersachsen (WBR 86) i. d. F. vom Juli 2003, download: http://www.forstnds.de/angebot/wbrforstnds/wbrpdf/pdflist.htm; *Freytag, D.*, Stadtkämmerer Brühl, Vermögensbewertung Immobilien, Vortrag zum NKF-Abschlusskongress Düsseldorf-Rheinterrassen am 5.11.2003; *Birgit Frischmuth*, Zur beschlossenen Reform des Gemeindehaushaltsrechts, Zeitschrift für Kommunalfinanzen 2004, 57 ff.; *Gemeinde Hiddenhausen*, Vorgehensweise bei der Straßenbewertung, Hiddenhausen 2003, in: http://www.neues-kommunales-finanzmanagement.de (Umsetzungstagebuch); Bilanzierungsfragen bei Zuwendungen, dargestellt am Beispiel finanzieller Zuwendungen der öffentlichen Hand; *Häfner, Ph.*, Doppelte Buchführung für Kommunen nach dem NKF, Freiburg 2002; *Hessisches Ministerium der Finanzen (Hrsg.)*, Kontierungshandbuch Verwaltungskontenrahmen, 5. Aufl., Wiesbaden, Stand 01/2004 (Entwurf); *Hessisches Ministerium der Finanzen (Hrsg.)*, Methodenkonzept – Budgetierung und betriebswirtschaftliche Steuerungselemente für die Landesverwaltung Hessen, Wiesbaden, 1999; *Institut der Wirtschaftsprüfer in Deutschland e.V. (Hrsg.)*, Stellungnahme HFA 1/1984; *Institut der Wirtschaftsprüfer in Deutschland e.V. (Hrsg.)*, IDW Standard: Grundsätze zur Durchführung von Unternehmensbewertungen (IDW, S 1), in: WPg 2000, 825 ff.; *Institut der Wirtschaftsprüfer in Deutschland e.V.*, Entwurf IDW Stellungnahme zur Rechnungslegung: Rechnungslegung der öffentlichen Verwaltung nach den Grundsätzen der doppelten Buchführung (IDW ERS ÖFA 1), in: WPg 2001, 1405 ff.; *IMK-Beschl.* vom 21.11.2003, Beschlussniederschrift über die 173. Sitzung der Ständigen Konferenz der Innenminister und -senatoren der Länder am 21.11.2003 in Jena sowie Presseerklärung zur Sitzung vom 20. und 21. November 2003. Download z. B. unter: http://www.im.baden-wuerttemberg.de (Starke Kommunen, Neues Rechnungswesen); *IMK (2003a):* Reform des Gemeindehaushaltsrechts: Von einem zahlungsorientierten zu einem ressourcenorientierten Haushalts- und Rechnungswesen, Anlage 1 zum IMK-Beschl. vom 21.11.2003 (erarbeitet vom Arbeitskreis III Kommunale Angelegenheiten der IMK). Download z. B. unter: http://www.im.baden-wuerttemberg.de (Starke Kommunen, Neues Rechnungswesen); *IMK (2003b):* Anl. 2 zum IMK-Beschl. vom 21.11.2003, Gemeindehaushaltsverordnung für ein doppisches Haushalts- und Rechnungswesen (erarbeitet vom Arbeitskreis III Kommunale Angelegenheiten der IMK). Download z. B. unter: http://www.im.baden-wuerttemberg.de (Starke Kommunen, Neues Rechnungswesen); *IMK (2003c):* Anl. 3 zum IMK-Beschluss vom 21.11.2003, Synopse zur Gemeindehaushaltsverordnung für ein doppisches Haushalts- und Rechnungswesen (erarbeitet vom Arbeitskreis III Kommunale Angelegenheiten der IMK). Download z. B. unter: http://www.im.baden-wuerttemberg.de (Starke Kommunen, Neues Rechnungswesen); *IMK (2003 d):* Anlage 4 zum IMK-Beschl. vom 21.11.2003, Gemeindehaushaltsverordnung für die erweiterte Kameralistik (erarbeitet vom Arbeitskreis III Kommunale Angelegenheiten der IMK). Download z. B. unter: http://www.im.baden-wuerttemberg.de (Starke Kommunen, Neues Rechnungswesen); *Kämpfer, G.*, Die Rechnungslegung privater Konzerne als Bezugsrahmen für öffentliche Verwaltungen, in: Reform des öffentlichen Rechnungswesens, Festschrift zum 65. Geburtstag von Prof. Dr. Klaus Lüder, Wiesbaden 2000, S. 323 ff.; *Kommunale Gemeinschaftsstelle für Verwaltungsvereinfachung (KGSt)*, Auf dem Weg in das Ressourcenverbrauchskonzept, Die kommunale Bilanz – Erste Überlegungen und Empfehlungen, Bericht 7/1997, Köln 1997; *Kommunale Gemeinschaftsstelle für Verwaltungsvereinfachung*

(KGSt), Abschreibungssätze in der Kommunalverwaltung. Bericht 1/1999, Köln 1999; *Klee, B.,* Erfassung und Bewertung des Vermögens, Rückstellungen, Reform des Gemeindehaushaltsrechts, Informationsveranstaltungen am 18.11. und 27.11.2002, Vortrag des Referatsleiters im Landkreisamt Rhein-Neckar-Kreis in Heidelberg; *Körner, H.,* Neues Kommunales Rechnungs- und Steuerungssystem – Grundlagen der Entwicklung eines doppischen Rechnungs- und Haushaltswesens, Nürnberg 2000; *Körner, H., Meidel, H.,* Neues Kommunales Rechnungs- und Steuerungssystem, Grundlagen und Praxis kommunaler Vermögensbewertung, Nürnberg 2003; *Kreissparkasse Köln (2002):* Doppischer Kommunalhaushalt in der Erprobung, Gemeinschaftsprojekt der Kreissparkasse Köln sowie der Kommunen Bergisch Gladbach, Brühl, Engelskirchen, Wesseling, Erftkreis und Rheinisch-Bergischer Kreis, Leitfaden zur Bewertung des kommunalen Vermögens für die Eröffnungsbilanzierung im Rahmen der Einführung eines doppischen Kommunalhaushaltes, Köln, Bearbeitungsstand Oktober 2002; *Kreis Gütersloh,* Finanzen und Controlling, Vorgehensweise Straßenbewertung beim Kreis Gütersloh, Gütersloh 2002, in: http://www.neues-kommunales-finanzmanagement.de (Umsetzungstagebuch); *Lüder, K., Hinzmann, Ch., Kampmann, B., Otte, R.,* Vergleichende Analyse öffentlicher Rechnungssysteme – Konzeptionelle Grundlagen für das staatliche Rechnungswesen mit besonderer Berücksichtigung der Bundesrepublik Deutschland, Speyer 1991; *Lüder, K.,* Konzeptionelle Grundlagen des Neuen Kommunalen Rechnungswesen (Speyerer Verfahren), 2. Aufl., Stuttgart 1999; *Lüder, K., Behm, Ch., Cordes, U.* Praxiseinführung des Neuen Kommunalen Rechnungswesens (Speyerer Verfahren) – Dokumentation des Modellprojekts „Wiesloch" –, Stuttgart 1998; *Lüder, K., Jones, J.,* Reforming Governmental Accounting and Budgeting in Europe (Hrsg. PwC Deutsche Revision), Frankfurt 2003; *Marettek, Ch.,* Konzept eines integrierten Rechnungswesens, in: Finanzwirtschaft 2003, S. 32-36; *Modellprojekt* „Doppischer Kommunalhaushalt in NRW" (Hrsg.): Neues Kommunales Finanzmanagement, Betriebswirtschaftliche Grundlagen für das doppische Haushaltsrecht, 2. Aufl. Freiburg u. a. 2003; *Neufang,* Anschaffungs- und Herstellungskosten von Gebäuden – Ein Vergleich der Rechtsprechung des BFH und der Verwaltungsauffassung, BB 2004, S. 78.; *NKFG NRW (2004):* Gesetz über ein Neues Kommunales Finanzmanagement für Gemeinden im *Land Nordrhein-Westfalen (Kommunales Finanzmanagementgesetz NRW – NKFG NRW),* Entwurf, Stand Februar 2004; *PwC (2003)*: Vergleich der Immobilienbewertung ausgewählter Grundstücke in den Bundesländern Baden–Württemberg, Hessen und Nordrhein-Westfalen, Studie im Auftrag des Instituts der Wirtschaftsprüfer für die Innenministerkonferenz, Download: http://www.pwc.com/Extweb/pwcpublications.nsf/docid/A125157AB23039C380256D66005449D7; *Rahe, Ch.,* Zur Einführung des NKR-Konzepts unter besonderer Berücksichtigung der Vermögensbewertung, dargestellt am Beispiel der Stadt Salzgitter (Niedersachsen), der gemeindehaushalt 2003, 217-221; *Ruhr, R.,* Erstellung einer Eröffnungsbilanz für Kommunen: Erfahrungen bei der Stadt Micherstadt, in: Rechnungswesen und Controlling in der öffentlichen Verwaltung 2003, S. 2/399 – 2/426; *Siepe, G., Dörschell, A., Schulte, J.,* Der neue IDW-Standard: Grundsätze zur Durchführung von Unternehmensbewertungen (IDW, S. 1), WPg 2000, S. 946-960; *Stadt Brühl, Stadt Dortmund, Landeshauptstadt Düsseldorf, Stadt Moers, Stadt Münster, Innenministerium Nordrhein-Westfalen, Mummert+Partner Unternehmensberatung AG,* Das doppische Haushaltswesen im Neuen Kommunalen Finanzmanagement, Ziele – Zusammenfassung des Konzepts – Praxiserprobung, Düsseldorf 2000; *Stadt Salzgitter/PricewaterhouseCoopers Corporate Finance Beratung GmbH:* Handbuch zur Erfassung und Bewertung der Immobilien der Stadt Salzgitter, download unter www.salzgitter.de (Modellprojekt Doppik); *Stadtkämmerei der Stadt Dortmund,* Leitfaden zur Zeitwertermittlung des Sachanlagevermögens der Stadt Dortmund für die Eröffnungsbilanzierung im Rahmen des Modellprojekts zur Einführung des doppischen Kommunalhaushalts in Nordrhein-Westfalen, download: www.neues-kommunales-finanzmanagement.de/umsetzungstagebuch/abschnitt_32.html; *Trappmann, H.,* Bewertungsvereinfachungsverfahren für Grundstücke zulässig?, in DB 1996, 391 ff.; *Vogelpoth, N.,* Integriertes öffentliches Rechnungswesen, in: Verwaltung und Management 2001, S. 24 ff.; *Vogelpoth, V./Dörschell, A.,* Internationale Rechnungslegungsstandards für öffentliche Verwaltungen – Das IPSAS-Projekt des IFAC Public Sector Committee –, WPg 2001, 752 ff.; *Vollmer-Zimmermann, M.,* Die geplante Bewertung des Vermögens in der kommunalen Eröffnungsbilanz in NRW, in: der gemeindehaushalt 2001, 265 ff.; *Zwehl, W. v.,* Kameralistik ade! Zur Eröffnungsbilanz eines Eigenbetriebes. in: Baetge u. a. (Hrsg.), Rechnungslegung, Prüfung und Beratung, Festschrift für R. Ludewig, Düsseldorf 1996, S. 1148 ff.; *Windmöller, R.,* Ansatz und Bewertung von Vermögen und Verbindlichkeiten in der Eröffnungsbilanz der neu gestalteten öffentlichen Rechnungslegung. Finanzpolitik und Finanzkontrolle – Partner für Veränderung. Gedächtnisschrift für Udo Müller, Baden-Baden 2002, S. 167 ff.

Die in der Bilanzbewertung vorherrschende Sachwertermittlung (vgl. z. B. IDW ERS ÖFA 1 Abs. 29 f.) wird damit begründet, dass der **Substanzwert die „Nutzungsstiftung für den Bürger" abbilde** und die Grundstücke den Wert hätten, den die Herstellung der baulichen Anlagen kostet. Die mit dieser Begründung ermittelten Sachwerte geben aber ein trügerisches Bild über die Vermögenslage der öffentlichen Hand, denn die ermittelten Sachwerte haben

651

i. d. R. mit dem Marktwert (Verkehrswert) und auch mit dem beizulegenden Zeitwert wenig gemein[184].

Die **Bewertung aus Anlass der Rechnungslegung der öffentlichen Hand** stellt einen Sonderfall dar. Die Bewertung erfolgt zu diesem Zweck in erster Linie nach Anschaffungs- bzw. Herstellungskosten oder Ersatzwerten nach Maßgabe entsprechender Bewertungsrichtlinien[185]. Ihnen liegt der Beschluss der Ständigen Konferenz der Innenminister[186] zugrunde. Nach dem der Haushalt auf die doppelte Rechnungsführung („Doppik") umgestellt werden soll, um zu einer zutreffenden Abbildung der „tatsächlichen Vermögens-, Finanz- und Ertragslage" zu gelangen. Da bei öffentlich genutzten Immobilien eine unmittelbare Ableitung des Zeitwerts aus zeitnah vereinbarten Kaufpreisen i. d. R. nicht möglich ist, wird der Zeitwert in den Fällen, in denen eine Anwendung des Ertragswertverfahrens mangels nachhaltiger Erträge nicht möglich ist, i. S. des Rekonstruktionsgedankens durch die Bewertung nach Wiederbeschaffungs-/Wiederherstellungskosten zugelassen. Mit der weitgehenden Übernahme des handelsrechtlichen Bilanzierungsrechts können die Eröffnungsbilanzwerte nach den Grundsätzen des HGB fortgeschrieben werden. Die Eröffnungsbilanzwerte von Gebäuden werden als abnutzbares Anlagevermögen durch planmäßige Abschreibungen auf die Restnutzungsdauer des jeweiligen Vermögensgegenstandes verteilt.

Um für öffentliche Immobilien den „tatsächlichen Vermögenswert" in Gestalt des Verkehrswerts/Marktwerts zu ermitteln, wird überwiegend das Sachwertverfahren angewendet. Die Begründung des Sachwertverfahrens mit dem Hinweis darauf, dass eigengenutzte Grundstücke im Sachwertverfahren zu bewerten seien, ist nicht belastbar, da die „Eigennutzung" schon seit Langem keine Rechtfertigung für die Anwendung des Sachwertverfahrens ist. Darüber hinaus sprechen auch fehlende Vergleichsdaten dagegen, denn für die Durchführung dieses Verfahrens ist die Anwendung marktkonformer Marktanpassungsfaktoren (§ 8 Abs. 2 ImmoWertV) unverzichtbar, um über den Sachwert zum Verkehrswert (Marktwert) und damit zu Aufschlüssen über die „tatsächlichen Vermögensverhältnisse" zu gelangen, und die können eben nur aus tatsächlich getätigten Verkaufsfällen abgeleitet werden.

In einem Gutachten des ifo-Instituts für Wirtschaftsforschung e. V. an der Universität München[187] wurde das gesamte Immobilienvermögen der Gemeinden Baden-Württembergs (Anfang 2003) auf der Grundlage des Wiederbeschaffungswerts sämtlicher Bauten und des Grundstückswerts auf 7 217 Mrd. € geschätzt. Sinn und Zweck der Aktion sind mehr als fragwürdig, denn die „tatsächlichen Vermögenswerte" spiegeln sich darin jedenfalls nicht wider, und so muss das Ergebnis der Sachwertermittlung eine Illusion sein. Die öffentliche Hand rechnet sich so reich; wenn es jedoch an die Sanierung der Haushalte durch Veräußerung eben dieser Immobilien ginge, müsste man schnell erkennen, dass z. B. beim Verkauf einer unterhaltungsaufwendigen Straße keine Einnahmen erzielt werden könnten und das Beispiel ließe sich an anderen öffentlich genutzten Grundstücken beliebig fortsetzen. Wenn gleichwohl das öffentliche Vermögen im großen Stile im Sachwertverfahren bewertet wurde, so gibt das Ergebnis jedenfalls nicht die „tatsächlichen" Vermögensverhältnisse wieder. Die auf der Grundlage des Sachwertverfahrens ermittelten „Zeitwerte" sind also nicht dem Marktwert (Verkehrswert) gleichzusetzen, denn die Werte sind im Falle der Immobilienveräußerung nicht realisierbar.

Die Anwendung des Sachwertverfahrens lässt sich hilfsweise aus dem Gesichtspunkt der Daseinsvorsorge begründen: Für das Gemeinwesen bildet sich der Verkehrswert einer Gemeinbedarfsfläche nicht im Ertrag der Immobilie, sondern in der Eignung der Immobilie für die von ihr zu erbringende öffentliche Leistung. Diese lässt sich durch die Kosten erfassen, die zur Herstellung erbracht werden, also durch den Sachwert, auch wenn er im Veräußerungsfall nicht erzielt werden kann.

---

184 Vgl. GuG-aktuell 2006, 1.
185 Erfassung und Bewertung kommunalen Vermögens (Bewertungsrichtlinien – BewertRL), Bek. des Bay. Staatsministeriums des Innern vom 29.9.2008 -IB4 – 1516 – 35-, Bay AllMBl. 2008, 558; Richtlinien zur Bewertung des kommunalen Vermögens und der kommunalen Verbindlichkeiten (Bewertungsrichtlinien-BewertRL); RdErl des MI vom 9.4.2006 – 32.3. – 10401/1-3 –, MinBl LSA 2006, 204.
186 Beschluss der Ständigen Konferenz der Innenminister in: der gemeindehaushalt, 2004, 36 ff. „Von einem zahlungsorientierten zu einem ressourcenorientierten Haushalts- und Rechnungswesen".
187 Die volkswirtschaftliche Bedeutung der Immobilienwirtschaft, München 2005.

7.4 Künftiger Gemeinbedarf

7.4.1 Allgemeines

▶ *Zur Verfahrenswahl vgl. § 8 ImmoWertV Rn. 142 ff.; zur Bewertung von Gemeinbedarfsflächen in Umlegungsgebieten vgl. Teil VI Rn. 889 ff.; zur Erhebung von Ausgleichsbeträgen für Gemeinbedarfsflächen vgl. Teil VI Rn. 737 ff.; zu den Folgeschäden Teil VI Rn. 105 ff.*

Flächen, die aufgrund von rechtsverbindlichen Festsetzungen z. B. in einem Bebauungsplan, aber auch in Fachplanungen (erstmalig) einer öffentlichen Zweckbindung unterworfen worden sind, können zugunsten des Bedarfsträgers im Wege der Enteignung erworben werden. Die **für die Bemessung der Enteignungsentschädigung maßgeblichen Grundsätze müssen** deshalb grundsätzlich **bei der Bewertung dieser Flächen Beachtung finden.** Dies gilt für den Fall des Erwerbs solcher Flächen durch den Bedarfsträger gleichermaßen wie für den Fall des Erwerbs durch einen Dritten. Auch das angemessene Angebot zur Vermeidung einer Enteignung muss sich an der zu gewährenden Entschädigung ausrichten. Dabei ist Gegenstand der Enteignungsentschädigung nicht nur die Entschädigung für den Rechtsverlust des Grundstücks (Verkehrswert), sondern auch die Entschädigung für sonstige Vermögensnachteile (Folgeschäden), die mit dem Substanzverlust verbunden sind (vgl. Teil VI Rn. 105 ff., Abb. 8). 652

Abb. 8: Entschädigung

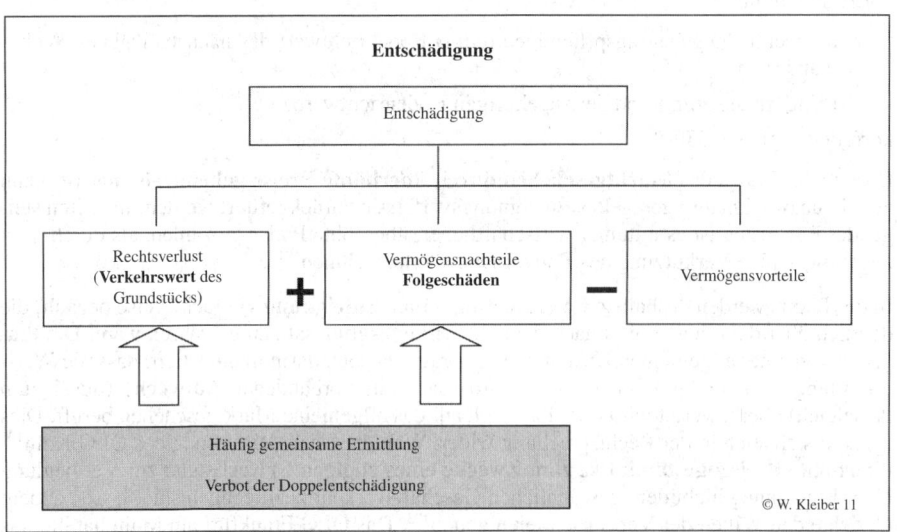

Maßgebliche Entschädigungsvorschrift zur Bemessung der **Vermögensnachteile (Folgeschäden)** ist § 96 BauGB.

Rechtsgrundlage zur Bemessung des **Vorteilsausgleichs** ist § 93 Abs. 3 BauGB: Die Anrechnung von Vermögensvorteilen wird in der Praxis durch den Gleichheitsgrundsatz (Art. 3 GG) eingeschränkt, d. h., sie darf nicht zu einem Sonderopfer führen. 653

Der BGH[188] hat in seiner Rechtsprechung vom 11.6.1970 bei der Ermittlung der Entschädigung als Anhaltspunkt den Betrag gewählt, den der Grundeigentümer als Notwegerente erhalten könnte. Dabei ging es aber speziell um ein Grundstück, das seit mehreren Jahren für eine neue Siedlung als Verbindungsweg zum allgemeinen Wegenetz hergerichtet und verwendet

---
[188] BGH, Urt. vom 11.6.1970 – III ZR 7/69 –, NJW 1970, 1644 = BRS Bd. 26 Nr. 99 = EzGuG 18.51.

V Besondere Immobilienarten — Gemeinbedarfsfläche

worden ist, bei dem aber die **förmliche Widmung zur öffentlichen Straße** und die vorgesehene Übereignung an die Gemeinde **unterblieben** waren.

7.4.2 Freihändiger Ankauf

7.4.2.1 Allgemeines

654 Der Verkehrswert künftiger Gemeinbedarfsflächen bemisst sich auch bei freihändigem Ankauf nach dem Wert, der unter Berücksichtigung des **Instituts der Vorwirkung** zu entschädigen wäre (Entschädigungswert).

Die für die Bemessung der Enteignungsentschädigung maßgeblichen Grundsätze müssen aus grundsätzlichen Erwägungen auch bei der Verkehrswertermittlung bei freihändigem Erwerb gelten[189]. Dies folgt auch aus allgemeinen Haushaltsgrundsätzen, die zur sparsamen und wirtschaftlichen Verwendung von Haushaltsmitteln anhalten. Dem trägt die Praxis allerdings oftmals dann nicht Rechnung, wenn die Vorwirkung auf den land- oder forstwirtschaftlichen Entwicklungszustand hinausläuft. So muss festgestellt werden, dass öffentliche Bauträger für künftige Gemeinbedarfsflächen im Außenbereich **Kaufpreise** zahlen, **die deutlich über den Kaufpreisen benachbarter, der „reinen" Land- oder Forstwirtschaft weiterhin vorbehaltener Flächen** i. S. des § 5 Abs. 1 ImmoWertV **liegen**. Dies ist darauf zurückzuführen, dass einerseits die Eigentümer danach trachten, an der Umwidmung zu partizipieren, und andererseits die Bedarfsträger zur Vermeidung einer Enteignung Preiszugeständnisse machen[190]. Die tatsächlich vereinbarten (überhöhten) Kaufpreise sind vornehmlich mit

– dem erschließungsbeitragspflichtigen (ebpf) Bodenrichtwert des nächstgelegenen Wohnbaulandes und
– der Entfernung zum Rand der zugehörigen Bodenrichtwertzone

korreliert (vgl. Rn. 550 ff.).

Dass in der Praxis das **Marktgeschehen durch überhöhte Preise gekennzeichnet** ist, kann auf ein unzweckmäßig geregeltes Enteignungsverfahren zurückgeführt werden. In Zeiten steigender Baukosten ist es mitunter wirtschaftlicher, überhöhte Preise zu zahlen, als durch Verzögerungen eine Verkürzung des Bauvorhabens hinzunehmen[191].

655 In der Praxis werden deshalb zur **Vermeidung einer Enteignung** vielfach Preise bezahlt, die deutlich über dem liegen, was nach dem Vorwirkungsgrundsatz zu gewähren wäre. Die Praxis ist von einer allgemeinen Unsicherheit geprägt, die sich darin manifestiert, dass die Wertermittlung z. B. dadurch manipuliert wird, dass ein vorhandener Aufwuchs (quasi zum Ausgleich) überbewertet wird oder man sich auf das allgemeine Marktgeschehen beruft. Dies spiegelt sich auch in der Rechtsprechung wider. Während nach Auffassung des OLG Köln[192] **überhöhte Preiszugeständnisse zum Zwecke eines zügigen Erwerbs** und zur Vermeidung einer Enteignung nicht dem gewöhnlichen Geschäftsverkehr zuzurechnen sind, lassen andere Gerichte den Willen der Vertragsparteien gelten[193]. Das OLG Frankfurt am Main hat hieraus sogar den Schluss gezogen, dass die Beteiligung der öffentlichen Hand keine Gewähr dafür biete, dass der Verkehrswert objektiv ermittelt werde[194].

---

[189] BGH, Urt. vom 20.11.1967 – III ZR 161/65 –, BRS Bd. 19 Nr. 137 = EzGuG 6.110; BGH, Urt. vom 17.10.1974 – III ZR 53/72 –, BRS Bd. 34 Nr. 95 = EzGuG 6.171; BGH, Urt. vom 27.6.1966 – III ZR 202/65 –, BRS Bd. 19 Nr. 87 = EzGuG 6.89; Ernst/Zinkahn/Bielenberg/Krautzberger, BauGB § 87 Rn. 82; § 194 Rn. 148; Büchs, Grunderwerb und Entschädigung beim Straßenbau, 2. Aufl. 1980, S. 84 f.
[190] Es ist eine Prüfung angezeigt, ob solche Vergleichspreise dem gewöhnlichen Geschäftsverkehr zurechenbar sind: OLG Köln, Urt. vom 16.8.1973 – 7 U 18/73 –, BRS Bd. 34 Nr. 117 = EzGuG 19.25a.
[191] Salzwedel, in Erichsen (Hrsg.), Allgemeines Verwaltungsrecht, 10. Aufl. 1995, § 49 Rn. 31; BGH, Urt. vom 21.10.1966 – III ZR 210/87 –, BRS Bd. 53 Nr. 130 = EzGuG 18.109; OLG Frankfurt am Main, Urt. vom 20.3.1980 – I U 198/77 –, BRS Bd. 45 Nr. 116 = EzGuG 19.35c.
[192] OLG Köln, Urt. vom 16.8.1973 – 7 U 18/73 –, BRS Bd. 34 Nr. 117 = EzGuG 19.25b.
[193] BGH, Urt. vom 21.10.1966 – III ZR 210/87 –, BRS Bd. 53 Nr. 130 = EzGuG 18.109.
[194] OLG Frankfurt am Main, Urt. vom 20.3.1980 – I U 198/77 –, BRS Bd. 45 Nr. 116 = EzGuG 19.35c.

Man kommt bei alledem nicht umhin, festzustellen, dass die *Großzügigkeit der Praxis* beim freihändigen Erwerb von Flächen, die zu einem (geringeren) Entschädigungswert enteignet werden könnten, im Ergebnis zu einem selbst geschaffenen **Teilmarkt** führen kann[195]. Von der allgemeinen Übung beim Erwerb von Gemeinbedarfsflächen kann unter Beachtung des Gleichheitsgrundsatzes dann nur schwer abgewichen werden[196]. Diese **Praxis findet** (leider) **große Verbreitung.**

7.4.2.2 Straßenbau

Der Verkehrswert künftiger Straßenflächen bestimmt sich auch bei freihändigem Grunderwerb nach der im Enteignungsfall zu bemessenden Entschädigung und demzufolge nach dem Vorwirkungsgrundsatz. Soweit der Träger der Straßenbaulast sein Enteignungsrecht zur Erfüllung seiner Aufgaben wahrnimmt (§ 19 Abs. 1 Satz 1 FStrG), reicht für die Zulässigkeit der Enteignung die Notwendigkeit des Eigentumsentzugs zur Ausführung eines durch Planfeststellung festgelegten Bauvorhabens aus. Der festgestellte Plan ist dem Enteignungsverfahren zugrunde zu legen und dem Planfeststellungsbeschluss kommt demzufolge – anders als grundsätzlich etwa einem Bebauungsplan – eine Vorwirkung der Enteignung zu[197]. Dieser Grundsatz gilt auch, wenn der Träger der Straßenbaulast die Enteignung von Grundstücken zur Ausführung eines festgestellten Plans betreibt, der den (Aus-)Bau eines Nebenbetriebs an einer Bundesautobahn betrifft. Und zwar auch dann, wenn die Übertragung des Baus des geplanten Nebenbetriebs an einen privaten Dritten (vgl. § 15 Abs. 2 Satz 2 FStrG) vorgesehen ist. Der Straßenbaulastträger verfolgt in diesem Fall mit dem **Bau und Betrieb einer Tank- und Raststätte** (Konzessionsträger) öffentliche Aufgaben, auch wenn diese nach Maßgabe der gesetzlichen Vorschriften auf Private übertragen wird[198].

656

Bei der Bemessung des Ankaufspreises für Ortsumgehungsstraßen im Außenbereich gehen z. B. die Straßenbauämter im Rhein-Main-Gebiet zwar (je nach Situation) vom inner- bzw. außerlandwirtschaftlichen Verkehrswert i. S. des § 5 Abs. 1 ImmoWertV aus, lassen jedoch in Abhängigkeit zur Ortsnähe folgende **Ortsrandentfernungszuschläge**[199] zu:

Wiesbaden-Erbenheim

0–50 m	+ 100 %	100 %
50–100 m	+ 70 %	50 %
100–150 m	+ 60 %	40 %
150–200 m	+ 50 %	30 %
200–300 m	+ 40 %	10–20 %
300–400 m	+ 30 %	5 %
400–500 m	+ 20 %	
500–600 m	+ 10 %	
600–700 m	+ 5 %	
über 700 m	+ 0 %	

7.4.2.3 Öffentliche Grünflächen/Sportplätze

Eine Umfrage von *Füllekrug* hat ergeben, dass 1994 von den örtlichen Gutachterausschüssen für Grundstückswerte für den Erwerb von Flächen, die erstmals einer Nutzung als **öffentliche Grünfläche** bzw. als **öffentliche Sportfläche** zugeführt werden sollten, als Ankaufspreis

657

---

[195] BGH, Urt. vom 1.3.1987 – III ZR 197/82 –, BGHZ 90; 243 = BRS Bd. 45 Nr. 106 = EzGuG 6.224; BGH, Urt. vom 1.7.1982 – III ZR 10/81 –, BRS Bd. 45 Nr. 147 = EzGuG 4.86; OLG Nürnberg, Urt. vom 11.10.1989 – 4 U 1748/89 –, GuG 1990, 46 = EzGuG 18.111; BGH, Urt. vom 23.5.1985 – III ZR 10/84 –, BRS Bd. 45 Nr. 147 = EzGuG 6.228.
[196] Dieterich in Ernst/Zinkahn/Bielenberg/Krautzberger, § 194 BauGB Rn. 151.
[197] Kastner in Marschall/Schroeter/Kastner, BFStrG, 5. Aufl. § 19 Rn. 19.
[198] BGH, Beschl. vom 28.11.2002 – III ZR 167/02 –, BauR 2003, 512 = GuG 2003, 249.
[199] Köhne, Landwirtschaftliche Bewertungslehre, Hamburg 1978, S. 37.

V Besondere Immobilienarten — Gemeinbedarfsfläche

vielfach das 1,5- bis 5,0-Fache (sic) des Werts des (begünstigten) Agrarlandes empfohlen wurde (Abb. 9):

Abb. 9: Agrarlandpreise/Preise für Sportplatzflächen[200]

Vergleichsstadt		Bodenpreise für Agrarland	vom Gutachterausschuss vorgeschlagene Bodenpreise für Sportplatzflächen, öffentliche Grünflächen	Faktor Sportplatzflächen/ Agrarland
1	Bad Harzburg	1,75–2,25 €	max. 5,00 €	ca. 2,5-fach
2	Hannover	max. 3,25 €	12,50–17,50 €	ca. 5,0-fach
3	Baden-Baden	5,00–7,50 €	max. 5,00 €	ca. 1,5-fach
4	Iffezheim (Baden-B.)	7,50–10,25 €	7,50–10,00 €	ca. 1,5-fach
5	Braunschweig	max. 3,25 €	6,50–9,00 €	ca. 2,5-fach
6	Hamburg	1,35–3,00 €	7,50–10,00 €	ca. 3,5-fach
7	Mainz	5,00–7,50 €	max. 25,00 €	ca. 4,0-fach
			im Mittel	3,0-fach

Weitere (allerdings ältere) Untersuchungen über das **Kaufpreisverhalten beim Ankauf von Flächen, die** aufgrund bauleitplanerischer Ausweisung künftig **als öffentliche Grünfläche** genutzt werden sollen, liegen aus *Niedersachsen* vor.

658 Für **Außenbereichsgebiete in der Nachbarschaft von Wohnbauland** mit einem Bodenrichtwert (ebp) bis zu 75 €/m² sind von *Ziegenbein*[201] für Entfernungsbereiche

a) bis 200 m

b) 200 m bis 600 m

c) 600 m bis 1 300 m

folgende Abhängigkeiten der gezahlten Kaufpreise von den Bodenrichtwerten für das benachbarte Wohnbauland (ebp) ermittelt worden (Abb. 10).

Abb. 10: Verhältnis tatsächlich gezahlter Kaufpreise für Flächen, die als öffentliche Grünflächen ausgewiesen sind, zum Bodenrichtwert

Entfernungs-bereiche (m)	Bodenrichtwerte für erschließungsbeitragspflichtiges (ebp) Wohnbauland (€/m²)												
	15	20	25	30	35	40	45	50	55	60	65	70	75
bis 200 m	0,25	0,21	0,18	0,16	0,15	0,14	0,13	0,12	0,11	0,11	0,11	0,10	0,10
200–600 m	0,21	0,17	0,15	0,13	0,12	0,11	0,11	0,10	0,10	0,09	0,09	0,09	0,08
600–1 300 m	0,17	0,14	0,12	0,11	0,10	0,10	0,09	0,08	0,08	0,08	0,07	0,07	0,07

---

200 Füllekrug in GuG 1994, 85; vgl. auch Borchert in GuG 1994, 337; GuG 1995, 71, 153.
201 Ziegenbein in Nachr. der nds. Kat.- und VermVw 1989, 96; vgl. auch Lichtner in Nachr. der nds. Kat.- und VermVw 1974, 212.

Beispiel:

- Die als öffentliche Grünfläche ausgewiesene künftige Gemeinbedarfsfläche befindet sich in einer Entfernung von 500 m vom nächstgelegenen Wohnbauland mit einem erschließungsbeitragspflichtigen Bodenrichtwert von 60 €/m².
- (Empirischer) Kaufpreis = 0,09 × 60 €/m² = 5,40 €/m²

Zu diesen Untersuchungsergebnissen bleibt anzumerken, dass sie sich nicht auf Kauffälle von Verkehrsflächen beziehen und die Untersuchung des Weiteren gezeigt hat, dass die tatsächlich vereinbarten Kaufpreise nicht mit dem Bodenrichtwert benachbarter Flächen der Land- oder Forstwirtschaft korreliert sind.

Ähnliche Untersuchungen wurden von *Lichtner* [202] im Jahre 1974 für **Friedhofserweiterungs- und Sportplatzflächen** vorgenommen. In Abhängigkeit zum Bodenrichtwert des nächstgelegenen Wohnbaulands ergibt sich der Bodenwert nach folgender Beziehung:

$$\text{Bodenwert} = 0{,}36 \times \text{Bodenrichtwert} - 5{,}46 \times \text{Entfernung}$$

wobei:

Bodenrichtwert in €/m²
Entfernung in km zum Rand der Bodenrichtwertzone

Für den Großraum **Hannover** in den Jahren 1982 bis 1984 hat die Überprüfung[203] auf der Grundlage von 90 Kaufpreisen zu folgender Funktion geführt:

$$BW = 0{,}3 \; \sqrt{1{,}502 + 0{,}6567 \times F^{0{,}2} + 0{,}5727 \times BRW^{0{,}3} - 0{,}9454 \times E^{0{,}1}}$$

wobei:

BW = Bodenwert = Schätzwert für die Grünfläche in €/m²
F = Fläche des Wertermittlungsobjekts in ha (0,03 ≥ F ≥ 9,0)
BRW = Bodenrichtwert (erschließungsbeitragspflichtig) der nächstgelegenen Bodenrichtwertzone für Wohnbauland in €/m² (15 €/m² ≤ BRW ≤ 100 €/m²)
E = Entfernung zum Rand der nächstgelegenen Bodenrichtwertzone für Wohnbauland in km (0,001 km ≤ E ≤ 1,0 km)

Im Land *Brandenburg* wurden 2009 für Sportanlagen Durchschnittspreise von 0,18 €/m² bis 5,83 €/m³ (im Mittel 1,94 €/m²) entrichtet[204].

7.4.2.4 Bahnflächen

▶ *Hierzu vgl. Rn. 584, Allgemeines zum Vorwirkungsgrundsatz vgl. Teil VI Rn. 83 ff.*   659

7.4.3 Entschädigung für den Rechtsverlust nach dem Vorwirkungsgrundsatz

7.4.3.1 Allgemeines

▶ *Allgemeines zum Vorwirkungsgrundsatz vgl. Teil VI Rn. 83 ff.*

Die Bewertung künftiger Gemeinbedarfsflächen nach den jeweils maßgeblichen Entschädigungsbestimmungen stellt bei alldem die **fundierteste Bewertungsmethodik** dar, die in der Praxis allerdings durch pauschalierende Methoden und vor allem durch die Praxis des freihändigen Grunderwerbs zur Vermeidung von Enteignungen ausgehöhlt wird.   660

Nach der gefestigten Rechtsprechung zum Grundsatz des **Ausschlusses von der konjunkturellen Weiterentwicklung** (Institut der Vorwirkung) bemisst sich der Wert von Flächen, die aufgrund rechtsverbindlicher Festsetzungen einer öffentlichen Zweckbindung unterworfen worden sind (Gemeinbedarfsflächen), grundsätzlich nach dem **Entwicklungszustand der**

---

202 Lichtner in Nachr. der nds. Kat.- und VermVw 1974, 212.
203 Scharnhorst in WF 1989, 114.
204 Grundstücksmarktbericht 2009.

V Besondere Immobilienarten — Gemeinbedarfsfläche

Fläche, die **in dem Zeitpunkt** bestand, **zu dem eine Enteignung mit Sicherheit und hinreichender Bestimmtheit zu erwarten war** (Zeitpunkt des Eingriffs)[205]. Bei einem sich länger hinziehenden Enteignungsvorgang ist der enteignende Eingriff mit Sicherheit zu erwarten, wenn ein ursächlicher Zusammenhang zwischen vorbereitenden Maßnahmen, wie vorbereitenden Planungen, Veränderungssperren, Zurückstellung von Baugesuchen und dgl., und dem späteren Eigentumsentzug auf der Grundlage rechtsverbindlicher Festsetzungen für öffentliche Zwecke (Bebauungsplan) besteht. In den vorbereitenden Maßnahmen und der späteren Enteignung muss dabei ein einheitlicher Vorgang bestehen.

Nr. 5.1.3 WertR 06 führt hierzu aus:

„Der Wert von Grundstücken, die für Gemeinbedarfszwecke zu beschaffen sind, bestimmt sich nach den maßgeblichen entschädigungsrechtlichen Bestimmungen. In der Regel ist der Wertermittlung der Zeitpunkt zugrunde zu legen, in dem ein endgültiger Ausschluss von jeder konjunkturellen Weiterentwicklung erfolgte (enteignungsrechtliche Vorwirkung). Bei der Wertermittlung sind die allgemeinen Grundsätze, wie sie sich aus dieser Richtlinie, insbesondere aus Nr. 6 ergeben, uneingeschränkt anzuwenden. Diese Ausführungen gelten sinngemäß auch für die Grundstücke, die für Zwecke der Verteidigung beschafft werden sollen."

▶ *Bei Abtretung von Teilflächen für Zwecke des Gemeinbedarfs vgl. Nr. 5.2 WertR*

Mit dem Institut der Vorwirkung wird aber nur die Qualität der Fläche – der Entwicklungszustand – festgeschrieben. Ausgehend von diesem Entwicklungszustand sind der Bewertung die allgemeinen Wertverhältnisse auf dem Grundstücksmarkt zum Wertermittlungsstichtag zugrunde zu legen, d. h., es wird der Wert nach dem **Entwicklungszustand „von damals" nach den allgemeinen Wertverhältnissen „von heute"** ermittelt:

Abb. 11: Qualitätsstichtag und Wertermittlungsstichtag

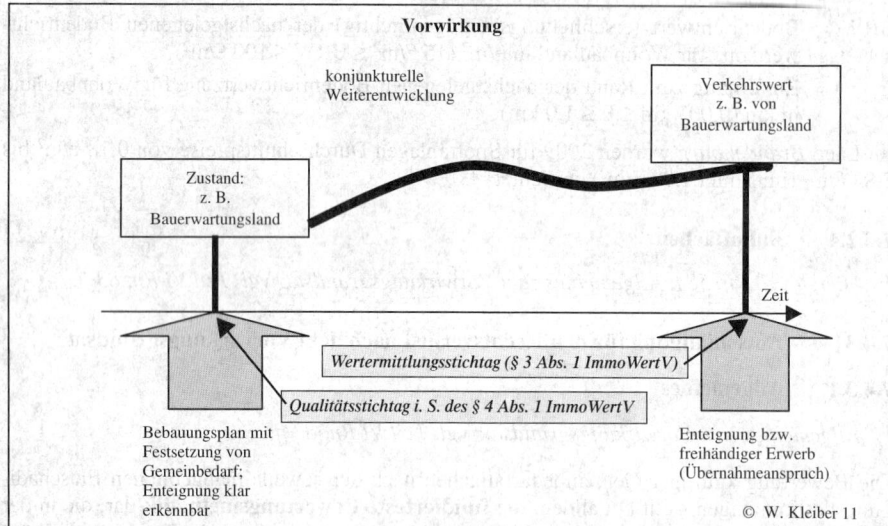

Die der Wertermittlung zugrunde zu legenden **allgemeinen Wertverhältnisse auf dem Grundstücksmarkt** bestimmen sich im Übrigen grundsätzlich nach den Verhältnissen zum Wertermittlungsstichtag (§ 3 Abs. 1 ImmoWertV); bei Enteignungen ist der Zustand der Entscheidung der Enteignungsbehörden über den Enteignungsantrag maßgebend (ggf. letzte Tatsachenverhandlung; § 95 Abs. 1 Satz 2 BauGB).

---

[205] Kleiber in Ernst/Zinkahn/Bielenberg/Krautzberger, BauGB, Komm. zu § 5 ImmoWertV, Rn. 92 ff.; weiteres Schrifttum: Dresen in Nachr. der rh.-pf. Kat.- und VermVw 1988, 180; Kuscha in Nachr. der nds. Kat.- und VermVw, 1974, 124 ff. und 133; Uebelhoer in Nachr. der nds. Kat.- und VermVw 1974, 131.

Handelt es sich bei der betroffenen Fläche zum Zeitpunkt ihrer Festsetzung als Gemeinbedarfsfläche bereits um baureifes Land, so ist eben diese Qualität zu entschädigen. **661**

7.4.3.2 Sonderfälle der Vorwirkung

a) *Vorbereitende Maßnahmen*

Vorbereitende Maßnahmen, insbesondere eine vorzeitige Besitzeinweisung (§ 93 Abs. 4 **662** BauGB), eine Veränderungssperre (§ 14 BauGB), eine Zurückstellungsverfügung nach § 15 BauGB, vorbereitende Planungen sowie eine tatsächliche und rechtmäßige Inanspruchnahme zu Gemeinbedarfszwecken haben nur dann eine Vorverlegung des der Bemessung der Entschädigung zugrunde zu legenden Entwicklungszustands zur Folge, wenn ein ursächlicher Zusammenhang zwischen der vorwirkenden Maßnahme und der späteren Enteignung und darin ein einheitlicher Enteignungsvorgang gesehen werden kann. Bei freiwilliger Besitzüberlassung ist auf den vertraglich vereinbarten Übergabetag abzustellen[206].

b) *Verkettung der Vorwirkung*

Bei einem sich **über einen längeren Zeitraum hinziehenden Enteignungsvorgang** ist ein **663** enteignender Eingriff i. d. R. mit Sicherheit zu erwarten, wenn für das Grundstück in einem Bebauungsplan eine Gemeinbedarfsnutzung festgesetzt wird und ein ursächlicher Zusammenhang mit dem Eigentumsentzug besteht. Entsprechendes gilt für übergeleitete städtebauliche Pläne, wenn durch sie ein dauerndes Bauverbot ausgesprochen wurde, z. B. Straßenfestsetzung durch Straßenbegrenzungslinien und Planfeststellungsbeschlüsse (z. B. §§ 17 f., § 19 Abs. 2 FStrG). Deswegen könnte in Betracht gezogen werden, der Bewertung weiterhin den Grundstückszustand zugrunde zu legen, den die Fläche vor dem ersten Zeitpunkt des Eingriffs hatte, wenn zwischenzeitlich eine Aufhebung der öffentlichen Zweckbindung nicht erwartet werden konnte *(Verkettung der Vorwirkung)*. In diesen Fällen wäre also auf den erstmaligen Ausschluss von der qualitativen Weiterentwicklung des Grundstücks abzustellen, weil es auf eine bestimmte öffentliche Zweckbestimmung nicht ankommt[207].

Im Falle einer **Änderung des Gemeinbedarfszwecks noch vor erstmaliger Übertragung des Eigentums auf eine öffentliche Hand** (Enteignungsverfahren, die sich über einen längeren Zeitraum hinziehen) ist die Änderung des Gemeinbedarfszwecks in Bezug auf die Vorwirkung nur dann unschädlich, wenn vor der Änderung im gewöhnlichen Geschäftsverkehr eine Aufhebung der öffentlichen Zweckbindung zu keiner Zeit erwartet werden konnte.

Die **Übertragung des für künftige Gemeinbedarfsflächen geltenden Grundsatzes** auf die Bewertung von sog. „*bleibenden* Gemeinbedarfsflächen" führt für den „abgebenden Gemeinschaftsbedarfsträger" zu einem unbilligen Ergebnis. Die Praxis bedient sich deshalb in derartigen Fällen des sog. Aktualisierten Beschaffungswertprinzips (vgl. Rn. 532 ff., Teil VI Rn. 299, 306).

c) *Vorwirkung nach vorkonstitutionellem Recht*

Zur **Vorwirkung nach vorkonstitutionellem Recht** sind von der Rechtsprechung folgende **664** Grundsätze entwickelt worden:

a) Ist die Teilfläche eines Grundstücks nach den Vorschriften des Preußischen Fluchtliniengesetzes vom 2.7.1875 (GS 1875, 651) – in dem zu entscheidenden Fall im Jahr 1930 – zu Straßenland herabgestuft worden, so ist, auch wenn die Teilfläche erst unter der Herrschaft des Grundgesetzes (hier: 1970) zur Verbreiterung einer Straße herangezogen wird,

bei der Ermittlung der Entschädigung die Qualitätsstufe zugrunde zu legen, die das Grundstück vor der endgültigen Festsetzung der Fluchtlinie besessen hatte[208].

---

206 BGH, Urt. vom 6.4.1995 – III ZR 27/94 –, GuG 1995, 310 = EzGuG 18.117; BGH, Urt. vom 23.11.1972 – III ZR 77/70 –, BRS Bd. 26 Nr. 126 = EzGuG 4.38; BGH, Urt. vom 8.11.1990 – III ZR 364/89 –, GuG 1991, 99 = EzGuG 6.257.
207 BGH, Urt. vom 13.12.1962 – III ZR 164/61 –, BRS Bd. 19 Nr. 110 = EzGuG 6.67.

V Besondere Immobilienarten — Gemeinbedarfsfläche

b) Wird durch die Festsetzung von Baulinien nach Münchner Baurecht[209] die Teilfläche eines unbebauten Grundstücks von Bauland zu Straßenland herabgestuft, so liegt darin eine Teilenteignung. War diese Teilenteignung nach dem damals geltenden Recht[210] entschädigungslos zulässig (sog. altrechtliche Verkehrsfläche), so ist für die Ermittlung einer Entschädigung für die unter der Herrschaft des Grundgesetzes vorgenommene Vollenteignung (Entziehung des Grundeigentums) von der Grundstücksqualität Straßenland auszugehen[211].

c) Nach Art. 13 Abs. 2 des BayStWG ist in *Bayern* die Wertermittlung unter Anwendung des Vorwirkungsgrundsatzes nur innerhalb einer 30-jährigen Verjährungsfrist (§ 195 BGB), in der zugleich ein Übernahmeanspruch besteht, zulässig[212].

d) Ist in dem zum früheren Land *Württemberg-Hohenzollern* gehörenden Landesteil von *Baden-Württemberg* nach Inkrafttreten der Verfassung vom 18.5.1947 (RegBl. 1947, 1) eine enteignende Maßnahme aufgrund des (Reichs-)Naturschutzgesetzes getroffen worden, so ist eine angemessene Entschädigung nach Art. 153 Abs. 2 Satz 2 WRV zu leisten[213].

d) *Herabzonung*

▶ Vgl. Teil VI Rn. 160 ff.

665 Die Festsetzung einer Fläche als Gemeinbedarfsfläche kann auch eine bereits baulich nutzbare Fläche (baureifes Land) treffen. Damit ist der Fall einer Herabzonung angesprochen. In diesen Fällen bemisst sich der Wert dieser Flächen nach der in **Anwendung des Planungsschadensrechts** (§§ 39 ff. BauGB) zu gewährenden Entschädigung. Soweit nur Teilflächen betroffen sind, kann der Eigentümer in besonders gravierenden Fällen ein Übernahmeverlangen bezüglich der betroffenen Gesamtfläche des Grundstücks stellen. Die Entschädigung bemisst sich dabei nach der bisher zulässigen Nutzung, ggf. nach Maßgabe der Reduktionsklausel des § 43 Abs. 4, des § 95 Abs. 2 i. V. m. den §§ 40 bis 42 und des § 153 Abs. 1 BauGB.

Wird mit einem Bebauungsplan baureifes Land i. S. des § 5 Abs. 4 ImmoWertV in eine Gemeinbedarfsfläche umgewidmet (Herabzonungsfall), ist entschädigungsrechtlich so lange von diesem Entwicklungszustand auszugehen, wie der Planungsschaden nach den §§ 39 ff. BauGB (noch) nicht entschädigt wurde.

Soweit ein **bebautes Grundstück** einer öffentlichen Nutzung zugeführt werden soll und ggf. im Wege der Enteignung erworben werden kann, bemisst sich die Entschädigung nach dem Verkehrswert auf der Grundlage der bisherigen baulichen Nutzung. Demzufolge finden für die Wahl des Wertermittlungsverfahrens die allgemeinen Grundsätze Anwendung, die sonsthin im privatwirtschaftlichen Bereich maßgebend sind.

Eine maßgebliche Bedeutung im Falle einer vorkonstitutionellen Inanspruchnahme des Baulands misst bei alledem die Rechtsprechung der Frage bei, ob der am Wertermittlungsstichtag eingetragene Eigentümer nachweisen kann, dass der einem früheren Eigentümer mit der Herab-

---

208 BGH, Urt. vom 26.4.1990 – III ZR 194/88 –, BRS Bd. 53 Nr. 128; BGH, Urt. vom 17.11.1988 – III ZR 210/87 –, BRS Bd. 53 Nr. 130 = EzGuG 18.109; BGH, Urt. vom 14.1.1982 – III ZR 134/80 –, BRS Bd. 45 Nr. 126 = EzGuG 6.214; BGH, Urt. vom 2.2.1978 – III ZR 90/76 –, EzGuG 18.81; ferner BGH, Urt. vom 24.10.1955 – III ZR 121/54 –, BGHZ 19, 1 = EzGuG 6.16; BGH, Urt. vom 9.5.1960 – III ZR 79/59 –, BRS Bd. 10 Nr. 228 = EzGuG 6.50; BGH, Urt. vom 27.9.1962 – III ZR 40/61 –, BRS Bd. 19 Nr. 43 = EzGuG 6.62; BayObLG, Urt. vom 29.4.1974 – 2 Z 152/72 –, DÖV 1975, 324 = EzGuG 6.167; zu AGBGB Bay. Art. 125 a. F. hierzu auch BGH, Urt. vom 10.7.1975 – III ZR 161/72 –, BRS Bd. 34 Nr. 76 = EzGuG 6.180.
209 Gesetz vom 17.11.1837 betr. die Zwangsabtretung von Grundeigentum für öffentliche Zwecke – ZAG – (GBl. 1837, 109) i. d. F. des Gesetzes vom 19.5.1918 (GVBl. 1918, 289).
210 2. Verordnung zur Sicherung von Wirtschaft und Finanzen vom 5.6.1931 – Zweite NotVO – (RGBl. I 1931, 278), unbefristet verlängert durch Gesetz vom 31.5.1939 (RGBl. I 1939, 649).
211 BGH, Urt. vom 8.12.1977 – III ZR 163/75 –, BGHZ 71, 1 = EzGuG 18.82; BGH, Urt. vom 3.3.1988 – III ZR 162/85 –, BRS Bd. 53 Nr. 124 = EzGuG 6.241.
212 Siedler/Zeidler, Bay. Straßen- und Wegegesetz, Art. 13 Rn. 22.
213 BGH, Urt. vom 20.9.1984 – III ZR 198/82 –, NVwZ 1985, 69 = EzGuG 6.226; BGH, Urt. vom 26.1.1984 – III ZR 179/82 –, BGHZ 90, 1 = EzGuG 4.97.

zonung seines Grundstücks zu Straßenland entstandene Entschädigungsanspruch auf ihn übergegangen ist. Der BGH[214] hat hierzu festgestellt, dass der Eigentümer die Entschädigung für eine höhere Qualität des Grundstücks als die von Straßenland nur geltend machen kann, wenn die aufgezeigte **Rechtsposition von dem Eigentümer im Zeitpunkt der Herabzonung auf den jetzigen Eigentümer übergegangen** ist. In dem zu entscheidenden Fall ging es um die Herabzonung eines Grundstücksteils durch Festsetzung einer Fluchtlinie (vom 5.12.1989). In der Berliner Praxis wird in diesen Fällen eine Entschädigung von 5 €/m² gewährt.

Auch dieser Verfahrensweise begegnen Bedenken. Zum einen wird ein „starrer" Wertansatz der zwischenzeitlich ausgeübten Nutzung nicht gerecht[215], zum anderen ist zu fragen, warum die Beweislast umgedreht ist und der Eigentümer den Nachweis zu erbringen habe, dass der Entschädigungsanspruch auf ihn übergegangen sei. Etwas anderes gilt nur, wenn der Entschädigungsanspruch erloschen oder verjährt ist.

7.4.3.3 Künftiges Straßenland

Beispiel: 666

a) **Sachverhalt:**

Auf der Grundlage des Preußischen Fluchtliniengesetzes wurde 1898 erstmals eine Straße angelegt. Die Straßenflächen wurden nicht von der Gemeinde erworben. Sie wurden aber von der Gemeinde in Besitz genommen und der öffentlichen Nutzung zugeführt. Die Teilfläche ist aber bis heute weder freihändig erworben noch enteignet worden.

Abb. 12: Gemeinbedarfsfläche in privatem Eigentum

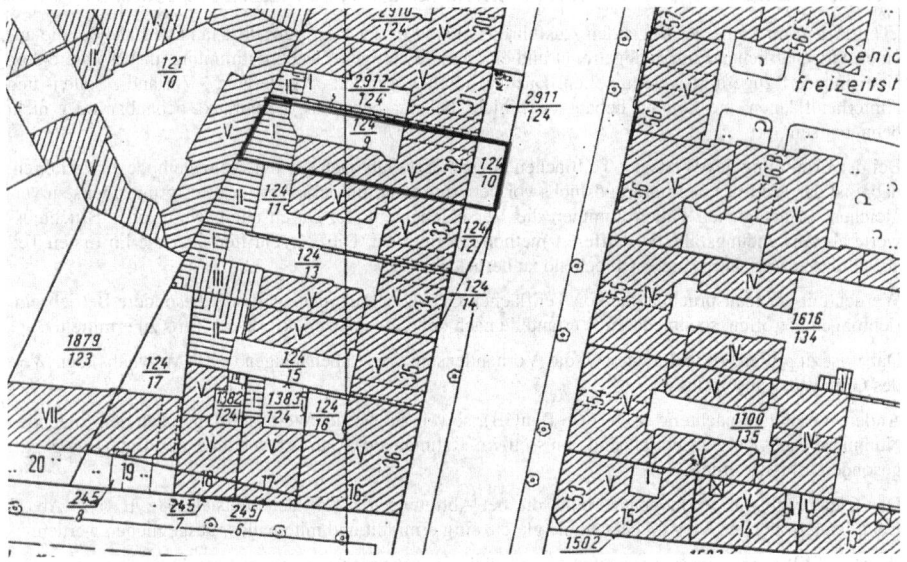

b) **Verkehrswertermittlung**

Vorbehaltlich des Bestehens eines Entschädigungsanspruchs (vgl. Rn. 558) sind für die Bewertung der Fläche folgende Überlegungen anzustellen:

---

214 BGH, Urt. vom 17.11.1988 – III ZR 210/87 –, BRS Bd. 53, 130 = EzGuG 18.109; BGH, Urt. vom 2.2.1978 – III ZR 90/76 –, BRS Bd. 34 Nr. 116 = EzGuG 18.81; BGH, Urt. vom 14.1.1982 – III ZR 134/80 –, BGHZ Bd. 45 Nr. 126 = EzGuG 6.214.
215 OLG Nürnberg, Urt. vom 11.10.1989 – 4 U 1748/89 –, GuG 1990, 48 = EzGuG 18.111; Vorinstanz: LG Nürnberg-Fürth, Urt. vom 18.4.1989 – 4 O 6698/87 –, GuG 1990, 47 = EzGuG 18.110.

V Besondere Immobilienarten Gemeinbedarfsfläche

1. Zum Zeitpunkt der erstmaligen Festsetzung der Teilfläche als Straßenland hat es sich um eine landwirtschaftliche Fläche in unmittelbarer Nähe zu einer stark wachsenden Großstadt gehandelt.
2. Wertbemessung nach dem Verkehrswert für land- und forstwirtschaftliche Fläche (§ 4 Abs. 1 Nr. 1 oder 2) bzw. als Bauerwartungsland nach den allgemeinen Wertverhältnissen von „heute".
3. Problem: Die Feststellung der Qualität (Zustand) des Grundstücks von „damals".

Es handelt sich um den Fall einer lange zurückliegenden Inanspruchnahme (**Unvordenklichkeit**). Ein zwischen der Herabstufung und der Entziehung des Grundeigentums liegender langer Zeitraum (von über 80 Jahren) schließt die Vorwirkung nach einer Grundsatzentscheidung des BGH grundsätzlich nicht aus[216]. Die Entschädigung nach einem symbolischen Betrag ist deshalb auch in diesem Falle abzulehnen[217].

7.4.4 Teilfläche (Vorgarten)

Schrifttum: *Fuhlendorf, H.*, Die Bewertung von Straßenverbreiterungsflächen bei der Feststellung der Enteignungsentschädigung, NJW 1966, 581; *Sasse, R.*, Bewertung von abzutretenden Vorlandflächen im Enteignungsverfahren bei Ertragsgrundstücken, HbgGE 1974, 326 sowie HbgGE 1973, 298.

7.4.4.1 Allgemeines

▶ *Hierzu bereits der Überblick zur Verfahrenswahl bei § 8 ImmoWertV Rn. 149 ff.*

667   Nr. 5.2 WERTR 06 regelt zur Verkehrswertermittlung von Teilflächen Folgendes:

„Teilflächen im Sinne der folgenden Ausführungen sind in der Regel unselbstständige Flächen, die aus einer wirtschaftlichen Einheit abgetrennt und einer anderweitigen Zweckbestimmung, insbesondere dem Gemeinbedarf zugeführt werden sollen. Dazu gehören Vorgarten-, Vorderland-, Vorland-, Seiten- und Hinterlandflächen; sie können bebaut oder nicht bebaut, bebaubar, beschränkt bebaubar oder nicht bebaubar sein.

Bei der Ermittlung des Werts der Teilflächen ist grundsätzlich nach der Differenzmethode zu verfahren; dabei ist der Wert des Gesamtgrundstücks vor der Abtretung mit dem Wert des Restgrundstücks zu vergleichen. In geeigneten Fällen kommen die Verschiebemethode, Durchschnittswerte oder Bruchteilswerte als Anwendungsfälle der Differenzmethode in Betracht. Die Vorschriften über die im Ersten Teil aufgeführten Verfahren sind entsprechend zu berücksichtigen.

Werden mit der Inanspruchnahme von Teilflächen Gebäude, Außenanlagen oder besondere Betriebseinrichtungen betroffen, so sind deren Wertanteile nach den Grundsätzen des Ersten Teils zu ermitteln.

Dabei ist zu prüfen, ob und inwieweit das Vorhandensein von Außenanlagen (z. B. Aufwuchs) den Wert des Grundstücks beeinflusst.

Andere Vermögensnachteile (z. B. § 96 BauGB), soweit sie bei der Wertermittlung nach den folgenden Nummern nicht berücksichtigt sind, müssen im Rahmen oder zur Abwendung der Enteignung ggf. gesondert erfasst werden.

Das Gleiche gilt für Vermögensvorteile, die bei Abtretung der Teilfläche entstehen (z. B. § 93 Abs. 3 BauGB); ggf. können Vor- und Nachteile gleichzeitig ermittelt und miteinander ausgeglichen werden.

Werden Teilflächen eines unbebauten Grundstücks in Anspruch genommen und ändert sich dabei die relative Bebaubarkeit (rechnerische Bebaubarkeit in m^2) des Restgrundstücks gegenüber der des ursprünglichen Grundstücks, z. B. infolge einer Verminderung durch rückwärtige Baulinien oder Abstandsflächen bzw. Erhöhung infolge Beibehaltung der ursprünglichen absoluten Bebaubarkeit, so ist der Wert der Teilfläche nach der Differenzwertmethode zu ermitteln. In geeigneten Fällen, etwa wenn ein Grundstück baurechtlich nicht notwendige Freiflächen enthält, kann dies nach der Verschiebemethode erfolgen; hierbei kann z. B. der Bodenwert des rückwärtigen Grundstücksteils maßgebend für die zu beurteilende Teilfläche (Vorland) sein.

---
216 BGH, Urt. vom 8.12.1977 – III ZR 163/75 –, BGHZ 71, 1 = EzGuG 18.79.
217 So aber OLG Bremen, Urt. vom 11.2.1970 – U B 13/68 –, OLGZ 70, 466; OLG Hamburg, Urt. vom 21.12.1979 – 1 U 2/79 –, AVN 1983, 476 = Hbg. GE 1966, 252 = EzGuG 18.90; LG Koblenz, Urt. vom 7.9.1987 – 4.O.11/87 –.

Haben sich auf dem örtlichen Markt Bruchteilswerte gebildet, können diese zur Ermittlung des Werts der in Anspruch genommenen Teilfläche herangezogen werden.

Ändert sich die relative Bebaubarkeit nicht, so ist für die Teilfläche in der Regel der Durchschnittswert der ungeteilten Fläche maßgebend.

Dienen Teilflächen bereits seit Jahrzehnten als öffentliche Verkehrs- und Grünflächen, ohne dass die Eigentumsverhältnisse geklärt sind, so ist Nummer 5.1.1.1 anzuwenden.

Bei der Ermittlung des Werts der Teilflächen bzw. der Wertminderung bebauter Grundstücke finden die vorstehenden Grundsätze entsprechend Anwendung. Hierbei ist jedoch die Funktion der Teilfläche für das bebaute Grundstück – insbesondere eine bisherige Schutzfunktion als Vorgarten – angemessen zu berücksichtigen. Soweit die bauliche Nutzbarkeit des Restgrundstücks durch die Inanspruchnahme der Teilfläche beeinträchtigt wird und diese Beeinträchtigung erst nach Beseitigung des Gebäudes eintritt, ist dem unter Beachtung der Restnutzungsdauer Rechnung zu tragen (Gegenwartswert einer erst zukünftig wirksam werdenden Beeinträchtigung).

Für Teilflächen, die eine zugelassene selbstständige Nutzung aufweisen, z. B. Aufstellung von Schaukästen, Automaten u. a. m., ist in der Regel der auf den Ertragsverhältnissen beruhende Wert maßgebend."

7.4.4.2 Verschiebetheorie (vorgeschobenes Hinterland)

Bei der Abtretung von **Teilflächen** – z. B. für die Anlage öffentlicher Verkehrswege (**Vorgärten**) – bemisst sich deren Verkehrswert ebenfalls nach dem Entwicklungszustand, den die Teilfläche ggf. nach Maßgabe der enteignungsrechtlichen Vorwirkung hatte. Für die in bereits bebauten Gebieten für **Straßenlandverbreiterungen** in Anspruch genommenen Vorgartenflächen ergäbe sich danach ein Entwicklungszustand baureifes Land. Wächst jedoch mit der Abtretung einer Vorgartenfläche gleichzeitig ein im Hinterland gelegener „minderwertiger" Grundstücksteil mit dem Heranrücken der Verkehrswege in eine höhere Qualität hinein, so wird dem Grundstück mit der Abtretung lediglich eine Teilfläche genommen, die wertmäßig dem „minderwertigen" hinteren Grundstücksteil entspricht. Dies ist auch ein Ergebnis des Vorteilsausgleichs. Der schon klassische Fall ist die damit angesprochene **Abtretung von Vorgartenflächen zur Straßenverbreiterung.** Bei übergroßen Grundstücken wird dabei – wenn der Vorwirkungsgedanke nicht zum Tragen kommt – zwar eine Fläche mit dem Entwicklungszustand „baureifes Land" abgetreten, auf der anderen Seite wächst das bisher baulich nicht nutzbare Hinterland anteilig in das baureife Land hinein. In diesem Zusammenhang wird auch vom „vorgeschobenen Hinterland" gesprochen (Vorderlandabtretung als „vorgeschobenes Hinterland"; vgl. Abb. 13).

668

Abb. 13: Vorderlandabtretung als vorgeschobenes Hinterland

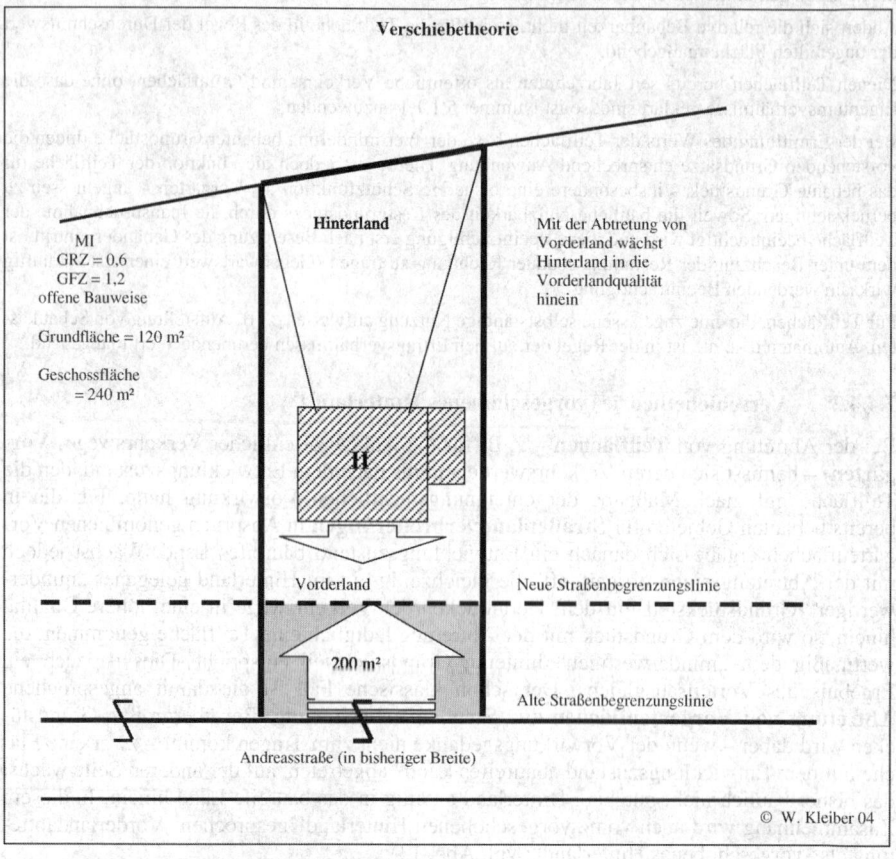

Die **Trennlinie zwischen dem vorderen Bauland und dem Hinterland** ist nach der Rechtsprechung am Ende der Fläche zu ziehen, die bebaut werden darf, zuzüglich der Freifläche, die für die Bebauung erforderlich ist[218].

▶ *Zur Bodenwertermittlung in Abhängigkeit von der Grundstückstiefe vgl. Syst. Darst. des Vergleichswertverfahrens Rn. 247 ff.*

Die Bewertung der Vorderlandfläche von übertiefen Grundstücken nach dem Wert des Hinterlandes, das mit der Abtretung der Vorderlandfläche in die Vorderlandqualität „hineinwächst", entspricht der sog. Verschiebetheorie. Die Anwendung der **Verschiebetheorie findet** insoweit ihre **Grenzen,** als infolge der Abtretung des Vorderlands ein kleineres Grundstück entsteht, als für die Realisierung der „vor" der Vorderlandabtretung zulässigen Nutzung erforderlich ist. Dabei kann auch der Fall auftreten, dass nur ein Teil der abzutretenden Vorderlandfläche nach den Grundsätzen der „Verschiebetheorie" bewertet wird.

669 Bei Anwendung der Verschiebetheorie (vorgeschobenes Hinterland) wird die Entschädigung für **sonstige Vermögensnachteile des** verbleibenden **Restgrundstücks** nicht erfasst. Diese können sich z. B. aus dem Verlust der sog. Pufferzone zwischen der Bebauung und der näher

---

218 Urt. vom 30.5.1983 – III ZR 22/82 –, BRS Bd. 45 Nr. 120 = EzGuG 18.93; BGH, Urt. vom 14.1.1982 – III ZR 134/80 –, BRS Bd. 45 Nr. 126 = EzGuG 6.214; BGH, Urt. vom 26.5.1977 – III ZR 149/74 –, BRS Bd. 34 Nr. 100 = EzGuG 18.75; BGH, Urt. vom 29.1.1970 – III ZR 30/69 –, BRS Bd. 26 Nr. 97 = EzGuG 18.48; BGH, Urt. vom 10.10.1956 – V ZR 35/55 –, BGHZ 21, 388 = EzGuG 6.19; BVerwG, Urt. vom 17.7.1958 – 1 C 209/57 –, BRS Bd. 8 Nr. 37 = EzGuG 4.10.

gerückten Straße ergeben. Hieraus können sich aber auch Wertvorteile für das Restgrundstück etwa durch das Heranrücken der Passantenströme in einer Einkaufsstraße ergeben. Vermögensvor- und -nachteile sind insbesondere bei der Ermittlung von Enteignungsentschädigungen zusätzlich zu ermitteln. Umgekehrt werden aber **Vermögensvorteile** erfasst, denn tatsächlich wird unter Beachtung des Vorwirkungsgrundsatzes dem Eigentümer der „volle" Baulandwert (des Vorderlandes) entzogen, auf den die Wertsteigerung seines Hinterlandes infolge der Abtretung im Ergebnis angerechnet wird. Dies gilt es bei Anwendung der Methode zu beachten:

- *Vermögensnachteile* müssen demzufolge gesondert berücksichtigt werden.
- *Vermögensvorteile*, die mit dieser Methode „automatisch" berücksichtigt werden, dürfen tatsächlich nur dann berücksichtigt werden, wenn sie nicht zu einem Sonderopfer führen.

Des Weiteren ist der Verlust der auf der Vorgartenfläche vorhandenen Einrichtungen (Einfriedungen) einschließlich eines vorhandenen **Aufwuchses** zu entschädigen, wobei insbesondere die funktionale Bedeutung des Aufwuchses (Abschirmung) im Vordergrund steht. Zu entschädigen ist der Zeitwert und nicht etwa „Neu für Alt", denn dies würde den Entschädigten besser als vorher stellen.

Die Verschiebetheorie ist rechtlich als ein Fall des Vorteilsausgleichs anzusehen. Es wird der Vorteil angerechnet, dass das Hinterland zu Vorderland im Zuge der Teilflächenabtretung aufgewertet wird. Es erfolgt nur eine partielle Anrechnung von Vermögensvorteilen, weil die Entschädigungen für sonstige Vermögensnachteile des verbleibenden Restgrundstücks nicht erfasst werden. Diese können sich z. B. aus dem Verlust der sog. Pufferzone zwischen der Bebauung und der näher gerückten Straße ergeben. Hieraus können sich aber auch Wertvorteile für das Restgrundstück etwa durch das Heranrücken der Passantenströme in einer Einkaufsstraße ergeben. Vermögensvor- und -nachteile sind insbesondere bei der Ermittlung von Enteignungsentschädigungen zusätzlich zu ermitteln.

7.4.4.3 Differenzwertverfahren

▶ *Hierzu bereits im Überblick § 8 ImmoWertV Rn. 152 ff.*

Als ein weiteres Verfahren zur Bewertung von Vorgärten kommt das Differenzwertverfahren in Betracht. Dabei wird **der Wert des Gesamtgrundstücks vor der Teilflächenabtretung festgestellt und dem Wert des dem Eigentümer verbleibenden Restgrundstücks gegenübergestellt** (Differenzwertverfahren), wie er sich unter Berücksichtigung von Vor- und Nachteilen ergibt, die sich aus der Flächenabtretung für das Restgrundstück ergeben[219]. Damit eröffnet sich die Möglichkeit, die Problematik der Ermittlung der Vermögensnachteile „zu umgehen".

670

Im Unterschied zu dem vorgestellten Verschiebeverfahren sollen bei Anwendung dieses Verfahrens uno actu

- die Entschädigung für den Rechtsverlust der Teilfläche (Verkehrswert der Teilfläche) und
- die Entschädigung für sonstige Vermögensnachteile (Folgeschäden) des Restgrundstücks

ermittelt werden. Soweit mit der Teilflächenabtretung auch **Vermögensvorteile** für das Restgrundstück verbunden sind, werden auch solche damit erfasst.

Soweit mit dem Verkehrswert des Grundstücks nach Abtretung der Teilfläche nicht auch sonstige Vermögensnachteile oder Vermögensvorteile erfasst werden, führt die Anwendung des Verfahrens zu dem Ergebnis des vorstehend beschriebenen **Verschiebeverfahrens.** Vermögensvorteile können sich z. B. ergeben, wenn aufgrund der Flächenabtretung zum Vorteil eines gewerblich genutzten (Rest-)Grundstücks der Passantenstrom an die Bebauung heran-

---

219 BGH, Urt. vom 19.12.1963 – III ZR 162/63 –, BRS Bd. 19 Nr. 21 = EzGuG 20.35; BGH, Urt. vom 16.3.1964 – III ZR 11/63 –, BRS Bd. 19 Nr. 121 = EzGuG 18.24; BGH, Urt. vom 29.1.1970 – III ZR 30/69 –, BRS Bd. 26 Nr. 97 = EzGuG 18.48; BGH, Urt. vom 10.3.1977 – III ZR 195/74 –, BRS Bd. 34 Nr. 139 = EzGuG 18.72.

V Besondere Immobilienarten Gemeinbedarfsfläche

geführt wird. Vermögensnachteile können sich einstellen, wenn das Heranrücken der Straße die gewerbliche oder sonstige Nutzung des Grundstücks zusätzlich beeinträchtigt.

Aus vorstehenden Gründen hat der BGH im Zusammenhang mit der Teilflächenenteignung (Vorgarten) für ein mit einem Mehrfamilienhaus bzw. einem Geschäftshaus bebautes Grundstück erkannt, dass die Teilfläche nicht für sich allein bewertet werden darf. Sowohl eine getrennte Bewertung der einzelnen Teile als auch der Ansatz eines „gleichmäßigen Durchschnittswerts" könne zu Ungerechtigkeiten führen. Als Entschädigung ist vielmehr der Betrag angemessen, um den sich der frühere Gesamtwert durch die Wegnahme eines Grundstücksteils vermindert (Differenzwertverfahren)[220].

Die damit geforderte Anwendung des Differenzwertverfahrens muss sich allerdings auf die Anwendung

– des Vergleichswertverfahrens und
– des Sachwertverfahrens

als Grundlage des Differenzwertverfahrens beschränken, da die **Anwendung des Differenzwertverfahrens i. V. m. dem Ertragswertverfahren,** wie noch nachgewiesen wird, **in aller Regel zu unsachlichen Ergebnissen führt.**

▶ *Zum Vergleichswertverfahren vgl. Rn. 672 ff.*

671 *Beispiel:*

Von dem in der nachfolgenden Abb. 15 dargestellten Villengrundstück soll eine Teilfläche zur Straßenverbreiterung und zum Ausbau des Kreuzungsbereichs abgetreten werden. Aufgrund der Topografie wird vor der Villa die Errichtung einer Stützmauer erforderlich und die Zuwegung muss neu geschaffen werden. Aufgrund des Heranrückens der viel befahrenen Straße wird der Verkehrswert des Restgrundstücks erheblich gemindert.

---

220 BGH, Urt. vom 25.2.1960 – III ZR 17/59 –, BGHZ 32, 97; BGH, Urt. vom 23.9.1957 – III ZR 171/56 –, MDR 1958, 314 = AVN 1963, 10 = EzGuG 18.8.

Abb. 14: Abzutretende Teilfläche

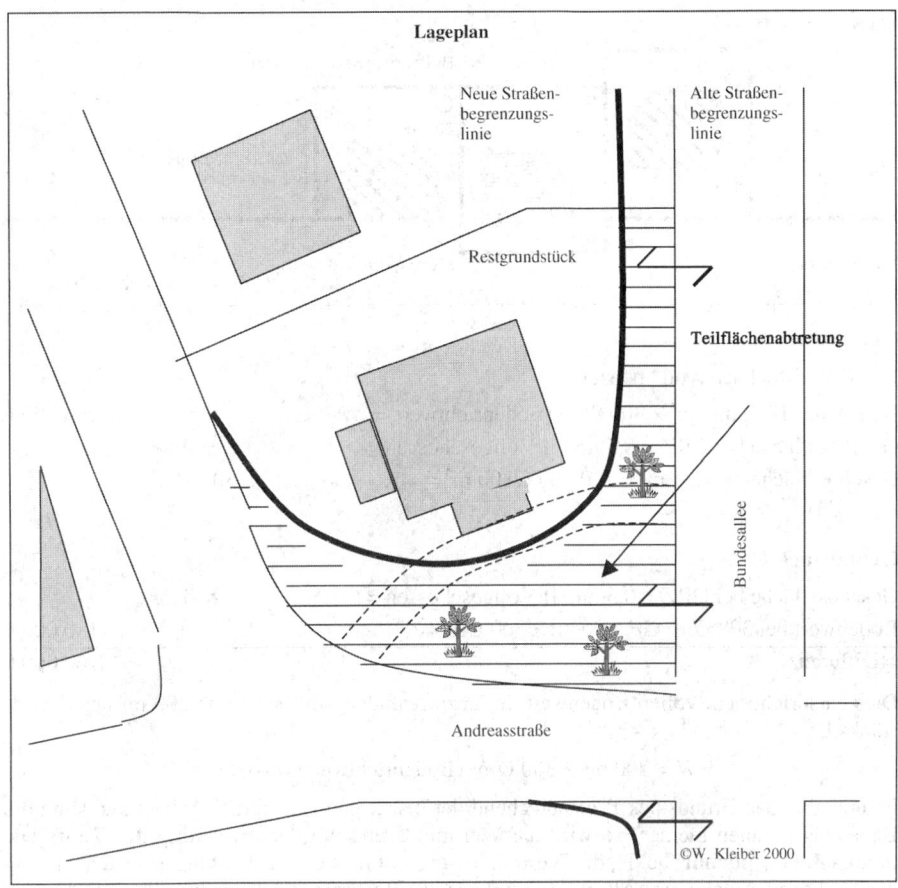

Mit der Entschädigung für die abzutretende Teilfläche einschließlich des sich darauf befindenden Bewuchses wird die Wertminderung des Restgrundstücks nicht ausgeglichen.

Im Falle einer Enteignung setzt sich die Entschädigung zusammen aus:

a) der Entschädigung für den Rechtsverlust an der abzutretenden Teilfläche, die sich gemäß § 95 BauGB nach dem Wert dieser Teilfläche bemisst, und

b) der Entschädigung für die Vermögensnachteile nach § 96 BauGB, die das Restgrundstück hinnehmen muss.

a) *Differenzwertverfahren auf der Grundlage des Vergleichswertverfahrens*

Wie unter Rn. 661 ausgeführt wurde, muss bei der Abtretung von Vorgartenflächen bebauter und bebaubarer Grundstücke (baureifes Land) von dem „vollen" Baulandwert ausgegangen werden, der der abzutretenden Grundstücksfläche entspricht, um das vorhandene Baurecht auch „voll" auszunutzen. Mit der Abtretung solcher Teilflächen tritt zugleich eine Wertminderung des Restgrundstücks ein, das künftig nur noch in einem geringeren Umfang bebaubar ist. Die Entschädigung lässt sich hier in einem Zuge unter Anwendung des **Differenzwertverfahrens** ermitteln. Die Anwendung des Differenzwertverfahrens auf der Grundlage zweier Vergleichswerte ist im Gegensatz zur Anwendung des Differenzwertverfahrens auf der Grundlage zweier Ertragswerte durchaus sachgerecht (Abb. 15).

V Besondere Immobilienarten — Gemeinbedarfsfläche

Abb. 15: Lageplan

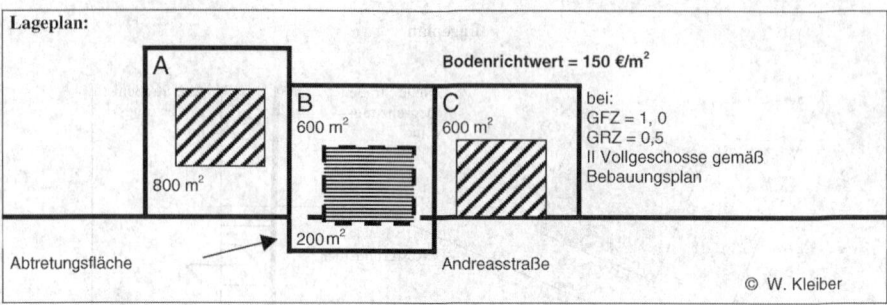

Grundstück A

Das Grundstück ist „voll" bebaut.

Bodenwert BW: 800 m² × 300 €/m² (Bodenrichtwert) =		240 000 €
Geschossfläche bei GRZ = 0,5 und II Vollgeschossen =	800 m²	
Geschossflächenwert: 1 m² = 240 000 €/800 m² =	300 €/m²	

Grundstück C

Geschossfläche bei GRZ = 0,5 und II Vollgeschossen =	600 m²	
Bodenwert bei 300 €/m² GF: 600 m² × 300 €/m² =		180 000 €
= Differenz		60 000 €

Dies entspricht dem vollen Bodenwert der abzutretenden Teilfläche von 200 m² des Grundstücks B:

$$BW = 200 \text{ m}^2 \times 300 \text{ €/m}^2 \text{ (Bodenrichtwert)} = 60\,000 \text{ €}$$

Ist nun aber das Grundstück B entsprechend der bisherigen Nutzbarkeit bebaut und kann die Bebauung erhalten bleiben, so wird die Wertminderung mit der **Abtretung der Teilfläche nicht sofort „spürbar"**, d. h., die Wertminderung tritt in „vollem" Umfang erst nach Abgang der baulichen Anlage ein. Als Wertvorteil für das Restgrundstück ergibt sich eine über die bauplanungsrechtliche Nutzbarkeit hinausgehende tatsächliche „Übernutzung". Diesem Vermögensvorteil kann dadurch Rechnung getragen werden, dass der Entschädigungsbetrag für die abzutretende Teilfläche über die Restnutzungsdauer der baulichen Anlage abgezinst wird. Diesem Vermögensvorteil steht darüber hinaus ein Vermögensnachteil gegenüber, der sich aus dem Näherrücken der Straße, d. h. aus dem Verlust der „Pufferzone" zwischen Gebäude und Straßenbegrenzungslinie, ergibt. Auch dieser Vermögensnachteil ist ggf. auf den Zeitraum begrenzt, über den die bauliche Anlage voraussichtlich erhalten bleibt.

b) *Differenzwertverfahren auf der Grundlage des Ertragswertverfahrens*

673 Die Anwendung des Differenzwertverfahrens auf der Grundlage der nach dem Ertragswertverfahren ermittelten Verkehrswerte für das Gesamt- und Restgrundstück muss in aller Regel versagen, wenn die abgetretene Fläche des Grundstücks schon von der Methode des Ertragswertverfahrens her die Ertragsfähigkeit und den Verkehrswert des Restgrundstücks nur sehr gering oder überhaupt nicht beeinflussen kann, sodass das Ergebnis nicht sachgerecht wäre[221].

---

221 BGH, Urt. vom 26.10.1972 – III ZR 78/71 –, BRS Bd. 26 Nr. 106 = EzGuG 18.57; BGH, Urt. vom 20.3.1975 – III ZR 153/72 –, BRS Bd. 34 Nr. 120 = EzGuG 18.64; BGH, Urt. vom 18.10.1979 – III ZR 177/77 –, BRS Bd. 45 Nr. 130 = EzGuG 13.52; BGH, Urt. vom 3.12.1981 – III ZR 53/80 –, BRS Bd. 45 Nr. 121 = EzGuG 20.93; OLG Hamburg, Urt. vom 13.4.1973 – 1 U 13/71 –, BRS Bd. 34 Nr. 121 = EzGuG 4.40; LG Hamburg, Urt. vom 31.10.1960 – 10 O 30/60 –, BBauBl. 1961, 376 = EzGuG 18.15; OLG Hamburg, Urt. vom 30.4.1959 – 1 U 218/58 –, BlGBW 1961, 65 = AVN 1961, 146 = EzGuG 18.9.

Gemeinbedarfsfläche

Beispiel:

a) **Sachverhalt** (vgl. Abb. 13 bei Rn. 668)

Grundstücksgröße	1 200 m²
Abzutretende Vorderlandfläche	200 m²
Wert der Vorderlandfläche	800 €/m²
Wert der Hinterlandfläche	300 €/m²
Reinertrag per annum	120 000 €
Restnutzungsdauer	60 Jahre
Liegenschaftszinssatz	5 %
Vervielfältiger	18,93

b) **Bodenwert vor und nach Vorderlandabtretung**

Gesamtgrundstück *vor* Vorderlandabtretung

$$1\,000 \text{ m}^2 \times 800\ \text{€/m}^2 = 800\,000\ \text{€}$$
$$200 \text{ m}^2 \times 300\ \text{€/m}^2 = 60\,000\ \text{€}$$
$$\overline{1\,200 \text{ m}^2 \qquad = 860\,000\ \text{€}}$$

Gesamtgrundstück *nach* Vorderlandabtretung:

$$1\,000 \text{ m}^2 \times 800\ \text{€/m}^2 = 800\,000\ \text{€}$$

c) **Ertragswert vor und nach Vorderlandabtretung**

Gesamtgrundstück *vor* Vorderlandabtretung:

RE	=	120 000 €
Bodenwertverzinsungsbetrag:		
860 000 € × 0,05	=	43 000 €
= RE − BW × p	=	77 000 €
× V (= 18,93)		1 458 610 €
+ BW	=	860 000 €
= Ertragswert (EW)	=	**2 317 610 €**

Gesamtgrundstück *nach* Vorderlandabtretung:

RE	=	120 000 €
Bodenwertverzinsungsbetrag:		
800 000 € × 0,05	=	40 000 €
= RE − BW × p	=	80 000 €
× V (= 18,93)		1 514 400 €
+ BW	=	800 000 €
= Ertragswert (EW)	=	**2 314 400 €**

d) **Differenz**

EW *vor* Vorderlandabtretung		2 317 610 €
EW *nach* Vorderlandabtretung		2 314 400 €
Differenz insgesamt	=	3 210 € : 200 m²
Differenz pro m²	=	16,05 €/m²

Die **wesentlichen Gründe** werden in der Entscheidung des BGH vom 26.10.1972[222] zusammengefasst; in der Entscheidung heißt es:

„Der Gesichtspunkt, dass der Wertvergleich nach Ertragswerten nicht zu sachgerechten Ergebnissen führen kann, wenn es um die Entschädigung für die Abtrennung von kleinen Grundstücksteilen geht, die zum Ertragswert des Grundstücks so gut wie nichts beitragen, gilt schlechthin für die Verwendung der Ertragswertmethode ... Wie die Revision zutreffend bemerkt, ergibt sich in jedem Fall ein bestimmtes Verhältnis zwischen der jeweiligen Nutzungsdauer des Bauwerks auf dem Stammgrundstück und dem Wert des abgetrennten Teilstücks. Die – durch Zahlung der Entschädigung auszugleichende – Entwertung dieser Teilfläche ist um so größer, je geringer die Restnutzungsdauer des auf dem Stammgrundstück errichteten Bauwerks ist; sie verringert sich in dem Maße, in dem die Restnutzungsdauer ansteigt. Dieses Ergebnis beruht darauf, dass bei Anwendung der ... WertV der Gebäudeertragswert ein um dem kapitalistischen Verzinsungsbetrag des Bodenwerts verminderter Ertragswert ist, der sich durch jede Verminderung der

---
[222] BGH, Urt. vom 26.10.1972 – III ZR 78/71 –, BRS Bd. 26 Nr. 106 = EzGuG 18.57.

V Besondere Immobilienarten — Gemeinbedarfsfläche

Gesamtgrundfläche rechnerisch zwangsläufig erhöhen muss, was den eingetretenen Bodenwertverlust mehr oder minder aufzehrt. Da bei gleich bleibendem Sollzinssatz des Bodenwerts (§ 8 Abs. 2 WertV 61 = *§ 17 Abs. 2 Nr. 1 ImmoWertV*) der für die Errechnung des Gebäudeertragswerts zu verwendende Vervielfältiger (§ 8 Abs. 3 a. a. O. und Anl. 1 WertV 61 =*§ 17 Abs. 2 Nr. 1 i. V. m. § 20 ImmoWertV und Anlage*) mit der Restnutzungsdauer des Gebäudes ansteigt und dieser Vervielfältiger nach § 7 Abs. 4 WertV 61 (=*§ 17 Abs. 2 Nr. 1 i. V. m. § 20 ImmoWertV*) auch die Höhe des abzusetzenden kapitalisierten Bodenwertzinses bestimmt, muss bei einem nach Maßgabe dieser Ertragswertberechnung vorgenommenen Wertvergleich der Wert der enteigneten Teilfläche gleich null sein, wenn sich Vervielfältiger und Zinssatz gegenseitig aufheben. In diesem Fall halten sich dann Bodenwertabgang und Gebäudeertragswertzuwachs rechnerisch die Waage."[223]

Die **Anwendung des Differenzwertverfahrens auf der Grundlage** von Verkehrswerten, die im Wege **des Ertragswertverfahrens** ermittelt werden, **versagt also, wenn die abgetretene Fläche den Ertragswert des Restgrundstücks nicht in dem Maße beeinflusst, wie dies dem Verkehrswert der abgetretenen Fläche entspricht.** Der im Beispiel um 60 000 € verminderte Bodenwert wird zum erheblichen Teil durch den höheren Gebäudewertanteil kompensiert.

674 Die Ertragswertmethode muss deshalb in den Fällen ausscheiden, in denen sich die Teilfläche nicht werterhöhend auf den vom Hauptgrundstück abgeworfenen Ertrag auswirken kann und infolgedessen mit der Abtretung der Teilfläche auch keine Ertragsminderung bei dem Haupt- oder Restgrundstück eintreten kann[224]. Es kommt hinzu, dass sich bei Anwendung des Ertragswertverfahrens zwar der **Bodenwert durch die abgetretene Fläche vermindert, gleichzeitig aber auch der vom Reinertrag abzuziehende Bodenwertverzinsungsbetrag,** sodass sich der Gebäudeertragswert (Wert der baulichen Anlage) entsprechend erhöht. Infolgedessen kann die Anwendung des Ertragswertverfahrens i. V. m. dem Differenzwertverfahren nicht zu einer sachgerechten Ermittlung des Verkehrswerts für abgetretene Teilflächen führen[225].

Die mit der Vorgartenabtretung eintretenden **Vermögensnachteile** (für das Restgrundstück) können mit der Differenzwertmethode unter Anwendung des Ertragswertverfahrens jedoch gesondert ermittelt werden:

Beispiel:

1. Sachverhalt (vgl. wie vorstehend)

Grundstücksgröße	1 200 m²
Abzutretende Vorderlandfläche	200 m²
Wert der Vorderlandfläche	800 €/m²
Wert der Hinterlandfläche	300 €/m²
Reinertrag per annum	120 000 €
Restnutzungsdauer	60 Jahre
Liegenschaftszinssatz	5 %
Vervielfältiger	18,93

Der Reinertrag soll sich infolge der Abtretung der Vorderlandfläche auf 100 000 € vermindern.

---

[223] Eine ausführliche Sachdarstellung hierzu enthält die Entscheidung des OLG Hamburg, Urt. vom 24.4.1970 – 1 U 17/69 –, BRS Bd. 26 Nr. 111 = EzGuG 18.50.

[224] BGH, Urt. vom 19.12.1963 – III ZR 162/63 –, BRS Bd. 19 Nr. 21 = EzGuG 20.35; BGH, Urt. vom 23.9.1957 – III ZR 171/56 –, MDR 1958, 314 = AVB 1969, 16 = EzGuG 18.8.

[225] BGH, Urt. vom 26.10.1972 – III ZR 78/71 –, BRS Bd. 26 Nr. 106 = EzGuG 18.57; OLG Hamburg, Urt. vom 24.4.1970 – 1 U 17/69 –, BRS Bd. 26 Nr. 211 = EzGuG 18.50.

2. Entschädigung für den Rechtsverlust unter Berücksichtigung von Vermögensvorteilen (Hinterland wird auf Vorderlandwert aufgewertet).
Bodenwert vor und nach Vorderlandabtretung

Gesamtgrundstück *vor* Vorderlandabtretung				Gesamtgrundstück *nach* Vorderlandabtretung		
1 000 m²	× 800 €/m²	=	800 000 €	1 000 m² × 800 €/m²	=	800 000 €
200 m²	× 300 €/m²	=	+ 60 000 €			
1 200 m²		=	860 000 €			

Entschädigung: 860 000 € − 800 000 € = **60 000 €**

3. Entschädigung für Vermögensnachteile des Restgrundstücks
Ertragswert vor und nach Vorderlandabtretung

Gesamtgrundstück *vor* Vorderlandabtretung:			Gesamtgrundstück *nach* Vorderlandabtretung:		
RE	=	120 000 €	RE	=	100 000 €
./. Bodenwertverzinsungsbetrag			./. Bodenwertverzinsungsbetrag		
800 000 € × 0,05	=	40 000 €	800 000 € × 0,05	=	40 000 €
= RE − (BW × p)	=	80 000 €	= RE − (BW × p)	=	60 000 €
× V (= 18,93)	=	1 514 400 €	× V (= 18,93)	=	1 135 800 €
+ BW	=	800 000 €	+ BW	=	800 000 €
= Ertragswert (EW)	=	2 314 400 €	= Ertragswert (EW)	=	1 935 800 €

Vermögensnachteil = 2 314 400 € − 1 935 800 € = 378 600 €

7.4.4.4 Pauschalierte Bruchteilsmethode

▶ *Allgemeines zur Verfahrenswahl vgl. § 8 ImmoWertV Rn. 137 ff.,156 ff; § 6 ImmoWertV Rn. 299.*

In der Praxis wurde einem Hinweis des BGH[226] folgend der **Wert von Vorgartenland** auch mit einem bestimmten Prozentsatz des für das übrige Grundstück maßgeblichen Durchschnittswerts pro Quadratmeter ermittelt (pauschalierte Bruchteilsbewertung).

So werden z. B. in *Schleswig-Holstein* als Bruchteilswert 5/10 bis 6/10 des vollen Baulandwerts der angrenzenden Bauflächen angesetzt (vgl. auch Nr. 5.2 WERTR), in *Hamburg* 50 % und *Hannover* 30 %. In *München* wird dagegen ein **absolutes** Wertniveau von 12,50 €/m² zugrunde gelegt. In *Leipzig* wurde (2011) für den nachträglichen Erwerb einer bereits als Straße genutzten Fläche rd. 22 % des Baulandwerts bezahlt (bei einer Spanne von 16−29 %).

Im Landesgrundstücksmarktbericht *Rheinland-Pfalz* 2011 werden folgende Kaufpreise aus zwei Landkreisen genannt (Abb. 16):

---

226 BGH, Urt. vom 2.2.1978 – III ZR 90/76 –, BRS Bd. 34 Nr. 116 = EzGuG 18.81; BGH, Urt. vom 16.3.1964 – III ZR 11/63 –, BRS Bd. 19 Nr. 121 = EzGuG 18.24; ablehnend: Maunz/Herzog/Düring, GG Komm. Art. 14 Rn. 119.

V Besondere Immobilienarten Gemeinbedarfsfläche

Abb. 16: Teilmarkt für Straßenverbreiterungs-/Gemeinbedarfsergänzungsflächen

Teilmarkt für Straßenverbreiterungs-/Gemeinbedarfsergänzungsflächen (2000 – 2008) für Flächen ≤ 100 m²			
– Auszug –			
Landkreis	Gemeinde	Durchschnittlicher Bodenrichtwert	Absoluter Teilmarktwert
Landkreis Ahrweiler			
Adenau	Adenau	70 €/m²	23,00 €/m²
	Bad Neuenahr-Ahrweiler	200 €/m²	10,00 €/m²
	Wimbach	34 €/m²	21,00 €/m²
	Dümpelfeld	30 €/m²	20,00 €/m²
	Rest VG Adenau	um 25 €/m²	5,00 €/m²
Altenahr	Lind	29 €/m²	8,50 €/m²
	Rest VG Altenahr	um 30 €/m²	5,00 €/m²
Bad Breisig	VG Bad Breisig	um 60 €/m²	15,00 €/m²
Brohltal	Burg Brohl	50 €/m²	41,00 €/m²
	Rest VG Brohltal	um 35 €/m²	15,00 €/m²
	Remagen	80 €/m²	5,00 €/m²
	Sinzig	80 €/m²	10,00 €/m²
	Grafschaft	um 80 €/m²	14,00 €/m²
Landkreis Altenkirchen (Westerwald)			
Betzdorf	Betzdorf	225 €/m²	50 %
	Scheuerfeld	40 €/m²	47 %
Gebhardshain	Elkenroth	52 €/m²	50 %
Kirchen (Sieg)	Kirchen-Freusburg	25 €/m²	58 %
	Kirchen-Herkersdorf	35 €/m²	50 %
	Kirchen (Sieg)	65 €/m²	50 %
	Niederfischbach-Fischbach	60 €/m²	58 %
	Niederfischbach-Hüttseifen	28 €/m²	35 %
Wissen	Wissen	70 €/m²	50 %
	Hersdorf	60 €/m²	50 %

Quelle: Landesgrundstücksmarktbericht Rheinland-Pfalz 2011

Der Grundstücksmarktbericht von *Cottbus* (2011) gibt für Vorderland folgende Bruchteilswerte an:

Vorderlandabtretungen			
Anzahl der Kauffälle	Flächengröße (m²)	Durchschnittlicher Kaufpreis (€/m²) Preisspanne (€/m²)	Durchschnittlicher Wertanteil am BRW (Spanne in %)
8	≤ 100	85 (14 bis 200)	65 (12 bis 144)
5	101 – 600	30 (10 bis 58)	50 (12 bis 101)
2	≥ 600	44 (29 bis 59)	40 (23 bis 57)

Quelle: Grundstücksmarktbericht 2011

Der BGH[227] hat in seiner Rechtsprechung betont, dass bei der Bruchteilsbewertung eine „irrtümliche Betrachtungsweise" nicht auszuschließen ist, obwohl der erkennende Senat in seinem Urt. vom 25.2.1960 – III ZR 27/59[228] – für Vorgartengelände die Bewertung mit einem solchen Bruchteilsatz gebilligt hat, wenn diese Bewertung auf dem Grundstücksmarkt allgemein üblich ist, sich gewissermaßen als allgemeiner Ortsgebrauch darstellt und nicht besondere werterhöhende oder wertmindernde Umstände ersichtlich sind.

Das KG Berlin[229] ging in einer früheren Entscheidung bei der Verkehrswertermittlung von Straßenlandabtretungen von einem Viertel des Durchschnittswerts der angrenzenden Grundstücksfläche aus. In seiner früheren Rechtsprechung[230] hat das Gericht aber schon darauf hingewiesen, dass die „allgemeine Bewertung von Vorgartenland mit 1/4 des für das Grundstück ermittelten Verkehrswerts ... zwar der Übung der Berliner Enteignungsbehörden" entspräche, diese Praxis aber, soweit ersichtlich, „von den Gerichten in dieser allgemeinen Fassung bisher einheitlich noch nicht anerkannt und übernommen worden" sei.

Diese Vorgehensweise wird insbesondere bei der Abtretung von Flächen praktiziert, die im Zuge einer Fahrbahnverbreiterung für einen Straßenzug benötigt werden. Als Voraussetzung ist mindestens zu fordern, dass sich hier ein **begrenzter Teilmarkt** gebildet hat, der dem gewöhnlichen Geschäftsverkehr zuzurechnen ist. Ein solcher Teilmarkt kann sich mit der Zeit herausbilden, wenn im allgemeinen Grundstücksverkehr diese Praxis auf allgemeine Akzeptanz stößt, wobei das Vorliegen gleicher Preise allein nicht zu der Annahme zwingt, dass sich ein solcher Teilmarkt gebildet hat. Gegen diese Praxis sind im Übrigen Bedenken geltend gemacht worden. Dass auf diesem Teilmarkt allein die öffentliche Hand als Erwerber auftritt, steht hingegen der Annahme eines gewöhnlichen Geschäftsverkehrs nicht entgegen (§ 7 ImmoWertV Rn. 21 ff.).

Tatsächlich kann dieses Verfahren auch allenfalls zur Anwendung kommen, wenn das **Gesamtgrundstück nach Nutzbarkeit und Lagevorteilen einheitlich genutzt** wird und dem Vorgarten nicht andererseits eine besondere Funktion, wie z. B. die Abschirmung des Grundstücks gegen Lärm, Abgase und dgl., zukommt[231].

Die Praxis der Bruchteilsbewertung ist nicht unproblematisch, da sie den besonderen Verhältnissen des Einzelfalls oftmals unzureichend Rechnung trägt. Ihre Anwendung setzt daher voraus, dass eine **hinreichende Anzahl von Vergleichsfällen** vorliegt, die mit dem jeweiligen Bewertungsfall auch tatsächlich vergleichbar sind[232].

– Soweit eine Vorderlandfläche für die höchstzulässige bzw. lageübliche bauliche Ausnutzbarkeit des zugehörigen Ertragsgrundstücks erforderlich ist, teilt sie die „volle" Baulandqualität und ist damit mit dem „vollen" Baulandwert zu werten.

– Im theoretisch ungünstigsten Fall einer gänzlichen Nutzlosigkeit einer Vorderlandfläche ist noch ein Wert von 25 % des „vollen" Baulandwerts (schon im Hinblick auf nicht abschätzbare Entwicklungen der Vorderlandfläche) beizumessen.

– Erschöpft sich die Nutzung der Vorderlandfläche darin, dass sie in mehr oder weniger bescheidenem Maße zur Verbesserung des Wohngefühls und zur mindestens optischen Abschirmung des Gebäudes von den Einwirkungen der Straße beiträgt, können 50 % des „vollen" Baulandwerts als angemessen gelten.

– Eine höhere Wertigkeit – mindestens etwa 75 % (bis 100 %) des „vollen" Baulandwerts – ist der Vorderlandfläche beizumessen, wenn sie zu konkreten Nutzungsvorteilen, etwa in

---

227 BGH, Urt. vom 19.12.1963 – III ZR 162/63 –, BRS Bd. 19 Nr. 21 = EzGuG 20.35.
228 BGH, Urt. vom 25.2.1960 – III ZR 27/59 –, BGHZ 32, 97 = NJW 1960, 1052.
229 KG Berlin, Urt. vom 22.3.1983 – U 3418/82 –, Rpfleger 1983, 507 = JurBüro 1984, 587; vgl. auch LG Hamburg, Urt. vom 8.2.1965 – 10 O 24/62 –, MDR 1965, 910 = EzGuG 18.27.
230 KG Berlin, Urt. 22.12.1959 – 2 W 1864/59 –, NJW 1960, 631 = EzGuG 18.12; vgl. auch OLG Hamm, Urt. vom 27.6.1965 – 16 U 1/64 –, AVN 1966, 511 = EzGuG 18.29; OLG Hamm, Urt. vom 3.12.1954 – 9 U 222/52 –, AVN 1963, 123 = BlGBW 1961, 147 = EzGuG 18.2.
231 BGH, Urt. vom 16.3.1972 – III ZR 26/71 –, BRS Bd. 26 Nr. 108 = EzGuG 6.150; VGH München, Urt. vom 19.12.1984 – 6 B 82 A. 411 –, BayVBl. 1985, 566 = EzGuG 18.95.
232 OLG Hamburg, Urt. vom 5.7.1974 – 1 U 1/73 –, HbgGE 1974, 326 = EzGuG 18.60a; zuvor BGH, Urt. vom 26.10.1972 – III ZR 78/71 –, BRS Bd. 26 Nr. 106 = EzGuG 11.57.

der Möglichkeit der Anlegung von Kinderspielplätzen oder zur Schaffung von Autostellplätzen oder Aufstellung von Mülltonnen, führt.

Eine maßgebliche Bedeutung im Falle einer vorkonstitutionellen Inanspruchnahme des Baulands (vgl. Rn. 664) misst bei alledem die Rechtsprechung der Frage bei, ob der am Wertermittlungsstichtag eingetragene Eigentümer nachweisen kann, dass der einem früheren Eigentümer mit der Herabzonung seines Grundstücks zu Straßenland entstandene Entschädigungsanspruch auf ihn übergegangen ist. Der BGH[233] hat hierzu festgestellt, dass der Eigentümer die Entschädigung für eine höhere Qualität des Grundstücks als die von Straßenland nur geltend machen kann, wenn die aufgezeigte **Rechtsposition von dem Eigentümer im Zeitpunkt der Herabzonung auf den jetzigen Eigentümer übergegangen** ist. In dem zu entscheidenden Fall ging es um die Herabzonung eines Grundstücksteils durch Festsetzung einer Fluchtlinie (vom 5.12.1989). In der Berliner Praxis wird in diesen Fällen eine Entschädigung von 5 €/m² gewährt. Auch dieser Verfahrensweise begegnen Bedenken. Zum einen wird ein „starrer" Wertansatz der zwischenzeitlich ausgeübten Nutzung nicht gerecht[234], zum anderen ist zu fragen, warum die Beweislast umgedreht ist und der Eigentümer den Nachweis zu erbringen habe, dass der Entschädigungsanspruch auf ihn übergegangen sei. Etwas anderes gilt nur, wenn der Entschädigungsanspruch erloschen oder verjährt ist (vgl. § 6 ImmoWertV Rn. 299; § 8 ImmoWertV Rn. 137 f.).

7.4.5 Berücksichtigung von Vermögensvor- und -nachteilen

7.4.5.1 Allgemeines

▶ *Hierzu auch die allgemeinen Ausführungen in Teil VI Rn. 105 ff.*

677 Bei der Abtretung von Teilflächen müssen in entsprechender Anwendung des § 93 Abs. 1 BauGB auch die eintretenden Vermögensvor- und -nachteile[235] berücksichtigt werden, die für den Restbesitz entstehen. Bei Anwendung des *Differenzwertverfahrens* können diese durch den Wertvergleich des Grundstücks vor und nach der Abtretung zusammen mit der Entschädigung des Rechtsverlusts an der abgetretenen Teilfläche ganz oder teilweise berücksichtigt werden; bei Anwendung des Ertragswertverfahrens müssen allerdings die vorstehend erläuterten Besonderheiten berücksichtigt werden. Geht es dagegen um die Ermittlung der Enteignungsentschädigung, muss allerdings die **Wertminderung** unberücksichtigt bleiben, die sich für das Grundstück ohnehin auch dann ergeben hätte, wenn eine Teilfläche zum Ausbau einer Straße nicht abgetreten worden wäre, und **die der Eigentümer entschädigungslos hätte hinnehmen müssen**[236].

In besonders gravierenden Fällen einer Teilflächenabtretung kann der Eigentümer ein **Übernahmeverlangen** für die betroffene Gesamtfläche stellen (vgl. Teil VI Rn. 152 ff.). Dies kann

---

233 BGH, Urt. vom 17.11.1988 – III ZR 210/87 –, BRS Bd. 53 Nr. 130 = EzGuG 18.109; BGH, Urt. vom 2.2.1978 – III ZR 90/76 –, EzGuG 18.81; BGH, Urt. vom 14.1.1982 – III RZ 134/80 –, BRS Bd. 45 Nr. 126 = EzGuG 6.214.
234 OLG Nürnberg, Urt. vom 11.10.1989 – 4 U 1748/89 –, GuG 1990, 48 = EzGuG 18.111; Vorinstanz: LG Nürnberg-Fürth, Urt. vom 18.4.1989 – 4 O 6698/87 –, GuG 1990, 47 = EzGuG 18.110.
235 BGH, Urt. vom 27.1.1977 – III ZR 153/74 –, BGHZ 68, 100 = EzGuG 6.189.
236 BGH, Urt. vom 19.5.1988 – III ZR 224/86 –, WM 1988, 1651 = RdL 1988, 294 = NVwZ-RR 1989, 170 = BayVBl. 1988, 634; BGH, Urt. vom 17.4.1986 – III ZR 202/84 –, BGHZ 97, 361 = EzGuG 13.87; BGH, Urt. vom 6.3.1986 – III ZR 146/84 –, BRS Bd. 45 Nr. 131 = EzGuG 13.86; BGH, Urt. vom 7.5.1981 – III ZR 67/80 –, BGHZ 80, 360 = EzGuG 18.91; BGH, Urt. vom 8.11.1979 – III ZR 87/78 –, BGHZ 76, 1 = EzGuG 18.89; BGH, Urt. vom 8.2.1979 – III ZR 86/77 –, BRS Bd. 24 Nr. 142 = EzGuG 4.66; BGH, Urt. vom 1.12.1977 – III ZR 130/75 –, BRS Bd. 34 Nr. 141 = EzGuG 18.78; BGH, Urt. vom 14.7.1977 – III ZR 41/75 –, BRS Bd. 34 Nr. 103 = EzGuG 18.77; BGH, Urt. vom 12.2.1976 – III ZR 184/73 –, BRS Bd. 19 Nr. 166 = EzGuG 19.28; BGH, Urt. vom 20.3.1975 – III ZR 153/72 –, BRS Bd. 34 Nr. 120 = EzGuG 18.64; BGH, Urt. vom 4.10.1973 – III ZR 138/71 –, BGHZ 61, 253 = EzGuG 18.59; BGH, Urt. vom 31.1.1972 – III ZR 133/69 –, BRS Bd. 26 Nr. 115 = EzGuG 6.147; BGH, Urt. vom 29.3.1971 – III ZR 108/67 –, BRS Bd. 26 Nr. 82 = EzGuG 18.55; BGH, Urt. vom 10.10.1969 – V ZR 155/60 –, NJW 1970, 187 = EzGuG 18.46; BGH, Urt. vom 5.2.1968 – III ZR 217/65 –, BRS Bd. 19 Nr. 148 = EzGuG 18.41; ferner: OLG Hamburg, Urt. vom 6.10.1965 – 1 U 197/64 –, EzGuG 18.31; OLG Hamburg, Urt. vom 18.4.1966 – 10 O 1/65 –, MDR 1966, 367 = AVN 1966, 510 = EzGuG 18.33; OLG Hamburg, Urt. vom 12.5.1964 – 1 U 53/62 –, BlGBW 1965, 311 = EzGuG 4.21; OLG Frankfurt am Main, Urt. vom 17.1.1957 – 2 U 97/55 –, AVN 1963, 450 = EzGuG 18.5; OLG Hamburg, Urt. vom 13.4.1973 – 1 U 13/71 –, BRS Bd. 34 Nr. 121 = EzGuG 4.40, OLG Hamburg, Urt. vom 11.3.1966 – 1 B 44/65 –, HbgGE 1966, 252.

bereits in den Festsetzungen des Bebauungsplans begründet sein; Rechtsgrundlage ist in diesem Fall **§ 40 Abs. 2 BauGB,** der folgende Fassung hat:

„(2) Der Eigentümer kann die Übernahme der Flächen verlangen,

- 1. wenn und soweit es ihm mit Rücksicht auf die Festsetzung oder Durchführung des Bebauungsplans wirtschaftlich nicht mehr zuzumuten ist, das Grundstück zu behalten oder es in der bisherigen oder einer anderen zulässigen Art zu nutzen, oder
- 2. wenn Vorhaben nach § 32 nicht ausgeführt werden dürfen und dadurch die bisherige Nutzung einer baulichen Anlage aufgehoben oder wesentlich herabgesetzt wird.

Der Eigentümer kann anstelle der Übernahme die Begründung von Miteigentum oder eines geeigneten Rechts verlangen, wenn die Verwirklichung des Bebauungsplans nicht die Entziehung des Eigentums erfordert."

Ein Übernahmeanspruch nach Maßgabe dieser Vorschrift besteht auch im Falle einer **Aufhebung der zulässigen Nutzung eines Grundstücks** (§ 42 Abs. 9 BauGB).

Im Falle einer Teilenteignung kann der Eigentümer nach § 92 Abs. 3 BauGB die **Ausdehnung der Enteignung** auf das Restgrundstück oder den Restbesitz insoweit verlangen, als das Restgrundstück oder der Restbesitz nicht mehr in angemessenem Umfang baulich oder wirtschaftlich genutzt werden kann[237].

7.4.5.2 Pufferzone

Nach einem Grundsatzurteil des BGH[238] sind bei der Bemessung der Entschädigung für die Enteignung eines Vorgartenteils die von einer außerhalb des (ungeteilten) Grundstücks verlaufenden Hochstraße ausgehenden Beeinträchtigungen baulicher und verkehrsmäßiger Art insoweit zu berücksichtigen, als der abgetrennte Vorgartenteil dem Eigentümer die tatsächliche Möglichkeit geboten hätte, das Grundstück gegen diese Beeinträchtigung abzuschirmen. In dem zu entscheidenden Fall (Bremer Hochstraße) hatte sich ein unmittelbar vor dem betroffenen Grundstück gelegenes Brückenbauwerk nicht nur als störender Blickfang, sondern auch als Immissionsquelle erwiesen. Des Weiteren führte ein Näherrücken von Kraftfahrzeug- und Fußgängerverkehr sowohl in optischer als auch akustischer Hinsicht zu einer Wertminderung. Soweit diese Einwirkungen über das Maß hinausgehen, was die Eigentümerin nachbarrechtlich nach § 906 BGB hinnehmen muss, kommt eine **Entschädigung wegen hoheitlichen Eingriffs in das Grundeigentum** in Betracht.

678

Die Frage des entschädigungsrechtlichen Anspruchs muss aber auch hier wieder von der Frage einer **Wertminderung** unterschieden werden, die **unabhängig von dem Entschädigungsanspruch** eingetreten sein kann[239].

Im Hinblick auf Entschädigungsansprüche muss bei alledem geprüft werden, ob und inwieweit ein (nachbarrechtlicher) Ausgleichs- und Entschädigungsanspruch besteht. **Abwehrrechte** können sich diesbezüglich **aus § 906 Abs. 2 BGB** ergeben (vgl. § 6 ImmoWertV Rn. 214). Mit der Entschädigung für den Substanzverlust an einer Vorgartenfläche, bemessen nach dem Verkehrswert des abgetretenen Grund und Bodens, der darauf befindlichen Einfriedung sowie des Aufwuchses, werden nämlich nicht immer die zusätzlichen optischen, akustischen und gesundheitlichen Nachteile ausgeglichen, die sich aus dem **Verlust einer Pufferzone** mit ihrer Abschirmfunktion gegen Verkehrslärm, Abgase und Erschütterungen ergeben können. Werden also mit der für den Substanzverlust gewährten Entschädigung sowie einem Kostenersatz für etwaige Schutzeinrichtungen (vgl. § 6 ImmoWertV Rn. 257 ff.) die für das Restgrundstück verbleibenden Nachteile nicht ausgeglichen, weil mit dem Verlust der Abschirmfunktion einer Teilfläche Beeinträchtigungen für das Restgrundstück „nachblei-

---

237 BGH, Nichtannahmebeschl. vom 27.9.1990 – III ZR 322/89 –, GuG 1991, 30 = EzGuG 4.134; BGH, Urt. vom 13.12.1984 – III ZR 175/73 –, BRS Bd. 34 Nr. 128 = EzGuG 6.227; BGH, Urt. vom 25.11.1974 – III ZR 142/73 –, BRS Bd. 34 Nr. 115 = EzGuG 6.175.
238 BGH, Urt. vom 16.3.1972 – III ZR 26/71 –, BRS Bd. 26 Nr. 108 = EzGuG 6.150; OLG Bremen, Urt. vom 9.8.1972 – U (B) 7/72 –, EzGuG 18.56; OLG Celle, Urt. vom 17.7.1990 – 4 U 27/90 –, GuG 1991, 41 – EzGuG 2.50.
239 Kamphausen in GuG 1993, 31 und BauR 1992, 723.

V Besondere Immobilienarten — Gemeinbedarfsfläche

ben", die im gewöhnlichen Geschäftsverkehr zu höheren Wertabschlägen führen, so sind diese neben der Entschädigung für den Substanzverlust zusätzlich zu entschädigen[240].

679 Eine **spürbare Beeinträchtigung** besteht, wenn die **Immissionsschutzgrenzwerte** (IGW vgl. § 6 ImmoWertV Rn. 260) **überschritten werden** und mit dem Wegfall der Schutzzone die Lärmbelastung um mindestens 3 dB (A) zunimmt, denn erst eine dermaßen große Lärmzunahme wird vom menschlichen Ohr wahrgenommen. Im Einzelfall ist deshalb zu prüfen, ob eine zusätzliche Entschädigung unter Anwendung des § 42 BImschG (vgl. § 6 ImmoWertV Rn. 249 ff.) zu gewähren ist (vgl. § 74 Abs. 2 VwVfG oder § 96 Abs. 1 Nr. 2 BauGB). Eine Doppelentschädigung ist dabei unzulässig. Im Verhältnis zwischen dem **fachplanungsrechtlichen Ausgleichsanspruch** nach § 74 Abs. 2 VwVfG oder dem nach § 96 Abs. 1 Nr. 2 BauGB (vgl. § 6 ImmoWertV Rn. 249) ist der **weitergehende Anspruch** maßgebend:

Beispiel:

a) Wohnhaus in einem allgemeinen Wohngebiet = 59 dB (A)
  Berechneter Mittelungspegel (L m.T) *vor*
  Abtretung einer Vorgartenfläche = 62 dB (A)
  – Berechneter Mittelungspegel (L m.T) *nach*
  Abtretung einer Vorgartenfläche = 68 dB (A)
  = Schutzwirkung = 6 dB (A)

b) Wohnhaus in einem allgemeinen Wohngebiet: IGW = 59 dB (A)
  Berechneter Mittelungspegel (L m.T) *vor*
  Abtretung einer Vorgartenfläche = 56 dB (A)
  Berechneter Mittelungspegel (L m.T) *nach*
  Abtretung einer Vorgartenfläche = 62 dB (A)
  = Schutzwirkung = 6 dB (A)

Im Fall a) geht der fachplanungsrechtliche Ausgleichsanspruch nach § 74 Abs. 2 VwVfG weiter als der entschädigungsrechtliche Anspruch; im Fall b) geht der entschädigungsrechtliche Anspruch weiter.

Die **Ermittlung des Ausgleichsanspruchs** kann in beiden Fällen nach dem unter § 6 ImmoWertV Rn. 291 vorgestellten Berechnungsbeispiel erfolgen.

---

[240] Gelzer/Busse, a. a. O.; LG Koblenz, Urt. vom 16.5.1988 – 4 O 7/85 –, EzGuG 18.107; BGH, Urt. vom 27.9.1990 – III ZR 97/89 –, EzGuG 2.51 = GuG 1991, 38; OLG Celle, Urt. vom 17.7.1990 – 4 U 27/90 –, GuG 1991, 41 = EzGuG 2.50; VGH München, Urt. vom 19.12.1984 – 6 B 82 A. 411 –, BayVBl. 1985, 566 = EzGuG 18.95; BGH, Urt. vom 16.3.1972 – III ZR 26/71 –, BRS Bd. 26 Nr. 108 = EzGuG 6.150.

8 Bahnfläche

Schrifttum: *Bartz, G./Thielges, R.*, Verkehrswertermittlung ehemaliger Bahnflächen, AVN 1985, 53 = Nachr. der Verm.- und KatVw Rh.-Pf. 1990, 86; *Blümel, W.*, Fragen der Entwidmung von Eisenbahnbetriebsanlagen, Forschungsinstitut für öffentliche Verwaltung Speyer, 2000; *Hoppe, W./Busch, B.*, Fragen des städtebaulichen Entwicklungsrechts unter besonderer Berücksichtigung von Bahnflächen, Beiträge zur Raumplanung und zum Siedlungs- und Wohnungswesen, Bd. 198, Münster 2001; *Wagner, K./ Freese, A.*, Bewertung von Bahnflächen, GuG 2004, 332.

8.1 Allgemeine Grundsätze

a) **Bahnflächen** (Bahnanlagen) **sind öffentliche Grundstücke im Anstaltsgebrauch,** wenn sie als solche gewidmet und faktisch für den Eisenbahnbetrieb in Dienst gestellt wurden. Mit Widmung dieser Flächen als Eisenbahnanlage unterliegen diese öffentlich-sachenrechtlichen Bindungen. Nutzungen oder verbindliche Planungen, die der widmungsgemäßen Zweckbestimmung widersprechen, sind unzulässig.[241] Bahnflächen sind erst mit ihrer Entwidmung dem allgemeinen Geschäftsverkehr wieder zugänglich und erst damit wieder im allgemeinen Sinne „verkehrswertfähig".

680

b) **Bahnflächen**[242] sind grundsätzlich **der gemeindlichen Planungshoheit entzogen**; planerischen Aussagen der Gemeinden sind sie nur insoweit zugänglich, als diese der besonderen Zweckbestimmung der Anlage, dem Betrieb der Bahn zu dienen, nicht widersprechen.

c) **Die Bestimmung des Zwecks einer Anlage, dem Betrieb der Bahn zu dienen, erfolgt durch Widmung,** die nicht an eine besondere Form gebunden ist und auch im schlüssigen Handeln der öffentlichen Verwaltung begründet sein kann. Die Widmung kann durch Rechtssatz (z. B. Gesetz, Rechtsverordnung oder Satzung), durch Verwaltungsakt oder durch andere verwaltungsinterne, aber nach außen erkennbare und amtlich nachweisbare Vorgänge erfolgen. Planfestgestellte Anlagen sind nachrichtlich in Bebauungspläne zu übernehmen (§ 9 Abs. 6 BauGB).

d) **Bahnflächen sind erst nach ihrer förmlichen Entwidmung durch das Eisenbahn-Bundesamt (EBA) der Planungshoheit zugänglich.** Stichtag ist der bestandskräftig gewordene Entwidmungsbescheid; auf den Zeitpunkt der Bekanntmachung der Entwidmung kommt es nicht an. Die rechtliche „Planungssperre" gilt nur bis zum abschließenden Beschluss über einen Bebauungsplan und insbesondere auch nicht für die Durchführung informeller Planungen. Im Flächennutzungsplan sind von der Planfeststellung abweichende Darstellungen zulässig und können verfahrensmäßig abgeschlossen werden, wenn die Beendigung der Rechtswirkung des Planfeststellungsbeschlusses in Aussicht steht[243].

Nach Durchführung der Entbehrlichkeitsprüfung wird der Entwicklungsantrag von der DB Imm für die DB AG gestellt, die allein antragsbefugt ist. Die Entwidmung erfolgt regelmäßig nach einem vorgeschalteten Planaufhebungs- bzw. Planänderungsverfahren. Das Verfahren kann mit einer Planaufstellung für die Verlagerung von Bahnanlagen verbunden werden. Das Eisenbahnbundesamt beansprucht bei alledem einen eigenen Beurteilungsspielraum für die Frage der weiteren Bahnnotwendigkeit von Liegenschaften, wobei die städtebauliche Gesamtsituation berücksichtigt wird. Infolgedessen soll aus der Sicht der Bahn ein Entwidmungsantrag erst dann gestellt werden können, wenn sich die gemeindliche Planung hinreichend verdichtet hat. Dies ist

– bei Bauleitverfahren der Beginn der Öffentlichkeits- und Behördenbeteiligung bzw.

– in Verfahren nach § 34 BauGB der Zeitpunkt des Einreichens eines/einer abgestimmten Baugesuchs/Bauvoranfrage.

---

[241] Blümel, W., Fragen der Entwidmung von Eisenbahnbetriebsanlagen, Forschungsinstitut für öffentliche Verwaltung Speyer, 2000.
[242] Zur Definition von Bahnanlagen vgl. BVerwG, Urt. vom 27.11.1996 – 11 A 2/96 –, BVerwGE 102, 269 und § 4 Abs. 1 EBO.
[243] BVerwG, Urt. vom 16.12.1988 – 4 C 48/86 –, BVerwGE 81,111 = EzGuG 18.109a.

e) Allein **durch die Aufnahme einer nichtwidmungsfähigen Nutzung tritt eine Entwidmung nicht ein,** damit auch grundsätzlich kein Bestandsschutz der widmungsfremden Nutzung. Darüber hinaus ist auch eine nur vorübergehende Überlassung von Bahnflächen an Dritte grundsätzlich nicht geeignet, den Rechtscharakter der Fläche als Bahnfläche aufzuheben[244].

f) **In Sonderfällen kann die Planungshoheit auch ohne formelle Entwidmung auf die Gemeinde zurückgefallen sein, wenn nämlich eine bestehende Fachplanung funktionslos, d. h. rechtlich obsolet, geworden ist.** Eine Funktionslosigkeit kann sich ergeben, wenn die Verhältnisse aufgrund tatsächlicher Entwicklungen einen Zustand erreicht haben, der die Verwirklichung der Planung auf unabsehbare Zeit ausschließt, und die Wiederaufnahme einer bahnbetriebsbezogenen Nutzung – auch äußerlich erkennbar – auf unabsehbare Zeit ausgeschlossen werden muss[245]. Bei stillgelegten Bahnflächen ist dies näher zu untersuchen. Ist dies zu bejahen, ist bei der Verkehrswertermittlung von entwidmeten Flächen auszugehen. Zuvor ist das mit der DB AG und dem EBA zu klären.

g) Die **vorhandene Bebauung von Bahnflächen entfaltet nach ihrer Entwidmung keinen Bestandschutz in dem Sinne,** dass diesen Flächen ein Baurecht beizumessen ist. Eine in jedem Fall zu prüfende Ausnahme hiervon bildet eine Bebauung, die nach Art und Größenordnung unter Berücksichtigung des prägenden Gewichts der angrenzenden Bebauung sich hierin einfügt.

h) Auch wenn Bahnflächen erst nach ihrer förmlichen Entwidmung einer privatwirtschaftlichen Nutzung zugänglich und damit „verkehrswertfähig" werden, kann **bereits in Erwartung dieser Entwidmung ein Verkehrswert ermittelt werden.** Ausgangspunkt und zugleich wohl auch die schwierigste Frage der Verkehrswertermittlung ist die Feststellung des maßgeblichen Entwicklungszustands. Sie erfordert eine gewissenhafte Analyse der bodenrechtlichen Rahmenbedingungen. Der Sachverständige muss deshalb zunächst die rechtlichen und tatsächlichen Grundstücksverhältnisse aufbereiten.

i) **Planfeststellungsbedürftig und planfeststellungsfähig sind nur Bahnanlagen** i. S. von § 18 Abs. 1 Satz 1 AEG (Schienenwege und betriebsnotwendige Anlagen). Nicht zu den Bahnanlagen zählen z. B. Spielhallen, Boutiquen, Fachmärkte und Einrichtungen, die nicht für den Reisebedarf gedacht sind. Gebäude, die zwar auf dem Bahngelände liegen, aber nicht vollständig Betriebsanlagen sind, unterliegen nicht der Planfeststellung[246]. Diesen Flächen ist insoweit ein „Baurecht" beizumessen. Die Verkehrswertermittlung erfolgt nach allgemeinen Grundsätzen[247]. Bahnverträgliche Anlagen und Nutzungen, die zwar im Sachzusammenhang mit dem Bahnbetrieb stehen, jedoch keine dienende Funktion i. S. d. Planfeststellung erfüllen, beurteilen sich nach den §§ 30 Abs. 2, 34 und 35 BauGB. Dementsprechend bemisst sich ihr Verkehrswert nach allgemeinen Grundsätzen.

8.2 Entwicklungszustand und Zulässigkeit von Vorhaben

8.2.1 Allgemeines

681 Der für die Verkehrswertermittlung entwidmeter bzw. zur Entwidmung anstehender Bahnflächen maßgebliche **Entwicklungszustand bestimmt sich nach der künftigen Nutzbarkeit der Flächen nach Wegfall der öffentlichen Zweckbestimmung**, insbesondere bezüglich Art und Maß der baulichen, aber auch der sonstigen Nutzung (z. B. als Ausgleichsflächen). Im Rahmen der Verkehrswertermittlung müssen Art und Maß der baulichen und sonstigen

---
244 BVerwG, Beschl. vom 5.2.1990 – 1 B 1/90 –, BRS Bd. 50 Nr. 70 = NVwZ 1990, 462.
245 BVerwG, Urt. vom 31.8.1995 – 7 A 19/94 –, BVerwGE 99, 106; BVerwG, Urt. vom 29.4.1977 – 4 C 39/75 –, BVerwGE 54, 5; BVerwG, Urt. vom 3.8.1990 – 7 C 41 – 43/89 –, BVerwGE 85, 273 = GuG 1991, 105; OVG Münster, Urt. vom 25.4.1997 – 7a D 127/94 – und OVG Münster, Urt. vom 23.5.1997 – 7 A 5844/95 –.
246 BVerwG, Urt. vom 16.12.1988 – 4 C 48/86 –, BVerwGE 81, 111 = EzGuG 18.109a; Hotels, Multiplexkinos, nicht reisebezogener Einzelhandel; hierzu Leistungskennziffern in GuG 2001, 176.
247 A. A. VGH München, Urt. vom 20.10.1998 – 20 A 98, 40022 –, GuG 1999, 65.

Nutzung unter Angabe der Rechtsgrundlagen in einer nachweisbaren Form festgestellt werden. Dies sind die maßgeblichen Ausgangsdaten.

Die besondere Problematik besteht nun i. d. R. darin, dass die **bauplanungsrechtlichen Grundlagen** zumeist noch keine Konkretisierung erfahren haben und sich der Sachverständige an dem orientieren muss, was sich ohne spekulative Erwartungen und im Einklang mit einer geordneten städtebaulichen Entwicklung abzeichnet.

Planungsrechtlich sind dabei folgende **Fallgestaltungen** denkbar:

a) Die entwidmete **Bahnfläche ist dem Außenbereich nach § 35 BauGB zuzurechnen**, wobei die Fläche unter den Voraussetzungen des § 5 Abs. 2 ImmoWertV die Qualität von Bauerwartungsland aufweisen kann. Innerhalb des Stadtgefüges kann bei entsprechend großen Flächen in diesem Sinne auch ein „Außenbereich im Innenbereich" vorliegen.

b) Die Flächen können **Bestandteil eines im Zusammenhang bebauten Ortsteils nach § 34 BauGB** sein und insoweit bereits den Entwicklungszustand Rohbauland oder baureifes Land i. S. des § 5 Abs. 3 oder 4 ImmoWertV aufweisen. Im Hinblick auf die zumeist an Bahnsträngen gelegenen Flächen wird dieser Fall zwar sehr selten sein, kann jedoch auch nicht ausgeschlossen werden.

c) Sind die Flächen bereits Gegenstand der Bauleitplanung (Flächennutzungs- und Bebauungsplanung) oder stehen die Flächen in Erwartung einer Bauleitplanung – ggf. in Verbindung mit einer informellen Planung –, kann sich eine Bauerwartungsland- oder Rohbaulandqualität ergeben. Auf den Sonderfall der Einbeziehung dieser Fläche in eine Sanierungs- und Entwicklungsmaßnahme soll hier nicht näher eingegangen werden.

Weitgehend unproblematisch ist die Verkehrswertermittlung entwidmeter **Bahnflächen im Außenbereich, für die eine bauliche Nutzung nach Aufgabe der öffentlichen Nutzung nicht in Betracht kommt.** Die Flächen können dann einem Entwicklungszustand i. S. des § 5 Abs. 1 ImmoWertV zugerechnet werden, sofern dem nicht die vorhandenen baulichen und sonstigen Anlagen entgegenstehen. Im Einzelfall werden das Erfordernis einer Freilegung sowie Abbruchkosten unter Berücksichtigung von Verwertungserlösen wertmindernd zu berücksichtigen sein, wobei durchaus auch Unwerte vorliegen können (Beseitigung von Bodenversiegelungen, Altlasten und dgl.).

8.2.2 Erwartung einer baulichen und sonstigen Nutzung

8.2.2.1 Allgemeines

Bei der Verkehrswertermittlung von entwidmeten oder zur Entwidmung anstehenden Bahnflächen, für die künftig eine bauliche Nutzung erwartet werden kann, muss der Sachverständige über die sich nach vorstehenden Grundsätzen ergebende **Qualität** hinaus zu folgenden Feststellungen kommen:

– Art und Maß der künftigen baulichen Nutzung,
– Art und Umfang einer sonstigen privatwirtschaftlichen Nutzung,
– die voraussichtliche Dauer des Umstrukturierungsprozesses (sog. Wartezeit) sowie
– Art und Umfang der Kosten im Hinblick auf die notwendig werdende Umstrukturierung der aufgelassenen Bahnflächen.

Soweit eine **Gemeinbedarfsnutzung für die entwidmeten Bahnflächen** vorgesehen ist, ohne dass eine privatwirtschaftliche Nutzung zwischenzeitlich in Aussicht stand, bestimmt sich der Wert nach den für sog. „bleibende Gemeinbedarfsflächen" entwickelten Grundsätzen.

8.2.2.2 Künftige Nutzbarkeit

Eine entwidmete oder zur Entwidmung anstehende Bahnfläche kann bereits auch ohne planerische Maßnahme der Gemeinde nach § 6 Abs. 2 ImmoWertV dem Bauerwartungsland zuzurechnen sein, wenn die Fläche nach ihrer Eigenschaft, ihrer sonstigen Beschaffenheit oder

V Besondere Immobilienarten   Bahnfläche

ihrer Lage eine bauliche Nutzung in absehbarer Zeit tatsächlich erwarten lässt. Hier sind u. a. die städtebauliche Umgebungs- und Gesamtsituation, die Nähe des Siedlungsgebiets sowie die Angebots- und Nachfragesituation zu berücksichtigen. Indiz hierfür ist das **Preisgefüge vergleichbarer Flächen**.

Eine entsprechende **Darstellung des Flächennutzungsplans** ist nach § 5 Abs. 2 ImmoWertV nicht erforderlich; die Bauerwartung kann sich auch auf die städtebauliche Gesamtsituation oder auf ein entsprechendes Verhalten der Gemeinde gründen.

684 Der Sachverständige muss sich um folgende **Unterlagen** bemühen:

Informelle Planungen: Bahnflächen können bereits vor ihrer Entwidmung Gegenstand informeller Planungen sein (Rahmenplanung, Entwicklungsplanung). Die informelle Planung ist hinsichtlich der Planungsabsichten der Gemeinde zu analysieren. Es kann sich um bloße „Schubladenpläne" oder um von der Gemeinde zustimmend zur Kenntnis genommene Planungen handeln.

Flächennutzungsplan: Grundsätzlich können Bahnzwecken gewidmete Flächen im Flächennutzungsplan nicht für andere Zwecke dargestellt werden, jedoch können im Einvernehmen mit dem betroffenen Planungsträger Änderungen im Flächennutzungsplan auch ohne Entwidmung vorgenommen werden.

Bebauungsplanung: Bereits vor der förmlichen Entwicklung einer Bahnfläche kann das Aufstellungs- und Änderungsverfahren bis zur abschließenden Beschlussfassung vorbereitet werden. Eine abschließende Beschlussfassung ist jedoch erst nach förmlicher Entwidmung der entsprechenden Bahnfläche durch das Eisenbahn-Bundesamt (EBA) möglich. Stichtag ist der bestandskräftig gewordene Entwidmungsbescheid. Soweit für den Sachverständigen Unklarheit über die Entwidmung einer Bahnfläche besteht und der Sachverständige für die Gemeinde tätig ist, kann der **gemeindliche Auskunftsanspruch** bedeutsam sein. Die Gemeinde hat nämlich aufgrund ihrer Planungshoheit nach Art. 28 GG grundsätzlich einen Anspruch darauf, dass der Träger der Bahnplanung sich eindeutig darüber äußert, ob eine Bahnfläche auf absehbare Zeit weiterhin für Zwecke des Bahnbetriebs benötigt wird. Der Anspruch kann ggf. vor den Verwaltungsgerichten durchgesetzt werden. Unter bestimmten Voraussetzungen kann sogar ein Anspruch auf Entwidmung gegenüber dem Eisenbahn-Bundesamt (EBA) bestehen, insbesondere bei Abgabe einer bedingten Freigabeerklärung durch die DB AG bzw. der Verwaltung der Fläche durch das Bundeseisenbahnvermögen (BEV).

8.3 Verkehrswertermittlung

8.3.1 Abgehende Bahnfläche

685 Grundsätzlich kann nach Feststellung der künftigen Art der baulichen Nutzung und des künftigen Maßes der baulichen Nutzung der Verkehrswert **im Wege des Preisvergleichs oder auf der Grundlage deduktiver Verfahren** (Extraktionsverfahren/Residualwertverfahren) abgeleitet werden.

Die Verkehrswertermittlung im Wege des **Vergleichswertverfahrens** stößt auf die bekannten Probleme, da es sich bei den künftig baulich nutzbaren aufgelassenen Bahnflächen in den behandelten Fällen zumeist um Bauerwartungsland bzw. Rohbauland handelt, für die Vergleichspreise zumeist nicht zur Verfügung stehen.

Die **Verkehrsministerkonferenz** hat am 3. und 4. April 2002 in Potsdam folgenden Beschluss hierzu gefasst:

„Nach Auffassung der Verkehrsministerkonferenz sind die vom jeweiligen **Gutachterausschuss** bzw. in der **Bodenrichtwertkarte** festgelegten Preise als Verkaufsgrundlagen heranzuziehen, um langwierige Preisverhandlungen zu vermeiden. Dabei sind Kosten für die Altlastensanierung und die Sanierung der zu übernehmenden Ver- und Entsorgungsleistungen ggf. in Abschlag zu bringen."

Ob und inwieweit einem derartigen Beschluss Folge geleistet wird, dürfte entscheidend von der Qualität des Gutachterausschusses abhängig sein.

Sowohl bei dem Vergleichswertverfahren als auch bei Anwendung deduktiver Verfahren kommt dem Erfordernis einer Freimachung der Grundstücke eine besondere Bedeutung zu, insbesondere hinsichtlich der zu beseitigenden Betriebseinrichtungen und Altlasten. Dabei wird grundsätzlich ein öffentlich-rechtlicher **Folgenbeseitigungsanspruch für den Fall bejaht, dass Bahnanlagen nach Entwidmung liegen gelassen werden und diese entweder weitere Planungen behindern oder von diesen Gefahren für die öffentliche Sicherheit ausgehen.**

Bezüglich der **Altlasten** führt die Bahn in Zusammenarbeit mit der DB Immobilien GmbH (DB Imm) Untersuchungen und ggf. zusätzliche Beprobungen der Altlastenverdachtsflächen durch und führt bei polizeirechtlicher Gefährdung entsprechende Sicherungs- und Sanierungsmaßnahmen zur Gefahrenabwehr aus. Im Falle des Verkaufs übernimmt die DBAG die Bodensanierung im Hinblick auf die geplante zukünftige Nutzung und nimmt vor dem Verkauf noch entsprechende Preissicherungen vor. 686

Neben der Altlastenbeseitigung können vor allem die **Kosten von erforderlichen Infrastrukturmaßnahmen** für die Verkehrswertermittlung von Bedeutung sein. Grundsätzlich beteiligt sich die Bahn auch an der Erstellung der verkehrlichen, technischen, ökologischen und sozialen Infrastruktur. Als Voraussetzung wird dafür allerdings genannt[248]:

– Die geforderten Leistungen müssen in einem kausalen Zusammenhang mit der Entwicklung stehen,
– die Leistungen müssen angemessen sein und
– die Kostenbeteiligung muss sich aus der Entwicklung heraus finanzieren.

Die Voraussetzungen entsprechen den für städtebauliche Verträge geltenden Grundsätzen. Wertermittlungstechnisch können die Grundsätze des deduktiven Verfahrens der Bodenwertermittlung zur Anwendung kommen.

8.3.2 Bahnfremde Nutzungen

Schrifttum: *Freese,* Bewertung von Bahnhöfen, in Bienert, Spezialimmobilien, S. 649.

Auf einem Bahngelände können sich sog. bahnfremde Nutzungen befinden, d. h. Anlagen und Nutzungen, die keine Betriebsanlagen sind. **Bahnfremde Nutzungen unterliegen formell und materiell dem allgemeinen Baurecht und sind genehmigungspflichtig:** 687

– Bahnfremde Vorhaben, die mit der Zweckbestimmung des Geländes im Einklang stehen, sind grundsätzlich bahnverträglich und genehmigungsfähig (vgl. Rn. 680). Ihre Zulässigkeit richtet sich nach den §§ 34 oder 35 BauGB bzw. nach ergänzenden Planfestsetzungen im Bebauungsplan oder nach § 30 Abs. 2 BauGB.
– Bahnfremde Vorhaben, die mit der Zweckbestimmung des Geländes nicht im Einklang stehen, sind nach § 38 BauGB unzulässig[249].

Für die Verkehrswertermittlung bedeutet dies, dass **bahnfremde Vorhaben, die mit der Zweckbestimmung des Geländes nicht im Einklang stehen und nach § 38 BauGB unzulässig** sind, bei der Verkehrswertermittlung außer Betracht bleiben müssen (z. B. Nutzungsänderung einer ehemaligen Bahnhofshalle für Nichtbahnzwecke).

Bahnfremde Vorhaben, die jedoch mit der Zweckbestimmung im Einklang stehen und genehmigungsfähig sind, haben einen Verkehrswert, der sich nach **allgemeinen Grundsätzen der Verkehrswertermittlung** bestimmt. So ist auch ein auf (gewidmetem) Bahngelände angesiedelter, als wirtschaftlich eigenständiges Unternehmen betriebener Schrottplatz auch dann keine Bahnanlage, wenn der Schrottplatzbetreiber nach dem mit der Bahn abgeschlossenen Mietvertrag verpflichtet ist, Transportmittel der Bahn zu nutzen[250].

---

248 Rippert, Institut für Städtebau Bln. am 4.11.1998.
249 BVerwG, Urt. vom 16.12.1988 a. a. O.
250 OVG Münster, Urt. vom 27.4.1998 – 7 A 3818/96 –, BRS Bd. 60 Nr. 165 = BauR 1999, 383 = UPR 1999, 159.

V Besondere Immobilienarten   Bahnfläche

Bei bahnfremden Nutzungen ist die **Bahnverträglichkeit** zu prüfen. Die Prüfung erfolgt durch das EBA. Wird die Bahnverträglichkeit bejaht, ist das Vorhaben genehmigungsfähig; wird die Bahnverträglichkeit verneint, ist für die Zulässigkeit grundsätzlich eine Entwidmung notwendig. Lediglich bei zeitlich begrenzten Zwischennutzungen ist eine Entwidmung nicht notwendig.

Bei genehmigungsfähigen bahnverträglichen Nutzungen kann auch eine Genehmigung nach § 33 BauGB in Betracht kommen.

Bezüglich der Genehmigungsfähigkeit nach den §§ 34 und 35 BauGB sind die bereits unter Rn. 213 ff., 234 ff. erläuterten Grundsätze zu beachten (vgl. auch § 6 ImmoWertV Rn. 58 ff.).

688 Bei **gemischt genutzten Anlagen kann entsprechend dem vorliegenden Sachverhalt zum Zwecke der Verkehrswertermittlung eine (gedachte) Aufteilung des Objektes in Betracht kommen**, nämlich in

- einen Teilbereich, der Bahnzwecken dient und entsprechend als Gemeinbedarfseinrichtung zu behandeln und dementsprechend als privatwirtschaftliche Fläche zu werten ist, und
- einen Teilbereich, der einer baurechtlichen Genehmigung bedarf.

Bei dieser Konstellation muss im Rahmen einer Verkehrswertermittlung aber geprüft werden, ob die privatwirtschaftliche Teilnutzung zeitlich befristet ist. Dieser Fall kann gegeben sein, wenn die Bahnnutzung aufgegeben wird und infolgedessen die privatwirtschaftliche Nutzung obsolet wird (Abb. 1).

Bahnhöfe können in den großen Ballungszentren mit einem nicht unerheblichen Flächenanteil sog. **Frequenzimmobilien** zugerechnet werden, da sie sich durch hohe Besucherströme mit einem erheblichen Anteil an Einzelhandelsflächen verbunden mit verlängerten Ladenöffnungszeiten auszeichnen. So verfügt beispielsweise der Leipziger Hauptbahnhof über ca. 30 000 m² Einzelhandelsflächen mit rd. 140 Geschäften und einem Jahresumsatz von 125 Mio. € im Jahre 2000.

Abb. 1: Ausgewählte Leistungskennziffern von Bahnhöfen in Deutschland nach Frequenzklassen

	Bahnhöfe			
	Frequenz-klasse 1 (n = 23)	Frequenz-klasse 2 (n = 29)	Frequenz-klasse 3 (n = 13)	Frequenz-klasse 1–3 gesamt
Umsatz je Bahnhof in €*	3 984 000	10 259 000	36 887 000	13 364 000
Umsatz je Bahnhof pro Tag in €	10 900	28 100	101 100	36 360
Umsatz je m² VK in €**	4 600	6 400	6 800	6 300
Umsatz je Betrieb in €***	390 000	575 000	746 000	623 000
Umsatz je Besucher in €	0,65	0,54	0,50	0,53
Frequenzklasse 1 = bis zu 30 000 Besucher				
Frequenzklasse 2 = von 30 000 bis zu 100 000 Besucher				
Frequenzklasse 3 = über 100 000 Besucher				
* = einschließlich Automaten				
** = ohne Automatenfläche				
*** = ohne Automatenbetriebe				

Quelle: EHI-Bahnhof-Report; GMA-Berechnungen; Angaben gerundet = GuG 2001, 176

Der Verkehrswert des dem Einzelhandel zurechenbaren Anteils eines Bahnhofs ist im Wege des Ertragswertverfahrens mit den für Einzelhandelsnutzungen maßgeblichen Parametern zu bewerten.

8.3.3 Künftige Bahnfläche

Die für den Erwerb künftiger Gemeinbedarfsflächen geltenden Wertermittlungsgrundsätze finden Anwendung, wenn neue Schienenwege gebaut werden. Der Bau neuer Schienenwege erfolgt auf der Grundlage eines Planfeststellungsverfahrens nach § 18 Abs. 1 AEG. Die für den Betrieb der Eisenbahn notwendigen Flächen (Eisenbahnbetriebsanlagen) können auf der Grundlage des festgestellten und genehmigten Plans nach § 22 AEG enteignet werden. Die Enteignung vollzieht sich gem. § 22 Abs. 4 AEG nach Maßgabe landesrechtlicher Enteignungsgesetze, die hinsichtlich ihrer entschädigungsrechtlichen Vorschriften den §§ 93 ff. BauGB nachgebildet sind. Insoweit kommen – unabhängig von der Frage, ob und inwieweit es sich bei der Deutschen Bahn AG um ein privates Unternehmen handelt – die allgemeinen Verkehrswertermittlungsgrundsätze zur Anwendung, die auch sonst dem Erwerb künftiger Gemeinbedarfsflächen zugrunde zu legen wären, d. h., der **Wert des Grundstücks bemisst sich nach dem Zustand,** der vorhanden war, als mit einer Enteignung gerechnet werden musste. Dabei kommt es nicht darauf an, dass das Planfeststellungsverfahren bereits durchgeführt worden ist; vielmehr genügt, dass mit dem Planfeststellungsverfahren zu rechnen ist. Bei alledem ist auch in diesem Fall davon auszugehen, dass zunächst ein freihändiger Erwerb des Grundstücks anzustreben ist, wobei sich im Rahmen des freihändigen Grunderwerbs der Wert nach den Entschädigungsgrundsätzen bemisst. **689**

Im Zuge der ICE-Neubaustrecke Köln–Rhein/Main wurde der **Grunderwerb auf der Grundlage** der von verschiedenen Gutachterausschüssen für Grundstückswerte (Landkreis *Limburg-Weilburg* und Stadt *Limburg*) bereitgestellten Vergleichspreise getätigt, die sich am Verkehrswert der besonderen Flächen der Land- und Forstwirtschaft orientierten, wobei es sich um Vergleichsgrundstücke handelte, die nicht von der Eisenbahnneubaustrecke betroffen waren. Gegenüber dem Verkehrswert für reine Flächen der Land- und Forstwirtschaft (innerlandwirtschaftlicher Verkehrswert bzw. reine land- oder forstwirtschaftliche Flächen/§ 5 Abs. 1 ImmoWertV) ergaben sich hier Multiplikationsfaktoren von 3,5 zum Verkehrswert besonderer land- oder forstwirtschaftlicher Flächen[251]. **690**

Lediglich der Gutachterausschuss für Grundstückswerte des *Rheingau-Taunus-Kreises* fiel bei der Bemessung des Werts künftiger Eisenbahnflächen auf den **Wert des reinen Agrarlandes** (= reine Flächen der Land- oder Forstwirtschaft § 5 Abs. 1 ImmoWertV) zurück. **691**

---

[251] Dieterich, Gutachten über den Grundstückserwerb für die ICE-Strecke Köln–Rhein/Main, Dortmund 1996; vgl. Kleiber, Verkehrswertermittlung von Grundstücken, 6. Aufl. 2010, S. 2316.

9 Post- und Fernmeldewesen

9.1 Allgemeines

Schrifttum: *Stüer, B.*, Handbuch des Bau- und Fachplanungsrechts, 2. Aufl. München.

▶ *Vgl. § 6 ImmoWertV Rn. 269*

692 Die Bundesanstalt für die Post und Telekommunikation hatte nach dem (Privatisierungs-)Gesetz zur Neuordnung des Postwesens und der Telekommunikation (Postneuordnungsgesetz) alle Vermögensgegenstände des Sondervermögens Deutsche Bundespost nach den §§ 1 bis 3 sowie 14 des Postumwandlungsgesetzes auf die Deutsche Post AG, die Deutsche Postbank AG und die Deutsche Telekom AG zu übertragen, soweit diese Vermögensgegenstände zur Wahrnehmung der Aufgaben dieser drei AGs benötigt werden.

- Die Belange der Post ergeben sich im Wesentlichen aus dem Telekommunikationsgesetz.
- Soweit für Telegrafenlinien nach § 7 TWG eine Planfeststellung erforderlich ist, findet § 38 BauGB Anwendung. Die dort erfassten haben Vorrang gegenüber den städtebaulichen Belangen der Gemeinde.
- Den Belangen des Post- und Fernmeldewesens kann vor allem durch **Ausweisung entsprechender Gemeinbedarfsflächen sowie durch Festsetzung von Leitungsrechten** auf den zu belastenden Flächen Rechnung getragen werden (§ 9 Abs. 1 Nr. 21 BauGB).
- Mit dem Inkrafttreten der zweiten Stufe der Postreform ist allerdings die bisherige Privilegierung des Grunderwerbs im Rahmen des Vorkaufsrechts nach § 26 BauGB zu Zwecken des Post- und Fernmeldewesens entfallen.

Dienstleistungen in den Bereichen des Postwesens und der Telekommunikation werden im GG als privatwirtschaftliche Tätigkeit qualifiziert, die nicht von entsprechenden Aktiengesellschaften des Bundes, sondern auch von anderen Unternehmern („Wettbewerber") erbracht werden können (Art. 87 f. Abs. 2 Satz 1 GG).

693 **Hoheitsaufgaben** werden nur noch von der zuständigen Bundesbehörde wahrgenommen (Art. 87 f. Abs. 2 Satz 2 GG). Von den Überleitungsregelungen (Gesetz über die Regulierung der Telekommunikation und des Postwesens; Telekom- und Postdienst-Pflichtleistungsverordnung) gilt noch die Postbank-Pflichtleistungsverordnung; diese sieht lediglich vor, dass dort keine Pflichtleistungen bestehen.

9.2 Antennengrundstücke

▶ *Vgl. § 6 ImmmoWertV Rn. 269 ff.*

694 Die **Mindestfläche für Antennenträgergrundstücke** bestimmt sich nach

a) bauordnungsrechtlichen,

b) immissionsschutzrechtlichen sowie

c) fachplanungsrechtlichen (z. B. FStrG: 40 m zu Bundesautobahnen und 20 m zu Bundesstraßen) Anforderungen.

Zur Beurteilung der Mindestfläche für Antennenträgergrundstücke ist zunächst zu unterscheiden zwischen

- Gebäuden oder Antennenträgern mit gebäudegleicher Wirkung und
- Antennenträgern, die sich auf Gebäuden befinden, denen keine gebäudegleiche Wirkung zukommt.

Bei Gebäuden oder Antennenträgern mit gebäudegleicher Wirkung[252] ist zu unterscheiden zwischen

– Antennenträgern mit Mobilfunknutzung und
– Antennenträgern für Fernsehen.

Größere begehbare Antennenträger mit einer Höhe von bis zu 200 m stellen dabei Gebäude dar. Auf diese Anlagen finden die bauordnungsrechtlichen Vorschriften einschließlich der Abstandsvorschriften Anwendung. Kleinere Maste mit einem Durchmesser oder einer Seitenlänge bis zu 1 m bzw. Stahlgittermaste mit einer Kantenlänge – in den Bundesländern unterschiedlich – von 1 bis 2 m haben keine gebäudegleiche Wirkung.

Die Tiefe der notwendigen **Abstandsflächen**, die von Antennenträgern einzuhalten ist, bemisst sich nach der Wandhöhe H. Die übliche Abstandsfläche zu Nachbargebäuden variiert in den Bundesländern zwischen 0,4 bis 1,0 der Wandhöhe. Als Mindestabstand ist in den meisten Bundesländern eine Abstandsfläche von 3 m vorgesehen. In Gewerbe-, Industrie- und Sondergebieten, die nicht der Erholung dienen, ist die Abstandsfläche in den meisten Bundesländern auf 0,25 der Wandhöhe H reduziert. Entsprechendes gilt im Außenbereich.

695

Einige Bundesländer sehen für die Bemessung der Abstandsflächen ein sog. **Schmalseitenprivileg** vor. Danach können die Abstandsflächen bei Gebäuden bzw. baulichen Anlagen mit gebäudegleicher Wirkung mit Seitenwänden von weniger als 16 m Länge geringer sein; d. h., sie müssen nur 0,4 bis 0,5 H betragen[253].

Abb. 1: Mindestfläche für Antennenträger im Außenbereich

Mindestfläche für Antennenträger, die Gebäude oder bauliche Gebilde mit gebäudegleicher Wirkung sind, im Außenbereich	
Bundesland	Formel für die bauordnungsrechtlich erforderliche Mindestfläche
Baden-Württemberg	Kreisförmige Fläche von 0,6 H
Bayern	Kreisförmige Fläche von 0,5 H
Berlin	Kreisförmige Fläche von 0,5 H
Brandenburg	Kreisförmige Fläche von 0,5 H
Bremen	Kreisförmige Fläche von 0,6 H
Hamburg	Kreisförmige Fläche von 1,0 H
Hessen	Kreisförmige Fläche von 0,4 H
Mecklenburg-Vorpommern	Kreisförmige Fläche von 0,5 H
Niedersachsen	Kreisförmige Fläche von 0,5 H
Nordrhein-Westfalen	Kreisförmige Fläche von 0,8 H
Rheinland-Pfalz	Kreisförmige Fläche von 0,4 H
Saarland	Kreisförmige Fläche von 0,4 H
Sachsen	Kreisförmige Fläche von 0,5 H–1,0 H
Sachsen-Anhalt	Kreisförmige Fläche von 0,5 H
Schleswig-Holstein	Kreisförmige Fläche von 0,5 H
Thüringen	Kreisförmige Fläche von 0,5 H

Plattformen und Betriebsgeschosse müssen mit ihrer gesamten Tiefe bei der Berechnung der Abstandsflächen berücksichtigt werden.

252 § 5 Abs. 9 LBO BW; VV zur BauO LSA Ziff. 6.10; VV zur ThürBO Ziff. 6.10; Erl. zur HessBO § 6.9; VV zur LBO M-V Ziff. 6.10; VV zu § 6 BauO NRW; VGH München, Urt. vom 15.12.1992 – 14 CS 92.3208 –; OVG Münster, Beschl. vom 28.2.2001 – 7 B 214/01 –; VG Chemnitz, Beschl. vom 24.10.1997 – 3 K 1915/97 –; VGH München, Beschl. vom 13.3.1990 – 2 CS 90.532 –; OVG Münster, Beschl. vom 27.6.2000 – 7 A 3558/96 –, OVG Münster, Beschl. vom 28.2.2001 – 7 B 214/01 –.
253 § 5 Abs. 8 LBA BW; Art. 6 Abs. 5 BayBO; § 6 Abs. 6 BlnBO; § 6 Abs. 5 Satz 3 BO Brandb; § 6 Abs. 9 Satz 2 HbgBO; § 6 Abs. 6 BauO M-V; § 6 Abs. 6 BauO NRW; § 6 Abs. 6 SächsBO; § 6 Abs. 6 BauO LSA; § 6 LBO Schl.-Hol.; § 6 Abs. 6 ThürBO; OVG Bautzen, Urt. vom 17.12.1997 – 1 S 746/96 –; BRS Bd. 59 Nr. 118; VGH München, Urt. vom 20.5.1998 – 14 B 92.2959 –; OVG Münster, Urt. vom 29.8.1997 – 7 A 629/95 –.

V Besondere Immobilienarten   Post- und Fernmeldewesen

696   Mit der 26. BImSchV wurden **Grenzwerte für elektromagnetische Felder von Mobilfunkbasisstationen** festgelegt. Zum Betrieb bedarf es einer Standortbescheinigung, in der als Sicherheitsabstand ein Bereich festgelegt wird, in dem sich zum Schutz vor schädlichen Immissionen keine Personen aufhalten dürfen.

– Für Mobilfunkanlagen werden üblicherweise Sicherheitsabstände von 3 m bis 15 m festgesetzt, die von der Unterkante der Antenne einzuhalten sind, d. h., bei einer 40 m hohen Antenne wird dieser Sicherheitsabstand bereits weit oberhalb des Erdbodens eingehalten.

– Bei Fernsehsendeanlagen betragen die Sicherheitsabstände teilweise 100 bis 250 m.

Antennenträgern mit einer Höhe von weniger als 20 m, die einen geringen Durchmesser bzw. eine geringe Kantenlänge haben, kommt keine gebäudegleiche Wirkung zu. Grundsätzlich sind dafür keine Abstandsflächen bauordnungsrechtlich vorgegeben, jedoch gilt allgemein das Gebot der Rücksichtnahme[254].

9.3   Abgehender Post- und Fernmeldebedarf

697   Grundstücke der ehemaligen Deutschen Bundespost sind in den Bebauungsplänen vielfach noch als Grundstücke des Gemeinbedarfs ausgewiesen, die eine Nutzung der Grundstücke für Post- und Fernmeldezwecke vorsehen. Gemeinbedarfsflächen, die am Wertermittlungsstichtag formell noch einer öffentlichen Zweckbindung – z. B. aufgrund entsprechender Festsetzungen im Bebauungsplan – unterliegen, von denen aber **auf absehbare Zeit erwartet wird, dass sie wieder einer privatwirtschaftlichen Nutzung (durch Umplanungen) zugeführt werden** sollen, befinden sich in einer Übergangsphase. In dieser Zeit öffnen sich die Flächen wieder dem gewöhnlichen Geschäftsverkehr. Auf die Verkehrswertermittlung sind demzufolge die bei Rn. 600 ff. dargelegten Grundsätze anzuwenden.

Vielfach und insbesondere in innerstädtischen Lagen sind Grundstücke für Post- und Fernmeldezwecke genutzt worden, ohne dass eine planungsrechtliche Zweckbindung bestand. Mit der **Aufgabe der öffentlichen Zweckbindung** sind die Grundstücke nach § 34 BauGB i. V. m. der BauNVO zu beurteilen. Ein im innerstädtischen Bereich gelegenes Postamt (vgl. Abb. 2) fällt nach den Kommentierungen zur BauNVO unter „Geschäfts- und Bürogebäude"[255], und dementsprechend kann sein Verkehrswert ermittelt werden. Stellt die Bebauung und Nutzung des Grundstücks ein „Solitär" dar (z. B. GE-Nutzung in einem WA-Gebiet), so geht auch von dieser solitären Nutzung eine prägende Wirkung aus, und es ist nach seiner realisierten Nutzungsart zu bewerten, wenn aufgrund des Bestandsschutzes weiterhin die gewerbliche Nutzung ausgeübt wird.

---

254 OVG Münster, Urt. vom 27.6.2000 – 7 A 3558/96.
255 König/Roeseler/Stock, BauNVO, München 1999, § 4a Rn. 29; mit der Privatisierung der Post dürften die Gebäude nicht mehr „Verwaltung" sein (so noch Boeddinghaus, BauNVO Jehle-Rehm 2000).

Abb. 2: Innerstädtisches Postamt

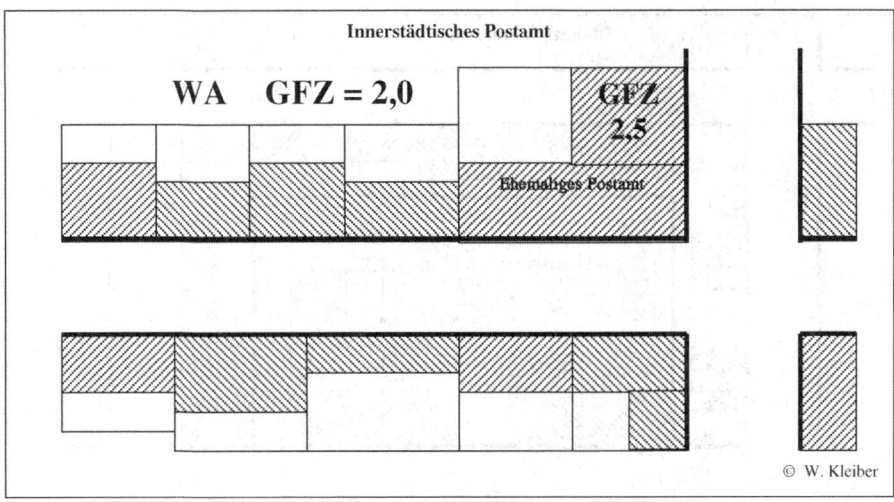

Sind im vorstehenden Fall in einem Bebauungsplan Festsetzungen getroffen worden, die eine Nutzung des Grundstücks für Post- bzw. Fernmeldezwecke vorsehen, und soll diese Nutzung aufgegeben werden, so tritt mit der Aufgabe der öffentlichen Nutzung (ggf. obsolete Planausweisung) die Frage der bauplanungsrechtlichen Einstufung auf. Sofern es sich um eine erhaltungswürdige Bebauung handelt, kann aufgrund des Bestandschutzes von der vorhandenen Nutzungsart ausgegangen werden. Problematisch kann indessen die Aufgabe einer Gemeinbedarfsnutzung sein, für die **keine Möglichkeit einer privatwirtschaftlichen Anschlussnutzung** besteht. In diesem Fall kann das Grundstück bei obsolet gewordenem Bebauungsplan unter Anwendung des § 34 BauGB – je nach Lage – als baureifes Land einzustufen sein; es kann aber auch – bei der in der Abb. 3 dargestellten Situation – seine Baulandeigenschaft verlieren, wenn eine rückwärtige Bebauung unzulässig ist.

a) Mit der *Aufgabe der Gemeinbedarfsnutzung* für die straßenseits gelegenen Verwaltungs- und Büroflächen steht in dem Beispielsfall die vorhandene Bebauung auch künftig ohne Baugenehmigung zivilen Verwaltungszwecken zur Verfügung, da es sich um die Aufnahme einer gleichartigen Nutzung[256] handelt. Selbst wenn dabei allein wegen der Aufgabe der öffentlichen Nutzung eine Baugenehmigungspflicht besteht, steht dies dem nicht entgegen, wenn hierauf ein Anspruch besteht.

b) Besteht für die Technikgebäude keine Möglichkeit einer Anschlussnutzung, so fällt das bestehende Baurecht fort und die Fläche wird zu Hinterland bzw. bedarf der Neuplanung[257].

---

[256] BVerwG, Urt. vom 3.2.1984 – 4 C 25/82 –, BVerwGE 68, 360 = NJW 1984, 1771.
[257] BVerwG, Urt. vom 17.5.2002 – 4 C 6/01 –, BRS Bd. 65 Nr. 233 – GuG 2002, 314 = EzGuG 15.105.

V Besondere Immobilienarten   Post- und Fernmeldewesen

Abb. 3: Obsolet gewordene Gemeinbedarfsnutzung

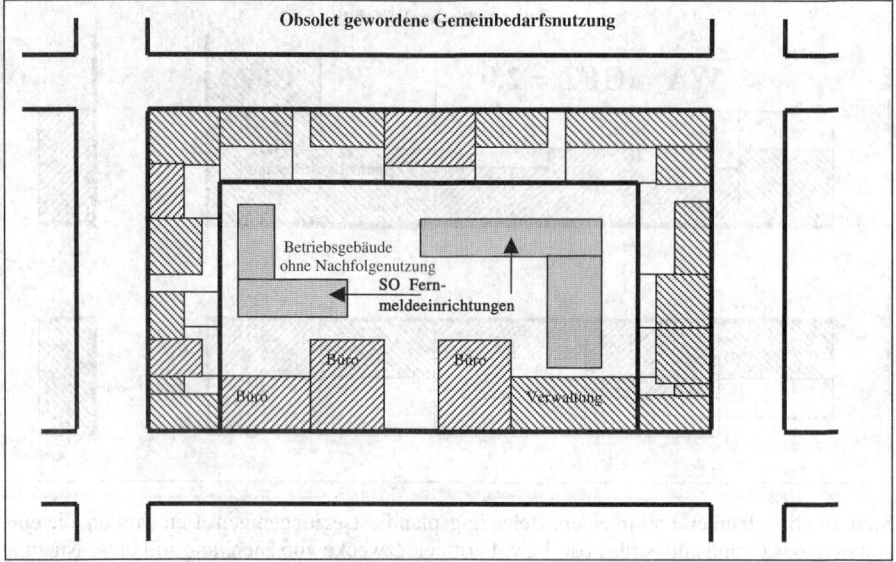

c) Ist der Abriss geboten, so kann dies im Ergebnis dazu führen, dass für die baulich möglicherweise sogar neuwertigen Betriebsanlagen, die nur für den ursprünglichen Gemeinbedarfszweck sinnvoll nutzbar waren, schlagartig die wirtschaftliche Restnutzungsdauer gegen null geht. Bei Anwendung des Sachwertverfahrens gilt Entsprechendes für die wirtschaftliche Wertminderung nach § 8 Abs. 3 ImmoWertV. Die neuwertige Bebauung kann – unabhängig vom angewandten Wertermittlungsverfahren – sogar zu einer Belastung des Grundstücks mit der Folge werden, dass letztlich als Verkehrswert nur der Bodenwert abzüglich der Freilegungskosten verbleibt (§ 16 Abs. 3 ImmoWertV). Übersteigen die Abbruchkosten darüber hinaus auch noch den Bodenwert, könnte im gewöhnlichen Geschäftsverkehr allerdings kaum damit gerechnet werden, dass der Eigentümer bei gleichzeitiger Übernahme des überschießenden Betrags verkaufswillig ist. Insoweit können Unwerte ausgeschlossen werden.

698 Wird die Nutzung eines für Post- und Fernmeldezwecke **im Außenbereich nach § 35 bzw. § 38 BauGB errichteten Gebäudes** aufgegeben (vgl. Abb. 4), ist wiederum die Möglichkeit einer Nachfolgenutzung ggf. in Verbindung mit Umstrukturierungsmaßnahmen zu prüfen. Als Anschlussnutzung kommen in Betracht: Speditionsbetrieb, Lagerhalle, Großmarkt, Freizeitzentrum.

Abb. 4: Aufgegebene Post- oder Fernmeldefläche im Außenbereich

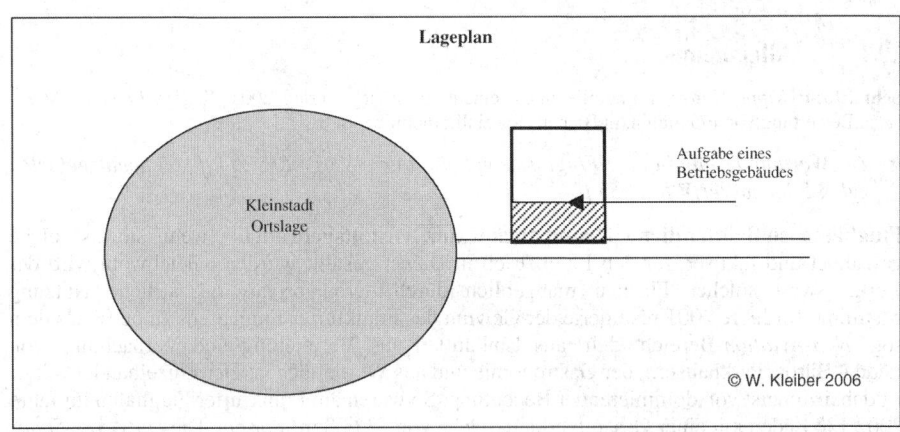

Bei der Wertermittlung ist der zum Wertermittlungsstichtag zu erwartende künftige Entwicklungszustand nach Maßgabe des § 5 Abs. 4 ImmoWertV unter Berücksichtigung der voraussichtlichen **Dauer für den Vollzug der erforderlichen Maßnahmen** einschließlich des für den Vollzug dieser Maßnahmen bestehenden Wagnisses nach den üblichen Gegebenheiten und den besonderen Verhältnissen des Grundstücks und seiner Umgebung zu berücksichtigen; soweit im Hinblick auf die künftige Nutzung Aufwendungen entstehen (z. B. Abbruchkosten), müssen sie aber wertmindernd berücksichtigt werden.

Zur Anwendung kommt in erster Linie das Ertragswertverfahren:

Beispiel:

Gebäudeertragswert	500 000 €	
Bodenwert	300 000 €	
Ertragswert	800 000 €	
Umstrukturierungskosten	– 600 000 €	(unter Berücksichtigung der Wartezeit und des Risikos)
Verbleiben	200 000 €	

Bei Anwendung des Ertragswertverfahrens „fressen" dabei vielfach die Umstrukturierungskosten den sich auf der Grundlage der künftigen Nutzung ergebenden Ertragswert auf, sodass es letztlich bei einem (**gestreckten**) **Liquidationswert** verbleibt.

Auch die Anwendung des Sachwertverfahrens kann in Betracht kommen, insbesondere wenn die Umstrukturierungskosten, die den Ertragswert „auffressen", geringer als die Neubaukosten sind. Zur Anwendung kann in diesem Fall die **Restwertmethode** kommen:

Beispiel:

Neubaukosten	2 000 €/m² NF	
Umstrukturierungskosten	1 500 €/m² NF	(unter Berücksichtigung der Wartezeit und des Risikos)
Restwert	500 €/m² NF	

Dieses Verfahren lässt sich allerdings nur durchsetzen, wenn der Nachfolgenutzer keine Möglichkeit der alternativen Anmietung hat.

V Besondere Immobilienarten — Flugplatz

10 Flugplatz

10.1 Allgemeines

Schrifttum: *Kippes/Sailer,* Immobilienmanagement, Boorberg Verlag 2005, S. 228; *Poungias/Sternberg,* Bewertung von Flughäfen, in Bienert, Spezialimmobilien, S. 617.

▶ *Zur Wertminderung infolge Fluglärms vgl. § 6 ImmoWertV Rn. 294 ff.; zu Schutzgebieten vgl. § 5 ImmoWertV Rn. 253 ff.*

700 **Flughäfen sind öffentliche Grundstücke „im Anstaltsgebrauch",** wenn sie als solche gewidmet und faktisch für den Flugbetrieb in Dienst gestellt wurden. Gleichwohl wird der Verkehrswert solcher Flächen maßgeblich durch deren privatwirtschaftliche Nutzung bestimmt. Im Jahre 2001 resultierte der Gewinn des Frankfurter Flughafens zu 66 % aus dem sog. *Non-Aviation*-Bereich, d. h. aus Einkünften aus Vermietung und Verpachtung von Läden, Büros, Parkhäusern, der Gastronomie und aus Werbeflächen. Der Einzelhandelssektor ist dabei zumeist von dominierender Bedeutung. So waren am Frankfurter Flughafen im Jahre 2002 130 Läden mit einer Gesamtverkaufsfläche von 13 600 m^2 präsent. Die *Duty-free-Shops* verzeichneten einen Quadratmeterumsatz von 13 000 € im Jahr.

Das **Luftverkehrsgesetz – LuftVG –** unterscheidet bei Flughäfen zwischen:

– Flughäfen,
– Landeplätzen und
– Segelfluggelände.

Des Weiteren werden Flugplätze untergliedert nach:

internationalen Flugplätzen[258] und nationalen Flugplätzen,

wobei letztere noch untergliedert werden nach:

– Regionalflugplätzen,
– Verkehrslandeplatz,
– Segelflugplätzen,
– Sonderflughafen,
– Sonderlandeplatz.

Flughäfen lassen sich ferner nach ihrer Ausrichtung für den Passagier- und Luftfrachtbetrieb unterscheiden.

701 Bei Wertermittlungen im Zusammenhang mit Flughäfen ist zunächst danach zu **unterscheiden,** ob die Wertermittlung

a) künftige Flughafenflächen (neue Flughäfen bzw. Flughafenerweiterung),

b) bestehende Flughäfen oder

c) künftig fortfallende bzw. zur Umnutzung anstehende Flughäfen

zum Gegenstand hat. Auf die dementsprechenden Erläuterungen zur Verkehrswertermittlung von Gemeinbedarfsflächen bei den Rn. 596 ff. wird verwiesen.

10.2 Künftige Flughafenfläche

Schrifttum: *Dieterich, H.,* GuG 2000, 309.

▶ *Vgl. § 6 ImmoWertV Rn. 294 ff.; Teil VI Rn. 18 ff.*

---

[258] Nach einer Studie der Beratungsgesellschaft Boston Consulting Group (BCG) aus dem Jahre 2004 werden von den weltweit 200 operierenden Großflughäfen auf Dauer nur neun Flughäfen als große Drehkreuze des internationalen Flugverkehrs bestehen bleiben.

Flugplatz   **Besondere Immobilienarten V**

702 Rechtsgrundlage für den Bau neuer Flughäfen ist das Luftverkehrsgesetz (LuftVG). Der Bau neuer Flughäfen und die Erweiterung bestehender Flughäfen sind i. d. R. mit dem Erwerb großer Flächen verbunden. Für den Erwerb dieser Flächen ist nach § 28 Abs. 1 LuftVG die Enteignung auf der Grundlage des nach den §§ 8 bis 10 LuftVG festgestellten Plans zulässig. Für die Enteignung gelten nach § 28 Abs. 2 und 3 die jeweiligen Enteignungsgesetze der Länder. Im Hinblick auf den Gemeinbedarfszweck sehen die Enteignungsgesetze eine **Entschädigung für die zu erwerbenden Grundstücke** vor, **die sich nach dem Verkehrswert der Grundstücke unter Ausschluss von der konjunkturellen Weiterentwicklung** (Vorwirkung) **von dem Zeitpunkt ab bemessen, zu dem mit Sicherheit und hinreichender Bestimmtheit eine Enteignung erwartet werden konnte.** Wie bei anderen Gemeinbedarfsflächen kann der Ausschluss bereits aufgrund von vorbereitenden Planungen und Maßnahmen eintreten, die in einem ursächlichen Zusammenhang mit der späteren Entziehung des Eigentums stehen, wenn die genannten Voraussetzungen gegeben sind, d. h., sie müssen eine hinreichende Bestimmtheit haben und die spätere Enteignung sicher erwarten lassen.

Bei der Planung neuer und der Erweiterung bestehender Flughäfen kommen dafür sogar entsprechende **politische Beschlüsse** in Betracht, **wenn sie sich verfestigt haben und die künftigen Grenzen erkennen lassen.** Darüber hinaus sind insbesondere Landes- und Regionalplanungen hervorzuheben. Die im Falle einer Enteignung nach diesen Grundsätzen zu gewährende Entschädigung ist im gewöhnlichen Geschäftsverkehr die maßgebliche Orientierungsgröße, denn ein vernünftig handelnder Käufer, der selbst nicht das Vorhaben realisieren will, würde kaum zu darüber hinausgehenden Preiszugeständnissen bereit sein, da er mit einer Enteignung zum Entschädigungswert rechnen muss. Der Verkehrswertermittlung ist damit auch im Hinblick auf ein angemessenes Angebot im freihändigen Erwerb grundsätzlich der Entschädigungswert zugrunde zu legen.

703 Zum Schutz der Allgemeinheit vor Gefahren werden nach dem Gesetz gegen Fluglärm (Fluglärmgesetz) für Flugplätze **Lärmschutzbereiche** festgesetzt, und zwar zwei Schutzzonen (oberhalb und unterhalb 75 dB [A] vgl. § 6 ImmoWertV Rn. 294).

Rechtsfolge der Festlegung von Lärmschutzbereichen ist, dass in ihnen grundsätzlich keine schutzbedürftigen Einrichtungen errichtet werden dürfen. Zusätzlich dürfen in **Schutzzone** 1 keine Wohnungen gebaut werden. Dies gilt nicht, wenn bereits eine Baugenehmigung erteilt worden ist oder die Errichtung von Wohnungen nach der Rechtslage vor Festlegung des Lärmschutzbereichs zulässig war (§ 5 Fluglärmgesetz). An zulässigen Bauten sind Schallschutzmaßnahmen vorzunehmen. Für Bauverbote wird eine Entschädigung gewährt, für Schallschutzmaßnahmen eine Erstattung der Aufwendungen (§§ 8 und 9 Fluglärmgesetz). Zahlungspflichtiger ist gemäß § 12 Fluglärmgesetz der Flugplatzhalter.

Nach § 16 Fluglärmgesetz bleiben Vorschriften, die weitergehende Planungsmaßnahmen zulassen, unberührt. Solche Vorschriften befinden sich etwa im Recht der Raumordnung. So bestimmt § 2 Abs. 2 Nr. 8 Satz 8 ROG, dass der Schutz der Allgemeinheit vor Lärm sicherzustellen ist. Dieser **Grundsatz der Raumordnung** ist im jeweiligen Raumordnungsplan zu konkretisieren. I.d.R. geschieht dies durch die Festlegung von Zielen der Raumordnung, die gemäß § 4 ROG von öffentlichen Stellen und bestimmten Personen des Privatrechts zu beachten sind. Aufgrund der Festlegungen im Raumordnungsplan kann die Raumordnungsbehörde Bauleitplanungen der Gemeinden untersagen.

Anlage und Betrieb eines Flugplatzes bedürfen der Genehmigung. Nach § 8 Abs. 5 LuftVG ist für die zivile Nutzung eines aus der militärischen Trägerschaft entlassenen ehemaligen Militärflugplatzes eine **Änderungsgenehmigung nach § 6 Abs. 4 Satz 2 LuftVG** durch die zuständige Zivilluftfahrtbehörde erforderlich.

V Besondere Immobilienarten   Flugplatz

704 Bei der Genehmigung eines Flughafens ist nach § 12 LuftVG für den Ausbau ein Plan festzulegen; aus dem Plan sollen ersichtlich sein:

- die **Start- und Landebahnen** einschließlich der sie umgebenden Schutzstreifen (Start- und Landeflächen),
- die **Sicherheitsflächen,** die an den Enden der Start- und Landeflächen nicht länger als je 1 000 Meter und seitlich der Start- und Landeflächen bis zum Beginn der Anflugsektoren je 350 Meter breit sein sollen,
- der **Flughafenbezugspunkt,** der in der Mitte des Systems der Start- und Landeflächen liegen soll,
- die **Startbahnbezugspunkte,** die je in der Mitte der Start- und Landeflächen liegen sollen,
- die **Anflugsektoren,** die sich beiderseits der Außenkanten der Sicherheitsflächen anderen Enden mit einem Öffnungswinkel von je 15 Grad anschließen; sie enden bei Hauptstart- und Hauptlandeflächen in einer Entfernung von 15 km, bei Nebenstart- und Nebenlandeflächen in einer Entfernung von 8,5 km vom Startbahnbezugspunkt.

10.3 Bleibende Flughafenfläche

705 Die **Verkehrswertermittlung eines in Nutzung stehenden Flughafens** (insbesondere eines internationalen Verkehrsflughafens) ist im Grunde nicht möglich, da Flughäfen am Grundstücksmarkt nicht zum Kauf angeboten werden[259]. Es fehlt das Merkmal der freien Disponierbarkeit der Anlage auf dem Markt. Wertaussagen über laufende Flughafenbetriebe gleichen daher im Kern einer Unternehmensbewertung, die nur von Branchenkennern und nicht vom Grundstückssachverständigen geleistet werden kann. Zur Wertermittlung sollten die für den Betrieb der Flughäfen wichtigsten Auszüge der maßgeblichen Genehmigungen herangezogen werden.

Die ertragswirtschaftliche Analyse eines Flughafens, so sie überhaupt möglich ist, führt vielfach zu der Erkenntnis, dass ein Flughafen aus sich selbst heraus nicht immer rentierlich ist. Gleichwohl ist der Flughafen deshalb nicht ohne Wert. **Sein Wert erschließt sich vielfach aus seiner Bedeutung für die Region.** Dies machen insbesondere indirekte und direkte Förderungen deutlich.

706 Wird der **Wert eines unrentierlichen Flugplatzes** durch seine Bedeutung für die Region bestimmt, lässt er sich mit den herkömmlichen Verfahren der Wertermittlung größenmäßig kaum erfassen. Im Einzelnen kann der Flughafen die Attraktivität einer Region erhöhen und insbesondere auch zu erhöhten Steuereinnahmen führen, Arbeitsplätze sichern und vor allem die wirtschaftliche Attraktivität einer Region stärken. Oftmals müssen Landeplätze daher mithilfe der Wirtschaftsförderung finanziert werden, wenn der Flugbetrieb keine Rendite erbringt; die Förderung kann im Einzelfall sogar höher ausfallen als der Verkehrswert des Flughafens. Der Verkehrswert bemisst sich in derartigen Fällen nach seiner wirtschaftlichen Bedeutung für die Region.

Für den Verkehrswert sind folgende **Kriterien** von Bedeutung:

- Verkehrsaufkommen (Personen- und Frachtaufkommen),
- Kapazität und Auslastung,
- Umfang der Betriebserlaubnis (Tag- und Nachtflug),
- Attraktivität (Standort allgemeines Einzugsgebiet),
- Lage zum nächsten Flugplatz,
- wirtschaftliche Struktur der Region,
- Zustand der Flugeinrichtungen (Einhaltung der Sicherheitsbestimmungen, Belastbarkeit, Tragfähigkeit),

---

259 BVerwG, Urt. vom 29.1.1991 – 4 C 51/89 –, GuG 1991, 273 = EzGuG 13, 127; FG Brandenburg, Urt. vom 13.12.2000 – 2 K 2501/98 –, GuG 2001, 308 = EzGuG 4.179 (nicht rechtskräftig); zur Gebührenstruktur von Flughäfen GuG 1993, 23; GuG 2000, 230.

Flugplatz

- Siedlungsdruck/Nachfrage,
- gewerbliche Mitbenutzung (Flugschulen), sonstige Gewerbegebiete und
- verkehrliche Anbindung (Infrastruktur).

Bei großen internationalen Flughäfen sind die Umsätze im „Nichtflugbetrieb" (non aviation) bereits höher als die Umsätze aus dem Flugbetrieb. Neben den verkehrlich bedeutsamen Kriterien sind deshalb die **„am Boden" erzielten Umsätze** (des Nichtflugbetriebs) bedeutsam.

Abb. 1: Verhältnis Nichtflugbetrieb-Umsatz zu Flugbetrieb-Umsatz (2007)

	Umsatz 2007 je Passagier in Euro	Passagiere in Mio.	Verhältnis des Nichtflugbetrieb Umsatzes zum Flugbetrieb-Umsatz (2005)
London-Stansted			1,29
London Gatwick	10,4	32,0	1,09
Oslo	12,8	19,0	1,04
München	14,4	33,9	1,01
London-Heathrow	13,9	67,3	0,99
Manchester	12,2	22,0	0,85
Rom			0,82
Kopenhagen			0,75
Zürich			0,71
Hamburg			0,70
Las Palmas			0,64
AdP Paris	12,2	86,4	
Stuttgart			0,63
Frankfurt	8,9	54,2	0,54
Düsseldorf	7,5	17,8	
Köln/Bonn	7,1	10,5	
Amsterdam	7,5	47,8	0,54
Brüssel		–	0,54
Atlanta		84,8	
Chicago		77,0	
Tokio		65,8	
Los Angeles		61,0	

Quelle: A T Kearney

V Besondere Immobilienarten   Flugplatz

Abb. 2: Verkaufsfläche pro Passagier

Verkaufsfläche pro Passagier				
Flughafen	Verkaufsfläche* in m²	Ladeneinheiten	Passagiere 2007	VK** in m² je Mio. Passagiere
Frankfurt am Main	25 100	166	54 161 856	463,4
München	31 409	216	33 959 422	924,9
Berlin (gesamt)	k. A.	51	20 039 113	
Düsseldorf	13 400	95	17 831 248	751,5
Hamburg (Plaza)	7 080	48	12 780 631	553,9
Köln/Bonn	k. A.	44	10 471 657	
Stuttgart	10 400	52	10 321 438	1 007,6
Hannover	2 300	27	5 644 582	407,5
Nürnberg	k. A.	16	4 238 275	
Frankfurt-Hahn	k. A.	31	4 014 898	

* inklusive Gastronomie ohne Reisebüros, Reiseveranstalter, Autovermietung
** Verkaufsfläche

Quelle: Engel & Völker Research & Consulting

Die **Flächenproduktivität** von Verkaufsflächen ist nach Hinweisen der GfK Geo-Marketing bei Flughäfen außerordentlich hoch und lag 2008 bei 15 000 €/m² Verkaufsfläche.

707 Der Wert eines Flughafens kann hilfsweise (i. S. eines Mindestwerts) unter der **Annahme** ermittelt werden, dass der **Flughafenbetrieb entwidmet oder aufgegeben** wird. Alsdann ist zu überlegen, welche potenziellen Nutzungsmöglichkeiten den Flächen und den aufstehenden Gebäuden beigemessen werden können. Der gleiche Grundsatz gilt in den Fällen, in denen der Flughafenbetrieb schon aufgegeben wurde (stillliegender Flughafen) oder in denen er sich bereits in Liquidation befindet. Dabei spielt keine Rolle, ob es sich um einen (ehemals) militärisch oder zivil genutzten Flughafen handelt[260].

Allgemein gilt also der Grundsatz, dass über bestehen bleibende Flugplätze ein **Mindestwert in Höhe des Verkehrswerts** anzusetzen ist, **der im Falle der Aufgabe der Nutzung (Entwidmung) nach der im Übrigen vorhandenen Situation angemessen wäre.**

---

260 Simon in GuG 1996, 226; Kleiber in GuG 1996, 296.

Flugplatz   **Besondere Immobilienarten V**

Abb. 3:   Passagierzahlen nach Flughäfen*

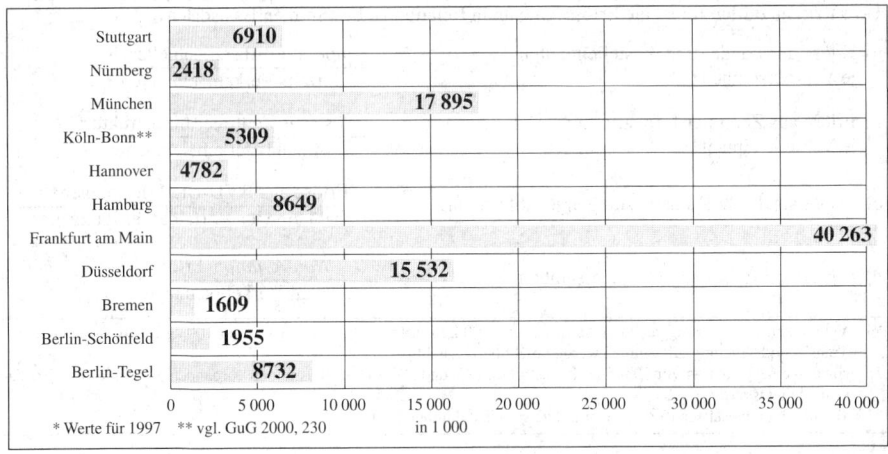

* Werte für 1997   ** vgl. GuG 2000, 230   in 1 000

Abb. 4:   Wirtschaftliche Kenndaten von Flughäfen

---

1. Verkehrsstrukturkennzahlen

$$\text{MTOW* je Landung} = \frac{\Sigma \text{ gewerbliches MTOW}}{\text{Anzahl gewerblicher Landungen}}$$

$$\text{Passagiere je Landung} = \frac{\text{Anzahl angekommener Passagiere**}}{\text{Anzahl gewerblicher Landungen}}$$

* *Maximum take off weight*
** alle im gewerblichen Verkehr an Bord befindlichen Passagiere (einschließlich Transit)

Abb. 5:   Umsatzstrukturkennzahlen

---

2. Umsatzstrukturkennzahlen

a) **Struktur der Gesamterlöse** (Anteil der *Aviation* und *Non-Aviation*-Erlöse am Gesamterlös in %)

   Aviation- und Abfertigungserlöse .... %
   + *Non-Aviation*-Erlöse einschließlich BVD-Gestattungen .... %
   = Gesamterlöse .... = 100 %

b) **Struktur der *Aviation*- und Abfertigungserlöse** (Anteile einzelner Erlösarten an den *Aviation*- und Abfertigungserlösen in %)

   Erlöse aus Lande- (fix und variabel) und Abstellentgelten .... %
   + Abfertigungserlöse .... %
   = Aviation- und Abfertigungserlöse insgesamt .... = 100 %

c) **Struktur der *Non-Aviation*-Erlöse einschließlich BVD-Gestattungen** (Anteile einzelner Erlösarten an den *Non-Aviation*-Erlösen einschließlich BVD-Gestattung in %)

   Mieten/Pachten .... %
   + Konzessionen-/Gestattungsentgelte (einschließlich BVD-Gestattungen) .... %
   + Versorgungsleistungen in Bezug auf Vermietung/Verpachtung .... %
   + eigene *Retail*-Erlöse (land- und luftseitiger Bereich) .... %
   + Parkplatzbewirtschaftung (nur Fluggastparkplätze
      als Erlöse bzw. Konzessionsentgelte) .... %
   + sonstige *Non-Aviation*-Erlöse .... %
   = *Non-Aviation*-Gesamterlöse .... = 100 %

V Besondere Immobilienarten — Flugplatz

Abb. 6: Umsatzkennzahlen

Umsatzkennzahlen (einzelne Erlössegmente in Relation zu bestimmten Basisdaten)	
a) Erlöse aus Lande- und Abstellentgelten je Verkehrseinheit*	= $\dfrac{\text{Lande- und Abstellentgelterlöse}}{\text{Anzahl Verkehrseinheiten}}$
b) Erlöse aus Zentraler Infrastruktur je Verkehrseinheit*	= $\dfrac{\text{Erlöse aus Zentraler Infrastruktur**}}{\text{Anzahl Verkehrseinheiten}}$
c) Erlöse aus BVD-Dienstleistungen je Abfertigung	= $\dfrac{\text{Erlöse aus BVD-Dienstleistungen**}}{\text{Anzahl eigener Vorfeldabfertigungen***}}$
d) *Non-Aviation*-Erlöse je Verkehrseinheit	= $\dfrac{\textit{Non-Aviation}\text{-Erlöse}}{\text{Anzahl Verkehrseinheiten}}$
*1 Verkehrseinheit = 1 Fluggast (an oder ab) o d e r 100 kg Luftfracht (an oder ab) o d e r 100 kg Luftpost (an oder ab); Transit- und Truckingaufkommen werden nicht berücksichtigt. ** soweit keine Trennung von Zentraler Infrastruktur (ZI) und BVD-Dienstleistungen vorhanden, wird alles in BVD zusammengefasst *** von Flughafengesellschaft ganz oder teilweise selbst durchgeführt	

Abb. 7: Aufwandsstruktur

1. Aufwandsstruktur (Anteile einzelner Aufwandsarten an der Aufwandssumme in %)	
Personalaufwand	%
+Materialaufwand/Fremdleistungen abzüglich Wareneinsatz	%
+Wareneinsatz für eigenes Retail- und Gastronomiegeschäft	%
+Abschreibung (ohne Sonder-AfA)	%
+sonstiger betrieblicher Aufwand (einschließlich Leasing für Grundstücke, aber ohne Ertragsteuer)	%
+Zinsaufwand	%
= Betriebsaufwand einschließlich Zinsaufwand = 100	%
2. Aufwandskennzahlen (einzelne Aufwandssegmente in Relation zu bestimmten Basisdaten)	
a) Personalaufwandsquote = $\dfrac{\text{Personalaufwand}}{\text{Umsatz}} \times 100$	
b) Abschreibungsquote = $\dfrac{\text{Abschreibungen (ohne Sonder-AfA)}}{\text{Anlagevermögen zu Anschaffungskosten*}} \times 100$	
* historische Anschaffungskosten gemäß Anlagenspiegel	

Abb. 8: Personalkennzahlen

Personalkennzahlen	
a) Personalaufwand je Mitarbeiter	$\dfrac{\text{Personalaufwand}}{\text{Mitarbeiterjahre*}}$
b) Betriebsaufwand je Mitarbeiter =	$\dfrac{\text{Betriebsaufwand einschließlich Zinsaufwand}}{\text{Mitarbeiterjahre*}}$
c) Umsatz je Mitarbeiter =	$\dfrac{\text{Umsatz}}{\text{Mitarbeiterjahre*}}$
d) Krankheitsquote** =	$\dfrac{\text{Krankheitstage}}{\text{Mitarbeiterjahre*}} \times \dfrac{100}{\text{Soll-Arbeitstage p. a.}}$
* auf Vollzeitmitarbeiter umgerechnet ** ohne Langzeitkranke außerhalb der Lohnfortzahlung	

Flugplatz **Besondere Immobilienarten V**

Abb. 9: Marktkennzahlen

Marktkennzahlen		
a) Marktanteil bei BVD-Dienstleistungen	=	$\dfrac{\text{Anzahl eigener Vorfeldabfertigungen*}}{\text{Anzahl aller Vorfeldabfertigungen}} \times 100$
b) Marktanteil bei Passagierabfertigungen	=	$\dfrac{\text{Anzahl selbstabgefertigter Passagiere**}}{\text{Anzahl abgehender Passagiere**}} \times 100$
c) Retailumsatz je Passagier	=	$\dfrac{\text{Retailumsatz am gesamten Flughafen}}{\text{Anzahl abgehender Passagiere**}} \times 100$
d) Gastronomieumsatz je Passagier	=	$\dfrac{\text{Gastronomieumsatz am gesamten Flughafen}}{\text{Anzahl abgehender Passagiere**}} \times 100$

* von Flughafengesellschaft ganz oder teilweise selbst durchgeführt
** im gewerblichen Verkehr

Abb. 10: Rentabilitätskennzahlen

Rentabilitätskennzahlen		
a) Umsatzrentabilität	=	$\dfrac{\text{Jahresüberschuss*}}{\text{Umsatz}} \times 100$
b) Betriebliche Umsatzrentabilität	=	$\dfrac{\text{Betriebsergebnis**}}{\text{Umsatz}} \times 100$
c) Gesamtrentabilität	=	$\dfrac{\text{Jahresüberschuss* + FK-Zinsen***}}{\text{Gesamtkapital}} \times 100$
d) Eigenkapitalrentabiltät	=	$\dfrac{\text{Jahresüberschuss*}}{\text{Eigenkapital}} \times 100$
e) Eigenkapitalquote	=	$\dfrac{\text{Eigenkapital}}{\text{Gesamtkapital}} \times 100$

* vor Steuern
** ermittelt auf der Basis der G + V (operatives Ergebnis)
*** Fremdkapital

Abb. 11: Kapitalflusskennzahlen

Kapitalflusskennzahlen		
a) *Cashflow*	=	Jahresüberschuss nach Steuern
		+ Abschreibungen
		+/− Veränderung der Rückstellungen (ohne Pensionsrückstellungen)
		+/− Bestandsveränderungen
		= *Cashflow*
b) *Cashflow*-Umsatz-Quote	=	$\dfrac{\textit{Cashflow}}{\text{Umsatz}} \times 100$
c) Selbstfinanzierungsquote	=	$\dfrac{\textit{Cashflow}}{\text{Zugänge zum Anlagevermögen*}} \times 100$

* gesamtes Anlagevermögen gemäß Anlagenspiegel

Kleiber

V Besondere Immobilienarten — Flugplatz

708 Für die Wertermittlung können grundsätzlich alle Wertermittlungsverfahren (Vergleichs-, Sachwert- und Ertragswertverfahren) herangezogen werden. Dabei kann der **Verkehrswert** auch **unter Berücksichtigung einer fiktiven Folgenutzung** und Abzug des dafür zu erwartenden Kostenaufwands ermittelt werden.

709 Der **Bodenwert** ist unter Anwendung des direkten oder indirekten Preisvergleichs zu ermitteln. Hierbei sind die Folgenutzungsmöglichkeiten der Flächen des Flughafengeländes zu beachten. In aller Regel ist es zweckmäßig, den Flughafen insgesamt in Flächen unterschiedlicher Nutzung zu gliedern:

a) *Bebaute Flächen*

- Flugzeug-Dienstleistungscharakter (Passagierabfertigung, Büroverwaltung und Geschäftsnutzung); oftmals in unmittelbarem räumlichem Zusammenhang mit der äußeren Erschließungsanlage (Pkw, Lkw, Bus, Bahn) und Parkflächen (Parkhäuser, Tiefgaragen, Parkplätze).
- Überwiegend gewerblicher Nutzungscharakter (Werkstätten, Lager und Sonstiges einschließlich dazugehöriger Büronutzung).

Der **in direktem Zusammenhang mit der Bebauung stehende Teil eines Flughafens** ist im Allgemeinen als gewerbliches Bauland anzusehen. Insofern kann sein Bodenwert aus den angrenzenden Gewerbebaulandpreisen (ebf) abgeleitet werden.

Allgemein wird in der Praxis dabei von höherwertigem Gewerbebauland ausgegangen, ohne dass jemals eine höhere Ertragskraft der baulich genutzten Flugplatzflächen gegenüber den zum Vergleich herangezogenen Baulandflächen nachgewiesen werden konnte. Angesichts der mit der Aufrechterhaltung des Flugbetriebs hohen Bewirtschaftungskosten (in Bezug auf die Flächenvorhaltung, Sicherheitsbestimmungen, die Umweltbelange und dgl.) wird man die Bodenertragskraft nach der Kapazitätsauslastung des Flugplatzes berücksichtigen.

b) *Unbebaute Flächen*

710 Ein weiterer abgrenzbarer Bereich sind die **unbebauten Verkehrsflächen** oder so genannten Flughafenbetriebsflächen (Start- und Landebahnen, Taxiways etc.). Der Wert dieser Flächen hängt von der zu erwartenden Folgenutzung ab.

Besteht beispielsweise große **Gewerbebaulandknappheit,** können diese Flächen durchaus den Charakter von Bruttorohbauland besitzen. Da davon auszugehen ist, dass die Flächen zumindest teilerschlossen sind, wären – ausgehend vom Gewerbebaulandpreis (ebf) – ein Anteil Erschließungskosten sowie die Kosten der „inneren Erschließung" abzurechnen. Letztere können dadurch erfasst werden, dass die Bruttofläche um 25 % gekürzt wird[261]. Ist nach Aufgabe des Flughafens die künftige gewerbliche Nutzung nicht sicher absehbar, können diese Flächen gewissermaßen als „Rohbauland im Wartestand" oder als Bauerwartungsland anzusehen sein. Ihr Wert dürfte dann mit 20 bis 30 % des Gewerbebaulandpreises (ebpf) angemessen berücksichtigt sein.

In den Fällen, in denen wegen ungünstiger Lagequalität (z. B. Lage in wirtschaftlich rückständigen Regionen) eine **gewerbliche Folgenutzung in absehbarer Zeit nicht in Betracht** kommt, dürfte der Wert dieser Flächen mit etwa dem zwei- bis dreifachen ortsüblichen innerlandwirtschaftlichen Verkehrswert in Ansatz zu bringen sein., d. h., der Wert orientiert sich am Wert der besonderen Flächen der Land- und Forstwirtschaft (§ 5 Abs. 1 ImmoWertV). Die bei einem Flughafen üblicherweise vorhandenen – nicht betriebsnotwendigen – Randzonen sind im Allgemeinen geringwertig. Je nach tatsächlichen Gegebenheiten sind sie zumeist als „Umland", Waldflächen, Acker- oder Grünland mit den entsprechenden ortsüblichen Preisen anzusetzen. Ein höherer Wert wäre nur dann gerechtfertigt, wenn diesen Flächen wegen zu erwartender Folgenutzung eine höherwertige Qualität beigemessen werden muss.

---

[261] Dieses Verfahren ist marktkonform, da in vergleichbaren Fällen die erforderlichen Erschließungsflächen (20–25 %) oftmals kostenlos der Gemeinde abgetreten werden, die dann auf ihre Kosten die (öffentliche) Erschließung erstellt.

c) *Umgriffsflächen*

Dem Flugplatz zugehörige, nicht betriebsmäßig erforderliche **Umgriffsflächen** sind allgemeinen Grundsätzen der Wertermittlung unterworfen, wobei aber Baubeschränkungen zu berücksichtigen sind. Nach dem Luftverkehrsgesetz des Bundes bedarf beispielsweise jede **Errichtung von Bauwerken im Umkreis von 1,5 km Halbmesser um den Flughafenbezugspunkt** der Zustimmung der Luftfahrtbehörde. Eine Zustimmung ist unter anderem ferner erforderlich bei Bauwerken in einer Höhe von mehr als 25 m, wenn sie außerhalb der Anflugsektoren, aber im Umkreis von 4 km Halbmesser um den Flughafenbezugspunkt geplant sind, und mit einer Höhe von mehr als 15 m, wenn es sich um einen Flughafen der Klasse A bis D handelt. Der Zustimmungsbereich erweitert sich bis zu 15 km Halbmesser um den Startbahnbezugspunkt bei Bauvorhaben innerhalb der Anflugsektoren. Die Luftfahrtbehörde kann ihre Zustimmung von Auflagen abhängig machen, die der Baugenehmigung hinzugefügt werden.

Bei der Bodenwertermittlung ist also einerseits auf eine **plausible und nachvollziehbare Flächenabgrenzung** besonderer Wert zu legen und anderseits ist der Wahrscheinlichkeitsgrad der potenziellen Nutzung mit Sorgfalt nachprüfbar abzuleiten (vgl. Abb. 12).

Abb. 12: Flächenaufteilung Lageplan

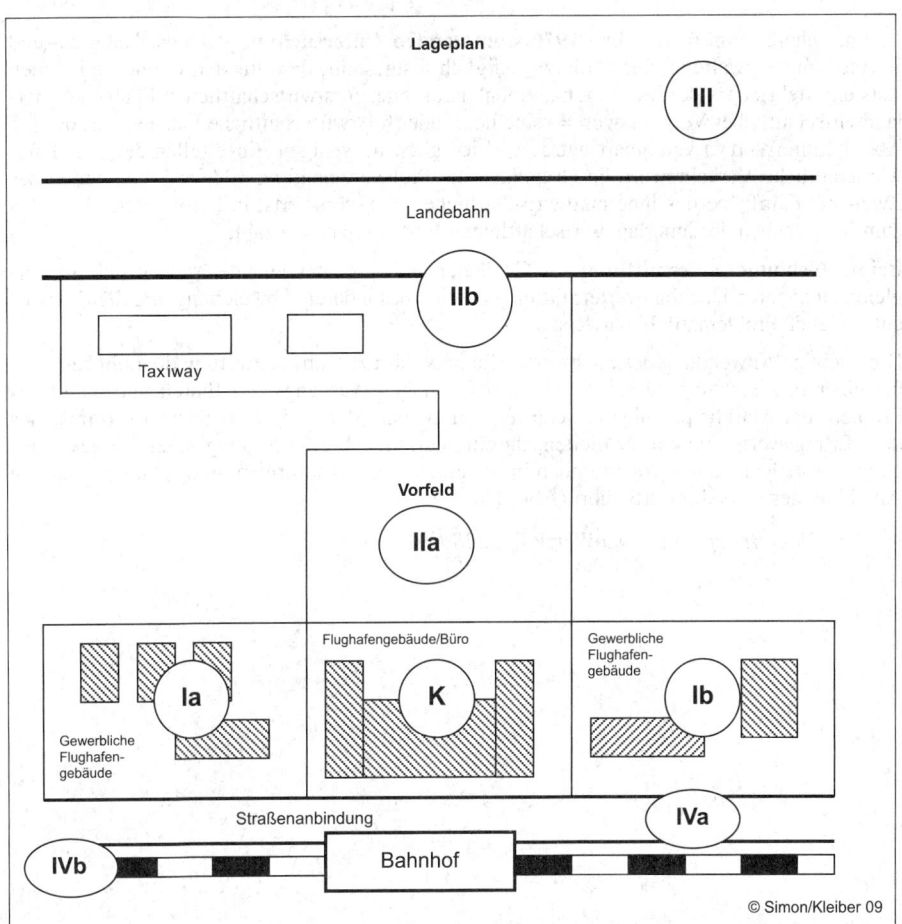

V Besondere Immobilienarten   Flugplatz

Erläuterung:

Zone	Erläuterung	Entwicklungszustand
Kernzone K	Zentralbereich (Terminals), Hotels, Gastronomie, Handel	Baureifes Land (ebf)
Gewerbezone Ia	Höherwertiges Gewerbe: Büro und Verwaltung, Parkhäuser	Baureifes Land (ebf)
Gewerbezone Ib	Produzierendes Gewerbe: Lager, Werkstätten, Logistik, (Fracht), Feuerwehr	Baureifes Land (ebf)
Freiflächenzone IIa	Vorfelder	Bauerwartungsland/Rohbauland
Freiflächenzone IIb	Start- und Landebahnen, Taxiways	Bauerwartungsland/Rohbauland
Freiflächenzone III	Sicherheitsflächen, Anflugsektoren	Land- und Forstwissenschaftlich
Straßenflächen IVa	Straßenanbindung	Gemeinbedarf
Bahnflächen IVb	Bahnanbindung	Gemeinbedarf

In einer älteren **aus dem Jahre 1976 stammenden Untersuchung** der nds. Kataster- und Vermessungsverwaltung wurde hierzu lediglich festgestellt, dass für den Grund und Boden stets ein Mehrfaches der jeweiligen „reinen" land- oder forstwirtschaftlichen Flächen (innerlandwirtschaftlicher Verkehrswert = reine land- oder forstwirtschaftliche Flächen i. S. des § 5 Abs. 1 ImmoWertV) vereinbart wurde und lediglich in wenigen Einzelfällen der innerlandwirtschaftliche Verkehrswert die Grundlage der Preisvereinbarung bildete. I.d.R. wurde das Zwei- bis Fünffache des innerlandwirtschaftlichen Verkehrswerts, in besonderen Fällen bis zum Sechsfachen des innerlandwirtschaftlichen Verkehrswerts bezahlt.

713 Bei der **Gebäudewertermittlung** von Gebäuden auf Flughafengelände ergeben sich im Vergleich zu anderen Hochbauwertermittlungen keine besonderen Abweichungen. Allerdings ist auf folgende Problematik hinzuweisen:

Die alleinige Anwendung des Sachwertverfahrens führt zu Substanzwerten, die üblicherweise bei einer Folgenutzung zu einem unrealistisch hohen Ausgangswert führen und damit das Problem der Marktanpassung verschärfen. Sinnvoller ist es, die Gebäudewerte primär aus dem Ertragswertverfahren abzuleiten, da eine derartige Wertermittlung unter Berücksichtigung der Folgenutzung von vornherein zu einem marktkonformen Ausgangswert für die Ableitung des Verkehrswerts führt (Abb. 14).

▶ *Zum Fluglärm vgl. § 6 ImmoWertV Rn. 228 ff.*

Abb. 13: Mögliche Ansätze für die Bodenwertermittlung

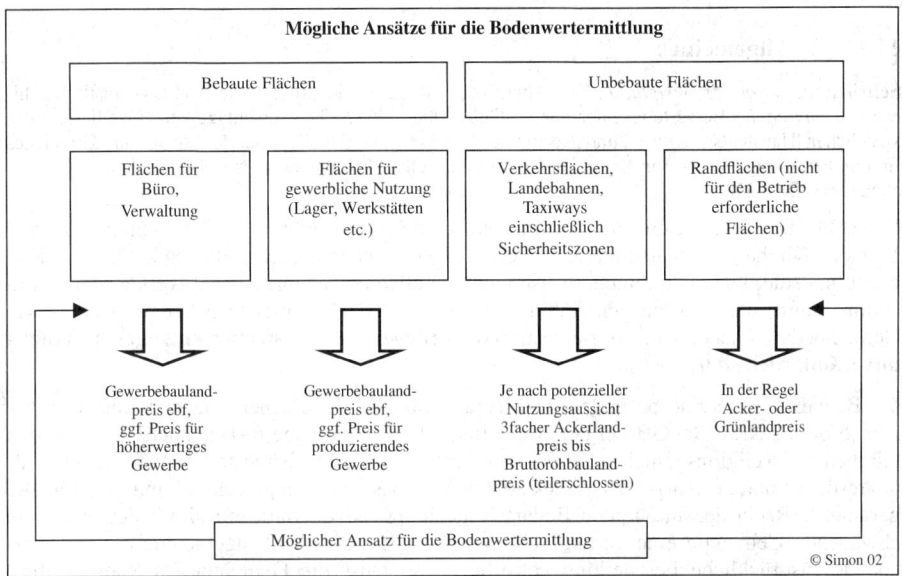

10.4 Abgehende Flughafenfläche

Der Verkehrswert abgehender Flughäfen, d. h. solcher, die ihre Eigenschaft als Flughafen verlieren, bestimmt sich nach der künftigen Nutzung der aufgegebenen Flughafenfläche. Bei den bebauten Bereichen sind die weiterhin nutzbaren Anlagen und Einrichtungen unter Berücksichtigung der Kosten ihrer Umstrukturierung und der mit der Umnutzung einhergehenden Wartezeit zu bewerten, sofern nicht aufgrund der Art der Gebäude und ihrer Lage eine bauliche Anschlussnutzung ausgeschlossen werden muss[262].

---

262 FG Brandenburg, Urt. vom 13.12.2000 – 2 K 2501/98 –, GuG 2001, 307 = EzGuG 4.179 (Revision BFH II R 20/01).

V Besondere Immobilienarten Kirchliche Fläche

11 Kirchliche und kirchlichen Zwecken dienende Fläche

11.1 Allgemeines

Schrifttum: *Aaron, M, Wright, J.,* The Appraisal of Religious Facilities, The Appraisal Institute Chicago; *Becherer, L.,* Bewertung einer Kirche GuG 2008, 106; *EKD:* Vorschläge zur Novellierung des kirchlichen Haushalts-, Kassen und Rechnungswesens, GuG-aktuell 2008, 5; *Kleiber* in Kirchliches Immobilienmanagement – Ein Leitfaden des Evangelischen Siedlungswerkes in Deutschland 2009; vgl. auch GuG 2008, 352.

715 Etwa 33 000 evangelische und katholische Gotteshäuser gibt es in Deutschland: Dome, Münster, Kirchen und Kapellen. Kirchliche und kirchlichen Zwecken dienende Flächen (Kirchengrundstück) nehmen üblicherweise nicht am allgemeinen Grundstücksverkehr teil (extra commercium) und werden gemeinhin Gemeinbedarfsflächen gleichgesetzt, weil sie – wie Gemeinbedarfsflächen – einem **privatwirtschaftlichen Gewinnstreben entzogen und quasi unveräußerlich sind.**

§ 9 BauGB kennt keine besondere Festsetzung für „Kirchenflächen", jedoch sind nach § 1 Abs. 5 Satz 2 Nr. 6 BauGB bei der Aufstellung der Bauleitpläne insbesondere die „von den Kirchen und Religionsgemeinschaften des öffentlichen Rechts festgestellten Erfordernisse für Gottesdienst und Seelsorge" zu berücksichtigen[263]. Das verfassungsrechtlich mit Art. 140 GG garantierte Recht der autonomen Bedarfsfeststellung **(Kirchenautonomie)** bedeutet für die abwägende Gemeinde eine verbindliche Vorgabe. Hat die Kirchengemeinde eine entsprechende ausdrückliche Feststellung getroffen[264], so muss die Gemeinde im Rahmen ihrer Abwägung entscheiden, wo diesen Erfordernissen im Plangebiet Rechnung getragen werden kann. Dabei kommt es nicht darauf an, ob es sich um eine Kirche oder um eine Religionsgemeinschaft handelt, die als öffentlich-rechtliche Körperschaft oder als privatrechtliche Religionsgemeinschaft verfasst ist.

Anlagen für kirchliche Zwecke *(religious facilities)* sind zulässig im

– Allgemeinen Wohngebiet (§ 4 Abs. 2 Nr. 3 BauNVO),

– Besonderen Wohngebiet (§ 4a Abs. 2 Nr. 5 BauNVO),

– Dorfgebiet (§ 5 Abs. 2 Nr. 7 BauNVO),

– Mischgebiet (§ 6 Abs. 2 Nr. 5 BauNVO) und

– Kerngebiet (§ 7 Abs. 2 Nr. 4 BauNVO).

Anlagen für kirchliche Zwecke sind ausnahmsweise zulässig im

– Reinen Wohngebiet (§ 3 Abs. 2 Nr. 2 BauNVO),

– Gewerbegebiet (§ 8 Abs. 3 Nr. 2 BauNVO) und

– Industriegebiet (§ 9 Abs. 3 Nr. 2 BauNVO).

Kirchen[265] **und Religionsgemeinschaften des öffentlichen Rechts** sind solche, denen nach Art. 104 GG i. V. m. Art. 137 WRV als Körperschaften des öffentlichen Rechts u. a. vorstehende Rechte aufgrund eines Landesgesetzes oder aufgrund eines solchen Gesetzes verliehen worden sind[266]. Nicht zu diesen Religionsgemeinschaften zählen organisierte Weltanschauungsgemeinschaften in Form privater Vereine.

---

263 Zur Ermittlung des Maßes der baulichen Nutzung vgl. OVG Münster, Urt. vom 25.5.1992 – 2 A 1546/90 –, KStZ 1992, 196 = NWVBl. 1992, 442 = ZKF 1992, 256 = KirchE 30, 238 = Gemeindehaushalt 1992, 442.
264 OVG Bremen, Urt. vom 10.3.1981 – 1 T 8/80 –, BRS Bd. 38, 94 = ZfBR 1981, 194; Kirchen in der Umlegung: Dieterich Baulandumlegung, 5. Aufl., S. 100.
265 Maunz in Maunz/Dürig, GG Art. 140 Rn. 25 ff.; Obermayer, Bonner Komm. zum GG, Art. 140 Rn. 45 ff.; BVerwG, Urt. vom 15.11.1990 – 7 C 9/89 –, BVerwGE 87, 1153.
266 Grauvogel im Kohlhammer-Komm., § 1 BauGB Rn. 3 VIf; Battis/Krautzberger/Löhr § 1 BauGB Rn. 74 ff.

Anlagen und Einrichtungen, die kirchlichen Zwecken dienen, können eine **vielfältige Ausprägung** haben[267]: 716

- Kirchengebäude,
- Kapellen,
- Gemeindesäle,
- Klöster mit den dazugehörigen Einrichtungen,
- Friedhöfe, aber auch
- Wohnhäuser (Mutterhäuser) zur Unterbringung des kirchlich beschäftigten Personals,
- das Pfarrhaus

sowie karikative Einrichtungen wie

- Kindergärten,
- konfessionelle Beratungs- und Betreuungsstellen,
- Altersheime,
- Tagesstätten und
- Schulen,

soweit sie nicht unter Anlagen für soziale Zwecke fallen[268].

Kirchliche oder kirchlichen Zwecken dienende Flächen sind nach den vorstehenden Ausführungen grundsätzlich nach den Flächen zu unterscheiden, die

- im engeren Sinne als res sacrae (Kirchengebäude, Klöster, Tempel, Bethaus oder auch als Friedhof) und
- Nutzungen dienen, die auch auf nicht kirchlichen Flächen zulässig sind.

Kirchengebäude im engeren Sinne haben wie Gemeinbedarfsflächen keinen Verkehrswert, denn sie sind dem allgemeinen Grundstücksverkehr entzogen[269]. Dennoch sind diese Flächen i. d. R. nicht ohne Wert. Die **für die Bewertung von Gemeinbedarfsgrundstücken geltenden Grundsätze können entsprechend Anwendung finden,** denn sie sind gleichermaßen dem privaten Gewinnstreben entzogen (vgl. Rn. 597).

Soweit die Nutzung nicht von vornherein die Gewinnerzielung ausschließt (wie z. B. die Nutzung als Pfarr- oder Wohnhaus, zur Unterbringung des kirchlich beschäftigten Personals, Kindergarten oder Koranschule), wird man die Flächen indessen nicht den privatem Gewinnstreben entzogenen Gemeinbedarfsflächen gleichstellen können. Selbst wenn z. B. für ein **dem Wohnen dienendes Pfarrhaus** keine Mietentgelte entrichtet werden, wird man dies zumindest dann nicht bejahen können, wenn dies als geldwertgleicher Vorteil für den Pfarrer im Rahmen seiner Entlohnung anzusehen ist, bzw. ein Nutzungsentgelt erzielt werden könnte[270]. Die allgemeinen für privatwirtschaftlich nutzbare Grundstücke geltenden Grundsätze der Verkehrswertermittlung können entsprechend Anwendung finden. Die nachfolgenden Ausführungen beschränken sich deshalb auf die als res sacra gewidmeten und entsprechend genutzten Kirchenflächen (*value in use*).

---

267 Zu den Normalherstellungskosten von Kirchengebäuden vgl. Lohrmann, G., Bewertung von Kirchengebäuden und ihren Einrichtungen, Hess. Brandversicherungsanstalt 1989.
268 Fickert/Fieseler, BauNVO Komm., Vorbem. §§ 2 bis 9, 12 bis 15 BauNVO Rn. 13 S. 250.
269 BayObLG, Urt. vom 23.9.1985 – BReg 3 Z 36/84 –, BayObLGZ 1985, 325 = EzGuG 18.99b.
270 Zur kostenrechtlichen Wertermittlung von Kirchen: BayObLG, Urt. vom 23.9.1985 – BReg 3 Z 36/84 –, BayObLGZ 1985, 325 = EzGuG 18.99b; KG Berlin, Urt. vom 25.10.1995 – 1 W 5012/12/94 –, KGR 1995, 19 = DNotZ 1995, 790 = EzGuG 18.116 a.

V Besondere Immobilienarten — Kirchliche Fläche

Abb. 1: Kirchliche und kirchlichen Zwecken dienende Flächen

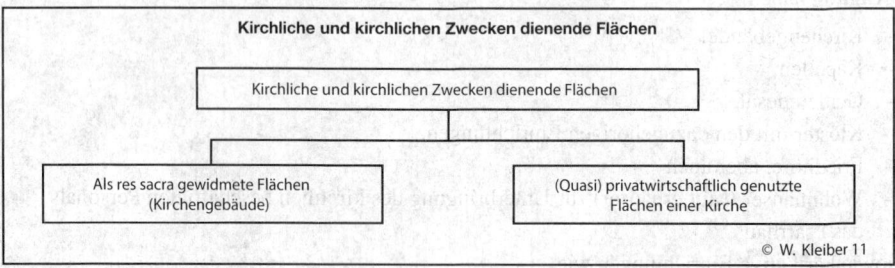

Die Grenze zwischen den Flächen, die durch ihre Widmung oder nach Gewohnheitsrecht zur res sacra einer wirtschaftlichen Betrachtungsweise entzogen sind, und solchen, die zumindest teilweise einer wirtschaftlichen Betrachtungsweise zugänglich sind, muss nach den konkreten Umständen des Einzelfalls beurteilt werden und ist eng zu ziehen. Jedenfalls hat das BVerwG **allein die Tatsache, dass Kirchengebäude** (einer christlichen Konfession) mitunter **gegen Entrichtung eines Geldbetrags einer anderen christlichen Konfession zur Verfügung gestellt werden,** als **unbedeutsam** angesehen, da damit das Kirchengebäude nicht „entweiht" wird[271]. In dieser Entscheidung wurde zugleich festgestellt, dass es mit dem Wesen einer sakralen Sache (res sacrae) unvereinbar wäre, sie als potenzielle Einnahmequelle zu betrachten und mithin das Ertragswertverfahren zur Ermittlung des Verkehrswerts von Kirchen ungeeignet ist.

11.2 Wertermittlungsverfahren

11.2.1 Allgemeines

717 **Zur Verkehrswertermittlung von Kirchengrundstücken kommen grundsätzlich das Vergleichs-, Ertrags- und Sachwertverfahren in Betracht,** und zwar in allen ihren bekannten Variationen und Kombinationen, einschließlich deduktiver Verfahren (Extraktion, prognoseorientiertes Ertragswertverfahren (*Discounted Cash Flow* Verfahren), Pachtwertverfahren usw.)[272]. Nach § 8 Abs. 1 Satz 2 ImmoWertV ist das Verfahren „unter Berücksichtigung der im gewöhnlichen Geschäftsverkehr bestehenden Gepflogenheiten und den sonstigen Umständen des Einzelfalls zu wählen". Alle nach der ImmoWertV zur Anwendung kommenden Wertermittlungsverfahren stehen unter dem Gebot, die darin eingehenden Ansätze in möglichst marktorientierter Weise einzuführen, d. h. in der Höhe, wie sie sich im gewöhnlichen Geschäftsverkehr wertmäßig im Bewertungsobjekt niederschlagen. Eine fundierte am Markt orientierte Verkehrswertermittlung erfordert zudem eine nachvollziehbare Begründung der Höhe von Zu- und Abschlägen.

Das **Vergleichswertverfahren** scheidet zumeist allerdings aus, da diese Immobilien aufgrund ihrer „Spezialisierung" wenig gehandelt werden. Auch das Ertrags- und Sachwertverfahren können jedoch als ein Vergleichswertverfahren angesehen werden, wobei der Wert aus dem Vergleich der wertbestimmenden Parameter, insbesondere der erzielbaren und erzielten Erträge, der Verzinsung, aber auch der Herstellungskosten hergeleitet wird. Wo eine direkte Anwendung dieser Methoden mangels geeigneter Vergleichsdaten versagt, bedarf es darüber hinaus vielfach plausibler „Hilfskonstruktionen", um den Wert zu ermitteln.

718 In der Praxis der Enteignungsentschädigung für Kirchen stand bislang das **Sachwertverfahren im Vordergrund.** Dies war in erster Linie darin begründet, dass mit der Enteignungsentschädigung die Kirche in den Stand zu versetzen ist, sich gleichwertigen Ersatz zu verschaf-

---

[271] BVerwG, Urt. vom 30.6.1965 – 5 C 151/63 –, DVBl 1965,732 = AVN 1967, 400 = EzGuG 20.40.
[272] Nach Presseberichten wurden die Gnadenkirche in Hamburg St. Pauli und eine Kirche der Martini-Gemeinde in Bielefeld für einen Betrag von 1 € veräußert, während für die St.-Johannes-Capistran-Kirche in Berlin-Schöneberg 2,5 Mio. € mit dem Ziel der Errichtung eines Seniorenzentrums bezahlt wurde (Financial Times 22.12.2005).

fen. Diese Anschauung kann allerdings für abgehende Kirchengrundstücke nicht gelten. Immer mehr Gotteshäusern droht nämlich eine Umnutzung, und dies ist nicht selten sogar der eigentliche Anlass der Verkehrswertermittlung (abgehender Kirchenbedarf). Die künftige Nutzung eines Kirchengrundstücks muss vor diesem Hintergrund auch bei der Wahl des Wertermittlungsverfahrens berücksichtigt werden, denn ein Kirchengrundstück, das auf Dauer einer kirchlichen Nutzung vorbehalten ist, ist einem anderen Teilmarkt zuzurechnen als ein Kirchengrundstück, das seine Nutzungsbindung verliert oder bereits verloren hat. Während nämlich für die Verkehrswertermittlung eines auf Dauer der kirchlichen Nutzung vorbehaltenen Grundstücks der Sachwert und der Vergleichswert im Vordergrund stehen, steht im Falle der Aufgabe der Nutzungsbindung auch für die Wahl des Verkehrswertermittlungsverfahrens die künftige Nutzung im Vordergrund.

Bei der Marktwertermittlung von Spezialimmobilien kommt neben dem anzuwendenden Wertermittlungsverfahren aufgrund ihrer speziellen Ausrichtung und der damit verbundenen eingeschränkten Marktfähigkeit auch der Frage des anzuwendenden **Wertermittlungsmodells** eine besondere Bedeutung zu. In Betracht kommen hierbei

a) eine Marktwertermittlung auf der Grundlage der ausgeübten Nutzung und

b) eine Marktwertermittlung auf der Grundlage einer alternativen (marktgängigen bzw. marktgängigeren) Nutzung.

Zu dem zuletzt genannten Wertermittlungsmodell wird man greifen (müssen), wenn keine und auch keine die Anwendung deduktiver Verfahren ermöglichenden Vergleichsdaten zur Verfügung stehen, weil die ausgeübte Nutzung eben keinen Markt hat (extra commercium). Diese Vorgehensweise lässt sich damit rechtfertigen, dass sich für eine Immobilie, die in nicht marktgängiger Weise genutzt wird, ein Marktwert erst mit ihrer Umnutzung bilden kann, der dann auf der **Grundlage einer alternativen marktgängigen Nutzung** ermittelt werden kann. Die Vorgehensweise lässt sich auch begrifflich mit dem Verkehrswert (Marktwert) vereinbaren, der als ein „Zukunftserfolgswert" zu verstehen ist. Vorhandene Nutzungspotenziale werden nämlich im gewöhnlichen Geschäftsverkehr berücksichtigt, soweit sie bei objektiver und nüchterner Betrachtungsweise rechtlich zulässig, technisch realisierbar und wirtschaftlich vernünftig sind.

Bei der Marktwertermittlung auf der Grundlage einer alternativen (marktgängigen bzw. marktgängigeren) Nutzung ist grundsätzlich das Prinzip des sog. *„highest and best use"* anzuwenden. Soweit sich verschiedene Alternativnutzungen anbieten, ist regelmäßig die Nutzung der Verkehrswertermittlung zugrunde gelegt worden, die bei geringstem Risiko die höchste Ertragsfähigkeit *(maximally productive)* verspricht. Die **Kosten einer Umnutzung** müssen dabei gegengerechnet werden. Der Verkehrswertermittlung sollte in solchen Fällen deshalb eine Kosten-Nutzen-Analyse vorausgehen. Bei alledem kann es nicht auf bloße Wunschvorstellungen des Eigentümers ankommen; vielmehr sind die vorhandenen und absehbaren rechtlichen und wirtschaftlichen Möglichkeiten realitätsbezogen ohne spekulative Momente anzuhalten *(physically possible, legally permissible und financially feasible)*.

Die **Wertermittlung auf der Grundlage einer alternativen** (marktgängigen bzw. marktgängigeren) Nutzung muss allerdings dann außer Betracht bleiben, wenn die ausgeübte Nutzung erhalten und selbst bei unterstellter Veräußerung fortgeführt werden soll. In diesem Fall würde die Bewertung auf der Grundlage einer höherwertigen Alternativnutzung das Wertbild verzerren.

Wie bei der Bewertung von Gemeinbedarfsflächen (vgl. Rn. 598) ist nicht zuletzt im Hinblick auf das anzuwendende **Wertermittlungsmodell zu unterscheiden zwischen:**

a) *künftigem Kirchenbedarf:* Kirchenflächen, die sich in dieser Eigenschaft (noch) nicht im Eigentum der Kirche befinden und ggf. im Wege einer Enteignung erworben werden können;

b) *bleibendem Kirchenbedarf:* Kirchenflächen im Eigentum der Kirche, die auf absehbare Zeit einer sakralen Zweckbindung vorbehalten bleiben;

V Besondere Immobilienarten — Kirchliche Fläche

c) *abgehendem Kirchenbedarf:* Kirchenflächen im Eigentum der Kirche, deren sakrale Zweckbindung aufgegeben wird.

Diese Unterscheidung ist sowohl für die Ermittlung des Bodenwerts als auch für die baulichen Anlagen von Bedeutung.

Abb. 2: Wertermittlungsverfahren für Kirchengrundstücke

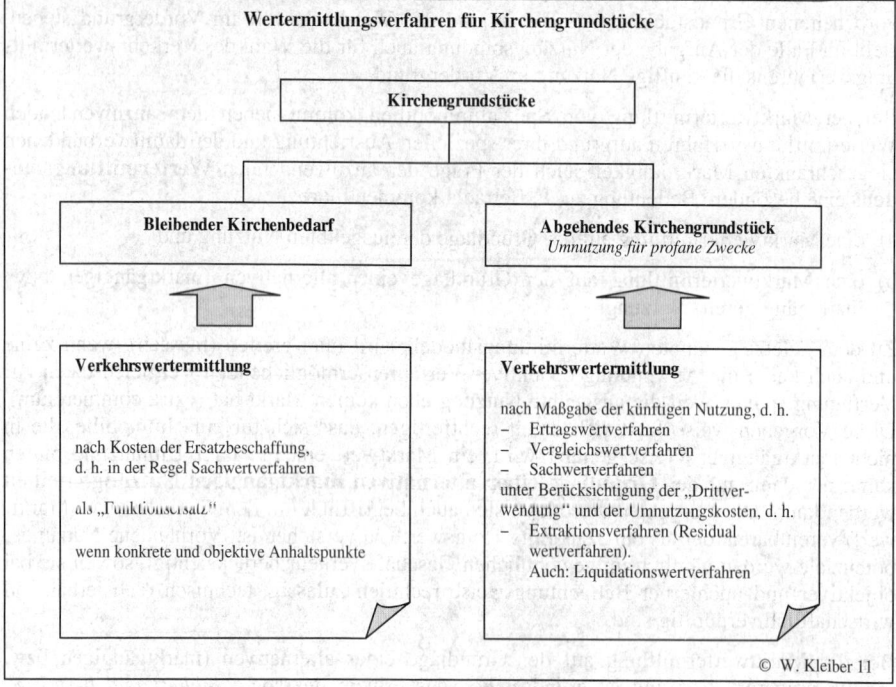

11.2.2 Bleibender Kirchenbedarf

719 Grundsätzlich kommen für die (Verkehrs-)Wertermittlung eines auf Dauer kirchlich genutzten **Grundstücks** *(value in use = the value a specific property has for a specific use)* **alle drei klassischen Wertermittlungsverfahren in Betracht**, jedoch steht in der Wertermittlungspraxis bislang das Sachwertverfahren im Vordergrund, da es einerseits an geeigneten Vergleichspreisen mangelte und andererseits keine rentierliche Nutzung ausgeübt wird. Gleichwohl sollten das Vergleichs- und das Ertragswertverfahren nicht gänzlich ausgeschlossen werden, denn

- eine kirchliche Nutzung mag im Einzelfall in angemieteten baulichen Anlagen ausgeübt werden,
- und kirchliche genutzte Grundstücke können andererseits auch zum Zwecke der Ausübung einer anderen kirchlichen Nutzung am Grundstücksverkehr teilnehmen. Dies schließt die Nutzung als Kirche, Synagoge, Tempel, Moschee und anderes ein.

Bei Anwendung des Sachwertverfahrens setzt sich der Sachwert nach § 21 Abs. 1 ImmoWertV aus dem Bodenwert zuzüglich des Werts der baulichen Anlagen (Gebäudesachwert nach den §§ 22 bis 23 ImmoWertV) und der sonstigen Anlagen, insbesondere Aufwuchs, zusammen. Der Verkehrswert ist nach § 8 Abs. 1 Satz 3 ImmoWertV auch bei Anwendung des Sachwertverfahrens aus dem Ergebnis (Sachwert) unter Berücksichtigung der **Lage auf dem Grundstücksmarkt (Marktanpassung)** abzuleiten. Demzufolge kann mit der Anwendung des Sachwertverfahrens die Problematik der Anpassung der Wertermittlung an die „Lage auf dem Grundstücksmarkt" nicht „umgangen" werden.

Die Ableitung des **Bodenwerts** für Flächen des bleibenden Kirchenbedarfs aus dem Bodenwert der angrenzenden (privatwirtschaftlich nutzbaren) Grundstücke ist abzulehnen, weil eine Kirchenfläche einer sakralen Nutzung vorbehalten ist. Das verfassungsrechtlich mit Art. 140 GG garantierte Recht der autonomen Bedarfsfeststellung (**Kirchenautonomie**) von Flächen als res sacrae bedeutet nämlich umgekehrt, dass die Flächen einer sonstigen Nutzung entzogen sind und damit keinen mit den Nachbargrundstücken vergleichbaren Ertrag erwirtschaften können[273]. Die Höhe des Bodenwerts ist nun einmal in erster Linie von dem erzielbaren Ertrag abhängig, und der hochwertige Bodenwert der privatwirtschaftlich nutzbaren Nachbargrundstücke mit hoher Ertragskraft lässt sich nicht auf die einer sakralen Nutzung vorbehaltenen Flächen übertragen.

Der **Grund und Boden** von Kirchenflächen ist **qualitativ vergleichbar mit** dem der sog. bleibenden **Gemeinbedarfsflächen** (vgl. Rn. 635). Beide Flächen werfen keinen Ertrag ab; während die Gemeinbedarfsflächen einer öffentlichen Nutzung vorbehalten sind, sind die Kirchenflächen einer sakralen Nutzung vorbehalten. Für die Bodenwertermittlung können deshalb die für bleibende Gemeinbedarfsflächen entwickelten Grundsätze entsprechend Anwendung finden.

Zur Ermittlung des **Wertanteils der baulichen Anlagen** lässt sich die Anwendung des Sachwertverfahrens damit begründen, dass bei der Errichtung einer Kirche nicht die Rendite, sondern allein die Bereitstellung einer sakralen Einrichtung im Vordergrund steht. Muss eine Kirche aus übergeordneten Gründen aufgegeben werden, weil die Fläche für andere Zwecke benötigt wird, so lässt sich ihr Wert (einschließlich des Entschädigungswerts) nach dem bestimmen, was an anderer Stelle für eine Ersatzbeschaffung aufgebracht werden muss. Aus diesem Grunde ist die Anwendung des sich an den Herstellungskosten orientierenden Sachwertverfahrens (unter Berücksichtigung des Alters und des Zustands der abgehenden Kirche) angezeigt, soweit nicht kostengünstiger ein Ersatzbau erworben werden kann.

Bei der Bewertung der baulichen Anlagen unter Anwendung des Sachwertverfahrens ist von den gewöhnlichen **Herstellungskosten auszugehen, „die unter Beachtung wirtschaftlicher Gesichtspunkte für die Neuerrichtung des Wertermittlungsobjekts am Wertermittlungsstichtag aufzuwenden wären (Ersatzbeschaffungskosten;** *replacement cost*). Nach herrschender Lehre und Praxis ist nämlich der Gebäudesachwert auf der Grundlage von Normalherstellungskosten zu ermitteln, die sich nicht als Rekonstruktionskosten, sondern als neuzeitliche Ersatzbeschaffungskosten definieren[274]. Der Ansatz von Ersatzbeschaffungskosten, der im Übrigen auch in der internationalen Sachwertermittlung üblich ist, ist darin begründet, dass ein Käufer nicht bereit ist, die möglicherweise höheren Kosten der Vergangenheit in seine Preisvorstellungen einfließen zu lassen, wenn eine Ersatzbeschaffung preisgünstiger ist. Die Ermittlung des Gebäudeherstellungswerts würde dagegen insbesondere bei älteren künstlerisch und geschichtlich bedeutsamen Kirchengebäuden zu außerordentlich hohen nicht realisierbaren Sachwerten führen, wenn ihr der historische Zustand zugrunde gelegt wird (konservativer Kirchenbau). In der Praxis wird deshalb unterschieden nach

a) „einfachen" Kirchen ohne besondere Merkmale,

b) Kirchen mit (architektonisch bzw. kirchengeschichtlich) besonderem Rang und

c) Kirchen mit herausragendem sakralem Denkmalwert.

720

---

[273] Vor diesem Hintergrund ist es unsinnig, wenn in einem im immobilien-manager 2008 (auf S. 50) publizierten Beitrag die St.-Michael-Kirche in München als „Spitzenreiter" mit einem Bodenwert von 210 Mio. € (im Jahre 2008) ausgeworfen wird.

[274] Dem entspricht die Anlage 7 (Typ 24) zur WertR. Die Hinweise von Lohrmann haben indessen keinen Eingang in die WertR gefunden, weil sie für eine marktorientierte Sachwertermittlung ungeeignet sind und sich mit ihrer Heranziehung – im Verhältnis zum Verkehrswert – völlig überzogene Sachwerte ergeben müssen. Diesem Verständnis entspricht im Übrigen auch die internationale Praxis (*replacement cost*). Die vorgenannten Regelwerke gelten nach höchstrichterlicher Rechtsprechung als anerkannte Grundsätze der Verkehrswertermittlung.

V Besondere Immobilienarten   Kirchliche Fläche

721 Bei „einfachen" Kirchen ohne besondere Merkmale wird bei der Sachwertermittlung i. S. einer Ersatzmaßnahme ein zeitgemäße Ansprüche erfüllender und heutigen Bauweisen und Bautechniken Rechnung tragender Neubau zugrunde gelegt, der ansonsten aber dem „abgehenden" Erscheinungsbild möglichst weitgehend entspricht. Die herrschende Wertermittlungspraxis folgt dabei den bestehenden Gepflogenheiten (i. S. d. § 8 Abs. 1 Satz 2 ImmoWertV) auf dem Grundstücksmarkt, denn der neuzeitliche Kirchenbau bedient sich in aller Regel zeitgemäßer Bauweisen. Darüber hinaus ist das vorherrschende Verständnis von Normalherstellungskosten als Ersatzbeschaffungskosten darin begründet, dass sich der Wert einer Sache auf dem Grundstücksmarkt allenfalls an der Bauweise orientiert, die am Wertermittlungsstichtag zur Anwendung kommt.

722 **Kirchen mit (architektonisch, künstlerisch besonders wertvollem sakralem Denkmalwert bzw. kirchengeschichtlich) besonderem Rang** wird man mit einer Sachwertermittlung auf der Grundlage von Ersatzbeschaffungskosten nicht unmittelbar gerecht, weil damit letztlich kein gleichwertiger Ersatz für das Genommene gewährt wird. Der so ermittelte (vorläufige) Sachwert muss dann gemäß § 8 Abs. 3 ImmoWertV entsprechend „aufgestockt" werden, aber auch nur insoweit, wie dies marktgängig ist.

723 In besonders gelagerten Fällen kann alternativ eine Sachwertermittlung auf der Grundlage einer nachahmenden bzw. werkgetreuen Rekonstruktion *(reproduction cost)* in heutiger Bautechnik mit gleichem Material (Frauenkirche zu Dresden) anstelle von Ersatzbeschaffungskosten in Betracht kommen.

724 Bei Anwendung des Sachwertverfahrens ist der Sachwert nach § 8 Abs. 2 ImmoWertV an die „Lage auf dem Grundstücksmarkt" anzupassen (Marktanpassung). Die Marktanpassung ist gerade bei der Sachwertermittlung unverzichtbar, denn erfahrungsgemäß ergeben sich in kleinen Gemeinden bei Sachwerten von über 600 000 € bereits Marktanpassungsabschläge von 30 %, die mit der der Höhe des Sachwerts proportional ansteigen.

Mit der Ermittlung des Gebäudesachwerts auf der Grundlage von Normalherstellungskosten, die sich als Ersatzbeschaffungskosten definieren, findet die „Lage auf dem Grundstücksmarkt" zumindest tendenziell ihre Berücksichtigung, da die Ermittlung des Verkehrswerts aus dem Sachwert bei Heranziehung von Rekonstruktionskosten als Normalherstellungskosten (etwa nach den Angaben von *Lohrmann*) mit extrem hohen Marktanpassungsabschlägen verbunden wäre, d. h. weit höheren Abschlägen, als sie ohnehin schon in der Praxis auftreten. Ungewöhnlich hohe Zu- und Abschläge sprechen allein schon gegen die Eignung des Verfahrens. Die Heranziehung von Reproduktionskosten anstelle von Ersatzbeschaffungskosten widerspricht damit dem Anliegen des Verordnungsgebers, das Sachwertverfahren dahingehend auszurichten, dass es möglichst direkt zum Verkehrswert führt[275]. Das sich an Ersatzbeschaffungskosten ausrichtende Sachwertverfahren kann als ein sich (zumindest tendenziell) am Grundstücksmarkt orientierendes Vergleichswertverfahren (im erweiterten Sinne) angesehen werden, denn die Methode führt zu einem Wert, der in vergleichbaren Fällen zu zahlreichen Kaufabschlüssen geführt hat.

11.2.3 Abgehender Kirchenbedarf

725 In der Kirchengeschichte hat es zu allen Zeiten aus unterschiedlichen Anlässen Umnutzungen, Profanierungen und Abrisse von Kirchen gegeben. Die Gründe waren wirtschaftlicher Art: Kriege, Aufhebung von Klöstern, vor allem die Folgen der Säkularisierung nach 1803. So wurden aus Kirchen Bibliotheken, Versammlungs-, Ausstellungs- und Konzertsäle, Verwaltungseinrichtungen und Wohnungen. Die seit den 1950er-Jahren kontinuierlich rückläufige Zahl der allsonntäglichen Gottesdienstteilnehmer von rd. 4 Millionen bis 2000 verbunden mit einer rückläufigen Entwicklung des Kirchensteueraufkommens, der Kollekten und Spenden zwingt heute vielerorts zur Profanierung und Umnutzung. Unterhalt und Erhalt (Personal, Beheizung usw.) lassen den Erhalt wirtschaftlich nicht mehr zu. Nach Angaben des Erzbistums Berlin sollen die „pastoral genutzten Flächen" von 2004 bis 2008 um insgesamt 25 %

---
275 BR-Drucks. 265/72, S. 3; vgl. auch Vorbem. zur ImmoWertV Rn. 23.

oder 50 000 Quadratmeter reduziert werden. In Bochum steht nach Erhebungen der Dresdner Bank jede dritte katholische Kirche zur Disposition, im Bistum Aachen könnten den Schätzungen zufolge von den derzeit etwa 900 Kirchen in 15 Jahren nur noch 100 als Gotteshäuser genutzt werden. Die Evangelische Kirche in Deutschland (EKD) räumt ein, dass fast die Hälfte ihrer bundesweit mehr als 20 000 Kirchen und Kapellen künftig nicht mehr für Gottesdienste benötigt wird.

Nach den **Verwertungskriterien der Deutschen Bischofskonferenz** vom 24.9.2003 (Arbeitsblatt 175) soll bei Profanierungen die Verwendung von Kirchengebäuden in Absprache mit der Gemeinde insbesondere für öffentlich-kulturelle Zwecke in Betracht gezogen werden, wobei die Übernahme von Kirchenräumen durch die öffentliche Hand dem Verkauf an Private vorzuziehen ist. Die Nutzung für kulturelle Aufgaben ist einer kommerziellen Nachfolgenutzung vorzuziehen; kommerzielle Verwendungszwecke sind gleichwohl bei behutsamer baulicher Anpassung nicht auszuschließen. Eine Verpachtung des Geländes unmittelbar an der Kirche zur Anlage von Geschäften ist nach Auffassung der Deutschen Bischofskonferenz sinnvoller als die Einrichtung von Geschäften im Kircheninnern, weil dies das Kirchengebäude zerstöre und nicht reversibel sei.

Folgende **Maßnahmen** sind nach dem vorstehenden Arbeitsblatt **in Betracht zu ziehen:**

- Umnutzung des Kirchengebäudes zu kirchlichen Zwecken (z. B. karitative Institutionen, kirchliche Verwaltung, Museum, Archiv, Bibliothek).
- Umnutzung des Kirchengebäudes zu kommerziellen Zwecken mit entsprechenden Nutzungsempfehlungen (z. B. für Wohnungen, Galerien, Büros, Werkstätten usw.). Die neue Nutzung soll dem Charakter des Gebäudes nicht zuwiderlaufen.
- Konservierung des Kirchengebäudes für eine „Bedenkzeit" von 10 bis 15 Jahren. Denkbar ist auch ein zeitweises Öffnen des leeren Kirchenraumes als Ort der Erinnerung und Stille oder für Kunstausstellungen.
- Teilabriss, verbunden mit einer Konservierung und Schaffung eines öffentlich zugänglichen Ortes der Ruhe und Besinnung.

Für die Beurteilung von **Umnutzungsszenarien** und die Entscheidungsfindung sind die unterschiedlichen Möglichkeiten der Nutzungsänderung von Kirchengebäuden zu strukturieren:

a) Das Kirchengebäude bleibt im kirchlichen Eigentum.

b) Das Kirchengebäude wird verkauft.

c) Das Kirchengebäude wird als ultima ratio abgerissen.

Im Verkaufsfalle ist eine **Profanierung erforderlich.** Dafür werden folgende Empfehlungen gegeben:

- Der Verkauf eines Kirchengebäudes hat besondere Regelungen im Kaufvertrag zu berücksichtigen, z. B. baulicher Umgang mit dem Kirchengebäude, Nutzungseinschränkungen, Rückfallklauseln usw.
- Als mögliche Nutzungen der neuen Eigentümer werden genannt:
  - liturgische oder pastorale Nutzung durch christliche Kirchen und kirchliche Gemeinschaften;
  - soziale oder kulturelle Nutzung durch kommunale, staatliche oder private Träger;
  - kommerzielle Nutzung mit entsprechenden Einschränkungen.
- Die kultische Nutzung durch nichtchristliche Religionsgemeinschaften (z. B. Islam, Buddhismus, Sekten) ist – wegen der Symbolwirkung einer solchen Maßnahme – nicht möglich.
- Baumaßnahmen sollen möglichst reversibel gestaltet werden.

Für den Abrissfall wird ein **Freihalten des „Kirchenortes" für kirchliche Zwecke** und als Ort der Erinnerung (z. B. als Kapelle, Bildwerk, Kunstwerk, Markierung der Grundmauern) oder zur Gestaltung als öffentlicher Raum empfohlen.

V Besondere Immobilienarten　　　　　　　　　　　Kirchliche Fläche

Beispiele:

Kirche	Folgenutzung
Heilig-Geist-Kapelle, Kempen	Buchhandlung des religiösen Buchversenders Choros
Kloster Geistingen, Hennef (Sieg)	„Wohlfühl-Paradies" mit VIP-Bereich eines indischen Physiotherapeuten
„Kirche im Grünen", Sprockhövel	wird wegen Geldmangels 2006 aufgegeben
Martini-Kirche, Bielefeld	Restaurant, in dem Hochzeiten gefeiert werden
St.-Matthäus-Kirche, Frankfurt am Main	soll auf Abbruch verkauft werden
Heilandskirche, Frankfurt am Main	neues Diakoniezentrum der Diakonie-Kliniken
St. Wolfgang, Wörth am Main	Schifffahrts- und Schiffbaumuseum
Heilig Geist, Mainz	Restaurant und Tanzlokal
Friedenskirche, Mönchengladbach-Rheydt	Sozialwohnungen
Luther-Kirche, Berlin-Spandau	Wohnhaus
Gnadenkirche, Hamburg	Nutzung durch russisch-orthodoxe Gemeinde
Marienkirche, Bochum-Mitte	Abriss für neues Altenheim
Nikolaikirche, Berlin	Wechselausstellungen
Ulrichskirche, Halle/Saale	Konzertsaal
Kirche in Milow, Brandenburg	Sparkassenfiliale
Kirche in Moringen	Kerzenfabrik samt Laden

Quelle: Dresdner Bank/DEGI Research

Ein Kirchengrundstück steht auch dann vor der **Aufgabe seiner kirchlichen Nutzungsbindung**, wenn z. B. anlässlich einer allgemeinen Umsiedlungsveranstaltung nicht mit einer Ersatzbeschaffung zu rechnen ist. Als Indiz dafür können gelten

– eine „Unterauslastung" einer Kirche aufgrund zurückgehender Gemeindemitglieder sowie einer Abnahme der Bevölkerung und des Kirchensteueraufkommens,
– ein erheblicher Instandhaltungsstau,
– erhebliche Bewirtschaftungskosten

auf der Grundlage konkreter und objektiver Kriterien; d. h., es müssen entsprechende Anhaltspunkte dafür bestehen, dass mit einem „Funktionsersatz" nicht zu rechnen ist. *„Benchmarks"* können hierfür sein

– die Zahl der Kirchengänger pro Quadratmeter „vorgehaltener Kirchennutzfläche",
– die Kosten pro Quadratmeter „vorgehaltener Kirchennutzfläche".

Steht die religiöse Nutzung eines Kirchengrundstücks vor der Aufgabe, bestimmt sich der Verkehrswert entsprechend den Grundsätzen, die für Flächen mit „abgehendem Gemeinbedarf" gelten (vgl. 5.1.2 WertR). Derartige Grundstücke gelangen wie andere privatwirtschaftliche Grundstücke auf den Markt.[276]

726 Zur Ermittlung des Verkehrswerts ist im ersten Schritt der **Verkehrswert auf der Grundlage der künftigen bzw. zu erwartenden privatwirtschaftlichen Nutzung unter Anwendung des Vergleichs-, Ertrags- oder Sachwertverfahrens** zu ermitteln[277]. Bei bebauten Grundstücken führt dies i. d. R. zur Anwendung des Ertragswertverfahrens. Darüber hinaus kommt aber auch das Sachwertverfahren auf der Grundlage der Herstellungskosten für ein Gebäude der künftigen Nutzung in Betracht. Ausgehend von diesem Wert, ergibt sich der Verkehrswert unter Berücksichtigung der Wartezeit und der ggf. für die zur Realisierung der künftigen

---
276 GuG-aktuell 2006, 44; vgl. http://www.kirchengrundstuecke.de.
277 Arbeitshilfe der Deutschen Bischofskonferenz zur Umnutzung von Kirchen (2003).

Nutzung erforderlichen Kosten nach den Grundsätzen des Extraktionsverfahrens (Residualwertverfahren).

Erfahrungsgemäß kommt man bei der Anwendung des Ertragswertverfahrens dem Verkehrswert auf direktem Wege weitaus näher als bei Anwendung des Sachwertverfahrens. Die aufwendige und überdimensionierte Bausubstanz eines Kirchengebäudes findet nämlich keinen entsprechenden Niederschlag in den Erträgen, die zudem noch mit ungewöhnlich hohen Bewirtschaftungskosten verbunden sind. Bei Anwendung des Sachwertverfahrens führt die aufwendige und überdimensionierte Bausubstanz eines Kirchengebäudes dagegen zu einem „aufgeblähten" kostenorientierten vorläufigen Sachwert, der dann mithilfe von Sachwertfaktoren nach § 8 Abs. 2 ImmoWertV reduziert werden muss; diese liegen i. d. R. mindestens über 50 %[278]. Wird zur Ermittlung des Verkehrswerts des „abgehenden Kirchengrundstücks" von dem Herstellungswert des Gebäudes nach Realisierung der Umnutzung ausgegangen, so kann der so unter Abzug der Umnutzungskosten ermittelte Sachwert als „Gebäuderestwert" i. S. ersparter Kosten für die Neuerrichtung eines entsprechenden Gebäudes angesehen werden. **727**

Soweit es sich bei einem „abgehenden" Kirchengebäude um ein **Denkmal** handelt, ist bei Anwendung des Ertragswertverfahrens entsprechend dem Zustand des Gebäudes von einer endlichen Restnutzungsdauer auszugehen. Die Grundsätze der Verkehrswertermittlung für Denkmäler, nach denen im Hinblick auf die umfassende Erhaltungspflicht von einer „unendlichen" Restnutzungsdauer auszugehen ist, sind auf „abgehende" denkmalgeschützte Kirchengebäude nicht anwendbar. Der „ewige" Erhalt eines Denkmals fordert nämlich im Unterschied zu Immobilien, denen wirtschaftlich eine endliche Gesamtnutzungsdauer zugeordnet wird, erhöhte Instandhaltungs- und Modernisierungskosten. Wird ein Denkmal aufgegeben, so werden auch diese Kosten nicht mehr aufgebracht und eine endliche Restnutzungsdauer ist geradezu zwangsläufig.

11.2.4 Künftiger Kirchenbedarf

Bei künftigem Kirchenbedarf stellt sich die Aufgabe, den Bodenwert zu ermitteln. Dieser bestimmt sich nach den Zustandsmerkmalen, die die Fläche vor ihrer Widmung zu sakralen Zwecken aufwies, und kann nach allgemeinen Grundsätzen ermittelt werden. **728**

11.3 Symbolwert

Kirchlichen Bauwerken wird mitunter ein „Symbolwert" zugesprochen. In diesem Zusammenhang wird von einem „Geschichtswert", „geografischen Lagewert", „öffentlichen Freiraumwert" und „intagiblen Werten" gesprochen. Es handelt sich dabei allenfalls um immaterielle Werte, die – wie sich schon an den Begriffen zeigt – ihren Niederschlag in der Lage des Grundstücks, d. h. im Bodenwert, finden. Eine **von einem Kirchengebäude ausgehende Werterhöhung auf die Lage der Grundstücke** in ihrer Umgebung findet nach allgemeinen Grundsätzen ihre Berücksichtigung mit den entsprechend (höheren) Bodenwerten der benachbarten Grundstücke. Bei den von historischen und künstlerisch wertvollen Gebäuden ausgehenden werterhöhenden Wirkungen auf ihre Umgebung handelt es sich um Lagemerkmale, die wertmäßig dort ihren Niederschlag im Bodenwert finden (Nachbarschaftslage). **729**

---

278 Kötter/Frielinghausen verweisen auf der Grundlage einer Grobauswertung auf einen Abschlag von 60 %, der bei sakraler Nutzung größer sei als bei profaner Nutzung (fub 2008, 6).

Abb. 3: Lageprägende Wirkung von Kirchengebäuden

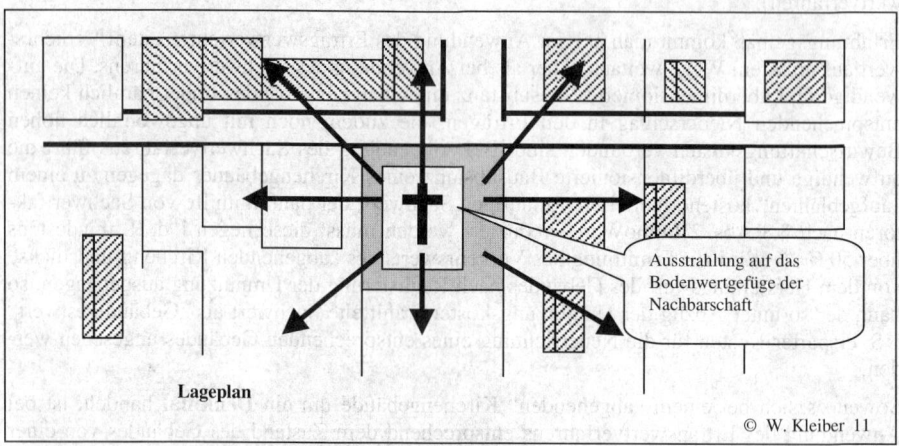

Das **„Konstrukt" intangibler Wertanteile** ist der allgemeinen Wertermittlungspraxis fremd und empirisch nicht nachweisbar. Pseudowissenschaftlichen Begründungsversuchen mangelt es an empirisch nachvollziehbaren Ergebnissen. Ein dahingehender Ansatz ist **mit einer marktkonformen Wertermittlung** deshalb **unvereinbar**.

12 Denkmalgeschützte Bausubstanz

Schrifttum: *Battis/Schmittat*, Rechtsfragen des Denkmalschutzes NuR 1983, 105; *BVVG*, Fachbeiratsrichtlinien: Bewertungsgrundsätze für denkmalgeschützte Objekte am Beispiel der neuen Bundesländer (17.2.1999); *Dörffeldt,* Hess. Denkmalschutzrecht; *Eberl/Martin/Petzet,* DenkmalschutzG, Komm.; *Ernst, W./Gütter, K.*, Bewertungsgrundsätze für denkmalgeschützte Objekte, Verlag Pflug und Feder 1. Aufl. 1999; *Halder-Hass, N./Haspel, J./Lorenz, G.*, Das Denkmal als Immobilie, Wiesbaden 2002; *Haaß, B.*, Privatnützigkeit und Wirtschaftlichkeitsberechnung im Denkmalschutz, NVwZ 2002, 1054; *Heuer* in NVwZ 1982, 238; *Jäpel, P.*, Verkehrswertermittlung denkmalgeschützter Grundstücke im Ertragswertverfahren, GuG 2001, 335; *Kamphausen*, Rechtliche Probleme des Denkmalschutzes, DWW 1985, 246 ff.; *Kleeberg/Eberl*, Kulturgüter in Privatbesitz, Heidelberg, 2. Aufl. 2001; *Körner*, Denkmalschutz und Eigentumsschutz 1992; *Lemmel* in DVBl. 1983, 680 f.; *Loddenkemper* in BauR 1985, 489; *Lutze, A.*, Wertentwicklung denkmalgeschützter Liegenschaften, Diss., Dortmund 1988; *Meiß* in ZfV 1985, 356, *Memmesheimer/Upmeier/Schönstein*, Denkmalschutzrecht Nordrhein-Westfalen; *Moench* in NJW 1980, 1549; *Möckel* in ZfV 1995; *Niemeyer* in Nachr. der nds. Kat.- und VermVw 1984, 132; *Nüßgens/Boujong*, Eigentum, Sozialbindung, Enteignung, Beck-Verlag München 1987: *Schmidt-Eichstaedt* in DST 1979, 143: *Schneider* in BauR 1998, 733; *Simon* in GuG 1991, 332; *Wolf* in BlGBW 1978, 228.

12.1 Denkmale

12.1.1 Übersicht

Grundstücke, deren Erhaltung wegen ihrer Bedeutung für Kunst, Geschichte und Wissenschaft im öffentlichen Interesse liegt, sind **Kulturdenkmale.** Dabei ist zu unterscheiden zwischen

– Baudenkmalen,
  • Einzeldenkmälern,
  • Denkmalbereichen (Denkmalzonen, Ensembles),
– Bodendenkmalen,
– Gartendenkmalen und
– beweglichen Denkmalen (Schatzregalen).

Auch eine von Wasser eingenommene Fläche kann ein Denkmal sein[279].

Abb. 1: Denkmal

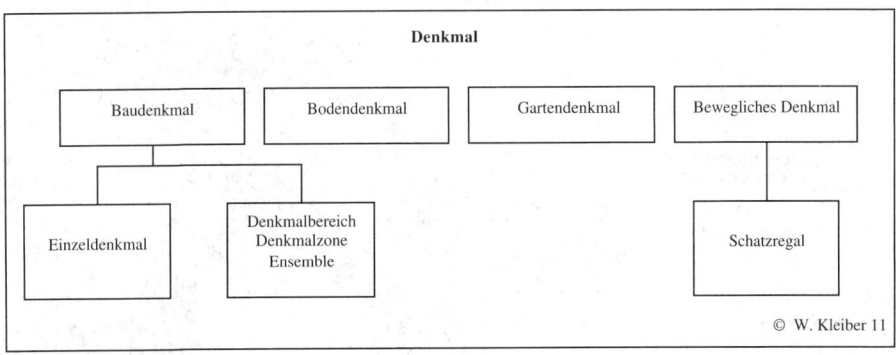

© W. Kleiber 11

Grundstücke mit Denkmalen bereiten der **Wertermittlungspraxis** immer wieder Probleme. Diese Probleme haben ihre Ursache weniger im wertermittlungstechnischen, sondern vor allem im rechtlichen Bereich. Für die Wertermittlung sind insbesondere die **Baudenkmale** (denkmalgeschützte Gebäude) von Bedeutung.

---
[279] OVG Lüneburg, Urt. vom 19.3.1998 – 1 L 63/94 –, BRS Bd 62 Nr 215.

V Besondere Immobilienarten   Denkmalschutz

Ein Baudenkmal ist eine bauliche Anlage oder ein Teil einer baulichen Anlage, deren oder dessen Erhaltung wegen der geschichtlichen, künstlerischen, wissenschaftlichen oder städtebaulichen Bedeutung im Interesse der Allgemeinheit liegt. Zu dem Baudenkmal gehören sein Zubehör und seine Ausstattung, soweit sie mit dem Baudenkmal eine Einheit von Denkmalwert bilden.

732 Soweit die Denkmaleigenschaft nicht per Gesetz verliehen wird, ergibt sie sich durch Eintragung in öffentlich geführten Listen (Denkmalliste) oder Denkmalkarten; diese haben nur deklaratorischen Charakter, wenn die Denkmaleigenschaft per Gesetz verliehen wird.

733 *Beispiel:*

Denkmalliste der Stadt

Baudenkmal	Ortsfestes Bodendenkmal	Bewegliches Denkmal	Denkmalbereich	Lfd. Nr. 178

Lage des Denkmals

Stadtteil	Straße	Nr.	Gemarkung	Flur	Flurstück
	Brückenstr.	51		5	215

Kurzbezeichnung des Denkmals	2-geschossiges Fachwerkhaus
Darstellung der wesentlichen charakteristischen Merkmale des Denkmals	18. Jh.: 2-geschossiges Fachwerkhaus, straßenseitiger Giebel aus Backstein, an der rückwärtigen Giebelseite niederer, lang gestreckter Fachwerkanbau, Fachwerk an der Traufseite freiliegend, an der zweiten verputzt, hier mit einem modernen Fenstereinbruch, Ständerwandkonstruktion, die kleinen hochrechteckigen Fenster sind paarweise an einem Ständer angeordnet, Unterzuge mit weit herausragenden Balkenenden und Zapfenschlössern; Fenster am Backsteingiebel stichbogig mit betonten Entlastungsbögen und paarweise angeordnet, in drei Fällen mit verbindender Sohlbank, einige Zuganker, traufseitiger Eingang mit quergeteiltem Türblatt der Bauzeit
Tag der Eintragung	05. März 1993	Unterschrift **Wächter**

Denkmalkarte

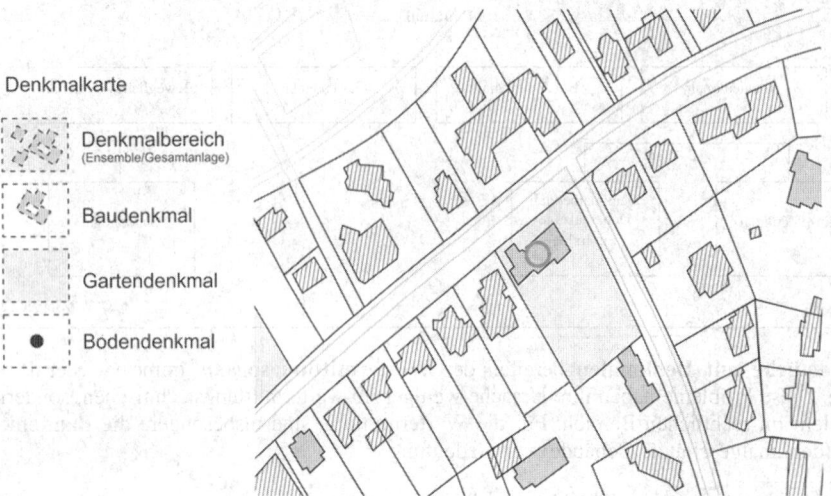

Denkmalschutz **Besondere Immobilienarten V**

Auch Gärten können Gegenstand des Denkmalschutzes sein (vgl. Denkmalkarte). Gartendenkmale[280] sind Grünanlagen, Garten- oder Parkanlagen, Friedhöfe, Alleen oder sonstige Zeugnisse der Garten- und Landschaftsgestaltung. Zu einem Gartendenkmal gehören wiederum sein Zubehör und seine Ausstattung, soweit sie mit dem Gartendenkmal eine Einheit von Denkmalwert bilden. Sie können bauliche Anlagen einschließen oder Bestandteile von Denkmalbereichen sein. **734**

Als **Bodendenkmal**[281] können insbesondere im Boden liegende Überreste früherer Befestigungsanlagen, Siedlungen, Grenzziehungen, Kult- und Bestattungsplätze, Produktionsstätten, Wirtschaftsbetriebe oder Verkehrswege, Zeugnisse tierischen oder pflanzlichen Lebens aus erdgeschichtlicher Zeit, nach Maßgabe des Denkmalschutzgesetzes des Landes erklärt werden. In den meisten Bundesländern gibt es für Bodenfunde ein „Schatzregal", das nach Maßgabe des Landesrechts dem Staat das Eigentum an (ausgewählten) Bodenfunden einräumt. Grundstücke, die nachweislich oder nach der Überzeugung von Sachverständigen Bodendenkmäler enthalten, können i. d. R. befristet zu **Grabungsschutzgebieten** erklärt werden. **735**

Daneben können **Denkmäler als Gesamtanlagen,** insbesondere Straßen-, Platz- und Ortsbilder, an deren Erhaltung aus wissenschaftlichen, künstlerischen oder heimatgeschichtlichen Gründen ein besonderes öffentliches Interesse besteht, durch Satzung unter Denkmalschutz gestellt werden (z. B. § 4 DSchG Brandenburg, § 19 DSchG Baden-Württemberg). **736**

Auch die **unmittelbare Umgebung eines Denkmals,** soweit sie für dessen Erscheinungsbild von prägender Bedeutung ist, steht unter Schutz. Nach § 11 Abs. 2 i. V. m. § 10 DSchG Berlin (auch § 8 NDSchG) darf diese durch Errichtung oder Änderung baulicher Anlagen, durch die Gestaltung der unbebauten öffentlichen und privaten Flächen oder in anderer Weise nicht so verändert werden, dass die Eigenart und das Erscheinungsbild des Denkmals wesentlich beeinträchtigt werden. Die unmittelbare Umgebung eines Denkmals ist der Bereich, innerhalb dessen sich die bauliche oder sonstige Nutzung von Grundstücken oder von öffentlichen Flächen auf das Denkmal prägend auswirkt. **737**

12.1.2 Inhalt und Sozialpflichtigkeit des Denkmalschutzes

▶ *Vgl. weitergehend Rn. 777*

Der Denkmalschutz gehört zu den stärksten Bindungen des Privateigentums. Mit der Eintragung eines Objekts in die Denkmalschutzliste (vgl. § 4 NDSchG) bzw. in die Denkmalkarte sind eine Reihe von öffentlich-rechtlichen Pflichten und Beschränkungen verbunden, die im Rahmen der Sozialpflichtigkeit des Eigentums nach Art. 14 GG regelmäßig hingenommen werden müssen[282]. Die Beschränkungen des Grundstücks müssen allerdings vom Sachverhalt her geboten und in ihrer Ausgestaltung sachgerecht sein[283]. **738**

- So sind z. B. Baudenkmäler zu erhalten (**Erhaltungspflicht**); umgekehrt ist ein Abbruch unzulässig (**Abbruchverbot**). Zu erhalten sind i. d. R. die äußere und innere Gestalt der baulichen Anlage, einschließlich des Erhalts eines denkmalgeschützten Grundrisses, der Fassaden, des Daches, der Treppenhäuser, der Fenster und Türen sowie des sonstigen Inventars.

- Ein Denkmal ist in seinem Erscheinungsbild denkmalgerecht instand zu halten (**Instandhaltungsgebot**) und ggf. auch wieder herzustellen (**Wiederherstellungsgebot** gem. § 13 Abs. 1 DSchG von Berlin).

---

[280] BGH, Urt. vom 25.3.1957 – III ZR 253/55 –, DVBl 1957, 861 = EzGuG 5.2.
[281] BGH, Urt. vom 23.6.1988 – III ZR 8/87 –, BGHZ 105, 15 = EzGuG 5.33; OLG Hamm, Urt. vom 14.3.1994 – 22 U 40/91 –, GuG 1995, 191 = EzGuG 5.51; OLG Hamm, Urt. vom 21.3.1996 – 22 U 49/95 –, NVwZ 1997, 100 = EzGuG 5.53a; OVG Münster, Urt. vom 5.3.1992 – 10 A 1748/86 –, NVwZ-RR 1993, 129 = BRS Bd. 54 Nr. 123 = EzGuG 5.45a.
[282] OVG Hamburg, Urt. vom 24.10.1963 – Bf II 50/63 –, BBauBl 1965, 228 = MDR 1965, 417 = EzGuG 5.3; OVG Münster, Beschl. vom 18.5.1984 – 11 A 1776/83 –, BRS Bd. 42 Nr. 137 = NJW 1986, 1890 = NVwZ 1986, 685 = DVBl 1985, 403 = EzGuG 5.14.
[283] BVerfG, Beschl. vom 12.6.1979 – 1 BvL 19/76 –, BVerfGE 52,1 = EzGuG 14.62.

V Besondere Immobilienarten Denkmalschutz

- Erneuerungen sind zwar grundsätzlich zulässig, jedoch bedürfen sie einer denkmalrechtlichen Genehmigung, auch wenn sie baurechtlich nicht genehmigungspflichtig sind. Bei Erneuerungen sind i. d. R. denkmalgerechte Bauformen und Baumaterialien zu verwenden.
- Eine Änderung des Grundrisses oder der sonstigen Beschaffenheit ist i. d. R. nur zulässig, wenn dadurch der Denkmalwert nicht beeinträchtigt wird.

Die Gebote finden die Grenze in ihrer Zumutbarkeit für den Eigentümer.

739 Die Eintragung in eine Denkmalliste oder Denkmalkarte stellt i. d. R. keine enteignende Maßnahme dar. Die mit der **Unterschutzstellung** einhergehende Wertminderung des Grundstücks **stellt für sich allein auch noch keinen enteignenden Eingriff dar**, denn Art. 14 GG gewährleistet nicht den Marktpreis eines Grundstücks. Entsprechende Maßnahmen haben für sich gesehen deshalb auch keine enteignende Wirkung, die als Vorwirkung einer späteren Enteignung angesehen werden könnten, mit der Folge, dass das Grundstück von der konjunkturellen (qualitativen) Weiterentwicklung ausgeschlossen wäre[284].

740 Die Eintragung in eine Denkmalliste oder Denkmalkarte kann aber im Einzelfall eine bedingt enteignende Wirkung haben, wenn sie zu einer übermäßigen Belastung des Eigentümers im vermögensrechtlichen Bereich führt. Eine Überschreitung der allerdings nicht konkret definierten Zumutbarkeitsgrenze (salvatorische Zumutbarkeitsregel) löst eine Entschädigungspflicht aus. Die denkmalschutzrechtlichen Bindungen (insbesondere die Pflicht zur Erhaltung der alten Bausubstanz, vgl. § 6 NDSchG) können für den Eigentümer auch ohne Überschreitung der entschädigungsauslösenden Enteignungsschwelle erheblich sein.

741 Ist aufgrund der Unterschutzstellung ein **Entschädigungsanspruch** zu bejahen, so muss er geltend gemacht werden und ist bei der Verkehrswertermittlung grundsätzlich zu berücksichtigen, solange der Eigentümer des Grundstücks diesen (noch) beanspruchen kann. Wird ein Entschädigungsanspruch bei der Veräußerung des Grundstücks an den Käufer abgetreten, so wird er bei der Kaufpreisbemessung zu berücksichtigen sein. Ist hingegen ein Entschädigungsanspruch bereits abgegolten oder ein Anspruch nicht gegeben, spielt er bei der Kaufpreisbemessung keine Rolle. Der Verkehrswert ist dann bereits entsprechend gemindert.

742 Der Eigentümer, der eine aus seiner Sicht **rechtswidrige Unterschutzstellung eines Gebäudes als Denkmal** hinnimmt und von den sich ihm bietenden Möglichkeiten des Primärrechtsschutzes keinen Gebrauch macht, kann in einem nachfolgenden Zivilprozess grundsätzlich allerdings keine Entschädigung nach dem Rechtsinstitut des enteignungsgleichen Eingriffs verlangen. Vielmehr ist dem Betroffenen im Rahmen des enteignungsgleichen Eingriffs generell die aus dem Gedanken des § 254 BGB abzuleitende Pflicht auferlegt, nach Bekanntgabe des Verwaltungsakts der Unterschutzstellung zu prüfen, ob der darin enthaltene Eingriff in sein Eigentum rechtmäßig ist oder nicht (vgl. Teil VI Rn. 12 ff.). Ergeben sich bei dieser Prüfung Zweifel an der Rechtmäßigkeit des Eingriffs oder hätte die Prüfung zu diesem Ergebnis geführt, so ist der Betroffene im Regelfall gehalten, die zulässigen verwaltungsrechtlichen Rechtsbehelfe zu ergreifen, um den drohenden Schaden abzuwenden. Unterlässt er eine zumutbare Anfechtung und kann ihm dies i. S. eines „Verschuldens in eigener Angelegenheit" vorgeworfen werden, so steht ihm im Regelfall ein Entschädigungsanspruch für solche Nachteile nicht zu, die er durch die Anfechtung hätte vermeiden können[285]. Ein „verfallener" Anspruch ist im Rahmen der Verkehrswertermittlung kein „Aktivposten".

12.1.3 Denkmalgeprägter Verkehrswert?

743 Der Denkmalschutz gehört zu den rechtlichen den Verkehrswert beeinflussenden Gegebenheiten i. S. des § 194 BauGB. Von einem „denkmalgeprägten" Verkehrswert kann allerdings erst dann gesprochen werden, wenn der Denkmalschutz entsprechend der Vorgabe des § 194

---

[284] BGH, Urt. vom 11.2.1988 – III ZR 64/87 –, EzGuG 5.30; hierzu nach Zurückverweisung: KG Berlin, Urt. vom 6.12.1988 – U 3735/88 –, GuG 1990, 106 = EzGuG 5.35.
[285] BGH, Urt. vom 21.12.1989 – III ZR 132/88 –, BGHZ 110, 12 = EzGuG 5.38; BGH, Urt. vom 26.1.1984 – III ZR 216/82 –, BGHZ 90, 17 = EzGuG 6.223.

BauGB Eingang in den Verkehrswert findet, denn der Denkmalschutz muss sich nicht zwangsläufig auf die Höhe des Verkehrswerts auswirken[286]. Denkmalschutz kann nämlich auch wertneutral sein[287]. Ein denkmalgeprägter Verkehrswert im eigentlichen Sinne liegt erst dann vor, wenn der Verkehrswert eines z. B. mit einem Denkmal bebauten Grundstücks vom Verkehrswert desselben Grundstücks unter der Annahme abweicht, dass das Gebäude nicht unter Schutz gestellt worden ist[288]. Im Übrigen ist die Verwendung des Begriffs „denkmalgeprägter" Verkehrswert nur im Einzelfall zur Klarstellung sinnvoll, denn die Denkmaleigenschaft ist wie jede andere verkehrswertbeeinflussende Eigenschaft eines Grundstücks zu berücksichtigen, ohne dass dies sonsthin zum Ausdruck gebracht wird. So ist es z. B. auch nicht üblich, von einem „erschließungsgeprägten" oder „aussichtsrechtsgeprägten" Verkehrswert zu sprechen.

Grundsätzlich kann sich der Denkmalschutz auf den Verkehrswert eines Grundstücks wertmindernd, werterhöhend aber auch – wie bereits herausgestellt – **wertneutral auswirken**. Der Denkmalschutz stellt sich häufig als ein werterhöhendes „Prädikat" dar, so z. B. bei älteren Wohngebäuden (Gründerzeithäuser), die an die heute herrschenden Vorstellungen an Wohnraum angepasst worden sind, bei Gastronomiebetrieben in historischen Bauten oder auch bei Firmenzentralen (Hauptverwaltung von Siemens in München). Überwiegend wird die Unterdenkmalschutzstellung jedoch am Markt als wertmindernd eingeschätzt; sie kann sich aber auch wertneutral. Wertmindernd sind insbesondere das Instandhaltungs- und Instandsetzungsgebot sowie das Abbruchverbot. 744

Die Frage, ob sich der Denkmalschutz werterhöhend, wertmindernd oder wertneutral auswirkt, beantwortet sich dadurch, dass man **Vor- und Nachteile der Unterschutzstellung entsprechend der Anschauung des gewöhnlichen Geschäftsverkehrs miteinander „aufrechnet"**. 745

Die denkmalschutzrechtlichen Beschränkungen führen überwiegend zu einem Minderwert gegenüber einem vergleichbaren unbelasteten Grundstück. Zur Ermittlung der Höhe der Wertminderung lassen sich keine allgemeingültigen Regeln aufstellen. Der **Eigentümer muss regelmäßig eine 10%ige Verkehrswertminderung im Rahmen der Sozialbindung hinnehmen**[289]. Ein Minderwert von 15 % infolge des Denkmalschutzes ist nach Auffassung des OLG München auch noch nicht als enteignender Eingriff zu sehen[290]. Da nach der Rechtsprechung bei einer Wertminderung von > etwa 15 % gegenüber dem „unbelasteten" Verkehrswert ein Entschädigungsanspruch ausgelöst werden kann, liegen die Abschläge auch nur in einem Bereich, der dem Eigentümer zuzumuten ist.

Die Zumutbarkeitsschwelle kann durch direkte und indirekte (steuerliche) Förderungsmaßnahmen angehoben werden („Herbeiführung der Zumutbarkeit"). **Steuerliche Vorteile** sind im Rahmen der Saldierung von Vor- und Nachteilen zu berücksichtigen. 746

Die Ermittlung der Wertminderung im Wege des direkten oder indirekten **Preisvergleichs** auf der Grundlage von Kaufpreisen vergleichbarer Grundstücke oder mit Vergleichsfaktoren scheidet wegen der individuell unterschiedlichen Einzelsachverhalte i. d. R. aus. Ob und wie sich die Denkmaleigenschaft auf den Verkehrswert auswirkt, wird deshalb – wie ausgeführt – durch **Aufrechnung der damit verbundenen Vor- und Nachteile** ertragswirtschaftlich ermittelt. Der denkmalgeprägte Verkehrswert übersteigt demzufolge den (fiktiven) Verkehrswert desselben Grundstücks ohne Denkmaleigenschaft, wenn die Vorteile die Nachteile über- 747

---

286 So auch für Sanierungsgebiete: OVG Lüneburg, Beschl. vom 10.3.2003 – 1 LA 38/03 –, BRS Bd. 66 Nr. 228 = EzGuG 15.106 f;
287 Bay Landtag LT-Drucks. 14/7308.
288 A.A. Meiß in ZfV 1985, 356, der u. a. auf die Restnutzungsdauer des Gebäudes abstellt, obwohl die Besonderheit dieser Objekte gerade darin besteht, dass die Gebäude zu erhalten sind und dies i. d. R. technisch auf Dauer auch möglich ist.
289 BayObLG, Urt. vom 8.12.1998 – 2 Z RR 363/97 –, BayObLGZ 1998, 321 = BayVBl. 1999, 251 = NVwZ 1999, 1023 = JMBlBy 1999, 15 = EzGuG 5.56; OLG Hamm, Urt. vom 28.11.1996 – 16 U 3/96 –, NVwZ-RR 1998, 214 = AgrarR 1998, 119 = EzGuG 6.282b.
290 OLG München, Urt. vom 17.11.1983 – 1 U 2829/83 –, AVN 1987, 245 = EzGuG 5.11; OLG Koblenz, Urt. vom 28.11.1984 – 1 U 266/84 –, EzGuG 5.15.

V Besondere Immobilienarten — Denkmalschutz

treffen und umgekehrt. Dabei kann es jeweils nur um solche Vor- und Nachteile gehen, die jedermann treffen. Bezüglich der mit der Denkmaleigenschaft verbundenen steuerlichen Vorteile ist in der Rechtswissenschaft strittig, ob hier eine objekt- oder subjektbezogene Betrachtungsweise durchgreift[291].

748 Aus den vorstehenden Ausführungen ergibt sich, dass es im Zusammenhang mit der Verkehrswertermittlung von Grundstücken, die mit einem Denkmal bebaut sind, **zwischen drei Wertermittlungsaufgaben** zu **unterscheiden** gilt:

a) Ermittlung eines „denkmalgeprägten" Verkehrswerts, wenn sich aus der Bebauung gegenüber einem „unbelasteten" Grundstück ein davon abweichender Verkehrswert ergibt,

b) Ermittlung des Entschädigungs- bzw. Ausgleichsanspruchs bei einem denkmalverursachten enteignenden Eingriff, wenn das Eigentum nicht entzogen wird, und

c) Ermittlung des Entschädigungsanspruchs bei Enteignung bzw. Übernahmeverlangen.

In den Fällen a) und b), in denen also ein Entschädigungs- bzw. Übernahmeanspruch besteht, stellt sich darüber hinaus die Frage, ob überhaupt der Entschädigungs- bzw. Ausgleichsanspruch bei der Verkehrswertermittlung zum Abzug gebracht wird, denn immerhin „hängt" dieser Anspruch vermögensmäßig am Grundstück. Allgemein wird hierzu empfohlen, diesen Anspruch bei der Verkehrswertermittlung unberücksichtigt zu lassen und den insoweit „denkmalgeprägten" Verkehrswert zu ermitteln. Diesbezüglich stellt sich nämlich die rechtlich zu beurteilende Frage, ob im Falle einer zwischenzeitlichen Veräußerung des Grundstücks dieser Anspruch auf den Käufer übergegangen ist. In jedem Falle sollte aber bei dieser Vorgehensweise im Gutachten auf diesen Umstand hingewiesen werden bzw. der Sachverständige sollte durch den Auftraggeber eine Klärung diesbezüglich herbeiführen.

12.2 Zumutbarkeitsschwelle

Schrifttum: *Grams* in BlnGE 2003, 716; *ders.* in BlnGE 1999, 1099; *Schmidt* in BlnGE 2000, 259; *Haaß*, Privatnützigkeit und Wirtschaftlichkeitsberechnung im Denkmalschutz, NVwZ 2002, 1054; *Groth, K.-M.*, Zum Nachweis der wirtschaftlichen Unzumutbarkeit im Denkmalschutzrecht, BlnGE 2006, 958.

749 Das BVerfG hat in seiner Leitentscheidung vom 2.3.1999[292] klargestellt, dass auch die Sozialpflicht des Eigentums dessen Privatnützigkeit wahren muss. Einen Entschädigungsanspruch löst der Denkmalschutz erst aus, wenn eine unzumutbare Beeinträchtigung vorliegt[293]. Die Zumutbarkeitsschwelle wird überschritten, wenn das betroffene Grundstück nicht mehr sinnvoll genutzt werden kann, insbesondere, soweit die **Kosten der Erhaltung und der Bewirtschaftung nicht durch Erträge oder den Gebrauchswert des Kulturdenkmals aufgewogen** werden. Wenn also die Belastungen so schwer sind, dass sie dem Eigentümer auch unter Berücksichtigung der Sozialbindung nicht mehr zuzumuten sind, entfaltet die Unterschutzstellung enteignende Wirkung. Denn dem Eigentümer kann nicht zugemutet werden, dass er auf Dauer zur Erhaltung des Denkmals zuschießt („Zuschussobjekt"). Hierbei sind allerdings staatliche und kommunale Zuschüsse sowie steuerliche Vergünstigungen zu berücksichtigen, die Zumutbarkeitsschwelle absenken[294]. Umgekehrt hat der Eigentümer eine Wertminderung entschädigungslos hinzunehmen, soweit die Zumutbarkeitsschwelle nicht überschritten wird.

---

291 Kleeberg/Eberl, Kulturgüter in Privatbesitz, Heidelberg, 2. Aufl. 2000, Rn. 120 m. w. N.
292 BVerfG, Urt. vom 2.3.1999 – 1 BvL 7/91 –, BVerfGE 100, 226 = NJW 1999, 2877 = NVwZ 1999, 1218 = EzGuG 5.61a.
293 BGH, Urt. vom 9.10.1986 – III ZR 2/84 –, BGHZ 99, 24 = EzGuG 5.23; BGH, Urt. vom 11.2.1988 – III ZR 64/87 –, BRS Bd. 48 Nr. 115 = EzGuG 5.30; BGH, Urt. vom 26.4.1990 – III ZR 47/89 –, GuG 1991, 215 = EzGuG 5.40.
294 BVerfG, Beschl. vom 19.6.1969 – I BvR 353/67 –, BVerfGE 26, 215 = NJW 1969, 1475 = DÖV 1970, 141 (LS); BVerwG, Beschl. vom 10.7.1987 – 4 B 146/87 –, EzGuG 5.25; BVerwG, Urt. vom 21.6.1974 – 4 C 14/74 –, BRS Bd. 28 Nr. 138 = EzGuG 13.23; OVG Münster, Urt. vom 18.5.1984 – 11 A 1776/83 –, BRS Bd. 42 Nr. 137 = EzGuG 5.14; VGH Mannheim, Urt. vom 30.11.1977 – III 2006/76 –; VGH Mannheim, Urt. vom 10.5.1988 – 1 S 1949/87 –, DVBl 1988, 1219 = EzGuG 5.32; zu salvatorischen Entschädigungsklauseln: BVerwG, Urt. vom 15.2.1990 – 4 C 47/89 –, EzGuG 6.251.

Die Erhaltung eines Gebäudes ist unzumutbar, wenn sich die Ziele des Denkmalschutzes schon aus „tatsächlichen" Gründen nicht mehr verwirklichen lassen, insbesondere wenn ein **Baudenkmal in absehbarer Zeit** ohnehin **dem Verfall preisgegeben** und als Ruine nicht erhaltungswürdig ist, wenn bei einer Sanierung die Identität des Denkmals verloren ginge und nur noch eine Rekonstruktion entstünde oder wenn eine den Anforderungen des Denkmalschutzes genügende Nutzung nicht in Betracht kommt.

750

Ob sich eine Unterschutzstellung im Rahmen der Sozialbindung des Eigentums (Art. 14 Abs. 1 Satz 2 und Abs. 2 GG) hält und sie damit vom Eigentümer selbst bei eingetretener Minderung des Verkehrswerts entschädigungslos hinzunehmen ist oder ob mit einer damit einhergehenden Beeinträchtigung in die verfassungsrechtlich geschützte Rechtsposition des Eigentümers eingegriffen wird, beurteilt sich gemäß gefestigter Rechtsprechung nach der sog. „Zumutbarkeitsschwelle". Die Zumutbarkeit ist anhand einer **Wirtschaftlichkeitsberechnung** zu prüfen[295].

751

Von einer wirtschaftlichen Unzumutbarkeit kann vielmehr erst gesprochen werden, wenn der Eigentümer das **Grundstück nicht mehr wirtschaftlich sinnvoll nutzen kann und die Aufwendungen** für den Erhalt unter Berücksichtigung staatlicher Zuschüsse und anderer Vorteile **in einem nachhaltigen Missverhältnis zum realisierbaren Nutzwert des Grundstücks stehen** [296]. Hierbei sind steuerliche Vorteile, Ausgleichsleistungen und auch behördlich zugelassene Vereinbarungen der Ertragslage zu berücksichtigen.

752

Der **Begriff der Unzumutbarkeit**[297] wird z. B. in § 7 Abs. 3 des NDSchG definiert. Danach tritt eine unzumutbare wirtschaftliche Belastung insbesondere dann ein, wenn die Erhaltung und Bewirtschaftung nicht durch Erträge oder den Gebrauchswert des Kulturdenkmals aufgewogen werden; die Vorschrift nennt allerdings nur einen Anwendungsfall, in dem die Erhaltung des Baudenkmals wirtschaftlich unzumutbar sein kann.

§ 7 NDSchG hat folgenden Wortlaut:

753

„§ 7 Grenzen der Erhaltungspflicht

(1) Erhaltungsmaßnahmen können nicht verlangt werden, soweit die Erhaltung den Verpflichteten wirtschaftlich unzumutbar belastet.

(2) Ein Eingriff in ein Kulturdenkmal ist zu genehmigen, soweit

– 1.der Eingriff aus wissenschaftlichen Gründen im öffentlichen Interesse liegt,

– 2.ein überwiegendes öffentliches Interesse anderer Art den Eingriff zwingend verlangt,

– 3.die unveränderte Erhaltung den Verpflichteten wirtschaftlich unzumutbar belastet.

(3) Unzumutbar ist eine wirtschaftliche Belastung insbesondere, soweit die Kosten der Erhaltung und Bewirtschaftung nicht durch die Erträge oder den Gebrauchswert des Kulturdenkmals aufgewogen werden können. Kann der Verpflichtete Zuwendungen aus öffentlichen oder privaten Mitteln oder steuerliche Vorteile in Anspruch nehmen, so sind diese anzurechnen. Der Verpflichtete kann sich nicht auf die Belastung durch erhöhte Erhaltungskosten berufen, die dadurch verursacht wurden, dass Erhaltungsmaßnahmen diesem Gesetz oder sonstigem öffentlichem Recht zuwider unterblieben sind.

(4) Absatz 1 und Absatz 2 Nr. 3 gelten nicht für das Land, die Gemeinden, die Landkreise und die sonstigen Kommunalverbände."

§ 16 Abs. 1 des DSchG Berlin [298] bestimmt:

„Unzumutbar ist eine wirtschaftliche Belastung insbesondere, soweit die Kosten der Erhaltung und Bewirtschaftung dauerhaft nicht durch die Erträge und den Gebrauchswert des Denkmals aufgewogen werden können."

---

295 VerfGH Bayern, Urt. vom 27.9.2007 – 1 B 00.2474 –, GuG 2008, 237 = EzGuG 5.66; VGH Mannheim, Urt. vom 11.11.1999 – 1 S 413/99 –, BRS Bd. 62 Nr. 220 = EzGuG 5.62.
296 BGH, Urt. vom 8.6.1978 – III ZR 161/76 –, BGHZ 72, 211 = EzGuG 5.5; Leibholz/Lincke in DVBl 1975, 933 ff.
297 Nüßgens/Boujong, Eigentum, Sozialbindung, Enteignung, Beck-Verlag München 1987, Rn. 224 unter Hinweis auf BGH, Urt. vom 18.12.1980 – III ZR 64/80 –.
298 VG Berlin, Beschl. vom 20.4.2006 – 16 A 181/00 –, Bln GE 2006, 983 = EzGuG 5.64; VG Berlin, Urt. vom 22.5.2006 – 16 A 367/95 –.

V Besondere Immobilienarten — Denkmalschutz

754 Diese Definitionen entsprechen den Grundsätzen der nachfolgend dargelegten **Rechtsprechung zum Denkmalschutz,** die entsprechend zur Anwendung kommen kann. Ihr kommt insoweit eine Allgemeingültigkeit zu.

755 Die mit § 7 Abs. 3 Satz 1 NDSchG gegebene Definition vermag den in § 7 Abs. 2 Nr. 3 NDSchG verwendeten Begriff der **wirtschaftlichen Unzumutbarkeit**[299] allerdings nicht erschöpfend zu erklären. In der Entscheidung des OVG Lüneburg[300] heißt es:

„Es mag zwar möglich sein, dass das Erd- und das Obergeschoss des Hauses sowie einige Reparaturen an der Außenschale des Umfassungsmauerwerks mit einem Aufwand von rd. 100 000 € in einen Zustand zu versetzen sind, der das Haus wieder bewohnbar werden lässt. Insoweit wird das Gutachten des Sachverständigen ... das Erforderliche zutreffend wiedergeben. Ob die darauf aufbauende, § 7 Abs. 3 Satz 1 NDSchG anwendende Kostenrechnung zutrifft, die die Beklagte ... vorgelegt hat, lässt der Senat offen. Denn die Substanzverbesserung, die der Kläger damit erreichte, wäre, soweit die Vermietbarkeit der vom Gutachter konzipierten zwei Wohnungen in Frage stünde, ganz unbedeutend. Die Vermietbarkeit als solche wird erheblichen Schwierigkeiten schon deswegen begegnen, weil zwei relativ großen Dielen verhältnismäßig kleine und zum Teil verwinkelte Räume zugeordnet sind. Diese Wohnungen entsprechen nicht dem Standard, der heute an Wohnungszuschnitt und Ausstattung gestellt wird. Die insbesondere im Obergeschoss sehr niedrigen lichten Deckenhöhen von 1,80 m bis 2,04 m und die in beiden Geschossen funktionslos teilweise ungleichen Fußbodenhöhen werden potenzielle Mieter davon abhalten, ernsthaft den Einzug in dieses Haus zu dem von der Beklagten angenommenen Mietpreis zu erwägen. Der Umbauaufwand stünde darüber hinaus in einem unvertretbaren Missverhältnis zu dem Wert, der dem Haus in seinem jetzigen Zustand beigemessen werden kann. Es muss nämlich die Bausubstanz des Bauwerks allgemein als aufgebraucht angesehen werden. Die vom Gutachter für erforderlich gehaltenen Arbeiten können nur als Reparatur zur notdürftigen Wiederherstellung der Bewohnbarkeit des Hauses angesehen werden."

756 Bezüglich des Zeitraums, aus dem sich die Rentierlichkeit des Sanierungsaufwands ergibt, geht das Gericht in einer späteren Entscheidung davon aus, dass sich die **Investition in einem Zeitraum von mindestens 20 Jahren amortisieren** muss. In einer weiteren Entscheidung des OVG Lüneburg[301] heißt es dazu:

„Bei einem Sanierungsaufwand von 144 440 € ergibt sich die Unzumutbarkeit der wirtschaftlichen Belastung gemäß § 7 Abs. 3 Satz 1 NDSchG schon aus der Berechnung der Beklagten selbst. Zwar endet diese Berechnung mit einer durchschnittlichen erforderlichen Kostenmiete von 3,20 €. Dieser Wert ergibt sich jedoch erst bei einem Zeitraum von 50 Jahren. In den ersten 10 Jahren hat die Beklagte eine notwendige Kostenmiete von 4,00 € und in den folgenden 20 Jahren sogar eine Kostenmiete von 5,51 € errechnet. Eine solche Miete kann aber, wie oben ausgeführt worden ist, aller Voraussicht nach nicht erzielt werden. Da die Zumutbarkeitsgrenze jedenfalls dann überschritten ist, wenn der Eigentümer auf Dauer bei der Erhaltung des Baudenkmales zuschießen müsste (BGH, Urt. vom 8.6.1978 – III ZR 161/76 –, EzGuG 5.5, unter Bezugnahme auf Schmaltz, BauR 1976, 96 [97]), kann der Klägerin nicht zugemutet werden, zunächst 30 Jahre lang eigenes Kapital für die Erhaltung ihres denkmalwürdigen Gebäudes aufzubringen."

757 Wird im Rahmen des Denkmalschutzes die Genehmigung zum Abbruch eines Gebäudes versagt, dessen ungewöhnlich hohe Bewirtschaftungskosten zu einem **Kaufpreis** (Verkehrswert) führen würden, der „lediglich **etwa zwei Drittel des Verkehrswerts des unbebauten Grund und Bodens**" ausmacht, so löst dies nach einer Entscheidung des BGH eine Enteignungsentschädigung aus[302]. Ist das Grundstück mit einer denkmalgeschützten Bausubstanz aufgrund des Erhaltungsaufwands „praktisch unverkäuflich", weil eine sinnvolle Nutzungsmöglichkeit nicht besteht, bestimmt sich der Wert nach dem Bodenwert abzüglich Freilegungskosten. Das VG Berlin[303] hat hierzu ausgeführt (vgl. Rn.770):

„.....Gleichwohl kann dem Eigentümer nicht angesonnen werden, die Immobilie mit dem denkmalgeschützten Objekt zu einem nur „symbolischen" Preis zu veräußern, denn dann könnte von einer wirtschaftlichen Verwertung des grundsätzlich privatnützigen Eigentums nicht mehr die Rede sein. Nach Auffassung des Gerichts wird der Eigentümer allerdings auch nicht verlangen können, dass der Kaufpreis

---

[299] VGH Mannheim, Urt. vom 10.5.1988 – 1 S 1949/87 –, DÖV 1989, 79 = EzGuG 5.32.
[300] OVG Lüneburg, Urt. vom 14.10.1982 – 6 A 123/80 –, BRS Bd. 39 Nr. 145 = EzGuG 5.10.
[301] OVG Lüneburg, Urt. vom 4.10.1984 – 6 A 11/83 –, BRS Bd. 42 Nr. 142 = EzGuG 5.14a.
[302] BGH, Urt. vom 8.6.1978 – III ZR 161/76 –, BGHZ 72, 211 = EzGuG 5.5.
[303] VG Berlin, Urt. vom 13.10.2011 – 16 K 28/10 –, BlnGE 2012, 1389.

mindestens die von ihm seinerzeit für den Erwerb aufgewendeten Kosten zuzüglich der danach in den Erhalt des Objekts investierten Beträge abdecken oder etwa an dem gegenwärtigen Marktwert eines vergleichbaren Objekts, das nicht dem Denkmalschutz unterliegt, orientieren muss. Vielmehr bemisst sich nach Auffassung der Kammer der angemessene Kaufpreis in Fällen der vorliegenden Art nach dem Bodenwert abzüglich der voraussichtlichen Abrisskosten für das denkmalgeschützte Bauwerk."

Typische Fallgestaltungen für eine **wirtschaftliche Unzumutbarkeit:** 758

1. Eine mit der denkmalgerechten Erhaltung eines Gebäudes oder Gebäudeteils verbundene museale Nutzung[304].
2. Aufgrund geänderter Lebens- und Wirtschaftsformen nicht mehr oder nur noch eingeschränkt nutzbare alte Scheunen, Mühlen und Speicher, für die sich auch keine wirtschaftlich tragfähige Nachfolgenutzung anbietet.
3. Schlösser, Villen und andere Repräsentationsgebäude mit aufwendiger Architektur, unwirtschaftlichem und übergroßem Bauvolumen und Grundrissen, die heutigen Wohn- und Arbeitsbedingungen nicht mehr entsprechen und deren Gebrauchswert in einem anhaltenden Missverhältnis zu den laufenden Instandhaltungs-, Heiz- und Reinigungskosten steht[305].

In jedem Fall bedarf es zur Feststellung der wirtschaftlichen Unzumutbarkeit einer genauen Analyse am konkreten Einzelfall. Im Rahmen einer solchen **Wirtschaftlichkeitsberechnung**[306] sind die Erhaltungs- und Bewirtschaftungskosten den Erträgen bzw. dem Gebrauchswert gegenüberzustellen. 759

Dominierende Größe der Wirtschaftlichkeitsberechnungen sind die **Sanierungskosten** bzw. deren Finanzierungskosten. Zu dem in der Praxis gebräuchlichen „Baukostenkatalog 2012/13"[307] vgl. Anh. 5 zur Syst. Darst. des Sachwertverfahrens. 760

Denkmalpflegerische Sonderaufwendungen sind mit 5 bis 10 % der Bauwerkskosten zusätzlich anzusetzen[308]. 761

Als besondere Erschwernisse fallen bei bestehenden Gebäuden insbesondere die **Kosten von Mieterumsetzungen, Ausgleichswohnungen und die Kosten der Zwischenunterbringung** von Möbeln und sonstigen Einrichtungen an. 762

In der **Rechtsprechung** sind dafür folgende **Grundsätze** entwickelt worden: 763

a) Allein die Tatsache, dass bei einem (Teil-)Abbruch und einer Neubebauung geringere Kosten als bei Erhalt der bestehenden baulichen Anlage entstehen würden, führt nicht zur wirtschaftlichen Unzumutbarkeit[309].

b) Allein die Tatsache, dass durch Neuvermietung höhere Renditen erzielt werden könnten, führt nicht zur wirtschaftlichen Unzumutbarkeit[310].

c) Allein die Tatsache eines Mindererlöses des Grundstücks kann keine wirtschaftliche Unzumutbarkeit mit enteignender Wirkung begründen[311].

d) Eine wirtschaftliche Unzumutbarkeit liegt vor, wenn sich Investitionen zum Erhalt der baulichen Anlage nicht mindestens in 20 Jahren amortisieren[312].

e) Bei der Prüfung einer wirtschaftlichen Unzumutbarkeit ist ein längerer Zeitraum zugrunde zu legen, wobei absehbar sein muss, dass der Eigentümer mittelfristig keine angemessene

---

304 BGH, Urt. vom 8.6.1978 – III ZR 161/76 –, BGHZ 72, 211 = EzGuG 5.7a; VGH Mannheim, Urt. vom 30.11.1977 – III 2006/76 –.
305 BGH, Urt. vom 9.10.1986 – III ZR 2/84 –, BGHZ 99, 24 = EzGuG 5.23.
306 VGH Mannheim, Beschl. vom 11.11.1999 – 1 S 413/99 – BRS Bd. 62 Nr. 220 = EzGuG S. 62.
307 Schmitz/Krings/Dahlhaus/Meisel, Baukosten 2012/13 Altbau, 21. Aufl. 2013.
308 Gesamtverband der Wohnungswirtschaft e. V., GdW Schriften 43, Modernisierung und Entwicklung des Wohnungsbestandes 1994, S. 145 ff.
309 Nußgens/Boujong, Eigentum, Sozialbindung, Enteignung, Beck-Verlag München 1987.
310 OVG Lüneburg, Urt. vom 16.1.1984 – 1 A 68/82 –, NVwZ 1984, 741 = EzGuG 5.12.
311 OVG Lüneburg, Urt. vom 4.10.1984 – 6 A 11/63 –, NJW 1986, 1892 = EzGuG 5.14a.
312 VGH Mannheim, Urt. vom 12.12.1985 – 5 S 2653/84 –, BRS Bd. 44 Nr. 128 = EzGuG 5.21 d.

Rendite aus dem Objekt erwirtschaften kann. In Anlehnung an das Steuerrecht bietet sich eine Zehnjahresfrist an (vgl. OVG Lüneburg, a. a. O.).

f) Bezugspunkt für die Zumutbarkeit von Erhaltungs- und Pflegemaßnahmen ist der Nutzwert des jeweiligen Kulturdenkmals und nicht etwa die allgemeine wirtschaftliche Situation des verpflichteten Eigentümers oder Besitzers. Weder kann die Sozialbindung dazu führen, dass ein Eigentümer sein sonstiges Eigentum und Vermögen für den Erhalt eines Kulturdenkmals opfern muss, noch kann umgekehrt die Zulässigkeit denkmalschutzrechtlicher Anordnungen an einer etwa gegebenen schlechten finanziellen Situation des Eigentümers scheitern.

g) Die Sozialbindung des Eigentums verpflichtet auch den Eigentümer eines Baudenkmals nicht, auf Dauer bei der Erhaltung eines Gebäudes „zuzuschießen". Die aus der Erhaltung und Unterhaltung entstehenden Folgekosten können ihm dann nicht mehr entschädigungslos zugemutet werden, wenn der Erhaltungsaufwand unter Berücksichtigung staatlicher und kommunaler Zuschüsse sowie der zu erwartenden steuerlichen Vergünstigungen in einem anhaltenden Missverhältnis zum realisierbaren Nutzwert für den Eigentümer steht[313].

h) Die Erträge müssen die Bewirtschaftungskosten übersteigen, d. h., dem Eigentümer kann mittelfristig nicht zugemutet werden „zuzulegen". Andernfalls ist der Erhalt wirtschaftlich unzumutbar. Schuldhaft unterlassene Er- und Unterhaltungsmaßnahmen müssen dabei unberücksichtigt bleiben[314].

i) Die Grenze der zumutbaren und verfassungsrechtlich zulässigen Belastung des Eigentümers eines denkmalgeschützten Objekts ist nicht bereits dann überschritten, wenn der Erhalt und die Bewirtschaftung des Baudenkmals prognostisch unwirtschaftlich ist, sondern erst dann, wenn das Objekt für den Eigentümer zu einem Preis praktisch unverkäuflich ist[315].

764 Die wirtschaftliche Unzumutbarkeit ist an das Objekt gebunden. Die Frage, ob bezüglich der Zumutbarkeit eine **subjektive oder objektive Betrachtungsweise** maßgeblich ist und ggf. die persönlichen Einkommens- und Vermögensverhältnisse des Eigentümers in die Betrachtung einzubeziehen sind, war umstritten[316].

765 Der BGH hat in einer älteren Entscheidung unscharf auf Personengruppen abgestellt[317]. Die Instanzengerichte haben auf die „Abwägung aller subjektiven Gesichtspunkte unter Berücksichtigung der objektiven Lage" abgestellt und festgestellt, dass der Begriff der Zumutbarkeit allgemein, einheitlich und uneingeschränkt auch für den Fall gilt, dass eine denkmalschützende Anordnung an den Bund gerichtet ist[318]. Bezugspunkt ist also nicht die allgemeine wirtschaftliche Situation des Eigentümers[319], sondern ein **objektbezogener Wirtschaftlichkeitsmaßstab**. Abgesehen von Steuervorteilen ist nunmehr allein auf das voraussichtliche Verhältnis der Investitions- und Bewirtschaftungskosten zu den Nutzungserträgen abzustel-

---

313 OVG Münster, Urt. vom 18.12.1984 – 11 A 1176/83 –, NJW 1986, 1890 = NVwZ 1986, 685 (LS) = OVGE 37, 124 = BRS Bd. 42 Nr. 137.
314 BVerwG, Urt. vom 10.5.1985 – 8 C 35/83 –, BVerwGE 71, 290 = DÖV 1985, 724 = DVBl. 1985, 1173; VGH München, Urt. vom 8.11.1985 – 26 B 82 A. 1173 –, BayVBl 1987, 368 = EzGuG 5.21c.
315 BVerfG Beschl. vom 2.3.1999 – 1 BvL 7/91 –, EzGuG 5.61a = NJW 1999, 2877; BVerfG, Beschl. vom 14.4.2010-1 BvR 2140/08 –, GuG-aktuell 2010, 40 = NVwZ 2010, 957; OVG Koblenz, Urt. vom 02.12.2009 – 1 A 10547/09 –; OVG Bautzen, Urt. vom 10.6.2010 – 1 B 818/06 –, SächsVBl 2011, 29.
316 Battis/Krautzberger/Löhr in Bezug auf Erhaltungssatzungen i. S. d. § 172 BauGB: § 173 Rn. 3; Schmidt-Eichstaedt in DST 1979, 143; Haaß in NVwZ 2002, 1054; Eberl/Martin/Petzet, DenkmalschutzG, Komm., Art. 4 Rn. 13; Dörffeldt, Hess. Denkmalschutzrecht, § 12 Rn. 6; Moench in NJW 1980, 1549; Battis/Schmittat in NuR 1983, 105; Memmesheimer/Upmeier/Schönstein, Denkmalschutzrecht Nordrhein-Westfalen, § 7 Rn. 11.1.
317 BGH, Urt. vom 25.3.1957 – III ZR 253/55 –, DVBl 1957, 861 = EzGuG 5.2; vgl. auch BGH, Urt. vom 19.9.1985 – III ZR 162/84 –, BGHZ 97, 1 = NJW 1986, 1107 = MDR 1986, 386 = NVwZ 1986, 420 (LS) = ZfBR 1986, 88 = BRS Bd. 46 Nr. 168 = RdL 1986, 179.
318 VGH München, Beschl. vom 5.5.1980 – 14 CS 80 A 99 –, EzGuG 5.8a, ähnlich auch VGH München, Urt. vom 8.11.1984 – 26 B 82 A 1773 –, BayVBl 1987, 368 = EzGuG 5.21c.
319 VGH Mannheim, Urt. vom 12.12.1985 – 5 S 2653/84 –, EzGuG 5.21 d; Mönch in NJW 1983, 2002; Battis/Schmittat, Rechtsfragen des Denkmalschutzes NuR 1983, 105.

len³²⁰. Auch § 7 Abs. 3 Satz 1 des NDSchG geht von einer **objektiven Zumutbarkeitsgrenze** aus; auf die Einkommens- und Vermögensverhältnisse des Eigentümers kommt es nicht an.

Selbst unter dem Gesichtspunkt einer möglicherweise erhöhten Sozialpflicht der öffentlichen Hand hat man also in dieser Rechtsprechung **für den Bund objektive Maßstäbe gelten lassen** und ihm im Falle der wirtschaftlichen Unzumutbarkeit einen Entschädigungsanspruch zugesprochen. Entsprechendes gilt grundsätzlich auch für gemeindliches Eigentum. Das BVerwG hat in ständiger Rechtsprechung anerkannt, dass gemeindliches Eigentum entsprechend seiner einfach rechtlich bestimmten Gestalt ebenso wie jedes andere private Eigentum geschützt ist³²¹ (Ausnahme: § 7 Abs. 3 NDSchG).

Ist das **Baudenkmal** mit seiner Umgriffsfläche **Teil eines größeren Grundstückskomplexes, so beurteilt sich die Zumutbarkeit nach dem eigentlichen Denkmalgrundstück**, d. h., der Eigentümer ist auch nicht verpflichtet, mit den Erträgen aus der nicht denkmalgeschützten Bausubstanz zuzuschießen. Dies liefe auf eine „Aushöhlung" der verfassungsrechtlichen Grenzen des Denkmalschutzes hinaus und wäre zugleich ein Verstoß gegen den Gleichheitsgrundsatz im Verhältnis zu denjenigen Eigentümern, die sich auf die Zumutbarkeitsgrenze berufen können, weil sie ein vergleichbares Baudenkmal ohne denkmalbelastete Grundstücksteilflächen innehaben. Auf der anderen Seite ist bei der Beurteilung der Zumutbarkeit das Baudenkmal in seiner Gesamtheit als wirtschaftliche Einheit in die Betrachtung einzustellen; so kann z. B. eine Burggaststätte eine ansonsten unrentable Burg mittragen³²².

Bezüglich der **Umgriffsfläche** ist des Weiteren darauf hinzuweisen, dass in entsprechender Anwendung des Gedankens, der der Regelung des § 17 Abs. 2 Satz 2 ImmoWertV zugrunde liegt, nur die im unmittelbaren (wirtschaftlichen) Zusammenhang mit dem Denkmal erforderliche nutzungsgeprägte Teilfläche dem Denkmal zuzurechnen ist und selbständig nutzbare Freiflächen besonders zu erfassen sind. Solche Flächen müssen insbesondere bei der Ermittlung des Bodenwertverzinsungsbetrags außer Betracht bleiben.

In der Praxis der Verkehrswertermittlung von Grundstücken mit Denkmälern wird zumeist die Zumutbarkeitsgrenze nicht hinreichend beachtet.

Beispiel:

Sanierungskosten:	30 Mio. €	Abbruchkosten:	2,3 Mio. €
		Neubaukosten:	20,3 Mio. €
			rd. 23,0 Mio. €

Mehrkosten der Gebäudesanierung gegenüber Abriss und Neubau

= 23 Mio. € – 30 Mio. €　　　　　　　　　　　　　　　　　　　　　　= – rd. 7,0 Mio. €

abzüglich Bodenwert einschließlich „Umgriff"　　　　　　　　　　　= + rd. 2,8 Mio. €

ergibt einen *negativen Wert* von　　　　　　　　　　　　　　　　　= **– rd. 4,2 Mio. €**

Das *Beispiel* führt mit dem **Negativwert (Unwert)** zu einem **nicht tragbaren Ergebnis:**

a) Kein Grundstückseigentümer würde zum Negativwert verkaufen, d. h., der Verkauf erfolgt allenfalls zu 1 €; ein zusätzlicher Übernahmepreis ist realitätsfremd.

b) Der Denkmalschutz „sprengt" hier die Inhaltsbestimmung des Eigentums; der Eigentümer macht seinen Übernahmeanspruch geltend.

I.d.R. wird als **unterste Grenze des Verkehrswerts der Wert des „reinen Grund und Bodens"** vermindert um die Freilegungskosten anzusetzen sein. Art und Maß der baulichen Nutzung bemessen sich dann abweichend vom Grundsatz, dass sich die bauliche Nut-

---

320 VGH Mannheim, Urt. vom 10.5.1988 – 1 S 1949/87 –, EzGuG 5.32 = NVwZ-RR 1989, 232; VGH Mannheim, Urt. vom 11.11.1999 – 1 S 413/99 –, NuR 2000, 335 = EzGuG 5.62; OVG Koblenz, Urt. vom 2.2.1994 – 8 A 11609/92 –, BauR 1994, 503 = BRS Bd. 5 Nr. 220 = EzGuG 5.50a; OVG Lüneburg, Urt. vom 4.10.1984 – 6 A 11/83 –, NJW 1986, 1892 = BRS Bd. 42 Nr. 142 = EzGuG 5.14a.
321 BVerwG, Urt. vom 24.11.1994 – 7 C 23/93 –, BVerwGE 97, 143 (151); BVerwG, Urt. vom 20.8.1996 – 7 C 5/96 –, VIZ 1996, 648.
322 Lemmel in DVBl. 1983, 680 f.; Heuer in NVwZ 1982, 238; VG Berlin, Urt. vom 22.5.2002 – 16 A 368/97 –.

zung eines mit einem Denkmal bebauten Grundstücks nach der tatsächlich realisierten Art und dem Maß der baulichen Nutzung bemisst.

771 Die **Freilegungskosten** dürfen im Übrigen nicht schematisch angesetzt werden (vgl. Syst. Darst. des Ertragswertverfahrens Rn. 61 ff. und § 16 ImmoWertV Rn. 123 ff.).

772 Wird die **Zumutbarkeitsschwelle überschritten,** ist zwischen
– Eingriffen mit enteignender Wirkung (enteignungsgleicher bzw. ausgleichspflichtiger Eingriff) und dem Fall der
– „klassischen Enteignung"

zu unterscheiden, wobei einige Denkmalschutzgesetze für bestimmte Fälle einen Übernahmeanspruch des Eigentümers ausdrücklich vorsehen[323]. Die Denkmalschutzgesetze der Länder regeln die Entschädigung durch konkretisierende Vorschriften[324] oder durch salvatorische Klauseln, die in der Rechtsprechung bislang nicht beanstandet wurden[325]. Die Enteignung ist zulässig, wenn auf andere zumutbare Weise nicht erreicht werden kann, dass

a) ein geschütztes Kulturdenkmal in seinem Bestand oder seinem Erscheinungsbild erhalten bleibt oder wissenschaftlich ausgewertet werden kann;

b) in einem Grabungsschutzgebiet planmäßige Nachforschungen betrieben werden können (so § 30 des rh.-pf. DSchG, vgl. § 30 nordrh.-westf. DSchG).

773 In den Ländern, die dem Eigentümer ausdrücklich einen Übernahmeanspruch einräumen, finden die enteignungsrechtlichen Vorschriften entsprechende Anwendung. Ein **Übernahmeanspruch** besteht danach immer dann, wenn dem Eigentümer mit Rücksicht auf seine Pflicht zur Erhaltung des Denkmals aufgrund einer behördlichen Maßnahme nicht zuzumuten ist, das Denkmal zu behalten oder es in der bisherigen oder einer anderen zulässigen Art zu nutzen (vgl. § 31 des nordrh.-westf. DSchG).

774 Die Entschädigung bei enteignungsgleichem Eingriff sowie im Falle einer Vollenteignung bemisst sich aus Gründen der **Gleichbehandlung** nach dem Verkehrswert des Grundstücks unter Berücksichtigung dessen, was der Eigentümer im Rahmen der Sozialpflichtigkeit bis zur sog. Zumutbarkeitsschwelle entschädigungslos hinzunehmen hat.

775 **Fazit:** Als Ergebnis dieser Betrachtung ist festzuhalten, dass im Falle einer Wertminderung des Grundstücks infolge der **denkmalschutzrechtlichen Unterschutzstellung** z. B. eines Bauwerks der **Verkehrswert dieses Grundstücks** unter Berücksichtigung eines ggf. bestehenden Ausgleichsanspruchs nur in dem Maße gegenüber dem unbelasteten Grundstück gemindert wird, wie dem Eigentümer zuzumuten ist, die Beeinträchtigungen entschädigungslos hinzunehmen.

12.3 Vor- und Nachteile des Denkmalschutzes

12.3.1 Allgemeines

776 Vor- und Nachteile des Denkmalschutzes bedürfen im Rahmen der Verkehrswertermittlung der Konkretisierung[326]. Hierzu kann unter Bezugnahme auf das Auskunftsrecht nach § 197 BauGB (z. B. i. V. m. § 22 Abs. 3 Nr. 1 nordrh.-westf. DSchG) die Denkmalschutzbehörde um **Konkretisierung**

– der Schutz-, Pflege- und Nutzungspflichten,
– der erlaubnispflichtigen Maßnahmen

und der sonstigen verkehrswertbeeinflussenden Pflichten des Eigentümers gebeten werden.

---

323 So § 31 des nordrh.-westf. Denkmalschutzgesetzes; vgl. OVG Münster, Beschl. vom 14.9.1989 – 2 B 2733/89 –; VG Köln, Urt. vom 23.5.1989 – 14 K 3101/87 –.
324 So z. B. § 31 Abs. 2 des rh.-pf. Denkmalschutzgesetzes durch Verweis auf das Landesenteignungsgesetz.
325 BayVerfGH, Urt. vom 15.5.1981 – Vf. 23 – VI/79 –, BayVBl 1981, 429 = EzGuG 5.8a; OVG Münster, Urt. vom 18.5.1984 – 11 A 1776/83 –, BRS Bd. 42 Nr. 137 = EzGuG 5.14.
326 Vgl. GuG 2003, 108.

Beeinträchtigungen können sich insbesondere ergeben bei 777

a) einer – gemessen an der sozialen Bedeutung des Eigentumsobjekts – übermäßigen, den Grundsatz der Verhältnismäßigkeit verletzenden Einschränkung der freien Verfügungsbefugnis und Nutzungsberechtigung[327];

b) einer hoheitlichen Unterbindung eines rechtmäßig betriebenen Abbaus von Bodenschätzen, auch wenn dies nur zeitweise, z. B. auf drei Jahre, erfolgt[328];

c) einem Abbruch- bzw. Rückbaugebot oder einer sonstigen Anordnung der Denkmalschutzbehörde[329]; wobei eine Abrissgenehmigung dann zu erteilen ist, wenn eine sinnvolle Nutzungsmöglichkeit für den Eigentümer nicht mehr besteht[330];

d) einer unwirtschaftlichen Bauweise, Beibehaltung veralteter Bauweisen und Bauformen (ungünstiges Verhältnis WF/BRI, WF/VF, Raumhöhen, Raumgröße),

e) erhöhten Bewirtschaftungskosten, insbesondere Instandsetzungs- und Betriebskosten (überdurchschnittlicher Unterhaltungsaufwand) aufgrund einer aufwendigen, unwirtschaftlichen und neuzeitlichen Ansprüchen nicht hinreichend anpassbaren Bauweise sowie kostspielige Unterhaltung und Pflege von Außenanlagen;

f) einer mit der Unterschutzstellung verbundenen Anordnung, bestimmte Räume eines Baudenkmals als Museum zu belassen[331];

g) die Berücksichtigung des Denkmalschutzes und der Denkmalpflege bei der Abwägung in der Bauleitplanung,

h) die Pflichten des Verfügungsberechtigten zum Schutz, zur Pflege und sinnvollen Nutzung des Denkmals einschließlich eines *Abrissverbots*[332] (unveränderte Beibehaltung des bisherigen Zustandes)[333],

i) das Gebot der Instandhaltung, Instandsetzung, sachgemäßen Behandlung sowie des Schutzes vor Gefährdung (behördliche Auferlegung von Erhaltungsmaßnahmen),

j) Genehmigungserfordernis für Veränderungen jeglicher Art, insbesondere bei Umnutzungen, Modernisierungen, aber auch bei der Gewinnung von Bodenschätzen, beim Straßenbau und bei Stadterneuerungsmaßnahmen (vgl. § 9, 12 nordrh.-westf. DSchG),

k) Nichtausnutzung der ansonsten zulässigen Bebaubarkeit (GRZ, GFZ); im Hinblick auf den Bestandsschutz kann aber auch eine Übernutzung gesichert sein.

Die Pflichten können mit erheblichen Kosten für den Eigentümer oder Nutzungsberechtigten verbunden sein.

Der Eigentümer eines Denkmals ist jedoch nicht verpflichtet, eine „museale Nutzung" ohne Nutzwert zu unterhalten, und kann die Nutzung seines Denkmals im Rahmen des **passiven Bestandsschutzes** neuzeitlichen Bedürfnissen anpassen, d. h., er genießt umgekehrt nicht den erweiterten Bestandsschutz (vgl. § 6 ImmoWertV Rn. 86). Der Bestandsschutz erstreckt sich nur auf den genehmigten Bestand und die genehmigte Funktion[334].

---
327 BVerwG, Beschl. vom 10.7.1987 – 4 B 146/87 –, NJW 1988, 505 = EzGuG 5.25; OVG Koblenz, Urt. vom 5.6.1987 – 8 A 19/86 –, DÖV 1988, 431 = EzGuG 5.24; BGH, Urt. vom 26.4.1990 – III ZR 47/89 –, GuG 1991, 215 = EzGuG 5.40.
328 BGH, Urt. vom 23.6.1988 – III ZR 8/87 –, BGHZ 105, 15 = EzGuG 5.33; RG, Urt. vom 11.3.1927 – 346/26 –, ZfV 1928, 297 = EzGuG 5.1.
329 BGH, Urt. vom 11.2.1988 – III ZR 64/87 –, BRS Bd. 48 Nr. 115 = EzGuG 5.3; BGH, Urt. vom 9.10.1986 – III ZR 2/84 –, BGHZ 99, 24 = EzGuG. 5.23; OVG Münster, Urt. vom 18.5.1984 – 11 A 1776/83 –, BRS Bd. 42 Nr. 137 = DÖV 1985, 411 = EzGuG 5.14.
330 VG Berlin, Urt. vom 13.10.2011 – 16 K 28/10 –, BlnGE 2012, 1389; OVG Berlin-Brandenburg, Urt. vom 17.9.2008 – 2 B 3/06 –, NVwZ-RR 2009, 192; VG Berlin, Urt. vom 30.7.2002 – 16 A 238/94 –; OVG Hamburg, Urteil vom 12.12.2007 – 2 Bf 10/02 –, BauR 2008, 1435.
331 BGH, Urt. vom 9.10.1986 – III ZR 2/84 –, BGHZ 99, 24 = EzGuG 5.23.
332 BGH, Urt. vom 8.6.1978 – III ZR 161/76 –, BGHZ 72, 211 = EzGuG 5.5.
333 BGH, Urt. vom 8.6.1978 – III ZR 161/76 –, BGHZ 72, 211 = EzGuG 5.5.
334 BVerfG, Beschl. vom 15.12.1995 – 1 BvR 1713/92 –, NVwZ-RR 1996, 483 = BauR 1996, 235 = BRS Bd 57 Nr 246 = BayVBl. 1996, 240; OVG Münster, Urt. vom 3.2.1994 – 10 A 1149/91 –, NVwZ-RR 1995, 247 = BauR 1994, 741 = BRS Bd. 56 Nr. 201 = NWVBl 1994, 302.

V Besondere Immobilienarten   Denkmalschutz

778 **An Vorteilen stehen dem insbesondere gegenüber**

a) Förderungen der EU, des Bundes, der Länder und der Gemeinden[335], soweit sie tatsächlich geleistet werden oder mit Sicherheit zu erwarten sind;
b) Steuerermäßigungen nach den §§ 7h und i, § 10f und § 11b EStG[336] sowie § 115 BewG;
c) Steuerbefreiungen und Steuererlasse nach § 4 Nr. 5 GrStG und den §§ 33 und 34 GrStG[337];
d) Mieterhöhungen, die der Mieter unter den Voraussetzungen des § 559 BGB (MHG) geduldet hat[338].

Grundsätzlich sind zu erwartende Förderungen – ggf. unter Einrechnung eines Sicherheitsabschlags – zu berücksichtigen[339]; sie gleichen insoweit aus dem Denkmalschutz resultierende Nachteile aus.

779 Darüber hinaus ist bei der Wertermittlung aber zu beachten, dass denkmalgeschützte Gebäude ein „im Trend liegendes" hohes Ambiente aufweisen und demzufolge trotz höherer Instandhaltungskosten **Prädikatszuschläge** in die Preisbildung des gewöhnlichen Geschäftsverkehrs eingehen (Sozialprestige).

12.3.2 Steuerliche Vorteile

12.3.2.1 Allgemeines

Schrifttum: *Bauer/Bauer*, Steuerratgeber, Vermietung, Verpachtung, Selbstnutzung, 5. Aufl. Boorberg 2004.

▶ *Vgl. Rn. 53 ff. zum Teil VIII*

780 Die Steuervorteile von denkmalgeschützten Gebäuden können erheblich sein. Die Berücksichtigung steuerlicher Vorteile bei der Verkehrswertermittlung ist umstritten, da steuerliche Vorteile von der individuellen Einkommens- und Vermögenssituation des Eigentümers abhängig sind. Nach der hier vertretenen Auffassung sind sie gleichwohl **verkehrswertimmanent, da je nach Art eines Gebäudes von einer gebäudetypischen Käuferschicht mit entsprechenden Einkommens- und Vermögensverhältnissen ausgegangen werden kann.** Ein denkmalgeschütztes Herrenhaus mit gehobenem Ambiente hat ebenso wie eine einfache denkmalgeschützte Landarbeiterstelle seinen typischen „Markt", d. h., es besteht eine Nachfrage von Käufern mit entsprechenden Einkommens- und Vermögensverhältnissen. Selbst wenn im Einzelfall ein potenzieller Erwerber die entsprechenden Einkommens- und Vermögensverhältnisse nicht aufweist, steht er beim Erwerb in Konkurrenz mit den objektivtypischen Käuferkreisen, die beim Erwerb von den ihren Einkommens- und Vermögensverhältnissen entsprechenden Steuervorteilen ausgehen können, d. h., er muss solche Vorteile auch bei der Kaufpreisbemessung akzeptieren, wenn er „zum Zuge" kommen will. Aus diesem Grunde sind nicht die im Einzelfall sich individuell ergebenden Steuervorteile, sondern die Steuervorteile maßgebend, die dem objekttypischen Käuferkreis entsprechen. Im Unterschied hierzu gehen jedoch in die der Zumutbarkeit zugrunde zu legende Wirtschaftlichkeitsberechnung die im Einzelfall konkreten steuerlichen Vorteile ein[340].

---

335 RdErl. des nordrh.-westf. MSWV vom 16.3.1988 – I C 1 60.00 – 204/88 –, Nordrh.-Westf. MBl. 1988, 535 (vgl. LT-Drucks. 10/4160, S. 24); zu alledem auch Kleiber in Ernst/Zinkahn/Bielenberg/Krautzberger, BauGB, Komm. zu § 6 ImmoWertV Rn. 53 ff.; zur Einschätzung durch Betroffene Lutze in AVN 1988, 170; Kleiber in Krautzberger, Stadtbauförderungsrecht Bd. II Teil I Nr. 9.
336 WoBauFG vom 22.12.1989, BGBl. I 1989, 2408 sowie BGBl. II 1990, 975; hierzu BT-Drucks. 11/5680 und BT-Drucks. 11/5970; vgl. Kirchhof/Söhn, Komm. zum EStG, Müller Verlag, Heidelberg 1993.
337 Röttsinger in KStZ 1990, 65; Troll, GrStG, Komm. 6. Aufl., München 1991, S. 403; BVerwG, Urt. vom 21.9.1984 – 8 C 62/82 –, BVerwGE 70, 162 = EzGuG 1.25.
338 Hierzu Goliasch in ZMR 1992, 129.
339 OLG Brandenburg, Urt. vom 9.11.2011 – 4 U 361/04 –, GuG 2012, 118 = EzGuG 20.213.
340 VGH Mannheim, Urt. vom 11.11.1999 – 1 S 413/99 –, NuR 2000, 335 = BRS Bd. 62 Nr. 220 = BBauBl. 2000, 85 = EzGuG 5.62; OVG Lüneburg, Urt. vom 4.10.1984 – 6 A 11/83 –, NJW 1986, 1892 = BRS Bd. 42 Nr. 142 = Nds-Rpflege 1985, 79 = EzGuG 5.14a.

Denkmalschutz   **Besondere Immobilienarten V**

Bei der Berücksichtigung steuerlicher Vorteile können also nicht die individuellen Steuervorteile des konkreten Eigentümers berücksichtigt werden, wenn es um die Ermittlung des Verkehrswerts geht. Es müssen vielmehr die **Verhältnisse der Käuferschichten** berücksichtigt werden, **die im gewöhnlichen Geschäftsverkehr als Erwerber für das jeweilige Denkmal auftreten.** Denkmalgeschützte Herrenhäuser, Bauernhäuser, Burgen und Schlösser haben ihren spezifischen Markt, und zwar auch einen Käufermarkt.   **781**

Beispiel: **782**
Steuervorteile beim Denkmalschutz
Wohnhaus im sanierungsbedürftigen Zustand unter Denkmalschutz

Verkehrswert	1 000 000 €
Sanierungskosten	500 000 €

1. Erhöhte Abschreibung
Abschreibung der Sanierungskosten über 10 Jahre

Jährliche Abschreibung 500 000 € : 10 %	50 000 €		
Steuerersparnis bei Steuersatz von 50 %	25 000 €		
Kapitalisiert bei Zinssatz 5 % (V = 7,72):	25 000 €	× 7,72	193 000 €

2. Übliche Abschreibung
Abschreibung der Sanierungskosten über 50 Jahre

Jährliche Abschreibung 500 000 € : 50	10 000 €		
Steuerersparnis bei Steuersatz von 50 %	5 000 €		
Kapitalisiert bei Zinssatz 5 % (V = 18,26):	5 000 €	× 18,26	91 300 €
Differenz (Vorteil aus Denkmalschutz)			101 700 €

12.3.2.2 Grundsteuer

Als Vorteile sind hier zu nennen: **Befreiungen, Erlasse usw.** bezüglich der einheitswertabhängigen Grundsteuer nach § 4 Nr. 5 GrStG und Grundsteuererlass nach den §§ 33 und 34 GrStG, wenn der jährliche Rohertrag aus dem Baudenkmal i. d. R. unter den aufzuwendenden Kosten liegt[341]. In Betracht kommt **auch ein teilweiser Grundsteuererlass,** wenn nur selbständig nutzbare Teile (z. B. Gebäudeflügel) geschützt sind.   **783**

Im Unterschied zum Grundsteuererlass bei strukturellem Leerstand wird für Kulturgüter bei Vorliegen der gesetzlichen Voraussetzungen ein Erlass zu 100 % (einschließlich Bodenanteil) gewährt.

Ein Grundsteuererlass wegen **Unwirtschaftlichkeit** setzt voraus   **784**

a) ein besonderes öffentliches Interesse am Erhalt des Denkmals aufgrund seiner Bedeutung für Kunst, Geschichte, Wissenschaft oder Naturschutz, das über die allgemeinen Eigentumsbindungen hinausgeht,

b) ein auf Dauer prognostizierbares Unterschreiten der erzielbaren Einnahmen (Mieten und Pachten bzw. Nutzungswert des Eigentümers auf der Grundlage von Vergleichsmieten) und sonstigen Vorteile (Rohertrag) im Verhältnis zu den grundstücksbezogenen Ausgaben zur Erhaltung des Grundbesitzes (Betriebskosten, Verwaltungskosten, Abschreibungen und ggf. Rückstellungen[342]) und

c) einen Ursachenzusammenhang zwischen der Unwirtschaftlichkeit und der Kulturguteigenschaft des Grundbesitzes[343].

Um den Grundsteuererlass geltend zu machen, muss in den Fällen, in denen unklar ist, ob der Erhalt des Denkmals im öffentlichen Interesse liegt, eine Bescheinigung der zuständigen Landesbehörde vorgelegt werden (in Berlin z. B. eine Bescheinigung des Landesdenkmalamtes).

---

341 Röttsinger in KStZ 1990, 65; BVerwG, Beschl. vom 17.4.1964 – 7 B 10/63 –, WM 1964, 1038 = EzGuG 1.5, BVerwG, Urt. vom 21.9.1984 – 8 C 62/82-, BVerwGE 70, 162 = EzGuG 1.25; OVG Münster, Urt. vom 9.4.1960 – 22 A 1630/87 –, GuG 1991, 342 = EzGuG 1.44.
342 Nicht jedoch Sonderabschreibungen, Aufwendungen für Tilgungsleistungen und Zinsen.
343 BVerwG, Urt. vom 8.7.1998 – 8 C 23/97 –, NVwZ 1999, 886 = BayVBl 1999, 183 = EzGuG 5.58.

V Besondere Immobilienarten — Denkmalschutz

785 Zum Rohertrag gehören im Rahmen der **Ermittlung der Bemessungsgrundlagen für die Grundsteuer** sämtliche Einnahmen und sonstigen Vorteile. Hierzu rechnen z. B. die Miet- und Pachteinnahmen oder der Nutzungswert, den die Benutzung für den Eigentümer hat. Auf der Kostenseite sind alle Ausgaben zu berücksichtigen, die mit dem privilegierten Grundbesitz in wirtschaftlichem Zusammenhang stehen, sowie beispielsweise Instandhaltungs- und Verwaltungskosten, Aufwendungen für Reparaturen und Erhaltungsmaßnahmen, Kosten für Heizung und Wasser sowie Grundbesitzabgaben, Straßenreinigungsgebühren und auch die ggf. zu erlassende Grundsteuer. Kosten in diesem Sinne sind auch die (normalen) Absetzungen für Abnutzung, nicht dagegen die Sonderabschreibungen und auch weder Schuld- noch Eigenkapitalzinsen.

786 Bei **denkmalgeschützten Park- und Gartenanlagen** ist der Erlass der Grundsteuer darüber hinaus davon abhängig, dass sie grundsätzlich der Öffentlichkeit zugänglich sind (Abschn. 35 GrStR).

787 Auch für Gebäude, in denen Gegenstände von wissenschaftlicher, künstlerischer oder geschichtlicher Bedeutung, insbesondere **Sammlungen oder Bibliotheken,** der Forschung oder Volksbildung nutzbar gemacht werden, kann u. U. die Grundsteuer anteilmäßig erlassen werden. Voraussetzung ist, dass der Rohertrag durch die Benutzung für Forschung und Volksbildung nachhaltig gemindert ist (vgl. Abschn. 37 GrStR). Die Grundsteuer wird nur auf Antrag erlassen. Er ist spätestens am 31. März des folgenden Jahres mit Nachweisen über Erträge und Kosten bei der Gemeinde einzureichen.

12.3.2.3 Vermögensteuer

788 Bis zum Wegfall der Vermögensteuer war eine Minderung der **Vermögensteuer** nach § 115 BewG aufgrund der Minderung des Einheitswerts nach Eintragung eines Objekts in die Denkmalliste in Höhe von 5 % des Einheitswerts möglich. In Ausnahmefällen konnte dieser Abschlag auf 10 % erhöht werden.

12.3.2.4 Erbschaft- und Schenkungsteuer

789 Grundbesitz oder Teile von Grundbesitz bleiben bei der **Schenkung- und Erbschaftsteuer** unter gewissen Voraussetzungen ganz oder teilweise steuerfrei (§ 13 Abs. 1 Nr. 2 ErbStG). So werden **Bodendenkmäler, Baudenkmäler oder bewegliche Denkmäler** nur mit 40 % ihres Werts angesetzt, wenn ihre Erhaltung wegen ihrer Bedeutung für Kunst, Geschichte oder Wissenschaft im öffentlichen Interesse liegt, die darauf aufzuwendenden jährlichen Kosten i. d. R. die erzielten Einnahmen übersteigen und die Denkmäler in einem den Verhältnissen entsprechenden Umfang den Zwecken der Forschung oder der Volksbildung nutzbar gemacht sind oder werden.

790 Sind darüber hinaus die Denkmäler seit mindestens 20 Jahren im Besitz der Familie oder in das Verzeichnis national wertvollen Kulturgutes oder national wertvoller Archive eingetragen, so bleiben sie **in vollem Umfang von der Erbschaft- und Schenkungsteuer befreit.**

12.3.2.5 Einkommensteuer

▶ *Erl. des BMF zu § 15b EStG vom 17.7.2007 – IV B 2 – S 224-b/07/0001–, GuG 2007, 294; Schreiben des BMF zur Reichweite und Bindungswirkung der Bescheinigung nach § 7h Abs. 2, § 7i Abs. 2 EStG vom 16.5.2007 – IV C 3 – S 2198 – a/07/0001–, GuG 2008, 41*

791 Von Bedeutung sind vor allem **Begünstigungen im Rahmen der Einkommensteuer,** während die Vorteile im Rahmen der Grund-, Erbschaft- und Schenkungsteuer in den Hintergrund treten. Dies ist insbesondere

– die gleichmäßige **Verteilung der Herstellungskosten** (und nicht der Anschaffungskosten) **auf zehn Jahre** nach § 7i EStG und
– die Verteilung der **Erhaltungsaufwendungen auf zwei bis fünf Jahre** nach § 11b EStG.

Beim Erwerb eines Baudenkmals kann der **jährliche Wertverlust** im Rahmen der Einkommensteuer steuermindernd abgesetzt werden (**Absetzung für Abnutzung – AfA**); i. d. R. kommt die lineare AfA nach § 7 Abs. 4 EStG in Betracht. Dies sind

- jährlich 2 % der Anschaffungskosten bei Gebäuden, die nach dem 31.12.1924 fertiggestellt wurden, bzw.
- jährlich 2,5 % der Anschaffungskosten bei Gebäuden, die vor dem 1.1.1925 fertiggestellt wurden.

Anschaffungskosten eines Gebäudes sind die Aufwendungen, die geleistet werden, um das Gebäude zu erwerben und es in einen betriebsbereiten Zustand[344] zu versetzen, soweit sie dem Gebäude einzeln zugeordnet werden können, ferner die Nebenkosten und die nachträglichen Anschaffungskosten (§ 255 Abs. 1 HGB).

Bei einem im Inland belegenen Gebäude, das nach den jeweiligen landesrechtlichen Vorschriften ein Baudenkmal ist, kann der Steuerpflichtige nach § 7i Abs. 1 EStG abweichend von § 7 Abs. 4 und 5 EStG im Jahr der Herstellung und in den folgenden sieben Jahren jeweils bis zu 9 % und in den folgenden vier Jahren jeweils bis zu 7 % der Herstellungskosten für Baumaßnahmen absetzen, die nach Art und Umfang zur Erhaltung des Gebäudes als Baudenkmal oder zu seiner sinnvollen Nutzung erforderlich sind. Eine sinnvolle Nutzung ist nur anzunehmen, wenn das Gebäude in der Weise genutzt wird, dass die Erhaltung der schützenswerten Substanz des Gebäudes auf die Dauer gewährleistet ist.

Abb. 2: Erhöhte Abschreibung für Maßnahmen zur Erhaltung und Nutzung eines Denkmals nach § 7i EStG, mit denen nach dem 31.12.2003 begonnen worden ist

Erhöhte Abschreibung für Maßnahmen zur Erhaltung und Nutzung eines Denkmals nach § 7i EStG	
Anzahl der Jahre	Absetzung
8 Jahre	9 % der Herstellungskosten zur Erhaltung und Nutzung eines Denkmals
4 Jahre	7 % der Herstellungskosten zur Erhaltung und Nutzung eines Denkmals

Bei einem jährlich zu versteuernden Einkommen von 100 000 € und Herstellungskosten von 50 000 € ergibt die 9%ige Abschreibung kapitalisiert über acht Jahre nach § 7i EStG einen Steuervorteil von etwa 13 000 €.

Für die erhöhte Absetzung bedarf es einer **Bescheinigung** der zuständigen Denkmalbehörde, mit der u. a. die Denkmaleigenschaft und die Höhe der begünstigten Aufwendungen nachgewiesen werden[345].

Anschaffungsnahe Herstellungskosten, die eigentlich als sofort abziehbare Betriebs- oder Werbungskosten anzusehen sind, rechnen nach § 6 Abs. 1 Nr. 1a EStG zu den Herstellungskosten, wenn die Aufwendungen für Instandsetzungs- und Modernisierungsmaßnahmen innerhalb von drei Jahren nach Anschaffung des Gebäudes durchgeführt werden und die Aufwendungen (ohne Umsatzsteuer) 15 % der Anschaffungskosten des Gebäudes übersteigen (EStR 157 Abs. 4).

Die Herstellungskosten eines Wirtschaftsguts (z. B. Gebäude) können ebenso wie die Anschaffungskosten nur verteilt auf einen bestimmten Zeitraum steuerlich berücksichtigt werden. Herstellungskosten können nicht nur bei der Errichtung eines neuen Gebäudes anfallen, sondern auch, wenn an einem bereits bestehenden Gebäude Baumaßnahmen durchge-

---

344 Hierzu Schreiben des BMF vom 18.7.2003 (IV C 3 – S 2211 – 94/03 -).
345 EStR 99 Ziff. R 83 b; nordrh.-westf. RdErl. des Ministeriums für Stadtentwicklung und Verkehr, MinBl. 1991, 1497.

V Besondere Immobilienarten Denkmalschutz

führt werden. Dies wird bei Baudenkmälern regelmäßig der Fall sein. Kosten, die **in engem räumlichem und zeitlichem Zusammenhang mit der Anschaffung** stehen und sonst als Erhaltungsaufwendungen angesehen werden, gehören auch zu den Herstellungskosten. Es handelt sich dann um so genannte **nachträgliche Herstellungskosten.**

798 Werden an einem bereits fertiggestellten Gebäude bauliche Maßnahmen durchgeführt, muss unterschieden werden, ob die anfallenden Kosten nachträgliche Herstellungskosten oder Erhaltungsaufwendungen sind[346].

799 **Erhaltungsaufwendungen** können bei Baudenkmälern nach § 11b EStG auf Antrag auf zwei bis fünf Jahre gleichmäßig verteilt werden, soweit der Erhaltungsaufwand nicht durch öffentliche Zuschüsse gedeckt ist und soweit die Aufwendungen nach Art und Umfang zur Erhaltung des Gebäudes bzw. Gebäudeteils als Denkmal oder zu einer sinnvollen Nutzung erforderlich sind. Die Maßnahmen müssen in Abstimmung mit der Denkmalschutzbehörde durchgeführt werden. Von dieser Möglichkeit kann mithin auch Gebrauch gemacht werden, wenn ein Gebäude Teil einer Gebäudegruppe oder Gesamtanlage ist, die nach landesrechtlichen Vorschriften als Einheit geschützt ist, soweit die Aufwendungen nach Art und Umfang zur Erhaltung des schützenswerten äußeren Erscheinungsbilds der Gebäudegruppe oder Gesamtanlage erforderlich sind und die Maßnahmen in Abstimmung mit der Denkmalschutzbehörde durchgeführt wurden.

800 Die Frage, ob nachträgliche Herstellungskosten oder Erhaltungsaufwendungen vorliegen, haben die Finanzämter zu entscheiden.

- **Nachträgliche Herstellungskosten** liegen vor, wenn etwas Neues, bisher nicht Vorhandenes geschaffen wird. Bei umfangreichen und durchgreifenden Renovierungsmaßnahmen liegen nachträgliche Herstellungskosten vor, wenn das Gebäude durch die Baumaßnahme wesentlich in seiner Substanz vermehrt, in seinem Wesen erheblich verändert oder über seinen bisherigen Zustand hinaus deutlich verbessert wird.

- Zu den **Erhaltungsaufwendungen** gehören insbesondere die Kosten für die **laufende Instandsetzung.** Aber auch die Erneuerung von bereits in dem Gebäude enthaltenen Teilen, Einrichtungen und Anlagen führt unabhängig von deren Zustand grundsätzlich zu Erhaltungsaufwendungen. Die wichtigsten Beispiele für Erhaltungsaufwendungen sind: Ausbesserungsarbeiten, Erneuerung des Außenputzes und der Außenverkleidung, Erneuerung und Umstellung der Heizungsanlagen, Erneuerung der sanitären Anlagen, Ersatz von Fenstern, Umdeckung des Dachs. Bei umfangreichen und durchgreifenden Renovierungsmaßnahmen können jedoch insgesamt nachträgliche Herstellungskosten vorliegen.

801 Die genannten Möglichkeiten bestehen nach § 10f EStG auch für Baumaßnahmen an Denkmälern, wenn das **Gebäude für private Wohnzwecke genutzt** wird. Liegen die Voraussetzungen vor, so werden die Maßnahmen im Rahmen der Sonderausgaben berücksichtigt.

802 **Handelt es sich bei den Kosten für Baumaßnahmen** an einem zu eigenen Wohnzwecken genutzten Baudenkmal **nicht um Herstellungskosten,** sondern um *Erhaltungsaufwendungen,* so können diese Aufwendungen nur dann als Werbungskosten oder Betriebsausgaben abgezogen werden, wenn für das Jahr der Zahlung ein Nutzungswert für die eigengenutzte Wohnung anzusetzen und dieser durch Überschussrechnung zu ermitteln ist. Entsprechendes gilt für die Verteilung des Erhaltungsaufwands auf zwei bis fünf Jahre nach § 11b EStG. Ist ein Nutzungswert durch Überschussrechnung nicht anzusetzen, so können die Erhaltungsaufwendungen nach § 10f Abs. 2 EStG wie Sonderausgaben bis zu jeweils 10 % im Kalenderjahr des Abschlusses der Maßnahme und in den neun folgenden Jahren abgezogen werden, wenn der Erhaltungsaufwand nach dem 31. Dezember 1989 entstanden ist und die näheren Voraussetzungen des § 11b i. V. m. § 7i EStG vorliegen.

803 Die Vorschrift des § 10f EStG[347] enthält eine sog. Objektbeschränkung. Der Steuerpflichtige kann die als **Sonderausgaben** abziehbaren Beträge nach § 10f Abs. 1 und 2 EStG **grundsätz-**

---

346 BMF-Schreiben vom 16.12.1996 in DB 1997, 18.
347 EStR 99 Nr. R 115b i. V. m. R 83 a und b.

lich nur bei *einem* eigengenutzten Baudenkmal in Anspruch nehmen, wobei die Anzahl der Maßnahmen an diesem Baudenkmal keiner Begrenzung unterliegt. Ehegatten, die die Voraussetzungen für die Ehegattenbesteuerung erfüllen, können die Abzugsbeträge nach § 10f Abs. 1 und 2 EStG bei insgesamt *zwei* eigengenutzten Baudenkmälern abziehen.

Bei „zu eigenen Wohnzwecken genutzten Baudenkmalen oder Gebäuden in Sanierungsgebieten sowie städtebaulichen Entwicklungsbereichen" können nach § 10f EStG Sonderaufwendungen i. S. des § 7h oder des § 7i EStG für Baumaßnahmen, mit denen nach dem 31.12.2003 begonnen worden ist, auf zehn Jahre jeweils 9 % der Aufwendungen geltend gemacht werden. 804

12.3.2.6 Umsatzsteuer

Nach § 4 Nr. 20 Buchst. a UStG sind die Umsätze des Bundes, der Länder, der Gemeinden oder der Gemeindeverbände hinsichtlich der Einrichtungen „Denkmäler der Bau- und Gartenbaukunst" steuerfrei. Das Gleiche gilt für entsprechende Umsätze anderer Unternehmen, wenn der zuständige Regierungspräsident bescheinigt, dass die Denkmäler der Bau- und Gartenbaukunst dieser Unternehmen die gleichen kulturellen Aufgaben erfüllen wie die der vorbezeichneten Gebietskörperschaften. Sofern Denkmäler der Bau- und Gartenbaukunst als **Museen** angesehen werden können, ist nach § 12 Abs. 2 Nr. 7 Buchst a UStG auf die Umsätze solcher Unternehmen, die die Voraussetzungen für die Steuerbefreiung nach § 4 Nr. 20 Buchst. a UStG nicht erfüllen, der ermäßigte Steuersatz anzuwenden. 805

Es ist bei alledem zu beachten, dass Steuervorteile an strenge Voraussetzungen gebunden sind und kurze Zeiträume abdecken. Die belastende Bindung an den Denkmalschutz besteht dagegen zeitlich unbeschränkt[348]. 806

Im Übrigen wurde mit § 82b EStDVO die schon bis einschließlich 1998 gegebene Möglichkeit der Abschreibung des Erhaltungsaufwands für Gebäude des Privatvermögens, die überwiegend Wohnzwecken dienen, für einen nach dem 31.12.2003 entstandenen Erhaltungsaufwand wieder eingeführt. 807

12.4 Verkehrswertermittlung

12.4.1 Allgemeines

Schrifttum: *Jardin, A.,* Verkehrswertermittlung eines denkmalgeschützten Mehrfamilienhauses, GuG 2010, 31.

▶ *Vgl. § 8 ImmoWertV Rn. 386 ff.*

Die Grundaufgabe der Verkehrswertermittlung denkmalgeschützter Objekte besteht nach dem vorher Gesagten also in der **Aufrechnung der Vor- und Nachteile,** die aus der Denkmaleigenschaft resultieren. Vor- und Nachteile sind dabei in der Höhe zu ermitteln, wie sie sich wertmäßig am Wertermittlungsstichtag im Verkehrswert niederschlagen (Abb. 3): 808

---

348 Kamphausen: Rechtliche Probleme des Denkmalschutzes, DWW 1985, 246 ff.

V Besondere Immobilienarten — Denkmalschutz

Abb. 3: Grundaufgabe der Verkehrswertermittlung denkmalgeschützter Objekte

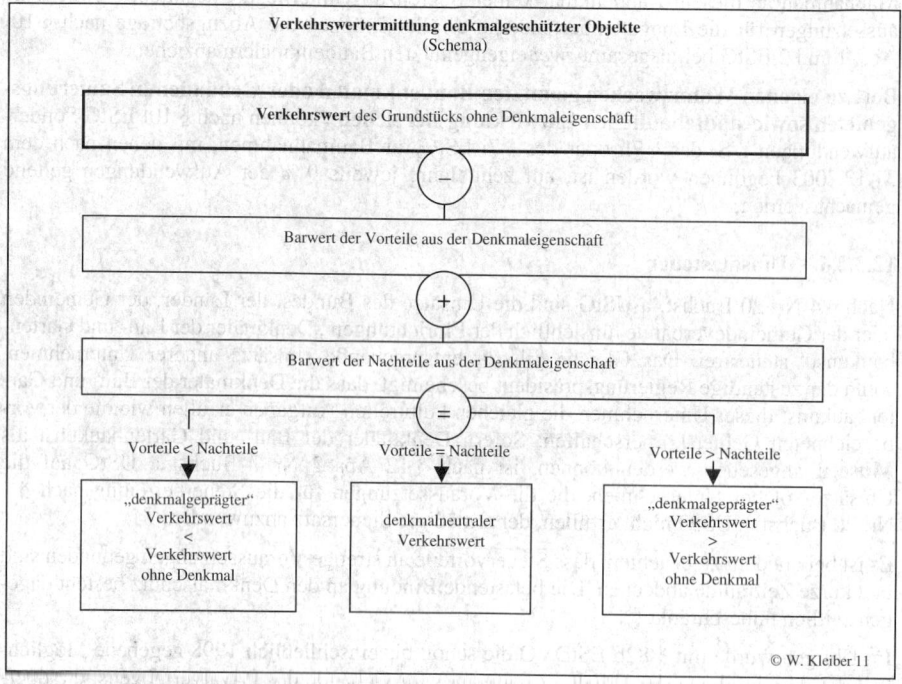

809 In der **steuerlichen Bewertungspraxis** wird entgegen vorstehenden Wertermittlungsgrundsätzen einseitig von einer Wertminderung aufgrund der Denkmaleigenschaft ausgegangen.

▶ *Hierzu der gleich lautende Ländererlass vgl. Rn. 870 ff.*

810 Soweit der „denkmalgeprägte" Verkehrswert den (fiktiven) Verkehrswert desselben Objekts ohne Denkmaleigenschaft übersteigt, „fließt" dem Eigentümer durch die Unterschutzstellung ein Vermögenszuwachs zu. Im umgekehrten Falle hat er die Wertminderung entschädigungslos hinzunehmen, soweit die Zumutbarkeitsschwelle nicht überschritten wird. Die mit der **Unterschutzstellung** (Eintragung in eine Denkmalliste) einhergehende Wertminderung **stellt für sich allein nämlich noch keinen enteignenden Eingriff dar,** denn Art. 14 GG gewährleistet nicht den Marktpreis eines Grundstücks[349]; entsprechende Maßnahmen haben für sich gesehen auch keine enteignende Wirkung, die als „Vorwirkung" einer späteren Enteignung angesehen werden könnten, mit der Folge, dass das Grundstück von der konjunkturellen (qualitativen) Weiterentwicklung ausgeschlossen wäre.

12.4.2 Wertermittlungsverfahren

▶ *Vgl. Rn. 833 ff.; § 8 ImmoWertV Rn. 8 ff.; § 16 ImmoWertV Rn. 222 ff., 268*

811 Grundsätzlich können auch für denkmalgeschützte Objekte alle nach § 8 ImmoWertV zulässigen Verfahren zur Anwendung kommen, wobei allerdings das **Vergleichswertverfahren** mangels geeigneter Vergleichspreise regelmäßig ausscheidet. Ansonsten sind für die Wahl des Verfahrens

– die Usancen des Grundstücksmarktes sowie

---

[349] BGH, Urt. vom 11.2.1988 – III ZR 64/87 –, NJW 1988, 3158 = BRS Bd. 48 Nr. 115 = EzGuG 5.30; hierzu nach Zurückverweisung: KG Berlin, Urt. vom 6.12.1988 – U 3735/88 –, GuG 1990, 106 = EzGuG 5.35.

– die Umstände des Einzelfalls, insbesondere die Verfügbarkeit der wertbestimmenden Parameter,

ausschlaggebend. Der Bodenwert wird sowohl bei Anwendung des Ertragswertverfahrens als auch des Sachwertverfahrens i. d. R. nach den Grundsätzen des Vergleichswertverfahrens ermittelt. Hierbei müssen die unter Rn. 833 ff. behandelten Besonderheiten Beachtung finden.

Entsprechend den Zielsetzungen des Denkmalschutzes, die wirtschaftliche Nutzung von Denkmälern zu erhalten und museale Nutzungen zu vermeiden, muss bei der Ermittlung des Verkehrswerts von Denkmälern eine vernünftige wirtschaftliche Nutzung im Vordergrund stehen. Der Sachverständige muss hier in Kenntnis der Verhältnisse des Grundstücksmarktes die in Betracht kommenden Nutzungsmöglichkeiten analysieren, wobei i. d. R. letztlich von der Nutzung auszugehen ist, die unter Berücksichtigung des Denkmalschutzes die höchste Rendite verspricht. Bei entsprechend großen Objekten sind auch **Nutzungskonzepte,** wie Tagungs- und Schulungsstätten, Sanatorien, Ferienheime, Hotels, Restaurants, Gaststätten sowie Fach- oder Rehabilitationskliniken, in die Betrachtung einzubeziehen. Vielfach stehen bei Denkmälern aufgrund ihres Ambientes auch Nutzungen im Vordergrund, die sich nur indirekt wirtschaftlich auszahlen. So versuchen häufig Unternehmen ihr Ansehen dadurch aufzuwerten, dass sie ein kostenaufwendiges Denkmal als Unternehmenssitz wählen. Bei alledem steht auch für denkmalgeschützte Gebäude, von Einfamilienhäusern und damit vergleichbaren Objekten abgesehen, die Anwendung des Ertragswertverfahrens im Vordergrund[350]. 812

Das Ertragswertverfahren steht auch dann im Vordergrund, wenn eine derartige Nutzung noch nicht ausgeübt wird. In diesen Fällen wird deshalb zunächst zu untersuchen sein, in welcher Weise das Objekt unter Berücksichtigung vernünftiger wirtschaftlicher Aspekte künftig genutzt werden kann. Dabei können durchaus mehrere **Nutzungsmöglichkeiten** denkbar sein, z. B. 813

– privater Wohnsitz,
– Sitz von Unternehmen oder Beratungsgesellschaften,
– Hotel,
– Restaurant,
– Gaststätte,
– Tagungsstätte,
– Managementschule,
– Schulungsstätte (Internatsbetrieb),
– Privatschule,
– Betriebserholungsheim,
– Sanatorium,
– Fachklinik,
– Rehabilitationszentrum,
– Amüsieretablissement.

Alle denkbaren Möglichkeiten sind zu untersuchen. Die sich auf der Grundlage der **unterschiedlichen Nutzungsmöglichkeiten** ergebenden Werte sind zu ermitteln und deren Ergebnisse zu diskutieren. Der Verkehrswertermittlung ist die Nutzung zugrunde zu legen, die am Markt am wahrscheinlichsten realisiert werden wird. Liegen für verschiedene Nutzungsmöglichkeiten gleiche Wahrscheinlichkeiten vor, ist die Nutzung anzunehmen, die – sofern keine baurechtlichen Hindernisse bestehen – die höchste Rendite verspricht. Wirtschaftliche Vorteile aus steuerlichen oder sonstigen Förderungen sind insoweit zu beachten, als sie für „jedermann" des jeweiligen objektspezifischen Grundstücksteilmarktes gelten. 814

---

350 Zur Wertermittlung von Schlössern und Burgen vgl. Simon in GuG 1991, 332; des Weiteren Lutze, Wertermittlung denkmalgeschützter Liegenschaften, Dortmund 1988; Niemeyer, in Nachr. der nds. Kat.- und VermVw 1984, 132.

V Besondere Immobilienarten — Denkmalschutz

12.4.3 Boden- und Ertragswertermittlung

12.4.3.1 Bodenwert

▶ Vgl. § 6 ImmoWertV Rn. 62 ff.

815 Entsprechend den Zielsetzungen des Denkmalschutzes, die wirtschaftliche Nutzung von Denkmälern zu erhalten und museale Nutzungen zu vermeiden, muss bei der Ermittlung des Verkehrswerts von Denkmälern im Wege des Ertragswertverfahrens eine vernünftige **wirtschaftliche Nutzung** im Vordergrund stehen. Der Sachverständige muss hier in Kenntnis der Verhältnisse des Grundstücksmarktes die in Betracht kommenden Nutzungsmöglichkeiten analysieren, wobei i. d. R. letztlich von der Nutzung auszugehen ist, die unter Berücksichtigung des Denkmalschutzes die höchste Rendite verspricht.

816 Der **Bodenwert eines Grundstücks, das mit einem zu erhaltenden Gebäude bebaut ist,** bemisst sich nach den Ausführungen zu § 6 Abs. 1 ImmoWertV grundsätzlich nach der **realisierten Nutzung** (GFZ), unabhängig davon, ob das Grundstück untergenutzt oder in einem Maße bebaut ist, das baurechtlich im Falle eines Neubaus nicht zulässig wäre (vgl. § 6 ImmoWertV Rn. 72).

> Bodenwert Denkmalgrundstück = Bodenwert realisierte Nutzung

817 Nur wenn sich die bauliche Nutzung durch **An- oder Aufbauten** erhöhen lässt und dies mit öffentlich-rechtlichen Vorschriften und insbesondere mit dem Denkmalschutz vereinbar ist, sind die weiter gehenden Nutzungsmöglichkeiten zu berücksichtigen.

818 Bei der Ermittlung des Bodenwerts eines mit einer denkmalgeschützten Anlage bebauten Grundstücks ist nämlich von folgenden Grundüberlegungen auszugehen: Der Bodenwert bestimmt sich hinsichtlich Art und Maß der baulichen Nutzung gemäß den Bestimmungen des § 6 Abs. 1 ImmoWertV nach dem, was auf dem Grundstück realisiert ist; auf die zulässige oder lagetypische Nutzbarkeit kommt es – von selbstständig nutzbaren Teilflächen (§ 17 Abs. 2 Satz 2 ImmoWertV) abgesehen – i. d. R. nicht entscheidend an, denn aufgrund des Bestandsschutzes und der Erhaltungspflicht ist die „realisierte" Nutzung „festgeschrieben". Dies folgt im Übrigen auch aus der Regelung des § 6 Abs. 1 ImmoWertV, nach der sich Art und Maß der baulichen Nutzung „unter Berücksichtigung der sonstigen Vorschriften bestimmt, die die Nutzbarkeit betreffen". Hierzu gehören auch die denkmalschutzrechtlichen Bestimmungen (vgl. § 6 ImmoWertV Rn. 62 ff.).

819 Nach den Ausführungen unter § 16 ImmoWertV Rn. 222 ff. und 268 sind **Abweichungen der zulässigen bzw. lagetypischen Nutzung (GFZ) von der realisierten Nutzung (GFZ) nach folgender Formel zu berücksichtigen:**

$$BW = BW_{real.} + (BW_{zu./lag.} - BW_{real.}) \times 1/q^n$$

wobei:
$BW_{real.}$ = Bodenwert aufgrund realisierter Nutzung (GFZ)
$BW_{zul./lag.}$ = Bodenwert aufgrund zulässiger bzw. lagetypischer Nutzung (GFZ)
q = 1 + Zinssatz/100 = 1 + p
p = Zinssatz
n = Restnutzungsdauer in Jahren

820 Mit zunehmender Restnutzungsdauer tendiert das zweite Glied der Formel gegen null. Da die baulichen Anlagen aufgrund des Denkmalschutzes zu erhalten sind, d. h. die **Restnutzungsdauer n gegen ∞** läuft, ergibt sich

$$\lim_{n \to \infty} \frac{1}{q^n} = 0$$

Im Ergebnis bestimmt sich also der Bodenwert der Grundstücksfläche, die dem Denkmal zuzurechnen ist, nach der realisierten Nutzung[351].

Bei Anwendung des Ertragswertverfahrens ist der **Bodenwert für die der Bebauung zuzurechnende Fläche** i. d. R. allerdings **bedeutungslos**, weil grundsätzlich von einer ewigen Restnutzungsdauer auszugehen ist und dementsprechend im Rahmen des Ertragswertverfahrens von Instandsetzungskosten auszugehen ist, die auf ewigen Bestand der baulichen Anlage ausgerichtet sind. Abweichend von den allgemeinen Regeln der ImmoWertV wird man zu diesem Zwecke allerdings auch Modernisierungskosten berücksichtigen müssen. **821**

Eine **Bodenwertermittlung** für denkmalgeschützte Ertragsobjekte kann jedoch z. B. in den jungen Bundesländern **bei gespaltenem Eigentum an Grund und Boden** einerseits und am Gebäude andererseits erforderlich werden. Der allgemeine Grundsatz, dass sich dann der Bodenwert unter Berücksichtigung des realisierten Maßes der baulichen Nutzung nach dem Bodenwert vergleichbarer unbebauter Grundstücke bemisst, hat in solchen Fällen zur Folge, dass zwar das realisierte Maß der baulichen Nutzung berücksichtigt werden muss, jedoch auch ggf. eine auf der Denkmaleigenschaft beruhende Ertragsfähigkeit des Grundstücks (korrespondierender Bodenwert). Die eingeschränkte Ertragsfähigkeit kann sich z. B. aus geringeren Nutzungsentgelten bei höheren Bewirtschaftungskosten, insbesondere höheren Instandsetzungskosten, gegenüber Objekten ohne Denkmaleigenschaft ergeben. Dies kann mit Hilfe von Erfahrungssätzen berücksichtigt werden, die die Abhängigkeit des Bodenwerts vom Rohertrag beschreiben. **822**

Auf eine weitere Besonderheit gilt es noch hinzuweisen: Die vorstehenden Ausführungen beziehen sich allein auf die dem Denkmal zuzuordnende Grundstücksfläche. Befindet sich das denkmalgeschützte Objekt innerhalb eines größeren Areals, ist ihm eine notwendige und wirtschaftlich sinnvolle Grundstücksfläche ggf. unter Berücksichtigung einer sich aufdrängenden Bodenordnung zuzuordnen. Bei übergroßen Grundstücken, die eine **zusätzliche Nutzung oder Verwertung von Teilflächen** i. S. des § 17 Abs. 2 Satz 2 ImmoWertV ermöglichen, ist der Ermittlung des Bodenwerts dieser (zusätzlich nutzbaren) Teilfläche nach allgemeinen Grundsätzen die zulässige und lagetypische Nutzbarkeit (GFZ) zugrunde zu legen, da diese Teilflächen insoweit zur freien Disposition stehen. In diesem Fall muss die Grundstücksfläche deshalb zunächst entsprechend aufgeteilt werden. Der ortsübliche Ackerlandpreis dürfte dabei den untersten und der mit 20 % des umliegenden erschließungsbeitragspflichtigen Baulandes ermittelte Bodenpreis den obersten Grenzwert abbilden, soweit die Flächen nicht für eine höherwertige Nutzung in Betracht kommen. **823**

12.4.3.2 Ertragswert

▶ *Vgl. Syst. Darst. des Ertragswertverfahrens Rn. 32 ff., 103 ff.*

Bei Anwendung des Ertragswertverfahrens werden von der Praxis grundsätzlich **zwei verschiedene Wege** beschritten: **824**

1. Ertragswertermittlung auf der Grundlage der dem Gebäudezustand angemessenen üblichen Ansätze, z. B. „begrenzte" Restnutzungsdauer, Liegenschaftszinssatz, Bewirtschaftungskosten und Roherträge (Nettokaltmiete),
2. Ertragswertermittlung unter Berücksichtigung der „auf Dauer" angelegten Erhaltungspflicht („ewige" Restnutzungsdauer: gegen unendlich) i. V. m. den daraus resultierenden erhöhten Bewirtschaftungskosten, insbesondere Instandhaltungs- und Instandsetzungskosten (ggf. auch Modernisierungskosten), sowie den geminderten oder aufgrund eines anspruchsvollen Ambientes höheren Erträgen.

Bei Wertermittlungen für unter Denkmalschutz stehende Objekte kann *nach dem zweiten Modell* die **Restnutzungsdauer** mit mindestens 100 Jahren angenommen werden. Dabei sind

---

[351] Dieser hier schon stets vertretenen Auffassung schließen sich auch die Empfehlungen der gif (vom August 2003) an: „Empfehlungen zur Wertermittlung von Baudenkmalen".

die in diesen Fällen üblicherweise entstehenden höheren Instandhaltungskosten bei den Bewirtschaftungskosten entsprechend zu berücksichtigen. Werden kürzere Restnutzungsdauern zugrunde gelegt, sind die Instandhaltungsaufwendungen entsprechend zu kürzen. In Fachkreisen wird diese Auffassung nicht einheitlich vertreten. Der **generelle Ansatz der 100-jährigen Restnutzungsdauer** werde nach anderer Auffassung dem Objekt nicht gerecht, da ein vergleichbares nicht unter Denkmalschutz stehendes Gebäude am Wertermittlungsstichtag eine kürzere Restnutzungsdauer und damit einen geringeren Wert hätte. Diese Auffassung übersieht das Instandhaltungsgebot, jedoch ist nach den Ausführungen unter Rn. 840 f. diese Auffassung durchaus „umsetzbar", wenn dann von entsprechend verminderten Instandhaltungskosten ausgegangen wird.

825 **Grundsätzlich ist dem zweiten Modell der Vorzug zu geben,** schon weil es den rechtlichen Vorgaben (der Erhaltungspflicht) entspricht[352], auch wenn es den Sachverständigen vor die Schwierigkeit der Ermittlung der erhöhten Instandsetzungs- und Instandhaltungskosten stellt. Ein besonderer Vorteil dieses Modells kann umgekehrt darin gesehen werden, dass aufgrund der langen Restnutzungsdauer eine Bodenwertermittlung für die dem Denkmal zuzuordnenden Umgriffsflächen entfällt, d. h., ein Bodenwert ist ggf. nur noch für die selbstständig nutzbaren Grundstücksteile zu ermitteln. Damit kann der Sachverständige von vornherein einer Auseinandersetzung über den richtig angesetzten Bodenwert aus dem Weg gehen. Abzulehnen ist dagegen der vereinzelt auf Hilflosigkeit beruhende und nicht begründbare Weg, im Falle der Anwendung des „sündenanfälligen" ersten Modells den Bodenwert pauschal mit der Begründung „denkmalbehaftet" mit einem Abschlag zu versehen und dann den Gebäudewertanteil auf der Grundlage einer oftmals kurzen Restnutzungsdauer willkürlich dadurch „hochzuschaukeln", dass der Reinertrag nur noch um einen entsprechend verminderten Bodenwertverzinsungsbetrag reduziert wird. Dieser Weg zeugt von wenig Verständnis für die Funktionsweise des Ertragswertverfahrens und wird dem Sachverständigen dann zum Verhängnis, wenn er zu der Erkenntnis gelangt, dass es sich eigentlich um ein Liquidationsobjekt handelt, und er sich im Hinblick auf einen Übernahmeanspruch entschließt, den um einen Denkmalabschlag verminderten Bodenwert als Entschädigungswert „stehen" zu lassen.

826 Im Einzelfall könnte es sich empfehlen, **beide Modelle durchzurechnen,** um hieraus zu einem „abgestützten" Ergebnis zu kommen.

827 Im Falle der *Ermittlung des Verkehrswerts im Wege des Ertragswertverfahrens* nach dem zweiten Modell kann also nach den vorstehenden Ausführungen vom Grundsatz her dahinstehen, welcher Bodenwert sich für das Grundstück ergibt. Denn grundsätzlich ist der Denkmalschutz darauf angelegt, die unter Schutz gestellte Anlage „auf ewig" zu erhalten, sodass sich der Ertragswert **unter Vernachlässigung des Bodenwertanteils** allein auf der Grundlage der folgenden Formel ergibt[353].

Ertragswert = Reinertrag × V

wobei V = Vervielfältiger (gemäß Anl. zur ImmoWertV)

828 Dies folgt auch aus der dem **Ertragswertverfahren nach § 17 ff. ImmoWertV** zugrunde liegenden Formel.

---

[352] So auch Jäpel in GuG 2001, 335; und Kröll/Hausmann, Rechte und Belastungen bei der Verkehrswertermittlung von Grundstücken, 3. Aufl. Neuwied 2006; der abweichenden Auffassung von Möckel (GuG 2002, 232) stimmt auch Dieterich schon im Hinblick auf die damit verbundene „Spekulation auf den Wegfall des Denkmalschutzes" nicht zu (vgl. Ernst/Zinkahn/Bielenberg/Krautzberger, BauGB § 194 BauGB Rn. 93a).

[353] Dieser hier schon stets vertretenen Auffassung schließen sich die Empfehlungen der gif (vom August 2003) an: „Empfehlungen zur Wertermittlung von Baudenkmalen". Vgl. auch Niemeyer in Nachr. der nds. Kat.- und VermVw 1984, 138.

Denkmalschutz — Besondere Immobilienarten V

$$EW = RE \times V + BW/q^n$$

wobei:
- EW Ertragswert
- RE Reinertrag
- BW Bodenwert
- q   Zinsfaktor = $1 + p$
- p   Zinssatz/100 = $q - 1$
- n   Restnutzungsdauer in Jahren
- V   Vervielfältiger

Das zweite Glied dieser Formel kann wiederum vernachlässigt werden, weil

$$\lim_{n \to \infty} \frac{(BW)}{q^n} = 0$$

Das erste Glied der Formel ergibt den reziproken Liegenschaftszinssatz

$$\lim_{n \to \infty} V = \lim_{n \to \infty} \frac{(q^n - 1)}{q^n(q-1)} = 1/p$$

Aus der vorstehenden Betrachtung folgt nicht, dass der Grund und Boden eines mit einem Denkmal bebauten Grundstücks wertlos ist und ggf. bei Anwendung des Sachwertverfahrens außer Betracht bleiben könnte. Der Bodenwert kann lediglich bei Anwendung des eingleisigen Ertragswertverfahrens nach § 17 Abs. 2 Nr. 2 ImmoWertV wertermittlungstechnisch vernachlässigt werden, weil bei Anwendung dieses Verfahrens der Ertragswert gesamtheitlich ermittelt wird.

Aus vorstehenden Gründen kann generell **bei einer längeren Restnutzungsdauer** (n > etwa 50 Jahre) der **Bodenwertanteil bei der Ertragswertermittlung vernachlässigt** werden.   **829**

Beispiel:

Jahresreinertrag RE	= 50 000 €
Bodenwert BW	= 200 000 €
Restnutzungsdauer n	= 80 Jahre
Liegenschaftszinssatz p	= 5 v. H.

a) Berechnung *mit* Berücksichtigung des Bodenwertanteils:
   $EW = RE \times V + BW/q^n =$ **984 000 €** (bei V = 19,60)

b) Berechnung *ohne* Berücksichtigung des Bodenwertanteils:
   $EW = RE \times V =$ **980 000 €** (bei V = 19,60)

Die dargestellte Verfahrensweise ist eine geradezu zwangsläufige Folge der Denkmaleigenschaft, die den Eigentümer verpflichtet, das Denkmal auf Dauer zu erhalten. Die Auffassung, dass damit der Verkehrswert „über die sehr lange Restnutzungsdauer automatisch steige" – wie *Möckel*[354] behauptet –, verkennt völlig die Eigenschaften solcher Objekte, denn die Verpflichtung zur Erhaltung solcher – oftmals baulich aufwendigen – Objekte, verbunden mit eingeschränkter wirtschaftlicher Verwertbarkeit, führt gerade umgekehrt, trotz langer Restnutzungsdauer, zu sehr niedrigen Reinerträgen. Insbesondere die überdurchschnittlichen Instandhaltungskosten können dazu führen, dass die Denkmaleigenschaft für den Eigentümer unzumutbar wird und ggf. ein Übernahmeanspruch in Betracht kommt. Eine sich auf die sonst üblichen wirtschaftlichen Gesichtspunkte gründende Einschätzung der Restnutzungsdauer würde sich unzulässigerweise über das zwingende rechtliche Erhaltungsgebot hinwegsetzen.   **830**

---

[354] Möckel in ZfV 1995; a. A. Dieterich in Ernst/Zinkahn/Bielenberg/Krautzberger, BauGB § 194 BauGB Rn. 93a.

V Besondere Immobilienarten Denkmalschutz

Man mag zwar einwenden, dass im Rahmen der bei unwirtschaftlichen Denkmälern anzusetzenden Restnutzungsdauer begrifflich nicht von einer **wirtschaftlichen Restnutzungsdauer** gesprochen werden kann, jedoch verbietet es sich gerade bei unwirtschaftlichen Denkmälern, deshalb das auf Dauer angelegte Erhaltungsgebot zu negieren. Dies muss zu einer Verfälschung des Ergebnisses führen, wenn bei der Ertragswertermittlung die wirtschaftlich „belastenden" Zeiträume „ausgeblendet" werden. Der Denkmalschutz läuft nun einmal nicht mit Ablauf der wirtschaftlichen Restnutzungsdauer im herkömmlichen Sinne aus.

▶ *Zur Ermittlung des Bodenwertverzinsungsbetrags vgl. Rn. 825*

831 Wird der Verkehrswert eines Grundstücks, das mit einem Denkmal bebaut ist, im Wege des Ertragswertverfahrens ermittelt, so kommt es demzufolge maßgeblich auf eine sachgerechte Ermittlung des Reinertrags und des Liegenschaftszinssatzes an. Bei der Ermittlung des Reinertrags gilt es insbesondere die erhöhten Bewirtschaftungskosten und hier vor allem die **auf ewig angelegte und i. d. R. kostenintensive Instandhaltung** eines Denkmals, aber auch erhöhte Betriebskosten zu berücksichtigen. Auf der anderen Seite müssen bei der Ermittlung der Erträge auch die **indirekten Erträge,** wie Steuervorteile, zinsgünstige Darlehen, Zuschüsse, berücksichtigt werden.

832 Verfahrensmäßig stellt sich der **Ablauf der Ertragswertermittlung** von Grundstücken mit denkmalgeschützten, auf Dauer zu erhaltenden Gebäuden nach dem Schema der Abb. 4 dar.

Abb. 4: Ertragswertermittlung von Grundstücken mit denkmalgeschützten Gebäuden

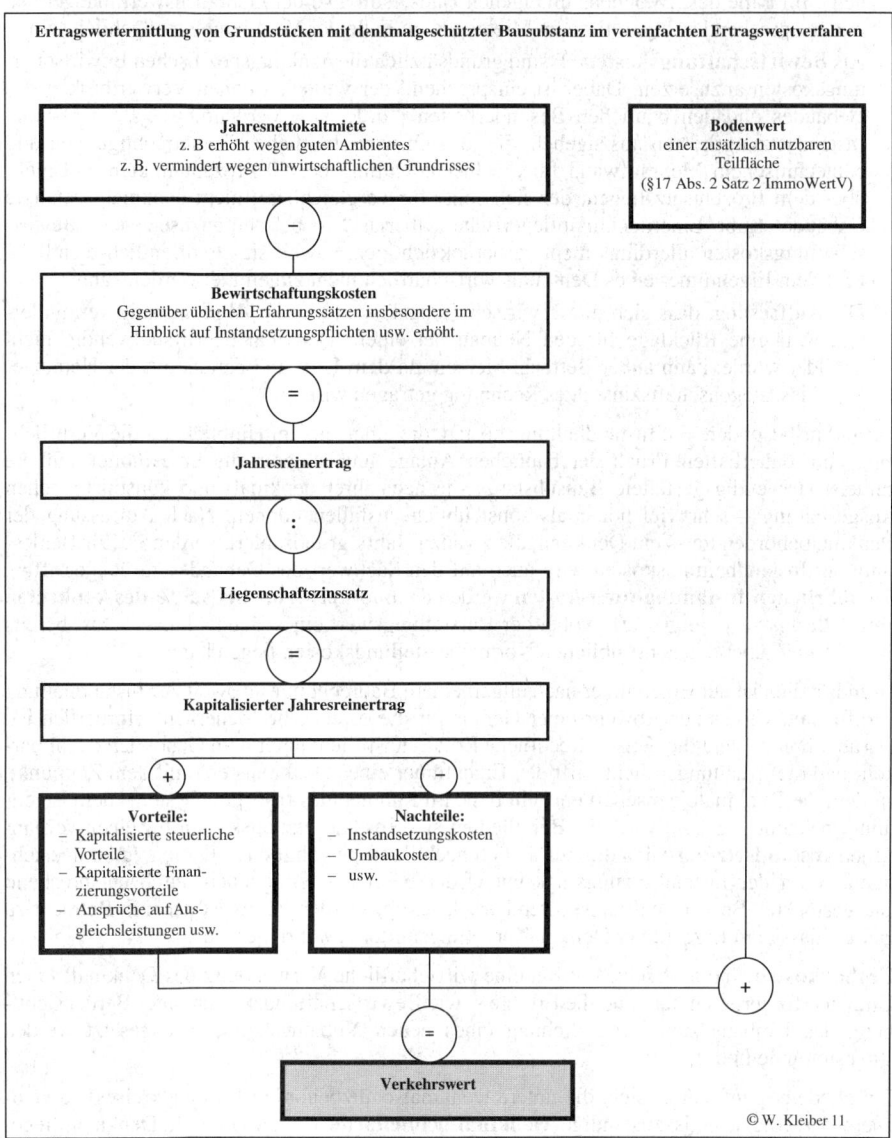

Bei Anwendung des vorgestellten Schemas gilt es zu beachten:

– Als **Rohertrag** ist der Ertrag anzusetzen, der sich unter Berücksichtigung der gebäudespezifischen Denkmaleigenschaft ergibt. Da es dabei i. d. R. an Vergleichsmöglichkeiten fehlt, wird auf die objektspezifischen Erträge zurückzugreifen sein. Dabei gilt auch hier, dass nur die bei ordnungsgemäßer Bewirtschaftung, d. h. denkmalspezifischer Bewirtschaftung, marktüblich erzielbaren Einnahmen angesetzt werden dürfen. Werden diese nicht erzielt, weil das Gebäude einen Instandsetzungsrückstau aufweist, so empfiehlt es sich, gleichwohl von entsprechend fiktiven Einnahmen auszugehen und die aufzubringenden Instandsetzungskosten bei der Ermittlung des Ertragswerts zusätzlich in Abzug zu bringen. Dem entspricht § 7 Abs. 3 Satz 1 des NDSchG, nach dem es auf die „Erträge oder den Gebrauchswert" ankommt, mit denen die Belastungen aufgewogen werden „können". Im Falle des „Wohnens im eigenen Haus" soll also der Gebrauchswert maßgeblich mit entsprechend höheren fiktiven Mieten als im Falle der Vermietung maßgeblich sein.

– Als **Bewirtschaftungskosten** [355] sind grundsätzlich die denkmalspezifischen Bewirtschaftungskosten anzusetzen. Dabei ist entsprechend der wirtschaftlichen Verwertbarkeit des Gebäudes und den baulichen Besonderheiten i. d. R. von Verwaltungs-, Betriebs- und Instandsetzungskosten auszugehen, die je nach wirtschaftlichen Beeinträchtigungen und bautechnischem Mehraufwand für die Instandhaltung bei 50 Prozentpunkten und mehr über dem Prozentsatz liegen, der sich sonst für vergleichbare, nicht denkmalgeschützte Gebäude ergibt. Eine denkmalpflegerische „Überlast" ist bei den anzusetzenden Bewirtschaftungskosten allerdings nicht zu berücksichtigen, soweit sie als öffentlich-rechtliche Last dem Eigentümer eines Denkmals wirtschaftlich nicht zugemutet werden kann[356].

Die Auffassung, dass sich die Bewirtschaftungskosten um die Abschreibung verminderten, weil eine Rücklage für den Neubau bei einem Denkmal begriffsnotwendig nicht gebildet würde, kann außer Betracht bleiben, da dem Umstand bereits mit der Heranziehung des Liegenschaftszinssatzes Rechnung getragen wird[357].

834 Es sind insbesondere die Instandhaltungskosten, die einerseits im Hinblick auf die Verpflichtung zum dauerhaften Erhalt der baulichen Anlage und andererseits im Hinblick auf die zumeist aufwendig gestaltete Bausubstanz – je nach ihrer denkmal- und kunsthistorischen Ausgestaltung – sehr viel höher als sonst üblich ausfallen können. Nach Auffassung der Denkmalbehörden muss ein Denkmal alle zwanzig Jahre grundsaniert werden[358]. Zur Bemessung der Instandhaltungskosten wird auch auf den Sachwert des Gebäudes zurückgegriffen. Die **jährlichen Instandhaltungskosten** werden dann **mit etwa 0,8 bis 1,5 % des konkreten Herstellungswerts angesetzt,** wobei der Herstellungswert eines Baudenkmals selbst bereits 50 bis 100 % über den sonst üblichen Normalherstellungskosten liegen kann.

835 Grundsätzlich ist der Eigentümer nach allgemeinem Baurecht nur insoweit zur Instandhaltung verpflichtet, wie es zur Abwehr einer Gefahr für die öffentliche Sicherheit erforderlich ist. Darüber hinaus steht die denkmalrechtliche Erhaltungspflicht unter dem Gebot der Zumutbarkeit, und die Erhaltungspflicht trifft den Eigentümer eines Denkmals erst mit dem Zeitpunkt, zu dem die Denkmaleigenschaft entsteht bzw. im Rahmen des Ipso-jure-Systems dem Eigentümer bekannt gegeben wurde[359]. Bei alledem sind Instandsetzungskosten für einen vorhandenen **Instandsetzungsrückstau** zusätzlich nach ihren gewöhnlichen Kosten zu berücksichtigen, wenn der Instandsetzungsrückstau weder beim Rohertrag noch durch entsprechend „aufgestockte" Bewirtschaftungskosten berücksichtigt worden ist. Es ist dabei in Betracht zu ziehen, dass dem Eigentümer Denkmalförderungsmittel gewährt werden.

836 **Umbaukosten** sind anzusetzen, wenn eine wirtschaftliche Verwendung des Denkmals einen Umbau erforderlich macht und die Erträge sowie Bewirtschaftungskosten unter Berücksichtigung des Umbaus zur Verwirklichung eines neuen Nutzungskonzepts angesetzt werden (Investorenmethode).

837 Bei alledem empfiehlt es sich, die untere Denkmalschutzbehörde (des Landkreises) zu ersuchen, dass die jeweils zuständige **Denkmalfachbehörde** (Landesamt für Denkmalpflege) schriftlich detailliert zu Art und Umfang von denkmalbezogenen Auflagen Stellung nimmt; die Stellungnahme wird allerdings i. d. R. nur gegen Kostenerstattung erteilt.

---

355 Wolf in BlGBW 1978, 228; Loddenkemper in BauR 1985, 489.
356 BVerfG, Urt. vom 2.3.1999 – 1 BvL 7/91 –, NJW 1999, 2847 = EzGuG 5.61a; VGH München, Urt. vom 27.9.2007 – 1 B 00.2474 –, GuG 2008, 237 = EzGuG 5.66.
357 Vgl. Haaß in NVwZ 2002, 1054, 1058; OVG Lüneburg, Urt. vom 4.10.1984 – 6 A 11/83 –, NJW 1986, 1892 = BRS Bd. 42 Nr. 142 = NdsRpflege 1985, 79 = EzGuG 5.14a; BVerwG, Urt. vom 15.2.1991 – 8 C 3/89 –, BVerwGE 88, 46 = EzGuG 1.49.
358 Bericht an das Abgeordnetenhaus von Berlin, Drucks. 13/2242, S. 2.
359 BVerwG, Beschl. vom 8.10.1997 – 6 B 42/97 –, LKV 1998, 152 = BRS Bd. 59 Nr. 231 = EzGuG 5.57; BerlVerfGH, Beschl. in LKV 1999, 361; OVG Berlin, Urt. vom 3.2.1997 – 2 B 10/93 –, OVGE 22, 45 = LKV 1998, 152 = BRS Bd 59 Nr. 230 = BauR 1998, 773 = GE 1997, 45; Schneider in BauR 1998, 733.

Denkmalschutz	Besondere Immobilienarten V

Bezüglich der **Verwaltungskosten** ist zu berücksichtigen, dass diese im Zusammenhang mit der Instandhaltung höher als sonst üblich ausfallen können, weil es möglicherweise langwierige Absprachen mit dem Amt für Denkmalschutz zu berücksichtigen gilt. **838**

Auch das **Mietausfallwagnis** fällt häufig höher als sonst üblich aus, wenn das denkmalgeschützte Gebäude eingeschränkte Nutzungsmöglichkeiten aufweist, d. h. eine geringe Multifunktionsbreite.

Im Hinblick auf das „auf Dauer" zu erhaltende Gebäude ist der **Vervielfältiger** für eine Restnutzungsdauer von 100 Jahren und ein Liegenschaftszinssatz maßgebend, der sich für Grundstücke ergibt, die mit einem Denkmal bebaut sind (denkmalspezifischer Liegenschaftszinssatz). Dieser ist wiederum im Hinblick auf die zu erhaltende Bebauung besonders einfach nach der Beziehung **839**

$$p = RE/KP \times 100$$

wobei

p = Liegenschaftszinssatz
RE = Reinertrag
KP = Kaufpreis

abzuleiten.

Der **denkmalspezifische Liegenschaftszinssatz** unterscheidet sich von den sonstigen Liegenschaftszinssätzen vergleichbarer Objekte i. d. R. schon deshalb, weil sich für Denkmäler ein entsprechend verminderter Reinertrag ergibt, insbesondere dann, wenn steuerliche und Finanzierungsvorteile nicht in den Reinertrag eingerechnet werden. Werden indessen für denkmalgeschützte Objekte im gewöhnlichen Geschäftsverkehr Kaufpreise erzielt, die im Hinblick auf Steuer- und Finanzierungsvorteile nicht gleichermaßen wie die Reinerträge abgesenkt sind, kann sich umgekehrt auch ein entsprechend geringerer Liegenschaftszinssatz ergeben als für vergleichbare unbelastete Objekte. **840**

Für denkmalgeschützte Renditeobjekte hat der Gutachterausschuss für Grundstückswerte im Bereich der Landeshauptstadt *München* gegenüber vergleichbaren Objekten ohne Denkmalschutz **verminderte Liegenschaftszinssätze** festgestellt (2011). **841**

– Für Wohnhäuser mit einem Gewerbeanteil bis 30 %, für die wegen ihrer attraktiven Eigenart eine erhöhte Nachfrage bestand, sind die Liegenschaftszinssätze um bis zu 0,5 Prozentpunkte vermindert. Für entsprechende Objekte in besonders attraktiven und zentrumsnahen Wohnanlagen sind keine unterschiedlichen Liegenschaftszinssätze festgestellt worden.

– Für Wohnhäuser mit einem Gewerbeanteil größer als 30 % sind keine unterschiedlichen Liegenschaftszinssätze festgestellt worden.

– Für Büro- und Geschäftshäuser ist der Liegenschaftszinssatz für denkmalgeschützte Objekte sogar um 1,9 % gemindert. Für Bürohäuser (Erstverkauf Neubau und Wiederverkauf ohne 1a Geschäftslage) sind indessen keine Unterschiede festgestellt worden.

Steuer- und Finanzierungsvorteile, die für das denkmalgeschützte Objekt alljährlich anfallen, sind über die Dauer ihrer Gewährung zu kapitalisieren. **842**

In der Gesamtschau können sich für Objekte mit geringen Erträgen und hohen Bewirtschaftungs- und Instandsetzungskosten bei schematischer Anwendung auch negative Ertragswerte, d. h. also Unwerte, ergeben. In diesem Fall muss im Hinblick auf den **Übernahmeanspruch bei Überschreitung der Zumutbarkeitsgrenze** geprüft werden, ob dann nicht der Bodenwert geltend zu machen ist. **843**

V Besondere Immobilienarten — Denkmalschutz

12.5 Schlösser, Burgen und Gutshäuser

12.5.1 Allgemeines

▶ *Zu den steuerlichen Vorteilen vgl. Rn. 780 ff.*

844 In Deutschland gibt es zurzeit etwa 12 000 **Schlösser oder Burgen,** von denen nach älteren Recherchen rd. 1 500 Objekte zum Verkauf stehen. Insbesondere an Schlössern aus dem 15. bis 19. Jahrhundert besteht reges **Interesse.**

845 Die Wertermittlung von Schlössern und Burgen ist schwer objektivierbar. Für derartige Objekte besteht **kein Grundstücksmarkt** im üblichen Sinne. Veräußerungen von Schlössern und Burgen stehen regelmäßig außerhalb des eigentlichen Marktgeschehens. **Der Verkehrswert wird maßgeblich durch eine Nutzungskonzeption bestimmt, die sich** auch **realisieren lässt.** Die Absicht eines Kaufwilligen, das Objekt unterschiedlich zu nutzen (Anlageobjekt, Repräsentationsobjekt, Wunschobjekt), führt zu großen Preisdifferenzen.

846 Ein **repräsentativer Teilmarkt** für Schlösser und Burgen besteht nicht und wird auch künftig wegen der Einzigartigkeit und der geringen Anzahl der Objekte nicht zu erwarten sein. Damit scheidet das Vergleichswertverfahren nach § 15 und § 16 ImmoWertV weitgehend aus. Der Verkehrswert kann nur im Wege des Ertragswertverfahrens (§§ 17 bis 20 ImmoWertV) oder des Sachwertverfahrens (§§ 21 bis 23 ImmoWertV) ermittelt werden. Unabhängig von dem anzuwendenden Verfahren ist nach allgemeinen Schätzregeln zunächst der Verkehrswert ohne Berücksichtigung des Denkmalschutzes zu ermitteln. Danach ist die Denkmaleigenschaft durch Zu- oder Abschläge vom ermittelten unbelasteten Ausgangswert zu würdigen.

847 Etwa die Hälfte der in Deutschland stehenden Schlösser und Burgen werden genutzt. Bei diesen Objekten ist die Restnutzungsdauer sowohl in technischer als auch in wirtschaftlicher Hinsicht noch nicht abgelaufen. Im Allgemeinen liegt zwar ein Zurückbleiben hinter den allgemeinen Anforderungen an Wohnraum vor; eine Minderausnutzung dergestalt, dass nach „fiktivem" Abbruch der Gebäude der verbleibende Bodenwert höher wäre als der Verkehrswert des bebauten Grundstücks, ist selten gegeben. Ebenso wäre in den meisten Fällen ein „fiktiver" Abbruch der Baulichkeiten aus wirtschaftlichen Gründen nicht geboten. Bei den genutzten bzw. für verschiedene Zwecke wirtschaftlich nutzbaren Schlössern und Burgen wird im Allgemeinen der **Grundstücksertragswert eine plausible Ausgangsgröße** für den Verkehrswert bieten.

848 Nach dem bisherigen **Erbschaftsteuerrecht** hat die Finanzverwaltung die Überlast bei der Bewertung von Schlössern, Burgen und Herrenhäusern pauschaliert (R 28 ErbStR) und den Jahreswert der Last je m³ umbauter Raum bei musealer Nutzung mit 2,30 €, bei anderer Nutzung mit 1,15 € festgelegt[360].

12.5.2 Bodenwert

▶ *Zu Wasser- und Ufergrundstücken vgl. Syst. Darst. des Vergleichswertverfahrens Rn. 401*

849 Für die Beurteilung der **Höhe des Bodenwerts** ist die Grundstücksqualität entscheidend. Sie hängt von der durch den Denkmalschutz festgeschriebenen Nutzung ab. Vergleichspreise oder Bodenrichtwerte können nur dann ohne wesentliche Korrekturen herangezogen werden, wenn die denkmalfreie Nutzungsmöglichkeit des Vergleichsobjekts der denkmalgeprägten Nutzung des Wertermittlungsobjekts annähernd entspricht. Bodenrichtwerte werden aus der gebietstypischen Nutzung abgeleitet. Ist das denkmalgeprägte Objekt hinsichtlich seiner Nutzung nicht gebietstypisch, müssen vorliegende denkmalfreie Vergleichspreise entweder korri-

---

360 Vgl. Bay Staatsministerium der Finanzen, Erl vom 7.5.1976 – 34 – S 3284 – 3/84 – 26 806; Bay Staatsministerium der Finanzen, Erl vom 23.11.1973 – S 3284 – 3/58 – 57 858 –; Niederschrift des Bundesministeriums der Finanzen vom 25.11.1975 – IV C 3 -S 3620 – 35/75 – der Besprechung mit den Bewertungs- und Vermögensteuerreferenten der obersten Finanzbehörden der Länder vom 14. bis 17. Oktober 1975 in Würzburg (Bew/VSt V/75).

giert oder aber andere Vergleichswerte aus mit dem Denkmalobjekt vergleichbaren Lagen herangezogen werden.

Schlösser und Burgen befinden sich überwiegend im **Außenbereich** (§ 35 BauGB). Die zum Besitz gehörenden Bodenflächen übersteigen meistens „ortsübliche" Grundstücksgrößen um ein Vielfaches. Neben der als „De-facto-Baulandfläche" ansehbaren Umgriffsfläche um die baulichen Anlagen bestehen die Restflächen überwiegend aus parkartig angelegten Anlagen, Wald-, Wiesen- und Wasserflächen. 850

Sofern die Gesamtanlage im Außenbereich liegt, kann die **Umgriffsfläche** der Baulichkeiten als „De-facto-Bauland" angesehen werden (vgl. § 16 Abs. 2 ImmoWertV). Der Bodenwert ist aus Vergleichspreisen bzw. Bodenrichtwerten der Nachbargemeinden abzuleiten. Dabei ist zu beachten, dass die Bodenrichtwerte bzw. Vergleichspreise für ortsübliche Grundstücksgrößen gelten. Die einer Schloss- oder Burganlage zuzuordnende Baulandfläche ist meistens erheblich größer. Das führt zu einer Reduzierung des Quadratmeterpreises. Als Anhalt für die Minderung kann Anl. 11 WertR dienen. Danach vermindert sich der Bodenpreis/m^2 bei Verdopplung der Grundstücksfläche etwa im Verhältnis 1 : 0,8. 851

Beispiel: 852

Bodenrichtwert (ohne Erschließung) 100 €/m^2, ortsübliche Grundstücksgröße 1 000 m^2. Bei einer Umgriffsfläche von 8 000 m^2 würde sich ein Bodenwert von 51 €/m^2 Grundstücksfläche ergeben. Dieser Wert wäre dann noch um die Erschließungskosten zu erhöhen.

Bei der Ermittlung der „De-facto-Baulandfläche" ist Folgendes zu berücksichtigen: Im Außenbereich wird üblicherweise die Umgriffsfläche entsprechend einer GFZ von 0,1 bis 0,2 unterstellt[361]. Bei weitläufig angelegten baulichen Anlagen kann diese rein formal ermittelte Umgriffsfläche ggf. nicht akzeptabel sein, denn am Markt wird auch für Grundstücke, die die nach der BauNVO vorgegebene Mindestgröße deutlich übersteigen, der volle Baulandpreis bezahlt[362]. Es kommt also nicht unbedingt auf die rein rechnerische Flächenermittlung an, sondern auf eine **vernünftige Abgrenzung** der „De-facto-Baulandfläche" gegenüber den anderen zumeist geringerwertigen Flächen des Gesamtobjekts. In den meisten Fällen ist eine zeichnerische Abgrenzung der Flächen im Lageplan plausibel. Als Mindestgröße ist jedoch die sich nach der BauNVO ergebende GFZ anzuhalten. 853

Da die „De-facto-Baulandfläche" üblicherweise erschlossen ist, sind die **Erschließungskosten** entsprechend zu berücksichtigen. Wegen der Größe der Flächen ist jedoch nicht von den üblichen Zuschlägen auszugehen, sondern von entsprechend geringeren Ansätzen. 854

Schlossgrundstücke besitzen oft eine **Parkanlage.** Deren Wertermittlung bereitet oft Schwierigkeiten. Renditeorientierte Wertermittlungsansätze führen zu marktfremden Ergebnissen. Da aus einer Parkanlage kein Ertrag erwirtschaftet werden kann[363], müsste der Wert der Parkfläche theoretisch noch unter dem Wert für angrenzende land- oder forstwirtschaftlich nutzbare Flächen angenommen werden. Würde dagegen der Wert des Aufwuchses gewertet (was bei der Enteignungsentschädigung erforderlich ist), würde sich ein wesentlich höherer Wert ergeben. Aber auch diese Betrachtungsweise führt zu keinem bei Verkauf am Markt nachvollziehbaren Ergebnis. 855

Bei Wohnnutzung des Schlosses oder der Burganlage erhöht der Park zweifellos den **Wohn- und Freizeitwert.** Aber auch bei gemischter oder gewerblicher Nutzung bewirkt der Park eine Steigerung des Renommees (gute Adresse). Die aus dem Vorhandensein des Parks resultierende Erhöhung des Wohnwerts oder die „gute Adresse" stellt einen wertbildenden Faktor dar, der bei der Wertermittlung zu berücksichtigen ist. Zur plausiblen Ableitung des Bodenwerts der Parkflächen kann von folgenden Eckdaten ausgegangen werden: 856

---

361 In Ausnahmefällen nahe zentralen Orten bis ca. GFZ 0,4.
362 BGH, Urt. vom 27.9.1990 – III ZR 57/89 –, GuG 1991, 31 = EzGuG 4.134.
363 Auch die Erhebung von Eintrittsgeldern führt zu keinem messbaren Ertrag, da die Einnahmen allenfalls die Kosten der Pflege der Anlage decken können; zu Schlössern ferner Heinzelmeir in ZfV 1995, 573; Gomille in Nachr. der nds. Kat- und VermVw 2000/4.

857 Den untersten Eckwert bildet der **ortsübliche Ackerlandpreis** (land- oder forstwirtschaftliche Fläche). Der obere Eckwert wird durch den Ansatz für vorhandene, aber nicht notwendige und auf längere Zeit **nicht bebaubare Flächen im Baulandbereich** mit etwa 20 bis 30 % des Baulandpreises gebildet (vergleichbar etwa mit dem Preis für Bauerwartungsland). Dies gilt jedoch nur für solche Parkflächen, für die wegen des zumeist vorliegenden Denkmalschutzes langfristig keine anderweitige Nutzung in Aussicht genommen werden kann. Parkflächen, die einer höherwertigen Nutzung zugeführt werden können, sind entsprechend höher einzustufen[364].

858 **Forstwirtschaftlich genutzte Flächen** – sofern sie überhaupt in die Verkehrswertermittlung mit einbezogen werden – sind nach Vergleichspreisen zu werten. Waldflächen werden mit 0,10 €/m² bis 0,50 €/m² (ohne Wert des Aufwuchses) angenommen. Es empfiehlt sich, in den Fällen der Wertermittlung größerer forstwirtschaftlich genutzter Flächen einen Forstsachverständigen hinzuzuziehen.

859 **Gartenlandflächen** werden mit etwa 10 bis 15 % des Baulandpreises (ohne Erschließungskosten) bzw. zum zweifachen Ackerlandpreis gehandelt (vgl. § 5 ImmoWertV Rn. 304).

12.5.3 Sachwertverfahren

▶ *Zum Bodenwert vgl. Rn. 849 ff.*

860 Von der Ermittlung des Sachwerts wird in den meisten Fällen abzuraten sein. Insbesondere bei besonders aufwendiger Bauweise, z. B. eine Burg mit 3 m Mauerstärke, und eingeschränkter wirtschaftlicher Verwendungsfähigkeit würde die Anwendung des Sachwertverfahrens allenfalls aufzeigen, was die Sache nicht wert ist. Im Rahmen des Sachwertverfahrens wären zur Berücksichtigung der **wirtschaftlichen Verwertbarkeit nach § 8 Abs. 3 ImmoWertV Abschläge** in einer Größenordnung anzubringen, die das Sachwertverfahren als ungeeignet erscheinen lassen müssen, zumal hierfür anerkannte Normalherstellungskosten nicht vorliegen. Die Normalherstellungskosten von 1913 finden auch hier keine Rechtfertigung, da auch sie i. d. R. den Besonderheiten der Denkmäler nicht Rechnung tragen und diese zudem auch nicht alle zu dieser Zeit errichtet worden sind. Die generellen Vorbehalte gegen die Anwendung des Sachwertverfahrens auf der Grundlage der Normalherstellungskosten von 1913 greifen auch hier durch.

861 Nach § 22 ImmoWertV ist im **Sachwertverfahren** zunächst der Normalherstellungswert zu ermitteln. Das sind die Kosten, die am Stichtag der Wertermittlung für einen Neubau üblicherweise hätten aufgewendet werden müssen. Bei Schlössern und Burgen aus dem Mittelalter wird man allerdings keine **Normalherstellungskosten** ermitteln können. Diese Objekte sind ungewöhnliche und besondere Bauwerke, deren Herstellungskosten nicht mit dem „gewöhnlichen Herstellungsaufwand" vergleichbar sind. Würden reale Herstellungskosten kalkuliert, müsste der Raummeterpreis je nach Dicke des tragenden Mauerwerks 400 €/m³ bis 800 €/m³ (DIN 277/1950) betragen. Daneben wären die Herstellungskosten der zahlreichen Sonderbauteile getrennt zu ermitteln (DIN 277/1950, Abschn. 4) und zuzuschlagen.

862 Insgesamt ergäben sich extrem hohe Herstellungskosten, die nach Berücksichtigung der Alterswertminderung und ggf. der Abschläge wegen baulicher Mängel und Schäden zu einem ebenfalls hohen Sachwert der baulichen Anlagen führen würden. Da am Grundstücksmarkt diese Werte nicht einmal entfernt als Kaufpreis realisiert werden, wären **Abschläge in Größenordnungen von 60 bis 90 %** unumgänglich. Angesichts dieser hohen Abschläge, die der Höhe nach kaum nachvollziehbar begründet werden können, stellt sich die Frage, ob das gewählte Wertermittlungsverfahren noch sinnvoll ist.

---

[364] Die hier angegebenen Sätze, wie sie schon in der 2. Aufl. dieses Werks (Köln 1997) veröffentlicht worden sind, haben Eingang in die „Bewertungsgrundsätze für denkmalgeschützte Objekte am Beispiel der neuen Bundesländer" des Fachbeirats „Bewertung Land- und Forstwirtschaft bei der Bodenverwertungs- und -verwaltungs GmbH" (BVVG) i. d. F. vom Februar 1999 gefunden.

Denkmalschutz — Besondere Immobilienarten V

863 Einen Ausweg bietet die Annahme, dass das Gebäude unter Verwendung heutiger Baumaterialien nach heutigen statischen Erkenntnissen aufgebaut werden würde. Dabei würde ein „**fiktiver" Raummeterpreis (Ersatzbeschaffungskosten)** in Ansatz gebracht, der wesentlich unter dem Raummeterpreis für den Wiederaufbau liegt. Diese Methode hat sich bei der Wertermittlung von alten Fabrikgrundstücken bewährt, bei der die Normalherstellungskosten für alte Massivhallen nach den Kosten für heute übliche Ausführungen angenommen werden.

864 *Beispiele der Herstellungskosten von Sonderbauteilen (Wertverhältnisse 2000)*

Bauteil	Kosten in € Wertverhältnisse 2000
Strebepfeiler 1,00 × 0,80 m mit Schaft, 8 m hoch	15 000 €/Stück
Gurtgesims, h = 0,25 m, Ausladung 0,15 m, glatt	600 €/lfdm
Deckenfries aus Stuck, bis 0,60 m breit	950 €/lfdm
Deckenmalerei Fresko (Ausmalung mit Putten, Himmel und Wolken)	500 €/m²

865 In Sachverständigenkreisen wird diskutiert, ob grundsätzlich ein sog. **Schlosszuschlag** (Marktanpassungszuschlag) vorzunehmen ist, da am Markt häufig höhere Kaufpreise erzielt werden als die sich rechnerisch ergebenden Werte. Ob ein Schlosszuschlag anzunehmen ist oder nicht, hängt wesentlich von der Bedeutung des Objekts (Renommee) ab. Bei Schlössern oder Burgen mit geringem Geltungsgrad wird durchaus auch ein Marktanpassungsabschlag in Betracht zu ziehen sein.

866 *Beispiel*

A Wertermittlung der Bausubstanz, die für eine Folgenutzung noch verwertbar ist, zuzüglich der Baukosten, die für einen Umbau entsprechend der vorgesehenen Nutzung aufzuwenden sind. Vergleich der Summe dieser Kosten mit den Kosten, die für einen kompletten Neubau ohne Berücksichtigung alter Bausubstanz aufzuwenden wären.

Beispiel: (ohne Berücksichtigung des Bodenwerts)

Verwertbare Altbausubstanz	1 500 000 €
Umbaukosten (nach spezifizierter Kostenermittlung)	3 200 000 €
Summe	4 700 000 €
Neubaukosten	6 000 000 €
Differenz	1 300 000 €

Das *Beispiel* zeigt, dass eine Sanierung des Objekts lohnt.

Für die Verkehrswertermittlung ergäbe sich als Untergrenze ein Ansatz von 1,5 Mio. € für den Wert der baulichen Anlagen.

B Bei unterstellbarer Wohnnutzung: Wertermittlung der Bausubstanz, die für eine **Folgenutzung** noch verwertbar ist, zuzüglich der Instandsetzungskosten nach Flächenwerten.

Beispiel: (ohne Berücksichtigung des Bodenwerts)

Verwertbare Altsubstanz	1 500 000 €
Instandsetzungskosten für Wohnnutzung 3 200 m² WF/NF × 1 000 €/m²	3 200 000 €
Summe	4 700 000 €
Neubau für Wohnnutzung: 3 200 m² WF/NF × 1 500 €/m²	4 800 000 €
Differenz	100 000 €

Das *Beispiel* zeigt, dass auch hier eine Sanierung des Objekts lohnt.

Für die Verkehrswertermittlung ergäbe sich als Untergrenze ein Ansatz von 1,5 Mio. € für den Wert der baulichen Anlagen.

V Besondere Immobilienarten — Denkmalschutz

12.5.4 Ertragswertverfahren

867 Bei der Wertermittlung von Schlössern und Burgen auf der Grundlage des Ertragswertverfahrens ist Folgendes zu beachten: Das **Ertragswertverfahren** ist im Wesentlichen eine Renditeberechnung. Folglich muss auch die Zielsetzung der Nutzung oder der Folgenutzung des Objekts renditeorientiert sein. Anderenfalls ergeben sich keine plausiblen Wertermittlungsergebnisse. Da Liquidationsüberlegungen wegen des Denkmalschutzes vernachlässigt werden können, ist von einer nachhaltigen wirtschaftlichen Nutzung des Schlosses oder der Burg auszugehen. Dabei kann bezüglich des Mietansatzes der renovierte oder modernisierte Zustand des Objekts zugrunde gelegt werden. Die Aufwendungen für die Modernisierung sind wertmindernd zu berücksichtigen. Unabhängig davon ist zu klären, ob und, wenn ja, in welchem Umfang aus denkmalpflegerischer Sicht besondere Instandhaltungs- oder Instandsetzungsmaßnahmen erforderlich sind und inwieweit diese besonderen Maßnahmen wiederkehrend Einfluss auf die Bewirtschaftungskosten nehmen.

868 *Beispiel*

C Investorenmethode

Es wird unterstellt, dass ein Investor das Objekt erwirbt, Umbau- und Sanierungsmaßnahmen für die mögliche Folgenutzung durchführt und das sanierte Objekt weiter vermarktet.

Beispiel:

Das Objekt eignet sich als Schulungsstätte (Internatsbetrieb). Der Reinertrag beträgt 17,50 €/Person. Als Tagessatz sind 60 €/Person durchsetzbar. Die Teilnehmerzahl wird mit 60 Personen bei 250 Tagen angenommen.

Reinertrag 17,50 €/Tag × 60 Personen × 250 Tage	262 500 €
Zinssatz 5 % Restnutzungsdauer 100 Jahre	
Vervielfältiger 19,85	
Grundstücksertragswert 262 500 € × 19,85	5 210 640 €
abzüglich Investitionskosten 3 000 m² WF/NF × 1 000 €/m²	− 3 000 000 €
Differenz	= 2 210 500 €

Da im Allgemeinen für den Investor die Kosten für Unvorhergesehenes, Wagnis und Gewinn (10 bis 20 %) abzuziehen sind, ergäbe sich ein Verkehrswert in einer Größenordnung von rd. 1,85 Mio. €.

D Ertragswertverfahren nach ImmoWertV

Das Objekt eignet sich zur Vermietung (Wohnungen).

Beispiel:

Rohertrag: 2 200 m² WF × 5 €/m² × 12 Monate	132 000 €
Bewirtschaftungskosten 30 %	− 39 600 €
Reinertrag	92 400 €
Vervielfältiger 19,85	
Grundstücksertragswert: 92 400 € × 19,85	1 834 140 €
abzüglich Umbaukosten 2 200 m² WF × 600 €	− 1 320 000 €
Ertragswert	= 514 140 €

Der Verkehrswert wird 0,5 Mio. € nicht übersteigen.

Das *Beispiel* zeigt, dass der Verkehrswert derartiger Objekte eindeutig von der künftigen Nutzung bestimmt wird. Wäre im vorliegenden Fall eine Nutzung als Schulungsstätte möglich, ergäbe sich der im Beispiel C ermittelte Wert.

Wohnraumförderung   **Besondere Immobilienarten V**

Auch oder gerade im Rahmen der Verkehrswertermittlung von Schlössern zeigt sich, dass man sich mit dem Ertragswertverfahren dem Verkehrswert bedeutend zuverlässiger als mit dem Sachwertverfahren nähert (Abb. 5): **869**

Abb. 5: Bewertungen vergleichbarer Objekte in Niedersachsen

Wertermittlungs-objekt	Baujahr	Wertermitt-lungsjahr	Ertragswert €	Sachwert €	Verkehrswert €
Burg	13..	1972	50 000	70 000	56 000
Gut	18..	1978		550 000	400 000
Schloss	16..	1979	154 500	479 500	265 000
Villa	19..	1981	1 680 000	2 560 000	2 000 000
Schloss	16..	1983	416 000	500 000	475 000
Hotel	19..	1985		225 500	225 500
Schloss	16..	1985		520 000	400 000
Hotel	18..	1993	1 550 000	2 280 000	1 575 000
Villa	18..	1993		396 000	305 000
Schloss	19..	1995	2 840 000	4 855 000	2 840 000
Schloss	16..	1998	950 000	1 640 000	1 200 000

Quelle: Gomille, U., Was ist ein Schloss wert? Nachr. der nds. Kat.- und VermVw 2000/4, S. 4

12.6   Denkmalschutz in der steuerlichen Bewertung

Der **Erlass betr. Einheitsbewertung von Grundbesitz, der unter Denkmalschutz steht,** vom 21. Oktober 1985 (BStBl I 1985, 648) ist abgedruckt in der 6. Aufl. dieses Werkes, S. 2382. **870**

13   Soziale Wohnraumförderung

13.1   Allgemeines

Schrifttum: *Bachmann, St.,* Die Bewertung eines Mietwohnhauses (sozialer Wohnungsbau), GuG 2002, 237; *Ohler, A.,* Zur Berücksichtigung von Mietpreisbindungen bei der Ermittlung des Ertragswerts von Mietwohngrundstücken, AVN 1994, 78; *Kippes/Saier,* Immobilienmanagement, Boorberg Verlag 2005, S. 315 ff.

▶ Vgl. § 6 ImmoWertV Rn. 88 ff; Teil VI Rn. 543 ff., 721; § 17 ImmoWertV Rn. 22

Wohnungs- und mietrechtliche Bindungen beeinflussen den Verkehrswert. Dies gilt **871**
- für gesetzliche einschließlich förderungsrechtliche, wohnungs- und mietrechtliche Bindungen
- und auch für vertragliche wohnungs- und mietrechtliche Bindungen.

Zumindest im Rahmen des öffentlich geförderten Wohnungsbaus stehen wohnungs- und mietrechtlichen Bindungen in aller Regel **Finanzierungsvorteile** gegenüber. Ob und ggf. in welchem Maße ein im öffentlich geförderten Wohnungsbau (soziale Wohnraumförderung) gefördertes Objekt in seinem Verkehrswert von einem vergleichbaren freifinanzierten Objekt abweicht, beantwortet sich bei alledem danach, wie sich Vor- und Nachteile ausgleichen. **872**

V Besondere Immobilienarten — Wohnraumförderung

873 Zunächst soll jedoch kurz ein Blick auf die bisherigen verschiedenen **Förderungen** geworfen werden:

Bis zum 31.12.2001 bestimmte sich die Wohnungsbauförderung nach den Vorschriften **des Zweiten Wohnungsbaugesetzes (II. WoBauG).** Das II. WoBauG ist mit dem Wohnraumförderungsgesetz aufgehoben worden. Mit dem Inkrafttreten des Gesetzes zur Reform des Wohnungbaurechts bestimmt sich die Förderung nach dem **Wohnraumförderungsgesetzes (WoFG).** Einzelne Vorschriften des II. WoBauG finden ebenso wie das **Wohnungsbindungsgesetz (WoBindG),** die **Neubaumietenverordnung (NMV)** sowie die Zweite Berechnungsverordnung in der jeweils gültigen Fassung für sog. Altförderfälle weiterhin Anwendung.

874 Die **soziale Wohnraumförderung** kann unterschieden werden nach dem
– *1. Förderungsweg* für Wohnraum von Personen, deren Gesamteinkommen die Einkommensgrenzen nach § 9 WoFG nicht übersteigt, mit der Folge öffentlich-rechtlicher Belegungs- und Mietpreisbindungen aufgrund des Wohnungsbindungsgesetzes (WoBindG),
– *2. Förderungsweg* für Wohnraum von Personen, deren Einkommen um bis zu 60 % über den Einkommensgrenzen des 1. Förderungsweges lagen, nach den besonderen Vorschriften der §§ 88 bis 88c des II. WoBauG mit der Folge öffentlich-rechtlicher Bindungen, und zwar der Belegungsbindung nach § 88a des II WoBauG i. V. m. dem Bewilligungsbescheid und der Mietpreisbindung nach § 88b des II. WoBauG und der §§ 8 bis 11 des WoBindG, und
– *3. Förderungsweg* für fremdgenutzten und freifinanzierten Wohnraum nach
  • einer Vereinbarung zwischen Darlehens- und Zuschussgeber und dem Bauherrn in Abweichung von den Vorschriften des II. WoBauG (§ 88 d des II. WoBauG), also in privatrechtlicher Form (Kostenmiete nach § 8 WoBindG) und
  • der einkommensorientierten Förderung (EOF) auf der Grundlage des Wohnungsbauförderungsgesetzes 1994 (§ 88e WoBindG).

Der Einsatz der öffentlichen Mittel ist in den **§§ 42 bis 44 II. WoBauG** geregelt. § 42 WoBauG enthält einen Katalog objektbezogener Fördermittel, wobei sowohl die Kapitalsubvention in Form von Baudarlehen als auch die Ertragssubvention in Form von Aufwendungsdarlehen, Aufwendungszuschüssen oder Zinszuschüssen aufgeführt werden. Für die nicht öffentlichen Mittel gilt die objektbezogene Fördersystematik analog.

Öffentliche und nicht öffentliche Mittel werden von der für das jeweilige Bauvorhaben zuständigen **Bewilligungsbehörde** gewährt.

875 Grundlage für die Bewilligung der Fördermittel ist die Aufstellung einer **Wirtschaftlichkeitsberechnung,** in der die Kostenmiete für die geförderten Wohnungen ermittelt wird. Inhalt und Form der Wirtschaftlichkeitsberechnung werden in der zweiten Berechnungsverordnung (II. BV) geregelt[365].

Gemäß § 3 II. BV muss die **Wirtschaftlichkeitsberechnung** eines Objektes enthalten:

1. Grundstücks- und Gebäudebeschreibung,
2. Aufstellung der Gesamtkosten,
3. Aufstellung der Finanzierungsmittel zur Deckung der Gesamtkosten (Finanzierungsplan),
4. Aufstellung über die jährlich laufenden Aufwendungen und Erträge eines Objekts.

876 Die **Kostenmiete** entspricht der Summe der jährlichen, laufenden Aufwendungen abzüglich der jährlichen, laufenden Erträge des Bauvorhabens. Wird dieser Betrag auf die Wohnfläche des Objekts bezogen, so spricht man von der Durchschnittsmiete.

---
[365] Vgl. hierzu § 72 II. WoBauG und §§ 8, 8a WoBindG und §§ 1,2 NMV 1970, Fischer-Dieskau/Pergande/Schwender, Komm. zum Wohnungsbaurecht von § 2 NMV 1970, Anmerkung 2: Verhältnis von II. BV zur NMV 1970.

Wohnraumförderung — Besondere Immobilienarten V

Sowohl im 1. Förderweg als auch im 2. Förderweg erfolgt die Förderung durch die Vergabe von zunächst **zinslosen Baudarlehen**. Im Darlehensvertrag ist eine Erhöhung der Verzinsung vorzusehen, falls dies zur Fortführung des sozialen Wohnungsbaus erforderlich und im Hinblick auf die allgemeine wirtschaftliche Entwicklung, insbesondere auf die Einkommensentwicklung der breiten Schichten des Volkes, vertretbar ist. Die Erhöhung der Verzinsung darf nur erfolgen, wenn die zuständige oberste Landesbehörde dies zugelassen hat (vgl. § 44 Abs. 2 II. WoBauG). 877

Die **laufenden Aufwendungen** setzen sich zusammen aus den Kapitalkosten und den Bewirtschaftungskosten, siehe § 18 Abs. 1 II. BV. Die Kapitalkosten setzen sich wiederum aus den Fremdkapitalkosten und den Eigenkapitalkosten zusammen. Fremdkapitalkosten sind die Kosten, die sich aus der Inanspruchnahme der Fremdmittel (§ 21 II. BV), hierzu gehören die öffentlichen und die nicht öffentlichen Baudarlehen, ergeben, u. a.: 878

1. Zinsen für Fremdmittel,
2. laufende Verwaltungskosten.

Die **Zinsen für Fremdmittel** sind mit dem Betrag anzusetzen, der sich aus den im Finanzierungsplan ausgewiesenen Fremdmitteln mit dem maßgebenden Zinssatz errechnet. Maßgebend ist, soweit nichts anderes vorgeschrieben ist, der vereinbarte Zinssatz (vgl. § 12 Abs. 1 und § 21 Abs. 2 und 3 II. BV). 879

Neben den Baudarlehen können öffentliche und nicht öffentliche Mittel auch als Darlehen (**Aufwendungsdarlehen**) oder nicht zurückzuzahlender Zuschuss (**Aufwendungszuschuss**)[366] zur Deckung der laufenden Aufwendungen gewährt werden. Vergleiche dazu §§ 42, 88 II. WoBauG. 880

Als besonderer Aufwendungszuschuss sein hier noch der **Zinszuschuss** genannt, **der zur Deckung der für Finanzierungsmittel zu entrichtenden Zinsen gegeben wird.** Die ausdrückliche Nennung des Verwendungszwecks ist allerdings das einzig besondere am Zinszuschuss, ansonsten gelten alle Regelungen für den Aufwendungszuschuss auch für den Zinszuschuss. 881

Werden dem Bauherrn Darlehen oder Zuschüsse zur Deckung der laufenden Aufwendungen gewährt, so mindern diese jährlichen Zahlungen den Gesamtbetrag der jährlich laufenden Aufwendungen und senken somit die Kostenmiete auf ein tragbares Niveau. Es handelt sich hier um Ertragssubventionen. Der verringerte Gesamtbetrag der Aufwendungen ist für den Zeitraum anzusetzen, in dem die Ertragssubventionen gewährt werden. Entfällt oder kürzt sich die jährliche Zahlung aus dem Aufwendungsdarlehen bzw. Aufwendungszuschuss, so erhöht sich der Gesamtbetrag der jährlich laufenden Aufwendungen, also die Kostenmiete, entsprechend. 882

Werden die für ein Bauvorhaben als Darlehen gewährten öffentlichen Mittel ohne rechtliche Verpflichtung vorzeitig zurückgezahlt, so gelten die Wohnungen des Objekts bis zum Ablauf des zehnten Kalenderjahres nach dem Jahr der Rückzahlung als öffentlich gefördert (**Nachwirkungsfrist**). Sind neben den Darlehen Zuschüsse zur Deckung der laufenden Aufwendungen oder Zinszuschüsse aus öffentlichen Mitteln gewährt werden, so gelten die Wohnungen des Objekts bis zum Ablauf des Kalenderjahres als öffentlich gefördert, in dem der Zeitraum endet, für den sich die laufenden Aufwendungen durch die Gewährung der Zuschüsse vermindern (vgl. § 16 Abs. 1 WoBindG). Für Objekte, die sich in der Nachwirkungsfrist befinden, darf folglich nur die Kostenmiete genommen werden. 883

Das geltende **Wohnraumförderungsgesetz (WoFG)** unterscheidet nicht mehr nach einzelnen Förderungswegen und verzichtet auch auf bundesrechtliche Vorschriften zur Förderung. Die Förderung wird nunmehr in einer auf Antrag des Förderempfängers von der zuständigen Bewilligungsstelle erlassenen Förderzusage festgelegt. Gegenstand der **Förderzusage** sind 884

---

[366] Vgl. § 18 (2) II. BV, Fischer-Dieskau/Pergande/Schwender, Komm. zum Wohnungsbaurecht von § 18 II. BV, Anm. 3: Behandlung von Verbilligungsmitteln.

V Besondere Immobilienarten   Wohnraumförderung

- Höhe, Dauer, Verzinsung und Tilgung der Fördermittel (Zuschuss oder Darlehen),
- Einhaltung der Einkommensgrenzen nach § 9 WoFG,
- Begrenzung der Wohnungsgröße,
- Belegungs- und Mietbindungen bei der Förderung von Mietwohnungen.

885 Mietwohngrundstücke können auch mit **anderen zinsverbilligten Finanzierungsmitteln** erstellt werden. Hierzu gehören insbesondere

- Arbeitgeberdarlehen,
- Darlehen aus Wohnungsfürsorgemitteln für Angehörige des öffentlichen Dienstes,
- Mittel aus dem Lastenausgleichsfonds und
- Mittel aus Wohnungsbauförderungsprogrammen.

886 In diesen Fällen liegt die vereinbarte Miete i. d. R. unter der Marktmiete und es stellt sich die Frage, ob auch hier der Verkehrswert wie im Bereich der sozialen Wohnraumförderung wegen der über einen längeren Zeitraum erzielten Mindereinnahmen gegenüber einem freifinanzierten Objekt zu mindern ist. Nach überkommener Auffassung stellen diese rein privatrechtlichen Vereinbarungen **ungewöhnliche oder persönliche Verhältnisse** i. S. des § 7 ImmoWertV dar und sind bei der Verkehrswertermittlung außer Betracht zu lassen. Diese Auffassung wird nicht geteilt.

887 Zur **indirekten Förderung durch steuerliche Vergünstigungen** sei angemerkt, dass diese i. d. R. bereits bei der Ermittlung des Liegenschaftszinssatzes Berücksichtigung findet, soweit es sich um allgemeine das Investitionsgeschehen beeinflussende Förderungen handelt. Solche steuerlichen Vorteile dürfen von daher nicht noch besonders berücksichtigt werden (Gefahr der Doppelberücksichtigung).

888 Zur Wertermittlung von Grundstücken, die im Bereich der sozialen Wohnraumförderung bebaut wurden, bietet die Fachliteratur mehrere Verfahren an; sie gehen von unterschiedlichen Ermittlungsgrundlagen aus. Zum Teil dienen Herstellungskosten, die Ertragsverhältnisse oder auch Vergleichswerte als Ausgangsparameter. Die in der Praxis überwiegend angewendeten Ertragsmodelle unterscheiden sich hauptsächlich in der **unterschiedlichen Berücksichtigung der niedrig verzinslichen öffentlichen Mittel.** Einigkeit besteht bei allen Modellen darin, dass die nach dem Ertragswertverfahren errechnete Wertminderung nicht auf die Restnutzungsdauer des Gebäudes, sondern auf die Dauer der Bindung an die Kostenmiete abzustellen ist[367].

13.2 Wertermittlungsverfahren

a) *Standardverfahren*

889 Das Standardverfahren geht zur Ermittlung des Ertragswerts der baulichen Anlagen von einem marktüblich erzielbaren Rohertrag (Nettokaltmiete) normal finanzierter Objekte gleicher Art, Lage und Ausstattung aus. Dieser Wert wird um den **kapitalisierten Unterschiedsbetrag aus den Mieteinnahmen und dem Zinsvorteil aus den valutierten verbilligten Zinsmitteln** korrigiert.

890 *Beispiel 1:*

Mietwohngrundstück: Tatsächliche Jahresnettokaltmiete 25 000 €; marktüblich erzielbare Jahresnettokaltmiete 34 000 €; Bewirtschaftungskosten 8 500 €; Restnutzungsdauer des Gebäudes 70 Jahre; Bodenwert 80 000 €; Liegenschaftszinssatz 5 %, zinsverbilligte Mittel (valutiert) 110 000 €.

---

[367] BGH, Urt. vom 12.2.1988 – V ZR 184/86 –, WM 1988, 1238 = EzGuG 20.123.

Berechnung des vorläufigen Ertragswerts:

Bodenwert = 80 000 €

Vorläufiger Ertragswert der baulichen Anlage:

Jahresnettokaltmiete	=	34 000 €
Bewirtschaftungskosten	=	− 8 500 €
= Reinertrag	=	25 500 €
abzüglich Bodenwertverzinsungsbetrag (80 000 € × 5/100)	=	− 4 000 €
Reinertrag der baulichen Anlagen	=	21 500 €
Vorläufiger Ertragswert der baulichen Anlage: 21 500 € × 19,34	=	415 810 €

(Vervielfältiger bei 5 % und 70 Jahren)

Mindereinnahmen und Zinsvorteile

Mindereinnahmen: 34 000 € − 25 000 €		=	9 000 €
Zinsvorteile			
8 % von 110 000 €	=	8 800 €	
zu zahlende Zinsen	=	− 825 € =	− 7 975 €
Minderbetrag		=	1 025 €

Barwert: 1 025 € × 6,71 (Vervielfältiger V bei 8 % und 10 Jahren = 6,71)		= − 6 878 € =	+ 408 932 €
Ertragswert des Grundstücks		=	**rd. 489 000 €**

Bei dem einfachsten Verfahren wird der Ertragswert unter Berücksichtigung der marktüblich erzielbaren Miete ermittelt und die kapitalisierte Differenz zwischen marktüblich erzielbarer und aufgrund der Sozialbindung tatsächlich gezahlter Miete abgezogen. Der Kapitalisierungszeitraum hängt vom Ablauf der Eigenschaft „öffentlich gefördert" und der etwaigen Nachwirkungsfrist ab. Dieses Verfahren führt im Vergleich zu den erzielten Kaufpreisen zu vertretbaren Ergebnissen[368]. Offensichtlich werden am Grundstücksmarkt die teilweise recht aufwendigen Berechnungen der anderen angebotenen Wertermittlungsmodelle nicht nachvollzogen.

Beispiel 2:

4 dreigeschossige Mietwohnhäuser mit insgesamt 29 Wohneinheiten, Baujahr 1980, 1 329 m² Wohnfläche, Marktmiete 6,84 €/m² WF (insgesamt 109 084 €/Jahr), Sozialmiete 5,26 €/m² WF (insgesamt 83 886 €/Jahr). Ablauf der Mietbindung in 8 Jahren, Bodenwert 450 000 €.

Abb. 1: Zusammensetzung der Miete

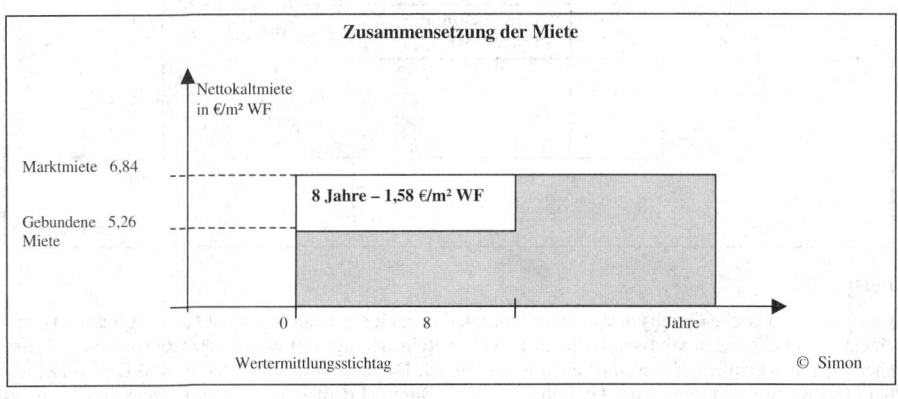

---

[368] Hawerländer im Informationsdienst für Sachverständige 1988, Heft 2.

V Besondere Immobilienarten   Wohnraumförderung

a) Vorläufiger Ertragswert

Jahresnettokaltmiete		
1 329 m² × 6,84 €/m² × 12 Monate	=	109 084 €
Bewirtschaftungskosten abzüglich 25 %	−	27 271 €
= Reinertrag	=	81 813 €
Bodenwertverzinsungsbetrag: 5 % von 450 000 €	−	22 500 €
= Reinertragsanteil der baulichen Anlagen		59 313 €

Restnutzungsdauer 45 Jahre, Liegenschaftszinssatz 5 %, Vervielfältiger 17,77

Vorläufiger Ertragswert der baulichen Anlage:			
59 313 € × 17,77		1 053 992 €	
+ Bodenwert	+	450 000 €	
= Vorläufiger Ertragswert	=	1 503 992 € =	1 503 992 €

b) Barwert der Ertragsminderung

6,84 €/m² − 5,26 €/m² = 1,58 €/m² WF
1,58 €/m² × 12 Monate × 1 329 m² × 6,46   162 778 € =   − 162 778 €
(Vervielfältiger bei 8 Jahren und 5 % Zins)

                                                           =   1 341 144 €

c) Verkehrswert des Grundstücks   =   1 340 000 €

893 Wenn der Fall eintritt, dass der Vermieter bei **Wegfall der Mietpreisbindung** trotz 30%iger Mieterhöhung innerhalb von zehn Jahren nicht die übliche Marktmiete erreicht, muss die Wertermittlung nach dem nachfolgend aufgezeigten Schema erfolgen (Abb. 2):

Abb. 2: Zusammensetzung der Miete

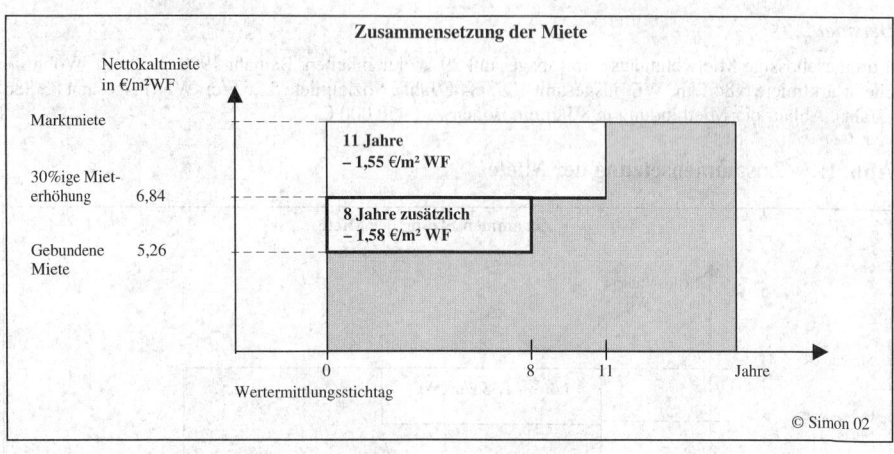

894 *Beispiel 3:*

Das voll erschlossene Grundstück liegt im Innenstadtbereich der Stadt A und ist 650 m² groß. Es ist mit einem viergeschossigen Mietwohngebäude und einer Reihengarage (7 Einstellplätze) bebaut und entsprechend den baurechtlichen Vorschriften voll ausgenutzt. Der Bodenrichtwert beträgt 400 €/m² (erschließungsbeitragsfrei). In Abt. II des Grundbuchs ist ein Durchfahrtrecht (Ein- und Ausfahrtrecht) und ein Überfahrtrecht zugunsten des jeweiligen Eigentümers des benachbarten Grundstücks 7/11 eingetragen. Im Bestandsverzeichnis ist ein Überfahrtrecht am Grundstück 7/11 vermerkt. Vereinbarungen über gegenseitige Entschädigungen für die Rechte wurden nicht getroffen.

Wohnraumförderung — Besondere Immobilienarten V

Das 1968 erstellte Gebäude ist ein verputzter Mauerwerksmassivbau mit durchschnittlicher Ausstattung. Er enthält 9 Wohnungen mit Größen zwischen 40 und 80 m² Wohnfläche. Die Gesamtwohnfläche beträgt 596 m². Die ebenfalls 1968 fertiggestellte Garage wurde in Mauerwerksmassivbauweise mit Holzpultdach und Pappdeckung ausgeführt.

Das Gebäude wurde mit öffentlichen Mitteln gebaut. Die Mittel sind am Wertermittlungsstichtag abgelöst. Es besteht eine Nachwirkungsfrist von zehn Jahren. Die Kostenmiete beträgt 6,77 €/m² WF, die ortsübliche Marktmiete 8,30 €/m² WF. Für die Garagennutzung werden 60 €/Monat je Einstellplatz verlangt.

Wertermittlung

- Ermittlung des Bodenwerts: 650 m² × 400 €/m² = 260 000 €
- Ermittlung des vorläufigen Grundstücksertragswerts

  Jahresnettokaltmiete bei freier Finanzierung
596 m² WF × 8,30 €/m²	4 946,80 €		
7 Garagen × 60 €	420,00 €		
	5 366,80 €	× 12 Monate =	64 401,60 €

  Jahresnettokaltmiete unter Berücksichtigung der Mietbindung
596 m² WF × 6,77 €/m²	4 034,92 €		
7 Garagen × 60 €	420,00 €		
4 454,92 € × 12 Monate	4 454,92 €	=	− 53 459,04 €
Mietdifferenz		=	10 942,56 €

- Die Wertermittlung erfolgt zunächst unter Berücksichtigung der üblichen Marktmiete. Von dem danach ermittelten Ertragswert der baulichen Anlagen wird der über 10 Jahre kapitalisierte jährliche Minderertrag abgezogen.

Jahresnettokaltmiete	=	64 401,60 €
Bewirtschaftungskosten 22 %	=	− 14 168,35 €
= Jahresreinertrag	=	50 233,25 €
Bodenwertverzinsungsbetrag 5 % von 260 000 €	=	− 13 000,00 €
= Reinertrag der baulichen Anlagen	=	37 233,25 €

  Der Vervielfältiger beträgt bei 58 Jahren Restnutzungsdauer und 5 % Liegenschaftszinssatz: 18,82 (vgl. Anl. zur ImmoWertV)

  Vorläufiger Ertragswert der baulichen Anlagen
37 233,25 € × 18,82		=	700 729,73 €
Der kapitalisierte Minderertrag beträgt			
für 10 Jahre bei 5 % Zins 10 942,56 €[a] × 7,72		=	− 84 476,56 €[b]
Ertragswert der baulichen Anlagen			
unter Berücksichtigung der Mietbindung	=	616 253 € +	616 253 €
zuzüglich Bodenwert (616 253 € + 260 000 €)	=	=	876 253 €

- Anpassung an die Marktlage (vgl. § 7 Abs. 1):
− 5 %: 876 253 € × 0,05		= −	43 812 €
		=	832 440 €
		rd.	830 000 €

a. Gegen die Berechnung könnte eingewendet werden, dass bei Ansatz der niedrigeren Kostenmiete der €-Betrag der Bewirtschaftungskosten geringer sein müsste. Da aber die Höhe der Bewirtschaftungskosten nicht unmittelbar davon abhängt, ob das Objekt öffentlich gefördert oder freifinanziert ist, sind grundsätzlich die bei Marktmiete üblicherweise anfallenden Bewirtschaftungskosten anzusetzen.
b. Bei bestehenden öffentlichen Mitteln müsste der Zinsvorteil aus den valutierten verbilligten Finanzierungsmitteln den Mindereinnahmen gegengerechnet werden. Im vorliegenden Fall sind die Mittel bereits zurückgezahlt, sodass am Wertermittlungsstichtag kein Zinsvorteil mehr besteht; vgl. auch Hofbaur in DWW 1982, 322.

V Besondere Immobilienarten   Wohnraumförderung

895 Berücksichtigung des **Durch- und Überfahrtrechts** zugunsten des Nachbargrundstücks 7/11 und des Überfahrtrechts über das Grundstück 7/11.

Der Vorteil des Überfahrtrechts für das Wertermittlungsgrundstück 6/11 besteht darin, dass der Eigentümer auf dem rückwärtigen Grundstücksteil 7 anstatt maximal 4 Garagen (an der nordwestlichen Hofseite) bauen konnte und nutzen kann. Diesen Vorteil konnte er damit erkaufen, dass er dem Eigentümer des benachbarten Grundstücks 7/11 ein Durchfahrt- und Überfahrtrecht einräumen musste (Abb. 3). Da sich Vor- und Nachteile gegenseitig aufheben, bleiben das Recht und die Belastung bei der Wertermittlung außer Ansatz. Auch besteht durch den Zwang der Aufrechterhaltung der Durchfahrt kein Nachteil, da die Nutzung des Garagenhofs gegenüber der Nutzung der Grundfläche der Durchfahrt als Wohnfläche wirtschaftlich günstiger ist.

Abb. 3: Lageplan

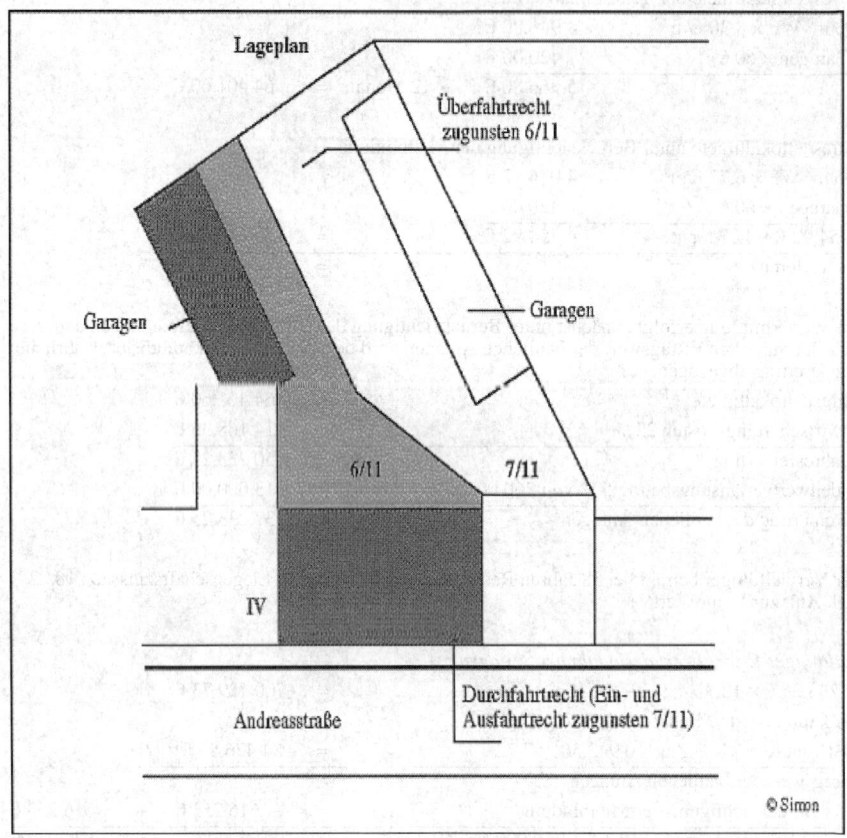

b) *Vogels-Verfahren*

Schrifttum: *Vogels, M.*, Grundstücks- und Gebäudebewertung – marktgerecht, Bauverlag Wiesbaden und Berlin, 5. Aufl.

▶ *Vgl. § 8 ImmoWertV Rn. 69*

896 *Vogels*[369] schlägt die **Wertermittlung nach dem Hypothekenkoeffizientenverfahren** vor. Dieses Verfahren wurde von dem Amerikaner *Ellwood* entwickelt. Es ist für praktisch alle Problemfälle des Ertragswertverfahrens anwendbar. Dabei wird die gesamte *„Performance"* des Objekts, also die Zinsvorteile, die gezahlten Erträge, der Eigenkapitalzins, aber auch

---

[369] Vogels, Grundstücks- und Gebäudebewertung – marktgerecht, Bauverlag Wiesbaden und Berlin, 5. Aufl., S. 319 f.

künftige Wertsteigerungen und Wertminderungen, in einem ebenfalls überschaubaren Zeitraum (üblicherweise 10 Jahre) nach der Formel

$$\text{Barwert (Ertragswert)} = \frac{\text{Grundstücksreinertrag} + \text{Hypothek} \times c}{\text{Eigenkapitalzinssatz} - w}$$

berücksichtigt.

Der „c-Wert" ergibt sich aus den Hypothekenkonditionen der zugrunde gelegten Laufzeit und den Erträgen und wird ebenso wie der „w-Wert", der die erwarteten Wertänderungen und den zugrunde gelegten Eigenkapitalzins repräsentiert, Tabellen (Auszüge in Abb. 4 und Abb. 5) entnommen.

Beispiel:

Grundstücksreinertrag	30 000 €/Jahr
Hypothek	160 000 €
Zins	0,5 %
Tilgung	1 %
Eigenkapital	8 %
Laufzeit	10 Jahre
geschätzte Wertsteigerung	60 %
geschätzte Wertminderung	10 %

$$\text{Barwert (Ertragswert €)} = \frac{30\,000\,€ + 160\,000\,€ \times 0{,}072060}{0{,}08 - 0{,}0303737} = \text{rd. } 275\,000\,€$$

Abb. 4: Ausgewählte c-Koeffizienten für soziale Wohnraumförderung für n = 10 Jahre

Hypotheken-tilgung 1 %		Eigenkapitalzins y in %						
Zins	Laufzeit	12,00	10,00	9,00	8,00	7,00	6,00	5,00
0,0	100,00	0,115690	0,096267	0,086574	0,076895	0,067230	0,057579	0,047942
0,5	81,30	0,110828	0,091418	0,081732	0,072060	0,062403	0,052760	0,043132
1,0	69,66	0,105962	0,086565	0,076886	0,067222	0,057572	0,047937	0,038318
1,5	61,54	0,101099	0,081715	0,072045	0,062388	0,052746	0,043120	0,033509
2,0	55,48	0,096240	0,076870	0,067207	0,057559	0,047925	0,038307	0,028706
2,5	50,73	0,091384	0,072030	0,062374	0,052734	0,043109	0,033500	0,023907

Abb. 5: Wmin bei einem Berechnungszeitraum n = 10 Jahre, y = 8 %

Wertzuw. Wz %	Wertminderung „Wmin" in %						
	70,0	50,0	30,0	20,0	15,0	10,0	0,0
100	-0,027612	0,000000	0,027612	0,041418	0,048321	0,055224	0,069029
95	-0,028647	-0,001726	0,025196	0,038657	0,045387	0,052117	0,065578
90	-0,029683	-0,003451	0,022780	0,035895	0,042453	0,049011	0,062127
85	-0,030718	-0,005177	0,020364	0,033134	0,039519	0,045905	0,058675
80	-0,031754	-0,006903	0,017948	0,030373	0,036586	0,042798	0,055224
75	-0,032789	-0,008629	0,015532	0,027612	0,033652	0,039692	0,051772
70	-0,033824	-0,010354	0,013116	0,024851	0,030718	0,036586	0,048321
65	-0,034860	-0,012080	0,010700	0,022089	0,027784	0,033479	0,044869
60	-0,035895	-0,013806	0,008284	0,019328	0,024851	0,030373	0,041418
55	-0,036931	-0,015532	0,005868	0,016567	0,021917	0,027267	0,037966
50	-0,037966	-0,017257	0,003451	0,013806	0,018983	0,024160	0,034515
45	-0,039002	-0,018983	0,001035	0,011045	0,016049	0,021054	0,031063

V Besondere Immobilienarten Wohnraumförderung

Wertzuw. Wz %	Wertminderung „Wmin" in %						
	70,0	50,0	30,0	20,0	15,0	10,0	0,0
40	-0,040037	-0,020709	-0,001381	0,008284	0,013166	0,017948	0,027612
35	-0,041073	-0,022435	-0,003797	0,005522	0,010182	0,014841	0,024160
30	-0,042108	-0,024160	-0,006213	0,002761	0,007248	0,011735	0,020709
25	-0,043143	-0,025886	-0,008629	0,000000	0,004314	0,008629	0,017257
20	-0,044179	-0,027612	-0,011045	-0,002761	0,001381	0,005522	0,013806
15	-0,045214	-0,029338	-0,013461	-0,005522	-0,001553	0,002416	0,010354
10	-0,046250	-0,031063	-0,015877	-0,008284	-0,004487	-0,000690	0,006903
5	-0,047285	-0,032789	-0,018293	-0,011045	-0,007421	-0,003797	0,003451
0	-0,048321	-0,034515	-0,020709	-0,013806	-0,010354	-0,006903	0,000000

899 Im Grunde genommen bildet die hier **angesetzte Laufzeit von 10 Jahren schon die absolute Obergrenze,** denn bei allem Vertrauen in die Finanzmathematik erscheint bedenklich, dass künftige, nicht vorhersehbare, aber – wegen der Abkoppelung des Verfahrens vom Liegenschaftszins – zwingend einzuschätzende künftige Werterhöhungen und Wertminderungen das Ergebnis erheblich beeinflussen. Diese Kritik gilt auch für Verfahrensvorschläge anderer Autoren, die mit teilweise abenteuerlichen finanzmathematischen Operationen eine Ergebnisgenauigkeit suggerieren, die in der Praxis nicht nachvollzogen wird.

c) *Weitere Verfahren*

900 Im Verfahren nach *Feldhaus*[370] wird vom Grundstücksertragswert ohne Berücksichtigung der Sozialbindung der Barwert der Ertragsminderung und des **Zinsvorteils** abgezogen. *Möckel* schließlich favorisiert hingegen das Vergleichswertverfahren. Da hierzu eine ausreichende Anzahl von Vergleichsgrundstücken benötigt wird, ist der Anwendungsbereich zwangsläufig stark eingeschränkt[371].

901 Abweichend von den hier vorgestellten Grundsätzen der Verkehrswertermittlung wird in der Rechtsprechung zur KostO die Auffassung vertreten, dass der Wert eines Grundstücks, für das eine Verpflichtung zur Bebauung mit sozialer Wohnraumförderung besteht, wegen des **eingeschränkten Interessentenkreises** i. d. R. nur einen Bruchteil des nach allgemeinen Grundsätzen zu ermittelnden Werts „ausmache"[372].

902 Zur **steuerlichen Bewertung** vgl. BFH, Urt. vom 16.6.1999 – II R 86/97 –, GuG 2000, 187 = EzGuG 20.171.

---

370 Simon/Kleiber, a. a. O. Rn. 4.145.
371 Zur steuerlichen Bewertung vgl. BFH, Urt. vom 24.3.1981 – II R 118/78 –, BStBl II 1981, 487 = EzGuG 20.88; BFH, Beschl. vom 11.7.1980 – III B 3/80 –, BFHE 131, 80 = BStBl II 1980, 559 = EzGuG 20.84; BFH, Urt. vom 12.12.1979 – II R 127/74 –, BStBl. II 1980, 218 = BFHE 129, 404; BFH, Beschl. vom 12.5.1978 – III R 18/76 –, BFHE 142, 297 = BStBl II 1985, 200 = EzGuG 20.74, BFH, Urt. vom 16.6.1999 – II R 86/97 –, GuG 2000, 187 = BFH/NV 1999, 1587 = EzGuG 20.171.
372 LG München I, Beschl. vom 28.1.1999 – 13 T 10870/98 –, EzGuG 14.132; BayObLG, Urt. vom 5.1.1995 – 3 Z BR 291/94 –, JurBüro 1995, 432 = EzGuG 19.43a (Altenheim); BayObLG, Urt. vom 8.4.1998 – 3 Z BR 354/97 –, GuG 2000, 249 = EzGuG 19.45a (Betriebsgrundstück).

Teil VI

Verkehrswertermittlung bei städtebaulichen Maßnahmen

Übersicht   Städtebauliche Maßnahmen VI

Verkehrswertermittlung bei städtebaulichen Maßnahmen

Gliederungsübersicht   Rn.

1 Wertermittlung im Rahmen von Enteignungen

1.1	Enteignung und Entschädigung		
	1.1.1	Vorbemerkung	1
	1.1.2	Rechtsgrundlagen	8
	1.1.3	Rechtsschutz	12
	1.1.4	Übernahmeanspruch eines Eigentümers	16
1.2	Enteignung		
	1.2.1	Allgemeines	
		1.2.1.1 Gegenstand und Zweck der Enteignung	18
		1.2.1.2 Enteignungsverfahren (Überblick)	23
		1.2.1.3 Enteignungsentschädigung	30
		1.2.1.4 Schadensersatz	37
		1.2.1.5 Verbot der Doppelentschädigung	42
		1.2.1.6 Angemessenes Angebot	49
		1.2.1.7 Verzinsung der Entschädigung	67
		1.2.1.8 Zeitpunkt der Qualitätsermittlung (Zustand) und Wertermittlungsstichtag bei der Bemessung der Enteignungsentschädigung	74
	1.2.2	Schuldhaftes Mitwirken	80
	1.2.3	Institut der Vorwirkung	
		1.2.3.1 Allgemeines zum maßgeblichen Grundstückszustand (Qualität) bei Ausschluss von der konjunkturellen Weiterentwicklung	83
		1.2.3.2 Vorwirkende Planung	88
		1.2.3.3 Ausschluss wertsteigernder Veränderungen	97
		1.2.3.4 Besonderheiten für städtebauliche Sanierungsgebiete und Entwicklungsbereiche	101
	1.2.4	Andere Vermögensnachteile (Folgeschäden)	
		1.2.4.1 Allgemeines	105
		1.2.4.2 Landwirtschaftliche Flächen	118
		1.2.4.3 Wertminderung des Restgrundstücks (Resthofschaden)	120
		1.2.4.5 An-, Durch- und Zerschneidungsschaden	135
		1.2.4.6 Um- bzw. Mehrwegeschaden	140
		1.2.4.7 Arrondierungsschaden	147
		1.2.4.8 Pachtaufhebungsentschädigung	148
		1.2.4.9 Hochspannungsleitungs- und Mastenschädigung	153
	1.2.5	Vorteilsausgleich	154
1.3	Planungsschaden		
	1.3.1	Allgemeines	160
	1.3.2	Vertrauensschaden (§ 39 BauGB)	164
	1.3.3	Entschädigung für nachteilige fremdnützige Festsetzungen im Bebauungsplan (§§ 40 und 41 BauGB)	170
	1.3.4	Entschädigung für Geh-, Fahr- und Leitungsrechte sowie bei Bindungen für Bepflanzungen (§ 41 BauGB)	178
	1.3.5	Entschädigung bei Aufhebung oder Änderung einer zulässigen Nutzung: Herabzonung (§ 42 BauGB)	
		1.3.5.1 Allgemeines	180
		1.3.5.2 Entschädigung für planerische Eingriffe innerhalb der siebenjährigen Schutzfrist nach § 42 Abs. 2 BauGB	187
		1.3.5.3 Entschädigung für planerische Eingriffe nach Ablauf der siebenjährigen Schutzfrist nach § 42 Abs. 3 und 4 BauGB	190
	1.3.6	Entschädigungsausschluss nach § 43 Abs. 4 und 5 BauGB	195
1.4	Übernahmeanspruch		
	1.4.1	Allgemeines	197

Kleiber   2519

VI Städtebauliche Maßnahmen — Übersicht

	1.4.2	Verfahren		198
	1.4.3	Entschädigung		199
2	**Städtebauliche Sanierungsgebiete und Entwicklungsbereiche**			
	2.1	Allgemeines		
		2.1.1	Abschöpfung maßnahmenbedingter Bodenwerterhöhungen	201
		2.1.2	Städtebauliche Sanierungsgebiete	
			2.1.2.1 Städtebaulicher Missstand	215
			2.1.2.2 Vorbereitende Untersuchungen	221
			2.1.2.3 Förmliche Festlegung von Sanierungsgebieten	223
			2.1.2.4 Durchführung von Sanierungsmaßnahmen	224
			2.1.2.5 Abschluss einer Sanierungsmaßnahme	227
			2.1.2.6 Umfassendes Sanierungsverfahren	229
			2.1.2.7 Vereinfachtes Sanierungsverfahren	231
		2.1.3	Städtebauliche Entwicklungsbereiche	
			2.1.3.1 Allgemeines	236
			2.1.3.2 Anwendungsvoraussetzung	242
		2.1.4	Ersatz- und Ergänzungsgebiete	244
		2.1.5	Anpassungsgebiete	245
	2.2	Steuerliche Vorschriften		
		2.2.1	Steuerliche Behandlung von Modernisierungsmaßnahmen	246
		2.2.2	Steuerliche Behandlung des Ausgleichsbetrags	
			2.2.2.1 Ertragsteuer	249
			2.2.2.2 Umsatzsteuer	254
			2.2.2.3 Grunderwerbsteuer	261
	2.3	Anwendung der ImmoWertV		271
	2.4	Sanierungs- bzw. entwicklungsunbeeinflusster Grundstückswert		
		2.4.1	Anwendungsbereich	
			2.4.1.1 Förmlich festgelegte Sanierungsgebiete	278
			2.4.1.2 Förmlich festgelegte städtebauliche Entwicklungsbereiche	280
			2.4.1.3 Förmlich festgelegte Ersatz- und Ergänzungsgebiete	281
			2.4.1.4 Förmlich festgelegte Anpassungsgebiete	282
		2.4.2	Bedeutung der Regelung für den Grundstücksmarkt	283
		2.4.3	Verhältnis zum Planungsschadensrecht	287
		2.4.4	Preisprüfung	
			2.4.4.1 Allgemeines	292
			2.4.4.2 Versagung der Genehmigung	296
			2.4.4.3 Unwesentliche Preisüberschreitung	298
		2.4.5	Grunderwerb der Gemeinde, Sanierungs-, Entwicklungs- und Bedarfsträger	304
		2.4.6	Überführung in das Treuhandvermögen	307
	2.5	Ermittlung des sanierungs- bzw. entwicklungsunbeeinflussten Grundstückswerts		
		2.5.1	Allgemeines	308
		2.5.2	Qualifizierung des sanierungsunbeeinflussten Grundstückszustands	
			2.5.2.1 Allgemeines	318
			2.5.2.2 Rechtliche Gegebenheiten	331
			2.5.2.3 Tatsächliche Eigenschaften und Beschaffenheit	334
			2.5.2.4 Externe Effekte	337
			2.5.2.5 Eigene Bodenwerterhöhungen	340
			2.5.2.6 Langfristige Miet- und Pachtverträge	347
			2.5.2.7 Umrechnung von Vergleichspreisen auf den Wertermittlungsstichtag	349
	2.6	Ermittlung des entwicklungsunbeeinflussten Grundstückswerts		
		2.6.1	Allgemeines	350
		2.6.2	Qualifizierung des entwicklungsunbeeinflussten Grundstückszustands	
			2.6.2.1 Allgemeines	354
			2.6.2.2 Mindermeinung	367
		2.6.3	Bewertungsprivileg für land- oder forstwirtschaftlich genutzte Grundstücke nach § 169 Abs. 4 BauGB	385
	2.7	Besonderheiten der Ermittlung sanierungs- oder entwicklungsunbeeinflusster Grundstückswerte für bebaute Grundstücke		394
		2.7.1	Allgemeines	394

Übersicht — Städtebauliche Maßnahmen VI

	2.7.2	Sachwertverfahren		396
	2.7.3	Ertragswertverfahren		397
2.8	Neuordnungswert			
	2.8.1	Allgemeines		415
	2.8.2	Neuordnungswert im förmlich festgelegten Sanierungsgebiet		420
	2.8.3	Neuordnungswert im städtebaulichen Entwicklungsbereich		426
2.9	Ermittlung des Neuordnungswerts			
	2.9.1	Allgemeines		435
	2.9.2	Qualifizierung des Neuordnungszustands		
		2.9.2.1	Allgemeines	436
		2.9.2.2	Rechtliche Neuordnung	439
		2.9.2.3	Tatsächliche Neuordnung	441
		2.9.2.4	Rechtliche und tatsächliche Neuordnung vor Abschluss der Maßnahme	443
	2.9.3	Wertermittlungsverfahren		
		2.9.3.1	Allgemeines	455
		2.9.3.2	Komponentenverfahren	458
		2.9.3.3	Ertragswirtschaftliches Verfahren	459
		2.9.3.4	Vergleichs- und Bodenrichtwertverfahren	460
		2.9.3.5	Multifaktorenanalyse	467
	2.9.4	Besonderheiten der Ermittlung des Neuordnungswerts bebauter Grundstücke		
		2.9.4.1	Allgemeines	468
		2.9.4.2	Sachwertverfahren	470
		2.9.4.3	Ertragswertverfahren	472
2.10	Verbilligte Grundstücksveräußerung			476
2.11	Erhebung von Ausgleichsbeträgen			
	2.11.1	Allgemeines		485
	2.11.2	Ausgleichsbetrag in Sanierungsgebieten		
		2.11.2.1	Übersicht	493
		2.11.2.2	Ausgleichsbetrag auf der Grundlage der sanierungsbedingten Bodenwerterhöhung (§ 154 Abs. 1 Satz 1 BauGB)	494
		2.11.2.3	Ausgleichsbetrag auf der Grundlage des Aufwands für die Erweiterung und Verbesserung von Erschließungsanlagen nach § 154 Abs. 2a BauGB	496
	2.11.3	Ausgleichsbeträge in städtebaulichen Entwicklungsbereichen		509
	2.11.4	Entstehung des Ausgleichsbetrags (Wertermittlungsstichtag)		511
	2.11.5	Fälligstellung des Ausgleichsbetrags		515
	2.11.6	Ausgleichsbetragsbescheid		
		2.11.6.1	Übersicht	519
		2.11.6.2	Begründung	520
		2.11.6.3	Anfechtung	521
	2.11.7	Absehen und Freistellung vom Ausgleichsbetrag		
		2.11.7.1	Allgemeines	524
		2.11.7.2	Bagatellfall	526
		2.11.7.3	Unbillige Härte und öffentliches Interesse	538
		2.11.7.4	Stundung, Erlass und Niederschlagung	539
	2.11.8	Entfallen des Ausgleichsbetrags bei Sanierungsumlegungen (§ 153 Abs. 5 BauGB)		540
2.12	Ermittlung von Ausgleichsbeträgen			
	2.12.1	Allgemeines		541
	2.12.2	Wertermittlungsverfahren		548
	2.12.3	Wertermittlungsstichtag		556
	2.12.4	Anfangswert		
		2.12.4.1	Allgemeines	560
		2.12.4.2	Eigene Bodenwerterhöhungen	564
		2.12.4.3	Planungsschaden	566
	2.12.5	Endwert		
		2.12.5.1	Allgemeines	570
		2.12.5.2	Rechtliche und tatsächliche Neuordnung	578

VI Städtebauliche Maßnahmen — Übersicht

	2.12.5.3	Abgabenrechtlicher Zustand	583
	2.12.5.4	Sonstige Grundstücksmerkmale	600
2.13	Besondere Ermittlungsverfahren		
	2.13.1	Bodenrichtwertverfahren	603
	2.13.2	Delphi-Verfahren	611
	2.13.3	Ertragsdifferenzialverfahren	
		2.13.3.1 Allgemeines	613
		2.13.3.2 Beispiel	623
	2.13.4	Erdgeschossmietenverfahren	632
	2.13.5	Komponentenverfahren (Additives Verfahren)	634
	2.13.6	Niedersachsen-Verfahren	644
	2.13.7	Zielbaumverfahren (Multifaktorenanalyse)	
		2.13.7.1 Allgemeines	655
		2.13.7.2 Beispiel	669
	2.13.8	Hagedorn-Verfahren	673
2.14	Ausgleichsbetragsermittlung vor Abschluss der Gesamtmaßnahme		
	2.14.1	Allgemeines	693
	2.14.2	Ablösung des Ausgleichsbetrags	696
	2.14.3	Vorzeitige Festsetzung des Ausgleichsbetrags	697
2.15	Endwertermittlung bebauter Grundstücke		
	2.15.1	Grundsätzliches zur Anfangs- und Endwertermittlung	698
	2.15.2	Sonderfälle	
		2.15.2.1 Allgemeines	701
		2.15.2.2 Planungsschaden	702
		2.15.2.3 Wirtschaftlich verbrauchte Bausubstanz (Freilegung)	706
		2.15.2.4 Beeinträchtigung der zulässigen Nutzbarkeit	714
2.16	Sonderfälle		
	2.16.1	Gemeinbedarfsflächen	715
	2.16.2	Soziale Wohnraumförderung	721
	2.16.3	Erbbaurechtbelastete Grundstücke	
		2.16.3.1 Allgemeines	732
		2.16.3.2 Anpassung des Erbbauzinses nicht möglich	734
		2.16.3.3 Anpassung des Erbbauzinses möglich	736
2.17	Anrechnungen auf den Ausgleichsbetrag (§ 155 Abs. 1 BauGB)		
	2.17.1	Allgemeines	739
	2.17.2	Vorteile und Bodenwerterhöhungen (§ 155 Abs. 1 Nr. 1 BauGB)	743
	2.17.3	Eigene Bodenwerterhöhungen (§ 155 Abs. 1 Nr. 2 BauGB)	747
	2.17.4	Teile des Kaufpreises nach § 155 Abs. 1 Nr. 3 BauGB	753
	2.17.5	Anrechnung von Freilegungskosten	
		2.17.5.1 Allgemeines	757
		2.17.5.2 Nichtsanierungsbedingte Freilegungskosten	762
		2.17.5.3 Sanierungsbedingte Freilegungskosten	764
2.18	Beispiel eines Wertgutachtens zur Bemessung des Ausgleichsbetrags		772

3 Umlegungsgebiete

3.1	Übersicht		773
3.2	Typologie der Umlegungsverfahren		776
3.3	Verfahrensablauf		781
3.4	Einführung in die Umlegung; Begriffe		
	3.4.1	Vorbemerkung	787
	3.4.2	Umlegungs- und Verteilungsmasse	788
	3.4.3	Flächen- und Wertumlegung	
		3.4.3.1 Flächenumlegung	798
		3.4.3.2 Wertumlegung	810
	3.4.4	Sollanspruch und Zuteilung	
		3.4.4.1 Allgemeines	811
		3.4.4.2 Sollanspruch bei Verteilung nach Flächen (Flächenumlegung)	812
		3.4.4.3 Sollanspruch bei Verteilung nach Werten (Wertumlegung)	814
		3.4.4.4 Sollanspruch bei Anwendung der vereinfachten Umlegung	817
	3.4.5	Zuteilung	818

Übersicht Städtebauliche Maßnahmen VI

- 3.5 Allgemeine Grundsätze der Wertermittlung in Umlegungsgebieten
  - 3.5.1 Wertermittlungsstichtag
    - 3.5.1.1 Allgemeines 823
    - 3.5.1.2 Wertermittlungsstichtag für Mehr- und Minderzuteilungen 826
    - 3.5.1.3 Wertermittlungsstichtag in der Sanierungsumlegung 838
  - 3.5.2 Gegenstand der Wertermittlung 851
  - 3.5.3 Maßgeblicher Grundstückszustand
    - 3.5.3.1 Allgemeines 852
    - 3.5.3.2 Einwurfswert 853
    - 3.5.3.3 Zuteilungswert 875
  - 3.5.4 Gemeinbedarfsflächen 889
- 3.6 Steuerliche Behandlung
  - 3.6.1 Grunderwerbsteuer 892
  - 3.6.2 Einkommensteuer 895
- 4 **Städtebauliche Erhaltungssatzungen**
  - 4.1 Rechtsgrundlagen
    - 4.1.1 Allgemeines 897
    - 4.1.2 Typologie der Erhaltungssatzung
      - 4.1.2.1 Allgemeines 902
      - 4.1.2.2 Stadtgestalterhaltungssatzung 904
      - 4.1.2.3 Milieuschutzsatzung 905
      - 4.1.2.4 Umstrukturierungssatzung 907
  - 4.2 Verkehrswertermittlung
    - 4.2.1 Grundsätzliches 908
    - 4.2.2 Genehmigungsvorbehalt
      - 4.2.2.1 Rückbau baulicher Anlagen 916
      - 4.2.2.2 Änderung baulicher Anlagen 926
      - 4.2.2.3 Nutzungsänderung baulicher Anlagen 931
      - 4.2.2.4 Errichtung einer baulichen Anlage 933
      - 4.2.2.5 Grundstücksveräußerung 934
- 5 **Stadtumbausatzung**
  - 5.1 Allgemeines 935
  - 5.2 Festlegung des Stadtumbaugebiets 940
  - 5.3 Planungsschaden 945

VI Städtebauliche Maßnahmen Enteignung und Entschädigung

1 Wertermittlung im Rahmen von Enteignungen

1.1 Enteignung und Entschädigung

1.1.1 Vorbemerkung

Schrifttum: *Aust, M./Pasternak, D./Jacobs, R.,* Die Enteignungsentschädigung, 6. Aufl. 2007

1 Als **Enteignung** bezeichnet man juristisch den **vollständigen oder teilweisen Entzug konkreter Eigentumsrechte an einer unbeweglichen oder beweglichen Sache durch den Staat** zur Erfüllung bestimmter hoheitlicher Aufgaben („klassische Enteignung"). Eine Enteignung darf nur auf der Grundlage eines Gesetzes erfolgen, das Art und Ausmaß der Entschädigung regelt. Die Ermittlung der Entschädigung ist eine nicht unbedeutende Aufgabe des Sachverständigen.

2 Der **BGH unterscheidet** zwischen

a) der rechtmäßigen Enteignung nach Art. 14 Abs. 3 GG,

b) dem rechtswidrigen *„enteignungsgleichen Eingriff"* und

c) dem *enteignenden Eingriff*, der die unzumutbaren Nebenfolgen eines an sich rechtmäßigen Eingriffs zum Gegenstand hat[1].

Darüber hinaus ist auch der **zivilrechtliche Ausgleichsanspruch unter Nachbarn nach § 906 Abs. 2 Satz 2 BGB** zu nennen.

3 Das **Rechtsinstitut des enteignungsgleichen Eingriffs** begründet einen Entschädigungsanspruch für rechtswidrige Nutzungsbeschränkungen. Eine Nutzungsbeeinträchtigung aufgrund gesetzlicher Vorschriften tritt insbesondere im Zusammenhang mit der Sicherung der Bauleitplanung auf. Dies betrifft z. B. Entschädigungen bei Veränderungssperren nach § 18 BauGB, die rechtswidrige Versagung einer Baugenehmigung, die Versagung von Teilungsgenehmigungen nach § 20 BauGB und rechtswidrige Nutzungsbeschränkungen nach § 42 BauGB. Des Weiteren sind Nutzungsbeschränkungen im Zuge städtebaulicher Maßnahmen zu nennen (§§ 60 ff. BauGB, § 150 BauGB, § 185 BauGB).

4 Der **enteignende Eingriff** ist eine rechtmäßige hoheitliche Maßnahme, die bei einzelnen Betroffenen zu aufopfernden Beeinträchtigungen von Eigentumspositionen in Form von atypischen Nebenfolgen und Nachteilen führt, die die Schwelle des enteignungsrechtlich Zumutbaren überschreitet[2].

5 In Deutschland kommt es zwar in verhältnismäßig wenigen Fällen zur Enteignung, jedoch finden die maßgeblichen **Regelungen über die Entschädigungshöhe** bereits im Vorfeld zur Abwendung der Enteignung, nämlich **bei der Bemessung eines angemessenen Angebots** für einen freihändigen Erwerb, Anwendung. Darüber hinaus sind die Vorschriften über die Höhe der Entschädigung vor allem auch in den Fällen von Bedeutung, in denen die Enteignung gar nicht konkret ansteht, ein Grundstück oder Grundstücksteil aber gleichwohl nach seinen Festsetzungen grundsätzlich die Voraussetzungen aufweist, ein Enteignungsverfahren einzuleiten. Dieser Fall ist beispielsweise gegeben, wenn eine Teilfläche eines Grundstücks für eine Straßenverbreiterung vorgesehen ist, ohne dass deren Realisierung ansteht.

6 Allgemein gilt der Grundsatz, dass sich der **Wert eines Grundstücks bzw. einer Grundstücksteilfläche, welches aufgrund von entsprechenden Festsetzungen (Bebauungsplan, Planfeststellungsbeschluss) für den Fall des Scheiterns eines freihändigen Erwerbs enteignet werden könnte, nach der Höhe der zu gewährenden Entschädigung bemisst.** Der damit befasste Sachverständige muss deshalb die Grundsätze der Enteignungsentschädigung beherrschen.

---

1 BGH, Urt. vom 9.10.1986 – III ZR 2/84 –, BGHZ 99, 24 = EzGuG 5.23; BGH, Urt. vom 29.3.1984 – III ZR 11/83 –, BGHZ 91, 20 = EzGuG 13.68.
2 Wolf, Enteignungsrecht in Schreiber, Immobilienrecht Handbuch Bln. 2001, 17.

Im Übrigen wird auch in anderen für den Sachverständigen bedeutsamen Rechtsbereichen auf die Entschädigungsgrundsätze des Enteignungsrechts zurückgegriffen (z. B. Sanierungs- und Entwicklungsmaßnahmenrecht nach den §§ 136 ff. BauGB).

1.1.2 Rechtsgrundlagen

▶ Vgl. Rn. 80

Rechtsgrundlage für das gesamte Enteignungsrecht ist Art. 14 GG. Der wesentliche Inhalt[3] dieser Verfassungsnorm lässt sich wie folgt zusammenfassen:

a) Institutsgarantie (Art. 14 Abs. 1 Satz 1 GG): *"Das Eigentum und das Erbrecht werden gewährleistet."*

b) Inhaltsbestimmung des Eigentums (Art. 14 Abs. 1 Satz 2 GG): *"Inhalt und Schranken werden durch Gesetz bestimmt."*

c) Sozialbindung des Eigentums und Gemeinwohlprinzip (Art. 14 Abs. 2 GG): *"Eigentum verpflichtet. Sein Gebrauch soll zugleich dem Wohl der Allgemeinheit dienen."*

d) Zulässigkeit der Enteignung (Art. 14. Abs. 3 GG) unter Bedingungen:

- Gemeinwohlprinzip: *"Eine Enteignung ist nur zum Wohle der Allgemeinheit zulässig"* (Satz 1),
- Legalenteignung und Junktimsklausel: *"Sie darf nur durch Gesetz oder aufgrund eines Gesetzes erfolgen, das Art und Ausmaß der Entschädigung regelt"* (Satz 2),
- Abwägungsklausel: *"Die Entschädigung ist unter gerechter Abwägung der Interessen der Allgemeinheit und der Beteiligten zu bestimmen"* (Satz 3),
- Rechtsweggarantie: *"Wegen der Höhe der Entschädigung steht im Streitfall der Rechtsweg vor den ordentlichen Gerichten offen"* (Satz 4).

Entsprechend der Junktimsklausel enthalten eine **Vielzahl bundes- und landesrechtlicher Gesetze** Enteignungs- und Entschädigungsvorschriften. Von den zahlreichen bundes- und landesrechtlichen Regelungen, die fachspezifische Enteignungen vorsehen, seien hier nur genannt:

- Bundesfernstraßengesetz (§ 19 BFernStrG)
- Verkehrswegeplanbeschleunigungsgesetz (§ 9),
- Versuchsanlagengesetz für spurgeführten Verkehr (§ 10),
- Flurbereinigungsgesetz (§ 87 FlurbG),
- Landbeschaffungsgesetz (§ 1 LBG),
- Energiewirtschaftsgesetz (§ 11 EngWG),
- Bundeskleingartengesetz (15 BKleingG),
- Bundeswasserstraßengesetz (44 BWasG),
- Allgemeines Eisenbahngesetz (§ 22 AEG),
- Magnetschwebebahngesetz (§ 7 MagschwG),
- Luftverkehrsgesetz (§ 28 LuftVG),
- Reichssiedlungsgesetz (§ 15 RSG),
- Wasserverbandsgesetz (§ 40 WasVG),
- Personenbeförderungsgesetz (§ 30 PersBG),
- Postverfassungsgesetz (§ 56 PVerfG).

Die wohl **umfassendste Kodifizierung des Enteignungsrechts enthält der Fünfte Teil des BauGB** (§§ 85 bis 122 BauGB), der sich in die Abschnitte

- Zulässigkeit der Enteignung (Erster Abschnitt),
- Entschädigung (Zweiter Abschnitt) und
- Enteignungsverfahren (Dritter Abschnitt)

---

3 Bielenberg in GuG 1995, 193.

VI Städtebauliche Maßnahmen   Enteignung und Entschädigung

gliedert. An ihm orientieren sich die übrigen enteignungsrechtlichen Vorschriften, insbesondere auch die landesrechtlichen Enteignungsgesetze. Die nachfolgenden Ausführungen orientieren sich deshalb vornehmlich an den Bestimmungen des BauGB.

11 **Baden-Württemberg**
Landesenteignungsgesetz (LEntG) vom 6.4.1992 (BW GBl 1982, 97), zuletzt geändert durch Art. 3 des Gesetzes vom 25.2.1992 (BW GBl 1992, 145).

Bayern
Bayerisches Gesetz über die entschädigungspflichtige Enteignung (BayEG) i. d. F. der Bek. vom 25.7.1978 (GVBl. 1978, 625 = BayRS 2141-1), zuletzt geändert durch Art. 19 des Gesetzes vom 20.12.2011 (BayRS III S. 716).

Berlin
Berliner Enteignungsgesetz vom 14.7.1964 (GVBl. 1964, 737), geändert durch Gesetz vom 30.11.1984 (GVBl.1984, 1664).

Brandenburg
Enteignungsgesetz des Landes Brandenburg (EntGBbg) vom 19.10.1992 (GVBl. I 1992, 430), zuletzt geändert durch Art. 3 des Gesetzes vom 7.7.1997 (GVBl. I 1997, 72).

Bremen
Enteignungsgesetz für die Freie Hansestadt Bremen vom 5.10.1965 (GVBl. 1965, 129), zuletzt geändert durch Gesetz vom 22.3.2005 (GVBl. 2005, 91).

Hamburg
Hamburgisches Enteignungsgesetz i. d. F. vom 11.11.1980 (GVBl. 1980, 305), zuletzt geändert durch Gesetz vom 18.2.2004 (GVBl. 2004, 107).

Hessen
Hessisches Enteignungsgesetz (HEG) vom 4.4.1973 (GVBl. I 1973, 107), zuletzt geändert durch Art. 8 des Gesetzes vom 6.9.2007 (GVBl. I 2007, 548).

Mecklenburg-Vorpommern
Enteignungsgesetz für das Land Mecklenburg-Vorpommern vom 2.3.1993 (GVBl. 1993, 178), zuletzt geändert durch Art. 3 des Gesetzes vom 22.11.2001 (GVBl. 2001, 438).

Niedersachsen
Niedersächsisches Enteignungsgesetz i. d. F. der Bek. vom 6.4.1981 (GVBl. 1981, 83), zuletzt geändert durch Gesetz vom 5.11.2004 (GVBl. 2004, 394).

Nordrhein-Westfalen
Gesetz über Enteignung und Entschädigung für das Land Nordrhein-Westfalen (Landesenteignungs- und Entschädigungsgesetz – EEGNW –) vom 20.6.1989 (GVBl. 1989, 366, ber. GVBl. 1989, 570).

Rheinland-Pfalz
Landesenteignungsgesetz (LEnteigG) vom 22.4.1966 (GVBl. 1966, 103), geändert durch Gesetz vom 2.3.2004 (GVBl. 2004, 198).

Saarland
Gesetz über die Enteignung von Grundeigentum vom 11.6.1874 (Pr.GS, 1874, 221) und Gesetz über das vereinfachte Enteignungsverfahren vom 26.7.1922 (Pr.GS 1922, 211).

Sachsen
Sächsisches Enteignungs- und Entschädigungsgesetz (SächsEntEG) vom 18.7.2001 (GVBl. 2001, 453), zuletzt geändert durch Art. 19 des Gesetzes vom 27.1.2012 (GVBl 2012, 130, 556).

Sachsen-Anhalt
Enteignungsgesetz vom 13.4.1994 (GVBl. LSA 1994, 508), zuletzt geändert durch Art. 28 des Gesetzes vom 18.11.2005 (GVBl. LSA 2005, 698, 704).

Schleswig-Holstein
Enteignungsgesetz vom 11.6.1874 (Pr.GS 1874, 221), zuletzt geändert durch Gesetz vom 8.2.1994 (GVOBl. 1994, 124).

Gesetz über ein vereinfachtes Enteignungsverfahren vom 26.7.1922 – EnteigVereinfG SH – i. d. F. der Bekanntmachung vom 31.12.1971 (GVOBl. 1971, 182).

Thüringen
Thüringer Enteignungsgesetz (ThürEG) vom 23.3.1994 (GVBl. 1994, 329), zuletzt geändert durch Art. 4 des Gesetzes vom 25.11.2004 (GVBl. 2004, 853).

1.1.3 Rechtsschutz

▶ *Vgl. Rn. 8, 80*

Erfüllen die in den jeweils zur Anwendung kommenden enteignungsrechtlichen Vorschriften geregelten Enteignungstatbestände wegen fehlender Entschädigungsregelung nicht die verfassungsrechtlichen Voraussetzungen des Art. 14 Abs. 3 GG, stellen sie sich als verfassungswidrig dar. Der Betroffene muss dann Rechtsmittel einlegen; er hat kein Wahlrecht, ob er eine Entschädigung verlangt oder sich wegen Fehlens einer gesetzlichen Entschädigungsregelung „zur Wehr" setzt. Er muss die Aufhebung des Enteignungsaktes verlangen. Lässt er den Eingriffsakt unanfechtbar werden, verfallen seine Ansprüche[4]. **Unterlassene Abwehrmöglichkeiten des Betroffenen gegenüber dem Eingriffsakt gehen** in Anwendung des § 254 BGB **zu Lasten des Betroffenen** bei der Bemessung der Enteignungshöhe.

Nach § 254 BGB kann der Betroffene keine Entschädigung für diejenigen Nachteile verlangen, die er durch eine ihm zumutbare oder schuldhaft unterlassene Einlegung des Rechtsmittels hätte vermeiden können (**schuldhaftes Mitwirken**)[5].

Dieser sog. **Vorrang des Primärrechtsschutzes** bezieht sich jedoch nur auf rechtswidrige hoheitliche Eingriffe, die auf den vollständigen oder teilweisen Entzug konkreter Eigentumsrechte an einer unbeweglichen oder beweglichen Sache gerichtet sind.

Der Vorrang des Primärrechtsschutzes bezieht sich jedoch nur auf die „klassische" Enteignung. Hoheitliche Eingriffe, die nicht unter die klassische Enteignung fallen, stellen einen enteignungsgleichen Eingriff dar. Die entschädigungsrechtlichen Folgen der rechtswidrigen Einschränkungen fallen unter den Aufopferungsgedanken der §§ 74 und 75 Einl. Pr. ALR oder unter das Amtshaftungsrecht[6].

1.1.4 Übernahmeanspruch eines Eigentümers

▶ *Vgl. Rn. 61, 90, 186 f., 194, 219 ff., 247, 286; § 5 ImmoWertV Rn. 266; § 8 ImmoWertV Rn. 131; Syst. Darst. des Vergleichswertverfahrens Rn. 206 ff., Teil VI Rn. 596 ff., 743, 749 ff.*

Der Übernahmeanspruch ist ein **gesetzliches Recht des Eigentümers, die Übernahme eines Grundstücks (Vollenteignung) zu verlangen**, insbesondere

– wenn und soweit es ihm mit Rücksicht auf die Festsetzung oder Durchführung eines Bebauungsplans wirtschaftlich nicht mehr zuzumuten ist, das Grundstück zu behalten oder es in der bisherigen oder einer anderen zulässigen Art zu nutzen,

– wenn Vorhaben nach § 32 BauGB nicht ausgeführt werden dürfen und dadurch die bisherige Nutzung einer baulichen Anlage aufgehoben oder wesentlich herabgesetzt wird.

Ein **Übernahmeanspruch besteht insbesondere im Rahmen** des *Planungsschadensrechts* (§§ 38 bis 44 BauGB), der Vorbereitung und Durchführung *städtebaulicher Maßnahmen*, auch soweit sich diese auf nicht unmittelbar betroffene Restflächen beziehen (§ 22 Abs. 8, § 145 Abs. 5, ggf. i. V. m. § 169 Abs. 1 Nr. 3, § 169, § 173 Abs. 2, § 176 Abs. 4, § 179 Abs. 3 BauGB), sowie bei sonstigen nutzungsbeschränkenden Maßnahmen (z. B. im Interesse des *Denkmalschutzes*)[7].

4　BVerfG, Beschl. vom 15.7.1981 – 1 BvL 77/78 –, BVerfGE 58, 300.
5　BGH, Urt. vom 26.1.1984 – III ZR 216/82 –, BGHZ 90, 17 = EzGuG 6.223; BGH, Urt. vom 28.6.1984 – III ZR 35/83 –, BGHZ 92, 34 = EzGuG 13.70; BGH, Urt. vom 23.6.1988 – III ZR 8/87 –, BGHZ 105, 15 = EzGuG 5.33; BGH, Urt. vom 21.12.1989 – III ZR 132/88 –, BGHZ 110, 12 = EzGuG 5.38.
6　Runkel in Ernst/Zinkahn/Bielenberg/Krautzberger § 42 BauGB Rn. 3.
7　BGH, Urt. vom 17.12.1992 – III ZR 112/91 –, BGHZ 121, 73 = EzGuG 5.47.

VI Städtebauliche Maßnahmen — Enteignung

1.2 Enteignung

Schrifttum: *Runkel* in Ernst/Zinkhahn/Bielenberg/Krautzberger, BauGB, §§ 86 ff.

1.2.1 Allgemeines

1.2.1.1 Gegenstand und Zweck der Enteignung

18 Nach § 86 BauGB können durch Enteignung

1. das Eigentum an Grundstücken entzogen oder belastet werden;
2. andere Rechte an Grundstücken entzogen oder belastet werden;
3. Rechte entzogen werden, die zum Erwerb, zum Besitz oder zur Nutzung von Grundstücken berechtigen oder die den Verpflichteten in der Benutzung von Grundstücken beschränken;
4. Rechtsverhältnisse begründet werden, die Rechte der in Nummer 3 bezeichneten Art gewähren, soweit es in den Vorschriften des Fünften Teils des Ersten Kapitels des BauGB vorgesehen ist.

19 Der **Enteignungszweck ist im BauGB planakzessorisch** geregelt, d. h., die Enteignung ist im Geltungsbereich eines qualifizierten, vorhabenbezogenen und nicht qualifizierten Bebauungsplanes zulässig, um ein Grundstück entsprechend den Festsetzungen des Bebauungsplans zu nutzen oder der ausgewiesenen Nutzung zuzuführen (§ 85 Abs. 1 Nr. 1BauGB)[8].

20 Weitere **Enteignungszwecke ergeben sich aus § 85 Abs. 1 BauGB:**

„§ 85 BauGB Enteignungszweck

(1) Nach diesem Gesetzbuch kann nur enteignet werden, um

1. entsprechend den Festsetzungen des Bebauungsplans ein Grundstück zu nutzen oder eine solche Nutzung vorzubereiten,
2. unbebaute oder geringfügig bebaute Grundstücke, die nicht im Bereich eines Bebauungsplans, aber innerhalb im Zusammenhang bebauter Ortsteile liegen, insbesondere zur Schließung von Baulücken, entsprechend den baurechtlichen Vorschriften zu nutzen oder einer baulichen Nutzung zuzuführen,
3. Grundstücke für die Entschädigung in Land zu beschaffen,
4. durch Enteignung entzogene Rechte durch neue Rechte zu ersetzen,
5. Grundstücke einer baulichen Nutzung zuzuführen, wenn ein Eigentümer die Verpflichtung nach § 176 Abs. 1 oder 2 nicht erfüllt,
6. im Geltungsbereich einer Erhaltungssatzung eine bauliche Anlage aus den in § 172 Abs. 3 bis 5 bezeichneten Gründen zu erhalten oder
7. im Geltungsbereich einer Satzung zur Sicherung von Durchführungsmaßnahmen des Stadtumbaus eine bauliche Anlage aus den in § 171d Abs. 3 bezeichneten Gründen zu erhalten oder zu beseitigen.

(2) Unberührt bleiben

1. die Vorschriften über die Enteignung zu anderen als den in Absatz 1 genannten Zwecken,
2. landesrechtliche Vorschriften über die Enteignung zu den in Absatz 1 Nr. 6 genannten Zwecken."

21 **In städtebaulichen Entwicklungsbereichen findet § 85 BauGB neben den §§ 87, 88 und 89 Abs. 1 bis 3 BauGB keine Anwendung** (§ 169 Abs. 3 Satz 3 BauGB); die Zulässigkeit der Enteignung ergibt sich für diese Bereiche aus § 169 Abs. 3 BauGB. Danach ist die Enteignung im städtebaulichen Entwicklungsbereich „ohne Bebauungsplan" zugunsten der Gemeinde oder des Entwicklungsträgers zur Erfüllung ihrer Aufgaben (§ 166 BauGB) zulässig und setzt voraus, dass sich der Antragsteller ernsthaft um den freihändigen Erwerb des Grundstücks zu angemessenen Bedingungen bemüht hat. Unberührt bleibt davon die Vorschrift des § 166 Abs. 1 Satz 2 BauGB, nach der die Gemeinde für den städtebaulichen Entwicklungsbereich ohne Verzug Bebauungspläne aufzustellen hat.

---

[8] BGH, Urt. vom 16.12.1982 – III ZR 141/81 –, BRS Bd. 45 Nr. 9 = EzGuG 1.22; BGH, Urt. vom 11.11.1976 – III ZR 114/75 –, BGHZ 68, 100 = EzGuG 6.189; BGH, Urt. vom 27.1.1977 – III ZR 153/74 –, BGHZ 68, 100 = EzGuG 6.189; OLG München, Urt. vom 28.9.1989 – U 8/88 –, NJW 1980, 519 = EzGuG 6.246b (nicht rechtskräftig).

Weitere Zulässigkeitsvoraussetzungen ergeben sich aus den §§ 87 ff. BauGB und vor allem aus Art. 14 Abs. 1 Satz 1 GG. Danach ist eine Enteignung nur zum **Wohle der Allgemeinheit** (Gemeinwohlprinzip) zulässig (vgl. § 87 Abs. 1 BauGB). Es handelt sich hierbei um einen unbestimmten Rechtsbegriff, der eine Abwägung des Gesamtwohls mit der geschützten Rechtsstellung des Eigentümers verlangt[9]. Damit kommt es nicht allein auf das Einzelinteresse der öffentlichen Hand an; infolgedessen geht das Wohl der Allgemeinheit weiter als das öffentliche Interesse oder öffentliche Belange. Des Weiteren muss die **Enteignung nach allgemeinen Verfassungsgrundsätzen in qualifizierter Weise geeignet, erforderlich**[10] **und verhältnismäßig sein**, um dem Zweck der Maßnahme zu genügen.

1.2.1.2 Enteignungsverfahren (Überblick)

▶ *Weitere Ausführungen hierzu bei Rn. 94 ff. sowie § 193 BauGB Rn. 4*

Das Enteignungsverfahren ist von nicht untergeordneter Bedeutung für die Bemessung der Entschädigung und soll deshalb in den Grundzügen kurz skizziert werden. **Verfahrensmäßig** ist es in aller Regel in dem jeweils zur Anwendung kommenden Enteignungsgesetz geregelt. **Im BauGB** sind dies **die §§ 104 bis 122 BauGB**, an denen sich die verfahrensrechtlichen Vorschriften anderer Rechtsgrundlagen orientieren.

Voraussetzung für eine Enteignung ist zunächst, dass sich der (spätere) Antragsteller

a) ernsthaft um den freihändigen Erwerb zu angemessenen Bedingungen bemüht und hierzu ein angemessenes Angebot unterbreitet und

b) glaubhaft macht, dass das Grundstück innerhalb angemessener Frist zu dem vorgesehenen Zweck verwendet wird[11].

Unter **angemessenen Bedingungen** ist unter den Voraussetzungen des § 100 Abs. 1 und Abs. 3 BauGB ein Angebot von geeignetem Ersatzland zu verstehen. Für einen durch eine städtebauliche Maßnahme (Sanierungs- und Entwicklungsmaßnahme) betroffenen land- oder forstwirtschaftlichen Betrieb ist die Regelung des § 189 BauGB zusätzlich zu beachten.

Bei **Enteignungen aus zwingenden städtebaulichen Gründen** braucht die Verwendung des Grundstücks in angemessener Frist nicht nachgewiesen zu werden, und es genügt der Nachweis des Erwerbsbemühens zu angemessenen Bedingungen. Dies gilt insbesondere für Enteignungen in förmlich festgelegten Sanierungsgebieten und städtebaulichen Entwicklungsbereichen (§ 88 BauGB).

Für den Fall, dass der Enteignungszweck in angemessener Frist nicht erreicht wird, begründet § 102 BauGB ein **Rückenteignungsrecht** des Enteigneten.

Das Enteignungsverfahren wird erst im Falle einer Ablehnung des angemessenen Angebots mit der Stellung eines Enteignungsantrags nach § 105 BauGB eröffnet. Die **Einleitung des Enteignungsverfahrens erfolgt** indessen erst **mit der Anberaumung eines Termins zu einer mündlichen Verhandlung** nach § 108 BauGB. Im Einzelnen ist der Ablauf des Enteignungsverfahrens in Abb. 1 dargestellt.

---

9 BVerwG, Urt. vom 6.3.1987 – 4 C 11/83 –, BVerwGE 77, 86 = EzGuG 6.234.
10 Das BVerfG, Beschl. vom 24.3.1987 – 1 BvR 1046/85 –, BVerfGE 74, 624 = EzGuG 6.236, fordert ein „besonders schwerwiegendes, dringendes öffentliches Interesse".
11 BGH, Urt. vom 19.12.1966 – III ZR 62/66 –, BRS Bd. 19 Nr. 45 = NJW 1967, 1566 = EzGuG 6.94.

VI Städtebauliche Maßnahmen — Enteignung

Abb. 1: Enteignungsverfahren nach BauGB

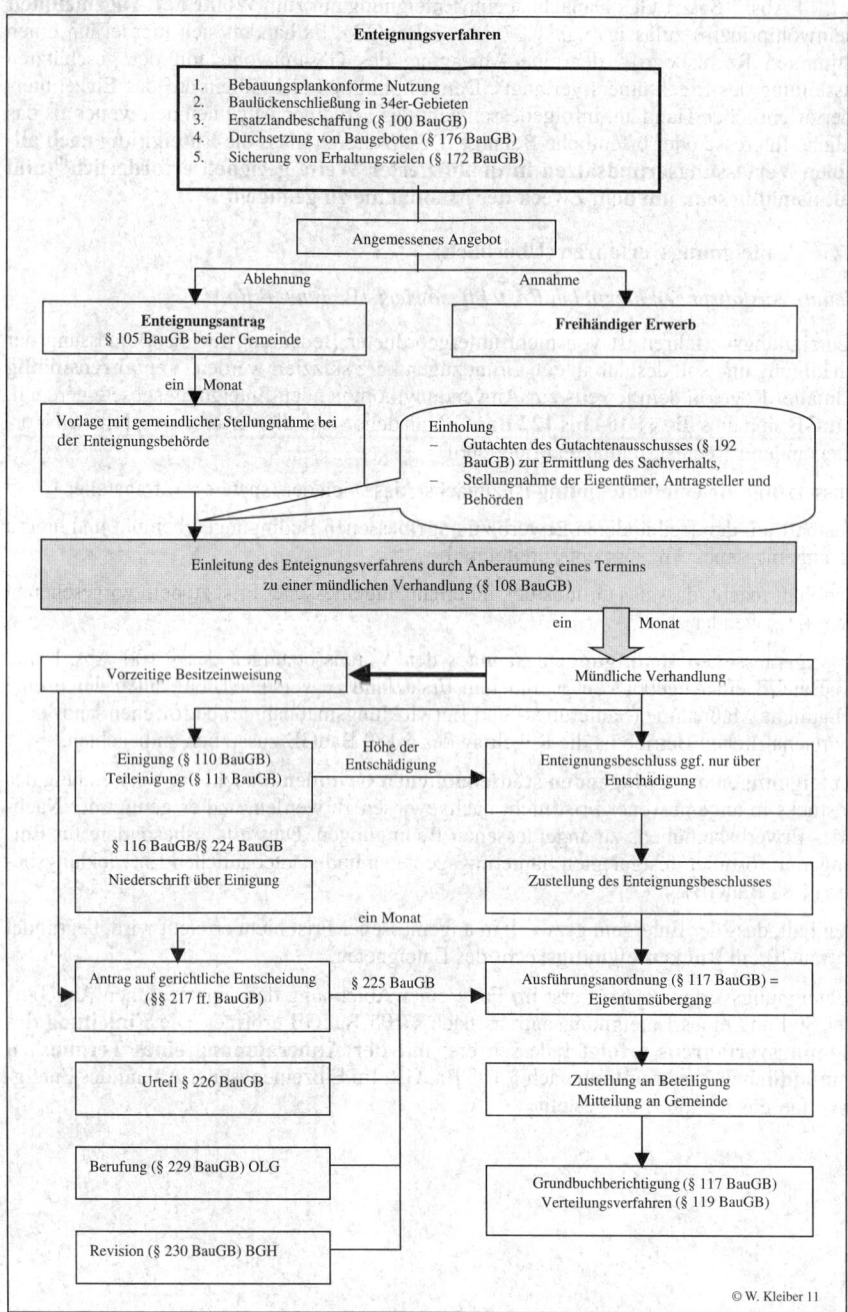

29 Bei der Festsetzung der Entschädigung hat die Enteignungsbehörde nach § 107 Abs. 1 Satz 4 BauGB zwingend ein **Gutachten des Gutachterausschusses** einzuholen, wenn Eigentum entzogen oder ein Erbbaurecht bestellt werden soll (vgl. § 193 BauGB Rn. 4). Der Gutachtenerstattungspflicht kann sich der Gutachterausschuss auch nicht mit dem Hinweis auf Arbeitsüberlastung entziehen. Der Enteignungsbetroffene kann mit einer Verpflichtungsklage gemäß

§ 217 Abs. 1 BauGB[12] einerseits die Enteignungsbehörde verpflichten, durch Verwaltungsakt die Höhe der Enteignungsentschädigung festzusetzen bzw. nach § 75 VwGO Untätigkeitsklage einreichen, wenn die Enteignungsbehörde „ohne zureichenden Grund" nicht in angemessener Frist entscheidet[13]. Darüber hinaus besteht die Möglichkeit einer Amtshaftungsklage gegenüber der Enteignungsbehörde und auch direkt gegenüber dem Gutachterausschuss.

1.2.1.3 Enteignungsentschädigung

▶ *Zum merkantilen Minderwert vgl. Rn. 130; § 8 ImmoWertV Rn. 418 ff.; § 194 BauGB Rn. 75 ff.*

Das **BauGB regelt in den §§ 93 bis 103 die Bemessung der Entschädigung bei Enteignungen.** Materiell entsprechen ihnen die landesrechtlichen Entschädigungsbestimmungen. Nach dem BauGB finden die Vorschriften (entsprechend) Anwendung auch bei   30

– Entschädigungen für *Veränderungssperren* nach § 18 Abs. 1 Satz 2 BauGB[14];

– der Bestimmung des zu zahlenden Betrags bei *Ausübung des Vorkaufrechts* beim Kauf von Grundstücken im Geltungsbereich eines Bebauungsplans, für die eine Nutzung für öffentliche Zwecke festgesetzt ist (§ 28 Abs. 4 Satz 1 BauGB);

– Entschädigungen nach den §§ 39 ff. BauGB für *Vertrauens- und Planungsschäden* (§ 43 Abs. 2 Satz 2 BauGB, vgl. Rn. 160 ff.);

– Abfindungen und Geldausgleichen (§ 59 Abs. 2 Satz 2, Abs. 5 Satz 2, Abs. 6 Satz 2, § 60 Satz 2 BauGB) sowie für die Aufhebung, Änderung oder Begründung von Rechten oder Baulasten nach § 61 Abs. 2 Satz 2 BauGB in *Umlegungsverfahren*;

– Entschädigungen für die *Aufhebung von Miet- und Pachtverhältnissen* nach § 185 Abs. 1 Satz 2 BauGB.

Bei der Bemessung der Entschädigung ist nach dem Vorhergesagten (Rn. 8 ff.) gemäß § 93 BauGB zwischen folgenden **drei Positionen** zu unterscheiden: 31

a) der **Entschädigung für den** durch die Enteignung eintretenden **Rechtsverlust,** der sich nach § 95 Abs. 1 BauGB nach dem Verkehrswert (§ 194 BauGB)[15] des Grundstücks (oder sonstigen Gegenstands der Enteignung) bemisst;

b) der **Entschädigung für „andere" durch die Enteignung eintretende Vermögensnachteile (Folgeschäden),** wenn und soweit diese Vermögensnachteile nicht bereits bei der Bemessung der Entschädigung für den Rechtsverlust berücksichtigt worden sind (§ 96 BauGB); vereinfacht wird in diesem Zusammenhang auch von sog. Folgeschäden gesprochen;

c) den **Vermögensvorteilen,** die dem Entschädigungsberechtigten (§ 94 BauGB) infolge der Enteignung entstehen; sie „sind" bei der Festsetzung der Entschädigung **nach § 93 Abs. 3 Satz 1 BauGB** zu berücksichtigen, d. h., sie mindern damit den Umfang des Entschädigungsanspruchs der Höhe nach (Abb. 2).

---

12 BGH, Urt. vom 18.6.1976 – V ZR 156/75 –, NJW 1976, 1264; BGH, Urt. vom 9.12.1982 – III ZR 106/81 –, BGHZ 86, 104 = NJW 1983, 1793, BGH, Urt. vom 19.9.1985 – III ZR 71/83 –, BGHZ 96, 1 = NJW 1986, 1107 = EzGuG 6.228.
13 Zum Rechtsschutz bei Untätigkeit des Gutachterausschusses vgl. Körner, R., in BlnGE 2004, 530.
14 Zur Entschädigung bei vorübergehenden Bausperren: BGH, Urt. vom 15.12.1988 – III ZR 110/87 –, BRS Bd. 53 Nr. 131 = EzGuG 6.243; BGH, Urt. vom 8.11.1979 – III ZR 51/78 –, MDR 1980, 560 = EzGuG 6.203; BGH, Urt. vom 14.12.1978 – III ZR 77/76 –, BGHZ 73, 161 = EzGuG 6.102; BGH, Urt. vom 12.7.1973 – III ZR 111/71 –, BRS Bd. 26 Nr. 86 = EzGuG 6.160; BGH, Urt. vom 3.7.1972 – III ZR134/71 –, BRS Bd. 25 Nr. 90 = EzGuG 6.156; BGH, Urt. vom 26.6.1972 – III ZR 203/68 –, BRS Bd. 26 Nr. 85 = EzGuG 6.155; BGH, Urt. vom 19.6.1972 – III ZR 106/70 –, WM 1972, 1226 = EzGuG 6.154; BGH, Urt. vom 8.6.1972 – III ZR 179/69 –, BGHZ 57, 359 = EzGuG 13.19; BGH, Urt. vom 29.5.1972 – III ZR 188/70 –, WM 1972, 1030 = EzGuG 6.152; BGH, Urt. vom 10.2.1972 – III ZR 188/69 –, BGHZ 58, 124 = EzGuG 6.149; BGH, Urt. vom 14.12.1970 – III ZR 77/70 –, BRS Bd. 26 Nr. 129 = EzGuG 6.130.
15 Verfassungsrechtlich ist bei gerechter Abwägung der Betroffenen auch eine andere gesetzgeberische Entschädigungsnorm zulässig; vgl. Maunz/Dürig/Herzog/Scholz, GG Art. 14 Rn. 518 ff.

Abb. 2: Zusammensetzung der Entschädigung

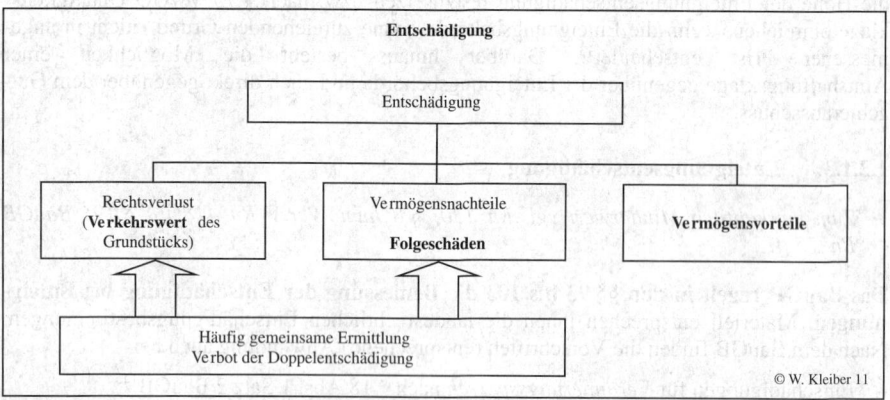

32 Im Übrigen sind bei der Bemessung der Entschädigung für einen **enteignenden Eingriff** (vgl. Rn. 3) in ein Grundstück, wie im Schadensersatzrecht, auch der **merkantile Minderwert** (vgl. § 8 ImmoWertV Rn. 418 ff.; § 194 BauGB Rn. 75)[16] und ein **schuldhaftes Mitwirken** (vgl. Rn. 36 ff.) zu berücksichtigen.

33 Darüber hinaus kann ein **Härteausgleich** in Betracht kommen, wenn dem Betroffenen durch hoheitliche Maßnahmen **erhebliche Nachteile** zugefügt wurden, **ohne dass dabei in eigentumsrechtlich geschützte Rechtspositionen eingegriffen wurde** und insoweit eine Entschädigung nicht gewährt werden kann (vgl. § 181 BauGB).

34 **Materielle Rechtsgrundlage** des Städtebaurechts sind insbesondere **die §§ 95 f. BauGB**. Die Vorschriften haben folgenden Wortlaut:

„**§ 95 BauGB** Entschädigung für den Rechtsverlust

(1) Die Entschädigung für den durch die Enteignung eintretenden Rechtsverlust bemisst sich nach dem Verkehrswert (§ 194) des zu enteignenden Grundstücks oder sonstigen Gegenstands der Enteignung. Maßgebend ist der Verkehrswert in dem Zeitpunkt, in dem die Enteignungsbehörde über den Enteignungsantrag entscheidet.

(2) Bei der Festsetzung der Entschädigung bleiben unberücksichtigt

1. Wertsteigerungen eines Grundstücks, die in der Aussicht auf eine Änderung der zulässigen Nutzung eingetreten sind, wenn die Änderung nicht in absehbarer Zeit zu erwarten ist;
2. Wertänderungen, die infolge der bevorstehenden Enteignung eingetreten sind;
3. Werterhöhungen, die nach dem Zeitpunkt eingetreten sind, in dem der Eigentümer zur Vermeidung der Enteignung ein Kauf- oder Tauschangebot des Antragstellers mit angemessenen Bedingungen (§ 87 Abs. 2 Satz 1 und § 88) hätte annehmen können, es sei denn, dass der Eigentümer Kapital oder Arbeit für sie aufgewendet hat;
4. wertsteigernde Veränderungen, die während einer Veränderungssperre ohne Genehmigung der Baugenehmigungsbehörde vorgenommen worden sind;
5. wertsteigernde Veränderungen, die nach Einleitung des Enteignungsverfahrens ohne behördliche Anordnung oder Zustimmung der Enteignungsbehörde vorgenommen worden sind;
6. Vereinbarungen, soweit sie von üblichen Vereinbarungen auffällig abweichen und Tatsachen die Annahme rechtfertigen, dass sie getroffen worden sind, um eine höhere Entschädigungsleistung zu erlangen;
7. Bodenwerte, die nicht zu berücksichtigen wären, wenn der Eigentümer eine Entschädigung in den Fällen der §§ 40 bis 42 geltend machen würde.

(3) Für bauliche Anlagen, deren Rückbau jederzeit aufgrund öffentlich-rechtlicher Vorschriften entschädigungslos gefordert werden kann, ist eine Entschädigung nur zu gewähren, wenn es aus Gründen der

---
16 BGH, Urt. vom 2.4.1981 – III ZR 186/79 –, NJW 1981, 1663 = EzGuG 19.38.

Billigkeit geboten ist. Kann der Rückbau entschädigungslos erst nach Ablauf einer Frist gefordert werden, so ist die Entschädigung nach dem Verhältnis der restlichen zu der gesamten Frist zu bemessen.

(4) Wird der Wert des Eigentums an dem Grundstück durch Rechte Dritter gemindert, die an dem Grundstück aufrechterhalten, an einem anderen Grundstück neu begründet oder gesondert entschädigt werden, so ist dies bei der Festsetzung der Entschädigung für den Rechtsverlust zu berücksichtigen.

§ 96 BauGB Entschädigung für andere Vermögensnachteile

Wegen anderer durch die Enteignung eintretender Vermögensnachteile ist eine Entschädigung nur zu gewähren, wenn und soweit diese Vermögensnachteile nicht bei der Bemessung der Entschädigung für den Rechtsverlust berücksichtigt sind. Die Entschädigung ist unter gerechter Abwägung der Interessen der Allgemeinheit und der Beteiligten festzusetzen, insbesondere für

– den vorübergehenden oder dauernden Verlust, den der bisherige Eigentümer in seiner Berufstätigkeit, seiner Erwerbstätigkeit oder in Erfüllung der ihm wesensgemäß obliegenden Arbeiten erleidet, jedoch nur bis zu dem Betrag des Aufwands, der erforderlich ist, um ein anderes Grundstück in der gleichen Weise wie das zu enteignende Grundstück zu nutzen;

– die Wertminderung, die durch die Enteignung eines Grundstücksteils oder eines Teils eines räumlich oder wirtschaftlich zusammenhängenden Grundbesitzes bei dem anderen Teil oder durch Enteignung des Rechts an einem Grundstück bei einem anderen Grundstück entsteht, soweit die Wertminderung nicht schon bei der Festsetzung der Entschädigung nach Nummer 1 berücksichtigt ist;

– die notwendigen Aufwendungen für einen durch die Enteignung erforderlich werdenden Umzug.

(2) Im Falle des Absatzes 1 Nr. 2 ist § 95 Abs. 2 Nr. 3 anzuwenden."

Die Entschädigung ist darauf angelegt, einen angemessenen Ausgleich für das Genommene zu gewähren[17]. Dies ist allerdings nur „bildhaft" zu verstehen, denn es kommt nicht darauf an, dass sich der Enteignete tatsächlich ein gleichartiges oder gleichwertiges Ersatzobjekt beschaffen kann oder will. Die Höhe der Entschädigung ist damit von der Art und Weise ihrer Verwendung unabhängig.

35

Dem Grundgedanken, dass die Enteignungsentschädigung den Betroffenen „bildhaft" in die Lage versetzen soll, sich einen **gleichartigen und gleichwertigen Ersatz** zu verschaffen, trägt das BauGB damit Rechnung, dass neben der Substanzentschädigung auch die als unmittelbare Folge der Enteignung entstehenden Nachteile entschädigt werden[18].

36

1.2.1.4   Schadensersatz

▶ *Vgl. Rn. 67, 152 ff.*

Von der Entschädigung bei Enteignungen ist der **Schadensersatzanspruch nach den §§ 249 ff. BGB** zu unterscheiden. Nach § 249 BGB hat der zum Schadensersatz Verpflichtete „den Zustand herzustellen, der bestehen würde, wenn der zum Ersatz verpflichtende Umstand nicht eingetreten wäre. Ist wegen Verletzung einer Person oder wegen Beschädigung einer Sache Schadensersatz zu leisten, so kann der Gläubiger statt der Herstellung den dazu erforderlichen Geldbetrag verlangen". Zwar steht der bürgerlich-rechtliche Schadensersatzanspruch der Enteignungsentschädigung in den wesentlichen Zügen „fast" gleich[19], jedoch geht er im Einzelfall weiter. Dies hat der BGH[20] in seinem Urteil vom 29.11.1965 wie folgt ausgeführt:

37

„… Hierin unterscheidet sich die Enteignungsentschädigung grundsätzlich vom Schadensersatzanspruch. Während bei diesem die Fragestellung dahin geht, wie sich die Vermögenslage des Geschädigten ohne

---

17 BGH, Urt. vom 10.3.1977 – III ZR 195/74 –, BRS Bd. 34 Nr. 139 = EzGuG 18.72; BGH, Urt. vom 29.3.1976 – III ZR 92/74 –, BRS Bd. 34 Nr. 192 = EzGuG 6.185; BGH, Urt. vom 13.11.1975 – III ZR 162/72 –, BGHZ 65, 253 = EzGuG 6.182; BGH, Urt. vom 1.4.1968 – III ZR 218/65 –, BRS Bd. 19 Nr. 95 = EzGuG 8.24.

18 BGH, Urt. vom 26.5.1977 – III ZR 93/75 –, BRS Bd. 34 Nr. 145 = EzGuG 6.193; BGH, Urt. vom 26.5.1977 – III ZR 109/75 –, BGH, Urt. vom 8.2.1971 – III ZR 65/70 –, BGHZ 55, 294 = EzGuG 6.133; BGH, Urt. vom 17.10.1974 – III ZR 53/72 –, BRS Bd. 34 Nr. 95 = EzGuG 6.171.

19 BGH, Urt. vom 16.11.1953 – GSZ 5/53 –, BGHZ 11, 156 = EzGuG 6.7, auch LG Hamburg, Urt. vom 8.2.1965 – 10 O 15/63 –, MDR 1965, 906 = EzGuG 6.79 unter Bezugnahme auf RG, Urt. vom 5.2.1887 – IV 224/83 –, RGZ 32, 288.

20 BGH, Urt. vom 29.11.1965 – III ZR 34/64 –, BRS Bd. 19 Nr. 72 = EzGuG 6.82; BGH, Urt. vom 9.1.1969 – III ZR 51/68 –, BRS Bd. 26 Nr. 56 = EzGuG 6.120; BGH, Urt. vom 28.9.1972 – III ZR 44/70 –, BGHZ 59, 250 = EzGuG 14.47.

VI Städtebauliche Maßnahmen — Enteignung

das schädigende Ereignis künftig entwickelt hätte, also der von der Revision angeführte hypothetische Vermögenswert zu entschädigen wäre, ersetzt die Enteignungsentschädigung nur den wirtschaftlichen Wert, den das entzogene Grundstück tatsächlich in dem Augenblick hatte, in dem es von der Enteignung oder den ihr möglicherweise schon vorausgehenden Vorwirkungen betroffen wurde. Bei der Enteignungsentschädigung haben also, anders als beim Schadensersatzanspruch, in der Zukunft liegende Wertsteigerungen, die ohne die Enteignung und die ihr zugrunde liegenden Planungen eingetreten wären, unberücksichtigt zu bleiben. Solche, wenn man so sagen will, Zukunftshoffnungen oder Gewinnchancen können bei der Enteignungsentschädigung nur dann Berücksichtigung finden, wenn ihre Verwirklichung im Zeitpunkt der Enteignung oder deren Vorwirkung so sicher unmittelbar bevorstand, dass sie sich bereits als wertbildende Faktoren auswirkten, der allgemeine Grundstücksmarkt ihnen also schon Rechnung trug."

38 Auch im Schadensersatzrecht findet der **Grundsatz des Vorteilsausgleichs** Anwendung, d. h. dem Geschädigten sind grundsätzlich diejenigen Vorteile zuzurechnen, die ihm im adäquaten Zusammenhang mit dem Schadensereignis zufließen (vgl. Rn. 152)[21].

39 Bei der Bemessung des Schadensersatzes für die Beschädigung oder Zerstörung einer durch Gebrauch oder Zeitdauer im Wert gesunkenen und schon vorher schadhaften Sache ist im Übrigen grundsätzlich ein Abzug zwecks **Berücksichtigung des Unterschiedes zwischen neu und alt** zu machen (vgl. Rn. 67). Auch stellt die Vorteilsausgleichung einen Faktor der Schadensberechnung dar. Dabei ist es nicht erforderlich, dass die schädigende Handlung unmittelbar auch den Vorteil zur Entstehung gebracht hat. Es genügt, dass Schaden und Vorteil aus mehreren der äußeren Erscheinung nach selbstständigen Ereignissen fließen, sofern nur nach dem natürlichen Ablauf der Dinge das schädigende Ereignis allgemein geeignet war, derartige Vorteile mit sich zu bringen, und dass der Zusammenhang nicht so lose ist, dass er nach vernünftiger Lebensauffassung keine Berücksichtigung mehr verdient[22].

40 Ein Schadensersatzanspruch besteht im Übrigen auch, wenn die Einleitung oder Durchführung eines vom Betroffenen beantragten Enteignungsverfahrens von der zuständigen Behörde schuldhaft oder ungerechtfertigt verzögert wird[23].

41 **Fazit:** Im Unterschied zum Schadensersatz bleiben bei der Bemessung von Enteignungsentschädigungen hypothetische Wertentwicklungen außer Betracht, die ohne die Enteignung eingetreten wären[24].

1.2.1.5 Verbot der Doppelentschädigung

42 Die aus dem Rechtsverlust und anderen Vermögensnachteilen resultierenden Einbußen des Betroffenen sind häufig miteinander eng verzahnt, sodass auch bei der Bemessung der Entschädigung eine klare Abgrenzung schwierig wird. Die Entschädigung für „andere" Vermögensnachteile kann ganz oder teilweise bereits mit der Entschädigung für den Rechtsverlust, d. h. mit der Entschädigung für das entzogene Grundstück, berücksichtigt sein. Deshalb bestimmt § 96 Abs. 1 Satz 1 BauGB ausdrücklich, dass **für andere durch die Enteignung eintretende Vermögensnachteile eine Entschädigung „nur zu gewähren" ist, „wenn und soweit diese Vermögensnachteile nicht bei der Entschädigung für den Rechtsverlust**

---

21 BGH, Urt. vom 17.5.1984 – VII ZR 169/82 –, BGHZ 91, 206 = EzGuG 11.142 I; BGH, Urt. vom 16.4.1973 – VII ZR 140/71 –, BGHZ 60, 353 = BauR 1973, 260; BGH, Urt. vom 16.5.1980 – V ZR 91/79 –, BGHZ 77, 151 = WM 1980, 1033 = NJW 1980, 2187; BGH, Urt. vom 19.12.1978 – VI ZR 218/76 –, BGHZ 73, 109 = NJW 1979, 760 = VersR 1979, 323.
22 BGH, Urt. 10.7.1984 – VI ZR 262/82 –, BGHZ 92, 85 = EzGuG 6.225; BGH, Urt. vom 15.12.1988 – III ZR 110/87 –, BRS Bd. 53 Nr. 131 = EzGuG 6.243; BGH, Urt. vom 4.7.1980 – V ZR 240/77 –, NJW 1981, 50 = EzGuG 6.207; BGH, Urt. vom 24.3.1959 – VI ZR 90/58 –, BGHZ 30, 29 = EzGuG 6.39; BGH, Urt. vom 20.1.1972 – VII ZR 148/70 –, BGHZ 58, 85 = EzGuG 6.146; ferner BGH, Urt. vom 28.2.1980 – VII ZR 183/79 –, BGHZ 76, 179 = EzGuG 11.117; OLG Celle, Urt. vom 30.7.1959 – 7 U 23/58 –, ZMR 1959, 357 = EzGuG 6.44; zum Schadensersatz für im Vertrauen auf die Gültigkeit eines Bebauungsplans gemachte Aufwendungen: BGH, Urt. vom 24.6.1982 – III ZR 169/80 –, BGHZ 84, 292 = EzGuG 6.216.
23 BGH, Urt. vom 27.11.1969 – III ZR 25/69 –, BRS Bd. 26 Nr. 2 = EzGuG 6.127.
24 BGH, Urt. vom 11.3.1976 – III ZR 154/73 –, BRS Bd. 34 Nr. 148 = EzGuG 13.28; BGH, Urt. vom 20.12.1971 – III ZR 79/69 –, BGHZ 57, 359 = EzGuG 13.19; zur Verjährung: vgl. BGH, Urt. vom 31.10.1980 – V ZR 140/79 –, NJW 1981, 573 = EzGuG 6.209.

berücksichtigt sind". Das Verbot der **Doppelentschädigung** ist damit im Städtebaurecht verankert[25].

§ 29 WertV 98 bestimmte, dass bei der Ermittlung von Entschädigungen nach den entschädigungsrechtlichen Grundsätzen der §§ 93 ff. BauGB die sich nach dem Verkehrswert des Grundstücks bemessende Entschädigung für den Rechtsverlust (§ 95 BauGB) von der Entschädigung für andere Vermögensnachteile (§ 96 BauGB) unter Berücksichtigung von Vermögensvorteilen zur Vermeidung von Doppelentschädigungen abzugrenzen ist. **43**

Aus dem Verbot der Doppelentschädigung folgt, dass **44**

– bei einer Enteignung,

– im Falle von Übernahmeansprüchen (Rn. *16, 203 ff.*) oder

– bei Nutzungsbeschränkungen

die sich nach dem Verkehrswert bemessende **Entschädigung für den Rechtsverlust von der Entschädigung für andere Vermögensnachteile** unter Berücksichtigung von Vermögensvorteilen **voneinander abzugrenzen** ist. Dies betrifft die Fälle, in denen beide Positionen – Entschädigung für den Rechtsverlust und für andere Vermögensnachteile (Folgeschäden) – Gegenstand der Wertermittlung sind. Aufgrund der gegenseitigen Abhängigkeit beider Positionen ist in der Rechtsprechung darauf hingewiesen worden, dass im Streitfalle bei der Bemessung der Entschädigung für den Entzug einer Teilfläche nicht durch Teilurteil nur über den Ausgleich für die unter dem einen oder anderen Gesichtspunkt eingetretene Wertminderung entschieden werden kann[26]. Grundsätzlich gilt dies auch für die Wertermittlung. Von der Einschaltung unterschiedlicher Gutachter für die Ermittlung der Entschädigung für den Rechtsverlust einerseits und für die Ermittlung der Entschädigung für sonstige Vermögensnachteile (Folgeschäden) andererseits muss deshalb abgeraten werden, denn die schematische Aufsummierung beider Positionen trägt die Gefahr einer Doppelentschädigung in sich.

Deshalb ist mit § 136 BBauG 76 der Aufgabenbereich der Gutachterausschüsse erstmals dahin gehend erweitert worden, dass er außer Gutachten über die Höhe der Entschädigung für den Rechtsverlust auch Gutachten über die Höhe der Entschädigung für andere Vermögensnachteile erstatten „kann". Das BauGB hat mit § 193 Abs. 2 an dieser „Kann-Bestimmung" festgehalten. Die den praktischen Bedürfnissen entsprechende **Ergänzung des Aufgabenbereichs der Gutachterausschüsse** erschien insbesondere im Hinblick auf die angesprochenen wechselseitigen Beziehungen zwischen der Entschädigung für den Rechtsverlust sowie für andere Vermögensnachteile unter Berücksichtigung von Vermögensvorteilen geboten. Da die Abgrenzung der einzelnen Teile der Enteignungsentschädigung oft schwierig ist, sollen mit der Ermittlung der Gesamtentschädigung durch den Gutachterausschuss Doppelentschädigungen vermieden werden. **45**

Die Unterscheidung zwischen der Entschädigung für den Rechtsverlust und andere Vermögensnachteile kann im Einzelfall recht schwierig sein und ist nicht immer eindeutig möglich[27]. Es wird folglich auch nicht immer erforderlich sein, die Entschädigungen voneinander in Geldbeträgen abzugrenzen. Vielfach wird es genügen, wenn **bei der Ermittlung der Gesamtentschädigungen beide Positionen qualitativ sorgfältig voneinander abgegrenzt** werden. So kann es im Einzelfall zweckmäßig sein, dass mit der Entschädigung für den Rechtsverlust auch andere Vermögensteile abgegolten werden, ohne dass diese der Höhe nach aus der Entschädigung für den Rechtsverlust ausgegrenzt werden; bei der Ermittlung der **46**

---

25 BGH, Urt. vom 16.12.1974 – III ZR 39/72 –, BRS Bd. 34 Nr. 144 = EzGuG 19.26; Verbot der Doppelentschädigung: BGH, Urt. vom 7.10.1976 – III ZR 60/73 –, BRS Bd. 26 Nr. 60 = EzGuG 6.188; BGH Urt. vom 8.2.1971 – III ZR 200/69 –, BGHZ 67, 200 = EzGuG 6.134; BGH, Urt. vom 8.2.1971 – III ZR 65/70 –, BGHZ 55, 294 = EzGuG 6.133; BGH, Urt. vom 26.5.1977 – III ZR 93/75 –, BRS Bd. 34 Nr. 145 = EzGuG 6.193; BGH, Urt. vom 12.1.1978 – III ZR 57/76 –, WM 1978, 468 = EzGuG 6.195; BGH, Urt. vom 14.7.1983 – III ZR 215/82 –, BRS Bd. 45 Nr. 156 = EzGuG 4.92.
26 BGH, Urt. vom 6.12.1962 – III ZR 161/61 –, BRS Bd. 19 Nr. 71 = EzGuG 18.18; auf die einheitliche Feststellung von Entschädigungsansprüchen weist der BGH auch in seinem Urt. vom 14.3.1968 – III ZR 200/65 –, RdL 1969, 327 = EzGuG 4.27a hin.
27 BGH, Urt. vom 12.1.1978 – III ZR 57/76 –, WM 1978, 468 = EzGuG 6.195.

VI Städtebauliche Maßnahmen   Enteignung

Entschädigung für andere Vermögensnachteile müssen diese dann insoweit unberücksichtigt bleiben.

47 Bei der **Entschädigung für ein landwirtschaftliches Grundstück** muss sich der Eigentümer aufgrund des Verbots der Doppelentschädigung auf die Entschädigung für Nachteile im landwirtschaftlichen Betrieb den Teil der Entschädigung für das Grundstück anrechnen lassen, der auf eine über die allgemeine landwirtschaftliche Nutzbarkeit des Grundstücks hinausreichende Qualität entfällt, wenn für die Bemessung der Entschädigung für den Rechtsverlust eine höhere Qualität, z. B. baureifes Land, Rohbauland oder Bauerwartungsland, zugrunde gelegt wurde.

48 Der **BGH**[28] hat hierzu ausgeführt:

„Die Entschädigung bemisst sich nach den Nutzungsmöglichkeiten des Enteignungsobjektes, hier also eines landwirtschaftlich genutzten Grundstücks, das als Bauland oder Bauerwartungsland anzusehen ist. Seine Nutzungsmöglichkeiten als Bau- oder Bauerwartungsland werden ihm in der Regel einen höheren Wert verleihen, als es der Nutzbarkeit für landwirtschaftliche Zwecke entspricht. Im Einzelfall kann jedoch der Wert eines solchen Grundstücks für den konkreten landwirtschaftlichen *Betrieb* den Wert als Bau- oder Bauerwartungsland übersteigen. Das ist der Fall, wenn das Grundstück, etwa wegen der Qualität des Bodens oder wegen bestimmter Bewirtschaftungsvorzüge, den Wert des Betriebs mehr als die anderen Betriebsgrundstücke steigert. Die Heraustrennung eines solchen Grundstücks aus dem Betrieb kann zu Nachteilen führen, die über den – gesondert festgestellten – Baulandwert des Grundstücks hinausgehen. In einem solchen Fall würde der Eigentümer als Betriebsinhaber allerdings nicht voll entschädigt, wenn er nur den – niedrigeren – Baulandwert erhielte.

Das Verbot der Doppelentschädigung erleidet keine Ausnahme in dem Fall, dass eine Entschädigung, die dem Verkehrswert für gleichartiges und gleichwertiges landwirtschaftlich genutztes Land entspricht und darüber hinaus betriebliche Folgeschäden abgilt, höher ist als die nach Baulandpreisen bemessene Entschädigung für das Grundstück. In diesem Fall gebührt dem Eigentümer der – aber auch nur der – höhere Entschädigungsbetrag.

Die Entschädigungspositionen, die Nachteile im landwirtschaftlichen Betrieb oder den besonderen ‚Mehrwert' eines Grundstücks für den Betrieb ausgleichen sollen, können daher der Entschädigung für das Grundstück ohne Verstoß gegen das Verbot der Doppelentschädigung nur insoweit *hinzugerechnet* werden, als diese den *allgemeinen landwirtschaftlichen Wert* des Grundstücks abgilt. Ein solcher Wert entspricht der allgemeinen Wertschätzung eines Grundstücks dieser Qualitätsstufe ohne Beziehung zu einem *bestimmten* Betrieb.

Der Eigentümer, der für das Grundstück eine Entschädigung erhält, die eine über die allgemeine landwirtschaftliche Nutzbarkeit des Grundstücks hinausreichende Qualität (Bauland, Bauerwartungsland) berücksichtigt, kann in *diesem* Umfang einen zusätzlichen Ausgleich für solche Nachteile nicht beanspruchen, die darin bestehen, dass ihm eine gesteigerte (besondere) landwirtschaftliche Nutzbarkeit des Grundstücks unmöglich gemacht worden ist.

Der Eigentümer erhält deshalb in diesem Fall grundsätzlich mindestens die nach Baulandpreisen berechnete Entschädigung. **Er kann aber daneben nicht** *zusätzlich* **für dieselbe Fläche (Teilfläche) eine Entschädigung für landwirtschaftliche Betriebs- und Grundstücksnachteile erhalten, wenn und soweit die landwirtschaftliche Nutzung und die Baulandnutzung miteinander unvereinbar sind.**

Der Eigentümer und Betriebsinhaber, der eine freiwillige Verwertung eines bisher landwirtschaftlich genutzten Grundstücks als Bauland erwägt, würde gleichfalls berücksichtigen müssen, ob die Nutzung zu betrieblichen Zwecken (Landwirtschaft) oder die Verwertung als (betriebsfremdes) Bauland für ihn vorteilhafter ist. Bei einer Vergleichsrechnung könnte sich ergeben, dass der besondere Wert des Grundstücks für den Betrieb – z. B. wegen seiner günstigen Lage – den Baulandwert erreicht oder ihn sogar übersteigt. Er muss sich jedoch für eine dieser Möglichkeiten entscheiden. Beides kann er nicht zugleich verwirklichen. Auch der von einer Enteignung Betroffene kann deshalb nicht so gestellt werden, als habe er einander ausschließende Nutzungsmöglichkeiten zugleich auf derselben Fläche verwirklicht."

▶ *Zum merkantilen Minderwert vgl. Rn. 130; § 194 BauGB Rn. 75 ff.; § 8 ImmoWertV Rn. 419 ff.*

---

28 BGH, Urt. vom 7.10.1976 – III ZR 60/73 –, BGHZ 67, 200 = EzGuG 6.188; vgl. auch BGH, Urt. vom 27.1.1977 – III ZR 153/74 –, BGHZ 68, 100 = EzGuG 6.189; BGH, Urt. vom 26.5.1977 – III ZR 93/75 –, BRS Bd. 34 Nr. 145 = EzGuG 6.193; BGH, Urt. vom 26.5.1977 – III ZR 149/74 –, BRS Bd. 34 Nr. 100 = EzGuG 18.75.

1.2.1.6 Angemessenes Angebot

Das Verbot der Doppelentschädigung ist nicht nur bei formellen Enteignungsverfahren, sondern auch bei freihändigem Erwerb zur Vermeidung einer Enteignung von Bedeutung. Nach § 87 Abs. 2 BauGB setzt nämlich die Enteignung voraus, dass der Antragsteller sich ernsthaft um den freihändigen Erwerb des zu enteignenden Grundstücks zu angemessenen Bedingungen bemüht hat (angemessenes Angebot). Die **Wirksamkeitsvoraussetzungen für eine Enteignung** liegen infolgedessen erst vor, wenn die Kaufverhandlungen gescheitert sind. Auf der anderen Seite kann ein die konjunkturelle Weiterentwicklung ausschließendes angemessenes Angebot erst abgegeben werden, wenn die materiellen und formellen Voraussetzungen für die Enteignung vorliegen[29].

Die genannten Rechtsfolgen eines angemessenen Angebots können nur eintreten, wenn **im Zeitpunkt der Abgabe des Angebots die Voraussetzungen für die Zulässigkeit der Enteignung vorliegen.** Es reicht nicht aus, wenn die Voraussetzungen geschaffen werden können[30].

Im Falle einer **Enteignung aus zwingenden städtebaulichen Gründen** ist es nach § 88 BauGB nicht erforderlich, dass die vorgesehene Verwendung des Grundstücks innerhalb einer angemessenen Frist glaubhaft gemacht wird.

Ein **Kauf- oder Tauschangebot ist nur dann entbehrlich, wenn der Betroffene von vornherein deutlich gemacht hat, dass er jedes Angebot ablehnen werde**[31]. Ansonsten ist das angemessene Angebot für die Bemessung der Entschädigung von wesentlicher Bedeutung[32].

Das **angemessene Angebot ist in doppelter Hinsicht von Bedeutung:**

a) Es ist die *formelle Voraussetzung* für die Zulässigkeit der Enteignung und signalisiert dem Betroffenen ein ernsthaftes Bemühen um einen freihändigen Erwerb.

b) Zum anderen löst das angemessene Angebot insofern für die Höhe der Entschädigung eine *Sperrwirkung* mit der Folge aus, dass die nach Abgabe des Angebots eintretenden Werterhöhungen bei der Entschädigungsfestsetzung unberücksichtigt bleiben. Dies betrifft sowohl Werterhöhungen aufgrund von Qualitätssteigerungen (Zustandsmerkmale) als auch Werterhöhungen aufgrund allgemeiner (konjunktureller) Preissteigerungen.

Nach der Reduktionsklausel des § 95 Abs. 2 Nr. 3 BauGB führt ein angemessenes Angebot zu einem **Einfrieren der Entschädigung.** Nach dieser Vorschrift bleiben nämlich bei der Festsetzung der Entschädigung Werterhöhungen unberücksichtigt, die nach dem Zeitpunkt eingetreten sind, in dem der Eigentümer zur Vermeidung der Enteignung ein Kauf- oder Tauschangebot des Antragstellers zu angemessenen Bedingungen (§ 87 Abs. 2 Satz 1 und § 88 BauGB) hätte annehmen können. Nachfolgende Werterhöhungen müssen demnach außer Betracht bleiben, es sei denn, dass der Eigentümer Kapital oder Arbeit für sie aufgewendet hat.

Der **BGH**[33] führt hierzu aus:

„Ein Angebot des Enteignungsbegünstigten zum freihändigen Erwerb der benötigten Sache zu angemessenen Bedingungen kann die Preisverhältnisse für den Zeitpunkt festschreiben, indem der Betroffene ein solches Angebot hätte annehmen können; denn mit dem ernstlichen Zahlungsangebot steht dem Betroffenen der Ausgleich insoweit zur Verfügung. Der Betroffene, der ein solches Zahlungsangebot ablehnt, kann sich daher auf spätere Preissteigerungen insoweit nicht berufen, als die abgelehnte Zahlung die in jenem Zeitpunkt geschuldete Entschädigung abgegolten haben würde ... Dieser Grundsatz trägt dem Gedanken Rechnung, dass ein Eigentümer, der ein Objekt, dessen Enteignung zulässig ist, der öffentlichen Hand aufgrund eines angemessenen Erwerbsangebots freiwillig überlässt, nicht schlechter gestellt

---

29 BGH, Urt. vom 24.1.1980 – III ZR 26/78 –, BRS Bd. 45 Nr. 103 = EzGuG 6.206; BGH, Urt. vom 17.10.1974 – III ZR 53/72 –, BRS Bd. 34 Nr. 95 = EzGuG 6.17.
30 BGH, Urt. vom 24.3.1977 – III ZR 32/75 –, BRS Bd. 34 Nr. 88 = EzGuG 6.190.
31 BGH, Urt. vom 16.12.1982 – III ZR 123/81 –, BRS Bd. 45 Nr. 105 = EzGuG 6.218, BGH, Urt. vom 27.6.1966 – III ZR 202/65 –, BRS Bd. 19 Nr. 87 = EzGuG 6.89; BVerwG, Urt. vom 19.10.1966 – 4 C 57/65 –, BRS Bd. 19 Nr. 60 = EzGuG 6.93a.
32 BT-Drucks. III/zu 1794, S. 21.
33 BGH, Urt. vom 22.9.1988 – III ZR 161/85 –, BGH DAT Zivil = EzGuG 6.241a.

VI Städtebauliche Maßnahmen — Enteignung

sein darf als derjenige Eigentümer, der sich gegenüber dem Angebot weigerlich verhält; insoweit soll ein ‚Verzögerungsgewinn' ausgeschlossen sein."

55 Dieser allgemeine Entschädigungsgrundsatz dient also dem **Ausschluss von Verzögerungsgewinnen,** wobei dieser Grundsatz vor allem bezüglich allgemeiner (konjunktureller) Werterhöhungen Wirkung entfaltet, da die qualitative Weiterentwicklung i. d. R. ohnehin durch den Vorwirkungsgrundsatz gebremst ist. § 95 Abs. 2 Nr. 3 BauGB kommt indessen dem Antragsteller nicht zugute, wenn er von einem unterbreiteten angemessenen Angebot dadurch abgerückt ist, dass er mit einem Antrag auf gerichtliche Entscheidung verlangt hat, die behördlich festgesetzte Entschädigung auf einen unter dem Angebot liegenden Betrag herabzusetzen. Es fehlt in diesen Fällen an einem Stichtag für die allgemeinen Wertverhältnisse auf dem Grundstücksmarkt, sodass Änderungen in den allgemeinen Wertverhältnissen, die in dem Zeitraum zwischen dem Zugang des Angebots und seiner Rücknahme oder Einschränkung eingetreten sind, bei der Bemessung der Entschädigung zu berücksichtigen sind[34]. Im Übrigen ist es auch nach Einleitung des Enteignungsverfahrens zulässig, ein angemessenes Angebot zu unterbreiten, das die stichtagsfixierende Funktion des § 95 Abs. 2 Nr. 2 BauGB auslöst.

56 Ein angemessenes Angebot muss grundsätzlich den **Betrag für den enteignungsbedingten Rechtsverlust sowie für entschädigungspflichtige Vermögensnachteile** (Folgeschäden; vgl. Rn. 100 ff.) umfassen. Dabei genügt es, wenn die Höhe der einzelnen Entschädigungspositionen nur in etwa der Enteignungsentschädigung entspricht[35].

57 Bei einem den Rechtsverlust und sonstige Vermögensnachteile abdeckenden Angebot kommt es entscheidend auf die **Angemessenheit des Gesamtangebots** an, d. h., eine unangemessen zu niedrig angesetzte Position kann durch eine überhöht angesetzte Position ausgeglichen werden[36]. Ansonsten muss das angemessene Angebot nach Positionen aufgeschlüsselt werden, wenn es sich aus mehreren Positionen zusammensetzt.

58 **Angemessen ist ein Angebot,** das dem Entschädigungsberechtigten **eine wirtschaftlich sinnvolle Anlage in Grundstücken oder anderen Werten erlaubt.** Der Unterschied zwischen dem angebotenen und zu entschädigenden Betrag muss deshalb „verhältnismäßig gering" sein, d. h., er muss innerhalb einer Toleranzspanne liegen[37]. Nur dann tritt die Sperrwirkung ein[38], und zwar insgesamt.

59 Eine **Abschlagszahlung von 80 %** stellt noch kein angemessenes Angebot dar[39]. Auch liegt ein angemessenes Angebot nicht vor, wenn im Hinblick auf eine noch durchzuführende Vermessung ein Sicherheitsabschlag angebracht wurde[40]. Unter einem Rückzahlungsvorbehalt geleistete Abschlagszahlungen auf die noch festzusetzende Enteignungsentschädigung und hinterlegte Teilleistungen sind dagegen grundsätzlich geeignet, den Wertermittlungsstichtag, d. h. den Zeitpunkt, der im Hinblick auf die allgemeinen Wertverhältnisse auf dem Grundstücksmarkt (§ 3 Abs. 2 ImmoWertV) der Bemessung der Enteignungsentschädigung zugrunde zu legen ist, zu fixieren[41].

---

34 BGH, Urt. vom 18.9.1986 – III ZR 83/85 –, BGHZ 89, 341 = EzGuG 4.111; BGH, Urt. vom 27.1.1977 – III ZR 153/74 –, BGHZ 68, 100 = EzGuG 6.189; BGH, Urt. vom 26.2.1976 – III ZR 164/73 –, BRS Bd. 34 Nr. 95 = EzGuG 6.184; BGH, Urt. vom 27.9.1973 – III ZR 131/71 –, BGHZ 61, 240 = EzGuG 6.163; BGH, Urt. vom 29.4.1971 – III ZR 144/70 –, BRS Bd. 26 Nr. 77 = EzGuG 6.183.
35 BGH, Urt. vom 27.6.1966 – III ZR 202/65 –, NJW 1966, 2012 = EzGuG 6.89; BGH, Beschl. vom 22.9.1988 – III ZR 161/85 –, BGH-DAT Zivil = EzGuG 6.241a; BGH, Urt. vom 19.6.1986 – III ZR 22/85 –, NVwZ 1986, 1043 = EzGuG 6.231; BGH, Urt. vom 16.12.1982 – III ZR 123/81 –, BRS Bd. 45 Nr. 105 = EzGuG 6.218.
36 BGH, Urt. vom 18.9.1986 – III ZR 83/85 –, BGHZ 98, 341 = EzGuG 4.111.
37 BGH, Urt. vom 17.10.1974 – III ZR 53/72 –, BRS Bd. 34 Nr. 95 = EzGuG 6.171.
38 BGH, Urt. vom 24.1.1980 – III ZR 26/78 –, BRS Bd. 45 Nr. 103 = NJW 1980, 1844 = EzGuG 6.206; BGH, Urt. vom 19.6.1986 – III ZR 22/85 –, NVwZ 1986, 1053 = EzGuG 6.231; BGH, Urt. vom 27.9.1973 – III ZR 131/71 –, BGHZ 31, 240 = EzGuG 6.163.
39 BGH, Urt. vom 17.10.1974 – III ZR 53/72 –, BRS Bd. 34 Nr. 95 = EzGuG 6.171.
40 BGH, Urt. vom 12.6.1975 – III ZR 127/72 –, BGHZ 64, 361 = EzGuG 18.65.
41 BGH, Urt. vom 29.3.1976 – III ZR 92/74 –, BRS Bd. 34 Nr. 92 = EzGuG 6.185; BGH, Urt. vom 22.5.1967 – III ZR 145/66 –, BGHZ 48, 46 = EzGuG 6.99; BGH, Urt. vom 21.6.1965 – III ZR 8/64 –, BGHZ 44, 52 = EzGuG 6.81; BGH, Urt. vom 27.6.1966 – III ZR 191/65 –; BGH, Urt. vom 28.4.1966 – III ZR 24/65 –, WM 1966, 774 = EzGuG 19.9.

Ein sich an einem **Gutachten des Gutachterausschusses für Grundstückswerte** orientierendes Angebot ist nach Auffassung des BVerwG[42] angemessen, sofern es nicht offensichtlich fehlerbehaftet ist. Im Übrigen muss, um ein angemessenes Angebot zu unterbreiten, ein Gutachten des Gutachterausschusses für Grundstückswerte nicht eingeholt werden. 60

Angemessen ist stets **ein zu hohes Angebot, wenn davon nicht abgerückt wurde**. 61

Ein **angemessenes Angebot zum freihändigen Erwerb einer für öffentliche Zwecke benötigten Grundfläche erfordert i. d. R. nicht das Angebot geeigneten Ersatzlandes**[43]. Vielmehr gilt der Grundsatz, dass das Angebot auch nach der Art der Entschädigung angemessen sein muss, und diese bestimmt sich nach den gesetzlichen Bestimmungen. Nach § 100 BauGB ist so z. B. auf Antrag des Eigentümers die Entschädigung in geeignetem Ersatzland festzusetzen, wenn es zur Sicherung der Berufstätigkeit oder zur Erfüllung der ihm „wesensgemäß obliegenden Aufgaben auf Ersatzland angewiesen ist". Ist umgekehrt Ersatzland angeboten worden, obwohl nur eine Geldentschädigung zu leisten ist, so ist ein solches Angebot nicht angemessen[44]. 62

Es ist **nicht erforderlich, ein angemessenes Angebot zu unterbreiten, wenn der Eigentümer** für sein enteignetes Grundstück nach pflichtgemäßem Ermessen der Enteignungsbehörde gemäß § 100 Abs. 4 BauGB **nur eine Entschädigung in Ersatzland erhalten kann** (vgl. Rn. 109)[45]. 63

Nicht von der Sperrwirkung des angemessenen Angebots erfasst sind Werterhöhungen, die nach Abgabe des Angebots auf den **Einsatz von Kapital oder Arbeit des Eigentümers** zurückzuführen sind. Die Maßnahmen müssen allerdings rechtlich zulässig gewesen sein und tatsächlich zu Werterhöhungen geführt haben. Auf die Kosten selbst kommt es nicht an. Als solche Maßnahmen kommen die Errichtung baulicher Anlagen, Bodenverbesserungen, Anpflanzungen und Einfriedungen in Betracht. 64

Zwischenfazit: Bei Vorliegen eines angemessenen Angebots wird auf der Grundlage der Reduktionsklausel des § 95 Abs. 2 Nr. 3 BauGB der Wertermittlungsstichtag auf den Stichtag eines hypothetischen Annahmetags, d. h. auf den Tag vorverlagert, an dem der Eigentümer das angemessene Angebot hätte annehmen können. Etwas anderes gilt, wenn der Eigentümer dies abgelehnt hat, das Angebot nicht angemessen war oder der Antragsteller von seinem Angebot abgerückt ist. 65

Verhandlungsgrundsätze für die Abgabe eines angemessenen Angebots sind in der Vorschriftensammlung der Bundesfinanzverwaltung unter VV 4240 veröffentlicht. 66

1.2.1.7 Verzinsung der Entschädigung

Die **Entschädigung ist regelmäßig** vom 67

– Tag der Entscheidung über den Enteignungsantrag bis zum

– Tag der Unanfechtbarkeit der Entschädigungsfestsetzung

zu verzinsen. Im Falle einer vorzeitigen Besitzeinweisung bemisst sich der Verzinsungszeitraum bereits ab dem Zeitpunkt der vorzeitigen Besitzeinweisung.

Soweit **Teilzahlungen** geleistet worden sind, müssen diese bei der Verzinsung berücksichtigt werden, wobei es zusätzlich die Steigerungsrechtsprechung des BGH zu berücksichtigen gilt. 68

Folgende **Grundsätze** sind hierfür entwickelt worden: 69

a) Bei einer zu gering angesetzten Entschädigung beginnt die Verzinsung mit dem Zeitpunkt des Eingriffs, wobei nur der (ursprünglich) zu diesem Zeitpunkt geschuldete Mehrbetrag der Verzinsung unterworfen ist.

---

42 BVerwG, Beschl. vom 27.2.1969 – 4 B 248/68 –, BRS Bd. 26 Nr. 80 = EzGuG 11.68.
43 BGH, Urt. vom 24.3.1977 – III ZR 32/75 –, BRS Bd. 34 Nr. 88 = EzGuG 6.190.
44 BGH, Urt. vom 13.7.1978 – III ZR 112/75 –, BRS Bd. 34 Nr. 80 = EzGuG 6.200.
45 BGH, Urt. vom 1.3.1984 – III ZR 197/82 –, BGHZ 90, 243 = EzGuG 6.224.

VI Städtebauliche Maßnahmen   Enteignung

b) Ein darüber hinausgehender Mehrbetrag, der sich erst zu einem späteren Zeitpunkt aufgrund von Werterhöhungen auf dem Grundstücksmarkt ergibt, kann nicht von dem Zeitpunkt des Eingriffs verzinst werden, weil er zu diesem Tag noch gar nicht entstanden ist.

70 Zur Lösung dieses Problems wird in der Rechtsprechung des BGH die **Zinsberechnung nach gestaffelten Mittelwerten**[46] anerkannt.

71 Ist durch **Hinterlegung der Entschädigungsanspruch** bereits zu einem Teil erfüllt, so ist eine Verschiebung des Wertermittlungsstichtages nur hinsichtlich des nicht erfüllten Restes denkbar und es kann sich nur noch die Frage stellen, welcher Teil des Grundstückswerts unabgegolten blieb[47].

72 **Teilzahlungen sind immer nur mit dem Prozentsatz auf die endgültig festgestellte Entschädigungssumme anzurechnen, der jeweils dem prozentualen Anteil der Teilzahlung an der Entschädigung zum Zeitpunkt der Teilzahlung entsprach.** Dabei ist von der endgültigen (richtigen) Entschädigung auszugehen, wie sie im rechtskräftigen Urteil festgestellt wurde. Diese muss dann auf die jeweiligen Zeitpunkte der Teilzahlungen sowie auf den Zeitpunkt des Besitzentzugs zurückgerechnet werden. Der zum jeweiligen Zeitpunkt entrichtete Teilzahlungsbetrag kann dann ins Verhältnis zu der auf denselben Zeitpunkt bezogenen (richtigen) Entschädigung gesetzt werden, um daraus den Vomhundertsatz der Teilzahlung an der (richtigen) Entschädigung zu ermitteln. Die Differenz gegenüber 100 % ergibt dann den prozentualen Fehlbetrag, dessen absolute Höhe in Abhängigkeit von der sich mit der Zeit ändernden Entschädigung dadurch ermittelt werden kann, dass er auf den jeweiligen Entschädigungsbetrag angewandt wird (vgl. Abb. 3).

Abb. 3:   Verrechnung von Teilzahlungen

Vorgang	Zeitpunkt	Entschädigung (endgültig) € bzw. %	1. Teilzahlung € bzw. %	Restschuld % bzw. €	2. Teilzahlung € bzw. %	Restschuld € bzw. %
Besitzentzug	1.1.1996	500 000	500 000 € ≙ 86,21 % (von 580 000)	13,79 % (100 − 86,21)		
1. Teilzahlung aufgrund Entschädigungsfeststellungsbeschluss	1.5.1998	580 000 zurück-indiziert				
Rechtsweg 2. Teilzahlung	1.5.2001	650 000	× 13,79 % =	89 635 €	− 50 000 €	= 39 635 € = 6,1 % (von 650 000)
Rechtskräftiges Urteil Entschädigung	1.12.2001	700 000			× 6,1 % =	42 700 €

73 *Beispiel:*
Die Gesamtentschädigung im Zeitpunkt des Urteils beläuft sich in dem Beispiel auf:
Gesamtentschädigung = 500 000 € + 50 000 € + 42 700 €   =   **592 700 €**
abzüglich des gezahlten Betrags in Höhe von 550 000 € verbleiben   =   **42 700 €**

---

46 BGH, Urt. vom 27.9.1973 – III ZR 110/71 –, BRS Bd. 26 Nr. 75 = EzGuG 6.162; BGH, Beschl. vom 27.11.1986 – III ZR 243/85 –, BRS Bd. 53 Nr. 189 = EzGuG 6.231.
47 BGH, Urt. vom 24.4.1978 – III ZR 105/75 –, WM 1978, 850 = EzGuG 4.56; BGH, Urt. vom 24.3.1977 – III ZR 32/75 –, BRS Bd. 34 Nr. 88 = EzGuG 6.190; BGH, Urt. vom 29.3.1976 – III ZR 92/74 –, BRS Bd. 34 Nr. 92 = EzGuG 6.185; BGH, Urt. vom 9.12.1968 – III ZR 114/66 –, BRS Bd. 26 Nr. 96 = EzGuG 4.28; BGH, Urt. vom 22.5.1967 – III ZR 145/66 –, BGHZ 48, 46 = EzGuG 6.99, bezüglich eines Rechtsstreits auf Rückzahlung einer zuviel gezahlten Entschädigung: BGH, Urt. vom 9.5.1960 – III ZR 32/59 –, BGHZ 32, 273 = EzGuG 6.48.

Hinzu kommt die Verzinsung, die ab dem Zeitpunkt des Besitzentzugs zu gewähren ist; sie bemisst sich nach der angesprochenen Methode der gestaffelten Mittelwerte:

a) *Zeitraum ab Besitzentzug (1.1.1996) bis zur 1. Teilzahlung am 1.5.1998*

1. Teilzahlung		= 500 000 €
zuzüglich hälftigem Mehrwert:		
(580 000 € − 500 000 €) = 80 000 € : 2		= + 40 000 €
= insgesamt		= **540 000 €**

b) *Zeitraum zwischen 1. Teilzahlung (1.5.1998) und 2. Teilzahlung (1.5.1998)* 580 000 €

zuzüglich hälftiger Erhöhung des Entschädigungsanspruchs am 1.5.1998:

Dieser beträgt	500 000 €	
+ 13,79 % von 650 000 €	= 89 635 €	
= insgesamt	= 589 635 €	
− Entschädigungsanspruch	= 580 000 €	
= Differenz	= 9 635 € : 2	= + 4 818 €
abzüglich des 1. Teilzahlungsbetrags		= − 500 000 €
= insgesamt		= **84 818 €**

c) *Zeitraum zwischen 2. Teilzahlung (1.5.1998) und rechtskräftigem Urteil*

Entschädigungsanspruch ab 1.5.1998		= 589 635 €
zuzüglich hälftiger Erhöhung des Entschädigungsanspruchs lt. Urteil		
Gesamtentschädigung	= 592 700 €	
− Entschädigung (ab 1.5.1998)	= 589 635 €	
= Differenz	= 3 065 € : 2	= + 1 532 €
abzüglich erhaltener Teilzahlungen		= − 550 000 €
= insgesamt:		= **41 167 €**

Die **Gesamtentschädigung** einschließlich Verzinsung setzt sich dann wie folgt zusammen:

Gesamtentschädigung	592 700 €	
abzüglich:		
bereits erhaltener	− 550 000 €	= **42 700 €**
zuzüglich		
a) Zinsen auf 540 000 €	für den Zeitraum 1.1.1996 bis 1.5.1998	
b) Zinsen auf 84 818 €	für den Zeitraum 1.5.1998 bis 1.5.2001	
c) Zinsen auf 41 167 €	für den Zeitraum 1.5.2001 bis 1.12.2001	

Die Höhe der Zinsen beträgt gemäß § 99 Abs. 3 BauGB 2 % über dem Basissatz nach § 247 BGB.

1.2.1.8 Zeitpunkt der Qualitätsermittlung (Zustand) und Wertermittlungsstichtag bei der Bemessung der Enteignungsentschädigung

▶ *Vgl. § 3 ImmoWertV Rn. 1 ff.; § 4 ImmoWertV Rn. 11*

Für die Bemessung der Entschädigung ist nach § 93 Abs. 4 BauGB (auch § 17 Abs. 3 LBG) grundsätzlich der Zustand des Grundstücks in dem Zeitpunkt maßgebend, in dem die Enteignungsbehörde über den Enteignungsantrag entscheidet (**Qualitätsermittlung nach** dem Qualitätsstichtag i. S. d. § 4 Abs. 1 ImmoWertV). Maßgebend ist der Tag der Zustellung des Bescheids. Nach § 95 Abs. 1 Satz 2 BauGB ist dieser Zeitpunkt **zugleich Wertermittlungsstichtag.**

74

VI Städtebauliche Maßnahmen — Enteignung

75 Der **Zeitpunkt der Qualitätsermittlung** ist in bestimmten Fällen vorzuverlegen:
- Nach § 93 Abs. 4 Satz 3 BauGB ist in Fällen der *vorzeitigen Besitzeinweisung*[48] der Zustand in dem Zeitpunkt maßgebend, in dem diese wirksam wird;
- nach § 95 Abs. 2 BauGB (ggf. i. V. m. § 95 Abs. 1 BauGB) ist in Fällen der sog. *Vorwirkung der Enteignung* der Zustand in dem Zeitpunkt maßgebend, in dem das Grundstück von der konjunkturellen Weiterentwicklung ausgeschlossen wurde.

76 In sog. **Zeiten schwankender Preise** kann sich – wie bereits angesprochen – nach der vom BGH[49] unter Berufung auf Art. 14 Abs. 3 GG entwickelten **Steigerungsrechtsprechung** der Wertermittlungsstichtag verschieben, nämlich wenn
- die Entschädigung nicht unwesentlich unrichtig festgesetzt oder
- die Entschädigung nicht oder unangemessen verzögert gezahlt worden ist.

77 Soweit in derartigen Fällen die Entschädigung nicht rechtzeitig hinterlegt, ausgezahlt oder ernsthaft und angemessen angeboten worden ist, verschiebt sich der Wertermittlungsstichtag auf den **Zeitpunkt der letzten gerichtlichen Tatsachenverhandlung**[50]. Die Steigerungsrechtsprechung ist allerdings nicht auf Folgeschäden i. S. d. § 96 BauGB anzuwenden. Preissteigerungen, die seit Rechtskraft der Enteignung bis zum Tage der Hinterlegung der Entschädigung eingetreten sind, können zulasten des Entschädigungspflichtigen gehen; dabei sind allerdings Preissteigerungen, die zwischen Enteignungsbeschluss und seinem Rechtskräftigwerden eingetreten sind, nicht zu berücksichtigen[51].

78 Ficht der Eigentümer die Zulässigkeit der Enteignung durch Klage **erfolglos an,** so bleiben auch in diesem Fall die Grundstückswerterhöhungen grundsätzlich unberücksichtigt, die bis zum Abschluss des Rechtsstreits eingetreten sind[52]. Das Gleiche gilt, wenn der Eigentümer das Bundesverfassungsgericht erfolglos anruft[53].

79 *Beispiel:*
- Kein Entschädigungsanspruch bei *Überschwemmung* eines Grundstücks, wenn das Grundstück aufgrund eines nicht ordnungsgemäßen Zustands eine unzureichende Vorflut aufweist[54].
- Weigerung des Eigentümers, auf seinem Grundstück kostenlos einen *Schutzdeich* aufschütten zu lassen[55].

1.2.2 Schuldhaftes Mitwirken

80 Schließlich ist auch **§ 254 BGB**[56] **zu beachten** (vgl. § 93 Abs. 3 Satz 2 BauGB, § 13 Abs. 2 SchutzbereichsG, § 8a Abs. 8 FStrG), der folgenden Wortlaut hat:

„(1) Hat bei der Entstehung des Schadens ein Verschulden des Geschädigten mitgewirkt, so hängt die Verpflichtung zum Ersatz sowie der Umfang des zu leistenden Ersatzes von den Umständen, insbesondere davon ab, inwieweit der Schaden vorwiegend von dem einen oder anderen Teil verursacht worden ist.

---

48 BGH, Urt. vom 19.6.1986 – III ZR 22/85 –, MDR 1987, 125 = EzGuG 6.229; BGH, Urt. vom 27.9.1973 – III ZR 131/71 –, BGHZ 61, 240 = EzGuG 6.163; BGH, Urt. vom 28.1.1974 – III ZR 196/71 –, BRS Bd. 34 Nr. 109 = EzGuG 6.164.
49 BGH, Urt. vom 19.12.1966 – III ZR 212/65 –, BRS Bd. 19 Nr. 152 und Nr. 84 = EzGuG 6.95; BGH, Urt. vom 21.6.1965 – III ZR 8/64 –, BGHZ 44, 52 = EzGuG 6.81; BGH, Urt. vom 27.6.1963 – III ZR 166/61 –, BGHZ 40, 87 = EzGuG 6.70; BGH, Urt. vom 27.6.1963 – III ZR 165/61 –, BRS Bd. 19 Nr. 76 = EzGuG 6.69.
50 BGH, Urt. vom 15.11.1973 – III ZR 113/71 –, BRS Bd. 34 Nr. 9 = EzGuG 4.24; BGH, Urt. vom 9.9.1978 – III ZR 91/77 –; BGH, Urt. vom 8.6.1959 – III ZR 66/58 –, BGHZ 30, 281 = EzGuG 6.41; BGH, Urt. vom 7.7.1966 – III ZR 108/65 –, BRS Bd. 19 Nr. 83 = EzGuG 6.91; BGH, Urt. vom 22.1.1959 – III ZR 186/57 –, BGHZ 29, 217 = EzGuG 6.38; BGH, Urt. vom 24.2.1958 – III ZR 181/56 –, BGHZ 26, 373 = EzGuG 6.29.
51 BGH, Urt. vom 15.11.1971 – III ZR 171/69 –, BRS Bd. 26 Nr. 74 = EzGuG 6.142.
52 BGH, Urt. vom 18.5.1972 – III ZR 182/70 –, BRS Bd. 26 Nr. 76 = EzGuG 6.151b.
53 BGH, Urt. vom 22.2.1990 – III ZR 196/87 –, BRS Bd. 53 Nr. 120 = EzGuG 6.253.
54 BGH, Urt. vom 22.2.1971 – III ZR 221/67 –, NJW 1971, 750 = EzGuG 6.135.
55 BGH, Urt. vom 26.2.1976 – III ZR 183/73 –, WM 1976, 568 = EzGuG 18.67.
56 BGH, Urt. vom 8.6.1972 – III ZR 178/69 –, NJW 1972, 1666 = EzGuG 6.152a

(2) Dies gilt auch dann, wenn sich das Verschulden des Geschädigten darauf beschränkt, dass er unterlassen hat, den Schuldner auf die Gefahr eines ungewöhnlich hohen Schadens aufmerksam zu machen, die der Schuldner weder kannte noch kennen musste, oder dass er unterlassen hat, den Schaden abzuwenden oder zu mindern. Die Vorschrift des § 278 (BGB) findet entsprechende Anwendung."

Die Anwendung dieser Vorschrift kann zum Ausschluss von Entschädigungsansprüchen führen, nämlich dann, wenn es der Betroffene schuldhaft unterlässt, einen rechtswidrigen hoheitlichen Eingriff in sein Eigentum mit den zulässigen Rechtsmitteln abzuwehren. Er kann dann in entsprechender Anwendung des § 254 BGB regelmäßig eine **Entschädigung für solche Nachteile nicht verlangen, die er durch Gebrauch der Rechtsmittel hätte vermeiden können**[57].

Die sinngemäße Anwendung dieser Vorschrift rechtfertigt es nach der Rechtsprechung des BGH[58] nicht, bei einem aufgrund eines Planungsschadens gestellten **Übernahmeverlangens** den Eigentümer auf einen späteren Zeitpunkt der Übernahme der Fläche mit der Begründung zu verweisen, dass er das Grundstück vor dem Wirksamwerden des Bebauungsplans als Bauerwartungsland erworben hat.

1.2.3 Institut der Vorwirkung

1.2.3.1 Allgemeines zum maßgeblichen Grundstückszustand (Qualität) bei Ausschluss von der konjunkturellen Weiterentwicklung

▶ Vgl. *§ 4 ImmoWertV Rn. 11 ff.*

Nach § 95 Abs. 2 Nr. 2 BauGB bleiben bei der Festsetzung der Entschädigung **Wertänderungen** unberücksichtigt, **die infolge einer bevorstehenden Enteignung eingetreten sind**. Die Vorschrift lautet:

„(2) Bei der Festsetzung der Entschädigung bleiben unberücksichtigt

1. Wertsteigerungen eines Grundstücks, die in der Aussicht auf eine Änderung der zulässigen Nutzung eingetreten sind, wenn die Änderung nicht in absehbarer Zeit zu erwarten ist;
2. Wertänderungen, die infolge der bevorstehenden Enteignung eingetreten sind,
3. Werterhöhungen, die nach dem Zeitpunkt eingetreten sind, in dem der Eigentümer zur Vermeidung der Enteignung ein Kauf- oder Tauschangebot des Antragstellers mit angemessenen Bedingungen (§ 87 Abs. 2 Satz 1 und § 88) hätte annehmen können, es sei denn, dass der Eigentümer Kapital oder Arbeit für sie aufgewendet hat;
4. wertsteigernde Änderungen, die während einer Veränderungssperre ohne Genehmigung der Baugenehmigungsbehörde vorgenommen worden sind;
5. wertsteigernde Veränderungen, die nach Einleitung des Enteignungsverfahrens ohne behördliche Anordnung oder Zustimmung der Enteignungsbehörde vorgenommen worden sind;
6. Vereinbarungen, soweit sie von üblichen Vereinbarungen auffällig abweichen und Tatsachen die Annahme rechtfertigen, dass sie getroffen worden sind, um eine höhere Entschädigungsleistung zu erlangen;
7. Bodenwerte, die nicht zu berücksichtigen wären, wenn der Eigentümer eine Entschädigung in den Fällen der §§ 40 bis 42 geltend machen würde."

Unberücksichtigt bleiben danach sowohl **Werterhöhungen als auch Wertminderungen, die in einem ursächlichen Zusammenhang mit der Enteignung stehen.** Die Vorschrift betrifft qualitative, d. h. die Zustandsmerkmale des zur Enteignung anstehenden Grundstücks, denn die allgemeinen Wertänderungen auf dem Grundstücksmarkt können von der Entschädigung nicht ausgeschlossen werden, wenn der Entschädigte „bildhaft" in die Lage versetzt werden soll, sich gleichartigen Ersatz mit der Entschädigung zu beschaffen (Abb. 4).

---

57 BGH, Urt. vom 26.1.1984 – III ZR 216/82 –, BGHZ 90, 17 = EzGuG 6.223; BGH, Urt. vom 26.2.1976 – III ZR 183/73 –, WM 1976, 568 = EzGuG 18.67.
58 BGH, Urt. vom 25.11.1974 – III ZR 42/73 –, BGHZ 63, 240 = EzGuG 6.173; BGH, Urt. vom 8.11.1990 – III ZR 364/89 –, GuG 1991, 99 = EzGuG 6.25; BGH, Beschl. vom 27.9.1990 – III ZR 322/89 –, GuG 1991, 30 = EzGuG 4.134.

Abb. 4: Vorwirkung

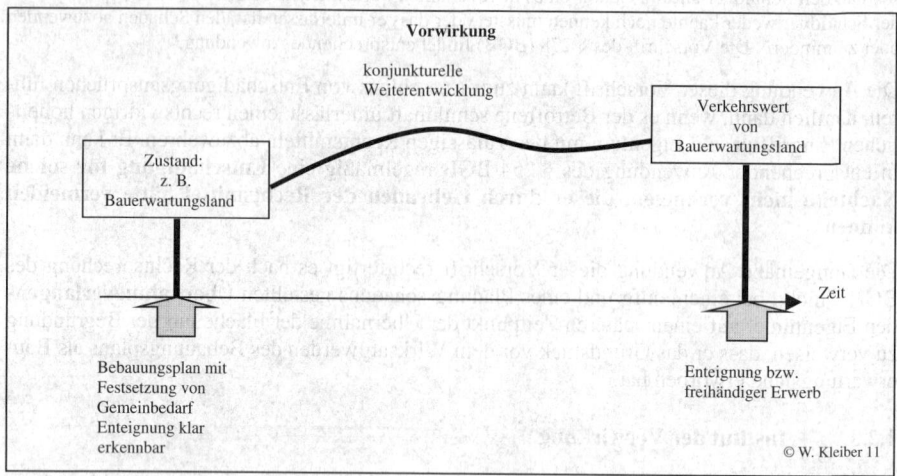

85 Die Anwendung der Vorschrift führt wertermittlungstechnisch zu einer Zurückverlegung des Zeitpunkts, der für die Qualifizierung des Grundstückszustands maßgeblich ist. **Wertermittlungsstichtag** bleibt nach § 95 Abs. 1 Satz 2 BauGB dagegen grundsätzlich der Zeitpunkt, in dem die Enteignungsbehörde über den Enteignungsantrag entscheidet. Bei freihändigem Erwerb zur Vermeidung einer Enteignung ist dagegen i. d. R. der Zeitpunkt des Kaufvertrags anzuhalten. Im Ergebnis fallen damit Wertermittlungsstichtag und der für die Qualifizierung des Grundstückszustands maßgebliche Zeitpunkt auseinander (vgl. § 4 Abs. 1 ImmoWertV).

86 **Die Regelung des § 95 Abs. 2 Nr. 1 BauGB,** nach der Wertänderungen eines Grundstücks, die in der Aussicht auf eine Änderung in der zulässigen Nutzung eingetreten sind, unberücksichtigt bleiben müssen, wenn die Änderung nicht in absehbarer Zeit zu erwarten ist, **bedeutet, dass Wertänderungen,** die infolge der bevorstehenden Enteignung eingetreten sind, **bei der Zustandsbestimmung nicht zu berücksichtigen sind.** Der BGH hat deshalb in dieser Bestimmung die Kodifizierung des Instituts der Vorwirkung gesehen[59].

87 Wie ausgeführt, ist also bei der Festsetzung der Entschädigung von dem Grundstückszustand (Qualität) auszugehen, den das Grundstück in dem Zeitpunkt aufwies, als es endgültig von jeder konjunkturellen (besser: qualitativen) Weiterentwicklung ausgeschlossen wurde. Anwendung findet dieser Vorwirkungsgrundsatz insbesondere bei der **Ermittlung der sich nach dem Verkehrswert bemessenden Enteignungsentschädigung für Gemeinbedarfsflächen, z. B. für Straßenland.**

1.2.3.2 Vorwirkende Planung

▶ *Vgl. Rn. 158, 180 ff.; § 5 ImmoWertV Rn. 541*

88 Vorwirkende Planungen können Ausweisungen in Bauleitplänen nach dem BauGB/BBauG ebenso wie rechtsverbindliche **Festsetzungen nach vorkonstitutionellem Recht**, z. B. bei altrechtlichen Verkehrsflächen nach dem Preußischen Fluchtliniengesetz vom 2.7.1875[60] sein. Auch für derartige Festsetzungen bemisst sich die Entschädigung, wenn es **auch später** erst zur Enteignung kommt, nach dem Vorwirkungsgrundsatz (§ 13 Abs. 1 Nr. 1 FLG[61]); auf vorkonstitutionelle Enteignungen finden die Regelungen des BauGB allerdings – wie im Übrigen auch die Regelungen zum Rückübertragungsanspruch nach den §§ 102 f. BauGB auf Altfälle aus der

---

[59] BGH, Urt. vom 17.1.1972 – III ZR 3/71 –, BRS Bd. 26 Nr. 62 = EzGuG 6.145.
[60] GS 1875, 561
[61] RG, Urt. vom 11.5.1906 – VII 419/05 –, RGZ 63, 298, 300; RG, Urt. vom 28.2.1930 – III 87/29 –, RGZ 128, 18 = EzGuG 9.1.

DDR – keine Anwendung[62]. Hat das Eigentum zwischenzeitlich gewechselt, kann der neue Eigentümer die Entschädigung verlangen, wenn der beim früheren Eigentümer entstandene Entschädigungsanspruch im Wege der Rechtsnachfolge auf ihn übergegangen ist (Abb. 5).

Beispiel:

Abb. 5:   Straßenland im Privateigentum

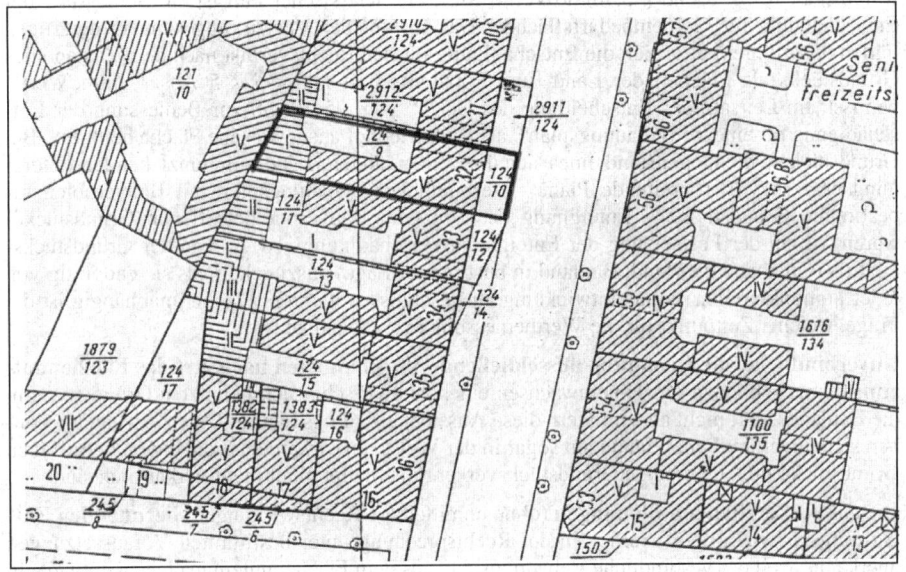

Abb. 6:   Lageplan

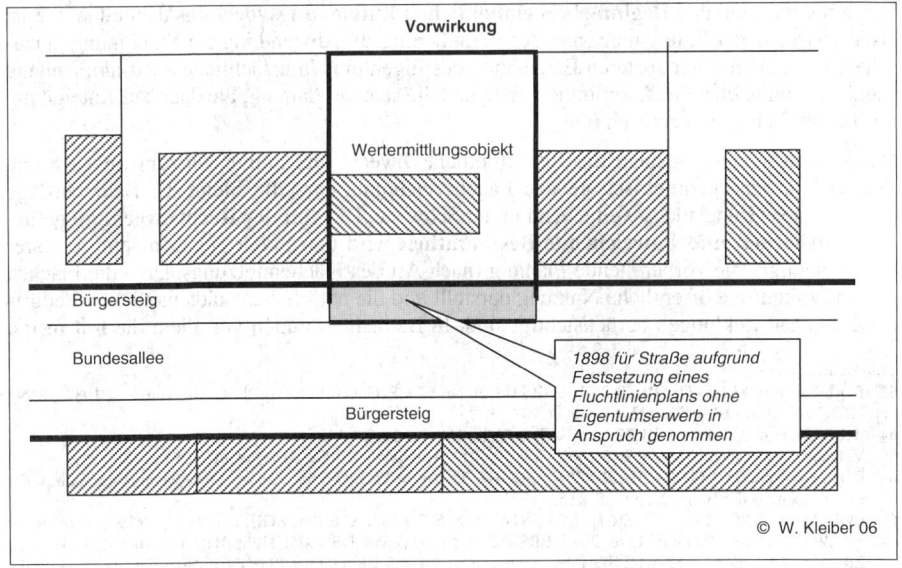

---

62   BVerfG, Urt. vom 3.2.2000 – 1 BvR 1553/99 –, GuG 2001, 108 = NVwZ 2000, 792; BVerwG, Urt. vom 24.3.1994 – 7 C 16/93 –, BVerwGE 95, 284.

VI Städtebauliche Maßnahmen — Enteignung

89 Nach der Rechtsprechung muss eine enge **Kausalität zwischen der eingetretenen Wertänderung und der bevorstehenden Enteignung** bestehen, d. h., es muss ein so ursächlicher Zusammenhang zwischen einer vorwirkenden Maßnahme und der späteren mit Sicherheit und hinreichender Bestimmtheit zu erwartenden Enteignung bestehen, dass hierin ein einheitlicher Enteignungsvorgang zu sehen ist[63]. Die Beantwortung der Frage nach der Kausalität kann im Einzelfall äußerst problematisch sein, insbesondere bei **Grundstücken, die Gegenstand eines sich über einen längeren Zeitraum hinziehenden Enteignungsprozesses** waren (vgl. Rn. 158 und § 5 ImmoWertV Rn. 541). Klassischer Fall ist die Bemessung der Entschädigung für Gemeinbedarfsflächen. Das Institut der Vorwirkung kann in derartigen Fällen dazu führen, dass sich die Entschädigung für den Rechtsverlust nach dem Zustand des Grundstücks als Flächen der Land- und Forstwirtschaft i. S. des § 5 Abs. 1 ImmoWertV bemisst. Im Leitsatz der Entscheidung des BGH[64] vom 25.9.1958 zur Bemessung der Entschädigung für eine im Bebauungsplan[65] als Waldfriedhof ausgewiesene Fläche heißt es: „Bei Grundstücken, die Gegenstand eines sich über einen längeren Zeitraum hinziehenden Enteignungsprozesses (vorbereitende Pläne – verbindlicher Bebauungsplan mit Bauverboten für bestimmte Grundstücke – Enteignung der von dem Bauverbot betroffenen Grundstücke) waren, ist bei der Festsetzung der Enteignungsentschädigung i. d. R. von der Grundstücksqualität (Ödland, Ackerland, Bauland in bestimmter Lage) auszugehen, als sie endgültig von jeder konjunkturellen Weiterentwicklung ausgeschlossen wurden. Davon unabhängig ist die Frage, welcher Zeitpunkt für die Wertbemessung maßgebend ist."

90 **Unverbindliche, die Bebauung ausschließende Vorplanungen nach Art des Flächennutzungsplans** schließen das Hineinwachsen eines landwirtschaftlich genutzten Grundstücks in die Baulandschaft nicht aus, mindern diese Aussicht allerdings häufig. Unter Umständen können sich unverbindliche Planungen sogar in der Weise auswirken, dass die davon betroffenen Grundstücke im allgemeinen Grundstücksverkehr überhaupt nicht mehr verkäuflich sind[66].

91 Die auf **vorbereitenden Planungen** (ohne unmittelbare Rechtswirkungen) **beruhenden Enteignungsvorwirkungen** werden in der Rechtsprechung unter bestimmten Voraussetzungen anerkannt, weil der verbindliche Bebauungsplan aus dem Flächennutzungsplan zu entwickeln ist und die Zwangsläufigkeit der Enteignung bei Festsetzungen für öffentliche Zwecke im Regelfall zu bejahen ist[67]. In einer weiteren Entscheidung des BGH heißt es hierzu: „Eine vorbereitende Planung, die für sich allein noch nicht als Eingriff i. S. des Enteignungsrechts zu werten ist, kann den **Beginn eines einheitlichen Enteignungsvorgangs** darstellen. Sie ist als Vorwirkung der Enteignung (hier der Veräußerung zur Abwendung der Enteignung) anzusehen, wenn sie mit der späteren Entziehung des Eigentums in ursächlichem Zusammenhang stand, eine hinreichende Bestimmtheit hatte und die spätere Planung, die dann zur Enteignung führte, mit Sicherheit erwarten ließ."

92 Da der Flächennutzungsplan die für öffentliche Zwecke bestimmte Nutzung meist durch Planzeichen ohne geometrisch genaue Lagebezeichnung darstellt, bleibt die Baurechtslage des einzelnen Grundstücks weitgehend in der Schwebe. Die **von der Rechtsprechung geforderte Sicherheit und hinreichende Bestimmtheit** wird umso eher gegeben sein, je klarer und eindeutiger die vorbereitende Planung (nach Art des Flächennutzungsplans) die Flächen für eine zukünftige öffentliche Nutzung darstellt und die natürlichen städtebaulichen Bedürfnisse und Entwicklungen berücksichtigt sind. In Betracht kommen vor allem die **mit festen**

---

63 BGH, Urt. vom 17.1.1972 – III ZR 3/71 –, BRS Bd. 26 Nr. 62 = EzGuG 6.145; BayObLG, Urt. vom 27.1.1987 – RReg I Z I67/86 –, BayVBl. 1987, 472 = EzGuG 6.233.
64 BGH, Urt. vom 25.9.1958 – III ZR 82/57 –, BGHZ 28, 160 = EzGuG 6.35.
65 Vgl. auch OLG Celle, Urt. vom 28.2.2002 – 4 U 125/01 –, GuG-aktuell 2002, 31 = EzGuG 6.291a.
66 BGH, Urt. vom 25.9.1958 – III ZR 82/57 –, BGHZ 28, 160 = EzGuG 6.35; Kröner: Die Eigentumsgarantie in der Rechtsprechung des BGH, 2. Aufl., S. 115.
67 BGH, Urt. vom 26.1.1978 – III ZR 184/75 –, NJW 1978, 557 = EzGuG 6.196; BGH, Urt. vom 23.6.1975 – III ZR 55/73 –, WM 1975, 1059 = DÖV 1976, 209 = BRS Bd. 34 Nr. 30 (LS) = DB 1975, 2128; BGH, Urt. vom 12.6.1975 – III ZR 25/73 –, BGHZ 64, 382 4.44; BGH, Urt. vom 25.11.1974 – III ZR 42/73 –, BGHZ 63, 240 = EzGuG 6.174; BGH, Urt. vom 15.11.1971 – III ZR 162/69 –, BRS Bd. 26 Nr. 134 = EzGuG 14.44; BGH, Urt. vom 29.1.1968 – III ZR 2/67 –, BRS Bd. 19 Nr. 116 = EzGuG 6.112; OLG Hamm, Urt. vom 28.5.1974 – 10 U 14/74 –, ZfV 1975, 190 = EzGuG 6.169.

Begrenzungslinien im Flächennutzungsplan dargestellten Flächen für den **überörtlichen Verkehr** und für die örtlichen Hauptverkehrszüge.

Im Übrigen ist darauf hinzuweisen, dass der BGH stets nur von vorbereitenden Planungen spricht und nicht unbedingt auf das Inkrafttreten des Flächennutzungsplans abstellt. Der BGH lässt auch das **bloße Bekanntwerden vorbereitender Planungen** für einen Ausschluss von der konjunkturellen Weiterentwicklung genügen, wenn die vorbereitende Planung nur hinreichend bestimmt ist[68]. 93

Das Institut der Vorwirkung greift aufgrund von **Festsetzungen eines Bebauungsplans und eines Planfeststellungsverfahrens** regelmäßig dann, wenn es sich um Nutzungen handelt, die nur von einem öffentlichen Bedarfsträger verwirklicht werden können, insbesondere bei Festsetzungen von Gemeinbedarfsflächen (Verkehrs-, Ver- und Entsorgungsflächen). In diesem Fall greift die Vorwirkung regelmäßig selbst bei längeren Zeiträumen zwischen verbindlicher Planung und Enteignung[69]. 94

Sofern mit der verbindlichen Festsetzung einer Fläche für Gemeinbedarfszwecke Entschädigungsansprüche in Betracht kommen, bleiben sie in folgenden Fällen unberücksichtigt:

a) bei Ausschluss von Entschädigungsansprüchen aufgrund altrechtlicher Planfestsetzungen nach

– der Münchener Bauordnung[70] und

– der Zweiten Notverordnung[71];

b) bei der Übertragung des Eigentums am Grundstück nicht übergegangene Entschädigungsansprüche[72],

c) bei sonsthin erloschenen Entschädigungsansprüchen, z. B. nach den §§ 42 und 44 BauGB (vgl. Rn. 180 ff.) oder durch Verjährung[73].

Nicht erloschen sind dagegen Entschädigungsansprüche bei Herabstufungen nach den Vorschriften des Preußischen Fluchtliniengesetzes vom 2.7.1875 (GS 1875, 651[74]). Die danach geltende und bereits auf dem Vorwirkungsgrundsatz sich gründende Entschädigungsregelung ist in der reichsgerichtlichen Rechtsprechung[75] anerkannt worden und wurde später in den Schutzbereich des GG übernommen[76]. Ausgenommen aufgrund der oben genannten Zweiten Notverordnung sind lediglich Fluchtlinienfestsetzungen nach Inkrafttreten der Weimarer Reichsverfassung am 14.8.1919[77]. 95

---

68 BGH, Urt. vom 29.11.1965 – III ZR 34/64 –, NJW 1966, 497 = EzGuG 6.82.
69 BGH, Urt. vom 28.10.1971 – III ZR 84/70 –, BRS Bd. 26 Nr. 61 = EzGuG 8.37; BGH, Urt. vom 2.2.1978 – III ZR 90/76 –, BRS Bd. 34 Nr. 110 = EzGuG 18.81; OLG Celle, Urt. vom 28.2.2002 – 4 U 125/01 –, GuG-aktuell 2002, 31 = EzGuG 6.291a.
70 OLG München, Urt. vom 21.6.1990 – 1 U 6509/88 –, EzGuG 6.254a. Gesetz vom 17.11.1837 betr. die Zwangsabtretung von Grundeigentum für öffentliche Zwecke – ZAG – (GBl. 1837, 109), i. d. F. des Gesetzes vom 19.5.1918, GVBl. 1918, 289.
71 BGH, Urt. vom 3.3.1988 – III ZR 162/85 –, BRS Bd. 53, 124 = EzGuG 6.240; BGH, Urt. vom 6.12.1977 – III ZR 163/75 –, BGHZ 71, 1 = EzGuG 18.79; RG, Urt. vom 10.3.1933 – VII 335/32 –, RGZ 140, 107 = EzGuG 6.1c. 2. Verordnung zur Sicherung von Wirtschaft und Finanzen vom 5.6.1931 – Zweite NotVO –, RGBl. I 1931, 278, 309; Kap. III §§ 1 ff., unbefristet verlängert durch Gesetz vom 31.5.1939, RGBl. I 1939, 649.
72 RG, Urt. vom 10.3.1933 – VII 535/32 –, RGZ 140, 107 = EzGuG 6.1c; RG, Urt. vom 15.11.1904 (PrVerwBl. Bd. 26, S. 525).
73 BGH, Urt. vom 18.9.1958 – III ZR 48/57 –, NJW 1958, 2015 = EzGuG 6.34; LG Duisburg, Urt. vom 18.5.1955 – 8 O 180/54 –; OLG Bamberg, Beschl. vom 6.4.1957 – 2 W 185/56 –.
74 BGH, Urt. vom 14.1.1982 – III ZR 134/80 –, BRS Bd. 45 Nr. 126 = EzGuG 6.214; BGH, Urt. vom 2.2.1978 – III ZR 90/76 –, BRS Bd. 4 Nr. 116 = EzGuG 18.81; OLG München, Urt. vom 29.4.1974 – 2 Z 152/72 –, DÖV 1975, 324 = EzGuG 6.167; zu AGBGB Bay. Art. 125 a. F.: zu enteignenden Maßnahmen nach dem (Reichs-)Naturschutzgesetz vgl. BGH, Urt. vom 20.9.1984 – III ZR 198/82 –, NVwZ 1985, 69 = EzGuG 6.226; BGH, Urt. vom 26.1.1984 – III ZR 179/82 –, BGHZ 90, 4 = EzGuG 4.79.
75 RG, Urt. vom 28.2.1930 – III 87/29 –, EzGuG 9.1 = RGZ 128, 18, 31 f.
76 BGH, Urt. vom 28.10.1971 – III ZR 142/69 –, BGHZ 57, 178 = EzGuG 16.16.
77 BGH, Urt. vom 2.2.1978 – III ZR 90/67 –, BRS Bd. 34 Nr. 116 = EzGuG 18.81; BGH, Urt. vom 14.1.1982 – III ZR 134/80 –, BRS Bd. 45 Nr. 126 = EzGuG 6.214; vorangehend KG Berlin, Urt. vom 6.4.1976 und LG Berlin, Urt. vom 12.3.1975; nach Zurückverweisung: KG Berlin, Urt. vom 25.9.1979 – 1 W 1553/79 –, Rpfleger 1980, 34.

VI Städtebauliche Maßnahmen — Enteignung

96 Im Falle einer Änderung des Gemeinbedarfszwecks bei einem **sich über einen längeren Zeitraum hinziehenden Enteignungsverfahren** bleibt die Änderung des Gemeinbedarfszwecks im Hinblick auf die Vorwirkung grundsätzlich unschädlich, wenn zwischenzeitlich mit einer Aufhebung der öffentlichen Zweckbindung im gewöhnlichen Geschäftsverkehr nicht gerechnet werden konnte (**Verkettung der Vorwirkung**), jedoch können Abweichungen von diesem Grundsatz in bestimmten Fällen billig sein (§ 95 Abs. 3 BauGB)[78].

1.2.3.3 Ausschluss wertsteigernder Veränderungen

▶ *Teil VI Rn. 644 ff.*

97 Wertsteigernde Veränderungen, die

- während einer *Veränderungssperre* (§§ 14 ff. BauGB) ohne Genehmigung der Baugenehmigungsbehörde vorgenommen worden sind und
- nach *Einleitung des Enteignungsverfahrens* ohne behördliche Anordnung oder Zustimmung der Enteignungsbehörde vorgenommen worden sind, bzw.
- nach einer *vorzeitigen Besitzeinweisung* oder der Zurückstellung eines Baugesuchs vorgenommen werden,

bleiben bei der Bemessung der Entschädigung für den Rechtsverlust nach § 95 Abs. 2 Nr. 4 und 5 BauGB unberücksichtigt. Dies betrifft insbesondere die nach Erlass einer **Veränderungssperre** nach den §§ 14 ff. BauGB sowie nach der Einleitung des Enteignungsverfahrens durch Anberaumung eines Termins nach § 108 Abs. 1 BauGB vorgenommenen Veränderungen. Nicht ausgeschlossen ist die Berücksichtigung einer Veränderung, die mit Genehmigung nach § 109 i. V. m. § 51 BauGB im Einzelfall vorgenommen wurde.

98 Als Tatbestand, der die Vorwirkung auslöst, ist somit auch der Erlass einer **Veränderungssperre** nach § 14 BBauG bzw. einer Zurückstellungsverfügung nach § 15 BBauG zu sehen, da ein ursächlicher Zusammenhang zwischen der „vorwirkenden" Maßnahme und der späteren förmlichen Enteignung besteht und hierin ein „einheitlicher Enteignungsvorgang" gesehen werden kann (vorhergehendes endgültiges Bauverbot)[79]. Voraussetzung ist, dass es dabei um den Fall einer endgültigen Vorwirkung der späteren völligen Entziehung des Eigentums und um einen endgültigen zumindest „teilweisen Entzug der aus dem Eigentum fließenden Befugnisse geht" und nicht um einen lediglich vorübergehenden und später in seinen Wirkungen wieder aufgehobenen Eingriff in die Rechte des Eigentümers[80].

99 Der **Ausschluss von Werterhöhungen** aufgrund wertsteigernder Veränderungen **betrifft nur die qualitativen Zustandsmerkmale** eines Grundstücks und nicht allgemeine konjunkturelle Änderungen.

100 Bei **vorzeitiger Besitzeinweisung** ist nach § 93 Abs. 4 Satz 2 BauGB – sofern nicht einer der vorstehenden Tatbestände maßgebend ist – der Zustand des Grundstücks in dem Zeitpunkt maßgebend, in dem diese wirksam wird, d. h. der Zeitpunkt des Besitzübergangs[81]. Dies gilt auch bei freiwilliger Besitzüberlassung[82].

---

78 BGH, Urt. vom 13.12.1962 – III ZR 164/61 –, BRS Bd. 19 Nr. 110 = EzGuG 6.67; OLG München, Urt. vom 21.6.1990 – 1 U 6509/88 –, BRS Bd. 53 Nr. 123 = EzGuG 6.254a; gleicher Ansicht: Reisnecker/Baur-Büechl. Die entschädigungsrechtliche Qualitätsbestimmung von Grundstücken, Boorberg Verlag München 1982, S. 17 Ziff. 4.2.7.
79 Zur Vorwirkung des Bauverbots vgl. § 5 ImmoWertV Rn. 218 ff.
80 BGH, Urt. vom 18.11.1982 – III ZR 24/82 –, VersR 1983, 86 = EzGuG 6.217; BGH, Urt. vom 25.9.1980 – III ZR 18/79 –, BGHZ 78, 152 = EzGuG 6.208; BGH, Urt. vom 20.3.1975 – III ZR 16/72 –, BRS Bd. 34 Nr. 104 = EzGuG 6.178; BGH, Urt. vom 27.6.1966 – III ZR 202/65 –, BRS Bd. 19 Nr. 87 = EzGuG 6.89; BGH, Urt. vom 4.6.1962 – III ZR 163/61 –, BGHZ 37, 269 = EzGuG 6.57.
81 BGH, Urt. vom 3.3.1988 – III ZR 162/85 –, NJW 1988, 2664 = BRS Bd. 53 Nr. 124 = EzGuG 6.240; BGH, Urt. vom 28.6.1971 – III ZR 139/68 –, BRS Bd. 26 Nr. 116 = EzGuG 6.140; BGH, Urt. vom 8.12.1977 – III ZR 163/75 –, BGHZ 71, 1 = EzGuG 18.82.
82 BGH, Urt. vom 23.11.1972 – III ZR 77/70 –, BRS Bd. 26 Nr. 126 = EzGuG 4.38.

1.2.3.4 Besonderheiten für städtebauliche Sanierungsgebiete und Entwicklungsbereiche

▶ *Vgl. Rn. 278, 308 ff., 396 ff.*

In förmlich festgelegten Sanierungsgebieten, für die die Anwendung der besonderen sanierungsrechtlichen Vorschriften der §§ 152 ff. BauGB in der Sanierungssatzung nach § 142 Abs. 4 BauGB nicht ausgeschlossen wurde, sowie in städtebaulichen Entwicklungsbereichen (§§ 165 ff. BauGB) ist die Reduktionsklausel des § 95 Abs. 2 BauGB ergänzt durch § 153 Abs. 1 BauGB anzuwenden. Der Ermittlung des sanierungs- bzw. entwicklungsunbeeinflussten Verkehrswerts i. S. des § 153 Abs. 1 und des § 169 Abs. 1 Nr. 6 BauGB ist danach der Zustand des Grundstücks zugrunde zu legen, den es ohne Aussicht auf die Sanierung oder Entwicklung, ihre Vorbereitung und Durchführung hatte. In der Praxis wird zur Qualifizierung des maßgeblichen Grundstückszustands zunächst der **Zeitpunkt des beginnenden Sanierungs- bzw. Entwicklungseinflusses** ermittelt, ohne dass das Gesetz dies zwingend erforderlich macht[83]. 101

Die **Anwendung des § 153 Abs. 1 BauGB wirkt dabei vom Grundsatz her unbefristet zurück,** wobei jedoch nur solche Werterhöhungen ausgeschlossen sind, die ursächlich auf die Sanierung oder Entwicklung zurückzuführen sind. Dass dabei auch Werterhöhungen unberücksichtigt bleiben, die aufgrund der Aussicht auf die Sanierung oder Entwicklung eingetreten sind, bedeutet, dass grundsätzlich auch solche Werterhöhungen außer Betracht bleiben müssen, die vor förmlicher Festlegung des Sanierungsgebiets bzw. Entwicklungsbereichs und selbst vor Beginn der vorbereitenden Untersuchungen eingetreten sind. Darüber hinaus bleiben auch die vor Inkrafttreten des StBauFG im Jahre 1971 entstandenen sanierungs- bzw. entwicklungsbedingten Werterhöhungen unter bestimmten Voraussetzungen unberücksichtigt. In Anlehnung an die Rechtsprechung zur enteignungsrechtlichen Vorwirkung ist dafür Voraussetzung, dass die vorbereitenden Planungen 102

– für eine spätere Enteignung im städtebaulichen Entwicklungsbereich ursächlich waren,

– eine hinreichende Bestimmtheit hatten und

– die förmliche Erklärung der betroffenen Flächen zum Entwicklungsbereich, die dann die Enteignung gestattet, mit Sicherheit erwarten ließen[84].

Die **Anwendung der Reduktionsklausel des § 153 Abs. 1 BauGB erstreckt sich grundsätzlich auf alle im förmlich festgelegten Sanierungsgebiet oder Entwicklungsbereich gelegenen Grundstücke** und ist *nicht* auf besondere Grundstücke wie Gemeinbedarfsflächen beschränkt. 103

Die **Ermittlung des sanierungs- oder entwicklungsunbeeinflussten Grundstückswerts** wird in unter 308 ff. behandelt[85]. 104

1.2.4 Andere Vermögensnachteile (Folgeschäden)

1.2.4.1 Allgemeines

▶ *Hierzu ein Beispiel bei Vorderlandabtretungen vgl. Teil V Rn. 666 ff.*

Nach **§ 96 Abs. 1 BauGB** (vgl. § 19 LBG, § 20 Abs. 1 WHG) ist für „andere Vermögensnachteile" eine Entschädigung vorzusehen, insbesondere für 105

„1. den vorübergehenden oder dauernden Verlust, den der bisherige Eigentümer in seiner Berufstätigkeit, seiner Erwerbstätigkeit oder in Erfüllung der ihm wesensgemäß obliegenden Aufgaben erleidet,

---

83 BGH, Urt. vom 12.1.1984 – III ZR 103/82 –, BGHZ 89, 338 = EzGuG 15.28.
84 BVerwG, Urt. vom 21.8.1981 – 4 C 16/78 –, BRS Bd. 38 Nr. 217 = EzGuG 15.18; BGH, Urt. vom 12.1.1984 – III ZR 103/82 –, BGHZ 89, 338 = EzGuG 15.28.
85 Kleiber in Ernst/Zinkahn/Bielenberg/Krautzberger, BauGB § 153 Rn. 36 ff.

VI Städtebauliche Maßnahmen — Enteignung

jedoch nur bis zu dem Betrag des Aufwands, der erforderlich ist, um ein anderes Grundstück in der gleichen Weise wie das zu enteignende Grundstück zu nutzen;

2. die Wertminderung, die durch die Enteignung eines Grundstücksteils oder eines Teils eines räumlich oder wirtschaftlich zusammenhängenden Grundbesitzes bei dem anderen Teil oder durch Enteignung des Rechts an einem Grundstück entsteht, soweit die Wertminderung nicht schon bei der Festsetzung der Entschädigung nach Nummer 1 berücksichtigt ist;

3. die notwendigen Aufwendungen für einen durch die Enteignung erforderlich werdenden Umzug."

106 Nach Abs. 2 der Vorschrift sind im Falle des § 96 Abs. 1 Nr. 2 BauGB wiederum **Werterhöhungen, die nach einer angemessenen Kaufofferte** (vgl. Rn. 48 ff.) **eingetreten sind, nicht berücksichtigungsfähig.**

107 Die Entschädigung für andere Vermögensnachteile ist Ausfluss der verfassungsrechtlich gesicherten Eigentumsgarantie (Art. 14 Abs. 3 Satz 2 GG)[86].

Es handelt sich hierbei um eine äußerst komplexe Rechtsmaterie, zumal die Berücksichtigung anderer Vermögensnachteile sowohl dem Grunde wie auch der Höhe nach einer abwägenden Wertung unterstellt ist **(Gebot der Doppelabwägung).** Nachstehend wird deshalb nur ein kurzer Überblick über allgemeine Grundsätze und die wesentlichen in Betracht kommenden Tatbestandsvarianten gegeben; im Übrigen wird auf das weiterführende Schrifttum verwiesen[87].

108 **Andere Vermögensnachteile** werden grundsätzlich **nur insoweit entschädigt,** wie sie auch entstanden wären, wenn der Betroffene alle diejenigen Maßnahmen ergriffen hätte, die **ein verständiger Eigentümer** in der gegebenen Lage **vernünftigerweise getroffen hätte**[88]. Der Konstruktion des verständigen Eigentümers muss eine überragende Bedeutung beigemessen werden.

109 Ist der zu enteignende Eigentümer eines Grundstücks zur Sicherung seiner Berufstätigkeit, seiner Erwerbstätigkeit oder zur Erfüllung der ihm wesensmäßig obliegenden Aufgaben auf Ersatzland angewiesen, so ist auf Antrag dieses Eigentümers die **Entschädigung in geeignetem Ersatzland** festzusetzen (vgl. Rn. 68). Besteht ein derartiger Anspruch nicht, so besteht i. d. R. auch kein Anspruch auf Entschädigung für die Wiederbeschaffungskosten (vgl. § 100 Abs. 9 BauGB)[89].

110 Nicht entschädigungsfähig ist die **Einkommensteuer,** die insbesondere bei Aufdeckung stiller Reserven infolge der Enteignung anfällt, da auch diesbezüglich die Enteignungsentschädigung nicht auf die Wiederbeschaffung eines gleichartigen Gegenstands angelegt ist. Das Gleiche gilt für die **Kirchensteuer.** Des Weiteren sind *Erschließungskosten und Baukosten für Ersatzbauten* nicht entschädigungsfähig, da diese bereits mit der Substanzentschädigung abgegolten sind[90]. Entsprechendes gilt schließlich auch für zwischenzeitlich gestiegene Baupreise *(Baumehrkosten)*[91], für anfallende *Fremdkapitalkosten*[92] sowie für Ausgleichszahlungen nach § 13 der Höfeordnung[93].

---

86 BGH, Urt. vom 30.9.1976 – III ZR 149/75 –, BGHZ 67, 190 = EzGuG 20.64.
87 Runkel in Ernst/Zinkahn/Bielenberg/Krautzberger, BauGB Komm. zu § 96; Reisnecker in Kohlhammer Komm., BauGB § 96; Nüßgens/Boujong, Eigentum, Sozialbindung, Enteignung, München 1987; Aust/Jacobs, Die Enteignungsentschädigung, 2. Aufl. 1984; Gelzer/Busse, Der Umfang des Enteignungsentschädigungsanspruchs aus Enteignung und enteignungsgleichem Eingriff, 2. Aufl. 1980; Krohn/Löwisch, Eigentumsgarantie.
88 BGH, Urt. vom 13.11.1975 – III ZR 162/72 –, BGHZ 65, 253 = EzGuG 6.182.
89 BGH, Urt. vom 26.5.1977 – III ZR 93/75 –, BRS Bd. 34 Nr. 145 = EzGuG 6.193; BGH, Urt. vom 26.5.1977 – III ZR 109/75 –; BGH, Urt. vom 24.1.1966 – III ZR 15/65 –, BRS Bd. 19 Nr. 144 = EzGuG 6.85; BGH, Urt. vom 6.12.1965 – III ZR 172/64 –, BRS Bd. 19 Nr. 130 = EzGuG 6.83; BGH, Urt. vom 12.3.1964 – III ZR 209/62 –, BGHZ 41, 354 = EzGuG 6.74.
90 BGH, Urt. vom 6.12.1965 – III ZR 172/64 –, BRS Bd. 19 Nr. 130 = EzGuG 6.83.
91 BGH, Urt. vom 31.1.1972 – III ZR 133/69 –, BRS Bd. 26 Nr. 115 = EzGuG 6.147; BGH, Urt. vom 18.6.1970 – III ZR 15/67 –, BRS Bd. 26 Nr. 8 = EzGuG 6.127; BGH, Urt. vom 20.11.1967 – III ZR 161/65 –, BRS Bd. 19 Nr. 137 = EzGuG 6.110.
92 BGH, Urt. vom 4.5.1972 – III ZR 111/70 –, WM 1972, 890.
93 BGH, Urt. vom 14.12.1970 – III ZR 102/70 –, BGHZ 55, 82 = EzGuG 6.131.

Folgende Entschädigungsansprüche kommen in Betracht:

a) Die Entschädigung für einen **vorübergehenden oder dauernden Erwerbsverlust** i. S. d. § 96 Abs. 1 Nr. 1 BauGB, die sich

– im ersten Fall nach dem entgangenen Gewinn ohne Berücksichtigung von hypothetischen Zuwachsraten[94] und begrenzt auf den sich aus § 96 Abs. 1 Nr. 1 BauGB ergebenden Betrag (Obergrenze vgl. Rn. 75) ergibt, und

– im zweiten Fall nach dem Betriebswert bemisst[95]; der Wertermittlungsstichtag bestimmt sich dabei nach § 93 Abs. 4 und § 95 Abs. 1 Satz 2 BauGB.

Dabei besteht – wie erläutert – **kein Anspruch auf Ersatz des entgangenen Gewinns,** den der Betroffene in aller Zukunft möglicherweise aus dem Grundstück hätte ziehen können. Des Weiteren ist bei der Entschädigung für Folgeschäden zu berücksichtigen, dass die Nutzung des dem Eigentümer für den Rechtsverlust zugeflossenen Entschädigungskapitals Erträge einbringt und möglicherweise sogar höhere Erträge, als das enteignete Grundstück bisher erbracht hatte. Der BGH[96] hat hierzu ausgeführt: „Bei der Gegenüberstellung wird der Ertrag der Kapitalnutzung ebenso ‚abstrakt' zu berechnen sein wie der in § 96 Abs. 1 Nr. 1 BBauG/*BauGB* gedachte Aufwand[97], nämlich danach, wie verständlicherweise ein derartiges Kapital sachgerecht genutzt wird, d. h., man wird von einem angemessenen Zinsertrag des Entschädigungskapitals auszugehen haben ohne Rücksicht darauf, wie der Betroffene das Kapital tatsächlich genutzt hat. ... Ferner wird in Rücksicht zu ziehen sein, dass der Kläger bei einer Betriebsfortführung seine Arbeitskraft anderweitig verwenden kann. Dieser Umstand könnte nur insoweit außer Betracht bleiben, als dem Eigentümer eine anderweitige Verwendung seiner Arbeitskraft nicht möglich oder nicht zuzumuten wäre[98]."

b) Die Entschädigung für die **Herrichtung eines Ersatzgrundstücks,** soweit dies zu einer mit dem enteigneten Grundstück vergleichbaren Nutzung erforderlich ist. Dabei kommt es auf den Aufwand an, der einem verständigen und vernünftigen Eigentümer[99] entsteht, z. B. um ein Ersatzgrundstück „in gleicher Weise mit Wasserleitungen, Kraft- und Lichtanlagen sowie einer Einfriedung zu versehen, wie die früheren Grundstücke sie aufgewiesen haben. Diese – fiktiven – Einrichtungskosten sind alsdann um die Beiträge, die bereits im Rahmen der Entschädigung für den Rechtsverlust gemäß § 95 BBauG/*BauGB* Berücksichtigung gefunden haben, zu kürzen. Insbesondere ist aber auch ... ein **Abzug „neu für alt"** zu machen, weil andernfalls der Betroffene über seinen tatsächlichen Verlust hinaus eine Entschädigung erlangen würde" (vgl. Rn. 48).

c) Die Entschädigung für die **Kosten einer Verlagerung, soweit sie bei vernünftiger wirtschaftlicher Betrachtungsweise erforderlich sind.** Die fiktiven Verlagerungskosten sind zugleich **Obergrenze** für die Entschädigung von Erwerbsverlusten[100].

Sofern eine Verlagerung nicht erforderlich wird, müssen im Ergebnis die **fiktiven Verlagerungskosten** mit den Erwerbsverlusten verglichen werden, weil nach der durch § 96 Abs. 1 Nr. 1 BauGB normierten Obergrenze nur auf den niedrigeren Betrag ein Entschädi-

---

94 BGH, Urt. vom 14.7.1975 – III ZR 141/72 –, BRS Bd. 34 Nr. 147 = EzGuG 6.181; BGH, Urt. vom 26.6.1972 – III ZR 203/68 –, BRS Bd. 26 Nr. 85 = EzGuG 6.155; BGH, Urt. vom 10.1.1972 – III ZR 139/70 –, BRS Bd. 26 Nr. 90 = EzGuG 6.144a; BGH, Urt. vom 20.12.1971 – III ZR 79/69 –, BGHZ 57, 359 = EzGuG 13.19; BGH, Urt. vom 29.4.1968 – III ZR 160/67 –, WM 1968, 975 = EzGuG 6.115; BGH, Urt. vom 6.12.1965 – III ZR 172/64 –, BRS Bd. 19 Nr. 130 = EzGuG 6.83; BGH, Urt. vom 16.3.1959 – III ZR 5/58 –, DWW 1959, 115 = EzGuG 6.42.
95 BGH, Urt. vom 20.12.1971 – III ZR 79/69 –, BGHZ 57, 359 = EzGuG 13.91; BGH, Urt. vom 27.4.1964 – III ZR 136/63 –, BRS Bd. 19 Nr. 131 = EzGuG 6.75.
96 BGH, Urt. vom 8.2.1971 – III ZR 65/70 –, BGHZ 55, 294 = EzGuG 6.133.
97 Vgl. BGH, Urt. vom 8.4.1965 – III ZR 60/64 –, BGHZ 43, 300 = EzGuG 6.80; BGH, Urt. vom 6.12.1965 – III ZR 172/64 –, BRS Bd. 19 Nr. 130 = EzGuG 6.83.
98 Vgl. dazu BGH, Urt. vom 27.4.1964 – III ZR 136/63 –, BRS Bd. 19 Nr. 131 = EzGuG 6.75; auch BGH, Urt. vom 6.12.1965 – III ZR 172/64 –, BRS Bd. 19 Nr. 130 = EzGuG 6.83.
99 BGH, Urt. vom 8.4.1965 – III ZR 60/64 –, BGHZ 43, 300 = EzGuG 6.80; BGH, Urt. vom 6.12.1965 – III ZR 172/64 –, BRS Bd. 19 Nr. 130 = EzGuG 6.83.
100 BGH, Urt. vom 8.2.1971 – III ZR 65/70 –, BRS Bd. 26 Nr. 113 = BauR 1971, 116 = EzGuG 6.133.

VI Städtebauliche Maßnahmen — Enteignung

gungsanspruch besteht. Verlagerungskosten können indessen nicht gewährt werden, wenn ein Betrieb über längere Zeit hinweg seine Kosten nicht erwirtschaftet hat und dies auf absehbare Zeit nicht erwartet werden kann; es verbleibt dann bei der Entschädigung für den Rechtsverlust.

113 Zu den **Verlagerungskosten** gehören

- Reisekosten aus Anlass der Verlagerung[101];

- Verdienstausfälle[102], Stillstandszeiten, Betriebsunterbrechungszeiten, Umsatzausfallvolumen (2,5 % des Jahresumsatzes);

- Gutachten- und Rechtsanwaltkosten[103] sind nunmehr nach Maßgabe des § 121 BauGB zu erstatten; nach bisheriger Rechtsprechung (bis zur BBauG-Novelle 1976) waren sie generell erstattungsfähig;

- Anlaufkosten[104] für Gewinnausfall, Verlust des Kundenkreises, Minderung des Firmenwerts, Inseratkosten; zusätzliche Werbekosten am neuen Standort;

- Umsatzsteuern, die durch die Zahlung der Enteignungsentschädigung entstehen[105];

- Umbaukosten können bei Betriebsverlagerungen erstattungsfähig sein[106].

114 d) Die notwendigen Aufwendungen für einen **durch die Enteignung erforderlich werdenden Umzug** umfassen

- Transportkosten,
- Lagerkosten,
- Transportversicherung (0,2 % des umsetzungsfähigen Inventars),
- Beschädigungsrisiko,
- Kosten der Suche nach Ersatz,
- Kosten der Anpassung von Einrichtungen.

115 Eine hoheitliche Einwirkung auf ein **betrieblich genutztes Grundstück** stellt nach gefestigter Rechtsprechung erst dann einen enteignungsrechtlich relevanten Eingriff in den Gewerbebetrieb dar, wenn das Grundstück in die Betriebsorganisation einbezogen ist; d. h., nur der „eingerichtete und ausgeübte Gewerbebetrieb" genießt den Schutz des Art. 14 Abs. 1 Satz 1 GG[107]. Auch insoweit folgt aus dem Verbot der Doppelentschädigung, dass Erwerbsverluste nach § 96 BauGB nur zu entschädigen sind, wenn sie nicht bereits im Rahmen der Entschädi-

---

101 BGH, Urt. vom 20.11.1967 – III ZR 161/65 –, BRS Bd. 19 Nr. 137 = EzGuG 6.110; BGH, Urt. vom 27.4.1964 – III ZR 136/63 –, BRS Bd. 19 Nr. 131 = EzGuG 6.75; BGH, Urt. vom 27.6.1963 – III ZR 228/61 –, BRS Bd. 19 Nr. 141 = EzGuG 6.71; BGH, Urt. vom 6.12.1965 – III ZR 172/64 –, BRS Bd. 19 Nr. 130 = EzGuG 6.83; BFH, Urt. vom 17.10.1990 – II R 58/88 =, BFHE 162, 482 = BStBl II 1991, 146 = DB 1991, 228.
102 BGH, Urt. vom 20.11.1967 – III ZR 161/65 –, BRS Bd. 19 Nr. 137 = EzGuG 6.110a; BGH, Urt. vom 27.4.1964 – III ZR 136/63 –, BRS Bd. 19 Nr. 131 = EzGuG 6.75; BGH, Urt. vom 27.6.1963 – III ZR 228/61 –, BRS Bd. 19 Nr. 141 = EzGuG 6.71; BGH, Urt. vom 6.12.1965 – III ZR 172/64 –, BRS Bd. 19 Nr. 130 = EzGuG 6.83.
103 BGH, Urt. vom 19.9.1974 – III ZR 12/73 –, BGHZ 63, 81 = EzGuG 6.170; BGH, Urt. vom 14.2.1974 – III ZR 12/72 –, BRS Bd. 34 Nr. 177 = EzGuG 6.165; BGH, Urt. vom 27.5.1971 – III ZR 154/70 –, BGHZ 56, 221 = EzGuG 6.139; BGH, Urt. vom 27.9.1973 – III ZR 131/71 –, BRS Bd. 26 Nr. 56 = EzGuG 8.34a; BGH, Urt. vom 29./31.10.1968 – III ZR 183/67 –, WM 1969, 101 = EzGuG 6.115b; BGH, Urt. vom 6.12.1965 – III ZR 172/64 –, BRS Bd. 19 Nr. 130 = EzGuG 6.83; BGH, Urt. vom 8.4.1965 – III ZR 60/64 –, BGHZ 43, 300 = EzGuG 6.80; OLG Hamm, Urt. vom 4.3.1971 – 10 U 60/70 –, DWW 1971, 164 = EzGuG 6.136.
104 BGH, Urt. vom 8.2.1971 – III ZR 65/70 –, BRS Bd. 26 Nr. 113 = BauR 1971, 116 = BGHZ 55, 294 = EzGuG 6.133; BGH, Urt. vom 27.4.1964 – III ZR 136/63 –, BRS Bd. 19 Nr. 131 = EzGuG 6.75; BGH, Urt. vom 20.11.1967 – III ZR 161/65 –, BRS Bd. 19 Nr. 137 = EzGuG 6.110.
105 BGH, Urt. vom 13.11.1975 – III ZR 162/72 –, BGHZ 65, 243 = EzGuG 6.184.
106 BGH, Urt. vom 6.12.1965 – III ZR 172/64 –, BRS Bd. 19 Nr. 130 = EzGuG 6.83.
107 BGH, Urt. vom 18.9.1986 – III ZR 83/85 –, BGHZ 98, 341 = EzGuG 4.111 (Denkmalschutz); zur Bemessung der Enteignungsentschädigung für ein Grundstück, dessen Wert auch durch seine wirtschaftliche Bedeutung für benachbarte Betriebsstätten mitbestimmt wird, vgl. BGH, Urt. vom 31.1.1972 – III ZR 133/69 –, BRS Bd. 26 Nr. 115 = EzGuG 18.57.

gung für den Rechtsverlust mitberücksichtigt wurden[108]. Es ist aber eine Erfahrungssache, dass gewerbliche Unternehmen vielfach einen „inneren Wert" haben, der sich darin äußert, dass der Erwerber eines solchen Unternehmens bereit ist, einen höheren Kaufpreis zu zahlen, als es dem reinen Sachwert entspricht[109]. Dies kann z. B. darin seine Ursache haben, dass ein Grundstück nach seiner Lage, Beschaffenheit, Einrichtung und Bebauung „auf Dauer" für einen bestimmten Gewerbebetrieb besonders geeignet ist. In diesem Fall ist nach der Rechtsprechung des BGH[110] bei der sich nach dem Verkehrswert bemessenden Entschädigung für den Rechtsverlust von einem Kaufpreis auszugehen, der für die Beschaffung eines gleichartig gelegenen und eingerichteten Grundstücks erforderlich wäre oder den ein Kaufbewerber, der ebenfalls einen solchen Betrieb betreiben wollte, dafür aufwenden würde.

Etwas anderes gilt, wenn auf einem Grundstück ohne besondere Vorzüge ein **Gewerbe** ausgeübt wird, **das ohne wesentliche Unterschiede auch an anderen vergleichbaren Orten fortgesetzt** oder durch andere gewerbliche Nutzungen ersetzt **werden kann**. In diesem Fall ist der Gewerbebetrieb nur „äußerlich" mit dem Grundstück verbunden[111]. **116**

Beispiel: **117**

Zusammenfassung der Folgekosten

1. Aufwendungen und Kosten bei der Suche und Auswahl eines geeigneten neuen Betriebsgrundstücks	150 000 €
2. Verluste in der technischen und kaufmännischen Betriebseinrichtung infolge Nichtverwendbarkeit eines Teils an dem neuen Standort	47 485 790 €
3. Demontage-, Transport- und Remontagekosten der verlagerungsfähigen Betriebs- und Geschäftseinrichtung, Verlagerungskosten des Warenbestands sowie Kosten der Umzugsplanung	574 812 €
4. Durch die Verlagerung bedingte Verluste im Vorrätebestand	40 000 €
5. Betriebsunterbrechungsschaden – entgehender Gewinn und fortlaufende ungedeckte Bereitschaftskosten – infolge Betriebsstillstands während der Verlagerung	216 389 €
6. Wiederanlaufschwierigkeiten am neuen Standort und Auswirkungen der Verlagerung und der Betriebsunterbrechung auf den Firmenwert	365 800 €
7. Zusätzliche Werbekosten am neuen Standort	20 000 €
	48 852 791 €
Gesamtbetrag aller Folgekosten	**48 850 000 €**

1.2.4.2 Landwirtschaftliche Flächen

▶ *Vgl. § 5 ImmoWertV Rn. 20 ff.*

Für den **Entzug landwirtschaftlicher Flächen** sehen Nr. 4.2 und 4.3 LandR besondere Hinweise zur Berücksichtigung des Ernteausfalls und von Vorratsdüngungen sowie zur Entschädigung von Inventar vor, die nachfolgend abgedruckt sind: **118**

„**4.2 Ernteausfall und Vorratsdüngung** **119**

4.2.1 Ernteausfall

Für eine entzogene Fläche ist ggf. entweder eine Entschädigung für Aufwuchs oder für den variablen Bestellungsaufwand zuzüglich Deckungsbeitragsverlust im laufenden Wirtschaftsjahr zu vergüten. Bei den Ermittlungen ist immer vom Rohertrag der entzogenen Fläche auszugehen. Lassen Stand und Ent-

---

[108] BGH, Urt. vom 19.9.1966 – III ZR 216/63 –, BRS Bd. 19 Nr. 136 = EzGuG 6.92; BGH, Urt. vom 29.5.1967 – III ZR 143/66 –, BGHZ 48, 58 = EzGuG 18.34.
[109] BGH, Urt. vom 23.11.1977 – IV ZR 131/76 –, BGHZ 70, 224 = EzGuG 20.69; BGH, Urt. vom 9.3.1977 – IV ZR 166/75 –, BGHZ 68, 163 = EzGuG 20.66.
[110] BGH, Urt. vom 16.12.1974 – III ZR 39/72 –, BRS Bd. 34 Nr. 144 = EzGuG 19.26; BGH, Urt. vom 26.5.1977 – III ZR 93/75 –, BRS Bd. 34 Nr. 145 = EzGuG 6.193; BGH, Urt. vom 13.7.1978 – III ZR 112/75 –, BRS Bd. 34 Nr. 80 = EzGuG 6.200.
[111] BGH, Urt. vom 27.4.1964 – III ZR 136/63 –, BRS Bd. 19 Nr. 131 = EzGuG 6.75.

wicklung der aufstehenden Früchte den Ernteertrag dieser Fläche vorausschätzen, so ist die zu erwartende Ernte als Rohertrag anzusehen. Kann dagegen der tatsächliche Ertrag der auf dieser Fläche angebauten Früchte nicht abgeschätzt werden, so ist als Rohertrag der auf der Fläche nachhaltig erzielbare Durchschnittsertrag anzusetzen. Bei landwirtschaftlich nicht genutzten Flächen kommt eine Entschädigung nicht in Betracht.

Von dem Rohertrag sind jeweils die ersparten Aufwendungen (Bestellungs-, Pflege-, Ernteberugungs- und Verwertungskosten) sowie der Betrag einer angemessenen Verzinsung aus der Kapitalanlage des Verkehrswerts der Fläche für die Zeit von der Auszahlung bis zu der zu erwartenden Ernte abzusetzen. Der sich aus Nummer 4.1.4 (LandR) ergebende Zinssatz ist anzuwenden.

Die Entschädigung für den Ernteausfall stellt einen Ausgleich für die entgangene Nutzung der in Anspruch genommenen Fläche dar. Um Doppelentschädigungen zu vermeiden, ist sie daher auf die etwa vereinbarten oder von der Enteignungsbehörde festgesetzten Zinsen oder eine für die gleiche Zeit gezahlte Besitzeinweisungs- oder Nutzungsentschädigung anzurechnen.

4.2.2 Vorratsdüngung

Ist kurz vor dem Entzug einer Fläche eine Vorratsdüngung gegeben worden, so sind die über eine normale Düngung hinausgehenden Mehrkosten zu erstatten.

4.3 Inventar

Die Übernahme des lebenden oder toten Inventars kommt in der Regel nicht in Betracht. Beim Entzug von Betrieben ist die Differenz zwischen Verkehrswert und Veräußerungserlös des Inventars zu entschädigen.

Etwaige Nachteile wegen Inventarüberhangs, die beim Entzug von Teilflächen entstehen, werden in der Regel bei der Restbetriebsbelastung erfasst."

1.2.4.3 Wertminderung des Restgrundstücks (Resthofschaden)

▶ Vgl. Rn. 183 ff., 613 ff. sowie § 5 ImmoWertV Rn. 133 ff.; § 8 ImmoWertV Rn. 139; § 14 ImmoWertV Rn. 101; Syst. Darst. des Vergleichswertverfahrens Rn. 308 sowie Teil VIII Rn. 540

120 Grundsätzlich stellt bei einem landwirtschaftlichen Betrieb die Entschädigung für den Rechtsverlust die Mindestentschädigung dar, soweit nicht der Gesetzgeber eine unter dem vollen Ersatz liegende Entschädigung bestimmt hat[112]. **Nachteile für das Restgrundstück** infolge des Wegfalls von Teilflächen als Betriebsbestandteile sind Ausdruck einer Substanzminderung des landwirtschaftlichen Betriebs und als Folgeschaden zu entschädigen[113].

121 Der Entzug einer Teilfläche, sei es im Wege einer Enteignung oder durch freihändige Veräußerung, kann zu einer Wertminderung des Restgrundstücks führen. Dies ist insbesondere bei gewerblichen Betrieben zu beachten, wenn in eine wirtschaftliche Einheit[114] eingegriffen wird. Im Falle einer Enteignung sind solche Wertminderungen als Folgeschaden nach § 96 Abs. 1 Satz 2 Nr. 1 und 2 BauGB zu entschädigen. Im Einzelnen geht es dabei nicht nur um Wertminderungen des Restgrundstücks, sondern ganz allgemein um **Nebenschäden**.

---

[112] BVerfG, Beschl. vom 18.12.1968 – 1 BvR 673/64 –, BVerfGE 24, 367 = EzGuG 6.117; BGH, Urt. vom 28.9.1972 – III ZR 44/70 –, BGHZ 59, 250 = EzGuG 14.47.

[113] BGH, Urt. vom 30.9.1976 – III ZR 149/75 –, BGHZ 67, 190 = EzGuG 20.64; BGH, Urt. vom 3.5.1979 – III ZR 114/77 –, BRS Bd. 34 Nr. 130 = EzGuG 8.54; OLG München, Urt. vom 18.5.1977 – RReg 2 Z 108/76 –, BayObLGZ 77, 134 = BayVBl. 1977, 574 = EzGuG 8.51.

[114] Zum Begriff: BFH, vom 12.12.1973 – I R 163/69 –, BStBl II 1974, 188 = EzGuG 3.42; BGH, Urt. vom 7.5.1981 – III ZR 67/80 –, BGHZ 80, 360 = EzGuG 18.91; BFH, Urt. vom 23.1.1985 – II R 35/82 –, BFHE 143, 152 = EzGuG 3.69; BFH, Urt. vom 1.8.1990 – II R 46/88 –, GuG 1991, 98 = EzGuG 3.86; BFH, Urt. vom 13.11.1981 – III R 69/80 –, BFHE 134, 569 = EzGuG 7.84; VGH München, Urt. vom 11.1.1985 – 23 B 83 A 1017 –, NVwZ 1987, 348 = EzGuG 9.54; BFH, Urt. vom 10.12.1968 – II B 24/68 –, BFHE 94, 291 = EzGuG 12.8h; BFH, Urt. vom 24.7.1991 – II R 81/88 –, BFHE 165, 294 = EzGuG 14.102; BFH, Urt. vom 12.7.1968 – III 181/64 –, NJW 1973, 509 = EzGuG 20.53b; BGH, Urt. vom 17.1.1973 – IV ZR 142/70 –, EzGuG 20.53a; BFH, Urt. vom 16.11.1979 – III R 76/77 –, BStBl II 1980, 87 = EzGuG 20.81b; BFH, Urt. vom 14.11.1990 – II R 126/87 –, BStBl I 1991, 556 = EzGuG 20.134; BFH, Urt. vom 1.4.1987 – II R 79/86 –, BFHE 150, 274 = BStBl II 1987, 840 = EzGuG 12.46.

Als **Nebenschäden** kommen in Betracht 122

- An-, Durch- und Zerschneidungsschäden (vgl. *Rn. 135 ff.*),
- Um- bzw. Mehrwegeschäden,
- Trennungsschäden,
- Arrondierungsschäden sowie
- Restbetriebsbelastungen.

Die genannten Schäden stehen mehr oder minder in Beziehung zueinander und lassen sich 123
oftmals schwerlich voneinander auseinanderhalten. Dies ist i. d. R. auch gar nicht erforderlich. Eine besondere Schadensgruppe bildet lediglich der sog. Resthofschaden.

Ein **Resthofschaden** liegt vor, wenn sich trotz Verkleinerung des Betriebs und der dadurch 124
eingetretenen Ertragsminderung die Betriebsaufwendungen nicht verringern[115]. Der Resthofschaden wird auch *Restbetriebsbelastung* genannt.

Gegenstand der **Aufwendungen, die auf eine abgetretene Teilfläche entfallen** und vom 125
Restbetrieb mitgetragen werden müssen, sind u. a. die Kosten für einen Personalüberhang, Wirtschaftsgebäude und Betriebsmittel.

Zur Ermittlung der Restbetriebsbelastung wird nach Nr. 4.1.1 LandR vom sogenannten 126
Deckungsbeitrag ausgegangen:

„Der Deckungsbeitrag ergibt sich, wenn vom Rohertrag eines Wirtschaftsjahrs je Flächeneinheit alle sofort, d. h. indem der Inanspruchnahme nachfolgenden Wirtschaftsjahr, einsparbaren Aufwendungen abgezogen werden. Er dient bis zum Entzug der Teilfläche zur Deckung der festen Kosten und als Einkommen für den Betriebsinhaber (Roheinkommen). Die auf die Entzugsfläche entfallenden festen Kosten sind nach dem Entzug der Teilfläche vom Restbetrieb mitzutragen, daher Restbetriebsbelastung/Überhangkosten. Infolge des Entzugs einer Teilfläche eines Betriebs verliert der Betroffene den auf die Entzugsfläche entfallenden Deckungsbeitrag.

4.1.2 Bei der Ermittlung des Deckungsbeitragsverlustes der betroffenen Fläche sind unter Berücksichtigung der Schadensminderungspflicht die Fruchtart (Nutzungsart) oder Fruchtarten zugrunde zu legen, die nach dem Entzug entfallen oder eingeschränkt werden können.

Kosten, die im Falle einer notwendigen Umstellung des Anbau- oder Kulturartenverhältnisses entstehen, können insoweit zusätzlich entschädigt werden, als diese nicht bereits durch den entgangenen Deckungsbeitrag erfasst sind.

4.1.3 Soweit für die Ermittlung des Deckungsbeitrags der Verlustfläche keine betriebseigenen Unterlagen zur Verfügung stehen, können hilfsweise vor allem die von den obersten Landwirtschaftsbehörden der Länder oder Landwirtschaftskammern bekannt gegebenen Richtwerte herangezogen werden. Diese sind erforderlichenfalls den Ertragsverhältnissen der betroffenen Fläche anzupassen und in den Fällen zu kürzen, in denen Arbeitskräfte und Maschinen überzählig werden.

4.1.4 Eine Entschädigung für den entgangenen Deckungsbeitrag ist dann zu leisten, wenn der Deckungsbeitragsverlust den Betrag einer angemessenen Verzinsung aus der Kapitalanlage des Grundstücksverkehrswerts übersteigt. In diesen Fällen ist der verbleibende jährliche Deckungsbeitragsverlust entsprechend der mutmaßlichen Schadensdauer zu kapitalisieren. Bei der Ermittlung der Schadensdauer ist die Pflicht des Betroffenen zu berücksichtigen, die entsprechenden Nachteile durch betriebliche Umstellungsmaßnahmen oder durch Zukäufe/Zupacht von Ersatzflächen zu mindern (vgl. Nr. 1.2.5 LandR).

Der anzuwendende Zinssatz beträgt in der Regel 4 v. H. Er ist abhängig von der voraussichtlichen Schadensdauer. Bei der Anrechnung der Verzinsung aus der Kapitalanlage des Grundstücksverkehrswerts auf den Deckungsbeitragsverlust und bei der Kapitalisierung des verbleibenden Deckungsbeitragsverlustes ist jeweils der gleiche Zinssatz anzuwenden.

4.1.5 Beim Entzug von Betrieben beschränkt sich die Entschädigung für den Erwerbsverlust auf die Kosten und Nachteile, die entstehen würden, wenn der Betrieb verlegt würde."

---

115 BGH, Urt. vom 30.9.1976 – III ZR 149/75 –, BGHZ 67, 190 = EzGuG 20.64; OLG Köln, Urt. vom 7.12.1981 – 7 U 76/81 –; OLG Düsseldorf, Urt. vom 16.6.1977 – 18 U 35/77 –, AgrarR 1977, 270 = NJW 1978, 211 = EzGuG 6.193a.

VI Städtebauliche Maßnahmen — Enteignung

127 Der von der Teilabtretung betroffene Eigentümer ist demnach im Rahmen seiner **Schadensminderungspflicht** gehalten, Restbetriebsbelastungen möglichst gering zu halten. Infolgedessen sind Restbetriebsbelastungen nicht anzusetzen, soweit die Ersatzlandbeschaffung zu zumutbaren Bedingungen möglich ist, Ersatzland gestellt bzw. zugeteilt wird. Soweit aufgrund des Ersatzlandes längere Wege im Verhältnis zu der abgetretenen Fläche in Kauf genommen werden müssen, ist dies zu berücksichtigen.

128 Nach Nr. 8.2.3 WaldR ist eine **Restbetriebsbelastung** auch dann **nicht anzusetzen, wenn, soweit und sobald die Beeinträchtigung durch betriebliche Umstellung behoben werden kann**, z. B. durch anderweitige Verwendung oder Veräußerung eines Überbestandes an Gebäuden oder Betriebsmitteln, durch Intensivierung der Wirtschaft auf der Restfläche, durch andere Verwendung, Umschulung oder Entlassung nicht mehr benötigten Personals. Die Anwendung der dort aufgestellten Grundsätze ist nicht auf forstwirtschaftliche Betriebe beschränkt. Es heißt dort weiter: „Ist die Umstellung wirtschaftlich sinnvoll, so ist die Belastung entsprechend den Kosten der erforderlichen Maßnahmen festzustellen. Kann die Beeinträchtigung durch Umstellungsmaßnahmen nicht oder nicht vollständig behoben werden, so ist festzustellen, welche Mehrkosten den Restbetrieb bei wirtschaftlicher Betriebsführung jährlich belasten. Soweit die Mehrkosten innerhalb eines bestimmten Zeitraums einsparbar sind, ist die Belastung nach der Dauer des Anfalls der Mehrkosten unter Anwendung eines Zinssatzes von 4 % *(mithilfe des sich auch aus der Vervielfältigertabelle ergebenden Vervielfältigers)* zu ermitteln. Die Vermögensnachteile, die durch die nicht einsparbaren – zeitlich nicht begrenzten – Mehrkosten bedingt sind, sind unter Anwendung eines Kapitalisierungsfaktors von 25 festzustellen. Auf die Restbetriebsbelastung ist der Zinsertrag aus der Nutzung der Entschädigung für den Verkehrswert der Waldflächen anzurechnen. Der anzuwendende Zinssatz beträgt 4 %."

129 Unter dem Grundsatz des **Verbots der Doppelentschädigung** sind Nebenschäden nur insoweit zu entschädigen, wie sie nicht bereits mit der Entschädigung für den Rechtsverlust erfasst sind. Ein Verstoß gegen das Verbot der Doppelentschädigung kann sich ferner leicht einschleichen, wenn die genannten Nebenschäden jeweils für sich eigenständig ermittelt und saldiert werden, denn diese stehen oftmals in enger Beziehung zueinander. So wird z. B. ein Arrondierungsschaden in aller Regel nach denselben Grundsätzen wie ein Umwegeschaden ermittelt.

130 Die im Rahmen der Teilenteignung landwirtschaftlicher Grundstücke entwickelten **Entschädigungsgrundsätze können** im Übrigen **auf nicht landwirtschaftlich genutzte Grundstücke übertragen** werden[116].

131 Des Weiteren sind solche **Schäden** auch **nur insoweit zu entschädigen, wie die Beeinträchtigung den Eigentümer in seiner gefestigten Rechtsposition trifft**[117]. Ein Entschädigungsanspruch besteht auch nur, wenn der Eigentümer nach Umfang und Inhalt seiner Rechtsposition die Möglichkeit hatte, die aufgrund der Inanspruchnahme der Teilfläche entstehenden Auswirkungen kraft seiner Rechtsposition zu verhindern oder zu bekämpfen, ohne dass ihm eine entschädigungslose Duldungspflicht nach § 906 BGB entgegengehalten werden könnte[118].

132 Grundsätzlich kann zur Ermittlung des Resthofschadens das **Differenzwertverfahren** zur Anwendung kommen (vgl. § 8 ImmoWertV Rn. 139 ff.)[119]. Bei Anwendung dieses Verfahrens ist der Wert des Grundstücks vor und nach Inanspruchnahme der Teilfläche gegenüberzustellen. Das Verfahren setzt voraus, dass genügend und hinreichend sicher erfassbare Betriebsdaten in marktüblicher Höhe zur Verfügung stehen (vgl. Nr. 3.7 LandR).

---

116 BGH, Urt. vom 28.10.1982 – III ZR 48/81 –, BRS Bd. 45 Nr. 138 = EzGuG 18.92; BGH, Urt. vom 28.10.1982 – III ZR 71/81 –, BRS Bd. 45 Nr. 73 = EzGuG 13.58; BGH, Urt. vom 18.9.1986 – III ZR 83/85 –, BGHZ 98, 341 = EzGuG 4.111.
117 BGH, Urt. vom 28.1.1975 – III ZR 11/72 –, BGHZ 62, 96 = EzGuG 8.42.
118 BGH, Urt. vom 6.3.1986 – III ZR 146/84 –, BRS Bd. 45 Nr. 131 = EzGuG 13.76; BGH, Urt. vom 14.7.1977 – III ZR 41/75 –, BRS Bd. 34 Nr. 138 = EzGuG 18.77.
119 BGH, Urt. vom 25.6.1981 – III ZR 12/80 –, BRS Bd. 45 Nr. 122 = EzGuG 4.77.

Des Weiteren lässt sich die Wertminderung im Wege der **Kapitalisierung eines Gewinnverlustes** ermitteln. So trifft z. B. der **Verlust von Parkplatzflächen,** die für den Betrieb eines Supermarktes, einer Gaststätte oder einer ähnlichen Betriebsstätte notwendig sind, den Eigentümer in einer durch Art. 14 GG geschützten Rechtsposition. Die Wertminderung kann in solchen Fällen sachgerecht durch Kapitalisierung der Gewinnverluste ermittelt werden. Diese Gewinnverluste lassen sich auf der Grundlage der Umsatzeinbußen ermitteln.

133

Ein (voller) Ausgleich in Höhe des kapitalisierten Gewinnverlustes würde den Betroffenen allerdings so stellen, als wenn die enteignete Fläche ihm weiterhin diente. Deshalb sind **Erträge aus der Kapitalnutzung der Entschädigung für den Rechtsverlust** (Verkehrswert der in Anspruch genommenen Teilfläche) **gegenzurechnen**[120].

134

1.2.4.5 An-, Durch- und Zerschneidungsschaden

▶ *Vgl. Rn. 140*

Eine **entschädigungspflichtige Wertminderung für die Zerschneidung eines gewerblichen Grundstücks** liegt nur dann vor, wenn

135

– eine für das ursprüngliche Grundstück zulässige und der Sache nach vernünftige Nutzungsmöglichkeit durch die Zerschneidung für die Restfläche nur noch eingeschränkt oder gar nicht mehr gegeben ist,

– der gesunde Grundstücksverkehr (gewöhnlicher Geschäftsverkehr) dem auch Rechnung trägt (die Bemessung dieser Entschädigung muss sich demnach an einem „allgemeinen gewerblichen Betrieb" ohne Beziehung zu einem bestimmten Betrieb ausrichten[121]) und

– die Wertminderung spürbar ist[122].

Zur Ermittlung von An-, Durch- und Zerschneidungsschäden[123] ist nach Nr. 3.2 LandR von den **auf der Restfläche entstehenden Mehrkosten und Mindererträgen** auszugehen. Des Weiteren wird in den LandR hierzu ausgeführt:

136

„Die auf der Beeinträchtigung einer Rechtsposition beruhende Wertminderung kann – insbesondere in schwierigen Fällen – individuell ermittelt werden. Dabei sind der Bewirtschaftungsaufwand und die Erträge vor und nach der Inanspruchnahme gegenüberzustellen. Die sich daraus ergebende Differenz ist unter Zugrundelegung eines Zinssatzes von 4 v. H. zu kapitalisieren und zu entschädigen."

An-, Durch- und Zerschneidungsschäden sind danach im Wege einer ertragswirtschaftlichen Betrachtung zu ermitteln. Hierzu können die in der Anl. 2 zur LandR angegebenen Schadensbeträge herangezogen werden, die ggf. mit den ebenfalls dort angegebenen Korrekturfaktoren modifiziert werden. Es handelt sich hierbei um bereits kapitalisierte Anschneidungsschäden je m² abgetrennter Fläche. Den Richtwerten liegt ein rechteckig geformtes Ausgangsgrundstück zugrunde. Abweichungen müssen deshalb ggf. berücksichtigt werden. Im Übrigen können die Richtwerte auch auf **Durchschneidungsschäden** zur Anwendung kommen, indem dieser Fall als beiderseitiger Anschneidungsfall behandelt wird.

137

Für die **Maschinenkosten** werden in einem zweijährigen Turnus Fortschreibungsfaktoren veröffentlicht[124].

138

---

120 BGH, Urt. vom 28.10.1982 – III ZR 48/81 –, BRS Bd. 45 Nr. 138 = EzGuG 18.92.
121 BGH, Urt. vom 8.11.1978 – III ZR 91/77 –, WM 1979, 168 = EzGuG 20.78.
122 BGH, Urt. vom 30.5.1983 – III ZR 22/82 –, BRS Bd. 45 Nr. 120 = EzGuG 18.93.
123 Beckmann/Huth, Schriftenreihe des HLBS Heft 95; Aust/Jacobs, Die Enteignungsentschädigung, 3. Aufl. 1997.
124 Köhne, Landwirtschaftliche Taxationslehre, 2. Aufl. S. 85 ff.

VI Städtebauliche Maßnahmen — Enteignung

139 Im Zusammenhang mit Grundstücksabtretungen im Zuge von Straßenbaumaßnahmen treten folgende Fälle auf:

a) Die durch den Bau einer Fernstraße **„abgeschnittene" Chance** eines im Außenbereich gelegenen landwirtschaftlichen Grundstücks, **Bauland zu werden,** stellt keine Rechtsposition dar, die zu entschädigen wäre[125].

b) Für Schallschutzmaßnahmen ist eine Entschädigung zu leisten, wenn sie für eine wirksame Abhilfe erforderlich sind. Eigenart und Zweckbestimmung des Grundstücks entscheiden darüber, was wirksame Abhilfe ist. **Erst wenn Schallschutzmaßnahmen nicht möglich oder die für sie erforderlichen Aufwendungen unverhältnismäßig hoch sind, ist eine Entschädigung für die Grundstückswertminderung zu gewähren** [126].

c) **Kosten für Schallschutzmaßnahmen** auf dem Restgrundstück infolge der Inanspruchnahme einer Teilfläche für die Errichtung einer Bundesstraße, wobei solche Nachteile nicht geltend gemacht werden können, die den Eigentümer getroffen hätten, falls ihm nichts „weggenommen" worden wäre, wenn die Verkehrseinrichtung statt über die abgetretene Fläche an der Grenze seines ungeteilten Grundstücks entlang geführt worden wäre[127].

d) Wertminderungen aufgrund eines **Lärmschutzwalls einer Bundesautobahn** für ein benachbartes Wohngebiet mit Auswirkungen auf die Wohnqualität; eine Entschädigung kann wiederum nur insoweit beansprucht werden, wie die infolge der Teilabtretung eintretenden Nachteile größer als diejenigen sind, die auch ohne Abtretung der Teilfläche entstanden wären[128].

1.2.4.6 Um- bzw. Mehrwegeschaden

140 Eine Umwegentschädigung kommt nach Nr. 3.3 LandR in Betracht, wenn Umwege erforderlich werden

– als Folge der Durchschneidung einer bisher räumlich zusammenhängenden Fläche eines Eigentümers, um die jenseits gelegenen Flächen nutzen zu können;

– als Folge der Unterbrechung eines Privatwegs, der dem Betroffenen gehört oder an dem ihm ein Nutzungsrecht zusteht.

141 Der Umwegeschaden ergibt sich aus dem ermittelten **Mehrweg multipliziert mit** dem sich aus Anl. 3 der LandR ergebenden **Richtwert und multipliziert mit der vom Umweg betroffenen Fläche in ha:**

Umwegeschaden = Mehrwegentfernung × Richtwert × umwegbetroffene Fläche

142 Bei der **Ermittlung der Entschädigung** ist nach Nr. 3.3 LandR ebenfalls von einem Zinssatz von 4 v. H. auszugehen.

143 Die sich aus der Anl. 3 der LandR ergebenden **Richtwerte** umfassen nicht

– betriebsbezogene Nachteile, die sich infolge Wegfalls der besonders günstigen Lage einer Entzugsfläche zur Hofstelle ergeben;

– bei Milchviehwiesen die Mehrwege zum Melken und für Viehbetrieb.

---

[125] BGH, Urt. vom 12.6.1975 – III ZR 25/73 –, BGHZ 64, 382 = EzGuG 4.44; BGH, Urt. vom 10.3.1977 – III ZR 195/74 –, BRS Bd. 34 Nr. 139 = EzGuG 18.72; BGH, Urt. vom 8.5.1980 – III ZR 27/78 –, BRS Bd. 36 Nr. 178 = EzGuG 15.16; BGH, Urt. vom 25.6.1981 – III ZR 12/80 –, BRS Bd. 45 Nr. 122 = EzGuG 4.77; OLG München, Urt. vom 27.1.1987 – RReg 1 Z 167/86 –, BayVBl. 1978, 472 = EzGuG 6.233.
[126] BGH, Urt. vom 25.6.1981 – III ZR 12/80 –, BRS Bd. 45 Nr. 122 = EzGuG 4.77.
[127] BGH, Urt. vom 3.6.1986 – III ZR 146/84 –, BRS Bd. 45 Nr. 131 = EzGuG 13.76; BGH, Urt. vom 25.6.1981 – III ZR 12/80 –, BRS Bd. 45 Nr. 122 = EzGuG 4.77; BGH, Urt. vom 7.5.1981 – III ZR 67/80 –, BGHZ 80, 360 = EzGuG 18.91; BGH, Urt. vom 8.2.1972 – III ZR 86/77 –, BRS Bd. 34 Nr. 142 = EzGuG 4.65.
[128] BGH, Urt. vom 7.5.1981 – III ZR 67/80 –, BGHZ 80, 360 = EzGuG 18.91; BGH, Urt. vom 8.11.1979 – III ZR 87/78 –, BGHZ 76, 1 = EzGuG 18.89; BGH, Urt. vom 4.10.1973 – III ZR 138/71 –, BGHZ 61, 253 = EzGuG 18.59; BGH, Urt. vom 16.3.1972 – III ZR 26/71 –, BRS Bd. 26 Nr. 108 = EzGuG 6.150; BGH, Urt. vom 14.7.1977 – III ZR 41/75 –, BRS Bd. 34 Nr. 138 = EzGuG 18.77; BGH, Urt. vom 1.12.1977 – III ZR 130/75 –, BRS Bd. 34 Nr. 141 = EzGuG 18.78.

Diese Nachteile sind gesondert zu ermitteln und zu entschädigen, wenn sie nicht bereits durch den Verkehrswert (z. B. Lagezuschlag) ausgeglichen worden sind.

Des Weiteren führen **Nrn. 3.4 ff. LandR** hierzu aus: **144**

„3.4 Bei einer Veränderung des öffentlichen Wegenetzes kann eine Entschädigung grundsätzlich nicht gewährt werden, weil der Fortbestand einer bestimmten Verbindung mit dem öffentlichen Wegenetz in der Regel keine Rechtsposition darstellt. **145**

Für die Entschädigung bei Unterbrechung oder erheblicher Erschwernis von Zufahrten zum öffentlichen Wegenetz sind die Bestimmungen der Straßengesetze des Bundes (z. B. § 8 Abs. 4 Bundesfernstraßengesetz) und der Länder maßgebend. Auf Nr. 29 bis 33 der ‚Zufahrten-Richtlinien' des Bundesministeriums für Verkehr in der Fassung vom 8. April 1976 (VkBl. 1976, 347) wird ergänzend Bezug genommen (Abs. 1 Nr. 3 LandR).

3.5 Wenn feststeht, dass die Nachteile (Nr. 3.2 und 3.3) nicht von Dauer sind, sondern an einem absehbaren Zeitpunkt entfallen (z. B. durch Flurbereinigungs- oder Umlegungsverfahren), sind die Richtwerte in den Anl. 2 und 3 entsprechend zu kürzen.

3.6 Die Entschädigung für die ermittelten Wirtschaftserschwernisse darf den Verkehrswert der Restfläche nicht übersteigen. Restgrundstücke, deren Bewirtschaftung infolge des Entzugs einer Teilfläche derart erschwert wird, dass eine Weiterbewirtschaftung in der bisherigen Weise nicht mehr zumutbar ist, müssen auf Verlangen des Eigentümers angekauft werden."

Folgende **Fallgestaltungen** haben eine rechtliche Klärung erfahren: **146**

a) Zusätzliche Wegekosten (Arbeitszeitverluste, Schlepper- und Gespannkosten), die sich auf den Ertrag eines landwirtschaftlichen Betriebs auswirken (Umwegeschaden Nr. 8 LandR)[129].

b) Als Folgeschaden ist der betriebliche Mehraufwand infolge **längeren Weges von der Hofstelle zu den Feldern und eine größere Entfernung vom Ort** zu entschädigen. Weist die Hofstelle eine über den landwirtschaftlichen Entwicklungszustand hinausgehende Baulandqualität auf (z. B. Bauerwartungsland), so ist dieser Folgeschaden auch zu entschädigen, wenn neben dem Verkehrswert für ein gleichartiges und gleichwertiges landwirtschaftlich genutztes Grundstück ein betrieblicher Folgeschaden eintritt, der zusammen höher ausfällt als eine sich nach Baulandpreisen bemessende Entschädigung. In diesem Fall – aber auch nur dann – gebührt dem Eigentümer eine höhere Entschädigung[130].

1.2.4.7 Arrondierungsschaden

Schrifttum: *Bruns,* Wertminderung durch Arrondierungsschaden, 1978 Verlag Pflug und Feder Schriftenreihe des HLBS Nr. B 39; *Bewer, C.,* Stand der Überlegungen zur Arrondierungsentschädigung, WF 1986, 204.

▶ *Hierzu Syst. Darst. des Vergleichswertverfahrens Rn. 312*

Unter der Arrondierung wird eine räumlich, wirtschaftlich und rechtlich geschlossene Lage eines Grundbesitzes verstanden (räumliche und wirtschaftliche Einheit). Sie ist insbesondere im landwirtschaftlichen, aber auch ganz allgemein im gewerblichen Bereich immer dann von Bedeutung, wenn das Eigentum einen möglichst geschlossenen und leicht zu bewirtschaftenden Block ohne Zerschneidung durch öffentliche Wege, Eisenbahnlinien oder Wasserläufe erfordert. Ein Arrondierungsschaden kann dadurch eintreten, dass *rechtlich gesicherte* Nutzungsmöglichkeiten als Vorteil der Arrondierung (wie z. B. eine **kostengünstige Bewirtschaftung** und das **Fernhalten von Immissionsquellen**) wegfallen oder gemindert werden, wenn diese im gesunden Grundstücksverkehr (gewöhnlicher Geschäftsverkehr) werthaltig **147**

---

129 BGH, Urt. vom 30.9.1976 – III ZR 149/75 –, BGHZ 67, 190 = EzGuG 20.64.
130 BGH, Urt. vom 7.10.1976 – III ZR 60/73 –, BGHZ 67, 200 = EzGuG 6.188; OLG München, Urt. vom 18.5.1977 – 2 Z 108/75 –, BayVBl. 1977, 574 = EzGuG 8.51.

sind[131]. Die Arrondierungsvorteile müssen eine eigentumsmäßig geschützte Rechtsposition des Eigentümers bilden. Nur insoweit ist ihr Wegfall entschädigungspflichtig. Außerökonomische Gesichtspunkte, wie z. B. die Ansehnlichkeit und Ungestörtheit, lösen keinen entschädigungspflichtigen Arrondierungsschaden aus, auch wenn sie zu einer Wertminderung des Grundstücks führen[132].

1.2.4.8 Pachtaufhebungsentschädigung

148 Neben der Aufhebung eines Mietrechts sind auch Pachtrechte (z. B. nach § 86 Abs. 1 Nr. 3 BauGB) zu entschädigen[133]. Art. 14 GG schützt allerdings nur **konkrete subjektive Rechtspositionen** und nicht bloße Chancen ohne rechtlich gesicherten Anspruch[134].

149 Bei der **Enteignung eines Pachtrechts,** das nach dem Pachtvertrag jeweils zum Jahresende kündbar war, ist Entschädigung wegen anderer Nachteile der Enteignung (§ 96 BauGB) wiederum nur insoweit zu leisten, als in die rechtlich gesicherte Erwartung des Pächters auf Fortsetzung des Vertrags eingegriffen worden ist. Außer Betracht bleibt die mehr oder minder sichere tatsächliche Erwartung, dass das Pachtverhältnis ohne die Enteignung noch über Jahre fortgesetzt worden wäre[135]. Die wirtschaftlich nachteiligen Auswirkungen des Entzugs eines nach der tatsächlichen Einschätzung längerfristigen Pachtrechts können ansonsten nur durch Gewährung des Härteausgleichs unter den in § 181 BauGB bestimmten Voraussetzungen ausgeglichen werden.

150 Nr. 5.1 ff. **LandR** schreiben hierfür vor:

„Wird eine Pachtaufhebungsentschädigung an einen Pächter bezahlt, ist zu prüfen, ob das Pachtrecht als Minderung des Bodenwerts angesehen und deshalb zu einer Minderung der an den Eigentümer zu zahlenden Entschädigung führen muss. Nummer 2.4.2 LandR ist anzuwenden.

5.2 Ermittlung des Werts des Pachtrechts

Der Wert des Pachtrechts wird durch den Geldbetrag bestimmt, der zum Erwerb eines gleichartigen und gleichwertigen Pachtrechts aufzuwenden ist. Entspricht die vereinbarte Pacht der marktüblichen, so wird in aller Regel dem Pachtrecht ein eigener Wert nicht zukommen.

Ist die vereinbarte Pacht niedriger als die marktübliche, dann ist die Differenz für die Restpachtdauer gleichbleibend zu kapitalisieren und zu entschädigen. Bei Pachtbetrieben ist die gegendübliche, bei Teilflächen die ortsübliche Pacht als marktübliche Pacht zu bezeichnen. Sie ist der vereinbarten Pacht gegenüberzustellen. Ist die vereinbarte Pacht höher als die marktübliche, dann ist die kapitalisierte Differenz bei der Ermittlung der sonstigen Vermögensnachteile mindernd zu berücksichtigen[136].

Der anzuwendende Zinssatz beträgt in der Regel 4 v. H. Er ist abhängig von der voraussichtlichen Schadensdauer.

5.3 Entzug von Pachtgrundstücken

5.3.1 Wertminderung des Restgrundstücks oder des Restbetriebs

Die Entschädigung für Wertminderung des Restbesitzes wegen An- und Durchschneidungen sowie Umwegen (vgl. Nummern 3.2 und 3.3 LandR) steht in der Regel dem Eigentümer zu. Bei **längerfristiger Restpachtzeit** kann sie zwischen dem Eigentümer und Pächter aufgeteilt werden. Dem Pächter wird dann der Anteil zugerechnet, der auf die Restpachtzeit entfällt. Es ist sicherzustellen, dass die Entschädigung insgesamt nur einmal geleistet wird."

---

131 BGH, Urt. vom 3.12.1981 – III ZR 53/80 –, BRS Bd. 45 Nr. 121 = EzGuG 20.93; BGH, Urt. vom 9.11.1978 – III ZR 91/77 –, WM 1979. 279 = EzGuG 20.78; BGH, Urt. vom 8.10.1981 – III ZR 46/80 –, BRS Bd. 45 Nr. 123 = EzGuG 4.79.
132 BGH, Urt. vom 12.6.1975 – III ZR 25/73 –, BGHZ 64, 382 = EzGuG 4.44.
133 BGH, Urt. vom 7.1.1982 – III ZR 141/80 –, BRS Bd. 45 Nr. 172 = EzGuG 14.68; Kreft in DRiZ 1973, 355.
134 Krohn/Löwisch, Eigentumsgarantie, Enteignung, Entschädigung, 3. Aufl. 1984 Rn. 279 ff.; Engelhardt in NVwZ 1989, 1026; BGH, Urt. vom 8.7.1993 – III ZR 146/92 –, BGHZ 123, 166 = NJW 1993, 3131.
135 BGH, Urt. vom 7.1.1982 – III ZR 141/80 –, BRS Bd. 45 Nr. 172 = EzGuG 14.68; a.A. BGH, Urt. vom 20.1.1958 – III ZR 40/57 –, BGHZ 26, 248 = EzGuG 14.5b.
136 Gelzer/Busse, Der Umfang der Entschädigung aus Enteignung und enteignungsgleichem Eingriff; NJW-Schriftenreihe Heft 2; 2. Aufl. 1980 Rn. 607.

Enteignung Städtebauliche Maßnahmen VI

Marktüblich ist bei Pachtbetrieben die gegendübliche, bei Einzelflächen die ortsübliche Pacht. 151

Eine darüber hinausgehende **Entschädigung für die Pachtaufhebung** steht dem Pächter nach Nr. 5.3.2 LandR 78 zu:

„**5.3.2 Restbetriebsbelastung und Erwerbsverlust des Pächters**

Infolge des Entzugs einer Teilfläche eines Betriebs verliert der Pächter den auf die entzogene Pachtfläche entfallenden Deckungsbeitrag abzüglich der marktüblichen Pacht (einschließlich sonstiger Nebenleistungen des Pächters). Die Nummern 4.1.1 bis 4.1.3 LandR gelten sinngemäß.

Der Deckungsbeitragsverlust kann nur begrenzt entschädigt werden (z. B. § 96 Abs. 1 Nr. 1 BauGB, § 19 Nr. 1 LBG). Auch sind die Möglichkeiten, durch betriebliche Umstellungsmaßnahmen den Deckungsbeitragsverlust zu mindern, zu berücksichtigen. Bei Anwendung der sich aus nachstehender Tabelle ergebenden, nach der Dauer der Restpachtzeit gestaffelten V.-H.-Sätze ist diesen Gesichtspunkten Rechnung getragen. Danach wird ein umso höherer Anteil des Deckungsbeitragsverlustes entschädigt, je kürzer die Restpachtzeit ist.

Der anzuwendende Zinssatz beträgt in der Regel 4 v. H. Er ist abhängig von der voraussichtlichen Schadensdauer.

Den Kapitalisierungsfaktoren der Spalte 3 der nachstehenden Tabelle liegt ein Zinssatz von 4 v. H. zugrunde.

Eine kürzere Schadensdauer als die Restpachtzeit ist anzunehmen, wenn der Deckungsbeitragsverlust durch Zupacht von Ersatzland oder durch andere Umstände vor Ablauf der Restpachtzeit gemindert werden kann."

Beispiel: 152

für die Ermittlung der Pachtaufhebungsentschädigung (Nr. 5.2 und 5.3 LandR)

Deckungsbeitrag der Entzugsfläche	800 €/ha
ortsübliche Pacht	200 €/ha
vereinbarte Pacht	150 €/ha
keine sonstigen Nebenleistungen des Pächters	
Restpachtzeit	5 Jahre

a) Entschädigung für den Wert des Pachtrechts (Nr. 5.2 LandR)
   200 €/ha – 150 €/ha = 50 €/ha × 4,45 (Kapitalisierungsfaktor) = 222,50 €/ha

b) Entschädigung für die Restbetriebsbelastung und den Erwerbsverlust des Pächters (Nr. 5.3 LandR)
   800 €/ha – 200 €/ha = 600 €/ha × 4,43 (Kapitalisierungsfaktor) = 2 058 €/ha

Die Pachtaufhebungsentschädigung beträgt insgesamt:

a)	222,50 €/ha
b)	2 058,00 €/ha
Summe	2 280,50 €/ha

VI Städtebauliche Maßnahmen — Enteignung

Abb. 7: Tabelle zur Ermittlung der Entschädigung für Restbetriebsbelastungen und Erwerbsverluste des Pächters

Restpachtzeit in Jahren	V.-H.-Satz des entgangenen Deckungsbeitrags abzüglich marktüblicher Pacht (Nr. 5.3.2 Abs. 1)	Kapitalisierungsfaktor bei Verwendung eines Zinssatzes von 4 v. H.
1	2	3
1	100	0,96
2	93	1,75
3	87	2,41
4	82	2,98
5	77	3,43
6	73	3,83
7	69	4,14
8	65	4,38
9	62	4,61
10	59	4,79
11	56	4,91
12	54	5,07
13	52	5,19
14	50	5,28
15	49	5,45
16	49	5,59
17	47	5,72
18	46	5,82
19	45	5,91
20	44	5,98

1.2.4.9 Hochspannungsleitungs- und Mastentschädigung

Schrifttum: *Steinhorst/Bahrs,* Entschädigungen im Kontext erdverlegter Höchstspannungsleitungen und landwirtschaftlicher Nutzung, GuG 2013, 145.

153 Verlegung und Errichtung von Hochspannungsleitungen und von Hochspannungsmasten können zu erheblichen Beeinträchtigungen durch Abwärme, elektromagnetische Felder usw. führen. Dies gilt gleichermaßen auch für erdverlegte Höchstspannungsleitungen.

Gesetzliche Grundlage für Enteignungen ist § 45 EnWG, wobei sich das Enteignungs- und Entschädigungsverfahren nach Landesrecht bestimmt (§ 45 Abs. 3 sowie § 45a EnWG).

Die Entschädigung für Hochspannungsmaste wird i. d. R. auf der Grundlage von **Rahmenregelungen der Versorgungsunternehmen** gewährt, z. B.
– Rahmenregelungen für Hochspannungsmast-Entschädigung in Nordrhein-Westfalen[137],
– Rahmenregelung für Hochspannungsmast-Entschädigung in Rheinland-Nassau[138].

Im Übrigen wird auf das weiterführende Schrifttum verwiesen.

1.2.5 Vorteilsausgleich

154 Ein Vorteilsausgleich i. S. des § 93 Abs. 3 BauGB (vgl. § 17 Abs. 2 LBschG, § 13 Abs. 1 SchutzbereichsG)[139] ist bei der Enteignungsentschädigung nur zu berücksichtigen, wenn der Vorteil ohne die Enteignung nicht entstanden wäre und zwischen der Enteignung als der schädigenden Maßnahme und dem Umstand, der den Vorteil gebracht hat, ein adäquater Zusam-

---

[137] Abgedruckt in GuG 2012, 235.
[138] Abgedruckt in GuG 2012, 237.
[139] BGH, Urt. vom 15.11.1973 – III ZR 113/71 –, BRS Bd. 34 Nr. 9 = EzGuG 4.42.

menhang besteht (vgl. *Rn. 85*)[140]. Ergibt sich der Vorteil aus einem im Zusammenhang mit der Enteignung stehenden Planungsgewinn, so kann das Vorliegen eines ansonsten auch eingetretenen Vermögensnachteils grundsätzlich nicht im Hinblick auf einen erheblichen Planungsgewinn verneint werden; vielmehr dürfen in derartigen Fällen nur solche **Vorteile** berücksichtigt werden, **die sich unmittelbar i. S. einer besonderen Zuordnung zum Restbesitz ergeben.** Soweit allgemeine „Gruppenvorteile" auch anderen zufließen, läuft die Anrechnung von Vorteilen auf ein „Sonderopfer" des Betroffenen hinaus. Dies wäre unzulässig, wie das *Beispiel* in Abb. 8 verdeutlicht.

Abb. 8: Entschädigung ohne Vorteilsausgleich

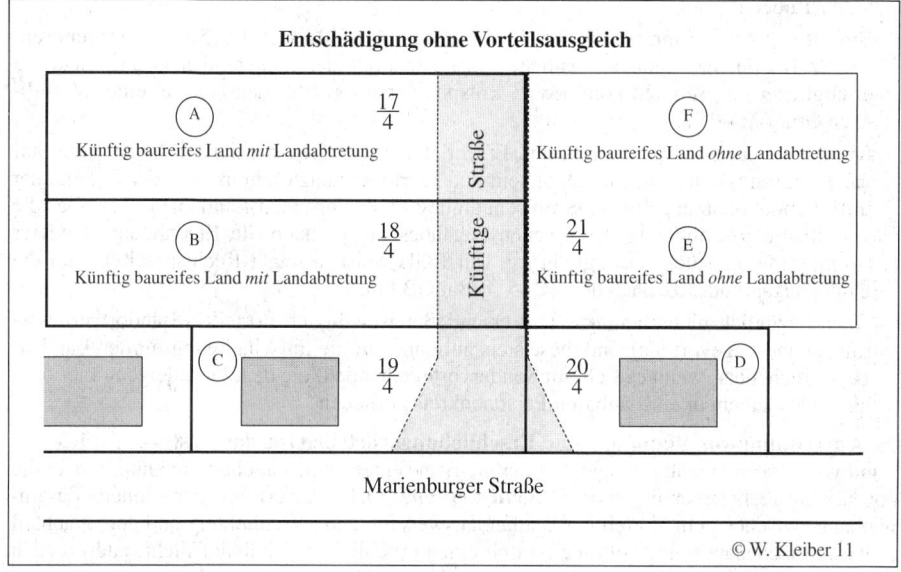

Grundstücke A und B, die im Falle entsprechender Festsetzungen im Bebauungsplan als Rohbauland einzustufen wären, werden in diesem Beispiel als Folge der Landabtretung baureif. Dies gilt aber gleichermaßen für die Grundstücke E und F, ohne dass diese allerdings Land abtreten müssen. Ein Vorteilsausgleich bei der Bemessung der Entschädigung für die abzutretenden Flächen der Grundstücke A und B liefe gegenüber den Grundstücken E und F auf ein **Sonderopfer** hinaus und wäre **mit dem Gleichheitssatz des Art. 3 Abs. 1 GG unvereinbar.**

155

Der **BGH** hat hierzu festgestellt:

156

„Die Berücksichtigung von planungsbedingten Wertsteigerungen eines in räumlicher Verbindung mit dem Enteignungsobjekt stehenden Grundstücks bei der Bemessung der Entschädigung für einen Eingriff in die Eigentumssubstanz ... stellt sich bei wirtschaftlicher Betrachtung als (teilweise) ‚Abschöpfung' dieses Wertzuwachses dar. Bleibt die Enteignung einem Unternehmen, dessen Vorteil zumindest einer begrenzten Öffentlichkeit zufällt, ... so muss der auf die Verfassung zurückführende und vom BBauG verwirklichte Grundsatz möglichst gleichmäßiger Belastung aller durch Erschließungsmaßnahmen begünstigten Eigentümer auch bei einer etwaigen Vorteilsausgleichung beachtet werden. Die Vorenthaltung der Entschädigung ... für eine Enteignung infolge Anrechnung von planungsbedingten Wertsteigerungen legt dem betroffenen Eigentümer in dem Maße ein ‚Sonderopfer' auf, als diese Vorteile auch

---

140 BGH, Urt. vom 26.5.1977 – III ZR 149/74 –, BRS Bd. 34 Nr. 100 = EzGuG 18.75; BGH, Urt. vom 29.3.1971 – III ZR 108/67 –, EzGuG 18.53; BGH, Urt. vom 28.2.1966 – III ZR 159/65 – NJW 1966, 1075 = EzGuG 6.88; BGH, Urt. vom 12.7.1965 – III ZR 214/64 –, BRS Bd. 19 Nr. 96 = EzGuG 2.8; zum Vorteilsausgleich bei rechtswidriger faktischer Bausperre: BGH, Urt. vom 15.12.1988 – III ZR 110/87 –, BRS Bd. 53 Nr. 131 = EzGuG 6.243.

anderen zufließen, bei denen eine ‚Abschöpfung' der Wertgewinne nicht erfolgt[141]. Dies wäre mit Art. 3 GG unvereinbar, denn eine ‚Abschöpfung' planungsbedingter Mehrwerte ist dem Allgemeinen Städtebaurecht fremd."

157 Die Rechtsprechung des BGH hat bei dieser Ausgangslage eine Reihe von **Kriterien zur Anrechenbarkeit von Vorteilen** aufgestellt:

a) Ein Verstoß gegen den Gleichheitssatz nach Art. 3 Abs. 1 GG liegt bei der Anrechnung von Vorteilen nicht vor, wenn das Merkmal der „Überschaubarkeit" des begünstigten Personenkreises erfüllt ist, ohne dass eine bestimmte Personenzahl vorgegeben werden könnte[142].

b) Ein besonderer ausgleichspflichtiger Erschließungsvorteil kann auch dann vorliegen, wenn anderen nicht zu einer Landabtretung gezwungenen Grundeigentümern Erschließungsvorteile zufließen[143].

c) Eine Anrechnung kann sowohl bei Ersterschließungen als auch bei Straßenverbreiterungen (z. B., um eine höhere bauliche Ausnutzbarkeit der anliegenden Grundstücke zu ermöglichen) in Betracht kommen[144]. Entsprechendes gilt für den Ausbau einer öffentlichen Grünfläche[145].

d) Die Anrechnung von Planungs- und Erschließungsvorteilen bei der Grundabtretung auf das Restgrundstück muss zumutbar sein und „darf nicht dazu führen, dass der Eigentümer im Ergebnis ohne angemessene Entschädigung bleibt für einen Landabzug, der über die vorteilhafte Erschließung des eigenen Geländes hinaus auch die Erschließung anderer (fremder) Grundstücke ermöglicht"[146]. Der BGH weist in seiner Rechtsprechung auf die Umlegungsgrundsätze nach den §§ 45 ff. BauGB hin.

e) Auch bezüglich nichtplanungs- und erschließungsbedingter Vorteile (Standortverbesserungen und Lagevorteile) sind diese stets nur dann auf die Entschädigung für den Landabzug anrechenbar, wenn es sich um Sondervorteile handelt, die dem Grundeigentümer oder zumindest einem überschaubaren Personenkreis zufließen[147].

158 Die **Anrechnung von Planungs- und Erschließungsvorteilen für das Restgrundstück** aufgrund von Straßenlandabtretungen hat der BGH in seiner Rechtsprechung anknüpfend an die Vorwirkungsrechtsprechung **zeitlich nicht begrenzt,** d. h., der erforderliche innere Zusammenhang zwischen dem Vorteil der Baulandausweisung und -erschließung und dem Nachteil der Grundflächenabtretung soll auch durch einen erheblichen Zeitablauf nicht unterbrochen werden[148]. Dies wirft die Frage auf nach dem sich tatsächlich ergebenden Vorteil für ein schon seit geraumer Zeit in einem Bebauungsplan als Bauland ausgewiesenen Restgrundstück, das durch Grundabtretung erstmals erschlossen wurde. I. d. R. kann ein solches Grundstück, soweit es im Bebauungsplan als Bauland festgesetzt ist, bereits als Rohbauland i. S. d. § 5 Abs. 3 ImmoWertV qualifiziert werden, und nur der für öffentliche Zwecke festgesetzte Grundstücksteil wurde durch die Festsetzungen des Bebauungsplans vom gewöhnlichen Geschäftsverkehr ausgeschlossen.

---

141 BGH, Urt. vom 22.6.1978 – III ZR 92/75 –, BGHZ 72, 51 = EzGuG 17.35; BGH, Urt. vom 2.2.1978 – III ZR 90/76 –, BRS Bd. 34 Nr. 116 = EzGuG 18.81; BGH, Urt. vom 26.3.1977 – III ZR 149/74 –, BRS Bd. 34 Nr. 100 = EzGuG 18.75; BGH, Urt. vom 25.11.1974 – III ZR 59/73 –, BRS Bd. 34 Nr. 101 und Nr. 119 = EzGuG 6.174; BGH, Urt. vom 13.5.1974 – III ZR 7/72 –, BGHZ 62, 305 = EzGuG 6.168; OLG Hamburg, Urt. vom 19.3.1965 – 1 U 41/63 –, MDR 1966, 326 = EzGuG 18.28; OLG Hamm, Urt. vom 8.2.1967 – 16 U 9/66 –, BRS Bd. 19 Nr. 92 = 14 O 21/65 –, EzGuG 18.34; vgl. Küppers in DVBl 1978.
142 BGH, Urt. vom 13.5.1975 – III ZR 7/72 –, BGHZ 62, 305 = EzGuG 6.168.
143 BGH, Urt. vom 26.5.1977 – III ZR 149/74 –, BRS Bd. 34 Nr. 100 = EzGuG 18.75; BGH, Urt. vom 2.2.1978 – III ZR 90/76 –, BRS Bd. 34 Nr. 116 = EzGuG 18.81; jedoch BGH, Urt. vom 7.2.1980 – III ZR 153/78 –, NJW 1980, 1679 = EzGuG 4.71.
144 BGH, Urt. vom 27.1.1977 – III ZR 153/74 –, BGHZ 68, 100 = EzGuG 6.189.
145 BGH, Urt. vom 25.11.1974 – III ZR 59/73 –, BRS Bd. 34 Nr. 101 und Nr. 119 = EzGuG 6.174; BGH, Urt. vom 11.3.1976 – III 154/73 –, BRS Bd. 34 Nr. 148 = EzGuG 13.28.
146 BGH, Urt. vom 11.11.1976 – III ZR 114/75 –, BGHZ 67, 320 = EzGuG 6.188a.
147 BGH, Urt. vom 7.7.1980 – III ZR 32/79 –, BRS Bd. 45 Nr. 139 = EzGuG 13.54; BGH, Urt. vom 5.7.1979 – III ZR 64/78 –, BRS Bd. 45 Nr. 183 = EzGuG 4.68; BGH, Urt. vom 10.11.1977 – III ZR 157/75 –, BGHZ 70, 212 = EzGuG 13.44; BGH, Urt. vom 30.3.1977 – III ZR 181/74 –, BRS Bd. 34 Nr. 146 = EzGuG 13.36; BGH, Urt. vom 11.3.1976 – III ZR 154/73 –, BRS Bd. 34 Nr. 148 = EzGuG 13.28; BGH, Urt. vom 2.10.1967 – III ZR 89/65 –, BRS Bd. 19 Nr. 160 = EzGuG 18.40.
148 Hierzu Reisnecker im Kohlhammer-Komm. BauGB § 93 Rn. 34 ff.

Das für eine privatwirtschaftliche Nutzung ausgewiesene Rohbauland wird dagegen i. d. R. **159**
unter Berücksichtigung des Planungsmehrwerts gehandelt, der selbst im Falle einer Einbeziehung des Grundstücks in ein **Umlegungsverfahren** nach den §§ 45 ff. BauGB bei der Einwurfsbewertung berücksichtigt wird. In diesem Falle kommen im Hinblick auf die Solidargemeinschaft der Umlegungsbeteiligten selbst die künftigen Gemeindebedarfsflächen in diesen Genuss. Ein kombinierter Planungs- und Umlegungswertausgleich wird nach dem Beschluss des BVerfG[149] indessen nur insoweit zugelassen, wie Planungs- und Umlegungsvorteil in untrennbarem Zusammenhang stehen, was aber entgegen der Beschlussbegründung des BVerfG in der Umlegung die Regel ist und vom BGH gefordert wird[150]. Wenn deshalb als Ausgangsgröße für die Bemessung des auf ein Restgrundstück infolge der Straßenlandabtretung entfallenden Vorteils bereits der Entwicklungszustand Rohbauland zugrunde gelegt wird, können sich infolge der Straßenlandabtretung auch keine Planungsvorteile ergeben. Der Vorteil, der sich für das Restgrundstück dann ergibt, liegt in der Verkürzung der Wartezeit auf Baureife, d. h., Rohbauland, das noch der Erschließung bedarf, um Baureife zu erlangen, kann sich im Wert erhöhen, wenn mit der Straßenlandabtretung früher, als vom allgemeinen Grundstücksmarkt erwartet, die Baulanderschließung eingeleitet wird.

1.3 Planungsschaden

1.3.1 Allgemeines

▶ *Zum Planungsschadensrecht in förmlich festgelegten Sanierungsgebieten vgl. Rn. 287, 332, 566; zum Planungsschadensrecht in Stadtumbaugebieten vgl. Rn. 815, 945*

Maßnahmen, die eine nach § 29 BauGB zulässige Nutzung einschränken (*downzoning*), müssen **160**
die Frage nach der Entschädigung aufwerfen. Konkret ist danach zu fragen, wie weit die **Sozialbindung des Eigentums** geht und ab wann eine entschädigungspflichtige Enteignung vorliegt. Allgemein gilt der Grundsatz, dass die Befugnisse des Gesetzgebers, die Inhaltsbestimmung und Sozialpflichtigkeit auszugestalten, umso weiter gehen, je bedeutender der soziale Bezug und die soziale Funktion des Eigentums ist. Auf dem Gebiet der Entschädigung für Planungsmaßnahmen hat der Gesetzgeber der Sozialpflichtigkeit einen gewachsenen Stellenwert innerhalb der Entschädigungsbestimmungen eingeräumt. Dies sind im BauGB die planungsschadensrechtlichen Bestimmungen des Zweiten Abschnitts des Dritten Teils (§§ 39 bis 44 BauGB), die sich in Anlehnung an eine Darstellung von *Hoppe*[151] wie folgt gliedern (Abb. 9).

---
149 BVerfG, Beschl. vom 17.12 1964 – 1 BvL 2/62 –, BVerfGE 18, 275 = EzGuG 17.25.
150 BGH, Urt. vom 22.6.1978 – III ZR 92/75 –, BGHZ 72, 51 = EzGuG 17.35.
151 Hoppe, Öffentliches Baurecht, 1. Aufl. München 1995, S. 422.

Abb. 9: System des Planungsschadensrechts

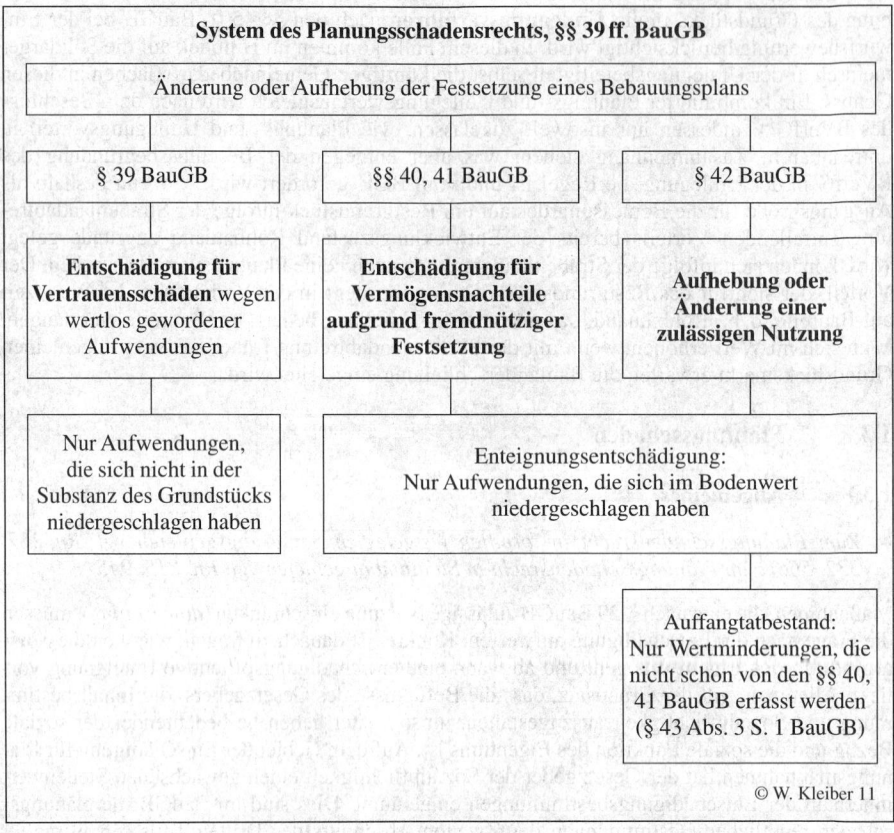

161 Rechtssystematisch ist dabei zu unterscheiden zwischen

– den **Sondertatbeständen der §§ 40 und 41 BauGB** (Entschädigungen für nachteilige – fremdnützige – Festsetzungen im Bebauungsplan und für Leitungsrechte bzw. Bindungen für Bepflanzungen) und

– der **Regelung des § 42 Abs. 1 BauGB,** nach der für eine „nicht nur unwesentliche Wertminderung" des Grundstücks bei Aufhebung oder Änderung der zulässigen Nutzung eine angemessene Entschädigung zu gewähren ist.

162 Liegen die Voraussetzungen der §§ 40 und 41 Abs. 1 BauGB vor, so ist nämlich nach § 43 Abs. 3 Satz 1 BauGB allein nach diesen Vorschriften eine Entschädigung zu gewähren[152]. Die Entschädigungsregeln dieser Vorschrift werden jedoch durch § 43 Abs. 3 Satz 2 BauGB dahin gehend „gekappt", dass solche Wertminderungen nicht zu berücksichtigen sind, die bei Anwendung des § 42 BauGB nicht zu entschädigen wären.

163 Soweit die §§ 40 und 41 BauGB für Planungseingriffe keine Entschädigung vorsehen, kann der Eigentümer nach der **Auffangvorschrift des § 42 Abs. 1 BauGB** eine Entschädigung in Geld verlangen. Voraussetzung hierfür ist zusammenfassend:

a) die Aufhebung oder Änderung der zulässigen Nutzung eines Grundstücks mit der Folge einer „nicht nur unwesentlichen Wertminderung des Grundstücks";

b) das Nichtbestehen eines Entschädigungsanspruchs nach den §§ 40 und 41 BauGB.

---
[152] BGH, Urt. vom 18.12.1986 – III ZR 174/85 –, BGHZ 99, 262 = EzGuG 6.232.

Die übrigen Regelungen des § 42 BauGB finden ansonsten allgemeine Anwendung unter den dort genannten Voraussetzungen.

1.3.2 Vertrauensschaden (§ 39 BauGB)

Eigentümer sowie in Ausübung ihrer Nutzungsrechte sonstige Nutzungsberechtigte können für die im berechtigten Vertrauen auf den Bestand eines rechtsverbindlichen Bebauungsplans gemachten Aufwendungen zur Verwirklichung von Nutzungsmöglichkeiten eine Geldentschädigung nach § 39 BauGB verlangen, soweit die Aufwendungen durch eine Änderung, Ergänzung oder Aufhebung des Bebauungsplans an Wert verlieren. **Gegenstand der Entschädigung sind also wertlos gewordene Aufwendungen und nicht eine Wertminderung des Grundstücks**, z. B. Vermessungs-, Architekten-, Ingenieur-, Bau- und Finanzierungskosten.

164

„§ 39 BauGB Vertrauensschaden

Haben Eigentümer oder in Ausübung ihrer Nutzungsrechte sonstige Nutzungsberechtigte im berechtigten Vertrauen auf den Bestand eines rechtsverbindlichen Bebauungsplans Vorbereitungen für die Verwirklichung von Nutzungsmöglichkeiten getroffen, die sich aus dem Bebauungsplan ergeben, können sie angemessene Entschädigung in Geld verlangen, soweit die Aufwendungen durch die Änderung, Ergänzung oder Aufhebung des Bebauungsplans an Wert verlieren. Dies gilt auch für Abgaben nach bundes- oder landesrechtlichen Vorschriften, die für die Erschließung des Grundstücks erhoben wurden."

Ein **nichtiger Bebauungsplan** löst keine Ersatzansprüche nach Amtshaftungsgrundsätzen (gegen die Gemeinde) aus[153].

165

Ob und in welcher Höhe eine Entschädigung für die Wertminderung des Grundstücks zu gewähren ist, bestimmt sich nach den §§ 40 ff. BauGB. Es handelt sich insoweit um eine ergänzende Entschädigungsregelung für die im Vertrauen auf den Bestand des Bebauungsplans gemachten Aufwendungen, die sich nicht im Bodenwert niedergeschlagen haben und deshalb nicht von den Planungsschadensregelungen der §§ 40 ff. BauGB erfasst sind.

166

Für den Vertrauensschaden kann der Entschädigungsberechtigte eine **Entschädigung** nach § 44 Abs. 3 Satz 1 BauGB **erst** verlangen, **wenn die Vertrauensschäden eingetreten sind.** Der Anspruch kann danach durch schriftlichen Antrag auf Entschädigung bei dem Entschädigungspflichtigen fällig gestellt werden.

167

Von besonderer Bedeutung ist dabei die **Verjährungsfrist nach § 44 Abs. 4 BauGB.** Danach erlischt ein Entschädigungsanspruch, wenn er nicht **innerhalb von drei Jahren Vertrauensschaden** nach Ablauf des Kalenderjahres, in dem die in den §§ 39 bis 42 BauGB bezeichneten Vermögensnachteile eingetreten sind, durch schriftliche Antragstellung fällig gestellt wird. In den Fällen des § 145 BauGB (Sanierungsgebiete und Entwicklungsbereiche) gilt im Übrigen die allgemeine Verjährungsfrist.

168

Weitere Regelungen über Vertrauensschäden enthalten die Vorschriften des § 42 Abs. 5 bis 10 BauGB. Es handelt sich hierbei um Tatbestände, bei denen der **Eigentümer im Vertrauen auf den Bestand der Festsetzungen eines Bebauungsplans Maßnahmen zur Vorbereitung einer baulichen Nutzung getroffen hat,** die er aber nicht realisieren kann, weil nach Ablauf der siebenjährigen Schutzfrist nach § 42 Abs. 2 BauGB die zulässige Nutzung aufgehoben oder geändert wurde und er nur noch eine Entschädigung in Höhe der Differenz

169

– des Grundstückswerts aufgrund der ausgeübten Nutzung *abzüglich*

– des Grundstückswerts nach Aufhebung oder Änderung der zulässigen Nutzung

gemäß § 42 Abs. 3 BauGB verlangen kann. Auch in diesem Fall sind die Verjährungsfristen nach § 44 Abs. 3 und 4 BauGB zu beachten (vgl. Abb. 10).

---

153 BGH, Urt. vom 24.6.1982 – III ZR 169/80 –, BGHZ 84, 292 = EzGuG 6.216.

Abb. 10: Vertrauensschaden

Systematik für die Gewährung von Entschädigungen für Vertrauensschäden nach den §§ 39 bis 44 BauGB

Voraussetzung: Vertrauensschaden entstanden und eingetreten
  a) nach § 39 BauGB
  b) nach § 42 Abs. 5 bis 10 BauGB

Fälligstellung:
Vertrauensschaden durch schriftlichen Antrag nach § 44 Abs. 3 BauGB fällig gestellt

Verjährung:
Vertrauensschaden darf nicht nach § 44 Abs. 4 BauGB verjährt sein
(dreijährige Verjährungsfrist)

Kappung:
Keine Entschädigung für Vertrauensschäden, soweit sie bereits mit der Entschädigung für Grundstückswertminderungen nach den §§ 40 ff. BauGB einschließlich der Regelungen des § 42 Abs. 1 bis 4 BauGB erfasst sind.

© W. Kleiber 11

1.3.3 Entschädigung für nachteilige fremdnützige Festsetzungen im Bebauungsplan (§§ 40 und 41 BauGB)

▶ Vgl. § 5 ImmoWertV Rn. 258 ff.; Syst. Darst. des Vergleichswertverfahrens Rn. 359

170 § 40 BauGB gewährt dem Eigentümer eines Grundstücks eine Entschädigung in Geld oder durch Übernahme (Übernahmeanspruch) für Vermögensnachteile, soweit diese durch folgende **fremdnützige Festsetzungen**, z.B. als anderen Grundstücken zugeordnete **naturschutzrechtliche Ausgleichsfläche**, entstehen:

1. Flächen für den Gemeinbedarf sowie für Sport- und Spielanlagen,
2. Flächen für Personengruppen mit besonderem Wohnbedarf,
3. Flächen mit besonderem Nutzungszweck,
4. von der Bebauung freizuhaltende Schutzflächen und Flächen für besondere Anlagen und Vorkehrungen zum Schutz vor Einwirkungen,
5. Verkehrsflächen,
6. Versorgungsflächen,
7. Flächen für die Abfall- und Abwasserbeseitigung einschließlich der Rückhaltung und Versickerung von Niederschlagswasser sowie für Ablagerungen,
8. Grünflächen,
9. Flächen für Aufschüttungen, Abgrabungen oder für die Gewinnung von Steinen, Erden und anderen Bodenschätzen,
10. Flächen für Gemeinschaftsstellplätze und Gemeinschaftsgaragen,
11. Flächen für Gemeinschaftsanlagen,
12. von der Bebauung freizuhaltende Flächen,

13. Wasserflächen, Flächen für die Wasserwirtschaft, Flächen für Hochwasserschutzanlagen und Flächen für die Regelung des Wasserabflusses,
14. Flächen zum Schutz, zur Pflege und zur Entwicklung von Boden, Natur und Landschaft.

Im Kern handelt es sich bei der Entschädigung nach § 40 BauGB um eine **Entschädigungsbestimmung für Vermögensnachteile,** denn nach der Grundnorm des § 40 Abs. 1 Satz 1 BauGB wird eine Entschädigung erst durch eintretende Vermögensnachteile ausgelöst. Die Entschädigung selbst kann, wie ausgeführt, erfolgen durch **171**

a) Übernahme des Grundstücks,

b) Begründung von Miteigentum, wenn die Verwirklichung des Bebauungsplans nicht den Eigentumsentzug erfordert,

c) Geldentschädigung (vgl. Abb. 11).

Abb. 11: Entschädigung von Vermögensnachteilen für fremdnützige Festsetzungen nach § 40 BauGB (Systematik)

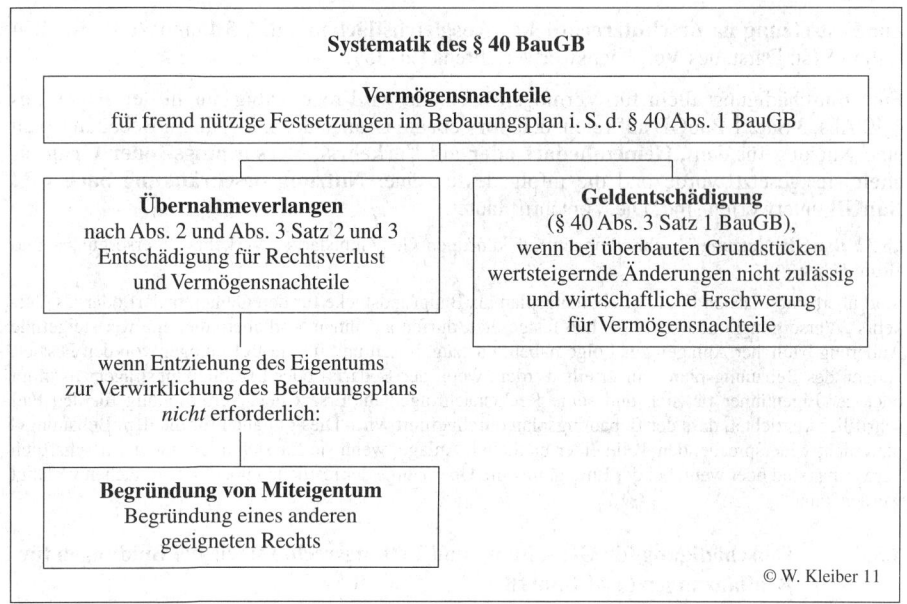

In den genannten Fällen besteht **bei wirtschaftlicher Unzumutbarkeit ein Übernahmeanspruch** bzw. ein Anspruch auf die Begründung von Miteigentum oder eines gesicherten Rechts, wenn die Verwirklichung des Bebauungsplans nicht den Eigentumsentzug erfordert; ansonsten ist Entschädigung in Geld zu leisten (§ 40 Abs. 3 Satz 1 BauGB). **172**

Auslöser für eine Entschädigung nach § 40 BauGB sind also **die durch die Festsetzungen im Bebauungsplan eingetretenen Vermögensnachteile.** Im Falle des Übernahmeanspruchs wird die Entschädigung im Ergebnis nach der sich in Anwendung der §§ 93 ff. BauGB bemessenden Entschädigung für den Rechtsverlust sowie für eingetretene Vermögensnachteile ermittelt, wobei Wertminderungen unberücksichtigt bleiben, die bei Anwendung des § 42 BauGB nicht zu entschädigen wären (§ 43 Abs. 3 BauGB). Das gilt entsprechend auch für eine Entschädigung in Form von Miteigentum oder anderer „geeigneter" Rechte, denn wertmäßig kann sich diese Form der Entschädigung nur in Höhe des Entschädigungsanspruchs bewegen. **173**

Die **bloße Festsetzung eines Geh-, Fahr- und Leitungsrechts** zugunsten der Allgemeinheit, eines Erschließungsträgers oder eines beschränkten Personenkreises **begründet regelmäßig** **174**

VI Städtebauliche Maßnahmen Planungsschaden

(noch) keinen schweren Nachteil i. S. d. § 47 Abs. 8 VwGO, denn diese Festsetzung bedarf noch ihres Vollzugs entweder durch einvernehmliche Willenserklärung des Begünstigten und des Belasteten oder durch eine Entscheidung der Enteignungsbehörde.

175 „Diese Festsetzung ist lediglich – öffentlich-rechtliche – Grundlage, um das Grundstück zur Begründung eines solchen Rechts notfalls im Enteignungswege in Anspruch zu nehmen (vgl. § 86 Abs. 1 Nr. 1 und 4 BauGB). Der betreffende Eigentümer hat unter den Voraussetzungen des § 40 Abs. 2 BauGB und im Verfahren nach § 41 BauGB einen Anspruch darauf, dass das Recht gegen Entschädigung begründet wird. Der Bebauungsplan selbst hindert ihn nur, das Grundstück in einer Weise, z. B. durch Errichtung von baulichen Anlagen, zu nutzen, die die geplante Ausübung des noch zu begründenden Rechts behindern oder unmöglich machen würde. Das Recht selbst ist bei seiner Begründung, z. B. durch Bestellung und Eintragung einer (öffentlich-rechtlichen) Baulast oder (privatrechtlichen) Dienstbarkeit, im Einzelnen genau zu bestimmen. Dies gilt auch, soweit es den genauen Umfang der Inanspruchnahme des Grundstücks betrifft. Das bedeutet für den Bebauungsplan noch nicht, dass er eine Festsetzung nach § 9 Abs. 1 Nr. 21 BauGB mit detaillierten Angaben treffen müsse; denn diese **Festsetzung bedarf noch des Vollzugs entweder durch einvernehmliche Willenserklärungen des Begünstigten und des Belasteten** – möglicherweise erst im Enteignungsverfahren gemäß §§ 110, 111 BauGB – oder durch Entscheidung der Enteignungsbehörde gemäß § 112 BauGB"[154].

176 Zur **Festsetzung naturschutzrechtlicher Ausgleichsflächen** vgl. § 5 ImmoWertV Rn. 254 ff. und Syst. Darst. des Vergleichswertverfahrens Rn. 359.

177 Eine Entschädigung allein für Vermögensnachteile wird regelmäßig nur in den Fällen des § 40 Abs. 3 Satz 1 BauGB auftreten, d. h. für bebaute Grundstücke, für die im Bebauungsplan eine Nutzung für den **„Gemeinbedarf oder als Verkehrs-, Versorgungs- oder Grünflächen"** festgesetzt wurde und die infolgedessen einer **Nutzungsbeschränkung nach § 32 BauGB** unterworfen sind. Die Vorschrift lautet:

„**§ 32 BauGB** Nutzungsbeschränkungen auf künftigen Gemeinbedarfs-, Verkehrs-, Versorgungs- und Grünflächen

Sind überbaute Flächen in dem Bebauungsplan als Baugrundstücke für den Gemeinbedarf oder als Verkehrs-, Versorgungs- oder Grünflächen festgesetzt, dürfen auf ihnen Vorhaben, die eine wertsteigernde Änderung baulicher Anlagen zur Folge haben, nur zugelassen und für sie Befreiungen von den Festsetzungen des Bebauungsplans nur erteilt werden, wenn der Bedarfs- oder Erschließungsträger zustimmt oder der Eigentümer für sich und seine Rechtsnachfolger auf Ersatz der Werterhöhung für den Fall schriftlich verzichtet, dass der Bebauungsplan durchgeführt wird. Dies gilt auch für die dem Bebauungsplan nicht widersprechenden Teile einer baulichen Anlage, wenn sie für sich allein nicht wirtschaftlich verwertbar sind oder wenn bei der Enteignung die Übernahme der restlichen überbauten Flächen verlangt werden kann."

1.3.4 Entschädigung für Geh-, Fahr- und Leitungsrechte sowie bei Bindungen für Bepflanzungen (§ 41 BauGB)

178 Soweit Leitungsrechte nicht der Erschließung und Versorgung des Grundstücks dienen, kann der Eigentümer nach § 41 Abs. 1 BauGB für die nach § 9 Abs. 1 Nr. 21 BauGB mit einem Leitungsrecht belasteten Flächen **unter den Voraussetzungen des § 40 Abs. 2 BauGB** einen **Übernahmeanspruch** geltend machen. Nach § 41 Abs. 1 Satz 3 BauGB bleiben jedoch weitergehende Rechtsvorschriften unberührt. Bei grünordnerischen Festsetzungen ist eine Entschädigung in Geld vorgesehen.

179 § 41 Abs. 2 BauGB begründet einen Rechtsanspruch auf Entschädigung für Festsetzungen im Bebauungsplan i. S. d. § 9 Abs. 1 Nr. 25 BauGB (**Anpflanzungen/Bindungen für Bepflanzungen**), wenn und soweit infolge dieser Festsetzungen

- besondere Aufwendungen notwendig sind, die über das bei ordnungsgemäßer Bewirtschaftung erforderliche Maß hinausgehen, oder
- eine wesentliche Wertminderung des Grundstücks eintritt.

---

154 OVG Münster, Urt. vom 30.1.1996 – 11a D 127/92 –, RdL 1996, 220 = GuG-aktuell 1996, 47 (LS); OVG Münster, Beschl. vom 30.10.1996 – 11a B 2211/96 –, GuG-aktuell 1997, 15 (LS); BVerwG, Beschl. vom 18.12.1987 – 4 NB 2/87 –, BRS Bd. 47 Nr. 4 = NVwZ 1988, 822 = UPR 1988, 186 = ZfBR 1988, 90.

1.3.5 Entschädigung bei Aufhebung oder Änderung einer zulässigen Nutzung: Herabzonung (§ 42 BauGB)

1.3.5.1 Allgemeines

§ 42 BauGB ist das Herzstück des Planungsschadensrechts. Eine Entschädigung für die **Aufhebung oder Änderung einer zulässigen Nutzung** nach dieser Vorschrift ist gemäß § 43 Abs. 3 Satz 1 BauGB zwar nicht in den Fällen zu gewähren, in denen die Voraussetzungen der §§ 40 und 41 Abs. 1 BauGB vorliegen und sich die Entschädigung nach diesen Vorschriften bemisst, jedoch müssen selbst dann solche Wertminderungen unberücksichtigt bleiben, die bei Anwendung des § 42 BauGB nicht zu entschädigen wären. **180**

Eine Entschädigung nach § 42 BauGB ist grundsätzlich zu gewähren bei Aufhebung oder Änderung der baulichen Nutzung, die eine **nicht nur unwesentliche Wertminderung des Grundstücks** zur Folge hat. **181**

- Als „zulässige Nutzung" ist eine Nutzung anzusehen, für die ein Rechtsanspruch auf Erteilung der Genehmigung besteht, gleichgültig ob sich dieser Rechtsanspruch auf § 30 Abs. 1 oder 2, § 34 oder § 35 BauGB stützt.
- Die „Aufhebung und Änderung" der zulässigen Nutzung hat nur bebauungsplanrechtliche und planersetzende Maßnahmen, nicht dagegen Maßnahmen des Fachplanungsrechts zum Inhalt.
- Als „nicht nur unwesentliche Wertminderung" gilt nur eine solche, die kausal auf den das jeweilige Grundstück und nicht die Nachbargrundstücke sich beziehenden Eingriff zurückzuführen ist[155].
- Nach dem Wortlaut der Vorschrift sind Wertminderungen „des Grundstücks" zu entschädigen, d. h., die Entschädigung ist nicht nur für eine Bodenwertminderung zu gewähren, sondern schließt bei bebauten Grundstücken **auch eine Wertminderung der Bausubstanz** ein: Maßgeblich ist die Wertminderung des (Gesamt-)Grundstücks einschließlich der baulichen und sonstigen Anlagen, wobei aufgrund des *Bestandsschutzes* eine Bodenwertminderung dadurch gedämpft wird, als sie nur in der über die Restnutzungsdauer der baulichen Anlage diskontierten Höhe durchschlägt, wenn ein Rückbau (Abriss) nicht geboten ist.

Unwesentliche Wertminderungen sind mithin nicht zu entschädigen. Der Entschädigungsanspruch wird erst im Falle einer Überschreitung der Opfergrenze ausgelöst, wobei der Begriff der **„nicht nur unwesentlichen Wertminderung"** in der Gewichtung nicht als identisch mit der „wesentlichen Wertminderung" angesehen wird[156]. **182**

Das juristische Schrifttum hat sich bislang noch nicht zu allgemein anerkannten Prozentsätzen durchringen können, mit denen sich die Opfergrenze markieren ließe; genannt werden **Sätze in Höhe von 10 %**[157].

Die **Änderung oder Aufhebung der zulässigen Nutzung kann sowohl die Art als auch das Maß der baulichen Nutzung betreffen.** Soweit es um die Ermittlung der Wertminderung des Grund und Bodens geht, lässt sich die Wertminderung aufgrund eines unterschiedlichen Maßes der baulichen Nutzung mithilfe entsprechender Umrechnungskoeffizienten ermitteln (vgl. § 12 ImmoWertV). **183**

Unter der Grundvoraussetzung des § 42 Abs. 1 BauGB ist nach den übrigen Regelungen dieser Vorschrift zwischen **drei Entschädigungstatbeständen** zu unterscheiden: **184**

a) Abs. 2: *Entschädigung für Herabzonungen innerhalb einer siebenjährigen Schutzfrist,*

---

155 BGH, Urt. vom 18.12.1986 – III ZR 174/85 –, BGHZ 99, 262 = EzGuG 6.232; BGH, Urt. vom 25.11.1993 – III ZR 16/93 –, UPR 1994, 101 = EzGuG 15.79a.
156 Gewos, Der Entschädigungsausschluss nach § 44 Abs. 1 Satz 2 BauGB, Hamburg 1965, Schriftenreihe der Gewos.
157 Pohl im Kohlhammer-Komm.; Battis/Krautzberger/Löhr, BauGB 8. Aufl., S. 692 Rn. 6.

VI Städtebauliche Maßnahmen   Planungsschaden

b) Abs. 3 und 4: *Entschädigung für Herabzonungen nach Ablauf einer siebenjährigen Schutzfrist* sowie

c) Abs. 5 bis 7: *Entschädigung von Vertrauensschäden für nicht innerhalb der siebenjährigen Schutzfrist realisierte Nutzungsmöglichkeiten*, wenn

– eine Veränderungssperre oder eine befristete Zurückstellung eines Baugesuchs die Verwirklichung der zulässigen Nutzung innerhalb der Schutzfrist verhindert hat,

– eine Baugenehmigung oder ein bauaufsichtsrechtlicher Vorbescheid zwar erteilt worden ist und der Eigentümer nach Ablauf der siebenjährigen Schutzfrist gehindert ist, das Vorhaben zu verwirklichen,

– ein Antrag auf Erteilung einer Baugenehmigung oder eines Vorbescheides rechtswidrig abgelehnt worden ist und

– über einen vom Eigentümer rechtzeitig gestellten Bauantrag bzw. einen Antrag auf Erteilung eines Vorbescheids nicht so rechtzeitig innerhalb der siebenjährigen Schutzfrist entschieden wurde, dass eine Genehmigung innerhalb der Frist hätte erteilt werden können.

185 Im **zeitlichen Zusammenspiel** ist, wie in Abb. 12 dargestellt, zu unterscheiden.

Abb. 12: Planungsschaden nach § 42 BauGB

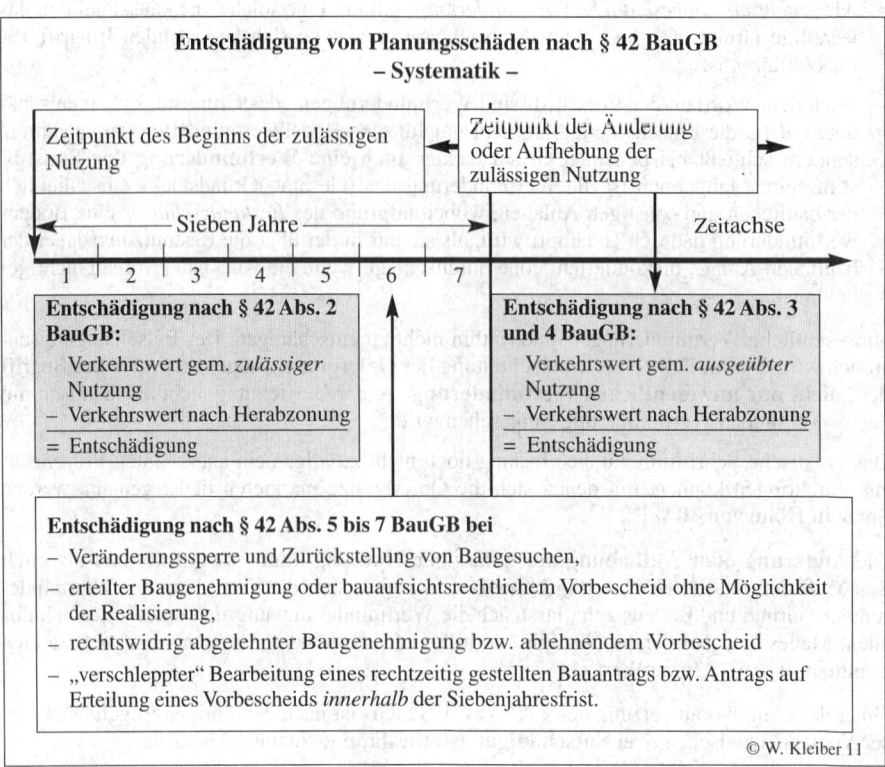

186 Innerhalb der Planungsschadensregelung des § 42 BauGB sind die Regelungen des § 42 Abs. 2 sowie des § 42 Abs. 3 und 4 von zentraler Bedeutung. **Danach ist zu unterscheiden, ob die zulässige Nutzung innerhalb einer siebenjährigen Schutzfrist oder nach Ablauf dieser Schutzfrist aufgehoben oder geändert wurde.**

1.3.5.2 Entschädigung für planerische Eingriffe innerhalb der siebenjährigen Schutzfrist nach § 42 Abs. 2 BauGB

Grundsätzlich ist nach § 42 Abs. 2 BauGB im Falle einer Aufhebung oder Änderung der zulässigen Nutzung **innerhalb der siebenjährigen Schutzfrist die „volle" Wertminderung des Grundstücks zu entschädigen.** Auf die ausgeübte Nutzung soll es nach dieser Vorschrift nicht ankommen. Die Vorschrift lautet:

„(2) Wird die zulässige Nutzung eines Grundstücks innerhalb einer Frist von sieben Jahren ab Zulässigkeit aufgehoben oder geändert, bemisst sich die Entschädigung nach dem Unterschied zwischen dem Wert des Grundstücks aufgrund der zulässigen Nutzung und seinem Wert, der sich infolge Aufhebung oder Änderung ergibt."

Für die Bemessung der Entschädigung ist die ausgeübte Nutzung gleichwohl von Bedeutung. Dies soll an **zwei Beispielen** verdeutlicht werden:

Beispiel 1:

– Unbebautes Grundstück in Innenstadtlage.
– Der Bebauungsplan weist für das Grundstück eine GFZ von 3,0 aus. Der Bodenrichtwert für ein vergleichbares Grundstück mit einer GFZ von 3,0 beträgt € 1 000 pro m².
– *Innerhalb einer Frist von sieben Jahren* wird das Maß der baulichen Nutzung auf eine GFZ von 1,5 herabgezont.
– Der Bodenwert für das herabgezonte Grundstück wird mithilfe von Umrechnungskoeffizienten für unterschiedliche Maße der baulichen Nutzung (GFZ: GFZ) abgeleitet. Der Umrechnungskoeffizient (UK) für eine GFZ von 3,0 beträgt danach 1,84; der Umrechnungskoeffizient für eine GFZ von 1,5 beträgt 1,24.

$$\text{Bodenwert}_{GFZ=1,5} = \text{Bodenwert}_{GFZ=3,0} \times UK_{GFZ=1,5} / UK_{GFZ=3,0}$$
$$= 1\ 000\ \text{€/m}^2 \times 1,24 / 1,84 = 674\ \text{€/m}^2$$

Planungsschaden = 1 000 €/m² – 674 €/m² = **326 €/m²**

Beispiel 2:

a) **Sachverhalt**
– Bebautes Grundstück in Innenstadtlage (Miethaus).
– Der Bebauungsplan weist – wie im vorangegangenen Beispiel – für das Grundstück eine GFZ von 3,0 aus. Der Bodenrichtwert für ein vergleichbares (unbebautes) Grundstück mit einer GFZ von 3,0 betrage wiederum 1 000 €/m².
– Auf dem Grundstück befindet sich ein Mietwohnhaus, mit dem eine GFZ von 2,5 „ausgeübt" wird, während ansonsten die „volle" Ausnutzung der zulässigen GFZ (von 3,0) lagetypisch ist. *Das Grundstück war mithin (bislang) untergenutzt;* es weist keine selbständig nutzbaren Teilflächen auf.
– Die wirtschaftliche Restnutzungsdauer des Gebäudes beträgt 20 Jahre.
– *Innerhalb einer Frist von sieben Jahren* wird das Maß der baulichen Nutzung wiederum auf eine GFZ von 1,5 herabgezont.

VI Städtebauliche Maßnahmen — Planungsschaden

Abb. 13: Lageplan

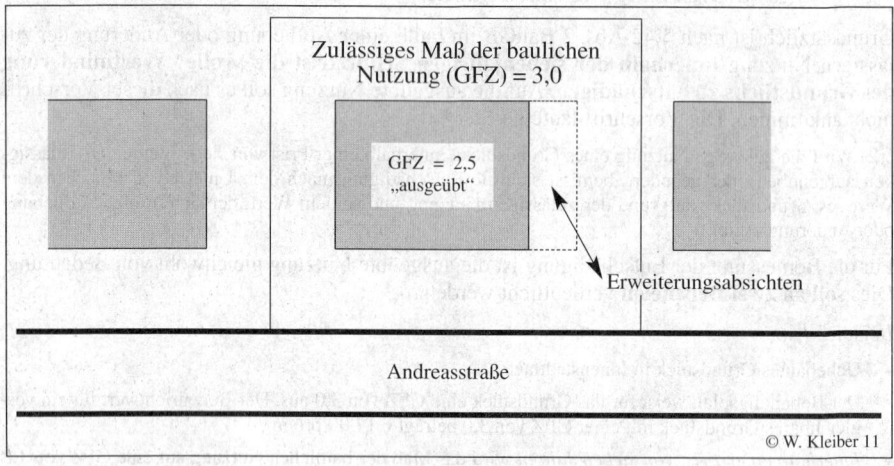

b) **Bodenwert aufgrund der bisher rechtlich zulässigen Nutzung unter Berücksichtigung der ausgeübten Nutzung**

Bodenwert aufgrund bisheriger zulässiger Nutzung: 1 000 €/m²

Mit der aufstehenden Bebauung ist die zulässige Nutzung nicht „voll ausgeschöpft" worden. Nach allgemeinen Grundsätzen ist bei Abweichungen der tatsächlichen Bebauung von der zulässigen Bebauung dies bei der Bodenwertermittlung zu berücksichtigen (vgl. § 16 ImmoWertV Rn. 222 ff.). Im vorliegenden Beispiel liegt der Fall einer Unternutzung vor, d. h., die bislang zulässige Nutzung von einer GFZ = 3,0 wäre wirtschaftlich erst nach Abgang des Gebäudes zu realisieren gewesen. Der Bodenwert bemisst sich in diesem Fall nach ausgeübter (realisierter) Nutzung zuzüglich des über die Restnutzungsdauer des Gebäudes diskontierten „Wertsprungs" zwischen einer GFZ von 2,5 und 3,0.

Bei einem Umrechnungskoeffizienten von 1,65 für eine GFZ von 2,5 und von 1,84 für eine GFZ von 3,0 ergibt sich als Bodenwert für ein Grundstück mit einer GFZ von 2,5:

$$\text{Bodenwert}_{GFZ = 2,5} = \text{Bodenwert}_{GFZ = 3,0} \times UK_{GFZ = 2,5} / UK_{GFZ = 3,0}$$
$$= 1\,000\ \text{€/m}^2 \times 1{,}65 / 1{,}84 = 897\ \text{€/m}^2$$

Der Unterschied des Bodenwerts eines unbebauten Grundstücks mit einer GFZ von 3,0 zum Bodenwert mit einer GFZ von 2,5 beträgt mithin

$$\text{Bodenwert} = 1\,000\ \text{€/m}^2 - 897\ \text{€/m}^2 = \mathbf{103\ \text{€/m}^2}$$

Dieser „Wertsprung" kann erst nach Ablauf der 20-jährigen wirtschaftlichen Restnutzungsdauer des Gebäudes „realisiert" werden und „wächst" dem Eigentümer deshalb nur in diskontierter Höhe zu.

Der Bodenwert aufgrund der ausgeübten (realisierten) Nutzung ergibt sich mithin zu

$$\text{Bodenwert} = 897\ \text{€/m}^2 + 103\ \text{€/m}^2 \times (1 + p/100)^{-n}$$

wobei
p = Diskontierungszinssatz
n = Restnutzungsdauer des Gebäudes

Bei einem Diskontierungszinssatz von 5 % ergibt sich

$$\text{Bodenwert} = 897\ \text{€/m}^2 + 103\ \text{€/m}^2 \times 0{,}37688 = \mathbf{936\ \text{€/m}^2}$$

Ergänzender Hinweis

In dem Beispiel war davon auszugehen, dass aufgrund der tatsächlichen Bebauung des Grundstücks weder durch Aufstockung des Gebäudes noch durch eine bauliche Ergänzung eine Realisierung der zulässigen Nutzung möglich war. Wäre dies der Fall gewesen, wäre vom „vollen" Bodenwert in Höhe von 1 000 €/m² auszugehen. Bei untergenutzten Grundstücken ist deshalb zu prüfen, ob mit der vorhandenen, das zulässige Maß der baulichen Nutzung nicht ausschöpfenden Nutzung, tatsächlich eine Wertminderung einhergeht. Im Falle einer Bebauung des Grundstücks mit ergänzungsfähiger Bausubstanz (vgl. Lageplan) ist bei der Bemessung der Entschädigung vom „vollen" Bodenwert (für eine GFZ von 3,0) auszugehen.

c) **Bodenwert aufgrund der (herabgezonten) künftig rechtlich zulässigen Nutzung unter Berücksichtigung der ausgeübten Nutzung**

– Als Bodenwert aufgrund der künftigen zulässigen Nutzung mit einer GFZ von 1,5 ergibt sich (vgl. Beispiel 1, Rn. 187): 674 €/m².

– Ein Abbruch des das künftig zulässige Maß der baulichen Nutzung (mit einer GFZ von 1,5) überschreitenden Gebäudes mit einer GFZ von 2,5 ist nicht vorgesehen; es kann erwartet werden, dass das Gebäude aufgrund seines Bestandsschutzes in bisheriger Weise bis zum Ablauf der Restnutzungsdauer genutzt werden wird.

– Der bisherige Bodenwert unter Berücksichtigung der ausgeübten (realisierten) Nutzung sowie der Möglichkeit, nach Ablauf der Restnutzungsdauer eine höhere Nutzung realisieren zu können, wurde zuvor ermittelt mit 936 €/m².

Die Wertminderung in Höhe von:

$$936 \text{ €/m}^2 - 674 \text{ €/m}^2 = 261 \text{ €/m}^2$$

„schlägt" auf den Bodenwert des Grundstücks wiederum aufgrund des Bestandsschutzes des Gebäudes nur in einer über die Restnutzungsdauer diskontierten Höhe durch. Mithin ermittelt sich der Bodenwert wie folgt:

$$\text{Bodenwert} = 936 \text{ €/m}^2 - 261 \text{ €/m}^2 \times (1 + p/100)^{-n}$$

wobei
p = Diskontierungszinssatz
n = Restnutzungsdauer

Bei einem Diskontierungszinssatz von 5 % ergibt sich:

$$\textbf{Bodenwert} = 936 \text{ €/m}^2 - 261 \text{ €/m}^2 \times 0{,}37688 = \textbf{838 €/m}^2$$

d) **Planungsschaden** = Bodenwert vor planungsrechtlichem Eingriff
   abzüglich Bodenwert nach planungsrechtlichem Eingriff
   Planungsschaden = 936 €/m² – 838 €/m² ≈ **100 €/m²**

Fazit: Die ausgeübte Bebauung dämpft den Planungsschaden, wenn sie **Bestandsschutz** genießt, weil der Planungsschaden erst mit einer erheblichen Zeitverzögerung wertmäßig „zu Buche schlägt".

1.3.5.3 Entschädigung für planerische Eingriffe nach Ablauf der siebenjährigen Schutzfrist nach § 42 Abs. 3 und 4 BauGB

a) *Allgemeines*

Die Regelung des § 42 Abs. 3 BauGB geht von dem Grundgedanken aus, dass der **Anspruch auf eine zulässige Nutzung, soweit sie nicht ausgeübt wird, nach Ablauf einer siebenjährigen Schutzfrist,** gemessen ab dem Zeitpunkt der Zulässigkeit, „verwirkt" ist und die Gemeinde insoweit die zulässige Nutzung entschädigungslos aufheben oder ändern kann. Geschützt bleibt demzufolge nur die ausgeübte Nutzung.

§ 42 Abs. 3 und 4 BauGB haben folgende Fassung:

„(3) Wird die zulässige Nutzung eines Grundstücks nach Ablauf der in Absatz 2 bezeichneten Frist aufgehoben oder geändert, kann der Eigentümer nur eine Entschädigung für Eingriffe in die ausgeübte Nutzung verlangen, insbesondere wenn infolge der Aufhebung oder Änderung der zulässigen Nutzung die Ausübung der verwirklichten Nutzung oder die sonstigen Möglichkeiten der wirtschaftlichen Verwertung des Grundstücks, die sich aus der verwirklichten Nutzung ergeben, unmöglich gemacht oder wesentlich erschwert werden. Die Höhe der Entschädigung hinsichtlich der Beeinträchtigung des Grundstückswerts bemisst sich nach dem Unterschied zwischen dem Wert des Grundstücks aufgrund der ausgeübten Nutzung und seinem Wert, der sich infolge der in Satz 1 bezeichneten Beschränkungen ergibt.

(4) Entschädigungen für Eingriffe in ausgeübte Nutzungen bleiben unberührt."

In welchem Maße die Vorschrift den Entschädigungsanspruch einschränkt, hängt also von der ausgeübten Grundstücksnutzung ab. Im Grundsatz wird die Nutzung entschädigt, die innerhalb der Sieben-Jahres-Frist realisiert („ausgeübt") wurde (vgl. Abb. 14):

VI Städtebauliche Maßnahmen — Planungsschaden

Abb. 14: Entschädigung der ausgeübten Nutzung

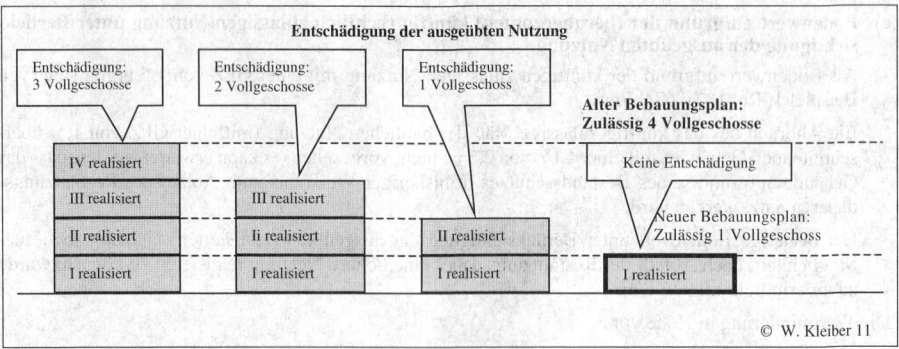

191 *Beispiel 3:*

– Bebautes Grundstück in Innenstadtlage (Mietshaus).
– Der Bebauungsplan weist – wie im vergangenen Beispiel – für das Grundstück eine GFZ von 3,0 aus.
– Der Bodenrichtwert für ein vergleichbares (unbebautes) Grundstück mit einer GFZ von 3,0 beträgt wiederum 1 000 €/m².
– Auf dem Grundstück befindet sich wiederum ein Mietwohnhaus, mit dem eine GFZ von 2,5 „ausgeübt" wird.
– Unter der Herrschaft des § 42 Abs. 3 BauGB entfällt die Möglichkeit, nach Ablauf der Restnutzungsdauer eine „bauliche Nutzung" mit einer GFZ von 3,0 realisieren zu können. Ausgangspunkt für die Bemessung der Entschädigung ist mithin der Bodenwert, der sich für die ausgeübte Nutzung mit einer GFZ von 2,5 ergibt. Dieser beläuft sich nach Beispiel 2 auf 897 €/m² (vgl. Rn. 188); mithin
– Bodenwert aufgrund der ausgeübten Nutzung (GFZ = 2,5) = 897 €/m².
– Der Bodenwert aufgrund der künftig zulässigen Nutzung (GFZ = 1,5) wurde im Beispiel 1 (vgl. Rn. 187) ermittelt mit 674 €/m².

Die Wertminderung in Höhe von

$$897 \text{ €/m}^2 - 674 \text{ €/m}^2 = \textbf{223 €/m}^2$$

„schlägt" auf den Bodenwert des Grundstücks wiederum aufgrund des Bestandsschutzes des Gebäudes nur in einer über die Restnutzungsdauer diskontierten Höhe durch. Mithin ermittelt sich der Bodenwert wie folgt:

$$\text{Bodenwert} = 897 \text{ €/m}^2 - 223 \text{ €/m}^2 \times (1 + p/100)^{-n}$$

wobei
p = Diskontierungszinssatz
n = Restnutzungsdauer

Bei einem Diskontierungszinssatz von 5 % ergibt sich:

$$\text{Bodenwert} = 897 \text{ €/m}^2 - 223 \text{ €/m}^2 \times 0{,}37688 = 813 \text{ €/m}^2$$

Der **Planungsschaden** beträgt damit:

$$896 \text{ €/m}^2 - 813 \text{ €/m}^2 = \textbf{83 €/m}^2$$

Fazit: Der Unterschied in der Höhe das Planungsschadens fällt bei Anwendung des § 42 Abs. 2 BauGB und des § 42 Abs. 3 BauGB weitaus geringer aus, als gemeinhin angenommen wird. Dies ist auf den **Bestandsschutz** zurückzuführen, der den Planungsschaden „abfedert".

b) *Eigentumsverdrängende Herabzonung*

192 Bei der Ermittlung des Entschädigungswerts bleiben nach **§ 95 Abs. 2 Nr. 7 BauGB** Bodenwerte unberücksichtigt, die nicht zu berücksichtigen wären, wenn der Eigentümer eine Entschädigung nach den planungsschadensrechtlichen Bestimmungen der §§ 40 bis 42 BauGB geltend machen würde.

Planungsschaden   **Städtebauliche Maßnahmen VI**

Die Beschränkung der Entschädigung nach den Grundsätzen des § 42 Abs. 3 BauGB, nach denen der **Eigentümer nur für Eingriffe in die ausgeübte Nutzung zu entschädigen ist,** wenn die zulässige Nutzung eines Grundstücks nach Ablauf von sieben Jahren aufgehoben oder geändert worden ist, gilt nach § 43 Abs. 3 Satz 2 und § 95 Abs. 2 Nr. 7 BauGB auch für den Übernahmeanspruch nach § 40 BauGB.

Eine Besonderheit gilt für sog. **eigentumsverdrängende Planungsmaßnahmen.** Hierunter sind Planungsmaßnahmen zu verstehen, die für ein einzelnes Grundstück zum vollständigen Eigentumsentzug führen, z. B. durch Festsetzung einer Nutzung für öffentliche Zwecke.

Abweichend von den vorstehenden Ausführungen und im Einklang mit der enteignungsrechtlichen Fachliteratur findet § 42 Abs. 2 BauGB keine Anwendung, wenn eine **Enteignungsentschädigung** (z. B. aufgrund eines begründeten Übernahmeverlangens) **im Anschluss an eine ausschließlich fremd nützige und damit eigentumsverdrängende Planung zu gewähren ist**[158]. Ein solcher Fall liegt z. B. vor, wenn das Maß einer bisher privatwirtschaftlichen baulichen Nutzung (GFZ) nicht nur „herabgezont", sondern durch Festsetzung einer Gemeinbedarfsnutzung ersetzt wird. Von dieser Festsetzung geht die Vorwirkung einer späteren Entziehung des Eigentums an dem Grundstück aus (eigentumsverdrängende Festsetzung). Insoweit kommt die sog. Harmonisierungsklausel des § 95 Abs. 1 Nr. 7 BauGB, nach der Bodenwerte, die nicht zu berücksichtigen wären, wenn der Eigentümer eine Entschädigung in den Fällen der §§ 40 bis 42 BauGB geltend machen würde, bei der Festsetzung der Entschädigung für den Rechtsverlust nicht zur Anwendung. Bei sog. eigentumsverdrängenden Festsetzungen wäre es mit der Eigentumsgarantie und dem in Art. 14 Abs. 1 und 3 i. V. m. Art 3 GG verankerten Grundsatz der Lastengleichheit unvereinbar, einzelne Eigentümer, die in einem Plangebiet von eigentumsverdrängenden Festsetzungen betroffen sind, im Falle der Enteignung mit einem (weiteren) Sonderopfer und im Verhältnis zu den übrigen Planbetroffenen, denen möglicherweise daraus sogar noch Werterhöhungen erwachsen, ungleich und unzumutbar zu belasten[159].   **193**

Der BGH hat (ebenso wie vorangehend das KG) unter Hinweis auf das Schrifttum festgestellt, dass abweichend zu den Planungseingriffen, bei denen nicht ausgeübte Bodennutzbarkeiten nach Ablauf der Planungsgewährleistungspflicht inhaltlich gemindert werden, jedoch privatnützig bleiben, bei eigentumsverdrängenden Planungsmaßnahmen (§ 40 Abs. 1 BauGB) insoweit eine andere Interessenlage besteht, als ein einziger Eigentümer es hinnehmen muss, aus dem Plangebiet herausgedrängt zu werden und den von der Planungsmaßnahme nicht betroffenen Eigentümern darüber hinaus noch die Vorteile der Gemeinbedarfseinrichtung zu Gute kommen. Die **planungsschadensrechtlichen Vorschriften finden deshalb in diesen Fällen keine Anwendung.**   **194**

Die Enteignungsentschädigung bemisst sich in den Fällen eigentumsverdrängender Planungsmaßnahmen mithin nach dem allgemeinen Vorwirkungsgrundsatz, d. h., **nach den Zustandsmerkmalen,** die das Grundstück in dem Zeitpunkt innehatte, **als** aufgrund der eigentumsverdrängenden Festsetzung **mit hinreichender Sicherheit und Bestimmtheit die spätere Enteignung erwartet werden musste;** § 42 Abs. 2 BauGB findet indessen keine Anwendung.

1.3.6 Entschädigungsausschluss nach § 43 Abs. 4 und 5 BauGB

Im Rahmen der Sozialpflichtigkeit des Grund und Bodens sind **Bodenwerte nicht zu entschädigen, soweit sie darauf beruhen,** dass   **195**

„1. die zulässige Nutzung auf dem Grundstück den allgemeinen Anforderungen an gesunde Wohn- und Arbeitsverhältnisse oder an die Sicherheit der auf dem Grundstück oder im umliegenden Gebiet wohnenden oder arbeitenden Menschen nicht entspricht oder

---

[158] Battis in Battis/Krautzberger/Löhr, BauGB, 7. Aufl. § 95 Rn. 10; Krohn im BerlKomm zum BauGB, 2. Aufl. § 42 Rn. 2 ff.; ders. Festschrift für Schlichter (1995) S. 439 ff., 452 ff.; Reisnecker in Brügelmann, BauGB § 95 Rn. 175 ff., 181; Runkel in Ernst/Zinkahn/Bielenberg/Krautzberger, BauGB § 42 Rn. 105a; Runkel, a. a. O., § 43 Rn. 36; Schmidt-Assmann, a. a. O., § 95 Rn. 101g; Breuer in Schrödter, BauGB 6. Aufl. § 95 Rn. 46 ff.
[159] BGH, Urt. vom 6.5.1999 – III ZR 174/98 –, GuG 1999, 376 = UPR 1999, 306 = EzGuG 6.289; vorangehend: KG, Urt. vom 6.3.1998 – U 985/97 –, GuG 1998, 312 = EzGuG 6.285; OLG München, Urt. vom 25.6.1998 – U 2/91 –, GuG 1999, 378; BGH, Urt. vom 11.7.2002 – III ZR 160/01 –, GuG 2002, 61, 375 = EzGuG 6.292.

2. in einem Gebiet städtebauliche Missstände im Sinne des § 136 Abs. 2 und 3 bestehen und die Nutzung des Grundstücks zu diesen Missständen wesentlich beiträgt."

196 Des Weiteren ist die **Reduktionsklausel des § 43 Abs. 5 BauGB** zu beachten:

„(5) Nach Vorliegen der Entschädigungsvoraussetzungen bleiben Werterhöhungen unberücksichtigt, die eingetreten sind, nachdem der Entschädigungsberechtigte in der Lage war, den Antrag auf Festsetzung der Entschädigung in Geld zu stellen, oder ein Angebot des Entschädigungspflichtigen, die Entschädigung in Geld in angemessener Höhe zu leisten, abgelehnt hat. Hat der Entschädigungsberechtigte den Antrag auf Übernahme des Grundstücks oder Begründung eines geeigneten Rechts gestellt und hat der Entschädigungspflichtige daraufhin ein Angebot auf Übernahme des Grundstücks oder Begründung des Rechts zu angemessenen Bedingungen gemacht, gilt § 95 Abs. 2 Nr. 3 entsprechend."

1.4 Übernahmeanspruch

1.4.1 Allgemeines

▶ *Allgemeines zum Übernahmeanspruch vgl. Rn. 16 f.*

197 Der Übernahmeanspruch steht in enger Verwandtschaft mit der Enteignung, und zwar sowohl was den verfahrensmäßigen Vollzug als auch die Höhe der Entschädigung betrifft. Grob gesagt, läuft der **Übernahmeanspruch auf ein vom Betroffenen in Gang gesetztes Enteignungsverfahren** hinaus, das zur Vermeidung einer Enteignung zunächst auf einen freihändigen Erwerb auf der Grundlage eines angemessenen Angebots gerichtet ist.

1.4.2 Verfahren

198 Im Städtebaurecht ist der **verfahrensmäßige Vollzug** am umfassendsten **in § 43 Abs. 1, 4 und 5 sowie § 44 Abs. 3 und 4 BauGB** im Zusammenhang mit dem Planungsschaden **geregelt**. Die Voraussetzungen ergeben sich dabei aus § 40 Abs. 2 BauGB (im Falle eines Planungsschadens oder zur Sicherung von Gebieten mit Fremdenverkehrsfunktion nach § 22 BauGB, bei der Begründung von Leitungsrechten und bei Bindungen für Bepflanzungen im Geltungsbereich nach § 41 Abs. 1 BauGB; im Falle einer Erhaltungssatzung nach § 173 Abs. 2 BauGB oder nach besonderen Vorschriften; vgl. § 145 Abs. 5 ggf. i. V. m. § 169 Abs. 1 Nr. 3 oder § 168 BauGB sowie nach § 179 Abs. 3 Satz 2 BauGB bei einem Rückbaugebot). Die genannten verfahrensrechtlichen Vorschriften sind entsprechend anzuwenden, wo sie im BauGB nicht ausdrücklich genannt sind (vgl. §§ 145 Abs. 5 und 168 BauGB).

1.4.3 Entschädigung

199 Die **Entschädigung bemisst sich nach den enteignungsrechtlichen Vorschriften des BauGB (Fünfter Teil).** Hierauf wird in den Vorschriften über das Übernahmeverlangen (§ 145 Abs. 5 Satz 2, § 168 Abs. 2 Satz 2 und § 173 Abs. 2 BauGB) hingewiesen. Andere Vorschriften verweisen (auch) auf die Regelungen des § 43 Abs. 1, 4 und 5 sowie § 44 Abs. 3 und 4 BauGB (§ 145 Abs. 5 Satz 4, § 22 Abs. 7 und § 173 Abs. 2 BauGB) bzw. auf § 43 Abs. 1, 2, 4 und 5 sowie § 44 Abs. 3 und 4 BauGB (§ 179 Abs. 3 BauGB); § 43 Abs. 1 BauGB verweist dabei (indirekt) wiederum auf die enteignungsrechtlichen Vorschriften des Fünften Teils des BauGB.

200 Die **materiellen Entschädigungsvorschriften für den Übernahmeanspruch** bedürfen der Harmonisierung. Folgende **Grundsätze** sind im Wege der Auslegung zu beachten:

– In den Fällen, wo sich die Entschädigung nach den Enteignungsvorschriften bemisst (so ausdrücklich § 145 Abs. 5 und § 168 BauGB), finden gemäß § 95 Abs. 2 Nr. 7 BauGB die Regelungen der §§ 40 bis 42 BauGB Anwendung. Des Weiteren sind die Regelungen des **§ 43 Abs. 4 BauGB** über die Nichtberücksichtigung von Bodenwerten anzuwenden[160].

---

[160] Runkel in Ernst/Zinkahn/Bielenberg/Krautzberger, BauGB, Komm. zu § 95, 37. Lfg. unter Hinweis auf Battis/Krautzberger/Löhr, BauGB, Komm. zu § 95 Rn. 10; Büchs S. 384; Pohl in Kohlh.-Komm. § 95 BauGB Rn. IV 4 b; Söfker in DVBl 1979, 107.

Übernahmeanspruch   Städtebauliche Maßnahmen VI

- Die Regelungen des **§ 44 Abs. 3 und 4 BauGB** über die Fälligstellung und Verjährung von Ansprüchen aus Vermögensnachteilen nach den §§ 39 bis 42 BauGB kommen im Falle des **Übernahmeanspruchs nach den §§ 145 und 168 BauGB** (Sanierungsgebiete und Entwicklungsbereiche) seit Inkrafttreten des BauROG am 1.1.1998 auch in Sanierungsgebieten und städtebaulichen Entwicklungsbereichen zur Anwendung (vgl. § 145 Abs. 5 Satz 5 und § 168 Abs. 1 Satz 2 BauGB). Dies betrifft insbesondere die Verjährungsregelung des § 44 Abs. 4 BauGB, nach der ein Entschädigungsanspruch erlischt, wenn nicht innerhalb von drei Jahren nach Ablauf des Kalenderjahres, in dem die Vermögensnachteile nach den §§ 39 bis 42 BauGB eingetreten sind, der Betroffene die Fälligkeit des Anspruchs herbeigeführt hat (Abb. 15).

Abb. 15: Übernahmeanspruch

Übernahmeanspruch
Verfahren

Vorverfahren

Voraussetzung (§ 44 Abs. 3 Satz 1 BauGB):
Vermögensnachteile nach den §§ 39 bis 42 BauGB eingetreten

Fälligkeitsstellung (§ 44 Abs. 3 Satz 2 BauGB)
Schriftlicher Antrag auf Entschädigungsleistung bei Entschädigungspflichtigen

Rechtsfolge
a) Verzinsung der Entschädigungsleistungen ab Fälligkeit mit 2 % über dem Basiszinssatz (§ 44 Abs. 3 Satz 3 BauGB)
b) Verzinsung bei Übernahme des Grundstücks mit 2 % über dem Basiszinssatz ab Entscheidung über Enteignungsantrag (§ 44 Abs. 3 Satz 4 BauGB)

Verjährung (§ 44 Abs. 4 BauGB)
Nach Ablauf von drei Jahren, gerechnet ab Ende des Kalenderjahrs, in dem Vermögensnachteile nach den §§ 39 bis 42 BauGB eingetreten sind, wenn nicht vorher Fälligkeit herbeigeführt

Übernahmeverfahren

Bei keiner Einigung über Entschädigung durch
– Übernahme des Grundstücks oder
– Begründung eines Rechts

Schriftlicher Antrag (§ 43 Abs. 1 BauGB) auf
– Entziehung des Eigentums oder
– Begründung eines Rechts bei der Enteignungsbehörde

Vorwirkung (§ 43 Abs. 4 und 5 BauGB)
a) Ausschluss von Werterhöhungen bei
   – Möglichkeit der Antragstellung auf Festsetzung einer Geldentschädigung
   – Ablehnung einer angemessenen Entschädigung
b) Vorwirkung nach § 95 Abs. 2 Nr. 3 BauGB (§ 43 Abs. 5 BauGB)
c) Ausschluss von Bodenwerten, soweit
   – sie auf städtebaulichen Missständen i. S. d. § 136 Abs. 2 BauGB beruhen
   – zulässige Nutzung gesunden Wohn- und Arbeitsverhältnissen widerspricht

VI Städtebauliche Maßnahmen

2 Städtebauliche Sanierungsgebiete und Entwicklungsbereiche

Schrifttum: *Busch, B.*, Städtebauliche Entwicklungsmaßnahmen und Verträge als Mittel der Wertabschöpfung durch Kommunen, in Immobilienrecht 2000, RWS-Forum 19, Köln 2000; *Diehr, U.*, BauR 2000, 1; *Foißner*, Klassisches Sanierungsverfahren oder vereinfachtes Sanierungsverfahren GuG 2013, 267; *Friauf*, Der Beitrag steuerlicher Maßnahmen zur Lösung der Bodenfrage, Schriftenreihe des BMBau 03.064, Bonn 1978, S. 90 ff.; *Gaentzsch, G.*, Die Bodenwertabschöpfung im StBauFG, Siegburg 1975; *Janning*, Bodenwert und Städtebaurecht, Berlin 1976; *Groth/Streck*, Abschöpfung leistungsloser Bodenwertsteigerungen, Kritische Justiz 1998, 318; *Halstenberg/Lenort/Rößler*, Vorteils- und Schadensausgleich im Planungsrecht, Schriften des Deutschen Verbandes für Wohnungswesen, Städtebau und Raumplanung, Köln 1958; GuG 1997, 47, 106 ff. und 234 ff.; *Huber, P.*, Rechtliche Grenzen von Planungswertausgleich und städtebaulichen Verträgen, DÖV 1999, 173; *Leisner*, Wertzuwachsbesteuerung und Eigentum, Schriften zum Steuerrecht Bd. 19, Berlin 1973, S. 83 ff.; *Mathony, K.-H.*, Von der Sanierungssatzung zum Ausgleichsbetrag, Bonn 2009; *Mathony, K.-H.*, Erhebung von Vorauszahlungen auf den Ausgleichsbetrag, GuG 2013/6; *Roller, G.*, Wertermittlung im Spannungsfeld von (gesetzlicher) Umlegung und maßnahmebedingter Wertabschöpfung, GuG 2005, 1; *Schmidt-Assmann*, Grundfragen des Städtebaurechts, Göttingen 1972, S. 261 ff.; *Schmidt-Eichstaedt*, Die (Rück-)Verteilung eines Überschusses an die Eigentümer nach Abschluss einer städtebaulichen Sanierungs- oder Entwicklungsmaßnahme, GuG 2009, 92; *Troll*, Grund und Boden, Politik und Steuern, Heidelberg 1972, S. 56 ff.; *Wissenschaftlicher Beirat beim BMF*: Probleme und Lösungsmöglichkeiten einer Bodenwertzuwachsbesteuerung; Schriftenreihe des BMF Bd. 22, Bonn 1976; *Zorn, H.*, Erhebung von Ausgleichsbeträgen, GuG 2011, 141.

2.1 Allgemeines

2.1.1 Abschöpfung maßnahmenbedingter Bodenwerterhöhungen

▶ *Zur Ermächtigung von Regelungen über die Verkehrswertermittlung in Sanierungsgebieten und Entwicklungsbereichen vgl. § 199 BauGB Rn. 6 und Rn. 18 ff.*

201 Die bodenpolitische Konzeption des Sanierungs- und Entwicklungsmaßnahmenrechts ist (von den vereinfachten Sanierungsverfahren abgesehen) darauf gerichtet, sanierungs- bzw. entwicklungsbedingte Bodenwerterhöhungen, die erst durch die gemeindlichen Sanierungs- bzw. Entwicklungsmaßnahmen herbeigeführt werden,

– zur **Finanzierung der Sanierung bzw. Entwicklung** (§ 154 Abs. 1 Satz 1 BauGB) und

– zur **Vermeidung von Erschwernissen bei der Durchführung der Sanierung bzw. Entwicklung** (§ 142 Abs. 4 Satz 1 BauGB)

der Gemeinde und somit der Allgemeinheit zu erhalten.

202 Für diesen Zweck wird **nach der Grundsatzregelung des § 154 Abs. 1 Satz 1 BauGB** von demjenigen Eigentümer, der im Verlauf einer Sanierungs- oder Entwicklungsmaßnahme sein Grundstück behalten hat, nach Abschluss der Maßnahme anstelle des Erschließungsbeitrags und eines naturschutzrechtlichen Kostenerstattungsbetrags ein **Ausgleichsbetrag in Höhe der sanierungs- bzw. entwicklungsbedingten Bodenwerterhöhungen** erhoben (§§ 154 f., 159 Abs. 5 und § 166 Abs. 3 Satz 4 BauGB). Für diejenigen, die im Verlauf der Maßnahme ihr Grundstück freihändig bzw. im Wege der Enteignung „hergegeben" haben, sind – gleichsam spiegelbildlich hierzu – bei der Bemessung von Ausgleichs- und Entschädigungsleistungen die sanierungs- bzw. entwicklungsbedingten Werterhöhungen „auszuklammern", d. h., die entschädigungsrechtlich zu berücksichtigende Qualität bestimmt sich – in Anwendung des Grundsatzes, der § 153 Abs. 1 BauGB zugrunde liegt –, nach dem Zustand des Grundstücks ohne Aussicht auf die Sanierung bzw. Entwicklung, ihre Vorbereitung und Durchführung. Dieser Grundstückswert wird auch als „sanierungs- bzw. entwicklungsunbeeinflusster Grundstückswert" bezeichnet. Mit der sog. Preisprüfung nach § 144 i. V. m. § 153 Abs. 2 BauGB hat der Gesetzgeber sichergestellt, dass dieser Grundstückswert bei freihändiger Veräußerung grundsätzlich nicht überschritten wird.

Mit der am 1.1.2007 in Kraft getretenen **Sonderregelung des § 154 Abs. 2a BauGB**[161] wird die Gemeinde ermächtigt, abweichend von der Grundsatzregelung des § 154 Abs. 1 Satz 1 BauGB durch Satzung zu bestimmen, dass der Ausgleichsbetrag in einem „vereinfachten Verfahren"[162] nach einem in der Satzung zu bestimmenden Vomhundertsatz des Aufwands für die Erweiterung oder Verbesserung von Erschließungsanlagen i. S. d. § 127 Abs. 2 Nr. 1 bis 3 BauGB in dem gesamten Sanierungsgebiet berechnet wird, wobei 50 vom Hundert des Aufwands nicht überschritten werden dürfen[163]. Der sich an den Kosten der Erweiterung und Verbesserung von Erschließungsanlagen bemessende Ausgleichsbetrag stellt im Rahmen der bodenpolitischen Konzeption des besonderen Sanierungsrechts, nach der die Sanierungsbetroffenen allein nach der für ihre Grundstücke eingetretenen Bodenwerterhöhung an der Finanzierung der Sanierungsmaßnahme beteiligt werden, einen „Fremdkörper" dar, denn nach dieser Vorschrift kann sich für den Sanierungsbetroffenen auch ein höherer Ausgleichsbetrag ergeben. Die Vorschrift findet nach § 169 Abs. 1 Nr. 7 BauGB keine Anwendung in städtebaulichen Entwicklungsbereichen, da „hier regelmäßig mit höheren entwicklungsbedingten Wertsteigerungen zu rechnen" sei[164]. Bei den nachfolgenden Ausführungen bleibt der Ausgleichsbetrag nach der Sonderregelung des § 154 Abs. 2a BauGB zunächst außer Betracht. **203**

Die bodenpolitische Konzeption liegt auch der **städtebaulichen Entwicklungsmaßnahme** zugrunde, bei der nach § 166 Abs. 3 BauGB die entwicklungsbedingte Bodenwerterhöhung im Regelfall im Wege des sog. Durchgangserwerbs und in Ausnahmefällen durch die Erhebung von Ausgleichsbeträgen „abgeschöpft" wird. Der Grunderwerb erfolgt hier zum „entwicklungsunbeeinflussten Grundstückswert". **204**

Das BauGB hat – wie bereits erwähnt – mit den „Besonderen sanierungsrechtlichen Vorschriften" der §§ 153 bis 156a BauGB über die „Abschöpfung" sanierungs- und entwicklungsbedingter Werterhöhungen **die bereits dem StBauFG zugrunde liegende bodenpolitische Konzeption in ihren Grundzügen unverändert übernommen**. Mit dieser Konzeption ist der Rechtsgedanke fortentwickelt worden, der auch der „Abschöpfung" umlegungsbedingter Bodenwerterhöhungen nach den §§ 45 ff. BauGB zugrunde liegt[165]. In der Literatur besteht hierzu im Wesentlichen Übereinstimmung, dass die bodenrechtliche Ausgestaltung des Sanierungs- und Entwicklungsrechts, soweit sie Art. 14 GG berührt, ihre verfassungsrechtliche Grundlage in Art. 14 Abs. 1 Satz 2 und Abs. 2 GG findet. Im Übrigen ist die sanierungs- und entwicklungsrechtliche Konzeption auch im Hinblick auf die unterschiedliche Behandlung der Eigentümer innerhalb und außerhalb förmlich festgelegter Sanierungsgebiete bzw. städtebaulicher Entwicklungsbereiche in der höchstrichterlichen Rechtsprechung gebilligt worden (vgl. Rn. 214). **205**

Der **Ausgleichsbetrag** *(Equalisation Levy)* nach den §§ 154 f. BauGB **ist nicht mit dem sog. Planungswertausgleich**[166] gleichzusetzen, da er sich zur Finanzierung der Maßnahme nach der Gesamtheit der maßnahmenbedingten (ggf. unter Einbeziehung planungsbedingter) Werterhöhungen und ersatzweise für die sonst zu erhebenden Erschließungsbeiträge und Kostenerstattungsbeträge bemisst und durch die aufgewandten Kosten „gekappt" wird (§ 156a BauGB 98). **206**

---

161 Vgl. Art. 12 des Gesetzes vom 21.12.2006 (BGBl. I 2006, 3316).
162 A-Bericht BT-Drucks. 16/3308, S. 22 f.
163 Vgl. Ernst/Zinkahn/Bielenberg/Krautzberger, BauGB § 154 Rn. 149a.
164 A-Bericht BT-Drucks. 16/3308, S. 23.
165 BVerfG, Beschl. vom 17.12.1964 – 1 BvL 2/62 –, BVerfGE 18, 274 = EzGuG 17.24.
166 Historische Vorläufer sind z. B. das „Betterment-System" der napoleonischen Gesetzgebung vom 16.6.1807 (Art. 30; vgl. Weber, A., Über Bodenrente und Bodenspekulation in der modernen Stadt, Leipzig, S. 183) und hierauf aufbauend die „Betterment-Abgabe" des Magistrats der Stadt Breslau (Jahrbuch der Bodenreform 1906, 44, 131); die Betterment-Abgabe der Stadt Frankfurt a. M. (Jahrbuch der Bodenreform 1905, 209), der Planungswertausgleich im Reichsland Elsaß (Colbert, Jahrbuch der Bodenreform 1908, 177; Gesetz vom 16.9.1807 (Art. 30 f.), „Le principe des plus values". Einen „delikaten" Vorläufer enthält der Referentenentwurf eines Deutschen Baugesetzbuchs vom 21.3.1942 (Referate für Aufbau und Allgemeines), der Abgaben für Wertsteigerungen bei der Überführung von Rohland zu Bauland (Baulandabgabe) und Abgaben für Wertsteigerungen bei städtebaulichen Maßnahmen (Wertsteigerungsabgaben) in den §§ 96 und 97 vorsah. Die Abgabe sollte 80 v. H. der Werterhöhung entsprechen. Nach dem 2. Weltkrieg: Bielenberg, W., Empfehlen sich weitere bodenrechtliche Vorschriften im städtebaulichen Bereich?, Gutachten zum 49. Deutschen Juristentag, München 1972.

VI Städtebauliche Maßnahmen — Sanierungsgebiete

207 Der sog. **Planungswertausgleich**, der abgabenrechtlich von der sog. Wertzuwachssteuer[167] unterschieden werden muss, war nie unumstritten. Eine Steuer auf den nichtrealisierten Wertzuwachs, so *Tipke/Lang*[168] in ihrem Steuerkommentar, wäre mit Substanzsteuermängeln behaftet und hat sich deshalb nicht in der Rechtswirklichkeit durchgesetzt; „in Gestalt einer kommunalen Steuer auf Bodenwertsteigerungen, auch Planungswertausgleich genannt, wird sie immer wieder einmal von steuerunwissenden Ideologen ins Spiel gebracht".

208 Ein Planungswertausgleich ist entgegen weit verbreiteter Auffassung auch nicht in den **Niederlanden** eingeführt worden[169].

209 Im Vorfeld der Beratungen zum StBauFG, dem Vorläufer des besonderen Städtebaurechts, wurden als bodenpolitische Lösung zur Finanzierung der Maßnahme die sog. Kostenlösung und die sog. Wertlösung diskutiert:

– Nach der sog. *Kosten*lösung (Infrastrukturabgabe) werden die betroffenen Eigentümer – vergleichbar mit der Erhebung von Erschließungsbeiträgen – mit den maßnahmenbedingten Infrastrukturkosten belastet. Dieser Lösungsansatz wurde im Hinblick auf das ungelöste Zurechnungsproblem, d. h. die Zuordnung von Infrastrukturkosten zu den von den Infrastrukturmaßnahmen begünstigten Grundstücken, verworfen[170]. Diese Zurechnung ist nicht eindeutig lösbar und damit äußerst streitbefangen; sie würde im Übrigen die betroffenen Eigentümer regelmäßig mit einem höheren Betrag belasten, als ihre Grundstücke im Wert steigen.

– Nach der sog. *Wert*lösung werden die betroffenen Eigentümer lediglich mit dem Betrag belastet, der der maßnahmenbedingten Werterhöhung ihrer Grundstücke entspricht.

210 Der Gesetzgeber hat sich schließlich zu einer **kombinierten Wert-Kosten-Lösung** entschieden, mit der sich die „Abschöpfung" maßnahmenbedingter Bodenwerterhöhungen zunächst nach der maßnahmenbedingten Erhöhung der Verkehrswerte der betroffenen Grundstücke bemisst und nur in den Fällen, in denen die aufsummierten maßnahmenbedingten Bodenwerterhöhungen die Kosten übersteigen, eine Verteilung des Überschusses erfolgt (vgl. § 156a BauGB sowie § 171 BauGB).

211 Im Ergebnis wird die Abschöpfung der maßnahmenbedingten Bodenwerterhöhung des einzelnen Grundstücks durch den auf dieses Grundstück entfallenden Kostenanteil der Gesamtmaßnahme in den Fällen gekappt, in denen die Gesamteinnahmen aus der Abschöpfung maßnahmenbedingter Bodenwerterhöhungen die Gesamtkosten der Maßnahme übersteigen. Dies kann allerdings erst nach Abschluss der Maßnahme und dem Verfahren zur Erhebung von Ausgleichsbeträgen auf der Grundlage einer Abrechnung der Maßnahme festgestellt werden. Das Gesetzbuch geht für einen solchen Ausnahmefall von einer nachträglichen Überschussausschüttung aus (vgl. Rn. 429 ff.). Insoweit sieht das bodenpolitische System des Besonderen Städtebaurechts **zwei Kappungsgrenzen** vor (vgl. Abb. 1):

a) eine Kappung der Abschöpfung der maßnahmenbedingten Gesamtkosten durch den maßnahmenbedingten Bodenwertzuwachs des einzelnen Grundstücks sowie

---

167 S. Kumpmann, Wertzuwachssteuer, Tübingen 1907; Müthling, Wertzuwachssteuerrecht, Berlin 1943; Tuntke, Die Behandlung der Bodenwertsteigerungen im englischen Recht, Diss. Köln 1969; Sachse, DB 1971, 1179; v. Schalburg, BB 1971, 695; Zink/Liedschulte, StuW 1971, 45; K.-H. Peters, Die Bodenreform, Hamburg 1971; Ostendorf, Einführung in die Bodenwertzuwachssteuer, FR 1971, 137; Troll, Grund und Boden, Politik und Steuer, Heidelberg 1972; K. H. Friauf, Steuergesetzgebung als Instrument der Bodenordnung (Bodenwertzuwachssteuer), DVBl 1972, 652; Zink, Die Probleme einer Wertzuwachsbesteuerung, StuW 1973, 150; v. Nell-Breuning, Handbuch der Finanzwissenschaft, Bd. 2, Tübingen 1956, 557 ff. (s. auch 521 ff.); Klein, F., Bodenwertzuwachssteuer und Art. 14 GG, DV 1973, 433; Liedschulte/Zink, Die Erfassung von Wertzuwächsen im Rahmen der Einkommens- und Ertragsbesteuerung, Opladen 1973.
168 Tipke/Lang, Steuerrecht § 4 Rn. 107, S. 86.
169 Schmidt-Eichstaedt, GuG 1999, 65; Needham/Koenders/Kruijt, The Netherlands, UCL Press London 1993,S. 69; Jans, Planungs- und Bodenrecht in den Niederlanden, Archiv für Kommunalwissenschaft 1968, 318.
170 OVG Lüneburg, Urt. vom 27.7.1972 – 1 A 118/71 –, DVBl 1972, 897 = EzGuG 1.11; BVerwG, Urt. vom 30.11.1973 – 7 C 78/72 –, BVerwG 44, 202 = EzGuG 1.14; BVerfG, Beschl. vom 12.10.1978 – 2 BvR 154/74 –, BVerfGE 49, 343 = EzGuG 1.18.

b) eine Kappung der Abschöpfung der maßnahmenbedingten Bodenwerterhöhung des einzelnen Grundstücks durch die auf dieses Grundstück entfallenden Anteile der Gesamtkosten, wobei dieser Fall allerdings nur dann eintritt, wenn die Gesamteinnahmen die Gesamtkosten übersteigen. In diesem Fall vollzieht sich diese „Kappung" durch eine nachträgliche Ausschüttung des Überschusses nach § 156a BauGB.

Die Ausgleichsbetragsregelung des Besonderen Städtebaurechts ist damit vom **Äquivalenzprinzip** beherrscht und kann nicht mit der klassischen Forderung nach einem Planungswertausgleich gleichgesetzt werden, da dann auch erhebliche Abgaben im Verhältnis zu geringen gemeindlichen Aufwendungen entstehen können.

Abb. 1: Kappung der Kosten und des Bodenwertzuwachses

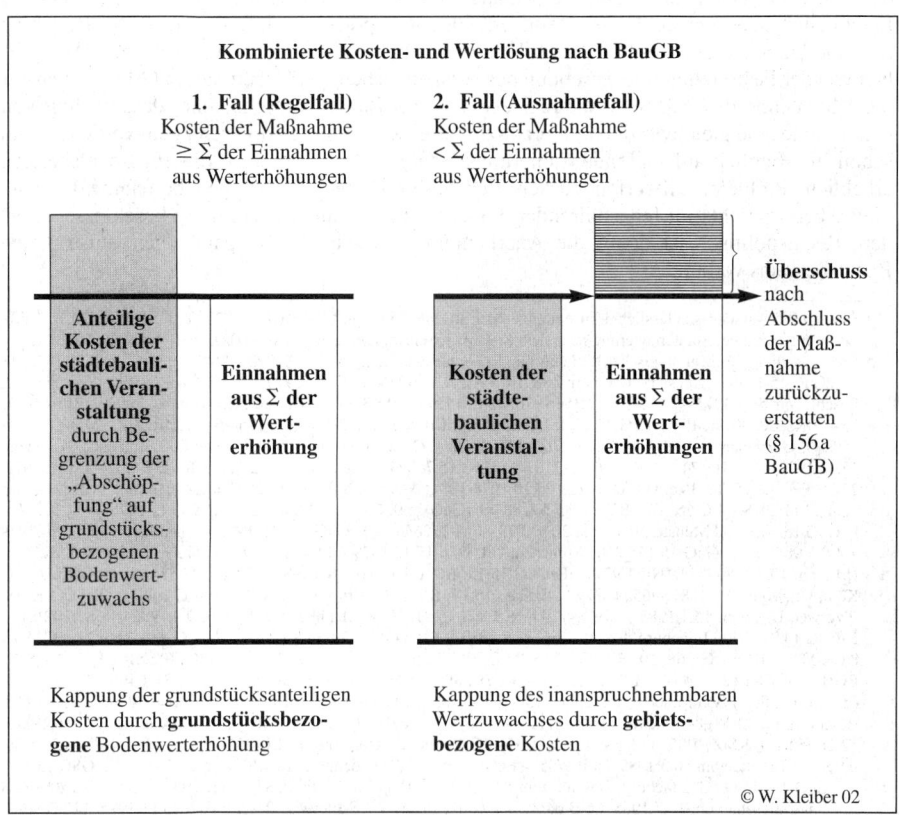

Die Erhebung von Ausgleichsbeträgen war rechtspolitisch nie unumstritten[171]. Die Bundesregierung hat jedoch schon anlässlich der Beratungen zum StBauFG 1984 im Bundesrat angekündigt, dass die besondere bodenpolitische Konzeption des StBauFG in das BauGB übernommen werde[172]. Demgegenüber hatte die zur Vorbereitung des BauGB eingesetzte Arbeitsgruppe noch mehrheitlich die Aufhebung des Ausgleichsbetragsrechts empfohlen[173]. Hierzu wurde in der Stellungnahme des Bundesministers für Raumordnung, Bauwesen und

---

171 Glier in BlGBW 1975, 24; Bielenberg in BlGBW 1974, 1; Gb in BlGBW 1972, 41; Müller in BlGBW 1955,145; Risse in FWW 1975, 365; ders. in FWW 1976, 59; Holzheu, F., in Stadtbauwelt 1974, 17; Hintzsche in Stadtbauwelt 1970; Janning, Bodenwert und Städtebaurecht, Köln 1976; Haman, Bodenwert und Stadtplanung, Köln 1969; Risse in GWW 1976, 112; Peters in GWW 1971, 420; Kuttler/Zangg in WuR, Zürich 1972, S. 251, Angelini, ibidem 1972 S. 269; Materialien zum BauGB, BMBau Schriftenreihe 03.108, Bonn 1984, S. 124 f.
172 BR-PlenProt Nr. 452 der BR-Sitzung vom 26.10.1984; DVBl. 1984, 580.
173 Materialien zum BauGB, Schriftenreihe des BMBau 03.108, S. 96, 124.

VI Städtebauliche Maßnahmen   Sanierungsgebiete

Städtebau zu bedenken gegeben, dass das Ausgleichsbetragsrecht für sich habe, dass die **Eigentümer nach gleichen Maßstäben und mit einer an der tatsächlichen Werterhöhung ihrer Grundstücke orientierten Belastungsgrenze an den Kosten der Sanierungsmaßnahme beteiligt** werden, während die Erhebung eines an Kosten orientierten Erschließungsbeitrags sowie eines Beitrags nach dem Kommunalabgabengesetz (KAG) bei geringen Bodenwerterhöhungen in Gebieten mit geringer Wirtschaftskraft zu höheren Belastungen der Eigentümer führen könne[174].

214 Die **Schutzfunktion des Ausgleichsbetrags** ist – ähnlich der Ausgleichsleistung im Umlegungsverfahren – von entscheidender Bedeutung für die Akzeptanz der abgabenrechtlichen Vorschriften. Eine über den Wertzuwachs des Grundstücks hinausgehende Belastung der Eigentümer müsste dagegen deren Mitwirkungsbereitschaft mindern und die Durchführung der Sanierung erschweren. Darüber hinaus weist das Ausgleichsbetragsrecht mehr als das Erschließungsbeitragsrecht eine Reihe sozialer Komponenten auf, wie z. B. die Regelung über die Umwandlung des Ausgleichsbetrags in ein Tilgungsdarlehen sowie über das Absehen von der Festsetzung und Erhebung des Ausgleichsbetrags. Neben diesen Gründen war für die Übernahme des Ausgleichsbetragsrechts in das BauGB entscheidend, dass bislang von keiner Seite eine gleichwertige und praktizierbare Ersatzlösung vorgeschlagen worden ist und schon im Hinblick auf laufende Sanierungsverfahren Änderungen in diesem Rechtsbereich erhebliche Probleme aufwerfen würden. Vor diesem Hintergrund ist die Übernahme des Ausgleichsbetragsrechts im federführenden BT-Ausschuss seinerzeit einmütig beschlossen worden. Rechtspolitisch ist damit die Anerkennung eines in der Vergangenheit umstrittenen Rechtsbereichs verbunden[175].

---

174 So auch BT-Ausschuss anlässlich der Beratungen der StBauFG 84; vgl. BT-Drucks. 10/2039, S. 5; sowie Schäfer/difu, Erfahrungen mit der Stadterneuerung nach dem StBauFG, Schriftenreihe des BMBau 02.036, Bonn 1986, S. 231.

175 Rechtsprechung in chronologischer Reihenfolge: VG Schleswig, Urt. vom 25.9.1974 – 2 A 108/74 –, SchlHA 1975, 18 = EzGuG 15.1; VG Schleswig, Urt. vom 25.9.1974 – 2 A 141/74 –, SchlHA 1975, 19 = EzGuG 15.2; OVG Lüneburg, Beschl. vom 5.11.1975 – 1 C 3/74 –, NJW 1976, 2281 = EzGuG 15.3; OVG Münster, Urt. vom 8.4.1976 – 10 A 1011/75 –, BRS Bd. 30 Nr. 196 = EzGuG 15.4: LG Limburg, Urt. vom 6.7.1976 – 3 T 175/76 –, ZMR 1977, 375 = EzGuG 15.5; OLG Bremen, Beschl. vom 6.10.1976 – 1 W 59/76 –, OLGZ 1977, 16 = EzGuG 15.6; OVG Lüneburg, Urt. vom 15.12.1977 – 1 A 311/74 –, NJW 1979, 1316 = EzGuG 15.7; VG Kassel, Urt. vom 21.7.1978 – 2 E 1/77 –, ZMR 1979, 235 = EzGuG 15.7a; BVerwG, Urt. vom 25.10.1978 – 4 C 48/76 –, NJW 1979, 2577 = EzGuG 15.8; BVerwG, Urt. vom 24.11.1978 – 4 C 56/76 –, BVerwGE 57, 88 = EzGuG 15.9; OVG Lüneburg, Urt. vom 30.11.1978 – 6 A 37/77 –, EzGuG 15.10; OVG Münster, Urt. vom 20.3.1979 – 7 A 1726/76 –, EzGuG 15.11; OVG Bremen, Urt. vom 30.10.1979 – 2 BA 90/78 –, EzGuG 15.13; VGH München, Urt. vom 17.12.1979 – 14 N 838/79 –, EzGuG 15.14; OVG Münster, Urt. vom 10.3.1980 – 11a NE 15/77 –, EzGuG 15.15; BGH, Urt. vom 8.5.1980 – III ZR 27/77 –, EzGuG 15.16; LG Köln, Urt. vom 31.3.1981 – 65 O 1/79 –, EzGuG 15.17; BVerwG, Urt. vom 21.8.1981 – 4 C 16/87 –, EzGuG 15.18; BVerwG, Urt. vom 15.1.1982 – 4 C 94/79 –, EzGuG 15.21; VGH Mannheim, Urt. vom 9.2.1982 – 8 S 1343/81 –, EzGuG 14.71; OVG Lüneburg, Beschl. vom 28.7.1983 – 1 B 34/83 –, EzGuG 15.25; BVerwG, Urt. vom 21.10.1983 – 8 C 40/83 –, BVerwGE 68, 103 = EzGuG 15.26; OVG Münster, Urt. vom 28.10.1983 – 3 K 1102/81 –, EzGuG 15.27; BGH, Urt. vom 12.1.1984 – III ZR 103/82 –, BGHZ 89, 338 = 15.28; VG Mainz, Urt. vom 31.1.1984 – K 18/82 –, (unveröffentlicht); VG Lüneburg, Urt. vom 15.8.1984 – 11 A 70/83 –, Die Gemeinde 1984, 326 = EzGuG 15.30; BGH, Beschl. vom 18.10.1984 – III ZR 116/83 –, AVN 1985, 175 = EzGuG 15.34; VG Schleswig, Beschl. vom 31.10.1984 – 12 D 95/84 –, KStZ 1085, 118 = EzGuG 15.35; VG Hannover, Urt. vom 5.12.1984 – 8 A 174/84 –, EzGuG 15.36; BVerwG, Beschl. vom 26.3.1985 – 4 B 9/85 –, EzGuG 15.37; VG Oldenburg, Beschl. vom 27.3.1985 – 2 OSD 13/85 –, EzGuG 15.38; OVG Lüneburg, Beschl. vom 8.7.1985 – 1 B 114/84 –, MittDST 1988, 100 = EzGuG 15.40; OVG Lüneburg, Beschl. vom 10.7.1985 – 6 B 64/85 –, EzGuG 15.41; VG Schleswig, Beschl. vom 26.11.1985 – 12 D 96/84 –, EzGuG 14.43; OVG Lüneburg, Beschl. vom 3.1.1986 – 1 A 22/84 –, EzGuG 15.44; VG Hannover, Beschl. vom 21.3.1986 – 4 D 4/86 –, EzGuG 15.45; VG Köln, Urt. vom 16.5.1986 – 13 K 3039/85 –, EzGuG 15.46; VG Darmstadt, Beschl. vom 21.5.1986 – IV/2H 2455/85 –, EzGuG 15.47; OVG Lüneburg, Urt. vom 30.10.1986 – 6 A 32/85 –, ZfBR 1987, 206 = EzGuG 15.50; VG Köln, Urt. vom 8.5.1987 – K 2398/86 –, EzGuG 15.52; VG Köln, Beschl. vom 22.5.1987 – 13 L 292/87 –, EzGuG 15.53; BVerwG, Beschl. vom 29.6.1987 – 8 B 36/87 –, EzGuG 15.54; LG Osnabrück, Urt. vom 26.10.1987 – 5 O 5/85-15/85 –, EzGuG 15.55; VG Minden, Urt. vom 20.11.1987 – 1 L 58/87 –, EzGuG 15.56; OVG Münster, Beschl. vom 23.11.1987 – 22 B 2787/87 –, EzGuG 15.57; OVG Bremen, Beschl. vom 26.11.1987 – 1 B 84/87 –, EzGuG 15.58; VG Bremen, Beschl. vom 4.12.1987 – 1 B 84/87 – (unveröffentlicht); VG Hannover, Urt. vom 20.1.1988 – 4 A 13/86 –, EzGuG 15.59; VG Münster, Urt. vom 18.2.1988 – 3 K 2268/85 –, EzGuG 15.60; BFH, Urt. vom 3.8.1988 – II R 210/85 –, EzGuG 15.61; OVG Lüneburg, Beschl. vom 10.10.1988 – 1 B 102/88 –, EzGuG 15.62; VG Oldenburg, Beschl. vom 7.8.1989 – 2 B 36/89 –, EzGuG 15.63; LG Kiel, Urt. vom 3.11.1989 – 19 O 4/83 –, LG Kiel, Urt. vom 3.11.1989 – 19 O 3/83 –, GuG 1990, 103 = EzGuG 15.64; VGH München, Urt. vom 16.11.1989 – 2 B 89.1217 –, GuG 1991, 102 = EzGuG 15.65; OVG Hamburg, Beschl. vom 7.3.1990 – Bs VI98/89 –, EzGuG 15.66; OVG Münster, Urt. vom 9.4.1990 – 22 A 1185/79 –, GuG 1991, 31 = EzGuG 15.67; LG Darmstadt, Urt. vom 22.8.1990 – 9 O (B) 7/88 –, EzGuG 15.67a; VG Koblenz, Beschl. vom 20.3.1991 – 8 L 4420/90 –, KStZ 1991, 156 = EzGuG 15.69; OLG Frankfurt am Main, Urt. vom 24.6.1991 – 1 U (B) 2/90 –, GuG 1997, 54 = EzGuG 15.69a; VGH Kassel, Beschl. vom 29.10.1991 – 4 N 1815/85 –, UPR 1992, 399 = EzGuG 15.70;

Sanierungsgebiete Städtebauliche Maßnahmen VI

OVG Lüneburg, Urt. vom 24.1.1992 – 1 L 46, 47/90 –, EzGuG 15.71; OVG Hamburg, Beschl. vom 24.9.1992 – Bs. VI 65/92 –, MDR 1993, 349 = EzGuG 15.72; FG Saarland, Urt. vom 15.12.1992 – 1 K 406/91 –, GuG 1994, 127 = EzGuG 15.73; BVerwG, Beschl. vom 17.12.1992 – 4 C 30/90 –, GuG 1993, 180 = EzGuG 15.74; VG Schleswig, Urt. vom 15.2.1993 – 8 A 200/89 –, GuG 1993, 316 = EzGuG 15.75; VG Bremen, Urt. vom 19.5.1993 – 1 A 153/89 –, GuG 1994, 59 = EzGuG 15.77; BGH, Beschl. vom 28.9.1993 – III ZR 91/92 –, GuG 1994, 311 = EzGuG 15.77; BFH, Urt. vom 27.10.1993 – I R 65/92 –, GuG 1994, 376 = EzGuG 15.79; VG Bremen, Urt. vom 14.12.1993 – 1 A 573/91 –, GuG 1994, 381 = EzGuG 15.79b; BVerwG, Beschl. vom 16.1.1996 – 4 B 69/95 –, EzGuG 15.83 = GuG 1996, 111; VG Kassel, Gerichtsentscheid vom 25.3.1996 – 6 E 2049/92 –, GuG 1996, 316 = EzGuG 15.84; VG Mainz, Beschl. vom 14.6.1996 – 2 L 259/95 –, GuG 1996, 317 = EzGuG 15.85; LG Darmstadt, Urt. vom 31.7.1996 – 9 O (B) 12/93 –, GuG 1997, 56 = EzGuG 15.86; VGH Mannheim, Beschl. vom 1.10.1996 – 3 S 1904/96 –, GuG 1997, 61 = EzGuG 15.87; OVG Münster, Urt. vom 5.12.1996 – 22 A 1755/93 –, GuG 1998, 58 = EzGuG 15.88; OVG Lüneburg, Urt. vom 17.1.1997 – 1 L 1218/95 –, GuG 2000, 179 = EzGuG 15.87a; OVG Lüneburg, Urt. vom 29.5.1997 – 1 K 5/96 –, GuG 1998, 185 = EzGuG 15; OVG Bremen, Urt. vom 19.8.1997 – 1 BA 59/96 –, GuG 1998, 313 = EzGuG 15.88a; VG Freiburg, Beschl. vom 10.9.1997 – 3 K 1389/95 –, GuG 1998, 121 = EzGuG 15.89; BVerwG, Beschl. vom 19.11.1997 – 4 B 182/97 –, GuG 1998, 179 = EzGuG 15.90; BVerwG, Beschl. vom 8.1.1998 – 4 B 221/97 –, GuG 1998, 180 = EzGuG 15.91; OVG Koblenz, Urt. vom 27.1.1998 – 6 A 12252/97 –, GuG 1998, 181 = EzGuG 15.92; VG Berlin, Beschl. vom 11.11.1998 – 19 A 86/98 –, GuG 1999, 186 = EzGuG 15.93; BVerwG, Urt. vom 3.12.1998 – 4 C 14/97 –, GuG 1999, 112 = EzGuG 15.94; OVG Magdeburg, Urt. vom 20.1.1999 – A 2 S 130/97 –, GuG 2000, 318 = EzGuG 15.95a; VG Frankfurt am Main, Beschl. vom 25.8.1999 – 8 G 3502/98 –, GuG 2000, 190 = EzGuG 15.96; VGH Mannheim, Urt. vom 25.10.1999 – 8 S 593/99 –, GuG 2000, 178 = EzGuG 15.97; VGH Mannheim, Urt. vom 15.3.2000 – 8 S 1810/99 –, GuG 2000, 315 = EzGuG 15.98; OVG Berlin, Beschl. vom 5.6.2000 – 2 SN 6/00 –, EzGuG 15.98b; VG Berlin, Beschl. vom 5.6.2000 – 19 A 62/99 –, EzGuG 15.98c; VG Berlin, Beschl. vom 7.6.2000 –19 A 17/00 –, EzGuG 15.98d; VG Berlin, Beschl. vom 6.7.2000 – 13 A 62/00 –, EzGuG 15.98e; OVG Berlin, Urt. vom 20.7.2000 – 2 S 6/00 –, BRS Bd. 63 Nr. 231 = EzGuG 15.99; VG Berlin, Beschl. vom 22.8.2000 – 19 A 64/99 –, EzGuG 15.99a; OVG Berlin, Beschl. vom 21.9.2000 – 2 S 8/00 –, EzGuG 15.99b; VG Hamburg, Urt. vom 23.11.2000 – 9 VG 3722/91 –, EzGuG 15.99c; OVG Lüneburg, Urt. vom 25.1.2001 – 1 L 5010/96 –, GuG 2002, 182 = EzGuG 15.99d; BGH, Urt. vom 1.2.2001 – III ZR 193/99 –, GuG 2001, 247 = GuG 2001, 180 = EzGuG 11.296; VG Berlin, Beschl. vom 8.3.2001 – 19 A 63/99 –, EzGuG 15.99e; OVG Lüneburg, Urt. vom 30.5.2001 – 1 L 3314/00 –, GuG 2002, 187 = EzGuG 15.100; OVG Münster, Urt. vom 19.6.2001 – 10a D 210/97 –, EzGuG 15.101; OVG Schleswig, Beschl. vom 9.7.2001 – 1 M 22/00 –, NordÖR 2002, 21 = EzGuG 15.101a; VG Leipzig, Urt. vom 10.9.2001 – 6 K 222/99 –, GuG 2003, 63 = EzGuG 15.101b; OVG Berlin, Beschl. vom 27.9.2001 – 2 S 4/01 –, EzGuG 15.101c; OVG Berlin, Beschl. vom 4.12.2001 – 2 SN 8/01 –, EzGuG 15.101d; OVG Bremen, Urt. vom 10.12.2001 – 1 D 203/01 –, EzGuG 15.102; VG Berlin, Beschl. vom 7.1.2002 – 19 A 87/01 –, EzGuG 15.103; OLG Celle, Beschl. vom 17.1.2002 – 4 W 147/01 –, GuG 2002, 252 = EzGuG 15.104; VG Minden, Urt. vom 14.3.2002 – 9 K 1440/98 –, EzGuG 15.104a; BVerwG, Urt. vom 17.5.2002 – 4 C 6/01 –, GuG 2002, 314 = EzGuG 15.105; VG Berlin, Urt. vom 20.3.2002 – 19 A 32/99 –, GuG 2003, 114 = EzGuG 15.104b; BVerwG, Urt. vom 17.5.2002 – 4 C 6/01 –, BRS Bd. 65 Nr. 633 = EzGuG 15.105; VG Berlin, Urt. vom 18.7.2002 – 13 A 124/01 –, EzGuG 15.106; OVG Lüneburg, Beschl. vom 26.7.2002 – 1 MA 4153/01 –, EzGuG 15.106a; OVG Weimar, Urt. vom 28.8.2002 – 1 KO 583/00 –, EzGuG 15.106b; OVG Lüneburg, Urt. vom 29.1.2003 – 1 KN 2938/01 –, BRS Bd. 66 Nr. 227 = EzGuG 15.106b; OVG Lüneburg, Urt. vom 7.3.2003 – 1 ME 341/02 –, BRS Bd. 66 Nr. 229 = EzGuG 15.106c; OVG Lüneburg, Urt. vom 7.3.2003 – 1 KN 2938/01 –, EzGuG 15.106d; OVG Lüneburg, Beschl. vom 10.3.2003 – 1 LA 38/03 –, EzGuG 15.106f; BVerwG, Urt. vom 10.7.2003 – 4 CN 2/02 –, GuG 2004, 117 = EzGuG 15.106e; VGH München, Beschl. vom 18.7.2003 – 2 CS 03.1406 –, EzGuG 15.107; VG Göttingen, Urt. vom 10.9.2003 – 2 B 118/03 –, EzGuG 15.107a; VG Osnabrück, Urt. vom 31.10.2003 – 2 A 99/00 –, EzGuG 15.107b; VG Minden, Urt. vom 27.11.2003 – 9 K 4252/03 –, EzGuG 15.108; VG Minden, Urt. vom 27.11.2003 – 9 K 4181/03 –, EzGuG 15.109; BVerwG, Beschl. vom 17.12.2003 – 4 BN 54/03 –, EzGuG 15.109a; OVG Lüneburg, Beschl. vom 23.12.2003 – 1 ME 303/03 –, BRS Bd. 66 Nr. 231 = EzGuG 15.109a; VG Göttingen, Urt. vom 15.1.2004 – 2 B 352/03 –, EzGuG 15.109b; OVG Berlin, Urt. vom 30.1.2004 – 2 B 18/02 –, EzGuG 15.110; VG Stuttgart, Beschl. vom 20.2.2004 – 6 K 40906/03 –, EzGuG 15.110a; VG Stuttgart, Beschl. vom 20.2.2004 – 6 K 4006/03 –, EzGuG 15.109d; VG Stuttgart, Urt. vom 23.3.2004 – 13 K 5319/02 –, EzGuG 15.110b; VG Neustadt, Beschl. vom 3.5.2004 – 4 L 210/04 –, EzGuG 15.110a; OVG Bautzen, Urt. vom 17.6.2004 – 1 B 854/02 –, GuG 2004, 372 = EzGuG 15.111; OVG Greifswald, Urt. vom 30.6.2004 – 1 L 189/01 –, EzGuG 15.111a; OVG Lüneburg, Beschl. vom 2.9.2004 – 1 L 18/04 –, EzGuG 15.111b; OVG Koblenz, Urt. vom 14.9.2004 – 6 A 10530/04 –, EzGuG 15.111c; VG Stuttgart, Urt. vom 10.11.2004 – 16 K 5676/02 –, EzGuG 15.111d; VG Arnsberg, Urt. vom 15.11.2004 – 14 K 30/03 –, EzGuG 15.112; VG Arnsberg, Urt. vom 15.11.2004 – 14 K 5237/02 –, EzGuG 15.113; BVerwG, Urt. vom 16.11.2004 – 4 B 71/04 –, EzGuG 15.114; BVerwG, Beschl. vom 21.1.2005 – 4 B 1/05 –, EzGuG 15.114a = GuG 2006, 313; VGH Mannheim, Urt. vom 26.1.2005 – 8 S 1826/04 –, EzGuG 15.115b; VGH Mannheim, Urt. vom 26.1.2005 – 8 S 722/04 –, EzGuG 15.115; VG Bremen, Urt. vom 23.2.2005 – 1 K 2694/02 –, EzGuG 15.116; VG Minden, Urt. vom 17.6.2005 – 9 K 2145/04 –, EzGuG 15.116a; VG München, Urt. vom 27.6.2005 – M 8 K 04.5456 –, EzGuG 15.116b; VG Stuttgart, Urt. vom 26.7.2005 – 6 K 4005/03 –, EzGuG 15.117; OVG Koblenz, Urt. vom 9.8.2005 – 6 A 10656/05 –, EzGuG 15.118; VG Koblenz, Urt. vom 10.10.2005 – 8 K 3415/04 –, EzGuG 15.118a; VGH Mannheim, Urt. vom 18.11.2005 – 8 S 498/05 –, BauR 2006, 1187 = EzGuG 15.118b; OVG Bautzen, Urt. vom 9.3.2006 – 1 B 345/03 –, BauR 2007, 439 = EzGuG 15.118c; VG Münster, Urt. vom 28.4.2006 – 3 K 3271/03 –, GuG 2007, 248 = EzGuG 15.118d; BVerwG, Urt. vom 13.7.2006 – 4 C 5/16 –, EzGuG 15.119 = GuG 2007, 58; OLG Jena, Urt. vom 18.9.2006 – 9 W 342/06 –, IMR 2007, 26 = EzGuG 15.119v; OVG Münster, Urt. vom 16.10.2006 – 14 A 1093/05 –, GuG 2007, 60 = EzGuG 15.120; OVG Münster, Urt. vom 16.10.2006 – 7 D 69/05 NR –, BRS Bd. 70 Nr. 124 = EzGuG 15.121; OLG Frankfurt am Main, Urt. vom 26.3.2007 – 100 U 5/96 –, GuG 2007, 310 = EzGuG 15.122; VGH Mannheim, Urt. vom 5.4.2007 – 8 S 2090/06 –, GuG 2007, 307 = EzGuG 15.123; VGH München, Beschl. vom 31.10.2007 – 15 Cs 07.817 –, EzGuG 15.124; VGH Mannheim, Urt. vom 5.12.2007 – 3 S 918/06 –, GuG 2008, 185 = EzGuG 15.125.

VI Städtebauliche Maßnahmen Sanierungsgebiete

Sanierungs- und entwicklungsbedingte Werterhöhungen werden nicht nur durch Ausgleichsbeträge, sondern in großem und zumeist überwiegendem **Umfang bereits vor Abschluss der Maßnahme abgeschöpft.** Einen Überblick gibt Abb. 2.

2.1.2 Städtebauliche Sanierungsgebiete

2.1.2.1 Städtebaulicher Missstand

▶ *Vgl. § 4 ImmoWertV Rn. 25 ff.; § 15 ImmoWertV Rn. 7; § 6 ImmoWertV Rn. 379*

215 Nach § 142 Abs. 1 BauGB kann die Gemeinde ein Gebiet, in dem eine städtebauliche Sanierungsmaßnahme durchgeführt werden soll, durch Beschluss förmlich als Sanierungsgebiet festlegen (förmlich festgelegtes Sanierungsgebiet). Städtebauliche Sanierungsmaßnahmen (*Municipal Urban Renewal Measures*) werden in § 136 Abs. 2 BauGB als Maßnahmen definiert, durch die ein Gebiet zur Behebung **städtebaulicher Missstände** wesentlich verbessert oder umgestaltet wird. Voraussetzung für die Durchführung städtebaulicher Sanierungsmaßnahmen sind mithin städtebauliche Missstände.

216 Was als städtebaulicher Missstand anzusehen ist, wird in § 136 Abs. 2 und 3 BauGB definiert. Danach ist bei den städtebaulichen Missständen zwischen Substanz- und Funktionsschwächen und dementsprechend zwischen **Substanz- und Funktionsschwächensanierungen** zu unterscheiden; in der Praxis treten regelmäßig Mischformen auf.

217 Eine **Substanzschwäche** liegt nach § 136 Abs. 2 Nr. 1 i. V. m. Abs. 3 BauGB vor, wenn das Gebiet nach seiner vorhandenen Bebauung oder nach seiner sonstigen Beschaffenheit den allgemeinen Anforderungen an gesunde Wohn- und Arbeitsverhältnisse oder an die Sicherheit der in ihm wohnenden oder arbeitenden Menschen nicht entspricht (vgl. § 4 ImmoWertV Rn. 27).

218 Eine **Funktionsschwäche** liegt nach § 136 Abs. 2 Nr. 2 i. V. m. Abs. 3 BauGB vor, wenn das Gebiet in der Erfüllung der Aufgaben erheblich beeinträchtigt ist, die ihm nach seiner Lage und Funktion obliegen (vgl. § 4 ImmoWertV Rn. 28).

219 Bei den städtebaulichen Sanierungsmaßnahmen handelt es sich um gebietsbezogene Maßnahmen in Stadt und Land, deren **einheitliche Vorbereitung und zügige Durchführung im öffentlichen Interesse** liegen (§ 136 Abs. 1 BauGB) und die dem Wohl der Allgemeinheit dienen (§ 136 Abs. 4 BauGB). Sie sollen dazu beitragen, dass

a) die bauliche Struktur in allen Teilen des Bundesgebiets nach den sozialen, hygienischen, wirtschaftlichen und kulturellen Erfordernissen entwickelt wird,

b) die Verbesserung der Wirtschafts- und Agrarstruktur unterstützt wird,

c) die Siedlungsstruktur den Erfordernissen des Umweltschutzes, den Anforderungen an gesunde Lebens- und Arbeitsbedingungen der Bevölkerung und der Bevölkerungsentwicklung entspricht oder

d) die vorhandenen Ortsteile erhalten, erneuert und fortentwickelt werden, die Gestaltung des Orts- und Landschaftsbilds verbessert und den Erfordernissen des Denkmalschutzes Rechnung getragen wird.

220 Das **Sanierungsrecht stellt ein räumlich und zeitlich** auf das förmlich festgelegte Sanierungsgebiet beschränktes Sonderrecht dar, das zusätzlich zu dem in Teilen modifizierten allgemeinen Städtebaurecht des BauGB, soweit es nicht ausgeschlossen ist, zur Anwendung kommt.

2.1.2.2 Vorbereitende Untersuchungen

221 Der förmlichen Festlegung des Sanierungsgebiets gehen nach § 141 BauGB **vorbereitende Untersuchungen** voraus. Gegenstand der vorbereitenden Untersuchungen ist

a) die Erfassung der Notwendigkeit der Sanierung,

b) die Erfassung der sozialen, strukturellen und städtebaulichen Verhältnisse sowie Zusammenhänge,

c) die Erarbeitung der anzustrebenden allgemeinen Ziele und Zwecke der Sanierung,

d) die Durchführbarkeit der Sanierung im Allgemeinen sowie

e) die Erfassung nachteiliger Auswirkungen, die sich für die von der beabsichtigten Sanierung unmittelbar Betroffenen in ihren persönlichen Lebensumständen im wirtschaftlichen und sozialen Bereich voraussichtlich ergeben.

Von der Erfassung dahin gehender Beurteilungsunterlagen kann nach § 141 Abs. 2 BauGB abgesehen werden, wenn hinreichende Beurteilungsunterlagen bereits vorliegen.

Der **Beginn der vorbereitenden Untersuchungen wird** von der Gemeinde **durch einen ortsüblich bekannt zu machenden Beschluss** eingeleitet; im Verkehrswertgutachten ist dieser Beschluss i. d. R. wegen seiner Bedeutung für die Vorwirkung, die es bei der Ermittlung sanierungsunbeeinflusster Grundstückswerte und des Anfangswerts zu beachten gilt, zu konkretisieren. Das mit dem Beschluss festgelegte Untersuchungsgebiet ist regelmäßig weiträumiger als das spätere Sanierungsgebiet ausgelegt. Die vorbereitende Untersuchung dient auch der Feststellung einer zweckmäßigen Abgrenzung des künftigen Sanierungsgebiets; einzelne Grundstücke, die von der Sanierung nicht betroffen werden, können aus dem Sanierungsgebiet ganz oder teilweise ausgenommen werden (§ 142 Abs. 1 Satz 3 BauGB). **222**

2.1.2.3 Förmliche Festlegung von Sanierungsgebieten

Auf der Grundlage der vorbereitenden Untersuchungen beschließt die Gemeinde die **Sanierung als Satzung** (§ 142 Abs. 3 BauGB). Für die weitere Vorbereitung und Durchführung der Sanierung hält das Sanierungsrecht neben einer Reihe sog. organisationsrechtlicher Regelungen (§§ 137 ff. BauGB) vor allem **besondere sanierungsrechtliche Vorschriften** bereit, die zur Vorbereitung und Durchführung der Maßnahmen erforderlich sein müssen. Dies sind insbesondere: **223**

a) ein allgemeines Vorkaufsrecht für die im städtebaulichen Sanierungsgebiet gelegenen Grundstücke (§ 24 Abs. 1 Nr. 3 BauGB),

b) die Möglichkeit einer *Enteignung aus zwingenden städtebaulichen Gründen* nach § 88 BauGB,

c) eine umfassende *Verfügungs- und Veränderungssperre* nach den §§ 144 f. BauGB,

d) die gemeindliche *Pflicht zur Aufstellung eines Sozialplans* nach Maßgabe des § 180 BauGB *und* seine *Fortschreibung* (§ 140 Nr. 6 BauGB),

e) besondere *Regelungen über Miet- und Pachtverhältnisse* nach den §§ 185 ff. BauGB,

f) die *Aussetzung der Vorschriften über den Verkehr mit land- und forstwirtschaftlichen Grundstücken* (§ 191 BauGB)

und schließlich:

g) die Anwendung der **abgabenrechtlichen Vorschriften der §§ 152 bis 156a BauGB** („Besondere sanierungsrechtliche Vorschriften"), die die Inanspruchnahme der sanierungsbedingten Bodenwerterhöhungen (sog. Abschöpfung sanierungsbedingter Bodenwerterhöhungen) zum Gegenstand haben.

Grundsätzlich wird die Sanierung unter Anwendung der besonderen sanierungsrechtlichen Vorschriften im sog. „**umfassenden Sanierungsverfahren**" beschlossen, jedoch ist die Anwendung der abgabenrechtlichen Vorschriften der §§ 152 bis 156a BauGB in der Sanierungssatzung nach § 142 Abs. 4 BauGB auszuschließen, wenn

– sie für die Durchführung der Sanierung nicht erforderlich ist und

– die Durchführung hierdurch voraussichtlich nicht erschwert wird.

VI Städtebauliche Maßnahmen — Sanierungsgebiete

In diesem Fall wird die Sanierung im sog. „**vereinfachten Sanierungsverfahren**" durchgeführt und die Gemeinde kann in diesem Fall auch die Genehmigungspflicht nach § 144 BauGB insgesamt, nach § 144 Abs. 1 oder § 144 Abs. 2 BauGB ausgeschlossen werden (Abb. 2).

Abb. 2: Übersicht über Sanierungsverfahren

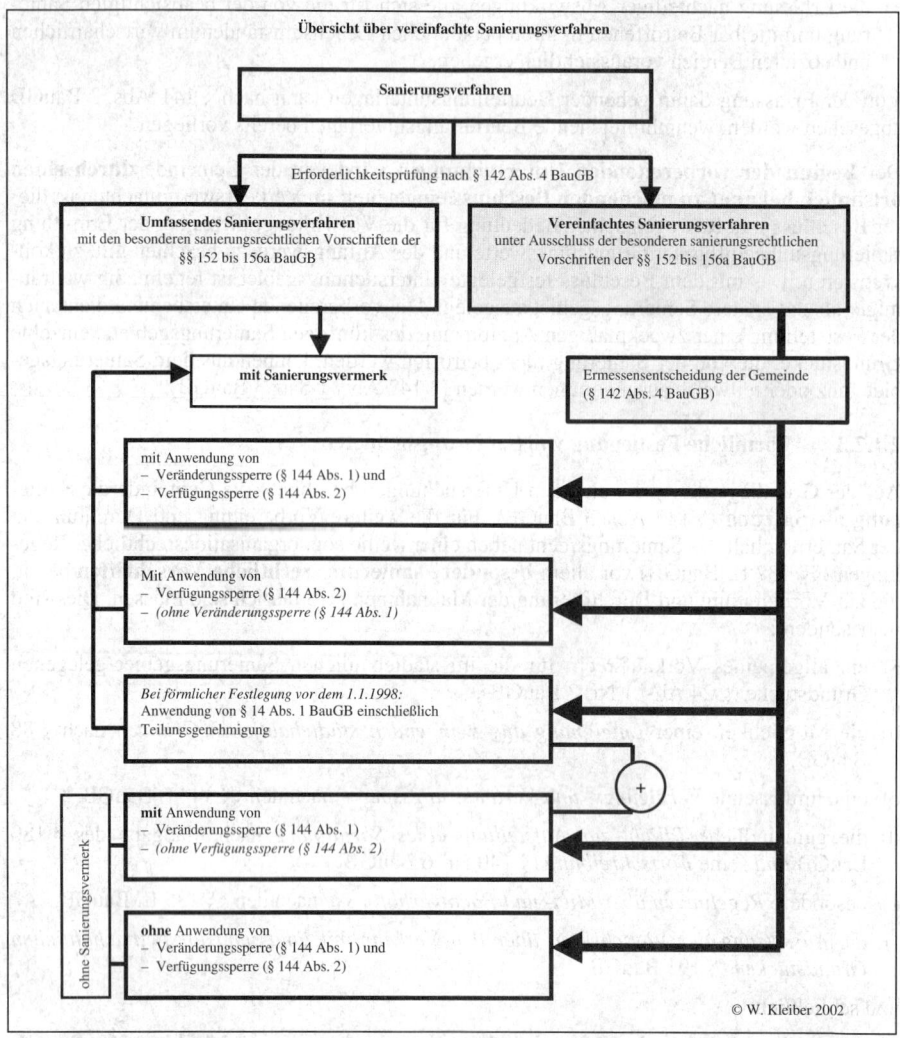

2.1.2.4 Durchführung von Sanierungsmaßnahmen

224 Bei der **Durchführung der Sanierung** (vgl. Rn. 324) unterscheidet das Gesetzbuch zwischen der Durchführung von Ordnungs- und Baumaßnahmen, die nach den Zielen und Zwecken der Sanierung erforderlich sind (§ 146 BauGB):

Als **Ordnungsmaßnahmen** definiert das Gesetz in § 147 BauGB die der Gemeinde obliegende   225
- Bodenordnung einschließlich des Erwerbs von Grundstücken,
- den Umzug von Bewohnern und Betrieben,
- die Freilegung von Grundstücken,
- die Herstellung und Änderung von Erschließungsanlagen
- die Bereitstellung von Flächen und die Durchführung von Maßnahmen zum Ausgleich i. S. d. § 1a Abs. 3 BauGB, soweit sie gemäß § 9 Abs. 1a BauGB an anderer Stelle den Grundstücken, auf denen Eingriffe in Natur und Landschaft zu erwarten sind, ganz oder teilweise zugeordnet sind, sowie
- sonstige Maßnahmen, die notwendig sind, damit die Baumaßnahmen durchgeführt werden können (§ 147 BauGB).

Erschließungsanlagen einschließlich Ersatzanlagen können auch außerhalb des Sanierungsgebiets liegen.

Als **Baumaßnahmen** (§ 148 BauGB) definiert das Gesetzbuch die dem jeweiligen Eigentümer eines Grundstücks obliegende   226
- Modernisierung und Instandsetzung,
- die Neubebauung und die Ersatzbauten,
- die Maßnahmen zum naturschutzrechtlichen Ausgleich i. S. d. § 1a Abs. 3 BauGB auf dem „Eingriffsgrundstück" sowie
- die Verlagerung oder Änderung von Betrieben.

Der Gemeinde obliegt von den Baumaßnahmen
- die Errichtung und Änderung der Gemeinbedarfs- und Folgeeinrichtungen und
- die Durchführung sonstiger Baumaßnahmen, soweit sie selbst Eigentümerin des Grundstücks ist oder nicht gewährleistet ist, dass diese vom einzelnen Eigentümer zügig und zweckmäßig durchgeführt werden.

2.1.2.5 Abschluss einer Sanierungsmaßnahme

Nach § 162 BauGB ist die **Sanierungssatzung durch Beschluss aufzuheben, wenn**   227
1. die Sanierung durchgeführt ist oder
2. die Sanierung sich als undurchführbar erweist oder
3. die Sanierungsabsicht aus anderen Gründen aufgegeben wird.

Der Beschluss der Aufhebung der Sanierungssatzung – ganz oder teilweise – ergeht als Satzung.

Die Gemeinde kann die **Sanierung für einzelne Grundstücke** nach § 163 BauGB als **abgeschlossen erklären,** wenn entsprechend den Zielen und Zwecken der Sanierung   228
1. das Grundstück bebaut ist oder in sonstiger Weise genutzt wird oder
2. das Grundstück modernisiert oder instand gesetzt ist.

Dem Abschluss der Sanierung folgt deren Abwicklung. Unter die **Abwicklung der Sanierungsmaßnahme** fallen insbesondere
- die Löschung der Sanierungsvermerke,
- die Erhebung von Ausgleichsbeträgen,
- die Verwertung von Grundstücken und Rückerstattung,
- die Abrechnung von Sanierungsmaßnahmen,
- die Verteilung eines Überschusses nach § 156a BauGB.

VI Städtebauliche Maßnahmen   Sanierungsgebiete

2.1.2.6 Umfassendes Sanierungsverfahren

229 Die in den besonderen sanierungsrechtlichen Vorschriften der §§ 152 bis 156a BauGB geregelte Abschöpfung sanierungsbedingter Bodenwerterhöhungen ist das Kernelement des umfassenden Sanierungsverfahrens (vgl. Rn. 1 ff.). Sanierungsbedingte Bodenwerterhöhungen werden ausgeglichen durch

a) Erhebung von Ausgleichsbeträgen nach den §§ 154 f. BauGB oder

b) Erwerb von Grundstücken durch die Gemeinde oder dem Träger zum sanierungsunbeeinflussten Grundstückswert nach § 153 Abs. 1 BauGB und Veräußerung zum Neuordnungswert nach § 153 Abs. 4 BauGB („Durchgangserwerb") oder

c) erhöhte Ausgleichsleistungen (§ 64 BauGB) in Umlegungsgebieten, in denen die Grundstücke nach Maßgabe des § 153 Abs. 5 BauGB neu geordnet wurden.

Vor Entstehung des Ausgleichsbetrags können sanierungsbedingte Bodenwerterhöhungen (ganz oder teilweise) fällig gestellt werden:

a) im Einvernehmen mit dem Eigentümer durch Ablösung des Ausgleichsbetrags nach § 154 Abs. 3 Satz 2 BauGB, ggf. durch Vereinbarung eines höheren Ausgleichsbetrags,

b) auf Verlangen des Eigentümers durch vorzeitige Festsetzung des Ausgleichsbetrags nach § 154 Abs. 3 Satz 3 BauGB,

c) gegen den Willen des Eigentümers durch Vorauszahlungen nach § 154 Abs. 6 BauGB.

Abb. 3: Abschöpfung sanierungsbedingter Bodenwerterhöhungen vor Abschluss der Gesamtmaßnahme

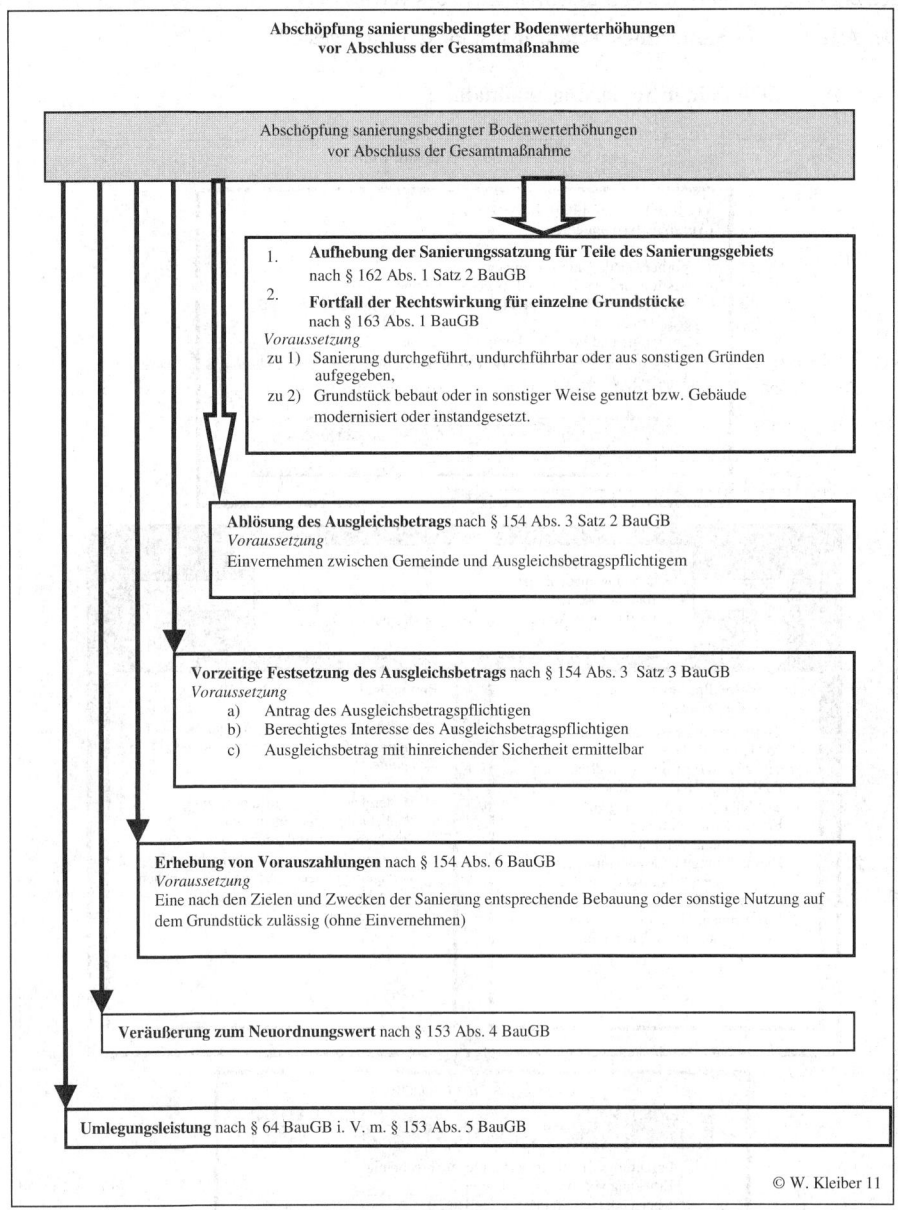

© W. Kleiber 11

Die Abschöpfung sanierungsbedingter Bodenwerterhöhungen hat erhebliche Auswirkungen auf das Bodenwertgefüge im förmlich festgelegten Sanierungsgebiet, da ein rational handelnder Käufer eines Grundstücks den von ihm noch zu entrichtenden Ausgleichsbetrag bereits beim Erwerb des Grundstücks wertmindernd berücksichtigen wird. Der Gesetzgeber hat gleichwohl den Grundstücksverkehr im förmlich festgelegten Sanierungsgebiet unter Genehmigungspflicht gestellt. Nach § 145 Abs. 2 i. V. m. mit § 153 Abs. 2 BauGB ist die Genehmigung der rechtsgeschäftlichen Veräußerung eines Grundstücks zu versagen, wenn im Rahmen

VI Städtebauliche Maßnahmen — Sanierungsgebiete

der Preisprüfung (vgl. Rn. 292) festgestellt wird, dass der vereinbarte Kaufpreis den Verkehrswert überschreitet, der sich unter Ausschluss sanierungsbedingter Bodenwerterhöhungen ergibt (sanierungsunbeeinflusster Grundstückswert).

230 Der **Ablauf eines Sanierungsverfahrens** ist in Abb. 4 dargestellt.

Abb. 4: Ablauf einer Sanierungsmaßnahme

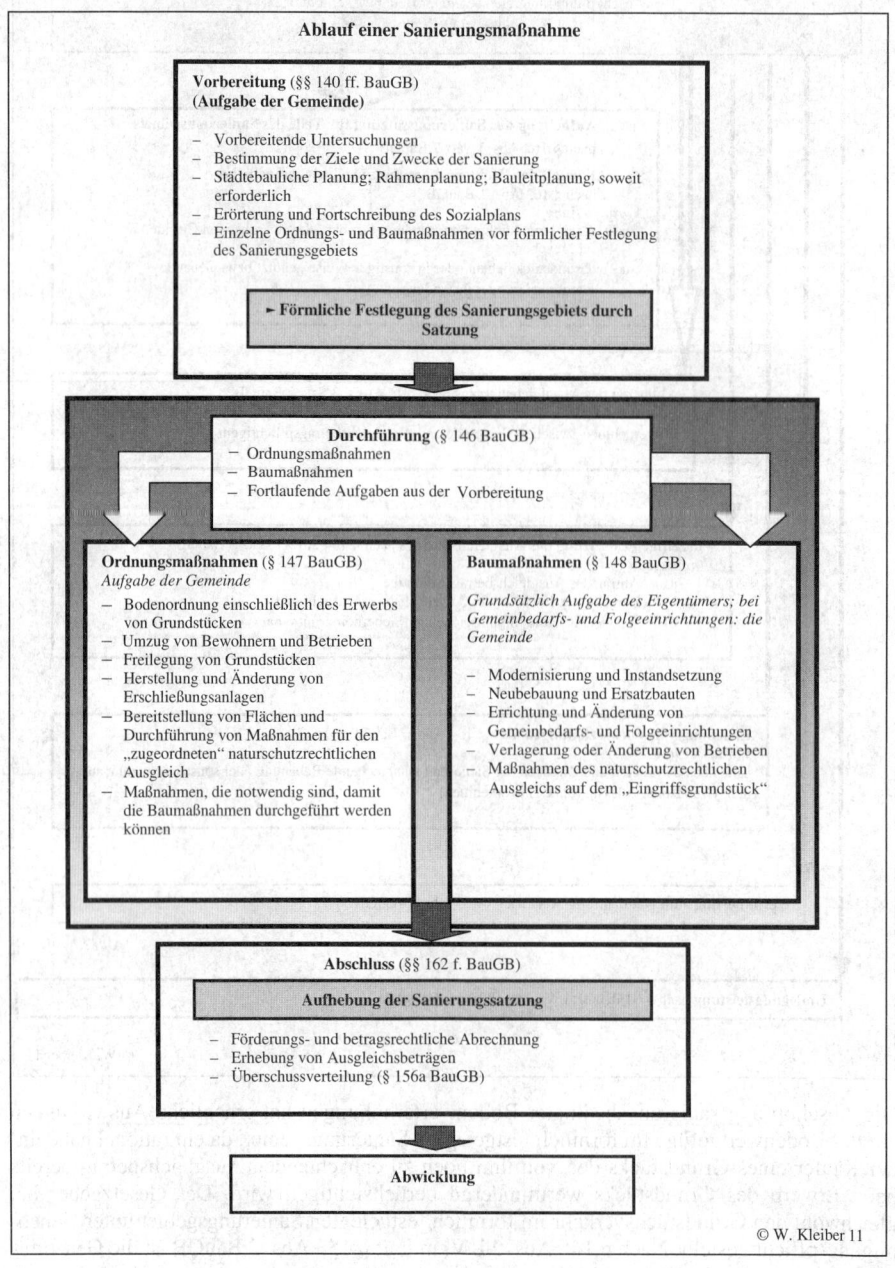

2.1.2.7 Vereinfachtes Sanierungsverfahren

Schrifttum: *Foißner, P.*, Klassisches Sanierungsverfahren oder vereinfachtes Sanierungsverfahren? Kombination mit anderen städtebaulichen Maßnahmen und Programmen?, GuG 2013, 267.

Nach § 142 Abs. 4 BauGB kann in der Sanierungssatzung die **Anwendung der besonderen sanierungsrechtlichen Vorschriften** (§§ 152 bis 156a BauGB) **über die Inanspruchnahme sanierungsbedingter Bodenwerterhöhungen ausgeschlossen werden,** wenn die Anwendung [231]

- für die Durchführung der Sanierung nicht erforderlich ist und
- die Durchführung der Maßnahme hierdurch voraussichtlich nicht erschwert wird.

Werden diese Vorschriften in der Sanierungssatzung ausgeschlossen, wird die Sanierung im vereinfachten Sanierungsverfahren durchgeführt. Damit gelten für das Sanierungsgebiet keine besonderen bei der Verkehrswertermittlung zu berücksichtigenden Vorschriften i. S. d. §§ 152 ff. BauGB. [232]

Grundsätzlich finden im Falle der **Sanierung im vereinfachten Sanierungsverfahren** die Vorschriften über die **umfassende Verfügungs- und Veränderungssperre nach den §§ 144 f. BauGB** jedoch Anwendung, denn diese Vorschriften sind nicht Bestandteil der besonderen sanierungsrechtlichen Vorschriften der §§ 152 bis 156a BauGB. Allerdings kommt im Rahmen der Verfügungssperre bei Anwendung des vereinfachten Sanierungsverfahrens nicht die Preisprüfung nach §§ 144 f. i. V. m. § 153 Abs. 2 BauGB zur Anwendung, denn § 153 Abs. 2 BauGB ist Bestandteil der besonderen sanierungsrechtlichen Vorschriften. [233]

Für den Fall der **Anwendung des vereinfachten Sanierungsverfahrens** sieht § 142 Abs. 4 BauGB darüber hinaus vor, dass [234]

- die Verfügungs- und Veränderungssperre des § 144 Abs. 1 und 2 BauGB insgesamt zur Anwendung kommen kann,
- die Verfügungs- und Veränderungssperre des § 144 Abs. 1 und 2 BauGB insgesamt ausgeschlossen werden kann,
- allein die Veränderungssperre des § 144 Abs. 1 BauGB zur Anwendung kommen kann oder
- allein die Verfügungssperre des § 144 Abs. 2 BauGB zur Anwendung kommen kann.

Hierüber hat die Gemeinde in der Satzung zu beschließen (Abb. 4).

Beim vereinfachten Sanierungsverfahren kommt es zur **Eintragung eines Sanierungsvermerks,** wenn die Verfügungssperre nach § 144 Abs. 2 BauGB nicht ausgeschlossen wird. Ist eine städtebauliche Sanierungsmaßnahme vor dem 1.1.1998 förmlich festgelegt worden und ist nach der Sanierungssatzung nur die Genehmigungspflicht nach § 144 Abs. 2 BauGB in der bis zum 31.12.1997 geltenden Fassung ausgeschlossen, ist nach § 235 Abs. 2 BauGB ebenfalls ein Sanierungsvermerk (nachträglich) einzutragen. Die Teilung bedarf dann seit dem 1.1.1998 ebenfalls der Genehmigung. [235]

2.1.3 Städtebauliche Entwicklungsbereiche

2.1.3.1 Allgemeines

Bei den städtebaulichen Entwicklungsmaßnahmen *(Municipal Urban Development Measures)* muss zwischen zwei Typen von Maßnahmen unterschieden werden, wobei die einschlägigen Bestimmungen des BauGB und der ImmoWertV bei beiden **Maßnahmentypen** zur Anwendung kommen: [236]

a) **Städtebauliche Entwicklungsmaßnahmen,** die unter der Herrschaft des Städtebauförderungsgesetzes – StBauFG – eingeleitet wurden; die Landesregierung konnte den dafür in Betracht kommenden Bereich durch Rechtsverordnung nach § 53 StBauFG festlegen. In § 1 Abs. 3 StBauFG ist der dafür in Betracht kommende Bereich wie folgt definiert: [237]

VI Städtebauliche Maßnahmen Sanierungsgebiete

„(3) Entwicklungsmaßnahmen sind Maßnahmen, durch die entsprechend den Zielen der Raumordnung und Landesplanung

a) neue Orte geschaffen oder

b) vorhandene Orte zu neuen Siedlungseinheiten entwickelt oder

c) vorhandene Orte um neue Ortsteile erweitert werden.

Die Maßnahmen müssen die Strukturverbesserungen in den Verdichtungsräumen, die Verdichtung von Wohn- und Arbeitsstätten im Zuge von Entwicklungsachsen oder den Ausbau von Entwicklungsschwerpunkten außerhalb der Verdichtungsräume, insbesondere in den hinter der allgemeinen Entwicklung zurückbleibenden Gebieten, zum Gegenstand haben."

Mit Inkrafttreten des BauGB (1.7.1987) wurde das StBauFG aufgehoben; die bis zu diesem Zeitpunkt nach den Bestimmungen des StBauFG förmlich festgelegten städtebaulichen Entwicklungsmaßnahmen werden jedoch nach § 165 BauGB in der bis zum 30.4.1993 geltenden Fassung unter Anwendung der §§ 166 bis 171 BauGB weitergeführt. Die Einleitung neuer städtebaulicher Entwicklungsmaßnahmen war nach diesen Vorschriften indessen nicht möglich. Nach Maßgabe des § 245 Abs. 9 BauGB konnte jedoch der **Geltungsbereich der Entwicklungsmaßnahmenverordnung** geändert werden. Die Vorschriften des BauGB 87 zu städtebaulichen Entwicklungsmaßnahmen stellten somit eine mit Abschluss der unter der Herrschaft des StBauFG eingeleiteten Entwicklungsmaßnahmen auslaufende Rechtsmaterie dar. Dieser Rechtskonstruktion lag die Annahme zugrunde, dass die städtebauliche Entwicklungsmaßnahme in Zukunft nur noch eine geringe praktische Bedeutung haben werde, da die Zeit der Trabantenstädte und der großflächigen Entwicklung ganzer neuer Stadtteile vorbei sei.

Diese Annahme hat sich bereits in der darauffolgenden Legislaturperiode als falsch erwiesen. Insbesondere die Engpässe in der Wohnungsversorgung[176] haben die Erforderlichkeit eines besonderen Instrumentariums deutlich gemacht, um in Gemeinden mit einem erhöhten Bedarf an Wohn- und Arbeitsstätten städtebaulich integrierte Gesamtmaßnahmen entwickeln zu können und größere innerstädtische Brachflächen einer Nutzung für Wohn- und Arbeitsstätten wieder zuzuführen. Der Gesetzgeber hat dem zunächst mit dem BauGB-MaßnahmenG von 1990 und anschließend mit dem BauGB in der seit 1.5.1993 geltenden Fassung entsprochen.

b) **Kommunale städtebauliche Entwicklungsmaßnahmen:** Nach § 6 Abs. 3 i. V. m. Abs. 5 BauGB-MaßnahmenG 90[177] konnte die Gemeinde (bislang die Landesregierung) seit dem 1.6.1990 und befristet bis zum 31.5.1995 einen Bereich, in dem eine städtebauliche Entwicklungsmaßnahme durchgeführt werden soll, durch Satzung (Entwicklungssatzung) beschließen (bisher: Rechtsverordnung).

Mit Inkrafttreten des Investitionserleichterungs- und Wohnungsbaugesetzes 93 (1.5.1993) ist diese Möglichkeit als Dauerrecht in das BauGB überführt worden. Wortgleich mit § 6 Abs. 3 BauGB-MaßnahmenG 90 heißt es nunmehr in **§ 165 Abs. 2 BauGB:**

„(2) Mit städtebaulichen Entwicklungsmaßnahmen nach Absatz 1 sollen Ortsteile und andere Teile des Gemeindegebiets entsprechend ihrer besonderen Bedeutung für die städtebauliche Entwicklung und Ordnung der Gemeinde oder entsprechend der angestrebten Entwicklung des Landesgebiets oder der Region erstmalig entwickelt oder im Rahmen einer städtebaulichen Neuordnung einer neuen Entwicklung zugeführt werden."

238 Die Vorschriften finden in den alten und jungen Bundesländern Anwendung; trotz einer Vielzahl von Änderungen entsprechen die geltenden Regelungen dem auf das StBauFG zurückgehenden Entwicklungsrecht von 1971.

239 Die **den städtebaulichen Entwicklungsmaßnahmen** (beider Typen) **zugrunde liegende bodenpolitische Konzeption** lehnt sich an die besonderen sanierungsrechtlichen Vorschriften der §§ 152 bis 156a BauGB an. Grundsätzlich soll jedoch die Gemeinde die im städtebaulichen Entwicklungsbereich gelegenen Grundstücke erwerben, und zwar zu dem Wert, der

---

176 BT-Drucks. 11/6880, S. 1 ff. und 11 ff.
177 BGBl. I 1990, 926.

sich in entsprechender Anwendung des § 153 Abs. 1 BauGB ergibt (vgl. § 166 Abs. 3, § 169 Abs. 1 Nr. 6 BauGB). Erwirbt die Gemeinde ein Grundstück nicht, so ist der Eigentümer nach Maßgabe der sanierungsrechtlichen Vorschriften (§§ 154 f. BauGB) wie in Sanierungsgebieten verpflichtet, einen Ausgleichsbetrag an die Gemeinde zu entrichten, der der durch die Entwicklungsmaßnahme bedingten Bodenwerterhöhung entspricht.

Bei entsprechender Anwendung des § 153 Abs. 1 BauGB im städtebaulichen Entwicklungsbereich spricht man anstelle von dem sanierungsunbeeinflussten Grundstückswert vom **entwicklungsunbeeinflussten Grundstückswert.** Er bemisst sich nach den gleichen Grundsätzen, wobei allerdings unter besonderen Voraussetzungen die Sonderregelung des § 169 Abs. 4 BauGB Anwendung findet (lex specialis). **240**

Der **Ablauf einer Entwicklungsmaßnahme** ist in Abb. 5 dargestellt. **241**

VI Städtebauliche Maßnahmen Sanierungsgebiete

Abb. 5: Ablaufschema einer Entwicklungsmaßnahme

Ablaufschema einer Entwicklungsmaßnahme (vereinfacht)

Einleitung der Vorbereitung der Entwicklung durch den **Beschluss über den Beginn der vorbereitenden Untersuchungen**, ggf. mit Beschluss
- einer Vorkaufsrechtssatzung nach § 25 Abs. 1 BauGB
- über Auftrag an Planer und/oder Entwicklungsträger
- über Bereitstellung kommunaler Mittel im Haushalt

Vorbereitende Untersuchung

Grunderwerb	Verwaltungsintern	Erste Vorgespräche mit den Eigentümern, den Trägern öffentlicher Belange und der Aufsichtsbehörde	Wenn möglich, Anmeldung für ein Städtebauförderungsprogramm
– freihändig oder – über besonderes Vorkaufsrecht	– grobe städtebauliche Untersuchungen und Rahmenplanung mit Abgrenzung Entwicklungsbereich – Überlegungen zu Kosten und Finanzierung – Wertermittlung der Grundstücke, entwicklungsunbeeinflusster Grundstückswert und Neuordnungswert je nach Planungsstand – Auftrag an Planer und/oder Entwicklungsträger		

Bericht über Ergebnis der vorbereitenden Untersuchungen mit insbesondere
- Gründen für förmliche Festlegung des Entwicklungsbereichs (Ziele und Zwecke der Entwicklungsmaßnahme und Erforderlichkeit des Einsatzes des Entwicklungsmaßnahmenrechts)
- zügige Durchführbarkeit der Entwicklungsmaßnahme, insbesondere Finanzierbarkeit (Kosten- und Finanzierungsübersicht)

Beschluss der förmlichen Festlegung des Entwicklungsbereichs (Entwicklungssatzung), Genehmigung, Bekanntmachung (= Rechtsverbindlichkeit) und Mitteilung an das Grundbuchamt (Entwicklungsvermerk), ggf. mit Beschluss
- zur Aufstellung des Bebauungsplans (oder mehrerer)
- zur Änderung des Flächennutzungsplans, soweit erforderlich

Durchführung

Grunderwerb	Bebauungsplanverfahren,	Anwendung der	Kosten- und
– freihändig oder – über Vorkaufsrecht oder – nach Übernahmeverlangen oder – mit Enteignung zum entwicklungsunbeeinflussten Grundstückswert	ggf. auch – mit städtebaulicher Rahmenplanung als Vorentwurf – Wettbewerb – Änderung des Flächennutzungsplans	**Genehmigungsvorbehalte nach den §§ 144 und 145 BauGB**	**Finanzierungsübersicht:** In Abstimmung mit Planung und Stand der Maßnahmenabwicklung – jährliche Programmanmeldung, wenn in einem StBauF-Programm – Mittelbewirtschaftung

- Rückveräußerung der Grundstücke (Reprivatisierung) an Bauwillige zum Neuordnungswert
- Erschließung des Entwicklungsgebiets
- Bebauung durch die privaten Eigentümer und/oder den Entwicklungsträger nach Bebauungsplan (ab § 33 BauGB)
- ggf. vorzeitige Erhebung von Ausgleichsbeträgen, Ablösungen, Vorauszahlungen

Beschluss über die Aufhebung der Entwicklungssatzung (Aufhebungssatzung), Bekanntmachung und Mitteilung an das Grundbuchamt, Löschung des Entwicklungsvermerks	Gesamtverwendungsnachweis für die Städtebauförderung
Erhebung der Ausgleichsbeträge	Überschussverteilung

© W. Kleiber

2.1.3.2 Anwendungsvoraussetzung

Zu den Anwendungsvoraussetzungen heißt es im **Einführungserlass der Argebau**[178]: **242**

„Eine Gemeinde kann einen städtebaulichen Entwicklungsbereich nur dann förmlich festlegen, wenn als Ergebnis der gemeindlichen *vorbereitenden Untersuchungen* feststeht, dass u. a. das Wohl der Allgemeinheit die Durchführung der Maßnahme und damit verbunden den Einsatz des besonderen rechtlichen Instrumentariums erfordert. Dieses besondere rechtliche Instrumentarium der Entwicklungsmaßnahme ist vor allem dadurch gekennzeichnet, dass bodenrechtlich zur Unterstützung der Grunderwerbspflicht der Gemeinde die Enteignung auch ohne Vorliegen eines Bebauungsplans zulässig ist und finanzierungsrechtlich die Unterschiedsbeträge zwischen entwicklungsunbeeinflusstem Grundstückswert und Neuordnungswert der Grundstücke zur Finanzierung der Maßnahme herangezogen werden. Es bedarf in jedem Einzelfall einer sorgfältigen Prüfung, ob dieses Instrumentarium des Entwicklungsmaßnahmerechts zur zügigen Durchführung der Maßnahme erforderlich ist. Nach den bisherigen Erfahrungen konnten wichtige Stadtentwicklungen mit den herkömmlichen städtebaulichen Instrumenten nicht in der erforderlichen Zügigkeit verwirklicht werden. Die Gemeinde darf das Entwicklungsmaßnahmerecht daher nur dann anwenden, wenn es zur Verwirklichung ihrer städtebaulichen Ziele und Zwecke erforderlich ist und sie diese Ziele aufgrund ihrer Prognose mit den anderen Instrumenten des Städtebaurechts nicht erreichen kann."

Als Maßnahme mit enteignungsrechtlicher Vorwirkung unterliegt die Entwicklungsmaßnahme als Eingriff der öffentlichen Hand in verfassungsmäßig geschützte Rechte dem **Verhältnismäßigkeitsgrundsatz**. Sie kann daher nur zur Anwendung kommen, wenn nicht ein milderes Mittel zur Verfügung steht, welches den Einzelnen weniger belastet, um das angestrebte Ziel zu verwirklichen. Die Gemeinde muss also im Wege einer Prognose im Einzelfall prüfen, ob die von ihr beabsichtigte städtebauliche Entwicklung nicht ebenfalls mit anderen Mitteln bewirkt werden kann[179].

Im Rahmen der Überprüfung, ob die Verwirklichung der von der Gemeinde verfolgten Ziele und Zwecke nicht mit anderen Mitteln des Städtebaurechts erreicht werden kann, hat die Gemeinde insbesondere zu untersuchen, ob nicht die Mittel des allgemeinen Baurechts, Bauleitplanung und die Schaffung von Baurecht etwa gemeinsam mit einer Umlegung nach den §§ 45 ff. BauGB oder einer Grenzregelung gemäß den §§ 80 ff. BauGB, genügen. Dies wird z. B. dann zu bejahen sein, wenn erkennbar die betroffenen Eigentümer der in Rede stehenden Fläche das ihnen tatsächlich und rechtlich zu eröffnende Baurecht selbst verwirklichen werden. Es ist auch zu untersuchen, ob nicht die Gemeinde in Zusammenarbeit mit einem Investor durch einen **Vorhaben- und Erschließungsplan** (nach § 12 BauGB) die angestrebten Ziele und Zwecke erreichen kann. Im Zusammenhang mit der Frage, ob die Entwicklungsmaßnahme tatsächlich erforderlich ist, sind also auch die Möglichkeiten eines städtebaulichen Vertrags nach § 11 BauGB zu beachten, etwa zur Sicherstellung einer bestimmten baulichen Nutzung eines Grundstücks oder der alsbaldigen Bebauung (z. B. soziale Wohnraumförderung). Auch die Möglichkeit eines Erschließungsvertrags nach § 124 BauGB ist in Erwägung zu ziehen (vgl. § 165 Abs. 3 Nr. 3 BauGB). Besonders in den Fällen, in denen die Entwicklungsmaßnahme der Neuordnung einer Fläche dienen soll, wird eine umfassende Prüfung angezeigt sein, ob nicht etwa die Anwendung des Sanierungsrechts (z. B. in Form einer so genannten Funktionsschwächensanierung nach § 136 Abs. 2 Satz 2 Nr. 2 BauGB) ausreichend ist und die Anwendung des Instruments der städtebaulichen Entwicklungsmaßnahme entbehrlich macht. Die Funktionsschwächensanierung wird allerdings i. d. R. dann nicht ausreichen, wenn die Grundstücke nur im Wege der städtebaulichen Entwicklungsmaßnahme verfügbar gemacht werden können.

Städtebauliche Entwicklungsmaßnahmen dürfen nach alledem – wie im Übrigen auch Sanierungsmaßnahmen – nach dem Grundsatz der Verhältnismäßigkeit der Mittel und des Übermaßverbotes[180] nur dann zur Anwendung kommen, wenn sich die Ziele und Zwecke eines **243**

---

178 Argebau: Mustereinführungserlass zur städtebaulichen Entwicklungsmaßnahme vom 7.6.1990; abgedruckt in Krautzberger, Städtebauförderungsrecht Bd. I Teil E Nr. 4 = Infodienst Kommunal Nr. 88 vom 4.2.1994.
179 Arbeitshilfe der Fachkommission „Städtebauliche Erneuerung" der Argebau für städtebauliche Entwicklungsmaßnahmen nach den 165 ff. BauGB (Januar 1994).
180 BVerfG, Beschl. vom 18.12.1968 – 1 BvR 638, 673/64 –, BVerfGE 24, 367 = EzGuG 6.118.

VI Städtebauliche Maßnahmen — Steuerliche Vorschriften

derartigen „Unternehmens" in absehbarer Zeit nur unter Einsatz des Besonderen Städtebaurechts zügig realisieren lassen, das Wohl der Allgemeinheit und ein qualifiziertes öffentliches Interesse die Vorbereitung und Durchführung der Maßnahme es erfordern. Mithin kann das **Besondere Städtebaurecht** des Zweiten Kapitels des BauGB **nur dann zur Anwendung kommen, wenn die Instrumente des Allgemeinen Städtebaurechts (Bauleitplanung, Vorhaben- und Erschließungsplan, städtebauliche Verträge, Umlegungsverfahren, Erschließung, freihändiger Erwerb) versagen würden,** um die städtebaulichen Zielvorstellungen mit der gleichen Zügigkeit herbeizuführen. Es handelt sich also um Maßnahmen, wo insbesondere mit der Aufstellung eines Bebauungsplans zusammen mit einem Umlegungsverfahren und der Erschließung nach den §§ 127 ff. BauGB keine Aussicht auf zügige Realisierung der angestrebten Zielvorstellungen besteht. In der Rechtsprechung sind dabei sehr hohe Anforderungen gestellt worden. So wird in der Entscheidung des VGH München vom 23.10.1995[181] gefordert, dass Erwerbsverhandlungen gescheitert sein müssen; des Weiteren wird darin auch bemängelt, dass angebotene einvernehmliche Lösungen nicht verfolgt wurden.

2.1.4 Ersatz- und Ergänzungsgebiete

244 Nach § 142 Abs. 2 BauGB (ggf. i. V. m. § 169 Abs. 1 Nr. 2 BauGB) kann die Gemeinde außerhalb des förmlich festgelegten Sanierungsgebiets bzw. des förmlich festgelegten städtebaulichen Entwicklungsbereichs geeignete Gebiete als „Ersatz- und Ergänzungsgebiet" förmlich festlegen, wenn diese Gebiete nach den Zielen und Zwecken der Sanierung in Anspruch genommen werden müssen

a) für Ersatzbauten oder Ersatzanlagen zur räumlich zusammenhängenden Unterbringung von Bewohnern oder Betrieben aus dem förmlich festgelegten Sanierungsgebiet oder

b) für die durch die Sanierung bedingten Gemeinbedarfs- oder Folgeeinrichtungen.

Für die Ersatz- und Ergänzungsgebiete gelten die für förmlich festgelegte Sanierungsgebiete bzw. die für förmlich festgelegte städtebauliche Entwicklungsbereiche geltenden Regelungen.

2.1.5 Anpassungsgebiete

245 Ergeben sich aus den Zielen und Zwecken der städtebaulichen Entwicklungsmaßnahme in einem im Zusammenhang bebauten Gebiet Maßnahmen zur Anpassung an die vorgesehene Entwicklung, kann die Gemeinde dieses Gebiet in der Entwicklungssatzung nach Maßgabe des § 170 BauGB förmlich festlegen (Anpassungsgebiet). In dem Anpassungsgebiet sind neben den für städtebauliche Entwicklungsmaßnahmen geltenden Vorschriften mit Ausnahme des § 166 Abs. 3 und des § 169 Abs. 2 bis 8 BauGB die Vorschriften über städtebauliche Sanierungsmaßnahmen entsprechend anzuwenden, mit Ausnahme der §§ 136, 142 und 143 BauGB.

2.2 Steuerliche Vorschriften

2.2.1 Steuerliche Behandlung von Modernisierungsmaßnahmen

Schrifttum: *Bauer/Bauer*, Steuerratgeber, Vermietung, Verpachtung, Selbstnutzung, 5. Aufl., Boorberg 2004.

246 Nach § 7h EStG können die durch Zuschüsse aus Städtebauförderungsmitteln nicht gedeckten Herstellungskosten für Modernisierungs- und Instandsetzungsmaßnahmen für in einem förmlich festgelegten Sanierungsgebiet bzw. Entwicklungsbereich gelegenes Gebäude im Rahmen

---

[181] VGH München, Beschl. vom 23.10.1995 – 15 N 94.1693 –, GuG 1996, 114 = BayVBl. 1996, 217; VGH München, Urt. vom 16.6.1997 – 14 N 94.2157 –, GuG 1997, 313, 382; OVG Lüneburg, Urt. vom 3.2.1997 – 1 K 6799/95 –, GuG 1997, 249.

eines Modernisierungs- und Instandsetzungsgebots (§ 177 Abs. 1 Satz 1 BauGB) oder einer entsprechenden vertraglichen Regelung steuerlich abgesetzt werden (Abb. 6)[182].

Abb. 6: Erhöhte Abschreibung für Modernisierungsmaßnahmen in Sanierungsgebieten nach § 7h EStG

Erhöhte Abschreibung für Modernisierungsmaßnahmen in Sanierungsgebieten nach § 7h EStG	
Anzahl der Jahre	Absetzung
8 Jahre	9 % der Herstellungskosten für Modernisierungen
4 Jahre	7 % der Herstellungskosten für Modernisierungen

Abb. 7: Erhöhte Abschreibung für Maßnahmen zur Erhaltung und Nutzung eines Denkmals nach § 7i EStG

Erhöhte Abschreibung für Maßnahmen zur Erhaltung und Nutzung eines Denkmals nach § 7i EStG	
Anzahl der Jahre	Absetzung
8 Jahre	9 % der Herstellungskosten zur Erhaltung und Nutzung eines Denkmals
4 Jahre	7 % der Herstellungskosten zur Erhaltung und Nutzung eines Denkmals

Bei „zu eigenen Wohnzwecken genutzten Baudenkmalen oder Gebäuden in Sanierungsgebieten sowie städtebaulichen Entwicklungsbereichen" können nach § 10 f. EStG Sonderaufwendungen i. S. d. § 7h oder des § 7i EStG für Baumaßnahmen, mit denen nach dem 31.12.2003 begonnen worden ist, auf 10 Jahre jeweils 9 % der Aufwendungen geltend gemacht werden[183].

Als Sonderabzug für **Aufwendungen, die der Herstellung oder Erhaltung von schützenswürdigem Kulturgut dienen**, können nach § 10g EStG 10 Jahre lang jeweils 9 % der Aufwendungen – statt wie bisher 10 % – für Herstellungs- und Erhaltungsmaßnahmen, die nach dem 31.12.2003 begonnen worden sind, steuerlich geltend gemacht werden.

---

182 Verwaltungsvorschriften der Länder: Länderspezifische Bescheinigungsrichtlinien: Baden-Württemberg: ABl. Bad.-Württ. 1998, 617; ESt.-Kartei Bad.-Württ. zu § 7i EStG; ESt.-Kartei Bad.-Württ. zu § 7h EStG; Bayern: Allg. MinBl. Bayern 1998, 719; ESt.-Kartei Bayern zu § 7h EStG; Berlin: ABl. Bln. 22006, 3329; Brandenburg: ABl. Brandenburg 1995, 298; ESt.-Kartei Brandenburg zu § 7i EStG; ABl. Brandenburg 1999, 720; Bremen: ABl. Bremen 1991, 673; ESt.-Kartei Bremen. zu § 7i EStG; ABl. Bremen 2000, 119; ESt.-Kartei Bremen zu § 7h EStG; Hamburg: GVBl. II 1996, 960; GVBl. II 1998, 1609; Hessen: StAnz 1991, 2346; ESt.-Kartei OFD Frankfurt zu § 7i EStG; StAnz 1998, 2184; ESt.-Kartei OFD Frankfurt zu § 7h EStG; Mecklenburg-Vorpommern: ABl. 1995, 1124; Vfg. der OFD Rostock vom 11.3.1997 – S 2506/S 2198b – St 231 –; ABl. 1998, 1337; Vfg. der OFD Rostock vom 24.3.1998 – S 2198a – St 231 –; Niedersachsen: ESt.-Kartei Hannover zu § 7i EStG; Nds. MinBl. 1998, 692 und 1999, 93; ESt.-Kartei Hannover zu § 7h EStG; Nordrhein-Westfalen: MinBl. Nordrh.-Westf. 1998, 526; ESt.-Kartei Nordrh.-Westf. zu § 7i EStG; MinBl. Nordrh.-Westf. 1999, 164; ESt.-Kartei Nordrh.-Westf. zu § 7h EStG; Rheinland-Pfalz: GemABl. Der Ministerien für Bildung und Kultur und für Wissenschaft und Weiterbildung 1994, 204; ESt.-Kartei OFD Koblenz zu § 7i EStG Karte 1; MinBl. 1998, 131; ESt.-Kartei der OFD Koblenz zu § 7h EStG Karte 1; Saarland: Erl. des MF und Bundesangelegenheiten vom 3.3.1998 – B/3 – 73/1998 – S 2198 –; Sachsen: ABl 1993, 442; Vfg. der OFD Chemnitz vom 15.5.1998 – S 2198a – 9/2 – St 31 –; ABl. 1998, 255; Vfg. der OFD Chemnitz vom 15.5.1998 – S 2198a – 9/2 – St 31 –; Sachsen-Anhalt: MinBl. 1994, 2402, Erl. des MF vom 4.11.1994 – 43 – S 2198b – 2 –; MinBl. 1998, 2210; Schleswig-Holstein: ESt.-Kartei der OFD Kiel zu § 7i EStG; ABl. 1998, 92, 737; ESt.-Kartei der OFD Kiel zu § 7h EStG; Thüringen: StAnz 1994, 776; Vfg. der OFD Erfurt vom 7.9.1995 – S 2225c A – 01 – St 24 –; StAnz 1999, 1237, Vfg. der OFD Erfurt vom 30.11.1999 – S 2527 A – 03 – St 32 –.Vgl. BT-Drucks. 14/6679.
183 BVerwG, Beschl. vom 18.7.2001 – 4 B 45/01 –, GuG 2003, 185 = EzGuG 3.185.

2.2.2 Steuerliche Behandlung des Ausgleichsbetrags

2.2.2.1 Ertragsteuer

249 Zur **ertragsteuerlichen Behandlung des Ausgleichsbetrags** hat der BFH[184] entschieden, dass der Ausgleichsbetrag je nach den **Umständen des Einzelfalls**

a) den *nachträglichen Anschaffungskosten* mit der Folge zuzurechnen ist, dass er steuerlich nicht abzugsfähig ist, oder

b) als *Erhaltungsaufwand* mit der Folge anzusehen ist, dass gewerbetreibende Steuerpflichtige den Ausgleichsbetrag als Betriebsausgaben sofort von der Steuer abziehen können, bzw. im Falle der Vermietung oder Verpachtung des Grundstücks der Ausgleichsbetrag als abzugsfähige Werbungskosten anzusehen ist[185].

250 Der BFH[186] will für die ertragsteuerliche Behandlung des Ausgleichsbetrags die für die Behandlung von Erschließungsbeiträgen entwickelten Grundsätze gelten lassen. Danach kommt es nunmehr entscheidend darauf an, ob der Erschließungsbeitrag bzw. der Ausgleichsbetrag der Finanzierung der **erstmaligen Erschließungsanlage** dient, um ihn den nachträglichen Anschaffungskosten zuzurechnen[187].

251 Dient hingegen der Erschließungsbeitrag bzw. der Ausgleichsbetrag der **Finanzierung des Ersatzes oder der Modernisierung einer Erschließungsanlage,** so ist er insoweit den Betriebsausgaben bzw. Werbungskosten zuzurechnen[188]. In Mischfällen muss der Ausgleichsbetrag in einen abzugsfähigen und nichtabzugsfähigen Anteil aufgeteilt werden. Zur Beurteilung einer Aufteilung des Ausgleichsbetrags/Ablösungsbetrags ist vom BMF[189] in Abstimmung mit den Obersten Finanzbehörden der Länder ein Vordruck an die Hand gegeben worden.

252 Demnach dürfte der Ausgleichsbetrag, der nach § 166 Abs. 3 Satz 4 BauGB in städtebaulichen Entwicklungsbereichen erhoben wird, in **erster Linie den Anschaffungskosten** zuzurechnen sein, während der in Sanierungsgebieten erhobene Ausgleichsbetrag vornehmlich als Erhaltungsaufwand anzusehen ist. Ob die Rechtsprechung des BFH im engen Sinne allein nach dem Kriterium der erstmaligen Herstellung oder des Ersatzes vorhandener Erschließungsanlagen auszulegen ist, bleibt allerdings weiterhin fraglich.

253 Der BFH hat nicht zu der Frage Stellung genommen, ob der für ein in der Innenstadt gelegenes Grundstück nach Abschluss der Sanierung erhobene Ausgleichsbetrag, der sich maßgeblich nach der durch den Sanierungsbebauungsplan gewährten höheren baulichen Nutzbarkeit (z. B. Heraufzonung des Maßes der baulichen Nutzung [GFZ]) bemisst, nicht doch den Anschaffungskosten zuzuordnen ist. Dafür spricht, dass dieser Ausgleichsbetrag im wirtschaftlichen Ergebnis dem **Zuerwerb eines Grundstücks** entspricht.

2.2.2.2 Umsatzsteuer

254 Für die **umsatzsteuerliche Behandlung der erstatteten Kosten** bestimmt Ziff. 1.1 (Leistungstausch Allgemeines) der **Umsatzsteuer-Anwendungserlass**[190] Folgendes:

---

[184] BFH, Urt. vom 27.10.1993 – I R 65/92 –, GuG 1994, 376 = EzGuG 15.79; FG Niedersachsen, Urt. vom 4.8.1994 – XII 409/91 –, EFG 1995, 66 = WPg 1995, 17 = EzGuG 15.80a.
[185] So bislang Schindhelm/Wilde in DB 1991, 727.
[186] BFH, Urt. vom 27.7.1994 – X R 97/92 –, GuG 1995, 123 = BFHE 175, 115 = EzGuG 7.121; BFH, Urt. vom 18.9.1964 – VI 100/63 S –, BFHE 81, 233 = EzGuG 9.2; BFH, Urt. vom 24.11.1967 – VI R 302/66 –, BFHE 91, 42 = EzGuG 9.3; BFH, Urt. vom 20.5.1957 – VI 138/55 U –, BFHE 65, 285 = EzGuG 7.2a;.
[187] BFH, Urt. vom 27.9.1991 – III R 76/89 –, BFH/NV 1992, 488; BFH, Urt. vom 14.3.1989 – IX R 168/88 –, BFH/NV 1989, 633; BFH, Urt. vom 15.2.1989 – X R 6/86 –, BFH/NV 1989, 494; BFH, Urt. vom 16.11.1982 – VIII R 167/78 –, BFHE 137, 55 = BStBl II 1983, 111; BFH, Urt. vom 26.1.1984 – IV R 30/80 –, BFHE 140, 572 = EzGuG 12.37a; BFH, Urt. vom 12.4.1984 – IV R 137/80 –, BFHE 140, 573 = EzGuG 12.38a.
[188] BFH, Urt. vom 2.5.1990 – VIII R 198/85 –, BStBl II 1991, 448 = EzGuG 9.73a; BFH, Urt. vom 13.9.1984 – IV R 101/82 –, BFHE 142, 247 = BStBl II 1985, 49 = BB 1985, 1243 = DB 1985, 313; BFH, Urt. vom 4.11.1986 – VIII R 322/83 –, BFHE 148, 513 = BStBl II 1987, 333 = DB 1987, 1019 = EzGuG 9.61a.
[189] BMF, Schreiben vom 8.9.2003 – IV A 6 S 2171/03 –, GuG 2003, 375.
[190] UmStAE vom 1.10.2010 (BStBl I 2010, 846 – Stand 31.12.2012)

„(13) Werden auf Grund des BauGB **Betriebsverlagerungen** vorgenommen, so handelt es sich dabei um umsatzsteuerbare Leistungen des betreffenden Unternehmers an die Gemeinde oder den Sanierungsträger; das Entgelt für diese Leistungen besteht in den Entschädigungsleistungen. Reichen die normalen Entschädigungsleistungen nach dem BauGB nicht aus und werden zur anderweitigen Unterbringung eines von der städtebaulichen Sanierungsmaßnahme betroffenen gewerblichen Betriebs zusätzliche Sanierungsförderungsmittel in Form von Zuschüssen eingesetzt, sind sie als Teil des Entgelts für die oben bezeichnete Leistung des Unternehmers anzusehen. ...

(18) Nach § 181 BauGB soll die Gemeinde bei der Durchführung des BauGB zur Vermeidung oder zum Ausgleich wirtschaftlicher Nachteile, die für den Betroffenen in seinen persönlichen Lebensumständen eine besondere Härte bedeuten, auf Antrag einen Geldausgleich im Billigkeitswege gewähren. Ein solcher **Härteausgleich** ist, wenn er einem Unternehmer gezahlt wird, nicht als Entgelt für eine steuerbare Leistung des Unternehmers gegenüber der Gemeinde anzusehen; es handelt sich vielmehr um eine nicht steuerbare Zuwendung. Das Gleiche gilt, wenn dem Eigentümer eines Gebäudes ein Zuschuss gewährt wird, **255**

1. für Modernisierungs- und Instandsetzungsmaßnahmen nach § 177 BauGB,
2. für Modernisierungs- und Instandsetzungsmaßnahmen im Sinne des § 177 BauGB, zu deren Durchführung sich der Eigentümer gegenüber der Gemeinde vertraglich verpflichtet hat,
3. für andere der Erhaltung, Erneuerung und funktionsgerechten Verwendung dienende Maßnahmen an einem Gebäude, das wegen seiner geschichtlichen, künstlerischen oder städtebaulichen Bedeutung erhalten bleiben soll, zu deren Durchführung sich der Eigentümer gegenüber der Gemeinde vertraglich verpflichtet hat.
4. für die Durchführung einer Ordnungsmaßnahme nach § 146 Abs. 3 BauGB, soweit der Zuschuss dem Grundstückseigentümer als Gebäude-Restwertentschädigung gezahlt wird. Werden im Rahmen der Maßnahme die beim Grundstückseigentümer anfallenden Abbruchkosten gesondert vergütet, sind diese Beträge Entgelt für eine steuerbare und steuerpflichtige Leistung des Grundstückseigentümers an die Gemeinde

Voraussetzung ist, dass in den Fällen der Nummern 2 und 3 der Zuschuss aus Sanierungsförderungsmitteln zur Deckung der Kosten der Modernisierung und Instandsetzung nur insoweit gewährt wird, als diese Kosten nicht vom Eigentümer zu tragen sind.

(19) Der Übergang eines Grundstücks im Flurbereinigungsverfahren nach dem FlurbG und im Umlegungsverfahren nach dem BauGB unterliegt grundsätzlich nicht der Umsatzsteuer. In den Fällen der Unternehmensflurbereinigung (§§ 87 bis 89 FlurbG) ist die Bereitstellung von Flächen insoweit umsatzsteuerbar, als dafür eine Geldentschädigung gezahlt wird. Ggf. kommt die Steuerbefreiung nach § 4 Nr. 9 Buchstabe a UStG in Betracht. **256**

Unter Ziff. 1.3 wird zum Schadensersatz ausgeführt: **257**

(13) Entschädigungen an den Mieter oder Vermieter für die vorzeitige Räumung der Mieträume und die Aufgabe des noch laufenden Mietvertrags sind nicht Schadensersatz, sondern Leistungsentgelt[191]. Das gilt auch dann, wenn der Unternehmer zur Vermeidung einer Enteignung auf die vertragliche Regelung eingegangen ist. Ob die Vertragsparteien die Zahlung als Schadensersatz bezeichnen oder vereinbaren, nur die durch die Freimachung entstandenen tatsächlichen Aufwendungen zu erstatten, ist unbeachtlich[192].

(14) Entschädigungen, die als Folgewirkung einer Enteignung nach § 96 BauGB gezahlt werden, sind kein Schadensersatz und daher steuerbar[193]. **258**

(15) Die Vergütung von Sachverständigen, Dolmetschern und Übersetzern nach Abschnitt 3 JVEG ist Entgelt für eine Leistung. Ob jemand als Zeuge, sachverständiger Zeuge oder Sachverständiger anzusehen ist, richtet sich nach der tatsächlich erbrachten Tätigkeit. Für die Einordnung ist ausschlaggebend, ob er als Zeuge „unersetzlich" oder als Sachverständiger „auswechselbar" ist......". **259**

---

191 Vgl. BFH, Urt. vom 27.2.1969 – V 102/65 –, BStBl II S. 386 und Abschnitt 4.12.1.
192 Vgl. BFH, Urt. vom 27.2.1969 – V 144/65 –, BStBl II S. 387, und vom 7.8.1969 – V 177/6 –, BStBl II S. 696.
193 BFH, Urt. vom 10.2.1972 – V R 119/68 –, BStBl II S. 403; vgl. auch BFH, Urt. vom 24.6.1992 – V R 60/88 –, BStBl II S. 986.

2.2.2.3 Grunderwerbsteuer

260 Zur **grunderwerbsteuerlichen Behandlung des Ausgleichsbetrags** vgl. Rechtsprechung des BFH[194].

261 Zur steuerlichen Behandlung des Erwerbs eines Grundstücks zum Neuordnungswert ist darauf hinzuweisen, dass der **volle Kaufpreis auch dann Besteuerungsgrundlage für die Grunderwerbsteuer ist, wenn** als Teil des Kaufpreises der Betrag gesondert ausgewiesen wird, der nach § 159 Abs. 4 BauGB an die Gemeinde abzuführen oder mit ihr zu verrechnen ist[195].

262 Im Übrigen sieht das GrEStG **keine Grunderwerbsteuerbefreiung** für Erwerbsvorgänge zum Zwecke der Grundstücksneuordnung entsprechend den Zielen und Zwecken einer Sanierungs- oder Entwicklungsmaßnahme vor.

263 **Grunderwerbsteuerliche Bemessungsgrundlage** ist nach ständiger Rechtsprechung des BFH der tatsächliche Zustand des Grundstücks, das Gegenstand des Erwerbsvorgangs ist[196]. Je nach Vertragsgestaltung können damit – neben dem Grundstückskaufpreis – auch die Kosten für die Bebauung zur Gegenleistung gehören.

264 Ein **sanierungs- bzw. entwicklungsbedingter Zwischenerwerb eines Grundstücks** löst nach § 1 Abs. 1 GrStG eine Grunderwerbsteuer in Höhe von 3,5 % des Werts der Gegenleistung aus. Dies ist nach § 8 Abs. 1 und § 9 GrEStG i. d. R. der Kaufpreis. Davon betroffen ist der gemeindliche Grunderwerb ebenso wie die Übertragung von Grundstücken in das Treuhandvermögen eines Sanierungs- oder Entwicklungsträgers, dessen sich die Gemeinde bedient. Der Grunderwerbsteuer unterliegen darüber hinaus Rechtsvorgänge, die es einem anderen ermöglichen, ein inländisches Grundstück auf eigene Rechnung zu verwerten (§ 1 Abs. 2 GrEStG).

265 Beim Erwerb eines Grundstücks im Auftrag der Gemeinde durch einen Sanierungs- oder Entwicklungsträger (Auftragserwerb) unterliegt nach bisheriger und vorherrschender Auffassung

– zum einen der Erwerb durch den Beauftragten (Treuhänder) nach § 1 Abs. 1 GrEStG und

– zum anderen der damit einhergehende Erwerb der Verwertungsbefugnis durch die Gemeinde als die Auftraggeberin (Treugeberin) wegen des ihr zustehenden Anspruchs auf Herausgabe des in Durchführung des Auftrags Erlangten nach § 1 Abs. 2 GrEStG

der Grunderwerbsteuer. Diese **Doppelbesteuerung** besteht unabhängig davon, ob z. B. ein Entwicklungsträger (§ 167 BauGB) den Erwerb als Treuhänder im eigenen Namen mit gleichzeitiger Verwertungsbefugnis der Gemeinde oder er im eigenen Namen für Rechnung der Gemeinde handelt (z. B. Sanierungsträger nach § 159 Abs. 1 Satz 1, 1. Alt. BauGB). Überträgt der treuhänderische Entwicklungsträger das von einem Dritten erworbene Grundstück später zu Eigentum auf die Gemeinde, so unterliegt im Übrigen auch dieser Vorgang mit der Einschränkung der Grunderwerbsteuer, dass sich die Bemessungsgrundlage nach dem Betrag bemisst, der den vorausgegangenen Rechtsvorgang übersteigt (§ 3 Nr. 8 GrEStG, § 16 Abs. 2 GrEStG)[197].

266 Das Bundesministerium der Finanzen hat mit Schreiben vom 19.2.1985 an das Bundesministerium für Raumordnung, Bauwesen und Städtebau die zweifache Grunderwerbsteuerpflicht bei Erwerb von Grundstücken durch den Sanierungsträger für das Treuhandvermögen bejaht.

---

194 BFH, Urt. vom 3.8.1988 – II R 210/85 –, BFHE 154, 158 = EzGuG 15.61; BFH, Urt. vom 28.9.1988 – II R 244/85 –, BFHE 156, 164 = EzGuG 1.40a; FG Koblenz, Urt. vom 24.8.1984 – 4 K 193/82 –, EFG 1985, 138 = Planen und Bauen 1985, 56 = BFHE 154, 158 = EzGuG 15.31.
195 BFH, Urt. vom 3.8.1988 – II R 210/85 –, BFHE 154, 158 = EzGuG 15.61.
196 BFH, Urt. vom 5.2.1992 – II R 110/88 –, BFHE 166, 402 = BStBl II 1992, 357 = EzGuG 1.54b; BFH, Urt. vom 19.1.1994 – II R 52/90 –, BFHE 173, 442 = BStBl II 1994, 409 = EzGuG 1.43b.
197 Krautzberger, Städtebauförderungsrecht § 160 Rn. 31 f.; Erl. der obersten Finanzbehörden der Länder betr. Grunderwerbsteuer bei Treuhandgeschäften, die ein inländisches Grundstück zum Gegenstand haben, vom 20.3.1978 – S 4500 – 100 – 32 2 (BStBl I 1978, 214), betr. Erwerbsvorgänge i. S. d. § 1 Abs. 3 GrEStG vom 20.3.1978 – S 4301 – 8 32 2 (BStBl I 1978, 217); FMS vom 29.3.1978 – S 4500 – 34/9 – 10 976; FMS vom 25.5.1984 – 37 – S 4500 – 34/18 – 31 771 –, OFD Nürnberg, Vfg. vom 2.7.1984 – S 4500 – 128/St 24 –; OFD München, Vfg. vom 5.7.1984 – S 4500 – 35/2 St 331 –, GrESt Kartei 2/3 B; Schreiben des bad.-württ. IM vom 1.4.1985 – V 6825 – § 38/3 (BWGZ 1985, 424).

267 Danach lägen **grunderwerbsteuerrechtlich zwei Rechtsvorgänge** vor, bei denen die Steuer nach dem Wert der Gegenleistung zu berechnen ist. Für den Erwerb durch den Treugeber seien die Gegenleistung die Leistungen, die dem Treugeber über den Treuhänder nach § 670 BGB aus der Ausführung des Grundstücksbeschaffungsauftrags oblägen, nämlich der Erwerbspreis und der Erwerbskosten. Diese Auffassung des Bundesministeriums der Finanzen ist inzwischen vom BFH[198] hinsichtlich des Grunderwerbs durch einen Entwicklungsträger für das Treuhandvermögen bestätigt worden. Der BFH stellt ausdrücklich fest: Erwirbt ein Entwicklungsträger als Treuhänder einer Gemeinde ein Grundstück, so erhält die Gemeinde als Treugeber gleichzeitig an dem Grundstück die Verwertungsmacht i. S. d. § 1 Abs. 2 GrEStG 1983. Der BFH bezeichnete es als unerheblich, dass der Treuhänder die Grundstücke für die Entwicklungsmaßnahme verwenden müsste und die Klägerin, die Gemeinde, daher nicht frei über das Grundstück verfügen konnte. Mit dieser Entscheidung des BFH dürfte auch für den Erwerb durch den Sanierungstreuhänder die Rechtslage vorerst i. S. d. doppelten Grunderwerbsteuerpflicht entschieden sein.

268 Die Grunderwerbsteuerpflicht tritt allerdings nur dann ein, wenn es dem Auftraggeber effektiv möglich ist, das **Grundstück auf eigene Rechnung zu verwerten**[199].

269 Darüber hinaus wirkt sich auch die **Grunderwerbsteuerpflicht bei Rückübertragung von Grundstücken auf die Gemeinde** nach § 160 Abs. 6 Satz 2 BauGB kostensteigernd auf die Sanierung aus, wenn dieser Erwerb nicht nach § 4 Nr. 1 GrEStG von der Besteuerung ausgenommen ist. Nach § 4 Nr. 1 GrEStG ist der Erwerb eines Grundstücks durch eine Körperschaft des öffentlichen Rechts von der Grunderwerbsteuer befreit, wenn das Grundstück aus Anlass des Übergangs von öffentlichen Aufgaben oder aus Anlass von Grenzänderungen (z. B. Übergang der Straßenbaulast von einer Gemeinde auf eine andere Gemeinde) von der einen auf die andere Körperschaft des öffentlichen Rechts übergeht. Diese Voraussetzung ist allerdings nicht gegeben, wenn ein Grundstück im Falle eines Konkurses des Sanierungsträgers auf die Gemeinde übertragen wird.

270 Beim Kauf eines in einem Sanierungsgebiet gelegenen unbebauten Grundstücks von einem Sanierungsträger gegen einen Kaufpreis, der dem Verkehrswert entspricht, der sich durch die rechtliche und tatsächliche Neuordnung ergibt (Neuordnungswert), ist der **volle Kaufpreis** nach der Rechtsprechung des BFH auch dann **Besteuerungsgrundlage für die Grunderwerbsteuer,** wenn als Teil des Kaufpreises der Betrag gesondert ausgewiesen wird, der nach § 159 Abs. 4 BauGB an die Gemeinde abzuführen oder mit ihr zu verrechnen ist[200].

2.3 Anwendung der ImmoWertV

▶ Zur Ermächtigung zum Erlass von Regelungen über die Verkehrswertermittlung in Sanierungsgebieten und Entwicklungsbereichen vgl. § 199 BauGB Rn. 6 und 18 ff. sowie Vorbem. zur ImmoWertV Rn. 17.

271 Die WertV 88/98 enthielt in der bis zum 30.6.2010 geltenden Fassung „**Ergänzende Vorschriften**" (§§ 26 bis 28 WertV 88) **über die Verkehrswertermittlung in Sanierungsgebieten und Entwicklungsbereichen** einschließlich Ersatz- und Ergänzungsgebieten (§ 142 Abs. 2 BauGB) und Anpassungsgebieten (nach § 170 BauGB). Keine Anwendung fanden die Vorschriften in Sanierungsgebieten, für die in der Sanierungssatzung die Anwendung der besonderen sanierungsrechtlichen Vorschriften (§§ 152 bis 156a BauGB) ausgeschlossen und die Maßnahme im vereinfachten Sanierungsverfahren durchgeführt wurde.

272 Die ergänzenden Vorschriften für Sanierungsgebiete und städtebauliche Entwicklungsbereiche (§§ 26 bis 28 WertV a. F.) haben erst nach Inkrafttreten des Städtebauförderungsgesetzes – StBauFG – auf der Grundlage der Ermächtigung des § 91 Nr. 1 und 2 StBauFG in die WertV von 1972 Eingang gefunden.

---

198 BFH, Urt. vom 28.9.1988 – I R 31/86 –, BFHE 156, 166 = BStBl II 1989, 85; BFH, Urt. vom 8.2.1995 – II R 19/95 –, BFH/NV 1995, 823; FG Köln, Beschl. vom 21.4.1988 – 1 K 637/87 –, EFG 1988, 647.
199 BFH, Urt. vom 17.9.1986 – II R 105/85 –, BFH/NV 1987, 808; BFH, Urt. vom 25.11.1992 – II R 67/89 –, BFH/NV 1993, 670 = EzGuG 1.58 und BFH, Urt. vom 9.11.1994 – II B 95/94 –, BFH/NV 1995, 544.
200 BFH, Urt. vom 3.8.1988 – II R 210/85 –, BFHE 154, 158 = EzGuG 15.61; BFH, Urt. vom 28.9.1988 – II R 244/85 –, BFHE 156, 164 = EzGuG 1.40a.

VI Städtebauliche Maßnahmen Steuerliche Vorschriften

Dies war seinerzeit sogar der eigentliche Anlass für die Novellierung der Ursprungsfassung der WertV von 1961[201]. Die Vorschriften wurden seinerzeit als erforderlich angesehen, um eine **sachgerechte Wertermittlung bei der Anwendung der allgemeinen Wertermittlungsgrundsätze auf sanierungs- und entwicklungsrechtliche Wertermittlungen** zu gewährleisten.

273 Bereits bei der Novelle der WertV im Jahre 1988 stellte sich die Frage, ob für diese Regelungen ein unabweisbares Erfordernis bestand bzw. welche Regelungen aufgrund der gewachsenen Erfahrungen, insbesondere der Gemeinden und der Gutachterausschüsse, und mit Blick auf die gewachsene Verwaltungskraft entfallen konnten. Schon seinerzeit wurde darauf hingewiesen, dass es der ergänzenden Vorschriften für Sanierungsgebiete und Entwicklungsbereiche eigentlich gar nicht bedürfe und der Teil V der WertV 72 weitgehend die gesetzlichen Vorschriften wiederhole von daher zu umfänglich gewesen sei. Aus diesem Grund wurden die sanierungsrechtlichen Vorschriften der WertV 88 gegenüber der WertV i. d. F. von 1972 erheblich gestrafft und neu strukturiert. Dem kam entgegen, dass die allgemeinen Regelungen der WertV eine Reihe von Bestimmungen enthalten, die – beschränkt auf förmlich festgelegte Sanierungsgebiete und städtebauliche Entwicklungsbereiche – im Teil V der WertV 72 enthalten waren (z. B. § 22 WertV 72 = § 4 Abs. 1 WertV 88/98) und die in § 24 Abs. 1 WertV 72 i. V. m. § 2 Abs. 1 AusgleichsbetragV[202] geregelte **Ermittlung von Ausgleichsbeträgen** sich bereits weitgehend aus § 154 Abs. 2 BauGB ergibt.

274 Mit der am 1.7.2010 in Kraft getretenen Neufassung der ImmoWertV sind die **Regelungen der §§ 26 bis 28 WertV 88/98** mit Ausnahme des § 16 Abs. 5 ImmoWertV **ersatzlos aufgehoben** worden. Zur Begründung wird – wie schon 1988 erkannt wurde – darauf hingewiesen, dass die Regelungen der §§ 26 bis 28 WertV 88/98 lediglich die gesetzlichen Vorschriften des BauGB erläutern und die Praxis dieser Regelungen nicht bedürfe. Die notwendigen Aussagen ergäben sich bereits durch sachgerechte Auslegung der BauGB-Vorschriften und sind in den einschlägigen Ländererlassen enthalten[203].

275 **Bei den in förmlich festgelegten Sanierungsgebieten und städtebaulichen Entwicklungsbereichen maßgeblichen Werten handelt es sich um Verkehrswerte (Marktwerte),** die nach den allgemeinen Grundsätzen der ImmoWertV zu ermitteln sind. Dass bei der Ermittlung dieser Verkehrswerte besondere sich aus dem BauGB ergebende Maßgaben zu beachten sind, steht dem nicht entgegen. Derartige Maßgaben stellen sich auch in anderen Rechtsbereichen, wie z. B. bei der Ermittlung von Einwurfs- und Zuteilungswerten in der städtebaulichen Umlegung nach den §§ 34 ff. BauGB oder bei der Ermittlung von Enteignungsentschädigungen.

276 Dass es sich bei den nach Maßgabe der sanierungs- und entwicklungsrechtlichen Vorschriften zu ermittelnden Werten in ihrem substanziellen Kern jeweils um Verkehrswerte handelt, wurde schon im Gesetzgebungsverfahren zu diesen Bestimmungen gesehen. Der Ausschussbericht sprach in diesem Zusammenhang von „nach Maßgabe des ... modifizierten Verkehrswertes"[204]. Tatsächlich handelt es sich allenfalls um einen **durch besondere rechtliche Vorschriften beeinflussten Verkehrswert,** wobei namentlich die Regelungen der §§ 153 ff., ggf. i. V. m. § 169 Abs. 1 Nr. 6 und 7 sowie § 169 Abs. 4 bis 8 BauGB hervorzuheben sind. Nun liegt es im Wesen des gewöhnlichen Geschäftsverkehrs, neben den tatsächlichen Grundstückseigenschaften auch die rechtlichen Gegebenheiten zu berücksichtigen, seien es Vorschriften miet- oder steuerlicher Art oder auch privatrechtliche Vereinbarungen. Dies gilt gleichermaßen für bodenrechtliche Vorschriften. Insofern ist es sogar eher irreführend, in diesem Zusammenhang von „modifizierten" Verkehrswerten zu sprechen. Es geht auch hier im Kern um eine Verkehrswertermittlung[205].

277 Der Verweis auf einen „**modifizierten Verkehrswert**" ist rechtshistorisch erklärbar. Bei Erlass des StBauFG im Jahre 1971, aus dem das besondere Städtebaurecht des BauGB

---

201 BR-Drucks. 265/72, Begründung S. 2 ff.
202 Der Regelungsgehalt der „Verordnung über die Erhebung von Ausgleichsbeträgen nach den §§ 41 und 42 StBauFG" (AusgleichsbetragV) wurde – soweit nicht ersatzlos aufgehoben – mit den einschlägigen besonderen sanierungsrechtlichen Vorschriften der §§ 52 ff. BauGB verschmolzen (vgl. Kleiber in ZfBR 1986, 263).
203 BR-Drucks. 296/09; BR-Drucks. 171/10.
204 BT-Drucks. VI/2204, zu § 57 StBauFG.
205 Auch im Rahmen der steuerlichen Bewertung ist der BFH in seinem Urt. vom 29.8.1996 – VIII R 15/93 –, BFHE 182, 22 = EzGuG 15.86b davon ausgegangen, dass der Anfangswert dem gemeinen Wert (materiell = Verkehrswert) entspreche.

(§§ 136 ff. BauGB) hervorgegangen ist, stellen die besonderen sanierungs- und entwicklungsrechtlichen Vorschriften einen bodenpolitisch gravierenden Einschnitt in die bis dahin geltenden bodenrechtlichen Vorschriften dar und haben insoweit die rechtlichen Rahmenbedingungen „modifiziert".

Von modifizierten Verkehrswerten im Rahmen von Wertermittlungen in Sanierungsgebieten und Entwicklungsbereichen kann im Hinblick auf die besonderen Rechtsvorschriften schon deshalb nicht gesprochen werden, weil die Definition des Verkehrswerts ausdrücklich auf die **Berücksichtigung „rechtlicher Gegebenheiten"** abhebt und diese damit verkehrswertimmanent sind. Noch deutlicher wurde dies in der Vorgängerregelung zu § 194 BauGB herausgestellt. Bereits in § 142 Abs. 1 Satz 2 BBauG 1975 wurde ausdrücklich herausgestellt, dass bei der Ermittlung des Verkehrswerts „insbesondere Vorschriften über die Berücksichtigung oder Nichtberücksichtigung bestimmter Umstände zu beachten" sind[206]. Dieser ausdrückliche und klarstellende Hinweis ist später mit der Zusammenführung von BBauG und StBauFG im Jahre 1987 ersatzlos fortgefallen, da es sich dabei letztlich um Selbstverständliches handelt[207].

2.4 Sanierungs- bzw. entwicklungsunbeeinflusster Grundstückswert

2.4.1 Anwendungsbereich

2.4.1.1 Förmlich festgelegte Sanierungsgebiete

In förmlich festgelegten Sanierungsgebieten, für die die Anwendung der abgabenrechtlichen Regelungen der §§ 152 bis 156a BauGB in der Sanierungssatzung nach § 142 Abs. 4 Satz 1 BauGB nicht ausgeschlossen worden ist, steht der Grundstücksverkehr grundsätzlich unter dem Regime des § 153 Abs. 1 BauGB.

Nach § 153 Abs. 1 BauGB bemessen sich Ausgleichs- und Entschädigungsleistungen, die aufgrund von Maßnahmen, die der Vorbereitung oder Durchführung der Sanierung im förmlich festgelegten Sanierungsgebiet dienen und nach den Vorschriften des BauGB zu gewähren sind, nach dem Verkehrswert des Grundstücks unter Ausschluss von Werterhöhungen, die durch die Aussicht auf die Sanierung, durch ihre Vorbereitung oder ihre Durchführung eingetreten sind; davon ausgenommen sind nur Werterhöhungen, die der Betroffene durch eigene Aufwendungen zulässigerweise bewirkt hat. Der maßgebliche Verkehrswert wird als **sanierungsunbeeinflusster Grundstückswert bezeichnet.**

§ 153 Abs. 1 BauGB hat folgenden Wortlaut:

„(1) Sind auf Grund von Maßnahmen, die der Vorbereitung oder Durchführung der Sanierung im förmlich festgelegten Sanierungsgebiet dienen, nach den Vorschriften dieses Gesetzbuchs Ausgleichs- und Entschädigungsleistungen zu gewähren, werden bei deren Bemessung Werterhöhungen, die lediglich durch die Aussicht auf die Sanierung, durch ihre Vorbereitung oder ihre Durchführung eingetreten sind, nur insoweit berücksichtigt, als der Betroffene diese Werterhöhungen durch eigene Aufwendungen zulässigerweise bewirkt hat. Änderungen in den allgemeinen Wertverhältnissen auf dem Grundstücksmarkt sind zu berücksichtigen."

Die Vorschrift kommt mithin nicht beim **vereinfachten Sanierungsverfahren** zur Anwendung (vgl. Rn. 231 sowie § 142 Abs. 4 ggf. i. V. m. § 170 Satz 4 BauGB).

2.4.1.2 Förmlich festgelegte städtebauliche Entwicklungsbereiche

§ 153 Abs. 1 BauGB ist nach § 169 Abs. 1 Nr. 6 BauGB in städtebaulichen Entwicklungsbereichen bei der **Ermittlung des entwicklungsunbeeinflussten Grundstückswerts** entspre-

---

[206] In der Begründung wurde herausgestellt, dass diese Regelung nur deklaratorischen Charakter habe und bereits im Verkehrswertprinzip begründet sei. Nur eine Minderheit des damals federführenden BT-Ausschusses befürchtete ein Abgehen vom Verkehrswertprinzip (BT-Drucks. 7/4792, S. 53). Bereits der BFH hat aber mit Urt. vom 3.4.1964 – III 293/61 –, HFR 65, 453 = EzGuG 19.7a beispielsweise festgestellt, dass eine gesetzeswidrige Umgehung von Preisvorschriften, auch wenn sie einen größeren Umfang annähme, auf die Verkehrswertermittlung keinen Einfluss haben dürfe.

[207] In der Begründung wurde die Regelung des § 142 Abs. 1 BBauG 1975 als „überflüssig" bezeichnet (BR-Drucks. 675/85 S. 150).

VI Städtebauliche Maßnahmen — Grundstückswert

chend anzuwenden, jedoch ist dabei das **Bewertungsprivileg des § 169 Abs. 4 BauGB** zu beachten. Die Vorschrift hat folgende Fassung:

„(4) Auf land- oder forstwirtschaftlich genutzte Grundstücke ist § 153 Abs. 1 mit der Maßgabe entsprechend anzuwenden, dass in den Gebieten, in denen sich kein von dem innerlandwirtschaftlichen Verkehrswert abweichender Verkehrswert gebildet hat, der Wert maßgebend ist, der in vergleichbaren Fällen im gewöhnlichen Geschäftsverkehr auf dem allgemeinen Grundstücksmarkt dort zu erzielen wäre, wo keine Entwicklungsmaßnahmen vorgesehen sind."

2.4.1.3 Förmlich festgelegte Ersatz- und Ergänzungsgebiete

281 In den förmlich festgelegten Ersatz- und Ergänzungsgebieten (vgl. Rn. 244) finden u.a. auch die vorstehenden Regelungen über die Bemessung von Ausgleichs- und Entschädigungsleistungen nach § 153 Abs. 1 bis 3 BauGB (sanierungs- bzw. entwicklungsunbeeinflusster Grundstückswert) und die Vorschriften der §§ 154 bis 156 BauGB (ohne § 154 Abs. 2a BauGB) über die Erhebung von Ausgleichsbeträgen (§ 169 Abs. 1 Nr. 6 und 7 BauGB) Anwendung.

2.4.1.4 Förmlich festgelegte Anpassungsgebiete

282 In förmlich festgelegten Anpassungsgebieten (vgl. Rn 245) finden nach § 170 BauGB die Vorschriften über die Bemessung von Ausgleichs- und Entschädigungsleistungen nach § 153 Abs. 1 bis 3 BauGB (entwicklungsunbeeinflusster Grundstückswert) und die Vorschriften der §§ 154 bis 156 BauGB über die Erhebung von Ausgleichsbeträgen (§ 169 Abs. 1 Nr. 6 und 7 BauGB) wiederum Anwendung, wobei die Regelungen des § 154 Abs. 2a BauGB sowie des § 169 Abs. 4 BauGB ausgenommen sind.

2.4.2 Bedeutung der Regelung für den Grundstücksmarkt

▶ *Vgl. § 10 ImmoWertV Rn. 28 ff.*

283 Die abgabenrechtlichen Regelungen der §§ 152 ff. BauGB sind, wie unter Rn. 201 ff. erläutert, auf die sog. Abschöpfung sanierungs- bzw. entwicklungsbedingter Bodenwerterhöhungen ausgerichtet. Sie entfaltet aber bereits im Verlauf der Maßnahme aufgrund der **Verfügungssperre nach § 142 Abs. 2 Nr. 1 i. V. m. § 153 Abs. 2 BauGB** auf dem Grundstücksmarkt Wirkung. Nach dieser Vorschrift bedürfen rechtsgeschäftliche Veräußerungen eines Grundstücks und die Bestellung und Veräußerung eines Erbbaurechts der schriftlichen Genehmigung der Gemeinde, und diese ist zu versagen, wenn bei den genannten Rechtsvorgängen der vereinbarte Gegenwert für das Grundstück oder das Recht über dem Wert liegt, der sich in Anwendung des § 153 Abs. 1 BauGB als sanierungs- bzw. entwicklungsunbeeinflusster Grundstückswert ergibt (Preisprüfung). Dies gilt nur dann nicht, wenn der Ausgleichsbetrag nach § 154 Abs. 3 Satz 2 BauGB abgelöst oder nach § 154 Abs. 3 Satz 3 BauGB vorzeitig festgesetzt worden ist und die Verpflichtung zur Entrichtung des Ausgleichsbetrags erloschen ist. **Der sanierungs- bzw. entwicklungsunbeeinflusste Grundstückswert stellt damit grundsätzlich eine „Preisschranke" für den gesamten Grundstücksverkehr im förmlich festgelegten Sanierungsgebiet sowie im städtebaulichen Entwicklungsbereich dar.** Dem **Grundstückswert i. S. d. § 153 Abs. 1 BauGB kommt** in förmlich festgelegten Sanierungsgebieten und städtebaulichen Entwicklungsbereichen eine **Schlüsselrolle zu;** er ist nicht nur Bemessungsgrundlage für Ausgleichs- und Entschädigungsleistungen:

a) Der sanierungs- bzw. entwicklungsunbeeinflusste Grundstückswert ist grundsätzlich auch für den freihändigen Grundstücksverkehr in Sanierungs-, Ersatz-, Ergänzungs- und Anpassungsgebieten (§ 142 Abs. 1 und 2 sowie § 170 BauGB) sowie in städtebaulichen Entwicklungsbereichen maßgebend; an ihm orientiert sich die Preisprüfung nach § 145 Abs. 2 i. V. m. § 153 Abs. 2 BauGB.

b) § 153 Abs. 3 BauGB verpflichtet die Gemeinde sowie Sanierungs-, Entwicklungs- und Bedarfsträger, bei freihändigem Grundstückserwerb keinen höheren Preis zu vereinbaren, als es dem sanierungs- bzw. entwicklungsunbeeinflussten Grundstückswert entspricht.

c) Bezogen auf den Grund und Boden findet die Vorschrift auch bei der Ermittlung des Anfangswerts nach § 154 Abs. 2 BauGB (vgl. Rn. 341 ff.) sowie des Einwurfswerts in der Sanierungsumlegung nach § 153 Abs. 5 Nr. 1 BauGB Anwendung.

d) Der sanierungs- bzw. entwicklungsunbeeinflusste Grundstückswert ist schließlich auch bei der Überführung von Grundstücken eines Sanierungs- bzw. Entwicklungsträgers in das Treuhandvermögen nach § 160 Abs. 5 BauGB maßgebend.

e) Die Möglichkeit des freihändigen Erwerbs zum entwicklungsunbeeinflussten Grundstückswert ist nach § 165 Abs. 3 Nr. 3 BauGB auch ein Kriterium für die Zulässigkeit einer Entwicklungsmaßnahme.

Die Regelung des § 153 Abs. 1 BauGB über den sanierungsunbeeinflussten Grundstückswert betrifft den Verkehrswert des Grundstücks in seiner **Gesamtheit einschließlich vorhandener baulicher Anlagen und sonstiger Einrichtungen.** Im Rahmen des bodenpolitischen Systems des Sanierungs- und Entwicklungsrechts, das die Abschöpfung sanierungs- und entwicklungsbedingter *Boden*werterhöhungen zum Gegenstand hat (§§ 152 bis 156a BauGB), darf die Bedeutung der Vorschrift nicht dahingehend verkannt werden, dass sie nur die Ermittlung des sanierungs- bzw. entwicklungsunbeeinflussten *Bodenwerts* regelt. **284**

Bezogen auf den Grund und Boden (ohne aufstehende Bebauung) wird mitunter der sanierungsunbeeinflusste Grundstückswert auch als „Anfangswert" bezeichnet. Dies ist allerdings unzulässig, denn **Anfangswert ist** nach § 154 Abs. 1 BauGB **lediglich der sanierungs- und entwicklungsunbeeinflusste Bodenwert, der der Ermittlung des Ausgleichsbetrags zugrunde zu legen ist.** Der in § 154 Abs. 1 BauGB definierte Anfangswert weist zwar – wie der Einwurfswert in Umlegungsverfahren nach den §§ 45 ff. BauGB i. V. m. § 153 Abs. 5 Nr. 1 BauGB – eine enge Verwandtschaft mit dem sanierungs- bzw. entwicklungsunbeeinflussten Grundstückswert nach § 153 Abs. 1 BauGB auf. Dennoch empfiehlt es sich, begrifflich zwischen beiden Werten zu unterscheiden. **285**

Während es sich bei dem sanierungs- bzw. entwicklungsunbeeinflussten Grundstückswert i. S. d. § 153 Abs. 1 BauGB um den (Gesamt-)**Verkehrswert des Grundstücks** – also **einschließlich einer aufstehenden Bebauung** – handelt, geht es bei dem Anfangs- und Einwurfswert lediglich um den *Bodenwert*. Auch ist im Unterschied zum sanierungs- bzw. entwicklungsunbeeinflussten Grundstückswert für die Ermittlung des Anfangs- und Einwurfswerts ein *bestimmter Wertermittlungsstichtag*, nämlich der Zeitpunkt des Abschlusses der Maßnahme, vorgegeben (vgl. § 57 Satz 2 BauGB). Zudem ist darauf hinzuweisen, dass die sog. „vom Eigentümer selbstbewirkten Werterhöhungen" in die Ermittlung des sanierungs- bzw. entwicklungsunbeeinflussten Grundstückswerts eingehen, während sie bei der Ausgleichsbetragserhebung gemäß § 155 Abs. 1 BauGB als Anrechnungsfall behandelt werden und demzufolge bei der Ermittlung des Anfangswerts unberücksichtigt bleiben. **286**

2.4.3 Verhältnis zum Planungsschadensrecht

▶ *Allgemeines zum Planungsschadensrecht vgl. Rn. 160 ff.; zum Anfangswert Rn. 332; zum Neuordnungswert Rn. 567, 702; bei Stadtumbaugebieten vgl. Rn. 815 sowie § 4 ImmoWertV Rn. 29*

§ 153 Abs. 1 BauGB ist rechtsdogmatisch als **eine § 95 Abs. 2 BauGB ergänzende Reduktionsklausel** einzuordnen. Soweit es im Zuge der Sanierung zu Planungsschäden kommt, geht das Sanierungsrecht des BauGB im Grundsatz von einer **Trennung des Ausgleichsbetrags- und Planungsschadensrechts** aus. **287**

Hieraus folgt, dass sich in den Fällen, in denen für das zu bewertende Grundstück ein Planungsschaden eingetreten ist, der sanierungsunbeeinflusste Grundstückswert nach dem „herabgezonten" Grundstückszustand mit dem entsprechend geringeren Grundstückswert bestimmt. In diesem Zusammenhang ist vor allem auch die Regelung des **§ 42 Abs. 3 BauGB über die entschädigungslose Herabzonung nach Ablauf der Siebenjahresfrist** zu beachten (vgl. Rn. 176 ff.). Dies gilt unabhängig davon, ob dafür eine gesonderte Entschädigung bereits geleistet worden ist, noch zu leisten ist oder gar nicht beansprucht werden kann.

Es besteht kein Entschädigungsanspruch für eine **Änderung oder Aufhebung einer zulässigen Nutzung in den Fällen des § 43 Abs. 4 BauGB** (vgl. § 4 ImmoWertV Rn. 29)

288 Würde man nämlich die außerhalb von Sanierungsgebieten nach dieser Vorschrift entschädigungslos hinzunehmenden Änderungen eines Bebauungsplans bei der Ermittlung des sanierungsunbeeinflussten Grundstückswerts nicht wertmindernd berücksichtigen, so liefe dies im Ergebnis auf eine Entschädigung hinaus, weil sich dann der Ausgleichsbetrag für das Grundstück entsprechend vermindern würde. § 21 Abs. 5 Satz 1 WertV 72 sah deshalb ausdrücklich vor, dass derartige Herabzonungen bei der Ermittlung des sanierungsunbeeinflussten Grundstückswerts dazu führen, dass die herabgezonte Nutzung maßgebend sein soll. Diese klarstellende Regelung konnte entfallen, weil dies bereits aus dem BauGB hergeleitet werden muss[208].

289 Vorstehenden Grundsätzen ist bei der Entstehung der **Vorgängervorschrift zu § 153 Abs. 1 BauGB** große Bedeutung beigemessen worden.

Im RegE zum StBauFG war hierfür die Regelung des § 20 Abs. 3 vorgesehen, der wie folgt lautet: „Bei der Ermittlung des Wertes von Gebäuden und Gebäudeteilen sind alle besonderen den Wert beeinflussenden Umstände, insbesondere auch Wertminderungen, zu berücksichtigen." § 20 Abs. 3 des RegE zum StBauFG sollte nach der Begründung zum RegE (zu BT-Drucks. VI/510, zu § 20 Abs. 3) klarstellen, wie bei Ausgleichs- und Entschädigungsleistungen nach der Verordnung über Grundsätze für die Ermittlung des Verkehrswerts von Grundstücken – WertV – der Wert von Gebäuden und Gebäudeteilen zu bestimmen sei. Durch die Vorschrift sollte sichergestellt werden, dass eine an sich vorhandene Wertminderung baulicher Anlagen, die sich jedoch in den Forderungen der Verkäufer nicht immer widerspiegelt, bei Ausgleichs- und Entschädigungsleistungen zu berücksichtigen ist. Solche Wertminderungen können sich namentlich dadurch ergeben, dass Instandhaltungen oder Instandsetzungen unterblieben sind oder dass Gebäude oder Gebäudeteile hinter den allgemeinen Anforderungen an gesunde Wohn- oder Arbeitsverhältnisse oder an die Sicherheit der auf dem Grundstück oder den umliegenden Grundstücken wohnenden oder arbeitenden Menschen zurückgeblieben sind. Gerade in Sanierungsgebieten sind häufig Gebäude vorhanden, die wegen ihrer vermeintlich hohen Rendite unangemessen hoch von den Verkäufern eingeschätzt werden, obwohl dies von der Beschaffenheit der Bausubstanz her nicht gerechtfertigt ist.

§ 20 Abs. 3 RegE zum StBauFG ist im Gesetzgebungsverfahren zum StBauFG gestrichen worden. Der seinerzeit federführende 14. BT-A. hielt eine solche Vorschrift für entbehrlich, da bereits aufgrund der WertV besondere den Verkehrswert beeinflussende Umstände, wie Abweichungen vom normalen baulichen Bestand, bei der Wertermittlung zu berücksichtigen seien. In dem Planspiel der Arbeitsgruppe Städtebauförderungsgesetz der Stadt Stuttgart wurde zudem angeregt, dem § 20 Abs. 3 der RegE zum StBauFG einen Satz anzufügen, nach dem bei der Bemessung von Ausgleichs- und Entschädigungsleistungen Werte für Gebäude und Gebäudeteile insoweit unberücksichtigt bleiben, als die Gebäude oder Gebäudeteile hinter den allgemeinen Anforderungen an gesunde Wohn- und Arbeitsverhältnisse oder an die Sicherheit der auf dem betroffenen Grundstück oder dem umliegenden Gebiet wohnenden oder arbeitenden Menschen zurückbleiben (vgl. hierzu oben die Begründung zum RegE). Der Ausschuss hielt es nicht für erforderlich, eine entsprechende Bestimmung in das Gesetz aufzunehmen. Dass diese Umstände bei der Bemessung von Ausgleichs- und Entschädigungsleistungen zu berücksichtigen seien, ergebe sich ebenfalls bereits aus der WertV.

Der Ausschuss ging seinerzeit jedoch davon aus, dass bei der beabsichtigten Novellierung dieser Verordnung eingehender als bisher geregelt wird, welche wertbeeinflussenden Umstände bei der Ermittlung des Werts von Grundstücken und Gebäuden zu berücksichtigen sind[209].

---

208 So auch Runkel in Ernst/Zinkahn/Bielenberg/Krautzberger, § 95 BauGB, 37 Lfg. Rn. 101 f. unter Hinweis auf Battis/Krautzberger/Löhr, BauGB § 95 Rn. 10; Söfker in DVBl 1979, 107; Pohl in Kohlh. Komm. § 95 Rn. 4b; Buchs. a. a. O., S. 384.
209 Zu der Entschädigung für Gebäude und Gebäudeteile vgl. das Gewos-Gutachten „Städtebau – Verfassung – Bodenrecht" Hamburg 1969, Rn. 157 bis 165, hier auch zu der im Vergleich zum RegE der 6. Legislaturperiode (§ 20 Abs. 3 StBauFG) ausführlicheren Vorschrift des RegE der 6. Legislaturperiode (§ 15 Abs. 2 StBauFG). Der 14. BT-A. hat in § 15 Abs. 2 des RegE sowie in § 20 Abs. 3 des RegE zum StBauFG 6. Legislaturperiode ersichtlich ein Wertermittlungsproblem gesehen, das keine besonderen regelungsbedürftigen Fragen aufwirft.

Dies bedeutet, dass der **Ermittlung des sanierungsunbeeinflussten Grundstückswerts** in den genannten Fällen ein entsprechend geminderter Bodenwert zugrunde zu legen ist und planungsschadensrechtlich zu klären ist, ob und in welcher Höhe eine planungsschadensrechtliche Entschädigung zu gewähren ist. Dabei ist es unerheblich, ob das Grundstück vor oder nach der förmlichen Festlegung i. S. d. § 42 BauGB herabgezont wurde.

Abb. 8: **Planungsschaden durch Herabzonung**

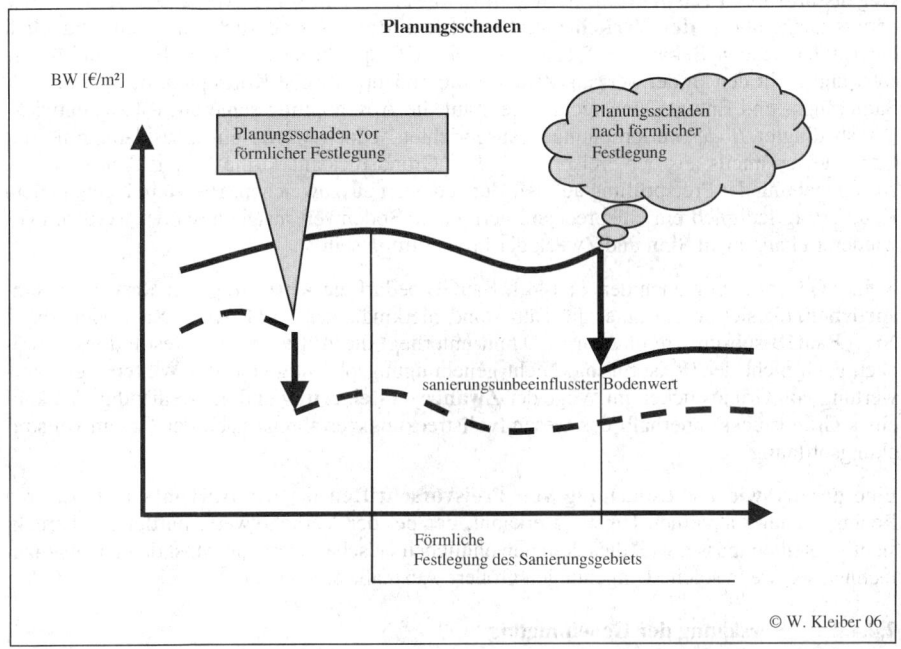

Besteht für die Änderung oder Aufhebung einer zulässigen Nutzung ein **Entschädigungsanspruch**, so **bleibt dieser** zur Vermeidung von Doppelentschädigungen **bei der Bemessung des sanierungsunbeeinflussten Grundstückswerts außer Betracht.** Eine Verrechnung des Planungsschadens im Rahmen des Ausgleichsbetragsrechts sieht das BauGB im Hinblick auf die unterschiedlichen Rechtsgrundlagen nicht vor. Deshalb bestimmte § 21 Abs. 5 Satz 2 WertV 72 klarstellend, dass bei der Ermittlung des sanierungsunbeeinflussten Grundstückswerts der herabgezonte Grundstückszustand maßgebend sein soll, wenn für die dadurch eingetretene Wertminderung „eine gesonderte Entschädigung geleistet worden ist oder beansprucht werden kann".

Für die **Ermittlung entwicklungsunbeeinflusster Grundstückswerte** gelten vorstehende Ausführungen entsprechend.

2.4.4 Preisprüfung

2.4.4.1 Allgemeines

Schrifttum: *Dyroff, A.,* Zwei Wege zur Vermeidung der Kaufpreisprüfung im Sanierungsgebiet, GE 2010, 806.

Im förmlich festgelegten Sanierungsgebiet bzw. Entwicklungsbereich ist der Grundstücksverkehr einer Preisprüfung dergestalt unterworfen, dass u. a. die Genehmigung von Veräußerungsgeschäften zu versagen ist, wenn der vereinbarte Kaufpreis den sanierungs- bzw. entwicklungs-

VI Städtebauliche Maßnahmen   Grundstückswert

unbeeinflussten Grundstückswert übersteigt. Die dafür maßgebliche Vorschrift des § 153 Abs. 2 BauGB hat folgenden Wortlaut[210]:

„(2) Liegt bei der rechtsgeschäftlichen Veräußerung eines Grundstücks sowie bei der Bestellung oder Veräußerung eines Erbbaurechts der vereinbarte Gegenwert für das Grundstück oder das Recht über dem Wert, der sich in Anwendung des Absatzes 1 ergibt, liegt auch hierin eine wesentliche Erschwerung der Sanierung im Sinne des § 145 Abs. 2 Dies gilt nicht, wenn in den Fällen des § 154 Abs. 3 Satz 2 oder 3 die Verpflichtung zur Entrichtung des Ausgleichsbetrags erloschen ist."

293 **Gegenstand der Preisprüfung** nach § 145 Abs. 2. i. V. m. § 153 Abs. 2 BauGB **ist** – wie bereits ausgeführt – **der Verkehrswert des (gesamten) Grundstücks**, d. h. einschließlich einer aufstehenden Bebauung. § 153 Abs. 2 BauGB spricht ausdrücklich den Grundstückswert und nicht den Bodenwert an. Zwar ist die bodenpolitische Konzeption des besonderen Sanierungs- und Entwicklungsrechts allein auf die Abschöpfung sanierungs- bzw. entwicklungsbedingter *Boden*werterhöhungen ausgerichtet, jedoch würde ein „Ausklammern" des Gebäudewertanteils aus der Preisprüfung dem Grundstücksmarkt die Möglichkeit eröffnen, zur Umgehung der Preisprüfung auf den Gebäudewert auszuweichen. Hierzu bräuchte in dem Kaufvertrag lediglich ein entsprechend geringerer Bodenwert ausgewiesen zu werden. Dies wiederum kann nicht Sinn und Zweck der Preisprüfung sein[211].

294 Keiner Genehmigung nach den §§ 144 f. BauGB bedarf die **Abtretung von Restitutionsansprüchen**, die sich weder unter die Tatbestandsmerkmale des § 144 Abs. 2 Nr. 1 oder Abs. 2 Nr. 3 BauGB subsumieren lassen[212]. Damit unterliegt die Abtretung von Restitutionsansprüchen auch nicht der Preisprüfung. Nicht genehmigungspflichtig sind des Weiteren die Verwertung von Grundstücken im Wege der **Zwangsversteigerung** und der freihändige Verkauf eines Grundstücks innerhalb des Gesamtvollstreckungsverfahrens nach der Gesamtvollstreckungsordnung.

295 Eine **gesetzeswidrige Umgehung von Preisvorschriften** hat der BFH in seiner früheren Rechtsprechung als einen Umstand erkannt, der bei der Verkehrswertermittlung unberücksichtigt bleiben müsse, weil dies dem gewöhnlichen Geschäftsverkehr selbst dann nicht zuzurechnen sei, wenn solche Umgehungen größere Ausmaße annähmen[213].

2.4.4.2   Versagung der Genehmigung

296 Die Genehmigung einer rechtsgeschäftlichen Veräußerung ist zu versagen, wenn eine **wesentliche Erschwerung der Sanierung bzw. Entwicklung** vorliegt. Diese ist aufgrund der unwiderlegbaren Vermutungsregel des § 153 Abs. 2 BauGB[214] gegeben, wenn bei der rechtsgeschäftlichen Veräußerung eines Grundstücks der vereinbarte Gegenwert für das Grundstück über dem Wert liegt, der sich nach § 153 Abs. 1 BauGB als sanierungsunbeeinflusster Grundstückswert ergibt[215]. Diese „wesentliche Erschwerung" kann auch nicht dadurch ausgeräumt werden, dass die Beteiligten für sich und ihre Rechtsnachfolger gemäß § 145 Abs. 3 BauGB eine Verzichtserklärung dahingehend abgeben, dass sie z. B. im Falle der späteren Ausgleichsbetragserhebung auf Entschädigungsansprüche dafür verzichten, dass

---

210 Die Preisprüfung ist eine zulässige Inhaltsbestimmung i. S. des Art. 14 Abs. 1 Satz 2 GG: BVerwG, Beschl. vom 8.1.1998 – 4 B 221/97 –, GuG 1998, 180 = EzGuG 15.81.
211 Kleiber in Ernst/Zinkahn/Bielenberg/Krautzberger, BauGB, § 153 BauGB, Rn. 87 ff.; a. A. noch DNotI-Report 1996, 121, nunmehr aber der hier vertretenen Auffassung folgend DNotI-Report 1997, 145.
212 § 144 Abs. 2 Nr. 1 BauGB bezieht sich auf die Veränderung der Eigentumsverhältnisse, die durch die Abtretung von Restitutionsansprüchen unberührt bleiben. § 144 Abs. 2 Nr. 3 BauGB betrifft schuldrechtliche Verträge, die eine Verpflichtung zur Veräußerung von Grundstücken begründen und mit der Abtretung von Restitutionsansprüchen nicht gleichgesetzt werden kann. Sie kann allenfalls mit der Abtretung eines Anspruchs auf Auflassung verglichen werden, die nicht genehmigungspflichtig ist (Ernst/Zinkahn/Bielenberg, BauGB § 144 Rn. 26).
213 BFH, Urt. vom 3.9.1964 – III 293/61 –, HFR 1964, 453 = EzGuG 19.7a.
214 BVerwG, Beschl. vom 8.1.1998 – 4 B 221/97 –, GuG 1998, 180 = EzGuG 15.91; BVerwG, Urt. vom 21.8.1981 – 4 C 16/78 –, BRS Bd. 38 Nr. 217 = EzGuG 15.18; BVerwG, Urt. vom 24.11.1978 – 4 C 56/76 –, BVerwGE 57, 87 = EzGuG 15.9; vgl. RG, Urt. vom 16.5.1916 – II 100/16 –, RGZ 88, 250; OLG München, Beschl. vom 9.7.1998 – 3 Z BR 8/98 –, GuG 1999, 119 = EzGuG 19.46.
215 Zur Preisprüfung bei isolierter Auflassung vgl. Schmidt-Eichstaedt in BauR 1995, 798 ff.

dann der „überhöhte", aber genehmigte Betrag der Ausgleichsbetragserhebung unterworfen bleibt[216]. § 145 Abs. 3 BauGB ist nach seinem eindeutigen Wortlaut dafür nicht einschlägig.

Die **Preisprüfungsvorschrift des § 153 Abs. 2 BauGB darf** nach der Rechtsprechung des BVerwG allerdings **nicht mit dem Anspruch einer „Pfenniggenauigkeit"**[217] dahin gehend **ausgelegt werden**, dass bereits geringste Überschreitungen des sanierungsunbeeinflussten Grundstückswerts i. S. d. § 153 Abs. 1 BauGB als „wesentliche Erschwerung der Sanierung" zu einer Versagung der Genehmigung einer rechtsgeschäftlichen Veräußerung führen. Bei unwesentlicher Überschreitung des „spitz" ermittelten Verkehrswerts kann die rechtsgeschäftliche Veräußerung eines Grundstücks nach § 145 Abs. 2 i. V. m. § 153 Abs. 2 BauGB nicht versagt werden[218].

2.4.4.3 Unwesentliche Preisüberschreitung

▶ *Vorbem. zur ImmoWertV Rn. 13, § 194 BauGB Rn. 118, 122 ff.*

Fraglich bleibt nach der vorstehenden Rechtsprechung, bis zu welcher Grenze eine Überschreitung des sanierungsunbeeinflussten Grundstückswerts als „unwesentlich" bezeichnet werden kann. Das BVerwG (a. a. O.) hat hierzu lediglich ausgeführt, dass **der vereinbarte Gegenwert** i. S. d. § 153 Abs. 2 BauGB solange nicht über dem gemäß § 153 Abs. 1 BauGB ermittelten sanierungsunbeeinflussten Grundstückswert liegt, wie nicht Werte vereinbart wurden, die **in einer für den Rechtsverkehr erkennbaren Weise deutlich verfehlten, was auch sonst, nämlich im gewöhnlichen Geschäftsverkehr, ohne Rücksicht auf ungewöhnliche oder persönliche Verhältnisse zu erzielen wäre.** Feste Margen sind auch hier nicht bestimmbar, da es wesentlich auf das allgemeine (absolute) Bodenwertniveau sowie auf die Homogenität des örtlichen Grundstücksmarktes ankommt[219].

Wann im Rahmen der Preisprüfung der vereinbarte Gegenwert i. S. d. § 153 Abs. 2 BauGB den sanierungsunbeeinflussten Grundstückswert i. S. d. § 153 Abs. 1 BauGB (i. S. d. Rechtsprechung BVerwG) in einer dem Rechtsverkehr erkennbaren Weise deutlich verfehlt, muss **unter Berücksichtigung der subjektiven Beurteilungsmöglichkeiten der Vertragsparteien einschließlich ihrer Möglichkeiten, sich in einer zumutbaren Weise sachkundig zu machen, beurteilt werden.** Bedenkt man, dass bei der Verkehrswertermittlung unter Normalverhältnissen auch von Sachkundigen Unsicherheiten von bis zu +/– 20 bis 30 % hingenommen werden müssen, wird man die Anforderungen nicht so hoch stellen können. Der genannte Unsicherheitsbereich wird jedoch allenfalls dann die Obergrenze darstellen, wenn die Betroffenen z. B. unter Zuhilfenahme einschlägiger Bodenrichtwertveröffentlichungen oder aufgrund ihres Auskunftsrechts nach § 195 Abs. 3 BauGB keine Möglichkeiten haben, sich über die tatsächlichen Wertverhältnisse ein objektives Bild zu verschaffen. Auch wird man fordern können, dass sich die Beteiligten vor Abschluss des Veräußerungsgeschäftes mit der Gemeinde in Verbindung setzen, um sich mit den zur Verfügung stehenden Erkenntnismöglichkeiten ein Bild zu verschaffen. Dies können z. B. bereits genehmigte Kaufpreise, aber auch die im Rahmen von Ablösevereinbarungen und vorzeitigen Festsetzungen von Ausgleichsbeträgen ermittelten Anfangswerte sein. Mit fortschreitender Sanierung wird man von daher die Toleranzgrenzen enger ziehen müssen. Die in der Rechtsprechung als unwesentliche Überschreitung des sanierungsunbeeinflussten Grundstückswerts qualifizierten Kaufpreisüberschreitungen stellen bei alledem Einzelfallentscheidungen[220] dar, mit denen die

---

216 Fieseler, H. G., in LKV 1998, 12.
217 BVerwG, Urt. vom 24.11.1978 – 4 C 56/76 –, BVerwGE 57, 87 = EzGuG 15.9; vgl. auch zur Kostenermittlung im Erschließungsbeitragsrecht BVerwG, Urt. vom 16.8.1985 – 8 C 120-122/83 –, BRS Bd. 43 Nr. 51 = EzGuG 9.59; BGH, Beschl. vom 28.9.1993 – III ZR 91/92 –, GuG 1994, 311 = EzGuG 15.77.
218 So noch OVG Lüneburg, Urt. vom 15.12.1977 – 1 A 311/74 –, BRS Bd. 32 Nr. 201 = EzGuG 15.7.
219 Ähnlich stellt sich diese Frage bei Anwendung der sog. Bagatellklausel des § 155 Abs. 3 BauGB: hierzu Kleiber in Ernst/Zinkahn/Bielenberg/Krautzberger, BauGB, § 155 Rn. 101 ff.
220 OLG Köln, Urt. vom 4.6.1992 – 7 U 106/91 –, NVwZ-RR 1993, 169 = EzGuG 15.71a: 10 %; VGH München, Urt. vom 16.11.1989 – 2 B 89.1217 –, GuG 1991, 102 = EzGuG 15.65: 5 %; VG Bremen, Urt. vom 27.10.1982 – 1 A 503/82 –, EzGuG 15.23: 7 % = absolut 10 000 DM; vgl. auch LG Darmstadt, Urt. vom 28.4.1993 – 9 O 17/92 –, GuG 1994, 62 = EzGuG 20.144.

Grenze der unwesentlichen Überschreitung zumindest für die Fälle noch nicht gezogen worden ist, in denen sich die Wertverhältnisse auf dem Grundstücksmarkt für den Rechtsverkehr unsicher darstellen.

300 Die vorstehende **Rechtsprechung** des BVerwG (a. a. O.) **rechtfertigt es nicht, vom Verkehrswertprinzip** bei der Ausgleichsbetragserhebung **abzurücken**, denn die Besonderheit, die es bei der Preisprüfung zu berücksichtigen gilt, besteht darin, dass es im Geschäftsverkehr weder dem Erwerber noch dem Veräußerer angesichts der bestehenden Unsicherheiten bei der Verkehrswertermittlung zugemutet werden kann, sich an den „spitz" ermittelten Verkehrswert heranzutasten oder von vornherein „Sicherheitsabschläge" in Kauf zu nehmen, damit der Kaufpreis genehmigungsfähig ist. In der „Nötigung" zur Inkaufnahme einer „freiwilligen Vermögenseinbuße" sah das Gericht eine Verletzung des Eigentums nach Art. 14 GG. Eine derartige „Nötigung" besteht bei der Ausgleichsbetragserhebung ebenso wie bei der Bemessung von Enteignungsentschädigungen deshalb nicht, weil hier den Betroffenen der Rechtsweg offensteht. Von daher wäre es rechtspolitisch bedenklich, wenn im Anschluss an die Rechtsprechung des BVerwG vom Verkehrswertprinzip abgerückt würde[221].

301 Auch wenn der Verkehrswert (Marktwert) keine mathematisch exakt ermittelbare Größe sein kann, ist es im Wirtschafts- und Rechtsleben unumgänglich, **Entscheidungen auf der Grundlage eines „spitz" ermittelten Verkehrswerts** zu treffen. Irgendwie geartete Verkehrswert*spannen* wären für den Grundstücksverkehr gemeinhin völlig unbrauchbar. Auch bei der Bemessung von Enteignungsentschädigungen kann man sich im Übrigen letztlich nur auf einen bestimmten Wert und nicht auf Wertspannen einigen. *§ 194 BauGB* definiert deshalb den Verkehrswert als einen bestimmten Preis und nicht als Preisspanne. Dessen ungeachtet ist für den Grundstücksmarkt dennoch der „wahre" Verkehrswert schwer erkennbar. Dies gilt insbesondere für den in förmlich festgelegten Sanierungsgebieten bzw. Entwicklungsbereichen maßgeblichen sanierungs- bzw. entwicklungsunbeeinflussten Grundstückswert i. S. d. § 153 Abs. 1 BauGB, weil nach dieser Vorschrift sanierungs- bzw. entwicklungsbedingte Werterhöhungen außer Betracht bleiben müssen.

302 **Mit der Genehmigung eines den sanierungs- bzw. entwicklungsunbeeinflussten Grundstückswert i. S. d. § 153 Abs. 1 BauGB „unwesentlich" überschreitenden Kaufpreises gehen für die Gemeinde grundsätzlich keine Bindungen für die Bemessung einer später möglicherweise zu gewährenden Enteignungsentschädigung bzw. des Ausgleichsbetrags einher**[222]. Dies muss auch für die spätere Erhebung von Ausgleichsbeträgen nach den §§ 154 f. BauGB gelten. Die Preisprüfung nach § 153 Abs. 2 BauGB hat in diesem Zusammenhang die Funktion, den **Erwerber eines Grundstücks davor zu schützen, die sanierungs- bzw. entwicklungsbedingte Werterhöhung** insoweit **doppelt aufzubringen**, wie mit dem Erwerbspreis der sanierungs- bzw. entwicklungsunbeeinflusste Grundstückswert überschritten wird. Denn die sanierungs- bzw. entwicklungsbedingte Werterhöhung ist auch Gegenstand der späteren Ausgleichsbetragserhebung nach den §§ 154 f. BauGB.

303 Nach der bis zum 1.7.1987 geltenden Rechtslage musste auch eine genehmigte Überschreitung des sanierungs- bzw. entwicklungsunbeeinflussten Grundstückswerts auf den Ausgleichsbetrag angerechnet werden[223]. Die dem früher entgegenstehende Regelung des § 5 Abs. 2 des AusgleichsbetragsV ist ersatzlos gestrichen worden, sodass sich von daher der Erwerber eines Grundstücks im förmlich festgelegten Sanierungsgebiet bzw. Entwicklungsbereich nach dem Grundsatz caveat emptor vor einer **Überschreitung des sanierungs- bzw. entwicklungsunbeeinflussten Grundstückswerts** hüten sollte, auch wenn sie zu genehmigen ist. Die nds. Verwaltungsvorschriften zum BauGB[224] führen hierzu aus: „Bei nur geringfügiger Überschreitung hat die Gemeinde die rechtsgeschäftliche Veräußerung des Grundstücks und die Bestel-

---

221 So aber VG Münster, Urt. vom 18.2.1988 – 3 K 2268/86 –, GuG 1991, 31 = KStZ 1988, 24 = EzGuG 15.60.
222 BVerwG, Urt. vom 24.11.1978 – 4 C 56/76 –, BVerwGE 57, 87 = EzGuG 15.9; BVerwG, Urt. vom 21.8.1981 – 4 C 16/78 –, BRS Bd. 38 Nr. 217 = EzGuG 15.18; auch BGH, Urt. vom 28.9.1993 – III ZR 91/92 –, GuG 1994, 311 = EzGuG 15.78.
223 § 5 Abs. 2 Ausgleichsbetragsverordnung.
224 RdErl. d. MS vom 2.5.1988 – 301 – 21012 – GltL 392/17 (Nds. MBl. 1988, 547), geändert durch RdErl. des MS vom 6.3.1991 (Nds MBl. 1991, 470).

lung des Erbbaurechts, nicht aber den Kaufpreis als solchen in dem Bescheid zu genehmigen. In dem Bescheid ist darauf hinzuweisen, dass das Grundstück insoweit der Ausgleichsbetragspflicht nach § 154 noch unterliegt." Dies sollte gängige Praxis sein!

2.4.5 Grunderwerb der Gemeinde, Sanierungs-, Entwicklungs- und Bedarfsträger

Nach § 153 Abs. 3 BauGB ggf. i. V. m. § 169 Abs. 1 Nr. 6 BauGB ist der sanierungs- bzw. entwicklungsunbeeinflusste Grundstückswert **die Obergrenze für den genehmigungsfreien Grunderwerb der Gemeinde, der Sanierungs- und Entwicklungsträger sowie bestimmter Bedarfsträger.** 304

Die Vorschrift hat folgenden Wortlaut:

„(3) Die Gemeinde oder der Sanierungsträger darf beim Erwerb eines Grundstücks keinen höheren Kaufpreis vereinbaren, als er sich in entsprechender Anwendung des Absatzes 1 ergibt. In den Fällen des § 144 Abs. 4 Nr. 4 und 5 darf der Bedarfsträger keinen höheren Kaufpreis vereinbaren, als er sich in entsprechender Anwendung des Absatzes 1 ergibt."

Die Bestimmung erstreckt sich auch auf die **Bestellung und Veräußerung von Erbbaurechten** sowie auf die Ausübung des Vorkaufsrechts nach § 24 Abs. 1 Nr. 3 i. V. m. § 27a Abs. 2 und § 28 Abs. 3 BauGB, nicht dagegen auf den Erwerb im Wege der **Zwangsversteigerung**. 305

Die **Frage, ob die Vereinbarung eines über dem sanierungs- bzw. entwicklungsunbeeinflussten Grundstückswert** nach § 153 Abs. 1 BauGB liegenden Kaufpreises ein Rechtsgeschäft ist, das nach § 134 BGB **nichtig ist**, muss ggf. im Zusammenhang mit § 139 BGB gesehen werden. Bejaht man die Nichtigkeit eines Vertrags, der gegen die Höchstpreisvorschrift des § 153 Abs. 3 BauGB verstößt, so kann nach Sinn und Zweck dieser Vorschrift zunächst von einer Teilnichtigkeit des Vertrags ausgegangen werden. Eine Gesamtnichtigkeit ist dagegen i. d. R. dann anzunehmen, wenn der Vertrag wegen der übermäßigen Höhe einer der beiden Leistungen gegen ein gesetzliches Verbot verstößt, weil anderenfalls ein Eingriff in das von den Parteien zu bestimmende Äquivalenzverhältnis vorgenommen werden müsste. Da es nach § 139 BGB vom mutmaßlichen Willen der Vertragsparteien abhängt, ob sie den Vertrag auch in Kenntnis der Teilnichtigkeit zu den angegebenen Konditionen abgeschlossen hätten, kann die Frage nach der Gesamtnichtigkeit nur aufgrund der besonderen Umstände des Einzelfalls beurteilt werden. 306

2.4.6 Überführung in das Treuhandvermögen

§ 160 Abs. 5 BauGB schreibt vor, dass Grundstücke mit dem sanierungs- bzw. entwicklungsunbeeinflussten Grundstückswert i. S. d. § 153 Abs. 1 BauGB in das Treuhandvermögen überführt werden. Die Vorschrift hat folgenden Inhalt: 307

„(5) Grundstücke im förmlich festgelegten Sanierungsgebiet, die der Sanierungsträger vor oder nach Übertragung der Aufgabe mit Mitteln, die nicht zum Treuhandvermögen gehören, oder unter Hergabe von eigenem Austauschland erworben hat, hat er auf Verlangen der Gemeinde gegen Ersatz seiner Aufwendungen in das Treuhandvermögen zu überführen. Dabei sind als Grundstückswerte die Werte zu berücksichtigen, die sich in Anwendung des § 153 Abs. 1 ergeben."

2.5 Ermittlung des sanierungs- bzw. entwicklungsunbeeinflussten Grundstückswerts

2.5.1 Allgemeines

▶ *Zum Unterschied des sanierungsunbeeinflussten Grundstückswerts vom Anfangswert vgl. Rn. 282 ff.*

Nach § 153 Abs. 1 BauGB dürfen bei der Bemessung von Ausgleichs- und Entschädigungsleistungen und auch sonsthin bei Preisvereinbarungen in förmlich festgelegten Sanierungsgebieten und städtebaulichen Entwicklungsbereichen Werterhöhungen, die lediglich durch Aussicht auf die Sanierung, durch ihre Vorbereitung oder ihre Durchführung eingetreten sind, nur 308 insoweit berücksichtigt werden, als der Betroffene die Werterhöhungen durch eigene Aufwendungen zulässigerweise bewirkt hat.

309 Bei Anwendung der Wertermittlungsverfahren nach den allgemeinen Regelungen der ImmoWertV müssen sich die **Vergleichs- und Ertragsverhältnisse** auf Grundstücke beziehen, die auch **hinsichtlich ihrer städtebaulichen Missstände mit dem förmlich festgelegten Sanierungsgebiet vergleichbar** sind; insbesondere dürfen sie nicht von einer in absehbarer Zeit zu erwartenden Sanierung beeinflusst worden sein.

a) **Vergleichsgrundstücke** und Ertragsverhältnisse sind möglichst aus mit dem Sanierungsgebiet vergleichbaren Gebieten heranzuziehen. Die Vergleichsgrundstücke sollen hinsichtlich der Struktur des Gebiets und Lage des Grundstücks, Entwicklungsstufe, Art und Maß der baulichen Nutzung, Grundstücksgestalt und Erschließungszustand mit dem Wertermittlungsobjekt vergleichbar sein.

b) Aus dem förmlich festgelegten Sanierungsgebiet selbst oder aus Gebieten mit Aussicht auf eine Sanierung dürfen Vergleichsgrundstücke und Ertragsverhältnisse nur herangezogen werden, wenn die entsprechenden Kaufpreise oder Ertragsverhältnisse nicht von sanierungsbedingten Umständen beeinflusst sind oder ihr Einfluss erfasst werden kann.

310 Die in der Praxis der Ermittlung des sanierungsunbeeinflussten Grundstückswerts

– unbebauter Grundstücke (Bodenwert) und
– bebauter Grundstücke

zur Anwendung kommenden Verfahren lassen sich grob unterscheiden nach

a) der Methode des mittelbaren bzw. unmittelbaren Preisvergleichs (Vergleichswertverfahren) sowie
b) der Methode der Rückrechnung aus einem Neuordnungswert (deduktives Verfahren)

311 Grundsätzlich ist dem **Vergleichswertverfahren der Vorzug** zu geben. Dies gilt insbesondere im Falle der Ermittlung des sanierungsunbeeinflussten Bodenwerts. Im frühen Sanierungsstadium ist eine Ableitung des sanierungsunbeeinflussten Grundstückswerts durch Rückrechnung aus dem Neuordnungswert vielfach schon deshalb gar nicht möglich, weil sich der Neuordnungszustand infolge der noch ausstehenden Konkretisierung der Sanierungsziele noch nicht hinreichend bestimmen lässt. Im frühen Sanierungsstadium wird man bei Anwendung des Vergleichswertverfahrens auch Vergleichspreise aus dem Sanierungsgebiet heranziehen können, jedoch sollten die Vergleichspreise möglichst zu einem Zeitpunkt vereinbart worden sein, als noch keine Aussicht auf die Sanierung bestand. Die Vergleichspreise sollten demzufolge mindestens noch vor dem Beschluss über den Beginn der vorbereitenden Untersuchungen nach § 141 Abs. 4 BauGB vereinbart worden sein. In jedem Fall ist in diesem Zusammenhang der nach § 141 Abs. 3 BauGB **ortsüblich bekannt zu machende Beschluss der Gemeinde über den Beginn der vorbereitenden Untersuchungen im Gutachten anzugeben.** Darüber hinaus muss geprüft werden, ob nicht bereits zu einem früheren Zeitpunkt die Sanierung in Aussicht stand, um ggf. auf noch weiter zurückliegende Vergleichspreise zurückzugreifen. Die nach diesen Maßgaben aus dem späteren Sanierungsgebiet herangezogenen Vergleichspreise müssen dann auf die allgemeinen Wertverhältnisse am Wertermittlungsstichtag umgerechnet werden.

312 Vergleichspreise, die im Sanierungsgebiet zu einem späteren Zeitpunkt vereinbart worden sind, dürfen nur herangezogen werden, wenn sich der Sanierungseinfluss erfassen lässt. Die Vergleichspreise sind dann entsprechend zu vermindern.

313 Mit fortschreitender Sanierung wird das Zurückgehen auf Vergleichspreise, die vor dem Beschluss über vorbereitende Untersuchungen vereinbart worden sind, angesichts der sehr langen Verfahrensdauer von Sanierungsmaßnahmen problematisch. Es hat sich gezeigt, dass **das Hochindizieren von Vergleichspreisen** spätestens über einen Zeitraum von zehn Jahren zu einer Verfälschung des Ergebnisses führt. Das Vergleichswertverfahren wird dann nur noch unter Heranziehung von wertermittlungsstichtagsnahen Vergleichspreisen aus Gebieten

zur Anwendung kommen können, die hinsichtlich der städtebaulichen Missstände mit dem Sanierungsgebiet vergleichbar sind, wobei wiederum eine Aussicht auf die Sanierung für die Vergleichsgebiete nicht bestehen darf. Aus der unter Einfluss der Sanierungsmaßnahme stehenden Nachbarschaft sowie aus entsprechenden Nachbarschaftsgemeinden dürfen grundsätzlich auch keine Vergleichspreise herangezogen werden (vgl. Syst. Darst. des Vergleichswertverfahrens Rn. 59, 64).

Hat der Eigentümer zulässigerweise zu einer Erhöhung der Bodenwerte beigetragen, so sind diese Werterhöhungen – im Unterschied zu der Ermittlung des Anfangswerts nach § 154 Abs. 2 – gemäß § 153 Abs. 1 BauGB zu berücksichtigen. Dies gilt entsprechend für sog. externe Effekte (vgl. Rn. 340 ff.). 314

Zur Ermittlung des sanierungsunbeeinflussten Bodenwerts wird man vielfach auch auf entsprechende Bodenrichtwerte nach § 196 Abs. 1 Satz 5 BauGB zurückgreifen können, die fälschlicherweise vielfach auch als **Anfangswert-Bodenrichtwerte** bezeichnet werden und in aller Regel die zulässigerweise selbst bewirkten Bodenwerterhöhungen nicht berücksichtigen. Dem Bodenrichtwertverfahren zuzuordnen ist auch die Methode der Ableitung des sanierungsunbeeinflussten Bodenwerts auf der Grundlage von sog. Lagewerten, die anstelle der besonderen Bodenrichtwerte abgeleitet werden (Lagewertverfahren). 315

Im fortgeschrittenen Stadium der Sanierung geht die Wertermittlungspraxis zunehmend dazu über, den sanierungsunbeeinflussten Grundstückswert deduktiv durch **Rückrechnung aus dem Neuordnungswert** abzuleiten. Voraussetzung dafür ist, dass sich die Sanierungsziele soweit verdichtet haben, dass der Neuordnungswert ermittelbar ist. Dieses Verfahren gewinnt im fortgeschrittenen Stadium der Sanierungsmaßnahme schon deshalb an Bedeutung, weil 316

– einerseits in zunehmendem Maße Vergleichspreise von Grundstücken im Neuordnungszustand verfügbar sind und

– andererseits die sanierungsbedingte Werterhöhung ihrem Umfang und ihrer Höhe nach im Rahmen der Gesamtmaßnahme aus Vergleichsfällen „ablesbar" geworden ist, so z. B., wenn im Sanierungsgebiet der Ausgleichsbetrag gemäß § 154 Abs. 3 Satz 2 und 3 BauGB abgelöst oder vorzeitig festgesetzt wurde.

In der Wertermittlungspraxis haben sich hierfür **verschiedene Methoden** entwickelt: 317

a) Ermittlung der sanierungsbedingten Werterhöhungen auf der Grundlage der werterhöhenden Komponenten der durchgeführten Sanierungsmaßnahmen (Komponentenlösung) zur Behebung oder Minderung der städtebaulichen Missstände. Mit der Kritik des VG Minden[225] an diesem Verfahren wird übersehen, dass diese Methode z. B. bei der durchaus vergleichbaren Ermittlung von Einwurfs- und Zuteilungswerten in Umlegungsverfahren nach den §§ 45 ff. BauGB auf eine gewachsene Tradition zurückblicken kann, die bislang in der Rechtsprechung nicht beanstandet wurde. Das LG Kiel[226] hat die Anwendung des Verfahrens anerkannt, wobei zur Ermittlung des Verkehrswerts eines entwicklungsunbeeinflussten Grundstücks im Außenbereich vom Verkehrswert für baureifes Land ausgegangen wurde und die Aufschließung unter Berücksichtigung der Wartezeit bis zur Baureife als entwicklungsbedingte Werterhöhung ermittelt worden ist[227].

b) Ermittlung der sanierungsbedingten Werterhöhung auf der Grundlage differenzieller Änderungen der Ertragsverhältnisse, wobei dieses Verfahren nur bei ertragsorientierten Grundstücken Anwendung findet (vgl. Rn. 459 ff.).

c) Ermittlung der sanierungsbedingten Werterhöhung mittels mathematisch-statistischer Verfahren in Abhängigkeit von den vorhandenen städtebaulichen Missständen und den durchgeführten sowie in Aussicht stehenden Sanierungsmaßnahmen; es handelt sich hierbei lediglich um mathematisch operationalisierte Verfahren vorstehender Art.

---

225 VG Minden, Beschl. vom 20.11.1987 – 1 L 58/87 –, EzGuG 15.56.
226 LG Kiel, Urt. vom 3.11.1989 – 19 O 4/83 –, GuG 1990, 103 = EzGuG 15.64.
227 LG Osnabrück, Urt. vom 28.10.1987 – 5 O 5/85 –, EzGuG 15.55; VG Hannover, Urt. vom 20.1.1988 – 4 VG 13/86 –, EzGuG 15.59.

2.5.2 Qualifizierung des sanierungsunbeeinflussten Grundstückszustands

2.5.2.1 Allgemeines

318 Aufgrund des dargelegten Sachverhalts steht am Beginn der Ermittlung des sanierungsunbeeinflussten Grundstückswerts die **Qualifizierung des nach § 153 Abs. 1 Satz 1 BauGB maßgeblichen Grundstückszustands.** Dies gestaltet sich mit fortschreitender Sanierung schwieriger, weil nach und nach der sanierungsbedürftige Zustand des Grundstücks und seiner Umgebung durch den Neuordnungszustand ersetzt wird. Es empfiehlt sich deshalb, den Zustand eines Sanierungsgebiets vor Beginn der Sanierungsmaßnahme zu dokumentieren. Maßgebend ist der Zustand zum **Zeitpunkt des beginnenden Sanierungseinflusses.** Es handelt sich hierbei um den Zeitpunkt, von dem ab eine Sanierungsmaßnahme i. S. d. Sanierungsrechts mit hinreichender Wahrscheinlichkeit in Aussicht stand[228] und der Grundstücksmarkt darauf zu reagieren begann.

319 Der **Zeitpunkt des beginnenden Sanierungseinflusses** lässt sich feststellen, indem die Preisentwicklung im Sanierungsgebiet mit der ähnlich sanierungsbedürftiger Gebiete verglichen wird. Sobald die Preisentwicklungen nachweisbar auseinander zu laufen beginnen, kann ein Sanierungseinfluss unterstellt werden[229]. Es wäre indessen unzulässig, wenn man davon ausgehen würde, eine qualitative Werterhöhung würde sich unter Anwendung des allgemeinen Städtebaurechts ergeben. Denn nach dem Verhältnismäßigkeitsgrundsatz sind die Anwendungsvoraussetzungen des besonderen Städtebaurechts so gefasst, dass es erst zur Anwendung gelangen darf, wenn das allgemeine Städtebaurecht des Ersten Kapitels des BauGB keine Chance bietet, dass die vorgesehenen Maßnahmen in absehbarer Zeit zur Realisierung kommen könnten. Erst die Anwendung des besonderen städtebaurechtlichen Instrumentariums, das i. d. R. den Einsatz erheblicher Förderungsmittel des Bundes, der Länder und der Gemeinden erfordert, ist die **Conditio sine qua non, die eine Realisierung der Maßnahmen durchführbar erscheinen lässt.** Was aber sonst keine Aussicht auf Realisierung hätte, kann sich im gewöhnlichen Geschäftsverkehr nämlich nicht werterhöhend auswirken.

320 Damit sind auch Werterhöhungen ausgeschlossen, die auf die Vorbereitung und Durchführung der Sanierung zurückgehen. Was dabei unter „Vorbereitung" und „Durchführung" zu verstehen ist, ergibt sich aus den §§ 140 und 146 BauGB. Die **Vorbereitung der Sanierung** umfasst danach

1. die vorbereitenden Untersuchungen (vgl. § 141 BauGB),
2. die förmliche Festlegung des Sanierungsgebiets (vgl. § 142 BauGB),
3. die Bestimmung der Ziele und Zwecke der Sanierung,
4. die städtebauliche Planung; hierzu gehört auch die Bauleitplanung, ein Vorhaben- und Erschließungsplan oder eine Rahmenplanung, soweit sie für die Sanierung erforderlich ist,
5. die Erörterung der beabsichtigten Sanierung,
6. die Erarbeitung und Fortschreibung des Sozialplans (vgl. § 180 BauGB),
7. einzelne Ordnungs- und Baumaßnahmen (§§ 147 und 148 BauGB), die vor einer förmlichen Festlegung des Sanierungsgebiets durchgeführt werden (§ 140 Nr. 7 BauGB).

321 Die **Durchführung der Sanierung** umfasst nach § 146 BauGB

– die Ordnungsmaßnahmen (§ 147 BauGB) und
– die Baumaßnahmen (§ 148 BauGB)

innerhalb des förmlich festgelegten Sanierungsgebiets, die nach den Zielen und Zwecken der Sanierung erforderlich sind.

322 Die Qualifizierung des maßgeblichen Grundstückszustands nach dem Zeitpunkt des beginnenden Sanierungseinflusses stellt eine Hilfskonstruktion dar, die das BauGB nicht zwingend vorschreibt. Nach dem Gesetzbuch ist es auch zulässig, den **sanierungsunbeeinflussten Grundstückszustand deskriptiv zu qualifizieren,** um auf dieser Grundlage den sanierungsun-

---

[228] BGH, Urt. vom 12.1.1984 – III ZR 103/82 –, BGHZ 89, 338 = EzGuG 15.28.
[229] OVG Lüneburg, Urt. vom 30.10.1986 – 6 A 32/85 und 8 174/84 –, ZfBR 1987, 205 = EzGuG 15.50.

beeinflussten Grundstückswert zu ermitteln. Im Gesetzgebungsverfahren sind dieser Methode sogar Vorzüge zugesprochen worden.

Bei der Bestimmung des Zeitpunkts des beginnenden Sanierungseinflusses wird in aller Regel – vorbehaltlich einer zeitlich weiter zurückgehenden Kausalität – mindestens auf den **Zeitpunkt der ortsüblichen Bekanntmachung des Beginns der vorbereitenden Untersuchung** abzustellen sein (§ 141 Abs. 3 BauGB)[230]. 323

Mit dem BauGB 93 ist die Regelung des § 141 BauGB über die vorbereitenden Untersuchungen durch § 165 Abs. 4 BauGB ergänzt worden, mit dem die bis zum Inkrafttreten des BauGB 93 nur in den neuen Ländern bestehende Möglichkeit, Baugesuche und Anträge auf Erteilung von Teilungsgenehmigungen zurückzustellen, auf das gesamte Bundesgebiet unter Verkürzungen der Zurückstellungsfristen erstreckt wird. Mit dieser Regelung wird kein Stichtag für die Ermittlung des sanierungsunbeeinflussten Grundstückswerts vorgegeben[231]. 324

Die Gemeinde hat – soweit nicht bereits hinreichende Beurteilungsunterlagen vorliegen – auch vor der förmlichen Festlegung des städtebaulichen Entwicklungsbereichs nach § 165 Abs. 4 BauGB **vorbereitende Untersuchungen** (früher: Voruntersuchungen) durchzuführen. Der Beschluss über den Beginn der vorbereitenden Untersuchungen (Voruntersuchungen) ist ebenfalls ortsüblich bekannt zu machen. Der Beschluss ist weder eine Satzung noch ein Verwaltungsakt in Form einer Allgemeinverfügung, d. h., es handelt sich um eine schlichte gemeindliche Verwaltungsmaßnahme[232]. Neben den sich aus § 165 Abs. 4 Satz 6 BauGB ergebenden Wirkungen kann die Bekanntmachung zugleich auch als **Vermutungstatbestand dafür angesehen werden, dass eine über die allgemeine Wertentwicklung hinausgehende Werterhöhung der Grundstücke spätestens von diesem Zeitpunkt ab ursächlich in Aussicht auf die Vorbereitung und Durchführung der Entwicklungsmaßnahme eingetreten** ist. Soweit aufgrund konkreter Anhaltspunkte eine entwicklungsbedingte Werterhöhung schon zu einem früheren Zeitpunkt nachweisbar ist, muss diese nach Maßgabe des § 169 Abs. 1 Nr. 6 i. V. m. § 153 Abs. 1 BauGB bei der Ermittlung des entwicklungsunbeeinflussten Grundstückswerts bzw. des Anfangswerts unberücksichtigt bleiben[233]. 325

Der Ausschluss sanierungsbedingter Werterhöhungen nach Maßgabe des § 153 Abs. 1 BauGB bedingt, dass der Ermittlung des sanierungsunbeeinflussten Grundstückswerts ein Zustand des Grundstücks zugrunde zu legen ist, den das Grundstück einst ohne Aussicht auf die Sanierung quasi im „historischen" Zustand hatte. Wertermittlungsstichtag und der für die Qualifizierung des Grundstückszustands maßgebliche Zeitpunkt fallen damit auseinander. Da nach § 153 Abs. 1 Satz 2 BauGB Änderungen in den allgemeinen Wertverhältnissen auf dem Grundstücksmarkt (= konjunkturelle Wertänderungen) zu berücksichtigen sind, ist als sanierungsunbeeinflusster Grundstückswert grundsätzlich ein auf den Wertermittlungsstichtag bezogener (fiktiver) Verkehrswert des Grundstücks mit den (historischen) Zustandsmerkmalen zum **Zeitpunkt des beginnenden Sanierungseinflusses** zu ermitteln[234]. Der damalige 326

---

230 So auch Köhler in Schrödter, BauGB-Komm. zu § 153 Rn. 16; Freise im Kohlhammer-Komm. BauGB § 153 Rn. 10; Schmalgemeier in VR 1978, 146.
231 BT-Drucks. 12/3944 S. 30.
232 Arbeitshilfe der Fachkommission „Städtebauliche Erneuerung" der Argebau; Krautzberger, Städtebauförderungsrecht.
233 A. A.: Hinweise des bad.-württ. MWi vom 29.6.1994 – VI 2516/5 – (GABl. 1994, 570 = GuG 1995, 41) Ziff. 2.3.
234 Köhler in Schrödter, BauGB-Komm. § 153 Rn. 16; Seitz, J., Planungshoheit und Grundeigentum, Diss. Köln 1999; Kleiber in Ernst/Zinkahn/Bielenberg/Krautzberger, BauGB, Komm. zu § 153 Abs. 1 BauGB; Freise im Kohlhammer-Komm. BauGB § 153 Rn. 10; Friedrich im Kohlhammer-Komm. zum § 153 Rn. 6; Dieterich in GuG 1996, 1; Lemmen in HLBS-report 3/1996 S. 15; Kleiber in ZfBR 1996, 131; Schmalgemeier in VR 1978; RdErl. Brandenburg Nr. 23/1/ 1997 vom 20.5.1997 (ABl. 1997, 476 unter Nr. 7); RdErl. Niedersachsen vom 2.5.1988 (MBl. 1988, 547), geändert durch RdErl. vom 6.3.1991 (MBl. 1991, 477 dort unter Nr. 228.3.3); Bielenberg in Krautzberger, Städtebauförderungsrecht Bd. I Einl. B Rn. 225; So auch Mustereinführungs-Erl. der FK „Städtebauliche Erneuerung" der Argebau und deren Arbeitshilfe (Stand 1.10.1993, abgedr. in Krautzberger, Städtebauförderungsrecht, Bd. I, 4 E; vgl. auch Rn. 68 f. und die Rspr.: BayVGH, Urt. vom 23.10.1995 – 15 N 94.1693 –, GuG 1996, 114 = EzGuG 15.89; OLG Frankfurt am Main, Urt. vom 24.6.1991 – 1 U 2/90 –, GuG 1997, 54 = EzGuG 15.69a; BVerfG, Beschl. vom 9.3.1998 – 1 BvR 1041/92 –, GuG 1999, 244; LG Darmstadt, Urt. vom 31.7.1996 – 90 (B) 12/93 –, GuG 1996, 56 = EzGuG 15.84; VGH Mannheim, Beschl. vom 1.10.1996 – 3 S 1904/96 –, GuG 1997, 61 = EzGuG 15.85 (a. A. LG Kiel, Urt. vom 3.11.1989 – 190 4/83 –, GuG 1990 103 = EzGuG 15.46 m. krit. Anm. von Dieterich in GuG 1996, 1) und Bielenberg in Krautzberger, Städtebauförderungsrecht, Bd. I Einl. B Rn. 225.2.

VI Städtebauliche Maßnahmen — Grundstückswert

Grundstückszustand wird gewissermaßen auf den Wertermittlungsstichtag transponiert; allerdings sind ggf. externe, nicht sanierungsbedingte Werterhöhungen zu berücksichtigen.

327 Bei dieser Sachlage dürfen bei der Ermittlung des Verkehrswerts bebauter Grundstücke unter Anwendung des Vergleichs- oder Ertragswertverfahrens **Kaufpreise (oder Ertragsverhältnisse) aus dem förmlich festgelegten Sanierungsgebiet oder aus Gebieten mit Aussicht auf die Sanierung „nur" herangezogen** werden, **wenn sie nicht von sanierungsbedingten Umständen beeinflusst sind** oder ihr Einfluss sicher erfasst werden kann (§ 26 Abs. 1 Satz 2 WertV 88 schrieb dies ausdrücklich vor). Besondere Vorsicht ist bezüglich der Preise geboten, die nach dem Zeitpunkt des beginnenden Sanierungseinflusses, aber noch vor förmlicher Festlegung des Sanierungsgebiets vereinbart worden sind, weil zu dieser Zeit die Preisprüfung nach § 145 Abs. 2 i. V. m. § 153 Abs. 2 BauGB noch nicht zur Anwendung kommt und insoweit die Vereinbarung „spekulativer" Kaufpreise nicht verhindert werden kann (vgl. aber § 165 Abs. 3 Nr. 3 BauGB).

328 Einer dazu vertretenen **Mindermeinung von einer „dynamisierten" Ermittlung des sanierungs- bzw. entwicklungsunbeeinflussten Bodenwerts**, die im Regelfall zu einer zusätzlichen Belastung der Grundeigentümer führen würde, steht das Sanierungs- und Entwicklungsmaßnahmenrecht i. V. m. verfassungsrechtlichen Grundsätzen diametral entgegen. Die Anwendung dieser Mindermeinung kann den Sachverständigen Haftungsansprüchen wegen Fahrlässigkeit aussetzen, wenn er sich damit leichtfertig über die herrschende Auffassung hinwegsetzt[235]. Im Übrigen kann der Sachverständige in seiner Unabhängigkeit diesbezüglich auch nicht durch Verwaltungserlasse dazu angehalten werden, Rechtsauffassungen seinem Gutachten zugrunde zu legen, die mit dem Sanierungs- und Entwicklungsmaßnahmenrecht unvereinbar sind (vgl. *Rn. 337*).

Abb. 9: Ermittlung des sanierungsunbeeinflussten Grundstückswerts (Zustand)

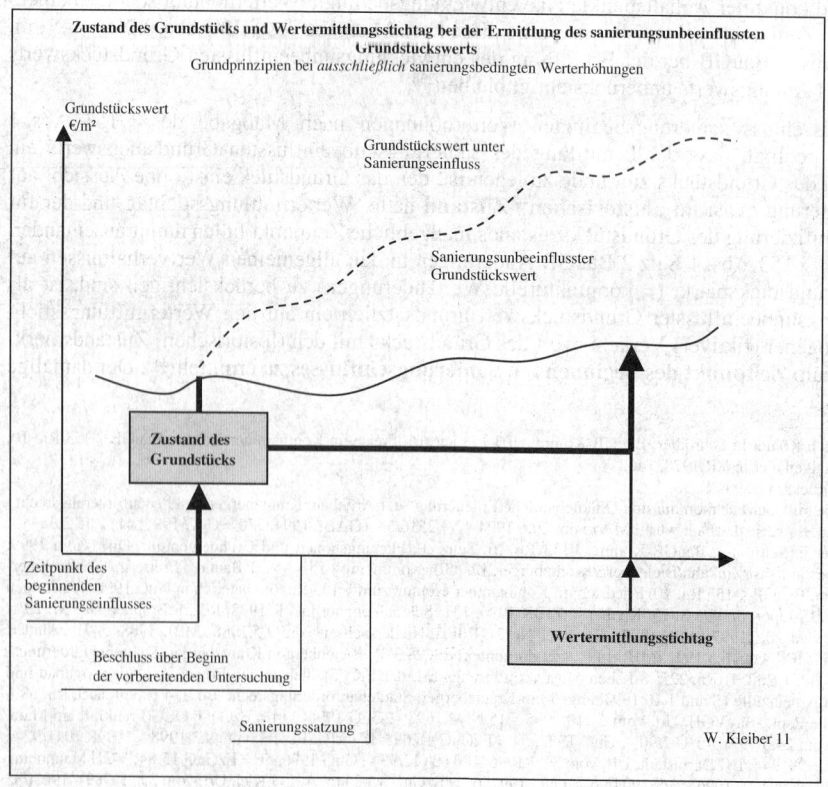

---

[235] Strotkamp in Nachr. der rh.-pf. Kat.- und VermVw 1983, 17.

Bei der **Qualifizierung des sanierungsunbeeinflussten Grundstückszustands** ist es zweckmäßig, nach 329

a) den rechtlichen Gegebenheiten und

b) den tatsächlichen Eigenschaften und der Beschaffenheit

des Grundstücks und seiner Umgebung zu unterscheiden.

Bei werdendem Bauland ist, wie auch außerhalb von Sanierungsgebieten und Entwicklungsbereichen, insbesondere eine **allgemeine Bodenwertminderung** zu berücksichtigen, die sich **im Hinblick auf die gesetzlichen Regelungen über Ausgleichsflächen i. S. d. § 1a BauGB i. V. m. § 9 BauGB** im gewöhnlichen Geschäftsverkehr ergibt. 330

2.5.2.2 Rechtliche Gegebenheiten

Der sanierungsunbeeinflusste Grundstückszustand beurteilt sich in rechtlicher Hinsicht in erster Linie nach dem Planungsrecht, wie es ohne Aussicht auf die Sanierung bestand. Ist **vor förmlicher Festlegung des Sanierungsgebiets ein Bebauungsplan** aufgestellt worden, **der nicht als Sanierungsbebauungsplan anzusehen ist**, so sind dessen Festsetzungen der Ermittlung des sanierungsunbeeinflussten Grundstückswerts zugrunde zu legen. Er kann allerdings nicht unbeachtlich bleiben, wenn er wegen Funktionslosigkeit außer Kraft getreten ist (obsolete Bebauungspläne). Ein Bebauungsplan tritt aber nicht allein schon deshalb außer Kraft, dass er im Zusammenhang mit der Sanierung steht, weil die plangebende Gemeinde oder eine andere Stelle nicht auf eine baldige Verwirklichung seiner Festsetzung gedrängt hat[236]. Wo vor der förmlichen Festlegung des Sanierungsgebiets (noch) kein rechtsgültiger Bebauungsplan besteht, beurteilen sich Art und Maß der baulichen Nutzung regelmäßig nach § 34 BauGB. 331

Planungsschäden, die vor der Sanierungsmaßnahme oder im Zuge der Sanierungsmaßnahme aufgrund des Sanierungsbebauungsplans geltend gemacht werden können, bleiben einer vom Ausgleichsbetragsrecht abzugrenzenden Planungsschadensregelung vorbehalten. Bei der Ermittlung des sanierungsunbeeinflussten Grundstückswerts ist ebenso wie bei der Ermittlung des Neuordnungswerts vom planungsgeschädigten Grundstückszustand auszugehen (vgl. Rn. 85). 332

Beitragspflichten für Erschließungsanlagen i. S. d. § 127 Abs. 2 BauGB, **die vor der förmlichen Festlegung des Sanierungsgebiets entstanden sind,** jedoch der Beitrag noch nicht entrichtet wurde, bleiben nach § 156 Abs. 1 BauGB von der förmlichen Festlegung unberührt. Entsprechendes gilt für Kostenerstattungsbeträge. Bezüglich Erschließungsmaßnahmen, die vor förmlicher Festlegung des Sanierungsgebiets endgültig hergestellt worden sind, ist deshalb von einem erschlossenen und erschließungsbeitragsfreien Grundstückszustand bei der Ermittlung des sanierungsunbeeinflussten Bodenwerts auszugehen; alternativ kann bei der Ermittlung des Neuordnungswerts bzw. bei der Ermittlung des Endwerts von einem insoweit erschließungsbeitragspflichtigen bzw. kostenerstattungsbetragspflichtigen Grundstückszustand ausgegangen werden, um Doppelbelastungen zu vermeiden. 333

2.5.2.3 Tatsächliche Eigenschaften und Beschaffenheit

▶ *Vgl. Rn. 340, 564, 747*

Ausgangspunkt für die Qualifizierung der maßgeblichen und tatsächlichen Eigenschaften und Beschaffenheit des sanierungsunbeeinflussten Grundstückszustands sind die **Verhältnisse, die vor dem Zeitpunkt des beginnenden Sanierungseinflusses bestanden.** Dabei sind die Reduktionsklauseln des § 95 Abs. 2 BauGB grundsätzlich zu berücksichtigen. Das bedeutet, dass insbesondere Maßnahmen der Vorbereitung und Durchführung der Sanierung außer Betracht bleiben müssen. 334

---

[236] BVerwG, Beschl. vom 31.8.1989 – 4 B 161/88 –, BRS Bd. 49 Nr. 16 = NVwZ– RR 1990, 121 = ZfBR 1990, 40 = BayVBl. 1990, 90 = UPR 1990, 27.

VI Städtebauliche Maßnahmen — Grundstückswert

335 **Zusätzlich zu berücksichtigen** sind jedoch

- Werterhöhungen, die der Betroffene *durch eigene Aufwendungen zulässigerweise bewirkt* hat, wobei es sich dabei um selbst durchgeführte Maßnahmen oder vom Betroffenen durch finanzielle Aufwendungen bewirkte Maßnahmen handeln kann (vgl. Rn. 340, 564, 747);
- Werterhöhungen, die nicht ursächlich auf die Aussicht auf die Sanierung, ihre Vorbereitung oder Durchführung zurückführbar sind, insbesondere solche, die durch nichtsanierungsbedingte Maßnahmen außerhalb des Sanierungsgebiets eingetreten sind (sog. *externe Effekte*).

336 **Maßnahmen, z. B. Nutzungsänderungen,** die **im Hinblick auf die bevorstehenden Änderungen** durchgeführt wurden, bleiben grundsätzlich unberücksichtigt.

2.5.2.4 Externe Effekte

▶ *Vgl. Rn. 435, 561, 576*

337 Da sich der sanierungsunbeeinflusste Grundstückswert nach § 153 Abs. 1 BauGB unter Ausschluss von Werterhöhungen bestimmt, die „lediglich" auf die Aussicht der Sanierung, ihre Vorbereitung und Durchführung eingetreten sind, müssen umgekehrt **Werterhöhungen berücksichtigt** werden, **die auf außerhalb der Sanierung stehende Maßnahmen zurückführbar sind,** womit in erster Linie die „von außen" in das Sanierungsgebiet hereingetragenen Werterhöhungen angesprochen sind („externe Effekte" – *externalities*). Dies kann z. B. eine Werterhöhung sein, die auf eine am Sanierungsgebiet vorbeigeführte neue U-Bahn-Linie oder eine in der Nachbarschaft neu errichtete Flussbrücke zurückgeht, wenn der Bau in keinerlei kausalem Zusammenhang mit der Sanierungsmaßnahme steht. Entsprechendes gilt z. B. für Erschließungsvorteile eines Gewerbegebiets durch eine neue Autobahn oder eine Verbesserung der Geschäftslage durch Maßnahmen in angrenzenden Gebieten.

338 An die Berücksichtigung solcher externen Effekte sind strenge Anforderungen zu stellen. Hierzu zählen nämlich nicht solche Maßnahmen, die in irgendeinem Zusammenhang mit der Vorbereitung und Durchführung der Sanierung stehen (conditio sine qua non). Deshalb empfiehlt es sich, zur Qualifizierung des sanierungsunbeeinflussten Grundstückszustands alle werterhöhenden Maßnahmen festzustellen, die nicht ursächlich auf die Vorbereitung und Durchführung der Sanierung zurückzuführen sind (vgl. Abb. 10).

Abb. 10: Entwicklung des sanierungsunbeeinflussten Grundstückswerts unter dem Einfluss nichtsanierungsbedingter (externer) Maßnahmen

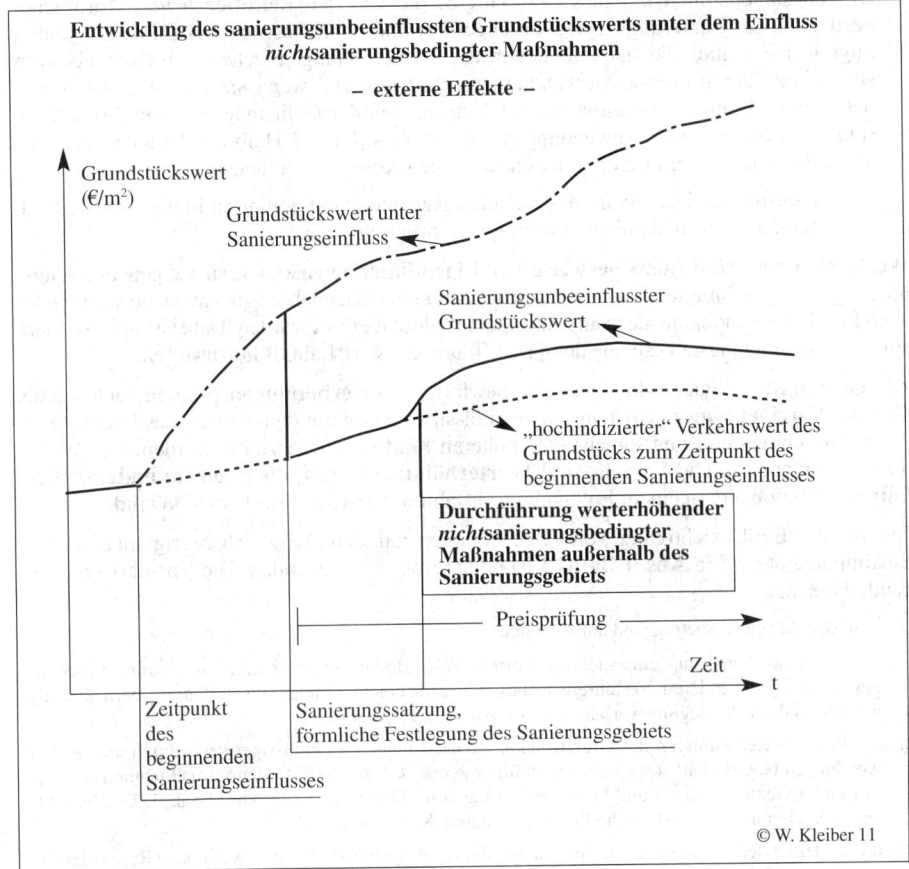

Etwas anderes gilt für die **Veräußerung von Grundstücken** nach § 153 Abs. 4 BauGB ggf. i. V. m. § 169 Abs. 8 BauGB, nach dem Werterhöhungen aufgrund externer Effekte bei dem Erwerb von Grundstücken berücksichtigt werden müssen, obwohl sie ursächlich nicht auf die Sanierungs- bzw. Entwicklungsmaßnahme zurückführbar sind. Die Vorschrift soll nämlich nicht verhindern, dass die Gemeinde bei der Veräußerung von Grundstücken entsprechend den kommunalhaushaltsrechtlichen Vorschriften den „vollen Wert" (Verkehrswert) realisiert[237]. 339

2.5.2.5 Eigene Bodenwerterhöhungen

▶ *Vgl. Rn. 344, 564, 616; zu der bei der Ermittlung des sanierungs- bzw. entwicklungsunbeeinflussten Grundstückswerts zu berücksichtigenden Anrechnung vgl. Rn. 781 ff.*

Nach § 153 Abs. 1 BauGB sind **Werterhöhungen** zu berücksichtigen, wenn sie vom Eigentümer **durch eigene Aufwendungen in zulässiger Weise bewirkt** worden sind. Werterhöhungen sind zulässigerweise bewirkt, wenn die mit eigenen Aufwendungen bewirkten Maßnahmen öffentlich-rechtliche Vorschriften nicht verletzen. Es kommt dabei nicht darauf an, ob eine Befreiung von den verletzten öffentlich-rechtlichen Vorschriften hätte gewährt wer- 340

---

[237] BGH, Beschl. vom 13.7.1993 – III ZR 86/92 –, NJW 1994, 1056 = EzGuG 15.76a.

VI Städtebauliche Maßnahmen — Grundstückswert

den können. Ein Verstoß gegen Privatrecht ist im Übrigen unerheblich. Zu den zulässigerweise bewirkten Maßnahmen gehören

- Ordnungsmaßnahmen i. S. d. § 147 BauGB, die von den Betroffenen *nach* förmlicher Festlegung des Sanierungsgebiets durchgeführt und gemäß den §§ 144 f. BauGB genehmigt worden sind, die dadurch bewirkten Werterhöhungen gelten nur dann als vom Betroffenen durch eigene Aufwendungen selbst bewirkt, wenn sie gemäß § 146 Abs. 3 Satz 1 BauGB auf der Grundlage eines Vertrags mit der Gemeinde durchgeführt worden sind; in entsprechender Anwendung des § 155 Abs. 1 Nr. 2 Halbsatz 2 BauGB sind als Werterhöhung die dem Eigentümer entstandenen Kosten zu berücksichtigen;
- die *vor* förmlicher Festlegung des Sanierungsgebiets durchgeführten Maßnahmen i. S. d. § 144 BauGB, soweit sie nicht genehmigungspflichtig waren.

341 **Werterhöhungen sind zulässigerweise vom Eigentümer bewirkt,** wie sie auf genehmigungspflichtige und genehmigte Maßnahmen zurückzuführen sind, unabhängig davon, ob sie *vor* oder *nach* förmlicher Festlegung des Sanierungsgebiets durchgeführt wurden. Dabei ist insbesondere auf die Genehmigungstatbestände der §§ 14 ff. und des § 51 BauGB hinzuweisen.

342 Zu den vom Eigentümer zulässigerweise bewirkten **Werterhöhungen** gehören auch solche, **die vom Voreigentümer erbracht** und in zulässiger Weise mit dem Erwerb des Grundstücks durch Entrichtung eines entsprechenden höheren Kaufpreises „bezahlt" wurden. Des Weiteren gehören auch solche **Vorteile und Werterhöhungen** dazu, **die in einem anderen Verfahren,** insbesondere in einem Enteignungsverfahren, **berücksichtigt worden sind.**

343 Die für die Berücksichtigung von Anrechnungen auf den Ausgleichsbetrag maßgebliche Bestimmung des **§ 155 Abs. 1 BauGB** ist entsprechend anzuwenden. Die Vorschrift hat folgende Fassung:

„(1) Auf den Ausgleichsbetrag sind anzurechnen

1. die durch die Sanierung entstandenen Vorteile oder Bodenwerterhöhungen des Grundstücks, die bereits in einem anderen Verfahren, insbesondere in einem Enteignungsverfahren, berücksichtigt worden sind; für Umlegungsverfahren bleibt Absatz 2 unberührt;
2. die Bodenwerterhöhungen des Grundstücks, die der Eigentümer zulässigerweise durch eigene Aufwendungen bewirkt hat; soweit der Eigentümer gemäß § 146 Abs. 3 Ordnungsmaßnahmen durchgeführt oder Gemeinbedarfs- und Folgeeinrichtungen im Sinne des § 148 Abs. 2 Satz 1 Nr. 3 errichtet oder geändert hat, sind jedoch die ihm entstandenen Kosten anzurechnen.
3. die Bodenwerterhöhungen des Grundstücks, die der Eigentümer beim Erwerb des Grundstücks als Teil des Kaufpreises in einem den Vorschriften der Nummern 1 und 2 sowie des § 154 entsprechenden Betrag zulässigerweise bereits entrichtet hat."

344 **Anders als bei der Ermittlung des Anfangswerts** nach § 154 Abs. 2 BauGB, nach dem dieser ohne Berücksichtigung der durch eigene Aufwendungen bewirkten Bodenwerterhöhungen zu ermitteln ist, **sind solche Bodenwerterhöhungen** nach § 153 Abs. 1 BauGB **bereits bei der Ermittlung des sanierungsunbeeinflussten Grundstückswerts zu berücksichtigen.** Bei der Ermittlung von Ausgleichsbeträgen sind die durch eigene Aufwendungen bewirkten Bodenwerterhöhungen in einem besonderen Schritt nach Maßgabe vorstehender Vorschrift (§ 155 Abs. 1 Nr. 2 BauGB) anzurechnen.

345 Die anzurechnenden Beträge sind mit dem **Wert** anzurechnen, **der sich bezogen auf die allgemeinen Wertverhältnisse am Wertermittlungsstichtag ergibt.**

346 In der **Gesamtschau** ergibt sich damit der sanierungsunbeeinflusste Grundstückswert wie aus Abb. 11 ersichtlich.

Abb. 11: Qualifizierung des sanierungsunbeeinflussten Grundstückszustands

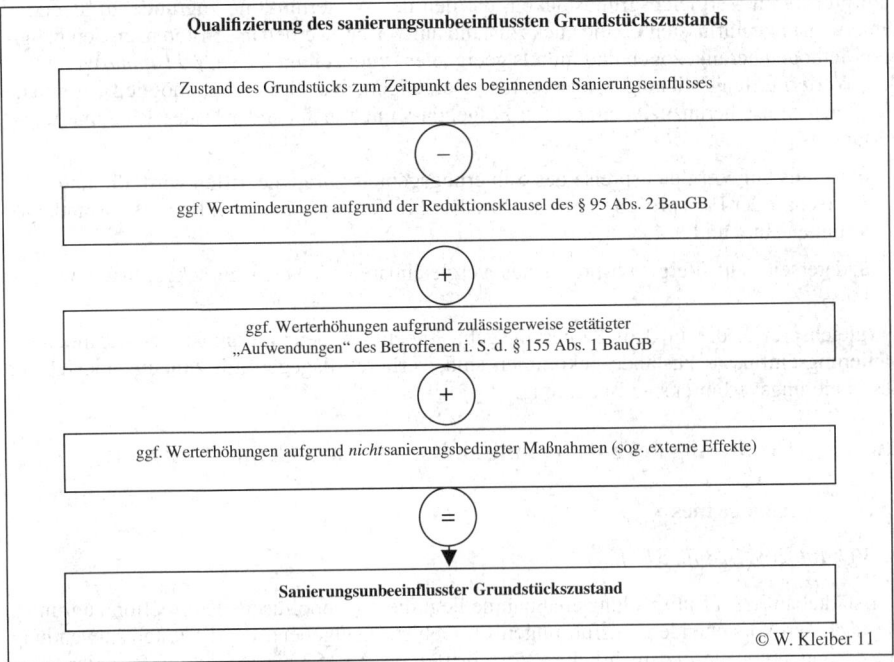

2.5.2.6 Langfristige Miet- und Pachtverträge

In Gebieten, für die Sanierungsabsichten in der Öffentlichkeit bekannt werden, ist, wie die Erfahrungen zeigen, mit Vereinbarungen zu rechnen, die das Ziel haben, im Falle der Sanierung höhere Ausgleichs- oder Entschädigungsleistungen zu erlangen. Dies kann z. B. dadurch geschehen, dass **Miet- oder Pachtverträge mit einer Laufzeit** abgeschlossen werden, die in anderen vergleichbaren Gebieten nicht üblich ist. Um dem vorzubeugen war in § 23 Abs. 4 des mit Inkrafttreten des BauGB aufgehobenen StBauFG ausdrücklich vorgeschrieben, dass bei der Bemessung von Ausgleichs- und Entschädigungsleistungen eine Vereinbarung insoweit unberücksichtigt bleibt, „als sie von den üblichen Vereinbarungen in vergleichbaren Gebieten, die nicht förmlich festgelegte Sanierungsgebiete sind, auffällig abweicht, und Tatsachen die Annahme rechtfertigen, dass sie getroffen worden ist, um eine Ausgleichs- oder Entschädigungsleistung zu erlangen".

Die Vorschrift ging auf eine Empfehlung des federführenden BT-A. im Gesetzgebungsverfahren zum StBauFG zurück. Es sollte damit sichergestellt werden, dass nur in den Fällen Vereinbarungen bei der Bemessung von Ausgleichs- und Entschädigungsleistungen nicht zu berücksichtigen sind, in denen **konkrete Unterlagen vorliegen, dass solche Verträge allein zur Erzielung höherer Entschädigungen** getroffen worden sind[238]. Der RegE zum StBauFG sah dagegen eine Nichtberücksichtigung von Vereinbarungen (in Abs. 7 des RegE) lediglich für die Fälle vor, in denen sie von üblichen Vereinbarungen in vergleichbaren Gebieten, die nicht förmlich festgelegte Sanierungsgebiete sind, auffällig abweichen und anzunehmen ist, dass sie abgeschlossen worden sind, um höhere Ausgleichs- oder Entschädigungsleistungen zu erlangen. Abs. 7 RegE ist im Gesetzgebungsverfahren geändert worden.

---

238 BT-Drucks. VI/2204 zu § 23; Bericht des 14. BT-Ausschusses.

2.5.2.7 Umrechnung von Vergleichspreisen auf den Wertermittlungsstichtag

349 Kaufpreise von Vergleichsgrundstücken, die den der Wertermittlung zugrunde zu legenden sanierungsunbeeinflussten Grundstückszustand aufweisen, werden ansonsten nach den gängigen Methoden herangezogen und mittels geeigneter **Indexreihen** i. S. d. *§ 11 ImmoWertV* auf den Wertermittlungsstichtag umgerechnet. Der allgemeine Grundsatz, möglichst zeitnahe Vergleichspreise heranzuziehen, hat zur Folge, dass mit zunehmender Dauer des Sanierungsverfahrens

- einerseits auf Vergleichspreise des Sanierungsgebiets zurückgegriffen wird, die unter der Herrschaft der Preisprüfung nach § 145 Abs. 2 i. V. m. § 153 Abs. 2 BauGB zustande gekommen sind, und
- andererseits auf Vergleichspreise aus vergleichbaren Gebieten zurückgegriffen werden muss.

Vergleichspreise, die in dem Sanierungsgebiet noch vor dem Zeitpunkt des beginnenden Sanierungseinflusses zustande gekommen sind, verlieren dagegen mit zunehmender Dauer des Sanierungsverfahrens an Bedeutung.

2.6 Ermittlung des entwicklungsunbeeinflussten Grundstückswerts

2.6.1 Allgemeines

▶ *Vgl. Rn. 209, 278 ff., 318 ff.*

350 Der städtebaulichen Entwicklungsmaßnahme liegt die bodenpolitische Konzeption zugrunde, die nach den vorstehenden Ausführungen für Gebiete maßgebend ist, die unter Anwendung der besonderen sanierungsrechtlichen Vorschriften der §§ 152 bis 156a BauGB saniert werden. Nach § 169 Abs. 1 Nr. 6 BauGB gilt § 153 Abs. 1 BauGB in städtebaulichen Entwicklungsbereichen i. S. d. §§ 165 ff. BauGB entsprechend. **Der entwicklungsunbeeinflusste Grundstückswert wird** dementsprechend **nach den** unter Rn. 278 ff. **gegebenen Hinweisen zum sanierungsunbeeinflussten Grundstückswert ermittelt.**

351 Auf drei wesentliche Unterschiede soll hier **im Zusammenhang mit den sich in städtebaulichen Entwicklungsbereichen stellenden Wertermittlungsaufgaben** hingewiesen werden:

a) Anders als für Sanierungsgebiete kann nach dem Entwicklungsrecht die Anwendung der besonderen entwicklungsrechtlichen Vorschriften (= entsprechen den besonderen sanierungsrechtlichen Vorschriften der §§ 152 bis 156a BauGB) nicht ausgeschlossen werden (ausgenommen die Anpassungsgebiete nach § 170 BauGB); sie finden nach Maßgabe der Bestimmungen des § 169 BauGB entsprechende Anwendung.

b) Die Gemeinde soll die Grundstücke im Entwicklungsbereich nach § 166 Abs. 3 BauGB grundsätzlich erwerben und nur in bestimmten Fällen vom Erwerb absehen.

c) Die Regelung des § 153 Abs. 1 BauGB über die Ermittlung des sanierungsunbeeinflussten Grundstückswerts ist auf land- oder forstwirtschaftlich *genutzte* Grundstücke nach Maßgabe des § 169 Abs. 4 BauGB anzuwenden.

352 Bei der **Ermittlung des entwicklungsunbeeinflussten Grundstückswerts** bleiben in entsprechender Anwendung des § 153 Abs. 1 BauGB Werterhöhungen unberücksichtigt, die lediglich durch die **Aussicht auf die städtebauliche Entwicklung, ihre Vorbereitung oder ihre Durchführung** eingetreten sind. Nur die vom Betroffenen durch eigene Aufwendungen zulässigerweise herbeigeführten Werterhöhungen sind bei der Ermittlung des entwicklungsunbeeinflussten Grundstückswerts zu berücksichtigen.

353 Wie bei der Ermittlung des sanierungsunbeeinflussten Grundstückswerts muss zur Ermittlung des entwicklungsunbeeinflussten Grundstückswerts zunächst der **Zustand des Grundstücks** qualifiziert werden, der ohne Aussicht auf die Entwicklung, ihre Vorbereitung und Durchführung für das Grundstück bestand.

2.6.2 Qualifizierung des entwicklungsunbeeinflussten Grundstückszustands

2.6.2.1 Allgemeines

▶ Vgl. Rn. 243, 318 ff., Syst. Darst. des Vergleichswertverfahrens Rn. 59 ff.

Auf einem freien Grundstücksmarkt, auf dem sich die Preisbildung nach Angebot und Nachfrage vollzieht, steigen die Grundstückspreise und damit auch die Grundstückswerte bereits im Vorfeld städtebaulicher Absichten und Maßnahmen, die auf eine Entwicklung der Grundstücke ausgerichtet sind. Dies gilt insbesondere für land- oder forstwirtschaftliche Flächen sowie für Bauerwartungsland. Wenn darüber hinaus auch noch die Entwicklung eines Gebiets durch den gezielten Einsatz nicht unerheblicher **Städtebauförderungsmittel sowie der Verwaltungskraft der Gemeinde** bzw. eines von ihr beauftragten Entwicklungsträgers vorangetrieben wird, muss mit Werterhöhungen bereits im Vorfeld der Maßnahme gerechnet werden, wenn diese nicht durch das „Abschöpfungssystem" des Entwicklungsrechts „abgeschnitten" würden. 354

Ausgleichs- und Entschädigungsleistungen sollen sich deshalb in förmlich festgelegten Entwicklungsbereichen gemäß § 169 Abs. 1 Nr. 6 BauGB nach dem (Verkehrs-)Wert des Grundstücks bemessen, der sich zum jeweiligen Wertermittlungsstichtag ohne Aussicht auf die Entwicklungsmaßnahme, ihre Vorbereitung und Durchführung ergeben hätte (§ 153 Abs. 1 BauGB). Dies bedeutet, dass der Wertermittlung der **Zustand des Grundstücks (Qualität)** zugrunde zu legen ist, der sich für das Grundstück nach dieser Maßgabe ergeben hätte, wobei jedoch die *allgemeinen Wertverhältnisse* zum Wertermittlungsstichtag maßgebend sind. 355

Wertermittlungstechnisch muss deshalb zunächst der entwicklungsunbeeinflusste Grundstückszustand qualifiziert werden. Zu diesem Zweck geht die Praxis auf den Zeitpunkt zurück, als eine Aussicht auf eine Entwicklung i. S. d. Entwicklungsmaßnahmenrechts nicht bestand. Im Schrifttum wird dieser Stichtag auch als Zeitpunkt des „beginnenden Entwicklungseinflusses" bezeichnet[239]. *Köhler*[240] spricht in diesem Zusammenhang von der **Grundstücksqualität „vor Bekanntwerden der Aussicht auf die Sanierung bzw. Entwicklung"**. Es handelt sich um den Stichtag, von dem 356

– die Wertentwicklung im Entwicklungsbereich unter dem Einfluss der Aussicht auf die Entwicklung im Verhältnis zu

– der Wertentwicklung in damit vergleichbaren entwicklungsfähigen Gebieten (ohne formelle Entwicklungsmaßnahme)

auseinander zu laufen beginnt.

Die **Nachbarschaftsgemeinde** muss nach der Rechtsprechung (vgl. Syst. Darst. des Vergleichswertverfahrens Rn. 59 ff.) **als Vergleichsgebiet** jedoch dabei unberücksichtigt bleiben, wenn diese wertmäßig von der Entwicklungsmaßnahme profitiert. 357

Diese Vorgehensweise entspricht der Praxis, die auch bei der Bemessung von Enteignungsentschädigungen gängig ist. Auch hier gilt es, zunächst die Vorwirkungsqualität stichtagsmäßig zu fixieren. Hiergegen kann auch nicht eingewandt werden, dass das Sanierungs- und Entwicklungsmaßnahmenrecht keinen Qualitätsstichtag vorgibt, denn das **Entschädigungsrecht der §§ 93 ff. BauGB sieht ebenfalls** dafür nur materielle Grundsätze und **keinen gesetzlich fixierten Stichtag** vor. Dieser Vorgehensweise steht die Heranziehung aktueller Vergleichspreise für Grundstücke vergleichbaren Zustands sowohl zur Bemessung der Enteignungsentschädigung als auch zur Qualifizierung des sanierungs- bzw. entwicklungsunbeeinflussten Grundstückszustands nicht entgegen. 358

---

239 So auch Schmalgemeier in VR 1978, 146 und Dieterich in GuG 1996, 1; Freise im Kohlhammer-Komm., BauGB § 153 Rn. 10; Seitz, J., Planungshoheit und Grundeigentum, Kölner Schriften zu Recht und Staat, Frankfurt am Main 1999, S. 253 f.; Lemmen in HLBS-report 1996, 15, Groth, Kolloquium am 17.5.1999 in Potsdam; entgegen Mindermeinung von Strotkamp in Nachr. der rh.-pf. Kat.- und VermVw 1983, 17 sowie Möckel in Gerardy/Möckel, Praxis der Grundstücksbewertung.

240 In Schrödter, BauGB, Komm. zu 6. Aufl. § 153 Rn. 16.

VI Städtebauliche Maßnahmen   Grundstückswert

359 Die Praxis zieht auch zur Qualifizierung des entwicklungsunbeeinflussten Grundstückszustands hilfsweise den **„historischen" Zustand des Grundstücks** zu einem Zeitpunkt heran, als eine Entwicklung nicht in Aussicht stand (Qualitätsstichtag i. S. d. § 4 Abs. 1 ImmoWertV). Auf dieser „historischen" Grundlage werden sanierungs- und entwicklungsunbeeinflusste Grundstückswerte im weiteren Verlauf der Sanierungs- und Entwicklungsmaßnahme bis hin zur Ermittlung des Anfangswerts zur Bemessung von Ausgleichsbeträgen nach Abschluss einer Sanierungs- oder Entwicklungsmaßnahme ermittelt.

360 Der **Mustereinführungserlass der FK Städtebauliche Erneuerung der Argebau** (vgl. *Rn. 241*) vermerkt bezüglich Entwicklungsmaßnahmen unter Ziff. 3.1 hierzu, dass die öffentliche Bekanntmachung des Beschlusses über den *Beginn der Voruntersuchungen (vorbereitenden Untersuchungen)*, sofern kein früherer Zeitpunkt der Bekanntmachung der gemeindlichen Entwicklungsabsicht in Betracht kommt, *als sog. „Stichtag" für die Ermittlung des entwicklungsunbeeinflussten Grundstückswerts* i. S. d. § 169 Abs. 1 Nr. 6 i. V. m. § 153 Abs. 1 BauGB *herangezogen werden kann*.

361 Der **VGH München**[241] hat diesen Zeitpunkt zwar als „klare Stichtagsregelung für die spätere Festsetzung der Entschädigung im Enteignungsverfahren" unter Hinweis auf BT-Drucks. 12/3944, S. 32 bezeichnet. Tatsächlich kommt diesem Stichtag nur die Bedeutung eines Vermutungstatbestandes in der Weise zu, dass *spätestens* von diesem Zeitpunkt ab von einer Aussicht auf die Entwicklung (Sanierung) ausgegangen werden muss, ohne dass damit ausgeschlossen werden kann, dass schon zu einem früheren Zeitpunkt mit einer Entwicklungsmaßnahme zu rechnen war (vgl. Rn. 243).

362 Die Festschreibung der für den entwicklungsunbeeinflussten Grundstückswert maßgeblichen Qualität ist Ausfluss des enteignungsrechtlichen Vorwirkungsgedankens, an den § 153 Abs. 1 BauGB anknüpft. Die Vorschrift stellt damit insbesondere **eine die Entschädigungsvorschrift des § 95 BauGB ergänzende Reduktionsklausel** dar, die grundsätzlich auf alle im förmlich festgelegten Veranstaltungsgebiet gelegenen Grundstücke insoweit anzuwenden ist, wie sanierungs- bzw. entwicklungsbedingte Bodenwerterhöhungen nicht bereits beim Erwerb des Grundstücks zum Neuordnungswert nach § 153 Abs. 4 oder § 169 Abs. 8 BauGB „abgeschöpft" wurden oder der Abschöpfung nicht (mehr) unterworfen sind, weil der Ausgleichsbetrag nach § 154 BauGB abgelöst oder vorzeitig festgesetzt worden ist (§ 154 Abs. 3 Satz 2 und 3 BauGB). Dass mit § 153 Abs. 1 BauGB an den enteignungsrechtlichen Vorwirkungsgedanken angeknüpft wird, kam deutlicher noch in der Vorgängerregelung (§ 23 StBauFG) zum Ausdruck, die noch ausdrücklich auf die §§ 95 f. BauGB Bezug nahm.

363 Auch die **„Einbettung" des § 153 Abs. 1 BauGB in die sich an den Grundsätzen der Vorwirkung ausrichtenden Entschädigungsbestimmungen des § 95 BauGB verbietet es,** den sich danach – bezogen auf den Zeitpunkt, als noch keine Aussicht auf eine Sanierung oder Entwicklung, ihre Vorbereitung und Durchführung bestand – ergebenden **Grundstückszustand** im Verlauf der Maßnahme qualitäts- und insoweit auch wertmäßig unter der Annahme **„fortzuschreiben"**, dass sich ohne die städtebauliche Maßnahme die Grundstücke in irgendeiner Weise qualitätsmäßig zurück- oder weiterentwickelt hätten[242]. Die durch § 153 Abs. 1 BauGB vorgegebene Beschränkung der Abschöpfung sanierungs- und entwicklungsbedingter Werterhöhungen gebietet es, nur die im Verlauf der Maßnahme eingetretenen Werterhöhungen, die ursächlich nicht auf die städtebauliche Veranstaltung zurückgehen, zu berücksichtigen. Dies können beispielsweise Werterhöhungen sein, die auf Maßnahmen zurückführbar sind, die außerhalb des Veranstaltungsgebiets durchgeführt wurden und in keinem kausalen Zusammenhang mit der städtebaulichen Veranstaltung stehen (externe Effekte). Konjunkturelle Wertentwicklungen sind dagegen stets zu berücksichtigen.

364 Soweit vor der förmlichen Festlegung des Entwicklungsbereichs oder im Verlauf des Verfahrens werterhöhende Maßnahmen durchgeführt werden, die ursächlich nicht auf die Entwick-

---

241 VGH München, Urt. vom 23.10.1995 – 15 N 94.1693 –, GuG 1996, 114 = GuG 1995, 378; OLG Frankfurt am Main, Urt. vom 24.6.1991 – 1 U 2/90 –, GuG 1997, 54 = EzGuG 15.69a; LG Darmstadt, Urt. vom 31.7.1996 – 90 (B) 12/93 –, GuG 1996, 56 = EzGuG 15.84; VGH Mannheim, Beschl. vom 1.10.1996 – 3 S 1904/96 –, GuG 1997, 61 = EzGuG 15.85.
242 Ausführlich Dieterich in GuG 1996, 1; Lemmen in HLBS-report 3/96, S. 15; Kleiber in ZfBR 1996, 131.

lungsmaßnahme zurückzuführen sind und sich dennoch auf die Wertigkeit der im Veranstaltungsgebiet gelegenen Grundstücke auswirken, muss der der Ermittlung des entwicklungsunbeeinflussten Grundstückswerts zugrunde zu legende Grundstückszustand fortgeschrieben werden. Ein solcher seltener Ausnahmefall kann – wie bereits ausgeführt – z. B. gegeben sein, wenn außerhalb des Veranstaltungsgebiets eine für das Gebiet bedeutsame U-Bahn-Linie oder eine Flussbrücke gebaut wird, die nicht durch die städtebauliche Veranstaltung verursacht ist und zu Werterhöhungen im Gebiet führt. Diese sog. **externen Effekte** *(externalities)* müssen in solchen Einzelfällen bei der Ermittlung des entwicklungsunbeeinflussten Grundstückswerts berücksichtigt werden (vgl. Rn. 255, 337).

Die Bemessung des entwicklungsunbeeinflussten Grundstückswerts nach dem Zustand des Grundstücks, den es ohne Aussicht auf die Entwicklungsmaßnahme, ihre Vorbereitung und Durchführung hatte, ist begründet. Nach dem Verhältnismäßigkeitsgrundsatz darf das Entwicklungsmaßnahmenrecht nämlich nur als *conditio sine qua non* zum Einsatz kommen, d. h. nur dann, wenn es erforderlich ist und die städtebauliche Zielsetzung unter Anwendung des Allgemeinen Städtebaurechts (des Ersten Kapitels des BauGB) nicht zügig herbeigeführt werden kann. Insoweit stellt das Entwicklungsmaßnahmenrecht, von der Enteignung abgesehen, die *Ultima Ratio* dar. **365**

Als **zügige Durchführung der Maßnahme** muss in Anbetracht der für städtebauliche Entwicklungsmaßnahmen charakteristischen Ausgangssituation trotz des häufig massiven Einsatzes von Städtebauförderungsmitteln und der „geballten" Verwaltungskraft der Gemeinde bzw. eines von ihr beauftragten Entwicklungsträgers und trotz des Einsatzes des Besonderen Städtebaurechts mit allen seinen Eingriffsmöglichkeiten immer noch ein Zeitraum von 10 bis 15 Jahren als realistisch angesehen werden[243]. Hieraus kann umgekehrt geschlossen werden, dass ohne Einsatz des Entwicklungsmaßnahmenrechts und einer gezielten Förderung eine Entwicklung des Gebiets nahezu ausgeschlossen wäre, und in der Tat entwickeln sich potenzielle Gebiete wertmäßig häufig zurück, wenn erst einmal der Grundstücksmarkt erkannt hat, dass eine Eigenentwicklung nicht stattfinden kann. **366**

2.6.2.2 Mindermeinung

Schrifttum: *Bielenberg* in Krautzberger, Städtebauförderungsrecht, Bd. I Einl. B Rn. 225; *Dieterich* in GuG 1996, 1; *Dieterich* in BBauBl. 1975, 323; *Lemmen* in HLBS-Report 3/96, S. 15; *Janning*, Bodenwert und Städtebaurecht, Kohlhammer 1976, S. 95; *Söfker* in DVBl 1975, 468; *Kleiber* in ZfBR 1996, 131.

Von einer Mindermeinung[244] wird die Auffassung vertreten, dass bei der Ermittlung sanierungs- und entwicklungsunbeeinflusster Grundstückswerte darüber hinaus eine **fiktive qualitative Weiterentwicklung der in eine Sanierungs- oder Entwicklungsmaßnahme einbezogenen Grundstücke zu berücksichtigen sei, wie sie ohne Einleitung des Verfahrens nach dem Besonderen Städtebaurecht unterstellt** wird. Dieser Auffassung ist im Schrifttum mit Nachdruck widersprochen worden[245]. Die Berücksichtigung einer „Würde-wenn-Entwicklung" ist bei Einleitung der Maßnahmen zwar bedeutungslos, jedoch würde sie mit Fortschreiten der Sanierung oder Entwicklung dazu führen, dass bei der Ermittlung des sanierungs- oder entwicklungsunbeeinflussten Grundstückswerts eine fiktiv unterstellte qualitative Weiter- bzw. Rückentwicklung neben den Änderungen der allgemeinen Wertverhältnisse auf dem Grundstücksmarkt (§ 153 Abs. 1 Satz 2 BauGB) zusätzlich zu berücksichtigen wäre; im Ergebnis wird damit der Regelung des § 153 Abs. 1 BauGB insoweit eine Vorwirkung abgesprochen. Die sanierungs- und entwicklungsunbeeinflussten Grundstückswerte würden sich vielmehr mit fortschreitender Sanierung bzw. Entwicklung bei einer fiktiv unterstellten Entwicklung dem Neuordnungswert annähern. **367**

---

243 Portz in Stadt und Gemeinde 1994, 424.
244 Strotkamp in Nachr. der rh.-pf. Kat.- und VermVw 1983, 17.
245 Bielenberg in Krautzberger, Städtebauförderungsrecht, Bd. I Einl. B Rn. 225; Dieterich in GuG 1996, 1; Lemmen in HLBS-report 3/96, S. 15; Kleiber in ZfBR 1996, 131; auch bdb. RdErl. Nr. 23/1/1997 vom 20.5.1997 (ABl. 1997, 476) unter Nr. 7; nds. RdErl. vom 2.5.1988 (MBl. 1988, 547), geändert durch RdErl. vom 6.3.1991 (MBl. 1991, 470) Nr. 228.3.3.

VI Städtebauliche Maßnahmen   Grundstückswert

368 Zur Verdeutlichung der Mindermeinung sei das *Beispiel* angeführt, dass für ein in eine Sanierungsmaßnahme einbezogenes Grundstück zu Beginn der Maßnahme ohne Aussicht auf eine Sanierungsmaßnahme mit einer Wartezeit bis zu einer baulichen Nutzung von 30 Jahren gerechnet wurde und nach einer Gesamtverfahrensdauer von 15 Jahren der Sanierungsmaßnahme bei der Ermittlung des sanierungsunbeeinflussten Grundstückswerts eine apokryphe Wartezeit von nur 15 Jahren zugrunde gelegt wird, während nach herrschender Auffassung die maßgebliche Grundstücksqualität mit einer Wartezeit von 30 Jahren fixiert bleibt.

369 Im Falle einer hypothetisch unterstellten Eigenentwicklung (qualitative Weiterentwicklung) wäre der sanierungsunbeeinflusste Bodenwert von 600 €/m² zum Zeitpunkt des Beginns der Maßnahme qualitativ wie folgt „fortzuschreiben":

a) **Jährliche Wertentwicklung ohne Sanierungs- bzw. Entwicklungsmaßnahmen in 30 Jahren:**

$$p\% = 100 \left(\sqrt[n]{\frac{BW_n}{BW_o}} - 1 \right) = 100 \left(\sqrt[30]{\frac{800}{600}} - 1 \right) = \mathbf{0{,}964\ \%}$$

b) **„Würde-wenn"-Wertentwicklung in 15 Jahren:**

$BW_n = BW_o \times q^n = 600\ €/m^2 \times 1{,}00964^{15} = 692\ €/m^2$

Ausgleichsbetrag (AB)		FALSCH	
BW_n	= 800 €/m²	BW_n	= 800 €/m²
BW_o	= 600 €/m²	BW_{dyn}	= 692 €/m²
AB	**= 200 €/m²**	AB	= 108 €/m² (falsch)

Wie das vorstehende *Beispiel* zeigt, **führt die Mindermeinung zu einer erheblichen „Schrumpfung" des Ausgleichsbetrags,** wenn unterstellt wird, dass sich die Grundstücke in ihrem Zustand auch ohne Sanierungs- bzw. Entwicklungsmaßnahme qualitätsmäßig verbessert hätten.

370 *Beispiel A:*

Bodenwerte bezogen auf die allgemeinen Wertverhältnisse zum Abschluss der Maßnahme:

- Sanierungs- bzw. entwicklungsunbeeinflusster Bodenwert = 600 €/m²
  (nach dem Zustand des Grundstücks zu Beginn der Vorbereitung)
- Bodenwert aufgrund Neuordnung = 800 €/m²

Prämisse soll zur Vereinfachung sein, dass keine konjunkturelle Bodenwertentwicklung zu beobachten ist.

- Dauer der städtebaulichen Sanierungs- bzw. Entwicklungsmaßnahme = 15 Jahre
- Geschätzte Dauer einer Eigenentwicklung = 30 Jahre

Das Berechnungsbeispiel macht deutlich, dass der Ablösungs- bzw. Ausgleichsbetrag mit fortschreitender Durchführung der Maßnahmen im Falle einer hypothetisch unterstellten Eigenentwicklung zusammenschmilzt.

371 Zu einer deutlichen **„Aufblähung" des Ausgleichsbetrags** führt dagegen die Mindermeinung, wenn – wie tatsächlich zu beobachten – unterstellt werden müsste, dass die Qualität der in die Sanierungs- bzw. Entwicklungsmaßnahme einbezogenen Grundstücke ohne Einleitung der Sanierungs- oder Entwicklungsmaßnahme weiter abfällt. Konsequenterweise müsste die Mindermeinung dazu führen, dass sich die Anfangswerte dann nach dem wertmäßig abgesunkenen Grundstückszustand bemessen, den die Grundstücke ohne Einleitung der Sanierungs- bzw. Entwicklungsmaßnahme zum Zeitpunkt ihres Abschlusses haben würden. Diesem Fall kommt sogar die höhere Wahrscheinlichkeit zu, denn nach den Anwendungsvoraussetzungen für das Besondere Städtebaurecht sind die Entwicklungschancen für ein solches Gebiet auf der Grundlage des Allgemeinen Städtebaurechts gering und potenzielle Investoren ziehen sich zurück (Abb. 12).

Abb. 12: Ausgleichsbetrag bei dynamisierter Anfangswertermittlung

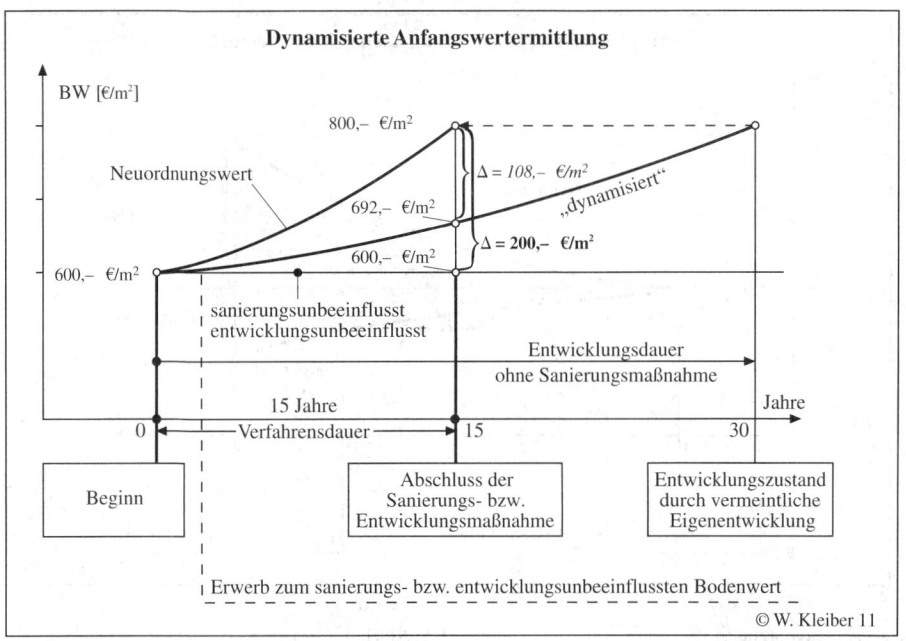

Das nachfolgende **Fallbeispiel** soll die **Auswirkungen der Mindermeinung** verdeutlichen:

Beispiel B:

Ohne Sanierungs- bzw. Entwicklungsmaßnahmen ist ein weiterer „Qualitätsverfall" des sanierungs- bzw. entwicklungsunbeeinflussten Grundstückszustands zu erwarten.

Sanierungs- bzw. entwicklungsunbeeinflusster Bodenwert (nach dem Zustand des Grundstücks zu Beginn der Vorbereitung)	= 600 €/m²
Bodenwert aufgrund Neuordnung	= 800 €/m²

Es wird erwartet, dass ohne eine Sanierungs- bzw. Entwicklungsmaßnahme die Wertigkeit des sanierungs- bzw. entwicklungsunbeeinflussten Grundstückszustands in 15 Jahren um 100 €/m² sinken wird.

Prämisse soll zur Vereinfachung wiederum sein, dass keine konjunkturellen Bodenwertänderungen zu beobachten sind.

VI Städtebauliche Maßnahmen — Grundstückswert

Abb. 13: Ausgleichsbetragsermittlung nach Mindermeinung

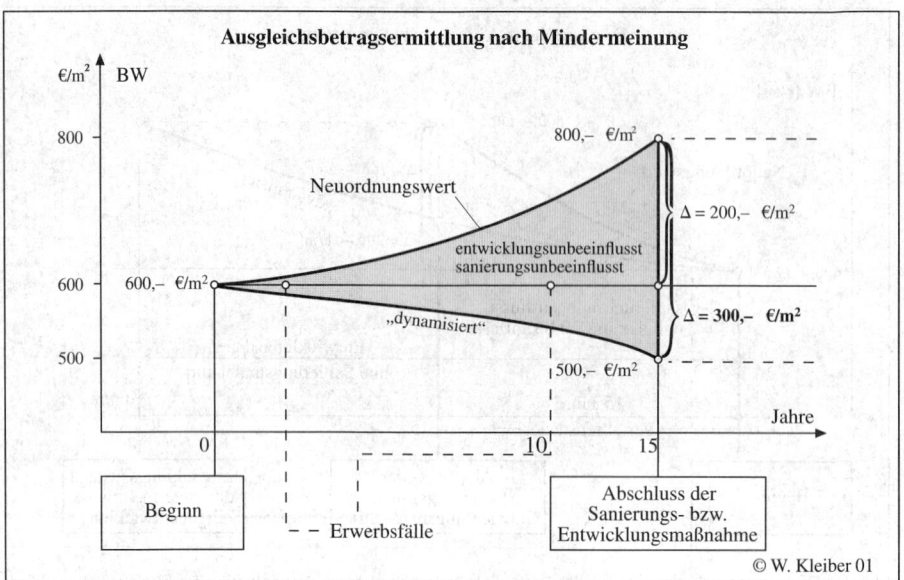

Ausgleichsbetrag (AB)		FALSCH	
BW_n	= 800 €/m²	BW_n	= 800 €/m²
BW_o	= 600 €/m²	BW_o	= 500 €/m²
AB	= 200 €/m²	AB	= 300 €/m² (falsch)

Im Übrigen darf dieser Fall nicht mit der unter Rn. 294 behandelten Fallgestaltung verwechselt werden.

373 Verhängnisvoll wird die Mindermeinung, wenn im Verlauf der Sanierungs- bzw. Entwicklungsmaßnahme der **Ausgleichsbetrag vorzeitig abgelöst** werden soll und der Endwert unter Berücksichtigung der Wartezeit (bis zum Abschluss der Maßnahme) in der Weise ermittelt wird, dass der Endwert mithilfe des Diskontierungssatzes abgezinst wird.

374 Im nachfolgenden *Beispiel* soll anknüpfend an die vorangegangenen Beispiele unterstellt werden, dass eine Ablösung des Ausgleichsbetrags fünf Jahre vor Abschluss der Sanierung bzw. Entwicklung begehrt und gleichzeitig von einem dynamisierten Anfangswert ausgegangen wird:

375 *Beispiel C:*

Der Eigentümer begehrt die vorzeitige Ablösung des Ausgleichsbetrags im 10. Jahr nach Beginn der Sanierungsmaßnahme, d. h. 5 Jahre vor Abschluss der Sanierungs- bzw. Entwicklungsmaßnahme.

a) **Endwert**
- Bodenwert aufgrund Neuordnung (Endwert) = 800 €/m²
- Bodenwert unter Berücksichtigung der tatsächlichen und rechtlichen Neuordnung zum Zeitpunkt der Ablösung bei einer verbleibenden Wartezeit von 5 Jahren

$$BW_{10} = BW_{Neuordnung} \times q^{-n}$$

n = 5 Jahre
Bei einem Diskontierungszinssatz von 6 %: $BW_{10} = 800 \times 1{,}06^{-5} \approx 600$ €/m² (falsch)

b) Anfangswert

– Sanierungs- bzw. entwicklungsunbeeinflusster Bodenwert (Anfangswert) = 600 €/m²

– „Dynamisierter" Anfangswert zum Zeitpunkt der Ablösung (10 Jahre nach Einleitung):

$BW_{10} = BW_0 \times q^n$ wobei hier p = 0,964% (vgl. Rn. 369)

      = 600 €/m² × 1,00964¹⁰ = **660 €/m²** (falsch)

c) Ablösungsbetrag

= 600 €/m² – 660 €/m² = – 60 €/m² (unsinniges Ergebnis!)

Mit der Dynamisierung des Anfangswerts und der Abzinsung des Endwerts gerät der Ablösungsbetrag in eine „Zange", die zu Negativwerten führen kann. 376

Das *Beispiel* macht aber auch deutlich, dass die **Ermittlung des Endwerts vor Abschluss der Sanierungsmaßnahme nur durch Abzinsung des Endwerts mithilfe des internen Zinsfußes** erfolgen darf, wenn eine allein auf die Wartezeit zurückführbare Wertentwicklung zu berücksichtigen ist. Bei einer Werterhöhung von 600 €/m² auf 800 €/m² und einer Verfahrensdauer von 15 Jahren ergibt sich der Zinsfuß wie folgt: 377

$$p\,\% = 100 \left(\sqrt[n]{\frac{BW_\epsilon}{BW_\epsilon}} - 1 \right) = 100 \left(\sqrt[15]{\frac{800}{600}} - 1 \right) = \mathbf{1{,}93\,\%}$$

Daraus ergibt sich dann nach einer 10-jährigen Verfahrensdauer ein abgezinster Neuordnungswert – 5 Jahre vor Abschluss der Maßnahme – von:

Neuordnungswert BW_{10} = 800 €/m² × 1,0193⁻⁵	= 727 €/m²
Anfangswert (nicht dynamisiert)	= 600 €/m²
und ein Ablösungsbetrag von: 727 €/m² – 600 €/m²	**= 127 €/m²**

Wie ausgeführt, kann in der Weise nur vorgegangen werden, wenn eine gleichmäßige qualitative Wertverbesserung im Sanierungsgebiet bzw. Entwicklungsbereich stattfindet und nicht, wenn im Einzelfall die qualitative Wertverbesserung beispielsweise schon zu einem früheren Zeitpunkt stattgefunden hat. In einem solchen Fall würde die gleichmäßige Abzinsung der tatsächlichen Wertentwicklung nicht gerecht werden, weil die Sanierung bzw. Entwicklung insoweit für das Grundstück abgeschlossen ist und nur noch Wertverbesserungen aus den Sanierungs- bzw. Entwicklungsmaßnahmen in der Nachbarschaft dem Grundstück erwachsen. Es kommt also entscheidend auf die qualitative Wertverbesserung des einzelnen Grundstücks und seiner Nachbarschaft an. 378

Fazit: Die **Mindermeinung** ist aus den dargelegten rechtlichen, aber auch aus praktischen Erwägungen **abzulehnen:** Der Gesetzgeber hat, wie ausgeführt, die maßgebliche Entschädigungsqualität mit § 153 Abs. 1 BauGB in Fortentwicklung des Vorwirkungsgrundsatzes, der § 93 Abs. 4 i. V. m. § 95 Abs. 2 BauGB zugrunde liegt, fixieren wollen. Sie muss auch schon deshalb fixiert bleiben, weil nach den Anwendungsvoraussetzungen des Besonderen Städtebaurechts ohne eine städtebauliche Sanierungs- und Entwicklungsmaßnahme gerade nicht mit einer selbstständigen (qualitativen) Weiterentwicklung gerechnet werden konnte (conditio sine qua non). Die im Veranstaltungsgebiet vorbereiteten und durchgeführten Maßnahmen brauchen – und darin ist *Janning* zuzustimmen – „nur **eine nicht hinwegdenkbare Bedingung für den Erfolgseintritt**, d. h. für die Werterhöhung zu sein, nicht aber deren alleinige Ursache". Diesen Kausalitätsanforderungen wird genügt, wenn ohne das Sanierungs- bzw. Entwicklungsunternehmen die städtebauliche Sanierung bzw. Entwicklung in absehbarer Zeit nicht 379 erwartet werden kann. Als solche nicht „hinwegdenkbaren Bedingungen" nennt *Janning*[246] die Bauleitplanung, Bodenordnung, Erschließungs- und Folgeeinrichtungen, also Maßnahmen, die nach den §§ 147 f. BauGB Grundelemente städtebaulicher Sanierungs- und Entwicklungsmaßnahmen sind. Die Mindermeinung hat deshalb keine Anerkennung gefunden.

380 **Die Mindermeinung findet in der Rechtsprechung und im Schrifttum**[247] **keine Stütze.** Als „abwegig" hat *Bielenberg*[248] die Entscheidung des LG Kiel[249] bezeichnet, die auf der Grundlage eines Gutachtens von *Seele* die Qualität des entwicklungsunbeeinflussten Grundstückszustands fortschreiben wollte. Das OLG Frankfurt am Main[250] hat darüber hinaus selbst für den Fall den Tatbestand der Vorwirkung einer Entwicklungsmaßnahme nicht verneint, wenn in benachbarten Gemeinden die Preisverhältnisse im weiteren Verlauf der Entwicklungsmaßnahme – mittelbar entwicklungsbedingt – auch ohne förmlich festgelegte Entwicklungsmaßnahme ansteigen. Im Übrigen wird in der bereits angeführten Rechtsprechung bei der Ermittlung des entwicklungsbedingten Grundstückswerts grundsätzlich auf den nach den jeweiligen Verhältnissen zu bestimmenden Zeitpunkt des beginnenden Entwicklungseinflusses „abgestellt".

▶ *Weitere Hinweise in der Syst. Darst. des Vergleichswertverfahrens Rn. 55 ff.*

381 **Wo städtebauliche Planungen selbst i. V. m. den Vollzugsinstrumenten** öffentlich-rechtlicher (Umlegung, Erschließung, städtebaulicher Vertrag) oder privatrechtlicher Art **keine Realisierungschancen hätten, können sie im gewöhnlichen Geschäftsverkehr eine werterhöhende Wirkung eigentlich ohnehin nur spekulativ entfalten.** Insoweit ist – wie ausgeführt – erst der Einsatz des Besonderen Städtebaurechts die Conditio sine qua non, die eine Realisierung der städtebaulichen Zielvorstellungen absehbar werden und die damit einhergehenden Werterhöhungen tatsächlich eintreten lässt. *Köhler*[251] hat hinsichtlich dieser Kausalität zwischen Entwicklungsmaßnahme und grundstücksbezogenen Werterhöhungen zu Recht festgestellt, dass *alle* eingetretenen Werterhöhungen, soweit sie nicht durch eigene Aufwendungen des Eigentümers zulässigerweise bewirkt wurden oder durch Änderungen der allgemeinen Wertverhältnisse auf dem Grundstücksmarkt eingetreten sind, der städtebaulichen Entwicklungsmaßnahme zuzurechnen sind[252]. Wenn im Einzelfall dies nicht bei der Festlegung von Sanierungsgebieten oder Entwicklungsbereichen hinreichend beachtet worden ist, kann dies nicht einer sachgerechten Auslegung der maßgeblichen Rechtsvorschriften entgegengehalten werden.

382 Bei alledem ist bei der Ermittlung des entwicklungsunbeeinflussten Grundstückswerts im Verlauf der Maßnahme die Frage unbeachtlich, welche qualitative Weiterentwicklung für das Grundstück bis zum Wertermittlungsstichtag eingetreten wäre, wenn das Grundstück nicht in die (formelle) Entwicklungsmaßnahme einbezogen worden wäre. Diese rein hypothetische Frage ist ohne praktische Bedeutung, weil nach den vorstehenden Ausführungen schon aufgrund der Anwendungsvoraussetzungen für das Entwicklungsmaßnahmenrecht eine Eigenentwicklung nicht erwartet werden kann. **Allgemeine gesamtgemeindliche sowie regionale Entwicklungen** finden dagegen in die Wertermittlung Eingang (z. B. durch den Bodenpreisindex), weil sie die nach § 153 Abs. 1 Satz 2 BauGB zu berücksichtigenden allgemeinen Wertverhältnisse mit beeinflussen; dies wird häufig unzureichend beachtet. Zu berücksichti-

---

246 Janning, Bodenwert und Städtebaurecht, Kohlhammer 1976, S. 95; Söfker in DVBl 1975, 468; Dieterich in BBauBl 1975, 323.
247 Seitz, J., Planungshoheit und Grundeigentum, a. a. O., S. 253 f.; Freise im Kohlhammer-Komm., BauGB § 153 Rn. 10; Groth hat mit Recht auf dem Kolloquium am 17.5.1999 in Potsdam darauf hingewiesen, dass die Weiterentwicklung der Bauerwartung kein Eigentumsinhalt gemäß Art. 14 GG ist.
248 Bielenberg in Krautzberger, Städtebauförderungsrecht Bd. I Einl. B Rn. 225.
249 LG Kiel vom 3.11.1989 – 19 O 4/83 –, GuG 1990, 103 = EzGuG 15.64.
250 OLG Frankfurt am Main, Urt. vom 24.6.1991 – 1 U 2/90 –, GuG 1997, 54 = EzGuG 15.69a; BVerfG, Beschl. vom 9.7.1992 – III ZR 167/91 –; BVerfG, Beschl. vom 9.3.1998 – 1 BvR 1041/92 –, GuG 1999, 244; LG Darmstadt, Urt. vom 31.7.1996 – 90 (B) 12/93 –, GuG 1997, 56 = EzGuG 15.84; VG Hamburg, Urt. vom 23.11.2000 – 9 VG 3722/91 –, GuG 2003, 187 = EzGuG 15.99c.
251 Köhler in Schrödter, Baugesetzbuch, Vahlen Verlag, § 153 Rn. 14.
252 Auch Dieterich in WuV 1993, 122.

gen sind daneben noch die sog. externen Effekte (vgl. Rn. 137 ff.), die allerdings recht selten auftreten.

Aus den dargelegten Gründen ist es **unzulässig, bei der Ermittlung des entwicklungsunbe-** **383** **einflussten Grundstückswerts werterhöhend zu berücksichtigen, dass auch ohne Einleitung der Entwicklungsmaßnahme – allein auf der Grundlage des Allgemeinen Städtebaurechts – eine Werterhöhung im Veranstaltungsgebiet eintreten würde,** denn das Besondere Städtebaurecht darf – wie ausgeführt – erst dort zur Anwendung kommen, wo das Allgemeine Städtebaurecht versagt. Eine andere Auffassung liefe auf eine „Honorierung" spekulativer Werterhöhungen hinaus, die das BauGB jedoch abschneiden will.

Bei der Ermittlung des entwicklungsunbeeinflussten Grundstückswerts auf der Grundlage des **384** Zustands, den das Grundstück ohne Aussicht auf die Entwicklungsmaßnahme, ihre Vorbereitung und Durchführung hatte, sind die **zum Zeitpunkt des beginnenden Entwicklungseinflusses bereits bestehenden rechtlichen und tatsächlichen Gegebenheiten** zu berücksichtigen. Planungsrechtliche Gegebenheiten sind dabei mit den vor diesem Zeitpunkt bestehenden Realisierungschancen zu berücksichtigen. Eine landesplanerisch vorgezeichnete Entwicklung darf z. B. nur mit den Realisierungschancen berücksichtigt werden, die sie ohne Einsatz des Entwicklungsmaßnahmenrechts gehabt hätte.

▶ *Zur Ermittlung des entwicklungsunbeeinflussten Grundstückswerts wird auf die entsprechenden Ausführungen zur Ermittlung des sanierungsunbeeinflussten Grundstückswerts bei Rn. 308 ff. hingewiesen*

2.6.3 Bewertungsprivileg für land- oder forstwirtschaftlich genutzte Grundstücke nach § 169 Abs. 4 BauGB

▶ *Hierzu auch § 5 ImmoWertV Rn. 20 f., 117 ff.*

§ 169 Abs. 4 BauGB findet nur auf land- oder forstwirtschaftlich genutzte Grundstücke **385** Anwendung, für die sich nach dem allgemeinen Vorwirkungsgrundsatz des § 153 Abs. 1 BauGB nur der sog. „innerlandwirtschaftliche Verkehrswert" gebildet hat[253]. In diesen besonderen Ausnahmefällen soll als „entwicklungsunbeeinflusster Grundstückswert" der Wert maßgebend sein, der in vergleichbaren Fällen im gewöhnlichen Geschäftsverkehr auf dem allgemeinen Grundstücksmarkt dort zu erzielen wäre, wo keine Entwicklungsmaßnahmen vorgesehen sind.

§ 169 Abs. 4 BauGB war in der bis zum 30.4.1993 geltenden Fassung (wortgleich mit § 57 **386** Abs. 4 StBauFG) **ausdrücklich nur auf Gebiete anzuwenden, „in denen sich kein vom innerlandwirtschaftlichen Verkehrswert abweichender Verkehrswert (Marktwert) gebildet hat".** Die ausdrückliche Bezugnahme auf diese Gebiete ist mit der ab 1.5.1993 geltenden Fassung des § 169 Abs. 4 BauGB vorübergehend ersatzlos entfallen[254]. Hieraus konnte gefolgert werden, dass die Rechtsfolgen dieser Vorschrift stets bei land- oder forstwirtschaftlich genutzten (nicht dagegen nutzbaren) Grundstücken Anwendung finden sollen und nicht nur in Gebieten, in denen sich kein vom „innerlandwirtschaftlichen Verkehrswert" abweichender Wert gebildet hat. Mit dem Gesetz zur Bewertung eines land- oder forstwirtschaftlichen Betriebs beim Zugewinnausgleich vom 14.9.1994 (BGBl. I 1994, 2324 Art. 3) ist die Regelung des § 169 Abs. 4 BauGB i. d. F. von 1986 wieder hergestellt worden[255].

Die **Voraussetzungen für die Anwendung des § 169 Abs. 4 BauGB sind** nur (sic!) gege- **387** ben, wenn sich im städtebaulichen Entwicklungsbereich keine Verkehrswerte für Flächen gebildet haben, die nach ihren Eigenschaften, der sonstigen Beschaffenheit und Lage, nach

---

253 Insoweit enthalten die Hinweise des bad.-württ. MW vom 29.6.1994 – VI 2516/5 (GABl 1994, 570 = GuG 1995, 41) unter Ziff. 2.1.1 eine zumindest missverständliche Erläuterung, als dort der Eindruck erweckt wird, § 169 Abs. 4 BauGB finde immer Anwendung; tatsächlich findet die Vorschrift keine Anwendung, wenn sich nach § 153 Abs. 1 BauGB bereits der Wert i. S. d. § 4 Abs. 1 Nr. 2 WertV oder ein „höherer Wert" gebildet hat.
254 BT-Drucks. 12/4340, S. 25.
255 Kleiber in DVBl 1994, 726; ausführlich zu der Streitfrage Ernst/Zinkahn/Bielenberg/Krautzberger, BauGB § 5 Immo-WertV Rn. 27 ff., BauGB § 26 WertV Rn. 43 ff.

VI Städtebauliche Maßnahmen   Grundstückswert

ihren Verwertungsmöglichkeiten oder den sonstigen Umständen in absehbarer Zeit nur land- oder forstwirtschaftlichen Zwecken dienen.

388 In der Praxis wird von **„reinem Agrarland"** gesprochen, wenn dessen Preisbildung im gewöhnlichen Geschäftsverkehr **ausschließlich von der dauernden land- oder forstwirtschaftlichen Nutzung bestimmt** wird und keine Nachfrage für eine außerland- bzw. außerforstwirtschaftliche Nutzung den Grundstückswert beeinflusst[256]; der Wert wird als „innerlandwirtschaftlicher Verkehrswert" bezeichnet. Nach dem Wortlaut der WertV 72 wird dieser zudem durch den Preis bestimmt, der im gewöhnlichen Geschäftsverkehr „zwischen Landwirten" nach dem Zustand des Grundstücks zu erzielen wäre. Da die den Grund und Boden handelnden Vertragsparteien allenfalls nur ein Indiz für einen bestimmten Entwicklungszustand sein können, wird im geltenden Recht an diesem Merkmal nicht mehr festgehalten.

389 Die durch § 169 Abs. 4 BauGB vorgegebenen Rechtsfolgen für die im städtebaulichen Entwicklungsbereich gelegenen land- oder forstwirtschaftlich *genutzten* Grundstücke sind unter Heranziehung unbestimmter Rechtsbegriffe (allgemeiner Grundstücksmarkt) unklar formuliert und nur als politischer Kompromiss erklärbar[257]. Sie werden auch nicht durch die abweichende (inzwischen ersatzlos gestrichene) Regelung des § 26 Abs. 2 Satz 2 WertV 88/98 klarer, die – konsequent ausgelegt – zu dem widersinnigen Ergebnis führen musste, dass in Gebieten, in denen sich kein vom „innerlandwirtschaftlichen Verkehrswert" abweichender Verkehrswert gebildet hat, ein damit vergleichbarer „innerlandwirtschaftlicher Verkehrswert" maßgeblich sein soll. Tatsächlich hat aber der Gesetzgeber von 1971, auf den die Vorschrift zurückgeht (§ 57 Abs. 4 StBauFG), mit dem nach § 169 Abs. 4 BauGB maßgeblichen Wert eine **Mindestentschädigung** vorgeben wollen, **die über dem innerlandwirtschaftlichen Verkehrswert liegen soll.** Dies wäre dann der Verkehrswert der besonderen Flächen der Land- oder Forstwirtschaft, der auch als außerland- oder außerforstwirtschaftlicher Verkehrswert (= begünstigtes Agrarland) bezeichnet worden ist[258].

390 Ergänzend werden hierzu folgende Erläuterungen gegeben: **Flächen der Land- oder Forstwirtschaft können** dadurch **begünstigt sein,** dass sie sich über ihre land- oder forstwirtschaftliche Nutzbarkeit hinaus nach objektiven Gegebenheiten auch für eine anderweitige **außerlandwirtschaftliche oder außerforstwirtschaftliche Nutzung eignen,** wobei vor allem eine Nutzung für Erholungszwecke in Betracht kommt. § 4 Abs. 1 Nr. 2 WertV a. F. (1988/98) nennt insbesondere die landschaftliche oder verkehrliche Lage, ihre Funktion oder die Nähe zu Siedlungsgebieten, ohne dass es sich dabei ausdrücklich um einen Siedlungsschwerpunkt handeln muss. Die besondere Lage kann sich danach aus der besonderen Beziehung dieser Flächen im Umland der städtebaulich genutzten oder zur städtebaulichen Nutzung anstehenden Grundstücke (Ausstrahlungsbereich)[259] oder aus der besonderen Anziehungskraft der Umgebung, insbesondere einer landschaftlich schönen Gegend mit guten Verkehrsverhältnissen (Erreichbarkeit), ergeben. Darüber hinaus hängt die Eignung der Grundstücke für anderweitige Nutzungen auch von der besonderen Beschaffenheit des Grundstücks selbst, z. B. von der Geländeform und der Besonnung, ab. In Betracht kommen Nutzungen für Freizeit- und Erholungszwecke, als Ausflugsziel für Ausflügler[260], für eine Hobbypferdehaltung sowie zulässige und befristete Nutzungen aus besonderen Anlässen, z. B. als Versammlungsstätte, Jahrmärkte, Dorf-, Bürger- und Schützenfeste, aber auch als befristete Park- und Abstellplätze.

391 Besteht für derart „begünstigte" Flächen der Land- oder Forstwirtschaft im gewöhnlichen Geschäftsverkehr eine entsprechende Nachfrage und besteht auf absehbare Zeit keine Ent-

---

256 BR-Drucks. 265/72 Begründung zu § 18b Abs. 1 und 2; der Begriff „begünstigtes Agrarland" hat sich nicht durchsetzen können.
257 Kleiber in Ernst/Zinkahn/Bielenberg/Krautzberger, BauGB Komm. zu § 5 ImmoWertV Rn. 23 ff.
258 Parl. Anfrage BT-Drucks. 16/1043 vom 24.3.2006, GuG 2007, 49.
259 Hierzu und zum Begriff: OLG München, Beschl. vom 23.11.1967 – X XV 2/66 –, RdL 1967, 121 = EzGuG 8.23.
260 VGH Mannheim, Urt. vom 4.7.1985 – 8 S 1923/83 –, ZfBR 1986, 52 = EzGuG 15.39; zur Anwendung des § 169 Abs. 4 BauGB (bisher § 57 Abs. 4 StBauFG): OVG Lüneburg, Urt. vom 15.12.1977 – 1 A 311/74 –, BRS Bd. 32 Nr. 201 = NJW 1979, 1316 = EzGuG 15.7; Revision: BVerwG, Urt. vom 24.11.1978 – 4 C 56/76 –, BVerwGE 57, 87 = EzGuG 15.9; vgl. auch Reisnecker in BayVBl. 1977, 655.

wicklung zu einer Bauerwartung, handelt es sich um (**besondere**) **Flächen der Land- oder Forstwirtschaft**[261].

Das **Bewertungsprivileg** des § 169 Abs. 4 BauGB ist wie bereits nach altem Recht im Übrigen weiterhin **auf land- oder forstwirtschaftlich** *nutzbare, jedoch nicht entsprechend genutzte* Grundstücke oder auf sonstige Flächen (Ödland, Unland, ökologische Freiflächen, Brachflächen) anwendbar. Dieser enge Anwendungsbereich des Bewertungsprivilegs kann darauf zurückgeführt werden, dass allein die „aktive" Land- oder Forstwirtschaft vor dem Hintergrund des Gleichbehandlungsgrundsatzes des Art. 3 GG in den „Genuss" des Bewertungsprivilegs kommen sollte[262]. 392

Fazit: Als entwicklungsunbeeinflusster Grundstückswert ist nach der Sonderregelung des § 169 Abs. 4 BauGB als Mindestwert der Verkehrswert einer besonderen Land- oder Forstwirtschaft maßgeblich (außerlandwirtschaftlicher Verkehrswert = Wert des begünstigten Agrarlands). Dieses Bewertungsprivileg kann aber tatsächlich in der Praxis kaum Bedeutung erlangen, weil nach den rechtlichen Voraussetzungen für die Einleitung von städtebaulichen Entwicklungsmaßnahmen (§ 165 BauGB) sich auf dem örtlichen Grundstücksmarkt regelmäßig mindestens ein außerland- bzw. außerforstwirtschaftlicher Verkehrswert und in vielen, wenn nicht sogar in den meisten Fällen auch unter Anwendung des ansonsten maßgeblichen § 153 Abs. 1 BauGB bereits eine höhere Grundstücksqualität vorliegt. 393

2.7 Besonderheiten der Ermittlung sanierungs- oder entwicklungsunbeeinflusster Grundstückswerte für bebaute Grundstücke

2.7.1 Allgemeines

Vor allem im Zusammenhang mit der Preisprüfung stellt sich die Aufgabe, den **sanierungs- und entwicklungsunbeeinflussten Grundstückswert in seiner Gesamtheit,** d. h. einschließlich vorhandener baulicher Anlagen und sonstiger Einrichtungen, zu ermitteln. Dabei gilt es, eine Reihe von Besonderheiten zu beachten. 394

Für die **Wahl des Wertermittlungsverfahrens** gelten die Grundsätze des § 8 Abs. 1 ImmoWertV, nach denen sich die Wahl des Wertermittlungsverfahrens nach den Gepflogenheiten des Geschäftsverkehrs und den Umständen des Einzelfalls bestimmt. Danach kommen bei bebauten Grundstücken das Vergleichs-, Ertrags- und das Sachwertverfahren in Betracht, wobei, von Ein- und Zweifamilienhäusern abgesehen, regelmäßig **das Ertragswertverfahren im Vordergrund** steht. 395

2.7.2 Sachwertverfahren

▶ *Vgl. Syst. Darst. des Sachwertverfahrens Rn. 1*

Der Sachwert eines Grundstücks setzt sich nach den Grundsätzen der §§ 21 ff. ImmoWertV aus dem Bodenwert und dem Wert der nutzbaren baulichen und sonstigen Anlagen zusammen; darüber hinaus sind die Lage auf dem Grundstücksmarkt und die besonderen objektspezifischen Grundstücksmerkmale zu berücksichtigen (§ 8 Abs. 2 und 3 ImmoWertV). Als **Bodenwert ist der sanierungs- bzw. entwicklungsunbeeinflusste Bodenwert** entsprechend den vorstehenden Ausführungen anzusetzen. Der Gebäudesachwert ermittelt sich nach den Vorschriften der §§ 21 ff. ImmoWertV, wobei es insbesondere in Gebieten mit Substanzschwächen Baumängel, Bauschäden sowie ggf. einen Instandsetzungsrückstau zu berücksich- 396

---

[261] Nach der Systematik der WertV 88/98 war in den Fällen der § 169 Abs. 4 BauGB maßgebend, denn § 26 Abs. 2 WertV 88/98 hat ausdrücklich ausgeschlossen, dass ein Verkehrswert zugrunde gelegt wird, der sich in Gebieten bildet, in denen Bauerwartung begründende Entwicklungsmaßnahmen vorgesehen sind. BR-Drucks. 325/88, S. 36 f.; BT-Drucks. 16/1043 vom 24.3.2006, GuG 2007, 49. Die Vorschrift gibt stattdessen den Hinweis, dass der Verkehrswert aus Gebieten maßgebend sein soll, die insbesondere hinsichtlich der Siedlungs- und Wirtschaftsstruktur, der Landschaft und der Verkehrslage mit dem städtebaulichen Entwicklungsbereich vergleichbar sind.
[262] Kleiber in Ernst/Zinkahn/Bielenberg/Krautzberger, BauGB Komm. zu § 5 ImmoWertV Rn. 23 ff.; auch zur Neufassung des § 169 Abs. 4 BauGB; Begründung hierzu BT-Drucks. 12/4340 = GuG 1993, 308.

VI Städtebauliche Maßnahmen Grundstückswert

tigen gilt. Auf die Ausführungen zur Syst. Darst. des Sachwertverfahrens und zu § 8 Abs. 3 ImmoWertV wird verwiesen.

2.7.3 Ertragswertverfahren

▶ *Vgl. Syst. Darst. des Ertragswertverfahrens Rn. 1, 103 ff.; Syst. Darst. des Vergleichswertverfahrens Rn. 65*

397 Der **Ertragswert** ermittelt sich nach den Vorschriften der §§ 17 ff. ImmoWertV **nach folgender Formel** (Allgemeines Standardverfahren):

$$EW = (RE - BW \times p) \times V + BW$$

wobei: EW = Ertragswert
RE = Reinertrag
BW = Bodenwert
p = Liegenschaftszinssatz
V = Vervielfältiger

398 Das **erste Glied** dieser Formel ergibt den Wertanteil des Gebäudes am Ertragswert, den sog. **Gebäudeertragswert:**

$$\text{Gebäudeertragswert} = (RE - BW \times p) \times V$$

399 Mit dem **zweiten Glied** der Formel wird der **Bodenwert BW** dem Ertragswert „zugeschlagen". Der Bodenwert BW findet dabei gleich zweimal Eingang in die Ertragswertermittlung, nämlich einmal in voller Höhe (zweites Glied der Formel) und zum anderen in Höhe des sog. Bodenwertverzinsungsbetrags (BW × p), um den der Reinertrag vermindert werden muss, um so den Gebäudeertragswert durch Kapitalisierung des um den Bodenwertverzinsungsbetrag verminderten Reinertrags zu ermitteln. Kapitalisiert wird der verminderte Reinertrag durch Anwendung des Barwertfaktors (Vervielfältiger V; Anl. 1 zur ImmoWertV).

400 Ausgangspunkt für die Ermittlung des sanierungsunbeeinflussten Grundstückswerts im Wege des Ertragswertverfahrens ist die **Ermittlung des Roh- und Reinertrags** nach § 18 ImmoWertV. Da der Ertragswert entsprechend der Vorgabe des § 153 Abs. 1 BauGB wertmäßig nicht durch die Aussicht auf die Sanierung bzw. Entwicklung, ihre Vorbereitung oder Durchführung beeinflusst worden sein darf,

– sind der Wertermittlung möglichst Ertragsverhältnisse aus Gebieten zugrunde zu legen, die neben den allgemeinen Grundstücksmerkmalen (§§ 5 und 6 ImmoWertV) auch hinsichtlich ihrer städtebaulichen Missstände mit dem förmlich festgelegten Sanierungsgebiet vergleichbar sind, für die jedoch in absehbarer Zeit eine Sanierung nicht erwartet wird;

– dürfen der Wertermittlung Ertragsverhältnisse aus dem förmlich festgelegten Sanierungsgebiet bzw. Entwicklungsbereich oder aus Gebieten mit Aussicht auf Sanierung bzw. Entwicklung nur herangezogen werden, wenn sie nicht von sanierungs- bzw. entwicklungsbedingten Umständen beeinflusst sind oder ihr Einfluss erfasst werden kann.

Vergleichspreise aus benachbarten Gebieten, die selbst keine Aussicht auf Vorbereitung und Durchführung einer Sanierungs- bzw. Entwicklungsmaßnahme haben, die aber wertmäßig von Sanierungs- und Entwicklungsmaßnahmen in ihrer Nachbarschaft bzw. in Nachbargemeinden „profitieren", sind nach Auffassung des OLG Frankfurt am Main (vgl. Syst. Darst. Vergleichswertverfahren Rn. 65)[263] ebenfalls als Grundlage für die Ermittlung des (sanierungs- bzw.) entwicklungsunbeeinflussten Grundstückswerts ungeeignet.

401 Bezüglich der **ertragswirtschaftlichen Situation** sind bei der Qualifizierung des sanierungsunbeeinflussten Grundstückswerts

---
263 OLG Frankfurt, Urt. vom 24.6.1991 – 1 U (B) 2/90 –, GuG 1997, 54 = EzGuG 15.69a; vgl. LG Darmstadt, Urt. vom 31.7.1996 – 9 O (B) 12/93 –, GuG 1997, 56 = EzGuG 15.84.

– erhöhte Preise und Nutzungsentgelte, die sich auf dem Grundstücksmarkt in Erwartung der durch die Sanierung oder Entwicklung in Aussicht stehenden Änderung gebildet haben, sowie

– Maßnahmen, z. B. Nutzungsänderungen, die im Hinblick auf die bevorstehenden Änderungen durch Sanierungs- oder Entwicklungsmaßnahmen durchgeführt worden sind,

nicht zu berücksichtigen[264]. Dies betrifft auch Vereinbarungen i. S. d. § 144 Abs. 1 Nr. 3 BauGB, durch die ein schuldrechtliches Vertragsverhältnis über den Gebrauch oder die Nutzung eines Grundstücks, Gebäudes oder Gebäudeteils eingegangen oder verlängert wird, die auffällig von den üblichen Vereinbarungen in vergleichbaren Gebieten abweichen, und Tatsachen die Annahme rechtfertigen, dass die Vereinbarungen getroffen wurden, um eine höhere Ausgleichs- und Entschädigungsleistung zu erlangen. Die Nichtberücksichtigung derartiger Vereinbarungen, die nach dem bis zum 1.7.1987 geltenden Recht in § 23 Abs. 4 StBauFG ausdrücklich geregelt war, ergibt sich aus § 95 Abs. 2 Nr. 6 BauGB[265].

In den Fällen des **§ 43 Abs. 4 BauGB** sind die Ertragsverhältnisse maßgebend, die auf der Grundlage der geänderten Nutzung nachhaltig erzielbar sind. **402**

Die besondere Situation bezüglich der Ertragsverhältnisse der in einem förmlich festgelegten Sanierungsgebiet gelegenen Grundstücke betrifft im Wesentlichen vier **Bereiche:** **403**

a) Die Höhe der in die Wertermittlung einzuführenden **Mieten, Pachten und sonstigen Nutzungsentgelte** muss den vorhandenen städtebaulichen Missständen entsprechen und darf nicht durch die Aussicht auf die Sanierung bzw. Entwicklung beeinflusst sein. Dabei kann grundsätzlich zwischen ertragserhöhenden Momenten unterschieden werden, die sich **404**

- einerseits aus der Lage des Grundstücks im Veranstaltungsgebiet ergeben, und

- andererseits solchen objektspezifischen ertragserhöhenden Momenten, die sich aus der Nutzung des Grundstücks selbst ergeben.

b) Bezüglich des objektspezifischen Ausschlusses sanierungs- bzw. entwicklungsbedingter Werterhöhungen muss daneben vor allem aber beachtet werden, dass sich der Ertragswert nur zuverlässig ermitteln lässt, wenn von dem bei ordnungsgemäßer Bewirtschaftung *marktüblich erzielbaren* Ertrag ausgegangen wird und dieser mit dem Liegenschaftszinssatz nach § 14 Abs. 3 ImmoWertV kapitalisiert wird, wie dies § 17 ImmoWertV ausdrücklich vorschreibt[266]. Es darf also in einem sanierungsbedürftigen Gebiet, in dem der Substanzwert der Häuser dadurch verwohnt worden ist, dass zwar **hohe Mieten z. B. durch Vermietung an Gastarbeiter** erzielt werden, aber keinerlei Ausbesserungen an den instandsetzungsbedürftigen Häusern vorgenommen wurden, bei der Ermittlung des Ertragswerts nicht auf die tatsächlich erzielten Erträge abgestellt werden. Dies wäre mit den Grundsätzen der ImmoWertV unvereinbar. Ein Zurückbleiben hinter den **allgemeinen Anforderungen an gesunde Arbeits- und Wohnverhältnisse,** das sich nicht immer nur in unterlassener Instandsetzung und Erhaltung zeigt, sondern auch auf die bauliche innere und äußere Beschaffenheit beruhen kann, d. h. eine Beschaffenheit, die in früheren Zeiten durchaus dem allgemeinen – inzwischen aber weit überholten – Standard entsprochen haben mag, ist bereits bei den anzusetzenden Mieten, Pachten und Nutzungsentgelten wertmindernd zu berücksichtigen (§ 4 Abs. 3 Nr. 3 ImmoWertV).

c) Der Gebäudebestand ist zumindest in Gebieten, in denen eine Substanzschwächensanierung durchgeführt wird, regelmäßig durch Baumängel oder Bauschäden geprägt, insbesondere aufgrund unterlassener Instandhaltungen. Im Rahmen des Ertragswertverfahrens kann dies berücksichtigt werden durch

---

264 In § 21 Abs. 4 WertV 72 war dies ausdrücklich bestimmt; die Vorschrift konnte entfallen, da ihr Regelungsgehalt ohnehin nur klarstellender Natur war.
265 BT-Drucks. zu VI/2204, S. 12; BT-Drucks. 10/4630, S. 128.
266 Gewos-Gutachten „Städtebau – Verfassung – Bodenrecht", Hamburg 1969 Rn. 157 ff. m.w.N.

- entsprechend verminderte Erträge,
- eine entsprechend geänderte **Restnutzungsdauer** nach § 6 Abs. 6 ImmoWertV oder
- Abschläge nach Maßgabe des § 8 Abs. 3 ImmoWertV.

Abschläge nach *§ 8* Abs. 3 ImmoWertV sind zur Vermeidung einer doppelten Berücksichtigung von Baumängeln und Bauschäden nur insoweit zulässig, wie diese nicht bereits durch einen entsprechend verminderten Ertrag oder durch die Restnutzungsdauer erfasst sind. Demgegenüber war nach früherem Recht verbindlich vorgeschrieben, dass die Restnutzungsdauer ohne Berücksichtigung besonderer Einflüsse, die sich aus der Sanierungs- oder Entwicklungsmaßnahme ergeben, zu bestimmen war[267]. Diese Regelung war missverständlich und stand einer flexiblen Handhabung der ImmoWertV entgegen.

d) Nicht nur die in die Ertragswertermittlung einzuführenden Mieten, Pachten und sonstige Nutzungsentgelte, sondern auch die **Bewirtschaftungskosten** nach § 19 ImmoWertV müssen zur Ermittlung des sanierungsunbeeinflussten Grundstückswerts so angesetzt werden, dass sanierungsbedingte Werterhöhungen keinen Eingang in Wertermittlungsverfahren finden. Da sich der Reinertrag gemäß § 18 Abs. 1 ImmoWertV aus dem Rohertrag (Jahresnettokaltmiete) abzüglich der Bewirtschaftungskosten ergibt, muss sich der Ertragswert erhöhen, je geringer die Bewirtschaftungskosten sind. Grundsätzlich sind daher nach § 19 Abs. 1 ImmoWertV die Bewirtschaftungskosten in das Wertermittlungsverfahren einzuführen, die bei „ordnungsgemäßer Bewirtschaftung" marktüblich entstehen. Soweit daran gemessen die Bewirtschaftungskosten niedrig ausfallen, weil der Eigentümer im Hinblick auf die Sanierung eine ordnungsgemäße Bewirtschaftung unterlässt, sind die nicht einer ordnungsgemäßen Bewirtschaftung entsprechenden Kosten bereits nach den allgemeinen Grundsätzen des § 19 ImmoWertV unbeachtlich. Ein derartiges Verhalten hat der Verordnungsgeber offensichtlich als sanierungstypisch angesehen, denn auch die zu den „Ertragsverhältnissen" zählenden Bewirtschaftungskosten sollen aus Vergleichsgebieten abgeleitet werden, für die eine Sanierung nicht in Aussicht steht.

Verminderte Bewirtschaftungskosten sind zur Ermittlung des sanierungsbedingten Grundstückswerts allerdings dann in das Wertermittlungsverfahren einzuführen, wenn das **Gebäude** ohnehin, d. h. auch ohne Sanierungsverfahren, **zum Rückbau ansteht.** Es handelt sich dabei um den Fall, in dem das sog. Liquidationswertverfahren nach § 16 Abs. 3 ImmoWertV zur Anwendung kommt und jeder ökonomisch denkende Eigentümer nur noch in dem Maße in die bauliche Anlage investiert, wie dies noch sinnvoll ist.

405 Bei Anwendung des Ertragswertverfahrens in Sanierungsgebieten und Entwicklungsbereichen muss darauf geachtet werden, dass **Bodenwert und Reinertrag korrespondieren.** Diesbezüglich können sich in den genannten Veranstaltungsgebieten Disparitäten vor allem im fortgeschrittenen Stadium der Maßnahme ergeben. Nach der bodenpolitischen Konzeption des Sanierungs- und Entwicklungsmaßnahmenrechts ist nämlich bis zum Abschluss der Maßnahme der sanierungs- und entwicklungsunbeeinflusste Bodenwert maßgebend, während sich die Ertragsverhältnisse unter dem Einfluss der Sanierungs- oder Entwicklungsmaßnahme schon vor Abschluss der Veranstaltung verbessern können. Umgekehrt können sich aber auch Disparitäten dadurch ergeben, dass im Verlauf der Maßnahme der Ausgleichsbetrag abgelöst oder die sanierungs- bzw. entwicklungsbedingte Bodenwerterhöhung im Wege des Durchgangserwerbs abgeschöpft worden ist und insoweit sich für diese Grundstücke ein Bodenwert unter Berücksichtigung der tatsächlichen und rechtlichen Neuordnung einstellt. Gleichwohl können die Reinerträge noch in der Höhe „verharrt" geblieben sein, wie sie für das sanierungsträchtige Gebiet ortsüblich waren. Bei Anwendung des Ertragswertverfahrens müssen in beiden Fällen Bodenwert und Reinertrag korrespondieren. Dies ist darin begründet, dass sich der Gebäudeertragswert durch Kapitalisierung des um den Bodenwertverzinsungsbetrag verminderten Reinertrags des Grundstücks ergibt (korrespondierende Bodenwerte).

---

267 BR-Drucks. 265/72 S. 27.

a) *Ertragswert auf der Grundlage des sanierungsunbeeinflussten Bodenwerts*

▶ *Vgl. Syst. Darst. des Ertragswertverfahrens Rn. 76 ff.*

Der Ertragswert des ausgleichsbetragspflichtigen Grundstücks wird nach dem vorher Gesagten auf der Grundlage des sanierungs- bzw. entwicklungsunbeeinflussten Bodenwerts nach § 153 Abs. 1 BauGB ermittelt, denn dem Eigentümer des Grundstücks kann wertmäßig solange nicht die sanierungs- bzw. entwicklungsbedingte Bodenwerterhöhung zugerechnet werden, wie er noch keinen Ausgleichsbetrag entrichtet hat oder beim Erwerb des Grundstücks zum Neuordnungswert noch nicht dafür aufgekommen ist. Dementsprechend wird auch der Bodenwertverzinsungsbetrag (BW × p) auf der Grundlage des sanierungs- bzw. entwicklungsunbeeinflussten Bodenwerts ermittelt. **406**

Die Entwicklung der Mieten kann sich dagegen der tatsächlichen Neuordnung schon während des Verfahrens angleichen, d. h., mit Fortschreiten der Sanierung bzw. Entwicklung kann eine **Disparität zwischen Ertrag und dem gesetzlich maßgeblichen Bodenwert** eintreten. Dem muss bei der Ermittlung des Gebäudeertragswerts dadurch Rechnung getragen werden, dass die Reinerträge in der Höhe angesetzt werden, wie sie ohne Aussicht auf die Sanierung marktüblich erzielbar wären. Andererseits läuft der Sachverständige Gefahr, überhöhte Ertragswerte zu ermitteln, wenn er einerseits bei der Ermittlung des Bodenwertverzinsungsbetrags vom sanierungs- bzw. entwicklungsunbeeinflussten Bodenwert und andererseits von den gestiegenen Mieten ausgeht. **407**

Beispiel: **408**

a) **Sachverhalt**

–	Sanierungs- bzw. entwicklungsunbeeinflusster Bodenwert	=	200 000 €
–	Wohnfläche	=	500 m²
–	Reinertrag vor der Sanierung bzw. Entwicklung	=	7 €/m²
	unter Sanierungs- bzw. Entwicklungseinfluss	=	8 €/m²

Der Unterschied ergebe sich ausschließlich aufgrund der Lageverbesserung im Zuge der bereits durchgeführten Sanierungs- bzw. Entwicklungsmaßnahmen.

–	Liegenschaftszinssatz p	=	5 %
–	Restnutzungsdauer n	=	40 Jahre
–	Vervielfältiger V	=	17,16

b) **Ertragswertermittlung**

Richtig		Falsch	
RE = 500 m² × 7 €/m² × 12	= 42 000 €	RE = 500 m² × 8 €/m² × 12	= 48 000 €
– Bodenwertverzinsungsbetrag 200 000 € × 0,05	= –10 000 €	– Bodenwertverzinsungsbetrag 200 000 € × 0,05	= –10 000 €
= RE – BW × p	= 32 000 €	= RE – BW × p	= 38 000 €
(RE – BW × p) × V	= 549 120 €	(RE – BW × p) × V	= 652 080 €
+ BW	= 200 000 €	+ BW	= 200 000 €
= EW	**= 749 120 €**	= EW	**= 852 080 €**

Der Fehler ist erheblich, weil hier die bereits infolge der Durchführung von Sanierungs- bzw. Entwicklungsmaßnahmen gestiegenen Reinerträge mit dem sanierungs- bzw. entwicklungsunbeeinflussten Bodenwert in unzulässiger Weise kombiniert wurden. Der **sanierungs- bzw. entwicklungsunbeeinflusste Bodenwert korrespondiert also nicht mit dem angesetzten Reinertrag.** In solchen Fällen kann auch nicht mit gespaltenen Bodenwerten gearbeitet werden; vielmehr ist der sanierungs- bzw. entwicklungsunbeeinflusste Bodenwert sowohl der Ermittlung des Bodenwertverzinsungsbetrags als auch dem Bodenwert selbst zugrunde zu legen: **409**

VI Städtebauliche Maßnahmen Grundstückswert

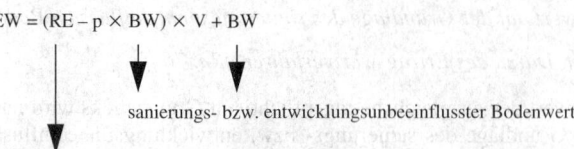

b) *Ertragswert auf der Grundlage des Bodenwerts unter Berücksichtigung der rechtlichen und tatsächlichen Neuordnung*

410 Haben sich im Sanierungsgebiet bzw. Entwicklungsbereich z. B. vor Abschluss der Maßnahme die **Reinerträge bereits in der Weise entwickelt, wie es dem Neuordnungszustand des Veranstaltungsgebiets entspricht,** kann es sinnvoll sein, von diesen Erträgen auszugehen, auch wenn die sanierungs- bzw. entwicklungsbedingte Bodenwerterhöhung noch nicht „abgeschöpft" worden ist. In diesem Fall muss der Bodenwertverzinsungsbetrag auf der Grundlage des Neuordnungszustands des Grundstücks ermittelt werden, während es ansonsten bei dem sanierungsunbeeinflussten Bodenwert verbleibt (gespaltener Bodenwert):

411 *Beispiel:*

a) **Sachverhalt**

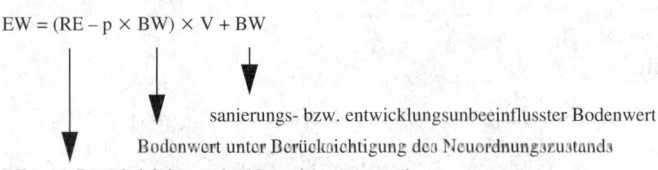

b) **Ertragswertermittlung**

Richtig		Falsch	
RE = 500 m² × 8 €/m² × 12	= 48 000 €	RE = 500 m² × 8 €/m² × 12	= 48 000 €
− Bodenwertverzinsungsbetrag		− Bodenwertverzinsungsbetrag	
250 000 € × 0,05	= − 12 500 €	*200 000 € × 0,05*	= − 10 000 €
= RE − BW × p	= 35 500 €	= RE − BW × p	= 38 500 €
(RE − BW × p) × V	= 609 180 €	(RE − BW × p) × V	= 652 080 €
+ BW	= *200 000 €*	+ BW	= *200 000 €*
= EW	= **809 180 €**	= EW	= **852 080 €**

Auch hier führt der nicht korrespondierende Ansatz von Bodenwert und Reinertrag zu einem erheblichen Fehler.

412 Die vorgestellte Vorgehensweise kommt insbesondere auch in solchen Sonderfällen zur Anwendung, in denen der Wertanteil einer baulichen Anlage im Wege des Ertragswertverfahrens ermittelt werden soll und mit der Sanierungs- bzw. Entwicklungsmaßnahme das betrachtete Grundstück erstmalig Baulandqualität erlangt. Trotz der Bebauung des Grundstücks kann im Zuge des Erwerbs dieser Flächen nach Nr. 5.1.1.1 WERTR 06 nicht vom Bodenwert des bebauten Landes ausgegangen werden (z. B. eine abgehende Gemeinbedarfsfläche)[268].

---

[268] RdErl. des BMBau vom 1.8.1996 (BAnz Nr. 150 vom 13.8.1996, S. 9133 = GuG 1996, 298).

Beispiel: 413

Ein auf einem bisher militärisch genutzten Gelände gelegenes Mannschaftsgebäude soll im Rahmen einer städtebaulichen Entwicklungsmaßnahme für Wohnzwecke umgenutzt werden. Das Grundstück ist dem Außenbereich mit einem sehr niedrigen entwicklungsunbeeinflussten Bodenwert (z. B. Bauerwartungsland) zuzurechnen. Der Wert des Gebäudes soll im Wege des Ertragswertverfahrens ermittelt werden (Gebäudeertragswert). Der Gebäudeertragswert ergibt sich nach den vorstehenden Ausführungen wie folgt:

$$\text{Gebäudewert} = (\text{RE} - \text{BW} \times p) \times V.$$

Wenn es bei derartigen Fallkonstellationen angezeigt ist, den Ertragswert auf der Grundlage der Erträge zu ermitteln, die nur auf einem baureifen Grundstück erwirtschaftet werden können, wäre es verhängnisvoll, wenn dabei der Bodenwertverzinsungsbetrag (BW × p) auf der Grundlage des sanierungs- bzw. entwicklungsunbeeinflussten Bodenwerts (z. B. für Bauerwartungsland) abgeleitet werden würde. Die der Ermittlung des Gebäudeertragswerts zugrunde gelegten Reinerträge können nämlich nur erzielt werden, wenn eine Baureife gegeben ist. Bei der **Ermittlung des Bodenwertverzinsungsbetrags** muss in diesen Sonderfällen deshalb mindestens vom Bodenwert des baureifen Landes im sanierungs- bzw. entwicklungsbedürftigen Zustand ausgegangen werden. Entsprechendes gilt für die anzusetzenden Ertragsverhältnisse. Bodenwert und Ertragsverhältnisse müssen auch in diesen Fällen miteinander korrespondieren. 414

▶ Zu den Besonderheiten vgl. Rn. 458 ff. und Syst. Darst. des Ertragswertverfahrens Rn. 149 ff., 166 ff.

2.8 Neuordnungswert

2.8.1 Allgemeines

In förmlich festgelegten Sanierungsgebieten und städtebaulichen Entwicklungsbereichen ist nach den vorstehenden Ausführungen grundsätzlich der sanierungs- bzw. entwicklungsunbeeinflusste Grundstückswert die maßgebliche Bemessungsgrundlage des allgemeinen Geschäftsverkehrs. Darüber hinausgehende Preisvereinbarungen sind nach § 144 Abs. 1 i. V. m. § 153 Abs. 2 BauGB unzulässig (vgl. Rn. 278 ff.). Dies gilt jedoch dann nicht, wenn der **Ausgleichsbetrag** nach § 154 Abs. 3 Satz 2 BauGB **abgelöst** oder nach § 154 Abs. 3 Satz 3 BauGB vorzeitig **festgesetzt worden ist und die Verpflichtung zur Entrichtung des Ausgleichsbetrags erloschen** ist. Die Verpflichtung ist insbesondere auch erloschen, wenn das Grundstück zum Neuordnungswert i. V. m. einer Ablösung erworben ist. 415

Hat die Gemeinde oder der Sanierungs- bzw. Entwicklungsträger ein Grundstück zum sanierungs- bzw. entwicklungsunbeeinflussten Grundstückswert erworben, sind sie nach § 153 Abs. 4 BauGB verpflichtet, die sanierungs- bzw. entwicklungsbedingte Werterhöhung dadurch „abzuschöpfen" (realisieren), dass sie das Grundstück zu dem Verkehrswert veräußern, der sich durch die **rechtliche und tatsächliche Neuordnung des förmlich festgelegten Sanierungsgebiets** ergibt. 416

§ 153 Abs. 4 BauGB hat folgende Fassung:

„(4) Bei der Veräußerung nach den §§ 89 und 159 Abs. 3 ist das Grundstück zu Verkehrswert zu veräußern, der sich durch die rechtliche und tatsächliche Neuordnung des förmlich festgelegten Sanierungsgebiets ergibt. § 154 Abs. 5 ist dabei auf den Teil des Kaufpreises entsprechend anzuwenden, der der durch die Sanierung bedingten Werterhöhung des Grundstücks entspricht."

Beim Ankauf eines Grundstücks zum Neuordnungswert hat der Käufer keinen Anspruch, Auskunft über den sanierungsbedingten Anteil am Gesamtkaufpreis zu verlangen [269]

Für **städtebauliche Entwicklungsbereiche** wird der Neuordnungswert mit **§ 169 Abs. 8 BauGB** materiell entsprechend geregelt. Die Vorschrift lautet: 417

---

[269] BVerwG, Beschl. vom 19.11.1997 – 4 B 182/97 –, GuG 1998, 179 = EzGuG 15.90; Vorinstanz: OVG Bremen, Urt. vom 19.8.1997 – 1 BA 59/96 –, GuG 1998, 313 = EzGuG 15.88a.

VI Städtebauliche Maßnahmen   Neuordnungswert

„(8) Zur Finanzierung der Entwicklung ist das Grundstück oder das Recht zu dem Verkehrswert zu veräußern, der sich durch die rechtliche und tatsächliche Neuordnung des städtebaulichen Entwicklungsbereichs ergibt. § 154 Abs. 5 ist auf den Teil des Kaufpreises entsprechend anzuwenden, der der durch die Entwicklung bedingten Werterhöhung des Grundstücks entspricht."

418 Bei dem **Neuordnungswert** handelt es sich um den Verkehrswert des Grundstücks, der sich unter Berücksichtigung der

– tatsächlichen und

– rechtlichen

Neuordnung des förmlich festgelegten Sanierungsgebiets bzw. Entwicklungsbereichs ergibt.

419 Im Unterschied zu dem für die Bemessung des Ausgleichsbetrags nach § 154 Abs. 2 BauGB maßgeblichen Endwert geht es bei der Ermittlung des Neuordnungswerts um den Gesamtwert des Grundstücks einschließlich des Wertanteils einer vorhandenen Bebauung. Er ist jeweils auf den Zeitpunkt der Veräußerung zu ermitteln; der Endwert bezieht sich hingegen auf den Zeitpunkt des Abschlusses der Maßnahme (vgl. Rn. 509 ff.).

2.8.2 Neuordnungswert im förmlich festgelegten Sanierungsgebiet

▶ *Vgl. Rn. 476 ff.*

420 Der Neuordnungswert ist Bemessungsgrundlage für die Veräußerung von Grundstücken, zu der die Gemeinde und der Sanierungsträger verpflichtet sind. Die **Veräußerungspflicht** betrifft Grundstücke, die die Gemeinde und der Sanierungsträger zur Durchführung der Sanierung freihändig, durch Ausübung des Vorkaufsrechts oder im Wege der Enteignung erworben haben.

421 Die Veräußerung zum Neuordnungswert in **Sanierungsgebieten bedeutet keine Freistellung von der Ausgleichsbetragserhebung,** jedoch sind dann die mit dem Erwerb zum Neuordnungswert bereits entgoltenen Bodenwerterhöhungen nach § 155 Abs. 1 BauGB auf den Ausgleichsbetrag anzurechnen. Nur wenn der Erwerb zum Neuordnungswert mit einer Ablösungsvereinbarung verbunden wird, entfällt eine Ausgleichsbetragserhebung.

422 Hat die Gemeinde dagegen nach Inkrafttreten des BauGB (1.7.1987) ein Grundstück freihändig erworben, so kann sie es auch zum sanierungsunbeeinflussten Grundstückswert i. S. d. § 153 Abs. 1 BauGB veräußern, wobei der Erwerber dann grundsätzlich der Ausgleichsbetragserhebung nach den §§ 154 f. BauGB in vollem Umfang unterliegt. Gleichwohl wird die Gemeinde auch bei der Veräußerung der freihändig erworbenen Grundstücke i. d. R. danach trachten, die **Grundstücke zum Neuordnungswert** möglichst **i. V. m. mit einer Ablösungsvereinbarung** i. S. d. § 154 Abs. 3 Satz 2 BauGB zu **veräußern,** weil damit zugleich die spätere Erhebung von Ausgleichsbeträgen (nach § 153 Abs. 2 Satz 2 BauGB) entfällt[270].

Einer Veräußerung zum sanierungsunbeeinflussten Grundstückswert mit späterer Ausgleichsbetragserhebung ist nur dann der Vorzug zu geben, wenn die Ermittlung des Neuordnungswerts besondere Schwierigkeiten aufweist, insbesondere weil die Sanierung noch nicht weit gediehen ist und die rechtliche und tatsächliche Neuordnung noch nicht hinreichend abgeschätzt werden kann. In diesem Fall wird eine Veräußerung aber auch nicht in Betracht zu ziehen sein, weil zu diesem Zeitpunkt (noch) unklar ist, ob das Grundstück nicht auch für die Gemeinde oder einem Bedarfsträger selbst gebraucht wird.

423 Im Übrigen ist in diesem Zusammenhang darauf hinzuweisen, dass schon das Kommunalrecht den Gemeinden gebietet, gemeindeeigene **Vermögensgegenstände nicht unter ihrem vollen Wert zu veräußern**; dies ist nur ausnahmsweise aus Gründen eines besonderen öffentlichen Interesses zulässig (vgl. Rn. 476 ff.)[271].

---

270 Kleiber in Ernst/Zinkahn/Bielenberg/Krautzberger, BauGB, § 153 Rn. 142 ff.
271 BGH, Beschl. vom 13.7.1993 – III ZR 86/92 –, NJW 1994, 1056 = EzGuG 15.76a.

Die Gemeinde soll nach § 89 Abs. 2 BauGB ihrer Veräußerungspflicht nachkommen, wenn der mit dem Erwerb verfolgte Zweck verwirklicht werden kann. An wen zu veräußern ist und wie der Veräußerungspflicht nachgekommen werden kann, ergibt sich aus § 89 Abs. 3 und 4 BauGB.

Mit der Veräußerung eines Grundstücks, das die Gemeinde bzw. der Sanierungs- oder Entwicklungsträger zum sanierungs- bzw. entwicklungsunbeeinflussten Grundstückswert erworben hat, erfolgt zugleich die Abschöpfung der sanierungs- bzw. entwicklungsbedingten Bodenwerterhöhung. Es handelt sich dabei um die **Abschöpfung im Wege des Durchgangserwerbs** (vgl. Abb. 14).

Abb. 14:   Abschöpfung im Wege des sog. Durchgangserwerbs

2.8.3   Neuordnungswert im städtebaulichen Entwicklungsbereich

▶ *Zu den grundlegenden Fragen vgl. Rn. 209 ff. und zu den bodenpolitischen Folgen Rn. 476*

Nach § 166 Abs. 3 Satz 1 BauGB soll die Gemeinde grundsätzlich die im städtebaulichen Entwicklungsbereich gelegenen Grundstücke erwerben. Ausnahmen regelt § 166 Abs. 3 Satz 3 und 4 BauGB. Auf der anderen Seite ist die Gemeinde nach § 169 Abs. 5 BauGB verpflichtet, alle zur Durchführung der Entwicklungsmaßnahme freihändig oder nach den Vorschriften des BauGB, des BauGB-MaßnahmenG, des BBauG oder des StBauFG erworbenen Grundstücke nach Maßgabe des § 169 Abs. 6 bis 8 BauGB zum Neuordnungswert zu veräußern. Ausgenommen sind nur die Flächen, die als Baugrundstücke für den Gemeinbedarf oder als Verkehrs-, Versorgungs- oder Grünflächen in einem Bebauungsplan festgesetzt sind oder für sonstige öffentliche Zwecke, als Austauschland oder zur Entschädigung in Land benötigt werden. Die Veräußerungspflicht ist damit umfassender als in Sanierungsgebieten. **Bemessungsgrundlage für die Veräußerung ist wiederum der Neuordnungswert.** Eine Ausgleichsbetragserhebung findet dann nicht statt.

Das Entwicklungsmaßnahmenrecht des BauGB sieht für die Veräußerung im Übrigen vor, dass auf Antrag des Erwerbers der **Teil des Neuordnungswerts, der der entwicklungsbedingten Bodenwerterhöhung entspricht,** nach Maßgabe des § 154 Abs. 5 BauGB **in ein**

VI Städtebauliche Maßnahmen   Neuordnungswert

Tilgungsdarlehen umzuwandeln ist (vgl. § 153 Abs. 4 Satz 2 BauGB). Die zum Neuordnungswert veräußerten Grundstücke unterliegen nicht der Ausgleichsbetragserhebung.

428 § 169 Abs. 8 BauGB hat folgende Fassung:

„(8) *Zur Finanzierung der Entwicklung* ist das Grundstück oder das Recht zu dem Verkehrswert zu veräußern, der sich durch die rechtliche und tatsächliche Neuordnung des städtebaulichen Entwicklungsbereichs ergibt. § 154 Abs. 5 ist auf den Teil des Kaufpreises entsprechend anzuwenden, der der durch die Entwicklung bedingten Werterhöhung des Grundstücks entspricht."

429 Die im Einleitungssatz hervorgehobene Zweckbestimmung – nämlich die **Finanzierung der Entwicklung** – trägt der Regelung des § 156a BauGB über die Verteilung von Überschüssen Rechnung. Hierzu wird im A-Bericht[272] ausgeführt:

„... Keinesfalls dürfen fiskalische Interessen der Gemeinde das Hauptmotiv für die Durchführung einer Entwicklungsmaßnahme sein. Die sachgerechte Anwendung des besonderen Finanzierungssystems dieses Instruments lässt es nicht zu, dass dabei Überschüsse zugunsten der Gemeinde entstehen. Um dies klarzustellen, ist die Ausschussmehrheit mehreren Änderungsanträgen gefolgt, die u. a. festlegen, dass die insbesondere aus dem Verkauf der baureifen Grundstücke herrührenden Einnahmen der Gemeinde ausschließlich zur Finanzierung der erforderlichen Kosten der Maßnahme eingesetzt werden dürfen ..."

430 Die Ergänzung des § 169 Abs. 8 BauGB wurde mit dem Investitionserleichterungs- und Wohnbaulandgesetz 93 in das BauGB eingeführt und mit § 156a BauGB zu einer Regelung zur Verteilung von Überschüssen fortentwickelt. Die **Kosten der Finanzierung sind allerdings erst nach Abschluss der Entwicklungsmaßnahme ermittelbar,** wobei die Ermittlung erfahrungsgemäß im Rahmen der Abrechnung erhebliche Schwierigkeiten bereitet, insbesondere wenn man Finanzierungs- und Rechtsverfolgungskosten, Zinsausfälle und dgl. berücksichtigt. Des Weiteren ist die Abgrenzung der „erforderlichen" Kosten von den ohnehin anfallenden Folgekosten problematisch. Bei alledem müssen sachfremde Erwägungen bei der Abgrenzung des städtebaulichen Entwicklungsbereichs vermieden werden. Die **verbilligte Abgabe von Grundstücken** mit der Folge einer Vermeidung von Finanzierungsüberschüssen liefe ebenfalls auf ein „Unterlaufen" dieser Vorschrift hinaus, da sie die vermögensrechtliche Position der Überschussberechtigten beeinträchtigen würde. Nicht zu folgen ist der Auffassung, nach der der Neuordnungswert um den Überschussanteil zu vermindern ist, denn es bestehen grundsätzlich keine überzeugenden Gründe, den Erwerber eines im Entwicklungsbereich gelegenen Grundstücks anstelle des „Alteigentümers", der sein Grundstück zum entwicklungsunbeeinflussten Grundstückswert „hergegeben" hat, am Überschuss partizipieren zu lassen. Auf der anderen Seite sind Überschüsse regelmäßig nicht zu erwarten, insbesondere wenn man die entwicklungsbedingten Folgekosten bei der Überschussermittlung vollständig berücksichtigt (vgl. Rn. 273).

431 Abzulehnen ist deshalb die Auffassung von *Leisner*[273] und *Degenhart*[274], die *Grziwotz*[275] folgend die volle Abschöpfung des „Planungsgewinns" (gemeint ist die maßnahmebedingte Bodenwerterhöhung) mit der Veräußerung zum Neuordnungswert für den Fall für unzulässig halten, dass die **Kosten der Maßnahme deutlich unter den Bodenwerterhöhungen** bleiben. Leisner geht sogar so weit, dass sich der Neuordnungswert nach dem Anfangswert (gemeint ist der entwicklungsunbeeinflusste Grundstückswert), zu dem die Gemeinde die Fläche erworben hat, zuzüglich der von ihr oder in ihrem Auftrag tatsächlich aufgewendeten Erschließungskosten und -aufwendungen einschließlich der jeweils angemessenen Verzinsung bemesse[276].

432 Hiergegen sprechen gleich mehrere Gründe:

a) Da im Regelfall die Kosten einer Entwicklungsmaßnahme die damit bewirkten Werterhöhungen übersteigen, ergäbe sich bei Anwendung dieser Berechnungsweise ein Neuord-

---

272 BT-Drucks. 12/4340.
273 Leisner in NVwZ 1993, 935, 939.
274 Degenhart in DVBl 1994, 1041.
275 Grziwotz, Baulanderschließung München 1993, S. 419.
276 A. A. VG Koblenz, Beschl. vom 20.3.1991 – 8 L 4420/90 –, EzGuG 15.69: Das Gericht weist darauf hin, dass der Finanzierungshinweis keine konstitutive Wirkung hinsichtlich eines Ausgleichsbetrags hat.

nungswert, der den Verkehrswert des neugeordneten Grundstücks übersteigt. Indessen hat der Gesetzgeber mit der dem Sanierungs- und Entwicklungsmaßnahmenrecht zugrunde liegenden bodenpolitischen Konzeption dies gerade eben vermeiden wollen und sich deshalb nicht für die sog. Kostenlösung, sondern für die durch die Kosten der Maßnahme „gekappte" Wertlösung entschieden (vgl. Rn. 16). Die Abschöpfung ist danach auf den sich im Neuordnungswert (i. S. d. Verkehrswerts unter Berücksichtigung der tatsächlichen und rechtlichen Neuordnung) verkörpernden Vermögenszuwachs des Eigentümers begrenzt, d. h., alle Eigentümer werden **nach einer sich an der tatsächlichen Werterhöhung ihrer Grundstücke orientierenden Belastungsgrenze an den Kosten der Maßnahme beteiligt.** Nur dann, wenn die Werterhöhung die dafür aufgebrachten Kosten überschreitet, soll die Belastungsgrenze durch die Ergänzung der Regelung des § 169 Abs. 8 BauGB um die Worte „zur Finanzierung" sowie die Überschussregelung des § 156a BauGB – wie im Sanierungsrecht (vgl. § 154 Abs. 1 BauGB) – auf die Kosten der Maßnahme begrenzt werden. Im Hinblick auf das ungelöste Zurechnungsproblem der Gesamtkosten zum individuellen Vorteil bedarf es hierzu lediglich einer sachgerechten Verteilung des Überschusses nach Abschluss der Maßnahme, denn erst dann lassen sich schon im Hinblick auf unvorhersehbare, aber erfahrungsgemäß nicht unerhebliche Einnahmeausfälle die Kosten ermitteln. Der einzelne „Urbesitzer" kann dabei an einem Überschuss nur anteilig in dem Verhältnis partizipieren, den sein Grundstück, gemessen am entwicklungsunbeeinflussten Bodenwert, im Verhältnis zur Gesamtheit der entwicklungsunbeeinflussten Bodenwerte hatte.

b) Die von *Leisner* vorgegebene Berechnungsmethode für die Ermittlung des Neuordnungswerts nach § 169 Abs. 8 BauGB (entwicklungsunbeeinflusster Grundstückswert zuzüglich Erschließungskosten und -aufwendungen[277]) widerspricht nicht nur dem eindeutigen Wortlaut des § 169 Abs. 8 BauGB, sondern auch der von ihm gegebenen Begründung. Wenn es schon dem Gesetzgeber als Ausfluss der verfassungsrechtlichen Eigentumsfreiheit verwehrt ist, entwicklungsbedingte Werterhöhungen über das hinaus abzuschöpfen, was zur Finanzierung der Maßnahme erforderlich ist, so wird dadurch zunächst der „Urbesitzer" geschützt, der sein Grundstück grundsätzlich zum entwicklungsunbeeinflussten Grundstückswert abgibt. **Für einen sich in den Entwicklungsbereich „einkaufenden" Erwerber würde eine Absenkung des Neuordnungswerts um den anteiligen Überschuss einem „Geschenk" gleichkommen.** Demgegenüber ist der Neuordnungswert in § 169 Abs. 8 BauGB als der marktübliche Verkehrswert definiert, der für ein gleichartiges Grundstück außerhalb des städtebaulichen Entwicklungsbereichs aufzubringen wäre, sodass eine Absenkung des Neuordnungswerts um den anteiligen Überschuss auf eine Verbilligung hinausliefe. Umgekehrt sprechen die von *Leisner* genannten Gründe dafür, den von einer städtebaulichen Entwicklungsmaßnahme freiwillig oder unfreiwillig betroffenen „Urbesitzer" nur in dem Maße vermögensmäßig zu belasten, wie dies auch aus der der Abschöpfung u. a. zugrunde liegenden Motiv (Finanzierung der Maßnahme) erforderlich wird. Dies sind gewichtige Gründe, den „Urbesitzer" an der Verteilung eines Überschusses, sofern es jemals dazu kommt, zu beteiligen. Dieser Auffassung folgt auch die Verteilungsregelung des § 156a BauGB.

Fazit: Ein nach dem Einleitungssatz des § 169 Abs. 8 BauGB zu berücksichtigender Überschuss bleibt zunächst sowohl bei der Ermittlung des entwicklungsunbeeinflussten Grundstückswerts nach § 153 Abs. 1 ggf. i. V. m. § 169 Abs. 4 BauGB als auch bei der Ermittlung des entwicklungsbeeinflussten Neuordnungswerts ebenso wie bei der Ermittlung des entwicklungsunbeeinflussten Anfangswerts und des entwicklungsbeeinflussten Endwerts i. S. d. § 154 Abs. 1 BauBG außer Betracht. Diese Vorgehensweise ist schon im Hinblick auf die Ermittelbarkeit eines etwaigen Überschusses geboten.

---

277 Die Berechnungsmethode wäre praktisch auch kaum möglich, da die Ermittlung des Neuordnungswerts bereits im Verlauf der städtebaulichen Veranstaltung aus den vielfältigsten Anlässen erforderlich wird, während die Kosten der Maßnahme erst Jahre nach Abschluss der Maßnahme feststehen, wobei auch im Hinblick auf die Ausgleichsbetragserhebung mit Einnahmeausfällen gerechnet werden muss.

434 Zur **Ermittlung eines Überschusses** ist also grundsätzlich vom „vollen" Neuordnungswert bzw. Endwert auszugehen, damit eine etwaige verbilligte Abgabe nicht zulasten des Überschussberechtigten geht. Sollten sich auf dieser Grundlage tatsächlich im Einzelfall Überschüsse ergeben, bestehen gute Gründe dafür, sie auf die Eigentümer der im Entwicklungsbereich gelegenen Grundstücke zu verteilen. Maßgebend sind dabei die Eigentumsverhältnisse bei Bekanntmachung des Beschlusses über die förmliche Festlegung des städtebaulichen Entwicklungsbereichs, soweit nicht ein Erwerber ausgleichsbetragspflichtig wird. Den Alteigentümer in den Genuss des Überschusses kommen zu lassen, ist wohl grundsätzlich deshalb geboten, weil die Abschöpfung entwicklungsbedingter Werterhöhung als Teil der bodenpolitischen Konzeption, die nur insoweit zur Anwendung kommt, als sie erforderlich ist, auch nur insoweit in die Eigentumsverhältnisse eingreifen darf, als sie tatsächlich erforderlich ist. Soweit sie – gemessen am Überschuss – also nicht erforderlich ist, verbleibt die maßnahmenbedingte Werterhöhung dem „Urbesitzer", der wohl am stärksten durch die Regelung „belastet" ist.

2.9 Ermittlung des Neuordnungswerts

2.9.1 Allgemeines

435 Spiegelbildlich zur Ermittlung des sanierungs- bzw. entwicklungsunbeeinflussten Grundstückswerts sind bei der Ermittlung des Neuordnungswerts alle sanierungs- bzw. entwicklungsbedingten Werterhöhungen einschließlich externer Effekte (vgl. Rn. 337) zu berücksichtigen, d. h. Werterhöhungen aufgrund

– der Aussicht auf die Sanierung bzw. Entwicklung,

– ihrer Vorbereitung und

– Durchführung.

2.9.2 Qualifizierung des Neuordnungszustands

2.9.2.1 Allgemeines

▶ *Vgl. Rn. 511 ff., 550*

436 Nach der materiellen Definition des § 153 Abs. 4 und des § 169 Abs. 8 BauGB bestimmt sich der maßgebliche Zustand nach der *rechtlichen und tatsächlichen Neuordnung* (Neuordnungszustand), d. h. **nach vollständigem Abschluss der Sanierungs- bzw. Entwicklungsmaßnahme.**

437 Unter Abschluss der Sanierungs- oder Entwicklungsmaßnahme ist die Aufhebung der Sanierungs- bzw. Entwicklungssatzung nach § 162 BauGB (ggf. i. V. m. § 169 Abs. 1 Nr. 8 BauGB) zu verstehen. **Auf die Erklärung des Abschlusses der Sanierung oder Entwicklung für ein einzelnes Grundstück** nach § 163 BauGB (ggf. i. V. m. § 169 Abs. 1 Nr. 8 BauGB) **kann es** ebenso wie auf die Aufhebung der Satzung für einen Teilbereich nach § 162 Abs. 1 Satz 2 BauGB **hier nicht ankommen**, wenn zu erwarten ist, dass die weitere Vorbereitung und Durchführung der Sanierungs- oder Entwicklungsmaßnahme im übrigen Sanierungsgebiet oder Entwicklungsbereich zu weiteren sanierungs- oder entwicklungsbedingten Werterhöhungen führen. Dies folgt aus der bodenpolitischen Konzeption des Sanierungs- und Entwicklungsmaßnahmenrechts, die auf die Abschöpfung der Gesamtheit der sanierungs- und entwicklungsbedingten Werterhöhungen abzielt. Demzufolge bestimmen auch § 153 Abs. 4 und § 169 Abs. 8 BauGB, dass sich der Neuordnungswert auf der Grundlage der (gesamten) rechtlichen und tatsächlichen Neuordnung ergibt, die zum Zeitpunkt der Wertermittlung allerdings noch nicht vollständig durchgeführt worden sein müssen.

438 Wie bei der Ermittlung des sanierungs- bzw. entwicklungsunbeeinflussten Grundstückswerts i. S. d. § 153 Abs. 1 BauGB sind bei der Ermittlung des Neuordnungswerts auch

– die vom früheren Eigentümer bewirkten Werterhöhungen sowie

– „die *nicht* sanierungs- bzw. *nicht* entwicklungsbedingten Werterhöhungen (externe Effekte)

zu berücksichtigen. Eine andere Auffassung liefe darauf hinaus, dass die Gemeinde ein Grundstück „unter Verkehrswert" veräußert, nur weil die Werterhöhungen zum Teil von einem anderen Eigentümer oder z. B. durch Maßnahmen außerhalb des Sanierungsgebiets bzw. Entwicklungsbereichs bewirkt worden sind. Bei der Qualifizierung des Neuordnungszustands kommt es auf die **Gesamtheit aller werterhöhenden Maßnahmen** an. Eine Aufspaltung bezüglich einzelner wertbeeinflussender Sanierungs- bzw. Entwicklungsmaßnahmen kann wertermittlungstechnisch sachgerecht sein; sie ist aber entbehrlich, wenn die Werterhöhung insgesamt ermittelt werden kann. In diesem Fall könnte ein dahingehendes Verlangen sachlich sogar zu verwerfen sein und wäre nicht zu rechtfertigen.

2.9.2.2 Rechtliche Neuordnung

▶ *Vgl. Rn. 483 ff.; § 5 ImmoWertV Rn. 258; § 6 ImmoWertV Rn. 55*

Die **rechtliche Neuordnung ergibt sich aus** 439

– **den Zielen und Zwecken der Sanierung bzw. Entwicklung und ihrer Konkretisierung durch eine städtebauliche Planung.** An erster Stelle ist hier der Sanierungs- bzw. Entwicklungsbebauungsplan[278] zu nennen und dessen Festsetzungen über Art und Maß der baulichen Nutzung (Grund- und Geschossflächenzahl, Baumassenzahl, Zahl der Vollgeschosse und Höhe der baulichen Anlagen gemäß den §§ 16 ff. BauNVO), Festsetzungen über die Bauweise (§ 22 BauNVO, vgl. § 6 ImmoWertV Rn. 55) und die überbaubare Grundstücksfläche (§ 23 BauNVO). Soweit die Aufstellung eines Sanierungsbebauungsplans für die städtebauliche Entwicklung und Ordnung nicht erforderlich ist (vgl. § 1 Abs. 3 BauGB), kann dies auch eine städtebauliche Rahmenplanung, ein Struktur- oder Gestaltplan (informelle Planungen) sein: Bei informellen Planungen ist zu fordern, dass es sich hierbei um qualifizierte Planungen handelt, die vom Gemeinderat festgestellt oder zustimmend zur Kenntnis genommen worden sind. Auf private, jederzeit abänderbare Planungen kann es indessen nicht ankommen (sog. Schubladenpläne). Vorhandene Bebauungspläne, die nicht den Zielen und Zwecken der Sanierung oder Entwicklung entsprechen und deshalb geändert werden müssen, sind unbeachtlich[279];

– **der Bodenordnung** (einschließlich des Erwerbs von Grundstücken) **und allen rechtlichen Maßnahmen, die für die Realisierung der Ziele und Zwecke der Sanierung bzw. Entwicklung erforderlich sind.** Welche Maßnahmen erforderlich sind, bestimmt sich in erster Linie wiederum nach der städtebaulichen Planung. In Bezug auf die Herstellung, Erweiterung und Verbesserung von Erschließungsmaßnahmen i. S. d. § 127 Abs. 2 BauGB ist zu berücksichtigen, dass für diese Maßnahmen auf Grundstücke im Sanierungsgebiet bzw. Entwicklungsbereich nach § 154 Abs. 1 Satz 2 BauGB die Vorschriften über die Erhebung von Erschließungsbeiträgen nicht anzuwenden sind. Insoweit ist der Ermittlung des Neuordnungswerts ein (auch nach Landesrecht; KAG) **erschließungsbeitragsfreier Grundstückszustand** zugrunde zu legen. Entsprechendes gilt nach § 154 Abs. 1 Satz 3 BauGB auch für die Erhebung von Kostenerstattungsbeträgen i. S. d. § 135a Abs. 3 BauGB, d. h., es ist ein **kostenerstattungsbetragsfreier Grundstückszustand** zugrunde zu legen (vgl. § 5 ImmoWertV Rn. 258 und Rn. 283).

– Hat die Gemeinde nach dem Grundgedanken der Zielsetzung einer Milieuschutzsatzung (§ 172 BauGB) den „sozialen Schutz der angestammten Wohnbevölkerung" zu den „Zielen und Zwecken der Sanierungsmaßnahme" erklärt, so ist dies nach Auffassung des BVerwG und des OVG Berlin[280] mit dem System der Regelungen des städtebaulichen Sanierungsrechts unvereinbar, wenn die sanierungsrechtliche Genehmigung nach den §§ 144 f.

---

278 BGH, Urt. vom 22.4.1982 – III ZR 131/80 –, BRS Bd. 45 Nr. 192 = EzGuG 17.44.
279 OVG Münster, Urt. vom 8.4.1976 – 10 A 1011/75 –, BRS Bd. 30 Nr. 196 = EzGuG 15.4.

VI Städtebauliche Maßnahmen

BauGB davon abhängig gemacht wird, dass eine „an der durchschnittlichen wirtschaftlichen Leistungsfähigkeit der Wohnbevölkerung des Sanierungsgebiets orientierte einheitliche **Mietobergrenze**" eingehalten wird. Infolgedessen kann diese Zielsetzung auch nicht zu einer Begrenzung der Mietentwicklung im Sanierungsgebiet führen und mittelbar auf den Bodenwert der neugeordneten Grundstücke „durchschlagen".

440 Grundsätzlich unterliegen im Sanierungsgebiet auch die zum Neuordnungswert veräußerten Grundstücke der Ausgleichsbetragserhebung, wobei nach § 155 Abs. 1 Nr. 3 BauGB die Bodenwerterhöhungen des Grundstücks auf den Ausgleichsbetrag anzurechnen sind, die der Eigentümer beim Erwerb des Grundstücks als Teil des Kaufpreises in einem den Vorschriften des § 154 und des § 155 Abs. 1 Nr. 1 und 2 BauGB entsprechenden Betrag zulässigerweise bereits entrichtet hat. Zwar zielt die Veräußerung eines Grundstücks zum Neuordnungswert darauf ab, **die abzuschöpfende Bodenwerterhöhung möglichst vollständig mit dem Veräußerungspreis zu erfassen,** jedoch kann nicht ausgeschlossen werden, dass die sanierungsbedingten Bodenwerterhöhungen nicht vollständig erfasst werden konnten und im weiteren Verlauf des Sanierungsverfahrens infolge der weiteren Durchführung zusätzliche Bodenwerterhöhungen eintreten[281]. Lediglich für Entwicklungsbereiche wird mit § 169 Abs. 8 BauGB die Gemeinde verpflichtet, die Grundstücke zum Neuordnungswert zu veräußern. Die Erhebung von Ausgleichsbeträgen entfällt in diesen Fällen. In Sanierungsgebieten sind dagegen nur die zum Neuordnungswert i. V. m. einer Ablösungsvereinbarung i. S. d. § 154 Abs. 3 Satz 2 BauGB veräußerten Grundstücke von der Ausgleichsbetragserhebung nach den §§ 154 f. BauGB ausgenommen.

2.9.2.3 Tatsächliche Neuordnung

▶ *Vgl. Rn. 337 ff.*

441 Die tatsächliche Neuordnung bestimmt sich nach den durchgeführten **Ordnungs- und Baumaßnahmen** (§§ 147 f. BauGB), wobei allerdings die vom Eigentümer zulässigerweise bewirkten Werterhöhungen und sog. externe Effekte mitberücksichtigt werden. In erster Linie fallen hierunter

– die Errichtung und Änderung der Gemeinbedarfs- und Folgeeinrichtungen (§ 148 Abs. 1 Nr. 1 BauGB),

– die Bodenordnung sowie die Herstellung und Änderung von Erschließungsanlagen,

– die Bereitstellung von Flächen und die Durchführung von Maßnahmen zum Ausgleich von Eingriffen in Natur und Landschaft i. S. d. § 1a Abs. 3 BauGB; Baumaßnahmen zum Ausgleich von solchen Eingriffen, die auf dem Grundstück durchgeführt werden (§ 148 Abs. 2 Satz 2 BauGB), gehören zur tatsächlichen Neuordnung; die dadurch bewirkte Bodenwerterhöhung ist auf den Ausgleichsbetrag anzurechnen;

– sonstige von der Gemeinde oder einem Bedarfsträger durchgeführte Ordnungsmaßnahmen.

442 Zur **Qualifizierung des Neuordnungszustands** empfiehlt es sich,

– neben einer Beschreibung des rechtlichen und tatsächlichen Neuordnungszustands nach Abschluss der Sanierung bzw. Entwicklung

– alle werterhöhenden Maßnahmen

im Gutachten darzulegen. **Es kann** indessen **nicht gefordert werden, dass bei der Ermittlung des Neuordnungswerts die partielle Werterhöhung einzelner Sanierungs- bzw.**

---

280 BVerwG, Urt. vom 24.5.2006 – 4 C 9/04 –, GuG-aktuell 2006, 38 = EzGuG 15.118e; BVerwG, Urt. vom 17.12.2004 – 4 B 85/04 –, GuG 2005, 185 = EzGuG 3.137; OVG Berlin, Urt. vom 30.1.2004 – 2 B 18/02 – BlnGE 2004, 354 = GuG 2004, 246 = EzGuG 15.110.

281 Möglicherweise ist dabei ein Anwendungsfall der sog. Bagatellklausel (§ 155 Abs. 3 BauGB) gegeben, wenn dabei nur geringfügige Bodenwerterhöhungen zusätzlich hinzukommen; vgl. Kleiber in Ernst/Zinkahn/Bielenberg/Krautzberger, BauGB § 155 Rn. 92 ff.

Entwicklungsmaßnahmen in jedem Fall nachgewiesen werden muss. Dies mag bezüglich einzelner Wertkomponenten, wie z. B. bezüglich

- des Werteinflusses von Änderungen in der Art und im Maß der baulichen Nutzung,
- des Erschließungsvorteils und
- der Lageverbesserungen

der Wertermittlungspraxis entgegenkommen und zweckmäßig sein. Es entspricht aber auch den Gepflogenheiten des Geschäftsverkehrs, wertbeeinflussende Umstände „global" in die Preisbemessung einzustellen. Dem wird mit der Wertermittlungspraxis entsprochen, wenn die werterhöhenden Maßnahmen aggregiert in die Verkehrswertermittlung eingehen. Es kommt nicht darauf an, in einem Gutachten aufgeschlüsselt darzulegen, aus welchen rechnerischen Einzelpositionen sich die Werterhöhungen gegenüber dem sanierungs- bzw. entwicklungsunbeeinflussten Grundstückswert bestimmen[282].

2.9.2.4 Rechtliche und tatsächliche Neuordnung vor Abschluss der Maßnahme

▶ § 5 ImmoWertV Rn. 16 ff., 144, 159. 296 ff.; Syst. Darst. des Vergleichswertverfahrens Rn. 184 ff., 204 ff.

Während in städtebaulichen Entwicklungsbereichen die Gemeinde nach Maßgabe des § 169 Abs. 5 bis 8 BauGB zur **Veräußerung der Grundstücke zum Neuordnungswert** verpflichtet ist, besteht eine solche Verpflichtung **in Sanierungsgebieten** nach § 154 Abs. 4 BauGB ausdrücklich **nur für Veräußerungen nach den §§ 89 und 159 Abs. 3 BauGB.** Gleichwohl ist die Gemeinde auch bei der Durchführung von Sanierungsmaßnahmen in aller Regel bestrebt, die neugeordneten Grundstücke zum Zwecke der Erzielung von Einnahmen zum Neuordnungswert zu veräußern, und zwar schon zu einem möglichst frühen Zeitpunkt, d. h. vor Abschluss der Sanierungsmaßnahme.

443

Bei der Ermittlung des Neuordnungswerts nach Maßgabe des **§ 153 Abs. 4 bzw. § 169 Abs. 5 BauGB** ist deshalb regelmäßig der Fall gegeben, dass die rechtliche und tatsächliche Neuordnung noch nicht abgeschlossen ist. Es kommt hinzu, dass die Gemeinde

444

- nach Maßgabe des § 163 ggf. i. V. m. § 169 Abs. 1 Nr. 8 BauGB die Sanierungs- oder Entwicklungsmaßnahme für *einzelne Grundstücke* vorzeitig als abgeschlossen erklären kann und
- nach Maßgabe des § 163 Abs. 1 Satz 2 ggf. i. V. m. § 169 Abs. 1 Nr. 8 BauGB die Sanierungs- oder Entwicklungsmaßnahme für einen *Teil des Veranstaltungsgebiets* vorzeitig aufzuheben hat.

Der **vorzeitige Abschluss der Sanierung für einzelne Grundstücke und für einen Teil des Veranstaltungsgebiets** lässt für die davon betroffenen Grundstücke die Ausgleichsbetragspflicht zu einem Zeitpunkt entstehen, zu dem die Gesamtmaßnahme noch nicht abgeschlossen ist. In diesem Fall stellt sich ebenso wie im Falle der Grundstücksveräußerung zum Neuordnungswert während des Sanierungs- oder Entwicklungsverfahrens die Aufgabe, den Neuordnungswert bzw. den Endwert zu einem Zeitpunkt zu ermitteln, zu dem die rechtliche und tatsächliche Neuordnung für das gesamte Veranstaltungsgebiet (noch) nicht abgeschlossen ist. In diesen Fällen ist bei der Ermittlung des Neuordnungswerts die sog. Wartezeit bis zum Abschluss der Maßnahme zu berücksichtigen. Spiegelbildlich zu § 153 Abs. 1 BauGB muss die **„Aussicht" auf die Sanierung bzw. Entwicklung** in die Ermittlung des Neuordnungswerts eingehen.

445

Nach § 2 Satz 2 und 3 ImmoWertV sind die mit hinreichender Sicherheit aufgrund konkreter Tatsachen zu erwartenden Aussichten auf die in der Planung vorgesehenen Änderungen auf der Grundlage der voraussichtlichen Dauer bis zum Eintritt der rechtlichen und tatsächlichen Neuordnung (**Wartezeit bis zum Abschluss der von der Gemeinde geplanten Ordnungs-**

446

---

[282] LG Osnabrück, Urt. vom 26.10.1987 – 5 O 5/85 –, EzGuG 15.55.

VI Städtebauliche Maßnahmen — Neuordnungswert

und Baumaßnahmen) zu berücksichtigen. Anders als noch nach § 23 Satz 5 WertV 72 ist ein für die Durchführung dieser Einzelmaßnahmen bestehendes Wagnis nach geltendem Recht nicht zu berücksichtigen, da ohnehin nur die „mit hinreichender Sicherheit aufgrund konkreter Tatsachen" zu erwartende rechtliche und tatsächliche Neuordnung berücksichtigt werden darf. Ein möglicherweise gegebenes Restwagnis wird in aller Regel aber bereits bei der Abschätzung der Wartezeit berücksichtigt[283].

447 Die Auswirkung dieser Umstände auf den jeweiligen Wert muss unter Berücksichtigung der ortsüblichen Gegebenheiten und der besonderen Verhältnisse des Grundstücks und seiner Umgebung qualifiziert werden. Das Wagnis besteht vor allem darin, dass die erwartete **Rentabilität von Investitionen – zumindest vorübergehend in einer gewissen Anlaufzeit – mit Unsicherheiten behaftet** ist. Soweit sich dies im gewöhnlichen Geschäftsverkehr auf die Preisgestaltung auswirkt, muss es bei der Wertermittlung berücksichtigt werden. Von dem zunächst auf den fiktiven Endzustand bezogenen Ausgangswert müssen daher entsprechend der Wartezeit für die Durchführung der von der Gemeinde geplanten Einzelmaßnahmen im Rahmen der Sanierung einschließlich dem dafür bestehenden Wagnis Abschläge angebracht werden.

448 Als Grundsatz muss auch hier gelten, dass **für einen gesonderten Risikoabschlag umso weniger Raum ist, je „großzügiger" die Wartezeit** angesetzt wird. Umgekehrt lässt sich ein Risikoabschlag nur dann vertreten, wenn die Wartezeit nach „engen" Maßstäben kalkuliert wurde, zumal Sanierungs- und Entwicklungsmaßnahmen unter dem Gebot der zügigen Durchführung stehen. Die Forderung nach einem gesonderten *Ansatz eines Risikoabschlags* wird bezeichnenderweise häufig von Käuferseite erhoben und zielt letztlich auf eine Preisdämpfung beim Ankauf hinaus, da sich das Ergebnis durch eine Vielzahl kleinerer prozentualer Abschläge stärker „dämpfen" lässt als durch eine das Risiko von vornherein – uno actu – mit einbeziehende „Dimensionierung" der Wartezeit. Im Übrigen stehen jedem Risiko i. d. R. auch überdurchschnittliche „Gewinnerwartungen" gegenüber.

449 Bei der Ermittlung des Neuordnungswerts vor Abschluss der Gesamtmaßnahme ist zunächst von einem Grundstückszustand auszugehen, wie er sich in einer absehbaren Zeit, nämlich mit Abschluss der Sanierungs- oder Entwicklungsmaßnahme, erst noch (tatsächlich) einstellt. Insoweit handelt es sich um einen fiktiven Wert. Im gewöhnlichen Geschäftsverkehr findet erfahrungsgemäß die zu erwartende künftige Entwicklung Eingang in die Preisbemessung, insbesondere, wenn der Vollzug gesichert ist. Dies gilt in besonderem Maße für die unter dem Gebot der zügigen Durchführung stehenden Sanierung (§ 136 Abs. 1 Satz 1 BauGB) gleichermaßen wie für Entwicklungsmaßnahmen. Ausgehend vom Verkehrswert des Grundstücks unter der Fiktion des Abschlusses der Sanierungs- oder Entwicklungsmaßnahme ist sodann die Wartezeit bis zum Abschluss der vorgesehenen Maßnahmen wertmindernd zu berücksichtigen. Mit Fortschreiten der Sanierungs- bzw. Entwicklungsmaßnahme schwindet allerdings die Bedeutung der Vorschrift, weil sich die Wartezeit entsprechend verkürzt.

450 Die **Wartezeit** bestimmt sich nach dem Zeitraum, der

- einerseits vom Wertermittlungsstichtag und
- andererseits von dem voraussichtlichen Zeitpunkt der Aufhebung der Sanierungssatzung nach § 162 BauGB

begrenzt wird, weil – wie schon erwähnt – die Sanierungs- bzw. Entwicklungssatzung aufzuheben ist, wenn die Sanierung bzw. Entwicklung durchgeführt ist, sofern nicht Aufhebungsgründe i. S. d. § 162 Abs. 1 Nr. 2 oder 3 BauGB vorliegen. Auf der Grundlage der konkreten Verhältnisse des Einzelfalls ist die Wartezeit letztlich im Wege einer Schätzung zu ermitteln, wobei die Schätzung naturgemäß umso unsicherer ist, je länger die Wartezeit geschätzt werden muss. Je länger der Abschluss der Sanierungs- oder Entwicklungsmaßnahme aussteht, umso weniger kann ausgeschlossen werden, dass die zugrunde gelegten Ziele und Zwecke der

---

[283] So auch AK Wertermittlung der FK, „Kommunales Vermessungs- und Liegenschaftswesen" des Deutschen Städtetags; Prot. der Sitzung am 17./18.10.1996; L 5307. § 27 Abs. 2 WertV 88/98 konkretisierte den Begriff der „Aussicht" durch die Wartezeit bis zum Abschluss der Sanierung bzw. der Entwicklung.

Veranstaltung abgeändert werden. In der Wertermittlungspraxis spricht man diesbezüglich von dem damit verbundenen Wagnis.

Allgemein hat es sich in der Wertermittlungspraxis nicht bewährt, einzelne wertbeeinflussende Umstände, die miteinander „verwoben" sind und vom Sachverständigen ohnehin nur im Wege der Schätzung berücksichtigt werden können, in eine Vielzahl kleinerer prozentualer Abschläge zu „sezieren". Dies gilt auch für die Wartezeit und das Wagnis. Ein **komplexer Gesamtansatz**, in dem solche Einflüsse vollständig in einem Schritt erfasst werden, ist hier grundsätzlich vorzuziehen. In jedem Fall muss eine Doppelberücksichtigung vermieden werden. Wenn also mit der angesetzten Wartezeit bereits berücksichtigt wird, dass eine Entwicklung aufgrund unsicherer Verhältnisse möglicherweise erst zu einem späteren als dem bei zügiger Durchführung zu erwartenden Zeitraum durchgeführt wird, ist insoweit kein Raum mehr für den gesonderten Ansatz eines Risikos. 451

Finanzmathematisch kann die **Wartezeit** dadurch **berücksichtigt werden,** dass der Unterschied aus 452

a) dem auf den Wertermittlungsstichtag bezogenen Verkehrswert des Grundstücks unter Berücksichtigung der rechtlichen und tatsächlichen Neuordnung des Sanierungsgebiets bzw. Entwicklungsbereichs nach Abschluss der Maßnahme und

b) dem auf den Wertermittlungsstichtag bezogenen Verkehrswert des Grundstücks unter Berücksichtigung der bis zu diesem Zeitpunkt durchgeführten Sanierungs- bzw. Entwicklungsmaßnahmen

über die Wartezeit bis zum voraussichtlichen Abschluss der Sanierung bzw. Entwicklung diskontiert wird.

Beispiel:

– Verkehrswert unter Berücksichtigung der rechtlichen und tatsächlichen Neuordnung des Sanierungsgebiets	350 €/m²
– Verkehrswert unter Berücksichtigung der bis zum Wertermittlungsstichtag durchgeführten Sanierungs- und Entwicklungsmaßnahmen ohne Aussicht auf weitere Maßnahmen	300 €/m²
Unterschied	50 €/m²

Bei einer Wartezeit von 5 Jahren und einem Diskontierungszinssatz von 5 % ergibt sich

Neuordnungswert = 300 €/m² + 50 €/m² × 1,05^{-5} = 340 €/m²

Die Berücksichtigung der Aussicht auf die Sanierung bzw. Entwicklung entspricht anerkannten Grundsätzen der Verkehrswertermittlung, denn der Verkehrswert ist ein die Zukunftserwartungen eskomptierender Wert. Dies muss vor allem dann gelten, wenn die **Realisierung der erwarteten Entwicklung** sicher und **abschätzbar** ist. Diese Voraussetzungen sind in Sanierungsgebieten und Entwicklungsbereichen gegeben, denn diese Veranstaltungen stehen unter dem Gebot der zügigen Durchführung (§ 136 Abs. 1 BauGB). 453

Darüber hinaus ist es mitunter angezeigt, sog. **Pionierabschläge** an den Neuordnungswert anzubringen, wenn dieser auf der Grundlage einer (fiktiv) abgeschlossenen Entwicklungsmaßnahme ermittelt wurde. Damit soll der Erkenntnis Rechnung getragen werden, dass der Verkehrswert eines in einem Gebiet gelegenen Grundstücks, in dem z. B. die infrastrukturelle Ausstattung gegenüber dem Verkehrswert eines Grundstücks in einem „fertigen" Gebiet noch nicht hergestellt ist, im Wert gemindert ist. Der Nutzer solcher Grundstücke hat nämlich bis zum Abschluss der Maßnahme zahlreiche Unannehmlichkeiten hinzunehmen. Solche **Pionierabschläge** (im Wertermittlungsjargon auch „Gummistiefelabschlag" genannt) **sind** mithin **nicht mit dem Wagnisabschlag,** der allerdings ohnehin regelmäßig mit der Wartezeit Berücksichtigung finden kann, **gleichzusetzen.** 454

2.9.3 Wertermittlungsverfahren

2.9.3.1 Allgemeines

455 Die allgemeinen Grundsätze der Verkehrswertermittlung gelten auch für die Ermittlung des Neuordnungswerts[284]. Grundsätzlich können also zur Ermittlung des Neuordnungswerts die im Abschnitt 3 der ImmoWertV geregelten **Vergleichs-, Ertrags- und Sachwertverfahren** Anwendung finden, wobei der Wertermittlung der Neuordnungszustand zugrunde zu legen ist. Da dieser Neuordnungszustand mit fortschreitender Sanierung bzw. Entwicklung dem am Wertermittlungsstichtag tatsächlich vorhandenen Grundstückszustand entspricht, gehen Wertermittlungsstichtag und der für die Qualifizierung des Neuordnungszustands maßgebliche Stichtag zunehmend ineinander über. Problematisch ist die Ermittlung des Neuordnungswerts deshalb vor allem im Anfangsstadium der Sanierung bzw. Entwicklung.

456 Schwierigkeiten treten in der Wertermittlungspraxis zudem deshalb auf, weil es sich bei den Sanierungsgebieten innerhalb der Gemeinde zumeist um **qualitativ singuläre Gebiete** handelt und kaum Vergleichspreise zur Verfügung stehen. Auch diesbezüglich verbessert sich die Situation mit fortschreitender Sanierung bzw. Entwicklung, weil zunehmend im Veranstaltungsgebiet selbst ein **Grundstücksverkehr auf der Grundlage des Neuordnungszustands** stattfindet. Es handelt sich dabei um die Grundstücke,

– die zum Neuordnungswert von der Gemeinde veräußert wurden oder

– für die der Eigentümer den Ausgleichsbetrag nach § 154 Abs. 3 Satz 2 BauGB abgelöst hat oder

– für die der Ausgleichsbetrag nach § 154 Abs. 3 Satz 2 BauGB vorzeitig festgesetzt wurde oder

für die bei vorzeitiger Entlassung nach § 163 BauGB der Ausgleichsbetrag bereits erhoben wurde.

457 Von den vorstehenden Kauffällen sind möglichst die zeitnahen Vergleichspreise heranzuziehen, denn erfahrungsgemäß werden in der Anfangsphase der Sanierung bzw. Entwicklung die Grundstücke aus allgemeiner Unsicherheit zu verhältnismäßig niedrigen Neuordnungspreisen veräußert. Häufig werden schon nach kurzer Zeit bei der Wiederveräußerung solcher Grundstücke nicht unwesentlich höhere Kaufpreise vereinbart. In diesen Preisen manifestiert sich die Wertschätzung des Grundstücksmarktes für die durchgeführten Sanierungs- bzw. Entwicklungsmaßnahmen. Liegen Veräußerungspreise aus dem fortgeschrittenen Stadium der Sanierungs- bzw. Entwicklungsmaßnahme vor, muss Vergleichspreisen aus der Anfangszeit eine eingeschränkte Bedeutung beigemessen werden. Vor allem aber muss die **verkürzte Wartezeit** berücksichtigt werden. Im Übrigen gilt auch für die Ermittlung des Neuordnungswerts, dass auf Vergleichsgebiete zurückgegriffen werden kann, wenn aus dem Gebiet selbst keine ausreichende Zahl von Vergleichspreisen herangezogen werden kann (§ 15 Abs. 1 Satz 3 ImmoWertV).

2.9.3.2 Komponentenverfahren

▶ *Weitere Ausführungen bei Rn. 634 ff.*

458 Gegenstand der Regelungen der ImmoWertV sind allgemeine Grundsätze der Wertermittlung. Die normierten Grundsätze schließen damit nicht aus, den Neuordnungswert ausgehend vom sanierungs- bzw. entwicklungsunbeeinflussten Grundstückswert i. S. d. § 153 Abs. 1 BauGB dadurch zu ermitteln, dass die Werterhöhungen aufgrund der Sanierungs- bzw. Entwicklungsmaßnahmen diesem zugeschlagen werden. In Betracht kommen vor allem **Werterhöhungen durch Verbesserung**

---

284 BR-Drucks. 265/72, S. 31.

- der Nutzbarkeit des Grundstücks, insbesondere aufgrund der Festsetzungen des Sanierungsbebauungsplans,
- der Erschließung und
- der Gebietsstruktur (Lageverbesserungen)[285].

Dieses (differenzielle) Verfahren lässt sich zudem operationalisieren.

2.9.3.3 Ertragswirtschaftliches Verfahren

▶ *Weitere Ausführungen bei Rn. 613 ff. sowie in der Syst. Darst. des Vergleichswertverfahrens Rn. 631 ff.*

459 Bei der Ermittlung des Neuordnungswerts von Ertragsobjekten (vgl. § 8 ImmoWertV Rn. 62 ff.) lässt sich der Neuordnungswert auf der Grundlage der durch die Sanierungsmaßnahme verbesserten Ertragsverhältnisse des Grundstücks ableiten. Die Rechtsprechung hat diese Methode vor allem für geschäftlich genutzte Grundstücke anerkannt[286]. Es kann dabei nicht darauf ankommen, dass die werterhöhenden Maßnahmen bereits am Wertermittlungsstichtag zu einer Verbesserung der Ertragsverhältnisse geführt haben. Erfahrungsgemäß werden nämlich erst mit der Zeit Nutzungsentgelte den geänderten städtebaulichen Verhältnissen angepasst, zumal die mietrechtlichen Bestimmungen beachtet werden müssen. Problematisch bleibt bei dieser Vorgehensweise gleichwohl die Ermittlung des bei Anwendung des Ertragswertverfahrens gemäß anzusetzenden Bodenwerts. Wie bereits in der Syst. Darst. des Vergleichswertverfahrens unter Rn. 631 ff. ausgeführt, ist nämlich die **Ableitung des Bodenwerts aus fiktiven Erträgen** äußerst fehlerträchtig. Dies gilt auch für die differenzielle Ableitung von Bodenwerterhöhung auf der Grundlage von Ertragssteigerungen, die auf das Grundstück und seine Umgebung zurückzuführen sind.

2.9.3.4 Vergleichs- und Bodenrichtwertverfahren

▶ *Hierzu Rn. 603 ff. sowie in der Syst. Darst. des Vergleichswertverfahrens Rn. 153 ff., § 196 BauGB, § 10 ImmoWertV Rn. 28 ff.*

a) *Allgemeines*

460 Auf der Grundlage des für die Ermittlung des Neuordnungswerts maßgeblichen Grundstückszustands kann bei Heranziehung des Vergleichswertverfahrens auf die allgemeinen Verfahrensgrundsätze der §§ 15 f. ImmoWertV verwiesen werden. Soweit es um die Ermittlung des Bodenwerts des neugeordneten Grundstücks geht, können auch die allgemeinen Grundsätze des Bodenrichtwertverfahrens zur Anwendung kommen. Vielfach liegen sogar besondere Bodenrichtwerte für den Endwert vor, die dann zweckmäßigerweise heranzuziehen sind.

461 Soweit **zum Wertermittlungsstichtag die tatsächliche und rechtliche Neuordnung nicht abgeschlossen** und zumindest teilweise noch in Aussicht ist, muss die Wartezeit berücksichtigt werden, wenn Vergleichspreise von Grundstücken im „fertigen" Zustand herangezogen worden sind. Bei Heranziehung von Bodenrichtwertkarten, die sog. Bodenrichtwert-Endwerte schon vor Abschluss der Maßnahme ausweisen, ist zudem zu beachten, ob sich der ausgewiesene Endwert auf den „fertigen" Grundstückszustand unter Berücksichtigung der rechtlichen und tatsächlichen Neuordnung – bezogen auf den in der Bodenrichtwertkarte ausgewiesenen Stichtag – bezieht, oder ob es sich um den „Wert" handelt, der sich zu diesem Zeitpunkt in Aussicht auf den Endwert bzw. den Neuordnungszustand ergibt.

462 Kann zur Ermittlung des Neuordnungswerts nicht direkt von Vergleichspreisen für Grundstücke in einem vergleichbaren neugeordneten Zustand bzw. unter Berücksichtigung der Aussicht auf die rechtliche und tatsächliche Neuordnung ausgegangen werden, lässt sich der

---

285 Kleiber, Der Neuordnungswert nach ... in: Abschluss und Abrechnung von Sanierungsmaßnahmen. Institut für Städtebau und Siedlungswesen, München 1982, Arbeitsbl. 1/1982.
286 OVG Bremen, Beschl. vom 26.11.1987 – 1 B 84/87 –, NVwZ 1988, 752 = EzGuG 15.58; VGH München, Beschl. vom 18.7.2003 – 2 CS 03.1406 –, GuG 2004, 247 = EzGuG 15.107.

VI Städtebauliche Maßnahmen — Neuordnungswert

Neuordnungswert auch auf der Grundlage des sanierungs- bzw. entwicklungsunbeeinflussten Grundstückswerts ermitteln.

463 In diesem Fall sind die sich
- aufgrund der bereits durchgeführten Sanierungs- bzw. Entwicklungsmaßnahmen sowie
- aufgrund der Aussicht auf die noch ausstehenden Sanierungs- bzw. Entwicklungsmaßnahmen

ergebenden Werterhöhungen zusätzlich zu berücksichtigen.

464 Schema:

> Sanierungs- bzw. entwicklungsunbeeinflusster Grundstückswert
> \+ Werterhöhung aufgrund durchgeführter Maßnahmen
> \+ Werterhöhung aufgrund der noch in Aussicht stehenden Maßnahmen
> = **Neuordnungswert**

Die beiden letztgenannten Positionen gehen mit fortschreitender Sanierungs- und Entwicklungsmaßnahme ineinander über. In der Wertermittlungspraxis wird bei dieser Vorgehensweise nach den einzelnen Komponenten der Maßnahmen vorgegangen.

b) *Vergleichspreise aus dem Sanierungsgebiet bzw. Entwicklungsbereich*

465 Im Verlauf der Sanierungs- oder Entwicklungsmaßnahmen stellen sich für die Ermittlung des Neuordnungswerts auch Vergleichspreise aus dem Veranstaltungsgebiet ein, so

a) bei Ablösung des Ausgleichsbetrags nach § 154 Abs. 3 Satz 2 BauGB und vorzeitiger Festsetzung des Ausgleichsbetrags nach § 154 Abs. 3 Satz 3 BauGB; als Neuordnungswert kann in diesen Fällen der sanierungs- bzw. entwicklungsunbeeinflusste Bodenwert zuzüglich des Ablösungsbetrags bzw. des vorzeitigen Ausgleichsbetrags gelten;

b) im Grundstücksverkehr mit Grundstücken, die aus der Sanierungs- oder Entwicklungsmaßnahme nach § 163 BauGB entlassen wurden; auch in diesem Fall kann als Neuordnungswert der sanierungs- bzw. entwicklungsunbeeinflusste Bodenwert zuzüglich des bereits erhobenen Ausgleichsbetrags gelten;

c) im Grundstücksverkehr mit Grundstücken, die im Sanierungsgebiet zum Neuordnungswert mit einer Ablösungsvereinbarung erworben wurden und

d) im Grundstücksverkehr mit Grundstücken, die im Entwicklungsbereich zum Neuordnungswert erworben wurden.

Ausgleichsbetragsrechtlich können die Grundstücke als aus der Sanierung bzw. Entwicklung entlassen gelten. Sie sind deshalb auch nicht mehr der Preisprüfung nach § 153 Abs. 2 Satz 2 BauGB unterworfen.

466 Grundsätzlich können auch die im Falle der Veräußerung zum Neuordnungswert, der Ablösung sowie der vorzeitigen Festsetzung des Ausgleichsbetrags „hingenommenen" Neuordnungswerte als Vergleichspreise gelten, denn sie sind (vergleichbar mit einem Kaufvertrag) „akzeptiert" worden.

Beispiel:

a) **Sachverhalt**

Es liegen aus dem Veranstaltungsgebiet mehrere Kaufpreise über neugeordnete Grundstücke mit einem Durchschnittspreis von 335 €/m² vor, die 8 Jahre vor dem voraussichtlichen Abschluss der Sanierungs- oder Entwicklungsmaßnahme auf der Grundlage nachstehender Bodenwertermittlung vereinbart wurden:

Ermittlung des Bodenwerts zum Zeitpunkt der Ablösung, der vorzeitigen Festsetzung oder Erhebung des Ausgleichsbetrags bzw. des Erwerbs zum Neuordnungswert (im Beispiel 8 Jahre vor dem voraussichtlichen Abschluss der Sanierungs- oder Entwicklungsmaßnahme) auf der Grundlage des Neuordnungszustands nach Abschluss der Sanierungs- oder Entwicklungsmaßnahme:

– Verkehrswert unter Berücksichtigung der rechtlichen und tatsächlichen Neuordnung des Sanierungsgebiets	350 €/m²
– Verkehrswert unter Berücksichtigung der bis zum Wertermittlungsstichtag durchgeführten Sanierungs- und Entwicklungsmaßnahmen *ohne Aussicht auf weitere Maßnahmen*	300 €/m²
Unterschied	50 €/m²

Bei einer Wartezeit von 8 Jahren (bis zum voraussichtlichen Abschluss der Sanierungs- oder Entwicklungsmaßnahme) zum Zeitpunkt der Ablösung, der vorzeitigen Festsetzung oder Erhebung des Ausgleichsbetrags bzw. des Erwerbs zum Neuordnungswert und einem Diskontierungszinssatz von 5 % ergab sich

$$\text{Neuordnungswert} = 300\ \text{€/m}^2 + 50\ \text{€/m}^2 \times 1{,}05^{-8} = \mathbf{334\ \text{€/m}^2}$$

b) Wertermittlung

Es ist der Neuordnungswert eines Grundstücks drei Jahre später zu ermitteln.

– Maßgeblich ist die zum Wertermittlungsstichtag nach dem Stand der Maßnahme abschätzbare Wartezeit. Im Beispielsfall soll sich die ursprüngliche Wartezeit nicht verändert haben, d. h., die Ermittlung erfolgt 5 Jahre vor dem voraussichtlichen Abschluss der Sanierungs- oder Entwicklungsmaßnahme. Der zum Wertermittlungsstichtag zu erwartende Zeitpunkt des Abschlusses der Maßnahme kann sich nach dem Stand der Maßnahme gegenüber dem zum Zeitpunkt der Ablösung, der vorzeitigen Festsetzung oder Erhebung des Ausgleichsbetrags bzw. des Erwerbs zum Neuordnungswerts erwarteten Abschluss aber verändert haben.
– Änderungen der allgemeinen Wertverhältnisse sind zusätzlich durch Bodenpreisindexreihen zu berücksichtigen bzw. die Berechnung erfolgt auf der Grundlage der allgemeinen Wertverhältnisse zum Wertermittlungsstichtag.
– Abweichungen in den Zustandsmerkmalen des zu wertenden Grundstücks gegenüber dem Vergleichsgrundstück sind ebenfalls zu berücksichtigen.

Bei einer Wartezeit von 5 Jahren zum Wertermittlungsstichtag ergibt sich für das Grundstück ein

$$\text{Neuordnungswert} = 300\ \text{€/m}^2 + 50\ \text{€/m}^2 \times 1{,}05^{-5} = 340\ \text{€/m}^2$$

Der ermittelte Wert ist gegebenenfalls

– konjunkturell (mittels Bodenpreisindexreihen) und
– qualitativ (z. B. mittels Umrechnungskoeffizienten)

fortzuschreiben.

Erfahrungsgemäß werden für die aus der Sanierungs- oder Entwicklungsmaßnahme entlassenen und anschließend (ohne Preisprüfung) veräußerten Grundstücke im Vergleich zu dem der Ablösevereinbarung bzw. dem bei der vorzeitigen Festsetzung des Ausgleichsbetrags ermittelten Neuordnungswert deutlich höhere Verkaufspreise erzielt. Dies ist in der „vorsichtigen" Ermittlung des Neuordnungswerts begründet.

Beispiel:

a) Sachverhalt

Es soll ein „zwei Jahre alter" Vergleichspreis in Höhe von 400 €/m² herangezogen werden. Dabei musste zum Zeitpunkt des Erwerbs mit einer Wartezeit von 8 Jahren gerechnet werden.

Die zu diesem Zeitpunkt noch ausstehenden sanierungsbedingten Bodenwerterhöhungen wurden mit 50 €/m² ermittelt (vgl. vorstehendes *Beispiel*).

b) Wertermittlung

Der Verkehrswert, der im vorangegangenen Beispiel mit 300 €/m² ermittelt wurde, lässt sich nun mithilfe des Vergleichspreises an die Marktlage anpassen;

$$BW = 400\ \text{€/m}^2 - 50\ \text{€/m}^2 \times q^{-n} \text{ wobei } n = 8\ \text{Jahre}$$

Bei einem Zinssatz von 5 % ergibt sich als Bodenwert unter Berücksichtigung der bis zum Wertermittlungsstichtag durchgeführten Sanierungs- und Entwicklungsmaßnahmen ohne Aussicht auf weitere Maßnahmen als Bodenwert = 366,16 €/m² (statt 300 €/m²).

Verprobung:

Neuordnungswert bei einer Wartezeit von 8 Jahren unter Berücksichtigung der Aussicht auf die weiteren Sanierungsmaßnahmen:

$$\text{Neuordnungswert} = 366{,}16\ \text{€/m}^2 + 50{,}00\ \text{€/m}^2 \times 1{,}05^{-8} = 400\ \text{€/m}^2$$

VI Städtebauliche Maßnahmen Neuordnungswert

Dies entspricht dem gezahlten Kaufpreis.

Berechnung des Neuordnungswerts unter Berücksichtigung der Aussicht auf weitere Sanierungsmaßnahmen mit 5-jähriger Wartezeit zum Wertermittlungsstichtag:

Neuordnungswert = 366,16 €/m² + 50,00 €/m² × $1{,}05^{-5}$ = **405,34 €/m²**

Das Ergebnis ist wie im vorstehenden Beispiel gegebenenfalls qualitativ und konjunkturell fortzuschreiben

2.9.3.5 Multifaktorenanalyse

467 Das Verfahren wird unter Rn. 655 erläutert. Die dortigen Ausführungen können entsprechend Anwendung finden.

▶ *Im Übrigen wird bezüglich des Bodenwertanteils am Neuordnungswert auf die entsprechend anwendbaren Grundsätze für die Ermittlung des Endwerts bei Rn. 570 ff. verwiesen.*

2.9.4 Besonderheiten der Ermittlung des Neuordnungswerts bebauter Grundstücke

2.9.4.1 Allgemeines

▶ *Vgl. hierzu Rn. 394 ff.*

468 Bei der **Ermittlung des Neuordnungswerts des Grundstücks** geht es im Unterschied zur Ermittlung des Endwerts um den Marktwert des Grundstücks in seiner Gesamtheit, d. h. einschließlich vorhandener baulicher Anlagen und Einrichtungen.

469 Für die **Wahl des Wertermittlungsverfahrens** gelten wiederum die allgemeinen Grundsätze des § 8 ImmoWertV. Neben dem Vergleichs- und Sachwertverfahren kommt insbesondere das Ertragswertverfahren in Betracht.

2.9.4.2 Sachwertverfahren

▶ *Vgl. Syst. Darst. des Sachwertverfahrens Rn. 1 ff.*

470 Bei Anwendung des Sachwertverfahrens setzt sich der Neuordnungswert zusammen aus dem
– Bodenwert des neugeordneten Grundstücks, d. h. unter Berücksichtigung der tatsächlichen und rechtlichen Neuordnung,
– dem Gebäudesachwert und
– dem Sachwert der baulichen sonstigen Außenanlagen sowie
– unter Berücksichtigung der Marktanpassung und der besonderen objektspezifischen Grundstücksmerkmale nach § 8 Abs. 2 und 3 ImmoWertV.

471 Soweit die Sanierungs- oder Entwicklungsmaßnahmen noch nicht abgeschlossen sind, finden die Ausführungen unter Rn. 443 ff. entsprechende Anwendung.

2.9.4.3 Ertragswertverfahren

▶ *Vgl. Rn. 394 ff., 600, 701 ff.: zur Ermittlung des Bodenwerts der neugeordneten Grundstücke vgl. die vorstehenden Ausführungen bei Rn. 436 ff.; zur Ertragswertermittlung vgl. Syst. Darst. des Ertragswertverfahrens Rn. 103 ff.; § 16 ImmoWertV Rn. 203 ff.*

Der Ertragswert ermittelt sich gemäß § 17 Abs. 2 ImmoWertV nach der Formel **472**

$$EW = (RE - BW \times p) \times V + BW = RE \times V + BW \times q^{-n}$$

- $\underbrace{}_{\text{Gebäudeertragswert}}$ $\underbrace{}_{\text{Bodenwert}}$ $\underbrace{\phantom{RE \times V + BW \times q^{-n}}}_{\text{Gesamtwert}}$

wobei EW = Ertragswert
RE = Reinertrag
BW = Bodenwert
p = Liegenschaftszinssatz
n = Restnutzungsdauer
V = Vervielfältiger

Grundsätzlich können beide Formeln herangezogen werden, wobei jeweils die besonderen objektspezifischen Grundstücksmerkmale i. S. d. § 8 Abs. 3 ImmoWertV ergänzend zu berücksichtigen sind. **473**

Da bei der Ermittlung des Neuordnungswerts der Bodenwert unter Berücksichtigung der Neuordnung in die Ertragswertermittlung eingeht, müssen bei Anwendung des Ertragswertverfahrens dementsprechend auch die **Ertragsverhältnisse** in einer Größenordnung zum Ansatz kommen, wie es der Neuordnung entspricht, d. h. **in einer zum Bodenwert korrespondierenden Höhe**. Dies gilt auch dann, wenn die tatsächlich erzielten Erträge (noch) nicht dem Neuordnungszustand angeglichen wurden. Andernfalls würde der Gebäudeertragswertanteil zu niedrig ausfallen, weil ein dem Neuordnungszustand noch nicht angepasster Reinertrag mit dem Bodenwert des neugeordneten Gebiets unzulässigerweise kombiniert würde (vgl. umgekehrt die Ausführungen zur Ermittlung des sanierungsunbeeinflussten Grundstückswerts unter Rn. 394 ff.). **474**

Eine weitere Besonderheit kann sich in den Fällen ergeben, in denen im Zuge der städtebaulichen Veranstaltung **Art und Maß der zulässigen Nutzbarkeit verbessert** worden sind, **ohne dass die vorhandene Bausubstanz diesen Nutzungspotenzialen durch An- und Aufbauten angeglichen werden kann,** d. h. in den Fällen, in denen es bei wirtschaftlicher Betrachtungsweise mit Rücksicht auf die vorhandene Bebauung geboten erscheint, das Grundstück in der bisherigen Weise zu nutzen. In diesen Fällen kommen die Ausführungen zu § 16 Abs. 4 ImmoWertV zur Anwendung (vgl. Rn. 600, 701, 714). **475**

2.10 Verbilligte Grundstücksveräußerung

▶ *Grundsätzliches § 194 BauGB Rn. 166 ff. sowie Rn. 430; zur Wertermittlung im Verbilligungsfall vgl. Syst. Darst. des Ertragswertverfahrens Rn. 171*

In der kommunalen Praxis ist immer wieder die Frage aufgeworfen worden, ob bei der Veräußerung von Grundstücken **Preisnachlässe** gewährt werden dürfen, wenn dies den ausdrücklichen Zielen und Zwecken der Sanierungs- oder Entwicklungsmaßnahme entspricht. Als derartige Ziele kommen z. B. Maßnahmen im Bereich der sozialen Wohnraumförderung oder die verbilligte Veräußerung von Grundstücken an einkommensschwächere Bevölkerungskreise zum Zwecke der Eigentumsbildung in Betracht. **476**

Das BauGB sieht für derartige Fälle eine Reihe von Möglichkeiten zur finanziellen Entlastung der Betroffenen vor, ohne der Gemeinde dabei jedoch das Recht ausdrücklich einzuräumen, nach eigenem Ermessen Grundstücke unter Verzicht auf die „Abschöpfung" sanierungs- bzw. entwicklungsbedingter Werterhöhungen verbilligt, d. h. „unter" dem Neuordnungswert, abzugeben. Dies folgt einerseits aus dem **eindeutigen Befehl** des § 154 Abs. 1 BauGB, **nach dem der Eigentümer die sanierungs- bzw. entwicklungsbedingte Werterhöhung in Form des Ausgleichsbetrags zu entrichten „hat",** sofern er nicht bereits beim Erwerb des Grundstücks für die sanierungs- bzw. entwicklungsbedingte Bodenwerterhöhung aufgekommen **477**

VI Städtebauliche Maßnahmen — Grundstücksveräußerung

ist[287]. Ebenso eindeutig ist die für städtebauliche Entwicklungsmaßnahmen geltende Regelung des § 169 Abs. 8 BauGB, nach der das Grundstück zum Neuordnungswert zu veräußern „ist", wobei das Gesetzbuch die Veräußerung an „weite Kreise der Bevölkerung" vorgibt (§ 169 Abs. 6 Satz 1 BauGB). Darüber hinaus steht die dem Sanierungs- und Entwicklungsrecht zugrunde liegende bodenpolitische Konzeption der Rückgabe eines Überschusses nach § 156a BauGB sowie nach § 171 BauGB einer verbilligten Abgabe entgegen, denn dies würde zulasten der Überschussberechtigten gehen (vgl. Rn. 216 ff.). Die Rechtsprechung hat dem folgend die Veräußerung zum Neuordnungswert nach § 153 Abs. 4 BauGB (früher § 25 Abs. 6 StBauFG) als „zwingende Vorschrift" angesehen und gemeindliche Zusagen, einem Interessenten ein Grundstück zu einem Preis zu verkaufen, der den nach Durchführung der Sanierung gültigen Verkehrswert deutlich unterschreitet, wegen Verstoßes gegen § 153 Abs. 4 BauGB als unwirksam angesehen[288].

478 Nicht nur der eindeutige Gesetzesauftrag zur Abschöpfung der „vollen" sanierungs- bzw. entwicklungsbedingten Werterhöhung i. V. m. der bodenpolitischen Konzeption des Besonderen Städtebaurechts, sondern auch die besonderen Regelungen des Gesetzes zur **finanziellen Entlastung von Erwerbern in besonderen Einzelfällen** stehen einer darüber hinausgehenden verbilligten Abgabe von Grundstücken entgegen[289]. Folgende Regelungen sind dabei von Bedeutung:

479 a) Durch **Festsetzungen** nach § 9 Abs. 1 Nr. 8 BauGB (**Flächen, auf denen ganz oder teilweise nur Wohngebäude errichtet werden dürfen, die für Personengruppen mit besonderem Wohnbedarf bestimmt sind**) kann der Neuordnungswert „gedrückt", aber auch „angehoben" werden (vgl. *§ 6 ImmoWertV Rn. 87*). Eine Beeinflussung dürfte sich allerdings nur dann einstellen, wenn solche Festsetzungen in einem Umfang vorgenommen werden, dass sich infolgedessen die allgemeinen Lagemerkmale verschlechtern oder verbessern. In der Wertermittlung wird hier von der sog. Nachbarschaftslage bzw. Gesellschaftslage gesprochen. Im Übrigen kann diesbezuglich u. U. eine Entschädigung aufgrund fremdnütziger Festsetzungen nach § 40 Abs. 1 Nr. 2 BauGB geltend gemacht werden.

Festsetzungen i. S. d. § 9 Abs. 1 Nr. 7 BauGB (**Soziale Wohnraumförderung**) führen i. d. R. allerdings nicht zu entsprechend geminderten Neuordnungswerten, weil derartige Festsetzungen lediglich die bauliche Gestaltung, Ausstattung und dergleichen von Gebäuden betreffen und nicht zwangsläufig auch mit der Inanspruchnahme von Mitteln der sozialen Wohnraumförderung verbunden sein müssen. Im Übrigen kann sich mit der Gewährung entsprechender Darlehen die Ertragslage gegenüber dem freifinanzierten Wohnungsbau (mit Kostenmieten von 15 bis 25 €/m² WF) im Gesamtergebnis sogar noch verbessern (vgl. *§ 6 ImmoWertV Rn. 88 ff. sowie Teil VI Rn. 871 ff.*).

Ob und in welchem Maße sich solche Festsetzungen wertmindernd oder werterhöhend auswirken, muss im Einzelfall im Wege einer qualifizierten Wertermittlung untersucht werden. Allgemein gültige Regeln lassen sich hierfür nicht vorgeben, jedoch wird man Wertminderungen schon im Hinblick auf die mit der Durchführung städtebaulicher Veranstaltungen verfolgten Aufwertungen i. d. R. nicht erwarten können. Wenn tatsächlich ein

---

[287] BVerwG, Urt. vom 3.7.1998 – 4 CN 5/97 –, GuG 1998, 369 = EzGuG 15.92a; BGH, Urt. vom 14.12.1999 – X ZR 34/98 –, BGHZ 143, 283; BGH, Urt. vom 30.4.1992 – III ZR 151/91 –, BGHZ 111, 142; BGH, Beschl. vom 13.7.1993 – III ZR 86/92 –, NJW 1994, 1056 = EzGuG 15.76a; BGH, Urt. vom 30.1.1967 – III ZR 35/65 –; BGH, Urt. vom 30.1.1967 – III ZR 35/65 –, BGHZ 47, 30 = EzGuG 1.6; OVG Münster, Urt. vom 5.8.1982 – 15 A 1634/81 –, NJW 1983, 2517 = EzGuG 1.21; OLG München, Beschl. vom 22.6.1995 – 2 Z BR 42/95 –, GuG 1996, 184 = EzGuG 1.62; OLG München, Urt. vom 5.3.2001 – 5 ZRR 175/99 –, GuG 2001, 379 = EzGuG 1.67 (Nichtigkeit des Rechtsgeschäfts); BayObLGZ 1983, 85; Meder, Die Verfassung des Freistaats Bayern, 4. Aufl. Art. 12 Rn. 18; Nawiasky/Leusser/Schweiger, Die Verfassung des Freistaats Bayern Art. 12 Anm. 9a. Prandl/Zimmermann/Büchner, Kommunalrecht in Bayern, Art. 75 GO Anm. 14.

[288] BGH, Beschl. vom 13.7.1993 – III ZR 86/92 –, NJW 1994, 1056 = EzGuG 15.76a; a. A. Dieterich im Gutachten über Handlungsspielräume bei der Veräußerung von Grundstücken nach § 169 Abs. 6 und 8 BauGB (Dortmund 1996), der seine Auffassung maßgeblich darauf stützt, dass das Gesetzbuch keine Überschussverteilung vorsehe; a. A. Grziwotz in BauR 1997, 956.

[289] Gaßner in BayVBl. 1998, 577 (583); Brenner in DVBl 1993, 291 (299); Grziwotz, Baulanderschließung S. 418 f.; Battis/Krautzberger/Löhr, BauGB § 169 Rn. 23 und § 171 Rn. 2; Seitz, Planungshoheit und Grundeigentum, Kölner Schriften zu Recht und Städtebau Bd. 7 1999, S. 245 f.

derartiger Fall eintritt, stellt eine solche Wertminderung keine Abweichung gegenüber dem Neuordnungswert (Verkehrswert) dar, sondern ist dem Verkehrswert immanent. Insoweit geht damit auch keine „Herabsetzung" eines ansonsten höheren Verkehrswerts einher.

b) § 154 Abs. 5 BauGB eröffnet den Gemeinden die Möglichkeit, unter bestimmten Voraussetzungen die sanierungsbedingte Werterhöhung in ein **Tilgungsdarlehen** umzuwandeln, wobei das **Darlehen niedrig verzinslich oder zinsfrei** gestellt werden kann, wenn dies im öffentlichen Interesse oder zur Vermeidung unbilliger Härten geboten ist. Das öffentliche Interesse kommt insbesondere aus der Sicht des Sanierungs- bzw. Entwicklungszwecks zum Tragen. Der vom Gesetzgeber aufgezeigte Weg zur finanziellen Entlastung von Erwerbern ist also der Weg der Zinsverbilligung in den vom Gesetzbuch genannten Fällen. Dies gilt für Ausgleichsbeträge in Sanierungsgebieten und Entwicklungsbereichen.

Der Regelung des § 154 Abs. 5 BauGB kommt in **städtebaulichen Entwicklungsbereichen** insoweit eine besondere Bedeutung zu, als nach § 169 Abs. 8 Satz 2 BauGB diese Regelung auf den Teil des Kaufpreises entsprechend anzuwenden ist, der der entwicklungsbedingten Bodenwerterhöhung entspricht. Da 70 bis 80 % aller städtebaulichen Entwicklungsmaßnahmen mit zum Teil erheblichen entwicklungsbedingten Werterhöhungen im Außenbereich durchgeführt werden, kann nach dieser Vorschrift der Gesamtkaufpreis unter den gesetzlichen Voraussetzungen zu seinem überwiegenden Teil in ein zinsbegünstigtes Tilgungsdarlehen umgewandelt werden. Insbesondere in Hochpreisregionen, wo eine verbilligte Abgabe von Grundstücken besonders gefordert wird, kann damit eine erheblich verbilligte Baulandbereitstellung einhergehen. Die Vorschrift stellt damit ein recht wirkungsvolles Instrument zur finanziellen „Entlastung breiter Schichten" der Bevölkerung dar und stützt die Auffassung, dass der Gesetzgeber für entsprechende Zielsetzungen abschließende Regelungen vorgesehen hat.

c) Um die Schaffung neuen Wohnraums im Zuge städtebaulicher Sanierungs- oder Entwicklungsmaßnahmen finanziell zu unterstützen, kommt neben den genannten Tilgungsdarlehen auch die **indirekte und direkte Förderung der Bebauung** in Betracht. Eine Förderung kann insbesondere über die §§ 164a und b BauGB gewähr werden, ohne dass zugleich am Neuordnungswert Abschläge angebracht werden. Im wirtschaftlichen Ergebnis kommt dies für den Begünstigten ebenfalls einer erheblichen finanziellen Entlastung gleich. Diese Möglichkeit ist nicht an das Vorliegen eines öffentlichen Interesses gebunden oder nur zur Vermeidung unbilliger Härten zulässig, sodass damit eine breit wirksame finanzielle Entlastung auch einkommensschwächerer Bevölkerungskreise möglich ist.

d) Der Neuordnungswert, der maßgeblich durch die künftige Ertragsfähigkeit des Grundstücks bestimmt wird, kann schließlich nicht nur durch öffentlich-rechtliche Vorschriften, sondern auch durch **privatrechtliche Gegebenheiten** beeinflusst werden. Für eine Minderung des Neuordnungswerts aufgrund privatrechtlicher Gegebenheiten kommt es entscheidend darauf an, dass diese Minderung nachhaltig und auf Dauer gesichert ist. Die Auswirkungen solcher Vertragsgestaltungen auf den Verkehrswert werden bei Rn. 721 ff. behandelt.

Insbesondere die **Umwandlung des entwicklungsbedingten Kaufpreisanteils in ein Tilgungsdarlehen** sowie die Förderung der Bebauung bieten hinreichende im Gesetz vorgesehene Möglichkeiten, die Gesamtgestehungskosten (Boden und Bebauung) für besondere Bevölkerungsgruppen preisgünstig zu gestalten. Schon von daher stellt sich nicht die Notwendigkeit, bei der Veräußerung von Grundstücken vom Neuordnungswert abzuweichen. Im Übrigen haben die aufgeführten Möglichkeiten den Vorteil der höheren Transparenz der finanziellen Förderung, ohne dabei mehr oder minder ermessensfrei das Verkehrswertgefüge zu stören. **480**

Der verbilligten Abgabe steht im Übrigen auch das **Kommunalrecht** entgegen, nach dem gemeindeeigene Vermögensgegenstände nur ausnahmsweise, aus Gründen eines besonderen öffentlichen Interesses, unter ihrem vollen Wert veräußert werden dürfen. Lässt im Einzelfall das Kommunalrecht eine verbilligte Abgabe zu und macht die Gemeinde hiervon im Rahmen **481** einer Sanierungs- und Entwicklungsmaßnahme Gebrauch, so sind die daraus resultierenden **Einnahmeausfälle von der Gemeinde zuzuschießen,** da dies nicht zulasten der Finanzierung der Sanierungs- oder Entwicklungsmaßnahme und einem etwaigen Überschuss i. S. d. § 156a BauGB gehen darf.

482 Innerhalb der dem BauGB zugrunde liegenden bodenpolitischen Konzeption werden mit dem Erwerb von Grundstücken zum sanierungs- bzw. entwicklungsunbeeinflussten Verkehrswert und ihrer Veräußerung zum Neuordnungswert die sanierungs- bzw. entwicklungsbedingten Werterhöhungen im Wege des sog. **Durchgangserwerbs** abgeschöpft. Spiegelbildlich hierzu werden die Eigentümer, die ihre Grundstücke im Verlauf des Sanierungs- bzw. Entwicklungsverfahrens nicht verloren oder gemäß § 153 Abs. 2 BauGB zum sanierungs- bzw. entwicklungsunbeeinflussten Verkehrswert erworben haben, zu Ausgleichsbeträgen in entsprechender Höhe herangezogen. Entsprechendes gilt nach § 153 Abs. 5 BauGB für die von einer Umlegung betroffenen Eigentümer.

483 Die Veräußerung eines Grundstücks zum Neuordnungswert nach § 153 Abs. 4 BauGB ist für den Erwerber ausgleichsbetragsrechtlich abschließend, wenn der **Erwerb mit einer Ablösung** nach § 154 Abs. 3 Satz 2 BauGB verbunden wird. Wird hiervon kein Gebrauch gemacht, kommt die Erhebung eines Ausgleichsbetrags nach § 154 i. V. m. § 155 Abs. 1 Nr. 3 nur noch insoweit in Betracht, wie die dem Erwerbspreis zugrunde liegenden maßgebenden, wertbeeinflussenden Umstände infolge der weiteren Durchführung der Sanierung Änderungen erfahren haben und hierdurch weitere Bodenwerterhöhungen eingetreten sind.

484 § 153 Abs. 4 BauGB ist in förmlich festgelegten **Sanierungs-, Ersatz- und Ergänzungsgebieten** anzuwenden. Auf städtebauliche Entwicklungsbereiche ist die Vorschrift gemäß § 169 Abs. 1 Nr. 4 BauGB nicht anzuwenden. Diesbezüglich wird die Veräußerungspflicht in § 169 Abs. 5 bis 8 BauGB geregelt. Nicht ausgeschlossen ist die Anwendung des § 153 Abs. 4 BauGB indessen in den **im Zusammenhang bebauten Anpassungsgebieten** (§ 170 Satz 4 BauGB). Im Übrigen findet die Vorschrift nach ihrem Sinn und Zweck auch auf die Bestellung und Veräußerung von Erbbaurechten Anwendung (vgl. § 144 Abs. 2 Nr. 2 i. V. m. § 154 Abs. 2 sowie § 200 BauGB).

2.11 Erhebung von Ausgleichsbeträgen

2.11.1 Allgemeines

Schrifttum: *Brand, E.,* Beispiel für die Ermittlung entwicklungsunbeeinflusster Grundstückswerte, GuG 1995, 159; *Bodenstein, H.,* Modell Niedersachsen aktualisiert, Nachr. der nds. Kat- und VermVw 1988, 197; *Brill, W.,* Ableitung sanierungsbedingter Werterhöhungen nach dem Modell „Niedersachsen", Nachr. der nds. Kat- und VermVw 1986, 171; *Dieterich, H.,* Fiktive Anfangswerte bei städtebaulichen Entwicklungsmaßnahmen, GuG 1996, 1; *Gomille, U.,* Ermittlung sanierungsbedingter Bodenwerterhöhungen, VR 1993, 345; *Grassmann, H.,* Ermittlung des Verkehrswerts von Hintergebäuden, die aus Sanierungsgründen abgerissen werden müssen, AVN 1975, 433; *Helbach, C.,* Ausgleichsbeträge in kleinstädtischen Sanierungsgebieten der jungen Bundesländer, GuG 2002, 268; *Kanngieser/Schuhr,* Kollokationsmodelle sanierungsbedingter Bodenwerterhöhungen, GuG 2004, 70; *Kleiber, W.,* Die Neuregelung des § 41 Abs. 8a StBauFB (Bagatellklausel), ZfV 1986, 105; *Lappe, W.,* Die Erfassung sanierungsbedingter Werterhöhungen, VR 1984, 344; *Lucht, H.,* Bodenwertermittlungen in Sanierungsgebieten, ZfV 1982, 232; *Lucht, H.,* Zur Wertermittlung für Ausgleichsbeträge im innerstädtischen Bereich, GuG 1996, 208; *Mampel,* Erhebung von Ausgleichsbeträgen nach dem Baugesetzbuch, DÖV 1993, 556; *Mathony, K.-H.,* Der kostenorientierte Ausgleichsbetrag nach § 154 Abs. 2a BauGB, GuG 2011, 257; *Mathony, K.-H.,* Ablösung von Ausgleichsbeträgen – zur Zulässigkeit der Gewährung von Abschlägen/Nachlässen, GuG 2013, 86; *Rapp, A.,* Sanierungsrechtlicher Ausgleichsbetrag – ein Überblick über die Rechtsprechung, BlnGE 2013, 586; *Rose, D.,* Wertermittlung in Sanierungsgebieten, Nachr. der nds. Kat- und VermVw 1987, 212; *Schmidt, J.,* Absehen von der Erhebung von Ausgleichsbeträgen bei städtebaulichen Sanierungsmaßnahmen nach der Bagatellklausel, GuG 1999, 340; *Schmidt, J.,* Wertermittlungen bei städtebaulichen Sanierungsmaßnahmen – eine der zentralen Durchführungsaufgaben, GuG 1998, 23; *Schmidt, J.,* Die Bedeutung der Anfangs- und der Endwerte für die Ermittlung der sanierungsbedingten Bodenwerterhöhung, GuG 2004, 286; *Schmidt, J.,* Freistellung der Grundstücke von Erschließungsbeiträgen bei der Ermittlung der Ausgleichsbeträge gem. § 154 BauGB in Sanierungsgebieten, GuG 2002, 277; *Tabke, H. H.,* Die

Ermittlung sanierungsbedingter Werterhöhungen nach dem BauGB, VR 1990, 42; *Wollny, E.*, Erhebung von Ausgleichsbeträgen für sanierungsbedingte Bodenwertsteigerungen nach § 154 BauGB, DÖV 1993, 740; *Zorn, H.*, Erhebung von Ausgleichsbeträgen, GuG 2011, 141.

▶ *Vgl. zuvor bereits die Ausführungen zu Rn. 238; § 5 ImmoWertV Rn. 21 ff., 121 ff.; Syst. Darst. des Ertragswertverfahrens Rn. 166 ff.*

In förmlich festgelegten Sanierungsgebieten, für die die Anwendung der besonderen sanierungsrechtlichen Vorschriften (§§ 152 bis 156a BauGB) nach Maßgabe des § 142 Abs. 4 BauGB in der Sanierungssatzung nicht ausgeschlossen wurden (umfassendes Sanierungsverfahren), ist die Gemeinde nach den **§§ 154 f. BauGB** verpflichtet, für alle in einem förmlich festgelegten Sanierungs-, Ersatz- und Ergänzungsgebiet gelegenen Grundstücke nach Maßgabe dieser Vorschriften Ausgleichsbeträge zu erheben; Entsprechendes gilt für Anpassungsgebiete nach § 170 BauGB. Ausgleichsbeträge werden indessen nicht erhoben, wenn die Sanierungsmaßnahme in einem **vereinfachten Verfahren unter Ausschluss der besonderen sanierungsrechtlichen Vorschriften** durchgeführt wird. Für städtebauliche Entwicklungsbereiche können die besonderen sanierungsrechtlichen Vorschriften nicht ausgeschlossen werden, sodass in den Fällen, in denen die Gemeinde oder ein Entwicklungsträger ein Grundstück nach Maßgabe des § 166 Abs. 3 Satz 3 BauGB nicht erwirbt, auch dort ein Ausgleichsbetrag zu erheben ist (§ 166 Abs. 3 Satz 4 BauGB). **485**

In städtebaulichen Sanierungsgebieten, für die die Anwendung der besonderen sanierungsrechtlichen Vorschriften (§§ 152 bis 156a BauGB) in der Sanierungssatzung ausgeschlossen wurde, sowie in städtebaulichen Entwicklungsbereichen sind nach § 154 Abs. 1 Satz 3 BauGB die Vorschriften über die **Erhebung von Erschließungsbeiträgen** umgekehrt nicht anzuwenden, wenn im förmlich festgelegten Sanierungsgebiet Erschließungsanlagen i. S. d. § 127 Abs. 2 BauGB hergestellt, erweitert oder verbessert werden. Entsprechendes gilt nach § 154 Abs. 1 Satz 4 BauGB für die Erhebung von Kostenerstattungsbeträgen i. S. d. § 135a Abs. 3 BauGB. **486**

Nach der Grundsatzregelung des § 154 Abs. 1 Satz 1 BauGB bemisst sich der Ausgleichsbetrag nach der durch die Sanierung bedingten Bodenwerterhöhung des jeweiligen Grundstücks. Nach der **Sonderregelung des § 154 Abs. 2a BauGB** (vgl. Rn. 293, 296 ff.) wird die Gemeinde ermächtigt, abweichend von § 154 Abs. 1 Satz 1 BauGB durch Satzung zu bestimmen, dass sich der Ausgleichsbetrag nach einem in der Satzung zu bestimmenden Vomhundertsatz des Aufwands für die Erweiterung oder Verbesserung von Erschließungsanlagen i. S. d. § 127 Abs. 2 Nr. 1 bis 3 BauGB in dem gesamten Sanierungsgebiet berechnet wird, wobei 50 vom Hundert des Aufwands nicht überschritten werden darf[290]. Die Vorschrift findet nach § 169 Abs. 1 Nr. 7 BauGB keine Anwendung in städtebaulichen Entwicklungsbereichen, da „hier regelmäßig mit höheren entwicklungsbedingten Wertsteigerungen zu rechnen" sei[291]. **487**

---

290 Ernst/Zinkahn/Bielenberg/Krautzberger, BauGB vgl. § 154 Rn. 92 ff.
291 A-Bericht BT-Drucks. 16/3308 S. 23.

Abb. 15: Ausgleichsbetrag nach § 154 Abs. 1 Satz 1 sowie nach Abs. 2a BauGB, Erschließungsbeitrag, Kostenerstattungsbetrag

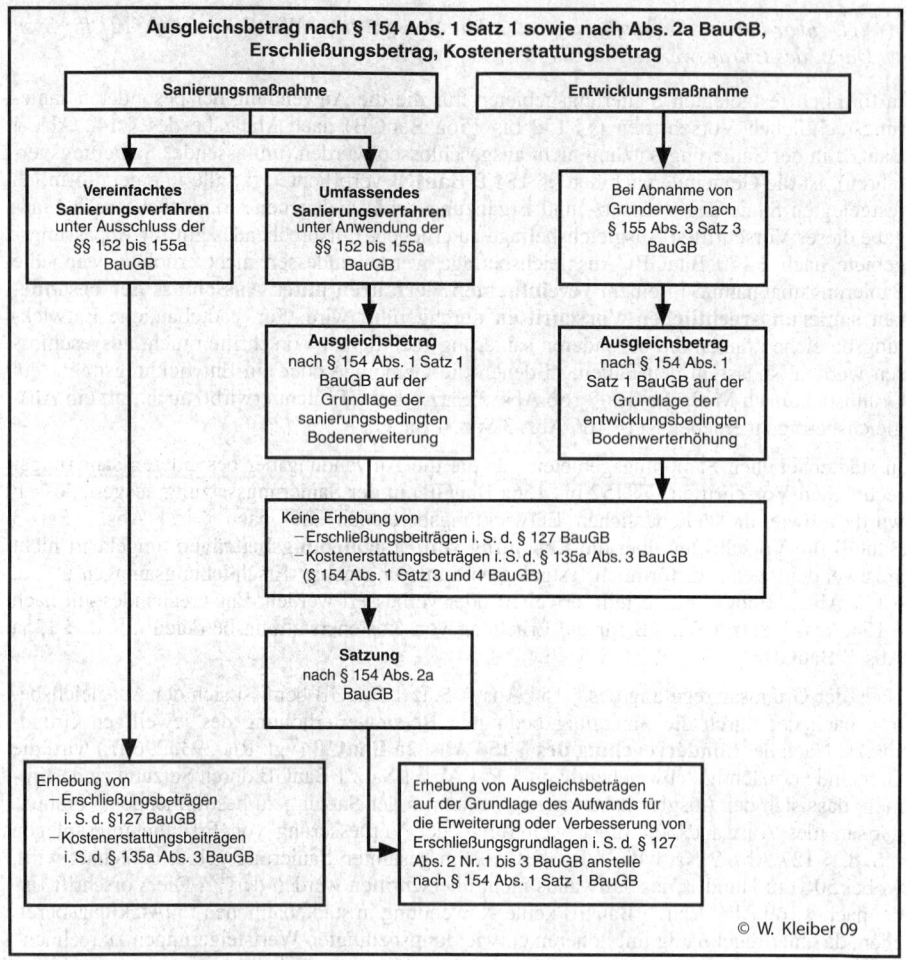

© W. Kleiber 09

488 Die Ausgleichsbetragspflicht entsteht mit Abschluss der Sanierungs- oder Entwicklungsmaßnahme nach den §§ 162 f. ggf. i. V. m. § 169 Abs. 1 Nr. 8 BauGB (abgedruckt bei Rn. 353 f.). Die Ausgleichsbetragspflicht entsteht, wenn

– die Sanierungs- oder Entwicklungsmaßnahme durchgeführt ist (§ 162 Abs. 1 Nr. 1 BauGB),

– die Sanierungs- oder Entwicklungsmaßnahme vorzeitig abgeschlossen worden ist, weil sie sich als *undurchführbar* erwiesen hat[292], oder die Sanierungsabsicht aus anderen Gründen aufgegeben worden ist (§ 162 Abs. 1 Nr. 2 und 3 BauGB) oder

– die nach § 142 Abs. 3 Satz 3 oder 4 für die Durchführung der Sanierung festgelegte Frist abgelaufen ist (§ 162 Abs. 1 Nr. 4 BauGB).

---

292 VGH München, Urt. vom 30.12.1998 – 6 B 95.1365 –, GuG 1999, 246 = EzGuG 15.94.

Aufgrund dieser Vorschriften ist ein Ausgleichsbetrag auch zu erheben, wenn eine bisher unter Anwendung der abgabenrechtlichen Vorschriften (§§ 152 ff. BauGB) durchgeführte Sanierungsmaßnahme *in ein vereinfachtes Sanierungsverfahren übergeleitet* worden ist[293].

Ausgleichsbetragspflichtig ist der Eigentümer des Grundstücks im Zeitpunkt der Entstehung des Ausgleichsbetrags, d. h. im Zeitpunkt des rechtsförmigen Abschlusses der Sanierungsmaßnahme nach den §§ 162 f. BauGB (§ 154 Abs. 3 Satz 1 BauGB). Anders als im Erschließungsbeitragsrecht kommt es auf den Zeitpunkt der Bekanntgabe des Ausgleichsbetragsbescheids nicht an. Der Entstehungszeitpunkt ist zugleich der für die Ermittlung der Anfangs- und Endwerte – Bemessungsgrundlage des Ausgleichsbetrags – maßgebliche Wertermittlungsstichtag (vgl. Rn. 311, 353 ff.).   **489**

Das Ausgleichsbetragsrecht der §§ 152 bis 156a BauGB ist für die Höhe des Verkehrswerts der im förmlich festgelegten Sanierungsgebiet gelegenen Grundstücke von ausschlaggebender Bedeutung. Der **Gutachter muss sich** deshalb zunächst **Klarheit über die im Einzelfall vorliegenden rechtlichen Gegebenheiten verschaffen.**   **490**

Von der Ausgleichsbetragserhebung ausgenommen sind lediglich   **491**

1. die in einem Umlegungsverfahren nach Maßgabe des § 153 Abs. 5 BauGB neugeordneten Grundstücke (§ 155 Abs. 2 BauGB),
2. Grundstücke, für die nach Maßgabe des § 154 Abs. 3 Satz 2 und 3 BauGB der Ausgleichsbetrag im Verlauf des Sanierungsverfahrens abgelöst wurde (einschließlich der Fälle einer vorzeitigen Festsetzung des Ausgleichsbetrags).

Darüber hinaus *„kann"* die Gemeinde nach § 155 Abs. 3 bis 5 BauGB unter bestimmten Voraussetzungen **von der Festsetzung des Ausgleichsbetrags absehen.**   **492**

2.11.2 Ausgleichsbetrag in Sanierungsgebieten

2.11.2.1 Übersicht

Der vom Eigentümer eines im förmlich festgelegten Sanierungsgebiet gelegenen Grundstücks zu erhebende Ausgleichsbetrag wird materiell mit **§ 154 Abs. 1, 2 und 2a BauGB** bestimmt: **493**

„(1) Der Eigentümer eines im förmlich festgelegten Sanierungsgebiet gelegenen Grundstücks hat zur Finanzierung der Sanierung an die Gemeinde einen Ausgleichsbetrag in Geld zu entrichten, der der durch die Sanierung bedingten Erhöhung des Bodenwerts seines Grundstücks entspricht. Miteigentümer haften als Gesamtschuldner; bei Wohnungs- und Teileigentum sind die einzelnen Wohnungs- und Teileigentümer nur entsprechend ihrem Miteigentumsanteil heranzuziehen. Werden im förmlich festgelegten Sanierungsgebiet Erschließungsanlagen im Sinne des § 127 Abs. 2 hergestellt, erweitert oder verbessert, sind Vorschriften über die Erhebung von Beiträgen für diese Maßnahmen auf Grundstücke im förmlich festgelegten Sanierungsgebiet nicht anzuwenden. Satz 3 gilt entsprechend für die Anwendung der Vorschrift über die Erhebung von Kostenerstattungsbeträgen im Sinne des § 135a Abs. 3.

(2) Die durch die Sanierung bedingte Erhöhung des Bodenwerts des Grundstücks besteht aus dem Unterschied zwischen dem Bodenwert, der sich für das Grundstück ergeben würde, wenn eine Sanierung weder beabsichtigt noch durchgeführt worden wäre (Anfangswert), und dem Bodenwert, der sich für das Grundstück durch die rechtliche und tatsächliche Neuordnung des förmlich festgelegten Sanierungsgebiets ergibt (Endwert).

(2a) Die Gemeinde kann durch Satzung bestimmen, dass der Ausgleichsbetrag abweichend von Absatz 1 Satz 1 ausgehend von dem Aufwand (ohne die Kosten seiner Finanzierung) für die Erweiterung und Verbesserung von Erschließungsanlagen im Sinne des § 127 Abs. 2 Nr. 1 bis 3 (Verkehrsanlagen) in dem Sanierungsgebiet zu berechnen ist; Voraussetzung für den Erlass der Satzung sind Anhaltspunkte dafür, dass die sanierungsbedingte Erhöhung der Bodenwerte der Grundstücke in dem Sanierungsgebiet nicht wesentlich über der Hälfte dieses Aufwands liegt. In der Satzung ist zu bestimmen, bis zu welcher Höhe

---

[293] Dies folgt aus der Ratio legis des § 164 Abs. 4 BauGB, nach dem bei vorzeitigem Abschluss (§ 162 Abs. 1 Nr. 2 und 3 BauGB) der rückübertragungsberechtigte Eigentümer als Kaufpreis den Verkehrswert zu zahlen hat, den das Grundstück im Zeitpunkt der Rückübertragung hat, d. h. unter Einbeziehung von Werterhöhungen, die das Grundstück aufgrund der durchgeführten Sanierungs- bzw. Entwicklungsmaßnahmen erfahren hat (vgl. Battis/Krautzberger/Löhr, BauGB § 162 Rn. 17).

der Aufwand der Berechnung zugrunde zu legen ist; sie darf 50 vom Hundert nicht übersteigen. Im Geltungsbereich der Satzung berechnet sich der Ausgleichsbetrag für das jeweilige Grundstück nach dem Verhältnis seiner Fläche zur Gesamtfläche; als Gesamtfläche ist die Fläche des Sanierungsgebiets ohne die Flächen für die Verkehrsanlagen zugrunde zu legen. § 128 Abs. 1 und 3 ist entsprechend anzuwenden."

2.11.2.2 Ausgleichsbetrag auf der Grundlage der sanierungsbedingten Bodenwerterhöhung (§ 154 Abs. 1 Satz 1 BauGB)

494 Nach § 154 Abs. 1 Satz 1 BauGB bemisst sich der Ausgleichsbetrag nach der „durch die Sanierung bedingten Erhöhung des Bodenwerts". § 154 Abs. 2 BauGB enthält die notwendige Konkretisierung zu dieser Vorschrift. Danach ergibt sich der Ausgleichsbetrag aus dem Unterschied zwischen Anfangs- und Endwert.

- **Anfangswert** ist der Bodenwert, der sich für das Grundstück ergeben würde, wenn eine Sanierung weder beabsichtigt, vorbereitet noch durchgeführt worden wäre;
- **Endwert** ist der Bodenwert, der sich für das Grundstück durch die rechtliche und tatsächliche Neuordnung des Sanierungsgebiets ergibt.

495 Beide Werte (Anfangs- und Endwert) **bemessen sich nach den Wertverhältnissen zum Zeitpunkt des Abschlusses der Sanierungs- bzw. Entwicklungsmaßnahme**. Damit wird die „Abschöpfung" konjunkturell bedingter Bodenwertänderungen ausgeschlossen (vgl. Abb. 16).

Abb. 16: Bemessung sanierungsbedingter Bodenwerterhöhungen

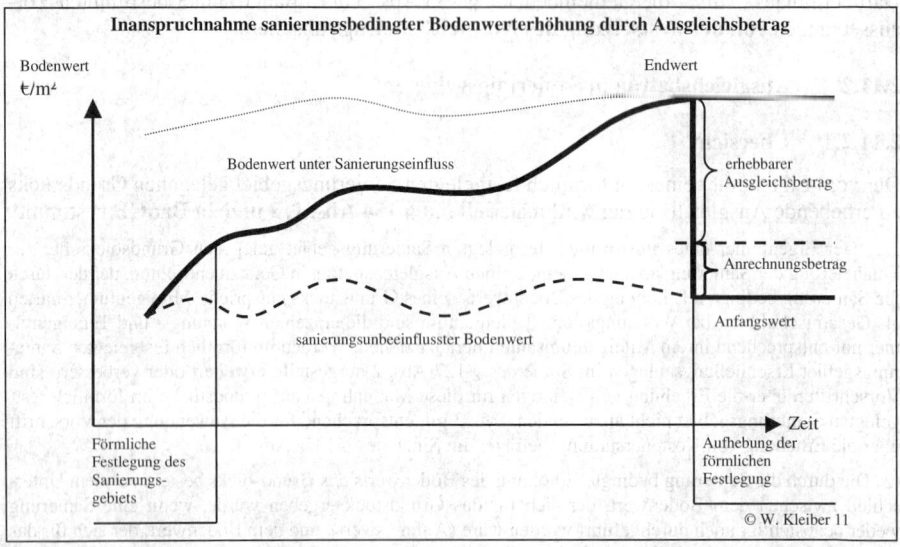

Entsprechend ist auch zu verfahren, wenn im Verlauf der Sanierungs- bzw. Entwicklungsmaßnahme die Bodenwerte unter dem Einfluss einer allgemeinen **Konjunkturabschwächung auf dem Baulandmarkt** sinken. Es ist dabei auch nicht ausgeschlossen, dass der Endwert im Verlauf der Maßnahme nominell sogar „unter" den sanierungs- bzw. entwicklungsunbeeinflussten Bodenwert absinkt, der bezogen auf den Beginn der Maßnahme ermittelt wurde. In solchen Fällen wird dann aber auch der zu Beginn der Sanierungs- bzw. Entwicklungsmaßnahme ermittelte Bodenwert unter dem Einfluss der Konjunkturschwäche auf dem Bodenmarkt absinken, sodass sich auch dann noch ein Ausgleichsbetrag ergibt (Abb. 17)

Abb. 17: Bemessung sanierungsbedingter Bodenwerterhöhungen bei konjunktureller Abschwächung des Bodenmarktes

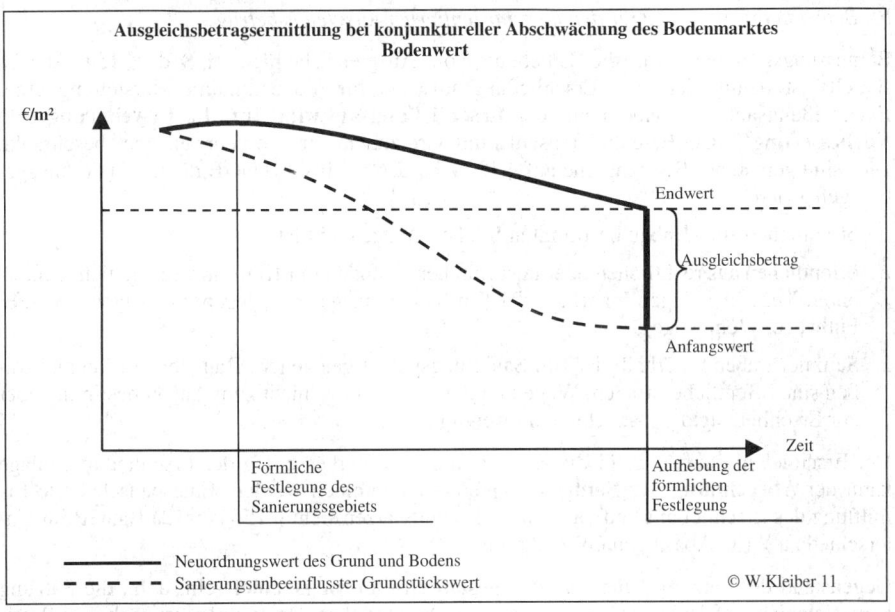

2.11.2.3 Ausgleichsbetrag auf der Grundlage des Aufwands für die Erweiterung und Verbesserung von Erschließungsanlagen nach § 154 Abs. 2a BauGB

Schrifttum: *Foißner, P.*, Die Neuregelung des Ausgleichsbetragsrechts in § 154 BauGB, GuG 2007, 71; *Mathony, K.-H.*, Der kostenorientierte Ausgleichsbetrag nach § 154 Abs. 2a BauGB, GuG 2011, 257; *Schmidt, J.*, Das neue vereinfachte Verfahren zur Ermittlung der Ausgleichsbeträge nach § 154 Abs. 2a (neu) BauGB, GuG 2007, 83; *Schmidt-Eichstaedt*, LKV 2007, 439, 442,: *Mathony, K.-H.*, Von der Sanierungssatzung zum Ausgleichsbetrag, vhw-Verlag 2009, S. 318.

a) Allgemeines

Nach § 154 Abs. 2a BauGB[294] ist die Gemeinde ermächtigt, durch Satzung anzuordnen, dass sich der **Ausgleichsbetrag** abweichend von § 154 Abs. 1 Satz 1 BauGB **nach dem Aufwand für die Erweiterung oder Verbesserung von Erschließungsanlagen** i. S. d. § 127 Abs. 2 Nr. 1 bis 3 BauGB bemisst (Erschließungsaufwand). Die Ermittlung des Ausgleichsbetrags – als „kleiner Erschließungsbeitrag" – auf der Grundlage des Erschließungsaufwands für die Erweiterung oder Verbesserung der Erschließungsanlagen wird im A-Bericht als „vereinfachtes Verfahren" bezeichnet[295].

Im Satzungsgebiet findet dagegen die Regelung des § 154 Abs. 1 Satz 2 bis 4 BauGB über die Haftung von Miteigentümern sowie über die **Nichterhebung von Erschließungsbeiträgen und Kostenerstattungsbeträgen** weiterhin Anwendung. Nach § 154 Satz 3 und 4 BauGB sind die Vorschriften über die Erhebung von Beiträgen für die Herstellung, Erweiterung oder Verbesserung von Erschließungsanlagen i. S. d. § 127 Abs. 2 BauGB im förmlich festgelegten Sanierungsgebiet und über die Erhebung von Kostenerstattungsbeträgen i. S. d. § 135a Abs. 3 BauGB nicht anzuwenden.

496

497

---

294 In das Ausgleichsbetragsrecht eingeführt mit Art. 12 des Gesetzes vom 21.12.2006 (BGBl. I 2006, 3316); die Vorschrift ist am 1.1.2007 in Kraft getreten (vgl. Art. 4).
295 BT-Drucks. 16/3308 S. 22 f.

VI Städtebauliche Maßnahmen — Ausgleichsbeträge

498 Die Ermächtigung ist auf städtebauliche Sanierungsgebiete beschränkt und findet in **städtebaulichen Entwicklungsbereichen** keine Anwendung (§ 169 Abs. 1 Nr. 7 BauGB).

b) Bemessungsgrundlage für den kostenorientierten Ausgleichsbetrag

499 Bemessungsgrundlage für die Erhebung von Ausgleichsbeträgen i. S. d. § 154 Abs. 2a BauGB ist damit nicht der Erschließungsaufwand für die erstmalige Herstellung einer Erschließungsanlage, sondern nur der **Erschließungsaufwand für die Erweiterung und Verbesserung**[296]. Der Erschließungsaufwand wird zudem auf „Verkehrsanlagen" beschränkt. Dies sind gemäß der Bezugnahme auf § 127 Abs. 2 Nr. 1 bis 3 BauGB die im Sanierungsgebiet gelegenen

1. öffentlichen zum Anbau bestimmten Straßen, Wege und Plätze;
2. öffentlichen aus rechtlichen oder tatsächlichen Gründen mit Kraftfahrzeugen nicht befahrbaren Verkehrsanlagen innerhalb der (im Sanierungsgebiet gelegenen) Baugebiete (z. B. Fußwege, Wohnwege);
3. Sammelstraßen innerhalb der (im Sanierungsgebiet gelegenen) Baugebiete (Sammelstraßen sind öffentliche Straßen, Wege und Plätze, die selbst nicht zum Anbau bestimmt, aber zur Erschließung der Baugebiete notwendig sind).

500 Der Erschließungsaufwand für die Erweiterung oder Verbesserung der Erschließungsanlage kann der **Abrechnung des Sanierungsgebiets** entnommen werden. Eine pauschalierte Ermittlung des Erschließungsaufwands nach Einheitssätzen sieht § 154 Abs. 2a BauGB im Unterschied zu § 130 Abs. 1 BauGB nicht vor.

501 Gegenstand der Satzung kann **nur das gesamte Sanierungsgebiet** sein, d. h., die Satzung kann sich nicht auf Teile des Sanierungsgebiets beschränken. Demzufolge ist nach dem Wortlaut der Vorschrift der Erschließungsaufwand für Verkehrsanlagen „in dem (gesamten) Sanierungsgebiet" maßgeblich, d. h., es ist von dem Gesamtaufwand auszugehen. Das Gesetz folgt damit zur Vermeidung verwaltungsaufwendiger und streitanfälliger Abgrenzungsfragen nicht einer Empfehlung des Bundesrates, nach der die Satzung auf einen Teil der Grundstücke begrenzt werden können sollte[297]. Damit soll vor allem dem verfassungsmäßigen Gleichbehandlungsgrundsatz (Art. 3 GG) Rechnung getragen werden, demzufolge die Heranziehung von Abgaben dem Gleichheitssatz entsprechen muss. Aus den gleichen Gründen kann von dem Satzungsrecht i. d. R. auch nicht Gebrauch gemacht werden, wenn in dem Gebiet sanierungsbedingte Werterhöhungen bereits im Wege des Durchgangserwerbs oder durch eine Ablösung bzw. vorzeitige Festsetzung des Ausgleichsbetrags geltend gemacht worden sind.

502 Dem verfassungsmäßigen Gleichheitssatz ist bei der Anwendung des § 154 Abs. 2a BauGB Rechnung zu tragen. Dieser wird gewahrt, wenn die **im Sanierungsgebiet gelegenen Grundstücke von der Erweiterung oder Verbesserung der Erschließungsanlagen homogen betroffen** sind. Gehen mit der Erweiterung oder Verbesserung der Erschließungsanlagen indessen für einzelne Grundstücke oder Grundstückteile keine Erschließungsvorteile einher, ist die Erhebung von Ausgleichsbeträgen nach § 154 Abs. 2a BauGB nicht unproblematisch, insbesondere wenn sich für diese Grundstücke keine sanierungsbedingten Bodenwerterhöhungen ergeben[298].

c) Voraussetzungen für den Erlass der Satzung

503 Voraussetzung für den Erlass der Satzung sind nach § 154 Abs. 2a Satz 1, 2. Halbsatz BauGB „Anhaltspunkte" dafür, dass die sanierungsbedingte **Erhöhung der Bodenwerte der Grundstücke in dem Sanierungsgebiet nicht wesentlich über der Hälfte des Erschließungsauf-

---

296 Zu den Begriffen und zur Abgrenzung vgl. Ernst/Zinkahn/Bielenberg/Krautzberger, BauGB § 128 Rn. 19 und 41 ff.
297 BT-Drucks. 15/3308, S. 22.
298 Vgl. Schmidt in GuG 2007, 83; Schmidt-Eichstaedt, LKV 2007, 439, 442; kritisch sowohl hinsichtlich verfassungskonformer Anwendung und Praktikabilität: Mathony, Von der Sanierungssatzung zum Ausgleichsbetrag, vhw-Verlag 2009, S. 318. Die Erhebung von Vorauszahlungen auf den Ausgleichsbetrag (§ 154 Abs. 6 BauGB) steht indessen einem Wechsel zur Ausgleichsbetragserhebung nach Abs. 2a nicht entgegen.

wands liegt. Dafür reicht nach der Begründung dieser Vorschrift eine überschlägige Prüfung aus, d. h., eine dezidierte Wertermittlung ist nicht gefordert. Entsprechend den vorstehenden Ausführungen liegen die Voraussetzungen für den Erlass der Satzung vor, wenn die Gesamtheit der sanierungsbedingten Bodenwerterhöhung der im Sanierungsgebiet gelegenen Grundstücke nicht wesentlich über der Hälfte des Gesamtaufwands liegt, sodass für einzelne Grundstücke die sanierungsbedingte Bodenwerterhöhung auch wesentlich darüber liegen kann und der Eigentümer mit dem sich für nach Maßgabe des § 154 Abs. 2a Satz 3 BauGB bemessenen Ausgleichsbetrag insoweit „besser" gestellt ist als die Eigentümer der übrigen im Sanierungsgebiet gelegenen Grundstücke. Dies ist gleichwohl mit dem Grundsatz der Gleichbehandlung vereinbar, da alle Eigentümer der im Sanierungsgebiet gelegenen Grundstücke mit dem „kleinen Erschließungsbeitrag" insoweit gleich behandelt werden und auch bei Anwendung des allgemeinen Erschließungsbeitragsrechts die Eigentümer unterschiedliche Wertvorteile erlangen können, ohne dass darin eine Verletzung des Gleichbehandlungsgrundsatzes zu erblicken war. Im Übrigen handelt es sich bei der Regelung des § 154 Abs. 2a BauGB um eine „Kann-Bestimmung", von deren Gebrauch Abstand zu nehmen ist, wenn ein Verstoß gegen den Gleichbehandlungsgrundsatz zu besorgen ist.

Die Voraussetzungen sind nicht dadurch gegeben, dass im Verlauf der Sanierungsmaßnahme ein **konjunktureller Wertverfall** eintritt und selbst dann nicht, wenn sich der im Verlauf der Maßnahme einstellende Neuordnungswert geringer als der sanierungsunbeeinflusste Bodenwert zu Beginn der Maßnahme ausfällt, denn selbst in diesem Fall kann sich nach den Ausführungen bei Rn. 295 ein erheblicher Ausgleichsbetrag ergeben.

Die gesetzlich vorgegebenen **Voraussetzungen können schon vor Abschluss der Sanierungsmaßnahme vorliegen.** Zwar entsteht der Ausgleichsbetrag erst mit Abschluss der Maßnahme und ist nach § 154 Abs. 3 Satz 1 BauGB auch erst nach Abschluss der Maßnahme zu entrichten, jedoch steht der Wortlaut des § 154 Abs. 2a BauGB dem Erlass einer entsprechenden Satzung vor Abschluss der Sanierungsmaßnahme nicht entgegen. Für diesen Fall ist zu fordern, dass die Sanierungsmaßnahme einen Stand erreicht hat, der hinreichend gesicherte „Anhaltspunkte" dafür gibt, dass die sanierungsbedingte Erhöhung der Bodenwerte der Grundstücke in dem Sanierungsgebiet nicht wesentlich über der Hälfte des Erschließungsaufwands liegen wird. Der sich nach § 154 Abs. 2a BauGB ergebende Ausgleichsbetrag kann damit auch Bemessungsgrundlage einer Ablösungsvereinbarung nach § 154 Abs. 3 Satz 2 BauGB sowie für eine vorzeitige Festsetzung nach § 154 Abs. 3 Satz 3 BauGB sein[299]. **504**

d) Ermittlung des kostenorientierten Ausgleichsbetrags

Nach dem Wortlaut des § 154 Abs. 2a Satz 2 BauGB ist **in der Satzung zu bestimmen, bis zu welcher Höhe der Aufwand der Berechnung der Ausgleichsbeträge" zugrunde zu legen ist.** Als Höchstsatz wird 50 vom Hundert des Gesamtaufwands vorgegeben. Mit dem gesetzlich vorgegebenen Höchstsatz wird der sich ohnehin nur an den Kosten des Erschließungsaufwands für Verkehrsanlagen orientierende Gesamtaufwand mindestens halbiert, und es steht im Ermessen der Gemeinde, in der Satzung einen noch geringeren Vomhundertsatz vorzugeben und den Ausgleichsbetrag damit noch weiter zu reduzieren. **505**

Der sich für das Sanierungsgebiet ergebende **Gesamtaufwand** ist unter Anwendung des in der Satzung bestimmten Vomhundertsatzes **auf die im Sanierungsgebiet gelegenen Grundstücke umzulegen.** Für das einzelne Grundstück berechnet sich der Ausgleichsbetrag nach § 154 Abs. 2a Satz 3 BauGB nach dem Verhältnis seiner Fläche zur Gesamtfläche des Sanierungsgebiets unter Abzug der Flächen für Verkehrsanlagen (§ 127 Abs. 2 Nr. 1 bis 3 BauGB). Dabei wird kein Unterschied gemacht, ob es sich dabei um Bauland oder Nichtbauland han- **506**

---

299 Vgl. auch die Voraussetzungen für die Ablösung des Ausgleichsbetrags nach § 154 Abs. 3 Satz 3 i. d. F. des BauGB von 1986; hierzu Kleiber in Ernst/Zinkahn/Bielenberg/Krautzberger § 154 Rn. 168 ff. sowie die Voraussetzungen für eine vorzeitige Festsetzung des Ausgleichsbetrags nach Abs. 3 Satz 3.

VI Städtebauliche Maßnahmen — Ausgleichsbeträge

delt. Nach der Rechtsprechung zu § 131 BauGB ist bei diesem Maßstab nicht stets auf die gesamte Grundstücksfläche abzustellen[300].

e) Verhältnis zur Überschussregelung und zur Bagatellklausel

▶ *Zur Bagatellklausel vgl. Rn. 526 ff.; zur Überschussregelung vgl. Rn. 208 ff., 428 ff.*

507 Im Übrigen ist nicht zu besorgen, dass mit der kostenorientierten Bemessung des Ausgleichsbetrags nach § 154 Abs. 2a BauGB die **Entstehung eines Überschusses** i. S. d. § 156a BauGB vermieden wird, auf dessen Verteilung ein beteiligter Eigentümer Anspruch erheben könnte. Umgekehrt kann die Vorschrift auch dann nicht zu einem Überschuss i. S. d. § 156a BauGB führen, wenn der sich nach § 154 Abs. 2a BauGB bemessende Ausgleichsbetrag höher als der Ausgleichsbetrag nach § 154 Abs. 1 Satz 1 BauGB ist. Die Satzung nach § 154 Abs. 2a BauGB darf nämlich nur erlassen werden, wenn die sanierungsbedingte Bodenwerterhöhung nicht wesentlich über der Hälfte des Erschließungsaufwands liegt. Die aus der „Abschöpfung" der sanierungsbedingten Bodenwerterhöhungen erzielbaren „Einnahmen" i. S. d. § 156a Abs. 1 Satz 1 BauGB werden unter diesen Voraussetzungen mithin regelmäßig von den hierfür getätigten Ausgaben i. S. d. § 156a Abs. 1 Satz 1 BauGB „aufgefressen", wenn diese in voller Höhe gegengerechnet werden.

508 Die Erhebung eines kostenorientierten Ausgleichsbetrags nach Maßgabe des § 154 Abs. 2a BauGB kann darüber hinaus auch zu geringen „Einnahmen" i. S. d. Bagatellklausel des § 155 Abs. 3 BauGB führen, insbesondere bei entsprechender Absenkung des Erhebungssatzes. Nach dieser Vorschrift kann die Gemeinde von der Festsetzung des Ausgleichsbetrags absehen, wenn

1. eine geringfügige Bodenwerterhöhung gutachtlich ermittelt worden ist und

2. der Verwaltungsaufwand für die Erhebung des Ausgleichsbetrags in keinem Verhältnis zu den möglichen „Einnahmen" steht.

Nicht anwendbar sind die Vorschriften des § 155 Abs. 3 BauGB **über die Bagatellklausel**, wenngleich der Wortlaut des § 155 Abs. 3 BauGB dem nicht entgegensteht[301]. Sinn und Zweck der Regelung des § 154 Abs. 2a BauGB laufen einer Anwendung der Bagatellklausel zuwider, insbesondere wenn mit der Absenkung des Erhebungssatzes die gesetzlichen Voraussetzungen für die Anwendung der Bagatellklausel nach § 155 Abs. 3 BauGB „künstlich" herbeigeführt werden sollen.

2.11.3 Ausgleichsbeträge in städtebaulichen Entwicklungsbereichen

▶ *Bezüglich des Anfangswerts und Endwerts wird auf die Ausführungen unter Rn. 308 ff., 435 ff. verwiesen.*

509 **Ausgleichsbeträge** werden nach § 166 Abs. 3 Satz 4 BauGB auch für die **in städtebaulichen Entwicklungsbereichen** belegenen Grundstücke erhoben, wenn die Gemeinde ein Grundstück nicht erworben hat. **§ 166 Abs. 3 BauGB** hat folgenden Wortlaut:

„(3) Die Gemeinde soll die Grundstücke im städtebaulichen Entwicklungsbereich erwerben. Dabei soll sie feststellen, ob und in welcher Rechtsform die bisherigen Eigentümer einen späteren Erwerb von Grundstücken oder Rechten im Rahmen des § 169 Abs. 6 anstreben. Die Gemeinde soll von dem Erwerb eines Grundstücks absehen, wenn

1. bei einem baulich genutzten Grundstück die Art und das Maß der baulichen Nutzung bei der Durchführung der Entwicklungsmaßnahme nicht geändert werden sollen oder

2. der Eigentümer eines Grundstücks, dessen Verwendung nach den Zielen und Zwecken der städtebaulichen Entwicklungsmaßnahmen bestimmt oder mit ausreichender Sicherheit bestimmbar ist, in der

---

300 BVerwG, Urt. vom 4.8.1970 – 4 C 98/69 –, DVBl 1971, 215 = ZMR 1971, 194 = DV 1971, 394 = BauR 1971, 48; BVerwG, Urt. vom 3.6.1971 – 4 C 28/70 –, BVerwGE 38, 147 = ZMR 1971, 387 = MDR 1971, 1039 = KStZ 1971, 244 = DV 1971, 815); vgl. Erl. in Ernst/Zinkahn/Bielenberg/Krautzberger § 131 Rn. 32 ff.
301 Ebenso Löhr in Battis/Krautzberger/Löhr, BauGB 11. Aufl. § 154 BauGB Rn. 14c,

Lage ist, das Grundstück binnen angemessener Frist dementsprechend zu nutzen, und er sich hierzu verpflichtet.

Erwirbt die Gemeinde ein Grundstück nicht, ist der Eigentümer verpflichtet, einen Ausgleichsbetrag an die Gemeinde zu entrichten, der der durch die Entwicklungsmaßnahme bedingten Erhöhung des Bodenwerts seines Grundstücks entspricht."

Auf die Bemessung der Ausgleichsbeträge für städtebauliche Entwicklungsbereiche sind die Vorschriften für Sanierungsgebiete entsprechend anzuwenden, wobei sich 510

- der Anfangswert unter Ausschluss der entwicklungsbedingten Bodenwerterhöhung und
- der Endwert unter Berücksichtigung der rechtlichen und tatsächlichen Neuordnung des Entwicklungsbereichs

ergibt (§ 169 Abs. 1 Nr. 7 BauGB).

2.11.4 Entstehung des Ausgleichsbetrags (Wertermittlungsstichtag)

▶ *Vgl. auch Rn. 353*

Die Ausgleichsbetragspflicht entsteht nach § 154 Abs. 3 Satz 1 BauGB mit Abschluss der Sanierung; der **Entstehungszeitpunkt ist zugleich der für die Ermittlung der Anfangs- und Endwerte maßgebliche Wertermittlungsstichtag.** Der Ausgleichsbetrag entsteht danach 511

a) in den Fällen einer *Aufhebung der Sanierungs- bzw. Entwicklungssatzung* nach § 162 BauGB zum Zeitpunkt des Inkrafttretens der Satzung, mit der die Sanierungs- bzw. Entwicklungssatzung aufgehoben wird (§ 162 Abs. 2 Satz 5 BauGB);

b) in den Fällen einer *Abgeschlossenheitserklärung für einzelne Grundstücke* nach § 163 Abs. 1 und 2 BauGB zum Zeitpunkt der Abschlusserklärung.

Ein Ausgleichsbetrag entsteht nach § 162 Abs. 1 BauGB auch dann, wenn sich die Sanierung als undurchführbar erwiesen hat oder die Sanierungsabsicht aus sonstigen Gründen aufgegeben wurde. Ein Ausgleichsbetrag entsteht ferner, wenn ein umfassendes Sanierungsverfahren durch Änderung der Sanierungssatzung in ein vereinfachtes Sanierungsverfahren überführt wurde oder zu diesem Zwecke die Sanierungssatzung aufgehoben worden ist[302].

Mit der Entstehung der Ausgleichsbetragspflicht liegen die Voraussetzungen für seine Erhebung dem Grunde nach vor. Die Voraussetzungen für die Erhebung von Ausgleichsbeträgen liegen der Höhe nach vor, wenn sich nach Maßgabe des § 154 Abs. 2 BauGB und unter Berücksichtigung der nach § 155 Abs. 1 BauGB anzurechnenden Beiträge eine Geldforderung ergibt. 512

Bezüglich der **Verjährung des Ausgleichsbetrags** muss unterschieden werden zwischen 513

- der Festsetzungsverjährung, d. h. der Verjährung des Rechts auf Festsetzung der Abgabe, und
- der Zahlungsverjährung, d. h. der Verjährung des Zahlungsanspruchs.

Nach den §§ 169 bis 171 AO beträgt die Festsetzungsverjährung grundsätzlich vier Jahre, beginnend mit Ablauf des Kalenderjahres, in dem die Abgabe entstanden ist. Auf die Festsetzungsverjährung finden die landesrechtlichen Vorschriften Anwendung[303] (vgl. z. B. § 27 Abs. 1 Satz 2 BremGebBeitrG; § 11 nds. KAG i. V. m. § 170 AO).

Im Falle des **Fortfalls von Rechtswirkungen für einzelne Grundstücke nach § 163 BauGB wird** die Durchführung der Sanierung für diese Grundstücke als abgeschlossen erklärt (§ 163 Abs. 2 Satz 1 BauGB). Auch wenn das Grundstück mit der Erklärung noch weiterhin in die Sanierungssatzung einbezogen bleibt, entsteht damit der Ausgleichsbetrag und unterliegt der Festsetzungsverjährung. 514

---

302 Ernst/Zinkahn/Bielenberg/Krautzberger, BauGB, § 154 BauGB Rn. 298.
303 VG Bremen, Urt. vom 19.5.1993 – 1 A 153/89 –, GuG 1994, 59 = EzGuG 15.76.

2.11.5 Fälligstellung des Ausgleichsbetrags

515 Um die Fälligkeit der Forderung herbeizuführen, bedarf es der Geltendmachung des entstandenen **Ausgleichsbetrags durch Bescheid** nach § 154 Abs. 4 Satz 1 BauGB. Mit der Festsetzung (Erhebung) des Ausgleichsbetrags stellt dieser für den Ausgleichsbetragspflichtigen eine Schuld dar. Der Schuldbetrag wird einen Monat nach Bekanntgabe des Ausgleichsbetragsbescheids grundsätzlich in einem Geldbetrag fällig.

516 Hat die Gemeinde den Ausgleichsbetrag fällig gestellt, unterliegt er der daran anknüpfenden **Zahlungsverjährung.** Nach §§ 228 bis 232 AO beträgt die Frist für die Zahlungsverjährung fünf Jahre, beginnend mit Ablauf des Kalenderjahres, in dem der Anspruch erstmals fällig geworden ist. Der Ausgleichsbetrag wird einen Monat nach Bekanntgabe des Bescheids fällig[304]; wird der Ausgleichsbetrag durch Zustellung des Bescheids fällig gestellt, ist im Übrigen das Zustellungsrecht der Länder maßgebend.

517 Wird der Ausgleichsbetrag nicht bis zum Ablauf des Fälligkeitstags entrichtet, hat die Gemeinde (nach Maßgabe des KAG i. V. m. § 240 AO) einen **Säumniszuschlag** festzusetzen. Dies gilt allerdings nicht, wenn die Vollziehung ausgesetzt oder die aufschiebende Wirkung angeordnet wurde, obwohl es sich bei der Erhebung eines Ausgleichsbetrags um die Anforderung einer öffentlichen Abgabe i. S. d. § 80 Abs. 2 Nr. 1 VwGO handelt[305]. Soweit in diesen Fällen ein förmlicher außergerichtlicher Rechtsbehelf oder eine Anfechtungsklage endgültig keinen Erfolg gehabt haben, fallen nach KAG i. V. m. § 237 AO Aussetzungszinsen an. Hat jedoch die Anfechtungsklage Erfolg gehabt, so sind dem Eigentümer nach Maßgabe des KAG i. V. m. § 236 AO Erstattungszinsen zu zahlen.

518 Bei **Miteigentümern,** die gesamtschuldnerisch haften, treten die genannten Rechtsfolgen (Verjährung, Unterbrechung, Hemmung) gemäß § 425 BGB individuell ein, d. h. nach den Verhältnissen der einzelnen Gesamtschuldner, so auch bei Anteilseigentümern, die nach § 154 Abs. 1 Halbsatz 2 nur nach Anteilen haften, bereits im Hinblick auf ihre anteilige Schuldnerschaft.

2.11.6 Ausgleichsbetragsbescheid

2.11.6.1 Übersicht

519 Der **Ausgleichsbetragsbescheid muss insbesondere enthalten:**

a) die Höhe des Ausgleichsbetrags, den für seine Bemessung maßgebenden Anfangs- und Endwert sowie die sich daraus ergebende Bodenwerterhöhung einschließlich einer Begründung[306],

b) die nach § 155 Abs. 1 BauGB zu berücksichtigenden Beträge,

c) die Feststellung, dass der Ausgleichsbetrag einen Monat nach Bekanntgabe/Zustellung des Bescheids zu zahlen ist,

d) den Hinweis, dass der Ausgleichsbetragspflichtige den Antrag stellen kann, den Ausgleichsbetrag in ein Tilgungsdarlehen umzuwandeln, sofern ihm nicht zugemutet werden kann, die Verpflichtung bei Fälligkeit mit eigenen oder fremden Mitteln zu erfüllen, und dass beantragt werden kann, den zur Finanzierung der Neubebauung oder Modernisierung erforderlichen Grundpfandrechten den Vorrang vor einem zur Sicherung des Tilgungsdarlehens bestellten Grundpfandrecht einzuräumen.

---

304 Ernst/Zinkahn/Bielenberg/Krautzberger, BauGB, § 154 Rn. 103 ff., 122 ff. insbesondere Rn. 134 und 164 ff.
305 Ernst/Zinkahn/Bielenberg/Krautzberger, BauGB, § 154 Rn. 127 ff.
306 Zum Ersatz eines Ausgleichsbetragsbescheids durch einen neuen Ausgleichsbetragsbescheid VG Minden, Urt. vom 17.6.2005 – 9 K 2145/04 –, EzGuG 15.116a.

2.11.6.2 Begründung

Der **Ausgleichsbetragsbescheid muss einer** den Anforderungen des Art. 19 Abs. 4 GG gerecht werdenden **gerichtlichen Überprüfung zugänglich sein**[307]. Dies betrifft insbesondere die ihm zugrunde liegenden Ermittlungen der Anfangs- und Endwerte sowie der anzurechnenden Beträge nach § 155 Abs. 1 BauGB. Mit pauschalen und floskelhaften Begründungen kann diesen Anforderungen nicht entsprochen werden. Vielmehr müssen die Anforderungen gestellt werden, die auch an ein Gutachten zu stellen sind.

520

2.11.6.3 Anfechtung

Der **Ausgleichsbetragsbescheid ist ein anfechtbarer Verwaltungsakt.** Die Anfechtbarkeit des Bescheids tritt mit Bekanntgabe, nicht erst mit Eintritt der Fälligkeit ein. Als Rechtsmittel stehen dem Ausgleichsbetragspflichtigen der Widerspruch und im Falle eines erfolglosen Widerspruchs die Anfechtungsklage beim Verwaltungsgericht zur Verfügung. Im Widerspruchsverfahren werden Recht- und Zweckmäßigkeit des Erhebungsbescheids geprüft. Da der Ausgleichsbetrag nicht als öffentliche Last auf dem Grundstück ruht (§ 154 Abs. 4 Satz 3 BauGB), ist bei mehreren auf das Ganze haftenden Ausgleichsbetragspflichtigen im Übrigen nur derjenige anfechtungsberechtigt, gegen den der Bescheid ergangen ist.

521

Der Ausgleichsbetrag, den die Eigentümer der im förmlich festgelegten Sanierungsgebiet belegenen Grundstücke nach § 154 Abs. 1 BauGB zu entrichten haben, stellt eine öffentliche Abgabe i. S. d. § 80 Abs. 2 Nr. 1 VwGO mit der Folge dar, dass der **Widerspruch gegen den Heranziehungsbescheid keine aufschiebende Wirkung** (Suspensiveffekt) hat[308]. Mit § 212a Abs. 2 der am 1.1.1998 in Kraft getretenen Fassung des BauGB wird dies ausdrücklich auch in Bezug auf die Anfechtungsklage geregelt, wobei der Wortlaut der Vorschrift, anders als § 212 Abs. 2 Satz 2 BauGB, nicht ausdrücklich die entsprechende Anwendung von § 80 Abs. 4 und 5 VwGO vorgibt.

522

Zur **Anfechtung eines Ausgleichsbetragsbescheids** hat das OVG Münster[309] ausgeführt:

523

„Für die Beurteilung der Rechtmäßigkeit des Ausgleichsbetragsbescheides kommt es auf den Zeitpunkt der letzten Behördenentscheidung (hier: des Widerspruchsbescheids) an. Das folgt allerdings nicht aus prozessrechtlichen Grundsätzen, sondern aus dem materiellen Recht. Denn während das Prozessrecht regelt, dass der Verwaltungsakt aufzuheben ist, wenn er (gegebenenfalls in Gestalt des Widerspruchsbescheides) rechtswidrig ist, beantwortet sich nach materiellem Recht die Frage, ob der Verwaltungsakt rechtswidrig ist. Das ist zu verneinen, wenn er im Zeitpunkt der letzten Verwaltungsentscheidung mit dem dann maßgeblichen Recht übereinstimmt. Soll insoweit etwas anderes gelten, der einmal rechtmäßig erlassene Verwaltungsakt also von einer späteren Änderung der Sach- oder Rechtslage noch in dem Sinne betroffen werden können, dass er im Hinblick auf seine Unvereinbarkeit mit nachträglich geänderten Verhältnissen in gerichtlichen Verfahren der Aufhebung unterliegt, so bedarf es dafür nicht weniger einer entsprechenden Regelung des materiellen Rechts, als sie für den Erlass des Verwaltungsakts seinerseits vorausgesetzt und tatsächlich gegeben war. Unter diesem Gesichtspunkt ist daher – und zwar insoweit vom Zeitpunkt der Gerichtsentscheidung aus – jeweils gesondert zu prüfen, ob das zwischen Verwaltungsentscheidung und gerichtlicher Entscheidung etwa in Kraft getretene neue Recht seine Berücksichtigung auch bei der Beurteilung bereits früher erlassener Verwaltungsakte fordert. (Vgl. BVerwG, Urt. vom 14.2.1975 – 4 C 21/74 –, *EzGuG 13.24*; BVerwG, Urt. vom 28.7.1989 – 7 C 39/87 –, *EzGuG 6.246a*; siehe auch *Schenke*, Die Bedeutung einer nach Abschluss des Verwaltungsverfahrens eintretenden Veränderung der Rechts- oder Sachlage für die Anfechtung eines Verwaltungsakts, NVwZ 1986, S. 522 ff.) ... Da es sich bei dem Gutachten des Gutachterausschusses um mit besonderer Sachkunde, Fachwissen und Erfahrung begründete Stellungnahmen handelt, bestehen verfahrensmäßig keine Bedenken, wenn die Gemeinde die nachvollziehbare und an den gesetzlichen Bestimmungen orientierte Berechnung der Anfangs- und Endwerte durch den Gutachterausschuss (oder eines anderen Sachverständigen) als eigene Beurteilung übernimmt und zur Grundlage ihrer Heranziehungsbescheide macht. (Vgl. BVerwG, Beschl. vom 18.1.1982 – 7 B 254/81 –, NVwZ 1982, 309 f.; BVerwG, Urt. vom 15.4.1964 – 5 C 45/63 –, BVerwGE 18, 216 ff. [218]) Bei der Bewertung der für den Anfangs- und Endwert maßgebli-

---

[307] VG Köln, Urt. vom 8.5.1987 – 13 K 2398/86 –, EzGuG 15.52; OVG Lüneburg, Urt. vom 30.10.1986 – 6 A 32/85 –, ZfBR 1987, 206 = EzGuG 15.50.
[308] BVerwG, Urt. vom 17.12.1992 – 4 C 30/90 –, GuG 1993, 180 = EzGuG 15.74.
[309] OVG Münster, Urt. vom 9.4.1990 – 22 A 1185/89 –, EzGuG 15.67 = GuG 1991, 31.

chen Faktoren steht der Gemeinde ein Schätzungsspielraum hinsichtlich des Umfangs der durch diese Faktoren bewirkten Erhöhung oder Minderung des Bodenwertes zur Verfügung. Das gilt unabhängig davon, ob sie sich hierbei auf ein Sachverständigengutachten stützt oder die Entscheidungsgrundlage selbst ermittelt. Denn Anfangs- und Endwert lassen sich nicht einfach „ausrechnen" oder in ihrer Höhe einer Tabelle entnehmen, sondern gehen aus einem Ermittlungsverfahren hervor, das zumindest praktisch vielfältig Gelegenheit bietet, so oder anders vorzugehen. Die Gemeinde hat allerdings keinen (Einschätzungs-)Spielraum hinsichtlich der Frage, ob sich die Sanierung in Bezug auf die maßgeblichen Elemente des Bodenwerts überhaupt erhöhend oder senkend auswirkt. Die diesbezüglichen Fragen beantworten sich in aller Regel aus den durch die Rechtsordnung vorgegebenen Wertungen und sind einer Schätzung i. S. d. § 162 AO nicht zugänglich.

Die gesetzliche Einräumung eines (begrenzten) Schätzungsspielraumes hat Auswirkungen auf die gerichtliche Kontrolldichte. Denn die gerichtlichen Beurteilungsmaßstäbe und die administrativen, sich aus dem materiellen Recht ergebenden Handlungsmaßstäbe entsprechen einander in der Weise, dass die gerichtliche Kontrolle umfassend ist, wo die Rechtsbindung der Verwaltung eng ist, und dass die gerichtliche Kontrolle in dem Maße zurückgenommen ist, in dem das Recht der Verwaltung Freiräume zur letztverantwortlichen und damit auch für den Richter verbindlichen Ausgestaltung zugewiesen hat. Deshalb folgt aus dem der Gemeinde materiell-rechtlich zugestandenen Spielraum zunächst eine Begrenzung richterlicher Kontrolle. Macht die Gemeinde bei der Bewertung einzelner Faktoren für die Bestimmung des Anfangs- oder Endwerts von ihrer Schätzungsbefugnis Gebrauch, so hat das Gericht lediglich nachzuprüfen, ob sich die Entscheidung der Exekutive im Rahmen dessen hält, was der Schätzungsspielraum als rechtlich vertretbar zulässt. Erst wenn diese Grenze überschritten ist, kann das Gericht auf der Grundlage des Prozessrechts gemäß § 173 VwGO i. V. m. § 287 Abs. 2 ZPO nach den hierfür entwickelten Grundsätzen die von der Behörde (fehlerhaft) vorgenommene Schätzung durch eine eigene Schätzung ersetzen. (Vgl. hierzu BFH, Urt. vom 2.2.1982 – VIII R 65/80 –, *EzGuG 20.93a*; OVG Münster, Urt. vom 17.3.1977 – 13 A 424/76 –, DGStZ 1978, 59 ff., und OVG Münster, Urt. vom 14.12.1989 – 22 A 401/87 –; a. A. VG Münster, Urt. vom 18.2.1988 – 3 K 2268/85 –, *EzGuG 15.60*, das offenbar von einer generellen gerichtlichen Schätzungsbefugnis ausgeht).

Die Entscheidung, von der Möglichkeit des § 287 Abs. 2 ZPO Gebrauch zu machen oder aber – wie in anderen Rechtsbereichen, in denen ein Gesetzestatbestand der Exekutive die Kompetenz zur administrativen Letztentscheidung zuweist – den angefochtenen Verwaltungsakt aufzuheben, steht im Ermessen des Gerichts. Ersetzt das Gericht in Anwendung des § 287 Abs. 2 ZPO die behördliche durch eine eigene Schätzung, kann es sich hierbei, soweit ihm die eigene Sachkunde fehlt, eines Sachverständigengutachtens bedienen.

Es spricht allerdings manches dagegen, eine unter diesen Voraussetzungen zulässige gerichtliche Schätzung dergestalt vorzunehmen, dass die von der Gemeinde fehlerhaft ermittelte sanierungsbedingte Bodenwerterhöhung durch einen generellen Abschlag in einer nicht an gesetzliche Kriterien anknüpfenden Höhe gemindert wird. Dies widerspricht bereits dem Wesen der für den jeweiligen Einzelfall vorzunehmenden Schätzung und würde sich letztlich wie ein ungeschriebenes Tatbestandsmerkmal des § 154 Abs. 2 BauGB auswirken. Die Schätzung des Gerichts hat vielmehr an die Bewertung der einzelnen, bei der Ermittlung des Anfangs- und Endwerts maßgeblichen Faktoren anzuknüpfen und ist nur in dem Maße zulässig, in dem die Gemeinde ihrerseits den ihr zustehenden Schätzungsspielraum verlassen hat. Hat die Gemeinde hingegen fehlerfrei (durch Schätzung) die sanierungsbedingte Bodenwerterhöhung ermittelt, so gibt es für eine Reduzierung des gesetzlichen Parameters für den zu erhebenden Ausgleichsbetrag keine rechtliche Handhabe."

2.11.7 Absehen und Freistellung vom Ausgleichsbetrag

2.11.7.1 Allgemeines

524 Von der Erhebung des Ausgleichsbetrags kann abgesehen werden

a) in sog. *Bagatellfällen* nach § 155 Abs. 3 BauGB; das Absehen kann auch vor Entstehung des Ausgleichsbetrags erklärt werden;

b) *zur Vermeidung unbilliger Härten* nach § 155 Abs. 4 BauGB;

c) *im öffentlichen Interesse* nach § 155 Abs. 4 BauGB;

d) nach Maßgabe landesrechtlicher Vorschriften für kommunale Beiträge durch *Erlass* oder *Niederschlagung* (§ 155 Abs. 5 BauGB).

Darüber hinaus entfällt die Erhebung von Ausgleichsbeträgen, wenn ein Grundstück nach Maßgabe des § 153 Abs. 5 BauGB in ein **Umlegungsverfahren** einbezogen worden ist.

2.11.7.2 Bagatellfall

Rechtsgrundlage für ein Absehen von der Erhebung des Ausgleichsbetrags in sog. Bagatellfällen **ist § 155 Abs. 3 BauGB**, der folgende Fassung hat:

„(3) Die Gemeinde kann für das förmlich festgelegte Sanierungsgebiet oder für zu bezeichnende Teile des Sanierungsgebiets von der Festsetzung des Ausgleichsbetrags absehen, wenn

1. eine geringfügige Bodenwerterhöhung gutachtlich ermittelt worden ist und
2. der Verwaltungsaufwand für die Erhebung des Ausgleichsbetrags in keinem Verhältnis zu den möglichen Einnahmen steht.

Die Entscheidung nach Satz 1 kann auch getroffen werden, bevor die Sanierung abgeschlossen ist."

Die **Anwendungsvoraussetzungen für die Bagatellklausel sind** äußerst **restriktiv** gefasst. Die Anwendung der Vorschrift kommt i. d. R. allenfalls in Betracht, wenn

– das Sanierungsgebiet aus einer Vielzahl kleiner Grundstücke besteht,
– das vorhandene Bodenwertniveau sowie die sanierungsbedingten Bodenwerterhöhungen verhältnismäßig niedrig sind und
– der Verwaltungsaufwand verhältnismäßig hoch ist, weil sich die notwendigen Wertermittlungen auf ein kleines Gebiet beziehen[310].

Obwohl beide der in § 155 Abs. 3 BauGB genannten **Voraussetzungen** (Nr. 1 und 2) **kumulativ erfüllt** sein müssen, ist zunächst nach der Höhe des Verwaltungsaufwands für die Ausgleichsbetragserhebung zu fragen. Denn selbst bei „geringfügigen" Bodenwerterhöhungen kann von der Bagatellklausel nicht Gebrauch gemacht werden, wenn der Verwaltungsaufwand noch kleiner ist. Umgekehrt kann bei einer nicht mehr geringfügigen Bodenwerterhöhung selbst dann nicht von der Festsetzung des Ausgleichsbetrags abgesehen werden, wenn der Verwaltungsaufwand größer als die erzielbaren Einnahmen ist.

Der **Verwaltungsaufwand** besteht aus den Personal- und Sachkosten, wobei zwischen

a) den **festen Kosten für die Ermittlung der abschöpfungsfähigen sanierungs- bzw. entwicklungsbedingten Bodenwerterhöhung,** bestehend aus den

  • Kosten der Ermittlung des Anfangs- und Endwerts i. S. d. § 154 Abs. 2 BauGB,
  • Kosten der Ermittlung der nach § 155 Abs. 1 BauGB auf den Ausgleichsbetrag anzurechnenden Beträge, und

b) den **Kosten der Erhebung des Ausgleichsbetrags,** bestehend aus den

  • Kosten der Beteiligung des Ausgleichsbetragspflichtigen nach § 154 Abs. 4 Satz 2 BauGB,
  • Kosten der Ausfertigung und Bekanntgabe (Zustellung) des Ausgleichsbetragsbescheids nach § 154 Abs. 4 Satz 1 BauGB,
  • Kosten einer ggf. nach Maßgabe des § 154 Abs. 5 BauGB vorzunehmenden Umwandlung des Ausgleichsbetrags in ein Tilgungsdarlehen und der Vorrangeinräumung,
  • Kosten der Beitreibung des Ausgleichsbetrags (nach pauschalierten Durchschnittssätzen)

zu unterscheiden ist.

---

[310] Zu diesen Zusammenhängen vgl. Kleiber in ZfV 1986, 105 und Kleiber in Ernst/Zinkahn/Bielenberg/Krautzberger, BauGB § 155 Rn. 92 ff.

VI Städtebauliche Maßnahmen

Ausgleichsbeträge

530 Die von *Schäfer* (1974) gemachten Angaben wurden in weiteren Untersuchungen[311] bestätigt; die von *Seele* und *Hagedorn* veröffentlichten Angaben haben sich dagegen als weit übersetzt erwiesen. *Schmid*[312] kommt aufgrund von Untersuchungen in 9 Gemeinden mit 10 Sanierungsmaßnahmen zu einem berücksichtigungsfähigen Verwaltungsaufwand, der zwischen 465 € und 710 € liegt, und hält für die praktische Anwendung der Bagatellklausel einen **Mittelwert von 600 € je ausgleichsbetragspflichtiges Grundstück** (nicht Eigentümer) für gerechtfertigt; bezogen auf 2011 wären mithin 800 € anzusetzen. Des Weiteren verweist *Schmidt* auf eine Schätzung der Gemeindeprüfungsanstalt *Baden-Württemberg*[313] aus dem Jahre 1997/98, die umgerechnet auf die Verhältnisse von 2010 die nachstehenden Ergebnisse ausweist (Abb. 18). *Rixner/Biedermann/Steger*[314] geben dagegen einen geschätzten Verwaltungsaufwand von 200 bis 1 000 € an, der gerade einmal die Kosten eines Einzelgutachtens abdecken kann.

Abb. 18: Verwaltungsaufwand[315]

	Stunden/ Grundstück	€/Stunde und Grundstück	Einzelgutachten	Verwaltungsaufwand
1. Variante				
100 % normal	17	60 €	400 bis 1 000	1 400 bis 2 100
2. Variante				
70 % normal	17	60 €	400 bis 1 000	1 600 bis 2 200
30 % Widersprüche	24	60 €	400 bis 1 000	1 600 bis 2 200
3. Variante				
60 % normal	17	60 €	400 bis 1 000	1 600 bis 2 400
30 % Widersprüche	24	60 €	400 bis 1 000	1 600 bis 2 400
10 % Klagen	64	60 €	400 bis 1 000	1 600 bis 2 400
4. Variante				
50 % normal	17	60 €	400 bis 1 000	1 600 bis 2 500
40 % Widersprüche	24	60 €	400 bis 1 000	1 600 bis 2 500
10 % Klagen	64	60 €	400 bis 1 000	1 600 bis 2 500
5. Variante				
40 % normal	17	60 €	400 bis 1 000	2 000 bis 2 600
50 % Widersprüche	24	60 €	400 bis 1 000	2 000 bis 2 600
15 % Klagen	64	60 €	400 bis 1 000	2 000 bis 2 600
6. Variante				
30 % normal	17	60 €	400 bis 1 000	2 500 bis 3 000
75 % Widersprüche	24	60 €	400 bis 1 000	2 750 bis 3 000
25 % Klagen	64	60 €	400 bis 1 000	3 000 bis 4 000

531 Die sog. **festen Kosten der Ermittlung der sanierungs- bzw. entwicklungsbedingten Bodenwerterhöhung** lassen bei alledem **keinerlei Rückschlüsse** zur Beantwortung der Frage zu, ob sich die Erhebung des Ausgleichsbetrags „lohnt", d. h., ob die Einnahmen mindestens die mit der Erhebung des Ausgleichsbetrags anfallenden Kosten decken. Diese (festen) Kosten fallen zwangsläufig an, um zunächst die abschöpfbare Bodenwerterhöhung festzustel-

---

[311] Der Verwaltungsaufwand war Gegenstand verschiedener (älterer) Untersuchungen: Sten, BT-Prot. der 31. Sitzung des BT-Ausschusses vom 5.11.1974; Dt. Institut für Urbanistik, Planspiel zur Novellierung des BBauG, Berlin 1975; Hagedorn, Aufwands- und Ertragsanalyse (unveröffentlicht), 1985 Drentrup.
[312] Schmidt in GuG 1999, 340.
[313] GPA Baden-Württemberg, Geschäftsbericht 1997/98, S. 70 ff.
[314] Rixner/Biedermann/Steger, Systematischer Praxiskommentar BauGB/BauNVO, Bundesanzeiger Köln.
[315] Arbeitsblatt 4 in Bayern, Oberste Baubehörde im Bayerischen Staatsministerium des Innern, August 1999; die angegebenen Werte wurden auf 2010 aktualisiert.

len, wobei sich die Erhebung des Ausgleichsbetrags für die Gemeinde erst dann „rechnet",
wenn die ermittelte Bodenwerterhöhung die Kosten der Erhebung des Ausgleichsbetrags (ausschließlich der Ermittlung der sanierungs- bzw. entwicklungsbedingten Bodenwerterhöhung
und der anzurechnenden Beträge) übersteigt.

Vor diesem Hintergrund, dass der Gemeinde im Zuge der gutachterlichen Ermittlung des Ausgleichsbetrags nicht unerhebliche feste **Kosten entstehen, ist ein Absehen von der Erhebung des Ausgleichsbetrags nur dann gerechtfertigt, wenn die Kosten der Festsetzung und Erhebung des Ausgleichsbetrags einschließlich der Beitreibungskosten den erhebbaren Ausgleichsbetrag übersteigen.** 532

Beispiel:

Feste Kosten der Ermittlung des Ausgleichsbetrags	2 500 €
Kosten der Erhebung des Ausgleichsbetrags	1 000 €
Ausgleichsbetrag	900 €
ergibt	– 100 €
daraus folgt: Anwendung der Bagatellklausel	
Anwendung der Bagatellklausel	
Kosten der Erhebung des Ausgleichsbetrags	1 000 €
Ausgleichsbetrag	1 100 €
ergibt	100 €
daraus folgt: Keine Anwendung der Bagatellklausel	

Im Ergebnis ist also festzustellen, dass die Gemeinde – unabhängig von der Höhe des erhebbaren Ausgleichsbetrags – stets auf den Kosten ihrer Ermittlung „sitzen bleibt" und es entscheidend auf die Höhe des erhebbaren Ausgleichsbetrags im Verhältnis zu seinen Erhebungskosten ankommt. Die **Bagatellklausel kommt also nur zur Anwendung, wenn die Erhebungskosten einschließlich der Beitreibungskosten den Ausgleichsbetrag übersteigen.** Von daher empfiehlt es sich, die Höhe des erhebbaren Ausgleichsbetrags mit möglichst geringem Aufwand zu prüfen, wenn eine nur „geringfügige" Bodenwerterhöhung erwartet werden kann, deren Geltendmachung durch Erhebung des Ausgleichsbetrags noch nicht einmal die Erhebungskosten deckt (Abb. 19). 533

Abb. 19: Anwendung der Bagatellklausel

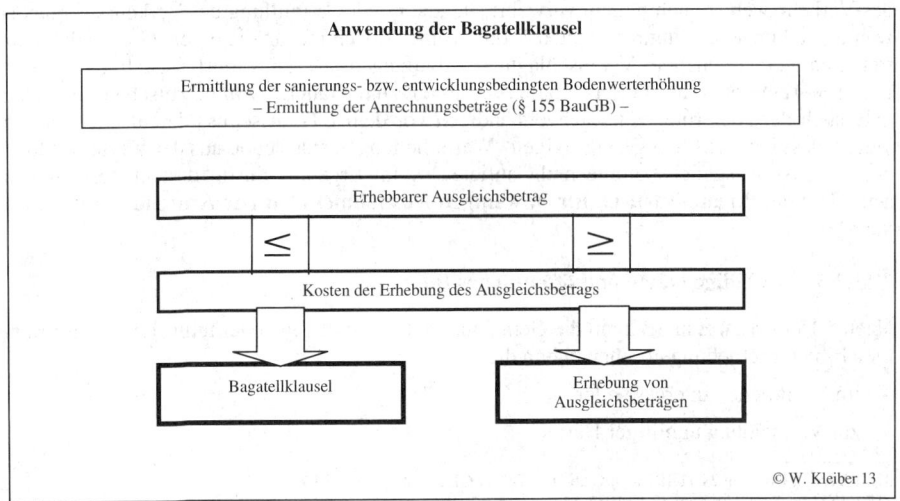

534 Im Hinblick auf die mit dem Absehen von der Erhebung von Ausgleichsbeträgen verbundenen Einnahmeausfälle und die daraus resultierenden Folgen für die Überschussverteilung nach § 156a BauGB besteht die besondere Problematik bei der Anwendung der Bagatellklausel darin, dass **der Gemeinde bereits mit der gutachterlichen Ermittlung einer geringfügigen Bodenwerterhöhung nach § 155 Abs. 3 Nr. 1 BauGB nicht unerhebliche Kosten entstehen,** die im Falle des Absehens zu einer Verminderung des Überschusses führen. Verwaltungsökonomisch, aber auch im Hinblick auf einen etwaigen Überschuss ist ein Absehen von der Festsetzung des Ausgleichsbetrags deshalb erst dann geboten, wenn allein die Kosten für die Erstellung und Zustellung des Ausgleichsbetrags einschließlich etwaiger Anwalts- und Gerichtskosten im Falle eines Widerspruchverfahrens (Beitreibungskosten) den erhebbaren Ausgleichsbetrag überschreiten. Demzufolge kann von der Erhebung des Ausgleichsbetrags nach dem Wortlaut des § 155 Abs. 3 Nr. 2 BauGB nur abgesehen werden, wenn der Verwaltungsaufwand für die „Erhebung des Ausgleichsbetrags" in keinem Verhältnis zu der geringfügigen Bodenwerterhöhung steht, wobei die „Erhebung" nicht den Verwaltungsaufwand für die „Ermittlung" des Ausgleichsbetrags umfasst.

535 In der **Verwaltungspraxis der Stadt München** macht man von der Bagatellklausel demzufolge erst Gebrauch, wenn der zu erhebende Ausgleichsbetrag die Kosten der Ausfertigung und Zustellung des Ausgleichsbetrags einschließlich eines Zuschlags für ein etwaiges Widerspruchverfahren (Beitreibungskosten) – unabhängig von dem sonstigen Verwaltungsaufwand – unterschreitet. Dies ist darin begründet, dass die Kosten für die Ermittlung des Ausgleichsbetrags in jedem Falle anfallen und sich von daher die Erhebung des Ausgleichsbetrags „lohnt", wenn mindestens die Beitreibungskosten gedeckt werden.

536 Das Gesetz fordert zwar eine **„gutachtliche" Ermittlung der geringfügigen Bodenwerterhöhung,** sie braucht jedoch nicht vom Gutachterausschuss für Grundstückswerte vorgenommen zu werden. Die Ermittlung muss nur fundiert sein. Die Entscheidung, wann eine ermittelte Bodenwerterhöhung als „geringfügig" i. S. d. § 155 Abs. 3 Nr. 1 BauGB ist, verbleibt im Übrigen nach dem BauGB der Gemeinde, auch wenn sie sich des Gutachterausschusses für Grundstückswerte bedient.

537 Hinzu kommt, dass sich „wirklich geringfügige" Bodenwerterhöhungen kaum feststellen lassen. Die für die Feststellung einer geringfügigen Bodenwerterhöhung maßgeblichen Anfangs- und Endwerte sind nämlich keine mathematisch exakt ermittelbaren Werte (vgl. § 194 BauGB Rn. 118), sodass sich die wirklich geringfügigen Bodenwerterhöhungen auch kaum „seismografisch" ermitteln lassen. Es kommt hinzu, dass es der Gemeinde bei der Ermittlung des Verkehrswerts ohnehin nicht verwehrt ist, „die mit der Ermittlung des Verkehrswerts notwendig verbundenen Ungewissheiten[316] durch eine vorsichtige, an die untere Grenze des Vertretbaren heranreichende Veranschlagung aufzufangen"[317]. Dies dürfte auch der Grund gewesen sein, dass im Gesetzgebungsverfahren zum BauGB vom Deutschen Städtetag anlässlich der Anhörung von Sachverständigen vor dem BT-Ausschuss darauf hingewiesen wurde, dass bei „wirklich geringfügigen" Werterhöhungen sich schon aus der Wertermittlung ergäbe, dass Ausgleichsbeträge nicht anfielen[318]. Im Ergebnis dürfte deshalb festzuhalten sein, dass die **Bagatellklausel nur in wenigen Ausnahmefällen zur Anwendung** kommen kann[319].

2.11.7.3 Unbillige Härte und öffentliches Interesse

538 Nach § 155 Abs. 4 BauGB kann die Gemeinde im Einzelfall ganz oder teilweise von der Ausgleichsbetragserhebung absehen, wenn dies

– im öffentlichen Interesse oder

– zur Vermeidung unbilliger Härte

---

316 BVerwG, Urt. vom 24.11.1978 – 4 C 56/76 –, BVerwGE 57, 88 = EzGuG 15.9.
317 OVG Lüneburg, Urt. vom 30.10.1986 – 6 A 32/85 –, ZfBR 1987, 206 = EzGuG 15.50.
318 MittDSt Nr. 611/84 vom 23.7.1984.
319 Hierzu: Kleiber in Ernst/Zinkahn/Bielenberg/Krautzberger, BauGB § 155 Rn. 92 ff.

geboten ist. Die **Freistellung** kann **auch** für den Fall vorgesehen werden, dass die Ausgleichsbetragspflicht noch nicht entstanden ist, d. h. **vor Abschluss des Sanierungsverfahrens** nach den §§ 162 f. BauGB. Es handelt sich hierbei um den Erlass des Ausgleichsbetrags, der grundsätzlich im Ermessen der Gemeinde steht. Das Ermessen ist hinsichtlich Ermessensüberschreitung und Ermessensfehlgebrauch gerichtlich nachprüfbar (§ 114 VwGO)[320]. Der Erlass steht in engem Zusammenhang mit den Bestimmungen des § 154 Abs. 5 Satz 1 bis 3 BauGB, nach denen ein festgesetzter Ausgleichsbetrag bei Unzumutbarkeit in ein Tilgungsdarlehen umzuwandeln ist, wenn dies aus den vorgenannten Gründen oder zur Vermeidung einer von dem Ausgleichsbetragspflichtigen nicht zu vertretenden Unwirtschaftlichkeit der Grundstücksnutzung geboten ist. Ein Erlass wird von daher erst in Betracht gezogen werden können, wenn Billigkeitsgründe oder ein öffentliches Interesse eine völlige Freistellung durch Erlass des Ausgleichsbetrags erforderlich machen[321].

2.11.7.4 Stundung, Erlass und Niederschlagung

Schrifttum: *Kleiber* in Ernst/Zinkahn/Bielenberg/Krautzberger, BauGB, § 155 BauGB Rn. 160 ff.

Nach § 155 Abs. 5 BauGB finden die **landesrechtlichen Vorschriften über kommunale Beiträge** einschließlich der Bestimmungen über die Stundung und den Erlass auf die Erhebung von Ausgleichsbeträgen entsprechend Anwendung. Dies bedeutet, dass im Einzelfall

– die Bestimmungen des Kommunalabgabengesetzes über den *Erlass* (§ 227 AO),
– die Bestimmungen über die *Niederschlagung* (§ 261 AO) und
– die Bestimmungen über die *Stundung*

zur Anwendung kommen können. Des Weiteren sind zu nennen die einschlägigen Vorschriften[322] über

– die Festsetzung von Säumniszuschlägen (§ 240 AO),
– die Festsetzungsverjährung (§§ 169 bis 171 AO),
– die Zahlungsverjährung (§§ 228 bis 232 AO),
– die Zahlung von Aussetzungszinsen (§ 236 AO) und
– die Zahlung von Erstattungszinsen (§ 236 AO).

Die Vorschriften können allerdings nur in atypischen Fällen zur Anwendung kommen, wenn ein Absehen von der Erhebung geboten ist. Für einen Erlass des Ausgleichsbetrags reicht es nicht aus, dass der Eigentümer z. B. mit der Errichtung eines Altenwohnheims einen Beitrag zur Realisierung der Sanierungsziele leistet; eine unbillige das Absehen von der Erhebung des Ausgleichsbetrags rechtfertigende Härte liegt vielmehr erst vor, wenn durch die Abschöpfung der sanierungsbedingten Bodenwerterhöhung der weitere Betrieb der Einrichtung gefährdet ist.[323]

Nach § 155 Abs. 4 Satz 1 BauGB kann die Gemeinde – vergleichbar mit den Erlassvorschriften der §§ 163 und 277 AG 1977 – **im Einzelfall von der Erhebung des Ausgleichsbetrags ganz oder teilweise absehen, wenn dies im öffentlichen Interesse oder zur Vermeidung unbilliger Härte geboten ist.** Die Freistellung kann schon vor Abschluss der Sanierung oder Entwicklung nach § 162 oder § 163 BauGB erfolgen, d. h. noch bevor die Abgabenpflicht entstanden ist. Die Anwendung dieser Vorschrift hat zur Folge, dass der Ausgleichsbetrag gar nicht erst entsteht bzw. ein entstandener Anspruch der Gemeinde aus dem Schuldverhältnis mit der Freistellung erlischt.

Durch die Stundung wird die **Fälligkeit einer geschuldeten Zahlungsschuld ganz oder teilweise hinausgeschoben**. Eine Stundung von Ansprüchen aus dem Schuldverhältnis kann nach § 222 AO – ganz oder teilweise – gewährt werden, wenn die Einziehung bei Fälligkeit eine erhebliche Härte für den Schuldner bedeuten würde und der Anspruch durch die Stundung nicht gefährdet erscheint. Für die Dauer einer gewährten Stundung von Ansprüchen werden nach § 234 AO Zinsen grundsätzlich erhoben;

---
320 BVerwG, Urt. vom 10.9.1971 – 4 C 22/70 –, BVerwGE 38, 297 = EzGuG 9.14.
321 Kleiber, a. a. O. § 155 BauGB Rn. 146 ff.
322 Kleiber, a. a. O. § 155 BauGB Rn. 160 ff.
323 So zunächst VGH Mannheim. Urt. vom 28.1.2005 – 8 S 1826/04 –, BauR 2006, 249 = EzGuG 15.116; Revision: BVerwG, Urt. vom 13.6.2006 – 4 C 5/05 –, GuG 2007, 58 = EzGuG 15.119.

VI Städtebauliche Maßnahmen   Ausgleichsbeträge

hierauf kann ganz oder teilweise verzichtet werden, wenn ihre Erhebung nach Lage des einzelnen Falls unbillig wäre. Für die gestundete Zahlungsschuld können im Übrigen keine Säumniszuschläge erhoben werden; die Ansprüche können auch nicht vollstreckt werden (§§ 254 und 157 AO). Im Übrigen wird die Verjährung nach § 231 AO durch die Stundung unterbrochen.

2.11.8 Entfallen des Ausgleichsbetrags bei Sanierungsumlegungen (§ 153 Abs. 5 BauGB)

▶ *Vgl. Rn. 491, 773; § 5 ImmoWertV Rn. 8, 181, 195; § 8 ImmoWertV Rn. 13 ff., 619 ff.*

540 Nach § 155 Abs. 2 BauGB entfällt die Erhebung eines Ausgleichsbetrags, wenn eine Umlegung nach Maßgabe des § 153 Abs. 5 BauGB (Sanierungsumlegung) durchgeführt worden ist. In diesen Fällen werden in Gebieten, die durch eine Sanierungsumlegung neu geordnet wurden, die sanierungsbedingten Bodenwerterhöhungen nicht durch Ausgleichsbeträge, sondern durch entsprechend „aufgestockte" Ausgleichsleistungen (§ 64 BauGB) abgeschöpft. Die Regelung ist darin begründet, dass mit der Durchführung einer Sanierungsumlegung neben den umlegungsbedingten auch die sonstigen sanierungsbedingten Werterhöhungen i. d. R. umfassend abgeschöpft werden. Die Umlegungsbeteiligten sollen deshalb darauf vertrauen können, dass es damit sein Bewenden hat und sie nicht nach Abschluss der Sanierungsmaßnahme möglicherweise erneut zu weiteren zwischenzeitlich eingetretenen Bodenwerterhöhungen herangezogen werden. Die Voraussetzungen wären dafür ohnehin nur gegeben, wenn der **Sanierungsbebauungsplan nach Eintritt der Unanfechtbarkeit des Umlegungsplans, aber vor Abschluss der Sanierung geändert** wurde.

2.12 Ermittlung von Ausgleichsbeträgen

2.12.1 Allgemeines

541 Der **Ausgleichsbetrag bemisst sich nicht nach den Kosten der Sanierung oder Entwicklung,** sondern nach der Bodenwerterhöhung des Grundstücks[324], nämlich **aus dem Unterschied zwischen End- und Anfangswert**, wobei es sich hierbei jeweils um den Bodenwert des Grundstücks handelt.

$$\text{Ausgleichsbetrag AB} = \text{Endwert (EW)} - \text{Anfangswert (AW)}$$

542 End- und Anfangswert sind jeweils auf den **Zeitpunkt des Abschlusses der Sanierungs- oder Entwicklungsmaßnahme** zu beziehen.

543 Wie bereits erläutert, definieren sich End- und Anfangswert (nach § 154 Abs. 2 BauGB) wie folgt:

- **Anfangswert** ist der Bodenwert, der sich für das Grundstück ergeben würde, wenn eine Sanierung bzw. Entwicklung weder beabsichtigt, vorbereitet noch durchgeführt worden wäre.

- **Endwert** ist der Bodenwert, der sich für das Grundstück durch die rechtliche und tatsächliche Neuordnung des Sanierungsgebiets bzw. städtebaulichen Entwicklungsbereichs ergeben würde.

544 Zur **Unterscheidung des Anfangswerts von dem sanierungs- bzw. entwicklungsunbeeinflussten Bodenwert** wird nochmals auf *Rn. 82* verwiesen.

545 Der sich aus dem Unterschied zwischen End- und Anfangswert ergebende Ausgleichsbetrag ist um die sich nach Maßgabe des § 155 Abs. 1 BauGB bemessenden **Anrechnungsbeträge** zu vermindern (Abb. 20).

---

[324] OVG Münster, Beschl. vom 23.11.1987 – 22 B 2787/87 –, NVwZ 1988, 751 = EzGuG 15.57.

Abb. 20: Ermittlung von Ausgleichsbeträgen nach den §§ 154 f. BauGB

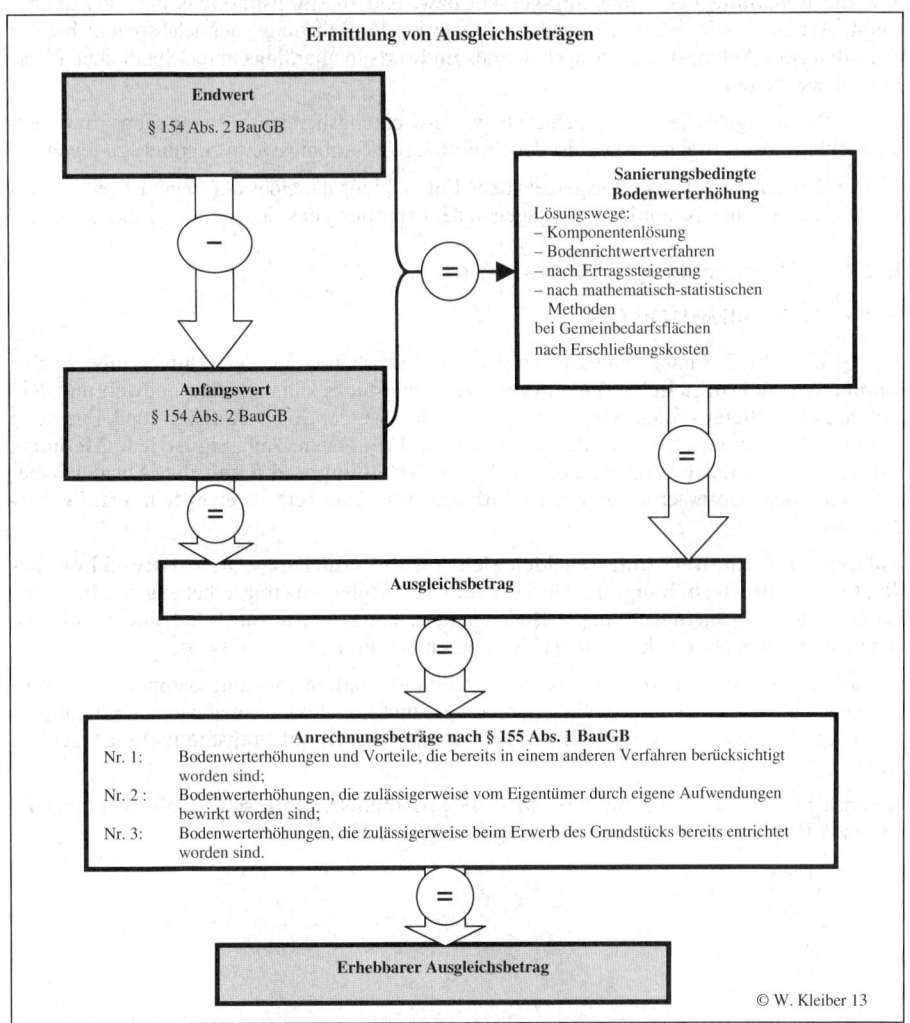

Anfangs- und Endwert sind nach dem Vorhergesagten jeweils die Bodenwerte des Grundstücks. Soweit es sich hierbei um ein bebautes Grundstück handelt, beantwortet sich die Frage, wie der Bodenwert zu ermitteln ist, nach *§ 16* Abs. 1 Satz 1 ImmoWertV. Generell ist danach als Anfangs- und Endwert jeweils der **Wert des Bodens ohne Bebauung durch Vergleich mit dem Wert unbebauter Grundstücke** zu ermitteln. Dieser Grundsatz entspricht den Vorschriften des BauGB und der Systematik der ImmoWertV:

– Nach *§ 196* Abs. 1 Satz 2 BauGB sind Bodenrichtwerte in bebauten Gebieten mit dem Wert zu ermitteln, der sich ergeben würde, wenn das Grundstück unbebaut wäre.

– Bodenpreisindexreihen werde aus Kaufpreisen unbebauter Grundstücke abgeleitet.

– Die Wertermittlungsverfahren gehen in ihrem Aufbau von einem wertbeständigen Grund und Boden aus und sehen nur für besondere Fälle eine davon abweichende Bodenwertermittlung vor.

547 Dass als Anfangs- und Endwert jeweils nur der Bodenwert zu ermitteln ist, bedeutet nicht, dass die **Bebauung des Sanierungsgebiets bzw. Entwicklungsbereichs** unberücksichtigt bleibt. Als lagebestimmende Zustandsmerkmale ist die Bebauung vielmehr sowohl bei der Ermittlung des Anfangswerts als auch der des Endwerts in allerdings unterschiedlicher Weise zu berücksichtigen:

– Die Bebauung des Sanierungsgebiets bzw. Entwicklungsbereichs im sanierungs- bzw. entwicklungsbedürftigen Zustand ist der Ermittlung des Anfangswerts zugrunde zu legen.

– Die Bebauung des Sanierungsgebiets bzw. Entwicklungsbereichs aufgrund der rechtlichen und tatsächlichen Neuordnung ist dagegen der Ermittlung des Endwerts zugrunde zu legen.

2.12.2 Wertermittlungsverfahren

▶ *Vgl. § 8 ImmoWertV Rn. 17 ff.*

548 Nach § 154 Abs. 2 BauGB bemisst sich der Ausgleichsbetrag aus dem **Unterschied zweier unabhängig zu ermittelnder Bodenwerte** des Grundstücks, nämlich dem Endwert und dem Anfangswert. Hieraus kann aber nicht geschlossen werden, dass Anfangs- und Endwerte methodisch nicht auch voneinander abgeleitet werden können. **Zulässig ist jede Methode, mit der der gesetzliche Auftrag, die Bodenwerterhöhung und damit den Ausgleichsbetrag nach dem Unterschied zwischen Anfangs- und Endwert zu ermitteln, erfüllt werden kann**[325].

Anfangs- und Endwert unterscheiden sich um die sanierungs- bzw. entwicklungsbedingte Bodenwerterhöhung, die Gegenstand der Ausgleichsbetragserhebung ist. In vielen Fällen kann die sanierungsbedingte Bodenwerterhöhung sicherer auch auf direktem Wege abgeleitet werden als aus dem Unterschied zwischen End- und Anfangswert.

Es kann nicht gefordert werden, dass die sanierungs- und entwicklungsbedingte Werterhöhung nach einzelnen werterhöhenden Sanierungs- und Entwicklungsmaßnahmen im Gutachten aufgeschlüsselt wird, wenn eine **gesamtheitliche Wertermittlungsmethode** sachgerecht ist[326].

549 Grundsätzlich lassen sich damit **zwei bzw. drei methodisch unterschiedliche Verfahrenswege** zur Bemessung des Ausgleichsbetrags unterscheiden (Abb. 21).

---

[325] BVerwG, Beschl. vom 28.7.2010 – 4 B 12/10 –, GuG 2011, 59 = EzGuG 15.129; BVerwG, Beschl. vom 16.11.2004 – 4 B 71/04 –, GuG 2005, 248 = EzGuG 15.114; BVerwG, Beschl. vom 16.1.1996 – 4 B 69/95 –, GuG 1996, 111 = EzGuG 115.83; überholt VG Minden, Beschl. vom 20.11.1987 – 1 L 58/87 –, EzGuG 15.56.

[326] VG Bremen, Urt. vom 19.5.1993 – 1 A 153/84 –, GuG 1994, 59 = EzGuG 15.76; VG Hannover, Urt. vom 20.1.1988 – 4 A 13/86 –, EzGuG 15.59; LG Osnabrück, Urt. vom 26.10.1987 – 5 O 5/85 –, EzGuG 15.55.

Abb. 21: Verfahrenswege der Ermittlung von Ausgleichsbeträgen (Grundsätzliches)

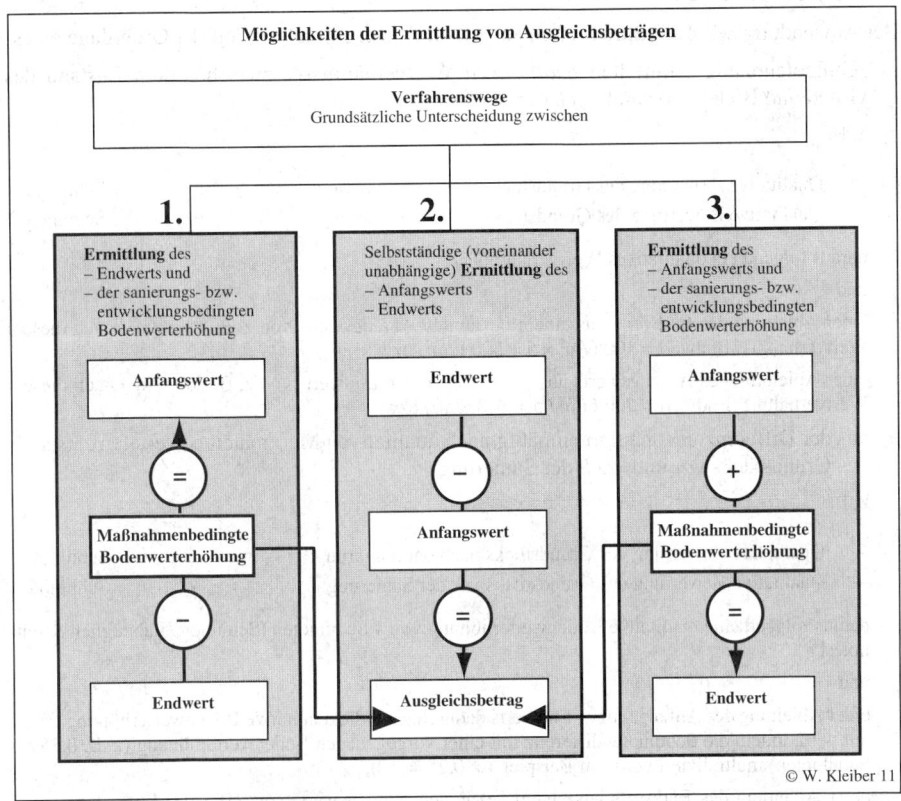

1. Ermittlung des Ausgleichsbetrags aus dem Unterschied zwischen dem *unabhängig voneinander ermittelten End- und Anfangswert* entsprechend der Verfahrensvorgabe des § 154 Abs. 2 BauGB,

2. Ermittlung des Ausgleichsbetrags auf direktem Weg aus der *sanierungs- bzw. entwicklungsbedingten Bodenwerterhöhung*, wobei sich damit auch Anfangs- oder Endwert ableiten lassen, wenn einer dieser Werte bekannt ist:

   Anfangswert
   + Sanierungs- bzw. entwicklungsbedingte Bodenwerterhöhung
   = Endwert

   oder

   Endwert
   – Sanierungs- bzw. entwicklungsbedingte Bodenwerterhöhung
   = Anfangswert

Nach dem Wortlaut des § 154 Abs. 2 BauGB wäre der zuletzt genannte Verfahrensweg nicht zulässig. Grundsätzlich ist nach der hier vertretenen Auffassung auch der zweite Verfahrensweg zulässig, allerdings auch nur dann, wenn dieser Verfahrensweg zu Ergebnissen führt, die nachvollziehbar sind und sich am Geschehen auf dem Grundstücksmarkt orientieren, d. h.,

– Anfangswert zuzüglich der sanierungsbedingten Bodenwerterhöhung muss auch tatsächlich zum Endwert führen, bzw.

550

VI Städtebauliche Maßnahmen — Ausgleichsbeträge

– Endwert abzüglich sanierungsbedingter Bodenwerterhöhung muss auch tatsächlich zum Anfangswert führen.

551 Bei Anwendung des **Zielbaumverfahrens (Multifaktorenanalyse)** auf der Grundlage eines

a) schulnotenmäßig ermittelten *qualitativen* Wertverhältnisses zwischen dem Zustand des Grund und Bodens *vor* und *nach* der Sanierung

z. B.:

– Qualitative Bewertung des Grundstücks nach der Sanierung: Schulnote 1
– Qualitative Bewertung des Grundstücks vor der Sanierung: Schulnote 5

daraus folgend ein qualitatives Wertverhältnis 5/1
und

einer Ableitung des Endwerts aus einem bekannten Anfangswert (von z. B. 100 €/m² nach diesem Wertverhältnis (Endwert = 100 €/m² × 5 = 500 €/m²) bzw.

einer Ableitung des Anfangswerts aus einem bekannten Endwert (von z. B. 700 €/m²) nach diesem Wertverhältnis (Endwert = 700 €/m² / 5 = 140 €/m²) bzw.

b) aus der Differenz des schulnotenmäßig nach qualitativen Merkmalen bewerteten Zustands des Grundstücks *vor* und *nach* der Sanierung

z. B.:

– Qualitative Bewertung des Grundstücks nach der Sanierung: Schulnote 1
– Qualitative Bewertung des Grundstücks vor der Sanierung: Schulnote 5

daraus folgend eine qualitative Bodenwerterhöhung von 4 Schulnoten (Schulnote 5 abzüglich Schulnote 1)
und

einer Ableitung des Anfangs- bzw. Endwerts dadurch, dass die qualitative Bodenwerterhöhung ermittelt wird, indem die Schulnotendifferenz mit einer vorgegebenen Bodenwerterhöhung (z. B. 0,25 / Δ Schulnoten) multipliziert wird (im Beispiel 4 × 0,25 = 1,0),

einer Ableitung des Endwerts aus einem bekannten Anfangswert (von z. B. 100 €/m²) bzw. einer Ableitung des Anfangswerts aus einem bekannten Endwert (von z. B. 700 €/m²)

ist dies keineswegs gewährleistet. Das Modell bedarf dann einer „Justierung" an die tatsächlichen Wertverhältnisse auf dem Grundstücksmarkt (vgl. Rn. 455 ff.).

552 Es kann im Übrigen auch nicht gefordert werden, dass die sanierungs- bzw. entwicklungsbedingte Werterhöhung aufgeschlüsselt nach den einzelnen werterhöhenden Sanierungs- und Entwicklungsmaßnahmen nachgewiesen wird, wenn eine gesamtheitliche Wertermittlungsmethode sachgerechter ist (vgl. Rn. 437)[327].

553 **Zur Ermittlung des Anfangs- und Endwerts kann grundsätzlich auf die Erläuterungen zum sanierungsunbeeinflussten Grundstückswert** bei Rn. 308 **sowie zum Neuordnungswert** bei Rn. 535 verwiesen werden. Die Erläuterungen können allerdings nur „entsprechend" zur Anwendung kommen, weil es bei der Ermittlung des Anfangs- und Endwerts jeweils um die Ermittlung des Bodenwerts geht, während der sanierungs- bzw. entwicklungsunbeeinflusste Grundstückswert und der Neuordnungswert das gesamte Grundstück einschließlich einer vorhandenen Bebauung betrifft. Zudem sind bei der Ermittlung des sanierungs- bzw. entwicklungsunbeeinflussten Grundstückswerts die vom Eigentümer **durch eigene Aufwendungen selbst bewirkten Werterhöhungen** nicht zu berücksichtigen, während sie bei der Ermittlung des Ausgleichsbetrags gemäß § 155 Abs. 1 BauGB auf den Unterschiedsbetrag aus End- und Anfangswert **anzurechnen** sind – mithin **bei der Ermittlung des Anfangswerts unberücksichtigt** bleiben müssen.

---

[327] VG Hannover, Urt. vom 20.1.1988 – 4 A 13/86 –, EzGuG 15.59; LG Osnabrück, Urt. vom 18.10.1987 – 5 O 5/85 –, EzGuG 15.55; VG Bremen, Urt. vom 19.5.1993 – 1 A 153/84 –, GuG 1994, 59 = EzGuG 15.76.

Folgende Unterschiede sind zu beachten: 554

a) Anfangs- und Endwerte sind lediglich die Bodenwerte des Grundstücks, d. h., die Bebauung des Grundstücks bleibt außer Betracht.

b) Anfangs- und Endwerte sind auf den Zeitpunkt des Abschlusses der Sanierungs- bzw. Entwicklungsmaßnahme (vgl. Rn. 353) zu beziehen.

c) Bei der Ermittlung des Anfangswerts bleiben die nach § 155 Abs. 1 BauGB anzurechnenden Beträge (vgl. Rn. 294) unberücksichtigt; die sog. externen Effekte (vgl. Rn. 137 ff.) gehen indessen in den Anfangswert ein, weil die darauf zurückgehenden Bodenwerterhöhungen nicht abschöpfungsfähig sind.

d) Externe Effekte sind in die Ermittlung des Endwerts einzubeziehen, wenn sie bei der Ermittlung des Anfangswerts berücksichtigt worden sind.

e) Bei der Ermittlung des Endwerts kann die rechtliche und tatsächliche Neuordnung des Sanierungsgebiets „voll" berücksichtigt werden; die Berücksichtigung einer Wartezeit bis zum Abschluss der Sanierungsmaßnahmen im gesamten Sanierungsgebiet ist nur in den Fällen

- der vorzeitigen Festsetzung des Ausgleichsbetrags nach § 154 Abs. 3 Satz 3 BauGB (wie im Falle einer Ablösung nach § 154 Abs. 3 Satz 2 BauGB) und
- der vorzeitigen Entlassung aus der Sanierungsmaßnahme nach § 163 BauGB erforderlich.

f) Die nach § 155 Abs. 1 BauGB anzurechnenden Bodenwerterhöhungen bedürfen der Anpassung an den Wertermittlungsstichtag.

Das OVG Münster hat im Urteil vom 9.4.1990[328] festgestellt, dass der Gemeinde bei der Ermittlung der für die Anfangs- und Endwerte maßgeblichen Faktoren ein **„Schätzungsspielraum hinsichtlich des Umfangs der durch diese Faktoren bewirkten Erhöhung oder Minderung des Bodenwerts zur Verfügung"** stehe, unabhängig davon, ob sie sich hierbei auf ein Sachverständigengutachten stützt oder die Entscheidungsgrundlagen selbst ermittelt. Denn Anfangs- und Endwert ließen sich nicht einfach „ausrechnen" oder in ihrer Höhe einer Tabelle entnehmen, sondern gingen aus einem Ermittlungsverfahren hervor, das zumindest praktisch vielfältig Gelegenheit biete, so oder anders vorzugehen[329]. Dies muss auch für den Gutachterausschuss oder einen sonstigen Sachverständigen gelten, denn Anfangs- und Endwerte sind wie andere Verkehrswerte keine mathematisch exakt ermittelbaren Größen, wie in der höchstrichterlichen Rechtsprechung wiederholt festgestellt wurde. Aus diesem Grunde darf bei einer unwesentlichen Überschreitung des sanierungsunbeeinflussten Grundstückswerts die sanierungsrechtliche Preisprüfung nach § 145 i. V. m. § 153 Abs. 2 BauGB nicht zur Versagung der Genehmigung führen. Im Anschluss an die hierzu ergangene Rechtsprechung hat das OVG Lüneburg[330] hierzu festgestellt, dass es der Gemeinde nicht verwehrt werden könne, im Rahmen der Ermittlung des Ausgleichsbetrags die mit der Ermittlung des Verkehrswerts verbundenen Ungewissheiten durch eine vorsichtige, an die untere Grenze des Vertretbaren heranreichende Veranschlagung aufzufangen. Rechtlich und rechtspolitisch bedenklich wäre es indessen, wenn im Hinblick auf eine „unsichere" Wertermittlung deshalb – quasi automatisch – der Anfangswert durch einen Wertzuschlag „aufgestockt" und der Endwert mit einem Wertabschlag versehen wird[331]. 555

2.12.3 Wertermittlungsstichtag

▶ *Vgl. Rn. 714; § 3 ImmoWertV Rn. 1 ff.; § 16 ImmoWertV Rn. 252; § 6 ImmoWertV Rn. 35, 75 ff.; § 8 ImmoWertV Rn. 387, § 15 ImmoWertV Rn. 5 ff.*

---

328 OVG Münster, Urt. vom 9.4.1990 – 22 A 1185/89 –, GuG 1991, 31 = EzGuG 15.67.
329 So schon VG Münster, Urt. vom 18.2.1988 – 3 K 2268/85 –, GuG 1991, 31 = EzGuG 15.60, dem allerdings nicht gefolgt werden kann.
330 OVG Lüneburg, Urt. vom 30.10.1986 – 6 A 32/85 –, ZfBR 1087, 206 = EzGuG 15.50.
331 VG Münster, Urt. vom 18.2.1988 – 3 K 2268/58 –, GuG 1991, 31 = EzGuG 15.60.

VI Städtebauliche Maßnahmen — Ausgleichsbeträge

556 Der maßgebliche Wertermittlungsstichtag für die Ermittlung des End- und Anfangswerts ergibt sich aus § 154 Abs. 3 BauGB[332]. **Anfangs- und Endwert,** aber auch die nach § 155 Abs. 1 BauGB anzurechnenden Beträge sind **bezogen auf denselben Zeitpunkt zu ermitteln** (vgl. § 16 Abs. 5 ImmoWertV). **Wertermittlungsstichtag** ist der Zeitpunkt des Abschlusses der städtebaulichen Sanierungs- oder Entwicklungsmaßnahme nach § 162 und § 163 BauGB (ggf. i. V. m. § 169 Abs. 1 Nr. 8 BauGB). Entsprechendes gilt auch für Anpassungsgebiete i. S. d. § 170 BauGB. Wertermittlungsstichtag ist danach

a) in den Fällen einer *Aufhebung der Sanierungs- bzw. Entwicklungssatzung* nach § 162 BauGB der Zeitpunkt des Inkrafttretens der Satzung, mit der die Sanierungs- bzw. Entwicklungssatzung aufgehoben wird (§ 162 Abs. 2 Satz 5 BauGB);

b) in den Fällen des § 169 Abs. 1 Nr. 8 i. V. m. § 162 BauGB der Zeitpunkt des Inkrafttretens der Satzung, mit der die Entwicklungssatzung aufgehoben wird,

c) in den Fällen einer *Abgeschlossenheitserklärung für einzelne Grundstücke* nach § 163 Abs. 1 und 2 BauGB sowie des § 169 Abs. 1 Nr. 8 i. V. m. § 163 Abs. 1 und 2 BauGB der Zeitpunkt der Abschlusserklärung.

557 Die zitierten Vorschriften haben folgende Fassung:

„**§ 162 BauGB Aufhebung der Sanierungssatzung**

(1) Die Sanierungssatzung ist aufzuheben, wenn

1. die Sanierung durchgeführt ist oder
2. die Sanierung sich als undurchführbar erweist oder
3. die Sanierungsabsicht aus anderen Gründen aufgegeben wird oder
4. die nach § 142 Abs. 3 Satz 3 oder 4 für die Durchführung der Sanierung festgelegte Frist abgelaufen ist.

Sind diese Voraussetzungen nur für einen Teil des förmlich festgelegten Sanierungsgebiets gegeben, ist die Satzung für diesen Teil aufzuheben.

(2) Der Beschluss der Gemeinde, durch den die förmliche Festlegung des Sanierungsgebiets ganz oder teilweise aufgehoben wird, ergeht als Satzung. Die Satzung ist ortsüblich bekannt zu machen. Die Gemeinde kann auch ortsüblich bekannt machen, dass eine Satzung zur Aufhebung der förmlichen Festlegung des Sanierungsgebiets beschlossen worden ist; § 10 Abs. 3 Satz 2 bis 5 ist entsprechend anzuwenden. Mit der Bekanntmachung wird die Satzung rechtsverbindlich.

(3) Die Gemeinde ersucht das Grundbuchamt, die Sanierungsvermerke zu löschen.

§ 163 BauGB Fortfall von Rechtswirkungen für einzelne Grundstücke

(1) Die Gemeinde kann die Sanierung für ein Grundstück als abgeschlossen erklären, wenn entsprechend den Zielen und Zwecken der Sanierung

1. das Grundstück bebaut ist oder in sonstiger Weise genutzt wird oder
2. das Gebäude modernisiert oder instand gesetzt ist.

Auf Antrag des Eigentümers hat die Gemeinde die Sanierung für das Grundstück als abgeschlossen zu erklären.

(2) Die Gemeinde kann bereits vor dem in Absatz 1 bezeichneten Zeitpunkt die Durchführung der Sanierung für einzelne Grundstücke durch Bescheid an die Eigentümer für abgeschlossen erklären, wenn die den Zielen und Zwecken der Sanierung entsprechende Bebauung oder sonstige Nutzung oder die Modernisierung oder Instandsetzung auch ohne Gefährdung der Ziele und Zwecke der Sanierung zu einem späteren Zeitpunkt möglich ist. Ein Rechtsanspruch auf Abgabe der Erklärung besteht in diesem Fall nicht.

(3)…"

558 Ist der Ausgleichsbetragsermittlung ein **falscher Wertermittlungsstichtag** zugrunde gelegt worden, ohne dass sich dies auf das Ergebnis auswirkt, verbleibt es im Übrigen bei der Bestandskraft des Ausgleichsbetragsbescheids[333].

---

[332] Die Vorschrift entspricht § 2 Abs. 2 und § 10 Abs. 2 der mit Inkrafttreten des BauGB aufgehobenen Ausgleichsbetragsverordnung vom 6.2.1976 (BGBl. I 1976, 273).

[333] VG Lüneburg, Urt. vom 15.8.1984 – 11 A 70/83 –, Die Gemeinde 1984, 326 = EzGuG 15.3.

Der Zeitpunkt des Abschlusses der Sanierungsmaßnahme ist auch dann Wertermittlungsstichtag, wenn die Sanierungsarbeiten schon zu einem früheren Zeitpunkt abgeschlossen sind[334]. 559

2.12.4 Anfangswert

2.12.4.1 Allgemeines

▶ *Vgl. die entsprechend anwendbaren Erläuterungen unter Rn. 322 ff. und 341 ff. und zu Vergleichspreisen aus der Nachbargemeinde in der Syst. Darst. des Vergleichswertverfahrens Rn. 59 ff.*

Der maßgebliche Grundstückszustand unter Ausschluss der sanierungsbedingten Bodenwerterhöhungen muss zunächst deskriptiv nach den Verhältnissen qualifiziert werden, als noch keine Aussicht auf die Vorbereitung und Durchführung der Sanierungs- bzw. Entwicklungsmaßnahme bestand. Entsprechendes gilt für die Ermittlung des Anfangswerts in städtebaulichen Entwicklungsbereichen. In der Praxis wird hierfür der **Zeitpunkt des beginnenden Sanierungs- bzw. Entwicklungseinflusses** festgestellt werden (vgl. Rn. 318 ff.). 560

Im Verlauf der Sanierungs- oder Entwicklungsmaßnahmen eingetretene qualitative Verbesserungen, die zu Bodenwerterhöhungen geführt haben, sind bei der Qualifizierung des Anfangswertzustands nur zu berücksichtigen, wenn sie nicht in kausalem Zusammenhang mit der Sanierungs- oder Entwicklungsmaßnahme gestanden haben. Dies betrifft Maßnahmen außerhalb des Sanierungsgebiets oder Entwicklungsbereichs, wobei an die Berücksichtigung solcher **externen Effekte** enge Anforderungen zu stellen sind. Denn grundsätzlich kann davon ausgegangen werden, dass alle im Sanierungsgebiet oder im städtebaulichen Entwicklungsbereich durchgeführten Maßnahmen erst durch die städtebauliche Veranstaltung ermöglicht und ausgelöst worden sind (conditio sine qua non). 561

Ist der für die Ermittlung des Anfangswerts maßgebliche Zustand des Grund und Bodens nach den vorstehenden Grundsätzen qualifiziert, lässt sich der Anfangswert bei **Anwendung des Vergleichswertverfahrens** ermitteln, indem gemäß 562

– § 16 Abs. 1 ImmoWertV eine ausreichende Anzahl von Vergleichspreisen für hinreichend übereinstimmende Vergleichsgrundstücke herangezogen werden und

– Abweichungen hinsichtlich des Zustands des Grund und Bodens sowie der allgemeinen Wertverhältnisse auf dem Grundstücksmarkt nach Maßgabe des § 16 Abs. 1 Satz 3 i. V. m. § 15 Abs. 1 Satz 3 und 4 ImmoWertV berücksichtigt werden.

Vergleichspreise sind möglichst **von Grundstücken aus Gebieten** heranzuziehen, **die** neben den allgemeinen Grundstücksmerkmalen (§§ 4 ff. ImmoWertV) auch **hinsichtlich ihrer städtebaulichen Missstände mit dem förmlich festgelegten Sanierungsgebiet oder städtebaulichen Entwicklungsbereich vergleichbar sind,** für die jedoch in absehbarer Zeit eine Sanierung oder Entwicklung nicht erwartet wird. Was dabei als städtebauliche Missstände anzusehen ist, ergibt sich aus § 136 Abs. 2 und 3 BauGB. Die Heranziehung von Vergleichspreisen aus dem Belegenheitsgebiet ist bei der Ermittlung des Anfangswerts nur zulässig, wenn die Kaufpreise oder Ertragsverhältnisse nicht von sanierungs- oder entwicklungsbedingten Umständen beeinflusst sind oder ihr Einfluss erfasst werden kann. Dies ist darin begründet, dass die in einem Sanierungsgebiet oder städtebaulichen Entwicklungsbereich gelegenen Grundstücke unter dem Einfluss der städtebaulichen Maßnahmen stehen. 563

---

[334] OVG Lüneburg, Urt. vom 28.9.1995 – 1 L 159/94 –, Revision: BVerwG, Urt. vom 12.12.1995 – 4 B 281/95 –, GuG 1996, 109 = NVwZ-RR 1996, 629 = BRS Bd. 57 Nr. 258 = BBauBl. 1996, 321 = ZfBR 1996, 114 = BauR 1999, 219 = UPR 1996, 113; vgl. VG Schleswig, Urt. vom 15.2.1993 – 8 A 200/89 –, GuG 1993, 316 = EzGuG 15.75.

2.12.4.2 Eigene Bodenwerterhöhungen

▶ *Zur Anrechnung auf den Ausgleichsbetrag vgl. Rn. 339 ff. und 739 ff.; zur Berücksichtigung nach § 153 Abs. 1 BauGB vgl. Rn. 340 ff.*

564 Im Unterschied zu der Ermittlung des sanierungs- oder entwicklungsunbeeinflussten Grundstückswerts nach § 153 Abs. 1 BauGB bleiben bei der **Ermittlung des Anfangswerts** unberücksichtigt:

1. die durch die Sanierung entstandenen Vorteile oder Bodenwerterhöhungen, die bereits in einem anderen Verfahren, insbesondere in einem Enteignungsverfahren berücksichtigt worden sind,

2. die vom Eigentümer zulässigerweise selbst durch eigene Aufwendungen bewirkten Bodenwerterhöhungen sowie die aufgrund eines städtebaulichen Vertrags nach § 146 Abs. 3 BauGB ihm zu erstattenden Kosten,

3. Bodenwerterhöhungen, die der Eigentümer beim Erwerb des Grundstücks als Teil des Kaufpreises zulässigerweise bereits entrichtet hat.

565 Es handelt sich hierbei um **Anrechnungsbeträge i. S. d. § 155 Abs. 1 BauGB,** die anstelle ihrer Berücksichtigung „im" Anfangswert auf den Ausgleichsbetrag anzurechnen sind. Diese zumeist bereits zu einem zurückliegenden Zeitpunkt erbrachten Leistungen, mit denen die sanierungs- bzw. entwicklungsbedingte Bodenwerterhöhung teilweise abgegolten worden ist, müssen in diesem Fall zum Zwecke ihrer Anrechnung auf den Ausgleichsbetrag ggf. auf die allgemeinen Wertverhältnisse auf dem Grundstücksmarkt umgerechnet werden, die der Bemessung des Ausgleichsbetrags zugrunde zu legen sind (vgl. Rn. 742 ff.).

2.12.4.3 Planungsschaden

▶ *Hierzu bereits Rn. 285 ff., 332 sowie Rn. 702 ff. und Grundsätzliches bei Rn. 18 ff.*

566 Eine Besonderheit bei der Qualifizierung des für den Anfangswert maßgeblichen Grundstückszustands kann sich in den Fällen ergeben, in denen das **Grundstück Gegenstand einer Planung war, die einen Planungsschaden i. S. d. §§ 39 ff. BauGB ausgelöst hat.** Es kann sich hierbei um einen Planungsschaden handeln,

– der seine Ursachen noch *vor* förmlicher Festlegung des Veranstaltungsgebiets und sogar noch vor dem Zeitpunkt hatte, als eine Aussicht auf die Sanierung bzw. Entwicklung bestand und die bislang (noch) nicht zu einer Entschädigung geführt hatte, oder

– der auf den im Verlauf der Sanierungs- bzw. Entwicklungsmaßnahme aufgestellten Bebauungsplan zurückzuführen ist.

567 In beiden Fällen ist bei **Ermittlung des Anfangswerts der „herabgezonte" Grundstückszustand** zugrunde zu legen, unabhängig davon, ob der Planungsschaden geltend gemacht worden ist oder noch geltend gemacht werden kann. Das Ausgleichsbetragsrecht geht diesbezüglich von einer Trennung des Ausgleichsbetrags- und Planungsschadensrechts aus. Von einem „herabgezonten" Grundstückszustand ist bei der Ermittlung des Anfangswerts auch auszugehen, wenn eine zulässige Nutzung geändert oder aufgehoben wurde, weil sie

a) den allgemeinen Anforderungen an gesunde Wohn- und Arbeitsverhältnisse oder an die Sicherheit der auf dem Grundstück oder im umliegenden Gebiet wohnenden oder arbeitenden Menschen nicht entsprach, oder

b) in dem Gebiet städtebauliche Missstände i. S. d. § 136 Abs. 2 und 3 BauGB bestanden *und* die Nutzung des Grundstücks zu diesen Missständen wesentlich beigetragen hat.

568 Dies ergibt sich aus **§ 43 Abs. 4 BauGB, nach dem** darauf zurückzuführende **Bodenwertminderungen entschädigungslos hinzunehmen sind.** Würde man nämlich diese Bodenwertminderung bei der Ermittlung des Anfangswerts außer Betracht lassen, so würde sich der

Anfangswert erhöhen und der Ausgleichsbetrag entsprechend vermindern, was einer Entschädigung gleichkäme.

Die unter Buchstabe b genannte Voraussetzung für eine **entschädigungslos hinzunehmende Änderung oder Aufhebung einer zulässigen Nutzung** ist für die im Sanierungsgebiet gelegenen Grundstücke regelmäßig gegeben, denn städtebauliche Missstände sind zugleich Voraussetzung für die förmliche Festlegung. Insoweit kann ein zu entschädigender Planungsschaden i. d. R. nicht auftreten; lediglich wenn die Nutzung des einzelnen Grundstücks nicht „wesentlich" zu den städtebaulichen Missständen beigetragen hat, verbleibt es bei einem Entschädigungsanspruch. 569

2.12.5 Endwert

2.12.5.1 Allgemeines

▶ *Vgl. Rn. 243, 532 ff.; Syst. Darst. des Vergleichswertverfahrens Rn. 174 ff.*

Nach den vorstehenden Erläuterungen definiert sich der Endwert als der Bodenwert **unter Berücksichtigung der rechtlichen und tatsächlichen Neuordnung des Sanierungsgebiets bzw. Entwicklungsbereichs,** bezogen auf die allgemeinen Wertverhältnisse **zum Zeitpunkt des Abschlusses der Sanierungs- bzw. Entwicklungsmaßnahme.** 570

Wertermittlungsstichtag, d. h. der Zeitpunkt, auf den sich die Ermittlung des Endwerts bezieht, ist der Stichtag, der auch für die Ermittlung des Anfangswerts maßgebend ist. Da die rechtliche und tatsächliche Neuordnung nach den gesetzlichen Voraussetzungen für den Abschluss der Sanierungs- und Entwicklungsmaßnahme durchgeführt sein muss, besteht für die Ermittlung des Endwerts grundsätzlich Identität bezüglich des Zeitpunkts, der hier für die Feststellung des Zustands (Qualitätsstichtag) und der allgemeinen Wertverhältnisse auf dem Grundstücksmarkt anzuhalten ist. 571

Auf die Ermittlung des Endwerts kommen ansonsten die allgemeinen Wertermittlungsgrundsätze zur Anwendung. Die Ermittlung ist i. d. R. unproblematisch, weil die Ermittlung des Endwerts zum Zwecke der Erhebung von Ausgleichsbeträgen – anders als bei vorzeitiger Festsetzung oder zum Zwecke der Ablösung – zu einem Zeitpunkt vorgenommen wird, in dem die tatsächliche und rechtliche Neuordnung (zumindest weitgehend) bereits realisiert ist und die Ermittlung sowohl hinsichtlich des maßgeblichen Grundstückszustands als auch der allgemeinen Wertverhältnisse den tatsächlichen Gegebenheiten eines gegenwartsnahen Wertermittlungsstichtags entspricht. Insofern handelt es sich hier um **Normalfälle der Wertermittlungspraxis.** Besonderheiten können sich dagegen insofern ergeben, als es sich bei den sanierten oder neuentwickelten Grundstücken möglicherweise um singuläre Bereiche im Gemeindegebiet handelt, wobei Unterschiede zu den dem am nächsten kommenden Vergleichsgrundstück – wie sonst auch – durch Zu- und Abschläge zu berücksichtigen sind. 572

Bei der Ermittlung von Endwerten für städtebauliche Entwicklungsbereiche kann hinzukommen, dass das neu entwickelte Gebiet noch nicht die gewachsene Struktur der Vergleichsgebiete aufweist. Die Gemeinde hat zwar nach § 166 BauGB die Bebauung zu sichern. Gleichwohl kann ein solches Gebiet zum Zeitpunkt des Abschlusses noch viele Baulücken aufweisen und demzufolge auch noch unter einer zwar im Entstehen begriffenen, aber zu diesem Zeitpunkt noch nicht vorhandenen infrastrukturellen Versorgung „leiden". In der Wertermittlungspraxis ist anerkannt, in solchen Fällen sog. **Pionierabschläge** anzubringen, wenn von Vergleichspreisen aus gewachsenen Gebieten ausgegangen wird (vgl. Rn. 243). 573

Grundsätzlich ist bei der Ermittlung des Endwerts auch bei bebauten Grundstücken vom Bodenwert des unbebaut gedachten Grundstücks auszugehen (vgl. § 16 Abs. 1 ImmoWertV). 574

Ausgangspunkt der Ermittlung des Endwerts ist die **Qualifizierung des Grund und Bodens im Neuordnungszustand,** wie er mit § 154 Abs. 2 BauGB vorgegeben ist. Die Ausführungen bei Rn. 235 ff. gelten hierfür entsprechend, wobei es hier lediglich um den Bodenwert geht. 575

VI Städtebauliche Maßnahmen — Ausgleichsbeträge

Die vom Eigentümer oder Voreigentümer zulässigerweise bewirkten Bodenwerterhöhungen sind bei der Ermittlung des Endwerts zunächst zu berücksichtigen; sie werden später gemäß § 155 Abs. 1 BauGB auf den Ausgleichsbetrag angerechnet.

576 Bei der Ermittlung des Endwerts bestimmen sich – wie bereits ausgeführt wurde – sowohl der **Zustand des Grundstücks** wie auch die maßgeblichen allgemeinen Wertverhältnisse auf dem Grundstücksmarkt nach dem Zeitpunkt des Abschlusses der Sanierung. Die Wertermittlung kann sich an den **zu diesem Zeitpunkt vorhandenen tatsächlichen Verhältnissen** orientieren, wenn die Sanierungsmaßnahme durch Aufhebung der förmlichen Festlegung des Sanierungs*gebiets* nach § 162 BauGB abgeschlossen ist. Werterhöhungen, die auf Maßnahmen zurückzuführen sind, die aus allgemeinen städtebaulichen Gründen außerhalb des Sanierungsgebiets durchgeführt worden sind und zu einer Werterhöhung der Grundstücke im Sanierungsgebiet beigetragen haben, z. B. der Bau einer U-Bahn am Rande des Sanierungsgebiets, dürfen bei der Ermittlung des Endwerts nur berücksichtigt werden, wenn sie auch in den Anfangswert eingegangen sind (vgl. Rn. 334). Dies betrifft jedoch nur solche Maßnahmen, die auch durchgeführt worden wären, wenn keine Sanierungsmaßnahme stattgefunden hätte. Solche sog. externen Effekte sind nach der Gesamtkonzeption des Gesetzes nicht abschöpfungsfähig, wenn sie nicht sanierungsbedingt sind. Externe Effekte müssen ebenso wie aus allgemeinen städtebauliche Entwicklungen – anders als bei der Bemessung des Neuordnungswerts – außer Betracht bleiben, denn die Abschöpfung sanierungsbedingter Bodenwerterhöhungen ist nach der bodenpolitischen Konzeption auf solche bodenwerterhöhenden Maßnahmen beschränkt, die ursächlich aus der Sanierung oder Entwicklung resultieren; das Gleiche gilt für die sog. **konjunkturellen Werterhöhungen,** die allein aus Änderungen in den allgemeinen Wertverhältnissen auf dem Grundstücksmarkt resultieren.

577 Für die **Ermittlung des Endwerts** kommt, wie für die Ermittlung des Anfangswerts, vor allem das **Vergleichswertverfahren** (§§ 15 f. ImmoWertV) in Betracht. Der Endwert wird dabei aus **Kaufpreisen (bzw. Bodenrichtwerten i. S. d.** § 196 Abs. 1 Satz 5 BauGB) **vergleichbarer unbebauter Grundstücke** abgeleitet (§ 16 Abs. 1 ImmoWertV). Die Grundstücke sollen hinsichtlich der durch die Sanierungs- bzw. Entwicklungsmaßnahme herbeigeführten Aufwertungen des Sanierungsgebiets bzw. Entwicklungsbereichs sowie der grundstücksspezifischen Besonderheiten mit dem zu bewertenden Grundstück möglichst übereinstimmen, insbesondere hinsichtlich der Festsetzungen über die zulässige bauliche oder sonstige Nutzung (Art und Maß der Nutzung), der Lage und Erschließung des Grundstücks innerhalb des neugestalteten Gebiets, der rechtlichen Beschränkungen sowie der Form und Größe. Soweit die herangezogenen Vergleichsgrundstücke hinsichtlich ihrer besonderen objektspezifischen Grundstücksmerkmale von dem zu bewertenden Grundstück abweichen, ist dies wiederum nach § 16 Abs. 1 Satz 3 i. V. m. § 15 Abs. 1 Satz 3 und 4 ImmoWertV durch angemessene Zu- oder Abschläge zu den Vergleichspreisen zu berücksichtigen (qualifizierender Quervergleich). Vergleichspreise aus zurückliegender Zeit sind – um zwischenzeitlich eingetretene Änderungen in den allgemeinen Wertverhältnissen (sog. „konjunkturbedingte" Bodenwertänderungen) zu „neutralisieren" – auf die Wertverhältnisse zum Wertermittlungsstichtag ggf. mithilfe von Bodenpreisindexreihen umzurechnen (intertemporärer Preisvergleich).

Zum Vergleich können auch geeignete **Kaufpreise** herangezogen werden, **die sich auf im Sanierungsgebiet bzw. Entwicklungsbereich belegene Grundstücke beziehen,** denn zum Zeitpunkt des Abschlusses einer Sanierungsmaßnahme können bereits Umlegungsverfahren abgeschlossen und Grundstücke zum Verkehrswert nach § 153 Abs. 4 oder § 169 Abs. 8 BauGB veräußert worden sein. Bei Heranziehung solcher Kaufpreise muss allerdings beachtet werden, dass sie i. d. R. zu einem Zeitpunkt vereinbart worden sind, zu dem die Maßnahmen noch nicht abgeschlossen waren und bei der Veräußerung nur die jeweils zu diesem Bezugspunkt bestehende Aussicht auf die Neuordnung berücksichtigt werden konnte. Zwischenzeitlich eingetretene qualitative Veränderungen müssen daher ebenso berücksichtigt werden wie zwischenzeitlich eingetretene Änderungen der allgemeinen Wertverhältnisse auf dem Grundstücksmarkt (vgl. Syst. Darst. des Vergleichswertverfahrens Rn. 174 ff.).

2.12.5.2 Rechtliche und tatsächliche Neuordnung

▶ *Vgl. Rn. 435 ff., 634 ff.; § 6 ImmoWertV Rn. 3 ff.*

Wie bei der Ermittlung des Anfangswerts geht auch der Ermittlung des Endwerts zunächst eine qualifizierende Feststellung des Neuordnungszustands ggf. der Einzelfaktoren voraus, die aufgrund der rechtlichen und tatsächlichen Neuordnung im Sanierungsgebiet wertbeeinflussend sind. Die rechtlichen Gegebenheiten und tatsächlichen Eigenschaften sind ausschlaggebend für die **Nutzbarkeit des Grundstücks,** insbesondere 578

– die Festsetzungen über Art und Maß der zulässigen baulichen Nutzung (Grund- und Geschossflächenzahl, Baumassenzahl und Zahl der Vollgeschosse und Höhe der baulichen Anlagen gemäß den §§ 16 ff. BauNVO), Festsetzungen über die Bauweise (§ 22 BauNVO) und die überbaubare Grundstücksfläche (§ 23 BauNVO),

– der Erschließungszustand (die Sicherung der Erschließung ist eine wesentliche Voraussetzung für die Baulandqualität) und

– der Zuschnitt des Grundstücks.

Unter **rechtlicher und tatsächlicher Neuordnung ist die Gesamtheit der Sanierungsmaßnahmen** zu verstehen; sie ist nicht auf die durchgeführten Ordnungsmaßnahmen beschränkt. Wenngleich als Endwert der Bodenwert zu ermitteln ist, so sind grundsätzlich auch die nach den Zielen und Zwecken der Sanierung durchgeführten Baumaßnahmen mit ihrem lageprägenden Einfluss zu berücksichtigen. Der Endwert entsteht unmittelbar durch die einzelnen und die Gesamtheit der Maßnahmen (Sanierung als Gesamtmaßnahme), wenn der Markt das Gebiet und die einzelnen Grundstücke, bedingt durch die Verbesserung der insoweit relevanten Verhältnisse und Merkmale, wertvoller einschätzt. Auf die Ermittlung des Endwerts sind „spiegelbildlich" die Qualitätskriterien der Sanierung berücksichtigungsfähig, die bei der Ermittlung des Anfangswerts bzw. des sanierungsunbeeinflussten Grundstückswerts i. S. d. § 153 Abs. 1 BauGB unberücksichtigt zu bleiben haben. 579

Die **rechtliche Neuordnung** kann dabei am sichersten **auf der Grundlage eines rechtsverbindlichen Bebauungsplans** i. S. d. § 30 BauGB ermittelt werden. Der Sanierungsbebauungsplan stellt nämlich das „Instrument der rechtlichen Neuordnung des Sanierungsgebiets" dar[335]. Ein vorhandener rechtsverbindlicher (nicht sanierungsgemäßer) Bebauungsplan ist indessen unbeachtlich, soweit davon auszugehen ist, dass seine Ausweisungen der Sanierung nicht zugrunde gelegt werden[336]. Darüber hinaus kann sich die rechtliche Neuordnung auch aus einem Vorhaben- und Erschließungsplan ergeben. 580

Die Planungen werden regelmäßig rechtsverbindlich sein. Erforderlich ist dies jedoch nicht. Ausreichend ist, dass sie genügend konkret sind und mit der gebotenen Sicherheit als beständig angesehen werden können. Maßgebend sind auch insoweit die Gepflogenheiten des Verkehrs. Soweit die Aufstellung eines Bebauungsplans nicht erforderlich und auch nicht beabsichtigt ist, weil die Gemeinde es in einem Gebiet nach § 34 BauGB grundsätzlich bei dem vorhandenen planungsrechtlichen Zustand belassen will, beurteilt sich die Nutzbarkeit vor allem nach der **gemeindlichen Sanierungskonzeption unter Berücksichtigung der §§ 34 ff. BauGB.** 581

Zur **Qualifizierung des Bodenwerts des neugeordneten Grundstücks (Endwert)** wird ansonsten auf die Ausführungen unter Rn. 435 ff. verwiesen. Sie können entsprechend zur Anwendung kommen. Die bei der Ermittlung des Endwerts zugrunde zu legenden Zustandsmerkmale werden des Weiteren insbesondere im Rahmen der Behandlung sog. Komponentenlösungen (additive Verfahren) bei Rn. 634 ff. behandelt. 582

---

335 BGH, Urt. vom 8.5.1980 – III ZR 27/78 –, BRS Bd. 36 Nr. 178 = EzGuG 4.73.
336 OVG Münster, Urt. vom 8.4.1976 – 10 A 1011/75 –, BRS Bd. 30 Nr. 196 = EzGuG 15.4.

VI Städtebauliche Maßnahmen Ausgleichsbeträge

2.12.5.3 Abgabenrechtlicher Zustand

▶ *Vgl. Syst. Darst. des Vergleichswertverfahrens Rn. 318 ff., § 16 ImmoWertV Rn. 107 ff.; Syst. Darst. des Ertragswertverfahrens Rn. 81, 149 ff.*

a) *Erschließungsbeitrag*

583 Zu der rechtlichen und tatsächlichen Neuordnung gehören auch die im (d. h. auch im Verlauf der Maßnahme) Sanierungsgebiet bzw. im städtebaulichen Entwicklungsbereich hergestellten oder erweiterten Erschließungsanlagen, für die die Gemeinde jedoch keinen gesonderten Erschließungsbeitrag nach § 154 Abs. 1 Satz 2 BauGB erhebt. Bei der Ermittlung des Endwerts ist deshalb insoweit nicht nur von einem ausgleichsbetragsfreien, sondern auch von einem **erschließungsbeitragsfreien (ebf) Grundstück** auszugehen.

584 **Beitragspflichten, die vor der förmlichen Festlegung entstanden sind, bleiben allerdings nach § 156 Abs. 1 BauGB unberührt;** soweit sie ausnahmsweise bestehen sollten und noch fällig gestellt werden können, muss die Beitragspflichtigkeit durch eine entsprechende Minderung des Endwerts berücksichtigt werden. Umgekehrt muss dann von einem insoweit erschließungsbeitragsfreien Anfangswert ausgegangen werden, um Doppelbelastungen zu vermeiden.

585 § 154 Abs. 1 Satz 2 BauGB lässt die Erhebung von **Beiträgen für Anlagen i. S. d. § 127 Abs. 4 BauGB** unberührt. Obwohl die Länder eine dem Regelungszweck des § 154 Abs. 1 Satz 2 BauGB entsprechende Änderung des Kommunalabgabenrechts nicht herbeigeführt haben, ist die mit Inkrafttreten des BauGB aufgehobene AusgleichsbetragV davon ausgegangen, dass als Endwert ein in Bezug auf **Beiträge für Anlagen nach § 127 Abs. 4 BauGB** beitragsfreies Grundstück ermittelt wird. § 5 Abs. 2 Nr. 1 der mit Inkrafttreten des BauGB aufgehobenen AusgleichsbetragV sah nämlich ausdrücklich vor, dass zulässigerweise erbrachte Leistungen für Erschließungsmaßnahmen i. S. von § 127 Abs. 4 BauGB zur Vermeidung von Doppelbelastungen auf den Ausgleichsbetrag anzurechnen sind. Eine Anrechnung findet indessen nicht statt, wenn aufgrund landesrechtlicher Vorschriften für die im Sanierungsgebiet oder Entwicklungsbereich gelegenen Grundstücke keine besonderen Abgaben für Maßnahmen i. S. d. § 127 Abs. 4 BauGB erhoben werden.

b) *Kostenerstattungsbetrag*

▶ *Hierzu allgemeine Ausführungen bei § 5 ImmoWertV Rn. 254 ff. und Syst. Darst. des Vergleichswertverfahrens Rn. 359 ff.*

586 **Im Rahmen von Sanierungs- und Entwicklungsmaßnahmen** als den wohl umfassendsten Instrumenten für eine städtebauliche Neuordnung muss die **naturschutzrechtliche Ausgleichsregelung** i. S. d. § 1a BauGB auch **bodenordnerisch bewältigt werden.** Dies betrifft insbesondere Entwicklungsmaßnahmen, während Sanierungsmaßnahmen i. d. R. in bereits bebauten Gebieten durchgeführt werden. Die Bewältigung der naturschutzrechtlichen Ausgleichsregelung ist unter dem Begriff der Durchführung (§§ 146 ff. BauGB) zu subsumieren.

587 **Ausgleichsmaßnahmen sind** primär **Maßnahmen städtebaulichen Charakters**, die im Ergebnis als privatnützig anzusehen sind. „Städtebauliche" und „naturschutzrechtliche" Gründe sind nämlich nicht Gegensatz; sie sind vielmehr miteinander verwoben und voneinander nicht abgrenzbar. Die Bereitstellung von Ausgleichsflächen ist deshalb ein im Rahmen der Abwägung zu berücksichtigender Annex, der bodenordnerisch zu bewältigen ist[337].

588 Die Durchführung von Ausgleichsmaßnahmen als **wesentlicher Bestandteil der Durchführung von Sanierungs- und Entwicklungsmaßnahmen muss bei der Gebietsabgrenzung berücksichtigt werden,** wobei möglicherweise auch Ersatz- und Ergänzungsgebiete in Betracht kommen.

---

337 VGH München, Urt. vom 16.6.1997 – 14 N 94.2157 –, GuG 1997, 313.

Bezüglich der **Einordnung von naturschutzrechtlichen Ausgleichsmaßnahmen als Ordnungs- oder Baumaßnahmen** erscheinen folgende Unterscheidungskriterien zweckmäßig: 589

- Die *Bereitstellung von Ausgleichsflächen,* die den Eingriffsgrundstücken zugeordnet sind, und die Bereitstellung entsprechend größerer Eingriffsgrundstücke erfordern Bodenordnungsmaßnahmen, die als **von der Gemeinde durchzuführende Ordnungsmaßnahmen i. S. d. § 147 BauGB** zu klassifizieren sind.

- Demgegenüber sind *Ausgleichsmaßnahmen* wie *Bepflanzungen* und dgl. auf einem vorhandenen Eingriffsgrundstück den **vom Eigentümer durchzuführenden Baumaßnahmen (i. S. d. § 148 BauGB)** zuzuordnen (Landschaftsbau).

Kann der Eigentümer eines Grundstücks die im Bebauungsplan festgelegten Maßnahmen und 590
Flächenbereitstellungen zum Ausgleich für Eingriffe in Natur und Landschaft auf seinem Grundstück nicht durchführen und werden diese **Maßnahmen an anderer Stelle als am Ort der Beeinträchtigung** seinem Grundstück zugeordnet, **soll** die Gemeinde

- die Maßnahmen auf Kosten der Vorhabenträger oder der Eigentümer der Grundstücke durchführen und

- die – falls notwendig – auch hierfür erforderlichen Flächen im Zuge der Ordnungsmaßnahmen bereitstellen. Der Durchführung solcher Maßnahmen kommt im Rahmen von **Sanierungsmaßnahmen** im Übrigen keine besondere Bedeutung zu, da es sich hier zumeist bereits um baulich genutzte Grundstücke handelt und Ausgleichsflächen und -maßnahmen deswegen nicht anfallen.

Für die **von der Gemeinde durchgeführten Maßnahmen und Flächenbereitstellungen** 591
entsteht mit der Herstellung der Maßnahmen für den Eigentümer außerhalb der Veranstaltungsgebiete eine Kostenerstattungspflicht.

Fragen der Grundstückswertermittlung sind mit der naturschutzrechtlichen Eingriffsrege- 592
lung im Zusammenhang mit der Ermittlung des Neuordnungswerts des Grund und Bodens (Endwert) aufgeworfen. Dies ist verhältnismäßig unproblematisch[338]. Nach § 154 Abs. 1 Satz 3 BauGB ist bei der Ermittlung des Endwerts von einem **kostenerstattungsbetragsfreien Grundstückszustand** auszugehen (§ 135a BauGB).

Ausgehend von Vergleichspreisen für Grundstücke im kostenerstattungsbetragsfreien 593
Neuordnungszustand muss unterstellt werden, dass im Falle der Ermittlung eines kostenerstattungsbetragspflichtigen Neuordnungswerts dieser um den üblicherweise zu erwartenden Kostenerstattungsbetrag zu vermindern wäre (Modellfall: erschließungsbeitragsfreie und erschließungsbeitragspflichtige Bodenwerte). Von einer zusätzlichen Überwälzbarkeit des Kostenerstattungsbetrags bei einem kostenerstattungsbetragsfrei ermittelten Neuordnungswert kann in aller Regel nämlich nicht ausgegangen werden, da dies im Gesamtergebnis zu einem Grundstückswert führen würde, der auf dem Grundstücksmarkt nicht „absatzfähig" wäre, denn kein Käufer ist bereit, zum kostenerstattungsbetragsfreien Verkehrswert ein Grundstück zu erwerben, um anschließend einen Kostenerstattungsbetrag zusätzlich aufzubringen, wenn also die Summe aus Erwerbspreis und Kostenerstattungsbetrag höher ausfällt, als er für ein vergleichbares kostenerstattungsbetragsfreies Grundstück aufzubringen hätte. Insoweit sind Einnahmeausfälle seitens der Gemeinde nicht hinzunehmen. Es kommt hinzu, dass sich bereits der Anfangswert unter dem Einfluss der naturschutzrechtlichen Ausgleichsregelung gegenüber den bisherigen Preismechanismen auf dem Grundstücksmarkt vermindert. Es muss allerdings erwartet werden, dass die Minderung des Anfangswerts gerade bei Entwicklungsmaßnahmen mit geringen Anfangswerten kaum die naturschutzrechtliche Kostenbelastung aufzuwägen vermag. Darauf zurückzuführende Einnahmeausfälle müssen allerdings originär der naturschutzrechtlichen Ausgleichsregelung „angelastet" werden.

Sind **für das Neuordnungsgrundstück (Eingriffsgrundstück)** lediglich bestimmte 594
Bepflanzungen zum Ausgleich für Eingriffe in Natur und Landschaft festgesetzt und

---

338 Deutsches Institut für Urbanistik, Planspiel „BauGB-Novelle" 1997, Berlin 1997.

VI Städtebauliche Maßnahmen   Ausgleichsbeträge

sind diese Maßnahmen nach § 148 BauGB vom Eigentümer selbst durchzuführen, müssen die Kosten – wiederum von kostenerstattungsbetragsfreien Vergleichspreisen ausgehend – wertmindernd in der Größenordnung in Abzug gebracht werden, wie dies den Gepflogenheiten des Grundstücksmarktes entspricht. Soweit der Eigentümer diese Leistung während des Verfahrens selbst erbracht hat, wäre sie als selbst bewirkte Werterhöhung anzurechnen (§ 155 Abs. 1 BauGB).

595 Demgegenüber wäre eine gesonderte Erhebung des Kostenerstattungsbetrags nach § 135a BauGB in Sanierungsgebieten und Entwicklungsbereichen verwaltungsmäßig aufwendig und würde bei dem Betroffenen auf wenig Verständnis stoßen. Deshalb erschien es angezeigt, die **abgabenrechtlichen Regelungen des Sanierungs- und Entwicklungsmaßnahmenrechts** (Ausgleichsbetrag) **mit der Erhebung des Kostenerstattungsbetrags** im Interesse der Verwaltungsvereinfachung zu **bündeln**, d. h., anstelle von zwei gesondert zu erhebenden Abgaben ist die Erhebung des Kostenerstattungsbetrags in den ohnehin zu erhebenden Ausgleichsbetrag integriert worden, und zwar bezüglich

– Maßnahmen zum Ausgleich und

– der Bereitstellung von Ausgleichsflächen,

die an anderer Stelle als am Ort der Beeinträchtigung erfolgen und die einem im Sanierungsgebiet bzw. Entwicklungsbereich belegenen Grundstück zugeordnet sind, wenn die Maßnahmen von der Gemeinde anstelle des Eigentümers durchgeführt worden sind.

596 **Dem Eigentümer entstehen** dadurch **keine Mehrbelastungen;** vielmehr wird mit dem Ausgleichsbetrag auch die Werterhöhung erfasst, die das Grundstück aufgrund der durchgeführten Ausgleichsmaßnahmen und bereitgestellten Ausgleichsflächen erfährt und für die die Gemeinde ansonsten einen separaten Kostenerstattungsbetrag zu erheben hätte.

597 *Beispiel.*
Erhebung eines Ausgleichsbetrags

> Ausgleichsbetrag = Endwert – Anfangswert

Ausgangsdaten
Anfangswert =	70 000 €
Endwert (kostenerstattungsbetragsfrei) =	100 000 €
Endwert (kostenerstattungsbetragspflichtig) =	90 000 €
Kostenerstattungsbetrag =	10 000 €

Kostenbelastung des Eigentümers
a) bei kostenerstattungsbetrags**freiem** Endwert
Endwert (kostenerstattungsbetragsfrei) =	100 000 €
– Anfangswert =	– 70 000 €
= Ausgleichsbetrag =	**30 000 €**

b) bei kostenerstattungsbetrags**pflichtigem** Endwert
Endwert (kostenerstattungsbetragspflichtig) =	90 000 €	
– Anfangswert = 70 000 € = Ausgleichsbetrag =	20 000 €	
+ Kostenerstattungsbetrag =	+ 10 000 €	(gesondert zu erheben)
c) = Gesamtbetrag =	**30 000 €**	

Diese Vorgehensweise führt also nach dem Vorbild der entsprechenden Regelung für Erschließungsbeiträge (§ 154 Abs. 1 Satz 1 BauGB) zu einer Bündelung des Erhebungsverfahrens ohne kostenmäßige Mehrbelastung der Eigentümer.

598 Anders ist vorzugehen, wenn auf dem Neuordnungsgrundstück (Eingriffsgrundstück) **vom Eigentümer die im Bebauungsplan festgesetzten Ausgleichsmaßnahmen (z. B. Bepflanzungen) selbst durchgeführt** werden können.

– Soweit sie vom Eigentümer bereits durchgeführt worden sind und zur Ermittlung des Endwerts wiederum erschließungsbeitrags- und kostenerstattungsbetragsfreie Vergleichspreise herangezogen wurden, sind die Maßnahmen als zulässigerweise selbstbewirkte Werterhöhungen nach § 155 Abs. 1 Nr. 2 BauGB auf den Ausgleichsbetrag anzurechnen.

– Soweit die festgesetzten Maßnahmen zum Zeitpunkt des Abschlusses der Sanierungs- oder Entwicklungsmaßnahme (Wertermittlungsstichtag) noch nicht durchgeführt worden sind und wiederum von Vergleichspreisen für kostenerstattungsbetragsfreie Grundstücke ausgegangen wurde, sind die ausstehenden Maßnahmen wertmäßig in Abzug zu bringen.

Beispiel: 599

Für das ausgleichsbetragspflichtige Grundstück sind Ausgleichsmaßnahmen festgesetzt, die der Eigentümer in eigener Regie durchführen kann. Die Maßnahmen sind bei Abschluss der Entwicklungsmaßnahme (noch) nicht durchgeführt.

Endwert (kostenerstattungsbetragsfrei) =	100 000 €
Wertanteil (festgesetzter Maßnahmen) =	– 5 000 €
Endwert =	95 000 €
Ausgleichsbetrag	
Endwert =	95 000 €
– Anfangswert =	– 70 000 €
Ausgleichsbetrag =	25 000 €
noch in eigener Regie durchzuführende Maßnahmen im Wert von =	+ 5 000 €
Gesamtbetrag =	**30 000 €** = 100 000 € – 70 000 €

2.12.5.4 Sonstige Grundstücksmerkmale

Grundsätzlich ist bei der Ermittlung des **Endwerts auch bei bebauten Grundstücken vom Bodenwert des unbebaut gedachten Grundstücks auszugehen.** Soweit sich dabei Beeinträchtigungen der zulässigen Nutzbarkeit aus einer bestehenden Bebauung ergeben und es bei wirtschaftlicher Betrachtungsweise geboten erscheint, das Grundstück in der bisherigen Weise zu nutzen, sind solche Besonderheiten nach Maßgabe des § 16 Abs. 4 ImmoWertV zu berücksichtigen (vgl. § 16 ImmoWertV Rn. 223 ff.). 600

Der Zustand (die Qualität) des Grundstücks bestimmt sich des Weiteren nach seiner sonstigen Beschaffenheit (z. B. **Größe, Form, Baugrund, Geländeform, Zustand der ausgeübten Nutzung** einschließlich der rechtlichen Beschränkungen wie öffentliche Lasten und Dienstbarkeiten). Insbesondere bei Grundstücken für Ein- und Zweifamilienhäuser fällt die Abhängigkeit des Bodenwerts von der Grundstücksgröße ins Gewicht, wobei der auf den Quadratmeter Grundstücksfläche bezogene Bodenwert i. d. R. umso höher ist, je kleiner das Grundstück ist. 601

Zur **Qualifizierung des Bodenwerts des neugeordneten Grundstücks (Endwert)** wird ansonsten auf die Ausführungen unter Rn. 243 ff. verwiesen. Sie können entsprechend zur Anwendung kommen. Die bei der Ermittlung des Endwerts zugrunde zu legenden Zustandsmerkmale werden des Weiteren insbesondere im Rahmen der Behandlung sog. **Komponentenlösungen (additive Verfahren)** bei Rn. 434 ff. behandelt. 602

2.13 Besondere Ermittlungsverfahren

2.13.1 Bodenrichtwertverfahren

▶ *Hierzu bereits Rn. 282 ff., 460 ff., 539 ff., 548 und Grundsätzliches in den Syst. Darst. des Vergleichswertverfahrens Rn. 152 ff.; zur Veröffentlichung der besonderen Bodenrichtwerte vgl. § 196 BauGB Rn. 11, 33, 38; § 10 ImmoWertV*

Förmlich festgelegte Sanierungsgebiete (§ 142 BauGB) **und städtebauliche Entwicklungsbereiche** (§ 165 BauGB) sind von der sich unmittelbar aus § 196 Abs. 1 Satz 1 BauGB 603 ergebenden Verpflichtung zur flächendeckenden Ermittlung von Bodenrichtwerten nicht ausgenommen; § 196 Abs. 1 Satz 7 BauGB bestimmt hierzu ergänzend, dass auf Antrag der für den Vollzug dieses Gesetzbuchs zuständigen Behörden für einzelne Gebiete die Bodenrichtwerte bezogen auf einen von § 196 Abs. 1 Satz 5 BauGB abweichenden Zeitpunkt zu ermitteln sind. Darüber hinaus ist es nach § 10 Abs. 1 Nr. 3 ImmoWertV erlaubt, entweder den Bodenrichtwert für den Grundstückszustand vor Beginn der Maßnahme oder nach Abschluss der Maßnahme in der Bodenrichtwertkarte darzustellen.

Nach § 16 Abs. 1 Satz 2 ImmoWertV können im Rahmen des anzuwendenden Vergleichswertverfahrens auch geeignete Bodenrichtwerte zur Ermittlung der Anfangs- und Endwerte herangezogen werden. Die besondere Bedeutung des Bodenrichtwertverfahrens[339] besteht darin, dass mit der gebietsweisen Ermittlung von Anfangs- und Endwerten auf der Grundlage von Bodenrichtwerten eine für die Akzeptanz der Ausgleichsbeträge hohe **Nachbarschaftsstimmigkeit** erreicht wird.

604 Für die Ableitung von Anfangs- und Endwerten besonders geeignet sind Bodenrichtwerte, die für das Veranstaltungsgebiet bezogen auf den Abschluss der Sanierung oder Entwicklung (§ 162 f. und § 171 BauGB) abgeleitet worden sind. Der für die Ermittlung von Bodenrichtwerten maßgebliche Grundsatz, nach dem diese in bebauten Gebieten mit dem Wert abzuleiten sind, der sich ergeben würde, wenn der **Boden unbebaut** wäre (vgl. § 196 Abs. 1 Satz 2 BauGB), **kommt generell auch bei der Bodenwertermittlung nach der Grundsatzregelung des § 16 Abs. 1 Satz 1 ImmoWertV zur Anwendung.**

605 Da grundsätzlich für alle im förmlich festgelegten Sanierungsgebiet gelegenen Grundstücke Ausgleichsbeträge zu erheben sind und diese sich gemeinsam aus dem Unterschiedsbetrag zweier auf denselben Wertermittlungsstichtag bezogener Bodenwerte (End- und Anfangswerte) bemessen, ist das sog. Bodenrichtwertverfahren eine besonders geeignete Methode. **Besondere Bodenrichtwerte** sind auf Antrag der Gemeinde

– für einzelne Gebiete (z. B. Sanierungsgebiete und städtebauliche Entwicklungsbereiche),

– bezogen auf einen vom üblichen Zeitpunkt der Bodenrichtwertermittlung (nämlich dem Ende eines jeden Kalenderjahres) abweichenden Zeitpunkt (z. B. Abschluss der Sanierungs- und Entwicklungsmaßnahme)

zu ermitteln.

606 In einer Reihe von **Gutachterausschussverordnungen der Länder** wurde der Regelung des § 196 Abs. 1 Satz 7 BauGB durch ergänzende Vorschriften Rechnung getragen. Darin wurde ausdrücklich vorgeschrieben, dass bei der Ableitung besonderer Bodenrichtwerte für förmlich festgelegte Sanierungsgebiete der jeweilige Zustand, auf den sie sich beziehen, zu kennzeichnen ist. In diesem Zusammenhang wird auch von **Anfangs-Bodenrichtwerten** und **End-Bodenrichtwerten** gesprochen. Der Begriff ist in diesem Zusammenhang unpräzise, da zwischen Anfangs- und Endwert einerseits und dem Neuordnungswert sowie dem sanierungs- und entwicklungsunbeeinflussten Bodenwert andererseits zu unterscheiden ist (vgl. Rn. 282 sowie Rn. 539).

– *Berlin:* § 18 Abs. 4 der Verordnung zur Durchführung des Baugesetzbuchs (DVOBauGB);

– *Brandenburg:* § 11 Abs. 3 der Gutachterausschussverordnung schreibt lediglich vor, dass der Zustand zu kennzeichnen ist, auf den sich der Bodenrichtwert bezieht;

– *Bremen:* § 13 Abs. 4 der Verordnung über die Gutachterausschüsse für Grundstückswert(e) nach dem Baugesetzbuch;

– *Hamburg:* § 11 Abs. 3 der Verordnung über den Gutachterausschuss für Grundstückswerte;

---

[339] Näheres zum Bodenrichtwertverfahren in Sanierungsgebieten vgl. Syst. Darst. des Vergleichswertverfahrens Rn. 183 ff.; zur Veröffentlichung der besonderen Bodenrichtwerte i. S. des § 196 Abs. 1 Satz 5 BauGB vgl. Ernst/Zinkahn/Bielenberg/Krautzberger, BauGB Komm. § 196 BauGB Rn. 97 ff.; BVerwG, Beschl. vom 29.6.1987 – 8 B 36/87 –, EzGuG 15.54 sowie OVG Münster, Urt. vom 9.4.1990 – 22 A 1185/89 –, GuG 1991, 31 = EzGuG 15.67; VG Münster, Urt. vom 18.2.1988 – 3 K 2268/85 –, KStZ 1988, 211 = EzGuG 15.60; OVG Münster, Urt. vom 28.10.1983 – 3 K 1102/81 –, AVN 1985, 185 = EzGuG 15.27; VG Bremen, Urt. vom 19.5.1993 – 1 A 153/89 –, GuG 1994, 59 = EzGuG 15.77.

- *Hessen:* § 13 Abs. 2 der Verordnung zur Durchführung des Baugesetzbuchs;
- *Mecklenburg-Vorpommern*: § 14 Abs. 3 Gutachterausschussverordnung sieht eine Kennzeichnungspflicht vor;
- *Niedersachsen:* § 21 Abs. 2 der Verordnung zur Durchführung des Baugesetzbuchs (DVO-BauGB);
- *Nordrhein-Westfalen:* § 11 Abs. 4 der Verordnung über die Gutachterausschüsse für Grundstückswerte (Gutachterausschussverordnung NW – GAVO NW) sieht eine Kennzeichnungspflicht vor;
- *Rheinland-Pfalz:* § 13 Abs. 8 der Verordnung über Gutachterausschüsse, Kaufpreissammlungen und Bodenrichtwerte (Gutachterausschussverordnung);
- *Sachsen-Anhalt:* § 11 Abs. 3 der Gutachterausschussverordnung sieht eine Kennzeichnungspflicht wie in Brandenburg vor;
- *Schleswig-Holstein:* § 14 Abs. 3 der Verordnung über die Bildung von Gutachterausschüssen und die Ermittlung von Grundstückswerten;
- *Thüringen:* § 12 Abs. 6 der Gutachterausschussverordnung sieht wie in Brandenburg eine Kennzeichnungspflicht vor.

607 Die vom Gutachterausschuss für Zwecke der Ausgleichsbetragserhebung ermittelten besonderen Bodenrichtwerte haben keine bindende Wirkung. Bezüglich ihrer Publizität macht § 196 BauGB keinen Unterschied zwischen den besonderen Bodenrichtwerten i. S. d. § 196 Abs. 1 Satz 5 BauGB und den allgemeinen Bodenrichtwerten. Die Landesregierungen, die nach § 199 Abs. 2 Nr. 4 BauGB ermächtigt sind, die **Veröffentlichung der Bodenrichtwerte** durch Rechtsverordnung zu regeln, können jedoch – im Rahmen des Zulässigen – den besonderen Verhältnissen bei der Veröffentlichung Rechnung tragen. Diese können darin gesehen werden, dass sich in datenschutzrechtlich bedenklicher Weise aus den besonderen Bodenrichtwerten Aufschlüsse über die von den Eigentümern zu erhebenden Ausgleichsbeträge ergeben können. Da es sich bei den Bodenrichtwerten nicht um individuelle Verkehrswerte, sondern lediglich um durchschnittliche Lagewerte des Grund und Bodens handelt, ist aus den Bodenrichtwerten die Höhe des vom einzelnen Eigentümer zu erhebenden Ausgleichsbetrags allerdings nicht direkt ablesbar. Andererseits kann die Veröffentlichung dieser Bodenrichtwerte im Hinblick auf die Preisprüfung nach § 153 Abs. 2 BauGB zweckmäßig sein, wenn solche Bodenrichtwerte schon im Verlauf der Sanierungsmaßnahme für die Ermittlung sanierungsunbeeinflusster Grundstückswerte und der Neuordnungswerte i. S. d. § 153 Abs. 1 und 4 BauGB abgeleitet worden sind. Etwas anderes kann für die auf den Zeitpunkt des Abschlusses der Sanierungsmaßnahme bezogenen Bodenrichtwerte gelten (vgl. § 195 BauGB Rn. 38 ff.).

608 Da die besonderen Bodenrichtwerte i. d. R. in einer größeren „Dichte" als sonst üblich ermittelt werden, kann im Einzelfall der Unterschiedsbetrag zwischen dem für die Ermittlung der Anfangs- und Endwerte jeweils ermittelten Bodenrichtwert dem Ausgleichsbetrag sehr nahe kommen. Dies tangiert das verfassungsrechtlich geschützte Recht auf informationelle Selbstbestimmung und steht ggf. einer Veröffentlichung der besonderen Bodenrichtwerte entgegen. In bestimmten Gutachterausschussverordnungen ist deshalb vorgesehen, dass die **besonderen Bodenrichtwerte in besondere Bodenrichtwertkarten** eingetragen werden, die nicht unter die öffentliche Auslegung fallen[340].

609 Die als sog. **Lagewertverfahren** praktizierte Methode ist ihrem Charakter nach dem Bodenrichtwertverfahren zuzuordnen, auch wenn der Begriff den Eindruck eines andersartigen Verfahrens erwecken mag. Es geht auch bei diesem Verfahren lediglich um eine operationalisierte Ermittlung der Lagewertigkeit in den unterschiedlichen Zonen des Sanierungsgebiets unter besonderer Berücksichtigung des Nachbarschaftsprinzips. Dies betrifft insbesondere die Erfassung der unterschiedlichen Verkehrs-, Gesellschafts-, Geschäfts-, Wohn- und Stadtlage. Zur Anwendung kommen dabei die in der Wertermittlung auch ansonsten gebräuchlichen Methoden:

---

[340] § 13 Abs. 6 bis 9 GutachterausschussVO Rh.-Pf., a. a. O.

a) Die unterschiedliche Lagewertigkeit wird ermittelt im Wege einer Regressionsanalyse unter Einbeziehung von Kaufpreisen aus dem weiteren Stadtgebiet. Entscheidende Bedeutung kommt dabei wiederum dem Modellansatz zu:

Kaufpreis = f (Lage, GFZ, ...)

Der Gleichungsansatz lässt sich dabei „harmonisieren", indem als Zielgröße nicht Kaufpreise, sondern jeweils der Kaufpreis je Quadratmeter Wohn- oder Nutzfläche in die Auswertung eingeführt wird.

b) Die unterschiedliche Lagewertigkeit wird durch ein den einzelnen Lagefaktoren Rechnung tragendes Punktesystem berücksichtigt, wobei andere Einflüsse auf den Verkehrswert konventionell durch Umrechnungskoeffizienten, Bodenpreisindexreihen und dgl. zuvor eliminiert werden. Praktisch handelt es sich dabei um die Anwendung des indirekten Vergleichswertverfahrens, wobei die Zu- und Abschläge zur Berücksichtigung unterschiedlicher Lageverhältnisse an eine vorgegebene „Null- oder Basislage" mit bestimmten Eigenschaften und einem ihr zugeordneten Bodenwertniveau anzubringen sind.

610 Diese Verfahren stellen insoweit kein Neuland, sondern eine auf die umfangreiche Aufgabenstellung bei gebietsweiser Erhebung von Ausgleichsbeträgen ausgerichtete Operationalisierung des Vergleichswertverfahrens dar. Problematisch bleibt dabei die **Vorgabe eines Punkte- oder Gewichtungsrahmens** für unterschiedliche Lageverhältnisse und eine objektiv sichere Einschätzung der einzelnen Grundstücke. Bei Einschaltung des Gutachterausschusses kann es hierbei als Vorteil gelten, dass eine möglichst große Anzahl von Gutachtern herangezogen werden kann, um subjektive Einschätzungen auszuschalten[341].

2.13.2 Delphi-Verfahren

611 Bei der gebietsweisen Ermittlung von Grundstückswerten kommt es im hohen Maße auf die **Nachbarschaftsstimmigkeit der Werte** untereinander an. Dies ist nicht nur für die Akzeptanz der Werte bedeutsam. Der Vergleich der Werte untereinander öffnet dem Gutachter zugleich den Blick für die sachgerechte Berücksichtigung der wertbeeinflussenden Grundstücksmerkmale. Insbesondere unterschiedliche Lagefaktoren können dabei häufig nur in einem abwägenden Gedankenprozess des Gutachters erfasst werden, wobei subjektive Einflüsse nicht immer ausgeschaltet werden können. Dies gilt vor allem dann, wenn nur wenige Vergleichspreise für die flächendeckende Ermittlung eines Veranstaltungsgebiets herangezogen werden können. Der Einfluss subjektiver Betrachtungsweisen lässt sich durch Einschaltung mehrerer Gutachter reduzieren. So ist z. B. die **Begutachtung durch ein Gremium,** wie dem Gutachterausschuss für Grundstückswerte in der Regelbesetzung von drei Gutachtern, **weniger anfällig für subjektive Betrachtungsweisen** bei eine Einzelbegutachtung. Allerdings ist auch dabei eine Beeinflussung untereinander und damit auch eine Dominanz einzelner Gutachter nicht auszuschließen.

612 Im Rahmen der Praxis der Gutachterausschüsse für Grundstückswerte kann dem mit einer einfachen, aber gleichwohl sehr effektiven Verfahrensweise begegnet werden: Das Verfahren – hier als Delphi-Methode bezeichnet – besteht darin, dass man zum Zwecke der flächendeckenden Ermittlung der Anfangs- oder Endwerte allen Mitgliedern des Gutachterausschusses eine Karte des Veranstaltungsgebiets mit der Aufforderung zukommen lässt, in die Karte – unabhängig voneinander nach Art des Schulnotensystems – z. B. durch Vorgabe einer Wertigkeitsskala von eins bis zehn – Wertigkeits*zonen* zusammen mit ihrer Benotung einzutragen. Die Auswertung der Angaben einer Vielzahl von Sachverständigen ergibt ein **auf** eine **breite Basis gestelltes Wertgefüge des Veranstaltungsgebiets,** und es hat sich gezeigt, dass hierbei überraschend gut übereinstimmende Ergebnisse erzielt werden können. Der Übergang von einem „schulnotenmäßig" bewerteten Wertgefüge zu absoluten Bodenwerten in €/m² lässt sich hieran anschließend so vollziehen, dass die vorhandenen Vergleichspreise in einem zweiten Schritt den Wertzonen zugeordnet werden, denen sie insbesondere lagemäßig ent-

---

[341] Zu den Verfahren insbesondere Lucht in ZfV 1982, 232; ders. in DS 1985, 81; Lappe in VR 1984, 348.

sprechen. Die mit Vergleichspreisen nicht „belegbaren" Zwischenwerte lassen sich dann im Wege der Interpolation ableiten. Um bei alledem Extrapolationen zu vermeiden, ist es von Vorteil, wenn für die besonders hoch- und minderwertigen Zonen Vergleichspreise in die Auswertung eingebracht werden können. Dass bei alledem individuelle Besonderheiten, die mit den so gewonnenen Lagewerten nicht erfasst sind, zusätzlich berücksichtigt werden müssen, soll nicht unerwähnt bleiben. Insgesamt stellt diese Vorgehensweise eine sehr einfache und auch überzeugende Methode dar, die vielfach sogar „mathematisch ausgefeilten" Methoden überlegen ist.

2.13.3 Ertragsdifferenzialverfahren

2.13.3.1 Allgemeines

▶ *§ 6 ImmoWertV Rn. 160; § 8 ImmoWertV Rn. 139; Syst. Darst. des Vergleichswertverfahrens Rn. 306; Teil V Rn. 666 ff.*

613 Allgemein kommt eine Ableitung von Bodenwerterhöhungen auf der Grundlage ertragswirtschaftlicher Verhältnisse nur für die Ausgleichsbetragsermittlung auf einem ertragswertorientierten Grundstücksteilmarkt in Betracht. Die gegen die Ableitung des Bodenwerts aus dem Ertrag bestehenden Bedenken müssen dabei grundsätzlich auch gegen die Ermittlung von Bodenwerterhöhungen (aus Ertragserhöhungen) sprechen. Auf der anderen Seite eröffnet sich hier die Möglichkeit, ohne Kenntnis des absoluten Bodenwertniveaus des Anfangs- oder Endwerts die sanierungsbedingte Bodenwert*erhöhung* (differenziell) allein auf der Grundlage der **sanierungsbedingten Ertragserhöhung** zu ermitteln. Dies sind Ertragsänderungen, die auf eine Werterhöhung des Grund und Bodens zurückzuführen sind. Die Methode ist in bebauten Gebieten von besonderem Vorteil, denn dort ist die Ermittlung der Bodenwerte (bebauter Grundstücke) besonders schwierig.

614 Zur Ermittlung von Bodenwerterhöhungen auf der Grundlage von Ertragssteigerungen wird auf die **klassische Grundrentenformel** zurückgegriffen. Danach ergibt sich der Ertragswert als Barwert einer ewigen Rente:

$$\text{Ertragswert} = \text{Reinertrag}/\text{Liegenschaftszinssatz}$$

615 Die Anwendung dieser Formel führt bei hinreichend **langer Restnutzungsdauer** n des Gebäudes (i. d. R. n > etwa 50 Jahre) zu fast demselben Ertragswert, der sich nach dem in den §§ 17 ff. geregelten Ertragswertverfahren ergibt, d. h., bei sehr langer Restnutzungsdauer des Gebäudes kann der Ertragswert eines Grundstücks allein aus dem Reinertrag ohne Kenntnis des Bodenwerts abgeleitet werden (vgl. Syst. Darst. des Ertragswertverfahrens Rn. 66). Führt man nun in die vorstehende Grundrentenformel anstelle des Reinertrags des Grundstücks die allein auf die sanierungsbedingte Bodenwerterhöhung zurückführbare Ertragserhöhung ein, so ergibt sich aus der Differenzialformel die Erhöhung des Ertragswerts, der wiederum ursächlich allein auf die Erhöhung des Bodenwerts zurückführbar ist:

Differenzialform der Grundrentenformel:

$$\Delta \text{ Ertragswert} = \frac{\Delta \text{ Bodenwert} = \Delta \text{ Jahresreinertrag}_{\text{Boden}} \times 100}{\text{Liegenschaftszinssatz}}$$

616 Um allein die Bodenwerterhöhung mithilfe dieser Formel abzuleiten, ist Voraussetzung, dass als differenzieller Jahresreinertrag nur die **Mietwerterhöhung** eingeführt wird, **die auf eine Lageverbesserung zurückzuführen ist**, die infolge der Sanierung herbeigeführt wurde. Substanzverbesserungen, die ebenfalls zu Mieterhöhungen führen können, müssen außer Betracht bleiben.

VI Städtebauliche Maßnahmen Ausgleichsbeträge

Beispiel:

Baugrundstücksgröße	1 000 m²
Nutz- bzw. Wohnfläche	500 m²
Miete	8,00 €/m²
Sanierungsbedingte Mieterhöhung	0,50 €/m²
Liegenschaftszinssatz	4%

Jährliche Mieterhöhung des Grundstücks aufgrund von Lageverbesserungen:
$$0{,}50\ \text{€/m}^2 \times 500\ \text{m}^2 \times 12 = 3\ 000\ \text{€/Jahr}$$
Erhöhung des Ertragswerts (Bodenwerts) des Grundstücks aufgrund von Lageverbesserungen:
$$\text{Bodenwerterhöhung} = 3\ 000\ \text{€} \times 100/4 = 75\ 000\ \text{€}$$
Bodenwerterhöhung pro Quadratmeter Grundstücksfläche: 75 000 € : 1 000 m² = **75 €/m²**

617 Die vorgestellte Berechnungsweise führt nur zu der **Bodenwerterhöhung der dem Gebäude zurechenbaren Fläche (Umgriffsfläche).** Für selbstständig nutzbare Teilflächen i. S. d. § 17 Abs. 1 Satz 2 ImmoWertV ist gegebenenfalls die sanierungsbedingte Bodenwerterhöhung eigenständig zu ermitteln, sofern die Ergebnisse sich nicht hierauf übertragen lassen. Bei dem Verfahren handelt es sich methodisch um ein Verfahren der Bodenwertermittlung aus dem Ertrag, wie es auch sonsthin hilfsweise zur Anwendung kommt (vgl. Syst. Darst. des Vergleichswertverfahrens Rn. 553). Es ist in Bezug auf den maßgeblichen Zinssatz äußerst fehleranfällig.

618 Bei dieser Vorgehensweise ist – wie ausgeführt – zu beachten, dass als **sanierungsbedingte Mieterhöhungen** nur solche in die Berechnung eingeführt werden dürfen, die ursächlich auf eine Erhöhung des Bodenwerts zurückzuführen sind. Dies können insbesondere folgende lageverbessernden Sanierungsmaßnahmen sein:

– Wohnumfeldmaßnahmen;

– Anlegung von Fußgängerzonen, Grünflächen;

– Maßnahmen der Verkehrsberuhigung; Verbesserung der Parksituation;

– Infrastrukturmaßnahmen;

– Verminderung der Immission, z. B. durch Betriebsverlagerungen.

619 **Mieterhöhungen aufgrund baulicher Maßnahmen** müssen hingegen außer Betracht bleiben, da sie i. d. R. dem Gebäude zuzurechnen sind und damit nicht zu sanierungsbedingten *Boden*werterhöhungen führen. Vor allem aber sind sie im Wesentlichen den vom Eigentümer selbst bewirkten Werterhöhungen zuzurechnen, die nicht Gegenstand der „Abschöpfung" sind.

620 Zur Ermittlung der lagebezogenen und damit dem Grund und Boden zurechenbaren Mieterhöhung kann auch auf die **Mietspiegel** zurückgegriffen werden, aus denen sich für Objekte gleicher baulicher Ausstattung, aber unterschiedlicher Lage Mietwertdifferenzen ableiten lassen (Abb. 22).

Beispiel:

Abb. 22: Auszug aus einem Mietspiegel

Mietwerttabelle (€/m²)		
Ausstattungs- und Lageklasse	bis 1948	bis 1948 modernisiert
Ausstattungsklasse II		
Sehr gute Wohnlage	–	3,35–4,40 → Δ
Gute Wohnlage	–	2,80–4,10 → Δ
Normale Wohnlage	2,05–2,85	2,30–3,40 → Δ
Einfache Wohnlage		
Ausstattungsklasse III		
Sehr gute Wohnlage	–	
Gute Wohnlage	2,65–3,85	2,75–3,90 → Δ
Normale Wohnlage	2,20–3,40	2,35–3,50 → Δ
Einfache Wohnlage	2,10–3,05	2,15–3,20 → Δ

Ertragsdifferenziale aufgrund sanierungsbedingter Lageverbesserung des Grund und Bodens

Wendet man das vorgestellte Verfahren zur Ermittlung der sanierungsbedingten Bodenwerterhöhung an, gilt es zu beachten, dass

a) als Ausgangsmiete die **nach Art, Größe, Ausstattung, Beschaffenheit und Lage gebietstypische Miete** herangezogen wird, wie sie sich ohne Aussicht auf die Sanierung, ihre Vorbereitung und Durchführung nachhaltig ergibt, und

b) unabhängig vom Alter bzw. der Restnutzungsdauer der baulichen Anlage, der sich infolge der Sanierung allein aufgrund der Lageverbesserung ergebende **Mietwertzuwachs auf ewig kapitalisiert wird.**

Deshalb ist in dem vorgestellten *Beispiel* der Mietwertzuwachs durch Division mit dem Liegenschaftszinssatz kapitalisiert worden. Alternativ kann dieser auch mit dem jeweiligen Vervielfältiger für eine Restnutzungsdauer von 100 Jahren multipliziert werden. Dies ist darin begründet, dass mit diesem Verfahren die Bodenwerterhöhung ermittelt wird und sich Bodenwerte aufgrund der Nutzungsfähigkeit des Grund und Bodens bilden. So wie sich mit der Baureife eines Grundstücks unabhängig von der Bebauung i. d. R. höhere Bodenwerte einstellen, ergeben sich auch infolge einer durch Sanierungsmaßnahmen herbeigeführten Lageverbesserung auch von der Restnutzungsdauer der baulichen Anlage unabhängige Bodenwerterhöhungen, zumal sie auch bei einer bestehen bleibenden Bebauung mit einer entsprechenden Mieterhöhung „realisiert" werden kann, wenn man einmal von dem ohnehin problematischen Fall einer Mietpreisbegrenzung absieht.

2.13.3.2 Beispiel

Entsprechend dem vorgestellten Grundgedanken hat man in *München* das Ertragsdifferenzialverfahren unter dem Begriff **Mietspiegelmethode** in der nachfolgend beschriebenen Weise modifiziert.

a) Im **ersten Schritt** stellt man den Zu- und Abschlägen der im Mietspiegel z. B. für „einfache" und „gehobene" Wohnlagen gegenüber der Durchschnittsmiete ausgewiesenen Mietdifferenzen die gesamte Mietdifferenz fest, um hieraus die relative Bandbreite der (wohn-)lagebedingten Mietdifferenzen zu ermitteln. Bei Abschlägen von – 10 % und Zuschlägen von + 5 % ergibt sich z. B. eine Bandbreite von insgesamt 15 %.

b) Im **zweiten Schritt** wird über diese Bandbreiten ein Feinraster in Gestalt einer nachvollziehbaren Nutzwertanalyse der Einflussfaktoren gelegt. Die Einflussfaktoren werden nach Lagekriterien mit den nachstehenden Gewichtsanteilen gewichtet (Abb. 23).

VI Städtebauliche Maßnahmen — Ausgleichsbeträge

Abb. 23: Gewichtsanteile

Nr.	Lagekriterien	Gewichtsanteil
1.	Ortsteilinteresse	15 %
2.	Infrastruktur	15 %
3.	Immissionen	15 %
4.	Öffentliche Verkehrsmittel	15 %
5.	Grünausstattung	10 %
6.	Helligkeit/Verschattung	5 %
7.	Parkplatzangebot	10 %
8.	Sonstige Kriterien der Mikrolage	15 %
	Summe:	100 %

c) Im **dritten Schritt** werden sodann für das einzelne Objekt die relativen Abweichungen der *vor* der Sanierung erzielbaren Miete gegenüber der Durchschnittsmiete nach den Eigenschaften des Objekts auf der Grundlage einer Notenskala festgestellt (Abb. 24).

In diesem Zusammenhang wird von einer „Gewichtung" der individuellen Abweichung gegenüber dem der Durchschnittsmiete zugrunde gelegten Zustand gesprochen, wobei die Lagekriterien *vor* der Sanierung i. d. R. negativer Art sind.

Abb. 24: Grad der Abweichung

Abweichung vom durchschnittlichen Wohnbezirk		
Beschreibung	Grad	%
Extrem schlechter	– 4	– 100 %
Grundlegend schlechter	– 3	– 50 %
Deutlich schlechter	– 2	– 25 %
Gering, aber noch spürbar schlechter	– 1	– 10 %
Unverändert	0	0 %
Gering, aber noch spürbar besser	+ 1	+ 10 %
Deutlich besser	+ 2	+ 25 %
Grundlegend besser	+ 3	+ 50 %
Extrem besser	+ 4	+ 100 %

d) Im **vierten Schritt** wird die gewichtete Abweichung in die Spannbreite der Abschläge „gestaucht". Bei einer Gesamtspannbreite der Abschläge von 10 % wird dazu die gewichtete relative Abweichung gegenüber der Durchschnittsmiete mit dem Faktor 0,10 multipliziert.

Ausgleichsbeträge — Städtebauliche Maßnahmen VI

Abb. 25: Vor Sanierung

Lagekriterien		Gewichtung des Kriteriums	relative Abweichung vom durchschnittlichen Wohnbezirk			Anpassungs- faktor an Mietspiegel	Verän- derung
Nr.	Bezeichnung	%	Grad	%	gewichtet		%
1	2	3	4	5	6	7	8
1	Ortsteilinteresse	15 %	− 2	− 25 %	− 3,75 %	− 0,10	− 0,38 %
2	Infrastruktur	15 %	− 1	− 10 %	− 1,50 %	0,10	− 0,15 %
3	Immissionen	15 %	− 2	− 25 %	− 3,75 %	0,10	− 0,38 %
4	Öffentliche Verkehrsmittel	15 %	0	0 %	0,00 %	0,00	0,00 %
5	Grünausstattung	10 %	− 2	− 25 %	− 2,50 %	0,10	− 0,25 %
6	Helligkeit, Verschattung	5 %	− 2	− 25 %	− 1,25 %	0,10	− 0,13 %
7	Parkplatzangebot	10 %	− 2	− 25 %	− 2,50 %	− 0,10	− 0,25 %
8	sonstige Kriterien der Mikrolage	15 %	− 2	− 25 %	− 3,75 %	− 0,10	0,38 %
	Summen	100 %			− 19,00 %		− 1,90 %

e) Im **fünften Schritt** werden nach der vorgestellten Vorgehensweise wiederum die individuellen Abweichungen desselben Objekts gegenüber dem der Durchschnittsmiete zugrunde gelegten Zustand *nach* der Sanierung auf der Grundlage der verbesserten Lagekriterien abgeleitet. Diese werden wiederum entsprechend der Spannbreite der Zuschläge (im Beispiel + 5 %) mit dem Faktor 0,5 „gestaucht".

Abb. 26: Nach Sanierung

Lagekriterien		Gewichtung des Kriteriums	relative Abweichung vom durchschnittlichen Wohnbezirk			Anpas- sungs- faktor an Mietspiegel	Verän- derung
Nr.	Bezeichnung	%	Grad	%	gewichtet		%
1	2	3	4	5	6	7	8
1	Ortsteilinteresse	15 %	3	50 %	7,50 %	− 0,05	0,38 %
2	Infrastruktur	15 %	0	0 %	0,00 %	− 0,00	0,00 %
3	Immissionen	15 %	1	10 %	1,50 %	− 0,05	0,08 %
4	Öffentliche Verkehrsmittel	15 %	0	0 %	0,00 %	− 0,00	0,00 %
5	Grünausstattung	10 %	1	10 %	1,00 %	− 0,05	0,05 %
6	Helligkeit, Verschattung	5 %	1	10 %	0,50 %	− 0,05	0,03 %
7	Parkplatzangebot	− 10 %	− 2	− 25 %	− 2,50 %	− 0,10	− 0,25 %
8	sonstige Kriterien der Mikrolage	15 %	1	10 %	1,50 %	− 0,05	0,08 %
	Summen	100 %			9,50 %		0,35 %

f) Aus der Differenz der relativen Abweichungen *vor* und *nach* der Sanierung ergibt sich im Beispiel eine **Gesamtverbesserung** von

− 1,90 % bis + 0,35 % = 2,25 %

Als Ergebnis erhält man den Vomhundertsatz der durch die Sanierungsmaßnahmen herbeigeführten Lageverbesserungen des Grund und Bodens, aus dem nun der Absolutbetrag

VI Städtebauliche Maßnahmen Ausgleichsbeträge

der Mietwerterhöhung abzuleiten ist. Bei einer nach Art, Größe, Ausstattung, Beschaffenheit und Lage gebietstypischen Ausgangsmiete vor der Sanierung in Höhe von 5,78 €/m² WF (nicht umgelegte Betriebskosten bzw. Nebenkosten müssen ggf. hinzugerechnet werden) ergibt sich als Absolutbetrag der sanierungsbedingten Mieterhöhung:

5,78 €/m² WF × 2,25 % = rd. 0,13 €/m² WF monatlich.

g) Mithilfe dieser sanierungsbedingten Mieterhöhung lässt sich nun die **sanierungsbedingte Bodenwerterhöhung** ermitteln:

Bei einem Objekt mit

- einer Wohnfläche (WF) von 400 m²
- einer Grundstücksfläche von 200 m² (ohne selbstständig nutzbare Freiflächen)
- einem Liegenschaftszinssatz von 4,5 %

ergibt sich damit eine sanierungsbedingte Bodenwerterhöhung von

$$\frac{400 \text{ m}^2 \text{ WF} \times 0,13 \text{ €/m}^2 \times 12}{0,045 \times 200 \text{ m}^2} = \mathbf{69{,}33} \text{ €/m}^2$$

624 In der *Münchener Sanierungspraxis* geht man **abweichend von der vorgestellten Berechnungsweise** jedoch wie folgt vor:

a) Der Absolutbetrag der sanierungsbedingten Mietwerterhöhung wird nicht auf der Grundlage der nach Art, Größe, Ausstattung, Beschaffenheit und Lage gebietstypischen Miete, sondern auf der Grundlage der individuellen Miete, d. h., unter Berücksichtigung der individuellen Besonderheiten des Mietobjekts, ermittelt.

b) Als *objektspezifische Besonderheiten* kommen dabei entsprechend dem Münchener Mietspiegel die Abhängigkeiten der Miete von

- der Wohnfläche,
- der Baugestaltung,
- dem Baualter,
- der Wohnungsausstattung

entsprechend nachfolgender Tabellen zum Ansatz.

Abb. 27: Basismiete einer statistisch durchschnittlichen Wohnung in Abhängigkeit von der Wohnfläche

Die Abbildung enthält die Durchschnittsmieten in €/m² (Basismiete) ohne Berücksichtigung von Baualter, Lage, Wohnungstyp und Wohnungsausstattung. Wohnungen mit Wohnflächen unter 22 m² und über 160 m² werden durch den Mietspiegel nicht erfasst (umgerechnet).

Wohnfläche m²	Basismiete €/m²
65	6,05 €/m²
66	6,03 €/m²
67	6,01 €/m²
68	6,00 €/m²
69	5,98 €/m²
70	5,96 €/m²
71	5,94 €/m²
72	5,92 €/m²
73	5,90 €/m²
74	5,88 €/m²
75	5,86 €/m²

Ausgleichsbeträge **Städtebauliche Maßnahmen VI**

Wohnfläche m²	Basismiete €/m²
76	5,84 €/m²
77	5,83 €/m²
78	5,82 €/m²
79	5,80 €/m²
80	5,78 €/m²
81	5,77 €/m²
82	5,76 €/m²
83	5,75 €/m²

Abb. 28: Vom Baujahr abhängige Zu- und Abschläge in Prozent der Basismiete je nach Zimmerzahl der Wohnung und je nach Vorhandensein eines großen Balkons/einer Terrasse o. Ä.

Baujahr	1 Zimmer	2 oder 3 Zimmer	mindestens 4 Zimmer	großer Balkon, große Terrasse o. Ä.
bis 1918	– 7 %	– 11 %	– 14 %	+ 2 %
1919–1948	– 6,5 %	– 9 %	– 9 %	+ 2,5 %
1949–1965	– 6 %	– 8 %	– 6 %	+ 3 %
1966–1977	– 3,5 %	– 2 %	– 3 %	+ 4,5 %
1978–1983	+ 2 %	+ 10 %	+ 3 %	+ 4,5 %
1984–1986	+ 6 %	+ 18 %	+ 7 %	+ 10 %
1987–1988	+ 8 %	+ 24 %	+ 9 %	+ 11 %
1989–1990	+ 10 %	+ 28 %	+ 11 %	+ 12 %
1991–1992	+ 10 %	+ 31 %	+ 11 %	+ 13 %

Hinweis: Wegen der geringen Anzahl von Wohnungen mit Baujahr 1991–1992 in der Stichprobe ist bei Ein- und mindestens Vierzimmerwohnungen die Berücksichtigung einer Bandbreite zu empfehlen.
Begriffsbestimmung: Großer Balkon ab etwa 8 m² Fläche.

Abb. 29: Zu- und Abschläge in Prozent der Basismiete nach Haus- und Wohnungstyp

Die Tabelle enthält Zu- und Abschläge in Prozent der Basismiete je nach Haus- bzw. Wohnungstyp.

Über 7 Stockwerke (Erdgeschoss und 6 Obergeschosse)	– 8 %
Einfaches Haus (ab 1949 gebaut)	– 8,5 %
Einfacher Altbau (vor 1949 gebaut)	– 9 %
Vor 1949 gebautes Hinterhaus*	– 13 %
Einfache Fenster	– 6 %
Gehobene Gestaltung des Hauses	+ 10 %
Ein- bis Dreizimmerwohnungen mit gehobenem Grundriss	+ 10 %
Grundlegende Renovierung der Wohnung nach 1977	+ 10 %
* Kein Abschlag, falls sich das Haus bereits in besonders schlechter Lage befindet.	

Hierzu werden folgende **Begriffsbestimmungen** gegeben:

Einfaches Haus (ab 1949) gebaut:

Es fehlen die für einen neueren und teilsanierten Haustyp charakteristischen Merkmale wie Sprechanlage, Aufzug, Müllschlucker o. Ä.

Einfacher Altbau (vor 1949 gebaut):

Nicht oder nur wenig renovierter Altbau, enthält keinen Aufzug, keinen Müllschlucker, gelegentlich aber eine Sprechanlage. Maximal 6 Stockwerke (einschließlich Erdgeschoss). Gemeinsame Waschküche oder

VI Städtebauliche Maßnahmen Ausgleichsbeträge

Speicher alten Stils. Keine Wäschetrockner, Waschmaschine, Trockenräume zur Alleinbenutzung. Dieser Haustyp tritt überwiegend in den alten Stadtvierteln wie Haidhausen, Lehe, Schwabing bis zum Mittleren Ring, Au, Isar-Vorstadt, Max-Vorstadt, altes Giesing und altes Neuhausen auf.

Einfache Fenster:

Keine Isolierverglasung und keine modernen Doppelfenster.

Gehobene Gestaltung des Hauses:

Architektonisch anspruchsvoll gestaltetes Haus. Indikatoren hierfür sind besonders gestaltete Fenster (Rundbogen, Sprossen etc.), auch Erker, sehr schöne Fassade o. Ä.

Normale Größe Ein- bis Dreizimmerwohnung mit gehobenem Grundriss:

In der Regel mindestens ein Wohnraum ab etwa 25 m^2.

Grundlegende Renovierung der Wohnung:

Es handelt sich dabei um wesentliche Renovierungsmaßnahmen nach 1977, die nicht bereits durch andere Ausstattungsmerkmale erfasst werden. Dazu gehören insbesondere Veränderungen im Zuschnitt der Wohnungen und grundlegende sanitäre Modernisierungsmaßnahmen.

Abb. 30: Zu- und Abschläge in Prozent der Basismiete nach Wohnungsausstattung

Die Tabelle enthält Zu- und Abschläge in Prozent der Basismiete je nach Wohnungsausstattung.

Keine Zentralheizung	– 15 %
Keine zentrale Warmwasserversorgung	– 1,5 %
Kein Badezimmer	– 5,5 %
Besondere Zusatzausstattung und Zusatzeinrichtung	+ 6 %
Gehobene Ausstattung der Küche *	+ 15 %
Gehobene Ausstattung des Bades**	+ 7 %
Besondere Zusatzausstattung des Bades**	+ 8 %
Zusätzliche sanitäre Räume **	+ 4 %
* Der Gesamtzuschlag für Küchen- und Badausstattung sowie Sanitärräume darf 19 % nicht übersteigen.	
** Der Gesamtzuschlag für Badausstattung und Sanitärräume darf 13 % nicht übersteigen.	

Hierzu werden folgende **Begriffsbestimmungen** gegeben:

Zentralheizung:

Neben der üblichen Zentral- und Etagenheizung gehören hierzu auch Gaseinzelöfen, falls alle Wohnräume einschließlich Küche und Bad damit ausgestattet sind.

Badezimmer:

Ein Badezimmer ist ein abgeschlossener Raum der Wohnung mit Badewanne oder Dusche.

Besondere Zusatzausstattung oder Zusatzeinrichtung:

Dazu gehört wenigstens eines der folgenden Merkmale: offener Kamin, Kachelofen, überwiegend hochwertiger Marmorfußboden, Fußbodenheizung, Einbauschränke, elektrisch betriebene Rollläden, Sauna oder Schwimmbad.

Gehobene Ausstattung der Küche:

Mindestens vier der folgenden Merkmale müssen vorhanden sein (vom Vermieter zur Verfügung gestellt: Spüle, Elektro-/Gasherd, Kühlschrank, moderne Einbauschränke, Mikrowellenherd, Glaskeramik-Kochmulde, Dunstabzugshaube, Geschirrspülmaschine, Gefrierschrank).

Gehobene Ausstattung des Bades:

Überdurchschnittliche Ausstattung; ein typischer Indikator ist eine hohe (in der Regel mindestens 180 cm) Umkachelung an allen vier Wänden.

Besondere Zusatzausstattung des Bades:

Zumindest eines der folgenden Zusatzausstattungen ist vorhanden: zweites Waschbecken, Dusche und Badewanne getrennt oder zumindest feste Duschabtrennung.

Zusätzliche Sanitärräume:

2. Bad oder Toilette vorhanden.

Beispiel: **625**

Für eine Mietwohnung mit folgenden Merkmalen soll die ortsübliche Vergleichsmiete berechnet werden:

3-Zimmer-Wohnung mit 80 m² Wohnfläche, Baujahr 1980, gehobener Wohnbezirk (aber keine Spitzenlage), Hochhaus mit über 7 Stockwerken, gehobener Grundriss, Zentralheizung und zentrale Warmwasserversorgung sowie gehobene Ausstattung des Bades:

1.	Tabelle 1: 80 m² Wohnfläche	5,78 €/m²
2.	Tabelle 2: Baualterszuschlag 3 Zimmer	+10 %
3.	Tabelle 3: (Wohnbezirk) gehobener Wohnbezirk	+ 5 %
4.	Tabelle 3: über 7 Stockwerke	– 8 %
	3-Zimmer-Wohnung mit gehobenem Grundriss	+ 10 %
5.	Tabelle 4: gehobene Ausstattung des Bades	+ 7 %
	Die Summe aller Zu-/Abschläge beträgt	24 %

Die durchschnittliche Nettomiete in €/m² beträgt damit insgesamt

$$5{,}78 \text{ €/m}^2 + 24\% \text{ von } 5{,}78 \text{ €/m}^2 = 7{,}17 \text{ €/m}^2.$$

Für die Wohnfläche von 80 m² ergibt dies 573,60 €. Zu dieser so errechneten Nettomiete ist noch die Summe der nicht umgelegten Betriebs- bzw. Nebenkosten – soweit zutreffend – hinzuzurechnen.

In dem *Beispiel* ergibt sich also eine Miete von 7,17 €/m² WF vor der Sanierung und eine sanierungsbedingte Mieterhöhung (bei einer lagebedingten Gesamtverbesserung von 2,25 %; vgl. Rn. 423 Buchstabe f) von

$$7{,}17 \text{ €/m}^2 \text{ WF} \times 2{,}25\% = \text{rd. } 0{,}16 \text{ €/m}^2 \text{ WF monatlich}.$$

Bei einem Objekt mit einer Wohnfläche von 400 m², einer Grundstücksfläche von 200 m² sowie einem Liegenschaftszinssatz von 4,5 % ergibt sich damit bei einer Restnutzungsdauer des Gebäudes von 40 Jahren eine **sanierungsbedingte Bodenwerterhöhung von**

$$\frac{400 \text{ m}^2 \text{ WF} \times 0{,}16 \text{ €/m}^2 \times 12 \times 18{,}40}{200 \text{ m}^2} = \text{rd. } \mathbf{70{,}65 \text{ €/m}^2}$$

Vervielfältiger V: bei p = 4,5 % und n = 40 Jahre = 18,40

Zum Vergleich: Vorstehend wurde (unter Rn. 423) eine sanierungsbedingte Bodenwerterhöhung in Höhe von 69,33 €/m² ermittelt.

Rechnerisch fällt in diesem Beispiel der Unterschied zu der vorangegangenen Berechnungsweise gering aus. Dies ist in dem Beispiel darauf zurückzuführen, dass die sanierungsbedingte Mietwerterhöhung nur über 40 Jahre kapitalisiert worden ist, während im vorangegangenen Beispiel – entsprechend der dem Grund und Boden auf Dauer anhaftenden höheren Nutzungsmöglichkeiten – die sanierungsbedingte Mieterhöhung auf *ewig* kapitalisiert wurde. Dies würde zu einer sanierungsbedingten Bodenwerterhöhung von

$$\frac{400 \text{ m}^2 \text{ WF} \times 0{,}16 \text{ €/m}^2 \text{ WF} \times 12}{0{,}045 \times 200 \text{ m}^2} = \text{rd. } \mathbf{85{,}33 \text{ €/m}^2}$$

führen.

VI Städtebauliche Maßnahmen   Ausgleichsbeträge

626 Die Münchener **Mietspiegelmethode** ist in der Rechtsprechung bislang bestätigt worden[342], wobei allerdings die besonderen Spezifika bislang nicht richterlich gewürdigt wurden. Diese sind abzulehnen, weil sie in Abhängigkeit von

– der Restnutzungsdauer des Gebäudes und

– der individuellen Beschaffenheit einschließlich der Größe der Wohnung

zu extrem unterschiedlichen sanierungsbedingten Bodenwerterhöhungen für ansonsten völlig gleichartige Grundstücke führen müssen. Dies ist in Ansehung von Art. 3 GG und auch aus sachlichen Gesichtspunkten nicht zu rechtfertigen (Abb. 31).

Beispiel:

Abb. 31: Lageplan gebietstypischer Wohnungen

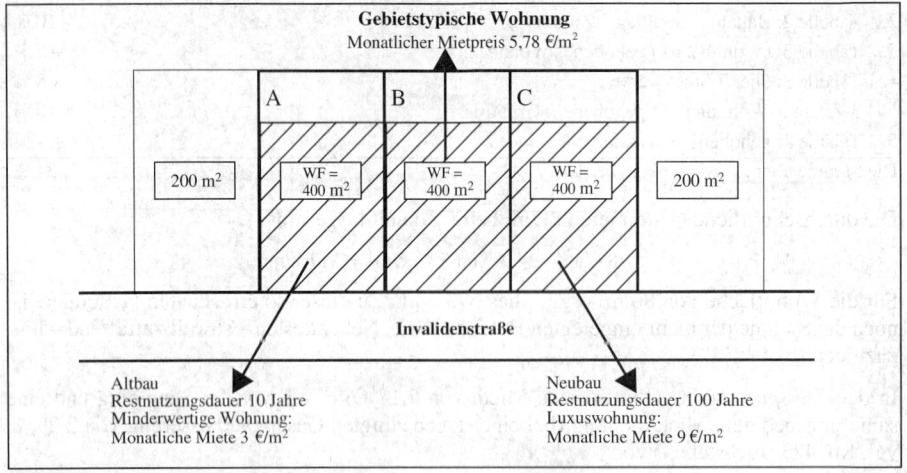

627 Bei einer sanierungsbedingten Mietwerterhöhung von 2,25 % (entsprechend dem vorgestellten *Beispiel*) würden sich für die im Lageplan dargestellten Grundstücke folgende sanierungsbedingten Bodenwerterhöhungen ergeben:

Grundstück A	12,82 €/m² Bodenfläche
Grundstück B	**63,34 €/m² Bodenfläche**
Grundstück C	106,68 €/m² Bodenfläche

wobei im Falle des Grundstücks B die sanierungsbedingte Mietwerterhöhung auf ewig kapitalisiert wurde.

Es müssen sich hier **extrem unterschiedliche sanierungsbedingte Bodenwerterhöhungen je nach Beschaffenheit der Wohnungen und der Restnutzungsdauer der Gebäude** zeigen (Abb. 36).

---

[342] VG München – M 8 S 02.5094 – und – M 8 S 03.930 –; vgl. VGH München, Beschl. vom 18.7.2003 – 2 CS 03.1406 –, GuG 2005, 247 = EzGuG 15.107.

Abb. 32: Sanierungsbedingte Bodenwerterhöhungen in Abhängigkeit von der Wohnungsbeschaffenheit und der Restnutzungsdauer des Gebäudes

Monatlicher Mietpreis vor der Sanierung [€/m² WF]	Sanierungs- bedingte Mietpreis- erhöhung bei 2,25 %	Sanierungsbedingte Bodenwerterhöhung bei einer Restnutzungsdauer [Jahre] von (bei WF = 400 m², Grundstücksfläche = 200 m²)				
		10	30	50	100	∞
		Vervielfältiger V bei p = 4,5 %				
		7,91	16,29	49,76	21,95	22,22
3,00 €/m²	0,068 €/m²	A = 12,91	26,58	32,25	35,82	36,26
5,00 €/m²	0,112 €/m²	21,26	43,79	53,11	59,00	59,73
5,78 €/m²	0,130 €/m²	24,68	50,82	61,65	68,48	B = 69,33
9,00 €/m²	0,202 €/m²	38,35	79,97	95,80	C = 106,41	107,72

$\Delta = 94$ €/m²

Allein aus der **auf ewig kapitalisierten sanierungsbedingten Mietsteigerung** (Grundstück B), wie sie sich für den gebietstypischen Wohnungsbestand ergibt, der repräsentativ für das der Preisbildung auf dem Bodenmarkt zugrunde liegende Investitionsverhalten vor der Sanierung war, lässt sich die sanierungsbedingte Bodenwerterhöhung ableiten. Dabei kann es grundsätzlich keinen Unterschied machen, ob die bauliche Anlage eine Restnutzungsdauer von 10, 20, 50 oder 100 Jahren aufweist. 628

Dies ist darin begründet, dass sich Bodenwerte und auch der Wert des baureifen Landes ökonomisch stets als Barwerte aller künftig erzielbaren Erträge bilden, d. h., nach der **Nutzungs- fähigkeit und nicht nach der tatsächlich ausgeübten Nutzung**[343]. Auch das tägliche Marktgeschehen steht dafür, denn sonst könnte sich für baureifes (unbebautes) Land nicht das hohe Bodenwertniveau einstellen. Dem kann auch nicht entgegengehalten werden, dass aufgrund der bestehenden Bebauung das durch die Sanierung herbeigeführte Nutzungspotenzial aufgrund der bestehenden Bebauung nicht „realisiert" werden kann, denn es geht hier lediglich um die Kapitalisierung der Mieterhöhung, die auf eine Verbesserung der Lagemerkmale zurückzuführen ist, die grundsätzlich auch bei bestehenden Gebäuden im Wege eines Mieterhöhungsverlangens geltend gemacht werden können[344]. Dementsprechend hat auch der VGH Mannheim entschieden, dass Wertfaktoren, die nicht dem Grundstück immanent sind, sondern nur auf einer gegenwärtigen Praxis des Vermieters beruhen, bei der Bemessung des Ausgleichsbetrags unberücksichtigt bleiben müssen[345]. 629

Etwas anderes kann gelten, wenn zum Zwecke des „Schutzes für die angestammte Wohnbevölkerung" **Mietobergrenzen** für das Sanierungsgebiet festgesetzt worden sind. Diese Praxis ist rechtlich allerdings nicht unproblematisch, da damit möglicherweise gegen das Abwägungsgebot verstoßen wird (vgl. Rn. 438). Ein Abwägungsmangel kann z. B. vorliegen, wenn auf der einen Seite die Verbesserung des Sanierungsgebiets (Behebung städtebaulicher Missstände) Ziel und Zweck der Sanierung ist und es andererseits mit den Vorgaben von Mietobergrenzen den Grundstückseigentümern verwehrt sein soll, bauliche Missstände zu beheben. In diesem Fall muss mit einer erhöhten Förderung ein Ausgleich herbeigeführt werden, denn dem Eigentümer kann nicht zugemutet werden, die Bausubstanz auf eigene Kosten zu sanieren. 630

Es kommt hinzu, dass solche **Mietobergrenzen kaum auf Dauer Bestand** haben können. Wertermittlungstechnisch könnte ggf. dem dadurch Rechnung getragen werden, dass die sanierungsbedingte Bodenwerterhöhung in der vorgestellten Berechnungsweise (auf der 631

---

343 BGH, Urt. vom 8.11.1962 – III ZR 86/61 –, BGHZ 39, 198 = EzGuG 8.5; BGH, Urt. vom 13.12.1964 – III ZR 164/61 –, BRS Bd. 19 Nr. 110 = EzGuG 6.67.
344 So auch Dieterich, Baulandumlegung, 3. Aufl. München 1996, S. 255, der in der 4. Aufl. (München 2000, S. 281) auf die Bedenken von Möckel nicht mehr eingeht.
345 VGH Mannheim, Urt. vom 25.10.1999 – 8 S 593/99 –, GuG 2000, 318 = EzGuG 15.97.

VI Städtebauliche Maßnahmen   Ausgleichsbeträge

Grundlage der langfristig zu erwartenden Mietwertsteigerung) abgeleitet wird und dann der kapitalisierte Minderertrag, kapitalisiert über die erwartete Dauer der Mietpreisbegrenzung, in Abzug gebracht wird.

2.13.4 Erdgeschossmietenverfahren

▶ *Vgl. Rn. 613 und Syst. Darst. des Vergleichswertverfahrens Rn. 631 ff.*

632 Sanierungsbedingte Bodenwerterhöhungen lassen sich auch mittels **Regressionsanalysen** ableiten, wobei vom Bodenwert als Funktion des Ertrags (vor und nach Durchführung der Sanierung) ausgegangen wird[346]. Für Geschäftslagen ist dabei eine enge **Beziehung zwischen den Erdgeschossmieten und dem Bodenwert** festgestellt worden. Dort nämlich werden die höchsten Mieten erzielt, wobei zunehmend aber auch, insbesondere in Großstädten, die Obergeschossmieten einzubeziehen sind.

633 Die Ermittlung von Bodenwerten und die **Ermittlung von sanierungsbedingten Bodenwerterhöhungen auf der Grundlage von Korrelationen zwischen Erdgeschossmieten und Bodenwert** muss nach den vorliegenden praktischen Erfahrungen (vgl. Rn. 139 und Syst. Darst. des Vergleichswertverfahrens Rn. 631 ff.) als problematisch und fehleranfällig angesehen werden. Sie ist demzufolge als Grundlage der Ausgleichsbetragserhebung äußerst streitbefangen.

2.13.5 Komponentenverfahren (Additives Verfahren)

a) *Allgemeines*

634 Kann die sanierungsbedingte Bodenwerterhöhung auf Änderungen einzelner wertbeeinflussender Grundstücksmerkmale zurückgeführt werden, so bietet sich auch für die Ermittlung von Ausgleichsbeträgen die unter Rn. 258 bereits angesprochene Komponentenlösung an. **Ausgehend vom Anfangswert** des Grundstücks, **bemisst sich der Ausgleichsbetrag nach den** in einzelnen Komponenten ermittelten **Werterhöhungen, die aufsaldiert zum Endwert führen**[347]. Das Verfahren ist für die Betroffenen plausibel und nachvollziehbar; es setzt die Kenntnis des Anfangswerts voraus. Auch bei der Ermittlung von Grundstückswerten in Umlegungsverfahren wird in entsprechender Weise vorgegangen. Vom Prinzip her entspricht es im Übrigen der gängigen Wertermittlungspraxis zur Berücksichtigung von Abweichungen bei Anwendung des Vergleichswertverfahrens.

b) *Änderung der baulichen Nutzbarkeit (GFZ)*

635 Mithilfe von Umrechnungskoeffizienten lassen sich **Bodenwerterhöhungen** ermitteln, die durch Änderung des Maßes der baulichen Nutzung im **Rahmen einer Sanierungsmaßnahme nach dem Sanierungsrecht** des BauGB bewirkt und der Abschöpfung unterworfen worden sind.

Beispiel:

Sachverhalt

- Zulässige Nutzung ohne Aussicht auf die Sanierung sei eine GFZ von 0,8; der Bodenwert betrage 300 €/m²
- Zulässige Nutzung aufgrund des Sanierungsbebauungsplans sei eine GFZ von 1,6
- Gesucht: sanierungsbedingte Bodenwerterhöhung aufgrund der geänderten GFZ

---

[346] Schmalgemeier in VR 1983, 149; Brandt/Wehner in VR l985, 422: Paul in VR 1983, 141; Hannen in VR 1987, 165.
[347] Der Kritik des VG Minden, Beschl. vom 20.11.1987 – 1 L 58/87 –, EzGuG 15.56, kann diesbezüglich nicht gefolgt werden.

Rechengang (auf der Grundlage der Umrechnungskoeffizienten für die Stadt Köln):

- Umrechnungskoeffizient für GFZ = 0,8: 0,93
- Umrechnungskoeffizient für GFZ = 1,6: 1,25
- 300 €/m² × 1,25/0,93 = 400 €/m²
- Bodenwerterhöhung: 400 €/m² – 300 €/m² = **100 €/m²**

c) *Erschließungsvorteil*

▶ *Vgl. Rn. 566; Syst. Darst. des Vergleichswertverfahrens Rn. 321 ff.*

Mithilfe der durchschnittlichen Erschließungskosten unter Berücksichtigung der örtlichen und individuellen Gegebenheiten lässt sich der **Erschließungsvorteil** erfassen: **636**

Beispiel:

– Erschließungsausbaukosten (einschließlich Vermessungskosten, Notariatsgebühren, Gebühren sonst erforderlicher Teilungsgenehmigungen)	40 €/m²
– Erschließungsflächenkosten (soweit sie anfallen und im vorstehenden Durchschnittssatz nicht enthalten sind)	+ 30 €/m²
– Erschließungsvorteil	70 €/m²

Hinweis: Entsprechend der Praxis in der Umlegung lässt sich der Erschließungsflächenanteil auch über den Flächenabzug bemessen; ein Flächenabzug von 20 % ist in der Rechtsprechung als realistisch erkannt worden[348].

Ein „voller" Erschließungsvorteil ist jedoch nach der Situation des Einzelfalls insbesondere in den Fällen möglicherweise dann nicht gegeben, wenn es sich um eine Zweiterschließung handelt oder mit der Erschließungsmaßnahme ein unmittelbarer Zugang anstelle einer durch ein Wegerecht gesicherten Erschließung geschaffen wird[349].

d) *Lage- und Strukturverbesserungen*

▶ *Vgl. 215 ff.; § 4 ImmoWertV Rn. 25*

Lage- und Strukturverbesserungen können nur durch eine sorgfältige qualifizierende Analyse erfasst werden. Vor der schematischen Anwendung von Tabellenwerken muss gewarnt werden, da diese i. d. R. sich auf bestimmte regionale Bodenmärkte und siedlungsstrukturelle Kreistypen beziehen. Erst aufgrund einer sorgfältigen **Qualifizierung der Lage- und Strukturverbesserung** können die daraus resultierenden Wertänderungen (i. d. R. Werterhöhungen) abgeleitet werden. Dabei ist es unabdingbar, ausgehend von den festgestellten städtebaulichen Missständen i. S. d. § 136 Abs. 2 und 3 BauGB die im Zuge der Sanierung durchgeführten städtebaulichen Maßnahmen eingehend festzustellen und in ihrer wertmäßigen Auswirkung zu analysieren: Bezüglich der städtebaulichen Missstände wird zwischen *Substanz- und Funktionsschwächen* unterschieden, wobei es i. d. R. Mischformen solcher Missstände zu sanieren gilt. **637**

– **Substanzschwächen** treten auf hinsichtlich **638**

　– Immissionen, Einwirkungen durch Lärm, Verunreinigungen und Erschütterungen,

　– Belichtung, Belüftung und Besonnung der Wohn- und Arbeitsstätten,

　– Zugänglichkeit der Grundstücke,

　– bauliche Beschaffenheit der Wohn- und Arbeitsstätten,

　– Auswirkungen sog. Gemengelagen (Mischung von Wohn- und Arbeitsstätten).

---

348 LG Kiel, Urt. vom 3.11.1989 – 19 O 4/83 –, EzGuG 15.64 = GuG 1990, 103.
349 VG Arnsberg, Urt. – 14 K 30/03 –, 14 K 28/03 –.

VI Städtebauliche Maßnahmen — Ausgleichsbeträge

Der dafür geprägte Begriff der „ungesunden Wohn- und Arbeitsverhältnisse" ist nicht statisch, sondern allgemeinen Anschauungen und zeitgemäßen Anforderungen unterworfen[350].

639 – **Funktionsschwächen** liegen vor, wenn das Gebiet in der Erfüllung der ihm (vom Planer) zugedachten Aufgaben erheblich beeinträchtigt ist, d. h. der Aufgaben, die ihm nach seiner Lage und Funktion obliegen[351], z. B. in Bezug auf

- den fließenden und ruhenden Verkehr,
- die Ausstattung mit Grünflächen, Spiel- und Sportplätzen,
- die innergemeindliche Zentrumsbildung,
- den Verflechtungsbereich,
- die wirtschaftliche Situation und Entwicklungsfähigkeit und
- die infrastrukturelle Ausstattung und Erschließung des Gebiets.

640 Zur **Ermittlung des wertmäßigen Einflusses durchgeführter Sanierungsmaßnahmen** sind den Missständen die Maßnahmen zur Behebung bzw. Minderung der Missstände gegenüberzustellen. Die Werterhöhung lässt sich dann ermitteln durch

- Vergleich von Bodenrichtwerten entsprechend unterschiedlich geprägter Bodenrichtwertzonen,
- empirische Untersuchungen von Lageeinflüssen,
- ertragswirtschaftliche Vergleichsbetrachtungen.

641 *Beispiel (vgl. Syst. Darst. des Vergleichswertverfahrens Rn. 376 ff.):*

Für die Innenstadtlagen ist eine hohe Signifikanz zwischen Bodenwert und Erdgeschossmiete festgestellt worden.

Für das Gemeindegebiet sei festgestellt worden, dass die Bodenwerte das 35-Fache des monatlichen Rohertrags der Nutzfläche des Erdgeschosses ausmachen:

- Vor der Sanierung betrage der Rohertrag 30 €/m² NF im Monat;
  Anfangswert: 1 050 €/m² (= 35 × 30 €/m²)
- Aufgrund der Sanierung erhöhe sich der Rohertrag um 3 €/m² NF im Monat

Sanierungsbedingte Bodenwerterhöhung: 105 €/m² (= 3 €/m² × 35)

Endwert: 1 155 €/m² (= 1 050 €/m² + 105 €/m²)

642 Als Komponentenlösung können im Übrigen auch solche Verfahren bezeichnet werden, mit denen der Ausgleichsbetrag – wiederum vom Anfangswert ausgehend – auf **mathematisch statistischem Wege** komponentenweise oder insgesamt abgeleitet wird. Hierzu hat es eine Reihe von überregional angelegten Untersuchungen gegeben[352]. Ursächlich für die Höhe des Ausgleichsbetrags sind danach

a) einerseits die vorhandenen *städtebaulichen Missstände* i. S. d. § 136 BauGB und – komplementär hierzu –,

b) andererseits die *durchgeführten Maßnahmen* zur Behebung oder zumindest zur Minderung dieser Missstände,

wobei sowohl die städtebaulichen Missstände als auch die durchgeführten Maßnahmen in den Bereichen (differenziert nach Klassen)

- Bebauung,
- Struktur (Eigentumsverhältnisse, Erschließung),

---

350 BGH, Urt. vom 13.7.1967 – III ZR 1/65 –, BGHZ 48, 193 = EzGuG 6.104: Der „Missstandsbegriff ist gegenüber sich ändernden sozialen Vorstellungen des gesunden Wohnens offen."
351 BVerwG, Urt. vom 6.7.1984 – 4 C 14/81 –, BRS Bd. 42 Nr. 234 = EzGuG 15.29a; OVG Lüneburg, Urt. vom 19.9.1979 – 4 C 12/79 –, BRS Bd. 35 Nr. 229 = EzGuG 15.12a.
352 Kanngieser/Bodenstein in GuG 1990, 147.

- Grundstücksnutzung (Verdichtung/Gemengelage),
- Umfeld (Verkehr/Infrastruktur)

zu untersuchen sind.

Vom Ansatz her darf bei dieser Vorgehensweise der **örtliche Bezug** nicht vernachlässigt werden, denn in der Grundstückswertermittlung sind nur wenige Parameter überregional identisch. Darüber hinaus müssen die jeweiligen Parameter eindeutig voneinander abgrenzbar sein, wobei sich gewisse Überschneidungen (Struktur/Umfeld/Gemengelage) niemals ganz vermeiden lassen. In jedem Fall aber dürfen nur solche wertbeeinflussenden Grundstücksmerkmale zur Bemessung des erhebbaren Ausgleichsbetrags herangezogen werden, die nach Maßgabe der §§ 154 f. BauGB zu abschöpfbaren Bodenwerterhöhungen führen, d. h. in kausalem Zusammenhang mit der Sanierung stehen und zudem nicht als zulässigerweise bewirkte Bodenwerterhöhung auf den Ausgleichsbetrag anzurechnen sind. Hierzu können u. a. die vom Eigentümer durchgeführten **Modernisierungs- und Instandsetzungsmaßnahmen** gehören.

2.13.6 Niedersachsen-Verfahren

Schrifttum: *Gottschalk, G.*, Umstellung des Niedersachsen-Modells auf Euro, GuG 2006, 138; *Kanngieser/Bodenstein*, Praktische Ermittlung von Bodenwerterhöhungen auf Grund städtebaulicher Sanierungsmaßnahmen, GuG 1990, 147; *Kanngieser/Dorn/Focht*, Vergleich des Hagedorn Modells zur Bestimmung sanierungsbedingter Werterhöhungen mit dem Modell des DSW Hamburg, GuG 2000, 17; *Kanngieser/Schuhr*, Kollakationsmodelle sanierungsbedingter Werterhöhungen des BIS Hamburg, GuG 2004, 70; *Kanngieser/Schuhr*, Neuentwicklung des Bewertungsinformationssystems, Hamburg, ZfV 2003, 235; *Kanngieser/Schuhr*, Stochastischer Algorithmus in der Grundstücksbewertung, GuG 2005, 283; *Kanngieser/Schuhr/Johrendt*, Optimierung des Bewertungssystems MSW-Hamburg, GuG 2009, 335.

a) Allgemeines

Ausgehend von der Erkenntnis, dass die sanierungsbedingte Bodenwerterhöhung eine Funktion

- der vor der Vorbereitung, d. h. am Beginn der Sanierungsmaßnahme, bestehenden städtebaulichen *Missstände* i. S. d. § 136 Abs. 3 BauGB und
- der durchgeführten städtebaulichen *Maßnahmen* (Vorbereitung nach den §§ 140 ff. BauGB und Durchführung [Ordnungs- und Baumaßnahmen] i. S. d. §§ 146 bis 148 BauGB)

ist, wurden in *Niedersachsen* seit den 80er Jahren empirische Untersuchungen über die sanierungsbedingten Bodenwerterhöhungen durchgeführt. Mithilfe des daraus entwickelten Verfahrens lassen sich die sanierungsbedingten Bodenwerterhöhungen ausgehend vom Anfangswert in einem Vomhundertsatz in Abhängigkeit von den vorhandenen Missständen und den durchgeführten Maßnahmen „tabellarisch" ableiten. **Voraussetzung für die Anwendung** des Verfahrens **ist also, dass der Anfangswert ermittelt worden** und dem Gutachter bekannt **ist**. Die Untersuchungen haben nämlich ergeben, dass die sanierungsbedingte Bodenwerterhöhung vor allem auch von der *absoluten Höhe des Anfangswerts* abhängig ist.

Das Verfahren ist mehrfach modifiziert worden und findet in der Praxis in unterschiedlichen Versionen Anwendung.

Die Anwendung des Verfahrens vollzieht sich nach einem geradezu bestechend einfachen Schema, wobei hierin zugleich auch eine Gefahr liegt, denn **vor einer allzu schematischen Ableitung der sanierungsbedingten Bodenwerterhöhung muss gewarnt werden**. Vor allem muss geprüft werden, ob die für *Hamburg, Hessen, Niedersachsen, Nordrhein-Westfalen* und *Rheinland-Pfalz* ermittelten Werte auch für den einschlägigen Bodenmarkt gelten. Zumindest ist zu fordern, dass die siedlungsstrukturellen Kreistypen vergleichbar sind.

VI Städtebauliche Maßnahmen Ausgleichsbeträge

b) *Verfahrensgang*

Das Verfahren wird ausführlich im Schrifttum[353] beschrieben. Es **vollzieht sich wie folgt:**

1. Schritt

646 Es werden zunächst die städtebaulichen Missstände qualifiziert, wie sie vor Einleitung der städtebaulichen Sanierungsmaßnahme bestanden haben. Auf der Grundlage der festgestellten städtebaulichen Missstände wird mithilfe eines Klassifikationsrahmens die **Kenngröße der städtebaulichen Missstände** ermittelt (Abb. 38).

Der **Klassifikationsrahmen für städtebauliche Missstände** unterscheidet nach *gebietsbezogenen und grundstücksbezogenen* Parametern:

a) Bebauung,

b) Struktur (Eigentumsverhältnisse und Erschließung),

c) Nutzung (Verdichtung, Gemengelage),

d) Umfeld (Verkehr, Infrastruktur).

647 *Beispiel:*

In dem zu sanierenden Gebiet wurden folgende städtebauliche Missstände festgestellt:

a) Bebauung: instandsetzungs- und modernisierungsbedürftig

b) Struktur: Erschließungssituation unzureichend

c) Nutzung: störende Gemengelage

d) Umfeld: in Teilen ergänzungsbedürftig

Aufgrund der festgestellten städtebaulichen Missstände lässt sich durch Bildung des arithmetischen Mittels der aus dem Klassifikationsrahmen (Abb. 33) entnommenen **Kennziffern für die einzelnen Missstände die mittlere Kennzahl** ableiten:

Mittlere Kennzahl der städtebaulichen Missstände (MI) = (5 + 6 + 7 + 2)/4 = 5,004

---

[353] Bodenstein, in Nachr. der nds. Kat.- und VermVw 1988, 199; Brill, in Nachr. der nds. Kat.- und VermVw 1984, 252; ders. in Nachr. der nds. Kat.- und VermVw 1986, 170; Kanngieser/Bodenstein in ZfV 1985, 233; dies. in ZfV 1985, 410; dies. in ZfV 1986, 445; dies. in ZfV 1989, 529; dies. in GuG 1990, 147; dies. in ZfV 1994, 113; Oelfke in VR 1983, 309; Stege in Nachr. der nds. Kat.- und VermVw 1993, 54; Seifert in VR 1999, 237.

Abb. 33: Klassifikationsrahmen für städtebauliche Missstände

	Komplex			
Klasse	Bebauung	Struktur Eigentumsverhältnisse; Erschließung	Nutzung Verdichtung Gemengelage	Umfeld Verkehr Infrastruktur
1	überwiegend intakt	überwiegend günstig	überwiegend funktionsgerecht	überwiegend gut
2	geringe Mängel	vorhandene Erschließung in Teilen ergänzungsbedürftig	geringe Beeinträchtigungen im Wohnbereich	in Teilen ergänzungsbedürftig
3	einzelne Mängel (z. B. Heizung, Fenster)	Zugänglichkeit der Grundstücke ungünstig	geringe Beeinträchtigungen im Gewerbebereich	einige Infrastruktureinrichtungen fehlen
4	gering instandsetzungs- und modernisierungsbedürftig (z. B. äußere Beschaffenheit)	unzweckmäßig	Gemengelage mit geringen Beeinträchtigungen	Verkehrssituation verbesserungsbedürftig
5	instandsetzungs- und modernisierungsbedürftig (z. B. innere Beschaffenheit)	Grundstückszuschnitt ungünstig	hohe Verdichtung	Infrastruktur insgesamt verbesserungsbedürftig
6	im Wesentlichen instandsetzungs- und modernisierungsbedürftig	Erschließungssituation unzureichend	übermäßige Verdichtung	Verkehrsanbindung mangelhaft; Parkmöglichkeiten nicht in ausreichendem Umfang
7	grundlegend instandsetzungs- und modernisierungsbedürftig	stark zersplitterte Grundstücksstruktur	störende Gemengelage	Behinderungen durch den Verkehr; Infrastruktur unzureichend
8	zeitgemäße Wohn- und Arbeitsverhältnisse nicht gewährleistet	Erschließungs- wie Ver- und Entsorgungseinrichtungen unzureichend	hohe Verdichtung und störende Gemengelage, Beeinträchtigung durch Altbausubstanz	keine Parkmöglichkeiten; fließender Verkehr überbelastet; Infrastruktur im Prinzip nicht vorhanden
9	gesunde Wohn- und Arbeitsverhältnisse nicht gewährleistet	mangelhafte Gesamtsituation	übermäßige Verdichtung und störende Gemengelage	ungenügende Gesamtsituation
10	verfallen	unzumutbare Gesamtsituation	unzumutbare Verhältnisse	keine funktionsgerechte Ausstattung

2. Schritt

Es werden nunmehr die im Zuge der Vorbereitung und Durchführung der Sanierung bereits tatsächlich durchgeführten sowie zur Durchführung anstehenden Maßnahmen insbesondere auf der Grundlage des Sanierungsbebauungsplans oder der sonstigen Planungskonzeptionen (Ziele und Zwecke der Sanierung; Rahmenplan) qualifiziert. Auf der Grundlage dieser Feststellungen wird wiederum mithilfe eines Klassifikationsrahmens nunmehr die **Kenngröße der städtebaulichen Maßnahmen** abgeleitet (vgl. Abb. 34).

VI Städtebauliche Maßnahmen — Ausgleichsbeträge

Abb. 34: Klassifikationsrahmen für städtebauliche Maßnahmen

Klasse	Komplex			
	Bebauung	Struktur Eigentumsverhältnisse; Erschließung	Nutzung Verdichtung Gemengelage	Umfeld Verkehr Infrastruktur
1	einzelne Maßnahmen	einzelne Maßnahmen	einzelne Maßnahmen	einzelne Maßnahmen
2	gezielte Behebung der Mängel	gezielte Ergänzung vorhandener Erschließungsanlagen	gemeinsame Hofgestaltung mehrerer Grundstücke u. a.	geringfügige Ergänzung der Infrastruktur; geringfügige Verbesserungen für den ruhenden Verkehr
3	einzelne Modernisierungs- und Instandsetzungsmaßnahmen	Verbesserung der Zugänglichkeit von Grundstücken	Verbesserung der Nutzung; Beseitigung baulicher Nebenanlagen	gezielte Ergänzung der Infrastruktur
4	einfache Modernisierung und Instandsetzung	Verbesserung der Erschließungssituation	Maßnahmen mit einem geringen Aufwand	Ausbau von Rad- und Fußwegen; Verbesserungen für den ruhenden Verkehr
5	mittlere Modernisierung und Instandsetzung	Grenzausgleich (Grenzregelung; Umlegung)	Reduzierung des Maßes der baulichen Nutzung	Ergänzung und Verbesserung der Infrastruktur
6	umfassende Modernisierung und Instandsetzung	Ergänzung der Erschließungsanlagen	Entkernung	Erweiterung des öffentlichen Verkehrsnetzes und Verbesserung der Anschlussmöglichkeiten für den Individualverkehr; Schaffung von weiteren Parkmöglichkeiten
7	durchgreifende Modernisierung und Instandsetzung	Neuaufteilung (Umlegung)	Maßnahmen zur Beseitigung oder Verringerung von Emissionen	Umlenkung des fließenden Verkehrs; Ausstattung mit Infrastruktureinrichtungen
8	wie Klasse 7 und Neubebauung einzelner Grundstücke	durchgreifende Maßnahmen	Anpassung hinsichtlich Art und Maß der baulichen Nutzung und Maßnahmen zur Beseitigung oder Verringerung von Emissionen; Freilegung von Grundstücken	Schaffung von Parkplätzen, Parkhäusern, Verkehrsumleitungen; Ausstattung mit Infrastruktureinrichtungen
9	überwiegend Neubebauung oder aufwendige Modernisierung	grundlegende Umstrukturierung (Umlegung)	Anpassung hinsichtlich Art und Maß der baulichen Nutzung und Umsetzung von Betrieben	Anlage verkehrsberuhigter Zonen, auch Fußgängerzonen, und Ergänzung der Infrastruktur
10	Neubebauung	umfassende Neuordnung und Erschließung (Umlegung)	Auflockerung und Umnutzung	umfassende Verbesserung der Verkehrssituation und Neuausstattung mit Infrastruktureinrichtungen

Ausgleichsbeträge — Städtebauliche Maßnahmen VI

Der **Klassifikationsrahmen für städtebauliche Maßnahmen** unterscheidet wiederum nach den Parametern, die auch für die Feststellung der städtebaulichen Missstände maßgebend sind: Bebauung, Struktur, Nutzung und Umfeld.

Beispiel: 649

Im Sanierungsgebiet wurden bzw. werden folgende städtebauliche Maßnahmen durchgeführt:

a) Bebauung: umfassende Modernisierung und Instandsetzung,
b) Struktur: Verbesserung der Erschließungssituation,
c) Nutzung: Entkernung,
d) Umfeld: einzelne Maßnahmen.

Mithilfe dieser Feststellungen lässt sich wiederum durch Bildung des arithmetischen Mittels der aus dem Klassifikationsrahmen für städtebauliche Maßnahmen (Abb. 34) entnommenen Kennziffern für die einzelnen Maßnahmen die **mittlere Kennzahl** ableiten.

Mittlere Kennzahl der städtebaulichen Maßnahmen (MA) = (6 + 4 + 6 + 1)/4 = 4,254

3. Schritt

Mithilfe der ermittelten mittleren Kennzahlen für 650

– die städtebaulichen Missstände und
– die städtebaulichen Maßnahmen

lässt sich nun der **Vomhundertsatz der sanierungsbedingten Bodenwerterhöhung** aus Tabellen ablesen (Abb. 35). Im Hinblick auf die Abhängigkeit der sanierungsbedingten Bodenwerterhöhung vom Wertniveau des Anfangswerts stehen dafür insgesamt fünf Tabellen zur Verfügung:

– Matrix A: für Anfangswerte bis 250 €/m^2
– Matrix B: für Anfangswerte über 250 €/m^2 bis 500 €/m^2
– Matrix C: für Anfangswerte über 500 €/m^2.

Beispiel: 651

Bei einem Anfangswert von 175 €/m^2 und einer zuvor ermittelten
– mittleren Kennzahl der städtebaulichen Missstände (MI) von 5,00 und
– mittleren Kennzahl der städtebaulichen Maßnahmen (MA) von 4,25

ergibt sich aus der Matrix B eine sanierungsbedingte Bodenwerterhöhung von 13,75 %; mithin sanierungsbedingte Bodenwerterhöhung = 13,75/100 × 175 €/m^2 = **24 €/m^2**
Neuordnungswert = 175 €/m^2 + 24 €/m^2 = **199 €/m^2**

VI Städtebauliche Maßnahmen — Ausgleichsbeträge

Abb. 35: Sanierungsbedingte Bodenwerterhöhung in Abhängigkeit von den mittleren Kennzahlen für städtebauliche Missstände und Maßnahmen (Wertsteigerungen in Prozent des Anfangswerts) nach Kanngieser u.a. (GuG 2009, 335)

Matrix A: Anfangswerte bis 250 €/m²

Maßnahmen (Klassen)

	1	2	3	4	5	6	7	8	9	10
10					58,2	59,6	65,2			
9				42,0	50,0	54,0	61,3			
8		32,0	34,3	37,9	43,3	46,5	53,0	58,3		
7		20,6	26,6	30,2	31,9	34,7	39,6	45,0		
6		17,2	19,9	21,7	23,7	25,6	32,4	37,7		
5	12,7	13,0	14,6	15,8	18,2	20,5	27,2			
4	10,9	11,1	12,1	12,9	14,3	15,4	17,0			
3	8,1	9,0	9,8	10,6	11,2	12,0				
2	6,4	6,9	7,2	8,4	9,2	10,1				
1	5,9	6,0	6,2	6,4	7,3					

Missstände (Klassen)

Matrix B: Anfangswerte von mehr als 250 €/m² bis 500 €/m²

Maßnahmen (Klassen)

	1	2	3	4	5	6	7	8	9	10
10										
9							19,3	25,0		
8							17,3	21,7	26,4	
7					14,2	15,6	17,0	18,2		
6					13,8	14,6	15,6	16,2		
5				12,4	13,3	13,6	13,9	15,0		
4			8,0	9,4	10,2	11,2	12,0			
3		5,2	6,2	7,6	9,2	10,7	11,8			
2		3,7	5,4	6,4	7,4	9,1	9,9			
1	3,5	4,2	5,1	5,4	7,2					

Missstände (Klassen)

Matrix C: Anfangswerte von mehr als 500 €/m²

Maßnahmen (Klassen)

	1	2	3	4	5	6	7	8	9	10
10										
9							19,3	25,0		
8							17,3	21,7	26,4	
7					14,2	15,6	17,0	18,2		
6					13,8	14,6	15,6	16,2		
5				12,4	13,3	13,6	13,9	15,0		
4			8,0	9,4	10,2	11,2	12,0			
3		5,6	6,2	7,6	9,2	10,7	11,8			
2		3,7	5,4	6,4	7,4	9,1	9,9			
1	3,5	4,2	5,1	5,4	7,2					

Missstände (Klassen)

Matrix: Gutachterausschuss Wetzlar

Maßnahmen (Klassen)

	1	2	3	4	5	6	7	8	9	10
10				59	61	62				
9			42	50	54	60	66	72		
8		35	40	46	51	58	62	64		
7	23	28	32	34	39	44	49			
6	20	22	23	24	26	36				
5	13	14	15	17	19	21	30			
4	11	12	12	13	15	17	19			
3	9	9	10	11	11	13				
2	7	7	7	8	9					
1	6	6	6	7						

Missstände (Klassen)

652 Soweit bestimmte **Sanierungsmaßnahmen** im Zuge der Sanierung **noch nicht durchgeführt** worden sind, jedoch bei Anwendung der vorstehenden Methode bereits wertmäßig berücksichtigt wurden, bedarf es ergänzender Ermittlungen. Derartige Wertermittlungsaufgaben stellen sich insbesondere im Rahmen

- der Ermittlung von Zuteilungswerten in Umlegungsverfahren nach Maßgabe des § 153 Abs. 5 BauGB,
- der Ablösung von Ausgleichsbeträgen (§ 154 Abs. 3 BauGB),
- der Erhebung von Vorauszahlungen auf Ausgleichsbeträge nach § 154 Abs. 6 BauGB und
- der vorzeitigen Festsetzung des Ausgleichsbetrags nach § 154 Abs. 2 BauGB.

Beispiel: 653

Von allen nach vorstehender Methode berücksichtigten Sanierungsmaßnahmen ist allein die Erschließungsanlage noch nicht hergestellt worden.
– Mit der Herstellung der Erschließungsanlage wird in vier Jahren gerechnet.
– Der Erschließungsvorteil wird auf der Grundlage ersparter Erschließungsbeiträge mit 20 €/m² geschätzt.

Bei einem Zinssatz von 5 % ergeben die „gesparten" Erschließungskosten abgezinst über 4 Jahre:

$$\frac{20\ \text{€/m}^2}{\left(1 + \frac{p}{100}\right)^4} = \frac{20}{1{,}05^4} = \text{rd. } \mathbf{16\ \text{€/m}^2}$$

Die vorstehend ermittelte sanierungsbedingte Bodenwerterhöhung ist somit um 8 €/m² (= 24 €/m² – 16 €/m²) zu kürzen und ergibt mithin den Betrag von 191 €/m².

Das „Modell Niedersachsen" ist in der **Rechtsprechung** niedersächsischer Gerichte bislang 654 bestätigt worden[354]. Das VG Frankfurt am Main hat demgegenüber erkannt, dass der Methode eine „gewisse Beliebigkeit" innewohne und dies darauf zurückzuführen sei, dass die Einordnung in die Klassifikationsrahmen der Missstände und Maßnahmen unklar sei. Beanstandet hat das Gericht vor allem die für die Betroffenen **nicht nachvollziehbare Ableitung** der zur Anwendung kommenden Matrix und ihre Gültigkeit und Übertragbarkeit auf den Einzelfall. Die Bemessung des Ausgleichsbetrags nach Methoden, die sich ihrer Überprüfbarkeit durch die Betroffenen entziehen, ist aus Gründen der Rechtsstaatlichkeit in der Tat nicht frei von Bedenken[355].

2.13.7 Zielbaumverfahren (Multifaktorenanalyse)

2.13.7.1 Allgemeines

Schrifttum: *Aurnhammer, H.,* Verfahren zur Bestimmung von Wertminderungen bei Baumängeln und Bauschäden, BauR 1978, 351 und 356; BauR 1981, 139; *Junge, V.,* Ermittlung sanierungsbedingter Werterhöhungen in Hamburg, GuG 2006, 204; *Haass, B.,* Sanierungsrechtlicher Ausgleichsbetrag, Bln GE 2010, 244; *Kreilinger, P.* Die zweifelhafte Berliner Praxis zur Ermittlung des Sanierungsausgleichsbetrags, Bln GE 2004, 1075; *Sattler, H.,* Zur Wertermittlung in Sanierungsgebieten, GuG 2004, 78; *Schmidt-Eichstädt, G.,* Rechtsprobleme bei der Anwendung des Zielbaumverfahrens, GuG 2004, 129; *Seldeneck/Dyroff* in Bln GE 1999, 92; *Seitz, W.,* Zielbaumverfahren – Wertermittlung oder Willkür?, GuG 2011, 216.

▶ *Vgl. Rn. 153 ff.; § 8 ImmoWertV Rn. 60 f.; Syst. Darst. des Vergleichswertverfahrens Rn. 638*

Das in *Berlin*[356] und *Leipzig* behördlicherseits angewandte Zielbaumverfahren stellt in seinem 655 Kern nichts anderes als ein **operationalisiertes Vergleichswertverfahren** dar, bei dem der einzelne Wert im Wege der Interpolation ermittelt wird. Das Verfahren ist insoweit also ein Interpolationsverfahren, auf der Grundlage einer schulnotenmäßigen Bewertung und Gewich-

---

354 VGH München, Beschl. vom 31.10.2007 – 15 Cs 07.817 –, EzGuG 15.124; VG Stuttgart, Urt. vom 26.7.2005 – 6 K 4005/03 –, EzGuG 15.117; OVG Lüneburg, Beschl. vom 2.9.2004 – 1 L 18/04 –, EzGuG 15.111d; VG Minden, Urt. vom 14.3.2002 – 9 K 1440/98 –, EzGuG 15.104a; OVG Schleswig, Beschl. vom 9.7.2001 – 1 M 22/00 –, NordR 2002, 21 = EzGuG 15.101; OVG Lüneburg, Urt. vom 17.4.1997 – 1 L 6618/95 –; OVG Lüneburg, Urt. vom 17.1.1997 – 1 L 1218/95 –, GuG 2000, 179 = BRS Bd. 59 Nr. 250 = EzGuG 15.87a; OVG Lüneburg, Urt. vom 21.10.1996 – 1 M 4534/96 –; OVG Lüneburg, Beschl. vom 26.9.1994 – 1 M 3029/94 –; LG Oldenburg, Urt. vom 7.11.1995 – 7 O 1543/92 –, VG Osnabrück, Urt. vom 23.10.1998 – 2 A 200/96 –; OVG Lüneburg, Urt. vom 24.1.1992 – 1 L 46, 47/90 –, EzGuG 15.71.
355 VG Frankfurt am Main, Beschl. vom 25.8.1999 – 8 G 3502/98 –, EzGuG 15.96 = GuG 2000, 190.
356 Ausführungsvorschriften zur Ermittlung der sanierungsbedingten Bodenwerterhöhung und zur Feststellung von Ausgleichbeträgen nach §§ 152 bis 155 des Baugesetzbuchs (AV Ausgleichsbeträge) vom 20.2.2009 (ABl. Bln. 2009, 434); vorangehend: Ausführungsvorschrift zur Ermittlung der sanierungsbedingten Bodenwerterhöhung und zur Festsetzung von Ausgleichsbeträgen nach §§ 152 bis 155 des Baugesetzbuchs (AV Ausgleichsbeträge), abgedruckt in GuG 2003, 164 und 219 = ABl. Bln Sonderdr. 21 vom 29.4.2003.

VI Städtebauliche Maßnahmen Ausgleichsbeträge

tung der maßgeblichen, in einem Klassifikationsrahmen aufgegliederten wertbeeinflussenden Grundstücksmerkmale. Die Zielbaummethode kommt auch unter der Bezeichnung **Multifaktorenanalyse** zur Anwendung. In der Rechtsprechung ist die Methode als geeignet zur Ermittlung des Ausgleichsbetrags erkannt worden[357]. Die Methode ist in ihrer praktischen Ausgestaltung gleichwohl fragwürdig geblieben. Sie ist deshalb auch nur ausnahms- und hilfsweise anwendbar, wenn andere geeignetere Methoden nachweislich nicht zur Anwendung kommen können. Mit § 16 Abs. 1 Satz 1 ImmoWertV wird ausdrücklich vorgegeben, dass der Bodenwert eines Grundstücks „vorrangig" auf der Grundlage des Vergleichswertverfahrens abzuleiten ist, und zwar möglichst unmittelbar auf der Grundlage von Vergleichspreisen. Dies muss auch für die Ermittlung des Ausgleichsbetrags gelten, denn dieser bestimmt sich aus der Differenz zweier Bodenwerte (End- und Anfangswert).

656 Mit der Multifaktorenanalyse lässt sich die sanierungsbedingte Bodenwerterhöhung ableiten, indem zunächst eine **Verhältniszahl** abgeleitet wird, **die das (qualitative) Wertverhältnis zwischen Anfangs- und Endwert angibt.** Der Endwert ergibt sich aus dem Anfangswert multipliziert mit dem Quotienten aus den Kennziffern für den Grundstückszustand vor und nach der Sanierung, den Faktoren Q_A und Q_E. Die Faktoren Q_A und Q_E werden mithilfe der Zielbaummethode abgeleitet.

a) *Klassifikationsrahmen*

657 Bei Anwendung der Zielbaummethode muss man sich zunächst – ähnlich dem Niedersachsen-Verfahren – einen Klassifikationsrahmen vorgeben, mit dem sich die wertbeeinflussenden Merkmale (Bewertungsmerkmale) aggregieren lassen. **Grundlage des Verfahrens** ist

a) ein schulnotenmäßiger Bewertungsrahmen der wertbeeinflussenden Merkmale und

b) ein Gewichtungsrahmen dieser Merkmale,

mit dem also die maßgeblichen wertbeeinflussenden Merkmale qualifiziert und klassifiziert werden.

Für den Klassifikationsrahmen werden z. B. folgende Zielbäume herangezogen:

Abb. 36: Klassifikationsrahmen

Klassifikationsrahmen	
Berlin	**Leipzig**
a) Umgebung,	a) Stadtbauliche Qualität,
b) Bebauungsdichte,	b) Ökologische Qualität und
c) Begrünung öffentlicher Freiflächen,	c) Infrastruktur.
d) Verkehr.	

658 Diese **Klassifikationsrahmen haben** zumeist den **Mangel,** dass die darin aufgeführten wertbeeinflussenden Grundstücksmerkmale

– in erheblichem Maße korreliert und zumindest teilweise deckungsgleich sind,

– vielfach nicht dem Einzelfall genügen (z. B. können verkehrsberuhigende Maßnahmen auch zur Bodenwertminderung führen) und

---

357 BVerwG, Beschl. vom 16.11.2004 – 4 B 71/04 –, GuG 2005, 248 = EzGuG 15.114; OVG Bautzen, Urt. vom 17.6.2004 – 1 B 854/02 –, GuG 2004, 248 = EzGuG 15.111; Vorinstanz: VG Leipzig, Urt. vom 10.9.2001 – 6 K 222/99 –, GuG 2003, 63 = EzGuG 15.101b – die Vorinstanz hat ihr die Eignung abgesprochen, insbesondere weil sie die Ermittlung der sanierungsbedingten Bodenwerterhöhung nicht transparent und nachvollziehbar erscheinen lässt; OVG Bautzen, Urt. vom 19.8.1999 –1 S 555/98 –; OVG Berlin-Brandenburg, Urt. vom 24.8.2006 – 10 S 7/06 –; OVG Berlin-Brandenburg, Urt. vom 5.11.2009 – 2 B 7/07 –, EzGuG 15.127a; VG Berlin, Beschl. vom 11.11.1998 – 19 A 89/98 –, GuG 1999, 186 = EzGuG 15.93. Berechtigte Kritik hierzu bei Seldeneck/Dyroff in BlnGE 1999, 89; vgl. auch OVG Berlin, Beschl. vom 4.12.2001 – 2 SN 8/01 –, EzGuG 15.101d; nach den Ausführungen von Haass (Bln. GE 2010, 244) ist die Methode von den Berliner Gerichten selbst in den Fällen bestätigt worden, in denen der direkte Preisvergleich zu abweichenden Ergebnissen geführt habe.

– die dem Eigentümer obliegenden (§ 148 BauGB) Baumaßnahmen und damit (indirekt) die von ihm in zulässiger Weise herbeigeführten – aber nicht abschöpfbaren – Bodenwerterhöhungen unzulässigerweise einbeziehen.

Mit dem Klassifikationsrahmen dürfen die **von den Eigentümern selbst bewirkten Bodenwerterhöhungen** nicht erfasst werden, da diese nicht abschöpfungsfähig sind. Dies ist zu besorgen, wenn Gegenstand des Zielbaums beispielsweise Maßnahmen wie „starke Zerstörung der Blockstruktur durch Kriegseinwirkung", „Instandsetzungsmängel und Teilzerstörung bei noch vorhandenen Altbauten", „Ausstattung der Wohnung", „Begrünung privater Freiflächen" sind. Entsprechendes gilt auch für das Merkmal „Luftbelastung", wenn eine entsprechende Reduktion von den Eigentümern z. B. durch Umstellung ihrer Heizungen herbeigeführt wurde. Des Weiteren muss vermieden werden, dass Sanierungsmaßnahmen gleichzeitig in verschiedene „Körbe" eingehen, wie dies bei der Auffächerung in Maßnahmen der „städtebaulichen Struktur/Stadtbild" und Maßnahmen der „Gestaltungsqualität des Straßenraums" zu besorgen ist. Dies muss zwangsläufig zu einer Doppelberücksichtigung der Sanierungsmaßnahmen führen.

b) *Interpolationsrahmen*

Auf der Grundlage eines entsprechend vorstehender Gliederung aufgestellten Klassifikationsrahmens wird

– der qualitative Zustand des Grundes und Bodens (des Grundstücks) „*vor*" der Sanierung, d. h. ohne Aussicht auf die Sanierung, ihre Vorbereitung und Durchführung mit einer Kennzahl Q_A „bewertet",

– der qualitative Zustand des Grundes und Bodens (des Grundstücks) „*nach*" der Sanierung, d. h. unter Berücksichtigung der tatsächlichen und rechtlichen Neuordnung mit der Kennzahl Q_E „bewertet" und

– ein „Verbesserungsfaktor" aus dem Verhältnis beider Kennzahlen abgeleitet.

Dieser **„Verbesserungsfaktor"** ist eine (nach einem Schulnotensystem) Verhältniszahl, die sich zunächst auf der Grundlage eines „qualitativen" und nicht wertmäßigen Beurteilungsrahmens ergibt. Mit dieser Verhältniszahl kann dann der Endwert aus einem bekannten Anfangswert und umgekehrt der Anfangswert aus einem bekannten Endwert abgeleitet werden. Dazu muss das „System" aber zunächst auf die örtlichen Bodenmarktverhältnisse ausgerichtet werden, indem man zunächst den maximalen Vomhundertsatz des Endwerts ermittelt, der durch städtebauliche Sanierungsmaßnahmen verbessert werden kann. Dies erfolgt zweckmäßigerweise in der Weise, dass zunächst konventionell

– der Endwert$_{max}$ ermittelt wird, der maximal durch Sanierungsmaßnahmen (mit der höchsten Benotungsnote) erreichbar ist, und

– der Anfangswert$_{min}$ ermittelt wird, der sich bei schlechtester Benotung ergibt.

Beispiel:

Endwert$_{max}$	=	1 000 €/m²	
Anfangswert$_{min}$	=	750 €/m²	
Δ BW	=	250 €/m² = 25 % des Endwerts =	maximal erreichbare sanierungsbedingte Bodenwerterhöhung
			(variable Bodenwerterhöhung)

In der Wertermittlungspraxis wird zumeist die maximale Spannbreite der sanierungsbedingten Bodenwerterhöhung nicht nachvollziehbar dargelegt; vielmehr wird umgekehrt (komplementär) ein sog. **„unveränderlicher Bodenwertanteil" als der Bodenwertanteil vorgegeben, der durch Sanierungsmaßnahmen nicht beeinflussbar ist.** Diesem Anteil kommt eine entscheidende Bedeutung für die Anwendbarkeit der Methode zu, und deshalb ist zu fordern, dass er in nachvollziehbarer Weise begründet werden muss und nicht etwa ex cathedra unter Berufung auf „wissenschaftliche", aber nicht nachvollziehbare Methoden vor-

VI Städtebauliche Maßnahmen — Ausgleichsbeträge

gegeben wird[358]. Dieser Nachweis muss für jedes Sanierungsgebiet geführt werden und darf nicht pauschal etwa für das gesamte Stadtgebiet vorgegeben werden, denn er ist eine Funktion der jeweils im Gebiet vorhandenen Missstände und der Maßnahmen, und diese können nicht unwesentlich divergieren. Wird dieser „unveränderliche Bodenwertanteil" in ein Gutachten als bloße „Vorgabe" eingeführt, besteht ein entscheidender **Begründungsmangel,** denn dieser „Anteil" stellt gewissermaßen den Maßstabfaktor der Bewertung dar, während die schulnotenmäßige Bewertung der wertbeeinflussenden Faktoren im Ergebnis auf eine Interpolation in die damit vorgegebene (maximale) Spannbreite der durch Sanierungsmaßnahmen herbeiführbaren Bodenwerterhöhungen hinausläuft.

661   Mithilfe dieses **variablen Bodenwertanteils** (als Vomhundertsatz) kann dann der schulnotenmäßig qualifizierte Anfangs- und Endwert des einzelnen Grundstücks wiederum als Vomhundertsatz ermittelt werden und mithilfe des Dreisatzes auf den monetären Anfangs- oder Endwert umgerechnet werden.

c) Gewichtungsrahmen

662   Die Benotung wird durch Gewichtung der vor und nach der Sanierung jeweils gegebenen städtebaulichen Situation und den individuellen Eigenschaften des Grundstücks mittels eines vorgegebenen Gewichtungsrahmens abgeleitet (Abb. 42). Die **Höhe des Ausgleichsbetrags** wird bei Anwendung dieser Methode maßgeblich **durch** die vorgegebene **Gewichtung „vorprogrammiert",** denn je höher das Gewicht ist, das man den wertbeeinflussenden Situationsmerkmalen zuordnet, die Gegenstand der Sanierung(smaßnahmen) sind, desto höher muss die sanierungsbedingte Bodenwerterhöhung ausfallen (und umgekehrt). Es ist aber nur schwerlich nachweisbar, dass die über das vorgegebene Gewicht einer Sanierungsmaßnahme nach dem vorgestellten Berechnungsschema sich ergebende Bodenwerterhöhung sich tatsächlich in dieser Höhe auf dem Grundstücksmarkt abbildet.

663   Die **Gewichte bedürfen einer Begründung,** da das Ergebnis durch solche Vorgaben vorbestimmt wird, sich dieses nach den gesetzlichen Bestimmungen aber an der tatsächlich bewirkten Bodenwerterhöhung orientieren soll. Allein auf die damit durchaus sichergestellte Gleichbehandlung der Ausgleichsbetragspflichtigen kann es nicht ankommen, da Grundlage des Ausgleichsbetrags die tatsächlich eingetretene Bodenwerterhöhung ist.

664   Es ist zweckmäßig, sich ein Schulnotensystem im Rahmen des Dezimalsystems mit der Höchstnote 0,0 ($Endwert_{max}$) und der schlechtesten Note 1,0 ($Anfangswert_{min}$) vorzugeben:

$$Q_{Emax} = 0{,}0$$
$$Q_{Amin} = 1{,}0$$

Die **Wertsteigerungsfaktoren** ergeben sich dann wie folgt:

$$\text{Wertsteigerungsfaktor}_{\text{bezogen auf A}} = \frac{1 - (\text{€}_\epsilon \times \text{Variable Bodenwerterhöhung}_\%)}{1 - (\text{€}_\epsilon \times \text{Variable Bodenwerterhöhung}_\%)}$$

$$\text{Wertsteigerungsfaktor}_{\text{bezogen auf E}} = 1/\text{Wertsteigerungsfaktor}_{\text{bezogen auf A}}$$

---

358 Damit verbunden ist auch eine Willkürlichkeit der Ausgleichsbetragsermittlung, denn wenn man z. B. die Berliner Ausführungsvorschriften zur Ermittlung der sanierungsbedingten Bodenwerterhöhung und zur Festsetzung von Ausgleichsbeträgen nach §§ 152 bis 155 des Baugesetzbuchs (AV Ausgleichsbeträge) in der geltenden Fassung vom 20.2.2009, i. d. F. vom 29.4.2003 und i. d. F. vom 26.5.1994 auf ein und dasselbe Grundstück anwendet, ergeben sich unterschiedliche Ergebnisse.

Abb. 37: Multifaktorenanalyse

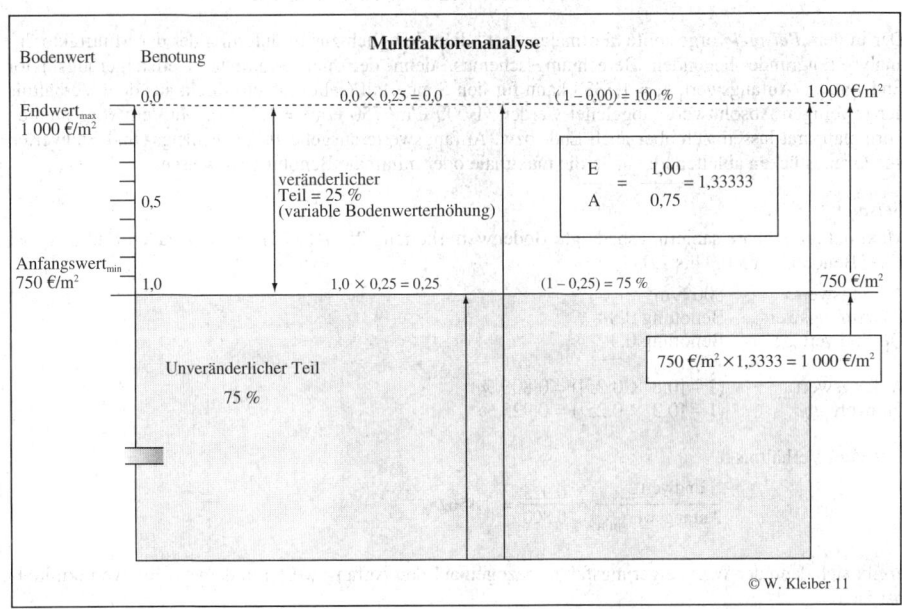

d) *Verfahrensgang*

Aus dem Produkt aus

Benotung [Q] × maximal erreichbare sanierungsbedingte Bodenwerterhöhung [%]

kann dann sowohl für den Anfangswert als auch den Endwert die auf den (maximalen) Endwert bezogene durch Sanierungsmaßnahmen herbeiführbare Bodenwerterhöhung als Vomhundertsatz *des maximalen Endwerts* ermittelt werden:

Im *Beispiel:*
Maximal erreichbare sanierungsbedingte Bodenwerterhöhung 25 % (0,25) bei einer Benotung von 0,0 bis 1,0
$Anfangswert_{min}$ $1,0 \times 0,25 = 0,25$ schlechteste Benotung 1,0
$Endwert_{max}$ $0,0 \times 0,25 = 0,00$ beste Benotung = 0,0

Die Differenz aus

$1 - $ (Benotung [Q] × maximal erreichbare sanierungsbedingte Bodenwerterhöhung [%])

ergibt dann den wiederum auf den (maximalen) Endwert bezogenen Anfangs- bzw. Endwert als Vomhundertsatz:

Im *Beispiel:*
$Anfangswert_{min}$ $(1 - 0,00) = 100 \%$
$Endwert_{max}$ $(1 - 0,25) = 75 \%$

Aus dem Verhältnis

$$\frac{Endwert_{max}}{Anfangswert_{min}} = \frac{1,00}{0,75} = 1,3333$$

ergibt sich der Wertsteigerungsfaktor, mit dessen Hilfe sich der Endwert aus einem bekannten Anfangswert und umgekehrt der Anfangswert aus einem bekannten Endwert auf der Grundlage der Benotungsdifferenz ableiten lässt.
Im Beispiel war zwischen End- und Anfangswert die maximale Benotungsdifferenz von 1,0 gegeben.
a) Ermittlung des Endwerts aus dem bekannten Anfangswert von
750 €/m² EW = 750 €/m² × 1,3333 = 1 000 €/m²

VI Städtebauliche Maßnahmen Ausgleichsbeträge

b) Ermittlung des Anfangswerts aus dem bekannten Endwert von
1 000 €/m² AW = 1 000 €/m²/1,3333 = 750 €/m²

Der in dem *Beispiel* vorgestellte „Formelapparat" dient lediglich zur Erläuterung des der Multifaktorenanalyse zugrunde liegenden Berechnungsschemas, denn der hier ermittelte Wertsteigerungsfaktor $Endwert_{max}/Anfangswert_{min} = 1{,}3333$ kann für den Sonderfall (sehr einfach) direkt aus dem Verhältnis der jeweiligen Absolutwerte abgeleitet werden (1 000 €/m²/750 €/m² = 1,3333). Mit dem vorgestellten Formelapparat lassen sich aber auch End- bzw. Anfangswerte ausgehend von Anfangs- und Endwerten von Grundstücken ableiten, die nicht die maximale oder minimale Benotung aufweisen:

Beispiel:
Maximal erreichbare sanierungsbedingte Bodenwerterhöhung 25 % (0,25) des maximalen Endwerts bei einer Benotung von 0,0 bis 1,0

Anfangswert 800 €/m²
Q_A Anfangswert$_{min}$ Benotung 0,8
Q_E Endwert$_{max}$ Benotung 0,3

Anfangswert$_{min}$ $(1 - [0{,}8 \times 0{,}25]) = 0{,}800$ %
Endwert$_{max}$ $(1 - [0{,}3 \times 0{,}25]) = 0{,}925$ %

Aus dem Verhältnis
$$\frac{Endwert_{max}}{Anfangswert_{min}} = \frac{0{,}925}{0{,}800} = 1{,}15625$$

ergibt sich dann der Wertsteigerungsfaktor bezogen auf den Anfangswert, mit dem der Endwert ermittelbar ist:
$$Endwert = 800 \text{ €/m}^2 \times 1{,}15625 = 925 \text{ €/m}^2$$

Abb. 38: Multifaktorenanalyse

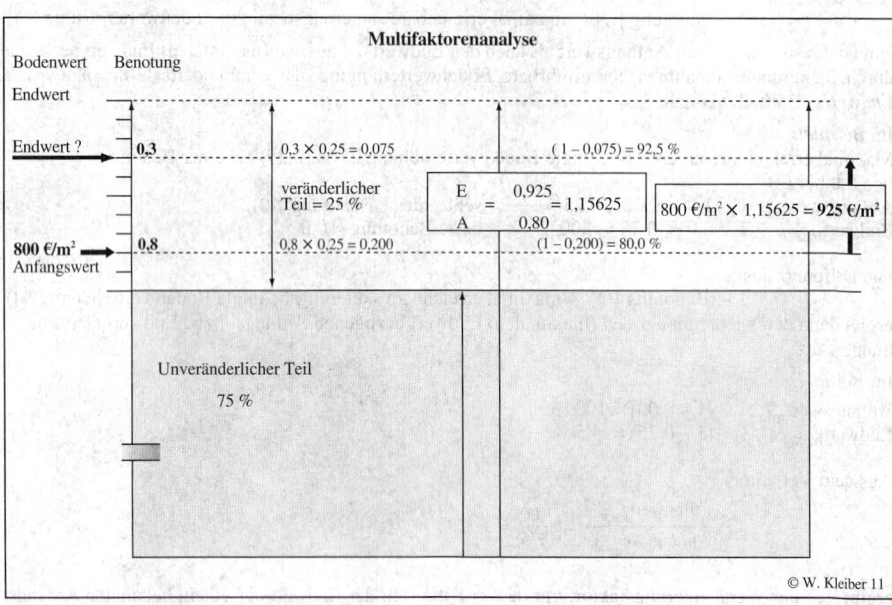

666 Für die Höhe des Ausgleichsbetrags sind in erster Linie der sog. unveränderliche Bodenwertanteil (im Beispiel 25 % des maximalen Endwerts) und die qualitative Benotung des Grundstücks *vor* und *nach* der Sanierung maßgeblich (Maßstabsfaktor). Aufgrund der Vorgabe dieses festgesetzten Wertanteils (0,25 bzw. 0,30) kann das Verfahren nicht als marktkonformes Wertermittlungsverfahren gelten.

Abb. 39: Zielbaum sanierungsbedingter Bodenwerterhöhungen

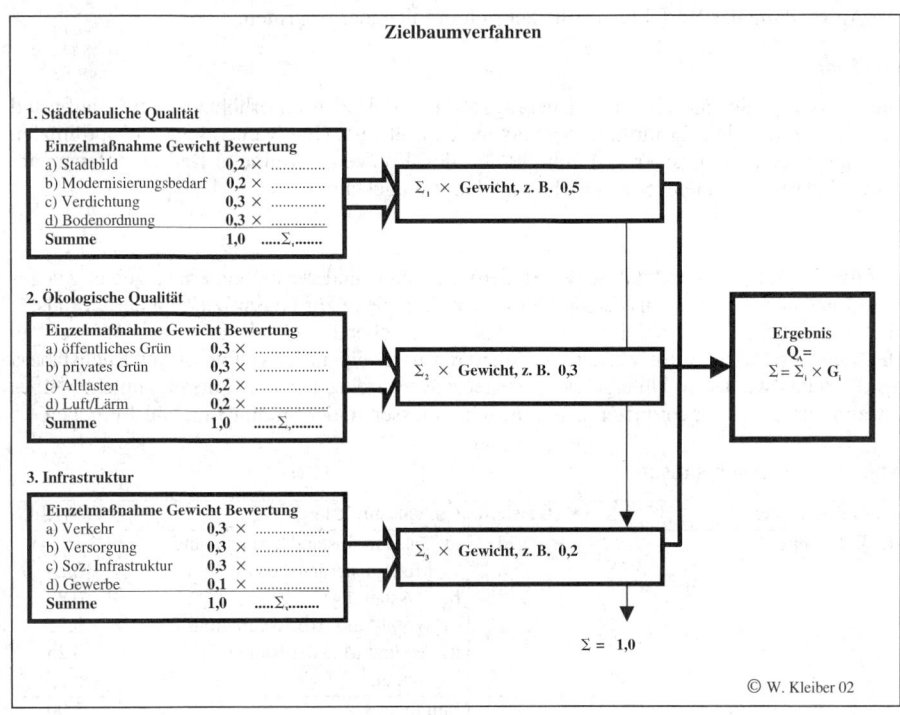

Die Praxis der Ermittlung sanierungsbedingter Bodenwerterhöhungen unter Anwendung der Multifaktorenanalyse hat zu widersprüchlichen und übersetzt erscheinenden Ergebnissen geführt. In der Berliner Anwendungspraxis wird dies damit korrigiert, dass man das Ergebnis der Ermittlung der sanierungsbedingten Bodenwerterhöhung über den Zeitraum der zum Stichtag eingeschätzten **Restnutzungsdauer der auf dem Grundstück vorhandenen Altbebauung** diskontiert. Zur Begründung wird pauschal behauptet, dass „sich die sanierungsbedingte Bodenwerterhöhung auf den diskontierten Wert der sanierungsunbeeinflussten Bodenwerterhöhung" reduziere, wenn „nach der rechtlichen und tatsächlichen Neuordnung im Sanierungsgebiet mit keiner Mieterhöhung aufgrund der strukturellen Verbesserungen" zu rechnen sei. Dies findet im § 154 BauGB keine Stütze. Die Vorschrift gebietet die „volle" Inanspruchnahme der sanierungsbedingten Bodenwerterhöhung und lässt grundsätzlich keine Reduktion des Ausgleichsbetrags in den Fällen zu, in denen sich die Mieten nicht erhöhen lassen. 667

Wenn einerseits festgestellt wird, dass die Altbaumieten aufgrund der rechtlichen und tatsächlichen Neuordnung des Sanierungsgebiets nicht angehoben werden könnten, andererseits aber eine nicht unerhebliche sanierungsbedingte Bodenwerterhöhung aufgrund derselben rechtlichen und tatsächlichen Neuordnung mithilfe der Zielbaummethode ermittelt wurde, so erscheint dies widersprüchlich. Dabei wäre zu hinterfragen, ob nicht doch im Altbaubestand insoweit eine „Mieterhöhung" eingetreten ist, weil sich ohne Vorbereitung und Durchführung der Sanierung eine **Mietreduktion** eingestellt hätte. Dann wiederum entfiele auch die vorstehende Begründung der nach § 154 BauGB ohnehin unzulässigen Diskontierung der ermittelten sanierungsbedingten Bodenwerterhöhung. 668

VI Städtebauliche Maßnahmen — Ausgleichsbeträge

2.13.7.2 Beispiel

669 Die Anwendung des Verfahrens vollzieht sich in folgenden Schritten:

1. Schritt:

Die maximale Spannbreite der sanierungsbedingten Bodenwerterhöhung wurde aufgrund einer konventionellen Ermittlung des maximalen Endwerts (Endwert$_{max}$) und des minimalen Anfangswerts (Anfangswert$_{min}$) mit 30 %. des Endwerts ermittelt. Der komplementäre „unveränderliche Bodenwertanteil" beträgt damit umgekehrt 70 %.

2. Schritt:

Auf der Grundlage einer Analyse des Sanierungsgebiets und der im Sanierungsgebiet gelegenen Grundstücke werden insgesamt vier Gesamtkomplexe zur Klassifizierung der Grundstücke vorgegeben, denen die sich aus der Abb. 44 ergebenden Gewichte zugeordnet werden. Die vier Gesamtkomplexe werden des Weiteren unterteilt in Einzelkomplexe (Buchstabe a bis d), denen wiederum Untergewichte zugeordnet werden. Die den Einzelkomplexen eines Gesamtkomplexes zugeordneten Untergewichte müssen in der Summe die Zahl 1 ergeben.

Abb. 40: Gewichtsansatz

Gesamtkomplex	Gewicht	Einzelkomplexe	Gewicht
1. Bebauung	0,25	a) Zustand, Instandsetzungs- und Modernisierungsbedarf	0,25
		b) Ausstattung	0,25
		c) Wohn- und Arbeitsverhältnisse	0,25
		d) Art und Maß der baulichen Nutzung	0,25
		Summe	1,00
2. Struktur, Eigentumsverhältnisse und Erschließung	0,25	a) Grundstückszuschnitt	0,25
		b) Grundstückserschließung	0,25
		c) Zugänglichkeit	0,25
		d) Gesamtsituation	0,25
		Summe	1,00
3. Nutzung, Verdichtung, Nachbarschafts- und Gemengelage	0,25	a) Baurecht (Verdichtung)	0,50
		b) Nachbarschafts- und Gemengelage	0,50
		Summe	1,00
4. Umfeld, Verkehr und Infrastruktur	0,25	a) Gebietsausstattung	0,25
		b) Öffentlicher Verkehr	0,25
		c) Ruhender und fließender Verkehr	0,25
		d) Altlasten, ökologische Situation	0,25
Summe	1,00	Summe	1,00

3. Schritt:

Auf der Grundlage dieses Klassifikationsrahmens wird sodann das ausgleichsbetragspflichtige Grundstück vor und nach der Sanierung qualifiziert, indem es schulnotenmäßig nach seinen Zustandsmerkmalen vor und nach der Sanierung „bewertet" wird. Dafür bedarf es eines Benotungsschlüssels, mit dem die Wertigkeit des einzelnen Grundstücks – bezogen auf jeden Einzelkomplex – eingeschätzt werden kann (Abb. 41).

Abb. 41: Benotungsschlüssel gegenüber Vergleichsgrundstück

Schlechteste Benotung	1,0
Mittlere Benotung	0,5
Beste Benotung	0,0

4. Schritt:

Auf der Grundlage dieses Klassifikationsrahmens und des Benotungsschlüssels wird das Grundstück qualifiziert, und zwar in seinem Zustand

a) „vor" der Sanierung, d. h. unter Ausschluss von Bodenwerterhöhungen, die durch die Aussicht auf die Sanierung, ihre Vorbereitung und Durchführung eingetreten sind, und

b) „nach" der Sanierung, d. h. unter Berücksichtigung der rechtlichen und tatsächlichen Neuordnung des Sanierungsgebiets.

Die Qualifizierung der jeweiligen Zustände führt – wie nachfolgend in den Abb. 42 und 43 dargestellt – zu entsprechenden Kennziffern,

– dem Bewertungsfaktor Q_A vor der Sanierung und

– dem Bewertungsfaktor Q_E nach der Sanierung.

Abb. 42: Ermittlung des Bewertungsfaktors Q_A vor der Sanierung

Komplex	Benotung B_i	Gewicht G_i	$B_i \times G_i$	Gewicht der Komplexe	$G \times \Sigma(B_i \times G_i)$
Bebauung					
Zustand, Instandsetzungs- und Modernisierungsbedarf	0,5	0,25	0,125		
Ausstattung	0,5	0,25	0,125		
Wohn- und Arbeitsverhältnisse	0,3	0,25	0,075		
Art und Maß der baulichen Nutzung	0,5	0,25	0,125		
Summe		1,00	0,450	0,25	0,11250
Struktur; Eigentumsverhältnisse und Erschließung					
Grundstückszuschnitt	0,5	0,25	0,125		
Grundstückserschließung	0,6	0,25	0,150		
Zugänglichkeit	0,6	0,25	0,150		
Gesamtsituation	0,6	0,25	0,150		
Summe		1,00	0,575	0,25	0,14375
Nutzung; Verdichtung und Gemengelage					
Baurecht – Verdichtung	0,5	0,50	0,250		
Nachbarschafts-, Gemengelage	0,5	0,50	0,250		
Summe		1,00	0,500	0,25	0,12500
Umfeld; Verkehr; Infrastruktur					
Gebietsausstattung	0,3	0,25	0,075		
Öffentlicher Verkehr	0,5	0,25	0,125		
Ruhender und fließender Verkehr	0,5	0,25	0,125		
Altlasten; Ökologische Situation	0,3	0,25	0,075		
Summe		1,00	0,400	0,25	0,10000
			Summe	1,00	$Q_A = 0,48125$

VI Städtebauliche Maßnahmen — Ausgleichsbeträge

Abb. 43: Ermittlung des Bewertungsfaktors Q_E nach der Sanierung

Komplex	Benotung B_i	Gewicht G_i	$B_i \times G_i$	Gewicht der Komplexe	$G \times \Sigma(B_i \times G_i)$
Bebauung					
Zustand, Instandsetzungs- und Modernisierungsbedarf	0,2	0,25	0,050		
Ausstattung	0,3	0,25	0,075		
Wohn- und Arbeitsverhältnisse	0,2	0,25	0,050		
Art und Maß der baulichen Nutzung	0,3	0,25	0,075		
Summe		1,00	0,250	0,25	**0,06250**
Struktur; Eigentumsverhältnisse und Erschließung					
Grundstückszuschnitt	0,3	0,25	0,075		
Grundstückserschließung	0,3	0,25	0,075		
Zugänglichkeit	0,5	0,25	0,125		
Gesamtsituation	0,3	0,25	0,075		
Summe		1,00	0,350	0,25	**0,08750**
Nutzung; Verdichtung und Gemengelage					
Baurecht – Verdichtung	0,3	0,50	0,150		
Nachbarschafts-, Gemengelage	0,3	0,50	0,150		
Summe		1,00	0,300	0,25	**0,07500**
Umfeld; Verkehr; Infrastruktur					
Gebietsausstattung	0,2	0,25	0,050		
Öffentlicher Verkehr	0,3	0,25	0,075		
Ruhender und fließender Verkehr	0,3	0,25	0,075		
Altlasten; Ökologische Situation	0,2	0,25	0,050		
Summe		1,00	0,250	0,25	**0,06250**
Summe				1,00	**Q_E = 0,28750**

5. Schritt:

Im Anschluss daran wird der Wertermittlungsfaktor ermittelt. Bei einer variablen Bodenwerterhöhung von maximal 30 % (0,3) ergibt sich:

$[1 - (Q_E \times \text{Variable Bodenwerterhöhung}_\%)] = 1 - 0{,}28750 \times 0{,}3 = 0{,}913750$

$[1 - (Q_A \times \text{Variable Bodenwerterhöhung}_\%)] = 1 - 0{,}48125 \times 0{,}3 = 0{,}855625$

Die Wertsteigerungsfaktoren ermitteln sich dann zu:

Wertsteigerungsfaktor$_{\text{bezogen auf A}}$ = 0,913750/0,855 625 = 1,0679328

Wertsteigerungsfaktor$_{\text{bezogen auf E}}$ = 1/1,067932 8 = 0,93638

670 Mithilfe der Wertsteigerungsfaktoren kann dann ermittelt werden

a) der Endwert, indem der Anfangswert mit dem Wertsteigerungsfaktor$_{\text{bezogen auf A}}$ multipliziert wird, oder

b) der Anfangswert, indem der Endwert mit dem Wertsteigerungsfaktor$_{\text{bezogen auf E}}$ multipliziert wird.

Beispiel:

Anfangswert	200 €/m²
Endwert = Anfangswert × Wertsteigerungsfaktor	
Endwert = 200 €/m² × 1,0679328 =	rd. 214 €/m²
Sanierungsbedingte Bodenwerterhöhung =	214 €/m² – 200 €/m² = 14 €/m²

Umkehrung:

Endwert	214 €/m²
Anfangswert = Endwert × Wertsteigerungsfaktor	
Anfangswert = 214 €/m² × 0,93638 =	200 €/m²

Die bei dieser Vorgehensweise abgeleiteten End- oder Anfangswerte werden mit dem vorgegebenen Gewichtungs- und Benotungssystem für die rein *qualitative* Beurteilung des Grundstückszustands *vor* und *nach* der Sanierung „vorprogrammiert". Das Verfahren führt nur dann auch zum „richtigen" Endwert und zu der „richtigen" sanierungsbedingten Bodenwerterhöhung, wenn

a) das zur Anwendung kommende (qualitative) Gewichtungs- und Benotungssystem in allen seinen Gewichtsanteilen entsprechend seinem Einfluss auf die Bodenwerte justiert ist, und

b) die variable sanierungsbedingte Bodenwerterhöhung bzw. der „unveränderliche Bodenwertanteil" den tatsächlichen Marktverhältnissen entspricht.

Abweichungen im Gewichtungs- und Benotungssystem sowie im „unveränderlichen Bodenwertanteil" führen zwangsläufig zu abweichenden Ergebnissen.

2.13.8 Hagedorn-Verfahren

Eine Außenseiterrolle in der Grundstückswertermittlung spielt die Methode *Hagedorn,* die in ihrer Anwendung zunächst durch ihre Einfachheit verblüfft. Hier liegen jedoch auch ihre gravierenden Mängel. Im Kern stellt diese Methode lediglich ein **Interpolationsverfahren** auf der Grundlage vorgegebener Gesetzmäßigkeiten dar, die einerseits nicht nachvollziehbar sind und andererseits kaum dem Einzelfall genügen können. Es müssen deshalb Bedenken aufkommen, ob die Methode dem Begründungserfordernis genügt, das an die Erhebung von Ausgleichsbeträgen gestellt werden muss.

Die Methode ist in ihren Grundlagen bislang nicht umfassend und in nachvollziehbarer Weise dargestellt worden, obwohl sie sich auf empirische Grundlagen beruft[359]. Da nicht ausgeschlossen werden kann, dass ein Sachverständiger mit dieser Methode konfrontiert wird, soll hier der Versuch unternommen werden, die **Methode in ihren Grundzügen** zunächst vorzustellen.

Es handelt sich, wie bereits angesprochen, um eine Interpolationsmethode. **Anfangs- und Endwert** des einzelnen ausgleichsbetragspflichtigen Grundstücks **werden durch Interpolation zwischen dem auf den Zeitpunkt des Abschlusses der Sanierung** (Wertermittlungsstichtag) nach klassischer Vorgehensweise **abgeleiteten**

– **niedrigsten Bodenwert** (= sog. minimaler Bodenwert) und dem
– **höchsten Bodenwert** (= sog. maximaler Bodenwert) ermittelt.

Dem niedrigsten Bodenwert (= minimaler Bodenwert [BW_{min}]) und dem höchsten Bodenwert (= maximaler Bodenwert [BW_{max}]) werden nach einem vorgegebenen Schema Bewertungspunkte (P_{min} und P_{max}) zugeordnet. Aus dem **Quotienten der Bodenwertdifferenz** zwischen dem höchsten Bodenwert (BW_{max}) und dem niedrigsten Bodenwert (BW_{min}) zur

---

[359] Die Veröffentlichung von Hagedorn, Ausgleichsbeträge nach Standortverbesserung im Sanierungsgebiet in Städte- und Gemeindebund 1984, 624 kann die fachlichen Grundlagen der Methode nicht erhellen; Kanngieser/Dorn/Focht in GuG 2000, 17.

VI Städtebauliche Maßnahmen Ausgleichsbeträge

Differenz der jeweiligen Bewertungspunkte ($P_{max} - P_{min}$) lässt sich dann die Bodenwerterhöhung in €/m² pro Bewertungspunkt ableiten:

676 *Beispiel:*

Maximaler Bodenwert	BW_{max} = 800 €/m²
Minimaler Bodenwert	BW_{min} = 500 €/m²
Differenz	ΔBW = 300 €/m²

Bewertungspunkte von	$BW_{max} = P_{max}$	= 55
Bewertungspunkte von	$BW_{min} = P_{min}$	= 35
Differenz	ΔP	= 20

Bodenwerterhöhung pro Bewertungspunkt (Faktor):

$$\boxed{\text{Faktor} = \frac{BW_{max} - BW_{min}}{P_{max} - P_{min}}}$$

Faktor = (800 €/m² – 500 €/m²)/(55 €/m² – 35 €/m²) = **15 €/m² P**

677 Anfangs- und Endwerte lassen sich dann in der Weise ableiten, dass nach dem vorgegebenen Schema der Anfangs- und Endwertqualität zunächst eine **Bewertungspunktezahl** zugeordnet wird. Die Differenz der jeweiligen Bewertungspunktezahl zur Bewertungspunktezahl des niedrigsten Bodenwerts (= BW_{min}) ergibt

– multipliziert mit dem vorstehenden Faktor und
– saldiert mit dem niedrigsten Bodenwert (BW_{min})

den jeweiligen Anfangs- bzw. Endwert des einzelnen Grundstücks.

Beispiel (vgl. Erhebungsbogen bei Rn. 692):

Niedrigster Bodenwert (BW_{min}):	500 €/m²
Bewertungspunkte des niedrigsten Bodenwerts P_{min}:	35 Punkte
Bewertungspunktezahl des zu wertenden Grundstücks P_i:	50 Punkte
Faktor (siehe vorstehendes Beispiel):	15 €/m² P

$$\boxed{\text{Bodenwert} = \text{Faktor} \times (P_i - P_{min}) + BW_{min}}$$

Bodenwert = 15 × (50 €/m² – 35 €/m²) + 500 €/m²
Bodenwert = 725 €/m²

678 Eine **entscheidende Bedeutung kommt** bei dieser Methode **der „richtigen" Auswahl und Bewertung des maximalen und minimalen Bodenwerts zu,** denn diese bestimmen das Ergebnis der Interpolation; in der nachfolgenden Abbildung am Anstieg der Interpolationsgeraden erkennbar (Abb. 44).

Abb. 44: Interpolationsgeraden

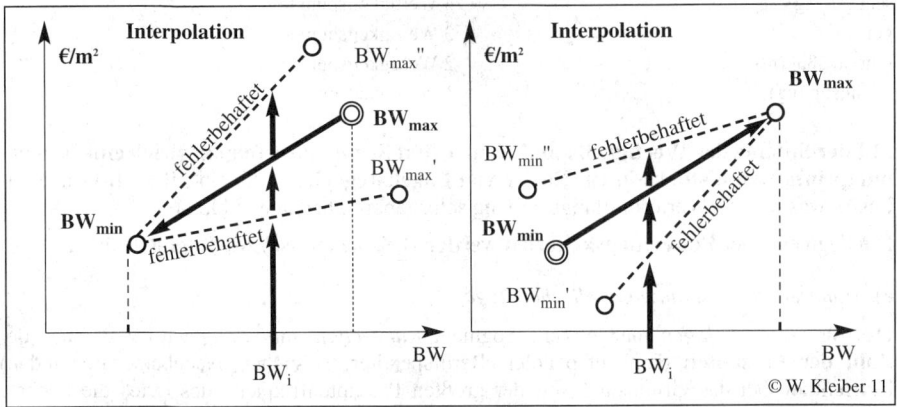

Fehler bei der Ermittlung des minimalen und maximalen Bodenwerts können sich tendenziell ausgleichen, aber auch erheblich „aufschaukeln", wobei die Interpolation an die fehlerträchtigsten Bodenwerte anknüpft.

Weitere gravierende Mängel des Verfahrens liegen in der vorgegebenen *linearen* Interpolationsgeraden zusammen mit den vorgegebenen **Gewichten** für insgesamt fünf Segmente, deren Wertigkeit mit einem bis vier Punkte belegt werden soll. Dabei wird lediglich zwischen zwei Lagen unterschieden, nämlich zwischen der Geschäfts- und Wohnlage (Abb. 45). Die Gewichtung ist ein weiterer Schwachpunkt des Verfahrens[360].

Abb. 45: Gewichte

Segment Bewertungskriterien		Wohnlagen			Geschäftslagen		
		Gewicht	Punkte*		Gewicht	Punkte*	
			max	min		max	min
A	Gesellschaftslage Kundschaftslage	4	16	4	4	16	4
B	Verkehrsanbindung	1	4	1	3	12	3
C	Ausstattung	2	8	2	1	4	1
D	Beeinträchtigung	4	16	4	1	4	1
E	Nutzung	3	12	3	2	8	2
Punktespanne:			56 bis 14			44 bis 11	

* 1 Punkt: ungünstig; 2 Punkte: mittelmäßig; 3 Punkte: gut; 4 Punkte: sehr gut

Die Einordnung eines Grundstücks in die Segmente „Bewertungskriterien" und die Beurteilung ihrer Wertigkeit erfolgen nach einem groben Schema.

Die fünf Segmente der Bewertungskriterien:

– Gesellschaftslage/Kundschaftslage,

– Verkehrsanbindung,

– Ausstattung,

– Beeinträchtigung und

– Nutzung

---

[360] „Wer wichtet, der dichtet", heißt es im Volksmund.

VI Städtebauliche Maßnahmen — Ausgleichsbeträge

werden nach einer **Wertigkeitsskala** beurteilt:

sehr gut (sg)	4 Wertigkeitspunkte
gut (g)	3 Wertigkeitspunkte
mittelmäßig (m)	2 Wertigkeitspunkte
ungünstig (ug)	1 Wertigkeitspunkt

681 Mit der Summe der Wertigkeitspunkte aller fünf Segmente erfolgt zugleich eine Einordnung eines Grundstücks in ein Raster von **Lagekategorien** (I-a-, I-b-, II-a-, II-b- und III-Lage), was für den Wertermittlungsvorgang selbst aber unbedeutend bleibt.

Die Segmente der **Bewertungskriterien werden** (beispielsweise) **wie folgt definiert:**

a) *Kundschaftsanbindung/Gesellschaftslage*

682 Das für *Geschäftslagen* maßgebliche Segment *Kundschaftsanbindung* wird z. B. nach der **Zahl der Passanten** (Einkaufspendler, Berufspendler, Besucher, Nachbarschaftskunden) beurteilt, wobei das Grundstück mit der größten Passantenfrequenz des Ortes die höchste Wertigkeit (sg) hat.

683 Das für *Wohnlagen* komplementär maßgebliche Segment *Gesellschaftslage* wird z. B. nach der **soziologischen Struktur der Belegenheitsbewohner** beurteilt, wobei der „am meisten bevorzugte" Grundstücksbereich des Ortes wiederum die höchste Wertigkeit (sg) hat.

b) *Verkehrsanbindung*

684 Das Segment *Verkehrsanbindung* wird für Geschäfts- und Wohnlagen nach der **Entfernung zu den Einrichtungen des öffentlichen Verkehrswesens** (Personennahverkehr, Individualverkehr, ruhender Verkehr) beurteilt, wobei wiederum den in dieser Beziehung „optimal liegenden Grundstücken" des Ortes (!) die höchste Wertigkeit (sg) zugeordnet wird; bei Geschäftslagen wird zusätzlich der Anlieferverkehr berücksichtigt.

c) *Ausstattung*

685 Das Segment *Ausstattung* wird nach der **Entfernung zu öffentlichen und privaten Infrastrukturen** beurteilt (Abb. 46):

Abb. 46: Ausstattung

Entfernung zur	Geschäftslage	Wohnlage
a) öffentlichen Infrastruktur	Fußgängerzone; Publikumswirksame öffentliche Verwaltungseinrichtungen (Post, Bank, Rathaus); Verkehrsberuhigte Zonen; Verkehrsfördernder Zustand der Gehwege	Grünanlagen/Naherholungsmöglichkeiten; Freizeiteinrichtungen (Sport, Schwimmbad); Grundschule/Kindergarten; Spielplätze; Kulturelle Einrichtungen
b) privaten Infrastruktur	Attraktive Nachbarschaftsgeschäfte*; Verdichtete Wohn-Nachbarschaft; Filialen von größeren Schaufensterzeilen; Unterbrechende Verwaltungs- oder Wohngebäude	Gute Gebäudesubstanz; Attraktives Stadtbild; Versorgungsmöglichkeiten des täglichen Bedarfs; Private Grünanlagen, Gärten

* Mit dem höchsten Gewicht

d) *Beeinträchtigungen*

Das Segment *Beeinträchtigungen* wird nach dem **Vorhandensein von Immissionsquellen** beurteilt (Abb. 47)

Abb. 47: Beeinträchtigungen

Immissionsquelle	
Geschäftslage	Wohnlage
Fließender und ruhender Kraftfahrzeugverkehr; Lieferverkehr benachbarter Gewerbebetriebe; Immissionen von benachbarten Gewerbebetrieben; Verschmutzungen durch Verkehr im Zusammenhang mit einem schlechten Ausbau der Verkehrswege	Kraftfahrzeugverkehr; Benachbarte Gewerbebetriebe; Nächtliche Störung durch Anlieferverkehr/benachbarte Gewerbebetriebe; Nächtliche Störung durch Vergnügungsbetriebe; Luftverkehr

e) *Nutzung*

Das Segment *Nutzung* wird anhand des **überwiegend vorhandenen Maßes der Nutzung** beurteilt. In Geschäftslagen bestimmt sich die Wertigkeit nach der Geschosszahl (und nicht nach der GFZ oder GRZ!). In **Wohnlagen** bestimmt sich die Wertigkeit nach allgemeinen **Lagekriterien,** wie „exklusive", „gute", „mittlere" und „einfache" Wohnlage (Abb. 48):

Abb. 48: Nutzung

Wohnlage	
einfache Wohnlage	Behinderungen der Wohnlagen schlechte Bausubstanz schlechte Ausstattung Siedlungsgebiet für Randgruppen
mittlere Wohnlage	überwiegend Mietwohnungsbau Mischbebauung (Eigenheim-/Mietwohnungen) mittlere Ausstattung
gute Wohnlage	stärkerer Anteil von Eigenheimbebauung gute Ausstattung Einfamilienhäuser/Stadthäuser
exklusive Wohnlage	ausgesprochene Prestigelagen, villenartige Bebauung

Die entsprechenden Lagekriterien für **Geschäftslagen** sind wie folgt definiert (Abb. 49):

VI Städtebauliche Maßnahmen — Ausgleichsbeträge

Abb. 49: Geschäftslagen

Geschäftslage	
I a beste Geschäftslage	führende Spezialgeschäfte;
	überwiegend Kaufhäuser und Warenhäuser
	Geschäftsschwerpunkt
I b sehr gute Geschäftslage	Läden im Erdgeschoss und Büros bis zu 30 %
	Wohnnutzungen bis zu 200 m vom Geschäftsschwerpunkt
II a gute Geschäftslage	überwiegend Läden im Erdgeschoss
	in Nebenzentren gemischte und wohnliche Nutzungen
	Nebenzentrengeschäftsschwerpunkt
II b Geschäfte in Nebenstraße	überwiegend Läden im Erdgeschoss
	Gaststätten/auch Wohnnutzung bis 150 m vom Nebenzentrengeschäftsschwerpunkt
III überwiegend Wohnnutzung	Geschäfte in Ecklagenstandort
	unabhängige Gewerbebetriebe außerhalb der Innenstadt

689 Die vorgegebenen **Segmente und ihre Wertigkeitsskala sind miteinander hoch korreliert** und entsprechen vielfach nicht allgemeinen Erkenntnissen der Verkehrswertermittlung von Grundstücken. Sie können eine individuelle Betrachtung nicht ersetzen.

690 **Das Ergebnis wird** weitgehend **durch das vorgegebene Gewicht der einzelnen Segmente vorgezeichnet.** Von daher ist es für den Anwender ein sehr „bequemes" Verfahren. Ein weiterer Vorteil des Verfahrens besteht darin, dass sich systembedingte Fehler, die sich durch eine unzutreffende Auswahl und eine fehlerhafte Ermittlung des minimalen und maximalen Bodenwerts, der unterstellten linearen Bodenwertabhängigkeit und den vorgegebenen Gewichten in extremer Kumulation einschleichen können, systematisch gleichmäßig auf alle Anwendungsfälle verteilen.

691 Die für den Laien bestechenden Vorteile der „Methode Hagedorn" sind zugleich deren Schwächen. Dies sind zum einen die **Beschränkung der Bewertungskriterien auf vier Segmente** und deren Bewertung nach einfachsten Parametern. Allein mit der „Entfernung" zum „öffentlichen Personennahverkehr, Individualverkehr und zum ruhenden Verkehr" kann die Verkehrslage nicht vollständig erfasst werden. Gleiches gilt für das Kriterium „Vorhandensein von Immissionsquellen", wenn nicht damit auch eine qualitative Beurteilung einhergeht. Passantenfrequenzen ohne Berücksichtigung der Passantenqualität geben die Geschäftslage nur unzureichend wieder. Vieles mehr ließe sich in gleichem Sinne als Schwachpunkt des Verfahrens anführen.

692 Sicherlich kann der Anwender dieser Methode weitere – von *Hagedorn* nicht expressis verbis angeführte – wertbeeinflussende Merkmale zusätzlich berücksichtigen; jedoch kann man in diesem Fall dann aber auch gleich auf die klassischen Wertermittlungsverfahren „zurückfallen". Das von *Hagedorn* angebotene Verfahren verführt indessen zu der kaum jemals erfüllbaren Erwartung, dass mit dem vorgegebenen Schema die wertbeeinflussenden Umstände vollständig und treffsicher erfasst werden und die **Methode aufgrund ihrer starken Vereinfachung auch von Laien zur Anwendung** gebracht werden kann. Wie einfach sich das Verfahren in seiner Anwendung darstellt, wird am nachstehenden *Beispiel* demonstriert (Abb. 50).

Abb. 50: Erhebungsbogen

Ort: _____ Straße: _____ Sanierungsgebiet: _____
Eigentümer: _____
Flur: _____ Flurstück: _____ Größe: _____ m²
Bemerkungen: _____

Geschäftslagen		Wertigkeit ▸	sg		g		m		ug		Quer-summe
		Punkte ▸	4		3		2		1	4	
		Gewichte ▼	A	E	A	E	A	E	A	E	A	E
A	Kundschaftskontakte	4										
B	Verkehrsanbindung	3										
C	Ausstattung	1										
D	Beeinträchtigungen	1										
E	Nutzung	2										
Erläuterungen: Punkte zus.												

A = Berechnung für Anfangswerte   Anfangswert (_____ Punkte) = _____ €/m²
E = Berechnung für Endwerte   Endwert (_____ Punkte) = _____ €/m²
                                                     Differenz = _____ €/m²

                × _____ m² Grundstücksgröße = _____ €

_____

Gutachterausschuss für Grundstückswerte in _____   Wertermittlungsstichtag: _____

VI Städtebauliche Maßnahmen   Ausgleichsbeträge

Gutachten über die Erhöhung des Grundstückswerts gemäß § 154 BauGB
– Ermittlung der Anfangs- und Endwerte –

Ort: __Wolkenhausen__ Straße: __Kurweg 7__ Sanierungsgebiet __Hoffnungsthal__
Eigentümer __Anton Seelig__
Flur: __12__ Flurstück: __7/13__ Größe: __500__ m²
Bemerkungen: _____

Wohnlagen		Wertigkeit ▶	sg		g		m		e		Quer-summe	
		Punkte ▶	4		3		2		1		4	
		Gewichte ▼	A	E	A	E	A	E	A	E	A	E
A	Kundschaftskontakte	4	×			×					8	16
B	Verkehrsanbindung	1				×				×	1	3
C	Ausstattung	2				×				×	2	6
D	Beeinträchtigungen	4	×			×					8	16
E	Nutzung	3			×				×		3	9
Erläuterungen: Punkte zus.			32		18	16		6			22	50

A = Berechnung für Anfangswerte   Anfangswert   (__22__ Punkte) = __600__ €/m²
E = Berechnung für Endwerte   Endwert   (__50__ Punkte) = __725__ €/m²
                                       Differenz = __125__ €/m²
                                       x __500__ m² Grundstücksgröße = __62 500__ €
▶ *Zur Berechnung vgl. Rn. 476 ff.*

2.14 Ausgleichsbetragsermittlung vor Abschluss der Gesamtmaßnahme

2.14.1 Allgemeines

693 Nach § 162 Abs. 1 Satz 1 Nr. 2 und 3 BauGB ist die **Sanierungssatzung aufzuheben,** wenn

- die Sanierung sich als undurchführbar erweist oder
- die Sanierungsabsicht aus anderen Gründen aufgegeben wird.

Bei **vorzeitiger Aufhebung der Sanierungs- bzw. Entwicklungssatzung (im Ganzen)** entsteht die Ausgleichsbetragspflicht dem Grunde nach. Ob sich eine Ausgleichsbetragspflicht der Höhe nach ergibt, ist von den bis zum Zeitpunkt der Aufhebung der Sanierungs- bzw. Entwicklungssatzung durchgeführten Maßnahmen abhängig (vgl. Rn. 202); soweit bereits eine Reihe von städtebaulichen Maßnahmen durchgeführt worden sind, die zu Bodenwerterhöhungen geführt haben, ist ein entsprechender Ausgleichsbetrag **auf der Grundlage der durchgeführten Maßnahmen** fällig zu stellen.

694 Darüber hinaus kann die Gemeinde nach § 163 BauGB die **Sanierung** bzw. die Entwicklung (§ 169 Abs. 1 Nr. 8 BauGB) **für einzelne Grundstücke vorzeitig als abgeschlossen erklären**, wenn

- das Grundstück bebaut ist oder in sonstiger Weise genutzt wird oder
- das Gebäude modernisiert oder instand gesetzt ist.

Nach den Anwendungsvoraussetzungen dieser Vorschrift kann i. d. R. davon ausgegangen werden, dass die Sanierungs- bzw. Entwicklungsmaßnahmen zwar auf den betreffenden Grundstücken durchgeführt sind, jedoch noch nicht im gesamten Sanierungsgebiet bzw. Entwicklungsbereich.

Die Gemeinde

- kann nach § 154 Abs. 3 Satz 2 schließlich auch vor dem Abschluss der Sanierung die Ablösung des Ausgleichsbetrags im Ganzen zulassen (**Ablösung des Ausgleichsbetrags**) und

- soll nach § 154 Abs. 3 Satz 3 BauGB auf Antrag des Ausgleichsbetragspflichtigen den Ausgleichsbetrag vorzeitig festsetzen, wenn der Ausgleichsbetragspflichtige an der Festsetzung vor Abschluss der Sanierung ein berechtigtes Interesse hat und der Ausgleichsbetrag mit hinreichender Sicherheit ermittelt werden kann (**Vorzeitige Festsetzung des Ausgleichsbetrags**).

Materiell stellt sich in beiden Fällen die Aufgabe, den **Endwert auf der Grundlage der rechtlichen und tatsächlichen Neuordnung des gesamten Sanierungsgebiets bzw. Entwicklungsbereichs** unter Berücksichtigung der unter Rn. 443 ff. dargelegten Grundsätze zu ermitteln, wobei es hier allerdings allein um die Bodenwertermittlung geht. Dies bedeutet, dass einerseits die bis zu diesem Zeitpunkt verwirklichte rechtliche und tatsächliche Neuordnung und andererseits auch die **Aussicht auf die vorgesehenen und noch ausstehenden Änderungen sowie sonstige durch die Sanierungsmaßnahme bedingte Bodenwerterhöhungen zu berücksichtigen sind**. Das ist insbesondere die Aussicht auf Änderungen der Struktur des Gebiets und der Lage des Grundstücks, des Entwicklungszustands, der Art und des Maßes der baulichen Nutzung, der Grundstücksgestalt und des Erschließungszustands sowie auf Änderungen in den Ertragsverhältnissen. Dies stellt keine Besonderheit der Wertermittlungen dar. Im gewöhnlichen Grundstücksverkehr werden nämlich die sich aus Planungen ergebenden konkreten Erwartungen berücksichtigt. Als Beispiele sind zu nennen: geplante Gemeindebedarfs- und Folgeeinrichtungen, Verkehrsanlagen, Einrichtungen und Anlagen, die der privaten Versorgung dienen, Freizeit- und Erholungsanlagen und dgl. Bei Wohnnutzung handelt es sich zumeist um Einrichtungen und Anlagen, die den Wohnwert erhöhen. Hier ist eine auf das einzelne Grundstück bezogene Prüfung der Auswirkungen geboten, es sei denn, die Verbesserungen wirken sich für alle Grundstücke – auch im Hinblick auf deren maßgebende Zustände – gleich aus.

Für die Wertermittlung empfiehlt es sich, die ausstehenden Maßnahmen aufzulisten. In einer Entscheidung des OVG Bremen[361] heißt es hierzu:

„Bei der Erfassung der Unterschiede haben sie (die Gutachter) zutreffend auch berücksichtigt, was 1982 an Sanierungsmaßnahmen noch nicht abgeschlossen war, aber gesichert bevorstand. Sie haben die Sanierungsveränderungen aufgelistet (S. 6 des Gutachtens): Platzartig erweiterte Fußgängerzone, fertig gestellte Straße für Kraftfahrzeuge hinten, Vermehrung der gewerblich zu nutzenden Flächen, Hebung des Umfeldes durch Sanierungsneubauten und Verkehrsberuhigung, Steigerung der Zentralfunktion der G.-R.-Straße, Verbesserung der Erschließungslage ohne Belastung mit Erschließungskosten (vgl. § 154 Abs. 1 Satz 2 BauGB = § 6 Abs. 7 Satz 1 StBauFG), deutliche Lagequalitätsverbesserung für gewerbliche Flächen und dementsprechend Mieterlöse. Sie haben daraus ein Wertsteigerungsvolumen für die Bodenwerte von bis zu 15 % abgeleitet.

Dem beschließenden Senat erscheinen die aufgelisteten Gesichtspunkte zutreffend, sie machen auch deutliche Wertsteigerungen gegenüber dem gedachten unveränderten Zustand – bei im Übrigen gleicher allgemeiner Marktlage – ohne Weiteres plausibel. **Fußgängerzonen wirken sich in städtischen Zentralbereichen allgemein für den Einzelhandel vorteilhaft aus**; das muss erst recht gelten, wenn die Erreichbarkeit der Geschäftsflächen mit Kraftfahrzeugen dadurch nicht eingeschränkt wird, die Grundstücke vielmehr die Vorteile der den Fußgängern vorbehaltenen Einkaufszonen und der ungehinderten Anbindung an das Fahrstraßennetz kombinieren. Eine solche Erschließungslage, wenn ihr nicht Beitragspflichten gegenüberstehen, wird sich in der Tendenz preissteigernd auf den Bodenwert auswirken, ähnlich wie das sonst in Preisunterschieden zwischen erschlossenen und nicht (voll) erschlossenen Grundstücken zu beobachten ist. Es leuchtet auch ein, dass die – auch gerichtsbekannte – Hebung des Zentralcharakters durch Sanierungsneubauten (etwa der Sparkasse) das Geschäftsviertel attraktiver macht mit entsprechenden Auswirkungen auf den Bodenwert."

---

361 OVG Bremen, Urt. vom 26.11.1987 – 1 B 84/87 –, NVwZ 1988, 752 = EzGuG 15.58.

2.14.2 Ablösung des Ausgleichsbetrags

Schrifttum: *Reif/Gössl*, BWGZ 1988, 796; *Weber*, KStZ 1997, 125.

696 Nach § 153 Abs. 3 Satz 2 BauGB kann die Gemeinde die Ablösung des Ausgleichsbetrags im Ganzen vor Abschluss der Sanierung zulassen. Sie kann zur Deckung von Kosten der Sanierungsmaßnahme auch einen höheren Betrag als den Ausgleichsbetrag vereinbaren.

Die Gemeinde hat damit die Möglichkeit, zur Sicherung der Finanzierung der Sanierung einen Sicherheitszuschlag insbesondere in den Fällen zu fordern, in denen sich der Ablösungsbetrag nach dem Verfahrensstand noch nicht mit der hinreichenden Sicherheit ermitteln lässt, wie er sich als Ausgleichsbetrag nach Abschluss der Sanierungsmaßnahme ergibt. Die Regelung zielt darauf ab, die Ablösungsvereinbarung, die selbst einen städtebaulichen Vertrag darstellt[362], z. B. in Verbindung mit einer weiteren Vereinbarung nach dem § 146 Abs. 3 BauGB zur Anwendung kommen zu lassen. Für diesen Fall sieht § 155 Abs. 6 BauGB vor, dass auch vereinbart werden kann, die über die Werterhöhung hinausgehenden Kosten des Eigentümers nicht zu erstatten. Spiegelbildlich zu dem vertraglichen Ausschluss der Kostenerstattung nach § 155 Abs. 6 BauGB kann nach der Neufassung des § 154 Abs. 3 Satz 2 BauGB ein entsprechend höherer Ausgleichsbetrag ausdrücklich vereinbart werden. Nach den allgemeinen Grundsätzen für städtebauliche Verträge darf es sich dabei nur um sanierungsbedingte und den Zielen und Zwecken der Sanierungsmaßnahme entsprechend angemessene Mehrkosten handeln[363].

Der Ablösungsvertrag ist seiner Rechtsnatur nach ein **vorgezogener Ausgleichsbetrag**. Die **durch** die **Ablösung** rechtswirksam **getroffene Regelung ist endgültig** und schließt auch das Risiko ein, dass sich eine zunächst prognostizierte Werterhöhung nicht einstellt. Sie bewirkt, dass der Ausgleichsbetrag für das Grundstück nicht mehr entstehen kann. Mit der Zahlung aufgrund eines wirksamen Ablösungsvertrags wird dem Grundstückseigentümer die Möglichkeit genommen, später, wenn sich der Ausgleichsbetrag feststellen lässt, eine Überbezahlung zu reklamieren. Umgekehrt nimmt sie der Gemeinde das Recht auf Nachforderungen[364].

Die Höhe des Ablösungsbetrags bemisst sich auch im Falle der Ablösung des Ausgleichsbetrags nach den für den sonst zu erhebenden Ausgleichsbetrag einschlägigen Bestimmungen, insbesondere nach § 154 Abs. 2 BauGB. Gegenstand der Ablösungsvereinbarung sind deshalb die sanierungsbedingten ggf. prognostizierten Bodenwerterhöhungen in ihrer Gesamtheit. Bei der Ermittlung ist von der **rechtlichen und tatsächlichen Neuordnung des Sanierungsgebiets oder des Entwicklungsbereichs** auszugehen, sodass auch von daher keine Nachzahlungs- oder Erstattungspflicht entstehen kann. Auch die übrigen Vorschriften der §§ 154 und 155 BauGB finden entsprechend Anwendung. Die Vorschriften des § 154 Abs. 5 BauGB über die Umwandlung des Ausgleichsbetrags in ein Tilgungsdarlehen finden demzufolge auch bei der Ablösung Anwendung. Ist die Umwandlung in ein Tilgungsdarlehen vorgesehen, sollte auch hierauf in der Vereinbarung eingegangen und auf die entsprechende Schuldurkunde verwiesen werden. Zweckmäßig erscheint der Hinweis, dass nach Abschluss der Ablösungsvereinbarung und Zahlung des Betrags die Gemeinde ausgleichsbetragsrechtliche Forderungen gegenüber dem Ausgleichsschuldner und seinen Rechtsnachfolgern nicht mehr geltend machen wird.

Soweit zum Zeitpunkt der Ablösungsvereinbarung **Sanierungs- bzw. Entwicklungsmaßnahmen noch nicht abgeschlossen** sind, ist der Endwert gleichwohl auf der Grundlage der rechtlichen und tatsächlichen Neuordnung jedoch unter Berücksichtigung der Aussicht auf die vorgesehenen und noch ausstehenden Änderungen sowie sonstiger durch die Sanierungsmaßnahme bedingte Bodenwerterhöhungen nach Maßgabe des § 2 Satz 3 ImmoWertV zu ermitteln. Hiervon ist entsprechend § 154 Abs. 2 BauGB der Bodenwert abzuziehen, der sich – bezogen auf den Zeitpunkt der Ablösungsvereinbarung – für das Grundstück ergeben

---

[362] BVerwG, Urt. vom 27.1.1982 – 8 C 24/81 –, BVerwGE 64, 361 = EzGuG 9.45; Stich im BerlKomm § 154 Rn. 26.
[363] BR-Drucks. 635/96, S. 68
[364] BVerwG, Urt. vom 27.1.1982 – 8 C 24/81 –, BVerwGE 64, 361 = EzGuG 9.45; BVerwG, Urt. vom 1.12.1989 – 8 C 44/88 –, BVerwGE 84, 183 = EzGuG 9,71; LG Bremen, Urt. vom 27.10.1992 – 1 O 158/92 b –, GuG 1994, 381 = EzGuG 15.72a.

würde, wenn eine Sanierungs- oder Entwicklungsmaßnahme weder beabsichtigt noch durchgeführt worden wäre. Im Übrigen sind auf den Unterschiedbetrag Beträge i. S. d. § 155 Abs. 1 BauGB anzurechnen.

Ist ein Bebauungsplan (noch) nicht aufgestellt worden oder ist seine Aufstellung nicht erforderlich und auch nicht beabsichtigt, so sind die **Ziele und Zwecke der Sanierung** maßgebend. I. d. R. wird zu fordern sein, dass sich die Ziele und Zwecke der Sanierung in einer Sanierungskonzeption – z. B. in einem Rahmenplan – konkretisiert haben. Inhaltlich muss diese – wenn auch ohne planerische Details – zumindest erkennen lassen, wie das Grundstück und seine Umgebung endgültig genutzt werden sollen. Dabei können nur solche Sanierungskonzeptionen zugrunde gelegt werden, die nicht unter Abwägungsfehlern leiden und einer Rechtskontrolle standzuhalten vermögen. Des Weiteren reicht es nicht aus, wenn lediglich Sanierungsvorstellungen eines privaten Planungsbüros vorliegen. Vielmehr ist in Anlehnung an die Rechtsprechung zu § 144 BauGB zu fordern, dass die Sanierungsziele vom Gemeinderat festgestellt oder billigend zur Kenntnis genommen worden sind. In diesem Zusammenhang ist auch zu prüfen, inwieweit sich ein allgemeiner Sanierungszweck aus dem Sanierungsbeschluss (§ 142 Abs. 1 BauGB) und den städtebaulichen Missständen, die zur förmlichen Festlegung geführt haben, sowie aus den dem Sanierungsbeschluss zugrunde liegenden allgemeinen Sanierungsvorstellungen abgeleitet werden kann. Des Weiteren können auch das Ergebnis der vorbereitenden Untersuchungen (§ 141 BauGB) und der Erörterung der Neugestaltung des Sanierungsgebiets (§ 137 BauGB) sowie ggf. ein Planaufstellungsbeschluss ergänzend herangezogen werden.

Der Endwert ist – soweit Sanierungs- oder Entwicklungsmaßnahmen noch nicht abgeschlossen sind – unter Berücksichtigung des Zustands des Sanierungsgebiets oder Entwicklungsbereichs nach Abschluss der Sanierungs- oder Entwicklungsmaßnahme sowie der Wartezeit (§ 2 Abs. 4 ImmoWertV) bis zum Abschluss der vorgesehenen Maßnahmen zu ermitteln. Wertermittlungstechnisch wird also vom zukünftigen Zustand des Grundstücks nach Abschluss der vorgesehenen Sanierungsmaßnahmen, d. h., es wird von der **fiktiven rechtlichen und tatsächlichen Neuordnung** ausgegangen. Der rechtliche Neuordnungszustand kann nach dem Vorhergesagten dem Bebauungsplan und den Zielen und Zwecken der Sanierung entnommen werden. Soweit die rechtliche Neuordnung noch nicht „umgesetzt" worden ist, muss jedoch berücksichtigt werden, dass die tatsächlichen Verhältnisse dem der Wertermittlung zugrunde gelegten rechtlichen Neuordnungszustand noch nachfolgen. Um die „Aussicht" auf die in der Planung vorgesehenen Änderungen und sonstige Wertverbesserungen in angemessener Höhe bei der Wertermittlung zu berücksichtigen, muss deshalb die Wartezeit für den Vollzug der ausstehenden Maßnahmen unter Berücksichtigung der ortsüblichen Gegebenheiten und der besonderen Verhältnisse des Grundstücks und seiner Umgebung nach der Lage auf dem Grundstücksmarkt abgeschätzt werden. Soweit ein Realisierungsrisiko besteht (Wagnisabschlag), wäre er ohnehin bei der Abschätzung der Wartezeit zu berücksichtigen[365]. Mit den Grundsätzen der Verkehrswertermittlung ist es indessen vereinbar, wenn zusätzlich zur Berücksichtigung der Wartezeit im Einzelfall dem Umstand Rechnung getragen wird, dass infolge der ausstehenden Maßnahmen vom Grundstücksnutzer zahlreiche Unannehmlichkeiten hingenommen werden müssen, die sich auf den Grundstückswert wertmindernd auswirken. In der Wertermittlungspraxis wird dem mit sog. Pionierabschlägen Rechnung getragen. Für einen darüber hinausgehenden Nachlass sieht das BauGB keine Regelungen vor. **Weder im Rahmen der Ausgleichsbetragserhebung selbst noch im Falle der vorzeitigen Ablösung**, auf die die Vorschriften über die Ausgleichsbetragserhebung entsprechend Anwendung finden, **ist ein „Verfahrensnachlass"** im Hinblick auf die Vorteile oder gar **ein Gefälligkeitsab-**

---

[365] Vgl. AK Wertermittlung der FK Kommunales Vermessungs- und Liegenschaftswesen des Deutschen Städtetags am 17./18.10.1996 – L 5307.

schlag zulässig, der im Verfahren der Ablösung begründet sein könnte[366]. Die Vereinbarung eines geringeren als des gesetzlichen Ausgleichsbetrags ist unzulässig[367].

2.14.3 Vorzeitige Festsetzung des Ausgleichsbetrags

697 Im Unterschied zur Ablösung des Ausgleichsbetrags nach § 154 Abs. 3 Satz 2 BauGB, die des Einvernehmens der Gemeinde bedarf, besteht nach § 154 Abs. 3 Satz 3 BauGB ein Rechtsanspruch des Eigentümers auf Festsetzung des Ausgleichsbetrags vor Abschluss der Sanierung nach § 162 oder § 163. Hierfür ist Voraussetzung, dass der Ausgleichsbetragspflichtige ein berechtigtes Interesse an der vorzeitigen Festsetzung hat und dass der Ausgleichsbetrag mit hinreichender Sicherheit ermittelt werden kann.

Zur Geltendmachung des Rechtsanspruchs auf vorzeitige Festsetzung des Ausgleichsbetrags bedarf es eines **Antrags des Ausgleichsbetragspflichtigen**. Mit dem Antrag ist das berechtigte Interesse darzulegen. Die Gemeinde darf ihrerseits dem Antrag nur entsprechen, wenn ein berechtigtes Interesse zu bejahen und der Ausgleichsbetrag mit hinreichender Sicherheit ermittelbar ist. Die Ermittelbarkeit ist i. d. R. gegeben, sobald die rechtliche Neuordnung des Sanierungsgebiets in ihren wesentlichen Bezügen durchgeführt und die tatsächliche Neuordnung soweit gediehen ist, dass die künftigen wertbestimmenden Eigenschaften des Grundstücks einschließlich seiner Lage im Sanierungsgebiet erkennbar sind. Ist zudem ein berechtigtes Interesse anzuerkennen, soll die Gemeinde den Ausgleichsbetrag vorzeitig festsetzen. Die „Soll-Vorschrift" des § 154 Abs. 3 Satz 3 BauGB hat zum Inhalt, dass zwar im Regelfall bei Vorliegen der genannten Voraussetzungen (Ermittelbarkeit mit hinreichender Sicherheit, berechtigtes Interesse) die Gemeinde verpflichtet ist, dem Antrag zu entsprechen, sie aber dennoch den Besonderheiten des Einzelfalls Rechnung tragen darf, dass sie von der beantragten vorzeitigen Festsetzung absieht, u.a. im Hinblick auf ungewöhnliche Ermittlungsschwierigkeiten bzw. einen nicht vertretbaren Verwaltungsaufwand.

Für die vorzeitige Festsetzung gelten die für die Erhebung von Ausgleichsbeträgen nach Abschluss der Sanierung maßgeblichen Vorschriften. Der danach zu erteilende Bescheid über die vorzeitige Festsetzung tritt an die Stelle des Ausgleichsbetragsbescheids. Im Übrigen sind auf die vorzeitige Festsetzung auch die Bestimmungen des § 154 Abs. 5 sowie des § 155 BauGB entsprechend anzuwenden. Demzufolge bestimmt sich die Fälligkeit nach § 154 Abs. 4 Satz 1 Halbsatz 2 BauGB. Des Weiteren finden auf den Bescheid über die vorzeitige Festsetzung generell die Vorschriften über die endgültige Festsetzung Anwendung; das gilt auch für Maßnahmen zur Vermeidung oder Milderung von Härten (§ 154 Abs. 5 BauGB), z. B. wenn der Eigentümer ein berechtigtes Interesse an der rechtsverbindlichen Festsetzung des Ausgleichsbetrags hat, er aber erst nach Vornahme der Investition in der Lage ist, aus den Erträgen des Grundstücks den Ausgleichsbetrag zu erwirtschaften.

2.15 Endwertermittlung bebauter Grundstücke

2.15.1 Grundsätzliches zur Anfangs- und Endwertermittlung

698 Der Anfangs- und Endwert bebauter Grundstücke sind nach der Grundsatzregelung des § 16 Abs. 1 ImmoWertV mit dem **Bodenwert eines unbebauten Grundstücks zu ermitteln; die vorhandene Bebauung bleibt unberücksichtigt** (vgl. § 16 ImmoWertV Rn. 36 ff.)[368]. Eine

---

366 So aber Erl. des Ministeriums für Umwelt, Energie und Verkehr des Saarlandes vom 30.5.1997 (unveröffentlicht) AkZ C/1 5300/97 M/Su/Al.
367 Gaentzsch, Die Bodenwertabschöpfung im Städtebau, S. 138; vgl. BVerwG, Urt. vom 19.4.1999 – 4 NB 10/99 –, GuG 2000, 124 = BRS Bd. 62 Nr. 231; auch die Rechtsprechung zum Erschließungsbeitragsrecht: BVerwG, Urt. vom 21.10.1983 – 8 C 29/82 –, BRS Bd. 43 Nr. 115 = EzGuG 9.49; BVerwG, Urt. vom 27.1.1982 – 8 C 24/81 –, BVerwGE 64, 361 = EzGuG 9.45; BVerwG, Urt. vom 22.8.1975 – 4 C 7/73 –, BVerwGE 49, 127 = BRS Bd. 37 Nr. 26 = EzGuG 9.25; BVerwG, Urt. vom 18.11.1977 – 4 C 104/74 –, BRS Bd. 37 Nr. 192 = EzGuG 9.32; sowie zum Steuerrecht BFH, Urt. vom 26.5.1961 – III 326/58 U –, NJW 1962, 511 = EzGuG 1.4.
368 Seele, W., Stellungnahme vor dem Ausschuss für Raumordnung, Bauwesen und Städtebau des Deutschen Bundestages: 7. Wahlperiode, 40. Sitzung am 22.1.1975: vgl. StenProt S. 54; abweichend Lucht, ZfV 1982, 232.

„Dämpfung" des Bodenwerts allein aufgrund der vorhandenen Bebauung lässt die Immo-WertV nicht zu.

Die **Grundsatzregelung der ImmoWertV** wird der bodenpolitischen Konzeption des BauGB gerecht. 699

Dass als Anfangs- und Endwert jeweils nur der Bodenwert zu ermitteln ist, bedeutet im Übrigen nicht, dass die **Bebauung des Sanierungsgebiets** unberücksichtigt bleibt. 700

2.15.2 Sonderfälle

2.15.2.1 Allgemeines

Nach den vorstehenden Ausführungen sind Anfangs- und Endwerte grundsätzlich mit dem Bodenwert zu ermitteln, der sich für das unbebaute Grundstück ergeben würde. Unabhängig von der damit ausgeschlossenen allgemeinen Dämpfungsproblematik stellt sich die Frage, wie sich der Anfangswert bemisst, wenn 701

a) Art und Maß der baulichen Nutzung mit dem Sanierungs- bzw. Entwicklungsbebauungsplan herabgezont wurden (**Planungsschaden**),

b) die **Bebauung des Grundstücks wirtschaftlich verbraucht** ist und das Grundstück bereits vor der Sanierung bzw. Entwicklung zur Freilegung anstand oder

c) die realisierte Bebauung von der nach § 6 Abs. 1 ImmoWertV maßgeblichen zulässigen bzw. lagetypischen Nutzung abweicht.

2.15.2.2 Planungsschaden

▶ *Vgl. hierzu Rn. 202 f., 566 und Grundsätzliches unter Rn. 18 ff.*

Wird die zulässige Nutzung eines Grundstücks aufgehoben oder gemindert, spricht man von einem Planungsschaden (§§ 39 bis 44 BauGB). Ein solcher **Planungsschaden** kann bereits **vor förmlicher Festlegung des Sanierungsgebiets** bzw. Entwicklungsbereichs eingetreten **oder mit dem Sanierungs- bzw. Entwicklungsbebauungsplan herbeigeführt** worden sein. 702

– Ist die bauliche Nutzung bereits vor förmlicher Festlegung des Sanierungsgebiets bzw. Entwicklungsbereichs aufgehoben oder gemindert worden, so ist bei der Ermittlung des Anfangswerts von der aufgehobenen oder geminderten Nutzung auszugehen, unabhängig davon, ob der Planungsschaden bereits gewährt worden ist oder nicht.

– Ist die bauliche Nutzug mit dem Sanierungs- bzw. Entwicklungsbebauungsplan aufgehoben oder gemindert worden, so ist bei der Ermittlung des Anfangswerts ebenfalls von der aufgehobenen oder geminderten Nutzung auszugehen.

In den Fällen eines Planungsschadens aufgrund eines Sanierungs- oder Entwicklungsbebauungsplans **ist der Ermittlung des Anfangswerts** demzufolge nicht die zum Zeitpunkt der förmlichen Festlegung des Veranstaltungsgebiets zulässige Nutzung, sondern **die entsprechend aufgehobene oder geminderte Nutzung zugrunde zu legen**. Diese „Minderung" ergibt sich aus der gesetzessystematischen Trennung zwischen dem Planungsschadens- und dem Ausgleichsbetragsrecht. Das BauGB geht nämlich von einer Trennung des Ausgleichsbetrags- und Planungsschadensrechts aus, d. h., Planungsschäden sind in einem gesonderten Verfahren geltend zu machen. Dies gilt generell und insbesondere auch für die Ermittlung sanierungs- bzw. entwicklungsunbeeinflusster Grundstückswerte nach § 153 Abs. 1 BauGB. 703

Damit die für Planungsschäden zu gewährende Entschädigung nicht doppelt abgeschöpft wird, ist in solchen Fällen auch der Anfangswert entsprechend zu vermindern. 704

Beispiel:

Ein mit einer GFZ von 1,5 bebautes Grundstück wird in eine förmliche Sanierung einbezogen. Die realisierte Bebauung entsprach der *vor* der Sanierung nach § 34 BauGB zulässigen Bebauung (Mietwohnungsbau). Die Restnutzungsdauer des Gebäudes betrage 20 Jahre.

VI Städtebauliche Maßnahmen — Ausgleichsbeträge

Der Sanierungsbebauungsplan zont für das Grundstück die GFZ auf 1,0 herab (Planungsschaden). Die Durchführung der Sanierung erfordert nicht die sofortige Freilegung. Es ist absehbar, dass die Bebauung bis zum Ablauf der Restnutzungsdauer des Gebäudes bestehen bleiben kann; dies ist auch aus wirtschaftlichen Gründen geboten.

- Der Bodenwert bei einer GFZ von 1,5 betrage   500 /m²
- Der Bodenwert bei einer GFZ von 1,0 betrage   400 /m²

Abb. 51: Lageplan

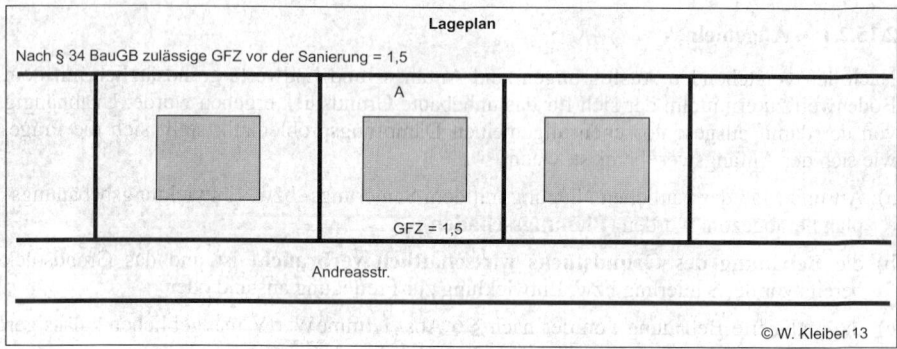

Nach dem **Planungsschadensrecht** kann nicht der „volle" auf die Herabzonung von einer GFZ von 1,5 auf eine GFZ von 1,0 zurückführbare Bodenwertunterschied in Höhe von 100 €/m² geltend gemacht werden, weil im Hinblick auf die bestehen bleibende Bebauung nur der über die Restnutzungsdauer des Gebäudes abgezinste Bodenwertunterschied „spürbar" wird.

Mithin beläuft sich der Anfangswert auf:

Anfangswert $= 500 \text{ €/m}^2 + (400 \times 1{,}05 - 500) \times 1{,}05^{-20}$

$\phantom{\text{Anfangswert }} = 500 \text{ €/m}^2 - 100 \text{ €/m}^2 \times 0{,}376889$

$\phantom{\text{Anfangswert }} = 462 \text{ €/m}^2$

Mithin kann ein **Planungsschaden** von 38 €/m² (= 500 €/m² − 462 €/m²) geltend gemacht werden.

Ausgleichsbetrag:

Ausgleichsbetrag = Endwert − Anfangswert.

Die **Ermittlung des Endwerts** erfolgt im Hinblick auf die bestehen bleibende Bebauung in gleicher Weise, wobei wiederum von dem Bodenwert der realisierten GFZ auszugehen ist. Mithin entspricht der Endwert dem Anfangswert (= 462 €/m²).

Ausgleichsbetrag = 462 €/m² − 462 €/m² = 0 €/m².

705 Im Übrigen sind im Rahmen des **Planungsschadensrechts** nach § 44 Abs. 4 BauGB Bodenwerte nicht zu entschädigen, soweit sie darauf beruhen, dass

- die zuvor zulässige Nutzung auf dem Grundstück den allgemeinen Anforderungen an gesunde Wohn- und Arbeitsverhältnisse oder an die Sicherheit der auf dem Grundstück wohnenden oder arbeitenden Menschen nicht entspricht

- oder in dem Gebiet städtebauliche Missstände i. S. d. § 136 Abs. 2 BauGB bestanden und die Nutzung des Grundstücks zu diesen Missständen wesentlich beitrug.

Entsprechendes gilt für die Anwendung des § 42 Abs. 3 BauGB (Siebenjahresfrist).

2.15.2.3 Wirtschaftlich verbrauchte Bausubstanz (Freilegung)

▶ *Vgl. Rn. 557 ff., 759 ff.; § 16 ImmoWertV Rn. 123 ff., 170 ff.; § 8 ImmoWertV Rn. 401*

Der Bodenwert eines Grundstücks, auf dem eine wirtschaftlich verbrauchte Bausubstanz steht, ist in seinem Wert gegenüber einem unbebauten Grundstück gemindert (§ 16 Abs. 3 ImmoWertV). Die Wertminderung bemisst sich regelmäßig nach den Freilegungskosten unter Berücksichtigung von Verwertungserlösen aus wieder verwendbaren Bauteilen. Bei dem Erwerb eines solchen Grundstücks werden nämlich regelmäßig die noch aufzubringenden Freilegungskosten berücksichtigt, wenn von Vergleichspreisen unbebauter Grundstücke ausgegangen wird. Übersteigen die Freilegungskosten in Niedrigpreisgebieten den Bodenwert unbebauter Grundstücke, so ist eine „Unterwälzung" der Freilegungskosten allerdings i. d. R. nicht möglich. In diesem Fall wird von dem Verkauf abgesehen und der Eigentümer bleibt auf dem freilegungsbelasteten Grundstück „sitzen" (Abb. 52).   706

Abb. 52: Bodenwert und Freilegungskosten

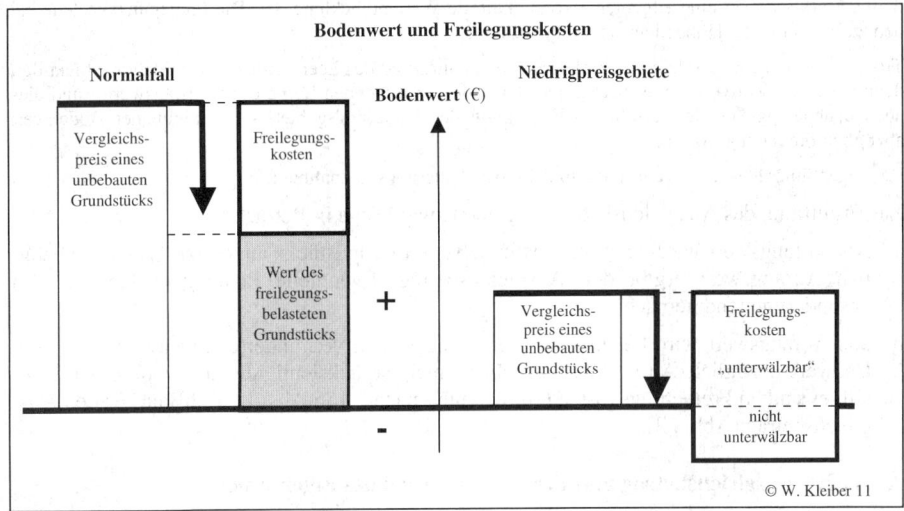

Wird das Grundstück im Zuge der Sanierungs- oder Entwicklungsmaßnahme freigelegt, so wirft die Behandlung dieser Fälle in der Sanierungs- und Entwicklungspraxis Fragen auf, denn   707

– einerseits ist die Freilegung des Grundstücks nach § 147 Satz 1 Nr. 3 eine Ordnungsmaßnahme, die der Gemeinde obliegt, und

– andererseits stellt die Freilegung eines Grundstücks tatsächlich eine Maßnahme dar, die von dem jeweiligen Eigentümer eines Grundstücks üblicherweise selbst durchgeführt wird, und diese Maßnahme belastet insoweit auch nicht den Eigentümer vermögensmäßig, als sich der Bodenwert mit der Freilegung entsprechend erhöht.

§ 147 Satz 3 Nr. 3 BauGB ist vor diesem Hintergrund dahingehend auszulegen, dass die Gemeinde im Rahmen ihrer Gesamtverantwortung für die Vorbereitung und Durchführung der Sanierung bzw. Entwicklung die notwendigen Freilegungen auf ihren eigenen Grundstücken zu besorgen und auf den Grundstücken anderer Beteiligter ggf. veranlassen muss und dabei lediglich **die durch die Sanierungs- bzw. Entwicklungsmaßnahme veranlassten Freilegungskosten** trägt (sanierungsbedingte Freilegungskosten, vgl. Rn. 759). Es besteht nämlich kein vernünftiger Grund, dass die Gemeinde darüber hinaus Freilegungskosten trägt, die der Eigentümer auch ohne förmliche Festlegung des Veranstaltungsgebiets zu tragen hätte.   708

VI Städtebauliche Maßnahmen — Ausgleichsbeträge

709 Das Sanierungsrecht unterscheidet in § 147 Satz 1 Nr. 3 BauGB allerdings nicht zwischen den durch die Sanierungsmaßnahme veranlassten sanierungsbedingten und nicht sanierungsbedingten Freilegungskosten. **Die sanierungsbedingten und nicht sanierungsbedingten Freilegungskosten lassen sich kostenmäßig** nach Maßgabe der Restnutzungsdauer der Bausubstanz eindeutig abgrenzen.

710 Im Rahmen der Erhebung von Ausgleichsbeträgen kann den vorstehenden Ausführungen Rechnung getragen werden:

Beispiel 1:

In einer Großsiedlung einer mitteldeutschen Stadt wird eine Sanierungsmaßnahme mit dem Ziel durchgeführt, dem infolge des Bevölkerungsrückgangs eingetretenen erheblichen Wohnungsleerstand durch den sog. Rückbau (sog. Stadtumbau) zu begegnen. Zu diesem Zweck soll ein Wohnblock abgerissen werden, der durch einen erheblichen und dauerhaften Wohnungsleerstand gekennzeichnet ist.

Die Bodenwerte sind aufgrund der Entwicklung bereits erheblich gesunken. Diese Bodenwertminderung ist im Übrigen nicht Folge der Sanierungsmaßnahme; vielmehr ist umgekehrt die Sanierungsmaßnahme durch den Bevölkerungsschwund veranlasst und die damit einhergehende Bodenwertminderung stellt für dieses Marktsegment eine allgemeine konjunkturelle Wertentwicklung dar. Die Freilegungskosten sind demzufolge in voller Höhe nicht sanierungsbedingt.

Trotz der gesunkenen Bodenwerte stellt das Objekt aufgrund des Leerstands ein Liquidationsobjekt dar, denn der Bodenwertverzinsungsbetrag übersteigt die verbleibenden Reinerträge. Ertragswert – und dies auch unabhängig von der förmlichen Festlegung des Sanierungsgebiets – ist mithin der Bodenwert abzüglich Freilegungskosten.

Der Eigentümer legt sein Grundstück im Zuge der Sanierungsmaßnahme frei.

711 Zur Ermittlung des Ausgleichsbetrags kommen **zwei Wege** in Betracht:

a) Als Anfangswert wird der Wert des unbebauten Grundstücks angesetzt. Endwert abzüglich Anfangswert ergibt den Ausgleichsbetrag. Eventuelle Planungsschäden werden gesondert geltend gemacht.

b) Als Anfangswert wird der um die Freilegungskosten verminderte Bodenwert angesetzt. Endwert abzüglich Anfangswert ergeben unter Berücksichtigung der vom Eigentümer aufgewandten Freilegungskosten (Anrechnung nach § 155 Abs. 1 Nr. 2 BauGB) den Ausgleichsbetrag (Abb. 53).

Abb. 53: Ausgleichsbetrag und Freilegungskosten des Eigentümers

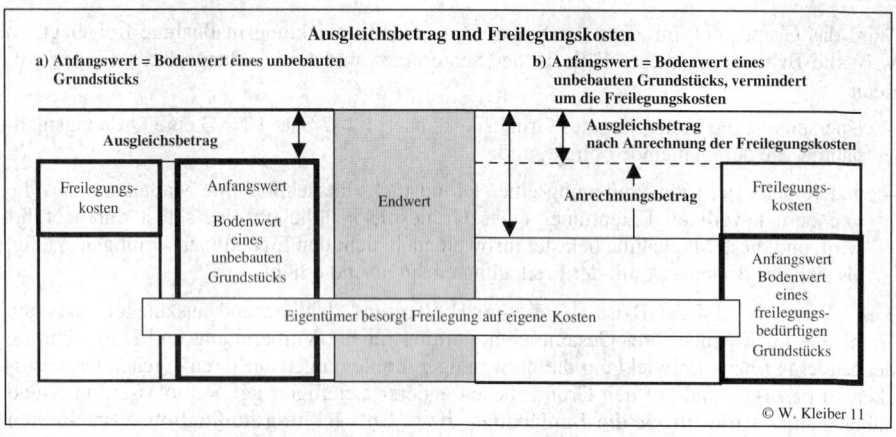

Beide Wege sind gangbar. In beiden Fällen ergibt sich derselbe Ausgleichsbetrag. Soweit die Freilegungskosten nur zu einem Teil sanierungsbedingt sind, sind

– im Falle a) die sanierungsbedingten Freilegungskosten gesondert zu erstatten,
– im Falle b) nur die sanierungsbedingten Freilegungskosten als Anrechnungsbetrag anzusetzen.

Die Erstattung bzw. Anrechnung der sanierungsbedingten Freilegungskosten gilt auch dann, wenn in einem **Niedrigpreisgebiet** die Freilegungskosten den Bodenwert eines unbebauten Grundstücks „auffressen" würden, denn sie sind allein durch die Sanierung veranlasst.

Beispiel 2:

Sachverhalt wie im *Beispiel 1*, jedoch besorgt die Gemeinde die Freilegung anstelle des Eigentümers auf eigene Kosten.

Wird bei der Ermittlung des Anfangswerts vom Bodenwert eines unbebauten Grundstücks ausgegangen, so sind die nichtsanierungsbedingten Freilegungskosten neben dem Ausgleichsbetrag gesondert geltend zu machen.

Die Anforderung nichtsanierungsbedingter Freilegungskosten ist indessen in **Niedrigpreisgebieten** problematisch, da ein Eigentümer von der Freilegung in aller Regel dann absieht, wenn die Kosten höher ausfallen, als sich als Bodenwert des freigelegten Grundstücks ergibt. Insoweit wird der Anspruch nur bis zur Höhe des Bodenwerts des unbebauten Grundstücks geltend gemacht werden können (Abb. 54).

Abb. 54: Ausgleichsbetrag und Freilegungskosten der Gemeinde

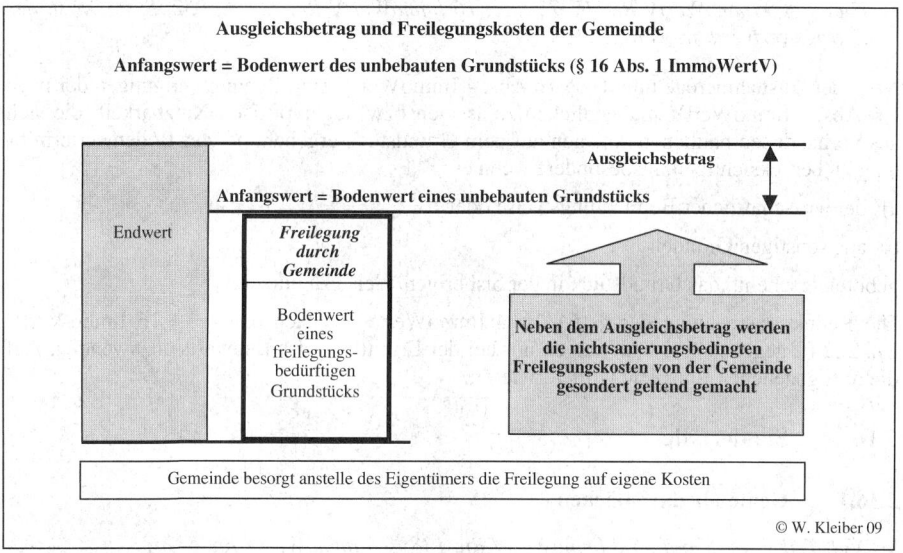

Der Anfangswert eines aus Gründen der Sanierung freilegungsbedürftigen Grundstücks ist bei alledem mit dem Bodenwert eines freigelegten Grundstücks zu ermitteln. Würde der Anfangswert mit dem Bodenwert eines freilegungsbedürftigen Grundstücks angesetzt werden, so würde sich der Ausgleichsbetrag um die Freilegungskosten erhöhen, und der Eigentümer kann geltend machen, dass ihm mit dem Ausgleichsbetrag in unzulässiger Weise die sanierungsbedingten Freilegungskosten aufgebürdet werden. Die sanierungsbedingten Freilegungskosten wären zu erstatten, da § 155 BauGB dafür keine eigene Anrechnungsregelung vorsieht (Abb. 55).

VI Städtebauliche Maßnahmen — Ausgleichsbeträge

Abb. 55: Ausgleichsbetrag und Freilegungskosten der Gemeinde

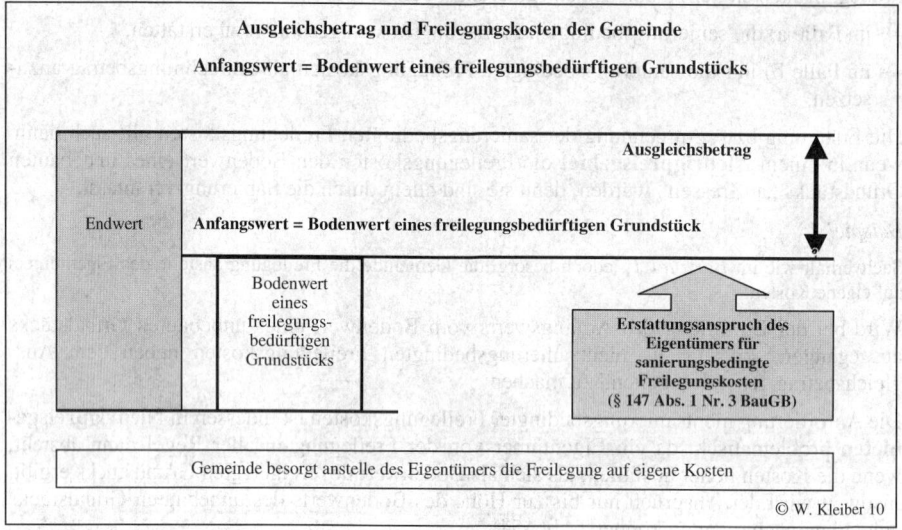

2.15.2.4 Beeinträchtigung der zulässigen Nutzbarkeit

▶ *Hierzu § 6 ImmoWertV Rn. 35, 75 ff.; § 16 ImmoWertV Rn. 222 ff., 252; Syst. Darst. des Ertragswertverfahrens Rn. 139, 163*

714 Nach der Ausnahmeregelung des § 16 Abs. 4 ImmoWertV sind Beeinträchtigungen der nach § 6 Abs. 1 ImmoWertV maßgeblichen zulässigen bzw. lagetypischen Nutzbarkeit, die sich aus vorhandenen baulichen Anlagen auf dem Grundstück ergeben, bei der Bodenwertermittlung zu berücksichtigen, insbesondere wenn es

a) bei wirtschaftlicher Betrachtungsweise oder

b) aus sonstigen Gründen

geboten erscheint, das Grundstück in der bisherigen Weise zu nutzen.

Die Reduktionsregelung des § 16 Abs. 4 ImmoWertV ist nach den bei § 16 ImmoWertV Rn. 222 ff. gegebenen Erläuterungen nur bei der Ermittlung des Endwerts anzuwenden. Auf die dort gegebenen Beispiele wird verwiesen.

2.16 Sonderfälle

2.16.1 Gemeinbedarfsflächen

▶ *Vgl. Teil V Rn. 596 ff.; § 8 ImmoWertV Rn. 138; § 5 ImmoWertV Rn. 537 ff.*

715 Das BauGB nimmt **Flächen, die öffentlichen Zwecken gewidmet sind**[369], von der Ausgleichsbetragspflicht nicht aus. Besteht für die Flächen eine dauerhafte Zweckbindung für öffentliche Zwecke, insbesondere aufgrund entsprechender Festsetzungen in einem Bebauungsplan, so sind diese Flächen dem allgemeinen Grundstücksverkehr entzogen[370]. Im Falle

---

369 Dies sind Gemeinbedarfsflächen (vgl. Teil V Rn. 596 ff.).
370 OLG Hamm, Urt. vom 3.12.1954 – 9 U 222/52 –, AVN 1963, 123 = EzGuG 18.2; LG Hamburg, Urt. vom 5.8.1960 – 10 O 36/59 –, ZMR 1961, 335 = EzGuG 4.15; VG Freiburg, Urt. vom 1.10.1969 – VS I 186/68 –, EzGuG 18.45; OLG Bremen, Urt. vom 11.1.1970 – UB 13/68 –, BRS Bd. 26 Nr. 98 = EzGuG 18.47; KG Berlin, Urt. vom 21.7.1978 – U 178/78 –; a. A: OLG Hamm, Urt. vom 27.6.1965 – 16 U 1/64 –, AVN 1966, 511 = EzGuG 18.29; vgl. auch BGH, Urt. vom 11.6.1970 – III ZR 7/69 –, BRS Bd. 26 Nr. 99 = EzGuG 18.51.

ihres erstmaligen Erwerbs durch die Gemeinde bemisst sich der Wert derartiger Gemeinbedarfsflächen nach dem Institut der enteignungsrechtlichen Vorwirkung. Es kann dahinstehen, welcher Wert sich danach für diese Flächen ergibt; mit der dauerhaften Zweckbindung bleiben diese Flächen dem gewöhnlichen Geschäftsverkehr und damit auch einer konjunkturellen (= qualitativen) Weiterentwicklung entzogen. Abschöpfbare Vorteile ergeben sich für diese Grundstücke deshalb nur insoweit, wie Sanierungsmaßnahmen zur Ersparnis eigener Aufwendungen bei der Nutzung öffentlicher Flächen führen. Dies sind in erster Linie ersparte Erschließungsbeiträge für durchgeführte Erschließungsmaßnahmen[371]. Etwas anderes mag nur gelten, wenn zwischen der Gemeinde und dem Bedarfsträger davon abweichende Vereinbarungen getroffen wurden.

Die obigen Regeln sind, wie ausgeführt, auf **Prinzipien der enteignungsrechtlichen Vorwirkung** zurückzuführen: **716**

Gemeinbedarfsflächen werden im Falle ihres erstmaligen Erwerbs durch die öffentliche Hand qualitäts- und wertmäßig über das Institut der enteignungsrechtlichen Vorwirkung (§ 95 BauGB) eingestuft; Wertänderungen, die infolge der bevorstehenden Enteignung eingetreten sind, bleiben unberücksichtigt. Grundstücke, die vor der Umwidmung in Gemeinbedarfsflächen z. B. Bauerwartungsland waren, werden demnach als Bauerwartungsland eingestuft und als Bauerwartungsland entschädigt. Da für die im Eigentum der öffentlichen Hand befindlichen Gemeinbedarfsflächen ein freier Markt nicht besteht, werden für ihre Wertermittlung die Grundsätze angewendet, wie sie für den erstmaligen Erwerb seitens der öffentlichen Hand nach ihrer Widmung zu Gemeinbedarfsflächen gelten. Das Institut der enteignungsrechtlichen Vorwirkung findet in Sanierungsgebieten nach Maßgabe des § 153 Abs. 1 BauGB Anwendung. Die danach zu bemessende Entschädigungsleistung für den Grund und Boden entspricht grundsätzlich dem in § 153 Abs. 2 BauGB normierten sog. Anfangswert. Welcher Wert sich nun für die im Sanierungsbebauungsplan festgesetzten Gemeinbedarfsflächen in Anwendung des § 153 Abs. 1 BauGB als Anfangswert auch immer ergeben mag, so kann sich für die Flächen – von den oben genannten Vorteilen einmal abgesehen – keine weitere Bodenwerterhöhung ergeben, denn sie sind aufgrund ihrer Zweckbindung von einer qualitativen und somit auch von einer wertmäßigen Weiterentwicklung ausgeschlossen. Erst die Zulässigkeit einer privatwirtschaftlichen Nutzung würde die Fläche wieder dem allgemeinen Grundstücksmarkt zuführen und eine qualitative Weiterentwicklung ermöglichen. Da diese jedoch nach den Festsetzungen des Bebauungsplans auf absehbare Zeit ausgeschlossen werden muss, kann die Höhe des Endwerts die des Anfangswerts grundsätzlich nicht übersteigen (vgl. § 95 Abs. 2 Nr. 1 BauGB).

Damit ergibt sich für Gemeinbedarfsflächen ein Endwert i. S. von § 153 Abs. 2 BauGB, der dem **Betrag** entspricht, **den die öffentliche Hand im Falle ihres erstmaligen Erwerbs nach entschädigungsrechtlichen Grundsätzen dafür aufzubringen hätte**. Etwas anderes könnte unter Umständen dann gelten, wenn beim erstmaligen Erwerb künftiger Gemeinbedarfsflächen entgegen enteignungsrechtlichen Grundsätzen von der öffentlichen Hand regelmäßig höhere Preise mit der Folge entrichtet worden sind, dass sich ein gewöhnlicher Geschäftsverkehr sui generis eingestellt hat. Dann könnte unter Umständen in Betracht gezogen werden, Gemeinbedarfsflächen, die sich bereits im Eigentum der öffentlichen Hand befinden, auch diesen Wert beizumessen. In beiden Fällen kann entsprechend den obigen Ausführungen die Höhe des Endwerts die des Anfangswerts nicht übersteigen[372]. **717**

Grundsätzlich anders ist die Rechtslage, wenn zwischen Gemeinde und Bedarfsträger eine **Vereinbarung** i. S. von § 153 Abs. 3 Satz 2 BauGB getroffen worden ist. Mit dieser Vorschrift stellt der Gesetzgeber zur Vermeidung von Zweifeln klar, dass Vereinbarungen über einen höheren als dem aus der Wertentwicklung resultierenden Ausgleichsbetrag zulässig **718**

---

371 Kleiber, a. a. O. § 154 Rn. 99 ff., Gaentzsch, Die Bodenwertabschöpfung nach dem StBauFG, Siegburg, S. 106 f.
372 Gaentzsch, Bodenwertabschöpfung, S. 106 f. unter Hinweis auf die Praxis der Umlegung nach §§ 45 ff.; RdErl. des nds. MS vom 2.5.1988 – 301 – 21013 – GltL 392/17; Nds. MBl. 1988, 547 Tz. 226.3.4, geändert durch RdErl. des MS vom 6.3.1991 – 301 – 21013 – GltL 392/19; (Nds. MBl. Nr. 13/1991, S. 470).

VI Städtebauliche Maßnahmen — Ausgleichsbeträge

sind. In diesem Fall bemisst sich die Höhe des Ausgleichsbetrags nicht nach den Ergebnissen einer Wertermittlung, sondern nach der freien Vereinbarung.

719 Die Frage einer Ausgleichsbetragspflicht beantwortet sich in den vorstehenden Fällen im Übrigen nach den zum Zeitpunkt der **Entstehung des Ausgleichsbetrags** (vgl. Rn. 288) maßgeblichen bauplanungsrechtlichen Verhältnissen.

720 Auch für **privat nutzbare Grundstücke im Eigentum der öffentlichen Hand** und mithin auch von der Gemeinde sind grundsätzlich Ausgleichsbeträge zu erheben; jedoch entfällt die Ausgleichsbetragspflicht so lange, wie zwischen Gläubiger und Schuldner Identität besteht[373].

2.16.2 Soziale Wohnraumförderung

▶ *Vgl. Rn. 543 ff., zu Personengruppen mit besonderem Wohnbedarf vgl. § 6 ImmoWertV Rn. 92, 96 ff.; § 17 ImmoWertV Rn. 22; Teil V Rn. 871 ff.*

721 Auch **Grundstücke, auf denen** nach den Festsetzungen eines Bebauungsplans „ganz oder teilweise **nur Wohngebäude**" errichtet werden dürfen, „die mit Mitteln der sozialen Wohnraumförderung gefördert werden könnten" (§ 9 Abs. 1 Nr. 7 BauGB), sind von der Ausgleichsbetragserhebung nicht ausgenommen.

722 Für die Ermittlung des **Verkehrswerts von Grundstücken der sozialen Wohnraumförderung** und somit auch für die Ermittlung sanierungsbedingter Bodenwerterhöhung sind zunächst

– die einschlägigen Festsetzungen im Bebauungsplan und

– die tatsächliche Nutzung einschließlich der ihr zugrunde liegenden wohnungs- und mietrechtlichen Bindungen (*§ 8* Abs. 3 und § 6 Abs. 2 ImmoWertV) festzustellen[374].

723 Die Festsetzung nach § 9 Abs. 1 Nr. 7 BauGB begründet keinen Anspruch auf Bereitstellung von Wohnungsbauförderungsmitteln; sie hat für das unbebaute Grundstück regelmäßig nur insoweit Auswirkungen auf den Bodenwert, als die **baulichen Gestaltungsmöglichkeiten gegenüber vergleichbaren Grundstücken eingeschränkt** sind. Diese Auswirkungen sind – sofern solche überhaupt festgestellt werden können – i. d. R. unerheblich, da Art und Maß der baulichen Nutzung nicht eingeschränkt sind und kein Zwang besteht, die Flächen mit Mitteln der sozialen Wohnraumförderung zu bebauen.

724 Ist das Grundstück indessen unter **Inanspruchnahme von Förderungsmitteln** bebaut worden, so steht der Grund und Boden – zumindest vorübergehend – in einer Schicksalsgemeinschaft mit den rechtlichen Bindungen, die mit der Inanspruchnahme der Förderung eingegangen wurden. Die rechtlichen Bindungen bestehen selbst bei vorzeitiger Rückzahlung der öffentlichen Mittel für den Nachbindungszeitraum von 10 Jahren (vgl. § 16 WoBindG) – oder für die ursprüngliche Restlaufzeit des vertraglichen Darlehns. Ob und in welcher Weise sich die vorstehende Zweckbindung auf den Bodenwert auswirkt, ist das eigentliche Wertermittlungsproblem, denn die mit der öffentlichen Förderung einhergehenden rechtlichen Bindungen sind nur im bebauten Grundstückszustand gegeben, sodass Vergleichspreise unbebauter Grundstücke für diese Objektart nicht zur Verfügung stehen können.

725 Für die Ausgleichsbetragserhebung stellt sich dabei die Frage, ob und inwieweit dies auf den Bodenwert durchschlägt. Hier wird man, wie bei einem mit einem Baudenkmal bebauten Grundstück, davon ausgehen müssen, dass hier (wie dort) die **eingeschränkte Nutzbarkeit aus der Bebauung resultiert**. Denn gerade für Grundstücke, die zur Bebauung mit einem Ertragswertobjekt anstehen, muss berücksichtigt werden, dass die erwarteten Erträge sich im Bodenwert niederschlagen. Es kommt also darauf an, die **mit der Inanspruchnahme von**

---

[373] BVerwG, Urt. vom 21.10.1983 – 8 C 29/82 –, BRS Bd. 43 Nr. 115 = EzGuG 9.49; VGH München, Beschl. vom 7.8.1985 – 23 CS 84 A, 3129 –, KStZ 1985, 218 = EzGuG 9.58; BGH, Urt. vom 1.6.1967 – II ZR 150/66 –, BGHZ 48, 214.

[374] Zu Fragen der Wertermittlung Simon/Kleiber, Schätzung und Ermittlung von Grundstückswerten, 7. Aufl. 1990, S. 209 ff.; Vogels, Grundstücks- und Gebäudebewertung – marktgerecht, 5. Aufl. 1996, S. 319 ff.

Förderungsmitteln verbundenen Vor- und Nachteile auf Boden und Gebäude sachbezogen zu verteilen. Dies sind:

- einerseits wohnungs- und mietrechtliche Bindungen (Wohnungsbesetzungsrechte) und
- andererseits die wirtschaftlichen Vorteile aufgrund gewährter Aufwendungsdarlehen, Zinsersparnisse und dgl., die als ein wirtschaftliches Äquivalent für die mietpreisrechtlichen Bindungen betrachtet werden müssen.

Die **Inanspruchnahme öffentlicher Mittel kann** bei den Wertermittlungen **außer Betracht bleiben, wenn sich die Zweckbindung auf den für den Ausgleichsbetrag maßgeblichen End- und Anfangswert gleichermaßen auswirkt.** Die als Bodenwerte zu ermittelnden End- und Anfangswerte können in diesem Fall aus Vergleichspreisen unbebauter Grundstücke abgeleitet werden. Etwaige Auswirkungen, die den so ermittelten Bodenwerten infolge der Inanspruchnahme öffentlicher Mittel zugerechnet werden könnten, eliminieren sich rechnerisch dadurch, dass sich der Ausgleichsbetrag aus dem Unterschied zwischen End- und Anfangswert ergibt. In anderen Fällen können die mit der Inanspruchnahme öffentlicher Förderungen einhergehenden Auswirkungen auf den Grundstückswert ermittelt werden, indem die damit verbundenen **Vor- und Nachteile wertmäßig** berücksichtigt **und sachbezogen auf Boden und Gebäude verteilt** werden. 726

In den **Förderungsrichtlinien** von *Schleswig-Holstein*[375] heißt es hierzu: 727

„Soweit die Grundsätze des Ertragswertverfahrens nach §§ 8 bis 14 WertV 88 (§§ 17 ff. ImmoWertV) Anwendung finden, sind mit der Gewährung öffentlicher Baudarlehen verbundene Nachteile, wie aber auch Vorteile zu berücksichtigen. Mietpreisbindungen und Wohnungsbesetzungsrecht stellen nach der gesetzgeberischen Absicht eine Gegenleistung für die Gewährung des Darlehens dar, sodass Aufwendungsdarlehen, Zinsersparnisse und dergleichen im öffentlich geförderten Wohnungsbau als ein wirtschaftliches Äquivalent für mietpreisrechtliche und sonstige Bindungen betrachtet werden müssen. Für den Bauherrn sind diese Vorteile im wirtschaftlichen Ergebnis Erträge; sie sind entsprechend den gesetzlichen und vertraglichen Regelungen unter Berücksichtigung der im Einzelfall gegebenen Verhältnisse mehr oder minder nachhaltig. Im Übrigen werden Aufwendungsbeihilfen für Miethausbesitz auch einkommensteuerlich den Einnahmen aus Vermietung und Verpachtung zugerechnet. Nach der Wertermittlungsverordnung sind die Beeinflussung der Ertragsverhältnisse durch Förderungen sowie wohnungs- und mietrechtliche Bindungen grundsätzlich im Rahmen der §§ 17 ff. ImmoWertV oder nach § 8 Abs. 3 ImmoWertV zu erfassen. Hierbei kann man nicht mehr allgemein annehmen, dass der Verkehrswert von Grundstücken mit öffentlich geförderter Wohnbebauung geringer als der vergleichbarer im freifinanzierten Wohnungsbau bebauter Grundstücke ist; dies gilt insbesondere für ‚jüngere' Objekte. Die mit öffentlichen Wohnungsbaudarlehen verbundene Mietpreis- und Belegungsbindung (oder ein kommunales Wohnungsbesetzungsrecht) kann angesichts des allgemeinen Mietrechtschutzes und der wirtschaftlichen Gegebenheiten auf dem Wohnungsmarkt nicht mehr als wirtschaftlicher Nachteil angesehen werden."

Soweit hiervon abweichend im Einzelfall im Rahmen des Ertragswertverfahrens die vorgesehene Nutzung für den öffentlich geförderten Wohnungsbau als wirtschaftlicher Nachteil bewertet wird, bedarf es nach dem o. a. Erlass einer eingehenden Begründung. 728

Soweit sich für ein mit öffentlichen Förderungsmitteln bebautes Grundstück danach abschöpfbare **Bodenwerterhöhungen** ergeben, **können** sie nach den Bestimmungen der II. Berechnungsverordnung i. d. R. auch **auf die Bewilligungsmiete durchschlagen**[376]. Soll dies vermieden werden, könnte mit dem Eigentümer eine Vereinbarung getroffen werden, die entsprechend der Höhe des Ausgleichsbetrags zumindest vorübergehend die Mietanpassung begrenzt. Gegenstand der Vereinbarung wäre also 729

- die Höhe der zu unterbleibenden Mieterhöhung und
- die Dauer der zu unterbleibenden Mieterhöhung.

---

375 Förderungsrichtlinien vom 10.9.1984 – IV 540a – 513.035 – 18 Tn.D.5.2.2. f.
376 Kleiber, a. a. O. § 154 BauGB Rn. 58 ff.; weiteres Schrifttum zur Verkehrswertermittlung von Objekten des sozialen Wohnungsbaus: Simon/Kleiber, Schätzung und Ermittlung von Grundstückswerten, 7. Aufl. 1996, S. 209 ff.; Vogels, Grundstücks- und Gebäudebewertung – marktgerecht –, 5. Aufl. 1996, S. 270 ff.

VI Städtebauliche Maßnahmen — Ausgleichsbeträge

730 Im Ergebnis entspricht eine derartige **Vereinbarung der Entrichtung des Ausgleichsbetrags durch Ratenzahlungen:**

$$\text{Ausgleichsbetrag} = \text{Unterbliebene Jahresmieterhöhung} \times \frac{q^n - 1}{q^n (q - 1)}$$

wobei: q = Zinsfaktor = $1 + p$
p = Zinssatz
n = Dauer der unterbliebenen Mieterhöhung in Jahren
$\frac{q^n - 1}{q^n (q - 1)}$ = Vervielfältiger (tabelliert in der Anl. zur ImmoWertV)

731 *Beispiel:*

a) Für ein mit Mitteln der sozialen Wohnraumförderung bebautes Grundstück wurde ein Ausgleichsbetrag in Höhe von 50 000 € ermittelt.
Die vermietete Wohnfläche beträgt insgesamt 2 000 m².

b) Berechnung der *Dauer der zu unterbleibenden Mieterhöhung* bei vorgegebener Begrenzung einer monatlichen Mieterhöhung um 0,50 €/m²
Unterbliebene Mieterhöhung des Grundstücks im Jahr:
2 000 m² × 0,50 €/m² × 12 = 12 000 €
Dauer n der unterbliebenen Mieterhöhung bei einem Zinssatz von $p = 6\,\%$:

c) 50 000 € = 12 000 € × $q^n - 1/q^n (q - 1)$ wobei $q = 1 + p$
$n = 5$ Jahre

d) Berechnung der *Höhe der zu unterbleibenden Mieterhöhung* bei einer auf 10 Jahre befristeten Mietbegrenzung und einem Zinssatz von $p = 6\,\%$
50 000 € = Unterbliebene Jahresmieterhöhung × 7,36,
wobei V bei $n = 10$ und $p = 6\,\%$: 7,36 (vgl. Anh. zur ImmoWertV)
Unterbliebene Jahresmietbegrenzung: 50 000 €/7,36 = 6 793 €
Monatliche Mietbegrenzung pro Quadratmeter Wohnfläche (WF):
6 793 € : 2 000 m² : 12 = **0,28 €/m² WF**

2.16.3 Erbbaurechtbelastete Grundstücke

2.16.3.1 Allgemeines

732 Anders als im Erschließungsbeitragsrecht (vgl. § 134 Abs. 1 BauGB) ist nach § 154 Abs. 1 Satz 1 BauGB bei einem mit einem Erbbaurecht belasteten Grundstück nicht der Erbbauberechtigte, sondern der **Eigentümer ausgleichsbetragspflichtig**[377]. Bei der Ermittlung der für die Höhe der Ausgleichsbeträge maßgeblichen Anfangs- und Endwerte ist die Belastung des Grundstücks als eine rechtliche Gegebenheit i. S. d. § 194 BauGB zu berücksichtigen.

733 Der **Verkehrswert des belasteten Grundstücks** bestimmt sich dabei insbesondere nach

– der Höhe des Erbbauzinses,

– den Möglichkeiten einer Anpassung des Erbbauzinses,

– der Dauer des Erbbaurechts und

– der nach Zeitablauf ggf. zu zahlenden Entschädigung.

---

[377] OVG Lüneburg, Beschl. vom 24.9.1993 – 1 M 2991/93 –, NJW 1995, 275 = EzGuG 15.75c; Kleiber, in Ernst/Zinkahn/Bielenberg/Krautzberger, § 154 BauGB Rn. 58 ff.; BR-Drucks. 641/75, S.15 f.; nds.RdErl. des MS vom 2.5.1988 – 301–21013 –, GltL 392/17 (Nds.MBl. 1988, 547) Nr. 226.3.1.

Eine entscheidende Bedeutung für die Höhe des Ausgleichsbetrags kommt dabei der Frage zu, ob der Erbbauzins den durch die Sanierungsmaßnahmen bewirkten Verbesserungen des Grundstücks und des Gebiets angepasst werden kann.

2.16.3.2 Anpassung des Erbbauzinses nicht möglich

Ist der Eigentümer nicht in der Lage, durch einen entsprechend erhöhten Erbbauzins wirtschaftliche Vorteile aus den durchgeführten Sanierungsmaßnahmen zu ziehen, so können die Maßnahmen insoweit nicht zu einer Erhöhung des Verkehrswerts des erbbaurechtbelasteten Grundstücks führen. Für den Eigentümer eines derart mit einem Erbbaurecht belasteten Grundstücks stellt sich eine Werterhöhung erst nach Ablauf des Erbbaurechts ein. Finanzmathematisch ergibt sich damit die **Werterhöhung des Grundstücks durch Abzinsung der nach Ablauf des Erbbaurechts wirtschaftlich realisierbaren Werterhöhung.** Dieser Wert bemisst sich nach dem am Wertermittlungsstichtag für das unbelastete Grundstück ergebenden Ausgleichsbetrag, der über die Restlaufzeit des Erbbaurechts unter Anwendung des Abzinsungsfaktors $1/q^n$ (tabelliert im Anh. 2 zur ImmoWertV) abgezinst wird. Bei langer Laufzeit des Erbbaurechts ergeben sich damit für ein derart mit einem Erbbaurecht belastetes Grundstück geringfügige Ausgleichsbeträge, während den eigentlichen Vorteil der nicht ausgleichsbetragspflichtige Erbbauberechtigte hat. Dieses Ergebnis ist aus bodenpolitischer Sicht unbefriedigend. Auf der anderen Seite treten aber für den Eigentümer des Grundstücks keine Ungerechtigkeiten ein.

734

Im Falle der Bestellung eines Erbbaurechts zur Errichtung eines Miethauses im **sozialen Wohnungsbau (soziale Wohnraumförderung)** darf im Hinblick auf eine Anpassung des Erbbauzinses nicht unberücksichtigt bleiben, dass die Mieten auf Dauer hinter der Kostenmiete zurückbleiben[378].

735

2.16.3.3 Anpassung des Erbbauzinses möglich

▶ *Weitere Ausführungen zum Erbbaurecht vgl. Teil VIII Rn. 49 ff., 99*

Soweit aufgrund einer **vertraglichen Anpassungsklausel** oder sonst wie eine Anpassung des Erbbauzinses beansprucht werden kann, stellen sich für das mit einem Erbbaurecht belastete Grundstück **Werterhöhungen** ein, und zwar **in dem Maße, wie die Anpassungsklausel eine der sanierungsbedingten Werterhöhung des unbelasteten Grundstücks entsprechende Anpassung zulässt.** Des Weiteren muss im Falle einer Anpassungsklausel der sich daraus ergebende Anspruch unter Berücksichtigung der durch § 9a Abs. 1 ErbbauG gezogenen Billigkeitsschwelle ermittelt werden, d. h., es muss zunächst festgestellt werden, ob und ggf. in welchem Umfang aufgrund der vertraglichen Vereinbarung ein Erhöhungsanspruch überhaupt gegeben ist.

736

Nach ständiger Rechtsprechung wird **durch die vertragliche Regelung in jedem Fall die oberste Anspruchsgrenze gezogen.** Hieran schließt sich eine Billigkeitsprüfung nach § 9a Abs. 1 ErbbauG erst an, wenn ein Erhöhungsanspruch nach der vertraglichen Regelung zu bejahen ist[379]. Grundsätzlich ist bei der Billigkeitsprüfung an die Vereinbarung anzuschließen, die die Anpassungsklausel enthält. Bei späteren grundlegenden Änderungen der Anpassungsklausel sowie bei unwesentlichen, aber den Erbbauzins betreffenden Änderungen sind jedoch die späteren Vereinbarungen maßgebend[380].

737

Enthält der **Erbbauvertrag keine Anpassungsklausel,** so ist ein Anpassungsverlangen erst bei einer sog. **Äquivalenzstörung** gerechtfertigt. Diese Voraussetzungen liegen vor, wenn das Gleichgewicht zwischen Leistung und Gegenleistung so stark gestört ist, dass die Grenze des übernommenen Risikos überschritten wird und die benachteiligte Partei in der getroffe-

738

---

378 BGH, Urt. vom 19.1.2001 – V ZR 217/00 –, MDR 2001, 559 = GuG 2001, 306 = EzGuG 7.131.
379 BGH, Urt. vom 26.2.1988 – V ZR 155/86 –, NJW-RR 1988, 775 = EzGuG 7.104; BGH, Urt. vom 18.5.1979 – V ZR 237/77 –, BGHZ 75, 279 = EzGuG 7.68.
380 BGH, Urt. vom 3.12.1976 – V ZR 60/76 –, BGHZ 68, 15 = EzGuG 7.55; BGH, Urt. vom 28.9.1979 – V ZR 18/78 –, NJW 1980, 588 = EzGuG 7.71, BGH, Urt. vom 27.5.1981 – V ZR 20/80 –, BGHZ 77, 194 = EzGuG 7.82.

nen Vereinbarung ihr Interesse auch nicht mehr annähernd gewahrt sehen kann[381]. Beurteilungsgrundlage hierfür ist die Entwicklung der Verbraucherpreise als Spiegel des Kaufkraftschwunds und der Einkommensverhältnisse.

2.17 Anrechnungen auf den Ausgleichsbetrag (§ 155 Abs. 1 BauGB)

2.17.1 Allgemeines

▶ *Zur Anrechnung auf den Ausgleichsbetrag vgl. Rn. 339, 444 ff., 564*

739 Der sich aus dem Unterschied zwischen End- und Anfangswert ergebende Ausgleichsbetrag entspricht immer dann nicht gleichzeitig dem vom Eigentümer zu *erhebenden* Ausgleichsbetrag, wenn auf den Unterschied **nach Maßgabe des § 155 Abs. 1 BauGB** anzurechnen sind:

„1. die durch die Sanierung entstandenen Vorteile oder Bodenwerterhöhungen des Grundstücks, die bereits in einem anderen Verfahren, insbesondere in einem Enteignungsverfahren berücksichtigt worden sind; für Umlegungsverfahren bleibt Absatz 2 unberührt,

2. die Bodenwerterhöhungen des Grundstücks, die der Eigentümer zulässigerweise durch eigene Aufwendungen bewirkt hat; soweit der Eigentümer gemäß § 146 Abs. 3 Ordnungsmaßnahmen durchgeführt oder Gemeinbedarfs- und Folgeeinrichtungen im Sinne des § 148 Abs. 2 Satz 1 Nr. 3 errichtet oder geändert hat, sind jedoch die ihm entstandenen Kosten anzurechnen;

3. die Bodenwerterhöhungen des Grundstücks, die der Eigentümer beim Erwerb des Grundstücks als Teil des Kaufpreises in einem den Vorschriften der Nummern 1 und 2 sowie des § 154 BauGB entsprechenden Betrag zulässigerweise bereits entrichtet hat."

740 In diesem Fall ist der Unterschiedsbetrag zwischen End- und Anfangswert zu mindern, um den zu erhebenden Ausgleichsbetrag zu ermitteln.

741 § 155 Abs. 1 BauGB ergänzt die Bestimmungen des § 154 Abs. 1 Satz 1 i. V. m. Abs. 2 BauGB. Danach bestimmt sich die Höhe des Ausgleichsbetrags aus dem Unterschied zwischen dem Bodenwert, der sich für das Grundstück ergeben würde, wenn eine Sanierung weder beabsichtigt noch durchgeführt worden wäre (Anfangswert), und dem Bodenwert, der sich durch die rechtliche und tatsächliche Neuordnung des Sanierungsgebiets ergibt (Endwert). Hieran anknüpfend, ordnet § 155 Abs. 1 BauGB die Anrechnung bestimmter Vorteile, Bodenwerterhöhungen sowie ausnahmsweise auch Kosten auf den Ausgleichsbetrag an. Mit der Anrechnung sollen zur Vermeidung von Doppelbelastungen des Eigentümers solche sanierungsbedingten Werterhöhungen erfasst werden, die der Eigentümer oder sein Rechtsvorgänger zulässigerweise selbst bewirkt oder der Gemeinde bereits entgolten hat. Wurden im Rahmen der Anrechnungstatbestände des § 155 Abs. 1 BauGB die sanierungsbedingten Bodenwerterhöhungen bereits vollständig erbracht, so kann als Ergebnis der Anrechnung kein Ausgleichsbetrag mehr erhoben werden. **Liegen die Voraussetzungen für eine Anrechnung** derartiger Beträge **dem Grunde und der Höhe nach vor, so ist die Gemeinde** deshalb **zur Anrechnung verpflichtet.** Nach § 154 Abs. 4 Satz 2 BauGB ist sie zu diesem Zweck gehalten, dem Ausgleichsbetragspflichtigen vor Festsetzung des Ausgleichsbetrags Gelegenheit zur Stellungnahme und Erörterung auch in Bezug auf die anzurechnenden Beträge innerhalb angemessener Frist zu geben.

742 Die **anzurechnenden Bodenwerterhöhungen bedürfen der Anpassung an die zum Wertermittlungsstichtag vorherrschenden allgemeinen Wertverhältnisse auf dem Grundstücksmarkt.** Da Gegenstand der Ausgleichsbetragserhebung allein die sanierungsbedingten Bodenwerterhöhungen und nicht auch die durch allgemeine (konjunkturelle) Wertsteigerungen eingetretenen Bodenwerterhöhungen sein dürfen, müssen die anzurechnenden Bodenwerterhöhungen, soweit es sich dabei um in der Vergangenheit erbrachte Vorausleistungen auf den Ausgleichsbetrag handelt, zum Zwecke der Anrechnung durch Fortschreibung

---

[381] BGH, Urt. vom 24.2.1984 – V ZR 222/82 –, BGHZ 90, 227 = EzGuG 7.92; BGH, Urt. vom 23.5.1980 – V ZR 129/76 –, BGHZ 77, 188 = EzGuG 7.76; BGH, Urt. vom 27.3.1981 – V ZR 19/80 –, NJW 1981, 1668 = EzGuG 7.81; BGH, Urt. vom 17.12.1982 – V ZR 306/81 –, BGHZ 86, 167 = EzGuG 7.88; BGH, Urt. vom 23.1.1976 – V ZR 76/74 –, NJW 1976, 565 = EzGuG 7.46.

aktualisiert werden. Die Abschöpfung konjunkturbedingter Wertänderungen kann nämlich nur dadurch vermieden werden, dass Anfangs- und Endwert auf denselben (Wertermittlungs-) Stichtag bezogen werden; dies gilt auch für die Anrechnungsbeträge[382].

2.17.2 Vorteile und Bodenwerterhöhungen (§ 155 Abs. 1 Nr. 1 BauGB)

§ 155 Abs. 1 Nr. 1 BauGB verpflichtet die Gemeinde zur Anrechnung von Vorteilen und Bodenwerterhöhungen, die bereits in einem anderen Verfahren berücksichtigt worden sind. Mit Ausnahme des Verfahrens zur Erhebung von Ausgleichsbeträgen und vorbehaltlich des § 155 Abs. 2 BauGB sind damit umfassend **alle Verfahren angesprochen, die vor Abschluss der Sanierungsmaßnahme bereits zur Abschöpfung sanierungsbedingter Vorteile oder Bodenwerterhöhungen geführt haben.** Enteignungsverfahren werden in der Vorschrift nur beispielhaft hervorgehoben. Die Vorschrift ist nach Sinn und Wortlaut im Übrigen auch auf Vorteile und Bodenwerterhöhungen anzuwenden, die in einem Verfahren berücksichtigt wurden, das bereits vor der förmlichen Festlegung des Sanierungsgebiets durchgeführt worden ist. Denn Gegenstand der Erhebung von Ausgleichsbeträgen sind auch die in Aussicht auf die Sanierung oder durch ihre Vorbereitung noch vor förmlicher Festlegung des Sanierungsgebiets eingetretenen Bodenwerterhöhungen (vgl. § 154 i. V. m. § 153 BauGB). 743

In der Hauptsache können folgende Anrechnungsfälle dem § 155 Abs. 1 Nr. 1 BauGB zugeordnet werden: 744

a) Bei der Bemessung der **Entschädigung für eine** zur Vorbereitung oder Durchführung der Sanierung **enteignete Grundstücksteilfläche** wurden die sich für das Restgrundstück ergebenden Vermögensvorteile nach § 93 Abs. 3 BauGB berücksichtigt. Die Nichtanrechnung der Vermögensvorteile würde nachträglich die Entschädigung schmälern.

b) Ein Enteigneter ist nach § 100 BauGB (**Entschädigung in Land**) mit einem Grundstück im Sanierungsgebiet entschädigt worden, wobei sanierungsbedingte Werterhöhungen in die Ermittlung des Ersatzlandwerts einbezogen wurden.

c) Im Rahmen eines **Grenzregelungsverfahrens** nach den §§ 80 bis 84 BauGB a. F. wurden mit der Geldleistung für grenzregelungsbedingte Werterhöhungen zugleich auch sanierungsbedingte Werterhöhungen von der Gemeinde erhoben.

d) In einem Verfahren nach § 154 Abs. 6 BauGB wurden **Vorauszahlungen auf den Ausgleichsbetrag** erhoben.

Umlegungsverfahren fallen grundsätzlich nicht unter den Anrechnungstatbestand des § 155 Abs. 1 Nr. 1 BauGB. § 153 Abs. 5 BauGB modifiziert die umlegungsrechtlichen Bestimmungen derart, dass sanierungsbedingte Bodenwerterhöhungen i. d. R. bereits in der Sanierungsumlegung vollständig „abgeschöpft" werden. Daher entfällt nach § 155 Abs. 2 BauGB die Erhebung von Ausgleichsbeträgen, wenn eine Umlegung nach Maßgabe des § 153 Abs. 5 BauGB (Sanierungsumlegung) durchgeführt worden ist. Eine Anrechnung kann somit nur bei den nach § 156 Abs. 2 BauGB **übergeleiteten Umlegungsverfahren** in Betracht kommen, und zwar in Bezug auf Grundstücke, die der Ausgleichsbetragspflicht unterliegen, weil für diese Grundstücke vor der förmlichen Festlegung des Sanierungsgebiets der Umlegungsplan nach § 66 Abs. 1 BauGB aufgestellt oder eine Vorwegentscheidung nach § 76 BauGB getroffen worden ist. 745

Die in einem anderen Verfahren berücksichtigten sanierungsbedingten Vorteile oder Bodenwerterhöhungen können als im Voraus erbrachte Leistungen auf den Ausgleichsbetrag angesehen werden. Gegenstand der Ausgleichsbetragserhebung können im Anschluss an die in einem anderen Verfahren erbrachten Vorausleistungen nur noch solche sanierungsbedingten Bodenwerterhöhungen sein, die nicht bereits mit der Vorausleistung abgeschöpft worden sind, insbesondere **Bodenwerterhöhungen, die erst infolge der weiteren Durchführung der Sanierung bewirkt wurden.** Sind die Vorausleistungen in einem früheren Stadium der 746

---

[382] Kleiber in Ernst/Zinkahn/Bielenberg/Krautzberger, BauGB § 155 Rn. 24, 80 ff.

VI Städtebauliche Maßnahmen Ausgleichsbeträge

Sanierung erbracht worden und haben sich bis zum Abschluss der Sanierung die allgemeinen Wertverhältnisse auf dem Grundstücksmarkt geändert, kann die Anrechnung der in einem anderen Verfahren erbrachten Vorausleistungen in ihrer nominellen Höhe zur Abschöpfung sog. konjunkturbedingter Bodenwerterhöhungen führen. Die bodenpolitische Konzeption des besonderen Sanierungsrechts verbietet dies jedoch. Deshalb kann es erforderlich werden, im Voraus **erbrachte Leistungen** auf den Ausgleichsbetrag **zum Zwecke ihrer Anrechnung** wertmäßig durch Fortschreibung **zu aktualisieren.** Entsprechendes gilt schließlich, wenn der Ausgleichsbetragspflichtige sein Grundstück von der Gemeinde zum Neuordnungswert erworben hat. Die Anrechnungsvarianten des § 155 Abs. 1 BauGB müssen diesbezüglich gleichbehandelt werden[383].

2.17.3 Eigene Bodenwerterhöhungen (§ 155 Abs. 1 Nr. 2 BauGB)

▶ *Vgl. Rn. 340 ff.*

747 Während bei der Bemessung von Ausgleichs- und Entschädigungsleistungen die **vom Eigentümer zulässigerweise durch eigene Aufwendungen bewirkten sanierungsbedingten Werterhöhungen** nach § 153 Abs. 1 BauGB zu berücksichtigen sind, bleiben diese Werterhöhungen nach den Bestimmungen des § 154 Abs. 2 BauGB bei der Bemessung des Anfangswerts zunächst außer Betracht (vgl. Rn. 140 ff.). Der Gesetzgeber hat im Interesse einer besseren Vergleichbarkeit aller Anfangswerte die Berücksichtigung der vom Eigentümer zulässigerweise bewirkten Werterhöhungen mit § 155 Abs. 1 Nr. 2 BauGB als Anrechnungsfall behandelt sehen wollen. Auch wenn die Vorschrift nicht ausdrücklich auf die vom Eigentümer bewirkten „sanierungsbedingten" Bodenwerterhöhungen Bezug nimmt, kann nur insoweit eine Anrechnung in Betracht kommen. Andere nicht sanierungsbedingte Werterhöhungen sind nämlich bereits bei der Ermittlung des Anfangswerts zu berücksichtigen.

748 Grundsätzlich sind nur die vom Eigentümer bewirkten sanierungsbedingten Bodenwerterhöhungen anzurechnen und nicht die Aufwendungen selbst. **Auf die Kosten der** Maßnahme bzw. die **erbrachten Arbeits- und Kapitalleistungen kommt es also nicht an,** wie hoch auch immer sie gewesen sein mögen. Ob und in welchem Umfang eine Anrechnung vorzunehmen ist, beurteilt sich nach den Grundsätzen der Verkehrswertermittlung. Wertermittlungsstichtag ist wie für die Ermittlung der Anfangs- und Endwerte der Zeitpunkt des Abschlusses der Sanierung (§ 162 oder § 163 BauGB).

749 **Zulässigerweise bewirkte Bodenwerterhöhungen** können insbesondere angenommen werden, wenn mit den einschlägigen Maßnahmen öffentlich-rechtliche Vorschriften nicht verletzt worden sind.

750 Zur Durchführung der Sanierung gehören neben den Ordnungsmaßnahmen auch die Baumaßnahmen (§ 146 BauGB). Grundsätzlich sind deshalb auch die dadurch bewirkten Bodenwerterhöhungen Gegenstand der Ausgleichsbetragserhebung. Dabei ist von folgenden Grundsätzen auszugehen:

- Die Durchführung von Baumaßnahmen obliegt nach Maßgabe des § 148 Abs. 1 Satz 1 BauGB dem jeweiligen Eigentümer des Grundstücks.

- Soweit auf einem Grundstück Gebäude oder sonstige bauliche Anlagen errichtet oder vorhandene bauliche Anlagen instand gesetzt oder modernisiert werden, erhöht sich damit der Bodenwert (i. S. d. § 16 Abs. 1 Satz 1 ImmoWertV) des jeweiligen Grundstücks um einen entsprechenden Gebäudewert.

- Da sich Anfangs- und Endwert des Grundstücks jeweils (nur) als der Bodenwert des Grundstücks definieren (§ 154 Abs. 2 BauGB), können bei der Ermittlung des Ausgleichsbetrags und mithin auch bei der Anrechnung nach Maßgabe des § 155 BauGB Baumaßnahmen grundsätzlich außer Betracht bleiben.

---

383 Näheres zu den Anrechnungstatbeständen und zur Anrechnung vgl. Ernst/Zinkahn/Bielenberg/Krautzberger, BauGB, § 155 Rn. 23 ff.

Abweichend von diesen Grundsätzen müssen jedoch bei der Bodenwertermittlung solche **Baumaßnahmen** berücksichtigt werden, **die sich nicht nur auf den Gesamtwert des einzelnen Grundstücks, sondern auch auf das allgemeine Bodenwertgefüge**, insbesondere die allgemeinen Lageverhältnisse **auswirken**. Dies können einzelne auf einem Grundstück durchgeführte Baumaßnahmen, aber auch die aufeinander abgestimmten Baumaßnahmen auf einer Vielzahl von Grundstücken sein; z. B.:

a) Durch umfangreiche Modernisierungsmaßnahmen von Gebäuden in ihrer äußeren Gestaltung (z. B. Fassaden) kann eine schlechte Lage zu einer guten bzw. sehr guten Lage aufgewertet worden sein. Eine Aufwertung des Gebiets kann jedoch nicht erwartet werden, wenn z. B. lediglich die Fassaden einzelner Gebäude verschönert und deren Wohnungen modernisiert werden. Erst eine gebietliche Konzentration solcher privater Maßnahmen kann im Einzelfall dazu führen, dass sich das Erscheinungsbild und die Ansehung des Gebiets deutlich verbessern.

b) Mit der Errichtung von Tiefgaragen auf privatwirtschaftlich nutzbaren Grundstücken kann die Verkehrslage und damit das allgemeine Bodenwertgefüge aufgewertet worden sein.

Maßnahmen eines einzelnen Eigentümers auf seinem Grundstück sind dagegen i. d. R. nicht geeignet, die Lagequalität des Sanierungsgebiets zu verändern[384]. Die **durch entsprechende Baumaßnahmen auf mehreren Grundstücken bewirkten Lageverbesserungen können dagegen zu Bodenwerterhöhungen führen, die mithin auf den Ausgleichsbetrag anzurechnen sind**. Eine Anrechnung kann dabei jedoch nur in Betracht kommen, wenn die unter den vorstehend genannten Voraussetzungen eingetretene Bodenwerterhöhung die öffentliche Förderung übersteigt, auf die die Bodenwerterhöhung ursächlich zurückgeführt werden kann[385].

Soweit Baumaßnahmen auf Gemeinbedarfsgrundstücken von der Gemeinde durchgeführt worden sind, geht die dadurch bewirkte Infrastrukturverbesserung direkt in den Endwert ein und erhöht den Ausgleichsbetrag. Soweit jedoch der **Eigentümer aufgrund eines Vertrags** gemäß § 146 Abs. 3 BauGB die **Gemeinbedarfs- und Folgeeinrichtungen** i. S. d. § 148 Abs. 2 Satz 1 Nr. 3 BauGB **anstelle der Gemeinde errichtet oder geändert hat**, sind anstelle der dadurch bewirkten Bodenwerterhöhung die ihm entstandenen Kosten auf den Ausgleichsbetrag anzurechnen.

Unter bestimmten Voraussetzungen sind auch Bodenwerterhöhungen auf den Ausgleichsbetrag anzurechnen, die durch die **Herstellung von Erschließungsanlagen i. S. d. § 127 Abs. 4 BauGB** bewirkt wurden, insbesondere durch Anlagen zur Ableitung von Abwasser sowie zur Versorgung mit Elektrizität, Gas, Wärme und Wasser. Diese Erschließungsanlagen fallen nicht unter das Erhebungsverbot des § 154 Abs. 1 Satz 2 BauGB. Werden für diese Anlagen landesrechtliche Beiträge erhoben und wurde der Endwert unter Berücksichtigung der dadurch bewirkten Bodenwerterhöhung ermittelt, so ist diese zur Vermeidung von Doppelbelastungen ebenfalls auf den Ausgleichsbetrag anzurechnen. Nicht anrechenbar ist eine derartige Bodenwerterhöhung, wenn sie bei der Ermittlung des Endwerts unberücksichtigt geblieben ist oder landesrechtliche Beiträge im Hinblick auf die Erhebung von Ausgleichsbeträgen nicht erhoben werden.

751

Eine Anrechnung von Kosten anstelle von Bodenwerterhöhungen sieht das Gesetzbuch nur in § 155 Abs. 1 Nr. 2 Halbsatz 2 BauGB in Bezug auf **Kosten** vor, **die dem Eigentümer bei der Durchführung von Ordnungsmaßnahmen i. S. d. § 147 Abs. 1 BauGB entstanden** sind. Die Vorschrift ist lex specialis im Verhältnis zu Halbsatz 1 und darin begründet, dass die Durchführung von Ordnungsmaßnahmen Aufgabe der Gemeinde ist (vgl. § 147 Abs. 1 BauGB). Das BauGB verleiht der Gemeinde mit § 147 Abs. 2 Satz 1 BauGB aber das Recht, diese Aufgabe ganz oder teilweise dem Eigentümer vertraglich zu überlassen. Dabei kann

752

---

384 OVG Berlin-Brandenburg, Urt. vom 5.11.2009 – 2 B 7/07 –, NJW-Spezial 2012, 398 = EzGuG 15.127a.
385 VGH Mannheim, Urt. vom 18.11.2005 – 8 S 498/05 –, BauR 2006, 1187 = EzGuG 11.118b; OVG Berlin-Brandenburg, Beschl. vom 3.2.2012 – 10 S 50/10 –, NVwZ 2012, 711; VG Stuttgart, Urt. vom 10.11.2004 – 16 K 5676/02 –, EzGuG 15.111d.

auch vereinbart werden, dass die dem Eigentümer entstehenden Kosten der Ordnungsmaßnahme auf den Ausgleichsbetrag angerechnet und – soweit dadurch die Kosten nicht gedeckt werden – nach Maßgabe des § 155 Abs. 6 BauGB erstattet werden[386]. Eine Anrechnung nach § 155 Abs. 1 Nr. 2 Halbsatz 2 BauGB kann demzufolge nur in Betracht kommen, wenn zur Deckung der Kosten für vertraglich überlassene Ordnungsmaßnahmen i. S. d. § 147 Abs. 1 BauGB keine oder nicht ausreichende Vorauszahlungen geleistet wurden. Dass dabei nur die Kosten für die aufgrund eines Vertrags durchgeführten Ordnungsmaßnahmen anzurechnen sind, hat der Gesetzgeber gegenüber dem bisherigen Recht (§ 41 Abs. 6a Nr. 3 StBauFG) dadurch verdeutlicht, dass die Nachfolgeregelung ausdrücklich auf § 147 Abs. 2 BauGB Bezug nimmt.

2.17.4 Teile des Kaufpreises nach § 155 Abs. 1 Nr. 3 BauGB

▶ *Vgl. Rn. 320 ff.*

753 Nach § 155 Abs. 1 Nr. 3 BauGB unterliegen **auch die unter Berücksichtigung einer sanierungsbedingten Bodenwerterhöhung erworbenen Grundstücke grundsätzlich der Ausgleichsbetragspflicht.** Dabei ist der als Teil des Kaufpreises entrichtete Betrag, der ganz oder teilweise der sanierungsbedingten Bodenwerterhöhung entspricht, auf den Ausgleichsbetrag anzurechnen. Konnte bei der Bemessung des Veräußerungspreises die rechtliche und tatsächliche Neuordnung gemäß § 154 Abs. 4 BauGB in vollem Umfang berücksichtigt werden, so kommt als Ergebnis der Anrechnung nach § 155 Abs. 1 Nr. 3 BauGB die Erhebung eines Ausgleichsbetrags von dem Erwerber nicht mehr in Betracht. Die Anrechnung muss nämlich unter diesen Voraussetzungen zwangsläufig dazu führen, dass sich der nach § 154 Abs. 2 BauGB bemessende Ausgleichsbetrag zu „null" reduziert. Hierin liegt die eigentliche Bedeutung dieser Anrechnungsbestimmung. Etwas anderes muss jedoch gelten, wenn als Teil des Kaufpreises ein Betrag entrichtet wurde, der nur teilweise der sanierungsbedingten Bodenwerterhöhung entspricht. Zwar zielen § 153 Abs. 4 BauGB und § 159 Abs. 3 BauGB darauf ab, die nach Abschluss einer Sanierungsmaßnahme abzuschöpfende Bodenwerterhöhung des Grundstücks möglichst vollständig schon mit dem Veräußerungspreis zu erfassen, jedoch konnte der Gesetzgeber auch nicht ausschließen, dass die sanierungsbedingten Werterhöhungen bei der Bemessung des Neuordnungswerts nicht vollständig berücksichtigt werden konnten oder bis zum Abschluss der Maßnahme infolge der weiteren Durchführung zusätzliche Bodenwerterhöhungen i. S. d. § 154 Abs. 2 BauGB eintreten. In diesen Fällen kommt eine Nacherhebung in Betracht. Dies war bis zum 1.7.1987 klarstellend in § 5 Abs. 4 und 5 AusgleichsbetragV geregelt. Die Vorschriften konnten im Hinblick auf die nunmehr eindeutige Anrechnungsbestimmung des § 155 Abs. 1 Nr. 3 BauGB ersatzlos entfallen.

754 § 155 Abs. 1 Nr. 3 BauGB findet indessen **keine Anwendung, wenn der Erwerb eines Grundstücks mit einer Ablösung nach § 154 Abs. 3 Satz 2 BauGB verbunden** worden ist. Die Ablösung schließt das Entstehen eines Ausgleichsbetrags aus.

755 Anzurechnen sind alle in einem Kaufpreis enthaltenen sanierungsbedingten Bestandteile, unabhängig davon, ob das Grundstück von der Gemeinde, einem Sanierungsträger oder einer Privatperson erworben wurde. Auf die Höhe der einzelnen im Kaufpreis enthaltenen sanierungsbedingten Bestandteile kommt es nach Sinn und Wortlaut der Vorschrift nicht an. Für die Anrechnung ist lediglich **Voraussetzung, dass der Kaufpreis zulässigerweise entrichtet wurde.** Die Vorschrift findet demzufolge auch Anwendung, wenn das Grundstück zum sanierungsunbeeinflussten Grundstückswert i. S. d. § 153 Abs. 1 BauGB erworben wurde und mit dem Kaufpreis die vom Voreigentümer durch eigene Aufwendungen selbst bewirkten sanierungsbedingten Bodenwerterhöhungen entgolten wurden. Diesbezüglich sind die im Kaufpreis enthaltenen sanierungsbedingten Bestandteile zulässigerweise erbracht worden, weil der Kaufpreis insoweit genehmigt werden musste.

---

[386] BVerwG, Besch. vom 26.3.1985 – 4 B 9/85 –, NVwZ 1095, 749 = BRS Bd. 44 Nr. 234 = EzGuG 15.37.

756 Eine andere Frage ist, ob bei einem Erwerb eines Grundstücks zum sanierungsunbeeinflussten Grundstückswert auch der **Teil des Kaufpreises** auf den Ausgleichsbetrag anzurechnen ist, **der nur geringfügig den sanierungsunbeeinflussten Grundstückswert überschreitet** und deshalb nach einem Grundsatzurteil des BVerwG[387] genehmigt werden musste. Hierfür sprach der Wortlaut des § 5 Abs. 2 AusgleichsbetragV, nach dem der Teil des Kaufpreises auf den Ausgleichsbetrag anzurechnen war, „der den Anfangswert übersteigt, wenn die Veräußerung nach § 15 des Städtebauförderungsgesetzes (nunmehr § 145 i. V. m. § 153 Abs. 2 BauGB) genehmigt worden ist und der Eigentümer den Kaufpreis hiernach in zulässiger Weise entrichtet hat". Den Regelungsgehalt dieser Vorschrift hat der Gesetzgeber nicht in das BauGB übernommen. Hierfür war maßgebend, dass mit der Vorschrift – wie sich aus ihrer Begründung ergibt[388] – nur der Erwerber geschützt werden sollte, dem aufgrund eines Fehlers der Gemeinde bei der Preisprüfung ein höherer Erwerbspreis genehmigt wurde, als es „pfenniggenau" dem sanierungsunbeeinflussten Grundstückswert entsprochen hätte. Nachdem das BVerwG in seinem Grundsatzurteil (a. a. O.) erkannt hatte, dass die Genehmigung nach § 15 Abs. 3 Satz 2 StBauFG (entspricht § 153 Abs. 2 BauGB) jedoch nur versagt werden kann, wenn der „vereinbarte Gegenwert" den Verkehrswert, der sich in Anwendung des § 23 StBauFG (§ 153 Abs. 1 BauGB) ergibt, „in einer dem Rechtsverkehr erkennbaren Weise deutlich verfehlt", hatte § 5 Abs. 2 AusgleichsbetragV eine vom Verordnungsgeber nicht gewollte Wirkung erlangt. Ein Schutzbedürfnis besteht für den Erwerber zumindest dann nicht, wenn der Erwerber bei der Genehmigung auf die Überschreitung des nach § 153 Abs. 1 BauGB maßgeblichen Werts hingewiesen wurde, mit der Folge, dass der insoweit im Kaufpreis enthaltene Sanierungsmehrwert später mit dem Ausgleichsbetrag noch einmal an die Gemeinde abgeführt werden muss. Die Anrechenbarkeit derartiger Kaufpreisüberschreitungen hatte schon vor Inkrafttreten des BauGB durch die Rechtsprechung des BVerwG zu § 15 Abs. 3 Satz 2 StBauFG weitgehende Klärung erfahren. Das Gericht hat im Urt. vom 21.8.1981[389] zur Frage der Bindung der Entscheidung über die Preisprüfung in einem späteren Enteignungsverfahren Stellung genommen. In der Entscheidung wird die Bindung der preisrechtlichen Genehmigung im Sanierungsverfahren für die Entschädigung in einem späteren Enteignungsverfahren verneint, sodass insoweit auch die Preisprüfung ihre Schutzfunktion verliert. Aufgrund des Sachzusammenhangs zwischen dem Entschädigungs- und dem Ausgleichsbetragsrecht muss dies auch in Bezug auf § 155 Abs. 1 Nr. 3 BauGB gelten (vgl. Rn. 320 ff.)[390].

2.17.5 Anrechnung von Freilegungskosten

2.17.5.1 Allgemeines

▶ *Vgl. Rn. 706 ff.*

757 Nach § 147 Nr. 3 BauGB gehört die **Freilegung von Grundstücken grundsätzlich zu den der Gemeinde obliegenden Ordnungsmaßnahmen.** Dies betrifft in erster Linie aber nur die Freilegung der Grundstücke, die für Gemeinbedarfszwecke von der Gemeinde oder dem von ihr beauftragten Träger aufbereitet werden. Soweit auf einem privatwirtschaftlich genutzten Grundstück zum Zwecke der Durchführung anstehender Baumaßnahmen die Freilegung eines Grundstücks erforderlich wird, stellt sich daneben die Frage, wie entschädigungsrechtlich die abgehende Bausubstanz zu behandeln ist.

758 Soweit der Eigentümer darüber mit der Gemeinde einen Vertrag nach § 147 Abs. 2 BauGB abgeschlossen hat, sind die darin getroffenen Vereinbarungen maßgebend. Andernfalls kön-

---

[387] BVerwG, Urt. vom 24.11.1978 – 4 C 56/76 –, BVerwGE 57, 87 = EzGuG 15.9.
[388] BR-Drucks. 641/75, zu § 5.
[389] BVerwG, Urt. vom 21.8.1981 – 4 C 16/78 –, BRS Bd. 38 Nr. 217 = EzGuG 15.18.
[390] Im Ergebnis ebenso Gaentzsch in NJW 1985, 881, 885, der eine geringfügige, aber nach der Rechtsprechung zu genehmigende Kaufpreisüberschreitung nicht als eine „zulässigerweise" entrichtete sanierungsbedingte Bodenwerterhöhung ansieht; auch Battis/Krautzberger/Löhr, BauGB § 155 Rn. 10.

VI Städtebauliche Maßnahmen Ausgleichsbeträge

nen die Grundsätze zur Anwendung kommen, die im Falle eines Rückbaugebots nach § 179 BauGB maßgebend sind. Danach ist eine Entschädigung für den Substanzverlust einschließlich der Freilegungskosten sowie für sonstige Vermögensnachteile zu leisten; gleichzeitig sind aber **auch Vermögensvorteile zu berücksichtigen.** Vermögensvorteile können sich dabei auch in Bezug auf die Freilegung des Grundstücks ergeben, insbesondere, wenn eine Bausubstanz im Zuge der Sanierungs- oder Entwicklungsmaßnahme zum Abbruch kommt, die auch ohne Einleitung der Sanierungs- oder Entwicklungsmaßnahme aufgrund ihres Alters zu beseitigen wäre, um das Grundstück einer wirtschaftlichen Nutzung zuzuführen.

759 Es muss **zwischen sanierungs- und nicht sanierungsbedingten Freilegungskosten unterschieden** werden:

a) *Nichtsanierungsbedingte* Freilegungskosten können immer dann unterstellt werden, wenn eine bauliche Anlage auch ohne Durchführung der Sanierung wirtschaftlich abgängig ist.

b) *Sanierungsbedingte* Freilegungskosten entstehen dagegen dann, wenn eine bestehende und wirtschaftlich nicht abgängige bauliche Anlage erst aufgrund der Ziele und Zwecke der Sanierung, insbesondere durch zwingende Festsetzungen eines Sanierungsbebauungsplans, zum Rückbau „bestimmt" wird. In diesem Fall werden Freilegungskosten und sonstige Maßnahmen zur Herbeiführung der Baureife erst durch die Sanierung ausgelöst; z. B. durch die Festlegung neuer Baulinien oder Baugrenzen ohne Berücksichtigung der vorhandenen baulichen Anlagen. Etwas anderes könnte gelten, wenn in den Sanierungszielen oder der Begründung zum Sanierungsbebauungsplan den baulichen Anlagen bis zu deren Abgang der **Bestandsschutz** zuerkannt wird (vgl. § 5 ImmoWertV Rn. 191, 243, 334; § 6 ImmoWertV Rn. 686).

Entsprechendes gilt auch für entwicklungs- und nichtentwicklungsbedingte Freilegungskosten.

760 Sofern **mit der Freilegung des Grundstücks eine Bodenwerterhöhung einhergeht,** weil die abgehende Bausubstanz die Realisierung einer schon vor Einleitung der Sanierungs- bzw. Entwicklungsmaßnahme zulässigen Nutzung „blockiert" hat, sind die damit verbundenen Werterhöhungen nicht in der Weise abschöpfungsfähig, dass von einem um die Freilegungskosten geminderten Anfangswert ausgegangen wird. Die durch die Freilegung eintretende Bodenwerterhöhung ist deshalb – wie im Übrigen bei der Einwurfsbewertung im Umlegungsverfahren – bereits bei der Ermittlung des Anfangswerts zu berücksichtigen.

761 Zusammenfassend sind bei der Anrechnung von Freilegungskosten auf den Ausgleichsbetrag folgende **Grundsätze** zu beachten, wobei zwischen sanierungsbedingten und nichtsanierungsbedingten Freilegungskosten unterschieden werden muss.

2.17.5.2 Nichtsanierungsbedingte Freilegungskosten

762 Nach den vorstehenden Ausführungen ist die mit der nicht sanierungsbedingten Freilegung eines Grundstücks einhergehende Bodenwerterhöhung nicht abschöpfungsfähig. Bei der Ermittlung des Ausgleichsbetrags nach § 154 BauGB finden die **Bodenwerterhöhungen,** die sich im Hinblick auf ein schon vor der Sanierungs- bzw. Entwicklungsmaßnahme bestehendes Baurecht ergeben – wie ausgeführt –, **keinen Eingang in den Ausgleichsbetrag.** Nach der genannten Wertermittlungsregel ermittelt sich sowohl der Anfangswert als auch der Endwert (direkt) nach dem Wert des Grund und Bodens ohne Bebauung durch Vergleich mit dem Wert vergleichbarer unbebauter Grundstücke, d. h., der Anfangswert wird im Hinblick auf rückzubauende Gebäude bei konsequenter Anwendung dieser Vorgabe im Wert nicht gemindert; d. h., die **mit der Freilegung einhergehende Bodenwerterhöhung wird bereits mit dem Anfangswert berücksichtigt.**

763 Infolgedessen ist unter der genannten Voraussetzung ein Vertrag nach § 147 Abs. 2 BauGB so zu gestalten, dass der Eigentümer die Freilegungskosten selbst trägt und die mit der Freilegung tatsächlich bewirkte Bodenwerterhöhung umgekehrt auch nicht nach § 155 Abs. 1 Nr. 2 BauGB auf den Ausgleichsbetrag angerechnet werden darf. Im Ergebnis bedeutet dies, dass die **Kosten der nichtsanierungsbedingten Freilegung eines Grundstücks nicht zur**

Anrechnung nach § 155 Abs. 1 BauGB und auch nicht unter den Voraussetzungen des § 155 Abs. 6 BauGB zur Erstattung nach dieser Vorschrift **kommen können,** da bereits bei der Ermittlung des Anfangswerts vom Zustand eines unbebauten, d. h. freigelegten Grundstücks auszugehen ist.

2.17.5.3 Sanierungsbedingte Freilegungskosten

Die durch eine Sanierungs- oder Entwicklungsmaßnahme (zwingend) veranlasste Freilegung eines bebauten Grundstücks führt in mehrfacher Hinsicht zu Vermögensverlusten des Eigentümers. Einerseits sind bezüglich der abgehenden Bausubstanz Restwerte zu entschädigen. Andererseits entstehen Freilegungskosten, die der Eigentümer erst nach Ablauf der wirtschaftlichen Restnutzungsdauer bei Fortführung der bestehenden Nutzung zu tragen hätte. Diesbezüglich wird der **Zeitpunkt der Freilegung des Grundstücks vorverlegt,** nämlich um die Zeitspanne, die die vorhandene Bebauung bei Fortführung der Nutzung noch stehen würde. Nur die über die Restnutzungsdauer der baulichen Anlage bei Fortführung der bisherigen Nutzung diskontierten Freilegungskosten hätte der Eigentümer ohne Durchführung der Sanierungs- oder Entwicklungsmaßnahme selbst zu tragen, während der Differenzbetrag zur vollen Höhe der Freilegungskosten von der Gemeinde zu tragen wäre.

Mit der Ermittlung des Anfangswerts als Wert des unbebaut gedachten Grundstücks bleibt dieser Umstand bei Objekten, deren Bausubstanz noch nicht wirtschaftlich verbraucht ist (Restnutzungsdauer noch nicht null), unberücksichtigt. Die Anrechnung der Freilegungskosten in voller Höhe würde andererseits nicht dem Umstand Rechnung tragen, dass entsprechend dem Alter der baulichen Anlage **Freilegungskosten auch ohne Durchführung der Sanierungs- oder Entwicklungsmaßnahmen auf den Eigentümer** (zu einem späteren Zeitpunkt) **zukommen.** Insbesondere bei dem sanierungsbedingten Rückbau einer baulichen Anlage, die ohnehin nur noch wenige Jahre zur Nutzung ansteht, wird besonders deutlich, dass der Eigentümer bei Anrechnung der vollen Freilegungskosten gegenüber dem sanierungsbedingten Rückbau eines sehr jungen Gebäudes mit langer Restnutzungsdauer begünstigt wäre.

Diesem Gesichtspunkt kann bei der Gestaltung des Vertrags nach § 147 Abs. 2 BauGB dadurch Rechnung getragen werden, dass **nur** der **Differenzbetrag aus den vollen Freilegungskosten zu den über die Restnutzungsdauer diskontierten Freilegungskosten auf den Ausgleichsbetrag angerechnet bzw. nach § 155 Abs. 6 BauGB erstattet wird.**

Beispiel:

Die Freilegungskosten betragen 500 000 €. Bei einer baulichen Anlage, die nach Alter und Unterhaltungszustand ohne Durchführung einer Sanierungs- oder Entwicklungsmaßnahme noch eine wirtschaftliche Restnutzungsdauer von 30 Jahren hätte, sind die Freilegungskosten vom Eigentümer in diskontierter Höhe zu tragen. Bei einem Zinssatz von 8 % ergäbe dies:

$$\text{Diskontierte Freilegungskosten} = \text{Freilegungskosten}/q^n$$

wobei q = 1 + p
p = Zinssatz/100
n = Restnutzungsdauer

Diskontierte Freilegungskosten = 500 000 € × $1{,}08^{-30}$ =	50 000 €
Freilegungskosten insgesamt =	500 000 €
./. vom Eigentümer zu tragen =	− 50 000 €
= Anrechnung/Erstattung =	450 000 €

Bei der gegebenen Ausgangslage ist im Vertrag nach § 147 Abs. 2 BauGB eine Regelung vorzusehen, die eine Anrechnung bzw. Erstattung von 450 000 € enthält, d. h., der Eigentümer hat von den Freilegungskosten in Höhe von 500 000 € (insgesamt) den Betrag von 50 000 € selbst zu tragen, da dieser von ihm ohnehin insoweit nach Ablauf der Restnutzungsdauer zu tragen wäre.

VI Städtebauliche Maßnahmen Umlegungsgebiete

769 Bei dieser Vorgehensweise erhöht sich der **vom Eigentümer selbst zu tragende Anteil mit kürzer werdender Restnutzungsdauer,** wie sich aus folgender Zusammenstellung ergibt:

770 Anrechnungsbetrag in Abhängigkeit von der Restnutzungsdauer bei einem Zinssatz von 8 %.

	Restnutzungsdauer			
	30 Jahre	20 Jahre	10 Jahre	1 Jahr
Freilegungskosten (€)	500 000	500 000	500 000	500 000
Eigentümeranteil (€)	49 689	107 275	231 597	462 962
Anrechnung (€)	450 311	392 725	268 403	37 038

771 Wie die Zusammenstellung zeigt, schmilzt der **Betrag,** der auf den Ausgleichsbetrag anzurechnen bzw. nach § 155 Abs. 6 BauGB zu erstatten ist, mit **kürzer werdender Restnutzungsdauer zusammen.** Bei einer baulichen Anlage, die wirtschaftlich überaltert und ohnehin rückzubauen wäre (Restnutzungsdauer = null), verbleibt kein anzurechnender Betrag. Eine entsprechend vorstehenden Grundsätzen vereinbarte Kostenerstattungsregel (§ 147 Abs. 2 BauGB) trägt der durch die Sanierung oder Entwicklung bedingten Belastung des Eigentümers in angemessener Weise Rechnung.

2.18 Beispiel eines Wertgutachtens zur Bemessung des Ausgleichsbetrags

772 ▶ *Ein Beispiel ist in der 6. Auflage dieses Werkes auf den Seiten 2652 ff. abgedruckt.*

3 Umlegungsgebiete

3.1 Übersicht

▶ *Vgl. § 5 ImmoWertV Rn. 8, 181, 195; § 8 ImmoWertV Rn. 13 ff., 619 ff.*

Schrifttum: *Aderhold, D./Meiß, F.,* Zur Ermittlung des Umlegungsvorteils – Die Komponenten verschiedener Kalkulationsmodelle im Vergleich, GuG 2004, 225; *Dieterich, H.,* Baulandumlegung, 5. Aufl. München 2006; *Reinhardt, W.,* Zum Umlegungsvorteil, GuG 1997, 85; *Reinhardt, W.,* Die vereinfachte Umlegung, GuG 2012, 269; 2013/3; *Roller, G.,* Wertermittlung im Spannungsfeld von (gesetzlicher) Umlegung und maßnahmenbedingter Wertabschöpfung, GuG 2005, 1.

773 **Die** (städtebauliche) **Umlegung** ist in den §§ 45 bis 84 BauGB als ein **Grundstückstauschverfahren mit der Zielsetzung** ausgestaltet, unbebaute und bebaute Grundstücke in der Weise neu zu ordnen, dass nach **Lage, Form und Größe für die bauliche und sonstige Nutzung zweckmäßig gestaltete Grundstücke entstehen (Umlegungszweck).**

774 Die Umlegung ist geprägt vom **Grundsatz der Eigentumserhaltung** (Bestandsgarantie), der Sozialnützigkeit und der dinglichen Surrogation. Rechtsänderungen treten in erster Linie nicht in der Person des Eigentümers und der sonstigen Inhaber von Rechten, sondern im Eigentumsobjekt ein; d. h., im Zuge des Grundstückstauschverfahrens tritt ein neues Grundstück an die Stelle des alten Grundstücks. Die Umlegung stellt deshalb keine Enteignung dar; sie ist vielmehr Ausfluss der Inhaltsbestimmung des Eigentums.

775 Die Einbeziehung eines Grundstücks in eine Umlegung ergibt sich aus der öffentlichen Bekanntmachung des Umlegungsverfahrens (Umlegungsbeschluss) und ist aus dem rangstellenlosen **Umlegungsvermerk** in Abteilung II des Grundbuchs erkennbar. Der Umlegungsvermerk ist ein nachrichtlicher „Achtungsvermerk" ohne unmittelbare rechtliche Wirkung, der aber auf die rechtlichen Folgen der Umlegung hinweist (Verfügungs- und Veränderungssperre nach § 51 BauGB und gesetzliches Vorkaufsrecht nach § 24 BauGB). Genehmigungsbedürftige und nicht genehmigungsfähige Grundbucheintragungen sind deshalb nicht eintragungsfähig.

3.2 Typologie der Umlegungsverfahren

Schrifttum: *Linke*, Kohlhammer Komm. Loseblatt; *Reinhardt, W.*, Die vereinfachte Umlegung, GuG 2012, 269 und 2013, 282: *Otte* in Ernst/Zibnkahn/Bielenberg, BauGB Komm. zu §§ 45 ff. BauGB.

Verfahrensmäßig lassen sich Umlegungsverfahren untergliedern nach **776**

a) **umfassenden Umlegungsverfahren** nach den §§ 45 bis 79 BauGB und

b) **vereinfachten Umlegungsverfahren** nach den §§ 80 bis 84 BauGB.

Hinsichtlich des Einsatzes der Umlegung ist des Weiteren zu unterscheiden **777**

a) **Neuerschließungsumlegungen** (zur erstmaligen Aufschließung) einschließlich Ergänzungsumlegungen zur erstmaligen Aufschließung des „Außenbereichs im Innenbereich" und

b) **Neuordnungsumlegungen** bereits bebauter Gebiete einschließlich der Sanierungsumlegung, d. h. Umlegungsverfahren in förmlich festgelegten Sanierungsgebieten nach den §§ 136 ff. BauGB.

Bei Anwendung des umfassenden Umlegungsverfahrens ist im Hinblick auf den Verteilungsmaßstab zu unterscheiden zwischen **778**

c) der Flächenumlegung und

d) der Wertumlegung.

Umlegungsverfahren lassen sich schließlich noch untergliedern nach **779**

e) den sog. **amtlichen Umlegungen**, die nach den Vorschriften der §§ 45 ff. BauGB unter der Regie der Gemeinde (Umlegungsstelle, Umlegungsausschuss) durchgeführt werden, und

f) den sog. **freiwilligen Umlegungen** (Rn. 807 f.), die privatrechtlich (An- und Verkauf), aber auch in einem öffentlich-rechtlichen Vertrag (sog. städtebaulicher Vertrag) vollzogen werden können; diesbezüglich haben sich recht unterschiedliche „Spielformen" entwickelt.[391]

Die **vereinfachte Umlegung** ist aus der Grenzregelung hervorgegangen. Nach § 80 Abs. 1 **780**
BauGB kann sie unter der Voraussetzung durchgeführt werden, dass mit der Umlegung lediglich

– unmittelbar aneinander grenzende oder in enger Nachbarschaft liegende Grundstücke oder Teile von Grundstücken untereinander getauscht oder

– Grundstücke, insbesondere Splittergrundstücke oder Teile von Grundstücken, einseitig zugeteilt

werden. Die auszutauschende oder einseitig zuzuteilenden Grundstücke oder Grundstücksteile dürfen jedoch nicht selbstständig bebaubar sein und eine einseitige Zuteilung muss im öffentlichen Interesse geboten sein.

3.3 Verfahrensablauf

Verfahrensmäßig unterscheidet sich das (klassische) umfassende Umlegungsverfahren (nach **781**
den §§ 45 bis 79 BauGB) deutlich von der vereinfachten Umlegung (nach den §§ 80 bis 84 BauGB). Der **Ablauf des umfassenden Umlegungsverfahrens** ist in Abb. 1 dargestellt.

---

[391] BVerfG, Beschl. vom 22.5.2001 – 1 BvR 1512/97 –, GuG 2001, 302, 372 = BVerfGE 104,1; Ernst/Zinkahn/Bielenberg/Krautzberger, BauGB, Vorbem. §§ 45 Rn. 1 ff.; Dieterich, Baulandumlegung, 5. Aufl. München 2006, S. 321 ff.; Baur, Festschrift für Otto Mühl, Private Umlegung, Stuttgart 1981; Suderow, Entwurf eines Grundstücksneuordnungsverfahrens unter Berücksichtigung seiner Bezüge zu den geltenden Bodenordnungsverfahren, Beiträge zum Siedlungs- und Wohnungswesen und zur Raumplanung, Bd. 11, Münster 1973; Steger in BWGZ 1982, 661 ff.; Glück, Mehr Bauland ist möglich, München 1981; ders., Wege zum Bauland, München 1994; Hils, A. in MittBl. des BDVI 1970, 208 ff.; Tesmer in ZfV 1971,161; Mayer-Steudte in Bauwelt 1973, 57; Grziwotz, H., Baulanderschließung, München1993, S. 61 ff.; v. d. Heide in BWGZ 1999, 650; ders. BWGZ 1996, 187; ders. BWGZ 1993, 583.

VI Städtebauliche Maßnahmen — Umlegungsgebiete

Abb. 1: Ablauf eines umfassenden Umlegungsverfahrens

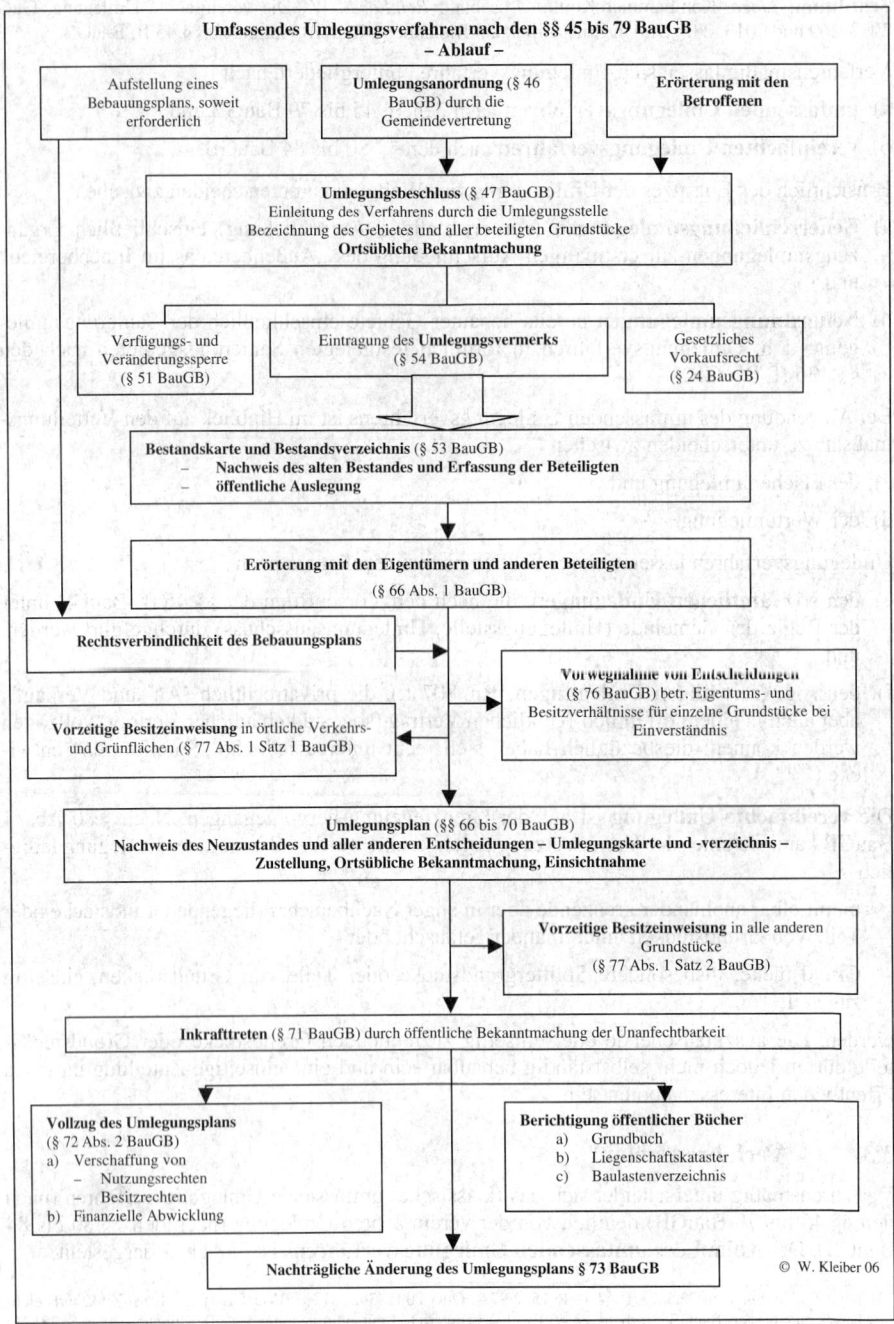

782 Im Unterschied zum umfassenden Umlegungsverfahren bedarf es für die vereinfachte Umlegung keiner gemeindlichen Anordnung. Die Gemeinde setzt vielmehr durch Beschluss die neuen Grenzen sowie die Geldleistungen fest; des Weiteren regelt sie im Beschluss, soweit es erforderlich ist, die Neuordnung und Aufhebung von Dienstbarkeiten, Grundpfandrechten

und Baulasten. Zuvor ist die Neuordnung mit den Eigentümern zu erörtern; Beteiligten, deren Rechte ohne Zustimmung durch den Beschluss betroffen werden, ist vorher Gelegenheit zur Stellungnahme zu geben (Abb. 2).

Abb. 2: Ablauf einer vereinfachten Umlegung

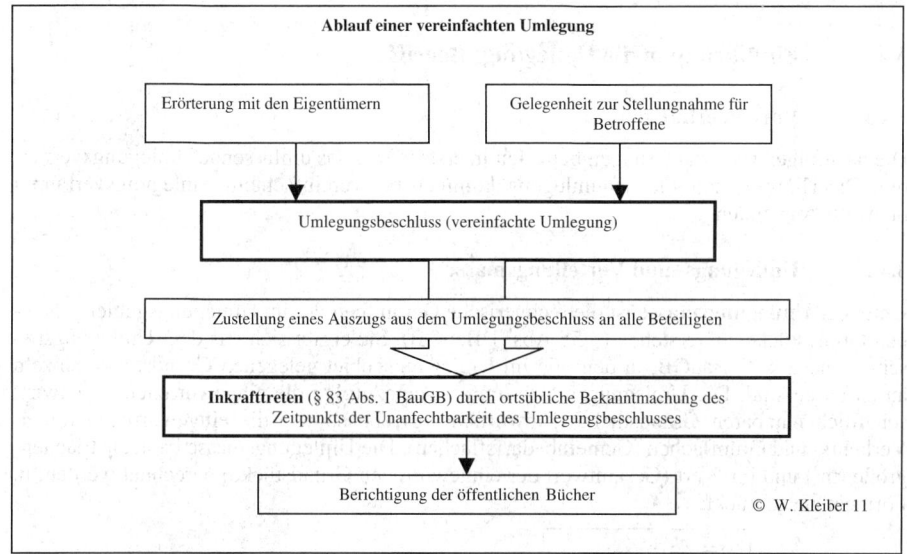

Das BauGB unterscheidet in § 56 BauGB *bei Anwendung des umfassenden Umlegungsverfahrens* verfahrenstechnisch zwischen den Verteilungsmodalitäten für die in der Umlegung an die beteiligten Grundeigentümer zu verteilenden Grundstücke (sog. Verteilungsmasse) nach

a) der sog. **Flächenumlegung,** d. h. der Verteilung nach dem Verhältnis der Flächen(anteile) der eingeworfenen Grundstücke (§ 58 BauGB), und

b) der sog. **Wertumlegung,** d. h. der Verteilung nach dem Verhältnis der Werte(-anteile) der eingeworfenen Grundstücke (§ 57 BauGB).

Mit Einverständnis der Beteiligten kann auch ein anderer Verteilungsmaßstab zur Anwendung kommen (§ 56 Abs. 2 BauGB)[392].

Bei *Anwendung der vereinfachten Umlegung* findet eine Verteilung nach dem Verhältnis der Flächen dagegen nicht statt.

Im Rahmen des umfassenden Umlegungsverfahrens kann die Flächenumlegung Anwendung finden, wenn jeweils die Verkehrswerte der eingeworfenen Grundstücke und die Verkehrswerte der zuzuteilenden Grundstücke untereinander gleich (homogen) sind; andernfalls wird regelmäßig die Wertumlegung den Zuteilungs- und Abfindungsgrundsätzen des Umlegungsrechts (§ 59 BauGB) gerechter. Diese schreiben vor, dass den beteiligten Eigentümern **aus der Verteilungsmasse** „dem Umlegungszweck entsprechend nach Möglichkeit **Grundstücke in gleicher und gleichwertiger Lage** wie die eingeworfenen Grundstücke und entsprechend den nach den §§ 57 und 58 (BauGB) errechneten Anteilen" **zuzuteilen** sind. Soweit dem nicht Rechnung getragen werden kann, findet ein Ausgleich in Geld statt.

---

392 Tesmer in VR 1970, 372; Dieterich in VerwPraxis 1968, 125; ders. in ZfBR 1982, 195.

VI Städtebauliche Maßnahmen Umlegungsgebiete

786 Unter den nach den §§ 57 und 58 BauGB errechneten Anteilen ist der sog. **Sollanspruch** zu verstehen (Sollzuteilung). Darunter ist der den beteiligten Grundeigentümern theoretisch unter dem Verfassungsgrundsatz der Bestandsgarantie zustehende Anteil an der Verteilungsmasse zu verstehen (vgl. Rn. 652). Zur Berechnung des Sollanspruchs ist es erforderlich, die einzelnen Begriffe (mathematisch) zu definieren und die Funktionsweise der Umlegung zu erläutern.

3.4 Einführung in die Umlegung; Begriffe

3.4.1 Vorbemerkung

787 Die nachfolgenden Erläuterungen betreffen in erster Linie das umfassende Umlegungsverfahren. Die Hinweise zur Flächenumlegung kommen bei vereinfachtem Umlegungsverfahren nicht zur Anwendung.

3.4.2 Umlegungs- und Verteilungsmasse

788 Unter der **Umlegungsmasse** ist die rechnerische Gesamtheit der im Umlegungsgebiet gelegenen Grundstücke zu verstehen (§ 55 Abs. 1 BauGB). Sie ergibt sich aus dem Umlegungsbeschluss nach § 47 BauGB, in dem die im Umlegungsgebiet gelegenen Grundstücke einzeln aufzuführen sind. Die Umlegungsmasse umfasst demzufolge die eingeworfenen privatwirtschaftlich nutzbaren Grundstücke (Einwurfsmasse) ebenso wie die eingeworfenen (alten) Verkehrs- und Grünflächen (Gemeinbedarfsflächen). Die Umlegungsmasse kann als Flächengröße (m²) und im Wert (Gesamtwert der eingeworfenen Grundstücke) berechnet werden; in Formeln ausgedrückt:

$$U_{m^2} = \Sigma_{m^2} + A_{m^2}$$

$$U_i = \Sigma E_i + \Sigma A_i = \Sigma E_i \qquad \text{(weil } \Sigma A_i = 0\text{)}$$

wobei

U_{m^2} bzw. U_ε	=	Umlegungsmasse in m² oder €
ΣE_{m^2}	=	$E_1 + E_2 + \ldots E_n$ = Einwurfsmasse in m²
	=	Fläche der (privatwirtschaftlichen) Einwurfsgrundstücke in m²
ΣE_ε	=	$E_1 + E_2 + \ldots E_n$ = Einwurfsmasse in €
	=	Wert der (privatwirtschaftlichen) Einwurfsgrundstücke in €
ΣA_{m^2}	=	$A_1 + A_2 + \ldots A_n$
	=	alte Verkehrs- und Grünfläche in m²
ΣA_ε	=	$A_1 + A_2 + \ldots A_n$
	=	Wert der alten Verkehrs- und Grünflächen
	=	0 (weil Wert = 0)

789 In dem in Abb. 3 abgedruckten *Beispiel* besteht E aus den Flurstücken 122 bis 127 und A aus den Flurstücken 59 und 121.

Abb. 3: Karte der eingeworfenen Grundstücke (Bestandskarte)

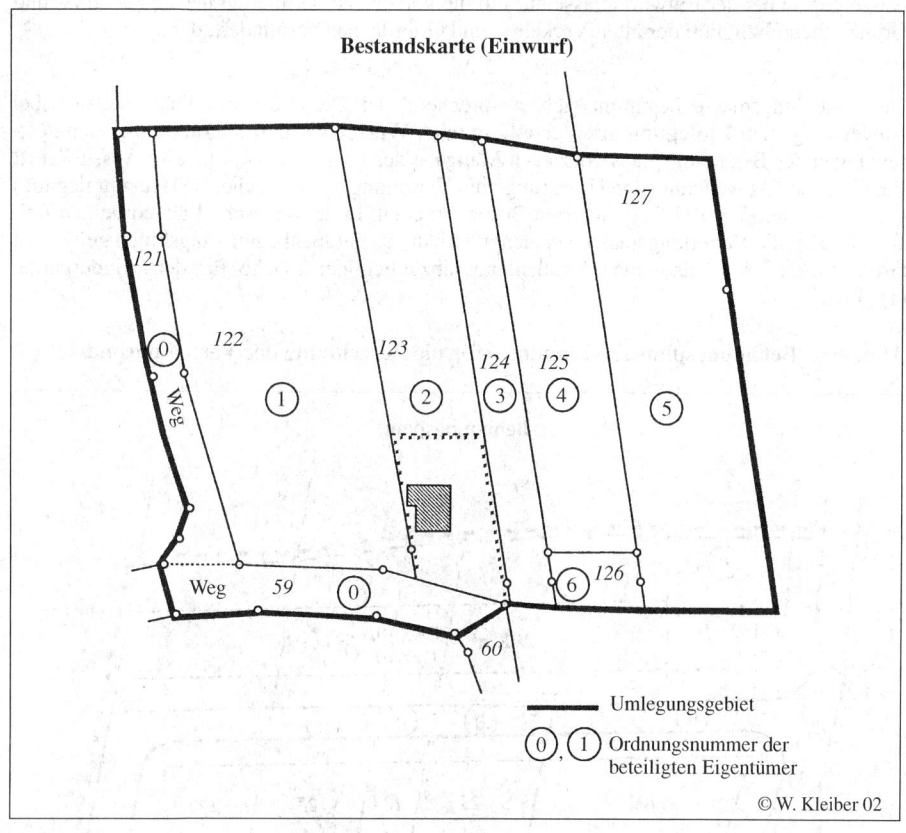

Unter der **Verteilungsmasse** ist nach § 55 Abs. 4 BauGB die Gesamtheit der für private Zwecke nutzbaren Zuteilungsgrundstücke zu verstehen. Hierzu sind (vorweg) aus der Umlegungsmasse die Verkehrs- und Grünflächen auszuscheiden, die nach dem Bebauungsplan innerhalb des Umlegungsgebiets (überwiegend) für die Bedürfnisse der Bewohner des Umlegungsgebiets ausgewiesen sind. Diese Flächen werden auch als Flächenabzug (f) bezeichnet. 790

Als **Flächenabzug** f definiert § 55 Abs. 2 BauGB 791

1. die örtlichen Verkehrsflächen für Straßen, Wege einschließlich Fuß- und Wohnwegen und für Plätze sowie für Sammelstraßen,

2. die Flächen für Parkplätze, Grünanlagen einschließlich Kinderspielplätzen und Anlagen zum Schutz gegen schädliche Umwelteinwirkungen i. S. d. BImSchG, soweit sie nicht schon Bestandteil der unter Nr. 1 genannten Verkehrsanlagen sind, sowie für Regenklär- und Regenüberlaufbecken, wenn die Flächen überwiegend den Bedürfnissen der Bewohner des Umlegungsgebiets dienen sollen.

Zu den vorweg auszuscheidenden Flächen gehören auch die Flächen zum Ausgleich i. S. d. § 1a Abs. 3 BauGB für die unter Nr. 1 genannten Anlagen. Grünflächen nach Nr. 2 können auch bauflächenbedingte Flächen zum Ausgleich i. S. v. § 1a Abs. 3 BauGB umfassen. 792

Diese Flächen sind vorweg aus der Umlegungsmasse auszuscheiden („Vorwegabzug") und der Gemeinde oder dem sonstigen Erschließungsträger zuzuteilen. 793

VI Städtebauliche Maßnahmen — Umlegungsgebiete

794 Die gesetzliche Bezeichnung **Flächenabzug** ist missverständlich, weil sich die Verteilungsmasse gegenüber der Einwurfsmasse nur um die vorstehend definierten neuen Verkehrs- und Grünflächen **abzüglich** der alten Verkehrs- und Grünflächen vermindert, d. h.,

$$f_{m^2} = \Sigma N_{m^2} - \Sigma A_{m^2} \text{ bei } N_{m^2} > A_{m^2}.$$

795 Die Verteilungsmasse bestimmt sich entsprechend der Definition des Flächenabzugs bei Anwendung einer **Umlegung mit Verteilung nach Werten (Wertumlegung)** nach den Festsetzungen des Bebauungsplans oder nach Maßgabe des § 34 BauGB (vgl. § 45 Abs. 1 Satz 2 BauGB); bei Anwendung der Umlegung mit Verteilung nach Flächen (Flächenumlegung) gelten die unter Rn. 797 ff. erläuterten Besonderheiten. In dem in Abb. 4 abgedruckten *Beispiel* besteht die Verteilungsmasse aus den innerhalb der Straßenbegrenzungslinien gelegenen Grundstücken, d. h. also ohne Straßenland, abzüglich der Fläche für den Kindergarten (1 130 m²).

Abb. 4: Bebauungsplan als Grundlage für die Berechnung der Verteilungsmasse

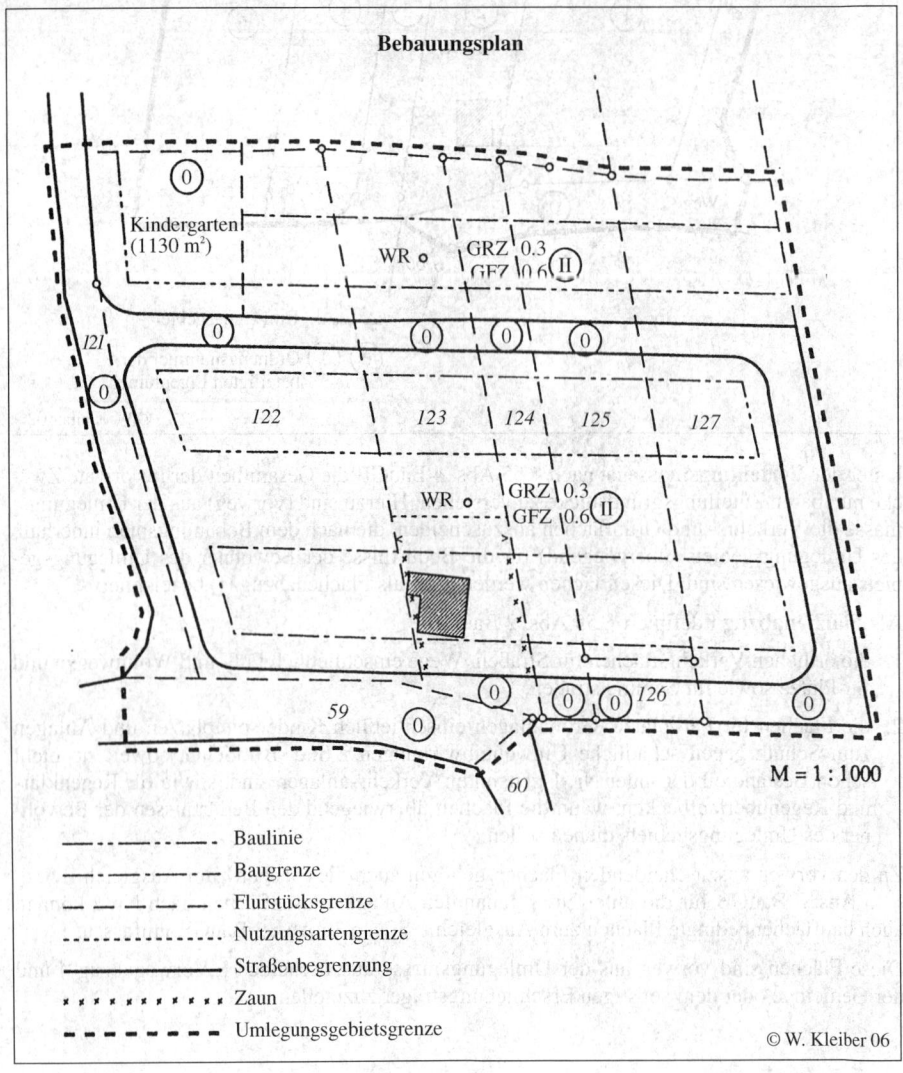

Die **Verteilungsmasse** kann wiederum als Flächengröße (m²) und im Wert (Gesamtwert der für private Zwecke zuzuteilenden Grundstücke) berechnet werden. Sie entspricht der Zuteilungsmasse und ergibt sich flächenmäßig aus der Umlegungsmasse abzüglich des Flächenabzugs; in Formeln ausgedrückt:

$$V_{m^2} = \Sigma Z_{m^2} = U_{m^2} - \Sigma N$$

$$V_i = \Sigma Z_i$$

wobei

V_{m^2} bzw. V_i = Verteilungsmasse in m² oder €
ΣZ_{m^2} = $Z_1 + Z_2 + ... Z_n$
= Fläche der (privatwirtschaftlichen) Zuteilungsgrundstücke in m²
ΣZ_i = $Z_1 + Z_2 ... Z_n$
= Wert der (privatwirtschaftlichen) Zuteilungsgrundstücke in €
U_{m^2} = Umlegungsmasse in m²
ΣN_{m^2} = $N_1 + N_2 + ... N_n$
Neue Verkehrs- und Grünflächen in m²
ΣN_i = $N_1 + N_2 + ... N_n$
= Wert der neuen Verkehrs- und Grünflächen = 0 (weil Wert = 0)

Der **Flächenabzug** f ergibt sich als Vomhundertsatz aus:

$$f\% = \frac{\Sigma E_€ - \Sigma Z_€}{E_€} \times 100 = \frac{f_{m^2}}{\Sigma E_{m^2}} \times 100$$

wobei

$\Sigma E_€$ = Einwurfsmasse in €
ΣE_{m^2} = Einwurfsmasse in m²
$\Sigma Z_€$ = Zuteilungs- oder Verteilungsmasse in €
f_{m^2} = Über die alten Verkehrs- und Grünflächen hinausgehender Flächenabzug in m²
= $\Sigma N_{m^2} - \Sigma A_{m^2}$

3.4.3 Flächen- und Wertumlegung

3.4.3.1 Flächenumlegung

Geht die Umlegungsstelle bei der Verteilung gemäß § 58 Abs. 1 BauGB von dem Verhältnis der Flächen aus (vgl. Rn. 786), so hat sie unter Anrechnung des Flächenabzugs f (nach § 55 Abs. 2 BauGB) einen **Flächenbeitrag in einem** solchen **Umfang** abzuziehen, **dass die Vorteile ausgeglichen werden, die durch die Umlegung erwachsen;** dies sind die sog. umlegungsbedingten Werterhöhungen.

Für die Umlegung mit **Verteilung nach Flächen (Flächenumlegung)** gilt es zu beachten, dass sich die Verteilungsmasse aus der Umlegungsmasse abzüglich des sog. Flächen*beitrags* F ergibt, wenn der Flächenbeitrag den vorstehend definierten Flächen*abzug* übersteigt (F > f); zur sog. Wertumlegung vgl. Rn.794 f.

Der **Flächenbeitrag** ist nach § 58 Abs. 1 Satz 1 BauGB als die Gesamtfläche zu definieren, die dem Umlegungsvorteil entspricht. Der Umlegungsvorteil wiederum ergibt sich aus der umlegungsbedingten Bodenwerterhöhung.

VI Städtebauliche Maßnahmen — Umlegungsgebiete

801 Der **Umlegungsvorteil** wird in einem Vomhundertsatz ermittelt:

$$\frac{\text{Werterhöhung in €}}{\text{Einwurfswert in €}} = \frac{\text{Werterhöhung in \%}}{100}$$

Hieraus folgt:

$$\text{Werterhöhung W \%} = \frac{Z_{\text{€/m}^2} - E_{\text{€/m}^2}}{E_{\text{€/m}^2}}$$

wobei
W % = Werterhöhung in % = Umlegungsvorteil
$Z_{\text{€/m}^2}$ = Bodenwert der Zuteilungsgrundstücke
$E_{\text{€/m}^2}$ = Bodenwert der Einwurfsgrundstücke

Beispiel:
a) Einwurfswert = 150 €/m²
b) Zuteilungswert = 200 €/m²
c) Werterhöhung % = (200 € − 150 €)/150 € = 33,33 % (= Umlegungsvorteil)
d) Werterhöhung in € = 200 € − 150 € = 50 €/m²

802 Der **Flächenbeitrag F %** berechnet sich daraus wie folgt (vgl. Abb. 5):

$$F\,\% = \frac{100 \times W\,\%}{100 + W\,\%} \qquad (1)$$

oder direkt aus den Bodenwertverhältnissen

$$F\,\% = \frac{Z_{\text{€/m}^2} - E_{\text{€/m}^2}}{Z_{\text{€/m}^2}} \times 100 \qquad (2)$$

Abb. 5: Ermittlung des Flächenbeitrags aus dem Umlegungsvorteil

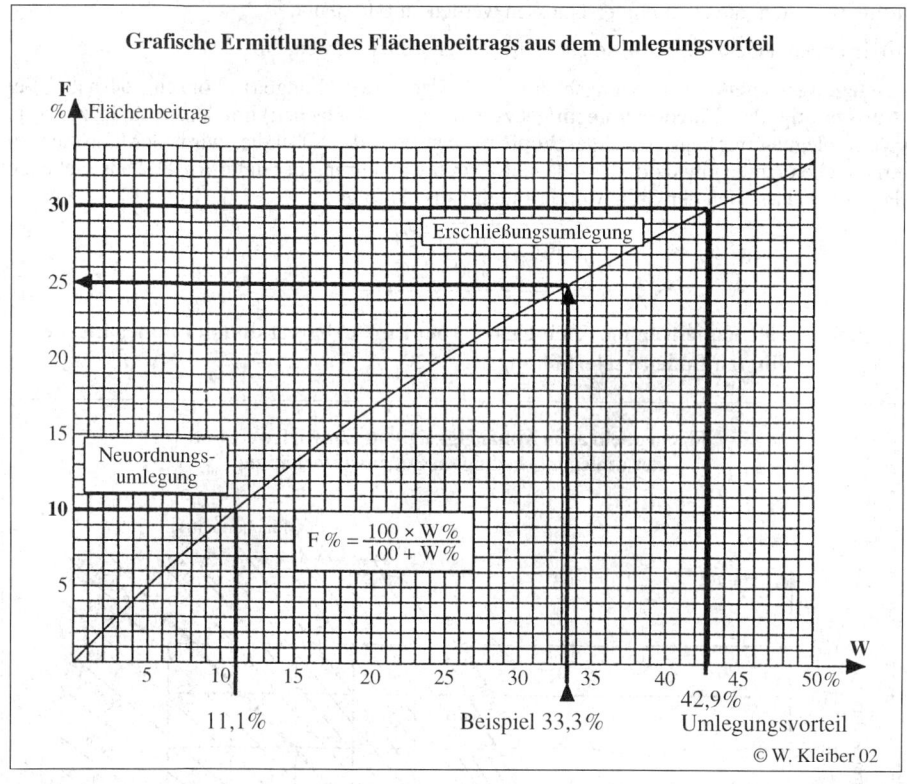

Beispiel (Fortsetzung des vorherigen Beispiels):

Ermittlung des Flächenbeitrags in % nach

Formel (1)

$$F\% = \frac{100 \times 33{,}33}{100 + 33{,}33} = 25\%$$

Formel (2)

$$F\% = \frac{200\ \text{€/m}^2 - 150\ \text{€/m}^2}{200\ \text{€/m}^2} \times 100 = 25\%$$

Der **Flächenbeitrag des einzelnen Eigentümers** bestimmt sich nach der Formel

$$F_{m^2} = F/100 \times E_{m^2}$$

Das Beispiel zeigt, dass der **Flächenbeitrag,** der sich nach der umlegungsbedingten Bodenwerterhöhung (Umlegungsvorteil) bemisst, **nicht mit dem Umlegungsvorteil zahlenmäßig identisch** ist, sondern entsprechend niedriger ausfällt. Dies ist darauf zurückzuführen, dass sich der Umlegungsvorteil aufgrund der Verminderung der Umlegungsmasse um den Flächenbeitrag auf die *Verteilungs*masse bezieht, während der Flächenbeitrag (in %) den Flächenanteil an der *Umlegungs*masse angibt.

VI Städtebauliche Maßnahmen — Umlegungsgebiete

806 § 58 Abs. 1 Satz 2 BauGB begrenzt den Flächenbeitrag

a) in Gebieten, die erstmalig erschlossen werden, auf 30 % und

b) in anderen Gebieten, d. h. solchen, die neu geordnet werden, auf 10 %.

807 **Umlegungsvorteile** (umlegungsbedingte Bodenwerterhöhungen) können deshalb **bei Anwendung der Flächenumlegung** (Verteilung nach Flächen) im Unterschied zur sog. Wertumlegung nur begrenzt **abgeschöpft** werden (vgl. Rn. 809); dies wird allerdings nur bei erheblichen Umlegungsvorteilen relevant. Durch Umkehrung der unter Rn. 802 angegebenen Formel (1) lässt sich der Grenzwert ermitteln; aus (1) folgt

$$W_\% = \frac{100 \times F\,\%}{100 - F\,\%}$$

Abb. 6: Flächenbeitrag in Abhängigkeit vom Einwurfswert und der umlegungsbedingten Bodenwerterhöhung

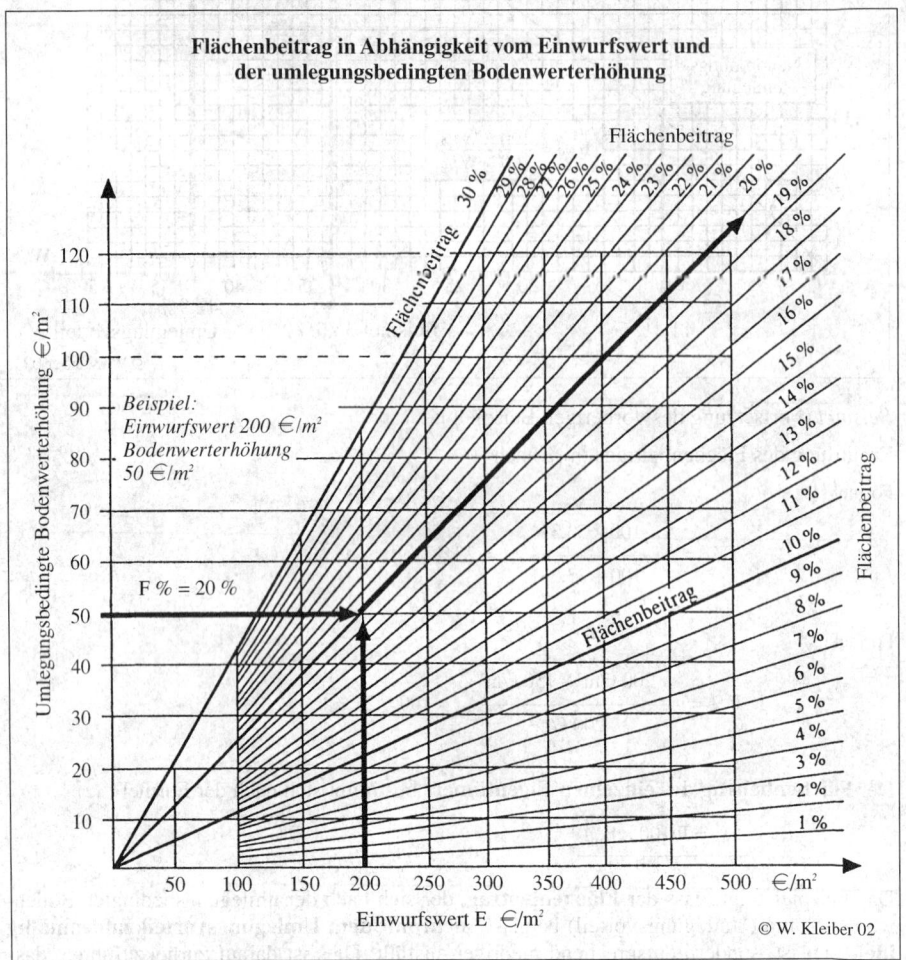

Es ergeben sich folgende **Grenzwerte:** 808

a) bei einem maximalen Flächenbeitrag von 10 %:

$W_{max}\% = 100 \times 10/100 - 10 = 11,11\,\%$ (Neuordnungsumlegung)

b) bei einem maximalen Flächenbeitrag von 30 %:

$W_{max}\% = 100 \times 30/100 - 30 = 42,86\,\%$ (Erschließungsumlegung)

Der Flächen*beitrag* dient in erster Linie dazu, die Flächen (kostenlos) bereitzustellen, die für 809
Maßnahmen erforderlich sind, die Gegenstand des Flächen*abzugs* sind. § 58 Abs. 1 Satz 1
stellt die **Anrechnung des Flächenabzugs auf den Flächenbeitrag** ausdrücklich heraus. Der
aus dem Umlegungsvorteil resultierende Flächenbeitrag in m² entspricht aber allenfalls in
Ausnahmefällen exakt dem Flächenabzug (m²);

a) übersteigt der Flächenabzug f den Flächenbeitrag F, findet ein Ausgleich in Geld nicht statt[393] (anders noch § 58 Abs. 2 BauGB a. F.); der Flächenabzug wird im Übrigen nicht durch die gesetzlichen Obergrenzen des Flächenbeitrags begrenzt;

b) übersteigt der Flächenbeitrag F den Flächenabzug f, so wird der Umlegungsvorteil in der Praxis in Land abgeschöpft, d. h., die Differenz aus (Fm² – fm²) kommt nicht zur Verteilung an die Umlegungsbeteiligten, sondern verbleibt der Gemeinde für privatwirtschaftliche Zwecke oder für die Flächenbereitstellung für überörtliche Gemeinbedarfszwecke (§ 55 Abs. 5 BauGB); sie kann aber auch insoweit den Flächenbeitrag ganz oder teilweise in Geld abschöpfen.

3.4.3.2 Wertumlegung

Die Wertumlegung, d. h. die Umlegung mit einer Verteilung nach dem Verhältnis der 810
(Boden-)Werte, kommt im Unterschied zur Flächenumlegung grundsätzlich dann zur Anwendung, wenn die **Bodenwerte der eingeworfenen oder (und) der zuzuteilenden Grundstücke untereinander inhomogen sind,** d. h. eine unterschiedliche Wertigkeit aufweisen. § 57
BauGB schreibt dafür vor, dass die Verteilungsmasse dann in dem Verhältnis zu verteilen ist,
in dem die zu berücksichtigenden Eigentümer an der Umlegung beteiligt sind. Eine Begrenzung des Flächenbeitrags sieht das Gesetz nicht vor. Von einem Flächenbeitrag ist noch nicht
einmal die Rede, weil sich für die einzelnen Grundstücke entsprechend dem individuellen
Umlegungsvorteil unterschiedliche Flächenbeiträge ergeben. Der Anspruch des beteiligten
Eigentümers ergibt sich vielmehr direkt über den Sollanspruch (vgl. Rn. 814 f.).

3.4.4 Sollanspruch und Zuteilung

3.4.4.1 Allgemeines

Mit dem **Sollanspruch** wird der den beteiligten Grundeigentümern an der Verteilungsmasse 811
zustehende Anteil bezeichnet (§ 56 Abs. 1 BauGB). Er berechnet sich wie folgt:

3.4.4.2 Sollanspruch bei Verteilung nach Flächen (Flächenumlegung)

Der Sollanspruch berechnet sich nach folgender Formel: 812

$$\text{Sollanspruch [m}^2\text{]} = E_i\,[\text{m}^2]\,\frac{(1 - F\,[\%])}{100} \quad (1) \quad \text{bei } F > f$$

wobei

$E_i\,[\text{m}^2]$ = Einwurfsgrundstück in m²
$F\,[\%]$ = Flächenbeitrag in %

---

[393] Ernst/Zinkahn/Bielenberg/ Krautzberger, BauGB § 58 Rn. 13, § 55 Rn. 10; BT-Drucks. 10/4630, S. 100; ein Geldausgleich wäre nicht gerechtfertigt, soweit der Flächenabzug nicht durch den Umlegungsvorteil gedeckt ist. Die Abschöpfung des Umlegungsvorteils ist aber durch die Obergrenze des Flächenbeitrags (10 % und 30 %) gekappt.

VI Städtebauliche Maßnahmen

813 Übersteigt der **Flächenabzug f** den **Flächenbeitrag F,** so ist in vorstehender Formel statt des Flächenbeitrags in % der Flächenabzug in [%] einzuführen,

$$\text{Sollanspruch [m²]} = E_i \text{ [m²]} \frac{(1 - f\,[\%])}{100} \quad (2) \quad \text{bei } f > F$$

wobei die Wertdifferenz zwischen dem Flächenabzug und dem Flächenbeitrag in Geld auszugleichen ist (vgl. Rn. 809).

Die Ermittlung kann auch erfolgen nach:

$$\text{Sollanspruch [m²]} = E_i \text{ [m²]} \times \frac{\Sigma V \text{ [m²]}}{\Sigma E \text{ [m²]}} \quad (3)$$

wobei
V [m²] = Verteilungsmasse in m²
E [m²] = Einwurfsmasse in m²

3.4.4.3 Sollanspruch bei Verteilung nach Werten (Wertumlegung)

814 Der Verteilungsschlüssel für die Wertumlegung ergibt sich aus dem Quotienten der Summe der Verteilungsmasse zur Summe der Einwurfsmasse in € (statt in Fläche) und wird als **Verteilungsfaktor q** bezeichnet.

$$\text{Verteilungsfaktor } q = \frac{\Sigma V \text{ [€]}}{\Sigma E \text{ [€]}} \quad (4)$$

815 Der **Verteilungsfaktor q** gibt das **Wertverhältnis zwischen der Verteilungsmasse zur Einwurfsmasse** an und ist regelmäßig > 1; nur bei äußerst ungünstigen Verhältnissen, insbesondere bei sehr hohem Flächenabzug, kann es vorkommen, dass die Verteilungsmasse die Einwurfsmasse wertmäßig unterschreitet und zu einem Verteilungsfaktor q < 1 führt.

$$\text{Sollanspruch [€]} = E_i \text{ [m²]} \times q$$

wobei
E_i [€] = Einwurfsgrundstück in €
q = Verteilungsfaktor = ΣV [€]/ΣE [€]
ΣV [€] = Verteilungsmasse in €
ΣE [€] = Einwurfsmasse in €

816 Daneben lässt sich auch sogleich die sog. **Wertgleichheitsbedingung** ableiten. Danach ist:

$$E_{€/m²} \times E_{m²} = Z_{€/m²} \times Z_{m²}$$

wobei $Z_{m²} = E_{m²} \times f_{m²}$

In Bezug auf die Zuteilung handelt es sich hierbei lediglich um eine *Mindestbedingung*, die aus § 57 Satz 2 und § 58 Abs. 1 Satz 1 BauGB folgt; eine Unterschreitung bedarf einer besonderen Rechtfertigung[394].

3.4.4.4 Sollanspruch bei Anwendung der vereinfachten Umlegung

817 Bei Anwendung der vereinfachten Umlegung werden nach § 80 Abs. 3 BauGB die neu geordneten Grundstücke möglichst in gleicher und gleichwertiger Lage nach dem Verhältnis der

---
394 BGH, Urt. vom 14.7.1977 – III ZR 139/74 –, BGHZ 69, 382 = EzGuG 17.74.

eingeworfenen Grundstücke zum Wert aller übrigen in das vereinfachte Umlegungsverfahren einbezogenen Grundstücke zugeteilt. Dies bedeutet, dass sich der **Sollanspruch und die Verteilung nach den Grundsätzen der Wertumlegung** bestimmen.

3.4.5 Zuteilung

▶ *Zum Spitzenausgleich vgl. Rn. 826 ff.; weitere Ausführungen bei Rn. 870 ff. sowie § 5 ImmoWertV Rn. 254 ff.*

Vom Sollanspruch zu unterscheiden ist die **tatsächliche Ist-Zuteilung,** denn der Sollanspruch stellt nur eine Orientierungsgröße für die Zuteilung dar, die aber tatsächlich kaum jemals auf den m² bzw. auf „Euro und Cent" nach der Lage der Grundstücke im Umlegungsgebiet erfüllt werden kann. Die Zuteilungsgrundstücke ergeben sich aus der Umlegungskarte (vgl. Abb. 7), die zusammen mit dem Umlegungsverzeichnis den Umlegungsplan bildet (§§ 66 ff. BauGB). Der Umlegungsplan gibt den in Aussicht genommenen Neuzustand mit allen rechtlichen und tatsächlichen Änderungen wieder und muss nach Form und Inhalt zur Übernahme in das Liegenschaftskataster geeignet sein. 818

Abb. 7: Umlegungskarte (Zuteilungsgrundstücke)

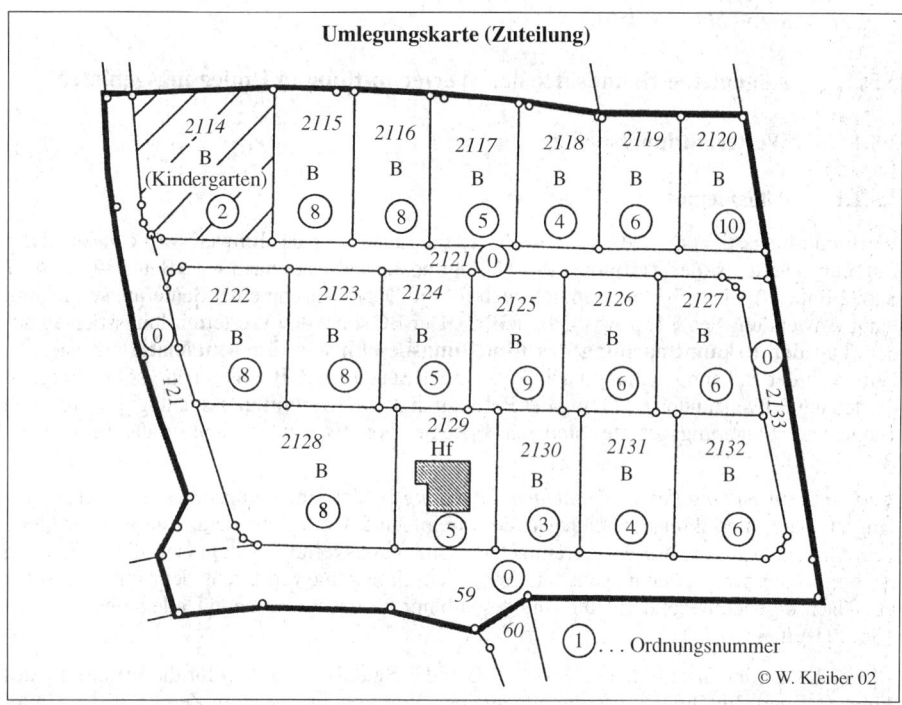

Damit den Umlegungsbeteiligten keine Vor- oder Nachteile aus der Umlegung erwachsen, haben sie nach § 64 BauGB eine **Ausgleichsleistung** in Geld zu entrichten, die sich nach dem Unterschied zwischen Einwurfs- und Zuteilungswert bemisst; in Formeln ausgedrückt: 819

$$\text{Ausgleichsleistung} = Z_\euro - E_\euro$$

wobei

$Z_\euro$ = Wert des Zuteilungsgrundstücks (vgl. Rn. 715 ff.)
$E_\euro$ = Wert des Einwurfsgrundstücks (vgl. Rn. 693 ff.)

VI Städtebauliche Maßnahmen — Umlegungsgebiete

Dies stellt den sog. **Spitzenausgleich** dar.

820 Die **Zuteilungsgrundsätze** sind im Übrigen in § 59 BauGB geregelt. Dies sind:

a) Anspruch auf Landzuteilung (§§ 45 Abs. 1 und 59 Abs. 1 BauGB) in Form zweckmäßig gestalteter Grundstücke;

b) verhältnismäßige Zuteilung unter Berücksichtigung der nach den §§ 57 und 58 BauGB errechneten Anteile (§ 59 Abs. 1 BauGB);

c) Geldausgleich zur Herbeiführung einer wertgleichen Abfindung (§ 59 Abs. 2 BauGB); Zuteilung in gleicher oder gleichwertiger Lage;

d) optimale Bauplatzgestaltung.

Bei *Anwendung der vereinfachten Umlegung* ist dem Grundstückseigentümer möglichst ein Grundstück in gleicher oder gleichwertiger Lage nach dem Verhältnis des Werts seines früheren Grundstücks zum Wert der übrigen Grundstücke zuzuteilen.

821 Eine besondere Problematik bereitet die „Abarbeitung" der **naturschutzrechtlichen Ausgleichsregelung** im Rahmen von Umlegungsverfahren; hierzu wird auf das weiterführende Schrifttum verwiesen[395].

822 ▶ In Kleiber, *Verkehrswertermittlungen*, 6. Aufl. 2010, S. 2683 ist ein „*Exkurs: Freiwillige Umlegungen*" abgedruckt.

3.5 Allgemeine Grundsätze der Wertermittlung in Umlegungsgebieten

3.5.1 Wertermittlungsstichtag

3.5.1.1 Allgemeines

823 Wertermittlungsstichtag, und zwar sowohl für die Ermittlung der Einwurfswerte als auch der Zuteilungswerte, ist der **Zeitpunkt des Umlegungsbeschlusses** nach § 47 BauGB (vgl. § 57 Satz 2 BauGB); dies gilt grundsätzlich auch für die Durchführung einer Sanierungsumlegung unter Anwendung des § 153 Abs. 5 BauGB[396]. Der BGH hat den Wertermittlungsstichtag auf den **Tag der Bekanntmachung des Einleitungsbeschlusses (im Amtsblatt)** präzisiert[397]. Wird von der Bekanntmachung nach § 50 Abs. 1 Satz 2 BauGB abgesehen, ist der Eingang der letzten Einverständniserklärung der Beteiligten der Wertermittlungsstichtag. Für förmlich festgelegte Sanierungsgebiete sind eine Reihe von Besonderheiten maßgebend (vgl. Rn. 678 ff.).

Auch bei *Anwendung der vereinfachten Umlegung* ist der Umlegungsbeschluss Wertermittlungsstichtag. Verfahrensrechtlich ist die vereinfachte Umlegung derart ausgestaltet, dass dem Umlegungsbeschluss des vereinfachten Umlegungsverfahrens zugleich die Bedeutung zukommt, die bei Anwendung des umfassenden Umlegungsverfahrens der Umlegungsplan hat. Nachfolgende Besonderheiten sind deshalb nur für das umfassende Umlegungsverfahren von Bedeutung:

824 Abweichend vom Grundsatz des § 57 Satz 2 und 3 BauGB, nach dem für die Ermittlung des Einwurfs- und Zuteilungswerts die allgemeinen Wertverhältnisse zum Zeitpunkt des Umlegungsbeschlusses maßgebend sind, ist **in besonderen Fällen nach entschädigungsrechtlichen Grundsätzen ein aktueller Wertermittlungsstichtag maßgebend**; dabei kommt in Betracht

a) der Zeitpunkt des Beschlusses über die Aufstellung des Umlegungsplans (§ 66 BauGB),

b) der Zeitpunkt der Vorwegnahme der Entscheidung nach § 76 BauGB oder

---

[395] Dieterich in GuG 1991, 301; Sandmann in GuG 1995, 1; Letzner in GuG 1995, 206; Bielenberg/Sandmann in GuG 1996, 193; Reinhardt in GuG 1993, 289 und GuG 1997, 266.
[396] Ernst/Zinkahn/Bielenberg/Krautzberger, BauGB, § 153 BauGB, Rn. 208 ff.
[397] BGH, Urt. vom 21.2.1980 – III ZR 84/78 –, NJW 1980, 1634 = EzGuG 17.37.

c) der Zeitpunkt der Entscheidung über die vorzeitige Besitzeinweisung nach § 77 i. V. m. den §§ 116 bis 122 BauGB.

Im Einzelnen betrifft dies

a) den Geldausgleich für eine Zuteilung unter dem Einwurfswert (Minderzuteilung nach § 59 Abs. 2 Satz 2 BauGB),

b) den Geldausgleich für eine Zuteilung, die „mehr als nur unwesentlich" den Sollanspruch unterschreitet (Minderzuteilung nach § 59 Abs. 2 Satz 2 BauGB),

c) den Geldausgleich für eine Zuteilung, die „mehr als nur unwesentlich" den Sollanspruch überschreitet *und* durch die die bebauungsplanmäßige Nutzung ermöglicht wird (Mehrzuteilung nach § 59 Abs. 2 Satz 3 BauGB),

d) die Geldabfindung nach § 59 Abs. 4 und 5 BauGB,

e) die Geldabfindung bzw. den Geldausgleich für bauliche Anlagen, Anpflanzungen und sonstige Einrichtungen nach § 60 BauGB sowie

f) den Geldausgleich für Vermögensnachteile und Vermögensvorteile nach § 61 BauGB, die durch die Aufhebung, Änderung oder Begründung von Rechten oder Baulasten entstehen.

3.5.1.2 Wertermittlungsstichtag für Mehr- und Minderzuteilungen

Minderzuteilungen unter dem Einwurfswert[398], aber auch *mehr als nur unwesentliche Unterschreitungen des Sollanspruchs* sind nach den Grundsätzen des Entschädigungsrechts auszugleichen (vgl. § 59 Abs. 2 Satz 2 BauGB). Der Umlegungsbeschluss als Bemessungsgrundlage für derartige Minderzuteilungen würde den Betroffenen nicht in die Lage versetzen, bildhaft gesprochen, sich gleichwertigen Ersatz zu verschaffen, da zwischen Umlegungsbeschluss und Umlegungsplan i. d. R. eine geraume Zeit verstreicht und bei steigenden Bodenwerten ein gleichwertiger Ersatz nicht möglich wäre. In diesen Fällen ist deshalb die **Minderzuteilung auf den Zeitpunkt des Umlegungsplans zu beziehen,** d. h., es ist eine zeitnahe Entschädigung zu gewähren[399].

Nach der Rechtsprechung des BGH[400] sind **Abweichungen von 10 % als nicht mehr geringfügig** einzustufen, jedoch ist allein mit prozentualen Abweichungen eine abschließende Beurteilung kaum möglich; auch die tatsächliche (absolute) Höhe der Abweichung muss in die Betrachtung einbezogen werden.

Des Weiteren ist nach § 59 Abs. 2 Satz 3 BauGB auch eine **Mehrzuteilung** auf den Zeitpunkt des Umlegungsplans zu beziehen, soweit die Zuteilung den Sollanspruch mehr als nur unwesentlich überschreitet und dadurch die bebauungsplanmäßige Nutzung ermöglicht wird. Die vom Gesetz vorgegebenen Kautelen:

a) „mehr als unwesentliche Überschreitung" und

b) „Ermöglichung der bebauungsplanmäßigen Nutzung"

sind darin begründet, dass erst in diesem Fall für den Umlegungsbeteiligten ein besonderer Vorteil liegt, der über die Bestandsgarantie hinausgeht; d. h., der Eigentümer kann nicht zum Erwerb der „überschießenden" Flächen zum aktualisierten Zuteilungswert gezwungen werden, wenn er diese nicht begehrt.

Der Umlegungsplan ist schließlich auch Wertermittlungsstichtag, wenn der **Eigentümer** nach § 59 Abs. 5 oder 6 BauGB **völlig in Geld abgefunden** wird.

Unter dem **Zeitpunkt des Umlegungsplans** ist der Zeitpunkt der Bekanntgabe des Verwaltungsaktes „Umlegungsplan" durch Zustellung nach § 70 Abs. 1 BauGB zu verstehen. Aus

---
[398] Stets eine Enteignung, vgl. BGH, Urt. vom 21.2.1980 – III ZR 84/78 –, NJW 1980, 1634 = EzGuG 17.37; BGH, Urt. vom 6.12.1984 – III ZR 174/83 –, BGHZ 93, 103 = EzGuG 17.52.
[399] BVerfG, Urt. vom 15.7.1981 – 1 BvL 77/78 –, BVerfG 58, 300 = EzGuG 4.78.
[400] Mehrzuteilungen von über 10 % werden nicht mehr als geringfügige Spitze gewertet: BGH, Urt. vom 6.12.1984 – III ZR 174/83 –, BGHZ 93, 103 = EzGuG 17.25.

VI Städtebauliche Maßnahmen — Umlegungsgebiete

praktischen Erwägungen wird jedoch die öffentliche Bekanntmachung der Beschlussfassung über die Aufstellung des Umlegungsplans vorzuziehen sein, wobei der Unterschied regelmäßig ohne praktische Bedeutung sein dürfte.

831 Nachstehend werden **Berechnungsbeispiele zu den vorstehenden Ausführungen** vorgestellt; dabei betrage die Bodenwerterhöhung 10 % in der Zeit zwischen Umlegungsbeschluss und Umlegungsplan.

I. Überschreitung des Sollanspruchs

a) **Sachverhalt**

Bezugszeitpunkt: Umlegungsbeschluss

Einwurfswert	$E_€ =$	50 000 €
Einwurfsmasse [€]	$\Sigma E_€ =$	1 000 000 €
Verteilungsmasse [€]	$\Sigma V_€ =$	1 300 000 €
Sollanspruch [€] $= E_€ \times \dfrac{\Sigma V_€}{\Sigma E_€} = \dfrac{1{,}3}{1{,}0} \times 50\,000\,€ =$	$S_€ =$	**65 000 €**
Zuteilungswert	$Z_€ =$	70 000 €
Überschreitung des Sollanspruchs ($Z_€ - S_€$)	=	5 000 €

Überschreitung < 10 % des Sollanspruchs (unwesentlich)

b) **Geldausgleich bei Bodenwerterhöhung** um 10 % bis zum Bezugszeitpunkt Umlegungsplan

Zuteilungswert	$Z_€ =$	70 000 €
Einwurfswert	$E_€ =$	− 50 000 €
Geldausgleich (zu zahlen):	=	**20 000 €**

c) **Geldausgleich bei Bodenwertminderung** um 10 % bis zum Bezugszeitpunkt Umlegungsplan
– wie bei b)

832 **Fall 2: Zuteilungswert > Sollanspruch (wesentlich) > Einwurfswert**

a) **Sachverhalt**

Bezugszeitpunkt: Umlegungsbeschluss

Einwurfswert	$E_€ =$	50 000 €
Einwurfsmasse [€]	$\Sigma E_€ =$	1 000 000 €
Verteilungsmasse [€]	$\Sigma V_€ =$	1 300 000 €
Sollanspruch [€] $= E_€ \times \dfrac{\Sigma V_€}{\Sigma E_€} = \dfrac{1{,}3}{1{,}0} \times 50\,000\,€ =$	$S_€ =$	**65 000 €**
Zuteilungswert $Z_€$	$Z_€ =$	75 000 €
Überschreitung des Sollanspruchs ($Z_€ - S_€$)	=	10 000 €

(Überschreitung > 10 % des Sollanspruchs = wesentlich)

b) **Geldausgleich bei Bodenwerterhöhung** um 10 % bis zum Bezugszeitpunkt Umlegungsplan

10 000 € × 1,1	=	11 000 €
+ Vorteilsausgleich: (65 000 € − 50 000 €)	=	+ 15 000 €
Geldausgleich (zu zahlen):	=	**26 000 €**

c) **Geldausgleich bei Bodenwertminderung** um 10 % bis zum Bezugszeitpunkt Umlegungsplan

10 000 € × 0,9	=	9 000 €
+ Vorteilsausgleich (wie b)	=	+ 15 000 €
Geldausgleich (zu zahlen):	=	**24 000 €**

833 ### II. Unterschreitung des Sollanspruchs

Fall 3: Zuteilungswert < Sollanspruch (unwesentlich) > Einwurfswert

a) **Sachverhalt**

Bezugszeitpunkt: Umlegungsbeschluss

Einwurfswert	$E_€ =$	50 000 €
Einwurfsmasse [€]	$E_€ =$	1 000 000 €
Verteilungsmasse [€]	$V_€ =$	1 300 000 €

Umlegungsgebiete — Städtebauliche Maßnahmen VI

Sollanspruch [€] $= E_€ \times \dfrac{\Sigma V_€}{\Sigma E_€} = \dfrac{1{,}3}{1{,}0} \times 50\,000\,€ =$ $\quad S_€ =$ **65 000 €**

Zuteilungswert $\quad Z_€ =$ 60 000 €

Unterschreitung des Sollanspruchs $\quad =$ 5 000 €
(Unterschreitung < 10 % des Sollanspruchs = unwesentlich)

b) Geldausgleich bei Bodenwerterhöhung um 10 % bis zum Bezugszeitpunkt Umlegungsplan

Zuteilungswert $\quad Z_€ =$ 60 000 €
Einwurfswert $\quad E_€ = -$ 50 000 €

Geldausgleich (zu zahlen): $\quad =$ **10 000 €**

c) Geldausgleich bei Bodenwertminderung um 10 % bis zum Bezugszeitpunkt Umlegungsplan
– wie bei b).

Fall 4: Zuteilungswert < Sollanspruch (wesentlich) > Einwurfswert 834

a) Sachverhalt

Bezugszeitpunkt: Umlegungsbeschluss
Einwurfswert $\quad E_€ =$ 50 000 €
Einwurfsmasse [€] $\quad \Sigma E_€ =$ 1 000 000 €
Verteilungsmasse [€] $\quad \Sigma V_€ =$ 1 300 000 €
Sollanspruch [€] $= E_€ \times \dfrac{\Sigma V_€}{\Sigma E_€} = \dfrac{1{,}3}{1{,}0} \times 50\,000\,€ =$ $\quad S_€ =$ 65 000 €

Zuteilungswert $\quad Z_€ =$ 57 500 €

Unterschreitung des Sollanspruchs $\quad =$ 7 500 €
(Unterschreitung > 10 % des Sollanspruchs = wesentlich)

b) Geldausgleich bei Bodenwerterhöhung um 10 % bis zum Bezugszeitpunkt Umlegungsplan
7 500 € × 1,1 $\quad = -$ 8 250 €
Vorteilsausgleich: (65 000 € – 50 000 €) $\quad = +$ 15 000 €

Geldausgleich (zu zahlen): $\quad =$ **6 750 €**

c) Geldausgleich bei Bodenwertminderung um 10 % bis zum Bezugszeitpunkt Umlegungsplan
7 500 € × 0,9 $\quad = -$ 6 750 €
Vorteilsausgleich (65 000 € – 50 000 €) = $\quad = +$ 15 000 €

Geldausgleich (zu zahlen): $\quad =$ **8 250 €**

III. Unterschreitung des Einwurfswerts 835

Fall 5: Zuteilungswert > Sollanspruch < Einwurfswert

a) Sachverhalt

Bezugszeitpunkt: Umlegungsbeschluss
Einwurfswert $\quad E_€ =$ 50 000 €
Einwurfsmasse [€] $\quad \Sigma E_€ =$ 1 000 000 €
Verteilungsmasse [€] $\quad \Sigma V_€ =$ 900 000 €
Sollanspruch [€] $= E_€ \times \dfrac{\Sigma V_€}{\Sigma E_€} = \dfrac{0{,}9}{1{,}0} \times 50\,000\,€ =$ $\quad S_€ =$ 45 000 €
Zuteilungswert $\quad Z_€ =$ 48 000 €

Unterschreitung des Einwurfswerts (50 000 € – 48 000 €) $\quad =$ **2 000 €**
(Unterschreitung < 10 % des Einwurfswerts)

b) Geldausgleich bei Bodenwerterhöhung um 10 % bis zum Bezugszeitpunkt Umlegungsplan
2 000 € × 1,1 $\quad =$ **2 200 €**

c) Geldausgleich bei Bodenwertminderung um 10 % bis zum Bezugszeitpunkt Umlegungsplan
2 000 € × 0,9 $\quad =$ **1 800 €**

836 **IV. Unterschreitung des Einwurfswerts und des Sollanspruchs**

Fall 6: Zuteilungswert < Einwurfswert (unwesentlich) < Sollanspruch

a) **Sachverhalt**

Bezugszeitpunkt: Umlegungsbeschluss

Einwurfswert	$E_€ =$	50 000 €
Einwurfsmasse [€]	$\Sigma E_€ =$	1 000 000 €
Verteilungsmasse [€]	$\Sigma V_€ =$	1 300 000 €
Sollanspruch $[€] = E_€ \times \dfrac{\Sigma V_€}{\Sigma E_€} = \dfrac{1,3}{1,0} \times 50\,000\,€ =$	$S_€ =$	**65 000 €**
Zuteilungswert	$Z_€ =$	40 000 €
Unterschreitung des Sollanspruchs	$=$	25 000 €

b) **Geldausgleich bei Bodenwerterhöhungen** um 10 % bis zum Bezugszeitpunkt Umlegungsplan

25 000 € × 1,1	=	27 500 €
./. Vorteilsausgleich: (65 000 € – 50 000 €)	=	– 15 000 €
Geldausgleich (zu erhalten):	=	**12 500 €**

c) **Geldausgleich bei Bodenwertminderung** um 10 % bis zum Bezugszeitpunkt Umlegungsplan

25 000 € × 0,9	=	22 500 €
./. Vorteilsausgleich (65 000 € – 50 000 €)	=	– 15 000 €
Geldausgleich (zu erhalten):	=	**7 500 €**

837 Für **bauliche Anlagen, Anpflanzungen und sonstige Einrichtungen**[401] wird nach § 60 BauGB eine Geldabfindung gewährt; die Geldabfindung bemisst sich nach entschädigungsrechtlichen Maßstäben (vgl. Rn. 841 und 942 ff.). Soweit solche Anlagen, Anpflanzungen und Einrichtungen zugeteilt werden, findet ebenfalls ein Geldausgleich statt, und zwar ausdrücklich nur insoweit, wie das Grundstück „wegen dieser Einrichtungen einen über den Bodenwert hinausgehenden Verkehrswert hat". Die Formulierung geht auf das BauGB 87 zurück und will erklärtermaßen überzogenen Preisvorstellungen bei der Aufwuchsentschädigung entgegenwirken. In der Begründung zum RegE[402] heißt es hierzu:

„... Die vorgesehene Neufassung stellt zugleich klar, dass die Werte baulicher Anlagen, Anpflanzungen und sonstiger Einrichtungen nicht am Naturalverteilungsverfahren teilnehmen und dass eine Abfindung nicht isoliert für diese Werte erfolgt, sondern nur im Rahmen der Ermittlung der Grundstückswerte. Diese gehen i. d. R. als Rohbaulandwerte in die Umlegung ein. Für diese Werte sind – im Gegensatz zu bisherigen Agrarlandwerten – bauliche Anlagen, Anpflanzungen und sonstige Einrichtungen landwirtschaftlicher Art regelmäßig keine wertbildenden Faktoren. Diese Einrichtungen haben nämlich für das Rohbauland im Hinblick auf die zukünftige bauliche Nutzung wertmäßig allenfalls eine geringe, meist aber keine Bedeutung. Das Grundstück hat also in der Regel aufgrund der genannten Einrichtungen keinen über den Bodenwert hinausgehenden Verkehrswert."

3.5.1.3 Wertermittlungsstichtag in der Sanierungsumlegung

▶ *Rn. 540, 556 ff., 714; § 15 ImmoWertV Rn. 5 ff.; § 16 ImmoWertV Rn. 252*

838 Nach allgemeinem Umlegungsrecht ist der **Zeitpunkt des Umlegungsbeschlusses** auch für die Ermittlung des Einwurfs- und Zuteilungswerts in förmlich festgelegten Sanierungsgebieten maßgebend. § 154 Abs. 5 BauGB enthält keine den Wertermittlungsstichtag expressis verbis ändernde Regelung. Der Zeitpunkt des Umlegungsbeschlusses hat als Wertermittlungsstichtag für sich, dass die Einwurfswerte in ihrer endgültigen Höhe schon frühzeitig für die Ermittlung des Sollanspruchs (§ 56 Abs. 1 BauGB), die Aufstellung des Umlegungsplans und seine Erörterung (§ 66 Abs. 1 BauGB) sowie für Entscheidungen nach § 76 BauGB zur Verfügung stehen. Dies gilt für die Ermittlung der Zuteilungswerte entsprechend. Der Ermitt-

---

401 OLG Stuttgart, Urt. vom 7.3.1962 – 1 U 1/62 –, BWGZ 1965, 215 = EzGuG 2.5.
402 BT-Drucks. 10/5630.

lung des Zuteilungswerts muss dabei allerdings die fiktive Grundstücksqualität nach Abschluss der Sanierung unter Berücksichtigung der rechtlichen und tatsächlichen Neuordnung des Sanierungsgebiets zugrunde gelegt werden.

Gegenüber den aufgezeigten Gründen der Praktikabilität kann jedoch das Gebot der Gleichbehandlung aller Eigentümer im Sanierungsgebiet vorrangig sein und den **Zeitpunkt des Umlegungsplans als maßgeblichen Wertermittlungsstichtag** für den Einwurfs- und Zuteilungswert erforderlich machen. Denn die Sanierungsumlegung ist eine in die Sanierung eingebundene Ordnungsmaßnahme (§ 147 Abs. 1 Nr. 1 BauGB). Innerhalb der bodenpolitischen Gesamtkonzeption des besonderen Sanierungsrechts ersetzt die nach Maßgabe des § 154 Abs. 5 Nr. 1 und 2 BauGB bemessene Ausgleichsleistung in der Sanierungsumlegung inhaltsgleich den im übrigen Sanierungsgebiet zu erhebenden Ausgleichsbetrag (vgl. § 154 Abs. 1 und § 155 Abs. 2 BauGB). Nach der bodenpolitischen Gesamtkonzeption, die der verfassungskonformen Interpretation bedarf[403], dürfen die Eigentümer der in eine Umlegung nach Maßgabe des Abs. 5 einbezogenen Grundstücke nicht schlechter gestellt werden als die Eigentümer der im übrigen Sanierungsgebiet gelegenen Grundstücke. Dies führt zu folgender Auslegung: **839**

Die umlegungsrechtliche **Ausgleichsleistung und** der sanierungsrechtliche **Ausgleichsbetrag entstehen i. d. R. zu unterschiedlichen Zeiten:** Der Ausgleichsbetrag entsteht mit Abschluss der Sanierung nach § 162 oder § 163 BauGB; der für ihn maßgebliche Anfangs- und Endwert bemisst sich jeweils nach den zu diesem Zeitpunkt bestehenden allgemeinen Wertverhältnissen auf dem Grundstücksmarkt. Die Sanierungsumlegung wird dem gegenüber regelmäßig zu einem früheren Zeitpunkt abgeschlossen, denn die Bodenordnung ist Voraussetzung für öffentliche und private Baumaßnahmen. Nach § 64 Abs. 2 Satz 1 BauGB wird die Ausgleichsleistung bereits mit dem Zeitpunkt der Bekanntmachung der Unanfechtbarkeit des Umlegungsplans nach § 71 BauGB fällig.   **840**

Die **unterschiedlichen Entstehungszeitpunkte des Ausgleichsbetrags und der Ausgleichsleistung** sind in Ansehung des Art. 3 GG grundsätzlich unbedenklich, denn die ausgleichsbetrags- und ausgleichsleistungspflichtigen Eigentümer werden gleichwohl zu denselben Sanierungsvorteilen herangezogen; für die (qualitative) Ermittlung der Vorteile sind jeweils die Verhältnisse maßgebend, die zum Zeitpunkt des Entstehens der Schuld berücksichtigungsfähig sind. Unterschiedliche Entstehungszeitpunkte sind im Übrigen auch dem „engeren" Ausgleichsbetragssystem nicht fremd.   **841**

Eine Ungleichbehandlung geht mit dem Entstehen der Ausgleichsleistung vor Abschluss der Sanierungsmaßnahme selbst dann nicht einher, wenn die Umlegungsbeteiligten im Verhältnis zu Ausgleichsbetragspflichtigen zu nominell geringeren Beträgen herangezogen werden, weil die sonstigen Sanierungsmaßnahmen noch nicht abgeschlossen sind und mit dem vor Abschluss der Sanierung ermittelten Zuteilungswert insoweit nur die Aussicht auf die in der Planung vorgesehenen Änderungen und auf sonstige noch ausstehende Sanierungsmaßnahmen berücksichtigt werden können. Das findet seine zusätzliche Rechtfertigung in der **früheren Fälligkeit der Ausgleichsleistung.** Im Übrigen gilt dies auch für einen den Ausgleichsbetrag nach § 154 Abs. 3 Satz 2 BauGB ablösenden Eigentümer oder bei vorzeitiger Festsetzung des Ausgleichsbetrags; die ausgleichsleistungspflichtigen Eigentümer werden in der Umlegung also nicht anders behandelt als im Falle der Ablösung des Ausgleichsbetrags.   **842**

Eine gegen den Gleichheitsgrundsatz verstoßende Benachteiligung kann sich für die Umlegungsbeteiligten allerdings dadurch ergeben, dass nach allgemeinem Umlegungsrecht die Einwurfs- und Zuteilungswerte nicht auf die allgemeinen Wertverhältnisse auf dem Grundstücksmarkt zum Zeitpunkt des Entstehens der Ausgleichsleistung bezogen werden, sondern bezogen auf den Zeitpunkt der Einleitung des Umlegungsverfahrens (Umlegungsbeschluss) zu ermitteln sind. **Im Verlauf des Umlegungsverfahrens kann sich** nämlich die **Kaufkraft**   **843**

---

[403] BVerwG, Urt. vom 21.8.1981 – 4 C 16/78 –, BRS Bd. 50 Nr. 67 = NJW 1982, 398 = EzGuG 15.18 sowie BGH, Urt. vom 8.5.1980 – III ZR 27/77 –, BGHZ 77, 338 = EzGuG 15.16.

VI Städtebauliche Maßnahmen   Umlegungsgebiete

erfahrungsgemäß **in nicht unerheblichem Maße ändern.** Grundstückswerte können infolgedessen steigen, aber auch fallen. Aus diesem Grunde bemisst sich die Ausgleichsleistung in der Umlegung – im Gegensatz zu dem Ausgleichsbetrag – damit nach Werten, die zum Zeitpunkt ihrer Fälligkeit entsprechend der Entwicklung der allgemeinen Wertverhältnisse auf dem Grundstücksmarkt im Verlauf des Umlegungsverfahrens i. d. R. bereits überholt sein können. Dies kann ggf. nur so lange unbeachtlich bleiben, wie sich das allgemeine Bodenwertniveau sowohl von Grundstücken der Einwurfsqualität als auch der Zuteilungsqualität jeweils um etwa denselben Betrag fortentwickelt hat. In diesem Fall kann der Zeitpunkt des Umlegungsbeschlusses Wertermittlungsstichtag für die Ermittlung von Ausgleichsleistungen bleiben. Denn diese ergeben sich aus dem Unterschied zwischen Zuteilungs- und Einwurfswert, sodass sich konjunkturelle Änderungen des allgemeinen Wertniveaus auf dem Grundstücksmarkt rechnerisch eliminieren.

844 Etwas anderes muss aber ausnahmsweise gelten, wenn sich Einwurfs- und Zuteilungswerte im Verlauf des Sanierungsverfahrens in einem solchen Maße unterschiedlich fortentwickelt haben, dass sich eine erheblich geringere Ausgleichsleistung ergibt, wenn Einwurfs- und Zuteilungswerte – statt auf den Zeitpunkt des Umlegungsbeschlusses – auf den Zeitpunkt des Umlegungsplans bezogen werden. **Aus Gründen der Gleichbehandlung des ausgleichsbetrags- und ausgleichsleistungspflichtigen Eigentümers dürfte es dann geboten sein, Einwurfs- und Zuteilungswerte auf den Zeitpunkt des Umlegungsplans zu beziehen.** Andernfalls wären die Eigentümer der in eine Sanierungsumlegung einbezogenen Grundstücke gegenüber den Eigentümern der übrigen in die Sanierung einbezogenen Grundstücke benachteiligt. Die Ungleichbehandlung wird insbesondere offenkundig, wenn mit Abschluss der Umlegung gleichzeitig Ausgleichsbeträge nach § 154 Abs. 3 Satz 2 BauGB abgelöst oder gar schon entstehen würden. Unterschiedliche Wertermittlungsstichtage innerhalb und außerhalb des Umlegungsgebiets würden dann nämlich unter den vorstehenden Voraussetzungen – ceteris paribus – zu erheblich unterschiedlichen Beträgen führen.

845 Ist eine **Verlegung des Wertermittlungsstichtags auf den Zeitpunkt des Umlegungsplans** *ausnahmsweise* geboten, so gilt dies sowohl für die Ermittlung des Einwurfswerts als auch des Zuteilungswerts. Unterschiedliche Wertermittlungsstichtage für den Einwurfswert einerseits und den Zuteilungswert andererseits verbieten sich grundsätzlich, weil damit Änderungen der Kaufkraft auf dem Grundstücksmarkt erfasst würden[404].

846 Nach **§ 153 Abs. 5 Nr. 1 BauGB** ist der Verkehrswert unter Ausschluss sanierungsbedingter Werterhöhungen für die Bemessung des Geldausgleichs maßgebend, soweit es unter Berücksichtigung des Bebauungsplans, sonstiger baurechtlicher Vorschriften und unter dem Primat des Grundsatzes der Zweckmäßigkeit (§ 59 Abs. 1 BauGB) nicht möglich ist, den nach § 57 BauGB errechneten Anteil (Sollanspruch) tatsächlich zuzuteilen. Dies ergibt sich bereits daraus, dass § 153 Abs. 1 BauGB auf die Ermittlung der Einwurfswerte nach § 57 Satz 2 BauGB entsprechend anzuwenden ist. § 153 Abs. 5 Nr. 1 BauGB, in dem ausdrücklich auch auf § 59 Abs. 2 Satz 2 BauGB Bezug genommen wird, hat insoweit nur klarstellende Bedeutung. Die Bezugnahme auf § 59 Abs. 2 hat vor allem Bedeutung für den maßgeblichen Wertbemessungszeitpunkt[405]. Der in Anwendung des § 153 Abs. 1 BauGB ermittelte **Geldausgleich für eine Minderzuteilung** ist danach unter bestimmten Voraussetzungen nach entschädigungsrechtlichen Grundsätzen auf den Zeitpunkt der Aufstellung des Umlegungsplans zu beziehen. Die Voraussetzungen sind einerseits gegeben, wenn die Zuteilung den Einwurfswert oder andererseits die Zuteilung mehr als nur unwesentlich den Sollanspruch unterschreitet.

847 § 153 Abs. 1 BauGB findet auch entsprechende Anwendung, wenn in den Fällen des § 59 Abs. 4 Nr. 1, Abs. 5 und 6 BauGB der Eigentümer anstelle von Land eine **Geldabfindung** erhält. Auch wenn § 153 Abs. 5 Nr. 1 BauGB nur auf den Fall einer Geldabfindung Bezug nimmt, muss die Vorschrift nach ihrem Sinngehalt des Weiteren Anwendung finden, wenn der Eigentümer nach § 59 Abs. 4 Nr. 2 und Abs. 5 BauGB mit außerhalb des Umlegungsgebiets, aber noch innerhalb des Sanierungsgebiets gelegenen Grundstücken abgefunden wird.

---

404 BGH, Urt. vom 6.12.1984 – III ZR 174/83 –, BGHZ 93, 103 = EzGuG 17.52.
405 Begründung in BT-Drucks. 10/4630, S. 100.

In diesen Fällen sollte dem Betroffenen aber die Möglichkeit eröffnet werden, sich seiner Ausgleichsbetragspflicht gleichzeitig dadurch zu entledigen, dass er den Ausgleichsbetrag nach § 154 Abs. 3 Satz 2 BauGB ablöst. Entsprechendes muss ferner gelten, wenn gemäß § 59 Abs. 4 Nr. 3 BauGB als Abfindung die **Begründung von Miteigentum an einem Grundstück, die Gewährung von grundstücksgleichen Rechten, Rechten nach dem Wohnungseigentumsgesetz oder sonstigen dinglichen Rechten** nach § 59 Abs. 4 Nr. 3 BauGB außerhalb des Umlegungsgebiets, jedoch wiederum innerhalb des Sanierungsgebiets vorgesehen wird.

Auch eine **Geldabfindung nach § 60 BauGB** bemisst sich in entsprechender Anwendung des § 153 Abs. 1 BauGB, d. h., eine Geldabfindung für *nicht wieder zugeteilte* bauliche Anlagen, Anpflanzungen und sonstige Einrichtungen ist nur insoweit zu gewähren, wie sich dadurch der in Anwendung des § 153 Abs. 1 BauGB ergebende Verkehrswert des Grundstücks gegenüber dessen Bodenwert erhöht[406]. Schließlich bemisst sich nach § 154 Abs. 5 Nr. 1 BauGB auch die **Geldabfindung für andere Vermögensnachteile** infolge der Aufhebung, Änderung und Begründung von grundstücksgleichen Rechten und anderen Rechten (§ 61 Abs. 2 BauGB) entsprechender Anwendung des § 153 Abs. 1 BauGB. Vermögensvorteile sind nach allgemeinen entschädigungsrechtlichen Grundsätzen dabei zu berücksichtigen. 848

Des Weiteren ist der Neuordnungswert auch bei der Bemessung des Geldausgleichs für *zugeteilte* **bauliche Anlagen, Anpflanzungen und sonstige Einrichtungen** nach § 60 BauGB anzuhalten, d. h., ein Geldausgleich ist in diesen Fällen nur insoweit zu gewähren, als sich der Verkehrswert des Grundstücks (einschließlich der genannten Einrichtungen) unter Berücksichtigung der rechtlichen und tatsächlichen Neuordnung des Sanierungsgebiets gegenüber dessen Bodenwert dadurch erhöht[407]. Schließlich bemisst sich auch der **Geldausgleich für Vorteile** infolge der Aufhebung, Änderung und Begründung von Rechten nach § 61 Abs. 2 BauGB unter Berücksichtigung der Neuordnung des Sanierungsgebiets (vgl. Rn. 677). 849

Der **Geldausgleich für Mehrzuteilungen** bemisst sich, wie der Zuteilungswert, nach § 153 Abs. 5 Nr. 2 BauGB unter Berücksichtigung der rechtlichen und tatsächlichen Neuordnung des Sanierungsgebiets. Dies ergibt sich wiederum bereits daraus, dass die Vorschrift bezüglich der Zuteilungswerte umfassend auf § 57 Satz 3 und 4 BauGB verweist, in denen die maßgebliche Qualität geregelt wird. Dass die Vorschrift auch auf § 59 Abs. 2 BauGB verweist, ist darüber hinaus für den maßgeblichen Wertbemessungszeitpunkt von Bedeutung. Der Neuordnungswert ist nämlich nach § 59 Abs. 2 Satz 3 BauGB bezogen auf den Zeitpunkt der Aufstellung des Umlegungsplans zu ermitteln, soweit die Zuteilung den Sollanspruch mehr als nur unwesentlich überschreitet und erst dadurch die bebauungsplanmäßige Nutzung ermöglicht wird. Die rechtliche und tatsächliche Neuordnung des Sanierungsgebiets ist auch zu berücksichtigen, wenn nach Maßgabe des § 59 Abs. 4 Nr. 3 BauGB als Abfindung die Begründung der dort genannten **Rechte** innerhalb des Umlegungsgebietes vorgesehen ist. Zwar nimmt § 153 Abs. 5 Nr. 2 BauGB auch diesbezüglich nicht ausdrücklich auf § 59 Abs. 4 Nr. 3 BauGB Bezug, jedoch gilt es auch hier, die Vorschrift nach ihrem Sinngehalt auszulegen. 850

3.5.2 Gegenstand der Wertermittlung

▶ *Zur Behandlung von Erbbaurechtgrundstücken vgl. Teil IX Rn. 49 ff., 205 ff.*

Bei den Einwurfs- und Zuteilungswerten handelt es sich jeweils um die **Bodenwerte** der Grundstücke, d. h., eine etwa vorhandene Bebauung bleibt außer Betracht. Der mit § 16 Abs. 1 ImmoWertV aufgestellte Grundsatz der Ermittlung des Bodenwerts bebauter Grundstücke mit dem Wert des unbebaut gedachten Grundstücks ist im Rahmen der Umlegung geradezu zwangsnotwendig, um den ausgewiesenen Sollanspruch zu sichern. 851

---

406 BT-Drucks. 10/4630, S. 101.
407 BT-Drucks. 10/4630, S. 101.

VI Städtebauliche Maßnahmen — Umlegungsgebiete

3.5.3 Maßgeblicher Grundstückszustand

3.5.3.1 Allgemeines

▶ *Vgl. § 4 ImmoWertV Rn. 11 ff.*

852 Wertermittlungen in Umlegungsgebieten sind dadurch bestimmt, dass Wertermittlungsstichtag und Stichtag des maßgeblichen Grundstückszustands i. d. R. auseinanderfallen. Sowohl der **Einwurfs- als auch der Zuteilungswert sind bezogen auf den Zeitpunkt der Bekanntmachung des Umlegungsbeschlusses** zu ermitteln, wobei die zu diesem Zeitpunkt tatsächlich vorhandene Qualität von dem der Wertermittlung zugrunde zu legenden Zustand abweicht. Dies ist darin begründet, dass konjunkturelle Änderungen, die bei unterschiedlichen Wertermittlungsstichtagen in die Ermittlung der umlegungsbedingten Ausgleichsleistungen Eingang finden würden, ausgeschaltet werden müssen; dies entspricht dem die Ermittlung von Ausgleichsbeträgen nach den §§ 154 ff. BauGB tragenden Prinzip.

3.5.3.2 Einwurfswert

853 Im Unterschied zur Ausgleichsbetragserhebung werden **bei der Durchführung von Umlegungsverfahren lediglich die umlegungsbedingten Bodenwerterhöhungen „abgeschöpft"**. Das Umlegungsrecht ist hierauf angelegt, weil dem Städtebaurecht – von Sanierungs- und Entwicklungsmaßnahmen abgesehen – die „Abschöpfung" maßnahmenbedingter und insbesondere planungsbedingter Werterhöhungen fremd ist. Sie sind deshalb grundsätzlich auch im Rahmen von Umlegungsverfahren nicht abschöpfungsfähig. Das BVerfG[408] hat in seinem Beschluss vom 17.12.1964 zwar ausdrücklich bestätigt, dass regelmäßig davon auszugehen sei, dass „Planungsvorteil und Umlegungsvorteil in untrennbarem Zusammenhang stehen und einheitlich in den Umlegungswertausgleich einfließen müssen, weil die auf der Planung beruhende Wertänderung gerade und erst durch die Umlegung verwirklicht wird", jedoch andererseits folgenden Grundsatz aufgestellt:

„Die Bodenwertsteigerungen, die allein durch die Nutzungsfestsetzungen im Bebauungsplan (hier die ‚Aufstufung' von Bauerwartungsland zu Rohbauland für ein-, mehr- und vielgeschossige Bebauung) verursacht worden und der Eigentümerin schon von der Umlegung zugeflossen sind, dürfen nicht in den Wertausgleich einbezogen werden ... Im Rahmen der hier vorliegenden Erschließungsumlegung ist es sachgerecht, bei der Berechnung des Wertausgleichs den planungsbedingten Wertzuwachs dadurch auszuklammern, dass die von der Eigentümerin eingeworfenen Grundstücke als Rohbauland bewertet werden ... Dabei wird jedoch nach dem unterschiedlichen Grad der Nutzbarkeit der einzelnen Flächen zu differenzieren sein, sofern der Grundstücksverkehr den verschiedenartigen planungsrechtlich zulässigen Ausnutzungsmöglichkeiten der einzelnen Geländezonen bei der Preisbemessung Rechnung trug."

854 Nach § 45 Abs. 2 BauGB ist für die **Einleitung eines Umlegungsverfahrens** nicht Voraussetzung, dass ein **Bebauungsplan** aufgestellt oder ein Beschluss über die Aufstellung eines Bebauungsplans gefasst worden ist. Der Bebauungsplan muss jedoch vor dem Beschluss über die Aufstellung des Umlegungsplans (§ 66 Abs. 1 BauGB) in Kraft getreten sein (§ 45 Abs. 2 Satz 2 BauGB). Wird im Außenbereich zum Zwecke der erstmaligen Erschließung ein Umlegungsverfahren eingeleitet, so ergibt sich daraus die Notwendigkeit der Aufstellung eines Bebauungsplans im weiteren Verlauf des Umlegungsverfahrens. Das Gleiche gilt für eine Umlegung in einem 34er Gebiet, wenn die Umlegung der Neuordnung der Grundstücke entsprechend einer beabsichtigten Bebauungsplanung dient. Auch wenn demzufolge zum Zeitpunkt des Umlegungsbeschlusses, d. h. zum Wertermittlungsstichtag, noch nicht einmal ein Beschluss über die Aufstellung eines Bebauungsplans gefasst sein muss, sind bei der Ermittlung des Einwurfswerts der vorstehenden Rechtsprechung folgend die mit dem zu einem späteren Zeitpunkt mit der Aufstellung des Bebauungsplans einhergehenden planungsbedingten Werterhöhungen zu berücksichtigen.

---

[408] BVerfG, Beschl. vom 17.12.1964 – 1 BvL 2/62 –, BVerfGE 18, 274 = EzGuG 17.25; BGH, Urt. vom 22.6.1978 – III ZR 92/75 –, BGHZ 72, 51 = EzGuG 17.35; BGH, Urt. vom 19.1.1984 – III ZR 185/82 –, BGHZ 89, 353 = EzGuG 17.50; BGH, Urt. vom 15.11.1979 – III ZR 78/78 –, BGHZ 76, 274 = EzGuG 17.36.

a) *Erschließungsumlegung*

Der vorstehend genannten Rechtsprechung folgend werden zum Zwecke der Ermittlung der Einwurfswerte die **in eine Erschließungsumlegung einbezogenen Grundstücke mindestens als Rohbauland eingestuft**, selbst wenn der Beschluss zur Aufstellung eines Bebauungsplans noch nicht gefasst worden ist[409]. Dieser Grundsatz findet auch auf die von privaten Eigentümern eingeworfenen Flächen Anwendung, die nach den Darstellungen eines Flächennutzungsplans für Gemeinbedarfszwecke vorgesehen sind. Dies folgt, wie noch später erläutert wird, aus den besonderen Verhältnissen der Solidargemeinschaft im Umlegungsgebiet (vgl. Rn. 881 f.). 855

Der vorstehende Grundsatz ist darin begründet, dass sich die Erschließungslast der Gemeinde i. d. R. zu einer **Erschließungspflicht**[410] verdichtet, wenn eine Umlegung zum Zwecke der Baulanderschließung durchgeführt wird und – soweit sich nicht bereits die Zulässigkeit einer Bebauung aus § 34 BauGB ergibt – ein Bebauungsplan aufzustellen ist, sodass insoweit auch die Voraussetzungen des § 5 Abs. 3 ImmoWertV vorliegen. Schließlich geht die parzellenscharfe Lage der Grundstücke mit der Einleitung der Umlegung in die Solidargemeinschaft auf, d. h. einem bisher z. B. in der künftigen Straße gelegenem Grundstück ist diese Lage nicht mehr zurechenbar.

Die qualitätsmäßige Zuordnung der Einwurfsgrundstücke als Rohbauland ist mithin darin begründet, dass mit Einleitung des Umlegungsverfahrens selbst in den Fällen, wo ein **Bebauungsplan** zur Begründung eines Baurechts noch erforderlich ist, **mit** seiner **Aufstellung fest gerechnet werden kann** und sich die Erschließungslast zu einem einklagbaren Anspruch verdichtet. 856

Die Besonderheit, *alle* in ein Umlegungsverfahren einbezogenen Grundstücke **unabhängig davon, ob sie für eine bauliche oder sonstige Nutzung bestimmt sind, grundsätzlich als** (gedämpftes) **Rohbauland zu bewerten,** folgt aus 857

a) dem in der Umlegung maßgeblichen **Solidaritätsprinzip**[411] und

b) der vom Grundsatz her ausgeschlossenen Abschöpfbarkeit planungsbedingter Werterhöhungen (vgl. Rn. 880 f.).

Aus den vorstehenden Gründen führt die Verfügungs- und Veränderungssperre nach § 51 BauGB deshalb i. d. R. auch nicht zum Ausschluss von der konjunkturellen Weiterentwicklung[412].

Unter der Herrschaft der **naturschutzrechtlichen Ausgleichspflicht** nach § 1a Abs. 3 BauGB ist bei der Bewertung des Einwurfs vom sog. „**gedämpften Rohbaulandwert**" auszugehen[413].

Des Weiteren stellt sich die Frage, ob die sich nach dem Rohbaulandwert (§ 5 Abs. 3 Immo-WertV) bemessenden Einwurfswerte darüber hinaus wertmäßig **nach den künftigen Festsetzungen des Bebauungsplans zu differenzieren** sind. Konkret geht es z. B. um die Frage, ob für ein Einwurfsgrundstück, für das der Bebauungsplan eine GFZ von 2,0 festsetzt, ein höherer Rohbaulandwert zu ermitteln ist als für ein Grundstück, für das eine GFZ von 1,0 vorgesehen ist. Die oben zitierte Rechtsprechung (vgl. Rn. 856) fordert dies. 858

Hierauf geht die heutige Praxis zurück, bei Erschließungsumlegungen die Einwurfsgrundstücke mit dem Entwicklungszustand **Rohbauland** i. S. d. § 5 Abs. 3 ImmoWertV **unter** 859

---

[409] BGH, Urt. vom 22.6.1978 – III ZR 92/75 –, BGHZ 72, 51 = EzGuG 17.35; BVerfG, Urt. vom 17.12.1964 – 1BvL 2/62 –, EzGuG 17.25; so auch Dieterich, Baulandumlegung, 5. Aufl. 2006, S. 139 ff.
[410] Otte in Ernst/Zinkhahn/Bielenberg/Krautzberger, BauGB § 55 BauGB Rn. 75.
[411] So auch Otte in Ernst/Zinkhahn/Bielenberg/Krautzberger, BauGB § 57 BauGB Rn. 4a; Bielenberg, Fortentwicklung des Umlegungsrechts nach dem BBauG, DÖV 1973, 833; Schmidt-Aßmann, Die eigentumsrechtlichen Grundlagen der Umlegung, DVBl 1982, 152.
[412] BGH, Urt. vom 22.4.1982 – III ZR 131/80 –, BRS Bd. 45 Nr. 192 = EzGuG 17.44.
[413] Sandmann in GuG 1995, 1; Dieterich/Lemmen, GuG 1991, 301; Schmidt-Aßmann in Schriften zum Öffentlichen Recht Bd. 700, u. a. 153 Ziff. 11; Reinhardt in GuG 1997, 85 ff.; Löhr in Battis/Krautzberger/Löhr, BauGB 11. Aufl. § 57 BauGB Rn. 10; Bielenberg/Sandmann, GuG 1996, 193 ff.

VI Städtebauliche Maßnahmen Umlegungsgebiete

Berücksichtigung des unterschiedlichen Maßes und der Art der baulichen Nutzung zu werten (vgl. § 5 ImmoWertV Rn. 186 f.). Dies mag mitunter allzu schematisch geschehen, denn immerhin hat das BVerfG anerkannt, dass eine Berücksichtigung von Planungsvorteilen zumindest in den Ausnahmefällen unvermeidbar ist, wo Planungs- und Umlegungsvorteile nicht voneinander trennbar sind. Ein derartiger Fall kann vorliegen, wenn die Realisierung einer Bebauungsplanung in einem Maße mit der Bodenordnung verwoben ist, dass sich im gewöhnlichen Geschäftsverkehr eine Bodenwerterhöhung ohne Aussicht auf die Bodenordnung nicht einstellt und – wie das BVerfG ausgeführt hat – Umlegungs- und Planungsvorteile nicht voneinander trennen lassen (vgl. Rn. 853). Umgekehrt müssen aber Art und Maß der (künftigen) baulichen Nutzung bei der Ermittlung der Einwurfswerte berücksichtigt werden, wenn der Grundstücksverkehr dem Rechnung trägt.

860 Eine **weitere Differenzierung der Rohbaulandwerte** kann sich aus der Lage des Grundstücks, topographischen Besonderheiten einschließlich des Baugrundes ergeben:

a) eingeworfene Grundstücke, deren Bebauung z. B. aufgrund schlechten Baugrunds oder eines Geländeeinschnitts höhere Kosten verursachen würde oder

b) die aufgrund ihrer Entfernung zum Innenbereich eine längere Aufschließungsdauer erwarten lassen,

weisen auch im Einwurf einen geringeren Wert im Verhältnis zu den übrigen Grundstücken auf.

861 In besonderen **Einzelfällen** kann jedoch im Rahmen einer Erschließungsumlegung eine vom Rohbauland abweichende Wertermittlung geboten sein, nämlich dann, wenn ein Grundstück nach seiner besonderen Situation schon bisher keinerlei bauliche Nutzung erwarten ließ und z. B. als **öffentliche Grünfläche** in Vorbereitung war und deshalb vom gesunden Grundstücksverkehr entsprechend niedriger bewertet wurde (vgl. Rn. 889)[414].

862 Eine weitere Besonderheit ist schließlich bei kontaminierten Grundstücken gegeben. Die **Berücksichtigung der Altlast bei der Ermittlung des Einwurfswerts** könnte dazu führen, dass sich der Sollanspruch entsprechend vermindert und gar gegen null geht. Die Berücksichtigung der Altlast bei der Ermittlung des Einwurfswerts würde dann „über den entsprechend verminderten Sollanspruch" auf eine Verletzung der Bestandsgarantie hinauslaufen. Deshalb sind Altlasten insoweit nicht zu berücksichtigen und in entsprechender Anwendung des § 60 BauGB durch einen entsprechenden Geldausgleich zu berücksichtigen[415].

b) *Deduktive Ermittlung des Einwurfswerts*

▶ *Vgl. Syst. Darst. des Vergleichswertverfahrens Rn. 447 ff., 478 ff.; § 5 ImmoWertV Rn. 151 ff.*

Schrifttum: *Aderholz/Meiß*, Zur Ermittlung des Umlegungsvorteils – Die Komponenten verschiedener Kalkulationsmodelle im Vergleich GuG 2004, 221.

863 Obwohl sich der Einwurfswert als der Verkehrswert definiert, der sich für das unbebaute Grundstück (Bodenwert) grundsätzlich unter Berücksichtigung planungsbedingter Werterhöhungen (Ausnahme: Einwurfswert bei Sanierungsumlegungen nach § 153 Abs. 5 BauGB), jedoch ohne Berücksichtigung umlegungsbedingter Werterhöhungen definiert, und somit einer eigenständigen Verkehrswertermittlung unter Heranziehung entsprechender Vergleichspreise – zumindest vom Prinzip her – zugänglich ist, bedient sich die Praxis sog. **deduktiver Verfahren.** Dabei werden Vergleichspreise für baureifes Land herangezogen und die ausstehenden Umlegungsvorteile in Abzug gebracht.

---

414 BGH, Urt. vom 15.11.1979 – III ZR 28/78 –, NJW 1978, 2290 = EzGuG 4.59.
415 Auler, Baulandumlegung und Bodenwirtschaft, Institut für Städtebau Berlin 1983, S. 21; Dieterich, Baulandumlegung, 5. Aufl. München 2000, S. 178; zu Haftungsfragen im Rahmen des § 4 Abs. 6 BBodSchG Mohr in UPR 2000.

In der **Gesamtschau** können sich **folgende Umlegungsvorteile** ergeben: 864

a) Verkürzung der Aufschließungsdauer[416],

b) Erschließungsvorteil (Verbesserung der Grundstücksgrenzen; Grunderwerb für den Gemeinbedarf),

c) Vorteile bezüglich der Bereitstellung von Ausgleichsflächen sowie durchgeführter Ausgleichsmaßnahmen i. S. von § 1a Abs. 3 BauGB für die diesen zugeordneten Grundstücke,

d) Lage- und Gestaltungsvorteil,

e) Ersparte Aufwendungen im Verhältnis zu einer privatrechtlichen Bodenordnung (Vermessungskosten, Notarkosten, Grundbuchgebühren, Teilungsgenehmigung, Grunderwerbsteuer),

f) Verbesserung der rechtlichen Gegebenheiten aufgrund Neuregelungen von Rechten und Lasten.

In einer **Arbeitshilfe des Deutschen Instituts für Urbanistik** (difu) wird das vorstehende 865
Kalkulationsmodell vorgestellt (vgl. Abb. 8).

Abb. 8: Kalkulationsmodell

Ermittlung des Einwurfswerts (Kalkulationsmodell)	
Auszugehen ist von der Qualitätsstufe **baureifes Land, erschließungsbeitragsfrei**	175 €/m²
davon ist abzuziehen der voraussichtliche Erschließungsbeitragsanteil für die Herstellung der Erschließungsanlagen ergibt **erschließungsflächenbeitragsfreies Bauland**	25 €/m²
(= *Zuteilungswert*)	150 €/m²
abzüglich des Erschließungsbeitragsanteils für die Flächenbereitstellung (lässt sich im Umlegungsverfahren - ggf. iterativ - kalkulieren als Wert des Flächenabzugs), vermindert um den Gemeindeanteil von mindestens 10 % (§ 129 BauGB)	40 €/m²
ergibt **Bauland, voll erschließungsbeitragspflichtig**	110 €/m²
vermindert um die Einsparung der Vermessungs-, Notar- und Grundbuchkosten	5 €/m²
ergibt	105 €/m²
abgezinst um die Verkürzung der Wartezeit duch Umlegung z. B. 4 Jahre, 4 %) => Abzinsungsfaktor $1/q^n$ = 0,855	
ergibt die Qualität **Rohbauland** (= *Einwurfswert*)	90 €/m²
Hinweis: Das Beispiel berücksichtigt keine Ausgleichsflächen und -maßnahmen i. S. v. § 1a Abs. 3 BauGB.	

Quelle: difu Arbeitshilfe zur Baulandumlegung 1993

Eine Präzisierung dieses Verfahrensgangs führt zu folgendem **Kalkulationsmodell:** 866

Beispiel:

a) Sachverhalt:

Umlegungsmasse U [m²]²	=	200 000 m²
Verteilungsmasse V [m²]	=	150 000 m²
Verkehrs- und Grünflächen nach § 55 Abs. 2 BauGB Σ N[m²]	=	50 000 m²
Verkehrswert für baureifes Land (ebf)	=	175 €/m²

---

[416] BGH, Urt. vom 22.6.1978 – III ZR 92/75 –, BGHZ 72, 51 = EzGuG 17.35.

VI Städtebauliche Maßnahmen — Umlegungsgebiete

b) *Es soll der Einwurfswert ermittelt werden,* wobei von einer erschließungs*ausbau*pflichtigen, aber ansonsten erschließungs*flächen*beitragsfreien Zuteilung auszugehen ist.

c) Der *Erschließungsbeitrag* wird erhoben für die
   – Herstellung der Erschließungsanlagen sowie für den
   – Grunderwerb für die Erschließungsflächen einschließlich Freilegung.

Der Grunderwerb erfolgt im Rahmen der Umlegung über die kostenlose Bereitstellung der Erschließungsflächen, sodass im Rahmen des deduktiven Verfahrens vom Verkehrswert des erschließungs*ausbau*pflichtigen, aber ansonsten erschließungs*flächen*beitragsfreien Wert des baureifen Landes auszugehen ist:

Der Erschließungsausbaubeitragsanteil betrage 25 €/m². Hieraus folgt:

Baureifes Land (erschließungsbeitragsfrei)	=	175,00 €/m²
abzüglich Erschließungsausbaubeitragsanteil – 10 % Gemeindeanteil (25 €/m² × 0,9)	=	22,50 €/m²
= Baureifes Land (erschließungsflächenfrei)	=	152,50 €/m²

d) Ermittlung des Rohbaulandwerts der Einwurfsgrundstücke:

Baureifes Land BW (erschließungsflächenfrei)	=	152,50 €/m²
abzüglich Zinsverlust für den Zeitraum vom Abschluss der Umlegung bis Erschließung bei 5 % und 1 Jahr		
Diskontierungsfaktor: 0,9523809 BW'	=	145,24 €/m²

abzüglich Umlegungsvorteil (vgl. Rn. 648, 651, 694 ff.), bestehend aus
 – Erschließungsvorteil,
 – Verkürzung der Aufschließungsdauer und
 – ersparten Kosten (Grundbuch, Vermessung, Notar)

Erschließungsvorteil
Da bezüglich der Erschließungsflächen die Umlegungsbeteiligten 90 % des erschließungsflächenbeitragsfähigen Grunderwerbs aufbringen und sich der Wert nach dem noch zu ermittelnden Rohbaulandwert bemisst, ergibt sich sein Vorteil aus der Beziehung

$\Sigma\ N/V \times 0{,}9 \times$ Rohbaulandwert

Der Rohbaulandwert (Einwurfswert) sei ermittelt worden mit 90 €/m² Somit 50 000 m²/150 000 m² × 0,9 × 90 €/m²	=	– 27,00 €/m²
Verkürzung der Aufschließungsdauer bei einem Zinssatz von 5 % und einem Zeitraum von 4 Jahren 4 Jahre × 0,9 × 90 €/m²	=	– 18,00 €/m²
Ersparte Kosten Vermessungs-, Notar- und Grundbuchkosten betragen 5 €/m²	=	– 5,00 €/m²
= Einwurfswert	=	95,24 €/m²
	=	**95 €/m²**

867 Im Unterschied zum vorangestellten Kalkulationsmodell wurde die Flächenbereitstellung nicht pauschal mit 40 €/m² berücksichtigt, sondern nach dem tatsächlich anfallenden Flächenabzug (50 000 m²). Um den Wertanteil dieser Fläche (vermindert um den 10 %igen Gemeindeanteil) zu ermitteln, musste dieser bekannt sein. Die damit einhergehende Problematik wurde iterativ gelöst. Das Ergebnis zeigt, dass der Ansatz von 40 €/m² für die Flächenbereitstellung zu hoch gegriffen war. Des Weiteren sind die im Kalkulationsmodell angesetzten Einsparungen der Vermessungs-, Notar- und Grundbuchkosten in Höhe von 5 €/m² im Vergleich zu den bei Anwendung des Extraktionsverfahrens (Residualwertverfahrens) üblicherweise zum Ansatz kommenden Nebenkosten (Unternehmergewinn, Wagnisabschlag, Finanzierungskosten) in dem Beispiel sehr niedrig.

868 Nachfolgend wird der Einwurfswert nach den allgemeinen Grundsätzen des Extraktionsverfahrens (Residualwertverfahrens) berechnet:

Umlegungsgebiete   **Städtebauliche Maßnahmen VI**

Formel des Extraktionsverfahrens (vgl. Syst. Darst. des Vergleichswertverfahrens Rn. 447 ff.):

$$BW_{warteständig} = \frac{[(BW\,(ebf) - EAB \times 0{,}9 - BodenOrdK) \times Nettobaulandfläche \times q^{-n}] \times Nebenkostenfaktor}{Bruttobaulandfläche}$$

wobei:
- $BW_{warteständig}$ Bodenwert/m² des warteständigen Baulands (Bruttoflächenwert)
- BW (ebf)   Bodenwert/m² des erschließungsbeitragsfreien baureifen Landes (Nettoflächenwert baureifes Land)
- EAB   Erschließungs*ausbau*beitragsanteil
- BodenOrdK   Bodenordnungskosten (bei Umlegungen nach den §§ 45 BauGB ersparte Grundbuch-, Vermessungs- und Notarkosten)
- q^{-n} Diskontierungsfaktor = $(1 + p/100)^{-n}$
- p   Diskontierungszinssatz
- n   Wartezeit
- Nebenkostenfaktor (1 – Nebenkosten $_{(\%)}$)
- Nebenkosten   Grundstückstransaktionskosten, Unternehmergewinn und ggf. Wagnisabschlag als Vomhundertsatz des kostenverminderten Nettobaulandflächenwerts
- 0,9   Faktor zur Berücksichtigung eines 10%igen Gemeindeanteils

Beispiel: **869**

BW (ebf)	= 175 €/m²
Erschließungsausbaubeitragsanteil (EAB)	= 25 €/m²
Infrastrukturkosten einschließlich Bodenordnung	= 5 €/m²
Bruttofläche	= 200 000 m²
Nettofläche	= 150 000 m²
Erschließungsflächen	= 50 000 m²
Diskontierungszinssatz p	= 5 %
Wartezeit n	= 4 Jahre
Nebenkosten	= 15 % des Bruttobaulandflächenwerts

Der Eigenanteil der Erschließung wird von der Gemeinde nicht getragen.

$$BW_{warteständig} = \frac{[(175{,}00\ €/m² - 22{,}50\ €/m² - 5{,}00\ €/m²) \times 150\,000\ m² \times 1{,}05^{-4}] \times 0{,}85}{200\,000\ m²}$$

$BW_{warteständig}$ = (18 202 291 € – 2 730 343 € / 200 000 m²) = **77,35 €/m²**

Nebenrechnung: Berechnung der Nebenkosten:

a) Bruttobaulandflächenwert:
 (175,00 €/m² – 22,50 €/m² – 5,00 €/m²) × 150 000 m² × $1{,}05^{-4}$ = 18 202 291 €

b) Nebenkosten (Grundstückstransaktionskosten und Unternehmergewinn
 ggf. einschließlich Wagnis) 15 % =   2 730 343 €

Der Einwurfswert vermindert sich gegenüber den vorangehenden Berechnungen infolge der Berücksichtigung von Nebenkosten.

Bei der Ermittlung des Einwurfswerts ist darüber hinaus die **naturschutzrechtliche Ausgleichsregelung i. S. d. § 1a BauGB** wertmindernd zu berücksichtigen, wenn von Vergleichspreisen für Grundstücke ausgegangen wird, die nicht unter der Herrschaft der naturschutzrechtlichen Ausgleichsregelung zustande gekommen sind und demzufolge auch nicht in ihrer Wertigkeit „gedrückt" sind. Dies entspricht allgemeinen Grundsätzen der Bodenpreisbildung, denn es entspricht dem gewöhnlichen Geschäftsverkehr, dass sich ein im Hinblick auf die Bereitstellung von Ausgleichsflächen i. S. d. § 1a Abs. 3 BauGB über die bereitzustellenden Erschließungsflächen hinausgehender Flächenbedarf bereits auf den Verkehrswert des warteständigen Baulands wertmindernd auswirkt. Die Wertminderung ist bei   **870**

VI Städtebauliche Maßnahmen   Umlegungsgebiete

alledem umso deutlicher, je höher der zu erwartende Flächenbedarf für den naturschutzrechtlichen Ausgleich ausfällt. In § 57 BauGB ist ein entsprechender Hinweis i. S. einer Klarstellung mit dem BauGB 98 ausdrücklich aufgenommen worden[417]. Im Schrifttum wird in diesem Zusammenhang von einem gedämpften Rohbaulandwert gesprochen, wobei damit nur verdeutlicht werden soll, dass eine solche Dämpfung lediglich im Vergleich zu der Bodenpreisbildung eintritt, wie sie vor Inkrafttreten der naturschutzrechtlichen Ausgleichsregelung vorherrschte. Ansonsten handelt es sich um eine allgemeine und nicht auf Umlegungsgebiete beschränkte Dämpfung des Bodenwertgefüges (für Bauerwartungs- und Rohbauland), die schlechthin auf die naturschutzrechtliche Ausgleichsregelung zurückzuführen und nicht umlegungsspezifisch ist. Von daher hätte es der Ergänzung des § 57 BauGB um einen Hinweis darauf nicht bedurft. Das Ausgleichsbetragsrecht der §§ 152 ff. BauGB sieht infolgedessen eine solche Klarstellung nicht vor, obwohl dieser Hinweis auch dort für die Ermittlung des sanierungs- bzw. entwicklungsunbeeinflussten Bodenwerts bzw. des Anfangswerts beachtlich ist.

871 Bei Anwendung der unter Rn. 867 vorgestellten Formel kann der naturschutzrechtlichen Ausgleichsregelung dadurch Rechnung getragen werden, dass der **Anteil der örtlichen Verkehrs- und Grünflächen entsprechend aufgestockt** wird.

872 **Umlegungsbedingte Werterhöhungen** können sich für ein Grundstück im Übrigen auch ergeben, wenn dessen **Grenzen nicht verändert werden.** Dies sind dann i. d. R. Lageverbesserungen, die durch die Bodenordnung (z. B. auch des Erschließungssystems) im Umlegungsgebiet herbeigeführt werden[418].

Umgekehrt wurden in der Rechtsprechung der durch die Bodenordnung herbeigeführte bessere Zuschnitt und die Straßenlandbeitragsfreiheit als umlegungsbedingte Werterhöhung besonders hervorgehoben.

c) *Neuordnungsumlegung*

873 Bei **Neuordnungsumlegungen in bebauten Gebieten** ist der Ermittlung der Einwurfswerte in Anlehnung an diese Rechtsprechung der Entwicklungszustand i. d. R. baureifes Land i. S. d. § 5 Abs. 4 ImmoWertV unter Berücksichtigung des Bebauungsplans zugrunde zu legen. Wird die Umlegung ohne Aufstellung eines Bebauungsplans durchgeführt, so ist die vorhandene Qualität nach § 34 BauGB unter Ausschluss der umlegungsbedingten Werterhöhung maßgebend. Die erst durch die Umlegung realisierbaren Vorteile des Bebauungsplans sind umlegungsbedingte Werterhöhungen.

d) *Sanierungsumlegung*

874 Bei Sanierungsumlegungen in förmlich festgelegten Sanierungsgebieten bestimmt sich der Einwurfswert abweichend von den vorstehenden Grundsätzen **nach Maßgabe des § 153 Abs. 1 BauGB i. V. m. § 153 Abs. 5 Nr. 1 BauGB** (vgl. Rn. 540 ff.), wenn in der Sanierungssatzung die Anwendung der besonderen sanierungsrechtlichen Vorschriften der §§ 152 ff. BauGB nicht ausgeschlossen wurde. Bodenwerterhöhungen, die lediglich durch die Aussicht auf die Sanierung, durch ihre Vorbereitung oder ihre Durchführung eingetreten sind, dürfen danach nur insoweit berücksichtigt werden, als der Betroffene diese Bodenwerterhöhungen durch eigene Aufwendungen zulässigerweise bewirkt hat. Maßgebend ist hier der Zustand des Grundstücks ohne Sanierung; auch die Aussicht auf die Vorbereitung und Durchführung der Sanierung bleibt unberücksichtigt. Da es sich bei dem Einwurfswert ebenso wie bei dem für die Bemessung des Ausgleichsbetrags maßgeblichen Anfangswert um den sanierungsunbeeinflussten Bodenwert des Grundstücks handelt, können die dafür geltenden Wertermittlungsgrundsätze entsprechende Anwendung finden.

---

[417] BT-Drucks. 13/6392, S. 62.
[418] BVerfG, Beschl. vom 17.12.1964 – 1 BvL 2/62 –, BVerfGE 18,274 = EzGuG 17.25; BGH, Urt. vom 22.6.1978 – III ZR 92/75 –, BGHZ 72, 51 = EzGuG 17.35; BGH, Urt. vom 6.12.1984 – III ZR 174/83 –, BGHZ 93, 103 = EzGuG 17.52.

3.5.3.3 Zuteilungswert

a) *Erschließungs- und Neuordnungsumlegung*

Der Zuteilungswert ist in § 57 Satz 3 BauGB als der **Bodenwert des Grundstücks unter Berücksichtigung der „durch die Umlegung bewirkten" Wertänderungen** definiert (vgl. Rn. 659). Die durch die Umlegung bewirkten Wertänderungen – umlegungsbedingte Werterhöhungen – sind inhaltlich mit dem Vorteil gleichzusetzen, der „durch die Umlegung" erwächst (so § 58 Abs. 1 Satz 1 BauGB). Der Bodenwert ist – wie der Einwurfswert – bezogen auf die allgemeinen Wertverhältnisse zum Zeitpunkt des Umlegungsbeschlusses zu ermitteln. Hieraus folgt, dass als Zuteilungswert der Bodenwert der Entwicklungsstufe „baureifes Land" zugrunde zu legen ist, denn die Umlegung ist auf eine Neuordnung der Grundstücke in der Weise angelegt, dass „nach Lage, Form und Größe für die bauliche Nutzung zweckmäßig gestaltete Grundstücke entstehen". Etwas anderes gilt für die im Bebauungsplan als Gemeinbedarfsflächen oder für nichtbauliche Zwecke festgesetzten Nutzungen. Form und Größe sowie Lage der Grundstücke ergeben sich im Einzelnen aus der Umlegungskarte (Zuteilungsplan) und dem Umlegungsverzeichnis. Die baurechtlichen Festsetzungen sind dagegen dem Bebauungsplan zu entnehmen bzw. nach Maßgabe des § 34 BauGB zu bestimmen.

875

Als Zuteilungswert ist der **Bodenwert eines erschlossenen (baureifen) Grundstücks** zu ermitteln, denn sofern nicht bereits mit der Erschließung begonnen worden ist, hat sich mit der Umlegung ein Erschließungsanspruch verfestigt. Hiervon zu unterscheiden ist die Frage nach der abgabenrechtlichen Situation bezüglich der Erschließungsbeiträge. Es bestehen hier folgende Möglichkeiten:

876

a) erschließungsbeitragsfreie Zuteilung,

b) erschließungsbeitragspflichtige Zuteilung und

c) erschließungs*flächen*beitragsfreie, aber ansonsten erschließungsbeitragspflichtige Zuteilung.

Da die Bereitstellung der Erschließungsflächen begrifflich der Bodenordnung zuzurechnen ist, wird eine **erschließungsflächenbeitragsfreie Zuteilung anzustreben** sein; dem Erschließungsbeitragsrecht unterliegt dann nur noch die Erhebung von Erschließungsbeiträgen für den Bau der Erschließungsanlagen. § 57 Satz 4 Halbsatz 2 BauGB lässt aber ebenso wie § 58 Abs. 1 Satz 1 und § 68 Abs. 1 Nr. 4 BauGB die erschließungsbeitragspflichtige Zuteilung zu (vgl. § 128 Abs. 1 BauGB). Dies muss bei der Ermittlung der Zuteilungswerte wertmindernd berücksichtigt werden, wenn von Vergleichspreisen für erschließungsbeitragsfreie Grundstücke ausgegangen wird.

877

Wird ein Grundstück, das an einer vorhandenen Straße liegt, in ein Umlegungsverfahren einbezogen, das der Verwirklichung eines Bebauungsplans dient, der eine abzweigende Straße festsetzt und damit das Grundstück zu einem **Eckgrundstück** macht, hat der Eigentümer einen Anspruch auf Ausgleich der Wertminderung, die durch die Erschließungsbeitragspflicht für die zweite Erschließungsanlage begründet wird[419].

Bezüglich der im Rahmen des Umlegungsverfahrens „abgearbeiteten" **naturschutzrechtlichen Ausgleichsregelung** i. S. d. § 1a BauGB sind bei der Ermittlung des Zuteilungswerts folgende Grundsätze zu beachten:

878

a) Beschränkt sich der naturschutzrechtliche Ausgleich auf die **Durchführung von Ausgleichsmaßnahmen (Bepflanzungen)** auf dem Zuteilungsgrundstück, kann eine Minderung des Zuteilungswerts geboten sein, wenn von Vergleichspreisen ausgegangen wurde, die solchen Vorgaben nicht unterliegen, und es sich um Maßnahmen handelt, die nach Art und Umfang über das hinausgehen, was der Eigentümer sonst auf seinem Grundstück anpflanzen würde.

---

419 OLG Köln, Urt. vom 18.10.1990 – 7 U 24/90 –, BRS Bd. 53 Nr. 174 = EzGuG 17.62.

b) Werden dem Eigentümer des Eingriffsgrundstücks zusätzliche **private Ausgleichsflächen** zugeordnet und zugeteilt, die insgesamt zu einer Vergrößerung seiner Zuteilungsfläche führen, größer als sonsthin üblich gewesen wäre, so kann nicht ausgeschlossen werden, dass sich der auf den Quadratmeter Grundstücksfläche bezogene Zuteilungswert insoweit mindert, wenn wiederum von Vergleichspreisen ausgegangen wurde, die sich für entsprechend kleinere Grundstücke (nicht unter der Herrschaft der naturschutzrechtlichen Ausgleichsregelung) gebildet haben. Es entspricht nämlich einem Erfahrungssatz, dass sich der auf den Quadratmeter bezogene Bodenwert mit der Vergrößerung der Grundstücksfläche mindert (vgl. Syst. Darst. des Vergleichswertverfahrens Rn. 361 ff.).

Die **Begründung** zu der entsprechenden Regelung des § 59 Abs. 1 BauGB 98[420] führt hierzu aus:

„Die Zuteilung von Flächen zum Ausgleich gemäß § 59 stellt sich umlegungsrechtlich als natürlicher Annex zu den Bauflächen dar. Bauflächen und Flächen zum Ausgleich stehen in einem engen funktionalen Zusammenhang. Flächen zum Ausgleich sind die Voraussetzung für die Schaffung von Bauflächen. Dieser funktionale Zusammenhang verdeutlicht auch, dass Maßnahmen, die zur Aufbringung von Flächen zum Ausgleich im Rahmen der Umlegung vorgenommen werden, grundsätzlich als privatnützige Maßnahmen anzusehen sind."

Für den Eigentümer des Zuteilungsgrundstücks wird bei alledem eine wertmäßige Unterscheidung von den „eigentlichen" Bauflächen und den Ausgleichsflächen theoretisch bleiben. Er ist an einem bebaubaren Grundstück interessiert und fragt nach dem Gesamtpreis des Zuteilungsgrundstücks, den er mit alternativen Grundstücksangeboten vergleicht, für die zusätzliche Ausgleichsflächen nicht erforderlich sind. Bei ausgleichsbedingt übergroßen Grundstücken wird er deshalb Abschläge am Quadratmeterwert begehren.

879 Werden **öffentliche Ausgleichsflächen** ggf. i. V. m. Ausgleichsmaßnahmen (Bepflanzungen) bereitgestellt und den Eingriffsgrundstücken zugeordnet, so ist der dafür nach § 135a BauGB gesondert zu erhebende Kostenerstattungsbetrag wertmindernd bei der Ermittlung des Zuteilungswerts zu berücksichtigen, wenn wiederum insoweit von kostenerstattungsbetragsfreien Vergleichspreisen ausgegangen wurde.

▶ *Zur Behandlung von Erbbaurechten vgl. Teil VIII Rn. 49 ff., 205 ff.*

b) *Besonderheiten bei erschließungsbeitragspflichtiger Zuteilung*

880 Grundsätzlich sollte eine erschließungsbeitragsfreie Zuteilung angestrebt werden. In diesem Falle stellt sich nach den vorangegangenen Ausführungen nicht die Aufgabe, den Wert der Gemeinbedarfsflächen zu ermitteln. Das **Gesetz lässt aber auch eine erschließungsbeitragspflichtige Zuteilung zu.** In diesem Falle ist nach § 68 Abs. 1 Nr. 4 BauGB der Wert der nach § 55 Abs. 2 BauGB vorweg auszuscheidenden Flächen im Umlegungsverzeichnis aufzuführen, um einerseits die Beteiligten auf den Erschließungsbeitrag hinzuweisen und andererseits die Ermittlung des Erschließungsaufwands zu erleichtern (vgl. § 128 Abs. 1 Satz 3 BauGB); nicht zu erfassen sind dabei die Wertanteile für Kinderspielplätze und Regenklär- und -überlaufbecken. Der Wert der im Umlegungsverzeichnis ausgewiesenen Flächen bemisst sich nach dem Wert, der sich nach den unter Rn. 729 ff. dargestellten Grundsätzen ergibt.

881 Werden der Gemeinde in der Umlegung die örtlichen Verkehrs- und Grünflächen zugeteilt und bleibt das zugeteilte Grundstück ansonsten erschließungsbeitragspflichtig (sog. **straßenlandbeitragsfreie Zuteilung**), so muss bei der späteren Heranziehung zu Erschließungsbeiträgen berücksichtigt werden, dass für den Erwerb von Straßenland keine Kosten entstehen[421].

882 Soweit nach dem Vorhergesagten ein für das Umlegungsgebiet aufgestellter Bebauungsplan **Vorwirkungen** entwickelt hat, bleiben sie in Umlegungsgebieten im Hinblick auf die Solidargemeinschaft der Beteiligten also unberücksichtigt; d. h., die betroffenen Flächen sind

---
420 BT-Drucks. 13/6392.
421 LG Koblenz, Urt. vom 10.6.1996 – 1 O 8/95 –, GuG 1996, 319 = EzGuG 17.77.

ebenfalls als Rohbauland zu bewerten. Etwas anderes gilt nur in solchen Ausnahmefällen, wenn aufgrund einer besonderen Situation (z. B. unbebaubare Geländeeinschnitte) ein Grundstück im gewöhnlichen Geschäftsverkehr von jeglicher Weiterentwicklung ausgenommen worden ist[422]. Auch überörtliche Grünflächen und der unbebaubare Schutzstreifen einer am Umlegungsgebiet vorbeilaufenden Autobahn können hier eine weitreichende Vorwirkung entfalten (vgl. Rn. 860).

Die aus der Umlegung herauskommenden **Gemeinbedarfsflächen, die dem Bedarfsträger als solche zugeteilt werden,** unterliegen ebenfalls nicht der Bewertung, weil auch sie zum „Nullwert" zugeteilt werden. Dies betrifft insbesondere die künftigen örtlichen Verkehrs- und Grünflächen. Für die übrigen Gemeinbedarfsflächen gilt dies aber gleichermaßen. Dabei muss jedoch bedacht werden, dass sie insofern nicht dem Bedarfsträger kostenlos zufallen, als dieser gemäß § 55 Abs. 5 BauGB dafür Ersatzland eingebracht haben muss, das er ggf. vorher erworben haben muss. 883

Bei konsequenter Anwendung des Prinzips der Solidargemeinschaft müsste als Wert dieser Flächen im Falle von Erschließungsumlegungen **grundsätzlich der Wert des Rohbaulandes** und nicht der Wert zum Ansatz kommen, der sich sonst unter Anwendung des Vorwirkungsgrundsatzes ergibt. Andererseits käme man nämlich zu einer unterschiedlichen Bewertung je nachdem, ob die Grundstücke erschließungsbeitragsfrei oder -pflichtig zugeteilt werden[423]. 884

c) *Sanierungsumlegung*

Für die **Ermittlung des Zuteilungswerts** in förmlich festgelegten Sanierungsgebieten bestimmt § 153 Abs. 5 Nr. 2 BauGB ergänzend zu § 57 Satz 3 und 4 BauGB, dass bei der Ermittlung des Zuteilungswerts umfassend Wertänderungen zu berücksichtigen sind, die durch die rechtliche und tatsächliche Neuordnung des Sanierungsgebiets eingetreten sind, d. h., es ist die Qualität des Grundstücks durch oder aufgrund der Sanierung maßgebend. Dies gilt im Übrigen auch, wenn für den Eigentümer als Abfindung die Begründung von Miteigentum an einem Grundstück, die Gewährung von grundstücksgleichen Rechten, Rechten nach dem Wohnungseigentumsgesetz oder sonstigen dinglichen Rechten nach § 59 Abs. 4 Nr. 3 BauGB innerhalb des Umlegungsgebiets vorgesehen ist. 885

Die Ermittlung von Zuteilungswerten nach Maßgabe des § 153 Abs. 5 Nr. 2 BauGB ist nicht immer unproblematisch, denn Sanierungsumlegungen werden i. d. R. bereits zu einem Zeitpunkt abgeschlossen, in dem die **Sanierungsmaßnahmen noch nicht vollständig durchgeführt** worden sind. Um dennoch die rechtliche und tatsächliche Neuordnung des Sanierungsgebiets mit dem Zuteilungswert möglichst abschließend zu erfassen, müssen die Aussicht auf die noch ausstehenden Maßnahmen entsprechend der in der Planung vorgesehenen Änderungen und sonstige durch die Sanierungsmaßnahme bedingte Wertverbesserungen berücksichtigt werden. Dies gilt sinngemäß für die Ermittlung des für die Veräußerung nach § 153 Abs. 4, § 159 Abs. 3 und § 169 Abs. 8 BauGB maßgeblichen Verkehrswerts ebenso wie bei vorzeitiger Ablösung des Ausgleichsbetrags nach § 154 Abs. 3 Satz 2 BauGB. 886

Für die **Qualifizierung des Neuordnungszustands** ist hierbei vor allem bedeutsam, dass der Bebauungsplan vor dem Beschluss über die Aufstellung des Umlegungsplans (§ 66 Abs. 1 BauGB) in Kraft getreten sein muss (§ 45 Abs. 2 BauGB). Der Zuteilungswert kann daher auf der Grundlage einer im Sanierungsbebauungsplan rechtsverbindlich ausgewiesenen Nutzung ermittelt werden. Der rechtliche und tatsächliche Neuordnungszustand ist damit für die Ermittlung des Zuteilungswerts inhaltlich und zeitlich „vorprogrammiert"[424] und somit zusammen mit den sonstigen Sanierungsmaßnahmen wertmäßig „fassbar". Für die Ermittlung des Zuteilungswerts ist weiterhin von Bedeutung, dass die für die Nutzung der Grundstücke wesentlichen Ordnungsmaßnahmen, insbesondere die Bodenordnung, mit Abschluss der Umlegung durchgeführt sind; soweit mit der Erschließung noch nicht begonnen ist, steht ihre Durchführung zumindest an. 887

---

422 BGH, Urt. vom 15.11.1979 – III ZR 78/78 –, BGHZ 76, 274 = EzGuG 17.36.
423 Kohlhammer-Komm. § 57 Rn. 78 und § 55 Rn. 44; Dieterich, Baulandumlegung, 5. Aufl. München Rn. 232i.
424 BGH, Urt. vom 22.6.1978 – III ZR 92/75 –, BGHZ 72, 51 = EzGuG 17.35.

VI Städtebauliche Maßnahmen — Umlegungsgebiete

888 Im Übrigen gilt für die Umlegung, dass die zuzuteilenden **Grundstücke erschließungsbeitragsfrei zu werten** sind, da die Erschließung zu den Ordnungsmaßnahmen gehört (§ 147 Abs. 1 Nr. 4 BauGB) und nach § 154 Abs. 1 Satz 2 BauGB für Erschließungsanlagen i. S. d. § 127 Abs. 2 BauGB keine Erschließungsbeiträge erhoben werden. Die Regelung des § 57 Satz 4 Halbsatz 2 BauGB, nach der in der Umlegung Grundstücke in Bezug auf Flächen nach § 55 Abs. 2 BauGB erschließungsbeitragspflichtig zugeteilt werden können, hat von daher für die Sanierungsumlegung keine Bedeutung[425].

3.5.4 Gemeinbedarfsflächen

▶ *Vgl. Rn. 223 ff., 631 ff.; Teil V Rn. 596 ff.; § 5 ImmoWertV Rn. 182 ff., 190, 470 ff.; § 8 ImmoWertV Rn. 130 ff.; Teil VII Rn. 515; zu Sonderbauflächen als Gemeinbedarfsflächen vgl. § 6 ImmoWertV Rn. 30 f.*

889 Die allgemeinen Grundsätze der Bewertung von Gemeinbedarfsflächen sind im Teil V unter Rn. 596 ff. behandelt. Danach muss **grundsätzlich unterschieden** werden zwischen

a) Gemeinbedarfsflächen, die sich in dieser Eigenschaft (noch) nicht im Eigentum der öffentlichen Hand (Bedarfsträger) befinden und ggf. im Wege der Enteignung erworben werden können,

b) Gemeinbedarfsflächen, die bereits im Eigentum der öffentlichen Hand (Bedarfsträger) stehen und auf absehbare Zeit einer öffentlichen Nutzung vorbehalten bleiben, und

c) Gemeinbedarfsflächen, die sich zwar (noch) im Eigentum der öffentlichen Hand befinden, die jedoch zur Veräußerung anstehen, weil deren öffentliche Zweckbindung aufgegeben wird oder bereits ist.

Bei der Bewertung von Gemeinbedarfsflächen in Umlegungsgebieten gilt es, eine Reihe von **Besonderheiten** zu beachten:

890 a) Gemeinbedarfsflächen, die sich als solche bereits vor der Umlegung im Eigentum der öffentlichen Hand (Bedarfsträger) befinden, gehen zwar in die Umlegungsmasse flächenmäßig, jedoch nicht wertmäßig ein, d. h., sie gehen mit einem **„Nullwert"** in die Umlegung ein. Dies betrifft z. B. alte Wege und Straßen. Eine Bewertung ist deshalb nicht erforderlich. Im Übrigen gilt dies auch für solche „alten" Gemeinbedarfsflächen, die am bisherigen Ort untergehen, weil sie im Rahmen des Umlegungsverfahrens an anderer Stelle neu geschaffen werden. Die alten Gemeinbedarfsflächen werden, soweit sie zu den örtlichen Verkehrs- und Grünflächen zählen, bei der Ermittlung des Flächenabzuges für die künftigen örtlichen Verkehrs- und Grünflächen angerechnet (vgl. Rn. 631 ff.).

b) **Gemeinbedarfsflächen, die bereits als solche in die Umlegung eingeworfen worden sind,** unterliegen somit grundsätzlich nicht der Wertermittlung, da sie hier keinen eigenständigen Wert besitzen; ihr Wert geht in die entsprechend höheren Werte der durch sie erschlossenen Zuteilungsgrundstücke ein[426]. Gleichwohl können baulich nutzbare Gemeinbedarfsflächen, wie Sonderflächen für Verwaltungen, insoweit an der Umlegung partizipieren, wie sie Vorteile aus Erschließungmaßnahmen ziehen, so bei erschließungsflächenbeitragsfreier Zuteilung. Ihre Werterhöhung bemisst sich demzufolge nach dem Wert der anteiligen Erschließungsfläche.

c) **Grundstücksflächen,** die in einem möglicherweise bereits vor Einleitung einer Erschließungsumlegung oder im Verlauf des Umlegungsverfahrens aufgestellten Bebauungsplan für Gemeinbedarfszwecke ausgewiesen wurden und **die bislang im privaten Eigentum standen,** werden grundsätzlich als Rohbauland i. S. d. § 5 Abs. 3 ImmoWertV bewertet; von diesem Grundsatz kann in besonderen Fällen abzuweichen sein (vgl. Rn. 701). Dies kann zu Disparitäten gegenüber den sonsthin zur Anwendung kommenden Bewertungsgrundsätzen führen. Nach den allgemeinen Grundsätzen werden künftige Gemeinbedarfs-

---

425 BT-Drucks. 10/4630, S. 99.
426 BVerwG, Urt. vom 4.2.1981 – 8 C 13/81 –, BVerwGE 61, 316 = EzGuG 17.39.

flächen nämlich über das Institut der enteignungsrechtlichen Vorwirkung bewertet. Prinzipiell kann der mit dem Vorwirkungsgrundsatz angesprochene Ausschluss von der konjunkturellen Weiterentwicklung zu einer qualitätsmäßigen Einstufung der künftigen Gemeinbedarfsflächen bis auf eine Ackerlandqualität durchschlagen (Flächen der Land- oder Forstwirtschaft i. S. d. § 5 Abs. 1 ImmoWertV).

Die **Praxis**, die *künftigen* Gemeinbedarfsflächen grundsätzlich in der Umlegung als Rohbauland zu qualifizieren, **ist** in erster Linie wiederum **im Solidaritätsprinzip begründet**. Die Planung verteilt unter den Voraussetzungen, die das Umlegungsverfahren prägen, keine „schwarzen und weißen Lose", weil erst durch das Umlegungsverfahren „weiße Lose", d. h. privat bebaubare Grundstücke, entstehen können. Dies führt zu Disparitäten[427] bei der Bewertung von Gemeinbedarfsflächen innerhalb und außerhalb von Umlegungsgebieten und ist letztlich darin begründet, dass das Baurecht einen allgemeinen Planungswertausgleich nicht kennt (vgl. Rn. 693 ff.). 891

3.6 Steuerliche Behandlung

Schrifttum: *Aderhold, D.,* Zur grunderwerbsteuerlichen Behandlung der Baulandumlegung, GuG 2002, 212.

3.6.1 Grunderwerbsteuer

Alle in einem förmlichen (amtlichen) Umlegungsverfahren nach den §§ 45 ff. BauGB durch Ausspruch einer Behörde erfolgenden Eigentumsänderungen an Grundstücken sind von der Grunderwerbsteuer befreit, wenn der neue Eigentümer in diesem Verfahren als Eigentümer eines im Umlegungsgebiet gelegenen Grundstücks Beteiligter ist[428]. Die Eigentumsänderung vollzieht sich dabei außerhalb des Grundbuchs. Die Rechtsänderung kann durch Inkrafttreten des Umlegungsplans oder aufgrund einer Vorausregelung für einzelne Grundstücke eintreten[429]; bei Anwendung der vereinfachten Umlegung tritt die Rechtsänderung durch das Inkrafttreten des Umlegungsbeschlusses ein. 892

Von einer Besteuerung ausgenommen sind stets und in vollem Umfang Zuteilungen an die Gemeinde oder den sonstigen Erschließungsträger für die in § 55 Abs. 2 BauGB genannten Zwecke (u. a. **Straßenflächen, Wege, Plätze und Grünanlagen**). 893

Mit der **Rechtsprechung vom 28.7.1999** hat der BFH seine bisherige Auffassung aufgegeben, dass nur dann kein der Grunderwerbsteuer unterliegender Erwerbsvorgang vorliegt, wenn die im Umlegungsverfahren zugeteilten Grundstücke mit den bisher dem Beteiligten gehörenden Grundstücksflächen identisch (Flächen- und Deckungsgleichheit) sind. Grunderwerbsteuerbefreiung ist vielmehr bei Unter- und Überschreitung des Sollanspruchs zu gewähren. Die dem entgegenstehende Rechtsprechung sowie entsprechende Verwaltungsvorschriften sind damit nicht mehr anzuwenden[430].

Für **Grundstücksübergänge im Rahmen freiwilliger Umlegungen gibt es keine grunderwerbsteuerlichen Befreiungen.** Rechtsänderungen, die im Rahmen eines Umlegungsverfah- 894

---

427 Hierauf ist ungehört schon vor 30 Jahren hingewiesen worden: vgl. Wilsing in AVN 1968, 113 und AVN 1961, 209; zu Abweichungen vgl. BGH, Urt. vom 15.11.1979 – III ZR 78/78 –, BGHZ 76, 274 = EzGuG 17.36.
428 BFH, Urt. vom 28.7.1999 – II R 25/98 –, BFHE 190, 225 = Hess. Städte- und GemeindeZ 1999, 439 = EzGuG 1.65b.
429 BFH, Urt. vom 1.8.1990 – II R 6/88 –, BFHE 162, 146 = EzGuG 17.61a, BFH, Urt. vom 29.10.1997 – II R 36/95 –, GuG 1998,116 = EzGuG 17.79; bei sog. **freiwilligen Baulandumlegungen** vgl. Vfg. der OFD Freiburg, Karlsruhe und Stuttgart zur Anwendung des § 7 Abs. 2 GrEStG auf den Erwerb eines in einer sog. freiwilligen Baulandumlegung gebildeten Grundstücks (GrESt-Kartei lfd. Nr. 346 und 354); Erl. des bad.-württ. FM vom 10.5.1990 – S 4400 – 7a/79 – und vom 13.5.1983 – S 4400 – 7/79 –; Erl. des saarl. FM zur Behandlung von Landzuteilungen im Umlegungsverfahren nach dem BauGB (§ 1 Abs. 1 Nr. 3 Buchst. b GrEStG) vom 17.4.2000 (GuG 2001/5).
430 FG Hessen, Urt. vom 17.3.1997 – 5 K 621/95 –, EFG 1998, 1428 = UVR 1998, 443 = EzGuG 17.77a; FG Münster, Urt. vom 3.12.1990 – VIII 6135/88 GrE –; BFH, Urt. vom 1.8.1990 – II R 6/88 –, BFHE 162, 146 = EzGuG 17.61a; MfF Rh.-Pf. vom 14.8.1983 – S 4400 A-442 –, Deutsche Verkehrs-Rundschau 1983, 130; Erl. des bln FM vom 23.1.1997 – III ES 4400 – 2/82 –, DStR 1997, 454; Erl. des nordrh.-westf. FM vom 15.12.1992 (S 4500 – 17-VA 2, abgedruckt in GuG 1993, 360); hierzu OFD Düsseldorf, Erl. vom 19.4.1994 – S 4500 – 2 St 223 –, GuG 1998, 299; Erl. des bad.-württ. FM vom 30.9.1997 – S 4400/5 –, GuG 1998, 298.

rens auf freiwilliger Basis erfolgen, unterliegen der Grunderwerbsteuer; die Nichtsteuerbarkeit nach § 1 Abs. 1 Nr. 3 Buchst. b GrEStG findet keine Anwendung. Da es sich hier um einen Tausch von Grundstücken handelt, unterliegt sowohl die Vereinbarung über die Leistung des einen als auch die Vereinbarung über die Leistung des anderen Vertragsteils der Grunderwerbsteuer (§ 1 Abs. 5 GrEStG)[431].

3.6.2 Einkommensteuer

895 Mit der Mehrzuteilung eines Grundstücks in einem Umlegungsverfahren nach den §§ 45 ff. BauGB gegen Zuzahlung nach § 59 Abs. 2 BauGB liegt ein **Anschaffungsgeschäft** i. S. d. § 23 EStG **nur dann** vor, **wenn sie den Sollanspruch i. S. d. § 56 Abs. 1 Satz 1 BauGB nicht nur unwesentlich übersteigt**[432].

Werden im Zusammenhang mit der Baulandumlegung **andere Wirtschaftsgüter** als Grund und Boden übertragen oder zugeteilt (z. B. bauliche Anlagen, Anpflanzungen und sonstige Einrichtungen i. S. d. § 60 BauGB), liegt eine Veräußerung oder Anschaffung vor. Veräußerungspreis oder Anschaffungskosten sind die insoweit im Umlegungsverzeichnis (§ 68 BauGB) aufgeführten Abfindungs- oder Ausgleichsleistungen. Ein Veräußerungsgewinn ist nach den §§ 6b und c EStG begünstigt, wenn deren Voraussetzungen vorliegen.

896 Auszugleichende umlegungsbedingte Wertsteigerungen berühren nicht die wirtschaftliche Identität des eingebrachten und des zugeteilten Grundstücks. Für die **Berechnung der Veräußerungsfrist** i. S. d. § 23 EStG ist daher das der Anschaffung des eingeworfenen Grundstücks zugrunde liegende obligatorische Geschäft maßgebend. Geldleistungen, die der Zuteilungsberechtigte zum Ausgleich umlegungsbedingter Wertsteigerungen leistet, sind nachträgliche Anschaffungskosten des eingeworfenen Grundstücks. Wird die Wertsteigerung durch Zuteilung von weniger Fläche ausgeglichen, sind für die Ermittlung des Veräußerungsgewinns weiterhin die Anschaffungskosten des eingeworfenen Grundstücks anzusetzen.

a) **Mehrzuteilung:** Im Umfang der in Geld auszugleichenden Mehrzuteilung liegt ein Anschaffungsgeschäft i. S. d. § 23 EStG vor. Für die Berechnung der Veräußerungsfrist ist der Zeitpunkt maßgebend, zu dem die Unanfechtbarkeit des Umlegungsplans bekannt gemacht wird (§ 71 Abs. 1 Satz 1 BauGB).

b) **Minderzuteilung:** Ausgleichsleistungen, die der Grundstückseigentümer wegen Minderzuteilung erhält, sind nach § 23 Abs. 1 Satz 1 Nr. 1 EStG steuerpflichtig, wenn der Zeitraum zwischen dem der Anschaffung des eingeworfenen Grundstücks zugrunde liegenden obligatorischen Geschäft und dem Zeitpunkt, zu dem die Unanfechtbarkeit des Umlegungsplans bekannt gemacht wird (§ 71 Abs. 1 Satz 1 BauGB), nicht mehr als zehn Jahre beträgt.

4 Städtebauliche Erhaltungssatzungen

4.1 Rechtsgrundlagen

4.1.1 Allgemeines

Schrifttum: *Dyroff, A.,* Die unendliche Geschichte: Mietobergrenzen im Sanierungsgebiet, BlnGE 2004, 605; *Dyroff, A.,* Das Ende einer Milieuschutzverordnung, Bln GE 2007, 640.

▶ *§ 5 ImmoWertV Rn. 223*

897 Das städtebauliche Erhaltungsrecht ist ein Rechtsinstrumentarium, mit dem die Gemeinde ergänzend zum Sanierungs- und Entwicklungsrecht den Gehalt eines Gebiets „steuern" kann. Es ist in den §§ 172 bis 174 BauGB geregelt. Bei den städtebaulichen Zielvorstellungen muss

---
431 BFH, Urt. vom 6.12.1988 – II B 98/88 –, BFHE 154, 240 = BStBl. II 1988, 1008 = EzGuG 17.57; ferner BVerfG, Urt. vom 7.2.1990 – 1 BvR 1556/88 –, HFR 1990, 580 = EzGuG 17.57d.
432 BFH, Urt. vom 29.3.1995 – X R 3/92 –, GuG 1995, 375 = EzGuG 17.74.

es nicht nur um den **Erhalt eines Gebiets** gehen, vielmehr kann damit auch ein sozial verträglicher Umstrukturierungsprozess „gesteuert" werden. Insoweit ist die Bezeichnung missverständlich. Des Weiteren kann damit der Erhalt der Zusammensetzung der angestammten Wohnbevölkerung „gesteuert" werden, wenn ihre Verdrängung städtebaulich abträglich wäre (städtebaulicher Reflex).

Das städtebauliche Erhaltungsrecht ist ein räumlich begrenzt wirksames Sonderrecht, das zeitlich (unbefristet) so lange zur Anwendung kommen kann, wie es die städtebaulichen Zielvorstellungen der Gemeinde erfordern. Zu diesem Zweck kann die Gemeinde nach § 172 Abs. 1 BauGB in einem Bebauungsplan oder durch eine sonstige Satzung Gebiete bezeichnen, in denen **898**

- der **Rückbau (Abbruch)** baulicher Anlagen,
- die **Änderung baulicher Anlagen**,
- die **Nutzungsänderung** baulicher Anlagen und
- in bestimmten Fällen auch die **Errichtung baulicher Anlagen**

der **Genehmigung** bedarf (Geltungsbereich einer Erhaltungssatzung).

Gleichzeitig steht der Gemeinde im Geltungsbereich einer Erhaltungssatzung nach § 24 Abs. 1 Nr. 4 BauGB beim Kauf von Grundstücken ein **Vorkaufsrecht** zu. Des Weiteren kann nach § 85 Abs. 1 Nr. 6 BauGB ein Grundstück im Geltungsbereich einer Erhaltungssatzung enteignet werden, um eine bauliche Anlage aus den in § 172 Abs. 3 bis 5 BauGB bezeichneten Gründen zu erhalten. **899**

Die Festlegung des Geltungsbereichs einer Erhaltungssatzung hält sich im Rahmen der **Inhaltsbestimmung des Eigentums** und erst die Versagung einer Genehmigung kann in einen enteignenden Eingriff mit den aufgeführten unterschiedlichen Rechtsfolgen umschlagen. In einen enteignenden Eingriff schlägt die Versagung der Genehmigung erst um, wenn damit die Opfergrenze überschritten wird. Die **Opfergrenze bestimmt sich nach der wirtschaftlichen Zumutbarkeit einer Versagung** (vgl. Rn. 593). **900**

Das **städtebauliche Erhaltungsrecht ist zweistufig ausgestaltet:** **901**

In der ersten Stufe wird mit der Erhaltungssatzung lediglich das Gebiet festgelegt. Die Erhaltungssatzung dient ausschließlich der Bezeichnung des Gebiets, ohne dass dies an besondere planungsrechtliche Voraussetzungen gebunden ist. Die Erhaltungssatzung bedarf auch keiner Begründung. Die Erhaltungssatzung entfaltet erst im Rahmen des Genehmigungsvorbehalts (zweite Stufe) ihre Wirkung.

4.1.2 Typologie der Erhaltungssatzung

4.1.2.1 Allgemeines

Das städtebauliche Erhaltungsrecht kennt **drei Typen von Erhaltungssatzungen** (§ 172 Abs. 1 BauGB), nämlich **902**

a) die *Stadtgestalterhaltungssatzung* zur Erhaltung der städtebaulichen Eigenart des Gebiets aufgrund seiner städtebaulichen Gestalt (§ 172 Abs. 1 Nr. 1 BauGB) – städtebaulicher Ensembleschutz,

b) die *Milieuschutzsatzung* zur Erhaltung der Zusammensetzung der Wohnbevölkerung (§ 172 Abs. 1 Nr. 2 BauGB) oder

c) die *Umstrukturierungssatzung* für städtebauliche Umstrukturierungen (§ 172 Abs. 1 Nr. 3 BauGB).

Die **Rechtsfolgen** bezüglich des Genehmigungsvorbehalts sind in § 172 Abs. 3 bis 5 BauGB geregelt[433] (vgl. Abb. 1): **903**

---

[433] Konkretisiert vielfach durch Verwaltungsanweisungen: z. B. Bekanntmachung des Berl. Senats vom 16.6.2005 zu den Kriterien für die Umsetzung der Erhaltungsverordnung entsprechend § 172 BauGB für das Gebiet „Chamissoplatz" (Bln GE 2005, 978 = ABl. Bln 2005, 2300); Bekanntmachung des Berl. Senats vom 23.2.2005 zur Fortschreibung der Regelungen für das erhaltungsrechtliche Genehmigungsverfahren im Erhaltungsgebiet „Boxhagener Platz" (Bln GE 2005, 979 = ABl. Bln 2005, 673).

VI Städtebauliche Maßnahmen Städtebauliche Erhaltungssatzungen

Abb. 1: Typologie der Erhaltungssatzungen und ihre Rechtsfolgen

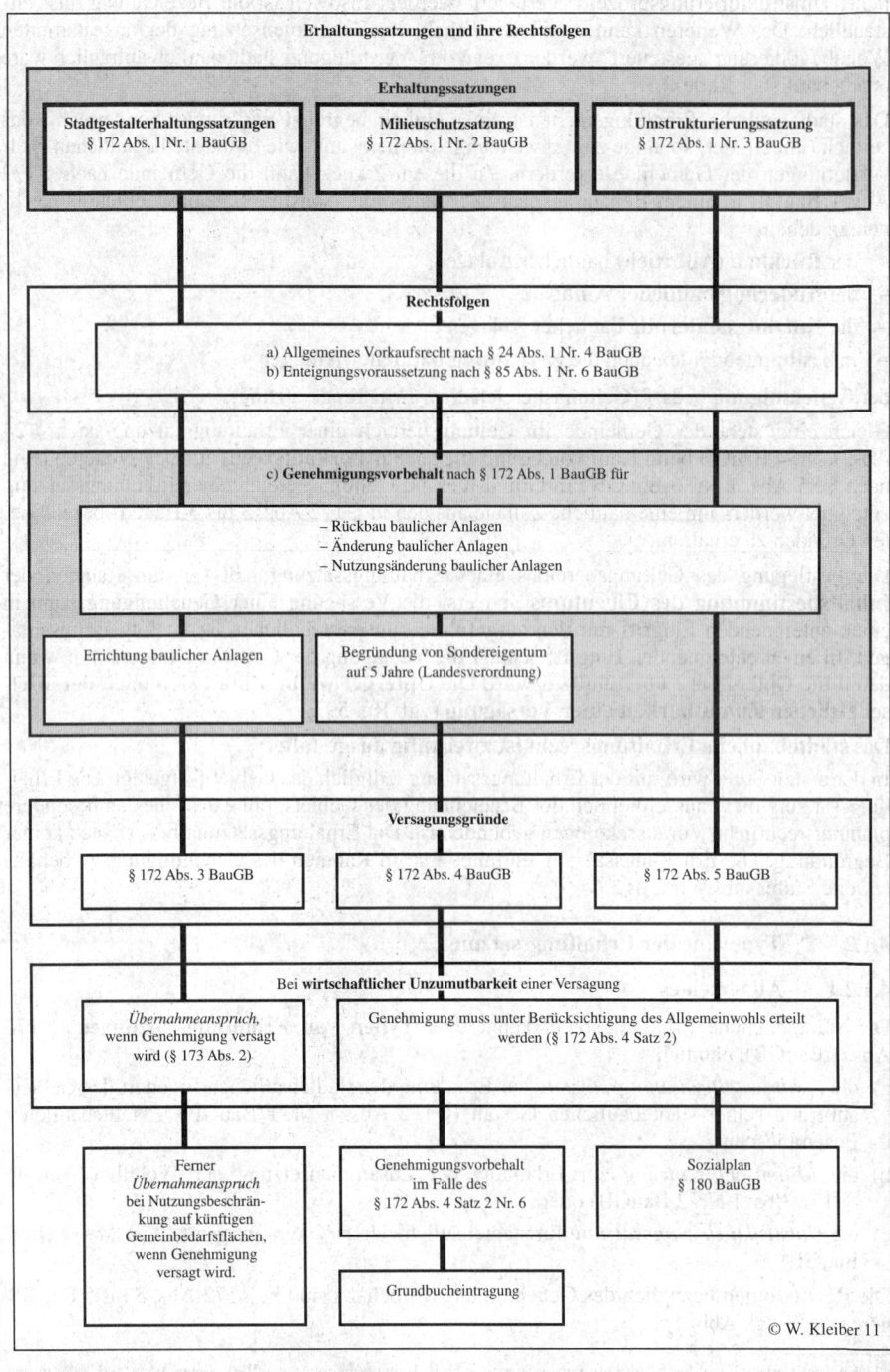

4.1.2.2 Stadtgestalterhaltungssatzung

Stadtgestalterhaltungssatzungen zielen darauf ab, die städtebaulichen Eigenart des Gebiets aufgrund seiner städtebaulichen Gestalt (§ 172 Abs. 1 Nr. 1 BauGB) zu erhalten (städtebaulicher Ensembleschutz). Anders als bei Denkmalen steht nicht die Erhaltungswürdigkeit des einzelnen Objekts, sondern die städtebauliche Gestalt des Gebiets im Vordergrund. Die Denkmaleigenschaft kann deshalb für sich eine Erhaltungssatzung nicht rechtfertigen, auch wenn die einbezogenen Objekte zugleich Denkmaleigenschaft aufweisen. **904**

„**§ 172 Abs. 3 BauGB Stadtgestalterhaltungssatzung**

(3) In den Fällen des Absatzes 1 Satz 1 Nr. 1 *(BauGB)* darf die Genehmigung nur versagt werden, wenn die bauliche Anlage allein oder im Zusammenhang mit anderen baulichen Anlagen das Ortsbild, die Stadtgestalt oder das Landschaftsbild prägt oder sonst von städtebaulicher, insbesondere geschichtlicher oder künstlerischer Bedeutung ist. Die Genehmigung zur Errichtung der baulichen Anlage darf nur versagt werden, wenn die städtebauliche Gestalt des Gebiets durch die beabsichtigte bauliche Anlage beeinträchtigt wird."

4.1.2.3 Milieuschutzsatzung

Milieuschutzsatzungen zielen darauf ab, die Zusammensetzung der Wohnbevölkerung zu erhalten (§ 172 Abs. 1 Nr. 2 BauGB). **905**

Im Geltungsbereich der Milieuschutzsatzung sind die unter Rn. 898 genannten Rechtsvorgänge genehmigungspflichtig. Des Weiteren kann die Landesregierung durch Rechtsverordnung für den Geltungsbereich von sog. **Milieuschutzsatzungen**[434] (§ 172 Abs. 1 Nr. 2 i. V. m. Abs. 4 BauGB) mit einer Geltungsdauer von höchstens fünf Jahren bestimmen, dass die Begründung von Sondereigentum (Wohnungseigentum und Teileigentum gemäß § 1 WEG) an Gebäuden, die ganz oder teilweise Wohnzwecken zu dienen bestimmt sind, einer Genehmigung bedarf. Diese Genehmigung ist in den in § 172 Abs. 4 Satz 2 und 3 BauGB genannten Fällen zu erteilen. **906**

„**§ 172 Abs. 4 BauGB Milieuschutzsatzung**

(4) In den Fällen des Absatzes 1 Satz 1 Nr. 2 und Satz 4 (BauGB) darf die Genehmigung nur versagt werden, wenn die Zusammensetzung der Wohnbevölkerung aus besonderen städtebaulichen Gründen erhalten werden soll. Sie ist zu erteilen, wenn auch unter Berücksichtigung des Allgemeinwohls die Erhaltung der baulichen Anlage oder ein Absehen von der Begründung von Wohnungseigentum oder Teileigentum wirtschaftlich nicht mehr zumutbar ist. Die Genehmigung ist ferner zu erteilen, wenn

1. die Änderung einer baulichen Anlage der Herstellung des zeitgemäßen Ausstattungszustands einer durchschnittlichen Wohnung unter Berücksichtigung der bauordnungsrechtlichen Mindestanforderungen dient,
2. das Grundstück zu einem Nachlass gehört und Wohnungseigentum oder Teileigentum zugunsten von Miterben oder Vermächtnisnehmern begründet werden soll,
3. das Wohnungseigentum oder Teileigentum zur eigenen Nutzung an Familienangehörige des Eigentümers veräußert werden soll,
4. ohne die Genehmigung Ansprüche Dritter auf Übertragung von Wohnungseigentum oder Teileigentum nicht erfüllt werden können, zu deren Sicherung vor dem Wirksamwerden des Genehmigungsvorbehalts eine Vormerkung im Grundbuch eingetragen ist,
5. das Gebäude im Zeitpunkt der Antragstellung zur Begründung von Wohnungseigentum oder Teileigentum nicht zu Wohnzwecken genutzt wird oder

---

434 BVerwG, Urt. vom 18.6.1997 – 4 C 2/97 –, GuG 1997, 375 = EzGuG 3.124, Revision zu VGH München, Urt. vom 12.2.1996 – 14 B 90.1485 –, GuG 1997, 315 = EzGuG 3.119a; OVG Berlin, Urt. vom 10.6.2004 – 2 B 3/02 –, GuG 2004, 379 = EzGuG 3.134; OVG Lüneburg, Urt. vom 27.4.1983 – 1 C 1/82 –, BRS Bd. 40 Nr. 154 = NJW 1984, 2905 = EzGuG 3.65a; VG Ansbach, Urt. vom 21.3.1990 – AN 3 K 89 00791 –, EzGuG 3.81a; VGH Kassel, Beschl. vom 11.5.1992 – 3 UE 174/89 –, BRS Bd. 54 Nr. 113 = EzGuG 3.108; VG Berlin, Urt. vom 3.6.1992 – 19 A 248/91 –, BlnGE 1992, 1047 = EzGuG 3.108a; VG München, Urt. vom 15.2.1993 – M 8 K 92.1600 –, GuG 1995, 379 = EzGuG 3.111a; VGH München, Urt. vom 5.8.1994 – 2 N 91.2476 –, GuG 1995, 126 = EzGuG 3.115; OVG Berlin, Beschl. vom 10.10.1995 – 2 S 7/95 –, BRS Bd. 57 Nr. 284 = NVwZ 1996, 920 = EzGuG 3.119; VG München, Urt. vom 9.12.1996 – M 8 K 96.1009 –, GuG 1997, 188 = EzGuG 3.122; VG München, Urt. vom 15.6.1998 – M 8 K 97.8559 –, GuG 1998, 315 = EzGuG 3.125; VG Berlin, Beschl. vom 11.2.2000 – 19 A 19/00 –, GuG 2000, 189 = EzGuG 3.126.

VI Städtebauliche Maßnahmen — Städtebauliche Erhaltungssatzungen

6. sich der Eigentümer verpflichtet, innerhalb von sieben Jahren ab der Begründung von Wohnungseigentum Wohnungen nur an die Mieter zu veräußern; eine Frist nach § 577a Abs. 2 Satz 1 des Bürgerlichen Gesetzbuchs verkürzt sich um sieben Jahre. Die Frist nach § 577a Abs. 1 des Bürgerlichen Gesetzbuchs entfällt.

In den Fällen des Satzes 3 Nr. 6 kann in der Genehmigung bestimmt werden, dass auch die Veräußerung von Wohnungseigentum an dem Gebäude während der Dauer der Verpflichtung der Genehmigung der Gemeinde bedarf. Diese Genehmigungspflicht kann auf Ersuchen der Gemeinde in das Wohnungsgrundbuch eingetragen werden; sie erlischt nach Ablauf der Verpflichtung."

4.1.2.4 Umstrukturierungssatzung

907 Die **Umstrukturierungssatzung** zielt auf eine sozialverträgliche städtebauliche Umstrukturierung (§ 172 Abs. 1 Nr. 3 BauGB). Dementsprechend sind die unter Rn. 574 genannten Rechtsvorgänge zu versagen.

„§ 172 Abs. 5 BauGB Umstrukturierungssatzung

(5) In den Fällen des Absatzes 1 Satz 1 Nr. 3 (BauGB) darf die Genehmigung nur versagt werden, um einen den sozialen Belangen Rechnung tragenden Ablauf auf der Grundlage eines Sozialplans (§ 180) zu sichern. Ist ein Sozialplan nicht aufgestellt worden, hat ihn die Gemeinde in entsprechender Anwendung des § 180 aufzustellen. Absatz 4 Satz 2 ist entsprechend anzuwenden."

4.2 Verkehrswertermittlung

4.2.1 Grundsätzliches

908 Bei der Verkehrswertermittlung von Grundstücken im Geltungsbereich einer Erhaltungssatzung kommen die allgemeinen Grundsätze der Verkehrswertermittlung zur Anwendung, jedoch gilt es eine Reihe besonderer „rechtlicher Gegebenheiten" (§ 194 BauGB) zu beachten. Als **rechtliche Gegebenheiten** sind insbesondere

- die wertmindernden Einschränkungen zu beachten, die sich aus dem Genehmigungsvorbehalt nach § 172 Abs. 3 bis 5 BauGB und den Möglichkeiten der Versagung einer Änderung der baulichen Anlage, der Nutzungsänderung sowie des Rückbaus (Abbruchs) einer baulichen Anlage ergeben, sowie
- die werterhöhenden Momente, die sich z. B. im Falle einer Stadtgestalterhaltungssatzung nach § 172 Abs. 1 Nr. 1 BauGB im Hinblick auf den Schutz des erhaltenswerten Ortsbilds, der Stadtgestalt und des Landschaftsbilds ergeben.

909 Von der **Möglichkeit der Ausübung des Vorkaufsrechts sowie der Enteignung** nach § 24 Abs. 1 Nr. 4 und § 85 Abs. 1 Nr. 6 BauGB gehen i. d. R. keine besonderen Werteinflüsse aus, weil sich das Vorkaufsrecht und die Entschädigung nach dem Verkehrswert bemessen. Ob sich die Lage eines Grundstücks im Geltungsbereich einer Erhaltungssatzung insgesamt wertmindernd, werterhöhend oder wertneutral auswirkt, hängt ansonsten von einer Gesamtbetrachtung sowohl der mit dem Genehmigungsvorbehalt verbundenen Einschränkungen als auch der mit dem besonderen Schutz einer erhaltenswerten Bausubstanz (Ensembleschutz) verbundenen Vorteile ab.

910 Je nach Typus der Erhaltungssatzung kann von den **Genehmigungstatbeständen** ein unterschiedlicher Einfluss auf den Verkehrswert ausgehen.

911 Obwohl die **wirtschaftliche Unzumutbarkeit** erst im Falle der Versagung einer Genehmigung mit unterschiedlichen Rechtsfolgen bei einer Stadtgestalterhaltungssatzung (Übernahmeanspruch) einerseits und einer Milieuschutz- oder Umstrukturierungssatzung andererseits (Genehmigungsanspruch) Bedeutung erlangt, muss die vom Gesetzgeber gezogene Grenzlinie schon bei der Verkehrswertermittlung berücksichtigt werden, denn der Grundstücksmarkt muss die im Rahmen der Sozialpflichtigkeit vom Eigentümer hinzunehmenden wirtschaftlichen Beeinträchtigungen bei der Preisbildung berücksichtigen.

Umgekehrt kann der Genehmigungsvorbehalt immer nur in dem Maße zu einer **Wertminderung** führen, wie die mit der Versagung verbundene wirtschaftliche Beeinträchtigung für den Eigentümer wirtschaftlich zumutbar ist. 912

Bei der Verkehrswertermittlung von Grundstücken im Geltungsbereich einer Erhaltungssatzung müssen deshalb regelmäßig die aus dem Genehmigungsvorbehalt resultierenden **wirtschaftlichen Beeinträchtigungen** aus zweierlei Gründen ermittelt werden: 913

– Zum einen wird man eine aus dem Genehmigungsvorbehalt resultierende Wertminderung gegenüber einem „unbelasteten" Grundstück zumindest bei Ertragsobjekten aus der wirtschaftlichen Beeinträchtigung ableiten.

– Zum anderen muss sich der Sachverständige damit auseinandersetzen, ob mit einer wirtschaftlichen Beeinträchtigung die wirtschaftliche Zumutbarkeitsgrenze überschritten wird, weil der Grundstückseigentümer im Rahmen der im Gesetz verankerten Opfergrenze die wirtschaftliche Beeinträchtigung nur bis eben zu dieser Grenze hinnehmen muss.

Soweit aufgrund des Genehmigungsvorbehalts insgesamt eine Minderung des Verkehrswerts gegenüber dem Verkehrswert eines „unbelasteten" Grundstücks eintritt, kann diese Wertminderung den Verkehrswert nur bis zu der verfassungsrechtlichen Opfergrenze aufzehren. Die Opfergrenze bestimmt sich nach der wirtschaftlichen Zumutbarkeit, wobei diese nicht in direkter Abhängigkeit von der Wertminderung zu ziehen ist. Die **Opfergrenze markiert** infolgedessen **die äußere Grenze einer sich aus dem Genehmigungsvorbehalt ergebenden Wertminderung.** Eine darüber hinausgehende Wertminderung wird quasi durch die vom Gesetzgeber vorgegebenen Rechtsfolgen „gekappt". Dies ist, wie ausgeführt, ein Übernahmeanspruch bzw. ein Genehmigungsanspruch mit der Folge, dass sich der Genehmigungsvorbehalt, von einer allgemeinen Unsicherheit bezüglich des Eintritts der Rechtsfolgen abgesehen, nicht mehr wertmindernd auswirken kann. 914

Hieraus ergibt sich für die Wertermittlung eine **zweistufige Vorgehensweise:** 915

– In der **ersten Stufe** ist zu prüfen, ob mit einer zu erwartenden wirtschaftlichen Beeinträchtigung aufgrund des Genehmigungsvorbehalts die Opfergrenze überschritten wird und deshalb ein Genehmigungs- bzw. Übernahmeanspruch geltend gemacht werden kann. Ist dies zu bejahen, kann a priori auf die Ermittlung einer Wertminderung verzichtet werden.

– Geht aufgrund des Prüfungsergebnisses der ersten Stufe mit dem Genehmigungsvorbehalt keine wirtschaftliche Beeinträchtigung einher, die die Opfergrenze überschreitet, stellt sich in der **zweiten Stufe** (und nur dann) die Aufgabe, ob und ggf. in welcher Höhe eine Wertminderung zu berücksichtigen ist, wenn bei der Verkehrswertermittlung vom Verkehrswert des „unbelasteten" Grundstücks ausgegangen werden soll.

▶ *Zur Zumutbarkeitsgrenze vgl. die vorstehenden Ausführungen; zur Zumutbarkeitsgrenze im Denkmalschutz vgl. Teil V Rn. 730 ff.*

4.2.2 Genehmigungsvorbehalt

4.2.2.1 Rückbau baulicher Anlagen

Der Abbruch einer baulichen Anlage stellt kein Vorhaben i. S. d. § 29 Satz 1 BauGB dar und bedarf deshalb grundsätzlich keiner Genehmigung nach den planungsrechtlichen Vorschriften des allgemeinen Städtebaurechts. Die Lage eines Grundstücks im Geltungsbereich einer Erhaltungssatzung engt demzufolge die Dispositionsmöglichkeiten eines Eigentümers ein (vgl. die Rechtswirkungen bei Veränderungssperren nach § 14 Abs. 1 Nr. 1 BauGB und die entsprechenden Genehmigungsvorbehalte für Grundstücke, die in eine städtebauliche Sanierungs- oder Entwicklungsmaßnahme einbezogen worden sind: § 144 Abs. 1 Nr. 1 i. V. m. § 14 Abs. 1 BauGB). Die **Versagung der Genehmigung für den Rückbau** einer baulichen Anlage gewinnt erst dann **wertmäßig Relevanz, wenn damit eine höherwertige Nutzung des Grundstücks verhindert wird,** die üblicherweise auch realisiert werden würde. 916

VI Städtebauliche Maßnahmen Städtebauliche Erhaltungssatzungen

917 Zur Frage, ob der Genehmigungsvorbehalt für den Rückbau einer baulichen Anlage wertmäßig berücksichtigt werden muss, sollte deshalb untersucht werden,

– ob im Einzelfall mit der **Versagung der Genehmigung** für einen sich wirtschaftlich aufdrängenden Rückbau gerechnet werden muss und
– wie sich dies ggf. auf den Verkehrswert auswirkt.

918 Muss mit der Versagung der Rückbaugenehmigung gerechnet werden, lässt sich die Wertminderung dadurch ermitteln, dass

– der Verkehrswert des Grundstücks bei Fortführung der vorhandenen Bebauung und
– der Verkehrswert unter Berücksichtigung des Rückbaus der Bausubstanz

gegenübergestellt werden. Die sich daraus ergebende Wertminderung ist grundsätzlich bei der Verkehrswertermittlung zu berücksichtigen. Erst wenn die Wertminderung so erheblich ist, dass sie vom Eigentümer nicht hingenommen zu werden braucht, d. h., wenn sie für ihn wirtschaftlich unzumutbar ist, ist § 172 Abs. 4 Satz 2 und Abs. 5 Satz 3 sowie § 173 Abs. 2 i. V. m. § 40 Abs. 2 BauGB zu beachten. Die **wirtschaftliche Unzumutbarkeit** ist dann die vom Gesetzgeber gezogene **Grenzlinie der Wertminderung,** die der Eigentümer im Rahmen der Sozialbindung des Eigentums entschädigungslos hinnehmen muss.

919 Der Verkehrswert eines Grundstücks im Geltungsbereich einer Erhaltungssatzung kann aufgrund einer zu erwartenden Versagung der **Genehmigung des Rückbaus** einer baulichen Anlage **nur bis zu der Grenze** gemindert werden, **wie dies wirtschaftlich dem Eigentümer zugemutet werden kann.** Bei wirtschaftlicher Unzumutbarkeit

– muss bei Erhaltungssatzungen i. S. d. § 172 Abs. 1 Nr. 2 BauGB (Milieuschutzsatzungen) sowie bei Satzungen i. S. d. § 172 Abs. 1 Nr. 3 BauGB (Städtebauliche Umstrukturierungssatzungen) die Genehmigung nämlich erteilt werden;
– besteht bei Erhaltungssatzungen i. S. d. § 172 Abs. 1 Nr. 1 BauGB (Stadtgestalterhaltungssatzung) ein Übernahmeanspruch.

920 Im Falle des **Übernahmeanspruchs** bestimmt sich demzufolge der (Mindest-)Verkehrswert nach der dann zu gewährenden Entschädigung. Für die Bemessung der Entschädigung **sind** nach § 173 Abs. 2 Satz 2 BauGB **die planungsschadensrechtlichen Regelungen der § 43 Abs. 1, 4 und 5 sowie § 44 Abs. 3 und 4 BauGB** entsprechend anzuwenden (vgl. Rn. 160 ff.).

921 Einen Rückbau (Abbruch) wird der Eigentümer spätestens dann in Betracht ziehen, wenn der Reinertrag einer baulichen Anlage vom Bodenwertverzinsungsbetrag aufgezehrt wird und die vorhandene Bausubstanz (wirtschaftlich) nicht instandsetzungsfähig ist, d. h. gegenüber einem Neubau zu keinen Ersparnissen führt.

922 Art. 14 Abs. 1 GG schützt nicht die rentabelste Nutzung des Eigentums[435]. Die Erhaltung einer baulichen Anlage ist deshalb nicht allein schon deshalb wirtschaftlich unzumutbar,

a) weil sie den Eigentümer an einer erträglicheren Nutzung seines Grundstücks hindert oder
b) weil dem Eigentümer bei einem Abbruch und anschließendem Neubau geringere Kosten entstehen würden als bei Durchführung der für die Erhaltung notwendigen Maßnahmen.

923 Voraussetzung ist vielmehr, dass die Kosten der Erhaltung und Bewirtschaftung der baulichen Anlage nicht durch ihre Erträge sowie etwaige staatliche und kommunale Zuschüsse und Steuervorteile aufgewogen werden können. Für die Auslegung des unbestimmten Rechtsbegriffs der „**wirtschaftlichen Unzumutbarkeit**" wird auf die in der Rechtsprechung zum Denkmalschutz entwickelten Grundsätze hingewiesen, auch wenn es sich bei den betroffenen Objekten nicht um Denkmale handeln muss. Wie nach dem Denkmalschutzrecht ist auch bei Erhaltungssatzungen eine objektbezogene Beurteilung geboten, d. h., auf die subjektiven wirtschaftlichen Verhältnisse des Eigentümers kommt es nicht an.

---

435 BVerfG, Beschl. vom 2.3.1999 – 1 BvL 7/91 –, BVerfGE 100, 226 = EzGuG 5.61a.

I. d. R. wird zum **Nachweis der wirtschaftlichen Unzumutbarkeit ein Wirtschaftlichkeits-** **924**
gutachten gefordert. Die Wirtschaftlichkeitsprüfung ist auf einen längeren Zeitraum – entsprechend den Fristen des Steuerrechts (§§ 7h und i EStG) auf etwa 10 bis 12 Jahre – zu beziehen und kann in Anlehnung an die einschlägigen Bestimmungen der II. BV durchgeführt werden[436].

In solchen Fällen kommt nach § 16 Abs. 3 ImmoWertV das Liquidationswertverfahren zur **925**
Anwendung. Zur Beantwortung der Frage, welche **Wertminderung** aufgrund der Lage des Grundstücks im Geltungsbereich der Erhaltungssatzung eingetreten ist und inwieweit sie tatsächlich im Hinblick auf den Übernahmeanspruch hingenommen werden muss, kann nach dem vorher Gesagten ermittelt werden, indem der **Liquidationswert dem Verkehrswert** gegenübergestellt wird, **der sich bei Fortführung der bestehenden baulichen Anlage ergibt.** Ist dieser Wert gegenüber dem Liquidationswert in einem Maße gemindert, das die wirtschaftliche Zumutbarkeit überschreitet, bemisst sich der Verkehrswert nach dem Entschädigungswert, der bei Geltendmachung des Übernahmeanspruchs zu gewähren ist.

4.2.2.2 Änderung baulicher Anlagen

Die „**Änderung einer baulichen Anlage**" umfasst den **Umbau, den Ausbau und die** **926**
Erweiterung baulicher Anlagen. Hierzu gehören sowohl Änderungen im Inneren einer baulichen Anlage, z. B. durch Änderung der Grundrissgestaltung sowie Modernisierungs- und Instandsetzungsmaßnahmen, als auch Änderungen des Äußeren eines Gebäudes. Der Genehmigungstatbestand kann, soweit aus den Erhaltungszielen mit einer Versagung gerechnet werden muss, zu einer Wertminderung führen, weil dem Objekt damit Entwicklungschancen genommen werden. Allerdings muss dabei berücksichtigt werden, dass die Realisierung solcher Entwicklungschancen i. d. R. eines Kapitaleinsatzes bedürfen und deshalb **nur rentierliche Entwicklungschancen zu einer Minderung des Verkehrswerts** eines von der Erhaltungssatzung erfassten Grundstücks gegenüber einem „unbelasteten" führen.

Dies kann wiederum dadurch festgestellt werden, dass **927**

– der (fiktive) Verkehrswert unter Berücksichtigung der sich üblicherweise aufdrängenden Änderungen und der dafür aufzubringenden Kosten

– dem Verkehrswert im unveränderten Zustand

gegenübergestellt wird. Eine sich daraus ergebende Wertminderung ist wiederum nur insoweit zu berücksichtigen, wie sie wirtschaftlich zumutbar ist. Bei Überschreitung der wirtschaftlichen Zumutbarkeitsgrenze ist der fiktiv ermittelte Verkehrswert maßgebend, weil dann die Genehmigung nach § 172 Abs. 4 Satz 2 bzw. Abs. 5 Satz 3 BauGB erteilt werden muss. Der Verkehrswert des im Geltungsbereich einer Erhaltungssatzung gelegenen Grundstücks ist in diesem Fall identisch mit dem Verkehrswert eines unbelasteten Grundstücks.

Im Rahmen von **Milieuschutzsatzungen** i. S. d. § 172 Abs. 1 Nr. 2 BauGB ist der Genehmi- **928**
gungsvorbehalt nach § 172 Abs. 4 BauGB von besonderer Bedeutung[437]. Änderungen baulicher Anlagen, die von vornherein nicht geeignet sind, sich auf die Zusammensetzung der Wohnbevölkerung auszuwirken, unterfallen nicht dem Genehmigungsvorbehalt des § 172 Abs. 4 Satz 3 Nr. 1 BauGB. Die Vorschrift wurde jedoch schematisch in der Weise angewandt, dass die Genehmigung von Modernisierungsmaßnahmen versagt wurde, wenn sie zu

---

[436] Ernst/Zinkahn/Bielenberg/Krautzberger, BauGB § 173 BauGB Rn. 35 ff.; Schrödter, BauGB, § 173 BauGB Rn. 8 ff.; Lemmel in BerlKomm § 173 BauGB Rn. 7 ff.; Kohlhammer-Komm. § 173 Rn. 15 ff.; Battis/Krautzberger/Löhr, BauGB § 173 BauGB Rn. 3 ff.; OVG Hamburg, Urt. vom 12.12.2007 – 2 Bf 10/02 –, BauR 2008, 1435 = EzGuG 5.66a.

[437] BVerwG, Urt. vom 18.6.1997 – 4 C 2/97 –, BRS Bd. 59 Nr. 254 = GuG 1997, 375 = EzGuG 3.124; VGH München, Urt. vom 8.5.2002 – 2 B 98.2215 –, OVG Münster, Urt. vom 17.11.1987 – 7 A 1897/87 –, EzGuG 3.71e; VG Berlin, Urt. vom 3.6.1992 – 19 A 248/91 –; VG München, Urt. vom 9.12.1996 – M 8 K 96.1008 –, EzGuG 3.122; VG München, Urt. vom 15.6.1998 – M 8 K 97.8559 –, GuG 1998, 315 = EzGuG 3.125; OVG Berlin, Urt. vom 30.5.1996 – 2 B 24/93 –, BRS Bd. 58 Nr. 123 = NVwZ 1997, 1005; OVG Berlin, Urt. vom 30.1.2004 – 2 B 18/02 –, GuG 2004, 246 = EzGuG 15.110; OVG Berlin, Urt. vom 10.6.2004 – 2 B 3/02 –, Bln GE 2004, 1100 = GuG 2004, 379 = EzGuG 3.134.

VI Städtebauliche Maßnahmen Städtebauliche Erhaltungssatzungen

einer Miethöhe führen würde, die über der für das Erhaltungsgebiet ermittelten Durchschnittsmiete liegt (**Mietobergrenzen**). Die eigentlichen Versagungsgründe müssen dabei städtebaulicher Natur sein, wobei es konkret um den „städtebaulichen Reflex" geht, der mit einer Verdrängung der ansässigen Bevölkerung einhergeht. So kann die Verdrängung einer infrastrukturell (in dem Gebiet) ausreichend – z. B. mit Kindergärten, Schulen, Flächen des ruhenden Verkehrs, Grünflächen, Altentagesstätten usw. – versorgten Bevölkerung zur Folge haben, dass diese Einrichtungen andernorts neu und für die neuen Bewohner andere Infrastruktureinrichtungen ebenfalls neu geschaffen werden müssen. Die Milieuschutzsatzungen sind nämlich kein Instrument des Mieterschutzes. Das BVerwG hat zumindest für **Sanierungsgebiete** pauschale Mietobergrenzen für unzulässig befunden (vgl. Rn. 239)[438].

929 In der Praxis werden **Modernisierungsmaßnahmen im Geltungsbereich einer Milieuschutzsatzung** vielfach dann nicht genehmigt, wenn sie zu einer Miete führen würden, die die für das Erhaltungsgebiet ermittelte Durchschnittsmiete übersteigt. Dabei wird unterstellt, dass mit der Überschreitung der Durchschnittsmiete eine Umstrukturierung mit städtebaulichen Folgen eintritt. Ob mit der Überschreitung der Durchschnittsmiete tatsächlich die genannten städtebaulichen Folgen eintreten werden, mag im Einzelfall bezweifelt werden können; es dürfte jedoch schwierig und kaum zu beantworten sein, ab welcher Überschreitung der Durchschnittsmiete bei einer bestimmten Bevölkerung und infrastrukturellen Ausstattung des Gebiets davon ausgegangen werden muss. Im Hinblick auf die Vorbildwirkung einer Überschreitung der Gebietsmiete kommt es auf die subjektiven Verhältnisse nicht an. Mit dem BauGB 98 wurde diesbezüglich im Gesetz klargestellt, dass Maßnahmen zur Änderung baulicher Anlagen (Modernisierungsmaßnahmen) zumindest in den Fällen zu genehmigen sind, in denen die Maßnahme der **Herbeiführung eines durchschnittlichen Ausstattungszustands der Wohnungen unter Berücksichtigung der bauordnungsrechtlichen Anforderungen** dient, die in Neubaufällen zu stellen sind. Dies entspricht der herrschenden Rechtsprechung.

930 Soweit sich die Möglichkeit der Durchführung rentierlicher **Modernisierungsmaßnahmen** werterhöhend auf den Verkehrswert auswirken würde, ist diese Möglichkeit ansonsten nur bezüglich solcher Modernisierungsmaßnahmen berücksichtigungsfähig, wie die Modernisierung zu einer Miethöhe führt, die der gebietsspezifischen Durchschnittsmiete entspricht. Des Weiteren muss davon ausgegangen werden, dass insbesondere aufwertungsverdächtige Gebiete mit einkommensschwächeren Mietern durch eine Milieuschutzsatzung in ihrer Wertentwicklung gebremst werden, die sich sonst durch Modernisierungsmaßnahmen und Umwandlung der Wohnungen in Wohneigentum einstellen würde.

4.2.2.3 Nutzungsänderung baulicher Anlagen

931 Ein Genehmigungsvorbehalt besteht nicht nur bei Änderung einer baulichen Anlage, sondern auch für den Fall, dass eine vorhandene bauliche Anlage einer neuen Nutzung zugeführt werden soll. Dies betrifft insbesondere die **Umwandlung von Wohnungen in Büros oder Vergnügungsstätten** sowie im Geltungsbereich einer Milieuschutzsatzung – zeitlich befristet auf 5 Jahre – die Umwandlung von Miet- in Eigentumswohnungen, wenn die Landesregierung durch Rechtsverordnung die Begründung von Sondereigentum (Wohnungs- und Teileigentum gemäß § 1 WEG) unter Genehmigungsvorbehalt gestellt hat.

932 Für die Verkehrswertermittlung bedeutet dies, dass im Rahmen des **Ertragswertverfahrens von den Einnahmen aus der bestehenden Nutzung ausgegangen werden muss** und nicht eine zulässige höherwertigere Nutzung angesetzt werden darf, die sonst bei der Preisbemessung im gewöhnlichen Geschäftsverkehr maßgeblich wäre.

---

[438] BVerwG, Beschl. vom 24.5.2006 – 4 C 9/04 –, GuG-aktuell 2006, 38 = EzGuG 15.118e; Revision zu OVG Berlin, Urt. vom 30.11.2004 – 2 B 18/02 –, GuG 2004, 246 = EzGuG 15.110; BVerwG, Urt. vom 17.12.2004 – 4 B 85/04 –, GuG 2005, 185 = EzGuG 3.137.

4.2.2.4 Errichtung einer baulichen Anlage

§ 172 Abs. 3 Satz 2 BauGB enthält einen selbstständigen materiellen Versagungsgrund für die Errichtung einer baulichen Anlage. Die Errichtung eines nach § 34 Abs. 2 BauGB zulässigen Gebäudes kann aufgrund der Erhaltungssatzung versagt werden[439]. 933

4.2.2.5 Grundstücksveräußerung

Im Geltungsbereich einer Milieuschutzsatzung kann die Veräußerung eines Grundstücks nach § 172 Abs. 4 Satz 4 BauGB versagt werden[440]. 934

5 Stadtumbausatzung

5.1 Allgemeines

Schrifttum: *Dieterich/Koch,* Stadtumbau – Wertermittlungsfragen, Entschädigungsfragen, Ausgleichsbeträge, GuG 2002, 344; *Dyroff, A.,* Die unendliche Geschichte: Mietobergrenzen im Sanierungsgebiet, BlnGE 2004, 605; *Dyroff, A.,* Das Ende einer Milieuschutzverordnung, Bln GE 2007, 640; *Dyroff, A.,* Was in Milieuschutzgebieten geht und was nicht, Bln GE 2009, 302; *Goldschmidt/Taubenek,* Stadtumbau, München 2010; *Kleiber W.,* Zur Bodenwertentwicklung beim Stadtumbau, Festschrift für Michael Krautzberger, München 2008 S. 285.

▶ *Vgl. § 4 ImmoWertV Rn. 34*

Grundstückspreise und damit auch Grundstückswerte werden maßgeblich durch die Erwartung der künftigen Nutzbarkeit des Grundstücks beeinflusst und erhöhen sich regelmäßig bereits im Vorfeld der künftigen Entwicklung. Sobald nur die Absicht der Gemeinde bekannt wird, ein Gebiet städtebaulich zu entwickeln, nimmt der Grundstücksmarkt die erwartete Aufwertung entsprechend dem Stand der Maßnahme vorweg[441]. Die Vorwegnahme solcher Werterhöhungen kann den bodenordnerischen Vollzug erschweren, insbesondere, wenn sich durch steigende Grundstückspreise die Kosten eines freihändigen oder hoheitlichen Grunderwerbs für Folge- und Gemeinbedarfseinrichtungen erhöhen. Aus diesem Grunde hat der Gesetzgeber für **städtebauliche Sanierungs- und Entwicklungsmaßnahmen** ein unter Rn. 1 ff. dargestelltes aufeinander abgestimmtes System bodenrechtlicher Vorschriften entwickelt, mit dem alle Eigentümer der von Sanierungs- und Entwicklungsmaßnahmen betroffenen Grundstücke von der dadurch bewirkten Werterhöhung ausgeschlossen werden, soweit sie nicht zulässigerweise dazu durch eigene Aufwendungen beigetragen haben (§§ 152 bis 156a BauGB)[442]. 935

Mit den §§ 171a bis 171d BauGB hat der Gesetzgeber den Gemeinden ein Instrument an die Hand gegeben, **Stadtumbaumaßnahmen ohne Einsatz des Sanierungs- bzw. Entwicklungsrechts** durchzuführen. Stadtumbaumaßnahmen sind nach § 171a Abs. 2 Satz 1 BauGB „Maßnahmen, durch die in von erheblichen städtebaulichen Funktionsverlusten betroffenen Gebieten Anpassungen zur Herstellung nachhaltiger städtebaulicher Strukturen vorgenommen werden". 936

Erhebliche städtebauliche Funktionsverluste liegen nach § 171a Abs. 2 Satz 2 BauGB „insbesondere vor, wenn ein dauerhaftes Überangebot an baulichen Anlagen für bestimmte Nutzungen, namentlich für Wohnzwecke, besteht oder zu erwarten ist". 937

Für die Durchführung von Stadtumbaumaßnahmen hat der Gesetzgeber instrumentell davon abgesehen, die Anwendung der genannten abgabenrechtlichen Vorschriften des Sanierungs- und Entwicklungsmaßnahmenrechts vorzugeben; lediglich die Vorschriften der §§ 137 und 938

---

439 BVerwG, Beschl. vom 3.12.2002 – 4 B 47/02 –, BlnGE 2003, 594 = GuG-aktuell 2003, 31 = EzGuG 3.127b.
440 BVerwG, Urt. vom 30.6.2006 – 4 C 1/03 –, BVerwGE 121, 169 = EzGuG 3.136.
441 BT-Drucks VI/510, S. 26; BT-Drucks IV 2491, S. 30.
442 Vgl. Ernst/Zinkahn/Bielenberg/Krautzberger, BauGB § 154 Rn. 1 ff.

VI Städtebauliche Maßnahmen Stadtumbausatzung

139 BauGB über die Beteiligung und Mitwirkung der Betroffenen sowie öffentlichen Aufgabenträger und der §§ 164a und 164b BauGB über den Einsatz von Städtebauförderungsmitteln sind entsprechend anzuwenden (§ 171b Abs. 3 und 4 BauGB). Demzufolge können in **Aussicht auf eine Stadtumbaumaßnahme** und vor allem im Zuge ihrer Durchführung die Grundstückswerte allgemein steigen, ohne dass die davon begünstigten Eigentümer zu einem Vorteilsausgleich herangezogen werden. Soweit tatsächlich davon auszugehen ist, dass mit den Maßnahmen erhebliche Wertsteigerungen einhergehen, die zu einer Erschwerung der Maßnahme führen, ist es der Gemeinde aber unbenommen, eine städtebauliche Sanierungsmaßnahme zu beschließen, denn eine Funktionsschwäche i. S. d. § 136 Abs. 2 Satz 2 Nr. 2 BauGB kann eben auf einen solchen Funktionsverlust zurückführbar sein.

939 Für die Vorbereitung und Durchführung von Stadtumbaumaßnahmen gelten eine Reihe gesetzlicher Vorgaben:

– Grundlage des Beschlusses zur Festlegung des Stadtumbaugebiets ist ein von der Gemeinde aufzustellendes **städtebauliches Entwicklungskonzept**, in dem die Ziele und Maßnahmen (§ 171a Abs. 3 BauGB) im Stadtumbaugebiet darzustellen sind. Bei der Verkehrswertermittlung von Grundstücken im Stadtumbaugebiet, aber auch von mittelbar betroffenen Grundstücken ist dieses städtebauliche Entwicklungskonzept beachtlich, da diesem die städtebaulichen Zielvorstellungen entnommen werden können.

– Stadtumbaumaßnahmen sollen nach dem Willen des Gesetzgebers auf der Grundlage konsensualer Lösungen bewältigt werden. Die Gemeinde soll nach § 171c BauGB die Stadtumbaumaßnahmen möglichst auf der **Grundlage von städtebaulichen Verträgen** i. S. d. § 11 BauGB durchführen. Auch derartige Verträge sind bei der Verkehrswertermittlung beachtlich. Gegenstand dieser Verträge können nämlich insbesondere sein:

  • die Durchführung des Rückbaus baulicher Anlagen innerhalb einer bestimmten Frist und die Kostentragung für den Rückbau,

  • der Verzicht auf die Ausübung von planungsschadensrechtlichen Ansprüchen nach den §§ 39 bis 44 BauGB und

  • der Ausgleich von Lasten zwischen den beteiligten Eigentümern.

Derartige vertragliche Regelungen müssen bei der Verkehrswertermittlung berücksichtigt werden.

– Die Gemeinde kann nach § 171d BauGB durch Satzung ein Gebiet mit den nachfolgenden bodenrechtlichen Besonderheiten bezeichnen:

  • Vorhaben i. S. d. § 29 BauGB, die Beseitigung baulicher Anlagen sowie erhebliche oder wesentlich wertsteigernde Veränderungen i. S. d. § 14 Abs. 1 BauGB bedürfen einer Genehmigung (Veränderungssperre) nach Maßgabe des § 171d Abs. 3 BauGB.

  • Entsprechende Vorhaben und Maßnahmen können in entsprechender Anwendung des § 15 BauGB zurückgestellt werden.

  • Die §§ 138, 173 und 174 BauGB finden entsprechend Anwendung.

– In Stadtumbaugebieten können nach der Verwaltungsvereinbarung zur Städtebauförderung des Bundes[443] Finanzhilfen eingesetzt werden; die Einzelheiten der Förderung regeln die Länder in ihren Förderungsrichtlinien unter Beachtung folgender Eckwerte:

  • Es wird ein Zuschuss in Höhe eines vom Land festzulegenden Pauschalbetrags je Quadratmeter rückgebauter Wohnfläche gewährt, an dem sich der Bund mit bis zu 30 €/m² WF beteiligt.

  • Die Förderung setzt einen Verzicht auf planungsschadensrechtliche Entschädigungsansprüche voraus.

---

[443] Abgedruckt in Krautzberger, Städtebauförderungsrecht, Bd. 2 Nr. B 2.3.

- Bei der Aufwertung von Stadtquartieren wird ein Zuschuss zu den unrentierlichen Kosten gewährt.

5.2 Festlegung des Stadtumbaugebiets

Grundlage für den **Beschluss, mit dem die Gemeinde das Gebiet festlegt, in dem Stadtumbaumaßnahmen durchgeführt werden sollen** (§ 171b Abs. 1 BauGB), ist ein von der Gemeinde aufzustellendes städtebauliches Entwicklungskonzept, in dem die Ziele und Maßnahmen (§ 171a Abs. 3 BauGB) im Stadtumbaugebiet schriftlich darzustellen sind (§ 171b Abs. 2 Satz 1 BauGB). Dem Grundstücksmarkt werden damit einerseits konkrete Hinweise zu den beabsichtigten Maßnahmen in dem Stadtumbaugebiet und der daraus resultierenden Aufwertung und andererseits zu vergleichbaren Gebieten gegeben, die zumindest vorerst nicht unter Einsatz von Städtebauförderungsmitteln aufgewertet werden. Dementsprechend werden dem Grundstücksmarkt die gemeindlichen Prioritäten aufgezeigt, was sich möglicherweise auch wertmindernd auf die übrigen Gebiete auswirken kann. 940

Der Festlegung eines Stadtumbaugebiets ist in aller Regel ein längerer Prozess der **städtebaulichen Funktionsverluste mit wachsendem Leerstand,** verbunden mit einem Wertverfall auf dem Grundstücksmarkt, vorangegangen. Dieser Wertverlust muss sich bei einer ordnungsgemäßen Aufgabenerfüllung der Gutachterausschüsse für Grundstückswerte (§§ 192 bis 199 BauGB) in den für das Stadtumbaugebiet in den Bodenrichtwertkarten ausgewiesenen Bodenrichtwerten (§ 196 BauGB) abbilden. Sofern die Behauptung zuträfe, dass dessen ungeachtet für diese Gebiete gleichwohl überhöhte und realitätsferne Bodenrichtwerte in den Bodenrichtwertkarten ausgewiesen würden und diese nicht die aktuelle Marktsituation abbilden, wäre dem vom örtlichen Gutachterausschuss für Grundstückswerte und ggf. von der Rechtsaufsicht des jeweiligen Bundeslandes nachzugehen[444]. 941

Aus alledem folgt, dass eine aus der Durchführung der Stadtumbaumaßnahme resultierende Aufwertung regelmäßig einen **Grundstücksbestand** betrifft, der nach den Anwendungsvoraussetzungen von einem „erheblichen" Funktionsverlust betroffen ist und deshalb ganz allgemein zu erwarten ist, dass er **nicht unerheblich im Wert gesunken** ist und vielfach erst durch eine Änderung des Baurechts wieder einer städtebaulichen Funktion zugeführt werden kann. 942

Wird in einem Stadtumbaugebiet bei der Bodenwertermittlung von Vergleichspreisen bzw. Bodenrichtwerten unbebauter Grundstücke ausgegangen, so kann die Förderung des Rückbaus die Wertminderung neutralisieren, die sich aus der abzubrechenden Bausubstanz ergibt. Subventionen erweisen sich dabei wieder einmal als preis- bzw. werterhöhend. In diesem Fall müssen aber gleichzeitig auch Wertminderungen berücksichtigt werden, die aus den Förderauflagen resultieren, insbesondere der Verzicht auf die Ausübung von Ansprüchen nach den planungsschadensrechtlichen Regelungen der §§ 39 bis 44 BauGB (Plangewährleistungsansprüche). 943

Dabei werfen insbesondere **eigentumsverdrängende Herabzonungen** – z. B. durch Umwidmung eines Baugrundstücks zu einer Grünfläche einhergehend mit einem Rückbau vorhandener baulicher Anlagen – und auch Änderungen im Maß der baulichen Nutzung im Hinblick auf planungsschadensrechtliche Ansprüche Fragen auf[445]. 944

5.3 Planungsschaden

▶ *Vgl. Rn. 160 ff., 287, 566, 702*

Die Ansprüche nach den planungsschadensrechtlichen Regelungen der §§ 39 bis 44 BauGB werden insbesondere von den Betroffenen überschätzt: 945

---

444 Vgl. Kleiber, Wertermittlung und Stadtumbau, Fachaufsatz in vhw-Forum Wohnungseigentum 2003, 305.
445 Ernst/Zinkahn/Bielenberg/Krautzberger, BauGB § 171c Rn. 10.

VI Städtebauliche Maßnahmen Stadtumbausatzung

a) Gegenstand der planungsschadensrechtlichen Entschädigung ist nur eine „nicht nur unwesentliche Wertminderung des Grundstücks", die sich nach dem Unterschied zwischen dem Grundstückswert aufgrund der *zulässigen* Nutzung und dem Grundstückswert bemisst, der sich infolge der Aufhebung oder Änderung der zulässigen Nutzung ergibt (§ 42 Abs. 2 BauGB).

Gegenstand der planungsschadensrechtlichen Entschädigung sind hingegen nicht **Wertminderungen**, die sich **aufgrund der allgemeinen (konjunkturellen) Lage auf dem Grundstücksmarkt** ergeben haben, und ein bereits vor förmlicher Festlegung des Stadtumbaugebiets eingetretener Funktionsverlust ist in aller Regel bereits im Vorfeld mit einer erheblichen Wertminderung der betroffenen Grundstücke verbunden.

Abb. 1: Planungsschaden

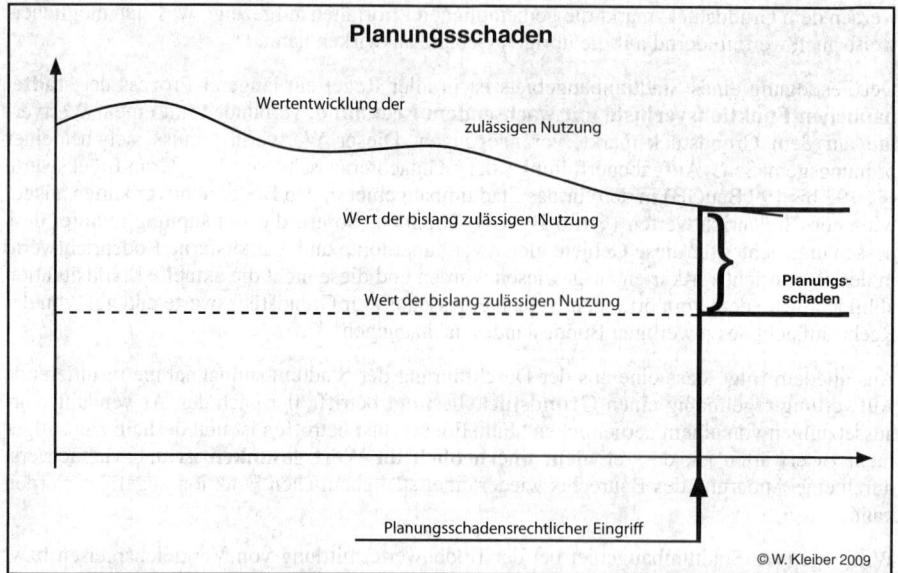

b) Der zunehmend bedeutsame Stadtumbau vollzieht sich nach Feststellungen des Bundesamtes für Bauwesen und Raumordnung in erster Linie in Großwohnsiedlungen, und da geht es insbesondere um den Abriss industriell vorgefertigter Plattenbauten. Geänderte Wohnpräferenzen führen hier zu Wohnungsleerständen und Attraktivitätsverlusten. Ist die Nutzung von Grundstücken für den Mietwohnungsbau auf dem allgemeinen Grundstücksmarkt nicht mehr marktgängig und sinken infolgedessen die Bodenwerte, so handelt es sich hierbei um konjunkturelle Einflüsse. Der **Rückbau des Objekts ist dann nicht Ursache, sondern Folge einer allgemeinen Marktentwicklung,** die bereits im Vorfeld zu einem Rückgang der Bodenwerte geführt hat. Die Bodenwerte vermindern sich dann auch nicht schlagartig mit dem Rückbau, sondern sind bereits zum Zeitpunkt des planungsschadensrechtlichen Eingriffs gesunken, d. h., der sich nach der zulässigen Nutzung ergebende Ausgangswert ist bereits gemindert und mindert damit die planungsschadensrechtliche Entschädigung.

c) Im Allgemeinen kann erwartet werden, dass der Bodenwert vom Maß der baulichen Nutzung abhängig ist, d. h. umso höher ist, je höher die bauliche Nutzbarkeit ist. Bei gewerblicher Nutzung ist eine lineare Abhängigkeit und bei Wohnnutzungen eine parabolische Abhängigkeit von der Geschossflächenzahl (GFZ) empirisch belegt (vgl. Syst. Darst. des Vergleichswertverfahrens Rn. 218 ff.).

Der Bodenwert eines mit einem z. B. fünfgeschossigen Wohnhaus bebauten Grundstücks fällt danach deutlich höher als der Bodenwert eines eingeschossigen Einfamilienhauses aus. In **Gebieten, in denen ein Überangebot an Mietwohngrundstücken und ein Defizit an Einfamilienhausgrundstücken besteht, steigt der Bodenwert keineswegs mehr mit der GFZ an.** Die bekannte Kurve der Abhängigkeit des Bodenwerts von der GFZ hat dann eine deutlich gedämpfte Ausprägung, und die Herabzonung der baulichen Nutzung führt deshalb keineswegs zwangsläufig zu einer Wertminderung, sondern kann umgekehrt sogar zu einer Werterhöhung führen.

Abb. 2:   Abhängigkeit des Bodenwerts von der Geschossflächenzahl (GFZ)

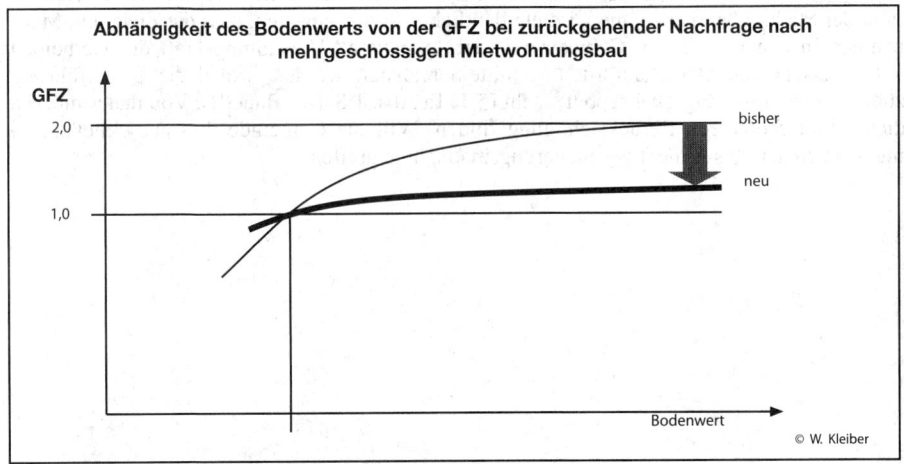

d) Ein **funktionslos gewordenes Gebäude** stellt für den Eigentümer eine wirtschaftliche Belastung dar, denn die Rückbaukosten sind erheblich und können in strukturarmen Gebieten mit einem niedrigen Bodenwertniveau schnell den verbleibenden Bodenwert „auffressen". Die Förderung des Rückbaus kann bei dieser Konstellation den Verzicht auf die Ausübung von Ansprüchen nach den planungsschadensrechtlichen Regelungen der §§ 39 bis 44 BauGB kompensieren.

Wenn eingangs angemahnt wurde, dass von den Gutachterausschüssen für Grundstückswerte für die von Funktionsverlusten betroffenen Gebiete in ihren Bodenrichtwertkarten **Bodenrichtwerte** ausgewiesen werden, **die dem Funktionsverlust der davon betroffenen Gebiete gerecht werden**, so muss darauf hingewiesen werden, dass sie umgekehrt ihrem Auftrag, die tatsächlichen Marktverhältnisse in zutreffender Weise abzubilden, nicht gerecht werden würden, wenn sie allgemeine Preissteigerungen infolge der Vorbereitung und Durchführung von Stadtumbaumaßnahmen bei Fortschreibung der Bodenrichtwerte außer Betracht ließen. Denn anders als das Sanierungsrecht kennt das Stadtumbaurecht nach der gesetzgeberischen Entscheidung keinen Ausschluss von maßnahmenbedingten Bodenwerterhöhungen. Hätte nämlich die Gemeinde dies gewollt, so hätte sie eine Sanierungsmaßnahme beschließen können und müssen.

Verkehrswerte sind „Zukunftserfolgswerte". Nicht nur die aktuelle Situation, sondern auch die künftige Nutzung gibt dem Grundstück seinen Wert. Unsicherheiten bezüglich der künftigen Nutzbarkeit übertragen sich dabei allerdings auf das Marktgeschehen, und bei unklaren Verhältnissen stellt die Berücksichtigung der künftigen Nutzbarkeit dann für den Sachverständigen ein schwer lösbares Problem dar. Wenn sich die Gemeinde dann auch nicht festlegen will und das künftige Baurecht „offenhält" und lediglich Zwischennutzungen zulässt, kann davon im Hinblick auf das damit verbundene Risiko eine preisdämpfende Wirkung erwartet werden.

VI Städtebauliche Maßnahmen Stadtumbausatzung

948 Dies stellt für die Gemeinden ein Dilemma dar. Denn das Gesetz fordert als Voraussetzung für die förmliche Festlegung eines Stadtumbaugebietes ein von ihr aufzustellendes städtebauliches Entwicklungskonzept, in dem die Ziele und Maßnahmen im Stadtumbaugebieten schriftlich darzustellen sind, und aus verständlichen Gründen wird eine alsbaldige Konkretisierung dieser Ziele und Maßnahmen gefordert. Die **mit der Darstellung der Ziele und Maßnahmen in Stadtumbaugebieten initiierten werterhöhenden Momente** können zu einer allgemeinen Werterhöhung im Stadtumbaugebiet führen, auch wenn sich daraus noch nicht die einzelnen vom Rückbau betroffenen Objekte ergeben. Sie können sich werterhöhend auf die allgemeinen Lage- und Nutzungsverhältnisse auswirken und bereits im Vorfeld der Durchführung das allgemeine Bodenwertniveau anheben. Dies stellt auch keineswegs eine „spekulative" Entwicklung dar, denn mit dem Beschluss der Gemeinde über die Durchführung der Stadtumbaumaßnahme wird ein deutliches Signal gegeben, dass die Ziele und Maßnahmen in den betroffenen Gebieten mit der „geballten" Verwaltungskraft der Gemeinde unter Einsatz von Städtebauförderungsmitteln realisiert werden, wobei die Durchführung zudem unter dem „Zügigkeitsgebot" steht (§ 171a Abs. 1 Satz 1 BauGB). Von daher müssen diese Werterhöhungen Berücksichtigung finden. Will die Gemeinde dies ausschließen, so muss sie zu dem Instrument der Sanierungsmaßnahme greifen.

Teil VII

Verkehrswertermittlung aus besonderen Anlässen

Verkehrswertermittlung aus besonderen Anlässen

Gliederungsübersicht   Rn.

1 Wertermittlung im Rahmen des Zugewinnausgleichs
    1.1 Allgemeines 1
    1.2 Ermittlung des Anfangsvermögens 12
    1.3 Ermittlung des Endvermögens 15
    1.4 Wertermittlungsgrundsätze
        1.4.1 Allgemeines 18
        1.4.2 Zugewinn bei Unternehmen 21
        1.4.3 Zugewinnausgleich bei land- oder forstwirtschaftlichen Betrieben 22
        1.4.4 Zugewinnausgleich bei Unternehmen 46
2 Wertermittlung im Rahmen des Pflichtteilsanspruchs
    2.1 Allgemeines 47
    2.2 Pflichtteilsanspruch bei land- oder forstwirtschaftlichen Betrieben .. 56
    2.3 Pflichtteilsanspruch bei Unternehmen 65
    2.4 Pflichtteilsanspruch bei Nießbrauchsvorbehalt 68

1 Wertermittlung im Rahmen des Zugewinnausgleichs

Schrifttum: *Fischer, R./Biederbeck, M.*, Bewertung landwirtschaftlicher Betriebe in der Auseinandersetzung einer Gütergemeinschaft, GuG 2002, 147; *Fischer, R./Biederbeck, M.*, Das Niederstwertprinzip bei der Bewertung bebauter Grundstücke zur Pflichtteilsermittlung, GuG 2002, 75; *Fischer, R./Biederbeck M.*, Verkehrswertermittlung eines landwirtschaftlichen Anwesens zur Erbauseinandersetzung, 1. Aufl., HLBS-Verlag; *Fischer, R.*, Bewertung landwirtschaftlicher Betriebe bei Ehescheidung, Teil B, 2005, http://www.dgar.de; *Kuckenburg, B.*, Grundstücksbewertung im Zugewinnausgleichsverfahren, FuR 2009, 381; *Linke, C.*, Bewertung im Rahmen des Zugewinnausgleichs und anderen vermögensrechtlichen Beziehungen, GuG 2010, 140; GuG 2011, 149; *Wehner, R./Fischer, R./Wenzl, D.*, Bewertung landwirtschaftlicher Betriebe bei familienrechtlichen Auseinandersetzungen, 1. Aufl., HLBS-Verlag; *Fischer/Lorenz/Biederbeck*, Methode zur Berücksichtigung des mit einer Zuwendung übernommenen Wohnrechts im Zugewinnausgleich, GuG 2009, 7; *Köhne, M.*, Die Berücksichtigung des Wohnrechts beim Zugewinnausgleich, GuG 2008, 257. *Strotkamp, H.-P.*, Wertermittlung bei Scheidung – Berücksichtigung von Leibgedingen und Leibrenten bei der Ermittlung des Zugewinn(ausgleich)s, Immobilien & Bewerten 2010/01.

1.1 Allgemeines

Die vermögensrechtlichen Beziehungen von Ehegatten sind in den §§ 1363 bis 1563 BGB geregelt. Soweit nichts anderes vereinbart ist, leben Ehegatten nach § 1363 BGB im Güterstand der Zugewinngemeinschaft (§§ 1363 bis 1390 BGB). Die Eheleute können aber auch **durch Ehevertrag Gütertrennung** (§ 1414 BGB) **oder Gütergemeinschaft** (§§ 1415 bis 1563 BGB) **vereinbaren.**

Bei einer Zugewinngemeinschaft nach § 1363 Abs. 2 BGB werden weder die vor noch die nach der Eheschließung erworbenen Gegenstände gemeinschaftliches Eigentum. Bei Beendigung des Güterstandes verbleibt es bei dieser Vermögenszuordnung, jedoch wird der **Zugewinn, den die Ehegatten in der Ehe erzielen, ausgeglichen**, wenn die Zugewinngemeinschaft endet.

VII Besondere Anlässe — Zugewinnausgleich

3 Die **Zugewinngemeinschaft endet**
- beim Tod eines Ehegatten (§ 1371 BGB),
- bei Auflösung der Ehe einschließlich der Ehescheidung und der Feststellung der Ehenichtigkeit,
- bei nachträglicher Vereinbarung eines anderen Güterstandes (§ 1414 BGB) oder
- bei Rechtskraft eines Urteils, das auf vorzeitigen Ausgleich des Zugewinns erkennt (§§ 1385 bis 1387 BGB).

In den Fällen der §§ 1385 und 1386 BGB tritt für die Berechnung des Zugewinns und für die Höhe der Ausgleichsforderung an die Stelle der Beendigung des Güterstandes der Zeitpunkt, in dem die entsprechenden Klagen erhoben sind (§ 1387 BGB).

4 **Rechtsgrundlage für den Zugewinnausgleich** ist
- im Falle des Todes eines Ehegatten § 1371 BGB und
- in anderen Fällen die §§ 1373 bis 1390 BGB (§ 1372 BGB).

5 Die Zugewinngemeinschaft ist im eigentlichen Sinne keine Gemeinschaft, sondern eine Gütertrennung mit Ausgleichsanspruch für den Fall der Scheidung[1]. **Zugewinn** ist nach § 1373 BGB der Betrag, um den das Endvermögen eines Ehegatten das Anfangsvermögen übersteigt.

6 — **Anfangsvermögen** ist nach § 1374 BGB das Vermögen, das einem Ehegatten nach Abzug der Verbindlichkeiten beim Eintritt des Güterstandes gehört. Vermögen, das ein Ehegatte nach Eintritt des Güterstandes von Todes wegen oder mit Rücksicht auf ein künftiges Erbrecht, durch Schenkung oder als Ausstattung erwirbt, wird nach Abzug der Verbindlichkeiten dem Anfangsvermögen hinzugerechnet, soweit es nicht den Umständen nach zu den Einkünften zu rechnen ist. Um das Anfangsvermögen mit dem Endvermögen vergleichen zu können, muss zunächst der Kaufkraftschwund ausgeglichen werden[2]. Der Ausgleich erfolgt auf der Grundlage von Indexzahlen[3].

Stichtag für das Anfangsvermögen ist der Eintritt des gesetzlichen Güterstandes (§ 1363 BGB)**, i. d. R. der Zeitpunkt der Eheschließung.**

Verbindlichkeiten sind nach neuem Recht[4] über die Höhe des Vermögens hinaus abzuziehen, wodurch das Anfangsvermögen auch negativ sein kann.

7 — **Endvermögen** ist nach § 1375 BGB das Vermögen, das einem Ehegatten nach Abzug der Verbindlichkeiten bei der Beendigung des Güterstands gehört. Die Verbindlichkeiten werden, wenn Dritte gemäß § 1390 BGB in Anspruch genommen werden können, auch insoweit abgezogen, als sie die Höhe des Vermögens übersteigen. Dem Endvermögen eines Ehegatten wird der Betrag hinzugerechnet, um den dieses Vermögen dadurch vermindert ist, dass ein Ehegatte nach Eintritt des Güterstands

    a) unentgeltliche Zuwendungen gemacht hat, durch die er nicht einer sittlichen Pflicht oder einer auf den Anstand zu nehmenden Rücksicht entsprochen hat,

    b) Vermögen verschwendet hat oder

    c) Handlungen in der Absicht vorgenommen hat, den anderen Ehegatten zu benachteiligen. Der Betrag der Vermögensminderung wird dem Endvermögen nicht hinzugerech-

---

[1] BGH, Urt. vom 21.3.2002 – IV ZR 1/01 –, NJW 2002, 2974.
[2] BGH, Urt. vom 13.10.1983 – IX ZR 106/82 –, FamRZ 1984, 31 = WM 1983, 1415 = NJW 1984, 434 = MDR 1984, 225 = DNotZ 1984, 494.
[3] Palandt/Diederichsen, BGB, § 1376 Rn. 13; BGH, Urt. vom 1.7.1982 – IX ZR 32/81 –, FamRZ 1982, 991 = BGHZ 84, 339 = NJW 1982, 1373 = MDR 1982, 1013.
[4] Anmerkung: Der Bundestag hat am 14.5.2009 eine Neuregelung des Zugewinnausgleichsrechts beschlossen, wonach die Zustellung des Scheidungsantrags nicht nur für die Berechnung des Zugewinns, sondern auch für die Höhe der Ausgleichsforderung gelten soll. Weiterhin dürfen Verbindlichkeiten von Ehepartnern den Zugewinn nicht mehr schmälern, was bedeutet, dass zukünftig negatives Anfangs- und Endvermögen zu berücksichtigen sind.

net, wenn sie mindestens zehn Jahre vor Beendigung des Güterstandes eingetreten ist oder wenn der andere Ehegatte mit der unentgeltlichen Zuwendung oder der Verschwendung einverstanden gewesen ist.

Stichtag ist grundsätzlich das Ende des Güterstandes. Bei Beendigung durch Scheidung ist nach § 1384 BGB auf den Zeitpunkt der Rechtsanhängigkeit des Scheidungsantrags abzustellen.

– **Zugewinn** ist der Betrag, um den der Wertbetrag des Endvermögens das hochindizierte Anfangsvermögen übersteigt. **Verbindlichkeiten** dürfen den Zugewinn nicht schmälern. Der Zugewinn ist als positiver Betrag oder mindestens mit Null anzusetzen. Auch nach neuem Recht gibt es keinen negativen Zugewinn.[5]

Übersteigt der Zugewinn des einen Ehegatten den Zugewinn des anderen, so steht nach § 1378 BGB die **Hälfte des Überschusses dem anderen Ehegatten als Ausgleichsforderung** zu (vgl. Abb. 1).

Abb. 1: Ausgleichsforderung beim Zugewinnausgleich

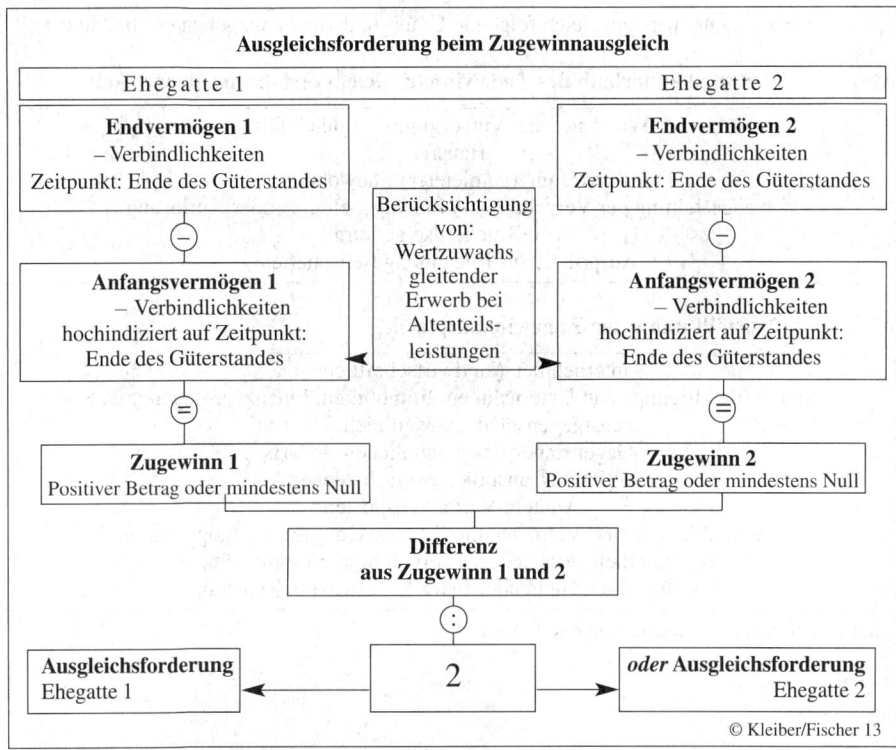

Er entsteht mit Beendigung des Güterstands. Der fortlaufende Wertzuwachs in Form des gleitenden Erwerbs, der sich aus dem Absenken der Belastung von Altenteilsleistungen infolge Älterwerden der Berechtigten ergibt, ist vom Zugewinnausgleich auszunehmen[6].

Ein **Kaufkraftschwund** ist mithilfe des Lebenshaltungskostenindexes (Verbraucherpreisindex) zu berücksichtigen (Rn. 13)[7]; das Anfangsvermögen ist hierzu nach Abzug der Verbind-

---

5 Löhnig, M.: Reform des Zugewinnausgleichs, Juristische Arbeitsblätter, 2010, 321.
6 BGH, Urt. vom 7.9.2005 – XII ZR 209/02 –, BGHZ 164,69 = FamRZ 2005, 1974 = EzGuG 14.142a; BGH, Urt. vom 22.11.2006 – XII ZR 8/05 –, GuG 2008, 303 = BGHZ 170, 325 = EzGuG 14.149a.
7 BGH, Urt. vom 14.11.1973 – IV ZR 147/72 –, BGHZ 61, 385 = EzGuG 20.55a.

VII Besondere Anlässe — Zugewinnausgleich

lichkeiten auf den Zeitpunkt der Beendigung des Güterstands hochzuindizieren. Die Lebenshaltungskostenindizes für die unterschiedlichen Haushaltstypen werden seit 2003 vom Statistischen Bundesamt nicht mehr berechnet. Ab Januar 2003 wird der Verbraucherpreisindex (VPI) für Deutschland auf der Basis 2000 = 100 veröffentlicht (aktuell: Basis 2010 = 100).

10 Neben einem Auskunftsrecht steht im Übrigen jedem Ehegatten nach § 1379 Abs. 1 Satz 2 BGB ein **Anspruch auf die Wertermittlung** der Vermögensgegenstände und der Verbindlichkeiten zu[8]. Der auf Wertermittlung in Anspruch genommene Ehegatte muss

- die erforderlichen Unterlagen vorlegen, die der auskunftsberechtigte Ehegatte für eine eigene Wertermittlung benötigt[9], und
- den Wert ggf. unter Einholung von Auskünften oder Einschaltung von Hilfskräften zuverlässig ermitteln und mitteilen.

11 Es besteht im Rahmen des Auskunftsanspruchs jedoch kein Anspruch auf Vorlage eines Sachverständigengutachtens[10]. Soweit der Auskunftsberechtigte eine Wertermittlung auf eigene Kosten in Auftrag gibt, trägt dieser die Kosten. **Der Verpflichtete hat in diesem Fall die Begutachtung zu dulden.**

Köhne[11] hat zum Zugewinnausgleich folgende Untergliederung angegeben (Abb. 2 und 3):

Abb. 2: Was wird außerhalb des Zugewinnausgleichsverfahrens abgewickelt?

Was unter den Versorgungsausgleich fällt
Hausrat
Zuweisung (gemieteter) Ehewohnung
Neugestaltung der Verwaltungs-/Nutzungsbefugnis oder Auflösung von Bruchteilseigentum
Ansprüche aus Ehegattengesellschaften

Abb. 3: Was fällt unter den Zugewinnausgleich?

Unternehmen (landwirtschaftliche u. a.)
Anteile/Beteiligungen an Unternehmen, Immobilien, Finanzvermögen i. w. S.
Kunstgegenstände, soweit nicht Hausrat
Gegenstände des persönlichen Bedarfs
Abfindungsansprüche verschiedener Art
weitere Vermögensposten
Verbindlichkeiten i. V. m. den hier berücksichtigten Vermögensarten
Besonderheit: Ausgleichsanspruch bzw. Verbindlichkeit
Auszunehmen: Gleitender Erwerb bei Altenteilsleistungen

Quelle: Köhne, a. a. O., ergänzt durch R. Fischer

---

8 BGH, Urt. vom 6.5.1982 – IX ZR 36/81 –, BGHZ 84, 31 = EzGuG 11.130.
9 BGH, Urt. vom 4.10.1990 – XII ZB 37/90 –, FamRZ 1991, 316 = NJW-RR 1991, 325 = EzGuG 20.133a.
10 BGH, Urt. vom 6.5.1982 – IX ZR 36/81 –, BGHZ 84, 31 = NJW 1982, 1643 = EzGuG 11.130; OLG Karlsruhe, Urt. vom 22.9.1994 – 16 UF 33/94 –, FamRZ 1995, 893; OLG Karlsruhe, Urt. vom 3.4.1998 – 2 WF 25/98 –, NJW-RR 1999, 85 = OLGR-Karlsruhe 1997, 11.
11 Köhne in GuG 1998, 68; Fischer/Biederbeck in GuG 2001, 147.

1.2 Ermittlung des Anfangsvermögens

Der Berechnung des Anfangsvermögens wird nach § 1376 Abs. 1 BGB der Wert zugrunde gelegt, den das **beim Eintritt des Güterstandes vorhandene Vermögen in diesem Zeitpunkt hatte.**

Vermögen, das ein Ehegatte nach Eintritt des Güterstandes von Todes wegen oder mit Rücksicht auf ein künftiges Erbrecht, durch Schenkung oder als Ausstattung erwirbt, wird dem Anfangsvermögen nach § 1374 Abs. 2 BGB hinzugerechnet, und zwar mit dem Wert, den das Vermögen im Zeitpunkt des Erwerbs hatte. Zu dem nach § 1374 Abs. 2 BGB hinzuzurechnenden Vermögen gehören nicht Schenkungen, die ein Ehegatte dem anderen gemacht hat[12]. Ansonsten gehören zum Anfangsvermögen grundsätzlich alle Gegenstände und Rechtspositionen mit einem Vermögenswert, insbesondere Grundstücke, bewegliche Sachen, Konten- und Wertpapierguthaben, Forderungen, Anwartschaften, Patente, Urheberrechte und Unternehmenswerte *(good will)* [13].

Ein **inflationsbedingter Kaufkraftschwund** des Anfangsvermögens ist nach ständiger Rechtsprechung des BGH mithilfe des Verbraucherpreisindexes für Deutschland (2010 = 100) nach folgender Formel zu berücksichtigen[14]:

$$\text{Anfangsvermögen in } € \times \frac{\text{Index am Ende}}{\text{Index am Anfang}} = \text{indiziertes Anfangsvermögen}$$

Der **Wert nachträglich erworbener und nach § 1374 Abs. 2 BGB dem Anfangsvermögen hinzuzurechnender Vermögen** ist entsprechend hoch zu indizieren, wobei insoweit nicht der Stichtag der Begründung des Güterstands, sondern der Zeitpunkt des Erwerbs maßgebend ist (Abb. 4)[15].

---

12 BGH, Urt. vom 20.5.1987 – IVb ZR 62/86 –, BGHZ 101, 65 = EzGuG 20.120a.
13 BGH, Urt. vom 27.10.1976 – IV ZR 136/75 –, NJW 1977, 101; BGH, Urt. vom 14.1.1981 – IVb ZR 525/80 –, NJW 1981, 1036; BGH, Urt. vom 1.12.1983 – IX ZR 41/83 –, BGHZ 89, 137.
14 OLG München, Urt. vom 7.12.1973 – BReg 1 Z 81/73 –, FamRZ 1974, 137 = NJW 1974, 420 = MDR 1974, 137.
15 BGH, Urt. vom 20.5.1987 – IVb ZR 62/86 –, BGHZ 101, 65 = EzGuG 20.120a; KG, Urt. vom 12.8.1987 – 18 UF 6287/86 –, FamRZ 1988, 171 = EzGuG 14.81b; OLG Frankfurt am Main, Urt. vom 4.8.1986 – 5 UF 296/85 –, FamRZ 1987, 62.

VII Besondere Anlässe — Zugewinnausgleich

Abb. 4: Schema zur Ermittlung des echten Wertzuwachses bei der Auseinandersetzung einer Gütergemeinschaft[16]

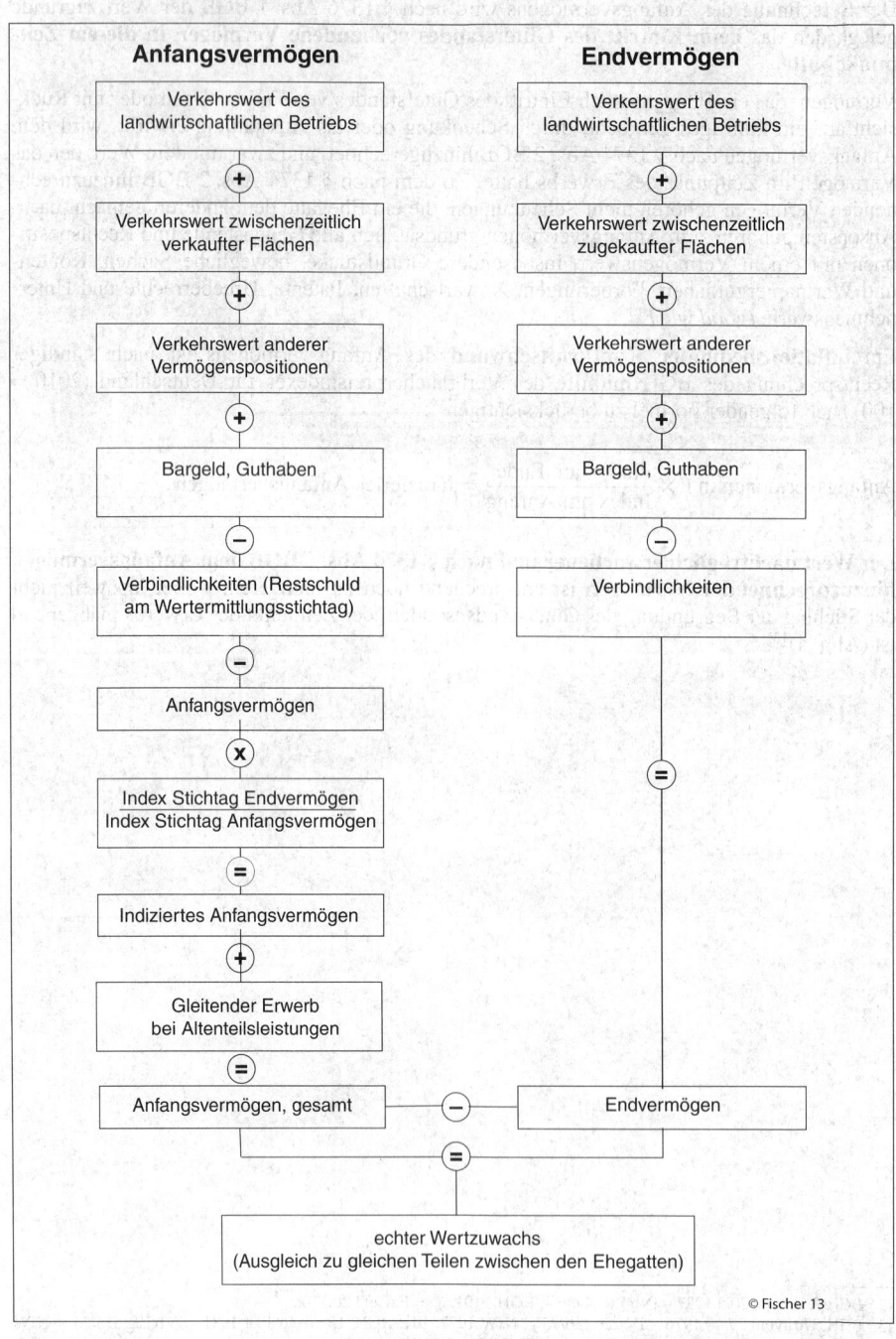

---

16 Fischer/Biederbeck, Bewertung landwirtschaftlicher Betriebe bei Auseinandersetzungen einer Gütergemeinschaft GuG 2001, 147.

1.3 Ermittlung des Endvermögens

Nach der Rechtssprechung des BGH[17] ist in den Fällen des § 1374 Abs. 2 BGB das vom erwerbenden Ehegatten übernommene Altenteilsrecht (z. B. Wohnrecht, Nießbrauch) bei der Ermittlung des Anfangsvermögens und, wenn das Recht fortbesteht, auch beim Endvermögen mit seinem aktuellen Wert wertmindernd zu berücksichtigen. Der fortlaufende Wertzuwachs der Zuwendung aufgrund des abnehmenden Werts des Rechts ist auch im dazwischen liegenden Zeitraum zu bewerten, um damit den gleitenden Erwerbsvorgang zu erfassen. Dieser ist durch Hinzurechnung zum Anfangsvermögen vom Ausgleich auszunehmen.

Berechnungsvarianten stellten *Köhne* sowie *Fischer/Lorenz/Biederbeck* und *Strotkamp* vor.[18] Die Berechnungen sind relativ aufwendig. Als *Beispiel* wird die Berechnung nach Strotkamp gewählt, da dies mit relativ geringem Aufwand durchgeführt werden kann.

Beispiel

Ermittlung des Zugewinns bei Belastung der Immobilie mit einem Wohnungsrecht
– Methode Strotkamp, Näherungslösung –

I Ausgangsdaten

- Verkehrswert der unbelasteten Immobilie (A_A):   500 000,00 €
  – Stichtag 1 –
- Mietwert des Wohnungsrechts: 292,00 €/Monat
- Zuschlag wegen besonderer Vorteile: 0,00 €
- Leibrentenbarwertfaktoren, monatlich vorschüssig
  Stichtag 1 (ein Berechtigter) Sterbetafel 2000/02:   10,3519
  Stichtag 2 (ein Berechtigter) Sterbetafel 2004/06:   8,4764
- Zinssatz   5,0 %
- Verbraucherpreisindex (Basis 2005 = 100)
  Stichtag 1   5/2001   94,7
  Stichtag 2   5/2008   106,7
- Korrekturfaktor $D = 1 + \dfrac{K_{A/E} - 1}{2}$

  $K_{A/E}$ (Verbraucherpreisindexentwicklung) Index 2 / Index 1
  – Stichtag 2 –
- Verkehrswert der unbelasteten Immobilie (E)   590 000,00 €
  – Stichtag 2 –

II Ermittlung des reduzierten Anfangsvermögens

(A'_A) zum Stichtag 1

Verkehrswert unbelastet: 500 000,00 €

Wertminderung durch das Wohnungsrecht
(W_A): 292,00 € × 12 Monate × 10,3519   = 36 273,06 €

reduziertes Anfangsvermögen (A'_A): 500 000,00 € – 36 273,06 €   = 463 726,94 €

Reduziertes Anfangsvermögen   rd. = 463 730,00 €

---

[17] BGH, Urt. vom 22.11.2006 – XII ZR 8/05 –, GuG 2008, 303 = BGHZ 170, 325 = EzGuG 14.149a.
[18] Köhne, Die Berücksichtigung des Wohnrechts beim Zugewinnausgleich, GuG 2008, 257; Fischer/Lorenz/Biederbeck, Methode zur Berücksichtigung des mit einer Zuwendung übernommenen Wohnrechts im Zugewinnausgleich ein Vorschlag zur Abbildung des fortlaufenden Wertzuwachses, GuG 2009, 7, Strotkamp, H.-P., Wertermittlung bei Scheidung – Berücksichtigung von Leibgedingen und Leibrenten bei der Ermittlung des Zugewinn(ausgleich)s, Immobilien & Bewerten, 2010/01.

VII Besondere Anlässe — Zugewinnausgleich

Hochrechnung von A'_A auf den Stichtag des Endvermögens – Stichtag 2 –

A'_E = 463 726,94 € × $\frac{106,7}{94,7}$

A'_E = 522 488,54 €

rd. 522 500,00 €

III Ermittlung des reduzierten Endvermögens

(E') zum Stichtag 2

Verkehrswert unbelastet:	590 000,00 €
Wertminderung durch Wohnungsrecht[19]	
(W_E): 292,00 € × 12 Monate × 8,4764 =	− 29 701,31 €
reduziertes Endvermögen (E'): 590 000,00 € − 29.701,31 €	= 560 298,69 €
Reduziertes Endvermögen	rd. = 560 300,00 €

IV Ermittlung des Korrekturbetrages D

$D = W_A - W_E \times (1 + \frac{K_{A/E} - 1}{2})$

$D = 36\,273,06\ € - 29\,701,31\ € \times (1 + \frac{K_{A/E} - 1}{2})$

$D = 6\,571,75\ € \times (1 + \frac{\frac{106,7}{94,7} - 1}{2})$

$D = 6\,571,75\ € \times 1,0634 \quad = 6\,988,40\ €$

rd. = 6 990,00 €

Der Korrekturbetrag erfasst die gleitenden Zuwächse des Anfangsvermögens aus den Veränderungen der Wertminderungen des Wohnungsrechts aufgrund des zunehmenden Alters des Berechtigten.

V Berechnung des Zugewinns – Näherungslösung –

$Z' = E' - (A'_E + D)$

$Z' = 560\,298,69\ € - (522\,488,54\ € + 6\,988,40\ €) = 30\,821,75\ €$

Der auszugleichende Zugewinn beträgt   rd. 30 822,00 €.

16 Der Berechnung des Endvermögens wird nach § 1376 Abs. 2 BGB der **Wert** zugrunde gelegt, **den das bei Beendigung des Güterstands vorhandene Vermögen in diesem Zeitpunkt hatte.** Eine dem Endvermögen nach § 1376 Abs. 2 BGB hinzuzurechnende Vermögensminderung bemisst sich nach dem Zeitpunkt, in dem sie eingetreten ist.

17 Im Falle einer Beendigung des Güterstandes durch Ehescheidung ist der **Zeitpunkt maßgebend, in dem der Scheidungsantrag rechtsanhängig geworden** ist (§ 1384 BGB). Für einen vorzeitigen Zugewinnausgleich ist § 1387 BGB maßgebend. An die Stelle der Beendigung des Güterstandes tritt bei vorzeitigem Ausgleich der Zeitpunkt, in dem die Klage auf vorzeitigen Ausgleich erhoben ist.

---

19 Im Zeitraum vom Stichtag 1 zum Stichtag 2 haben sich die Mieten nicht verändert.

1.4 Wertermittlungsgrundsätze

1.4.1 Allgemeines

Maßgeblich ist grundsätzlich der Verkehrswert i. S. des § 194 BauGB (= wirklicher Wert)[20]. Die Wahl der geeigneten Wertermittlungsmethode steht im billigen Ermessen des Sachverständigen und ist Sache des Tatrichters. In mehreren Entscheidungen hat sich die Rechtsprechung an den **Grundsätzen** orientiert, **die sich für die Ermittlung des Verkehrswerts herausgebildet haben**[21].

Grundstücke sind mit ihrem „wirklichen Wert" und nicht mit einem hypothetischen Verkaufswert anzusetzen, es sei denn, das Grundstück ist zur Veräußerung bestimmt oder muss als Folge des Zugewinnausgleichs veräußert werden[22]. Eine bestimmte Bewertungsmethode wird im Übrigen durch § 1376 Abs. 4 BGB nur für land- und forstwirtschaftliche Betriebe vorgegeben, sofern es sich am Anfang und am Ende um einen land- und forstwirtschaftlichen Betrieb handelt. Dabei ist der Ertragswert nach § 2049 BGB anzuwenden, der nicht mit dem Ertragswert nach §§ 17 bis 19 ImmoWertV gleichzusetzen ist.

Die ImmoWertV und ihre Grundsätze können mithin Anwendung finden:

- Renditeobjekte werden nach dem Ertragswertverfahren bewertet[23].
- Eigenheime werden nach dem Sachwertverfahren[24] bewertet, jedoch hat das OLG Celle[25] auch eine Bewertung nach dem Veräußerungswert zugelassen.

Auf den „Veräußerungswert" stellt die Rechtsprechung auch ab, wenn eine Veräußerung beabsichtigt ist oder als Folge des Zugewinns getätigt wird[26]. Der BGH hat im Übrigen auch den Mittelwert aus Ertrags- und Sachwert zugelassen[27]. Nach der Rechtsprechung des BFH[28] handelt das Finanzamt rechtswidrig, wenn es ohne Begründung auf den Mittelwert von Ertrags- und Sachwert abstellt.

Eine Reihe von Besonderheiten sind in der Rechtsprechung zum Zugewinnausgleich bezüglich des **Wertermittlungsstichtags** herausgestellt worden, die aber bei genauerer Betrachtung durchaus im Verkehrswertprinzip begründet sind. In Zeiten ungünstiger Marktverhältnisse (sog. **Flaute auf dem Immobilienmarkt**), d. h., wenn für einen durchschnittlich besonnenen, nüchternen Betrachter erkennbar sein kann, dass der Grundstücksmarkt durch kurzfristige und vorübergehende Ausschläge „nach oben oder unten" geprägt ist, dann soll nicht der *aktuelle* Verkehrswert, sondern der *wirkliche Wert*[29] maßgebend sein, d. h. der Verkehrswert, der sich bei einer Nichtberücksichtigung solcher Ausschläge (z. B. kurzfristig vorübergehende „Flaute auf dem Grundstücksmarkt") ergibt. Tatsächlich kann eine solche Differenzierung nur notwendig werden, wenn die Ursachen der späteren Entwicklung nicht nach dem Bewertungsstichtag eingetreten sind[30] oder bei der Verkehrswertermittlung das *Stichtagsprinzip missverstanden* wurde[31], da auch bei einer nachträglichen Bewertung nach dem Stichtagsprinzip die Zeit nach dem Bewertungsstichtag nicht zu berücksichtigen ist.

---

20 BGH, Urt. vom 23.10.1985 – IVb ZR 62/84 –, NJW-RR, 1986, 226 = EzGuG 20.110b.
21 BGH, Urt. vom 10.3.1956 – IV ZR 99/55 –, EzGuG 20.18a; BGH, Urt. vom 7.7.1993 – XII ZR 35/92 –, GuG 1994, 115 = NJW 1993, 2804 = EzGuG 20.147.
22 BGH, Urt. vom 1.4.1992 – XII ZR 146/91 –, GuG 1995, 56 = EzGuG 20.139b.
23 OLG Frankfurt am Main, Urt. vom 10.3.1980 – 14 UF 246/79 –, FamRZ 1980, 576; OLG Düsseldorf, Urt. vom 27.9.1988 – 24 W 104/88 –, FamRZ 1989, 80.
24 BGH, Urt. vom 13.5.1955 – V ZR 36/54 –, BGHZ 17, 236 = NJW 1955, 1106 = EzGuG 3.5.
25 OLG Celle – Urt. vom 16.7.1981 – 12 UF 81/93 –, FamRZ 1981, 1066.
26 OLG Bamberg, Urt. vom 21.12.1993 – 7 UF 81/93 –, FamRZ 1994, 958.
27 BGH, Urt. vom 23.10.1985 – IV b ZR 62/84 –, FamRZ 1986, 37 = MDR 1986, 297 = EzGuG 20.110b.
28 BFH, Urt. vom 3.12.2008 – II R 19/08 = GuG 2009, 248 = EzGuG 20.207.
29 BGH, Urt. vom 1.4.1992 – XII ZR 146/91 –, GuG 1995, 56 = EzGuG 20.139b; BGH, Urt. vom 23.10.1985 – IVb ZR 62/84 –, NJW-RR 1986, 226 = EzGuG 20.110b.
30 BGH, Urt. vom 28.4.1977 – II ZR 208/75-, WM 1977, 781.
31 BGH, Urt. vom 31.5.1965 – III ZR 214/63 –, NJW 1965, 1589 = EzGuG 19.8; BGH, Urt. vom 1.4.1992 – XII ZR 146/91 –, NJW-RR 1992, 899 = EzGuG 20.139a; hierzu Kleiber in GuG-aktuell 1995, 1.

VII Besondere Anlässe   Zugewinnausgleich

Etwas anderes mag gelten, wenn als Folge des Zugewinnausgleichs unverzüglich verkauft werden muss (Notverkauf), jedoch ist begrifflich der sich dann ergebende Verkaufspreis eigentlich nicht mehr als Verkehrswert anzusehen (vgl. § 194 BauGB und Vorbem. zur ImmoWertV Rn. 3 ff.).

20 Der BGH[32] hatte schon im Urt. vom 23.10.1985 u. a. dargelegt, dass der für die Berechnung des Zugewinns maßgebende wirkliche Wert eines Grundstücks nicht stets mit dem hypothetischen Verkaufswert am Stichtag übereinstimmen muss, sondern dass der wirkliche Wert höher sein kann als der aktuelle Veräußerungswert. Insbesondere ist bei der Wertermittlung ein **vorübergehender Preisrückgang** nicht zu berücksichtigen, wenn er bei nüchterner Beurteilung schon am Stichtag als vorübergehend erkennbar war. Eine strengere Orientierung an dem tatsächlich erzielbaren Verkaufserlös ist nur dann geboten, wenn das Grundstück zur Veräußerung bestimmt ist oder als Folge des Zugewinnausgleichs veräußert werden muss[33]. Der BGH[34] bekräftigt, dass nur dann, wenn im Rahmen des Zugewinnausgleichs der Ausgleichspflichtige gezwungen ist, Gegenstände seines Endvermögens unwirtschaftlich zu liquidieren, dieser Umstand im Rahmen einer sachverhaltsspezifischen Wertermittlung zu berücksichtigen ist. Dabei ist vorab zu prüfen, ob eine unwirtschaftliche Liquidierung durch eine Stundung gemäß § 1382 BGB vermieden werden kann.

In einer weiteren **Entscheidung des BGH**[35] wird zu alledem ausgeführt:

„Der Zugewinnausgleich soll beide Ehegatten gleichermaßen an den während der Ehe geschaffenen Werten beteiligen. Würde insbesondere ein Familienheim, bei dem es sich vielfach um das Hauptvermögensstück handelt, nur mit einem Wert angesetzt, der durch eine **vorübergehende ungünstige Marktlage** beeinflusst ist, erlangte der ausgleichsberechtigte Ehegatte keinen angemessenen Anteil an dessen wirklichem, bleibendem Wert, während der andere Ehegatte, der im Besitz des Objekts bleiben will und kann, aus eher zufälligen Umständen Nutzen zöge. Entgegen der Auffassung des BG kommt es deswegen auch nicht darauf an, ob eine ungünstige Marktlage auf örtlich begrenzte Umstände zurückzuführen ist oder auf eine gesamtwirtschaftliche Entwicklung. Entscheidend ist, ob sie aus der Sicht eines nüchternen Betrachters am Bewertungsstichtag als temporär einzuschätzen war und deswegen einen wirtschaftlich Denkenden veranlasst hätte, eine Veräußerung zurückzustellen, soweit nicht besondere Umstände dazu zwangen."

Der für den Zugewinnausgleich maßgebliche wirkliche Wert eines Grundstücks kann bei alledem auch höher als der Veräußerungswert sein[36].

1.4.2 Zugewinn bei Unternehmen

Schrifttum: *Pilz, J.*, Die Unternehmensbewertung in der Rechtsprechung, 2. Aufl.; *Behringer, S.*, Unternehmensbewertung der Mittel- und Kleinbetriebe, 2. Aufl., ESV-Verlag 2002; *Helbig, C.*, Unternehmensbewertung und Steuern, 8. Aufl., IDW-Verlag, 1995.

21 Im Rahmen des Zugewinnausgleichs wird der Wert eines Unternehmens[37] nach dem Sach- und Ertragswertverfahren ermittelt, wobei das Sachwertverfahren zumeist als **„Substanzwertmethode"** bezeichnet wird:

a) Bei Anwendung der Substanzwertmethode wird der Wiederbeschaffungswert zuzüglich von Forderungen und abzüglich der Verbindlichkeiten und ohne den Geschäftswert ermittelt. Forderungen werden mit ihrem Nennwert ohne Abzug der noch anfallenden Einkommensteuer eingestellt[38]. Der Substanzwert ist allerdings nicht maßgebend, wenn er den Ertragswert übersteigt.

b) Bei Anwendung des Ertragswertverfahrens werden die zukünftigen Erträge nach Maßgabe der in der Vergangenheit erzielten Erträge nach folgenden Grundsätzen ermittelt:

---

32 BGH, Urt. vom 23.10.1985 – IVb ZR 62/84 –, NJW-RR 1986, 226 = EzGuG 20.10b.
33 Schwab, Hdb des ScheidungsR 2. Aufl. Teil VIII Rn. 72.
34 BGH, Urt. vom 15.1.1992 – XII ZR 247/90 –, BGHZ 117, 70.
35 BGH, Urt. vom 1.4.1992 – XII ZR 146/91 –, GuG 1995, 55 = NJW-RR 1992, 899 = EzGuG 20.139b.
36 BGH, Urt. vom 1.4.1992 – XII ZR 146/91 –, GuG 1995, 55 = EzGuG 20.139b.
37 OLG Karlsruhe, Urt. vom 17.10.1985 – 2 UF 129/84 –, FamRZ 1986, 167.
38 BGH, Urt. vom 24.10.1990 – XII ZR 101/89 –, FamRZ 1991, 43 = MDR 1991, 343 = EzGuG 20.133b.

- *Prinzip der Vergangenheitsanalyse* (als künftiger Gewinn wird der durchschnittlich in den letzten drei bis fünf Jahren angefallene Gewinn angesetzt)
- *Prinzip der Substanzerhaltung* (Abschreibungen werden neutralisiert, unabweisbare potenzielle Kosten werden berücksichtigt)
- *Prinzip der Vollausschüttung* der Reallast (Aktivierung stiller Reserven)
- *Prinzip der gesonderten Bewertung des nicht betriebsnotwendigen Vermögens* (der Unternehmerlohn wird herausgerechnet; Unternehmerdarlehen für private Zwecke sind zu beachten)
- *Grundsatz der Bewertungseinheit.*

Zur Kapitalisierung wird der landesübliche Zinssatz herangezogen, der – je nach Fallgestaltung – um einen Risikozuschlag von etwa 50 % des landesüblichen Zinssatzes erhöht und um die Inflationsrate vermindert wird.

c) Nach der Rechtsprechung des BGH empfiehlt sich eine Verbindung der Methoden[39], wobei die Wahl des Verfahrens dem Tatrichter überlassen bleibt.

Ein **Geschäftswert** kann zum Ansatz kommen, wenn er den Substanzwert übersteigt und ein Käufer zur entsprechenden Zahlung bereit wäre[40]. Der Geschäftswert wird nach Maßgabe des Bruttoumsatzes ermittelt, z. B. 5 bis 10 % des durchschnittlichen Jahresumsatzes der letzten drei Jahre (Zahnarztpraxis), 25 % bei Arztpraxis[41].

1.4.3 Zugewinnausgleich bei land- oder forstwirtschaftlichen Betrieben

Schrifttum: *Köhne, M.,* Ehescheidungen in der Landwirtschaft, Versorgungsausgleich und Vermögensauseinandersetzung, GuG 1998, 65; *Köhne, M.,* Landwirtschaftliche Taxationslehre, 2007; *Fischer, R./ Biederbeck, M.,* Bewertung landwirtschaftlicher Betriebe in der Auseinandersetzung einer Gütergemeinschaft, GuG 2001, 147; *Fischer, R,* Bewertung landwirtschaftlicher Betriebe bei Ehescheidung, Teil B, 2005, http://www.dgar.de; *Wehner, R./Fischer, R./Wenzl, D.,* Bewertung landwirtschaftlicher Betriebe bei familienrechtlichen Auseinandersetzungen, 1. Aufl., HLBS-Verlag.

Für land- oder forstwirtschaftliche Betriebe gilt für die Berechnung des Anfangs- und Endvermögens im System des Zugewinnausgleichs das **Bewertungs(Landwirtschafts)privileg des § 1376 Abs. 4 BGB:**

„(4) Ein land- oder forstwirtschaftlicher Betrieb, der bei der Berechnung des Anfangsvermögens und des Endvermögens zu berücksichtigen ist, ist mit dem Ertragswert anzusetzen, wenn der Eigentümer nach § 1378 Abs. 1 BGB in Anspruch genommen wird und die Weiterführung oder Wiederaufnahme des Betriebes durch den Eigentümer oder einen Abkömmling erwartet werden kann; die Vorschrift des § 2049 Abs. 2 BGB ist anzuwenden."

Der **Ertragswert** wird in § 2049 Abs. 2 BGB wie folgt definiert:

„(2) Der Ertragswert bestimmt sich nach dem Reinertrag, den das Landgut nach seiner bisherigen wirtschaftlichen Bestimmung bei ordnungsgemäßer Bewirtschaftung nachhaltig gewähren kann."

Der **Ertragswert land- oder forstwirtschaftlicher Betriebe (Landgüter)**[42] fällt in aller Regel (weitaus) niedriger aus als der volle wirkliche Wert (= Verkehrswert). Ein Zugewinnausgleich auf der Grundlage des Verkehrswerts kann die geschlossene Erhaltung und Fortführung des land- oder forstwirtschaftlichen Betriebs gefährden. Der Ertragswertansatz stellt somit eine Schutzfunktion zur Erhaltung der bäuerlichen Landwirtschaft dar. Deshalb soll der sich an der Ertragsfähigkeit des Grundbesitzes orientierende Ertragswert maßgebend sein. Für die Wertansätze im Anfangs- und Endvermögen gilt im Rahmen von Ausgleichsforderungen von Ehepartnern einer Zugewinngemeinschaft der Ertragswert nach § 2049 BGB, wenn zu beiden Stichtagen jeweils ein existenzfähiger landwirtschaftlicher Betrieb vorhanden ist. Eine Fortführung des landwirtschaftlichen Betriebs muss gewährleistet und auch wirtschaftlich

---

39 BGH, Urt. vom 9.3.1977 – IV ZR 166/75 –, FamRZ 1977, 386 = BGHZ 68, 163 = EzGuG 20.66.
40 BGH, Urt. vom 9.3.1977 – IV ZR 166/75 –, FamRZ 1977, 386 = BGHZ 68, 163 = EzGuG 20.66.
41 BGH, Urt. vom 24.10.1990 – XII ZR 101/89 –, FamRZ 1991, 43 = MDR 1991, 343 = EzGuG 20.133b.
42 Zum Begriff: BGH, Urt. vom 11.3.1992 – IV ZR 62/91 –, NJW-RR 1992, 770 = EzGuG 20.139a.

VII Besondere Anlässe — Zugewinnausgleich

sinnvoll sein. Der Eigentümer eines derartigen Betriebs muss nach § 1378 Abs. 1 BGB in Anspruch genommen werden.

Im Rahmen einer Gütergemeinschaft ist grundsätzlich der Verkehrswert für den landwirtschaftlichen Betrieb als Wertansatz für das Anfangs- und Endvermögen anzusetzen, sofern im Ehevertrag ausdrücklich nichts anderes vereinbart ist. Bei der Bewertung sind verschiedene Prinzipien zu beachten vgl. Rn. 50.

24 Für die Vorgehensweise bei der **Wertermittlung sind vier Prinzipien maßgebend:**

1. Verkehrswertprinzip
2. Vorsichtsprinzip
3. Methodenprinzip
4. Abgrenzungsprinzip

Grundsätzlich gilt das Verkehrswertprinzip (Verkehrswert bzw. Marktwert nach § 194 BauGB) mit der Ausnahme nach § 2312 BGB (Ertragswert).

25 Nach der Rechtsprechung des BVerfG muss es sich bei der Anwendung des Ertragswerts um einen leistungsfähigen Betrieb handeln, der auch durch den Eigentümer bzw. einen Abkömmling weitergeführt wird. Es gelten diesbezüglich die gleichen Kriterien wie bei der Zugewinnermittlung (Rn. 22 ff.).

26 Bei der Reinertragsermittlung sind die nutzbaren Kapazitäten des Betriebs zugrunde zu legen. Dabei ist als Vergleichsmaßstab die mittlere Gruppe der Betriebe aus der Buchführungsstatistik heranzuziehen (Vorsichtsprinzip).

27 Nach dem Methodenprinzip ist ein gleiches methodisches Vorgehen bei der Wertermittlung des Anfangs- und des Endvermögens notwendig. Es sollen sich keine Differenzen zwischen Anfangs- und Endvermögen aus der Anwendung unterschiedlicher Methoden ergeben.

28 Das **Abgrenzungsprinzip** besagt, dass bei der Ertragswertermittlung eine Abgrenzung nach Hofesvermögen und hofesfreien Vermögen zu erfolgen hat. Hofesfreies Vermögen ist ausschließlich nach dem Verkehrswert zu bewerten. Dabei gelten die gleichen Grundsätze wie bei der Zugewinnermittlung (vgl. Rn. 22).

29 Im Unterschied zur allgemeinen Immobilienbewertung nach ImmoWertV darf bei der Ertragswertermittlung nach § 2049 BGB nicht das Ertragswertverfahren nach den §§ 17 bis 20 ImmoWertV angewendet werden. Der Ertragswert nach ImmoWertV soll bei Ansatz marktkonformer Daten unter Berücksichtigung besonderer objektspezifischer Grundstücksmerkmale direkt zum Verkehrswert führen. Dagegen ist der Ertragswert nach § 2049 BGB nicht mit dem Verkehrswert gleichzusetzen.

30 Der Ertragswert i. S. von § 2049 Abs. 2 BGB basiert auf betriebswirtschaftlich ermittelten Jahresabschlüssen unter Berücksichtigung des Lohnanspruches des Betriebsleiters und seiner mitarbeitenden nicht entlohnten Familienangehörigen (Reinertrag). Der Reinertrag multipliziert mit dem landesüblichen Vervielfältiger ergibt den Ertragswert.

Der Ertragswert erfasst das **Hofesvermögen**; dazu zählen:

– die Eigentumsflächen des Betriebs,
– die Betriebsbestandteile des Besatzkapitals, wie Wohnhaus, Altenteilerwohnung, von Betriebsangestellten, bewohnte Wohnungen des Betriebs,
– Wirtschaftsgebäude, Maschinen, Vieh, Feldinventar, normaler Bestand an Vorräten und laufende Finanzmittel,
– Lieferrechte, betriebsnotwendige Beteiligungen,
– Nebenbetriebe.

Er gilt nicht für das **Hofesfreie Vermögen,** wie

- Bauland, u. U. Bauerwartungsland, Abbauland, langfristig verpachtete Wirtschaftsgüter (nicht nur vorübergehend), reine Kapitalanlagen an anderen Betrieben,

- Überbestand an Maschinen oder/und umlaufende Betriebsmittel einschl. Finanzvermögen und

- zeitlich befristete staatliche Zuwendungen, die nicht an die Fortführung des Betriebes gebunden sind.

Während der Ehe verkaufte Flächen sind bei der Ermittlung des Anfangsvermögens und zugekaufte Flächen bei der Ermittlung des Endvermögens aus der Reinertragsermittlung auszusondern und mit dem Verkehrswert zu bewerten, mit einer Ausnahme, nämlich wenn der Hinzuerwerb zur Erhaltung der Lebensfähigkeit des Betriebs erforderlich war[43].

Nach Art. 137 EGBGB i. V. m. § 1376 Abs. 4 und § 2049 BGB sind **landesrechtliche Vorschriften zur Ermittlung des Ertragswerts** zu beachten. Entsprechendes gilt im Übrigen in den Fällen des

- § 1515 Abs. 2 und 3 BGB (Übernahmerecht an einem Landgut),

- § 2049 BGB (Übernahmerecht an einem Landgut durch Miterben),

- § 2312 BGB (Berechnung des Pflichtteils bei Übernahmerechten)[44].

Das BVerfG[45] hat zu § 1376 Abs. 4 BGB a. F. festgestellt, dass mit Art. 137 EGBGB i. V. m. § 1376 Abs. 4 und § 2049 BGB **statisch auf das Landesrecht zur Ermittlung des Ertragswerts verwiesen werde,** d. h., dasjenige Landesrecht maßgebend sein soll, das bei Verkündung des § 1376 Abs. 4 BGB am 18.6.1957 galt, nicht jedoch späteres Landesrecht. In einer weiteren Entscheidung vom 26.4.1988 hat das BVerfG[46] klargestellt, dass die statische Verweisung **nur für die Bewertung von Landgütern beim Zugewinnausgleich** gegolten habe und nicht in den Fällen des § 1515 Abs. 2 und 3 sowie in den Fällen der §§ 2049 und 2312 BGB. Den Ländern sei es danach vorbehalten, für den Anwendungsbereich des § 1515 Abs. 2 und 3 BGB sowie der §§ 2049 und 2312 BGB innerhalb einer im Übrigen erschöpfenden bundesrechtlichen Regelung Vorschriften über den Ertragswert zu erlassen. Länder, die von diesem Vorbehalt Gebrauch machten, hätten die Bewertungsregelung des § 2049 Abs. 2 BGB zu beachten. Mit der (geltenden) Neufassung des § 1376 Abs. 4 BGB i. d. F. des Gesetzes zur Bewertung eines land- oder forstwirtschaftlichen Betriebes beim Zugewinnausgleich vom 14.9.1994 (BGBl. I 1994, 2324) und der ausdrücklichen Bezugnahme des § 137 EGBGB auf § 1376 Abs. 4 BGB wurde der Vorbehalt zugunsten der Landesgesetzgebung auch auf diese Vorschrift ausgedehnt. **Damit eröffnet der neu gefasste § 137 EGBGB den Ländern die Möglichkeit, neue Vorschriften zu erlassen,** die sich allerdings an den in § 2049 Abs. 2 BGB beschriebenen Kriterien für die Festsetzung eines Ertragswerts ausrichten müssen. In einigen Bundesländern sind Reinertrags-„Multiplikatoren" vorgegeben. Diese sind dann zu nutzen, wenn § 1376 Abs. 4 BGB anzuwenden ist. Multiplikatoren beziehen sich auf ein Bundesland oder einen Landesteil im Zeitpunkt der Verkündigung des Gleichberechtigungsgesetzes (18.6.1957). Diese weichen z. T. von den gegenwärtigen Multiplikatoren ab.

Haben die Bundesländer dazu nichts bestimmt, so empfiehlt *Pabsch*[47], im Kontext mit der vom BVerfG geforderten betriebswirtschaftlichen Sicht, einen Multiplikator von 18.

---

43 BGH, Urt. vom 6.2. 1991 – XII ZR 57/90 –, NJW 1991,1741 = DNotZ 1991, 786.
44 BGH, Beschl. vom 14.12.1994 – IV ZR 113/94 – NJW 1995, 1352 = EzGuG 20.154; BGH, Urt. vom 9.10.1991 – IV ZR 259/90 –, BGHZ 115, 268 = EzGuG 20.135; BGH, Urt. vom 22.10.1986 – IVa ZR 143/85 –, BGHZ 98, 382 = EzGuG 20.117b.
45 BVerfG, Beschl. vom 16.10.1984 – 1 BvL 17/80 –, BVerfGE 67, 348 = EzGuG 20.107b; Leitfaden für die Ermittlung landwirtschaftlicher Betriebe, AgrarR 1994, 5; Köhne in AgrarR 1991, 27; Kronthaler, L., Landgut, Ertragswert und Bewertung im bürgerlichen Recht, Schriftenreihe des Instituts für Landwirtschaftsrecht an der Universität Göttingen Bd. 40, 1991.
46 BVerfG, Beschl. vom 26.4.1988 – 2 BvL 13,14/86 –, BVerfGE 78, 132.
47 Pabsch, E., Leitfaden für die Ermittlung des Ertragswertes landwirtschaftlicher Betriebe, AgraR 1994, 10.

VII Besondere Anlässe — Zugewinnausgleich

Das betrifft aber nur die Eigentumsflächen des landwirtschaftlichen Betriebs. Gehören zum landwirtschaftlichen Betrieb auch langfristig hinzugepachtete Flächen, die in die Ertragswertbewertung mit einfließen, so ist eine differenzierte Kapitalisierung der Reinerträge erforderlich.

Beispiel:

In Bayern beträgt der Ertragswert bei einem Zinssatz von 5,56 % das 18fache des jährlichen Reinertrags der Eigentumsflächen. Für die Pachtflächen kommt aufgrund der begrenzten rechtmäßigen Verfügbarkeit der Flächen ein anderer Kapitalisator zum Ansatz. Für eine Pachtfläche wurde die tatsächliche Restpachtdauer von 12 Jahren zum Stichtag 1 angesetzt. Daraus ergibt sich ein Kapitalisator von 8,6. Die Restpachtdauer zum Wertstichtag 2 beträgt im Durchschnitt 10,49 Jahre, woraus sich ein Kapitalisator von 7,8 ergibt. Die Berechnungsergebnisse enthält nachfolgende Zusammenstellung:

Abb. 5: Ertragswert landwirtschaftlicher Betrieb

Stichtage	Einzelpositionen	Faktor
Wertstichtag 1	Eigentum	
	Reinertrag/Jahr	
	36.442 € × 18	655.956 €
	Pachtfläche	
	147 € × 8,6	1.264 €
	Ertragswert gesamt	657.220 €
Ertragswert gerundet		**657.000 €**
Wertstichtag 2	Eigentum	
	40.123 € × 18	722.214 €
	Pachtfläche	
	7.300 € × 7,8	56.940 €
	Ertragswert gesamt	779.154 €
Ertragswert gerundet		**779.000 €**

Der Ertragswert für den landwirtschaftlichen Betrieb nach § 2049 BGB

beträgt zum Wertstichtag 1 gerundet   657 000 €

und zum Wertstichtag 2 gerundet   779 000 €

In der nachfolgenden Abb. 6 werden die unterschiedlichen **Multiplikatoren der Bundesländer** dargestellt.

Zur Ermittlung des Zugewinns ist der Ertragswert des Anfangsvermögens auf den Stichtag des Endvermögens zu indizieren und erst dann die Differenz zu bilden.

Abb. 6: Auswahl von Multiplikatoren (Vervielfältiger des Reinertrags nach § 2049 BGB)

Bundesländer	Multiplikator
Baden-Württemberg (ab 1974)	18
Württembergische Anerben Gesetz	20
Bayern (ab 1982)	18
Hessen (ab 1984)	25
Nordrhein-Westfalen	25
Rheinland-Pfalz (ab 1976)	25
Saarland-Preußische Gebiete	25
Oldenburgische Gebiete (Birkenfeld)	–
Bayerische Gebiete	18
Niedersachsen (ab 1976)	17
Schleswig-Holstein	–
Bremen	–
Bremen HöfeG	25
Hamburg	–
Sachsen (ab 1976)	–
Thüringen (ab 1976)	–
Sachsen-Anhalt (ab 1976)	–
Brandenburg (ab 1976)	–
Mecklenburg-Vorpommern (ab 1976)	–
Berlin (West)	25
Berlin (Ost) (ab 1976)	–

Quelle: Zusammengestellt bei Pabsch (AgraR 1994, 10) zitiert aus Steffen, Ertragswertvorschriften in den ersten Ausführungsgesetzen zum BGB, AgrarR 1991, 121 ff.

Des Weiteren hat das BVerfG[48] in seiner Entscheidung vom 16.10.1984 die Inhaber solcher land- oder forstwirtschaftlichen Betriebe gesehen, bei denen die Anwendung des Ertragswerts als Bewertungsmaßstab zu einer „unverhältnismäßigen Verschiebung der Opfergrenze zu Lasten des anderen Ehegatten führt", da „ausnahmslos der Ertragswert den Bewertungsmaßstab bildet", auch wenn dies nicht zur Erhaltung leistungsfähiger Höfe in bäuerlichen Familien begründet ist. Als Beispiel führt das Gericht den Fall an, „dass das landwirtschaftliche Vermögen im Wesentlichen nur noch aus dem Grund und Boden besteht, der im Wege der Verpachtung wirtschaftlich genutzt wird, und wenn bei realistischer Betrachtungsweise keine Anhaltspunkte dafür gegeben sind, dass der Eigentümer oder seine Abkömmlinge den Hof in Zukunft wieder bewirtschaften könnten". In einem solchen Fall hält das Gericht die allgemeinen Bestimmungen der §§ 1381 und 1382 BGB für ausreichend, um Härten zu vermeiden. Das BVerfG hat in einem weiteren Beschluss[49] die von ihm genannte **Opfergrenze** dort gezogen, wo „es darum geht, die Zerschlagung des Betriebs im Interesse des Ehepartners oder der Kinder zu vermeiden". Die Berücksichtigung entfernterer Verwandter überschreite dagegen die Opfergrenze[50].

---

48 BVerfG, Beschl. vom 16.10.1984 – 1 BvL 17/80 –, BVerfGE 67, 348 = EzGuG 20.107b.
49 BVerfG, Beschl. vom 16.10.1984 – 1 BvR 513/78 –, BVerfGE 67, 329.
50 BVerfG, Beschl. vom 6.6.1989 – 1 BvR 803/86 –, BVerfGE 80, 170 = EzGuG 20.125 d.

VII Besondere Anlässe

34 Mit der (geltenden) Fassung des § 1376 Abs. 4 BGB soll das eigentliche Ziel des § 1376 Abs. 4 BGB, nämlich die **Erhaltung schutzwürdiger Betriebe, verdeutlicht werden.**

Abb. 7: Landgut als schutzwürdiger Betrieb

Landguteigenschaft	Leistungsfähigkeit	Betriebsfortführung
→ Alleineigentum	→ Gewinnerwirtschaftung	→ Dauerhaft
→ Landwirtschaft	→ Betriebsexistenz gesichert	→ Managementfähigkeiten
→ Wohn- und Wirtschaftsgebäude	→ Keine „Hobbylandwirtschaft"	→ Gesicherte Betriebsexistenz
→ Größe		
→ Nebenerwerbsbetrieb mit wesentlichem Einkommensbeitrag		
→ Vorübergehende Verpachtung		

Für das **Bewertungsprivileg**, nämlich die Anwendung des Ertragswerts, sieht die geltende Regelung eine mehrfache Einschränkung vor[51]:

35 a) Der Eigentümer eines land- oder forstwirtschaftlichen Betriebs muss auf Zugewinnausgleich in Anspruch genommen werden; denn nur in diesem Fall besteht die Gefahr einer Betriebszerschlagung durch die Ausgleichsforderung. Ist der Eigentümer selbst Gläubiger der Ausgleichsforderung, besteht kein Grund, seinen land- oder forstwirtschaftlichen Betrieb anders zu behandeln als sonstiges Vermögen.

36 b) Die künftige land- und forstwirtschaftliche Nutzung des Betriebs muss erwartet werden können.

37 c) Die Weiterführung oder Wiederaufnahme des land- oder forstwirtschaftlichen Betriebs muss nicht nur – an sich – gesichert, sondern gerade von dem derzeitigen Eigentümer oder seinen Abkömmlingen erwartet werden können (Alleineigentum einer natürlichen Person oder im Gesamteigentum einer Gütergemeinschaft), keine Erbengemeinschaft.

38 Mit diesen Einschränkungen erfasst die Vorschrift nicht alle denkbaren Fälle, in denen die verfassungsrechtlich zulässige Opfergrenze überschritten werden könnte. Weitere notwendige **Beschränkungen des Bewertungsprivilegs** haben denn auch bereits seit Längerem Eingang in die Rechtsprechung gefunden. Eine vollständige Erfassung dieser und ähnlicher Konstellationen, in denen die Umstände des Einzelfalles eine Eingrenzung des § 1376 Abs. 4 BGB erfordern, ist in einem Gesetzeskatalog nicht möglich; sie ließe sich allenfalls mithilfe neuer unbestimmter Rechtsbegriffe erreichen. Die Vorschrift sieht von einer solchen Lösung ab. Die geltenden Regelungen zum Zugewinnausgleich sind im Interesse der Rechtssicherheit eher schematisch ausgestaltet und helfen Abgrenzungs- und Berechnungsschwierigkeiten zu vermeiden[52]. An dieser Konzeption soll grundsätzlich festgehalten werden, denn auch die Vorhersehbarkeit gerichtlicher Entscheidungen dient der Gerechtigkeit im Einzelfall.

39 Der Verzicht auf eine Generalklausel darf freilich nicht missverstanden werden. Die Vorschrift will die **Voraussetzungen des Bewertungsprivilegs** präzisieren. Damit wird der Rechtsanwendung nicht nur eine im Interesse der Rechtssicherheit wünschenswerte generelle Handlungsanweisung an die Hand gegeben; vielmehr wird zugleich das gesetzgeberische Ziel des Bewertungsprivilegs verdeutlicht. Beide Ziele schließen allerdings einen Rekurs auf

---

51 BT-Drucks. 12/7134 S. 5; BT-Drucks. 12/8140.
52 Siehe schon die Begründung zu dem RegE (BT-Drucks. II/224, S. 3 zu § 1385 E II).

besondere Umstände des Einzelfalls nicht aus. Die Regelung verbietet zwar, die vom Bewertungsprivileg gezogene Opfergrenze weiter zulasten des Zugewinnausgleichsgläubigers zu verschieben. Eine über den Wortlaut des § 1376 Abs. 4 BGB hinausgehende, am Sinn dieser Regelung orientierte Einschränkung des Bewertungsprivilegs hindert sie jedoch nicht. Eine solche teleologische Reduktion wird durch die empfohlene gesetzgeberische Klarstellung des Regelungszwecks sogar in besonderer Weise erleichtert.

Diese **Beschränkung des Bewertungsprivilegs auf den Schuldner der Ausgleichsforderung** hat zur Folge, dass der **Zugewinnausgleich unter Umständen in einem zweistufigen Verfahren ermittelt werden muss, wenn ein land- oder forstwirtschaftlicher Betrieb zum Anfangs- und Endvermögen eines Ehegatten gehört.** 40

– In einem ersten Schritt wird dabei der land- oder forstwirtschaftliche Betrieb mit seinem Verkehrswert in die Ausgleichsbilanz eingestellt. Erweist sich danach der Eigentümer des land- oder forstwirtschaftlichen Betriebs als ausgleichsberechtigt, ist das gefundene Ergebnis endgültig; die Ausgleichsforderung des Betriebseigentümers wird also nicht durch eine zusätzliche niedrige Ertragswertberechnung des land- oder forstwirtschaftlichen Betriebs aufgestockt.

– Ergibt der verkehrswertbezogene Vergleich der von den Ehegatten erzielten Zugewinne dagegen umgekehrt, dass der Eigentümer des land- oder forstwirtschaftlichen Betriebs in Anspruch genommen wird, muss nunmehr in einem zweiten Rechenschritt der Ertragswert dieses Betriebs ermittelt und in eine erneute Ausgleichsbilanz eingestellt werden. Da die Reinerträge von kleinen landwirtschaftlichen Betrieben oft gegen Null tendieren oder sogar negativ sind, wird die Ertragswertberechnung bei landwirtschaftlichen Betrieben oft dazu führen, dass ein Zugewinnausgleichsanspruch gegen den Hofeigentümer entfällt. Dies gilt jedenfalls dann, wenn außer in dem landwirtschaftlichen Betrieb ansonsten während der Ehe keine nennenswerten Vermögenswerte erwirtschaftet wurden. Der zweite Rechenschritt kann allerdings nicht dazu führen, dass der nach der verkehrswertbezogenen Ausgleichsbilanz ausgleichspflichtige Ehegatte aufgrund des nunmehr angesetzten niedrigen Ertragswerts seines land- oder forstwirtschaftlichen Betriebs seinerseits ausgleichsberechtigt wird. Die Ertragswertberechnung kann – nach dem auf Hoferhaltung ausgerichteten Sinn und Zweck des Bewertungsprivilegs – nur Zugewinnausgleichsforderungen abwehren; begründen kann sie solche Forderungen dagegen nicht.

Etwas Besonderes gilt in den Fällen, in denen keine Fortführung des land- oder forstwirtschaftlichen Betriebs angenommen werden kann. In diesem Fall ist das Ertragswertverfahren in der Ausgestaltung des Liquidationswertverfahrens anzuwenden, weil sonst eine unzumutbare Beeinträchtigung des Ausgleichsberechtigten eintreten würde, die sich sonst bei Ansatz eines niedrigen Ertragswerts ergeben würde. Dies galt nach der höchstrichterlichen Rechtsprechung im Übrigen bereits vor der Neufassung des § 1376 Abs. 4 BGB im Jahre 1994. 41

Die **Darlegungs- und Beweislast** für die künftige Fortführung eines landwirtschaftlichen Betriebs, der im Ertragswertverfahren bewertet werden soll, verbleibt im Übrigen dem Eigentümer des Anwesens[53]. 42

Bei der **Ermittlung des Liquidationswerts (Zerlegungstaxe),** der sich im Falle der Veräußerung eines Betriebs ergibt, müssen wertmindernd die nach den §§ 14 ff. EStG anfallenden Steuern ebenso wie sonstige Kosten, die den Veräußerungserlös mindern, berücksichtigt werden[54]. Der insoweit anzusetzende Minderwert ist notfalls im Wege der Schätzung zu ermitteln[55]. 43

---

53 BGH, Urt. vom 27.9.1989 – IVb ZR 75/88 –, NJW 1990, 709 = EzGuG 20.128a; dort auch zu Fragen der Verkehrswertermittlung.
54 BGH, Urt. vom 27.9.1989 – IVb ZR 75/88 –, NJW-RR 1990, 68 = EzGuG 20.128a; BGH, Urt. vom 7.5.1986 – IVb ZR 42/85 –, NJW-RR 1986, 1066 = FamRZ 1986, 776.
55 BGH, Urt. vom 26.4.1972 – IV ZR 114/70 –, NJW 1972, 1269 = EzGuG 20.51a; BGH, Urt. vom 17.3.1982 – IVa ZR 27/81 –, NJW 1982, 2497 = EzGuG 20.94a; BGH, Urt. vom 22.10.1986 – IVa ZR 143/85 –, BGHZ 98, 382 = EzGuG 20.117b; BGH, Urt. vom 11.3.1992 – IV ZR 62/91 –, NJW-RR 1992, 770 = EzGuG 20.139a; BGH, Urt. vom 27.9.1989 – IVb ZR 75/88 –, NJW 1990, 709 = EzGuG 20.128a.

VII Besondere Anlässe — Pflichtteilsanspruch

44 Zur Berücksichtigung der Geldentwertung (Kaufkraftschwund) im Rahmen des Zugewinnausgleichs hat das OLG Frankfurt/M[56] entschieden, dass im Rahmen des Zugewinnausgleichs auch der Kaufkraftschwund des Geldes bei der Wertermittlung zu berücksichtigen ist, da nur der „echte Zugewinn" ausgleichspflichtig ist.

45 Eine **latente Steuerlast** ist zu berücksichtigen, wenn ein landwirtschaftlicher Betrieb, der dem Betriebsvermögen zuzordnen ist, mit dem vollen, wirklichen Wert (Verkehrswert) anzusetzen ist[57].

Der BGH stellt dabei auf den Wert ab, der bei einer Veräußerung zu erzielen wäre, unabhängig von einer Veräußerungsabsicht. Die Frage stellt sich, ob die **latente Ertragsteuerlast** auch beim ermittelten Ertragswert nach § 2049 BGB zu berücksichtigen ist. Da der Ertragswert nach § 2049 BGB i. d. R. deutlich niedriger als der Verkehrswert ist und sich nicht am Veräußerungswert, sondern an gesetzlichen Vorgaben orientiert, ist zumindest aus fachlicher Sicht der Ansatz der latenten Ertragsteuerlast nicht gerechtfertigt.

1.4.4 Zugewinnausgleich bei Unternehmen

46 Der Wert eines Betriebs, z. B. eines Handwerksbetriebs oder einer Praxis, wird vielfach nicht unwesentlich durch den Unternehmenswert *(good will)* geprägt. Es handelt sich dabei um den Teil des Unternehmenswerts, der den reinen Substanzwert (Sachwert) übersteigt. Der sog. „innere Unternehmenswert" einschließlich des den reinen Sachwert übersteigenden **Firmenwerts ist auch für die Ermittlung des Zugewinnausgleichs maßgebend,** und zwar sowohl bei der Ermittlung des Anfangs- als auch des Endvermögens[58]. Etwas anderes gilt nur dann, wenn der Unternehmenswert ausschließlich subjektbezogen ist und im Falle der Veräußerung oder im Erbfall erlischt, wie z. B. bei einem Handelsvertretervertrag[59].

2 Wertermittlung im Rahmen des Pflichtteilsanspruchs

Schrifttum: *Fischer, R./Biederbeck, M.*, Verkehrswertermittlung eines landwirtschaftlichen Anwesens zur Erbauseinandersetzung, HLBS-Verlag 1. Aufl. 2002; *Wehner, R./Fischer, R./Wenzl, D.*, Bewertung landwirtschaftlicher Betriebe bei familienrechtlichen Auseinandersetzungen, HLBS-Verlag 2006; *Fischer, R./Lorenz, H.-J./Biederbeck, M., Astl, B.*, Verkehrswertermittlung bebauter und unbebauter Grundstücke, Bundesanzeiger 2005, 254; *Sandner/Weber (Hrsg.)*, Lexikon der Immobilienwertermittlung, 2. Aufl. Bundesanzeiger 2005, 524.

2.1 Allgemeines

47 Das Pflichtteilsrecht setzt die Beteiligung naher Familienangehöriger am Nachlass gegen den Willen des Erblassers durch. So sind bei Schenkungen innerhalb von 10 Jahren vor dem Todestag des Erblassers die gesetzlichen Erben nach § 2325 BGB in der Erbauseinandersetzung so zu stellen, als gehöre diese am Todestag noch zum Nachlass (sog. „Pflichtteilsergänzungsanspruch"). **Der dem Pflichtteilsanspruch zugrunde zu legende Nachlasswert** ist gemäß § 2311 BGB zu ermitteln. Die Vorschrift lautet:

„**§ 2311 BGB** Wert des Nachlasses

(1) Der Berechnung des Pflichtteils wird der Bestand und der Wert des Nachlasses zurzeit des Erbfalls zugrunde gelegt. Bei der Berechnung des Pflichtteils eines Abkömmlings und der Eltern des Erblassers bleibt der dem überlebenden Ehegatten gebührende Voraus außer Ansatz.

---

56 OLG Frankfurt am Main, Urt. vom 10.12.1982 – 1 UF 280/81 –, FamRZ 1983, 395.
57 BGH, Urt. vom 22.10.1986 – IVa ZR 143/85 –, BGHZ 98, 382 = EzGuG 20.117b, BGH, Urt. vom 24.10.1990 – XII ZR 101/89 –, WM 1991, 283 = EzGuG 20.133b; BGH, Urt. vom 9.2.2011 – XII ZR 40/09 –, NJW 2011, 999.
58 BGH, Urt. vom 23.11.1977 – IV ZR 131/76 –, BGHZ 70, 224 = EzGuG 20.69.
59 BGH, Urt. vom 9.3.1977 – IV ZR 166/75 –, BGZH 68, 163 = EzGuG 20.66.

(2) Der Wert ist, soweit erforderlich, durch Schätzung zu ermitteln. Eine vom Erblasser getroffene Wertbestimmung ist nicht maßgebend."

Von Landgütern (vgl. Rn. 49 f.) **abgesehen, wird als Wert i. S. des § 2311 Abs. 2 BGB der Verkehrswert i. S. des § 194 BauGB geschätzt,** wobei ungewöhnliche oder persönliche Verhältnisse i. S. des § 7 ImmoWertV unberücksichtigt bleiben. Ein bestimmtes Wertermittlungsverfahren wird durch das BGB ebenso wenig wie die Beauftragung bestimmter Sachverständiger oder gar des Gutachterausschusses für Grundstückswerte nach den §§ 192 ff. BauGB vorgeschrieben[60]. **48**

Bei der **Ermittlung von Grundstückswerten für die Bemessung von Pflichtteilsansprüchen** kann nicht einfach der volle Wert (= Verkehrswert) auf der Grundlage eines *missverstandenen Stichtagsprinzips* ermittelt werden, den das Grundstück im Zeitpunkt des Erbfalls hatte. Dies könnte im Einzelfall wiederum dazu führen, dass vorübergehende Schwankungen mit ihren Zufälligkeiten zu unbilligen Ergebnissen führen. Der sich im Zeitpunkt des Erbfalls ergebende Verkehrswert stellt demzufolge in derartigen Fällen lediglich einen Anhaltspunkt dar[61]. **49**

Bei der Ermittlung des Werts i. S. des § 2311 Abs. 2 BGB kann es nach dem vorher Gesagten erforderlich sein, von dem sich im Zeitpunkt des Erbfalls mutmaßlich ergebenden Wert abzuweichen, wenn z. B. in diesem Zeitpunkt ein **kurzfristiger und vorübergehender Preisverfall** festgestellt werden muss und wenige Monate vor dem Tod des Erblassers oder z. B. ein Jahr später sich ein höherer Verkehrswert ergibt[62]. **50**

Darüber hinaus hat der BGH in seiner Rechtsprechung den tatsächlich erzielten Verkaufserlösen, die im Anschluss an den Erbfall erzielt werden konnten, einen hohen Stellenwert beigemessen. So hat der BGH ausgesprochen, dass sich die „Bewertung von Nachlassgegenständen, die bald nach dem Erbfall veräußert worden sind, von außergewöhnlichen Verhältnissen abgesehen, grundsätzlich an dem tatsächlich erzielten Verkaufspreis orientieren muss. Dafür war einmal die Erwägung maßgebend, dass es nicht gerechtfertigt sei, im erbrechtlichen Bewertungsrecht die (relativ) gesicherte Ebene tatsächlich erzielter Verkaufserlöse zu verlassen. Weiter hat der Senat auch keinen Grund gesehen, den Pflichtteilsberechtigten von dem Vorteil auszuschließen, der durch einen tatsächlich erfolgten Verkauf den Grundstückserben zugefallen ist. Eine **Bewertung, die an einen konkreten Verkauf des betreffenden Gegenstandes anknüpfen kann, verdient den Vorzug vor einer Schätzung,** die sich nur an allgemeinen Erfahrungswerten orientiert."[63] Dies gilt selbst dann, wenn z. B. ein Nachlassgrundstück fünf Jahre nach dem Erbfall erheblich teurer als vom Sachverständigen geschätzt, veräußert wurde und der Pflichtteilsberechtigte im Wesentlichen unveränderte Marktverhältnisse nachweist und die Erben keine wertbeeinflussenden Veränderungen der Bausubstanz in der Zwischenzeit darlegen können. Der Verkehrswert ist dann grundsätzlich aus den tatsächlich erzielten Preisen unter Berücksichtigung der allgemeinen Preisentwicklung, unter Ausschluss ungewöhnlicher oder persönlicher Verhältnisse, rückschließend zu bestimmen[64]. **51**

Bei sog. bedingten Schenkungen (von Nießbrauchs-, Wohn- und Wohnungsrechten sowie Reallasten zugunsten des späteren Erblassers) und bei entgeltlichen Veräußerungsvorgängen unter dem Verkehrswert werden davon nicht unmittelbar betroffene, aber ebenfalls erbberechtigte Personen benachteiligt, wenn der Erbfall nicht innerhalb von zehn Jahren eintritt. Dem Pflichtteilsberechtigten steht neben seinem Pflichtteil nach § 2326 BGB ein sog. Pflichtteilergänzungsanspruch zu. Pflichtteilsanspruch und Pflichtteilsergänzungsanspruch bestehen selbstständig und unabhängig voneinander und sind deshalb getrennt voneinander zu beurtei- **52**

---

60 BGH, Urt. vom 13.7.1970 – VII ZR 176/68 –, BGHZ 54, 244 = NJW 1970, 2018 = WM 1975, 860; BGH, Urt. vom 8.4.1992 – IV ZR 2/91 –, EzGuG 14.112; BGH, Urt. vom 29.4.1992 – IV ZR 252/91 –, NJW 1992, 2888 = EzGuG 20.140; BGH, Teil-Urt. vom 14.10.1992 – IV ZR 211/91 –, MDR 1993, 245 = EzGuG 20.143; vgl. zu alledem Schopp in ZMR 1994, 552 und Replik von Bißmaier in ZMR 1995, 106.
61 BGH, Urt. vom 14.2.1975 – IV ZR 28/73 – NJW 1975, 1123 = MDR 1975, 562.
62 BGH, Urt. vom 14.2.1975 – IV ZR 28/73 –, NJW 1975, 1123 = MDR 1975, 562.
63 BGH, Urt. vom 17.3.1982 – IVa ZR 27/81 –, NJW 1982, 2497 = EzGuG 20.94a.
64 BGH, Urt. vom 14.10.1992 – IV ZR 211/91 –, MDR 1993, 245 = EzGuG 20.143; BGH, Urt. vom 13.3.1991 – IV ZR 52/90 –, WM 1991, 1352 = EzGuG 20.134b.

VII Besondere Anlässe — Pflichtteilsanspruch

len.[65] Nach zehn Jahren verjährt der **Pflichtteilsergänzungsanspruch**. Die dafür maßgebliche Vorschrift des § 2325 BGB lautet:

„**§ 2325 BGB** Pflichtteilsergänzungsanspruch bei Schenkungen

(1) Hat der Erblasser einem Dritten eine Schenkung gemacht, so kann der Pflichtteilsberechtigte als Ergänzung des Pflichtteils den Betrag verlangen, um den sich der Pflichtteil erhöht, wenn der verschenkte Gegenstand dem Nachlasse hinzugerechnet wird.

(2) Eine verbrauchbare Sache kommt mit dem Werte in Ansatz, den sie zur Zeit der Schenkung hatte. Ein anderer Gegenstand kommt mit dem Werte in Ansatz, den er zur Zeit des Erbfalls hat; hatte er zur Zeit der Schenkung einen geringeren Wert, so wird nur dieser in Ansatz gebracht.

(3) Die Schenkung wird innerhalb des ersten Jahres vor dem Erbfall in vollem Umfang, innerhalb jedes weiteren Jahres vor dem Erbfall um jeweils ein Zehntel weniger berücksichtigt. Sind zehn Jahre seit der Leistung des verschenkten Gegenstandes verstrichen, bleibt die Schenkung unberücksichtigt. Ist die Schenkung an den Ehegatten erfolgt, so beginnt die Frist nicht vor der Auflösung der Ehe."

Abb. 8: Ergänzung des Pflichtteils wegen Schenkung
(§ 2325 Abs. 2, S. 1, Abs. 3 BGB)

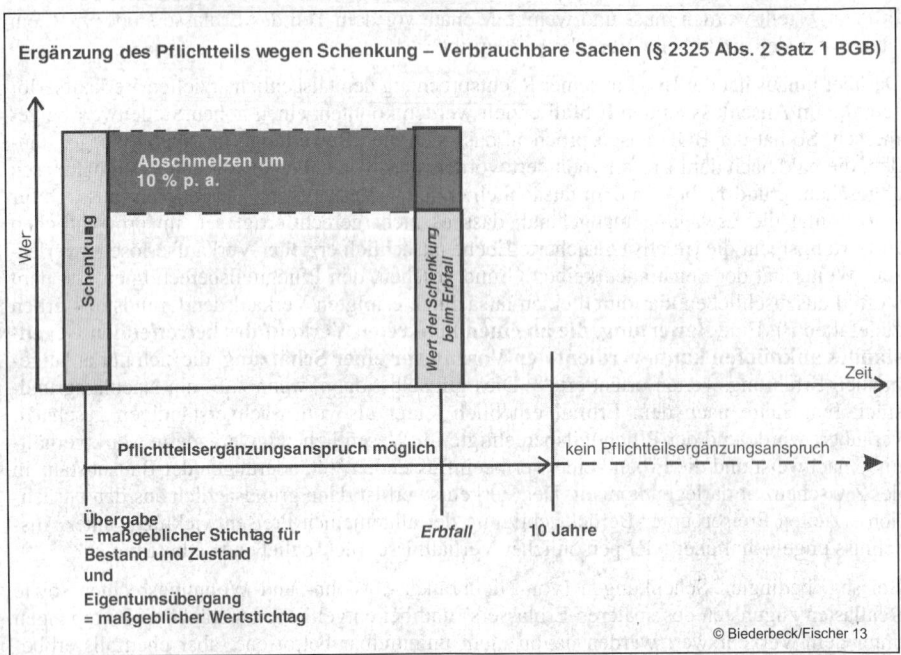

53 Nach § 2325 Abs. 2 Satz 2 BGB ist bei der Ermittlung des Pflichtteilsergänzungsanspruchs bei „unverbrauchbaren" Sachen (wie Grundstücke) der (Verkehrs-)Wert in Ansatz zu bringen, den der geschenkte Gegenstand zur Zeit des Erbfalls hat[66]. Hatte jedoch der geschenkte Gegenstand zur Zeit der Schenkung einen geringeren (Verkehrs-)Wert, so kommt nur der geringere Wert zum Ansatz (sog. **Niederstwertprinzip**)[67]. Der Vergleich zwischen dem Wert zum Zeitpunkt der Schenkung und dem Wert zum Zeitpunkt des Erbfalls hat aber ohne eine Belastung des Objektes zu erfolgen. Das Niederstwertprinzip ist auch für den „richtigen" Wertermittlungsstichtag von Bedeutung:

---
65 BGH, Urt. vom 9.3.1988 – IVa ZR 272/86 –, BGHZ 103, 333.
66 BGH, Urt. vom 9.3.1988 – IVa ZR 227/86 –, BGHZ 103, 333; BGH, Urt. vom 2.12.1987 – IVa ZR 149/86 –, BGHZ 102, 289.
67 BGH, Urt. vom 17.1.1996 – IV ZR 214/94 –, NJW-RR 1996, 705; BGH, Urt. vom 29.4.1992 – IV ZR 252/91 –, NJW 1992, 2888 = EzGuG 20.140.

Pflichtteilsanspruch — Besondere Anlässe VII

– Ergibt sich aber unter Berücksichtigung der allgemeinen Wertverhältnisse auf dem Grundstücksmarkt, dass das Grundstück zur Zeit der Schenkung *mehr* als zum Zeitpunkt des Erbfalls wert war, so ist nach dem Niederstwertprinzip der Wert des Grundstücks *zum Zeitpunkt des Erbfalls* zugrunde zu legen.

– Ergibt sich aber unter Berücksichtigung der allgemeinen Wertverhältnisse auf dem Grundstücksmarkt, dass das Grundstück zur Zeit der Schenkung *weniger* als zum Zeitpunkt des Erbfalls wert war, so ist nach dem Niederstwertprinzip der Wert des Grundstücks *zum Zeitpunkt der Schenkung* zugrunde zu legen.

Abb. 9: Niederstwertprinzip

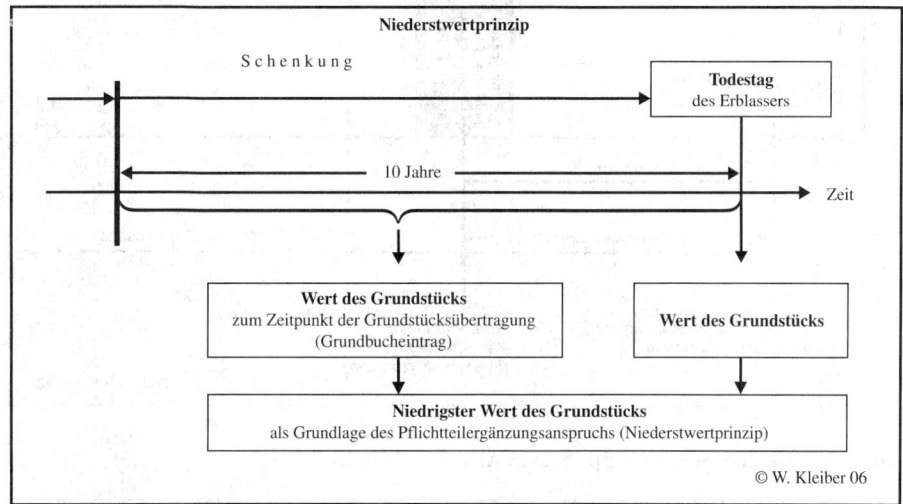

Besteht ein Pflichtteils(ergänzungs)anspruch, so kann der Pflichtteilsberechtigte vom Erben Auskunft über den Bestand des Nachlasses verlangen (**Auskunftspflicht**). Weiterhin kann er verlangen, dass zulasten des Nachlasses ein Sachverständiger hinzugezogen wird[68]. 54

Der **Pflichtteilsergänzungsanspruch** besteht nach § 2325 Abs. 3 BGB nur für Schenkungen, die innerhalb der sog. 10-Jahres-Frist, d. h. 10 Jahre vor dem Erbfall, vollzogen wurden. Maßgeblicher Zeitpunkt des Eigentumsübergangs ist grundsätzlich der Zeitpunkt der Grundbucheintragung[69]. Innerhalb der 10-Jahresfrist erfolgt eine Abschmelzung des Werts der Schenkung um 10 % pro Jahr.

Für die auf den zurückliegenden Stichtag bezogene Verkehrswertermittlung sind die Grundsätze einer retrograden (retroperspektiven) Verkehrswertermittlung maßgebend (ex post)[70]. 55

---

68 BGH, Urt. 19.4.1989 – IVa ZR 85/88 –, BGHZ 107, 200 = NJW 1989, 2887.
69 BGH, Urt. vom 2.12.1987 – IVa 149/86 –, BGHZ 102, 289; Sonderfälle BGH, Urt. vom 27.4.1994 – IV ZR 132/93 –, BGHZ 125, 395.
70 BGH, Urt. vom 1.10.1986 – IVb ZR 69/85 –, NJW 1987, 321; BGH, Urt. vom 7.9.2005 – XII ZR 209/02 –, BGHZ 164, 69 = EzGuG 14.142a.

VII Besondere Anlässe — Pflichtteilsanspruch

Abb. 10: Niederstwertprinzip (§ 2325 Abs. 5 Satz 2 BGB)

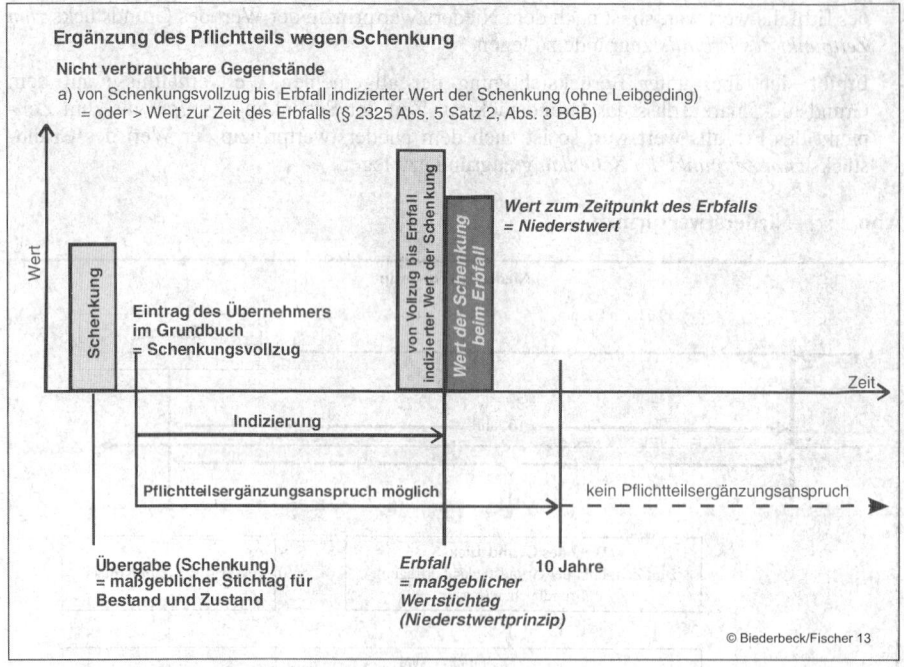

Abb. 11: Niederstwertprinzip (§ 2325 Abs. 2 S. 2 BGB)

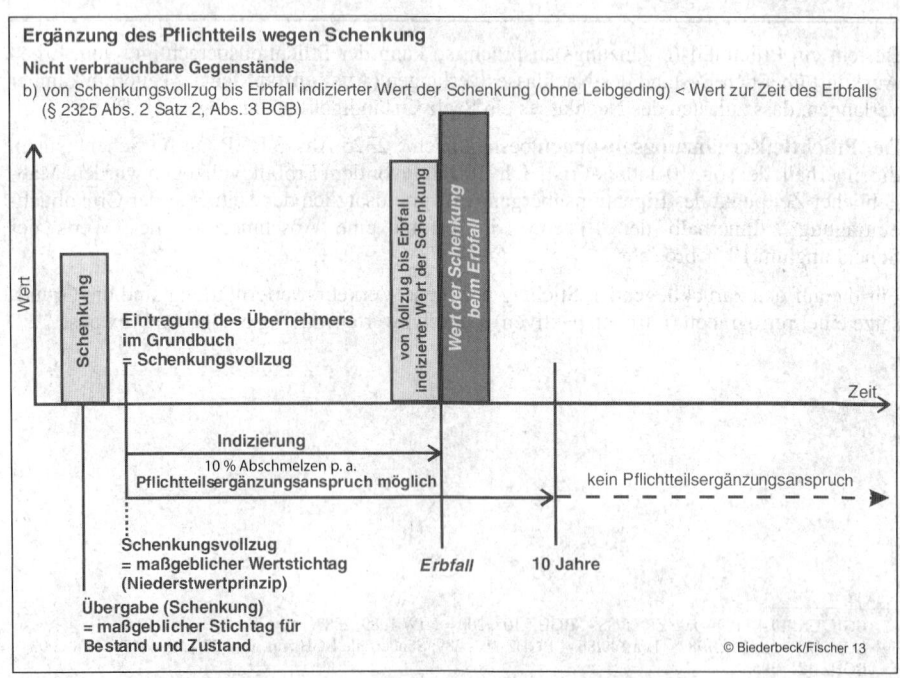

▶ Zum Erbbaurecht bei Erbauseinandersetzungen vgl. Teil IX Rn. 222

2.2 Pflichtteilsanspruch bei land- oder forstwirtschaftlichen Betrieben

Für die Ermittlung des Pflichtteilsanspruchs an land- oder forstwirtschaftlichen Betrieben (Landgut) sieht das BGB in § 2312 BGB eine der Regelung des § 1376 Abs. 4 BGB für die Ermittlung des Zugewinnausgleichs entsprechende Regelung vor (vgl. Rn. 24 ff.). Für die Anwendung der Vorschrift kommt es auf die Verhältnisse zum Zeitpunkt des Erbfalls an[71].

Für Landgüter gilt die Besonderheit des § 2312 BGB[72]; die Vorschrift lautet:

„**§ 2312 BGB** Wert eines Landguts

(1) Hat der Erblasser angeordnet oder ist nach § 2049 anzunehmen, dass einer von mehreren Erben das Recht haben soll, ein zum Nachlass gehörendes Landgut zu dem Ertragswert zu übernehmen, so ist, wenn von dem Recht Gebrauch gemacht wird, der Ertragswert auch für die Berechnung des Pflichtteils maßgebend. Hat der Erblasser einen anderen Übernahmepreis bestimmt, so ist dieser maßgebend, wenn er den Ertragswert erreicht und den Schätzungswert nicht übersteigt.

(2) Hinterlässt der Erblasser nur einen Erben, so kann er anordnen, dass der Berechnung des Pflichtteils der Ertragswert oder ein nach Absatz 1 Satz 2 bestimmter Wert zugrunde gelegt werden soll.

(3) Diese Vorschriften finden nur Anwendung, wenn der Erbe, der das Landgut erwirbt, zu den im § 2303 bezeichneten pflichtteilsberechtigten Personen gehört."

Pflichtteilsberechtigte Person ist ein Abkömmling des Erblassers, der durch Erbfolge ausgeschlossen ist (§ 2303 Abs. 1 Satz 1 BGB). Ebenso gehören zu dem Personenkreis Eltern und der Ehegatte des Erblassers, sofern sie durch Verfügung von Todes wegen von der Erbfolge ausgeschlossen sind (§ 2303 Abs. 2 BGB).

Der **Ertragswert eines land- oder forstwirtschaftlichen Betriebs fällt in aller Regel weitaus niedriger aus als der volle wirkliche Wert unter Fortführungsgedanken, der dem Verkehrswert (= Verkaufswert) des Betriebs als Einheit entspricht.** Sinn und Zweck der besonderen Regelung für land- oder forstwirtschaftliche Betriebe bestehen darin, mit dem niedrigeren Ertragswert dem Übernehmer des Landguts die Übernahme zu erleichtern und ihn vor übermäßigen Belastungen zu schützen; sie soll dem Erhalt schutzwürdiger landwirtschaftlicher Familienbetriebe dienen. § 2312 BGB kommt deshalb weder unmittelbar noch entsprechend zur Anwendung, wenn der Erblasser nur zu einem Bruchteil Eigentümer war; der Miteigentumsanteil ist dann mit seinem „vollen wirklichen Wert" (= Verkehrswert) anzusetzen[73]. Das Gleiche gilt, wenn aufgrund eines Übergabevertrags oder einer testamentarischen Anordnung das Landgut auf mehrere Erben übergehen soll[74].

▶ *Weitere Hinweise bei Rn. 23 ff.*

Grundsätzlich ist zu beachten, dass zur Bewertung landwirtschaftlicher Betriebe bei Erbauseinandersetzungen unterschiedliche Wertansätze heranzuziehen sind.

---

71 BGH, Beschl. vom 14.12.1994 – IV ZR 113/94 –, NJW 1995, 1352 = EzGuG 20.154; OLG Köln, Urt. vom 26.9.1992 – 18 U 123/91 –, AgrarR 1993, 1 = EzGuG 12.106b.
72 BGH, Urt. vom 21.3.1973 – IV ZR 157/71 –, WM 1977, 20 = EzGuG 20.54a; BGH, Urt. vom 15.12.1976 – IV ZR 27/75 –, WM 1977, 20 = EzGuG 20.64a; BGH, Urt. vom 12.7.1974 – IV ZR 19/73 –; BGH, Urt. vom 14.2.1975 – IV ZR 28/73, NJW 1975, 1123 = MDR 1975, 562; BGH, Urt. vom 25.3.1954 – IV ZR 146/53 –, BGHZ 13, 45 = EzGuG 20.17; BGH, Urt. vom 4.7.1975 – IV ZR 3/74 –, BGHZ 65, 75 = WM 1975, 860 = NJW 1975, 1831.
73 BGH, Urt. vom 21.3.1973 – IV ZR 157/71 –, WM 1973, 976 = EzGuG 20.54a.
74 BGH, Urt. vom 15.12.1976 – IV ZR 27/75 –, WM 1973, 976 = EzGuG 20.64a.

VII Besondere Anlässe — Pflichtteilsanspruch

Abb. 12: Bewertung landwirtschaftlicher Betriebe bei Erbauseinandersetzung

Nr.	Situation	Wertstichtag	Bemerkung	Wertansatz
1	Erbfall ohne Hoferbe (Erbengemeinschaft)	Erbfall	kein Ertragswert	Verkehrswert § 194 BauGB Fortführung oder Liquidation
	Zuweisung	Erbfall	*Voraussetzung Beurteilung als Landgut*	*Ertragswert § 2049 BGB*
2	Erbfall mit Hoferbe	Erbfall	keine Anordnung des Erblassers bzw. keine Beurteilung als Landgut	Verkehrswert § 194 BauGB Fortführung oder Liquidation
			Beachtung § 2312 Abs. 3 i. V. m. § 2303 BGB	
			Voraussetzung Anordnung des Erblassers und Beurteilung als Landgut	*Ertragswert § 2049 BGB*
3	Übergabe (Schenkung)	a) Erbfall **oder** b) Schenkungsvollzug	keine Anordnung des Erblassers bzw. keine Beurteilung als Landgut **Niederstwertprinzip § 2325 Abs. 2 BGB; Abs. 3 BGB (Abschmelzung von 10 % p.a.)**	Verkehrswert § 194 BauGB Fortführung oder Liquidation
			Beachtung § 2312 Abs. 3 i. V. m. § 2303 BGB	
	Übergabe (Schenkung)	a) Erbfall **oder** b) Schenkungsvollzug	*Voraussetzung Anordnung des Erblassers und Beurteilung als Landgut* **Niederstwertprinzip § 2325 Abs. 2 BGB** *Zustand: immer zum Zeitpunkt Schenkungsvollzug*	*Ertragswert § 2049 BGB*

© Biederbeck/Fischer 13

60 Steht **kein Hoferbe** zur Verfügung, so tritt an dessen Stelle eine Erbengemeinschaft. In diesem Fall ist der Verkehrswert zu ermitteln. Ist einer der Erben von der Erbfolge ausgeschlossen und macht einen Pflichtteilsanspruch geltend, so ist der Verkehrswert maßgebend. Als Bewertungsstichtag gilt nach § 2311 BGB der Todestag des Erblassers.

61 Ist ein Hoferbe vorhanden und hat der Erblasser keine Anordnung (Übernahme zum Ertragswert) getroffen, dann ist der volle wirkliche Wert (Verkehrswert unter Fortführungsgedanken) maßgebend. Wenn der Erblasser testamentarisch bestimmt hat, wer von den Erbberechtigten den Hof übernehmen soll, ist der Ertragswert gem. § 2049 zu ermitteln. Entscheidende Voraussetzung ist, dass es sich um ein Landgut handelt und damit das so genannte Landwirtschaftsprivileg zur Anwendung kommt.

62 Hat jedoch ein Miterbe das Recht, z. B. im Wege der Zuweisung nach §§ 13 bis 17 GrdstVG, den landwirtschaftlichen Betrieb zu übernehmen, so gilt als Wertansatz der Ertragswert nach § 2049 BGB (§ 16 Abs. 1 GrdstVG). Übernimmt der Miterbe das Landgut zum Ertragswert, so ist der Ertragswert auch für die Berechnung des Pflichtteils maßgebend (§ 2312 Abs. 1 BGB).

Bei einer **Übergabe** (Schenkung) ergeben sich als Wertstichtage der Zeitpunkt des Erbfalls oder der Zeitpunkt des Schenkungsvollzugs. Der niedrigere Wert von beiden ist anzusetzen (vgl. Abb. 6 bis 8). 63

Eine **Schenkung des Hofes** bleibt bei der Pflichtteilsergänzung nach § 2325 BGB unberücksichtigt, wenn zurzeit des Erbfalls 10 Jahre seit der Leistung des verschenkten Gegenstandes verstrichen sind. Im Falle einer Schenkung an den Ehegatten kann sich der Zeitraum unter Umständen erheblich verlängern, da die 10-Jahres-Frist erst nach Auflösung der Ehe beginnt. Bei der Pflichtteilsergänzung ist innerhalb der 10-Jahres-Frist der Wert der Schenkung um 10 % pro Jahr zu reduzieren (1 Jahr vor dem Erbfall voller Umfang der Schenkung). 64

2.3 Pflichtteilsanspruch bei Unternehmen

Auch bei der Bemessung des Pflichtteilsanspruchs an Unternehmen kommt dem Anteil des sog. **Firmenwerts** *(good will)* am Unternehmenswert eine besondere Bedeutung zu. Maßgeblich ist wiederum der Gesamtwert, wobei ein Firmenwert *(good will)* nur dann **unberücksichtigt** bleibt, **wenn er ausschließlich in der Person des Erblassers begründet war.** 65

Bei der Unternehmensbewertung auf der Grundlage des sog. Zukunftserfolgswerts ist nach Auffassung des BGH auch die **während des Wertermittlungszeitraums erkennbare Entwicklung zu berücksichtigen,** während spätere Entwicklungen, „deren Wurzeln in der Zeit nach dem Wertermittlungsstichtag liegen", unberücksichtigt bleiben müssen (**Wurzeltheorie**)[75]. 66

Der Liquidationswert eines Unternehmens stellt i. d. R. den untersten Wert eines Unternehmens dar; etwas anderes kann gelten, **wenn ein Unternehmen fortgeführt wird, obwohl es ständig mit Verlusten arbeitet.** Für diesen Fall hat der BGH entschieden, dass dann nicht der Liquidationswert, sondern der in diesem Falle noch niedrigere Gesamtwert maßgebend sein soll, weil der Pflichtteilsberechtigte keinen Anspruch auf Auflösung des Unternehmens habe. 67

▶ *Weitere Hinweise bei Rn. 41 ff.*

2.4 Pflichtteilsanspruch bei Nießbrauchsvorbehalt

Nach ständiger Rechtsprechung des BGH[76] ist eine Schenkung unter Nießbrauchsvorbehalt unter der Herrschaft des Niederstwertprinzips nur in dem Umfang ergänzungspflichtig, wie der Grundstückswert den Wert des dem Erblasser verbliebenen Nießbrauchs übersteigt. 68

– Kommt es danach auf den Zeitpunkt der Schenkung (Grundstücksübertragung durch Grundbucheintragung) an, weil der (ohne Berücksichtigung des Wohnungsrechts) ermittelte Wert des Grundstücks (zum Zeitpunkt der Schenkung) unter dem Wert des Grundstücks zum Zeitpunkt des Erbfalls liegt, ist der Wert des Wohnungsrechts bei der Ermittlung des ergänzungspflichtigen Schenkungswerts in Abzug zu bringen.

– Ist dagegen der Grundstückswert im Zeitpunkt des Erbfalls maßgebend, kommt ein Abzug nicht in Betracht, weil zu dem Zeitpunkt das Wohnungsrecht erloschen ist.

---

75 BGH, Urt. vom 17.1.1973 – IV ZR 142/70 –, WM 1973, 306 = EzGuG 20.53a.
76 BGH, Urt. vom 8.3.2006 – IV ZR 236/04 –; GuG 2006, 240 = EzGuG 14.144; BGH, Urt. vom 8.4.1992 – IV ZR 2/91 –, NJW 1992, 2887 = EzGuG 14.112; BGH, Urt. vom 30.5.1990 – IV ZR 254/88 –, WM 1990, 1637; BGH, Urt. vom 17.1.1996 – IV ZR 214/94 –, NJW-RR 1996, 705; BGH, Urt. vom 16.7.2003 – VIII ZR 30/03 –, NJW 2003, 2904.

Teil VIII

Verkehrswertermittlung von Rechten und Belastungen an Grundstücken

Teil VIII

Verkehrsvereinsmitteilungen, Rechts- und Reisetipps und Formalitäten

Übersicht — Rechte und Belastungen VIII

Gliederungsübersicht   Rn.

1 Vorbemerkungen
- 1.1 Übersicht 1
- 1.2 Eigentum 19
- 1.3 Grundstücksgleiches Recht 27
- 1.4 Baulast
  - 1.4.1 Allgemeines 29
  - 1.4.2 Wertermittlungsgrundsätze 47
  - 1.4.3 Abstandsflächenbaulast 49
  - 1.4.4 Zwangsversteigerung 50

2 Erbbaurecht
- 2.1 Allgemeines 52
- 2.2 Inhalt von Erbbaurechten 66
- 2.3 Erbbauzins
  - 2.3.1 Allgemeines 74
  - 2.3.2 Anpassung des Erbbauzinses
    - 2.3.2.1 Verträge mit Anpassungsklausel 88
    - 2.3.2.2 Verträge ohne Anpassungsklausel 119
    - 2.3.2.3 Anpassung nach billigem Ermessen 121
  - 2.3.3 Außergewöhnlich hoher Erbbauzins in städtischen Bereichen 133
  - 2.3.4 Erbbauzins in einer Summe bei Bestellung des Erbbaurechts 134
- 2.4 Verkehrswertermittlung von Erbbaurechten und erbbaurechtbelasteten Grundstücken
  - 2.4.1 Allgemeines 135
  - 2.4.2 Theoretisch-mathematische Methode 149
  - 2.4.3 Verfahren nach WertR
    - 2.4.3.1 Allgemeines 152
    - 2.4.3.2 Vergleichswertverfahren 156
    - 2.4.3.3 Finanzmathematische Methode 162
  - 2.4.4 Sonderfälle
    - 2.4.4.1 Erbbaurecht an bebauten Grundstücken bei kurzer Restlaufzeit des Erbbaurechtsvertrags 179
    - 2.4.4.2 Erbbaurechtsbestellung an bereits bebauten Grundstücken 182
    - 2.4.4.3 Bauwerksentschädigung und -vergütung bei Heimfall und Erlöschen des Erbbaurechts durch Zeitablauf 183
    - 2.4.4.4 Erschließungsbeitrag 203
    - 2.4.4.5 Umlegung 204
    - 2.4.4.6 Sanierungs- und Entwicklungsmaßnahme 205
    - 2.4.4.7 Zwangsversteigerung 206
    - 2.4.4.8 Erbauseinandersetzung 212
  - 2.4.5 Ankaufsverpflichtung und -berechtigung
    - 2.4.5.1 Ankaufsverpflichtung (Kaufzwangklausel) 213
    - 2.4.5.2 Ankaufsberechtigung 227
  - 2.4.7 Entschädigung für Leitungsüberspannung 229
  - 2.4.8 Geschäftswert (nach KostO) 232
  - 2.4.9 Erbbaurecht in der steuerlichen Bewertung
    - 2.4.9.1 Einheitsbewertung 233
    - 2.4.9.2 Grunderwerbsteuerliche Grundbesitzbewertung 234
    - 2.4.9.3 Erbschaftsteuerliche Grundbesitzbewertung 235
- 2.5 Wohnungs- und Teilerbbaurecht 236

3 Gesetzliche Beschränkungen
- 3.1 Übersicht 237
- 3.2 Überbau
  - 3.2.1 Allgemeines 239
  - 3.2.2 Überbaurente und Abkauf 249
  - 3.2.3 Verkehrswertermittlung
    - 3.2.3.1 Verkehrswert des belasteten (überbauten) Grundstücks 258

VIII Rechte und Belastungen — Übersicht

		3.2.3.2	Verkehrswert des begünstigten Grundstücks	261
		3.2.3.3	Zusammenfassung	269
	3.2.4	Überhang		271
	3.2.5	Nachbarwand		279
3.3	Notweg			
	3.3.1	Allgemeines		281
	3.3.2	Notwegerente		288
	3.3.3	Verkehrswertermittlung		
		3.3.3.1	Verkehrswert des dienenden Grundstücks	296
		3.3.3.2	Verkehrswert des herrschenden Grundstücks	298
		3.3.3.3	Notwegerente	301
3.4	Wassernutzungsrecht			
	3.4.1	Allgemeines		302
	3.4.2	Brunnenrecht		305
4	**Beschränkt dingliches Recht (Rechte Dritter)**			
4.1	Übersicht			310
4.2	Dienstbarkeit			
	4.2.1	Allgemeines		312
	4.2.2	Grunddienstbarkeit		
		4.2.2.1	Allgemeines	315
		4.2.2.2	Apothekengerechtigkeit	322
	4.2.3	Beschränkte persönliche Dienstbarkeit		323
	4.2.4	Nießbrauch		
		4.2.4.1	Allgemeines	329
		4.2.4.2	Verkehrswertermittlung	340
		4.2.4.3	Steuerliche Behandlung	351
	4.2.5	Miet- und Pachtrecht		353
	4.2.6	Wegerecht		
		4.2.6.1	Allgemeines	355
		4.2.6.2	Wertermittlungsgrundsätze	364
	4.2.7	Leitungsrecht		
		4.2.7.1	Allgemeines	373
		4.2.7.2	Besonderheiten für die neuen Bundesländer	377
		4.2.7.3	Grundsätze der Ermittlung der Wertminderung	379
		4.2.7.4	Grundsätze der Entschädigung bei Begründung von Leitungsrechten	386
		4.2.7.5	Verzinsung der Entschädigung	390
		4.2.7.6	Bahnunterfahrung	391
	4.2.8	Wettbewerbsbeschränkende Dienstbarkeit (Konkurrenz- und Sortimentsklauseln)		397
	4.2.9	Aussichtsrecht		401
	4.2.10	Belegungsrecht		404
	4.2.11	Wohnungsrecht		
		4.2.11.1	Allgemeines	406
		4.2.11.2	Wertbildende Parameter	416
		4.2.11.3	Verkehrswertermittlung	445
		4.2.11.4	Dauerwohnrecht	454
	4.2.12	Altenteil		
		4.2.12.1	Allgemeines	459
		4.2.12.2	Zwangsversteigerung	472
4.3	Verfügungs- und Erwerbsrecht			
	4.3.1	Übersicht		473
	4.3.2	Vorkaufsrecht		
		4.3.2.1	Allgemeines	475
		4.3.2.2	Verkehrswertermittlung	481
		4.3.2.3	Beleihungspraxis und Zwangsversteigerung	494
	4.3.3	Wiederkaufsrecht		501
	4.3.4	Ankaufsrecht und Ankaufsverpflichtung		506
	4.3.5	Aneignungsrecht		
		4.3.5.1	Allgemeines	508
		4.3.5.2	Durchschneidungsbedingte Jagdwertminderung	509

4.4	Sicherungs- und Verwertungsrecht	
	4.4.1 Übersicht	510
	4.4.2 Grundpfandrecht	511
	4.4.3 Reallast	515

1 Vorbemerkungen

1.1 Übersicht

Schrifttum: *Bengel/Simmerding*, Grundbuch Grundstück Grenze, Luchterhand, 5. Aufl. 2000; *Fischer, R./Lorenz, H.-J./Biederbeck, M./Astl, B.*, Verkehrswertermittlung bebauter und unbebauter Grundstücke, Bundesanzeiger 2005, S. 385; *Kröll, R., Hausmann, A.*, Rechte und Belastungen bei der Verkehrswertermittlung von Grundstücken, Luchterhand, 4. Aufl. 2011; *Sandner/Weber* (Hrsg.), Lexikon der Immobilienwertermittlung, 2. Aufl. Bundesanzeiger 2007; *Fischer, R./Lorenz, N.-J.* (Hrsg.), Neue Fallstudien zur Wertermittlung von Immobilien, Bundesanzeiger Verlag, Köln, 2013, S. 299 ff.

▶ *Vgl. Übersicht im Teil IV § 1 ImmoWertV Rn. 63 ff.*

Grundstücksrechte werden im 3. Buch (Teil Sachenrecht) des BGB behandelt. In diesem Teil sind die Regelungen über das Eigentum an Grundstücken und über Rechte und Belastungen an Grundstücken enthalten. Die dort geregelten **Grundstücksrechte sind dingliche Rechte**. Sie erfassen das Grundstück unmittelbar; sie sind also mit dem Grundstück verbunden, unabhängig davon, wer der jeweilige Eigentümer des Grundstücks ist. 1

Im Allgemeinen wird der Sachverständige mit der Wertermittlung von Rechten und Belastungen betraut, wenn das mit einem Recht belastete Grundstück beliehen, versteigert, veräußert oder enteignet wird oder wenn Rechte an Grundstücken aufgehoben, entschädigt oder geändert werden sollen[1], wie beispielsweise im Zuge von Enteignungs-, Umlegungs- oder Sanierungsmaßnahmen nach dem BauGB. Dabei treten regelmäßig folgende **Fragen** auf: 2

– Ist das Recht zeitlich begrenzt oder kann der Ablaufzeitpunkt plausibel ermittelt werden?
– Kann das Recht in einem Geldwert ausgedrückt werden?
– Wird für die Ausübung des Rechts eine Gegenleistung erbracht, z. B. in Form einer Rente, und ist die Rente an eine Wertsicherungsklausel gekoppelt?
– Welche Rangstelle hat das Recht im Grundbuch?

Bei den Rechten und Belastungen kann es sich um 3

a) gesetzliche im Grundbuch nicht eintragungsfähige Rechte und Beschränkungen,

b) Rechte und Belastungen, die in öffentlichen Büchern (Denkmalbuch[2], Baulastenverzeichnis[3], Servitutenbuch, Höferolle, Wasserbuch) eingetragen sind, und

c) dinglich gesicherte Rechte handeln, die in Abteilung II des Grundbuchs eingetragen sind.

Rechte und Belastungen ergeben sich insbesondere aus dem Grundbuch (vgl. Teil II Rn. 468 ff.). Zur Klärung ist zumindest aber in das **Grundbuch, das Baulastenverzeichnis, das Altlastenkataster und in die Denkmalschutzliste (Denkmalbuch)** einzusehen (Abb. 1). Man kann jedoch nicht in jedem Fall davon ausgehen, dass alle wesentlichen Beschränkungen des Grundeigentums aus Abt. II des Grundbuchs erkennbar sind. Dem **Grundbuch können nur die dinglich gesicherten Rechte entnommen werden**. 4

---

1 Nach § 4 Abs. 3 WertV i. d. F. von 1972 stellen die wertbeeinflussenden Rechte und Belastungen ungewöhnliche Verhältnisse dar, die bei der Wertermittlung nicht zu berücksichtigen waren (vgl. auch § 142 Abs. 2 BBauG 76). Nach § 6 Abs. 2 ImmoWertV werden sie ausdrücklich als Grundstücksmerkmale hervorgehoben, die bei der Verkehrswertermittlung zu berücksichtigen sind (vgl. auch RFH, Urt. vom 18.1.1935 – II A 390/34 –, RStBl. 1935, 604).

2 Auch als Denkmalliste, Denkmalverzeichnis oder Denkmalkataster bezeichnet. In manchen Bundesländern wird neben der Denkmalliste auch ein gesondertes Denkmalbuch geführt.

3 Das Baulastverzeichnis wird nicht in allen Bundesländern geführt.

VIII Rechte und Belastungen — Vorbemerkungen

Abb. 1: Belastungen des Grundstücks

Belastungen des Grundstücks		
Registrierung im/in	**Art**	**Belastungen – Beispiele –**
Grundbuch Abt. II	– Dienstbarkeiten	Leitungsrechte Wegerechte
Grundbuch, Deckblatt	– Hofvermerk, Höfeordnung	in Hamburg, Niedersachsen, NRW, Schleswig-Holstein
Bücher, Listen, Verzeichnisse	– Denkmalschutz – Baulast – Wasserbuch – Altlastenkataster	Bau-Bodendenkmal Abstandsflächenübernahme Wasserrechte Altlastenverdachtsflächen
nicht im Grundbuch oder anderen Büchern, Listen, Verzeichnissen erkennbar	– Bauplanungs-Bauordnungsrechte – Landesnachbarrechte	öffentlich-rechtliche Belastungen privatrechtliche Belastungen

© Fischer 13

5   **Gesetzliche Beschränkungen sind dagegen nicht eintragungsfähig.** Damit entsteht bei der Wertermittlung zunächst das Problem der Feststellung, ob gesetzliche Beschränkungen auf dem Wertermittlungsobjekt lasten. Der Umfang gesetzlicher Rechte und Belastungen ist auf der Grundlage der einschlägigen Bestimmungen (Landesnachbarrecht, Bauplanungs- und Bodenordnungsrecht, Bauordnungsrecht usw.) festzustellen.

6   **Rechte und Belastungen können sich auf den Verkehrswert sehr unterschiedlich auswirken** (vgl. Abb. 2; Teil IV § 1 ImmoWertV Rn. 63 ff.).

7   Können die vorstehenden Fragen eindeutig (ggf. unter Heranziehung des Grundbuchs und der notariellen Urkunden aus der Grundakte) beantwortet werden, wird die Wertermittlung erleichtert. Es ist aber immer zu beachten, dass der **Wert des Rechts für den Eigentümer des herrschenden Grundstücks nicht immer der Wertminderung des Grundstückswerts des dienenden Grundstücks entspricht.**

Der Sachverständige ist bei einer komplizierten Ausgestaltung der Rechte gut beraten, wenn er sich bezüglich der rechtlichen Würdigung der einzelnen Sachverhalte Zurückhaltung auferlegt und ggf. eine **juristische Klärung** herbeiführt. Dies gilt insbesondere bei Vertragsauslegungen (z. B. Miet- und Erbbaurechtsverträgen). Sofern eine juristische Klärung im Rahmen der Bewertung nicht möglich ist, sollte darauf hingewiesen werden, dass die Würdigung aus sachverständiger Sicht erfolgt und ggf. die Wertansätze bei einer juristisch anderen Auslegung einer Berichtigung oder Ergänzung bedarf.

8   Neben dem **Verkehrswert** des unbelasteten und unberechtigten Grundstücks kann Gegenstand der Verkehrswertermittlung sein:

a) der Verkehrswert des Rechts an einem Grundstück,

b) der Verkehrswert der Belastung eines Grundstücks,

c) der Verkehrswert des berechtigten Grundstücks und

d) der Verkehrswert des belasteten Grundstücks.

Vorbemerkungen **Rechte und Belastungen VIII**

Abb. 2: Auswirkungen der Rechte und Belastungen auf den Grundstückswert

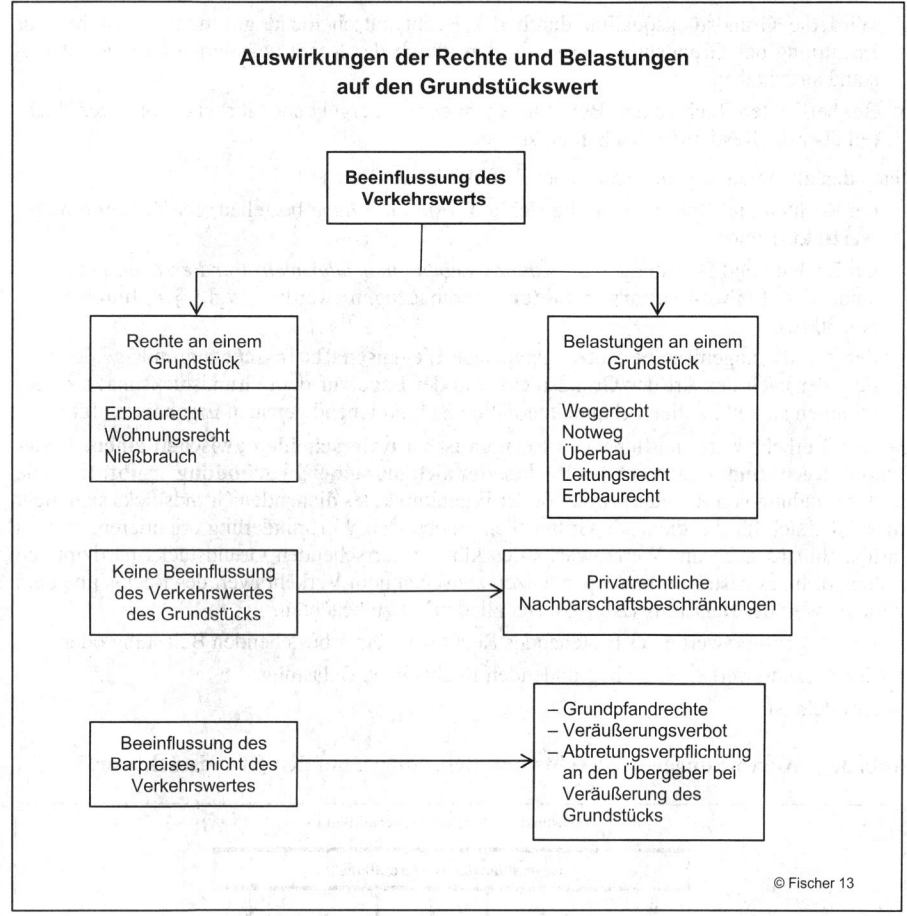

Folgende **Grundsätze** sind bei der **Wertermittlung von Rechten oder Belastungen an Grundstücken** zu beachten:

a) Ausgangspunkt ist grundsätzlich der Verkehrswert ohne Berücksichtigung der Belastung oder der Begünstigung.

b) Der Verkehrswert des berechtigten (herrschenden) Grundstücks entspricht dem Verkehrswert des unberechtigten (unbelasteten) Grundstücks zuzüglich des Verkehrswerts des Rechts (und umgekehrt).

c) Der Verkehrswert des belasteten (dienenden) Grundstücks entspricht dem Verkehrswert des unbelasteten Grundstücks abzüglich des Verkehrswerts der Belastung (und umgekehrt).

d) Der Verkehrswert eines Rechts an einem Grundstück muss nicht dem Verkehrswert der entsprechenden Belastung an dem Grundstück entsprechen und kann sogar erheblich davon abweichen.

e) Wertvorteil oder Wertminderung ergeben sich aus dem wirtschaftlichen Vor- oder Nachteil, wobei auf objektive Gesichtspunkte abzustellen ist.

f) Wird für die Einräumung eines Rechts künftig eine einmalige oder wiederkehrende Gegenleistung erbracht, so ist sie bei der Wertermittlung des Rechts oder der Belastung zu

VIII Rechte und Belastungen — Vorbemerkungen

berücksichtigen. Ist sie bezogen auf die Belastung nachhaltig angemessen, so wirkt sich die Belastung i. d. R. nicht oder nur geringfügig wertmindernd aus.

g) Wird die Grundstücksqualität durch das Recht entscheidend geändert, so ist bei der Ermittlung des Grundstückswerts von dem durch das Recht geänderten Grundstückszustand auszugehen.

h) Bei befristeten Rechten und Belastungen ist der sich ergebende jährliche Vor- oder Nachteil über die Restlaufzeit zu kapitalisieren.

10 Nach den allgemeinen Grundsätzen der Ziff. 4.2 WERTR 06 soll

- bei Rechten und Belastungen, die sich auf *feste Zeiträume* beziehen, der **Zeitrentenbarwertfaktor** und
- bei Rechten und Belastungen, *die an das Leben einer oder mehrerer Personen gebunden* sind, der **Leibrentenbarwertfaktor**[4] herangezogen werden (vgl. § 7 ImmoWertV Rn. 36 ff.),
- der jeweils „angemessene, nutzungstypische **Liegenschaftszinssatz** zugrunde gelegt werden, der nach der Art des Grundstücks und der Lage auf dem Grundstücksmarkt zu bestimmen ist und in allen behandelten Fällen zu hinreichend genauen Ergebnissen führt".

11 Bei der Verkehrswertermittlung von Rechten ist **zu unterscheiden zwischen einem bestehenden Recht und dem Wert des Rechts, der sich bei seiner Begründung ergibt:** Im Falle der Begründung von Rechten wird z. B. der Eigentümer des dienenden Grundstücks sich nicht nur an der sich für das dienende Grundstück ergebenden Wertminderung orientieren, er wird darüber hinaus auch am Wertzuwachs des künftig herrschenden Grundstücks partizipieren wollen, d. h., es bestehen Interdependenzen zwischen dem Verkehrswert des Rechts und dem Verkehrswert der Belastung (Abb. 3). Bei alledem ist zu beachten,

1. ob der Verkehrswert eines bestehendes Recht bzw. einer bestehenden Belastung oder
2. der Verkehrswert eines zu begründenden Rechts bzw. Belastung

zu ermitteln ist.

Abb. 3: Auswirkungen der Rechte und Belastungen auf den Grundstückswert

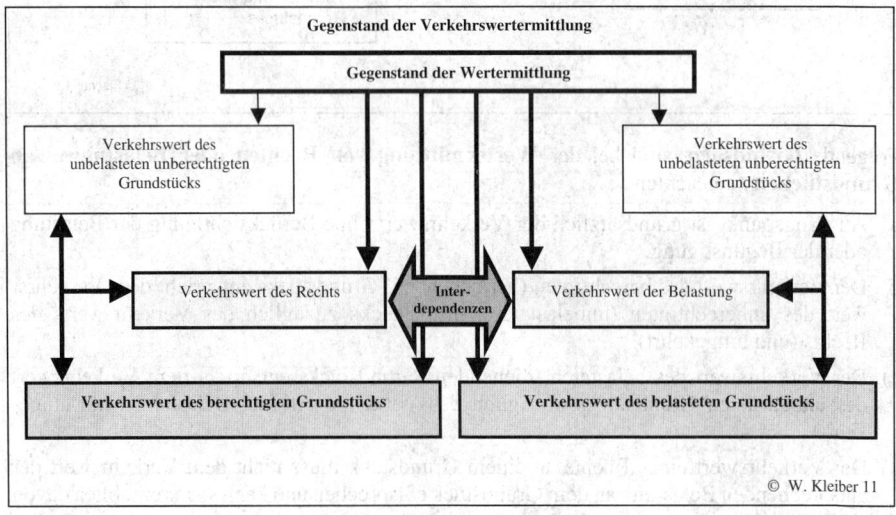

---

4 Leibrentenfaktoren werden unter der Bezeichnung „Kommutationszahlen und Versicherungswerte für Leibrenten 20../ 20.." in unregelmäßigen Abständen vom Statistischen Bundesamt veröffentlicht (E-Mail: info@destatis.de). Zuletzt Kommutationszahlen 2002/2004, 2005/2007, 2008/2010.

Vorbemerkungen **Rechte und Belastungen VIII**

Beispiel: 12

Ein an einer Erschließungsstraße gelegenes Grundstück A soll mit einem Wegerecht (Baulast bzw. Grunddienstbarkeit) belastet werden, das dessen Bebaubarkeit nicht beeinflusst. Der anzulegende Weg dient zugleich als Zufahrtsfläche zur eigenen Garage.

Das dahinter liegende Grundstück wird damit erstmals erschlossen und erfährt dadurch einen erheblichen Wertzuwachs; aus dem Rohbauland entsteht baureifes Land.

Abb. 4: Wegerecht

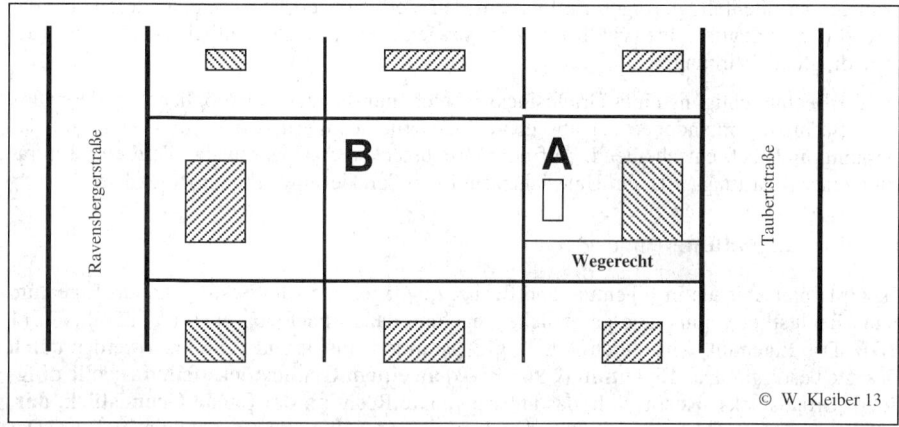

Der Wertzuwachs des Grundstücks B ist aufgrund des Wegerechts deutlich höher als der Wertverlust des Grundstücks A. Im Zuge der Begründung des Rechts würde sich bei hälftiger Aufteilung des Wertzuwachses der Wert des Wegerechts nach der Wertminderung des dienenden Grundstücks zuzüglich dem hälftigen Wertzuwachs des Grundstücks B bemessen. 13

Beispiel: 14

Grundstück A

600 m² × 150 €/m² (ebf) =	90 000 €
Weg 120 m² × 150 €/m² =	− 18 000 €
Restgrundstück	= 72 000 €
abzüglich Beeinträchtigung durch Weg 5 %	− 3 600 €
zuzüglich Eigennutz Garagenzufahrt 10 % von 18 000	1 800 €
Wert belastetes Grundstück	= 70 200 €
Wertverlust 22 %	19 800 €

Grundstück B

vorher: 600 m² × 60 % von 120 €/m² (ebpf)	43 200 €
nachher: 600 m² × 120 €/m² (ebpf)	72 000 €
Wertzuwachs 67 %	28 800 €
Aufteilung Wertzuwachs ½ auf A und B	14 400 €

Wert des Wegerechts

Wertminderung dienendes Grundstück A	19 800 €
zuzüglich ½ Anteil Wertzuwachs von B	14 400 €
Wert Begründung des Wegerechts	34 200 €

Das im Zuge der Begründung eines Rechts entrichtete (Einmal-)Entgelt ist bei einer späteren Bewertung unbeachtlich. Lediglich die – bezogen auf den Wertermittlungsstichtag – künftig 15

VIII Rechte und Belastungen   Vorbemerkungen

zu tragenden Lasten und die dafür aufzubringenden (einmaligen oder wiederkehrenden) Gegenleistungen sind unter Berücksichtigung der Restlaufzeit zu berücksichtigen.

16 **Rechte und Belastungen können** aus zahlreichen sehr unterschiedlichen Gründen entstehen. Sie können ganz **erhebliche Auswirkungen auf den Grundstückswert haben.** Deshalb sind für den Sachverständigen die Kenntnis und die wertmäßigen Auswirkungen der Rechte und Belastungen von Bedeutung. Als wertbeeinflussende Rechte und Belastungen werden in § 6 Abs. 2 ImmoWertV insbesondere genannt: „Dienstbarkeiten, Nutzungsrechte, Baulasten sowie wohnungs- und mietrechtliche Bindungen".

17 Keinen oder allenfalls geringen Einfluss auf den Verkehrswert haben i. d. R. dingliche oder gesetzliche Vorkaufsrechte (vgl. Rn. 504 ff.) sowie generell schuldrechtliche Verpflichtungen ohne dingliche Wirkung.

18 Für die Beeinträchtigung eines Grundstücks ist nicht nur die rechtlich mögliche, sondern auch die tatsächlich vorhandene oder absehbare Inanspruchnahme und die Auswirkung auf das Gesamtgrundstück entscheidend. Auf dem Grundstücksmarkt kann auch allein eine Eintragung einer Belastung (z. B. ein Unterfahrrecht in großer Tiefe) wertbeeinflussend sein.

1.2 Eigentum

19 Es wird unterschieden in Eigentum und Besitz. Im Gegensatz zum Besitz setzt das Eigentum einen Rechtstitel voraus. Die gesetzliche Regelung dazu findet sich in den §§ 854 bis 1011 BGB. Das Eigentum wird durch Art. 14 GG garantiert; Inhalt und Schranken werden durch Gesetze bestimmt. Das **Eigentum (§ 903 BGB) an einem Grundstück stellt das volle dingliche** (Grundstücks-)**Recht,** d. h. das unbeschränkte Recht **an der Sache Grundstück, dar,** mit der er nach Belieben verfahren und andere von jeder Einwirkung ausschließen kann. Der Gebrauch des Eigentums dagegen wird durch die grundgesetzliche Beschränkung auf die Sozialpflichtigkeit (Art. 14 Abs. 2 GG) begrenzt.

20 Die übrigen Grundstücksrechte sind grundstücksgleiche **Rechte und beschränkt dingliche Rechte oder Rechte Dritter**[5]. Diese Rechte sind Belastungen des Eigentums durch Nutzungs- (z. B. Wegerecht) oder Verwertungsrechte (z. B. Hypothek). Grundstücksrechte und Belastungen lassen sich wie folgt gliedern (Abb. 5).

---

5 Das Erbbaurecht gilt als „grundstücksgleiches Recht".

Abb. 5: Rechte und Beschränkungen an Grundstücken

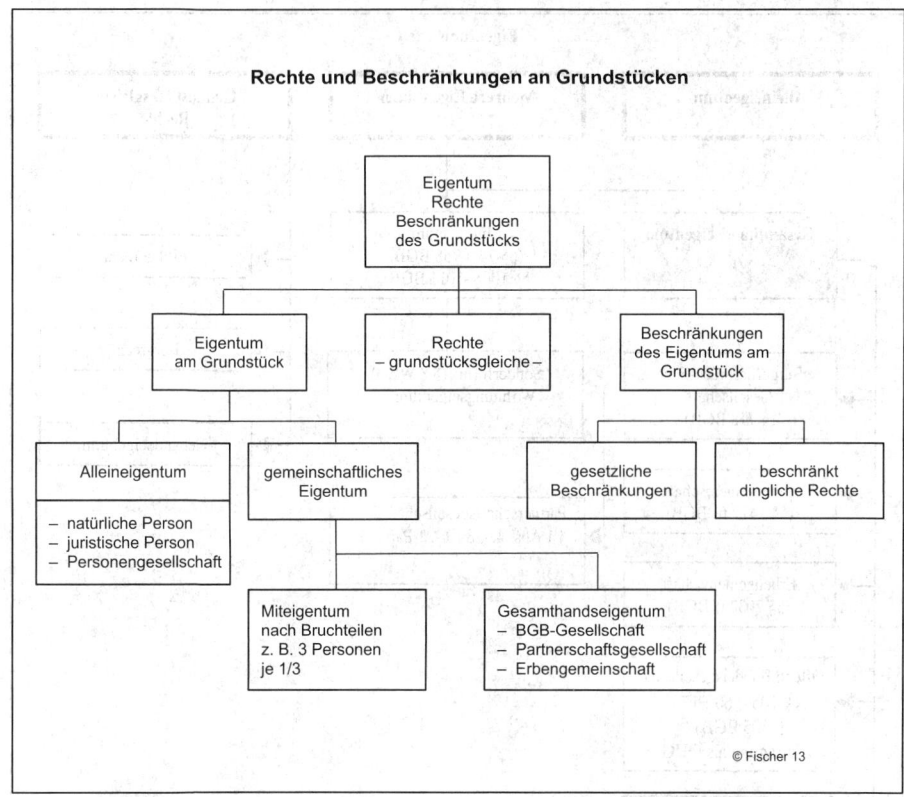

Die Wertermittlung bei Grunddienstbarkeiten (§§ 1018 bis 1029 BGB) erfolgt im Rahmen des **Kostenrechts** im Übrigen nach § 22 KostO, bei beschränkt persönlichen Dienstbarkeiten, soweit es sich um Benutzungsdienstbarkeiten handelt (§ 1090 BGB), nach § 24 KostO. Für die übrigen beschränkt persönlichen Dienstbarkeiten erfolgt die Wertermittlung nach § 30 KostO (zuletzt geändert durch Art. 7 des Gesetzes vom 22.12.2010, BGBl. I, S. 2255).

§ 22 KostO: „Wert, den sie für das herrschende Grundstück hat", ist die Wertminderung des dienenden Grundstücks.

§ 24 KostO: Höher ist dieser anzusetzen für wiederkehrende oder dauernde Nutzungen oder Leistungen mit „Multiplikationen" des Bezugswerts.

§ 30 KostO: „ ... nach freiem Ermessen", regelmäßig 3 000,00 €, maximal 500 000,00 €.

Das Eigentum am Grundstück i. S. d. Vollrechts muss nicht einem einzigen Eigentümer zustehen. **Eine Sache kann auch mehreren Eigentümern gehören.** Allgemein kann unterschieden werden nach:
a) Alleineigentum,
b) Berechtigung mehrerer Eigentümer (Miteigentum nach Bruchteilen) und
c) grundstücksgleichen (eigentumsähnlichen) Rechten (Abb. 6).

Bei mehreren berechtigten Eigentümern ist zwischen dem **Gesamthandseigentum und dem Miteigentum nach Bruchteilen** zu unterscheiden. Dies kann bei der Verkehrswertermittlung z. B. im Hinblick auf bestehende Beitrags- und Abgabepflichten (vgl. § 6 Abs. 3 ImmoWertV) von Bedeutung sein[6].

---

6   Kleiber in Krautzberger, Städtebauförderungsrecht Bd. I § 154 BauGB Rn. 34 ff.

VIII Rechte und Belastungen

Abb. 6: Übersicht über Eigentumsarten

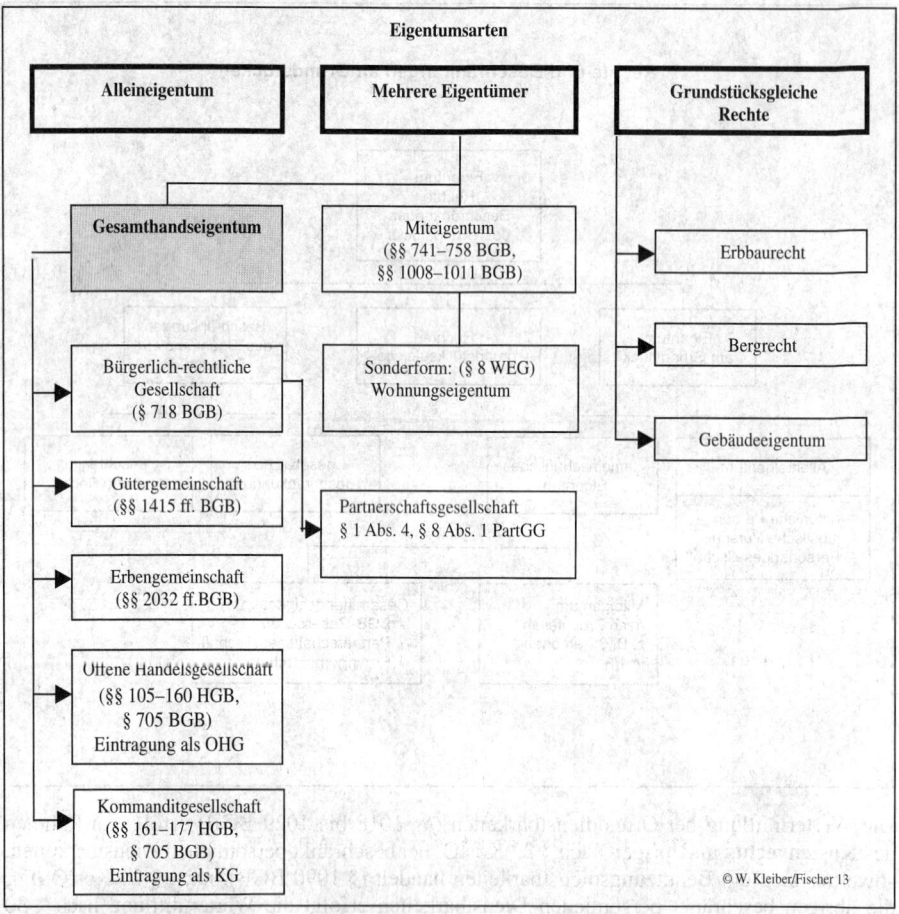

24 a) **Gesamthandseigentum** steht mehreren Eigentümern zur gesamten Hand zu, ohne dass der Anteil des einzelnen Gesamthänders an den einzelnen zum Gesamthandsvermögen gehörenden Gegenständen sachenrechtlich fassbar ist, sodass über ihn auch nicht verfügbar ist[7]. Hierzu gehören:

- die bürgerlich-rechtliche Gesellschaft (GbR) nach § 718, 719 BGB und die Partnerschaftsgesellschaft nach § 1 Abs. 4, § 8 Abs. 1 PartGG,
- die ehevertragliche Gütergemeinschaft (§§ 1415 ff. BGB),
- die Erbengemeinschaft (§§ 2032 ff. BGB),
- die Offene Handelsgesellschaft (OHG) nach den §§ 105 bis 160 HGB, § 705 ff. BGB und
- die Kommanditgesellschaft (KG) nach den §§ 161 bis 177 HGB[8], § 705 ff. BGB, wobei
- OHG und KG als solche eingetragen werden.

---
7 Baur, Lehrbuch des Sachenrechts, München 1983, S. 13 ff.; Bengel/Simmerding, Grundbuch, Grundstück, Grenze, 3. Aufl. 1989, 269.
8 Bengel/Simmerding, a. a. O. 269.

Vorbemerkungen — Rechte und Belastungen VIII

b) **Miteigentum** (nach Bruchteilen), bei dem jedem Miteigentümer ein bestimmter Anteil an der Sache zusteht, wobei es sich um einen ideellen Anteil handelt (§§ 741 bis 758 BGB und die §§ 1008 bis 1011 BGB). Jeder Miteigentümer kann dabei über seinen Miteigentumsanteil wie über Alleineigentum frei verfügen, d. h. veräußern und belasten, und zwar in derselben Form, die für Alleineigentum vorgesehen ist. 25

▶ *Zum Wohnungseigentum vgl. die weiteren Erläuterungen im Teil II Rn. 26 ff.; zur grundbuchlichen Behandlung vgl. Teil II Rn. 472 sowie zur Verkehrswertermittlung Teil V Rn. 39 ff.* 26

1.3 Grundstücksgleiches Recht

▶ *Vgl. § 1 ImmoWertV Rn. 66; § 5 ImmoWertV Rn. 232; Teil II Rn. 468*

Unter grundstücksgleichen Rechten sind solche zu verstehen, die 27
- ihrer Ausgestaltung nach dem Eigentum am Grundstück nahekommen, also dinglichen Charakter haben,
- eine möglichst unbeschränkte Herrschaftsbefugnis verleihen und
- in das Grundbuch oder ein entsprechendes öffentliches Buch eingetragen werden.

Zu den grundstücksgleichen Rechten, die rechtlich wie Grundstücke behandelt werden, zählen das **Erbbaurecht** (ErbbauRG) mit den Unterabteilungen Wohnungs- und Teilerbbaurecht, das **Jagd- und Fischereirecht, das Bergrecht,** das Schiffseigentum und eingetragene Luftfahrzeuge (Flugzeuge); vgl. Abb. 7. Das Schiff-, Jagd- und Fischereirecht ist nach dem EGBGB nur noch in einigen Ländern teilweise ein grundstücksgleiches Recht. 28

Abb. 7: Grundstücksgleiche Rechte

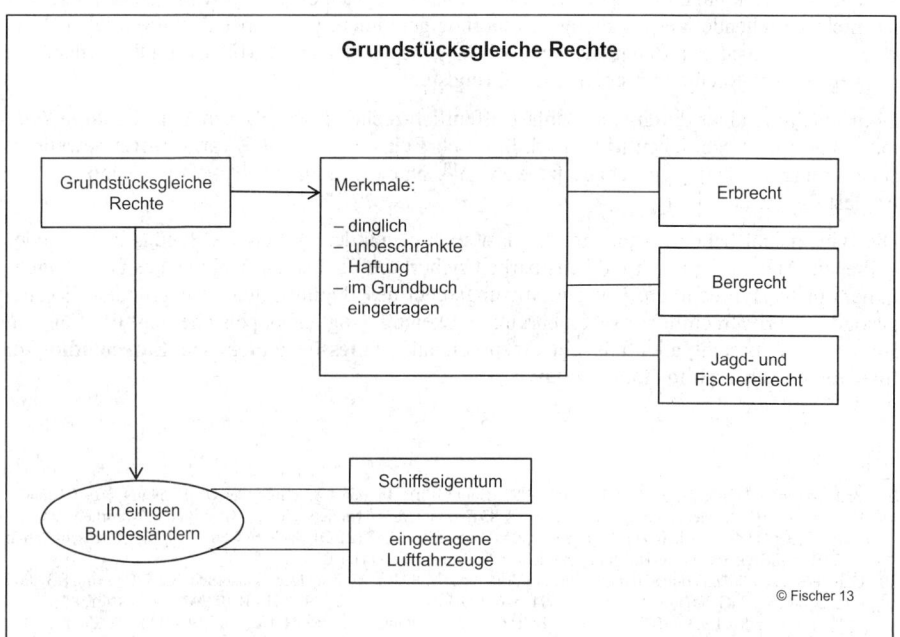

VIII Rechte und Belastungen Vorbemerkungen

1.4 Baulast

1.4.1 Allgemeines

Schrifttum: *Dageförde, H.-J.,* Die öffentlich-rechtliche Baulast und ihre Möglichkeiten, BlnGE 2004, 524; *Döring, Ch.,* Die öffentlich-rechtliche Baulast und das nachbarrechtliche Grundverhältnis, Werner Verlag 1. Aufl. 1994; *Meendermann, D.,* Die öffentlich-rechtliche Baulast, Waxmann Verlag 2003; *Sandner/Weber (Hrsg.),* Lexikon der Immobilienwertermittlung, 2. Aufl. Bundesanzeiger 2007, 92; *Serong,* Anspruch auf Bewilligung einer Baulast, BauR 2004, 433; *Schwarz, B.,* Baulasten im öffentlichen Recht und im Privatrecht, Bauverlag Berlin 1995; *Weismann,* Anspruch des Grundeigentümers auf Löschung der Baulast, NJW 1997, 2857; *Wenzel, G.,* Baulasten in der Praxis, 2. Aufl. Bundesanzeiger Verlag 2006; *Stumpe/Tillmann,* Versteigerung und Wertermittlung, Bundesanzeiger Verlag 2009.

▶ Vgl. § 5 ImmoWertV Rn. 266 und § 1 ImmoWertV Rn. 32

29 Die Baulast ist eine freiwillig übernommene öffentlich-rechtliche Verpflichtung, die den Grundstückseigentümer zu einem sein Grundstück betreffendem **Tun, Dulden** oder **Überlassen** verpflichtet, das sich nicht bereits aus dem öffentlichen Baurecht ergibt. Rechtsgrundlage ist das Bauordnungsrecht der Länder. Mit Ausnahme von Bayern und Brandenburg sind die Baulasten in den Landesbauordnungen (LBO) geregelt[9].

30 Eine Baulast ist kein Recht am Grundstück und keine öffentliche Last i. S. d. § 54 GBO. Die auf einem Grundstück ruhenden öffentlichen Lasten als solche sind von der Eintragung in das Grundbuch ausgeschlossen, es sei denn, dass ihre Eintragung gesetzlich besonders zugelassen oder angeordnet ist. Baulasten stellen **Grundstücksbelastungen sui generis** dar, die der Systematik des Sachenrechts des BGB fremd sind. Inhaltlich können Baulasten nach ihrer konkreten Ausgestaltung mit der zivilrechtlichen Grunddienstbarkeit (§§ 1018 f. BGB) und der beschränkt persönlichen Dienstbarkeit (§ 1090 BGB) übereinstimmen, jedoch besteht das wesentliche Merkmal darin, dass mit einer Baulast eine nach öffentlich-rechtlichen Vorschriften nicht bestehende Verpflichtung des Grundeigentümers gegenüber der öffentlichen Verwaltung, und zwar der Bauaufsichtsverwaltung, begründet wird. Mit der Baulast entstehen deswegen keine Rechte Dritter an einem Grundstück.

31 Die Einhaltung einer durch eine Baulast öffentlich-rechtlich gesicherten Verpflichtung kann mit bauaufsichtsrechtlichen Mitteln, d. h. durch **Erlass einer mit Zwangsmittel** bewehrten Bauordnungsverfügung, durchgesetzt werden[10]. Nur die Bauaufsichtsbehörde kann aus der Baulast Rechte herleiten.

32 Die Bauaufsichtsbehörde kann eine Baulast auch gegen den Willen des Begünstigten wieder aufheben. Anders als die Grunddienstbarkeit sichert die Baulast die Stellung des Grundeigentümers nicht zivilrechtlich. Um ein Nutzungsrecht des Begünstigten zu begründen, ist eine gesonderte privatrechtliche Vereinbarung notwendig (sog. „Doppelsicherung")[11]. Für den Begünstigten besteht allenfalls ein Anspruch auf **ermessensfehlerfreie Entscheidungen über die Durchsetzung einer Baulast**[12].

---

9   Baden-Württemberg § 71, § 72 LBO; Berlin § 82 (BauO Bln); Bremen § 82 (Brem. LBO); Hamburg § 79 (HBauO); Hessen § 75 (HBO); Mecklenburg-Vorpommern § 83 (LBauO M-V); Niedersachsen § 81 (NBauO); Nordrhein-Westfalen § 83 (BauO NRW); Rheinland-Pfalz § 86 (LBauO); Saarland § 83 (LBO); Sachsen § 80 (SächsBO); Sachsen-Anhalt § 82 (BauOLSA); Schleswig-Holstein § 80 (LBO); Thüringen § 80 (ThürBO).
10 Gädtke/Böckenförde/Temme/Heintz, BauO Nordrh.-Westf. § 83 Rn. 47; Zum Rechtsanspruch: BGH, Urt. vom 8.3.2004 – II ZR 5/02 –, GuG 2004, 317 = BlnGE 2004, 616; BGH, Urt. vom 3.12.1990 – II ZR 107/90 –, WM 1991, 821.
11 BGH, Urt. vom 8.7.1983 – III ZR 105/81 –, BGHZ 88, 97 = EzGuG 14.74; BGH, Urt. vom 19.4.1985 – V ZR 152/83 –, BGHZ 94, 160 = EzGuG 14.77a; BGH, Urt. vom 3.2.1989 – V ZR 224/87 –, BGHZ 106, 348; BGH, Urt. vom 24.6.1993 – IX ZR 84/92 –, NJW 1993, 2741; BGH, Urt. vom 7.10.1994 – VZR 4/94 –, NJW 1995, 53; offen noch BGH, Urt. vom 9.1.1981 – V ZR 58/79 –, BGHZ 79, 210; OVG Münster, Urt. vom 28.1.1997 – 10 A 3465/95 –, BauR 1998, 323; vgl. Grziwotz in BauR 1990, 20; Masloh in NJW 1995, 1993; Steinkamp in MittRhNotK 1998, 117.
12 VGH Kassel, Urt. vom 4.6.1992 – 4 TG 2851/91 –, NVwZ-RR 1993, 236; OVG Berlin, Urt. vom 29.10.1993 – 2 B 35/92 –, NJW 1994, 2971; OVG Lüneburg, Urt. vom 2.9.1983 – 1 A 72/82 –, NJW 1984, 380; vgl. Harst in MittRhNotK 1984, 229; Lorenz in NJW 1996, 2612; Ziegler in BauR 1988, 16.

Vorbemerkungen   **Rechte und Belastungen VIII**

Die Baulast wird durch Erklärung des Grundstückseigentümers gegenüber der Bauaufsichtsbehörde begründet[13]. Sie wird konstitutiv wirksam mit der Eintragung in dem von der Baubehörde eingerichteten und geführten **Baulastenverzeichnis,** in das für Zwecke der Verkehrswertermittlung stets einzusehen ist. Ein Einsichtsrecht besteht bei berechtigtem Interesse. Im automatisierten Liegenschaftsbuch (ALB) wird nachrichtlich auf Baulasten hingewiesen.   33

Beispiel: 34

BAULASTENVERZEICHNIS von …Treptow……………			
Grundbuchbezeichnung			Baulastenblatt Nr. 1 Seite 1
Grundstück:	Grundbuchbezirk	Blatt	
Berlin-Treptow	Groß-Berliner Damm Nr. XX, Trennstück G/F/K	4xxxxx	
Lfd. Nr.	Inhalt der Eintragung		Bemerkungen
1	2		3
	Das durch die Teilung des o. a. Grundstücks entstehende Teilgrundstück G/F/D ist mit den Trenngrundstücken H und E/C – gemäß Lageplanausschnitt vom 21.12.1995 des öffentlich bestellten Vermessungsingenieurs Dipl.-Ing. XXXXX – so zu behandeln und zu nutzen, dass diese in ihrer Gesamtheit bauordnungsrechtlich und hinsichtlich des zulässigen Nutzungsmaßes ein Grundstück darstellen.		
	Eingetragen am 5.6.1996		
	Unterschrift	Stempel und Siegel des Bezirksamtes	Folgende Seite:

Baulasten genießen keinen öffentlichen Glauben. Es besteht allerdings eine gesetzliche Vermutung für den Bestand der im Baulastenverzeichnis eingetragenen Baulasten. Umgekehrt besteht jedoch keine Vermutung für die Vollständigkeit des Baulastenverzeichnisses.   35

Gegen **unrichtige Eintragungen im Baulastenverzeichnis** kann im Übrigen derjenige, dessen Rechte durch die Eintragung verletzt werden, die Löschung bzw. Berichtigung der Eintragung verlangen und ggf. vor den Verwaltungsgerichten geltend machen.   36

Die Baulast geht i. d. R. durch schriftlichen Verzicht der Bauaufsichtsbehörde unter. Der Verzicht wird erst ausgesprochen, wenn kein öffentliches Interesse an der Baulast mehr besteht.   37

Die Baulast kommt insbesondere in den Fällen zur Anwendung, in denen eine rechtliche Sicherung einer bestimmten Voraussetzung für die **Erteilung einer Baugenehmigung** gefordert ist, insbesondere bezüglich der Erschließung oder der Nichtbebauung eines Grundstücks(-teils); Abb. 8.   38

Mit der Baulast kann die Genehmigungsfähigkeit eines Vorhabens geschaffen werden, das ansonsten nicht genehmigungsfähig wäre, d. h., sie ermöglicht der Bauaufsichtsbehörde die Genehmigung eines Bauvorhabens, das ohne eine Baulast unzulässig wäre (z. B. aufgrund einer unzureichenden Abstandsfläche); sie ermöglicht einen GFZ-Ausgleich zwischen zwei Grundstücken durch Verpflichtung des Grundeigentümers, bestimmte Flächen seines Grundstücks nicht zu überbauen und bei der GFZ-Berechnung auf ein Nachbargrundstück anrechnen zu lassen[14]. Die Baulast ist mit der Grunddienstbarkeit nach § 1018 BGB in ihrer Auswirkung vergleichbar, begründet jedoch kein Recht, welches gegenüber Dritten geltend   39

---

13 Bayern und Brandenburg kennen das Rechtsinstitut der Baulast nicht. Bei Bedarf werden in diesen Ländern eine Grunddienstbarkeit zugunsten des herrschenden Grundstücks und eine gleichlautende beschränkt-persönliche Dienstbarkeit zugunsten der Bauaufsichtsbehörde bestellt.
14 BGH, Urt. vom 18.3.1994 – V ZR 159/92 –, NJW 1994, 2757 = EzGuG 14.120a.

Fischer

VIII Rechte und Belastungen — Vorbemerkungen

gemacht werden könnte. Das bedeutet, dass ein Käufer keine Gewährleistungsansprüche hat, es sei denn, dass der Verkäufer das Nichtbestehen einer Baulast zugesichert hat.

Abb. 8: Rechtsverhältnisse bei einer Baulast

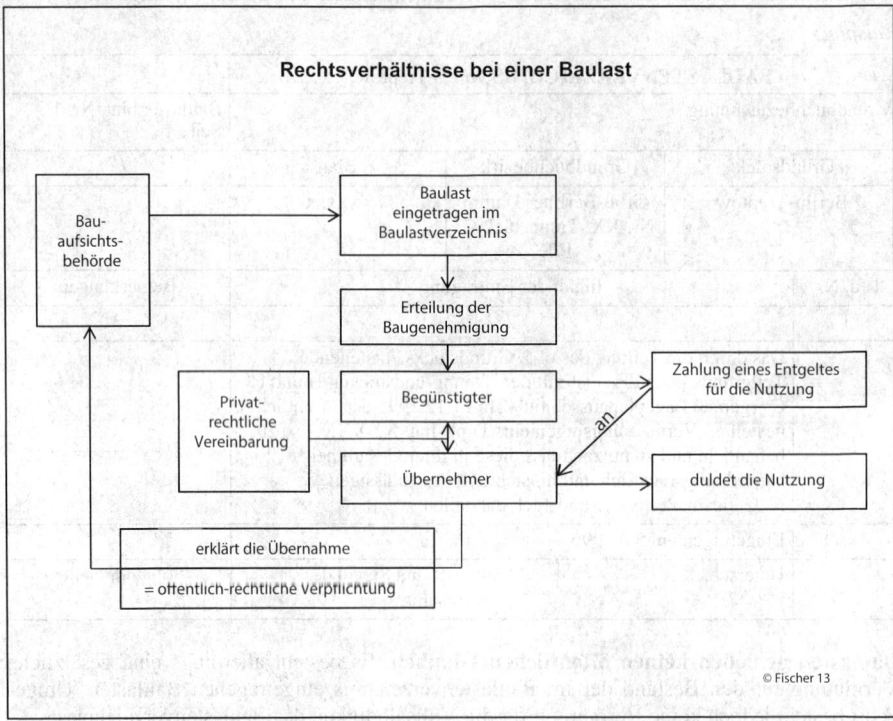

40 Art und Ausgestaltung der Baulast bedeuten in der Praxis eine Entwertung der **Warn- und Schutzfunktion des Grundbuchs.** Dies wird insbesondere von Banken, Bausparkassen, Sparkassen und Versicherungsinstituten bedauert, denn nachträglich übernommene Baulasten können zu einer Entwertung von Grundpfandrechten führen. Zum Schutz des Erwerbers eines Baugrundstücks ist es deshalb zweckmäßig, den Veräußerer darüber eine Erklärung abgeben zu lassen, dass auf dem Grundstück keine Baulast ruht. **Denn nach § 436 Abs. 2 BGB haftet der Verkäufer eines Grundstücks nicht für die Freiheit des Grundstücks** („… von anderen öffentlichen Lasten, die zur Eintragung in das Grundbuch nicht geeignet sind")[15].

41 Die Übernahme einer Baulast (z. B. zugunsten eines anderen Grundstücks Kfz-Stellplätze anlegen und nutzen zu lassen) bewirkt nur eine **öffentlich-rechtliche Verpflichtung** gegenüber der Baubehörde. Sie verpflichtet den belasteten Eigentümer nicht, die Nutzung auch tatsächlich zu dulden. Der begünstigte Eigentümer hat auch keinen Nutzungsanspruch[16].

42 Eine Duldungspflicht entsteht erst durch zusätzliche privatrechtliche Vereinbarung (z. B. zivilrechtliche Absicherung durch eine Dienstbarkeit). Die Baulast hat dingliche Wirkung, ist aber nicht im Grundbuch, sondern im Baulastenverzeichnis eingetragen. Die **Eintragung ist im Gegensatz zur Grundbucheintragung nicht rechtsbegründend**, d. h., die Baulast besteht auch dann, wenn die Eintragung in das Baulastenverzeichnis versehentlich vergessen wurde (kein Gutglaubensschutz). Nach § 54 GBO ist eine Eintragung in das Grundbuch ausgeschlossen, es sei denn, dass ihre Eintragung gesetzlich besonders zugelassen oder angeordnet ist.

---

15 Lauer in MDR 1988, 915; Sachse in NJW 1979, 195.
16 BGH, Urt. vom 8.7.1983 – V ZR 204/82 –, BGHZ 88, 97 = EzGuG 14.74.

Probleme entstehen, wenn eine **Baulast** besteht, **die nicht durch eine entsprechende privatrechtliche Dienstbarkeit abgesichert ist.** 43

In einem Streitfall gab der Eigentümer zweier Grundstücke eine Verpflichtungserklärung 44
gegenüber der Baubehörde ab, auf dem einen Grundstück Teilflächen als Garagen und Stellplätze zugunsten des anderen Grundstücks anlegen und nutzen zu lassen. Später verkaufte er beide Grundstücke. Der neue „Baulastverpflichtete" teilte dem „Baulastbegünstigten" mit, dass der zwar bereit sei, seiner Verpflichtung aus der Baulast nachzukommen, berechne aber dafür ein Entgelt.

Der „Baulastbegünstigte" verweigerte die Zahlung. In dem darauf folgenden Rechtsstreit führte der BGH[17] aus, dass allein aus der übernommenen Baulast sich die Pflicht des Verpflichteten, das Abstellen von Fahrzeugen des Begünstigten zu dulden, nicht herleiten lässt. Im Urt. vom 19.4.1985[18] stellte der BGH in einem ähnlich gelagerten Fall noch deutlicher heraus, dass die Baulast dem dadurch Begünstigten privatrechtlich weder einen Nutzungsanspruch gewährt noch den Eigentümer verpflichtet, die Nutzung zu dulden. Die Baulast ist damit kein Rechtsgrund für die Nutzung.

Folgende **Inhalte einer Baulast** treten in der Praxis auf: 45

a) *Zufahrtsbaulast* mit dem Inhalt einer öffentlich-rechtlich gesicherten Zufahrt über ein Drittgrundstück zu einer Erschließungsstraße, wenn das Grundstück selbst nicht an einer Erschließungsstraße liegt (vgl. für die Feuerwehr gem. § 5 Abs. 1 BauO NRW), Fluchtweg über Nachbargrundstück[19],

b) *Abstandsflächenbaulast* mit dem Inhalt der öffentlich-rechtlich gesicherten Übernahme einer Abstandsfläche auf einem anderen Grundstück (vgl. § 6 Abs. 1 und 2 BauO NRW),

Beispiel: 46

Im Baulastenverzeichnis sind folgende Eintragungen vorhanden:

„1. Der Eigentümer des dienenden Grundstücks B erklärt sich für sich und seine Rechtsnachfolger mit der Nichteinhaltung der Abstandsflächen durch das zu errichtende Gebäude auf dem Grundstück A, für das bei der Bauaufsichtsbehörde unter dem Aktenzeichen ... ein positiver Baubescheid erteilt wurde, einverstanden. Er übernimmt die nicht eingehaltenen Abstandsflächen auf sein Grundstück. Die genauen Maße ergeben sich aus den gesetzlichen Anforderungen der BauO.

2. Die vom dienenden Grundstück B übernommenen Abstandsflächen sind in dem dieser Vereinbarung als Anlage beigefügten Lageplan ... mit den Buchstaben e-n-o-p-q-r-s-t-u-v-w-m-e- und m-x-y-m- gekennzeichnet (vgl. Abb. 11). Der Lageplan wurde von den Parteien genehmigt.

3. Der Eigentümer des dienenden Grundstücks B übernimmt für sich zulasten seiner Rechtsnachfolger diese Abstandsflächen zusätzlich zu den sich für die Gebäude auf dem dienenden Grundstück B gesetzlich ergebenden Abstandsflächen und verpflichtet sich, diese von jeglicher oberirdischen Bebauung freizuhalten. Hiervon unberührt bleiben Maßnahmen des Straßenbaus.

4. Der Eigentümer des dienenden Grundstücks B übernimmt für sich und zulasten seiner Rechtsnachfolger die öffentlich-rechtliche Verpflichtung einer Baulast gemäß § 73 BauO mit entsprechenden vorstehenden Ziff. 1 bis 3. Die Parteien bewilligen und beantragen hiermit gegenüber der Baulastenstelle die Eintragung dieser Baulastverpflichtungserklärung in das Baulastenverzeichnis. Eingetragen am ..."

c) *Vereinigungsbaulast* mit dem Inhalt einer öffentlich-rechtlich gesicherten Zusammenfassung von Baugrundstücken zu einem Baugrundstück (vgl. § 4 Abs. 2 BauO NRW),

---

17 BGH, Urt. vom 8.7.1983 – V ZR 204/82 –, BGHZ 88,97 = EzGuG 14.74.
18 BGH, Urt. vom 19.4.1985 – V ZR 152/83 –, BGHZ 94, 160 = EzGuG 14.77a.
19 BGH, Urt. vom 16.10.2009 – VZR 246/08 –, EzGuG 14.

VIII Rechte und Belastungen — Vorbemerkungen

Abb. 9: Vereinigungsbaulast

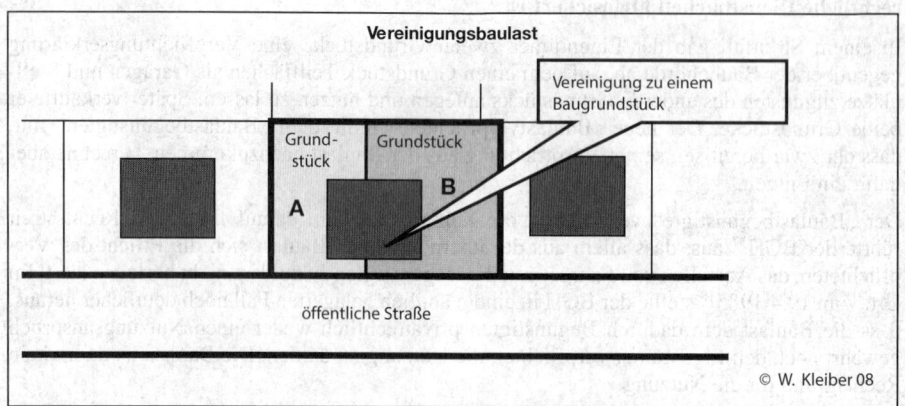

d) *Stellplatzpflichtbaulast* mit dem Inhalt der öffentlich-rechtlich gesicherten Herstellung der notwendigen Stellplätze auf einem anderen geeigneten und in der Nähe liegenden Grundstück (vgl. § 51 Abs. 3 BauO NRW). Für Stellplätze sind ggf. Ausgleichsbeträge zu entrichten (Heranziehung zu Ausgleichsbeträgen für Stellplätze gem. Urteil des BVerfG)[20].

Ob Parkplätze durch „Fremde" auf einem Nachbargrundstück (z. B. für Patienten einer Arztpraxis) genutzt werden können und wie hoch das Entgelt dafür ist, bedarf der juristischen Klärung[21].

Abb. 10: Stellplatzpflichtbaulast

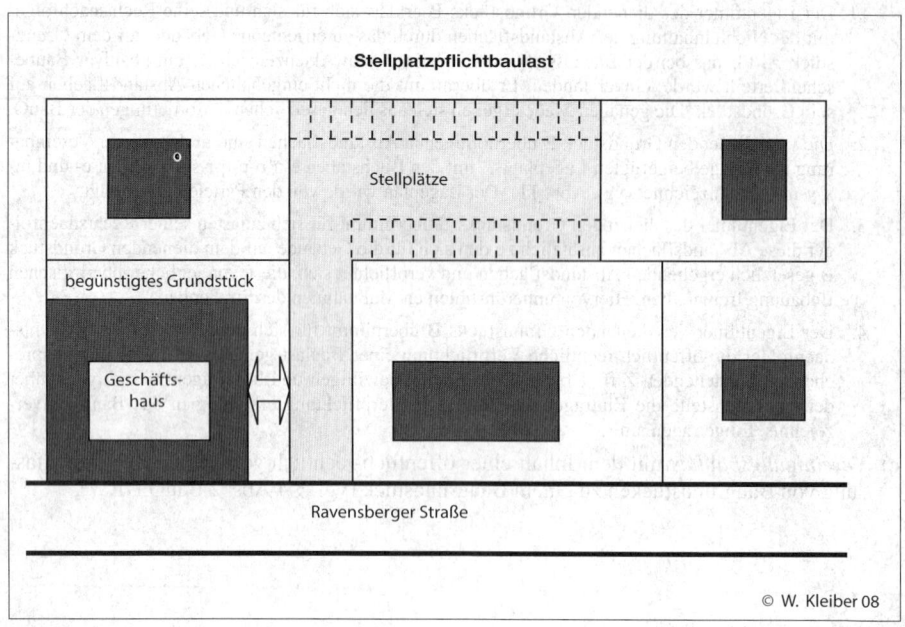

---

20 BVerfG, Urt. vom 5.3.2009 – 2 B VR 1824/05 –, NVwZ 2009, 837.
21 BGH, Urt. vom 19.9.2008 – V ZR 164/07 –, NJW 2008, 3703.

e) *Grenzbebauungsverpflichtung* mit dem Inhalt einer öffentlich-rechtlich gesicherten Verpflichtung, ein Gebäude ohne Grenzabstand zu errichten (vgl. § 6 Abs. 1 Satz 2b BauO NRW); in diesem Zusammenhang sind auch Fragen der Grundstücksteilung, Grenzbebauung und das Lichtrecht zu klären[22].

f) *Spielflächenbaulast (Kinderspielplatzflächenbaulast)* mit dem Inhalt eines öffentlich-rechtlich gesicherten „Hausspielplatzes" auf einem anderen in unmittelbarer Nähe befindlichen Grundstück (vgl. § 9 Abs. 2 Satz 2a BauO NRW),

g) *Bauteilerhaltungsverpflichtung (Standsicherheitsbaulast)* mit dem Inhalt einer öffentlich-rechtlich gesicherten Verwendung gemeinsamer Bauteile für mehrere Anlagen (z.B. Gebäudeabschlusswände, vgl. § 15 Abs. 2 BauO NRW),

Abb. 11: Lageplan

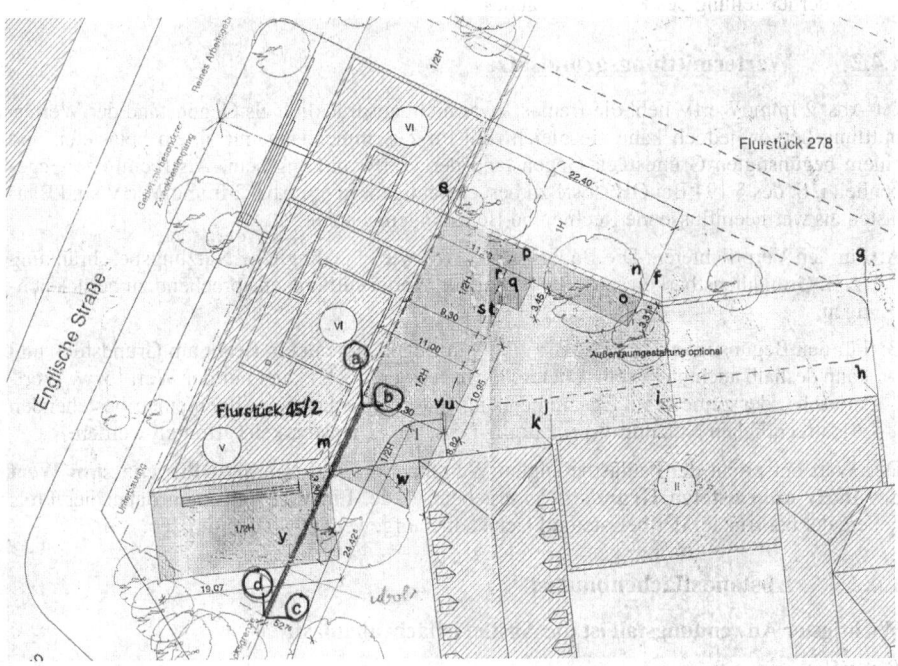

Der Wert des Nachbargrundstücks A hat sich mit der Baulast erheblich erhöht, da damit dessen bauliche Nutzbarkeit deutlich verbessert wurde. In diesem Fall wurde ein Betrag von x € für die Eintragung entrichtet.

Dieser Betrag führt nicht zu einer entsprechenden Werterhöhung des dienenden Grundstücks. Es kann sich allenfalls eine Wertminderung infolge der heranrückenden Bebauung ergeben. Für das dienende Grundstück B fällt die Wertminderung allenfalls gering aus, da Grundstücksteilflächen betroffen sind, die ohnehin nicht zur Bebauung anstehen und infolge der Denkmaleigenschaft der vorhandenen Bebauung eine intensivere Nutzung nicht zulässt. Darüber hinaus wird auch die Besonnung und Belichtung des Gebäudes nicht erheblich beeinträchtigt, da sich die angrenzenden Gebäude angewinkelt gegenüberstehen.

h) *Leitungsbaulast* mit dem Inhalt einer öffentlich-rechtlich gesicherten Leitung (a, b, c, d) über ein Fremdgrundstück (vgl. § 44 BauO NRW),

i) *Festsetzungsanerkenntnisbaulast* mit dem Inhalt einer öffentlich-rechtlich gesicherten Unterwerfung unter künftige Bebauungsplanfestsetzungen (vgl. § 33 Abs. 1 Nr. 3 BauGB)[23],

---

[22] BGH, Urt. vom 11.7.2003 – V ZR 199/02 –, NJW-RR 2003, 1313.
[23] Gädtke/Böckenförde/Temme/Heintz, Landesbauordnung Nordrhein-Westfalen, 9. Aufl. 1998 § 83 Rn. 12 ff.

VIII Rechte und Belastungen   Vorbemerkungen

j) *Erschließungsbaulast* mit dem Inhalt, die Nutzung einer bestimmten Fläche für Zugang, Zufahrt und/oder Duldung von Leitungen (vgl. § 4 Abs. 3 HBauO),

k) *Standsicherheitsbaulast* mit dem Inhalt, dass bei Verwendung gemeinsamer Bauteile auf mehreren Grundstücken bei der Beseitigung einer der baulichen Anlagen die gemeinsamen Bauteile erhalten bleiben (vgl. § 15 Abs. 2 HBauO),

l) *Rückbauverpflichtung* mit dem Inhalt, dass bei Nutzungsaufgabe das Grundstück im Außenbereich von der baulichen Anlage freigelegt wird (§ 35 Abs. 5 BauGB).

Zu den Baulasten im vorstehenden Sinne zählen nicht die *Straßenbaulast*, d. h. die Verpflichtung der öffentlichen Hand zum Bau und Unterhalt von Straßen, auch nicht die *Kirchenbaulast*. Bei der Bewertung von Burgen und Schlössern, in deren Nähe sich eine Kapelle oder Kirche befindet, ist darauf zu achten, ob eine historische Kirchenbaulast besteht. Die Kirchenbaulast bezieht sich i. d. R. auf die Erweiterung, Instandhaltung oder Wiederherstellung des Kirchengebäudes.

1.4.2 Wertermittlungsgrundsätze

47 § 1 Abs. 2 ImmoWertV hebt die Baulast zwar nicht ausdrücklich als Gegenstand der Wertermittlung hervor, jedoch kann sie gleichwohl im Zusammenhang mit einem belasteten und einem begünstigten Grundstück Gegenstand der Wertermittlung sein. Als rechtliche Gegebenheit i. S. des § 194 BauGB ist sie zu berücksichtigen. In § 6 Abs. 2 ImmoWertV sind Baulasten als wertbeeinflussende Rechte und Belastungen genannt.

A: Für den Verpflichteten: Die Baulast wirkt sich wie eine dingliche Nutzungsbeschränkung (z. B. Grunddienstbarkeit) aus. Sie ist bei der Wertermittlung entsprechend zu berücksichtigen.

B: Für den Begünstigten: Die Baulast gibt dem Begünstigten kein Recht am Grundstück und kann deshalb auch nicht selbstständig bewertet werden. Es kann nur der Wert (bzw. Wertzuwachs) der zumeist im Zusammenhang mit der Baulast im Allgemeinen bestehenden privatrechtlichen Nutzungsvereinbarung (z. B. eine Dienstbarkeit) ermittelt werden.

48 Der Wert entspricht der baulastbedingten Wertänderung, die sich als **Differenz zum Wert des fiktiv unbelasteten Grundstücks** ergeben würde. Einen Anhalt kann dabei der Preis geben, der bei Ankauf der belasteten Fläche hätte aufgewendet werden müssen.

1.4.3 Abstandsflächenbaulast

49 **Wichtigster Anwendungsfall ist die Abstandsflächenbaulast.**

Beispiel:

Der Eigentümer des Grundstücks A beabsichtigt, sein Gebäude an der Grundstücksgrenze zu Grundstück B zu errichten. Das hat zur Folge, dass der gesetzlich vorgeschriebene Bauwich (seitlicher Grenzabstand) von 3 m zur Grundstücksgrenze vom Nachbarn B übernommen werden müsste (Abstandsflächenbaulast). Der Eigentümer B könnte danach sein Gebäude nur noch mit einem Grenzabstand von (3 m + 3 m =) 6 m von der Grenze zu A bauen. Im vorliegenden Fall übernimmt der Eigentümer B die Abstandsflächenbaulast zugunsten A (vgl. Abb. 12).

Vorbemerkungen — Rechte und Belastungen VIII

Abb. 12: Abstandsflächenbaulast

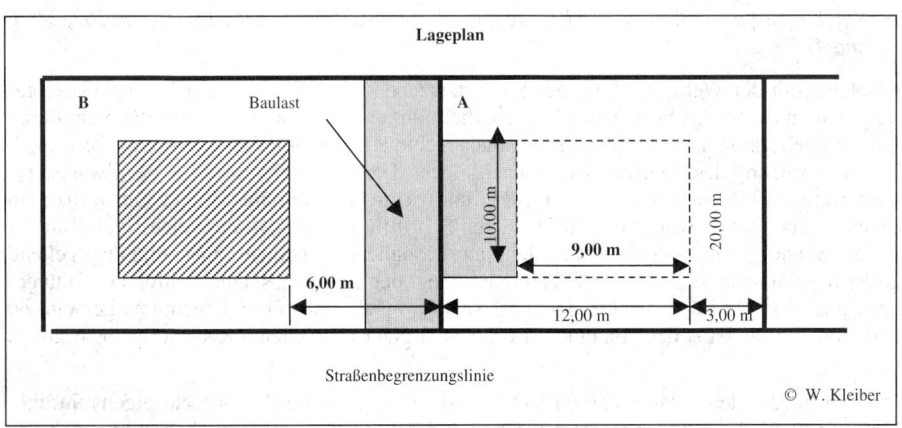

Verkehrswert des herrschenden Grundstücks A

ohne Baulast

Grundstücksgröße 20,00 m × 15,00 m	=	300 m²
Bebaubare Fläche 10,00 m × 9,00 m	=	90 m²
$GFZ_{tats.\ ausnutzbar}$ 90 m² : 300 m²	=	0,3
$GFZ_{zulässig}$	=	0,5

Die Baulast berechtigt den Eigentümer des Grundstücks A, zusammen mit einer Grunddienstbarkeit bis zur Grenze zu bauen:

Bebaubare Fläche: 12,00 m × 10,00 m	=	120 m²
$GFZ_{realisierbar}$ 120 m² : 300 m²	=	0,4

Bodenwert des 300 m² großen Grundstücks bei einem Bodenwert von 200 €/m² und einer GFZ von 0,3:

300 m² × 200 €/m²	=	60 000 €

Bei einem Bodenwert von 220 €/m² (gemäß örtlichem Umrechnungskoeffizienten für GFZ: GFZ) für eine bauliche Ausnutzbarkeit von GFZ = 0,4:

300 m² × 220 €/m²	=	66 000 €
Wertvorteil (A) = 66 000 – 60 000	=	**6 000 €**

Verkehrswert des dienenden Grundstücks B

Wertminderung 5 bis 15 % der Abstandsfläche (keine 100 %, da Fläche zumindest als Gartenland nutzbar)

Abstandsfläche 3 m × 20 m	=	60 m²
Wert der Abstandsfläche 60 m² × 200 €/m²	=	12 000 €
Wertminderung 12 000 €/m² × 0,10	=	**1 200 €**

Mittelwert aus Wertvor- und -nachteil:

Wertvorteil (A)	=	6 000 €
Wertnachteil (B)	=	1 200 €
Mittelwert (6 000 + 1 200 €)/2	=	**3 600 €**

Dieser Vorgehensweise liegt das „Modell" zugrunde, dass sich die Eigentümer des herrschenden und dienenden Grundstücks die Werterhöhung (des herrschenden) Grundstücks und die (volle) Wertminderung des dienenden Grundstücks (Spanne) teilen. Besteht die Baulast bereits, so ergibt sich i. d. R. lediglich eine Wertminderung des „dienenden" Grundstücks, soweit die Baulast seine Nutzbarkeit beeinträchtigt.

1.4.4 Zwangsversteigerung

▶ *Vgl. hierzu Rn. 80 ff., 216 ff., 519, 526 ff.; § 194 BauGB Rn. 176 ff.; Teil III Rn. 207, 249 f. und 477*

50 Probleme mit der Wertermittlung der Baulast ergaben sich bisher bei der Zwangsversteigerung. Die in der Praxis bestehende Unsicherheit, ob eine Baulast ebenso wie die nicht durch Zahlung gedeckten nachrangigen Grundstücksrechte erlischt, ergab sich aus der unterschiedlichen Auslegung des Begriffs „Rechtsnachfolger". Ein Ersteigerer erhält in der Zwangsversteigerung ein Grundstück durch **Zuschlag** und ist **nicht Rechtsnachfolger** des vorherigen Eigentümers. Daraus wurde im einschlägigen Schrifttum abgeleitet, dass eine Baulast in der Zwangsversteigerung – sofern sie nicht als besondere Versteigerungsbedingung geltend gemacht wird – erlischt. Das OVG Hamburg[24] legt den Begriff „Rechtsnachfolger" dahingehend aus, dass als Rechtsnachfolger jeder spätere Inhaber des Grundeigentums gemeint ist und nicht auf die Fälle des von einem Rechtsnachfolger abgeleiteten Rechtserwerbs bezogen ist.

51 Darüber hinaus stellte das BVerwG[25] klar, dass die **öffentliche Baulast ein eigenständiges Rechtsinstitut des Landesrechts** ist. Das Landesrecht kann daher auch bestimmen, unter welchen formellen und materiellen Voraussetzungen eine öffentliche Baulast erlischt. Aus dem Bundesrecht ergibt sich jedenfalls nicht, dass eine öffentliche Baulast im Zwangsversteigerungsverfahren aufgrund des erteilten Zuschlags erlischt[26]. Daraus ist abzuleiten, dass eine öffentliche Baulast nur dann erlöschen kann, wenn kein öffentliches Interesse an der Aufrechterhaltung der Baulast mehr besteht.

In Zwangsversteigerungsgutachten sind Baulasten gesondert aufzuführen. Im Einzelfall ist zu entscheiden bzw. nachzuweisen, ob der Verkehrswert gemindert wird.

Bei der Wertermittlung ist gemäß § 6 Abs. 2 ImmoWertV die Baulast ausdrücklich als wertbeeinflussende Belastung genannt. Im Rahmen der **Wertermittlung** des „dienenden" Grund-/Flurstückes in einem Zwangsversteigerungsverfahren ist darauf zu achten, dass eine wertmindernd wirkende Baulast immer gesondert je Grund-/Flurstück ermittelt und nicht in den Bodenwert eingerechnet wird. Zuerst ist das lastenfreie Grund-/Flurstück zu bewerten, dann die durch die Baulast entstehende Wertminderung.

Das Zwangsversteigerungsgericht muss entscheiden, ob die Baulast im Zwangsversteigerungsverfahren bestehen bleibt oder erlischt.

---

24 OVG Hamburg, Urt. vom 12.11.1992 – Bf II 29/91 –, NJW 1993, 1877 = EzGuG 14.116a.
25 BVerwG, Beschl. vom 29.10.1992 – 4 B 218/92 –, BRS Bd. 54 Nr. 157 = EzGuG 14.116a.
26 BVerwG, Urt. vom 29.10.1992 – 4 B 218/92 –, BRS Bd. 54 Nr. 157 = EzGuG 14.116; OVG Münster, Urt. vom 26.4.1994 – 11 A 2345/92 –, GuG 1995, 185.

2 Erbbaurecht

2.1 Allgemeines

Schrifttum: *Bassenge,* im Palandt, Bürgerliches Gesetzbuch 58. Aufl. 1999; Bundesverband Deutscher Grundstückssachverständiger e. V. (BDSG), Vorschläge zur Überarbeitung des Teils II WERTR 96, GuG 1999, 1; *Bentrup, H.,* Vorschlag für eine einfache und universelle Methodik der Bewertung von Erbbaurechten, GuG 2010, 129; *Czerlinsky,* Anpassung von Erbbauzinsen an die „wirtschaftlichen Verhältnisse", NJW 1977, 1228; *Dedekind,* Der Konflikt zwischen Erbbauzinsreallast und Finanzierungsgrundpfandrecht, Mitt-RhNotK 1993, 109; *Geißel, W.-H.,* Der Erbbauzins in der Zwangsversteigerung, Diss. Münster 1992; *Glaser,* Ermittlung des Verkehrswerts eines Erbbaurechts, DB 1978, 1775; *Gerardy, Th.,* Anpassung des Erbbauzinses an den veränderten Grundstückswert, GWW 1966, 35; *Gerardy, Th.,* Wertermittlungen im Zusammenhang mit Erbbaurechten, BlGBW 1974, 121; *Gilich, T./Simon, Th.,* Anpassung von Erbbauzinsen nach Einstellung der Bruttomonatsverdienste für Angestellte und Arbeiter im Produzierenden Gewerbe, GuG 2008, 99; *Gottschalck, G.-J.,* Kapitalmarktzins – Zinssätze bei Belastungen und Rechten von Immobilien, GuG 1997, 24; *Groß, E.,* Das Erbbaurecht – Zur Frage, ob die Bebauung bei der Ermittlung des Bodenwerts (wertmindernd) zu berücksichtigen ist, GuG 1996, 224; *Hildebrandt, H.,* Wertermittlungsprobleme bei Erbbaurechten, ZfV 1987, 563; *Ingenstau,* Kommentar zum Erbbaurecht, 7. Aufl. 1994; *Ingenstau/Hustedt,* Kommentar zum Erbbaurecht 2002; *Kröll/Hausmann,* Rechte und Belastungen bei der Verkehrswertermittlung von Grundstücken, 3. Aufl. Neuwied 2006; *Lehmann, F.,* Zur Wertermittlung von Erbbaurechtsgrundstücken, Diss. Hannover 1974; *Lehmann, F.,* Rechtliche und technische Probleme bei der Bewertung von Erbbaurechten, ZfV 1978, 104; *Linde/Richter,* Erbbaurecht und Erbbauzins, 3. Aufl. Köln 2001; *Räfle,* Erbbaurechtsverordnung, 12. Aufl. 1986; *Ruland,* Wegfall des Erbbauzinses in der Zwangsversteigerung, NJW 1983, 96; *Staudinger, J.,* Staudingers Kommentar zum BGB, 12. Aufl. 1979; *Oefele, v.,* im Münchener Kommentar zum BGB, 3. Aufl. 1997; *Oefele, v./Winkler,* Handbuch des Erbbaurechts, 4. Aufl. 2008; *Petersen, H.,* Zinssätze bei der Ermittlung von Verkehrswerten in Verbindung mit grundstücksbezogenen Rechten, GuG 1997, 91; *Petersen, H.,* WERTR 2006: Ging der Richtliniengeber erneut in die Leibrentenfalle?, GuG 2007, 102; *Promberger,* Vertragsklauseln über die Dauer des Erbbaurechts und ihre Auslegung, Rpfleger 1975, 233; *Richter,* Die rechtliche Behandlung von Kaufzwangklauseln in Erbbaurechtsverträgen, BWNotZ 1978, 61; *Ripfel,* Konkretisierung des Begriffs „Bauwerk" im Erbbaurechtsvertrag, BB 1967, 1357; *Winkler,* Der Erbbauzins in der Zwangsversteigerung des Erbbaurechts, NJW 1985, 940; *Scharen,* Der Heimfallanspruch in der Zwangsversteigerung des Erbbaurechts, Rpfleger 1983, 342; *Schmidt-Ränsch,* Wertsicherungsklauseln nach dem Euro-Einführungsgesetz, NJW 1998, 3166; *Simon, J.,* Das Erbbaurecht, GuG 1991, 69; *Tillmann, H.-G.,* Verkehrswertermittlung im Zusammenhang mit Erbbaurechten – Besonderheiten im Zwangsversteigerungsverfahren, GuG 2009, 136; *Tradt,* Der Erbbauzins in der Zwangsversteigerung des Erbbaurechts, DNotZ 1984, 370; *Vogels, M.,* Erbbaurecht und Beleihungswert, Grundstücksmarkt und Grundstückswert 1994, 92; *Weichhaus,* Der Heimfallanspruch in der Zwangsversteigerung, Rpfleger 1979, 329; *Werth, A.,* Erbbaurecht, GuG 1995, 105; *Werth, A.,* Zinssätze und Wertfaktoren bei Erbbaurechten, GuG 1999, 193; *Ziegenbein, W./Meyer, R.,* Zur marktgerechten Wertermittlung von Erbbaurechtsgrundstücken, ZfV 1988, 381; *Fischer, R./Lorenz, N.-J.* (Hrsg.), Neue Fallstudien zur Wertermittlung von Immobilien, Bundesanzeiger Verlag 2013, S. 309 ff.

Zu den grundstücksgleichen Rechten (vgl. Rn. 26) **gehört das Erbbaurecht**[27] (superficies) einschließlich des Wohnungserbbaurechts und des Teilerbbaurechts (§ 30 WEG). Das Teilerbbaurecht entsteht in entsprechender Anwendung des § 8 WEG. Rechtsgrundlage ist die Erbbaurechtsverordnung *(Heritable Building Right Ordinance),* zuletzt geändert durch das Gesetz zur weiteren Bereinigung von Bundesrecht vom 8. Dezember 2010 (BGBl. I S. 1864). Die Erbbaurechtsverordnung wurde – inhaltlich unverändert – mit Wirkung vom

52

---

[27] Zu den Perspektiven des Erbbaurechts vgl. Parl. Anfrage im Deutschen Bundestag (BT-Drucks. 13/8932 = GuG 1998, 102); zum Wesen des Erbbaurechts: Bengel/Simmerding, Grundbuch, Grundstücksgrenze, 3. Aufl., Schweitzer Verlag, Frankfurt am Main 1989, 168; Hartmann in NJW 1976, 403; Nordalm in NJW 1977, 1956; Linde/Richter, Erbbaurecht und Erbbauzins, 3. Aufl. Köln 2001; Winkler in NJW 1992, 2514; Butzer in DStZ 1992, 265; v. Oefele/Winkler, Handbuch des Erbbaurechts; Czerlinsky in NJW 1977, 1228; Holtzmann in NJW 1967, 915; Macke in NJW 1969, 24; Geißel, Der Erbbauzins in der Zwangsversteigerung, Berlin 1992; Groß in GuG 1996, 224; Reinhold in GuG 1998, 222.

VIII Rechte und Belastungen — Allgemeines

30.11.2007 in Erbbaurechtsgesetz[28] (ErbbauRG) umbenannt. Das nach dem ErbbauRG bestellte Erbbaurecht ist das veräußerliche und vererbliche (dingliche) Recht an einem Grundstück, das dem Erbbauberechtigten die Befugnis verleiht, auf oder unter der Oberfläche des Grundstücks ein Bauwerk zu haben (§ 1 Abs. 1 ErbbauRG). Die §§ 1012 bis 1017 BGB für Erbbaurechte sind weggefallen.

„**§ 1 ErbbauRG** Gesetzlicher Inhalt des Erbbaurechts

(1) Ein Grundstück kann in der Weise belastet werden, dass demjenigen, zu dessen Gunsten die Belastung erfolgt, das veräußerliche und vererbliche Recht zusteht, auf oder unter der Oberfläche des Grundstücks ein Bauwerk zu haben (Erbbaurecht).

(2) Das Erbbaurecht kann auf einen für das Bauwerk nicht erforderlichen Teil des Grundstücks erstreckt werden, sofern das Bauwerk wirtschaftliche Hauptsache bleibt.

(3) Die Beschränkung des Erbbaurechts auf einen Teil eines Gebäudes, insbesondere ein Stockwerk ist unzulässig.

(4) Das Erbbaurecht kann nicht durch auflösende Bedingungen beschränkt werden. Auf eine Vereinbarung, durch die sich der Erbbauberechtigte verpflichtet, beim Eintreten bestimmter Voraussetzungen das Erbbaurecht aufzugeben und seine Löschung im Grundbuch zu bewilligen, kann sich der Grundstückseigentümer nicht berufen."

53 Das Erbbaurecht darf nicht mit der Erbpacht (wird vielfach umgangssprachlich angewendet) gleichgesetzt werden; bei der Erbpacht handelt es sich um ein dingliches Nutzungsrecht an einem landwirtschaftlichen Grundstück, das gemäß Art. 64 EGBGB landesrechtlich zulässig war und unter Aufhebung des Art. 63 BGB mit Kontrollratsgesetz 45 Art. X verboten wurde[29]. Vom Erbbaurecht zu unterscheiden ist auch das Zeiteigentum *(time-sharing property)* nach dem **Gesetz über die Veräußerung von Teilnutzungsrechten an Wohngebäuden** (Teilzeit-Wohnrechte-Gesetz – TzWrG[30]).

Auf das Erbbaurecht finden grundsätzlich die Vorschriften über Grundstücke und über Ansprüche aus dem Eigentum entsprechend Anwendung (§ 11 Abs. 1 ErbbauRG)[31] mit Ausnahme der §§ 925, 927, 928 BGB.

54 Als **Bauwerk i. S. d. § 1 Abs. 1 ErbbauRG**[32] ist eine unter Verwendung von Material und Arbeit i. V. m. dem Erdboden hergestellte Sache zu verstehen. Es muss sich dabei nicht um ein Gebäude handeln; vielmehr fallen auch Brücken, Gleisanlagen, Kanalisationsanlagen, Schwebe- und Drahtseilbahnen, als Grabdenkmal gemauerte Gruften, befestigte Straßen, Leitungsmasten, Golf- und Sportplätze sowie Campingplätze und dgl. darunter. Das aufgrund eines Erbbaurechts errichtete Bauwerk ist nach § 12 Abs. 1 ErbbauRG wesentlicher Bestandteil des Erbbaurechts und nicht des mit einem Erbbaurecht belasteten Grundstücks. Eigentümer des Bauwerks ist mithin der Erbbauberechtigte.

55 Das Erbbaurecht wird i. d. R. über einen längeren Zeitraum (75 bis 99 Jahre) bestellt. Der Erbbauberechtigte erwirbt **Eigentum auf Zeit,** was bei den angegebenen Laufzeiten praktisch die gleichen Vorteile wie für ein über Kauf erworbenes Grundstück bedeutet. Das ErbbauRG enthält jedoch keine Regelung zur Befristung des Erbbaurechts, sodass auch ein Erbbaurecht auf ewige Dauer denkbar ist.

56 Hinsichtlich des Kapitaleinsatzes unterscheiden sich ein Grundstückskauf und ein Erbbaurecht darin, dass sich der Erbbauberechtigte den Kaufpreis für das Grundstück spart und stattdessen ein jährliches Nutzungsentgelt für die Nutzung des Grund und Bodens (Erbbauzins)

---

28 Gesetz über das Erbbaurecht (Erbbaurechtsgesetz – ErbbauRG) vom 25.1.1919, zuletzt geändert durch Art. 25 des Gesetzes über die Bereinigung von Bundesrecht im Zuständigkeitsbereich des Bundesministeriums der Justiz vom 23.11.2007 (BGBl. I 2614, 2617), zuletzt geändert durch Art. 57 G vom 17.12. 2008 (BGBl. I 2586, 2726). Erbbaurechtsgesetz in der im BGBl. III, Gliederungsnummer 403-6 veröffentlichten bereinigten Fassung, das zuletzt durch Artikel 31 des Gesetzes vom 8. Dezember 2010 (BGBl. I S. 1864) geändert worden ist. Zur Entstehung vgl. Glaß/Scheidt, Das Erbbaurecht, Komm. 1919 Carl Heymann Berlin.
29 Ingenstau/Hustedt, Komm. zum Erbbaurecht, 8. Aufl. Düsseldorf 2001, § 1 Rn. 10.
30 Teilzeit-Wohnrechte-Gesetz – TzWrG vom 20.12.1996 (BGBl. I 2154).
31 BVerfG, Beschl. vom 19.6.1985 – 1 BvL 57/79 –, BVerfGE 70, 191 = EzGuG 14.77c; BVerfG, Beschl. vom 8.3.1988 – 1 BvR 1092/84 –, BVerfGE 78, 58 = NJW 1988, 2594 = MDR 1988, 750 = JZ 1988, 870 = DVBl. 1988, 781.
32 v. Oefele, MittBayNot 1992, 29; Ripfel DNotZ 1958, 455.

zahlt. Dabei ergibt sich für ihn immer dann ein Vorteil, wenn der **Erbbauzins unter dem Kapitalmarktzins** liegt. Beträgt der Kapitalmarktzins für langfristige Hypothekarkredite 5,5 % und der Erbbauzins für die Nutzung des Erbbaurechtsgrundstücks (mit einem Einfamilienhaus) 4,0 %, liegt der Vorteil bei 1,5 % p. a. Bei einem Grundstückswert von 250 000,00 € sind das 312,50 € im Monat. Allerdings wächst dem Erbbauberechtigten dabei kein Eigentum zu, dafür erspart er sich auch die Kosten für die Tilgung eines Kredits für einen Grundstückskauf.

Andererseits hat auch der Erbbaurechtsgeber den Vorteil, dass ihm ohne eigene wirtschaftliche Aktivität laufend Einnahmen zufließen. Zudem bleibt ihm der **Wertzuwachs des Grundstücks,** das er nach Ablauf des Erbbaurechtsvertrags zurückerhält. So ist die Vergabe von Erbbaurechten vor allem für Institutionen, die über erhebliche Ländereien verfügen und die sie nicht selbst nutzen können oder wollen, durchaus interessant, auch im Hinblick auf die Wertbeständigkeit. 57

Inhaber eines Erbbaurechts **(Erbbauberechtigter)** kann jede natürliche und juristische Person sein, wobei es sich sowohl um eine einzelne Person als auch um mehrere Personen handeln kann. 58

Das **Erbbaurecht entsteht durch die Einigung** zwischen dem Grundstückseigentümer und dem Erbbauberechtigten sowie der Eintragung des Erbbaurechts in Abt. II des Grundbuchs des belasteten Grundstücks und gleichzeitiger Anlegung eines Erbbaugrundbuchs. Die Eintragung bedarf nach § 29, Abs. 1 GBO der notariellen Beurkundung. **Belastungen und Verkäufe** des Erbbaurechts bedürfen der Zustimmung des Grundstückseigentümers. 59

Das **Erbbaugrundbuch** besteht aus einem besonderen, separat zum Grundbuch des Grundstückseigentümers für das bestellte Erbbaurecht angelegten Grundbuchblatt. Im Bestandsverzeichnis des Erbbaugrundbuchs werden die Bezeichnung Erbbaurecht, das belastete Grundstück, die Dauer des Erbbaurechts, der jeweilige Grundstückseigentümer sowie Vereinbarungen über Veräußerungs- und Belastungsbeschränkungen eingetragen.

Das **Erbbaurecht kann** nach § 10 Abs. 1 Satz 1 ErbbauRG ausschließlich **nur zur ersten Rangstelle bestellt werden**[33]. Dieser Rang kann nicht geändert werden (zu den Ausnahmen vgl. § 10 Abs. 1 Satz 2 ErbbauRG). Damit ist gewährleistet, dass das Erbbaurecht in der *Zwangsversteigerung* des Erbbaurechtgrundstücks nicht erlischt. 60

Die **Veräußerlichkeit eines Erbbaurechts** kann grundsätzlich nicht abgedungen, wohl aber nach Maßgabe der §§ 5 bis 8 ErbbauRG eingeschränkt werden. Die Parteiautonomie findet ihre Grenzen im generellen Verbot eines Verstoßes gegen die guten Sitten (§ 138 Abs. 1 BGB) und dem Grundsatz von Treu und Glauben (§ 242 BGB). Im Falle eines Vertragsverstoßes kommen die Regelungen des BGB und das Institut der positiven Vertragsverletzung zur Anwendung. Darüber hinaus regelt § 2 Nr. 5 ErbbauRG die Vertragsstrafen. Sie ermöglichen es dem Eigentümer, den Erbbauberechtigten nach Maßgabe der §§ 339 bis 345 BGB zur ordnungsgemäßen Erfüllung der im Erbbauvertrag übernommenen Verpflichtungen anzuhalten. 61

---

33 Gemäß § 10 Abs. 2 ErbbauRG können jedoch durch landesrechtliche Verordnungen Bestimmungen getroffen werden, nach denen bei der Bestellung von Erbbaurechten von dem Erfordernis der ersten Rangstelle abgewichen werden kann.

VIII Rechte und Belastungen — Allgemeines

Abb. 13: Situation beim Erbbaugrundbuch

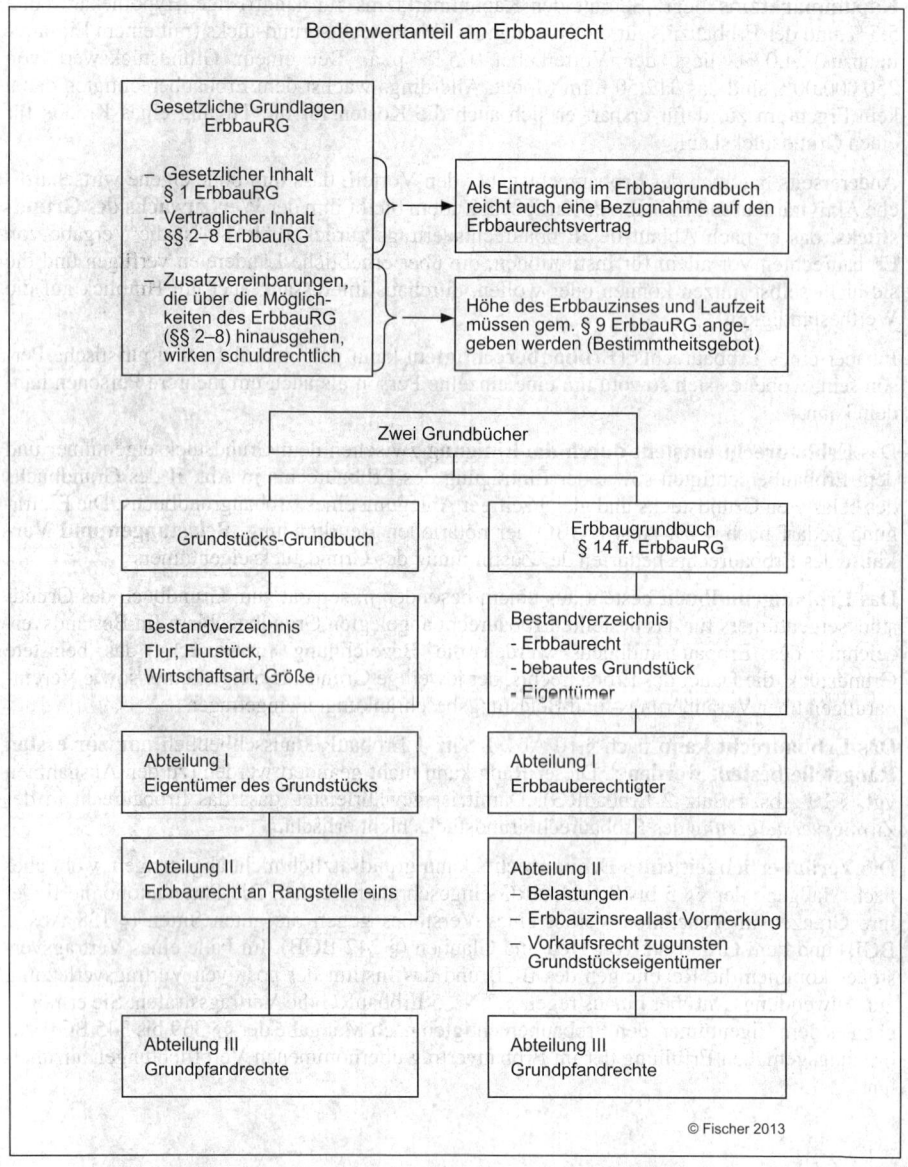

62 Als **Veräußerung eines Erbbaurechts** gelten alle rechtsgeschäftlichen Übertragungen des Erbbaurechts unter Lebenden und der Erwerb des Erbbaurechts aufgrund Zuschlags in der *Zwangsversteigerung* (§ 8 ErbbauRG). Nicht zur Veräußerung gehören

- die Veräußerung eines Erbteils,
- die Aufteilung des Erbbaurechts in Wohnungs- und Teilerbbaurechte und
- die Bestellung eines dinglichen Vorkaufsrechts zugunsten Dritter (§ 1103 BGB).

63 Das **Erbbaurecht erlischt durch Zeitablauf**, ohne dass es einer Aufhebung oder Verzichtserklärung bedarf. Damit wird das Grundbuch unrichtig. Auf Antrag des Grundstückseigentü-

mers oder des Erbbauberechtigten wird das Erbbaurecht im Grundbuch gelöscht und das Erbbaugrundbuch geschlossen (§ 46 Abs. 1 GBO).

Ein Grundstück kann nur im Ganzen mit einem Erbbaurecht belastet werden. Unzulässig ist die Bestellung eines Erbbaurechts an einem Grundstücksteil oder einem Miteigentumsanteil. Soll das Erbbaurecht an einem realen Grundstücksteil bestellt werden, so muss es infolgedessen als selbstständiges Grundstück im Grundbuch eingetragen werden (§ 7 GBO). Zulässig ist bei alledem die Beschreibung der Ausübung eines auf das ganze Grundstück bestellten Erbbaurechts auf einen bestimmten Teil des Grundstücks. 64

Typologisch lassen sich Erbbaurechte wie folgt untergliedern: 65

– Das **Eigentümererbbaurecht:**

Es handelt sich hierbei um ein Erbbaurecht, das für den Grundstückseigentümer selbst bestellt wird, insbesondere wenn dieser auf seinem Grundstück eine bauliche Anlage mit dem Ziel errichten möchte, die bauliche Anlage wegen des Erbbaurechts zu veräußern. Für den Eigentümer hat die Bestellung eines Eigentümererbbaurechts den Vorteil, dass das Erbbaurecht als Sicherungsmittel für die Finanzierung des Vorhabens eingesetzt und mit den entsprechenden Belastungen auf den Erwerber übertragen werden kann.

– Das **Gesamterbbaurecht:**

Es handelt sich hierbei um ein einheitliches Erbbaurecht, das gleichzeitig an mehreren Grundstücken bestellt wird, wobei das Eigentum verschiedenen Eigentümern zustehen kann[34]. Nach § 6a GBO ist hierfür Voraussetzung, dass die betroffenen Grundstücke im Bezirk desselben Grundbuch- bzw. Vermessungsamts liegen und unmittelbar aneinander grenzen.

– Das **Nachbarerbbaurecht**[35]:

Es handelt sich hierbei um mehrere selbstständige Erbbaurechte an benachbarten Grundstücken zwecks Errichtung eines Gebäudes. Als subjektiv-dingliches Recht für das herrschende Grundstück ist das Nachbarerbbaurecht in den in § 39 SachenRBerG genannten Fällen zulässig.

– Das **Untererbbaurecht (§ 6a GBO):**

Es handelt sich hierbei um ein Erbbaurecht an einem anderen Erbbaurecht, dem sog. Obererbbaurecht. Belastungsgegenstand des Untererbbaurechts ist mithin das Obererbbaurecht. Innerhalb der Grenzen, die sich aus dem Obererbbaurecht ergeben, ermöglicht es dem Untererbbaurechtsnehmer die bauliche Nutzung des durch das Obererbbaurecht belasteten Grundstücks[36].

– Das **Wohnungs- und Teilerbbaurecht:**

Es handelt sich hierbei um eine Bruchteilsberechtigung am Erbbaurecht nach § 30 WEG, verbunden mit dem Sondereigentum an einer abgeschlossenen Wohnung (Wohnungserbbaurecht) oder an nicht zu Wohnzwecken dienenden Räumen (Teilerbbaurecht). Im Unterschied zum Wohnungs- oder Teileigentum tritt an die Stelle des Miteigentumsanteils am Grundstück der Mitberechtigungsanteil am Erbbaurecht.

2.2 Inhalt von Erbbaurechten

Der Inhalt des Erbbaurechts setzt sich aus 66

– dem *gesetzlichen* Inhalt des Erbbaurechts (§ 1 ErbbauRG, vgl. Rn. 52) und
– dem *vertraglichen* Inhalt des Erbbaurechts (§§ 2 bis 8 ErbbauRG)

zusammen.

---

[34] BGH, Urt. vom 21.11.1975 – V ZR 21/74 –, NJW 1976, 519 sowie OLG Stuttgart, Beschl. vom 17.1.1975 – 8 W 281/73 –, NJW 1975, 786 = EzGuG 7.40.
[35] Linde/Richter, Erbbaurecht und Erbbauzins, 3. Aufl. 2001, 18.
[36] BGH, Urt. vom 22 2.1974 – V ZR 67/72 –, BGHZ 62, 179 = EzGuG 7.36.

VIII Rechte und Belastungen Inhalt von Erbbaurechten

Grundlage für die Bestellung von Erbbaurechten und dem vertraglichen Inhalt des Erbbaurechts ist der **Erbbaurechtsvertrag**. Er beinhaltet sämtliche Vereinbarungen und bedarf nach § 11 Abs. 2 ErbbauRG i. V. m. § 311b Abs. 1 BGB der notariellen Beurkundung. Das Erbbaurecht entsteht allerdings erst mit

- der Eintragung des Erbbaurechts in Abt. II des Grundstücks an erster Rangstelle § 10 ErbbauRG und
- der Anlegung eines besonderen Erbbaugrundbuchs für das Erbbaurecht.

Der vertragliche Inhalt des Erbbaurechts erhält damit dinglichen Charakter und ist sowohl für den derzeitigen Grundstückseigentümer als auch für dessen Rechtsnachfolger wirksam. Schuldrechtliche Vereinbarungen, die dinglich nicht gesichert sind, können dagegen bei einem Verkauf oder einer Übertragung untergehen.

67 Der **gesetzliche Mindestinhalt des Erbbaurechts** ergibt sich aus den §§ 1, 9 und 12 ErbbauRG. Die Vorschriften regeln, welche Voraussetzungen mindestens erfüllt werden müssen, damit ein Erbbaurecht rechtswirksam entstehen kann. Hierzu gehört, dass

- das Erbbaurecht nur die *bauliche Nutzung* eines fremden Grundstücks zum Inhalt haben kann,
- das Erbbaurecht *nur für bestimmte natürliche oder juristische Personen* bestellt werden kann (also nicht für den jeweiligen Eigentümer eines anderen Grundstücks),
- die *Art des Bauwerks* zu konkretisieren ist,
- die *Beschränkung des Erbbaurechts auf einen Teil des Gebäudes* (Stockwerk) unzulässig ist (möglich aber Wohnungs- und Teilerbbaurecht nach dem WEG),
- das Erbbaurecht *veräußerlich und vererblich* ist (der Ausschluss führt zum Unwirksamwerden des Erbbaurechtsvertrags) und
- die *Laufzeit des Rechts* angegeben wird.

68 Die **durchschnittlichen Laufzeiten von Erbbaurechten** in Abhängigkeit von der Grundstücksnutzung betragen:

	Einfamilienhausgrundstücke	Mietwohngrundstücke	Gewerblich genutzte Grundstücke	Sonstige Grundstücke
Laufzeit in Jahren	99	99	50 bis 75	50 bis 75

Anmerkung: Nach Umfrage des Deutschen Städtetags in 73 Städten der Bundesrepublik Deutschland.

69 Da der gesetzliche Mindestinhalt des Erbbaurechts nicht ausreicht, um die Beziehungen zwischen Erbbauberechtigten und Erbbaurechtsausgeber vollständig zu regeln, haben die Beteiligten die Möglichkeit, im Erbbaurechtsvertrag bestimmte weitere Vereinbarungen zu treffen und sie zum vertragsgemäßen Inhalt des Erbbaurechts zu machen. Im Normalfall gelten vertragliche Regelungen nur schuldrechtlich. Das Gesetz gewährt aber bestimmten Vereinbarungen dinglichen Status, die als **vertragsgemäßer Inhalt des Erbbaurechts** bezeichnet werden (§§ 2 bis 8 ErbbauRG). Sie brauchen nicht im Grundbuch eingetragen zu werden, es genügt die Bezugnahme im Grundbuch auf den Erbbaurechtsvertrag.

70 **Diese Regelungen** sind insbesondere

a) **Vereinbarungen über den Erbbauzins** (vgl. Rn. 74 ff.),

b) **Vereinbarung über die Errichtung, Instandhaltung und Verwendung des Bauwerks (§ 2 Nr. 1 ErbbauRG)**, z. B. die ausdrückliche Bauverpflichtung innerhalb eines festgelegten Zeitraums; Konkretisierung der Art und Größe des Bauwerks; Verpflichtung des Erbbauberechtigten zur turnusmäßigen Durchführung von Schönheitsreparaturen; Verpflichtung des Erbbauberechtigten, nur an bestimmte Personenkreise zu vermieten u.a.m.,

c) **Vereinbarung über die Versicherung des Bauwerks und seinen Wiederaufbau im Falle der Zerstörung (§ 2 Nr. 2 ErbbauRG)**, z. B. für welche Schadensfälle Versicherungen abgeschlossen werden sollen und welche Mindestversicherungssummen zu vereinbaren sind (z. B. zum gleitenden Neuwert); Verpflichtung des Erbbauberechtigten zum Wiederaufbau des Gebäudes im Falle der Zerstörung u. a. m.,

d) **Vereinbarung über die Tragung öffentlicher Lasten und Abgaben (§ 2 Nr. 3 ErbbauRG)**, z. B. Verpflichtung des Erbbauberechtigten zur Tragung der Lasten, die auf dem Grundstück selbst ruhen (Erschließungskosten lasten auf dem Erbbaurecht und nicht auf dem belasteten Grundstück) u. a. m. (vgl. Rn. 203 ff.). Auch wenn bezüglich der Erschließungsbeiträge keine Vereinbarungen getroffen wurden, sind diese vom Erbbaurechtsnehmer zu tragen,

e) **Vereinbarung über die Verpflichtung des Erbbauberechtigten, das Erbbaurecht beim Eintreten bestimmter Voraussetzungen auf den Grundstückseigentümer zu übertragen (Heimfall; § 2 Nr. 4 ErbbauRG)**, z. B. bei Eintritt bestimmter Umstände (z. B. Zahlungsverzug des Erbbauberechtigten bei Zahlung des Erbbauzinses gemäß § 9 Abs. 3 ErbbauRG; Nutzungsänderung des aufstehenden Gebäudes, die vertraglich ausgeschlossen war) kann der Erbbauverpflichtete vom Erbbauberechtigten verlangen, das Erbbaurecht vor Zeitablauf auf ihn zu übertragen (Heimfallanspruch); auch in diesem Fall ist das Gebäude angemessen zu entschädigen (vgl. Rn. 73),

f) **Vereinbarung über die Verpflichtung des Erbbauberechtigten zur Zahlung von Vertragsstrafen (§ 2 Nr. 5 ErbbauRG)**, z. B. Vereinbarung, dass bei gewissen Vertragsverletzungen der Erbbauberechtigte eine Vertragsstrafe in einer bestimmten Höhe oder einen erhöhten Erbbauzins zu zahlen hat,

g) **Vereinbarung über die Einräumung eines Vorrechts für den Erbbauberechtigten auf Erneuerung des Erbbaurechts nach dessen Ablauf (§ 2 Nr. 6 ErbbauRG)**; diese Vereinbarung ist keine Verlängerung, sondern ein Neuabschluss, etwa vergleichbar mit dem dinglichen Vorkaufsrecht,

h) **Vereinbarung über die Verpflichtung des Grundstückseigentümers, das Grundstück an den jeweiligen Erbbauberechtigten zu veräußern (§ 2 Nr. 7 ErbbauRG)**, Anspruch des Erbbauberechtigten, dass ihm der Grundstückseigentümer das Grundstück verkauft: bei Inanspruchnahme entsteht ein Eigentümererbbaurecht (vgl. Rn. 62). Im Gegensatz dazu können beide Beteiligten auch eine Ankaufsverpflichtung des Erbbauberechtigten zu bestimmten Bedingungen (Kaufzwangklausel) vereinbaren. Diese Verpflichtung kann jedoch nur schuldrechtlich vereinbart werden. Für die Wertermittlung des Erbbaurechts ergeben sich hier Besonderheiten.

i) **Vereinbarung über die Zustimmung des Grundstückseigentümers zur Veräußerung und zur Belastung des Erbbaurechts (§§ 5 bis 8 ErbbauRG)**,

j) **Vereinbarung über die Entschädigung für das Bauwerk bei Erlöschen des Erbbaurechts durch Zeitablauf (§ 27 Abs. 1 Satz 2 ErbbauRG)**, bei Erlöschen des Rechts durch Zeitablauf fällt das aufstehende Gebäude in das Eigentum des Grundstückseigentümers. Es ist angemessen zu entschädigen. Die Höhe der Entschädigung hängt von den Vereinbarungen des Erbbaurechtsvertrags ab, allerdings kann Abs. 2 im Falle „minderbemittelte Bevölkerung" nicht abbedungen werden.

Ist dem Erbbauberechtigten nach § 2 Nr. 6 ErbbauRG ein **Vorrecht auf Erneuerung des Erbbaurechts nach dessen Ablauf** eingeräumt worden, so stellt dieses einen dem Vorkaufsrecht entsprechenden Anspruch für den Fall dar, dass der Grundstückseigentümer nach Ablauf der Erbbaurechtszeit innerhalb der folgenden drei Jahre an demselben Grundstück einem Dritten wiederum ein Erbbaurecht bestellt (§ 31 ErbbauRG).

Ein nach § 2 Nr. 7 ErbbauRG ausdrücklich zum Inhalt des Erbbaurechts vereinbartes **Ankaufsrecht** wirkt während der Dauer des Bestehens des Erbbaurechts zugunsten des jeweiligen Erbbauberechtigten und zulasten des jeweiligen Grundstückseigentümers. Ansonsten sind die Parteien hinsichtlich der vertraglichen Ausgestaltung des Ankaufsrechts frei.

VIII Rechte und Belastungen — Erbbauzins

73 Bei **Erlöschen des Erbbaurechts durch Zeitablauf** fällt das aufstehende Gebäude in das Eigentum des Grundstückseigentümers. Der Grundstückseigentümer hat nach § 27 Abs. 1 Satz 1 ErbbauRG dem Erbbauberechtigten eine **angemessene Entschädigung für das Bauwerk** zu leisten. Als Inhalt des Erbbaurechts können Vereinbarungen über die Höhe der Entschädigung und die Art ihrer Zahlung sowie über ihre Ausschließung getroffen werden. Bei Erbbaurechten zur Befriedigung der Wohnbedürfnisse minderbemittelter Bevölkerungskreise muss die Entschädigung mindestens zwei Drittteile des gemeinen Werts (= Verkehrswert, vgl. Rn. 183 ff.) betragen, den das Bauwerk bei Ablauf des Erbbaurechts hat (§ 12 Abs. 3 und § 27 ErbbauRG).

Abb. 14: Erlöschen des Erbbaurechts

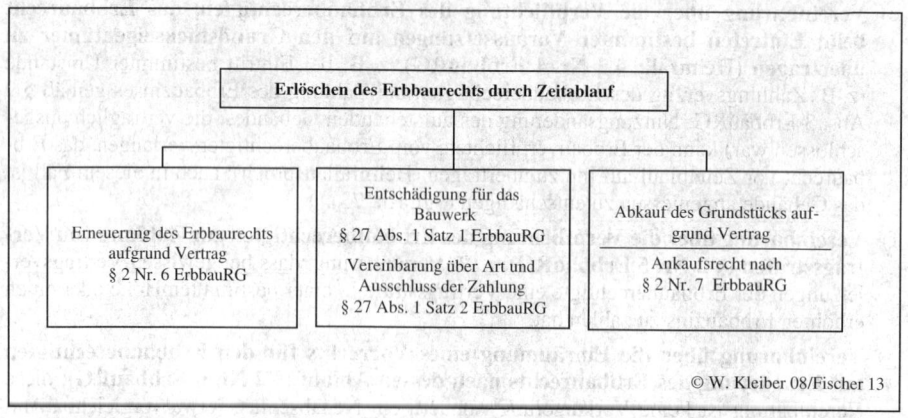

© W. Kleiber 08/Fischer 13

2.3 Erbbauzins

2.3.1 Allgemeines

74 Gegenleistung für das Erbbaurecht ist der Erbbauzins (solarium). Der **Erbbauzins ist das wiederkehrende Entgelt,** das der Erbbauberechtigte an den Grundstückseigentümer entrichtet. Die Verpflichtung des Erbbauberechtigten zu einer Gegenleistung gehört nicht zum Inhalt des Erbbaurechts, sondern stellt eine dem Recht auferlegte dingliche Belastung dar. Der Erbbauzins ist also die dingliche Belastung des Erbbaurechts, die im Grundbuch eingetragen sein muss. Nach § 9 Abs. 1 Satz 1 ErbbauRG finden auf den Erbbauzins die Vorschriften des BGB über die Reallast entsprechende Anwendung (§ 1105 ff. BGB).

Fälschlicherweise wird der **Erbbauzins** häufig auch als **Erbpachtzins** bezeichnet und von einer Erbpacht gesprochen, auch wenn es um Erbbaurechte geht. Bei der Erbpacht handelt es sich jedoch um ein dingliches unbegrenztes Nutzungsrecht an einem landwirtschaftlich genutzten Grundstück, während beim Erbbaurecht das Halten eines Bauwerks bestimmend ist. Art. 63 EGBGB ließ allerdings landesrechtliche Vorschriften über das Erbpachtrecht unberührt. Die Erbpacht wurde durch das Kontrollratsgesetz 45 Art. X 2 verboten. Auch das Erbpachtrecht ist im Übrigen ein grundstücksgleiches Recht[37].

In der Abbildung 15 werden übliche Erbbauzinssätze für unterschiedliche Nutzungen als Durchschnittswerte als auch als Wertspannen aufgezeigt. Dabei sind die Erbbauzinssätze regional unterschiedlich, sodass auf den örtlichen Markt abgestellt werden muss. Die Gutachterausschüsse liefern i. d. R. dazu Datenmaterial.

---

37 Bengel/Simmerding, a. a. O. S. 138.

Erbbauzins   **Rechte und Belastungen VIII**

Abb. 15: Typische Erbbauzinssätze

Nutzung des Erbbaurechtsgrundstücks	Erbbauzinssatz (%)	Spanne (%)
Ein- und Zweifamilienhausgrundstücke	2,5	2,0 bis 3,0
Mehrfamilienhausgrundstücke	3,5	3,0 bis 4,0
Gemischt genutzte Grundstücke	5,0	4,5 bis 5,5
Gewerblich genutzte Grundstücke	6,0	5,5 bis 6,5*
Büro- und Geschäftshausgrundstücke	6,5	6,0 bis 7,0**

  *   Mitunter sind hier niedrigere Erbbauzinssätze, etwa 2 bis 4 % der marktgerechten Bodenwerte, zutreffend. Diese ergeben sich auf der Grundlage von Umsatzpachten (meist 3 bis 8 % der Gesamterlöse – Mieten ohne MwSt. – aus dem Erbbaugrundstück), worauf ein günstiger „Basis-Erbbauzins" angerechnet wird, oder durch Gewinnbeteiligungen (z. B. 20 bis 25 % des Handelsbilanzgewinns nach Steuern) und geringere Erbbauzinsen. Für eine Gewinnbeteiligung ist regelmäßig ein Mindestbetrag zu zahlen.
** Im Einzelfall auch bis 10 %.

Der Gutachterausschuss von *Osnabrück* gibt im Rahmen der Ermittlung von Erbbaurechtsfaktoren/Erbbaugrundstücksfaktoren folgende Erbbauzinssätze und Renditen an:[38]

Abb. 16: Erbbauzinsen und Rendite für Wohnhäuser in Osnabrück

Objekte	Erbbauzins (€/m²)	Rendite (%)
Ein- und Zweifamilienhäuser		
Stadt Osnabrück	0,10 – 4,49	0,10 – 2,85
Landkreis Osnabrück	0,14 – 3,08	0,17 – 7,45
Reihenhäuser- und Doppelhaushälften		
Stadt Osnabrück	0,60 – 7,46	0,31 – 4,17
Landkreis Osnabrück	0,20 – 5,54	0,33 – 5,62

Quelle: Grundstücksmarktbericht Osnabrück 2011

Bei den Erbbauzinsen fällt ein erheblicher Schwankungsbereich auf. Eine Ursache dafür dürfte in der Ausgestaltung von Erbbauzinsanpassungen sowie einer breiten Spanne von Restlaufzeiten liegen (in der Stadt Osnabrück bei Ein- und Zweifamilienhäusern 26 bis 83 Jahre).

Der Gutachterausschuss der Stadt *Regensburg* veröffentlichte in seinem Grundstücksmarktbericht 2008 für Ein- bis Dreifamilienwohnhäuser einen Erbbauzinsmittelwert von 2,4 % bei einer Standardabweichung von 0,55. Dabei sind die Erbbaurechtsgeber zu 50 % kirchliche Träger und Stiftungen.

Der Immobilienmarktbericht in *München* von 2011 weist folgende Erbbauzinssätze aus:

Nutzung	Mittelwert %	Spanne %
Ein- bis Mehrfamilienhausgrundstücke	2,8	2,4 – 3,2
Geschosswohnungsbau	3,2	2,6 – 3,8
Gewerbe GE	6,5	5,9 – 7,1
Gewerbe hG (höherwertiges)	5,2	4,8 – 5,6
Gewerbe MK (Kern-, Mischgebiet)	4,0	3,4 – 4,6

---

38 Grundstücksmarktbericht des Gutachterausschusses von Osnabrück, 2011; vgl. Teil IV, § 14 ImmoWertV Rn. 104.

VIII Rechte und Belastungen — Erbbauzins

76 Erbbaurechte können auch unentgeltlich oder gegen eine einmalige Zahlung bestellt werden (vgl. Rn. 85).

77 In rechtlicher Hinsicht ist zwischen **zwei Erscheinungsformen des Erbbauzinses** zu unterscheiden:

– dem *dinglichen Erbbauzins* (Erbbauzinsreallast) und
– dem *schuldrechtlichen Erbbauzins*.

Ein schuldrechtlich vereinbarter Erbbauzins ermöglicht im Unterschied zur Erbbauzinsreallast keine Vollstreckung in das Erbbaurecht aus einem dinglichen Titel.

78 Neben, aber auch anstelle des in § 9 ErbbauRG geregelten dinglichen Erbbauzinses kann im Erbbaurechtsvertrag **schuldrechtlich** etwas anderes vereinbart werden[39]. Hauptanwendungsfall ist eine schuldrechtlich vereinbarte Anpassung des Erbbauzinses an sich verändernde Verhältnisse. Darüber hinaus kann schuldrechtlich vereinbart werden, eine weitere Erbbauzinsreallast für den jeweils geänderten Erbbauzins einzutragen bzw. die Erbbauzinsreallast entsprechend zu ändern. Der Anspruch kann durch eine Vormerkung gesichert werden. Im Übrigen ermöglicht der schuldrechtliche Erbbauzins im Unterschied zum dinglichen Erbbauzins (Erbbauzinsreallast) keine Vollstreckung in das Erbbaurecht.

Abb. 17: Erbbauzinssätze und marktübliche Liegenschaftszinsen in Brandenburg

Stadt/Landkreis	Erbbauzins	Liegenschaftszins
Landkreis Barnim		
Wohnen	4,0 – 5,0 %	3,08 – 5,67 % (Bernau,
Erholung	4,0 %	Eberswalde, Zeperniele,
Gewerbe	4,0 – 6,0 %	Finowfurt, Hirschfelde)
Landkreis Dahme-Spreewald		
Wohnen	2,4 – 5,0 %	
Landkreis Havelland		
Wohnen	4,0 – 4,5 %	
Erholung	4,0 %	
Stadt Frankfurt (Oder)		
Wohnen	4,5 – 5,75 %	3,5 %
Schulung/Bildung	5,0 %	6,75 %
Soziale Zwecke	4,0 %	
Ein- und Zweifamilienhäuser	4,0 %	
Gewerbe	6,0 %	
Mehrfamilienhäuser	4,5 %	
Mischnutzung	5,5 %	
Büro/Geschäft	6,0 %	
Potsdam-Mittelmark		
Wohnen	4,0 – 4,5 %	
Gewerbe	4,0 – 10,0 %	
Märkisch-Oderland		
Ein- und Zweifamilienhäuser	3,0 – 5,0 %	
Gewerbe	5,0 – 8,0 %	

---

39 BGH, Urt. vom 28.11.1956 – V ZR 40/56 –, EzGuG 7.2; BGH, Urt. vom 20.3.1964 – V ZR 46/63 –, EzGuG 7.9; Ingenstau, Komm zur ErbbauVO 7. Aufl. 1994, § 9 Rn. 4.

Erbbauzins — Rechte und Belastungen VIII

Stadt/Landkreis	Erbbauzins	Liegenschaftszins
Oder-Spree		
Unbebaute Bauflächen		
Wohnen	3,2 – 4,5 % (Mehrzahl 4 – 4,5 %)	2,9 – 4,6 %
Gewerbe	4,8 – 6,0 %	2,9 – 4,6 %
Bebaute Grundstücke		
Verschiedene Nutzungen	2,0 – 6,5 %	
Ein- und Zweifamilienhäuser	4,0 – 4,5 %	
Gewerbe	4,8 – 6,0 %	
Spree-Neiße n		
Wohnen	4,0 – 5,0 %	
Landkreis Oberhavel		
Ein- und Zweifamilienhäuser	3,0 – 4,0 %	2,0–3,5 %
Gewerbe	6,0 %	6,0–8,0 %
Uckermark		
Unbebaute Bauflächen		
Wohnen	1,8 – 5,0 %	
Gewerbe	3,0 – 6,0 %	
Bebaute Grundstücke		
Wohnen	2,3 – 4,0 %	
Gewerbe	3,4 – 6,0 %	
Landkreis Prignitz		
Einfamilienhäuser	4,0 %	3,1 %
Sonstige Bebauung (Krankenhäuser, Motel)	4,8 %	

79 Zum **dinglichen Erbbauzins** bestimmt § 9 Abs. 1 Satz 1 ErbbauRG, dass auf den Erbbauzins die Vorschriften des BGB über die Reallasten entsprechend anzuwenden sind. Gläubiger des Erbbauzinses ist danach derjenige, der bei Fälligkeit des Erbbauzinses Eigentümer des Erbbaugrundstücks ist.

a) *Nach früherem Recht begründete Erbbaurechte*

80 Bis 30.9.1994 musste der Erbbauzins nach Zeit und Höhe für die gesamte Laufzeit des Erbbaurechts im Voraus bestimmt (d. h. nicht nur bestimmbar) sein. Es war der freien Parteivereinbarung überlassen, an welcher Rangstelle der Erbbauzins dinglich gesichert werden sollte. Mit der Entscheidung des BGH vom 28.11.1956[40] wurden auch Anpassungsklauseln für zulässig erklärt. § 9a der am 23.1.1974 in Kraft getretenen Fassung der Erbbaurechtsverordnung (jetzt ErbbauRG) findet Anwendung. Danach ist zu unterscheiden zwischen Erbbaurechten, die gewerblichen und Wohnzwecken dienen. Für „ **gewerbliche" Erbbaurechte** kann die Höhe der Anpassung beliebig vereinbart werden und wird lediglich durch die Bestimmungen über den Wucher begrenzt.

81 Bei der Vereinbarung von Wertsicherungsklauseln war bisher auf folgende rechtliche Problematik zu achten: Die dingliche Sicherung des Erbbauzinses erfolgte durch Bestellung einer in Abt. II des Grundbuchs möglichst erstrangig einzutragenden **Erbbauzinsreallast am Erbbaurecht.** Der Erbbauzins musste über die gesamte Laufzeit des Rechts im Voraus bestimmt werden; eine Gleitzinsvereinbarung war unwirksam (vgl. gesetzlichen Inhalt des Erbbaurechts; Grundsätze zur Bestellung einer Reallast nach §§ 1105 bis 1109 BGB). **Wurde eine Wertsicherungsklausel über den Erbbauzins vereinbart, konnte sie nur Inhalt einer schuldrechtlichen Anpassungsklausel sein.** War danach eine Erhöhung des Erbbauzinses

---
[40] BGH, Urt. vom 28.11.1956 – V ZR 40/56 –, BGHZ 22, 220 = EzGuG 7.2.

VIII Rechte und Belastungen — Erbbauzins

zulässig, konnte der Erbbaurechtsgeber vom Erbbauberechtigten die Bestellung einer weiteren Reallast für den Erhöhungsbetrag verlangen. Diese Erbbauzinserhöhung war dem Wesen nach eine Bestellung einer neuen Erbbauzinsreallast und keine Inhaltsänderung des bestehenden Rechts. Der schuldrechtliche Anspruch auf wiederholte Erhöhung des Erbbauzinses wurde durch Vormerkung nach § 883 BGB gesichert. Damit war gewährleistet, dass die Erhöhungsreallast den gleichen Rang wie die Vormerkung[41] besaß.

82 Die Rechtskonstruktion, nach der der Erbbauzins eine Reallast am Erbbaurecht und nicht Inhalt des Erbbaurechts ist und der Erbbauzins nach Zeit und Höhe für die ganze Erbbauzeit im Voraus bestimmt sein musste (**Bestimmtheitsgrundsatz**), wurde im Jahre 1919 gewählt, weil man die Beleihungsfähigkeit gewährleisten wollte. Für Hypothekenbanken bestand früher die obligatorische Verpflichtung des Vorrangs der Hypothek vor allen anderen Grundstückslasten. Wäre der Erbbauzins Inhalt des Erbbaurechts geworden, wäre damit eine Beleihung ausgeschlossen gewesen.

83 Da die Erbbauzinsforderung lediglich eine in Abt. II des Grundbuchs eingetragene Reallast am Erbbaurecht ist, kann sie gegenüber der Forderung der Hypothekenbank im Rang zurücktreten und so die volle Beleihung des Rechts ermöglichen. Allerdings hatte der **Rangrücktritt Folgen für den Erbbaurechtsausgeber.** Betrieb die erstrangig abgesicherte Bank die *Zwangsversteigerung,* konnte die Erbbauzinsforderung als nachrangig abgesichertes Recht unter Umständen erlöschen. Dann wäre der Ersteigerer Erbbauberechtigter ohne die Verpflichtung zur Zahlung des Erbbauzinses geworden, und der Erbbaurechtsgeber hätte bis zum Ablauf des Erbbaurechts auf den Erbbauzins verzichten müssen. Aus diesen Gründen war die Bereitschaft des Erbbaurechtsgebers, mit seiner Erbbauzinsforderung gegenüber der Bank zurückzutreten, gering.

84 Um die Beleihung doch zu gewährleisten, boten sich andere Möglichkeiten an. Der Erbbaurechtsausgeber konnte mit seiner Erbbauzinsforderung gegenüber der Bank zurücktreten, wenn die Bank gleichzeitig eine **Stillhalteerklärung** für den Erbbauzins abgab[42]. Diese Regelung barg allerdings noch Restrisiken für den Erbbaurechtsausgeber, da die Erklärung nur schuldrechtlich wirkte, also nur zwischen beiden Beteiligten, nicht gegenüber einem Rechtsnachfolger[43]. Eine andere Möglichkeit bestand darin, dass der Erbbaurechtsausgeber nicht zurücktrat, aber gegenüber der Bank erklärte, dass er im Falle der Zwangsversteigerung auf die Kapitalisierung der Erbbauzinsforderung verzichtete und weiterhin den Erbbauzins wie bisher in Raten entgegennahm; in diesem Fall hatte die Hypothekenbank gemäß § 19 Abs. 2 der ErbbauVO den im Rang vorgehenden Erbbauzins zu kapitalisieren und vom Wert des Erbbaurechts in Abzug zu bringen, was die Beleihungsmöglichkeit zwangsläufig einschränkte. Hinzu kam das Problem der Wertsicherung des Erbbauzinses, die – da die Wertsicherung der Höhe nach im Voraus nicht bestimmbar war – nicht über eine weitere Reallast (Bestimmtheitsgebot!), sondern nur über eine Vormerkung nach § 883 BGB an der Erbbauzinsreallast möglich war.

b) *Nach dem 30.9.1994 begründete Erbbaurechte*[44]

85 Die vorstehend beschriebene grundbuchlich komplizierte Situation ist mit Art. 2, § 1 des SachenRBerG vom 21.9.1994 (BGBl. I 1994, 2457, 2489) wesentlich vereinfacht worden. Durch das Sachenrechtsänderungsgesetz vom 21.9.1994 wurde § 9 ErbbauVO mit Wirkung ab 1.10.1994 dahingehend geändert, dass der Erbbauzins nach Zeit und Höhe für die gesamte Erbbauzeit im Voraus bestimmt werden kann[45].

---

41 Die Vormerkung sichert den schuldrechtlichen Anspruch auf Einräumung der Erhöhungsreallast. Sie bewirkt, dass der durch sie eingetragene Anspruch nicht durch nachfolgende Verfügungen beeinträchtigt wird.
42 Werth, Verkehrswertermittlung nach § 21 ErbbauVO, DLK 1989, 74.
43 Linde/Richter, Erbbaurecht und Erbbauzins, 3. Aufl. 2001.
44 ErbbauVO, zuletzt geändert durch Gesetz vom 9.6.1998 (BGBl. I 1242); ErbbauRG, zuletzt geändert durch Art. 57 G vom 17.12.2008 (BGBl. I 2586,2726), zuletzt geändert durch Artikel 316 vom 8.12.2010 (BGBl. I S. 1864).
45 Art. 1, § 1 des SachenRÄndG; Art. 2, § 1 des SachenRBerG vom 21.9.1994 (BGBl. I 1994, 2457, 2489): Mohrbutter in ZIP 1995, 806; Maaß in NotBZ 1997, 44; Maaß/Holthausen-Dux in DStR 1995, 1230, 1273; v. Oefele in DNotZ 1995, 643; Panz in BWNotZ 1996, 5; Wilke in DNotZ 1995, 654; Schmidt-Räntsch in NJW 1998, 3166.

- Inhalt der Erbbauzinsreallast können nunmehr auch **Bestehenbleibensvereinbarungen für den Fall der Zwangsversteigerung** sein. § 9 Abs. 3 ErbbauRG lässt nunmehr zu, dass die Erbbauzinsreallast abweichend von § 52 Abs. 1 des Gesetzes über die Zwangsversteigerung und die Zwangsverwaltung mit ihrem Hauptanspruch bestehen bleiben kann, wenn der Grundstückseigentümer aus der Reallast oder der Inhaber eines im Range vorstehenden oder gleichgestellten dinglichen Rechts die Zwangsversteigerung des Erbbaurechts betreibt. Im Rahmen der *Zwangsversteigerung* findet in diesem Fall keine Kapitalisierung des Erbbauzinses statt, d. h., der Erbbauzins bleibt bestehen, auch wenn er bei Feststellung des geringsten Gebots nicht berücksichtigt ist, und es bedarf weder eines Rangrücktritts noch der Abgabe einer Stillhalteerklärung. Bei zuvor bestellten Erbbaurechten können beide Vertragsparteien eine **nachträgliche Änderung** vereinbaren. Sie bedarf jedoch wiederum der Zustimmung der der Erbbauzinsreallast vorgehenden oder gleichstehenden dinglichen Rechte.

„§ 9 Abs. 3 ErbbauRG

(3) Als Inhalt des Erbbauzinses kann vereinbart werden, dass

1. die Reallast abweichend von § 52 Abs. 1 des Gesetzes über die Zwangsversteigerung und die Zwangsverwaltung mit ihrem Hauptanspruch bestehen bleibt, wenn der Grundstückseigentümer aus der Reallast oder der Inhaber eines im Range vorgehenden oder gleichstehenden dinglichen Rechts oder der Inhaber der in § 10 Abs. 1 Nr. 2 des Gesetzes über die Zwangsversteigerung und die Zwangsverwaltung genannten Ansprüche auf Zahlung der Beiträge zu den Lasten und Kosten des Wohnungserbbaurechts die Zwangsversteigerung des Erbbaurechts betreibt, und

2. der jeweilige Erbbauberechtigte dem jeweiligen Inhaber der Reallast gegenüber berechtigt ist, das Erbbaurecht in einem bestimmten Umfang mit einer der Reallast im Rang vorgehenden Grundschuld, Hypothek oder Rentenschuld im Erbbaugrundbuch zu belasten.

Ist das Erbbaurecht mit dinglichen Rechten belastet, ist für die Wirksamkeit der Vereinbarung die Zustimmung der Inhaber der der Erbbauzinsreallast im Rang vorgehenden oder gleichstehenden dinglichen Recht erforderlich."

Der Erbbauzins muss nicht nach Zeit und Höhe für die gesamte Erbbauzeit im Voraus bestimmt werden; es kann auch eine Wertsicherung der Reallast als Inhalt des dinglichen Rechts vereinbart werden.[46]

Inhalt des Erbbauzinses kann auch eine Verpflichtung zu seiner Anpassung an veränderte Verhältnisse sein, wenn die Anpassung nach Zeit und Wertmaßstab bestimmbar ist. Für die Vereinbarung über die Anpassung des Erbbauzinses ist die Zustimmung der Inhaber dinglicher Rechte am Erbbaurecht erforderlich; § 880 Abs. 2 Satz 3 des Bürgerlichen Gesetzbuchs ist entsprechend anzuwenden.

Diese Kannbestimmungen wurden mit Wirkung ab 16.6.1998 durch eine klarstellende Regelung des § 1105 BGB ergänzt, wonach als Inhalt der (Erbbauzins-)Reallast auch vereinbart werden kann, dass die zu entrichtenden Leistungen sich ohne Weiteres an veränderte Verhältnisse anpassen können, wenn anhand der in der Vereinbarung festgelegten Voraussetzungen Art und Umfang der Belastung des Grundstücks bestimmt werden können[47]. Wegen der Einschränkungen des § 9a ErbbauRG bedarf die Anpassungsvereinbarung – soweit sie eine Automatikklausel darstellt – nicht mehr der Genehmigung[48] des Bundesamtes der Wirtschaft und Ausfuhrkontrolle (BAFA). **86**

Für die Vereinbarung über die Anpassung des Erbbauzinses ist die **Zustimmung der Inhaber der der Erbbauzinsreallast im Rang vorgehenden oder gleichstehenden dinglichen Rechte am Erbbaurecht erforderlich**[49]. Die Zustimmung ist unwiderruflich und dem Grundbuchamt oder einem Beteiligten gegenüber zu erklären (§ 880 Abs. 2 Satz 3 BGB). **87**

---

46 LG Dortmund, Urt. vom 4.3.2011 – 3 O 476/09.
47 Art. 11a EuroEG vom 9.6.1998 (BGBl I 1998, 1241); Ingenstau/Hustedt § 9 ErbbauVO Rn. 6.
48 Das Verbot von Preisklauseln nach § 2 Abs. 1 S. 1 des Preisangaben- und Preisklauselgesetzes gilt nicht für Klauseln in Erbbaurechtsverträgen und Erbbauzinsreallasten mit einer Laufzeit von mindestens 30 Jahren, wobei § 9a der Verordnung über das Erbbaurecht unberührt bleibt. Das bisherige Genehmigungsverfahren für Wertsicherungsklauseln durch das BAFA entfällt, da Ausnahmen vom Indexierungsverbot direkt im Gesetz geregelt sind.
49 BT-Drucks. 12/7425, 261.

2.3.2 Anpassung des Erbbauzinses

2.3.2.1 Verträge mit Anpassungsklausel

Schrifttum: *Gilicht, T./Simon, Th.*, Anpassung von Erbbauzinsen nach Einstellung der Bruttomonatsverdienste für Angestellte und Arbeiter im produzierenden Gewerbe, GuG 2008, 99.

▶ *Zur Umstellung des Lebenshaltungskostenindex auf die Basis 2000 – Auswirkungen auf die Vereinbarung von Wertsicherungsklauseln, RdSchr. Nr. 31/2002 der Bundesnotarkammer vom 29.11.2002; GuG 2004, 312 sowie DNotI-Report 2001, 177*

a) *Allgemeines*

88 Anpassungsklauseln sollen insbesondere den Erbbaurechtsgeber angesichts der langen Dauer des Erbbaurechts gegen Wertverluste des Erbbauzinses schützen. Sie sind grundsätzlich zulässig, insbesondere wenn gravierenden **Störungen im Verhältnis von Leistung und Gegenleistung** entgegengewirkt werden soll[50]. Lediglich für Wohnerbbaurechte wird jedwedes Erhöhungsverlangen durch die Billigkeitsregelung des § 9a ErbbauRG eingeschränkt (vgl. Rn. 98).

89 *Beispiel:*

Der Erbbauzins wird, beginnend am 1.1.2005, an den Verbraucherpreisindex (2005 = 100), wie er vom Statistischen Bundesamt Wiesbaden ermittelt wird, gebunden. Erhöht oder vermindert sich dieser Verbraucherpreisindex (VPI) gegenüber dem Stand vom 1.1.2005 um mehr als 10 Punkte, so verändert sich der Erbbauzins im gleichen Verhältnis, und zwar errechnet sich der Prozentsatz aus dem Verhältnis der Punkteveränderung zur zuvor zugrunde gelegten Indexzahl. Treten weitere Veränderungen des Verbraucherpreisindex um mehr als 10 Punkte ein, so wird der Erbbauzins jeweils in dem gleichen Verhältnis geändert.

90 **Voraussetzung für die Anpassung des Erbbauzinses ist, dass der Berechtigte die Erhöhung oder Senkung des Erbbauzinses geltend macht.** Die Fälligkeit der Erhöhung ist der freien Vereinbarung der Parteien im Zeitpunkt der Einigung über die Erhöhung des Erbbauzinses überlassen. Wurde eine rechtlich nicht zulässige Erbbauzinsanpassungsklausel tatsächlich doch umgesetzt, dann sollten zwei Möglichkeiten geprüft werden:

a) Feststellung der rechtlich zulässigen Klausel auf dem Rechtsweg,

b) Anwendung jenes Erbbauzinses, der der rechtlichen Regelung am nächsten kommt.

Wurde von der Möglichkeit einer Erbbauzinsanpassungsklausel kein Gebrauch gemacht, so sind zwei Verfahrensweisen denkbar:

Erstens könnte eine Verjährung nach 4 Jahren vorliegen. Letzteres in Anlehnung an § 917 Abs. 2 BGB i. V. m. §§ 912 ff. BGB („Verjährung einer „Überbaurente" sowie „Notwegerente"). Diese Vorgehensweise dürfte angezeigt sein, da in § 9 und § 9a ErbbauRG keine Verjährungsklauseln enthalten sind.

Zweitens könnte auf den Wegfall der Geschäftsgrundlage abgestellt werden und in diesem Wege einer ergänzenden Vertragsauslegung eine Anpassung i. S. des wesentlich gewollten Zwecks herbeigeführt werden[51].

91 Wertsicherungsklauseln können zum Teil **erheblichen Einfluss auf den Wert** des Erbbaurechts haben. Sie sind deshalb in die Wertermittlung mit einzubeziehen. Können die Klauseln nicht eindeutig ausgelegt werden, ist juristischer Beistand erforderlich.

92 Die Möglichkeiten schuldrechtlicher Verpflichtungen zur Anpassung des Erbbauzinses an die sich verändernden wirtschaftlichen Verhältnisse sind vielfältig. **Generell sind folgende Punkte zu regeln:**

a) Bestimmung der Voraussetzungen, die den Erhöhungsanspruch auslösen,

b) Regelung des Bewertungsmaßstabs (die Vergleichs- oder Bezugsgröße) für die Änderung,

c) Bestimmung des Anpassungszeitpunkts.

---

50 BT-Drucks. 12/5992, 80.
51 Kleiber, W., in Sandner/Weber, Lexikon der Immobilienwertermittlung, Bundesanzeiger Verlag, 2. Aufl., 242; BGH, Urt. vom 23.5.1980 – V ZR 129/76 –, BGHZ 77, 188 = EzGuG 7.76.

Enthalten die Bestimmungen Unklarheiten, ist allein der durch **Auslegung** zu ermittelnde **Sinn und Zweck der Anpassungsklausel** maßgebend.

Nachfolgendes Schaubild zeigt die verschiedenen Arten von **Anpassungsklauseln** (Abb. 18). 93

Abb. 18: Anpassungsklauseln

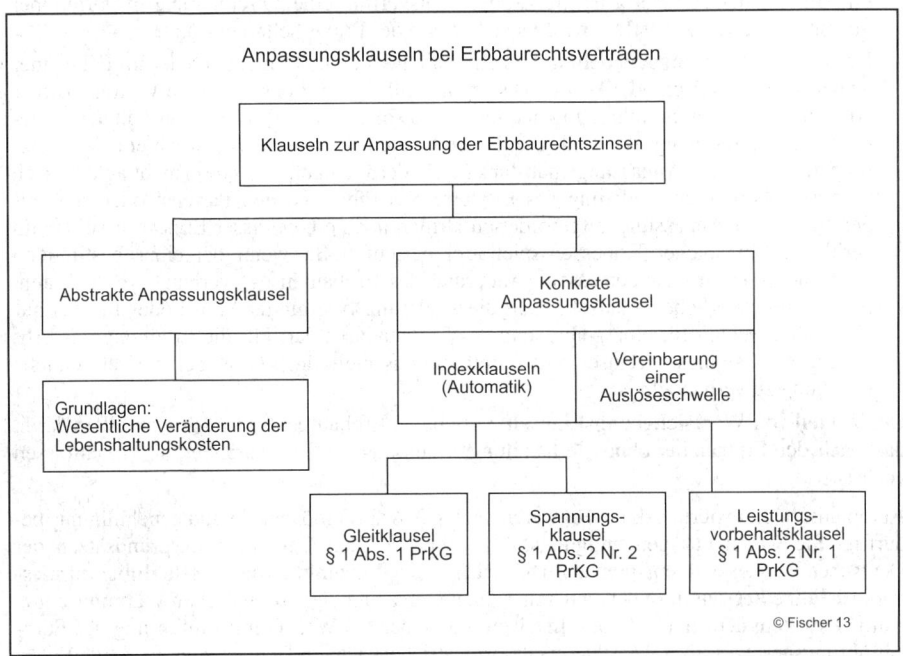

Bei der **abstrakten Anpassungsklausel** erfolgt die Anpassung, wenn nach allgemeinen wirtschaftlichen Gesichtspunkten oder bei wesentlichen Änderungen im Wirtschafts- und Währungsbereich der vereinbarte Erbbauzins nicht mehr als angemessenes Entgelt angesehen werden kann. Damit wird überwiegend auf die Kaufkraft abgestellt. Nach der Rechtsprechung ist eine wesentliche Änderung bei Steigerung des Lebenshaltungskostenindex (Verbraucherpreisindex) von 10 v. H. und mehr gegeben. 94

Bei den **konkreten Anpassungsklauseln** wird in Gleitklauseln, Spannungsklauseln und Leistungsvorbehaltsklauseln unterschieden. 95

– **Gleitklauseln** weisen eine Automatik auf und waren – im Unterschied zu Leistungsvorbehalten und Spannungsklauseln[52] – bisher nach § 3 WährG und nach dem Preisangaben- und Preisklauselgesetz (PaPkG) genehmigungspflichtig. Nach neuem Recht ab 14.9.2007 sind nach dem Preisklauselgesetz[53] (PrKG) automatische Anpassungen für Güter und Leistungen, die mit Geldschuld nicht vergleichbar sind, verboten (§ 1 Abs. 1 PrKG). Üblicherweise wurde bei Gleitklauseln als Bewertungsmaßstab der Lebenshaltungskostenindex vereinbart, der Anfang 2003 durch den Verbraucherpreisindex auf der Basis 2000 = 100 abgelöst wurde. Jetzt 2010 = 100. Gleitklauseln haben den Vorteil, dass bei den Parteien über die jeweiligen Erhöhungen des Erbbauzinses in der Regel kein Streit entstehen kann, da die Erhöhung und Anpassung im Erbbaurechtsvertrag vereinbart wurden.

---

52 Dürkes in BB 1990, 1608; Holtzmann in NJW 1967, 915; Holtzmann/Münzberg in NJW 1969, 407; Czerlinsky in NJW 1977, 1228.

53 Gesetz über das Verbot der Verwendung von Preisklauseln bei der Bestimmung von Geldschulden (Preisklauselgesetz, PrKG), vom 7.9.2007 (BGBl. I S. 2246, 2247), das zuletzt durch Artikel 8 Abs. 8 des Gesetzes vom 29.9.2009 (BGBl. I S. 2355) geändert worden ist.

VIII Rechte und Belastungen — Erbbauzins

- Die **Spannungsklausel ist identisch mit der Gleitklausel und sieht eine automatische Anpassung vor.** Der Maßstab, an den der Erbbauzins angepasst werden soll, und die Leistung, für die die zu sichernde Geldschuld (Erbbauzins) gezahlt wird, sind gleichartig. Die Bezugsgröße steht im direkten Zusammenhang zum Vertragsgegenstand. Eine solche Gleichartigkeit besteht z. B. zwischen dem Mietertrag der auf einem Grundstück aufstehenden Gebäude und der Grundstücksnutzung, für die der Erbbauzins gezahlt wird. Da es im Allgemeinen schwierig ist, im Erbbaurechtsvertrag eine Vereinbarung in Form einer Spannungsklausel zu treffen, wird diese Form in der Praxis selten gewählt.

- Unter einem **Leistungsvorbehalt** versteht man die Vereinbarung, nach der im Falle einer Änderung von Preisen oder Werten bestimmter Güter oder Leistungen die Vertragspartner oder ein Dritter den Schuldbetrag neu festsetzen sollen, ohne dass das Ausmaß der Änderung bindend festgelegt ist. So liegt z. B. ein Leistungsvorbehalt vor, wenn eine Veränderung des gewählten Anpassungsmaßstabs (z. B. Verbraucherpreisindex) nicht automatisch zu einer bestimmten Änderung des Erbbauzinses führt und den Parteien oder dem zur Festlegung der Anpassung aufgeforderten Dritten noch ein gewisser Ermessensspielraum verbleibt. Ein solcher Ermessensspielraum besteht z. B., wenn bei einer bestimmten Indexänderung eine „angemessene Änderung des Erbbauzinses" verlangt werden kann. Bei Leistungsvorbehaltsklauseln stellt die Änderung bestimmter Preise oder Indizes nur die Voraussetzung für eine Anpassung des Erbbauzinses dar. Für die Erhöhung des Erbbauzinses lässt diese Klausel einen Beurteilungsspielraum zu, wobei die tatsächliche Erhöhung zu verhandeln ist.

96 Der **Vorteil von Wertsicherungsklauseln** besteht bei Erbbaurechtsverträgen vor allem darin, dass sich der Erbbauzins ohne Verhandlungen automatisch den veränderten Verhältnissen anpasst.

97 Automatische Indexierungsklauseln waren nach § 3 WährG in Deutschland genehmigungsbedürftig. Sie waren nur genehmigungsfähig, wenn sie den Genehmigungsgrundsätzen der Deutschen Bundesbank entsprachen. Die Laufzeit der **Vereinbarung musste dabei mindestens 10 Jahre betragen.** In den anderen Teilnehmerstaaten der europäischen Währungsunion galt jedoch kein derartiges Verbot. Insoweit wurde der § 3 WährG mit Einführung des Euroeinführungsgesetzes vom 9.6.1998 ersatzlos gestrichen, was in Deutschland aber auf Widerstände stieß. Da man in Deutschland auf dieses zum Schutz der Wirtschaft und ihrer Stabilität erforderliche Verbot nicht verzichten wollte, wurde es im **Preisangaben- und Preisklauselgesetz** (PaPkG) mit nahezu derselben Formulierung eingestellt. Ab 14.9.2007 gilt neues Recht, nämlich das Preisklauselgesetz (PrKG). Danach gilt ein grundsätzliches Verbot der automatischen Anpassung für Güter oder Leistungen, die nicht mit Geldschuld vergleichbar sind. Dieses Verbot gilt nach § 1 Abs. 2 PrKG nicht für Leistungsvorbehalts-, Spannungs- und Kostenelementeklauseln (Koppelung der zu erbringenden Leistung an die Entwicklung der Selbstkosten). Nach dem PrKG sind Legalausnahmen zum Verbot der automatischen Anpassung zugelassen, wenn bestimmte Voraussetzungen erfüllt sind (§§ 2, 3 PrKG). Das Genehmigungsverfahren ist entfallen (§ 8 PrKG).

98 Bei der Anpassung der Erbbaurechtszinsen **zu Wohnzwecken** gilt in den alten Bundesländern der § 9a ErbbauRG. In den neuen Bundesländern verweist der § 46 Abs. 1 SachenRBerG bei einer zu Wohnzwecken dienenden Nutzung bei der Anpassung der Erbbauzinsen auf den § 9a ErbbauRG. Die Anpassung bei anderen Nutzungen ergibt sich aus den Bestimmungen des § 46 Abs. 1 S. 1 bis 3 SachenRBerG.

99 Bei **Erbbaurechten im Beitrittsgebiet gilt das Sachenrechtsbereinigungsgesetz.** In § 46 SachenRBerG sind die Anpassung sowie die Bezugsgrößen vorgeschrieben.

Der § 46 Abs. 1 SachenRBerG regelt im Einzelnen:

„(1) Nutzer und Grundstückseigentümer sind verpflichtet, in den Erbbaurechtsvertrag eine Bestimmung aufzunehmen, die eine Anpassung des Erbbauzinses an veränderte Verhältnisse vorsieht. Die Anpassung kann erstmals nach Ablauf von zehn Jahren seit Bestellung des Erbbaurechts verlangt werden. Bei einer zu Wohnzwecken dienenden Nutzung bestimmt sich die Anpassung nach dem in § 9a des Erbbaurechtsgesetzes bestimmten Maßstab. Bei anderen Nutzungen ist die Anpassung nach

1. den Erzeugerpreisen für gewerbliche Güter bei gewerblicher oder industrieller Nutzung des Grundstücks,
2. den Erzeugerpreisen für landwirtschaftliche Produkte bei land- und forstwirtschaftlicher Bewirtschaftung des Grundstücks oder
3. den Preisen für die allgemeine Lebenshaltung in allen übrigen Fällen

vorzunehmen. Weitere Anpassungen des Erbbauzinses können frühestens nach Ablauf von drei Jahren seit der jeweils letzten Anpassung des Erbbauzinses geltend gemacht werden.

(2) Die Anpassung nach den Sätzen 3 und 4 ist auf den Betrag zu begrenzen, der sich aus der Entwicklung der Grundstückspreise ergibt. Die Begrenzung ist auf der Grundlage der Bodenwertrichtwerte nach § 196 des Baugesetzbuchs, soweit diese vorliegen, andernfalls in folgender Reihenfolge nach der allgemeinen Entwicklung der Grundstückspreise in dem Land, in dem das Grundstück ganz oder zum größten Teil belegen ist, dem in § 1 bezeichneten Gebiet oder im gesamten Bundesgebiet zu bestimmen. Abweichende Vereinbarungen und Zinsanpassungen sind gegenüber den Inhabern dinglicher Rechte am Erbbaurecht, die einen Anspruch auf Zahlung oder Befriedigung gewähren, unwirksam, es sei denn, dass der Erbbauzins nur als schuldrechtliche Verpflichtung zwischen dem Grundstückseigentümer und dem Nutzer vereinbart wird."

100 Nach dem 1974 in die Verordnung neu eingeführten § 9a ErbbauVO (nunmehr ErbbauRG abgedruckt bei Rn. 102) ist eine **Anpassung des Erbbauzinses für Wohnzwecke** eingeschränkt. Der Erhöhungsanspruch ist jedoch bei Änderung der allgemeinen wirtschaftlichen Verhältnisse nicht unbillig. So ist eine Koppelung des Erbbauzinses an einen Bodenpreisindex unzulässig, da die Bodenpreisentwicklung nicht der Entwicklung der allgemeinen Wertverhältnisse entspricht.

a) *Wohnzwecken dienende Grundstücke*

101 Bei Grundstücken, die Wohnzwecken dienen, darf eine Anpassung gemäß § 9a ErbbauRG **nicht über die allgemeinen wirtschaftlichen Verhältnisse hinausgehen**. Nach der Rechtsprechung[54] des BGH ist hierunter der Mittelwert aus der Lebenshaltungskosten- und Einkommensentwicklung zu verstehen. Nach § 9a ErbbauRG darf ein Anspruch auf Erhöhung des Erbbauzinses im Übrigen frühestens nach Ablauf von drei Jahren seit Vertragsabschluss geltend gemacht werden. Ist der Erbbauzins bereits erhöht worden, so darf ein Anspruch auf Erhöhung des Erbbauzinses wiederum frühestens nach Ablauf von weiteren drei Jahren seit der jeweils letzten Erhöhung geltend gemacht werden (Abb. 19).

---

54 BGH-Urteil v. 31.10.2008, VZR 81/08.

VIII Rechte und Belastungen — Erbbauzins

Abb. 19: Wertsicherung des Erbbauzinses

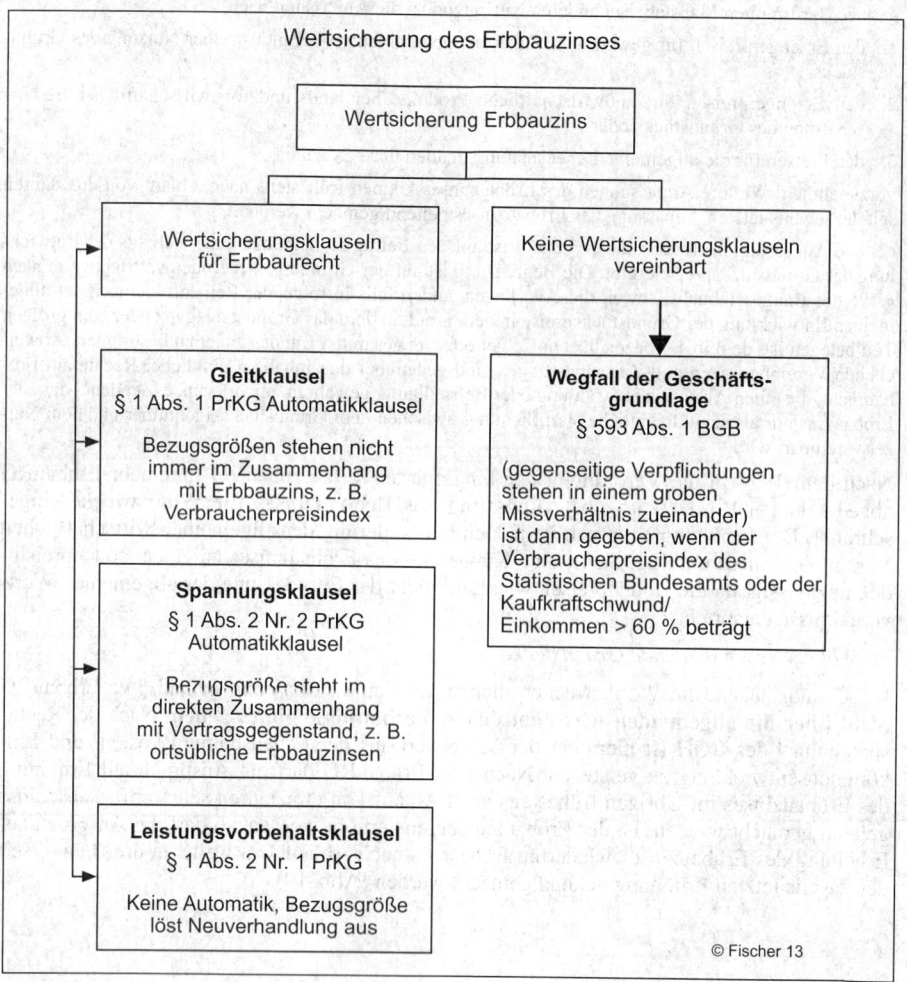

102 § 9a ErbbauRG findet auf Bauwerke, die gewerblichen (Hotel, Pflegeheim usw.), industriellen oder öffentlichen Zwecken dienen (Schule, Kindergarten, Sportplatz usw.) keine Anwendung[55].

---

[55] BGH, Urt. vom 15.11.1974 – V ZR 63/73 –, NJW 1975, 211 = DNotZ 1975, 156 = EzGuG 7.39; Dürkes in BB 1980, 1609; Sager/Peters in NJW 1976, 409.

Erbbauzins — Rechte und Belastungen VIII

Abb. 20: Wertsicherungsklauseln

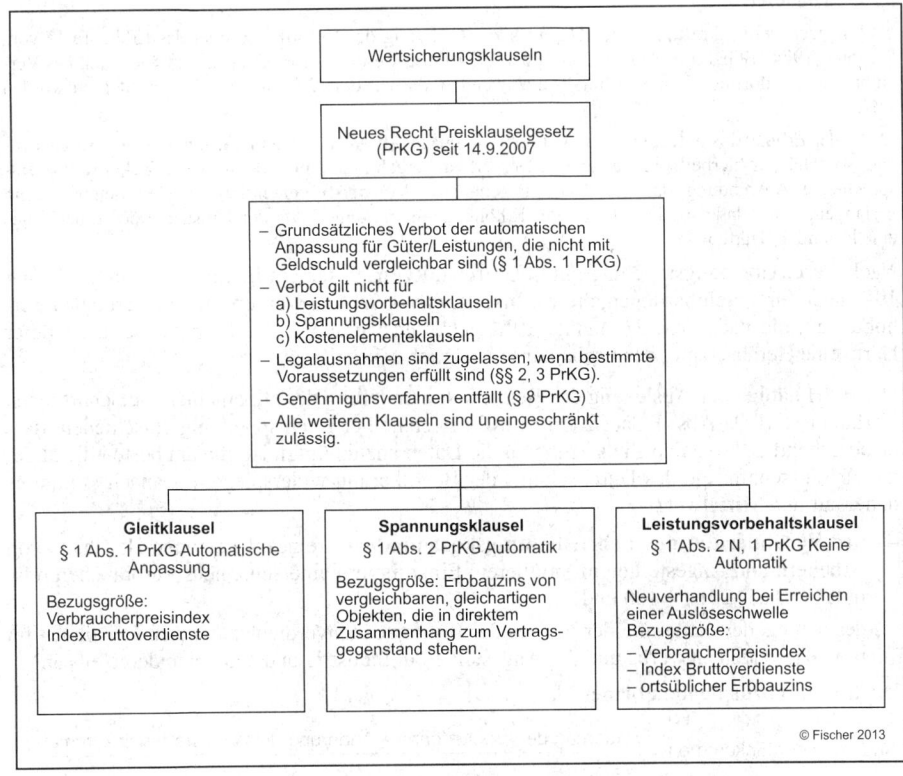

§ 9a ErbbauRG hat folgenden Wortlaut:

„(1) Dient das aufgrund eines Erbbaurechts errichtete Bauwerk Wohnzwecken, so begründet eine Vereinbarung, dass eine Änderung des Erbbauzinses verlangt werden kann, einen Anspruch auf Erhöhung des Erbbauzinses nur, soweit diese unter Berücksichtigung aller Umstände des Einzelfalls nicht unbillig ist. Ein Erhöhungsanspruch ist regelmäßig als unbillig anzusehen, wenn und soweit die nach der vereinbarten Bemessungsgrundlage zu errechnende Erhöhung über die seit Vertragsabschluss eingetretene Änderung der allgemeinen wirtschaftlichen Verhältnisse hinausgeht. Änderungen der Grundstückswertverhältnisse bleiben außer den in Satz 4 genannten Fällen außer Betracht. Im Einzelfall kann bei Berücksichtigung aller Umstände insbesondere

1. einer Änderung des Grundstückswerts infolge eigener zulässigerweise bewirkter Aufwendungen des Grundstückseigentümers oder
2. der Vorteile, welcher eine Änderung des Grundstückswerts oder die ihr zugrunde liegenden Umstände für den Erbbauberechtigten mit sich bringen, ein über diese Grenze hinausgehender Erhöhungsanspruch billig sein. Ein Anspruch auf Erhöhung des Erbbauzinses darf frühestens nach Ablauf von drei Jahren seit Vertragsabschluss und, wenn eine Erhöhung des Erbbauzinses bereits erfolgt ist, frühestens nach Ablauf von drei Jahren seit der jeweils letzten Erhöhung des Erbbauzinses geltend gemacht werden.

(2) Dient ein Teil des aufgrund des Erbbaurechts errichteten Bauwerkes Wohnzwecken, so gilt Absatz 1 nur für den Anspruch auf Änderung eines angemessenen Teilbetrages des Erbbauzinses.

(3) Die Zulässigkeit einer Vormerkung zur Sicherung eines Anspruchs auf Erhöhung des Erbbauzinses wird durch die vorstehenden Vorschriften nicht berührt."

Danach ist **bei Wohngrundstücken eine Anpassung des Erbbauzinses an einen Bodenpreisindex unzulässig.**

VIII Rechte und Belastungen — Erbbauzins

Dies gilt nach § 35 ErbbauRG[56] auch für „Altverträge". Die Vorschrift lautet:

„**§ 35 ErbbauRG**

(1) Für nach dem Inkrafttreten des Gesetzes zur Änderung der Verordnung über das Erbbaurecht vom 8. Januar 1974 (BGBl. I S. 41) am 23. Januar 1974 fällig werdende Erbbauzinsen ist § 9a auch bei Vereinbarung des dort bezeichneten Inhalts anzuwenden, die vor dem 23. Januar 1974 geschlossen worden sind.

(2) Ist der Erbbauzins aufgrund einer Vereinbarung nach Absatz 1 vor dem 23. Januar 1974 erhöht worden, so behält es hierbei sein Bewenden. Der Erbbauberechtigte kann jedoch für die Zukunft eine entsprechende Anwendung der in Absatz 1 genannten Vorschrift gerechtfertigte Herabsetzung dann verlangen, wenn das Bestehenbleiben der Erhöhung für ihn angesichts der Umstände des Einzelfalles eine besondere Härte wäre."

Nach dieser Übergangsregelung gilt § 9a ErbbauRG nach seinem Inkrafttreten am 23. Januar 1974 auch für Vereinbarungen, die vor Inkrafttreten getroffen worden sind. Bei Erbbauzinserhöhungen, die nach dem 23. Januar 1974 getroffen wurden, kann demnach bei besonderer Härte eine Herabsetzung des Erbbauzinses möglich sein.

104 Der BGH hat bei der Auslegung des Begriffs der Änderung der allgemeinen wirtschaftlichen Verhältnisse (§ 9a Abs. 1 Satz 2 ErbbauRG) in ständiger Rechtsprechung entschieden, dass entsprechend der sozialen Zielsetzung an die Daten anzuknüpfen ist, die am besten die allgemeine Wirtschaftslage des Durchschnitts der Bevölkerung widerspiegeln. Danach kommt es daher auf den **Mittelwert**

- **der Veränderung des Lebenshaltungskostenindexes** (eines 4-Personen-Haushalts von Arbeitern und Angestellten mit mittlerem Einkommen) einerseits, neu: Verbraucherpreisindex – Basis 2010 = 100 und
- des Mittels der Änderung der Indizes der Bruttowochenverdienste der Arbeiter/-innen im produzierenden Gewerbe und der Angestellten in Industrie und Handel andererseits an[57].

105 Die hieraus abzuleitende **Formel**[58] lautet:

$$\text{Änderung der Einkommen} = \frac{\text{Änderung der Arbeiterlöhne} + \text{Änderung der Angestellteneinkommen}}{2}$$

$$\text{Änderungsprozentsatz} = \frac{\text{Änderung der Lebenshaltungskosten} + \text{Änderung der Einkommen}}{2}$$

Es gelten folgende **Grundsätze**

a) Soll sich vereinbarungsgemäß der Erbbauzins erhöhen, wenn sich die allgemeinen Verhältnisse derart nachhaltig ändern, dass der bisherige Erbbauzins dem Eigentümer nach Treu und Glauben nicht mehr zumutbar ist, so genügt dafür jedenfalls eine Änderung um mehr als 20 % der Entwicklung der Lebenshaltungskosten und der Einkommen[59]. Respektive 10 % nach 5 Jahren[60].

b) Ist vereinbarte Voraussetzung einer Anpassung des Erbbauzinses eine Änderung der allgemeinen wirtschaftlichen Verhältnisse, so ist auch die Entwicklung in dem zum Zeitpunkt der Erhöhung schon abgelaufenen Teil eines Kalenderjahres einzubeziehen.

c) Ist nach dem Erbbaurechtsvertrag eine Anpassung des Erbbauzinses an die Änderung der wirtschaftlichen Verhältnisse durch einen Schiedsgutachter nur insoweit zulässig, als sie unter Berücksichtigung aller Umstände des Einzelfalls nicht unbillig ist, darf im Falle der Bestellung des Erbbaurechts zur Errichtung eines Mietshauses im sozialen Wohnungsbau

---

56 Die mit Art. 138 Nr. 4 des Gesetzes vom 19.4.2006 (BGBl. I 2006, 866) eingefügte Regelung übernimmt die gleichlautende Regelung des Art. 2 des Gesetzes vom 8.1.1974 (BGBl. I 1974, 41).
57 BGH, Urt. vom 4.7.1980 – V ZR 49/79 –, NJW 1980, 2519 = EzGuG 7.77; BGH, Urt. vom 27.5.1981 – V ZR 20/80 –, NJW 1981, 2567 = EzGuG 7.82; BGH, Urt. vom 20.12.1985 – V ZR 96/84 –, BGHZ 96, 372 = EzGuG 7.95a.
58 Erman/Hagen, BGB § 9a ErbbauVO Rn. 6; Staudinger/Ring, BGB § 9a ErbbauVO Rn. 7; MünchKomm/v. Oefele § 9 ErbbauVO Rn. 6.
59 BGH, Urt. vom 24.4.1992 – V ZR 52/91 –, NJW 1992, 2088 = EzGuG 7.114c.
60 LG Osnabrück, Urt. vom 20.07.2011 – 12 O 802/11 –, BGH, Urt. vom 11.12.2009 – V ZR 110/09 –, NZM 2010, 253.

bei der Anpassung nicht unberücksichtigt bleiben, dass die erzielbaren Mieten auf Dauer hinter der Kostenmiete zurückbleiben[61].

106 Die Lebenshaltungskosten werden hierbei nach einem 4-Personen-Arbeitnehmerhaushalt mittleren Einkommens bestimmt (neu: Verbraucherpreisindex). Die Einkommensverhältnisse sind nach einem Mittelwert der Bruttoeinkünfte der Industriearbeiter sowie der Angestellten in Industrie und Handel zu bestimmen. Dabei sind die für die Gesamtbevölkerung der Bundesrepublik Deutschland maßgebenden Zahlen heranzuziehen, ohne Berücksichtigung regional unterschiedlicher Entwicklungen und ohne Beschränkung auf männliche Arbeitnehmer. Maßgebende Werte für den Abschluss der **Entwicklung sind die Monatsindizes,** die vor der Stellung des Veränderungsverlangens zuletzt veröffentlicht worden sind[62].

107 Anstelle des Lebenshaltungskostenindexes wird vom **Statistischen Bundesamt Wiesbaden** seit dem 1.1.2003 der **Verbraucherpreisindex** auf der Basis 2000 = 100 veröffentlicht (vgl. Anh. 3.4 und 3.5 sowie *http://www.gug-aktuell.de*). Seither ist nur noch eine Bezugnahme auf den Verbraucherpreisindex möglich[63]. Zu Fragen der Umbasierung wird auf die Fachserie 17 Reihe 7 des Statistischen Bundesamtes hingewiesen. Der neue Verbraucherpreisindex kommt bei bereits bestehenden Wertsicherungsklauseln im Wege einer ergänzenden Vertragsauslegung zur Anwendung, ohne dass dafür ggf. eine neuerliche Genehmigung bzw. Zustimmung nachrangiger Gläubiger erforderlich wird. Aktuell ist der Verbraucherpreisindex für Deutschland auf der Basis 2010 = 100.

Das Statistische Bundesamt hat darüber hinaus zum Januar 2007 die Veröffentlichung der Indizes der Bruttomonatsverdienste von Arbeitern und Angestellten im Produzierenden Gewerbe eingestellt und durch die neue Indexreihe der **Arbeitnehmerverdienste in der Wirtschaft** getrennt nach Bruttomonats- und Bruttostundenverdiensten ersetzt[64].

Ferner hat das Statistische Bundesamt für den Umstieg von speziellen Haushaltstypen und Basisjahren auf den Verbraucherpreisindex für Deutschland eine Anleitung für die Berechnung von Schwellenwerten für Wertsicherungsklauseln herausgegeben. Deren Anwendung ist für die Ermittlung der exakten Erbbauzinserhöhung von Bedeutung. Der Verkettungsmonat ist der Monat Dezember 1999. Eine Verkettung ist notwendig, wenn die letzte Anpassung vor dem Dezember 1999 erfolgte.

108 Die **Berechnung der Erbbauzinserhöhung** bei Änderung der allgemeinen wirtschaftlichen Verhältnisse ist nachfolgend beispielhaft dargestellt[65].

109 *Beispiel:*

Der Erbbauzins bei Vertragsabschluss im II. Quartal 2000 beträgt 750,00 €/Jahr. Eine Anpassungsklausel wurde vereinbart, aber nicht genutzt.

Nun soll eine erstmalige Erbbauzinserhöhung im Juli 2012 vorgenommen werden (Basis Durchschnitte der Quartalsdaten). Sofern im Erbbaurechtsvertrag keine anderweitige Vereinbarungen getroffen wurden, ist wie folgt vorzugehen:

- Ermittlung der Änderung der allgemeinen wirtschaftlichen Verhältnisse zwischen II. Quartal 2000 und II. Quartal 2012
    a) Verbraucherpreisindex
        2010 = 100
        Jahr 2000
        I. Quartal   = (85,2 + 85,3 + 85,3)/3 = 85,27
        II. Quartal = (85,3 + 85,2 + 85,6)/3 = 85,36

---

61 BGH, Urt. vom 19.1.2001 – V ZR 217/00 –, GuG 2001, 306 = EzGuG 7.131.
62 BGH, Urt. vom 15.4.1983 – V ZR 9/82 –, EzGuG 7.89; BGH, Urt. vom 3.5.1985 – V ZR 23/84 –, BGHZ 94, 257 = EzGuG 7.94.
63 Reul DNotZ 2003, 93; DNotI-Report 2003, 9.
64 Entsprechend Verdienststatistikgesetz (VerdStatG) vom 21.12.2006 (BGBl. I 2006, 3291) i. V. m. Bundesstatistikgesetz (BStatG) vom 22.1.1987 (BGBl. I 1987, 462, 565), zuletzt geändert durch Art. 3 des Gesetzes vom 7.9.2007 (BGBl. I 2007, 2246).
65 Dürkes, Die Wertsicherung von Erbbauzinsen, BB 1980, 1614.

VIII Rechte und Belastungen Erbbauzins

Jahr 2012

I. Quartal = (102,8 + 103,5 + 104,1)/3 = 103,46

II. Quartal = (103,9 + 103,9 + 103,7)/3 = 103,84

Steigerung I. Quartal: $\left[\dfrac{103,46}{85,27} \times 100\right] - 100 = 21,33\ \%$

Steigerung II. Quartal: $\left[\dfrac{103,84}{85,36} \times 100\right] - 100 = 21,64\ \%$

Steigerung im Mittel: $\dfrac{21,33\ \% + 21,64\ \%}{2} = 21,48\ \%$

b) Index der Bruttomonatsverdienste der Arbeitnehmer in Deutschland
2010 = 100

Jahr 2000

I. Quartal = 80,6

II. Quartal = 81,9

Jahr 2012

I. Quartal = 112,13

II. Quartal = 112,63

Steigerung I. Quartal: $\left[\dfrac{112,13}{80,6} \times 100\right] - 100 = 39,12\ \%$

Steigerung II. Quartal: $\left[\dfrac{112,63}{81,9} \times 100\right] - 100 = 37,52\ \%$

Steigerung im Mittel: $\dfrac{39,12\ \% + 37,52\ \%}{2} = 38,32\ \%$

c) Steigerung aus Verbraucherpreisindex und Bruttomonatsverdiensten

$\dfrac{a) + b)}{2} = \dfrac{21,48\ \% + 38,32\ \%}{2} = 29,85\ \%$

d) Anpassung des Erbbauzinses
750,00 € × 0,2985 =   223,87 €

e) Neuer Erbbauzins ab III. Quartal 2012
750,00 € + 223,87 € =   973,87 €

110 Das Statistische Bundesamt hat zum Januar 2007 die **Veröffentlichung der Indizes der Bruttomonatsverdienste von Arbeitern und Angestellten im Produzierenden Gewerbe eingestellt** und diese durch die neuen Indizes der Arbeitnehmerverdienste in der Wirtschaft ersetzt. Eine wesentliche Änderung besteht darin, dass innerhalb der neuen Indizes nicht mehr zwischen Arbeitern und Angestellten unterschieden wird. Die neuen Indizes der Arbeitnehmerverdienste in der Wirtschaft werden getrennt nach Bruttomonats- und Bruttostundenverdiensten auf Basis der vierteljährlichen Verdiensterhebung errechnet. Die Rechtsgrundlage bildet das neue Verdienststatistikgesetz (VerdStatG)[66] i. V. m. dem Bundesstatistikgesetz (BStatG)[67]. Das Verdienststatistikgesetz ersetzt das bis dahin geltende Lohnstatistikgesetz und ist am 1. Januar 2007 in Kraft getreten. Die Einstellung ist nach Aussage des Statistischen Bundesamtes darin begründet, dass das seit 1951 geltende Lohnstatistikgesetz den heutigen Informationsbedarf nicht mehr decken konnte. Zum einen wurden keine Daten über die Ver-

---

[66] Verdienststatistikgesetz (VerdStatG) vom 21. Dezember 2006 (BGBl. I S. 3291), geändert durch Artikel 21 des Gesetzes vom 7. September 2007 (BGBl. I S. 2246), zuletzt geändert durch Artikel 4 des Gesetzes vom 4. November 2010 (BGBl. I S. 1480).

[67] Bundesstatistikgesetz (BStatG) vom 22. Januar 1987 (BGBl. I S. 462, 565), zuletzt geändert durch Artikel 3 des Gesetzes vom 7. September 2007 (BGBl. I S. 2246).

dienste im Dienstleistungsbereich und von Teilzeitbeschäftigten erfasst, zum anderen wurden Daten erhoben, die im Verlauf der Zeit an Bedeutung verloren haben[68].

Hervorzuheben ist, dass die Indexreihen der Arbeitsverdienste, in der deutschen Wirtschaft, ab Januar 2007 nur noch quartalsweise vorliegen (§ 3 Verdienststatistikgesetz).

Letzteres führt, wie im Beispiel unter Rn. 109 dargestellt, zur notwendigen Mittelwertbildung von Quartalen, um bei den Steigerungsraten der Bruttomonatsverdienste richtige Bezugsbasen zu haben.

Inwieweit das auch für die Ermittlung der Steigerungsraten für die der Verbraucherpreisindizes gilt, dürfte zumindest streitbefangen sein. Denn nach gängiger Rechtsprechung[69] ist auf Monatsindizes abzustellen. Bei Quartalsdaten der Bruttomonatsverdienste ist das so nicht mehr haltbar. Es ist zu empfehlen, dass dazu klare Regelungen in künftigen Erbbaurechtsverträgen geschaffen werden.

111 Die alten Indexreihen bis 2006 stehen in Zukunft also nicht mehr zur Verfügung. Für die Berechnung der Erbbauzinsanpassung muss folglich auf eine andere Indexreihe zurückgegriffen werden. Das Statistische Bundesamt führt in diesem Zusammenhang aus, dass die bisher getrennt dargestellten Indizes für Angestellte und Arbeiter in der Regel mit gleichem Gewicht in die Berechnung der Erbbauzinsanpassung eingegangen sind. Der neue Index der Bruttomonatsverdienste für Arbeitnehmer basiere ebenfalls auf Verdiensten von Arbeitern und Angestellten, verzichte jedoch auf eine differenzierte Ausweisung. Im Ergebnis könnte praktisch anstelle der bisher getrennt ausgewiesenen Indizes für Arbeiter und Angestellte im Produzierenden Gewerbe zukünftig der **Index der Bruttomonatsverdienste für Arbeitnehmer im Produzierenden Gewerbe** herangezogen werden[70].

112 Die Anpassung des Erbbauzinses könnte somit auf der Basis der folgenden Indexreihen zu jeweils gleichen Verhältnissen erfolgen:

Indexreihe	Verhältnis
bis Dezember 1999 **Lebenshaltungskostenindex von 4-Personen-Haushalten von Arbeitern und Angestellten mit mittlerem Einkommen**	1
ab Dezember 1999 **Verbraucherpreisindex für Deutschland (VPI)**	
Index der Bruttomonatsverdienste für Arbeitnehmer im Produzierenden Gewerbe	1

113 *Beispiel:*

Herr Müller ist Eigentümer eines Erbbaurechts an einem Einfamilienhausgrundstück. Mit dem Erbbaurechtsgeber wurde im April 1972 ein Erbbauzins in Höhe von 5 000 DM (ca. 2 556 €) vereinbart, welcher bisher nicht angepasst wurde. Der Erbbaurechtsgeber Herr Schmitt beabsichtigt nunmehr eine Anpassung des Erbbauzinses zum 2. Quartal 2007. Die Parteien sind sich darüber einig, dass anstelle der vormals getrennt ausgewiesenen Indexreihen der Bruttomonatsverdienste von Arbeitern und Angestellten der Index der Bruttomonatsverdienste für Arbeitnehmer im Produzierenden Gewerbe und Verbraucherpreisindex Basis 2000 = 100 treten soll (frühere Basierung).

---

68 N.N.: Verdienste und Arbeitskosten – Indizes der Arbeitnehmer in der Wirtschaft – vorläufige Ergebnisse, 2. Quartal 2007. Statistisches Bundesamt, Fachserie 16 Reihe 2.2, erschienen am 8.1.2008.
69 LG Osnabrück, Urteil vom 20.7.2011 – 12 0802/11, BGH, Urteil vom 11.12.2009 – V/Z R 110/09.
70 N.N.: Verdienste und Arbeitskosten – Verdienstindizes für Erbbauzinsberechnungen, Statistisches Bundesamt, Fachserie 16 Reihe 2.4 – 4 Vierteljahr 2012.

Fischer

VIII Rechte und Belastungen — Erbbauzins

In ersten Schritten wird die Steigerung von April 1972 bis zum Januar 2007 ermittelt:

a) Lebenskostenhaltungsindex und Verbraucherpreisindex für Deutschland

bis Dezember 1999, Lebenshaltungskostenindex von 4-Personen-Haushalten von Arbeitern und Angestellten mit mittlerem Einkommen, Basis 1995 = 100

April 1972	44,8
Dezember 1999	105,2

$\left(\dfrac{105,2}{44,8} \times 100\right) - 100 = 134,82$

ab Dezember 1999 Verbraucherpreisindex für Deutschland (VPI) Basis 2000 = 100

Dezember 1999	99,1
Januar 2007	110,9

$\left(\dfrac{110,9}{99,1} \times 100\right) - 100 = 11,91$

$Veränderungsrate = \left[\left(1 + \dfrac{134,82}{100}\right) \times \left(1 + \dfrac{11,91}{100}\right)\right] \times 100 - 100 = 162,78\ \%$

b) durchschnittliche Bruttomonatsverdienste der Arbeiter im Produzierenden Gewerbe
Basis 2000 = 100

April 1972	30,5
Januar 2007	109,8

$Veränderungsrate = \left(\dfrac{109,8}{30,5} \times 100\right) - 100 = 260,00\ \%$

c) durchschnittliche Bruttomonatsverdienste der Angestellten im Produzierenden Gewerbe
Basis 2000 = 100

April 1972	27,7
Januar 2007	115,9

$Veränderungsrate = \left(\dfrac{115,9}{27,7} \times 100\right) - 100 = 318,41\ \%$

$Steigerung\ \text{im Mittel} = \dfrac{162,78 + \dfrac{(260,00 + 318,41)}{2}}{2} = 226,00\ \%$

Im zweiten Schritt erfolgt die Berechnung der Steigerung vom 1. Quartal 2007 bis zum 2. Quartal 2007. Der monatlich ausgewiesene Verbraucherpreisindex für Deutschland (VPI) wird hilfsweise auf eine vierteljährliche Darstellung umgestellt. Hierfür wird der jeweilige Mittelwert der einem Quartal zuzuordnenden drei Monate gebildet.

a) Verbraucherpreisindex für Deutschland (VPI)
Basis 2000 = 100

Januar 2007	110,9	Mittel 1. Quartal 111,27
Februar 2007	111,3	
März 2007	111,6	
April 2007	112,0	Mittel 2. Quartal 112,17
Mai 2007	112,2	
Juni 2007	112,3	

$Veränderungsrate \left(\dfrac{112,17}{111,27} \times 100\right) - 100 = 0,81\ \%$

b) Index der Bruttomonatsverdienste für Arbeitnehmer im Produzierenden Gewerbe
Basis 1. Quartal 2007 = 100

1. Quartal 2007	100,0
2. Quartal 2007	102,3

$\left(\dfrac{102,3}{100} \times 100\right) - 100 = 2,30\ \%$

Erbbauzins   **Rechte und Belastungen VIII**

Steigerung im Mittel: $\dfrac{0{,}81\ \% + 2{,}3\ \%}{2} = 1{,}56\ \%$

Berechnung des neuen Erbbauzinses

Erbbauzins im April 1972		5 000 DM
Steigerungsbetrag zwischen April 1972 und Januar 2007		
5 000 DM × 2,26	$\left(\dfrac{226{,}00\ \%}{100\ \%} = 2{,}26\right)$	rd. 11 300 DM
Zwischensumme		16 300 DM
Steigerungsbetrag zwischen 1. und 2. Quartal 2007		
16 300 DM × 0,0156	$\left(\dfrac{1{,}56\ \%}{100\ \%} = 0{,}156\right)$	254 DM
Erbbauzins ab Juli 2007		**16 554 DM**
		rd. 8 464 €

Es bleibt daher abzuwarten, ob sich dieser Vorschlag auch in der Praxis unter Berücksichtigung der bisherigen Rechtsprechung bewährt. Dabei dürfte es von Bedeutung sein, ob die neue Indexreihe ebenso wie die vormals angewandten Indexreihen als **geeigneter Maßstab für die Berechnung der Veränderung der allgemeinen Wertverhältnisse** angesehen werden kann.

Beispiel: Einfamilienhaus

Anpassung eines Erbbauzinses im II. Quartal 2012, bisherige Höhe 2 500,00 €.

    a) Verbraucherpreisindex für Deutschland 2010 = 100
        2007

        I. Quartal $\bar{x}$ Jan. bis März: (94,7 + 95,1 + 95,3)/3 = 95,03
        II. Quartal $\bar{x}$ April bis Juni: (95,8 + 95,8 + 96,3)/3 = 95,97
        2012

        I. Quartal $\bar{x}$ Jan. bis März: (102,8 + 103,5 + 104,1)/3 = 103,47
    b) II. Quartal $\bar{x}$ April bis Juni: (103,9 + 103,9 + 103,7)/3 = 103,83
        Veränderungsrate:

        I. Quartal: $\left(\dfrac{103{,}47}{95{,}03} \times 100\right) - 100 = 8{,}88\ \%$

        II. Quartal: $\left(\dfrac{103{,}83}{95{,}97} \times 100\right) - 100 = 8{,}19\ \%$

        Steigerung im Mittel: $\dfrac{8{,}88 + 8{,}19}{2} = 8{,}53\ \%$ Index der Bruttomonatsverdienste der Arbeitnehmer in Deutschland

        2010 = 100
        2007
        I. Quartal $\bar{x}$ Jan. bis März: = 92,7
        II. Quartal $\bar{x}$ April bis Juni: = 93,7
        2012
        I. Quartal $\bar{x}$ Jan. bis März: = 103,6
        II. Quartal $\bar{x}$ April bis Juni: = 105,2

VIII Rechte und Belastungen — Erbbauzins

Veränderungsrate

I. Quartal: $\left(\dfrac{103,6}{92,7} \times 100\right) - 100 = 11,76\ \%$

II. Quartal: $\left(\dfrac{105,2}{93,7} \times 100\right) - 100 = 12,27\ \%$

Steigerung im Mittel: $\dfrac{11,76 + 12,27}{2} = 12,02\ \%$

c) Steigerung aus Verbraucherpreisindex und Bruttomonatsverdiensten

$\dfrac{a) + b)}{2} = \dfrac{8,53\ \% + 12,02\ \%}{2} = 10,27\ \%$

d) Anpassung des Erbbauzinses

2 500,00 € × 0,1027 = 256,75 €

e) Neuer Erbbauzins ab III. Quartal 2012

2 500,00 € + 256,75 € = 2.756,75 €

Die Erhöhung basiert auf der Rechtsprechung des LG Osnabrück. Die Lebenshaltungskosten und Einkommen müssen sich nach 5 Jahren um 10 % ändern, was im vorliegenden Beispiel der Fall ist.

114 Häufig werden die **Anpassungsklauseln nicht eindeutig formuliert,** sodass sich später Auslegungsprobleme ergeben, die oft nur durch Gerichtsentscheidungen geklärt werden können.

Beispiel:

115 a) *Wohngrundstück*

Der Erbbauzins ist alle drei Jahre zum Jahresende zu überprüfen. Dabei ist er mit den allgemeinen wirtschaftlichen Verhältnissen in Einklang zu bringen, stets soll er aber mindestens 6 % des Verkehrswerts betragen.

116 b) *teilerschlossenes Gewerbegrundstück:*

Der Erbbauzins ist unter Berücksichtigung der allgemeinen wirtschaftlichen Verhältnisse dem veränderten Nutzungswert des Erbbaurechts durch entsprechende Erhöhung oder Herabsetzung anzupassen. Von dem hiernach ermittelten Erbbauzins wird bis zum Wegfall der Erschließungskostenzuschüsse 1,70 €/m² abgezogen. Bei Wegfall der Erschließungskostenzuschüsse wird der Erbbauzins auf den ortsüblichen Satz für Erbbauzinsen erschlossener Grundstücke festgesetzt.

117 Beide Klauseln enthalten je zwei Maßstäbe. Im **ersten Fall (a)** ist nur der erste Maßstab (Änderung der allgemeinen wirtschaftlichen Verhältnisse) mit § 9a ErbbauRG vereinbar; der zweite Maßstab ist zumindest bereits nach Inkrafttreten des § 9a ErbbauVO gegenstandslos. Ob gar die ganze Klausel und nicht nur die „Mindestklausel" nichtig ist, ist ein juristisches Problem[71] (vgl. auch Rn. 88 ff.).

Im **zweiten Fall (b)** werden noch mehr Fragen aufgeworfen. Der zweite Teil der Klausel bestimmt zwar eindeutig den Zeitpunkt über Neufestsetzung des Erbbauzinses; der weitere Text kann aber zu einer völligen Neufestsetzung des Erbbauzinses unter Nichtbeachtung des ursprünglich vereinbarten Maßstabs ausgelegt werden. Darüber hinaus ist nicht klar, welcher ortsübliche Satz für Erbbauzinsen gemeint ist (Durchschnittssatz für alle Nutzungsarten?) und es bleibt ungeregelt, ob bei Wegfall der Erschließungskostenzuschüsse das Grundstück auch tatsächlich voll erschlossen ist, denn nach der Auslegung könnte der Grundstückseigentümer theoretisch einen Erbbauzins für einen Grundstückszustand verlangen, der gar nicht besteht. Auch dieser Fall gehört zur Klärung in die Hände der Juristen.

c) *Gewerblichen Zwecken dienende Grundstücke*

118 Bei einem gewerblichen Zwecken dienenden Erbbaurecht ist jede Anpassungsklausel zulässig, die nicht gegen die Wucherbestimmungen des § 138 BGB verstößt; der Anpassung des

---

[71] Petersen, Anpassung des Erbbauzinses, Infodienst für Sachverständige, 1990, 7.

Erbbauzinses an die „allgemeine wirtschaftliche Lage" des Durchschnitts der Bevölkerung[72] kommt kein Vorzug vor anderen Kriterien zu[73].

2.3.2.2 Verträge ohne Anpassungsklausel

Bei Erbbaurechtsverträgen ohne Anpassungsklausel kann nach dem Grundsatz von Treu und Glauben (§ 242 BGB) über das Rechtsinstitut „Störung der Geschäftsgrundlage[74]" (§ 313 Abs. 1 BGB) bei einem **Missverhältnis zwischen Leistung und Gegenleistung** (Äquivalenzstörung) im Wege der ergänzenden Vertragsauslegung der im Wesentlichen gewollte Zweck herbeigeführt werden[75]. Dies gilt bei Erbbaurechten für wohn- und gewerbliche Zwecke gleichermaßen. Liegen also Erbbaurechtsverträge ohne Wertsicherungsklausel vor, kann u. U. eine Veränderung infrage kommen[76], wenn sich das Gleichgewicht zwischen Leistung und Gegen-

119

---

72 BGH, Urt. vom 18.5.1979 – V ZR 237/77 –, BGHZ 75, 279 = NJW 1980, 181 = EzGuG 7.68.
73 BGH, Urt. vom 12.1.2001 – V ZR 372/99 –, BGHZ 146, 280 = EzGuG 7.130.
74 Vor Inkrafttreten der Schuldrechtsreform war der „Wegfall der Geschäftsgrundlage" (WGG) ein aus den Grundsätzen von Treu und Glauben durch die Rechtsprechung entwickeltes Rechtsinstitut. Seit dem 1.1.2002 (Inkrafttreten der Schuldrechtsreform) ist der § 313 BGB eingefügt worden und wird nun als „Störung der Geschäftsgrundlage" bezeichnet.
75 BGH, Urt. vom 21.12.1960 – V ZR 56/60 –, NJW 1961, 499 = BB 1961, 190; OLG Celle, Urt. vom 20.2.1962 – 4 U 184/61 –, Der Siedlungsberater 1962, 28 = AVN 1968, 125 = EzGuG 7.6; OLG Celle, Urt. vom 18.7.1963 – 4 U 20/63 –, Der Siedlungsberater 1964, 16 = AVN 1968, 124 = EzGuG 7.6; BGH, Urt. vom 20.3.1964 – V ZR 46/63 –, WM 1964, 561 = BB 1964, 620 = DB 1964, 878 = AVN 1968, 118; OLG Hamburg, Urt. vom 12.1.1967 – 12 O 150/65 –, AVN 1988, 12 = EzGuG 7.13; LG München, Urt. vom 16.2.1967 – 4 O 221/66 –, AVN 1968, 123 = EzGuG 7.14; OLG Hamm, Urt. vom 31.3.1967 – 15 W 346/66 –, NJW 1967, 2362 = AVN 1968, 234; BGH, Urt. vom 10.11.1967 – V ZR 105/65 –, WM 1967, 1220 = MDR 1968, 138 = BB 1967, 1396 = DB 1967, 2110 = AVN 1968, 121; BGH, Urt. vom 18.10.1968 – V ZR 93/65 –, WM 1969, 64 = BB 1969, 977; BGH, Urt. vom 18.10.1968 – V ZR 63/65 –, WM 1969, 62; OLG Hamburg, Urt. vom 20.5.1969 – 2 U 214/67 –, MDR 1970, 49 = BayGWW 1970, 78 = ZMR 1970, 192; BGH, Urt. vom 13.2.1970 – V ZR 63/67 –, WM 1970, 353 = MDR 1970, 486; BGH, Urt. vom 5.2.1971 – V ZR 172/69 –, WM 1971, 356 = MDR 1971, 381; BGH, Urt. vom 14.7.1971 – V ZR 54/70 –, BGHZ 57, 47 = NJW 1971, 1838 = MDR 1971, 623 =; BGH, Urt. vom 19.11.1971 – V ZR 88/69 –, MDR 1972, 223 = NJW 1972, 198; BGH, Urt. vom 20.10.1972 – V ZR 137/71 –, NJW 1973, 142 = MDR 1973, 303; BGH, Urt. vom 20.10.1972 – V ZR 196/71 –, WM 1973, 42; OLG Hamburg, Urt. vom 22.2.1972 – 4 U 155/71 –; BGH, Urt. vom 29.3.1974 – V ZR 128/72 –, NJW 1974, 1186 = MDR 1974, 743; OLG Celle, Urt. vom 25.3.1975 – 4 U 124/71 –; OLG Celle, Urt. vom 16.9.1975 – 4 U 44/75 –, AVN 1976, 243; OLG Nürnberg, Urt. vom 16.1.1976 – 1 U 99/75 –, NJW 1976, 1507; BGH, Urt. vom 23.1.1976 – V ZR 76/74 –, NJW 1976, 846 = MDR 1976, BGH, Urt. vom 23.4.1976 – V ZR 167/74 –, WM 1976, 1034; BGH, Urt. vom 8.10.1976 – V ZR 213/74 –, DB 1977, 92; BGH, Urt. vom 3.12.1976 – V ZR 60/76 –, BGHZ 68, 152 = NJW 1977, 433 = MDR 1977, 482; OLG Hamm, Urt. vom 20.10.1977 – 5 U 89/77 –, NJW 1978, 1634 = AVN 1980, 459; BGH, Urt. vom 18.11.1977 – V ZR 172/76 –, BGHZ 70, 47 = NJW 1978, 370; BGH, Urt. vom 30.3.1979 – V ZR 150/77 –, BGHZ 74, 341 = NJW 1979, 1543; BGH, Urt. vom 18.5.1979 – V ZR 237/77 –, BGHZ 75, 279 = NJW 1980, 181; BGH, Urt. vom 8.6.1979 – V ZR 59/76 –, WM 1979, 1212 = EzGuG 7.69; BGH, Urt. vom 28.9.1979 –V ZR 18/78 –, NJW 1980, 588 = MDR 1980, 298; BGH, Urt. vom 28.9.1979 – V ZR 206/75 –, NJW 1980, 183 (LS) = WM 1979, 1332; BGH, Urt. vom 23.5.1980 – V ZR 20/78 –, BGHZ 77, 194 = NJW 1980, 2241 = EzGuG 7.7; BGH, Urt. vom 23.5.1980 – V ZR 129/76 –, NJW 1980, 2243 = MDR 1980, 834 = EzGuG 7.76; BGH, Urt. vom 4.7.1980 – V ZR 49/79 –, NJW 1980, 2519 = MDR 1980, 1012; BGH, Urt. vom 27.3.1981 – V ZR 19/80 –, BGHZ 77, 188 = NJW 1981, 1668 = MDR 1981, 834 = EzGuG 7.81; BGH, Urt. vom 27.5.1981 – V ZR 20/80 –, NJW 1981, 2567 = EzGuG 7.82; BGH, Urt. vom 3.7.1981 – V ZR 100/80 –, BGHZ 81, 135 = NJW 1981, 2241 = NJW 1983, 2252 = MDR 1981, 924; BGH, Urt. vom 30.4.1982 – V ZR 31/81 –, NJW 1982, 2383 = MDR 1982, 1007; BGH, Urt. vom 17.12.1982 – V ZR 306/81 –, BGHZ 86, 167 = NJW 1983, 1309; BGH, Urt. vom 15.4.1983 – V ZR 9/82 –, BGHZ 87, 198 = NJW 1983, 2252; BGH, Urt. vom 23.9.1983 – V ZR 147/82 –, MDR 1984, 216; BGH, Urt. vom 24.2.1984 – V ZR 222/82 –, BGHZ 90, 227 = NJW 1984, 2212; BGH, Urt. vom 29.3.1984 – III ZR 11/83 –, BGHZ 91, 20; BGH, Urt. vom 30.3.1984 – V ZR 119/83 –, BGHZ 91, 32 = NJW 1985, 126; BGH, Urt. vom 3.5.1985 – V ZR 23/84 –, BGHZ 94, 257 = NJW 1985, 2524; BGH, Urt. vom 20.12.1985 – V ZR 96/84 –, BGHZ 96, 372 = NJW 1986, 1333 = MDR 1996, 458 = DWW 1986, 100 = EzGuG 7.95a; BGH, Urt. vom 21.2.1986 – V ZR 195/84 –, BGHZ 97, 171 = NJW 1996, 2698; BGH, Urt. vom 17.10.1986 – V ZR 267/85 –, NJW 1986, 1475 = EzGuG 7.98; OLG Celle, Urt. vom 16.6.1987 – 20 U 10/87 –; BGH, Urt. vom 26.2.1988 – V ZR 155/86 –, NJW-RR 1988, 775 = MDR 1988, 1694; BGH, Urt. vom 4.5.1990 – V ZR 21/89 –, BGHZ 111, 214 = MDR 1991, 136 = DNotZ 1991, 381 = EzGuG 7.110; BGH, Urt. vom 24.4.1992 – V ZR 52/91 –, NJW 1992, 2088 = WM 1992, 1321 = BB 1992, 1238 = EzGuG 7.114c; BGH, Urt. vom 18.9.1992 – V ZR 116/91 –, BGHZ 119, 220 = NJW 1993, 52; BGH, Urt. vom 3.2.1995 – V ZR 222/93 –, NJW 1995, 1360 = MDR 1995, 686 = GuG 1996, 310 = EzGuG 7.; BGH, Urt. vom 12.1.2001 – V ZR 372/99 –, BGHZ 146, 280 = EzGuG 7.130; BGH, Urt. vom 19.1.2001 – V ZR 217/00 –, NJW 2001, 1930 = MDR 2001, 559 = EzGuG 7.131; BGH, Urt. vom 20.12.2001 – V ZR 260/00 –, NJW 2002, 1424 = MDR 2002, 632 = EzGuG 7.133a; BGH, Urt. vom 24.1.2002 – IX ZR 228/00 –, NJW 2002, 1421 = EzGuG 7.133b; BGH, Urt. vom 25.10.2002 – V ZR 396/01 –, NJW 2003, 354 = WM 2003, 648 = EzGuG 7.133c; OLG Frankfurt am Main, Urt. vom 19.2.2003 – 21 U 37/02 –, GuG 2005, 56 = EzGuG 7.134a; OLG Karlsruhe, Urt. vom 24.4.2003 – 9 U 47/02 –, EzGuG 7.135; LG Berlin, Urt. vom 22.12.2005 – 13 O 216/05 –, GuG 2006, 316 = EzGuG 7.140.
76 BGH, Urt. vom 23.5.1980 – V ZR 20/78 –, BGHZ 77, 194 = EzGuG 7.75.

VIII Rechte und Belastungen — Erbbauzins

leistung im Laufe der Zeit derart verschoben hat, dass dem dadurch benachteiligten Vertragspartner ein weiteres Festhalten an der ursprünglichen Vereinbarung billigerweise nicht mehr zuzumuten ist. Unabhängig davon, ob es sich um ein Wohn- oder Gewerbegrundstück handelt, kann der Erbbauzins bei einem **Kaufkraftschwund von mehr als 60 v. H.** – bemessen nach den im Statistischen Jahrbuch der Bundesrepublik Deutschland veröffentlichten Indizes – wegen Wegfalls der Geschäftsgrundlage angepasst werden[77]. Bei der Beurteilung, ob ein Anspruch auf Erbbauzinserhöhung rechtfertigende Äquivalenzverschiebung eingetreten ist, ist

- der *gesamte Zeitraum* seit Abschluss des schuldrechtlichen Erbaurechtsvertrags zu berücksichtigen[78] und
- auf *Monatsindizes* abzustellen[79].

Der **gesamte Zeitraum** ist als Bemessungsgrundlage auch dann maßgebend, wenn das mit einem Erbbaurecht belastete Grundstück oder das Erbbaurecht veräußert worden ist und der Erwerber in die sich aus dem Erbbaurechtsvertrag ergebenden Rechte eingetreten ist[80]. Beispiel zur Vorgehensweise in der Literatur[81] sowie nachfolgend.

120 *Beispiel:*

Es besteht ein Erbbaurecht an einem Einfamilienhausgrundstück. Der Erbbauzins betrug bei Vertragsabschluss im Juni 1950: 412 DM/Jahr bzw. 210,65 €/Jahr. Eine Anpassungsklausel war im Erbbaurechtsvertrag nicht vereinbart worden. Im Oktober 1997 verlangt der Erbbaurechtsgeber unter Hinweis auf die vorstehend erwähnte BGH-Rechtsprechung eine Erbbauzinserhöhung wegen **Störung der Geschäftsgrundlage nach § 313 Abs. 1 BGB.** Sofern im Erbbaurechtsvertrag keine anderweitigen Vereinbarungen getroffen wurden, kann die Berechnung wie folgt vorgenommen werden.

Zusätzlich wird gezeigt, wie bei entsprechender Regelung im Erbbaurechtsvertrag nach weiteren 10 Jahren vorgegangen werden kann. Es wird dabei davon ausgegangen, dass die Geschäftsgrundlage bereits 1997 gestört war, weil der Kaufkraftschwund von 1950 bis 1997 mehr als 60 % betrug (74,9 %).

a) Ermittlung der Änderung der allgemeinen wirtschaftlichen Verhältnisse zwischen Juni 1950 und Oktober 1997

		1950	1997		Anpassungsfaktor	Steigerung in %
a)	Preisindex für die Lebenshaltung für 4-Personen-Haushalte von Arbeitern und Angestellte mit mittlerem Einkommen, 1991 = 100	29,4	117,1	$\dfrac{117,1}{29,4}$	3,983	$\dfrac{3,983 \times 100 - 100}{}$ 298,3
b)	Index der durchschnittlichen Bruttowochenverdienste der Arbeiter im produzierenden Gewerbe, Oktober 1995 = 100	6,4	102,2	$\dfrac{102,2}{6,4}$	15,969	$\dfrac{15,969 \times 100 - 100}{}$ 1.496,9
c)	Index der durchschnittlichen Bruttomonatsverdienste der Angestellten im produzierenden Gewerbe und Handel, Oktober 1995 = 100	6,4*	103,5	$\dfrac{103,5}{6,4}$	16,172	$\dfrac{16,172 \times 100 - 100}{}$ 1.517,2
	Anpassungsfaktor Mittelwert	$\left[\left(\dfrac{b+c}{2}\right)+a\right]:2$		$\left[\left(\dfrac{15,969+16,172}{2}\right)+3,983\right]:2$	10,027	
	Steigerung % Mittelwert	$\left[\left(\dfrac{b+c}{2}\right)+a\right]:2$		$\left[\left(\dfrac{1\,496,9+1\,517,2}{2}\right)+298,3\right]:2$		902,7

* Der Index werde erstmals zum Februar 1957 ermittelt. Für die Zeit vor 1957 werden die Indizes der durchschnittlichen Bruttowochenverdienste der Arbeiter im Produzierenden Gewerbe verwendet.

---

[77] BGH, Urt. vom 21.2.1986 – V ZR 195/84 –, BGHZ 97, 171 = EzGuG 7.96.
[78] V.Oefele/Winkler, Handbuch des Erbbaurechts, 4. Aufl. S. 379; BGH, Urt. vom 20.12.1985 – V ZR 96/84 –, BGHZ 96, 372 = NJW 1986, 1333 = Rpfleger 1986, 130 = NJW 1986, 2698 = EzGuG 7.95a.
[79] BGH, Urt. vom 15.4.1983 – V ZR 9/82 –, BGHZ 87, 198 = NJW 1983, 2252 = EzGuG 7.89; BGH, Urt. vom 21.2.1986 – V ZR 195/94 –, BGHZ 97, 171 = NJW 1986, 2698 = EzGuG 7.96.
[80] V.Oefele/Winkler, Handbuch des Erbbaurechts, 4. Aufl. 380.
[81] Tillmann, Verkehrswertermittlung im Zusammenhang mit Erbbaurechten, GuG, 2009, 136.

b) Ermittlung des Geldwert- oder Kaufkraftschwundes

Die 60 % Grenze, bezogen auf den Preisindex für die Lebenshaltung von 1997 gegenüber dem Preisindex von 1950 beträgt:

$117,1 - 29,4 = 87,7 \% > 60 \%$

c) Ermittlung der Erbbauzinserhöhung

Erbbauzins lt. Vertrag in 1950	= 412,00 DM	= 210,65 €
Erbbauzinserhöhung in 1997		
210,65 € × 902,7 % Steigerung		= 1 901,54 €
Neuer Erbbauzins ab 1997		2 112,19 €

	1997	2007
d) Verbraucherpreisindex (2010 = 100)	83,2	96,1
e) Index der Bruttomonatsverdienste für Arbeitnehmer (2010 = 100)	76,43	94,67

Steigerungsraten
Verbaucherpreisindex: $\left[\dfrac{96,1}{83,2} \times 100\right] - 100 = 15,50 \%$

Bruttomonatsverdienste (Index): $\left[\dfrac{94,67}{76,43} \times 100\right] - 100 = 23,86 \%$

Erbbauzinserhöhung
Steigerung: $\dfrac{15,50 \% + 23,86 \%}{2} = 19,68 \%$

2 112,19 € × 0,1968 = 415,68 €

Neuer Erbbauzins
2 112,19 € + 415,68 € = 2 527,87 €

Ab 2007 ist nach der Anpassung ein Erbbauzins von 2 527,87 € zu entrichten.

Der Erbbauberechtigte hat keinen Anspruch auf Senkung des Erbbauzinses wegen Störung der Geschäftsgrundlage (§ 313 Abs. 1 BGB) bei den entgegenstehenden klaren vertraglichen Regelungen, z. B. wenn sich für ein gewerbliches Grundstück der Bodenwert deutlich vermindert hat[82].

2.3.2.3 Anpassung nach billigem Ermessen

Für die Firma A wurde ein Erbbaurecht an einem Bürogrundstück bestellt. Im Erbbaurechtsvertrag wurde vereinbart, dass der festgelegte Erbbauzins auf der Grundlage der Lebenshaltungskosten angepasst werden soll. Grundlage sollte der Lebenshaltungskostenindex für alle privaten Haushalte (1985 = 100) sein. Es handelt sich um eine bislang nach § 3 WährG genehmigungspflichtige Anpassungsklausel, nach der sich der Erbbauzins entsprechend der Änderung des Lebenshaltungskostenindexes im gleichen Verhältnis ändert (ausgelöst wird die Änderung des Erbbauzinses bei einer Veränderung des Lebenshaltungskostenindexes um mehr als 5 %).

---

[82] LG Berlin, Urt. vom 22.12.2005 – 13 O 216/05 –, GuG 2006, 316 = EzGuG 7.140; LG Berlin, Urt. vom 8.12.2005 – 13 O 211/05 –, GuG 2006, 314 = EzGuG 7.139. Die Folge gem. § 313 Abs. 1 BGB ist die Anpassung des Vertrages an die veränderten Verhältnisse. Sind diese allerdings unzumutbar, kommt es nach § 313 Abs. 3 BGB zu einem Rücktrittsrecht der benachteiligten Partei bzw. zu einem Kündigungsrecht von Dauerschuldverhältnissen.

VIII Rechte und Belastungen — Erbbauzins

122 Es war weiter vereinbart, dass bei wesentlicher Änderung der wirtschaftlichen Verhältnisse (wenn der Erbbauzins nach **Treu und Glauben** (§ 242 BGB) kein angemessenes Entgelt mehr darstellt) eine Anpassung nach „**billigem Ermessen**" (§ 315 BGB) verlangt werden kann. Dabei sollten der jeweilige Bodenwert und ein Erbbauzins von 6 % des jeweiligen Bodenwerts Grundlage einer freien, die Interessen beider Vertragsparteien wahrender Vereinbarung sein.

123 Die Wertsicherung des Erbbauzinses über den Lebenshaltungskostenindex (neu Verbraucherpreisindex) gehört zu den üblichen Vereinbarungen bei Erbbaurechtsverträgen. Diese Verfahrensweise führte in der Vergangenheit sowohl für den Erbbauberechtigten als auch für den Erbbaurechtsgeber überwiegend zu akzeptablen Anpassungen. Dabei wurde zumindest bei gewerblich genutzten Objekten stillschweigend unterstellt, dass die Steigerung des Lebenshaltungskosten-/Verbraucherpreisindexes mit einer entsprechenden Mietsteigerung einhergeht. Bei manchen wirtschaftlichen Situationen (sinkende Gewerberaummieten, steigende Inflationsrate) kann diese Automatikklausel (Gleitklausel) jedoch zu erheblichen Nachteilen für den Erbbauberechtigten führen.

124 Eine Vereinbarung, nach der bei wesentlicher Änderung der wirtschaftlichen Verhältnisse eine Anpassung nach „billigem Ermessen" (gemäß § 315 Abs. 1 BGB) verlangt werden kann, ist dahingehend auszulegen, dass **alle Umstände unter Einbeziehung vergleichbarer Fälle in sachlich begründeter und persönlich zumutbarer Weise berücksichtigt werden**[83]. Die Auslegung des Begriffs des „billigen Ermessens" bietet gleichwohl einen breiten Verhandlungsspielraum. Allerdings ist gleichzeitig der Maßstab für die Beurteilung des „billigen Ermessens" dargelegt. Danach sollen 6 % des Bodenwerts des Erbbaurechtsgrundstücks Grundlage der freien, die Interessen beider Vertragsparteien wahrenden Vereinbarung sein. Dieser Passus ist wenig überzeugend, da er in seinen Auswirkungen nicht die „Interessen beider Vertragsparteien", sondern völlig einseitig die Interessen des Erbbaurechtsgebers berücksichtigt. In Fachkreisen ist bekannt, dass die über einen längeren Zeitraum betrachtete Bodenwertsteigerung bei Weitem die im gleichen Zeitraum sich ergebende Steigerung des Lebenshaltungskosten-/Verbraucherpreisindexes übersteigt. Das bedeutet, dass bei Verschlechterung der allgemeinen wirtschaftlichen Lage, sofern sie mit massivem Rückgang der erzielbaren Mieten verbunden ist und der Erbbauberechtigte eine Erhöhung des Erbbauzinses gerade wegen sinkender Erträge wirtschaftlich nicht mehr tragen kann, nach dieser Klausel einen noch höheren Erbbauzins zahlen müsste. Dies wirkt sich umso gravierender aus, je höher die Lagequalität des Erbbaugrundstücks einzuschätzen ist. Andererseits ist zu fragen, ob den Parteien wirklich bewusst war, welche Auswirkungen die Formulierung der zusätzlichen Abrede haben könnte. Denn wenn schon eine über die im Regelfall moderate Wertsicherung auf der Grundlage des Lebenshaltungskosten-/Verbraucherpreisindexes hinaus wesentliche Veränderung der wirtschaftlichen Verhältnisse zu einer Erbbauzinsanpassung nach „billigem Ermessen" vereinbart wurde, dann war es vermutlich nicht der Wille beider Parteien, dass dies zu einer absolut einseitigen Bevorteilung des Erbbaurechtsgebers führen sollte, denn die Auslegung des Begriffs „billiges Ermessen" bedeutet eigentlich etwas anderes:

125 **Eine Bestimmung ist billig, wenn sie sich im Rahmen des in vergleichbaren Fällen Üblichen hält** und nach Lage der besonderen Umstände des Falles als angemessen, sachlich begründet und persönlich zumutbar erscheint. Hieraus ergibt sich, dass es sich bei einer Bestimmung nach der **Billigkeit**, bei der die Interessen sowohl des Gläubigers als auch des Schuldners zu berücksichtigen sind, um eine Entscheidung handelt, die einen gewissen Spielraum voraussetzt.

126 **Billig und angemessen** bedeutet auch, dass zwischen Leistung und Gegenleistung ein ausgewogenes Verhältnis im Sinne der §§ 315 ff. BGB besteht. Es stellt sich also die Frage, welches Risiko mit der Zusatzabrede abgedeckt werden sollte.

---

[83] Larenz, Schuldrecht Bd. I § 6 II a.

Risiko des Erbbaurechtsgebers: 127

Bei langjähriger Stagnation des Verbraucherpreisindexes (VPI) und gleichzeitiger überproportionaler Bodenwertsteigerung würde sich für den Erbbaurechtsgeber ein Nachteil ergeben. Dieser Nachteil ist aber nicht gleichbedeutend mit einem entsprechenden Vorteil des Erbbauberechtigten. Der Vorteil würde sich nur einstellen, wenn mit der Bodenwertsteigerung gleichzeitig auch die Mieten steigen würden. Für diesen Fall wäre der Erbbauzins nach „billigem Ermessen" über die Verbraucherpreisindexänderung hinaus anzupassen.

Risiko des Erbbauberechtigten: 128

Für den Erbbauberechtigten ergibt sich in jedem Fall ein Nachteil bei Anwendung der Zusatzabrede. Lediglich für das unwahrscheinliche Szenario, dass der Verbraucherpreisindex drastisch ansteigt und dabei der Bodenwert in ebenso massivem Maße sinken würde, ergäbe sich ein Vorteil für den Erbbauberechtigten, der eine Anpassung rechtfertigen würde. Für diese rein „fiktive" Situation ergibt sich jedoch kein Anhaltspunkt.

Insoweit ist die gesamte Anpassungsklausel unglücklich formuliert. Eine Anpassung nach billigem Ermessen ergibt sich dadurch nur einseitig zugunsten des Erbbaurechtsgebers.

Bei dem hier angesprochenen gewerblichen Erbbaurechtsvertrag gelten nicht die Vorschriften 129
des § 9a ErbbauRG. Somit entfällt auch die Billigkeitsgrenze nach § 9a Abs. 1 Satz 1 und 3. Hier könnte allenfalls mit den §§ 157 (Auslegung von Verträgen) und 242 BGB (Leistung nach Treu und Glauben) argumentiert werden. Wenn eine **von keinem vorhersehbare und damit auch nicht im Vertrag berücksichtigte völlige Veränderung der für den Fortbestand notwendigen Verhältnisse eintritt,** dann wäre es mit „Treu und Glauben" nicht zu vereinbaren, den dadurch unverhältnismäßig benachteiligten Teil unverändert an dem unter anderen Voraussetzungen geschlossenen Vertrag festzuhalten. Es könnte dann ggf. im Wege einer korrigierenden Vertragsauslegung der Vertrag so umgestaltet werden, dass er seinen ursprünglichen Sinn wieder erfüllt.

Im angesprochenen Fall kann man von einer **Äquivalenzstörung** sprechen. Das Ansteigen 130
des Verbraucherpreisindexes und die gleichzeitige längerfristige Stagnation oder der Rückgang der Mieten waren bei Abschluss des Erbbaurechtsvertrags nicht vorhersehbar, da sich in der Vergangenheit vor Abschluss des Erbbaurechtsvertrags eine derartige Situation bislang nicht eingestellt hatte. Insoweit ist die bei Vertragsabschluss gegebene oder zumindest angenommene Gleichwertigkeit von Leistung und Gegenleistung durch die Änderung der wirtschaftlichen Verhältnisse über die Grenze des normalerweise zumutbaren Risikos hinaus aufgehoben. Ob dieser Argumentation angesichts der Tatsache, dass „Vollkaufleute" den Erbbaurechtsvertrag abgesichert haben, im Streitfall gefolgt wird, bleibt dahingestellt.

Wäre im Wege der korrigierenden Vertragsauslegung eine Vertragsumgestaltung möglich, 131
sollte besser eine Formulierung gewählt werden, die einer Spannungsklausel nahe kommt. Dabei sollte der Erbbauzins im direkten Zusammenhang in einer Spannung zu einer bestimmten Leistung stehen. Als **Wertmesser** könnten die vom Erbbauberechtigten erzielten Mieten oder generell der Mietzins für bestimmte Objekte gleicher Lagequalität, Bauart, baulicher Ausstattung und gleichen Alters sein. Die erste Formulierung könnte auf Ablehnung stoßen, da der Erbbaurechtsgeber die Folgen von ggf. mangelnder baulicher Unterhaltung und versäumten Modernisierungen, die zur Erzielung eines nachhaltigen Mietzinses auf hohem Niveau erforderlich sind, ungerechtfertigterweise und zu seinem Nachteil mittragen müsste. Bei der zweiten Formulierung ist zur Vermeidung von Streitigkeiten eine Schiedsgutachterabrede zu empfehlen. Auch wenn dieser Weg zunächst aufwendig und auch streitbefragter erscheint, so sichert eine Spannungsklausel oder eine daran anknüpfende Vertragsgestaltung, dass das ursprünglich gewählte Verhältnis zwischen Leistung und Gegenleistung gewahrt bleibt. Eine derartige Spannungsklausel sollte demzufolge auf die Relation von Erbbauzins und Mieten für Gewerbeimmobilien abstellen. Allerdings zeigt sich immer häufiger, dass Gleitklauseln auch bei Gewerbeimmobilien Anwendung finden, weil diese auf „Leistungsparameter" abstellen.

VIII Rechte und Belastungen — Erbbauzins

132 Dem Grundstückssachverständigen sollte jedoch bewusst sein, dass es sich bei der Auslegung von Wertsicherungsklauseln im Kern um **juristische Auslegungen** handelt. Ist bei der Wertermittlung eines Erbbaurechts die Formulierung der Wertsicherungsklausel unklar, sollte grundsätzlich ein Jurist zurate gezogen und im Gutachten darauf hingewiesen werden.

2.3.3 Außergewöhnlich hoher Erbbauzins in städtischen Bereichen

133 In innerstädtischen Bereichen kann es vorkommen, dass ein außergewöhnlich hoher Erbbauzins gezahlt wird, der bei Weitem nicht der üblichen Verzinsung des Bodenwerts vergleichbarer Grundstücke entspricht. Diese ungewöhnliche Situation hat im Allgemeinen steuerliche Gründe, da der Erbbauberechtigte einen Teil seiner Steuern auf den Erbbaurechtsgeber abwälzt, der seinerseits seine Dienste durch einen entsprechend hohen Erbbauzins entgelten lässt. Für ein großes Unternehmen (z. B. eine Kaufhauskette) kann es vorteilhafter sein, ein Erbbaurecht zu erwerben, als der Erwerb des Grund und Bodens. Der **jährliche Erbbauzins kann als Betriebsausgabe abgesetzt werden.** Damit wird ebenfalls Gewerbe- und Körperschaftsteuer (früher auch Vermögensteuer) gespart. Im Allgemeinen liegt die Ersparnis bei rd. 2/3 des Erbbauzinses. Würde ein Unternehmen das Grundstück kaufen, wäre der Kaufpreis nicht abschreibungsfähig. Der Erbbaurechtsgeber muss allerdings den Kapitalwert des Erbbauzinses versteuern. Dafür lässt er sich einen entsprechend hohen Erbbauzins zahlen. Der überhöhte Erbbauzins lässt keine Rückschlüsse auf den ortsüblichen Bodenwert zu. In diesen Fällen liegen **ungewöhnliche Verhältnisse** vor.

2.3.4 Erbbauzins in einer Summe bei Bestellung des Erbbaurechts

134 Der Erbbauzins kann auch in einer Summe bei Bestellung des Erbbaurechts im Voraus bezahlt werden (vgl. Rn. 85).

Beispiel:

1978 wurde an einem Grundstück ein Erbbaurecht mit einer Laufzeit von 50 Jahren bestellt, dessen Verkehrswert 1998 zu ermitteln ist. Der Erbbauberechtigte hat 1978 den gesamten Erbbauzins (jährlich 6 % vom Bodenwert von 800 000 €) für 50 Jahre im Voraus bezahlt. Der Bodenwert beträgt am Wertermittlungsstichtag 1 200 000 €. Es wird ein Jahresreinertrag von 800 000 € erzielt. Der Liegenschaftszinssatz beträgt 6 %. Die Restnutzungsdauer des Gebäudes entspricht der Restlaufzeit des Erbbaurechts. Unter diesen Voraussetzungen ergibt sich folgender Ertragswert des Erbbaurechts, wobei zwei Möglichkeiten der Berechnung bestehen.

Grundstücksreinertrag	800 000 €
Bodenwertverzinsung 6 % von 1 200 000 €	– 72 000 €
	728 000 €

Vervielfältiger bei 6 % und 30 Jahren Restnutzungsdauer 13,76

Gebäudeertragswert 728 000 € × 13,76	10 017 280 €

Bodenwert des Erbbaurechts
Der Bodenwert beträgt am Stichtag 1,2 Mio. €. Der angemessene Erbbauzins würde demnach 72 000 € betragen. Da er dem Erbbauberechtigten nicht „ewig", sondern nur noch für 30 Jahre zur Verfügung steht, ist er entsprechend zu mindern. Der Vervielfältiger beträgt bei 30 Jahren und 6 % 13,76 und der ansetzbare Bodenwert somit

72 000 € × 13,76	+ 990 720 €
Ertragswert des Erbbaurechts	**11 008 000 €**

Verkehrswertermittl. v. Erbbaurechten Rechte und Belastungen VIII

Variante:

Gebäudeertragswert	10 017 280 €
Vorteil des Erbbauberechtigten aus der Bodennutzung:	
ortsüblicher Zins am Stichtag 6 % von 1 200 000 €	72 000 €
Im Kaufpreis zugrunde gelegter Zins 6 % von 800 000 €	– 48 000 €
Vorteil aus Bodennutzung	24 000 €
Vorteil über die Restlaufzeit des Rechts 24 000 € × 13,76	+ 330 240 €
Kapitalisierung des Erbbauzinses 48 000 € × 13,76	+ 660 480 €
Ertragswert des Erbbaurechts	**11 008 000 €**

Erbbauzinsen können auch dann als Werbungskosten bei den Einkünften aus Vermietung und Verpachtung im Kalenderjahr ihrer Leistung sofort angesetzt werden, wenn sie in einem Einmalbetrag vorausgezahlt werden[84].

2.4 Verkehrswertermittlung von Erbbaurechten und erbbaurechtbelasteten Grundstücken

2.4.1 Allgemeines

▶ *Vgl. § 194 BauGB Rn. 34 ff.*

Grundsätzlich ist bei der Verkehrswertermittlung[85] **zu unterscheiden** zwischen

a) dem Verkehrswert des Erbbaurechts und

b) dem Verkehrswert des mit einem Erbbaurecht belasteten Grundstücks.

Der Verkehrswert des Erbbaurechts[86] enthält den sogenannten Bodenwertanteil (entspricht dem Verkehrswertanteil des Erbbauberechtigten) sowie dem Gebäudewertanteil.

Der Bodenwertanteil wird aus dem kapitalisierten Unterschied (über die Restlaufzeit des Erbbaurechts) zwischen Bodenwertverzinsungsbetrag (Liegenschaftszinssatz nach § 14 Abs. 3 ImmoWertV) und dem vertragsgemäßen und gesetzlichen Erbbauzins ermittelt.

Der Verkehrswert des mit einem Erbbaurecht belasteten Grundstücks ergibt sich wie folgt:

– auf den Wertermittlungsstichtag über die Restlaufzeit des Erbbaurechts abgezinsten Bodenwert und

– dem Barwert des über die Restlaufzeit des Erbbaurechts kapitalisierten vertragsgemäßen und gesetzlich erzielbaren Erbbauzinses (Bodenwertanteil)
sowie

– dem Gebäudewertanteil
(soweit ein dem Erbbauberechtigten nach Ablauf des Erbbaurechts nicht zu entschädigender Gebäuderestwert an Heim fällt).

Zur Abzinsung des Bodenwerts sowie der Kapitalisierung des Erbbauzinses ist der Liegenschaftszinssatz zugrunde zu legen.

---

84 BFH, Urt. vom 23.9.2003 – IX R 65/02 –, GuG 2004, 180 = EzGuG 7.136.
85 Pinkwart in ZfV 1929, 388; Ziegenbein/Meyer in ZfV 1988, 381; Vollmar in ZfV 1967, 165; ders. in BuG 1965, 382; Beiderwieden in AVN 1965, 93; ders in AVN 1967, 463; Müller in BuG 1963, 463; Lehmann in ZfV 1978, 104; Neisecke in AVN 1975, 362; Vogel in AVN 1969, 263; Engelbert in Nachr. Der nds Kat- und VermVw 1963, 74; Gerardy in BlGBW 1974, 121; Gerardy in GWW 1966, 35; Glaser in DB 1978, 175; Simon in GuG 1991, 69; Räfle, Erbbaurechtsverordnung, Sonderausgabe aus BGB-RGRK 12. Aufl. 1986 § 32 Rn. 3; Wang, Wertermittlung eines mit einem Erbbaurecht belasteten Grundstücks, Peter Lang, Europäischer Verlag der Wissenschaften 1994; Morgan/Kögelböhn in GuG 2000, 270; Werth in GuG 1999, 193; Lehmann, Wertermittlung von Erbbaurechten, Diss. Sonderdruck aus der Schriftenreihe des nds. Landesvermessungsamtes.
86 Kleiber, W.: Marktwertermittlung nach ImmoWertV, Bundesanzeiger Verlag, Köln, 2012, S. 842.

VIII Rechte und Belastungen Verkehrswertermittl. v. Erbbaurechten

136 Der Umstand, dass die zur Anpassung des Erbbauzinses verwendbaren Indizes nicht der Entwicklung der Bodenpreise entsprechen, führt nur scheinbar zu einem **Problem bei der Verkehrswertermittlung von Erbbaurechten.** Der Erbbaurechtsausgeber wird mit Zeitablauf des Rechts immer schlechter gestellt, weil die Spanne zwischen der ortsüblichen Bodenwertverzinsung und dem aufgrund der Wertsicherungsklauseln zulässigen Erbbauzins immer größer wird. Das trifft allerdings nur dann zu, wenn der aktuelle Bodenwert zum Wertstichtag in die Betrachtung einbezogen wird. Vergleicht man allerdings den Wert einer Kapitalanlage mit dem Wert des unbelasteten Grundstücks zu Beginn der Erbbaurechtsvergabe und bezieht die üblichen Anpassungsmöglichkeiten mit ein, so bietet das Erbbaurecht sogar die bessere Rendite und zusätzlich nach Ablauf des Erbbaurechts den vollen Bodenwertzuwachs des Grundstücks[87].

137 Bei der Wertermittlung des Erbbaurechts stellt sich die Frage, welcher **Bodenwertanteil** dem Erbbauberechtigten und welcher dem Grundstückseigentümer zum Wertstichtag zugeordnet wird. (Abb. 21).

138 Die Wertermittlung bereitet keine Schwierigkeiten, wenn der Erbbauberechtigte einen **angemessenen Erbbauzins** zahlt, der der ortsüblichen Bodenwertverzinsung entspricht. In diesem Fall entspricht der Kapitalwert des Erbbauzinses der Belastung des Grundstücks mit dem Erbbaurecht. Der Bodenwert wird deshalb voll dem Erbbauverpflichteten (Grundstückseigentümer) zugerechnet. Allerdings muss beachtet werden, dass Grundstücke, die in Abt. II des Grundbuchs an erster Rangstelle mit einem Erbbaurecht belastet sind, nur eingeschränkt beliehen werden dürfen. Das führt in der Praxis zu einer Einschränkung der Dispositionsfreiheit und damit zu einer Wertminderung.

Abb. 21: Entwicklung Bodenwert/Erbauzins

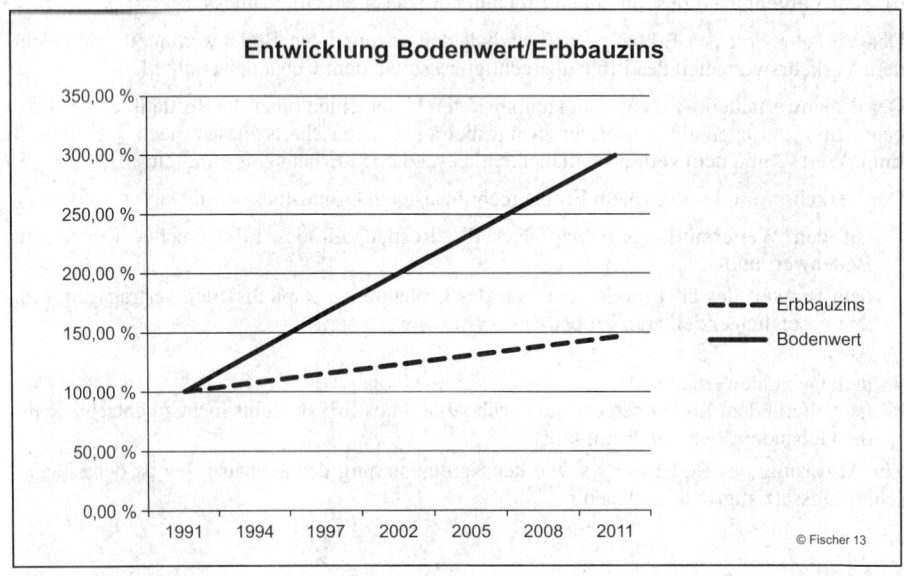

---

[87] Strohdach/Fündt, Bewertung von Erbbaurechten im sozialen Wohnungsbau an der Situation der Stadt Berlin, 2002, 63 ff.

Verkehrswertermittl. v. Erbbaurechten Rechte und Belastungen VIII

Anhand eines konkreten Falles wird die Entwicklung des Bodenwertes und des Erbbauzinses seit 1991 bis 2011 aufgezeigt. Dabei hat sich der Bodenwert von ursprünglich 14 350,00 € auf 43 050,00 € verdreifacht. Der Erbbauzins dagegen von ursprünglich 718,00 € auf 1 052,00 €, um das 1,47-Fache erhöht. Insofern klafft zwischen Vermögenswert heute und Zinsertrag aus dem heutigen Vermögen eine Lücke.

Beispiel:

Restlaufzeit des Erbbaurechts größer oder gleich der Lebensdauer des aufstehenden Gebäudes. Bodenwert 50 000 €. Restlautzeit des Erbbaurechts 50 Jahre. Vereinbarter Erbbauzins = angemessener Erbbauzins.

Bodenwertanteil des Erbbaurechts		**Wert des mit dem Erbbaurecht belasteten Grundstücks**	
Angemessener Zins		Wert des unbelasteten Grundstücks	50 000 €
6 v. H. von 50 000 € =	3 000 €	Erbbauzins kapitalisiert[1]	
Gezahlter Zins	− 3 000 €	3 000 € × 15,76	47 280 €
Differenz =	0 €	zuzüglich abgezinster Bodenwert[2]	
		50 000 € × 0,0543	+ 2 714 €
			49 994 €
		Wert des mit dem Erbbaurecht belasteten Grundstücks[3]	**rd. 50 000 €**

1) Rentenbarwertfaktor bei 50 Jahren und 6 v. H. Zins.
2) Diskontierungsfaktor bei 50 Jahren und 6 v. H. Zins.
3) Diese Betrachtung ist allerdings nur theoretisch richtig. In der Praxis ist folgender Sachverhalt wertbeeinflussend: Da ein mit einem Erbbaurecht belastetes Grundstück nach § 10 Abs. 1 ErbbauRG nur erstrangig (in Abt. II des Grundbuchs) belastet werden darf und das Recht bei der Zwangsversteigerung nach § 25 ErbbauRG stets bestehen bleibt, ist die Beleihung eines solchen Grundstücks durch die Kreditinstitute in aller Regel ausgeschlossen (vgl. Stannigel/Kremer/Weyers a. a. O. S. 45).

Zahlt der Erbbauberechtigte jedoch einen geringeren Erbbauzins und sind die vertraglich vereinbarten Anpassungszeiträume weit ausgelegt, so hat er einen Vorteil, der bei der Wertermittlung des Rechts berücksichtigt werden muss. Die Abb. 21 zeigt, dass die Kurve der Bodenwertsteigerung wesentlich steiler verläuft als die Steigerung der für die Gleitklauseln zulässigen Indizes. Das hat zur Folge, dass schon **wenige Jahre nach Abschluss eines Erbbaurechtsvertrags eine angemessene Verzinsung des aktuellen Bodenwerts nicht mehr erreicht wird.**

Bei sinkenden Bodenwerten stellt sich die Problematik ebenfalls, allerdings zulasten des Erbbauberechtigten (vgl. Abb. 22).

VIII Rechte und Belastungen Verkehrswertermittl. v. Erbbaurechten

Abb. 22: Kardinalproblem der Verkehrswertermittlung von Erbbaurechten und erbbaurechtsbelasteten Grundstücken

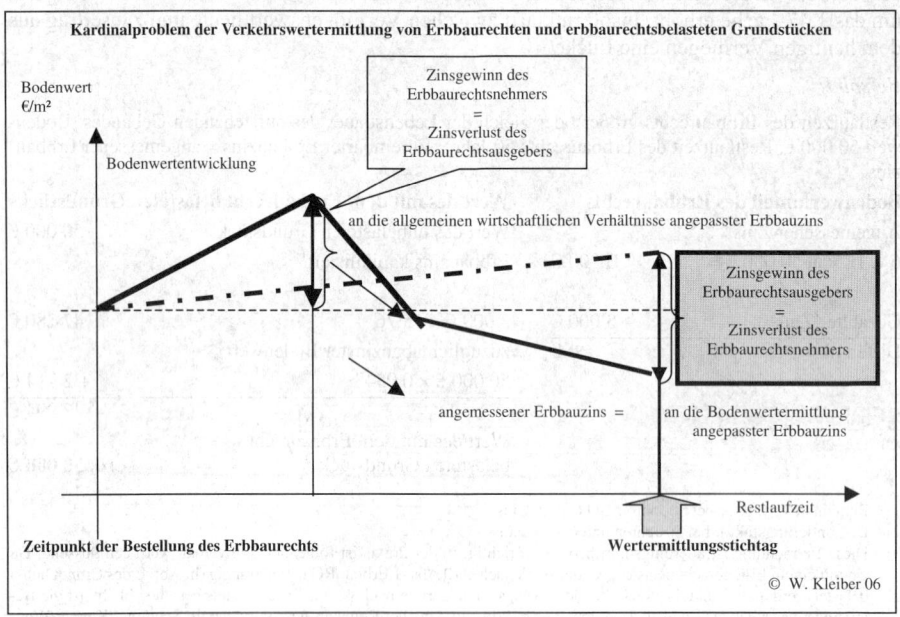

Dies führt im Ergebnis dazu, dass der Verkehrswert eines mit einem Erbbaurecht belasteten Grundstücks in Zeiten sinkender Bodenwerte höher als der Bodenwert vergleichbarer unbebauter Grundstücke ausfallen kann[88].

141 Zur Frage des Werts des Grund und Bodens (Bodenwert) eines erbbaurechtsbelasteten Grundstücks ist bislang unkritisch davon ausgegangen worden, dass dieser infolge der Schere zwischen der Bodenwertentwicklung und der „gedämpften" Erbbauzinsanpassung im Vergleich mit einem unbelasteten Grundstück zu mindern sei. Würde der Eigentümer des Grundstücks (Erbbaurechtsausgeber) vom Erbbauberechtigten für die Überlassung des Grundstücks über die gesamte Laufzeit des Erbbaurechts eine dem jeweiligen Bodenwert angemessene Verzinsung (Erbbauzins) erzielen, so müsste der sich für das unbelastete Grundstück am jeweiligen Wertermittlungsstichtag ergebende Bodenwert in voller Höhe dem Erbbaurechtsausgeber zugeordnet werden, während sich für den Erbbauberechtigten kein **Bodenwertanteil** ergeben würde (Bodenwertanteil = null). Nun „hinkt" aus den dargestellten Gründen der Erbbauzins selbst bei Erbbaurechtsverträgen mit Anpassungsklauseln zum Vorteil des Erbbauberechtigten und zum Nachteil des Erbbaurechtsausgebers hinter der tatsächlichen Bodenwertentwicklung unbebauter (und unbelasteter) Grundstücke in aller Regel hinterher. Damit ergibt sich mit fortschreitender Laufzeit des Erbbaurechts ein Bodenwertanteil des Erbbaurechtsnehmers. Die klassischen Verfahren zur Verkehrswertermittlung von Erbbaurechten sind deshalb darauf ausgerichtet, den Gesamtwert des unbelasteten Grundstücks entsprechend den Vorteilen des Erbbaurechtsnehmers und – komplementär hierzu – den Nachteilen des Erbbaurechtsgebers (Eigentümer) aufzuspalten.

142 Grundsätzlich kann dabei zwischen drei Auffassungen unterschieden werden:

a) Auf der einen Seite wird die Auffassung vertreten, dass der Vorteil des Erbbauberechtigten, der einen – gemessen an der Bodenwertentwicklung – unangemessen niedrigen Erbbauzins entrichtet, dem Nachteil des Eigentümers entspricht, der umgekehrt keine

---

[88] LG Berlin, Urt. vom 8.12.2005 – 13 O 211/05 –, GuG 2006, 314 = EzGuG 7.139.

angemessene Rendite für seinen Grund und Boden erzielt. Im Gesamtergebnis muss also der Bodenwertanteil des Erbbaurechtsausgebers zusammen mit dem Bodenwertanteil des Erbbauberechtigten exakt dem Bodenwert des unbelasteten Grundstücks entsprechen.

b) Auf der anderen Seite wird die Auffassung vertreten, dass die Summe aus dem Bodenwertanteil des Eigentümers und des Erbbauberechtigten nicht dem Gesamtwert des unbelasteten Grundstücks entsprechen muss, d. h., sie kann niedriger oder höher ausfallen, wobei insbesondere der zuletzt genannte Fall weitere Fragen aufwirft.

c) Darüber hinaus lässt sich nun auch die Auffassung vertreten, dass der Bodenwert des erbbaurechtbelasteten Grundstücks stets dem Bodenwert des unbelasteten Grundstücks entspricht.

Die zuletzt genannte Auffassung entspricht sogar der herrschenden Rechtsprechung in den Fällen, in denen eine entsprechende **Ankaufsverpflichtung zum „vollen Verkehrswert"** vereinbart worden ist (vgl. unter Rn. 220 ff.). Darüber hinaus entspricht diese Auffassung zunehmend auch dem Verwaltungshandeln in den Fällen, in denen sich z. B. eine Gemeinde (aber auch die Kirche) als Erbbaurechtsausgeber ohne Veräußerungspflicht oder Ankaufsverpflichtung des Erbbauberechtigten bereit erklärt, ein erbbaurechtbelastetes Grundstück an den Erbbauberechtigten zu veräußern. 143

Der Eigentümer eines mit einem Erbbaurecht belasteten Grundstücks kann praktisch nur an den Erbbauberechtigten veräußern, denn für jeden Dritten wäre es wegen der mangelnden Renditefähigkeit uninteressant. Damit wird aber der Tatbestand der „ungewöhnlichen oder persönlichen Verhältnisse" zum „gewöhnlichen Geschäftsverkehr" erfüllt. Es besteht nur ein sogenannter „bipolarer Grundstücksteilmarkt" zwischen Erbbaurechtsgeber und Erbbauberechtigtem. Der äußerst seltene Verkaufsfall an einen fremden Dritten wird dagegen zum ungewöhnlichen Fall. Nach einer Untersuchung des Gutachterausschusses *Bergisch Gladbach* ergaben sich bei **Kauf der belasteten Grundstücke durch die Erbbauberechtigten folgende Preisspannen, bezogen auf den „vollen" Bodenwert.** 144

Abb. 23: Kaufpreise für erbbaurechtsbelastete Grundstücke

Bebauung	Kauffälle	Spanne (Bodenwert = 100 %)	Mittelwert (Bodenwert = 100 %)
Eigenheime	59	50 % – 84 %	71 %
Wohn- und Geschäftshäuser	8	93 % – 20 %	104 %

Quelle: Grundstücksmarktbericht 2011

Aus dieser Aufstellung wird ersichtlich, dass bei den Eigenheimen zwischen 50 % und 84 % im Mittel 71 % des Bodenwerts von den Erbbauberechtigten gezahlt werden. Nur bei den Wohn- und Geschäftshäusern wird annähernd z. T. sogar ein höherer Bodenwert akzeptiert. Das mag daran liegen, dass bei den Wohn- und Geschäftshäusern im Gegensatz zum Eigenheim eine höhere Rendite erwirtschaftet wird. Im Übrigen decken sich diese Abschläge mit Erfahrungen von kommunalen Einrichtungen, Stiftungen und Genossenschaften, die Erbbaurechtsgrundstücke vermarkten[89], wobei die Abschläge z. T. von verschiedenen Parametern abhängig sind. 145

Bei *selbst genutzten Wohnhäusern* ist mithin die Besonderheit zu beobachten, dass die **Erbbauberechtigten erfahrungsgemäß** bei dem Erwerb ihres mit einem Erbbaurecht belasteten Grundstücks zum Zwecke der Vereinigung von Erbbaurecht und Grundeigentum nur dann **bereit sind, einen Kaufpreis zu akzeptieren, der sich am „vollen" Bodenwert orientiert, wenn der Erbbaurechtsvertrag nur noch eine geringe Laufzeit hat.** Bei Erbbaurechts-

---

[89] Stadt Wolfsburg bis zu 30 %, Land Baden-Württemberg seit 2005 pauschal 20 %, (Drucksache 14/420 vom 11.10.2006), Land Berlin rd. 10 % bei sehr wenigen Verkäufen, sodass davon ausgegangen werden muss, dass bei 10 % Abschlag der Anreiz zu erwerben zu gering ist (Pressemitteilung Dez. 2003 Liegenschaftsfonds Berlin).

VIII Rechte und Belastungen Verkehrswertermittl. v. Erbbaurechten

verträgen mit langer Laufzeit und günstigen Konditionen erfolgt sehr wohl eine Differenzierung. Den Nachweis zu erbringen, ob sich die Kaufpreise am Bodenwert z. B. i. S. d. Bodenanteils der WERTR (vgl. Rn. 152 ff.)[90] orientieren, ist sehr schwierig, da sehr wenig Verkäufe aus freien Stücken erfolgen. Die genannten Institutionen bieten den Erbbauberechtigen aus der Sicht und zu Konditionen des Verkäufers den Ankauf des Grundstückes an, um z. T. die Haushaltslage zu verbessern. Der Erbbauberechtigte prüft, ob speziell in seiner Situation das Angebot günstig ist, andernfalls kommt kein Verkauf zustande. Die sehr geringe Anzahl an Verkäufen beweist, dass die Angebote i. d. R. keine sehr große Nachfrage auslösen. Dementsprechend hat z. B. der Magistrat der Stadt *Frankfurt am Main* am 10.4.1995 folgenden Beschluss gefasst:

„Der Magistrat ist bereit, Erbbauberechtigten auf ihren Wunsch hin den Grund und Boden zu veräußern (und damit das bestehende Erbbaurecht aufzulösen). Dies soll grundsätzlich für alle bestehenden Vertragsverhältnisse gelten. Eine abweichende Entscheidung in Einzelfällen würde allenfalls beim Vorliegen konkret sachlicher Gründe (beispielsweise stadtplanerischer Art) denkbar sein.

Kaufpreis soll der Verkehrswert des Grundstücks sein, wie er ohne das bestehende Erbbaurecht Geltung hätte. In der Regel wird sich der Verkehrswert am amtlichen (Boden-)Richtwert orientieren, wobei als Mindesthöhe eines Kaufpreises aber 300 €/m² vorgesehen sind. Vereinzelt liegen die amtlichen Richtwerte in Siedlungsgebieten noch unter dieser Marge. Der Mindestansatz von 300 €/m² rechtfertigt sich dadurch, dass vornehmlich in geschlossenen Erbbaubereichen die Richtwerte hinter den Verkehrswerten für vergleichbare Grundstücke zurückbleiben, weil Grundstücksverkehr nicht in einem Maße stattfindet, das die Ableitung der Richtwerte aus tatsächlich abgeschlossenen Verträgen erlaubt."

146 Für 550 im Jahre 2000 *auslaufende* Erbbaurechtsverträge entwickelte die Liegenschaftsverwaltung der Stadt *Kaiserslautern* ein Abzinsungsmodell, um damit einen Anreiz (verkaufsfördernde Aktion vom 1.7.1997 bis 31.12.1999) zum Kauf dieser Erbbaurechtsverträge an die Berechtigten zu schaffen. Dieses Modell sah einen 4 %igen Abschlag vor, wobei für Siedlergrundstücke 600 m² als Bauland und der Rest als Hinterland mit 50 % Abschlag bewertet wurde. Bis zum Mai 1999 wurden von diesen 550 Erbbaurechten 150 Verkaufsfälle (27 %) abgewickelt. Das bedeutet, dass das Angebot nicht sehr attraktiv war. Daraus wird deutlich, dass der Grundstücksmarkt in solchen Fällen deutlich günstigere Konditionen erwartet.

147 Bei alledem muss man erkennen, dass nur der erbbauberechtigte private Eigenheimbesitzer in Ausnahmefällen und nur bei kurzer Restlaufzeit des Vertrages den „vollen" Bodenwert für das erbbaubelastete Grundstück akzeptiert (vgl. dagegen Rn. 144), während ein Dritter im Hinblick auf den im Verhältnis zum vollen Bodenwert niedrigen Erbbauzins kaum bereit ist, für das erbbaurechtbelastete Grundstück (Wohnbaugrundstück) den „vollen" Bodenwert zu akzeptieren. Das liegt darin begründet, dass der Dritte (Investor, Stiftungen, Genossenschaften u. a.) einen Erwerb ausschließlich nach Renditegesichtspunkten betrachten, der private Eigenheimbesitzer dagegen andere Kriterien einfließen lässt. Verkäufe an Dritte finden dagegen kaum oder nur als Notverkäufe statt. Die im Verkauf an Dritte erzielbaren Kaufpreise können von daher nicht zum Maßstab der Verkehrswertermittlung gemacht werden. Es kommt hinzu, dass der Grundstückseigentümer mit der Bestellung des Erbbaurechts erkennen lässt, dass er an einem Grundstücksverkauf nicht interessiert war und einen dem Bodenwert nicht angemessenen Erbbauzins nur deshalb hinzunehmen bereit war, weil das Grundstück zum „vollen" Bodenwert nach Ablauf des Erbbaurechts auf ihn zurückfällt (Mitnahme der vollen Wertsteigerung). Die wesentliche Motivation, ein Grundstück als Erbbaurecht zu vergeben, ist die Sicherheit des Grund und Bodens, da er nicht dem Wertverzehr unterliegt und die sich daraus erwachsenden kontinuierlichen Einnahmen. Die damit aufgeworfene Grundsatzfrage hat in der Wertermittlungspraxis und -lehre noch keine befriedigende Antwort gefunden (vgl. Teilmarktlehre).

Bei **Erbbaugrundstücken, die im Bereich der sozialen Wohnraumförderung (sozialer Wohnungsbau)** mit einer entsprechenden Mietwohnbebauung bebaut sind, ist eine Erhöhung der Miete nicht möglich, wenn der Erbbauberechtigte das Grundstück „aus freien Stücken", d. h. freiwillig, erwirbt und die Zinsbelastung infolge des Grundstückserwerbs die Höhe des

---

[90] Lindner, I., Verkauf und Bewertung erbbaurechtsbelasteter Grundstücke im Land Berlin, WFA-Wertermittlungs-Forum Aktuell, H. 4/2003, S. 168 ff.

Erbbauzinses übersteigt. Änderungen der Gesamtkosten sind nach § 11 II BV nämlich nur zulässig, wenn sie der Bauherr nicht zu vertreten (Abs. 5, Satz 1) hat oder der Modernisierung (Abs. 7) dienen. Anders als im Falle eines mit einem zur Eigennutzung errichteten Wohnhauses kann sich für das mit einem Erbbaurecht belastete Grundstück nur ein Preis bilden, der wirtschaftlich tragfähig ist.

Darüber hinaus haben sich auch **unterschiedliche Verfahren der Verkehrswertermittlung von Erbbaurechten und erbbaurechtsbelasteter Grundstücke** entwickelt. Die beiden bekanntesten Verfahren werden nachfolgend erläutert: **148**

– theoretisch-mathematische Methode (vgl. Rn. 149 ff.),
– Verfahren nach WERTR (vgl. Rn. 152 ff.).

2.4.2 Theoretisch-mathematische Methode

Das Verfahren geht davon aus, dass der **Nachteil des Erbbauverpflichteten gleich dem Vorteil des Erbbauberechtigten** sein muss. Der Bodenwertanteil des Erbbaurechts und der Bodenwert des belasteten Grundstücks ergeben zusammen immer den Wert des vergleichbaren unbelasteten Grundstücks. **149**

Beispiel:
Restlaufzeit des Erbbaurechts größer oder gleich der Restnutzungsdauer des aufstehenden Gebäudes. Bodenwert 100 000 €. Restlaufzeit des Erbbaurechts 30 Jahre. Vereinbarter Erbbauzins wie vorstehend 3 000 €.

Bodenwert des Erbbaurechts		Wert des mit dem Erbbaurecht belasteten Grundstücks	
Angemessener Zins	6 000,00 €	Wert des unbelasteten Grundstücks	100 000,00 €
Gezahlter Zins	– 3 000,00 €		
Differenz (Zinvorteil/Jahr)	= 3 000,00 €		
Kapitalisierung des Zinsvorteils			
3 000,00 € × 13,76*	= 41 280,00 €	Zinsverlust	– 41 280,00 €
Bodenwertanteil des Erbbaurechts	= 41 280,00 €	Wert des mit dem Erbbaurecht belasteten Grundstücks	= 58 720,00 €
* Rentenbarwertfaktor bei 30 Jahren und 6 v. H. Zins = 13,76			

Die Wertermittlung im vorstehenden Beispiel erscheint logisch, denn der Erbbaurechtsausgeber würde bei Abschluss eines neuen Vertrags den zu diesem Zeitpunkt angemessenen Zins von 6 000 € fordern. **Der kapitalisierte Zinsverlust des Erbbaurechtsausgebers (41 280 €) entspricht daher dem kapitalisierten Zinsgewinn des Erbbauberechtigten.** Die Auswirkungen auf den Wert des belasteten Grundstücks und den Bodenwertanteil des Erbbaurechts im Zeitablauf sind aus obiger Berechnung zu ersehen. Dieses mathematische Modell beachtet jedoch nicht die Marktgepflogenheiten. Die nach § 8 ImmoWertV zu berücksichtigende Anpassung an die Marktlage ist kaum nachvollziehbar. Außerdem ist die Wertermittlung wegen des bei langen Laufzeiten heranzuziehenden hohen Kapitalisierungsfaktors fehlertheoretisch ungünstig. **150**

VIII Rechte und Belastungen Verkehrswertermittl. v. Erbbaurechten

151 *Gerardy/Möckel*[91] und *Vogels*[92] versuchen den Wert des Erbbaurechts ebenfalls auf mathematischem Wege zu bestimmen und haben die erforderlichen Rechengänge in allgemeine Formeln gefasst. Ob die Formeln zutreffen, kann nicht nachgewiesen werden.

Im Schrifttum[93] wird ein weiteres Beispiel zur Ermittlung des Werts des Erbbaurechts aufgezeigt. Integriert werden Erbbaurechtsfaktoren des Gutachterausschusses München.

Beispiel:

Reihenmittelhaus
finanzmathematischer Wert des Erbbaurechts	220 000,00 €
Erbbauzins	2,5 %
Erbbaurechtsvertrag mit Anpassungsklausel	
Gebäudeartfaktor (Reihenmittelhaus)	1,08
Kaufpreisfaktor (220 000,00 €)	+ 1,02
	= 2,10
Mittelwert 2,10 /2	= 1,05
Anpassung des finanzmathematischen Werts des Erbbaurechts	
220 000,00 € × 1,05 =	**231 000,00 €**

Das Beispiel weist auf eine notwendige Anwendung von Erbbaurechtsfaktoren des Gutachterausschusses hin (sofern diese auch vorliegen).

2.4.3 Verfahren nach WERTR

2.4.3.1 Allgemeines

152 Nach Ziff. 4.3 der WERTR 06 sind das Erbbaurecht und das Erbbaugrundstück selbstständige Gegenstände der Wertermittlung. In der Literatur wird das mit einem Erbbaurecht belastete Grundstück auch „erbbaurechtsbelastetes Grundstück", „Erbbaurechtsgrundstück" oder „Erbbaugrundstück" genannt. Zur Vereinfachung der Therminologie wird im Folgenden der Begriff „Erbbaugrundstück" als Synonym für die o. g. Begriffe verwendet.

Der Wert des Erbbaurechts oder des belasteten Erbbaugrundstücks soll in erster Linie mithilfe des **Vergleichswertverfahrens** ermittelt werden. Stehen Vergleichskaufpreise nicht in ausreichendem Maße zur Verfügung, so ist die **finanzmathematische Methode nach WERTR** anzuwenden, die im Wesentlichen der theoretisch-mathematischen Methode entspricht (Abb. 24).

---

91 Gerardy/Möckel, Praxis der Grundstücksbewertung, OLZOG Verlag München.
92 Vogels, Grundstücks- und Gebäudebewertung marktgerecht, 5. Aufl. 1996, S. 311 ff.
93 Kleiber, W.: Marktwertermittlung nach ImmoWertV, Bundesanzeiger Verlag, Köln, 2012, S. 835.

Abb. 24: Wertermittlung von Erbbaurechten und Erbbaugrundstücken

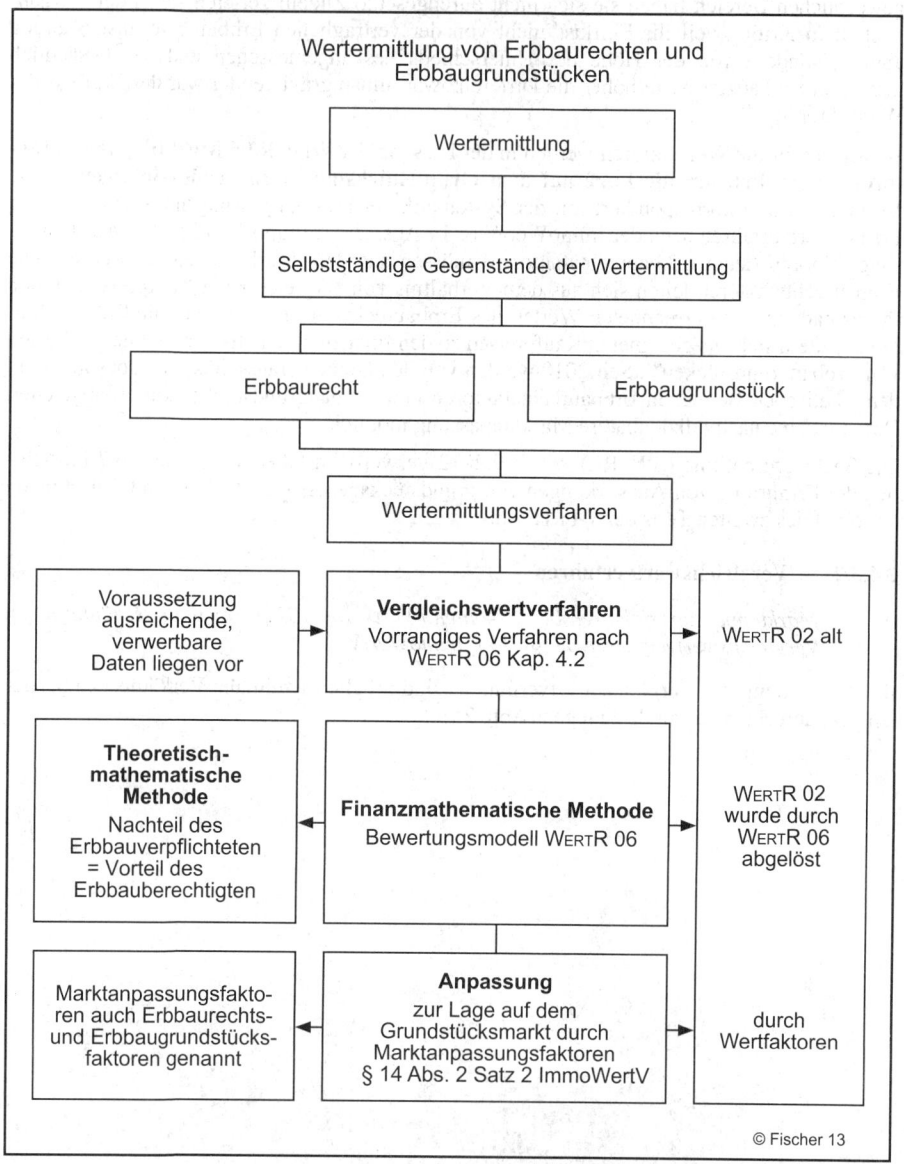

Auch in der WERTR 02 favorisierte der Richtliniengeber die Wertermittlung von Erbbaurechten und mit Erbbaurechten belasteten Grundstücken nach dem **Vergleichswertverfahren**. Diese Methode führt zweifelsfrei zu den gesichertesten und einwandfrei nachprüfbaren marktgerechten Ergebnissen. Leider ist aber die Vergleichswertermittlung mangels geeigneter Kaufpreise äußerst begrenzt einsetzbar. In der Praxis wird deshalb die finanzmathematische Methode nach wie vor das Standardverfahren bleiben. 153

Bei der Ermittlung des Verkehrswerts des Erbbaurechts wird **in der WERTR 06 auf die Anwendung von Wertfaktoren verzichtet,** die erstmals bei Neufassung der WERTR 76 eingeführt wurden. Sie sollten insbesondere die Vor- und Nachteile aus der Erbbaurechtsvertragsgestaltung für den Erbbauberechtigten und den Erbbaurechtsgeber berücksichtigen. Die 154

VIII Rechte und Belastungen Verkehrswertermittl. v. Erbbaurechten

Wertfaktoren waren – wenn überhaupt – begrenzt für Wohnerbbaurechte anwendbar. Im gewerblichen Bereich haben sie sich nicht durchgesetzt. Zudem gerieten sie in der Vergangenheit in Kritik, weil ihr Einfluss nicht von der vertraglichen Erbbaurechtsausgestaltung abhing, sondern von der Höhe des Unterschieds des angemessenen und des tatsächlich gezahlten Erbbauzinses. Je höher die Differenz war, umso gravierender war der Einfluss der Wertfaktoren.

155 Als Ersatz für die Wertfaktoren werden in der Fassung der WERTR 06 **Marktanpassungfaktoren eingeführt, um die Lage auf dem Grundstücksmarkt zu berücksichtigen.** Diese Verfahrensweise korrespondiert mit der Systematik der Marktanpassung im Sachwert- oder Ertragswertverfahren nach der ImmoWertV (§ 14 Abs. 2 S. 2 ImmoWertV). Die Marktanpassungsfaktoren (auch Erbbaurechtsfaktoren) müssen aus dem Markt abgeleitet werden. Die Erbbaurechtsfaktoren leiten sich aus dem Verhältnis von vergleichbaren Kaufpreisen zu den finanzmathematisch errechneten Werten des Erbbaurechts ab. Die Erbbaugrundstücksfaktoren ermitteln sich aus geeigneten Kaufpreisen zu den finanzmathematisch errechneten Werten von Erbbaugrundstücken[94]. Seit 2010 werden von den Gutachterausschüssen insbesondere in den städtischen Bereichen Erbbaurechtsfaktoren und Erbbaugrundstücksfaktoren abgeleitet. Damit ist eine nachvollziehbarere Marktanpassung möglich.

Die Sachwertrichtlinie (SW–RL) vom 5.9.2012 verweist im Gliederungspunkt 6.7 hinsichtlich der Ermittlung von Auswirkungen von grundstücksbezogenen Rechten und Belastungen auf Nr. 4 des zweiten Teils der WERTR 06.

2.4.3.2 Vergleichswertverfahren

▶ *Vgl. Marktanpassungsfaktoren bei § 14 ImmoWertV Rn. 102 ff. sowie die Erläuterungen zum Vergleichswertverfahren bei §§ 15 f. ImmoWertV*

156 Bei Anwendung des Vergleichswertverfahrens sind möglichst zeitnahe Verkäufe von bebauten Erbbaurechten zugrunde zu legen (Abb. 25):

---

[94] Kleiber, W.: Markwertermittlung nach ImmoWertV, Bundesanzeiger Verlag, 7. Auflage 2012, S. 833.

Abb. 25: Kriterien zur Anwendung des Vergleichswertverfahrens

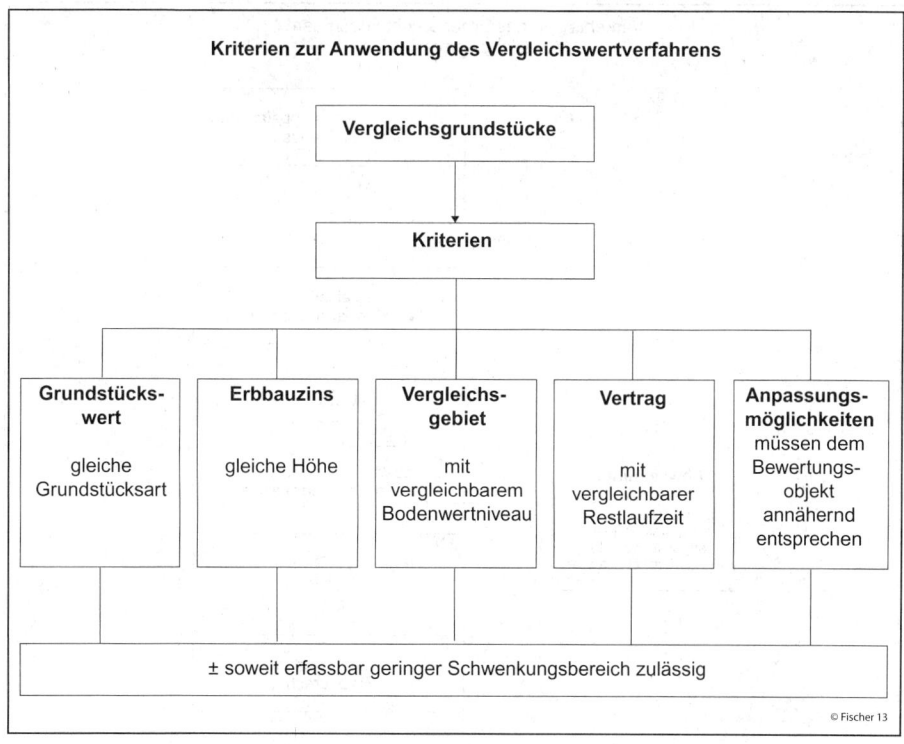

Kann der Vergleichswert nicht direkt aus Kaufpreisen abgeleitet werden, besteht die Möglichkeit der indirekten Ableitung über Vergleichsfaktoren, die z. B. aus dem Verhältnis des Kaufpreises des bebauten Erbbaurechts zum Wert des unbelasteten bebauten Grundstücks ermittelt werden können[95]. Bei einer ausreichenden Anzahl geeigneter Kaufpreise lässt sich der Einfluss von Merkmalen des Grundstücks und des Erbbaurechtsvertrages auf den Verkehrswert des Erbbaurechts bzw. des mit einem Erbbaurecht belasteten Grundstücks grundsätzlich analytisch feststellen.

157

Werden derartige Untersuchungen durchgeführt oder liegen solche vor, können die Ergebnisse zur Wertermittlung unmittelbar verwendet werden, wenn die sich aus der Gesamtheit der untersuchten Kaufpreise ergebenden **sachlichen und regionalen Beschränkungen** beachtet werden.

158

Über ihren sachlichen und räumlichen Geltungsbereich hinaus können die jeweiligen Untersuchungsergebnisse verwendet werden, wenn zuvor ihre Gültigkeit an mehreren geeigneten Kaufpreisen von Objekten, die sachlich und räumlich dem zu bewertenden Objekt entsprechen, überprüft wurde.

159

Beispiel 1 (Anl. 12 WERTR 06) – Vergleichswertverfahren nach Nr. 4.3.2.1

160

Ermittlung des Verkehrswerts eines **Erbbaurechts** an einem Einfamilienhausgrundstück (Abb. 26).

---

[95] Vgl. Marktanpassungsfaktoren für Hamburg und Hannover in GuG 2003, 73 ff.; vgl. auch Grundstücksmarktberichte der Städte Bochum, Dortmund, Hagen, Wuppertal und Witten.

VIII Rechte und Belastungen Verkehrswertermittl. v. Erbbaurechten

Abb. 26: Verkehrswert des Erbbaurechts nach dem Vergleichswertverfahren

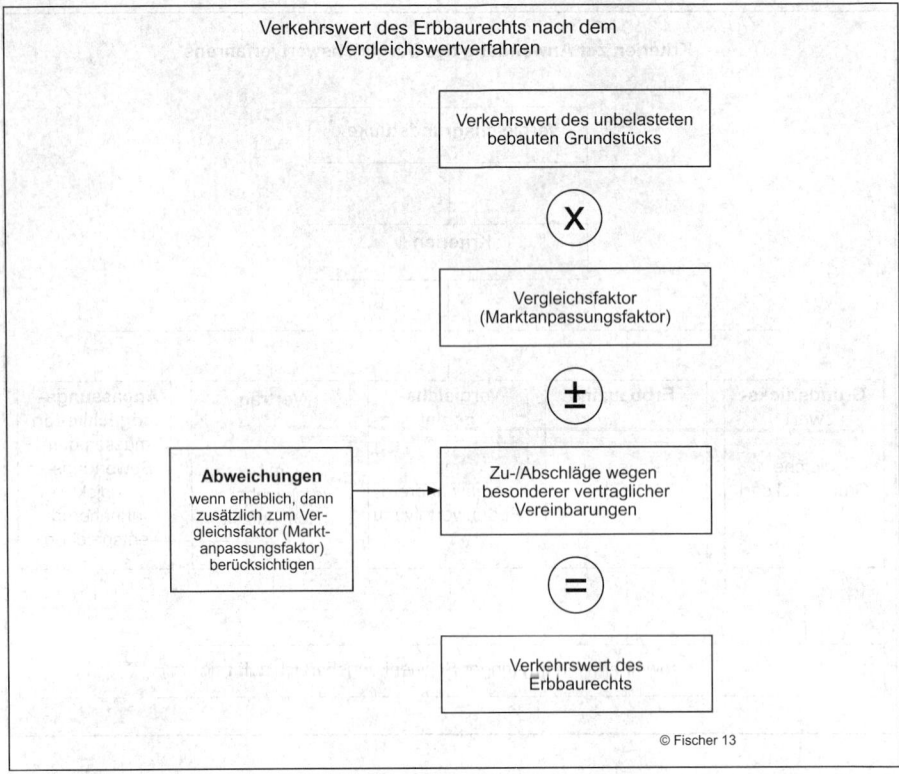

Vorgaben:	Bodenwert des unbelasteten unbebauten Grundstücks (ebf)	100 €/m²
	Bodenwert des unbelasteten unbebauten Grundstücks (ebf)	60 000 €
	Verkehrswert des unbelasteten bebauten Grundstücks	165 000 €
	Gebäuderestnutzungsdauer	50 Jahre
	Restlaufzeit des Erbbaurechtsvertrages	50 Jahre
	am Wertermittlungsstichtag erzielter Erbbauzins p. a. (wertgesichert)	748,95 €
	angemessener Liegenschaftszinssatz p. a.	3,0 %
	Wohnfläche	140 m²
	Wohnflächenpreis 165 000 €/140 m² WF	1 179 €
	Vergleichsfaktor für das Erbbaurecht	0,85
Berechnung:	**Verkehrswert des unbelasteten bebauten Grundstücks**	165 000 €
	Vergleichsfaktor	0,85
	Zwischensumme 165 000 € × 0,85	140 250 €
	Zu-/Abschläge wegen besonderer vertraglicher Vereinbarungen	± 0 €
	Verkehrswert des Erbbaurechts rd.	**140 000 €**

Für die Anwendung des Verfahrens müssen entsprechende Erbbaurechtsfaktoren (Vergleichsfaktoren) von den Gutachterausschüssen für Grundstückswerte empirisch abgeleitet worden sein. Vgl. die Ergebnisse der Untersuchung des Gutachterausschusses von *Hannover*, die bei § 14 ImmoWertV Rn. 104 abgedruckt sind.

Eine Abhängigkeit von weiteren Merkmalen wie Wohnflächenpreis, Restlaufzeit des Erbbaurechts, Rendite des Erbbaurechts, Bodenwertanteil am Gesamtwert oder Höhe des Bodenwerts konnte nicht nachgewiesen werden. Um eine sach- und marktgerechte Wertermittlung in Zukunft durchführen zu können, sind die Gutachterausschüsse gefordert, zeitnahe und signifikante Markanpassungsfaktoren (Vergleichsfaktoren) festzustellen, und das nicht nur im großstädtischen Bereich, sondern auch im ländlichen Umfeld.

Beispiel 4 (Anl. 13 WERTR 06) – Vergleichswertverfahren nach Nr. 4.3.3.1

Ermittlung des Verkehrswerts des mit dem vorstehend beschriebenen Erbbaurecht bebauten Grundstücks (Abb. 27).

Abb. 27: Verkehrswerts des Erbbaugrundstücks nach dem Vergleichswertverfahren

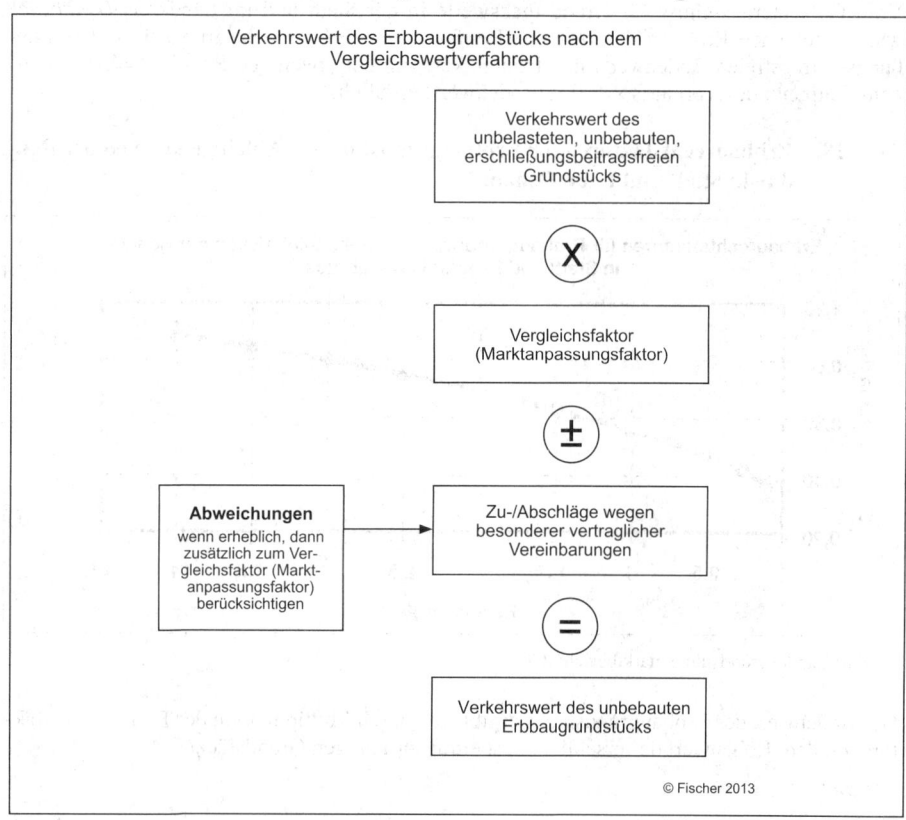

Vorgaben:	wie Beispiel 1	
	Rendite aus dem Verhältnis erzielbarer Erbbauzins zu Bodenwert des unbelasteten Grundstücks 748,95 € p. a. × 100/60 000 €	1,25 %
	Vergleichsfaktor auf den Wert des unbelasteten Bodenwertes (in Abhängigkeit von der Erbbauzinsrendite und dem Bodenwertniveau)	0,70
Berechnung:	Bodenwert des unbelasteten erschließungsbeitragsfreien Grundstücks	60 000 €
	Vergleichsfaktor	0,70
	Zu-/Abschläge wegen besonderer vertraglicher Vereinbarungen	± 0 €
	Verkehrswert des unbebauten Erbbaugrundstücks 60 000 € × 0,7	**42 000 €**

VIII Rechte und Belastungen Verkehrswertermittl. v. Erbbaurechten

Für Erbbaurechte an Grundstücken mit freistehenden Ein- und Zweifamilienhäusern in *Frankfurt am Main* wurden die bei § 14 ImmoWertV unter Rn. 104 dargestellten Erbbaurechtsfaktoren (Vergleichsfaktoren für Erbbaurechte) ermittelt.

Die Angaben sind bezogen auf

- eine Restlaufzeit des Erbbaurechtsvertrages von 66 Jahren,
- ein Baujahr von 1962,
- eine Wohnfläche von 119 m²,
- eine Restnutzungsdauer von 45 Jahren,
- eine Gebäudewertermittlung auf der Grundlage der NHK 2000 ohne Regionalfaktor und mit linearer Alterswertminderung.

Vom Gutachterausschuss für Grundstückswerte in der Stadt und im Landkreis *Osnabrück* wurden folgende Erbbaurechtsfaktoren (Kaufpreis von Erbbaurechtsgrundstücken/erschließungsbeitragsfreier Bodenwert) in Abhängigkeit von der jeweiligen Rendite (= Erbbauzins zum Zeitpunkt des Verkaufs × 100 %/Bodenwert) ermittelt.

Abb. 28: Erbbaurechtsfaktoren für Erbbaugrundstücke in Abhängigkeit von der Rendite in Stadt und Land Osnabrück

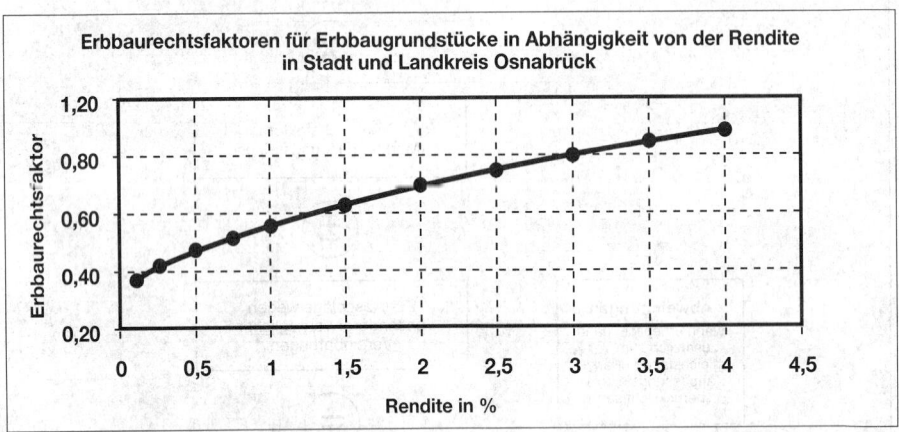

Quelle: Landesgrundstücksmarktbericht 2007

Der Bodenwert des Erbbaugrundstücks ergibt sich durch Multiplikation des Erbbaurechtsfaktors mit dem Bodenwert des erschließungsbeitragspflichtigen Grundstücks.

Beispiel:

Grundstücksgröße	750 m²
Bodenrichtwert	150 €/m²
Erzielbarer Erbbauzins	2 250 €/Jahr
Unbelasteter voll erschlossener Bodenwert: 150 €/m² × 750 m² =	112 500 €
Rendite 2 250 €/Jahr × 100 %/112 500 € =	3,0 %
Erbbaurechtsfaktor	0,69
Bodenwert des Erbbaugrundstücks 112 500 € × 0,69 =	rd. 78 000 €

2.4.3.3 Finanzmathematische Methode

▶ *Vgl. § 14 ImmoWertV Rn. 102 ff.*

a) *Grundsätze der Wertermittlung von Erbbaurechten*

Der **Wert des Rechts setzt sich aus dem Bodenwertanteil und dem Gebäudewertanteil zusammen**. Zur Berücksichtigung der Lage auf dem Grundstücksmarkt ist das Rechenergebnis mit einem Marktanpassungsfaktor an den Grundstücksmarkt anzupassen. Nach § 14 ImmoWertV gehören dazu Faktoren zur Anpassung finanzmathematischer Werte von Erbbaurechten oder Erbbaugrundstücken, die aus dem Verhältnis geeigneter Kaufpreise zu den finanzmathematischen errechneten Werten von entsprechenden Erbbaurechten oder Erbbaugrundstücken abgeleitet werden (Erbbaurechts- oder Erbbaugrundstücksfaktoren). Da die Marktlage regelmäßig nicht durch einen angemessenen nutzungstypischen Liegenschaftszins für das Erbbaurecht erfasst werden kann, wird in den Beispielen von einer angemessenen Verzinsung des unbelasteten Bodenwerts ausgegangen.

Abb. 29: Bewertungsmodell zum Wert des Erbbaurechts

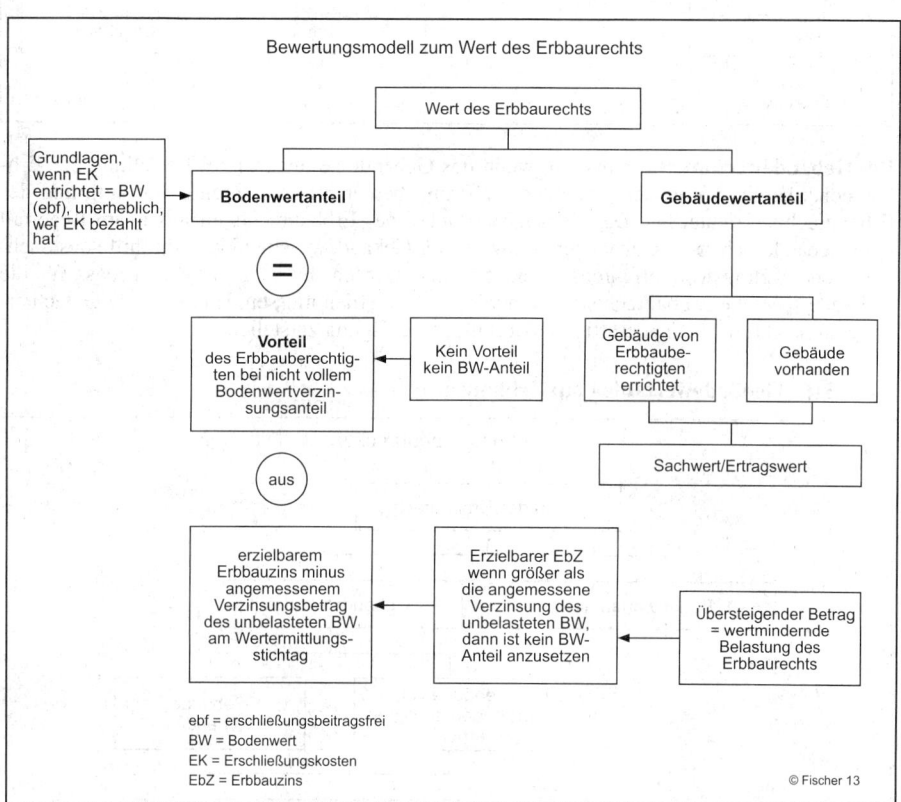

Der **Bodenwertanteil** ergibt sich, wenn der erzielbare Erbbauzins unter der angemessenen Verzinsung des Bodenwerts des unbelasteten Grundstücks liegt. Zu seiner Ermittlung ist von der Differenz zwischen dem erzielbaren Erbbauzins und dem am Wertermittlungsstichtag angemessenen Bodenverzinsungsbetrag des unbelasteten Grundstücks auszugehen. Die sich ggf. ergebende Differenz ist mit dem entsprechenden Barwertfaktor (Vervielfältiger) auf die Restlaufzeit des Erbbaurechts zu kapitalisieren.

VIII Rechte und Belastungen Verkehrswertermittl. v. Erbbaurechten

Sind **Erschließungsbeiträge** bereits entrichtet – unabhängig davon, wer sie gezahlt hat –, ist grundsätzlich von erschließungsbeitragsfreiem Bodenwert auszugehen.

Abb. 30   Bodenwertanteil am Erbbaurecht

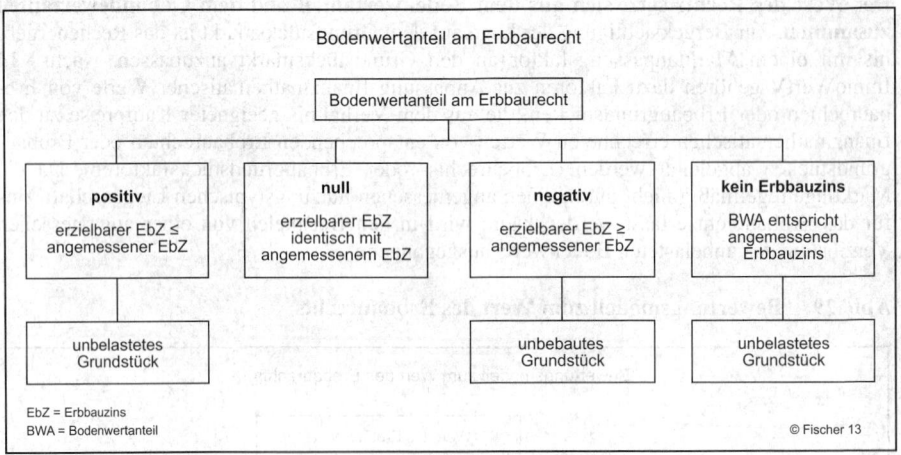

164   Ein **Gebäudewertanteil** ergibt sich, wenn das Gebäude (Bauwerk) bei Bestellung des Erbbaurechts bereits vorhanden war oder der Erbbauberechtigte das Grundstück aufgrund des Erbbaurechts errichtet hat. Der Gebäudewertanteil des Erbbaurechts entspricht im Regelfall dem Gebäudesach- oder Gebäudeertragswert. Der Gebäudewertanteil kann mithilfe des Sachwert- oder Ertragswertverfahrens direkt ermittelt werden. Es ist zu beachten, dass für die Gebäude spezielle Erbbaurechtsfaktoren verwendet werden müssen. Hier sind die Gutachterausschüsse gefordert, um derartige Faktoren zur Verfügung zu stellen.

Abb. 31:   Gebäudewertanteil am Erbbaurecht

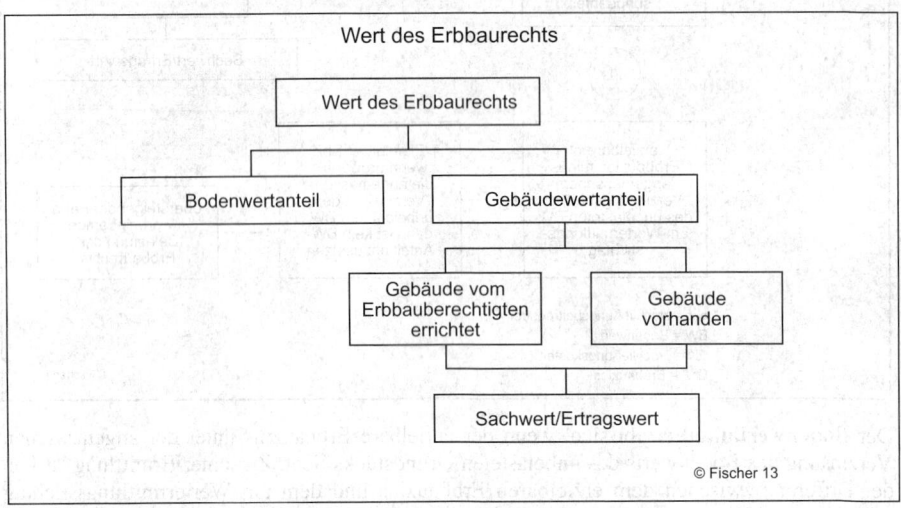

165   Hat der Grundstückseigentümer bei Ablauf des Erbbaurechts eine **Entschädigung** zu zahlen, bemisst sich die Entschädigung üblicherweise nach dem Gebäudesach- oder Gebäudeertragswert. Eine Minderung dieses Werts kann sich ergeben, wenn die Restnutzungsdauer des Gebäudes die Restlaufzeit des Erbbaurechtes übersteigt und wenn das Gebäude nach dem

Verkehrswertermittl. v. Erbbaurechten Rechte und Belastungen VIII

Erbbaurechtsvertrag nicht oder nur teilweise zu entschädigen ist. In diesem Fall mindert sich der Gebäudewert um den Anteil, der vom Grundstückseigentümer nicht zu entschädigen ist. Übersteigt die Restnutzungsdauer des Gebäudes die Restlaufzeit des Erbbaurechts nicht oder ist das Gebäude voll zu entschädigen, ergibt sich keine Minderung des Gebäudewertanteils des Erbbaurechts.

b) *Grundsätze der Wertermittlung von Erbbaurechtsgrundstücken*

Grundlage der Wertermittlung eines Erbbaugrundstücks **ist der Bodenwert ohne Belastung mit dem Erbbaurecht.** Eine Wertminderung des Erbbaugrundstücks ergibt sich, wenn der erzielbare Erbbauzins unter der angemessenen Verzinsung des Bodenwerts (Bodenwertverzinsungsbetrag) des unbelasteten Grundstücks liegt. Der Bodenwertanteil des Erbbaugrundstücks nähert sich bei kurzer Restlaufzeit des Erbbaurechts dem Bodenwert des unbelasteten Grundstücks.   **166**

Der **Bodenwertanteil** des Erbbaugrundstücks ist die Summe aus dem über die Restlaufzeit des Erbbaurechts abgezinsten Bodenwert des unbelasteten Grundstücks und den über den gleichen Zeitraum kapitalisierten erzielbaren Erbbauzinsen.   **167**

Analog der Ermittlung des Bodenwertanteils des Erbbaurechts wird in Ermangelung von Marktanpassungsfaktoren (Vergleichsfaktoren) von der angemessenen Verzinsung des unbelasteten Bodenwerts ausgegangen. Ebenso ist bei bereits erschlossenen Grundstücken vom erschließungsbeitragsfreien Bodenwert auszugehen.

Abb. 32: Wert des Erbbaugrundstücks – Bodenwertanteil, Gebäudewertanteil

```
              Wert des Erbbaugrundstücks
           – Bodenwertanteil, Gebäudewertanteil –

                    ┌──────────────────┐
                    │       Wert        │
                    │ Erbbaugrundstück  │
                    └──────────────────┘
                      ┌─────────┴─────────┐
          ┌──────────────────┐   ┌────────────────────┐
          │  Bodenwertanteil │   │  Gebäudewertanteil │
          └──────────────────┘   │ (wenn Gebäude      │
                   ▲             │  vorhanden)        │
          ┌──────────────────┐   └────────────────────┘
          │ wenn erschlossen = │
          │ ebf BW, unerheblich,│
          │    wer EK bezahlt hat│
          └──────────────────┘

   ebf = erschließungsbeitragsfrei
   BW  = Bodenwert                              © Fischer 13
   EK  = Erschließungskosten
```

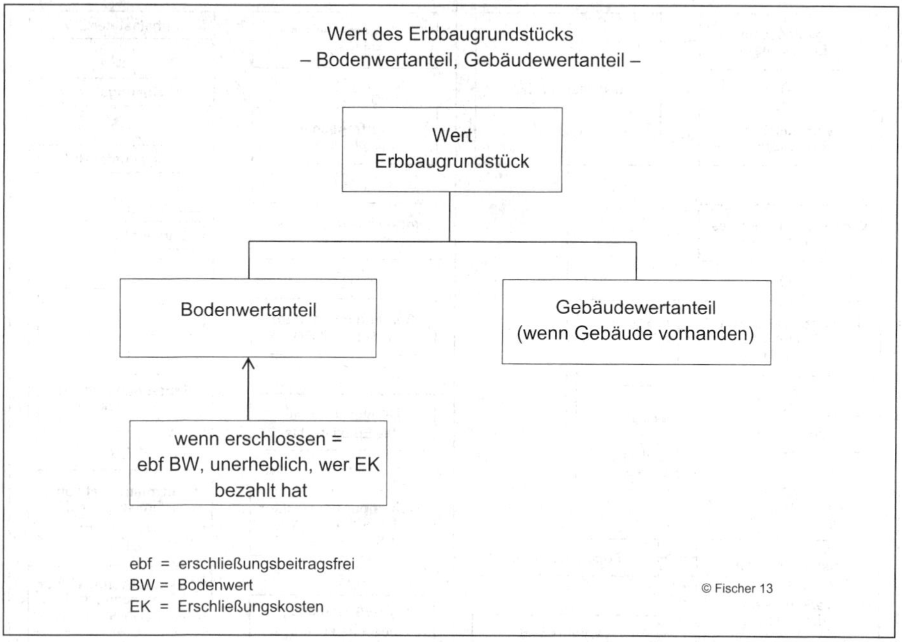

Ist ein Gebäude (Bauwerk) vorhanden, so kann sich ein **Gebäudewertanteil** des Erbbaugrundstücks ergeben, wenn die Restnutzungsdauer des Gebäudes die Restlaufzeit des Erbbaurechts erheblich übersteigt oder das Gebäude nicht oder nur teilweise zu entschädigen ist.   **168**

Der Gebäudewertanteil des Erbbaugrundstücks entspricht dem Wertvorteil, den der Grundstückseigentümer dadurch erlangt, dass er entsprechend den Regelungen des Erbbaurechtsvertrags keinen oder nur einen Teil des bei Auslauf des Erbbaurechtsvertrags bestehenden Werts des Gebäudes an den Erbbauberechtigten zu vergüten hat. Dieser Vorteil berechnet

VIII Rechte und Belastungen Verkehrswertermittl. v. Erbbaurechten

sich zum Zeitpunkt des Ablaufs des Erbbaurechts nach den allgemeinen Wertverhältnissen zum Wertermittlungsstichtag und ist auf diesen Zeitpunkt abzuzinsen.

Übersteigt die Restnutzungsdauer des Gebäudes die Restlaufzeit des Erbbaurechts nicht oder ist es voll zu entschädigen, ergibt sich kein Gebäudewertanteil des Erbbaugrundstücks.

169 In der Abbildung 33 sind die finanzmathematischen Methoden nach der alten WERTR 02 und der WERTR 06 zusammengefasst dargestellt. Nach der alten WERTR 02 ist ein Wertfaktor anzusetzen, der regelmäßig zwischen 0,3 und 0,8, in einzelnen Fällen bis auf 0,9 und bei Verträgen ohne Anpassungsklausel im Durchschnitt bei 0,5 liegt. Die finanzmathematische Methode nach WERTR 02 wurde durch die Methoden nach WERTR 06 abgelöst. Dabei ist der Wertfaktor durch den Marktanpassungsfaktor für Erbbaurechte bzw. Erbbaurechtsfaktor für Erbbaugrundstücke (Erbbaugrundstücksfaktor) ersetzt worden. In der Regel sollen diese vom Gutachterausschuss ermittelt werden.

Abb. 33: Erbbaurecht/Erbbaugrundstück: Unbebaute Grundstücke Gegenüberstellung alte Fassung (WERTR 02) und neue Fassung WERTR 06

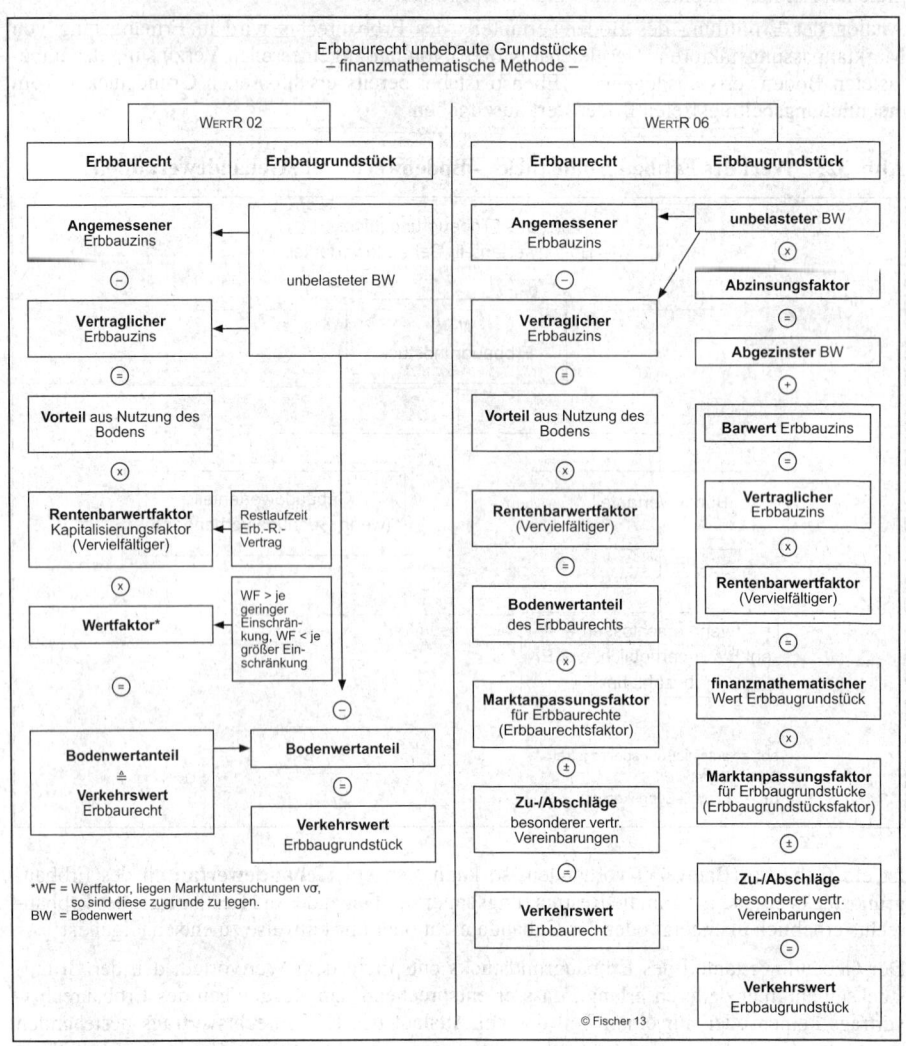

Verkehrswertermittl. v. Erbbaurechten Rechte und Belastungen VIII

Die Verfahrensweise nach der WERTR 02 wird in dieser Ausgabe nicht weitergeführt[96]. Die Anwendung der Methode nach WERTR 06 ist deshalb abhängig von den zur Verfügung gestellten Daten, was sicherlich in den großen Städten kein sonderliches Problem darstellen wird. Im ländlichen Raum wird das schon alleine aufgrund der geringen Datenlage und der Aufbereitung der Daten problematisch sein. In diesen Fällen ist es ratsam, eine sachverständige begründete Ableitung vorzunehmen.

Abb. 34: Verkehrswertermittlung des Erbbaurechts, Sachwert, WERTR 06

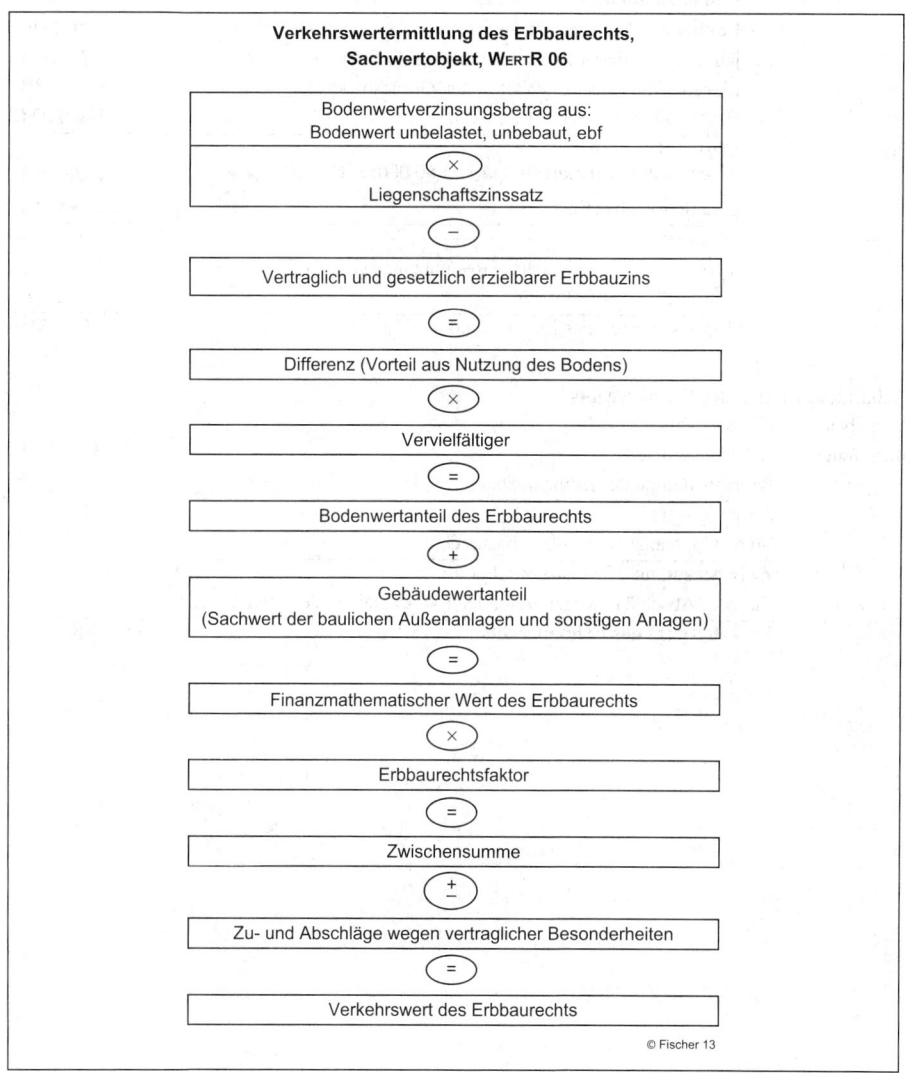

---

[96] Eine ausführliche Darstellung und Erläuterung finden sich in Kleiber, W.: Verkehrswertermittlung von Grundstücken, Bundesanzeiger Verlag, 2010, 6. Aufl., S. 2770 ff.

VIII Rechte und Belastungen Verkehrswertermittl. v. Erbbaurechten

171 *Beispiele* 2 und 3 (Anl. 12 WERTR 06) – Finanzmathematische Methode nach Nr. 4.3.2.2
Ermittlung des Verkehrswerts des Erbbaurechts (Einfamilienhaus)
Bodenwertanteil des Erbbaurechts (Einfamilienhausgrundstück)

Vorgaben:	- Bodenwert, unbelastet, unbebaut ebf	60 000,00 €
	- Verkehrswert unbelastet, bebautes Grundstück	165 000,00 €
	- Sachwert baul. Anlagen	100 000,00 €
	- Restnutzungsdauer baul. Anlagen	50 Jahre
	- Restlaufzeit Erbbaurechtsvertrag	50 Jahre
	- jährlich erzielbarer Erbbauzins (wertgesichert)	748,95 €
	- Liegenschaftszins des unbelasteten Grundstücks	3 %
	- Verzinsungsbetrag des Bodenwerts	1 800,00 €
Berechnung:	Liegenschaftszinssatz 3 %	
	angemessener Erbbauzins 3 % von 60 000,00 €	1 800,00 €
	gezahlter Erbbauzins	– 748,95 €
	Differenz	1 051,05 €
	Vervielfältiger bei 50 Jahren Restnutzungsdauer und 3 % Liegenschaftszinssatz =	25,73
	Bodenwertanteil des Erbbaurechts 1 051,05 € × 25,73	27 044,00 €

Gebäudewertanteil des Erbbaurechts

Vorgaben:	wie Beispiel 2	
Berechnung:	Gebäudesachwert	100 000 €
	Bodenwertanteil des Erbbaurechts	+ 27 044 €
	Ausgangswert	127 044 €
	Marktanpassungsfaktor für Erbbaurechte =	1,1
	Zwischensumme 127 044 € × 1,1	139 748 €
	Zu- oder Abschläge wegen besonderer vertraglicher Vereinbarungen	± 0 €
	Verkehrswert des Erbbaurechts	**rd. 140 000 €**

Abb. 35: Verkehrswertermittlung eines Erbbaugrundstücks (bebaut) nach WERTR 06

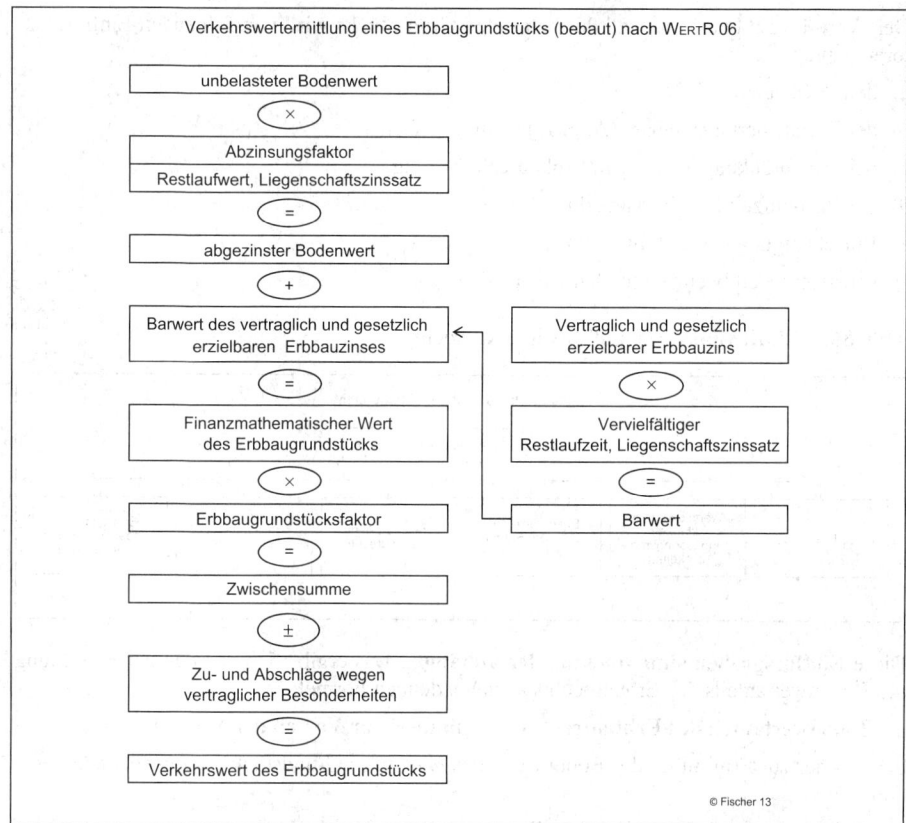

Beispiel 2 (Anl. 13 WERTR 06) – **Finanzmathematische Methode** nach Nr. 4.3.3.2
Ermittlung des Verkehrswerts des **Erbbaugrundstücks** (Einfamilienhaus)

Vorgaben:	wie Beispiel 2		
Berechnung:	unbelasteter Bodenwert	60 000 €	
	Abzinsfaktor bei 50 Jahren und 3 % Liegenschaftszinssatz =	0,2281	
	abgezinster Bodenwert 60 000 € × 0,2281		13 686 €
	vertraglicher Erbbauzins	748,95 €	
	Vervielfältiger bei 50 Jahren Restlaufzeit und 3 % Liegenschaftszinssatz =	25,73	
	Barwert des vertraglichen Erbbauzinses 748,95 × 25,73		+ 19 270 €
	Finanzmathematischer Wert des Erbbaugrundstücks		32 956 €
	Marktanpassungsfaktor (Erbbaugrundstücksfaktor)	1,4	
	Zu-/Abschläge wegen bes. vertraglicher Vereinbarung		0,00 €
	Verkehrswert des Erbbaugrundstücks 32 956 € × 1,4		**rd. 46 000 €**

VIII Rechte und Belastungen Verkehrswertermittl. v. Erbbaurechten

c) *Konsequenzen bei Anwendung der WertR*

173 Der Wert des Erbbaurechts und des belasteten Grundstücks wird von folgenden Einflussfaktoren geprägt:

a) dem Erbbauzins,

b) der Wertsicherungsklausel (Anpassungsmöglichkeit),

c) den Beschränkungen aus dem Erbbaurechtsvertrag,

d) der Restlaufzeit des Erbbaurechts,

e) Entschädigung bei Zeitablauf und

f) sonstigen Wert beeinflussenden Umständen.

Abb. 36: Einflussfaktoren auf das Erbbaurecht

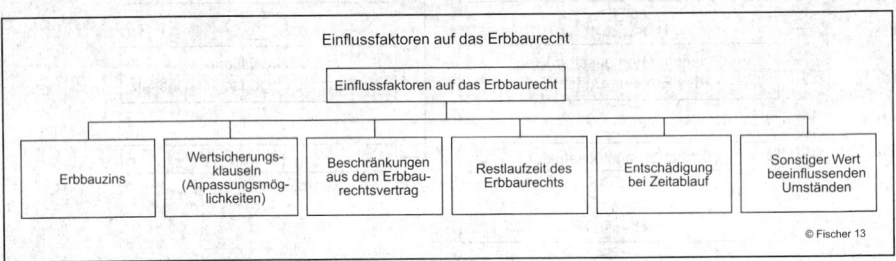

174 Diese **Einflussgrößen sind voneinander abhängig.** Das ergibt sich aus den zur Ermittlung des Bodenwertanteils des Erbbaurechts anzuwendenden Formeln:

a) **Bodenwertanteil des Erbbaurechts = kapitalisierter Vorteil der Bodennutzung**

und aus der zur Ermittlung des Bodenwerts des *belasteten* Grundstücks anzuwendenden Formel:

b) **Bodenwertanteil des belasteten Grundstücks = abgezinster unbelasteter Bodenwert + Barwert des vertraglich und gesetzlich erzielbaren Erbbauzinses**

175 Auch die übrigen Einflussfaktoren wirken sich auf das Erbbaurecht aus, da der Vervielfältiger von der Restlaufzeit abhängig ist.

176 Eine **Abhängigkeit von Erbbauzins und Wertsicherungsklausel** ist gegeben, denn die Wertsicherungsklausel kann zu einer höheren oder geringeren Anpassung des Erbbauzinses an den Bodenwert führen.

177 Um die finanzmathematische Methode an den Grundstücksmarkt anzupassen, werden nicht wie in der WertR 02 Wertfaktoren, sondern von den Gutachterausschüssen Daten über den Verkauf von Erbbaurechten und mit einem Erbbaurecht belasteten Grundstücken, untersucht, nach den maßgebenden Kriterien ausgewertet und zur Verfügung gestellt. Diese Faktoren für Erbbaurechte (Erbbaurechtsfaktoren) oder für Erbbaugrundstücke (Erbbaugrundstücksfaktoren) führen unter Berücksichtigung von Zu-/Abschlägen wegen besonderer vertraglicher Bedingungen zum Verkehrswert des Erbbaurechts bzw. des Erbbaugrundstückes. Beispielgebend sei die Ableitung von Erbbaurechtsfaktoren in den Grundstücksmarktberichten von Düsseldorf, München (2010, 2011) hervorgehoben[97].

178 In Gebieten, in denen von den Gutachterausschüssen keine Erbbaurechtsfaktoren sowie keine Erbbaugrundstücksfaktoren ermittelt werden, sollte trotzdem nicht auf das WertR 02-Verfahren zurückgegriffen werden, sondern aus vergleichbaren Gebieten eine Ableitung v. g. Faktoren erfolgen. Deshalb ist zukünftig bei Anwendung der finanzmathematischen

---

[97] Vgl. nach Kleiber, W.: Marktwertermittlung nach ImmoWertV, Bundesanzeiger Verlag, Köln, 2012, S. 834 f.

Methode, der Anwendung von Erbbaurechtsfaktoren sowie Erbbaugrundstücksfaktoren der absolute Vorrang einzuräumen. Hier sind die Gutachterausschüsse stark gefordert.

2.4.4 Sonderfälle

Schrifttum: *Mönchehofen, M./Springer, U.*, Bewerten von sonstigen vertraglichen Vereinbarungen bei Erbbaurechten zur gewerblichen Nutzung, GuG 2006, 201; *Schnabel, C.*, Die Bewertung des Erbbaurechts für Zwecke der Zwangsversteigerung, GuG 2004, 140; *Weiland, H.-O.*, Zur Beleihung von Erbbaurechten im Realkredit, GuG 1993, 263.

2.4.4.1 Erbbaurecht an bebauten Grundstücken bei kurzer Restlaufzeit des Erbbaurechtsvertrags

Bei der Wertermittlung von Erbbaurechten kann der Fall auftreten, dass nach Ablauf des Rechts noch ein funktionstüchtiges Gebäude vorhanden ist. Sieht der Erbbaurechtsvertrag keine Regelung vor, geht das Gebäude mit Ablauf des Rechts gegen angemessene (vereinbarte) Entschädigung in das Eigentum des Erbbaurechtsgebers (§ 27 Abs. 1 ErbbauRG) über. Folgende andere Regelungen[98] können aber vereinbart werden: **179**

a) Das Gebäude ist abzubrechen. In diesem Fall ist die Lebensdauer des Gebäudes auf das Ablaufjahr des Rechts zu begrenzen.

b) Das Gebäude geht gegen teilweise oder ohne eine Entschädigung in das Eigentum des Erbbauverpflichteten über. Die Auswirkungen werden im nachfolgenden *Beispiel aufgezeigt.*

Gebäudewertanteil bei kurzer Restlaufzeit des Erbbaurechtsvertrags (Sachwert) **180**

Beispiele 6 und 8 (Anl. 14 und 15 WERTR 06) nach Nr. 4.3.2.2.2 und 4.3.3.2.2

---

[98] Nach § 27 Abs. 2 ErbbauRG beträgt die Entschädigung für ein Wohngebäude bei einem Erbbaurecht für minderbemittelte Bevölkerungskreise mindestens zwei Drittel des gemeinen Werts.

VIII Rechte und Belastungen — Verkehrswertermittl. v. Erbbaurechten

Abb. 37: Erbbaurechtsvertrag bei kurzer Restlaufzeit – Gebäudewertanteil im Sachwertverfahren –

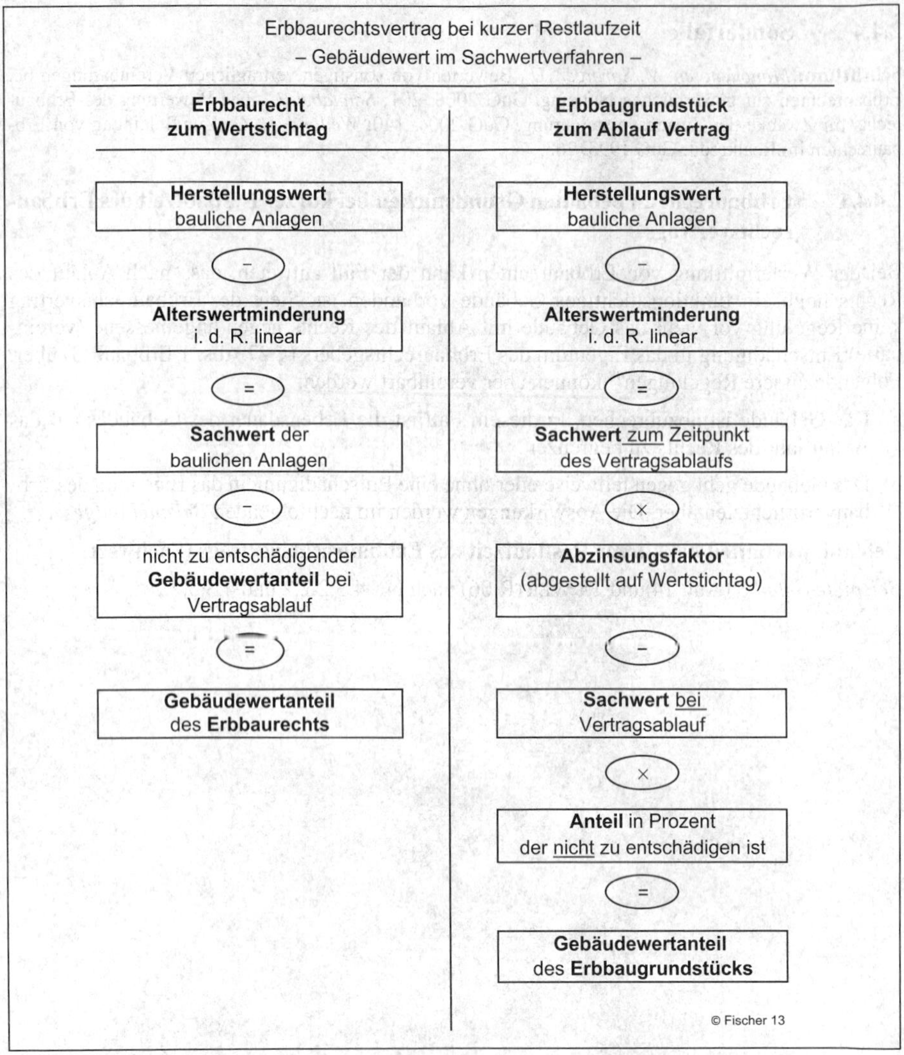

Erbbaurechtsvertrag bei kurzer Restlaufzeit
– Gebäudewert im Sachwertverfahren –

Erbbaurecht zum Wertstichtag	**Erbbaugrundstück zum Ablauf Vertrag**
Herstellungswert bauliche Anlagen	**Herstellungswert** bauliche Anlagen
(−)	(−)
Alterswertminderung i. d. R. linear	**Alterswertminderung** i. d. R. linear
(=)	(=)
Sachwert der baulichen Anlagen	**Sachwert** zum Zeitpunkt des Vertragsablaufs
(−)	(×)
nicht zu entschädigender **Gebäudewertanteil** bei Vertragsablauf	**Abzinsungsfaktor** (abgestellt auf Wertstichtag)
(=)	(−)
Gebäudewertanteil des **Erbbaurechts**	**Sachwert** bei Vertragsablauf
	(×)
	Anteil in Prozent der nicht zu entschädigen ist
	(=)
	Gebäudewertanteil des **Erbbaugrundstücks**

© Fischer 13

Verkehrswertermittl. v. Erbbaurechten Rechte und Belastungen VIII

Beispiel:

Die Restlaufzeit des Erbbaurechtsvertrags ist kürzer als die Gebäuderestnutzungsdauer. Der Gebäudewert ist bei Vertragsablauf vom Grundstückseigentümer zu 2/3 des Verkehrswerts zu entschädigen.

Gebäudewertanteil des Erbbaurechts (*Beispiel* 6, Anl. 14 WERTR 06) nach Nr. 4.3.2.2.2

Vorgaben:	Restnutzungsdauer	50 Jahre
	Restlaufzeit des Erbbaurechtsvertrags	10 Jahre
	Gebäudeherstellungswert	150 000 €
	Alterswertminderung Gebäude (bei 100 Jahren Gesamtnutzungsdauer und 50 Jahren Restnutzungsdauer) linear	50 %
	Alterswertminderung des Gebäudes bei Vertragsablauf (bei 100 Jahren Gesamtnutzungsdauer und 40 Jahren Restnutzungsdauer) linear	60 %
Berechnung:	Gebäudeherstellungswert	150 000 €
	Alterswertminderung 50 %	– 75 000 €
	Gebäudesachwert am Wertermittlungsstichtag	75 000 €

Wert des Gebäudes bei Vertragsablauf (Beispiel 8, Anl. 15 WERTR 06) nach Nr. 4.3.3.2.2

	Herstellungswert des Gebäudes	150 000 €
	Alterswertminderung (100 Jahre, 40 Jahre Restnutzungsdauer bei Vertragsablauf) 150 000 € × 0,60	– 90 000 €
	Gebäudesachwert bei Vertragsablauf	60 000 €
	Abzinsfaktor bei 10 Jahren Restlaufzeit, 3 % = 0,7441	
	Sachwert des Gebäudes bei Vertragsablauf (abgezinst auf den Wertermittlungsstichtag) 60 000 € × 0,7441	44 646 €
	nicht zu entschädigen sind 1/3 des Wertes 44 646 € × 1/3 = 14 882 €	
	Gebäudewertanteil des Erbbaugrundstücks	14 882 €
	Gebäudesachwert am Wertermittlungsstichtag bei voller Entschädigung	75 000 €
	Abzüglich Wertanteil der baulichen Anlagen, die nicht zu entschädigen sind	– 14 882 €
	Gebäudewertanteil des Erbbaurechts rd.	60 118 €

Gebäudewertanteil bei kurzer Restlaufzeit des Erbbaurechtsvertrags (Ertragswert)

Beispiele 7 und 9 (Anl. 14 und 15 WERTR 06) nach Nr. 4.3.2.2.2 und Nr. 4.3.3.2.2

VIII Rechte und Belastungen — Verkehrswertermittl. v. Erbbaurechten

Abb. 38: Gebäudewertanteil des Erbbaurechts bei kurzer Laufzeit des Erbbaurechtsvertrags, Ertragswertverfahren

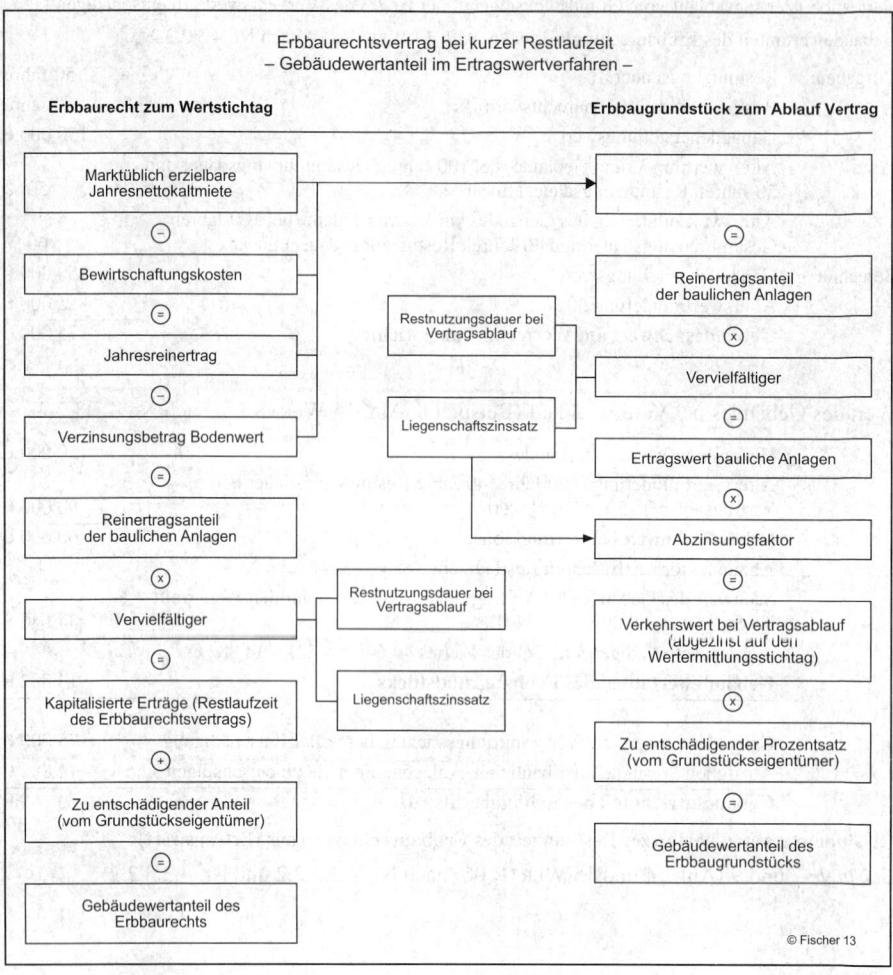

Beispiel:

Ein Mehrfamilienhaus hat eine Restnutzungsdauer von 50 Jahren. Der Erbbaurechtsvertrag hat eine Restlaufzeit von 10 Jahren. Das Gebäude ist bei Ablauf des Erbbaurechtsvertrags zu 2/3 zu entschädigen.

Gebäudewertanteil des Erbbaurechts (*Beispiel 7*, Anl. 14 WertR 06) nach Nr. 4.3.2.2.2

Vorgaben:		
	Restnutzungsdauer	50 Jahre
	Restlaufzeit des Erbbaurechtsvertrags	10 Jahre
	Bodenwert	40 000 €
	Liegenschaftszinssatz	4,5 %
	marktüblich erzielbare Nettokaltmiete	31 200 €
	Bewirtschaftungskosten p. a.	7 800 €

Verkehrswertermittl. v. Erbbaurechten Rechte und Belastungen VIII

Berechnung:	Marktüblich erzielbare Nettokaltmiete	31 200 €
	Bewirtschaftungskosten	– 7 800 €
	Jahresreinertrag	23 400 €
	Reinertragsanteil des Bodens 4,5 % von 40 000 €	– 1 800 €
	Reinertragsanteil Gebäude	21 600 €
	Vervielfältiger bei 10 Jahren Restlaufzeit des Vertrages und 4,5 % Liegenschaftszinssatz = 7,91	
	über die Restlaufzeit kapitalisierte Erträge 21 600 € × 7,91	**170 856 €**

Ertragswert der baulichen Anlagen und Gebäudewertanteil des Erbbaugrundstücks bei Vertragsablauf (*Beispiel 9,* Anl. 15 WERTR 2006) nach Nr. 4.3.3.2.2

Reinertragsanteil des Gebäudes p. a.	21 600 €
Vervielfältiger bei 40 Jahren Restnutzungsdauer und 4,5 % Liegenschaftszinssatz = 18,40	
Gebäudeertragswert 21 600 € × 18,40	397 440 €
Abzinsungsfaktor bei 10 Jahren Restlaufzeit, 4,5 % Liegenschaftszinssatz = 0,6439	
Ertragswert der baulichen Anlagen bei Vertragsablauf, abgezinst auf den Wertermittlungsstichtag 397 440 € × 0,6439	255 912 €
vom Grundstückseigentümer nicht zu entschädigender Anteil 1/3 255 912 € × 1/3	85 304 €
Gebäudewertanteil des Erbbaugrundstücks rd.	**85 304 €**
Ertragswert der baulichen Anlagen bei Vertragsablauf, abgezinst auf den Wertermittlungsstichtag 397 440 € × 0,6439	255 912 €
vom Grundstückseigentümer zu entschädigender Anteil 2/3 255 912 € × 2/3	170 608 €
über die Restlaufzeit kapitalisierte Erträge s. o.	+ 170 856 €
Gebäudewertanteil des Erbbaurechts rd.	**341 500 €**

2.4.4.2 Erbbaurechtsbestellung an bereits bebauten Grundstücken

Gegenüber der alten Fassung (WERTR 02) wird nunmehr davon ausgegangen, dass der Umstand, dass ein Gebäude bei Bestellung des Erbbaurechts bereits bestand und welche Gegenleistung der Erbbauberechtigte dafür erbracht hat, ebenso nicht zu berücksichtigen ist wie die Frage, wer ggf. die Erschließungskosten bezahlt hat. Beide Umstände sind für **die aktuellen Wertverhältnisse am Wertermittlungsstichtag** ohne Belang. Auf die Darstellung eines Beispiels wurde daher in der WERTR 06 verzichtet.

Der Umstand, dass ein Grundstück bereits bei Abschluss des Erbbaurechtsvertrags bebaut war, kann durch die Vereinbarung eines erhöhten Erbbauzinses berücksichtigt werden. Der „erhöhte" Erbbauzins würde dann im Prinzip ein Nutzungsentgelt für die Bereitstellung des bereits vorhandenen Gebäudes enthalten. Bezüglich der Erschließungskosten ist Nachfolgendes festzustellen:

Es ist üblich, dass der Erbbaurechtsnehmer die Erschließungsbeiträge bezahlt. Im ErbbauRG ist dazu keine detaillierte Regelung enthalten. Lediglich der § 2 Nr. 3 ErbbauRG sieht vor, dass zum Inhalt des Erbbaurechts Vereinbarungen zwischen Grundstückseigentümer und dem Erbbauberechtigten über die Tragung der öffentlichen und privatrechtlichen Lasten und Abgaben gehören. Nähere Ausführungen in Rn. 70 f., 203.

182

VIII Rechte und Belastungen Verkehrswertermittl. v. Erbbaurechten

2.4.4.3 Bauwerksentschädigung und -vergütung bei Heimfall und Erlöschen des Erbbaurechts durch Zeitablauf

▶ *Zur Verkehrswertermittlung von Erbbaurechten bebauter Grundstücke vgl. Rn. 192 ff.*

183 Grundsätzlich ist zu unterscheiden zwischen

a) der dem Erbbauberechtigten nach § 32 ErbbauRG zu gewährenden angemessenen *Vergütung für das Erbbaurecht im Falle der Geltendmachung des Heimfallanspruchs* und

b) der nach § 27 ErbbauRG zu leistenden Entschädigung *für das Bauwerk bei Erlöschen des Erbbaurechts durch Zeitablauf.*

Jedoch kann gem. § 27 Abs. 3 ErbbauRG der Grundstückseigentümer seine Verpflichtung zur Zahlung der Entschädigung dadurch abwenden, dass er dem Erbbauberechtigten das Erbbaurecht vor dessen Ablauf für die voraussichtliche Standdauer des Bauwerks verlängert; lehnt der Erbbauberechtigte die Verlängerung ab, so erlischt der Anspruch auf Entschädigung. Das Erbbaurecht kann zur Abwendung der Entschädigungspflicht wiederholt verlängert werden.

Abb. 39: Entschädigung bei Heimfall und Zeitablauf des Erbbaurechts

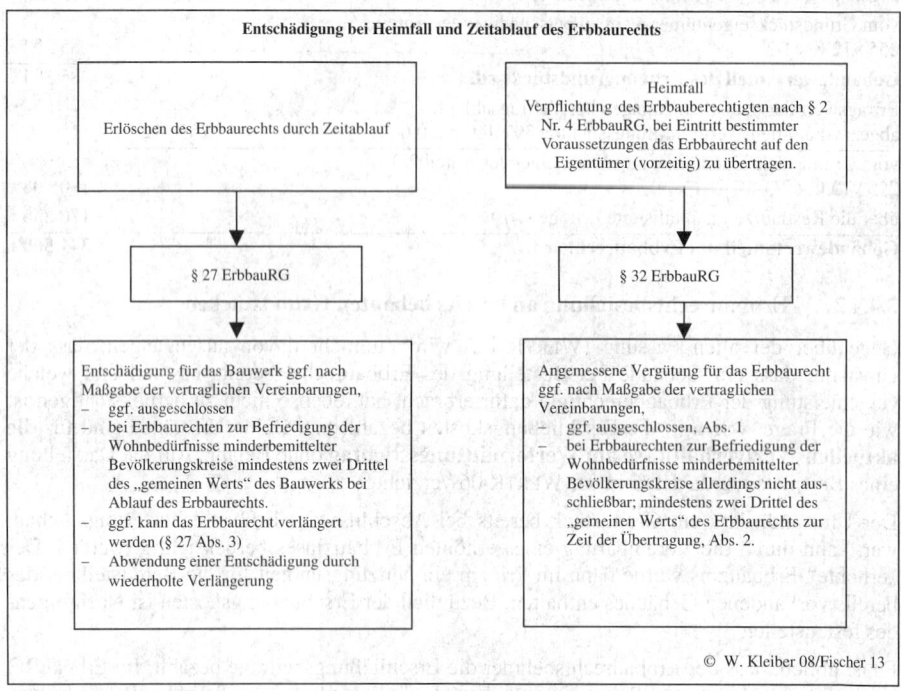

© W. Kleiber 08/Fischer 13

a) *Vergütung für das Bauwerk bei Heimfall*

184 Als **Heimfall** definiert § 2 Nr. 4 ErbbauRG eine *„Verpflichtung des Erbbauberechtigten, das Erbbaurecht beim Eintreten bestimmter Voraussetzungen auf den Grundstückseigentümer zu übertragen (Heimfall)"*; des Weiteren bestimmt § 3 ErbbauRG:

„Der Heimfallanspruch des Grundstückseigentümers kann nicht von dem Eigentum an dem Grundstück getrennt werden; der Eigentümer kann verlangen, dass das Erbbaurecht einem von ihm zu bezeichnenden Dritten übertragen wird."

Eine Vereinbarung, die den Erbbauberechtigten verpflichtet, beim Eintreten bestimmter Voraussetzungen das Erbbaurecht auf den Grundstückseigentümer zu übertragen, gehört damit grundsätzlich zum vertragsgemäßen Inhalt des Erbbaurechts und kann nicht abbedungen werden. Der Eigentümer hat danach einen **vertraglichen Anspruch auf Übertragung des Erbbaurechts**. Nach § 3 ErbbauRG kann der Grundstückseigentümer verlangen, das Erbbaurecht auf einen von ihm zu bezeichnenden Dritten zu übertragen[99]. Vertragliche Voraussetzungen können z. B. sein:

- Der Erbbauberechtigte kommt seinen Instandhaltungspflichten[100] nach fruchtlos abgelaufener Frist nicht nach.
- Der Erbbauberechtigte ist mit mehr als zwei Jahresbeiträgen des Erbbauzinses im Rückstand.
- Über das Vermögen des Erbbauberechtigten wird ein Insolvenzverfahren eröffnet.
- Der Erbbauberechtigte lässt ohne vorherige Zustimmung des Grundstückseigentümers eine Belastung in Abteilung II des Grundbuchs eintragen, die nicht einer Hypothek, Grund- oder Rentenschuld entspricht, bzw. ändert den Inhalt einer Hypothek, Grund- oder Rentenschuld, die eine weitere Belastung des Erbbaurechts enthält (§ 5 Abs. 2 ErbbauRG).
- Der Erbbauberechtigte tritt vertragswidrig aus der Kirche aus bzw. betätigt sich kirchenfeindlich (nur bei Erbbaurechten, die von der Kirche vergeben wurden).

185 Für die Übertragung bedarf es der **Einigung in notariell beurkundeter Form** (§ 925 BGB) und der Eintragung in das Grundbuch (§ 873 BGB). Insoweit ist der Begriff „Heimfall" irreführend, denn das Erbbaurecht fällt bei Vertragsverletzung nicht automatisch in das Eigentum des Grundstückseigentümers. Ohne eine vertragliche Vereinbarung über den Heimfall kann der Grundstückseigentümer auch nicht unter Berufung auf § 242 BGB (Leistung nach Treu und Glauben) einen Heimfall beanspruchen.

186 Macht der Grundstückseigentümer von seinem Heimfallanspruch Gebrauch, so hat er nach § 32 Abs. 1 ErbbauRG grundsätzlich eine **angemessene Vergütung für das Erbbaurecht** zu gewähren. Als Inhalt des Erbbaurechts können Vereinbarungen über die Höhe der Vergütung und die Art der Zahlung sowie ihre Ausschließung getroffen werden, jedoch darf die Zahlung einer angemessenen Vergütung nicht ausgeschlossen werden, wenn das Erbbaurecht zur Befriedigung des Wohnbedürfnisses minderbemittelter Bevölkerungskreise bestellt wurde (§ 32 Abs. 2 Satz 1 ErbbauRG; vgl. Rn. 70 e)).

187 Zu den **minderbemittelten Bevölkerungskreisen** wird allgemein die Auffassung vertreten, dass sich dieser Begriff mit dem „sozialen Wohnungsbau" (soziale Wohnraumförderung) decke[101]. Die Tatsache, dass ein Bauwerk im steuerbegünstigten Wohnungsbau errichtet worden ist, soll dagegen nicht ausreichen. Das KG Berlin hat im Übrigen zu diesem Begriff die Auffassung vertreten, dass nicht jeder, der mit seiner Familie die Einkommenshöchstgrenzen des II. WoBauG nicht überschreitet und daher Förderungsmaßnahmen in Anspruch nehmen kann, zu den minderbemittelten Bevölkerungskreisen gehört[102].

188 Anders als bei der Beendigung des Erbbaurechts bleiben die im Zeitpunkt des Heimfalls auf dem Erbbaurecht **ruhenden Hypotheken-, Grund- und Rentenschulden sowie Reallasten** bestehen, soweit sie nicht dem Erbbauberechtigten selbst zustehen. Bestehen bleiben auch Dauerwohn- und Dauernutzungsrechte (§ 31 sowie § 41 Abs. 2 WEG) sowie Vormerkungen eines gesetzlichen Anspruchs auf Eintragung einer Sicherungshypothek.

---

99 Weichhaus in Rpfleger 1979, 329; Scharen in Rpfleger 1983, 342.
100 Für Schäden, die infolge unterlassener Instandhaltungspflichten an dem Gebäude entstanden sind, haftet der Erbbauberechtigte (LG Dortmund, Urt. vom 2.9.1999 – 3 O 372/98 –, GuG 2001, 256 = EzGuG 7.129).
101 Ingenstau, Komm. zum Erbbaurecht, 5. Aufl. § 27 Rn. 10 unter Hinweis auf LG Frankfurt am Main in DNotZ 1969, 222; a. A. Staudinger/Ring, BGB § 27 ErbbauVO Rn. 12.
102 KG Berlin, Beschl. vom 17.10.1980 – 1 W 3363/80 –, OLGZ 1981, 266 = Rpfleger 1981, 108 = BlGBW 1981, 134 = EzGuG 7.79.

VIII Rechte und Belastungen Verkehrswertermittl. v. Erbbaurechten

189 Der **Wertermittlungsstichtag** bestimmt sich im Übrigen nach den Vereinbarungen im Erbbaurechtsvertrag[103]. Soweit keine abweichende Vereinbarung getroffen worden ist, bestimmt sich die Heimfallvergütung bei einem für den Wohnbedarf minderbemittelter Bevölkerungskreise bestellten Erbbaurecht nach § 32 Abs. 2 Satz 3 ErbbauRG nach dem Verkehrswert zum Zeitpunkt der Übertragung[104] (und nicht schon mit der Geltendmachung des Heimfallrechts).

b) *Entschädigung für das Bauwerk bei Erlöschen des Erbbaurechts durch Zeitablauf*

190 Von der dem Erbbauberechtigten nach § 32 ErbbauRG zu gewährenden angemessenen Vergütung für das Erbbaurecht im Falle einer Geltendmachung des Heimfallanspruchs zu unterscheiden ist die nach § 27 ErbbauRG zu leistende **Entschädigung für das Bauwerk** bei Erlöschen des Erbbaurechts durch Zeitablauf. Der § 27 ErbbauRG sieht hierfür folgende Regelung vor:

„**Abs. 1:** Erlischt das Erbbaurecht durch **Zeitablauf**, so hat der Grundstückseigentümer dem Erbbauberechtigten eine Entschädigung für das Bauwerk zu leisten. Als Inhalt des Erbbaurechts können Vereinbarungen über die Höhe der Entschädigung und die Art der Zahlung sowie über die Ausschließung getroffen werden.

Abs. 2: Ist das Erbbaurecht zur Befriedigung des Wohnbedürfnisses **minderbemittelter Bevölkerungskreise** bestellt, so muss die Entschädigung mindestens zwei Drittel des gemeinen Werts betragen, den das Bauwerk bei Ablauf des Erbbaurechts hat. Auf eine abweichende Vereinbarung kann sich der Grundstückseigentümer nicht berufen."

191 Hieraus folgt, dass:

a) grundsätzlich eine angemessene Entschädigung für das Bauwerk zu leisten ist. Diese bemisst sich nach dem gemeinen Wert des Bauwerks zum Zeitpunkt des Ablaufs des Erbbaurechts. Gemeiner Wert i. S. d. ErbbauRG ist dabei der Verkehrswert(-anteil) des Bauwerks[105].

b) Abweichende Vereinbarungen über die Entschädigung sind ggf. zu berücksichtigen, deshalb muss insoweit stets in den Erbbaurechtsvertrag eingesehen werden.

c) Im Falle der Bestellung des Erbbaurechts zur Befriedigung der Wohnbedürfnisse „minderbemittelter Bevölkerungskreise" sind mindestens zwei Drittel des gemeinen Werts (Verkehrswertanteils) des Bauwerks zu entschädigen.

192 **Grundlage der Entschädigung ist also der Verkehrswert(-anteil) des Gebäudes zum Zeitpunkt des Ablaufs des Erbbaurechts** (Ausgangswert = **Zeitwert**). Die Wahl des Wertermittlungsverfahrens bestimmt sich nach allgemeinen Grundsätzen (vgl. § 8 ImmoWertV). Da sich die Entschädigung – wie dargelegt – nach dem Verkehrswert(-anteil) des Gebäudes bemisst, müssen ggf. Marktanpassungszu- und -abschläge berücksichtigt werden[106].

193 *Beispiel:*

Es ist die Entschädigung für ein Einfamilienhaus bei Ablauf des Erbbaurechts zu ermitteln. Der Gebäudewertanteil (Zeitwert) wurde im Wege des Sachwertverfahrens auf der Grundlage von Normalherstellungskosten (ohne Marktanpassung) mit 200 000 € ermittelt.

Der Bodenwert des unbelasteten Grundstücks betrage ebenfalls 200 000 €.

Der auf den Sachwert vergleichbarer unbelasteter Grundstücke (Boden und Gebäude) bezogene Marktanpassungsabschlag auf dem allgemeinen Grundstücksmarkt betrage minus 20 % des Sachwerts.

---

103 Wie der BGH, Urt. vom 22.11.1991-V ZR 187/90-, NJW 1992, 1454 festgestellt hat, ist eine Formulierung, nach der sich die Vergütung nach dem gemeinen Wert des Erbbaurechts „zur Zeit des Heimfalls" bemisst, dahin gehend auszulegen, dass dann nicht der Tag der Geltendmachung des Heimfallanspruchs, sondern der Tag der Vollziehung des Heimfallanspruchs im Grundbuch maßgebend ist.
104 BGH, Urt. vom 20.4.1990 – V ZR 301/88 – BGHZ 111, 154 = EzGuG 1.09; BGH, Urt. vom 22.11.1991 – V ZR 187/90 –, BGHZ 116, 161 = EzGuG 7.114b.
105 BGH, Urt. vom 6.12.1974 – V ZR 95/73 –, WM 1975, 256 = ZMR 1977, 282 = EzGuG 11.95; BGH, Urt. vom 6.2.1976 – V ZR 191/74 –, NJW 1976, 895 = EzGuG 7.47.
106 BGH, Urt. vom 6.12.1974 – V ZR 95/73 –, WM 1975, 256 = EzGuG 11.95.

Der BGH[107] hat unter Hinweis auf den Begriff des gemeinen Werts (= Verkehrswert) klargestellt, dass bei der **Bemessung der Entschädigung die Lage auf dem Grundstücksmarkt berücksichtigt werden müsse** (Abb. 40).

Abb. 40: Marktanpassung bei der Gebäudesachwertermittlung

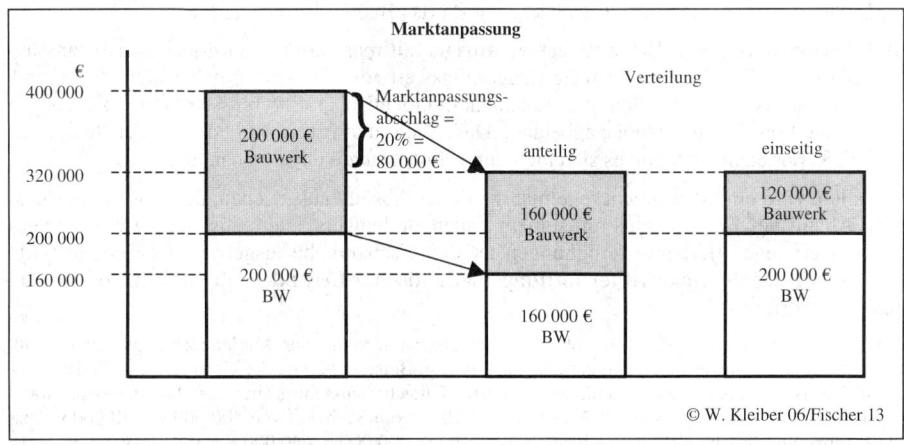

Die oben vorgestellte Berechnungsweise führt im Ergebnis dazu, dass

– im ersten Fall sich der Marktanpassungsabschlag anteilig auf den Boden- und Bauwert verteilt und sich ein Verkehrswertanteil für das Bauwerk von 160 000 € (Abschlag: 20 % von 200 000 € = 40 000 €, 200 000 € – 40 000 € = 160 000 €) ergibt, und

– im zweiten Fall die Marktanpassung für das Gesamtgrundstück allein dem Bauwerk zugeordnet wird und sich ein Verkehrswertanteil für das Bauwerk von 120 000 € (Abschlag: 20 % von 400 000 € = 80 000 €, 200 000 € – 80 000 € = 120 000 €) ergibt.

Der Unterschied der Entschädigung beläuft sich damit je nach Betrachtungsweise in dem Beispiel auf 40 000 € (160 000 € – 120 000 € = 40 000 €).

Der BGH hat also den Marktanpassungsabschlag grundsätzlich als erforderlich angesehen. **Unklar** bleibt jedoch nach dieser Rechtsprechung, **ob die Marktanpassung des Gesamtgrundstücks anteilig auf Boden- und Gebäudewert zu verteilen ist oder allein dem Gebäudewertanteil zuzurechnen ist**. Das Problem wurde (vermutlich) nicht erkannt; in der Urteilsbegründung ist jedenfalls die damit verbundene Problematik nicht angesprochen worden.

Diese besteht im Kern darin, dass:

a) der sog. Marktanpassungsabschlag nicht nur die Anpassung des Sachwerts an den Verkehrswert bewirkt, sondern zugleich ein Korrekturfaktor für marktgerechte Normalherstellungskosten ist;

b) sich der Marktanpassungsabschlag auf den (Gesamt-)Sachwert bezieht, der sich aus Bodenwert, Sachwert der nutzbaren baulichen und der sonstigen Anlagen zusammensetzt (§ 21 Abs. 1 ImmoWertV). Die Entschädigung bemisst sich dagegen (nur) nach dem Verkehrswert(-anteil) des Gebäudes. Somit ist der Marktanpassungsfaktor auch nur auf den Gebäudewertanteil zu beziehen.

Die oben vorgestellte Berechnungsweise führt im Ergebnis dazu, dass sich der Marktanpassungsabschlag *anteilig* auf den Boden- und Bauwert verteilt, d. h., gegenüber einem Bauwertanteil von 120 000 €, der sich als Restgröße gegenüber dem Wert des unbebauten

---

107 BGH, Urt. vom 6.12.1974 – V ZR 95/73 –, WM 1975, 256 = EzGuG 11.95.

VIII Rechte und Belastungen Verkehrswertermittl. v. Erbbaurechten

Grundstücks (200 000 €) ergibt, erhöht sich damit die Entschädigung in dem *Beispiel* um 40 000 € auf 160 000 €.

198 Der Grundstückseigentümer könnte nun geltend machen, dass:

a) ihm der **„volle"** Bodenwert (200 000 €) nach Ablauf des Erbbaurechts vermögensmäßig zuzurechnen sei und er bei der vorgestellten Berechnungsweise zulasten des „vollen Bodenwerts" eine zu hohe Entschädigung für das Bauwerk zu leisten hätte;

b) bei **Anwendung des Ertragswertverfahrens** mit marktkonformen Liegenschaftszinssätzen sich als Entschädigung ein Gebäudeertragswert von 120 000 € ergeben hätte; Sach- und Ertragswertverfahren sollen aber zu annähernd identischen Ergebnissen führen, zumindest was die Entschädigungshöhe anbelangt. Dass Sach- und Ertragswert sich decken, trifft aber i. d. R. nur dann zu, wenn es sich nicht um selbstgenutzte Objekte handelt.

199 Vor allem wird ein Erbbaurecht regelmäßig mit der Absicht ausgegeben, dass das Grundstück nach Ablauf des Erbbaurechts mit seinem vollen Bodenwert unter Einschluss zwischenzeitlich eingetretener Bodenwerterhöhungen an den Erbbaurechtsausgeber wieder zurückfällt und dieser nicht aufgrund **wertermittlungsmethodischer Besonderheiten** Vermögenseinbußen unterworfen ist.

Der Erbbaurechtsgeber erhält den vollen Bodenwert dann, wenn der Marktanpassungsabschlag auf Gebäude- und Bodenwertanteil aufgeteilt wird. Aus v. g. Beispiel beträgt der Gebäude- und Bodenwertanteil jeweils 50 %. Auf dieser Grundlage werde vom Gutachterausschuss auch der Marktanpassungsfaktor ermittelt. Somit ergeben sich 20 % von 50 % = 10 % vom Sachwert von 400 000 € = 40 000 €. Der Marktanpassungsabschlag für das Gebäude beträgt somit: 200 000 € – 40 000 € = 160 000 €

200 Des Weiteren müssen im Zusammenhang mit der **Entschädigung für das Bauwerk** Doppelentschädigungen vermieden werden: Die Problematik tritt allerdings nur im Zusammenhang mit der Ermittlung des Verkehrswerts erbbaurechtsbelasteter Grundstücke auf, wenn eine Entschädigung für das Bauwerk vorgesehen ist. Wurde der Entschädigungspflicht für das Bauwerk bereits mit dem vereinbarten Erbbauzins hinreichend Rechnung getragen, so entfällt insoweit besonders der bei der Verkehrswertermittlung zu berücksichtigende Entschädigungsanspruch, wenn es um die Ermittlung des Verkehrswerts eines erbbaurechtsbelasteten Grundstücks geht[108].

201 Vorbehaltlich der Sonderregelung für die Bestellung von Erbbaurechten zur Befriedigung der Wohnbedürfnisse „minderbemittelter Bevölkerungskreise" können – wie ausgeführt – Vereinbarungen über die Entschädigung und die Art der Zahlung sowie über ihre Ausschließung getroffen werden. Folgende andere Regelungen können u. a. vereinbart werden (vgl. Rn. 70 ff.):

– Das Gebäude ist abzubrechen. In diesem Fall ist die Lebensdauer des Gebäudes auf das Ablaufjahr des Rechts zu begrenzen.

– Das Gebäude geht gegen teilweise oder ohne eine Entschädigung in das Eigentum des Erbbauverpflichteten über. Wegen der Auswirkungen vgl. nachfolgendes *Beispiel*:

202 **Gebäudewertanteil des Erbbaurechts**

Berechnung:		
	Gebäudenormalherstellungswert	250 000 €
	Alterswertminderung 40 %	– 100 000 €
	Gebäudesachwert am Wertermittlungsstichtag	**150 000 €**

Wert des Gebäudes bei Vertragsablauf

	Herstellungswert des Gebäudes	250 000 €
	Alterswertminderung (100 Jahre GND, 20 Jahre Restnutzungsdauer bei Vertragsablauf) 250 000 € × 0,80	– 200 000 €
	Gebäudesachwert bei Vertragsablauf	50 000 €
	Abzinsungsfaktor bei 40 Jahren, 4 % = 0,2083	

---

108 Erl. des bad.-württ. FM vom 27.11.1998 – 3 – S 3014/17 –, GuG 1999, 100.

Sachwert des Gebäudes bei Vertragsablauf (abgezinst auf den Wertermittlungsstichtag) 50 000 € × 0,2083	10 415 €
nicht zu entschädigen sind 50 % des Wertes 10 415 € × 0,5 = rd.	5 208 €
Gebäudewertanteil des Erbbaugrundstücks	
Gebäudesachwert am Wertermittlungsstichtag bei voller Entschädigung	150 000 €
Abzüglich Wertanteil der baulichen Anlagen, die nicht zu entschädigen sind	− 5 208 €
Gebäudewertanteil des Erbbaurechts	**144 792 €**

2.4.4.4 Erschließungsbeitrag

▶ *Allgemeines vgl. § 6 ImmoWertV*

Grundsätzlich hat der Grundstückseigentümer alle auf einem *Grundstück* und der Erbbauberechtigte alle auf dem *Bauwerk* ruhenden Lasten und Abgaben zu tragen, Rn. 341.

203

Etwas anderes kann sich aufgrund

a) besonderer gesetzlicher Regelungen oder

b) besonderer vertraglicher Vereinbarungen (§ 2 Nr. 3 ErbbauRG)

ergeben.

Demzufolge sind im Überblick – soweit besondere vertragliche Regelungen nicht zur Anwendung kommen – folgende gesetzliche Regelungen zu beachten:

– Für den **Erschließungsbeitrag** nach den §§ 127 ff. BauGB sieht § 134 Abs. 1 Satz 2 BauGB die Beitragspflicht des Erbbauberechtigten ausdrücklich vor.

– Für die Belastung eines Grundstücks mit einem dinglichen Nutzungsrecht nach Art. 233 § 4 EGBGB[109] (**Gebäudeeigentum** nach den §§ 287 bis 290 („volkseigene Grundstücke")) sowie den §§ 291 bis 294 (genossenschaftlich genutzte Grundstücke) ZGB der DDR sieht § 134 Abs. 1 Satz 3 BauGB ebenfalls die Beitragspflicht des Rechtsinhabers ausdrücklich vor.

– Für **Ausgleichsbeträge** nach § 154 BauGB (Ausgleichsbetrag des Eigentümers) ist dagegen stets der Grundstückseigentümer abgabenpflichtig (vgl. Rn. 205, Eigentümer eines Grundstücks im förmlich festgelegten Sanierungsgebiet).

---

109 **§ 4 EGBGB** Sondervorschriften für dingliche Nutzungsrechte und Gebäudeeigentum
(1) Für das Gebäudeeigentum nach § 288 Abs. 4 oder § 292 Abs. 3 des Zivilgesetzbuchs der Deutschen Demokratischen Republik gelten von dem Wirksamwerden des Beitritts an die sich auf Grundstücke beziehenden Vorschriften des Bürgerlichen Gesetzbuchs mit Ausnahme der §§ 927 und 928 entsprechend. Vor der Anlegung eines Gebäudegrundbuchblatts ist das dem Gebäudeeigentum zugrunde liegende Nutzungsrecht von Amts wegen im Grundbuch des belasteten Grundstücks einzutragen. Der Erwerb eines selbstständigen Gebäudeeigentums oder eines dinglichen Rechts am Gebäude der in Satz 1 genannten Art aufgrund der Vorschriften über den öffentlichen Glauben des Grundbuchs ist nur möglich, wenn auch das zugrundeliegende Nutzungsrecht bei dem belasteten Grundstück eingetragen ist.
(2) Ein Nutzungsrecht nach den §§ 287 bis 294 des Zivilgesetzbuchs der Deutschen Demokratischen Republik, das nicht im Grundbuch des belasteten Grundstücks eingetragen ist, wird durch die Vorschriften des Bürgerlichen Gesetzbuchs über den öffentlichen Glauben des Grundbuchs nicht beeinträchtigt, wenn ein aufgrund des Nutzungsrechts zulässiges Eigenheim oder sonstiges Gebäude in dem für den öffentlichen Glauben maßgebenden Zeitpunkt ganz oder teilweise errichtet ist und der dem Erwerb zugrunde liegende Eintragungsantrag vor dem 1. Januar 2001 gestellt worden ist. Der Erwerber des Eigentums oder eines sonstigen Rechts an dem belasteten Grundstück kann in diesem Fall die Aufhebung oder Änderung des Nutzungsrechts gegen Ausgleich der dem Nutzungsberechtigten dadurch entstehenden Vermögensnachteile verlangen, wenn das Nutzungsrecht für ihn mit Nachteilen verbunden ist, welche erheblich größer sind als der dem Nutzungsberechtigten durch die Aufhebung oder Änderung seines Rechts entstehende Schaden; dies gilt nicht, wenn er beim Erwerb des Eigentums oder sonstigen Rechts in dem für den öffentlichen Glauben des Grundbuchs maßgeblichen Zeitpunkt das Vorhandensein des Nutzungsrechts kannte.
(3) Der Untergang des Gebäudes lässt den Bestand des Nutzungsrechts unberührt. Aufgrund des Nutzungsrechts kann ein neues Gebäude errichtet werden; Belastungen des Gebäudeeigentums setzen sich an dem Nutzungsrecht und dem neu errichteten Gebäude fort. Ist ein Nutzungsrecht nur auf die Gebäudegrundfläche verliehen worden, so umfasst das Nutzungsrecht auch die Nutzung des Grundstücks in dem für Gebäude der errichteten Art zweckentsprechenden ortsüblichen Umfang, bei Eigenheimen nicht mehr als eine Fläche von 500 m². Auf Antrag ist das Grundbuch entsprechend zu berichtigen. Absatz 2 gilt entsprechend.

VIII Rechte und Belastungen Verkehrswertermittl. v. Erbbaurechten

– Für **Geldleistungen** nach den §§ 57 bis 61 BauGB **in einem Umlegungsverfahren** ist nach § 64 Abs. 3 BauGB der Eigentümer oder der Erbbauberechtigte abgabenpflichtig (vgl. Rn. 204).

Nach dem eindeutigen Wortlaut des § 134 Abs. 1 Satz 2 BauGB ist der Erbbauberechtigte selbst dann zur Entrichtung des Erschließungsbeitrags verpflichtet, wenn das Erbbaurecht kurz vor dem Ablauf steht und das Grundstück erschließungsbeitragsfrei an den Eigentümer zurückfällt. Einen Erstattungsanspruch sieht das BauGB für diesen Fall nicht vor. Ob im Einzelfall ein Rückgriffsrecht z. B. wegen ungerechtfertigter Bereicherung besteht, muss für den Sachverständigen einer juristischen Klärung vorbehalten bleiben.

Ist das Erbbaurecht an einem erschließungsbeitragsfreien Grundstück begründet worden und hat der Erbbauberechtigte den Erschließungsbeitrag selbst entrichtet, wäre es unbillig, wenn im Falle einer vereinbarten **Anpassung des Erbbauzinses an die Bodenwertentwicklung** auch der Wertsprung vom erschließungsbeitragspflichtigen auf den erschließungsbeitragsfreien Zustand berücksichtigt wird, wenn nur eine Anpassung an die allgemeine Bodenwertentwicklung vereinbart worden ist.

Hat der Erbbauberechtigte anstelle des Eigentümers den Erschließungsbetrag entrichtet, ist nach der hier vertretenen Auffassung der Verkehrswert des erbbaurechtbelasteten Grundstücks und des Erbbaurechts – unabhängig von der zur Anwendung kommenden Anpassungsregelung – auf der Grundlage des erschließungsbeitragsfreien Bodenwerts zu ermitteln, denn

– einerseits kann der Erbbauberechtigte im Verkaufsfalle einen höheren Verkehrswert seines Erbbaurechts geltend machen, weil sich die Zinsdifferenz zwischen dem angemessenen Erbbauzins und dem nach Maßgabe des Erbbaurechtsvertrags tatsächlich entrichteten Erbbauzins erhöht, und
– andererseits fällt nach Ablauf des Erbbaurechts ein erschließungsbeitragsfreies Grundstück auf den Eigentümer zurück.

2.4.4.5 Umlegung

▶ *Allgemeines zur Umlegung vgl. Teil VII Rn. 619 ff.*

204 Auch bei der Wertermittlung im Falle der **Umlegung nach den §§ 45 ff. BauGB** ergeben sich Schwierigkeiten. Die Zuteilungsgrundstücke haben im Allgemeinen höhere Werte als die Einwurfsgrundstücke. Der Eigentümer eines Erbbaugrundstücks ist im Allgemeinen verpflichtet, einen umlegungsbedingten Mehrwertausgleich zu zahlen, ohne dass er gegenüber dem Erbbauberechtigten einen höheren Erbbauzins geltend machen kann (§ 134 Abs. 1 Satz 2 BauGB). Das hätte nur bei Störung der Geschäftsgrundlage[110] (§ 313 BGB) Aussicht auf Erfolg. Der Erbbauberechtigte kann hingegen den vollen Nutzen aus dem höheren Bodenwert ziehen (z. B. höhere Miete). Eine nach § 61 BauGB mögliche Änderung von grundstücksgleichen Rechten in der Umlegung und damit eine Änderung des Erbbauzinses ist in der Rechtsprechung[111] bislang aus allerdings nicht überzeugenden Gründen abgelehnt worden.

Eine Anpassung des Erbbauzinses an den Wertsprung, den das Grundstück durch die Umlegung erfährt (umlegungsbedingte Bodenwerterhöhung), ist jedoch möglich, wenn im Erbbaurechtsvertrag ausdrücklich eine Anpassung an die Bodenwertentwicklung vorgesehen ist und dies sich nicht auf allgemeine Bodenwertentwicklungen beschränken soll.

Im Übrigen bemisst sich der Verkehrswert des in der Umlegung neu geordneten erbbaurechtbelasteten Grundstücks und des Erbbaurechts nach dem Bodenwert des neugeordneten Grundstücks.

---

110 BGH, Urt. vom 21.2.1986 – V ZR 195/84 –, BGHZ 97, 171 = EzGuG 7.96.
111 OLG Hamm, Urt. vom 30.9.1969 – 16 U 6/69 –, BauR 1970, 38 = EzGuG 17.31; Dieterich, Baulandumlegung, 5. Aufl. 2006 Rn. 293.

2.4.4.6 Sanierungs- und Entwicklungsmaßnahme

Bei städtebaulichen Sanierungsmaßnahmen unter Anwendung der besonderen sanierungsrechtlichen Vorschriften der §§ 152 ff. BauGB sowie in städtebaulichen Entwicklungsbereichen (§ 166 Abs. 3 Satz 4 BauGB) haben die Eigentümer einen sich nach der sanierungs- bzw. entwicklungsbedingten Bodenwerterhöhung bemessenden **Ausgleichsbetrag** zu leisten (§ 154 BauGB). Ausgleichsbetragspflichtig ist stets der Grundstückseigentümer und nicht der Erbbauberechtigte. Eine mit § 61 BauGB vergleichbare Regelung besteht – abgesehen von Sanierungsumlegungen (§ 153 Abs. 5 BauGB) – nicht. 205

Soweit nicht eine Anpassung des Erbbauzinses an die Bodenwertentwicklung vorgesehen ist, ist der Erbbauberechtigte nicht unmittelbar durch den Ausgleichsbetrag betroffen. Gleichwohl erhöht sich damit der Verkehrswert des erbbaubelasteten Grundstücks und des Erbbaurechts. Bei Anwendung der finanzmathematischen Methode ist mit Entrichtung des Ausgleichsbetrags für das dann ausgleichsbetragsfreie Grundstück der Bodenwertanteil auf der Grundlage der neugeordneten Grundstücke zu ermitteln.

2.4.4.7 Zwangsversteigerung

Schrifttum: *Schnabel, N.*, Die Bewertung des Erbbaurechts für Zwecke der Zwangsversteigerung, GuG 2004, 139; *Stumpe/Tillmann*, Versteigerung und Wertermittlung, Bundesanzeiger Verlag, Köln, 2009.

▶ *Allgemeines vgl. Rn. 50 ff.; § 194 BauGB Rn. 97 ff.; Teil III Rn. 249 ff.*

Die Zwangsvollstreckung wegen Geldforderungen richtet sich nach den §§ 864 bis 871 ZPO. Da das **Erbbaurecht nach § 10 Abs. 1 ErbbauRG grundsätzlich an erster Rangstelle** im Grundbuch eingetragen ist, fällt es i. d. R. in das geringste Gebot. § 25 ErbbauRG regelt dazu: 206

„Wird das Grundstück zwangsweise versteigert, so bleibt das Erbbaurecht auch dann bestehen, wenn es bei der Feststellung des geringsten Gebots nicht berücksichtigt ist."

Bei der **Zwangsversteigerung** des Erbbaurechts sind nach § 9 Abs. 1 ErbbauRG hinsichtlich des Erbbauzinses die Vorschriften über die Reallast entsprechend anzuwenden. Lehnt der Grundstückseigentümer einen Rücktritt hinter ein Grundpfandrecht mit seinem Erbbauzins ab, so erhält das Grundpfandrecht Rang nach dem Erbbauzins. Geht der Erbbauzins somit den betreibenden Gläubigern vor, so fällt er unter die Rechte des § 10 Abs. 1 Nr. 4 ZVG und bleibt als Teil des geringsten Gebots bestehen (§§ 44, 52 ZVG). 207

Räumt der Grundstückseigentümer dagegen dem Grundpfandgläubiger den Vorrang ein, so geht der Erbbauzins den Rechten des betreibenden Gläubigers nach und fällt nicht in das geringste Gebot, sondern erlischt vielmehr nach § 91 ZVG, sodass der **Ersteher das Erbbaurecht insoweit lastenfrei erwirbt**[112], d. h., der Erbbauzins erlischt bei einer Zwangsversteigerung des Erbbaurechts, wenn aus einem im Rang vorgehenden Recht die Versteigerung betrieben wird. Infolgedessen kann nicht ausgeschlossen werden, dass der Grundstückseigentümer seinen Erbbauzins für die Restlaufzeit (90 Jahre und mehr sind denkbar) verliert. 208

Grundstückseigentümer werden im Hinblick auf diese von der Rechtsprechung wiederholt bestätigte Rechtslage[113] (**Rangrücktritte von Erbbauzinsreallasten und Anpassungsvormerkungen** hinter Grundpfandrechten) ablehnen, sodass in Zwangsversteigerungsverfahren aus einem nachrangigen Grundpfandrecht Erbbauzinsreallast und Vormerkung bestehen bleiben. Dies schränkt jedoch die Beleihungsmöglichkeit des Erbbaurechts ein, da die Beleihung von Erbbaurechten unter Berücksichtigung des Werts im Rang vorhergehender Rechte erfolgt und die vorrangigen Belastungen von der Beleihungsgrenze abgezogen werden[114]. 209

---

112 Winkler in NJW 1992, 2514; Geißel, Der Erbbauzins in der Zwangsversteigerung, Berlin 1992; Helwich in Rpfleger 1989, 389; Winkler in DNotZ 1970, 390 und NJW 1985, 940; Pöschl in BWNotZ 1956, 41; Pöschl in BB 1961, 581; Ruland in NJW 1983, 96; Tradt in DNotZ 1984, 370.
113 BGH, Urt. vom 25.9.1981 – V ZR 244/80 –, BGHZ 81, 358 = NJW 1982, 234; BGH, Urt. vom 26.2.1987 – V ZB 10/86 –, BGHZ 100, 107 = EzGuG 7.101a.
114 Gtz in DNotZ 1980, 3, 20.

VIII Rechte und Belastungen Verkehrswertermittl. v. Erbbaurechten

210 Eine besondere Situation ergibt sich bei der Wertermittlung des Erbbaurechts in der Zwangsversteigerung. Der Nachteil der Verpflichtung zur Zahlung des Erbbauzinses bei vorrangigem Erbbaurecht wird zusätzlich durch den sogenannten Ersatzwert berücksichtigt, um das 7/10-Gebot gemindert wird. Das führt im Ergebnis zu einer **Unterbewertung des Erbbaurechts und damit zu einer Benachteiligung des Erbbauberechtigten.** Als Ausgleich wurde vorgeschlagen, dem Erbbauberechtigten grundsätzlich einen Bodenwertanteil in v. H. des Bodenwerts zuzurechnen, dessen Höhe der Restlaufzeit des Erbbaurechts entsprechen soll. Dies ist allerdings nur eine grobe Überschlagsrechnung, deren Parameter wohl kaum begründet werden kann und die zudem verkennt, dass es für die Höhe des Bodenwertanteils des Erbbaurechts ganz wesentlich darauf ankommt, inwieweit der gezahlte Erbbauzins dem angemessenen Erbbauzins entspricht.

211 Für die Wertermittlung des Erbbaurechts im Zwangsversteigerungsverfahren sollte die einfache **finanzmathematische Berechnung** angewendet werden, bei der nicht die Verpflichtung des Berechtigten zur Zahlung des Erbbauzinses berücksichtigt wird. Berücksichtigt wird hingegen der in den meisten Fällen gegebene Vorteil des Erbbauberechtigten, einen entsprechend dem Wert des Grund und Bodens geringen Erbbauzins zu zahlen. Die Erbbauzinsreallast, die Vormerkung zur Erhöhung des Erbbauzinses und das Vorkaufsrecht können danach vom Amtsgericht zur Ermittlung des Ersatzwerts in Ansatz gebracht werden.

2.4.4.8 Erbauseinandersetzung

212 Unbefriedigend ist das Verfahren nach den WERTR bei Wertermittlungen anlässlich Erbauseinandersetzungen. In einem konkreten Fall musste sich der Eigentümer eines mit einem Erbbaurecht belasteten größeren Gewerbegrundstücks mit seinen Miterben auseinandersetzen. Der nach den WERTR ermittelte Bodenwert des belasteten Grundstücks war sehr hoch und rein hypothetisch. Er hätte nicht einmal entfernt als Verhandlungsgrundlage für den Verkauf an den – in diesem Fall nicht interessierten – Erbbauberechtigten dienen können. Der Eigentümer war somit nicht in der Lage, die Miterben zu befriedigen. In diesem oder ähnlich gelagerten Fällen ist zu überlegen, ob nicht das rein mathematische Modell zu gerechteren und letztlich plausibleren Ergebnissen führt.

2.4.5 Ankaufsverpflichtung und -berechtigung

2.4.5.1 Ankaufsverpflichtung (Kaufzwangklausel)

▶ *Vgl. zum Ankaufsrecht Rn. 502 und zum Vorkaufsrecht Rn. 475 ff.*

213 Im Unterschied zum Ankaufsrecht können die Beteiligten auch vereinbaren, dass auf Verlangen des einen Vertragspartners der andere verpflichtet ist, das belastete Grundstück bzw. das Erbbaurecht zu bestimmten Bedingungen käuflich zu erwerben (Kaufzwangklausel). Dabei wird als Ankaufsverpflichtung z. B. formuliert: „Der Erbbauberechtigte hat den Kaufpreis in einer Höhe zu zahlen, wie dieser zur Zeit der Ausübung des Ankaufsrechts für das mit dem Erbbaurecht belastete Grundstück gezahlt wird."

214 **Ankaufsverpflichtungen (Kaufzwangklauseln)** sind nach der Rechtsprechung entgegen den im Schrifttum geltend gemachten Bedenken[115] unter bestimmten Voraussetzungen zulässig:

a) Eine Verknüpfung des Erbbaurechts mit einer schuldrechtlichen Ankaufsverpflichtung ist mindestens dann als unbedenklich anzusehen, wenn ein finanzstarker Vertragspartner diese Verpflichtung eingeht, zumal das ErbbauRG nach Inhalt und Normzweck nicht auf bestimmte einkommensschwache Bevölkerungskreise oder auf bestimmte soziale Bedürfnisse angelegt ist[116].

---

115 Kollhoser in NJW 1974, 1302; Macke in NJW 1977, 2233; Nordalm in NJW 1974, 1936; Demmer in NJW 1983, 1636; Kibel in NJW 1979, 24; Richter in BWNotZ 1978, 61.
116 BGH, Urt. vom 8.6.1979 – V ZR 191/76 –, BGHZ 75, 15 = EzGuG 7.70.

b) Eine Ankaufsverpflichtung kann zwar im Einzelfall sittenwidrig sein, jedoch nicht schlechthin[117]. Vertragliche Kaufzwangklauseln verstoßen deshalb nicht schlechthin gegen gute Sitten i. S. d. § 138 Abs. 1 BGB (Sittenwidriges Rechtsgeschäft, Wucher).

c) Eine „spekulative" Erwartung des Grundstückseigentümers, mit einer Ankaufsverpflichtung auf der Grundlage des Verkehrswerts des Grundstücks zum Zeitpunkt der Veräußerung Wertsteigerungen für sich in Anspruch zu nehmen, die in der Zeit zwischen Abschluss des Erbbaurechtsvertrags und der Geltendmachung der Ankaufspflicht eingetreten sind, kann den Vorwurf der Sittenwidrigkeit nicht begründen.

Der BGH hat in seiner **Rechtsprechung** darauf hingewiesen, dass Bedenken bestehen: **215**
- gegen eine übermäßig lange Bindung, insbesondere im Falle einer Koppelung der Ankaufsverpflichtung an die häufig 99-jährige Laufzeit des Erbbaurechts, und
- gegen eine Geltendmachung der Ankaufsverpflichtung schon in der ersten Phase des Erbbaurechts, in der der Erbbauberechtigte finanziell besonders in Anspruch genommen ist. Die Wahrung einer zehnjährigen „Schonfrist" hält sich dabei im Rahmen, während die Ausübung des Optionsrechts nach Ablauf von 22 Jahren als unzumutbar erkannt wurde.

Zwischen der Geltendmachung der Ankaufspflicht und deren Abwicklung fordert der BGH eine Ankündigungsfrist, die es dem Durchschnittsbürger erlaubt, die für den Grundstückskauf erforderlichen Mittel verfügbar zu machen. **216**

Übermäßig lange und unbegrenzte Bindungsfristen führen grundsätzlich nicht zur Unwirksamkeit der Ankaufsverpflichtung insgesamt, sondern lediglich zu einer Reduktion auf ein angemessenes Zeitmaß. Im Falle von Ankaufsverpflichtungen aus Formularverträgen will der BGH indessen die geltungserhaltende Reduktion nicht zulassen. Entsprechendes gilt für das Erfordernis, dem Erbbauberechtigten im Falle der Ausübung der Ankaufsverpflichtung eine angemessene Frist zur Mittelbeschaffung zu sichern. **217**

Die grundsätzliche Anerkennung der Wirksamkeit von Kaufzwangklauseln ist herrschende Meinung in der Fachliteratur[118]. **218**

Es ist grundsätzlich **zulässig, dass sich der Grundstückseigentümer** als Erbbaurechtsgeber die Möglichkeit des Verkaufs seines Grundstücks an den Erbbauberechtigten **in Höhe des Verkehrswerts** des vergleichsweise unbelasteten Grundstücks sichert[119]. **219**

Die Vereinbarung dieser Ankaufsverpflichtung kann allerdings nicht dinglich gesichert werden[120]; gleichwohl gehört sie aber zum dinglichen Inhalt des Erbbaurechts[121]. Das ErbbauRG sieht in § 2 Nr. 7 nur den Vorbehalt einer Verkaufspflicht, nicht aber eine vom gesetzlichen Leitbild des Erbbaurechts abweichende Verpflichtung. Ein Rechtsunkundiger muss demnach nicht mit einer solchen Klausel rechnen. **220**

Eine **schuldrechtliche Ankaufsverpflichtung ist** aber nicht **grundsätzlich unzulässig** und dann unbedenklich, wenn ein finanzstarker Partner diese Verpflichtung eingeht[122]. **221**

---

117 BGH, Urt. vom 1.10.1976 – V ZR 10/76 –, BGHZ 68, 1 = EzGuG 7.52; BGH, Urt. vom 22.2.1980 – V ZR 135/76 –, WM 1980, 877 = EzGuG 7.74; BGH, Urt. vom 17.5.1991 – V ZR 140/90 –, GuG 1992, 115 = EzGuG 12.91; BGH, Urt. vom 14.10.1988 – V ZR 157/87 –, NJW 1989, 2129 = EzGuG 7.107.

118 Palandt/Bassenge, ErbbauVO § 2 Rn. 6; Soergel/Stürmer, ErbbauVO § 2 Rn. 9; Staudinger/Ring, ErbbauVO § 2 Rn. 36; MüKo/v. Oefele, ErbbauVO § 2 Rn. 40 f.; Ingenstau, Komm. zum Erbbaurecht § 2 Rn. 78 ff.; v. Oefele/Winkler, Handbuch des Erbbaurechts 1978, S. 116; Macke in NJW 1977, 2233.

119 Demmer (NJW 1983, 1626) hat hierzu unter Hinweis auf das OLG Hamm (Beschl. vom 4.11.1976 – 22 U 14/76 –, NJW 1977, 203 = EzGuG 7.54) die Auffassung vertreten, dass sich im Falle unvorhersehbarer Steigerungen des Verkehrswerts der Erbbauberechtigte auf den Wegfall der Geschäftsgrundlage berufen könne (vgl. Macke in NJW 1977, 24). Dem hat Buchner (Festschrift für Helmut Schippel, Bundesnotarkammer 1996, S. 123) mit dem Hinweis widersprochen, dass keine Äquivalenzstörung vorliege, weil der Erbbauberechtigte den „vollen Gegenwert" erhalte; vgl. Uibel in NJW 1979, 24.

120 BGB, MünchenerKomm, § 2 ErbbauVO Rn. 37 ff.; Schulte in BWNotZ 1961, 315; BGH, Urt. vom 8.6.1979 – V ZR 191/76 –, BGHZ 75, 15 = EzGuG 7.70; OLG Hamm, Urt. vom 5.2.1974 – 15 Wx 14/74 –, NJW 1974, 865.

121 Palandt/Bassenge § 2 ErbbauVO Rn. 5; Ingenstau, Komm. zum Erbbaurecht Rn. 72; Staudinger/Ring, ErbbauVO § 2 Rn. 32

122 BGH, Urt. vom 22.2.1980 – V ZR 135/76 –, WM 1980, 877 = EzGuG 7.74.

VIII Rechte und Belastungen   Verkehrswertermittl. v. Erbbaurechten

222 In der Wertermittlungspraxis stellt sich im Falle einer Ankaufsverpflichtung die **Frage, wie sich ein vertraglich ausbedungener Verkehrswert des mit einem Erbbaurecht belasteten Grundstücks zum Zeitpunkt des Verlangens bemisst.** Konkret geht es um die Frage, ob der Verkehrswert des unbelasteten Grundstücks oder der Verkehrswert des mit einem Erbbaurecht belasteten Grundstücks maßgebend ist. Aufgrund der rechtlichen Ausgestaltung des Erbbaurechts und der beschränkten Möglichkeiten, den Erbbauzins an die Grundstückswertentwicklung anzupassen, wirkt sich ein Erbbaurecht entsprechend den vorgestellten Wertermittlungsverfahren nämlich grundsätzlich wertmindernd aus. Bei der Veräußerung erbbaurechtbelasteter Grundstücke an Dritte (Drittverkauf) ist in aller Regel im gewöhnlichen Geschäftsverkehr nur ein geringerer Kaufpreis erzielbar als für ein unbelastetes Grundstück (vgl. Rn. 141 ff.).

223 Als Verkehrswert eines Grundstücks kann nur das gelten, was im gewöhnlichen Geschäftsverkehr von „jedermann" erzielt werden kann. Des Weiteren wird darauf hingewiesen, dass persönliche Verhältnisse unberücksichtigt bleiben müssen (vgl. § 194 BauGB und § 7 ImmoWertV). Der BGH[123] hat für den Fall einer Ankaufsverpflichtung zum „Verkehrswert" eindeutig entschieden, dass bei der Bemessung des Verkehrswerts **keine Differenzierung zwischen Dritterwerbern und Erbbauberechtigten** vorgenommen werden darf, weil der „Erbbauberechtigte ein Interesse am Erwerb des Grundstücks zum (vollen) Verkehrswert hat". Er hat nämlich nach dem Erwerb dieses juristisch zwar mit dem Eigentümererbbaurecht belastete Grundstück erworben, wirtschaftlich gesehen jedoch lastenfrei. Es sei gerade der Sinn der vertraglich zulasten des Erbbauberechtigten vereinbarten Ankaufsverpflichtung, dem Grundstückseigentümer im Falle des Verkaufs einen Erlös zu sichern, den er auf dem allgemeinen Grundstücksmarkt im Hinblick auf die bestehende Erbbaurechtsbelastung nicht erzielen könnte.

224 Der BGH spricht in diesem Zusammenhang von einer **vertragstypischen Interessenlage.** Anknüpfend an diese Rechtsprechung stellt sich darüber hinaus die Frage, ob sich diese vertragstypische Interessenlage so nur im Falle einer vertraglichen Ankaufsverpflichtung stellt oder eine solche vertragstypische Interessenlage gemeinhin bereits aus dem Erbbaurechtsvertrag ergibt, ohne dass eine Ankaufsverpflichtung vereinbart worden ist (Abb. 47).

---

[123] BGH, Urt. vom 19.5.1989 – V ZR 103/88 –, WM 1989, 1517 = EzGuG 7.104 b; BGH, Urt. vom 14.10.1988 – V ZR 175/87 –, NJW 1989, 2129 = EzGuG 7.107; BGH, Urt. vom 23.5.1980 – V ZR 129/76 –, BGHZ 77, 188 = EzGuG 7.76; BGH, Urt. vom 4.6.1954 – V ZR 18/53 –, BGHZ 14, 1 = EzGuG 14.3a; BGH, Urt. vom 11.5.1973 – V ZR 129/71 –, DB 1973, 1594 = BB 1973, 1140.

Abb. 41: Vertragstypische Interessenlage

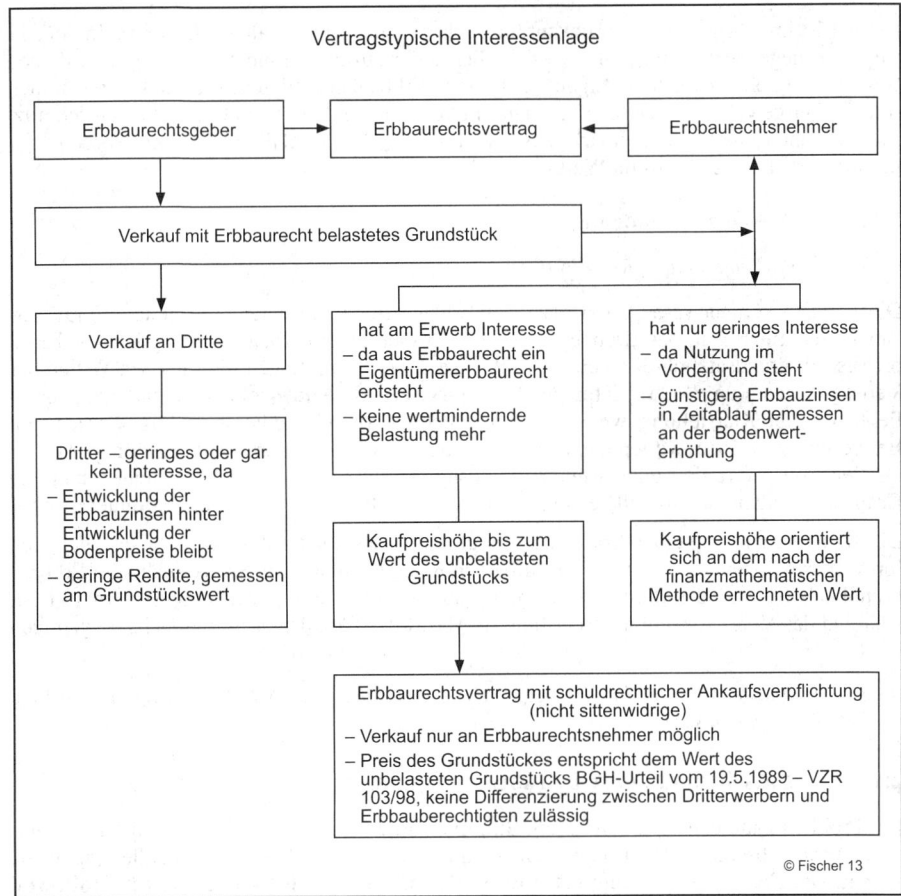

In der Regel kann nämlich davon ausgegangen werden, dass Erbbaurechte stets nur von Grundeigentümern ausgegeben werden, die Eigentümer ihres Grundstücks bleiben wollen. Hierauf ist auch zurückzuführen, dass Erbbaurechte vornehmlich von Kirchen, Fürstenhäusern, Stiftungen und staatlichen Institutionen ausgegeben werden, die „ewig" disponieren. Wer auf die „Realisierung" des Verkehrswerts eines unbelasteten Grundstücks mit der Möglichkeit, den Verkaufspreis bankenüblich anzulegen, verzichtet und stattdessen mit der Bestellung eines Erbbaurechts einhergehend mit beschränkten Möglichkeiten der Anpassung des Erbbauzinses an die Bodenwertentwicklung auf eine angemessene Rendite verzichtet, war am Erhalt seines Eigentums und nicht an dem Verkauf an Dritte interessiert. Dies schließt nicht aus, dass er oder die nachfolgende Generation zu einem späteren Zeitpunkt verkaufsbereit ist. Nun kann aber beobachtet werden, dass Erbbaurechtsausgeber ohne vertragliche Regelung i. d. R. sich nur verkaufswillig zeigen, wenn sie dann auch den „vollen" Verkehrswert realisieren können. Umgekehrt hat sich auch gezeigt, dass nur die Erbbauberechtigten zum Erwerb des Grundstücks zum „vollen" Verkehrswert bereit sind, und zwar aus denselben Gründen, wie sie der BGH in Bezug auf Ankaufsverpflichtungen herausgestellt hat. Im Ergebnis ist es geradezu **objekttypisch und nicht nur vertragstypisch, dass Erbbaurechte im gewöhnlichen Geschäftsverkehr (nur) an Erbbauberechtigte verkauft werden, und zwar zu dem „nur vom Erbbauberechtigten erzielbaren „vollen" Verkehrswert".** Das heißt aber nicht, dass der Erbbauberechtigte immer den Preis zu bezahlen bereit ist, den

VIII Rechte und Belastungen Verkehrswertermittl. v. Erbbaurechten

„jedermann" bereit wäre zu bezahlen (vgl. Rn. 143 ff.). Dritterwerbsfälle stellen mithin geradezu einen ungewöhnlichen Geschäftsverkehr dar.

226 Hierauf ist im Übrigen auch zurückzuführen, dass sich die in der alten WERTR 02 in Anl. 11 zugrunde liegende Untersuchung vornehmlich auf Kauffälle gründet, die im gewöhnlichen Geschäftsverkehr zwischen Eigentümer und Erbbauberechtigtem zustande gekommen sind[124]. Der gewöhnliche Geschäftsverkehr mit erbbaurechtbelasteten Grundstücken schmilzt also auf einen bipolaren Teilmarkt zusammen (vgl. § 194 BauGB Rn. 31 und Vorbem. zur ImmoWertV Rn. 12, § 8 ImmoWertV Rn. 93 ff.).

2.4.5.2 Ankaufsberechtigung

▶ Vgl. zu Vorkaufsrechten Rn. 475 ff.

227 Die Parteien können vereinbaren, dass der Erbbauberechtigte unter bestimmten Voraussetzungen das Recht hat, das Erbbaugrundstück käuflich zu erwerben[125]. Bezüglich des Kaufpreises gilt grundsätzlich die Vertragsfreiheit, d. h., es kommt auch hier auf den Willen der Vertragsparteien an. Sofern dafür der **Verkehrswert als Kaufpreis** vereinbart wird, empfiehlt sich eine Klarstellung, wenn das Erbbaurecht wertmindernd berücksichtigt werden soll. Bei gesunkenen Bodenwerten kann sich allerdings auch ein Verkehrswert ergeben, der höher als der Bodenwert des unbelasteten Grundstücks ausfällt[126]. Allgemein können hier die Grundsätze gelten, die im Falle einer Ankaufsverpflichtung zur Anwendung kommen[127].

228 Die Kaufberechtigung eines Erbbauberechtigten und das **Vorkaufsrecht** unterscheiden sich formal darin voneinander, dass die Kaufberechtigung als Inhalt des Erbbaurechts im Erbbaugrundbuch (selbst oder durch Bezugnahme auf die Eintragungsbewilligung) vermerkt ist, während das Vorkaufsrecht als Belastung in Abt. II des Grundstücksgrundbuchs eingetragen wird.

▶ Zum Erbbaurecht in der Beleihungspraxis wird auf den Teil IX Beleihungswertermittlung Rn. 367 ff. verwiesen.

2.4.7 Entschädigung für Leitungsüberspannung

229 Ein Problem kann entstehen, wenn ein Stromversorgungsunternehmen das belastete Grundstück nach Abschluss des Erbbaurechtsvertrages mit einer 220-kV-Freilandleitung überspannt. Üblicherweise wird dem betroffenen Eigentümer eine **Entschädigung in Höhe von etwa 10 bis 15 % des Werts der von der Freilandleitung in Anspruch genommenen Schutzstreifenfläche gewährt**, soweit nicht die Bebaubarkeit eingeschränkt ist. Da bei Vorliegen eines Erbbaurechts aber der Erbbauberechtigte in der Nutzung des Grundstücks behindert ist, erhält der Erbbaurechtsgeber im Allgemeinen nur 10 v. H. und der Erbbauberechtigte 90 v. H. des Entschädigungsbetrags. Nachfolgend wird untersucht, ob dieser allgemein übliche Aufteilungsmodus gerechtfertigt ist.

230 Solange das Erbbaurecht läuft, ist der Nutzer des Grundstücks, also der Erbbauberechtigte, durch die Hochspannungsleitung in der Nutzung des Grundstücks eingeschränkt. Der Erbbaurechtsgeber ist nicht belastet, da das Leitungsrecht keine Auswirkungen auf den Erbbauzins hat. Da eine **Kopplung des Erbbauzinses an den sich durch das Leitungsrecht mindernden Bodenwert nicht zulässig** ist, kann auch bei Anpassung des Erbbauzinses an die gestiegenen wirtschaftlichen Verhältnisse kein Nachteil entstehen.

---

[124] Lehmann, Wertermittlung von Erbbaurechten, Sonderdruck aus der Schriftenreihe der niedersächsischen Landesverwaltung, Hannover, Warmbchenkamp 2.
[125] OLG Hamm, Urt. vom 22.11.1973 – 15 W 138/73 –, EzGuG 7.34a = NJW 1974, 863 = DNotZ 1974, 17.
[126] LG Berlin, Urt. vom 8.12.2005 – 13 O 211/06 –, GuG 2006, 314 = EzGuG 7.139.
[127] So Linde/Richter, Erbbaurecht und Erbbauzins, 3. Aufl. 2001, S. 65; a. A. BayStMin des Innern im: MittBayNot 1989, 285.

Bei **Verkauf des Erbbaurechts an einen Dritten** wird ebenfalls nur der Erbbauberechtigte Käufer benachteiligt, da die Überspannung sich negativ auf die Nutzung des Grund und Bodens auswirkt. Da der Erbbauberechtigte jedoch eine Abfindung (90 % der Entschädigung) erhalten hat, erfolgte dafür ein Ausgleich.

Ein Verkauf des belasteten Grundstücks an einen Dritten wird i. d. R. nicht stattfinden, da der Erbbauzins selten der angemessenen Rendite für den Grund und Boden zum Verkaufszeitpunkt entspricht. Bei Gewerbegrundstücken kann das ausnahmsweise dann der Fall sein, wenn die Bodenwertsteigerung für Gewerbegrundstücke der Steigerung der allgemeinen wirtschaftlichen Verhältnisse entspricht oder sogar darunter liegt. Da ein Käufer aber die unveränderte Erbbauzinsforderung übernimmt, hat er zumindest während der Vertragslaufzeit des Rechts keinen Nachteil aus dem Leitungsrecht.

Bei Ablauf des Rechts entsteht ein Eigentümererbbaurecht. Wird lt. Vertrag das Erbbaurecht entschädigt, wirkt sich die Nutzungsbeeinträchtigung durch das Leitungsrecht wertmindernd aus, d. h., die Entschädigung wird geringer ausfallen als bei einem vergleichsweise unbelasteten Erbbaurecht.

Insgesamt gesehen ist demnach die übliche Regelung, wonach die Entschädigung für ein Leitungsrecht zwischen dem Erbbauberechtigten und dem Eigentümer des belasteten Grundstücks im Verhältnis 9:1 aufgeteilt wird, nicht ungerechtfertigt.

2.4.8 Geschäftswert (nach KostO)

Die Kostenordnung regelt die Kosten in Angelegenheiten der freiwilligen Gerichtsbarkeit. Die abzurechnenden Kosten richten sich nach dem Geschäftswert, der sich nach § 19 Abs. 1 bei einer Sache nach dem gemeinen Wert bestimmt. Bei der Bewertung von Grundbesitz ist der letzte Einheitswert maßgebend (§ 19 Abs. 2). Wird ein Erbbaurecht bestellt, so beträgt der Wert 80 % des Wertes des belasteten Grundstücks. Eine auf Rechnung des Erbbauberechtigten erfolgte Bebauung des Grundstücks bleibt bei der Ermittlung des Grundstückswerts außer Betracht.

Als Geschäftswert eines bestehenden Erbbaurechts ist allein der Verkehrswert des Bauwerks maßgeblich, wenn der Erbbauberechtigte den Grundstücksteil erwirbt, auf dem das Erbbaurechtsbauwerk steht und der Wert des Bauwerks nicht in einem krassen Missverhältnis zum Wert des Erbbaurechtsgrundstücks steht[128].

2.4.9 Erbbaurecht in der steuerlichen Bewertung

2.4.9.1 Einheitsbewertung

▶ *Vgl. § 1 ImmoWertV Rn. 10 ff.*

Bei der Ermittlung der Einheitswerte für das mit einem Erbbaurecht belastete Grundstück sowie für das Erbbaurecht ist nach § 92 Abs. 1 BewG von einem Gesamtwert auszugehen, der für den Grund und Boden einschließlich der Gebäude und Außenanlagen festzustellen wäre, wenn die Belastung nicht bestünde. Beträgt die Dauer des Erbbaurechts in dem für die Bewertung maßgebenden Zeitpunkt noch 50 Jahre oder mehr, so entfällt der Gesamtwert nach § 92 Abs. 2 BewG allein auf die wirtschaftliche Einheit des Erbbaurechts. Beträgt die Dauer des Erbbaurechts in dem für die Bewertung maßgebenden Zeitpunkt weniger als 50 Jahre, so ist der Gesamtwert entsprechend der restlichen Dauer des Erbbaurechts nach Maßgabe des § 92 Abs. 3 BewG und vorbehaltlich der Regelungen des § 92 Abs. 3 Satz 3 bis 7 sowie Abs. 4 BewG auf das mit einem Erbbaurecht belastete Grundstück sowie auf das Erbbaurecht zu verteilen.

---

128 OLG Celle, Beschl. vom 5.5.2004 – 8 W 119/04 –, EzGuG 7.138.

VIII Rechte und Belastungen Verkehrswertermittl. v. Erbbaurechten

Bei Wohnungserbbaurechten oder Teilerbbaurechten ist nach § 92 Abs. 6 BewG der Gesamtwert in gleicher Weise zu ermitteln, wie wenn es sich um Wohnungseigentum oder um Teileigentum handeln würde. Die Verteilung des Gesamtwertes erfolgt entsprechend § 92 Abs. 3 BewG.

2.4.9.2 Grunderwerbsteuerliche Grundbesitzbewertung

234 Grundlage der grunderwerbsteuerrechtlichen Grundbesitzbewertung von erbbaurechtbelasteten Grundstücken ist der Gesamtwert des Grundstücks (§ 148 Abs. 1 BewG).

§ 148 Abs. 1 BewG:
„(1) Ist das Grundstück mit einem Erbbaurecht belastet, ist bei der Ermittlung der Grundbesitzwerte für die wirtschaftliche Einheit des belasteten Grundstücks und für die wirtschaftliche Einheit des Erbbaurechts von dem Gesamtwert auszugehen, der sich für den Grund und Boden einschließlich der Gebäude vor Anwendung des § 139 ergäbe, wenn die Belastung nicht bestünde."

Vom Gesamtwert des nach § 146 BewG bewerteten Grundstücks entfallen nach § 148 Abs. 4 BewG

– 20 v. H. auf den Bodenwert und
– 80 v. H. auf den Gebäudewert.

§ 148 Abs. 4 BewG:
„(4) Bei den nach § 146 zu bewertenden Grundstücken beträgt der Gebäudewert 80 Prozent des nach § 146 Abs. 2 bis 5 ermittelten Werts; der verbleibende Teil des Gesamtwerts entspricht dem Wert des Grund und Bodens. Bei bebauten Grundstücken im Sinne des § 147 Abs. 1 ist der Wert des Grund und Bodens nach § 147 Abs. 2 Satz 1 und der Gebäudewert nach § 147 Abs. 2 Satz 2 zu ermitteln."

Als **Grundbesitzwert des mit einem Erbbaurecht belasteten Grundstücks** ist nach § 148 Abs. 2 BewG der Bodenwert („Wert des Grund und Bodens") anzusetzen.

Als **Grundbesitzwert des Erbbaurechts** ist nach § 148 Abs. 3 Satz 1 BewG der Gebäudewert anzusetzen, wenn

– die Restlaufzeit des Erbbaurechts im Besteuerungszeitpunkt mindestens noch 40 Jahre beträgt oder
– sich der Eigentümer des Grundstücks verpflichtet hat, bei Erlöschen des Erbbaurechts durch Zeitablauf den Gebäudewert zu entschädigen.

Entspricht einem Teil des Gebäudes bei

– einer Restlaufzeit des Erbbaurechts im Besteuerungszeitpunkt von weniger als 40 Jahren und
– einem Ausschluss einer Entschädigung des Gebäudewerts bei Erlöschen des Erbbaurechts durch Zeitablauf,

ist nach Maßgabe des § 148 Abs. 3 Satz 2 und 3 BewG der Gebäudewert zu verteilen. Dabei entfallen auf die wirtschaftliche Einheit des Erbbaurechts bei einer Dauer dieses Rechts von

unter 40 bis zu 35 Jahren	90 Prozent
unter 35 bis zu 30 Jahren	85 Prozent
unter 30 bis zu 25 Jahren	80 Prozent
unter 25 bis zu 20 Jahren	70 Prozent
unter 20 bis zu 15 Jahren	60 Prozent
unter 15 bis zu 10 Jahren	50 Prozent
unter 10 bis zu 8 Jahren	40 Prozent
unter 8 bis zu 7 Jahren	35 Prozent
unter 7 bis zu 6 Jahren	30 Prozent
unter 6 bis zu 5 Jahren	25 Prozent
unter 5 bis zu 4 Jahren	20 Prozent
unter 4 bis zu 3 Jahren	15 Prozent
unter 3 bis zu 2 Jahren	10 Prozent

| unter 2 Jahren bis zu 1 Jahr | 5 Prozent |
| unter 1 Jahr | 0 Prozent. |

Auf die wirtschaftliche Einheit des belasteten Grundstücks entfällt der verbleibende Teil des Gebäudewerts. Beträgt die Entschädigung für das Gebäude beim Übergang nur einen Teil des gemeinen Werts, ist der dem Eigentümer des belasteten Grundstücks entschädigungslos zufallende Anteil nach § 148 Abs. 3 Satz 6 BewG entsprechend zu verteilen. Eine in der Höhe des Erbbauzinses zum Ausdruck kommende Entschädigung für den gemeinen Wert des Gebäudes bleibt außer Betracht.

2.4.9.3 Erbschaftsteuerliche Grundbesitzbewertung

Bei einem mit einem Erbbaurecht belasteten Grundstück sind nach § 192 BewG die Grundbesitzwerte für das „Erbbaurecht" (§ 193 BewG) und das „erbbaurechtsbelastete Grundstück" (§ 194 BewG) gesondert zu ermitteln.

Der **Grundbesitzwert des Erbbaurechts** ist nach § 193 BewG grundsätzlich im Vergleichswertverfahren nach § 183 BewG zu ermitteln, wenn für das zu bewertende Grundstück Vergleichspreise oder aus Kaufpreisen abgeleitete Vergleichsfaktoren vorliegen. In allen anderen Fällen ist der Grundbesitzwert des Erbbaurechts nach der sog. finanzmathematischen Methode zu ermitteln. Der Grundbesitzwert des Erbbaurechts setzt sich in diesem Fall zusammen aus einem Bodenwertanteil nach § 193 Abs. 3 und einem Gebäudewertanteil nach § 193 Abs. 5 BewG. Er wird nach folgendem Schema ermittelt:

235

VIII Rechte und Belastungen Verkehrswertermittl. v. Erbbaurechten

Abb. 42: Ermittlung des erbschaftssteuerrechtlichen Grundbesitzwerts von Erbbaurechten

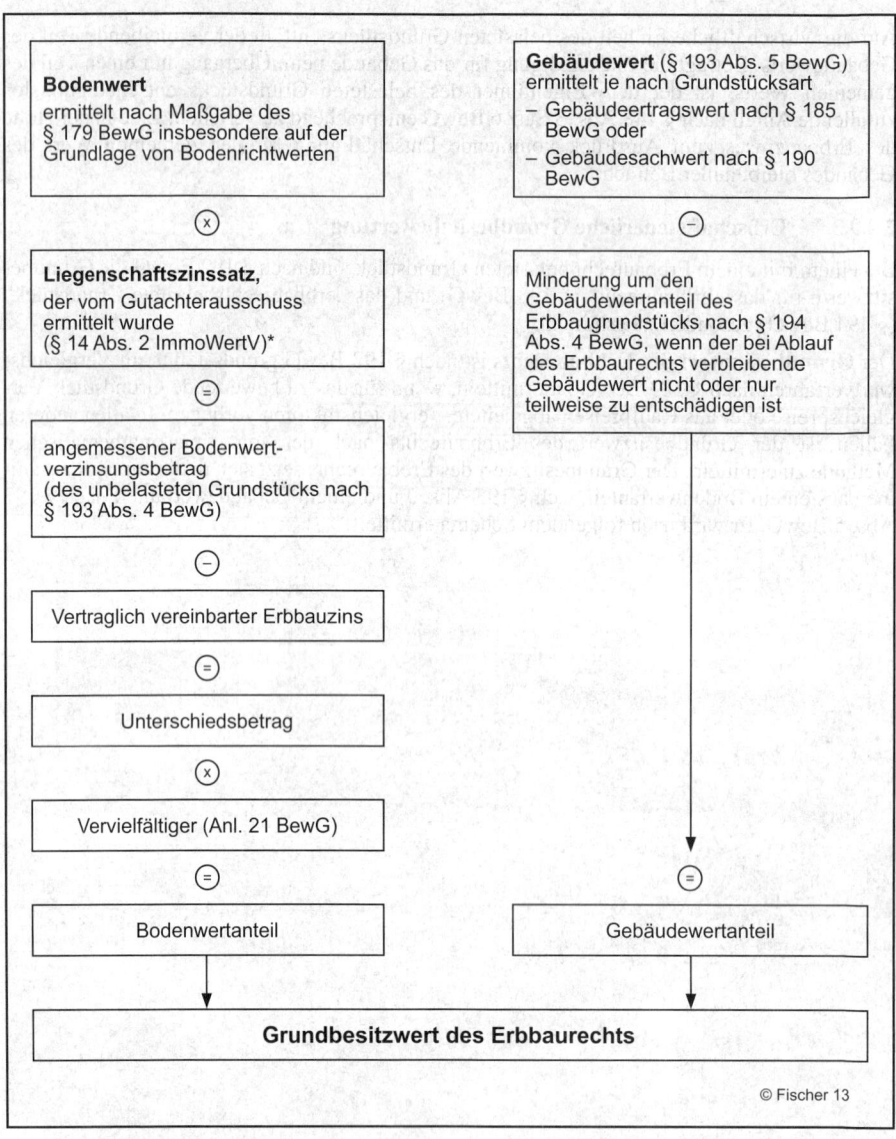

* Soweit von den Gutachterausschüssen keine geeigneten Liegenschaftszinssätze zur Verfügung stehen, gelten die folgenden Zinssätze:
  1. 3 Prozent für Ein- und Zweifamilienhäuser und Wohnungseigentum, das wie Ein- und Zweifamilienhäuser gestaltet ist,
  2. 5 Prozent für Mietwohngrundstücke und Wohnungseigentum, das nicht unter Nummer 1 fällt,
  3. 5,5 Prozent für gemischt genutzte Grundstücke mit einem gewerblichen Anteil von bis zu 50 Prozent, berechnet nach der Wohn- und Nutzfläche, sowie sonstige bebaute Grundstücke,
  4. 6 Prozent für gemischt genutzte Grundstücke mit einem gewerblichen Anteil von mehr als 50 Prozent, berechnet nach der Wohn- und Nutzfläche, und
  5. 6,5 Prozent für Geschäftsgrundstücke und Teileigentum.

Der **Grundbesitzwert des mit einem Erbbaurecht belasteten Grundstücks** ist nach § 194 BewG grundsätzlich im Vergleichswertverfahren nach § 183 BewG zu ermitteln, wenn für das zu bewertende Grundstück Vergleichspreise oder aus Kaufpreisen abgeleitete Vergleichsfaktoren vorliegen. In allen anderen Fällen ist der Grundbesitzwert nach der sog. finanzmathematischen Methode zu ermitteln (vgl. Rn. 162 ff.).

Das Wohnungs- und Teilerbbaurecht in der steuerlichen Bewertung ist in § 131 BewG geregelt. Dort heißt es:

„**§ 131 BewG** Wohnungseigentum und Teileigentum, Wohnungserbbaurecht und Teilerbbaurecht

(1) Jedes Wohnungseigentum und Teileigentum bildet eine wirtschaftliche Einheit. Für die Bestimmung der Grundstückshauptgruppe ist die Nutzung des auf das Wohnungseigentum und Teileigentum entfallenden Gebäudeteils maßgebend. Die Vorschriften zur Ermittlung der Einheitswerte 1935 bei bebauten Grundstücken finden Anwendung, soweit sich nicht aus den Absätzen 2 und 3 etwas anderes ergibt.

(2) Das zu mehr als 80 vom Hundert Wohnzwecken dienende Wohnungseigentum ist mit dem Vielfachen der Jahresrohmiete nach den Vorschriften zu bewerten, die für Mietwohngrundstücke maßgebend sind. Wohnungseigentum, das zu nicht mehr als 80 vom Hundert, aber zu nicht weniger als 20 vom Hundert Wohnzwecken dient, ist mit dem Vielfachen der Jahresrohmiete nach den Vorschriften zu bewerten, die für gemischt genutzte Grundstücke maßgebend sind.

(3) Entsprechen die im Grundbuch eingetragenen Miteigentumsanteile an dem gemeinschaftlichen Eigentum nicht dem Verhältnis der Jahresrohmieten zueinander, so kann dies bei der Feststellung des Wertes entsprechend berücksichtigt werden. Sind einzelne Räume, die im gemeinschaftlichen Eigentum stehen, vermietet, so ist ihr Wert nach den im Grundbuch eingetragenen Anteilen zu verteilen und bei den einzelnen wirtschaftlichen Einheiten zu erfassen.

(4) Bei Wohnungserbbaurechten oder Teilerbbaurechten gilt § 46 der weiter anzuwendenden Durchführungsverordnung zum Reichsbewertungsgesetz sinngemäß. Der Gesamtwert ist in gleicher Weise zu ermitteln, wie wenn es sich um Wohnungseigentum oder um Teileigentum handelte. Er ist auf den Wohnungserbbauberechtigten und den Bodeneigentümer entsprechend zu verteilen."

2.5 Wohnungs- und Teilerbbaurecht

▶ *Vgl. Teil V Rn. 39*

Schrifttum: *Kröll/Hausmann*, Rechte und Belastungen bei der Verkehrswertermittlung von Grundstücken, 3. Aufl. Neuwied 2006.

Rechtsgrundlage des Wohnungs- und Teilerbbaurechts ist § 30 Wohnungseigentumsgesetz[129] (WEG), der folgende Fassung hat:

236

„**§ 30 WEG**

(1) Steht ein Erbbaurecht mehreren gemeinschaftlich nach Bruchteilen zu, so können die Anteile in der Weise beschränkt werden, dass jedem der Mitberechtigten das Sondereigentum an einer bestimmten Wohnung oder an nicht zu Wohnzwecken dienenden bestimmten Räumen in einem aufgrund des Erbbaurechts errichteten oder zu errichtenden Gebäude eingeräumt wird (Wohnungserbbaurecht, Teilerbbaurecht).

(2) Ein Erbbauberechtigter kann das Erbbaurecht in entsprechender Anwendung des § 8 teilen.

(3) Für jeden Anteil wird von Amts wegen ein besonderes Erbbaugrundbuchblatt angelegt (Wohnungserbbaugrundbuch, Teilerbbaugrundbuch). Im Übrigen gelten für das Wohnungserbbaurecht (Teilerbbaurecht) die Vorschriften über das Wohnungseigentum (Teileigentum) entsprechend."

---

[129] WEG i. d. F. vom 15.3.1951 (BGBl. I S. 175), zuletzt geändert durch Gesetz vom 11.3.2013, BGBl. I S. 434.

VIII Rechte und Belastungen — Gesetzl. Beschränkungen

3 Gesetzliche Beschränkungen

3.1 Übersicht

Schrifttum: *Sandner/Weber (Hrsg.)*, Lexikon der Immobilienwertermittlung, 2. Aufl. Bundesanzeiger Verlag, Köln, 2007.

237 Neben den Rechten Dritter oder den beschränkt dinglichen Rechten gibt es auch gesetzliche Beschränkungen des Eigentums. Sie untergliedern sich in **privatrechtliche und öffentlich-rechtliche Beschränkungen**[130]. Die öffentlich-rechtlichen Beschränkungen beziehen sich auf Normen zur Konkretisierung der Sozialpflichtigkeit des Eigentums und die privatrechtlichen Beschränkungen auf die Abgrenzung des Eigentums gegenüber Nachbarn und private Normen. Bei den privatrechtlichen Beschränkungen ist nach den nachbarrechtlichen Beschränkungen des BGB (§§ 906 bis 924 BGB) (Immissionen § 906, Überhang § 910, Überfall § 911, Überbau §§ 912 bis 916, Notweg §§ 917 und 918 und Grenzverhältnisse §§ 919 bis 923, darunter fällt auch die Grenzscheidung, die als Folge der Grenzverwirrung § 920 BGB durch eine Grenzscheidungsklage zu einer richterlichen Abgrenzung der Grundstücke führt) und den Beschränkungen des landesrechtlichen Nachbarrechts zu unterscheiden (vgl. Abb. 43).

Abb. 43: Beschränkungen des Grundeigentums durch Gesetze

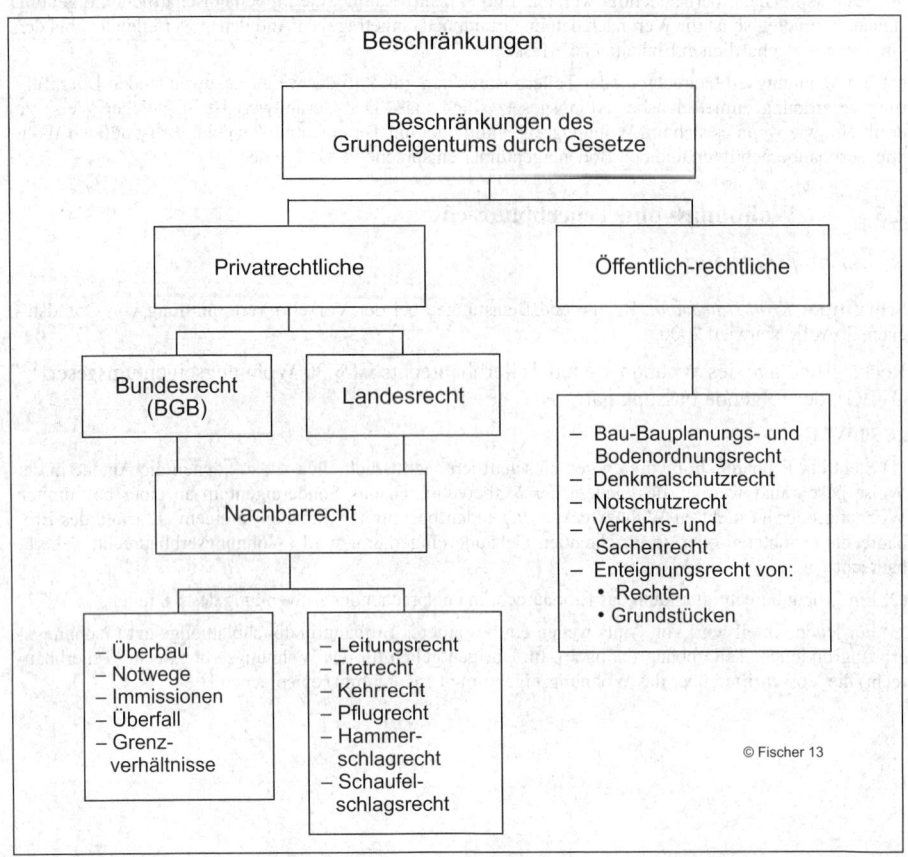

---

[130] Rebmann/Säcker, BGB MünchenerKomm, München 1986, 529; Soergel, BGB Komm., Stuttgart 1984, 183 ff.

Der durch gesetzliche Beschränkungen belastete Nachbar hat die Beschränkungen seines **238** Grundeigentums zu dulden. Er ist dafür durch eine angemessene Rente zu entschädigen. Die unter die gesetzlichen Beschränkungen fallenden Rechte sind nicht im Grundbuch eintragungsfähig. Die Höhe der angemessenen Entschädigung (Rente) ist aber meistens im Grundbuch des mit der Rente belasteten Grundstücks vermerkt (dingliche Sicherung des Rentenanspruchs). **Bei den privatrechtlichen Nachbarrechtsbeschränkungen ist eine Wertminderung des belasteten Grundstücks lediglich beim Überbau oder beim Notwegerecht anzunehmen.** Die übrigen nachbarrechtlichen Beschränkungen haben keinen oder nur unwesentlichen Einfluss auf den Grundstückswert. Für die Verkehrswertermittlung mit Rechten am Grundstück gilt folgender Grundsatz:

Entsprechend dem Prinzip der Marktkonformität sind die Rechte entsprechend den § 8 Abs. 3 ImmoWertV erst nachträglich zu berücksichtigen.

Dies ist darin begründet, dass die nach der ImmoWertV heranzuziehenden Liegenschaftszinssätze und Sachwertfaktoren regelmäßig aus Vergleichsobjekten abgeleitet werden, die keine besonderen rechtlichen Belastungen aufweisen.

Das heißt, der vorläufige Vergleichs-, Ertrags- und Sachwert ist zunächst auf der Grundlage des unbelasteten Bodenwerts zu ermitteln. Die Wertminderung nach § 8 Abs. 3 ImmoWertV ist erst nachträglich bei den besonderen objektspezifischen Grunstücksmerkmalen zu berücksichtigen.

3.2 Überbau

3.2.1 Allgemeines

Schrifttum: *Kinne, H.*, Rechtsfragen des Überbaus, BlnGE 2007, 490.

Von einem Überbau[131] spricht man, wenn ein Bauwerk zu einem Teil auf dem benachbarten **239** Grundstück errichtet wurde. Es macht dabei keinen Unterschied, ob die Bebauung unter (Fundamente), auf (Gebäude) oder über (Dachvorsprung, Balkon, Erker) der Erdoberfläche die Grenze überschreitet.

Es ist nach **drei Formen des Überbaus** zu unterscheiden: **240**

a) dem *rechtmäßigen Überbau* mit Einverständnis des Nachbarn,

b) dem *unbeabsichtigten (und entschuldigten) Überbau* (ohne Vorsatz und grobe Fahrlässigkeit) und

c) dem *unentschuldigten Überbau* aufgrund von Vorsatz oder grober Fahrlässigkeit (Abb. 44).

Als „**Bauwerke**" i. S. d. BGB sind Gebäude zu verstehen, die auf Dauer errichtet und nur schwer versetzbar sind; daher fallen Zäune, Mauern und ein seitenoffener *Carport*[132] nicht unter den Tatbestand des Überbaus. Des Weiteren fallen nur die vom Eigentümer oder Erbbauberechtigten (§ 11 Abs. 1 ErbbauRG) und nicht die vom Besitzer oder Pächter errichteten Bauwerke unter den Tatbestand des Überbaus[133]. § 11 Abs. 1 Satz 1 besagt: „Auf das Erbbaurecht finden die sich auf Grundstücke beziehenden Vorschriften ... sowie die Vorschriften über Ansprüche aus dem Eigentum entsprechende Anwendung ..."

---

131 Zum Begriff des Überbaus: BGH, Urt. vom 22.5.1981 – V ZR 102/80 –, WM 1981, 908 = NJW 1982, 756 = EzGuG 3.64; BGH, Urt. vom 16.1.2004 – V ZR 243/03 –, JurBüro 2004, 510 = GuG-aktuell 2004, 47 = EzGuG 14.142.
132 OLG Karlsruhe, Urt. vom 9.9.1992 – 6 U 45/02 –, NJW-RR 1993, 665.
133 BGH, Urt. vom 16.1.2004 – V ZR 243/03 –, NJW 2004, 1237 = EzGuG 14.141; Kleiber, W.: Marktwertmittlung nach ImmoWertV, Bundesanzeiger Verlag, Köln, 2013, S. 678–679.

VIII Rechte und Belastungen — Überbau

Abb. 44: Überbau

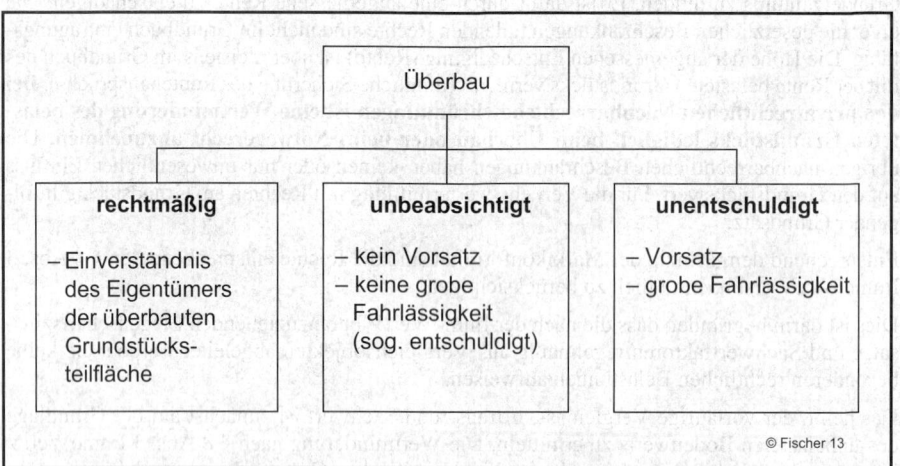

241 In der Praxis treten aber auch Fälle auf, in denen der Eigentümer zweier benachbarter Grundstücke zunächst über seine eigene Grenze gebaut hat (Eigengrenzüberbauung[134]) und die Grundstücke später unterschiedlichen Eigentümern zufallen. Des Weiteren kann ein Überbau auch durch Grundstücksteilung entstehen (**Teilungsfälle**).

242 Beim **rechtmäßigen Überbau** liegt das Einverständnis des Nachbarn vor. Die Eigentumsverhältnisse bestimmen sich wie beim entschuldigten Überbau nach den §§ 912 ff. BGB.

243 Unter einem **entschuldigten Überbau** versteht man die unbeabsichtigte Errichtung eines Gebäudes über die Grundstücksgrenze ohne Vorsatz oder grobe Fahrlässigkeit. Der Eigentümer des Grundstücks, das überbaut worden ist, muss den Überbau dulden, wenn er nicht „vor oder sofort nach der Grenzüberschreitung" (Überbau) Widerspruch erhoben hat (§ 912 Abs. 1 BGB). Der Überbau wird jedoch nicht wesentlicher Bestandteil des überbauten Grundstücks, sondern des Grundstücks, von dem aus die Grenze baulich überschritten wurde. Der Überbau bleibt im Eigentum des Überbauers (§ 95 Abs. 1 Satz 2 BGB). Als Ausgleich für die Duldungspflicht ist der Eigentümer des überbauten Grundstücks durch eine Geldrente zu entschädigen (§ 912 Abs. 2 BGB).

244 Ein **unentschuldigter Überbau** liegt bei Vorsatz oder grober Fahrlässigkeit vor[135]. Einen Widerspruch hat der Nachbar vor oder sofort nach der Grenzüberschreitung zu erheben.

245 Ein **gegen geltendes Baurecht oder gegen die allgemein geltenden Regeln der Baukunst verstoßender Überbau und ein gefahrenträchtiger Zustand** muss nicht geduldet werden[136].

246 Der Überbau gehört zu den privatrechtlichen Beschränkungen des Grundeigentums und ist in den **§§ 912 bis 916 BGB** geregelt:

„§ 912 BGB Überbau; Duldungspflicht

(1) Hat der Eigentümer eines Grundstücks bei der Errichtung eines Gebäudes über die Grenze gebaut, ohne dass ihm Vorsatz oder grobe Fahrlässigkeit zur Last fällt, so hat der Nachbar den Überbau zu dulden, es sei denn, dass er vor oder sofort nach der Grenzüberschreitung Widerspruch erhoben hat.

(2) Der Nachbar ist durch eine Geldrente zu entschädigen. Für die Höhe der Rente ist die Zeit der Grenzüberschreitung maßgebend."

---

[134] BGH, Urt. vom 12.10.2001 – V ZR 168/00 – GuG 2004, 383 = EzGuG 14.135d; OLG Hamm, Urt. vom 13.12.1990 – 5 U 179/80 –, NJW-RR 1991, 656 = EzGuG 14.96b.
[135] BGH, Urt. vom 19.9.2003 – V ZR 360/02 –, GuG-aktuell 2004, 47 = EzGuG 14.139a.
[136] BGH, Urt. vom 22.9.2000 – V ZR 443/99 –, NJW-RR 2001, 232 = EzGuG 14.135b.

§ 913 BGB Zahlung der Überbaurente

(1) Die Rente für den Überbau ist dem jeweiligen Eigentümer des Nachbargrundstücks von dem jeweiligen Eigentümer des anderen Grundstücks zu entrichten.

(2) Die Rente ist jährlich im Voraus zu entrichten."

In den *neuen Bundesländern* galt vom **1.1.1976 bis zum 3.10.1990** die Regelung des § 320 ZGB, der folgende Fassung hat:

„**§ 320 ZGB** Überbau

(1) Hat der Nutzungsberechtigte eines Grundstücks ohne Einverständnis des Grundstücksnachbars über die Grundstücksgrenze gebaut, kann der Grundstücksnachbar verlangen, dass der Überbau beseitigt wird, soweit das nicht gesellschaftlichen Interessen widerspricht.

(2) Kann die Beseitigung des Überbaus nicht verlangt werden, hat der Grundstückseigentümer Anspruch auf angemessene Entschädigung in dem Umfang, in dem sein Nutzungsrecht beeinträchtigt ist."

Im **Kommentar zum ZGB**[137] heißt es hierzu:

„2. Maßgeblich für den Anspruch auf **angemessene Entschädigung** und dessen Höhe ist nicht die Tatsache des Überbaus selbst, sondern der dadurch hervorgerufene **Umfang der Beeinträchtigung** der Grundstücksnutzung. Folglich ist kein Entschädigungsanspruch gegeben, wenn der Überbau keine Beeinträchtigung hervorgerufen hat, jedoch führt bereits eine unwesentliche Beeinträchtigung zum Entstehen eines Entschädigungsanspruchs. Für die Beurteilung des Umfangs der Beeinträchtigung sind Größe, Lage und Art der Nutzung des Grundstücks von Bedeutung. Wird ein Wohngebäude bebautes Grundstück überbaut und kommt es dadurch zu einem besonders engen Nebeneinander von Gebäuden, liegt eine erhebliche Beeinträchtigung des Nutzungsrechts vor. Eine Beeinträchtigung muss nicht erheblich sein, wenn ein Grundstück überbaut wurde, das lediglich an Wochenenden ausschließlich für Erholungszwecke genutzt wird (vgl. auch 1.2 zu § 319). Für die Entscheidung über den Anspruch und auch die Höhe der Entschädigung, die nicht als einmalige Zahlung, sondern in bestimmten Zeitabständen zu erbringen ist, sind die Gerichte zuständig (vgl. OG, Urt. vom 11.3.1977 – 2 OZK 31/76 –, NJ 1977, 424)."

3.2.2 Überbaurente und Abkauf

Nach § 912 Abs. 2 BGB ist der Nachbar, dessen Grundstück überbaut worden ist, durch eine Geldrente (Überbaurente) zu entschädigen. Die **Rente ist nach § 913 Abs. 1 BGB von dem „jeweiligen Eigentümer des anderen Grundstücks", von dem übergebaut worden ist, zu entrichten**. Die Rente ist nach § 913 Abs. 2 BGB jährlich im *Voraus* zu entrichten. Das Rentenrecht geht allen übrigen Rechten vor (§ 914 Abs. 1 BGB) und wird gemäß § 914 Abs. 2 BGB nicht in das Grundbuch eingetragen; die Überbaurente wird jedoch im Grundbuch des anderen Grundstücks als Reallast abgesichert. Im Übrigen finden die Vorschriften Anwendung, die für eine zugunsten des jeweiligen Eigentümers eines Grundstücks bestehende Reallast gelten (§ 914 Abs. 3 BGB).

Dass die Rente im *Voraus* zu entrichten ist, muss im Rahmen der Wertermittlung besonders beachtet werden, denn der **Vervielfältiger der Anl. 1 zu § 20 ImmoWertV bezieht sich auf eine nachschüssige Rente**. Die Umrechnung der jährlich nachschüssigen Vervielfältiger aus Anl. 1 der ImmoWertV in vorschüssige Vervielfältiger kann wie folgt erfolgen:

Beispiel:

Laufzeit	20 Jahre
Ansetzbarer Zinssatz	4 %
Jährlich nachschüssiger Vervielfältiger gem. Anl. 1 ImmoWertV	13,59

---

137 Ministerium der Justiz der DDR: Kommentar zum ZGB, Staatsverlag der DDR, Berlin 1993.

VIII Rechte und Belastungen — Überbau

Umrechnung in den jährlich vorschüssigen Vervielfältiger durch Multiplikation des jährlich nachschüssigen Vervielfältigers mit dem angesetzten Zinssatz in Dezimalschreibweise:

13,59 × 1,04 =   **14,13** oder

Heranziehung des Vervielfältigers für n − 1 Jahre zuzüglich 1:

13,13 + 1,00 =   **14,13**

Ansprüche gegen einen Bauunternehmer, der einen Überbau verursacht hat, als Drittschädiger werden im Übrigen durch § 912 BGB nicht ausgeschlossen[138].

252 Das **Rentenrecht ist Bestandteil des überbauten Grundstücks** (§ 96 BGB).

253 **Für die Höhe der Überbaurente** nach § 912 Abs. 2 Satz 2 BGB ist „die Zeit der Grenzüberschreitung maßgebend"[139]. Durch die Überbaurente soll nämlich der Nutzungsverlust ausgeglichen werden, den der Eigentümer des überbauten Grundstücks zum Zeitpunkt des Überbaus erleidet[140]. Dies gilt auch dann, wenn

a) der Überbau zu einem späteren Zeitpunkt entdeckt wurde und

b) im Falle des Eigengrenzüberbaus.

Für die Bemessung der Überbaurente gelten auch in diesem Falle die allgemeinen Wertverhältnisse zum Zeitpunkt des Überbaus. Bei einem Eigengrenzüberbau entsteht das Rentenzahlungsrecht mit der Errichtung des Überbaus und nicht erst mit dem Übergang an einen anderen Eigentümer[141].

Die der Ermittlung der Überbaurente zugrunde zu legende **Verzinsung ist eine Frage des Einzelfalls**. Das OLG Stuttgart[142] hat eine angemessene Verzinsung mit höchstens 9 % und das AG Landau[143] mit 8 % angenommen.

254 Aus § 912 Abs. 2 Satz 2 BGB folgt auch, dass die Überbaurente nicht der Entwicklung auf dem Grundstücksmarkt angeglichen werden darf. Das bedeutet, dass in den meisten Fällen die Überbaurente wegen der stark angestiegenen Bodenpreise bereits nach wenigen Jahren ihre praktische Bedeutung verliert (Abb. 46)[144].

---

138 BGB, Urt. vom 21.5.1958 – V ZR 225/56 –, MDR 1958, 591 = EzGuG 3.11.
139 OLG Celle, Urt. vom 30.10.1962 – 1 U 13/62 –, EzGuG 14.14e = EzGuG 3.20; BGH, Urt. vom 26.11.1971 – V ZR 11/70 –, BGHZ 57, 304 = EzGuG 3.37.
140 BGH, Urt. vom 10.12.1993 – V ZR 168/92 –, GuG 1994, 311 = BGHZ 124, 313 = EzGuG 6.272; BGH, Urt. vom 23.2.1990 – V ZR 231/88 –, BGHZ 110, 298 = WM 1990, 718 = NJW 1990, 1791 = BauR 1990, 373; OLG Köln, Beschl. vom 27.9.1995 – 16 W 49/95 –, DWW 1997, 120 = EzGuG 14.126.
141 OLG Hamm, Urt. vom 13.12.1990 – 5 U 179/90 –, NJW-RR 1991, 656 = EzGuG 14.96b.
142 OLG Stuttgart, Urt. vom 6.11.1975 – 13 U 121/75 –, MDR 1976, 400.
143 AG Landau, Urt. vom 27.2.2001 – 4 C 451/00 –.
144 BGH, Urt. vom 10.12.1976 – V ZR 235/75 –, NJW 1977, 375 = EzGuG 3.58; BGH, Urt. vom 19.12.1975 – V ZR 25/74 –, BGHZ 65, 395 = EzGuG 3.57; BGH, Urt. vom 22.2.1974 – V ZR 103/73 –, BGHZ 62, 141 = EzGuG 3.43; BGH, Urt. vom 18.12.1970 – V ZR 73/68 –, NJW 1971, 426 = EuGuG 3.34; BGH, Urt. vom 10.10.1969 – V ZR 131/66 –, EzGuG 3.32; BGH, Urt. vom 14.11.1962 – V ZR 183/60 –, EzGuG 3.21; BGH, Urt. vom 13.2.1981 – V ZR 25/80 –, EzGuG 14.65a; BGH, Urt. vom 26.11.1971 – V ZR 11/70 –, EzGuG 3.37; BGH, Urt. vom 26.2.1964 – V ZR 105/61 –, BGHZ 41, 157 = EzGuG 3.25; OLG Nürnberg, Urt. vom 23.11.1962 – 4 U 91/62 –, DWW 1963, 124 = EzGuG 3.22; LG Bochum, Urt. vom 23.9.1958 – 5 S 256/58 –, MDR 1959, 128 = EzGuG 3.13.

Abb. 45: Entwicklung verschiedener Indizes seit 1963

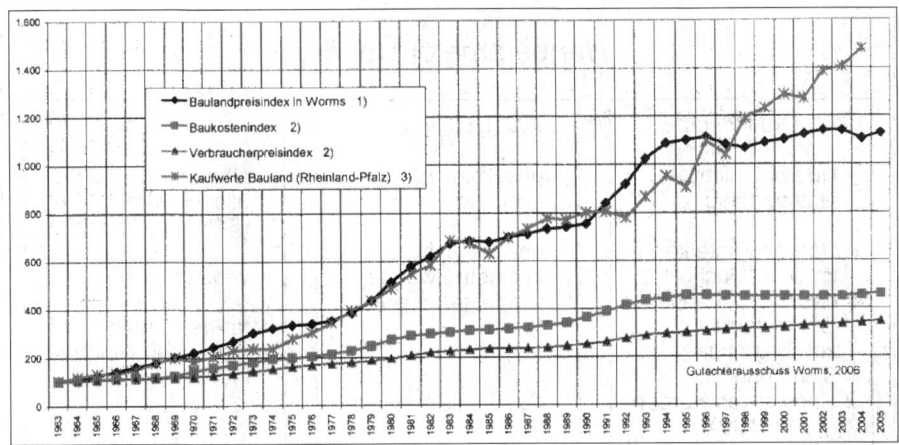

Quelle: Gutachterausschuss in Worms, 2006

Abb. 45 zeigt, dass die Bodenpreisentwicklung wesentlich steiler verläuft als die Entwicklung der für Gleitklauseln zulässigen Indizes (z. B. Verbraucherpreisindex und Index der Bruttoverdienste der Angestellten in Industrie und Handel). Dies führt insbesondere bei Erbbaurechten zu erheblichen Nachteilen für den Erbbauverpflichteten. Ebenso wirkt sich diese Entwicklung bei der Entschädigung für die gesetzlichen Beschränkungen aus, da hier keine **Angleichungsmöglichkeiten für die Renten** (Überbau- und Notwegrente) vorgesehen sind.

Maßgebliche Grundlage für die Bemessung der Überbaurente ist der **Verkehrswert der überbauten Grundstücksfläche** zum Zeitpunkt des Überbaus[145].

Zur Berechnung der Höhe der Überbaurente kann bei Ertragsobjekten vom Ertragswert ausgegangen werden. Während bei der Verkehrswertermittlung des überbauberechtigten Grundstücks der Überbau in der Weise berücksichtigt wird, dass die über die Dauer des (künftigen) Bestands der Überbaurente kapitalisierte Geldrente vom Gesamtwert abgezogen wird, gleicht nach der Rechtsprechung des BGH[146] bei dem überbaubelasteten Grundstück die Überbaurente den Nutzungsausfall „neutralisierend" aus. Dem wird man allerdings aus der Sicht der Verkehrswertermittlung im Hinblick auf die der Überbaurente zugrunde liegenden überholten Wertverhältnisse nicht uneingeschränkt folgen können.

Die wesentlichen wertrelevanten Parameter des Überbaus nach den §§ 912 bis 916 sind nachfolgend zusammengefasst (Abb. 46).

---

145 OLG Celle, Urt. vom 30.10.1962 – 1 U 13/62 –, DWW 1964, 21 = EzGuG 3.20; BGH, Urt. vom 26.11.1971 – V ZR 11/70 –, BGHZ 57, 304 = EzGuG 3.37.
146 BGH, Urt. vom 21.5.1958 – V ZR 225/56 –, MDR 1958, 591 = EzGuG 3.11.

VIII Rechte und Belastungen — Überbau

Abb. 46: Wertparameter des Überbaus

Wertparameter Überbau

Grundbuch	Duldung	Duldung
– Überbau nicht eintragsfähig – Überbaurente kann im Grundbuch des überbauenden Grundstücks zur dinglichen Sicherung eingetragen werden (§ 914 BGB)	– gesetzlich beschränkt – erlischt nicht in einem Zwangsversteigerungsverfahren	– Überbaurente geht allen Rechten vor (§ 914 BGB) – verjährt nicht – fällige Rentenzahlungen verjähren in 3 Jahren

- Anspruch auf Überbaurente bei Überbauung (§ 912 Abs. 1 BGB)
- Bemessung der Rente nach dem nachhaltig eingetretenem Nachteil der auf dem überbauten Grundstück entsteht z. B. an Reinertrag des Grundstücks – anteilig bezogen auf die überbaute Fläche oder angemessene Verzinsung des überbauten Bodenwertes Maßgabe: allgemeine Wertverhältnisse zum Stichtag an dem der Überbau entstanden ist (§ 912 Abs. 1 BGB). Zahlung der Rente: jährlich vorschüssig (§ 913 Abs. 2 BGB) Wertsicherung: keine Wertsicherung möglich

© Fischer 13

3.2.3 Verkehrswertermittlung

3.2.3.1 Verkehrswert des belasteten (überbauten) Grundstücks

258 Die Ermittlung des Verkehrswerts vollzieht sich nach den Methoden des Rentenrechts (vgl. Begriff des Grundvermögens § 68 Abs. 1 Nr. 1 BewG[147]). **Im Zeitpunkt der Grenzüberschreitung dürfte der Wert der Überbaurente im Allgemeinen dem Verlust der Nutzung des überbauten Teils des belasteten Grundstücks entsprechen.** Eine sich aus dem Nutzungsverlust ergebende Wertminderung wird demnach in diesem Zeitpunkt auch den Wert der Überbaurente im Allgemeinen ausgleichen. Der vollständige Ausgleich einer Wertminderung tritt jedoch dann nicht mehr ein, wenn der Wert des überbauten Grundstücks steigt. Ebenso fehlt ein Ausgleich im Fall der einmaligen Zahlung oder der Ablösung der Rente oder im Fall des Verzichts auf die Rente.

259 Bei der Verkehrswertermittlung des überbauten Grundstücks wird eine Wertminderung nur insoweit berücksichtigt, als sie nicht durch den Wert der Überbaurente ausgeglichen ist.

---

[147] In der steuerlichen Bewertung ist der Wert der Überbaurente in Anlehnung an die Regelung in Abschn. 32 Abs. 5 Satz 7 BewR Gr (Allgemeine Verwaltungsvorschrift über die Richtlinie zur Besteuerung des Grundvermögens) mit dem Neunfachen des Jahresbetrags anzusetzen.

Überbau — Rechte und Belastungen VIII

Bei der **Verkehrswertermittlung von unbebauten Grundstücken** ist zunächst der Bodenwert für die nicht vom Überbau bedeckte Fläche zu ermitteln. Diesem Wert ist dann der Wert der Überbaurente hinzuzurechnen[148].

Der Verkehrswert eines Grundstücks mit einem Überbau ergibt sich nach der aus Abb. 47 ersichtlichen Formel.

Dabei ergibt sich i. d. R. ein geringerer Wert als für ein vergleichbares unbelastetes Grundstück, da zumeist der Barwert der Überbaurente wegen der rechtlichen Hindernisse zu gering bemessen ist.

Abb. 47: Verkehrswertermittlung des belasteten (überbauten) Grundstücks (Sachwertverfahren)

Verkehrswert des belasteten (überbauten) Grundstücks (Sachwertverfahren)	
	Bodenwert (unbelastet)
+	altersgeminderte Gebäudeherstellungskosten
+	Wertanteil Außen- und sonstige Anlagen
=	vorläufiger Grundstückssachwert (ohne Überbau)
×	Sachwertfaktor lt. GAA oder sachverständiger Marktanpassung
=	vorläufiger Sachwert (ohne Überbau); marktangepasst
+	abgezinster Bodenwert des überbauten Grundstücksteils ⎫
+	Barwert der vorschüssigen Überbaurente ⎬ § 8 Abs. 3 ImmoWertV
–	Abschlag wegen sonstigen Nutzungsbeeinträchtigungen ⎭
=	Verkehrswert des belasteten Grundstücks

© Fischer 13

3.2.3.2 Verkehrswert des begünstigten Grundstücks

Der Überbau gehört zur **wirtschaftlichen Einheit** des Grundstücks, von dem aus überbaut worden ist, da er i. d. R. nur einen kleinen Teil des Hauptgebäudes ausmacht.

Bisher war man davon ausgegangen, dass der Bodenwert des Grundstücks, von dem aus überbaut wurde, dann höher als der Wert eines vergleichbaren unbebauten Grundstücks einzuschätzen ist, wenn das Maß der baulichen Nutzung durch den Überbau größer ist als das Maß der baurechtlich zulässigen Nutzung. Von dieser Auffassung wird in der WERTR 06 abgewichen. Die bisher angerechnete Bodenwerterhöhung des begünstigten Grundstücks (z. B. die durch den Überbau berücksichtigte Erhöhung der baulichen Ausnutzung) soll künftig mit der Begründung nicht mehr berücksichtigt werden, dass für den Bodenwert der Grundsatz gilt „wie, wenn unbebaut", und sich die Grundstücksqualität, insbesondere was die bauliche Ausnutzung angeht, durch den Überbau nicht ändert.

Ebenso bleibt ein denkbarer Bodenwertanteil des Berechtigten an dem überbauten Grundstück unberücksichtigt, da die Berechtigung zur Nutzung des fremden Bodens mit der baulichen Anlage „steht und fällt". Allerdings wird sich in den Fällen der Verkehrswertermittlung im Ertragswertverfahren der Wert des Überbaus im Allgemeinen in einer höheren Jahresrohmiete ausdrücken.

Im Übrigen sollte das Problem nicht zu theoretisch gesehen werden, da in der überwiegenden Anzahl der Praxisfälle ein Überbau nach § 912 BGB marginal ist.

---

148 In den Fällen der steuerlichen Bewertung der bebauten Grundstücke im Ertragswertverfahren kommt eine Wertminderung nach § 82 Abs. 1 BewG nur insoweit in Betracht, als sie nicht bereits in der Höhe der Jahresrohmiete berücksichtigt ist. Bei der Berechnung des Zuschlags nach § 82 Abs. 2 Nr. 1 BewG ist die vom Überbau bedeckte Fläche als unbebaute Fläche anzusehen. Bei der Bewertung eines bebauten Grundstücks im Sachwertverfahren wirkt sich eine Wertminderung im Bodenwert aus. Dieser ist wie bei einem unbebauten Grundstück zu ermitteln.

VIII Rechte und Belastungen — Überbau

Das Beispiel (Anl. 22 bis 24 WertR 06), welches von einem 60 m² großen Überbau auf einem 450 m² großen Innenstadtgrundstück ausgeht, ist eher unwahrscheinlich und wird deshalb nicht weiter behandelt.

262 In den Fällen der Verkehrswertermittlung bebauter Grundstücke mit Überbau im Ertragswertverfahren wirkt sich der Wert des Überbaus im Allgemeinen in einer höheren Jahresrohmiete durch die Überbauung aus[149].

263 Der **Verkehrswert eines Grundstücks, von dem aus überbaut wurde,** ergibt sich aus der aus Abb. 48 ersichtlichen Formel.

Abb. 48: Verkehrswertermittlung für das begünstigte Grundstück

Verkehrswertermittlung für das begünstigte Grundstück	
	Bodenwert (ohne Anteil Überbau)
+	altersgeminderte Gebäudeherstellungskosten einschl. Überbau
+	Wertanteil Außen- und sonstige Anlagen
=	vorläufiger Grundstückssachwert einschl. Überbau
×	Sachwertfaktor lt. GAA oder sachverständige Marktanpassung
=	vorläufiger Sachwert; marktangepasst
−	Barwert der vorschüssigen Überbaurente } § 8 Abs. 3 ImmoWertV
=	Verkehrswert des begünstigten Grundstücks

© Fischer 13

264 *Beispiel* (Anlage 22 WertR 06):

Bei der Bebauung des Innenstadtgrundstücks B wurde ein Überbau vom Nachbargrundstück A um 3,00 m auf einer Länge von 20 m festgestellt. Der derzeitige Bodenwert beträgt 200 €/m². Zum Zeitpunkt des Überbaus 1965 betrug der Bodenwert 60 €/m². Der Liegenschaftszinssatz betrug 6 %. Die Grundstücke haben jeweils eine Fläche von 450 m². Bei der Berechnung wird davon ausgegangen, dass der Überbau noch 100 Jahre bestehen bleibt, da der Eigentümer des herrschenden Grundstücks den Vorteil des Überbaus künftig nicht aufgeben wird. Der Berechnung ist der vorschüssige Rentenbarwertfaktor in Höhe von 17,61 (100 Jahre, 6 %) zugrunde zu legen.

Ermittlung der Überbaurente für belastetes Grundstück B:
Jährlicher Nutzungsverlust der überbauten Grundstücksteilfläche

Bodenverzinsungsbetrag (60 m² × 60 €/m² × 6,00 %)	216 €
Jährliche Überbaurente	**216 €**

Ermittlung des Bodenwerts des begünstigten Grundstücks A:

Bodenwert des Grundstücks (450 m² × 200 €/m²)	90 000 €
Barwert der Überbaurente (216 € × 17,61) rd.	− 3 804 €
	86 196 €
Bodenwert des begünstigten Grundstücks rd.	**86 000 €**

---

[149] In der steuerlichen Bewertung ist der Wert der Überbaurente in Anlehnung an die Regelung in Abschn. 32 Abs. 5 Satz 7 BewR Gr (Allgemeine Verwaltungsvorschrift über die Richtlinie zur Besteuerung des Grundvermögens) mit dem Neunfachen des Jahresbetrags anzusetzen.

Ermittlung des Bodenwerts des belasteten Grundstücks B:

Abgezinster Bodenwert des überbauten Grundstückteils	
(200 €/m² × 60 m² × 0,0029) rd.	35 €
Abzinsungsfaktor bei 6 v. H. und 100 Jahren Restnutzungsdauer	
Barwert der Überbaurente (216 € × 17,61) rd.	+ 3 804 €
Bodenwert des nicht überbauten Grundstückteils	
[(450 m² – 60 m²) × 200 €/m²]	+ 78 000 €
	81 839 €
Bodenwert des belasteten Grundstücks rd.	**82 000 €**

Abb. 49: Lageplan

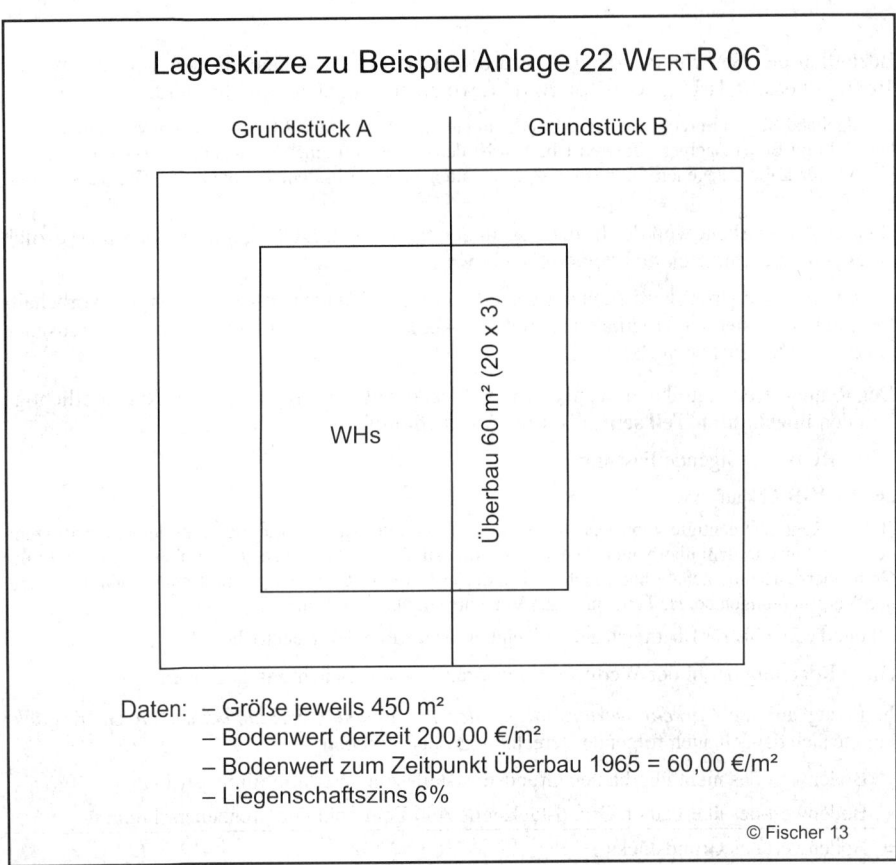

Beispiel:

An einem Innenstadtgrundstück wird 1998 ein Überbau vom Nachbargrundstück von (0,50 m × 25,00 m) = 12,5 m² festgestellt, der bei der Neubebauung des Nachbargrundstücks im Jahr 1988 unbeabsichtigt entstand. Der gegendübliche Bodenwert beträgt 1998 1 000 €/m² und im Jahr der Entstehung des Überbaus 700 €/m². Beide Grundstückseigentümer verhandeln über eine dinglich zu sichernde Überbaurente.

VIII Rechte und Belastungen — Überbau

Bodenwert des belasteten Grundstücks

Bodenwert zum Zeitpunkt des Überbaus $\quad\quad$ 700 €/m²

Die Überbaurente entspricht der ortsüblichen nutzungsbezogenen Bodenwertverzinsung zum Zeitpunkt des Entstehens des Überbaus.

6,5 v. H.[150] von 700 €/m² = 45,50 €/m²

Überbaurente 45,50 €/m² × 12,5 m² $\quad\quad$ = *568,75 € p. a.*

Es kann davon ausgegangen werden, dass der einmal erreichte Vorteil des Eigentümers des herrschenden Grundstücks künftig nicht aufgegeben wird, sodass der Jahreswert der Überbaurente auf ewig zu verzinsen ist. Der Ansatz der Restnutzungsdauer des Gebäudes reicht nicht aus, da das Erreichen der Restnutzungsdauer[151] nicht zwingend den Abriss des Gebäudes bedeutet. Nur bei einem Abriss des Gebäudes wird die Überbaute Fläche wieder frei. Dabei ist zu berücksichtigen, dass die Rente üblicherweise jährlich vorschüssig gezahlt wird.

Vervielfältiger bei vorschüssiger Zahlweise bei ewiger Rente und 6,5 v. H. Liegenschaftszins:

15,38 × 1,065 = 16,38

Wert der Überbaurente: 568,75 € × 16,38 = 9 316,13 € = $\quad\quad$ rd. **9 320,00 €**

Bezüglich der Berechnung der Überbaurente in den neuen Ländern (vor dem 3. Oktober 1990) gilt das BGH-Urt. vom 28.1.2001[152], wo unter Punkt b ausgeführt wird:

„Maßgebend für die Berechnung einer Überbaurente nach § 912 Abs. 2 BGB für einen vor dem 3. Oktober 1990 im Beitrittsgebiet erfolgten Überbau ist der Bodenwert eines im gleichen Zustand und in vergleichbarer Lage belegenen Grundstücks in den alten Ländern in dem Zeitpunkt der Grenzüberschreitung."

Das schafft Klarheit, weil der Bodenwert in der ehemaligen DDR durch Preisstopp gesetzlich geregelt und damit auch nicht marktgerecht war.

In dem gleichen Urteil wird auch klargestellt, dass ein Grundstückseigentümer, der vorbehaltlos und unbefristet den Überbau gestattet hat, weder dessen Beseitigung noch die Herausgabe der überbauten Fläche verlangen kann.

266 Der Rentenberechtigte kann nach § 915 BGB jederzeit verlangen, dass der Rentenpflichtige ihm den **überbauten Teil seines Grundstücks abkauft.**

§ 915 BGB hat folgende Fassung:

„**§ 915 BGB** Abkauf

(1) Der Rentenberechtigte kann jederzeit verlangen, dass der Rentenpflichtige ihm gegen Übertragung des Eigentums an dem überbauten Teil seines Grundstücks den Wert ersetzt, den dieser Teil zurzeit der Grenzüberschreitung gehabt hat. Macht er von dieser Befugnis Gebrauch, so bestimmen sich die Rechte und Verpflichtungen beider Teile nach den Vorschriften über den Kauf.

(2) Für die Zeit bis zur Übertragung des Eigentums ist die Rente fortzuentrichten."

267 Diese Regelung hat in der Wertermittlungspraxis wenig Beachtung gefunden:

In Bezug auf die *Verkehrswertermittlung des mit einem Überbau belasteten Grundstücks* könnte sich danach auch folgende Berechnungsweise ergeben:

$\quad\quad$ Bodenwert des nicht überbauten Grundstücksteils zum Wertermittlungsstichtag

+ Bodenwert des überbauten Grundstücksteils zum Zeitpunkt der Grenzüberschreitung

= Bodenwert des Grundstücks

Der Eigentümer des mit einem Überbau belasteten Grundstücks wird von der Möglichkeit des § 915 Abs. 1 BGB allenfalls Gebrauch machen, wenn die Bodenwerte seit dem Zeitpunkt der

---

150 Ansatz eines nutzungsbezogenen Liegenschaftszinssatzes unter Abwägung der langfristigen Risikoeinschätzung des Objekts.
151 Die Restnutzungsdauer drückt nur die Anzahl der Jahre aus, in denen die baulichen Anlagen bei ordnungsgemäßer Unterhaltung voraussichtlich noch wirtschaftlich genutzt werden können. Durchgeführte Instandsetzungen oder Revitalisierung können die Restnutzungsdauer verlängern.
152 BGH, Urt. vom 28.1.2011, IV ZR 147/10 –, NJW 2012, 2352.

Grenzüberschreitung stabil geblieben oder sogar gefallen sind. Ansonsten würde sich ein vernünftig handelnder Grundstückseigentümer hierauf nicht oder allenfalls in Notfällen einlassen, was nicht dem gewöhnlichen Geschäftsverkehr zuzurechnen wäre. Diese Vorgehensweise muss insofern verworfen werden. **Bei** (gegenüber dem Zeitpunkt der Grenzüberschreitung) **gesunkenen Bodenpreisen** muss diese Ermittlungsmethode indessen in Betracht gezogen werden.

In Bezug auf die *Verkehrswertermittlung des überbaurentenpflichtigen Grundstücks* ergibt sich umgekehrt folgende Betrachtungsweise:

    Bodenwert des Grundstücks zum Wertermittlungsstichtag

+   Unterschiedsbetrag aus dem Bodenwert des überbauten Grundstücksteils zum Wertermittlungsstichtag

−   abzüglich des Bodenwerts dieser Teilfläche zum Zeitpunkt der Grenzüberschreitung

=   Bodenwert des Grundstücks

Auch diese Betrachtungsweise ist bei gestiegenen Bodenwerten zu verwerfen, weil der Rentenberechtigte in solchen Fällen von seinem Ankaufsrecht nach § 915 Abs. 1 BGB keinen Gebrauch machen würde. **Bei** (gegenüber dem Zeitpunkt der Grenzüberschreitung) **gesunkenen Bodenpreisen** kann umgekehrt diese Ermittlungsmethodik in Betracht kommen.

3.2.3.3 Zusammenfassung

Bei der Wertermittlung von Überbaurechten sind demnach folgende Punkte zu klären und zu beachten:

– Ermittlung des Bodenwerts zum Zeitpunkt des Entstehens des Überbaus,
– Ermittlung der Laufzeit der Überbaurente und jährlich vorschüssige Kapitalisierung sowie
– Wahl des Zinssatzes.

Die sich ergebende Jahresrente ist mit dem jährlich vorschüssigen Rentenbarwertfaktor zu kapitalisieren.

Die Bodenwertermittlung zum Zeitpunkt des Entstehens des Überbaus bereitet im Regelfall keine Probleme. Bei der Ermittlung der Laufzeit des Rechts wird in vielen Fällen von einer unendlichen Zeitdauer (100/Zinssatz) ausgegangen, in anderen Fällen von der Restnutzungsdauer des aufstehenden Gebäudes. In der Praxis wird beobachtet, dass in den Fällen, in denen der Eigentümer des Grundstücks, von dem überbaut wurde, den Vorteil hat, den auf fremdem Grund und Boden stehenden Gebäudeteil auch bei durchgreifender Sanierung nicht abbricht, sodass durchaus von einer unendlichen Laufzeit des Überbaurechts ausgegangen werden kann. Ebenso stellt sich die Frage nach dem anzusetzenden Zinssatz. Nach h. M. ist der nutzungsbezogene Liegenschaftszinssatz heranzuziehen. Die sich ergebende Jahresrente ist mit dem jährlich vorschüssigen Rentenbarwertfaktor (Vervielfältiger) zu kapitalisieren.

3.2.4 Überhang

Schrifttum: Kellerschächte, Erker, Balkone, Dachüberstände – kommt jetzt das große Abkassieren?, Bln GE 2006, 994; *Weyers,* Nutzungsentgelt bei Inspruchnahme öffentlichen Straßenlandes, GuG 1998, 296.

Von dem Überbau zu unterscheiden sind sog. Überhänge, wie **Balkone, Erker und Loggien, aber auch Arkaden,** die in den öffentlichen Straßenraum auskragen. Hierzu gehören auch Brücken und sog. Deckel. Die Nutzung erfolgt i. d. R. aufgrund eines Gestattungsvertrags nach bürgerlichem Recht. Für die Inspruchnahme des öffentlichen Straßenraums (Luftraums) wird i. d. R. ein einmaliges Nutzungsentgelt vereinbart (Nutzungsentschädigung).

VIII Rechte und Belastungen

272 **Rechtsgrundlagen** sind

a) die Straßen- und Wegegesetze der Länder (vgl. § 3 Abs. 5 sowie § 23 Abs. 1 StrWG Nordrh.-Westf.),

b) § 8 des Bundesfernstraßengesetzes,

c) gemeindliche Satzungen (insbesondere bei Ortsdurchfahrten im Zuge von Bundes- und Landesstraßen; vgl. Satzung der Stadt Köln vom 13.2.1998 – ABl. 1998, 74 – sowie die Satzung des Landschaftsverbandes Rheinland über die Erhebung von Sondernutzungsgebühren für Sondernutzungen an Landstraßen vom 11.9.1997 – GVBl. Nordrh.-Westf. 1997, 375),

d) Verordnungen, z. B. Berliner Verordnung über die Erhebung von Gebühren für die Sondernutzung öffentlicher Straßen vom 12.6.2006 (GVBl. 2006, 589).

273
In allen Fällen richtet sich die Einräumung von Rechten zur Benutzung des Luftraums nach bürgerlichem Recht, wobei allerdings die gesetzlichen Regelungen bezüglich der **technischen Anforderungen** an den Überhang zu beachten sind (vgl. z. B. § 18 StrWG Nordrh.-Westf.).

274
Zur **Bemessung des Nutzungsentgelts** für ein oberes Stockwerk (Überhang), das in den Luftraum einer öffentlichen Straße hineinreicht, hat der BGH[153] im Übrigen festgestellt, dass die Ermittlung nach dem Verkehrswert versagen müsse und als Anhalt das Entgelt herangezogen werden könne, das von dem Eigentümer des Straßenlands üblicherweise für die Überbauung des Straßengeländes verlangt wird, wenn dieses Entgelt der Billigkeit entspricht.

275
Das i. d. R. einmalige Nutzungsentgelt bemisst sich nach dem wirtschaftlichen Vorteil des Grundstücks, von dem der Überhang ausgeht, und erstreckt sich – sofern nichts anderes vereinbart worden ist – auf den **Zeitraum** bis zum Rückbau (Abriss) der baulichen Anlage. Vielfach wird aber auch eine bestimmte Vertragsdauer (z. B. 99 Jahre) vereinbart. Sofern aus städtebaulichen Gründen ein Überhang erwünscht ist, werden auch Abschläge vom Nutzungsentgelt gewährt. Grundlage für die **Ermittlung des wirtschaftlichen Vorteils** ist die zusätzliche Nutzfläche (NF bzw. WF), die sich aus dem Überhang ergibt. Wird zur Ermittlung der Wohn- oder Nutzfläche von der Geschossfläche (GF) ausgegangen, so ist diese im Hinblick auf Mauerwerk, Treppenaufgänge, Aufzugsschächte usw. um etwa 20 % zu vermindern. Des Weiteren ist für den statisch bedingten Mehraufwand des Überhangs ein Abschlag von etwa 30 % anzubringen, um zum wirtschaftlichen Vorteil zu gelangen[154].

276 *Beispiel:*

Mit einem Büroneubau sollen insgesamt 8 Erker mit einer Gesamtgeschossfläche von 50 m² errichtet werden. Der durchschnittliche Bodenwert betrage bezogen auf 1 m² NF 1 000 €. Der wirtschaftliche Vorteil (Wertzuwachs) bei 99-jähriger Vertragsdauer beträgt als Einmalbetrag:

Bodenwert pro 1 m² NF	1 000 €/m²
× 0,80 zwecks Umrechnung auf 1 m² Geschossfläche (GF) =	800 €/m² GF
× 0,70 zur Berücksichtigung statisch bedingter Mehrkosten =	560 €/m² GF

Wirtschaftlicher Vorteil (Wertzuwachs):

Bei einer Gesamtgeschossfläche von 50 m² ergibt sich:

560 €/m² GF × 50 m² GF =	**28 000 €**

Der Verkehrswert des Grundstücks, von dem der Überhang ausgeht, erhöht sich um diesen Betrag. Er stellt gleichzeitig das einmalige Nutzungsentgelt dar. Soll das Nutzungsentgelt in jährlichen Beträgen

---

[153] BGH, Urt. vom 19.12.1975 – V ZR 25/74 –, BGHZ 65, 395 = EzGuG 3.57.
[154] Weyers, Nutzungsentgelt bei Inanspruchnahme öffentlichen Straßenlandes, GuG 1998, 296.

gezahlt werden, so ist der Einmalbetrag bei einem entsprechenden Zinssatz (z. B. 4 %) durch den Rentenbarwertfaktor (jährlich vorschüssig) zu dividieren. Bezogen auf die einzelnen Parameter ergibt sich:

28 000 €/25,46 = 1 099,76 € p. a. rd.   = **1 100 € p. a.**
oder 1 099,76 €/12 Monate   = **91,65 € pro Monat**
oder 91,65 € pro Monat/50 m² GF   = **1,83 € pro m² GF und Monat**

Aus wirtschaftlicher Überlegung heraus ist darüber nachzudenken, ob die Wohnungen mit Erker auch einen adäquaten Mieterrag erbringen werden, woraus der wirtschaftliche Vorteil begründet wird.

In dem vorgestellten *Beispiel* wurde von einem einheitlichen Bodenwert pro Quadratmeter Nutzfläche ausgegangen. Dies ist nicht immer sachgerecht, wenn der Überhang in den einzelnen Geschosebenen unterschiedlich ausfällt und diese **Geschosebenen eine stark voneinander abweichende Ertragssituation aufweisen** (z. B. in Innenstadtlagen). In derartigen Fällen kann auch direkt vom Bodenwert (Bodenrichtwert) ausgegangen werden, der dann nach dem Mietsäulenverfahren aufgespalten wird. 277

Beispiel: 278

Gemischt genutztes Grundstück in der Innenstadt mit einem Bodenwert von 5 000 €/m². Der Bodenwertanteil der einzelnen Geschossebenen wird auf der Grundlage der jeweiligen Erträge wie folgt aufgespalten:

Lage – Nutzung	Reinertrag €/m²	Bodenwertanteil		überhängende Fläche (m²)	Wert (€)
		in % (5 000 €/m²)	absolut (€/m²)		
V. OG Wohnen	8,00	5,44	272,00	10,00	2 720,00
IV. OG Wohnen	9,00	6,12	306,00	8,00	2 448,00
III. OG Büro	10,00	6,81	340,50	8,00	2 724,00
II. OG Büro	12,00	8,16	408,00	8,00	3 264,00
I. OG Laden	25,00	17,01	850,50	–	–
EG Laden	50,00	34,01	1 700,50	–	–
UG Laden	30,00	20,41	1 020,50	–	–
TG Garage	3,00	2,04	102,00	–	–
Summen	147,00	100,00	5 000,00	34,00	11 156,00
Berücksichtigung statisch bedingter Mehrkosten: × 0,7					7 809,20

3.2.5 Nachbarwand

In den Landesnachbarrechtsgesetzen[155] sind die Möglichkeiten der Grenzbebauung geregelt. Dabei ist i. d. R. der Bau einer Nachbarwand zulässig. Die **Nachbarwand ist eine auf der Grenze zweier Grundstücke errichtete Wand, die mit einem Teil ihrer Wandstärke auf dem Nachbargrundstück steht.** Sie darf nur im Einvernehmen mit dem Nachbarn errichtet werden. Liegt diese Genehmigung nicht vor, entsteht ein Überbauanspruch nach § 912 BGB. Bei zulässiger Errichtung der Nachbarwand entsteht jedoch kein Anspruch auf Zahlung einer Vergütung oder Abkauf des überbauten Grundstücksteils (vgl. § 912, 916 BGB). Der später bauende Nachbar hat vielmehr bei Anbau an die bestehende Nachbarwand den halben Wert der Nachbarwand zu vergüten. Eine Erhöhung der Nachbarwand ist nur möglich, wenn der Nachbar einwilligt; eine Verstärkung der Wand ist nur auf dem eigenen Grundstück möglich[156]. 279

Beim Abriss einer gemeinsamen Giebelwand hat der BGH[157] wie folgt geurteilt:

1. Bei der Giebelwand wurde angenommen, dass es sich um eine gemeinsame Wand im Sinne von § 921 BGB handelt.

---

[155] Zum Beispiel Landesnachbarrechtsgesetz (LNRG) Rheinland-Pfalz vom 17.6.1970 (GVBl. S. 198), geändert durch Gesetz vom 21.7.2003 (GVBl. S. 209).

VIII Rechte und Belastungen   Notweg

2. Das Recht auf ungehinderte Benutzung der Wand bleibt unangetastet.
3. Das abgerissene Gebäude hat für das stehengebliebene Haus eine wärmeisolierende Funktion gehabt.
4. Der Eigentümer des verbleibenden Hauses kann eine nach dem Stand der Technik erforderliche Anbringung einer Wärmedämmung verlangen.
5. Die Kosten für die Wärmedämmung sowie für den Außenputz muss der Eigentümer des abgerissenen Hauses nach §§ 683, 670 BGB oder nach §§ 812 Abs. 1 S. 1 Alt 2, § 818 Abs. 2 BGB tragen.
6. Die Vorschrift des § 922 Satz 3 BGB beschränkt nicht das Recht des Eigentümers, sein Haus abzureißen. Er muss alle Maßnahmen treffen, die zur Verhinderung oder Beseitigung der Auswirkungen des Abrisses auf das Nutzungsinterne des Nachbarn geboten sind.

Im Kontext zum vorgenannten Urteil steht bereits ein früheres Urteil des OLG Frankfurt[158].

Derjenige, der ein Hausteil mit Außenwand abreißt, muss auch für die „Folgekosten" aufkommen (Dämmung, Vorputz, Standsicherheit) – denn die innenliegende Trennwand ist zur Außenwand geworden.

Zu einem anderen Fall wies der BGH eine Klage bei Abriss eines Stallgebäudes ab, weil keine Anbauung an die Nachbarwand vorlag; sondern nur eine Grenzwand vorhanden war[159]. In zwei weiteren Urteilen stellt der BGH[160] klar

„... dass dem Eigentümer eines entlang der Grundstücksgrenze bebauten Grundstücks kein Anspruch auf Vervollständigung des Witterungsschutzes seiner Außenmauer zusteht, wenn das Nachbargebäude abgerissen und dadurch eine parallel verlaufende Grenzwand beseitigt wird, die dieser Außenmauer bislang Schutz vor Witterungseinflüssen bot."

Auch das OLG Brandenburg[161] vom 21.4.2011 befasst sich mit dieser Thematik.

280 Daneben gibt es den Begriff der **Grenzwand.** Sie ist eine an der Grenze zweier Grundstücke auf eigenem Grundstück stehende Wand. Die Errichtung ist gegenüber dem Nachbarn in Bauart und mit Maßangaben in Schriftform anzeigepflichtig. Ein Anbau an die Grenzwand durch den Nachbarn ist nur bei vorliegender Einwilligung möglich. Es sind die Vorschriften des Nachbarrechts (§§ 906 ff. BGB) bzw. Nachbarrechtsgesetze der Länder über die Duldungspflicht und evtl. Ausgleichsansprüche anzuwenden.

3.3 Notweg

3.3.1 Allgemeines

Schrifttum: *Bengel/Simmerding,* Grundbuch, Grundstück/Grenze 2000, 340 ff.; *Palandt,* Bürgerliches Gesetzbuch 2006, 1406 ff.

▶ *Zum Wegerecht vgl. Rn. 355 ff.*

281 § 917 BGB definiert als Notweg den **Weg, den der Eigentümer eines Grundstücks zu dulden hat, weil es einem Nachbargrundstück an der zur ordnungsgemäßen Benutzung notwen-**

---

[156] Rechtliche Situation bei Vorliegen einer Nachbarwand: Erstbauer ist alleiniger Eigentümer der Nachbarwand, wenn der Nachbar der Errichtung zugestimmt hat (BGH, Urt. vom 20.4.1958 – V ZR 178/56 –, BGHZ 27, 197 = EzGuG 3.8). Wenn der Nachbar nicht zugestimmt hat, entsteht ein entschädigungspflichtiger Überbau. Wenn die Nachbarwand abgerissen wird, bevor der Nachbar zustimmt, entsteht ein nachträglicher Überbau. Nach Anbau des Nachbarn erfolgt Realteilung der Nachbarwand oder Miteigentum in ideellen Bruchteilen (vgl. BGH, a. a. O.).
[157] BGH, Urt. vom 27.7.2012 – V ZR 2/12 –, GuG 2013, 58 = EzGuG 4.206.
[158] OLG Frankfurt, Urt. vom 16.9.2004 – 16 U 211/03 –, MDR 2005, 268.
[159] BGH, Urt. vom 16.4.2010 –, V ZR 171/09 –, NJW 2010, 1808.
[160] BGH, Urt. vom 16.4.2010 –, V ZR 171/09 –, NJW 2010, 1808; Urt. vom 18.2.2011 – V ZR 137/10 –, NJW-RR 2011, 515.
[161] OLG Brandenburg, Urt. vom 21.4.2011 –, 5 U 51/09, BauR 2011, 1392.

digen Verbindung mit einem öffentlichen Weg mangelt[162]. Der Notweg gehört zu den gesetzlichen (privatrechtlichen) Beschränkungen und unterliegt strengen Anforderungen; er kommt nur als Ultima Ratio infrage. Der Notweg ist nicht im Grundbuch eingetragen (Abb. 50):

Abb. 50: Beschränkungen

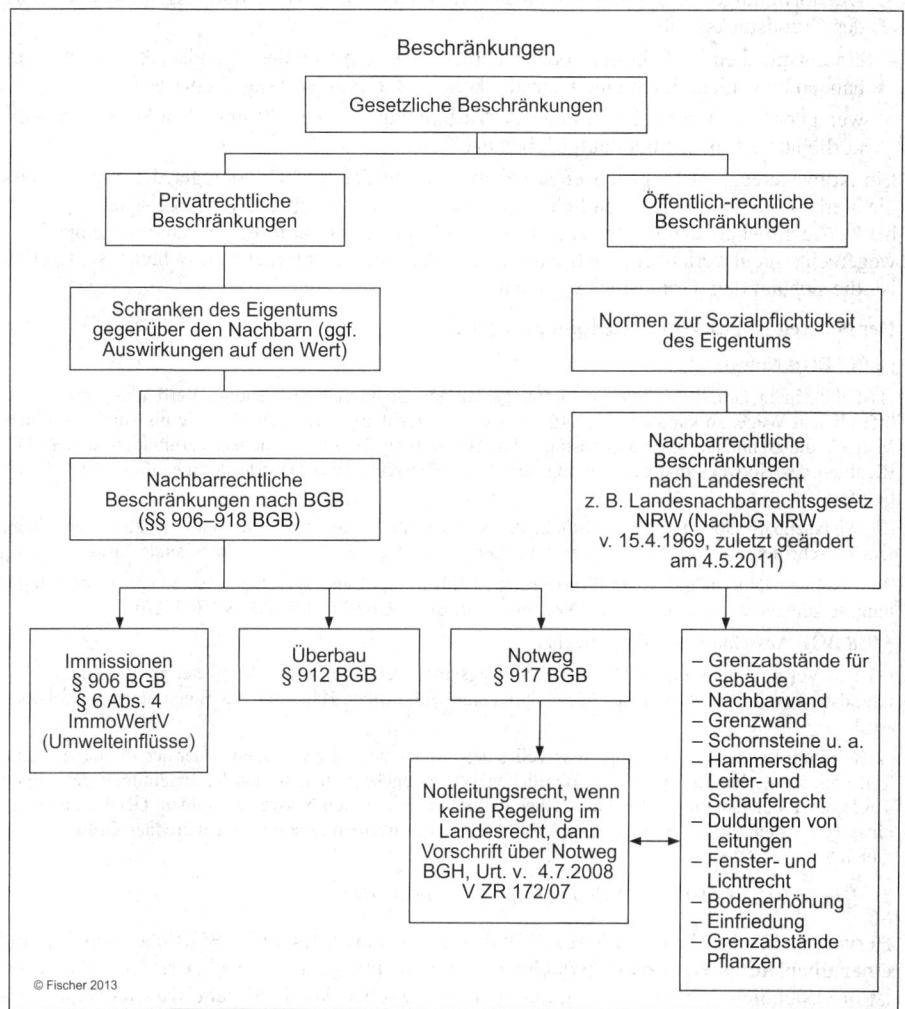

Das Notwegrecht beschränkt sich nicht nur auf das Begehen und Befahren, sondern kann ebenfalls die Duldung von **Versorgungsleitungen** (Elektrizität, Wasser, Gas) zum Gegenstand haben[163]. Es beinhaltet jedoch nicht das Recht auf Zufahrtsmöglichkeiten zu einer Garage[164]. Allerdings kann das bei gewerblichen Objekten u. U. anders zu beurteilen sein.

---

162 Zur Prüfung, ob die zur ordnungsgemäßen Benutzung notwendige Verbindung fehlt: BGH, Urt. vom 15.4.1964 – V ZR 134/62 –, NJW 1964, 1321 = EzGuG 14.19; BGH, Urt. vom 4.11.1959 – V ZR 49/58 –, NJW 1960, 93 = EzGuG 14.10a; weitere Rspr. BGH, Urt. vom 26.5.1978 – V ZR 72/77 –, MDR 1979, 127 = NJW 1979, 104 (LS) = DNotZ 1979, 24 = JuS 1979, 369 = ZMR 1979, 119; OLG Koblenz, Urt. vom 11.7.1991 – 5 U 1808/90 –, OLGZ 93, 347 = DWW 1972, 77 = EzGuG 14.101.
163 BGH, Urt. vom 15.4.1964 – V ZR 134/62 –, MDR 1964, 583 = EzGuG 14.19.
164 BGH, Urt. vom 9.11.1979 – V ZR 85/78 –, BGHZ 75, 315 = EzGuG 14.63a; vgl. hierzu BGH, Urt. vom 6.4.1995 – III ZR 27/94 –, GuG 1995, 310 = EzGuG 18.117.

VIII Rechte und Belastungen — Notweg

283 **Anlage und Unterhaltung des Notwegs** obliegt dem, der ihn beansprucht[165]. Ein Anspruch auf Notwegrente besteht nicht, wenn das in Anspruch genommene Überwegungsrecht über eine lange Zeit ausgeübt wurde (Gewohnheitsrecht)[166].

284 Die **Duldungspflicht** entsteht unter folgenden Voraussetzungen:
- Die notwendige Verbindung mit einem öffentlichen Weg zur ordnungsgemäßen Nutzung des Grundstücks fehlt,
- ein entsprechendes Fahrrecht oder Gehrecht über ein fremdes Grundstück ist nicht vorhanden bzw. nicht durch eine Dienstbarkeit (z. B. durch ein Wegerecht) gesichert,
- wenn der Eigentümer eine bestehende Verbindung zu einem öffentlichen Weg nicht willkürlich unterbrochen oder aufgegeben hat.

Ein Notwegerecht ist hingegen *nicht* gegeben, wenn der Rechtsvorgänger des Eigentümers die Verbindung zu einem öffentlichen Weg durch Verzicht auf ein Wegerecht herbeigeführt hat[167]. Auch der Besitzer eines zugangslosen Grundstücks kann die Einräumung eines Notwegerechts nicht verlangen, auch dann nicht, wenn er Eigentümer von Scheinbestandteilen ist, die sich auf dem Grundstück befinden[168].

285 Der **Notweg ist gesetzlich wie folgt geregelt:**

„**§ 917 BGB** Notweg

(1) Fehlt einem Grundstück die zur ordnungsmäßigen Benutzung notwendige Verbindung mit einem öffentlichen Wege, so kann der Eigentümer von den Nachbarn verlangen, dass sie bis zur Hebung des Mangels die Benutzung ihrer Grundstücke zur Herstellung der erforderlichen Verbindung dulden. Die Richtung des Notwegs und der Umfang des Benutzungsrechts werden erforderlichenfalls durch Urteil bestimmt.

(2) Die Nachbarn, über deren Grundstücke der Notweg führt, sind durch eine Geldrente zu entschädigen. Die Vorschriften des § 912 Abs. 2 Satz 2 und der §§ 913, 914, 916 finden entsprechende Anwendung.

Zum Notweg zählt auch das **Notleitungsrecht**. Fehlt in den Landesgesetzen eine entsprechende Regelung, so gelten die Vorschriften zum Notwegerecht, BGH, Urteil v. 4.7.2008 V ZR 172/07.

§ 918 BGB Ausschluss des Notwegrechts

(1) Die Verpflichtung zur Duldung des Notwegs tritt nicht ein, wenn die bisherige Verbindung des Grundstücks mit dem öffentlichen Wege durch eine willkürliche Handlung des Eigentümers aufgehoben wird.

(2) Wird infolge der Veräußerung eines Teiles des Grundstücks der veräußerte oder der zurückbehaltene Teil von der Verbindung mit dem öffentlichen Wege abgeschnitten, so hat der Eigentümer desjenigen Teiles, über welchen die Verbindung bisher stattgefunden hat, den Notweg zu dulden. Der Veräußerung eines Teiles steht die Veräußerung eines von mehreren demselben Eigentümer gehörenden Grundstücken gleich."

▶ *Die §§ 912 und 913 BGB sind bei Rn. 246 abgedruckt.*

286 Hervorzuheben ist, dass § 917 Abs. 2 BGB die Vorschrift des § 915 BGB über den **Abkauf einer überbauten Grundstücksfläche** nicht für entsprechend anwendbar erklärt. Der Grund ist offensichtlich darin zu suchen, dass der Gesetzgeber davon ausgeht, dass das Notwegerecht zeitlich begrenzt ist („… bis zur Hebung des Mangels…") und es sich nicht um einen Überbau, sondern um einen Notweg handelt.

287 Für *württembergische Landesteile* gelten bezüglich der **Überfahrts- und Treppenrechte** besondere Vorschriften (vgl. Art. 234 bis 242 EGBGB).

Das Notwegerecht ist eine gesetzliche Beschränkung des Eigentums und deshalb im Grundbuch nicht eintragungsfähig. Eintragungsfähig sind indessen die Notwegerente sowie eine zusätzliche Duldungspflicht des Notwegrechts (in Erweiterung ihrer nicht eintragungsfähigen Eigenschaft als gesetzliche Beschränkung) als Grunddienstbarkeit.

---

165 BGH, Urt. vom 7.7.2006 – V ZR 159/05 –, NJW 2006, 3426 = EzGuG 14.148.
166 OLG Schleswig, Urt. vom 24.10.2006 – 3 U 41/06 –, MDR 2007, 457 = EzGuG 14.149.
167 LG Bielefeld, Urt. vom 10.10.1962 – 2 S 149/62 –, MDR 1963, 678, EzGuG 14.14d.
168 BGH, Urt. vom 5.5.2006 – V ZR 139/05 –, NJW-RR 2006, 1160 = EzGuG 14.145a = MittBayNot 2007, 40.

Bezüglich eines Notwegerechts liegen zahlreiche aktuelle Urteile verschiedener Instanzen vor

- OLG Karlsruhe; OLG Brandenburg[169]:
  Sind vorhandene Wege umständlicher oder unbequemer zu nutzen, ist das für die Begründung eines Notwegerechts nicht ausreichend.
- OLG Karlsruhe[170]:
  Unbequemlichkeiten wie eine moderne Torschließanlage sind hinzunehmen.
- BGH, Urt. vom 12.12.2008[171]:
  „Einem Grundstückseigentümer steht gegen seinem Nachbarn ein Anspruch auf Duldung der Benutzung dessen Zufahrtweges zu, damit er sein Grundstück mit einem Kfz erreichen kann.
  Ein anderweitig bestehender Zugang zu Fuß oder mit dem Fahrrad über eine öffentliche Fläche reicht für eine ausreichende Nutzung eines Anwesens nicht aus, da so die Grundbedürfnisse wie die problemlose Anlieferung von Gegenständen des täglichen Bedarfs nicht befriedigt werden können."
- OLG Saarbrücken, AG Paderborn[172]:
  Auf den Notweg (Wegerecht als Grunddienstbarkeit) besteht kein Recht auf Parkmöglichkeiten oder des Be- und Entladens.
- BGH, Urt. vom 18.7.2008[173]:
  Ein eingetragenes Notwegerecht erlischt nicht deshalb, weil das Grundstück anders genutzt werden soll.
- BGH, Urt. vom 17.2.2012[174]:
  Erlischt das Erbbaurecht, so wird die für ein Wegerecht bestellte Grunddienstbarkeit nach § 12 Abs. 3 ErbbauRG mit dem Erlöschen des Erbbaurechts Bestandteil des Erbbaugrundstücks.

3.3.2 Notwegerente

Nach § 917 Abs. 2 BGB ist der Eigentümer, dessen Grundstück beansprucht wird und der den Notweg zu dulden hat, durch eine Geldrente zu entschädigen. Nach § 912 Abs. 2 S. 2 ist die Höhe der Rente auf den Zeitpunkt der „Grenzüberschreitung" = Zeitpunkt der Einräumung des Notweges abzustellen. Das Recht auf die Notwegerente ist wesentlicher Bestandteil des belasteten Grundstücks. Die Notwegerente hat – wie auch die Überbaurente – unabhängig vom Zeitpunkt ihrer Entstehung nach § 917 Abs. 2 i. V. m. § 914 BGB Vorrang vor allen anderen Grundstückslasten. **288**

Bei der **Zwangsversteigerung** bleibt diese Last auch dann bestehen, wenn sie bei der Feststellung des geringsten Gebots nicht berücksichtigt wurde (§ 52 Abs. 2 ZVG). Schuldner der Notwegerente ist der Eigentümer des zuweglosen Grundstücks und nicht etwa ein den Weg benutzender Mieter oder Pächter. **289**

Der Anspruch auf Entschädigung (Notwegerente) entsteht gleichzeitig mit der Pflicht des Grundeigentümers zur Duldung des Notwegs, d. h., indem das berechtigte **Verlangen auf Einräumung eines Notwegs** gestellt wird[175]. Auf den Zeitpunkt, zu dem die gesetzlichen Voraussetzungen vorliegen, kommt es nicht an. Auch kommt es nicht darauf an, dass der Notweg in Benutzung genommen wird. **290**

---

169 OLG Karlsruhe, Urt. vom 28.7.2010 – 6 U 105/08 –, IMR 2010, 1138; OLG Brandenburg, Urt. vom 30.10.2008 – 5 U 131/07.
170 OLG Karlsruhe, Urt. vom 23.2.2006 – 9 U 132/05 –, NJW-RR 2006, 1678.
171 BGH, Urt. vom 12.12.2008 – V ZR 106/07 –, NJW-RR 2009, 515.
172 OLG Saarbrücken, Urt. vom 24.7.2002 – 1 U/ 81/02 –, NJW-RR 2002, 1385; AG Paderborn, Urt. vom 28.6.2000 – 54 C 188/00 –, NJW-RR 2006, 1678.
173 BGH, Urt. vom 18.7.2008 – V ZR 171/07 –, NJW 2008, 3123.
174 BGH, Urt. vom 17.2.2012 – V ZR 102/11 –, NJW-RR 2012, 845 = EzGuG 7.149.
175 BGH, Urt. vom 19.4.1985 – V ZR 152/83 –, BGHZ 94, 160 = EzGuG 14.77a; RG, Urt. vom 22.12.1915 – V 263/95 –, RGZ 87, 424; Staudinger, Komm. zum BGB § 917 Rn. 44; a. A. Säcker in Münchener Komm. BGB § 917 Rn. 19, 39.

VIII Rechte und Belastungen

291 Das Rentenrecht erlischt, sobald die **Voraussetzungen für die Duldung des Notweges weggefallen** sind. Ansonsten fällt die Rente nach § 913 Abs. 2 BGB jährlich im Voraus an, wobei Ansprüche auf Rückstände in drei Jahren verjähren ab dem Schluss des Jahres, in dem der Anspruch entstanden ist (§§ 195, 199 BGB).

292 Die **Höhe der Notwegerente** nach § 917 Abs. 2 BGB richtet sich allein nach der durch das Notwegerecht bedingten Wertminderung des belasteten Grundstücks, und zwar in dem Zeitpunkt, in dem die Duldungspflicht entstanden ist, und nicht nach dem Vorteil, der sich durch den Notweg für das nicht angeschlossene Grundstück ergibt[176]. Im Schrifttum wird allerdings auch die Auffassung vertreten, dass der **Vorteil des Berechtigten** mit zu berücksichtigen sei[177]. Dem ist jedoch widersprochen worden[178].

293 Eine **Beeinträchtigung des dienenden Grundstücks** ist per se bereits dann gegeben, wenn das Grundstück in Anspruch genommen wird, ohne dass es sich direkt auf die Nutzung auswirkt, so z. B. im Falle einer Verlegung einer Wasserleitung in 1 m Tiefe[179].

294 Nach § 917 Abs. 2 BGB soll sich die **Entschädigung nach dem Bodenwert in dem Zeitpunkt bemessen, zu dem die Duldungspflicht entstanden ist.** Spätere Veränderungen der Umstände, insbesondere ein nach der Duldungspflicht entstandener höherer Grundstückswert, haben für die Höhe der Rente keinen Einfluss.

295 Eine einmalige Kapitalabfindung statt einer laufenden Rente ist möglich, kann aber vom Eigentümer des belasteten Grundstücks nicht gefordert werden. Wie bei der Überbaurente ist auch bei der Notwegerente eine Wertgleitklausel zur Anpassung an den steigenden Bodenwert ausgeschlossen[180]. Bei steigenden Bodenpreisen nach Ablauf weniger Jahre entspricht die Notwegerente nicht mehr der angemessenen Verzinsung des Bodenwerts.

3.3.3 Verkehrswertermittlung

3.3.3.1 Verkehrswert des dienenden Grundstücks

296 Grundsätzlich bestimmt sich der Verkehrswert wie in den Fällen der Überbaubelastung. Eine **Wertminderung kommt demnach nur in Betracht, als sie nicht durch den Wert der Rente ausgeglichen wird**[181] (Abb. 51):

---

176 BGH, Urt. vom 16.11.1990 – V ZR 297/89 –, GuG 1991, 155 = EzGuG 14.96; BGH, Urt. vom 6.4.1995 – III ZR 27/94 –, GuG 1995, 310 = EzGuG 18.117; BGH, Urt. vom 14.2.1963 – II ZR 19/61 –, BB 1964, 104; OLG Nürnberg, Urt. vom 19.12.1967 – 7 U 132/67 –, RdL 1968, 78 = EzGuG 14.31a; OLG Hamm, Urt. vom 8.7.1991 – 5 U 49/91 –, NJW-RR 1992, 723 = EzGuG 14.100a; RG WarnRspr 14 Nr. 290; LG Köln, Beschl. vom 23.7.1959 – 11 T 58/59 –, MDR 1960, 50 = EzGuG 14.10.
177 Süßheim in Braters Blätter für Administrative Praxis in Bayern. (BIAdmPR) 1952, 360; LG Mosbach, Urt. vom 20.9.1960 – S 56/59 –, EzGuG 14.13a.
178 Staudinger, Komm. zu BGB § 917 Rn. 43; RG WarnRspr. 1914 Nr. 290; KG; Urt. vom 21.2.1914 – V 370/13 –, JW 1914, 529.
179 A. A. AG Wiehl in HGBR Rspr. 1959 Nr. 50.
180 Soergel, a. a. O.
181 In den Fällen der steuerlichen Bewertung bebauter Grundstücke im Ertragswertverfahren ist der Abschlag nach § 82 Abs. 1 BewG vom gesamten Grundstückswert zu machen. Bei der Bewertung bebauter Grundstücke im Sachwertverfahren wirkt sich eine Wertminderung zunächst im Bodenwert aus. Beeinträchtigt der Notweg auch die Gebäude, so kann eine Ermäßigung des Gebäudesachwerts nach § 88 BewG in Betracht kommen.

Abb. 51: Bodenwert des mit Notwegerecht belasteten (dienenden) Grundstücks

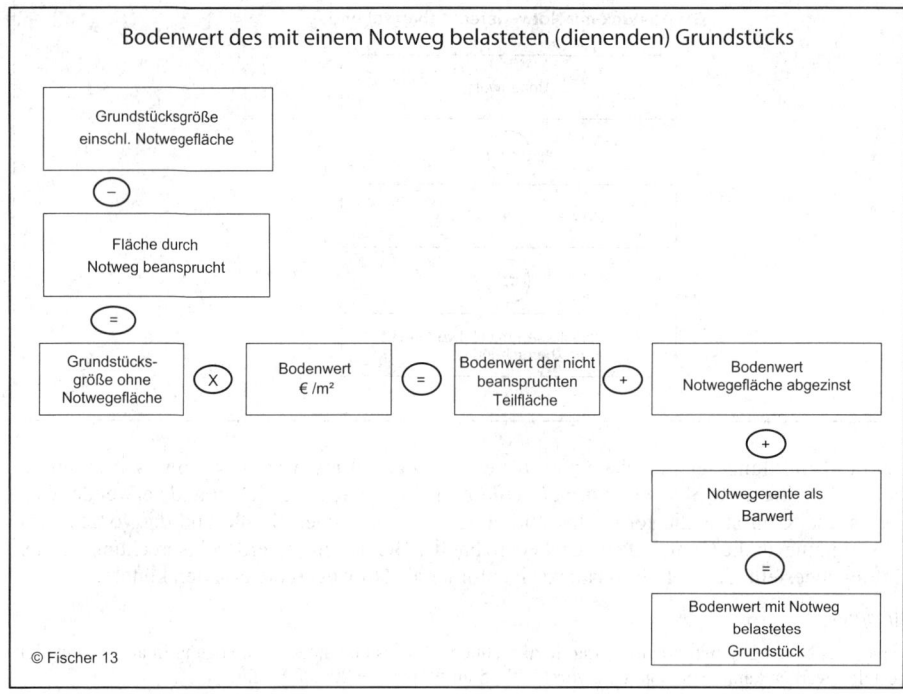

Die mit dem Notwegerecht einhergehende Wertminderung des belasteten Grundstücks kann auch direkt ermittelt werden.

3.3.3.2 Verkehrswert des herrschenden Grundstücks

Das herrschende Grundstück ist zunächst wie ein normal zugängliches Grundstück zu werten. Eine Minderung des Bodenwerts kommt wegen der fehlenden Verbindung zu einem öffentlichen Weg nicht in Betracht. Die **Verpflichtung zur Zahlung der Rente ist** jedoch sowohl in den Fällen der Verkehrswertermittlung der unbebauten Grundstücke als auch in den Fällen der Verkehrswertermittlung bebauter Grundstücke im Ertragswertverfahren und im Sachwertverfahren **wertmindernd zu berücksichtigen** (Abb. 51 und 52):

VIII Rechte und Belastungen — Notweg

Abb. 52: Bodenwert des mit Notwegerecht begünstigen (herrschenden) Grundstücks

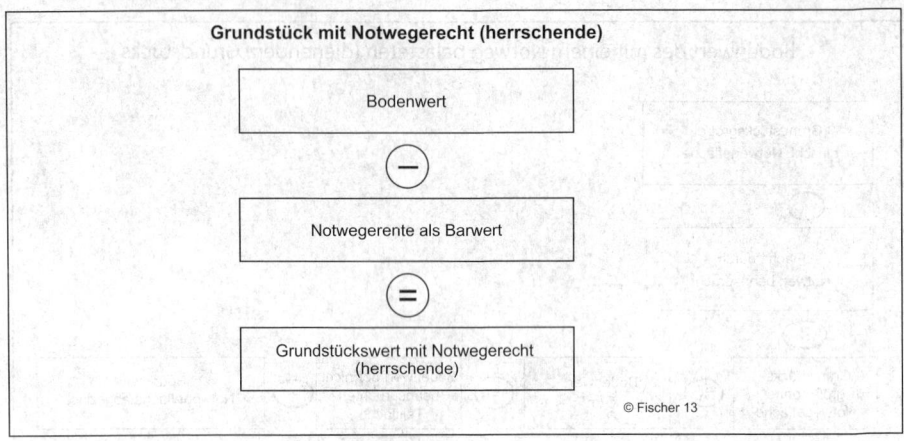

Bei der Ermittlung der Entschädigung für einen **Verbindungsweg,** der schon seit mehreren Jahren **für eine neue Siedlung zum allgemeinen Wegenetz** hergerichtet und verwendet worden ist, bei dem aber die förmliche Widmung zur öffentlichen Straße und die vorgesehene Übereignung an die Gemeinde unterblieben, hat der BGH[182] in seiner Rechtsprechung auf den Betrag abgestellt, den der Grundstückseigentümer als Notwegerente erhalten könnte.

299 *Beispiel 1:*

Dauer des Notweges ewig, da nicht damit zu rechnen ist, dass eine andere Zuwegung in absehbarer Zeit gestaltet werden kann. Notwegerente von Fl. Nr. 5 an Fl. Nr. 6 = 200,00 €/Jahr.

Abb. 53: Lageplan

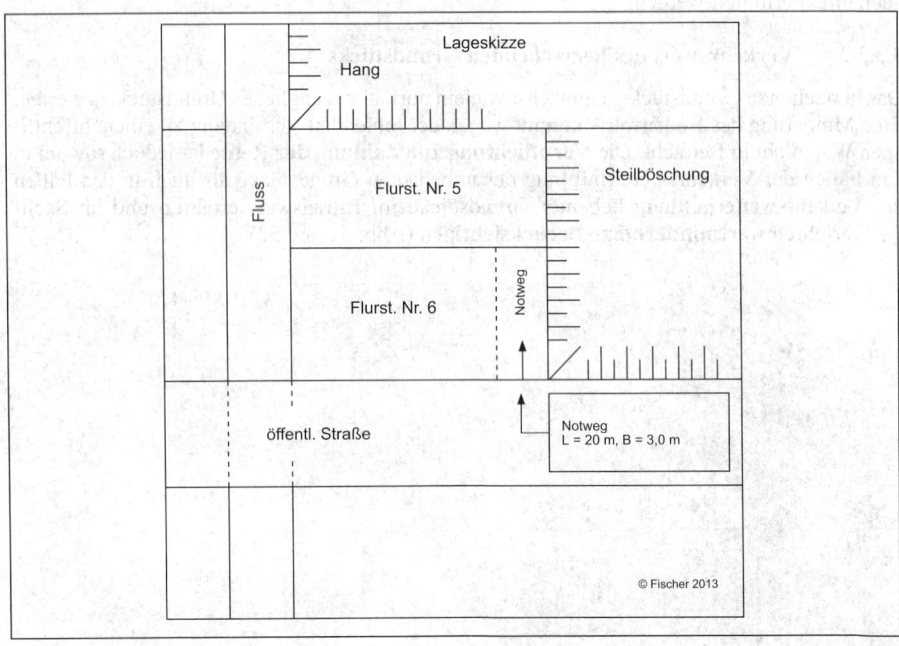

---

182 BGH, Urt. vom 11.6.1970 – III ZR 7/69 –, NJW 1970, 1644 = BRS Bd. 26 Nr. 99 = EzGuG 18.51.

Notweg — Rechte und Belastungen VIII

Verkehrswertermittlung des dienenden Grundstücks
Flurstück Nr. 6

[(20 m × 40 m) − (3 m × 20 m)] × 200 €/m²	=	148 000 €
Bodenwert des Notwegs: 60 m² × 200 €/m² = rd. 12 000 €		
diskontiert mit 5 % über 100 Jahre Laufzeit		
(Diskontierungsfaktor[1] 0,0076)		
12 000 € × 0,0076	+	91 €
Barwert der Notwegerente: 200 € × 20,84[2]	+	4 168 €
= Bodenwert des dienenden Grundstücks	**=**	**152 259 €**

Verkehrswertermittlung des herrschenden Grundstücks
Flurstück Nr. 5

800 m² × 200 €/m²	=	160 000 €
Barwert der Notwegerente: 200 € × 20,84	−	4 168 €
= Bodenwert des herrschenden Grundstücks	**=**	**155 832 €**

Anmerkung:
1 Der Bodenwert wird jährlich nachschüssig diskontiert.
2 Die Rente wird mit dem jährlich vorschüssigen Rentenbarwertfaktor multipliziert.

Beispiel 2:

Abb. 54: Lageplan

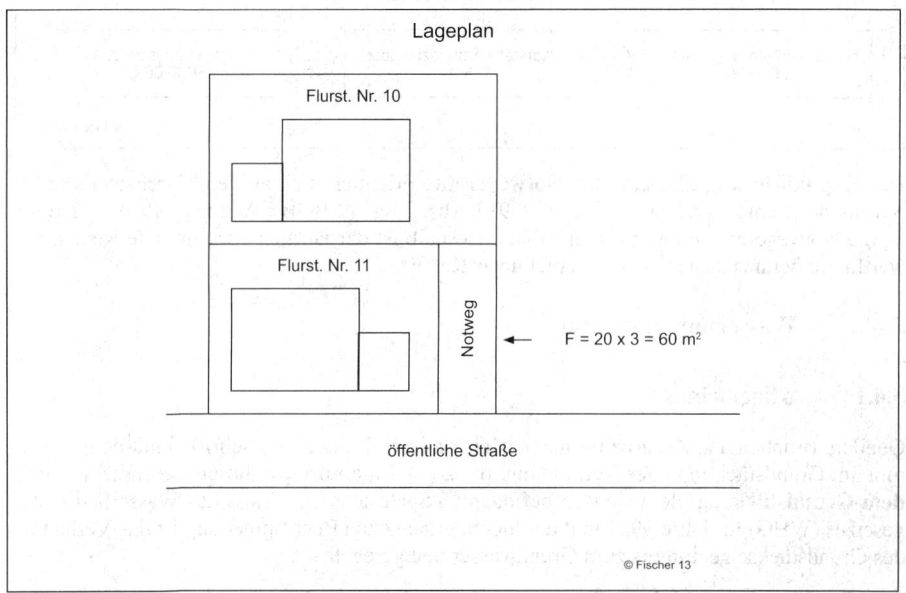

Bebautes Grundstück mit einer Restnutzungsdauer des Gebäudes auf dem Grundstück von 80 Jahren. Die Notwegerente von Flurst. Nr. 10 an Flurst. Nr. 11 beträgt 80,00 €/Jahr.

Flurstück Nr. 11

1. [(20 m × 40 m) − (3 m × 20 m)] × 200 €/m²	=	148 000 €
2. Diskontierter Bodenwert Notweg: 60 m² × 200 €/m² = 12 000 € × 0,0202 rd.	+	242 €
3. Barwert der Notwegerente: 80 € × 20,58 rd.	+	1 646 €
Bodenwert	**=**	**149 888 €**

Flurstück Nr. 10

VIII Rechte und Belastungen — Wassernutzungsrecht

1. 800 m² × 200 €/m²	=	149 900 €
2. Barwert der Notwegerente: 80 € × 20,58	–	1 646 €
Bodenwert	=	**158 354 €**

3.3.3.3 Notwegerente

301 Wie vorstehend dargelegt, entspricht der Wert der Notwegerente der Differenz zwischen dem Verkehrswert des dienenden Grundstücks ohne die Beeinträchtigung durch das Notwegerecht und dem Verkehrswert des Grundstücks unter Berücksichtigung der Beeinträchtigung.

Renken[183] hat allgemein als Faustregel vorgeschlagen, ein Zehntel des Werts der benutzten Fläche als Jahresrente anzusetzen. Im Einzelfall ist jedoch eine differenzierte Betrachtungsweise angezeigt. In Anlehnung an *Sternel*[184] (zur Mietminderung bei Wohnungsmängeln) ist die Wertminderung abhängig von

– der Art und dem Umfang von Funktionseinbußen für die Nutzung,
– der Dauer und Häufigkeit der Beeinträchtigung,
– der optischen Auffälligkeit des Mangels für den Geltungswert sowie
– dem Ausmaß der Folgebeeinträchtigung.

Sie lässt sich vielfach nur im Wege der Schätzung ermitteln.

Abb. 55: Beispiel Notwegerente

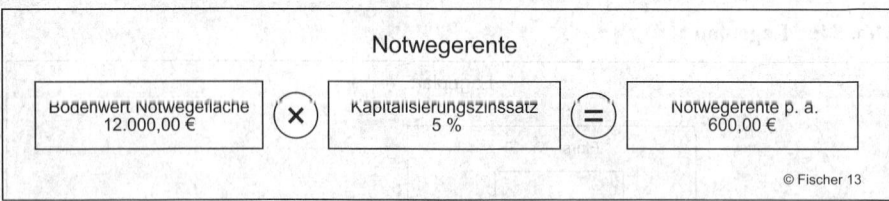

Der **Kapitalisierungszinssatz der Notwegerente** orientiert sich an dem durchschnittlichen Niveau der Kapitalverzinsung. Gemäß § 917 Abs. 2 Satz 2 BGB i. V. m. § 913 Abs. 2 BGB ist die Notwegerente im Voraus zu zahlen. Deshalb ist der jährlich vorschüssige Rentenbarwertfaktor heranzuziehen (vgl. Beispiel unter Rn. 300).

3.4 Wassernutzungsrecht

3.4.1 Allgemeines

302 Quellen, Brunnen und Zisternen standen nach landesrechtlichen Vorschriften mit dem Eigentum am Grundstück in enger Verbindung, d. h., das **Eigentum an** diesen **Gewässern folgte dem Grundstück,** auf dem sie sich befinden[185]. Spätestens mit Erlass des Wasserhaushaltsgesetzes (WHG) im Jahre 1957 und der hierzu ergangenen Rechtsprechung ist das Verhältnis des Grundstückseigentümers zum Grundwasser neu geregelt.

303 Das **Grundwasser** wird durch § 1a Abs. 3 WHG gleichsam dem Grundeigentum ausgegliedert. Demzufolge ist dem Eigentümer auch der Abbau von Bodenvorkommen verwehrt, wenn wasserwirtschaftliche Belange aufgrund der Bedeutung des Grundwassers für die allgemeine Wasserversorgung dadurch beeinträchtigt werden[186]. Nach der Rechtsprechung des BVerfG

---

[183] Renken in GEBln 1964, 299; LG Verden, Urt. vom 2.7.1957 – 1 S 53, 61/57 –, MDR 1957, 547.
[184] Sternel, Mietrecht aktuell, Verlag Dr. Otto Schmidt, 4. Aufl. 2009.
[185] So z. B. im Badischen Wassergesetz vom 12.4.1913 (GVBl. 1913, 250 § 4); Art. 16 des Bayerischen Wassergesetzes vom 23.3.1907 (GVBl. 1907, 157); § 3 Wassergesetz für das Herzogtum Braunschweig vom 20.6.1876 (GuVO Slg., 285); Art. 3 des württembergischen Wassergesetzes vom 1.12.1900 (RegBl 1900, 921); § 196 des Pr. Wassergesetzes vom 7.4.1913 (GS 1913, 53).

Wassernutzungsrecht

und des BGH[187] (Nassauskiesungsbeschluss bzw. -urteil) endet die Rechtsstellung des Grundeigentümers in der Tiefe dort, wo er mit dem Grundwasser in Berührung kommt.

Wasserrechte werden urkundlich verliehen und sind in Wasserbüchern eingetragen, z. B. die Entnahme bestimmter Wassermengen zum Zwecke der Energiegewinnung aus einem Flusslauf. **304**

3.4.2 Brunnenrecht

Ein Brunnenrecht kann sich nach dem vorher Gesagten nur insoweit werterhöhend auswirken, wie mit seiner Nutzung wasserrechtlich dem Umfang und der Zeit nach noch gerechnet werden kann. Der BGH[188] hat hierzu entschieden, dass eine auf einem Grundstück tatsächlich ausgeübte **Wasserförderung nicht zu der durch Art. 14 GG geschützten Eigentümerposition gehört** und ihr Verlust damit auch keine Entschädigungsansprüche auslöst. **305**

Hieraus folgt, dass bei der Verkehrswertermittlung eines Brunnens, dessen Gebrauch wasserwirtschaftliche Belange nicht entgegenstehen, berücksichtigt werden muss, dass die **Nutzung entschädigungslos entzogen** werden kann. Die (stillschweigende) Aufhebung von sog. (Kauf-)Brunnenrechten, die zum ewigen unentgeltlichen Wasserbezug berechtigen, stellt nämlich grundsätzlich weder eine Enteignung noch einen enteignungsgleichen Eingriff dar. Das VG Freiburg[189] hat bereits 1976 hierzu entschieden, dass der Eigentumsschutz inhaltlich bereits erloschen sei und nur noch formal bis zu einer anderweitigen dem Allgemeinwohl dienenden Regelung bestehe. **306**

Umgekehrt kann eine Wasserbehörde im Rahmen der Gewässeraufsicht auch nicht die **Anlegung von Brunnen zur Überwachung des Grundwassers** verlangen[190]. **307**

In der Praxis wird der werterhöhende Einfluss eines Brunnenrechts in der Weise ermittelt, dass man zunächst die **jährliche Wasserleistung** eines Brunnens ermittelt und **mit dem Preis multipliziert, der bei Abnahme dieser Wasserleistung aus dem öffentlichen Netz zu bezahlen wäre.** Dieser Betrag ist dann um die jährlichen Aufwendungen (Kosten für Untersuchung von Wasserproben, Aufwand für Aggregate, Strom und sonstiger Unterhalt) und etwaiger Konzessionsabgaben zu vermindern. Der sich so ergebende Reinertrag wird dann über die absehbare wirtschaftliche Restnutzungsdauer kapitalisiert[191]. **308**

Eine Reihe von Besonderheiten gilt für ausgewiesene **Wasser- und Heilquellenschutzgebiete.** Die für diese Gebiete geltenden (Wasser-)Schutzauflagen beschränken die Grundstücksnutzung (vgl. § 5 ImmoWertV). **309**

---

186 BVerfG, Beschl. vom 15.7.1981 – 1 BvL 77/78 –, NJW 1982, 745 = EzGuG 4.78.
187 BVerfG, Beschl. vom 15.7.1981 – 1 BvL 77/78 –, NJW 1982, 745 = EzGuG 4.78; BGH, Urt. vom 3.6.1982 – II ZR 28/76 –, AgrarR 1982, 298.
188 BGH, Urt. vom 26.4.1990 – III ZR 260/89 –, BGHR BauGB 1, 60 = EzGuG 14.90; Vorinstanz: OLG Koblenz, Urt. vom 26.7.1989 – 1 U 1831/87 –, Nachr. der rh.-pf. Kat. VermVw 1990, 165 = EzGuG 14.86; vorher BGH, Urt. vom 23.6.1983 – III ZR 79/82 –, BGHZ 88, 34; BGH, Urt. vom 22.12.1976 – III ZR 62/74 –, BGHZ 69, 1 = EzGuG 4.47; BGH, Urt. vom 29.3.1976 – III ZR 98/73 –, BGHZ 66, 173 = EzGuG 8.47.
189 VG Freiburg, Urt. vom 27.2.1976 – VS II 155/74 –, KStZ 1980, 136 = EzGuG 14.54.
190 OVG Lüneburg, Beschl. vom 2.8.1986 – 3 B 101/86 –, NVwZ 1987, 617 = EzGuG 4.110.
191 Pohnert, Kreditwirtschaftliche Wertermittlungen, 5. Aufl. Neuwied 1997, S. 288.

VIII Rechte und Belastungen

4 Beschränkt dingliches Recht (Rechte Dritter)

4.1 Übersicht

310 Das Eigentumsrecht, das die umfassende Herrschaft an einem Grundstück darstellt, kann durch Einwirkungen aus gesetzlichen Bestimmungen, der Sozialbindung nach § 14 GG und durch Rechte Dritter beschränkt werden. Während sich die gesetzlichen und sozialrechtlichen Einwirkungen nicht auf den Wert auswirken, können Rechte Dritter wertbeeinflussend sein.

Ein dingliches Recht ist das Eigentum an einem Grundstück, d. h. die Zuordnung einer Sache zu Personen als Rechtsinhaber. Sachen im Sinne des Gesetzes sind nur körperliche Gegenstände. Das dingliche Recht ist also absolutes Recht, das gegenüber „jedermann" wirkt und durch Einigung und Eintrag in das Grundbuch (§ 873 BGB) entsteht.

Das beschränkt dingliche Recht begrenzt die absolute Herrschaft des Eigentums durch Rechte Dritter.

Man unterscheidet zwischen einem beschränkt dinglichen Recht, das nur den rechtlichen Zugriff auf die Sache beschränkt, und dem subjektiv dinglichen Recht. Der Zugriff auf die Sache ist abhängig von der Art des Rechts.

Das subjektiv **dingliche Recht steht dem Eigentümer eines Grundstücks persönlich zu**.

Die Abb. 56 verdeutlicht die Zusammenhänge.

Abb. 56: Zusammensetzung dinglicher Rechte am Grundstück

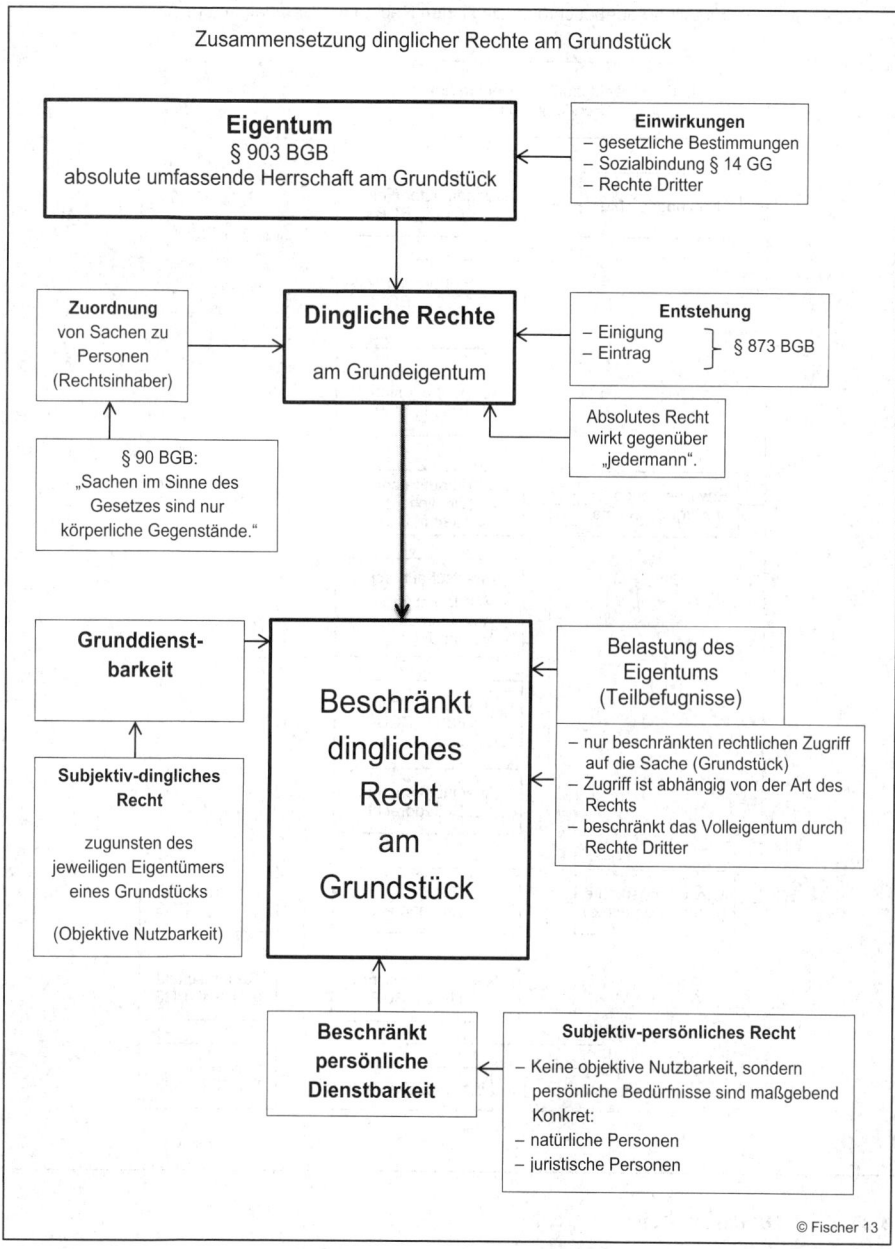

Für die Eigentümer eines Grundstückes können sich aus beschränkt dinglichen Rechten Beschränkungen des Eigentums ergeben.

Die beschränkt dinglichen Rechte sind Belastungen des Grundeigentums **durch Nutzungs-, Sicherungs-, Verwertungs- und Erwerbsrechte.** Einen Überblick über die verschiedenen Formen gibt Abb. 57.

VIII Rechte und Belastungen — Dienstbarkeit

Abb. 57: Einteilung der beschränkt dinglichen Rechte am Grundeigentum

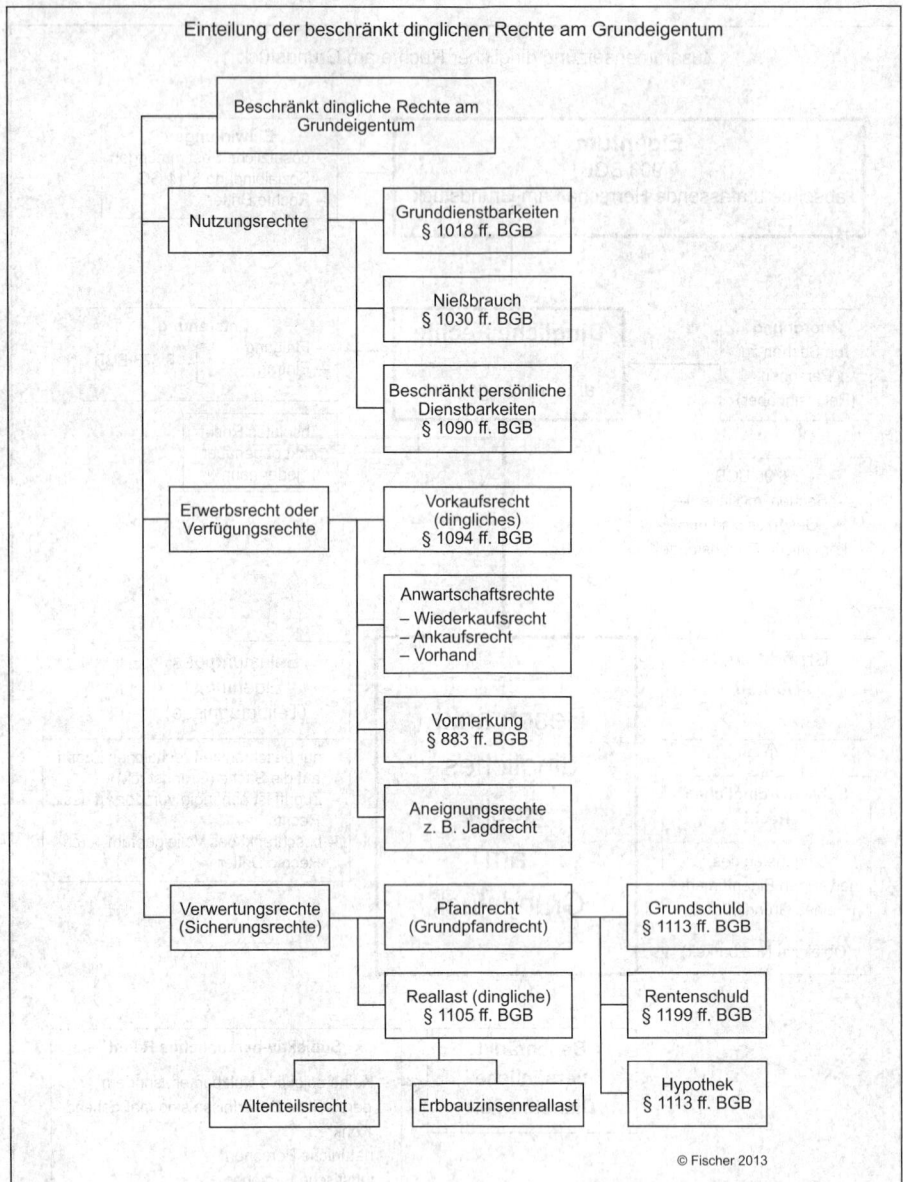

4.2 Dienstbarkeit

4.2.1 Allgemeines

312 Das Bürgerliche Gesetzbuch unterscheidet im Fünften Abschnitt (§§ 1018 bis 1093 BGB) zwischen **drei Arten von Dienstbarkeiten,** ohne sie zu definieren:
1. die Grunddienstbarkeit (§§ 1018 bis 1029 BGB),
2. den Nießbrauch (§§ 1030 bis 1089 BGB) und
3. die beschränkt persönliche Dienstbarkeit (§§ 1090 bis 1093 BGB).

Es handelt sich hierbei um Nutzungsrechte, wobei der **Nießbrauch** entsprechend dem Oberbegriff des Fünften Abschnitts des BGB den Dienstbarkeiten zuzurechnen ist[192] (Abb. 57).

Dienstbarkeiten sind dingliche Nutzungsrechte. Sie unterscheiden sich durch ihre dingliche Natur von inhaltlich ähnlichen Rechtsverhältnissen, wie der Miete und der Pacht. Gemeinsames Merkmal aller drei Formen der Dienstbarkeiten ist ihre Ausrichtung auf ein 313

- Dulden der Nutzung eines Grundstücks (Benutzung bzw. Nutzentziehung) oder
- Unterlassen der Nutzung eines Grundstücks (Rechtsausübung).

Demgegenüber ist die **Reallast** umgekehrt auf eine aktive Handlung ausgerichtet (§ 1105 BGB). 314

4.2.2 Grunddienstbarkeit

4.2.2.1 Allgemeines

Die **Grunddienstbarkeit** *(easements)* gehört zu den beschränkt dinglichen Nutzungsrechten. Sie ist in den §§ 1018 bis 1029 BGB geregelt. 315

Die Grunddienstbarkeit gewährt dem jeweiligen Eigentümer eines (herrschenden) Grundstücks das Recht zur Benutzung eines anderen (dienenden) Grundstücks. Kennzeichnend für die Grunddienstbarkeit ist nach § 1018 BGB die **Belastung des Grundstücks „zugunsten des jeweiligen Eigentümers eines anderen Grundstücks"**. **§ 1018 BGB** lautet wie folgt: 316

„**§ 1018 BGB** Gesetzlicher Inhalt der Grunddienstbarkeit

Ein Grundstück kann zugunsten des jeweiligen Eigentümers eines anderen Grundstücks in der Weise belastet werden, dass dieser das Grundstück in einzelnen Beziehungen benutzen darf oder dass auf dem Grundstück gewisse Handlungen nicht vorgenommen werden dürfen oder dass die Ausübung eines Rechts ausgeschlossen ist, das sich aus dem Eigentum an dem belasteten Grundstück dem anderen Grundstück gegenüber ergibt (Grunddienstbarkeit)."

Die Grunddienstbarkeit unterscheidet sich insoweit von der beschränkt persönlichen Dienstbarkeit, als eine bestimmte Person „Berechtigter" ist und nicht der jeweilige Eigentümer eines Grundstückes (vgl. Rn. 351). Im Einzelnen ergibt sich aus der Eintragung in Abt. II des Grundbuchs des belasteten bzw. dienenden Grundstücks, um welche Art der Dienstbarkeit es sich handelt.

Gegenstand einer Grunddienstbarkeit kann mithin auch ein **Anspruch auf Nutzungsunterlassung** sein, d. h., auf dem belasteten Grundstück dürfen bestimmte Handlungen, die der Eigentümer ansonsten kraft seines Eigentums vornehmen dürfte, nicht vorgenommen werden (z. B. Aussichtsrecht). Auch kann die Ausübung eines Rechts ausgeschlossen werden, das sich sonst aus dem Recht am dienenden Grundstück gegenüber dem herrschenden Grundstück ergeben würde (z. B. Ausübung nachbarrechtlicher Befugnisse). Die Grunddienstbarkeit kann indessen nicht auf ein positives Handeln (Tun) oder eine positive Leistungspflicht des Eigentümers des belasteten Grundstücks gerichtet sein[193]. Leistungspflichten können nur über eine Reallast geregelt werden. Die Einschränkung der rechtlichen Verfügungsfreiheit des Eigentümers ist lt. BGH-Urteil[194] nicht zulässig. 317

Die Grunddienstbarkeit wird nach dem vorher Gesagten zugunsten des jeweiligen Eigentümers eines anderen Grundstücks begründet und schränkt die Befugnisse des Eigentümers des dienenden Grundstücks insoweit ein, als er etwas zu dulden und zu lassen hat. Die Grunddienstbarkeit wird in Abt. II des dienenden Grundstücks eingetragen und ist als dingliches 318

---

192 Im Zusammenhang mit den Dienstbarkeiten wird im 5. Abschnitt „Sachenrecht" des BGB auch das Nießbrauchsrecht (§§ 1030 bis 1089 BGB) genannt. Es unterscheidet sich jedoch deutlich von den übrigen Dienstbarkeiten und ist deshalb bei der Eingruppierung unter den Rechten Dritter gesondert aufgeführt (vgl. Weirich, Grundstücksrecht, München 1984, 235).
193 Jauering, BGB München, 1092, Schmenger, BWNotZ, 2007, 74.
194 BGH, Urt. vom 14.3.2003 – V ZR 304/02 –, NJW RR 2003, 733 = DNotZ 2003, 533.

VIII Rechte und Belastungen — Dienstbarkeit

Recht Bestandteil des herrschenden Grundstücks. Nach § 1018 BGB gibt die Grunddienstbarkeit **drei Möglichkeiten zur Einwirkung auf ein anderes Grundstück:**

1. Die **Benutzungsdienstbarkeit** (§ 1018, 1. Alt. BGB): Sie erlaubt dem Berechtigten, das dienende Grundstück in einzelnen Beziehungen zu nutzen. Der Eigentümer des dienenden Grundstücks ist umgekehrt verpflichtet, die Nutzung zu dulden. Als Benutzungsdienstbarkeit kommen insbesondere in Betracht:

   a) Wege- und Fahrrechte (§ 1023 BGB),

   b) Leitungs- und Kanalisationsrechte (soweit sie nicht als beschränkt persönliche Dienstbarkeit ausgestaltet sind),

   c) Gewerbebetriebs- und Warenvertriebsrechte,

   d) Ausbeutungs- und Entnahmerechte (von Bodenbestandteilen) und

   e) Errichtung und Nutzung von Bauwerken oder gewerblichen Anlagen.

2. Die **Unterlassungsdienstbarkeit** (§ 1018, 2. Alt BGB): Sie verbietet die Vornahme bestimmter Handlungen auf dem dienenden Grundstück. Als Unterlassungsdienstbarkeit kommen insbesondere in Betracht:

   a) Bau- und Benutzungsbeschränkungen, Bauverbote (Freihalten von Abstandsflächen, Sicherung eines Aussichtsrechts und dgl.),

   b) Wettbewerbs- und Verkaufsbeschränkungen (Gewerbebetriebsdienstbarkeit) einschließlich Bezugs- und Vertriebsverbote,

   c) Wärme- und Energiebezugsdienstbarkeit,

   d) Wohnungsbelegungsrechte und

   e) Verbot von Immissionen, wie Geruch, Lärm oder Rauch, soweit sie gesetzlich an sich zu dulden wären.

3. Die **Ausschlussdienstbarkeit** (§ 1018, 3. Alt. BGB): Sie verbietet dem Eigentümer des belasteten (dienenden) Grundstücks die Ausübung eines Rechts, das sich aus dem Eigentum am dienenden Grundstück ergibt. Als Ausschlussdienstbarkeit kommen in Betracht:

   a) der Ausschluss von Einwirkungsrechten, wie z. B. der Verzicht auf:
   - zulässige Immissionen gemäß § 906 BGB,
   - einen entschuldigten Überbau gemäß § 912 BGB
   - einen zu duldenden Notweg gemäß § 917 BGB

   b) der Ausschluss von Abwehrrechten, z. B. Verzicht auf:
   - Einhaltung nachbarschützender Bauvorschriften
   - Abwehr übermäßiger nach § 906 BGB nicht zu duldender Immissionen
   - Beseitigung eines unentschuldigten Überbaus (§ 912 BGB)
   - Beseitigung der nach § 907 BGB nicht hinzunehmenden gefährlichen Anlagen
   - Beseitigung nachbarrechtlich nicht hinzunehmender Grenzbäume

   c) der Ausschluss von Ausgleichsansprüchen, z. B. Verzicht auf:
   - künftige Entschädigungsansprüche (§ 1004 BGB)
   - Entschädigungsansprüche wegen Bergschäden gemäß § 112 BBergG (Bergschadensverzicht)
   - Schadensersatz aus § 906 Abs. 2 Satz 2 BGB
   - Ansprüche aus § 14 BImSchG
   - gesetzliche Überbau- oder Notwegerente nach § 914 Abs. 2 Satz 2 sowie § 917 Abs. 2 BGB.

319 Bei der Wertermittlung von Grunddienstbarkeiten nach den Grundsätzen der ImmoWertV muss zwischen dem aus der Grunddienstbarkeit resultierenden Vorteil für das herrschende

Dienstbarkeit   **Rechte und Belastungen VIII**

Grundstück und dem Nachteil für das dienende Grundstück unterschieden werden. Vor- und Nachteile können um ein Vielfaches auseinanderfallen[195].

Grunddienstbarkeiten werden nach § 873 BGB **durch Rechtsgeschäft**, d. h. durch Einigung und Eintragung im Grundbuch, in Ausnahmefällen durch Tabular(Buch)ersitzung nach § 900 Abs. 2 BGB oder durch hoheitlichen Akt, z. B. aufgrund des Energiewirtschaftsgesetzes, **begründet.** Die Grunddienstbarkeit ist im Grundbuch in Abt. II des dienenden Grundstücks eingetragen. Sie ist als dingliches Recht Bestandteil des herrschenden Grundstücks (Abb. 58).   **320**

Abb. 58: Grunddienstbarkeiten

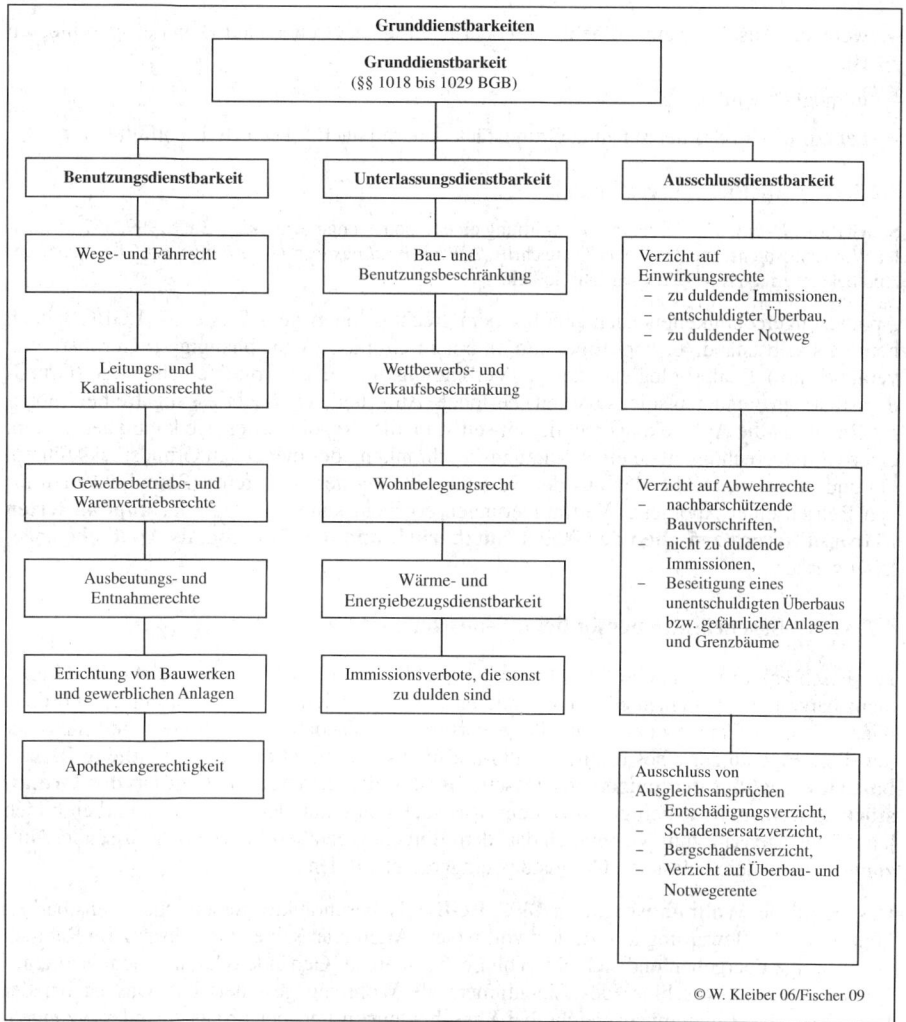

Die Einigung muss sich auf das herrschende „Wirtschaftsgrundstück" erstrecken. Das obligatorische Rechtsgeschäft, welches auch über eine mögliche Gegenleistung bestimmt, ist formfrei. Die Bestandseigenschaften einer Grunddienstbarkeit (§ 96 BGB) schließen eine selbstständige Übertragung aus. Die **Grunddienstbarkeit erlischt mit der Aufhebung** nach   **321**

---

195 BGH, Beschl. vom 30.1.1957 – V ZR 263/56 –, BGHZ 23, 205 = EzGuG 14.5.

VIII Rechte und Belastungen   Dienstbarkeit

den §§ 875 f. BGB oder durch Staatsakt (§ 71 ZVG). Zur Aufhebung eines Rechts ist im BGB Folgendes geregelt:

„§ 875 BGB Aufhebung eines Rechts

(1) Zur Aufhebung eines Rechts an einem Grundstück ist, soweit nicht das Gesetz ein anderes vorschreibt, die Erklärung des Berechtigten, dass er das Recht aufgebe, und die Löschung des Rechts im Grundbuch erforderlich. Die Erklärung ist dem Grundbuchamt oder demjenigen gegenüber abzugeben, zu dessen Gunsten sie erfolgt.

(2) Vor der Löschung ist der Berechtigte an seine Erklärung nur gebunden, wenn er sie dem Grundbuchamt gegenüber abgegeben oder demjenigen, zu dessen Gunsten sie erfolgt, eine den Vorschriften der Grundbuchordnung entsprechende Löschungsbewilligung ausgehändigt hat."

Sie erlischt auch[196]:

– wenn die Ausübung aus tatsächlichen oder rechtlichen Gründen auf Dauer ausgeschlossen ist,

– unmöglich wird,

– der Vorteil für das herrschende Grundstück dauernd nach § 1019 BGB entfällt.

4.2.2.2 Apothekengerechtigkeit

Schrifttum: *Debus, M.,* Verkehrswertermittlung einer Apothekengerechtigkeit, GuG 1999, 357; Aktueller Wirtschaftsdienst für Apotheker (Zeitschrift; AWA); *Frielingsdorf, G./Frielingsdorf, O.,* Praxiswert, Apothekenwert, Arzt & Wirtschaft-Bibliothek.

322 Apothekengerechtigkeiten nach preußischem Recht können gemäß Art. 74 EGBGB noch heute als selbstständige, vom Eigentum an einem Grundstück unabhängige (vererbbare und veräußerbare) Realprivilegien oder in Verbindung mit einer Grundgerechtigkeit (Grunddienstbarkeit/Benutzungsdienstbarkeit) bestehen. Aufgrund der Niederlassungsfreiheit (höheres Recht) ist die Apothekengerechtigkeit selbst in aller Regel wertlos; sie kann aber i. V. m. einer Grundgerechtigkeit zu einer Nutzungsbeschränkung des dienenden Grundstücks führen. Ob und in welcher Höhe sich aus der Nutzungsbindung der betroffenen Räumlichkeiten für den Betrieb einer Apotheke Wertminderungen ergeben, kann im Wege der **kapitalisierten Ertragsdifferenz zwischen der freien Nutzbarkeit und der Nutzung als Apotheke** abgeleitet werden.

4.2.3 Beschränkte persönliche Dienstbarkeit

323 Die beschränkte persönliche Dienstbarkeit (§§ 1090 bis 1093 BGB) entspricht der Grunddienstbarkeit. Im Unterschied zur Grunddienstbarkeit ist jedoch eine bestimmte natürliche oder juristische Person oder rechtsfähige Personengesellschaft „Berechtigter" und nicht der jeweilige Eigentümer eines bestimmten Grundstücks. Die **beschränkte persönliche Dienstbarkeit berechtigt denjenigen, zu dessen Gunsten die Belastung erfolgt ist, das Grundstück zu nutzen,** bzw. befugt ihn zu dem, was auch den Inhalt der Grunddienstbarkeit bilden kann. Im Gegensatz zum Nießbrauch darf dem Berechtigten allerdings kein umfassendes Nutzungsrecht an dem belasteten Grundstück eingeräumt werden.

324 Das dingliche **Wohnungsrecht (§ 1093 BGB)** als beschränkte persönliche Dienstbarkeit kommt bei der Bewertung i. d. R. dort vor, wo ein Altenteiler seinen Grundbesitz im Rahmen der Erbfolge übergeben und sich ein Wohnrecht an einem Gebäude oder an einem Teil eines Gebäudes unter Ausschluss des Eigentümers als Wohnung gesichert hat. Das ist bei der Ermittlung des Zugewinnausgleichs bei Ehescheidungen und bei Erbauseinandersetzungen, vorwiegend im landwirtschaftlichen Bereich, u. U. zu berücksichtigen.

325 **Bestellung, Löschung und Übertragbarkeit** einer beschränkten persönlichen Dienstbarkeit erfolgen wie bei der Grunddienstbarkeit. Sie ist nicht übertragbar, nicht vererblich und erlischt spätestens mit dem Tode des Berechtigten, dem Erlöschen der juristischen Person

---

196 Schmenger, BWNotZ, 4/2007, S. 86.

oder der rechtsfähigen Personengesellschaft. Die Übertragbarkeit ist gem. § 1092 Abs. 3 BGB unter gewissen Voraussetzungen möglich. Sie umfasst aber nicht das Recht, die Dienstbarkeit nach ihren Befugnissen zu teilen.

326 Berechtigter der beschränkten persönlichen Dienstbarkeit kann auch der Eigentümer (Miteigentümer) des belasteten Grundstücks sein. Man spricht dann von einer **Eigentümerdienstbarkeit**[197].

327 Das BGB regelt die beschränkte persönliche Dienstbarkeit in den §§ 1090 bis 1092 BGB:

„**§ 1090 BGB** Gesetzlicher Inhalt der beschränkten persönlichen Dienstbarkeit

(1) Ein Grundstück kann in der Weise belastet werden, dass derjenige, zu dessen Gunsten die Belastung erfolgt, berechtigt ist, das Grundstück in einzelnen Beziehungen zu benutzen, oder dass ihm eine sonstige Befugnis zusteht, die den Inhalt einer Grunddienstbarkeit bilden kann (beschränkte persönliche Dienstbarkeit).

(2) Die Vorschriften der §§ 1020 bis 1024, 1026 bis 1029, 1061 finden entsprechende Anwendung.

§ 1091 BGB Umfang

Der Umfang einer beschränkten persönlichen Dienstbarkeit bestimmt sich im Zweifel nach dem persönlichen Bedürfnis des Berechtigten.

§ 1092 BGB Übertragbarkeit; Überlassung der Ausübung

(1) Eine beschränkte persönliche Dienstbarkeit ist nicht übertragbar. Die Ausübung der Dienstbarkeit kann einem anderen nur überlassen werden, wenn die Überlassung gestattet ist.

(2) Steht eine beschränkte persönliche Dienstbarkeit oder der Anspruch auf Einräumung einer beschränkten persönlichen Dienstbarkeit einer juristischen Person oder einer rechtsfähigen Personengesellschaft zu, so gelten die Vorschriften der §§ 1059a bis 1059d entsprechend."

Nach § 1092 Abs. 3 BGB ist die beschränkte persönliche Dienstbarkeit für eine juristische Person oder eine rechtsfähige Personengesellschaft übertragbar, wenn das Grundstück folgenden Zwecken dient:

– Fortleitung von Elektrizität, Gas, Fernwärme, Wasser, Abwasser, Öl oder Rohstoffen einschl. der dazugehörigen Anlagen
– Telekommunikation (-sanlagen),
– Transport von Produktion zwischen Betriebsstätten von Unternehmen,
– Straßenbahn- oder Eisenbahnanlagen,
– Eine Teilung nach Befugnissen ist nicht möglich.

328 **Zu den beschränkten persönlichen Dienstbarkeiten gehören:**
– Wohnungsbesetzungsrechte,
– Benutzungsrechte und Unterlassungsansprüche,
– Wohnungsrechte (§ 1093 BGB), die als besondere Form der beschränkten persönlichen Dienstbarkeit das Recht verleihen, ein Gebäude oder einen Teil des Gebäudes unter Ausschluss des Eigentümers als Wohnung zu benutzen,
– Wettbewerbsbeschränkungen, sofern nicht als Grunddienstbarkeit begründet (Konkurrenzklauseln),
– Aussichtsrechte,
– Leitungsrechte, wenn sie z. B. für einen Versorgungs- oder Verkehrsträger in dieser Form begründet sind,
– Telekommunikation (-sanlagen)
– Transportrechte,
– Nutzung für Straßenbahn- oder Eisenbahnanlagen (§ 1092 Abs. 3 BGB).

---

[197] BGH, Urt. vom 11.3.1964 – V ZR 78/62 –, BGHZ 41, 209 = MDR 1964, 584 = NJW 1964, 1226 = DNotZ 1964, 493 = Rpfleger 1964, 310.

4.2.4 Nießbrauch

4.2.4.1 Allgemeines

329 Der Nießbrauch (§§ 1030 bis 1089 BGB) ist ein subjektiv-persönliches Recht, das der beschränkten persönlichen Dienstbarkeit sehr nahesteht. Der Nießbrauch gewährt dem Nießbraucher das **nicht veräußerliche und nicht vererbliche Recht, die Nutzung aus einer Sache** (§ 1030 BGB), **einem Recht** (§ 1068 BGB) **oder einem Vermögen** (§ 1085 BGB) – ganz oder teilweise – **zu ziehen.** Es ist das umfassendste Nutzungsrecht, das den Eigentümer von der Nutzung der Sache ausschließt, wobei aber Entgeltlichkeit vereinbart werden kann. Der Nießbrauch erlischt im Allgemeinen mit dem Tode des Berechtigten.

330 Der Nießbrauch *(ususfructs)* unterscheidet sich vom Eigentum am Grundstück nur insoweit, dass es dem Nießbraucher kein Recht zur Einwirkung auf die Substanz des Grundstücks gibt. (Er darf z. B. nicht aus einem Ackergrundstück eine Kiesgrube machen.) **Dem Nießbraucher stehen alle Einnahmen aus dem Grundstück zu; er hat dafür alle durch die ordnungsmäße Bewirtschaftung des Grundstücks entstehenden Kosten und Lasten zu tragen**[198]. Der Nießbraucher darf auch die AfA in Anspruch nehmen[199]. Der Nießbrauch wird häufig bei der Erbfolge eingeräumt.

331 Der Nießbrauch ist u. a. wie folgt im **BGB** geregelt:

„**§ 1030 BGB** Gesetzlicher Inhalt des Nießbrauchs an Sachen

(1) Eine Sache kann in der Weise belastet werden, dass derjenige, zu dessen Gunsten die Belastung erfolgt, berechtigt ist, die Nutzungen der Sache zu ziehen (Nießbrauch).

(2) Der Nießbrauch kann durch den Ausschluss einzelner Nutzungen beschränkt werden.

§ 1036 BGB Besitzrecht; Ausübung des Nießbrauchs

(1) Der Nießbraucher ist zum Besitz der Sache berechtigt.

(2) Er hat bei der Ausübung des Nutzungsrechts die bisherige wirtschaftliche Bestimmung der Sache aufrechtzuerhalten und nach den Regeln einer ordnungsgemäßen Wirtschaft zu verfahren.

§ 1037 BGB Umgestaltung

(1) Der Nießbraucher ist nicht berechtigt, die Sache umzugestalten oder wesentlich zu verändern.

(2) Der Nießbraucher eines Grundstücks darf neue Anlagen zur Gewinnung von Steinen, Kies, Sand, Lehm, Ton, Mergel, Torf und sonstigen Bodenbestandteilen errichten, sofern nicht die wirtschaftliche Bestimmung des Grundstücks dadurch wesentlich verändert wird."

332 Die **Nutzung des Nießbrauchs umfasst** gemäß § 100 BGB **die Gebrauchsvorteile** und die „Früchte einer Sache" oder eines Rechts, insbesondere

– die Sachnutzung mit ihren Gebrauchsmöglichkeiten,
– die Gewinnung von Erzeugnissen der Sache (§ 99 Abs. 1 sowie § 100 BGB) und den Eigentumserwerb daran,
– die Erträge, die die Sache aufgrund des Rechtsverhältnisses erwirtschaftet.

Demzufolge gehören dem Nießbraucher eines Miet- und Pachtverhältnisses die Miet- und Pachtzinseinnahmen auch, wenn das Grundstück vor der Bestellung des Nießbrauchs bereits vermietet war. Der Nießbraucher ist nach Entstehung des Rechts auch berechtigt, einen Miet- und Pachtvertrag selbst abzuschließen. Im Übrigen stellen Miete und Pacht keine Überlassung der Ausübung nach § 1059 Abs. 2 BGB dar.

Der **§ 1059d BGB regelt für Miet- und Pachtverhältnisse bei Übertragung des Nießbrauchs** Folgendes:

„**§ 1059d BGB** Miet- und Pachtverhältnisse bei Übertragung des Nießbrauchs

Hat der bisherige Berechtigte das mit dem Nießbrauch belastete Grundstück über die Dauer des Nießbrauchs hinaus vermietet oder verpachtet, so sind nach der Übertragung des Nießbrauchs die für den Fall

---

198 BGH, Urt. vom 6.6.2003 – V ZR 392/02 –, BlnGE 2003, 1273.
199 BMF, Nießbraucherlass vom 24.7.1998, BStBl I 1998, S. 914, auch Meyer/Ball, Die entgeltliche Ablösung des Vorbehaltsnießbrauchs an Immobilien, DStR 2011, 1211.

der Veräußerung von vermietetem Wohnraum geltenden Vorschriften der §§ 566 bis 566e, 567a und 567b entsprechend anzuwenden."

Nießbraucher sind im Baurecht als Nachbarn den Grundstückseigentümern gleichgestellt[200]. 333

Die **Bestellung eines Nießbrauchs** erfolgt wie bei anderen dinglichen Grundstücksbelastungen durch Einigung und Eintragung in das Grundbuch nach § 873 BGB. Dabei wird gemäß den §§ 926 und 1031 BGB vermutet, dass sich der Nießbrauch auch auf das Grundstückszubehör erstreckt. Der Nießbrauch an beweglichen Sachen wird gemäß § 1032 BGB durch Einigung und Übergabe begründet. An Rechten an Grundstücken wird der Nießbrauch nach § 1069 Abs. 1 BGB durch Übertragung des Rechts begründet. An beweglichen Sachen kann der Nießbrauch im Übrigen unter den Voraussetzungen des § 1033 BGB durch Ersitzung begründet werden. 334

Der Nießbrauch ist nicht übertragbar (§ 1059 BGB). Dies gilt jedoch nicht für juristische Personen oder rechtsfähige Personengesellschaften. Für die **Übertragbarkeit** bei juristischen Personen oder rechtsfähigen Personengesellschaften gelten die §§ 1059a ff. BGB (Rn. 355). 335

Der Nießbrauch endet

– mit dem Tod des Nießbrauchers,
– bei juristischen Personen oder rechtsfähigen Personengesellschaften mit deren Erlöschen (§ 1061 BGB).

Wenn das Nießbrauchsrecht bei juristischen Personen oder rechtsfähigen Personengesellschaften nicht übertragbar sein sollte, kann die Ausübung einem anderen übertragen werden (Vermietung und Verpachtung). Die **Überlassung der Ausübung des Nießbrauchs** kann jedoch vertraglich ausgeschlossen werden, wobei dies durch Eintragung in das Grundbuch auch dinglich gesichert werden kann. Die Beschränkung des Nutzungsziehungsrechts des Nießbrauchers auf einzelne Teile eines Gebäudes (z. B. Mietwohnungen) ist bei einem Nießbrauch allerdings unzulässig[201]. 336

Dem Nießbraucher obliegt grundsätzlich die ordnungsgemäße Bewirtschaftung, d. h. die Instandhaltung auf eigene Kosten. Öffentliche und privatrechtliche Lasten (Grundsteuer, Gebäudeversicherung usw.) sind von ihm nach § 1036 BGB zu tragen, soweit vertraglich nicht anderes vereinbart worden ist. Dies gilt auch dann, wenn ein unentgeltlicher Nießbrauch an einem Grundstück eingetragen ist[202]. 337

Man kennt folgende **Ausgestaltungen des Nießbrauchs**[203]: 338

– **Quotennießbrauch:** Dem Nießbraucher steht dabei ein bestimmter Anteil (Quote) an den Einkünften des Grundstücks zu.
– **Bruchteilsnießbrauch:** Der Nießbrauch ist dabei lediglich an einem Bruchteil des Grundstücks bestellt.
– **Sicherungsnießbrauch:** Die Vereinbarung des dinglichen Nutzungsrechts dient dabei der dinglichen Absicherung der dem Berechtigten versprochenen Leistung, ohne dass der Berechtigte Art und Umfang beeinflussen kann.
– **Zuwendungsnießbrauch:** Ein Zuwendungsnießbrauch liegt vor, wenn der Nießbrauch vom Grundstückseigentümer dem Berechtigten (Nießbraucher) bestellt (zugewendet) wird. Dabei wird unterschieden zwischen einem entgeltlichen Zuwendungsnießbrauch, einem teilweise entgeltlichen Zuwendungsnießbrauch und einem unentgeltlich bestellten Nießbrauch.
– **Vermächtnisnießbrauch:** Ein Vermächtnisnießbrauch liegt vor, wenn aufgrund einer letztwilligen Verfügung des Grundstückseigentümers durch dessen Erben einem Dritten der Nießbrauch an einem Grundstück eingeräumt wird.

---
200 VGH München, Urt. vom 25.4.1969 – 28 I 69 –, BRS Bd. 22 Nr. 170.
201 BGH, Urt. vom 27.1.2006 – V ZR 243/04 –, GuG 2006, 245 = EzGuG 6.245.
202 BGH, Urt. vom 21.12.1973 – V ZR 157/72 –, DB 1974, 718 = EzGuG 14.4c.
203 Zur einkommensteuerrechtlichen Behandlung vgl. Schreiben des BMF vom 24.7.1998 (BStBl I 1998, 914).

VIII Rechte und Belastungen — Nießbrauch

– **Vorbehaltsnießbrauch:** Ein Vorbehaltsnießbrauch liegt vor, wenn bei der Übertragung eines Grundstücks gleichzeitig ein Nießbrauchsrecht für den bisherigen Eigentümer an dem übertragenen Grundstück bestellt wird[204].

339 Für die Wertermittlung[205] eines mit einem Nießbrauch belasteten Grundstücks sind der Geldwert der zustehenden Nutzung und das **Alter des Nießbrauchers von entscheidender Bedeutung.** Auch hier besteht wie beim Wohn- und Altenteilsrecht die Unsicherheit der Laufzeit des Rechts. Verkäufe derartig belasteter Grundstücke sind deshalb äußerst selten, zumal der Käufer aus dem Grundstück keine Erträge ziehen kann, solange der Nießbraucher lebt. Abschläge vom rein rechnerisch ermittelten Wert bis zu 50 v. H. sind deshalb keine Seltenheit. Die Wertermittlung des Nießbrauchs ist mit der Wertermittlung einer Leibrente vergleichbar. Bei juristischen Personen werden Nießbrauchrechte auf der Basis ewiger Zeitrenten berechnet.

4.2.4.2 Verkehrswertermittlung

▶ *Vgl. § 7 ImmoWertV Rn. 40 ff.*

340 Bei der Verkehrswertermittlung ist die vertragliche Ausgestaltung zu beachten und insbesondere die Frage der Lastentragung nach § 1047 BGB zu klären, wer die Kosten und Lasten trägt, die in Zusammenhang mit der Nutzung des Grundstücks entstehen. Die Höhe der vom Nießbraucher zu tragenden Kosten oder Lasten können den Wert des Rechts als auch den Wert des belastenden Grundstücks beeinflussen.

Dem Nießbraucher stehen grundsätzlich alle Einnahmen (Erträge) aus dem Grundstück zu, im Gegenzug ist er aber verpflichtet, alle durch die ordnungsgemäße Bewirtschaftung des Grundstücks entstehenden Kosten und öffentlichen und privatrechtlichen Lasten zu tragen (also auch Zinsen aus Hypothekenforderungen und Grundschulden sowie aufgrund einer Rentenschuld zu entrichtende Leistungen), soweit sie zur Zeit der Bestellung des Nießbrauchrechts auf dem Grundstück ruhten.

Ist der Nießbraucher vertraglich zur Zahlung derjenigen Kosten oder Lasten verpflichtet, die normalerweise vom Grundstückseigentümer getragen werden (beispielsweise Zahlungsverpflichtungen aus Abt. III des Grundbuchs nach Bestellung des Nießbrauchrechts oder sonst üblicherweise nicht umlegbarer Bewirtschaftungskosten, wie Verwaltungs- und Instandhaltungskosten und Mietausfallwagnis), ist zu beachten, dass sie bei der Wertermittlung des Rechts ausgehend vom Rohertrag als Kosten wertmindernd angesetzt werden. Damit ergibt sich eine geringere Wertminderung des belasteten Grundstücks.

341 Bei der Ermittlung des Nießbrauchsrechts ist zu beachten, dass im angesetzten Verkehrswert des unbelasteten Grundstücks die „üblichen Bewirtschaftungskosten" (Verwaltungskosten, Instandhaltungskosten, Mietausfallwagnis) bereits zulasten des Eigentümers des belasteten Grundstücks als Kosten wertmindernd berücksichtigt worden sind. Trägt der Nießbraucher diese Kosten, wirken sie werterhöhend beim Eigentümer und müssen dort berücksichtigt werden. Zahlt abweichend von dieser üblichen Regelung der Eigentümer beispielsweise die Instandhaltungskosten oder Anteile davon, so erhöht sich der Wert des Nießbrauchrechts. Auf den Wert des belasteten Grundstücks haben die vom Eigentümer gezahlten Instandhaltungskosten dann keinen weiteren Einfluss, da sie bereits berücksichtigt worden sind. Bei der Wertermittlung des Rechts und der Verkehrswertermittlung des unbelasteten Grundstücks ist darauf zu achten, dass keine Doppelberücksichtigung erfolgt. Maßgeblich sind die vertraglich festgelegten Vereinbarungen der Kosten- und Lastentragung.

---

204 BFH, Urt. vom 15.5.1990 – IX R 21/86 –, BStBl II 1992, 67 = NJW 1991, 591.
205 Zur Wertermittlung vgl. BGH, Urt. vom 13.6.1958 – V ZR 268/56 –, NJW 1958, 1997 = EzGuG 14.8; BGH, Urt. vom 5.2.1971 – V ZR 91/68 –, MDR 1971, 380 = EzGuG 14.43; BGH, Urt. vom 24.11.1975 – III ZR 113/73 –, EzGuG 14.51; BFH, Urt. vom 18.10.1990 – IV R 36/90 –, EzGuG 14.94 = GuG 1991, 153; BFH, Urt. vom 11.8.1976 – II R 144/67 –, BStBl II 1977, 2 = EzGuG 14.55b; BFH, Urt. vom 20.1.1978 – III R 120/75 –, EzGuG 14.58b; BFH, Urt. vom 21.11.1969 – III R 14/66 –, EzGuG 14.38b; BFH, Urt. vom 29.7.1960 – III 206/56 –, BStBl III 1960, 456 = EzGuG 14.13; RFH, Urt. vom 5.5.1931; OLG Frankfurt am Main, Urt. vom 6.5.1986 – 8 U 164/85 –, DWW 1986, 290 = EzGuG 14.79; OLG Schleswig, Beschl. vom 13.12.1956 – 2 W 147/56 –, SchlHA 1957, 74 = EzGuG 14.4b; Nüse in NÖV 1986, 15.

Nießbrauch — Rechte und Belastungen VIII

Abb. 59: Einfluss der Kosten- und Lastentragung

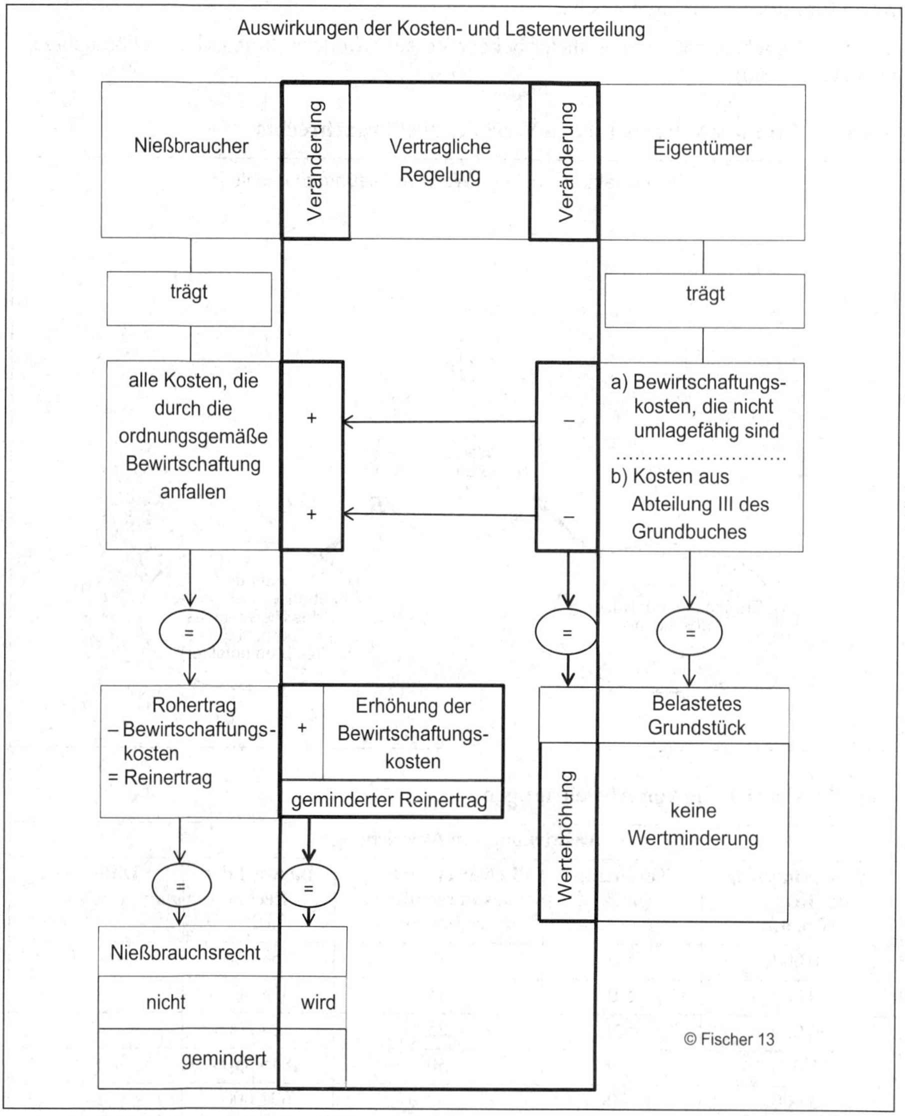

[Diagramm: Auswirkungen der Kosten- und Lastenverteilung]

- **Nießbraucher** — Veränderung — **Vertragliche Regelung** — Veränderung — **Eigentümer**
- trägt: alle Kosten, die durch die ordnungsgemäße Bewirtschaftung anfallen
- trägt: a) Bewirtschaftungskosten, die nicht umlagefähig sind; b) Kosten aus Abteilung III des Grundbuches
- = Rohertrag − Bewirtschaftungskosten = Reinertrag
- + Erhöhung der Bewirtschaftungskosten = geminderter Reinertrag
- Werterhöhung / Belastetes Grundstück: keine Wertminderung
- Nießbrauchsrecht: nicht gemindert / wird (gemindert)

© Fischer 13

Für Wertermittlungen eines mit einem Nießbrauch belasteten Grundstücks sind der jährliche Geldwert (Reinertrag) der möglichen Nutzung, das Alter des Nießbrauchers und der marktgerechte Liegenschaftszinssatz von entscheidender Bedeutung. Auch hier besteht wie bei den anderen beschränkten persönlichen Dienstbarkeiten (Wohnungsrecht, Altenteilsrecht) die Unsicherheit hinsichtlich der Laufzeit des Rechts. Verkäufe derartig belasteter Grundstücke sind deshalb äußerst selten, zumal der Käufer aus dem Grundstück keine Erträge ziehen kann, solange der Nießbraucher lebt. Abschläge vom rein rechnerisch ermittelten Wert von > 50 % sind deshalb keine Seltenheit. Diese Abschläge sind abhängig vom Objekt, von den Ausgangsdaten und von den vertraglichen Vereinbarungen. Auch die mit Neufassung der WertR 06 eingeführte Bestimmung der Lebenserwartung des bzw. der Berechtigten über die Kommutationszahlen und Versicherungsbarwerte für Leibrenten, in denen die Überlebenswahrscheinlichkeit über die Lebenserwartung nach der Sterbetafel berücksichtigt ist, dürfte diese Praxis

VIII Rechte und Belastungen Nießbrauch

nicht ändern, da die Berücksichtigung der Überlebenswahrscheinlichkeit rechnerisch keinen großen Einfluss auf das Ergebnis hat.

342 Die ausschlaggebenden Wertparameter bei der Verkehrswertermittlung von Nießbrauchrechten sind (Abb. 60):

Abb. 60: Einflussfaktoren auf den Wert des Nießbrauchrechts

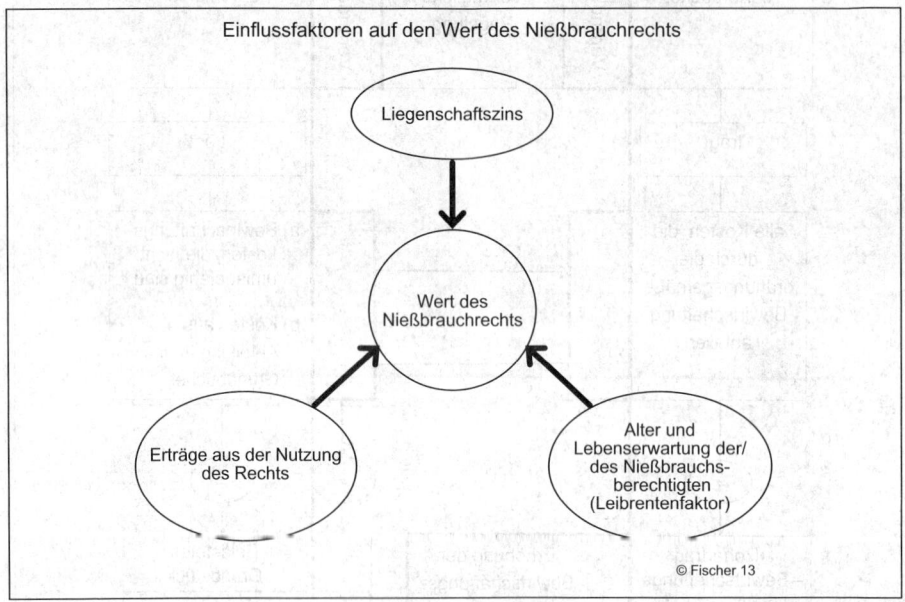

Abb. 61: Auswirkung von Abweichungen

Auswirkung von Abweichungen				
Jahresreinertrag des Rechts (€ p. a.)	Zinsertrag (in %)	Lebenserwartung des Berechtigten (Jahre)	Barwert des Rechts (€)	Differenz (in %)
50 000	5,0	30	768 500	+/– 0,0
50 000	5,0	35	818 500	+ 6,5
50 000	5,0	25	704 500	– 8,4
55 000	5,0	30	845 350	+ 10,0
45 000	5,0	30	691 000	– 10,0
50 000	3,5	30	919 000	+ 19,0
50 000	6,5	30	653 000	– 15,0

343 Bei geringen Änderungen der Ausgangsgrößen ergeben sich voneinander abweichende Barwerte. Bei ungünstigen Konstellationen (Lebenserwartung 30 Jahre, Reinertrag 50 000 €, Zinssatz 3,5 %) ergibt sich eine Wertdifferenz von 19,0 % von der Ausgangsrechnung der Zeile 1 des Beispiels. Sowohl die Erhöhung des Jahreswerts des Rechts als auch die Erhöhung der Lebenserwartung wirken sich werterhöhend auf das Nießbrauchsrecht aus und umgekehrt wertmindernd auf den Wert des mit dem Nießbrauch belasteten Grundstücks. Insoweit ist zu beachten, dass die Einflussfaktoren bei der Wertermittlung plausibel und nachvollziehbar und begründet angesetzt werden.

Grundlage der Wertermittlung des Rechts ist der wirtschaftliche Vorteil für den Berechtigten durch das Recht. Er besteht in den ersparten, marktüblich zu zahlenden Mieten oder Pachten oder aus dem Grundstück zustehenden Erträgen und gegebenenfalls in der Ersparnis weiterer Aufwendungen (z. B. von sonst marktüblich zu übernehmenden Bewirtschaftungskosten). Diese sonstigen – üblicherweise nicht vom Nießbraucher zu tragenden Kosten und Lasten – sind wertmindernd zu berücksichtigen, soweit sie nicht schon bei der angesetzten Miete oder Pacht berücksichtigt wurden. Liegen bei einem Mietwohngrundstück die Mieten und Bewirtschaftungskosten im üblichen Bereich, können sie ohne weitere Korrekturen angesetzt werden. Generell ist hier zu verfahren wie bei der Ertragswertermittlung nicht belasteter Grundstücke. **344**

Bei den üblicherweise selbst genutzten Objekten wie Einfamilienhäusern und Eigentumswohnungen entspricht der Wert des Rechts i. d. R. nicht der Wertminderung des belasteten Grundstücks. Da der Nießbraucher nicht Eigentümer des Grundstücks ist, kann er es lediglich nutzen und unter Beachtung der ordnungsgemäßen Bewirtschaftung die Erträge ziehen. Er könnte das Einfamilienhaus auch vermieten. Insoweit ist bei der Wertermittlung des Nießbrauchsrechts an einem Einfamilienhausgrundstück lediglich von der marktüblich erzielbaren Miete auszugehen.

Bei der Wertermittlung des belasteten Grundstücks ist vom Verkehrswert des (fiktiv) unbelasteten Grundstücks auszugehen. Zunächst ist der Verkehrswert des unbelasteten Grundstücks im Wege des Sachwertverfahrens zu ermitteln. Als Restnutzungsdauer wird die Anzahl der Jahre zugrunde gelegt, die das Gebäude bei Ablauf des Rechts noch genutzt werden kann. Der so ermittelte Wert wird mithilfe des an das Leben des Nießbrauchers gebundenen Abzinsungsfaktors abgezinst. Der Diskontierungsfaktor wird nach folgender Formel ermittelt:

$$f_x = 1 - (ä_x - 1) p$$

wobei:

f_x = jährlicher Diskontierungsfaktor
$ä_x$ = Leibrentenfaktor für Alter am Wertstichtag
p = Zinssatz in Dezimalschreibweise

Zusätzlich sind die vom Grundstückseigentümer zu tragenden Bewirtschaftungskosten und Lasten wertmindernd zu berücksichtigen (üblicherweise umlagefähige oder üblicherweise nicht umlagefähige Bewirtschaftungskosten).

Bei der Kapitalisierung von grundstücksbezogenen Rechten oder Belastungen wird in den WERTR 06 generell als maßgeblicher Zinssatz **der angemessene nutzungstypische Liegenschaftszinssatz** empfohlen, weil damit die jeweilige Marktlage am besten erfasst wird und ungewöhnliche oder persönliche Verhältnisse weitgehend ausgeschlossen werden können. In der Fachwelt bestehen unterschiedliche Auffassungen darüber, ob bei der Kapitalisierung von Rechten nicht ein anderer Zinssatz (Kapitalmarktzinssatz, Zinssatz für festverzinsliche Wertpapiere usw.) sachgerechter ist. Ein Nachweis darüber, dass mit anderen Zinssätzen zutreffendere oder marktgerechtere Wertermittlungsergebnisse erzielt werden können, ist nicht nachgewiesen. **345**

Die Lebenserwartung des Berechtigten richtet sich ohne Berücksichtigung sonstiger ungewöhnlicher oder persönlicher Umstände nach seinem Alter am Wertermittlungsstichtag. Dabei wird eine durchschnittliche Lebenserwartung nach der jeweils allgemeinen oder abgekürzten Sterbetafel des Statistischen Bundesamtes zugrunde gelegt, die von der jeweils individuellen Lebenserwartung durchaus abweichen kann. Da die Sterbetafel versicherungsmathematisch eine „Absterbeordnung" darstellt, bei der nicht berücksichtigt wird, dass der Berechtigte seine durchschnittliche Lebenserwartung überlebt, hatte man in der Vergangenheit statt der Sterbetafeln auch Anwartschaftsfaktorentabellen bei Lebensversicherungen verwendet, welche die Überlebenswahrscheinlichkeit mit berücksichtigen[206]. **346**

---

[206] Petersen in GuG 1997, 91; auch diesbezüglich wird vom Deutschen Städtetag allerdings keine Notwendigkeit zur Änderung des Verfahrens gesehen.

VIII Rechte und Belastungen   Nießbrauch

Die Ermittlung des Werts des Rechts erfolgt auf der Grundlage einer Leibrentenberechnung mit monatlich oder jährlich[207] vorschüssiger Zahlweise. Aktuelle Leibrentenfaktoren werden unter dem Titel „Kommutationszahlen und Versicherungsbarwerte für Leibrenten 200../200.." (Tabellen zur monatlich und jährlich vorschüssigen Zahlungsweise) als Versicherungsbarwerte $^{(12)}ä_x$ bzw. $ä_x$) vom Statistischen Bundesamt zu den jeweils aktuell erscheinenden Sterbetafeln herausgegeben. Für zurückliegende Wertermittlungsstichtage vor Erscheinen der Tabellen zu den Leibrentenfaktoren 2000/2002 im August 2004 ist die seit dem Erscheinen der letzten Allgemeinen Sterbetafel gestiegene Lebenserwartung in geeigneter Weise zu berücksichtigen (jetzt: Sterbetafel 2010/2012).

Grundlage für die Ermittlung des Werts des belasteten Grundstücks ist der Wert des unbelasteten Grundstücks. Die wirtschaftliche Wertminderung durch das Recht entspricht bei Ertragswertobjekten i. d. R. dem wirtschaftlichen Vorteil des Berechtigten.

347 Eine Fehlerquelle besteht in der Nichtbeachtung des Stichtagsprinzips. Der Sachverständige darf bei Wertermittlungen auf zeitlich zurückliegende Stichtage nur das verwenden, was am Stichtag bekannt war. Ist der Wert des Nießbrauchrechts beispielsweise auf den 1.3.2011 zu ermitteln, wäre zur Einschätzung der Lebenserwartung des Berechtigten zu diesem Zeitpunkt die zuletzt veröffentlichte Sterbetafel 2008/2010 heranzuziehen und nicht eine Sterbetafel, die nach dem Stichtag 1.3.2011 veröffentlicht wurde.

348 Nießbrauch (Anl. 18 WERTR 06, Beispiel 14)

Es ist der Wert eines unentgeltlichen Nießbrauchs an einem vom Berechtigten selbst bewohnten Einfamilienhaus zu ermitteln.

Abb. 62:   Wert des Nießbrauchrechts für den Berechtigten

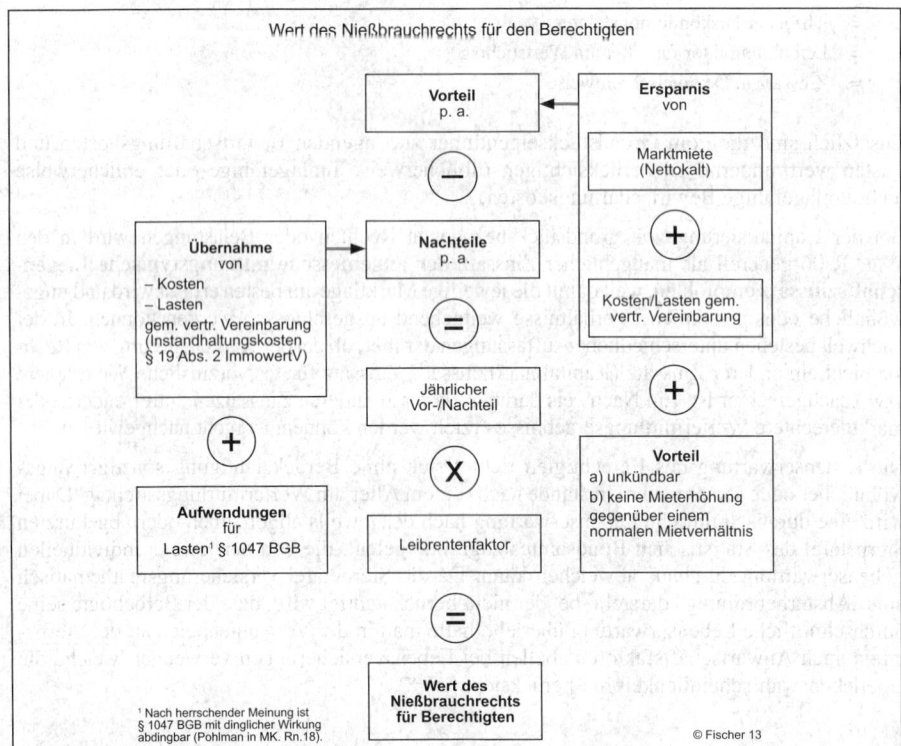

207 DAV-Sterbetafel 1994 R für Rentenversicherungen. Quelle: DAV-Sterbetafel 1994 R, Blätter der Deutschen Gesellschaft für Versicherungsmathematik (DGVM) 1995, 29; vgl. Anh. 3.6.2.

| Nießbrauch | Rechte und Belastungen VIII |

Der Wert eines unentgeltlichen Nießbrauchs an einem Einfamilienhaus für eine 70-jährige Frau ist zu ermitteln. Dabei ist von einer lebenslangen monatlich vorschüssigen Rentenzahlung auszugehen.

Vorgaben:	Jährlich marktüblich erzielbare Nettokaltmiete	7 200 €
	Liegenschaftszinssatz	3 %
	Leibrentenfaktor für 70-jährige Frau bei einem Zinssatz von 3 %	12,015
Berechnung:	Jährliche Vorteile des Nießbrauchs:	
	Nettokaltmiete p. a	7 200 €
	Ersparnis von Kosten und Lasten (BewK nach BetrKV)	0 €
	Vorteil aus Unkündbarkeit und Sicherheit vor Mieterhöhungen (hier 10 %)	+ 720 €
	Jährliche Nachteile des Nießbrauchs: von Berechtigter zu tragende Bewirtschaftungskosten (hier Instandhaltungskosten)	– 800 €
	Aufwendungen für Kosten nach § 1047 BGB	0 €
	Jährlicher Vorteil/Nachteil	7 120 €
	Leibrentenfaktor 12,015	
	Versicherungsbarwert $^{(12)}x$ einer lebenslänglich monatlich vorschüssig zahlbaren Rente nach der Sterbetafel 2001/2003	
	Wert des Nießbrauchs für Berechtigte 7 120 € × 12,015 rd.	**85 600 €**
Anmerkung:	Wurde von einer lebenslangen jährlich vorschüssigen Rentenzahlung ausgegangen, ergäbe sich folgender Wert des Nießbrauchrechts: Versicherungsbarwert × für eine weibliche Person bei Alter von 70 Jahren und 3 % Liegenschaftszinssatz. Wert des Nießbrauchs: 7 120 p. a. × 12,478 = 88 843 = rd. 88 900 €. Gegenüber einer lebenslangen monatlich vorschüssigen Rentenzahlung ergibt sich eine Differenz von 3 300 € oder 3,85 %.	

Nießbrauch (Anl. 18 WERTR 06, Beispiel 15)

Es ist der Wert eines unentgeltlichen Nießbrauchs an einem vom Berechtigten selbst bewohnten Mehrfamilienhaus zu ermitteln.

VIII Rechte und Belastungen — Nießbrauch

Abb. 63: Wert des Nießbrauchrechts

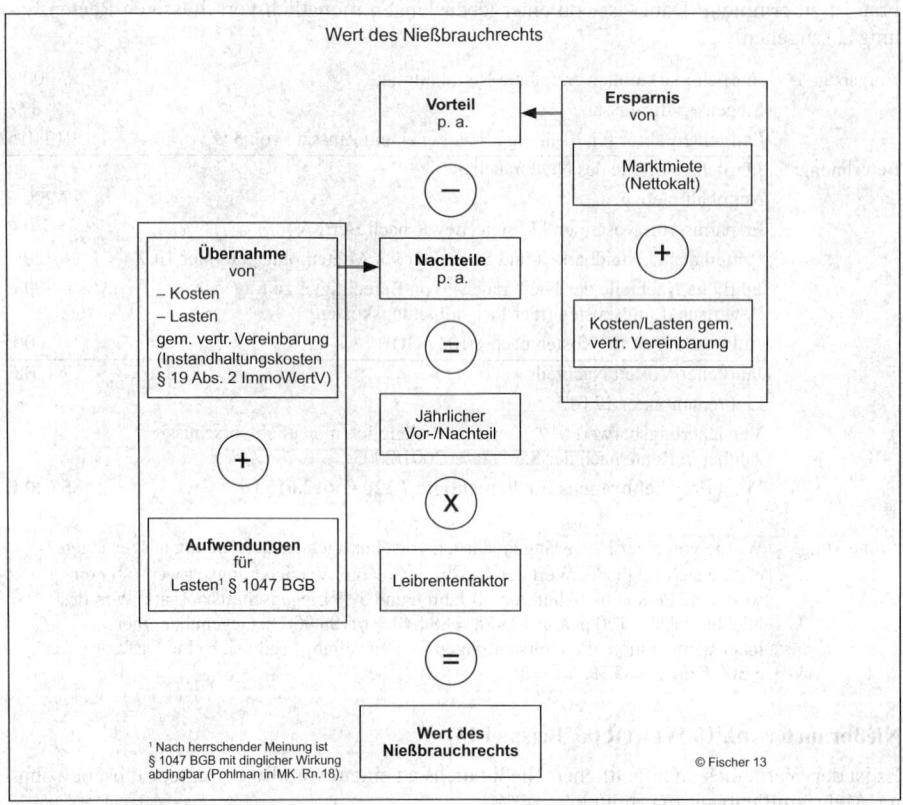

Der Wert eines unentgeltlichen Nießbrauchs an einem Mehrfamilienhaus für eine 70-jährige Frau ist zu ermitteln. Dabei ist von einer lebenslangen **monatlich vorschüssigen** Rentenzahlung auszugehen.

Vorgaben:	monatlich vorschüssige Rente ist vereinbart, die Berechtigte trägt die Bewirtschaftungskosten (§ 19 ImmoWertV)	
	jährlich marktüblich erzielbare Nettokaltmiete für ein Mehrfamilienhaus	31 200 €
	Bewirtschaftungskosten p. a.	7 800 €
	Liegenschaftszinssatz	5,0 %
	Leibrentenfaktor für eine 70-jährige Frau bei 5 %	10,324
Berechnung:	*jährliche Vorteile*	
	jährlich marktüblich erzielbare Nettokaltmiete	31 200 €
	Ersparnisse von Kosten und Lasten	0 €
	jährliche Nachteile	
	Nachteil durch Übernahme der jährlichen Bewirtschaftungskosten	– 7 800 €
	Aufwendungen für Lasten nach § 1047 BGB	0 €
	jährlicher Vorteil/Nachteil	23 400 €
	Leibrentenfaktor 10,324	
	Entspricht dem Versicherungsbarwert $^{(12)}_x$ einer lebenslangen monatlich vorschüssig zahlbaren Rente nach den Kommutationszahlen der Sterbetafel 2001/2003	
	Wert des Nießbrauchs für Berechtigte 23 400 € × 10,324 rd.	**241 600 €**

Nießbrauch   **Rechte und Belastungen VIII**

Anmerkung: Würde von einer lebenslangen jährlich vorschüssigen Rentenzahlung ausgegangen, ergäbe sich folgender Wert des Nießbrauchrechts: Versicherungsbarwert × für eine weibliche Person bei einem Alter von 70 Jahren und 5 % Zins. Wert des Nießbrauchs: 23 400 € p. a. × 10,791 = 252 509 € = rd. 252 500 €. Gegenüber einer lebenslangen monatlich vorschüssigen Rentenzahlung ergibt sich eine Differenz von 10 900 € oder 4,5 %.

Nießbrauch (Anl. 19 WERTR 06, Beispiel 16)   350

Es ist der Verkehrswert eines mit einem unentgeltlichen Nießbrauch belasteten Einfamilienhausgrundstücks zu ermitteln.

Abb. 64: Verkehrswert des mit einem Nießbrauchrecht belasteten Einfamilienhausgrundstücks

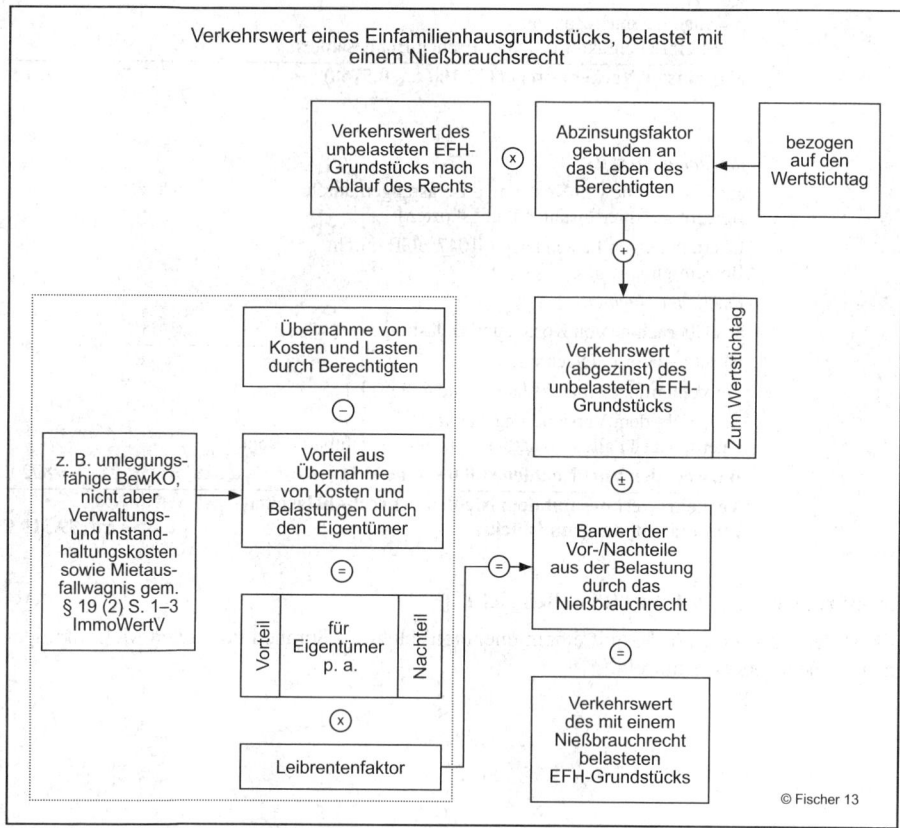

Vorgaben:		
	Herstellungswert der baulichen Anlagen	150 000 €
	unbelasteter Bodenwert (ebf)	60 000 €
	Gebäuderestnutzungsdauer	50 Jahre
	Alter der berechtigten Frau	70 Jahre
	Berechnungsgrundlage: Versicherungsbarwert einer lebenslänglichen, nachschüssig zahlbaren Rente nach der Sterbetafel 2001/2003	
	durchschnittliche Lebenserwartung der Berechtigten	16 Jahre
	Restnutzungsdauer der baulichen Anlagen in 16 Jahren	34 Jahre

VIII Rechte und Belastungen — Nießbrauch

Berechnung:	Herstellungskosten der baulichen Anlagen	150 000 €
	Alterswertminderung 66 % (GND 100; RND 50 – 16 = 34, linear = 66 %)	– 99 000 €
	Gebäudesachwert	= 51 000 €
	Bodenwert (ebf)	+ 60 000 €
	vorläufiger Sachwert	= 111 000 €
	Sachwertfaktor	1,10
	Verkehrswert des unbelasteten Grundstücks zum Zeitpunkt des Ablauf des Rechts (1,10 × 111 000 €) =	121 100 €
	An das Leben gebundener Abzinsungsfaktor (bei 70 Jahren und 4 %)	0,5768
	$f_x = 1 - (ä_x - 1) \times p$ wobei p = angemessener Zinssatz und $ä_x$ = Leibrentenfaktor des Statistischen Bundesamtes	
	abgezinster Verkehrswert (122 100 € × 0,5768)	70 427 €
	jährlicher Vorteil	
	aus Übernahme von Kosten und Belastungen durch Berechtigte (hier Instandhaltungskosten)	800 €
	Übernahme von Lasten nach § 1047 BGB durch Berechtigte	0 €
	jährlicher Nachteil	
	aus Übernahme von Kosten und Belastungen	0 €
	jährlicher Vorteil/Nachteil	800 €
	Leibrentenfaktor (bei 70 Jahren und 4 %): 11,115 Entspricht dem Versicherungsbarwert $^{(12)}ä_x$ einer lebenslänglich monatlich vorschüssig zahlbaren Rente	
	Barwert der Vor-/Nachteile (800 € × 11,115)	+ 8 892 €
	Verkehrswert des mit dem Nießbrauchrecht belasteten Einfamilienhausgrundstücks	**rd. 79 319 €**

Nießbrauch (Anl. 19 WertR 06, Beispiel 17)

Es ist der Verkehrswert des mit einem unentgeltlichen Nießbrauch belasteten Mehrfamilienhausgrundstücks zu ermitteln.

Abb. 65: Verkehrswert des mit einem Nießbrauch belasteten Mehrfamilienhausgrundstücks

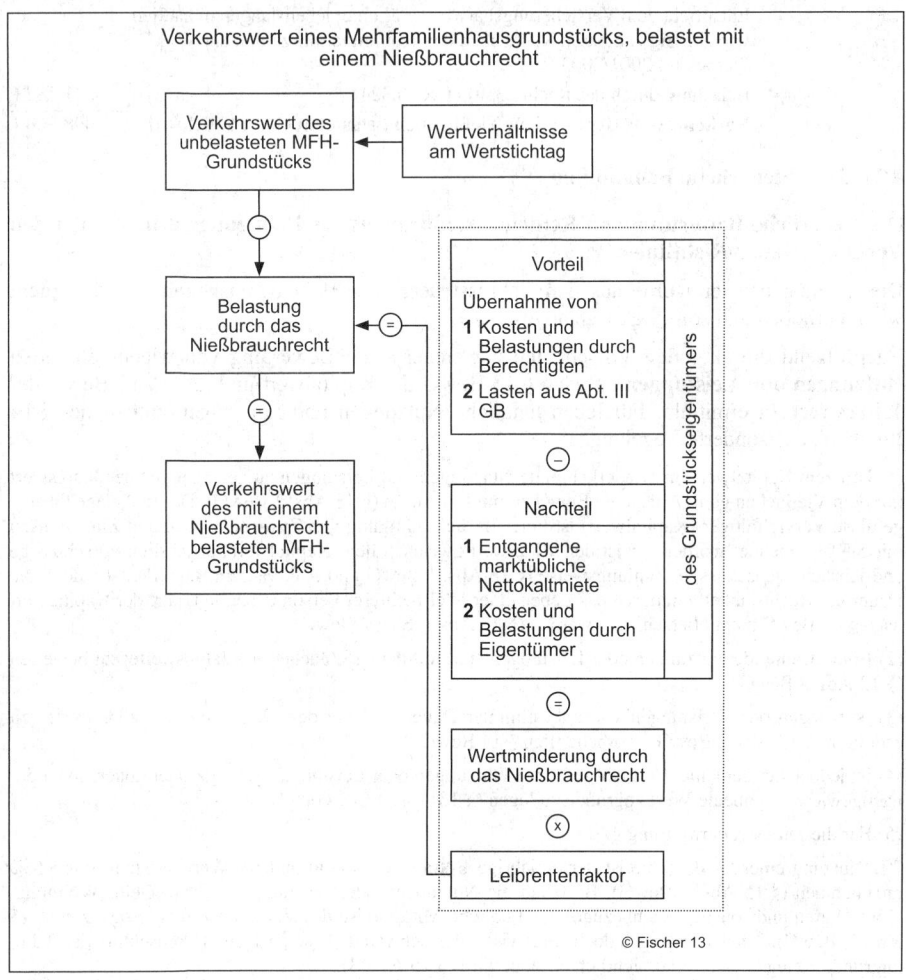

Vorgaben:	Verkehrswert des unbelasteten Mehrfamilienhausgrundstücks	740 000 €
	Jährlich marktüblich erzielbare Nettokaltmiete	31 200 €
	Bewirtschaftungskosten p. a.	7 800 €
	Liegenschaftszinssatz (Mehrfamilienhaus)	5,0 %
Berechnung:	Verkehrswert des unbelasteten bebauten Grundstücks	740 000 €
	jährliche Vorteile	
	Übernahme der Bewirtschaftungskosten oder sonstiger Kosten und Lasten durch Berechtigten	– 7 800 €
	Übernahme von Kosten oder Lasten nach § 1047 BGB	0 €
	jährliche Nachteile	
	entgangene marktüblich erzielbare Nettokaltmiete p. a.	31 200 €
	Sonstige Kosten und Belastungen durch Eigentümer (z. B. Betriebskostenanteil)	0 €

VIII Rechte und Belastungen   Nießbrauch

Jährliche Wertminderung durch das Recht	= 23 400 €
Leibrentenfaktor (70 Jahre, weiblich, 5,0 %) = 10,324	
Entspricht dem Versicherungsbarwert $^{(12)}ä_x$ einer lebenslangen monatlich vorschüssig zahlbaren Rente nach den Kommutationszahlen zur Sterbetafel 2001/2003	
Belastung durch das Recht 23 400 € × 10,324	– 241 582 €
Verkehrswert des mit dem Nießbrauch belasteten Grundstücks rd.	**498 500 €**

4.2.4.3 Steuerliche Behandlung

351 Die **steuerliche Bewertung von Renten-, Nießbrauchs- und Nutzungsrechten** nach den **Vermögensteuer-Richtlinien**[208]:

Die Vermögensteuer wurde aus dem Jahressteuergesetz 1997 herausgenommen und nicht wieder erhoben und somit faktisch abgeschafft.

Nachfolgend die aktuellen Vorschriften zur steuerlichen Bewertung von wiederkehrenden **Nutzungen und Leistungen** ist nach § 13 BewG der Kapitalwert und nach § 15 BewG der **Jahreswert** zu ermitteln. Für lebenslängliche Nutzungen und Leistungen enthält der **§ 14 BewG** eine gesonderte Regelung.

(1) Um zum Kapitalwert für wiederkehrende Nutzungen und Leistungen zu gelangen, ist der Jahreswert mit dem Vielfachen gem. Anlage 9a BewG zu multiplizieren (§ 13 Abs. 1 BewG). Der in Anlage 9a aufgeführte Vervielfältiger (Kapitalwert) ist unter Berücksichtigung von Zwischenzinsen und Zinseszinsen mit 5,5 % errechnet worden. Er ist der Mittelwert zwischen dem Kapitalwert für jährlich vorschüssige und jährlich nachschüssige Zahlungsweise (§ 13 Abs. 1 BewG und Anl. 9a zum BauGB). Ist jedoch die Dauer des Rechts außerdem durch das Leben einer oder mehrerer Personen bedingt, darf der Kapitalwert nach § 14 BewG nicht überschritten werden (§ 13 Abs. 1 Satz 2 BewG).

(2) Immerwährende Nutzungen oder Leistungen sind mit dem 18,6fachen des Jahreswertes zu bewerten (§ 13 Abs. 2 BewG).

(3) Nutzungen oder Leistungen von unbestimmter Dauer sind mit dem 9,3fachen des Jahreswertes zu ermitteln (§ 13 Abs. 2 BewG – vorbehaltlich § 14 BewG).

(4) Ist jedoch der gemeine Wert der gesamten Nutzungen oder Leistungen geringer oder höher, so ist der nachgewiesene gemeine Wert zugrunde zu legen (§ 13 Abs. 3 BewG).

(5) Für die Jahreswertermittlung gilt:

Bei Nutzung einer Geldsumme ist der einjährige Betrag, wenn kein anderer Wert feststeht, mit 5,5 % anzunehmen (§ 15 Abs. 1 BewG). Bestehen die Nutzungen oder Leistungen nicht in Geld (Wohnung, Kost, Waren und sonstige Sachbezüge), sind übliche Mittelpreise des Verbraucherorts anzusetzen (§ 15 Abs. 2 BewG). Ist der Betrag jedoch ungewiss oder schwankt dieser, ist ein Durchschnitt der Jahre zugrunde zu legen, der voraussichtlich erreicht wird (§ 15 Abs. 3).

(6) Der Kapitalwert von lebenslänglichen Nutzungen und Leistungen ist mit einem Vielfachen des Jahreswertes anzusetzen. Die Vervielfältiger sind nach der Sterbetafel des Statistischen Bundesamtes zu ermitteln. Das Bundesministerium der Finanzen stellt die Vervielfältiger für den Kapitalwert einer lebenslänglichen Nutzung oder Leistung nach Lebensalter und Geschlecht der Berechtigten in einer Tabelle zusammen mit dem Datum der Veröffentlichung der Sterbetafel im Bundessteuerblatt zur Verfügung[209]. Im Übrigen sind die Absätze 2 bis 4 des § 14 BewG zu berücksichtigen.

(7) Der Kapitalwert der Nutzung eines Wirtschaftsgutes ist mit einem „limitierten" Jahreswert zu ermitteln. D.h., der Jahreswert dieser Nutzungen darf höchstens den Wert betragen, der sich ergibt, wenn der für das genutzte Wirtschaftsgut nach den Vorschriften des Bewertungsgesetzes anzusetzende Wert durch 18,6 geteilt wird (§ 16 BewG). Die Besteuerung von Renten, Nutzungen und Leistungen im Rahmen des Erbschaftssteuergesetzes regelt der § 23 ErbStG. Demnach besteht ein „Wahlrecht", d. h., die Steuern können vom Kapitalwert oder jährlich im Voraus von dem Jahreswert entrichtet werden (§ 23 Abs. 1 ErbStG).

---

[208] BFH, Urt. vom 21.11.1969 – III R 14,15/66 –, BStBl II 1970, 368 = EzGuG 14.38d; Die **Vermögensteuer-Richtlinie 95 (Auszug) – BStBl I 1995 Sondernr. 2–20, die sich mit der Bewertung von Renten-, Nießbrauchs- und Nutzungsrechten** befasst, ist in der 5. Aufl. unter Rn. 379 abgedruckt.

[209] BMF vom 26.10.2012, Bewertung einer lebenslänglichen Nutzung oder Leistung; Vervielfältiger für Bewertungsstichtage ab 1.9.2013, zu § 14 Abs. 1 BewG, IV D4-S3104/09/10001.

In diesem Fall wird ein Steuersatz erhoben, der sich nach § 19 (Steuersätze) für den gesamten Erwerb einschließlich des Kapitalwerts der Renten oder anderen wiederkehrenden Nutzungen oder Leistungen ergibt (§ 23 Abs. 1 Satz 2 ErbStG). Der Erwerber hat das Recht, die Jahressteuer zum jeweils nächsten Fälligkeitstermin mit ihrem Kapitalwert abzulösen (§ 23 Abs. 2 Satz 2 ErbStG). Für die Kapitalwertermittlung gelten die §§ 13 und 14 BewG.

Eine gestundete Steuer kann bei Erbfällen, die vor dem 1. Januar 2009 eingetreten sind (nach Schenkungen), nach § 25 Abs. 1 und Abs. 2 ErbStG mit ihrem Barwert abgelöst werden.

Veräußert der Erwerber das belastete Vermögen vor dem Erlöschen der Belastung ganz oder teilweise, endet insoweit die Stundung mit dem Zeitpunkt der Veräußerung (§ 25 Abs. 2 ErbStG) – gültig für Erbfälle vor dem 1.1.2009.

Zur **steuerlichen Behandlung des Nießbrauchs** und anderer Nutzungsrechte bei Einkünften aus Vermietung und Verpachtung vgl. im Übrigen das Schreiben des BMF vom 24.7.1998 – IV B 3 S 2253 – 59 – BStBl 1998, 914[210]. 352

4.2.5 Miet- und Pachtrecht

Auch das Mietrecht wird als ein zumindest „stark" den beschränkten dinglichen Nutzungsrechten angenähertes Recht angesehen[211]. Miet- und Pachtrechte beeinflussen den Verkehrswert eines Grundstücks so lange nicht, wie marktübliche Mieten und Pachten erzielt werden. Dies gilt vornehmlich bei Renditeobjekten bzw. bei landwirtschaftlichen Grundstücken. Bei Ein- oder Zweifamilienhäusern, die vorwiegend zur Eigennutzung erworben werden, kann durch eine bestehende Vermietung die Vermarktungsdauer verlängert werden, was letztendlich einer Wertminderung entspricht. Wenn **Mieten und Pachten aufgrund rechtlicher Bindungen nachhaltig von den marktüblich erzielbaren Mieten und Pachten abweichen,** können sie sich wertmindernd bzw. werterhöhend auswirken. Bei Anwendung des Ertragswertverfahrens sind wohnungs- und mietrechtliche Bindungen nach § 6 Abs. 2 bzw. § 8 Abs. 3 ImmoWertV zu erfassen, soweit sie nicht bereits nach den § 17 Abs. 1 Satz 2 i. V. m. Abs. 3 ImmoWertV erfasst wurden. 353

Im Einzelfall ist zu prüfen, ob sich ein Miet- und Pachtverhältnis durch Gewährung einer **Abstandszahlung** auflösen lässt. Die Höhe der Abstandszahlung ergibt dann zugleich die aus dem Miet- und Pachtverhältnis resultierende Wertminderung. In Gutachten, die für eine Zwangsversteigerung erstellt werden, sollten die Mietverhältnisse, soweit sie bei der Ortsbesichtigung des Objektes erfasst werden können, berücksichtigt werden. Die Wertänderung, die sich ggf. durch ein Miet-/Pachtverhältnis ergibt, wird als gesonderte Position ausgewiesen, damit der Rechtspfleger bei der Festsetzung des Verkehrswertes nach § 74 Abs. 5 ZVG auf die Problematik eingehen kann. D.h. es ist der unbelastete und der mit einem Miet-/Pachtrecht belastete Verkehrswert gem. § 194 BauGB zu ermitteln. 354

---

210 NZM 1998, 751; hierzu Eisult in NZM 1998, 802.
211 Baur, a. a. O. S. 296; zur Wertermittlung von Mietrechten: BVerfG, Beschl. vom 12.6.1979 – 1 BvL 19/76 –, BVerfGE 52, 1 = EzGuG 14.62; BGH, Urt. vom 15.11.1971 – III ZR 162/69 –, NJW 1972, 528 = EzGuG 14.44; OLG Bremen, Urt. vom 11.1.1970 – U B 13/68 –, EzGuG 18.47; LG Berlin, Urt. vom 9.2.1970 – O 5/67 –, EzGuG 14.39; zur Entschädigung bei Aufhebung von Miet- und Pachtrechten: BGH, Urt. vom 11.5.1967 – III ZR 21/66 –, BRS Bd. 19 Nr. 145 = EzGuG 14.29; BGH, Urt. vom 19.9.1966 – III ZR 216/63 –, NJW 1967, 1085 = EzGuG 6.92; abweichend BGH, Urt. vom 20.1.1958 – III ZR 40/57 –, EzGuG 14.5; BGH, Urt. vom 7.1.1982 – III ZR 114/88 –, EzGuG 6.213a; BGH, Urt. vom 7.1.1982 – III ZR 141/80 –, NJW 1982, 2183 = EzGuG 14.68; BGH, Urt. vom 27.1.1969 – III ZR 73/68 –, NJW 1969, 787 = EzGuG 14.36; BGH, Urt. vom 1.7.1968 – III ZR 214/55 –, EzGuG 14.34; BGH, Urt. vom 21.12.1965 – V ZR 45/63 –, EzGuG 14.24; KG, Urt. vom 16.7.1985 – U 6417/83 –, EzGuG 14,78; **zur** Wertermittlung von Pachtrechten: BGH, Urt. vom 7.1.1982 – III ZR 141/80 –, EzGuG 14.68; BGH, Urt. vom 28.9.1972 – III ZR 44/70 –, EzGuG 14.47; OLG Stuttgart, Beschl. vom 10.10.1977 – 10 Wlw 18/77 –, AgrarR 1978, 199 = EzGuG 14.58; OLG Bremen, Urt. vom 14.1.1970 – U B 13/68 –, EzGuG 18.47; OVG Münster, Urt. vom 18.1.1967 – 3 A 101/66 –, AVN 1968, 237 = DVBl 1967, 583; LG Berlin, Urt. vom 9.2.1970 – O 5/67 –, AVN 1970, 441 = EzGuG 14.39.

4.2.6 Wegerecht

4.2.6.1 Allgemeines

Schrifttum: *Simon, J.,* Wertermittlung eines Wegerechts, GuG 2004, 228. *Sandner/Weber*, Lexikon der Immobilienwertermittlung, 2. Aufl., Bundesanzeiger Verlag, Köln, 2007, 288.

▶ *Zum Notwegerecht vgl. Rn. 288 ff.*

355 Das Straßen- und Verkehrsrecht untergliedert sich in öffentliches Sachenrecht, das die Rechtsverhältnisse an Straßen, Wegen und Plätzen, die dem allgemeinen Verkehr gewidmet sind, regelt und das Straßenverkehrsrecht, das als Sicherheitsrecht die Sicherheit und Leichtigkeit des Verkehrs nach dem Straßenverkehrsgesetz (StVG), der Straßenverkehrsordnung StVO und der Straßenverkehrszulassungsordnung (StVZO) begründet.

Straßen sind Bodenflächen, die dem nicht schienengebundenen Verkehr dienen und dem je nach Straßenklassen bestimmte Bestandteile zugeordnet werden. Straßen, Wege und Plätze, die nicht gewidmet sind, untergliedern sich **in tatsächlich öffentliche** Verkehrsflächen, die der ausdrücklichen oder stillschweigenden Duldung unterliegen, wie z. B. Parkplätze von Einkaufszentren und **nicht öffentlicher** Verkehrsraum, der für jeden Verkehr gesperrt oder nicht bestimmt ist. Dazu zählen Privatstraßen, Privatwege, deren Zutritt nur bei persönlicher Beziehung möglich ist, z. B. Werksgelände. Öffentlich-rechtliche Straßen/Wege/Plätze sind ungeachtet der Eigentumsverhältnisse – ausdrücklich oder stillschweigend – für jedermann (Gemeingebrauch) zur Benutzung zugelassen. Die Flurst.-Nr. sind in der Widmungsverfügung vermerkt.

Die Straßen sind in verschiedene Straßenklassen eingeteilt.

Für die Wertermittlung sind vorrangig in Privateigentum stehende Feld- und Waldwege (auch öffentl. gewidmete) Eigentümerwege und Privatstraßen, Privatwege relevant (vgl. Abb. 66).

Abb. 66: Straßen- und Verkehrsrecht

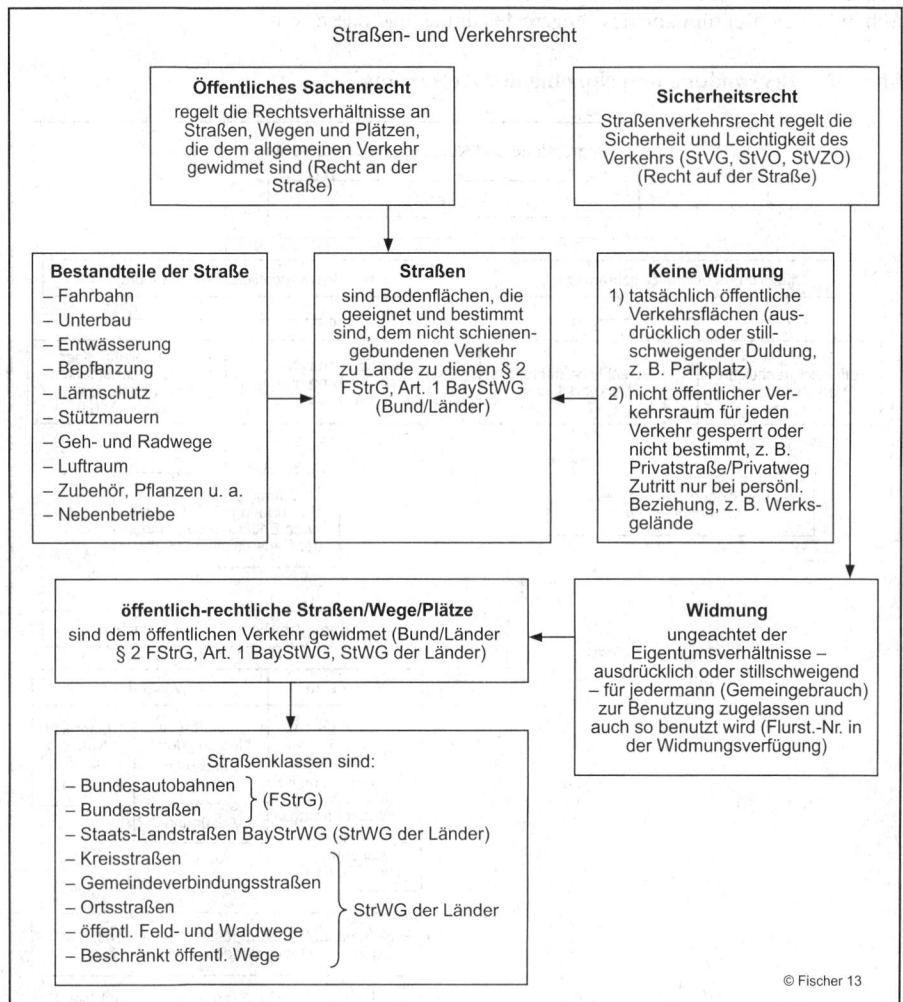

Bei der Wertermittlung tritt das Wegerecht als umfassendes Recht mit den varianten Fahrt- und Gehrecht am häufigsten als Grunddienstbarkeit auf. Das liegt darin begründet, dass das durch Vertrag vereinbarte Wegerecht bei einem Verkauf des „herrschenden" Grundstücks nicht bestehen bleibt. Wird das Recht durch eine Grunddienstbarkeit in Abt. II des Grundbuches eingetragen oder als öffentlich-rechtliche Baulast begründet, so bleibt es bei einem Verkauf des herrschenden Grundstücks bestehen. Zu beachten ist, dass es das Instrument der Baulast nicht in allen Bundesländern gibt.

Wegerechte können entweder als öffentlich-rechtliche Beschränkungen (tatsächlich öffentliche Wege[212], rechtlich öffentliche Wege[213]) oder als privatrechtliche Beschränkungen auftreten (vgl. Abb. 67):

---

212 „Tatsächlich öffentliche Wege" sind Grundflächen im Privateigentum, die durch ausdrückliche Erklärung oder schlüssiges Verhalten für den öffentlichen Verkehr freigegeben sind.
213 „Rechtlich öffentliche Wege" stehen im Eigentum einer Gebietskörperschaft, die die privatrechtliche Verfügungsmacht hat. Die Wege stehen durch Widmung dem öffentlichen Verkehr offen.

VIII Rechte und Belastungen — Wegerecht

Der **Unterschied zum Notwegerecht** liegt darin, dass das Notwegerecht nur bis zur Erstellung der notwendigen Verbindung mit einem öffentlichen Weg gesetzlich zu gewähren ist. In Abb. 67 ist die Begründung des Wegerechts umfassend dargestellt.

Abb. 67: Begründung und Nutzung des Wegerechts

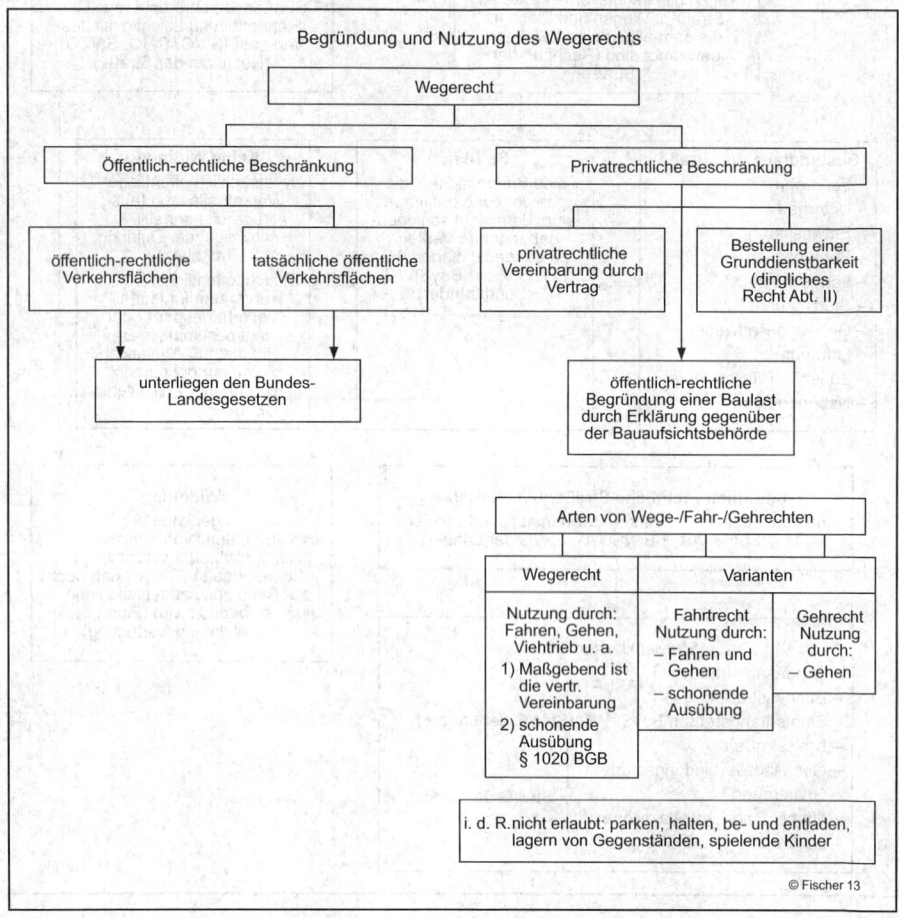

357 Inhalt solcher (Grund-)Dienstbarkeiten können insbesondere **Geh-, Fahr- und Triebgerechtigkeiten** sein. Ist das Wegerecht nur durch einen einfachen Vertrag begründet und nicht durch Baulast oder Grunddienstbarkeit gesichert worden, so kann das Wegerecht nur aus wichtigem Grund gekündigt[214] werden. Soweit es sich bei dem Wegerecht nicht um eine nicht im Grundbuch eingetragene *altrechtliche Dienstbarkeit* handelt, ergeben sich Inhalt und Umfang des Wegerechts aus den Bestimmungen bei der Bestellung der Dienstbarkeit bzw. aus dem Grundbucheintrag[215].

Beispiel:

Ein altrechtliches Fahrrecht wurde 1862 in einem Kaufvertrag begründet, wobei dem Berechtigten das Recht eingeräumt wurde, den Hofraum des Nachbargrundstücks der Länge nach zu befahren. Das Fahrrecht wurde danach auch in Anspruch genommen. Dieses vor Inkrafttreten des BGB bestehende Recht bleibt in Inhalt und Rang bestehen, auch wenn es nicht in das Grundbuch eingetragen wurde.

---

214 Urteil OLG Nürnberg, Urt. vom 7.9.2010 – 1 U 258/10 –.
215 KG, Urt. vom 25.6.1984 – 12 U 4853/83 –, AVN 1986, 104 = EzGuG 14.76.

Wegerecht   **Rechte und Belastungen VIII**

Ist ein Wegerecht nicht bindend begründet worden, liegt lediglich ein „Leihverhältnis" vor, welches jederzeit gekündigt werden kann.

Die Befugnis zur Benutzung öffentlicher Straßen und Wege ergibt sich direkt aus dem öffentlichen Recht. **Eine öffentliche Straße entsteht durch Widmung** durch die zuständige staatliche bzw. kommunale Stelle. Die jedermann im Rahmen der Widmung und der Straßenverkehrsvorschriften innerhalb der verkehrsüblichen Grenzen zustehende Benutzung öffentlicher Straßen wird als Sondernutzung bezeichnet. Diese Nutzungsmöglichkeit begründet kein Recht auf den Fortbestand einer öffentlichen Straße[216].   **358**

Das Wegerecht ist als beschränktes dingliches Recht Bestandteil des herrschenden Grundstücks (§ 96 BGB) und schränkt die Befugnisse des Eigentümers des dienenden Grundstücks insoweit ein, als er etwas zu dulden hat. Ein aktives Tun wird von ihm nicht verlangt (Abb. 68):   **359**

Abb. 68: Herrschendes und dienendes Grundstück bei einem Wegerecht

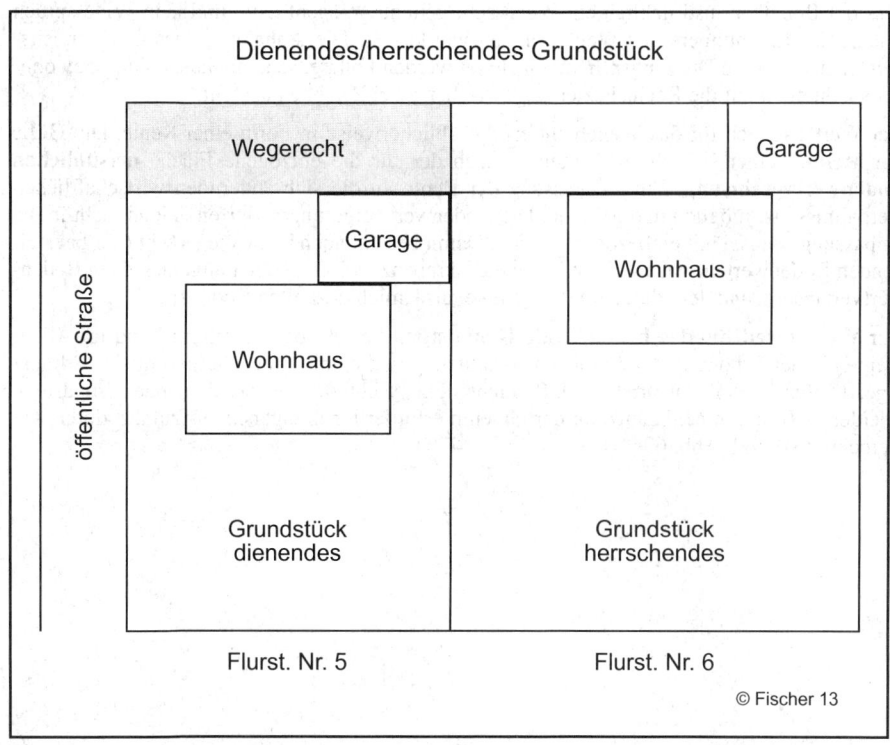

Die dingliche Belastung geht aus Abt. II des Grundbuchs hervor. Dabei wird die Grunddienstbarkeit im Allgemeinen zulasten des gesamten dienenden Grundstücks eingetragen. Da aus der Eintragung nicht ohne Weiteres der Umfang der Belastung durch das Wegerecht hervorgeht, sollte in jedem Fall in die den Grundakten beiliegende Eintragungsbewilligung eingesehen werden, **in der die Lage der Wegerechtsfläche auf dem belasteten Grundstück meistens eindeutig bestimmt ist.**   **360**

Der Berechtigte hat bei Ausübung der Grunddienstbarkeit die Interessen des Grundeigentümers zu schonen und bei Vorhandensein einer Anlage diese in ordnungsgemäßem Zustand zu erhalten (§ 1020 BGB)[217]. § 1021 BGB regelt die Unterhaltspflicht einer Anlage auf der

---

[216] BGH, Urt. vom 8.2.1971 – III ZR 33/68 –, EzGuG 18.54 = NJW 1971, 605.
[217] BGH, Urt. vom 12.11.2004 – V ZR 42/02 GE 2005, 121 = EzGuG 14.142.

belasteten Fläche. Diese Unterhaltspflicht kann je nach Interessenslage vereinbart werden. Bei Interesse der Berechtigten kann bestimmt werden, dass der Eigentümer die Anlage unterhält. Hat der Eigentümer ein Recht zur Mitbenutzung, so kann bestimmt werden, dass der Berechtigte die Anlage zu unterhalten hat, soweit es für das Benutzungsrecht des Eigentümers erforderlich ist.

361 Probleme können sich ergeben, wenn ein altes Wegerecht besteht, deren Benutzung vom Grundstückseigentümer des belasteten Grundstücks plötzlich bestritten wird. In diesem Fall könnte eine Duldungspflicht unter dem Gesichtspunkt der **„unvordenklichen Verjährung"** oder aus dem Tatbestand der Ersitzung abgeleitet werden. Die unvordenkliche Verjährung[218] kann jedoch nur auf die Einräumung eines Wegerechts vor Einführung des BGB angewendet werden, und auch nur dann, wenn in dem Gebiet das Allgemeine Preußische Landrecht nicht galt, welches das Rechtsinstitut der unvordenklichen Verjährung nicht kannte. In den Gebieten, in denen das Allgemeine Preußische Landrecht galt, war der Tatbestand der Ersitzung nach 30 Jahren erfüllt, wenn also der Wegenutzer den Weg länger als 30 Jahre in Anspruch genommen und die Nutzung ununterbrochen ausgeführt hatte. Voraussetzung ist allerdings, dass der Benutzer ausdrücklich ein Wegerecht geltend gemacht hatte und kein Widerspruch seitens des Eigentümers des Wegs erhoben worden ist. Die Annahme eines Gewohnheitsrechts, aus dem die Duldungspflicht abgeleitet werden könnte, scheidet aus, da das Gewohnheitsrecht nicht auf die Rechtsbeziehung zwischen zwei Personen abstellt.

362 Der Wertausgleich für das Wegerecht erfolgt üblicherweise in Form einer Rente. Die **Höhe der Rente** richtet sich im Allgemeinen nach der für die entzogene Fläche **ortsüblichen Bodenwertverzinsung**. Eine Anpassung der Rente an die sich ändernden wirtschaftlichen Verhältnisse ist möglich und geboten. Die Bodenwertsteigerungen dürfen jedoch nicht in die Anpassungsklausel mit einbezogen werden. Damit besteht auch beim Wegerecht (nur bei steigenden Bodenwerten) nach Zeitablauf eine Diskrepanz zwischen einer angemessenen Bodenwertverzinsung und dem durch die Wegerente tatsächlich gezahlten Bodenzins[219].

363 Der **Wertvorteil für das herrschende Grundstück** besteht bei baureifem Land im Allgemeinen in der Erhöhung der baulichen Ausnutzung und damit in der Steigerung der Ertragslage. Dieser Vorteil entspricht i. d. R. nicht dem Nachteil, den das dienende Grundstück erleidet (z. B. durch Mitbenutzung der ohnehin erforderlichen eigenen Hofzufahrt durch den Berechtigten); vgl. Abb. 69:

---

[218] Das Rechtsinstitut der unvordenklichen Verjährung ist nicht im BGB geregelt. Es gilt für Rechtsobjekte wie Straßen-, Wege- und Nachbarrecht. Nach Auffassung des BGH (Urt. vom 4.2.1955 – V ZR 112/52 –) BVerfG, Beschl. vom 15.4.2009, 1 BvR 3478/08 – wird von einer unvordenklichen Vermutung ausgegangen, wenn der Weg nachweislich vierzig Jahre lang vor Inkrafttreten des Straßengesetzes als öffentlicher Weg benutzt wurde und für die vorausgegangenen vierzig Jahre eine gegenteilige Erinnerung nicht feststellbar ist.
[219] BGH, Urt. vom 5.10.1965 – V ZR 73/63 –, NJW 1965, 2340 = EzGuG 14.23; ProVG, Urt. vom 10.6.1932 – VII C 183/37 –, EzGuG 14.2.

Abb. 69: Mögliche Vor- und Nachteile Wegerecht

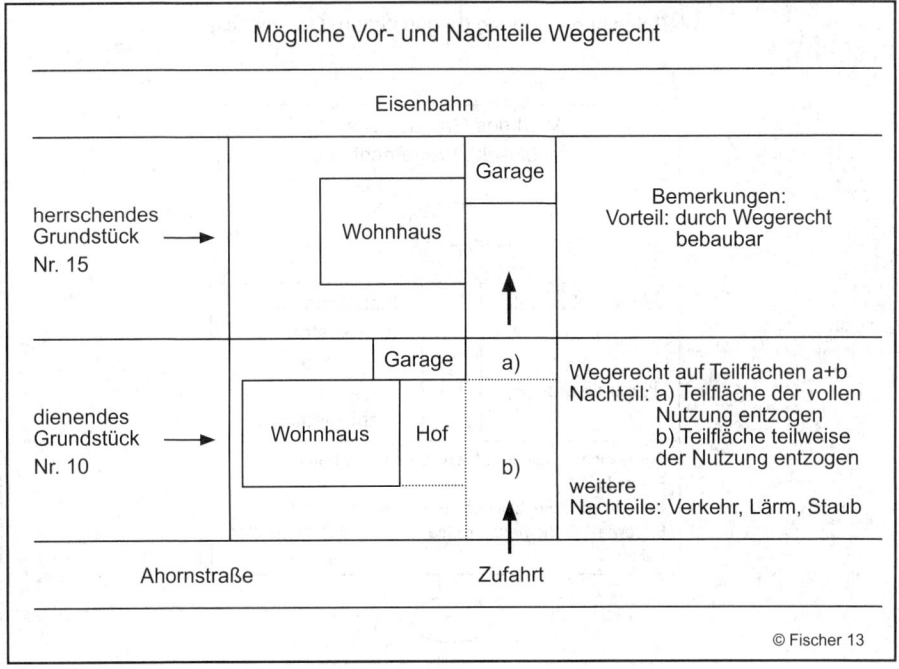

4.2.6.2 Wertermittlungsgrundsätze

a) *Wertermittlung für das herrschende (begünstigte) Grundstück*

Der Wert des Rechts für das begünstigte Grundstück ergibt sich aus der Differenz zwischen dem Verkehrswert des begünstigten Grundstücks ohne Berücksichtigung des Wegerechts und dem Verkehrswert mit Berücksichtigung des Wegerechts.

Der Wertvorteil ergibt sich durch Erhöhung der baulichen und sonstigen Nutzbarkeit und ist normalerweise nicht identisch mit dem Wertnachteil des belasteten Grundstücks. Der Wert des begünstigten Grundstücks wird aus dem Verkehrswert des Grundstücks unter Berücksichtigung des Wegerechts ermittelt. Als Parameter für die Wertsteigerung des begünstigten Grundstücks wird die durch das Recht verbesserte Ertragssituation (vgl. nachfolgendes *Beispiel* Abb. 70) herangezogen. Die zu zahlende Wegerechtsrente und gegebenenfalls weitere in diesem Zusammenhang entstehende Zahlungen oder sonstige Leistungen werden wertmindernd berücksichtigt.

364

Abb. 70: Wert des herrschenden (begünstigten) Grundstücks

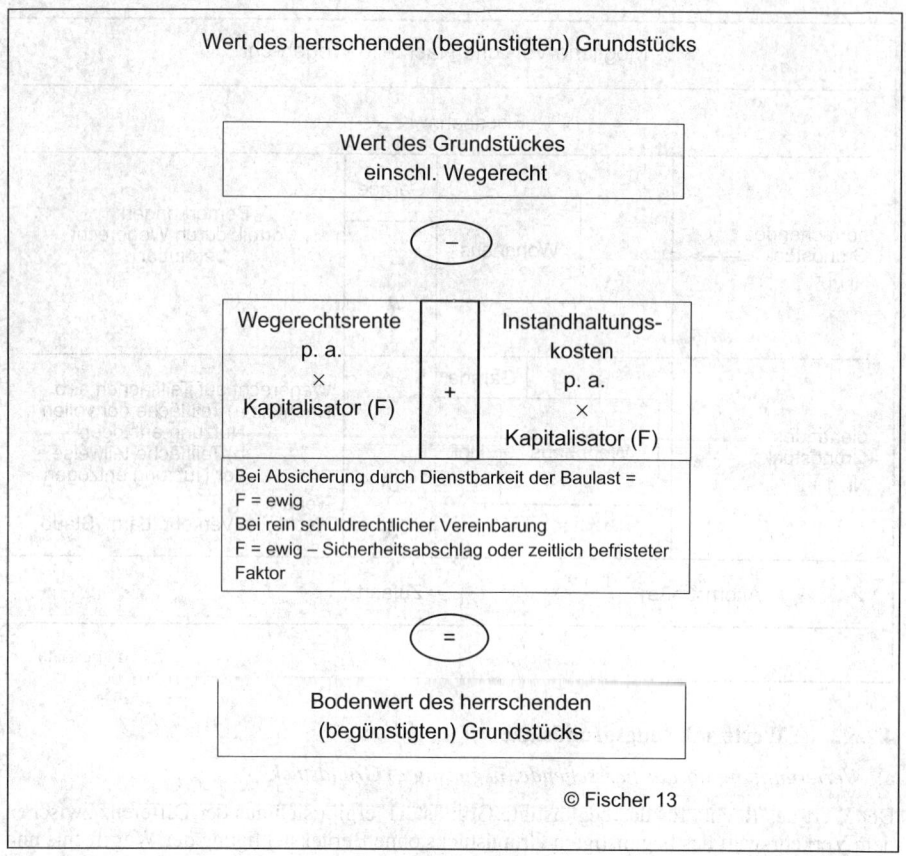

b) *Wertermittlung für das dienende (belastete) Grundstück*

365 Die Wertminderung des belasteten Grundstücks ergibt sich durch die Einschränkungen oder den Geldwert der Einschränkungen, die das belastete Grundstück durch das Recht erfährt (Abb. 71).

Abb. 71: Wert des dienenden (belasteten) Grundstücks

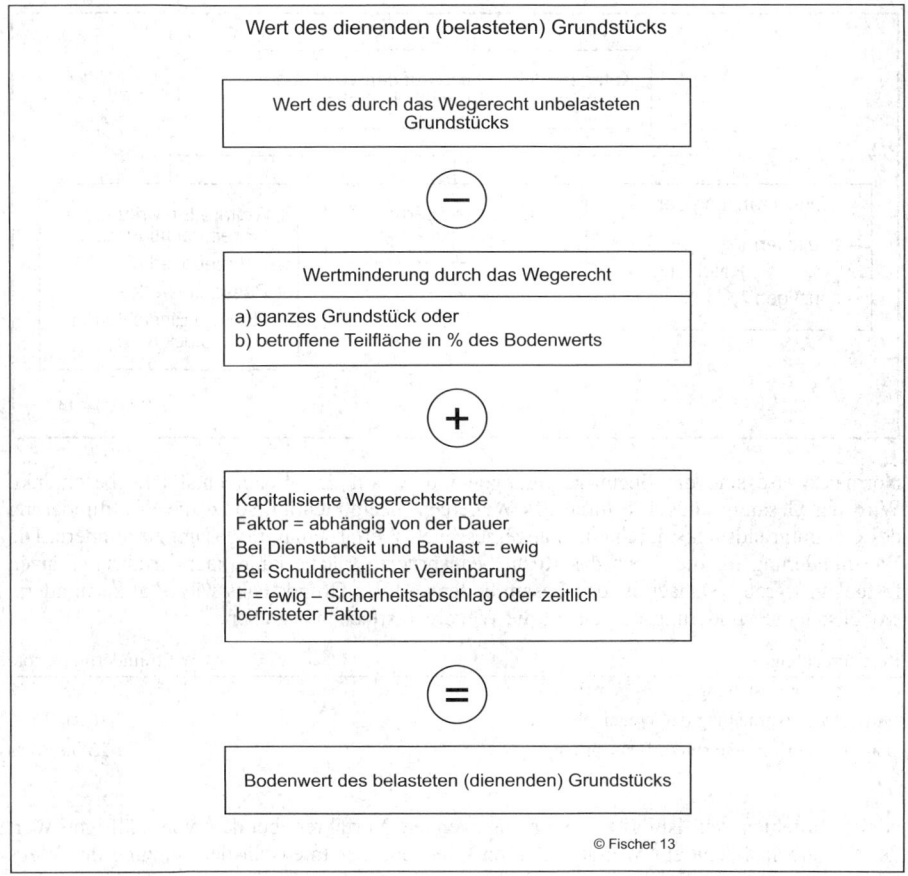

Ob lediglich die durch das Wegerecht betroffene Grundstücksfläche oder aber das Gesamtgrundstück zu mindern ist, hängt vom Einzelfall ab. Zur Ermittlung eines angemessenen Wertabschlags können zwei Wege beschritten werden:

- Der Abschlag wird unter Würdigung der nachstehenden wertmindernden Parameter für die in Anspruch genommene Wegerechtsfläche frei geschätzt. Er beruht zum Beispiel auf dem Fehlen von Stellplatzflächen im Hofbereich und ggf. in einer verstärkten Lärm-, Staub- und Geruchsimmission. Daneben ist zu beachten, dass aus Sicht des belasteten Eigentümers das Grundbuch mit der Eintragung der dinglichen Belastung in Abt. II „beschmutzt" wird. Üblicherweise wird die Wertminderung insgesamt mit einem 50%igen Abschlag der betroffenen Wegerechtsfläche gewürdigt. Bei der Schätzung einer pauschalen Wertminderung ist zu befürchten, dass ein Defizit in der Nachvollziehbarkeit der Bewertung besteht. Es ist deshalb sinnvoller, die Wertminderungskriterien darzulegen und in einzelnen Schritten wertmäßig einzustufen, um dann zu einer Gesamtentschädigung zu gelangen.
- Die Wertminderung für die durch das Recht beanspruchte Wegerechtsfläche wird nach Erfahrungssätzen festgelegt[220]. Auch hier ist auf die Nachvollziehbarkeit der Bewertung zu achten.

---

[220] Stannigel/Kremer/Weyers, a. a. O., S. 202; Vogels, a. a. O., 325.

VIII Rechte und Belastungen — Wegerecht

Abb. 72: Kriterien, die den Wert des dienenden Grundstücks beeinflussen können

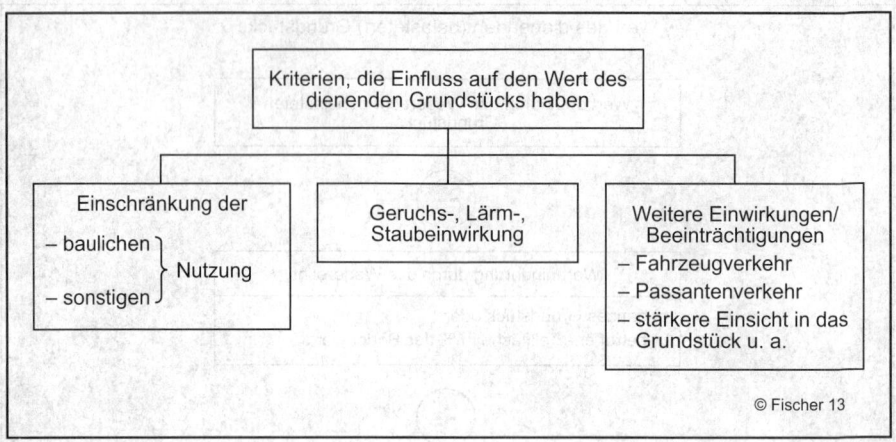

Normalerweise sind die Beeinträchtigungen i. d. R. auf die Wegerechtsfläche beschränkt. Wird das Gesamtgrundstück durch das Wegerecht beeinträchtigt, so ist die Wertminderung des Gesamtgrundstücks durch einen angemessenen Wertabschlag insgesamt zu mindern. Die Wertminderung für die durch das Recht beanspruchte Fläche kann nach Erfahrungssätzen festgelegt werden. Danach ist der Gesamtbodenwert des Grundstücks wie folgt zu mindern, wobei sich die Minderungsquoten auf die Wegerechtsflächen beziehen.

Beanspruchung	Wertminderungsquote
Geringe Beanspruchung der Wegerechtsfläche	5 %
Mittlere Beanspruchung der Wegerechtsfläche	10 bis 15 %
Dauernde notwendige starke Beanspruchung	25 bis 30 %

Nicht empfehlenswert ist das zuweilen angewendete Verfahren, bei dem vom hälftigen Wert der Wegerechtsfläche ein Wertabschlag entsprechend der Intensität der Nutzung des Wegs konstruiert wird und gleichzeitig der Bodenwert des Gesamtgrundstücks (ohne Wegerechtsfläche) gemindert wird. Hierbei besteht die Gefahr der Doppelberücksichtigung. Auch entspricht eine derartige Vorgehensweise nicht den allgemeinen Marktgepflogenheiten.

366 In der Abb. 73 sind das dienende Grundstück Nr. 253/1 und das herrschende Grundstück Nr. 253 dargestellt. Das dienende Grundstück Nr. 253/1 ist mit einem Wegerecht belastet, das über eine Grunddienstbarkeit dinglich gesichert ist. Eine Alternative, die eine geringere Belastung bedeuten würde, besteht nicht. Die Belastung des Grundstücks Nr. 253/1 übersteigt das übliche Maß einer Belastung bezogen auf die Wegefläche. In derartigen Fällen empfiehlt es sich, den Gesamtbodenwert durch einen Wertabschlag zu mindern, dessen Höhe sich am Grad der Beeinträchtigung des dienenden Grundstücks orientiert. Bei den sich an der Darstellung ergebenden Verhältnissen (Abb. 73) wäre ein Abschlag von 25 bis 30 % des vollen Bodenwerts durchaus angemessen. Wird die bauliche Ausnutzung (GFZ) darüber hinaus eingeschränkt, wäre ein entsprechend höherer Abschlag oder eine Differenzrechnung vorzunehmen (z. B. Bauland zu Gartenland).

Abb. 73:　Lageskizze

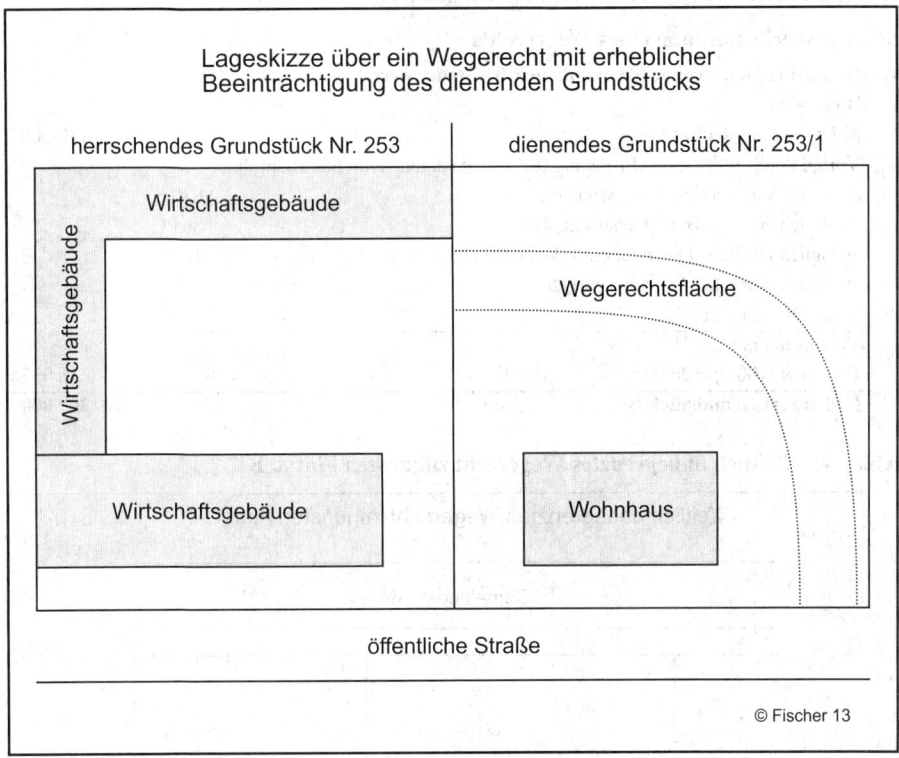

Hervorzuheben ist, dass bei Anwendung der Wertermittlungsverfahren nach ImmoWertV (Vergleichs-, Ertrags- und des Sachwertverfahrens) unter Nutzung von Vergleichswertfaktoren bebauter Grundstücke, Liegenschaftszinssätze sowie Sachwertfaktoren die Belastung des dienenden Grundstücks (mit Wegerecht) zunächst unberücksichtigt bleibt.

Daraus folgt, dass der vorläufige Vergleichs-, Ertrags- und Sachwert zunächst auf der Grundlage des vollen Bodenwerts ermittelt wird.

Die Wertminderung aufgrund des Wegerechts wird erst gemäß § 8 Abs. 3 ImmoWertV nachträglich berücksichtigt.

Beispiel – dienendes Grundstück –

Altersgeminderte Herstellungskosten:		250 000 €
voller Bodenwert	+	50 000 €
vorläufiger nicht marktangepasster Sachwert	=	300 000 €
Sachwertfaktor　　　　　× 0,8		
vorläufiger marktangepasster Sachwert	=	240 000 €
Bodenwertminderung, Wegerecht als besonders objektbezogenes Grundstücksmerkmal i. S. d. § 8 Abs. 3 ImmoWertV	–	10 000 €
Verkehrs-/Marktwert	=	230 000 €

Das dingliche Wegerecht ist üblicherweise als Dauerrecht ohne zeitliche Begrenzung ausgelegt. Ist der Barwert des Rechts bzw. der Belastung zu ermitteln, wäre der geldwerte jährliche Vorteil für das herrschende Grundstück sowie der geldwerte Nachteil für das dienende Grundstück mit dem ewigen Rentenvervielfältiger (100/Zinssatz) zu kapitalisieren. Handelt

VIII Rechte und Belastungen — Wegerecht

es sich dagegen um eine zeitlich begrenzte schuldrechtliche Vereinbarung, so wäre der Zeitrentenfaktor, bezogen auf die Dauer der Vereinbarung, anzusetzen.

368 *Beispiel* **Wertmittlung eines Wegerechts**

Wertermittlung herrschendes Grundstück B – Bodenwert

1. Bodenwert
   (40 m × 30 m) × 150 €/m² = 180 000 €
2. Vorteil durch Wegerecht (Erhöhung der WF, da eigene Durchfahrt entfällt):

ca. 40 m² WF × 6 €/m² × 12 Monate	=	2 880 €
abzüglich 30 v. H. Bewirtschaftungskosten	–	864 €
abzüglich jährliche Instandhaltungskosten für Weg	–	100 €
abzüglich jährliches Nutzungsentgelt	–	300 €
Verbleibender Vorteil	=	1 616 €
Verzinsung mit 6 v. H.		
1 616 € × (100/6) = 26 933 €	+	26 933 €
Bodenwert Grundstück B	**=**	**rd. 207 000 €**

Abb. 74: Zeitlich unbegrenztes Wegerecht zugunsten Flurst. B

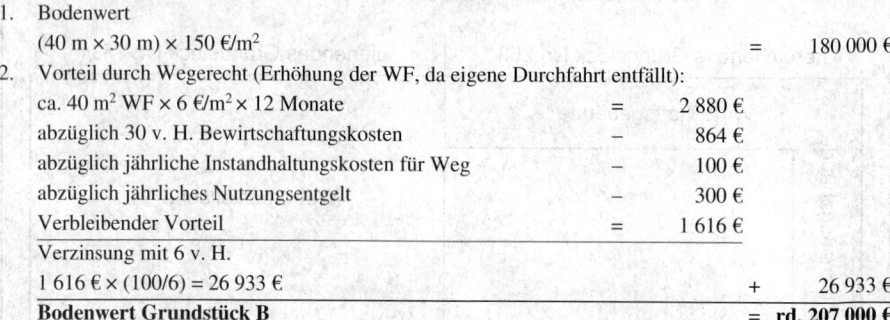

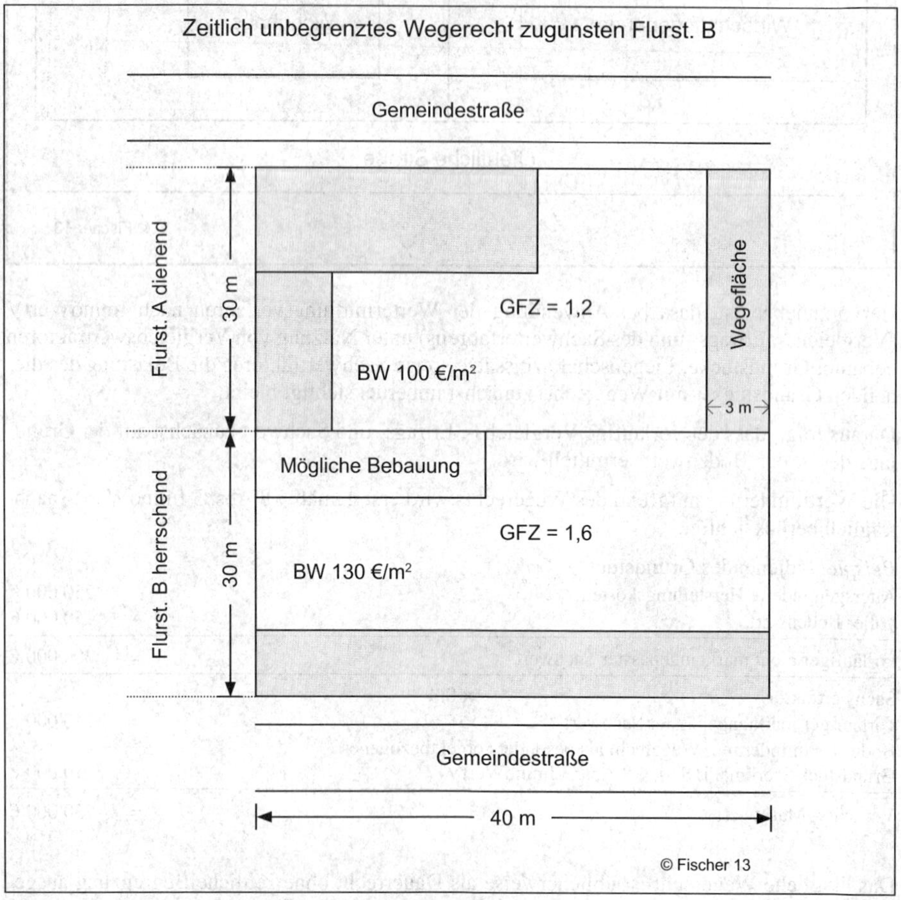

| Wegerecht | Rechte und Belastungen VIII |

Wertermittlung dienende für Grundstück A – Bodenwert

1. Bodenwert der unbelasteten Grundstücksfläche (ohne Wegefläche) = 111 000 €
   (30 m × 37 m) × 100 €/m²
2. Zuzüglich halber Bodenwert der mit dem Wegerecht belasteten
   Fläche

   [(30 m × 3 m) × 100 €/m²]/2 + 4 500 €

   abzüglich Minderung durch Fremdmitbenutzung 50 v. H. − 2 250 €

   zuzüglich Barwert des Nutzungsentgelts

   300 € × (100/6) + 5 000 €

   Verbleiben = 7 250 € + 7 250 €

   Bodenwert Grundstück A = **118 250 €**

Bei diesem Beispiel ist die Bodenwertermittlung für das Grundstück B nicht zu beanstanden. Doch beim Grundstück A wird der Bodenwert der beanspruchten Wegefläche von vornherein um 50 v. H. gekürzt. Das ist unlogisch. Logischer wäre es, den vollen Bodenwert anzusetzen und daraus den 50%igen Anteil der Mitbenutzung zu berücksichtigen. Es ergäbe sich dann ein Bodenwert des Grundstückes A in Höhe von 120 500 €. Die weitere Minderung durch die Mitbenutzung des Nachbarn B ist hingegen plausibel. Ebenso muss dem dienenden Grundstück als Werterhöhung der Barwert des jährlich gezahlten Nutzungsentgelts zugerechnet werden. Der geringere Bodenwert gegenüber dem Grundstück B ist in der geringeren GFZ (1,2 zu 1,6) begründet.

Beispiel: 369

Ein Grundstückseigentümer teilt sein 1 800 m² großes Grundstück in die Flurstücke A und B mit je 900 m² Grundstücksfläche auf (vgl. Abb. 75). Damit das neu entstehende Flurstück B (bisher Rohbauland) bebaut werden kann, wird zugunsten B ein dingliches Wegerecht an Flurstück A eingeräumt (Wegerechtsfläche 3 m × 30 m = 90 m²). Es ist der Bodenwert beider Grundstücke sowie der Wert des Wegerechts für den Fall zu ermitteln, dass eine einmalige Entschädigung vereinbart wird. Die Unterhaltungslast für die Wegerechtsfläche sowie die erschwerte Erschließung des Flurstücks B wird mit 10 v. H. des Bodenwerts von B berücksichtigt.

VIII Rechte und Belastungen   Wegerecht

Abb. 75:   Wertermittlung eines Wegerechts

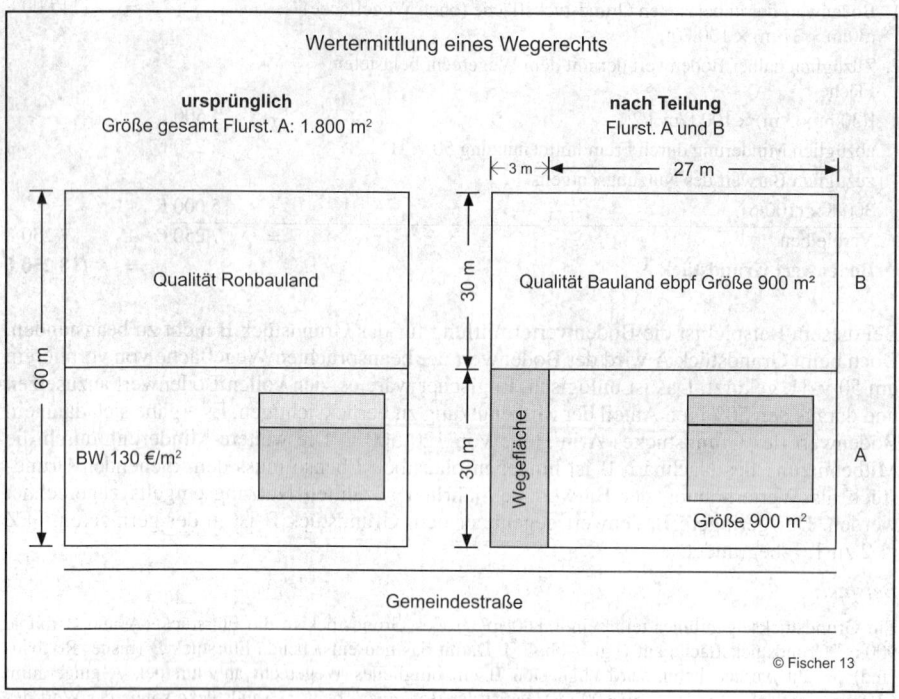

Wertermittlung herrschende Grundstück B – Bodenwert

Grundstücksgröße 900 m²
Bodenrichtwert (ebf) 130 €/m²

Bodenwert unbelastet 110 €/m² × 900 m²	=	99 000 €
Zuschlag wegen ruhigerer Lage (Abschirmung durch B) + 5 %	+	4 950 €
Abschlag wegen erschwerter Erschließung sowie Unterhaltungslast der Wegerechtsfläche, Minderung – 10 %	–	9 900 €
Erschließungskosten 20 €/m² × 900 m²	+	18 000 €
Bodenwert Grundstück B	=	**112 050 €**

Wertermittlung dienende Grundstück A – Bodenwert

Bodenwert unbelastete Fläche 110 €/m² × 810 m²	89 100 €
Bodenwert der mit dem Wegerecht belasteten Fläche	
Minderung:	
– Fläche für den Eigentümer des Grundstücks nicht nutzbar – 40 %	
– Immissionsbelastung durch Fahrverkehr – 10 %	
90 m² × 110 €/m² = 9 900 € davon × 50 % Ansatz =	
Erschließungskosten 20 €/m² × 810 m² +	16 200 €
Bodenwert Grundstück A	**109 800 €**

Wurde zwischen den Eigentümern A und B eine Wegerechtsrente vereinbart, wäre deren Barwert bei B vom Bodenwert abzuziehen und bei A hinzuzurechnen. Wird bei Teilung des Ursprungsgrundstücks A in die Baugrundstücke A und B für den Eigentümer A eine einmalige Entschädigung für die Einräumung des Wegerechts zugunsten B vereinbart, kann von folgender Berechnung ausgegangen werden:

Wegerecht

Baugrundstück B war ursprünglich Hinterland des Grundstücks A und besaß Rohbaulandqualität.

Bodenwert Grundstück B

60 % von 110 €/m² (Baulandpreis 130 €/m² – 20 €/m² ebpf) × 900 m²	=	59 400 €
Nach Aufteilung in A und B und der damit verbundenen Einräumung des Wegerechts zugunsten B wird Grundstück B baureifes Land 110 €/m² × 900 m²	=	– 99 000 €
Differenz	rd.	**39 600 €**

Dieser Betrag bildet die Höchstgrenze der einmaligen Entschädigung für das Wegerecht. Allerdings ist im Normalfall ein Interessenausgleich zu berücksichtigen. Der ursprüngliche Eigentümer von Flurst. A erfährt durch die Teilung und Einräumung des Wegerechts eine erhebliche Qualitätssteigerung, nämlich von Rohbauland zu baureifem Land, was auch mit einer Werterhöhung einhergeht. Der Interessenausgleich beider Grundeigentümer kann mit 50 % angenommen werden. Unter diesen Voraussetzungen beträgt die einmalige Entschädigung zugunsten des Eigentümers A für die Gewährung des Wegerechts 19 800 €[221].

Beispiel: 370

A ist Eigentümer eines innerstädtischen Grundstücks, welches in geschlossener Bauweise viergeschossig bebaut ist. Zur sinnvollen Nutzung des rückwärtigen Grundstücksteils mit vier Garagen müsste er eine Durchfahrt schaffen oder ein Wege- und Fahrrecht mit dem Eigentümer B des seinem Grundstück gegenüberliegenden Grundstücks vereinbaren. B hat bereits Zustimmung signalisiert und fordert als Wegerechtsrente eine 5%ige Verzinsung des hälftigen Bodenwerts der Wegerechtsfläche p. a. sowie einen Unterhaltungsbeitrag für die Wegefläche von jährlich 300 €.

A beauftragt einen Sachverständigen, zu untersuchen, welche Lösung für ihn wirtschaftlich am günstigsten ist. Die Baukosten je m² BGF betragen rd. 280 €. Die Garagenmiete wird mit 50 €/Monat angenommen. Die Nettokaltmieten im Mehrfamilienhaus des A liegen bei 8 €/m² WF im Monat.

---

221 Es ist zu beachten, dass dieser Betrag lediglich die Entschädigung für die Gewährung des Wegerechts darstellt. Der Eigentümer von Flurst. A hat zudem den Vorteil, dass er das Teilgrundstück B zum „vollen Baulandpreis" veräußern kann.

VIII Rechte und Belastungen   Wegerecht

Abb. 76:   Lageskizze innerstädtisches Grundstück

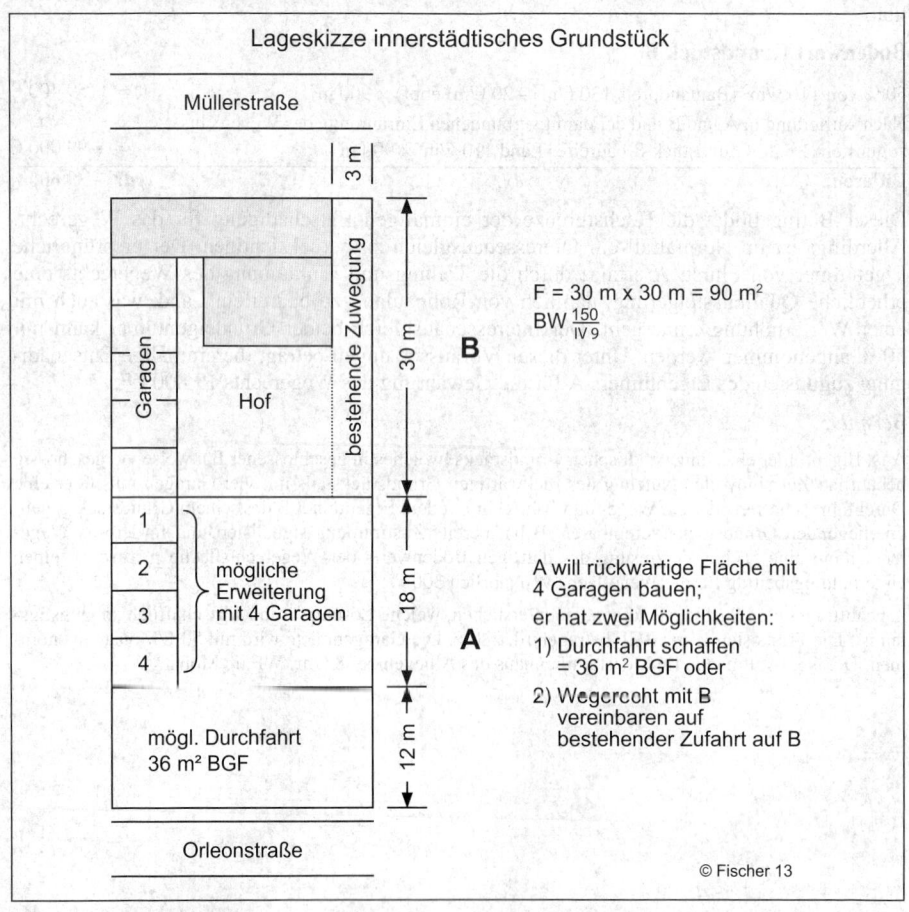

1. Ermittlung der Belastung durch die Wegerechtsrente

Wegerechtsfläche: 30 m × 3 m = 90 m²
Bodenwert der Wegerechtsfläche: 90 m² × 150 €/m² = 13 500 €
hälftiger Bodenwert: 50 % von 13 500 € = 6 750 €

Die Wegerechtsrente beträgt p. a. 5 % × 6 750 € =	337,50 €
Die Unterhaltungsverpflichtung p. a. für die Wegerechtsfläche beträgt	+ 300,00 €
Die Gesamtbelastung aus dem Wegerecht beträgt p. a.	637,50 €
Der Barwert der Belastung aus dem Wegerecht bei einem Liegenschaftszinssatz von 5 % = 637,50 € × 20 (Ewigkeitsfaktor 100/5)	= **12 750 €**

2. Ermittlung des Gewinns aus der Garagenvermietung

Die Gebäudenormalherstellungskosten der Garagen betragen 72 m² BGF × 280 €/m²	20 160 €
Baunebenkosten 12 % rd.	+ 2 419 €
Gesamt	22 579 €

Wegerecht   **Rechte und Belastungen VIII**

Der Reinertrag aus der Garagenvermietung beträgt

4 Garagen × 50 €/Garage × 12 Monate	2 400 €
Bewirtschaftungskosten 15 %	– 360 €
Jahresreinertrag	2 040 €

Verzinsung der aufgewendeten Baukosten	
Zins 5 % von 22 579 €	– 1 129 €
Gewinn p. a.	911 €
Barwert des Gewinns durch Vermietung der Garagen bei 5 % Liegenschaftszins und ewiger Rente 911 € × 20	= **18 220 €**

3. Ermittlung des Verlustes durch Herstellung der Durchfahrt auf dem eigenen Grundstück

36 m² BGF_{red} × 0,8 = 28,8 m²; 28,8 m² WF × 8 €/m² × 12 Monate	2 765 €
Bewirtschaftungskosten 20 %	– 553 €
Jahresreinertrag	2 212 €
Zuzüglich Verzinsung aus Umbaukosten (hier angenommen mit 10 000 €) 5 % von 10 000 €	+ 500 €
Verlust jährlich aus Umbau	2 712 €
Barwert des Verlustes durch Bau der Durchfahrt 2 712 € × 20	= **54 240 €**

Dem Gewinn aus der Vermietung der Garagen mit 18 220 € steht ein Verlust von 54 240 € durch die baulichen Aufwendungen und den Wegfall der Wohnfläche gegenüber. Daraus folgt, dass die Erstellung der Durchfahrt zur Nutzung des rückwärtigen Grundstücksteils mit Garagen wirtschaftlich nicht sinnvoll ist.

Wirtschaftlich sinnvoll ist der Bau der Garagen nur, wenn mit dem Nachbar B ein dingliches Wege- oder Fahrrecht vereinbart werden kann und der Barwert der Wegerechtsrente unter dem Barwert des Gewinns aus der Garagenvermietung liegt. Das ist durch die hier vorliegenden Konditionen für die Wegerechtsrente der Fall. Der Vorteil für Eigentümer A liegt unter Einbeziehung der Rentenzahlungen bei 18 220 € – 12 750 € = 5 470 €.

Die Beispiele zeigen, wie man bei der Bewertung eines Wegerechtes an die Lösung des Problems herangehen kann, wobei die individuellen Gegebenheiten des Einzelfalls zu berücksichtigen sind. Eine generell anwendbare Berechnungsformel kann es bei den unterschiedlichen Fallgestaltungen nicht geben. Es sei noch darauf hingewiesen, dass in den vorgenannten Beispielen die Wertermittlung des Wertes des Wegerechtes sowie Darstellung des Bodenwertes (belastet) im Mittelpunkt steht. Bei bebauten Grundstücken, die nach Sachwert- bzw. Ertragswertverfahren (dienendes, herrschendes Grundstück) zu bewerten sind, ist zunächst der volle Bodenwert anzusetzen und die Wertminderung aufgrund des Wegerechts nach § 8 Abs. 3 ImmoWertV erst nachträglich bei den besonderen objektspezifischen Grundstücksmerkmalen boG zu berücksichtigen.

Beispiel:

Wegerecht Anl. 20 WERTR 06, Wertminderung Gesamtgrundstück

Über das an einer öffentlichen Straße gelegene Grundstück A wurde ein Wegerecht zugunsten des dahinter liegenden Grundstücks B bestellt. Das Grundstück B wurde damit verkehrlich erschlossen. Beide Grundstücke wurden nach Bestellung des Wegerechts bebaut und haben jeweils eine Fläche von 650 m². Der unbelastete Bodenwert beträgt 150 €/m². Es wurde eine jährliche Wegerechtsrente in Höhe von 300 € vereinbart. Die Kosten der Instandhaltung für den Weg betragen jährlich 100 € und sind vom Eigentümer des begünstigten Grundstücks B zu tragen. Der Weg ist 3 m breit und 20 m lang und verläuft am Rand des Grundstücks A. Die bauliche Nutzbarkeit wird nicht beeinträchtigt. Durch die Nutzung des Weges entstehen jedoch Immissionen, die bei Grundstück A zu einer Beeinträchtigung führen. Aufgrund der Nutzungsintensität und der Lage des Weges wird die Wertminderung mit

VIII Rechte und Belastungen — Wegerecht

15 % des unbelasteten Bodenwerts angesetzt. Eine Minderung des Gebäudewerts ist nicht gegeben. Es wird von einem Liegenschaftszinssatz von 3 % ausgegangen, der ewige Rentenbarwertfaktor beträgt 33,33.

Abb. 77: Lageskizze

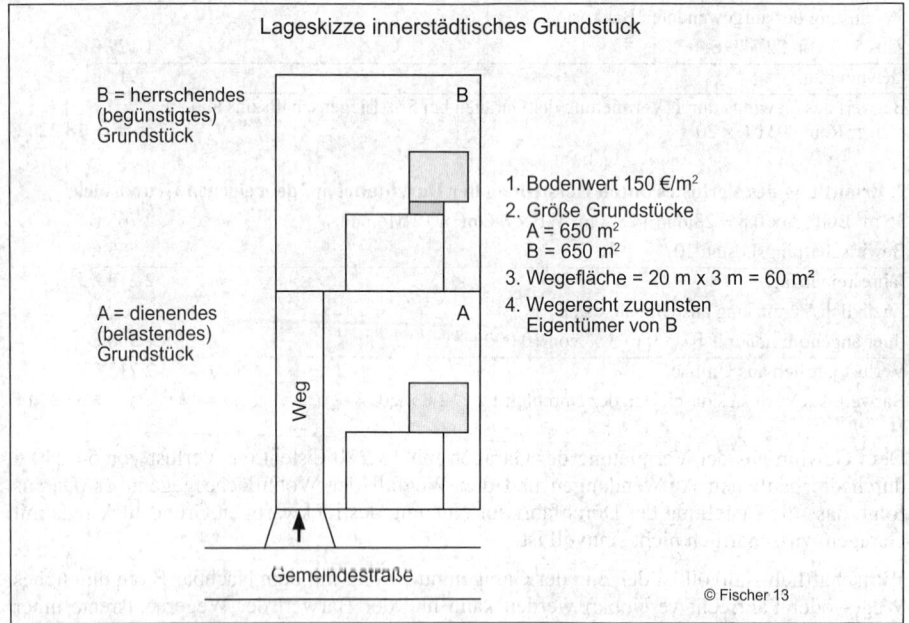

Bodenwert des herrschenden (begünstigten) Grundstücks B

Bodenwert des Grundstücks unter Berücksichtigung der geänderten Lagequalität

650 m² × 150 €/m²	= 97 500 €
Ewige Rente bei Zinssatz von 3 % = 100/3 = 33,33	
abzüglich Barwert der Wegerechtsrente (300 € × 33,33)	− 9 999 €
abzüglich Barwert der Kosten für die Instandhaltung des Weges 100 € × 33,33	− 3 333 €
	84 168 €
Bodenwert des begünstigten Grundstücks rd.	**84 000 €**

Bodenwert des dienenden (belasteten) Grundstücks

Bodenwert des unbelasteten Grundstücks 650 m² × 150 €/m² =	97 500 €
abzüglich Beeinträchtigung des Grundstücks durch das Wegerecht 15 % von 97 500 €	− 14 625 €
zuzüglich Barwert der Wegerechtsrente 300 € × 33,33	+ 9 999 €
	92 874 €
Bodenwert des belasteten Grundstücks rd.	**93 000 €**

Anmerkung: Im vorliegenden Beispiel wurde nicht die Wegerechtsfläche des belasteten Grundstücks, sondern die gesamte Grundstücksfläche durch einen pauschalen Abschlag von 15 % des unbelasteten Bodenwerts wegen erhöhter Immissionsbelastung im Wert gemindert. Nach anderer Auffassung wäre bei nicht wesentlicher Immissionsbelastung (z. B. bei einem Einfamilienhaus) lediglich der Wert der dem belasteten Grundstück durch Gewährung des Wegerechts teilweise entzogenen Wegerechtsfläche zu mindern. Dabei wäre die Wertminderung üblicherweise mit rd. 50 % des Werts der betroffenen Fläche in unbelastetem Zustand (60 m² × 150 €/m² × 50 % = 4 500 €) anzunehmen. Der Wert des Grundstücks A wäre wegen der hohen Wegerechtsrente damit höher als der Wert des (fiktiv) unbelasteten Grundstücks (97 500 € − 4 500 € + 9 999 € = 102 999 € > 97 500 €).

4.2.7 Leitungsrecht

4.2.7.1 Allgemeines

Schrifttum: *Biederbeck*, M., Bewertungsaufgaben und Bewertungsbeispiele von ober- und unterirdischen Leitungen, HLBS-Informationsdienste, St. Augustin, 2008; *Börner*, in BayVBl. 1976, 36; *Clemens, H.*, Verkehrswertermittlung von Leitungsrechten, GuG 1993, 221; *Fischer, R./Stock, K.-D.*, Modelle zur Berechnung der Entschädigung für beschränkt persönliche Dienstbarkeiten, AgrarR, 1981, 187; *Fischer, R./Lorenz, H.-J./Biederbeck, M./Astl, B.*, Verkehrswertermittlung bebauter und unbebauter Grundstücke, Bundesanzeiger 2005, 408; *Fischer, R./Lorenz, H.-J.* (Hrsg.), Neue Fallstudien zur Wertermittlung von Immobilien, Bundesanzeiger Verlag, Köln, 2013, 299, 341; *Fischerhof*, Energiewirtschaftliche Tagesfragen (ET) 1964, 201 sowie 1965, 483 = Rechtsfragen der Energiewirtschaft Bd. II, 155, 165; *Köhne*, M., Landwirtschaftliche Taxationslehre, Ulmer, 2007, 169; *Münch, J.*, Die Eigentumsverhältnisse an Telekommunikationsleitungsnetzen, VIZ 2004, 207; *Noack, J./Zimmermann, A.*, Wertermittlung von Leitungsrechten auf der Grundlage des Grundbuchbereinigungsgesetzes und der Sachenrechts-Durchführungsverordnung, GuG 2005, 129; *Schmidt-Räntsch, J.*, Die BGH-Rechtsprechung zu Leitungsrechten und -kosten, VIZ 2004, 473.

▶ *Zum Leitungsrecht bei erbbaurechtsbelasteten Grundstücken vgl. Rn. 229 ff.*

Versorgungsleitungen sind rechtstechnisch als bewegliche Sachen anzusehen, die fest verbunden mit dem Grundstück **wesentliche Bestandteile** desselben darstellen, sofern sie nicht zu einem vorübergehenden Zweck mit dem Grund und Boden verbunden sind (Scheinbestandteile nach § 95 Abs. 1 BGB). 373

Liegt indessen keine Verbindung zu einem vorübergehenden Zweck vor, so ist regelmäßig eine dingliche Sicherung der Leitung **durch eine Dienstbarkeit** erforderlich. 374

Leitungsrechte (auch Überleitungs-, Unterführungs- und Untertunnelungsrechte) können als Grunddienstbarkeit zugunsten des Eigentümers eines anderen Grundstücks nach § 1018 BGB oder als beschränkte persönliche Dienstbarkeit i. S. d. §§ 1090 ff. BGB z. B. zugunsten einer Versorgungs- oder Verkehrsgesellschaft begründet werden (Abb. 78). 375

VIII Rechte und Belastungen — Leitungsrecht

Abb. 78: Sicherung von Leitungsrechten

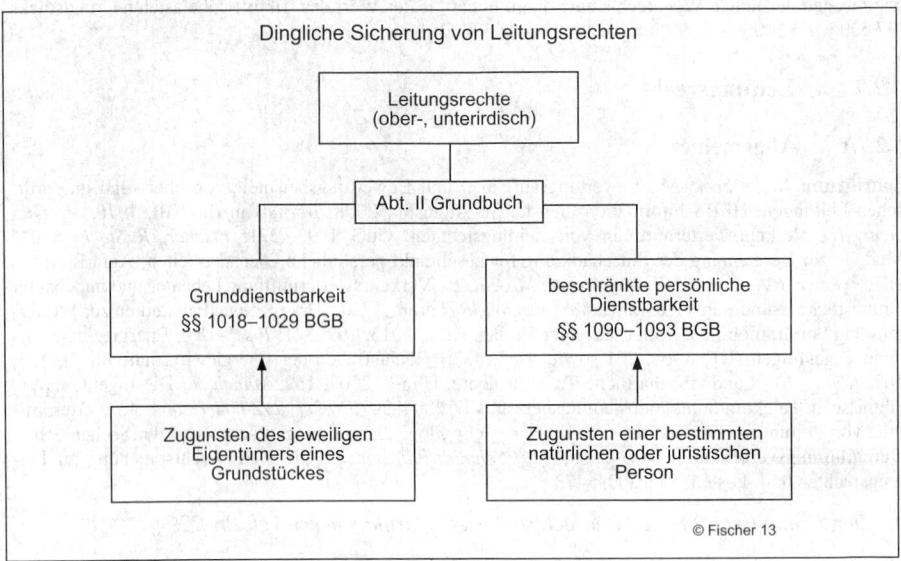

376 Der Berechtigte (meistens ein Energieversorgungsunternehmen) kann danach zur Sicherung der Leitungen über ein fremdes Grundstück eine Versorgungsleitung verlegen[222], wobei das Grundstück jederzeit zum Zwecke der Unterhaltung oder ggf. Erweiterung der Leitung betreten werden darf. Die Befugnisse ergeben sich aus der Formulierung der Dienstbarkeitsbestellungsurkunde und sind in der Grundakte hinterlegt. Dabei kann die Leitung oberirdisch (Freilandleitung) oder unterirdisch verlegt sein.

Leitungsrechte sind im Allgemeinen mit Bau- oder Nutzungsbeschränkungen verbunden. Für oberirdische und unterirdische Leitungen werden Schutzstreifen unterschiedlicher Größe festgelegt, die i. d. R. nicht über- bzw. unterbaut werden dürfen. In manchen Fällen ist bei Hochspannungsleitungen eine Bauhöhenfreigabe möglich. Ein Entschädigungsanspruch (für den Eintrag eines derartigen Rechts in das Grundbuch und die sich daraus ergebende Beeinträchtigung) für das dienende Grundstück wird grundsätzlich anerkannt[223], sofern nicht eine unentgeltliche Nutzung aufgrund gesetzlicher Vorschriften gegeben ist (vgl. z. B. **unentgeltliche Nutzung für Telekommunikationslinien**)[224]. Für die Höhe der Entschädigung ist entscheidend, in welchem Umfang der Verkehrswert des Grundstücks gemindert wird.

Anstatt der Eintragung einer Grunddienstbarkeit oder beschränkten persönlichen Dienstbarkeit in Abt. II des Grundbuchs des belasteten Grundstücks ist auch die – nicht eintragungsfähige – Vereinbarung eines Notleitungsrechts (vgl. Notweg, § 917 BGB) nicht unüblich. Der Vorteil des Notleitungsrechts für den Eigentümer des belasteten Grundstücks besteht darin, dass das Grundstück (Abt. II) nicht durch die Eintragung der Dienstbarkeit „beschmutzt" wird. Allerdings besteht eine faktische Belastung. Das Notleitungsrecht ist in einigen Landesnachbarrechtsgesetzen geregelt. Fehlt eine gesetzliche Regelung, so werden die Vorschriften über das Notwegerecht angewendet[225].

---

222 Das Energiewirtschaftsgesetz aus dem Jahre 1935 erlaubt gegebenenfalls eine Enteignung der für die Ver- und Entsorgungsleitungen erforderlichen Grundstücksflächen.
223 BGH, Urt. vom 8.5.1967 – III ZR 148/65 –, BRS Bd. 19 Nr. 73 = EzGuG 14.28; BGH, Urt. vom 1.2.1982 – III ZR 100/80 –, BRS Bd. 45 Nr. 167 = EzGuG 14.70; BGH, Urt. vom 31.5.1977 – III ZR 10/75 –, BRS Bd. 34 Nr. 165 = EzGuG 14.56; BGH, Urt. vom 31.5.1965 – III ZR 48/64; BGH, Urt. vom 8.2.1965 – III ZR 174/63 –, WM 1965, 460 = EzGuG 14.22; BGH, Urt. vom 20.12.1963 – III ZR 112/63 –, BRS Bd. 19 Nr. 138 = EzGuG 14.18; BGH, Urt. vom 13.12.1962 – III ZR 97/61 –, NJW 1963, 473 = EzGuG 14.15.
224 BGH, Urt. vom 23.3.2006 – III ZR 141/05 –, GuG 2006, 249 = EzGuG 14.145.
225 BGH, Urt. vom 4.7.2008 – VZR 172/07.

4.2.7.2 Besonderheiten für die neuen Bundesländer

▶ *Allgemeines vgl. § 1 Abs. 2 ImmoWertV Rn. 36*

Schrifttum: *Schmidt-Räntsch, J.*, Die BGH-Rechtsprechung zu Leitungsrechten und -kosten, VIZ 2004, 473.

Zur rechtlichen Sicherung von Leitungsrechten in den neuen Bundesländern gelten eine Reihe von **Besonderheiten:** 377

a) **§ 9 des Grundbuchbereinigungsgesetzes** – GBBerG – **begründet** zur Absicherung der Energieanlagen in den neuen Bundesländern **beschränkte persönliche Dienstbarkeiten zugunsten des jeweiligen Versorgungsunternehmens**. Um die Eintragung dieser *gesetzlich begründeten* Dienstbarkeiten in das Grundbuch zu ermöglichen, sieht das GBBerG ein Bescheinigungsverfahren vor. Das Versorgungsunternehmen kann danach die Grundbuchberichtigung beantragen und muss hierfür entweder dem Grundbuchamt durch eine öffentliche oder eine öffentlich beglaubigte Urkunde den Verlauf der Leitung auf den betreffenden Grundstücken nachweisen oder aber eine Bewilligung des Grundstückseigentümers vorlegen. Die Entschädigung ist in § 9 Abs. 3 GBBerG wie folgt geregelt:

„(3) Das Versorgungsunternehmen ist verpflichtet, dem Eigentümer des nach Absatz 1 mit dem Recht belasteten Grundstücks, in den Fällen des Absatzes 1 Satz 1 als Gesamtgläubiger neben dem Inhaber des Erbbaurechts oder Gebäudeeigentums, einen einmaligen Ausgleich für das Recht zu zahlen. Dieser Ausgleich bestimmt sich nach dem Betrag, der für ein solches Recht allgemein üblich ist. Die erste Hälfte dieses Betrags ist unverzüglich nach Eintragung der Dienstbarkeit zugunsten des Versorgungsunternehmens und Aufforderung durch den Grundstückseigentümer, frühestens jedoch am 1. Januar 2001 zu zahlen, die zweite Hälfte wird am 1. Januar 2011 fällig. Das Energieversorgungsunternehmen ist zur Zahlung eines Ausgleichs nicht verpflichtet, wenn das Grundstück mit einer Dienstbarkeit des in Absatz 1 bezeichneten Inhalts belastet ist oder war und das Grundstück in einem diese Berechtigung nicht überschreitenden Umfang genutzt wird oder wenn das Versorgungsunternehmen auf die Dienstbarkeit nach Absatz 6 vor Eintritt der jeweiligen Fälligkeit verzichtet hat. Zahlungen aufgrund der Bodennutzungsverordnung vom 26. Februar 1981 (GBl I Nr. 10, S. 105), früherer oder anderer Vorschriften entsprechenden Inhalts genügen im Übrigen nicht. Abweichende Vereinbarungen sind zulässig."

b) **§ 1 der Sachenrechts-Durchführungsverordnung** – SachenR-DV – erstreckt die Regelungen des § 9 Abs. 1 bis 7 GBBerG auf näher beschriebene **Anlagen der öffentlichen Wasserversorgung und Abwasserbeseitigung sowie der Wasserwirtschaft** und begründet für diese Anlagen ebenfalls eine beschränkte persönliche Dienstbarkeit. Inhalte der Leitungs- und Anlagenrechte ergeben sich aus den **§§ 4 und 5 SachenR-DV**.

Die Vorschriften haben folgende Fassung: 378

„**§ 4 SachenR-DV** Inhalt der Leitungs- und Anlagenrechte

(1) Die nach § 9 Abs. 1 des Grundbuchbereinigungsgesetzes entstandene beschränkte persönliche Dienstbarkeit umfasst das Recht, in eigener Verantwortung und auf eigenes Risiko

1. das belastete Grundstück für den Betrieb, die Instandsetzung und Erneuerung einschließlich Neubau von Energieanlagen und Anlagen nach § 1 Satz 1 zu betreten oder sonst zu benutzen,

2. auf dem Grundstück

   a) bei Energieanlagen (§ 9 Abs. 1 des Grundbuchbereinigungsgesetzes)

      aa) die Leitung auf einem Gestänge, auf Masten, Tragkonstruktionen, in einer Rohrleitung, auf einem Sockel, in der Erde, in einem Tunnel oder in einem Kanal zu führen,

      bb) die für die Fortleitung erforderlichen Einrichtungen (Buchstabe aa) einschließlich der Fundamente und Gründungen nebst Zubehör und dazu erforderliche Einrichtungen zur Informationsübermittlung zu halten, zu unterhalten, instand zu setzen, zu betreiben und zu erneuern,

      cc) die für die Fortleitung auf dem jeweiligen Grundstück eingerichteten Transformatoren-, Umformer-, Regler- und Pumpstationen, Umspannwerke und vergleichbare bestehende Sonder- und Nebenanlagen und alle sonstigen für Energieumwandlung, Druckregelung und Fortleitung auf dem Grundstück eingerichteten Anlagen zu betreiben, instand zu setzen und zu erneuern,

VIII Rechte und Belastungen — Leitungsrecht

b) bei Anlagen der öffentlichen Wasserversorgung oder Abwasserbeseitigung (§ 9 Abs. 9 Satz 1 Nr. 1 des Grundbuchbereinigungsgesetzes)

   aa) Wasser oder Abwasser in einer Leitung, einem (Sammel-)Kanal oder in einem Graben zu führen,

   bb) die für die Fortleitung auf dem jeweiligen Grundstück eingerichteten Brunnen, Brunnengalerien, Pumpwerke, Wassertürme, Regenwasserrückhaltebecken, Absturzbauwerke, öffentliche Sammelbecken und ähnliche Sonder- und Nebenanlagen zu betreiben, zu unterhalten, instand zu setzen und zu erneuern,

c) bei Hochwasserrückhaltebecken (§ 9 Abs. 9 Satz 1 Nr 2 des Grundbuchbereinigungsgesetzes) diese einschließlich der zu ihrer Anlage errichteten Dämme und Deiche und der erforderlichen Entwässerungsgräben und ähnlichen Nebenanlagen zu betreiben, zu unterhalten, zu bepflanzen, soweit dies zum Schutz der Anlage geboten ist, und bei Hochwasser vollständig oder teilweise zu überfluten,

d) bei Schöpfwerken und gewässerkundlichen Messanlagen (§ 9 Abs. 9 Satz 1 Nr. 2 und 3 des Grundbuchbereinigungsgesetzes) das Schöpfwerk und die gewässerkundliche Messanlage einschließlich der dafür erforderlichen Leitungen und Datenübertragungsanlagen zu betreiben, zu unterhalten oder zu erneuern.

Die Fortleitung schließt die Förderung und Sammlung mit ein. Für den Inhalt der beschränkten persönlichen Dienstbarkeit sind Art und Umfang der gesicherten Anlage am 3. Oktober 1990 maßgeblich.

(2) Absatz 1 gilt entsprechend gegenüber einem Erbbauberechtigten oder Gebäudeeigentümer.

(3) Die Dienstbarkeit umfasst ferner das Recht, von dem Grundstückseigentümer, Gebäudeeigentümer und Erbbauberechtigten zu verlangen, dass er keine baulichen oder sonstigen Anlagen errichtet oder errichten lässt und keine Einwirkungen oder Maßnahmen vornimmt, die den ordnungsgemäßen Bestand oder Betrieb der in Absatz 1 genannten Anlagen beeinträchtigen oder gefährden. Bei Energieanlagen umfasst die Dienstbarkeit insbesondere das Recht, von dem Grundstückseigentümer, Erbbauberechtigten und Gebäudeeigentümer zu verlangen, dass er in einem in der Bescheinigung (§ 7 Abs. 2) zu bezeichnenden Schutzstreifen

1. keine leitungsgefährdenden Stoffe anhäuft,
2. duldet, dass Anpflanzungen und Bewuchs, auch soweit sie nicht in den Schutzstreifen hineinreichen, so gehalten werden, dass sie den Bestand und den Betrieb der Anlage nicht gefährden, und, soweit dies der Fall ist, entfernt werden,
3. das Gelände im Schutzstreifen nicht erhöht oder abträgt und
4. einen auf dem Grundstück befindlichen Wald so bewirtschaftet, dass Betrieb und Nutzung der Anlage nicht gestört werden.

Das Freischneiden von Leitungstrassen kann nicht verlangt werden. Breite und Anordnung des Schutzstreifens bestimmen sich nach den für die Anlage am 3. Oktober 1990 geltenden technischen Normen, wenn solche nicht bestehen, nach sachverständiger Beurteilung. Maßgeblich ist der jeweils bestimmte Mindestumfang. Soweit der Schutzstreifen nach dem 2. Oktober 1990 schmaler sein kann, beschränkt er sich auf diesen Umfang. Ist das Recht bereits im Grundbuch eingetragen, können alle Beteiligten wechselseitig die Anpassung des Schutzstreifens verlangen.

(4) Abweichend von Absatz 3 Satz 1 kann aufgrund der Dienstbarkeit die Beseitigung bestehender baulicher Anlagen nicht verlangt werden, die

1. nach der Energieverordnung vom 1. Juni 1988 (GBl I Nr. 10, S. 89) sowie den dazu ergangenen Durchführungsbestimmungen,
2. nach dem Wassergesetz vom 2. Juli 1982 (GBl I Nr. 26, S. 467) insbesondere seinen §§ 30 und 40,
3. der Ersten Durchführungsverordnung zum Wassergesetz vom 2. Juli 1982 (GBl I Nr. 26, S. 477), die durch die Vierte Durchführungsverordnung zum Wassergesetz vom 25. April 1989 (GBl I Nr. 11, S. 151) geändert worden ist,
4. der Dritten Durchführungsverordnung zum Wassergesetz (Schutzgebiete und Vorbehaltsgebiete) vom 2. Juli 1982 (GBl I Nr. 26, S. 487),
5. den Abwassereinleitungsbedingungen vom 22. Dezember 1987 (GBl I Nr. 3, S. 27) oder
6. den Wasserversorgungsbedingungen vom 26. Januar 1978 (GBl I Nr. 6, S. 89), geändert durch die Anordnung zur Änderung der Wasserversorgungsbedingungen vom 15. Januar 1979 (GBl I Nr. 6, S. 60)

zulässig waren. Der Grundstückseigentümer, Gebäudeeigentümer oder Erbbauberechtigte darf ein ihm gehörendes Gebäude oder eine ihm gehörende Anlage weiterhin in dem am 3. Oktober 1990 zulässigen Rahmen nutzen, instand setzen und erneuern, soweit eine Leitungsgefährdung nicht zu befürchten ist.

(5) Die Ausübung der Dienstbarkeit richtet sich nach den örtlichen Verhältnissen und kann einem Dritten überlassen werden.

(6) Die Bescheinigung nach § 7 ersetzt die Bescheinigung nach § 1059a Nr. 2 Satz 2 in Verbindung mit § 1092 Abs. 2 des Bürgerlichen Gesetzbuchs.

§ 5 SachenR-DV Bestandsschutz

Wenn nach dem 24. Dezember 1993 die Voraussetzungen für eine Verpflichtung zur Duldung von Energieanlagen nach den in § 9 Abs. 2 des Grundbuchbereinigungsgesetzes genannten Bestimmungen eintreten, bleibt die zuvor begründete Dienstbarkeit bestehen. Soweit die Allgemeinen Versorgungsbedingungen dem Versorgungsunternehmen weitergehende Rechte einräumen, sind diese maßgeblich. Die Sätze 1 und 2 gelten für die in § 9 Abs. 9 Satz 1 des genannten Gesetzes bezeichneten Anlagen entsprechend."

4.2.7.3 Grundsätze der Ermittlung der Wertminderung

Schrifttum: *Clemens, H.,* Verkehrswertermittlung von Leitungsrechten, GuG 1993, 221.

Es ist grundsätzlich zu unterscheiden zwischen der Ermittlung der Entschädigung bei der Begründung eines Leitungsrechts und der tatsächlichen Wertminderung eines Grundstücks aufgrund eines Leitungsrechts. Zwar bemisst sich die Entschädigung bei der Begründung eines Leitungsrechts nach der daraus resultierenden Minderung des Verkehrswerts, jedoch hat eine Marktuntersuchung ergeben, dass die Entschädigungen deutlich höher als die tatsächlich eintretenden Wertminderungen sind[226]. Diese Untersuchung bezieht sich nur auf den Einzugsbereich des Gutachterausschusses *Mainz* und ist deshalb nicht allgemeingültig auf andere Bereiche zu übertragen. Auch hat die gezahlte Entschädigung nicht immer etwas mit der objektiven Verkehrswertminderung zu tun, da bei einem Leitungsbau oft sogenannte „Geschwindigkeitszuschläge" insbesondere dann gezahlt werden, wenn die Voraussetzungen einer Enteignung nicht oder noch nicht vorliegen. Bei der Bewertung einer Entschädigung im Rahmen eines Leitungsbaues ist deshalb darauf zu achten, ob nicht durch den Enteignungsbegünstigten ein **Teilmarkt** geschaffen wurde, an den er in einem Enteignungs- oder Gerichtsverfahren gebunden ist.

Bei einer Verkehrswertermittlung ist für die Höhe der Wertminderung durch ein Leitungsrecht entscheidend, in welchem Umfang der Verkehrswert des Grundstücks beeinträchtigt wird. Die Wertminderung hängt im Wesentlichen von verschiedenen Einflussparametern ab. Wesentliche Einflussparameter bei Grundstücken, die der Bebauung unterliegen, sind in Abb. 79 dargestellt.

---

[226] Untersuchungen des Gutachterausschusses in Mainz; Grundstücksmarktberichte 2000, 2008.

VIII Rechte und Belastungen   Leitungsrecht

Abb. 79: Einflussparameter von Leitungsrechten bei Baugrundstücken

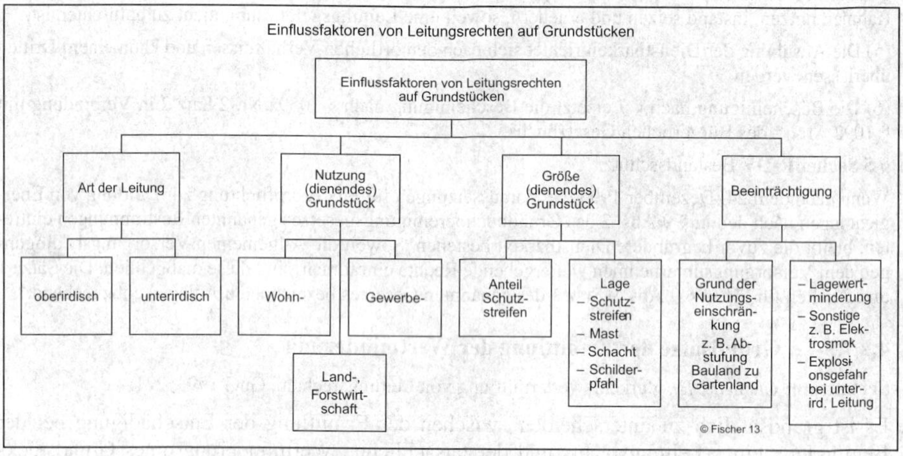

[Diagramm: Einflussfaktoren von Leitungsrechten auf Grundstücken mit den Hauptästen: Art der Leitung (oberirdisch, unterirdisch); Nutzung (dienendes) Grundstück (Wohn-, Gewerbe-, Land-, Forstwirtschaft); Größe (dienendes) Grundstück (Anteil Schutzstreifen, Lage – Schutzstreifen, Mast, Schacht, Schilderpfahl, Grund der Nutzungseinschränkung z. B. Abstufung Bauland zu Gartenland); Beeinträchtigung (Lagewertminderung, Sonstige z. B. Elektrosmok, Explosionsgefahr bei unterird. Leitung). © Fischer 13]

380 Leitungsrechte werden von vielen Faktoren beeinflusst. Sie sind abhängig von der Art der Leitung, ob ober- oder unterirdisch, von der Nutzung des dienenden Grundstücks, der Größe des Baugrundstücks oder der landwirtschaftlichen Fläche, und von der Beeinträchtigung durch die Leitung. Die möglichen Einflussparameter sind in Abb. 79 dargestellt.

Die Beeinträchtigung hängt von den konkreten Besonderheiten des Einzelfalls ab. Die nachfolgenden Abbildungen geben einen Anhalt über den Grad der Nutzungsbeeinträchtigungen, die durch Leitungsrechte an Baugrundstücken entstehen können.

Abb. 80: Geringe Beeinträchtigung des dienenden Grundstücks

[Zeichnung: Hauptstraße mit unterirdischer Erdgasleitung, Abstand 5 m; Flurstücke Fl.-Nr. 85 und Fl.-Nr. 86. © Fischer 13]

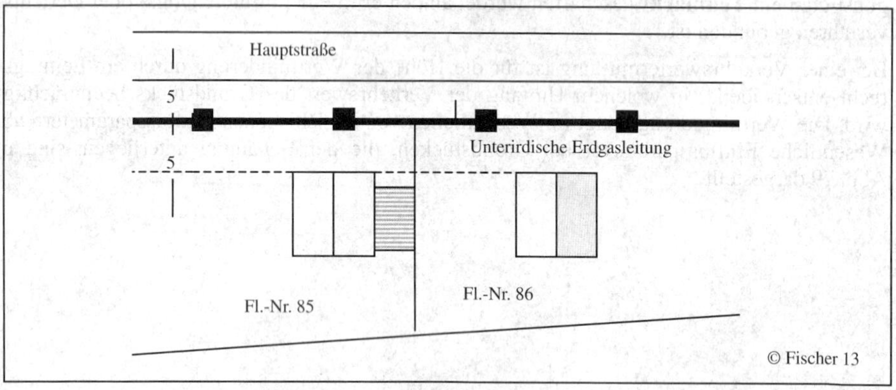

Abb. 81:   Erhebliche Beeinträchtigung

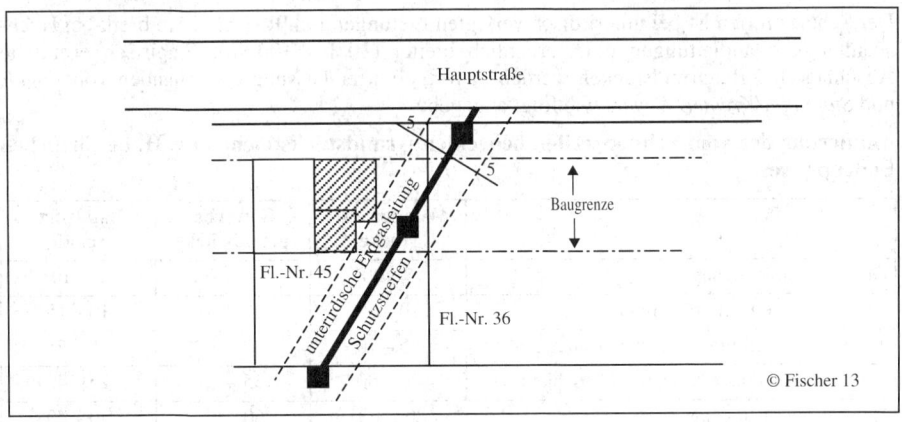

Abb. 82:   Starke Beeinträchtigung

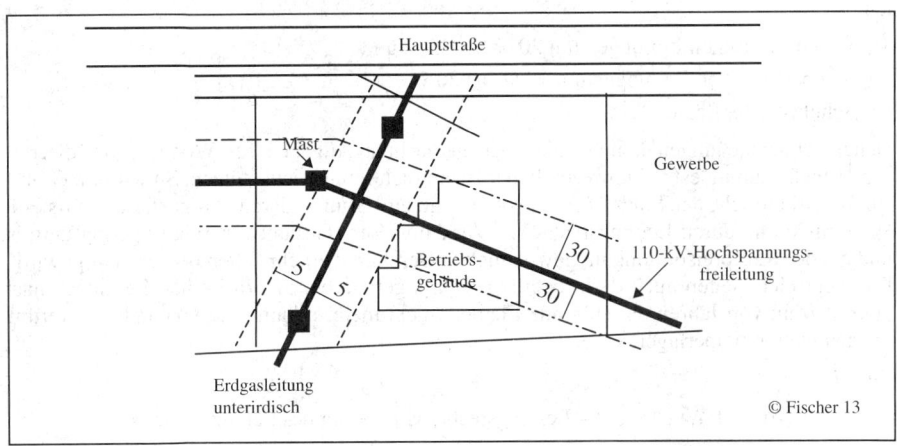

Im Allgemeinen ist die **Höhe der Wertminderung nach dem jeweiligen Schutzstreifen zu bemessen.** Das liegt darin begründet, dass die Wertminderungsquoten bezogen auf das ganze Grundstück i. d. R. sehr gering sind und deshalb eine geringe Änderung bereits einen erheblichen Einfluss auf die Wertminderung, bezogen auf die Schutzstreifenfläche, hat. Das trifft i. d. R. bei großen dienenden Grundstücken und geringen Schutzstreifenflächen zu.

Beispiel:

Grundstücksgröße 900 m²

Verkehrswert: 900 m² × 130 €/m² = 117 000 €

Schutzstreifen: (entlang der Grundstücksgrenze) 6 m × 20 m = 120 m²

Wertminderungsquote (unterirdische Leitung) = 20 %

Wertminderung: 130 €/m² × 20 % = 26 €/m², bei 120 m² = 3 120 €

Die Wertminderungsquote, bezogen auf das ganze Grundstück, beträgt: 2,67 %

Würde man die Wertminderungsquote auf das ganze Grundstück mit 5 % einschätzen, so würde die Wertminderung je m² Schutzstreifenfläche 48,75 €/m² oder 37,5 % betragen. Das allerdings wäre aus der

VIII Rechte und Belastungen — Leitungsrecht

Sicht einer objektiven Wertermittlung i. S. d. § 194 BauGB nicht vertretbar. Auch aus diesem Grunde hat der BGH[227] die Einstufung der Wertminderung, bezogen auf die Schutzstreifenfläche, zugelassen.

381 Der Schutzstreifen ist bei unterirdisch verlegten Leitungen i. d. R. 3 bis 10 m breit, bei Hochspannungsfreilandleitungen u. U. erheblich breiter (30 bis 100 m). Empirisch ermittelte Abschläge bei Baugrundstücken werden in fortgeführter Fassung der Angaben von *Vogels* und *Stannigel/Kremer/Weyers* wie folgt angegeben[228].

Minderung der vom Schutzstreifen bedeckten Grundstücksfläche in v. H. des örtlichen Bodenpreises

	Wohngrundstücke	Gewerbegrundstücke	Landwirtschaft
Ohne Beeinträchtigung	5 – 20	5 – 10	5 – 10
Unwesentliche Beeinträchtigung	10 – 30	10 – 20	10 – 15
Teilweise eingeschränkte Nutzungsmöglichkeit	30 – 70	20 – 55	15 – 25
Stark eingeschränkte Nutzungsmöglichkeit	70 – 80	55 – 80	25 – 40
Volle Beeinträchtigung	80 – 100	60 – 90	40 – 70

Bei **land- und forstwirtschaftlichen Grundstücken** bewegen sich die Wertminderungsquoten

– bei unterirdischen Leitungen um 20 % bis 25 % und
– bei oberirdischen Leitungen um 10 % bis 20 %

der Schutzstreifenfläche[229].

Neuere Untersuchungen können die oben gemachten Angaben für Wohn- und Gewerbegrundstücke zumindest bei unwesentlicher Beeinträchtigung nicht stützen. So wird im Grundstücksmarktbericht der Stadt *Mainz* 2008 aus gutem Grunde darauf hingewiesen, dass „die Wertminderung durch Leitungsrechte im Verhältnis zum Gesamtwert relativ geringfügig ist und bei der Kaufpreisbildung im gewöhnlichen Geschäftsverkehr selten berücksichtigt wird". Das liegt nicht selten auch darin begründet, dass gerade bei unterirdischen Leitungen nach einer Anzahl von Jahren das störende Element nicht mehr erkannt und von anderen wertbildenden Faktoren überlagert wird.

Beispiele:

382 *Beispiel 1* (Anl. 21 WertR 06) – Leitungsrecht; Minderung des Schutzstreifens

Eine unterirdische Erdgasleitung durchquert ein Einfamilienhausgrundstück im rückwärtigen Bereich. Der Schutzstreifen ist 200 m² groß. Das 800 m² große Grundstück wird in seiner baulichen Ausnutzung nicht beeinträchtigt, die sonstige Ausnutzung wird nur geringfügig gestört. Der Bodenwert beträgt 150 €/m².

---

[227] BGH, Urt. vom 9.11.1959 –, III ZR 149/58 –, EzGuG 14.11 = MDR 1960,119.
[228] Stannigel/Kremer/Weyers, a. a. O. S. 202; Vogels a. a. O., S. 328; Kleiber in Ernst/Zinkahn/Bielenberg, BauGB Komm. zu § 5 WertV Rn. 26 ff.; Clemens, H., Verkehrswertermittlung von Leitungsrechten, GuG 1993, 221.
[229] Biederbeck, M., Materialsammlung für Sachverständige, 20.

Abb. 83: Lageplan EFH, geringe Beeinträchtigung

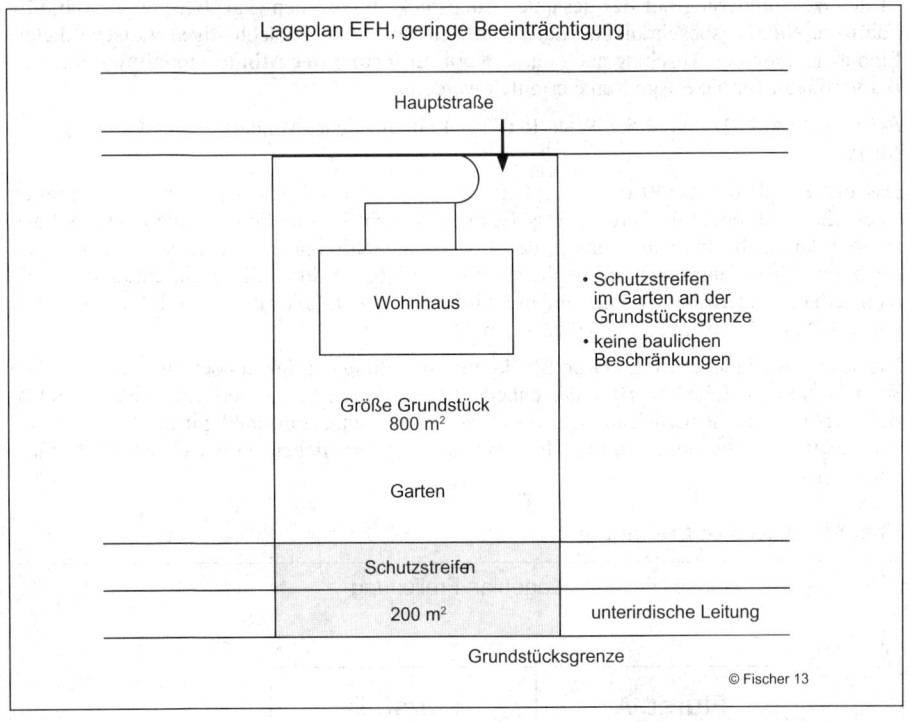

Vorgaben:	Grundstücksgröße	800 m²
	Schutzstreifen	200 m²
	Bodenwert (ebp)	150 €/m²
Berechnung:	Bodenwert des Grundstücks ohne Berücksichtigung des Rechts 800 m² × 150 €/m²	= 120 000 €
	Wertminderung der vom Schutzstreifen bedeckten Fläche durch das Leitungsrecht wegen eingeschränkter sonstiger Nutzbarkeit (hier 15 %) 200 m² × 150 €/m² × 15 %	= – 4 500 €
	Bodenwert des belasteten Grundstücks (ebp)	**115 500 €**

Im vorliegenden Fall ergibt sich nur eine geringe Beeinträchtigung des Grundstücks (z. B. Verbot von Baumanpflanzungen im Bereich des Schutzstreifens). Die Wertminderung wird in einem geminderten Bodenwert des Schutzstreifens ausgedrückt. Die vorstehende Tabelle kann hierzu einen Anhalt bieten.

Beispiel – Sachwert des belasteten Grundstücks (Einfamilienhaus)

altersgeminderte Herstellungskosten			200 000 €
voller Bodenwert (ohne Leitungsrecht) (800 m²)			120 000 €
vorläufiger nicht marktangepasster Sachwert Sachwertfaktor	× 0,80	=	320 000 €
vorläufiger marktangepasster Sachwert		=	256 000 €
Wertminderung des Bodens wegen Schutzstreifen 200 m² × 150,00 €/m² × 15 % (boG)		=	– 4 500 €
Verkehrs-/ Marktwert		=	251 500 €

VIII Rechte und Belastungen   Leitungsrecht

383   Wird indessen ein Grundstück durch eine ungünstige Lage des Schutzstreifens unbebaubar, ist die Wertminderung auf das gesamte Grundstück zu beziehen (vgl. Beispiel 2, Abb. 90). Führt die Nutzungsbeschränkung durch ein Leitungsrecht zu nachhaltigen wirtschaftlichen Einbußen, kann der Abschlag auch durch **Kapitalisierung der Mindereinnahmen** mit dem Barwertfaktor für die ewige Rente ermittelt werden.

384   *Beispiel 2* (Anl. 21, Nr. 4.5.2 WERTR 06) – Leitungsrecht, Minderung des Gesamtgrundstücks:

Das bisher unbebaute 600 m² große Grundstück (Wohnbauland) wird vom Schutzstreifen einer 220-kV-Freileitung berührt. Das Benutzungsrecht ist dinglich gesichert. Der Schutzstreifen darf nicht überbaut werden, da keine Bauhöhenfreigabe möglich ist. Die ohne das Recht tatsächlich und rechtlich mögliche GFZ von 0,65 ist durch diese Einschränkung nicht realisierbar, sondern nur in einer eingeschränkten Bebaubarkeit mit einer GFZ von 0,5. Der unbelastete Bodenwert beträgt 100 €/m² (ebp).

Die direkte Nachbarschaft des Grundstücks zur Freileitung begründet noch einen zusätzlichen Wertabschlag in Höhe von 10 % des unbelasteten Bodenwerts, da diese Tatsache im Bodenrichtwert noch nicht berücksichtigt wurde. Wiederkehrende Entschädigungszahlungen werden nicht geleistet und sind nach entschädigungsrechtlichen Grundsätzen auch nicht vorgesehen.

Abb. 84:   Lageplan Freileitung

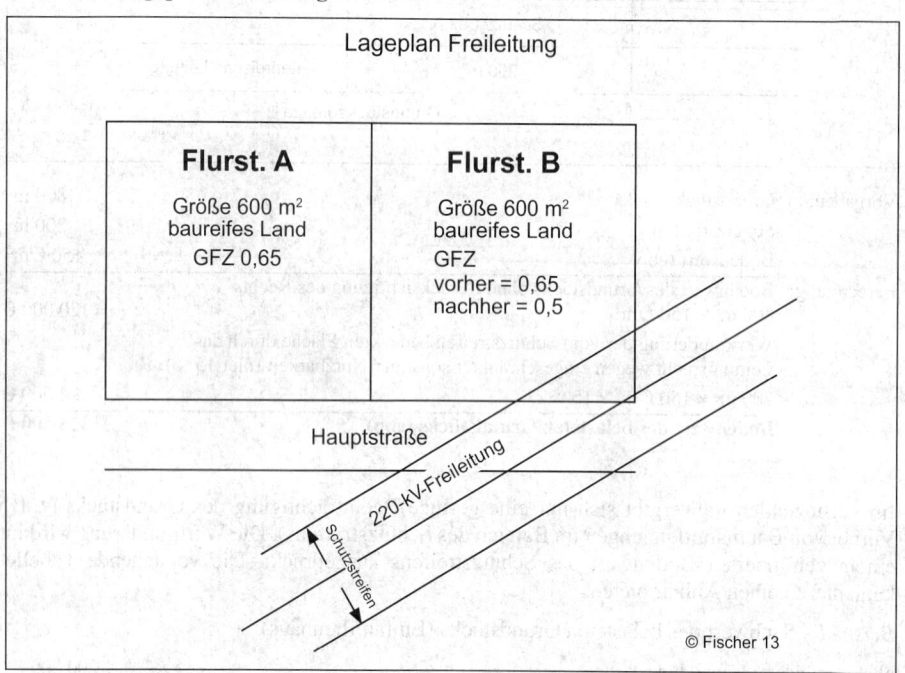

Vorgaben:	Grundstücksgröße	600 m²
	rechtlich mögliche GFZ	0,65
	eingeschränkte Bebaubarkeit	0,50
	Bodenwert (ebp)	100 €/m²
	Wertminderung des unbelasteten Bodenwerts durch die Freileitung	10 %

Leitungsrecht

Berechnung:

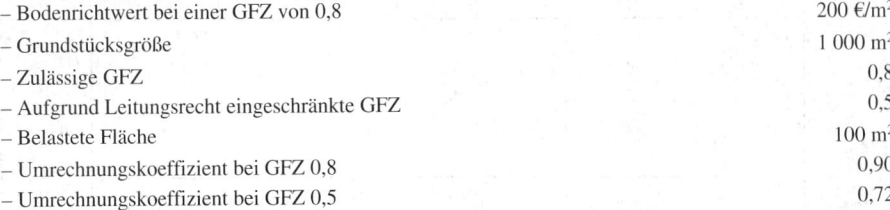

Bodenwert des Grundstücks ohne Berücksichtigung des Rechts	
600 m² × 100 €/m²	= 60 000 €
sonstige Wertminderung (hier 10 % des Bodenwerts)	− 6 000 €
geminderter Bodenwert	54 000 €
Wertminderung durch die eingeschränkte Bebaubarkeit	
(GFZ-Umrechnungskoeffizient der WERTR)	0,89
Bodenwert des belasteten Grundstücks 54 000 € × 0,89 (ebp)	**48 060 €**

Ein Abschlag wegen der direkten Beeinflussung des Grundstücks durch die Freileitung wird geschätzt. Die Höhe des Abschlags richtet sich nach dem Grad der Beeinträchtigung. In diesem Fall wird der Bodenwert des Grundstücks wegen geringerer baulicher Ausnutzung zusätzlich gemindert, wobei eine Wertminderung der Fläche des Schutzstreifens entfällt (Doppelberücksichtigung).

Wird infolge des Leitungsrechts die Bebaubarkeit beeinträchtigt, so bemisst sich die Wertminderung nach der reduzierten Art und dem reduzierten Maß der baulichen Nutzung.

Beispiel 3:

Aufgrund einer unterirdischen Leitung reduziert sich das Maß der baulichen Nutzung eines 1 000 m² großen Baugrundstücks:

– Bodenrichtwert bei einer GFZ von 0,8	200 €/m²
– Grundstücksgröße	1 000 m²
– Zulässige GFZ	0,8
– Aufgrund Leitungsrecht eingeschränkte GFZ	0,5
– Belastete Fläche	100 m²
– Umrechnungskoeffizient bei GFZ 0,8	0,90
– Umrechnungskoeffizient bei GFZ 0,5	0,72

Abb. 85: Reduzierung der zulässigen Nutzung

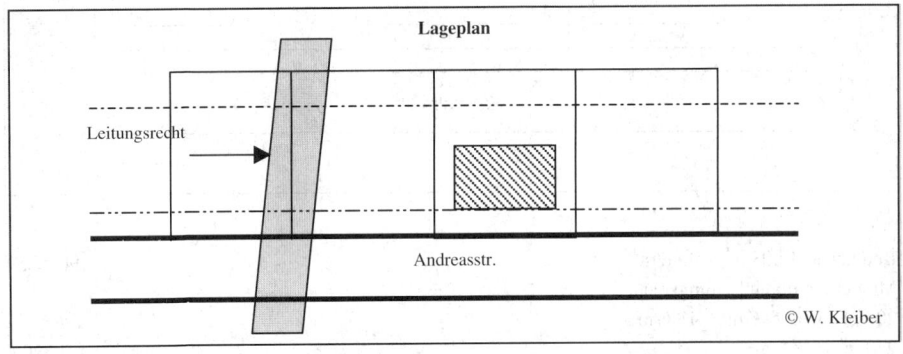

Bodenwert aufgrund eingeschränkter Nutzbarkeit	
$BW_{GFZ = 0,5} = 0,72/0,90 × 200$ €/m² =	160 €/m²
$BW_{GFZ = 0,8} = 1\,000$ m² × 200 €/m² =	200 000 €
$BW_{GFZ = 0,5} = 1\,000$ m² × 160 €/m² =	− 160 000 €
Differenz	40 000 €
+ ästhetische Beeinträchtigung 6 % von 160 000 €	+ 9 600 €
Wertminderung insgesamt	**49 600 €**

VIII Rechte und Belastungen — Leitungsrecht

Beispiel 4:

Eine unterirdische Erdgasleitung unterquert das Grundstück im rückwärtigen Teil, der als Garten oder Lagerplatz weiter genutzt werden kann. Beim Garten stellt sich die Frage einer möglichen Bepflanzung, beim Lagerplatz die mögliche Druckbelastung. Der 10 m breite Schutzstreifen darf nicht überbaut werden. Das Grundstück ist 1 008 m² groß und baureifes Land. Die bauliche Ausnutzung wird nicht beeinträchtigt.

Abb. 86: Erdgasleitung bebauter Grundstücke

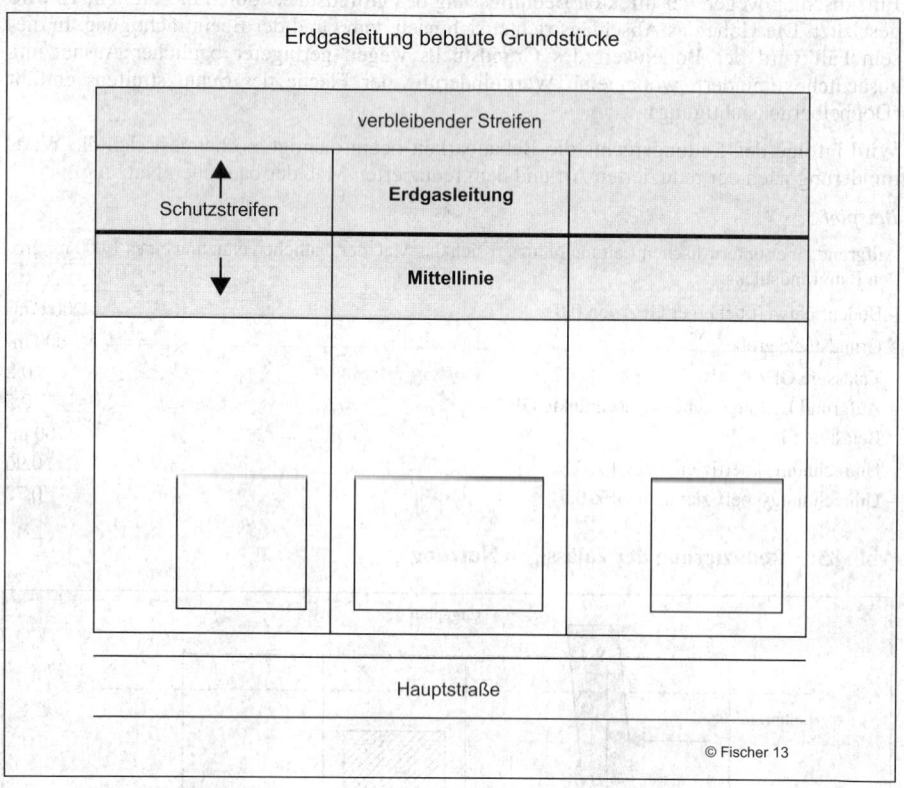

Bodenwert 1 008 m² × 90 €/m²	90 720 €
Minderung durch Leitungsrecht 20 v. H.	
20 v. H. von 90 €/m² = 18 €/m²	
240 m² × 18 €/m²	− 4 320 €
Bodenwert	**86 400 €**

Zu beachten ist, dass es bei Leitungsrechten zu Überlappungen der Schutzstreifenfläche kommen kann. So z. B. bei mehreren Leitungen auf dem Grundstück. Bei der Ermittlung der Wertminderung des Grundstücks darf jedoch keine Doppelberücksichtigung erfolgen. So ist der Ausgangswert der **Überlappungsfläche** durch den Schutzstreifen der ersten Leitung bereits im Wert gemindert. Nur der geminderte Wert darf bei der Ermittlung der Wertminderung der Überlappungsflächen angesetzt werden. Bei einer Überlappung tritt kein Kumulativeffekt ein, d. h., dass für die zweite Leitung keine höhere, sondern eine niedrigere Wertminderungsquote anzunehmen ist[230]. Auch stellt sich die Frage, wie zwischen dem Schutzstreifen

---

[230] OLG Hamm, Urt. vom 17.2.1970 – 10 U 118/69 –, RdL 1970, 19 = EzGuG 14.40.

und der Grundstücksgrenze verbleibender Geländestreifen zu verfahren ist. Ist dieser der Schutzstreifenfläche zuzuordnen? Oder wird dieser Streifen nicht von einer Wertminderung betroffen, da er nicht als Schutzstreifen definiert ist?

Grundsätzlich ist davon auszugehen, dass, wenn es sich um einen schmalen Reststreifen handelt, dieser wie die Schutzstreifenfläche zu behandeln ist und in gleichem Umfang im Wert gemindert wird.

4.2.7.4 Grundsätze der Entschädigung bei Begründung von Leitungsrechten

Pauschalierte Entschädigungen bis zu 20 % des Verkehrswerts **pro Quadratmeter beanspruchter** Schutzstreifenfläche wurden im Schrifttum unter Berufung auf den BGH[231] als problematisch beurteilt, wenn es um Unternehmen der öffentlichen Hand ging. *Börner*[232] hat solche Fälle als entschädigungslos hinzunehmende Inhaltsbestimmung des Eigentums bezeichnet. In einer Reihe gerichtlicher Entscheidungen wurde dieser Auffassung gefolgt, wenn mit der Leitung keine unzumutbaren Beeinträchtigungen verbunden sind[233]. 386

Der BGH[234] hat festgestellt, dass die Sozialbindung des Eigentums durch Dienstbarkeiten überschritten wird, wenn im Einzelfall die Maßnahme spürbar wird und eine eigentumsmäßige geschützte Rechtsposition[235] betroffen ist.

Zwischenzeitlich hat sich diese Auffassung von Börner nicht durchgesetzt, da auch die Energieversorgungsunternehmen bei landwirtschaftlichen Flächen mit der landwirtschaftlichen Berufsvertretung Vereinbarungen getroffen haben, die bei Hochspannungsfreileitungen 15 % und bei unterirdischen Leitungen 20 % vorsahen. Wie sich diese Praxis in Zukunft gestalten wird, ist unter dem Gerichtspunkt der Energiewende abzuwarten.

Nach dem Grundstücksmarktbericht 2008 der Landeshauptstadt *Mainz* wird bei der Begründung von Leitungsrechten

– bei landwirtschaftlichen Flächen eine Entschädigung in Höhe von 20 % und
– bei *Gewerbe- und Wohnbaulandflächen* im Allgemeinen eine Entschädigung in Höhe von ca. 10 %

des Bodenrichtwerts gezahlt, sofern es sich nicht um Extremfälle handelt.

Das **Überspannen landwirtschaftlich genutzter Grundstücke mit einer Freilandleitung** führt ebenfalls zu einer Wertminderung. Mit dem OLG Hamm[236] ist zunächst die Auffassung abzulehnen, der Wert eines landwirtschaftlich nutzbaren Grundstücks sinke auf den Ertragswert ab. Nach einem Urteil des BGH[237] beträgt die Wertminderung etwa 15 bis 20 v. H. des Verkehrswerts des vergleichsweise unbelasteten Grundstücks. Dass im Falle der **Überspannung reinen Agrarlandes** mit einer Freileitung eine Wertminderung nicht eintrete, hat der BGH nur in besonderen Ausnahmefällen gelten lassen wollen, wenn etwa Ertrags- und Verkehrswert sich ausnahmsweise decken und auch der gesunde Grundstücksverkehr tatsächlich dem Vorhandensein der Freileitung keine wertmindernde Bedeutung beimisst[238]. Das OLG Hamm[239] weicht von dieser Auffassung ab. Es bemisst die Entschädigung nicht nach dem Verkehrswert des betroffenen Grundstücks, sondern nach dem durchschnittlichen Ackerlandwert, der am niedrigeren Ertragswert orientiert ist. Dabei wird eine Wertminderung in Höhe 387

---

231 BGH, Urt. vom 25.1.1973 – III ZR 118/70 –, BGHZ 60, 145 = EzGuG 16.71.
232 Börner in BayVBl. 1976, 36; Fischerhof in Energiewirtschaftliche Tagesfragen (ET) 1964, 201 sowie 1965, 483 = Rechtsfragen der Energiewirtschaft, Bd. II, S. 155, 165.
233 OLG Oldenburg, ET-Rechtsbeilage 1975, 45; OLG Nürnberg, Urt. vom 20.9.1973 – 2 U 22/73 –, EzGuG 14.48b; LG Koblenz, ET-Rechtsbeilage 1954, 106; LG Düsseldorf, ET-Rechtsbeilage 1961, 82; LG Aachen, ET-Rechtsbeilage 1962, 3; OLG Hamm, Urt. vom 27.6.1968.
234 BGH, Urt. vom 29.4.1968 – III ZR 80/67 –, BGHZ 50, 93 = EzGuG 6.113; BGH, Urt. vom 25.6.1981 – III ZR 12/80 –, NJW 1982, 95 = EzGuG 4.77.
235 Siehe auch Biederbeck, M.: Bewertungsaufgaben und Bewertungsbeispiele beim Bau von ober- und unterirdischen Leitungen, HLBS-Infodienste GmbH, Nr. 1/2008,9.
236 OLG Hamm, Urt. vom 14.3.1961 – 10 U 3/60 –, MDR 1963, 677 = EzGuG 14.13c.
237 BGH, Urt. vom 1.2.1982 – III ZR 100/80 –, MDR 1982, 731 = EzGuG 14.70.
238 BGH, Urt. vom 20.12.1963 – III ZR 60/63 –, BGHZ 40, 312 = EzGuG 14.17.
239 OLG Hamm, Urt. vom 28.11.1983 – 22 U 23/83 –, EzGuG 14.75.

VIII Rechte und Belastungen — Leitungsrecht

von 10 v. H. des Ackerlandpreises für ausreichend erachtet. Andere Gerichte haben sich dieser Entscheidung nicht angeschlossen. Es widerspricht auch dem Grundgedanken der Enteignungsentschädigung, wonach der betroffene Grundeigentümer einen Anspruch auf die eingetretene Wertminderung seines Grundstückes und nicht die eines durchschnittlichen Grundstückes hat. Auch dürfte diese Entscheidung im Falle der Überspannung der sog. besonderen Flächen der Land- oder Forstwirtschaft oder gar des Bauerwartungslands nicht haltbar sein. Das auch dann, obwohl die so genannten besonderen Flächen der Land- oder Forstwirtschaft in § 5 Abs. 1 ImmoWertV nicht mehr gesondert aufgeführt sind. Denn § 4 Abs. 3 Nr. 1 ImmoWertV verlangt, dass neben dem Entwicklungszustand bei der Wertermittlung insbesondere auch eine anderweitige Nutzung von Flächen zu berücksichtigen ist. Auch derartige Flächen können durch Leitungen beansprucht sein.

388 Weitere Rechtsprechung

- Die Wertminderung des durch ein Leitungsrecht belasteten Grundstücks bemisst sich nach objektiven Nachteilen, die ein derartiges Grundstück infolge des Rechts erleidet. Dabei braucht es nicht darauf anzukommen, ob tatsächlich eine Ertragseinbuße vorliegt oder nicht[240].
- Die Wertminderung von landwirtschaftlich genutzten Grundstücken ist bei Wasserleitungen und unterirdischen Leitungen mit 20 % anzunehmen[241].
- Die Wertminderung kann im Durchschnitt mit 20 bis 25 % des Verkehrswerts angesetzt werden[242].
- Es ergibt sich keine Minderung des Ertrags landwirtschaftlicher Grundstücke und ihrer Beleihbarkeit infolge Überspannung[243].
- Der Minderwert eines mit einem Leitungsrecht belasteten landwirtschaftlichen Grundstücks beträgt etwa 20 % des Verkehrswerts. Er erhöht sich, wenn durch die verlegte Leitung außerdem die Nutzbarkeit des Grundstücks eingeschränkt wird[244].
- Die Entschädigung bei Verlegung einer zweiten unterirdischen Leitung innerhalb des Schutzstreifens beträgt 10 % des Bodenwerts, den die doppelt belastete Fläche nach ihrer ersten Belastung hatte[245].
- Die Enteignungsentschädigung für die Überspannung eines forstwirtschaftlich genutzten Grundstücks durch eine Hochspannungsleitung wird mit 20 % des Bodenwerts von 1,50 €/m² berechnet[246].
- Die wertmindernde Belastung eines landwirtschaftlichen Grundstücks aufgrund eines Leitungsrechts wird auf 10 % des durchschnittlichen Ackerlandwerts geschätzt (= 0,25 €/m²)[247].
- Die Wertminderung eines Grundstücks aufgrund einer Überspannung beträgt rd. 15 %[248].
- Die Wertminderung eines Grundstücks für eine unterirdische Ferngasleitung beträgt 15 %[249].
- Die Wertminderung eines Grundstücks für eine Überspannung beträgt 10 %[250].
- Unterirdische Leitungen beeinträchtigen den Wert eines Grundstücks bei Weitem nicht wie Hochspannungsleitungen[251]. Diese Aussage trifft jedoch nicht für landwirtschaftliche Flächen zu. Durch die unterirdische Verlegung der Leitungsrohre werden das Bodengefüge und die Kapillarwirkung zerstört, was Auswirkungen auf die Ertragsfähigkeit hat. Im

---

240 BGH, Urt. vom 9.11.1959 – III ZR 149/58 –, EzGuG 14.11.
241 OLG Hamm, Urt. vom 28.6.1968 – 10 U 133/67 –, RdL 1968, 270 = EzGuG 14.33a.
242 OLG Hamm, Urt. vom 3.10.1961 – 10 U 5/61 –, EzGuG 14.1.
243 OLG Celle, Urt. vom 1.2.1963 – 4 U 211/60 –, EzGuG 8.6.
244 OLG Nürnberg, Urt. vom 24.9.1969 – 4 U 40/69 –, RdL 1969, 295 = EzGuG 14.38.
245 OLG Hamm, Urt. vom 17.2.1970 – 10 U 118/69 –, NJW 1970, 815 = EzGuG 14.40.
246 OLG Celle, Urt. vom 19.1978 – 4 U 58/76 –, AgraR 1979, 50 = EzGuG 14.60.
247 OLG Hamm, Urt. vom 11.3.1982 – 22 U 81/81 –, MDR 1982, 759 = EzGuG 14.72.
248 OLG Köln, Urt. vom 9.4.1963 – 9 U 2/63 –, RdL 1963, 159 = EzGuG 14.15a.
249 OLG Düsseldorf, Urt. vom 24.5.1965.
250 OLG Celle, Urt. vom 22.7.1966.
251 OLG Köln, Urt. vom 12.7.1963 – 9 U 21/63 –, EzGuG 14.16.

Gegensatz zu Hochspannungsleitungen, die, mit Ausnahme der Maststandorte, keine oder nur eine geringe Ertragseinbuße verursachen.

– Die Durchschneidung eines arrondierten Forstguts mittels einer Hochspannungsleitung bewirkt eine Minderung des Verkehrswerts des Gesamtbesitzes (Arrondierungsverlust)[252], sofern ein arrondierter Betrieb durchschnitten wird.

– Wird durch die Verlegung von Versorgungsleitungen der Verkehrswert des betroffenen Grundstücks gemindert, kann dies nur dann zur Unzumutbarkeit der unentgeltlichen Duldungspflicht führen, wenn die Minderung erheblich ist[253].

– Die durch eine zweite Leitung eintretende Wertminderung ist allenfalls geringfügig einzuschätzen. In Misch- und Gewerbegebieten, die so hoch überspannt werden, dass die typische bauliche Nutzung nicht beeinträchtigt wird (Bauhöhenfreigabe), erscheint ein Entschädigungssatz nicht unangemessen, der sich am Prozentsatz des Bodenwerts orientiert, der bei landwirtschaftlich genutzten Grundstücken als Überspannungsentschädigung zugebilligt wird[254].

– Magnetische Felder einer Hochspannungsfreileitung, die am Einwirkungsort eine magnetische Flussdichte von maximal vier Mikrotesla aufweisen, sind nach derzeitigem Erkenntnisstand nicht geeignet, Gefahren für die Gesundheit der Trassenanwohner herbeizuführen[255].

389 Auf die Rechtsprechung zur Bewertung von **Leitungsrechten im Kostenrecht** wird verwiesen[256]. Der Wert eines Leitungsrechts als Grunddienstbarkeit (vgl. Rn. 373 ff.) bemisst sich nach § 22 KostO nach dem Wert, den sie für das herrschende Grundstück hat; ist jedoch der Betrag, um den sich der Wert des dienenden Grundstücks durch die Dienstbarkeit mindert, größer, so ist dieser höhere Betrag maßgebend.

4.2.7.5 Verzinsung der Entschädigung

390 Die **Entschädigung bemisst sich nach dem Grundstückswert in dem Zeitpunkt, zu dem der Grundstückseigentümer die Dienstbarkeit eingeräumt hat.** Der Zinsanspruch der Entschädigung im Enteignungsfall beginnt mit dem Zeitpunkt, an dem die Enteignungsbehörde über den Enteignungsantrag entscheidet bzw. in Fällen der vorzeitigen Besitzeinweisung ist der Zeitpunkt maßgebend, in dem diese wirksam wird (§ 99 Abs. 3 BauGB). Das Bayerische Enteignungsgesetz (BayEG) stellt in Art. 13 (2) auf den Entzug oder die Beschränkung der Nutzungsmöglichkeit ab. Das gilt nur für den Normalfall, wenn gleichzeitig die Nutzung auf den Begünstigten übergeht.

Nach dem Gesetz beginnt die Verzinsung erst mit dem Eintritt der Rechtsänderung (Enteignungsbeschluss, Besitzeinweisung). Somit können bei später eintretendem Nutzungsverlust ggf. Zinsen anfallen, obwohl das Grundstück durch den Betroffenen noch genutzt wurde. Dieser Umstand würde eine Doppelentschädigung bedeuten.

Die Verzinsung der Enteignungsentschädigung stellt einen „abstrakten Ausgleich" für die entgangene Nutzungsmöglichkeit dar. Dabei ist es unerheblich, ob im speziellen Einzelfall Nutzungsmöglichkeiten bestanden, dessen Erträge in Höhe des Zinsanspruchs gelegen haben. Diese Möglichkeit ist laut BGH[257] vom Gesetzgeber so gewollt.

Der Zinssatz beträgt gem. § 99 Abs. 3 BauGB, Art. 13 BayEG und weiteren Enteignungsgesetzen der Länder 2. v. H. über dem Basiszinssatz nach § 247 BGB. Dort heißt es:

„**§ 247 BGB** Basiszinssatz

(1) Der **Basiszinssatz** beträgt 3,62 %. Er verändert sich zum 1. Januar und 1. Juli eines jeden Jahres um die Prozentpunkte, um welche die Bezugsgröße seit der letzten Veränderung des Basiszinssatzes gestie-

---

252 OLG Hamm, Urt. vom 20.9.1977 – 10 U 76/77 –, BRS Bd. 34 Nr. 85 = EzGuG 4.53.
253 BGH, Urt. vom 13.3.1991 – VIII ZR 373/89 –, GuG 1992, 220 = EzGuG 14.98.
254 OLG Celle, Urt. vom 12.10.1979 – 4 U 82/79 –, DVBl 1980, 689 = EzGuG 14.63a.
255 VGH Mannheim, Urt. vom 14.5.1996 – 10 S 1/96 –, NJW 1997, 679 = EzGuG 14.128.
256 OLG Celle, Beschl. vom 29.11.1974 – 8 Wx 22/74 –, JurBüro 1975, 815 = EzGuG 14.48h.
257 BGH, Urt. vom 2.9.1999 – III ZR 315/98 –, NVwZ 2000, 230.

gen oder gefallen ist. Bezugsgröße ist der Zinssatz für die jüngste Hauptrefinanzierungsoperation der Europäischen Zentralbank vor dem ersten Kalendertag des betreffenden Halbjahrs.

(2) Die Deutsche Bundesbank gibt den geltenden Basiszinssatz unverzüglich nach den in Absatz 1 Satz 2 genannten Zeitpunkten im Bundesanzeiger bekannt."

4.2.7.6 Bahnunterfahrung

Schrifttum: *Wegner*, Der Bodenwert als Grundlage der Entschädigung bei Leitungs-, Untertunnelungs- und Unterfahrungsdienstbarkeiten, GuG 2003, 144; *Debus*, Entschädigungsermittlung bei Bahn-Unterfahrungen, GuG 1994, 7; *Brett, A.*, Entschädigung bei Bahnunterfahrungen, Haus & Grund Württemberg 11, S. 15; ParlAnfragen in GuG 2011, 108; Drs Hamburg 19/7223.

391 Die für die Entschädigung von Leitungsdienstbarkeiten entwickelten **Grundsätze** sind für entsprechend gesicherte Bahnunterfahrungen (z. B. U-Bahn-Röhren) übertragen worden[258]. Dabei gilt es jedoch, eine Reihe von Besonderheiten zu berücksichtigen:

a) Im Gegensatz zu Leitungsdienstbarkeiten, die i. d. R. so gestaltet sind, dass im Bereich einer Schutzzone das Anpflanzen tief wurzelnder Bäume und die Errichtung von Gebäuden ausgeschlossen wird, werden z. B. U-Bahn-Röhren so verlegt, dass die **bauliche Nutzung des Grundstücks** nicht eingeschränkt wird. Allerdings wird der Eigentümer auch ggf. gehindert sein, z. B. ein zweites Kellergeschoss (Tiefgarage) anzulegen.

b) Im Gegensatz zu „ruhenden" Versorgungsleitungen muss mit **Erschütterungen und Geräuschen** infolge des Bahnbetriebs einhergehend mit der Gefahr von Bauschäden und Nutzungsbelästigungen gerechnet werden. Selbst wenn solche Einwirkungen auszuschließen sind, kann eine Wertminderung i. S. eines **merkantilen Minderwerts** nicht ausgeschlossen werden[259].

c) Bahn- oder Straßenuntertunnelungen haben in Bezug auf den Leitungsdurchmesser bzw. den Röhrendurchmesser andere Dimensionen als z. B. unterirdisch verlaufende Gas-, Wasser- oder Stromleitungen; infolgedessen muss mit einer erhöhten Gefahr von Schäden an Grundstücken und Gebäuden sowie ggf. Nutzungseinschränkungen im Zeitraum des Baustellenbetriebs zur Errichtung der unterirdischen Verkehrsanlagen gerechnet werden.

d) Im Gegensatz zu ruhenden Versorgungsleitungen kann es bei Bahnunterfahrungen aufgrund des laufenden Bahnbetriebs zu Erschütterungen und Geräuschen mit damit einhergehenden Bauschäden und Belästigungen durch Immissionen kommen.

e) Unterfahrungsdienstbarkeiten können sich auch auf die oberirdische bauliche oder oberirdische sonstige Nutzung auswirken, z. B., wenn ein Grundstück nicht mehr mit sehr schweren Fahrzeugen oder Maschinen belastet werden darf, weil sonst der unterirdische Tunnel ggf. Schaden nehmen könnte.

f) Grunddienstbarkeiten für unterirdisch verlaufende Leitungen sind regelmäßig so ausgestaltet, dass im festgelegten Schutzstreifen das Errichten von Gebäuden ausgeschlossen wird. Des Weiteren sind Nutzungen und Maßnahmen zu unterlassen, welche die Leitungen beeinträchtigen oder gefährden könnten, wie z. B. das Anpflanzen tief wurzelnder Bäume oder die Durchführung von Erdwärmebohrungen im Bereich des Schutzstreifens. Bahnunterfahrungen werden i. d. R. so massiv gebaut und so verlegt, dass die oberirdische bauliche Nutzung oder sonstige oberirdische Nutzung des dienenden Grundstücks nicht eingeschränkt wird. In Ausnahmefällen kann der Eigentümer des dienenden Grundstücks jedoch daran gehindert sein, ein zweites Kellergeschoss oder eine Tiefgarage zu realisieren. In bestimmten Fällen kann es daher zur Beeinträchtigung der unterirdischen baulichen Nutzbarkeit des dienenden Grundstücks kommen.

392 *Debus* [260] kommt aufgrund einer Umfrage unter 13 deutschen Großstädten mit Bahnunterfahrungen zu dem Ergebnis, dass eine Entschädigung von 1,25 % bis 30 % des Bodenwerts der

---
258 BGH, Urt. vom 1.2.1982 – III ZR 93/80 –, BGHZ 83, 61 = EzGuG 14.69.
259 BGH, Urt. vom 2.4.1981 – III ZR 186/79 –, NJW 1981, 1663 = EzGuG 19.38.
260 Debus in GuG 1994, 7.

Leitungsrecht | **Rechte und Belastungen VIII**

Schutzstreifenfläche üblich ist. Aufbauend auf dieser Befragung, wurde ein Entschädigungsermittlungsrahmen erarbeitet, der zwei Verfahren vorsieht und die Wertminderungsquoten nach den Kriterien

⇒ Abstand 15 m und mehr unter Geländeoberkante und je nach Anteil Unterfahrung des Gebäudes, Wertminderung 7 % – 5 % der Schutzstreifenfläche

⇒ Abstand < 15 m, pro Meter Zuschlag von 3 % zu dem Tabellenwert.

In der bisher ergangenen **Rechtsprechung** sind folgende **Grundsätze** entwickelt worden: 393

a) Das mit dem U-Bahn-Betrieb verbundene „gewisse Prozessrisiko" wird als sehr gering eingeschätzt und rechtfertige eine Wertminderung[261].

b) Die betriebsnotwendige Lärmeinwirkung und Erschütterung schlägt in aller Regel auf den Verkehrswert des belasteten Grundstücks durch, wonach die Auswirkungen auch von der Beschaffenheit des Untergrundes abhängig sind. Insofern ist ein ungeprüftes Übertragen von Entschädigungstabellen nicht geboten.

c) Bedeutsam für die Wertminderung ist die Größe der untertunnelten Fläche einschließlich Schutzstreifen[262].

d) Der Wert der Gebäude auf dem Grundstück muss bei der Entschädigungsbemessung unberücksichtigt bleiben, wenn die Gebäude in ihrer Substanz und Nutzung vom U-Bahn-Bau und ihrem Betrieb nicht betroffen sind.

e) Bewirkt die Dienstbarkeit keine wirtschaftlichen Nachteile für das Grundstück, kommt es alleine darauf an, wie sich die Eintragung der Dienstbarkeit in das Grundbuch auf den Wert des Grundstückes auswirkt[263].

f) Die Ermittlung der Entschädigungshöhe allein nach dem Bodenwert widerspricht nicht der Rechtsprechung des BGH (Urt. vom 1.2.1982, a. a. O.), in der es für zulässig befunden wurde, die Entschädigung vom Gesamtwert des Grundstücks her zu ermitteln, jedoch nicht für rechtlich geboten erachtet wurde[264].

g) Die dingliche Sicherung durch eine Grunddienstbarkeit an erster Rangstelle in Abt. II des Grundbuches dürfte für die Beleihung des Grundstücks keine spürbaren Einschränkungen ergeben.

h) Der BGH[265] hat der Wertermittlungsmethode eine Absage erteilt, in der vom Sachverständigen auf die Dienstbarkeitsentschädigung auf der Grundlage der kontinuierlichen Bodenwertminderung im zunehmenden Alter des Gebäudes im Vergleich zu einer unbebauten Fläche ermittelt.

i) Eine Einwirkung in einer Tiefe von 13 bis 15 m unterhalb der Geländeoberkante schließt das berechtigte Interesse des Eigentümers an einer Untersagung der Einwirkung nicht aus[266].

Erstreckt sich die Beeinträchtigung des dienenden Grundstücks allein auf den Erdkörper unter der Grundstücksoberfläche, wie es regelmäßig bei Untertunnelungs- und Unterfahrungsdienstbarkeiten der Fall ist, so ist nach der Rechtsprechung[267] der Bodenwert als Basis zur Ermittlung der Entschädigung heranzuziehen. Wird aufgrund der Dienstbarkeit zusätzlich die bauliche Nutzung bzw. werden die Ertragsverhältnisse des dienenden Grundstücks beeinträchtigt, sind darüber hinaus die daraus resultierenden Wertminderungen nach den Grundsätzen des Ertragswertverfahrens zu berücksichtigen.

---

261 BGH, Urt. vom 1.2.1982 – III ZR 93/80 –, BGHZ 83, 61 = NJW 1982, 2179 = EzGuG 14.69; OLG Hamm, Urt. vom 3.7.1989 – 22 U 185/88 –, EzGuG 14.85a; OLG Frankfurt am Main, Urt. vom 31.3.1988 – 1 U 15/85 –, EzGuG 14.82a.
262 BGH, Beschl. vom 28.6.1984 – III ZR 187/83 –, NJW 1985, 387 = EzGuG 14.77.
263 OLG Frankfurt, Urteil vom 31.3.1988 – 1 U 15/85 –, EzGuG 15.82a.
264 LG Bielefeld, Urt. vom 16.4.1990 – 5 O 356/86 –, GuG 1993, 190 = EzGuG 14.98a.
265 BGH, Urt. vom 28.6.1984 – III ZR 187/83 –, NJW 1985, 387 = EzGuG 14.77.
266 BGH, Urt. vom 16.10.1980 – III ZR 65/79 –, MDR 1981, 567 = EzGuG 9.40.
267 BGH, Urt. vom 1.12.1982 – III ZR 93/80 –, BGHZ 83, 61 = NJW 1982, 2179 = EzGuG 14.69; LG Bielefeld Urt. vom 16.4.1990 – 5 O 356/86 –, GuG 1993, 190 = EzGuG 14.98a.

VIII Rechte und Belastungen   Leitungsrecht

Die Wertminderung bei Untertunnelung von bebauten Grundstücken ist unter Berücksichtigung aller Einflussfaktoren i. d. R. in einen V.-H.-Anteil im Gegensatz zu einer vergleichbaren unbebauten Fläche durch die Rechtsprechung abgesichert. Es kommt im Wesentlichen auf den Einzelfall an und darauf, dass alle Einflussfaktoren und deren Einwirkungen auf den Verkehrswert dargestellt und marktgerechte Wertminderungsquoten zugeordnet werden.

394 Von verschiedenen Städten sind eigene Verfahren für die Bemessung der Enteignungsentschädigung entwickelt worden. So werden entsprechend vorstehenden Ausführungen in München (U-Bahnbau) sowohl die Wertminderung des Grund und Bodens als auch im gegebenen Fall zusätzlich die Wertminderung aufgrund von Beeinträchtigungen der baulichen Nutzung bzw. der Ertragsverhältnisse berücksichtigt. Wird die bauliche Nutzung aufgrund einer einzutragenden Unterfahrungsdienstbarkeit nicht beeinträchtigt, bemisst sich die Entschädigung für die Eintragung einer Unterfahrungsdienstbarkeit nach einem Vomhundertsatz des Bodenrichtwerts, wobei der prozentuale Abschlag mit steigendem Bodenwert nach der nachfolgenden **Grundtabelle des Münchener Verfahrens** sinkt. Dabei ist grundsätzlich nur der Bodenwert der unterfahrenen Fläche (ggf. einschließlich Schutzstreifens) betroffen, sofern nicht die bauliche Nutzbarkeit des Restgrundstücks betroffen ist.

Bodenrichtwert der unterfahrenen Grundstücksfläche	Wertminderung in Vomhundert des Bodenrichtwerts der unterfahrenen Grundstücksfläche												Basistiefenlage
	Tiefenlage												
	Wertminderung in Vomhundert bei einem Zuschlag von 3 % für jeden Meter für Tiefenlagen bis 3 m ausgehend von der Wertminderung für die Basistiefenlage von 15 m [Wertminderung in % des Bodenwerts der unterfahrenen Fläche, ermittelt auf der Grundlage des Bodenrichtwerts]												
	3 m	4 m	5 m	6 m	7 m	8 m	9 m	10 m	11 m	12 m	13 m	14 m	15 m
150 €/m²	46,00	43,00	40,00	37,00	34,00	31,00	28,00	25,00	22,00	19,00	16,00	13,00	10,00 %
250 €/m²	36,80	34,40	32,00	29,60	27,20	24,80	22,40	20,00	17,60	15,20	12,80	10,40	8,000 %
500 €/m²	27,60	25,80	24,00	22,20	20,40	18,60	16,80	15,00	13,20	11,40	9,60	7,80	6,000 %
1 000 €/m²	13,00	21,50	20,00	18,50	17,00	15,50	14,00	12,50	11,00	9,50	8,00	6,50	5,000 %
1 500 €/m²	18,40	17,20	16,00	14,80	13,60	12,40	11,20	10,00	8,80	7,60	6,40	5,20	4,000 %
2 000 €/m²	16,10	15,05	14,00	12,95	11,90	10,85	9,80	8,75	7,70	6,65	5,60	4,55	3,500 %
2 500 €/m²	13,80	12,90	12,00	11,10	10,20	9,30	8,40	7,50	6,60	5,70	4,80	3,90	3,000 %
3 000 €/m²	12,24	11,44	10,64	9,84	9,04	8,25	7,45	6,65	5,85	5,06	4,26	3,46	2,660 %
3 500 €/m²	10,84	10,14	9,43	8,72	8,01	7,31	6,60	5,89	5,19	4,48	3,77	3,06	2,357 %
4 000 €/m²	9,78	9,14	8,50	7,86	7,22	6,59	5,95	5,31	4,68	4,04	3,40	2,76	2,125 %
4 500 €/m²	8,81	8,24	7,66	7,09	6,51	5,94	5,36	4,79	4,22	3,64	3,07	2,49	1,916 %
5 000 €/m²	8,05	7,52	7,00	6,48	5,95	5,42	4,90	4,38	3,85	3,32	2,80	2,29	1,750 %
5 500 €/m²	7,82	7,31	6 80	6,29	5,78	5,27	4,76	4,25	3,74	3,23	2,72	2,21	1,699 %
6 000 €/m²	6,86	6,41	5,96	5,52	5,07	4,62	4,17	3,73	3,28	2,83	2,39	1,94	1,491 %
6 500 €/m²	6,37	5,95	5,54	5,12	4,71	4,29	3,88	3,46	3,04	2,63	2,21	1,80	1,384 %
7 000 €/m²	5,91	5,53	5,14	4,75	4,37	3,98	3,60	3,22	2,83	2,44	2,06	1,67	1 285 %
7 500 €/m²	5,25	5,16	4,80	4,44	4,08	3,72	3,36	3,00	2,64	2,28	1,92	1,56	1 200 %

Quelle: Städt. Bewertungsamt München vom 27.3.1987, Merkblatt Nr. 13, S. 3 (auf € umgestellt)

395 Die Grundtabelle des Münchner Verfahrens wurde angewandt, wenn die Oberkante des Tunnels bzw. Schutzstreifens 15 m unter Geländeoberkante verlief. In einer geringeren Tiefenlage wurde ein Zuschlag gewährt. Als Zuschlag wurde – ausgehend von einer Tiefenlage von 15 m – für jeden Meter höhere Lage des Tunnels bzw. Schutzstreifens 3 %, bezogen auf die sich für die Basistiefenlage von 15 m ergebende Wertminderung gewährt. Somit ergibt sich für den Fall, dass die Tunneloberkante bzw. die Oberkante des Schutzstreifens mit der Geländeoberkante übereinstimmt, ein maximaler Zuschlag von 15 × 3 % = 45 %, d. h. die gesamte Wertminderung beläuft sich dann auf 55 % des Bodenrichtwerts der unterfahrenen Grundstücksfläche (= 10 % + 45 %). Allerdings müssen bei Unterfahrungen in derart geringen Tiefen die im Einzelfall konkret auftretenden Wertminderungen vor allem in Bezug auf Emissionen, bauliche Beeinträchtigungen (Kellergeschoss) und dgl. konkret berücksichtigt werden.

Für Unterfahrungen in größeren Tiefen (≥ 15 m) kann davon ausgegangen werden, dass die Wertminderung proportional abnimmt.

Wertminderung als Vomhundertsatz für Unterfahrungstiefen ≥ 15 m:

$$Wertminderung_{[\%]} = Basiswertminderung\ für\ 15\ m\ Tiefe_{[\%]} \times \frac{15\ m}{Tiefe\ in\ [m]}$$

Wenn die Unterfahrungsdienstbarkeit die unterirdische bauliche Nutzung beeinträchtigt, so wurde eine zusätzliche Entschädigung auf Basis des sog. Mietsäulenverfahren gewährt. Dabei werden die marktüblich erzielbaren Mieten in den unterschiedlichen Geschossen addiert und auf Basis der Gesamtsumme der Geschossmieten ein prozentualer Anteil der jeweiligen Geschossmiete ermittelt. Der Prozentsatz der von der Dienstbarkeit betroffenen Geschosse wird dann für die Ermittlung der Entschädigung auf den Bodenwert bezogen. **396**

Beispiel:

Die marktüblich erzielbare Miete für ein durch die Unterfahrungsdienstbarkeit betroffenes Einfamilienhausgrundstück liegt bei 10 €/m² für das Erd- und Dachgeschoss, bei 2,50 €/m² für das 1. Untergeschoss und bei 1,25 €/m² für das 2. Untergeschoss.

Mietsäule:

	Mietwert	Anteil am Gesamtwert
DG	10,00 €/m²	42,11 %
EG	10,00 €/m²	42,11 %
1. UG	2,50 €/m²	10,52 %
2. UG	1,25 €/m²	5,26 %
Summe	23,75 €/m²	
Kontrollsumme		100,00 %

Durch die Unterfahrungsdienstbarkeit sei das ortsübliche 2. Untergeschoss nicht realisierbar und es ergibt sich bei einem Bodenwert von 1 000 € folgende Entschädigung:

Nutzungsentschädigung: 1 000 €/m² × 5,26 % =		52,60 €/m²
Unterfahrene Fläche:	350 m²	
Nutzungsentschädigung: 52,60 €/m² × 350 m² =		rd. 18.410,00 €

4.2.8 Wettbewerbsbeschränkende Dienstbarkeit (Konkurrenz- und Sortimentsklauseln)

Schrifttum: *Amann, H.,* Steuerung des Bierabsatzes durch Dienstbarkeiten, DNotZ 1986, 578 und DNotZ 1988, 581; *Baetge, D.,* Wettbewerbsbeschränkende Dienstbarkeiten in Europa, RabelsZ 59 (1995); *Bormann, J.,* Wettbewerbsbeschränkungen durch Grundstücksrechte, Heidelberg 2004; *Daubner, R.,* Probleme bei der Bestellung von Sicherungsdienstbarkeiten im Rahmen von Alleinbezugsvereinbarungen nach europäischem Kartellrecht, JA 1993, 19; *Höchtl, F.,* Die dingliche Sicherung von Bierbezugsverpflichtungen durch Reallast und Dienstbarkeit, Diss. 1959; *Joost, D.,* Sachenrechtliche Zulässigkeit wettbewerbsbeschränkender Dienstbarkeiten, NJW 1981, 308; *Münch, J.,* Die Sicherungsdienstbarkeit zwischen Gewerberecht und Kartellrecht, ZHR 157 (1993).

▶ *Allgemeines vgl. § 18 ImmoWertV Rn. 106 ff.*

Bei dem durch eine Grunddienstbarkeit abgesicherten **Bierbezugsvertrag** liegt eine Sonderform der Dienstbarkeit vor. Sie wird in diesem speziellen Fall dazu benutzt, eine Bezugsbindung des jeweiligen Grundstückseigentümers an eine Brauerei abzusichern. **397**

VIII Rechte und Belastungen — Wettbewerbsbeschränkung

398 Eine **Leistungsverpflichtung oder ein positives Tun kann nicht Inhalt einer Dienstbarkeit sein.** Die Pflicht zum ausschließlichen Ausschank und Verkauf von Bier einer bestimmten Brauerei oder eines Bierverlegers ist daher ein unzulässiger Inhalt einer Dienstbarkeit[268]. **Der Inhalt der Dienstbarkeit darf nicht** die rechtliche Verfügungsbefugnis des Eigentümers einschränken. Das **Verbot** zum **Ausschank oder Verkauf** von Bier ist hingegen **Inhalt einer Dienstbarkeit**, eine sog. zulässige Unterlassungsdienstbarkeit[269]. Eine Unterlassungsdienstbarkeit ist somit eine zulässige Beschränkung des Grundstücks im tatsächlichen Gebrauch, z. B. auch Wohnungsbesetzungsrecht.

399 Brauereien und Bierverleger umgehen die §§ 1018 und 1090 BGB (Dienstbarkeiten), indem sie die Untersagung jeglichen **Bierausschanks und Verkaufs als Grunddienstbarkeit dinglich absichern lassen** und zugleich einen schuldrechtlichen Ausschließlichkeitsvertrag abschließen, der den Grundstückseigentümer zwingt, ausschließlich Bier ihrer Brauerei bzw. ihres Vertriebs abzunehmen, auszuschenken und zu verkaufen. Diese Rechtskonstruktion von Dienstbarkeit und schuldrechtlichem Nutzungsvertrag ist durch den BGH bestätigt[270]. Es wird ein dingliches Recht in Form der Unterlassungsdienstbarkeit als Verbot bestellt, auf dessen Ausübung schuldrechtlich durch einen Bezugsvertrag verzichtet wird (vgl. Abb. 87). Der Eigentümer des Grundstücks soll nicht etwa kein Bier ausschenken und verkaufen, sondern dies gerade im Verhältnis zum dinglich Berechtigten tun.

---

[268] BGH, Beschl. vom 30.1.1959 – V ZR 31/58 –, NJW 1959, 670 = EzGuG 14.9; für die dingliche Absicherung einer positiven Leistungspflicht kennt das BGB das Rechtsinstitut der Reallast (vgl. § 1105 BGB). Es ist ein Verwertungsrecht, ähnlich dem Grundpfandrecht. Der Berechtigte hat die Befugnis, das belastete Grundstück im Wege der Zwangsversteigerung zu verwerten und sich durch den Erlös in Geld zu befriedigen. Ein Bierbezugsvertrag bedeutet jedoch lediglich eine Gegenleistung in Geld für das gelieferte Bier. Diese Gegenleistung kann nicht Inhalt einer Reallast sein (vgl. Joost in JZ 1979, 467).
[269] Baur in Soergel, a. a. O., § 1090 Rn. 16.
[270] BGH, Urt. vom 18.5.1979 – V ZR 70/78 –, EzGuG 14.61; BGH, Urt. vom 13.7.1979 – V ZR 122/77 –, EzGuG 14.63; BGH, Urt. vom 21.5.1975 – VIII ZR 215/72 –, EzGuG 14.49b; BGH, Urt. vom 22.1.1975 – VIII ZR 243/73 –, EzGuG 14.48i; BGH, Urt. vom 17.10.1971 – VIII ZR 91/72 –, EzGuG 14.48b; BGH, Urt. vom 2.10.1969 – V ZR 10/68 –, EzGuG 14.38a; BGH, Urt. vom 16.10.1956 – I ZR 2/56 –, EzGuG 14.1a; BGH, Urt. vom 23.11.1951 – I ZR 24/51 –, EzGuG 14.2a; OLG Düsseldorf, Urt. vom 3.12.1987 – 10 U 126/87 –, EzGuG 3.71f.

Abb. 87: Wettbewerbsbeschränkende Dienstbarkeit

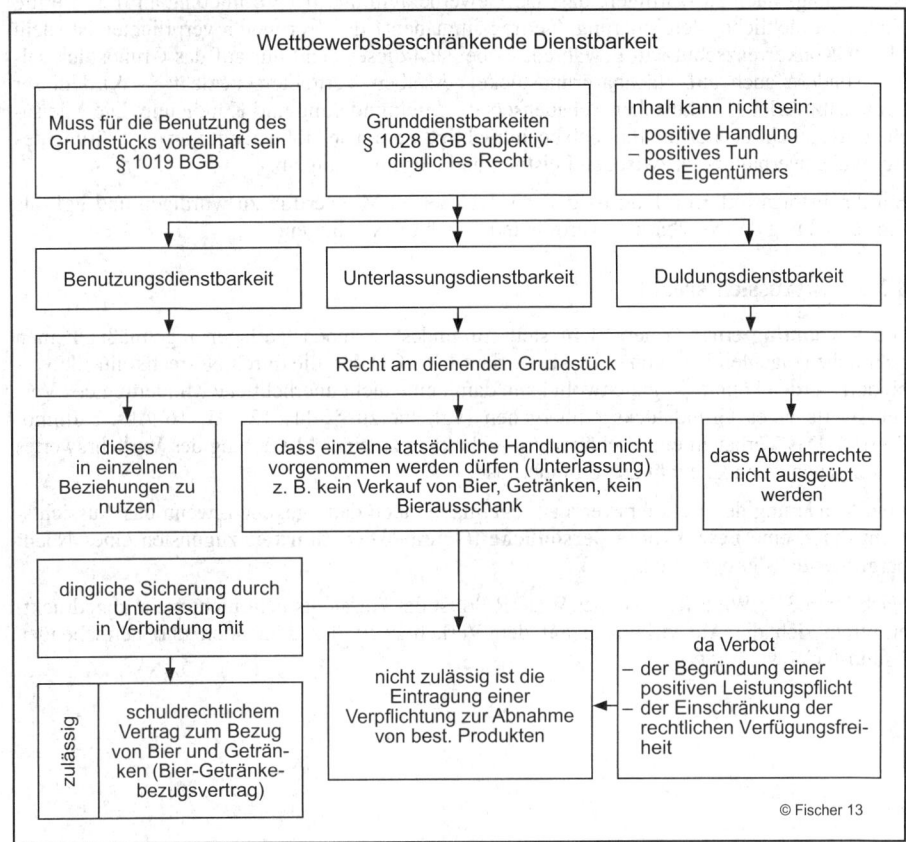

Auch werden Schadensersatzpauschalen vereinbart, die mit 20 % des jeweils gültigen Brauereibezugspreises für alle anderweitig bezogenen Biere in Bierlieferverträgen vereinbart sind[271]. Bei einem Nettopreis von Ø 172 €/hl Fassbier (Preisstand 2013) wären dies rd. 34 €/hl Schadensersatz für entgangenen Gewinn aus nicht erfüllter Bierbezugsverpflichtung[272]. Die Wertminderung der Unterlassungsdienstbarkeit könnte anhand der Schadensersatzforderungen unter Berücksichtigung der Vertragslaufzeit und ggf. einer Eintrittswahrscheinlichkeit abgeleitet werden.

Häufig werden auch in gewerblichen Mietverträgen Konkurrenzschutzklauseln aufgenommen, um den Mietern eine erhöhte Standortsicherheit zu geben. Der Konkurrenzschutz kann wie folgt ausgestaltet sein:

a) Im Mietvertrag wird durch Vermieter Konkurrenzschutz allgemein gewährt.

b) Mietvertrag gewährt positiven Konkurrenzschutz durch Sortimentsbeschränkungen.

c) Keine Regelung im Mietvertrag = vertragsimmanenter Konkurrenzschutz.

---

[271] Die Rechtsprechung hat Pauschalen von 30 % und 50 % als zu hoch angesehen. BGH, Urt. vom 16.12.1993 – I R 231/91 –, NJW 1994, 1068; OLG Karlsruhe, Urt. vom 18.10.2001 – 19 U 97/01 –, MDR 2002, 445, OLG Nürnberg, Urt. vom 5.2.2002 – 1 U 2314/02 –, NJW-RR 2002, 917.
[272] BGH, Urt. vom 22.2.1989 – VIII ZR 45/88 –, BGHZ 107, 67 = EzGuG 14.84c.

VIII Rechte und Belastungen   Aussichtsrecht

Die Konkurrenzschutzklausel belastet u. a. die Vermietbarkeit des gesamten Objekts. Dabei ist allerdings auch zu würdigen, dass bei Gewerberaum und bei Vermietung an freie Berufe ohne ausdrückliche Vereinbarung (vertragsimmanent) der Vermieter verpflichtet ist, dem Mieter Konkurrenzschutz zu gewähren, wobei sich dieser nicht nur auf das Grundstück selber, sondern auch auf Nachbargrundstücke desselben Vermieters bezieht[273]. Wird dieser Grundsatz verletzt, so bestehen Schadensersatz, Mietminderung und Kündigung. Die Mietsache muss „mehr als nur unerheblich beeinträchtigt" sein. Die Höhe hängt von der Störung des Äquivalenzverhältnisses zwischen Leistung und Gegenleistung ab.

Bei der Ertragswertermittlung ist ggf. die Klausel im Mietvertrag zu würdigen und ggf. als Einschränkung der Nutzbarkeit wertmindernd zu berücksichtigen.

4.2.9 Aussichtsrecht

401 Die **Verbauung einer freien Sicht** stellt zumindest in Innenstadtlagen regelmäßig keinen rechtlichen Nachteil i. S. von § 47 Abs. 2 Satz 1 VwGO dar, die durch Normenkontrolle verhindert werden könnte[274]; gleichwohl kann damit eine nicht unerhebliche Minderung des Verkehrswerts eines Grundstücks einhergehen (vgl. hierzu §§ 11, 12, 15, 16 Abs. 2 ImmoWertV). Das Verbauen einer schönen Aussicht kann zu einer Minderung des Verkehrswertes führen, auch wenn sie nicht zu verhindern ist.

402 Eine Minderung des Verkehrswerts ist regelmäßig auch dann gegeben, wenn das Aussichtsrecht durch eine **beschränkte persönliche (Grund-)Dienstbarkeit** zugunsten eines Nachbargrundstücks gesichert ist.

403 Nach Nr. 4.3.3e WERTR 02 (in der WERTR 06 ist das Aussichtsrecht nicht mehr abgedruckt) ermitteln sich die Auswirkungen auf den Verkehrswert des dienenden und herrschenden Grundstücks wie folgt:

---

273 BGH, Urt. vom 10.10.2012 – XII ZR 117/10 –, BGHZ 195, 50.
274 VGH Mannheim, Normenkontrollbeschl. vom 14.3.1990 – 8 S 2599/89 –, UPR 1990, 280; BVerwG, Beschl. vom 9.2.1995 – 4 NB 17/94 –, GuG 1995, 251 = EzGuG 4.159.

Abb. 88: Aussichtsrecht (Anl. 18 WERTR 02 zu Nr. 4.3.3e)*

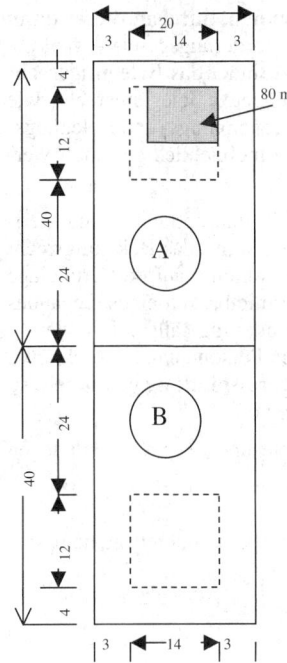

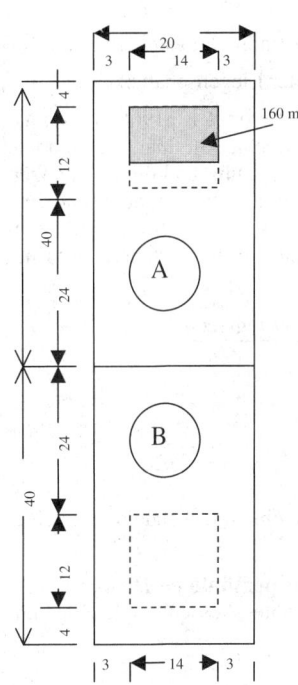

Auswirkung eines Aussichtsrechts des begünstigten Grundstücks (A) und des belasteten Grundstücks (B)

Infolge des Aussichtsrechts zugunsten des jeweiligen Eigentümers des Grundstücks (A) darf das unbebaute Grundstück (B) nur eingeschossig bebaut werden. Nach den baurechtlichen Vorschriften wären zwei Geschosse zulässig. Der Bauwich hat eine Breite von 3 m, die vordere Baulinie liegt 4 m, die hintere Baulinie 16 m hinter der straßenseitigen Grundstücksgrenze.

Beispiel 7.1

baurechtlich zulässige GFZ: 0,2; Bodenrichtwert: 50 €/m²

W e r t   d e s   b e g ü n s t i g t e n   G r u n d s t ü c k s (A)

Die Lagewertsteigerung des begünstigten Grundstücks wird auf der Grundlage der durch das Aussichtsrecht gesteigerten Nutzungsmöglichkeit bzw. Rentierlichkeit bei der gegebenen landschaftlichen Situation zu 20 v. H. des Bodenwerts veranschlagt.

50 €/m² + 20 v. H. = 60 €/m²

W e r t   d e s   b e l a s t e t e n   G r u n d s t ü c k s (B)

Das Grundstück wird nur hinsichtlich der Gestaltung des Gebäudes, insbesondere der Geschosszahl, nicht jedoch bezüglich des zulässigen Maßes der baulichen Nutzung beeinträchtigt. Dieser Nachteil wird mit 10 v. H. veranschlagt.

50 €/m² – 10 v. H. = 45 €/m²

Beispiel 7.2

Baurechtlich zulässige GFZ: 0,4; Bodenrichtwert: 65 €/m²

W e r t   d e s   b e g ü n s t i g t e n   G r u n d s t ü c k s (A)

Die Lagewertsteigerung des begünstigten Grundstücks wird auf der Grundlage der durch das Aussichtsrecht gesteigerten Nutzungsmöglichkeit bzw. Rentierlichkeit bei der besonderen landschaftlichen Situation zu 35 v. H. des Bodenwerts veranschlagt.

65 €/m² + 35 v. H. = 88 €/m²

W e r t   d e s   b e l a s t e t e n   G r u n d s t ü c k s (B)

Das öffentlich-rechtlich zulässige Maß der baulichen Nutzung des durch das Aussichtsrecht belasteten Grundstücks wird auf rd. die Hälfte eingeschränkt (Abschlag rd. 20 v. H.). Zusätzlich wird die Planungsfreiheit beschränkt (Abschlag wie bei 8.1 (B) rd. 10 v. H.).

65 €/m² – 30 v. H. = 46 €/m²

* Aus Gründen der Aktualität wurde das DM-Zeichen durch das €-Zeichen ersetzt.

VIII Rechte und Belastungen — Belegungsrecht

4.2.10 Belegungsrecht

404 Von einem Belegungsrecht (Besetzungsrecht) spricht man, wenn ein **Dritter die Befugnis hat, dem Vermieter z. B. einen Wohnungssuchenden zu benennen, mit dem dieser dann einen Mietvertrag abzuschließen hat** (vgl. §§ 26 ff. Wohnraumförderungsgesetz – WoFG). Für Angehörige des öffentlichen Dienstes regelt § 4 Abs. 5 WoBindG das **Belegungsrecht** der Wohnungsfürsorgebehörden. Es stellt ein vertraglich begründetes Belegungsrecht, wie auch in anderen Bereichen (z. B. Werkförderungsverträge), dar. Benennungs- und Belegungsrechte können durch beschränkte persönliche Dienstbarkeiten grundbuchlich gesichert werden (§ 27 WoBindG).

405 Das Belegungsrecht schränkt die Befugnisse des Eigentümers ein und entfaltet damit wertmindernde Wirkung. Eine Wertminderung kann bereits eintreten, wenn das Belegungsrecht darauf angelegt ist, bestimmten Bevölkerungskreisen zu einer Wohnung auf der Grundlage des allgemeinen Mietpreisniveaus zu verhelfen, die die freie Vermietbarkeit eines Gebäudes in der allgemeinen Anschauung beeinträchtigen. Diese Wertminderung fällt i. d. R. gering aus, da das Belegungsrecht nicht die Ertragslage, sondern nur den Personenkreis einschränkt. Ist das **Belegungs-(Besetzungs-)Recht dagegen mit einer Mietpreisbindung gekoppelt,** so geht damit eine spürbare Wertminderung einher. Sie ist abhängig von

– dem Unterschied zwischen der marktüblich erzielbaren Miete und der preisgebundenen Miete sowie
– der Dauer der Mietpreisbindung.

Die Wertminderung bemisst sich dann nach dem Barwert der aus dem Minderertrag bemessenen Zeitrente.

Die **Zeitrente** orientiert sich bei der

a) Marktmiete am Liegenschaftszins (LZ)

b) preisgebundenen Miete am internen Zinssatz

c) finanzmathematischen Betrachtung für den beschränkten Zeitraum am Kapitalmarktzins.

Nach Ablauf der Bindewirkung gilt die Marktmiete und somit der Liegenschaftszins.

Zum **Wert eines Besetzungsrechts** hat das LG Münster im Urt. vom 21.6.1966 aus Anlass eines solchen in einem Versteigerungstermin erloschenen Rechts Stellung genommen: Anhaltspunkte für seinen Wert sind danach der Mietwert der Wohnung und die Restlaufzeit des Besetzungsrechts. Hieran anknüpfend hatte das Ministerium für Wohnungsbau und öffentliche Arbeiten (NRW) im Erlass vom 4.10.1967 (III A 5 – 4.15 – 4384/67) als Berechnungsformel für den Wert einer durch Zuschlag im Zwangsversteigerungsverfahren erloschenen beschränkt persönlichen Dienstbarkeit vorgegeben:

$$\text{Wert} = \frac{\text{Jahresmietwert} \times \text{Restlaufzeit des Besetzungsrechts}}{10}$$

4.2.11 Wohnungsrecht

4.2.11.1 Allgemeines

406 Die Gestaltungsmöglichkeiten von Rechten, die das Wohnen in einem Gebäude oder in einer Wohnung zum Inhalt haben, sind vielschichtig.

407 Das Wohnungsrecht nach § 1093 BGB ist eine **beschränkte persönliche Dienstbarkeit**, durch die der Berechtigte ein Gebäude oder einen Gebäudeteil unter Ausschluss des Eigentümers als Wohnung nutzen darf.

Abb. 89: Rechte am Grundstück in Beziehung zum Wohnen

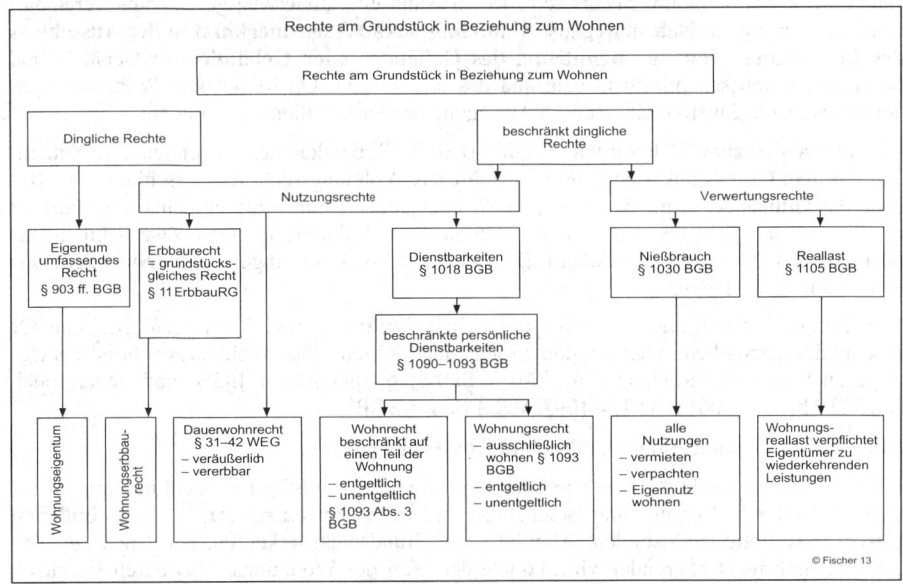

Das **Wohnungsrecht ist in § 1093 BGB** wie folgt definiert: **408**

„**§ 1093 BGB** Wohnungsrecht

(1) Als beschränkte persönliche Dienstbarkeit kann auch das Recht bestellt werden, ein Gebäude oder einen Teil eines Gebäudes unter Ausschluss des Eigentümers als Wohnung zu benutzen. Auf dieses Recht finden die für den Nießbrauch geltenden Vorschriften der §§ 1031, 1034, 1036, des § 1037 Abs. 1 und der §§ 1041, 1042, 1044, 1049, 1050, 1057, 1062 entsprechende Anwendung.

(2) Der Berechtigte ist befugt, seine Familie sowie die zur standesmäßigen Bedienung und zur Pflege erforderlichen Personen in die Wohnung aufzunehmen.

(3) Ist das Recht auf einen Teil des Gebäudes beschränkt, so kann der Berechtigte die zum gemeinschaftlichen Gebrauch der Bewohner bestimmten Anlagen und Einrichtungen mitbenutzen."

Der **Inhalt des Wohnungsrechts** bestimmt sich nach den §§ 1090 bis 1092 BGB sowie aufgrund der Verweisung in § 1093 Abs. 1 BGB nach den dort genannten Vorschriften des Nießbrauchs, nämlich den §§ 1031[275], 1034[276] und 1036 BGB, § 1037 Abs. 1 BGB und den §§ 1041, 1042, 1044, 1049, 1050, 1057 und 1062 BGB. Abweichende und nicht gegen zwingendes Recht verstoßende Vereinbarungen sind zulässig. **409**

Das Wohnungsrecht umfasst auch die **Befugnis zur Benutzung von Anlagen und Einrichtungen außerhalb des Gebäudes, wenn dies wesensmäßig zum Wohnen dazugehört**[277]. Der Wohnungsberechtigte ist (nur) zum Besitz der Wohnung befugt und hat die bisherige wirtschaftliche Bestimmung aufrechtzuerhalten und nach den Regeln der ordnungsgemäßen Wirtschaft zu verfahren; der Wohnungsberechtigte ist nicht berechtigt, die Wohnung umzugestalten und wesentlich zu verändern. **410**

Umgangssprachlich wird auch der **Begriff „Wohnrecht"** verwendet, der zumeist das Recht auf ausschließliche Nutzung von Teilen einer Wohnung (z. B. ein Zimmer mit Mitbenutzung des Bades und der Küche) bezeichnet (§§ 1090, 1093 Abs. 3 BGB). **411**

---

275 Das Wohnungsrecht umfasst auch das Zubehör nach den für den Erwerb des Eigentums geltenden Vorschriften.
276 Der Wohnungsberechtigte kann ebenso wie der Eigentümer den Zustand der Wohnung auf seine Kosten durch einen Sachverständigen feststellen lassen.
277 BGH, Urt. vom 20.6.1984 – IVa ZR 34/83 –, NJW 1985, 1533 = EzGuG 14.75a; RFH, Urt. vom 21.12.1928; OLG München, Urt. vom 17.1.1985 – BReg 2 Z 132/84 –, WuM 1988, 164 = BayObLGZ 1985, 31.

VIII Rechte und Belastungen — Wohnungsrecht

412 Im Unterschied zur beschränkten persönlichen Dienstbarkeit muss das Wohnen der Hauptzweck des Wohnungsrechts sein, jedoch kann eine anderweitige Nutzung vereinbart werden, wenn sie nur Nebenzweck ist. **Unabdingbares Wesensmerkmal ist der Ausschluss des Eigentümers von der Benutzung des Gebäudes oder Gebäudeteils;** Gebäude und Gebäudeteile müssen mithin Gegenstand des Rechts sein. Ob Miete oder Wohnungsrecht gewollt ist, ist in Zweifelsfällen durch Auslegung des Parteiwillens zu ermitteln.

413 Im **Unterschied zum Nießbrauch** gemäß § 1030 BGB, bei dem der Berechtigte *alle* Nutzungen aus dem Grundstück ziehen darf, gewährt das Wohnungsrecht die ausschließliche Nutzung des Grundstücks zum Wohnen (bei Wohnungsrechten an Einfamilienhäusern) oder an einer Wohnung (z. B. bei Wohnungsrechten an einer Wohnung in einem Zweifamilienhaus oder in einem Mietwohngrundstück). Der Nießbraucher kann hingegen alle Nutzungen aus dem Grundstück ziehen.

Bestellung, Übertragung und Löschung eines Wohnungsrechts erfolgen nach den für beschränkte persönliche Dienstbarkeiten geltenden Regeln. Das Wohnungsrecht ist demzufolge auch unveräußerlich (§ 1092 Abs. 1 Satz 1, § 1093 Abs. 1 BGB) und unvererblich (§ 1090 Abs. 2, § 1061 Satz 1, § 1093 Abs. 1 Satz 1 BGB).

414 Das Wohnungsrecht ist im **Grundbuch in Abt. II** eingetragen.

415 Da das Wohnungsrecht als eine beschränkte persönliche Dienstbarkeit nicht übertragbar ist, kann sich durch Veräußerung solcher Rechte kein **Verkehrswert im gewöhnlichen Geschäftsverkehr** herausbilden. Allenfalls aus Grundstücksverkäufen, bei denen zugleich ein Wohnungsrecht begründet wird, könnte der Wert des Wohnungsrechts durch Vergleich mit dem Verkehrswert des unbelasteten Grundstücks abgeleitet werden. Aus diesem Grunde verbleibt nur die Möglichkeit, den Wert eines Wohnungsrechts nach den Maßstäben abzuleiten, den ein hypothetischer Erwerber zu zahlen bereit wäre.

Die Wertermittlung des Wohnrechts ist im Rahmen der Ermittlung des Zugewinnausgleichs bei Ehescheidungen erforderlich. Der Wert einer derartigen Belastung ergibt sich unter Berücksichtigung der statistischen Lebenserwartung der/des Berechtigten an den jeweiligen Stichtagen. Nach der Rechtsprechung des BGH[278] ist in den Fällen des § 1374 Abs. 2 BGB das vom erwerbenden Ehegatten übernommene Recht (Wohnrecht, Nießbrauch) bei der Ermittlung des Anfangs- und, wenn das Recht fortbesteht, auch beim Endvermögen mit seinem aktuellen Wert wertmindernd zu berücksichtigen. Vom Ausgleich auszunehmen ist auch der fortlaufende Wertzuwachs aufgrund des abnehmenden Werts des Rechts im dazwischenliegenden Zeitraum (gleitender Erwerbsvorgang). Ein Wohnungsrecht wird auch regelmäßig im Zuge landwirtschaftlicher Hofübergaben (Schenkung) dem Übergeber eingeräumt. Derartige Rechte sind i. d. R. auch Teil eines Nießbrauchs bzw. Leibgedings im Rahmen des Erbrechts.

4.2.11.2 Wertbildende Parameter

416 Die **wesentlichen wertbeeinflussenden Umstände** sind

– die Nutzungsart,
– die vertragliche Ausgestaltung des Wohnungsrechtsvertrags insbesondere zu den Bewirtschaftungskosten,
– die Lebenserwartung des Berechtigten,
– der Nutzwert und
– der Zinssatz (Abb. 90):

---

[278] BGH, Urt. vom 7.9.2005 – XII ZR 209/02 –, BGHZ 164, 69 = EzGuG 14.142a; BGH, Urt. vom 22.11.2006 – XII ZR 8/05 –, GuG 2008, 303 = EzGuG 14.149a.

Abb. 90: Wertbeeinflussende Umstände beim Wohnungsrecht

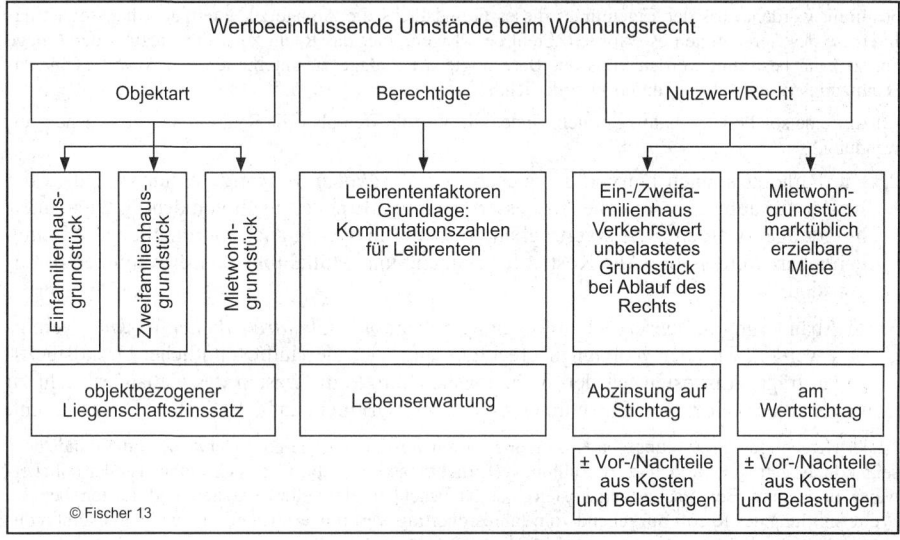

Hat der Wohnungsberechtigte die Nutzung der überlassenen Räumlichkeiten bereits endgültig aufgegeben, wird das Wohnungsrecht praktisch wertlos oder zumindest stark gemindert[279].

a) *Nutzungart*

Von wesentlicher Bedeutung ist zunächst, ob es sich um ein Wohnungsrecht

– an einem Einfamilienhaus,

– an einer Wohnung in einem Zweifamilienhaus oder

– an einer Wohnung in einem Mietwohnobjekt

handelt. Je nach Nutzungsart ergeben sich unterschiedliche Belastungen für den verpflichteten Eigentümer.

b) *Vertragliche Ausgestaltung des Wohnungsrechtsvertrags insbesondere zu den Bewirtschaftungskosten*

Von besonderer Bedeutung für die Verkehrswertermittlung sind die **gesetzlichen und vertraglichen Regelungen** zur Ausgestaltung des Wohnungsrechtsvertrags und insbesondere **zu den Bewirtschaftungskosten:** Es kann sich um ein entgeltliches oder um ein unentgeltliches Wohnungsrecht handeln.

Bei dem **entgeltlichen Wohnungsrecht** hat der Berechtigte die wirtschaftliche Bestimmung aufrechtzuerhalten und nach den Regeln einer ordnungsgemäßen Wirtschaft zu verfahren. Er hat demnach zwar das Recht, im Gebäude zu wohnen, muss dafür aber ein Entgelt zahlen, welches sich aber nicht immer mit der marktüblichen Miete deckt. Dabei ist zu klären, welche Bewirtschaftungskosten der Berechtigte trägt.

1. Nach § 1093 Abs. 1 Satz 1 i. V. m. § 1041 BGB hat der Wohnungsberechtigte für die Erhaltung der Wohnung „in ihrem wirtschaftlichen Bestande zu sorgen und demzufolge die „gewöhnlichen Unterhaltungskosten" zu tragen". Ausbesserungen und Erneuerungen liegen ihm nur insoweit ob, als sie zu der gewöhnlichen Unterhaltung der Sache gehören (§ 1041 Satz 2 BGB).

---

279 OLG Köln, Urt. vom 22.3.2002 – 19 U 111/01 –, GuG 2003, 122 = EzGuG 14.136.

VIII Rechte und Belastungen Wohnungsrecht

„**§ 1021 BGB** Vereinbarte Unterhaltungspflicht

(1) Gehört zur Ausübung einer Grunddienstbarkeit eine Anlage auf dem belasteten Grundstücke, so kann bestimmt werden, dass der Eigentümer dieses Grundstücks die Anlage zu unterhalten hat, soweit das Interesse des Berechtigten es erfordert. Steht dem Eigentümer das Recht zur Mitbenutzung der Anlage zu, so kann bestimmt werden, dass der Berechtigte die Anlage zu unterhalten hat, soweit es für das Benutzungsrecht des Eigentümers erforderlich ist.

(2) Auf eine solche Unterhaltungspflicht finden die Vorschriften über die Reallasten entsprechende Anwendung."

2. Die Parteien können hiervon abweichend *mit dinglicher Wirkung* vereinbaren, dass die Kosten für außergewöhnliche Ausbesserungen und Erneuerungen von den Parteien anteilig getragen werden[280]. Als vertragliche Nebenpflicht kann auch mit dinglicher Wirkung vereinbart werden, dass die Kosten für Heizung und Müllabfuhr vom Eigentümer zu tragen sind[281].

3. In Abänderung der gesetzlichen Regelungen kann *mit schuldrechtlicher Wirkung* vereinbart werden, dass der Wohnungsberechtigte alle oder die Hälfte sämtlicher Grundstückslasten trägt. Ansonsten hat der Wohnungsberechtigte die Lasten des Gebäudes nicht zu tragen; dies obliegt dem Eigentümer, da § 1093 BGB nicht auf § 1047 BGB Bezug nimmt.

Ist der Berechtigte zur Zahlung von Kosten und Lasten verpflichtet, die normalerweise vom Grundstückseigentümer getragen werden (z. B. Zahlungsverpflichtungen aus Abt. III des Grundbuchs oder üblicherweise umlegbare Bewirtschaftungskosten), ist zu beachten, dass diese Kosten und Lasten bei der Wertermittlung des Rechts ausgehend vom Jahresrohertrag wertmindernd angesetzt werden. Damit reduziert sich zugleich die Wertminderung des belasteten Grundstücks.

420 Ist **im Wohnungsrechtsvertrag nichts Näheres bestimmt,** so hat der Berechtigte die von ihm verursachten Nebenkosten anteilig zu tragen. Das sind i. d. R. die Kosten für Wasser, Abwasser, Heizung, Müllabfuhr und Schornsteinfeger, nicht jedoch die Kosten für Straßenreinigung und Gebäudeversicherung[282].

421 Einen **Überblick über die Auswirkungen eines Wohnungsrechts auf den Verkehrswert** gibt Abb. 91.

---

280 Joost in Münchener Komm BGB, § 1093 Rn. 8; Soergel/Stürmer, BGB 12. Aufl. 1989, § 1093 Rn. 11; LG Gießen, Urt. vom 10.1.1986 – 7 T 6/86 –, Rpfleger 1986, 174.
281 Haegele/Schöber/Stöber, Grundbuchrecht, 11. Aufl. 1997, Rn. 1253.
282 LG Duisburg, Urt. vom 8.12.1987 – 75434/86 –, DWW 1989, 135 = EzGuG 14.81c.

Abb. 91: Auswirkungen des Wohnungsrechts auf den Verkehrswert

Erträge		Art des Objekts		
		EFH	ZFH	Mietwohnung
		Auswirkungen		
unentgeltlich		stark	mittel	gering
entgeltlich	< Marktmiete	stark bis mittel	mittel bis gering	mittel bis gering
entgeltlich	Marktmiete	mittel	gering	keine

© Fischer 13

Bei **unentgeltlichen Wohnungsrechten** wird normalerweise unterstellt, dass der Berechtigte nur die Nettokaltmiete (Grundmiete) einspart und alle umlagefähigen Bewirtschaftungskosten zahlt. Das sind üblicherweise alle mit der Bewirtschaftung zusammenhängenden Kosten außer den Verwaltungs- und Instandhaltungskosten. Übernimmt der Eigentümer diese Kosten, einen Teil oder alle umlagefähigen Bewirtschaftungskosten entsteht dem Berechtigten ein über die reine Ersparnis der Nettokaltmiete hinausgehender Vorteil, der bei der Wertermittlung des Rechts ebenso wie bei der Wertermittlung der Belastung des Verpflichteten zu berücksichtigen ist. **422**

c) *Lebenserwartung des Berechtigten*

Schrifttum: *Bickel, H.*, Lebenserwartung und Pflegebedürftigkeit in Deutschland, Georg Thieme Verlag Stuttgart 2001; Bundesministerium für Familien, Senioren, Frauen und Jugend, Hilfe und Pflegebedürftigkeit, Schriftenreihe Bd. 147, 2; *Grupp/Richter/Wolsdorf*, Die Ableitung der Pflegewahrscheinlichkeit für den Mustergeschäftsplan der Rentenversicherung, Blätter der DGVN 1992; *Holl/Kakie/Richter*, Die Ableitung der Pflegewahrscheinlichkeit für den Mustergeschäftsplan der Rentenversicherung, Blätter der DGVN 1985, S. 163; *Jahn, W.*, Pflegewahrscheinlichkeit in Deutschland, GuG 2005, 24; *Kühbach*, Der Einfluss des Pflegeversicherungsgesetzes auf die Verkehrswertermittlung von Rechten an Grundstücken, GuG 1995, 138; *Lemmer, K.*, Wohnungsrecht und Pflegeverpflichtung, GuG 1998, 96; *Schmidt, A.*, Die Bewertung von Pflegeverpflichtungen, GuG 1998, 284; *Steinkamp, Chr.*, Die Bevölkerung und der Pflegefall, GuG 2004, 143, 232; *Simon, J.*, Wertermittlung eines mit einem Altersteilrecht belasteten Grundstücks, GuG 1990, 90.

Die ein Grundstück belastenden beschränkten persönlichen Dienstbarkeiten gehören zu den rechtlichen Gegebenheiten i. S. d. § 194 BauGB, die bei der Verkehrswertermittlung berücksichtigt werden müssen. Hieraus folgt, dass der Verkehrswert derartig belasteter Grundstücke von der Lebenserwartung des dinglich Berechtigten beeinflusst wird. Im Falle des Ankaufs derartiger Grundstücke muss deshalb bei dem Käufer ein hohes Interesse bestehen, diese Lebenserwartung möglichst genau einzuschätzen. Generell wird dafür in Deutschland die zum jeweiligen Wertermittlungsstichtag letztmalig vom Statistischen Bundesamt in Wiesbaden veröffentlichte **Allgemeine Sterbetafel** bzw. die **Abgekürzte Sterbetafel** herangezo- **423**

VIII Rechte und Belastungen — Wohnungsrecht

gen[283]. Die Grundlage der Allgemeinen Sterbetafel sind die statistisch gut abgesicherten Volkszählungen. Die Abgekürzten Sterbetafeln beruhen dagegen auf einer weniger gut abgesicherten Bevölkerungs-Entwicklungs-Fortschreibung. In der Sterbetafel 2008/2010 ist z. B. die durchschnittliche Lebenserwartung für eine 65 Jahre alte männliche Person mit ca. 17,1 Jahren angegeben (Abb. 92).

Abb. 92: Sterbetafeln in Deutschland

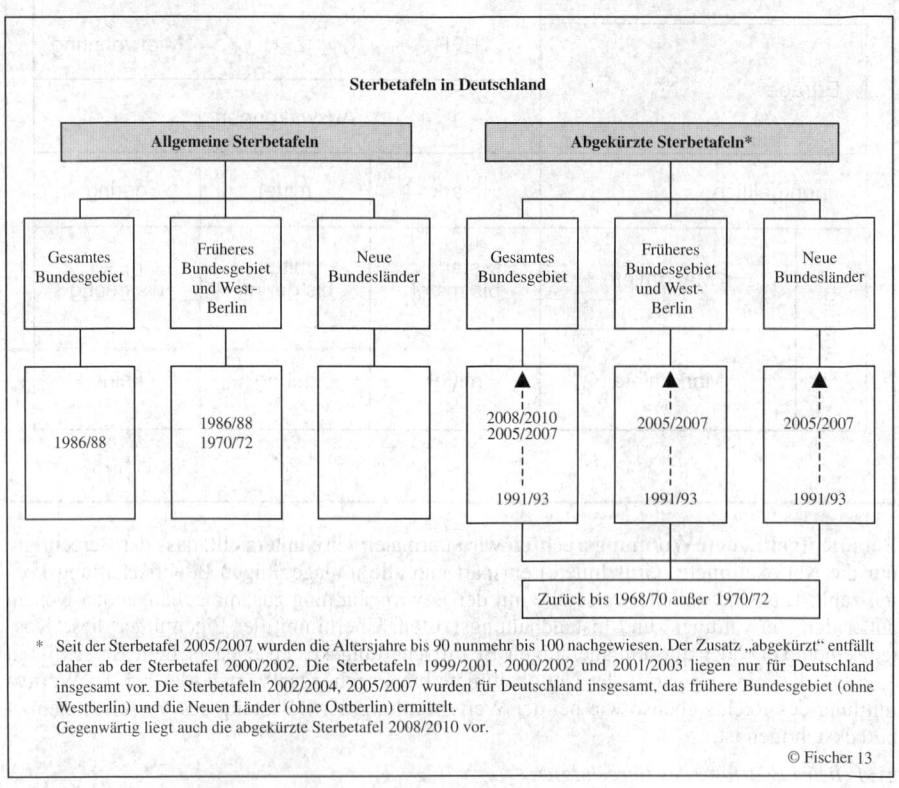

Quelle: http://www.destatis.de/download/d/bevoe/sterbetafelo3.xls

424 Legt man diese statistische Größe der Berechnung des Wohnungsrechts zugrunde, gilt Folgendes:
- Stirbt der Berechtigte vor Ablauf der 17 Jahre, hat der Verpflichtete einen Vorteil.
- Stirbt der Berechtigte genau nach 17 Jahren, entsteht weder für den Berechtigten noch für den Verpflichteten ein Vor- oder Nachteil.
- Stirbt der Berechtigte später als nach 17 Jahren, erleidet der Verpflichtete u.U. einen erheblichen Nachteil.

425 Die **Sterbetafeln stellen lediglich eine „Absterbeordnung"** dar, bei der nicht berücksichtigt wird, dass der Berechtigte seine durchschnittliche Lebenserwartung „überlebt", also länger lebt als nach der Sterbetafel „vorgesehen" (vgl. auch Ausführungen zum Nießbrauch Rn. 329 ff.). Das ist bei Anwendung der Allgemeinen Sterbetafel leicht erkennbar:

Eine 50 Jahre alte Person hat 1998 nach der veröffentlichten Sterbetafel 1994/96 noch eine Lebenserwartung von 26,36 Jahren. Statistisch gesehen muss also im Jahr 2024 mit ihrem

---
283 Kleiber in GuG 1999, 217.

Wohnungsrecht

Ableben bei einem Alter von 76 Jahren gerechnet werden. Ist sie aber bereits 76 Jahre alt geworden, wird ihr nach der Sterbetafel noch eine Restlebenserwartung von 8,36 Jahren eingeräumt. Hätte sie auch das Alter von (76 + 8 Jahre =) 84 Jahren erreicht, würde sie wiederum noch eine Restlebenserwartung von 5,08 Jahren haben. Wird nun für die 50 Jahre alte Person im Jahr 1998 der Wert einer beschränkten persönlichen Dienstbarkeit über die Abgekürzte Sterbetafel (Lebenserwartung 26,36 Jahre) ermittelt, wird diese Überlebenswahrscheinlichkeit nicht mit berücksichtigt. Gleichwohl wird ein Kaufinteressent (ceteris paribus) dieses Risiko in die Kaufverhandlungen mit einbeziehen.

Verkäufe von Objekten, die mit einer beschränkten persönlichen Dienstbarkeit belastet sind, lassen erkennen, dass die Kaufpreise deutlich geringer sind als die Verkehrswerte, die im Standardwertermittlungsverfahren auf der Grundlage der Sterbetafeln ermittelt werden. Diesem Umstand wurde in der Praxis der Wertermittlung in Abweichung zum Beispiel der Anl. 20 zur WERTR im Allgemeinen durch einen zusätzlichen **Abschlag von 10 bis 15 v. H.** des Werts des belasteten Grundstücks Rechnung getragen[284]. Der Abschlag berücksichtigte im Kern die Unsicherheit der bei der Barwertermittlung vorgenommenen Annahme, dass der Berechtigte nicht länger lebt, als nach der Sterbetafel des Statistischen Bundesamtes ausgewiesen. Die Bestimmung der Höhe des Abschlags ist schwierig, da er praktisch nur aus der persönlichen Erfahrung des Sachverständigen hergeleitet werden kann. Zu dem vorstehenden Ergebnis gelangt man im Übrigen auch, wenn man entsprechend der Rechtsprechung des OLG Bremen[285] einen Zuschlag an den Nutzwert anbringt. Dazu sei angemerkt: 426

Mathematisch gibt es immer verschiedene Wege, um ein Problem zu lösen. Es sei allerdings darauf hingewiesen, dass Zu-/Abschläge immer dort angebracht werden sollen, wo sie nach Sinn und Zweck hingehören, um die Nachvollziehbarkeit und das Verständnis zu gewährleisten.

Zuweilen wurden bei der Wertermittlung von beschränkten persönlichen Dienstbarkeiten die in der Versicherungswirtschaft bei Lebensversicherungen angewendeten Anwartschaftsfaktoren herangezogen, die das angesprochene Problem durch entsprechende Sicherheitszuschläge zu vermeiden suchten. Grundlage ist die Tabelle der Sterblichkeiten, die bei Lebensversicherern für Rententarife eingesetzt wird. Der Sterbetafel liegt die Kalkulation von Rentenversicherungen auf Anordnung des Bundesaufsichtsamtes für Versicherungswesen seit 1989 zugrunde (**DAV-Sterbetafel 1994 R** für Rentenversicherungen – für Wertermittlungszwecke aufbereitet[286]; vgl. auch Sterbetafel für die deutsche Private Krankenversicherung – PKV 2007). Da die Tabelle nicht jedes Jahr aktualisiert wird, ist bei der Ermittlung der Lebenserwartung auf der Grundlage dieser Tabelle eine sog. Altersverschiebung zu berücksichtigen. Sie trägt dem Umstand Rechnung, dass die Lebenserwartung eines Menschen von seinem Geburtsjahr abhängig ist. Das bedeutet, dass ein 60-Jähriger, der 1940 geboren wurde, eine andere Lebenserwartung hat als ein 60-Jähriger, der 1930 geboren wurde. Um dies zu berücksichtigen, wird ausgehend von der Basistafel eine Altersverschiebung vorgenommen (Abb. 93): 427

Abb. 93: Anwendung der DAV-Sterbetafel

Alter am Stichtag	65 Jahre
Altersverschiebung Geburtsjahr zwischen 1921 und 1934	+ 3 Jahre
anrechenbares Alter	= 68 Jahre
Lebenswahrscheinlichkeit nach der DAV-Sterbetafel bei anrechenbarem Alter von 68 Jahren	19,9 oder rd. 20 Jahre

---

284 Simon/Cors/Troll, a. a. O.
285 OLG Bremen, Urt. vom 29.11.1967 – U B c 5/67 –, NJW 1968, 657 = EzGuG 14.31; a. A. Korinthenberg/Wenz/Ackermann, KostO, 6. Aufl., § 24 Anm. II 1.
286 DAV-Sterbetafel 1994 R; Blätter der Deutschen Gesellschaft für Versicherungsmathematik (DGVM) 1995, 29 ff.; abgedruckt auch in Kleiber/Simon,WertV 98, 5. Aufl., 3027.

428 Gegenüber der abgekürzten Sterbetafel von 1994/96 des Statistischen Bundesamtes ergibt sich bei einer 65 Jahre alten männlichen Person demnach eine fünf Jahre höhere Lebenserwartung mit entsprechenden Folgen für den Wert des Rechts und des belasteten Grundstücks.

429 Gegen die generelle Anwendung der DAV-Sterbetafel bei der Verkehrswertermittlung bestehen erhebliche Bedenken. **Gegen die Verwendung der von der Versicherungswirtschaft erarbeiteten Sterbetafel** wird die nicht unbegründete Vermutung vorgebracht, dass mit der dort ausgewiesenen längeren Lebenserwartung Unternehmergewinne sicher angestrebt werden[287]. Umgekehrt kann gegen die Heranziehung der Sterbetafeln des Statistischen Bundesamtes eingewandt werden, dass sie die Lebenserwartung der Gesamtbevölkerung wiedergeben, während die Inhaber von Wohnungsrechten vornehmlich solchen „gehobenen" Bevölkerungskreisen zuzurechnen seien, die eine längere Lebenserwartung als die Durchschnittsbevölkerung aufweisen. Will man bezüglich der anzusetzenden Lebenserwartung auf die gruppenspezifische Lebenserwartung abstellen, wäre es konsequent, in einem weiteren Schritt gleich auf die **individuelle Lebenserwartung** überzugehen. Dafür spricht auch der Umstand, dass bei den Erwerbsverhandlungen eines mit einem Wohnungsrecht belasteten Grundstücks im gewöhnlichen Geschäftsverkehr klammheimlich die individuelle gesundheitliche Verfassung des Berechtigten Beachtung findet. Das konkrete Sterbealter könnte praktisch aber nicht anders als durch ärztliche Auskunft in nachvollziehbarer Weise festgestellt werden, was ohne Einwilligung des Betroffenen nicht möglich ist. Die Intimsphäre müsste dabei zurücktreten[288].

430 Bei alledem kann die Heranziehung der DAV-Sterbetafel dazu beitragen, dass das Ergebnis der Wertermittlung unter Anwendung dieser Tabelle gewissermaßen die absolute **Obergrenze des oben angesprochenen Abschlags** darstellt, sofern keine anderen plausibel darstellbaren Marktkorrekturen in Betracht kommen.

431 I. d. F. der WERTR 06 richtet sich die Lebenserwartung des Berechtigten ohne Berücksichtigung sonstiger persönlicher Umstände nach seinem Alter am Wertermittlungsstichtag. Die Ermittlung des Werts des Rechts erfolgt auf der Grundlage einer Leibrentenberechnung mit monatlich oder jährlich vorschüssiger Zahlweise. Aktuelle Leibrentenfaktoren werden unter dem Titel „Kommutationszahlen und Versicherungsbarwerte für Leibrenten 200../200.. (Tabellen zur monatlich und jährlich vorschüssigen Zahlungsweise) als Versicherungsbarwerte ($^{(12)}ä_x$ bzw. $ä_x$) vom Statistischen Bundesamt zu den jeweils aktuell erscheinenden Sterbetafeln herausgegeben. Für zurückliegende Wertermittlungsstichtage vor Erscheinen der Tabellen zu den Leibrentenfaktoren 2000/2002 im August 2004 ist die seit dem Erscheinen der letzten Allgemeinen Sterbetafel gestiegene Lebenserwartung in geeigneter Weise zu berücksichtigen. Nunmehr steht auch die Sterbetafel 2010/2012 zur Verfügung.

d) *Nutzwert*

432 Bei der Ermittlung des Nutzwerts des Rechts muss unterschieden werden, **ob das Wohnungsrecht an einem Sachwertobjekt** (z. B. Einfamilienhausgrundstück) **oder an einem Ertragsobjekt** (z. B. Mietwohnung in einem Zweifamilienhaus oder einem Mietwohnobjekt) **besteht**.

Bei den üblicherweise selbst genutzten Objekten wie Einfamilienhäusern und Eigentumswohnungen entspricht der Wert des Rechts i. d. R. nicht der Wertminderung des belasteten Grundstücks. Da der Berechtigte nicht Eigentümer des Grundstücks ist, kann er es lediglich unter Beachtung der ordnungsgemäßen Bewirtschaftung nutzen. Er könnte das Einfamilienhaus auch vermieten. Insoweit ist bei der Wertermittlung des Wohnungsrechts an einem Einfamilienhausgrundstück lediglich von der marktüblich erzielbaren Miete auszugehen.

---

287 Kleiber/Simon,WertV 98, a. a. O., 3027.
288 Rechtsstaatlich wäre dies nur unter Wahrung des Verhältnismäßigkeitsgrundsatzes möglich (BVerfG, Urt. vom 8.3.1972 – 2 BvR 28/71 –, BVerfGE 32, 379). Bei der Frage, ob dadurch die Würde des Menschen durch Offenbarung ärztlicher Zeugnisse über den Gesundheitszustand verletzt würde, kommt es im Übrigen nicht auf die Art des bescheinigten Befindens als vielmehr auf die Missachtung des Willens an, höchstpersönliche Dinge aus der Intimsphäre, wie die gesundheitliche Verfassung, vor fremdem Einblick zu bewahren (BGH, Urt. vom 2.4.1957 – VII ZR 9/56 –, BGHZ 24, 72).

433 Anders verhält es sich bei der **Wertermittlung des belasteten Grundstücks**. Bisher ging man davon aus, dass ein mit einem Wohnungsrecht belastetes Einfamilienhaus für die voraussichtliche Dauer des Rechts wie ein Anlageobjekt behandelt wird. Dabei war anstatt der Marktmiete die aus dem Gebäudewertanteil am Verkehrswert errechnete Kostenmiete zugrunde zu legen. Dies wurde damit begründet, dass eigengenutzte Ein- und in Ausnahmefällen Zweifamilienhäuser nicht unter Renditegesichtspunkten errichtet und genutzt werden, sondern dass bei diesen Objekten die Annehmlichkeit des ungestörten Wohnens „in den eigenen vier Wänden" im Vordergrund steht.

434 Nach der Fassung der WERTR 06 soll ein einfacherer Weg beschritten werden. Bei der Wertermittlung des belasteten Grundstücks ist vom Verkehrswert des (fiktiv) unbelasteten Grundstücks auszugehen. Es ist zunächst der Verkehrswert des unbelasteten Grundstücks im Wege des Sachwertverfahrens zu ermitteln. Als Restnutzungsdauer wird die Anzahl der Jahre zugrunde gelegt, die das Gebäude bei Ablauf des Rechts noch hat. Der so ermittelte Wert wird mithilfe des an das Leben des Nießbrauchers gebundenen Abzinsungsfaktors abgezinst. Der Diskontierungsfaktor wird wie folgt ermittelt:

$$f_x = 1 - (ä_x - 1) \times p$$

wobei
f_x = jährlicher Diskontierungsfaktor
$ä_x$ = Leibrentenfaktor
p = Zinssatz in Dezimalschreibweise

435 Für den Berechtigten bietet sich dagegen die Möglichkeit, zur Marktmiete in einem vergleichbaren Einfamilienhaus zu wohnen. Der Wert des Rechts ist für ihn deshalb auf der **Grundlage der Marktmiete** abzuleiten. Allerdings hat der Berechtigte gegenüber einem Mieter einen erheblichen Vorteil. Ihm kann nicht gekündigt werden und er ist – soweit es sich um ein unentgeltliches Wohnungsrecht handelt – vor Mieterhöhungen sicher. Insofern ist das Wohnrecht höher zu bewerten als das Mietrecht. So ist das OLG Bremen[289] (a. a. O.) bei der Ermittlung des Nutzwerts faktisch von der Kostenmiete ausgegangen und hat diese im Hinblick auf den höheren Schutz, den ein Wohnungsrecht gegenüber einem mietvertraglichen Recht bietet, um 25 % erhöht. Die Erhöhung wurde damit begründet, dass ein Wohnungsrecht den Berechtigten vor Kündigung und Mietpreiserhöhung schützt und das Risiko eines Währungsverfalls auf den Eigentümer überwälzt[290]. Soweit das OLG die Kostenmiete aus dem Grundstückssachwert abgeleitet hat, erscheint diese Verfahrensweise allerdings nicht sachgerecht.

Im Ergebnis ist der aus der Marktmiete abgeleitete Wert des Wohnungsrechts für den Berechtigten um einen angemessenen Zuschlag zu erhöhen. Die WERTR 06 weisen hierfür eine Erhöhung der ersparten, marktüblich erzielbaren Nettokaltmiete von 10 % aus (vgl. Anl. 16 WERTR 06 Nr. 4.4.1).

---

289 OLG Bremen, Urt. vom 29.11.1967 – U BC 5/67 –, NJW 1968, 657 = EzGuG 14.31.
290 Ebenso Gelzer/Busse, Der Umfang des Entschädigungsanspruchs aus Enteignung und enteignungsgleichem Eingriff, NJW-Schriftenreihe 1980, 2. Aufl., Rn. 619; Schmidt-Aßmann/Groß in Ernst/Zinkahn/Bielenberg, BauGB § 95, Rn. 32; Aust/Jacobs/Pasternak, Die Enteignungsentschädigung, 6. Aufl. 2007, 13, Rn. 2; Der BGH hat in seinem Urt. vom 30.5.1990 – VII ZR 75/89 –, NJW-RR 1990, 1309 = EzGuG 14.91 bei der Ermittlung eines Zugewinnausgleichs den Mietwert zur Grundlage der Ermittlung des Wohnrechts gemacht.

VIII Rechte und Belastungen — Wohnungsrecht

Abb. 94: Wert eines unentgeltlichen Wohnungsrechts an einem Einfamilienhaus für den Berechtigten

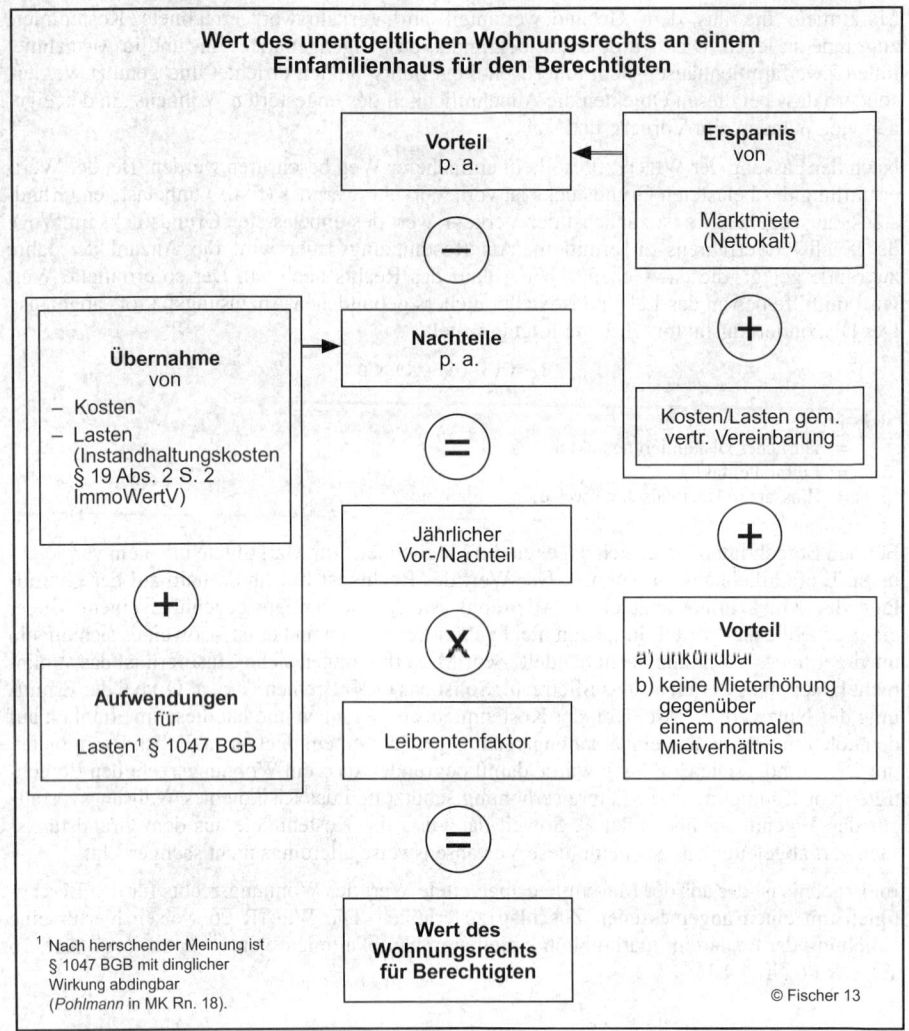

Abb. 95: Verkehrswertermittlung eines Einfamilienhausgrundstücks, belastet mit einem unentgeltlichen Wohnungsrecht

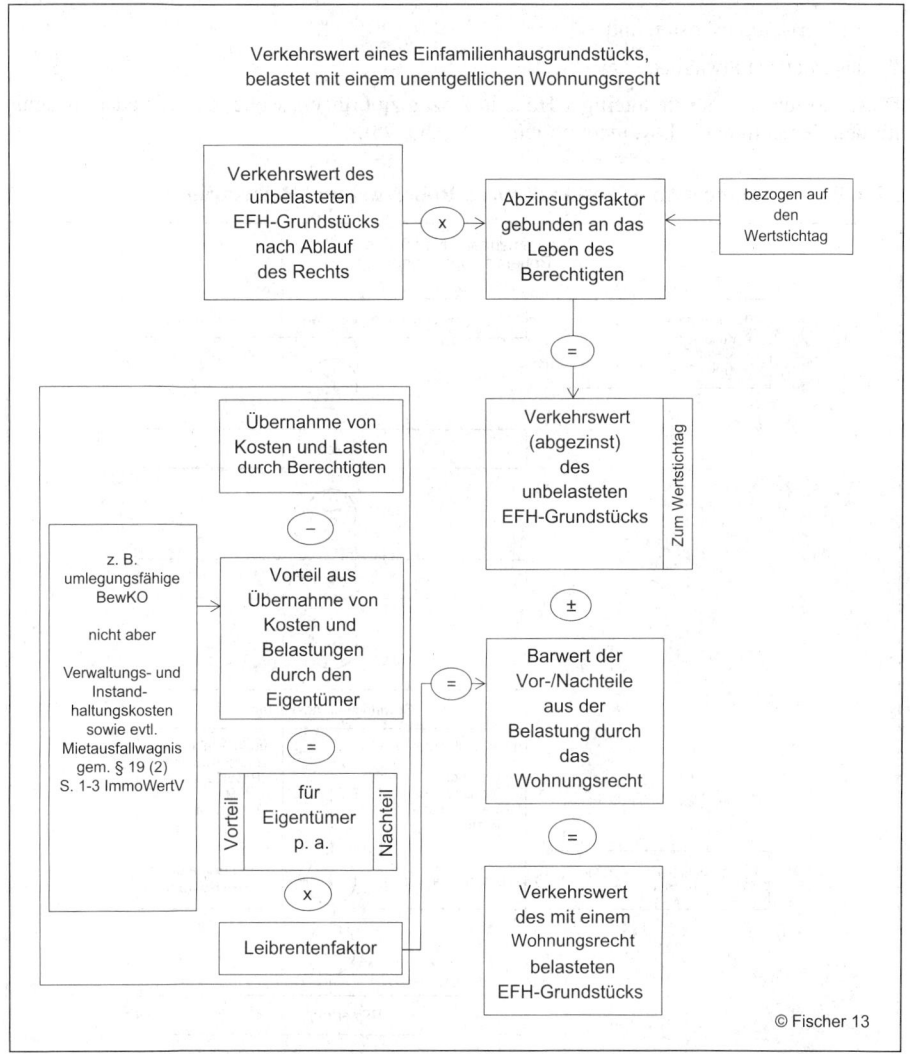

Ermittlung des Nutzwerts bei Ertragswertobjekten

Der Nutzwert des Rechts wird unabhängig vom Verkehrswert des (fiktiv) unbelasteten Grundstücks allein aus dem Mietwert der belasteten Wohnung ermittelt. Der **Mietwert wird aus der marktüblich erzielbaren Nettokaltmiete** abgeleitet. Der Mietwert wird sodann um die vom Berechtigten übernommenen Bewirtschaftungskosten vermindert und ergibt kapitalisiert mit dem Leibrentenfaktor des Berechtigten den Wert des Rechts. Soweit keine besonderen Vereinbarungen im Wohnungsrechtsvertrag getroffen worden sind, hat der Eigentümer lediglich die nicht umlagefähigen Bewirtschaftungskosten zu tragen. Übernimmt er darüber hinaus sonst umlagefähige Betriebskosten, wie Grundsteuer und Gebäudeversicherungen, erhöhen diese Kosten den Nutzwert des Rechts.

VIII Rechte und Belastungen — Wohnungsrecht

437 **Nicht umlagefähige Bewirtschaftungskosten** sind

- die Instandhaltungskosten,
- die Verwaltungskosten und
- das Mietausfallwagnis.

Diese Kosten sind nur in anteiliger Höhe in Abzug zu bringen, wobei ein Mietausfallwagnis für den Berechtigten i. d. R. nicht besteht (vgl. Abb. 96):

Abb. 96: Zusammenhang Nettokaltmiete, Rohertrag und Reinertrag

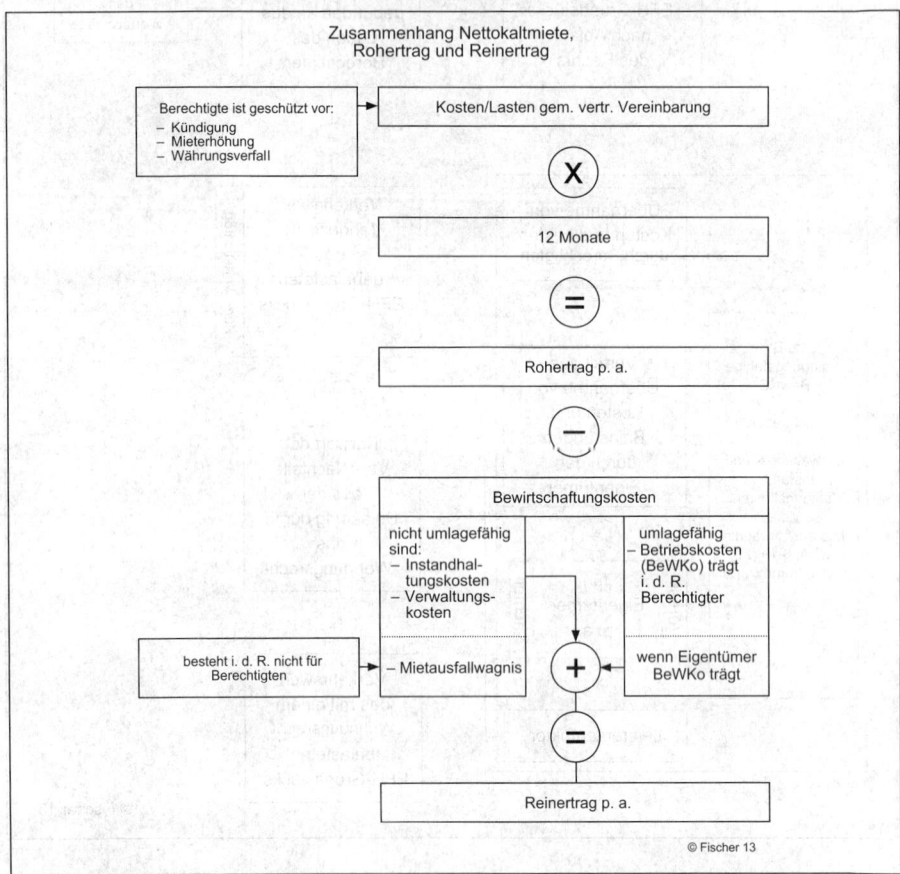

438 Werden hingegen auch die umlagefähigen **Betriebskosten** vom Grundeigentümer und nicht vom Berechtigten getragen, so erhöht sich der aus der marktüblich erzielbaren Nettokaltmiete abgeleitete Rohertrag um die durchschnittlichen objektspezifischen Betriebskosten, bzw. die nicht umlagefähigen Bewirtschaftungskosten erhöhen sich um die vom Eigentümer getragenen umlagefähigen Betriebskosten (Abb. 97).

439 Bei der Wertermittlung des Wohnungsrechts für den Berechtigten ist weiterhin noch zu berücksichtigen, dass der Berechtigte wegen des Schutzes vor Kündigung, Mietpreiserhöhungen und Währungsverfall eine deutlich stärkere Position als ein Mieter besitzt, der mit einem

Zuschlag lt. OLG Bremen[291] a. a. O. von bis zu 25 % gewürdigt werden kann. Bei der Bemessung des Zuschlages ist immer auf den Einzelfall abzustellen.

Abb. 97: **Wert des unentgeltlichen Wohnungsrechts an einer Wohnung in einem Mehrfamilienhaus**

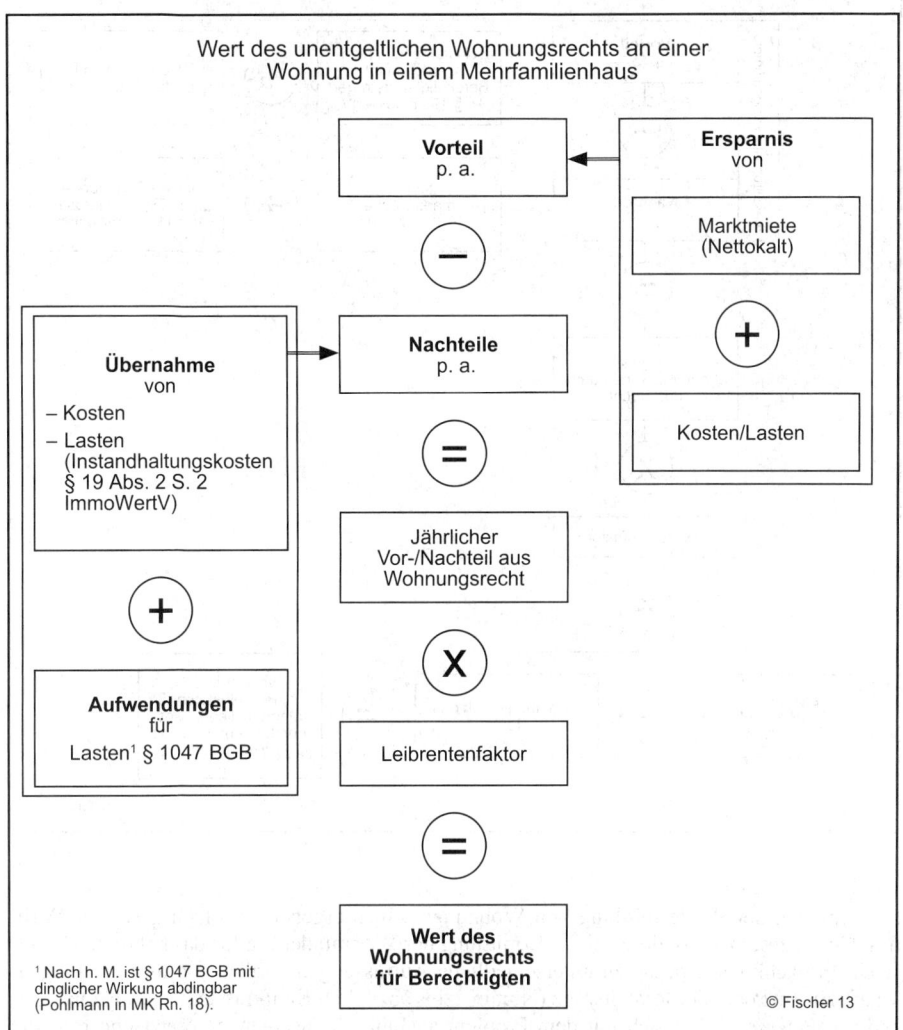

[291] OLG Bremen, Urt. vom 29.11.1967 – U Bc 5/67 –, NJW 1968, 657 = EzGuG 14.31.

VIII Rechte und Belastungen — Wohnungsrecht

Abb. 98: Verkehrswert eines belasteten Mehrfamilienhausgrundstücks durch ein unentgeltliches Wohnungsrecht an einer Wohnung

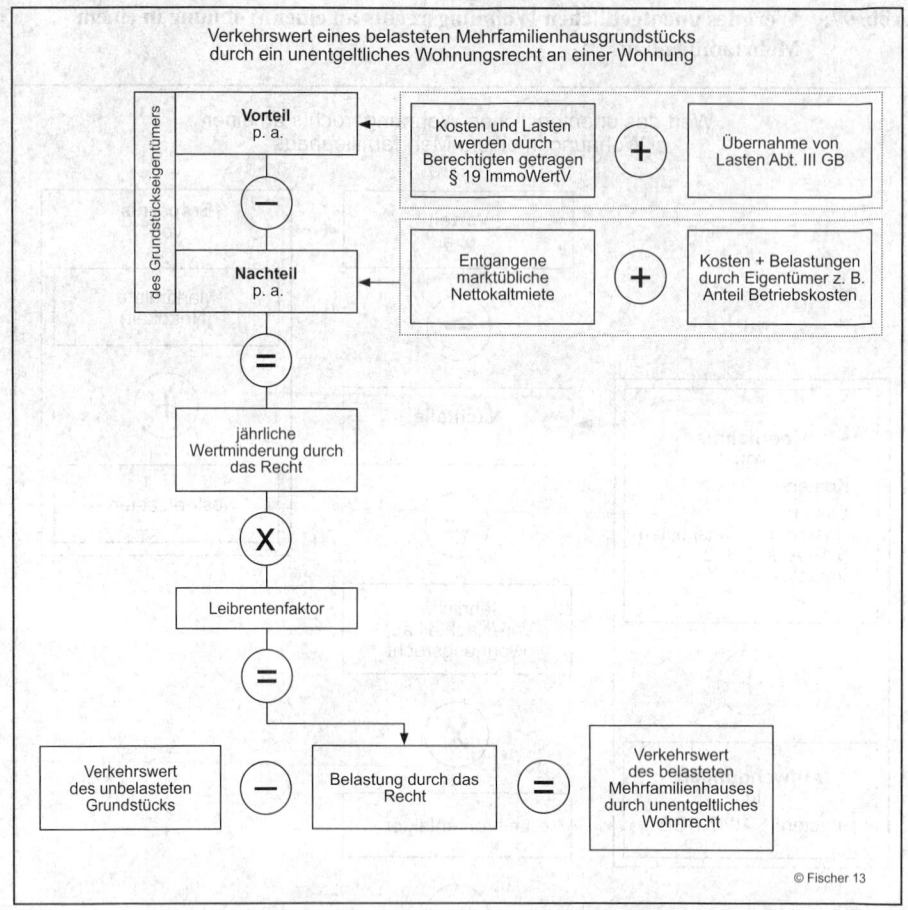

e) *Zinssatz*

440 Probleme bei der Wertermittlung von Wohnungsrechten ergeben sich häufig bei der **Wahl des Zinssatzes,** insbesondere bei der Ermittlung der Wertminderung für das belastete Grundstück. In Fachkreisen bestehen unterschiedliche Auffassungen darüber, ob hier der Liegenschaftszinssatz oder der Realzinssatz (Nominalzins abzüglich Kaufkraftschwund) heranzuziehen sei. *Petersen*[292] hat sich mit dem Problem ausführlich auseinandergesetzt und folgerte, dass der Liegenschaftszinssatz nur bei der Wertminderung für das belastete Grundstück zu rechtfertigen ist, bei der Wertermittlung des Rechts hingegen der Realzins angemessen sei. Der Ansatz eines Realzinses führt im Ergebnis zum Abzug einer Inflationsrate vom langfristigen Kapitalmarktzins. Bei einer Inflationsrate von 3 % als Durchschnittswert der letzten 30 Jahre führt dies allerdings zu einer „0-%-Verzinsung". Nach der Rechtsprechung ist auf

---

[292] Petersen, Liegenschafts- oder Leibrentenzins? RDM-Info Sachverständige 1993, 9 ff. Im Übrigen hat aber auch bezüglich der Verfahrensregelungen der WERTR der Deutsche Städtetag keinen Änderungsbedarf gesehen (vgl. Teil IV Vorbem. zur ImmoWertV Rn.42). Vervielfältiger bei 5 Jahren und 5 % Zins.

einen Zinssatz abzustellen, der aus einer langfristigen Beobachtung der maßgeblichen Orientierungsgrößen gewonnen wird[293]. Dies schließe die Heranziehung aktuell marktüblicher Zinssätze[294] aus.

Möckel[295] kommt aufgrund empirischer Untersuchungen zu dem Ergebnis, dass für die Kapitalisierung Liegenschaftszinssätze geeigneter seien, und betont mit Recht, dass Liegenschaftszinssätze den Nominalzins widerspiegeln. **441**

Für den Eigentümer des Grundstücks steht die langfristige Wertsteigerung des Objekts im Vordergrund. Insofern ist der Ansatz des **Liegenschaftszinssatzes** berechtigt[296]. Der Berechtigte spart hingegen lediglich die Miete, nimmt aber an der Wertsteigerung des Grundstücks nicht teil. Er könnte die ersparte Miete alternativ am Kapitalmarkt anlegen und hätte damit einen Vorteil, der dem Realzins entspricht. **442**

In der **steuerlichen Bewertungspraxis der Finanzverwaltung** ist im Übrigen ein Zinssatz von 5,5 % praxisüblich[297]. **443**

Die WERTR 06 empfehlen generell, sowohl bei der Verkehrswertermittlung des Rechts als auch des belasteten Grundstücks den jeweils angemessenen nutzungsspezifischen **Liegenschaftszinssatz** heranzuziehen. **444**

Auf die Vorgehensweise bei eherechtlichen Auseinandersetzungen (Ermittlung des Zugewinns unter Berücksichtigung des mit dieser Zuwendung übernommenen Wohnrechts) wird ausdrücklich hingewiesen (vgl. Teil VII Kapitel Zugewinnausgleich).

4.2.11.3 Verkehrswertermittlung

Zur Wertbemessung eines Wohnungsrechts und des mit einem Wohnungsrecht belasteten Grundstücks herrschen im Schrifttum unterschiedliche Auffassungen. **445**

Die Beispiele, in denen eine falsche Verfahrensweise aufgezeigt wurde, sind in dieser Auflage nicht mehr enthalten. Diesbezüglich wird auf die 5. und 6. Auflage dieses Werkes verwiesen.

Die nachfolgenden Beispiele zeigen mögliche Vorgehensweisen gemäß der jeweiligen konkreten Fallgestaltung.

Beispiel 1: **446**

Wert eines unentgeltlichen Wohnungsrechts an einem Einfamilienhaus

Es ist der Wert eines Wohnungsrechts an einem Einfamilienhaus für einen 65-jährigen Mann zu ermitteln. Dabei ist von einer monatlich vorschüssigen Zahlweise auszugehen. Der Berechtigte trägt nur die umlagefähigen Betriebskosten (BetrKV), vgl. Anl. 16 WERTR 06, Beispiel 10, Nr. 4.4.1.

a) Sachverhalt

Jährlich marktüblich erzielbare Nettokaltmiete für das Einfamilienhaus	7 200 €
Liegenschaftszinssatz (Einfamilienhaus)	3,0 %

---

[293] BGH, Urt. vom 15.10.2003 – XII ZR 23/01 –, GuG 2004, 179 = EzGuG 14.140; BGH, Urt. vom 23.7.2003 – XII ZB 152/01 –, FamRZ 2003, 1369.
[294] BFH, Urt. vom 27.5.1992 – II R 33/89 –, BStBl II 1992, 990.
[295] Möckel, R., Ableitung von Zinssätzen zur Verrentung und zur Kapitalisierung aus Rentenvereinbarungen, GuG 1995, 140.
[296] Vom Liegenschaftszinssatz ist augenscheinlich auch das OLG Naumburg im Urt. vom 2.3.2000 – 11 U 142/99 –, GuG 2001, 56 = EzGuG 14.134a ausgegangen (Mehrfamilienhaus: 5 %).
[297] Einkommensteuerrichtlinie (EStR), Drucksache 713/05 vom 29.9.05, 150 zu § 16 EStG; vgl. auch BFH, Urt. vom 20.11.1969 – IV R 22/68 –, BFHE 98, 28 = EzGuG 19.19.

VIII Rechte und Belastungen Wohnungsrecht

b) Berechnung

Jährlicher Vorteil:

Ersparte marktüblich erzielbare Nettokaltmiete p. a.	7 200 €
Ersparnis von Kosten und Belastungen p. a.	+ 0 €
Unkündbarkeit und Sicherheit vor Mieterhöhungen (hier 10 % der Nettokaltmiete)	720 €

Jährlicher Nachteil:

Tragung von Kosten und Belastungen p. a.	– 0 €
Summe	7 920 €
Leibrentenfaktor[298] für einen 65-jährigen Mann (3 %) 12,216	
Wert des Wohnungsrechts für den Berechtigten: 7 920 € × 12,216	**rd. 97 000 €**

447 *Beispiel 2:*

Wert eines unentgeltlichen Wohnungsrechts an einer Wohnung in einem Mehrfamilienhaus, vgl. Anl. 16 WERTR 06, Beispiel 11.

a) Sachverhalt

Jährlich marktüblich erzielbare Nettokaltmiete für die Wohnung	4 800 €
Liegenschaftszinssatz (Einfamilienhaus)	4,0 %

b) Berechnung

Jährlicher Vorteil:

Ersparte marktüblich erzielbare Nettokaltmiete p. a.	4 800 €
Ersparnis von Kosten und Belastungen p. a.	+ 0 €
Unkündbarkeit und Sicherheit vor Mieterhöhungen (hier 10 % der Nettokaltmiete)	+ 480 €

Jährlicher Nachteil:

Tragung von Kosten und Belastungen p. a.	– 0 €
Summe	5 280 €
Leibrentenfaktor[299] für einen 65-jährigen Mann (4 %) 11,255	
Wert des Wohnungsrechts für den Berechtigten: 5 280 € × 11,255	**rd. 59 000 €**

448 *Beispiel 3:*

Verkehrswert eines mit einem unentgeltlichen Wohnungsrecht an einer Wohnung belasteten Mehrfamilienhausgrundstücks, vgl. Anl. 17 WERTR 06, Beispiel 13, Nr. 4.4.1.

a) Sachverhalt

Verkehrswert des unbelasteten bebauten Mehrfamilienhausgrundstücks	740 000 €
Jährlich marktüblich erzielbare Nettokaltmiete für die Wohnung (Mehrfamilienhaus)	4 800 €
Liegenschaftszinssatz (Mehrfamilienhaus)	5,0 %

b) Berechnung

Verkehrswert des unbelasteten bebauten Grundstücks	740 000 €

Jährlicher Vorteil:

Übernahme von Kosten und Belastungen durch den Berechtigten	0 €

---

[298] Leibrentenfaktor $ä_x$ für eine 65-jährige männliche Person für eine lebenslang monatlich vorschüssig zahlbare Rente bei einem Zinssatz von 3 % nach der Sterbetafel 2001/2003.

[299] Leibrentenfaktor $ä_x$ für eine 65-jährige männliche Person für eine lebenslang monatlich vorschüssig zahlbare Rente bei einem Zinssatz von 4 % nach der Sterbetafel 2001/2003.

Wohnungsrecht — Rechte und Belastungen VIII

Jährlicher Nachteil:

Entgangene, marktüblich erzielbare Nettokaltmiete	– 4 800 €
Übernahme von Kosten und Belastungen	– 0 €
Summe	4 800 €

Leibrentenfaktor[300] für einen 65-jährigen Mann (5 %)	10,418	
Belastung des Grundstücks durch das Recht: 4 800 € × 10,418		– 50 006 €
Verkehrswert des mit einem Wohnungsrecht belasteten Mehrfamilienhausgrundstücks rd.		**690 000 €**

Beispiel 4:   **449**

Der Wert eines entgeltlichen Wohnungsrechts an einem Einfamilienhaus für einen 65-jährigen Mann ist zu ermitteln. Dabei ist von einer monatlich vorschüssigen Zahlweise auszugehen. Der Berechtigte trägt die umlagefähigen Bewirtschaftungskosten (BetrKV), in Anlehnung an Anl. 16 WERTR 06, Beispiel 10, Nr. 4.4.1.

a) Vorgaben

Vom Berechtigten tatsächlich gezahlte jährliche Nettokaltmiete	5 200 €
Jährlich marktüblich erzielbare Nettokaltmiete	7 200 €
Liegenschaftszinssatz (Einfamilienhaus)	3,0 %

b) Berechnung

Jährlicher Vorteil:

Ersparte Nettokaltmiete p. a. aus Differenz der tatsächlich gezahlten zur marktüblich erzielbaren Nettokaltmiete p. a.	+ 2 000 €
Ersparnis von Kosten und Lasten p. a.	+ 0 €
Unkündbarkeit und Sicherheit vor Mieterhöhungen (hier 10 % der marktüblich erzielbaren Nettokaltmiete)	+ 720 €

Jährlicher Nachteil:

Tragung von Kosten und Lasten p. a.		– 0 €
Summe		2 720 €
Leibrentenfaktor[301] für einen 65-jährigen Mann (3 %)	12,216	
Wert des Wohnungsrechts für den Berechtigten: 2 720 € × 12,216 = rd.		**33 000 €**

Beispiel 5:   **450**

Es ist der Verkehrswert eines mit einem unentgeltlichen Wohnungsrecht belasteten Einfamilienhausgrundstücks zu ermitteln. Der Berechtigte ist 65 Jahre alt und trägt die umlagefähigen Bewirtschaftungskosten (BetrKV) und zusätzlich die Instandhaltungs- und Verwaltungskosten, in Anlehnung an Anl. 17 WERTR 06, Beispiel 12.

a) Vorgaben

Verkehrswert des unbelasteten Einfamilienhausgrundstücks	140 250 €
Übernahme von Instandhaltungs- und Verwaltungskosten durch den Berechtigten	800 €
Restnutzungsdauer der baulichen Anlagen	50 Jahre
Durchschnittliche Lebenserwartung des Berechtigten	16 Jahre
Restnutzungsdauer der baulichen Anlagen in 16 Jahren (50 Jahre – 16 Jahre)	34 Jahre

---

300 Leibrentenfaktor ä$_x$ für eine 65-jährige männliche Person für eine lebenslang monatlich vorschüssig zahlbare Rente bei einem Zinssatz von 5 % nach der Sterbetafel 2001/2003.

301 Leibrentenfaktor ä$_x$ für eine 65-jährige männliche Person für eine lebenslang monatlich vorschüssig zahlbare Rente bei einem Zinssatz von 3 % nach der Sterbetafel 2001/2003.

VIII Rechte und Belastungen — Wohnungsrecht

Liegenschaftszinssatz (Einfamilienhaus)	4,0 %
Vom Berechtigten tatsächlich gezahlte jährliche Nettokaltmiete	5 200 €
Jährlich marktüblich erzielbare Nettokaltmiete	7 200 €
Differenz tatsächliche zu marktüblich erzielbare Nettokaltmiete	2 000 €

b) Berechnung

Verkehrswert unbelastet nach Ablauf des Rechts bei einer Restnutzungsdauer von 34 Jahren	140 250 €
An das Leben gebundener Abzinsungsfaktor (65 Jahre, 4 %)[302]	0,5712
Abgezinster Verkehrswert: 140 250 € × 0,5712	**80 111 €**

Jährlicher Vorteil:

Übernahme von Kosten und Belastungen durch den Berechtigten (hier tatsächlich gezahlte Nettokaltmiete p. a.)	+ 5 200 €
Übernahme von Instandhaltungs- und Verwaltungskosten durch den Berechtigten	+ 800 €

Jährlicher Nachteil:

Übernahme von Kosten und Belastungen	– 2 000 €
Summe	4 000 €
Leibrentenfaktor[303] für einen 65-jährigen Mann (4 %)	11,255
Belastung des Grundstücks durch das Recht: 4 000 € × 11,255	+ 45 020 €
Verkehrswert des mit einem Wohnungsrecht belasteten Einfamilienhausgrundstücks rd.	**125 000 €**

451 *Beispiel 6:*

Wert eines entgeltlichen Wohnungsrechts an einer Wohnung in einem Mehrfamilienhaus, in Anlehnung an Anl. 16 WERTR 06, Beispiel 11.

a) Vorgaben

Jährlich marktüblich erzielbare Nettokaltmiete für die Wohnung (Mehrfamilienhaus)	4 800 €
Vom Berechtigten tatsächlich gezahlte jährliche Nettokaltmiete	2 800 €
Liegenschaftszinssatz (Mehrfamilienhaus)	4,0 %

b) Berechnung

Jährlicher Vorteil:

Ersparte Nettokaltmiete p. a. aus Differenz der tatsächlich gezahlten zur marktüblich erzielbaren Nettokaltmiete p. a. (4 800 € – 2 800 €) =	+ 2 000 €
Ersparnis von Kosten und Lasten p. a.	+ 0 €
Unkündbarkeit und Sicherheit vor Mieterhöhungen (hier 10 % der marktüblich erzielbaren Nettokaltmiete)	+ 480 €

Jährlicher Nachteil:

Tragung von Kosten und Lasten p. a.	– 0 €
Summe	2 480 €
Leibrentenfaktor[303] für einen 65-jährigen Mann (4 %)	11,255
Wert des Wohnungsrechts für den Berechtigten: 2 480 € × 11,255	**rd. 28 000 €**

---

302 Berechnungsgrundlage: Versicherungswert einer lebenslänglich nachschüssig zahlbaren Rente nach der Sterbetafel 2001/2003.

303 Leibrentenfaktor $ä_x$ für eine 65-jährige männliche Person für eine lebenslang monatlich vorschüssig zahlbare Rente bei einem Zinssatz von 4 % nach der Sterbetafel 2001/2003.

Beispiel 7:

452

Verkehrswert eines mit einem entgeltlichen Wohnungsrecht an einer Wohnung belasteten Mehrfamilienhausgrundstücks, in Anlehnung an Anl. 17 WERTR 06, Beispiel 13.

a) Vorgaben

Verkehrswert des unbelasteten bebauten Mehrfamilienhausgrundstücks	740 000 €
Vom Berechtigten tatsächlich gezahlte jährliche Nettokaltmiete	2 800 €
Jährlich marktüblich erzielbare Nettokaltmiete für die Wohnung (Mehrfamilienhaus)	4 800 €
Liegenschaftszinssatz (Mehrfamilienhaus)	5,0 %

b) Berechnung

Verkehrswert des unbelasteten bebauten Grundstücks	740 000 €
Jährlicher Vorteil:	
Übernahme von Kosten und Lasten durch den Berechtigten.	+ 0 €
Jährlicher Nachteil:	
Entgangene, marktüblich erzielbare Nettokaltmiete p. a. aus Differenz der tatsächlich gezahlten zur marktüblich erzielbaren Nettokaltmiete p. a. (2 800 € – 4 800 €) =	– 2 000 €
Summe	– 2 000 €
Leibrentenfaktor[304] für einen 65-jährigen Mann (5 %)	10,418
Belastung des Grundstücks durch das Recht: 2 000 € × 10,418	– 20 836 €
Verkehrswert des mit einem Wohnungsrecht belasteten Mehrfamilienhausgrundstücks: 740 000 € – 20 836 € =	**rd. 719 000 €**

Beispiel 8[305] (vgl. auch Rn. 490 ff.):

453

Wert eines unentgeltlichen Wohnungsrechts in einem Bauernhaus im Rahmen einer Ermittlung des Leibgedings.

a) Vorgaben

Alter männlicher Elternteil	67 Jahre
Restlebenserwartung am Stichtag	14,54 Jahre
Alter weiblicher Elternteil	57 Jahre
Restlebenserwartung (Lebenserwartung gemäß Sterbetafel 2000/2002 des Statistischen Bundesamtes)	26,47 Jahre
Zinssatz: Leibrentenfaktor 10,276 (nach der Sterbetafel 2000/2002 für verbundene Leibrenten bis zum ersten Todesfall jährlich vorschüssig)	4,0 %
Reduktionskonstante wegen monatlich vorschüssig	– 0,466
An das Leben gebundener Abzinsungsfaktor (4 %)	0,6476
jährlich marktüblich erzielbare Nettokaltmiete der EG-Wohnung rd.	4 166 €

b) Berechnung

Wert des Wohnrechts bis zum ersten Todesfall 4 166 € × 9,810 = rd.	40 872 €
Wert für das Wohnrecht für die länger lebende Ehefrau 4 166 € × 10,677 = rd.	44 485 €

---

304 Leibrentenfaktor $ä_x$ für eine 65-jährige männliche Person für eine lebenslang monatlich vorschüssig zahlbare Rente bei einem Zinssatz von 5 % nach der Sterbetafel 2001/2003.
305 Fischer, R./Lorenz, H.-J./Biederbeck, M./Astl, B., Verkehrswertermittlung von bebauten und unbebauten Grundstücken, Bundesanzeiger Verlag, 2005, 386 ff.

VIII Rechte und Belastungen — Wohnungsrecht

Dieser Betrag ist mit dem an das Leben gebundenen Abzinsungsfaktor abzuzinsen, da das Wohnungsrecht für die länger lebende Ehefrau erst nach 14,57 Jahren beginnt.

44 485 € × 0,6476 = rd.	+	28 808 €
Wert des Wohnungsrechts für die Berechtigten	=	69 680 €
zuzügl. jährlicher Vorteil aus		
Ersparnis von Schönheitsreparaturen	+	11 200 €
Ersparnis von Verbrauchs- und sonstigen Kosten	+	12 822 €
Wohnungs- und Mitbenutzungsrecht	=	**rd. 93 702 €**

Beispiel 9

Ermittlung des fortlaufenden Wertzuwachses – abnehmender Wert des Wohnungsrechts – auf der Grundlage der Methode *Strotkamp*[306]

Ausgangssituation Zugewinnermittlung bei Scheidung

Der begünstigte Ehegatte hat die Zuwendung von vornherein mit der sicheren Aussicht erworben, dass die auflösend bedingte Belastung durch das Wohnungsrecht künftig entfällt. Soweit sich diese Aussicht während der Ehe durch das Absinken des Nießbrauchswerts teilweise verwirklicht hat, handelt es sich gleichermaßen um einen nach § 1374 Abs. 2 BGB privilegierten Vermögenserwerb. Dieser Wertzuwachs ist deshalb vom Ausgleich auszunehmen. Für die Belastung mit einem dem Nießbrauch ähnlichen Wohnrecht soll dies in gleicher Weise gelten. Wird ein Grundstück unter Vorbehalt eines lebenslangen Wohnrechts übertragen, so erstreckt sich der Erwerbsvorgang – hinsichtlich der uneingeschränkten Nutzungsmöglichkeit – über den gesamten Zeitraum, der zwischen der Grundstücksübertragung und dem Tod des Berechtigten liegt[307].

Der BGH lässt offen, wie im Einzelnen eine derartige Berechnung aussehen soll[308]. Welche Bewertungskriterien anzusetzen sind, bleibt ebenso offen wie die Frage, was für statistische, respektive mathematisch-statistische Methoden anzuwenden sind. Er hat sich lediglich dazu geäußert, dass die vom OLG Bamberg[309] vorgenommene „Mittelwertberechnung" nur eine Schätzung darstellt.

Nach *Strotkamp*[310] wird der fortlaufende Wertzuwachs auf der Grundlage eines Korrekturfaktors „D" ermittelt. Dieser Korrekturbetrag, der als fortlaufender Wertzuwachs dem indizierten belasteten Anfangsvermögen hinzugerechnet wird, um ihn vom Zugewinnausgleich ausnehmen zu können, wird durch Hochindizierung der jährlichen Wertänderungen ($\Delta W_i = (W_{A+i}$ ./. $W_{A+i+1})$ zwischen den Stichtagen des Anfangs- und des Endvermögens mit anschließender Summenbildung aller Wertänderungen berechnet. Da auch diese Vorgehensweise einen erheblichen Daten- und Kalkulationsaufwand[311] bedeuten würde, schlägt *Strotkamp* eine Näherungslösung nach folgender Formel für den Korrekturbetrag „D" vor.

$$D = W_A - W_E \times \left(1 + \frac{k_{A/E} - 1}{2}\right)$$

---

[306] Dieses Thema wird noch in weiteren Veröffentlichungen behandelt, so Kühne, GuG 2008, 257; Thoma, GuG 2010, 10; Fischer/Biederbeck/Lorenz, GuG 2009, 7. Die in diesem Beispiel dargestellte Methode stellt die einfachste Berechnungsweise dar.

[307] BGH, Urt. vom 7.5.2005 – XII ZR 209/02 –, GuG, 5/2008, 303; BGH, Urt. vom 22.11.2006 – XII ZR 8/05 –, NJW 2007, 2245 = EzGuG 14.149a.

[308] Zu einer Schätzung zur Ermittlung des fortlaufenden Wertzuwachses siehe vereinfachte „Mittelwertmethode" des OLG Bamberg im Urt. vom 18.8.1994 (– 2 UF 140/93 –, FamRZ 1995, S. 607 ff.).

[309] OLG Bamberg, Urt. vom 18.8.1994 – 2 UF 140/93 –; FamRZ 1995, 607.

[310] Strotkamp, H.-P.: Wertmittlung bei Scheidung – Berücksichtigung von Leibgedingen und Leibrenten bei der Ermittlung des Zugewinn(ausgleich)s, Immobilien & bewerten, 2010, 20.

[311] Strotkamp, H.-P.: a. a. O., 2010, 24 und 29.

Wohnungsrecht — Rechte und Belastungen VIII

Legende
W_A = Wertminderung durch die Belastung zum Zeitpunkt des Anfangsvermögens (nominal, nicht indiziert)
W_E = Wertminderung durch die Belastung zum Zeitpunkt des Endvermögens

$$k_{A/E} = \frac{Index_E}{Index_A}$$

Aus der Formel wird ersichtlich, dass die nominale Wertminderung des Rechts mit der Hälfte der während der Ehezeit angefallenen Änderungen der wirtschaftlichen Veränderungen (berechnet mit dem jeweiligen Verbraucherpreisindizes) auf den Stichtag des Endvermögens hochindiziert wird. *Strotkamp* zeigt anhand von Beispielen auf, dass auf der Grundlage der vereinfachten Näherungslösung eine hinreichende Genauigkeit für „D" und somit für den Zugewinn erreicht wird.

Zugewinn

Der Zugewinn unter Berücksichtigung der Belastungen und des fortlaufenden Wertzuwachses ergibt sich wie folgt:

$$Z' = E' ./. (A'_E + D)$$

Legende
Z' = Zugewinn
E' = Belastetes Endvermögen
A'_E = Belastetes, auf den Endstichtag indiziertes Anfangsvermögen
D = Korrekturbetrag (fortlaufender Wertzuwachs)

Ermittlung des Korrekturfaktors D (Näherungslösung)

Wohnungsrechte nominal zum Stichtag 1

– Übergeber	37 972,69 €
– Schwester	3 583,40 €
Wohnungsrecht gesamt	41 556,09 €

Wohnungsrechte zum Stichtag 2	28 225,16 €
Indizierungsfaktor	1,903

Nominale Wertminderung durch Abnehmen des Werts des Rechts

Die Differenz ergibt sich wie folgt:

(41 556,09 € ./. 28 225,16 €) = 13 330,93 €

Der Korrekturbetrag D (= fortlaufender Wertzuwachs) wird nach der Näherungslösung wie folgt ermittelt:

$$D = 13\,330{,}93\,€ \times \left(1 + \frac{1{,}903 - 1}{2}\right)$$

D = 13 330,93 € × 1,4515 =   19 349,84 €
D (Näherungslösung) gerundet   **19 350,00 €**

Echter Zugewinn

Der fortlaufende Wertzuwachs ist dem indizierten belasteten Anfangsvermögen (A'_E) hinzuzurechnen, um ihn als privilegierten Erwerb vom Ausgleich auszunehmen. Der echte Zugewinn ergibt sich wie folgt[312]:

---

[312] Es ist zu berücksichtigen, dass gemäß Beweisbeschlüssen in diesem Fall nicht alle Gegenleistungen zu bewerten waren. Bezüglich der übrigen Positionen beabsichtigt das Gericht ggf. Schätzung nach § 287 ZPO.

VIII Rechte und Belastungen — Altenteil

Position	Gesamtzusammenstellung	
	Anfangsvermögen Wert in € ger.	Endvermögen Wert in € ger.
Teilbelastetes Endvermögen gesamt (E´)		2 743 766
Teilbelastetes indiziertes Anfangsverm. gesamt (A´$_E$)	3 151 284	
Fortlaufender Wertzuwachs aus den Wohnungsrechten (privilegierter Erwerb)	19 350	
A´$_E$ + D	3 170 634	
E´		2 743 766
Echter Zugewinn (Z´)	– 426 868	

4.2.11.4 Dauerwohnrecht

454 Von dem Wohnungsrecht zu unterscheiden ist das Dauerwohnrecht nach den §§ 31 ff. WEG. Nach § 31 WEG kann ein Grundstück in der Weise belastet werden, dass derjenige, zu dessen Gunsten die Belastung erfolgt, berechtigt ist, unter Ausschluss des Eigentümers eine bestimmte Wohnung in einem auf dem Grundstück errichteten oder zu errichtenden Gebäude zu bewohnen oder in anderer Weise zu nutzen (Dauerwohnrecht). Daneben können auch „nicht zu Wohnzwecken dienende bestimmte Räume in einem auf dem Grundstück errichteten oder zu errichtenden Gebäude" entsprechend belastet werden (**Dauernutzungsrecht**; § 31 Abs. 2 WEG).

455 Das Dauerwohnrecht ist dem dinglichen Wohnrecht nach § 1093 BGB nachgebildet und verleiht ein **in das Grundbuch einzutragendes beschränkt dingliches Recht auf Überlassung und Nutzung einer Wohnung.**

456 Das Dauerwohnrecht unterscheidet sich von dem Wohnungsrecht des BGB (1093 BGB) dadurch, dass es veräußerlich und vererblich ist (§ 31 Abs. 1 WEG). Es berechtigt insbesondere auch zur **Vermietung und Verpachtung.** Es kann verpfändet und gepfändet, nicht aber mit Grundpfandrechten belastet werden.

457 Als Inhalt des Dauerwohnrechts können **Vereinbarungen** getroffen werden über:

- Art und Umfang der Nutzungen,
- Instandhaltung und Instandsetzung der dem Dauerwohnrecht unterliegenden Gebäudeteile,
- die Pflicht des Berechtigten zur Tragung öffentlicher oder privatrechtlicher Lasten des Grundstücks,
- die Versicherung des Gebäudes und seinen Wiederaufbau im Falle der Zerstörung und
- das Recht des Eigentümers, bei Vorliegen bestimmter Voraussetzungen Sicherheitsleistungen zu verlangen.

458 Die rechtsgeschäftliche **Bestellung eines Dauerwohnrechts** erfolgt durch Einigung und Eintragung in Abt. II des Grundbuchs, vgl. Rn. 435, Abb. 95. Das Dauerwohnrecht endet bei Befristung durch Zeitablauf (§ 158 Abs. 2 und § 163 BGB) oder durch Löschung auf Antrag gemäß § 22 GBO. Im Falle der **Zwangsversteigerung** erlischt das Dauerwohnrecht, wenn es nicht in das geringste Gebot aufgenommen wird (§ 91 ZVG).

4.2.12 Altenteil

4.2.12.1 Allgemeines

Schrifttum: *Fischer, R./Lorenz, H.-J./Biederbeck, M./Astl, B.*, Verkehrswertermittlung bebauter und unbebauter Grundstücke, Bundesanzeiger 2005, 385; Fischer/Lorenz (Hrsg.); Neue Fallstudien zur Wertermittlung von Immobilien, 2. Auflage Bundesanzeiger Verlag, 2013. *Holl/Kakies/Richter*, Die Ableitung der Pflegewahrscheinlichkeiten für den Mustergeschäftsplan der Pflegerentenversicherung, Blätter der DGVM, 163; *Kühlbach,* Der Einfluss des Pflege-Versicherungsgesetzes auf die Verkehrswertermittlung von Rechten an Grundstücken, GuG 1995, 138; *Schmidt, A.,* Die Bewertung von Pflegeversicherungen, GuG 1998, 284; *Simon, J.,* Wertermittlung eines mit einem Altenteilrecht belasteten Grundstücks, GuG 1990, 90; *Steinkamp, Ch.:* Zwischen Pflegequote und Pflegerisiko, GuG 2009, 293; *Schaper, D.:* Bewertung von Wert- und Pflegeverpflichtungen, GuG 2012, 257.

459 Unter einem Altenteil (Auszug, Leibgeding, Leibzucht oder umgangssprachlich auch Austrag) bezeichnet sind **dingliche Nutzungen** und Leistungen zu verstehen, **die** aus und auf einem Grundstück zu gewähren sind und **der allgemeinen leiblichen und persönlichen Versorgung des Berechtigten dienen** und eine regelmäßig lebenslängliche Verknüpfung des Berechtigten mit dem belasteten Grundstück bezwecken[313]. Die Berechtigten werden im ländlichen Raum auch als „Altenteiler" bezeichnet. Rechtsgrundlage sind die früheren landesrechtlichen Vorschriften, die mit Inkrafttreten des BGB unberührt geblieben sind (§ 96 EGBGB)[314]. Das Altenteil ist ein nicht übertragbares höchstpersönliches Recht, das insbesondere die beschränkte persönliche Dienstbarkeit (z. B. Wohnungsrecht) und Reallasten, aber auch den Nießbrauch vereint[315].

460 § 49 der Grundbuchordnung erlaubt, dass auch mehrere Einzelrechte mit einem zusammenfassenden Vermerk in das Grundbuch eingetragen werden können. Insbesondere bei landwirtschaftlichen Hofübergabeverträgen wird von dieser Möglichkeit regelmäßig Gebrauch gemacht. Unter dem Begriff Altenteilsrecht (auch als Leibgedinge, Leibzucht, Ausgedinge, Auszug bekannt) sind die Begriffe Altenteilsrecht und Leibgeding die gebräuchlichsten. Der Begriff Altenteil ist im BGB nicht definiert. **Das typische Altenteilsrecht besteht aus einer beschränkten persönlichen Dienstbarkeit in Form eines Wohnungsrechts** (§ 1093 BGB) einschließlich Mitbenutzungsrechten von Räumen, Hof und Garten, die zur allgemeinen Benutzung dienen, **und einer Reallast** (§ 1105 BGB), die zumeist unentgeltliche Wart- und Pflegeleistungen z. B. Hege und Pflege in alten und in kranken Tagen, Sachleistungen als Naturalleistungen wie Begräbnis und Grabpflege oder eine Verpflichtung zu monatlichen Unterhaltszahlungen (Taschengeld) zum Inhalt hat. Die dingliche Sicherung der Nutzung und der Leistungen dient der leiblichen und persönlichen Versorgung des Altenteilers (Berechtigten) und sichert seine lebenslange Verknüpfung mit dem Grundstück.

Das Altenteil ist in ländlichen Räumen seit alters her eine gebräuchliche Form der Alterssicherung für den abgebenden Inhaber eines landwirtschaftlichen Betriebes. Das Altenteil wird bei Abschluss des notariellen Hofübergabevertrages gegenüber dem Hofübernehmer vereinbart. Die Ausgestaltung des Leibgedings war in der Vergangenheit sehr speziell auf die Familie und die Leistungsfähigkeit des Betriebes[316] abgestellt, da die vereinbarten Leistungen i. d. R aus dem Ertrag des Betriebes erbracht werden mussten. Aus diesem Grunde durften Leistung und Gegenleistung nicht in einem krassen Missverhältnis zueinander stehen, da es um den Erhalt und die Fortführung des landwirtschaftlichen Betriebes ging. Aufgrund der veränderten Situation in der Alters- und Pflegeabsicherung wird i. d. R. auf die vollständige Pflege verzichtet und die Leistungen werden auf das zumutbare Maß der bäuerlichen Familie und des übergebenden Betriebes begrenzt.

Da das Altenteilsrecht sehr stark an den Betrieb und an die Familie gebunden ist, kommt es im außerlandwirtschaftlichen Umfeld allenfalls in kleineren Handwerksbetrieben vor. Dort werden i. d. R. auch keine Sachleistungen, sondern Geldleistungen vereinbart. Auch die in alten Übergabeverträgen gewählte generelle Formulierung „Wart und Pflege" belastete z. T. den Hofübernehmer so stark, dass damit die Grenze der Zumutbarkeit überschritten wurde.

Aus diesem Grund wird in den neuen Übergabeverträgen die „Wart und Pflege" i. d. R. eingegrenzt. Insbesondere auch unter dem Hintergrund der vorhandenen Pflegeversicherung.

---

313 RG, Urt. vom 30.10.1939, RGZ 162, 52; OLG Hamm, Urt. vom 12.8.1969 – 14 W 39/69 –, Rpfleger 1969, 396 = EzGuG 14.37a; OLG München, Urt. vom 25.3.1975 – 2 Z 8/75 –, Rpfleger 1975, 314 = EzGuG 14.49a.
314 Z.B. Art 5–23 AGBGB (BayRS 400 – 1 – 1).
315 OLG Hamm, Beschl. vom 31.01.1969 – 15 W 415/68 –, DNotZ 1970, 37 = OLGZ 1969, 380 = EzGuG 14.36a; ferner LG Bremen, Beschl. vom 10.10.1969 – 5 T 562/69 –, DNotZ 1970, 109 = EzGuG 14.38b.
316 Die Reallast bedingt, dass „[...] wiederkehrende Leistungen aus dem Grundstück zu entrichten sind" (§ 1105 BGB).

VIII Rechte und Belastungen — Altenteil

461 Sofern es sich um die Bewertung von Altenteilsleistungen aus landwirtschaftlichen Betrieben handelt, fällt das in das Sachgebiet des landwirtschaftlichen Sachverständigen. Der Sachverständige steht bei der Wertermittlung eines mit einem Altenteilsrecht belasteten Grundstücks vor einer Reihe von Bewertungsproblemen. Er hat die **Wertminderung des Grundstücks, die sich wesentlich durch die mit dem Wohnungsrecht verbundene Reallast ergibt,** plausibel und nachvollziehbar marktgerecht darzustellen. Deshalb würde es der Sache nicht gerecht, wenn die Pflege- und Sachleistungen mit einem in der Praxis üblichen monatlichen Pauschalansatz von 150 bis 200 € angenommen werden. Das würde voraussetzen, dass der Berechtigte sich bis zu seinem Ableben bei guter Gesundheit befände, und den Fall außer Acht lassen, dass er möglicherweise pflegebedürftig wird, was zu einer ganz erheblichen Mehrbelastung führen würde, wenn im Übergabevertrag dazu keine Regelung getroffen wurde.

Dieser Fall wird allerdings allenfalls nur noch bei sehr alten Übergabeverträgen vorkommen. Das betrifft die Periode vor Einführung der Pflegeversicherung im Jahre 1995.

In Übergabeverträgen nach 1995 wurde i. d. R. die Pflegeverpflichtung gänzlich weggelassen oder für die Dauer bis zum Eintritt der Pflegestufe 1 begrenzt. Auch kommen Vereinbarungen vor, in denen die Pflegeleistung auf die reine häusliche Pflege, sofern sie von Personen ohne pflegerische Ausbildung im Anwesen erbracht werden können, begrenzt wird. Die einzelnen Verpflichtungen sind im Übergabevertrag, der in der Grundakte vorliegt, dezidiert bezeichnet. Nur die derart festgelegten Verpflichtungen sind nach marktkonformen Kriterien zu berücksichtigen (§ 1 Abs. 2 ImmoWertV).

462 Nach § 14 SGB XI liegt ein **Pflegefall** vor, wenn die betreffende Person wegen einer körperlichen, geistigen oder seelischen Behinderung oder Krankheit bei den gewöhnlichen und täglich wiederkehrenden Verrichtungen im Ablauf des täglichen Lebens eine Hilfe benötigt. Der Medizinische Dienst der Krankenversicherung (MDK) begutachtet bei der häuslichen Krankenpflege dazu folgende Bereiche:

– Grundpflege (Körperpflege, Ernährung, Beweglichkeit/Mobilität) entsprechend den Grundverrichtungen des täglichen Lebens
– Behandlungspflege (krankheitsspezifische Maßnahmen, die durch eine ausgebildete Pflegekraft erbracht werden)
– Hauswirtschaftliche Versorgung (Maßnahmen zur Aufrechterhaltung der eigenständigen Haushaltsführung).

463 Der Grad der Pflegebedürftigkeit, gegliedert nach Pflegestufen, richtet sich nach der notwendigen Hilfe in den vorgenannten Bereichen (§ 15 SGB XI).

Abb. 99: Pflegestufen und Pflegeaufwand

Stufe	Hilfsbedarf [1]	für Körperpflege, Ernährung, Mobilität [1] (Grundpflege)
Pflegestufe 1	90	mehr als 45
Pflegestufe 2	180	mind. 120
Pflegestufe 3	300	mind. 240

[1] Aufwand in Minuten pro Tag (Wochendurchschnitt), den ein Familienangehöriger oder eine andere nicht als Pflegekraft ausgebildete Pflegeperson für die erforderliche Leistung der Grundpflege und hauswirtschaftlichen Versorgung benötigt.

Quelle: § 15 Abs. 3 SGB XI

Abb. 100: Pflegeleistungen im Überblick

Leistung	Pflegestufe				Im Einzelfall bis zu
	0	I	II	III	
Pflegegeld pro Monat	0 €	235 €	440 €	700 €	–
Pflegesachleistungen pro Monat bis zu	0 €	450 €	1 100 €	1 550 €	1 918 €
Pflegegeld **bei eingeschränkter Alltagskompetenz** pro Monat	120 €	305 €	525 €	700 €	–
Pflegesachleistungen **bei eingeschränkter Alltagskompetenz** pro Monat bis zu	225 €	665 €	1 250 €	1 550 €	1 918 €
Verhinderungspflege bis zu (max. 4 Wochen im Jahr)	1 550 € pro Kalenderjahr				
Teilstationäre Pflege pro Monat bis zu	–	450 €	1 100 €	1 550 €	–
Kurzzeitpflege bis zu (max. 4 Wochen im Jahr)	–	1 550 € pro Kalenderjahr			
Zusätzliche Betreuungsleistungen bis zu	2 400 € pro Kalenderjahr				
Zuschuss zu Umbaumaßnahmen bis zu	2 557 € je Maßnahme, max. 10 228 für Wohngruppen				
Zum Verbrauch bestimmte Pflegehilfsmittel bis zu	31 € im Monat				

Quelle: AOK 2013, Preisstand 2013

Die Pflegebedürftigkeit nach Art der Versorgung wird in Abb. 101 dargestellt. Dabei wird unterschieden in Pflege zu Hause und durch Angehörige alleine, zusammen mit ambulanter Pflege und vollstationär im Heim.

Abb. 101: Pflegebedürftigkeit nach Art der Versorgung

	Pflegebedürftige			Pflegestufe			Bisher ohne Zuordnung	Anteil an Pflegebedürftigen insgesamt	Jeweiliger Anteil der Pflegestufe III
	insgesamt	Veränderungen zu 2009	darunter weiblich	I	II	III[1]			
	Anzahl	%		Anzahl				%	
Pflegebedürftige zu Hause versorgt	1 758 321	8,5[3]	61,9	1 086 751	518 786	152 784	–	70,3	8,7
davon: allein durch Angehörige[2]	1 182 057	10,9[3]	59,0	762 366	329 912	89 779	–	47,3	7,6
zusammen mit/ durch ambulante Pflegedienste	576 264	3,8	67,9	324 385	188 874	63 005	–	23,0	10,9
Pflegebedürftige vollstationär in Heimen	743 120	3,6	74,0	283 266	299 404	151 952	8 498	29,7	20,4
Insgesamt	**2 501 441**	**7,0[3]**	**65,5**	**1 370 017**	**818 190**	**304 736**	**8 498**	**100,0**	**12,2**
Ausgewählte Veränderungen zu 2009 in %				9,8	4,0	4,0	-19,6		

1 Einschl. Härtefälle.
2 Entspricht den Empfängern/Empfängerinnen von ausschließlich Pflegegeld nach § 37 SGB XI. Empfänger/-innen von Kombinationsleistungen nach § 38 SGB XI sind dagegen in den ambulanten Pflegediensten enthalten.
3 Zur eingeschränkten Vergleichbarkeit dieser Werte mit früheren Erhebungen siehe Seiten 7 und 25.

Quelle: Statistisches Bundesamt, Pflegestatistik 2011, Deutschlandergebnisse

VIII Rechte und Belastungen — Altenteil

464 Bei der **Ermittlung der Wahrscheinlichkeit des Eintritts der Pflegebedürftigkeit** kann auf Statistiken des Statistischen Bundesamtes zurückgegriffen werden.

In Abb. 102 erfolgt die Darstellung der Pflegebedürftigen nach Altersgruppen.

Abb. 102: Pflegebedürftigkeit nach Altersgruppen

	Pflegebedürftige				Pflegequote[1]			Bevölkerung		
	insge-samt	Verän-derun-gen zu 2009	davon		darunter weiblich	insge-samt	männ-lich	weib-lich	insgesamt	männlich	weiblich
			zu Hause versorgt	vollsta-tionär in Heimen							
	Anzahl	%	Anzahl			%			Anzahl		
Unter 15	67 734	1,9	67 594	140	26 926	0,6	0,7	0,5	10 832 088	5 555 569	5 276 519
15–60	268 672	4,8	234 444	34 228	125 351	0,5	0,6	0,5	49 232 864	24 999 993	24 232 871
60–65	85 761	20,2	66 984	18 777	40 949	1,8	1,9	1,6	4 898 241	2 403 404	2 494 837
65–70	114 504	–11,7	88 192	26 312	55 856	2,8	3,0	2,7	4 039 543	1 943 797	2 095 746
70–75	238 982	6,3	180 531	58 451	126 417	4,8	4,8	4,7	5 001 255	2 322 171	2 679 084
75–80	337 058	9,8	248 762	88 296	203 759	9,8	8,9	10,5	3 438 528	1 497 504	1 941 024
80–85	484 818	5,4	338 705	146 113	332 860	20,5	16,6	22,9	2 367 684	913 112	1 454 572
85–90	522 001	2,5	326 791	195 210	408 045	38,0	28,6	41,9	1 372 711	398 013	974 698
90 und mehr	381 911	22,0	206 318	175 593	318 115	57,8	36,9	65,2	660 829	173 100	487 729
Insgesamt	2 501 441	7,0	1 758 321	743 120	1 638 278	3,1	2,1	3,9	81 843 743	40 206 663	41 637 080

1 Die Pflegequote beschreibt den Anteil der Pflegebedürftigen an der jeweiligen Bevölkerungsgruppe. So wird die Pflegequote für die Frauen im Alter von 70 bis unter 75 Jahren wie folgt ermittelt: 126 417/2 679 084 = 4,7 %.

Quelle: Statistisches Bundesamt, Pflegestatistik 2011, Deutschlandergebnisse

Abb. 103: Pflegebedürftige und Pflegewahrscheinlichkeit in Rheinland-Pfalz (Jahr 2003)

Alter in Jahren	Pflegebedürftige Gesamt	Pflegewahrscheinlichkeit Gesamt (%)
unter 15	2 710	0,4
15–60	9 503	0,4
60–65	3 345	1,3
65–70	5 625	2,3
70–75	8 160	4,6
75–80	14 034	9,0
80–85	20 221	18,9
85–90	14 604	37,0
90 und älter	16 552	53,6

Quelle: Ickler, G., Das Risiko, ein Pflegefall zu werden, in Statistische Monatshefte Rheinland-Pfalz, 05/2005, 286

465 Derartige Daten liegen auch für die einzelnen Bundesländer vor. Bei der Ermittlung der Wahrscheinlichkeit des Eintritts der Pflegebedürftigkeit liegen mittlerweile verwertbare Daten[317] vor. Lt. Pflegereport der Barmer[318] ist der Anstieg pflegebedürftiger Menschen in Deutschland seit 2010 erstmals gebremst worden (2010 = + 3 %, 2012 + 1,8 %). Auch die Pflegehäufigkeit ist bei Frauen und Männern und von Bundesland zu Bundesland unterschiedlich.

---

317 Statistisches Bundesamt, Pflegestatistik 2011.
318 Barmer GEK Pflegereport 2012.

Abb. 104: Zahl der Pflegebedürftigen, Bevölkerungszahl und Pflegerisiko in Deutschland

Alters-gruppe	Pflegebedürftige Anzahl zum Jahresende 2011			Bevölkerung Anzahl zum Jahresende 2011			Pflegerisiko Wahrscheinlichkeit		
	insgesamt	männlich	weiblich	insgesamt	männlich	weiblich	insgesamt	männlich	weiblich
< 15	67 734	40 808	26 926	10 832 088	5 555 569	5 276 519	0,63%	0,73%	0,51%
15–60	268 672	143 321	125 351	49 232 864	24 999 993	24 232 871	0,55%	0,57%	0,52%
60–65	85 761	44 812	40 949	4 898 241	2 403 404	2 494 837	1,75%	1,86%	1,64%
65–70	114 504	58 648	55 856	4 039 543	1 943 797	2 095 746	2,83%	3,02%	2,67%
70–75	238 982	112 565	126 417	5 001 255	2 322 171	2 679 084	4,78%	4,85%	4,72%
75–80	337 058	133 299	203 759	3 438 528	1 497 504	1 941 024	9,80%	8,90%	10,50%
80–85	484 818	151 958	332 860	2 367 684	913 112	1 454 572	20,48%	16,64%	22,88%
85–90	522 001	113 956	408 045	1 372 711	398 013	974 698	38,03%	28,63%	41,86%
90 >	381 911	63 796	318 115	660 829	173 100	487 729	57,79%	36,85%	65,22%
insgesamt	2 501 441	863 163	1 638 278	81 843 743	40 206 663	41 637 080	3,06%	2,15%	3,93%

Quelle: Eigene Darstellung und Auswertung auf der Datengrundlage des Statistischen Bundesamtes, Pflegestatistik 2011, Deutschlandergebnisse

Das Pflegerisiko stellt darauf ab, mit welcher Wahrscheinlichkeit der Berechtigte in seiner Altersgruppe pflegebedürftig wird. Da die Statistik nur auf die in der Pflegeversicherung registrierten Pflegefälle abstellt, wird damit nicht ausgedrückt, wann mit einer häuslichen Pflege im Rahmen des Verfalls der Körperkräfte zu rechnen ist. Es wird aber der Zeitpunkt gekennzeichnet, an dem die Wahrscheinlichkeit eintritt, dass die hauswirtschaftliche Versorgung nicht mehr von der berechtigten Person alleine erfüllt werden kann.

Die Wart- und Pflegeverpflichtung bedeutet:

Wart:

⇒ Versorgung des Haushaltes

⇒ Reinigung der Wohnung

⇒ Besorgung, Ämter-, Behördengänge, Arztbesuche, Apotheke, Einkauf

⇒ Altersgerechte Art und Zubereitung der Mahlzeiten, Getränke

⇒ Tischkost, gemeinsame oder in der Austragswohnung

⇒ Soziale Kontakte mit dem Berechtigten

⇒ Waschpflege

Pflege: in gesunden und kranken Tagen

⇒ Aktive Unterstützung in der Lebensführung

⇒ Körperpflege, Hilfestellung im Alltag, persönlicher Beistand

Man unterscheidet:

a) Laienpflege (normaler Aufwand) wird durch nicht geschulte Pflegeperson ausgeführt.

b) Professionelle Pflege, voll ausgebildetes Pflegepersonal, wird i. d. R. erst bei Eintritt einer Pflegestufe eingesetzt.

Ist die Pflegebedürftigkeit zum Zeitpunkt der Bewertung bereits eingetreten, so reduziert sich auch die Restlebenserwartung. Eine Untersuchung von *Unger*[319] et al. zeigt eine deutliche reduzierte Lebenserwartung.

VIII Rechte und Belastungen Altenteil

In diesem Falle kann nicht mehr mit der allgem. Sterbetafel und den daraus abgeleiteten Leibrentenfaktoren gerechnet werden.

Das Pflegerisiko (Eintrittswahrscheinlichkeit) errechnet sich nach[320]:

$$\text{Pflegerisiko} = \frac{\text{Anzahl Pflegebedürftige}}{\text{Anzahl Bevölkerung}} \times 100$$

Dieses Pflegerisiko kann sowohl für die einzelnen Altersgruppen als auch für jedes Bundesland berechnet werden. Wobei i. d. R. für die Bewertung eher die Altersgruppe 55+ infrage kommt, da das Altenteil zur Altersabsicherung dient und i. d. R. erst bei Austritt aus dem Arbeitsleben vereinbart wird.

Die Verpflichtung zur Leistungserbringung beginnt mit Abschluss des Übergabevertrages, indem die Leistungen vereinbart werden, bzw. mit Eintragung der Reallast in das Grundbuch.

Bei Erreichen der umfassenden Pflege des Übergebers muss sich der Verpflichtete in Höhe seiner ersparten Aufwendungen[321] (Wart des Leibgedings) an den Pflegekosten beteiligen. Das bedeutet, dass die eingegangene Verpflichtung für Wart und Pflege bis an das Lebensende des Berechtigten bestehen bleibt. Ist der Pflegefall noch nicht eingetreten, so wird der „normale" Aufwand für Wart und Pflege, so wie er sich aus dem Leibrentenfaktor ergibt, bezogen auf die allgemeine Restlebenserwartung, kapitalisiert.

---

319 Unger/Müller/Rothgang, Lebenserwartung in und ohne Pflegebedürftigkeit, Vortrag auf der 46. Jahrestagung der Deutschen Gesellschaft für Sozialmedizin und Prävention vom 21.–25.9.2010, Berlin.
320 Siehe auch Schaper, a. a. O., GuG 2012, 260, und Steinkamp, a. a. O., GuG 2009, 293.
321 BGH, Urt. vom 21.9.2001 – V ZR 14/01 –, NJW 2002, 440.

Altenteil   Rechte und Belastungen VIII

Abb. 105: Unentgeltliches Wohnungsrecht und Reallast (Altenteil)

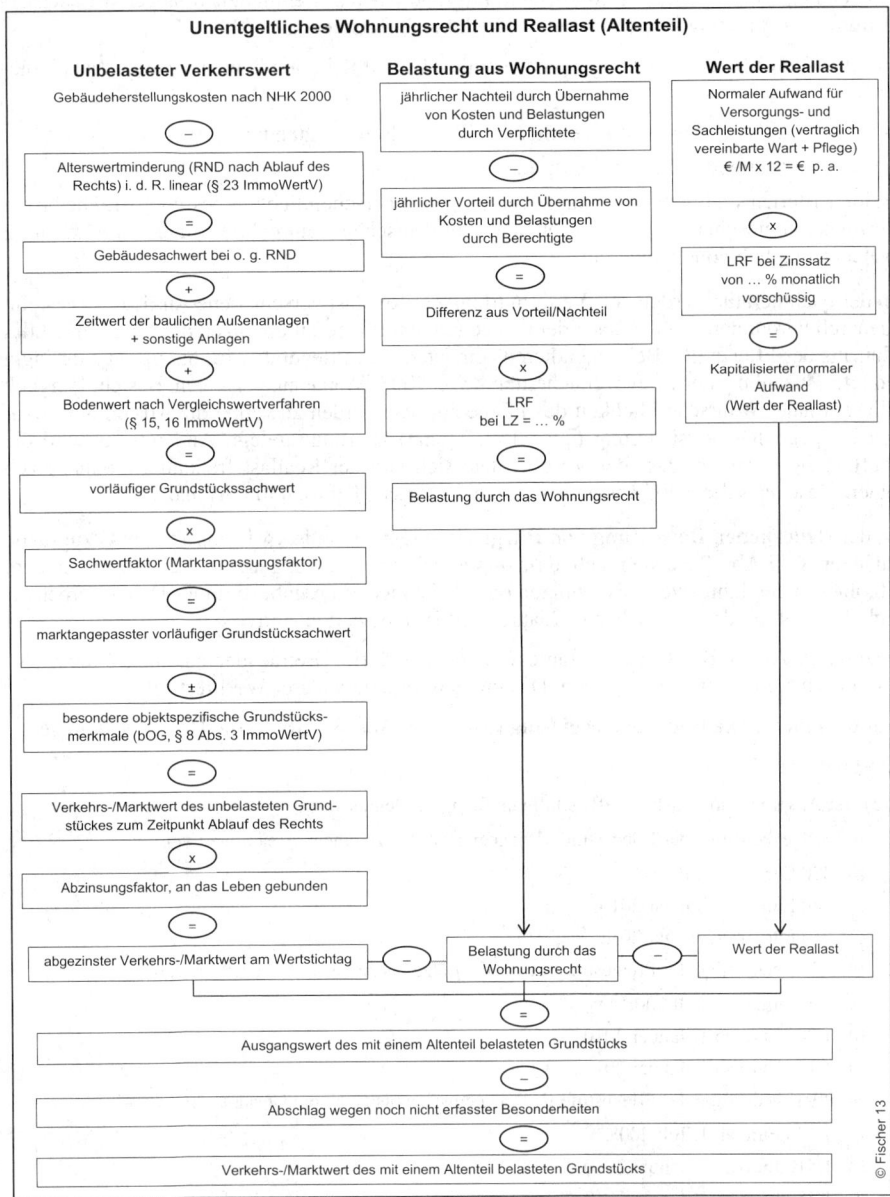

Die Sterbetafeln in Verbindung mit den Leibrentenfaktoren beinhalten sowohl die nicht Pflegebedürftigen als auch die pflegebedürftigen Personen und bilden somit beide Gruppen ab. Würde man zwischen beiden Gruppen differenzieren, so müsste die Statistik erst bereinigt werden, um keine Doppelbewertung unter Einbeziehung der Pflegewahrscheinlichkeit zu erhalten. Deshalb ist die in verschiedenen Publikationen propagierte Berücksichtigung der Pflegewahrscheinlichkeit unter Anwendung der allgemeinen Sterbetafel bei der Bewertung von umfangreichen Altenteilsleistungen sehr fragwürdig. Besteht die Reallast ausschließlich

VIII Rechte und Belastungen — Altenteil

aus einer Pflegeverpflichtung, so wäre diese Vorgehensweise angebracht, allerdings muss bei Anwendung der allgemeinen Sterbetafel aufgrund der darin enthaltenen längeren Lebenserwartung ein Abschlag vorgenommen werden. Siehe Beispiel Rn. 470.

Für die Verkehrswertermittlung können somit folgende Kriterien keinen sicheren Anhalt bieten:

- das Risiko der Pflegewahrscheinlichkeit des/der Berechtigten und
- die zu erwartende Pflegedauer des/der Berechtigten.

Beide Kriterien sind nicht mit einer zuverlässigen Wahrscheinlichkeit bestimmbar. Die bisher verfügbaren einschlägigen Untersuchungen im deutschen Raum (*Bickel* und *Schneekloth*[322]) weichen deutlich voneinander ab.

466 In der Fachliteratur werden zur Wertermittlung der Reallast verschiedene Ansätze vorgestellt. Generell wird unterschieden nach dem eingetretenen Pflegefall und nach der Möglichkeit des Eintritts des Pflegefalls. Bei einem bereits eingetretenen Pflegefall wird häufig – unabhängig von der Zuzahlung der Pflegeversicherung – von 900 €/Monat ausgegangen. Besteht lediglich die (normale) Wahrscheinlichkeit des Pflegeeintritts, werden zuweilen die Kosten der privaten Pflegegeldtageversicherung (etwa 15 €/Monat) zugrunde gelegt. Andererseits wird die Auffassung vertreten, dass der Verpflichtete sich von der Reallast freikaufen könne. Nach einem Beschluss des OVG Lüneburg[323] läge der Ansatz bei rd. 430 €/Monat.

467 In der **steuerlichen Bewertung von Pflegeleistungen** sind die §§ 13 bis 15 BewG zugrunde zu legen. § 13 Abs. 2 BewG regelt, dass immerwährende Nutzungen oder Leistungen mit dem 18,6fachen des Jahreswerts, Nutzungen oder Leistungen von unbestimmter Dauer vorbehaltlich des § 14 mit dem 9,3fachen des Jahreswertes zu bewerten sind.

Nach § 15 Abs. 1 BewG ist als Jahreswert der einjährige Betrag der Nutzung einer Geldsumme zu 5,5 Prozent anzunehmen. Das gilt, soweit kein anderer Wert feststeht.

Für die **monatliche Pauschalvergütung** regelt § 36 Abs. 3 SGB XI die Höhe der Beträge.

Dort heißt es:

„(3) Der Anspruch auf häusliche Pflegehilfe umfasst je Kalendermonat

1. für Pflegebedürftige der Pflegestufe I Pflegeeinsätze bis zu einem Gesamtwert von
   a) 420 Euro ab 1. Juli 2008,
   b) 440 Euro ab 1. Januar 2010,
   c) 450 Euro ab 1. Januar 2012.
2. für Pflegebedürftige der Pflegestufe II Pflegeeinsätze bis zu einem Gesamtwert von
   a) 980 Euro ab 1. Juli 2008,
   b) 1 040 Euro ab 1. Januar 2010,
   c) 1 100 Euro ab 1. Januar 2012,
3. für Pflegebedürftige der Pflegestufe III Pflegeeinsätze bis zu einem Gesamtwert von
   a) 1 470 Euro ab 1. Juli 2008,
   b) 1 510 Euro ab 1. Januar 2010,
   c) 1 550 Euro ab 1. Januar 2012."

468 Auch die Frage, ob die Regeln des **Gesetzes zur sozialen Absicherung des Risikos der Pflegebedürftigkeit (Pflege-WeiterentwicklungsG)**[324] bei der Wertermittlung zu berücksichtigen seien, ist in Fachkreisen streitbefangen.

---

[322] Schneekloth, U.; Müller, U., Hilfe- und Pflegebedürftigkeit in Heimen, in Schriftenreihe des Bundesministeriums für Familie, Senioren, Frauen und Jugend (Hrsg.) 1997, Bd. 147.2: Endbericht zur Repräsentativerhebung im Forschungsprojekt – Möglichkeiten und Grenzen selbstständiger Lebensführung in Einrichtungen.
[323] OVG Lüneburg, Beschl. vom 5.6.1996 – 4M 2452/96 –, NdsRpflege 1996, 257 = FEVS 47, 89; zur Pflegeversicherung Schmidt in GuG 1998, 284.
[324] Gesetz zur strukturellen Weiterentwicklung der Pflegeversicherung vom 28.5.2008, BGBl. S. 874, 2008, Teil I Nr. 20.

Altenteil   **Rechte und Belastungen VIII**

Das Kostenrisiko der Pflege zulasten des Verpflichteten kann durch „weiche" und „harte" Faktoren umschrieben werden. „Weiche" Faktoren sind Umstände, die nur schwer in einem Eurobetrag beziffert werden können, wie die verwandtschaftliche und menschliche Bindung des Verpflichteten an das Haus und an die zu pflegende Person sowie der Zeitaufwand für die Pflege, der weit über dem in einem Heim erforderlichen Rahmen liegt. Kostenmäßig erfassbare „harte" Faktoren sind z. B. der Einkommensverlust des Verpflichteten sowie die Zahlungen der Pflegekasse. Daraus könnte man die allgemeine Berechnungsformel ableiten:

$$K_R = E - K_E \times P_R$$

wobei
K_R = Kostenrisiko
E = Mittleres Einkommen in p. M.
K_E = Kostensatz durch Pflegekasse (durchschnittlich Stufe II) in p. M.
P_R = Pflegerisiko in v. H.

Zu dem auf diese Weise ermittelten Betrag wäre zusätzlich die Minderung durch die „weichen" Faktoren zu schätzen. Der Ansatz des Gesamtminderungsbetrags ist angesichts der vielen Unwägbarkeiten jedoch wenig überzeugend.

Generell sollte bei der Wertermittlung von Pflegeverpflichtungen mit Augenmaß vorgegangen werden. Die Pflegeverpflichtung ist eine Reallast, für die das Grundstück und darüber hinaus der Verpflichtete persönlich haftet. Letztlich handelt es sich überwiegend um ein höchstpersönliches Verhältnis zwischen Eltern und Kindern. Für die **Fiktion des „wirtschaftlich denkenden Marktteilnehmers"** ist schon deshalb kein Raum, da derartig belastete Grundstücke nicht am freien Grundstücksmarkt gehandelt werden und auch derartige Verpflichtungen unter Fremden i. d. R. nicht vertraglich vereinbart werden. Deshalb liegen auch keine Markterfahrungen vor, um die Frage beantworten zu können, in welcher Größenordnung die dingliche Pflegeverpflichtung den Verkehrswert eines belasteten Grundstücks mindert. Das können auch sog. „marktgerechte Modelle" durch Anwendung von Kostensätzen nicht leisten. Sie können allenfalls einen nachvollziehbaren Algorithmus darstellen. Ob der Grundstücksmarkt damit abgebildet wird, ist nicht nachgewiesen. **469**

Die zahlreichen zu diesem Problem vorliegenden wissenschaftlich anmutenden Berechnungen führen oft hier nicht weiter. Maßgebend und zu berücksichtigen ist allein, wie die Verpflichteten höchstpersönlich den Aufwand für die (Pflege) als Laienpflege bewerten. Dabei könnte ein Zuschlag in der Größenordnung eines angemessenen prozentualen Anteils des normalen Aufwands (für Wart) für Versorgungs- und Sachleistungen (z. B. ca. 10 %) einen Anhalt bieten.

Der normale Aufwand für Wart kann nach dem tatsächlichen Aufwand anhand von Arbeitszeit und Geldaufwand[325] abgeschätzt oder in Anlehnung an die steuerlich anerkannten Sachbezugswerte[326] berechnet werden. Diese berücksichtigen freie Verpflegung, Heizung, Beleuchtung und andere Nebenkosten. Sie werden nach § 17 Abs. 1 Nr. 3 SGB IV nach den tatsächlichenVerkehrswerten im Voraus für jedes Kalenderjahr von der Bundesregierung durch Rechtsverordnung festgesetzt.

Beispiel: **470**

Herr A (65 Jahre alt) überträgt sein Zweifamilienhaus an seinen Neffen und lässt sich im Grundbuch ein Altenteilsrecht eintragen. Es beinhaltet eine beschränkte persönliche Dienstbarkeit in Form eines unentgeltlichen Wohnungsrechts an der von ihm bewohnten Wohnung und eine Reallast, die den Bruder verpflichtet, Herrn A in angemessenem Umfang bei Pflegebedürftigkeit zu versorgen und zu pflegen. Sämtliche Leistungen sind unentgeltlich zu erbringen. Der Pflegefall ist noch nicht eingetreten. In diesem Falle geht es nur um die Pflegebedürftigkeit und nicht um ein umfängliches Altenteil.

---

325 Weinberger-Müller/Milic/Popp, Arbeitszeitaufwand und Geld, Masterarbeiten 2009/10, Bayerische Landesanstalt für Landwirtschaft (LfL), Auflage 4/2012.
326 Sozialversicherungsentgeltverordnung (SvEV).

VIII Rechte und Belastungen   Altenteil

Herstellungswert des Gebäudes	200 000 €
Bodenwert	80 000 €
Gesamtnutzungsdauer	80 Jahre
Restnutzungsdauer	50 Jahre
Lebenserwartung des Berechtigten nach der Sterbetafel 2007/2009	rd. 17 Jahre
Restnutzungsdauer des Gebäudes bei Ablauf des Rechts nach 17 Jahren (50 Jahre – 17 Jahre)	33 Jahre
Alterswertminderung bei Gesamtnutzungsdauer von 80 Jahren und Restnutzungsdauer von 33 Jahren	59 %
Liegenschaftszinssatz (Zweifamilienhaus)	4 %

a) Ermittlung des Werts des mit dem unentgeltlichen Wohnungsrecht belasteten Grundstücks

Gebäudeherstellungskosten	200 000 €	
Alterswertminderung bei Ablauf des Rechts nach 17 Jahren: 59 %	– 118 000 €	
Gebäudesachwert	82 000 €	
Bodenwert	+ 80 000 €	
Grundstückssachwert	162 000 €	
Marktanpassung: – 10 %	– 16 200 €	
+ – Besondere objektspezifische Merkmale § 8 (3) ImmoWertV	+ – 0 €	
Verkehrswert des unbelasteten Grundstücks zum Zeitpunkt des Ablaufs des Rechts	145 800 €	
An das Leben gebundener Abzinsungsfaktor (65 Jahre, 4 %): $F = [1 - (ä_x - 1) \times p = 1 - (12{,}325 - 1) \times 0{,}04] = 0{,}547$		
Abgezinster Verkehrswert am Wertermittlungsstichtag: 145 800 × 0,547		79 753 €
Jährlicher Vorteil durch Übernahme von Kosten und Belastungen durch Berechtigten	0 €	
Jährlicher Nachteil aus Übernahme von Kosten und Belastungen durch Verpflichteten	0 €	
Summe	**0 €**	
Leibrentenfaktor für einen 65-jährigen Mann bei einem Liegenschaftszinssatz von 4 % = 11,860		
Belastung durch Recht: 0 × 11,860	0	
Verkehrswert des mit dem Wohnungsrecht belasteten Zweifamilienhausgrundstücks		**79 753 €**

b) Ermittlung des Werts der Reallast[327, 328]

normaler Aufwand für Versorgungs- und Sachleistungen
(§ 37 Abs. 1 SGB – für Pflegebedürftige der Pflegestufe 1 235,00 € ab 1.1.2012)
235 €/Monat oder 2 820 p. a. – Pflegegeld –

Kapitalisierter normaler Aufwand: 2 820 € × 11,860	33 445 €	
+ Zuschlag[327] für möglichen vorzeitigen Pflegeeintritt 10 % von 33 445 € =	+ 3 344 €	36 789 €

Erhöhter Aufwand bei Eintritt des Pflegefalls

Eintrittswahrscheinlichkeit des Pflegefalls bei einem Alter ab 65 Jahren:	3,2 %[328]	
Üblicher Pflegesatz bei *vollstationärer* Pflegebedürftigkeit bei Pflegestufe 1 (Preisstand ab 1.1.2012)	1 023 €/Monat	

---

[327] Durch den Zuschlag soll die Unsicherheit erfasst werden, die sich daraus ergibt, dass nicht ausgeschlossen werden kann, dass die Pflegebedürftigkeit auch früher, als nach der Wahrscheinlichkeit berechnet, eintritt und nach der Sterbetafel eine längere Lebenserwartung zugrunde liegt.
[328] Siehe Abb. 104.

Altenteil — Rechte und Belastungen VIII

abzüglich normaler Aufwand bei *ambulanter Pflegehilfe* gem. § 36 Abs. 3 SGB XI der Pflegestufe 1 (ab 1.1.2012)	− 450 €/Monat
Erhöhter Aufwand:	573 €/Monat
Jährliche Pflegekosten: 573 €/M × 12 Monate =	6 876 p. a.
Anrechenbarer Jahresbetrag: (6 876 € × 3,2)/100=	220,03 €
Kapitalisierter anteiliger Pflegeaufwand bei 4 % und 17 Jahren Laufzeit: 220,03 € × 11,860 = 2 609,56	rd. + 2 610 €
Wert der Reallast	− 39 399 €
Ausgangswert des mit dem Wohnungs- und Pflegerecht belasteten Zweifamilienhausgrundstücks: 79 753 − 39 399 =	**40 354 €**
Der Verkehrswert des mit dem Pflegerecht belasteten Grundstücks ergibt sich wie folgt:	
Ausgangswert des mit dem Wohnungsrecht belasteten Grundstücks Vor-, Nachteile aus Wohnungsrecht	79 753 €
Wert der Reallast	− 39 399 €
Ausgangswert incl. Wohnungs- und Pflegerecht	= 40 354 €
Abschlag wegen evtl. noch nicht erfasster Besonderheiten	0,00 €
Verkehrswert des mit dem Wohnungs- und Pflegerecht belasteten Grundstücks rd.	**40 500 €**

Bei der Ermittlung eines Werts für das Altenteil sollte immer auf den konkreten Einzelfall und insbesondere auf die vertraglichen Vereinbarungen abgestellt werden. Von der ausschließlichen Anwendung von pauschalen Abschlägen ist abzuraten. Denn ein Leibgeding kann neben einem Wohnungs- und Mitbenutzungsrecht auch die Kosten für Wart und Pflege, eine volle Verköstigung, eine Geldrente, Pkw-Mitbenutzung sowie Beerdingungskosten und Grabpflege enthalten. Jede dieser Kosten bedarf einer eigenständigen Wertermittlung[329] auf der Grundlage nachvollziehbarer Daten.

471 Bei der **Wahl des „zutreffenden" Kapitalisierungszinssatzes**[330] herrschen in der Fachwelt unterschiedliche Auffassungen. Der Liegenschaftszinssatz für ein Zweifamilienhaus dürfte bei ausgeglichenem Markt mit 4 % ansetzbar sein. Unter den Sachverständigen hat sich die Meinung durchgesetzt, dass der Liegenschaftszinssatz ebenfalls für die Wertberechnung der grundstücksbezogenen Rechte herangezogen werden muss, da nur auf diese Weise ein angemessenes Verhältnis zwischen Grundstückswert und dem Wert solcher aus dem Ertrag des Grundstücks errechneter Rechte herzustellen ist (vgl. auch Ziff. 4.2 WERTR 06). Dagegen wäre einzuwenden, dass bei Anwendung dieser Systematik der Wert des Rechts von der Nutzungsart des Grundstücks abhängt. Andererseits wurden Leibrenten üblicherweise und bei stabilen Marktverhältnissen mit 5,5 % verzinst[331]. Wurde also ein Haus auf Rentenbasis veräußert, wurde die Rente i. d. R. nicht höher als 5,5 % kapitalisiert, v. a. wenn eine Wertsicherungsklausel vereinbart wurde. Ebenso wurde verfahren, wenn der Barwert einer schon bestehenden Leibrente ermittelt werden musste. Vom Statistischen Bundesamt werden nunmehr jährlich für alle infrage kommenden Kapitalisierungszinssätze Leibrentenfaktoren ermittelt und veröffentlicht. Für die in der WERTR 06 empfohlene Verfahrensweise (nutzungsbezogene Liegenschaftszinssätze) können dort die Leibrentenfaktoren entnommen werden.

▶ Zur Verkehrswertermittlung von Seniorenimmobilien vgl. Weyers in GuG 1997, 1 und Jahn in GuG 2000, 5, 282; von Kurkliniken in GuG 1997, 218, Jahn in GuG 2003, 3, 229 sowie Teil VI Rn. 333 ff.

---

329 Für die ausführliche Ermittlung wird auf das Schrifttum (vor Rn. 458) verwiesen (Fischer/Lorenz (Hrsg.), Bundesanzeiger, 2013).
330 OVG Koblenz, Urt. vom 18.11.1985 – 12 A 55/85 –, ZfF 1990, 133 = EzGuG 14.78a.
331 BFH, Urt. vom 20.11.1969 – IV R 22/68 –, EzGuG 14.38 = BFHE 98, 28.

VIII Rechte und Belastungen — Erwerbsrecht

4.2.12.2 Zwangsversteigerung

472 Für das Altenteilsrecht gibt es in der Zwangsversteigerung eine **Sonderregelung,** die ihm einen besseren Schutz geben soll. Es bleibt in der Zwangsversteigerung unberührt, auch wenn es bei der Feststellung des geringsten Gebots nicht berücksichtigt wird, d. h., wenn es dem betreibenden Gläubiger im Range nachgeht. Da ein vorrangiger Gläubiger jedoch das Recht hat, das Erlöschen des Altenteilsrechts als abweichende Versteigerungsbedingung zu beantragen, ist die Schutzwirkung nur gering. Das Altenteilsrecht bleibt praktisch nur bestehen, wenn durch die abgegebenen Angebote alle vor- und gleichrangigen Gläubiger voll befriedigt werden können. Durch das Zunehmen der durchschnittlichen Lebenserwartung, die damit verbundene Überalterung der Bevölkerung und die Lockerung der Familienstrukturen kommt dieser Vertragsgestaltung heute eine nicht unerhebliche Bedeutung zu. Für den Verpflichteten bedeutet das Altenteilsrecht ein nur schwer einschätzbares finanzielles Risiko, da die Laufzeit des Rechts und die finanziellen Auswirkungen unbestimmt sind. Zwar ist die Belastung durch das Wohnungsrecht noch eingrenzbar, bei der damit verbundenen Reallast, die Pflege- und Sachleistungen zum Inhalt hat, sind die finanziellen Auswirkungen jedoch schwer vorauszusehen.

4.3 Verfügungs- und Erwerbsrecht

4.3.1 Übersicht

473 Unter die Erwerbsrechte fallen insbesondere

a) das *Vorkaufsrecht,*
   d. h. die gesetzlich oder vertraglich eingeräumte Befugnis, in einen Kaufvertrag anstelle des Käufers einzutreten (§§ 463 ff., 1094 ff. BGB; §§ 24 ff. BauGB);

b) die *Vormerkung*
   (§§ 883 ff. BGB), soweit damit ein schuldrechtlicher Anspruch auf Einräumung oder Aufhebung eines Rechts an einem Grundstück auch Dritten gegenüber gesichert wird[332];

c) das *Aneignungsrecht*[333]
   (z. B. Jagdrecht, vgl. Rn. 504),

d) das *Anwartschaftsrecht,* insbesondere
   - das *Wiederkaufsrecht*
     (z. B. nach § 10 Abs. 1 Satz 2 i. V. m. § 4 Abs. 2 des Reichssiedlungsgesetzes oder aufgrund einer Vereinbarung),
   - das *Ankaufsrecht* (Option) und
   - die *Vorhand.*

474 Die **unterschiedlichen Verfügungs- und Erwerbsrechte** sind aus der folgenden Abb. 106 zu ersehen.

---

[332] Baur, a. a. O., S. 195, 26.
[333] Baur, a. a. O., S. 23, 275.

Abb. 106: Übersicht über die Verfügungs- und Erwerbsrechte

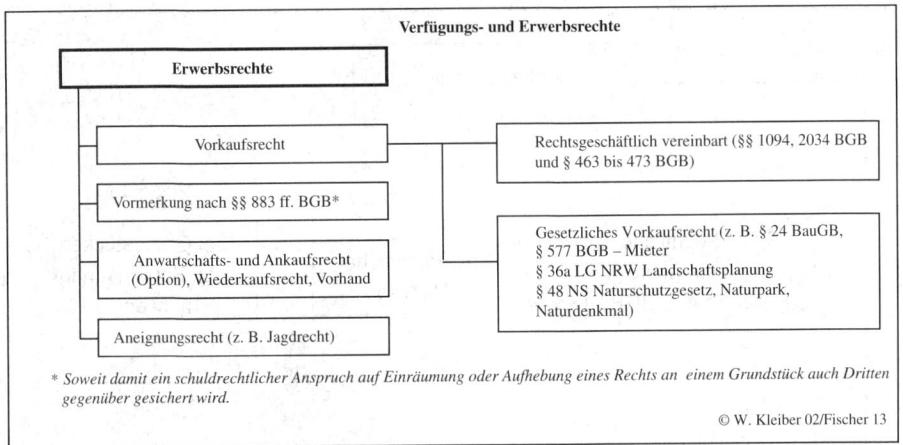

4.3.2 Vorkaufsrecht

4.3.2.1 Allgemeines

▶ *Vgl. § 194 BauGB Rn. 80; Teil VI Rn. 252 f., 292, 304*

Ein Vorkaufsrecht *(rights of pre-emption)* räumt dem Berechtigten die **Befugnis** ein, **eine bestimmte Sache zu denselben Bedingungen zu erwerben, die der Verkäufer in einem Kaufvertrag mit einem Dritten rechtswirksam vereinbart hat**[334]. Im Falle des Verkaufs der Sache – z. B. eines Grundstücks – kann der Berechtigte durch einseitige Erklärung gegenüber dem Verpflichteten einen Kauf mit diesem zustande bringen. Mit der Ausübung des Vorkaufsrechts kommt ein neuer Kaufvertrag zwischen dem Berechtigten und dem Verpflichteten zustande. Das Vorkaufsrecht ist jedoch bei Schenkung, Tausch[335] und Erbfolge nicht wirksam. 475

Das **Vorkaufsrecht** kann auch **zugunsten des jeweiligen Eigentümers eines anderen Grundstücks** (subjektiv dinglich) bestellt werden (§ 1094 Abs. 2 BGB). Ferner kann es auch für einen, für mehrere oder für alle Verkaufsfälle eingetragen werden (§ 1097 BGB). 476

Darüber hinaus ist es i. d. R. sinnvoll, zwischen den **vertraglichen** Vorkaufsrechten einerseits **und** den **gesetzlichen** (z. B. Vorkaufsrecht der Gemeinden gem. § 24 und § 25 BauGB), insbesondere öffentlich-rechtlichen **Vorkaufsrechten** andererseits **zu unterscheiden** (Abb. 107). 477

---

[334] BGH, Urt. vom 19.12.1962 – V ZR 259/60 –, MDR 1963, 396; OLG München, Beschl. vom 19.1.1982 – BReg 2 Z 37/81 –, BayObLGZ 1982, 15 = EzGuG 14.68a; OLG München, Urt. vom 10.2.1971 – BReg 2 Z 10/71 –, NJW 1971, 809 = MDR 1971, 488 = BayObLGZ 1971, 28; in Sanierungsgebieten: VGH Mannheim, Urt. vom 25.9.1997 – 8 S 665/97 –, NJW 1998, 1089.

[335] OLG Düsseldorf, Beschl. vom 26.5.2010 – I-3 Wx90/10 –, NJW-RR 2011, 307 = FG Prax 2010, 275.

VIII Rechte und Belastungen — Vorkaufsrecht

478 Abb. 107: Vorkaufsrechte

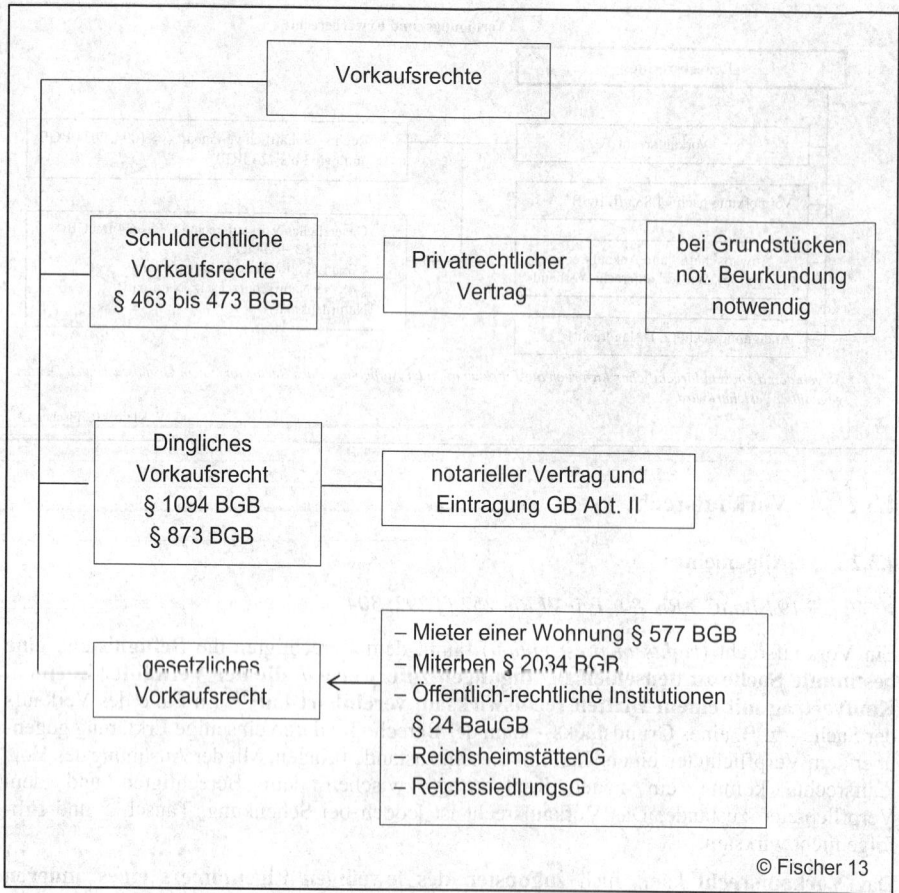

© Fischer 13

479 Das **vertragliche Vorkaufsrecht** kann nach Maßgabe

a) der §§ 463 bis 473 BGB als *(schuldrechtliches) obligatorisches Vorkaufsrecht* oder

b) der §§ 1094 ff. BGB als *dingliches Vorkaufsrecht* ausgestaltet sein.

480 Nur **das dingliche Vorkaufsrecht ist grundbuchfähig und -bedürftig.** Das dingliche Vorkaufsrecht ist abgrenzungsbedürftig gegenüber

– dem Wiederkaufsrecht,
– dem Ankaufsrecht und
– der Vorhand.

In der neueren Rechtslehre wird das vertragliche, dingliche Vorkaufsrecht entweder als dingliche Anwartschaft auf ein Grundstück, vergleichbar etwa mit der Auflassungsvormerkung im Grundbuch, oder als Gestaltungsrecht angesehen.

4.3.2.2 Verkehrswertermittlung

481 Im Rahmen der Verkehrswertermittlung muss **unterschieden werden zwischen**

a) dem Verkehrswert eines Grundstücks, das mit einem Vorkaufsrecht belastet ist; im Falle der Ermittlung des Verkehrswerts eines vorkaufsrechtsbelasteten Grundstücks geht es um die Frage, ob und ggf. in welchem Maße ein Vorkaufsrecht den Verkehrswert eines Grundstücks beeinflusst, wobei wiederum die Minderung des Verkehrswerts nicht mit dem Wert des Vorkaufsrechts (für sich allein) identisch sein muss, und

b) dem Wert eines Vorkaufsrechts (für sich allein).

Zu a) Verkehrswert vorkaufsrechtsbelasteter Grundstücke

Der **RFH**[336] hat in einer Entscheidung aus dem Jahre 1926 festgestellt, dass ein Vorkaufsrecht den Grundstückswert nicht beeinflusst. In den Entscheidungen wird ausgeführt: **482**

„Beizutreten ist dem FG auch dahin, dass das auf dem Grundstück lastende Vorkaufsrecht nicht als wertmindernd zu behandeln ist. Der RFH hat schon in seinem Urt. vom 24.3.1925 ausgesprochen, dass sich der Verkäufer eines Grundstücks ein durch Vormerkung gesichertes persönliches Wiedererwerbsrecht vorbehalten hat. Vorliegend handelt es sich um ein *dingliches* Vorkaufsrecht. Bei diesem gilt aber nichts anderes als in jenem Falle. Welcher Art das Vorkaufsrecht ist, steht nicht fest. Aber auch wenn es sich – was der ungünstigste Fall ist – nicht auf den Verkauf beschränkt hat, der dem besteuerten Eigentumsübergang zugrunde lag, sondern auch für alle späteren Verkaufsfälle gilt (vgl. § 1097 BGB), so wirkt es doch nicht wertmindernd. Es mag sein, dass mancher Kauflustige durch das Bestehen des Vorkaufsrechts abgeschreckt wird. Wenn er sich aber zum Kaufe entschließt, so liegt ihm kein Anlass vor, mit Rücksicht auf das Bestehen des Vorkaufsrechts einen geringeren Preis zu bewilligen, als er ohne das Vorkaufsrecht tun würde. Im Gegenteil, wenn ihm besonders viel am Erwerb liegt, so wird er, um die Ausübung des Vorkaufsrechts zu verhindern, eher zur Anlegung eines höheren Preises geneigt sein. Durch das Bestehen eines Vorkaufsrechts wird die Zahl der Kauflustigen nicht beschränkt. Allerdings ist es möglich, dass das Zustandekommen von Kaufverträgen verhindert wird, wenn die Beteiligten glauben oder wissen, dass der Vorkaufsberechtigte sein Recht ausüben werde. Die Erschwerung des Abschlusses von Kaufverträgen kann hier aber nicht preis- und damit wertmindernd wirken."

Auch nach *Pohnert*[337] soll sich ein Vorkaufsrecht eher werterhöhend als wertmindernd auf das belastete Grundstück auswirken, da zumindest ein Käufer vorhanden ist (wobei dieser aber nicht Käufer sein muss!). *Pohnert* räumt aber ein, dass eine abschreckende Wirkung des Rechts auf Dritte nicht abzustreiten sei und deshalb auch **wertmindernd** sein könne.

Zu b) Verkehrswert von Vorkaufsrechten

▶ *Vgl. § 194 BauGB Rn. 44*

Zum Verkehrswert eines Vorkaufsrechts können keine allgemeinen Regeln aufgestellt werden. Ob und ggf. in welcher Höhe ein Vorkaufsrecht einem Verkehrswert beigemessen werden kann, hängt entscheidend von den Umständen des jeweiligen Einzelfalls ab. **483**

Nach herrschender Auffassung haben Vorkaufsrechte für sich allein zumindest so lange keinen Wert, wie sie auf dem Grundstück ruhen und nicht realisierbar sind. Soweit es um realisierbare Vorkaufsrechte geht, ist der **Wert eines Vorkaufsrechts daran zu messen, inwieweit es dem Vorkaufsberechtigten einen Vorteil gewährt.** Der wirtschaftliche Wert des Vorkaufsrechts kann deshalb regelmäßig daran gemessen werden, ob der Berechtigte einen Vermögenszuwachs erfährt, wenn aus der Anwartschaft ein Vollrecht wird[338]. Es kann z. B. der Fall vorliegen, dass der vorkaufsberechtigte Nachbar eines Grundstücks selbst Eigentümer eines ungünstig geschnittenen Grundstücks ist, dessen Ertrag unter Einbeziehung des Nachbargrundstücks wesentlich gesteigert werden kann. In einem derartigen Fall lässt sich der Wert des Vorkaufsrechts nach dem Barwert des Ertragsdifferenzials bemessen. In diesem Falle kann man aber nicht vom Verkehrswert sprechen, da die Bedingungen des § 194 BauGB nicht erfüllt sind. **484**

---

336 RFH, Urt. vom 8.10.1926 – II A 429/76 –, EzGuG 14.1a; RFH, Urt. vom 24.3.1925 – II A 91/25 –, RFHE 16, 56.
337 Pohnert, Kreditwirtschaftliche Wertermittlung, 5. Aufl., Neuwied 1997, S. 247; vgl. im Übrigen Meiß in ZfV 1980, 83.
338 BGH, Urt. vom 23.3.1975 – 5 StR 82/76 –, NJW 1977, 156 = EzGuG 14.54a.

VIII Rechte und Belastungen — Vorkaufsrecht

485 Die Tatsache, dass **für die Einräumung eines Vorkaufsrechts eine Gegenleistung erbracht** worden ist, dürfte in aller Regel für den Wert eines Vorkaufsrechts dagegen bedeutungslos, wenngleich nicht unbeachtlich sein.

486 Aus der Praxis des **Vorkaufsrechts nach den §§ 4 ff. RSG** wird berichtet, dass Landgesellschaften für die Nichtausübung ihres Vorkaufsrechts Abstandszahlungen vereinbart hätten. Das RG hat dieses Verhalten als sittenwidrig erkannt[339]. Im Grundbuch gesicherte Vorkaufsrechte unterliegen nicht der Verjährung.

Der Wert eines Vorkaufsrechts an einem Grundstück ist im vorstehenden Sinne nach Auffassung des **OLG Kiel**[340] gering zu veranschlagen, wenn ein besonderes Interesse an dem Erwerb eines gerade zum Verkauf gelangten Grundstücks nicht ersichtlich ist; in derartigen Fällen ließe er sich nur durch freie Schätzung ermitteln. Das Gericht hatte den Wert des Vorkaufsrechts mit 2 % des Verkehrswerts des belasteten Grundstücks angesetzt.

487 Anhaltspunkte für den Wert eines Vorkaufsrechts bietet auch die Entscheidung des Obergerichts der Freien Stadt Danzig vom 20.12.1933[341]. Das Gericht hat 2,15 % des Versteigerungserlöses als Wert des Vorkaufsrechts in dem von ihm entschiedenen Fall festgesetzt. Im Anschluss an diese bei *Sichtermann*[342] zitierten Entscheidungen empfiehlt *Michaelis*[343], für ein Vorkaufsrecht 2 % des gemeinen Werts (Verkehrswert) des Grundstücks anzusetzen, wenn nicht besondere Gründe im Einzelfall eine Abweichung rechtfertigen.

488 *Aust/Jakobs*[344] geben unter Bezug auf *Büchs* als Wert eines Vorkaufsrechts den Betrag von 5 bis 15 % eines Grundstückswerts an, den der Vorkaufsberechtigte für den Erwerb des Grundstücks ohne das Vorkaufsrecht zusätzlich zu einem Zuschlag als Liebhaberpreis in vorgenannter Höhe bezahlen würde. Dies wiederum erscheint im Hinblick auf die Verkäuflichkeit eines solchen Rechts nach den Grundsätzen der Verkehrswertermittlung zu hoch, zumal dieser „Satz" allenfalls der individuellen Wertschätzung des Vorkaufsberechtigten entspricht und damit nicht unbedingt verkehrswertrelevant ist (vgl. Rn. 484).

489 In einer Entscheidung des OLG Frankfurt am Main[345] wurde im Zuge einer Vorgartenenteignung der Entschädigungswert für den Fortfall eines Vorkaufsrechts in „freier Schätzung" mit 5 v. H. des Werts der von der Enteignung betroffenen Fläche festgesetzt. Auch dieser Prozentsatz kann nur einen groben Anhalt bieten.

490 Wird ein Vorkaufsrecht nur für eine **Teilfläche** ausgeübt, so ist im Übrigen der Teil des Kaufpreises zu ermitteln, der auf die Teilfläche entfällt. Der Wert der Teilfläche kann dabei nicht nach dem durchschnittlichen Quadratmeterpreis bemessen werden, wenn die weniger wertvolle oder die wertvollere Teilfläche vom Vorkaufsrecht betroffen ist[346], denn ein Grundstück kann durchaus unterschiedliche Qualitäten und damit unterschiedliche Werte aufweisen.

491 Für die gesetzlichen **Vorkaufsrechte nach § 24 und § 25 BauGB** gelten einige Besonderheiten. Es handelt sich dabei um sog. **preislimitierende Vorkaufsrechte,** wobei grundsätzlich zwischen zwei Fällen zu unterscheiden ist:

1. Überschreitet der vereinbarte Kaufpreis den Verkehrswert in einer für den Rechtsverkehr „deutlich" erkennbaren Weise, so kann die Gemeinde die Ausübung ihres Vorkaufsrechts nach § 28 Abs. 4 Satz 1 BauGB zum „Verkehrswert" geltend machen (§ 194 BauGB). Der Verkäufer ist in diesem Falle berechtigt, bis zum Ablauf eines Monats nach Unanfechtbarkeit des Verwaltungsaktes über die Ausübung des Vorkaufsrechts vom Vertrag zurückzu-

---

[339] RG, Urt. vom 9.2.1928 – 128/28 –, HRR 1929, 1098 (Archiv für innere Kolonisation XXI, S. 272 und XX, S. 492); Posick/Wenzel, Reichssiedlungsgesetz, Komm. Berlin 1930, S. 124.
[340] OLG Kiel, Urt. vom 20.11.1931 – 2 U – 238/31 –, SchlHAnz 1931, 202 = EzGuG 14.1b.
[341] OG der Freien Stadt Danzig, Urt. vom 20.12.1933 – 2 II U 320/33 –, Seufferts Archiv 88 Nr. 62 = EzGuG.
[342] Sichtermann, Bedeutung und Behandlung der Eintragungen in Abt. II des Grundbuchs, 8. Aufl.
[343] Michaelis, Beleihungsgrundsätze für Sparkassen, 7. Aufl., S. 123.
[344] Aust/Jacobs/Pasternak, Die Enteignungsentschädigung, 6. Aufl. 2007, 148, Rn. 298, mit Bezug auf Büchs, Handbuch des Eigentums- und Entschädigungsrechts, 3. Aufl., Rn. 3281, mit Bezug auf Müller in NJW 67, 1350 ff.
[345] OLG Frankfurt am Main, Urt. vom 11.5.1964 – U 210/63 –, EzGuG 14.20.
[346] BGH, Urt. vom 10.10.1969 – V ZR 155/60 –, EzGuG 18.46; BGH, Urt. vom 15.1.1971 – V ZR 164/68 –, EzGuG 14.42.

treten, wobei dann die Kosten des Vertrags auf der Grundlage des Verkehrswerts von der Gemeinde getragen werden.

2. Soweit es sich um den Erwerb von **Flächen handelt, für die nach dem Bebauungsplan eine Nutzung für öffentliche Zwecke oder für Maßnahmen zum Ausgleich für Eingriffe in Natur und Landschaft** nach § 1 Abs. 3 BauGB festgesetzt ist, bestimmt sich der bei Ausübung des Vorkaufsrechts zu zahlende Betrag gemäß § 28 Abs. 4 BauGB nach den entschädigungsrechtlichen Vorschriften der §§ 93 ff. BauGB, d. h. ebenfalls nach dem Verkehrswert des Grundstücks (ggf. unter Berücksichtigung einer Entschädigung für Vermögensnachteile). Bei der Ermittlung dieses Verkehrswerts sind insbesondere die Reduktionsvorschriften des § 95 BauGB beachtlich. Der Verkäufer hat in diesen Fällen kein Rücktrittsrecht.

Diese Besonderheit ist damit begründet, dass es sich hierbei um Flächen handelt, die auch enteignet werden könnten, wobei sich dann die Enteignungsentschädigung nach den genannten Vorschriften bemessen würde. Der Gesetzgeber wollte damit zum **Schutze des Erwerbers** vermeiden, dass im Falle einer überhöhten Kaufpreisgestaltung die Gemeinde auf die Ausübung ihres Vorkaufsrechts mit der Folge verzichtet, dass sie im Anschluss an den Verkaufsfall den Erwerber zu einem entsprechend niedrigeren Entschädigungswert enteignet. **492**

In dem zuletzt genannten Fall eines preislimitierten Vorkaufsrechts für Gemeinbedarfsflächen und für naturschutzrechtliche Ausgleichsflächen kann nicht erwartet werden, dass von diesem Vorkaufsrecht eine wertmindernde Wirkung auf die davon betroffenen Grundstücke ausgeht, denn die **Grundstücke können** – wie dargelegt – **ohnehin zu dem entsprechenden Entschädigungswert** enteignet werden. Das Gleiche kann aber auch für den erstgenannten Fall gelten, auch wenn hier der Grundstücksverkehr dies als Eingriff in die freie Preisgestaltung betrachten mag. Zum einen wird aber auch in diesem Fall das Vorkaufsrecht zum Verkehrswert ausgeübt, sodass schon von daher ein wertmindernder Einfluss vom Vorkaufsrecht nicht ausgeht. Zum anderen ist in diesem Fall der Grundstücksverkehr insgesamt davon betroffen, sodass eine möglicherweise preisdämpfende Wirkung in aller Regel bereits Eingang in die herangezogenen Vergleichspreise finden musste und schon von daher nicht noch zusätzlich berücksichtigt werden darf. **493**

Nach § 20 Abs. 2 KostO ist als Wert eines Verkaufs- oder Wiederkaufsrechts i. d. R. der halbe Wert der Sache anzunehmen.

Hier ist zu berücksichtigen, dass die KostO für die Kostenfestsetzung (z. B. Löschung eines dinglichen Verkaufsrechts) und nicht für eine Verkehrswertermittlung maßgebend ist.

4.3.2.3 Beleihungspraxis und Zwangsversteigerung

Das dingliche Vorkaufsrecht hat Dritten gegenüber die Wirkung einer Vormerkung zur Sicherung des durch die Ausübung des Rechts entstehenden Anspruchs auf Übertragung des Eigentums (§ 1098 Abs. 2 BGB). Schließt also der Eigentümer einen **Kaufvertrag mit einem Dritten ab, bevor die Grundschuld der Bank entsteht,** so ist die Grundschuld dem Vorkaufsberechtigten gegenüber unwirksam (§ 1098 Abs. 2 BGB, § 883 Abs. 2 Satz 1 BGB). Wenn das Vorkaufsrecht mit der Grundschuld einer Bank im Range vorgeht, empfiehlt es sich deshalb, durch Rückfrage bei dem Eigentümer *und* dem Vorkaufsberechtigten sich zu vergewissern, dass der Eigentümer *vor* Entstehung der Grundschuld keinen Kaufvertrag über das Grundstück mit einem Dritten abgeschlossen hat. Ist hingegen ein solcher Kaufvertrag abgeschlossen, so empfiehlt es sich, dann von dem Vorkaufsberechtigten die Erklärung zu verlangen, dass er der Bestellung der Grundschuld zustimmt bzw. in diesem Fall auf die Ausübung seines Vorkaufsrechts verzichtet. Tritt der Vorkaufsberechtigte mit dem Vorkaufsrecht im Range hinter die Grundschuld der Bank zurück, so liegt darin die evtl. erforderliche Zustimmung des Vorkaufsberechtigten zur Bestellung der Grundschuld. Bei Rangrücktritt des Vorkaufsrechts erübrigt sich also die vorgenannte Anfrage bei dem Eigentümer und dem Vorkaufsberechtigten. **494**

VIII Rechte und Belastungen   Vorkaufsrecht

495 Das Vorkaufsrecht kann inhaltlich auch so gestaltet sein, dass es nur unter bestimmten Bedingungen oder nur innerhalb einer bestimmten Frist ausgeübt werden kann und diese Bedingungen in dem vorliegenden Verkaufsfall nicht gegeben sind bzw. die Frist abgelaufen ist. Da der Vorkaufsberechtigte in diesem Fall das Vorkaufsrecht nicht ausüben kann, bedarf es auch nicht seiner Zustimmung bzw. seines Verzichts auf das Vorkaufsrecht. Die genannten Bedingungen bzw. die genannte Befristung müssen nach herrschender Auffassung im Grundbuch selbst eingetragen sein. Die Eintragung kann nicht durch Bezugnahme auf die Eintragungsbewilligung ersetzt werden[347]. Ist das Vorkaufsrecht gemäß der Grundbucheintragung bedingt oder befristet, so wäre also anhand der Grundbucheintragung und ggf. unter Zuhilfenahme der Eintragungsbewilligung ergänzend zu prüfen, ob dieser Verkaufsfall überhaupt vom Vorkaufsrecht erfasst wird. Ist dieses nicht der Fall, erübrigt sich die Zustimmung des Vorkaufsberechtigten zur Grundschuldbestellung bzw. dessen Verzicht auf die Geltendmachung des Vorkaufsrechts.

496 Das Vorkaufsrecht vermindert aus der Sicht des Kreditgebers i. d. R. den Wert des Grundstücks, da der Eigentümer schwerer einen Käufer finden wird als ohne das Vorkaufsrecht. Jedoch wird die Wertminderung oft nicht als so bedeutend anzusehen sein, dass unbedingt ein Rangrücktritt des Vorkaufsrechts erforderlich ist. Es wird im Allgemeinen genügen, die Wertminderung bei der Feststellung des Beleihungswerts zu berücksichtigen. Dabei wird das **Vorkaufsrecht für mehrere oder alle Verkaufsfälle** als eine schwerere Belastung anzusehen sein als das Vorkaufsrecht für nur einen Fall.

497 Mit welchem Wert das der Grundschuld der Bank im Range vorgehende Vorkaufsrecht anzusetzen ist, richtet sich aus der Sicht des Kreditgebers vor allen Dingen nach dem **Schicksal des Vorkaufsrechts in der Zwangsversteigerung.** Wenn das Vorkaufsrecht nur für den ersten Fall des Verkaufs gilt, so erlischt es in der Zwangsversteigerung[348] (§ 1098 i. V. m. § 471 BGB). Für diesen Fall ist also in der Zwangsversteigerung kein Ersatzwert anzusetzen[349]. Das Vorkaufsrecht für nur einen Fall kann daher bei der Beleihung unberücksichtigt bleiben.

498 Demgegenüber erlischt das Vorkaufsrecht für mehrere oder alle Verkaufsfälle in der Zwangsversteigerung nicht. Es kann zwar nicht in der Zwangsversteigerung gegen den Ersteher ausgeübt werden (§ 1098 i. V. m. § 471 BGB), jedoch

- bleibt es entweder, wenn es ins geringste Gebot fällt, bestehen (§ 52 ZVG) und
- verpflichtet dann den Ersteher
- oder es erlischt gemäß § 91 ZVG durch den Zuschlag. In diesem Fall wird dann gemäß § 92 Abs. 1 ZVG für das Vorkaufsrecht für mehrere oder alle Verkaufsfälle ein Ersatzwert festgesetzt.

Diesen Ersatzwert meldet der Vorkaufsberechtigte an. Widerspricht ein nachfolgender Gläubiger gem. § 115 ZVG dem Anspruch des Vorkaufsberechtigten, so entscheidet das Gericht im ordentlichen Prozessverfahren. Hierbei wird die Höhe des Ersatzwerts geschätzt.

499 Der **Wert des Vorkaufsrechts** kann dann nach vorstehenden Ausführungen regelmäßig nur **nach dem Vermögenszuwachs bemessen werden, der dem Berechtigten erwächst,** wenn sich aus seiner Anwartschaft aus dem Vorkaufsrecht ein Vollrecht ergibt. Ergibt sich bei einem Wertvergleich der aus dem Kaufvertrag entstehenden gegenseitigen Ansprüche, dass der Anspruch auf Übereignung des Kaufgegenstands wertvoller ist als Ansprüche auf den Kaufpreis, hat die Stellung als Käufer einen selbstständigen wirtschaftlichen Wert[350]. Im Zeitpunkt der Zwangsversteigerung wird dieser wirtschaftliche Wert häufig schwer feststellbar sein. Anhaltspunkte bieten die oben genannten Entscheidungen des OLG Kiel und des Obergerichts der Freien Stadt Danzig (Rn. 488 f.).

Besteht z. B. ein **Vorkaufsrecht** an einem Grundstück, das zusammen mit dem Grundeigentum des Vorkaufsberechtigten dessen Wert erheblich erhöht (Arrondierungsvorteil; Vereini-

---
347 Staudinger, Rn. 2 zu § 1097; RGRK Anm. 3 zu § 1097; a. A. RG, Urt. vom 1.7.1924 – V B 2/24 –, RGZ 108, 356.
348 OLG Zweibrücken, Beschl. vom 16.3.2011 – 3 W 28/11 –, FG Prax 2011, 177.
349 Zeller, Rn. 19 zu § 92 ZVG.
350 BGH, Urt. vom 23.3.1976 – 5 StR 82/70 –, NJW 1977, 155 = EzGuG 14.54a.

gungsvorteil), Schaffung einer günstigeren Infrastruktur durch verbesserte Anbindung an das Straßenetz (s. Abb. 107), so ist es gerade diese persönliche Beziehung, die den Wert eines stets zu einer bestimmten Person oder Betrieb gehörenden Vorkaufsrechts bestimmt[351]. Der Vorkaufsberechtigte mag deshalb sogar einen sehr hohen Preis für die Einräumung dieses Vorkaufsrechts entrichtet haben, während für einen Dritten das Vorkaufsrecht unbedeutsam ist.

Vorstehende Ausführungen gelten sinngemäß auch für Vorkaufsrechte, welche an einem **Erbbaurecht, Wohnungseigentum, Teileigentum, Wohnungserbbaurecht oder Teilerbbaurecht** bestehen[352]. **500**

Abb. 108: Lageplan Vorkaufsrecht

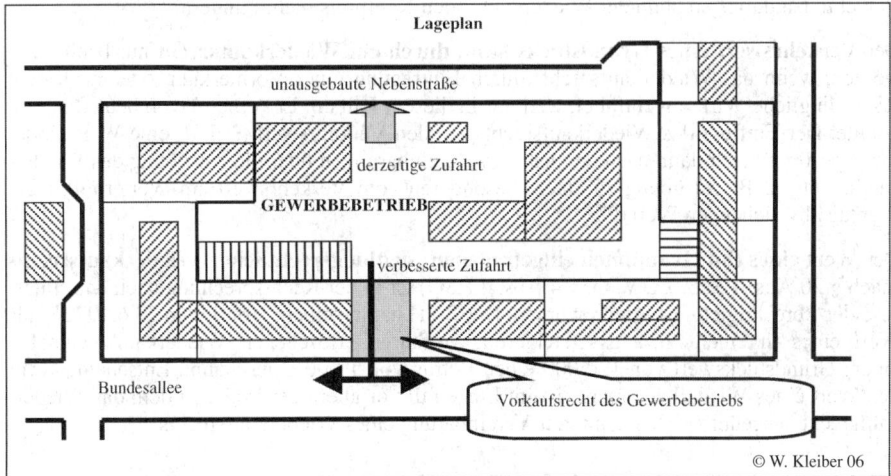

4.3.3 Wiederkaufsrecht

Schrifttum: *Staudenmaier,* Zur Bewertung eines Wiederkaufsrechts, BWNotZ 1969, 419.

Das BGB enthält keine gesetzlichen Vorschriften über ein dingliches Wiederkaufsrecht[353]. **Ein im Grundbuch eintragungsfähiges dingliches Wiederkaufsrecht gibt es** insoweit **nicht.** Lediglich in den §§ 20 und 21 RSG ist für die betreffenden Siedlungsunternehmen bundesrechtlich ein eintragungspflichtiges Wiederkaufsrecht[354] vorgesehen, dem damit eine dingliche Wirkung beizumessen ist. **501**

---

351 BGH, Urt. vom 23.3.1976 – 5 StR 82/70 –, NJW 1977, 155 = EzGuG 14.54a.
352 Zur Berücksichtigung von Vorkaufsrechten bei Heimstätten nach nicht mehr geltendem Recht: § 10 Abs.1 AusführungsVO zum RHeimstG i. d. F. vom 25.11.1937 (RGBl. I 1937, 685); BGH, Urt. vom 24.5.1972 – IV ZR 71/71 –, NJW 1972, 1669 = EzGuG 14.45 und zur steuerlichen Bewertung: BFH, Urt. vom 28.10.1955 – III 92, 106/55 S –, BStBl III 1955, 365 = EzGuG 14.4; zur kostenrechtlichen Berücksichtigung von Vorkaufsrechten: KG Berlin, Urt. vom 24.10.1997 – 25 W 5064/96 –, GuG-aktuell 1999, 47 (LS) = KGR Berlin 1998, 127 = EzGuG 14.130; OLG München, Urt. vom 10.8.1995 – 3 Z BR 145/95 –; DNotZ 1996, 354 = EzGuG 14.125a; OLG Zweibrücken, Urt. vom 13.7.1990 – 3 W 67/90 –, JurBro 1991, 54 = Rpfleger 1991, 54 = EzGuG 14.94a; OLG München, Urt. vom 16.12.1975 – BReg 3 Z 108/74 –, BayObLGZ 1975, 450 = EzGuG 14.51a; OLG München, Urt. vom 21.8.1985 – BReg 3 Z 125/85 –, Rpfleger 1986, 31; OLG Magdeburg, Urt. vom 19.1.1999 – 13 W 12/98 –, GuG-aktuell 1999, 46 (LS); OLG Schleswig, Beschl. vom 19.2.1960 – 7 W 311/59 –, Rpfleger 1962, 495 = EzGuG 7.3a; OLG Schleswig, Beschl. vom 15.1.1959 – 7 W 151/58 –, Rpfleger 1962, 395 = EzGuG 7.2b.
353 BGH, Urt. vom 15.9.2000 – V ZR 420/98 –, NJW 2001, 284 = EzGuG 14.135a; BGH, Urt. vom 11.12.1998 – V ZR 377/97 –, BGHZ 140, 218 = EzGuG 14.131b; BGH, Urt. vom 30.11.1990 – V ZR 272/89 –, EzGuG 14.96a; BGH, Urt. vom 15.11.1974 – V ZR 78/73 –, EzGuG 14.48e; OLG Karlsruhe, Urt. vom 20.2.1992 – 9 U 294/91 –, EzGuG 14.108.
354 Zum Wiederkaufsrecht bei Einheimischenmodellen: OLG München, Urt. vom 20.1.1998 – 25 U 4623/97 –, GuG 1999, 125 = EzGuG 14.131; OLG München, Urt. vom 27.6.1994 – 30 U 974/93 –, EzGuG 12.117a; OLG Karlsruhe, Urt. vom 14.3.1991 – 9 U 260/89 –, EzGuG 14 98a.

VIII Rechte und Belastungen Ankaufsrecht

502 Ansonsten ist der **Wiederkauf in den §§ 456 bis 462 BGB geregelt**. Als schuldrechtliches Institut kann ein Wiederkaufsrecht durch Vormerkung nach den §§ 883 ff. BGB gesichert werden.

503 Das Wiederkaufsrecht kann bei Grundstücken nach § 462 BGB nur bis zum Ablauf von **30 Jahren nach der Vereinbarung des Vorbehalts ausgeübt werden,** sofern nicht für die Ausübung eine Frist bestimmt ist. Die Vertragsparteien sind aber nicht daran gehindert längere Ausübungsfristen zu vereinbaren[355].

Nach § 457 BGB ist der Wiederverkäufer verpflichtet, dem Wiederkäufer den Gegenstand herauszugeben. Ist der Wiederverkäufer für die Verschlechterung, den Untergang oder eine aus anderen Gründen eingetretene Unmöglichkeit der Herausgabe des Gegenstandes verantwortlich, so haftet er für den daraus entstehenden Schaden. Hat der Wiederverkäufer kein Verschulden daran, so kann der Wiederkäufer den Kaufpreis nicht mindern.

504 Der **Verkehrswert eines Grundstücks kann durch ein Wiederkaufsrecht** nur beeinflusst werden, wenn das Wiederkaufsrecht (durch Eintragung einer Vormerkung oder nach dem RSG) dingliche Wirkung entfaltet, weil nur in diesem Fall ein Erwerber davon betroffen sein könnte. Der Einfluss des Wiederkaufsrechts auf den Verkehrswert (i. d. R. eine Wertminderung) bestimmt sich dann nach den näheren Vereinbarungen über die Ausübung des Wiederkaufsrechts (z. B. Ausübung zu einem besonderen vom Verkehrswert am Wertermittlungsstichtag abweichenden Wert)[356].

505 Der **Wert eines (im Grundbuch eingetragenen) siedlungsrechtlichen Wiederkaufsrechts** (nach § 20 Abs. 1 Satz 2 i. V. m. § 4 Abs. 2 RSG) ist in der Rechtsprechung nach dem Interesse der Berechtigten festgesetzt worden. Der BGH hat in seinem Urteil vom 23.6.1972[357] als Wert eines in einem Zwangsversteigerungsverfahren erloschenen Wiederkaufsrechts bei einem Grundstückswert von 120 000 € den Betrag von 1 500 € anerkannt. Entscheidend für den Wert eines Wiederkaufsrechts ist im Einzelfall vor allem der Preis, zu dem das Wiederkaufsrecht ausgeübt werden kann (zur Vereinbarung eines Wiederkaufsrechts[358].

4.3.4 Ankaufsrecht und Ankaufsverpflichtung

▶ *Zum Ankaufsrecht und zur Ankaufsverpflichtung bei Erbbaurechten vgl. Rn. 52 ff.*

506 Ein Ankaufsrecht kann

a) in der Rechtsform eines (sofort abgeschlossenen) bedingten Kaufvertrags[359], d. h. unter der aufschiebenden Bedingung (§ 158 Abs. 1 BGB), dass der Berechtigte durch spätere Ausübungserklärung von seinem Recht Gebrauch macht, oder Vorvertrags, aus dem für den einen Teil ein Recht auf ein Vertragsangebot des anderen mit bestimmtem Inhalt erwächst[360], und

b) einseitig durch ein befristetes Kaufangebot begründet werden[361]. Der Anspruch des Ankaufsberechtigten auf Kaufvertragsabschluss unterliegt der Verjährung[362].

---

[355] BGH, Urt. vom 20.5.2011 – V ZR 76/10 –, NJW-RR 2011, 1582.
[356] Zum Wert eines Wiederkaufsrechts nach KostO: OLG München, Beschl. vom 16.12.1975 – BReg 3 Z 108/74 –, BayObLGZ 1975, 470 = EzGuG 14.51a; OLG Schleswig, Beschl. vom 14.1.1960 – 7 W 289/59 –, Rpfleger 1962, 395; OLG Schleswig, Beschl. vom 15.1.1959 – 7 W 251/58 –, EzGuG 7.2b; zum Wiederkaufsrecht beim Zugewinnausgleich: BGH, Urt. vom 23.10.1985 – IVb ZR 26/84 –, EzGuG 20.110b.
[357] BGH, Urt. vom 23.6.1972 – V ZR 95/70 –, BGHZ 59, 94 = EzGuG 14.46; BGH, Urt. vom 7.7.1993 – XII ZR 35/92 –, GuG 1994, 115 = EzGuG 20.146.
[358] BGH, Urt. vom 29.1.1988 – V ZR 156/86 –, BGHZ 103, 17 = EzGuG 14.82; ferner KG Berlin, Urt. vom 9.9.1986 – U 212/85 –, EzGuG 18.102; BMWo, Erl. vom 28.3.1956, BBauBl. 1956, 242.
[359] BGH, Urt. vom 22.4.1960 – VZR 66/59 –; BGH, Urt. vom 31.1.1961 – V ZR 6/60 –; Thieme in MDR 1961, 586 und DNotZ 1961, 314; Reincke in DNotZ 1953, 210.
[360] RG, Urt. vom 21.4.1937 – U 297/63 –, RGZ 154, 355 sowie RGZ 169, 185.
[361] BGH, Urt. vom 28.9.1962 – V ZR 8/61 –, EzGuG 14.14d.
[362] BGH, Urt. vom 21.4.1967 – V ZR 75/64 –, BGHZ 47, 287 = EzGuG 12.8d.

Ankaufsrechte können sich insbesondere bei Erbbaurechten, Heimstätten[363] sowie nach dem SachenRBerG[364] ergeben. Zum Ankaufsrecht eines Erbbaugrundstücks hat der BGH darauf verwiesen, dass bei einem Verkauf an den Erbbauberechtigten andere Preise erzielt werden können als bei einem Verkauf an Dritte, weil nach dem Entstehen eines Eigentümererbbaurechts dieses Recht wirtschaftlich keine wertmindernde Belastung mehr darstellt und der Käufer nicht gehindert ist, den vollen Wert zu realisieren[365].

Darüber hinaus kann eine Verpflichtung zur käuflichen Übernahme eines Grundstücks vereinbart werden (**Ankaufsverpflichtung**). Davon wird insbesondere im Rahmen von Erbbaurechtsverträgen Gebrauch gemacht. So wird z. B. vereinbart, dass der Erbbauberechtigte auf Verlangen des Grundstückseigentümers das Grundstück erwirbt[366].

507 Ein Vorhandsvertrag verpflichtet den Eigentümer, den Vertragsgegenstand vor einem beabsichtigten Verkauf zuerst dem Vorhandsberechtigten anzubieten. Der zugrundeliegende Vertrag begründet keine Pflicht zum Abschluss eines Vertrages über einen Grundstückskauf. Zur Rechtswirksamkeit bedarf ein derartiger Vertrag gem. § 311b BGB der notariellen Beurkundung.

4.3.5 Aneignungsrecht

4.3.5.1 Allgemeines

Schrifttum: *Aust/Jacobs/Pasternak*, Die Enteignungsentschädigung, 6. Aufl. 2007, 218 ff.; *Bewer, C.*, Jagdwertminderung, Taxationspraxis des SVK Heft F 7 SVK Verlag 1983; *Bewer, C.*, Jagdwertminderung, Taxationspraxis des SVK Heft F 15 SVK Verlag 1996; *BMF*, Bekanntmachung der Hinweise zur Ermittlung von Entschädigungen für die Beeinträchtigungen von gemeinschaftlichen Jagdbezirken (JagdH01) vom 7.6.2001 (BAnz Nr. 146a vom 8.8.2001); *Büchs, H.*, Handbuch des Eigentums- und Entschädigungsrechts, Boorberg Verlag, 3. Aufl. 1996; *Fuchs, A.*, Enteignungsentschädigung wegen Minderung des Jagdausübungsrechts, AgrarR 1996, 387; *Köhne, M.*, Landwirtschaftliche Taxationslehre, 3. Aufl., 448; *Krohn/Löwisch*, Eigentumsgarantie, Enteignung, Entschädigung, 3. Aufl.; *Thies, H.-J.*, Neuere Entwicklungstendenzen bei der Beurteilung von durchschneidungsbedingten Jagdwertminderungen, AgrarR 2002, 309; *Thies, H.-J.*, AgrarR 1991, 85 und AgrarR 1993, 293 sowie AgrarR 1996, 388; *Recken* in AgrarR 1977, 250; *Schopp* in MDR 1968, 808; *Wolfram*, HLBS-Information Nr. 52, 2001; *Wolfram*, Exemplarische Kalkulation der Jagdwertminderung am Beispiel des Reviers K-E mithilfe der Schadzonen-Methode, in: Jagdwertminderung, rechtliche und ökonomische Aspekte, HLBS-Verlag, Heft 121, 1988, 123 ff.

508 Das Jagd- bzw. Fischereirecht[367] verleiht dem Jagdberechtigten ein Aneignungsrecht auf „wild lebende jagdbare Tiere" bzw. Fische (§ 1 BJagdG). Es ist zu unterscheiden vom **Jagdausübungsrecht,** das die Ausübung des Jagdrechts von einer bestimmten zusammenhängenden Grundfläche abhängig macht (vgl. die §§ 7 ff. BJagdG). Das Jagdrecht steht

---

363 BGH, Urt. vom 19.3.1975 – IV ZR 9/74 –, NJW 1975, 1021 = EzGuG 14.49.
364 OLG Jena, Urt. vom 2.11.1999 – 8 U 310/99 –, OLGR-Jena 2000, 121 = EzGuG 10.12b.
365 BGH, Urt. vom 19.5.1989 – VZR 103/88 –, MDR 1989, 980 = EzGuG 7.104b; BGH. Urt. vom 3.2.1989 – V ZR 190/87 –, BGHZ 106, 354; BGH. Urt. vom 22.2.1980 – V ZR 135/76 –, MDR 1980, 659 = EzGuG 7.74; BGH, Urt. vom 14.10.1988 – V ZR 157/87 –, NJW 1989, 2189 = EzGuG 7.107; BGH, Urt. vom 9.6.1972 – V ZR 81/70 –, WM 1973, 15 = EzGuG 7.30a; BFH, Urt. vom 23.11.1993 – IX R 101/92 –, EzGuG 7.119; OLG Hamburg, Urt. vom 8.7.1971 – 6 U 24/71 –, EzGuG 7.28; zum Ankaufsrecht bei gesunkenen Bodenwerten: vgl. LG Berlin, Urt. vom 8.12.2005 – 13 0211/05 –, GuG 2006, 314 = EzGuG 7.139; zur Bewertung von Ankaufsrechten nach KostO: OLG München, Beschl. vom 16.12.1975 – BReg 3 Z 108/74 –, EzGuG 14.51a.
366 BGH, Urt. vom 1.10.1976 – V ZR 10/76 –, BGHZ 68, 1 = EzGuG 7.52; BGH, Urt. vom 8.6.1979 – V ZR 191/76 –, EzGuG 7.70; BGH, Urt. vom 22.2.1980 – V ZR 135/76 –, EzGuG 7.74.
367 Zur Ermittlung von Jagdminderungen: Aust/Jacobs, Die Enteignungsentschädigung, 4. Aufl. 1997, S. 454 ff., 475 ff.; zur **Verkehrswertermittlung des Jagdausübungsrechts:** BGH, Urt. vom 4.8.2000 – III ZR 328/98 –, EzGuG 14.135 = GuG 2001, 252; BGH, Urt. vom 12.3.1992 – III ZR 216/90 –, EzGuG 14.110; BGH, Urt. vom 15.2.1996 – III ZR 143/94 –, EzGuG 6.281; BGH, Urt. vom 14.6.1982 – III ZR 175/80 –, EzGuG 14.73; BGH, Urt. vom 5.5.1988 – III ZR 116/87 –, EzGuG 14.84; BVerwG, Urt. vom 4.3.1983 – 4 C 74/80 –, NVwZ 1983, 672; OLG Hamm, Urt. vom 23.11.1992 – 22 U 283/90 –, EzGuG 14.117; BayObLG, Beschl. vom 29.10.1991 – RReg 3 St 127/91 –, EzGuG 14.105; VG Arnsberg, Urt. vom 21.1.1992 – 4 K 3400/91 –, BVerfGE 70, 191 = EzGuG 14.107a; zur **Wertermittlung von Fischereirechten:** BVerfG, Beschl. vom 19.6.1984 – 1 BvL 57/79 –, EzGuG 14.77c; VGH München, Urt. vom 3.3.1994 – 13 A 92.2234 –, EzGuG 17.71; OLG München, Beschl. vom 1.8.1981 – BReg 2 Z 82/91 –, EzGuG 14.103; BGH, Urt. vom 5 4.1968 – V ZR 228/64 –, EzGuG 14.33; BGH, Urt. vom 3.1.1968 – V ZR 219/64 –, EzGuG 14.32.

immer dem Eigentümer zu und kann nicht als selbstständiges dingliches Recht begründet werden. Es ist immer untrennbar mit dem Eigentum an Grund und Boden verbunden (§ 3 Abs. 1 BJagdG)[368]. Das Jagdausübungsrecht muss vom Jagdrecht unterschieden werden. Letzteres berechtigt zur Jagdausübung und darf ausdrücklich nur an Personen mit Jagdschein verpachtet werden.

4.3.5.2 Durchschneidungsbedingte Jagdwertminderung

Schrifttum: *Aust/Jacobs/Pasternack*, Die Enteignungsentschädigung, 6. Aufl. 2007, 218 ff.; *Bewer, C.*, Jagdwertminderung, Schriftenreihe Taxationspraxis; *Büchs, H.*, Handbuch des Eigentums- und Entschädigungsrechts, 3. Aufl. 1996, 483 ff.; *Fuchs, A.*, Enteignungsentschädigung wegen Minderung des Jagdausübungsrechts, AgrarR 1996, 387; *Köhne, M.*, Die Entschädigung für die Wertminderung von Jagdbezirken infolge öffentlicher Maßnahmen, GuG 2007, 86; *Köhne, M.*, Methoden der Entschädigungsermittlung bei Jagdwertminderungen, Schriftenreihe des HLBS Heft 121; *Thies, H.-J.*, Neuere Entwicklungstendenzen bei der Beurteilung von durchschneidungsbedingten Jagdwertminderungen, AgrarR 2002, 309; *Wolfram*, Exemplarische Kalkulation der Jagdwertminderung am Beispiel des Reviers K-E mithilfe der Schadzonen-Methode, in: Jagdwertminderung, rechtliche und ökonomische Aspekte, HLBS-Verlag, Heft 121, 1988, 123 ff.

509 Bei Inanspruchnahme von Grundeigentum kann die Jagdgenossenschaft bzw. der Jagdinhaber eine Enteignungsentschädigung verlangen, wenn der gemeinschaftliche Jagdbezirk bzw. die Eigenjagd durchschnitten wird[369]. Durchschneidungen können zurückgehen insbesondere auf öffentliche Verkehrswege, wie Autobahnen, Bundes-, Kreis- und Gemeindestraßen[370], Eisenbahnen[371], sowie Wasserstraßen. Bei der Bemessung der Enteignungsentschädigung ist der BGH[372] bisher vom **Grundsatz der Parallelverschiebung** ausgegangen. Nach dem Grundsatz der Parallelverschiebung sind bei der Bemessung der Durchschneidungsentschädigung Wertminderungen außer Betracht zu lassen, die auch eingetreten wären, wenn die Trassenführung nicht quer durch den Jagdbezirk, sondern parallel entlang seiner Grenze verliefe. An dieser Rechtsprechung ist von *Thies* Kritik geübt worden[373].

Zur Bemessung der Enteignungsentschädigung wird der jährliche Durchneidungsschaden i. d. R. mit dem Faktor 25 (Dauerschaden) kapitalisiert. Maßstab sind der Jagdpachtzins[374] und die Schadenszone. Die vielfach zur Anwendung kommende Begrenzung der Schadenszone auf einen Streifen von 200 m Breite beiderseits der Durchschneidungsmaßnahme mit einer Begrenzung der Schadensfläche auf maximal 40 ha pro 1 000 m Durchschneidungslänge wird der tatsächlich eingetretenen Wertminderung nicht gerecht. Es kommt vielmehr auf die Verhältnisse des Einzelfalls an. Soweit der Eigentümer bzw. die Jagdgenossenschaft aufgrund des Jagdpachtvertrags den ursprünglichen Pachtzins weiterhin erhält, vermindert sich nach der sog. Fühlbarkeitsrechtsprechung des BGH[375] die Enteignungsentschädigung entsprechend.

Die Wahl des Wertermittlungsverfahrens steht im Streitfalle im grundsätzlichen Ermessen des Tatrichters. Drei Verfahren kommen in der Praxis zur Anwendung:

a) das Pachtzinsdifferenzverfahren nach *Wolf*[376],

---

368 Gaßner, O., Jagdrecht in: Lexikon der Immobilienwertermittlung, Bundesanzeiger, 2. Aufl., 385.
369 BGH, Urt. vom 14.6.1982 – III ZR 175/80 –, BGHZ 84, 261 = EzGuG 14.72b; BGH, Urt. vom 4.1.1972 – III ZR 216/90 –, EzGuG 14.110 = NJW 1992, 2078; BGH, Urt. vom 15.2.1996 – III ZR 143/94 –, BGHZ 132, 63 = NJW 1996, 1897 = EzGuG 14.127; BGH, Urt. vom 20.1.2000 – III ZR 110/99 –, NJW 2000, 1720; BGH, Urt. vom 4.8.2000 – III ZR 328/98 –, BGHZ 145, 83 = EzGuG 14.135 = NJW 2000, 3638 = AgrarR 2001, 320; OLG Stuttgart, Urt. vom 1.12.1998 – 10 U 80/96 –, AgrarR 2000, 194 = EzGuG 14.131a.
370 OLG Celle, Urt. vom 22.1.2000; OLG Bamberg, Urt. vom 21.10.1996 – 4 U 49/94 –, EzGuG 14.128 = NVwZ 1998, 211.
371 BGH, Urt. vom 20.1.2000 – III ZR 110/99 –, NJW 2000, 1720 = BGHZ 143, 121 = EzGuG 14.134a.
372 BGH, Urt. vom 20.3.1975 – III ZR 215/71 –, BGHZ 64, 220 = EzGuG 13.25; BGH, Urt. vom 11.3.1997 – X ZR 146/94 –, WM 1997, 1258 (1261); BGH, Urt. vom 8.10.1981 – III ZR 46/80 –, WM 1982, 277 = EzGuG 4.79.
373 Thies, H.-J., Neuere Entwicklungstendenzen bei der Beurteilung von durchschneidungsbedingten Jagdwertminderungen, AgrarR 2002, 309.
374 BGH, Urt. vom 12.3.1992 – III ZR 216/90 –, BGHZ 117, 309 = EzGuG 14.110.
375 BGH, Urt. vom 12.3.1992 – III ZR 216/90 –, NJW 1992, 2078 = EzGuG 14.110; BGH, Urt. vom 15.2.1996 – III ZR 143/94 –, BGHZ 132, 63 = WM 1996, 1231 = EzGuG 14.127.
376 Dargestellt in Aust/Jacobs, Die Enteignungsentschädigung, 4. Aufl., 475.

b) das Pachtzinsdifferenzverfahren nach *Bewer*[377] und

c) die Schadenszonen-Methode nach *Wolfram* (s. Schrifttum).

4.4 Sicherungs- und Verwertungsrecht

4.4.1 Übersicht

▶ *Vgl. § 1 ImmoWertV Rn. 80 ff.*

Bei den Verwertungsrechten (Abb. 109) unterscheidet man zwischen   510

a) den *Pfandrechten*, wobei das Bürgerliche Gesetzbuch im Achten Abschnitt (§§ 1113 bis 1203 BGB) die Pfandrechte an Grundstücken untergliedert in:
- die Hypothek (§§ 1113 ff. BGB),
- die Grundschuld (§§ 1191 ff. BGB) und
- die Rentenschuld (§§ 1199 ff. BGB),

b) sowie der *Reallast*.

Abb. 109: Übersicht über die Sicherungs- und Verwertungsrechte

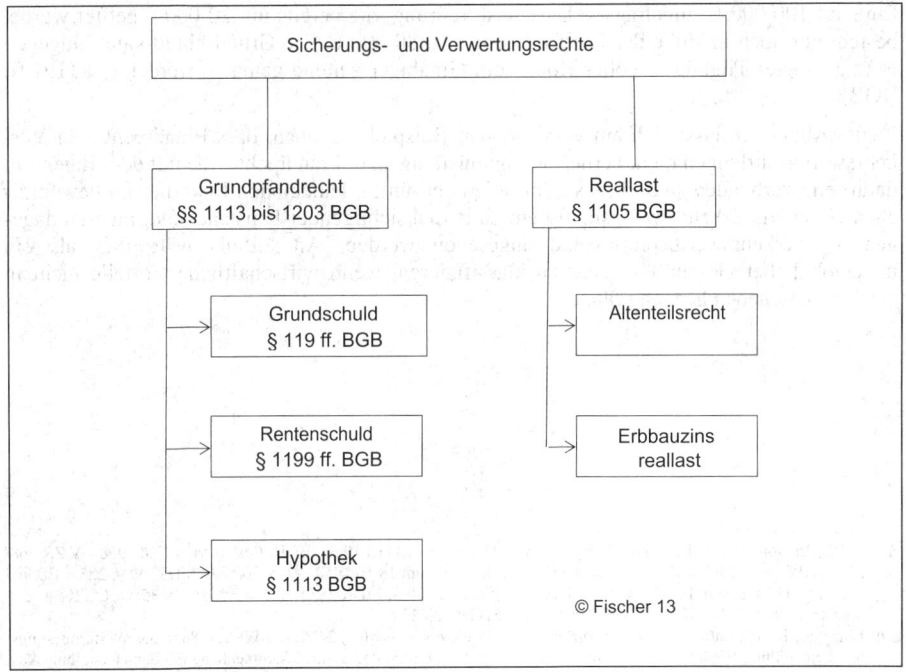

4.4.2 Grundpfandrecht

Das BGB kennt den **Begriff „Grundpfandrechte"** nicht. Er stammt aus dem allgemeinen   511
Sprachgebrauch und bezeichnet die sogenannten Verwertungsrechte wie Hypotheken
(§§ 1113 bis 1190 BGB), Grundschulden (§§ 1191 bis 1198 BGB) und Rentenschulden
(§§ 1199 bis 1203 BGB). Sie geben dem Berechtigten ein dingliches Verwertungsrecht am

---

[377] Dargestellt in Aust/Jacobs, Die Enteignungsentschädigung, 4. Aufl., 454.

VIII Rechte und Belastungen — Verwertungsrechte

belasteten Grundstück und sind zur Sicherung von Krediten in Abteilung III des Grundbuchs eingetragen.

Nach h. M. wirken sich die in Abt. III eingetragenen **Pfandrechte regelmäßig nicht auf den Verkehrswert des Grundstücks** aus, da sie im Verkaufsfall lediglich zur Verrechnung kommen[378]. Sie trägt dem Umstand Rechnung, dass Finanzierungskosten die Höhe des Verkehrswerts nicht beeinflussen[379]. In der Rechtsprechung wird diesem Grundsatz nicht immer konsequent gefolgt[380]. Zumindest können die auf einem Grundstück lastenden dinglichen Belastungen z. B. einen höheren Kaufpreis, nicht aber einen höheren Verkehrswert rechtfertigen, wenn sie besonders günstig sind und vom Erwerber übernommen werden.

512 Derartig beeinflusste Kaufpreise mögen zwar grundsätzlich dem gewöhnlichen Geschäftsverkehr zuzurechnen sein, sie können gleichwohl nicht ohne Weiteres als Vergleichspreise herangezogen werden. Eine **Verkehrswertbeeinflussung kann sich aber ergeben, wenn z. B. die auf einem bestimmten Objekt üblicherweise ruhenden Belastungen vergleichsweise besonders günstig und von jedem Erwerber zu übernehmen sind.** Im Rahmen der *Verkehrswertermittlung von Grundstücken im Bereich der sozialen Wohnraumförderung* ist die Berücksichtigung günstiger Kredite sogar üblich, denn wirtschaftlich betrachtet stellen zinsgünstige öffentliche Darlehen ein Äquivalent für mietpreisrechtliche Bindungen dar[381].

513 Im Unterschied zur Grundschuld ist die **Hypothek** (*mortgages*) – streng akzessorisch – forderungsabhängig, d. h., derjenige, zu dessen Gunsten die Belastung in der Weise erfolgt, dass eine bestimmte Geldsumme zur Befriedigung einer ihm zustehenden Forderung aus dem Grundstück zu zahlen ist, kann sie nur in der jeweiligen Höhe der Forderung geltend machen. Eine auf 100 000 € eingetragene Darlehnsforderung, die bereits um 20 000 € getilgt wurde, besteht nur noch in Höhe der Restforderung von 80 000 €. Die Grundschuld kann hingegen trotz getätigter Tilgung in voller Höhe vom Gläubiger geltend gemacht werden (§§ 1191 ff. BGB).

514 **Fazit:** Allgemein lässt sich am vorstehenden Beispiel erkennen, dass Pfandrechte bei Verkehrswertermittlungen nicht berücksichtigungsfähig sind. Pfandrechte, die mit dem Eigentum derart eng verbunden sind, dass sie für jeden vernünftig handelnden Erwerber im gewöhnlichen Geschäftsverkehr zwangsläufig ein zu berücksichtigender Umstand sind, müssen dagegen als verkehrswertbeeinflussend angesehen werden. Andernfalls wäre dies als ein ungewöhnlicher Geschäftsverkehr zu klassifizieren, wenn wirtschaftliche Vorteile nicht in das Preisgeschehen Eingang fänden.

---

[378] BGH, Urt. vom 2.4.1954 – V ZR 134/52 –, NJW 1954, 955 = EzGuG 19.3b; BGH, Beschl. vom 13.6.1958 – V ZR 268/56 –, NJW 1958, 1397 = EzGuG 14.8; OLG Köln, Beschl. vom 18.10.1958 – 9 W 20/58 –, MDR 1959, 223 = EzGuG 20.23; OLG München, Beschl. vom 13.1.1981 – 5 W 2607/80 –, MDR 1981, 501 = EzGuG 19.35e; OLG Köln, Urt. vom 16.9.1960 – 4 U 152/59 –, NJW 1961, 785 = EzGuG 20.27.

[379] Einen gewissen „Einbruch" in diese Auffassung stellt die erstmals mit § 22 Abs. 2 WertV 88 in das Wertermittlungsrecht eingeführte Ergänzung der Baunebenkosten um die „in unmittelbarem Zusammenhang mit den Herstellungskosten einer baulichen Anlage" anfallenden Finanzierungskosten (vgl. auch Beschl. 1 Ziff. 3 zu § 5 Abs. 5 II. BV sowie DIN 276). Im Rahmen der Anwendung des Extraktionsverfahrens (Residualwertverfahrens) werden abweichend von dem hier vorgestellten Grundsatz die Finanzierungskosten zum Ansatz gebracht.

[380] BFH, Urt. vom 14.8.1953 – III 33/53 U –, BFHE 57,733 = EzGuG 20.16a; RFH, Urt. vom 8.10.1926 – II A 429/26 –, ZfV 1928, 117 = JW 1928, 44 = EzGuG 14.1a; LG Köln, Beschl. vom 21.7.1976 – 70 O 40/76 –, NJW 1977, 255 = EzGuG 19.30.

[381] Kleiber in Ernst/Zinkahn/Bielenberg, BauGB, Komm. § 28 WertV Rn. 57 ff.; BFH, Urt. vom 18.12.1985 – II R 229/83 –, BFME 146, 95 = EzGuG 29.111. Der Hinweis von Zimmermann/Heller (Der Verkehrswert von Grundstücken, München 1995, 196), nach dem dies zu einer in der Praxis nicht handhabbaren Kasuistik führe, ist nicht überzeugend. Wer sich bei der Verkehrswertermittlung von Grundstücken nicht der Kasuistik des Einzelfalls stellt, sollte sich dieser Aufgabe dann nämlich gar nicht erst annehmen.

4.4.3 Reallast

Die Reallast[382] *(land charges)* ist die Belastung eines Grundstücks der Art, dass an den Berechtigten **wiederkehrende Leistungen aus dem Grundstück** zu entrichten sind (§ 1105 BGB). Reallasten lassen sich nach privatrechtlichen und öffentlich-rechtlichen Reallasten unterscheiden. Die Reallast nimmt eine Mittelstellung zwischen den Nutzungs- und Sicherungsrechten ein; ihrem Charakter nach ist sie den Nutzungsrechten zuzuordnen, wenn es um Leistungen geht, die aus dem Grundstück kommen, während bei den „auf Geld gerichteten Reallasten" der Sicherungszweck im Vordergrund steht.

515

Die Reallast unterscheidet sich von der **Rentenschuld** (§ 1199 BGB) insbesondere darin, dass sie außer Geldbeträgen auch andere Leistungen zum Gegenstand haben kann. Hierzu gehören

516

- Sicherung von Erbbauzinsen,
- Altenteile (Leibgeding, Auszug, Leibzug; vgl. Rn. 459), d. h. Ansprüche auf Sach- und Dienstleistungen, die aus einem Grundstück dem Berechtigten ganz oder teilweise für eine bestimmte Zeit oder dauernd Versorgung gewähren.

Nach h. M.[383] verleiht sie kein unmittelbares Nutzungsrecht. Das Grundstück haftet nur für die Entrichtung der Leistungen durch den Eigentümer. Bei dieser Betrachtungsweise nähert sich die Reallast den Grundpfandrechten, insbesondere der Rentenschuld. Sie gehört daher wie diese zu den Verwertungsrechten. Da bei der Verkehrswertermittlung nur solche Beschränkungen zu berücksichtigen sind, die nach Inhalt und Entstehung mit der Beschaffenheit des Grundstücks zusammenhängen, werden **Reallasten im Allgemeinen nicht den Verkehrswert beeinflussen**.

517

Die **Reallast** kann im Übrigen auch **zugunsten des jeweiligen Eigentümers eines anderen Grundstücks** bestellt werden (§ 1105 Abs. 2 BGB).

518

Reallasten werden nach § 873 BGB durch **Einigung und Eintragung im Grundbuch** begründet. Dies gilt entsprechend für die Übertragung von Reallasten. Die Reallast erlischt als Ganzes durch Aufhebung gemäß § 875 BGB, durch Ablösung oder durch Zuschlag des Grundstücks in der Zwangsversteigerung.

519

Die Reallast lastet als Ganzes auf dem Grundstück. Die Haftung für einzelne Leistungen wird – wie bei Hypothekenzinsen – im Wege der **Zwangsvollstreckung** durchgesetzt (§ 1107 BGB), wobei sich die Haftung auf alle Gegenstände erstreckt, für die die Hypothek eingeräumt wurde. Die dingliche Haftung trifft den jeweiligen Eigentümer ohne Rücksicht darauf, ob die Leistungen während seines Eigentums fällig werden oder es sich um Rückstände aus vorangegangenem Eigentum handelt.

520

---

382 Baur, Lehrbuch des Sachenrechts, München 1983, 22, 314.
383 Staudinger, BGB, 11. Aufl., Anm. I 2 zu § 1105 BGB.

Teil IX

Beleihungswertermittlung
nach den Grundsätzen der
Beleihungswertermittlungsverordnung – BelWertV

Teil IX

Beleihungswertermittlung
nach dem Ansatz der
Beleihungswertermittlungsverordnung - BerWertV

Beleihungswertermittlung nach den Grundsätzen der Beleihungswertermittlungsverordnung – BelWertV

Gliederungsübersicht

		Rn.
1	Vorbemerkungen zur Beleihungswertermittlungsverordnung (BelWertV)	
	1.1 Beleihungswert und Marktwert	1
	1.2 Regulatorischer Rahmen	4
	1.3 Pfandbriefdeckung	7
	1.4 Darlehenshöhe und Beleihungsgrenze	8
	1.5 Nutzung des Beleihungswerts außerhalb der Pfandbriefdeckung	9
	1.6 Ermittlung und Festsetzung des Beleihungswerts	12
	1.7 Ergänzende Regelungen	14
	1.8 Sonstige kreditwirtschaftliche Kennzahlen	17
	1.8.1 Kapitaldienstfähigkeit	17
	1.8.2 Zinsdeckungsgrad	18
	1.8.3 Beleihungsauslauf	19
	1.8.4 Loan-to-value-ratio	
	1.9 Verbände, Institutionen	21
	1.10 Pfandbriefe als besondere Wertpapiergattung	24
	1.10.1 Inhalt des Deckungsstocks	28
	1.11 Art der Sicherheiten für Hypothekenpfandbriefe	33
	1.11.1 Beleihung befristeter Rechte	36
	1.11.2 Abbaugrundstücke	40
	1.11.3 Grundstücke der Land- und Forstwirtschaft	42
	1.11.4 Unbebautes Bauland und unfertige Bauten	43
	1.12 Sonderimmobilien	52
2	Beleihungsgrenze	
	2.1 Grundlagen	57
	2.2 Trennungsgebot	60
	2.3 Berücksichtigung von Vorlasten	62
3	Lasten und Beschränkungen in der Beleihungswertermittlung	
	3.1 Allgemeines	63
	3.2 Beleihungsgrenze unter Berücksichtigung von Vorlasten	65
	3.3 Ausnahmen	66
	a) Variante 1: Ausschluss der Deckungsstockfähigkeit oder der Eignung als Pfandobjekt	69
	b) Variante 2: Wertminderung durch eine vorrangige Belastung	73
	c) Variante 3: Sonstige „versteigerungsfeste" Belastungen	74
	d) Variante 4: Einschränkende Wertminderung nachrangiger Belastungen	75
	e) Variante 5: Ausschluss oder Limitierung der Wertminderung durch Vereinbarung	76
	3.4 Spezielle Belastungen	78
	3.4.1 Mieterdienstbarkeiten	79
	3.4.2 Erbbauzinsreallast	88
	3.4.2.1 Bedeutung für den Grundstückseigentümer (Erbbaurechtsgeber)	88
	3.4.2.2 Erbbauzinsreallast als Vorlast	91
	3.4.2.3 Nachrangige Erbbauzinsreallast	94
	3.4.3 Auflassungsvormerkungen	99
	3.4.4 Vorkaufsrechte	103
	3.4.5 Lebenslange Wohnungs-, Nutzungs- oder Nießbrauchsrechte	105
	3.4.6 Altenteile	112
	3.4.7 Betriebsrechte für Photovoltaikanlagen	114
	3.4.8 Eintragungen auf der Grundlage des BauGB	117
	3.4.9 Bergschadensverzicht	119
4	Versicherungspflicht	
	4.1 Relevante Risiken	126

4.2 Höhe des Versicherungsschutzes	128
4.3 Aufgaben des Gutachters	130
5 Rechtsgrundlagen der Beleihungswertermittlung im Einzelnen	
§ 1 BelWertV Anwendungsbereich	132
§ 2 BelWertV Gegenstand der Wertermittlung	132
§ 3 BelWertV Grundsatz der Beleihungswertermittlung	135
§ 4 BelWertV Verfahren zur Ermittlung des Beleihungswerts	155
§ 5 BelWertV Gutachten	176
§ 6 BelWertV Gutachter	176
§ 7 BelWertV Unabhängigkeit des Gutachters	176
§ 8 BelWertV Grundlagen der Ertragswertermittlung	188
§ 9 BelWertV Ermittlung des Ertragswerts der baulichen Anlage	188
§ 10 BelWertV Rohertrag	199
§ 11 BelWertV Bewirtschaftungskosten	247
§ 12 BelWertV Kapitalisierung der Reinerträge	261
§ 13 BelWertV Ermittlung des Ertragswerts in besonderen Fällen	276
§ 14 BelWertV Grundlagen der Sachwertermittlung	300
§ 15 BelWertV Bodenwert	306
§ 16 BelWertV Wert der baulichen Anlage	311
§ 17 BelWertV Wertminderung wegen Alters	311
§ 18 BelWertV Berücksichtigung sonstiger wertbeeinflussender Umstände	329
§ 19 BelWertV Ermittlung des Vergleichswerts	348
§ 20 BelWertV Bauland	355
§ 21 BelWertV Erbbaurechte und andere grundstücksgleiche Rechte	367
§ 22 BelWertV Landwirtschaftlich genutzte Grundstücke	389
§ 23 BelWertV Maschinen und Betriebseinrichtungen	368
§ 24 BelWertV Wohnungswirtschaftlich genutzte Objekte bei Vergabe von Kleindarlehen	402
§ 25 BelWertV Beleihungen im Ausland	402
§ 26 BelWertV Überprüfung der Grundlagen der Beleihungswertermittlung	402

1 Vorbemerkungen zur Beleihungswertermittlungsverordnung (BelWertV)

Schrifttum: *Crimmann, W.*, Der Beleihungswert, vdp Schriftenreihe Nr. 48, Berlin 2011; *Pohnert, F. u. a.*, Kreditwirtschaftliche Wertermittlungen: Typische und atypische Beispiele in der Immobilienbewertung, 7. Auflage, Luchterhand, Köln 2011; Studienreihe der HypZert GmbH, u. a. „Bewertung von Einzelhandelsimmobilien", 2. Auflage, Berlin 2013, „Bewertung von Logistikimmobilien", Berlin 2010; *Reischauer/Kleinhans*, Kreditwesengesetz, Loseblattsammlung, 2007; *Hofmann, G.*, Basel III und MaRisk: Regulatorische Vorgaben, bankinterne Verfahren, Risikomanagement; Frankfurt 2011; *Gladenbeck, M.*, Kreditsicherung durch Grundschulden; Berlin 2011; *Smola, R.*, PfandBG – Kommentar, Berlin 2012.

▶ *§ 1 ImmoWertV Rn. 9 ff.; § 194 BauGB Rn. 1 ff., 120 ff.; Vorbem. zur ImmoWertV Rn. 1 ff.*

1.1 Beleihungswert und Marktwert

1 Grundlegend für das Konzept des Verkehrswerts ist das **Stichtagsprinzip**. Diesem ist immanent, dass der Wert jederzeit, ggf. innerhalb von Tagen, steigen oder sinken kann. Mehr noch: über längere Zeiträume betrachtet, sind **Veränderungen marktüblicher Preise** in einer Marktwirtschaft als Normalfall anzusehen. Neben solchen marktbedingten Entwicklungen sind auch Veränderungen eines Grundstücks selbst und seiner Umgebung innerhalb längerer Zeiträume unabwendbare Bestandteile der Lebenswirklichkeit. Diese Umstände führen dazu, dass auf den Wert einer Immobilie langfristig „kein Verlass" ist.

Dient ein Grundstück als Sicherheit für ein Darlehen, so ist der Kreditgeber daran interessiert, eine **Rückzahlung in verlässlicher Höhe** zu erhalten, wenn er die Sicherheit **zu einem späteren Zeitpunkt** tatsächlich verwerten muss. Schwankungen des Grundstückswerts sind jedoch, wie oben dargestellt, unvermeidlich. Dadurch kann der Wert steigen, aber auch fallen, sodass unter Umständen das Pfandobjekt zur Deckung des Kreditrisikos nicht mehr ausreicht. Als Ausweg aus diesem Interessenkonflikt bleibt nur, einen **Sicherheitenwert** zu finden, der unterhalb dessen liegt, was bei vernünftiger Betrachtung als untere Grenze der zukünftigen Wertschwankungen des Pfandobjekts anzusehen ist. **Ein solcher Wert versteht sich daher nicht als Stichtagswert, sondern bezieht sich auf einen Zeitraum mehrerer Jahre, in dem er seine Gültigkeit behalten soll.** Konstruiert man einen solchen Sicherheitenwert, so folgt daraus, dass dem Pfandobjekt zwei Werte zugeordnet werden: der ihm innewohnende Verkehrswert (Marktwert) und der Sicherheitenwert, der nach eigenen „Spielregeln" ermittelt wird und in der Regel unterhalb des Marktwerts liegt.

Dieses Konzept und der dabei maßgebliche Begriff „Beleihungswert" haben in Deutschland schon eine mehr als 100-jährige Geschichte[1]. Ähnliche Konzepte wurden und werden auch in anderen Ländern mit einem staatlich regulierten Bankensektor verfolgt, z. B. in Österreich („Belehnwert") oder Spanien („Valor Hipotecario").

1.2 Regulatorischer Rahmen

▶ *§ 8 ImmoWertV Rn. 43, 150, 188*

Zukünftige Wertverluste sind naturgemäß nicht sicher vorherzusagen. Für die direkte Ermittlung des gesuchten Sicherheitenwerts gibt es daher weder eine Formel noch ein Patentrezept. Notwendig ist daher eine hilfsweise Lösung des Problems, ein **„Kunstgriff, der die eigentlich notwendige Prognose ersetzt"**[2]. Einen solchen Kunstgriff stellt das Konzept des Beleihungswerts nach § 16 PfandBG und BelWertV dar.

In den Jahren 2005 und 2006 traten das Pfandbriefgesetz (**PfandBG**) und die Beleihungswertermittlungsverordnung (Verordnung über die Ermittlung der Beleihungswerte von Grundstücken – **BelWertV**) in Kraft. Damit wurden der Beleihungswert und seine Ermittlung in ihrem Wesen grundlegend umgestaltet. An die Stelle individueller Wertermittlungsanweisungen der Kreditinstitute trat nun eine **einheitliche Norm**; diese ist von allen Banken bei der Emission von Pfandbriefen einzuhalten.[3]

Neben der Definition des Begriffs **Beleihungswert** (§ 16 Abs. 2 PfandBG i. V. m. § 3 BelWertV, vgl. Rn. 135) hat dieses Konzept im Wesentlichen folgende vier Schwerpunkte:

- **organisatorische Regeln**, insbesondere zur Auswahl des Gutachters und zur Trennung von Wertermittlung, Beleihungswertfestsetzung und Kreditprozess (vgl. Rn. 60),
- Vorgaben zur **Verfahrenswahl**, insbesondere das „2-Säulen-Prinzip" (vgl. Rn. 155 ff.),
- das Vorsichtsprinzip, meist in Form des **Niederstwertprinzips**; demzufolge ist beim Auseinanderfallen von objektspezifischen, marktüblichen und nachhaltigen Werten (Miete, Instandhaltungskosten u. Ä.) immer der Ansatz zu wählen, der zum jeweils niedrigeren Ergebnis bei der Wertermittlung führt,
- Regeln zur Wahl der **Bewertungsansätze**, d. h. die Vorgabe von Sicherheitsab- oder -zuschlägen sowie Grenzwerten (Minimal- oder Maximalansätze bzw. Bandbreiten).

Es handelt sich damit um eine regelungsorientierte Vorschrift, die nicht nur normative oder qualitative Prinzipien, sondern auch konkrete Vorgaben zu quantitativen Ansätzen macht.

---

1 Vgl. Kleiber, Verkehrswertermittlung von Grundstücken, 6. Aufl. S. 2932 (Teil X Rn. 33 ff.).
2 Kerl, V., Bankaufsichtliche Anforderungen an den Realkredit, München 1994.
3 Bis 2005 hatten nur Spezialbanken, z. B. Hypothekenbanken, das Recht, Pfandbriefe zu emittieren. Seither darf grundsätzlich jede Bank Pfandbriefe ausgeben.

1.3 Pfandbriefdeckung

▶ *Rn. 57*

7   Der **originäre Zweck**, den der Beleihungswert laut einschlägiger gesetzlicher Norm hat, ist die Ermittlung der Höchstgrenze, bis zu der Hypotheken zur **Deckung von Pfandbriefen** genutzt werden dürfen (vgl. § 14 PfandBG). Diese Deckungsgrenze liegt bei **60 % des Beleihungswerts**. Die gesamte Vermögensmasse, die der Deckung des Pfandbriefs dient und die im Deckungsregister (§ 5 PfandBG) eingetragen ist, wird häufig als „**Deckungsstock**" bezeichnet, ohne dass dieser Begriff in das Gesetz Eingang gefunden hätte. Als „**deckungsstockfähig**" werden etwas unscharf verschiedene Dinge bezeichnet: Pfandobjekte, wenn sie den Bedingungen des Gesetzes genügen, oder Hypotheken an solchen Objekten oder auch nur der 60 %-Anteil, der tatsächlich zur Deckung genutzt wird.

1.4 Darlehenshöhe und Beleihungsgrenze

8   Der Wert, der den 60 % des Beleihungswerts in Euro entspricht, wird von der BaFin häufig als „**Beleihungsgrenze**" bezeichnet (früher auch: erststelliger Hypotheken- oder Beleihungsraum). Der Begriff „Beleihungsgrenze" darf nicht in der Weise missverstanden werden, dass ein höherer Beleihungsauslauf oder ein höherer Betrag der Hypothek im Grundbuch untersagt wäre; er bezieht sich ausschließlich auf die Begrenzung des Deckungswerts nach § 14 PfandBG. Die Teile eines Darlehens, die über die Beleihungsgrenze hinausgehen, werden gelegentlich als „**Außerdeckungsteile**" bezeichnet.

1.5 Nutzung des Beleihungswerts außerhalb der Pfandbriefdeckung

9   ▶ *Verweise auf den Beleihungswert finden sich u. a. in §§ 10 und 10a KWG sowie in § 35 SolvV und in § 14 GroMiKV*

10 Die Bedeutung des Beleihungswerts ist damit noch nicht vollständig umrissen, da auch in anderen Zusammenhängen auf ihn zurückgegriffen wird: Als weitere wesentliche Verwendungszwecke sind einerseits die Regeln zur Ermittlung von **Anrechnungserleichterungen nach dem KWG**[4], andererseits die von vielen Kreditgebern praktizierte Bindung von **Darlehensobergrenzen** an den Beleihungswert (vgl. *Beispiel* Rn. 211 f.) zu nennen. Der Beleihungswert wird so zum „*Diener zweier Herren*"[5].

11 Während die **Anrechnungserleichterungen nach KWG** gesetzlich normiert sind, ist im Gegensatz dazu die Festlegung einer **Darlehensobergrenze** in einer festen Relation zum Beleihungswert den Kreditinstituten überlassen und nicht Gegenstand einer zwingenden rechtlichen Regulierung. Generell ist dem Gutachter zu empfehlen, in seiner praktischen Arbeit die vielfältigen Konsequenzen der Beleihungswertermittlung nicht aus dem Auge zu verlieren.

1.6 Ermittlung und Festsetzung des Beleihungswerts

12 Die **Ermittlung des Beleihungswerts**, i. d. R. mittels eines Gutachtens (§ 5 Abs. 1 BelWertV), ist von der **Festsetzung des Beleihungswerts** durch das Kreditinstitut zu unterscheiden. Es handelt sich um **zwei voneinander getrennte Schritte** im Rahmen des Prozesses der Kreditentscheidung (vgl. § 7 Abs. 1 Satz 3 BelWertV).

13 Die nachfolgenden Ausführungen beschränken sich auf die kreditwirtschaftlichen Regeln, die bei der praktischen Beleihungswertermittlung zu berücksichtigen sind. Hinsichtlich der zuvor erwähnten weiteren Regelungen und Zusammenhänge, in die der Beleihungswert eingebunden ist (insbesondere die Regelungen des KWG), wird auf die zitierte Fachliteratur verwiesen.

---

4   Vgl. Crimmann, a. a. O., S. 49 ff.
5   Ott, Hat der Beleihungswert ein Verhältnis?, in: GuG 2012, 342 ff.

1.7 Ergänzende Regelungen

Neben den Normen des PfandBG und der BelWertV gibt es weitere spezifische Regelungen, die in der Beleihungswertermittlung beachtlich sind:

– **Wertermittlungsanweisungen,** -handbücher u. Ä. **einzelner Kreditinstitute,**

– **Rundschreiben,** schriftliche Auskünfte u. Ä. der Bundesanstalt für Finanzdienstleistungsaufsicht (**BaFin**),

– gesetzliche und andere verbindliche Normen des Kreditwesens.

Anweisungen einzelner Pfandbriefbanken sind naturgemäß nur dann für die Gutachtenerstattung maßgeblich, wenn Bewertungen bzw. Gutachten für diese Banken erstellt werden.

Verlautbarungen der BaFin müssen hingegen als **allgemeinverbindlich für die Beleihungswertermittlung** angesehen werden. Die BaFin bedient sich dieses Mittels zur Ausgestaltung der Beleihungswertermittlung mit großer Zurückhaltung.

1.8 Sonstige kreditwirtschaftliche Kennzahlen

1.8.1 Kapitaldienstfähigkeit

Kapitaldienstfähigkeit bedeutet allgemein, dass die Liquidität, die dem Darlehensnehmer zur Verfügung steht, für Zins, Tilgung und sonstige Verpflichtungen ausreicht. Die Kapitaldienstfähigkeit wird auf verschiedenen Ebenen analysiert, u. a. in Bezug auf die gesamten wirtschaftlichen Verhältnisse des Kreditnehmers, indem seine gesamte Liquidität allen von ihm übernommenen Verpflichtungen gegenübergestellt wird. Diese Betrachtungsweise ist bei der Kreditentscheidung maßgeblich.

Daneben wird auch die **Kapitaldienstfähigkeit auf Objektebene** betrachtet, wobei hier als Liquidität der Rohertrag des Grundstücks unter Abzug aller laufenden objektbezogenen Kosten[6] betrachtet wird. Diesem Ertrag werden die Verpflichtungen gegenübergestellt, die sich aus der Beleihung des Objekts ergeben.

Maß der Kapitaldienstfähigkeit ist der **Deckungsgrad** (*Debt Service Coverage Ratio, DSCR*), d. h. das **Verhältnis von Liquidität zu Schuldendienst** (i. d. R. Zins und Tilgung).

Wenn Kreditinstitute die Kapitaldienstfähigkeit auf Objektebene betrachten, so gehen sie meist vom Reinertrag des Objekts aus. Daher ist die treffende Ermittlung von Roh- und Reinertrag nicht nur für die Wertermittlung, sondern auch für die Beurteilung der Kapitaldienstfähigkeit von großer Bedeutung.

1.8.2 Zinsdeckungsgrad

Tritt aufseiten des Kreditnehmers ein Liquiditätsengpass auf, so kann dieser noch überbrückt werden, wenn die oben beschriebene **Liquidität** zumindest noch **für die Zahlung der laufenden Zinsen** ausreicht und wenn eine Verbesserung der Situation in der Zukunft absehbar ist. Deshalb werden die Zinsen in Relation zur Liquidität gesetzt. Zwischen beiden sollte ausreichend „Luft" sein, damit Liquiditätsschwankungen (oder auch Zinssteigerungen bei Krediten mit variablem Zins) aufgefangen werden können.

Das **Verhältnis von Liquidität zu Zinsen** wird **Zinsdeckungsgrad oder Zinslastquote** (*interest service cover ratio, ISCR,* oder *debt burden level*) genannt. Es kann – ebenso wie der Kapitaldienstdeckungsgrad – auf Ebene des Kreditnehmers oder des Einzelobjekts betrachtet werden.

---

6 Ob alle Bewirtschaftungskosten oder nur die liquiditätswirksamen Kosten abzuziehen sind, ist nicht eindeutig geregelt. In jedem Fall sind andere Belastungen, z. B. Erbbauzinsen, Rentenschulden usw., liquiditätsmindernd zu berücksichtigen. Daher kann die Liquidität vom Reinertrag abweichen.

1.8.3 Beleihungsauslauf

19 In Deutschland wird das **Verhältnis von Darlehenshöhe zum Beleihungswert** als Beleihungsauslauf bezeichnet. (Der Begriff unterscheidet sich damit von seinem vermeintlichen Pendant im englischsprachigen Raum (*loan-to-value-ratio*), das sich auf den Marktwert bezieht, vgl. Rn. 20) **Berücksichtigung finden** neben dem Darlehen der Bank auch **andere vorrangige Darlehen und sonstige Vorlasten.**

Beispiel:

Immobilie mit 1,2 Mio. € Verkehrswert (Marktwert) und 1,0 Mio. € Beleihungswert
Vorrangige Erbbauzinsreallast, Wert: 100 000 €
erststelliges Darlehen (Bank A): 500 000 €
nachrangiges Darlehen (Bank B): 250 000 €
Beleihungsauslauf aus der Sicht von Bank A: (100 000 € + 500 000 €)/1 Mio. € = 60 %
Beleihungsauslauf aus der Sicht von Bank B: (100 000 € + 500 000 € + 250 000 €)/1 Mio. € = 85 %
Der maximal zulässige Beleihungsauslauf wird als **Beleihungsgrenze**[7] **oder -satz** bezeichnet.

1.8.4 *Loan-to-value-ratio*

20 Insbesondere im englischsprachigen Ausland ist der Beleihungswert weitgehend unbekannt. Daher bildet das **Verhältnis von Darlehenshöhe zum Marktwert** eine wichtige Kennzahl. Diese wird als loan-to-value-ratio bezeichnet. Im vorangegangenen Beispiel beträgt dieses aus der Sicht von Bank A (100 000 € + 500 000 €)/1,2 Mio. € = 50 %.

1.9 Verbände, Institutionen

▶ *Vgl. Teil II Rn. 112 ff.*

21 Die **Bundesanstalt für Finanzdienstleistungsaufsicht**[8] ist Aufsichtsbehörde u. a. aller Kreditinstitute und zugleich exekutives Organ, welches durch seine Verlautbarungen das für ihr Zuständigkeitsgebiet maßgebliche Recht, also u. a. auch die Beleihungswertermittlung, ausgestaltet und weiterentwickelt. U.a. ist sie vom Bundesministerium für Finanzen zum Erlass der Beleihungswertermittlungsverordnung ermächtigt worden.

22 Die **HypZert GmbH**[9] wird von den 6 Spitzenverbänden der Kreditwirtschaft getragen und wurde zu dem Zweck gegründet, die Qualität der kreditwirtschaftlichen Wertermittlung zu sichern. Dies geschieht im Wesentlichen durch die Personenzertifizierung nach ISO/IEC 17024, die von dieser Gesellschaft seit 1996 durchgeführt wird. Daneben fördert sie die Weiterbildung durch eigene Veranstaltungen und durch die Publikation von Studien.

Neben der HypZert GmbH bieten weitere Institutionen Zertifizierungen an, die speziell auf die Anforderungen der kreditwirtschaftlichen Wertermittlung zugeschnitten sind[10]. Hinsichtlich der Zahl der Zertifizierungen für Beleihungswertermittlung hat die HypZert GmbH die Marktführerschaft inne.

23 Der **Verband deutscher Pfandbriefbanken**[11] ist aus mehreren Verbänden der Kreditwirtschaft hervorgegangen. Er hat rd. 40 Kreditinstitute als Mitglieder, die im Pfandbriefgeschäft tätig sind. Er vertritt die Institute in der Öffentlichkeit und gegenüber der Politik. Darüber hinaus hat er personelle und organisatorische Ressourcen für eigene Marktforschung, insbesondere Datenerhebungen, geschaffen. Die Ergebnisse sind zum Teil der Öffentlichkeit, zum Teil auch nur den Mitgliedern zugänglich.

---

7 Der Begriff „Beleihungsgrenze" sollte in diesem Zusammenhang nicht mehr verwendet werden, da er in Sprachgebrauch des Pfandbriefrechts für die 60 %-Deckungsgrenze nach § 14 PfandBG (vgl. Rn. 8) verwendet wird, die nicht mit dem Beleihungsauslauf verwechselt werden darf.
8 Bundesanstalt für Finanzdienstleistungsaufsicht (BaFin), Graurheindorfer Str. 108, 53117 Bonn, www.bafin.de.
9 HypZert GmbH, Georgenstraße 21, 10117 Berlin, www.hypzert.de, www.valuers-corner.de.
10 Vgl. Übersicht über akkreditierte Zertifizierungsstellen der DAkks unter www.DAKKS.de (dort Sachgebietsnummer P73); vgl auch Teil II Rn. 113 ff.
11 Verband deutscher Pfandbriefbanken e.V.,Georgenstraße 21, D – 10117 Berlin, www.pfandbrief.de.

1.10 Pfandbriefe als besondere Wertpapiergattung

Im Allgemeinen handelt es sich bei **Schuldverschreibungen** (auch: Anleihen oder Obligationen) um **Wertpapiere**, die die Rechte der Käufer der Schuldverschreibungen verbriefen, insbesondere die Ansprüche auf Verzinsung und Rückzahlung. 24

Hypothekenpfandbriefe sind „.... **gedeckte Schuldverschreibungen aufgrund erworbener Hypotheken**" (§ 1 Abs. 1 Nr. 1 PfandBG). Diese können von Pfandbriefbanken, die den Anforderungen des PfandBG gerecht werden, ausgegeben (auch: begeben oder emittiert) werden. Der Emissionserlös kann für neue Kreditgeschäfte der Bank genutzt werden. 25

Die **Besonderheit gedeckter Schuldverschreibungen (u. a. der Pfandbriefe)** besteht darin, dass neben der Haftung des Schuldners (d. h. der Pfandbriefbank) als **zusätzliche Sicherheit** eine Vermögensmasse vorhanden ist, deren Wert den Gesamtumfang des Pfandbriefs deckt, d. h. mindestens genauso groß ist (zu den Deckungsregeln vgl. § 4 PfandBG). Speziell bei Hypothekenpfandbriefen wird die Deckungsmasse überwiegend aus Hypotheken und Grundschulden gebildet. Daraus ergibt sich für die Käufer (Gläubiger) eines Hypothekenpfandbriefs eine **dreifache Sicherheit**: 26

- Zuerst haftet das Kreditinstitut (d. h. die Pfandbriefbank als Emittent),
- dann die Gesamtheit der Kreditnehmer der Immobilienkredite für ihre jeweiligen Verpflichtungen und
- zuletzt die Gesamtheit der Grundstücke selbst, die mit den Hypotheken des Deckungsstocks belastet sind.

Ein zusätzlicher Vorteil aus der Sicht des Pfandbriefgläubigers ist, dass sich das Risiko auf eine Vielzahl von Einzelkrediten verteilt (Risikostreuung), wodurch sich das Ausfallrisiko weiter verringert.

Diese Deckungsmasse dient ausschließlich als Sicherheit, auf die im Notfall zurückgegriffen wird. Sie ist bei normaler Bedienung jedoch nicht der Maßstab für die Höhe der Ansprüche der Gläubiger (im Unterschied zu Fondsanteilen und ähnlichen Wertpapieren, deren Wert mit dem Wert des Fondsvermögens schwankt). 27

1.10.1 Inhalt des Deckungsstocks

Als Deckungsmasse für Pfandbriefe nach PfandBG sind neben Hypotheken auch öffentliche Wertpapiere (Bundesschatzbriefe u. Ä.) sowie Schiffs- und Flugzeughypotheken zulässig. Allerdings darf für einen Pfandbrief **jeweils nur eine Art der o. g. Sicherheiten** zur Deckung verwendet werden. Je nach Art der Sicherheit heißen die im PfandBG regulierten gedeckten Schuldverschreibungen „**Hypothekenpfandbriefe**", „**öffentliche Pfandbriefe**", „**Schiffspfandbriefe**" bzw. „**Flugzeugpfandbriefe**" (§ 1 Abs. 1 PfandBG), der Oberbegriff aller vier Gattungen ist „**Pfandbrief**" (§ 1 Abs. 3 PfandBG)[12]. 28

Die Vermögensmasse zur Deckung von Hypothekenpfandbriefen besteht nahezu vollständig aus **Hypotheken** (§§ 1113–1190 BGB); diese müssen in Abteilung III der jeweiligen Grundbücher eingetragen sein und ferner im Deckungsregister nach § 3 PfandBG Aufnahme gefunden haben, welches die Pfandbriefbank führt. **Den Hypotheken gleichgestellt sind Grundschulden** (§§ 1191–1198 BGB)[13]. Auch als Deckung verwendbar sind **ausländische Sicherungsrechte**, wenn sie eine vergleichbare Sicherheit wie Grundschulden bieten und den Gläubiger berechtigen, seine Forderung auch durch Verwertung der Sicherheit zu befriedigen (§ 19 Abs. 1 und 2 PfandBG). 29

---

12 Nur ein geringer Teil der Deckungsmasse kann auch aus anderen Vermögensgegenständen gebildet werden. Art und Anteil dieser abweichenden Gegenstände sind ebenfalls im PfandBG geregelt (u. a. § 3 Abs. 1 und 3 PfandBG, für Hypothekenpfandbriefe speziell auch § 19 PfandBG.

13 Im Folgenden wird, analog zur Terminologie des PfandBG, der Begriff „Hypothek" als Sammelbezeichnung für alle zulässigen Sicherungsrechte an Grundstücken (d. h. insbesondere auch Grundschulden) verwendet.

30 Alle Sicherheiten sind nur insoweit zur Deckung verwendbar, wie sie den §§ 13 – 17 PfandBG entsprechen.

Sicherungshypotheken können nicht zur Deckung verwendet werden[14].

31 Auf Grundlage einer Hypothek hat die Pfandbriefbank mehrere Rechte und Ansprüche, die in den §§ 1120, 1123, 1126, 1127 und 1128 BGB geregelt sind. Die analogen Regelungen in Bezug auf Grundschulden finden sich in den §§ 1191 f. BGB. Die Rechte beziehen sich weitestgehend auf den Fall, dass der Schuldner seinen Verpflichtungen aus dem Kreditvertrag nicht nachkommt. Der Gläubiger hat dann folgende Ansprüche und Einwirkungsmöglichkeiten:

– **Zwangsverwaltung** durch Einsetzung eines Verwalters (§§ 146–161 ZVG),
– Anspruch auf eingehende **Mieten**, Pachten u.ä.[15] aus dem Grundstück (§§ 1123–1126 BGB),
– Durchführung einer **Zwangsversteigerung** (§ 1147 BGB),
– Anspruch auf den **Verwertungserlös** bis zur vollständigen Befriedigung der Ansprüche der Bank.

32 Hinsichtlich der Ansprüche auf Zahlungen (Verwertungserlöse und Mieten) ist einschränkend zu berücksichtigen, dass **Ansprüche Dritter** vorrangig sein können. Dies ist einerseits möglich kraft Gesetzes (u. a. in Bezug auf Steuern und Abgaben sowie auf Kosten der Zwangsverwaltung und Zwangsversteigerung), andererseits aufgrund vorrangiger Eintragung anderer Berechtigter in Abteilung II oder III des Grundbuchs.

1.11 Art der Sicherheiten für Hypothekenpfandbriefe

▶ *Vgl. § 1 ImmoWertV Rn. 63, § 6 ImmoWertV Rn. 100 f.; Teil VIII*

33 In § 13 PfandBG werden unterschiedliche **Einschränkungen in Bezug auf die als Pfand dienenden Objekte** getroffen. Weitere Einschränkungen finden sich an anderer Stelle im PfandBG und in der BelWertV. Diese Regelungen sollen Gewähr dafür bieten, dass in Bezug auf den Deckungsstock der Pfandbriefe eine **möglichst hohe Rechtssicherheit** besteht.

34 Im einfachsten Fall ist eine **Hypothek (oder Grundschuld) an einem in Deutschland belegenen Grundstück** bestellt: In diesem Fall sind keine Einschränkungen gegeben, eine solche Hypothek ist nach den weiteren Maßgaben des Gesetzes uneingeschränkt als Sicherheit verwendbar.

35 Als **grundstücksgleiche Rechte** an Grundstücken, die in Deutschland belegen sind, sind nur das **Erbbaurecht** sowie **Miteigentumsanteile** in den Rechtsformen des **Wohnungs- bzw. Teileigentums** und des **Wohnungs- bzw. des Teilerbbaurechts** relevant. Sofern diese Rechte nicht befristet sind, sind ebenso wie bei Grundstücken keine zusätzlichen Einschränkungen zu beachten.

1.11.1 Beleihung befristeter Rechte

36 Bei **befristeten Rechten** ist unabhängig vom Standort (in Deutschland und im Ausland) die **Laufzeit des Darlehens bis zur planmäßigen Tilgung** zu beachten. Diese ist mit zwei anderen Größen abzugleichen: einerseits mit der Zeit bis zum **Erlöschen des grundstücksgleichen Rechts**; andererseits mit der Zeit, „die zur buchmäßigen **Abschreibung des Bauwerks** nach wirtschaftlichen Grundsätzen erforderlich ist". Das grundstücksgleiche Recht muss mindestens 10 Jahre länger Bestand haben, als für die planmäßige Tilgung der Hypothek erforderlich ist. Diese Bezugnahme auf andere Fristen entspricht den Vorschriften in § 20 Abs. 3 Ziff. 3 und 4 ErbbauRG.

---

14 Vgl. Smola, R., PfandBG – Kommentar, Berlin 2012, § 16 Rn. 4, S. 52.
15 Auch Erzeugnisse wie z. B. Feldfrüchte, wiederkehrende Leistungen, z. B. für Wegerechte Dritter, und Leistungen von Versicherungen.

Abb. 1: Skizze der drei genannten Fristen

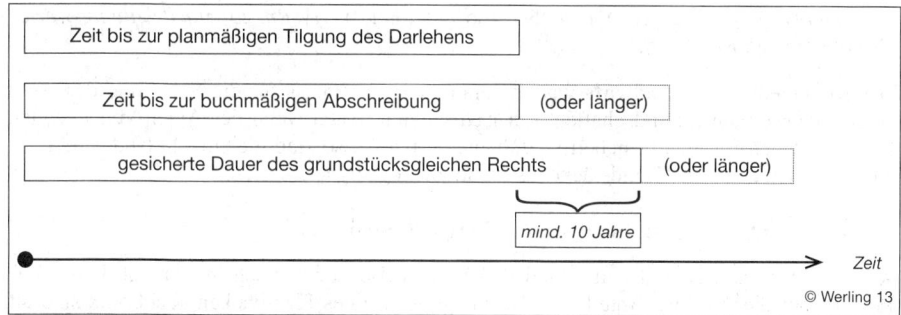

Der Verweis auf die **„buchmäßige Abschreibung des Bauwerks"** stellt in der Systematik der kreditwirtschaftlichen Wertermittlung eine inhaltliche **Insellösung** dar, da ansonsten zum Handels- oder Bilanzrecht keinerlei direkte Bezüge bestehen. Die buchmäßige Abschreibung spielt in der Bewertungspraxis generell keine Rolle, wenn es um die Ermittlung von Verkehrswerten geht. Ihre Einführung an dieser einen Stelle ist auch deshalb so überraschend, weil sich mit dem Ansatz der Nutzungsdauern (Gesamt- und Restnutzungsdauer) eine Alternative mit mehreren Vorteilen zur Verfügung geradezu aufdrängt: Erstens bestehen umfangreiche Erfahrungswerte bezüglich der Nutzungsdauern, zweitens sind sie, insbesondere die Restnutzungsdauer, ohnehin in der Beleihungswertermittlung zu bestimmen (vgl. Rn. 263 und 264) und drittens hat die Restnutzungsdauer einen starken inhaltlichen Bezug zum gewollten Zweck, der darin besteht, über die Kreditlaufzeit ein wirtschaftlich leistungsfähiges Pfandobjekt als Sicherheit zur Verfügung zu haben. 37

In der Praxis ist die Betrachtung der Tilgungsdauer im Vergleich zur Zeit der buchmäßigen Abschreibung (oder alternativ zur Restnutzungsdauer) sehr selten relevant, da planmäßige Tilgungszeiträume i. d. R. weniger als 30 Jahre betragen und demgegenüber Pfandobjekte mit einer Restnutzungsdauer unter 30 Jahren selten als Kreditsicherheit geeignet sind. Einige Kreditinstitute lehnen die Beleihung von Objekten mit einer Restnutzungsdauer unter 35 oder unter 30 Jahren generell ab. 38

Da die Zeit bis zur planmäßigen Darlehenstilgung dem Sachverständigen i. d. R. nicht bekannt ist, wird im Rahmen der Bewertung keine Stellungnahme zu den verschiedenen Fristen, die in § 13 Abs. 2 PfandBG genannt sind, erwartet. Der Sachverständige muss allerdings damit rechnen, dass auf seine Angaben im Gutachten in Bezug auf die Laufzeit des Rechts und die Restnutzungsdauer zurückgegriffen wird, wenn die Einhaltung der gesetzlichen Vorgaben überprüft wird. Daher sollte der Sachverständige auch in Hinblick auf diese Punkte die vorliegenden Unterlagen, insbesondere bei Erbbaurechten den Erbbaurechtsvertrag, sorgfältig auswerten. Er sollte im Gutachten die **Restnutzungsdauer gut begründen** bzw. das **Datum des Erlöschens des Erbbaurechts mit einer Quellenangabe** versehen. 39

▶ *Zum Beleihungswert von Erbbaurechten siehe § 21 BelWertV, Rn. 366 ff.*

1.11.2 Abbaugrundstücke

▶ *Vgl. § 5 ImmoWertV Rn. 306 ff.; Teil V Rn. 225 ff.; Vorbem. zur ImmoWertV Rn. 12; § 196 BauGB Rn. 16*

In § 16 Abs. 3 Satz 3 PfandBG ist geregelt, dass Hypotheken an Grundstücken nur dann zur Pfandbriefdeckung verwendet werden dürfen, wenn sie einen dauernden Ertrag gewähren. 40

Neben Grundstücken, die generell ertragslos sind (Grünanlagen, Unland, Wasserflächen, öffentliche Verkehrsflächen usw.), gilt das auch für solche, deren Ertrag aus dem Abbau von Bodenschätzen resultiert (Sand-, Ton- und Kiesgruben, Tagebaue, Bergwerke). Daher können diese Objekte auch keinen Beleihungswert i. S. d. § 16 PfandBG haben. 41

IX BelWertV Vorbemerkungen

1.11.3 Grundstücke der Land- und Forstwirtschaft

▶ *Näheres zur Verfahrenswahl vgl. Rn. 166; § 5 ImmoWertV Rn. 25; zur Beleihungswertermittlung vgl. Rn. 392 ff.*

42 Der Kreditbedarf der Landwirte war der ursprüngliche Anlass für die Schaffung der ersten Hypothekenbanken („Landschaften") in Deutschland. Auch wenn der Anteil von Krediten, die mit solchen Flächen besichert sind, heute gering ist, so sind gleichwohl land- und forstwirtschaftlich genutzte Grundstücke als Pfandobjekt geeignet.

1.11.4 Unbebautes Bauland und unfertige Bauten

43 Auch unbebautes Bauland und Grundstücke, deren Bebauung noch im Bau ist, können als Pfandobjekt dienen. Ihre Anteile am Deckungsstock eines Hypothekenpfandbriefs sind auf 1 % bzw. 10 % beschränkt (§ 16 Abs. 3 Satz 1 und 2 PfandBG).

1.11.4.1 Bauplätze

▶ *Näheres zur Ermittlung des Beleihungswerts von Bauland vgl. § 20 BelWertV, Rn. 355 ff.; § 5 ImmoWertV Rn. 183 ff.*

44 Unbebautes Bauland ist im Hinblick auf die Pfandbriefsicherheit kritisch zu betrachten. In § 16 Abs 3 Satz 1 PfandBG ist unscharf von „**Bauplätzen**" die Rede, die ebenfalls zur Deckung von Hypothekenpfandbriefen verwendet werden können. Der Begriff „Bauplatz" kommt in der BelWertV nicht vor; vielmehr ist hier von „Bauland" die Rede. Hinzu tritt noch das Kriterium des „Bebauungsrechts" in (§ 20 Satz 2 und 3 BelWertV). Alle drei Begriffe (Bebauungsrecht, Bauplatz und Bauland) werden in der BelWertV und PfandBG nicht definiert. Die Begriffe sind im Rahmen des öffentlichen Baurechts als veraltet anzusehen, falls sie jemals gebräuchlich gewesen sein sollten. „Bauland" kommt im BauGB nur noch in zusammengesetzten Worten im Zweiten Teil des BauGB (§ 200 ff.) vor, u. a. im Begriff „Baulandkataster". In dieses sind Grundstücke aufzunehmen, die sofort oder in absehbarer Zeit bebaubar sind (§ 200 Abs. 3 BauGB).

45 Die im Baurecht und in der Immobilienwertermittlung üblichen Begriffe des öffentlichen Baurechts („Zulässigkeit von Vorhaben", „baureifes Land") werden im PfandBG und in der BelWertV vermieden.

46 *Crimmann* vertritt die Ansicht, dass gesichertes Baurecht i. S. des § 20 Satz 3 BelWertV gegeben ist, wenn ein rechtskräftiger Bebauungsplan vorliegt oder die Zulässigkeit nach § 34 BauGB gegeben ist und ferner die Erschließung gesichert ist. Diese Anforderungen erscheinen als zu niedrig: Ein Anspruch, mit der Errichtung eines Gebäudes beginnen zu können, ist nur dann ohne Weiteres durchsetzbar, wenn es sich entweder um einen **rechtskräftigen qualifizierten Bebauungsplan nach § 30 Abs. 1 BauGB** handelt oder bei Grundstücken außerhalb des Geltungsbereichs von qualifizierten Bebauungsplänen eine **Baugenehmigung** oder zumindest ein **hinreichend aussagekräftiger Bauvorbescheid** vorliegt[16].

47 Die Forderung, die Beleihbarkeit an einen Rechtsakt (Bauvorbescheid oder Baugenehmigung) zu knüpfen, ist durchaus gerechtfertigt. Selbst in scheinbar glasklaren Fällen, in denen die Voraussetzungen des § 34 BauGB eindeutig erfüllt sind (z. B. bei einer Baulücke in einer Zeilenbebauung), können schwer erkennbare Hindernisse für eine Bebauung bestehen, z. B. eine Widmung als öffentliche Verkehrsfläche, ein verborgenes Bodendenkmal oder ein naturschutzrechtliches Hindernis.

48 Außerdem ist es grundsätzlich so, dass **Baurecht**, welches nicht genutzt wird, nach bestimmten Fristen **entschädigungslos genommen werden kann bzw. durch Fristablauf erlischt**. Das gilt sowohl für qualifizierte Bebauungspläne (i. d. R. nach 7 Jahren) als auch für Baugenehmigungen, deren Befristung sich nach dem Landesrecht richtet. Zugleich soll aber der

---

16 So auch *Schröter* in Kleiber, Verkehrswertermittlung von Grundstücken, 6. Aufl., Teil X, Rn. 290.

Beleihungswert für die gesamte Zeit der Beleihung Gültigkeit behalten. Im Ergebnis ist eine Hereinnahme von Hypotheken an unbebautem Bauland in den Deckungsstock nur sinnvoll, wenn eine Bebauung tatsächlich in Angriff genommen und finanziert werden soll. Andernfalls kann es sich nur um eine befristete Indeckungnahme handeln. *Crimmann* verweist in diesem Zusammenhang auf die Entschädigungsvoraussetzungen in den §§ 39 bis 44 BauGB[17].

Insgesamt spielt unbebautes Bauland in der Beleihungswertermittlung allein schon wegen der 1-%-Grenze nach § 16 Abs. 3 Satz 2 PfandBG eine untergeordnete Rolle. 49

1.11.4.2 Grundstücke im Zustand der Bebauung

▶ *Vgl. § 8 ImmoWertV Rn. 148 ff., 150 ff.; Näheres zur Ermittlung des Beleihungs- und des Zustandswerts vgl. § 4 Abs. 6 BelWertV, Rn. 164, 169 ff.*

Ist ein Gebäude bereits im Bau, ist die Zulässigkeit des Vorhabens unerlässliche Voraussetzung für die Beleihbarkeit und Deckungsstockfähigkeit. Die entsprechenden Unterlagen müssen bei der Bewertung vorliegen. 50

Maßgeblich für die Berücksichtigung im Deckungsstock ist der jeweilige Zustandswert, d. h., der Beleihungswert steigt mit dem Baufortschritt bis zum Erreichen des endgültigen Beleihungswerts bei Fertigstellung an. Maßgeblich ist der Bautenstand, der nach § 4 Abs. 6 Satz 3 BelWertV von einer Person festzustellen ist, die (analog zu den Anforderungen an den Gutachter) die Pfandbriefbank auswählt, die von der Bauplanung und -ausführung unabhängig ist und die über die notwendige Fachkunde verfügt. 51

1.12 Sonderimmobilien

▶ *Vgl. Teil V Rn. 314 ff.*

Den gesetzlichen Grundlagen zufolge ist keine Immobilienart von der Aufnahme in den Deckungsstock eines Pfandbriefs ausgeschlossen. Einzige Bedingung ist, dass ein Beleihungswert ermittelt werden kann, der während der Dauer der Beleihung Bestand hat. Insbesondere bei einer Spezialimmobilie kommt es deshalb darauf an, ob und inwieweit sie einem Eigentümer **nachhaltig einen Ertrag in Gestalt von Miete oder Pacht** gewähren kann. Es darf nicht darauf ankommen, dass der Eigentümer selbst in der Lage sein muss, den Betrieb, für den die Sonderimmobilie (Spezialimmobilie) bestimmt ist, zu führen. Vielmehr muss es dauerhaft möglich sein, die Immobilie an ein (oder mehrere) Unternehmen zu vermieten bzw. zu verpachten, sodass der Betrieb einen Überschuss abwirft, der **sowohl für einen angemessenen Unternehmerlohn (Gewinn) als auch für die Miete bzw. Pacht** ausreicht. 52

Neben diesem betriebswirtschaftlichen Kriterium kommt es auch darauf an, dass es einen **hinreichend großen Nachfragerkreis** gibt, der für den Betrieb in der Sonderimmobilie als Mieter oder Pächter infrage kommt. Gibt es nur sehr wenige leistungsstarke Unternehmen einer Branche, wie dies z. B. bei SB-Warenhäusern, großen Elektronik- und Sportfachmärkten, Multiplexkinos oder Diskotheken der Fall ist, so dürfte die Beleihbarkeit auf solche Fälle beschränkt sein, in denen die Dauer bis zur Tilgung des Darlehens (oder eines großen Teils davon) kürzer ist als die **Laufzeit des Mietvertrags mit einem Mieter sehr guter Bonität**. Andernfalls wäre die Immobilie nur mit einer **guten Drittverwendungsfähigkeit** im Rahmen einer anderweitigen Nutzung beleihbar. 53

Die Ertragskraft ist erforderlich, um die **dauerhafte Werthaltigkeit der Immobilie und die objektbezogene Kapitaldienstfähigkeit** des Kreditnehmers sicherzustellen. 54

Ist der Beleihungswert zu ermitteln, so ist immer der Ertragswert zugrunde zu legen. Bei der Ertragswertermittlung sind Besonderheiten vor allem bei der Ableitung des **Rohertrags** (§ 10 Abs. 3 BelWertV; Rn. 225 ff.) und beim Ansatz des **Modernisierungsrisikos** (§ 11 Abs. 7 BelWertV; Rn. 255 ff.) sowie des **Kapitalisierungszinssatzes** (§ 12 Abs. 3 BelWertV 55

---

17 Crimmann, W., Der Beleihungswert, vdp-Schriftenreihe, Band 48, Berlin 2011, S. 184.

i. V. m. Anl. 3; Rn. 264 ff.) zu beachten. Die Differenz zwischen Markt- und Beleihungswert ist bei Sonderimmobilien aufgrund des größeren objektspezifischen Risikos im Allgemeinen relativ hoch. Rechnerisch resultiert diese Differenz hauptsächlich aus dem Modernisierungsrisiko, dessen Ansätze nach Anl. 1 vergleichsweise hoch sind, und einer signifikanten Erhöhung des Kapitalisierungszinssatzes im Vergleich zum Liegenschaftszinssatz.

56 Neben dem Ertragswert ist immer der Sachwert zu ermitteln; im Falle von gewerblichen Teileigentum auch der Vergleichswert.

2 Beleihungsgrenze

2.1 Grundlagen

57 Die **60 %-Grenze** des § 14 PfandBG ist ein zentraler Punkt der gesetzlichen Normen, die die Sicherheit von Hypothekenpfandbriefen sicherstellen sollen. Es handelt sich hierbei um eine **feste Obergrenze**; Ermessensspielräume oder Ausnahmetatbestände sind nicht gegeben.

58 Davon unabhängig ist es dem Kreditinstitut möglich, sich für einen **höheren Beleihungsauslauf** zu entscheiden, d. h. ein Darlehen zu gewähren, dessen Betrag größer als die 60 % des Beleihungswerts ist. Die Refinanzierung des Außerdeckungsteils, der oberhalb der Beleihungsgrenze liegt, kann aufgrund der Regelungen des PfandBG nicht mittels eines Hypothekenpfandbriefs erfolgen. Hierfür muss die Bank andere Kapitalquellen nutzen, z. B. Eigenkapital, Anleihen, Einlagen o. Ä.

59 Dass der Beleihungswert zum Maßstab der Kreditsicherheit und der Anrechnung auf die Deckungsmasse gemacht wird, geschieht in erster Linie in Hinblick auf den **Verwertungserlös**. Wenn das Grundstück wegen Zahlungsschwierigkeiten des Schuldners verkauft oder zwangsweise versteigert werden muss, so soll der Erlös mindestens den Teil des Darlehens, der der Deckung des Pfandbriefs dient, sowie ausstehende Zinsen und Verfahrenskosten decken. Die Bargebote, zu denen im Rahmen von **Zwangsversteigerungen** Grundstücke erworben werden, liegen üblicherweise in einem weiten Rahmen, i. d. R. unterhalb des im Zwangsversteigerungsverfahren sachverständig ermittelten Verkehrswerts. Als grober Durchschnitt kann von 70 % des Verkehrswerts ausgegangen werden. Vor diesem Hintergrund erscheint auch die 60 %-Grenze des Pfandbriefgesetzes sinnvoll und aus der Erfahrung mit zwangsweisen Verwertungen gerechtfertigt.

2.2 Trennungsgebot

▶ *Vgl. Rn. 179*

60 Der Wortlaut des § 14 PfandBG verweist u. a. auch auf die **Trennung von Ermittlung und Festsetzung des Beleihungswerts** als aufeinander folgende Schritte im Kreditprozess. Die Festsetzung des Beleihungswerts und die Aufnahme in das Deckungsregister erfolgen zwar auf der Grundlage der Wertermittlung, aber ohne weiteres Zutun des Sachverständigen.

61 Es ist geübte Praxis, wenn auch nicht ausdrücklich im PfandBG geregelt, dass bei der Festsetzung des Beleihungswerts das Ergebnis der Beleihungswertermittlung im Gutachten nicht überschritten wird.

2.3 Berücksichtigung von Vorlasten

▶ *Vgl. Rn. 63–125*

62 Ob nach Festsetzung des Beleihungswerts tatsächlich die gesamten 60 % des Beleihungswerts im Deckungsstock berücksichtigt werden, hängt auch vom Vorhandensein sogenannter **Vorlasten** ab, d. h. von Eintragungen in Abteilung II oder III des Grundbuchs, die der Hypo-

thek der Pfandbriefbank im Rang vorgehen. Der Wert vorrangiger Lasten und Beschränkungen wird i. d. R. von dem Betrag, der 60 % des Beleihungswerts ausmacht, abgezogen. Nur der verbleibende Rest kann im Deckungsstock Berücksichtigung finden.

3 Lasten und Beschränkungen in der Beleihungswertermittlung

3.1 Allgemeines

▶ *Vgl. Rn. 135, 152 ff.; Teil VIII*

Der Umgang mit Lasten und Beschränkungen ist im PfandBG und in der BelWertV nicht umfassend geregelt. Mehr noch: Zwischen der Definition des Beleihungswerts, den Regelungen der BelWertV, den Verlautbarungen der BaFin und der gelebten Praxis in den Pfandbriefbanken tun sich Widersprüche auf. Gemäß den Definitionen des Beleihungswerts (§ 16 Abs. 2 PfandBG, § 3 BelWertV) ist dieser unter **Berücksichtigung aller rechtlichen Gegebenheiten,** also auch der Belastungen im Grundbuch, zu ermitteln. D.h., im Beleihungswert sind ggf. Wertminderungen, die von Belastungen ausgehen, bereits berücksichtigt. Diese Auffassung wird auch gestützt durch die BelWertV: *„Alle den Sachwert oder den Ertragswert beeinflussenden Umstände, insbesondere auch etwaige Nutzungsbeschränkungen,* **Dienstbarkeiten, Duldungspflichten, Vorkaufsrechte,** *Baulasten und alle sonstigen Beschränkungen und* **Lasten** *sind zu nennen, zu beachten und gegebenenfalls* **wertmindernd** *zu berücksichtigen."* (§ 5 Abs. 4 BelWertV; Hervorhebung durch den Verfasser)

63

Demgegenüber hat sich in der Praxis der Beleihungswertermittlung ein abweichender Umgang mit grundbuchlichen Belastungen etabliert: Zunächst ist durch den Gutachter ein **lastenfreier Beleihungswert** zu ermitteln, d. h. **der fiktive Wert,** der sich ergäbe, wenn **keine Belastungen in Abteilung II oder III** des Grundbuchs eingetragen wären. (Sonstige Belastungen wie Baulasten, langfristige Mietverhältnisse, Denkmalschutz usw. werden hingegen einbezogen.) Dieser lastenfreie Beleihungswert ist gesetzlich nicht normiert (aber auch nicht unzulässig). Es sollte daher im Gutachten immer darauf hingewiesen werden, dass der so ermittelte Wert **vom gesetzlichen Leitbild abweicht**[18].

64

Wird diese Vorgehensweise gewählt, so werden durch den Gutachter die grundbuchlichen **Lasten und Beschränkungen** hinsichtlich ihres Werteinflusses **separat bewertet,** wobei der ggf. vorhandene Werteinfluss für jede Belastung einzeln auszuweisen ist. Die Entscheidung, wie der Wert dieser Lasten in Bezug auf den Beleihungswert, die Beleihungsgrenze und die Darlehenshöhe Berücksichtigung findet, obliegt dann den damit beauftragten Instanzen innerhalb des Kreditinstituts, nicht dem Gutachter.

3.2 Beleihungsgrenze unter Berücksichtigung von Vorlasten

Als **Vorlasten** werden solche grundbuchlichen Belastungen bezeichnet, die der Hypothek des Kreditinstituts im Rang vorausgehen. Es ist geübte Praxis, die Beleihungsgrenze um deren Wert zu mindern, also vom 60 %-Anteil des lastenfreien Beleihungswerts den Wert der Vorlasten in voller Höhe abzuziehen. **Nur der verbleibende Rest wird dann als deckungs-**

65

---

18   Dass dies so ist, zeigt u. a. § 16 Abs. 2 Satz 3 PfandBG. Demnach darf der Beleihungswert den Marktwert nicht übersteigen. Im Marktwert sind per definitionem die rechtlichen Gegebenheiten, also insbes. Belastungen, berücksichtigt. Aufgrund dieser Bezugnahme des Beleihungswerts auf den Marktwert erscheint es abwegig, dass der eine Wert unter Berücksichtigung der Belastungen, der andere hingegen lastenfrei zu ermitteln sein soll. Außerdem könnte der Umweg über den lastenfreien Beleihungswert im Hinblick auf diese Regelung [Marktwert als obere Grenze] die Kreditparameter ungünstiger beeinflussen als gewollt: Zunächst müsste der [lastenfreie] Beleihungswert unter dem [durch Belastungen geminderten] Marktwert liegen, und im weiteren Kreditprozess ausgehend davon die Belastungen später mindernd berücksichtigt werden. Somit wäre es möglich, dass sich die Belastungen doppelt nachteilig für die Kreditparameter auswirken. Dass dies vom Verordnungs- oder Gesetzgeber gewollt sein soll, ist nicht ersichtlich.

stockfähig angesehen. Dadurch wird der deckungsstockfähige Anteil geringer, als dies der Fall wäre, wenn der Beleihungswert selbst um den Wert der Belastungen gesenkt würde (vgl. Rn. 67). Die BaFin hat dieses Vorgehen in ihrem Rundschreiben 09/2009 de facto legitimiert, in dem es heißt: „... *dingliche Vorlasten werden allgemein von der Beleihungsgrenze abgezogen.*"[19]. Dies führt wie oben ausgeführt dazu, dass der Gutachter die Vorlasten separat bewertet und die Berücksichtigung dieser Werte im Kreditprozess von der Gutachtenerstattung unabhängig ist.

3.3 Ausnahmen

66 Durch den zurzeit abschwächenden Zusatz „*allgemein*" hat die BaFin allerdings die Möglichkeit offengelassen, in Ausnahmefällen davon abzuweichen. Ein solches Abweichen ist ggf. Sache des Kreditinstituts und sollte immer begründet werden. Im gleichen Rundschreiben hat die BaFin selbst einen solchen Ausnahmetatbestand geschaffen: Sie hat für Erbbauzinsreallasten bei bestimmten Fallgestaltungen (Stillhaltevereinbarung zwischen dem Kreditinstitut und einer juristischen Person des öffentlichen Rechts als Begünstigte der vorrangigen Erbbauzinsreallast; vgl. Rn. 93) einen Abzug vom Beleihungswert (und nicht von der 60 %-Beleihungsgrenze) vorgeschrieben und selbst darauf verwiesen, dass sich daraus letzten Endes unterschiedlich hohe Beleihungsgrenzen aus den zwei verschiedenen Vorgehensweisen ergeben.

67 *Beispiel:*

Marktwert (fiktiv ohne Belastungen):	1,2 Mio. €
Wertminderung durch eine Belastung:	200 000 €
Marktwert (unter Berücksichtigung der Belastungen):	1,0 Mio. €
Beleihungswert (ohne Belastungen ermittelt):	1,1 Mio. €

Wäre es richtig, dass der Beleihungswert ein (fiktiv) lastenfreier Wert sein muss, so wäre aufgrund der Obergrenze aus §16 Abs. 2 Satz 3 PfandBG der Beleihungswert zumindest auf den Marktwert, d. h. 1,0 Mio. € zu mindern. Im Folgenden wäre dann zu prüfen, wie die Wertminderung der Belastung weiter zu berücksichtigen ist. Eine gesetzliche Vorgabe gibt es dafür nicht.

In der Praxis (vgl. Rn. 65) wird häufig wie folgt gerechnet, falls die Belastung der Hypothek im Rang vorgeht:

deckungsstockfähiger Anteil (60 %-Anteil vom lastenfreien Beleihungswert abzüglich der vollen Wertminderung): 0,6 x 1,1 Mio. € – 200 000 € = **460 000 €**.

68 Die beschriebene, häufig praktizierte Vorgehensweise, d. h. die **getrennte Ausweisung von lastenfreiem Beleihungswert und Wertminderungen**, **ist** aus praktischen Erwägungen heraus für die Bank **sinnvoll**: Der Einfluss von Belastungen auf die Kreditentscheidung kann sich signifikant vom Einfluss auf den Verkehrswert unterscheiden. Hierfür sind im Wesentlichen folgende **fünf Fallgestaltungen** denkbar:

a) **Variante 1: Ausschluss der Deckungsstockfähigkeit oder der Eignung als Pfandobjekt**

69 Eine Belastung kann die Verwertung durch die Bank behindern oder vereiteln. Dies ist vor allem dann der Fall, wenn **Auflassungs- oder Rückauflassungsvormerkungen** in Abteilung II des Grundbuchs eingetragen sind. Diese sichern ihrem Wesen nach den Anspruch eines Dritten (des Begünstigten der Vormerkung) auf Verschaffung des Eigentums an dem Grundstück. Es ist daher Sache einer rechtlichen Beurteilung durch die Bank, ob eine nachrangige Hypothek überhaupt den Anforderungen gerecht wird, die sich u. a. auf die Verwertung des Grundstücks und die Ansprüche auf den Verwertungserlös beziehen (§ 12 Abs. 3 PfandBG). Unter Umständen ist die Hypothek nicht deckungsstockfähig oder sogar als Kreditsicherheit generell ungeeignet. Auf den davon ausgehenden Werteinfluss kommt es dann nicht mehr an.

---

19 RdSchr. 13/2009 vom 8.6.2009, GeschZ: BA 32-FR 2670-2008/0001, „Beleihungswertermittlung von Erbbaurechten", GuG 2009, 368.

Lasten und Beschränkungen — BelWertV IX

Auch **Wohnungs-, Nutzungs- und Nießbrauchsrechte**, die an das Leben des Begünstigten gebunden sind, können einer Immobilie ihre Eignung als Pfandobjekt weitgehend nehmen, wenn sie sich auf einen wesentlichen Teil des Objekts oder das Gesamtobjekt beziehen und der Begünstigte noch nicht hochbetragt ist.

Beispiel:

In Deutschland haben 75-jährige eine durchschnittliche fernere Lebenserwartung von rund 10 Jahren, was als überschaubarer Zeitraum erscheint. Wenn jedoch eine Person dieses Alters ein Wohnungsrecht an einem Einfamilienhaus oder ein Nießbrauchsrecht an einem Gasthof innehat, so gewährt das Objekt bis zum Tod des Berechtigten dem Eigentümer keinen Nutzen, vor allem keine Mieterträge. 10 Jahre sind zugleich eine übliche Laufzeit eines Kreditvertrages, sodass das Objekt als Kreditsicherheit wenig geeignet ist.

Erschwerend kommt das „Risiko" hinzu, dass der (oder die) Begünstigte noch mehr als 25 Jahre leben kann. Es ist letzten Endes vor allem Sache des Kreditinstituts, wie es mit diesem Risiko umgeht.

Andererseits hat ein Objekt mit einer solchen Belastung i. d. R. noch einen Verkehrswert, wenn dieser auch gering ist. Das Beispiel zeigt, dass auch ein werthaltiges Objekt aus kreditwirtschaftlicher Sicht ungeeignet sein kann.

Zugleich steigt der Wert eines solchen Objekts (bei sonst gleichen Bewertungsparametern) im Zeitablauf, da sich die fernere Lebenserwartung des Berechtigten im Laufe der Jahre verkürzt und somit die aus der Belastung resultierende Wertminderung sich allmählich abbaut. Nach herrschender Meinung muss dieser positive Effekt bei der Beleihungswertermittlung unberücksichtigt bleiben, da unabhängig vom Werteinfluss die durch das Recht bewirkte Ertragsminderung (Einschränkung der Kapitaldienstfähigkeit) so lange besteht, wie das Recht besteht (der Berechtigte lebt).

b) Variante 2: Wertminderung durch eine vorrangige Belastung

Eine Belastung geht der Hypothek im Rang vor und wirkt (unter normalen Marktgegebenheiten) wertmindernd: Diese Belastung wird dann auch in der Zwangsversteigerung den Erlös mindern, da **sie entweder bestehen bleibt (ins Geringste Gebot fällt) oder aber ebenfalls gelöscht wird**, aber der Begünstigte dieser Belastung Anspruch auf eine **Entschädigung in Höhe des Werts seines Rechts** hat. Dieser Anspruch ist gegenüber den Forderungen der Bank **vorrangig**.[20]

Ferner kann i. d. R. auch der Begünstigte der Vorlast selbst die Zwangsversteigerung veranlassen, falls seine Ansprüche nicht befriedigt werden. Es muss also im Falle einer wertmindernden, vorrangigen Belastung von einer **Erlösminderung** im Falle der Verwertung ausgegangen werden; die Erlösminderung kann so hoch ausfallen wie der Wert des Rechts oder wie die Angabe des Höchstbetrags des Rechts im Grundbuch. Daher wird solchen Belastungen i. d. R. durch eine **Minderung der 60 %-Beleihungsgrenze** in voller Höhe Rechnung getragen.

c) Variante 3: Sonstige „versteigerungsfeste" Belastungen

Generell bleiben bestimmte **Belastungen** auch bei Zwangsversteigerungen bestehen und können auch in einem Kaufvertrag nicht abbedungen werden. Typische Beispiele sind **Lasten, die nicht im Grundbuch vermerkt sind** (z. B. Baulasten und Bergschadensverzichte), **Belastungen, die kraft Gesetzes bestehen bleiben** (z. B. Sanierungsvermerke, Überbau- und Notwegrenten sowie in bestimmten Fällen Altenteile), sowie **sonstige vertragliche Bindungen** (z. B. bestimmte Pflichten aus Miet- und Pachtverträgen). Daneben ist speziell für **nach-**

---

20 Daneben ist noch der seltene Fall denkbar, dass eine bestehen bleibende, vorrangige Belastung vor dem Zeitpunkt des Wirksamwerdens des Zuschlags nicht mehr bestanden hat. Dies wäre der Fall, wenn bspw. der Inhaber eines lebenslangen Wohnungsrechts „rechtzeitig" verstirbt, ohne dass das versteigernde Gericht davon Kenntnis erlangt. Der Ersteher müsste dann zusätzlich zu seinem Bargebot den gerichtlich festgesetzten Wert des Rechts zum Verteilungstermin einzahlen. Die gedankliche Einbeziehung dieser Umstände führt auch zu einer Minderung des Erlöses der Bank. Tritt dieser seltene Fall tatsächlich ein, würde sich andererseits der Erlös der Bank um den zusätzlich bezahlten Wert der Belastung erhöhen.

IX BelWertV — Lasten und Beschränkungen

rangige Erbbauzinsreallasten eine Vereinbarung über das Bestehenbleiben nach § 9 Abs. 3 ErbbauRG möglich.

Diese Belastungen gehen bei Zwangsversteigerungen, die das Kreditinstitut betreibt, nicht unter; der Ersteher muss das Objekt einschließlich dieser Belastungen erwerben. Sie mindern daher nicht nur den Verkehrswert, sondern auch den zu erwartenden Versteigerungserlös. Die Begünstigten können jedoch **keinen vorrangigen Anspruch** auf eine Entschädigung geltend machen.

I. d. R. werden solche Belastungen wertmindernd berücksichtigt (sowohl im Verkehrs- als auch im Beleihungswert), aber nicht von der 60 %-Beleihungsgrenze abgezogen.

d) Variante 4: Einschränkende Wertminderung nachrangiger Belastungen

75 Die Belastung folgt der Hypothek im Rang nach und wirkt (unter normalen Marktgegebenheiten) wertmindernd. Betreibt die Bank aus ihrer Hypothek die Zwangsversteigerung, **so geht diese nachrangige Belastung** in der Versteigerung **unter,** sofern nicht besondere Vereinbarungen mit der Bank bestehen (vgl. Ausführungen zur Mieterdienstbarkeit Rn. 79 ff. und zur Erbbauzinsreallast Rn. 88 ff.) oder die Belastung kraft Gesetzes bestehen bleibt (vgl. Nr. 3). Auch die Ansprüche des Begünstigten auf Entschädigung aus dem Verwertungserlös sind **nachrangig.** Diese Belastung **mindert** in der Zwangsversteigerung **den Erlös der Bank** also **nicht.**

Trotzdem kann eine solche Belastung nicht unbeachtet bleiben, da die Zwangsversteigerung Ultima Ratio im Verwertungsprozess einer Sicherheit ist. Zunächst ist es üblich zu versuchen, ohne eine Zwangsversteigerung, also durch **freihändigen Verkauf,** das Pfandobjekt zu verwerten. In einem solchen Falle gehen auch nachrangige Belastungen nicht unter und wirken daher **ggf. wertmindernd.**

Die Wertminderung aller grundbuchlichen Belastungen wird vom Gutachter gleich behandelt, sofern der Auftraggeber nichts anderes vorgibt: Der Beleihungswert wird lastenfrei ermittelt und die von den Belastungen ausgehenden Wertminderungen werden einzeln dargestellt.

e) Variante 5: Ausschluss oder Limitierung der Wertminderung durch Vereinbarung

76 In bestimmten Konstellationen können **Vereinbarungen zwischen der Bank und dem** durch die Belastungen **Begünstigten** bestehen (Stillhalte- oder Liegenlassensvereinbarungen). Übliche Anlässe solcher Vereinbarungen sind häufig Erbbauzinsreallasten (als Belastungen des Erbbaurechts, s. Rn. 88 ff.) und Betreiber-Dienstbarkeiten (s. Rn. 79 ff.). I.d.R. laufen die Vereinbarungen darauf hinaus, dass die Belastungen wie in Fall Nr. 3 zu behandeln sind.

77 **Fazit**

Für die Wertermittlungspraxis zusammengefasst bedeutet dies: Es hängt von verschiedenen Faktoren ab, wie eine Belastung im Rahmen des Kreditprozesses und der Beleihungswertermittlung behandelt wird. Dies gilt sowohl hinsichtlich der grundsätzlichen Eignung des Pfandobjekts als Sicherheit als auch hinsichtlich der Höhen von Beleihungswert und Beleihungsgrenze. **Dem Sachverständigen obliegen diese Entscheidungen nicht**; er muss sie nur durch Bewertung der Lasten und ggf. durch Hinweise auf besondere Risiken vorbereiten. Er wird i. d. R. **nur den marktüblichen Werteinfluss ermitteln** und ggf. nach den Vorgaben der Bank bei der Beleihungswertermittlung berücksichtigen.

Vor allem müssen die zur Beurteilung notwendigen **Unterlagen**, vor allem der Inhalt bzw. eine Kopie der Bestellungsurkunde und ggf. ergänzender Vereinbarungen, vorliegen. Ferner können Beurteilungen aus juristischer Sicht und in Hinblick auf das Risiko erforderlich sein; diese sind Sache der Bank und liegen weitgehend außerhalb des Tätigkeitsfeldes des Gutachters.

3.4 Spezielle Belastungen

▶ *Vgl. Rn. 63 ff.*

Ein spezifisches Vorgehen zur „Beleihungswertminderung" ist aus den Regelungen zum Beleihungswert nicht abzuleiten. Trotzdem sind bei bestimmten Belastungen **kreditwirtschaftliche Besonderheiten** zu berücksichtigen.

3.4.1 Mieterdienstbarkeiten

Schrifttum: HypZert GmbH (Hrsg.): „Bewertung von Einzelhandelsimmobilien", 2. Aufl., Berlin 2013.

Mieterdienstbarkeiten werden in der Regel im Rahmen einer Projektentwicklung oder einer Revitalisierung solchen Mietern eingeräumt, die selbst **nennenswerte Investitionen** tätigen (Möblierung, Technik, aber auch Standortwerbung), ein **langfristiges Mietverhältnis** eingehen und aus der Sicht des Vermieters **große Bedeutung für das Gelingen des Projekts** haben. In erster Linie sind dies großflächige Einzelhandelsfilialisten, z. B. SB-Warenhaus-Betreiber, oder Unternehmen der Hotellerie.

Mit einer solchen Dienstbarkeit sichert der Mieter seinen Anspruch, die Räume während der gesamten Laufzeit des Mietvertrages bestimmungsgemäß zu nutzen. Bei einer Zwangsversteigerung erlangt diese Dienstbarkeit für den Mieter große Bedeutung. Nach einer Zwangsversteigerung könnte der Ersteher das Mietverhältnis normalerweise ohne besonderen Grund kündigen (Sonderkündigungsrecht nach § 57a ZVG). Aber dank der Absicherung durch eine Mieterdienstbarkeit kann der Mieter die Mietsache trotz des Kündigungsrechts weiter nutzen. Daher ist es für den Mieter entscheidend, im **Rang vor der Grundschuld der Bank** eingetragen zu sein. Aus der Sicht der Bank stellt diese, wie jede vorrangige Belastung, einen Nachteil dar. Außerdem kommt es in hohem Maße auf die Ausgestaltung der Dienstbarkeit an:

Beispiel:

Die ABC-GmbH ist Betreiber und Mieter eines Hotels in der Großstadt L. Prinzipiell ist der Hotelmarkt gesund und das Objekt von Übernachtungsgästen gut nachgefragt. Es bestehen gute Chancen für die Eigentümer eines Hotels, Fam. P., falls erforderlich einen neuen Mieter oder Pächter zu finden. Die ABC-GmbH zahlt seit dem Februar 20.. keine Miete mehr; die Eigentümer kündigen nach 3 Monaten fristlos, die Kündigung ist rechtens und wirksam.

Die ABC-GmbH verfügt allerdings über eine Mieterdienstbarkeit (Nutzungsrecht als Hotel). Es ist bei Bestellung des Hotels versäumt worden, für den vorliegenden Fall eine Vereinbarung über das sofortige Erlöschen der Dienstbarkeit zu schließen.

Die ABC-GmbH betreibt das Hotel ohne Mietzahlung weiter. Die fehlenden Mieteinnahmen machen die Eigentümer zahlungsunfähig; die Bank betreibt die Zwangsversteigerung. Ein freihändiger Verkauf ist wegen der Dienstbarkeit nicht möglich.

Wäre die Dienstbarkeit vorrangig vor der Hypothek, müsste mit einer erheblichen Erlösschmälerung gerechnet werden. Im Nachrang würde die Dienstbarkeit erlöschen, es sei denn, es bestünde eine Stillhaltevereinbarung (auch: Liegenlassensvereinbarung, vgl. Rn. 84). Dann hätte auch der Erwerber (der Meistbietende) „den Ärger" mit der ABC-GmbH, sodass auch in diesem Fall mit deutlich niedrigeren Geboten gerechnet werden müsste.

Ausnahmsweise gilt eine vorrangige Mieterdienstbarkeit als unschädlich, was die **Eignung zur Kreditbesicherung** im Allgemeinen **und zur Pfandbriefdeckung** im Besonderen angeht, wenn insbesondere folgende Voraussetzungen erfüllt sind (vgl. HypZert GmbH (Hrsg.): „Bewertung von Einzelhandelsimmobilien", 2. Aufl., Berlin 2013, S. 59 f.):

– gesicherter, bedingter **Anspruch auf Löschung der Dienstbarkeit, wenn das Mietverhältnis endet** (Der Anspruch sollte sich auf alle Arten von Beendigung des Mietverhältnisses beziehen, also insbesondere Kündigung durch den Mieter, Beendigung durch Fristablauf oder einvernehmliche Aufhebung, Insolvenz des Mieters sowie Kündigung durch den Vermieter wegen Zahlungsverzug oder anderem vertragswidrigem Verhalten des Mieters. Natürliche **Ausnahmen**, was den Löschungsanspruch angeht, bilden **Kündigungen nach § 57a ZVG und § 111 InsO.**),

- Eintragung eines **Höchstbetrages für den Wertersatz** im Grundbuch (Als üblich können Werte bis 25 000 € angesehen werden.),
- gesicherter **Ausschluss von Änderungen** des Höchstbetrages und der wesentlichen Inhalte der Dienstbarkeit, insbesondere der Anspruchsgründe für eine Löschung (s. o.), sofern die Bank nicht zustimmt.

83 Die o. g. Punkte müssen zum **Inhalt der Dienstbarkeit** gemacht werden. Dies bedeutet, dass mindestens der Höchstbetrag des Wertersatzes und die Tatsache, dass es sich um eine auflösend bedingte Dienstbarkeit handelt, **im Eintragungstext in Abteilung II** enthalten sein müssen. Die näheren Bestimmungen, wann die Dienstbarkeit erlischt, sind in die Bestellungsurkunde aufzunehmen, die ihrerseits Eingang in die Grundakte findet.

84 Eine **Alternative zur vorrangigen Dienstbarkeit** ist der Rangrücktritt des Berechtigten hinter die Hypothek der Bank, wenn die Bank zugleich eine sogenannte **Liegenlassenserklärung** abgibt. Sie sichert zu, im Falle einer Zwangsversteigerung abweichende Versteigerungsbedingungen (im Einzelnen das Bestehenbleiben der nachrangigen Mieterdienstbarkeit) bei Gericht zu beantragen.

85 Gegenwärtig erscheint die **nachrangige Dienstbarkeit als die weniger komplexe Lösung des Interessenkonflikts zwischen Bank und Mieter**, der der Vorzug zu geben ist. Dafür spricht beispielsweise, dass bei einzelnen der o. g. Bedingungen an eine erstrangige, auflösend bedingte Mieterdienstbarkeit die rechtliche Wirksamkeit angezweifelt wird. Dies gilt vor allem für die Folgen von Zahlungsverzug des Mieters, dem im Einzelfall eine Minderung der Miete wegen Mängeln der Mietsache zugrunde liegen kann. Dieses Minderungsrecht darf dem Mieter nicht genommen werden, insbesondere nicht durch allgemeine Geschäftsbedingungen.

86 Allerdings zeigt das *Beispiel* (Rn. 81), dass sich auch aus einer nachrangigen Belastung, gerade bei single-tenant-Objekten, nennenswerte Verwertungsnachteile für die Bank ergeben können. **Optimal ist daher eine Kombination der beiden Ausgestaltungen** (Mieterdienstbarkeit nachrangig, auflösend bedingt, mit Höchstbetrag versehen und gegen nachteilige Veränderungen geschützt).

87 Vom Gutachter wird in der Regel eine Einschätzung der Mieterdienstbarkeit in Bezug auf die vorgenannten Punkte erwartet. Der Gutachter sollte darauf verweisen, dass sich seine Einschätzung auf den offensichtlichen Inhalt der Dienstbarkeit beschränkt und eine abschließende, detaillierte Prüfung Sache der entsprechenden Fachabteilungen der Bank (Recht, Risikomanagement) ist.

3.4.2 Erbbauzinsreallast

3.4.2.1 Bedeutung für den Grundstückseigentümer (Erbbaurechtsgeber)

88 Die Erbbauzinsreallast stellt eine **dingliche Sicherung des Grundstückseigentümers** dar, wenn dieser aus dem Erbbaurechtsvertrag Anspruch auf Erbbauzinsen gegenüber dem Erbbauberechtigten hat.

89 Eine solche Sicherung kann von Beginn des Erbbaurechts an fehlen, weil die Beteiligten diese nicht vereinbart haben, oder sie kann bei einer Zwangsversteigerung untergehen, weil sie nachrangig ist. Der Grundstückseigentümer hat dann nur schuldrechtliche Ansprüche gegen den Vertragspartner des Erbbaurechtsvertrages. Im Falle einer Zwangsversteigerung ist der Ersteher hingegen nicht Partei des schuldrechtlichen Vertrages und daher nicht zur Erbbauzinszahlung verpflichtet. Er kann das **Erbbaurecht ohne Zahlung** ausnutzen, bis es vertragsgemäß erlischt[21].

90 Aufgrund der gravierenden Folgen, die sich aus dem Untergang der Erbbauzinsreallast ergeben, ist aus der Sicht des Grundstückseigentümers ein **Vorrang** dieses Anspruchs **vor der**

---

21 Die Laufzeit ist Bestandteil des Erbbaurechts, sodass der Zeitpunkt des Erlöschens für jeden Erbbauberechtigten, auch nach einer Zwangsversteigerung, Bestand hat.

Spezielle Belastungen   **BelWertV IX**

Grundschuld des Kreditinstituts de facto unverzichtbar. Häufig wird diese Dienstbarkeit unmittelbar bei Beginn des Erbbaurechts bestellt, sodass der Vorrang zunächst gegeben ist.

3.4.2.2 Erbbauzinsreallast als Vorlast

Von einer seltenen Ausnahme abgesehen, bewirkt eine vorrangige Erbbauzinsreallast die Beleihungsgrenze um den Betrag, der dem kapitalisierten Erbbauzins entspricht. „...*wenn er* [der Erbbauzins] *dem auf dem Erbbaurecht lastenden Grundpfandrecht im Range vorgeht,* [ist er] *in kapitalisierter Form als Vorlast von der Beleihungsgrenze in Abzug zu bringen*; ..."[22].   91

Zur Kapitalisierung ist ein **Kapitalisierungszinssatz von höchstens 5 %** heranzuziehen[23], vgl. Rn. 381–384. Vor allem dann, wenn aufgrund entsprechender Indexierungen ein nennenswerter Anstieg des Erbbauzinses erwartet werden muss, ist ein niedrigerer Kapitalisierungszinssatz zu verwenden.   92

Der Grundstückseigentümer (Erbbaurechtsgeber) kann gegenüber der Bank eine Erklärung abgeben, dass er im Falle einer Zwangsversteigerung die Erbbauzinsreallast bestehen bleiben lässt, d. h. nicht zur Versteigerung anmeldet (sog. **Stillhalteerklärung**). Er wird dann nicht am Erlös beteiligt, behält aber den Anspruch auf den Erbbauzins. Da es sich dabei nur um eine schuldrechtliche Vereinbarung handelt, gilt diese Erklärung nur dann als ausreichend, wenn es sich beim Eigentümer um eine **juristische Person des öffentlichen Rechts** handelt, insbesondere um Gebietskörperschaften (Bund, Länder, Gemeinden), Anstalten und Stiftungen des öffentlichen Rechts, z. B. Rundfunkanstalten, sowie bestimmte Kirchen. In diesem Fall wird die vorrangige Erbbauzinsreallast wie eine nachrangige behandelt. In allen anderen Fällen muss trotz einer evtl. vorliegenden Stillhalteerklärung die Vorlast in der oben geschilderten Weise berücksichtigt werden.   93

3.4.2.3 Nachrangige Erbbauzinsreallast

▶ *Vgl. Rn. 381 ff.*

Gibt es keine weiteren Vereinbarungen, geht eine nachrangige Erbbauzinsreallast wie jede andere nachrangige Belastung infolge einer Zwangsversteigerung aus einem vorrangigen Recht unter (vgl. Rn. 75).   94

Kreditinstitut und Grundstückseigentümer können trotzdem eine Vereinbarung dahingehend treffen, dass die **Grundschuld vorrangig** wird und **zugleich** das **Bestehenbleiben der Erbbauzinsreallast** vereinbart wird. Aus grundbuchrechtlicher Sicht ist dies ein Sonderfall, der in § 9 Abs. 3 ErbbauRG geregelt ist. Die Zusicherung des Bestehenbleibens wird ebenfalls als **Stillhalte- oder Liegenbelassenserklärung (des Kreditinstituts)** bezeichnet.   95

Eine „versteigerungsfeste" Erbbauzinsreallast stellt aus der Sicht des Erwerbers in jedem Fall eine **Verpflichtung zu fortlaufenden Zahlungen** dar, die analog zu sonstigen Kosten den Ertrag mindern. Gleichwohl gehören sie nicht zu den Bewirtschaftungskosten i. S. d. § 13 BelWertV.   96

Zunächst wird das Erbbaurecht ohne Wertminderung durch die Verpflichtung zur Zahlung des Erbbauzinses bestimmt, i. d. R. nach dem „**Münchner Verfahren**" (vgl. § 25 BelWertV; Rn. 368 ff.). Der Beleihungswert ist abschließend zu mindern, und zwar um den kapitalisierten Erbbauzins (Rn. 381 ff.). Dasselbe gilt für den oben geschilderten Fall einer vorrangigen Grundschuld mit **Stillhalteerklärung einer juristischen Person öffentlichen Rechts** als Grundstückseigentümer (Erbbaurechtsgeber).   97

Grundsätzlich lässt sich zusammenfassen, dass eine Erbbauzinsreallast die **Nutzung eines Erbbaurechts zur Kreditbesicherung** im Allgemeinen **und zur Pfandbriefdeckung** im   98

---
22 Vgl. BaFin-Rundschrieben 13/2009, Seite 2, Absatz 1; Ergänzungen durch den Verfasser.
23 Vgl. BaFin-Rundschrieben 13/2009, Seite 3, Absatz 4.

Besonderen nicht ausschließt, aber wertmäßig einschränkt. Je nach Sachverhalt wirkt sich der Erbbauzins unterschiedlich auf die Ergebnisse (Beleihungswert, Beleihungsgrenze) aus.

Abb. 2: Bedeutung der Rangstelle von Erbbauzinsreallasten

vorrangige Erbbauzinsreallast	sicher bestehenbleibende (vorrangige oder nachrangige) Erbbauzinsreallast	nachrangige Erbbauzinsreallast (ohne Stillhalteerklärung der Bank)	ungesicherter Erbbauzins
Stillhalteerklärungen, die nicht von einer juristischen Person öffentlichen Rechts abgegeben werden, bleiben unbeachtet.	– gilt für vorrangige Erbbauzinsreallasten nur im Sonderfall: Stillhalteerklärung einer juristischen Person öffentlichen Rechts gilt für nachrangige Erbbauzinsreallasten mit einer Vereinbarung über das Bestehenbleiben nach § 9 Abs. 3 ErbbauRG		
Abzug des kapitalisierten Erbbauzinses von der 60 %-Beleihungsgrenze	Minderung von Marktwert und Beleihungswert um den kapitalisierten Erbbauzins	nachrichtliche Mitteilung des kapitalisierten Erbbauzinses Berücksichtigung in der Bewertung durch die Bank	nachrichtliche Mitteilung des kapitalisierten Erbbauzinses Berücksichtigung in der Bewertung durch die Bank

3.4.3 Auflassungsvormerkungen

99 Auflassungsvormerkungen (auch: Eigentumsverschaffungsvormerkungen) sind ein **Sicherungsmittel eigener Art** (keine Dienstbarkeiten). Sie sichern den Anspruch auf Verschaffung des Eigentums zugunsten desjenigen, der sich als Berechtigter aus einem Kaufvertrag oder einem anderen Rechtsgeschäft (z. B. Tausch) mit dem Eigentümer ergibt. Sie hindert den bisherigen, noch im Grundbuch vermerkten Eigentümer, weitere Verfügungen bzgl. des Grundstücks zu treffen, die den Anspruch des Erwerbers auf Verschaffung des Eigentums beeinträchtigten oder vereiteln könnten[24]. Ein solcher Anspruch bewirkt, dass eine nachrangige Hypothek in der Regel kein werthaltiges Sicherungsmittel ist und insbesondere zur Pfandbriefdeckung nicht verwendet werden kann.

100 Ausnahmsweise kann eine solche Vormerkung hingenommen werden, wenn der damit verbundene Anspruch an Bedingungen geknüpft ist. Praktische Bedeutung in der kreditwirtschaftlichen Wertermittlung haben **bedingte Auflassungsvormerkungen oder Rückauflassungsvormerkungen**, die absichern sollen, dass der Eigentümer Verpflichtungen einhält, die er beim Ankauf eingegangen ist. Z.B., wenn er in einem Gewerbegebiet ein Baugrundstück erwirbt und zusichert, dort einen bestimmten Betrieb anzusiedeln, Investitionen in bestimmter Höhe vorzunehmen oder eine Anzahl von Dauerarbeitsplätzen zu schaffen.

101 Unter Risikogesichtspunkten ist aber auch eine solche Vormerkung im Vorrang vor der Hypothek der Bank problematisch, da es nicht unwahrscheinlich ist, dass die Nichteinhaltung solcher Investitionsverpflichtungen mit Zahlungsschwierigkeiten des Kreditnehmers einher-

---

24 Das bedeutet, dass ein so belastetes Grundstück (oder ein Teil davon) nicht im gewöhnlichen Geschäftsverkehr verkauft werden kann und daher auch kein Marktgeschehen für solche Grundstücke besteht. Die Ermittlung eines Verkehrswerts, der aus der Preisbildung im Markt abzuleiten ist, ist daher nicht unmittelbar möglich. Sind solche Belastungen vorhanden, so wird häufig bei der Wertermittlung das Nicht-Vorhandensein bzw. die Löschung unterstellt, unabhängig davon, welche Rechtsgeschäfte ihnen zugrunde liegen und ob der Eigentümer evtl. einen Anspruch auf Löschung der Vormerkungen hat.

geht. Daher werden solche vorrangigen Rechte nur in bestimmten Fällen von Kreditinstituten toleriert.

Eine Bewertung dieser Belastungen erfolgt nur in sehr seltenen Fällen. **102**

3.4.4 Vorkaufsrechte

▶ *Vgl. Teil VIII Rn. 475 ff.*

Vorkaufsrechte sind aus der Sicht der Kreditwirtschaft selten problematisch, da sie entweder nicht ausgeübt werden und dadurch bei einer konkreten Transaktion folgenlos bleiben oder ausgeübt werden und dann ein Kaufpreis fließt. **103**

Kann ein Vorkaufsrecht nicht nur einmalig ausgeübt werden (übliche Terminologie im Grundbuch: „Vorkaufsrecht für alle Verkaufsfälle"), so geht von ihm eine geringfügige Wertminderung aus. *Crimmann*[25] schlägt im Rahmen der Beleihungswertermittlung eine Wertminderung um 3 % vor. **104**

3.4.5 Lebenslange Wohnungs-, Nutzungs- oder Nießbrauchsrechte

▶ *Vgl. Teil VIII Rn. 329 ff., 406 ff., 452*

Wohnungs-, Nutzungs- oder Nießbrauchsrechte können einer Immobilie die Eignung als Kreditsicherheit nehmen (vgl. Rn. 70). **105**

Ein Grundstück kommt als Sicherheit trotz eines solchen lebenslangen Rechts infrage, **wenn sich das Recht nur auf einen relativ kleinen Teil des Objekts beschränkt**, z. B. auf eine einzelne Wohnung in einem Mehrfamilienhaus. Aus immobilien- und kreditwirtschaftlicher Sicht ist lediglich der Ertrag des Objekts für eine gewisse, wenn auch unbestimmte Zeit, gemindert. **106**

Die Ertragsminderung entspricht der Miete, die für diese Wohnung normalerweise zu zahlen wäre (marktüblicher, nachhaltig erzielbarer Ertrag i. S. des § 10 Abs. 1 BelWertV), und zusätzlich bestimmten Bewirtschaftungskosten. Letztere ergeben sich daraus, dass auch diese Mieteinheit einen Teil der **Verwaltungskosten** (z. B. für Betriebskostenabrechnungen) und **Instandhaltungskosten** verursacht. **107**

Ist das Recht vorrangig zur Hypothek der Bank, so ist ein Abzug von der Beleihungsgrenze, d. h. vom 60-Prozent-Anteil des lastenfrei ermittelten Beleihungswerts, erforderlich. Um der tatsächlich zu erwartenden Erlösminderung bei einer Zwangsversteigerung gerecht zu werden, ist der **Wert des Rechts nach § 121 ZVG** i. V. m. § 92 Abs. 2 ZVG zu ermitteln. **108**

Aus Vereinfachungsgründen wird in der Praxis häufig die o. g. Ertragsminderung über den Zeitraum, der der ferneren Lebenserwartung des Begünstigten, z. B. Wohnungsberechtigten, entspricht, kapitalisiert. Als Kapitalisierungszinssatz wird der Zinssatz herangezogen, der für die Ertragswertermittlung der Objektteile mit Wohnnutzung verwendet wird. **109**

Korrekter ist allerdings die Verwendung des **Leibrentenbarwertfaktors** (vgl. Teil IV § 7 ImmoWertV Rn. 40 ff.), der sich aus dem Geschlecht und dem Alter des Berechtigten sowie dem Kapitalisierungszinssatz ergibt. **110**

Ein Objekt, welches mit einem Nießbrauchsrecht belastet ist, kann in der Regel nur beliehen werden, wenn das Grundpfandrecht vorrangig ist und der Nießbraucher gemeinsam mit dem Kreditnehmer persönlich für die Kreditverpflichtungen haftet. **111**

3.4.6 Altenteile

▶ *Vgl. Teil VIII Rn. 459 f.*

---

[25] *Crimmann*, a. a. O., S. 118.

112 Aus der Sicht der Kreditwirtschaft ist besonders zu beachten, dass Altenteile unter bestimmten Bedingungen auch dann bestehen bleiben, wenn sie dem Grundpfandrecht im Range nachfolgen.

113 In einem solchen Fall sind die laufenden Verpflichtungen daraus zu schätzen und ertragsmindernd zu berücksichtigen.

3.4.7 Betriebsrechte für Photovoltaikanlagen

▶ *Vgl. § 5 ImmoWertV Rn. 454 f.; § 8 ImmoWertV Rn. 407; zur Berücksichtigung von PV-Anlagen in der Verkehrswertermittlung vgl. Teil IV § 5 ImmoWertV Rn. 451 ff.*

Schrifttum: *Kolb, H.:* Bewertung von Immobilien mit Photovoltaikanlagen, GuG 2013, 137 ff.

114 Photovoltaikanlagen (im Folgenden kurz: PV-Anlagen) bedingen aus der Sicht der meisten Marktteilnehmer eine Wertsteigerung der Immobilie. Von der Kreditwirtschaft werden solche Anlagen vielfach kritischer gesehen.

115 In immer noch zunehmendem Maße sind Ein- und Zweifamilienhäuser, die u. a. mittels des Sachwertverfahrens bewertet werden, mit **Photovoltaikanlagen** ausgestattet. Diese können sowohl werterhöhende als auch wertmindernde Effekte mit sich bringen. Die wesentliche werterhöhende Eigenschaft, die Generierung eines zusätzlichen Ertrags für den Eigentümer, ist derzeit noch an die Regelungen des **EEG** gebunden. Diese sind zeitlich befristet, und aufgrund der unsicheren Ertragsaussichten nach dem Ende der Förderung nach dem EEG gelten die Erträge aus PV-Anlagen als **nicht nachhaltig erzielbar** und somit nicht berücksichtigungsfähig im Rahmen der Beleihungswertermittlung. Andererseits können PV-Anlagen vielfältige Nachteile für den Eigentümer mit sich bringen:

- **Instandhaltungspflichten**, insbesondere dann, wenn eine Dachfläche an einen Dritten zum Zweck der Aufstellung einer PV-Anlage verpachtet ist, ferner ungewöhnlicher Demontage- und Entsorgungsaufwand nach der Nutzungsdauer, Schäden an der Bausubstanz, die von der Anlage ausgehen, u. Ä.;
- **Beeinträchtigung des äußeren Erscheinungsbildes**, die die Verkäuflichkeit verschlechtert;
- **Dienstbarkeiten**, die den Betrieb der Anlage bzw. die Verpachtung der Dachfläche sicherstellen.

116 Solche Gegebenheiten sind immer einzelfallbezogen zu beurteilen. Die o. g. Kostenrisiken und eine wertrelevante Beeinträchtigung des Erscheinungsbildes kommen jedoch vergleichsweise selten vor. Dienstbarkeiten können hingegen im Kreditentscheidungsprozess eine wesentliche Rolle spielen.

3.4.8 Eintragungen auf der Grundlage des BauGB

▶ *Vgl. Teil VI*

117 Bestimmte Eintragungen in Abteilung II, die sich aus Regelungen des BauGB ergeben und als **Vermerke** bezeichnet werden, sind keine Belastungen, die den Rangvorschriften im Rahmen der Zwangsversteigerung unterliegen. Hierbei handelt es sich insbesondere um Vermerke im Rahmen von
- **Umlegungsverfahren** (§§ 45 – 79 BauGB, Teil VI Rn. 773 ff.),
- **Enteignungsverfahren** (§§ 85 – 122 BauGB, Teil VI Rn. 1 ff.),
- städtebauliche **Sanierungs-** und **Entwicklungsmaßnahmen** (§§ 136 – 171 BauGB; Teil VI Rn. 201 ff.).

118 Diese Vermerke stehen einer Zwangsversteigerung nicht entgegen, bleiben allerdings bestehen. Die sich daraus ergebenden Nachteile betreffen also den Ersteher gleichermaßen und sind somit in der Wertermittlung, analog zu anderen bestehen bleibenden Belastungen (z. B. Baulasten) zu berücksichtigen.

3.4.9 Bergschadensverzicht

▶ *Vgl. § 5 ImmoWertV Rn. 423 ff.*

Bergschäden sind eine Folge des Bergbaus, meist des untertägigen Abbaus von Bodenschätzen. Neben **Bodensenkungen,** die sich allmählich vollziehen, und **Tagbrüchen,** die plötzlich auftreten, kommen auch **Bruchspalten, erdbebenartige Erschütterungen** und sogar **Bodenhebungen** vor. Infolge von Bergbau über Tage können sich Schäden durch Änderung des Grundwasserspiegels und in sehr seltenen Fällen weiträumige Rutschungen ereignen.

Dadurch entstehen Schäden, die in erster Linie Gebäude betreffen. Sie können erheblich sein: Sie können zum vollständigen Untergang des Gebäudes führen, die Bebaubarkeit des Grundstücks dauerhaft ausschließen, das Grundstück faktisch zum Verschwinden bringen und die Evakuierung umliegender Grundstücke erfordern.

Im Normalfall ist der Bergwerksbetreiber haftbar zu machen. In Einzelfällen, z. B. bei als Kriegsfolge aufgetretenem illegalem Abbau, kann es vorkommen, dass niemand haftbar gemacht werden kann. In bestimmten Fällen hat jedoch der Eigentümer den **Verzicht auf Schadenersatz** gegenüber dem Bergbauunternehmen erklärt. Dies kann **mit dinglicher Sicherung,** die im Grundbuch einzutragen ist, oder auch nur **durch schuldrechtliche Vereinbarung** geschehen. Dieser schuldrechtliche Verzicht ohne Grundbucheintrag könnte vom Kreditnehmer verschwiegen werden, sodass das Kreditinstitut nichts von der Vereinbarung erfährt. Sofern der Gutachter Anlass hat zu vermuten, dass ein solcher Bergschadensverzicht besteht, muss er das Kreditinstitut darauf hinweisen. Dies kann u. a. dann der Fall sein, wenn das Bergbauunternehmen bereits einen Bergschaden auf dem Grundstück reguliert hat oder es in der Region bereits mehrere Bergschäden gegeben hat.

Der Bergschadenverzicht geht dem Grundpfandrecht im Rang vor, wenn er im Grundbuch an besserer Rangstelle eingetragen ist bzw. wenn er schuldrechtlich vor Abschluss des Kreditvertrages vereinbart wurde.

Ein Bergschadensverzicht kann **in Gestalt eines Vollverzichts** (Ausschluss jeglichen Schadenersatzes) **oder eines Teilverzichts** (Schäden bis zu einer bestimmten Höhe trägt der Eigentümer) vereinbart werden. **Geht ein Vollverzicht den Ansprüchen des Kreditinstituts im Rang vor, so ist das Grundpfandrecht nicht als deckungsstockfähig anzusehen.**

Ein **vorrangiger Teilverzicht** muss in voller Höhe, d. h. in Höhe des vom Eigentümer selbst zu tragenden Schadensanteils (wie ein Selbstbehalt bei der Feuerversicherung), von der Beleihungsgrenze abgezogen werden.

Ein **nachrangiger Voll- oder Teilverzicht** beeinträchtigt hingegen den Wert des Grundstücks, mindert aber darüber hinaus nicht die Beleihungsgrenze. Häufig haben Kreditinstitute eigene Regelungen zum Umgang mit Bergschadensverzichten. Die Entscheidung, wie mit einem Bergschadenverzicht im Kreditprozess umzugehen ist, obliegt dem Kreditinstitut, nicht dem Gutachter.

3.4.10 Historische Eintragungen

Unter historischen Eintragungen werden hier solche verstanden, die ihrem Inhalt oder ihrer Rechtsnatur nach heute nicht mehr oder nicht in dieser Form erfolgen würden und deren Eintragung vor 1919 erfolgte. Häufig sind dies Beschränkungen, die bereits seit Längerem auf andere Weise manifestiert werden, z. B. durch Festsetzungen in Bebauungsplänen, durch Baulasten, durch Widmung als öffentliche Verkehrsfläche etc.

Ferner existieren Festlegungen, die dem gültigen Wertekanon, der aktuellen Rechtslage oder den tatsächlichen Gegebenheiten so widersprechen, dass ihre Durchsetzung sehr unwahrscheinlich oder sogar völlig ausgeschlossen ist.

Beispiele:

- das Verbot, eine Irrenanstalt zu errichten;
- Aussichtsrechte in einem Gebiet, in dem es wegen Baumbewuchs keine Aussicht mehr gibt;
- die Pflicht, einen Bretterzaun zu errichten;
- Nutzungsrecht an einem Grundstücksstreifen zugunsten einer Straßenbahngesellschaft, ohne dass je eine Straßenbahntrasse geschaffen worden wäre;
- Anspruch der Stadt, einen Vorgarten in einen Fußweg umzuwandeln.

124 Im gewöhnlichen Geschäftsverkehr haben solche Eintragungen meist einen nicht nachweisbaren Werteinfluss, es sei denn, sie würden tatsächlich ausgenutzt (z. B. wenn anstelle des Vorgartens tatsächlich ein Fußweg vorhanden ist). Häufig wird ein eher symbolischer Wertabschlag „wegen Grundbuchverschmutzung" vorgenommen. Auch in der Beleihungswertermittlung kann in gleicher Weise mit historischen, nicht ausgenutzten Belastungen umgegangen werden.

125 Falls jedoch das tatsächliche Risiko einer Erlösminderung in der Zwangsversteigerung erkennbar ist, so sollte der Sachverständige darauf hinweisen. Es ist jedoch auch hier Sache der betreffenden Kompetenzträger im Kreditinstitut, über den Umgang mit einem solchen Risiko zu entscheiden.

4 Versicherungspflicht

4.1 Relevante Risiken

126 Eine Immobilie ist vielfältigen **Risiken** ausgesetzt, wovon nur wenige zu einem **erheblichen Wertverlust oder zum vollständigen Untergang der baulichen Anlagen** führen können. Das wesentlichste Risiko sind **Brand- und Explosionsschäden** sowie deren Folgeschäden (Rauch, Löschwasser u. Ä.). Daneben sind Schäden durch **Sturm, Hagel** und in großen Mengen anfallendes **Leitungswasser** mit nennenswerten Wertverlusten verbunden, die aber bei Gebäuden in moderner Bauweise selten einen tatsächlichen Umfang annehmen, der aus der Sicht der Pfandbriefsicherheit relevant werden kann. Andere Risiken haben eine wesentlich geringere Eintrittswahrscheinlichkeit (z. B. **Bodensenkungen, Grundbruch**) oder sind auf bestimmte Standorte beschränkt (u. a. **Überschwemmungen, Strahlenschäden, Aufprall eines Luftfahrzeugs**). In einigen Ländern, in denen Beleihungen nach § 13 Abs. 1 Satz 2 PfandBG möglich sind, ist zudem das **Erdbebenrisiko** relevant.

127 Grundsätzlich liegt es vor allem **im Interesse des Eigentümers** selbst, sich gegen solche Risiken zu versichern, um in den Fällen, in denen sich ein solches Risiko verwirklicht, einen Ausgleich für den Wertverlust zu erhalten. Dient die Immobilie als Pfandobjekt, **so hat der Kreditgeber**, an den die Immobilie verpfändet ist, **ein gleichgelagertes Interesse**. § 15 PfandBG sichert zusätzlich die Interessen der Pfandbriefgläubiger am Werterhalt des Deckungsstocks.

4.2 Höhe des Versicherungsschutzes

128 Um diesen Interessen gerecht zu werden, **ist eine Versicherung in Höhe des Aufwands geboten, der für eine Wiederherstellung der baulichen Anlagen erforderlich ist.** Gebäudeversicherungen deutscher Gebäudeversicherer werden dieser Anforderung in der Regel gerecht; im Einzelfall werden aber auch Versicherungen nur in Höhe des Zeitwerts der bauli-

chen Anlagen oder mit Selbstbehalt abgeschlossen. Hier ist die Beleihungsgrenze, nicht jedoch der Beleihungswert, entsprechend zu mindern[26].

Durch eine **Anzeige der Pfandbriefbank beim Versicherer** des Gebäudes wird sichergestellt, dass Zahlungen der Versicherung im Schadensfall nicht an den Versicherten, sondern die Pfandbriefbank geleistet werden. **129**

4.3 Aufgaben des Gutachters

▶ *Vgl. Teil II Rn. 1 ff., 355 ff.*

Es ist nicht Sache des Gutachters zu prüfen, inwieweit der Versicherungsschutz den Anforderungen des § 15 PfandBG gerecht wird. Einige Kreditinstitute, die externen Gutachtern die Nutzung institutseigener Software vorschreiben, haben innerhalb der Eingabemasken auch die Eingabe von versicherungsrelevanten Werten (1913er-Wert, Deckungssumme o. Ä.) installiert. Der Gutachter sollte auch hier sicherstellen, dass seine Tätigkeit nicht als Prüfung des Versicherungsvertrages gedeutet werden kann. **Das Schadenspotential ist erheblich**, und die Vermögenschadenshaftpflichtversicherung eines Gutachters kommt für Tätigkeiten außerhalb der Grundstückswertermittlung i. d. R. nicht auf. **130**

Fallen dem Gutachter bei der Ortsbesichtigung oder bei der Bewertung **besondere Risiken des Standorts oder des Objekts** auf, oder hat er Erkenntnisse dahingehend, dass der **Versicherungsschutz nicht ausreicht**, so sollte er den Auftraggeber gerade wegen der besonderen Anforderungen der Pfandbriefsicherheit darauf hinweisen. **131**

---

26 Vgl. Smola, § 12 PfandBG Rn. 4, S. 52.

5 Rechtsgrundlagen der Beleihungswertermittlung im Einzelnen

§ 1 BelWertV Anwendungsbereich

Bei der Ermittlung der Beleihungswerte nach § 16 Abs. 1 und 2 des Pfandbriefgesetzes und bei der Erhebung der für die Wertermittlung erforderlichen Daten sind die Vorschriften dieser Verordnung anzuwenden.

§ 2 BelWertV Gegenstand der Wertermittlung

Gegenstand der Beleihungswertermittlung ist das Grundstück, grundstücksgleiche Recht oder vergleichbare Recht einer ausländischen Rechtsordnung, das mit dem Grundpfandrecht belastet ist oder belastet werden soll.

Gliederungsübersicht Rn.
1 Anwendungsbereich 132

1 Anwendungsbereich

▶ *Vgl. zum Gegenstand der Beleihungswertermittlung § 1 ImmoWertV Rn. 9, 21*

132 Die Eingangsformel und die beiden ersten Paragraphen stellen den Bezug der Verordnung zu den Regelungen des PfandBG, Hypothekenpfandbriefe betreffend, dar.

133 § 16 Abs. 4 Satz 1 bis 3 PfandBG enthalten die **Ermächtigung des Bundesministeriums für Finanzen**, diese Verordnung zu erlassen und die Befugnis zum Erlass dieser Verordnung auf eine Bundesbehörde zu übertragen. Von dieser Befugnis hat das Ministerium Gebrauch gemacht und die **Bundesanstalt für Finanzdienstleistungsaufsicht (BaFin)** veranlasst, diese Rechtsverordnung zu gestalten und zu erlassen.

134 § 1 BelWertV stellt klar, dass die Verordnung für die Ermittlung der Beleihungswerte nach § 16 PfandBG verbindlich ist.

Das bedeutet auch, dass im Zusammenhang mit der Besicherung eines Darlehens durch eine Hypothek, die **nicht** in den Deckungsstock eines Pfandbriefs aufgenommen werden soll, diese Verordnung nicht zwingend einzuhalten ist.

Beispiel:

Will eine Bank im Rahmen einer Unternehmensfinanzierung eine Kiesgrube als Sicherheit hereinnehmen und daran eine Hypothek bestellen, so dürfte dies i. d. R. sinnvoll sein, da auch eine Kiesgrube einen Marktwert hat, der allerdings infolge des Kiesabbaus sukzessive sinkt (vgl. Teil IV § 5 ImmoWertV Rn. 306 ff.). Trotzdem muss die Bank keinen Beleihungswert nach dieser Verordnung ermitteln, da Kiesgruben ohnehin nicht zur Deckung von Pfandbriefen verwendet werden dürfen (vgl. Rn. 41).

Allerdings haben Finanzinstitute, die keine Pfandbriefbanken sind, aber trotzdem Immobilienfinanzierungen anbieten (z. B. bestimmte Förderinstitute, Bausparkassen, Sparkassen oder Volksbanken sowie Lebensversicherer) eigene Anweisungen über die Ermittlung von Beleihungswerten, die sich stark an die Regelungen der BelWertV anlehnen. Deshalb wird häufig auch von diesen Kreditgebern ein Beleihungswert ermittelt.

Ferner lassen auch ausländische Kreditinstitute für Sicherungsobjekte in Deutschland Beleihungswerte ermitteln, weil sie durch nationale Gesetzgebung oder europäisches Recht dazu veranlasst werden.

§ 3 BelWertV stellt folgenden Grundsatz der Beleihungswertermittlung auf:

§ 3 BelWertV Grundsatz der Beleihungswertermittlung

(1) Der Wert, der der Beleihung zugrunde gelegt wird (Beleihungswert), ist der Wert der Immobilie, der erfahrungsgemäß unabhängig von vorübergehenden, etwa konjunkturell bedingten Wertschwankungen am maßgeblichen Grundstücksmarkt und unter Ausschaltung von spekulativen Elementen während der gesamten Dauer der Beleihung bei einer Veräußerung voraussichtlich erzielt werden kann.

(2) Zur Ermittlung des Beleihungswerts ist die zukünftige Verkäuflichkeit der Immobilie unter Berücksichtigung der langfristigen, nachhaltigen Merkmale des Objekts, der normalen regionalen Marktgegebenheiten sowie der derzeitigen und möglichen anderweitigen Nutzungen im Rahmen einer vorsichtigen Bewertung zugrunde zu legen.

Gliederungsübersicht   Rn.

1	Allgemeines	135
2	Zeitlicher Horizont	136
3	Wertermittlungsstichtag	138
4	Vorsichtsprinzip und Grenzen der Vorsicht	143
5	Nachteile eines zu geringen Beleihungswerts	145
6	Abgrenzung von anderen Werten	146
	6.1 Zustandswert und Beleihungswert in einem fiktiven Zustand	147
	6.2 Lastenfreier Wert	152

1 Allgemeines

Die Regelungen des § 3 BelWertV gestalten die Definition des Begriffs Beleihungswert im Pfandbriefgesetz aus: „Der Beleihungswert darf den Wert nicht überschreiten, der sich im Rahmen einer **vorsichtigen Bewertung der zukünftigen Verkäuflichkeit** einer Immobilie und unter Berücksichtigung der **langfristigen, nachhaltigen Merkmale des Objektes, der normalen regionalen Marktgegebenheiten** sowie der **derzeitigen und möglichen anderweitigen Nutzungen** ergibt. Spekulative Elemente dürfen dabei nicht berücksichtigt werden. Der Beleihungswert darf einen auf transparente Weise und nach einem anerkannten Bewertungsverfahren ermittelten **Marktwert nicht übersteigen.**" (§ 16 Abs. 2 Satz 1 bis 3 PfandBG) In § 3 Abs. 2 BelWertV wird fast wortgleich der Inhalt von § 16 Abs. 2 Satz 1 PfandBG wiederholt.

135

2 Zeitlicher Horizont

§ 3 Abs. 1 BelWertV enthält hingegen Ergänzungen und Konkretisierungen, die für die praktische Wertermittlung durchaus relevant sind. Dies gilt insbesondere für den **Zeitraum**, auf den sich die Beleihungswertermittlung beziehen soll: Er orientiert sich an der **Gesamtdauer der Beleihung**.

136

Die Gesamtdauer der Beleihung sollte daher auch beim Ansatz der Parameter der Ertragswertermittlung, die sich im Laufe der Zeit ändern können, berücksichtigt werden. Dies gilt in besonderem Maße für den Rohertrag (vgl. Rn. 206 ff.).

137

3 Wertermittlungsstichtag

▶ *Vgl. § 3 ImmoWertV Rn. 1 ff.; § 194 BauGB Rn. 120 ff.*

Aus diesem zeitlichen Horizont ergibt sich, dass es zum Beleihungswert **keinen Wertermittlungsstichtag i. S. des § 194 BauGB** gibt.

138

Bestimmte Aspekte, die mit dem Stichtagsprinzip in Zusammenhang stehen, sind allerdings auch bei der Beleihungswertermittlung relevant. Vor allem spiegelt auch der Beleihungswert

139

das Wissen über die Marktgegebenheiten und die sonstigen Gegebenheiten im Umfeld des Bewertungsobjekts wider, wie sie zum **Zeitpunkt der Wertermittlung** vorliegen. Zukünftiges Wissen, dass noch nicht vorliegt, kann nicht antizipiert werden. Beleihungswerte der Vergangenheit können inzwischen unrichtig geworden sein. Der Beleihungswert soll zwar für einen längeren Zeitraum „halten", aber auch der Beleihungswert hat einen Bezug zum Zeitpunkt seiner Ermittlung und ist kein „Ewigkeitswert". Ferner beziehen sich die wertrelevanten Erkenntnisse, die bei der Besichtigung gewonnen wurden, auf den Tag der Besichtigung, da sich der Zustand des Objekts auch bis zum Abschluss des Gutachtens geändert haben kann (z. B. abbrennen kann), ohne dass der Gutachter oder das Kreditinstitut davon Kenntnis erlangen. **Insofern ist es nicht falsch, von einem Wertermittlungsstichtag zu sprechen**, obwohl dieser Begriff in der BelWertV vermieden wird.

140 Die Antwort auf die Fragen, ob und in welchem Sinne man von einem Wertermittlungsstichtag sprechen kann, ist für sich genommen ohne Belang. Wichtiger ist, die Besonderheit des zeitlichen Horizonts der Beleihungswertermittlung zu verstehen und zu berücksichtigen. Um der akademischen Diskussion um den Wertermittlungsstichtag aus dem Wege zu gehen, empfiehlt es sich, vom **„Datum der Wertermittlung"** oder vom **„Datum der Besichtigung"** zu sprechen.

141 **Liegt zwischen Besichtigung und Wertermittlung ein Zeitraum von mehreren Wochen, so ist es** zulässig und normalerweise auch **geboten, inzwischen bekannt gewordene Markt- oder Umfeldveränderungen zu berücksichtigen**. Dies unter Verweis auf das Stichtagsprinzip der Verkehrswertermittlung zu unterlassen, ist nicht gerechtfertigt[27].

142 Obsolet ist die Frage, ob die Beleihungswertermittlung einen abweichenden **Qualitätsstichtag** kennt. Die Zukunftsorientierung des Beleihungswerts erfordert immer eine Zugrundelegung des aktuellsten Zustands des Bewertungsobjekts, niemals eines in der Vergangenheit liegenden Zustands. Bei Bewertung in einem zukünftigen Zustand muss kein Qualitätsstichtag genannt werden, da hier der Zustand nicht aus dem Datum abgeleitet wird, sondern der Zustand selbst definiert wird.

4 Vorsichtsprinzip und Grenzen der Vorsicht

▶ *Vgl. § 194 BauGB Rn. 120 ff.*

143 Der Beleihungswert soll ein vorsichtiger Wert sein, der auch dann noch erzielbar ist, wenn sich der Grundstücksmarkt gerade in einer **konjunkturellen „Schwächephase"** befindet. Ferner sind **Wertminderungen** zu berücksichtigen, die für die bewertete Objektart typisch sind, z. B. **der geringere Wert von Bestandsobjekten im Vergleich zu Neubauten** oder der Wertverlust, der im **Zeitablauf eines langfristigen Mietvertrags** eintritt. *Crimmann* schreibt dazu: *„Der Beleihungswert ... beinhaltet Erfahrungswerte und muss in der Zukunft ein möglichst beständiger Wert* **unter normalen regionalen Marktgegebenheiten** *sein"*[28].

144 Zugleich soll der Beleihungswert kein **Geringst- oder „Angstwert"** sein, der noch unter Berücksichtigung aller theoretisch denkbaren Risiken (**„Meteoritentheorie"**) Bestand haben würde. Dies wird gelegentlich so illustriert, dass unter Rückgriff auf langjährige Erfahrungen „mittlere Werte" zugrunde zu legen sind.[29] **Krisen ungewöhnlichen Ausmaßes oder exogene Schocks**, mit denen zum Wertermittlungsstichtag nicht zu rechnen ist, finden daher im Beleihungswert **keine Berücksichtigung**.

---

27 Unter Umständen muss in der parallel erstellten Verkehrswertermittlung darauf hingewiesen werden, dass sich die Wertermittlung auf die Grundstücksqualität zum Besichtigungstermin abgestellt wird und zugleich zwischenzeitliche Entwicklungen (z. B. die Verschiebung der Fertigstellung eines wichtigen Infrastrukturprojekts im Umfeld) berücksichtigt wurden.
28 Crimmann, W.: Der Beleihungswert, vdp-Schriftenreihe, Bd. 48, Berlin 2011, S. 93; Hervorhebung durch den Verfasser.
29 Vgl. Crimmann, W.: Der Beleihungswert, vdp-Schriftenreihe, Band 48, Berlin 2011, S. 92-94; Bollmus, B.: Beleihungswertermittlung als Qualitätsgarantie für die Pfandbriefdeckung, Handout zu einem Vortrag am 09.11.2006, Download (15.3.2013) unter: http://www.pfandbrief.de/cms/_internet.nsf/0/4E8F0B8E27B6525DC1257919004 8B73C/$FILE/Vortrag_Bollmus_2006.pdf.

5 Nachteile eines zu geringen Beleihungswerts

Dass ein zu hoch angesetzter Beleihungswert dem Sicherheitsgedanken der Regelungen zum Hypothekenpfandbrief zuwiderläuft, versteht sich von selbst. Allerdings muss zugleich darauf hingewiesen werden, dass eine besonders vorsichtige **Festsetzung eines (zu) niedrigen Beleihungswerts ebenfalls ungünstige Auswirkungen** hat: Bindet das Kreditinstitut generell die maximale Höhe eines Darlehens an den Beleihungswert (was nicht der originäre Zweck des Beleihungswerts ist, vgl. Rn. 7 und 8), so kann diese **Darlehenshöhe** aus Kundensicht **zu gering** sein und das Kreditgeschäft nicht zustande kommen. Ferner kann das Kreditinstitut für den Darlehensteil, der unter der 60 %-Grenze liegt und so zur Pfandbriefdeckung verwendet wird, einen günstigeren Zinssatz anbieten als für darüber liegende Darlehensteile. **Somit verschlechtert ein geringer Beleihungswert die Zinskonditionen der Pfandbriefbank**, was zu einem Wettbewerbsnachteil werden kann. Daher wäre es falsch, bei der Beleihungswertermittlung größtmögliche Vorsicht walten zu lassen, jegliches erdenkliches Risiko wertmindernd zu berücksichtigen oder einfach nach der Devise „weniger ist allemal besser" zu verfahren. 145

6 Abgrenzung von anderen Werten

Alle Regelungen der BelWertV beziehen sich auf den Beleihungswert in dem Zustand, wie er zum Zeitpunkt der Wertermittlung vorliegt. Ein Beleihungswert unter Annahmen, die von den Gegebenheiten abweichen, ist von den Regelungen der BelWertV nicht ausdrücklich erfasst. 146

6.1 Zustandswert und Beleihungswert in einem fiktiven Zustand

Im Hinblick auf **Objekte**, die gerade **im Bau** sind, heißt es ausdrücklich in § 4 Abs. 6 BelWertV: „... ist der Beleihungswert der **Zustandswert**." Der Begriff Zustandswert wird an dieser Stelle definiert, indem eine spezifische Vorschrift für die Wertermittlung angegeben wird (vgl. Rn. 69–73). **Zustandswert ist demzufolge der Wert im Ist-Zustand am Tag der Wertermittlung.** 147

In diesem Zusammenhang ist es inhaltlich unumgänglich, auf den **Wert im fiktiven Zustand nach Fertigstellung** Bezug zu nehmen. In der Vorschrift wird vermieden, diesen als Beleihungswert zu bezeichnen. 148

In der kreditwirtschaftlichen Praxis hat sich herausgestellt, dass auf die Ermittlung solcher Werte nicht verzichtet werden kann. Letzten Endes ist eine **Wertermittlung in einem fiktiven**, in der näheren Zukunft erwarteten **Zustand** nicht kritisch zu sehen. Die sich daraus theoretisch ergebende Beleihungsgrenze ist jedoch für die Deckungsstockfähigkeit solange unbeachtlich, wie der unterstellte Zustand noch nicht eingetreten ist. 149

Ebenso kann die Deckungsstockfähigkeit und damit auch der Beleihungswert und die Beleihungsgrenze an den **Eintritt anderer Bedingungen, z. B.** die Erteilung von **Genehmigungen**, den **Wegfall von Belastungen**, die **Behebung eines Instandhaltungsstaus** usw. gebunden werden. 150

Zuvor kann ein **Zustandswert** ausgewiesen werden, der in der Regel aus dem Beleihungswert im fiktiven Endzustand abgeleitet wird. Zu diesem Zweck wird die Wertminderung des noch bestehenden Nachteils (d. h. das Fehlen einer Genehmigung, die vorrangige Belastung, die noch ausstehenden Kosten für Reparaturen usw.) in Abzug gebracht. 151

6.2 Lastenfreier Wert

▶ *Näheres dazu s. Rn. 69–77*

152 Während der Zustandswert zumindest für Objekte im Bau tatsächlich definiert ist, gibt es für den vielfach verwendeten Begriff des lastenfreien Werts **keine Legaldefinition**. Als lastenfreier Wert wird der Wert bezeichnet, der sich als Beleihungswert ergeben würde, wenn **keine Belastungen in Abt. II und III des Grundbuchs** verzeichnet wären (vgl. Rn. 63 f.).

153 Es handelt sich dabei letzten Endes auch um einen Wert in einem fiktiven Zustand; der Unterschied besteht im Zweck dieser Wertermittlung: **Der unterstellte lastenfreie Zustand wird u. U. nie erreicht.** (Im Unterschied dazu soll ein unterstellter fiktiver Zustand, z. B. nach Fertigstellung, zu einem späteren Zeitpunkt tatsächlich erreicht werden.)

154 Die Berücksichtigung der Belastungen hängt jedoch von der Rangfolge im Grundbuch ab, die dem Gutachter in Bezug auf die Hypothek häufig nicht bekannt ist, da ihre Eintragung zum Zeitpunkt der Wertermittlung noch nicht erfolgt ist.

§ 4 BelWertV Verfahren zur Ermittlung des Beleihungswerts

(1) Zur Ermittlung des Beleihungswerts sind der Ertragswert (§§ 8 bis 13) und der Sachwert (§§ 14 bis 18) des Beleihungsobjekts getrennt zu ermitteln. Der Beleihungswert ist unter Berücksichtigung dieser Werte nach Maßgabe der Absätze 2 bis 6 abzuleiten. Das zu bewertende Objekt ist im Rahmen der Wertermittlung zu besichtigen.

(2) Bei Wohnungs- und Teileigentum ist ergänzend das Vergleichswertverfahren nach § 19 durchzuführen und der Vergleichswert als Kontrollwert bei der Ermittlung des Beleihungswerts zu berücksichtigen. Bei Eigentumswohnungen und einzelnen, in sich selbständigen gewerblich genutzten Einheiten kann in diesen Fällen eine Ermittlung des Sachwerts entfallen.

(3) Maßgeblich für die Ermittlung des Beleihungswerts ist regelmäßig der Ertragswert, der nicht überschritten werden darf. Bleibt in diesen Fällen der Sachwert oder der Vergleichswert des Beleihungsobjekts um mehr als 20 Prozent hinter dem Ertragswert zurück, bedarf es einer besonderen Überprüfung der Nachhaltigkeit der zugrunde gelegten Erträge und ihrer Kapitalisierung. Bestätigt sich hierbei der anfangs ermittelte Ertragswert, bedarf das Ergebnis der Überprüfung einer nachvollziehbaren Begründung, andernfalls ist der Ertragswert entsprechend zu mindern.

(4) Bei Ein- und Zweifamilienhäusern sowie Eigentumswohnungen kann der Beleihungswert am Sachwert orientiert werden und eine Ertragswertermittlung entfallen, wenn das zu bewertende Objekt nach Zuschnitt, Ausstattungsqualität und Lage zweifelsfrei zur Eigennutzung geeignet ist und bei gewöhnlicher Marktentwicklung nach den Umständen des Einzelfalls vorausgesetzt werden kann, dass das Objekt von potenziellen Erwerbern für die eigene Nutzung dauerhaft nachgefragt wird. Der Beleihungswert kann in diesen Fällen auch an einem nach § 19 ermittelten Vergleichswert orientiert werden; neben der Ertragswertermittlung kann hierbei auch die Sachwertermittlung entfallen. Bei Ein- und Zweifamilienhäusern darf eine Orientierung am Vergleichswert jedoch nur dann erfolgen, wenn der Ermittlung aktuelle Vergleichspreise von mindestens fünf Objekten zugrunde liegen, die auch hinsichtlich der Größe der Wohnfläche mit dem zu bewertenden Objekt hinreichend übereinstimmen.

(5) Ein zum Zeitpunkt der Bewertung erkennbarer Instandhaltungsrückstau oder sonstiger baulicher Aufwand sowie Baumängel und Bauschäden sind auf der Grundlage der für ihre Beseitigung am Wertermittlungsstichtag erforderlichen Aufwendungen oder nach Erfahrungssätzen als gesonderter Wertabschlag zu berücksichtigen. Der Beleihungswert ist entsprechend anzupassen.

(6) Bei im Bau befindlichen Objekten ist der Beleihungswert der Zustandswert. Dieser ist die Summe aus dem Bodenwert (§ 15) und dem anteiligen Wert der baulichen Anlage. Der anteilige Wert der baulichen Anlage errechnet sich aus dem Wert der baulichen Anlage des fertig gestellten Objekts (§ 16) und dem erreichten Bautenstand. Der in Ansatz gebrachte Bautenstand ist von einer von der Pfandbriefbank auszuwählenden, fachkundigen, von Bauplanung und -ausführung unabhängigen Person festzustellen; § 7 Abs. 1 Satz 1 gilt entsprechend. In den Fällen, in denen der Ertragswert des planmäßig fertig gestellten Objekts unter dessen Sachwert liegt, darf der Zustandswert den anteiligen Ertragswert, der prozentual dem jeweiligen Bautenstand entspricht, nicht überschreiten.

Gliederungsübersicht	Rn.
1 Ertrags- und Sachwertverfahren als Regelverfahren (§ 4 Abs. 1 und 3 BelWertV)	155
2 Ausnahmen (§ 4 Abs. 2 und 4 BelWertV)
2.1 Teileigentum	157
2.2 Wohnungseigentum, Ein- und Zweifamilienhäuser	158
2.3 Stellplätze	161

2.4	Unbebaute Grundstücke	163
2.5	Grundstücke im Zustand der Bebauung	164
2.6	Grundstücke der Land- und Forstwirtschaft	166
2.7	Baulicher Aufwand (§ 4 Abs. 5 BelWertV)	167
3	Grundstücke im Zustand der Bebauung (Zustandswert nach § 4 Abs. 6 BelWertV)	169
4	Aufrundungsverbot	174

1 Ertrags- und Sachwertverfahren als Regelverfahren (§ 4 Abs. 1 und 3 BelWertV)

▶ *Vgl. § 8 ImmoWertV Rn. 43 ff.*

155 Die Struktur des Paragraphen verschleiert auf den ersten Blick die Tatsache, dass sich der **Beleihungswert i. d. R. aus dem Ertragswert** abzuleiten und der Sachwert ergänzend, d. h. als Kontrollwert, zu ermitteln ist (sog. „Zwei-Säulen-Prinzip" der Beleihungswertermittlung). Nur bei wenigen, wohldefinierten Ausnahmen ist der Vergleichs- oder der Sachwert maßgeblich (vgl. Rn. 157 ff.).

156 Die Bestimmungen zum **Regelfall (maßgeblich: Ertragswert/stützend: Sachwert)** enthält Absatz 3, der keiner ausführlichen Erläuterung bedarf.

2 Ausnahmen (§ 4 Abs. 2 und 4 BelWertV)

2.1 Teileigentum

▶ *Vgl. Teil V Rn. 41 ff.*

157 Für den Beleihungswert von gewerblichem Teileigentum ist der Ertragswert maßgeblich; der Vergleichswert ist ebenfalls zu ermitteln und als Kontrollwert heranzuziehen (§ 4 Abs.2 Satz 1 BelWertV i. V. m. § 4 Abs. 3 BelWertV). Der Sachwert muss nicht ermittelt werden (§ 4 Abs. 2 Satz 2 BelWertV).

2.2 Wohnungseigentum, Ein- und Zweifamilienhäuser

▶ *Vgl. Teil V Rn. 39 ff.*

158 Der Beleihungswert kann bei diesen wohnwirtschaftlich genutzten Objektarten auch **am Sachwert oder am Vergleichswert orientiert** werden, wenn das Objekt **zweifelsfrei zur Eigennutzung geeignet** ist und unterstellt werden kann, dass eine **dauerhafte Nachfrage von Eigennutzern** nach einem solchen Objekt besteht (§ 4 Abs. 4 Satz 1 BelWertV). **Nur in diesen Fällen kann die Ertragswertermittlung entfallen.**

159 Die **Ermittlung des Vergleichswerts** ist **für Wohnungseigentum zwingend vorgeschrieben** (§ 4 Abs. 2 Satz 1 BelWertV). Ob der Beleihungswert am Vergleichs- oder am Sachwert orientiert wird, lässt die Vorschrift offen. Wenn allerdings hinreichende Vergleichsdaten vorliegen, die den Anforderungen des § 19 BelWertV gerecht werden, so ist aufgrund der generellen Privilegierung des Vergleichswerts (vgl. Teil VI Rn. 39 ff.) dieser auch in der Beleihungswertermittlung zu bevorzugen. In diesem Fall kann die Sachwertermittlung entfallen.

160 Bei **Ein- und Zweifamilienhäusern** ist die Ermittlung und Heranziehung des Vergleichswerts **an die** zusätzliche **Bedingung geknüpft,** dass „der Ermittlung aktuelle **Vergleichspreise von mindestens fünf Objekten** zugrunde liegen, **die auch hinsichtlich der Größe** der Wohnfläche mit dem zu bewertenden Objekt **hinreichend übereinstimmen."** (§ 4 Abs. 4 Satz 3 BelWertV). Wird der Beleihungswert in diesen Fällen **zulässigerweise vom Vergleichswert abgeleitet, so kann die Sachwertermittlung entfallen** (§ 4 Abs. 4 Satz 2 BelWertV). Kann der Beleihungswert hingegen nicht aus dem Vergleichswert abgeleitet werden,

Wertermittlungsverfahren § 4 BelWertV IX

so kann er aus dem Sachwert abgeleitet werden und auf die Ermittlung des Vergleichswerts verzichtet werden.

2.3 Stellplätze

Aus § 19 Abs. 2 2. Halbsatz BelWertV kann i. V. m. § 4 Abs. 2 und 4 BelWertV geschlussfolgert werden, dass auf Stellplätze dieselben Regelungen in Bezug auf die Verfahrenswahl anzuwenden sind, **wie** sie für **Wohnungseigentum** gelten. Bedingung ist, dass sie erstens selbstständig handelbar sind und zweitens als Teil eines in Miteigentumsanteile aufgeteilten Grundstücks **üblicherweise von Eigennutzern nachgefragt** werden. 161

Parkhäuser, deren Stellplätze nicht einzeln verkauft, sondern vermietet werden, sind hingegen gemäß Abs. 3 zu bewerten. 162

2.4 Unbebaute Grundstücke

▶ *Vgl. Rn. 355 ff.; § 8 ImmoWertV Rn. 46; Syst. Darst. des Vergleichswertverfahrens Rn. 150 ff.; § 16 ImmoWertV Rn. 18*

Einen eigenständigen Beleihungswert haben Grundstücke nur dann, wenn die Zulässigkeit eines Vorhabens unstrittig gegeben ist. Für ihre Bewertung sind Ertrags- und Sachwertverfahren nicht nutzbar; das Extraktions- bzw. Residualwertverfahren kommt aufgrund seiner großen Unsicherheit ebenfalls nicht in Betracht. Der Beleihungswert unbebauter Baugrundstücke ist im Vergleichswertverfahren gemäß den Regelungen der §§ 15, 18 und 19 BelWertV (vgl. Rn. 305 ff., 347 ff. und 354 ff.) zu ermitteln. 163

2.5 Grundstücke im Zustand der Bebauung

▶ *Vgl. Rn. 50; § 8 ImmoWertV Rn. 148 ff.*

Zur Ermittlung des Beleihungswerts eines Objekts, das noch im Bau ist, wird zunächst der Wert im fiktiven Zustand nach Fertigstellung entsprechend § 4 Abs. 1-5 BelWertV ermittelt. Unabhängig von § 4 Abs. 1-5 BelWertV muss in jedem Fall der Sachwert des fiktiv fertiggestellten Objekts ermittelt werden, auch wenn sonst auf den Sachwert verzichtet werden könnte. 164

Gemäß dem Vorsichtsprinzip der Beleihungswertermittlung ist für die Bewertung im Ist-Zustand (des unfertigen Baus) der niedrigere der beiden Werte (Beleihungswert oder Sachwert) des fiktiv fertigen Objekts als Ausgangswert maßgeblich. Daraus wird anhand des Bautenstandes der Beleihungswert im Ist-Zustand abgeleitet. 165

2.6 Grundstücke der Land- und Forstwirtschaft

▶ *Vgl. Rn. 42; § 5 ImmoWertV Rn. 1 ff.*

Es liegt in der Natur dieser Grundstücke, dass eine Bewertung ausschließlich mittels des Vergleichswertverfahrens sinnvoll ist. Während für die Anwendung dieses Verfahrens auf Wohnungs- und Teileigentum sowie Ein- und Zweifamilienhäuser Regelungen getroffen wurden, ist dies für Grundstücke der Land- und Forstwirtschaft nicht der Fall. Besonderheiten gelten für bebaute Grundstücke bzw. bebaute Grundstücksteile, für die unter bestimmten Umständen getrennt von den unbebauten land- und forstwirtschaftlichen Flächen separat Ertrags- und Sachwert zu ermitteln sind (vgl. Rn. 391–394). 166

2.7 Baulicher Aufwand (§ 4 Abs. 5 BelWertV)

▶ *Vgl. § 8 ImmoWertV Rn. 189 ff.*

Bauschäden und Baumängel, die einen mehr als nur unerheblichen Umfang haben, stellen aus der Sicht eines Kreditinstituts **ein besonderes Problem** dar. Immobilien, die solche Wertminderungen aufweisen, haben zwar einen Verkehrswert, sind aber **häufig als Kreditsicher-** 167

heit ungeeignet. Es ist unsicher, ob und in welchem Umfang sie nachhaltig einen Ertrag gewähren. Andererseits kommt es in der kreditwirtschaftlichen Praxis relativ häufig vor, dass Beleihungsobjekte zum Zeitpunkt der Besichtigung zwar schadhaft oder modernisierungsbedürftig sind, aber unverzüglich saniert werden sollen.

168 Vor diesem Hintergrund ist es meist sinnvoll, nicht nur eine Wertermittlung im Ist-Zustand durchzuführen. Vielmehr ist häufig ein fiktiver **Zustand nach Behebung der Schäden und Mängel** zu unterstellen, in dem die Vermietbarkeit zweifelsfrei gegeben ist. Um den **Zustands-Beleihungswert** (vor Sanierung) zu ermitteln, ist davon in einem zweiten Schritt der gesamte bauliche Aufwand, der zur Herstellung oder Erhaltung der Vermietbarkeit notwendig ist, in Abzug zu bringen (§ 4 Abs. 5 BelWertV).

Schäden oder Mängel, die die Vermietbarkeit nicht nennenswert einschränken, können vor allem dann ausnahmsweise unberücksichtigt bleiben, wenn ihre Behebung sukzessive im Laufe der folgenden Jahre durchgeführt werden kann und der Ansatz der Instandhaltungskosten dafür ausreicht. Ggf. ist eine Erhöhung des Ansatzes der Instandhaltungskosten notwendig (vgl. *Beispiel*).

Abb. 3: Instandsetzungs- und Modernisierungsbedarf

Beispiel: Differenzierte Behandlung von Instandsetzungs- und Modernisierungsbedarf						
Annahmen: Wohnanlage mit 100 WE, 7 000 m² Wohnfläche (WFl.), Bodenwert: 800 000 €, marktüblich erzielbare Miete: 6,50 €/m², Mietausfallwagnis: 2 %, Verwaltungskosten: 300 €/WE, Kapitalisierungszinssatz: 6 %						
Variante 1: geringfügige, sofort erforderliche Maßnahmen (Treppenhaus vorrichten und Herrichten 1 Wohnung / Kosten ca. 20 000 €)			**Variante 2:** in (fast) allen Wohnungen sind Badsanierungen bei Mieterwechsel erforderlich, Kosten pro WE: 4 000 €, Fluktuation normal (ca. 10 % p. a.)		**Variante 3:** Sanierungskosten pro WE (bei Mieterwechsel bzw. Leerstand): 8 000 €, 15 WE stehen leer, erhöhte Fluktuation (ca. 15 % p. a.)	
Lösung: kein besonderer Ansatz, da die nötigen Aufwendungen geringer sind als der jährliche Ansatz für laufende Instandhaltungen			Lösung: erhöhter Ansatz für laufende Instandhaltungen		Lösung: normaler Ansatz für laufende Instandhaltungen, zusätzlich wertmindernd als besondere Merkmale: volle Sanierungskosten, durchführungsbedingter Leerstand und Betriebskosten der 15 leerstehenden WE für 6 Monate	
Rohertrag		546 000 €	Rohertrag	546 000 €	Rohertrag	546 000 €
Mietausfallwagnis (2 %)	–	10 920 €	Mietausfallwagnis (2 %) –	10 920 €	Mietausfallwagnis (2 %) –	10 920 €
Verwaltungskosten (250 €/WE)	–	25 000 €	Verwaltungskosten (250 €/WE) –	25 000 €	Verwaltungskosten (250 €/WE) –	25 000 €
Instandhaltung (11,00 €/m² p. a.)	–	77 000 €	Instandhaltung (14,00 €/m² p. a.) –	98 000 €	Instandhaltung (11,00 €/m² p. a.) –	77 000 €
Reinertrag	=	433 080 €	Reinertrag =	412 080 €	Reinertrag =	433 080 €
Bodenwertverzinsung	–	48 000 €	Bodenwertverzinsung –	48 000 €	Bodenwertverzinsung –	48 000 €
Reinertrag der baulichen Anlagen	=	385 080 €	Reinertrag der baulichen Anlagen =	364 080 €	Reinertrag der baulichen Anlagen =	385 080 €
Barwertfaktor	×	15,05	Barwertfaktor ×	15,05	Barwertfaktor ×	15,05
Ertragswert der baulichen Anlagen	=	5 794 028 €	Ertragswert der baulichen Anlagen =	5 478 056 €	Ertragswert der baulichen Anlagen =	5 794 028 €
Bodenwert	+	800 000 €	Bodenwert +	800 000 €	Bodenwert +	800 000 €
(vorläufiger) Ertragswert	=	6 594 028 €	(vorläufiger) Ertragswert =	6 278 056 €	(vorläufiger) Ertragswert =	6 594 028 €

objektspezifische Merkmale	± 0 €	objektspezifische Merkmale	± 0 €	objektspezifisches Merkmal (Sanierungsaufwand 8 000 €/WE)	− 800 000 €
				objektspezifisches Merkmal (Leerstand 6 Monate, 15 WE)	− 47 250 €
Ertragswert	= 6 594 028 €	Ertragswert	= 6 278 056 €	Ertragswert =	= 5 746 778 €
Beleihungswert (abgerundet)	6 590 000 €	Beleihungswert (abgerundet)	6 270 000 €	Zustands-Beleihungswert (abgerundet)	5 740 000 €
				(fiktiver) Beleihungswert nach Sanierung (abgerundet)	6 590 000 €

3 Grundstücke im Zustand der Bebauung (Zustandswert nach § 4 Abs. 6 BelWertV)

▶ *Vgl. § 8 ImmoWertV Rn. 148 ff.*

Der Begriff des Zustandswerts wird in der Praxis generell verwendet, wenn sich unterstellter Zustand und Ist-Zustand zum Wertermittlungsstichtag unterscheiden. In der BelWertV findet er hingegen nur im Zusammenhang mit im Bau befindlichen Objekten Erwähnung, ohne dass § 4 Abs. 6 BelWertV eine Definition zu entnehmen wäre. Vielmehr wird das **Verfahren zur Ermittlung des Zustandswerts** beschrieben. **169**

Voraussetzung der Ermittlung des Zustandswerts ist die Ermittlung des **Beleihungswerts des fertiggestellten Objekts** (fiktiver Wert im Zustand nach Fertigstellung). Als Regelfall ist anzusehen, dass Ertrags- und Sachwert des fertiggestellten Objekts ermittelt werden, wobei sich die Methodenwahl nach den Absätzen 1-4 des § 4 BelWertV richtet, und dass der Ertragswert den Sachwert übersteigt. **170**

In diesen Fällen ist auf den **Bodenwert** und den **Wert der fertiggestellten baulichen Anlage (§ 16 BelWertV)** zurückzugreifen. Dieser beinhaltet auch die Baunebenkosten, den Wert der Außenanlagen und den Sicherheitsabschlag. Ferner ist der **Bautenstand** zu ermitteln; eine Vorschrift dafür ist der BelWertV nicht zu entnehmen. Der Bautenstand ist wertmäßig als (prozentualer) Anteil am gesamten Wert, d. h. an den gesamten Baukosten, zu beziffern. **171**

Der Zustandswert ergibt sich dann wie folgt: **172**

$$ZW_t = BW + W_{bA} \times a_t/100$$

ZW_t = Zustandswert zum Wertermittlungsstichtag t
BW = Bodenwert
W_{bA} = Wert der fertiggestellten baulichen Anlage
a_t = Bautenstand (in Prozent) zum Wertermittlungsstichtag t

Wird für **wohnwirtschaftliche Objekte** nach Absatz 3 der Ertragswert nicht ermittelt und der Beleihungswert am Sachwert orientiert, so ist ebenso zu verfahren.

Liegt ausnahmsweise **der Ertragswert unter dem Sachwert** des fertiggestellten Objekts, so ist der Zustandswert wie folgt aus dem Bautenstand abzuleiten:

$$ZW_t = EW \times a_t/100$$

EW = Ertragswert des fertig gestellten Objekts

Nicht geregelt sind die Fälle, in denen nach § 4 Abs. 2 und 4 BelWertV der Vergleichswert zu ermitteln ist bzw. der **Beleihungswert am Vergleichswert orientiert** werden darf. Die Ermittlung von Zustandswerten ist in diesen Fällen vergleichsweise selten. Hier wird die Auffassung vertreten, dass der Zustandswert nach Rn. 172 zu ermitteln ist, wenn der Sachwert der fertiggestellten Anlage ermittelt wurde und der Vergleichswert oberhalb dieses Sachwerts **173** liegt. Liegt der Vergleichswert unterhalb des Sachwerts, so ist der Zustandswert analog zu Rn. 173 zu ermitteln, wobei anstelle des Ertragswerts EW vom Vergleichswert auszugehen ist.

4 Aufrundungsverbot

▶ Vgl. Vorbem. zur ImmoWertV Rn. 15

174 Aus der Tatsache, dass bei der Beleihungswertermittlung Mindest- und Höchstwerte einzuhalten sind, wird das **Verbot werterhöhender Rundungen** (vereinfacht als „Aufrundungsverbot" bezeichnet) abgeleitet. Werterhöhend können sich neben Aufrundungen auch Abrundungen auswirken, wenn Werte abgerundet werden, die im Verfahren wertmindernd wirken.

Beispiel:

Der Rohertrag eines Objekts beträgt 697 000 € p. a. Aus den Einzelansätzen der Bewirtschaftungskosten ergeben sich Gesamtkosten in Höhe von 102 583 € p. a. Dies entspricht einem Anteil der Bewirtschaftungskosten am Rohertrag von 14,7 %. Als Mindestansatz sind jedoch 15 % vorgeschrieben (vgl. § 11 Abs. 2 Satz 2 BelWertV); dies entspricht 104 550 € p. a. Dieser Betrag ist vom Rohertrag in Abzug zu bringen, als Reinertrag ergeben sich 592 450 € p. a.

Rundet man die Bewirtschaftungskosten von 104 550 € auf 100 000 € ab, so ergibt sich ein Reinertrag in Höhe von 596 000 €.

Die Abrundung der Bewirtschaftungskosten bewirkt eine Erhöhung des Reinertrags und damit letzten Endes des Ertragswertes. Zugleich machen die tatsächlich in Abzug gebrachten, gerundeten Bewirtschaftungskosten nur noch 14,3 % aus (100 000 € / 697 000 € x 100 %) und liegen damit unterhalb des zwingend einzuhaltenden Mindestansatzes der BelWertV.

175 Dem Verbot werterhöhender Rundungen ist am einfachsten dadurch Rechnung zu tragen, dass alle **Zwischenergebnisse höchstens auf ganze Euro gerundet** werden (Mietpreise pro Quadratmeter allerdings Cent-genau). Rundungen im Centbereich (außer bei Mietpreisen) werden toleriert. Nach Ermittlung des Ertragswertes wird als Beleihungswert ein sinnvoll gerundeter Wert ausgewiesen. **Es gibt kein Rundungsgebot**, sodass Abrundungen, die zu nennenswerten Minderungen des Beleihungswerts führen, nicht zwingend durchzuführen sind. Ggf. ist ein unschöner „krummer" Wert in Kauf zu nehmen.

Beispiel:

Ein Ergebnis (Ertragswert) in Höhe von 1 095 711 € darf nicht auf 1 100 000 € aufgerundet werden. Als Beleihungswert können 1 000 000 €, 1 090 000 € oder 1 095 000 € ausgewiesen werden. Einer der beiden höheren Werte wäre in diesem Fall zu bevorzugen.

§ 5 BelWertV Gutachten

(1) Der Beleihungswert ist mittels eines Gutachtens zu ermitteln.

(2) Das Gutachten muss durch einen oder mehrere Gutachter erstellt werden, die von der Pfandbriefbank allgemein oder von Fall zu Fall bestimmt werden. In besonderen Fällen, etwa im Rahmen von Kooperationen oder bei Portfoliokäufen, können für andere Kreditinstitute oder Versicherungsunternehmen erstellte Gutachten zugrunde gelegt werden, wenn

1. diese Gutachten den Bestimmungen dieser Verordnung entsprechen,

2. ein nicht mit der Kreditentscheidung befasster, fachkundiger Mitarbeiter der Pfandbriefbank eine Plausibilitätsprüfung, auch im Hinblick auf die einzelnen angesetzten Bewertungsparameter, durchführt und

3. das Ergebnis der Plausibilitätsprüfung dokumentiert wird.

Gutachten, die vom Darlehensnehmer vorgelegt oder in Auftrag gegeben worden sind, dürfen nicht zugrunde gelegt werden.

(3) Das Gutachten muss zur Objekt- und Standortqualität, zum regionalen Immobilienmarkt, zu den rechtlichen und tatsächlichen Objekteigenschaften und zur Beleihungsfähigkeit des Objekts, seiner Verwertbarkeit und Vermietbarkeit Stellung nehmen. Das Gutachten hat sich auch damit auseinander zu setzen, ob für die begutachtete Immobilie ein genügend großer potenzieller Käufer- und Nutzerkreis besteht und somit die nachhaltige Ertragsfähigkeit der Immobilie anhand ihrer vielseitigen Verwendbarkeit und ihrer ausreichenden Nutzbarkeit durch Dritte gewährleistet ist; ein im Zeitablauf zu erwartender Wertverlust ist darzustellen und insbesondere bei der Bemessung des Modernisierungsrisikos (§ 11 Abs. 7) und der Restnutzungsdauer (§ 12 Abs. 2) zu berücksichtigen. Die wesentlichen Bewertungsparameter und getroffenen Annahmen sind nachvollziehbar darzulegen und zu begründen.

(4) Alle den Sachwert oder den Ertragswert beeinflussenden Umstände, insbesondere auch etwaige Nutzungsbeschränkungen, Dienstbarkeiten, Duldungspflichten, Vorkaufsrechte, Baulasten und alle sonstigen Beschränkungen und Lasten sind zu nennen, zu beachten und gegebenenfalls wertmindernd zu berücksichtigen.

§ 6 BelWertV Gutachter

Der Gutachter muss nach seiner Ausbildung und beruflichen Tätigkeit über besondere Kenntnisse und Erfahrungen auf dem Gebiet der Bewertung von Immobilien verfügen; eine entsprechende Qualifikation wird bei Personen, die von einer staatlichen, staatlich anerkannten oder nach DIN EN ISO/IEC 17024 akkreditierten Stelle als Sachverständige oder Gutachter für die Wertermittlung von Immobilien bestellt oder zertifiziert worden sind, vermutet. Bei der Auswahl des Gutachters hat sich die Pfandbriefbank davon zu überzeugen, dass der Gutachter neben langjähriger Berufserfahrung in der Wertermittlung von Immobilien speziell über die zur Erstellung von Beleihungswertgutachten notwendigen Kenntnisse, insbesondere bezüglich des jeweiligen Immobilienmarkts und der Objektart, verfügt.

§ 7 BelWertV Unabhängigkeit des Gutachters

(1) Der Gutachter muss sowohl vom Kreditakquisitions- und Kreditentscheidungsprozess als auch von Objektvermittlung, -verkauf und -vermietung unabhängig sein. Er darf nicht in einem verwandtschaftlichen, einem sonstigen rechtlichen oder einem wirtschaftlichen Verhältnis zum Darlehensnehmer stehen und darf kein eigenes Interesse am Ergebnis des Gutachtens haben. Der Gutachter darf auch nicht den Beleihungswert festsetzen oder den Kredit bearbeiten.

(2) Gutachten von bei der Pfandbriefbank angestellten Gutachtern dürfen nur dann der Beleihungswertermittlung zugrunde gelegt werden, wenn im Rahmen der Aufbauorganisation der Pfandbriefbank die betreffenden Gutachter nur der Geschäftsleitung verantwortlich sind oder ausschließlich Teil einer Gutachtereinheit sind, die unmittelbar der Geschäftsleitung unterstellt ist, oder Teil einer alle betreffenden Gutachter zusammenfassenden Einheit und auch im Übrigen bis einschließlich der Ebene der Geschäftsleitung nicht einem Bereich der Pfandbriefbank zugeordnet sind, in dem Immobilienkreditgeschäfte entweder angebahnt oder zum Gegenstand des einzigen Votums gemacht werden.

Gliederungsübersicht Rn.
1 Anforderungen an den Gutachter (§§ 5 Abs. 2, 6 und 7 BelWertV) 176
2 Anforderungen an den Inhalt des Gutachtens (§ 5 Abs. 3 und 4 BelWertV) 180
3 Vergütung externer Gutachter 185

1 Anforderungen an den Gutachter (§§ 5 Abs. 2, 6 und 7 BelWertV)

176 Von den Erleichterungen des § 24 Abs. 1 Satz 1 und 2 BelWertV abgesehen, hat die **Beleihungswertermittlung immer mittels eines schriftlichen Gutachtens** zu erfolgen. Im Normalfall wird die Gutachtenerstattung von der Pfandbriefbank, die die Hypothek als Deckung hereinnimmt, veranlasst: Entweder führt die Bewertung ein Gutachter der Bank selbst durch, oder sie beauftragt damit einen externen Gutachter.

177 **Gutachten**, die der **Darlehnsnehmer vorlegt** oder in Auftrag gegeben hat, **dürfen der Festsetzung des Beleihungswerts nicht zugrunde gelegt werden**. Allerdings beauftragen Eigentümer, die ein Darlehen beantragen wollen, gelegentlich eigene Gutachten über den Verkehrs- und Beleihungswert, um die Bearbeitung bei einem oder mehreren Kreditgebern zu erleichtern und sich im Vorfeld von den Beleihungsmöglichkeiten ein Bild zu machen. Pfandbriefbanken sind allerdings nicht an eine solche Bewertung gebunden; der Sachverständige sollte im Gutachten darauf aufmerksam machen.

178 Im Rahmen von **Gemeinschaftsgeschäften** (bspw. Konsortialgeschäften) können **Gutachten anderer Kreditinstitute**, auch wenn diese keine Pfandbriefbanken sind, oder von **Versicherungsgesellschaften** herangezogen werden. **Ausländische Banken oder Versicherungen** sind ebenfalls nicht ausdrücklich ausgeschlossen. Allerdings müssen diese Fremdgutachten, um ein eigenes Gutachten der Pfandbriefbank zu ersetzen, den Bestimmungen der BelWertV entsprechen.

179 Die Einhaltung der organisatorischen Regeln in § 5 Abs. 2 sowie §§ 6 und 7 BelWertV ist in erster Linie Sache der Pfandbriefbank. Allerdings sollte der Gutachter vor und während der Bewertung die Anforderungen an seine **Unabhängigkeit** im Auge behalten. Eine enge geschäftliche oder persönliche Beziehung zum Darlehensnehmer oder zu einem Mitarbeiter der Bank, der den Kredit bearbeitet, kann dazu führen, dass der Gutachter im Einzelfall den formalen Anforderungen an seine Unabhängigkeit nicht entspricht. In einem solchen Fall sollte er die Pfandbriefbank informieren oder bei eindeutiger Sachlage den Bewertungsauftrag unter Angabe der Gründe ablehnen. Das Gleiche gilt, wenn in Bezug auf das Bewertungsobjekt der Anschein der Befangenheit gegeben ist oder der Gutachter selbst Zweifel daran hat, ob er den Anforderungen nach § 6 BelWertV gerecht wird.

2 Anforderungen an den Inhalt des Gutachtens (§ 5 Abs. 3 und 4 BelWertV)

§ 5 Abs. 3 BelWertV enthält eine Reihe inhaltlicher Fragen, die im Gutachten zu beantworten sind. Ein wesentlicher Unterschied zur Verkehrswertermittlung besteht darin, dass in besonderem Maße auf Eigenschaften des Bewertungsobjekts einzugehen ist, die die zukünftige Verkäuflichkeit und Vermietbarkeit beeinflussen. Hierbei spielen auch die Größe des Nachfragerkreises und die Drittverwendungsfähigkeit eine Rolle. **180**

Im Zusammenhang mit der Frage nach Verkäuflichkeit, Nachfragerkreis und Drittverwendung sind zwei Aspekte relevant: **einerseits die Marktgängigkeit (Vermietbarkeit) der Immobilie in der bewerteten Nutzungsart, andererseits die Möglichkeit, die Immobilie auf andere Weise nutzen zu können.** Für diese beiden Eigenschaften haben sich keine einheitlichen Begriffe durchgesetzt; häufig haben Pfandbriefbanken dafür institutsspezifische Begriffe (z. B. „subjektive" und „objektive Drittverwendungsfähigkeit"). **181**

Beide Fragestellungen sind komplementär zu betrachten: **ist die Vermietbarkeit** in der bewerteten Nutzungsart sehr gut und auch **nachhaltig gegeben**, z. B. bei einem innerstädtischen Mehrfamilienhaus mit gut vermietbaren Wohnungen, **so spielt die** (zumeist fehlende) **Eignung für eine alternative Nutzung eine geringe Rolle** für die Beleihbarkeit, das Beleihungsrisiko und die Höhe des Beleihungswerts. Versuche, eine Drittverwendungsfähigkeit unter allen Umständen „herbeizuschreiben", bei einem Mehrfamilienhaus z. B. als altengerechtes Wohnen, als Pension oder unter Hinweis auf die Aufteilbarkeit in Eigentumswohnungen, sind dann entbehrlich. **182**

Ist hingegen der potentielle Nutzerkreis klein und die aktuelle Nutzung im regionalen Markt wenig verbreitet, so ist die **Vermietbarkeit** in der Regel **eingeschränkt und das Risiko** lange anhaltender Ertragsausfälle **erhöht.** In diesen Fällen kommt der **Möglichkeit der Nutzungsänderung eine große Bedeutung** in der Beleihungswertermittlung zu. Dies trifft generell für **Spezialimmobilien** oder auch für Bürogebäude außerhalb etablierter Bürolagen zu. **183**

Generell sollten in einem Gutachten in einem separaten Absatz Urteile über die Vermietbarkeit und die (echte) Drittverwendungsfähigkeit einschließlich einer kurzen Begründung enthalten sein. Informationen und Einschätzungen, die bereits im Gutachten enthalten sind, müssen dabei nicht wiederholt werden. **184**

Beispiele:

1. Mehrfamilienhaus

Vermietbarkeit: nachhaltig gut

Aufgrund der Standort- und Objekteigenschaften (*Verweis auf den entsprechenden Absatz des Gutachtens*) und der positiven demographischen Prognosen kann davon ausgegangen werden, dass eine stabile Nachfrage und die gute Vermietbarkeit auch in den Folgejahren gegeben ist.

Drittverwendungsfähigkeit: eingeschränkt

Eine Änderung der Nutzungsart ist prinzipiell denkbar (z. B. altengerechtes Wohnen), aber technisch schwierig und wahrscheinlich sehr aufwendig. Aufgrund der guten Vermietbarkeit als Wohnung (s. o.) bewirkt die geringe Drittverwendungsfähigkeit keine Erhöhung des Beleihungsrisikos und keine Minderung des Beleihungswerts.

2. Hotel

Vermietbarkeit: eingeschränkt

Aufgrund der geringen Größe des regionalen Hotelmarkts (*Verweis auf den entsprechenden Absatz des Gutachtens*) ist die Suche nach einem alternativen Mieter/Betreiber wahrscheinlich schwierig. Es besteht das Risiko langer Vermarktungszeiten und hohen Vermietungsaufwands (Werbung, Umbauten, Incentives).

Drittverwendungsfähigkeit: gut

Die demographischen Prognosen für die Kleinstadt ... sagen einen signifikanten Anstieg der Zahl älterer Bewohner voraus. Zugleich ist wegen der Erweiterung der ortsansässigen Hochschule mit einer gesteigerten Nachfrage nach Wohnmöglichkeiten für Studenten zu rechnen.

Dem Eindruck bei der Ortsbesichtigung und den vorliegenden Unterlagen zufolge erscheint ein Umbau als altengerechtes Wohnhaus oder in Studentenappartments rechtlich zulässig, wirtschaftlich sinnvoll und technisch durchführbar. Eine verlässliche Analyse (Bauvoranfrage, Planung, Kostenermittlung, Wirtschaftlichkeitsberechnung) wurde diesbezüglich nicht durchgeführt. Dies erscheint aufgrund der Bonität des Hotelbetreibers und der marktgerechten Miete derzeit nicht erforderlich.

3 Vergütung externer Gutachter

185 Kreditinstitute, die laufend **externe Gutachter** mit der Verkehrs- und Beleihungswertermittlung beauftragen, regeln die Auftragskonditionen über **Rahmenvereinbarungen**. Darin ist u. a. die Höhe der Vergütung, meist gegliedert nach Nutzungsart und Verkehrswert, in Tabellenform festgesetzt. Die Vergütungssysteme weichen zum Teil deutlich voneinander ab.

186 Zugleich gehen Kreditinstitute immer mehr dazu über, **größere Sachverständigenbüros** mit mehreren Gesellschaftern, Partnern oder Angestellten zu beauftragen, um bspw. auch die Bewertung von Portfolios schnell und zuverlässig erledigen zu können. Das bedeutet aus unternehmerischer Sicht einerseits, zertifizierten oder gleichwertig qualifizierten Sachverständigen **Arbeitsplätze zu wettbewerbsfähigen Konditionen** anbieten zu müssen. Andererseits muss der generierte Umsatz pro Sachverständigen-Arbeitsplatz so hoch sein, dass neben dem Gehalt auch die sonstigen **Kosten eines solchen Unternehmens,** insbesondere die Lohnnebenkosten, ein geordneter Bürobetrieb, Qualifikationen, Zertifizierungen, Software und ggf. die Umsatzsteuer[30] sowie letzten Endes auch ein Unternehmerlohn erwirtschaftet werden. Veröffentlichte Zahlen liegen dem Verfasser nicht vor.

Nach eigener Kenntnis sollte der **Jahresumsatz pro qualifizierten Gutachter**[31] ohne Umsatzsteuer möglichst **150 000 €** erreichen. Da außerdem ein Gutachter kaum mehr als 100 Gutachten im Jahr[32] erstatten kann, darf **der Durchschnitt der im Jahr erzielten Honorare** nicht wesentlich unter **1 500 € pro Gutachten** liegen. Gutachter, die laufend für Kreditinstitute arbeiten, erreichen diesen Durchschnitt nur bei einem Teil der Auftraggeber.

187 Einige Institute bzw. Tochterunternehmen zahlen hingegen so geringe Honorare, dass diese im Mittel deutlich unter dem betriebsnotwendigen Durchschnittsumsatz liegen. Sollen keine qualitativen oder organisatorischen Abstriche gemacht werden, insbesondere das Prinzip der persönlichen Gutachtenerstattung durch qualifizierte Gutachter nicht aufgegeben werden, muss ein Sachverständigenbüro solche schlecht bezahlten Leistungen subventionieren oder die Arbeit für diesen Auftraggeber einstellen bzw. stark reduzieren.

---

30 Honorartabellen von Kreditinstituten weisen häufig Brutto-Beträge (inkl. Umsatzsteuer) aus, da diese selbst nicht zur Umsatzsteuer optieren.
31 Sachverständige, die eigenständig Bewertungsobjekte besichtigen und Gutachten erstellen.
32 Zu berücksichtigen ist hierbei, dass ein qualifizierter Sachverständiger häufig auch die Gutachten von Kollegen plausibilisiert, sich weiterbildet, an Meetings mit Kunden teilnimmt u. a.

§ 8 BelWertV Grundlagen der Ertragswertermittlung

(1) Für das Ertragswertverfahren ist der Ertragswert der baulichen Anlage, getrennt von dem Bodenwert, nach den §§ 9 bis 12 zu ermitteln.

(2) Der Bodenwert ist nach § 15 zu ermitteln.

(3) Bodenwert und Ertragswert der baulichen Anlage ergeben vorbehaltlich § 13 den Ertragswert des Beleihungsobjekts.

§ 9 BelWertV Ermittlung des Ertragswerts der baulichen Anlage

(1) Bei der Ermittlung des Ertragswerts der baulichen Anlage ist vom nachhaltig erzielbaren jährlichen Reinertrag auszugehen. Der Reinertrag ergibt sich aus dem Rohertrag (§ 10) abzüglich der Bewirtschaftungskosten (§ 11).

(2) Der Reinertrag ist um den Betrag zu vermindern, der sich durch angemessene Verzinsung des Bodenwerts ergibt. Der Verzinsung ist der für die Kapitalisierung nach § 12 maßgebende Kapitalisierungszinssatz zugrunde zu legen. Ist das Grundstück wesentlich größer als es einer der baulichen Anlage angemessenen Nutzung entspricht und ist eine zusätzliche Nutzung oder Verwertung einer Teilfläche zulässig und möglich, ist bei der Berechnung des Verzinsungsbetrags der Bodenwert dieser Teilfläche nicht anzusetzen. In der Wertermittlung ist die zusätzliche Nutzung und Verwertung dieser Teilfläche auch in baurechtlicher Hinsicht nachvollziehbar darzulegen.

(3) Der nach Absatz 2 verminderte Reinertrag ist nach § 12 zu kapitalisieren.

▶ *Vgl. Teil IV Syst. Darst. des Ertragswertverfahrens, Rn. 1 ff., 113, 194 ff., 204 ff., 225, 249, 270*

Gliederungsübersicht   Rn.

1 Gang des Ertragswertverfahrens 188
2 Überblick über die Abweichungen vom allgemeinen Ertragswertverfahren 189
    2.1 Abweichende Ansätze 190
    2.2 Begriffliche Unterschiede 191
    2.3 Behandlung von Sonderfällen 192
    2.4 Werterhöhende sonstige objektspezifische Grundstücksmerkmale 193
    2.5 Getrennte Ansätze für verschiedene Nutzungsarten 194
3 Selbstständig verwertbare Teilfläche (§ 9 Abs. 2 Satz 3 und 4 BelWertV) 195

1 Gang des Ertragswertverfahrens

▶ *Vgl. Syst. Darst. des Ertragswertverfahrens Rn. 113 ff.; § 8 ImmoWertV Rn. 188, 261, 274*

188 Der Ertragswert wird im Rahmen der Beleihungswertermittlung so ermittelt, wie dies in der Verkehrswertermittlung mittels des allgemeinen Ertragswertverfahrens nach § 17 Abs. 2 Ziff. 1 ImmoWertV geschieht.

Daher wird hier auf die Syst. Darst. des Ertragswertverfahrens (Teil IV) verwiesen, in dem auch auf die Grundsätze der Ertragswertermittlung nach BelWertV eingegangen wird.

2 Überblick über die Abweichungen vom allgemeinen Ertragswertverfahren

189 Die Abweichungen vom Gang des allgemeinen Ertragswertverfahrens nach § 17 Abs. 2 Nr. 1 ImmoWertV lassen sich in fünf Gruppen zusammenfassen:

2.1 Abweichende Ansätze

▶ Vgl. Syst. Darst. des Ertragswertverfahrens Rn. 204, 271

190 Die §§ 9 bis 12 BelWertV machen Vorgaben zu den Ansätzen für **Rohertrag, Bewirtschaftungskosten und Restnutzungsdauer**, die zu Abweichungen zur Ertragswertermittlung nach ImmoWertV führen können und in bestimmten Fällen dazu führen müssen (vgl. auch Teil IV).

2.2 Begriffliche Unterschiede

▶ Vgl. § 14 ImmoWertV Rn. 117; Syst. Darst. des Ertragswertverfahrens Rn. 260

191 Der wesentliche begriffliche Unterschied ist gemäß § 12 Abs. 3 BelWertV die Verwendung der Bezeichnung „**Kapitalisierungszinssatz**" anstelle von „Liegenschaftszinssatz" (vgl. Rn. 265 ff.). Aus der abweichenden Definition des Zinssatzes ergibt sich in vielen Fällen auch ein abweichender Ansatz (im Vergleich zum Liegenschaftszinssatz).

Daneben ist umstritten, ob die **Eigenschaft der nachhaltigen Erzielbarkeit**, bezogen auf den Rohertrag (vgl. § 10 Abs. 1 Satz 2 BelWertV), sich nicht nur nominal, sondern auch inhaltlich von der marktüblichen Erzielbarkeit nach § 18 Abs. 2 Satz 1 ImmoWertV unterscheidet (vgl. dazu Teil IV und Rn. 206 ff. in diesem Teil).

2.3 Behandlung von Sonderfällen

192 § 13 BelWertV regelt den abweichenden Umgang mit bestimmten Sonderfällen (Näheres dazu unter Rn. 275 ff.).

2.4 Werterhöhende sonstige objektspezifische Grundstücksmerkmale

▶ Vgl. § 8 ImmoWertV Rn. 274

193 Grundstücksmerkmale, die im Gang des Ertragswertverfahrens keine Berücksichtigung gefunden haben, aber im maßgeblichen Grundstücksmarkt zu einer Werterhöhung oder -minderung führen, werden bei der Verkehrswertermittlung korrigierend berücksichtigt (vgl. Teil IV § 8 ImmoWertV Rn. 178 ff.). Eine solche Korrektur ist in den Regelungen der BelWertV nicht explizit vorgesehen. Allerdings ergibt sich aus den definitorischen Grundlagen des Beleihungswerts, dass **wertmindernde Besonderheiten** bei der Beleihungswertermittlung ebenfalls wertmindernd zu berücksichtigen sind (vgl. § 5 Abs. 4 BelWertV). *Beispiele* dafür sind u. a. Instandhaltungsstau (vgl. § 4 Abs. 5 BelWertV, Rn. 167 f.) und Underrent (vgl. § 10 BelWertV, Rn. 215).

Die Berücksichtigung **werterhöhender Besonderheiten** lässt sich daraus nicht herleiten. Viele solche Besonderheiten sind **temporärer Natur** und dürfen allein deshalb **keine Berücksichtigung** finden, da der Beleihungswert über eine längere Zeit Gültigkeit haben soll. Die wichtigsten Beispiele dafür sind Fördermittel (Mietzuschüsse), die nur über einen begrenzten Zeitraum gewährt werden, und ein temporärer Mehrertrag (*Overrent*), d. h. die Differenz zwischen der marktüblich erzielbaren Miete und einer darüber liegenden, vertraglich vereinbarten Miete. Bei anderen Besonderheiten (z. B. Erlöse für die Anbringung von Zigarettenautomaten, Mobilfunkantennen, Plakatwänden) lässt sich eine zeitliche Beschränkung zwar nicht beziffern, aber es besteht das Risiko, dass auch diese im Zeitablauf wegfallen können. Aus Gründen der Vorsicht wird diesem Risiko ebenfalls dadurch Rechnung getragen, dass solche Werterhöhungen unberücksichtigt bleiben.

2.5 Getrennte Ansätze für verschiedene Nutzungsarten

194 Grundsätzlich sind alle Ansätze, die in den Rechengang des Ertragswertverfahrens einfließen, nach Nutzungsarten zu gliedern, § 10 Abs. 1 Satz 4, § 11 Abs. 2 Satz 1 i. V. m. Anl. 1 und § 12 Abs. 3 Satz 4 BelWertV i. V. m. Anl. 2 (Ausnahmen: Bodenwert, § 8 Abs. 2 i. V. m. § 15 BelWertV, und Restnutzungsdauer, § 12 Abs. 2 Satz 2 BelWertV, vgl. Rn. 192). Im Hin-

blick auf die Mietflächen und die Mietpreise ist das auch in der Verkehrswertermittlung üblich. Auch die Bewirtschaftungskosten werden in der Regel nach Nutzungsarten angesetzt, wobei es in der Verkehrswertermittlung durchaus Ausnahmen geben kann, z. B. für Nutzungsarten, die nur einen geringen Anteil am Rohertrag des Grundstücks haben.

Ungewöhnlich ist die Anforderung des § 12 Abs. 3 Satz 4 BelWertV, auch die Kapitalisierungszinssätze gesondert nach Nutzungsarten anzusetzen. (Im Unterschied dazu versteht sich der Liegenschaftszinssatz als Datum der Wertermittlung, das sich auf das Gesamtgrundstück bezieht, vgl. § 14 ImmoWertV.) Im Einzelfall können diese gesonderten Ansätze in der Gesamtbetrachtung zu einem marktfernen Ergebnis führen, vgl. *Beispiel.*

Beispiel:

Institutionelle Investoren, die Gewerbeimmobilien wie Bürohäuser, *Shopping* Center oder Logistikanlagen erwerben, betrachten das Vorhandensein einiger Wohnungen in der Immobilie als Nachteil oder Ankaufshindernis. Daher bedingen solche „Beimischungen" eine Wertminderung, d. h. eine Erhöhung des Liegenschaftszinssatzes.

Da jedoch für Wohnungen i. d. R. ein niedriger Zinssatz marktüblich ist, würde die „Beimischung" von Wohnungen zu einer Büroimmobilie die Verzinsung, bezogen auf das Gesamtgrundstück, senken und so das rechnerische Ergebnis der Ertragswertermittlung erhöhen.

Trotz dieses Widerspruchs zur realen Preisbildung ist der Ansatz nutzungsartspezifischer Kapitalisierungszinssätze zwingend vorgeschrieben. Das Ergebnis, d. h. der sich ergebende „Mischzins", sollte vom Gutachter immer hinsichtlich seiner Marktüblichkeit geprüft werden.

Der Ansatz der **Restnutzungsdauer** stellt sich als schwieriger heraus, wenn man dem Wortlaut der BelWertV folgt: Einerseits ist nach § 12 Abs. 2 Satz 2 BelWertV die Restnutzungsdauer objektspezifisch einzuschätzen, andererseits sind die in Anl. 2 genannten Erfahrungssätze für die Nutzungsdauer zu berücksichtigen, die nach Nutzungsart gegliedert sind. Diese Gliederung kennt, ebenso wie jene für die Kapitalisierungszinssätze, keine Objekte mit Mischnutzung.

Summarisch betrachtet sollte davon ausgegangen werden, dass alle Flächen innerhalb eines Gebäudes die gleiche Restnutzungsdauer haben, sowie beim Ansatz einer gebäudespezifischen Restnutzungsdauer den vorhandenen Nutzungsarten und den ihnen in Anl. 2 zugeordneten Erfahrungssätzen Rechnung getragen werden.

3 Selbstständig verwertbare Teilfläche (§ 9 Abs. 2 Satz 3 und 4 BelWertV)

▶ *Vgl. Teil IV Syst. Darst. des Ertragswertverfahrens Rn. 58 ff., 125 ff.; § 8 ImmoWertV Rn. 388; Syst. Darst. des Sachwertverfahrens Rn. 51*

Die Regelungen zu Grundstücken, die wesentlich größer sind, als es einer der baulichen Anlage angemessenen Nutzung entspricht, korrespondieren mit den entsprechenden Regelungen zum allgemeinen Ertragswertverfahren. **195**

Allerdings sind die Anforderungen, denen eine Teilfläche gerecht werden muss, aufgrund der besonderen Anforderungen an den Beleihungswert strenger, als dies in der Verkehrswertermittlung der Fall ist. Insbesondere muss hinsichtlich der Teilfläche tatsächlich eine Marktgängigkeit gegeben sein. So reicht es nicht aus, dass die Teilfläche real abteilbar ist und anschließend bebaut werden kann, sondern es muss auch eine hinreichende Nachfrage nach der entstehenden Teilfläche bzw. generell nach vergleichbaren Flächen gegeben sein. Mit anderen Worten: Der maßgebliche Grundstücksmarkt muss in die Überlegungen, ob es sich um eine selbstständig nutz- und verwertbare Teilfläche handelt, unbedingt einbezogen werden. **196**

Beispiel

Abb. 4: Verschiedene Arten unbebauter Teilflächen

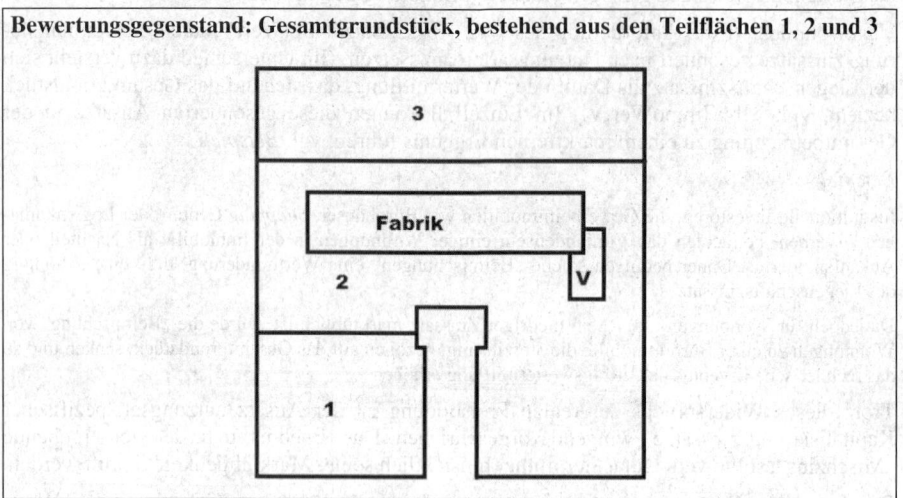

Teilfläche 1: selbstständig nutz- und verwertbar/deshalb gesonderter Ansatz gemäß § 9 Abs. 2 Satz 3 und 4

Teilfläche 3: für die bewerteten baulichen Anlagen nicht erforderlich, aber nur mit großen Einschränkungen durch einen Dritten nutzbar, da Zufahrten und Medienerschließungen über Teilfläche 2 geführt werden müssen. Außerdem ist die Teilfläche von der Straße nicht sichtbar.

Ansatz der Teilfläche 3:

– Entweder gesondert als selbstständige Teilfläche mit deutlichen Abschlägen im Vergleich zu Teilfläche 1
– oder Einbeziehung in den Bodenwert der bebauten Teilfläche, d. h. Minderung des Reinertrags um die Verzinsung des Bodenwerts von Teilfläche 2 und 3.

197 Ferner muss, wie auch in der Verkehrswertermittlung, geprüft werden, ob die Abtrennung und der Verkauf der Teilfläche an einen Dritten den Wert des verbleibenden bebauten Grundstücks beeinflusst. Beispielsweise könnte die Abtrennung notwendiger Rangier- oder Parkflächen die Vermietbarkeit der vorhandenen baulichen Anlagen beeinträchtigen oder wegen einer Begrenzung der GFZ der Ausbau des Dachgeschosses unzulässig werden. Aufgrund der Vielfalt der Fallgestaltungen stellt die Frage der selbstständigen Verwertbarkeit besondere Anforderungen an den Sachverständigen.

198 Die Bewertung unbebauter Grundstücke ist in der BelWertV nicht eindeutig geregelt, vgl. dazu § 15 BelWertV, Rn. 306 ff.

§ 10 BelWertV Rohertrag

(1) Bei der Ermittlung des Rohertrags darf nur der Ertrag berücksichtigt werden, den das Objekt bei ordnungsgemäßer Bewirtschaftung und zulässiger Nutzung jedem Eigentümer nachhaltig gewähren kann. Liegt die nachhaltige Miete über der vertraglich vereinbarten Miete, ist im Regelfall die vertraglich vereinbarte Miete anzusetzen. Die Mietfläche entspricht der vermietbaren Wohnfläche bei wohnwirtschaftlicher Nutzung oder der dauerhaft vermietbaren Nutzfläche bei gewerblicher Nutzung. Bei verschiedenen Nutzungsarten sind die anteiligen Erträge getrennt darzustellen. Umlagen, die vom Mieter oder Pächter zur Deckung von Betriebskosten zu zahlen sind, sind nicht zu berücksichtigen.

(2) Im Falle von Hotel-, Klinik-, Pflegeheim- oder einer vergleichbaren Nutzung sind die daraus resultierenden Roherträge nach Absatz 1 auf der Basis vorsichtig angenommener, durchschnittlich erzielbarer Umsätze pro Zimmer oder Bett herzuleiten.

(3) Bestehen strukturelle oder lang andauernde Leerstände, ist besonders zu prüfen, ob aufgrund der jeweiligen Marktlage eine Vermietung überhaupt oder zu den angesetzten Mietpreisen in absehbarer Zeit noch zu erwarten ist.

Gliederungsübersicht	Rn.
1 Einleitung	199
2 Mietbegriffe und Ertragsansätze
2.1 Nettokaltmiete	201
2.2 Betriebskosten	202
2.3 Marktüblich erzielbare, nachhaltig erzielbare und tatsächliche Mieten	204
2.4 Ausnahme: nachhaltig erzielbare Miete unterhalb marktüblicher Miete	207
2.5 Temporäres Marktungleichgewicht	209
2.6 Volatiler Markt	210
2.7 Mieten in Abhängigkeit vom Baualter	211
3 Temporäre Mehr- oder Mindererträge
3.1 Mehrertrag (Overrent)	215
3.2 Minderertrag (Underrent)	216
3.3 Berücksichtigung zukünftiger Mieterhöhungen	217
3.4 Mobilfunkantennen, Zigarettenautomaten, Werbeflächen	219
3.5 Optionen	220
4 Mietfläche	222
5 Sonderimmobilien
5.1 Allgemeines	225
5.2 Umsatz-, Mehrwertsteuer	231
6 Leerstand
6.1 Allgemeines	233
6.2 Dauer des Leerstands	239
6.3 Zustandswert bei vorübergehendem Leerstand	242
6.4 Struktureller Leerstand	245

1 Einleitung

▶ *Vgl. Teil IV Syst. Darst. des Ertragswertverfahrens Rn. 179 ff.; § 18 ImmoWertV Rn. 1 ff.*

Der Rohertrag hat im Ertragswertverfahren stets einen sehr großen Werteinfluss, sein Ansatz muss daher mit besonderer Sorgfalt erfolgen. Ferner ist der Rohertrag nicht nur eine Größe im Ertragswertverfahren, sondern hat zugleich großen Einfluss auf die **Kapitaldienstfähigkeit** (vgl. Rn. 17). **199**

Er hat in der Verkehrs- und der Beleihungswertermittlung dieselbe Rolle: Qualitativ und in seinen Bezügen zu den Zahlungsströmen ist der Rohertrag in beiden Wertermittlungen identisch. Allerdings unterscheiden sich die Definitionen in ihrem Wortlaut, woraus bestimmte Differenzierungen ableitbar sind (vgl. Rn. 206 ff.). Darüber hinaus ergibt sich aus dem speziell für die Beleihungswertermittlung eingeführten **Niederstwertprinzip**, dass die Ansätze des Rohertrags in beiden Wertermittlungen verschieden sein können: Unterscheiden sich tatsächliche (vertragliche), marktübliche und nachhaltig erzielbare Miete voneinander, so ist der niedrigste dieser drei Werte anzusetzen (vgl. Rn. 206).

200 Grundsätzlich ist, wie auch in der Verkehrswertermittlung, die Ertragsfähigkeit zunächst **qualitativ** zu prüfen. D. h. insbesondere, dass die Nutzung, die der Bewertung zugrunde gelegt wird, zulässig sein muss und die Mieträume nach den Gegebenheiten des jeweiligen Nutzermarktes auch auf die Nachfrage eines hinreichend großen Nachfragerkreises treffen. (Ist dies nicht der Fall, ist über alternative Nutzungsmöglichkeiten oder die Klassifizierung als **struktureller Leerstand** nachzudenken. Solche Überlegungen spielen in der kreditwirtschaftlichen Wertermittlung allerdings seltener eine Rolle, da die Unzulässigkeit oder die fehlende Nachhaltigkeit der vorhandenen Nutzung häufig ein generelles Beleihungshindernis darstellt.)

Bestehen keine Zweifel an der Zulässigkeit der Nutzung und der Marktgängigkeit der Mieträume, so ist der Rohertrag, der der Beleihungswertermittlung zugrunde gelegt wird, **quantitativ** zu bemessen.

2 Mietbegriffe und Ertragsansätze

2.1 Nettokaltmiete

▶ *Vgl. Teil IV Syst. Darst. des Ertragswertverfahrens Rn. 179 ff.; § 18 ImmoWertV Rn. 53 ff.*

201 Generell entspricht der Rohertrag der **Nettomiete**, also der Miete, in der insbesondere folgende Zahlungen nicht enthalten sind:
- Umlagen und Vorauszahlungen für Betriebskosten,
- Umsatzsteuer (Mehrwertsteuer),
- Sonderzahlungen für weitergehende Leistungen des Vermieters (Serviceleistungen des betreuten Wohnens, Marketing für Einkaufszentren u. Ä.).

2.2 Betriebskosten

▶ *Vgl. Syst. Darst. des Ertragswertverfahrens Rn. 198, 208; § 19 ImmoWertV Rn. 74 ff.*

202 Sind **Inklusivmieten** (Brutto-, Bruttowarm-, Bruttokalt- oder Teilinklusivmieten) vereinbart, so ist die vertraglich vereinbarte Miete i. d. R. um entsprechende Abschläge zu mindern (zur Höhe der Abschläge vgl. Teil IV § 18 ImmoWertV Rn. 45 ff.). In der großen Mehrheit der betrachteten Mietobjekte ist eine **vollständige Umlage der Betriebskosten marktüblich**. (Teil-)Inklusivmieten kommen dann nur in Einzelfällen, z. B. in lange bestehenden Wohnungsmietverträgen, vor. Sind Betriebskosten in der vertraglich vereinbarten Miete enthalten, so ist die Miete in eine Nettomiete umzurechnen (zu „nettoisieren") und dann diese geminderte Miete bei der Bewertung zu berücksichtigen. Die ggf. so korrigierte Ist-Miete (abgeleitete Nettomiete) ist als **vertraglich vereinbarte Miete** zumeist Ausgangspunkt der Rohertragsermittlung.

In wenigen Mietmärkten sind (Teil-)Inklusivmieten marktüblich. (Es werden im filialisierten Einzelhandel z. B. häufig die Kosten für Grundsteuer und Gebäudeversicherung vom Vermieter getragen.) In diesen besonderen Fällen wird **ausnahmsweise** die gesamte Inklusivmiete als Rohertrag angesetzt (sofern sie nachhaltig erzielbar ist). Die Kostentragung durch den Vermieter wird berücksichtigt, indem entsprechende Abschläge im Rahmen der Bewirtschaftungskosten vorgenommen werden.

Außerdem werden in Mietverträgen des Einzelhandels häufig die Betriebskosten einzeln aufgezählt, die der Mieter trägt (**abschließende Aufzählung der Betriebskosten**). In diesem Fall sind nicht genannte Betriebskosten, die z. B. übersehen wurden oder später entstehen, vom Vermieter zu tragen. Diesem Risiko sollte durch einen zusätzlichen Ansatz Rechnung getragen werden (vgl. *Beispiel* Lebensmittel*discounter*). 203

Beispiel:

Abb. 5: Betriebskosten als Bestandteil der Miete

vollständige Umlage der Betriebskosten auf den Mieter marktüblich, aber: im Einzelfall doch in der Miete enthalten	Übernahme bestimmter Betriebskosten durch den Vermieter marktüblich und im Einzelfall auch vereinbart
Beispiel: Wohnung in einem Mehrfamilienhaus	Beispiel: Lebensmitteldiscounter
vereinbarte Miete: 6,50 €/m² Mietfläche: 70 m² keine Vereinbarungen zur Übernahme von Betriebskosten; Folge: Aufgrund des gesetzlichen Leitbilds trägt die Betriebskosten der Vermieter.	vereinbarte Miete: 12,00 €/m² Mietfläche: 1 100 m² umlegbare Betriebskosten (im Vertrag abschließend aufgezählt): Heizkosten, Heizungswartung, Elektroenergie, Reinigung und Pflege der Außenanlagen, Straßenreinigung, Müllabfuhr vom Vermieter zu tragen (im Vertrag aufgezählt): Grundsteuer, Versicherungen
geschätzte Höhe der vom Vermieter monatlich zu tragenden Betriebskosten: 2,70 €/m²	geschätzte Höhe der vom Vermieter monatlich zu tragenden Betriebskosten: 0,50 €/m² zzgl. 0,25 €/m² zur Deckung des Risikos, dass Kosten entstehen könnten, die nicht in der Aufzählung enthalten sind
Ansätze:	
Rohertrag (Bruttomiete abzüglich übernommener Betriebskosten): 6,50 €/m² − 2,70 €/m² = 3,80 €/m² 3,80 €/m² × 70 m² = 266 € mtl., d. h. **3 192 € p. a.**	**Rohertrag**: 12,00 €/m² × 1 100 m² = 13 200 € mtl., d. h. **158 400 € p. a.**
Bewirtschaftungskosten (für alle Wohnungen des Objekts)	**Bewirtschaftungskosten**
Verwaltungskosten: 250 €/Wohnung	**Verwaltungskosten**: 1,5 % vom Rohertrag
Instandhaltungskosten: 11,00 €/m²	**Instandhaltungskosten**: 7,50 €/m²
Mietausfallwagnis: 2 % vom Rohertrag	**Mietausfallwagnis**: 4 % vom Rohertrag
nicht umlegbare **Betriebskosten**: keine	nicht umlegbare **Betriebskosten**: 0,50 €/m² für vertraglich vom Vermieter übernommene Betriebskosten und 0,25 €/m² für das Risiko zusätzlicher, nicht vom Mieter übernommener Betriebskosten, (0,50 + 0,25) €/m² × 1 100 m² = 825 € mtl., d. h. **9 900 € p. a.**

2.3 Marktüblich erzielbare, nachhaltig erzielbare und tatsächliche Mieten

▶ *Vgl. Teil IV Syst. Darst. des Ertragswertverfahrens Rn. 187 ff.; § 18 ImmoWertV Rn. 20 ff.*

Aus § 10 Abs. 1 Satz 2 BelWertV ergibt sich, dass im Regelfall neben der **vertraglich vereinbarten Miete** die **nachhaltig erzielbare Miete** zu betrachten ist und die **niedrigere von beiden in Ansatz zu bringen** ist (seltene Ausnahmen vgl. Rn. 206 f.). Der Sachverständige 204 muss sich daher insgesamt mit drei Mietbegriffen auseinandersetzen: **marktüblich erzielbare Miete** (§ 17 ImmoWertV), **nachhaltig erzielbare Miete** (§ 10 BelWertV) und **vertraglich vereinbarte Miete**.

Die **marktüblich erzielbare Miete** ist gemäß § 17 ImmoWertV der Ermittlung des Ertragswerts in der **Verkehrswertermittlung** zugrunde zu legen. Eine Definition des Begriffs wird dabei in der Verordnung nicht gegeben.

205 Der Begriff der **nachhaltigen bzw. nachhaltig erzielbaren Miete** wird in § 10 Abs. 1 BelWertV aus der inzwischen geänderten WertV übernommen und ist zentral bei der Ermittlung des **Beleihungswerts**. In früheren Versionen der WertV war die nachhaltige Miete ebenfalls der Ausgangspunkt der Ertragswertermittlung; er wurde durch die marktübliche Miete abgelöst. In Hinblick darauf wurde in der Begründung des Kabinettsbeschlusses zur ImmoWertV vom 26.3.2010 (BR-Drucks. 171/10, S. 58) ausgeführt: *„Marktübliche Erträge sind nachhaltig erzielbar."* Davon abweichend sind Marktüblichkeit und Nachhaltigkeit im Rahmen der Beleihungswertermittlung Konzepte mit unterschiedlicher Bedeutung: **Unter bestimmten Marktbedingungen können ausnahmsweise marktübliche Miete i. S. des § 17 ImmoWertV und nachhaltige Miete i. S. des § 10 Abs. 1 BelWertV voneinander verschieden sein**[33].

206 In der BelWertV werden der **„marktübliche Ertrag"** bzw. die „marktüblichen Miete" nicht erwähnt. Ihnen kommt daher – zumindest theoretisch – nur die **Rolle eines Hilfswerts** zu, der der Plausibilisierung bzw. der Stützung der **„nachhaltigen Miete"** dienen kann. Im Widerspruch zum oben zitierten Satz aus der amtlichen Begründung der ImmoWertV wird in § 10 Abs. 1 Satz 1 BelWertV der anzusetzende (nachhaltige) Ertrag nicht mit der marktüblichen Miete gleichgesetzt, sondern als der Wert definiert, *„den das Objekt ... jedem Eigentümer nachhaltig gewähren kann."* Vor dem Hintergrund der Definition des Beleihungswerts als vorsichtiger, **für die gesamte Zeit der Beleihung gültiger Wert** lässt die zitierte Regelung keine andere Deutung zu als die, dass der Ertrag nach sachverständiger Einschätzung unter Berücksichtigung der regionalen Marktgegebenheiten so anzusetzen ist, dass unterstellt werden kann, dass **auch in den Folgejahren bei Neuvermietung** (oder Vertragsverlängerung) dieser Ertrag wahrscheinlich erzielt wird.

In vielen Fällen gibt es keine stichhaltigen Gründe dafür, der marktüblichen Miete ihre Nachhaltigkeit abzusprechen. Auch in der Praxis der kreditwirtschaftlichen Wertermittlung ist die **Übereinstimmung von marktüblicher und nachhaltig erzielbarer Miete der Normalfall**.

2.4 Ausnahme: nachhaltig erzielbare Miete unterhalb marktüblicher Miete

207 Es darf aber nicht übersehen werden, dass in bestimmten Fällen Zweifel an der nachhaltigen Erzielbarkeit der marktüblichen Miete gerechtfertigt sein können.

So lagen beispielsweise in den 90er-Jahren die marktüblichen Wohnungsmieten in Leipzig und anderen Großstädten der neuen Bundesländer signifikant über denen, die in vergleichbaren westdeutschen Städten gezahlt wurden. Die relevanten Rahmendaten wie Brutto-Wertschöpfung, Einkommen, Arbeitslosigkeit und Bautätigkeit konnten keinen Anhaltspunkt dafür geben, dass die Mieten dauerhaft in dieser Höhe bleiben würden. Deshalb wäre es gerechtfertigt gewesen, dem Rohertrag einen zurückhaltenden Mietansatz zugrunde zu legen.

---

33 S. auch *Crimmann, W.*: S. 135 u. 137.

Beispiel 1: Wohnungsmiete (Neubau, Erstbezug) in Hannover und Leipzig seit 1990

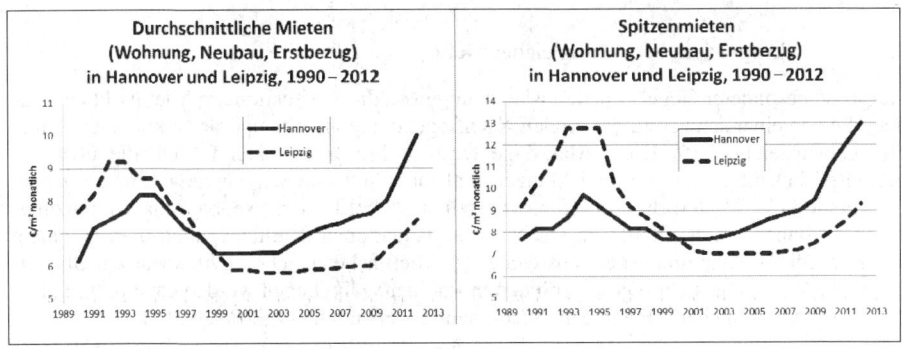

Quelle: BulwienGesa AG/Riwis

Die Büromieten in Frankfurt haben seit 1990 zwei Zyklen durchlaufen, deren Hoch- und Tiefpunkte sehr nahe beieinander lagen. In den Jahren 1991 und 2001 erreichten die Spitzenmieten Werte von über 45,00 €/m², um danach bis auf Werte von knapp über 30 €/m² abzufallen. Seit 2005 ist die Volatilität der Mietwerte geringer geworden (vgl. *Beispiel 2*). Sollten sich die Mieten in den nächsten Jahren wieder signifikant erhöhen und den Werten von 1991 und 2001 annähern, so stellt sich die Frage, ob dieser Anstieg ebenso wenig nachhaltig ist wie die beiden vorhergehenden.

Beispiel 2: Spitzenmiete für Büro in Frankfurt/M. seit 1990

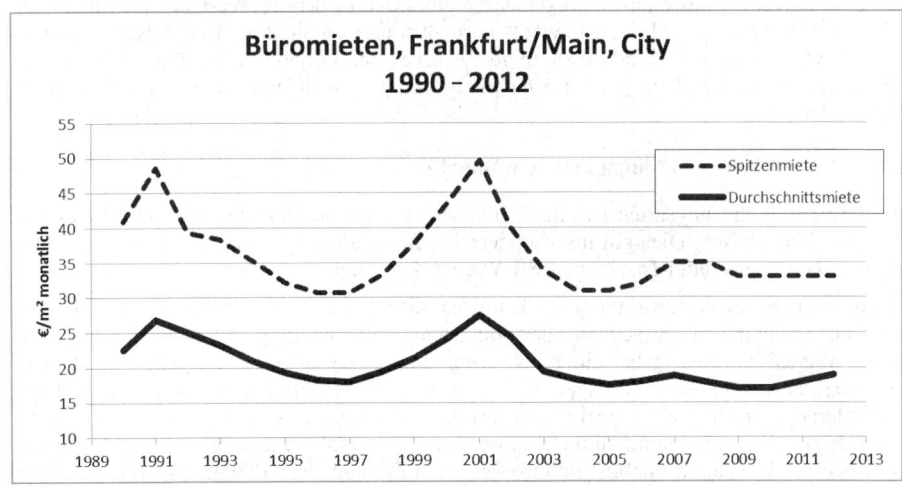

Quelle: BulwienGesa AG/Riwis

Die Beispiele zeigen: Die marktübliche Miete ist nicht zwangsläufig nachhaltig erzielbar. **208** Auch wenn dieser Ausnahmefall im Einzelnen schwer nachweisbar ist, muss trotzdem der Sachverständige die marktübliche Miete immer mit der geforderten Vorsicht der kreditwirtschaftlichen Wertermittlung prüfen, also „mit spitzen Fingern anfassen".

Zugleich dürfen an den Ansatz der nachhaltig erzielbaren Miete keine überzogenen Forderungen gestellt werden; auch sie soll kein Angstwert sein. Es ist auch nicht erforderlich, die marktübliche Miete grundsätzlich um einen bestimmten Betrag oder Anteil zu mindern. Es liegt damit ausschließlich im Ermessen des Sachverständigen, aufgrund der Marktdaten und der Objekteigenschaften die Nachhaltigkeit der Marktmiete einzuschätzen und ggf. einen geringeren vorsichtigen Ansatz zu wählen. Dies sollte insbesondere in den folgenden drei Fällen erfolgen:

2.5 Temporäres Marktungleichgewicht

209 Aufgrund besonderer Gegebenheiten ist eine ungewöhnliche Situation am Mietmarkt entstanden, die von einer schwer zu deckenden Nachfrage, d. h. einem temporär verknappten Angebot, gekennzeichnet ist. Diese Marktlage wird zu Mieterhöhungen führen, die über das normale Maß inflationärer Entwicklungen und marktüblicher Schwankungen hinausgehen. Da gerade hohe Mieten die Schaffung zusätzlicher Mietflächen (Neubau und Umnutzung) anregen können, ist das Risiko in solchen Marktsituationen deutlich erhöht, dass zu einem späteren Zeitpunkt zumindest ein ausreichendes Mietflächenangebot, evtl. sogar ein Überangebot zur Verfügung steht. Diese veränderten Rahmenbedingungen werden dazu führen, dass die zuvor marktüblichen Mieten dann nicht mehr erzielbar sind (vgl. *Beispiel* 1).

Um einen Ansatz für die nachhaltig erzielbare Miete zu finden, ist u. U. eine Orientierung an den Daten anderer regionaler Märkte sinnvoll, die nicht von einem solchen Ungleichgewicht geprägt sind und die im Übrigen vergleichbar erscheinen, d. h. vergleichbare demographische Daten, wirtschaftliche Leistungsfähigkeit und Infrastruktur aufweisen.

2.6 Volatiler Markt

210 In einem Markt, der erfahrungsgemäß volatil ist, kann die Entwicklung der letzten Jahre Hinweise darauf geben, ob sich der Markt gerade in einer Hochphase befindet und ob mit einer Abschwächung in den Folgejahren zu rechnen ist (vgl. *Beispiel* 2).

Die Bestimmung der nachhaltig erzielbaren Miete ist in diesen Fällen besonders schwierig, da es keine universell anwendbare Regel dafür gibt. Der niedrigste Wert der marktüblichen Miete der Vorjahre ist als „Angstwert" normalerweise zu niedrig. Der Ansatz sollte so gewählt werden, dass die Marktmiete in der Mehrheit der Vorjahre in etwa gleich hoch oder höher lag; in einzelnen Krisenjahren kann die Marktmiete auch leicht unterhalb des Ansatzes gelegen haben.

2.7 Mieten in Abhängigkeit vom Baualter

211 Für bestimmte Nutzungsarten ist eine Veränderung der marktüblichen Miete im Laufe des Lebenszyklus typisch. Dies gilt insbesondere für *Stand-Alone*-Objekte des filialisierten Einzelhandels (Lebensmittel-*Discounter*, SB-Warenhäuser) und Gewerbehallen.

Davon sind aber auch Büroimmobilien betroffen, die aufgrund ihrer Lage und Ausstattung in der Erstvermietung (nach Neubau oder vollständiger Renovierung) Spitzenmieten erzielen. Diese Mieten sind häufig bei einer Folgevermietung nach 10 oder 15 Jahren nicht mehr erzielbar, da sich die Anforderungen der Nutzer schnell wandeln und die Ausstattung diesen Anforderungen nicht mehr gerecht wird. Daraus folgt, dass bereits nach einem vergleichsweise kurzen Zeitraum damit zu rechnen ist, dass die Immobilie einer grundlegenden Sanierung bedarf[34] bzw. die Immobilie im unveränderten Zustand einen geringen Wert haben wird. Dieser Problematik kann auf zweierlei Weise Rechnung getragen werden: durch Ansatz einer geringeren nachhaltigen Miete und/oder durch Ansatz eines angemessenen Modernisierungsrisikos (vgl. Rn. 257–260).

Bei den o.g. Einzelhandels- und Gewerbeimmobilien fallen die Mieten, die bei Erst- und Folgevermietungen erzielbar sind, erfahrungsgemäß auseinander. Abschläge von 10 bis 40 %, bezogen auf die Ist-Miete nach Ablauf der 10- bis 15-jährigen Mietzeit, sind selbst dann nicht ungewöhnlich, wenn der erste Mieter im Objekt verbleibt und die Verlängerung des Mietvertrages von einer Verringerung der Miete abhängig macht. Aus der Sicht des Beleihungswertes stellt dies ein Problem dar, obwohl es aus der Sicht eines Kreditinstituts unproblematisch sein kann, wenn hinreichend hohe Tilgungen während der Kreditlaufzeit aufgebracht werden.

---

34 Vgl. Rath, J., Wirtschaftliche Nutzungsdauer von Bürohochhäusern in Frankfurt/Main, GuG-aktuell 2010, S. 43.

Rohertrag § 10 BelWertV IX

Beispiel:

Neu errichtete Logistikimmobilie mit 10-jährigem Mietvertrag

Fläche: 10 000 m²; Mietpreis: 5,00 €/m²; Rohertrag: 600 000 € p. a.

Bewirtschaftungskosten (tatsächlich): 10 % des Rohertrags

Bewirtschaftungskostenansatz nach § 11 Abs. 2 Satz 2 BelWertV (vgl. Rn. 247): 15 % des Rohertrags

Reinertrag, tatsächlich: 540 000 € p. a./angesetzt: 510 000 €

Ertragswerte (auf Basis der vertraglich vereinbarten Miete, Berechnung nicht dargestellt):

7,2 Mio. € (Verkehrswert) / 6,2 Mio. € (Beleihungswert)

Bestandsimmobilie nach Ablauf von 10 Jahren

Marktübliche Miete für Bestandsimmobilien: 3,50 €/m² (Rohertrag: 420 000 € p. a.)

Ertragswerte (auf Basis der marktüblichen Miete für Bestandsimmobilien ohne 10-jährigen Mietvertrag, d. h. mit unbestimmter Mietdauer):

5 Mio. € (Verkehrswert) / 4,5 Mio. € (Beleihungswert)

Schlussfolgerung

Im Falle einer 10-jährigen Beleihung darf der Beleihungswert bei maximal 5 Mio. € liegen.

Kapitaldienstfähigkeit und Beleihungswert

Aufgrund der Ertragslage der ersten 10 Jahre könnte das Kreditinstitut auch einen höheren Betrag als Darlehen gewähren, wenn zugleich ausreichende Tilgungen vereinbart würden. Bei einem Darlehen über 6 Mio. € wäre ein Kapitaldienst in Höhe von 8 % (4 % Zinsen, 4 % anfängliche Tilgung) gedeckt. Nach dem Ablauf von 10 Jahren wären mehr als 50 % des Darlehens zurückgezahlt, sodass die Verringerung des Werts im Laufe der 10 Jahre kein besonderes Risiko darstellt. **212**

Vom Darlehen können allerdings nur 3 Mio. € (60 % des Beleihungswerts) in der Deckungsmasse eines Pfandbriefs berücksichtigt werden.

Die Abschläge können noch größer ausfallen, wenn die Immobilie für den jeweiligen Nutzertypus nicht mehr geeignet ist und im Einzugsbereich Standort- bzw. Objektalternativen vorhanden sind (oder geschaffen werden können). So sind Lebensmittel-*Discount*märkte, die älter als 15 Jahre sind, heute häufig zu klein und mit zu wenigen Parkplätzen versehen. Nachnutzer können dann nur in anderen Segmenten des Einzelhandels gefunden werden, die i. d. R. deutlich niedrigere Mieten akzeptieren, z. B. bestimmte Fachmärkte (Heimtierbedarf, Autoersatzteile, Getränke) oder Dienstleister (Sonnen- oder Fitnessstudios, *Self-Storage*-Nutzung). **213**

Gerade bei Einzelhandelsimmobilien ist eine sehr gute Marktkenntnis unerlässlich, um die nachhaltige Vermietbarkeit einschätzen zu können.

3 Temporäre Mehr- oder Mindererträge

Temporäre Mehr- und Mindererträge (*Overrent* und *Underrent*) haben sich als Begriffe für Ist-Mieten ober- bzw. unterhalb der marktüblichen Miete eingebürgert. Analog werden sie in der Beleihungswertermittlung für Abweichungen von der nachhaltig erzielbaren (i. d. R. marktüblichen) Miete verwendet. **214**

3.1 Mehrertrag (*Overrent*)

Liegt die vertraglich vereinbarte Miete oberhalb der nachhaltig erzielbaren Miete (*Overrent*), wird dieser Umstand im Rahmen der Beleihungswertermittlung nicht berücksichtigt. Neben der allgemeinen Vorsicht ergibt sich dies auch aus der Tatsache, dass sich selbst bei einem auf Jahre fest vereinbarten Mietverhältnis dieser Vorteil (i. d. R. der kapitalisierte Mehrertrag) im Zeitablauf abbaut, sodass zum Ende des Mietverhältnisses der Marktwert niedriger liegen wird. Da der Beleihungswert über die Dauer der Beleihung Bestand haben soll, darf der Overrent, der ja nur wenige Jahre den Wert beeinflusst, nicht berücksichtigt werden. **215**

3.2 Minderertrag (*Underrent*)

216 Liegt die vertraglich vereinbarte Miete unterhalb der marktüblichen und/oder der nachhaltig erzielbaren Miete (*Underrent*), so ist nach § 10 Abs. 1 Satz 2 BelWertV die vertraglich vereinbarte Miete als Rohertrag anzusetzen. Die nachhaltig erzielbare Miete, die in diesem Fall höher ist, bleibt außer Betracht.

3.3 Berücksichtigung zukünftiger Mieterhöhungen

▶ *Vgl. § 2 ImmoWertV Rn. 4 ff.*

217 Im Einzelfall kann eine Ausnahme zulässig sein, wenn die Erzielung einer höheren Miete (oberhalb der vertraglich vereinbarten Ist-Miete, aber maximal in Höhe der nachhaltig erzielbaren Miete) gesichert ist oder ohne Weiteres durchsetzbar erscheint. Gesichert ist eine höhere Miete insbesondere dann, wenn darüber eine feste vertragliche Vereinbarung besteht (z. B. ein Staffelmietvertrag) und der Zeitpunkt der Erzielung dieser höheren Miete in nicht allzu ferner Zukunft (üblicherweise nicht länger als 2 Jahre) liegt. Nicht darunter fallen die auf allgemeine wirtschaftliche Erwartungen sich gründenden Prognosen.

Als durchsetzbar ist eine Mieterhöhung auch dann anzusehen, wenn darauf ein gesetzlicher Anspruch besteht und ggf. dafür erforderliche Bedingungen erfüllt sind. Häufigster Fall ist die mögliche Erhöhung der Wohnungsmiete nach § 558 ff. BGB, die sich an der ortsüblichen Vergleichsmiete orientiert[35]. Es liegt im Ermessen von Gutachter und Pfandbriefbank, wie im Einzelfall mit dieser Erhöhungsmöglichkeit umzugehen ist. Um dem Vorsichtsprinzip der Beleihungswertermittlung und der einschlägigen Vorschrift der BelWertV Rechnung zu tragen, ist eine solche Erhöhung in mehrfacher Hinsicht sorgfältig zu prüfen: rechtlich (Sind die Anforderungen der §§ 558 ff. BGB erfüllt?), marktbezogen (Ist die Miete vor dem Hintergrund der regionalen Gegebenheiten des Wohnungsmietmarkts durchsetzbar?) und in Hinblick auf das Objekt (Sind die Anforderungen des Mietmarkts an Wohnungen mit dem erhöhten Mietpreis erfüllt?) .

218 Folgende Voraussetzungen sollten mindestens erfüllt sein, um den Ansatz einer erhöhten Wohnungsmiete auf der Grundlage der §§ 558 ff. BGB zu rechtfertigen:

- Die Mieterhöhung ist vom Eigentümer (bzw. Erwerber/Kreditnehmer) **tatsächlich geplant**; die Mieterhöhung, der die Mieter zustimmen sollen, wird von ihm konkret (wohnungsweise) beziffert.

- Die Miete nach Erhöhung stellt im Vergleich zur marktüblichen Miete einen **vorsichtigen Wert** dar.

- Abgesehen von der marktüblichen Miete stellt sie sich auch im übrigen **Marktumfeld** so dar, dass eine solche Erhöhung durchführbar ist, ohne dass im Anschluss mit einer nennenswerten Fluktuation oder einem signifikant erhöhten Leerstand zu rechnen ist. Hierzu sind insbesondere der **Leerstand im Umfeld und die demographischen Daten** des Umfelds zu analysieren.

- **Die Erhöhungsmöglichkeiten sind wohnungsweise zu beziffern und zu prüfen**, nicht pauschal für den gesamten Bestand zu errechnen (vgl. *Beispiel*).

---

[35] Geplante Wohnungsmodernisierungen und Mieterhöhungen nach §§ 559 ff. BGB werden auf andere Weise, durch Ermittlung von 2 Werten, dem Zustandswert und dem Wert nach Fertigstellung, berücksichtigt.

Rohertrag § 10 BelWertV IX

Beispiel:
(Annahmen: Die marktüblich erzielbare Miete liegt bei 7,00 €/m². Aus Vereinfachungsgründen wird bei der Bildung des Durchschnitts unterstellt, dass alle Wohnungen gleich groß sind.)

	Ist-Miete	Erhöhung	Ansatzmiete (nach Erhöhung)
Wohnung 1	5,50 €/m²	20 % zulässig	6,60 €/m²
Wohnung 2	6,50 €/m²	zulässig bis 7,00 €/m² (bis zur ortsübl. Vergl.-Miete)	7,00 €/m²
Wohnung 3	6,50 €/m²	keine Erhöhung zulässig (da Mietbeginn erst vor wenigen Monaten)	6,50 €/m²
Wohnung 4	7,00 €/m²	keine Erhöhung	7,00 €/m²
Durchschnitte	**6,38 €/m²**		**6,78 €/m²**

d. h. Erhöhung insgesamt nur um rd. 6,3 %.

Eine Erhöhung der Durchschnittsmiete von 6,38 €/m² pauschal um 20 % oder pauschal auf 7,00 €/m² wäre nicht sachgerecht, da diese nicht durchsetzbar wäre.

3.4 Mobilfunkantennen, Zigarettenautomaten, Werbeflächen

▶ *Vgl. § 8 ImmoWertV, Rn. 261, 374 ff.; § 5 ImmoWertV Rn. 454; § 6 ImmoWertV Rn. 273 ff.*

Die Einnahmen aus sonstigen temporären Nutzungen werden – analog zum temporären Mehrertrag (*Overrent*) – in der Beleihungswertermittlung unberücksichtigt gelassen. Dies gilt selbst dann, wenn die Einnahmen vertraglich über die gesamte Restnutzungsdauer als gesichert angesehen werden können.

Einige Kreditinstitute vertreten darüber hinaus die Auffassung, dass **Mobilfunkantennen einen besonderen Wertnachteil** darstellen, und berücksichtigen diesen durch einen weiteren Abschlag vom zuvor ermittelten Wert. Durch das Unberücksichtigtlassen des Ertrags aus der Vermietung des Antennenplatzes entsteht bereits eine zusätzliche Differenz zwischen Verkehrs- und Beleihungswert; ein darüber hinausgehender Abschlag erscheint nach hier vertretener Ansicht nicht gerechtfertigt. (Gerechtfertigt ist ein solcher Abschlag hingegen in solchen Fällen, wo die Nutzung des Antennenplatzes durch eine Dienstbarkeit gesichert ist und die Gebrauchsüberlassung nicht durch laufende Mietzahlungen, sondern durch eine Einmalzahlung zu Beginn der Nutzung abgegolten wurde.)

3.5 Optionen

▶ *Vgl. § 8 ImmoWertV, Rn. 385 f.*

Optionen können i. d. R. einseitig vom Mieter ausgeübt werden. Meist handelt es sich dabei um das Recht, das Mietverhältnis zu bestimmten Konditionen über eine längere Frist fortsetzen zu können. Wurde die Option noch nicht ausgeübt, so richtet sich die Berücksichtigung in der Beleihungswertermittlung nach dem Vorsichtsprinzip. In seltenen Fällen wirkt eine Option werterhöhend. Diese Werterhöhung ist nur im Verkehrswert, nicht jedoch im Beleihungswert zu berücksichtigen.

Häufiger wirkt eine Option wertmindernd, da ihre Ausübung umso wahrscheinlicher wird, je mehr die damit verbundenen Konditionen vorteilhaft für den Mieter sind. Dies gilt insbesondere für die Miethöhe: Liegt die mit der Option verbundene Miete (vermutlich) unter der marktüblichen, so ist die Wahrscheinlichkeit höher, dass der Mieter diese ausübt. Daher müssen sich in der Beleihungswertermittlung Mindererträge, die sich aus einer Optionsausübung ergeben können, in voller Höhe berücksichtigt werden. D. h. die Ertragsminderungen sind kapitalisiert vom Wert abzuziehen. Dafür eignet sich das Vervielfältigerdifferenzverfahren (vgl. § 8 ImmoWertV, Rn. 337 i. V. m. Abb. 35).

Im vorgestellten *Beispiel* (§ 8 ImmoWertV, Rn. 386) ist der Gesamtverlust gemäß Frage 1 für den Beleihungswert maßgeblich.

4 Mietfläche

▶ *Vgl. Teil II Rn. 512 ff.; Teil IV Syst. Darst. des Ertragswertverfahrens Rn. 179 ff.*

222 Die Mietfläche ist ein weiterer wesentlicher Bestimmungsfaktor des Rohertrags. Für ihre Bestimmung ist neben den Regelungen der BelWertV die Marktüblichkeit zu berücksichtigen. Dem tragen die Formulierungen „vermietbare Wohnfläche" bzw. „dauerhaft vermietbare Nutzfläche" in § 10 Abs. 1 Satz 3 BelWertV Rechnung. Normalerweise unterscheiden sich die Mietflächenansätze der Markt- und Beleihungswertermittlung nicht voneinander. Daher wird hier auf die entsprechenden Ausführungen in Teil IV Rn. 179 ff. sowie Teil II Rn. 512 ff. verwiesen.

223 Mit mindestens gleicher Sorgfalt, wie dies in der Verkehrswertermittlung üblich ist, sollten die Mietflächenangaben von Kreditnehmerseite anhand des Augenscheins (Geschosszahl) und anhand üblicher Kennzahlen (Verhältnis zur Brutto-Grundfläche der Geschosse mit Mietflächen) auf Plausibilität geprüft werden (vgl. Teil II Rn. 554; § 8 ImmoWertV Rn. 251; Syst. Darst. des Sachwertverfahrens Rn. 198 f.).

224 Mietflächen, die als struktureller Leerstand klassifiziert werden, sind ebenfalls anzusetzen, obwohl sie keinen Beitrag zum Rohertrag liefern (s. Rn. 237).

5 Sonderimmobilien

5.1 Allgemeines

▶ *Vgl. Teil V Rn. 236 ff.*

Schrifttum: Studien der *HypZert GmbH* (Hrsg.), u. a. „Bewertung von Gastronomieimmobilien (Systemgastronomie) Berlin 2011, „Bewertung von Krankenhäusern" Berlin 2008, „Bewertung von Pflegeheimen", Berlin 2011, *Lüer, S.; Zell, U.*: Bewertung von Pflegeheimen; und *Milke, B.; Geppert, H.*: Beleihungswertermittlung (zum Beleihungswert von Hotels); in *Geppert, H., Werling, U.* (Hrsg.): Wertermittlung von Immobilieninvestments, Köln 2009; VÖB Bundesverband Öffentlicher Banken (Hrsg.): Beherbungsgewerbe in Deutschland – Leitfaden für Immobiliengutachter, 2. Aufl., Berlin 2007.

225 Obwohl Immobilien mit Spezialnutzungen, z. B. Kraftwerke, Produktionsanlagen oder Indoorskihallen, als Sicherheit für Realkredite ungeeignet erscheinen, enthalten die gesetzlichen Regelungen zum Hypothekenpfandbrief keine Ausschlussklauseln für einzelne Nutzungsarten. Vielmehr ist es zunächst Sache des Kreditinstituts zu entscheiden, wie mit „Exoten" zu verfahren ist. Wesentlichstes Kriterium aus der Sicht der Beleihungswertermittlung ist auch dabei die **Kapitaldienstfähigkeit**. Es ist also zu klären, ob und in welcher Höhe aus dem Objekt Mieterträge nachhaltig erzielt werden können. Regelmäßig wird diese Frage bejaht bei Hotels, Einkaufs- und Fachmarktzentren, Pflegeheimen, Logistikanlagen und bestimmten medizinisch genutzten Objekten. Andere Immobilien wie Produktionshallen, Kraftwerke, Flugplätze, Tank- und Raststätten, Freizeitimmobilien (z. B. Golfplätze, Tennisanlagen, Bäder) usw. werden nur von wenigen Kreditinstituten als Beleihungsobjekte in Betracht gezogen[36].

226 Ist ein Beleihungswert für eine Sonder- bzw. Spezialimmobilie zu ermitteln, so ist davon auszugehen, dass das beauftragende Kreditinstitut dem Objekt die Beleihbarkeit nicht grundsätzlich abspricht. In einem solchen Fall ist zunächst zu entscheiden, auf welchem Weg der Rohertrag abzuleiten ist: **aus marktüblichen Mieten oder aus betriebswirtschaftlichen Daten der Nutzungsart**.

---

[36] Davon unabhängig können Investitionen in solche Objekte auch mit Krediten finanziert werden. In einem solchen Falle steht jedoch die Bonität des Kreditnehmers im Fokus der Kreditprüfung.

In die erste Gruppe fallen insbesondere Einzelhandelsimmobilien, Gastronomieflächen und Logistikanlagen, in die zweite vor allem Hotels, Pflegeheime und Kliniken (§ 10 Abs. 2 BelWertV). In den letztgenannten Fällen ist der Rohertrag aus vorsichtig angenommenen, durchschnittlich erzielbaren Umsätzen pro Zimmer bzw. pro Bett abzuleiten. Wie dies im Einzelnen erfolgen soll, darüber sind der BelWertV keine konkreten Hinweise zu entnehmen. 227

Wenn möglich ist der **Rohertrag** der Immobilie **ungeachtet der vorhandenen Spezialnutzung** zu ermitteln. Beispielsweise ist es für die marktübliche Miete einer Gastronomiefläche an einer Einkaufzone nicht ausschlaggebend, welchen Umsatz ein Gastronom in dieser Fläche erzielt, wenn sie auch als Ladenfläche nutzbar ist. Die nachhaltig erzielbare Miete ist in solchen Fällen standort- und objektabhängig, aber weitgehend unabhängig von der tatsächlichen Nutzungsart. 228

Generell ist es bei vielen Sonderimmobilien so, dass marktübliche Mieten anhand bestimmter Kennzahlen bestimmt oder auf Plausibilität geprüft werden können. Als Bezugsgröße kommen bestimmte Größenangaben (i. d. R. Anzahlen) zu den baulichen Anlagen oder ihrer Ausstattung infrage, die in unmittelbarem Zusammenhang mit den erzielbaren Umsätzen stehen (s. Tabelle). 229

Abb. 6: Bezugsgrößen für den Rohertrag von Sonderimmobilien

Immobilienart	Umsatzrelevante Bezugsgröße	Anmerkungen
	(fett: zwingend anzuwenden gemäß § 10 Abs. 2 BelWertV)	
Hotel	**Zimmerzahl, Bettenanzahl,** Kapazität des Tagungsbereichs	Üblicherweise wird die Zimmerzahl (nicht die Bettenanzahl) zugrunde gelegt.
Gastronomie	Anzahl der Plätze, ggf. gegliedert nach Ganzjahres- und Saisonplätzen	
Ferienhaus, Ferienwohnung	Anzahl der vermietbaren Einheiten	sofern marktübliche Übernachtungspreise pro Einheit bekannt sind; in Urlaubsgebieten nur in der Hochsaison gute Auslastung
Pflegeheim Objekte des betreuten Wohnens	**Bettenanzahl** (pro Mieteinheit)	Verteilung auf 1- und 2-Bett-Zimmer beachten; vorrangig über die Wohnfläche
(Reha-)Kliniken	**Bettenanzahl**	
Kino	Anzahl Sitzplätze	
Multiplexkino	Anzahl Sitzplätze, Anzahl Säle	
Sportanlage	Anzahl Spielfelder (Tennis, Badminton, Squash) bzw. Bahnen (Kegeln, Bowling)	
Hallenbad, Freizeitbad, Sauna	baurechtlich zulässige Besucherzahl, Anzahl der verschließbaren Garderobenschränke	
Golfplatz	Anzahl der Spielbahnen	
Parkhaus	Anzahl der Stellplätze	
Logistikanlage	Anzahl der Plätze für Europaletten (in Regalen)	vorrangig über die Fläche (meist: Mietfläche, gelegentlich auch BGF)

Immobilienart	Umsatzrelevante Bezugsgröße	Anmerkungen
Verkaufsstätten	Verkaufsfläche	Mietansatz vorrangig über die Mietfläche, Umsatzschätzung/ Plausibilisierung der Miete über die VK-Fläche
kleine Flugplätze (Verkehrs- und Sonderlandeplätze)	Anzahl der Flugbewegungen (Starts und Landungen), Anzahl der Abstellflächen unter freiem Himmel und in Hangars	
Photovoltaikanlagen, Windenergieanlagen	Nennleistung (kW_{peak}); tatsächlicher Energieertrag (MWh p. a.) bei länger bestehenden Anlagen	
Privatschulen	Anzahl der Schüler	Schülerzahl kann baurechtlich oder schulrechtlich begrenzt sein
Tankstellen	Anzahl der Zapfsäulen	

230 Bei der Ableitung bzw. der **Überprüfung des Ertrags anhand branchenüblicher Kennzahlen** ist grundsätzlich genauso vorzugehen wie in der Verkehrswertermittlung. Allerdings ist auch hier das Vorsichtsprinzip der Beleihungswertermittlung zusätzlich zu berücksichtigen. Liegen die betriebswirtschaftlichen Kennzahlen eines Betriebs über dem Branchenüblichen, so ist besonders kritisch zu prüfen, ob diese Vorteile von Dauer sind oder während der Beleihung entfallen können. Solche temporären oder ausfallgefährdeten Vorteile können sein:

– Lage eines Imbissbetriebs oder einer Tankstelle an einer stark befahrenen Durchgangsstraße, wenn eine Umgehungsstraße geplant ist,

– Abhängigkeit des Umsatzes eines Hotels von wenigen, besonders attraktiven Events, Festivals o. Ä.,

– prominenter Betreiber (Sternekoch) oder sonstige Popularität des Objekts („Schwarzwaldklinik") oder

– Monopolstellung eines Betriebs im örtlichen Markt.

5.2 Umsatz-, Mehrwertsteuer

▶ Vgl. § 7 ImmoWertV Rn. 20; § 18 ImmoWertV Rn. 11; § 19 ImmoWertV Rn. 11

231 Wenn die tragbare Miete aus wirtschaftlichen Daten des Betriebs abgeleitet wird, so ist u. a. zu prüfen, inwieweit die Umsätze Umsatzsteuer enthalten. Da dem Rohertrag immer Netto-Beträge zugrunde zu legen sind, muss enthaltende Umsatzsteuer in Abzug gebracht werden.

232 Relevant ist das Erfordernis des Umsatzsteuerabzugs u. a. in folgenden Fällen:

– **Hotels** (differenziert nach Logis [7 %] und sog. *Food and Beverage* F&B [19 %]),

– kurzfristige **Parkplatzvermietung** (19 %),

– Spielfeldmiete in **Tennisanlagen** (Gesamtmiete ist aufzuteilen in einen umsatzsteuerfreien und einen umsatzsteuerpflichtigen Anteil),

– **Kino** (19 %).

Die Übersicht ist nicht abschließend, außerdem können objektspezifische Besonderheiten umsatzsteuerlich relevant sein. Generell sollte dazu der Betreiber oder sein steuerlicher Berater befragt werden.

6 Leerstand

6.1 Allgemeines

▶ *Vgl. Teil IV § 8 ImmoWertV Rn. 319 ff.*

Bei Objekten mit mehreren Mieteinheiten (Multi-*Tenant*-Objekte) ist das Auftreten von Leerstand eine übliche, nicht generell wertmindernde Erscheinung. In Hinblick auf den Beleihungswert und auf die Kapitaldienstfähigkeit (vgl. Rn. 17) ist diesem Phänomen in der kreditwirtschaftlichen Wertermittlung besondere Aufmerksamkeit zu schenken. 233

Ausgehend von den Ursachen, lassen sich zwei bis vier Arten von Leerstand klassifizieren. Im Folgenden wird auf die Leerstandsdifferenzierung im Teil IV § 8 ImmoWertV Rn. 319 ff. zurückgegriffen. Demnach gibt es 234

– fluktuationsbedingten,

– funktionalen (auch: durchführungsbedingten),

– strukturellen und

– konjunkturellen Leerstand (vgl. § 8 ImmoWertV Rn. 327).

Die Berücksichtigung des Leerstands orientiert sich einerseits an der Vorgehensweise in der Verkehrswertermittlung, trägt andererseits dem Vorsichtsprinzip und den Besonderheiten der Verwendung des Beleihungswerts im Rahmen der Indeckungnahme Rechnung (vgl. Tabelle): 235

Abb. 7: Leerstandsarten

Leerstandsart	Ursache(n)	Berücksichtigung in der Beleihungswertermittlung
fluktuationsbedingter (kurzfristiger) Leerstand	objektarttypischer Mieterwechsel mit üblichen Vermietungszeiten	im Mietausfallwagnis
funktionaler (durchführungsbedingter) Leerstand	Sanierung, Modernisierung einschl. deren Vorbereitung u. Ä., auch Leerstand bei/vor Erstvermietung	i. d. R. Ausweis des Beleihungswerts nach Fertigstellung (und Vermietung), (und evtl. zusätzlich Zustands-Beleihungswert)
struktureller Leerstand	prinzipiell (über längere Zeit) unvermietbar (wegen spezifischer Eigenschaften der Mieteinheit und/oder manifester Schwäche des Mietmarktes)	Ansatz der betroffenen Flächen ohne Ertrag, jedoch unter Berücksichtigung der vom Vermieter zu tragenden Bewirtschaftungs- und Betriebskosten dieser Flächen
konjunktureller Leerstand	schwacher Mietmarkt/geringe Nachfrage mit begründeter Aussicht auf Besserung	i. d. R. Ausweis des Beleihungswerts nach Vermietung, falls erforderlich mit reduziertem Mietansatz und/oder erhöhtem Mietausfallwagnis (vgl. § 11 Abs. 2 Satz 2 BelWertV) und evtl. zusätzlich Zustands-Beleihungswert

Gelegentlich ist auch **managementbedingter Leerstand** festzustellen, insbesondere bei Objekten, die gerade verkauft wurden oder die wegen Ertragsausfällen erneut bewertet werden (Wertüberprüfung durch das Kreditinstitut). Dieser tritt auf, wenn sich Eigentümer und Hausverwalter nicht ausreichend um die Vermietung bemüht haben bzw. durch marktferne Konditionen die Vermietung stark erschwert wurde. Dieser Leerstand kann durch ein kompe- 236 tentes und engagiertes Management behoben werden und ist daher wie **funktionaler Leerstand** zu behandeln.

237 Ferner wird in § 11 Abs. 2 Satz 2 BelWertV der Begriff des „**erkennbaren, akuten Mietausfallwagnisses**" zusätzlich eingeführt, das den Ansatz für das Mietausfallwagnis im Rahmen der Bewirtschaftungskosten überschreitet. In der Literatur wird dies als **drohender Leerstand** gedeutet, der sich z. B. aus dem **absehbaren Auslaufen eines Mietvertrags** ergibt. Das Auslaufen von Mietverträgen, die nur einen kleinen Teil des Objekts betreffen und somit nur zu einem fluktuationsbedingten Leerstand führen, bleibt dabei außer Betracht. Im Falle drohenden Leerstands von nennenswerter Bedeutung für den gesamten Rohertrag muss der Sachverständige die Möglichkeiten einer Folgevermietung auf der Grundlage der Markt- und Objektgegebenheiten einschätzen und ggf. einen Leerstand nach Ende der Mietzeit unterstellen. Dieser ist je nach Lage der Dinge als temporärer, konjunktureller oder struktureller Leerstand zu behandeln und eine entsprechende Minderung in die Wertermittlung einfließen zu lassen. Aufgrund der geforderten langfristigen Bestandskraft des Beleihungswerts ist die Wertminderung **nicht auf den Stichtag abzuzinsen**. Ggf. ist es auch hier sinnvoll, zwei Werte zu ermitteln: einen Wert im fiktiven Zustand nach Neuvermietung der betroffenen Fläche und einen (niedrigeren) Zustandswert unter Berücksichtigung der Wertminderung durch den drohenden Leerstand.

238 Die **Unterscheidung zwischen vorübergehendem und strukturellem Leerstand** ist häufig schwierig und erfordert eine gute Kenntnis des relevanten Nutzermarkts (s. a. § 8 ImmoWertV Rn. 354-358). Zugleich spielt die Identifizierung strukturellen Leerstands und der damit verbundenen Ertragsausfälle für das Kreditinstitut eine zentrale Rolle. Er beschränkt die Kapitaldienstfähigkeit in signifikantem Umfang. Hat die strukturell leerstehende Fläche einen mehr als geringfügigen Anteil an der Gesamtfläche, so wird häufig der Immobilie die Beleihbarkeit insgesamt abgesprochen.

6.2 Dauer des Leerstands

239 Bei vorübergehendem Leerstand ist eine Einschätzung des Sachverständigen zur Dauer des Leerstands erforderlich (unabhängig davon, ob die Ursache eine Baumaßnahme, ein schwacher Mietmarkt oder mangelhaftes Management ist). Bei einer Vielzahl leerstehender, aber vermietbarer Einheiten ist von einem sukzessiven Vermietungsfortschritt auszugehen.

240 *Beispiel:*

Beleihungswert des Bewertungsobjekts nach Sanierung und Vermietung: 5 Mio. €

Rahmendaten

- voraussichtliche Fertigstellung (Abschluss der Sanierung) in 6 Monaten
- ausstehende Bauleistungen gemäß Bautenstand: 900 000 €
- 35 Wohnungen mit insgesamt 2 975 m² WFl. und 1 Laden mit 210 m² NFl.
- Rohertrag: Wohnen 321 300 € p. a.; Gewerbe 30 240 € p. a. (insgesamt 351 540 € p. a.)
- Reinertrag: Wohnen 270 424 € p. a. (22 535 € pro Monat);
  Gewerbe 26 745 € p. a. (2.229 € pro Monat)
- Bewirtschaftungskosten Wohnen: Verwaltung 250 €/WE (8 750 € p. a.) / Instandhaltung: 12 €/m² (35 700 € p. a.) / Mietausfallwagnis: 2 % (6 426 € p. a.) / Betriebskosten bei Leerstand: 9,60 €/m²
- Bewirtschaftungskosten Laden: Verwaltung 2 % (605 € p. a.) / Instandhaltung: 8 €/m² (1 680 € p. a.)/ Mietausfallwagnis 4 % (1 210 € p. a.) / Betriebskosten bei Leerstand: nicht relevant (s. u.)

Berücksichtigung des Bautenstandes

- keine Mieteinnahmen (kein Rohertrag);
- keine Bewirtschaftungs- und Betriebskosten.

Das heißt: der Reinertrag, der bei der Ertragswertermittlung unterstellt wurde, fließt dem Eigentümer in den 6 Monaten Bauzeit nicht zu.

Rohertrag § 10 BelWertV IX

Für die Ermittlung des Zustandswerts (im Ist-Zustand) wird der Ertragsausfall (aufgrund des relativ kurzen Zeitraums ohne Abzinsung) wertmindernd berücksichtigt. Zusätzlich sind die ausstehenden Bauleistungen zu berücksichtigen:

Abzug für entgehenden Reinertrag (6 Monate): 148 585 €

Abzug für ausstehende Bauleistungen: 900 000 €

Annahmen für die Vermietung:

Für den Laden liegt bereits ein Mietvertrag vor. Die Mietzeit beginnt einschließlich aller Mieterpflichten sofort nach Fertigstellung.

Die Wohnungen sind nicht vermietet. Es ist davon auszugehen, dass die Vermietung der 35 Wohnungen ein Jahr dauert, u. a. deshalb, weil der angesetzte Mietpreis (für Neubau) im regionalen Markt relativ hoch ist.

Bei sehr genauer Betrachtung müsste nun monatsweise die Ertragssituation entsprechend dem prognostizierten Vermietungsfortschritt abgebildet und dann abgezinst (diskontiert) werden. Bei einer überschaubaren Vermietungszeit stellt folgendes Modell eine Näherung mit hinreichender Genauigkeit dar: Es wird so gerechnet, als stünden die Einheiten während der ersten Hälfte der Vermietungszeit komplett leer und wären ab diesem Zeitpunkt voll vermietet. (Bei gleichmäßiger Vermietung über den Zeitablauf ergibt sich aus dem Modell eine etwas höhere Minderung wegen des Leerstands als ein monatsgenaues Szenario.)

Abzug für Teilleerstand der Wohnungen, d. h. entgehenden Reinertrag der Wohnungen, für 6 Monate (22 535 € pro Monat): 135 210 €.

Abzug für Betriebskosten während des Leerstehens der Wohnungen (0,80 €/m²): 14 280 €.

Abzug für Vermietungsaufwand (eigene Werbung, Provisionen, Rechtsberatung usw. / Ansatz: 2 Monatsmieten, bezogen auf die Wohnungen): 53 550 €.

Zusammenfassung der Wertminderungen:

	Kosten bzw. *entgangener Ertrag*	Diskontierung ja/nein	Wertminderung
Baukosten	900 000 €	nein	900 000 €
Reinertrag während der Bauzeit	*148 535 €*	*nein*	*148 535 €*
Vermietungszeit (Reinertrag Wohnungen)	*135 210 €*	*ja (1 Jahr, 4 %)*	*130 010 €*
Vermietungszeit (Betriebskosten Wohnungen)	*14 280 €*	*ja (1 Jahr, 4 %)*	*13 731 €*
Vermarktungsaufwand	*53 550 €*	*ja (1 Jahr, 4 %)*	*51 490 €*
Summe			**1 243 766 €**

Insgesamt ergibt sich aus dem Wert im fiktiven Zustand nach Fertigstellung und Vermietung (5 Mio. €) ein Zustandswert i. H. v. 3 756 234 €, abgerundet 3 750 000 €.

Einige Banken haben eine Grenze der maximalen Dauer vorübergehenden Leerstands definiert, häufig bei 2 Jahren, in Einzelfällen bis zu 4 Jahren. Wird ein länger dauernder Leerstand prognostiziert, so wird die betroffene Fläche als strukturell leerstehend behandelt. **241**

6.3 Zustandswert bei vorübergehendem Leerstand

▶ *Vgl. § 8 ImmoWertV, Rn. 338-347*

Ist neben dem Beleihungswert (im fiktiven Zustand nach Vermietung) auch ein Zustandswert **242** zu bestimmen, so ist ein Abzug vorzunehmen, der sich aus mehreren Komponenten zusammensetzt:

– noch anfallende **Baukosten,**

– **Kosten für Vermarktung** (eigene Werbung, Maklercourtage u. Ä.),

- **Ertragsausfälle** und
- vom Vermieter zu tragende **Betriebskosten**.

243 In der kreditwirtschaftlichen Wertermittlung ist es üblich, diese zu erwartenden Kosten vollständig, ggf. kapitalisiert, in Abzug zu bringen.

244 Prinzipiell richtig ist es, das anteilige Mietausfallwagnis der zeitweilig leerstehenden Flächen gegenzurechnen, da dieses in der Ertragswertermittlung ertragsmindernd abgezogen wird, obwohl während des Leerstands kein Ertrag angesetzt wird und dieser somit nicht „ausfallen" kann. In der praktischen Beleihungswertermittlung wird diese notwendige Korrektur häufig unterlassen, da die Auswirkung auf den Gesamtwert gering ist und der Zustandswert nur eine Ad-hoc-Funktion hat.

6.4 Struktureller Leerstand

245 Strukturell leerstehende Flächen sind in die Ertragsermittlung und die Mietfläche einzubeziehen, obwohl für sie kein Ertrag ausgewiesen wird. Aufgrund der durch sie verursachten Bewirtschaftungskosten (einschließlich nicht umlegbarer Betriebskosten), die in jedem Fall zu berücksichtigen sind, mindern sie jedoch den Reinertrag und somit den Beleihungswert des Grundstücks.

246 Erfordert die verwendete Software auch für ertragslose Flächen die Eingabe eines Kapitalisierungszinssatzes, so sind folgende Lösungen angemessen: der Zinssatz, der für vergleichbare Flächen im Objekt angesetzt wurde, oder alternativ der gewichtete Durchschnitt der Zinssätze aller Flächen im Objekt, die keinen strukturellen Leerstand aufweisen.

§ 11 BelWertV Bewirtschaftungskosten

(1) Der nach § 10 ermittelte Rohertrag ist um die üblicherweise beim Vermieter verbleibenden Bewirtschaftungskosten zu kürzen. Dafür sind ertragsmindernde, aus langfristiger Markterfahrung gewonnene Einzelkostenansätze für Verwaltungskosten, Instandhaltungskosten, das Mietausfallwagnis und gegebenenfalls weitere nicht durch Umlagen gedeckte Betriebskosten anzusetzen sowie objektartenspezifisch ein Modernisierungsrisiko nach Absatz 7 zu berücksichtigen.

(2) Die Einzelkostenansätze haben sich innerhalb der nach Anlage 1 zulässigen Bandbreiten zu bewegen, sofern nicht die besonderen Umstände des Einzelfalls einen höheren Ansatz erfordern. Ein erkennbares, akutes Mietausfallwagnis, welches über dem angesetzten Erfahrungssatz liegt, ist als gesonderter Wertabschlag in Höhe des erwarteten Ausfalls anzusetzen. Die Mindesthöhe für den Bewirtschaftungskostenabzug insgesamt beträgt 15 Prozent des Rohertrags. Im Ergebnis dürfen aber die tatsächlichen oder kalkulierten Bewirtschaftungskosten eines Objekts nicht unterschritten werden.

(3) Verwaltungskosten im Sinne des Absatzes 1 Satz 2 sind

1. die Kosten der zur Verwaltung des Grundstücks erforderlichen Arbeitskräfte und Einrichtungen sowie der Aufsicht,
2. die Kosten für Buchhaltung, Rechnungsprüfung, Zahlungsverkehr und Jahresabschluss sowie
3. die Kosten für Abschluss und Änderung von Mietverträgen und die Bearbeitung von Versicherungsfällen.

(4) Instandhaltungskosten im Sinne des Absatzes 1 Satz 2 sind Kosten, die infolge Abnutzung, Alterung und Witterung zur Erhaltung des bestimmungsgemäßen Gebrauchs der baulichen Anlage während ihrer Nutzungsdauer aufgewendet werden müssen. Sie umfassen die laufende Instandhaltung und regelmäßige Instandsetzung der baulichen Anlage, nicht jedoch deren Modernisierung.

(5) Mietausfallwagnis im Sinne des Absatzes 1 Satz 2 ist das Wagnis einer Ertragsminderung, die durch uneinbringliche Mietrückstände oder Leerstehen von Raum, der zur Vermietung bestimmt ist, entsteht. Es dient auch zur Deckung der Kosten einer Rechtsverfolgung auf Zahlung oder Aufhebung eines Mietverhältnisses oder Räumung.

(6) Betriebskosten im Sinne des Absatzes 1 Satz 2 sind die Kosten, die durch das Eigentum am Grundstück oder durch den bestimmungsgemäßen Gebrauch des Grundstücks sowie seiner baulichen und sonstigen Anlagen laufend entstehen.

(7) Die Kosten für notwendige Anpassungsmaßnahmen, die zusätzlich zu den Instandhaltungskosten zur Aufrechterhaltung der Marktgängigkeit und der dauerhaften Sicherung des Mietausgangsniveaus notwendig sind, bilden das Modernisierungsrisiko nach Absatz 1 Satz 2. Sie sind als prozentualer Anteil an den Neubaukosten darzustellen.

Gliederungsübersicht	Rn.
1 Allgemeines	247
2 Verwaltungskosten	248
3 Instandhaltungskosten	252
4 Modernisierungsrisiko	255
5 Mindestansätze gemäß Anlage 1 BelWertV	260

1 Allgemeines

▶ Vgl. *§ 19 ImmoWertV Rn. 1 ff.; Syst. Darst. des Ertragswertverfahrens Rn. 204 ff.; § 8 ImmoWertV Rn. 314*

IX § 11 BelWertV — Bewirtschaftungskosten

247 Die **Berücksichtigung der Bewirtschaftungskosten** erfolgt in der Beleihungswertermittlung **analog zum Vorgehen in der Verkehrswertermittlung.**

Kennzeichnend und abweichend ist auch hier die Auswirkung des Niederstwertprinzips, das sich grob so zusammenfassen lässt: Tatsächliche Kosten, objektarttypische Kosten und die Spannen in Anl. 1 der BelWertV (vgl. Teil IV Syst. Darst. des Ertragswertverfahrens Rn. 6, 204) sind zu berücksichtigen und die jeweils ungünstigsten, d. h. höchsten, sind ertragsmindernd in Ansatz zu bringen. Ferner müssen sich die Bewirtschaftungskosten auf mindestens 15 % des Rohertrags belaufen.

Abb. 8: Bewirtschaftungskosten

Kostenart	Definition nach ImmoWertV	Definition nach BelWertV
Verwaltung	die Kosten der zur Verwaltung des Grundstücks erforderlichen Arbeitskräfte und Einrichtungen, die Kosten der Aufsicht, der Wert der vom Eigentümer persönlich geleisteten Verwaltungsarbeit sowie die Kosten der Geschäftsführung	die Kosten der zur Verwaltung des Grundstücks erforderlichen Arbeitskräfte und Einrichtungen sowie der Aufsicht, die Kosten für Buchhaltung, Rechnungsprüfung, Zahlungsverkehr und Jahresabschluss sowie die Kosten für Abschluss und Änderung von Mietverträgen und die Bearbeitung von Versicherungsfällen
Instandhaltung	die Kosten, die infolge von Abnutzung oder Alterung zur Erhaltung des der Wertermittlung zugrunde gelegten Ertragsniveaus der baulichen Anlage während der Restnutzungsdauer aufgewendet werden müssen	Kosten, die infolge Abnutzung, Alterung und Witterung zur Erhaltung des bestimmungsgemäßen Gebrauchs der baulichen Anlage während ihrer Nutzungsdauer aufgewendet werden müssen [...], [auch] die laufende Instandhaltung und regelmäßige Instandsetzung der baulichen Anlage, nicht jedoch deren Modernisierung
Mietausfallwagnis	das Risiko von Ertragsminderungen, die durch uneinbringliche Rückstände von Mieten [...] oder durch vorübergehenden Leerstand von Raum entstehen, [...]; es umfasst auch das Risiko von uneinbringlichen Kosten einer Rechtsverfolgung auf Zahlung, Aufhebung eines Mietverhältnisses oder Räumung	das Wagnis einer Ertragsminderung, die durch uneinbringliche Mietrückstände oder Leerstehen von Raum, der zur Vermietung bestimmt ist, entsteht. Es dient auch zur Deckung der Kosten einer Rechtsverfolgung auf Zahlung oder Aufhebung eines Mietverhältnisses oder Räumung
Betriebskosten	– nicht näher definiert –	Kosten, die durch das Eigentum am Grundstück oder durch den bestimmungsgemäßen Gebrauch des Grundstücks sowie seiner baulichen und sonstigen Anlagen laufend entstehen
Modernisierungsrisiko	– kein Bestandteil der Bewirtschaftungskosten i.S. der ImmoWertV –	Kosten für notwendige Anpassungsmaßnahmen, die zusätzlich zu den Instandhaltungskosten zur Aufrechterhaltung der Marktgängigkeit und der dauerhaften Sicherung des Mietausgangsniveaus notwendig sind

2 Verwaltungskosten

▶ Vgl. Teil IV Syst. Darst. des Ertragswertverfahrens nach ImmoWertV Rn. 214 ff.; § 19 ImmoWertV Rn. 57; § 18 ImmoWertV Rn. 13, 106 ff.

Die Vorgaben der Anl. 1 zur BelWertV beziehen sich auf die Anzahl der Mieteinheiten (für Wohnungen und Pkw-Stellplätze) bzw. auf den Rohertrag (gewerbliche Mietflächen). Die Untergrenzen der angegebenen Spannen sind in jedem Falle einzuhalten.

248

Verwaltungskosten Einzuhaltende Mindestansätze	
Wohnungen	jährlich 200 € pro Wohneinheit
Garagen	jährlich 25 € pro Einheit
gewerbliche Mieteinheiten	1 % des Rohertrages

Die Untergrenze für Wohnungen (200 € pro Einheit) ist sehr knapp bemessen. Selbst Bestandhalter mit sehr effizienter Verwaltung erreichen diesen Wert nicht. I. d. R. sind mindestens 240 € pro Einheit anzusetzen.

249

Für einzeln vermietete **Stellplätze im Freien** sollten ebenfalls Verwaltungskosten angesetzt werden, auch wenn dies in der Verordnung nicht explizit angegeben wird. Die Untergrenze für Garagen sollte eingehalten werden. Kostenlose Kundenparkplätze von Einzelhandelsimmobilien erfordern hingegen keinen eigenen Verwaltungskostenansatz.

250

Die in den Spannen genannten Obergrenzen für Wohnungen (275 € pro Einheit) und Gewerbe (3 % des Rohertrags) sind bei kleinen Objekten häufig zu niedrig: Die sich daraus ergebenden Absolutbeträge reichen für eine ordnungsgemäße Verwaltung, d. h. als Honorar einer Hausverwaltung, nicht aus. So sollten die jährlichen Verwaltungskosten eines Mehrfamilienhauses nicht unter 1 800 € und die Verwaltungskosten einer Gewerbeeinheit nicht unter 250 € liegen[37].

251

3 Instandhaltungskosten

▶ *Vgl. Teil IV Syst. Darst. des Ertragswertverfahrens Rn. 202, 220 sowie § 19 ImmoWertV Rn. 105 ff.*

Objektartabhängige Mindestansätze der Instandhaltungskosten werden in Anlage 1 in zweierlei Form angegeben: einerseits als Prozentsätze der Herstellungskosten, andererseits als Absolutbeträge.

252

Die Berücksichtigung der Mindestansätze ist dadurch erschwert, dass sich die Ausgangsgröße „Herstellungskosten" auf die Mietfläche bezieht. Um also den Mindestansatz zu ermitteln, müssen die Herstellungskosten (die in der Regel in Euro pro Quadratmeter BGF angegeben werden) zunächst in einen Absolutbetrag umgerechnet und anschließend durch die Mietfläche dividiert werden.

253

Beispiel:

254

Mehrfamilienhaus mit 3 Vollgeschossen, Keller und nicht ausgebautem Dachgeschoss
Annahmen: Brutto-Grundfläche: 1 000 m²; Wohnfläche: 420 m²; Herstellkosten: 900 €/m² BGF
Neubau-Herstellungswert: 1 000 m² x 900 €/m² BGF = 900 000 €
entspricht: 900 000 € / 420 m² = 2 143 €/m² WF
Mindestansatz gemäß Anlage 1, Instandhaltungskosten, Buchstabe c): 0,5 %
entspricht: 0,5 % x 2 143 €/m² = WF 10,72 €/m²

Diese Kontrolle auf die Einhaltung der Mindestansätze der BelWertV ist nicht in allen EDV-Programmen implementiert, sodass der Gutachter die Einhaltung dieser Grenze „mit der Hand" nachrechnen muss.

---

[37] Vgl. Analyse des Berliner Gutachterausschusses im Rahmen der Ermittlung der Liegenschaftszinssätze, Bekanntmachung der Berliner Senatsverwaltung für Stadtentwicklung und Umwelt: Für die Wertermittlung erforderliche Daten, in: Amtsblatt Berlin, Nr. 21 vom 25.5.2012, S. 794.

IX § 11 BelWertV — Bewirtschaftungskosten

Zusätzlich zu den prozentualen Grenzen sind in Anlage 1 **Mindestsätze in € pro Quadratmeter** Mietfläche angegeben. Grundsätzlich muss der Ansatz der Instandhaltungskosten **beide Untergrenzen einhalten** bzw. überschreiten.

4 Modernisierungsrisiko

▶ Vgl. Syst. Darst. des Ertragswertverfahrens Rn. 97, 205, 223 sowie § 19 ImmoWertV Rn. 115

255 Das Modernisierungsrisiko stellt eine **Besonderheit der Beleihungswertermittlung** dar, das je nach Objektart einen **erheblichen Einfluss auf den Beleihungswert** haben kann. Dieser Ansatz soll dem beobachtbaren Trend Rechnung tragen, dass vor allem gewerblich genutzte Gebäude bereits lange vor dem Ablauf ihrer Restnutzungsdauer in immer kürzer werdenden Zyklen an die Anforderungen der Mieter (bzw. in vielen Fällen der Kunden und Besucher) angepasst werden müssen.

256 Der Ansatz für das Modernisierungsrisiko ergibt sich aus den Neubau-Herstellungskosten der baulichen Anlagen. Die einzuhaltenden Spannen gemäß Anl. 1 (vgl. Syst. Darst. des Ertragswertverfahrens Rn. 205 sowie Teil V) sind in Prozentsätzen dieser Herstellungskosten angegeben. An dieser Stelle wirkt sich die begriffliche Unschärfe des § 16 Abs. 1 BelWertV ebenfalls aus (vgl. Rn. 311). Der Terminologie folgend, die in diesem Teil im Absatz Sachwertermittlung gewählt wird, ist die maßgebliche Bezugsgröße der Neubau-Herstellungswert (vor Alterswertminderung und Sicherheitsabschlag, ohne Nebenanlagen, Außenanlagen und Baunebenkosten, vgl. Rn. 314 ff.).

257 Das Modernisierungsrisiko bewirkt insbesondere bei Sonderimmobilien und höherwertigen Einzelhandelsimmobilien eine signifikante Verringerung des Ertragswerts, da die einzuhaltenden Mindest-Prozentsätze und gleichzeitig auch die Neubau-Herstellungswerte relativ hoch sind.

258 Unabhängig vom Modernisierungsrisiko wird i. d. R. der Kapitalisierungszinssatz zumindest leicht erhöht im Vergleich zum Liegenschaftszinssatz angesetzt, obwohl dies nicht zwingend vorgeschrieben ist. Allein aus diesen beiden Unterschieden (Modernisierungsrisiko und erhöhter Zinssatz) kann sich eine Differenz zwischen Verkehrswert- und Beleihungswert von mehr als 20 % ergeben.

259 *Beispiel:*

Modernisierungsrisiko in einem Shopping Center

Annahmen: Herstellungskosten 1 500 €/m² BGF; BGF: 20 000 m²; Mietfläche: 11 500 m²; durchschnittlicher Rohertrag: 18,00 €/m² (d. h. 2 484 000 € p. a.); Bewirtschaftungskosten (ohne Modernisierungsrisiko): 16 % des Rohertrags; Modernisierungsrisiko für Einzelhandelsimmobilien mit höherem Standard (Spanne von 0,5 bis 2,0 %; vgl. Anlage 1)

Rohertrag: 2 484 000 € p. a.	
Verkehrswert	**Beleihungswert**
Bewirtschaftungskosten	Bewirtschaftungskosten
16 %	16 %
397 440 € p. a.	397 440 € p. a.
	zzgl. Modernisierungsrisiko
	(1 % × 1 500 €/m² × 20 000 m²)
	300 000 € p. a.
Reinertrag (für Verkehrswert)	**Reinertrag (für Beleihungswert)**
2 086 560 € p. a.	1 786 560 € p. a.
	(entspricht rd. 86 % des Reinertrags für Verkehrswert)

5 Mindestansätze gemäß Anlage 1 BelWertV

Anlage 1 (zu § 11 Abs. 2):
Bandbreite der Einzelkostenansätze für die Ermittlung der Bewirtschaftungskosten

Verwaltungskosten

a) Wohnungsbau (Bandbreiten der Kosten, kalkuliert auf Basis der Einheiten):

Wohnungen: 200,00 bis 275,00 Euro

Garagen: 25,00 bis 50,00 Euro

b) Gewerbliche Objekte

Bandbreite: 1 % bis 3 % des Jahresrohertrags

In jedem Einzelfall ist darauf zu achten, dass der ausgewiesene absolute Betrag unzweifelhaft für eine ordnungsgemäße Verwaltung angemessen ist.

Instandhaltungskosten

Kalkulationsbasis: Herstellungskosten pro m² Wohn- oder Nutzfläche (ohne Baunebenkosten und Außenanlagen).

Die untere Grenze der Bandbreite ist in der Regel für neue, die obere Grenze für ältere Objekte angemessen. Objektzustand, Ausstattungsgrad und Alter sind bei der Bemessung der Instandhaltungskosten zu berücksichtigen.

a) z. B. Lager- und Produktionshallen mit Herstellungskosten von 250,00 bis 500,00 Euro/m²:
0,8 % bis 1,2 %, absolute Untergrenze: 2,50 Euro/m²

b) z. B. gewerbliche Objekte einfachen Standards und SB-Verbrauchermärkte mit Herstellungskosten von mehr als 500,00 Euro/m²:
0,8 % bis 1,2 %, absolute Untergrenze: 5,00 Euro/m²

c) z. B. Wohngebäude und gewerbliche Gebäude mit mittlerem Standard und Herstellungskosten von mehr als 1 000,00 Euro/m²:
0,5 % bis 1 %, absolute Untergrenze: 7,50 Euro/m²

d) z. B. hochwertige Büro- und Handels- und andere gewerbliche Objekte mit Herstellungskosten von mehr als 2 000,00 Euro/m²:
0,4 % bis 1 %, absolute Untergrenze: 9,00 Euro/m²

e) Garagen und Tiefgaragenstellplätze:
30,00 bis 80,00 Euro je Stellplatz

Mietausfallwagnis

a) Wohnungsbau: 2 % oder mehr

b) Gewerbliche Objekte: 4 % oder mehr

Modernisierungsrisiko

Berechnungsbasis sind die Herstellungskosten (ohne Baunebenkosten und Außenanlagen)

a) kein Modernisierungsrisiko (z. B. normale Wohnhäuser, kleinere Wohn- und Geschäftshäuser, kleine und mittlere Bürogebäude, Lager- und Produktionshallen):
0 % bis 0,3 %

b) geringes Modernisierungsrisiko (z. B. größere Bürogebäude, Wohn-, Büro- und Geschäftshäuser mit besonderen Ausstattungsmerkmalen, Einzelhandel mit einfachem Standard):
0,2 % bis 1,2 %

c) höheres Modernisierungsrisiko (z. B. innerstädtische Hotels, Einzelhandel mit höherem Standard, Freizeitimmobilien mit einfachem Standard):
0,5 % bis 2 %

d) sehr hohes Modernisierungsrisiko (z. B. Sanatorien, Kliniken, Freizeitimmobilien mit höherem Standard, Hotels und Einzelhandelsobjekte mit besonders hohem Standard):
0,75 % bis 3 %

§ 12 BelWertV Kapitalisierung der Reinerträge

(1) Der um den Verzinsungsbetrag des Bodenwerts nach § 9 Abs. 2 verminderte Reinertrag ist in Abhängigkeit von der Restnutzungsdauer der baulichen Anlage und dem Kapitalisierungszinssatz mit dem sich daraus ergebenden, finanzmathematisch dem Rentenbarwertfaktor entsprechenden Vervielfältiger nach Anlage 4 zu kapitalisieren.

(2) Bei der Bemessung der Restnutzungsdauer ist im Gegensatz zur technischen Lebensdauer ausschließlich auf den Zeitraum abzustellen, in dem die bauliche Anlage bei ordnungsgemäßer Unterhaltung und Bewirtschaftung noch wirtschaftlich betrieben werden kann. Die wirtschaftliche Restnutzungsdauer ist unter Berücksichtigung der sich in zunehmend kürzer werdenden zeitlichen Abständen wandelnden Nutzeranforderungen objektspezifisch anhand der Fragestellung, wie lange die Vermietbarkeit des Objekts zu den angenommenen Erträgen gesichert erscheint, einzuschätzen. Die in Anlage 2 genannten Erfahrungssätze für die Nutzungsdauer baulicher Anlagen sind zu berücksichtigen.

(3) Der Kapitalisierungszinssatz entspricht dem angenommenen Zinssatz, mit dem die künftig erzielbaren nachhaltigen Reinerträge eines Grundstücks auf den Zeitraum ihrer angenommenen Zahlung nach vorsichtiger Schätzung erfahrungsgemäß diskontiert werden. Er muss aus der regional maßgeblichen langfristigen Marktentwicklung abgeleitet werden. Je höher das Ertrags- und Verkaufsrisiko der Immobilie einzustufen ist, umso höher muss auch der Kapitalisierungszinssatz gewählt werden. Verschiedene Nutzungsarten sind jeweils gesondert zu betrachten.

(4) Bei wohnwirtschaftlicher Nutzung darf der Kapitalisierungszinssatz nicht unter 5 Prozent, bei gewerblicher Nutzung unbeschadet des Satzes 3 nicht unter 6 Prozent in Ansatz gebracht werden (Mindestsätze). Die in Anlage 3 genannten Bandbreiten für einzelne Nutzungsarten sind zugrunde zu legen. Die untere Grenze der jeweiligen Bandbreite darf bei gewerblich genutzten Objekten um höchstens 0,5 Prozentpunkte unterschritten werden, wenn es sich um erstklassige Immobilien handelt. Dies ist dann der Fall, wenn mindestens folgende Kriterien erfüllt sind:

1. eine sehr gute Lage im Verdichtungsraum,
2. ein entsprechend der jeweiligen Objektart bevorzugter Standort,
3. eine gute Infrastruktur,
4. eine gute Konzeption,
5. eine hochwertige Ausstattung,
6. eine hochwertige Bauweise,
7. eine besonders hohe Marktgängigkeit,
8. die Beschränkung auf die Nutzungsarten Handel, Büro und Geschäfte,
9. ein sehr guter Objektzustand und
10. die gegebene Möglichkeit anderweitiger Nutzungen.

Ein Unterschreiten nach Satz 3 bedarf im Gutachten der besonderen, nachvollziehbaren Begründung.

Gliederungsübersicht   Rn.
1 Allgemeines 261
2 Nutzungsdauer (§ 12 Abs. 2 BelWertV i. V. m. Anl. 2) 262
3 Kapitalisierungszinssätze (§ 12 Abs. 4 BelWertV i. V. m. Anl. 3)
   3.1 Kapitalisierungs- und Liegenschaftszinssatz 264
   3.2 Spannenangaben (Anl. 3 BelWertV) 267
   3.3 Getrennte Ansätze nach Nutzungsarten 271
4 Anlagen zu § 12 BelWertV 274

Kapitalisierung § 12 BelWertV IX

1 Allgemeines

▶ *Vgl. Syst. Darst. des Ertragswertverfahren Rn. 244; § 20 ImmoWertV Rn. 1 ff.*

Ebenso wie in den anderen Paragraphen der BelWertV zu den verschiedenen Verfahren der Wertermittlung stehen auch hier allgemeingültige Aussagen, wie sie analog für die Verkehrswertermittlung gelten, neben spezifischen Regelungen zur Beleihungswertermittlung. Abs. 1 beschreibt den mathematischen Ablauf der Kapitalisierung, wie er auch innerhalb des allgemeinen Ertragswertverfahrens nach ImmoWertV vollzogen wird. **261**

2 Nutzungsdauer (§ 12 Abs. 2 BelWertV i. V. m. Anl. 2)

▶ *Vgl. § 6 ImmoWertV Rn. 381 ff.; Syst. Darst. des Ertragswertverfahrens Rn. 263 ff.*

§ 12 Abs. 2 BelWertV enthält normative Regelungen zum Ansatz der Restnutzungsdauer, die mit den entsprechenden Vorgaben der ImmoWertV inhaltlich weitgehend deckungsgleich sind. Daher sind im Regelfall in Gutachten zum Beleihungswert die Ansätze der Restnutzungsdauer in der Verkehrs- und Beleihungswertermittlung gleich. Eingeschränkt wird der Ermessensspielraum des Gutachters durch die Spannenangaben der Anl. 2 BelWertV (vgl. Abb. 9). **262**

Abb. 9: Objektspezifische Nutzungsdauer

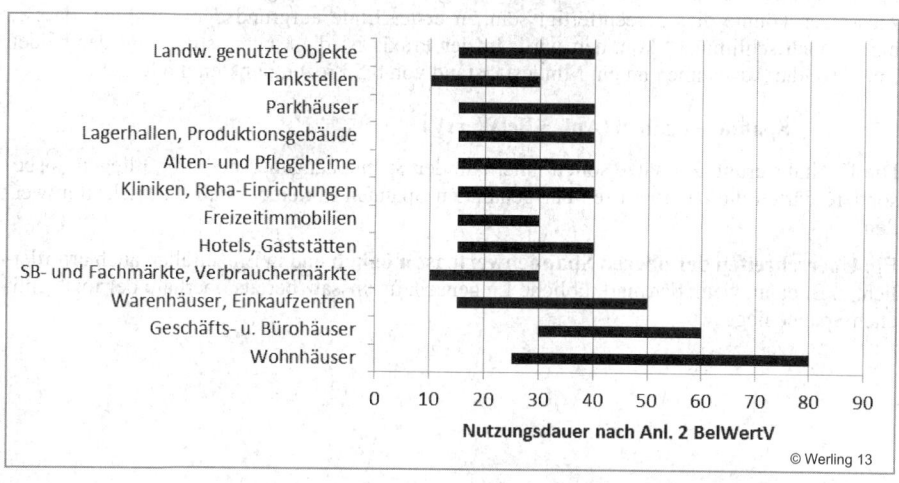

Während in § 12 Abs. 2 BelWertV nur die Restnutzungsdauer Erwähnung findet, stehen die Spannenangaben der Anl. 2 unter dem Begriff „Nutzungsdauer", was die Frage offenlässt, ob nur die **Restnutzungsdauer** oder auch die **Gesamtnutzungsdauer** innerhalb dieser Spannen liegen muss. Die **strengere Auslegung** wird von vielen Kreditinstituten und wohl auch von der BaFin vertreten. Daraus ergeben sich insbesondere für die Immobilienarten mit einer Obergrenze von 30 Jahren (also SB- und Fachmärkte, Freizeitimmobilien sowie Tankstellen) gravierende Konsequenzen: Ist die Immobilie nur wenige Jahre alt, ist bereits eine Restnutzungsdauer von unter 30 Jahren anzusetzen. Damit fällt das Bewertungsobjekt unter die Regelungen des § 15 Abs. 2 BelWertV, was zu einem geringeren Beleihungswert führt (vgl. *Beispiel* unter Rn. 285). **263**

3 Kapitalisierungszinssätze (§ 12 Abs. 4 BelWertV i. V. m. Anl. 3)

3.1 Kapitalisierungs- und Liegenschaftszinssatz

▶ *Vgl. § 14 ImmoWertV Rn. 133 ff., 149; Syst. Darst. des Ertragswertverfahrens Rn. 260*

264 Der Kapitalisierungszinssatz nimmt in der Berechnung des Ertragswerts nach BelWertV den Platz des Liegenschaftszinssatzes ein. Es ist damit die einzige Größe, für die eine abweichende Bezeichnung gewählt wurde. Mit dieser begrifflichen Differenzierung soll auf Unterschiede im Inhalt und bei der Herleitung der zwei Zinssätze aufmerksam gemacht werden, die sich allerdings aus dem materiellen Inhalt des § 12 Abs. 4 BelWertV nicht erschließt. Es stellt sich die Frage, ob dieser Weg nicht auch für andere Eingangsgrößen des Ertrags- und Sachwertverfahrens zweckmäßig gewesen wäre, insbesondere für den Rohertrag und die Herstellungskosten.

265 Am besten lässt sich der Kapitalisierungszinssatz in den Fällen ermitteln, in denen eine längere Zeitreihe ortsüblicher Liegenschaftszinssätze für die entsprechende Objektart vorliegt. Der Zinssatz sollte sich dann im oberen Bereich der im Laufe der Jahre festgestellten Liegenschaftszinssätze bewegen, ohne dass ein „Angstwert" gewählt werden muss.

266 Es ist zulässig, Liegenschaftszinssatz und Kapitalisierungszinssatz innerhalb eines Gutachtens in gleicher Höhe anzusetzen. Die BelWertV schreibt keinen Mindestabstand zwischen den beiden Zinssätzen vor[38]. Gerade in Krisenjahren mit niedrigen Kaufpreisen und hohen Zinssätzen könnte dies gerechtfertigt sein, in erster Linie aufgrund der Annahme, dass es nicht „noch schlimmer" kommen wird. In der Praxis ist die Übereinstimmung der beiden Zinssätze die Ausnahme und ein Mindestabstand von 0,5 Prozentpunkten die Regel.

3.2 Spannenangaben (Anl. 3 BelWertV)

267 Die Kapitalisierungszinssätze sollen innerhalb der Spannenangaben der Anl. 3 liegen, insbesondere dürfen die Untergrenzen der genannten Spannen in keinem Fall unterschritten werden.

268 Ein **Überschreiten der oberen Spannenwerte ist möglich** und in Einzelfällen auch erforderlich, z. B. dann, wenn der marktübliche Liegenschaftszinssatz bereits oberhalb der maßgeblichen Spanne liegt.

---

[38] Allerdings sind die Mindestansätze nach Anlage 2 zwingend einzuhalten.

Abb. 10: Objektspezifische Kapitalisierungszinssätze

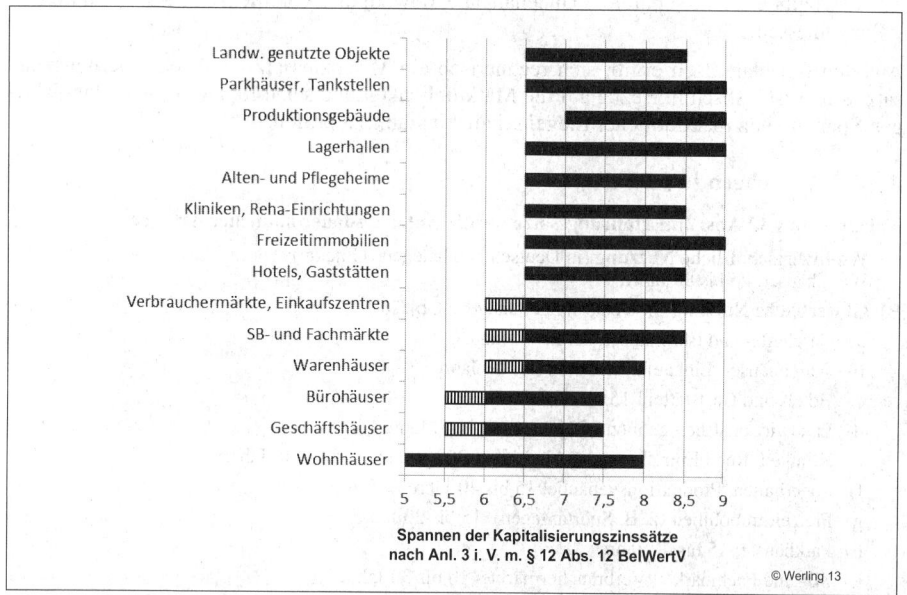

Die jeweiligen **Untergrenzen der Spannen können für bestimmte gewerbliche Nutzungen um 0,5 Prozentpunkte unterschritten werden**, wenn die in § 12 Abs. 4 BelWertV genannten Bedingungen gegeben sind. Diese Möglichkeit ist allerdings auf die Nutzungsarten „Handel, Büro und Geschäfte" beschränkt. Die Begriffe sind äußerst unglücklich gewählt, da man unter „Handel" auch Großhandel, z. B. *Cash-and-Carry*-Märkte, verstehen könnte, eine Nutzungsart, die der Verordnungsgeber wahrscheinlich nicht im Sinn hatte. Ferner erschließt sich nicht, warum „Handel" und „Geschäfte" nebeneinandergestellt werden, ohne dass man erkennen kann, welchen Unterschied es zwischen diesen Nutzungsarten gibt. Letzten Endes kann von dieser Öffnungsklausel bei den Immobilienarten Gebrauch gemacht werden, die in der Grafik durch ein schraffiertes Balkenstück kenntlich gemacht wurden.

269

Allerdings ist ein solcher Ansatz umfangreich zu begründen, da neben der Beschränkung der Nutzungsarten in § 12 Abs. 4 BelWertV neun weitere Kriterien aufgezählt werden, die erfüllt sein müssen, um die Untergrenzen der Kapitalisierungszinssätze um 0,5 Prozentpunkte unterschreiten zu können.

270

3.3 Getrennte Ansätze nach Nutzungsarten

Infolge § 12 Abs. 3 Satz 4 BelWertV werden die Kapitalisierungszinssätze für die einzelnen Nutzungsarten eines gemischt genutzten Objekts getrennt angesetzt. Dies steht im Gegensatz zur üblichen Praxis der Verkehrswertermittlung, insbesondere für gemischt genutzte Wohn- und Geschäftshäuser einen einheitlichen Liegenschaftszinssatz zu ermitteln und in Ansatz zu bringen, und ebenso zur Definition des Liegenschaftszinssatzes als marktüblicher Verzinsung des Verkehrswerts von Grundstücken (nicht von Grundstücksteilen, § 14 Abs. 3 ImmoWertV).

271

Konsequent durchzuhalten ist der nach Nutzungsarten differenzierte Ansatz ohnehin nicht, u. a. aus folgenden Gründen:

272

- Einkaufszentren, für die eine Spanne von 6,5 bis 9,0 % vorgegeben ist, enthalten oft in untergeordnetem Maße andere Nutzungen als Einzelhandel (Gastronomie, Freizeit), die nicht gesondert mit einem eigenen Kapitalisierungszinssatz berücksichtigt werden;

- für Einzelhandelsnutzungen in gemischt genutzten Gebäuden (EG: Einzelhandel, OG: Büro) gibt es keine separate Spannenangabe, obwohl dies vor allem in 1a-Lagen durchaus angemessen wäre.

273 Aus den Einzelansätzen ergibt sich rechnerisch ein Mischzinssatz als Kapitalisierungszinssatz; dieser ist kritisch in Bezug auf die Marktüblichkeit und seine Relation zu den langjährigen Spannbreiten marktüblicher Liegenschaftszinssätze zu prüfen.

4 Anlagen zu § 12

274 **Anlage 2 (zu § 12 Abs. 2): Erfahrungssätze für die Nutzungsdauer baulicher Anlagen**

A) **Wohnwirtschaftliche Nutzung** (in Deutschland belegene Objekte):
Wohnhäuser: 25 bis 80 Jahre

B) **Gewerbliche Nutzung** (in Deutschland belegene Objekte):
  a) Geschäfts- und Bürohäuser: 30 bis 60 Jahre
  b) Warenhäuser, Einkaufszentren: 15 bis 50 Jahre
  c) Hotels und Gaststätten: 15 bis 40 Jahre
  d) Landwirtschaftlich genutzte Objekte: 15 bis 40 Jahre
  e) Kliniken, Reha-Einrichtungen, Alten- und Pflegeheime: 15 bis 40 Jahre
  f) Lagerhallen, Produktionsgebäude: 15 bis 40 Jahre
  g) Freizeitimmobilien (z. B. Sportanlagen): 15 bis 30 Jahre
  h) Parkhäuser: 15 bis 40 Jahre
  i) SB- und Fachmärkte, Verbrauchermärkte: 10 bis 30 Jahre
  j) Tankstellen: 10 bis 30 Jahre

275 **Anlage 3 (zu § 12 Abs. 4): Bandbreiten für Kapitalisierungszinssätze**

A) **Wohnwirtschaftliche Nutzung** (in Deutschland belegene Objekte):
Wohnhäuser: 5,0 % bis 8,0 %

B) **Gewerbliche Nutzung** (in Deutschland belegene Objekte):
  a) Geschäftshäuser: 6,0 % bis 7,5 %
  b) Bürohäuser: 6,0 % bis 7,5 %
  c) Warenhäuser: 6,5 % bis 8,0 %
  d) SB- und Fachmärkte: 6,5 % bis 8,5 %
  e) Hotels und Gaststätten: 6,5 % bis 8,5 %
  f) Kliniken, Reha-Einrichtungen: 6,5 % bis 8,5 %
  g) Alten- und Pflegeheime: 6,5 % bis 8,5 %
  h) Landwirtschaftlich genutzte Objekte: 6,5 % bis 8,5 %
  i) Verbrauchermärkte, Einkaufszentren: 6,5 % bis 9,0 %
  j) Freizeitimmobilien (z. B. Sportanlagen): 6,5 % bis 9,0 %
  k) Parkhäuser, Tankstellen: 6,5 % bis 9,0 %
  l) Lagerhallen: 6,5 % bis 9,0 %
  m) Produktionsgebäude: 7,0 % bis 9,0 %

Anlage 4 (zu § 12 Abs. 2): Vervielfältigertabelle
Hier nicht abgedruckt. Sie ist identisch mit der im Anhang dieses Werkes abgedruckten Vervielfältigertabelle.

§ 13 BelWertV Ermittlung des Ertragswerts in besonderen Fällen

(1) Verbleibt bei der Minderung des Reinertrags um den Verzinsungsbetrag des Bodenwerts nach § 9 Abs. 2 kein Anteil für die Ermittlung des Ertragswerts der baulichen Anlage, so ist als Ertragswert des Beleihungsobjekts abweichend von § 8 Abs. 3 nur der Bodenwert anzusetzen. Der Bodenwert ist in diesem Fall um die gewöhnlichen Kosten zu mindern, die aufzuwenden wären, um das Grundstück vergleichbaren unbebauten Grundstücken anzugleichen. Gewöhnliche Kosten im Sinne des Satzes 2 sind insbesondere die Abbruchkosten für die baulichen Anlagen.

(2) Bei einer Restnutzungsdauer der baulichen Anlage von weniger als 30 Jahren ist auch der Anteil des Bodenwerts am Ertragswert auf die Restnutzungsdauer der baulichen Anlage zu kapitalisieren oder es müssen die Abbruchkosten der baulichen Anlage ermittelt, ausgewiesen und vom Ertragswert abgezogen werden.

(3) In Fällen, in denen der Bodenwert mehr als die Hälfte des Ertragswerts ausmacht, sind im Gutachten die bei der Ermittlung des Bodenwerts zugrunde gelegten Annahmen zu begründen und die Voraussetzungen für eine Ersatzbebauung und die dafür gegebenenfalls notwendigen Aufwendungen besonders darzulegen.

Gliederungsübersicht

		Rn.
1	Allgemeines	276
2	Reinertrag $\leq$ Bodenwertverzinsung (§ 13 Abs. 1 BelWertV)	277
3	Restnutzungsdauer < 30 Jahre (§ 13 Abs. 2 BelWertV)	
	3.1 Allgemeines	282
	3.2 Regelungslücken	292
4	Bodenwert > 50 % des Ertragswertes (§ 13 Abs. 3 BelWertV)	296

1 Allgemeines

▶ *Vgl. § 16 ImmoWertV Rn. 123, 198 ff.*

276 Die Regelungen des § 13 BelWertV tragen in besonderem Maße dem Vorsichtsprinzip der kreditwirtschaftlichen Wertermittlung Rechnung. § 13 Abs. 1 und 2 BelWertV machen verfahrensbezogene Vorgaben, die in bestimmten Fällen einzuhalten sind und die vom Vorgehen in der Verkehrswertermittlung abweichen. Das zeigt einmal mehr, dass die Beleihungswertermittlung eigenen Regeln folgt und nicht mit der „Elle der ImmoWertV" gemessen werden kann. Dessen ungeachtet weisen gerade die Formulierungen des § 13 BelWertV stilistische und begriffliche Schwächen auf, die die Verständlichkeit unnötig erschweren.

2 Reinertrag $\leq$ Bodenwertverzinsung (§ 13 Abs. 1 BelWertV)

277 Verbleibt bei der Minderung des Reinertrags um den Verzinsungsbetrag des Bodenwerts kein Anteil für die Ermittlung des Ertragswerts der baulichen Anlage, so bedeutet dies nichts anderes, als dass der Reinertrag kleiner oder gleich dem Betrag der Bodenwertverzinsung ist. Das bedeutet i. d. R., dass das Grundstück schlecht ausgenutzt ist und durch eine andere bauliche Nutzung ein höherer Reinertrag erzielbar sein müsste.

278 Die beschriebene Vorgehensweise wird in der Literatur üblicherweise als Liquidationsverfahren bzw. das Ergebnis als **Liquidationswert** bezeichnet (vgl. § 16 ImmoWertV Rn. 123). Gemäß § 16 Abs. 3 ImmoWertV ist das Verfahren als Sonderfall des Vergleichswertverfahrens anzusehen. In § 13 Abs. 1 BelWertV wird jedoch der bis zum Erlass der ImmoWertV häufig vertretenen, jedoch irrigen Auffassung gefolgt, es handele sich um eine besondere Ausprägung des Ertragswertverfahrens. Da der Liquidation jedoch gerade nicht die Erträge des Grundstücks zugrunde gelegt werden, ist es zumindest irreführend, das Ergebnis als Ertragswert zu bezeichnen. (Lediglich die Wahl dieses Verfahrens wird bedingt durch die besondere Ertragssituation des Grundstücks.) Vielmehr wird der Beleihungswert aus einem Vergleichswert abgeleitet, so dass hier (wie generell hinsichtlich des Bodenwerts) ein Sicherheitsabschlag von mindestens 10 % in Abzug zu bringen sein müsste (vgl. § 15 i. V. m. § 19 BelWertV).

279 Der in § 13 Abs. 1 BelWertV beschriebene Fall wird in der Ertragswertermittlung meist als aufgeschobene Liquidation behandelt (vgl. § 16 Rn. 146 ff.). Davon weicht die BelWertV ab: Liegen die Voraussetzungen des Absatzes 1 vor, so wird der Reinertrag nicht mehr berücksichtigt und der Beleihungswert nur aus dem Bodenwert abgeleitet. Er ist um die Kosten zu mindern, die erforderlich wären, um das Bewertungsobjekt vergleichbaren unbebauten Grundstücken anzugleichen. Zu diesen Kosten gehören insbesondere die Abbruchkosten, aber es können auch andere Aufwendungen erforderlich sein, z. B. die Beseitigung von Bodenbelastungen oder die Kosten der Auflösung von Mietverhältnissen und anderen vertraglichen Bindungen.

280 *Beispiel:*

Tankstelle in einem Wohngebiet

Innerhalb eines Wohngebiets befindet sich eine Tankstelle; der monatliche Mietertrag beträgt 6 000 € (bzw. 72 000 € p. a.). Das Grundstück ist 5 500 m² groß und hat, da es sich um einen nachgefragten, hochwertigen Wohnstandort handelt und eine Wohnnutzung zulässig ist, einen Bodenwert von 2 000 000 €. Selbst bei einem niedrigen Kapitalisierungszinssatz von 5 % liegt schon der Rohertrag unter der Bodenwertverzinsung. In jedem Fall sind also die Voraussetzungen des Absatzes 1 erfüllt. Zur Ermittlung des Beleihungswerts werden die Erträge nicht kapitalisiert; der Bodenwert ist um die Kosten der Angleichung an vergleichbare, unbebaute Grundstücke zu mindern.

Die Kosten für Abbruch und Entsorgung werden auf 400 000 € geschätzt.

Der Tankstellenbetreiber hat allerdings noch einen Mietvertrag für weitere 7 Jahre. Vom Tankstellenbetreiber liegt ein Angebot vor, gegen Zahlung von 300 000 € einer sofortigen Beendigung des Mietverhältnisses zuzustimmen.

Wirtschaftlich sinnvoll wäre es eventuell, mit dem Verkauf oder der Bebauung des Grundstücks bis zum Ende des Tankstellen-Mietverhältnisses zu warten und bei der Verkehrswertermittlung eine aufgeschobene Liquidation zu unterstellen, s. Berechnung.

Bei strenger Auslegung der §§ 13 Abs. 1, 15 und 19 BelWertV ist der Wert des unbebauten Bodens (2 000 000 €) um einen Sicherheitsabschlag, die Abbruchkosten und die Kosten der vorzeitigen Auflösung des Mietverhältnisses zu mindern.

Bei weniger strenger Auslegung der BelWertV könnte man den Bodenwert auch nur um die Abbruchkosten mindern. Das Ergebnis würde dann lauten: 2 000 000 € – 400 000 € = 1 600 000 € (vgl. nachfolgende Berechnungen).

Abb. 11: Gegenüberstellung verschiedener Verfahrensvarianten

Beispiel: Marktwert < Beleihungswert ?					
Annahmen: Tankstellengrundstück mit Jahresnettomiete i. H. v. 72 000 € (vertraglich fixiert für 7 Jahre) und Bewirtschaftungskosten i. H. v. 10 000 €, Bodenwert: 2 000 000 €, Kapitalisierungszinssatz: 7,5 %					
Variante 1: Beleihungswertermittlung (strenge Auslegung)		**Variante 2:** Beleihungswertermittlung (weniger strenge Auslegung)		**Variante 3:** Ertragswertermittlung in Form einer aufgeschobenen Liquidation	
Bodenwert	2 000 000 €	Bodenwert	2 000 000 €	Rohertrag	72 000 €
Sicherheitsabschlag (10 %)	– 200 000 €	kein Sicherheitsabschlag	– 0 €	Bewirtschaftungskosten	– 10 000 €
Abbruchkosten	– 400 000 €	Abbruchkosten	– 400 000 €	Reinertrag (der verbleibenden 7 Jahre)	= 62 000 €
Kosten der vorzeitigen Vertragsauflösung	– 300 000 €	Kosten der vorzeitigen Vertragsauflösung (bleiben unberücksichtigt)	– 0 €	Barwertfaktor (LZS: 7,5 %, Dauer: 7 Jahre)	× 5,30

Ermittlung des Ertragswerts § 13 BelWertV IX

Wert des unbebauten Grundstücks	= 1 100 000 €	Wert des unbebauten Grundstücks	= 1 600 000 €	kapitalisierter Reinertrag (7 Jahre)	= 328 389 €
				Bodenwert des unbebauten Grundstücks (nach Abzinsung über 7 Jahre)	+ 964 408 €
				(vorläufiger) Ertragswert	= 1 292 797 €
Beleihungswert (strenge Auslegung)	= 1 100 000 €	Beleihungswert (weniger strenge Auslegung)	= 1 600 000 €	Verkehrswert (gerundet)	= 1 300 000 €

Je nach Höhe der einzelnen Parameter (Jahresmiete, Abbruchkosten, Laufzeit des Vertrages, Auflösungskosten) kann der Ertragswert mit aufgeschobener Liquidation auch unterhalb des Beleihungswerts (nach strenger Auslegung) liegen. Dann wäre allerdings die Verkehrswertermittlung anzupassen, da dieses Ergebnis (BelWert > Verkehrswert) in diesem Fall ein Indikator dafür ist, dass der Verkehrswert höher liegen muss: Die sofortige Auflösung des Mietvertrages wäre auch bei Zahlung der geforderten Auflösungskosten die wirtschaftlich sinnvollere Lösung.

Das *Beispiel* zeigt, dass die BelWertV Interpretationsspielräume offenlässt und eine weite Auslegung zu einem Ergebnis führen kann, welches dem Grundgedanken der Beleihungswertermittlung (Beleihungswert als vorsichtiger Wert niemals höher als der Marktwert) zuwiderläuft. **281**

Das *Beispiel* zeigt auch, welche Folgen die Verfahrensvorschriften der BelWertV haben können, die von denen der Verkehrswertermittlung abweichen. Sind Verkehrs- und Beleihungswert mittels verschiedener Verfahren zu ermitteln, so ist die Relation von Verkehrs- und Beleihungswert immer auf Plausibilität zu prüfen.

3 Restnutzungsdauer < 30 Jahre (§ 13 Abs. 2 BelWertV)

3.1 Allgemeines

▶ *Vgl. § 16 ImmoWertV Rn. 202*

In § 13 Abs. 2 BelWertV haben besonders schwer verständliche, misslungene Formulierungen Eingang gefunden. **282**

In der Praxis ergibt sich eine Restnutzungsdauer von weniger als 30 Jahren bei zwei unterschiedlichen Fallgestaltungen: **283**

1. Aufgrund der Nutzungsart (insbesondere Wohnen, Büro, innerstädtischer Einzelhandel) haben die baulichen Anlagen grundsätzlich eine deutlich längere Gesamtnutzungsdauer, müssen sich aber – wenn eine RND von weniger als 30 Jahren objektadäquat ist – in einem sehr schlechten Zustand (bauliche Überalterung, großer Modernisierungsbedarf oder Instandhaltungsstau) befinden. **284**

   In diesem Fall wird das Objekt meist als ungeeignet angesehen, um überhaupt noch als Kreditsicherheit zu dienen. Daher ist eine Beleihungswertermittlung im Rahmen des Neugeschäfts (erstmalige Ausreichung eines Kredits mit dem Objekt als Sicherheit) sehr selten.

   Es kann aber sein, dass das Objekt in einem besseren Zustand als Pfandobjekt akzeptiert wurde und nun, nach mehreren Jahren, der Wert zu überprüfen ist. Eine Minderung des Beleihungswerts ist in solchen Fällen meist unausweichlich.

2. Die Nutzungsart des Bewertungsobjekts (Freizeitimmobilie, Tankstelle, Verbrauchermarkt, SB- und Fachmarkt) bedingt nach Anl. 2 BelWertV eine Gesamtnutzungsdauer von maximal 30 Jahren, sodass bereits bei einem geringen Baualter die Restnutzungsdauer von 30 Jahren nicht mehr angesetzt werden kann (vgl. § 12 Abs. 2 BelWertV Rn. 263 f.).

285 Dem Autor sind Fälle bekannt, in denen 5 Jahre alte Lebensmittel-Discountmärkte mit 30 Jahren Restnutzungsdauer und 35 Jahren Gesamtnutzungsdauer bewertet wurden. Dieses Baualter dürfte allerdings das Maximum dessen sein, was noch in dieser Form unbeanstandet bleiben könnte. Im nachfolgenden *Beispiel* wird bei einem Baualter von 5 Jahren hingegen eine strenge Auslegung, d. h. eine Restnutzungsdauer von 25 Jahren, unterstellt.

286 *Beispiel:*

Abb. 12: Wertverlust eines Lebensmitteldiscounters nach § 13 Abs. 2 BelWertV

Beispiel: Wertverlust trotz geringem Baualter					
Annahmen: Lebensmittel-*Discount*markt mit 1 200 m² Nutzfläche (NF), Bodenwert: 600 000 €, marktüblich erzielbare Miete (= vertraglich vereinbarte Miete): 10,50 €/m², Kapitalisierungszinssatz: 6,5 %					
Variante 1: Ertragswertermittlung 5 Jahre nach Fertigstellung (allgemeines Ertragswertverfahren nach ImmoWertV)		**Variante 2:** Beleihungswertermittlung 5 Jahre nach Fertigstellung		**Variante 3:** Beleihungswertermittlung 5 Jahre nach Fertigstellung (alternativ)	
Nutzungsdauer: GND: 30 Jahre RND: 25 Jahre		Nutzungsdauer: GND: 30 Jahre RND: 25 Jahre		Nutzungsdauer: GND: 30 Jahre RND: 25 Jahre	
Rohertrag	151 200 €	Rohertrag	151 200 €	Rohertrag	151 200 €
Mietausfallwagnis (4 %)	− 6 048 €	Mietausfallwagnis (4 %)	− 6 048 €	Mietausfallwagnis (4 %)	− 6 048 €
Verwaltungskosten (2 %)	− 3 024 €	Verwaltungskosten (2 %)	− 3 024 €	Verwaltungskosten (2 %)	− 3 024 €
Instandhaltung (8,00 €/m² p. a.)	− 9 600 €	Instandhaltung (8,00 €/m² p. a.)	− 9 600 €	Instandhaltung (8,00 €/m² p. a.)	−9,60 €
Modernisierungsrisiko	− 2 400 €	Modernisierungsrisiko	− 2 400 €	Modernisierungsrisiko	− 2,40 €
Reinertrag	= 130 128 €	Reinertrag	= 130 128 €	Reinertrag	= 130 128 €
Bodenwertverzinsung	− 45 000 €	Bodenwertverzinsung (kein Ansatz)	− 0 €	Bodenwertverzinsung	− 45 000 €
Reinertrag der baulichen Anlagen	= 85 128 €	Reinertrag der baulichen Anlagen	= 130 128 €	Reinertrag der baulichen Anlagen	= 85 128 €
Barwertfaktor	× 11,15	Barwertfaktor	× 11,15	Barwertfaktor	× 11,15
Ertragswert der baulichen Anlagen	= 948 917 €	Ertragswert der baulichen Anlagen	= 1 450 530 €	Ertragswert der baulichen Anlagen	= 948 917 €
Bodenwert	+ 600 000 €	Bodenwert (kein Ansatz)	+ 0 €	Bodenwert	+ 600 000 €
(vorläufiger) Ertragswert	= 1 548 917 €	(vorläufiger) Ertragswert	= 1 450 530 €	(vorläufiger) Ertragswert	= 1 548 917 €
objektspezifische Merkmale	± 0 €	objektspezifische Merkmale	± 0 €	objektspezifisches Merkmal (Aufwand für Abbruch, geschätzt, 40 000 €)	− 40 000 €
Ertragswert	= 1 548 917 €	Ertragswert	= 1 450 530 €	Ertragswert	= 1 508 917 €
Verkehrswert (abgerundet)	= 1 540 000 €	Beleihungswert (abgerundet)	= 1 450 000 €	Beleihungswert (abgerundet)	= 1 500 000 €
		Differenz zu Variante 1	− 5,8 %	Differenz zu Variante 1	− 2,6 %

Dieser Wertverlust muss nach der o. g. Auslegung unweigerlich eintreten. Daraus ergibt sich die Frage, ob dann nicht bereits bei einer Bewertung zum Zeitpunkt der Fertigstellung dieser zukünftige Beleihungswert anzusetzen ist, da ja bereits zu diesem Zeitpunkt klar ist, dass während der Dauer der Beleihung diese modellbedingte Wertminderung eintreten wird. 287

§ 13 Abs. 2 BelWertV stellt zwei alternative Vorgehensweisen zur Auswahl, die beide rechnerisch einfach zu handhaben sind: 288

Alternative 1 bedeutet, den Bodenwert und die Bodenwertverzinsung unberücksichtigt zu lassen und vielmehr den Reinertrag des Grundstücks entsprechend den allgemeinen Regelungen des Ertragswertverfahrens zu ermitteln und dann zu kapitalisieren (vgl. Variante 2 im vorgenannten Beispiel Rn. 286). 289

Alternative 2 bedeutet, das Ertragswertverfahren in üblicher Weise (mit Bodenwertverzinsung) durchzuführen und die Abbruchkosten der baulichen Anlagen in voller Höhe abzuziehen. Allerdings sind hier die Abbruchkosten der baulichen Anlagen zu ermitteln, was in der Regel den akzeptablen Aufwand einer solchen Wertermittlung überschreitet. 290

Außerdem führt es nicht selten zu Verwunderung vonseiten Dritter, wenn sich der Sachverständige bei der Bewertung eines Gebäudes, das vor wenigen Jahren fertiggestellt wurde, schon Gedanken um den Abbruch macht und die Kosten dafür in den Mittelpunkt der Beleihungswertermittlung stellt. Auch deshalb ist es in den meisten Fällen empfehlenswert, sich für Alternative 1 zu entscheiden. 291

3.2 Regelungslücken

▶ Vgl. § 16 ImmoWertV Rn. 123 ff.

Folgende Fälle sind im Zusammenhang im Rahmen des § 13 Abs. 1 und 2 BelWertV nicht geregelt: 292

1. Der Abbruch der Bebauung und bei Baureifmachung des Grundstücks ist mit hohen Kosten verbunden, die oberhalb des Bodenwerts liegen.
2. Die Verzinsung des Bodenwerts liegt einerseits zwar über dem Reinertrag, sodass § 13 Abs. 1 BelWertV anzuwenden ist. Zugleich sind aber die Abbruchkosten etc. so hoch, dass der um diese Kosten geminderte Bodenwert zu einer Bodenwertverzinsung führt, die unter dem Reinertrag liegt. In diesem Fall ist die Fortsetzung der Nutzung die wirtschaftlichere Alternative; die Verkehrswertermittlung müsste entsprechend Teil IV § 16 ImmoWertV erfolgen.
3. Die vertragliche Miete führt zu einem geringen Reinertrag (< Bodenwertverzinsung); die marktübliche Miete hingegen zu einem höheren Reinertrag (> Bodenwertverzinsung). Das nach § 13 Abs. 1 BelWertV zu unterstellende Szenario wäre dann wirtschaftlich unsinnig.
4. Die Bebauung steht unter Denkmalschutz.
5. Die Voraussetzungen des § 13 Abs. 1 und 2 BelWertV sind zugleich erfüllt.

Fall 1 ist leicht zu erledigen: Das betreffende Grundstück ist nicht beleihbar und hat keinen Beleihungswert. 293

In den **Fällen 2 bis 4** sind die zwingenden Regelungen des § 13 Abs. 1 und 2 BelWertV bei der Beleihungswertermittlung einzuhalten. In der Verkehrswertermittlung, auch wenn sie im gleichen Gutachten erfolgt, sind hingegen davon abweichende Vorgehensweisen zu verwenden.

Fall 5 dürfte häufig unbemerkt bleiben: Liegt die Restnutzungsdauer der baulichen Anlagen unter 30 Jahren, so wird in vielen Fällen sofort gemäß § 13 Abs. 2 BelWertV der Weg der Kapitalisierung des gesamten Reinertrags ohne Berechnung und Abzug der Bodenwertverzinsung erfolgen. 294

295 Wenn die Voraussetzungen beider Absätze (Reinertrag < Bodenwertverzinsung *und* Restnutzungsdauer < 30 Jahre) vorliegen, so sollte die Wertermittlung nach § 13 Abs. 1 BelWertV durchgeführt werden, sofern der Abbruch der baulichen Anlagen nicht weit in der Zukunft liegt oder völlig undurchführbar erscheint, z. B. wegen vertraglicher Regelungen oder Denkmalschutz. Dann ist die Kapitalisierung des gesamten Reinertrags nach § 13 Abs. 2 BelWertV die angemessenere Lösung.

4 Bodenwert > 50 % des Ertragswerts (§ 13 Abs. 3 BelWertV)

296 Zweck der Norm ist offensichtlich zu vermieden, dass ertragsschwachen Objekten ein zu hoher Beleihungswert zugeschrieben wird, der u. U. in Relation zum Reinertrag unangemessen ist. Zugleich ist der Sachverständige nur verpflichtet, umfassende Ausführungen zum Bodenwert, zu einer möglichen Ersatzbebauung und zu den dafür notwendigen Aufwendungen zu machen. Der Norm ist weder eine Pflicht zur Minderung des Bodenwerts noch zu einer vertieften Untersuchung der Kapitaldienstfähigkeit (vgl. Rn. 17) zu entnehmen.

297 Gleichwohl sollte der Sachverständige die Bodenwertermittlung besonders gründlich auf Marktüblichkeit des Ergebnisses prüfen. Da der Bodenwert üblicherweise aus dem **Bodenrichtwert** abgeleitet wird, können sich Fehlbewertungen „einschleichen", wenn der Bodenrichtwert gar nicht oder nur schematisch an die Gegebenheiten des Bewertungsobjekts angepasst wird.

298 Typische **Gründe** für solche **Fehlbewertungen** des Bodens können sein:

– rechnerisch korrekte Anpassung an die GFZ, wobei die GFZ des Bewertungsobjekts wesentlich höher als die des Bodenrichtwertgrundstücks ist,

– rechnerisch korrekte Anpassung an eine erhöhte Geschossflächenzahl in gehobenen Wohnlagen, in denen eine Bebauung, die zu beengt wirkt, eher einen Nachteil darstellt,

– Außer-Acht-Lassen von wertmindernden Objekteigenschaften wie Tankstelle oder Fast-Food-Restaurant in der Nachbarschaft, Ecklage im individuellen Wohnungsbau, schlechte Sichtbarkeit (2. oder 3. Reihe) bei Gewerbegrundstücken, oder

– Außer-Acht-Lassen von Vorlasten im Grundbuch (bei Ermittlung des lastenfreien Werts, vgl. Rn. 64), die überwiegend den Bodenwert mindern, d. h. insbesondere Einschränkungen der baulichen Ausnutzung (u. a. Fensterrechte, Wegerechte, Aussichtsrechte).

299 In diesen Fällen sollte der Bodenwert an die Nachteile des Objekts angepasst werden, statt den zu hohen Bodenwert ausführlich begründen zu wollen.

§ 14 BelWertV Grundlagen der Sachwertermittlung

Der Sachwert des Beleihungsobjekts setzt sich aus dem Bodenwert und dem nach § 16 zu ermittelnden Wert der baulichen Anlage zusammen. Zu der baulichen Anlage gehören auch die Außenanlagen.

Gliederungsübersicht   Rn.
1 Sachwertermittlung nach BelWertV 300

1 Sachwertermittlung nach BelWertV

▶ *Zur Sachwertermittlung nach ImmoWertV vgl. Teil IV Syst. Darst. des Sachwertverfahrens Rn. 30 ff.*

300 Das Sachwertverfahren ist in der Beleihungswertermittlung nur in bestimmten Fällen, bei eigengenutzten Wohnimmobilien nach § 4 Abs. 4 BelWertV (vgl. Rn. 158-161), das Verfahren, aus dessen Ergebnis tatsächlich der Beleihungswert abzuleiten ist. Andererseits ist der Sachwert, **dem Zwei-Säulen-Prinzip folgend, in nahezu allen Beleihungswertgutachten zu ermitteln.**

301 Der Gang des Verfahrens nach BelWertV folgt im Wesentlichen den Regelungen der WertV 86/88[39]. Die Ablösung der WertV durch die ImmoWertV sowie deren Konkretisierung durch die Sachwertrichtlinie haben die Sachwertermittlung zwischenzeitlich tiefgreifend verändert. Als wesentliche Punkte sind hier zu nennen:
- die Bevorzugung der linearen Alterswertminderung (anstelle der Wertminderung nach Ross),
- die Einbeziehung der Baunebenkosten in die Normal-Herstellungskosten,
- die Berücksichtigung regionaler Baupreisunterschiede im Rahmen der Marktanpassung des vorläufigen Sachwerts (anstelle einer Anpassung der Herstellkosten mithilfe von Regionalfaktoren).

302 Die konsequente Umsetzung der gesetzlichen Regelungen führt nun dazu, dass **im Rahmen der Verkehrs- und der Beleihungswertermittlung zwei Sachwertermittlungen mit erheblichen Differenzen** durchgeführt werden müssen. Ein Teil der üblichen Software, die zur Erstellung von Beleihungswertgutachten verwendet wird, lässt dies nur eingeschränkt zu. Davon abgesehen erschwert es die Nachvollziehbarkeit eines Gutachtens, wenn sich die Verfahrensgänge signifikant unterscheiden und die Ansätze nicht vergleichbar sind.

303 Daher ist es in der Praxis immer noch üblich, bei der Sachwertermittlung die BelWertV einzuhalten und damit korrespondierend der **Sachwertermittlung auch dem Verfahren WertV 86/88** zu folgen. In vielen Fällen, in denen der Sachwert nur als Kontrollwert dient, mag dies hinnehmbar sein.

304 Ist das Sachwertverfahren allerdings das maßgebliche Verfahren, aus dem Verkehrs- und Beleihungswert abgeleitet werden, so bleibt nichts anderes übrig, als die unterschiedlichen Verfahrensgänge und -ansätze zu verwenden. Dies umso mehr, wenn der Gutachterausschuss Sachwertfaktoren veröffentlicht hat, die den Regelungen der ImmoWertV und Sachwertrichtlinie entsprechen.

305 Der Sachwert nach den §§ 14 ff. BelWertV ist nach heutigem Verständnis ein vorläufiger Sachwert, der noch der Anpassung an die Marktlage und an sonstige objektspezifische Merkmale bedarf, soweit diese nicht schon in die Ansätze der Sachwertverfahrens eingeflossen sind. Eine entsprechende Regelung enthält § 18 BelWertV, wobei hier nur objektspezifische Merkmale Erwähnung finden. Die Marktanpassung findet jedoch in der BelWertV keine Erwähnung (vgl. dazu § 16 BelWertV Rn. 338 ff.).

---

[39] Kleiber, Verkehrswertermittlung von Grundstücken, 6. Aufl., S. 1821 ff.

§ 15 BelWertV Bodenwert

(1) Zur Ermittlung des Bodenwerts sind Erhebungen anzustellen über

1. die örtliche Lage, die Größe und den Zuschnitt des Grundstücks,
2. die Art und das Maß der baurechtlich festgesetzten Nutzungsmöglichkeiten und die tatsächliche Nutzung,
3. die Art und Beschaffenheit der Zuwegungen,
4. die wichtigsten wirtschaftlichen und verkehrstechnischen Verbindungen,
5. die Anschlussmöglichkeiten an Versorgungsleitungen und Kanalisation,
6. die noch anfallenden Erschließungsbeiträge und
7. vorhandene Richtwerte und Vergleichspreise.

(2) Der Bodenwert ist nach Quadratmetern der Grundstücksfläche anzusetzen. Bei der Ermittlung des Bodenwerts darf keine höherwertige Nutzung als zulässig zugrunde gelegt werden.

Gliederungsübersicht   Rn.
1 Allgemeines 306
2 Vergleichswertverfahren 309

1 Allgemeines

▶ *Vgl. Syst. Darst. des Ertragswertverfahrens Rn. 124 ff.; § 16 ImmoWertV Rn. 1 ff.*

306 Die Regelungen der BelWertV zur Bodenwertermittlung sind im Abschnitt zum Sachwertverfahren enthalten (zum Bauland ergänzend § 20 BelWertV). Diese Einordnung unterscheidet sich von der in der ImmoWertV gewählten: Dort wird die Bodenwertermittlung zutreffend dem Vergleichswertverfahren zugeordnet.

307 Bei buchstabengetreuer Auslegung überlässt die BelWertV hinsichtlich des Bodenwerts die Verfahrenswahl dem Gutachter. So ist beispielsweise auch eine Verwendung des Residualwertverfahrens theoretisch nicht ausgeschlossen. (Angesichts der vielfältigen Nachteile, insbesondere der großen Unsicherheit dieses Verfahrens, ist es nicht mit dem Vorsichtsprinzip der Beleihungswertermittlung vereinbar.)

308 Die inkonsistente Zuordnung des Bodenwerts zum Sachwert hat praktische Folgen für die Wertermittlung, insbesondere dort, wo der Bodenwert einen signifikanten Werteinfluss hat. Überwiegend ist zwar der Ertragswert maßgeblich, auf den der Bodenwert einen geringen Einfluss hat, aber in den nachfolgend genannten, weniger häufigen Fällen ist die Bedeutung des Bodenwerts erheblich:

– **Liquidationswert** nach § 13 Abs. 1 BelWertV,
– **Sachwert** nach §§ 14 ff. BelWertV,
– gesonderter Ansatz einer **selbstständig verwertbaren Teilfläche** nach § 10 Abs. 2 Satz 3 und 4 BelWertV,
– Bewertung von **Bauland** nach § 20 BelWertV.

2 Vergleichswertverfahren

▶ *Vgl. § 15 ImmoWertV Rn. 1 ff. sowie Syst. Darst. des Vergleichswertverfahrens Rn. 19 ff., 149 ff., 172; § 5 ImmoWertV Rn. 84; § 16 ImmoWertV Rn. 233*

309 Auch ohne ausdrückliche Regelung in der BelWertV ist es eine Selbstverständlichkeit, den Beleihungswert unbebauten Bodens aus dem Vergleichswert abzuleiten. Nach § 19 Abs. 1

Bodenwert

Satz 2 BelWertV unterscheidet sich der Vergleichswert nach BelWertV von dem Vergleichswert nach ImmoWertV um den Sicherheitsabschlag, der mindestens 10 % des Wertes ausmacht. Der BelWertV ist nicht zu entnehmen, ob etwa in bestimmten Fällen der Bodenwertermittlung ein Sicherheitsabschlag von dem Bodenwert in Abzug zu bringen ist, da in den maßgeblichen Paragraphen ein Hinweis darauf fehlt.

Nach hier vertretener Auffassung sollte die Bodenwertermittlung sich generell an den Regelungen der §§ 15 f. ImmoWertV orientieren und der Sicherheitsabschlag nach § 19 Abs. 1 BelWertV zumindest bei der Bewertung einer selbstständig verwertbaren Teilfläche und bei der Bewertung von Bauland angewendet werden. 310

§ 16 BelWertV Wert der baulichen Anlage

(1) Zur Ermittlung des Werts der baulichen Anlage sind die aus Erfahrungssätzen abzuleitenden Herstellungskosten je Raum- oder Flächeneinheit mit der Anzahl der entsprechenden Bezugseinheit des zu bewertenden Gebäudes zu vervielfachen (Herstellungswert). Die angesetzten Herstellungskosten müssen regional und objektspezifisch angemessen sein. Wertmäßig zu berücksichtigen sind dabei insbesondere

1. die beabsichtigte und mögliche Verwendung,
2. der Umfang und die Raumaufteilung,
3. die Bauweise und die für den Rohbau verwendeten Materialien,
4. die Ausstattung und die wertbeeinflussenden Nebenanlagen,
5. das Alter und der Erhaltungszustand nach Maßgabe des § 17,
6. sonstige wertbeeinflussende Umstände nach Maßgabe des § 18.

Die Kosten für Außenanlagen dürfen im Regelfall mit nicht mehr als 5 Prozent des Herstellungswerts angesetzt werden.

(2) Um eventuellen Baupreissenkungen und damit der nachhaltigen Gültigkeit der Ansätze Rechnung zu tragen, ist der nach Absatz 1 ermittelte Herstellungswert um einen Sicherheitsabschlag von mindestens 10 Prozent zu kürzen. Aus allen Bewertungen müssen der Ausgangswert je Raum- oder Flächeneinheit, der Sicherheitsabschlag sowie gegebenenfalls die Wertminderung wegen Alters ersichtlich sein.

(3) Baunebenkosten, insbesondere Kosten für Planung, Baudurchführung, behördliche Prüfungen und Genehmigungen, können nur in üblicher Höhe und soweit Berücksichtigung finden, wie ihnen eine dauernde Werterhöhung entspricht. Der Ansatz von Baunebenkosten ist auf bis zu 20 Prozent des nach Absatz 2 verminderten Herstellungswerts beschränkt.

§ 17 BelWertV Wertminderung wegen Alters

(1) Die Wertminderung wegen Alters bestimmt sich nach dem Verhältnis der Restnutzungsdauer zur Nutzungsdauer der baulichen Anlage; sie ist in einem Prozentsatz des Herstellungswerts auszudrücken. Bei der Bestimmung der Wertminderung kann je nach Art und Nutzung der baulichen Anlage von einer gleichmäßigen oder von einer mit zunehmendem Alter sich verändernden Wertminderung ausgegangen werden.

(2) Ist die bei ordnungsgemäßem Gebrauch übliche Nutzungsdauer der baulichen Anlage durch Instandsetzungen oder Modernisierungen verlängert worden oder haben unterlassene Instandhaltung oder andere Gegebenheiten zu einer Verkürzung der Restnutzungsdauer geführt, soll der Bestimmung der Wertminderung wegen Alters die geänderte Restnutzungsdauer und die für die bauliche Anlage übliche Nutzungsdauer zugrunde gelegt werden.

Gliederungsübersicht   Rn.

1	Verfahrensablauf	311
2	Herstellungskosten pro Flächen- oder Raumeinheit	314
3	Neubau-Herstellungswert	316
4	Herstellungswert nach Alterswertminderung	321
5	Sicherheitsabschlag	326
6	Baunebenkosten	327
7	Sonstige wertbeeinflussende Umstände	328

Gebäudesachwert §§ 16, 17 BelWertV IX

1 Verfahrensablauf

▶ *Vgl. Teil IV Syst. Darst. des Sachwertverfahrens Rn. 54 ff.; § 22 ImmoWertV Rn. 1 ff., 7*

Nach den §§ 16 und 17 BelWertV ist der Wert der baulichen Anlage zu bestimmen. Zusätzlich sind nach § 18 BelWertV sonstige wertbeeinflussende Umstände zu berücksichtigen. **311**

Mehr oder weniger deutlich wird in der Fachliteratur[40] auf die inkonsistente Definition der Begriffe „Herstellungskosten" und „Herstellungswert" und die widersprüchliche Beschreibung des Verfahrensablaufs in § 16 BelWertV hingewiesen. **312**

In der Praxis hat sich der nachfolgend beschriebene Ablauf, der sich an den Regelungen der WertV 88/89 orientiert, durchgesetzt. In Anlehnung an die Terminologie des § 16 BelWertV werden dabei folgende Begriffe verwendet und im Text definiert: **313**

– Herstellkosten,

– Neubau-Herstellungswert,

– Herstellungswert nach Alterswertminderung,

– Wert der baulichen Anlagen.

2 Herstellungskosten pro Flächen- oder Raumeinheit

▶ *Zu Flächen- und Raummaßen allgemein vgl. Teil II Rn. 497 ff.; § 22 ImmoWertV Rn. 18; Syst. Darst. des Sachwertverfahrens Rn. 89 ff.*

Der Ermittlung des Werts der baulichen Anlage sind **Herstellkosten je Raum- oder Flächeneinheit** zugrunde zu legen, die aus Erfahrungssätzen abgeleitet wurden sowie regional und objektspezifisch angemessen sein müssen. Obwohl die Verordnung die Wahl der Bezugsgröße offenlässt, hat sich analog zur allgemeinen Wertermittlungspraxis der Bezug auf die (reduzierte) Brutto-Grundfläche (BGF) durchgesetzt. **314**

Aus dem Kontext der §§ 16 bis 18 BelWertV ist zu schlussfolgern, dass der Begriff der Herstellkosten wie folgt zu interpretieren ist: **315**

– Die **Herstellkosten** beziehen sich auf ein **Raum- oder Flächenmaß**, z. B. umbauter Raum (in Kubikmeter) oder Brutto-Grundfläche (in Quadratmeter). Die Maßeinheit der Herstellkosten ist daher €/m² oder €/m³.

– Die **Herstellkosten enthalten die gesetzliche Mehrwertsteuer.** Erhöhungen der Mehrwertsteuer sind in den amtlichen Baukostenindizes, die der Anpassung der Herstellkosten an den Bewertungsstichtag dienen, enthalten.

– Sie werden **aus Erfahrungssätzen abgeleitet.** Hierbei können insbesondere entsprechende Datensammlungen, z. B. die **NHK 2000 oder** (mit Einschränkungen) die Kostenkennwerte des **BKI**, zugrunde gelegt werden.

– Die Herstellkosten sind an die Gegebenheiten der Bewertung **anzupassen**, insbesondere an:

  • das **regionale Niveau** der Baupreise,

  • Gebäudeart und -nutzung,

  • die baulichen Besonderheiten des Objekts (**Baumaterial, Ausstattung, Zuschnitt, Anbindung an die Nachbarbebauung** usw.),

  • den **Zeitpunkt** der Wertermittlung (i. d. R. durch Anwendung von amtlichen Baupreisindizes).

– Die **Herstellkosten der NHK 2000 enthalten nicht**:

  • die Kosten der **Außenanlagen** (werden im weiteren Verfahrensablauf berücksichtigt),

---

[40] Crimmann, a. a. O., S. 172 f.

- die **Wertminderung wegen Alters** (wird im weiteren Verfahrensablauf berücksichtigt),
- die **Baunebenkosten** (u. a. Planung, Genehmigung, Bauleitung werden im weiteren Verfahrensablauf berücksichtigt),
- die **Kosten der Baufinanzierung**, der Vermarktung und ähnliche Nebenkosten (werden im Sachwert nicht berücksichtigt),
- Wertminderungen, Beseitigungskosten oder ausstehende Bauleistungen wegen **Instandhaltungsstaus, Bauschäden, Baumängeln oder fehlender Fertigstellung** (werden als sonstige wertbeeinflussende Umstände zum Abschluss des Verfahrens berücksichtigt).

3 Neubau-Herstellungswert

316 Die so abgeleiteten Herstellkosten sind mit der entsprechenden Baumasse, d. h. der Fläche oder der Kubatur, der zu bewertenden baulichen Anlage zu multiplizieren. Das Ergebnis ist ein Zwischenwert.

317 Ergänzend zu berücksichtigen sind die **Außenanlagen**. Dies erfolgt i. d. R. durch einen prozentualen Aufschlag, der gemäß § 16 Abs. 1 Satz 4 BelWertV auf max. 5 % des zuvor ermittelten Zwischenwertes (Produkt aus Herstellkosten und Maß der baulichen Anlage) nicht übersteigen darf.

318 **Sonderfall: betriebsnotwendige, überdurchschnittliche Verkehrsflächen**

Logistikimmobilien und freistehende Einzelhandelsimmobilien (Lebensmitteldiscounter, SB-Warenhäuser, Fachmarktzentren u. Ä.) benötigen für ihre Nutzung zwingend großzügige Verkehrs-, Abstell- und Parkflächen, deren übliche Herstellkosten deutlich über 5 % der Herstellkosten des Gebäudes liegen. Hier bietet es sich an, diese in der Wertermittlung wie einen separaten Bauteil zu behandeln und in der Sachwertermittlung auch separat, d. h. nicht als Außenanlagen, auszuweisen. Zusätzlich ist ein pauschaler Ansatz für sonstige Außenanlagen, u. a. für Grünanlagen, Fahrradstellplätze, innere Erschließung, gerechtfertigt. Dieser sollte dann allerdings unter 5 % liegen, da die Verkehrsflächen nicht mehr berücksichtigt werden müssen.

319 *Beispiel:*

Lebensmittel-*Discount*markt

bauliche Anlage: 1 200 m² BGF x 450 €/m² = 540 000 €

Parkflächen: 80 Stück x 1.250 €/Stück = 100 000 €

sonstige Außenanlagen: 2,5 % (von 540 000 € + 100 000 €) = 16 000 €

Summe (Neubau-Herstellungswert): 656 000 €

(Anmerkung: In der Ertragswertermittlung sind die Stellplätze aufgrund der Marktgegebenheiten ohne eigenen Ertrag anzusetzen, da die Miete dafür bereits in der Miete des Discountmarkts enthalten ist. Allerdings sind Instandhaltungskosten der Stellplätze ertragsmindernd zu berücksichtigen. Mietausfallwagnis und Verwaltungskosten sind für die Stellplätze nicht separat auszuweisen.)

320 Die **Summe aus** dem zuvor beschriebenen **Zwischenwert** und dem **Ansatz für die Außenanlagen ist der Neubau-Herstellungswert**.

Dieser ist nicht nur für die Sachwertermittlung maßgeblich, sondern darüber hinaus auch die Bezugsgröße für das **Modernisierungsrisiko** (vgl. § 11 BelWertV Rn. 257 ff.).

Als **Formel** ausgedrückt, ergibt sich der Neubau-Herstellungswert wie folgt, wobei hier als Maß der Baumasse die BGF verwendet wird:

$$HK_a \times I_{BP}/100 \times BGF \times (1+p_{AA}) = NHW$$

wobei:

HK_a = Herstellkosten (pro m² BGF), angepasst an Objekteigenschaften und regionales Baupreisniveau

I_{BP} = regionaler Baupreisindex

BGF = Brutto-Grundfläche des Bewertungsobjekts

p_AA = anteilige Herstellkosten der Außenanlagen
NHW = Neubau-Herstellungswert

4 Herstellungswert nach Alterswertminderung

Der Ansatz der Alterswertminderung erfolgt gemäß § 17 BelWertV; er wird in Prozent des Neubau-Herstellungswertes angegeben. **321**

Die Regelungen zur Alterswertminderung in § 17 BelWertV korrespondieren mit denen der WertV 88/98. Insbesondere favorisieren sich nicht, wie § 23 ImmoWertV, die lineare Wertminderung als Vorzugsvariante. **322**

Die **Wertminderung nach Ross** ist daher **in der Beleihungswertminderung nach wie vor nicht zu beanstanden**. Nachteilig ist der dadurch ggf. entstehende Unterschied zwischen der Beleihungswertermittlung und der Sachwertermittlung nach ImmoWertV. **323**

Andererseits können die Unterschiede erheblich sein: Der Wert einer baulichen Anlage, deren Restnutzungsdauer 50 % der Gesamtnutzungsdauer beträgt, ist ca. 20 % niedriger, wenn die lineare Wertminderung anstelle der Wertminderung nach Ross Anwendung findet. Der „Wertverlust", der durch den Wechsel des Modells der Alterswertminderung entsteht, wird im Rahmen der Verkehrswertermittlung nach ImmoWertV und SachwertR durch einen modellkonformen Marktanpassungsfaktor ausgeglichen. Da **in der Sachwertermittlung nach BelWertV eine Marktanpassung „nach oben" jedoch unüblich ist** (vgl. Rn. 338 ff.), kann dieser Wertverlust hier tatsächlich den Beleihungswert mindern. **324**

Vom zuvor ermittelten Neubau-Herstellungswert ist der in Prozent ausgedrückte Wert der **Wertminderung wegen Alters** (Alterswertminderung) in Abzug zu bringen. Rechnerisch stellt sich dieser Schritt wie folgt dar: **325**

$$NHW \times (1 - w_A/100) = HW_A$$

wobei:
NHW = Neubau-Herstellungswert
W_A = Wertminderung wg. Alters in Prozent
HW_A = Herstellungswert nach Alterswertminderung

5 Sicherheitsabschlag

Der **Sicherheitsabschlag** ist zwingend vorzunehmen, er muss **mindestens 10 %** betragen. In der Praxis war es nach Einführung der BelWertV üblich, für Altbauten pauschal einen höheren Sicherheitsabschlag, meist 15 oder 20 %, zu verwenden. **326**

Durch die Favorisierung der **linearen Alterswertminderung**, die infolge der Einführung der ImmoWertV auch in die Beleihungswertermittlung Eingang gefunden hat, ergibt sich gerade für Altbauten ein geringerer Sachwert. In Folge dessen ist ein Ansatz von 10 % als Sicherheitsabschlag zur Regel geworden, von (vgl. Rn. 323) der nur in Ausnahmefällen abgewichen wird.

6 Baunebenkosten

In Bezug auf die Baunebenkosten ist die Begrenzung auf 20 % die einzige Besonderheit der Beleihungswertermittlung. **327**

Da die Sachwertermittlung bis zu diesem Punkt, d. h. bis zur Erhöhung um die Baunebenkosten, sich ausschließlich als Folge von Multiplikationen darstellen lässt, ist die Reihenfolge der einzelnen Schritte in Bezug auf das Ergebnis der Berechnung unerheblich.

7 Sonstige wertbeeinflussende Umstände

▶ *Zu den sonstigen wertbeeinflussenden Umständen vgl. die Erläuterungen zu § 18 BelWertV* **328**

IX § 18 BelWertV Sonstige wertbeeinflussende Umstände

§ 18 BelWertV Berücksichtigung sonstiger wertbeeinflussender Umstände

Sonstige nach den §§ 16 und 17 BelWertV noch nicht erfasste, den Wert beeinflussende Umstände, insbesondere eine wirtschaftliche Überalterung, ein über- oder unterdurchschnittlicher Erhaltungszustand und ein erhebliches Abweichen der tatsächlichen von der vorgesehenen Nutzung, sind durch Zu- oder Abschläge oder in anderer geeigneter Weise zu berücksichtigen.

Gliederungsübersicht	Rn.
1 Allgemeines	329
2 Werterhöhungen	331
3 Wertminderungen	335
4 Regelungslücken	336
5 Marktanpassung	338

1 Allgemeines

▶ *Vgl. § 8 ImmoWertV Rn. 175, 178 ff.*

329 Die Berücksichtigung sonstiger wertbeeinflussender Umstände nach diesem Paragraphen erfolgt **nur im Rahmen der Sachwertermittlung** (§§ 16 und 17 BelWertV).

330 Sollten sowohl eine Marktanpassung wie auch eine weitere Berücksichtigung sonstiger wertbeeinflussender Umstände erfolgen, so ist die Reihenfolge nach § 4 Abs. 2 ImmoWertV einzuhalten (zuerst Marktanpassung, danach Berücksichtigung objektspezifischer Merkmale vgl. § 8 Abs. 2 ImmoWertV).

▶ *Regelungen zur Berücksichtigung sonstiger wertbeeinflussender Umstände (zum Ertragswert und ergänzend auch zum Sachwert) in § 5 Abs. 4 BelWertV. Ferner allgemein zum Umgang mit baulichen Mängeln,* **Instandhaltungsstau** *u. ä. § 4 Abs. 5 BelWertV und zur Berücksichtigung von temporären Mehr- oder Mindererträgen (***Over- und Underrent***) in der Ertragswertermittlung vgl. Rn. 214 ff.)*

2 Werterhöhungen

▶ *Vgl. § 8 ImmoWertV Rn. 255 ff., 261, 399*

331 Die Regelung erlaubt die Berücksichtigung sonstiger wertbeeinflussender Umstände im Sachwertverfahren **analog zur Verkehrswertermittlung**. Bei Vorliegen werterhöhender Umstände ist der Gutachter zugleich gehalten, dem allgemeinen Vorsichtsprinzip der Beleihungswertermittlung Rechnung zu tragen und den **Werteinfluss** des besonderen Umstands, **wie er sich langfristig darstellt**, vorsichtig zu berücksichtigen. Das bedeutet z. B., dass bestimmte optische Ausstattungsdetails, die erfahrungsgemäß dem Wandel der Mode unterworfen sind, unberücksichtigt bleiben sollten, auch wenn sie zum Wertermittlungsstichtag gerade besonders gefragt sind und dadurch werterhöhend wirken.

332 Das gilt in besonderem Maße für die Immobilienarten, deren Beleihungswert aus dem Sachwert abgeleitet werden kann (**Ein- und Zweifamilienhäuser sowie Wohnungseigentum**). Zwar erlaubt § 18 BelWertV ausdrücklich die Berücksichtigung eines überdurchschnittlichen Erhaltungszustands, aber es dürfte fast immer möglich und angemessen sein, diesen bereits in den dafür geeigneten Ansätzen des Sachwertverfahrens (insbesondere der Restnutzungsdauer) zu berücksichtigten.

333 **Besondere Bauteile** werden in § 18 BelWertV nicht ausdrücklich erwähnt. Auch bei diesen ist die Nachhaltigkeit der durch sie bedingten Werterhöhung immer zu hinterfragen. So kann beispielsweise die Restnutzungsdauer von **Photovoltaikanlagen** nur schwer abgeschätzt werden. Ist die Anlage schon einige Jahre in Betrieb, so ist davon auszugehen, dass sie während

des Zeitraums der Beleihung an das Ende ihrer Gesamtlaufzeit kommt und dann keine Werterhöhung mehr bedingt (und im Einzelfall zum Abbau- und Entsorgungsproblem wird).

Ähnliche Überlegungen gelten beispielsweise für **Swimmingpools, Pergolen, Freisitzüberdachungen, Geräteschuppen** und **einfache Fertiggaragen**. Deren Dauerhaftigkeit und Wertschätzung von Käuferseite sind in der Regel deutlich geringer, als das in Bezug auf den eigentlichen Kaufgegenstand, das eigengenutzte Wohngebäude, der Fall ist. Daher haben sie meist einen **relativ geringen Einfluss auf den Verkehrswert** und – wenn überhaupt – nur einen sehr geringen Einfluss auf den Beleihungswert. Es sollten als Zuschlag höchstens 50 % des Betrags angesetzt werden, um den sich der Verkehrswert durch diese Baulichkeiten erhöht.

334

3 Wertminderungen

Besondere Umstände, die insbesondere den Verkehrswert mindern, sind immer auch in der Beleihungswertermittlung zu berücksichtigen. Hier weist die Sachwertermittlung keine Besonderheiten auf; daher wird auf die diesbezüglichen Ausführungen (u. a. Rn. 63 ff. und Rn. 167 f.) verwiesen.

335

4 Regelungslücken

§ 18 BelWertV gibt keinen besonderen Hinweis, wie mit Lasten und Beschränkungen im Rahmen der Sachwertermittlung umzugehen ist.

336

Dessen ungeachtet müssen diese im Sachwert Berücksichtigung finden. Zum Teil geschieht dies bereits in der Bodenwertermittlung, zum Teil ist eine nachträgliche Berücksichtigung als sonstiger wertbeeinflussender Umstand erforderlich. Daneben sind die Besonderheiten im Umgang mit grundbuchlichen Lasten in Abhängigkeit von ihrem Rang zu beachten (vgl. Rn. 63 ff.)

337

5 Marktanpassung

▶ *Vgl. § 8 ImmoWertV Rn. 164 ff.; § 14 ImmoWertV Rn. 1 ff.; Syst. Darst. des Sachwertverfahrens Rn. 235 ff.*

In der ImmoWertV und der SachwertR wurde die **Bedeutung der Marktanpassung** bei der Sachwertermittlung stärker betont, als dies bis dahin der Fall war. Die BelWertV enthält dazu keine Aussage.

338

Zugleich ist unstrittig, dass eine Marktanpassung häufig erforderlich ist, um vom vorläufigen Sachwert zum Verkehrswert zu kommen. Liegt der **Verkehrswert unterhalb des vorläufigen Sachwerts**, so ergibt sich aus den Grundsätzen der Beleihungswertermittlung (Vorsichtsprinzip und Grundsatz, wonach der Beleihungswert den Marktwert nicht übersteigen darf), dass eine Marktanpassung „nach unten" auch in der Beleihungswertermittlung zu erfolgen hat, wenn der Beleihungswert aus dem Sachwert abgeleitet wird.

339

Ein **Marktanpassungsfaktor** < 1 bedingt einen Abschlag vom vorläufigen Sachwert. Dieser kann in Prozent oder als Absolutbetrag ausgedrückt werden (s. Beispiel).

340

Beispiel (vereinfacht):

341

Verkehrswert	Beleihungswert	
Bodenwert: 250 000 €	Bodenwert: 250 000 €	
Wert der baulichen Anlagen: 300 000 €	Wert der baulichen Anlagen: 270 000 €	
vorläufiger Sachwert: 550 000 €	(vorläufiger) Sachwert: 520 000 €	
Marktanpassungsfaktor: 0,70	Marktanpassung	
– entspricht Abschlag i. H. v. 30 %	prozentual:	Absolutbetrag (wie Verkehrswert) 165 000 €
– bzw. (550 000 € x 0,3 =) 165 000 €	520 000 € x 0,3 = 156 000 €	

IX § 18 BelWertV — Sonstige wertbeeinflussende Umstände

Verkehrswert (Sachwert nach Marktanpassung)	Beleihungswert (je nach Abschlagsart)	
385 000 €	364 000 €	355 000 €

342 Aufgrund der besonderen Vorsicht in der Beleihungswertermittlung sollte man sich im Falle von Marktanpassungsfaktoren < 1 für die Übernahme des Absolutbetrags aus der Verkehrswertermittlung entscheiden.

343 Liegt der **Verkehrswert oberhalb des vorläufigen Sachwerts**, so kann grundsätzlich auch eine **Marktanpassung „nach oben"** erfolgen. Dem hat die BaFin im Schreiben vom 30.4.2007[41] an den Verband Deutscher Pfandbriefbanken zugestimmt und zugleich Wert darauf gelegt, dass „... *für Marktanpassungen – insbesondere, wenn diese als Zuschlag dem Sachwert zugerechnet werden sollen – nur ein sehr eng begrenzter Rahmen, der einer nachvollziehbaren Begründung bedarf, zur Verfügung stehen dürfte"*.

344 Diesen vorsichtigen Formulierungen ist eine konkrete Vorgehensweise leider nicht zu entnehmen. **Viele Kreditinstitute haben sich daher** für den besonders vorsichtigen Weg **entschieden, Marktanpassungen „nach oben" überhaupt nicht zuzulassen**. Andere Institute nutzen hingegen dieses Mittel, um einen höheren Beleihungswert zu erreichen und eine zu große Differenz zwischen Verkehrs- und Beleihungswert zu vermeiden. Um dem Vorsichtsprinzip der Beleihungswertermittlung Rechnung zu tragen, wird der Zuschlag zum (vorläufigen) Sachwert) allerdings begrenzt. Dafür werden zum einen Obergrenzen gesetzt, andererseits der Marktanpassungsfaktor der Verkehrswertermittlung rechnerisch vermindert.

345 *Beispiel:*

Positive Marktanpassungsfaktoren aus der Verkehrswertermittlung sind zunächst als Zuschlag (in Prozent) zum Sachwert darzustellen, z. B. bedeutet ein Marktanpassungsfaktor von 1,20 einen Zuschlag um 20 %.

Das Kreditinstitut kann nun beispielsweise vorgeben, dass in der Beleihungswertermittlung der Zuschlag nur zur Hälfte in Ansatz gebracht wird. D. h., im oben beschriebenen Fall: Zuschlag um 10 % bzw. Marktanpassungsfaktor: 1,10.

Zusätzlich kann eine Obergrenze gesetzt werden. Z. B., dass die Marktanpassung in der Beleihungswertermittlung höchstens mit dem Faktor 1,25 (Zuschlag um 25 %) erfolgen darf.

In den Mittelpunkt der Begründung, die gemäß RdSchr. des BaFin vom 30.4.2007 bei Marktanpassungen des Sachwerts immer erforderlich ist, sollten Angaben dazu stehen, ob und inwieweit Sachwertfaktoren > 1 im regionalen Markt seit Längerem beobachtet wurden und insoweit eine **Nachhaltigkeit** gegeben ist. Ferner könnte auf das begrenzte Angebot bebaubarer Grundstücke in vergleichbaren Lagen verwiesen werden, die eine Ausweitung des Angebots entsprechender Immobilien beschränkt.

Ferner sollten grundsätzlich zur Plausibilisierung des Beleihungswerts, gerade wenn er aus dem Sachwert abgeleitet wird, Vergleichspreise oder -faktoren herangezogen werden.

346 Eine zusätzliche Schwierigkeit stellt die **Forderung nach Modellkonformität** dar, die bei der Anwendung von Marktanpassungsfaktoren zu berücksichtigen ist (vgl. Syst. Darst. des Sachwertverfahrens Rn. 15, 26). Häufig stimmt das Modell der Sachwertermittlung nach BelWertV nicht mit dem Modell überein, das der örtliche Gutachterausschuss anwendet. Sollen oder müssen die Sachwertfaktoren auch bei der Beleihungswertermittlung herangezogen werden, so ist in der Regel eine „doppelte Verkehrswertermittlung" erforderlich: Der Verkehrswert ist zunächst modellkonform gemäß den Angaben des Gutachterausschusses zu ermitteln. Parallel ist ein vorläufiger Sachwert zu berechnen, der der Vorgehensweise der BelWertV entspricht. Aus diesen Daten ist abzuleiten, wie hoch der Sachwertfaktor sein müsste, wenn die Verkehrswertermittlung analog zur Beleihungswertermittlung durchgeführt würde. Diese modifizierte Anpassung ist dann in der Beleihungswertermittlung zu berücksichtigen (vgl. *Beispiel*).

---

41 Zitiert nach Crimmann, a. a. O., S. 178.

Sonstige wertbeeinflussende Umstände §18 BelWertV IX

Beispiel:

Differenzierte Marktanpassung aufgrund abweichender Sachwert-Modelle
(vereinfachte Darstellung ohne Ermittlung der vorläufigen Sachwerte)

Sachwertermittlung (Verkehrswert)		Zwischenschritt: vorläufiger Sachwert gemäß BelWertV		Minderung des vorläufigen Sachwerts (BWT) entsprechend der Marktanpassung	
vorläufiger Sachwert gemäß SW-RL bzw. Modell des Gutachterausschusses	550 000 €	vorläufiger Sachwert gemäß BelWertV (ohne Sicherheitsabschlag)	630 000 €	vorläufiger Sachwert gemäß BelWertV (mit Abzug des Sicherheitsabschlags)	590 000 €
Marktanpassungsfaktor des GAA	0,87				
Sachwert nach Marktanpassung (Verkehrswert)	478 500 €				
		Differenz zum Verkehrswert	151 500 €		
				Marktanpassung durch Minderung um den Absolutbetrag der Marktanpassung	438 500 €
Verkehrswert (Marktwert) rd.	**480 000 €**			**Beleihungswert abgerundet)**	**435 000 €**

Neben den großen Differenzen zwischen der Sachwertermittlung nach ImmoWertV/SachwertR und jener nach BelWertV zeigen die spezifischen Schwierigkeiten bei der Durchführung der Marktanpassung, dass eine **Annäherung der beiden Verfahrensvarianten** und eine Präzisierung der BelWertV zu bestimmten Problemen der Sachwertermittlung **wünschenswert** ist und sich dadurch die Qualität und Sicherheit der Beleihungswertermittlung erhöhen würden.

347

§ 19 BelWertV Ermittlung des Vergleichswerts

(1) Zur Ermittlung des Vergleichswerts sind nachhaltig erzielbare Vergleichspreise von Objekten heranzuziehen, die hinsichtlich der maßgeblich ihren Wert beeinflussenden Merkmale, insbesondere Lage, Ausstattung und Nutzungsmöglichkeiten, mit dem zu bewertenden Objekt hinreichend übereinstimmen; die Vergleichspreise können aus Kaufpreis- oder anderen Marktdatensammlungen entnommen werden. Von dem so ermittelten Ausgangswert ist ein Sicherheitsabschlag in Höhe von mindestens 10 Prozent in Abzug zu bringen.

(2) Bei Wohnungs- oder Teileigentum ergibt sich der Ausgangswert des zu bewertenden Objekts aus der Vervielfachung des Vergleichspreises je Quadratmeter Wohn- beziehungsweise Nutzfläche mit der gesamten Fläche des zu bewertenden Wohnungs- oder Teileigentums, im Falle von Stellplätzen aus der Vervielfachung des Vergleichspreises für einen Stellplatz mit der Anzahl der zu bewertenden Stellplätze; Absatz 1 Satz 2 gilt entsprechend.

Gliederungsübersicht Rn.
1 Vergleichswertverfahren 348

1 Vergleichswertverfahren

▶ *Vgl. Syst. Darst. des Vergleichswertverfahrens Rn. 1 ff.*

348 Die Regelungen zur Vergleichswertermittlung und zur damit im Zusammenhang stehenden Bodenwertermittlung sind in der BelWertV vergleichsweise knapp gehalten. Sie sind unkonkret und weisen nicht unerhebliche Lücken auf (vgl. Rn. 163, 166).

349 Grundsätzlich sollte daher ergänzend auf die Vorgaben der ImmoWertV zu diesem Verfahren zurückgegriffen werden. Allerdings erlaubt die ImmoWertV generell, neben oder anstelle von Vergleichspreisen für bebaute Grundstücke auch **Vergleichsfaktoren** bebauter Grundstücke zu verwenden, d. h. beispielsweise auf die Wohnfläche oder die Geschossfläche umgerechnete, aggregierte Preise (vgl. § 15 Abs. 2 ImmoWertV, Syst. Darst. des Vergleichswertverfahrens Rn. 136 sowie § 13 ImmoWertV). In der BelWertV findet diese Möglichkeit nur in Bezug auf Wohnungs- und Teileigentum sowie auf Stellplätze Erwähnung (§ 19 Abs. 2 BelWertV)[42].

350 Das bedeutet: Der Vergleichswert von Ein- und Zweifamilienhäusern darf **nur aus Vergleichspreisen**, nicht jedoch aus sonstigen Daten in Marktberichten (Vergleichsfaktoren) abgeleitet werden. Dies ergibt sich indirekt aus § 19 BelWertV und zwingend aus § 4 Abs. 4 Satz 3 BelWertV.

351 Der in § 19 Abs. 1 Satz 2 BelWertV genannte **Sicherheitsabschlag** ist in jedem Fall, auch bei der Vergleichswertermittlung nach Abs. 2, in Abzug zu bringen.

352 Die BelWertV lässt offen, inwieweit der Sicherheitsabschlag auch in der **Bodenwertermittlung** in Abzug zu bringen ist. Die dafür maßgeblichen Regelungen der §§ 15, 20 und 22 BelWertV machen dazu keine Angaben. So verweist § 20 BelWertV beispielsweise ausdrücklich auf § 19 Abs. 2 BelWertV, nicht jedoch auf die Regelung zum Sicherheitsabschlag in § 19 Abs. 1 BelWertV.

353 In der Folge wären Verkehrs- und Beleihungswerte von Bauland, von selbstständig verwertbaren Teilflächen sowie von Flächen der Land- und Forstwirtschaft identisch. Dies widerspricht dem Grundgedanken der Beleihungswertermittlung und steht auch im Widerspruch zu

---

42 Crimmann schlägt vor, beim Fehlen von Kaufpreisen den Vergleichswert in Form von Vergleichsfaktoren aus dem Ertragswert abzuleiten (vgl. *Crimmann*, a. a. O., S. 101 f.). Das Ergebnis bleibt seinem Wesen nach ein Ertragswert. Es kann daher nicht als Vergleichswert angesehen und nicht als solcher zur Beleihungswertermittlung herangezogen werden.

allen anderen Regelungen der BelWertV, die in nahezu allen Bewertungsfällen zu einer Differenz zwischen Verkehrs- und Beleihungswert führen.

Nach hier vertretener Ansicht ist es unumgänglich, in den o. g. Fällen der Bodenwertermittlung, in denen allein ein unbebautes Grundstück (bzw. eine unbebaute Teilfläche) Gegenstand der Ermittlung des Beleihungswerts ist, einen Sicherheitsabschlag analog zu § 19 Abs. 1 Satz 2 BelWertV in Höhe von mindestens 10 % in Abzug zu bringen. **354**

IX § 20 BelWertV Bauland

§ 20 BelWertV Bauland

Bei der Wertermittlung von Bauland ist sowohl dessen Entwicklungszustand als auch der künftige Bedarf an Baugrundstücken zu prüfen. Zu Bebauungsrecht, Erschließungszustand und eventuellen Altlasten ist im Gutachten Stellung zu nehmen. Nur gesichertes Bebauungsrecht darf berücksichtigt werden. Der Wertansatz ist unter Berücksichtigung der vorgefundenen Grundstücksmerkmale aus geeigneten Vergleichswerten abzuleiten. § 15 Abs. 2 ist entsprechend anzuwenden.

Gliederungsübersicht   Rn.
1 Allgemeines 355
2 Verfahrenswahl 360
3 Unterschiede zum Verkehrswert 364

1 Allgemeines

355 Ob ein unbebautes Grundstück überhaupt als Pfandbriefsicherheit geeignet ist und überhaupt einen Beleihungswert hat, ist schwer zu entscheiden. In planungsrechtlicher Hinsicht muss der Gutachter gemäß BelWertV Folgendes bei der Gutachtenerstattung berücksichtigen:

– Der Entwicklungszustand (Bauerwartungsland, Rohbauland oder baureifes Land) ist zu prüfen (§ 20 Satz 1 BelWertV).

– Nur gesichertes Bebauungsrecht ist zu berücksichtigen (§ 20 Satz 3 BelWertV).

– Zum Bebauungsrecht und zum Erschließungszustand ist Stellung zu nehmen (§ 20 Satz 2 BelWertV).

– Nur zulässige Nutzungen dürfen zugrunde gelegt werden (§ 15 Abs. 2 Satz 2 BelWertV).

356 Nach hier vertretener Auffassung ist **gesichertes Baurecht** i. S. des § 20 BelWertV nur dann gegeben, wenn die Erschließung gesichert ist und wenn

– entweder das Grundstück im Geltungsbereich eines rechtskräftigen qualifizierten Bebauungsplans nach § 30 Abs. 1 BauGB liegt

– oder eine Baugenehmigung oder zumindest ein Bauvorbescheid vorliegt (vgl. Rn. 46).

357 Auch bei Erfüllung der vorgenannten Kriterien bestehen Risiken, deren Verwirklichung ein Vorhaben behindern oder vereiteln kann. Beispielsweise können Bebauungspläne rechtswidrig sein oder nachbarschaftliche Einwände zu einer Aufhebung einer Baugenehmigung führen. Ferner ist die Entdeckung von Baudenkmälern, archäologischen Fundstücken oder unbekannten Hohlräumen denkbar. **Solche Risiken können nicht vollständig ausgeschlossen werden** und müssen bei Kreditsicherheiten in Kauf genommen werden. Diese Risiken sind, neben dem allgemein vorliegenden Fertigstellungsrisiko, ein Grund dafür, den Anteil solcher Grundstücke im Deckungsstock auf 1 % des gesamten Deckungsstocks zu begrenzen. Vom Gutachter muss in diesem Zusammenhang verlangt werden, dass er generell „wachsam" ist und Hinweise auf solche Risiken, die ihm bei der Bewertung auffallen, an das Kreditinstitut bzw. die mit der Kreditbearbeitung betraute Instanz weitergibt.

358 Besondere Anforderungen an die Zulässigkeit von Vorhaben sind dann zu stellen, wenn es sich um Vorhaben **im Außenbereich** handelt und sich die **Zulässigkeit aus § 35 Abs. 3 oder Abs. 5 BauGB** ergibt. Hier kann die Zulässigkeit an die Beziehung des Eigentümers zum Grundstück gebunden sein, sodass einem Käufer die Rechte aus einer Baugenehmigung oder einem Bauvorbescheid u. U. nicht zustehen. Solches personenbezogenes Baurecht kann nicht als gesichert i. S. des § 20 Satz 3 BelWertV angesehen werden.

359 Ausdrücklich verwiesen in § 20 BelWertV wird auf § 15 Abs. 2 BelWertV, welcher jedoch nur Selbstverständlichkeiten wiedergibt: Der **Bodenwert** ist in **Euro pro Quadratmeter** auszudrücken, und nur **zulässige Nutzungen** dürfen der Bodenwertermittlung zugrunde gelegt werden.

2 Verfahrenswahl

Nach § 20 Satz 4 BelWertV ist der Beleihungswert aus dem Vergleichswert abzuleiten, obwohl zur Verfahrenswahl für Bauland dem maßgeblichen § 4 BelWertV nichts zu entnehmen ist (vgl. Rn. 163). **360**

Nicht geklärt ist die Frage, ob bei der Bewertung von Bauland zwingend der **Sicherheitsabschlag** (mindestens 10 %) nach § 19 Abs. 1 BelWertV in Abzug zu bringen ist. Nach hier vertretener Auffassung ist das unbedingt erforderlich: Der nach § 20 und § 15 Abs. 2 BelWertV abgeleitete Bodenwert des Baulands stimmt in der Regel mit dem Vergleichswert nach ImmoWertV überein. Eine regelmäßige Übereinstimmung von Verkehrswert und Beleihungswert widerspricht den Grundgedanken der Verordnung und kann so nicht gewollt sein. **361**

Gefordert wird ausdrücklich die Ableitung des Beleihungswerts von Bauland aus **Vergleichspreisen**. Für den Fall, dass keine Vergleichspreise vorliegen, macht die Vorschrift keine Angaben. **362**

Wenn nun, was häufiger vorkommt, auch der **Bodenrichtwert** nicht aus einer hinreichenden Anzahl von Vergleichsfällen abgeleitet wurde, ist eine Ableitung des Beleihungswerts bei strenger Auslegung der Vorschrift nicht möglich. Ein möglicher Ausweg wäre, bei einer Zugrundelegung des Bodenrichtwerts einen höheren Sicherheitsabschlag zu verlangen. Dies wurde allerdings vom Verordnungsgeber nicht vorgesehen. **363**

3 Unterschiede zum Verkehrswert

▶ *Vgl. § 6 ImmoWertV Rn. 3 ff.*

Die genannten Grundlagen der Beleihungswertermittlung beziehen sich ausschließlich auf die tatsächlichen planungs- und baurechtlichen Gegebenheiten („Baurecht nach Aktenlage"). **364**

Dies ist auch der **Regelfall bei der Ermittlung des Verkehrswerts** (§ 6 Abs. 1 Satz 1 ImmoWertV). Eine Ausnahme davon ist gegeben, wenn vom zulässigen Maß der baulichen Nutzung in der Umgebung regelmäßig abgewichen wird. Dann ist für den Verkehrswert die Nutzung maßgebend, die **im gewöhnlichen Geschäftsverkehr** zugrunde gelegt wird (§ 6 Abs. 1 Satz 2 ImmoWertV). Führt dieses Abweichen zu einer **Minderung** des Verkehrswerts, so ist auch der Beleihungswert entsprechend zu mindern. Im umgekehrten Fall ist eine **Werterhöhung** nur dann zu übernehmen, wenn das Abweichen für das Bewertungsobjekt zweifelsfrei sichergestellt ist (z. B. durch eine Baugenehmigung oder einen Bauvorbescheid, aus dem eine Ausnahme oder eine Befreiung i. S. des § 31 BauGB hervorgeht). **365**

Eine weitere Besonderheit stellt der Verweis auf den **künftigen Bedarf an Baugrundstücken** in § 20 Satz 1 BelWertV dar. Er bildet eine Konkretisierung der allgemeinen Anforderung nach § 5 Abs. 3 BelWertV, wonach die zukünftige Verkäuflichkeit generell zu prüfen ist. In bestimmten Fällen sind die Perspektiven für einen Verkauf gerade von Bauland kritisch zu sehen: Vor allem bei der Schaffung von Gewerbegebieten wird nicht selten über den bekannten Bedarf hinaus Bauland ausgewiesen („Vorratsflächen", „Angebotsplanung"). Entwickeln sich Bedarf und Verkauf schlecht, können solche Flächen über Jahrzehnte brachliegen bzw. nur landwirtschaftlich genutzt werden („Beleuchtetes Unkraut"). In einem solchen, von einem Überangebot vergleichbarer Grundstücke geprägten Marktumfeld dürfte in den meisten Fällen die Aufnahme in den Deckungsstock eines Pfandbriefs ausgeschlossen sein. **366**

§ 21 BelWertV Erbbaurechte und andere grundstücksgleiche Rechte

Bei der Beleihung von Erbbaurechten ist die Restlaufzeit des Erbbaurechts zu berücksichtigen. Sich aus dem Erbbaurecht ergebenden Einschränkungen ist durch angemessene Wertabschläge ausreichend Rechnung zu tragen. Im Gutachten ist darzulegen, ob und wie lange das Erbbaurecht im Hinblick auf seine Laufzeit und die bei seiner Beendigung für das Bauwerk vereinbarte Entschädigungsregelung angemessen verwertbar erscheint. Die Regelung gilt für andere grundstücksgleiche Rechte und solche Rechte einer ausländischen Rechtsordnung, die den grundstücksgleichen Rechten deutschen Rechts vergleichbar sind, entsprechend.

Gliederungsübersicht Rn.

1 Erbbaurecht und erbbaurechtbelastetes Grundstück
   1.1 Allgemeines 367
   1.2 Münchner Verfahren
      1.2.1 Schritt 1: Bewertung des fiktiv erbbaurechtsfreien Grundstücks 369
      1.2.2 Schritt 2: Berücksichtigung der Beschränkungen des Erbbaurechts......... 370
      1.2.3 Schritt 3: Wertminderung aus der Verpflichtung zur Zahlung des Erbbauzinses 381
   1.3 Ermittlung des Verkehrswerts (Marktwerts) in Beleihungswertgutachten 387

1 Erbbaurecht und erbbaurechtbelastetes Grundstück

1.1 Allgemeines

▶ *Vgl. zu den Bewertungsverfahren für Erbbaurechte Teil VIII Rn. 135, 149, 152 und 156*

367 Das Erbbaurecht ist ein grundstücksgleiches Recht, dessen wesentliche Rechtsverhältnisse (u. a. Eigentum und die Belastung mit Hypotheken) in einem eigenen Erbbaugrundbuch festgehalten werden. Es ist grundsätzlich beleihbar (vgl. § 13 PfandBG).

368 Die allgemeinen Regelungen des § 21 BelWertV zum Erbbaurecht hat die BaFin in einem RdSchr.[43] konkretisiert. Auf Grundlage dieser Verlautbarung ist das sogenannte Münchner Verfahren vorzugsweise bei der Bewertung von Erbbaurechten anzuwenden[44]. Dieses Verfahren weicht von den in der Verkehrswertermittlung üblichen Verfahren ab und wird im Folgenden beschrieben.

1.2 Münchner Verfahren

1.2.1 Schritt 1: Bewertung des fiktiv erbbaurechtsfreien Grundstücks

369 Ausgangspunkt des Verfahrens ist zunächst der Beleihungswert des bebauten oder unbebauten (Erbbau-)Grundstücks, bei dessen Ermittlung das Erbbaurecht völlig außer Acht gelassen wird (sogenannter Wert des Volleigentums[45]). Diese Bewertung folgt den übrigen Bestimmungen der BelWertV und bedarf keiner besonderen Erläuterung.

---

43 BaFin: Rundschreiben 13/2009 vom 8.6.2009 (Geschäftszeichen: BA 32-FR 2670-2008/0001); GuG 2009, 368).
44 Ursprünglich beschrieben in: Werth, A.: Verkaufswertermittlung nach § 21 ErbbauVO; zur Bewertung von Erbbaurechten allgemein vgl. Teil VIII Rn. 132 ff.
45 Die Bezeichnung „Volleigentum" hat sich etabliert, obwohl sie aus dem Sprachgebrauch der Wertermittlung herausfällt. (Als Wertermittlungsgegenstand wird regelmäßig das Grundstück, nicht das Eigentum bezeichnet.) Zur Unterscheidung der Rechtsverhältnisse am Grundstück (im Unterschied zu den Ansprüchen von Erwerbern, die noch nicht im Grundbuch eingetragen sind, zu Bruchteilseigentum oder auch zum Erbbaurecht) hat sich der BGH bereits mehrfach des Begriffs „Volleigentum" bedient, vgl. BGH, Urt. vom 20.6.2008 – V ZR 149/07 –, NJW-RR 2008, 1548 = BauR 2008, 1498.

1.2.2 Schritt 2: Berücksichtigung der Beschränkungen des Erbbaurechts

Neben der Pflicht zur Zahlung des Erbbauzinses hat der Erbbauberechtigte Nachteile hinzunehmen: Diese werden im Rahmen des Münchner Verfahrens in drei Gruppen zusammengefasst und durch entsprechende Abschläge vom Wert, der in Schritt 1 ermittelt wurde, gewürdigt.

Abschlag 1 und 2 werden jeweils durch Diskontierung oder Kapitalisierung bestimmter Werte ermittelt. Hierbei stellt sich die Frage nach der Wahl des Diskontierungs- bzw. Kapitalisierungszinssatzes. Wurde in Schritt 1 das Ertragswertverfahren angewandt, so ist i. d. R. der Liegenschaftszinssatz zu verwenden, da der (meist) höhere Kapitalisierungszinssatz zu einem geringeren Abschlag als in der parallel durchgeführten Verkehrswertermittlung führen würde. Dem Vorsichtsprinzip der Beleihungswertermittlung folgend, muss der Abschlag hier genauso hoch sein wie in der Verkehrswertermittlung, sodass als Zinssatz der niedrigere Liegenschaftszinssatz heranzuziehen ist.

▶ *Davon in Einzelfällen abweichend die Wahl des Zinssatzes in Schritt 3, Rn. 381 ff.*

a) Abschlag 1: Wegfall des Bodennutzungsrechtes

Erbbaurechte werden i. d. R. befristet bestellt[46]. Insbesondere im Rahmen des Ertragswertverfahrens wird jedoch eine (theoretisch unendliche) Nutzbarkeit und Werthaltigkeit des Bodens unterstellt. Daher trägt der in Schritt 1 ermittelte Wert der Befristung des Erbbaurechts keine Rechnung.

Um die Wertminderung zu ermitteln, ist die Restlaufzeit des Erbbaurechts festzustellen und der Bodenwert über diese Laufzeit abzuzinsen (zu diskontieren).

Der sich ergebende Betrag ist als Abschlag 1 anzusetzen.

Beispiel:

Ertragswert (des fiktiv erbbaurechtsfreien Grundstücks): 1 800 000 €

(in Schritt 1 ermittelt/hier nicht ausgeführt)

Bodenwert: 260 000 €

Restlaufzeit des Erbbaurechts: 35 Jahre

Kapitalisierungszinssatz: 8,0 %/Liegenschaftszinssatz: 7,0 %

Als Diskontierungszinssatz werden 7,0 % gewählt (vgl. Rn. 370). Daraus ergeben sich ein Abzinsungsfaktor von 0,0937 (Anl. 2 ImmoWertV) und ein abgezinster Bodenwert von (260 000 € × 0,0937) = **24 362 € als Abschlag 1**.

b) Abschlag 2: Wertnachteil wegen vorzeitiger, nicht vollständig entschädigter Rückgabe der baulichen Anlagen

Dieser Abschlag ist nur dann in Ansatz zu bringen, wenn die **Restnutzungsdauer** der bewerteten baulichen Anlage **länger ist als die Frist bis zum** vertragsgemäßen Erlöschen des **Erbbaurechts**. Selbst dann kann der Abschlag entfallen, wenn eine vollständige Entschädigung des Erbbauberechtigten für den Wert der baulichen Anlagen vereinbart wurde und diese Regelung dinglich gesichert ist.

In allen anderen Fällen (gar keine Entschädigung oder nur teilweise Entschädigung vereinbart bzw. fehlende dingliche Sicherung) ist der **Wert der baulichen Anlage zum Zeitpunkt des vertragsgemäßen Erlöschens des Erbbaurechts** zu bestimmen. Hierzu ist auf das gewählte Wertermittlungsverfahren zurückzugreifen. Die Ansätze dieser zusätzlichen Wertermittlung sind so zu wählen, dass sie in einer sinnvollen Relation zu den gewählten Ansätzen in Schritt 1 (Bewertung des erbbaurechtsfreien Grundstücks) stehen. Das bedeutet insbesondere, dass bei der Ermittlung des Ertragswerts der baulichen Anla-

---

[46] Eine Befristung ist gesetzlich nicht vorgeschrieben; falls sie nicht vereinbart wurde, ist das Erbbaurecht unbefristet bestellt und kann vom Grundstückseigentümer auch nicht einseitig beendet werden.

IX § 21 BelWertV Erbbaurechte

gen **Rohertrag, Bewirtschaftungskosten und Kapitalisierungszinssatz** übereinstimmend zu wählen sind und die **Restnutzungsdauer** entsprechend um die Frist bis zum Erlöschen des Erbbaurechts zu **verkürzen** ist.

374 Dieser Wert ist um den Betrag der ggf. vereinbarten und dinglich gesicherten Entschädigung zu mindern und anschließend auf den Wertermittlungsstichtag abzuzinsen.

375 Bei Ertragswertobjekten lässt sich dieser Rechengang mittels des Vervielfältiger-Differenzverfahrens verkürzen, wenn keine Entschädigung vereinbart ist (s. Beispiel).

Beispiel:

in Schritt 1 ermittelter Ertragswert: 1 800 000 €

Reinertrag im Rahmen des Ertragswertverfahrens: 111 595 € p. a.

RND: 50 Jahre

Restlaufzeit des Erbbaurechts: 35 Jahre

Entschädigung bei Erlöschen des Erbbaurechts: keine

Kapitalisierungszinssatz: 8,0 %/Liegenschaftszinssatz: 7,0 %

Als Kapitalisierungszinssatz für die Bestimmung des Abschlags 2 werden 7,0 % gewählt (vgl. Rn. 370). Daraus ergeben sich als Barwertfaktoren für die Kapitalisierung 13,80 (50 Jahre RND) bzw. 12,95 (35 Jahre Restlaufzeit).

Mittels der Vervielfältiger-Differenzmethode ergibt sich ein abgezinster Ertragswert der baulichen Anlagen von (111 595 € × [13,80 − 12,95]) = **94 856 € als Abschlag 2**.

c) Abschlag 3: sonstige Nachteile und Beschränkungen des Erbbauberechtigten

376 Neben den o. g. Nachteilen werden in den Vertrag über die Bestellung des Erbbaurechts meist weitere Regelungen aufgenommen, die die Handlungsfähigkeit des Erbbauberechtigten einschränken oder anderweitig von Nachteil sein können. Dies sind insbesondere:

- Zustimmungsvorbehalte, d. h., der Erbbauberechtigte braucht die Zustimmung des Grundstückseigentümers für bestimmte Rechtsgeschäfte oder andere Handlungen wie die Bestellung von Hypotheken am Erbbaurecht, den Verkauf des Erbbaurechts, größere bauliche Veränderungen, Wechsel der Nutzungsart usw.;
- ein Vorkaufsrecht des Grundstückseigentümers bei Verkauf des Erbbaurechts;
- ungünstige Entschädigungsregelungen bei Heimfall.

377 **Historisches Beispiel aus einem Erbbaugrundbuch:** „.... der Erbbauberechtigte darf die Wohnungen nur solchen Familien zur Miete überlassen, deren Lebenswandel der Sittenlehre der katholischen Kirche entspricht."

In der Bewertung wurde davon ausgegangen, dass der seit der Erbbaurechtsbestellung eingetretene Wandel der Moralvorstellungen in der Gesellschaft wie auch die Fortbildung des maßgeblichen Rechts eine Durchsetzung der o. g. Beschränkung unmöglich machen. Daher wurde dieser Beschränkung kein Werteinfluss zugemessen.

378 Der Werteinfluss der Beschränkungen, auch wenn sie marktüblich sind, ist schwer zu beziffern. Er wird als prozentualer Anteil des in Schritt 1 ermittelten Werts des fiktiv erbbaurechtsfreien Grundstücks angesetzt. Üblich sind Ansätze zwischen 5 % (bei geringen Beschränkungen und Nachteilen) bis 25 % (bei schwerwiegenden Beschränkungen und Nachteilen).

379 Anstelle oder neben dem prozentualen Ansatz können auch andere Verfahren zur Ermittlung des Abschlags 3 herangezogen werden. Das gilt insbesondere für Nachteile, die sich pekuniär, z. B. als Ertragsnachteil oder -ausfall, darstellen lassen.

380 *Beispiel (Fortsetzung)*

Der Erbbauberechtigte hat relativ wenige Genehmigungsvorbehalte und sonst keine weiteren Einschränkungen hinzunehmen. Diese werden mit einem 10 %-Abschlag gewürdigt.

Erbbaurechte § 21 BelWertV IX

Ferner muss er, da die Kirche Grundstückseigentümer ist, dem Gemeindepfarrer kostenlos eine Wohnung zur Verfügung stellen, deren marktüblicher Rohertrag bei 6 600 € p. a. liegt. Der Ertragsausfall ist über die gesamte Laufzeit des Erbbaurechts (nicht die Restnutzungsdauer) zu kapitalisieren.

Kapitalisierungsfaktor (35 Jahre, 7 %): 12,95-fach

Kapitalisierter Ertragsausfall: 12,95 x 6 600 € = 85 470 €

sonstiger Wertnachteil: 10 % von 1 800 000 €: 180 000 €

Abschlag 3 insgesamt: 180 000 € + 85 470 € = **265 470 €**

Wert des Erbbaurechts (ohne Berücksichtigung des Erbbauzinses, vgl. Schritt 3, Rn. 380):

1 800 000 € abzügl.

Abschlag 1 (– 24 362 €)
Abschlag 2 (– 94 856 €)
Abschlag 3 (– 265 470 €)
= **1 415 312 €**   rd. **1 400 000 €**

Da das Ergebnis des folgenden Schritts 3 separat ausgewiesen wird, ist an dieser Stelle bereits eine Rundung sinnvoll, wobei wegen des Aufrundungsverbots (vgl. Rn. 174) nur eine Abrundung zulässig ist.

1.2.3 Schritt 3: Wertminderung aus der Verpflichtung zur Zahlung des Erbbauzinses

Die Nachteile, denen mit den o. g. Abschlägen 1-3 Rechnung getragen wird, sind immanenter Bestandteil des zu bewertenden Erbbaurechts. **Im Gegensatz dazu hängt der Werteinfluss des zu zahlenden Erbbauzinses von den rechtlichen Gegebenheiten des Einzelfalls ab** (vgl. Rn. 88–98). Daher wird der Wert dieser Verpflichtung zu einer laufenden Zahlung im Gutachten **separat dargestellt**. **381**

Der Erbbauzins ist über die **gesamte Laufzeit des Erbbaurechts** bis zum vertragsgemäßen Erlöschen zu kapitalisieren. Zur **Höhe des Kapitalisierungszinssatzes** verweist die BaFin darauf, dass einerseits der Kapitalisierungszinssatz im Ertragswertverfahren u. a. von der Nutzung des Grundstücks und den damit verbundenen Ertragsrisiken für den Eigentümer abhängt und andererseits die Verpflichtung zur Zahlung des Erbbauzinses und eventuell bestehende Erhöhungsmöglichkeiten (Indexierungen) unabhängig von der Nutzungsart sind. Daraus wird abgeleitet, dass der nutzungsartabhängige Kapitalisierungszinssatz des Ertragswertverfahrens nicht für die Kapitalisierung des Erbbauzinses geeignet ist. **382**

Die BaFin führt im RdSchr. 13/2009 weiter aus: „Somit kann der Zinssatz zur Ermittlung des Barwerts des Erbbauzinses regelmäßig **nicht gleichgesetzt** werden mit dem **Kapitalisierungszinssatz für die Ertragswertermittlung nach § 12 BelWertV**. [...] Für die Ermittlung des Barwertes des Erbbauzinses sehe ich unter Würdigung der Praxis der Zwangsversteigerung und des Zinsniveaus für langfristige Anlagen die **Festlegung des Maximalzinssatzes von 5 %** für sachlich geboten an." (Hervorhebung durch den Verfasser) **383**

Ferner fordert die BaFin, den Zinssatz nachvollziehbar zu begründen und dabei auch darauf einzugehen, wie mögliche Erbbauzinsänderungen (vor allem Indexierungen) berücksichtigt wurden. Da Anpassungen des Erbbauzinses an die Preisverhältnisse (des Grundstücksmarkts oder der Volkswirtschaft) üblich und bei grobem Missverhältnis zwischen konstantem Erbbauzins und deutlich gestiegenem Preisniveau auch ohne Anpassungsklauseln durchsetzbar sind (vgl. Teil VIII Rn. 108, 119 ff., 125 ff.), kann **bei marktüblichen Anpassungsklauseln der Maximalzinssatz von 5 % oder ein nur geringfügig darunter liegender Zinssatz** gewählt werden. **384**

Anpassungsklauseln, die in der Regel zu einem **starken Ansteigen des Erbbauzinses** im Laufe der Zeit führen, sind hingegen durch einen **geringeren Kapitalisierungszinssatz** zu würdigen. Dies ist insbesondere dann der Fall, wenn Änderungen des **Verbraucherpreisin-** **385** dexes voll auf den Erbbauzins umgelegt werden oder wenn Änderungen eines Indexes eingehen, der die **Steigerung der Bruttoentgelte von Arbeitnehmern wiedergibt**.

Abb. 13: Empfehlungen für Zinssätze zur Kapitalisierung von Erbbauzinsen in Abhängigkeit von der Ausgestaltung der Ansprüche auf Erhöhung des Erbbauzinses

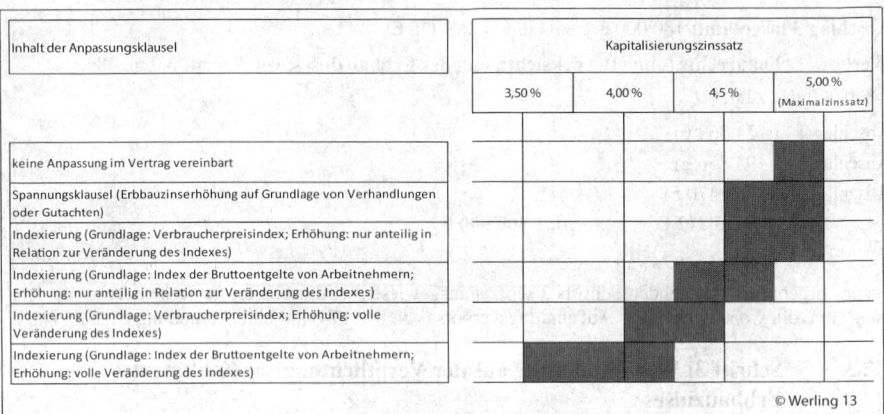

386 *Beispiel: Berechnung des kapitalisierten Erbbauzinses (Fortsetzung)*

Der im Erbbaurechtsvertrag vereinbarte Erbbauzins beträgt 8 000 € p. a. Zugleich besteht eine Anpassungsklausel, die bei Veränderungen des Verbraucherpreisindexes um 10 % (oder mehr) eine Anpassung in Höhe von 6/10 der Indexveränderung vorsieht. Diese Klausel wurde bereits mehrfach angewandt, der Erbbauzins liegt daher inzwischen bei 9 520 € p. a.

Da diese Klausel zu vergleichsweise mäßigen Erhöhungen führt, wird ein Kapitalisierungszinssatz i. H. v. 4,75 % gewählt, der nur wenig unterhalb des Maximalzinssatzes liegt.

Aus dem Zins und der Restlaufzeit des Erbbaurechts von 35 Jahren ergibt sich ein Barwertfaktor von 16,90 und damit ein kapitalisierter Erbbauzins von

(9 520 € × 16,90) = **160 888 €**

Im Gutachten werden dann ausgewiesen:

Wert des erbbauzinsfreien Erbbaurechts: 1 400 000 €
kapitalisierter Erbbauzins: 160 888 €

1.3 Ermittlung des Verkehrswerts (Marktwerts) in Beleihungswertgutachten

387 Das Münchner Verfahren unterscheidet sich von den Verfahren zur Bewertung von Erbbaurechten, die in den entsprechenden Regelungen normiert wurden (ImmoWertV, WERTR 02 und 06, vgl. Teil VIII Rn. 135, 149, 152, 156, 162). Gleichwohl ist es üblich geworden, in Beleihungswertgutachten auch den Verkehrswert (Marktwert) anhand dieses Verfahrens zu ermitteln. Gegen diese Vorgehensweise ist dann nichts einzuwenden, wenn das (rechnerische) Ergebnis auf Marktüblichkeit geprüft und ggf. an die regionale Marktlage angepasst wird.

388 Dies ist insbesondere dann erforderlich, wenn vom Gutachterausschuss Daten für den indirekten Preisvergleich, d. h. **Marktanpassungsfaktoren für Erbbaurechte nach § 14 Abs. 2 Nr. 2 ImmoWertV**, zur Verfügung gestellt werden.

§ 22 BelWertV Landwirtschaftlich genutzte Grundstücke

(1) Landwirtschaftlich genutzte Grundstücke sind solche, deren überwiegender Teil des Rohertrags durch land- oder forstwirtschaftliche Nutzung erzielt wird.

(2) Im Falle unbebauter Grundstücke (Acker, Grünland, Obst- und Weinbauflächen, Wald) ist der Wert der Grundstücke unter Berücksichtigung der vorgefundenen Grundstücksmerkmale aus geeigneten Vergleichspreisen abzuleiten; § 15 ist entsprechend anzuwenden. Dabei sind Art, Struktur und Größe des Grundstücks im Hinblick auf regionale Gegebenheiten unter besonderer Berücksichtigung der Bodenqualität und der klimatischen Bedingungen im Gutachten besonders zu würdigen und bei der Ableitung des Bodenwerts zu berücksichtigen.

(3) Sofern bebaute Grundstücke bei der Bewertung einbezogen werden sollen, sind für diese jeweils der Ertragswert und der Sachwert zu ermitteln. Den Gebäuden kann ein eigenständiger Wert, der bei der Beleihungswertermittlung berücksichtigt werden kann, nur dann beigemessen werden, wenn sie selbständig und auch außerhalb des jeweiligen landwirtschaftlichen Betriebs genutzt werden können. § 4 Abs. 4 ist entsprechend anzuwenden.

Gliederungsübersicht Rn.
1 Land- und forstwirtschaftliche Grundstücke.. 389
2 Getrennte Bewertung bebauter und unbebauter Flächen 390
3 Unbebaute Grundstücke der Land- und Forstwirtschaft 392
4 Bebaute Grundstücke der Land- und Forstwirtschaft.................................... 396

1 Land- und forstwirtschaftliche Grundstücke

▶ *Vgl. Rn. 42 sowie § 5 ImmoWertV Rn. 20, 25 ff.*

Als land- und forstwirtschaftliche Grundstücke i. S. der BelWertV sind nur solche zu verstehen, deren Rohertrag überwiegend aus diesen Nutzungen resultiert. Mit anderen Worten: Nicht die tatsächliche Nutzung entscheidet, sondern die **Ertragsrelationen**. **389**

Beispiele:

Wald mit Herrenhaus

Ein übergroßes Grundstück ist bebaut mit einem Herrenhaus, das als Hotel oder Privatschule genutzt wird. Das Grundstück umfasst auch einen 2 Hektar großen Wald, dieser wurde in das Waldkataster der Forstbehörde aufgenommen, liegt im Außenbereich nach § 35 BauGB und ist seiner tatsächlichen Beschaffenheit zufolge zweifelsfrei eine forstwirtschaftliche Fläche. Im Wald geschlagenes Holz wird zu Heizzwecken verwendet.

Da der Wald nichts (oder verschwindend wenig) zum Rohertrag beiträgt, ist das Grundstück nach § 21 Abs. 1 BelWertV trotzdem nicht als forstwirtschaftliche Fläche zu bewerten. Vielmehr werden gemäß dem „2-Säulen-Prinzip" Ertrags- und Sachwert für die vorhandene Nutzung (Schule oder Hotel) ermittelt. Der Werteinfluss des Waldes dürfte sich dann auf die Erhöhung des Bodenwerts, der in die beiden Verfahren eingeht, beschränken.

(Die Sachlage wäre anders, wenn zwei Grundstücke gebildet worden wären, die selbstständig verwertbar sind: Der Grundstücksteil mit dem Herrenhaus wäre nach dem „2-Säulen-Prinzip" zu bewerten und der Grundstücksteil mit dem Wald als forstwirtschaftliche Fläche nach § 21 Abs. 2 BelWertV.)

Ferien auf dem Bauernhof

Zu bewerten ist der Grundbesitz eines landwirtschaftlichen Betriebs mit ca. 100 ha Land, der sich auf Milchviehhaltung spezialisiert hat. Zum Betrieb gehören u. a. rund 100 Milchkühe. Die Bebauung besteht im Wesentlichen aus einem traditionellen Vierseithof, einem modernen Stall und einigen weiteren baulichen Anlagen, die der Milchviehhaltung dienen. Eine Scheune des Vierseithofs wurde ausgebaut, darin befinden sich u. a. 3 Ferienwohnungen.

IX § 22 BelWertV   Landwirtschaftlich genutzte Grundstücke

Der Ertrag aus den Ferienwohnungen macht nur einen kleinen Teil des Rohertrags aus; deshalb ist dieser Grundbesitz nach den Regelungen des § 21 BelWertV zu bewerten.

2 Getrennte Bewertung bebauter und unbebauter Flächen

390 Gemäß § 21 Abs. 3 Satz 2 BelWertV ist Gebäuden, die zu Objekten der Land- und Forstwirtschaft gehören, ein eigener Beleihungswert bzw. Wertanteil nur dann zuzumessen, wenn sie **selbstständig** und auch **außerhalb des jeweiligen landwirtschaftlichen Betriebs** genutzt werden können.

Die Bedeutung dieser Vorschrift resultiert aus Folgendem:
- Zu landwirtschaftlichen Betrieben gehören relativ häufig bauliche Anlagen, die nur für eine Nutzung innerhalb des landwirtschaftlichen Betriebs geeignet sind, z. B. Ställe, Melkstationen, Futterlager usw. Käufer landwirtschaftlicher Flächen verfügen häufig bereits über einen eigenen Hof, den sie durch den Ankauf zusätzlicher Acker- und Grünlandflächen vergrößern möchten. Es ist dabei eher die Ausnahme, dass in diesem Zusammenhang auch die baulichen Anlagen vom Käufer benötigt werden.
- Häufig sind alle Flurstücke eines landwirtschaftlichen Betriebs im **Grundbuch unter einer laufenden Nummer** gebucht und bilden daher im Rechtssinne ein Grundstück, das nicht ohne Weiteres geteilt werden kann; daher können sie im Falle einer Zwangsversteigerung nicht einzeln versteigert werden.

391 Vom Gutachter ist daher zu prüfen, ob ein separater Verkauf bebauter Grundstücke bzw. Grundstücksteile ohne Änderungen im Grundbuch rechtlich möglich ist und ob die bebauten Grundstücke bzw. Grundstücksteile anderweitig, d. h. **unabhängig vom landwirtschaftlichen Betrieb**, nutzbar sind. Bei Wohngebäuden oder historischen Scheunen ist das häufig der Fall, insbesondere im Umfeld von Großstädten, wo eine große Nachfrage nach Wohneigentum besteht.

3 Unbebaute Grundstücke der Land- und Forstwirtschaft

392 Grundsätzlich sind land- und forstwirtschaftliche Grundstücke im **Vergleichswertverfahren** zu bewerten. Ebenso wie bei allen anderen Regelungen der BelWertV, die sich auf unbebaute Grundstücke beziehen, wird auch hier die Nennung der Verfahrensbezeichnung vermieden. Im maßgeblichen § 4 BelWertV zur Verfahrenswahl werden solche Grundstücke nicht erwähnt.

393 Ebenso wie bei Bauland (§ 20 BelWertV) sind auch nach dieser Regelung **Vergleichspreise** erforderlich, um den Beleihungswert abzuleiten. Ein Rückgriff auf **Bodenrichtwerte** dürfte nur dann zulässig sein, wenn diese ihrerseits auf geeigneten Vergleichspreisen basieren.

394 Der Forderung, auf Vergleichspreise zurückzugreifen, dürfte der Gutachter bei land- und forstwirtschaftlichen Nutzungen leichter nachkommen können als bei Bauland, da Kauffälle aus einem weiteren räumlichen Umfeld mit vergleichbaren wertbestimmenden Eigenschaften in den meisten Fällen recherchiert werden können.

395 Den grundlegenden Gedanken der Beleihungswertermittlung folgend, muss man davon ausgehen, dass auch für die Bewertung land- und forstwirtschaftlicher Grundstücke die Regelungen des § 19 BelWertV maßgeblich sind und insbesondere ein **Sicherheitsabschlag** i. H. v. mindestens 10 % in Abzug zu bringen ist.

4 Bebaute Grundstücke der Land- und Forstwirtschaft

396 § 22 Abs. 3 BelWertV ist in sich widersprüchlich. Letzten Endes ist zuerst zu prüfen, ob den Gebäuden ein eigenständiger Wert beigemessen werden kann (vgl. Rn. 390 f.).

397 Trifft dies zu, so sind für diese Grundstücke die allgemeinen Regeln der Verfahrenswahl nach § 4 BelWertV maßgeblich. Das bedeutet auch, dass in den Fällen des § 4 Abs. 4 BelWertV (zur Eigennutzung geeignete Wohnimmobilien) vom „2-Säulen-Prinzip" abgewichen werden kann.

§ 23 BelWertV Maschinen und Betriebseinrichtungen

Maschinen und Betriebseinrichtungen sind bei der Ermittlung des Sachwerts grundsätzlich unberücksichtigt zu lassen, sofern sie nicht wesentliche Bestandteile des Gegenstands der Beleihungswertermittlung im Sinne des § 2 sind. Der Wert solcher wesentlicher Bestandteile ist, wenn sich das Grundpfandrecht darauf erstreckt, unter Berücksichtigung einer normalen Abschreibung und ausreichender Abschläge für Abnutzung und technische Entwertung gesondert zu schätzen. Sofern bei Maschinen infolge der technischen Entwicklung mit einer schnellen Überalterung zu rechnen ist, können diese wertmäßig nicht angesetzt werden.

Gliederungsübersicht   Rn.
1   Besondere Betriebseinrichtungen   398

1 Besondere Betriebseinrichtungen

▶ *Vgl. § 1 ImmoWertV Rn. 57, 60*

§ 23 BelWertV veranlasst Kreditinstitut und Gutachter zunächst, den Gegenstand der Beleihungswertermittlung abzugrenzen. Dabei ist es möglich, von den normalen Rechtsverhältnissen, wie sie sich aus dem Recht der unbeweglichen Sachen ergeben, abzuweichen. **398**

Generell gilt, dass bewegliche Sachen, die keine Bestandteile und kein Zubehör des Grundstücks oder des Erbbaurechts sind, nicht in die Beleihungswertermittlung einbezogen werden können. **399**

Beispiele:

Keine Berücksichtigung in der Beleihungswertermittlung: Mobiliar und Geschirr einer Gaststätte oder eines Hotels, versetzbare Maschinen, Wohnwagen, fliegende Bauten, fahrbare Kioske, demontierbare Sportgeräte (wie Schiedsrichtersitze, Tennisnetze) usw.

I. d. R. Berücksichtigung in der Beleihungswertermittlung: Aufzüge, Lüftungs- und Klimageräte, angebaute Sonnenschutzanlagen, Bowlingbahnen, Fußbodenbeläge in Sportanlagen, Rampentore in Logistikanlagen usw.

Grenzfälle: eingebaute Küchen (in Wohnimmobilien oder Gaststätten), Einbaumöbel im Hotel, Umkleideanlagen in Schwimmbädern, Schaufenster-Schiebeanlagen in Shopping Centres usw.

Aber selbst in den Fällen, in denen bestimmte Sachen unstrittig Bestandteil des Grundstücks sind, können sie so beschaffen sein, dass sie in der Beleihungswertermittlung unberücksichtigt bleiben müssen. Dies gilt in den (relativ seltenen) Fällen, dass solche Bestandteile nur einer **Spezialnutzung** dienen, die Ertragswertermittlung aber einen weiteren Nutzerkreis unterstellt. **400**

Beispiel:

In einem Produktionsbetrieb fallen Abgase an, die in einer eigens installierten Abgasverbrennungsanlage umweltschonend entsorgt werden. Die Immobilie ist im Übrigen als Gewerbehalle für unterschiedliche Nutzungen geeignet (Logistik, Lager, Produktion). Die Abfallverbrennungsanlage ist wesentlicher Bestandteil des Grundstücks, bleibt aber in der Beleihungswertermittlung unberücksichtigt.

(Würde die Anlage die Drittverwendungsfähigkeit signifikant einschränken, wären auch noch Kosten der Demontage und Entsorgung wertmindernd zu berücksichtigen.)

Anmerkung: An dieser Stelle muss wieder auf den Unterschied zwischen Verwendung als Kreditsicherheit im Allgemeinen und Heranziehung zur Pfandbriefdeckung im Besonderen hingewiesen werden. Die o. g. strengen Ausschlusskriterien beziehen sich nur auf die Deckungsstockfähigkeit und Beleihbarkeit i. S. der §§ 15, 16 PfandBG.

Neben den beiden o. g. Gründen für ein Unberücksichtigt-Lassen von Maschinen, Betriebseinrichtungen u. Ä. können auch solche Sachen bei der Beleihungswertermittlung außer Acht gelassen werden, die üblicherweise nur eine geringe Lebensdauer (weniger als 10 Jahre) **401** haben. Alternativ kann dem Bedarf an Ersatzbeschaffungen für solche Sachen mit erhöhten Ansätzen für Instandhaltungskosten oder Modernisierungsrisiko Rechnung getragen werden.

Beispiel:

Boardingshouse

Annahmen: Baukosten pro Appartement: 100 000 €/davon Einrichtung: Küche, Einbaumöbel u. Ä.: 15 000 €

durchschnittliche Lebensdauer der Einrichtung: 10 Jahre

Die Inneneinrichtung der Appartements ist Bestandteil des Wirtschaftsguts „Wohnen auf Zeit" und zugleich mit der Immobilie weitgehend fest verbunden. Insoweit ist es sinnvoll, diese Teile in die Wertermittlung einzubeziehen.

Aufgrund des erforderlichen schnellen Wechsels wäre allerdings auch ein Modernisierungsrisiko in Ansatz zu bringen, das dem Erneuerungsbedarf in kürzeren Zeitabständen Rechnung trägt. Angemessen wären hier 10 % der Anschaffungskosten, d. h. 1 500 € jährlich pro Appartement. Dies entspricht ca. 1,5 % der Herstellkosten und liegt damit innerhalb der Spanne für das Modernisierungsrisiko von innerstädtischen Hotels nach Anlage 1 BelWertV.

§ 24 BelWertV Wohnungswirtschaftlich genutzte Objekte bei Vergabe von Kleindarlehen

(1) Bei der Beleihung eines im Inland gelegenen wohnwirtschaftlich genutzten Objekts kann auf die Erstellung eines Gutachtens nach § 5 verzichtet werden, wenn der auf dem Objekt abzusichernde Darlehensbetrag unter Einbeziehung aller Vorlasten den Betrag von 400 000 Euro nicht übersteigt. Bei einer teilweisen gewerblichen Nutzung des Objekts darf jedoch der darauf entfallende Ertragsanteil ein Drittel des Rohertrags nicht überschreiten. An Stelle des Gutachtens ist eine vereinfachte Wertermittlung zu erstellen oder erstellen zu lassen, die den übrigen Anforderungen dieser Verordnung genügen muss.

(2) Die Person, die im Falle des Absatzes 1 die Wertermittlung durchführt und erstellt, muss für die Beleihungswertermittlung der dort genannten Objekte ausreichend geschult und qualifiziert sein. Sie darf nicht identisch sein mit der Person, die die abschließende Kreditentscheidung trifft oder den Beleihungswert festsetzt; § 7 Abs. 1 Satz 2 gilt entsprechend. Die Pfandbriefbank hat die Ordnungsmäßigkeit der Wertermittlungen mittels einer in regelmäßigen Abständen durch Gutachter vorzunehmenden Überprüfung einer hinreichend großen Zahl repräsentativer Stichproben sicherzustellen; die §§ 6 und 7 sind entsprechend anzuwenden.

(3) Abweichend von § 4 Abs. 1 Satz 3 kann in Fällen des Absatzes 1 eine Besichtigung des Objekts dann unterbleiben, wenn

1. das Objekt der Pfandbriefbank oder dem mit der Pfandbriefbank kooperierenden Kreditinstitut oder Versicherungsunternehmen bereits bekannt ist, wobei Bekanntheit nur dann angenommen werden kann, wenn das Objekt in den letzten beiden Jahren von einem Mitarbeiter der Pfandbriefbank oder des kooperierenden Kreditinstituts oder Versicherungsunternehmens oder im Auftrag der Pfandbriefbank oder des kooperierenden Kreditinstituts oder Versicherungsunternehmens besichtigt worden ist,

2. es sich um die Beleihung einer Eigentumswohnung handelt, die in einem Gebäude belegen ist, in dem die Pfandbriefbank bereits zumindest eine gleichartige Wohnung innerhalb der letzten zwei Jahre besichtigt hat,

3. bei Beleihung eines in einer Siedlung von gleichartigen Einfamilienhäusern belegenen Einfamilienhauses die Pfandbriefbank zumindest ein gleichartiges Objekt in dieser Siedlung innerhalb der letzten zwei Jahre besichtigt hat oder

4. bei Beleihung eines neu errichteten Fertighauses der Pfandbriefbank oder dem kooperierenden Kreditinstitut oder Versicherungsunternehmen der Bauplatz bekannt ist und das Fertighaus nach Art und Typus anhand des Kataloges des Herstellers eindeutig bestimmt werden kann.

Die Gründe für das Unterbleiben der Besichtigung sind in nachvollziehbarer Weise zu dokumentieren.

(3a) Abweichend von § 4 Absatz 1 Satz 3 kann in den Fällen des Absatzes 1 auf eine Innenbesichtigung des zu bewertenden Objekts verzichtet werden, wenn der Person, die die Wertermittlung durchführt, die wesentlichen Bewertungsparameter hinreichend bekannt sind und

1. die Immobilie innerhalb der letzten zehn Jahre fertiggestellt worden ist, wobei die Gründe für den Verzicht auf die Innenbesichtigung in nachvollziehbarerer Weise zu dokumentieren sind, oder

2. ein Abschlag in Höhe von mindestens 10 Prozent auf das Ergebnis der Beleihungswertermittlung vorgenommen wird.

(4) Bei Erwerb einer Vielzahl von Darlehensforderungen im Sinne des Absatzes 1 von anderen Kreditinstituten oder Versicherungsunternehmen können von diesen oder für diese erstellte vereinfachte Wertermittlungen zugrunde gelegt werden, wenn

1. diese Wertermittlungen den Bestimmungen des Absatzes 1 Satz 3 und des Absatzes 2 Satz 1 und 2 entsprechen,

2. ein nicht mit der Kreditentscheidung befasster, fachkundiger Mitarbeiter der Pfandbriefbank eine Plausibilitätsprüfung, auch im Hinblick auf die einzelnen angesetzten Bewertungsparameter, durchführt und

3. das Ergebnis dieser Plausibilitätsprüfung dokumentiert wird.

Die nach Satz 1 Nr. 2 erforderliche Plausibilitätsprüfung kann auf eine repräsentative, das erworbene Portfolio regional und objektmäßig abbildende Anzahl von Bewertungen beschränkt werden. Ergibt sich hierbei, dass die seinerzeit ermittelten Werte der Beleihungsobjekte nicht nur in Einzelfällen zu hoch angesetzt worden sind, oder ergeben sich sonstige Zweifel bezüglich der Angemessenheit der ermittelten Werte, so ist in Abhängigkeit vom Ergebnis der Überprüfung die Stichprobe angemessen auszuweiten oder eine Einzelprüfung aller Bewertungen für bestimmte Regionen oder Objekttypen oder eine vollständige Neubewertung bestimmter oder aller Beleihungsobjekte gemäß Absatz 1 Satz 3 in Verbindung mit Absatz 2 Satz 1 und 2 durchzuführen. Die Wertermittlungen nach Satz 1 sind in die nach Absatz 2 Satz 3 vorzunehmende Überprüfung ebenfalls einzubeziehen.

§ 25 BelWertV Beleihungen im Ausland

(1) Die Ermittlung des Beleihungswerts von außerhalb der Bundesrepublik Deutschland belegenen Objekten ist nach den §§ 1 bis 23 und 26 durchzuführen, soweit in den Absätzen 2 bis 5 nichts Abweichendes bestimmt ist.

(2) Bei der Ermittlung des Beleihungswerts können wesentliche Informationen, Daten und Einschätzungen aus einem in Bezug auf das zu bewertende Objekt erstellten landesspezifischen Gutachten herangezogen werden, sofern dieses Gutachten auf transparenten und von Fachkreisen anerkannten Bewertungsmethoden beruht und die wesentlichen Informationen zur Ermittlung des Beleihungswerts enthält. Das landesspezifische Gutachten darf zum Zeitpunkt der Beleihungswertermittlung nicht älter als zwei Jahre sein und muss den Vorgaben des § 4 Abs. 1 Satz 3, des § 5 Abs. 2 Satz 1 und 3 und Abs. 3 sowie der §§ 6 und 7 entsprechend erstellt worden sein. Die aus dem landesspezifischen Gutachten entnommenen Daten und Parameter sind in dem nach § 5 Abs. 1 zu erstellenden Beleihungswertgutachten kenntlich zu machen. Auf eine erneute Besichtigung des Objektes im Rahmen der Beleihungswertermittlung kann verzichtet werden, wenn das landesspezifische Gutachten die im Rahmen der seinerzeitigen Besichtigung gewonnenen Erkenntnisse ausreichend beschreibt sowie alle notwendigen Informationen zu Lage, Ausstattung und Zustand des Objektes enthält.

(3) Bei der Ableitung des anzusetzenden Kapitalisierungszinssatzes nach § 12 Abs. 3 sind die in dem jeweiligen Markt nicht nur kurzfristig erreichten Spitzenwerte angemessen zu gewichten.

(4) Sofern eine Berücksichtigung der wirtschaftlichen Restnutzungsdauer im Sinne des § 12 Abs. 2 in landesspezifischen Wertermittlungen unüblich oder nicht ausgewiesen ist, kann zur Ermittlung des Vervielfältigers nach § 12 Abs. 1 eine Restnutzungsdauer von 100 Jahren zugrunde gelegt werden, sofern die geringere tatsächliche Restnutzungsdauer durch zusätzliche Gebäudeabschreibungen im Rahmen der Abzüge für Bewirtschaftungskosten kompensiert wird.

(5) Sieht die jeweilige landesspezifische Bewertungsmethodik üblicherweise einen Abzug von Bewirtschaftungskosten nicht oder nur in stark verminderter Form vor, kann der in § 11 Abs. 2 Satz 3 vorgeschriebene Mindestabzug auch in Form eines ergeb-

nisgleichen Äquivalents durch Ansatz eines erhöhten Kapitalisierungszinssatzes erfolgen.

§ 26 BelWertV Überprüfung der Grundlagen der Beleihungswertermittlung

(1) Bestehen Anhaltspunkte, dass sich die Grundlagen der Beleihungswertermittlung nicht nur unerheblich verschlechtert haben, sind diese zu überprüfen. Dies gilt insbesondere dann, wenn das allgemeine Preisniveau auf dem jeweiligen regionalen Immobilienmarkt in einem die Sicherheit der Beleihung gefährdenden Umfang gesunken ist. Sofern es sich nicht um eigengenutzte Wohnimmobilien handelt, ist eine Überprüfung auch dann vorzunehmen, wenn die auf dem Beleihungsobjekt abgesicherte Forderung einen wesentlichen Leistungsrückstand von mindestens 90 Tagen aufweist. Der Beleihungswert ist bei Bedarf zu mindern.

(2) Soweit nach anderen Vorschriften eine weitergehende Verpflichtung zur Überprüfung des Beleihungswerts besteht, bleibt diese unberührt.

Gliederungsübersicht Rn.

1	Allgemeines	402
2	Kleindarlehen	403
3	Im Ausland gelegene Objekte	405
4	Wertüberprüfungen	406

1 Allgemeines

Die §§ 24 bis 26 enthalten wichtige Regelungen, deren Einhaltung jedoch in erster Linie dem Kreditinstitut obliegt. Für den Kern der Gutachtertätigkeit, die Wertermittlung mittels eines Gutachtens, sind sie kaum von Bedeutung. Daher wird an dieser Stelle auf die maßgebliche kreditwirtschaftliche Fachliteratur verwiesen. **402**

2 Kleindarlehen

Die Kompetenzverteilung zwischen Kreditinstitut und Gutachter gilt insbesondere für die Einhaltung der Kleindarlehensgrenze nach § 24 Abs. 1 BelWertV. Maßgeblich ist hierfür der abzusichernde **Darlehensbetrag**, der unter Einbeziehung aller Vorlasten 400 000 € nicht übersteigen darf. Der Wert des Pfandobjekts spielt im Hinblick auf die Kleindarlehensgrenze keine Rolle. **403**

Von gewisser Relevanz im Hinblick auf die Kriterien des § 24 Abs. 1 BelWertV sind lediglich folgende Daten, die sich u. U. aus dem Gutachten des Sachverständigen ergeben: **404**

– die **Aufteilung des Rohertrags** eines Pfandobjekts in wohnwirtschaftlichen und gewerblichen Anteil (Übersteigt der gewerbliche Anteil ein Drittel des gesamten Rohertrags, so kann von den Erleichterungen des § 24 BelWertV kein Gebrauch gemacht werden.),

– die Bewertung der **Vorlasten**, da diese zusätzlich zum Darlehensbetrag zu berücksichtigen sind (vgl. Rn. 63 ff.).

Auch alle sonstigen Entscheidungen, die aufgrund der Vorgaben des § 24 BelWertV ggf. zu treffen sind, müssen beim Kreditinstitut liegen (Besichtigungserfordernis, Plausibilitätsprüfung anstelle eines Gutachtens, stichprobenhafte Bewertung usw.).

3 Im Ausland gelegene Objekte

Schrifttum zur Beleihungswertermittlung im Ausland: *vdp Verband deutscher Pfandbriefbanken* (Hrsg.): Ermittlung des Beleihungswerts nach BelWertV auf der Grundlage ausländischer Bewertungen, Berlin 2010 (als Download u. a. auf der Website der HypZert GmbH); *vdp Verband deutscher Pfandbriefbanken (Hrsg.)/Stöcker, Otmar, Stürner, Rolf:* Flexibilität, Sicherheit und Effizienz der Grundpfandrechte in Europa, Band III, 3. erw. Aufl., Berlin 2012; Publikationen des *vdp Verband Deutscher Pfandbriefbanken*, u.a. zum Pfandrecht an Grundstücken in den USA (Band 28), in Großbritannien (Band 25), Ungarn (Band 46), Tschechien (Band 45), Polen (Band 42), Bulgarien (Bände 35 und 41), Rumänien (Band 29), Japan (Band 24), Spanien (Band 15) und in der Schweiz (Band 31); *HypZert GmbH* (Hrsg.): Internationale Immobilienmärkte und ihre Bewertungsverfahren, 3. Aufl., Berlin 2012.

405 § 25 BelWertV[47] trifft nähere Bestimmungen zur Bewertung im Ausland belegener Objekte. Er ergänzt insoweit § 13 Abs. 1 Satz 2 PfandBG. Auch in diesen Fällen obliegt der Pfandbriefbank die Beantwortung der Fragen, die sich aus den Regelungen der BelWertV ergeben.

4 Wertüberprüfungen

406 Auch § 26 BelWertV, der sich mit dem Erfordernis von **Wertüberprüfungen** (Aktualisierungen, Reviews) während der Zeit der Beleihung auseinandersetzt, enthält aus Sicht des Gutachters Hintergrundinformationen ohne direkte Relevanz für die Wertermittlung.

---

47 Die Bewertung im Ausland belegener Grundstücke ist generell nicht Gegenstand dieses Buches. Es wird daher auf die relevante Fachliteratur verwiesen.

Teil X

Anhang

Teil X

Anhang

Anhang

Gliederungsübersicht   Seite

1 Sachverständigenwesen
   1.1 Mustersachverständigenordnung (SVO) und Richtlinien 3178
   1.2 Unverbindliche Honorarempfehlung für Gutachten über die Ermittlung des Werts von Grundstücken, Gebäuden und anderen Bauwerken bzw. Rechten an Grundstücken ... 3210
   1.3 Honorar für Mietwertgutachten 3214
   1.4 Auszug aus dem Bewertungsgesetz (BewG) 3216

2 Statistischer Anhang
   2.1 Kaufwerte für Bauland insgesamt, baureifes Land und Rohbauland 3238
   2.2 Verdienstindex 3239
   2.3 Verbraucherpreisindex (VPI) 3240
   2.4 Sterbetafel 2009/2011 in Deutschland 3241
   2.5 Baupreisindizes des Statistischen Bundesamtes
       2.5.1 Wiederherstellungskosten für 1913/14 erstellte Wohngebäude in Deutschland, Berlin, Bayern und Nordrhein-Westfalen 3246
       2.5.2 Baupreisindex für den Neubau von Wohngebäuden, Mehrfamiliengebäuden, Einfamiliengebäuden, Büro- sowie gewerblichen Betriebsgebäuden und die Instandhaltung von Mehrfamiliengebäuden 3250

3 Tabellen und Faktoren
   3.1 Vervielfältigertabelle (Anlage 1 zu § 20 ImmoWertV) 3252
   3.2 Abzinsungsfaktoren (Anlage 2 zu § 20 ImmoWertV) 3256
   3.3 Aufzinsungsfaktoren q^n 3260
   3.4 Abschreibungsdivisor $(q^n - 1)/(q - 1)$ 3263

X Anhang Muster-Sachverständigenordnung (SVO)

1 Sachverständigenwesen

1.1 Muster-Sachverständigenordnung (SVO) des Deutschen Industrie- und Handelskammertages (DIHK) für öffentlich bestellte und vereidigte Sachverständige einschließlich hierzu erlassener Richtlinien

neu gefasst aufgrund des Beschlusses des Arbeitskreises Sachverständigenwesen beim DIHK vom 30.11.2009, i.d.F. vom 26.3.2012 einschließlich hierzu erlassener Richtlinien vom 20.7.2012

I Voraussetzungen für die öffentliche Bestellung und Vereidigung

§ 1
Bestellungsgrundlage

Die Industrie- und Handelskammer bestellt gemäß § 36 Gewerbeordnung auf Antrag Sachverständige für bestimmte Sachgebiete nach Maßgabe der folgenden Bestimmungen.

Richtlinie:
1.1   Rechtsgrundlage
1.1.1 Die Industrie- und Handelskammern sind nach § 36 Abs. 4 GewO befugt, Sachverständigenordnungen zu erlassen, soweit die Landesregierungen von ihrer Befugnis, Durchführungsvorschriften zu erlassen, keinen Gebrauch gemacht haben (§ 36 Abs. 3 GewO). Die Sachverständigenordnungen sind Satzungen der zuständigen Industrie- und Handelskammern. Den zulässigen Inhalt der Satzung regelt § 36 Abs. 3 GewO.
1.1.2 Sachverständige haben einen Anspruch auf öffentliche Bestellung und Vereidigung, wenn sie die Bestellungsvoraussetzungen (§§ 3, 3a MSVO) erfüllen.
1.1.3 Die öffentliche Bestellung kann nur auf Antrag erfolgen.
1.2   Sachgebiete
1.2.1 Die öffentliche Bestellung kann nur für ein bestimmtes Sachgebiet erfolgen. „Bestimmt" bedeutet, dass das Sachgebiet, für das der Sachverständige bestellt werden soll, möglichst genau zu beschreiben und abzugrenzen ist. Die Industrie- und Handelskammern haben bei der Auswahl und Abgrenzung der Sachgebiete einen weiten Ermessensspielraum, der die Bedürfnisse der Praxis, insbesondere die Nachfrage nach bestimmten Sachgebieten, berücksichtigt (vgl. 3.1). Sachgebiete, die vom Publikum nicht oder nur selten nachgefragt werden, sind nicht bestellungsfähig.
1.2.2 Das einzelne Sachgebiet sollte möglichst präzise gefasst werden.
1.2.3 Die vom Arbeitskreis „Sachverständigenwesen" beim DIHK erarbeiteten Sachgebietseinteilungen sind im Interesse einer bundeseinheitlichen Bestellungspraxis anzuwenden (vgl. 3.1.6 ff.).
1.3   Bestellungsfähiger Personenkreis
1.3.1 Die Industrie- und Handelskammern können sowohl Gewerbetreibende als auch Freiberufler, Selbständige und auch Angestellte öffentlich bestellen und vereidigen, sofern diese im Einzelfall die Voraussetzungen für die öffentliche Bestellung erfüllen (vgl. § 3 MSVO).
1.3.2 Es können nur natürliche Personen, nicht aber Personengesellschaften oder juristische Personen öffentlich bestellt werden.

§ 2
Öffentliche Bestellung

(1) Die öffentliche Bestellung hat den Zweck, Gerichten, Behörden und der Öffentlichkeit besonders sachkundige und persönlich geeignete Sachverständige zur Verfügung zu stellen, deren Aussagen besonders glaubhaft sind.

(2) Die öffentliche Bestellung umfasst die Erstattung von Gutachten und andere Sachverständigenleistungen wie Beratungen, Überwachungen, Prüfungen, Erteilung von Bescheinigungen sowie schiedsgutachterliche und schiedsrichterliche Tätigkeiten.

(3) Die öffentliche Bestellung kann inhaltlich beschränkt und mit Auflagen verbunden werden. Auflagen können auch nachträglich erteilt werden.

(4) Die öffentliche Bestellung wird auf 5 Jahre befristet. Vorbehaltlich des Erlöschens wegen der Vollendung des 68. Lebensjahres (§ 22 Absatz 1 Buchstabe d)) kann der Sachverständige auf Antrag für weitere

Muster-Sachverständigenordnung (SVO) — Anhang X

5 Jahre erneut bestellt werden. Bei einer erstmaligen Bestellung und in begründeten Ausnahmefällen kann die Frist von 5 Jahren unterschritten werden.

(5) Die öffentliche Bestellung erfolgt durch Aushändigung der Bestellungsurkunde.

(6) Die Tätigkeit des öffentlich bestellten Sachverständigen ist nicht auf den Bezirk der bestellenden Industrie- und Handelskammer beschränkt.

Richtlinie:

2.1 Rechtsnatur und Zweck

2.1.1 Die öffentliche Bestellung ist keine Berufszulassung, sondern die Zuerkennung einer besonderen Qualifikation, die der Aussage des Sachverständigen einen erhöhten Wert verleiht. Durch die öffentliche Bestellung erhält der Sachverständige keine hoheitlichen Befugnisse. Die öffentliche Bestellung dient ausschließlich dem Zweck, Gerichten, Behörden und privaten Auftraggebern Sachverständige zur Verfügung zu stellen, die persönlich integer sind und eine fachlich richtige sowie unparteiische und glaubhafte Sachverständigenleistung gewährleisten.

2.1.2 Die öffentliche Bestellung ist darüber hinaus ein Hilfsmittel bei der Suche nach Sachverständigen, die durch eine öffentlich-rechtliche Einrichtung wie die Industrie- und Handelskammer persönlich und fachlich überprüft worden sind und überwacht werden. Die von öffentlich bestellten Sachverständigen erbrachten Leistungen genießen aus diesem Grund besonderes Vertrauen.

2.2 Umfang der öffentlichen Bestellung

2.2.1 Die Aufgaben eines Sachverständigen können sowohl die Erstattung von Gutachten als auch weitere Sachverständigentätigkeiten sein, wie Beratungen, Überwachungen, Überprüfungen, Erteilung von Bescheinigungen sowie schiedsgutachterliche und schiedsgerichtliche Tätigkeiten.

2.2.2 Die Aufzählung ist nicht abschließend, wie sich aus § 36 GewO ergibt.

2.3 Beschränkung und Auflagen

2.3.1 Beschränkung

Inhaltliche Beschränkung bedeutet, dass der Sachverständige z. B. bestimmte Tätigkeiten nicht ausüben oder in bestimmten Regionen oder für bestimmte Auftraggeber nicht als Sachverständiger tätig sein darf, weil sonst seine Objektivität und Glaubwürdigkeit nicht gewährleistet wären.

2.3.2 Auflagen

Die öffentliche Bestellung kann jederzeit mit Auflagen verbunden werden.

Beispiele:

- *Einem Angestellten einer Behörde oder eines privaten Arbeitgebers kann die Auflage erteilt werden, am Beginn jedes Gutachtens das Arbeits- bzw. Dienstverhältnis offenzulegen (vgl. § 3 Abs. 3 MSVO).*
- *Einem Sachverständigen kann die Auflage erteilt werden, an Fortbildungsveranstaltungen oder an einem Erfahrungsaustausch teilzunehmen (vgl. § 16 MSVO).*

Auflagen können im Zusammenhang mit Aufsichtsverfahren gegen öffentlich bestellte Sachverständige von Bedeutung sein, wenn sie unter Berücksichtigung des Verhältnismäßigkeitsgrundsatzes als milderes Mittel gegenüber dem Widerruf der öffentlichen Bestellung in Betracht kommen (vgl. 23.3).

Kommt der Sachverständige solchen Auflagen nicht nach, kann seine Bestellung widerrufen werden (vgl. 23.2).

2.4. Befristung

Die öffentliche Bestellung wird jeweils auf fünf Jahre befristet. Bei einer Erstbestellung und in begründeten Ausnahmefällen kann die Frist von fünf Jahren unterschritten werden. Als Folge der geänderten Rechtsprechung des BVerwG[1] dürfen Befristungen – ganz gleich ob Regelbefristungen oder kürzere Befristungen – nicht mehr im Zusammenhang mit dem Alter des Antragstellers stehen. Mit Ablauf der Frist erlischt die Bestellung. Der Sachverständige kann jedoch vor Ablauf der Frist einen Antrag auf erneute öffentliche Bestellung stellen. Die IHK muss dann erneut prüfen, ob sämtliche Bestellungsvoraussetzungen, insbesondere die besondere Sachkunde und die persönliche Eignung, vorliegen.

2.5 Bestellungsakt und Rechtsfolgen der öffentlichen Bestellung

2.5.1 Der Sachverständige wird in der Weise öffentlich bestellt und vereidigt, dass ihm die Bestellungsurkunde ausgehändigt und ihm erklärt wird,

- *er sei als Sachverständiger für das in der Bestellungsurkunde genannte Sachgebiet nach Maßgabe der Vorschriften der Sachverständigenordnung öffentlich bestellt,*
- *er müsse von nun an die darin zum Ausdruck kommenden Pflichten einhalten,*

---

[1] BVerwG, Urt. vom 1.2.2012 – 8 C 24/11 –, GuG 2012, 309 = EzGuG 11.916.

X Anhang Muster-Sachverständigenordnung (SVO)

Daraufhin ist er gemäß § 5 MSVO zu vereidigen.

Mit der öffentlichen Bestellung ist die Verpflichtung des Sachverständigen verbunden, den Eid bzw. die Bekräftigung nach § 5 MSVO zu leisten.

2.5.2 Öffentliche Bestellung und Vereidigung bilden einen einheitlichen Vorgang und haben in rechtlicher Hinsicht dieselbe Funktion, nämlich das Vertrauen der Öffentlichkeit in die Glaubwürdigkeit und Objektivität des Sachverständigen zu begründen und zu bekräftigen.

2.5.3 Anlässlich seiner öffentlichen Bestellung ist der Sachverständige außerdem nach § 1 Abs. 1 Nr. 3 des Verpflichtungsgesetzes auf die gewissenhafte Einhaltung seiner Obliegenheiten zu verpflichten und auf die strafrechtlichen Folgen einer Verletzung dieser Pflichten hinzuweisen.

2.5.4 Durch die öffentliche Bestellung entsteht ein besonderes öffentlich-rechtliches Rechtsverhältnis. Der Sachverständige muss von nun an seine Sachverständigentätigkeiten auf dem Bestellungsgebiet als von der IHK öffentlich bestellter Sachverständiger erbringen. Der Sachverständige unterliegt der Aufsicht der IHK, die die Einhaltung der Pflichten des Sachverständigen aus der Sachverständigenordnung überwacht und bei Pflichtverstößen Auflagen erteilen oder die öffentliche Bestellung widerrufen kann.

2.5.5 Durch die Aushändigung der Sachverständigenordnung und der Richtlinien erhält der Sachverständige einen Überblick über sämtliche ihm obliegenden Rechte und Pflichten (vgl. 6.1.4).

2.5.6 Der Gesetzgeber hat folgende Sonderbestimmungen für die öffentlich bestellten Sachverständigen erlassen:

– *Sie sind in Zivil- und Strafverfahren bevorzugt zur Gutachtenerstattung heranzuziehen (vgl. §§ 404 Abs. 2 ZPO, 73 Abs. 2 StPO).*

– *Sie sind grundsätzlich verpflichtet, die von ihnen verlangten Gutachten zu erstatten (z. B. §§ 407 Abs. 1 ZPO, 75 Abs. 1 StPO).*

– *Sie unterliegen einer mit Strafe bewehrten Schweigepflicht (vgl. § 203 Abs. 2 Nr. 5 StGB).*

– *Sie haben in einigen Sachbereichen besondere Prüfzuständigkeiten und in einigen Rechtsbereichen (z. B. § 558a Abs. 2 Nr. 3 BGB) besondere Gutachtenzuständigkeiten.*

– *Ihre Bezeichnung öffentlich bestellter Sachverständiger ist durch § 132a StGB gesetzlich geschützt.*

– *Sie haben zunehmend eine Prüfung von Sachverhalten mit anschließender Ausstellung einer positiven oder negativen Bescheinigung vorzunehmen.*

2.6 Überregionale Geltung

2.6.1 Die Tätigkeit des öffentlich bestellten Sachverständigen ist nicht auf den Bezirk der IHK beschränkt, von der er öffentlich bestellt worden ist, sondern er kann im gesamten Bundesgebiet sowohl für Gerichte, Behörden als auch private Auftraggeber tätig werden.

2.6.2 Der Sachverständige darf sich auch im Ausland als öffentlich bestellter Sachverständiger bezeichnen, wenn dies dort erlaubt ist und er die Vorschriften der Sachverständigenordnung einhält. Dies gilt freilich nur, solange er gem. § 3 Abs. 2 a) MSVO eine Niederlassung im Geltungsbereich des Grundgesetzes unterhält und die öffentliche Bestellung daher nicht gem. § 22 Abs. 1 b) MSVO erloschen ist.

§ 3
Bestellungsvoraussetzungen

(1) Ein Sachverständiger ist auf Antrag öffentlich zu bestellen, wenn die nachfolgenden Voraussetzungen vorliegen. Für das beantragte Sachgebiet muss ein Bedarf an Sachverständigenleistungen bestehen. Die Sachgebiete und die Bestellungsvoraussetzungen für das einzelne Sachgebiet werden durch die Industrie- und Handelskammer bestimmt.

(2) Voraussetzung für die öffentliche Bestellung des Antragsstellers ist, dass

a) er eine Niederlassung als Sachverständiger im Geltungsbereich des Grundgesetzes unterhält;

b) er über ausreichende Lebens- und Berufserfahrung verfügt;

c) keine Bedenken gegen seine Eignung bestehen;

d) er erheblich über dem Durchschnitt liegende Fachkenntnisse, praktische Erfahrungen und die Fähigkeit, sowohl Gutachten zu erstatten als auch die in § 2 Abs. 2 genannten Leistungen zu erbringen, nachweist;

e) er über die zur Ausübung der Tätigkeit als öffentlich bestellter Sachverständiger erforderlichen Einrichtungen verfügt;

f) er in geordneten wirtschaftlichen Verhältnissen lebt;

g) er die Gewähr für Unparteilichkeit und Unabhängigkeit sowie für die Einhaltung der Pflichten eines öffentlich bestellten Sachverständigen bietet;

Muster-Sachverständigenordnung (SVO) — Anhang X

h) er nachweist, dass er über einschlägige Kenntnisse des deutschen Rechts und die Fähigkeit zur verständlichen Erläuterung fachlicher Feststellungen und Bewertungen verfügt;

i) er über die erforderliche geistige und körperliche Leistungsfähigkeit entsprechend den Anforderungen des beantragten Sachgebiets verfügt.

(3) Ein Sachverständiger, der in einem Arbeits- oder Dienstverhältnis steht, kann nur öffentlich bestellt werden, wenn er die Voraussetzungen des Abs. 2 erfüllt und zusätzlich nachweist, dass

a) sein Anstellungsvertrag den Erfordernissen des Abs. 2 Buchst. g) nicht entgegensteht und dass er seine Sachverständigentätigkeit persönlich ausüben kann;

b) er bei seiner Sachverständigentätigkeit im Einzelfall keinen fachlichen Weisungen unterliegt und seine Leistungen gemäß § 12 als von ihm selbst erstellt kennzeichnen kann;

c) ihn sein Arbeitgeber im erforderlichen Umfang für die Sachverständigentätigkeit freistellt.

(4) (entfallen)

Richtlinie:

3.1 Das abstrakte Bedürfnis und die Bestimmung der Sachgebiete sowie der Bestellungsvoraussetzungen

3.1.1 Eine öffentliche Bestellung ist nur möglich, wenn das abstrakte Bedürfnis für das beantragte Sachgebiet gegeben ist.

3.1.2 Das abstrakte Bedürfnis liegt vor, wenn eine häufige, nachhaltige oder verbreitete, nicht unbedeutende oder nur gelegentliche Nachfrage von Gerichten und privaten Auftraggebern nach Sachverständigenleistungen auf dem beantragten Sachgebiet in Deutschland besteht.

3.1.3 Ein wichtiges Indiz für das Vorliegen des abstrakten Bedürfnisses ist gegeben, wenn der Antragsteller eine größere Anzahl bereits gefertigter Gutachten vorlegen kann oder für das jeweilige Sachgebiet bereits fachliche Bestellungsvoraussetzungen oder eine größere Anzahl von öffentlichen Bestellungen bei anderen IHKs vorliegen. Es empfiehlt sich eine Recherche im bundesweiten IHK-Sachverständigenverzeichnis (www.svv.ihk.de).

3.1.4 Liegt für das beantragte Sachgebiet bisher noch keine öffentlichen Bestellung in Deutschland vor, so soll die zuständige IHK klären, ob das beantragte Sachgebiet ein Teilbereich eines bereits bestellfähigen Sachgebietes ist oder ein völlig neues Sachgebiet (vgl. auch 3.1.7). Im ersten Fall sollte unter Beteiligung von Fachleuten (z. B. öffentlich bestellen Sachverständigen, Fachausschüssen) abgeklärt werden, ob das Teilsachgebiet wirklich als eigenständiges neues Bestellungsgebiet sinnvoll ist. Im zweiten Fall sollte durch Umfrage über den DIHK bei allen IHKs, ggf. auch bei einschlägigen Verbänden, anderen sachkundigen Stellen und Gerichten, überprüft werden, ob eine ausreichende Nachfrage an Sachverständigenleistungen auf diesem Sachgebiet besteht.

Wegen der präjudizierenden Wirkung von öffentlichen Bestellungen gegenüber anderen IHKs sollte davon abgesehen werden, ohne eingehende Überprüfung und Beteiligung des DIHK bzw. des Arbeitskreises Sachverständigenwesen, öffentliche Bestellungen auf bisher nicht bestellfähigen Sachgebieten vorzunehmen oder neue Tenorierungen für bereits bestellfähige Sachgebiete zu formulieren (vgl. Ziff. 3.1.6 und 3.1.7).

3.1.5 Eine konkrete Bedürfnisprüfung ist wegen des Rechtsanspruches auf öffentliche Bestellung und Vereidigung hingegen unzulässig. Konkrete Bedürfnisprüfung bedeutet, die öffentliche Bestellung davon abhängig zu machen, ob auf einem bestimmten Sachgebiet bereits eine ausreichende Zahl von Sachverständigen vorhanden ist.

3.1.6 Die IHK bestimmt den Sachgebietstenor auf der Grundlage des gestellten Antrags. Dabei soll sie sich an die vom Arbeitskreis Sachverständigenwesen verabschiedete Übersicht der Sachgebiete halten. Dies ist erforderlich, um die Verständlichkeit und Vergleichbarkeit der Sachgebiete der einzelnen Sachverständigen für die Öffentlichkeit zu gewährleisten. Die einheitliche Tenorierung ist auch Grundlage für die Aufstellung von fachlichen Bestellungsvoraussetzungen, die der Prüfung der besonderen Sachkunde durch die IHK (regelmäßig mittels Begutachtung durch ein Fachgremium) zugrunde gelegt werden (vgl. Ziff. 3.2.4.2).

3.1.7 Im Interesse der Einheitlichkeit sollen weitere Sachgebietsbezeichnungen mit dem DIHK abgestimmt werden. Teilgebiete von definierten Sachgebieten sind nur ausnahmsweise bestellungsfähig. Dabei darf weder das abstrakte Bedürfnis entfallen noch die Verständlichkeit für potentielle Auftraggeber leiden.

3.1.8 Im Interesse einheitlicher Anforderungen soll die zuständige IHK für eine öffentliche Bestellung auf bereits bestehende fachliche Bestellungsvoraussetzungen zurückgreifen. Liegen keine hinreichend aktualisierten fachlichen Bestellungsvoraussetzungen vor, ist zu prüfen, ob es sinnvoll ist, solche vorab – unter Beteiligung relevanter Fachleute – zu entwickeln oder zu überarbeiten und durch den DIHK-Arbeitskreis

X Anhang
Muster-Sachverständigenordnung (SVO)

Sachverständigenwesen zu verabschieden. Dabei ist das Muster zu „Aufbau und Gliederung von Bestellungsvoraussetzungen"[2] zu beachten. Diese fachlichen Bestellungsvoraussetzungen werden über das Institut für Sachverständigenwesen e.V. (IfS) unter www.ifsforum.de zur Verfügung gestellt.

3.2 Weitere Voraussetzungen

3.2.1 Niederlassung
Der Antragsteller muss eine inländische Niederlassung unterhalten. Nur bei Antragstellern aus einem anderen Mitgliedstaat der Europäischen Union oder einem anderen Vertragsstaat des Abkommens über den Europäischen Wirtschaftsraum genügt nach § 4a Abs. 1 MSVO bereits die Absicht, eine bestimmte Niederlassung in Deutschland begründen zu wollen.

Der Antragsteller hat mit dem Antrag eine Erklärung darüber abzugeben, ob und ggf. wann und wo er bereits früher einen Antrag auf öffentliche Bestellung als Sachverständiger gestellt hat.

3.2.2 Ausreichende Lebens- und Berufserfahrung
Als Folge der geänderten Rechtsprechung des BVerwG[3] dürfen die Bestellungskörperschaften die öffentliche Bestellung nicht mehr von einer Mindest- oder Höchstaltersgrenze abhängig machen. Eine ausreichende Lebens- und Berufserfahrung darf hingegen weiterhin vorausgesetzt werden. Diese variiert nach Sachgebiet. Grundsätzlich können sich die Bestellungskörperschaften an den Vorgaben in den einschlägigen, vom DIHK-Arbeitskreis Sachverständigenwesen verabschiedeten fachlichen Bestellungsvoraussetzungen der IHK-Organisation orientieren.

3.2.3 Persönliche Eignung
3.2.3.1 Die persönliche Eignung des Antragstellers ist nur dann gegeben, wenn er vertrauenswürdig und im gewerberechtlichen Sinne zuverlässig ist. Begründete Zweifel am Vorliegen dieser Eigenschaften rechtfertigen bereits die Ablehnung der öffentlichen Bestellung.

3.2.3.2 Die Zuverlässigkeit ist bereits stark indiziert, wenn die Voraussetzungen von § 3 Abs. 2 f) bis i) vorliegen, vgl. Ziffern 3.2.6 bis 3.2.9. Es darf über ihn aber auch keine einschlägige Eintragung im Bundeszentralregister oder Gewerbezentralregister vorliegen. Antragsteller aus dem Ausland müssen diese Vorgaben entsprechend den gesetzlichen Regelungen ihrer Herkunftsländer erfüllen.

3.2.3.3 Vertrauenswürdig ist der Antragsteller, der seine Arbeit diskret und mit der gebotenen Distanz, Sachlichkeit und Zurückhaltung verrichtet.

3.2.4 Besondere Sachkunde
3.2.4.1 Der Antragsteller muss auf dem Sachgebiet, für das er öffentlich bestellt werden möchte, erheblich über dem Durchschnitt liegende Fachkenntnisse nachweisen (BVerwG Urt. vom 11.12.1972 – 1 C 5/ 71 –, GewArch 1973, 263 = EzGuG 11.88a; BVerwG Urt. vom 26.6.1990 – 1C 10/88 –, GuG 1992, 293 = EzGuG 11.178b = GewArch 1990, 355, OVG Lüneburg, Urt. vom 31.7.2009 – 7 LA79/08 –, GuG 2010, 122 = EzGuG 11.703 = GewArch 2009, 452). Die Formulierung in der MSVO ist an den Wortlaut der Rechtsprechung angepasst. Des Weiteren muss er praktische Erfahrungen und die Fähigkeit nachweisen, Gutachten zu erstatten und andere Leistungen gem. § 2 Abs. 2 MSVO zu erbringen.

3.2.4.2 Maßgebend für die Überprüfung dieser Kriterien sind der berufliche Werdegang, die fachlichen Prüfungsabschlüsse und die durch langjährige Berufspraxis erworbenen Erfahrungen. Die Überprüfung erfolgt – soweit vorhanden – anhand von besonderen fachlichen Bestellungsvoraussetzungen, die für das jeweilige Sachgebiet bundeseinheitlich durch den Arbeitskreis Sachverständigenwesen beschlossen werden.

3.2.4.3 Der Antragsteller muss seine besondere Sachkunde nachweisen. Der Nachweis ist nicht schon dadurch erbracht, dass er seinen Beruf in fachlicher Hinsicht bisher ordnungsgemäß ausgeübt und/oder einen einschlägigen Studienabschluss erworben hat. Schriftliche Unterlagen allein reichen zum Nachweis der besonderen Sachkunde in aller Regel nicht aus.

3.2.4.4 Wenn der Antragsteller darauf hinweist, dass er für das beantragte Sachgebiet bereits von einer akkreditierten oder nicht akkreditierten Zertifizierungsstelle zertifiziert ist, ist wie folgt zu verfahren:

3.2.4.5 Die zuständige IHK muss immer eine konkrete Prüfung des einzelnen Antrags im Hinblick auf den Nachweis der besonderen Sachkunde vornehmen.

3.2.4.6 Sind Zertifizierungen im Bestellungsverfahren zu berücksichtigen, muss sie im Einzelnen überprüfen:
- *Ist die Zertifizierungsstelle für die Personenzertifizierung entsprechend DIN EN 17024 (früher 45013) von der Deutschen Akkreditierungsstelle GmbH (DAkkS) akkreditiert?*
- *Ist das Sachgebiet der Zertifizierung mit dem zu bestellenden Sachgebiet identisch?*

---

2 Aktueller Stand: Juni 2009.
3 BVerwG, Urt. vom 1.2.2012 – 8 C 24/11 –, GuG 2012, 309 = EzGuG 11.916.

Beispiel: Bei der Zertifizierung für die Beleihungswertermittlung stimmen die inhaltlichen und fachlichen Voraussetzungen im normativen Dokument nicht überein mit den entsprechenden Bestellungsvoraussetzungen für die Bewertung von bebauten und unbebauten Grundstücken.

– *Sind die Anforderungen an Berufsausbildung und -erfahrung gleichwertig mit denen der fachlichen Bestellungsvoraussetzungen für die öffentliche Bestellung?*

Informationen zu den beiden letzten Punkten enthalten die Zertifizierungsbedingungen der jeweiligen Zertifizierungsstellen und sind vom Antragsteller vorzulegen.

– *Wird die in den fachlichen Bestellungsvoraussetzungen geforderte Anzahl und Art (inhaltlich) von Gutachten vorgelegt?*

– *Entspricht die fachliche Überprüfung durch die Zertifizierungsstelle den Anforderungen der öffentlichen Bestellung?*

Maßgeblich für den Vergleich sind die fachlichen Bestellungsvoraussetzungen. Wird dies durch die Prüfungsunterlagen (schriftliche Unterlagen, Protokoll über die mündliche Überprüfung, Bewertung der vorgelegten Gutachten) belegt? Sollen die Unterlagen, die im Rahmen der Zertifizierung angefallen sind, beim Bestellungsverfahren berücksichtigt werden, hat der Antragsteller zu veranlassen, dass die Zertifizierungsstelle diese Unterlagen der IHK zur Verfügung stellt und dass er damit einverstanden ist, dass alle Auskünfte in persönlicher und fachlicher Hinsicht im Rahmen der Tätigkeit als zertifizierter Sachverständiger an die IHK erteilt werden dürfen.

– *Wer sind die für die Zertifizierungsstelle tätigen Prüfer? Sind sie der IHK als fachlich kompetent und persönlich zuverlässig bekannt?*

3.2.4.7 *Fachliche Nachweise und Qualifikationen von dritten Institutionen sind bei der Beurteilung der „besonderen Sachkunde" zu prüfen und je nach Ergebnis entsprechend zu berücksichtigen, aber es gibt keine allgemeine „Anerkennung" einer „Fachprüfung". Eine „generalisierende" Betrachtung in dem Sinne, dass eine einmal positive Beurteilung einer von einer bestimmten Zertifizierungsstelle zertifizierten Person auch für die Zukunft eine positive Entscheidung indiziert, ist nicht zulässig.*

3.2.4.8 *Unterlagen aus einem Zertifizierungsverfahren allein reichen als Nachweis der besonderen Sachkunde grundsätzlich nicht aus. Zu prüfen ist im Einzelfall:*

– *Ist der IHK bekannt, wie diese Unterlagen zustande gekommen sind, insbesondere welche Hilfestellung von Seiten der Zertifizierungsstelle, die meist auch Aus- und Fortbildungsseminare auf dem zertifizierten Sachgebiet anbietet, oder einer dritten Person erfolgt ist? (Erklärungen des Antragstellers, dass er die Unterlagen allein und ohne fremde Hilfe erstellt habe, sind nicht immer ausreichend zuverlässig.)*

– *Ist sichergestellt, dass die Unterlagen authentisch vom Antragssteller erstellt wurden? So sind z. B. im Rahmen einer Zertifizierung oder auf Hinweis Dritter nachgebesserte Gutachten nicht authentisch erstellt. Eine entsprechende Versicherung des Antragstellers kann verlangt werden.*

– *Sind die Zertifizierungsunterlagen jüngeren Datums? (Soweit der Antragsteller bereits in einem Bestellungsverfahren von einem Fachgremium mit negativem Votum begutachtet wurde, müssen die Zertifizierungsunterlagen deutlich später erstellt worden sein und mit den früheren Unterlagen verglichen werden, um etwaige Unterschiede erkennen zu können.)*

Deshalb wird in der Regel dem Antragsteller nahe gelegt werden müssen, zu den Zertifizierungsunterlagen eigene weitere Gutachten aus jüngster Zeit vorzulegen, zweckmäßigerweise mit den in den Bestellungsvorrausetzungen niedergelegten Inhalten.

3.2.4.9 *Die vorgelegten fachlichen Unterlagen sind in jedem Fall von Vertrauenssachverständigen der IHK und/oder von Mitgliedern einschlägiger Fachausschüsse/-gremien im Hinblick auf den Nachweis der besonderen Sachkunde fachlich zu würdigen.*

3.2.4.10 *Es muss sichergestellt sein, dass die Beurteilung der besonderen Sachkunde auf authentischen Leistungen des Antragstellers beruht. Deshalb kann in der Regel auf unter Aufsicht der IHK hergestellte schriftliche Ausarbeitungen und/oder ein Fachgespräch nicht verzichtet werden.*

3.2.4.11 *Der Grundsatz der Verhältnismäßigkeit und des Übermaßverbotes ist zu beachten, wobei die IHK sich immer selbst vom Vorliegen der gesetzlichen Bestellungsvoraussetzungen, also auch der besonderen Sachkunde, zweifelsfrei zu überzeugen hat.*

3.2.4.12 *Zum Inhalt der besonderen Sachkunde gehört weiter, dass der Antragsteller in der Lage ist, auch schwierige fachliche Zusammenhänge mündlich oder schriftlich so darzustellen, dass seine gutachterlichen Äußerungen für den jeweiligen Auftraggeber, der in aller Regel Laie sein wird, verständlich sind. Hierzu gehört auch, dass die vom Antragsteller dargestellten Ergebnisse so begründet werden müssen, dass sie für einen Laien verständlich und nachvollziehbar sowie für einen Fachmann in allen Einzelheiten nachprüfbar sind.*

X Anhang — Muster-Sachverständigenordnung (SVO)

3.2.5 Technische Einrichtungen

Der Antragsteller muss über die zur Ausübung seiner Sachverständigentätigkeit erforderlichen Einrichtungen verfügen. Dies bedeutet nicht, dass er alle technischen Einrichtungen selbst zu Eigentum erwerben muss; es reicht vielmehr aus, dass ihm die erforderlichen Einrichtungen in einer Weise zur Verfügung stehen, dass der Zugriff, soweit erforderlich, jederzeit möglich ist und seine Unabhängigkeit und Unparteilichkeit nicht gefährdet werden.

3.2.6 Geordnete wirtschaftliche Verhältnisse

Der Antragsteller muss in geordneten wirtschaftlichen Verhältnissen leben. Das bedeutet insbesondere, dass er keine eidesstattliche Versicherung nach § 807 ZPO für sich oder einen Dritten abgegeben haben und weder persönlich noch für einen Dritten im Schuldnerverzeichnis nach § 915 ZPO eingetragen sein darf. Dies bedeutet weiter, dass über das Vermögen des Antragstellers kein Insolvenzverfahren beantragt oder eröffnet oder mangels Masse abgelehnt sein darf. Dies bedeutet schließlich, dass regelmäßig über das Vermögen einer Gesellschaft, dessen Geschäftsführer oder persönlich haftender Gesellschafter er ist, nicht das Insolvenzverfahren beantragt oder eröffnet oder die Eröffnung eines Insolvenzverfahrens mangels Masse abgelehnt sein darf. Ausländische Antragsteller müssen diese Vorgaben entsprechend den gesetzlichen Regelungen ihrer Herkunftsländer erfüllen. Eine Bestellung kann in solchen Fällen nur dann ausnahmsweise in Betracht kommen, wenn ausgeschlossen ist, dass sein Ansehen in der Öffentlichkeit Schaden genommen hat und die Gefahr der Erstattung von Gefälligkeitsgutachten nicht besteht.

3.2.7 Unparteilichkeit und Unabhängigkeit

Der Antragsteller muss bei der Gutachtenerstattung oder der Erbringung sonstiger Sachverständigenleistungen persönlich und beruflich unabhängig sein. Er muss seine Gutachten in eigener Verantwortung erstatten können und darf nicht der Gefahr einseitiger Beeinflussung oder fachlicher Weisung bei der Erstattung seiner Gutachten beziehungsweise der Erbringung seiner Sachverständigenleistungen ausgesetzt sein (vgl. § 8 Abs. 1 und 2 MSVO).

3.2.8 Kenntnisse des deutschen Rechts

Die nötigen Kenntnisse des deutschen Rechts und der deutschen Sprache sind Voraussetzung für die öffentliche Bestellung nach § 36 GewO. Insbesondere bei der Anwendung von § 36a GewO (siehe § 3a MSVO) kann diese Voraussetzung besondere Relevanz haben. Die vom Antragsteller erwarteten Rechtskenntnisse ergeben sich jeweils aus den fachlichen Bestellungsvoraussetzungen.

3.2.9 Geistige und körperliche Leistungsfähigkeit

Der Antragsteller muss in der Lage sein, den im Zusammenhang mit der Erstellung der Gutachten und der Teilnahme an Gerichtsverhandlungen auftretenden physischen und psychischen Belastungen standzuhalten. Er muss einen Sachverhalt in der von einem Experten zu erwartenden Zeitdauer und Präzision erfassen und die Bewertung bzw. Lösung des Problems sachgerecht und in angemessener Zeit erarbeiten und vortragen können. Insbesondere muss er in der Lage sein, die nicht delegierbaren Kernaufgaben (vgl. Ziff. 9.1) eines öffentlich bestellten und vereidigten Sachverständigen persönlich zu erledigen. Die körperliche Leistungsfähigkeit ist zum Beispiel nicht gegeben, wenn ein Bau-, Immobilien- oder KFZ-Sachverständiger nicht mehr in der Lage ist, die betroffenen Teile des Objekts persönlich und unmittelbar in der gebotenen Art und Weise in Augenschein zu nehmen.

3.3 Arbeits- oder Dienstverhältnis

3.3.1 Antragsteller, die in einem Arbeits-, Dienst- oder Beamtenverhältnis stehen, können öffentlich bestellt werden, wenn

– der Arbeits- bzw. Anstellungsvertrag so ausgestaltet ist, dass die Gewähr für Unparteilichkeit und Unabhängigkeit gegeben und die Einhaltung der sonstigen Pflichten eines öffentlich bestellten Sachverständigen gewährleistet ist,

– die Sachverständigentätigkeit persönlich ausgeübt werden kann,

– der Sachverständige bei seiner Tätigkeit im Einzelfall keinen fachlichen Weisungen unterliegt,

– er seine Leistungen gemäß § 12 als von ihm selbst erstellt kennzeichnen kann und

– der Arbeitgeber ihn in dem erforderlichen Umfang mindestens für die Dauer der öffentlichen Bestellung unwiderruflich freistellt.

3.3.2 Der Nachweis ist durch eine entsprechende schriftliche Erklärung des Arbeitgebers oder Dienstherrn zu erbringen. In Zweifelsfällen kann die IHK die Vorlage des Arbeits- oder Dienstvertrages oder dessen einschlägiger Teile verlangen.

3.3.3 Die Freistellungserklärung muss mindestens folgenden Inhalt haben: „Als Arbeitgeber von Frau/Herrn … bestätigen wir, dass die/der Genannte nebenberuflich berechtigt ist, die Tätigkeit als öffentlich bestellte(r) und vereidigte(r) Sachverständige(r) für das Sachgebiet auszuüben. Die Genehmigung erfolgt unbefristet und unwiderruflich. Uns ist bekannt, dass Frau/Herr … nach der öffentlichen Bestellung und Vereidigung als Sachverständige(r) grundsätzlich j e d e n Gutachtensauftrag übernehmen

Muster-Sachverständigenordnung (SVO) **Anhang X**

muss. Wir sichern ausdrücklich zu, dass wir nach einer öffentlichen Bestellung keinen Einfluss auf diese Tätigkeit aufgrund des Arbeitsverhältnisses oder in sonstiger Weise ausüben werden. Frau/Herr ... kann ihre/seine Aufgaben als öffentlich bestellte/r Sachverständige/r unter Einhaltung der Pflichten aus der Sachverständigenordnung der IHK ... unabhängig und ohne Bindung an Interessen unseres Unternehmens persönlich erfüllen. Sie/Er kann schriftliche Leistungen selbst unterschreiben und mit dem Sachverständigenrundstempel versehen. Wir erklären außerdem, dass Frau/Herr ... nach einer öffentlichen Bestellung und Vereidigung im Rahmen dieser Tätigkeit von der Einhaltung der üblichen Arbeitszeiten (Arbeitsbeginn und Arbeitsdauer) sowie von der Anwesenheit im Betrieb befreit ist."

§ 3a
Bestellungsvoraussetzungen für Anträge nach § 36a GewO

(1) Für die Anerkennung von Qualifikationen des Antragstellers aus einem anderen Mitgliedstaat der Europäischen Union oder einem anderen Vertragsstaat des Abkommens über den Europäischen Wirtschaftsraum gelten die Voraussetzungen von § 36a Abs. 1 und 2 GewO.

(2) Im Übrigen gilt § 3 Abs. 2 und 3.

Richtlinie:

3a 1 Anerkennung von Qualifikationen des Antragstellers aus einem anderen Mitgliedstaat der Europäischen Union oder einem anderen Vertragsstaat des Abkommens über den Europäischen Wirtschaftsraum.

3a 1.1 § 3a MSVO ist ein reiner Rechtsgrundverweis auf § 36a Abs. 1 und Abs. 2 GewO ohne eigenen Regelungsgehalt. Der wortwörtliche Abdruck dieser Norm hätte die Übersichtlichkeit und Verständlichkeit der MSVO deutlich leiden lassen. Des Weiteren hätte es im Falle einer Gesetzesänderung auch einer Änderung der MSVO bedurft, was unpraktikabel ist.

3a 1.2 Zu § 36a Abs. 1 GewO:

3a 1.2.1 Bereits nach der bisherigen Rechtsprechung waren alle Qualifikationen bei der Prüfung der besonderen Sachkunde gem. § 36 Abs. 1 GewO zu berücksichtigen. Dies galt auch für ausländische Qualifikationen, für die nunmehr § 36a Abs. 1 S. 1 GewO als Spezialnorm diesen Grundsatz wiederholt. Dabei stellt auch § 36a Abs. 1 S. 1 GewO nur auf die Herkunft der Qualifikation, nicht jedoch auf die Nationalität des Antragstellers ab.

3a 1.2.2 Neu ist dagegen die Regelung § 36a Abs. 1 S. 2 GewO, wonach in bestimmten Fallgestaltungen die besondere Sachkunde nicht nur zu berücksichtigen ist, sondern bereits als nachgewiesen gilt. Im Folgenden soll der für die praktische Arbeit der Bestellungskörperschaften bedeutsame neue Regelungsgehalt von § 36a Abs. 1 S. 2 GewO in den Grundzügen dargestellt werden.

In zwei Fällen gilt die besondere Sachkunde durch die ausländische Qualifikation bereits als nachgewiesen:

1. **Reglementierte Sachverständigentätigkeit (Vorbehaltsaufgabe)**

   Der Antragsteller ist in einem der o. g. Staaten zur Ausübung von Sachverständigentätigkeiten berechtigt, die dort Personen vorbehalten sind, die über eine der besonderen Sachkunde im Sinne des §36 Abs. 1 GewO im Wesentlichen entsprechende Sachkunde verfügen.

   Beispiel: *Im Lande A bedarf der Erlaubnis, wer (Gerichts-) Gutachten zur Messung von Schadstoffen in Innenräumen erstellen will. Der Sachverständige S besitzt eine solche Erlaubnis. Immer häufiger ist er auch in Deutschland auf diesem Sachgebiet tätig. Da er seiner Qualifikation auch hierzulande mehr Gewicht verleihen möchte, beantragt er bei der für ihn örtlich und sachlich zuständigen IHK seine öffentliche Bestellung für das Sachgebiet Schadstoffe in Innenräumen. Stellt die IHK nun fest, dass seine zur Erlangung der ausländischen Erlaubnis erforderliche Sachkenntnis im Wesentlichen der besonderen Sachkunde im Sinne des §36 Abs. 1 GewO entspricht, gilt diese als nachgewiesen. Liegen auch die übrigen Voraussetzungen vor, muss die IHK den Antragsteller öffentlich bestellen und vereidigen.*

   Hinweis: *Nach Lesart des BMJ und des BMWi gilt auch die öffentliche Bestellung als Erlaubnis. Entsprechendes gilt also, wenn die Tätigkeit im vorstehend genannten Ausland zwar erlaubnisfrei ist, der Sachverständige dort aber eine bestimmte Bezeichnung führt, die er nur dann führen darf, wenn er eine bestimmte Sachkenntnis nachgewiesen hat.*

2. **Nicht reglementierte Sachverständigentätigkeit (keine Vorbehaltsaufgabe)**

   Der Antragsteller war in einem der o. g. Staaten in zwei der letzten zehn Jahre vollzeitig als Sachverständiger tätig gewesen und aus den vorgelegten Nachweisen ergibt sich, dass er über eine überdurchschnittliche Sachkunde verfügt, die im Wesentlichen der besonderen Sachkunde im Sinne des § 36 Abs. 1 GewO entspricht.

X Anhang

Muster-Sachverständigenordnung (SVO)

Beispiel: *Im Lande B ist die Sachverständigentätigkeit auf dem Sachgebiet Schadstoffe in Innenräumen nicht reglementiert. Jedermann kann auf diesem Gebiet als Sachverständiger in B tätig sein. Der Sachverständige S beantragt am 1.2.2011 die öffentliche Bestellung für dieses Sachgebiet bei der für ihn örtlich und sachlich zuständigen IHK in Deutschland. Von Anfang 2007 bis Ende 2008 war er vollzeitig als Sachverständiger für dieses Sachgebiet in B tätig. Stellt die IHK nun fest, dass seine Sachkenntnis im Wesentlichen der besonderen Sachkunde im Sinne des § 36 Abs. 1 GewO entspricht, gilt diese als nachgewiesen. Liegen auch die übrigen Voraussetzungen vor, muss die IHK den Antragsteller öffentlich bestellen und vereidigen.*

3a 1.3 Zu § 36a Abs. 2 GewO:

3a 1.3.1 *Soweit sich die Inhalte der Ausbildung oder Tätigkeit des Antragstellers wesentlich von denen unterscheiden, die für die öffentliche Bestellung als Sachverständiger Voraussetzung sind, kann die Bestellungskörperschaft dem Antragsteller gem. §36a Abs. 2 GewO nach seiner Wahl entweder eine Eignungsprüfung oder einen Anpassungslehrgang auferlegen. Beide Maßnahmen dienen dem Zweck, eine fehlende Gleichwertigkeit mittels Ausgleichsmaßnahmen zu kompensieren. Beide Maßnahmen können den Nachweis der Kenntnisse des deutschen Rechts und die Fähigkeit zur verständlichen, nachvollziehbaren und nachprüfbaren Gutachtendarstellung betreffen.*

3a 1.3.2 *Gemäß Art. 3 Abs. 1 h) der EU-Berufsqualifikationsanerkennungsrichtlinie (BARL) ist eine Eignungsprüfung eine ausschließlich die beruflichen Kenntnisse des Antragstellers betreffende und von den zuständigen Behörden des Aufnahmemitgliedstaates durchgeführte Prüfung, mit der die Fähigkeit des Antragstellers in diesem Mitgliedstaat einen reglementierten Beruf auszuüben, beurteilt werden soll. Zur Durchführung dieser Prüfung erstellen die zuständigen Behörden ein Verzeichnis der Sachgebiete, die aufgrund eines Vergleichs der in ihrem Staat verlangten Ausbildung und der bisherigen Ausbildung des Antragstellers von dem Diplom oder den sonstigen Ausbildungsnachweisen, über den Antragsteller verfügt, nicht abgedeckt werden. Bei der Eignungsprüfung muss dem Umstand Rechnung getragen werden, dass der Antragsteller in seinem Heimatmitgliedstaat oder dem Mitgliedstaat, aus dem er kommt, über eine berufliche Qualifikation verfügt. Die Eignungsprüfung erstreckt sich auf Sachgebiete, die aus dem Verzeichnis ausgewählt werden und deren Kenntnis eine wesentliche Voraussetzung für die Ausübung des Berufs im Aufnahmemitgliedstaat ist. Die Prüfung kann sich auch auf die Kenntnis der sich auf die betreffenden Tätigkeiten im Aufnahmemitgliedstaat beziehenden berufsständischen Regeln erstrecken.*

Hierbei handelt es sich um eine echte Prüfung, die nicht mit der sog. „Überprüfung" durch ein Fachgremium zu verwechseln ist, bei der am Ende lediglich ein unverbindliches Votum steht.

3a 1.3.3 *Gemäß Art. 3 Abs. 1 g) BARL ist ein Anpassungslehrgang die Ausübung eines reglementierten Berufs, der in dem Aufnahmemitgliedstaat unter der Verantwortung eines qualifizierten Berufsangehörigen erfolgt und gegebenenfalls mit einer Zusatzausbildung einhergeht. Der Lehrgang ist Gegenstand einer Bewertung. Die Einzelheiten des Anpassungslehrganges und seiner Bewertung sowie die Rechtsstellung des beaufsichtigten zugewanderten Lehrgangsteilnehmers werden von der zuständigen Behörde des Aufnahmemitgliedstaates festgelegt.*

Dies bedeutet, dass der Antragsteller einige Zeit unter der Aufsicht eines bereits öffentlich bestellten und vereidigten Sachverständigen bei diesem hospitiert und gleichzeitig geeignete Schulungen und Seminare besuchen muss. ...

Zur Lernkontrolle dürfen die Bestellungskörperschaften allerdings auch hier Tests und Prüfungen durchführen. Dies ist auch deswegen angezeigt, da andernfalls zu befürchten wäre, dass alle Antragsteller zur Vermeidung von Prüfungen stets den Anpassungslehrgang wählen würden.

Im Ergebnis ist festzustellen, dass ein Anpassungslehrgang nicht lediglich eine mehrtägige Schulungsveranstaltung ist, sondern ein aufwändiges und zeitintensives (bis zu drei Jahren) Verfahren darstellt. Dabei wird der öffentlich bestellte und vereidigte Sachverständige, bei dem der Antragsteller hospitiert, von der IHK bestimmt.

3a 2 Verweis auf § 3 Abs. 2 und 3 MSVO

Hierdurch wird klargestellt, dass für den Antragsteller alle übrigen allgemeinen Voraussetzungen, die sich aus § 36 Abs. 1 GewO ergeben, ebenso gelten wie für inländische Antragsteller.

Muster-Sachverständigenordnung (SVO) **Anhang X**

II Verfahren der öffentlichen Bestellung und Vereidigung

§ 4
Zuständigkeit und Verfahren

(1) Die Industrie- und Handelskammer ... ist zuständig, wenn die Niederlassung des Sachverständigen, die den Mittelpunkt seiner Sachverständigentätigkeit im Geltungsbereich des Grundgesetzes bildet, im Kammerbezirk liegt. Die Zuständigkeit der Industrie- und Handelskammer ... endet, wenn der Sachverständige die Niederlassung nach Satz 1 nicht mehr im Kammerbezirk unterhält.

(2) Über die öffentliche Bestellung entscheidet die Industrie- und Handelskammer nach Anhörung der dafür bestehenden Ausschüsse und Gremien. Zur Überprüfung der gesetzlichen Voraussetzungen kann sie Referenzen einholen, sich vom Bewerber erstattete Gutachten vorlegen lassen, Stellungnahmen fachkundiger Dritter abfragen, die Einschaltung eines Fachgremiums veranlassen und weitere Erkenntnisquellen nutzen.

Richtlinie:
4.1 Zuständigkeit

4.1.1 Die Industrie- und Handelskammern sind sachlich für die öffentliche Bestellung von Sachverständigen auf allen wirtschaftlichen und technischen Sachgebieten zuständig, in den meisten Bundesländern mit Ausnahme der Hochsee- und Küstenfischerei, der Land und Forstwirtschaft, des Garten- und Weinbaus. Für einige Sachgebiete gibt es darüber hinaus in den Bundesländern unterschiedliche sachliche Zuständigkeiten von Bestellungskörperschaften und Behörden. Soweit sonstige Vorschriften des Bundes oder der Länder über die öffentliche Bestellung oder Vereidigung von Personen bestehen, findet § 36 GewO keine Anwendung (vgl. § 36 Abs. 5 GewO).

4.1.2 Die örtliche Zuständigkeit richtet sich nach der inländischen Niederlassung, die den Mittelpunkt der Sachverständigentätigkeit darstellt (Sitz). Unterhält der Antragsteller mehrere Niederlassungen, so richtet sich die Zuständigkeit gleichfalls nach dem Sitz. Bei Sitzverlegung in einen anderen IHK-Bezirk ändert sich nahtlos auch die Zuständigkeit, ohne dass die öffentliche Bestellung erlischt.

4.2 Verfahren

4.2.1 Entscheidungsfindung

Über den Antrag auf öffentliche Bestellung entscheidet die örtlich zuständige Industrie- und Handelskammer. Sie ist verpflichtet, sich zum Vorliegen der Bestellungsvoraussetzungen, insbesondere zur persönlichen Eignung und besonderen Sachkunde, eine eigene Überzeugung zu bilden, wobei Zweifel am Vorliegen der Bestellungsvoraussetzungen zu Lasten des Bewerbers gehen.

Die Überzeugungsbildung beruht auf den vom Bewerber vorgelegten Nachweisen und Unterlagen sowie eigenen Ermittlungen der Industrie- und Handelskammer.

4.2.2 Anhörung

Vor der Entscheidung müssen die Ausschüsse und Gremien zu dem Antrag gehört werden, die nach der Sachverständigenordnung der zuständigen IHK zu beteiligen sind. Die IHK ist an deren Stellungnahme nicht gebunden.

4.2.3 Vorgehen bei der Überprüfung

Zur Überprüfung der besonderen Sachkunde werden in der Regel Informationen, insbesondere Referenzen von früheren Auftraggebern, Kollegen oder sonstigen Bekannten des Sachverständigen eingeholt und bereits erstattete Gutachten und sonst vorgelegte fachliche Unterlagen (z. B. eine bereits erfolgte Zertifizierung) überprüft. Für die Berücksichtigung von Zertifizierungen wird auf die Ziff. 3.2.4.6 bis 3.2.4.8 verwiesen.

Da die IHK Gewissheit haben muss, ob der Bewerber über die besondere Sachkunde verfügt, kann sie authentische Nachweise des Bewerbers verlangen. Der Sachverständige hat die Zustimmung des Auftraggebers zur Verwendung der Gutachten im Bestellungsverfahren einzuholen. Erteilt der Auftraggeber die Zustimmung nicht, kann der Sachverständige das Gutachten auch in anonymisierter Form vorlegen, soweit dadurch die Nachprüfbarkeit nicht beeinträchtigt wird. Der Bewerber hat in aller Regel seine besondere Sachkunde, die insbesondere die Fähigkeit beinhaltet, auch schwierige fachliche Problemstellungen schriftlich und mündlich in verständlicher und nachvollziehbarer Weise darzustellen, vor einem einschlägigen Fachgremium unter Beweis zu stellen.

Besteht für das in Frage kommende Sachgebiet kein fest installiertes Fachgremium, soll der Bewerber seine besondere Sachkunde vor einem „ad-hoc-Fachgremium" oder einer neutralen sachkundigen Person nachweisen. Bei einer solchen Überprüfung, die rechtlich eine Begutachtung der besonderen Sachkunde ist, sollte immer ein Vertreter der für den Bewerber örtlich zuständigen IHK anwesend sein. Der DIHK leistet bei der Suche nach solchen Fachgremien und Personen Hilfestellung. In diesem Zusam-

X Anhang Muster-Sachverständigenordnung (SVO)

menhang wird auch auf die Veröffentlichungen des IfS zu den fachlichen Bestellungsvoraussetzungen und die darin enthaltene Zusammenstellung aller Fachgremien der IHKs im Bundesgebiet hingewiesen.

4.2.4 Erneute Bestellung

Bei der erneuten Bestellung i. S. von § 2 Abs. 4 MSVO fordert die IHK einen Nachweis, dass der Antragsteller weiterhin über die notwendige Qualifikation verfügt. Dazu verlangt sie die Vorlage von Gutachten und den Nachweis, dass sich der Antragsteller in der erforderlichen Weise weitergebildet hat.

Für die erneute Bestellung ist zumindest folgendes Verfahren einzuhalten:

1. Alle zur erneuten Bestellung vorgesehenen Antragsteller werden überprüft.
2. Mit dem Antrag auf erneute Bestellung werden Fragebogen, das Gutachtenjournal und mindestens je ein Gerichts- und Privatgutachten eingefordert.
3. Die IHK prüft die Auftraggebersituation anhand des Gutachtenjournals sowie die Antworten im Fragebogen und erörtert Auffälligkeiten mit dem Antragsteller bzw. erteilt Auflagen etc.
4. Die IHK prüft die vorgelegten Gutachten auf äußere Aufmachung, Nachvollziehbarkeit, Schlüssigkeit und Vollständigkeit der Antworten, bezogen auf den Auftrag.
5. Geben die vorgelegten Arbeitsproben Veranlassung zu Bedenken, die nicht im Gespräch mit dem Antragsteller bereinigt werden können, legt sie die Dokumente einem Fachmann des jeweiligen Sachgebiets (Mitglied des Sachverständigenausschusses, Vertrauensmann, Mitglied Fachgremium oder Fachausschuss etc.) zur Durchsicht und Begutachtung vor. Bei der erstmaligen erneuten Bestellung sollte von der vertieften Überprüfung verstärkt Gebrauch gemacht werden.
6. Die Kosten der Überprüfung werden durch eine (möglichst landesweit einheitliche) Gebühr für die hausinterne Kontrolle sowie Kostenersatz für Aufwendungen eines sachgebietsbezogenen Fachmanns pauschal oder im Einzelfall abgedeckt. Beide Teile (Gebühr und Aufwandsersatz) sollten in Relation zu denen einer Erstbestellung stehen.

Sind die Voraussetzungen für die erneute Bestellung gegeben, wird der Antragsteller für fünf Jahre erneut bestellt. Nur in begründeten Ausnahmefällen kann die Frist von fünf Jahren unterschritten werden. Im Sinne einer einheitlichen Handhabung sollte diese Regelung als Ausnahme angewandt werden.

§ 4a
Zuständigkeit und Verfahren für Anträge nach § 36a GewO

(1) Abweichend von § 4 Abs. 1 besteht für den Antrag eines Sachverständigen aus einem anderen Mitgliedstaat der Europäischen Union oder einem anderen Vertragsstaat des Abkommens über den Europäischen Wirtschaftsraum, der noch keine Niederlassung im Geltungsbereich des Grundgesetzes unterhält, die Zuständigkeit der Industrie- und Handelskammer ... bereits dann, wenn der Sachverständige beabsichtigt, die Niederlassung nach § 4 Abs. 1 S. 1 im Kammerbezirk zu begründen.

(2) Für Verfahren von Antragstellern mit Qualifikationen aus einem anderen Mitgliedsstaat der Europäischen Union oder einem anderen Vertragsstaat des Abkommens über den Europäischen Wirtschaftsraum gelten die Regelungen in § 36a Abs. 3 und 4 GewO.

Richtlinie:

4a 1 Zuständigkeit

Die Vorschrift soll dem Umstand Rechnung tragen, dass ausländische Antragsteller in der Regel noch über keine Niederlassung als Anknüpfungspunkt für die Bestimmung der örtlichen Zuständigkeit der Bestellungskörperschaft verfügen. Mithin richtet sich die Zuständigkeit der Bestellungskörperschaft für diejenigen Antragsteller, die zwar ihre Qualifikationen zum Teil oder ganz im EU-Ausland oder in einem Vertragsstaat des Abkommens über den Europäischen Wirtschaftsraum erworben haben, aber bereits im Geltungsbereich des Grundgesetzes niedergelassen sind, nach § 4 Abs. 1 MSVO.

4a 2 Verfahren

Wie bereits § 3a Abs. 2 MSVO ist auch diese Vorschrift ein reiner Rechtsgrundverweis, allerdings auf § 36a Abs. 3 und 4 GewO.

Im Folgenden soll der für die praktische Arbeit der Bestellungskörperschaften bedeutsame neue Regelungsgehalt in den Grundzügen dargestellt werden:

4a.2.1 Zu § 36a Abs. 3 GewO:

Die Vorschrift bezieht sich auf die übrigen Anforderungen des § 36 Abs. 1 GewO, die das Gesetz an den Antragsteller für einen Anspruch auf öffentliche Bestellung und Vereidigung stellt, wie z. B. Unparteilichkeit, Gewissenhaftigkeit oder Zuverlässigkeit. Durch sie soll sichergestellt werden, dass das Vorliegen dieser Anforderungen nicht nochmals geprüft wird. § 13 GewO gilt entsprechend.

Muster-Sachverständigenordnung (SVO)

4a.2.2 Zu § 36a Abs. 4 GewO:
Die Bestellungskörperschaft muss den Empfang der von dem Antragsteller eingereichten Unterlagen binnen eines Monats bestätigen und ihm ggf. mitteilen, ob und welche Unterlagen er noch nachreichen muss. Das Verfahren für die Prüfung der Anerkennung muss innerhalb von drei Monaten nach Einreichen der – wohlgemerkt – vollständigen Unterlagen abgeschlossen sein. Zu beachten ist dabei, dass damit lediglich das Verfahren über die Anerkennung der ausländischen Qualifikation als Nachweis der besonderen Sachkunde, nicht aber das Verfahren der öffentlichen Bestellung schlechthin abgeschlossen sein muss. Die Frist kann in begründeten Fällen um einen Monat verlängert werden. Wird die Frist nicht eingehalten, gilt die besondere Sachkunde als nachgewiesen. Bei Unvollständigkeit der Unterlagen oder bei Zweifeln über die Echtheit von Nachweisen und Bescheinigungen, kann die Bestellungskörperschaft durch Nachfrage bei der zuständigen Stelle des Herkunftsstaats die Echtheit überprüfen und entsprechende Auskünfte einholen. Der Fristablauf ist solange gehemmt. Dies muss folgerichtig auch für den Zeitraum gelten, innerhalb dessen eine Eignungsprüfung oder ein Anpassungslehrgang durchgeführt wird. Zu beachten ist allerdings, dass diese Maßnahmen innerhalb der Frist angeordnet sein müssen.

§ 5
Vereidigung

(1) Der Sachverständige wird in der Weise vereidigt, dass der Präsident oder ein Beauftragter der Industrie- und Handelskammer an ihn die Worte richtet: „Sie schwören, dass Sie die Aufgaben eines öffentlich bestellten und vereidigten Sachverständigen unabhängig, weisungsfrei, persönlich, gewissenhaft und unparteiisch erfüllen und die von Ihnen angeforderten Gutachten entsprechend nach bestem Wissen und Gewissen erstatten werden", und der Sachverständige hierauf die Worte spricht: „Ich schwöre es, so wahr mir Gott helfe." Der Sachverständige soll bei der Eidesleistung die rechte Hand erheben.

(2) Der Eid kann auch ohne religiöse Beteuerung geleistet werden.

(3) Gibt der Sachverständige an, dass er aus Glaubens- oder Gewissensgründen keinen Eid leisten wolle, so hat er eine Bekräftigung abzugeben. Diese Bekräftigung steht dem Eid gleich; hierauf ist der Verpflichtete hinzuweisen. Die Bekräftigung wird in der Weise abgegeben, dass der Präsident oder ein Beauftragter der Industrie- und Handelskammer die Worte vorspricht: „Sie bekräftigen im Bewusstsein ihrer Verantwortung, dass Sie die Aufgaben eines öffentlich bestellten und vereidigten Sachverständigen unabhängig, weisungsfrei, persönlich gewissenhaft und unparteiisch erfüllen und die von Ihnen angeforderten Gutachten entsprechend nach bestem Wissen und Gewissen erstatten werden" und der Sachverständige hierauf die Worte spricht: „Ich bekräftige es."

(4) Im Falle einer erneuten Bestellung oder einer Änderung oder Erweiterung des Sachgebiets einer bestehenden Bestellung genügt statt der Eidesleistung oder Bekräftigung die Bezugnahme auf den früher geleisteten Eid oder die früher geleistete Bekräftigung.

(5) Die Vereidigung durch die Industrie- und Handelskammer ist eine allgemeine Vereidigung im Sinne von § 79 Abs. 3 Strafprozessordnung[4], § 410 Abs. 2 Zivilprozessordnung[5].

Richtlinie:
5.1 Der Eid
Der Sachverständigeneid ist die ernsthafte und feierliche Versicherung des Sachverständigen, nach der eigenen Überzeugung, unparteiisch und gewissenhaft Gutachten zu erstatten und Sachverständigenleistungen zu erbringen. Gleichzeitig verspricht er damit, die Pflichten nach der Sachverständigenordnung einzuhalten.

5.2 Verzicht auf religiöse Beteuerung
Der Sachverständige kann bei der Eidesleistung auf eine religiöse Beteuerung verzichten. Diese Form der Eidesleistung steht in ihrer Wirkung der Eidesleistung mit religiöser Beteuerung gleich.

5.3 Bekräftigung
Der Sachverständige kann hilfsweise statt einer Eidesleistung (§ 5 Abs. 1 und 2) MSVO) eine Bekräftigung abgeben, die in ihrer Wirkung einer Eidesleistung gleichsteht. Der Sachverständige ist auf diese Möglichkeit und die mit einem geleisteten Eid vergleichbare Folgewirkung hinzuweisen. Der Wortlaut der Bekräftigung ist dem der Eidesleistung entlehnt.

5.4 Bezugnahme auf Eid oder Bekräftigung
Der einmal geleistete Eid des Sachverständigen behält damit seine Wirkung bis zur Beendigung der öffentlichen Bestellung. Bei einer zeitlich unmittelbar folgenden erneuten Bestellung kann der Sachver-

---

4   **§ 79 Abs. 3 StPO:** (3) Ist der Sachverständige für die Erstattung von Gutachten der betroffenen Art im Allgemeinen vereidigt, so genügt die Berufung auf den geleisteten Eid.
5   **§ 410 Abs. 2 ZPO:** (2) Ist der Sachverständige für die Erstattung von Gutachten der betreffenden Art im Allgemeinen beeidigt, so genügt die Berufung auf den geleisteten Eid; sie kann auch in einem schriftlichen Gutachten erklärt werden.

ständige auf den erstmalig geleisteten Eid Bezug nehmen. Der einmal geleistete Eid wirkt damit nahtlos fort. Auch bei einer Erweiterung des bestehenden Bestellungsgebietes oder der Hinzufügung eines neuen Sachgebietes wirkt der Eid damit auch für diese.

5.5 Erstreckung auf die Prozessordnungen
Die Vereidigung im Rahmen der öffentlichen Bestellung ist eine allgemeine Vereidigung im Sinne der Strafprozess- und Zivilprozessordnung sowie anderer Prozessordnungen.

5.5.1 Verstößt der Sachverständige gegen die durch den Eid besonders bekräftigten Pflichten nach der Sachverständigenordnung, kann seine öffentliche Bestellung widerrufen werden. Durch den Widerruf der Bestellung wird der Eid gegenstandslos; es bedarf daher keiner besonderen Rücknahme des Eides. Ein Sachverständiger darf sich nach dem Widerruf der Bestellung nicht mehr als „vereidigter Sachverständiger" oder „ehemals öffentlich bestellter und vereidigter Sachverständiger" o. ä. bezeichnen (vgl. 22.1.1).

5.5.2 Bezieht sich der Sachverständige im Rahmen eines Zivil- oder Strafprozesses ausdrücklich auf den geleisteten Eid, treffen ihn die strafrechtlichen Folgen, die sich aus den §§ 154 ff. StGB ergeben, wenn er eine falsche Aussage machen würde. Die Bezugnahme auf den Eid kann in einem Zivilprozess auch durch schriftliche Erklärung erfolgen.

5.5.3 Wird der Sachverständige in einem Gerichtsverfahren vereidigt oder bezieht er sich in einer entsprechenden Formel unter dem Gutachten auf den vor der IHK geleisteten Eid und leistet er dabei einen Falscheid, entstehen insoweit besondere Schadensersatzpflichten (vgl. § 14 MSVO).

§ 6
Aushändigung von Bestellungsurkunde, Stempel, Ausweis und Sachverständigenordnung

(1) Die Industrie- und Handelskammer händigt dem Sachverständigen bei der öffentlichen Bestellung und Vereidigung die Bestellungsurkunde, den Ausweis, den Rundstempel, die Sachverständigenordnung und die dazu ergangenen Richtlinien aus. Ausweis, Bestellungsurkunde und Stempel bleiben Eigentum der Industrie- und Handelskammer.

(2) Über die öffentliche Bestellung und Vereidigung und die Aushändigung der in Abs. 1 genannten Gegenstände ist eine Niederschrift zu fertigen, die auch vom Sachverständigen zu unterschreiben ist.

Richtlinie:

6.1 Aushändigung
Bestellungsurkunde, Ausweis und Rundstempel haben den Zweck, jedem potentiellen Nachfrager dokumentieren zu können, dass der Sachverständige öffentlich bestellt und vereidigt ist.

6.1.2 Bestellungsurkunde, Ausweis und Rundstempel bleiben Eigentum der IHK, so dass sie nach Rechtskraft eines Widerrufs oder einer Rücknahme (§ 23 MSVO) oder nach Eintritt eines Erlöschensgrundes (§ 22 MSVO) auf Grund des Eigentumsrechts der IHK wieder zurückzugeben sind. Ein öffentlich-rechtlicher Rückgabeanspruch ergibt sich daneben aus § 24 MSVO.

6.1.3 Die Bestimmungen der Sachverständigenordnung gelten als Satzungsrecht für jeden öffentlich bestellten Sachverständigen (vgl. 2.1.1). Es bedarf zu ihrer Wirksamkeit damit nicht zusätzlich einer Unterwerfungserklärung des Sachverständigen (z. B. durch eine vom Sachverständigen unterschriebene Verpflichtungserklärung). Die Aushändigung soll dazu dienen, dem Sachverständigen nachdrücklich auf seine Rechte und Pflichten aufmerksam zu machen.

6.1.4 Mit der Aushändigung der Richtlinien erhält der Sachverständige eine ausführliche Information über diese Rechte und Pflichten, so dass er sich bei einem Pflichtenverstoß oder in einem Widerrufsverfahren nicht auf Unkenntnis berufen kann.

6.2 Niederschrift
Die Niederschrift dokumentiert den Vollzug der Vereidigung und quittiert den Empfang der genannten Unterlagen durch den Sachverständigen. Sie dient auch als Beleg für den Herausgabeanspruch dieser Unterlagen nach Beendigung der öffentlichen Bestellung.

§ 7
Bekanntmachung

Die Industrie- und Handelskammer macht die öffentliche Bestellung und Vereidigung des Sachverständigen in ... (Mitteilungsorgan) bekannt. Name, Adresse, Kommunikationsmittel und Sachgebietsbezeichnung des Sachverständigen können durch die Industrie- und Handelskammer oder einen von ihr beauftragten Dritten gespeichert und in Listen oder auf sonstigen Datenträgern veröffentlicht und auf Anfrage jedermann zur Verfügung gestellt werden. Eine Bekanntmachung im Internet kann erfolgen, wenn der Sachverständige zugestimmt hat.

7.1 Die öffentliche Bekanntmachung der Bestellung und Vereidigung eines Sachverständigen ist in dem jeweiligen Veröffentlichungsorgan (Presseorgan) der bestellenden IHK vorzunehmen. Des Weiteren

Muster-Sachverständigenordnung (SVO) — Anhang X

sollte nach Möglichkeit auch eine Bekanntmachung in anderen Medien erfolgen, um die Bestellung und Vereidigung einer breiten Öffentlichkeit und damit allen Nachfragern unverzüglich zugänglich zu machen. In gleicher Weise sind wesentliche Sachgebietsänderungen und das Erlöschen von Bestellungen (§ 22 Abs. 3 MSVO) bekannt zu machen. Eine Zustimmung des Sachverständigen zur Bekanntmachung im Internet sollte im öffentlichen Interesse Voraussetzung der öffentlichen Bestellung sein.

7.2 Daten der Bekanntmachung sind Name, Adresse, Kommunikationsmittel, Bestellungstenor, Tag der Bestellung und Bestellungskörperschaft des öffentlich bestellten und vereidigten Sachverständigen. Sie sind von der zuständigen IHK aufzuzeichnen. Dabei ist zu beachten, dass der Sachverständige für potentielle Auftraggeber erreichbar sein muss. Zu den üblichen Kommunikationsmitteln zählen derzeit Telefon, Mobiltelefon, Fax, E-Mail- und Internetanschrift.

Diese Daten werden in die von den IHKs regional oder überregional herausgegebenen Sachverständigenverzeichnissen aufgenommen und verbreitet. Die Verzeichnisse werden nach Sachgebieten gegliedert und innerhalb eines Sachgebiets alphabetisch geordnet.

7.3 Die IHK kann zum Zwecke der Erstellung eines bundes- und/oder landesweiten Verzeichnisses die Daten auch speichern oder einem von ihr beauftragten Dritten gespeichert oder in anderer Form zur Verfügung stellen.

7.4 Die öffentliche Bestellung erfolgt ausschließlich im öffentlichen Interesse. Die IHK kann deshalb jedermann auf Anfrage Name, Adresse, Bestellungstenor, Kommunikationsmittel und Bestellungskörperschaft eines öffentlich bestellten Sachverständigen mitteilen. Sie kann darüber hinaus diese Angaben Interessenten wie Gerichten, Behörden, Rechtsanwälten und sonstigen Nachfragern in Listenform zur Verfügung stellen.

III Pflichten der öffentlich bestellten und vereidigten Sachverständigen

§ 8
Unabhängige, weisungsfreie, gewissenhafte und unparteiische Aufgabenerfüllung

(1) Der Sachverständige darf sich bei der Erbringung seiner Leistungen keiner Einflussnahme aussetzen, die seine Vertrauenswürdigkeit und die Glaubhaftigkeit seiner Aussagen gefährdet (Unabhängigkeit).

(2) Der Sachverständige darf keine Verpflichtungen eingehen, die geeignet sind, seine tatsächlichen Feststellungen und Beurteilungen zu verfälschen (Weisungsfreiheit).

(3) Der Sachverständige hat seine Aufträge unter Berücksichtigung des aktuellen Standes von Wissenschaft, Technik und Erfahrung mit der Sorgfalt eines ordentlichen Sachverständigen zu erledigen. Die tatsächlichen Grundlagen seiner fachlichen Beurteilungen sind sorgfältig zu ermitteln und die Ergebnisse nachvollziehbar zu begründen. Er hat in der Regel die von den Industrie- und Handelskammern herausgegebenen Mindestanforderungen an Gutachten und sonstigen von den Industrie- und Handelskammern herausgegebenen Richtlinien zu beachten (Gewissenhaftigkeit).

(4) Der Sachverständige hat bei der Erbringung seiner Leistung stets darauf zu achten, dass er sich nicht der Besorgnis der Befangenheit aussetzt. Er hat bei der Vorbereitung und Erarbeitung seines Gutachtens strikte Neutralität zu wahren, muss die gestellten Fragen objektiv und unvoreingenommen beantworten (Unparteilichkeit).

Insbesondere darf der Sachverständige nicht

– Gutachten in eigener Sache oder für Objekte und Leistungen seines Dienstherren oder Arbeitgebers erstatten,

– Gegenstände erwerben oder zum Erwerb vermitteln, eine Sanierung oder Regulierung der Objekte durchführen, über die er ein Gutachten erstellt hat, es sei denn, er erhält den entsprechenden Folgeauftrag nach Beendigung des Gutachtenauftrags und seine Glaubwürdigkeit wird durch die Übernahme dieser Tätigkeiten nicht infrage gestellt.

Richtlinie:
8.1 Unabhängigkeit
8.1.1 Der Sachverständige darf bei der Erbringung seiner Leistung keiner Einflussnahme von außen unterliegen, die geeignet ist, seine Feststellungen, Bewertungen und Schlussfolgerungen so zu beeinflussen, dass die gebotene Objektivität der Leistung und die Glaubwürdigkeit seiner Aussagen nicht mehr gewährleistet sind.

8.1.2 Der Sachverständige darf bei der Übernahme, Vorbereitung und Durchführung eines Auftrags keiner Einflussnahme persönlicher, wirtschaftlicher oder beruflicher Natur unterliegen. Mithin darf ein Sachverständiger:

- *keine Gefälligkeitsgutachten erstatten, zum Beispiel keine fachlichen Weisungen seiner Auftraggeber befolgen oder deren Wünschen hinsichtlich eines bestimmten Ergebnisses entsprechen, wenn diese das Ergebnis verfälschen.*
- *keine Gutachten für sich selbst, Verwandte, Freunde oder sonstige Personen erstatten, zu denen er in einem engen persönlichen Verhältnis steht.*
- *keine Gutachten über einen längeren Zeitraum ganz überwiegend für nur einen einzigen Auftraggeber (z. B. eine bestimmte Versicherung) erbringen.*
- *keine sonstigen Bindungen vertraglicher oder persönlicher Art eingehen, die seine Unabhängigkeit bei der Gutachtenerstattung in Frage stellen können.*

8.1.3 Das Einkommen eines angestellten Sachverständigen oder eines Sachverständigen in einer Sozietät darf nicht an die Zahl und die Ergebnisse seiner Gutachten gekoppelt werden.

8.2 Weisungsfreiheit

8.2.1 Der Sachverständige darf bei der Erbringung seiner Leistungen nicht vertraglich verpflichtet werden, Vorgaben einzuhalten, die die tatsächlichen Ermittlungen, die Bewertungen und die Schlussfolgerungen derart beeinflussen, dass unvollständige oder fehlerhafte Gutachtenergebnisse verursacht werden.

8.2.2 Es muss sorgfältig zwischen Anweisungen zum Gutachtengegenstand, Beweisthema und Umfang des Gutachtens auf der einen und der sach- und ergebnisbezogenen Weisung auf der anderen Seite unterschieden werden. Der erste Teil der Alternative ist rechtlich nicht zu beanstanden, weil nur der Auftraggeber bestimmen kann, was Gegenstand einer gutachterlichen Untersuchung sein soll. Der zweite Teil der Alternative kann nur unter den Voraussetzungen von 8.2.1 akzeptiert werden.

8.2.3 Die Ausführungen zu 8.2.1 und 8.2.2 gelten uneingeschränkt für Sachverständige im Angestelltenverhältnis. In diesem Fall sind jedoch organisatorische Weisungen des Arbeitgebers an den angestellten Sachverständigen zulässig. Mithin kann der Arbeitgeber beispielsweise die Arbeitsbedingungen, die Urlaubszeit und die Verteilung der Aufträge regeln.

8.3 Gewissenhaftigkeit

8.3.1 Sorgfältige Prüfung, ob das Beweisthema (bei Gerichtsauftrag) oder der Auftrag (bei Privatauftrag) in seinem wesentlichen Inhalt innerhalb des Sachgebiets liegt, für das der Sachverständige öffentlich bestellt ist. Bei negativem Ergebnis hat der Sachverständige den Auftraggeber darauf hinzuweisen, dass er für das in Frage kommende Sachgebiet nicht öffentlich bestellt ist. Zweifelsfälle sind vor Auftragsübernahme mit dem Auftraggeber oder notfalls mit der IHK zu klären. Betrifft der Auftrag nur zum Teil das eigene Sachgebiet, so ist der Auftraggeber auch auf diesen Umstand hinzuweisen. Nur auf dessen ausdrücklichen Wunsch darf ein weiterer, fachlich zuständiger Sachverständiger hinzugezogen werden.

8.3.2 Der Sachverständige muss des Weiteren unverzüglich prüfen, ob er den Auftrag innerhalb der gesetzten oder vereinbarten Frist oder in angemessener Zeit durchführen kann. Ist das nicht der Fall, muss er den Auftraggeber vor Übernahme des Auftrags entsprechend unterrichten und dessen Antwort abwarten.

8.3.3 Außerdem muss er unverzüglich prüfen, ob er die Annahme des Auftrages wegen Besorgnis der Befangenheit (vgl. unter 8.4) oder gesetzlichen Verweigerungsgründen (vgl. unter 10.1.3) ablehnen oder sich vom Gericht vom Auftrag entbinden lassen muss (vgl. 10.1.4).

Ablehnen sollte der Sachverständige die Übernahme des Gutachtenauftrages bei einem Privatauftrag auch dann, wenn er Grund zur Annahme hat, dass das Gutachten missbräuchlich verwendet oder das Ergebnis verfälscht werden soll. Vorsicht ist geboten, wenn bei der Besprechung des Gutachtenauftrags vom Sachverständigen bestimmte Zusicherungen hinsichtlich des Ergebnisses des Gutachtens verlangt werden oder gewünscht wird, dass bestimmte Tatsachen oder Unterlagen unberücksichtigt bleiben sollen.

8.3.4 Der Sachverständige muss unverzüglich die Auftragsannahme sowie den Eingang wichtiger Unterlagen (z. B. Gerichtsakten, Beweisstücke und dergl.) bestätigen.

8.3.5 Erfolgt der Auftrag durch ein Gericht, muss er es benachrichtigen, wenn der angeforderte Kostenvorschuss in auffälligem Missverhältnis zu den voraussichtlichen Kosten des Gutachtens steht. Vor Arbeitsbeginn muss er die Entscheidung des Gerichts abwarten.

Sinngemäß besteht eine entsprechende Aufklärungspflicht auch gegenüber einem privaten Auftraggeber; bei Privatauftrag wird darüber hinaus eine vorherige Honorarvereinbarung empfohlen, falls keine staatliche Gebührenordnung gilt.

8.3.6 Kommt es zu Verzögerungen während der Bearbeitung des Auftrags, muss er den Auftraggeber darüber in Kenntnis setzen. Eine entsprechende Unterrichtungspflicht besteht auch dann, wenn sich während der Bearbeitung herausstellt, dass die Durchführung des Auftrages teurer wird als ursprünglich angenommen.

8.3.7 Jeder Auftrag ist mit der Sorgfalt eines öffentlich bestellten Sachverständigen zu erledigen und dabei der aktuelle Stand von Wissenschaft und Technik zu berücksichtigen. Gutachten sind systematisch aufzubauen, übersichtlich zu gliedern, nachvollziehbar zu begründen und auf das Wesentliche zu beschränken (vgl. 11.1.4). Durch Bezeichnungen wie „Kurzgutachten" kann sich der Sachverständige nicht seiner Verpflichtung zur gewissenhaften Leistungserbringung entziehen.

Es sind alle im Auftrag gestellten Fragen zu beantworten, wobei sich der Sachverständige genau an das Beweisthema bzw. an den Inhalt des Auftrages zu halten hat. Die tatsächlichen Grundlagen für eine Sachverständigenaussage sind sorgfältig zu ermitteln und die erforderlichen Besichtigungen sind persönlich durchzuführen. Kommen für die Beantwortung der gestellten Fragen mehrere Lösungen ernsthaft in Betracht, so hat der Sachverständige diese darzulegen und den Grad der Wahrscheinlichkeit der Richtigkeit der einzelnen Lösungen gegeneinander abzuwägen. Die Schlussfolgerungen im Gutachten müssen so klar und verständlich dargelegt sein, dass sie für einen Nichtfachmann lückenlos nachvollziehbar und plausibel sind. Ist eine Schlussfolgerung nicht zwingend, sondern nur naheliegend, und ist das Gefolgerte deshalb nicht erkenntnissicher, sondern nur mehr oder weniger wahrscheinlich, so muss der Sachverständige dies im Gutachten deutlich zum Ausdruck bringen (vgl. 11.1.4).

8.3.8 Der Sachverständige hat das IHK-Merkblatt „Der gerichtliche Gutachtenauftrag" aus dem Selbstverlag des Deutschen Industrie- und Handelskammertages und die von den IHKs herausgegebenen Mindestanforderungen an Gutachten für die einzelnen Sachgebiete zu beachten (vgl. 11.1.5).

8.4 Unparteilichkeit

8.4.1 Der Sachverständige hat seine Leistungen so zu erbringen, dass er sich weder in Gerichtsverfahren noch bei Privatauftrag dem Einwand der Befangenheit aussetzt. Er hat bei der Vorbereitung des Gutachtens strikte Neutralität zu wahren, muss die gestellten Fragen objektiv und unvoreingenommen beantworten und darf zu den Auftraggebern und – in Gerichtsverfahren – zu den Prozessparteien nicht in einem Verhältnis stehen, dass zu Misstrauen Anlass gibt. Auf Gründe, die geeignet sind, Misstrauen gegen seine Unparteilichkeit zu rechtfertigen, hat er seinen jeweiligen Auftraggeber unverzüglich hinzuweisen.

8.4.2 Der Sachverständige darf nicht zu Personen, Unternehmen, Organisationen oder Behörden in Abhängigkeit stehen, die mit den einzelnen Gutachtenaufträgen in Verbindung gebracht werden können. Unabhängigkeit von Personen bedeutet, dass der Sachverständige grundsätzlich keinen Auftrag übernehmen kann, wenn er mit dem Auftraggeber – in Gerichtsverfahren mit einer Prozesspartei – verheiratet, verwandt, verschwägert oder befreundet ist (vgl. 8.1.2).

8.4.3 Der Sachverständige muss bei der Auftragsdurchführung neutral sein und muss bei der Behandlung von Sachfragen den Grundsatz der Objektivität beachten. Bei den notwendigen Handlungen, Maßnahmen und Arbeiten zur zweckmäßigen Erledigung eines Auftrages hat er bereits den Anschein der Parteilichkeit und der Voreingenommenheit zu vermeiden.

8.4.4 Neutralität während der Gutachtenerstattung bedeutet u.a., dass der Sachverständige bei Gerichtsaufträgen zur Orts- und Objektbesichtigung stets beide Parteien lädt und auch beide Parteien teilnehmen lässt und dass er die jeweils andere Partei unterrichtet, wenn er bei einer Partei Unterlagen anfordert oder Auskünfte einholt. Im Übrigen sollten während der Erarbeitung des Gerichtsgutachtens keine einseitigen Kontakte zu den Parteien stattfinden.

8.4.5 Objektivität in Sachfragen bedeutet, dass der Sachverständige keine Vorurteile gegen ein bestimmtes Produkt, eine bestimmte Untersuchungsmethode oder eine bestimmte Lehrmeinung haben darf. In gleicher Weise sind ungerechtfertigte Bevorzugungen unzulässig. Falls erforderlich, hat er sich mit abweichenden Methoden und Lehrmeinungen im Gutachten in der gebotenen Sachlichkeit auseinander zusetzen.

8.4.6 Der Sachverständige darf keine Gutachten in derselben Sache – auch nicht zeitlich versetzt – für beide sich streitenden Parteien erstatten, es sei denn, beide Parteien erklären sich ausdrücklich damit einverstanden.

8.4.7 Der Sachverständige darf keine Sachverständigenleistungen in eigener Sache erbringen. Beispiel: Ein Sachverständiger für Orientteppiche oder Briefmarken fügt den von ihm verkauften Waren von ihm selbst gefertigte Echtheitszertifikate bei.

X Anhang
Muster-Sachverständigenordnung (SVO)

8.4.8 Der Sachverständige, der ein eigenes Geschäft hat oder Makler ist, darf nicht ein Objekt bewerten, von dem er vor Abschluss des Gutachtenauftrags weiß, dass er es danach selbst ankaufen will oder zum Verkauf vermitteln soll. Ein solches Verhalten erweckt in der Regel den Anschein der Parteilichkeit.

§ 9
Persönliche Aufgabenerfüllung und Beschäftigung von Hilfskräften

(1) Der Sachverständige hat die von ihm angeforderten Leistungen unter Anwendung der ihm zuerkannten Sachkunde in eigener Person zu erbringen (persönliche Aufgabenerfüllung).

(2) Der Sachverständige darf Hilfskräfte nur zur Vorbereitung seiner Leistung und nur insoweit beschäftigen, als er ihre Mitarbeit ordnungsgemäß überwachen kann; der Umfang der Tätigkeit der Hilfskraft ist kenntlich zu machen, soweit es sich nicht um Hilfsdienste von untergeordneter Bedeutung handelt.

(3) (weggefallen)

(4) Hilfskraft ist, wer den Sachverständigen bei der Erbringung seiner Leistung nach dessen Weisungen auf dem Sachgebiet unterstützt.

Richtlinie:

9.1.1 Der Sachverständige ist grundsätzlich verpflichtet, seine Gutachten und andere Sachverständigenleistungen (§ 2 Abs. 2 MSVO) in eigener Person zu erarbeiten bzw. zu erbringen. Für den gerichtlichen Bereich ergibt sich diese Pflicht aus § 407a Abs. 2 ZPO, für den privaten Bereich aus dem Inhalt des Eides nach § 36 Abs. 1 Satz 2 GewO.

9.1.2 Dies bedeutet, dass der Sachverständige auf der Grundlage der Aufgabenstellung die wesentlichen Teile der Tatsachenermittlung und -feststellung, die Orts- und Objektsbesichtigung, die Schlussfolgerungen, die Beurteilungen und die Bewertungen grundsätzlich in eigener Person durchzuführen hat.

9.1.3 Der Grundsatz der persönlichen Aufgabenerfüllung bedeutet keineswegs, dass der Sachverständige jeden Handgriff selbst erledigen muss. Er kann Teilaufgaben auf Hilfskräfte delegieren, sofern die Aufgaben keinen beurteilenden oder bewertenden Charakter haben. Folgende Fallgruppen haben sich dabei herausgebildet:

– *Aufgaben von untergeordneter Bedeutung darf der Sachverständige auf Hilfskräfte delegieren, wie z.B. Layout und Druck, anfertigen von Kopien, überprüfen der Rechtschreibung, einfache Montagen und Demontagen usw.*

– *Vorbereitende Aufgaben ohne eigenen Wertungsspielraum darf der Sachverständige ebenfalls auf Hilfskräfte delegieren, wie z.B. messen, wiegen, zählen, anfertigen von Fotografien, sofern der Ortstermin nicht dadurch ersetzt werden soll, Probeentnahmen, Transport von Laboruntersuchungen, sofern sie nach einem vorgegebenen Verfahren erfolgen usw.*

– *Kernaufgaben mit Wertungsspielraum muss der Sachverständige immer persönlich erfüllen und darf sie unter keinen Umständen auf Hilfskräfte delegieren, da sich in diesem Teil gerade die besondere Sachkunde des Sachverständigen auswirken soll und muss, wie z.B. Objektsbesichtigung, Schadensaufnahme, Überprüfung der Tauglichkeit oder Funktionsfähigkeit einer Maschine, Ermittlung der Kosten, anfertigen des Gutachtens usw.*

Die Zuordnung der einzelnen Tätigkeiten in eine der drei vorstehend genannten Kategorien ist nicht immer eindeutig. Je nach den gegebenen Umständen sind die Grenzen fließend. Als „Faustregel" gilt: Je eher bewertende und beurteilende Elemente einließen, umso klarer gehört die Tätigkeit zum nicht delegierbaren Kernbereich der Sachverständigentätigkeit.

9.1.4 Nicht zulässig ist, dass der Sachverständige nur formal und nach außen hin die Verantwortung für die unter seinem Namen abgegebenen gutachterlichen Äußerungen übernimmt. Unterschreibt der Sachverständige ungeprüft oder nur formal ein Gutachten, das von einer Hilfskraft vorbereitet, entworfen oder formuliert wurde, verstößt er in grober Weise gegen seine Pflicht zur persönlichen Aufgabenerfüllung.

9.1.5 Bei Verstößen gegen die Pflicht zur persönlichen Erfüllung von Kernaufgaben hatte die Rechtsprechung in ihrer umfangreichen Kasuistik bisher auf folgende Konsequenzen erkannt: Verlust des Vergütungsanspruches, Unverwertbarkeit des Gutachtens, Widerruf der öffentlichen Bestellung sowie Unterlassung wg. unlauteren Wettbewerbs.

9.2 Überwachung der Mitarbeit von Hilfskräften

9.2.1 Der Sachverständige muss Hilfskräfte im Hinblick auf deren fachliche Eignung und persönliche Zuverlässigkeit im Einzelfall sorgfältig auswählen, einweisen, anleiten, überwachen und für deren Fortbildung sorgen. Art und Umfang der Verpflichtung zur Überwachung und Anweisung im Einzelfall bestimmen sich nach dem Maß ihrer Sachkunde, Erfahrung und Zuverlässigkeit sowie den Gegebenheiten des konkreten Auftrags, vor allem der Schwierigkeit der einzelnen gutachterlichen Leistung.

9.2.2 *Der Sachverständige hat sicherzustellen, dass beteiligte Hilfskräfte nicht gegen den Pflichtenkatalog der MSVO verstoßen. Insbesondere muss die Hilfskraft ggf. im Arbeitsvertrag oder bei selbstständiger Beschäftigung in geeigneter Weise (z. B durch Vertrag) verpflichtet werden, die Schweigepflicht einzuhalten.*

9.2.3 *Im Falle der Beteiligung von fachlichen Hilfskräften bei vorbereitenden Aufgaben ohne Wertungsspielraum (s.o.) muss der Sachverständige Art und Umfang der Beteiligung offenlegen, um Transparenz, für dritte Personen herzustellen, die von dem Gutachten Kenntnis nehmen. Bei Aufgaben von untergeordneter Bedeutung (s.o.) ist dies nicht erforderlich.*

9.3 Gleiche Grundsätze bei gerichtlichen und privaten Aufträgen

9.3.1 *Der DIHK-Arbeitskreis hat auf seiner Sitzung am 26./27. März 2012 die ersatzlose Streichung des Absatzes 3 beschlossen. Im Hinblick auf die Beschäftigung von Hilfskräften gelten im außergerichtlichen Bereich nunmehr die gleichen Grundsätze wie beim gerichtlichen Auftrag.*

9.3.2 *Soweit der öffentlich bestellte Büroinhaber für die Gutachtenerstellung einen Mitarbeiter einsetzen möchte, kann er mit dem Auftraggeber vereinbaren, dass der Mitarbeiter das Gutachten erstellt. Dann muss jedoch der Mitarbeiter das Gutachten unterschreiben, ein Rundstempel kann nur eingesetzt werden, wenn der Mitarbeiter selbst öffentlich bestellt ist und daher seinen Rundstempel verwenden kann. Der Büroinhaber bleibt dann Auftragnehmer des Gutachtenauftrages, darf aber das Gutachten weder unterschreiben noch mit seinem Rundstempel versehen.*

9.3.3 *Legt der Auftraggeber in einem solchen Fall Wert auf die Plausibilitätsprüfung des Gutachtens durch den Büroinhaber, kann dieser eine solche durchgeführte Plausibilitätsprüfung auch bestätigen und mit seinem Rundstempel versehen. Dieser Prüfungsvermerk darf jedoch nicht in der Art mit dem Gutachten des Mitarbeiters verbunden werden, dass der Eindruck entsteht, Unterschrift und Rundstempel des Büroinhabers seien Teil des Gutachtens. Eine deutliche Trennung ist daher erforderlich.*

9.4 Hilfskraft

9.4.1 *Hilfskraft ist eine Person, die auf demselben Sachgebiet tätig ist wie der beauftragte Sachverständige. Die Hilfskraft unterliegt seinen Weisungen sowie seiner fachlichen Kontrolle. Einer Hilfskraft können und dürfen nur solche Aufgaben übertragen werden, die der Sachverständige aufgrund seiner Sachkunde auch persönlich hätte erledigen können. Andernfalls könnte der Sachverständige für die Tätigkeit der Hilfskraft die Verantwortung nicht übernehmen.*

9.4.2 *Beim Sachverständigen angestellte öffentlich bestellte Sachverständige oder die mit ihm in einer Sozietät arbeitenden Sachverständigen sind keine Hilfskräfte im vorgenannten Sinne, weil sie eigenverantwortlich tätig sind. Auch vom beauftragten Sachverständigen hinzugezogene Sachverständige anderer Sachgebiete sind keine Hilfskräfte im Sinne von § 9 MSVO. Werden solche Sachverständige beteiligt, handelt es sich bei dem Gesamtwerk um ein Gemeinschaftsgutachten; dabei muss deutlich gemacht werden, wer für welchen Teil des Gutachtens verantwortlich ist. Auch die Hinzuziehung von Sachverständigen ist von der Zustimmung oder Weisung des gerichtlichen oder privaten Auftraggebers abhängig.*

9.4.3 *Eine Hilfskraft darf ein Gutachten nicht allein oder zusammen mit dem beauftragten Sachverständigen unterschreiben.*

9.4.4 *Die Hilfskraft darf den Sachverständigen nicht vertreten, auch nicht vorübergehend.*

§ 10
Verpflichtung zur Gutachtenerstattung

(1) Der Sachverständige ist zur Erstattung von Gutachten für Gerichte und Verwaltungsbehörden nach Maßgabe der gesetzlichen Vorschriften verpflichtet.

(2) Der Sachverständige ist zur Erstattung von Gutachten und zur Erbringung sonstiger Leistungen i.S. von § 2 Absatz 2 auch gegenüber anderen Auftraggebern verpflichtet. Er kann jedoch die Übernahme eines Auftrags verweigern, wenn ein wichtiger Grund vorliegt; die Ablehnung des Auftrags ist dem Auftraggeber unverzüglich zu erklären.

Richtlinie:

10.1 Gutachten für Gerichte und Behörden

10.1.1 *Inhalt und Umfang der Pflicht zur Gutachtenerstattung sind unterschiedlich geregelt und hängen davon ab, ob der Sachverständige vom Gericht oder von privater Seite beauftragt wird.*

10.1.2 *Der vom Gericht ernannte Sachverständige hat der Ernennung Folge zu leisten, wenn er für das betreffende Gebiet öffentlich bestellt ist oder wenn er die Wissenschaft, die Kunst oder das Gewerbe, deren Kenntnis die Voraussetzung für die Begutachtung ist, öffentlich zum Erwerb ausübt (§ 407 Abs. 1 ZPO; § 75 Abs. 1 StPO).*

X Anhang
Muster-Sachverständigenordnung (SVO)

10.1.3 Ein vom Gericht beauftragter Sachverständiger kann die Erstattung eines Gutachtens aus denselben Gründen verweigern, die einen Zeugen zur Zeugnisverweigerung berechtigen (§§ 408 Abs. 1 S. 1, 383, 384 ZPO; §§ 76 Abs. 1 Satz 1, 52,53 StPO). Beispielsweise können folgende Verweigerungsgründe in Betracht kommen:

– *Der Sachverständige ist mit einer Partei oder dem Beschuldigten verlobt, verheiratet, verwandt, verschwägert oder es besteht eine Lebenspartnerschaft.*

– *Der Sachverständige gehört einer Berufsgruppe an, die bestimmte Tatsachen nicht weitergeben darf, weil sie ihm als Vertrauensperson anvertraut oder bekannt geworden sind (Geistliche, Rechtsanwälte, Notare, Wirtschaftsprüfer, Berater usw.).*

Liegen solche Verweigerungsgründe vor, ist der Sachverständige berechtigt, den Auftrag abzulehnen.

10.1.4 Der Sachverständige kann bei Gerichtsauftrag auch aus anderen Gründen vom Gericht von der Pflicht zur Gutachtenerstattung entbunden werden (§ 408 Abs. 1 Satz 2 ZPO, § 76 Abs. 1 Satz 2 StPO). Solche Gründe sind insbesondere dann gegeben, wenn Umstände vorliegen, die geeignet sind, berechtigte Zweifel an seiner Unparteilichkeit aufkommen zu lassen (Besorgnis der Befangenheit). Es kommen aber auch Gründe wie Urlaub, Überlastung, Krankheit, fehlende Sachkunde u.ä. in Betracht. In all diesen Fällen kann der Sachverständige die Übernahme des Auftrags nicht von sich aus verweigern, sondern muss bei Gericht einen Antrag auf Entbindung von seiner Gutachtenpflicht stellen.

10.2 Gutachten für private Auftraggeber

10.2.1 Beim Privatauftrag gibt es für den Sachverständigen zwar keine Pflicht, jeden Auftrag anzunehmen. Sinn und Zweck der öffentlichen Bestellung verlangen jedoch vom Sachverständigen, dass er seine Arbeitskraft zu einem angemessenen Teil auch für Gutachten im außergerichtlichen Bereich zur Erledigung von Gutachtenaufträgen zur Verfügung stellt. Verweigert er nachhaltig und ohne berechtigten Grund solche privaten Gutachtenaufträge, kann dies zum Widerruf seiner öffentlichen Bestellung führen.
...

10.2.2 Beim Privatauftrag sollte der Sachverständige von sich aus den Auftrag ablehnen, wenn Verweigerungsgründe oder Gründe für eine Entpflichtung im Sinne von 10.1.3 oder 10.1.4 vorliegen. Allerdings gibt es keine dem Gericht vergleichbare Stelle, die die Verweigerungsgründe überprüfen oder ihn vom Auftrag entbinden kann. Auch die IHK ist hierzu nicht befugt, kann aber in Zweifelsfällen um Rat gebeten werden. Eine Ablehnung des Privatauftrags ist auch dann gerechtfertigt, wenn der Auftraggeber die vertraglichen Konditionen, insbesondere das Honorar, nicht akzeptiert.

§ 11
Form der Gutachtenerstattung; gemeinschaftliche Leistungen

(1) Soweit der Sachverständige mit seinem Auftraggeber keine andere Form vereinbart hat, erbringt er seine Leistungen in Schriftform oder in elektronischer Form. Erbringt er sie elektronischer Form, trägt er für eine der Schriftform gleichwertige Fälschungssicherheit Sorge.

(2) Erbringen Sachverständige eine Leistung gemeinsam, muss zweifelsfrei erkennbar sein, welcher Sachverständige für welche Teile verantwortlich ist. Leistungen in schriftlicher oder elektronischer Form müssen von allen beteiligten Sachverständigen unterschrieben oder elektronisch gekennzeichnet werden. § 12 gilt entsprechend.

(3) Übernimmt ein Sachverständiger Leistungen Dritter, muss er darauf hinweisen.

Richtlinie:

11.1 Form

11.1.1 Das schriftliche Gutachten und andere schriftliche Sachverständigenleistungen müssen in gedruckter Schrift gefertigt sein. Die erste Seite muss den Vorschriften des § 12 MSVO entsprechen. Das Gutachten und andere schriftliche Sachverständigenleistungen müssen mit der eigenhändigen Unterschrift des Sachverständigen und seinem Rundstempel versehen sein.

11.1.2 Nutzt der Sachverständige die elektronische Form, kann er Unterschrift und Rundstempel einscannen. Um die Fälschungssicherheit zu gewährleisten, hat er die qualifizierte Signatur nach dem Signaturgesetz zu benutzen (s. § 12 Abs. 2 MSVO).

11.1.3 Möchte der Sachverständige Gutachtenformulare benutzen, so ist dies nur dann gestattet, wenn er durch die darin enthaltenen Vorgaben oder Beschränkungen nicht in seiner Unabhängigkeit, Unparteilichkeit und Anwendung seiner Sachkunde beeinträchtigt wird. Inhalt und Umfang seiner gutachtlichen Äußerungen, insbesondere die Vollständigkeit, der systematische Aufbau, die übersichtliche Gliederung, die Nachvollziehbarkeit und Nachprüfbarkeit der Gedankengänge und der Ergebnisse dürfen durch Vorgaben des Formulars nicht beeinträchtigt werden.

Muster-Sachverständigenordnung (SVO) — Anhang X

11.1.4 Im Übrigen muss das Gutachten

– systematisch aufgebaut und übersichtlich gegliedert sein;
– in den Gedankengängen für den Laien nachvollziehbar und für den Fachmann nachprüfbar sein (Nachprüfbarkeit bedeutet, dass die das Gutachten tragenden Feststellungen und Schlussfolgerungen so dargestellt sind, dass sie von einem Fachmann ohne Schwierigkeiten als richtig oder als falsch erkannt werden können.);
– auf das Wesentliche beschränkt bleiben;
– unter Berücksichtigung des jeweiligen Adressaten verständlich formuliert sein und hat unvermeidbare Fachausdrücke nach Möglichkeit zu erläutern.

11.1.5 Für einige Sachgebiete haben die IHKs Mindestanforderungen an Gutachten herausgegeben, die den fachlichen Standard festschreiben und die Sorgfaltspflichten des Sachverständigen in fachlicher Hinsicht konkretisieren. Diese sind teilweise in die fachlichen Bestellungsvoraussetzungen integriert, welche im Internet unter der Webseite www.ifsforum.de zu finden sind. Diese Mindestanforderungen sind grundsätzlich einzuhalten. Weicht der Sachverständige in Ausnahmefällen von diesen Anforderungen ab, so hat er dies im Auftrag zu vermerken und die Gründe hierfür im Gutachten anzugeben.

11.1.6 Diese Richtlinien gelten ohne Einschränkungen auch für Sachverständige im Angestelltenverhältnis (vgl. auch 12.7). Der Sachverständige darf das Gutachten zwar auf dem Briefbogen seines Arbeitgebers oder Dienstherrn erstellen; er muss aber auch die in § 12 MSVO vorgegebenen Angaben machen. Und schließlich muss auch der angestellte Sachverständige durch eigenhändige Unterschrift und Beifügung des Rundstempels nach außen hin die Verantwortung für den Inhalt des von ihm gefertigten Gutachtens übernehmen. Der Arbeitgeber oder Dienstherr darf das Gutachten nicht mitunterschreiben (gegenzeichnen).

11.2 Gemeinschaftliche Leistungen

Wird das Gutachten von zwei oder mehreren Sachverständigen desselben Sachgebiets oder unterschiedlicher Sachbereiche erarbeitet, muss zunächst im Gutachtentext kenntlich gemacht werden, welcher Sachverständige für welche Teile verantwortlich ist. Sodann müssen alle beteiligten Sachverständigen das Gutachten nach den Regeln von 11.1.1 oder 11.1.2 unterzeichnen und mit ihren Rundstempeln versehen. Eine Hilfskraft nach § 9 Abs. 4 MSVO ist kein Sachverständiger im Sinne dieser Regelung.

11.3 Leistungen Dritter

Übernimmt ein Sachverständiger beispielsweise die Ergebnisse eines Materialprüfungsamtes oder eines anderen Gutachtens, hat er im Gutachten darauf hinzuweisen.

§ 12
Bezeichnung als „öffentlich bestellter und vereidigter Sachverständiger"

(1) Der Sachverständige hat bei Leistungen im Sinne von § 2 Abs. 2 in schriftlicher oder elektronischer Form auf dem Sachgebiet, für das er öffentlich bestellt ist, die Bezeichnung „von der Industrie- und Handelskammer ... öffentlich bestellter und vereidigter Sachverständiger für ..." zu führen und seinen Rundstempel zu verwenden. Gleichzeitig hat er auf die Zuständigkeit der Industrie- und Handelskammer ... hinzuweisen[6].

(2) Unter die in Absatz 1 genannten Leistungen darf der Sachverständige nur seine Unterschrift und seinen Rundstempel setzen. Im Fall der elektronischen Übermittlung ist die qualifizierte elektronische Signatur zu verwenden.

(3) Bei Sachverständigenleistungen auf anderen Sachgebieten darf der Sachverständige nicht in wettbewerbswidriger Weise auf seine öffentliche Bestellung hinweisen oder hinweisen lassen.

Richtlinie:

12.1.1 Der Sachverständige muss in allen Fällen seiner gutachterlichen Tätigkeit und der ihm sonst obliegenden Aufgaben auf seinem Bestellungsgebiet seine Bezeichnung (jeweils mit dem vollständigen Bestellungstenor einschließlich der zuständigen Bestellungskörperschaft) und seinen Rundstempel verwenden. Dabei muss er das vollständige Sachgebiet so angeben, wie es in der Bestellungsurkunde verzeichnet ist. Auf Visitenkarten, in Anzeigen und in der Werbung kann er diese Hinweise in verkürzter Form verwenden; dabei ist jedoch das Irreführungsverbot des § 5 UWG zu beachten.

12.1.2 Nach der Neufassung der Mustersachverständigenordnung kommt es nicht mehr zum Erlöschen der öffentlichen Bestellung, wenn der Sachverständige seinen Sitz von einem IHK-Bezirk in einen ande-

---

6   Soweit der Name der bestellenden IHK weiterhin Bestandteil des Bestellungstenors bleiben soll, kann Satz 2 wie folgt lauten: Wurde der Sachverständige von einer anderen Bestellungskörperschaft bestellt, verwendet er seinen abweichenden Tenor und weist gleichzeitig auf die Zuständigkeit der IHK.(Name der IHK) hin".

X Anhang
Muster-Sachverständigenordnung (SVO)

ren IHK-Bezirk verlegt. Folglich geht in diesem Fall nunmehr die Zuständigkeit von der bisherigen (in der Regel bestellenden) IHK auf die IHK über, in deren Bezirk der Sitz verlegt wird. Daher soll der Name der bestellenden IHK weder im Tenor noch im Rundstempel enthalten sein. Hinsichtlich der Gestaltung des neuen Rundstempels wird auf das Muster im DIHK-Rundschreiben vom 11.5.2010 (RS-Nr. 781000) verwiesen. Für den Fall, dass die Nennung der bestellenden IHK in der Tenorierung noch enthalten ist, hat der Sachverständige gleichzeitig deutlich auf die zuständige IHK hinzuweisen (siehe Fußnote 1 in § 12 Abs. 1 MSVO). Bei einer Nennung der bestellenden IHK im Rundstempel ist dieser beim Zuständigkeitswechsel unabhängig von der konkreten Tenorierung auszutauschen. In jedem Fall muss der Sachverständige – auch zur Einhaltung seiner Pflichten nach der Dienstleistungsinformationspflichtenverordnung – im Geschäftsverkehr in geeigneter Weise (z. B. auf seinem Briefkopf) auf die zuständige IHK hinweisen. Die zuständige IHK ist zunächst die bestellende IHK. Mit einer Sitzverlegung wird die IHK zuständig, in deren Bezirk der Sitz verlegt wird. (siehe auch Ziff. 4.1.2).

12.1.3 Die Umstellung auf die neuen Dokumente soll möglichst zügig erfolgen. Auf jeden Fall ist eine erneute Bestellung hierfür zu nutzen. Im Falle eines Zuständigkeitswechsels ist gleichfalls ein neuer Stempel anzufertigen, wenn der bisherige Stempel den Namen der vormals bestellenden IHK noch enthält. Die Sachverständigen sind darauf hinzuweisen, dass ihre Briefbögen und Visitenkarten möglichst zeitnah an die neuen Maßgaben anzupassen sind.

12.1.4 Andere Bezeichnungen, Anerkennungen, Zulassungen, Zertifizierungen, Mitgliedschaften und vergleichbare Hinweise im Briefkopf von Gutachten und Geschäftsbriefen sind zulässig, wenn sie nicht irreführend, also geeignet sind, über die fachliche und persönliche Qualifikation des Sachverständigen zu täuschen.

12.2 Nachweis der Urheberschaft und der Sachgebietsbezogenheit

12.2.1 Unter das Gutachten oder andere schriftliche Leistungen darf der Sachverständige nur seine Unterschrift und seinen Rundstempel setzen.

Im Falle der elektronischen Übermittlung unter Verwendung der qualifizierten elektronischen Signatur kann er Unterschrift und Rundstempel einscannen.

12.2.2 Eine weitere Unterschrift, beispielsweise des Arbeitgebers oder der Hilfskraft, ist nicht zulässig (vgl. § 9 MSVO). Ein weiterer Rundstempel, beispielsweise eines Verbandes oder einer Zertifizierungsstelle, ist ebenfalls nicht erlaubt. Nur wenn die Benutzung des Rundstempels gesetzlich vorgeschrieben ist, ist ein weiterer Rundstempel zugelassen. Schließlich kann eine weitere Unterschrift mit entsprechendem Rundstempel angebracht werden, wenn es sich um ein Gemeinschaftsgutachten von zwei selbständigen Sachverständigen im Sinne von Ziff. 11.2 handelt.

12.2.3 In den Fällen einer Sozietät (§ 21 MSVO) – unabhängig von der Rechtsform– gelten die vorstehenden Richtlinien in gleicher Weise. Es müssen alle Sachverständigen mit ihren jeweiligen Sachgebieten aufgeführt werden, und es muss dabei jeweils erkennbar werden, für welches Sachgebiet der einzelne Sachverständige öffentlich bestellt ist.

12.2.4 Die vorstehenden Richtlinien gelten ohne Einschränkungen auch für Sachverständige im Angestelltenverhältnis.

12.3 Sachverständigenleistungen auf anderen Sachgebieten

Ist der Sachverständige auf weiteren Sachgebieten als Sachverständiger tätig, darf er dies im Briefkopf vermerken. Dabei hat er aber darauf zu achten, dass auch für den flüchtigen Durchschnittsleser klar erkennbar wird, für welches Sachgebiet er öffentlich bestellt ist und für welches nicht. Gleiches gilt für den Hinweis auf eine sonstige berufliche Tätigkeit (z. B. Architekt, Ingenieurbüro). In allen Fällen ist das Irreführungsverbot des § 5 UWG zu beachten.

§ 13
Aufzeichnungs- und Aufbewahrungspflichten

(1) Der Sachverständige hat über jede von ihm angeforderte Leistung Aufzeichnungen zu machen. Aus diesen müssen ersichtlich sein:

a) der Name des Auftraggebers,

b) der Tag, an dem der Auftrag erteilt worden ist,

c) der Gegenstand des Auftrags und

d) der Tag, an dem die Leistung erbracht, oder die Gründe, aus denen sie nicht erbracht worden ist.

(2) Der Sachverständige ist verpflichtet,

a) die Aufzeichnungen nach Absatz 1,

Muster-Sachverständigenordnung (SVO) **Anhang X**

b) ein vollständiges Exemplar des Gutachtens oder eines entsprechenden Ergebnisnachweises einer sonstigen Leistung nach § 2 Abs. 2 und

c) die sonstigen schriftlichen Unterlagen, die sich auf seine Tätigkeit als Sachverständiger beziehen,

mindestens 10 Jahre lang aufzubewahren.

Die Aufbewahrungsfrist beginnt mit dem Schluss des Kalenderjahres, in dem die Aufzeichnungen zu machen oder die Unterlagen entstanden sind.

(3) Werden die Dokumente gemäß Abs. 2 auf Datenträgern gespeichert, muss der Sachverständige sicherstellen, dass die Daten während der Dauer der Aufbewahrungsfrist verfügbar sind und jederzeit innerhalb angemessener Frist lesbar gemacht werden können. Er muss weiterhin sicherstellen, dass die Daten sämtlicher Unterlagen nach Abs. 2 nicht nachträglich geändert werden können.

Richtlinie:
13.1 Aufzeichnungspflichten
13.1.1 Die Regelung bezieht sich auf alle Sachverständigenleistungen, wie sie sich aus § 2 Abs. 2 MSVO ergeben.

13.1.2 Die Aufzeichnungen dienen der Kontrolle über die Einhaltung der Pflichten des Sachverständigen. Deshalb müssen sie vollständig, übersichtlich und chronologisch geordnet sein. Eine bestimmte technische Form (z. B. Tagebuch) ist nicht vorgesehen. Neben der herkömmlichen Schriftform ist es beispielsweise zulässig, die erforderlichen Aufzeichnungen und Daten in elektronischer Form (z. B. auf Festplatte, CD-Rom oder Diskette) vorzuhalten. Sollte diese Aufbewahrungsform gewählt werden, hat der Sachverständige sicherzustellen, dass die gespeicherten aufzuzeichnenden und aufzubewahrenden Daten ohne einen unverhältnismäßigen Aufwand zur Einsicht durch Berechtigte (vgl. § 20 MSVO) in allgemein lesbarer Form zur Verfügung stehen.

13.1.3 Der Sachverständige hat seine Leistung oder den begutachteten Gegenstand in den Aufzeichnungen so zu beschreiben, dass eine spätere Identifizierung zweifelsfrei ohne weitere Ermittlungen und Einsichtnahme in die Akten möglich ist.

13.1.4 Bei mündlich erbrachten Leistungen sind Auftraggeber, Gegenstand der Leistung, Datum und Ergebnis der Leistungserbringung schriftlich (s.o.) festzuhalten. Bei mündlich erstatteten Gerichtsgutachten genügt eine Aufzeichnung über den Tag der Vernehmung, das Gericht, die Prozessparteien und das Aktenzeichen des Verfahrens, weil das Ergebnis des Gutachtens durch Protokollierung aktenkundig wird.

13.1.5 Erstattet der Sachverständige das Gutachten nicht, so muss er die Gründe dafür dokumentieren (z. B. Ablehnung wegen der Besorgnis der Befangenheit oder Abbruch wegen Abschluss eines Vergleichs).

13.2 Aufbewahrungspflichten
Der Sachverständige muss von sich aus prüfen, ob zum besseren Verständnis der Art und des Umfangs seiner Tätigkeit als Sachverständiger sowie zum Nachweis über Einzelheiten von ihm getroffener Feststellungen (beispielsweise zum Zwecke der Abwehr von Haftungsansprüchen) weitere Unterlagen aufzubewahren sind.

13.3 Elektronische Datenspeicherung
13.3.1 Sollte der Sachverständige die elektronische Aufbewahrungsform wählen, so muss er sicherstellen, dass die gespeicherten Daten ohne einen unverhältnismäßigen Aufwand zur Einsicht durch Berechtigte (vgl. § 20 MSVO) in allgemein lesbarer Form zur Verfügung stehen.

13.3.2 Der Sachverständige muss nachträgliche Änderungen der Aufzeichnungen kenntlich machen. Dies gilt insbesondere auch für Aufzeichnungen in elektronischer Form.

§ 14
Haftungsausschluss; Haftpflichtversicherung

(1) Der Sachverständige darf seine Haftung für Vorsatz und grobe Fahrlässigkeit nicht ausschließen oder der Höhe nach beschränken.

(2) Der Sachverständige soll eine Haftpflichtversicherung in angemessener Höhe abschließen und während der Zeit der Bestellung aufrechterhalten. Er soll sie in regelmäßigen Abständen auf Angemessenheit überprüfen.

Richtlinie:
14.1 Haftungsausschluss
14.1.1 Der Sachverständige ist seinem Auftraggeber zum Ersatz vorsätzlich oder fahrlässig verursachter Schäden verpflichtet.

14.1.2 Die Haftung für Vorsatz und grobe Fahrlässigkeit kann vom Sachverständigen weder ausgeschlossen noch der Höhe nach beschränkt werden. Weitere gesetzliche Verbote für Haftungsausschlüsse und Haftungsbeschränkungen sind zu beachten.

14.2 Haftpflichtversicherung

14.2.1 Der Sachverständige soll für sich und seine Mitarbeiter eine Berufshaftpflichtversicherung in angemessener Höhe abschließen und diese während des Zeitraums seiner öffentlichen Bestellung aufrechterhalten. Die „Soll"-Vorschrift bedeutet, dass der Sachverständige eine Haftpflichtversicherung abzuschließen hat, soweit nicht ausnahmsweise nachvollziehbare Gründe dagegen sprechen. Diese Ausnahme muss der Sachverständige begründen. Die Höhe der Versicherung muss sich nach dem Umfang seiner möglichen Inanspruchnahme richten. Der Sachverständige ist gehalten, seine Haftpflichtversicherung – auch im eigenen Interesse – in regelmäßigen Abständen auf ihre Angemessenheit hin überprüfen.

14.2.2 Der Sachverständige soll beim Abschluss einer Haftpflichtversicherung auch die Beteiligung weiterer Hilfskräfte (vgl. § 9 MSVO) in erforderlichem Umfang berücksichtigen.

14.2.3 Wird der Sachverständige in einem Zusammenschluss mit anderen Sachverständigen tätig, bei dem die Haftung des Einzelnen ausgeschlossen oder beschränkt ist (siehe § 21 MSVO), soll dieser sich haftpflichtversichern. Die Deckungssumme der Haftpflichtversicherung soll dem Haftungsrisiko des Zusammenschlusses entsprechen.

14.2.4 Wählt der Sachverständige für einen Zusammenschluss im Sinne des § 21 MSVO eine Rechtsform, die die Haftung auf das Vermögen des Zusammenschlusses beschränkt (z. B. GmbH, § 13 Abs. 2 GmbHG), soll er dafür Sorge tragen, dass die Gesellschaft über eine angemessene Haftpflichtversicherung verfügt. Für eine Gesellschaft, deren Haftung auf das Gesellschaftsvermögen beschränkt ist, gilt eine Haftpflichtversicherung nur dann als angemessen, wenn die Haftungshöchstsummen deutlich über denen für die einzelnen Sachverständigen des Zusammenschlusses liegen.

§ 15
Schweigepflicht

(1) Dem Sachverständigen ist untersagt, bei der Ausübung seiner Tätigkeit erlangte Kenntnisse Dritten unbefugt mitzuteilen oder zum Schaden anderer oder zu seinem oder zum Nutzen anderer unbefugt zu verwerten.

(2) Der Sachverständige hat seine Mitarbeiter zur Beachtung der Schweigepflicht zu verpflichten.

(3) Die Schweigepflicht des Sachverständigen erstreckt sich nicht auf die Anzeige- und Auskunftspflichten nach den §§ 19 und 20.

(4) Die Schweigepflicht des Sachverständigen besteht über die Beendigung des Auftragsverhältnisses hinaus. Sie gilt auch für die Zeit nach dem Erlöschen der öffentlichen Bestellung.

Richtlinie:

15.1 Verschwiegenheitspflicht und Verwertungsverbot

15.1.1 Die Verschwiegenheitspflicht ist ein maßgeblicher Grund für die Vertrauenswürdigkeit des öffentlich bestellten Sachverständigen. Der Sachverständige darf weder das Gutachten noch Tatsachen oder Unterlagen, die ihm im Rahmen seiner gutachtlichen Tätigkeit anvertraut worden oder bekannt geworden sind, unbefugt offenbaren, weitergeben oder ausnutzen. Die Pflicht zur Verschwiegenheit umfasst alle Tatsachen, die er durch seine Tätigkeit als öffentlich bestellter Sachverständiger erfahren hat, sofern diese nicht offenkundig sind. Stellt der Sachverständige zum Beispiel bei der Bewertung eines Gebäudes fest, dass Schwarzarbeit geleistet oder dass ohne Genehmigung gebaut wurde, darf er dies nicht zur Anzeige bringen; der Sachverständige ist kein Hilfsorgan von Ordnungs- und Verwaltungsbehörden. Auch die Tatsache seiner Beauftragung ist gegebenenfalls geheim zu halten. So dürfen Dritten nicht ohne weiteres auf Anfrage Auskünfte über den Inhalt oder Umstände der Gutachtenerstattung erteilt werden. Wenn z. B. Versicherungsgesellschaften, denen das Gutachten eines Kraftfahrzeugsachverständigen vorgelegt worden ist, Rückfragen haben, ist das Einverständnis des Auftraggebers zur Auskunftserteilung einzuholen, wenn es nicht aus den Umständen oder der Interessenlage unterstellt werden kann. Im Gegensatz dazu: Über seine Ausführungen in einer öffentlichen Gerichtsverhandlung darf der Sachverständige aufgrund der Öffentlichkeit der Verhandlung auch Personen gegenüber berichten, die in der Verhandlung nicht anwesend waren.

15.1.2 Der Sachverständige darf die bei seiner Gutachtertätigkeit erlangten Kenntnisse in anonymisierter Form für sich oder Dritte verwerten (beispielsweise zum Zweck des Vergleichs, der Statistik oder des Erfahrungsaustausches). In diesen Fällen muss der Sachverständige jedoch sicherstellen, dass – auch mittelbar – Rückschlüsse auf den Auftraggeber, den konkreten Gutachtenfall oder das begutachtete Objekt nicht möglich sind.

15.1.3 *Da der öffentlich bestellte Sachverständige auf die gewissenhafte Erfüllung seiner Obliegenheiten förmlich verpflichtet worden ist, stellt die Verletzung der Schweigepflicht eine strafbare Handlung nach § 203 Abs. 2 Nr. 5 StGB dar; die oben genannten Ausnahmen von der Schweigepflicht gelten auch hier.*

15.2   Verpflichtung der Mitarbeiter

Diese Schweigepflicht gilt auch für alle im Betrieb des Sachverständigen mitarbeitenden Personen. Der Sachverständige hat dafür zu sorgen, dass die Schweigepflicht von den genannten Personen eingehalten wird.

15.3   Ausnahmen von der Verschwiegenheitspflicht

15.3.1 *In den Fällen der §§ 19, 20 MSVO gilt die Verschwiegenheitspflicht nicht.*

15.3.2 *Des Weiteren ist der Sachverständige in bestimmten Fällen befugt, Tatsachen oder seine gutachtlichen Leistungen zu offenbaren. Eine befugte Offenbarung liegt dann vor, wenn der Auftraggeber den Sachverständigen ausdrücklich von der Schweigepflicht entbindet. Es empfiehlt sich, die Zustimmung des Auftraggebers schriftlich einzuholen. Der Sachverständige darf allerdings Dritten, denen der Auftraggeber das Gutachten zugänglich gemacht hat, unter Schonung der berechtigten Belange des Auftraggebers das Gutachten erläutern.*

15.3.3 *Der Sachverständige ist auch verpflichtet, als Zeuge im Strafprozess auszusagen. Die Zeugnispflicht geht hier der Schweigepflicht vor. Er hat kein Auskunftsverweigerungsrecht nach der Abgabenordnung.*

15.4   Fortdauer der Verschwiegenheitspflicht

Die Verschwiegenheitspflicht besteht fort, wenn der Auftrag beendet, die öffentliche Bestellung des Sachverständigen erloschen (§ 22 Abs. 1 MSVO) oder der Auftraggeber verstorben ist.

§ 16
Fortbildungspflicht und Erfahrungsaustausch

Der Sachverständige hat sich auf dem Sachgebiet, für das er öffentlich bestellt und vereidigt ist, im erforderlichen Umfang fortzubilden und den notwendigen Erfahrungsaustausch zu pflegen. Er hat der IHK regelmäßig geeignete Nachweise darüber vorzulegen.

Richtlinie:

16.1 *Es reicht nicht aus, dass der Sachverständige nur im Zeitpunkt seiner Bestellung über das notwendige Fachwissen verfügt und fähig ist, Gutachten zu erstatten. Beide Bestellungsvoraussetzungen müssen während der gesamten Dauer der öffentlichen Bestellung vorhanden sein. Der Sachverständige ist daher verpflichtet, sich ständig über den jeweiligen Stand der Wissenschaft, der Technik und die neueren Erkenntnisse auf seinem Sachgebiet zu unterrichten. Das bedeutet: Er muss über die für sein Bestellungsgebiet maßgeblichen rechtlichen Bestimmungen und einschlägigen Erfahrungssätze, Methoden und Lehrmeinungen, die als zweifelsfrei richtig und zuverlässig anerkannt sind, informiert sein und diese beherrschen. Ungesicherte Erkenntnisse darf er seinen Leistungen nicht zugrunde legen. Zur Fortbildung gehört aber nicht nur die Ergänzung des unmittelbaren Fachwissens, sondern auch Weiterbildung im allgemeinen Sachverständigenwissen (z. B. Vertrags-, Prozess-, Haftungs-, Gebühren- und Schiedsgutachterrecht sowie im öffentlichen Recht hinsichtlich des ihn betreffenden Pflichtenkatalogs).*

16.2 *Zu diesem Zweck hat sich der Sachverständige nachweisbar in der erforderlichen Weise, insbesondere durch regelmäßige Teilnahme an Kursen, Seminaren und Fortbildungslehrgängen, die von kompetenten Stellen angeboten werden, sowie durch laufendes Studium der Fachliteratur und von Fachzeitschriften fortzubilden. Zur Fortbildung gehört auch die Teilnahme am fachlichen Erfahrungsaustausch (z. B. Teilnahme an Fachkongressen) in erforderlichem Umfang, soweit es diesen auf dem Sachgebiet gibt, für das er öffentlich bestellt ist.*

Entsprechende Nachweise sind fortlaufend, spätestens bei einem Antrag auf Verlängerung nach Ablauf der Befristung vorzulegen (vgl. 4.2.4).

16.3 *Bei Nichteinhaltung der Pflicht zur Fortbildung muss die zuständige IHK den Sachverständigen auf seine Pflichten hinweisen. Kommt der Sachverständige dann seiner Fortbildungspflicht noch immer nicht nach, kann sie Auflagen erteilen oder die Bestellung widerrufen.*

§ 17
(entfallen)

X Anhang
Muster-Sachverständigenordnung (SVO)

§ 18
Werbung

Werbung des öffentlich bestellten und vereidigten Sachverständigen muss seiner besonderen Stellung und Verantwortung gerecht werden.

Richtlinie:

18.1 *Der Sachverständige unterliegt bei seiner Werbung den Bestimmungen der §§ 3-7 UWG.*

18.2 *Der Sachverständige hat sich bei der Kundmachung seiner Tätigkeit und bei seiner Werbung Zurückhaltung aufzuerlegen. Aufmachung und Inhalt seiner Selbstdarstellung müssen dem Ansehen, der Funktion und der hohen Verantwortung eines öffentlich bestellten Sachverständigen gerecht werden. Zulässig ist danach eine Werbung, die lediglich hinweisenden und informierenden Charakter hat und das Leistungsangebot des Sachverständigen in der äußeren Aufmachung und der inhaltlichen Aussage objektiv darstellt. Dagegen muss er aufdringliche und reißerische Werbeaussagen unterlassen.*

18.3 *Der Sachverständige darf seine öffentliche Bestellung sowie seine Sachverständigentätigkeit in Tageszeitungen, Fachzeitschriften, Branchenfernsprechbüchern, Adressbüchern und im Internet bekannt geben. Solche Anzeigen dürfen nach Form und Inhalt nicht reklameartig aufgemacht sein und müssen sich auf die Bekanntgabe des Namens, der Adresse, der Sachgebietsbezeichnung, der öffentlichen Bestellung und der bestellenden Kammer beschränken.*

18.4 *Der Sachverständige darf in Anzeigen und auf seinen Briefbögen außer auf seine Sachverständigentätigkeit nicht auf seine sonstige berufliche oder gewerbliche Tätigkeit hinweisen, wenn dies gegen §§ 3-7 UWG verstößt. Dies ist jedenfalls dann der Fall, wenn der Hinweis auf die öffentliche Bestellung so in den Mittelpunkt gerückt wird, dass dem angesprochenen Dritten der Eindruck nahe liegt, der Sachverständige sei auch bei seiner sonstigen beruflichen oder gewerblichen Tätigkeit besonders qualifiziert oder vertrauenswürdig (Image-Transfer). Umgekehrt darf der Sachverständige bei Tätigkeiten auf anderen Sachgebieten als denjenigen, für die er bestellt ist, oder bei Leistungen im Rahmen seiner sonstigen beruflichen oder gewerblichen Tätigkeit auf seine öffentliche Bestellung nur dann Bezug nehmen, wenn dadurch die §§ 3-7 UWG nicht verletzt werden (vgl. § 12 Abs. 3 MSVO).*

18.5 *Der Auftraggeber darf nach Absprache mit dem Sachverständigen auf seinen Produkten oder in der Produktbeschreibung darauf hinweisen, dass sein Produkt von dem betreffenden öffentlich bestellten Sachverständigen überprüft worden ist. Ansonsten darf der Sachverständige nicht im Zusammenhang mit den beruflichen oder gewerblichen Leistungen Dritter werben oder für sich werben lassen.*

18.6 *Soweit der Sachverständige standesrechtlichen Regeln zur Werbung unterliegt (z. B. als Architekt, Ingenieur, Wirtschaftsprüfer oder Steuerberater), bleiben diese unberührt.*

§ 19
Anzeigepflichten

Der Sachverständige hat der Industrie- und Handelskammer unverzüglich anzuzeigen:

a) die Änderung seiner nach § 4 Abs. 1 S. 1 die örtliche Zuständigkeit begründenden Niederlassung und die Änderung seines Wohnsitzes;

b) die Errichtung und tatsächliche Inbetriebnahme oder Schließung einer Niederlassung;

c) die Änderung seiner oder die Aufnahme einer weiteren beruflichen oder gewerblichen Tätigkeit, insbesondere den Eintritt in ein Arbeits- oder Dienstverhältnis;

d) die voraussichtlich länger als drei Monate dauernde Verhinderung an der Ausübung seiner Tätigkeit als Sachverständiger, insbesondere auch aufgrund einer Beeinträchtigung seiner körperlichen oder geistigen Leistungsfähigkeit;

e) den Verlust der Bestellungsurkunde, des Ausweises oder des Rundstempels;

f) die Leistung der Eidesstattlichen Versicherung gemäß § 807 Zivilprozessordnung[7]; und den Erlass eines Haftbefehls zur Erzwingung der Eidesstattlichen Versicherung gemäß § 901 Zivilprozessordnung[8];

g) die Stellung des Antrages auf Eröffnung eines Insolvenzverfahrens über sein Vermögen oder das Vermögen einer Gesellschaft, deren Vorstand, Geschäftsführer oder Gesellschafter er ist, die Eröffnung eines solchen Verfahrens und die Abweisung der Eröffnung des Insolvenzverfahrens mangels Masse;

h) den Erlass eines Haft- oder Unterbringungsbefehls, die Erhebung der öffentlichen Klage und den Ausgang des Verfahrens in Strafverfahren, wenn der Tatvorwurf auf eine Verletzung von Pflichten schließen lässt, die bei der Ausübung der Sachverständigentätigkeit zu beachten sind, oder er in anderer Weise geeignet ist, Zweifel an der persönlichen Eignung oder besonderen Sachkunde des Sachverständigen hervorzurufen;

i) die Gründung von Zusammenschlüssen nach § 21 oder den Eintritt in einen solchen Zusammenschluss.

Richtlinie:

19.1 Der Sachverständige ist verpflichtet, der IHK alle Veränderungen in seinem persönlichen Bereich mitzuteilen, die Auswirkungen auf seine Tätigkeit haben können. So muss die IHK, da sie die Aufsicht über die bestellten Sachverständigen führt und auf Anfrage Gerichten oder privaten Interessenten Sachverständige benennt, wissen, wo und wie der Sachverständige erreichbar ist und darüber unterrichtet sein, wenn er z. B. durch Krankheit oder Auslandsaufenthalt drei Monate und länger gehindert ist, seine Tätigkeit auszuüben. Der Sachverständige ist daher verpflichtet, die IHK zu unterrichten, wenn er seine die örtliche Zuständigkeit der IHK begründende Niederlassung oder seine Wohnsitz ändert, eine weitere Niederlassung errichten oder ändern will. Im Übrigen muss er der IHK auch Änderungen seiner Telefon- oder Telefaxnummer und sonstigen Kommunikationsmitteln, die er als Sachverständiger benutzt, mitteilen.

19.2 Die Tätigkeit als öffentlich bestellter Sachverständiger muss mit seiner sonstigen beruflichen oder gewerblichen Tätigkeit vereinbar sein. Insbesondere dürfen Unparteilichkeit und Unabhängigkeit wegen Interessenkollision nicht beeinträchtigt und seine zeitliche Verfügbarkeit nicht in unzumutbarem Umfang eingeschränkt werden. Deshalb hat der Sachverständige die Änderung der ausgeübten oder die Aufnahme einer weiteren beruflichen oder gewerblichen Tätigkeit, insbesondere den Eintritt in ein Arbeits- oder Dienstverhältnis oder die Gründung von Zusammenschlüssen (§ 21 MSVO), ebenso den Widerruf einer vom Arbeitgeber bzw. vom Dienstherrn erteilten Freistellung (vgl. 3.3.) anzuzeigen.

19.3 Die Pflicht zur Unterrichtung der IHK erstreckt sich auch auf solche Umstände, die seine wirtschaftliche Leistungsfähigkeit oder seine persönliche Eignung für die Tätigkeit als Sachverständiger infrage stellen können. Die IHK ist daher bei eidesstattlichen Versicherungen und Insolvenzverfahren zu informieren. Auch bei Strafverfahren ist die IHK zu unterrichten und über den Stand des Verfahrens auf dem Laufenden zu halten.

---

[7] **§ 807 ZPO a. F.:** (1) Der Schuldner ist nach Erteilung des Auftrags nach § 900 Abs. 1 verpflichtet, ein Verzeichnis seines Vermögens vorzulegen und für die Forderungen den Grund und die Beweismittel zu bezeichnen, wenn die Pfändung zu einer vollständigen Befriedigung des Gläubigers nicht geführt hat, der Gläubiger glaubhaft macht, dass er durch die Pfändung seine Befriedigung nicht vollständig erlangen könne, der Schuldner die Durchsuchung (§ 758) verweigert hat oder der Gerichtsvollzieher den Schuldner wiederholt in seiner Wohnung nicht angetroffen hat, nachdem er einmal die Vollstreckung mindestens zwei Wochen vorher angekündigt hatte; dies gilt nicht, wenn der Schuldner seine Abwesenheit genügend entschuldigt und den Grund glaubhaft macht.
(2) Aus dem Vermögensverzeichnis müssen auch ersichtlich sein
1. die in den letzten zwei Jahren vor dem ersten zur Abgabe der eidesstattlichen Versicherung anberaumten Termin vorgenommenen entgeltlichen Veräußerungen des Schuldners an eine nahe stehende Person (§ 138 der Insolvenzordnung);
2. die in den letzten vier Jahren vor dem ersten zur Abgabe der eidesstattlichen Versicherung anberaumten Termin von dem Schuldner unentgeltlichen Leistungen, sofern sie sich nicht auf gebräuchliche Gelegenheitsgeschenke geringeren Werts richteten. Sachen, die nach § 811 Abs. 1 Nr. 1, 2 der Pfändung offensichtlich nicht unterworfen sind, brauchen in dem Vermögensverzeichnis nicht angegeben zu werden, es sei denn, dass eine Austauschpfändung in Betracht kommt.
(3) Der Schuldner hat zu Protokoll an Eides statt zu versichern, dass er die von ihm verlangten Angaben nach bestem Wissen und Gewissen richtig und vollständig gemacht habe. Die Vorschriften der §§ 478 bis 480, 483 gelten entsprechend.

[8] **§ 901 ZPO a. F.:** Erlass eines Haftbefehls: Gegen den Schuldner, der in dem zur Abgabe der eidesstattlichen Versicherung bestimmten Termin nicht erscheinen oder die Abgabe der eidesstattlichen Versicherung ohne Grund verweigert, hat das Gericht zur Erzwingung der Abgabe auf Antrag einen Haftbefehl zu erlassen. In dem Haftbefehl sind der Gläubiger, der Schuldner und der Grund der Verhaftung zu bezeichnen. Einer Zustellung des Haftbefehls vor seiner Vollziehung bedarf es nicht.

X Anhang

Muster-Sachverständigenordnung (SVO)

§ 20
Auskunftspflichten, Überlassung von Unterlagen

(1) Der Sachverständige hat auf Verlangen der Industrie- und Handelskammer die zur Überwachung seiner Tätigkeit und der Einhaltung seiner Pflichten erforderlichen mündlichen oder schriftlichen Auskünfte innerhalb der gesetzten Frist und unentgeltlich zu erteilen und angeforderte Unterlagen vorzulegen. Er kann die Auskunft auf solche Fragen verweigern, deren Beantwortung ihn selbst oder einen seiner Angehörigen (§ 52 Strafprozessordnung[9]) der Gefahr strafrechtlicher Verfolgung oder eines Verfahrens nach dem Gesetz über Ordnungswidrigkeiten aussetzen würde.

(2) Der Sachverständige hat auf Verlangen der Industrie- und Handelskammer die aufbewahrungspflichtigen Unterlagen (§ 13) in deren Räumen vorzulegen und angemessene Zeit zu überlassen.

Richtlinie:

20.1 Auskunftspflichten

20.1.1 Auf Verlangen der IHK hat der Sachverständige unverzüglich und auf seine Kosten alle Auskünfte zu erteilen, die erforderlich sind, um Art und Umfang seiner Tätigkeit überwachen zu können. Hierunter fallen auch Tatsachen, die nicht unmittelbar mit Gutachten oder anderen Sachverständigentätigkeiten zusammenhängen. Voraussetzung ist, dass ihre Kenntnis zur Würdigung der besonderen Sachkunde, der Unparteilichkeit, Unabhängigkeit, Zuverlässigkeit und anderer Grundlagen der persönlichen Eignung sowie der Einhaltung der Sachverständigenpflichten erforderlich ist. Dazu gehören z. B. Rahmenverträge über Sachverständigenleistungen über einen längeren Zeitraum, Korrespondenz über Beschwerden, Werbe- und Informationsmaterial, Bestätigungen über Fortbildungsmaßnahmen und Erfahrungsaustausch, Nachweise einer nach Art der versicherten Risiken und Höhe angemessenen Haftpflichtversicherung.

20.1.2 Der Sachverständige kann diese Auskünfte gemäß § 15 Abs. 3 MSVO nicht mit dem Hinweis auf seine Schweigepflicht verweigern, da die IHK als zuständige Bestellungskörperschaft im Rahmen ihrer Überwachungspflicht über die Sachverständigen zur Einholung dieser Auskünfte berechtigt ist.

20.2 Überlassung von Unterlagen

Die IHK kann von dem Sachverständigen verlangen, dass er ihr die erforderlichen Unterlagen unentgeltlich vorlegt und für eine angemessene Zeit überlässt. Bliebe es lediglich bei einer Auskunftspflicht, so würde die Überwachung der Tätigkeit des Sachverständigen und der Einhaltung seiner Pflichten ins Leere laufen, wenn die IHK die Richtigkeit der Auskünfte nicht auch nachprüfen könnte.

§ 21
Zusammenschlüsse

Der Sachverständige darf sich zur Ausübung seiner Sachverständigentätigkeit mit anderen Personen in jeder Rechtsform zusammenschließen. Dabei hat er darauf zu achten, dass seine Glaubwürdigkeit, sein Ansehen in der Öffentlichkeit und die Einhaltung seiner Pflichten nach dieser Sachverständigenordnung gewährleistet sind.

Richtlinie:

21.1 Der Sachverständige ist in seiner Wahl frei, in welcher Rechtsform er tätig werden will. Er kann allein, auch in der Rechtsform der GmbH, arbeiten; er kann sich mit anderen Sachverständigen seines Sachgebiets oder anderer Sachgebiete in der Rechtsform z. B. der Gesellschaft bürgerlichen Rechts, der GmbH, der Partnerschaftsgesellschaft zusammentun. Soweit solche Gesellschaften rechtlich verselbstän-

---

9   **§ 52 StPO:** (1) Zur Verweigerung des Zeugnisses sind berechtigt
   1. der Verlobte des Beschuldigten oder die Person, mit der der Beschuldigte ein Versprechen eingegangen ist, eine Lebenspartnerschaft zu begründen;
   2. der Ehegatte des Beschuldigten, auch wenn die Ehe nicht mehr besteht;
   2a. der Lebenspartner des Beschuldigten, auch wenn die Lebenspartnerschaft nicht mehr besteht;
   3. wer mit dem Beschuldigten in gerader Linie verwandt oder verschwägert, in der Seitenlinie bis zum dritten Grad verwandt oder bis zum zweiten Grad verschwägert ist oder war.
   (2) Haben Minderjährige wegen mangelnder Verstandesreife oder haben Minderjährige oder Betreute wegen einer psychischen Krankheit oder einer geistigen oder seelischen Behinderung von der Bedeutung des Zeugnisverweigerungsrechts keine genügende Vorstellung, so dürfen sie nur vernommen werden, wenn sie zur Aussage bereit sind und auch ihr gesetzlicher Vertreter der Vernehmung zustimmt. Ist der gesetzliche Vertreter selbst Beschuldigter, so kann er über die Ausübung des Zeugnisverweigerungsrechts nicht entscheiden; das Gleiche gilt auch für den nicht beschuldigten Elternteil, wenn die gesetzliche Vertretung beiden Eltern zusteht.
   (3) Die zur Verweigerung des Zeugnisses berechtigten Personen, in den Fällen des Absatzes 2 auch deren zur Entscheidung über die Ausübung des Zeugnisverweigerungsrechts befugte Vertreter, sind vor jeder Vernehmung über ihr Recht zu belehren. Sie können den Verzicht auf dieses Recht auch während der Vernehmung widerrufen.

Muster-Sachverständigenordnung (SVO)

digt sind, werden sie selbst Partner der Verträge über Sachverständigenleistungen. Anderes gilt nur bei gerichtlichen Aufträgen, die sich direkt an einzelne Sachverständige richten. Auch wenn die Sachverständigen-Gesellschaft Vertragspartner für Sachverständigenleistungen wird, ändert sich nichts daran, dass der Sachverständige aufgrund seiner öffentlichen Bestellung verpflichtet ist, für die Einhaltung des Pflichtenkatalogs Sorge zu tragen. Ist das nicht möglich, bleibt ihm nur die Alternative, entweder aus der Gesellschaft auszuscheiden oder auf die öffentliche Bestellung zu verzichten.

21.2 Gesellschaftsvertrag und sonstige interne Organisationsregeln dürfen die Unabhängigkeit und Unparteilichkeit des Sachverständigen nicht gefährden. Eine Gefährdung ist regelmäßig anzunehmen bei fachlichen Weisungsbefugnissen anderer Gesellschafter, kaufmännischer Geschäftsführer, der Gesellschafterversammlung; wenn die Zuweisung eingegangener Aufträge nicht nach einer weitgehend objektivierten Geschäftsverteilung erfolgt.

21.3 Schließt sich ein öffentlich bestellter Sachverständiger mit nicht öffentlich bestellten Sachverständigen zusammen, hängt seine uneingeschränkte fachliche und persönliche Vertrauenswürdigkeit nicht mehr allein von ihm, sondern auch von der Gesellschaft ab. Den öffentlich bestellten und vereidigten Sachverständigen trifft daher die Verpflichtung, seine Partner auf die Einhaltung solcher Pflichten aus der Sachverständigenordnung zu verpflichten, deren Nichtbeachtung Wirkungen auf seine öffentliche Bestellung haben können. Das sind im Kern z. B. eine jedenfalls vergleichbare Qualifikation, Unabhängigkeit und Unparteilichkeit, die Wahrung der Grundsätze der Höchstpersönlichkeit, eine uneingeschränkte persönliche Eignung und die Schweigepflicht. Nicht einschlägig sind dagegen solche Pflichten, die nur zwischen der IHK und dem öffentlich bestellten und vereidigten Sachverständigen zu Überwachungszwecken bestehen.

21.4 Die IHK kann unmittelbar weder auf die Gesellschaft noch auf deren nicht öffentlich bestellte Mitglieder Einfluss nehmen. Dazu fehlt es an rechtlichen Beziehungen. Der öffentlich bestellte Sachverständige muss selbst dafür Sorge tragen, dass die Tätigkeit der anderen Partner seine uneingeschränkte Vertrauenswürdigkeit nicht gefährdet. Gelingt das nicht oder ist aufgrund bestimmter Umstände dieses Vertrauen der Öffentlichkeit zerstört, auch ohne dass der öffentlich bestellte Sachverständige selbst dafür die Verantwortung trägt, kann ein Widerruf der öffentlichen Bestellung in Betracht kommen.

21.5 Der Zusammenschluss der Sachverständigen und deren einzelne Mitglieder unterliegen dem gesetzlichen Verbot nach § 5 UWG, über geschäftliche Verhältnisse zu täuschen. Eine Täuschung kann auch in der Verschleierung liegen. Die Sachverständigen müssen deshalb klarstellen, welcher einzelne von ihnen welche Art Qualifikation in Anspruch nimmt. Pauschale Bezeichnungen auf gemeinsamen Drucksachen, Briefbögen, Praxisschildern wie z. B. „.. freie, zertifizierte und öffentlich bestellte Sachverständige .... " sind unzulässig. Solche Handhabung betrifft nicht nur das Rechtsverhältnis zwischen dem öffentlich bestellten Sachverständigen und der IHK. Bei Verstößen gegen das Wettbewerbsrecht kann die IHK unmittelbar gegen die Gesellschaft und die nicht öffentlich bestellten Sachverständigen vorgehen.

IV Erlöschen der öffentlichen Bestellung

§ 22
Erlöschen der öffentlichen Bestellung

(1) Die öffentliche Bestellung erlischt, wenn

a) der Sachverständige gegenüber der Industrie- und Handelskammer erklärt, dass er nicht mehr als öffentlich bestellter und vereidigter Sachverständiger tätig sein will;

b) der Sachverständige keine Niederlassung mehr im Geltungsbereich des Grundgesetzes unterhält;

c) die Zeit, für die der Sachverständige öffentlich bestellt ist, abläuft;

d) (weggefallen);

e) die Industrie- und Handelskammer die öffentliche Bestellung zurücknimmt oder widerruft.

(2) (weggefallen)

(3) Die Industrie- und Handelskammer macht das Erlöschen der Bestellung in .... (Mitteilungsorgan) bekannt.

Richtlinie:

22.1 Erlöschungsgründe

22.1.1 Mit Erlöschen der öffentlichen Bestellung wird die Vereidigung gegenstandslos. Der Sachverständige darf sich nunmehr z. B. nicht mehr als „vereidigter Sachverständiger" oder als „vormals vereidig-

X Anhang
Muster-Sachverständigenordnung (SVO)

ter Sachverständiger" u. ä. bezeichnen (vgl. 5.5.1). Auch eine Bezugnahme auf die frühere öffentliche Bestellung ist unter wettbewerbs-rechtlichen Gesichtspunkten unzulässig.

Die Erklärung des Sachverständigen nach § 22 Abs. 1 Buchst. a) MSVO muss klar und unmissverständlich geäußert werden.

22.1.2 Zu den einzelnen Tatbeständen:

- § 22 Abs. 1 a): Die Erklärung des Sachverständigen muss klar und unmissverständlich geäußert werden. Sie sollte der IHK schriftlich vorliegen.

- § 22 Abs. 1 b): Die Vorschrift korrespondiert mit § 3 Abs. 2 a) MSVO. Daher erlischt die öffentliche Bestellung bei einer Sitzverlegung ins Ausland.

- § 22 Abs. 1 c): Auch nach Ablauf einer zeitlichen Befristung erlischt die Bestellung. Die IHK sollte von sich aus rechtzeitig vor Ablauf der Befristung den Sachverständigen fragen, ob er die Erneuerung der öffentlichen Bestellung wünscht. Auf diese Weise kann man sicherstellen, dass der Sachverständige seinen etwaigen Antrag rechtzeitig stellt. Die IHK ist gegenüber der Öffentlichkeit verpflichtet sicherzustellen, dass ein Sachverständiger während der Dauer der öffentlichen Bestellung z. B. seiner Pflicht zur Weiterbildung nachkommt und über eine ausreichende gerätetechnische Ausrüstung verfügt. Außerdem muss sie wissen, ob auf einem bestimmten Sachgebiet in ausreichender Zahl Sachverständige zur Verfügung stehen. Sie sollte den Sachverständigen an die Notwendigkeit einer ausreichenden Haftpflichtversicherung erinnern. Sie wird deshalb aus Anlass der erneuten Bestellung den Sachverständigen anhand eines vorbereiteten Fragebogens um nähere Angaben zu seiner bisherigen Tätigkeit bitten. Im Einzelnen sollten dies zumindest Fragen sein

    - zum Umfang und Angemessenheit der Haftpflichtversicherung,
    - zur Anzahl der in den vergangenen 5 Jahren erstellen Gutachten (getrennt nach Gerichts- und Privatgutachten),
    - zur technischen Ausrüstung,
    - zur Bearbeitungsdauer, einschl. der Frage, ob Gutachtenaufträge wegen Überlastung zurückgewiesen werden mussten, evtl. Wartezeiten,...
    - zu Spezialkenntnissen,
    - zur Fortbildung.

- § 22 Abs. 1 d): Als Folge der geänderten Rechtsprechung des BVerwG[10] darf das Ende der öffentlichen Bestellung nicht mehr vom Erreichen einer bestimmten Altersgrenze abhängig gemacht werden. Aus diesem Grunde hatte der Arbeitskreis Sachverständigenwesen auf seiner Sitzung am 26./27. März 2012 die ersatzlose Streichung der Ziffer d beschlossen

- § 22 Abs. 1 e): S. hierzu Ausführungen zu § 23 MSVO.

22.2 Altersunabhängige, erneute öffentliche Bestellungen

Als Folge der geänderten Rechtsprechung des BVerwG[11] darf die erneute öffentliche Bestellung nicht mehr beim Erreichen einer bestimmten Altersgrenze ausgeschlossen werden. Aus diesem Grunde hatte der Arbeitskreis Sachverständigenwesen auf seiner Sitzung am 26./27. März 2012 die ersatzlose Streichung des Absatzes 2 beschlossen. Unabhängig vom Alter des Antragstellers gelten die Bestellungsfristen des § 2 Abs. 4 MSVO (vgl. Ziff. 2.4).

22.3 Bekanntgabe des Erlöschens

Das Erlöschen der öffentlichen Bestellung wird im Mitteilungsorgan der IHK bekannt gemacht. Auf die Ausführungen zu 7.1 und 7.2 wird verwiesen.

§ 23
Rücknahme; Widerruf

Rücknahme und Widerruf der öffentlichen Bestellung richten sich nach den Bestimmungen des Verwaltungsverfahrensgesetzes des jeweiligen Landes.

Richtlinie:

23.1 Rücknahme

23.1.1 Eine rechtswidrige öffentliche Bestellung kann z. B. zurückgenommen werden, wenn der Sachverständige sie durch Angaben erwirkt hat, die in wesentlicher Beziehung unrichtig oder unvollständig waren.

---

10 BVerwG, Urt. vom 1.2.2012 – 8 C 24/11 –, GuG 2012, 309 = EzGuG 11.916.
11 BVerwG, Urt. vom 1.2.2012 – 8 C 24/11 –, GuG 2012, 309 = EzGuG 11.916.

23.1.2 Beispiele:

- *Der Sachverständige hat die im Antragsverfahren vorgelegten Gutachten nicht persönlich erstattet; er hat gefälschte Zeugnisse oder Nachweise seiner Berufsausbildung vorgelegt; er verschweigt trotz Erklärungsaufforderung Vorstrafen oder Ordnungswidrigkeitenverfahren; er erbringt den Nachweis der besonderen Sachkunde vor Fachgremien nicht durch selbst erarbeitete Gutachten.*

- *Der Sachverständige kann sich nicht darauf berufen, er habe die Unrichtigkeit oder Unvollständigkeit der Angaben nicht erkannt, wenn ihm insoweit grobe Fahrlässigkeit anzulasten ist. Der Vertrauensschutz des Sachverständigen in den Fortbestand seiner öffentlichen Bestellung als begünstigendem Verwaltungsakt wird in den §§ 43 ff. Verwaltungsverfahrensgesetz im Einzelnen geregelt.*

23.2 Widerruf

23.2.1 Eine rechtmäßige öffentliche Bestellung kann widerrufen werden, wenn die IHK aufgrund nachträglich eingetretener Tatsachen berechtigt wäre, die öffentliche Bestellung abzulehnen, und wenn ohne den Widerruf das öffentliche Interesse gefährdet würde. Sie darf die öffentliche Bestellung auch widerrufen, wenn eine mit ihr verbundene Auflage nicht erfüllt worden ist. Die IHK wird also einen Widerruf prüfen, wenn sich nach der Bestellung ergibt, dass der Sachverständige nicht mehr über die erforderliche fachliche und persönliche Eignung verfügt oder seine Einrichtungen nicht mehr den Anforderungen genügen, von denen die Bestellung abhängig war (§ 3 MSVO).

23.2.2 Ein Widerruf kann beispielsweise in Betracht kommen, wenn

- *der Sachverständige Blanko-Gutachtenformulare mit seiner Unterschrift und Stempel Mitarbeitern oder Dritten zur Verfügung stellt,*

- *der Sachverständige Straftaten im Zusammenhang oder angelegentlich seiner Sachverständigentätigkeit begeht (Diebstahl während eines Ortstermins). Das können auch Straftaten sein, die nicht in zumindest mittelbarem Zusammenhang mit der Sachverständigentätigkeit stehen. Von Bedeutung ist, ob sie geeignet sind, begründete Zweifel an der persönlichen Eignung, Zuverlässigkeit oder Befähigung hervorzurufen, z. B. Trunkenheitsdelikte. Bereits bei Einleitung eines Ermittlungsverfahrens kann der Widerruf einer öffentlichen Bestellung geboten sein; die Entscheidung darüber hängt von der Schwere des Strafvorwurfs und der Dringlichkeit des Tatverdachtes ab.*

- *der Sachverständige eine eidesstattliche Versicherung nach § 807 ZPO für sich oder einen Dritten abgeben musste und entweder persönlich oder für einen Dritten in das Schuldnerverzeichnis nach § 915 ZPO eingetragen ist,*

- *über das Vermögen des Sachverständigen ein Insolvenzverfahren beantragt, eröffnet oder die Eröffnung eines Insolvenzverfahrens mangels Masse abgelehnt wurde; dasselbe gilt bei einer Gesellschaft, deren Vorstand, Geschäftsführer oder Gesellschafter der Sachverständige ist. Die IHK wird in diesem Fall prüfen, inwieweit der Sachverständige noch über die notwendige Glaubwürdigkeit, Zuverlässigkeit und Unabhängigkeit verfügt, d.h. die persönliche Eignung noch gegeben ist.*

- *der Sachverständige dergestalt unbegründete und nicht nachvollziehbare Gutachten erstattet, dass diese für Auftraggeber oder Dritte nicht verwertbar oder verwendbar sind.*

- *der Sachverständige hartnäckig und wiederholt Gerichtsgutachten oder sogar Gerichtsakten verspätet und erst nach Androhung bzw. Zahlung von Ordnungsgeldern abgibt.*

23.2.3 Das Verfahren der IHK zur Prüfung eines Widerrufs wird durch strafrechtliche Ermittlungen weder hinsichtlich des Verfahrensganges noch des Ergebnisses präjudiziert. Strafverfahren und Widerrufsverfahren orientieren sich an unterschiedlichen Maßstäben. Trotz Einstellung eines Strafverfahrens oder Freispruchs aus Rechtsgründen ist deshalb ein Widerruf der öffentlichen Bestellung nicht ausgeschlossen, wenn begründete Zweifel an der persönlichen Eignung des Sachverständigen nicht ausgeräumt werden können.

23.3 Verhältnismäßigkeit

Vor einer Rücknahme oder einem Widerruf muss geprüft werden, ob nicht geringere Eingriffe wie z. B. die Erteilung von Auflagen das erforderliche Ergebnis erzielen oder gewährleisten. Die IHK muss prüfen, ob der Widerruf die geeignete, notwendige und nicht außer Verhältnis zum erstrebten Ziel stehende Maßnahme ist. Erklärt sich z. B. der betroffene Sachverständige bereit, für die Zeit eines strafrechtlichen Ermittlungsverfahrens bis zur Entscheidung über eine Anklageerhebung die öffentliche Bestellung ruhen zu lassen, bedarf es in diesem Sinne vorerst keines Widerrufs. Es kann auch ausreichend sein, den Sachverständigen auf den Pflichtverstoß hinzuweisen und ihm mitzuteilen, dass im Wiederholungsfall der Widerruf ausgesprochen werden kann.

23.4 Ermessen

Die Rücknahme oder der Widerruf einer öffentlichen Bestellung ist eine Ermessensentscheidung. Die IHK muss dieses Ermessen erkennbar ausüben.

23.5 Sofortige Vollziehung

Die IHK wird In aller Regel prüfen, ob die sofortige Vollziehung des Widerrufs oder der Rücknahme anzuordnen ist.

23.6 Schriftliche Begründung

Jede Rücknahme bzw. jeder Widerruf ist schriftlich zu begründen. In der Begründung sind die wesentlichen tatsächlichen und rechtlichen Entscheidungsgründe mitzuteilen. Da es sich in beiden Fällen um Ermessensentscheidungen handelt, muss die IHK auch die Gesichtspunkte erkennen lassen, von denen sie bei der Ausübung ihres Ermessens ausgegangen ist. Ihren Bescheid versieht sie mit einer Rechtsbehelfsbelehrung.

§ 24
Rückgabepflicht von Bestellungsurkunde, Ausweis und Stempel

Der Sachverständige hat nach Erlöschen der öffentlichen Bestellung der Industrie- und Handelskammer Bestellungsurkunde, Ausweis und Rundstempel zurückzugeben[12].

Richtlinie:

24.1 Da gemäß § 6 Abs. 1 MSVO Ausweis und Rundstempel im Eigentum der bestellenden IHK verbleiben, verlangt sie nach Erlöschen der Bestellung deren Herausgabe. Die Rückgabepflicht auch für die Bestellungsurkunde folgt im Übrigen aus der Bestimmung des Verwaltungsverfahrensgesetzes des jeweiligen Landes, die die Rückgabe von Urkunden und Sachen nach unanfechtbarem Widerruf, Rücknahme oder Wirksamkeitsende eines Verwaltungsaktes (Ablauf der öffentlichen Bestellung) regelt.

24.2 Die IHK kann den Anspruch nach den Vorschriften des Verwaltungsverfahrens- oder Vollstreckungsgesetzes des jeweiligen Landes durchsetzen.

24.3 Bei einem Zuständigkeitswechsel durch Verlegung des Mittelpunktes der Sachverständigentätigkeit bleibt das Eigentum an Bestellungsurkunde, Ausweis und Rundstempel bei der IHK, die diese Dokumente an den Sachverständigen ausgehändigt hat (§ 6 MSVO). Nur sie hat einen Anspruch gegen den Sachverständigen auf Herausgabe.

V   Vorschriften über die öffentliche Bestellung und Vereidigung sonstiger Personen

§ 25
Entsprechende Anwendung

Diese Vorschriften sind entsprechend auf die öffentliche Bestellung und Vereidigung von besonders geeigneten Personen anzuwenden, die auf den Gebieten der Wirtschaft

a) bestimmte Tatsachen in Bezug auf Sachen, insbesondere die Beschaffenheit, Menge, Gewicht oder richtige Verpackung von Waren feststellen oder

b) die ordnungsmäßige Vornahme bestimmter Tätigkeiten überprüfen,

soweit hierfür nicht besondere Vorschriften erlassen worden sind.

Richtlinie:

25.1 Mit dieser Bestimmung werden die Eichaufnehmer, Messer, Schauer, Stauer, Güterbesichtiger und ähnliche Vertrauenspersonen erfasst (§ 36 Abs. 2 GewO), die auf den Gebieten der Wirtschaft zur Feststellung bestimmter Tatsachen in Bezug auf Sachen und zur Überprüfung der ordnungsgemäßen Vornahme bestimmter Tätigkeiten öffentlich bestellt werden können.

25.2 Die IHK kann für diesen Personenkreis auch besondere Satzungen erlassen, falls dazu eine Notwendigkeit besteht (z. B. für die Änderung der Altersgrenzen und Ergänzung des Pflichtenkataloges).

---

12 Soweit im Falle eines Zuständigkeitswechsels grundsätzlich Rundstempel und Ausweis ausgetauscht werden sollen, weil im Rundstempel der Name der IHK enthalten ist, kann eine entsprechende Regelung als neuer Satz 2 aufgenommen werden: „Bei einer Änderung der Zuständigkeit kann die IHK den Rundstempel und gegebenenfalls den Ausweis des Sachverständigen zurückfordern und dafür einen neuen Rundstempel und gegebenenfalls einen neuen Ausweis ausgeben."

Muster-Sachverständigenordnung (SVO) **Anhang X**

§ 26
Inkrafttreten und Überleitungsvorschrift

(1) Die Sachverständigenordnung tritt am ... in Kraft. Die Sachverständigenordnung vom ... tritt damit außer Kraft.

(2) (weggefallen)

Richtlinie:

26.1 Die Sachverständigenordnung und jede spätere Änderung müssen von der Vollversammlung der IHK als Satzung beschlossen und von Präsident und Hauptgeschäftsführer ausgefertigt werden. Das Inkrafttreten richtet sich nach den für die jeweilige IHK geltenden Vorschriften.

26.2 Neue Bestimmungen gelten grundsätzlich auch für bereits bestellte Sachverständige. Es gibt insoweit keinen Bestandsschutz.

X Anhang — Honorar für Immobilienwertgutachten

1.2 Unverbindliche Honorarempfehlung (Richtlinie) zur Berechnung von Honoraren für Wertermittlungsgutachten über Immobilien

a) des Bundesverbandes öffentlich bestellter und vereidigter sowie qualifizierter Sachverständiger e.V. (BVS) vom Dezember 2010

Vorbemerkung: Honorare für Wertermittlungsgutachten sind grundsätzlich frei verhandelbar. Die Honorarrichtlinie des BVS stellt eine unverbindliche Empfehlung für Immobilienbewertungssachverständige dar, die Mitglied eines BVS-Mitgliedsverbands sind. Sie wurde von den Fachbereichsleitern Immobilienbewertung des BVS und seiner Landesverbände erarbeitet und beschlossen.

1 Anwendungsbereich

Die Honorartabelle gilt für die Erstattung von Gutachten über den Verkehrswert von Grundstücken im Sinne der Sachverständigenordnung. Unter Grundstück ist ein immobilienwirtschaftliches Grundstück zu verstehen. Die Anzahl der sachenrechtlichen Grundstücke ist in der Regel unbeachtlich.

2 Anwendung der Honorartabelle

Maßgeblich ist der ermittelte Verkehrswert. Für die Fälle, bei denen Wertminderungen des Verkehrswerts erfolgen (z.B. Abschläge für Instandsetzungseinfluss, Reparatureinfluss, ökologische Lasten, Abbruchkosten, Erschließungsprobleme), ist das Honorar auf der Grundlage des ungekürzten Werts zu bemessen.

Bei Verkehrswerten zwischen den genannten Werten für die Honorarbemessung kann linear interpoliert werden.

3 Berücksichtigung von Besonderheiten

Bei Vorhandensein von Besonderheiten ist das Honorar auf der Basis des Ergebnisses aus der Honorartabelle gesondert zu berechnen.

Besonderheit	Korrektur	Bemerkung
mehrere Wertermittlungsstichtage		beim Zusammenfallen von Qualitäts- und Wertermittlungsstichtag nur einmal den Faktor pro Datum
pro Stichtag	+ 20%	
mehrere Qualitätsstichtage		
pro Stichtag	+ 20%	
Rechte an Grundstücken		
Wegerecht	+ 20%	
Leitungsrecht	+ 20%	
Wohnungsrecht	+ 30%	
Nießbrauchsrecht	+ 30%	
Überbau	+ 30%	
weitere Rechte	zwischen + 10% und + 40% je nach Schwierigkeit	

Bemerkung bei Rechten am Grundstück

Beim Zusammenfallen mehrerer Rechte sind die einzelnen Faktoren zu addieren, wenn keine Gemeinsamkeiten bei den Rechten bestehen. Gemeinsamkeiten sind z.B. ein kombiniertes Geh-, Fahr- und Leitungsrecht auf der gleichen Teilfläche eines Grundstücks. Rechte ohne Werteinfluss sind nicht zu berücksichtigen.

Bei Fällen gleicher Voraussetzungen (z.B. Wohnungsrecht und Nießbrauch für die gleiche Person) wird ein Recht voll und jedes weitere Recht mit dem halben Korrekturfaktor berücksichtigt.

Baulasten sind wie Rechte zu behandeln.

4 Aktualisierung eines früheren Gutachtens des Sachverständigen oder der Sachverständigen

Das Honorar ist mit einem Faktor zwischen 0,9 und 0,6 zu multiplizieren. Die Höhe des Faktors ist abhängig vom Aufwand, der mit der Aktualisierung verbunden ist.

Honorar für Immobilienwertgutachten — Anhang X

5 Zuschlag für erschwerte Bedingungen

Bei erschwerten Arbeitsbedingungen, die objektbezogen sind (z.B. Schmutz, Sicherheit, Gefahrenabwehr) ist mit dem Faktor 1,2 zu multiplizieren.

6 Zuschlag für besondere Leistungen

Für die Beschaffung von erforderlichen Unterlagen, örtliche Aufnahme der Gebäude und Aufmaß, Erstellung oder Ergänzung von Plänen und maßstabsbezogenen Skizzen ist ein Zuschlag von 20 % bis 50 % je nach Aufwand und Schwierigkeit zu berücksichtigen.

7 Nebenkosten

Nebenkosten sind frei vereinbar. Bei Fahrten mit dem Kraftfahrzeug ist zusätzlich eine Pauschale von 0,40 € pro gefahrenem Kilometer zu berücksichtigen.

8 Umsatzsteuer

Alle Angaben sind ohne gesetzliche Umsatzsteuer dargestellt.

9 Honorartabelle

Honorartafel					
Wert	Honorar	Wert	Honorar	Wert	Honorar
€	bis €	€	bis €	€	bis €
100 000	750,00	500 000	1 800,00	4 000 000	5 000,00
125 000	860,00	750 000	2 100,00	4 500 000	5 500,00
150 000	970,00	1000 000	2 400,00	5 000 000	5 900,00
175 000	1 050,00	1250 000	2 700,00	7 500 000	7 800,00
200 000	1 200,00	1500 000	2 900,00	10 000 000	9 500,00
225 000	1 250,00	1750 000	3 200,00	12 500 000	11 200,00
250 000	1 300,00	2000 000	3 400,00	15 000 000	12 600,00
300 000	1 450,00	2250 000	3 600,00	17 500 000	14 000,00
350 000	1 550,00	2500 000	3 800,00	20 000 000	15 200,00
400 000	1 650,00	3000 000	4 200,00	22 500 000	16 800,00
450 000	1 750,00	3500 000	4 600,00	25 000 000	18 300,00
				über 25 000 000	20 000,00

b) des Landesverbandes der Sachverständigen in Bayern (LVS) i. d. F. vom 22.1.2013

abgedruckt in GuG 2013, 110

c) des Bundesverbandes Deutscher Grundstückssachverständiger (BDGS)

in Anlehnung an § 34 der Honorarordnung für Architekten und Ingenieure (HOAI) in der bis zum 17.8.2009 gültigen Fassung mit Änderung der Honorarsätze analog der vom Gesetzgeber vorgenommenen pauschalen Erhöhung der Honorartabellen für Architekten und Ingenieure um 10 %.

Vorbemerkung: Mit Inkrafttreten der novellierten Honorarordnung für Architekten und Ingenieure – HOAI 2009 – werden die Leistungen der Wertermittlung von Grundstücken, Gebäuden und anderen Bauwerken bzw. Rechten an Grundstücken nicht mehr vom Regelungsbereich der HOAI umfasst; der bisher für die Honorierung dieser Leistungen maßgeblichen § 34 der bisherigen HOAI ist ersatzlos entfallen. Das Honorar für diese Leistungen kann daher ab dem Zeitpunkt des Inkrafttretens der HOAI 2009 ohne jede preisrechtliche Bindung frei ausgehandelt werden. Im außergerichtlichen Bereich kann infolgedessen nach Stundensätzen abgerechnet oder auch ein Pauschalpreis vereinbart werden.

Mit dieser unverbindlichen Preisempfehlung möchte der BDGS den Sachverständigen und Auftraggebern eine an § 34 der bisherigen HOAI angelehnte einfache und verlässliche Grundlage für die Vereinbarung von Honoraren für Wertermittlungsgutachten zur Verfügung stellen.

X Anhang

Honorar für Immobilienwertgutachten

Die Honorarempfehlung und die Honorartafel sollen nur der Orientierung für eine ab dem Inkrafttreten der HOAI 2009 dringend angeratene konkrete Honorarvereinbarung dienen. Sie stellen kein zwingendes Preisrecht dar.

Unverbindliche Honorarempfehlung für Wertermittlung

(1) Für die Honorierung von Leistungen der Ermittlung des Wertes von Grundstücken, Gebäuden und anderen Bauwerken oder von Rechten an Grundstücken wird die nachfolgende Honorartafel als Rahmen empfohlen.

(2) Das Honorar richtet sich nach dem Wert der Grundstücke, Gebäude, anderen Bauwerke oder Rechte, der nach dem Zweck der Ermittlung zum Zeitpunkt der Wertermittlung festgestellt wird; bei unbebauten Grundstücken ist der Bodenwert maßgebend. Soweit nichts anderes vereinbart ist, ist das Honorar für jedes einzelne Objekt getrennt zu berechnen.

(3) Soweit nichts anderes vereinbart ist, beträgt das Honorar für Wertermittlungen bis zu einem Wert von 25 000 € bei der Normalstufe 248 € und bei der Schwierigkeitsstufe 309 €. Soweit keine Zwischenstufe zwischen den unteren und oberen Werten der Honorartafel zu Abs. 1 vereinbart ist, gilt der jeweils untere Wert der Honorartafel als vereinbart.

(4) Wertermittlungen können je nach Anzahl und Gewicht der Schwierigkeiten nach Abs. 5 entweder der Normalstufe oder der Schwierigkeitsstufe der Honorartafel nach Abs. 1 zugeordnet werden. Die Honorare der Schwierigkeitsstufe können bei Schwierigkeiten nach Absatz 5 Nr. 3 überschritten werden. Es wird empfohlen, die maßgebliche Stufe konkret zu vereinbaren.

(5) Schwierigkeiten können insbesondere vorliegen

1. bei Wertermittlungen:
   - für Erbbaurechte, Nießbrauchs- und Wohnrechte sowie sonstige Rechte,
   - bei Umlegungen und Enteignungen,
   - bei steuerlichen Bewertungen,
   - für unterschiedliche Nutzungsarten auf einem Grundstück,
   - bei Berücksichtigung von Schadensgraden,
   - bei besonderen Unfallgefahren, starkem Staub oder Schmutz oder sonstigen nicht unerheblichen Erschwernissen bei der Durchführung des Auftrags,

2. bei Wertermittlungen, zu deren Durchführung der Auftragnehmer die erforderlichen Unterlagen beschaffen, überarbeiten oder anfertigen muss, z.B.:
   - Beschaffung und Ergänzung der Grundstücks-, Grundbuch- und Katasterangaben,
   - Feststellung der Roheinnahmen,
   - Feststellung der Bewirtschaftungskosten,
   - Örtliche Aufnahme der Bauten,
   - Anfertigung von Systemskizzen im Maßstab nach Wahl,
   - Ergänzung vorhandener Grundriss- und Schnittzeichnungen,

3. bei Wertermittlungen:
   - für mehrere Stichtage,
   - die im Einzelfall eine Auseinandersetzung mit Grundsatzfragen der Wertermittlung und eine entsprechende schriftliche Begründung erfordern.

(6) Die nach den Absätzen 1, 2, 4 und 5 ermittelten Honorare mindern sich bei
   - überschlägigen Wertermittlungen nach Vorlagen von Banken und Versicherungen um 30 v. H.,
   - Verkehrswertermittlungen nur unter Heranziehung des Sachwerts oder Ertragswerts um 20 v. H.,
   - Umrechnungen von bereits festgestellten Wertermittlungen auf einen anderen Zeitpunkt um 20 v. H.

(7) Wird eine Wertermittlung um Feststellungen ergänzt und sind dabei lediglich Zugänge und Abgänge bzw. Zuschläge oder Abschläge zu berücksichtigen, so mindern sich die nach den vorstehenden Vorschriften ermittelten Honorare um 20 vom Hundert. Dasselbe gilt für andere Ergänzungen, deren Leistungsumfang nicht oder nur unwesentlich über den einer Wertermittlung nach Satz 1 hinausgeht.

Honorar für Immobilienwertgutachten — Anhang X

Honorartafel zu Abs. 1 der Honorarempfehlung für Wertermittlungen

Wert	Normalstufe		Schwierigkeitsstufe	
	von	bis	von	bis
€	€	€	€	€
25 565	248	320	309	479
50 000	355	433	422	591
75 000	481	591	569	806
100 000	597	730	707	1 001
125 000	703	858	831	1 168
150 000	798	969	942	1 323
175 000	844	1 032	1 003	1 406
200 000	946	1 156	1 119	1 575
225 000	1 022	1 244	1 205	1 698
250 000	1 075	1 312	1 237	1 791
300 000	1 178	1 434	1 390	1 957
350 000	1 264	1 537	1 492	2 099
400 000	1 328	1 627	1 568	2 213
450 000	1 393	1 701	1 639	2 314
500 000	1 450	1 772	1 715	2 418
750 000	1 719	2 103	2 032	2 871
1 000 000	1 954	2 398	2 314	3 261
1 250 000	2 179	2 659	2 570	3 621
1 500 000	2 380	2 908	2 803	3 959
1 750 000	2 593	3 165	3 058	4 309
2 000 000	2 761	3 368	3 252	4 582
2 250 000	2 938	3 574	3 465	4 881
2 500 000	3 142	3 836	3 720	5 233
3 000 000	3 467	4 234	4 096	5 778
3 500 000	3 795	4 613	4 487	6 348
4 000 000	4 102	5 026	4 851	6 875
4 500 000	4 490	5 530	5 321	7 536
5 000 000	4 783	5 845	5 663	8 001
7 500 000	6 277	7 670	7 438	10 462
10 000 000	7 778	9 411	9 066	12 891
12 500 000	9 174	11 198	10 893	15 371
15 000 000	10 306	12 576	12 078	16 984
17 500 000	11 602	14 054	13 625	19 085
20 000 000	12 395	15 167	14 705	20 742
22 500 000	13 561	16 679	16 161	22 727
25 000 000	14 787	18 252	17 675	24 897
25 564 594	15 061	18 605	18 015	25 394

Bei der Ausführung des Auftrags entstehende, erforderliche Nebenkosten und gesetzlich geschuldete Umsatzsteuer sind von den o.a. Honorartafeln nicht umfasst.

X Anhang Honorar für Mietwertgutachten

1.3 Honorar für Mietwertgutachten

Vorbemerkungen: Die HOAI war und ist für die Honorierung von Mietwertgutachten nicht einschlägig. Nachstehend werden die Honorartabellen von *Dröge/Zehnter* für Mietwertgutachten abgedruckt[13].

1 Honorartabelle: Gutachten über Wohnraummieten

1.1 Einzelgutachten

Bruttokaltmiete im Monat	Honorar ohne MwSt.
bis 1 000	1 500
bis 1 500	1 800
bis 2 500	2 000
bis 4 000	2 500
ab 4 000	nach Vereinbarung

Quelle: Dröge, F., a.a.O.

1.2 Sammelgutachten

Zahl der Wohneinheiten	Honorar ohne MwSt.
2 Wohnungen zu 900	1 800
3 Wohnungen zu 750	2 250
4 Wohnungen zu 650	2 600
5 Wohnungen zu 600	3 000
8 Wohnungen zu 550	4 400
ab 10 Wohnungen zu 500	5 500
ab 15 Wohnungen zu 475	7 125
ab 20 Wohnungen zu 450	9 000
ab 25 Wohnungen zu 430	10 750
ab 30 Wohnungen zu 400	12 000
ab 50 Wohnungen zu 350	17 500
ab 100 Wohnungen zu 250	25 000
ab 150 Wohnungen	nach Vereinbarung

Quelle: Dröge, F., a.a.O.

Das obige Honorar beinhaltet:

Schreibgebühr ohne Flächenberechnungen, Telefon, Porto, Büromaterial, Fahrtspesen bis insgesamt 50 km.

Nicht enthalten sind:

eventuell erforderliche Flächenberechnungen, mehrmalige Ortsbesichtigungen, welche nicht durch den Sachverständigen verursacht sind (z.B. Unzugänglichkeit der Miethäume zum vorgesehenen Termin, Terminverschiebungen auf Wunsch einzelner Mieter), örtliches Aufmaß, Beschaffung erforderlicher Unterlagen. Für diese Tätigkeit wird nach Zeitaufwand abgerechnet, wobei ein Stundenhonorar von 180,00/Std zuzüglich MwSt. in Rechnung gestellt wird.

Die Schreibgebühr für Flächenberechnungen wird mit 45,00 €/Std., die Fahrtspesen über 50 km werden mit 0,60 €/km berechnet.

---

[13] Dröge, F., Handbuch der Mietpreisbewertung für Wohn- und Gewerberaum, 3. Aufl., S. 324 i. V. m. www.ferdinand-droege.de.

Honorar für Mietwertgutachten — Anhang X

2 Honorartabelle: Gutachten über Gewerberaummieten

Nettomiete pro Jahr	Honorar ohne MwSt. in
bis 7500	1850
bis 10000	2000
bis 15000	2350
bis 20000	2700
bis 25000	3000
bis 30000	3250
bis 50000	4200
bis 100000	5200
bis 175000	6200
bis 250000	7000
bis 500000	10000
bis 1000000	13000
bis 2500000	19000
bis 5000000	25000

Quelle: Dröge, F., a.a.O., Zwischenwerte werden durch Interpolation ermittelt.

Das obige Honorar beinhaltet:

Schreibgebühr ohne Flächenberechnungen, Telefon, Porto, Büromaterial, Fahrtspesen bis insgesamt 50 km.

Nicht enthalten sind:

eventuell erforderliche Flächenberechnungen, mehrmalige Ortsbesichtigungen, welche nicht durch den Sachverständigen verursacht sind (z.B. Unzugänglichkeit der Miträume zum vorgesehenen Termin, Terminverschiebungen auf Wunsch einzelner Mieter), örtliches Aufmaß, Beschaffung erforderlicher Unterlagen. Für diese Tätigkeit wird nach Zeitaufwand abgerechnet, wobei ein Stundenhonorar von 125,00 €/Std zuzüglich MwSt. in Rechnung gestellt wird.

Die Schreibgebühr für Flächenberechnungen wird mit 45,00 €/Std, die Fahrtspesen über 50 km werden mit 0,60 €/km berechnet.

X Anhang

1.4 Auszug aus dem Bewertungsgesetz (BewG)[1]

Vom 16.10.1934 (RGBl I 1934, 1035 FNA 610-7) in der Fassung der Bekanntmachung vom 1.2.1991 (BGBl. I 1991, 230), zuletzt geändert durch Art. 20 des Gesetzes vom 16.6.2013 (BGBl. I 2013, 1809).

C. Grundvermögen

I. Allgemeines

§ 176
Grundvermögen

(1) Zum Grundvermögen gehören

1. der Grund und Boden, die Gebäude, die sonstigen Bestandteile und das Zubehör,
2. das Erbbaurecht,
3. das Wohnungseigentum, Teileigentum, Wohnungserbbaurecht und Teilerbbaurecht nach dem Wohnungseigentumsgesetz,

soweit es sich nicht um land- und forstwirtschaftliches Vermögen (§§ 158 und 159)[2] oder um Betriebsgrundstücke (§ 99)[3] handelt.

---

[1] Hierzu Erbschaft- und Schenkungsteuerrichtlinien 2011 (ErbStR 2011) vom 19.12.2011 (Sondernr. 1/2011 S. 2 = GuG 2012, 166, 212) sowie Hinweise zu den Erbschaft- und Schenkungsteuerrichtlinien (ErbStH 2011) vom 19.11.2011 BStBl. Sondernr. 1/2011 S. 117 = GuG 2012, 166, 212).

[2] **§ 158 BewG** (Begriff des land- und forstwirtschaftlichen Vermögens): (1) Land- und Forstwirtschaft ist die planmäßige Nutzung der natürlichen Kräfte des Bodens zur Erzeugung von Pflanzen und Tieren sowie die Verwertung der dadurch selbst gewonnenen Erzeugnisse. Zum land- und forstwirtschaftlichen Vermögen gehören alle Wirtschaftsgüter, die einem Betrieb der Land-und Forstwirtschaft zu diesem Zweck auf Dauer zu dienen bestimmt sind.
(2) Die wirtschaftliche Einheit des land- und forstwirtschaftlichen Vermögens ist der Betrieb der Land- und Forstwirtschaft. Wird ein Betrieb der Land- und Forstwirtschaft in Form einer Personengesellschaft oder Gemeinschaft geführt, sind in die wirtschaftliche Einheit auch die Wirtschaftsgüter einzubeziehen, die einem oder mehreren Beteiligten gehören, wenn sie dem Betrieb der Land- und Forstwirtschaft auf Dauer zu dienen bestimmt sind.
(3) Zu den Wirtschaftsgütern, die der wirtschaftlichen Einheit Betrieb der Land- und Forstwirtschaft zu dienen bestimmt sind, gehören insbesondere
1. der Grund und Boden,
2. die Wirtschaftsgebäude,
3. die stehenden Betriebsmittel,
4. der normale Bestand an umlaufenden Betriebsmitteln,
5. die immateriellen Wirtschaftsgüter,
6. die Wohngebäude und der dazugehörende Grund und Boden.

Als normaler Bestand an umlaufenden Betriebsmitteln gilt ein solcher, der zur gesicherten Fortführung des Betriebs erforderlich ist.
(4) Zum land- und forstwirtschaftlichen Vermögen gehören nicht
1. Grund und Boden sowie Gebäude und Gebäudeteile, die nicht land- und forstwirtschaftlichen Zwecken dienen,
2. Kleingartenland und Dauerkleingartenland,
3. Geschäftsguthaben, Wertpapiere und Beteiligungen,
4. über den normalen Bestand hinausgehende Bestände an umlaufenden Betriebsmitteln,
5. Tierbestände oder Zweige des Tierbestands und die hiermit zusammenhängenden Wirtschaftsgüter (zum Beispiel Gebäude und abgrenzbare Gebäudeteile mit den dazugehörenden Flächen, Betriebsmittel), wenn die Tiere weder zur landwirtschaftlichen Nutzung noch nach § 175 zu den übrigen land- und forstwirtschaftlichen Nutzungen gehören. Die Zugehörigkeit der landwirtschaftlich genutzten Flächen zum land- und forstwirtschaftlichen Vermögen wird hierdurch nicht berührt,
6. Geldforderungen und Zahlungsmittel,
7. Pensionsverpflichtungen.

(5) Verbindlichkeiten gehören zum land- und forstwirtschaftlichen Vermögen, soweit sie nicht im unmittelbaren wirtschaftlichen Zusammenhang mit den in Absatz 4 genannten Wirtschaftsgütern stehen.
Fortsetzung nächste Seite

(2) In das Grundvermögen sind nicht einzubeziehen

Auszug BewG

1. Bodenschätze,
2. die Maschinen und sonstigen Vorrichtungen aller Art, die zu einer Betriebsanlage gehören (Betriebsvorrichtungen), auch wenn sie wesentliche Bestandteile sind. Einzubeziehen sind jedoch die Verstärkungen von Decken und die nicht ausschließlich zu einer Betriebsanlage gehörenden Stützen und sonstigen Bauteile wie Mauervorlagen und Verstrebungen.

§ 177
Bewertung

Den Bewertungen nach den §§ 179 und 182 bis 196 ist der gemeine Wert (§ 9)[4] zugrunde zu legen.

Fortsetzung Fußnote 2 und 3 von Vorseite

§ 159 BewG (Abgrenzung land- und forstwirtschaftlich genutzter Flächen zum Grundvermögen): (1) Land- und forstwirtschaftlich genutzte Flächen sind dem Grundvermögen zuzurechnen, wenn nach ihrer Lage, den am Bewertungsstichtag bestehenden Verwertungsmöglichkeiten oder den sonstigen Umständen anzunehmen ist, dass sie in absehbarer Zeit anderen als land- und forstwirtschaftlichen Zwecken, insbesondere als Bauland, Industrieland oder Land für Verkehrszwecke, dienen werden.
(2) Bildet ein Betrieb der Land- und Forstwirtschaft die Existenzgrundlage des Betriebsinhabers, so sind dem Betriebsinhaber gehörende Flächen, die von einer Stelle aus ordnungsgemäß nachhaltig bewirtschaftet werden, dem Grundvermögen nur dann zuzurechnen, wenn mit großer Wahrscheinlichkeit anzunehmen ist, dass sie spätestens nach zwei Jahren anderen als land- und forstwirtschaftlichen Zwecken dienen werden.
(3) Flächen sind stets dem Grundvermögen zuzurechnen, wenn sie in einem Bebauungsplan als Bauland festgesetzt sind, ihre sofortige Bebauung möglich ist und die Bebauung innerhalb des Plangebiets in benachbarten Bereichen begonnen hat oder schon durchgeführt ist. Satz 1 gilt nicht für die Hofstelle und für andere Flächen in unmittelbarem räumlichen Zusammenhang mit der Hofstelle bis zu einer Größe von insgesamt 1 Hektar.

[3] **§ 99 BewG** (Betriebsgrundstücke): (1) Betriebsgrundstück im Sinne dieses Gesetzes ist der zu einem Gewerbebetrieb gehörige Grundbesitz, soweit er, losgelöst von seiner Zugehörigkeit zu dem Gewerbebetrieb,
1. zum Grundvermögen gehören würde oder
2. einen Betrieb der Land- und Forstwirtschaft bilden würde.
(2) (weggefallen)
(3) Betriebsgrundstücke im Sinne des Absatzes 1 Nr. 1 sind wie Grundvermögen, Betriebsgrundstücke im Sinne des Absatzes 1 Nr. 2 wie land- und forstwirtschaftliches Vermögen zu bewerten.

[4] **§ 9 BewG** (Bewertungsgrundsatz, gemeiner Wert): (1) Bei Bewertungen ist, soweit nichts anderes vorgeschrieben ist, der gemeine Wert zugrunde zu legen.
(2) Der gemeine Wert wird durch den Preis bestimmt, der im gewöhnlichen Geschäftsverkehr nach der Beschaffenheit des Wirtschaftsgutes bei einer Veräußerung zu erzielen wäre. Dabei sind alle Umstände, die den Preis beeinflussen, zu berücksichtigen, Ungewöhnliche oder persönliche Verhältnisse sind nicht zu berücksichtigen.
(3) Als persönliche Verhältnisse sind auch Verfügungsbeschränkungen anzusehen, die in der Person des Steuerpflichtigen oder eines Rechtsvorgängers begründet sind. Das gilt insbesondere für Verfügungsbeschränkungen, die auf letztwilligen Anordnungen beruhen.

X Anhang

II. Unbebaute Grundstücke

§ 178
Begriff der unbebauten Grundstücke

(1) Unbebaute Grundstücke sind Grundstücke, auf denen sich keine benutzbaren Gebäude befinden. Die Benutzbarkeit beginnt im Zeitpunkt der Bezugsfertigkeit. Gebäude sind als bezugsfertig anzusehen, wenn den zukünftigen Bewohnern oder sonstigen Benutzern zugemutet werden kann, sie zu benutzen; die Abnahme durch die Bauaufsichtsbehörde ist nicht entscheidend.

(2) Befinden sich auf dem Grundstück Gebäude, die auf Dauer keiner Nutzung zugeführt werden können, gilt das Grundstück als unbebaut. Als unbebaut gilt auch ein Grundstück, auf dem infolge von Zerstörung oder Verfall der Gebäude auf Dauer kein benutzbarer Raum mehr vorhanden ist.

§ 179
Bewertung der unbebauten Grundstücke

Der Wert unbebauter Grundstücke bestimmt sich regelmäßig nach ihrer Fläche und den Bodenrichtwerten (§ 196 des Baugesetzbuchs). Die Bodenrichtwerte sind von den Gutachterausschüssen nach dem Baugesetzbuch zu ermitteln und den Finanzämtern mitzuteilen. Bei der Wertermittlung ist stets der Bodenrichtwert anzusetzen, der vom Gutachterausschuss zuletzt zu ermitteln war. Wird von den Gutachterausschüssen kein Bodenrichtwert ermittelt, ist der Bodenwert aus den Werten vergleichbarer Flächen abzuleiten.

III. Bebaute Grundstücke

§ 180
Begriff der bebauten Grundstücke

(1) Bebaute Grundstücke sind Grundstücke, auf denen sich benutzbare Gebäude befinden. Wird ein Gebäude in Bauabschnitten errichtet, ist der fertiggestellte Teil als benutzbares Gebäude anzusehen.

(2) Als Grundstück im Sinne des Absatzes 1 gilt auch ein Gebäude, das auf fremdem Grund und Boden errichtet oder in sonstigen Fällen einem anderen als dem Eigentümer des Grund und Bodens zuzurechnen ist, selbst wenn es wesentlicher Bestandteil des Grund und Bodens geworden ist.

§ 181
Grundstücksarten

(1) Bei der Bewertung bebauter Grundstücke sind die folgenden Grundstücksarten zu unterscheiden:

1. Ein- und Zweifamilienhäuser,
2. Mietwohngrundstücke,
3. Wohnungs- und Teileigentum,
4. Geschäftsgrundstücke,
5. gemischt genutzte Grundstücke und
6. sonstige bebaute Grundstücke.

(2) Ein- und Zweifamilienhäuser sind Wohngrundstücke, die bis zu zwei Wohnungen enthalten und kein Wohnungseigentum sind. Ein Grundstück gilt auch dann als Ein- oder Zweifamilienhaus, wenn es zu weniger als 50 Prozent, berechnet nach der Wohn- oder Nutzfläche, zu anderen als Wohnzwecken mitbenutzt und dadurch die Eigenart als Ein- oder Zweifamilienhaus nicht wesentlich beeinträchtigt wird.

(3) Mietwohngrundstücke sind Grundstücke, die zu mehr als 80 Prozent, berechnet nach der Wohn- oder Nutzfläche, Wohnzwecken dienen, und nicht Ein- und Zweifamilienhäuser oder Wohnungseigentum sind.

(4) Wohnungseigentum ist das Sondereigentum an einer Wohnung in Verbindung mit dem Miteigentumsanteil an dem gemeinschaftlichen Eigentum, zu dem es gehört.

(5) Teileigentum ist das Sondereigentum an nicht zu Wohnzwecken dienenden Räumen eines Gebäudes in Verbindung mit dem Miteigentum an dem gemeinschaftlichen Eigentum, zu dem es gehört.

(6) Geschäftsgrundstücke sind Grundstücke, die zu mehr als 80 Prozent, berechnet nach der Wohn- und Nutzfläche, eigenen oder fremden betrieblichen oder öffentlichen Zwecken dienen und nicht Teileigentum sind.

(7) Gemischt genutzte Grundstücke sind Grundstücke, die teils Wohnzwecken, teils eigenen oder fremden betrieblichen oder öffentlichen Zwecken dienen und nicht Ein- und Zweifamilienhäuser, Mietwohngrundstücke, Wohnungseigentum, Teileigentum oder Geschäftsgrundstücke sind.

(8) Sonstige bebaute Grundstücke sind solche Grundstücke, die nicht unter die Absätze 2 bis 7 fallen.

(9) Eine Wohnung ist die Zusammenfassung einer Mehrheit von Räumen, die in ihrer Gesamtheit so beschaffen sein müssen, dass die Führung eines selbständigen Haushalts möglich ist. Die Zusammenfassung einer Mehrheit von Räumen muss eine von anderen Wohnungen oder Räumen, insbesondere Wohnräumen, baulich getrennte, in sich abgeschlossene Wohneinheit bilden und einen selbständigen Zugang haben. Außerdem ist erforderlich, dass die für die Führung eines selbständigen Haushalts notwendigen Nebenräume (Küche, Bad oder Dusche, Toilette) vorhanden sind. Die Wohnfläche muss mindestens 23 Quadratmeter (m²) betragen.

§ 182
Bewertung der bebauten Grundstücke

(1) Der Wert der bebauten Grundstücke ist nach dem Vergleichswertverfahren (Absatz 2 und § 183), dem Ertragswertverfahren (Absatz 3 und §§ 184 bis 188) oder dem Sachwertverfahren (Absatz 4 und §§ 189 bis 191) zu ermitteln.

(2) Im Vergleichswertverfahren sind grundsätzlich zu bewerten

1. Wohnungseigentum,
2. Teileigentum,
3. Ein- und Zweifamilienhäuser.

(3) Im Ertragswertverfahren sind zu bewerten

1. Mietwohngrundstücke,
2. Geschäftsgrundstücke und gemischt genutzte Grundstücke, für die sich auf dem örtlichen Grundstücksmarkt eine übliche Miete ermitteln lässt.

(4) Im Sachwertverfahren sind zu bewerten

1. Grundstücke im Sinne des Absatzes 2, wenn kein Vergleichswert vorliegt,

2. Geschäftsgrundstücke und gemischt genutzte Grundstücke mit Ausnahme der in Absatz 3 Nr. 2 genannten Grundstücke,

3. sonstige bebaute Grundstücke.

§ 183
Bewertung im Vergleichswertverfahren

(1) Bei Anwendung des Vergleichswertverfahrens sind Kaufpreise von Grundstücken heranzuziehen, die hinsichtlich der ihren Wert beeinflussenden Merkmale mit dem zu bewertenden Grundstück hinreichend übereinstimmen (Vergleichsgrundstücke). Grundlage sind vorrangig die von den Gutachterausschüssen im Sinne der §§ 192 ff. des Baugesetzbuchs mitgeteilten Vergleichspreise.

(2) Anstelle von Preisen für Vergleichsgrundstücke können von den Gutachterausschüssen für geeignete Bezugseinheiten, insbesondere Flächeneinheiten des Gebäudes, ermittelte und mitgeteilte Vergleichsfaktoren herangezogen werden. Bei Verwendung von Vergleichsfaktoren, die sich nur auf das Gebäude beziehen, ist der Bodenwert nach § 179 gesondert zu berücksichtigen.

(3) Besonderheiten, insbesondere die den Wert beeinflussenden Belastungen privatrechtlicher und öffentlich-rechtlicher Art, werden im Vergleichswertverfahren nach den Absätzen 1 und 2 nicht berücksichtigt.

§ 184
Bewertung im Ertragswertverfahren

(1) Bei Anwendung des Ertragswertverfahrens ist der Wert der Gebäude (Gebäudeertragswert) getrennt von dem Bodenwert auf der Grundlage des Ertrags nach § 185 zu ermitteln.

(2) Der Bodenwert ist der Wert des unbebauten Grundstücks nach § 179.

(3) Der Bodenwert und der Gebäudeertragswert (§ 185) ergeben den Ertragswert des Grundstücks. Es ist mindestens der Bodenwert anzusetzen. Sonstige bauliche Anlagen, insbesondere Außenanlagen, sind regelmäßig mit dem Ertragswert des Gebäudes abgegolten.

§ 185
Ermittlung des Gebäudeertragswerts

(1) Bei der Ermittlung des Gebäudeertragswerts ist von dem Reinertrag des Grundstücks auszugehen. Dieser ergibt sich aus dem Rohertrag des Grundstücks (§ 186) abzüglich der Bewirtschaftungskosten (§ 187).

(2) Der Reinertrag des Grundstücks ist um den Betrag zu vermindern, der sich durch eine angemessene Verzinsung des Bodenwerts ergibt; dies ergibt den Gebäudereinertrag. Der Verzinsung des Bodenwerts ist der Liegenschaftszinssatz (§ 188) zugrunde zu legen. Ist das Grundstück wesentlich größer, als es einer den Gebäuden angemessenen Nutzung entspricht, und ist eine zusätzliche Nutzung oder Verwertung einer Teilfläche zulässig und möglich, ist bei der Berechnung des Verzinsungsbetrags der Bodenwert dieser Teilfläche nicht zu berücksichtigen.

(3) Der Gebäudereinertrag ist mit dem sich aus der Anlage 21[14] ergebenden Vervielfältiger zu kapitalisieren. Maßgebend für den Vervielfältiger sind der Liegenschaftszinssatz und die Restnutzungsdauer des Gebäudes. Die Restnutzungsdauer wird grundsätzlich aus dem Unterschiedsbetrag zwischen der wirtschaftlichen Gesamtnutzungsdauer, die sich aus der Anlage 22[15] ergibt, und dem Alter des Gebäudes am Bewertungsstichtag ermittelt. Sind

---

14 Entspricht Vervielfältigertabelle (Barwertfaktoren für die Kapitalisierung) der Anl. 1 zur ImmoWertV.
15 Abgedruckt im Anschluss.

nach Bezugsfertigkeit des Gebäudes Veränderungen eingetreten, die die wirtschaftliche Gesamtnutzungsdauer des Gebäudes verlängert oder verkürzt haben, ist von einer der Verlängerung oder Verkürzung entsprechenden Restnutzungsdauer auszugehen. Die Restnutzungsdauer eines noch nutzbaren Gebäudes beträgt regelmäßig mindestens 30 Prozent der wirtschaftlichen Gesamtnutzungsdauer.

§ 186
Rohertrag des Grundstücks

(1) Rohertrag ist das Entgelt, das für die Benutzung des bebauten Grundstücks nach den am Bewertungsstichtag geltenden vertraglichen Vereinbarungen für den Zeitraum von zwölf Monaten zu zahlen ist. Umlagen, die zur Deckung der Betriebskosten gezahlt werden, sind nicht anzusetzen.

(2) Für Grundstücke oder Grundstücksteile,

1. die eigengenutzt, ungenutzt, zu vorübergehendem Gebrauch oder unentgeltlich überlassen sind,

2. die der Eigentümer dem Mieter zu einer um mehr als 20 Prozent von der üblichen Miete abweichenden tatsächlichen Miete überlassen hat,

ist die übliche Miete anzusetzen. Die übliche Miete ist in Anlehnung an die Miete zu schätzen, die für Räume gleicher oder ähnlicher Art, Lage und Ausstattung regelmäßig gezahlt wird. Betriebskosten sind nicht einzubeziehen.

§ 187
Bewirtschaftungskosten

(1) Bewirtschaftungskosten sind die bei gewöhnlicher Bewirtschaftung nachhaltig entstehenden Verwaltungskosten, Betriebskosten, Instandhaltungskosten und das Mietausfallwagnis; durch Umlagen gedeckte Betriebskosten bleiben unberücksichtigt.

(2) Die Bewirtschaftungskosten sind nach Erfahrungssätzen anzusetzen. Soweit von den Gutachterausschüssen im Sinne der §§ 192 ff. des Baugesetzbuchs keine geeigneten Erfahrungssätze zur Verfügung stehen, ist von den pauschalierten Bewirtschaftungskosten nach Anlage 23[16] auszugehen.

§ 188
Liegenschaftszinssatz

(1) Der Liegenschaftszinssatz ist der Zinssatz, mit dem der Verkehrswert von Grundstücken im Durchschnitt marktüblich verzinst wird.

(2) Anzuwenden sind die von den Gutachterausschüssen im Sinne der §§ 192 ff. des Baugesetzbuchs ermittelten örtlichen Liegenschaftszinssätze. Soweit von den Gutachterausschüssen keine geeigneten Liegenschaftszinssätze zur Verfügung stehen, gelten die folgenden Zinssätze:

1. 5 Prozent für Mietwohngrundstücke,

2. 5,5 Prozent für gemischt genutzte Grundstücke mit einem gewerblichen Anteil von bis zu 50 Prozent, berechnet nach der Wohn- und Nutzfläche,

3. 6 Prozent für gemischt genutzte Grundstücke mit einem gewerblichen Anteil von mehr als 50 Prozent, berechnet nach der Wohn- und Nutzfläche, und

4. 6,5 Prozent für Geschäftsgrundstücke.

---

16 Abgedruckt im Anschluss.

X Anhang

§ 189
Bewertung im Sachwertverfahren

(1) Bei Anwendung des Sachwertverfahrens ist der Wert der Gebäude (Gebäudesachwert) getrennt vom Bodenwert nach § 190 zu ermitteln. Sonstige bauliche Anlagen, insbesondere Außenanlagen, und der Wert der sonstigen Anlagen sind regelmäßig mit dem Gebäudewert und dem Bodenwert abgegolten.

(2) Der Bodenwert ist der Wert des unbebauten Grundstücks nach § 179.

(3) Der Bodenwert und der Gebäudesachwert (§ 190) ergeben den vorläufigen Sachwert des Grundstücks. Dieser ist zur Anpassung an den gemeinen Wert mit einer Wertzahl nach § 191 zu multiplizieren.

§ 190
Ermittlung des Gebäudesachwerts

(1) Bei der Ermittlung des Gebäudesachwerts ist von den Regelherstellungskosten des Gebäudes auszugehen. Regelherstellungskosten sind die gewöhnlichen Herstellungskosten je Flächeneinheit. Der Gebäuderegelherstellungswert ergibt sich durch Multiplikation der jeweiligen Regelherstellungskosten mit der Brutto-Grundfläche des Gebäudes. Die Regelherstellungskosten sind in der Anlage 24[17] enthalten. Das Bundesministerium der Finanzen wird ermächtigt, durch Rechtsverordnung mit Zustimmung des Bundesrates die Anlage 24 zu diesem Gesetz dadurch zu ändern, dass es die darin aufgeführten Regelherstellungskosten nach Maßgabe marktüblicher gewöhnlicher Herstellungskosten und des vom Statistischen Bundesamt veröffentlichten Baupreisindex aktualisiert, soweit dies zur Ermittlung des gemeinen Werts erforderlich ist.

(2) Vom Gebäuderegelherstellungswert ist eine Alterswertminderung abzuziehen. Diese wird regelmäßig nach dem Verhältnis des Alters des Gebäudes am Bewertungsstichtag zur wirtschaftlichen Gesamtnutzungsdauer nach Anlage 22[18] bestimmt. Sind nach Bezugsfertigkeit des Gebäudes Veränderungen eingetreten, die die wirtschaftliche Gesamtnutzungsdauer des Gebäudes verlängert oder verkürzt haben, ist von einem entsprechenden früheren oder späteren Baujahr auszugehen. Der nach Abzug der Alterswertminderung verbleibende Gebäudewert ist regelmäßig mit mindestens 40 Prozent des Gebäuderegelherstellungswerts anzusetzen.

§ 191
Wertzahlen

(1) Als Wertzahlen im Sinne des § 189 Abs. 3 sind die Sachwertfaktoren anzuwenden, die von den Gutachterausschüssen im Sinne der §§ 192 ff. des Baugesetzbuchs für das Sachwertverfahren bei der Verkehrswertermittlung abgeleitet wurden.

(2) Soweit von den Gutachterausschüssen keine geeigneten Sachwertfaktoren zur Verfügung stehen, sind die in der Anlage 25[19] bestimmten Wertzahlen zu verwenden.

IV. Sonderfälle

§ 192
Bewertung in Erbbaurechtsfällen

Ist das Grundstück mit einem Erbbaurecht belastet, sind die Werte für die wirtschaftliche Einheit Erbbaurecht (§ 193) und für die wirtschaftliche Einheit des belasteten Grundstücks

---

17 Abgedruckt im Anschluss.
18 Abgedruckt im Anschluss.
19 Abgedruckt im Anschluss.

(§ 194) gesondert zu ermitteln. Mit der Bewertung des Erbbaurechts (§ 193) ist die Verpflichtung zur Zahlung des Erbbauzinses und mit der Bewertung des Erbbaurechtsgrundstücks (§ 194) ist das Recht auf den Erbbauzins abgegolten; die hiernach ermittelten Grundbesitzwerte dürfen nicht weniger als 0 Euro betragen[20].

§193
Bewertung des Erbbaurechts

(1) Der Wert des Erbbaurechts ist im Vergleichswertverfahren nach § 183 zu ermitteln, wenn für das zu bewertende Erbbaurecht Vergleichskaufpreise oder aus Kaufpreisen abgeleitete Vergleichsfaktoren vorliegen.

(2) In allen anderen Fällen setzt sich der Wert des Erbbaurechts zusammen aus einem Bodenwertanteil nach Absatz 3 und einem Gebäudewertanteil nach Absatz 5.

(3) Der Bodenwertanteil ergibt sich aus der Differenz zwischen

1. dem angemessenen Verzinsungsbetrag des Bodenwerts des unbelasteten Grundstücks nach Absatz 4 und

2. dem vertraglich vereinbarten jährlichen Erbbauzins.

Der so ermittelte Unterschiedsbetrag ist über die Restlaufzeit des Erbbaurechts mit dem sich aus Anlage 21[21] ergebenden Vervielfältiger zu kapitalisieren.

(4) Der angemessene Verzinsungsbetrag des Bodenwerts des unbelasteten Grundstücks ergibt sich durch Anwendung des Liegenschaftszinssatzes, der von den Gutachterausschüssen im Sinne der §§ 192 ff. des Baugesetzbuchs ermittelt wurde, auf den Bodenwert nach § 179. Soweit von den Gutachterausschüssen keine geeigneten Liegenschaftszinssätze zur Verfügung stehen, gelten die folgenden Zinssätze:

1. 3 Prozent für Ein- und Zweifamilienhäuser und Wohnungseigentum, das wie Ein- und Zweifamilienhäuser gestaltet ist,

2. 5 Prozent für Mietwohngrundstücke und Wohnungseigentum, das nicht unter Nummer 1 fällt,

3. 5,5 Prozent für gemischt genutzte Grundstücke mit einem gewerblichen Anteil von bis zu 50 Prozent, berechnet nach der Wohn- und Nutzfläche, sowie sonstige bebaute Grundstücke,

4. 6 Prozent für gemischt genutzte Grundstücke mit einem gewerblichen Anteil von mehr als 50 Prozent, berechnet nach der Wohn- und Nutzfläche, und

5. 6,5 Prozent für Geschäftsgrundstücke und Teileigentum.

(5) Der Gebäudewertanteil ist bei der Bewertung des bebauten Grundstücks im Ertragswertverfahren der Gebäudeertragswert nach § 185, bei der Bewertung im Sachwertverfahren der Gebäudesachwert nach § 190. Ist der bei Ablauf des Erbbaurechts verbleibende Gebäudewert nicht oder nur teilweise zu entschädigen, ist der Gebäudewertanteil des Erbbaurechts um den Gebäudewertanteil des Erbbaugrundstücks nach § 194 Abs. 4 zu mindern.

---

20 Vgl. § 205 Abs. 3 BewG: (3) § 145 Absatz 3 Satz 1 und 4, § 166 Absatz 2 Nummer 1, § 179 Satz 4 und § 192 Satz 2 in der Fassung des Artikels 10 des Gesetzes vom 7. Dezember 2011 (BGBl. I S. 2592) sind auf Bewertungsstichtage nach dem 13. Dezember 2011 anzuwenden.

21 Entspricht Abzinsungsfaktor nach Anlage 2 zur ImmoWertV.

X Anhang

Auszug BewG

§ 194
Bewertung des Erbbaugrundstücks

(1) Der Wert des Erbbaugrundstücks ist im Vergleichswertverfahren nach § 183 zu ermitteln, wenn für das zu bewertende Grundstück Vergleichskaufpreise oder aus Kaufpreisen abgeleitete Vergleichsfaktoren vorliegen.

(2) In allen anderen Fällen bildet der Bodenwertanteil nach Absatz 3 den Wert des Erbbaugrundstücks. Dieser ist um einen Gebäudewertanteil nach Absatz 4 zu erhöhen, wenn der Wert des Gebäudes vom Eigentümer des Erbbaugrundstücks nicht oder nur teilweise zu entschädigen ist.

(3) Der Bodenwertanteil ist die Summe des über die Restlaufzeit des Erbbaurechts abgezinsten Bodenwerts nach § 179 und der über diesen Zeitraum kapitalisierten Erbbauzinsen. Der Abzinsungsfaktor für den Bodenwert wird in Abhängigkeit vom Zinssatz nach § 193 Abs. 4 und der Restlaufzeit des Erbbaurechts ermittelt; er ist Anlage 26[22] zu entnehmen. Als Erbbauzinsen sind die am Bewertungsstichtag vereinbarten jährlichen Erbbauzinsen anzusetzen; sie sind mit dem sich aus Anlage 21[23] ergebenden Vervielfältiger zu kapitalisieren.

(4) Der Gebäudewertanteil des Erbbaugrundstücks entspricht dem Gebäudewert oder dem anteiligen Gebäudewert, der dem Eigentümer des Erbbaugrundstücks bei Beendigung des Erbbaurechts durch Zeitablauf entschädigungslos zufällt; er ist nach Maßgabe der Anlage 26[24] auf den Bewertungsstichtag abzuzinsen.

§ 195
Gebäude auf fremdem Grund und Boden

(1) In Fällen von Gebäuden auf fremdem Grund und Boden sind die Werte für die wirtschaftliche Einheit des Gebäudes auf fremdem Grund und Boden (Absatz 2) und die wirtschaftliche Einheit des belasteten Grundstücks (Absatz 3) gesondert zu ermitteln.

(2) Das Gebäude auf fremdem Grund und Boden wird bei einer Bewertung im Ertragswertverfahren mit dem Gebäudeertragswert nach § 185, bei einer Bewertung im Sachwertverfahren mit dem Gebäudesachwert nach § 190 bewertet. Ist der Nutzer verpflichtet, das Gebäude bei Ablauf des Nutzungsrechts zu beseitigen, ist bei der Ermittlung des Gebäudeertragswerts der Vervielfältiger nach Anlage 21[25] anzuwenden, der sich für die am Bewertungsstichtag verbleibende Nutzungsdauer ergibt. § 185 Abs. 3 Satz 5 ist nicht anzuwenden. Ist in diesen Fällen der Gebäudesachwert zu ermitteln, bemisst sich die Alterswertminderung im Sinne des § 190 Abs. 2 Satz 1 bis 3 nach dem Alter des Gebäudes am Bewertungsstichtag und der tatsächlichen Gesamtnutzungsdauer. § 190 Abs. 2 Satz 4 ist nicht anzuwenden.

(3) Der Wert des belasteten Grundstücks ist der auf den Bewertungsstichtag abgezinste Bodenwert nach § 179 zuzüglich des über die Restlaufzeit des Nutzungsrechts kapitalisierten Entgelts. Der Abzinsungsfaktor für den Bodenwert wird in Abhängigkeit vom Zinssatz nach § 193 Abs. 4 und der Restlaufzeit des Nutzungsverhältnisses ermittelt; er ist Anlage 26[26] zu entnehmen. Das über die Restlaufzeit des Nutzungsrechts kapitalisierte Entgelt ergibt sich durch Anwendung des Vervielfältigers nach Anlage 21[27] auf das zum Bewertungsstichtag vereinbarte jährliche Entgelt.

---

22 Entspricht Abzinsungsfaktor nach Anlage 2 zur ImmoWertV.
23 Entspricht Vervielfältigungstabelle (Barwertfaktoren für die Kapitalisierung) der Anlage 1 zur ImmoWertV.
24 Entspricht Abzinsungsfaktor nach Anlage 2 zur ImmoWertV.
25 Entspricht Vervielfältigungstabelle (Barwertfaktoren für die Kapitalisierung) der Anlage 1 zur ImmoWertV.
26 Entspricht Abzinsungsfaktor nach Anlage 2 zur ImmoWertV.
27 Entspricht Vervielfältigungstabelle (Barwertfaktoren für die Kapitalisierung) der Anlage 1 zur ImmoWertV.

Auszug BewG

§ 196
Grundstücke im Zustand der Bebauung

(1) Ein Grundstück im Zustand der Bebauung liegt vor, wenn mit den Bauarbeiten begonnen wurde und Gebäude und Gebäudeteile noch nicht bezugsfertig sind. Der Zustand der Bebauung beginnt mit den Abgrabungen oder der Einbringung von Baustoffen, die zur planmäßigen Errichtung des Gebäudes führen.

(2) Die Gebäude oder Gebäudeteile im Zustand der Bebauung sind mit den bereits am Bewertungsstichtag entstandenen Herstellungskosten dem Wert des bislang unbebauten oder bereits bebauten Grundstücks hinzuzurechnen.

§ 197
Gebäude und Gebäudeteile für den Zivilschutz

Gebäude, Teile von Gebäuden und Anlagen, die wegen der in § 1 des Zivilschutzgesetzes vom 25. März 1997 (BGBl. I S. 726), das zuletzt durch Artikel 2 des Gesetzes vom 27. April 2004 (BGBl. I S. 630) geändert worden ist, in der jeweils geltenden Fassung bezeichneten Zwecke geschaffen worden sind und im Frieden nicht oder nur gelegentlich oder geringfügig für andere Zwecke benutzt werden, bleiben bei der Ermittlung des Grundbesitzwerts außer Betracht.

V. Nachweis des niedrigeren gemeinen Werts

§ 198
Nachweis des niedrigeren gemeinen Werts

Weist der Steuerpflichtige nach, dass der gemeine Wert der wirtschaftlichen Einheit am Bewertungsstichtag niedriger ist als der nach den §§ 179, 182 bis 196 ermittelte Wert, so ist dieser Wert anzusetzen. Für den Nachweis des niedrigeren gemeinen Werts gelten grundsätzlich die auf Grund des § 199 Abs. 1 des Baugesetzbuchs erlassenen Vorschriften[28].

---

28 Immobilienwertermittlungsverordnung (ImmoWertV).

X Anhang — Auszug BewG

Anl. 22 (zu § 185 Abs. 3 Satz 3, § 190 Abs. 2 Satz 2)[29]

Wirtschaftliche Gesamtnutzungsdauer

Einfamilien- und Zweifamilienhäuser	80 Jahre
Mietwohngrundstücke	80 Jahre
Wohnungseigentum	80 Jahre
Geschäftsgrundstücke, gemischt genutzte Grundstücke und sonstige bebaute Grundstücke:	
Gemischt genutzte Grundstücke (mit Wohn- und Gewerbeflächen)	70 Jahre
Hochschulen (Universitäten)	70 Jahre
Saalbauten (Veranstaltungszentren)	70 Jahre
Kur- und Heilbäder	70 Jahre
Verwaltungsgebäude	60 Jahre
Bankgebäude	60 Jahre
Schulen	60 Jahre
Kindergärten (Kindertagesstätten)	60 Jahre
Altenwohnheime	60 Jahre
Personalwohnheime (Schwesternwohnheime)	60 Jahre
Hotels	60 Jahre
Sporthallen (Turnhallen)	60 Jahre
Kaufhäuser, Warenhäuser	50 Jahre
Ausstellungsgebäude	50 Jahre
Krankenhäuser	50 Jahre
Vereinsheime (Jugendheime, Tagesstätten)	50 Jahre
Parkhäuser (offene Ausführung, Parkpaletten)	50 Jahre
Parkhäuser (geschlossene Ausführung)	50 Jahre
Tiefgaragen	50 Jahre
Funktionsgebäude für Sportanlagen (z.B. Sanitär- und Umkleideräume)	50 Jahre
Hallenbäder	50 Jahre
Industriegebäude, Werkstätten ohne Büro- und Sozialtrakt	50 Jahre
Industriegebäude, Werkstätten mit Büro- und Sozialtrakt	50 Jahre
Lagergebäude (Kaltlager)	50 Jahre
Lagergebäude (Warmlager)	50 Jahre
Lagergebäude (Warmlager mit Büro- und Sozialtrakt)	50 Jahre
Einkaufsmärkte, Großmärkte, Läden	40 Jahre
Tennishallen	40 Jahre
Reitsporthallen	40 Jahre

Teileigentum ist in Abhängigkeit von der baulichen Gestaltung den vorstehenden Gebäudeklassen zuzuordnen.

---

[29] Fundstelle: BGBl. I 2008, 3069

Auszug BewG **Anhang X**

Anlage 23 (zu § 187 Abs. 2 Satz 2 BewG)[30]

Pauschalierte Bewirtschaftungskosten für Verwaltung, Instandhaltung und Mietausfallwagnis in Prozent der Jahresmiete oder üblichen Miete (ohne Betriebskosten)

Restnutzungs-dauer	Grundstücksart			
	1	2	3	4
	Mietwohn-grundstück	gemischt genutztes Grundstück mit einen gewerblichen Anteil von bis zu 50% (berechnet nach der Wohn- bzw. Nutzfläche)	gemischt genutztes Grundstück mit einen gewerblichen Anteil von mehr als 50% (berechnet nach der Wohn- bzw. Nutzfläche)	Geschäfts-grundstück
> 60 Jahre	21	21		18
40 bis 59 Jahre	23	22		20
20 bis 39 Jahre	27	24		22
< 20 Jahre	29	26		23

---

[30] Fundstelle: BGBl. I 2008, 3070.

X Anhang

Auszug BewG

Anlage 24 zu § 190 Abs. 1 Satz 4 und 5 BewG[31]
Regelherstellungskosten 2007 (RHK 2007) für erbschaftsteuerliche Bewertungen

1. Ein- und Zweifamilienhäuser (Euro/m² BGF)
Typisierte Gesamtnutzungsdauer = 80 Jahre

GKL	Baujahr	bis 1945			1946-1959			1960-1969			1970-1984			1985-1999			ab 2000		
	Ausstattungsstandard	einf.	mittel	geh.	einf.	mittel	geh.	einf.	mittel	geh.	einf.	mittel	geh.	einf.	mittel	geh.	einf.	mittel	geh.
	mit Keller																		
1.11	Dachgeschoss ausgebaut	580	630	740	620	680	800	670	720	850	710	770	900	860	820	970	790	860	1010
1.12	Dachgeschoss nicht ausgebaut	520	570	660	560	610	720	600	650	760	640	690	810	680	740	870	720	770	910
1.13	Flachdach	590	630	740	630	680	800	680	730	850	720	770	900	770	830	960	800	870	1010
	ohne Keller																		
1..21	Dachgeschoss ausgebaut	660	720	860	710	770	930	760	820	990	800	870	1050	860	940	1130	900	980	1180
1.22	Dachgeschoss nicht ausgebaut	580	640	760	630	690	820	670	730	880	710	770	930	760	830	1000	800	870	1040
1.23	Flachdach	720	780	930	770	840	1000	830	900	1070	770	840	1130	940	1030	1220	990	1070	1270

2. Wohnungseigentum (Euro/m² BGF)
Typisierte Gesamtnutzungsdauer = 80 Jahre

GKL	Baujahr	bis 1945			1946-1959			1960-1969			1970-1984			1985-1999			ab 2000		
	Ausstattungsstandard	einf.	mittel	geh.	einf.	mittel	geh.	einf.	mittel	geh.	einf.	mittel	geh.	einf.	mittel	geh.	einf.	mittel	geh.
2.11	Alle Gebäude	680	680	690	680	720	780	730	760	830	770	810	880	830	870	950	870	910	990

Für Wohnungseigentum in Gebäuden, die wie Ein- und Zweifamilienhäuser gestaltet sind, werden die Regelherstellungskosten der Ein- und Zweifamilienhäuser zugrunde gelegt.
Umrechnungsfaktor Wohnfläche (WF) – Brutto-Grundfläche (BGF):
für Wohnungseigentum in Mehrfamilienwohnhäusern (Mietwohngrundstücke): BGF = 1,55 x WF

3. Geschäftsgrundstücke, gemischt genutzte Grundstücke und sonstige bebaute Grundstücke (Euro/m² BGF)

3.1 Typisierte Gesamtnutzungsdauer = 70 Jahre

GKL	Baujahr	bis 1945			1946-1959			1960-1969			1970-1984			1985-1999			ab 2000		
	Ausstattungsstandard	einf.	mittel	geh.	einf.	mittel	geh.	einf.	mittel	geh.	einf.	mittel	geh.	einf.	mittel	geh.	einf.	mittel	geh.
3.11	Gemischt genutzte Grundstücke (mit Wohn-und Gewerbeflächen)	660	960	960	720	1040	1040	770	1110	1450	810	1180	1540	870	1260	1650	910	1310	1720
3.12	Hochschulen	1430	1430	1710	1540	1540	1830	1640	1640	1960	1740	1740	2080	1870	1870	2230	1940	1940	2330
3.13	Saalbauten	1270	1560	1560	1270	1680	2110	1360	1790	2260	1450	1900	2390	1550	2040	2570	1620	2120	2680
314	Kur- und Heilbäder	2500	2500	2780	2690	2690	2870	2870	3190	3040	3040	3380	3380	3260	3260	3630	3410	3410	3780

[31] Fundstelle: BGBl. I 2008, 3071 – 3076.

Auszug BewG — Anhang X

3. Geschäftsgrundstücke, gemischt genutzte Grundstücke und sonstige bebaute Grundstücke (Euro/m² BGF)

3.2 Typisierte Gesamtnutzungsdauer = 60 Jahre

GKL	Baujahr	bis 1945			1946-1959			1960-1969			1970-1984			1985-1999			ab 2000		
	Ausstattungsstandard	einf.	mittel	geh.	einf.	mittel	geh.	einf.	mittel	geh.	einf.	mittel	geh.	einf.	mittel	geh.	einf.	mittel	geh.
3.211	Verwaltungsgebäude (ein- bis zweigeschossig, nicht unterkellert)	950	950	950	950	1110	1360	1010	1190	1460	1080	1260	1540	1160	1350	1650	1210	1410	1720
3.212	Verwaltungsgebäude (zwei- bis fünfgeschossig)	1260	1250	1510	1140	1350	1630	1220	1450	1740	1290	1540	1850	1380	1640	1980	1440	1710	2060
3.213	Verwaltungsgebäude (sechs- und mehrgeschossig)	1760	1760	1760	1760	1760	2190	1880	1880	2350	1990	1990	2480	2140	2140	2660	2230	2230	2780
3.22	Bankgebäude	1860	1860	1860	1860	1860	2140	1990	1990	2260	2110	2110	2400	2260	2260	2600	2350	2350	2710
3.23	Schulen	1030	1170	1270	1110	1260	1370	1190	1350	1460	1260	1430	1550	1350	1530	1670	1410	1600	1730
3.24	Kindergärten	1090	1090	1090	1090	1180	1510	1170	1270	1610	1230	1340	1710	1320	1440	1840	1380	1500	1910
3.25	Altenwohnheime	920	1080	1190	990	1160	1280	1060	1240	1370	1120	1310	1450	1200	1410	1560	1250	1470	1620
3.26	Personalwohnheime	800	980	1080	860	1060	1160	919	1130	1240	970	1190	1320	1040	1280	1420	1080	1340	1480
3.27	Hotels	880	1150	1490	950	1230	1600	1010	1320	1710	1080	1400	1810	1150	1500	1940	1200	1570	2020
3.18	Sporthallen	970	970	970	970	1170	1250	1030	1250	1340	1100	1330	1420	1170	1420	1520	1230	1480	1580

3.3 Typisierte Gesamtnutzungsdauer = 50 Jahre

GKL	Baujahr	bis 1945			1946-1959			1960-1969			1970-1984			1985-1999			ab 2000		
	Ausstattungsstandard	einf.	mittel	geh.	einf.	mittel	geh.	einf.	mittel	geh.	einf.	mittel	geh.	einf.	mittel	geh.	einf.	mittel	geh.
3.31	Kaufhäuser, Warenhäuser	950	1120	1490	1020	1210	1600	1100	1290	1720	1160	1370	1820	1250	1470	1950	1300	1530	2030
3.32	Ausstellungsgebäude	1450	1450	1450	1450	1450	1450	1550	1550	1550	1540	1640	2070	1760	1760	2210	1840	1840	2310
3.33	Krankenhäuser	1430	1840	2260	1540	1980	2430	1650	2110	2600	1750	2240	2760	1870	2400	2950	1950	2500	3080
3.34	Vereinsheime	1020	1020	1020	1020	1130	1310	1090	1210	1410	1160	1280	1490	1240	1370	1600	1300	1430	1670
3.351	Parkhäuser (offene Ausführung, Parkpaletten)	490	490	490	490	490	490	530	530	530	560	560	560	590	590	590	620	620	620
3.352	Parkhäuser (geschlossene Ausführung)	610	610	610	610	610	610	650	650	650	690	690	690	740	740	740	780	780	780
3.353	Tiefgaragen	540	540	540	540	700	700	580	750	750	610	790	790	650	850	850	680	890	890
3.36	Funktionsgebäude für Sportanlagen (z. B. Sanitär- und Umkleideräume)	800	800	800	800	1010	1400	850	1080	1490	910	1150	1580	970	1230	1700	1010	1280	1770
3.37	Hallenbäder	1390	1390	1390	1390	1830	2020	1490	1960	2160	1570	2080	2290	1680	2230	2460	1750	2320	2570
3.381	Industriegebäude, Werkstätten ohne Büro- und Sozialtrakt	450	450	450	450	630	740	500	670	780	520	720	840	560	770	910	610	800	940
3.382	Industriegebäude, Werkstätten mit Büro- und Sozialtrakt	660	660	660	660	850	980	700	910	1040	740	970	1120	780	1040	1190	840	1090	1260
3.391	Lagergebäude (Kaltlager)	390	390	390	390	740	740	430	800	800	460	830	830	490	900	900	520	950	950
3.392	Lagergebäude (Warmlager)	510	510	510	510	860	860	550	920	920	580	970	970	610	1060	1060	660	1090	1090
3.393	Lagergebäude (Warmlager mit Büro- und Sozialtrakt)	820	820	820	820	1100	1100	850	1180	1180	920	1250	1250	970	1350	1350	1030	1430	1430

X Anhang

Auszug BewG

3.4 Typisierte Gesamtnutzungsdauer = 40 Jahre

GKL	Baujahr	bis 1945			1946-1959			1960-1969			1970-1984			1985-1999			ab 2000		
	Ausstattungsstandard	einf.	mittel	geh.	einf.	mittel	geh.	einf.	mittel	geh.	einf.	mittel	geh.	einf.	mittel	geh.	einf.	mittel	geh.
3.41	Einkaufsmärkte, Großmärkte, Läden	630	630	630	630	850	850	680	910	910	720	970	1090	770	1050	1170	800	1080	1220
3.42	Tennishallen	520	520	520	520	610	610	550	650	650	580	690	790	630	740	850	650	770	890
3.43	Reitsporthallen	200	200	200	200	200	200	200	200	200	210	260	210	240	280	220	240	290	

4. Kleingaragen und Carports (Euro/m² BGF)
Typisierte Gesamtnutzungsdauer = 50 Jahre

GKL	Baujahr	alle
	Ausstattungsstandard	alle
4.11	Kleingaragen	290
4.12	Carports	170

5. Teileigentum

Teileigentum ist in Abhängigkeit von der baulichen Gestaltung den vorstehenden Gebäudeklassen zuzuordnen.

6. Auffangklausel

Regelherstellungskosten für nicht aufgeführte Gebäudeklassen sind aus den Regelherstellungskosten vergleichbarer Gebäudeklassen abzuleiten.

III. Ausstattungsstandard zu den Regelherstellungskosten (RHK)

		einfach	mittel	gehoben
Fassade	Skelett-, Fachwerk-, Rahmenbau	• einfache Wände, Holz-, Blech-, Faserzementbekleidung, Leichtbetonwände mit Wärmedämmung, Beton-Sandwich-Elemente, Ausfachung 15 bis 26 cm; • Verbretterung oder Blechverkleidung auf Holztragwerk^P);	• Leichtbetonwände mit Wärmedämmung, Beton- Sandwich-Elemente, Ausfachung 15 bis 26 cm; • Stahlblech- Sandwichelemente auf Holz- oder Stahlrahmen, Lichtflächen aus Kunststoff-Doppelstegplatten^P);	• Schwerbetonplatten, Verblendmauerwerk, Spaltklinker, Schwerbetonplatten, Ausfachung bis 40 cm, Glasverkleidung, Spaltklinker; • Stahlbetonstützen und Ziegelmauerwerk, Holzfenster, Holztüren und Holztore^P);
	Massivbau	• Mauerwerk mit Putz oder mit Fugenglattstrich und Anstrich; • Betonwände^M);	• Wärmedämmputz, Wärmedämmverbundsystem, Sichtmauerwerk mit Fugenglattstrich und Anstrich, Holzbekleidung, mittlerer Wärmedämmstandard; • Sichtbeton^M);	• Verblendmauerwerk, Metallbekleidung, Vorhangfassade; Naturstein, hoher Wärmedämmstandard;
Fenster		• einfache Holz, Stahl, Einfachverglasung; • einfache Metallgitter^M);	• hochwertige Holz, Kunststoff, Isolierverglasung; • begrünte Metallgitter, Glasbausteine^M);	• Aluminium, Rollladen, Sonnenschutzvorrichtung, Wärmeschutzverglasung, raumhohe Verglasung, große Schiebeelemente, elektr. Rollladen, Schallschutzverglasung; • Sprossenfenster^A); • begrünte Metallgitter, Glasbausteine^M);

Auszug BewG — Anhang X

III. Ausstattungsstandard zu den Regelherstellungskosten (RHK)

	einfach	mittel	gehoben
Dächer	Wellfaserzement-, Blecheindeckung, Bitumen-, Kunststofffolienabdichtung; Betondachpfannen (untere Preiskl.), Bitumen-, Kunststofffolienabdichtung, keine Wärmedämmung; Holzbinder auf Stahl- oder Stahlbetonstützen, Faserzementwellplatten auf Holzfetten[P];	Betondachpfannen (gehobene Preiskl.); Betondachpfannen, mittlerer Wärmedämmstandard; Papp-, PVC-, Blecheindeckung[D]; Stahlblech- Sandwichelemente auf Holz- oder Stahlrahmen[P];	Tondachpfannen, Schiefer-, Metalleindeckung, Gasbetonfertigteile, Stegzementdielen, große Anzahl von Oberlichtern, Dachaus- und Dachaufbauten mit hohem Schwierigkeitsgrad, Dachausschnitte in Glas, hoher Wärmedämmstandard; Papp-, PVC-, Blecheindeckung[D]; Holzbinder, Pfetten, Sparren, Hartschaumdämmung, Betondachsteine, Tonpfannen[P];
Sanitärinstallation	einfache Toilettenanlagen [und Duschräume[F]], Installation auf Putz; 1 Bad mit WC, Installation auf Putz[A) B) C)]; WC und Bäderanlage geschossweise, Waschbecken im Raum, Installation auf Putz[J) M) L)];	ausreichende Toilettenanlagen, Duschräume, Installation unter Putz; 1 Bad mit WC, separates Gäste-WC, Installation unter Putz[A) B) C)]; mehrere WCs und Duschbäder je Geschoss, Installation unter Putz[J) K) L)]; tlw. Toiletten je Zimmer, Installation unter Putz[J]; Sprinkleranlage, Strom- und Wasseranschluss, Löschwasserleitungen, Installation auf Putz[M];	gut ausgestattete Toilettenanlagen und Duschräume, großzüge Toilettenanlagen, Sanitäreinrichtungen, gehobener Standard; 1 – 2 Bäder[A) B) C)]; je Zimmer ein Duschbad mit WC[J) L)]; je Raum ein Duschbad mit WC in guter Ausstattung[I]; Düsenrohrberegnung, Toiletten und Duschanlagen[P];
Innenwandbekleidung der Nassräume	Ölfarbanstrich;	Fliesensockel (1,50 m);	Fliesen raumhoch, großformatige Fliesen, Naturstein, aufwendige Verlegung;
Bodenbeläge	Linoleum, PVC (jeweils untere Preiskl.), Holzdielen, Nadelfilz; Beton oder Asphaltbeton, oberflächenbehandelt, Holzdielen[D) E)]; Rohbeton[M]; Tretschicht als Schüttung auf gewachsenem Boden[P]; Nassräume: PVC	PVC, Linoleum (jeweils mittlere Preiskl.), Teppich, Fliesen; Estrich oder Gussasphalt auf Beton, Teppichbelag, PVC, beschichteter Estrich, Gussasphalt[D) E)]; Estrich, Gussasphalt[D]; Verbundpflaster ohne Unterbau[O]; Tretschicht als Schüttung auf Tragschicht aus Lehm[P]; Nassräume: Fliesen	großformatige Fliesen, Parkett, Betonwerkstein, Naturstein, aufwendige Verlegung; Fliesen[H]; flächenstatische Fußbodenkonstruktion, Spezialteppich mit Gummigranulatauflage[D]; Schwingboden[E]; Estrich, Gussasphalt[M]; Tretschicht als Schüttung auf Tragschicht aus Schotter und Sand/Lehm- Zwischenschicht[P]; Nassräume: großformatige Fliesen, beschichtete Sonderfliesen
Innentüren	Füllungstüren, Türblätter und Zargen gestrichen;	Kunststoff-/Holztürblätter, Stahlzargen;	beschichtete oder furnierte Türblätter und Zargen, Türblätter mit Edelholzfurnier, bessere Ausführung; Glasausschnitte, Glastüren; Holzzargen, massivere Ausführung, Einbruchschutz, Automatiktüren, rollstuhlgerechte Bedienung, Stiltüren;
Heizung	Einzelöfen, elektr. Speicherheizung, Boiler für Warmwasser; Lufterhitzer mit Direktbefeuerung[D) E) F) G)]; keine[P];	Zentralheizung mit Radiatoren (Schwerkraftheizung); Fernheizung; Mehrraum-Warmluft-Kachelofen; Lufterhitzer mit Wärmetauscher mit zentraler Kesselanlage[I];	Zentralheizung, Warmwasserbereitung zentral; Zentralheizung/ Pumpenheizung mit Flachheizkörpern oder Fußbodenheizung; Sammelheizung mit separater Kesselanlage; Klima- oder Lüftungsanlage; Solaranlagen, aufwendige Heiztechnik; Luftheizung mit Außenluft- und Umluftregelung, Luftqualitätsregeltechnik[D) E) F) G)]; WW-Zentralheizung in Nebenräumen, Lufterhitzer[P];

X Anhang

Auszug BewG

III. Ausstattungsstandard zu den Regelherstellungskosten (RHK)			
	einfach	mittel	gehoben
Elektroinstallation	• je Raum 1 Lichtauslass und 1–2 Steckdosen, Fernseh- / Radioanschluss, Installation auf Putz; • einfache Leuchten in Halle und WCP);	• je Raum 1–2 Lichtauslässe und 2–4 (bzw. 6[f]) Steckdosen, Blitzschutz, Installation unter Putz, informationstechnische Anlagen; • hochwertige Leuchten in Halle und WCP);	• je Raum mehrere Lichtauslässe und Steckdosen, informationstechnische Anlagen, Sicherheitseinrichtungen, Solaranlage, Fensterbankkanal mit aufwendige Installation; • hochwertige Leuchten in Halle, WC, Reiterstübchen und Tribüne[P]);
Sonstige Einbauten	• Gemeinschaftsküche[K]); • zentrale Einrichtungen, Gastraum[L]); • Kochmöglichkeit, Spüle[N]) [O]);	• Gemeinschaftseinrichtungen, Einbauküchen[L]); • Balkon je Raum, Brandmelder, Sprinkler, zentrale Einrichtungen: z. B. Konferenzräume, Schwimmbad, Sauna, zusätzl. Restaurant[K]); • Sauna[D]) [E]); • Solarien, Massageräume, Sauna, separates Kinderbecken, Imbiss, Therapieräume[F]); • Personenaufzug, Videoüberwachung, Rufanlagen, Brandmelder, Beschallung, Toilettenanlagen, Rauch- und Wärmeabzugsanlagen, mechanische Be- und Entlüftungsanlagen[P]); • Teeküche[N]) [O]);	• Aufzugsanlage, Balkon je Raum, Pantry-Küche[L]), Fitnessraum[L]), zentrale Einrichtungen[J]), Gemeinschaftsräume[J]), Therapie- und Gymnastikräume[J]); • Aufzugsanlage, Müllschlucker, zentrale Einrichtungen: z. B. große Konferenzräume, Ballsäle, Sondereinrichtungen, z. B. Friseur[K]); • Restaurant, große Saunaanlage, Solarium[D]) [E]); • Sprungbecken, Wellenbad, Restaurant[F]); • Personenaufzug, Videoüberwachung, Rufanlagen, Brandmelder, Beschallung, Toilettenanlagen, Rauch- und Wärmeabzugsanlagen, mechanische Be- und Entlüftungsanlagen[D]) [F]); • Einbauküche, Aufenthaltsraum[N]) [O]);

A) Ein- und Zweifamilienhäuser; B) Wohnungseigentum; C) Gemischt genutzte Grundstücke; D) Tennishallen; E) Sporthallen (Turnhallen); F) Hallenbäder; G) Kur- und Heilbäder; H) Kauf- und Warenhäuser, Einkaufsmärkte, Großmärkte, Läden, Ausstellungsgebäude; I) Krankenhäuser; J) Altenwohnheime; K) Hotels; L) Personal- und Schwesternwohnheime; M) Parkhäuser und Tiefgaragen; N) Industriegebäude, Werkstätten; O) Lagergebäude; P) Reitsporthallen.

Auszug BewG Anhang X

Anlage 24 (zu § 190 Abs. 1 Satz 4 und 5)[32]

Ermittlung des Gebäuderegelherstellungswerts

II. Regelherstellungskosten (RHK)

Regelherstellungskosten 2010 (RHK 2010) *
(einschließlich Baunebenkosten, Preisstand IV. Quartal 2010)

1.	Ein- und Zweifamilienhäuser (EUR/m2 BGF) Typisierte Gesamtnutzungsdauer = 80 Jahre																	
	Baujahr	bis 1945			1946 – 1959			1960 – 1969			1970 – 1984			1985 – 1999			ab 2000		
GKL	Ausstattungs-standard	einf.	mittel	geh.	einf.	mittel	geh.	einf.	mittel	geh.	einf.	mittel	geh.	einf.	mittel	geh.	einf.	mittel	geh.
	mit Keller																		
1.11	Dachgeschoss ausgebaut	640	690	810	690	740	880	730	790	940	780	840	990	840	910	1060	870	940	1110
1.12	Dachgeschoss nicht ausgebaut	570	620	730	620	670	790	660	720	840	700	760	890	750	820	960	790	850	1010
1.13	Flachdach	640	700	810	700	750	880	740	800	930	790	850	990	850	910	1060	880	950	1110
	ohne Keller																		
1.21	Dachgeschoss ausgebaut	720	790	940	780	850	1020	830	910	1090	880	960	1150	950	1040	1250	990	1080	1300
1.22	Dachgeschoss nicht ausgebaut	640	700	840	690	760	910	740	800	960	780	850	1020	840	920	1100	880	960	1150
1.23	Flachdach	790	860	1020	850	930	1100	910	990	1180	850	920	1250	1040	1130	1350	1080	1180	1400

2.	Wohnungseigentum und vergleichbares Teileigentum/ohne Tiefgaragenplatz (EUR/m2 BGF) Typisierte Gesamtnutzungsdauer = 80 Jahre																	
	Baujahr	bis 1945			1946 – 1959			1960 – 1969			1970 – 1984			1985 – 1999			ab 2000		
GKL	Ausstattungsstan-dard	einf.	mittel	geh.	einf.	mittel	geh.	einf.	mittel	geh.	einf.	mittel	geh.	einf.	mittel	geh.	einf.	mittel	geh.
2.11	Alle Gebäude	750	760	770	760	800	870	810	850	920	860	900	980	920	970	1050	970	1010	1100
	Für Wohnungseigentum in Gebäuden, die wie Ein- und Zweifamilienhäuser im Sinne des § 181 Absatz 2 BewG gestaltet sind, werden die Gebäu-denormalherstellungswerte der Ein- und Zweifamilienhäuser zugrunde gelegt. Umrechnungsfaktor hinsichtlich der Brutto-Grundfläche (BGF) für Wohnungseigentum in Mehrfamilienhäusern (Mietwohngrundstücke): BGF = 1,55 x Wohnfläche																	

3.	Geschäftsgrundstücke, gemischt genutzte Grundstücke und sonstige bebaute Grundstücke (EUR/m2 BGF)																	
3.1	Typisierte Gesamtnutzungsdauer = 70 Jahre																	
	Baujahr	bis 1945			1946 – 1959			1960 – 1969			1970 – 1984			1985 – 1999			ab 2000		
GKL	Ausstattungs-standard	einf.	mittel	geh.	einf.	mittel	geh.	einf.	mittel	geh.	einf.	mittel	geh.	einf.	mittel	geh.	einf.	mittel	geh.
3.11	Gemischt ge-nutzte Grundstü-cke/Gebäude (mit Wohn- und Ge-werbefläche)	750	1090	1090	800	1170	1170	860	1250	1640	910	1320	1730	980	1420	1860	1020	1480	1940
3.12	Hochschulen, Universitäten	1610	1610	1920	1730	1730	2070	1850	1850	2210	1960	1960	2340	2100	2100	2510	2190	2190	2620
3.13	Saalbauten, Ver-anstaltungszent-ren	1430	1760	1760	1430	1890	2380	1530	2020	2550	1630	2140	2690	1740	2290	2890	1820	2390	3020
3.14	Kur- und Heil-bäder	2820	2820	3130	3020	3020	3360	3240	3240	3600	3430	3430	3810	3680	3680	4090	3840	3840	4260

---

32 Fundstelle: BGBl. I 2008, 3071 - 3076
*) Gem. § 205 Abs. 4 BewG ist Teil II der Anlage 24 i .d. F. des Art. 10 des Gesetzes vom 7.12.2011 (BGBl. I S. 2592) auf Bewertungsstichtage nach dem 31.11.2011 anzuwenden.

X Anhang

Auszug BewG

3.2	Typisierte Gesamtnutzungsdauer = 60 Jahre																		
	Baujahr	bis 1945			1946 – 1959			1960 – 1969			1970 – 1984			1985 – 1999			ab 2000		
GKL	Ausstattungs-standard	einf.	mittel	geh.	einf.	mittel	geh.	einf.	mittel	geh.	einf.	mittel	geh.	einf.	mittel	geh.	einf.	mittel	geh.
3.211	Verwaltungsgebäude (ein- bis zweigeschossig, nicht unterkellert)	1060	1060	1060	1060	1240	1510	1130	1320	1620	1200	1400	1710	1280	1500	1840	1340	1570	1910
3.212	Verwaltungsgebäude (zwei- bis fünfgeschossig)	1400	1400	1680	1270	1500	1810	1350	1610	1940	1430	1710	2050	1540	1830	2210	1600	1900	2290
3.213	Verwaltungsgebäude (sechs- und mehrgeschossig)	1950	1950	1950	1950	1950	2440	2090	2090	2610	2220	2220	2760	2380	2380	2960	2470	2470	3090
3.22	Bankgebäude	2070	2070	2070	2070	2070	2380	2210	2210	2510	2340	2340	2670	2510	2510	2890	2620	2620	3010
3.23	Schulen, Berufsschulen	1150	1300	1410	1240	1400	1520	1320	1500	1630	1400	1590	1720	1500	1710	1850	1570	1780	1930
3.24	Kindergärten	1210	1210	1210	1210	1310	1680	1300	1410	1790	1370	1490	1900	1470	1600	2040	1530	1670	2130
3.25	Altenwohnheime	1020	1200	1320	1100	1290	1420	1170	1380	1520	1250	1460	1610	1340	1570	1730	1390	1640	1800
3.26	Personalwohnheime	890	1090	1200	950	1170	1290	1020	1260	1380	1080	1330	1470	1160	1430	1570	1210	1490	1640
3.27	Hotels	980	1280	1650	1050	1370	1780	1120	1470	1900	1200	1550	2010	1280	1670	2160	1330	1740	2250
3.28	Sporthallen	1080	1080	1080	1080	1300	1390	1150	1390	1480	1220	1470	1570	1300	1580	1690	1360	1650	1760

3.3	Typisierte Gesamtnutzungsdauer = 50 Jahre																		
	Baujahr	bis 1945			1946 – 1959			1960 – 1969			1970 – 1984			1985 – 1999			ab 2000		
GKL	Ausstattungs-standard	einf.	mittel	geh.	einf.	mittel	geh.	einf.	mittel	geh.	einf.	mittel	geh.	einf.	mittel	geh.	einf.	mittel	geh.
3.31	Kaufhäuser, Warenhäuser	1070	1260	1670	1150	1350	1800	1230	1440	1920	1300	1530	2030	1400	1640	2180	1450	1710	2270
3.32	Ausstellungsgebäude	1630	1630	1630	1630	1630	1630	1730	1730	1730	1840	1840	2310	1970	1970	2480	2050	2050	2580
3.33	Krankenhäuser	1610	2060	2530	1730	2210	2720	1850	2360	2910	1950	2500	3080	2100	2680	3310	2180	2800	3450
3.34	Vereinsheime, Jugendheime, Tagesstätten	1140	1140	1140	1140	1260	1470	1220	1350	1570	1300	1430	1670	1390	1530	1790	1450	1600	1860
3.351	Parkhäuser (offene Ausführung, Parkpaletten), Tankstellen	550	550	550	550	550	550	590	590	590	620	620	620	670	670	670	700	700	700
3.352	Parkhäuser (geschlossene Ausführung)	680	680	680	680	680	680	730	730	730	770	770	770	830	830	830	870	870	870
3.353	Tiefgaragen*)	600	600	600	600	780	780	650	840	840	680	890	890	730	950	950	770	990	990
3.36	Funktionsgebäude für Sportanlagen (z. B. Sanitär- und Umkleideräume)	900	900	900	900	1140	1560	960	1210	1670	1020	1290	1770	1090	1380	1900	1140	1430	1980
3.37	Hallenbäder	1550	1550	1550	1550	2050	2260	1660	2190	2420	1760	2320	2570	1890	2490	2750	1960	2600	2870
3.381	Industriegebäude, Werkstätten ohne Büro- und Sozialtrakt	510	510	510	510	710	830	550	750	880	590	800	940	630	860	1020	680	890	1050
3.382	Industriegebäude, Werkstätten mit Büro- und Sozialtrakt	740	740	740	740	960	1100	780	1020	1160	830	1080	1250	880	1160	1330	940	1220	1410
3.391	Lagergebäude (Kaltlager)	440	440	440	440	820	820	480	900	900	510	930	930	550	1010	1010	590	1060	1060
3.392	Lagergebäude (Warmlager)	570	570	570	570	960	960	610	1040	1040	650	1090	1090	680	1180	1180	740	1220	1220
3.393	Lagergebäude (Warmlager mit Büro- und Sozialtrakt)	910	910	910	910	1230	1230	950	1320	1320	1030	1400	1400	1080	1510	1510	1160	1600	1600

*) Umrechnungsfaktor hinsichtlich der Brutto-Grundfläche (BGF) für Tiefgaragen: BGF = tatsächliche Stellplatzfläche (Länge x Breite) x 1,55

Auszug BewG   Anhang X

3.4	Typisierte Gesamtnutzungsdauer = 40 Jahre																	
	Baujahr	bis 1945			1946 – 1959			1960 – 1969			1970 – 1984			1985 – 1999			ab 2000		
GKL	Ausstattungsstandard	einf.	mittel	geh.	einf.	mittel	geh.	einf.	mittel	geh.	einf.	mittel	geh.	einf.	mittel	geh.	einf.	mittel	geh.
3.41	Einkaufsmärkte, Großmärkte, Discountermärkte, Läden, Apotheken, Boutiquen u. Ä.	710	710	710	710	950	950	760	1020	1020	800	1090	1220	860	1170	1310	900	1210	1370
3.42	Tennishallen	580	580	580	580	680	680	620	730	730	650	770	890	700	830	950	730	860	1000
3.43	Reitsporthallen mit Stallungen, andere Stallungen, ehemalige landwirtschaftliche Mehrzweckhallen, Scheunen u. Ä.	220	220	220	220	220	220	220	220	220	220	240	290	240	260	310	250	270	330

4.	Kleingaragen und Carports (EUR/m2 BGF)	
	Typisierte Gesamtnutzungsdauer = 50 Jahre	
	Baujahr	alle
GKL	Ausstattungsstandard	alle
4.11	Kleingaragen, freistehend	320
4.12	Carports	190

5.	Teileigentum
	Teileigentum ist in Abhängigkeit von der baulichen Gestaltung den vorstehenden Gebäudeklassen zuzuordnen.

6.	Auffangklausel
	Regelherstellungskosten für nicht aufgeführte Gebäudeklassen sind aus den Regelherstellungskosten vergleichbarer Gebäudeklassen abzuleiten.

X Anhang

Auszug BewG

Anl. 25 zu § 191 Abs. 2 BewG[33]

Wertzahlen für Ein- und Zweifamilienhäuser nach § 181 Abs. 1 Nr. 1 BewG und Wohnungseigentum nach § 181 Abs. 1 Nr. 3 BewG[34]

Wertzahlen für Grundstücke nach § 181 Abs. 1 Nr. 1 (Ein- und Zweifamilienhäuser) und 3 (Wohnungseigentum) BewG

Vorläufiger Sachwert § 189 Abs. 3 BewG		Bodenrichtwert bis				
		15 €/m²	30 €/m²	50 €/m²	100 €/m²	150 €/m²
bis	50.000 €	1,0	1,1	1,1	1,1	1,1
	100.000 €	0,9	1,0	1,0	1,1	1,1
	150.000 €	0,8	0,9	0,9	1,0	1,1
	200.000 €	0,7	0,8	0,8	0,9	1,0
	300.000 €	0,6	0,7	0,7	0,8	0,9
	400.000 €	0,5	0,6	0,6	0,7	0,8
	500.000 €	0,4	0,5	0,5	0,6	0,7
über	500.000 €	0,3	0,4	0,4	0,5	0,6

Vorläufiger Sachwert § 189 Abs. 3 BewG		Bodenrichtwert bis				
		200 €/m²	300 €/m²	400 €/m²	500 €/m²	über 500 €/m²
bis	50.000 €	1,2	1,2	1,3	1,3	1,4
	100.000 €	1,1	1,2	1,2	1,3	1,3
	150.000 €	1,1	1,1	1,1	1,2	1,3
	200.000 €	1,0	1,1	1,1	1,2	1,2
	300.000 €	0,9	1,0	1,0	1,1	1,2
	400.000 €	0,8	0,9	1,0	1,0	1,1
	500.000 €	0,7	0,8	0,9	0,9	1,0
über	500.000 €	0,6	0,7	0,8	0,8	0,9

---

33 Fundstelle: BGBl. I 2008, 3077.
34 Nach § 189 Abs. 3 BewG ergibt sich aus dem Bodenwert (Wert des unbebauten Grundstücks nach § 179 BewG) und dem nach § 190 BewG zu ermittelnden Gebäudesachwert der vorläufige Sachwert des Grundstücks. Dieser ist zur Anpassung an den gemeinen Wert mit einer Wertzahl (Marktanpassungsfaktor) nach § 191 BewG zu multiplizieren. Als Wertzahlen sind grundsätzlich die Sachwertfaktoren anzuwenden, die von den Gutachterausschüssen für Grundstückswerte (§§ 192 ff. BauGB) für das Sachwertverfahren bei der Verkehrswertermittlung abgeleitet wurden. Soweit von den Gutachterausschüssen keine geeigneten Sachwertfaktoren zur Verfügung stehen, sind nach § 191 Abs. 2 BewG folgende Wertzahlen zu verwenden (Anl. 25 zu § 191 Abs. 2 BewG).

Auszug BewG **Anhang X**

Wertzahlen für Grundstücke nach § 181 Abs. 1 Nr. 3 (Teileigentum) und 4 bis 6 BewG (Geschäftsgrundstücke, gemischt genutzte Grundstücke und sonstige bebaute Grundstücke).

Vorläufiger Sachwert § 189 Abs. 3 BewG		
bis	500.000 €	0,9
	3.000.000 €	0,8
über	3.000.000 €	0,7

X Anhang Bauland

2 Statistischer Anhang

2.1 Kaufwerte für Bauland insgesamt, baureifes Land und Rohbauland

Quelle: Statistisches Bundesamt, Reihe 5, Fachserie 17, Kaufwerte für Bauland

	Kaufwerte für Bauland in Deutschland								
	Bauland insgesamt			Baureifes Land			Rohbauland		
	Deutschland	Bundesländer		Deutschland	Bundesländer		Deutschland	Bundesländer	
		alte	neue		alte	neue		alte	neue
Jahr a,b	Kaufwert /m²	Kaufwert /m²	Kaufwert /m²	Kaufwert /m²	Kaufwert /m²	Kaufwert /m²	Kaufwert /m²	Kaufwert /m²	Kaufwert /m²
1962	–	5,90	–	–	7,58	–	–	4,86	–
1963	–	6,86	–	–	8,65	–	–	5,85	–
1964	–	7,29	–	–	9,44	–	–	6,20	–
1965	–	8,71	–	–	11,19	–	–	7,00	–
1966	–	9,68	–	–	12,07	–	–	7,47	–
1967	–	10,57	–	–	13,15	–	–	7,60	–
1968	–	11,51	–	–	14,51	–	–	8,12	–
1969	–	11,95	–	–	15,27	–	–	9,14	–
1970	–	12,93	–	–	15,72	–	–	10,02	–
1971	–	13,82	–	–	17,16	–	–	10,00	–
1972	–	16,06	–	–	20,57	–	–	11,52	–
1973	–	16,74	–	–	20,85	–	–	12,14	–
1974	–	16,20	–	–	20,63	–	–	11,35	–
1975	–	17,94	–	–	22,54	–	–	11,10	–
1976	–	20,44	–	–	24,95	–	–	12,85	–
1977	–	22,39	–	–	27,60	–	–	13,36	–
1978	–	23,82	–	–	30,63	–	–	14,65	–
1979	–	27,54	–	–	35,37	–	–	16,20	–
1980	–	31,92	–	–	41,93	–	–	16,81	–
1981	–	37,13	–	–	49,12	–	–	18,69	–
1982	–	42,43	–	–	57,01	–	–	21,91	–
1983	–	45,26	–	–	61,31	–	–	23,56	–
1984	–	44,85	–	–	62,35	–	–	23,05	–
1985	–	40,23	–	–	59,36	–	–	20,42	–
1986	–	42,95	–	–	61,90	–	–	22,94	–
1987	–	43,66	–	–	64,46	–	–	21,86	–
1988	–	45,12	–	–	65,31	–	–	25,08	–
1989	–	47,11	–	–	64,65	–	–	26,01	–
1990	–	45,63	–	–	63,50	–	–	29,18	–
1991	–	46,38	–	–	64,12	–	–	27,79	–
1992	25,09	48,06	10,18	43,16	64,71	13,90	10,94	27,74	8,12
1993	30,59	49,36	14,47	49,06	66,45	22,63	13,30	25,63	9,82
1994	35,58	50,33	19,72	55,66	68,18	33,44	15,70	23,54	11,71
1995	35,93	50,60	19,91	58,02	71,25	36,09	14,68	24,48	9,54
1996	41,53	53,48	26,50	61,37	74,29	40,71	17,60	23,41	13,01
1997	44,47	55,16	27,47	64,70	77,67	41,12	18,84	24,92	11,38
1998	48,25	56,46	30,87	69,69	80,64	45,45	21,30	24,93	13,65
1999	49,60	59,67	29,20	70,65	81,64	44,67	20,51	23,73	14,91
2000	51,79	63,03	30,75	76,21	89,37	48,17	22,70	25,49	16,87
2001	50,18	61,63	27,86	75,20	88,70	44,94	19,46	21,40	14,35
2002	58,43	68,29	35,15	80,44	91,82	50,45	22,66	24,75	16,90
2003	76,90	92,37	35,04	99,89	117,33	48,95	24,13	27,07	15,84
2004	76,93	97,31	31,88	103,47	129,02	44,92	27,00	32,31	12,87
2005	85,97	108,53	33,62	115,80	140,44	49,14	26,13	31,12	14,64
2006	81,93	–	–	122,85	–	–	25,74	–	–
2007	83,64	–	–	134,20	–	–	26,20	–	–
2008	80,38	–	–	126,58	–	–	21,91	–	–
2009	81,78	–	–	122,05	–	–	23,32	–	–
2010	90,76	–	–	129,67	–	–	25,61	–	–
2011	90,92	–	–	128,19	–	–	25,71	–	–
2012	94,14	–	–	128,76	–	–	34,78	–	–

a) Bis einschl. 1964 Bundesgebiet ohne Berlin
b) Die Summe der Veräußerungsfälle des Kalenderjahres liegt um die Nachmeldungen höher als die der Veräußerungsfälle der zugehörigen Quartale. – Laufende Angaben können der Zeitschrift „Grundstücksmarkt und Grundstückswert" – GuG –, erschienen beim Luchterhand Verlag, entnommen werden.

Verdienstindex

2.2 Verdienstindex

Index der durchschnittlichen Bruttomonatsverdienste der Arbeitnehmer in der Wirtschaft

2010 = 100

Verdienstindizes für Erbbauzinsberechnungen

\multicolumn{10}{c}{Index der durchschnittlichen Bruttomonatsverdienste der Arbeitnehmer in der Wirtschaft 2010 = 100}									
1913	2,2	1946	2,9	1969	17,8	1991	63,9		
		1947	3,0			1992	66,7		
1925	2,6	1948	3,5	1970	20,3	1993	68,9		
1926	2,9	1949	4,4	1971	22,2	1994	71,2		
1927	3,2			1972	24,1	1995	73,9		
1928	3,6	1950	4,9	1973	26,5	1996	75,4		
1929	3,7	1951	5,7	1974	28,9	1997	76,5		
		1952	6,0	1975	30,8	1998	78,0		
1930	3,3	1953	6,4	1976	33,0	1999	80,0		
1931	3,0	1954	6,6	1977	35,4				
1932	2,4	1955	7,0	1978	37,3	2000	82,1		
1933	2,5	1956	7,7	1979	39,8	2001	83,4		
1934	2,7	1957	8,0			2002	85,5		
1935	2,8	1958	8,3	1980	42,2	2003	87,8		
1936	2,9	1959	8,8	1981	44,1	2004	89,6		
1937	3,0			1982	46,0	2005	90,8		
1938	3,2	1060	9,5	1983	47,4	2006	92,1		
1939	3,2	1961	10,4	1984	48,9	2007	94,0		
		1962	11,4	1985	50,7	2008	96,6		
1940	3,2	1963	12,1	1986	52,3	2009	97,2		
1941	3,5	1964	13,1	1987	54,1	2010	**100,0**		
1942	3,5	1965	14,3	1988	56,2	2011	102,7		
1943	3,6	1966	15,2	1989	58,1	2012	105,3		
1944 (Mrz)	3,5	1967	15,4			2013			
		1968	16,3	1990	60,5	2014			

Quelle: Statistisches Bundesamt, Verdienste und Arbeitskosten

▶ *Vgl. hierzu Information des Statistischen Bundesamtes in GuG 2008, 38; Indizes der Bruttoverdienste (Index der durchschnittlichen Bruttostunden- und -wochenverdienste) auf der Basis 2000 = 100 in Kleiber, Verkehrswertermittlung von Grundstücken in der 5. Aufl., S. 3015.*

X Anhang — Verbraucherpreisindex

2.3 Verbraucherpreisindex

Erläuterungen zum Verbraucherpreisindex (VPI)

▶ Vgl. Kleiber, Verkehrswertermittlung von Grundstücken, 5. Auflage, S. 3016 ff. oder unter www.kleiber-digital.de

Die Verbraucherpreisindizes für das frühere Bundesgebiet und die Neuen Länder und Berlin-Ost werden nicht mehr berechnet.

Verbraucherpreisindex

Basis 2010 = 100

Quelle: Statistisches Bundesamt, Fachserie 17 Reihe 7

Der Verbraucherpreisindex wird turnusmäßig alle fünf Jahre überarbeitet. Im Berichtsmonat Januar 2013 wurde von der bisherigen Basis 2005 auf das neue Basisjahr 2010 umgestellt. Damit ist eine Neuberechnung der Ergebnisse ab Januar 2010 verbunden. Endgültige Ergebnisse auf neuer Basis 2010 sowie erste Rückrechnungsergebnisse wurden erstmals am Stichtag 20. Februar 2013 veröffentlicht.

Verbraucherpreisindex für Deutschland (Basis 2010)

	Jan	Feb	Mr	Apr	Mai	Jun	Jul	Aug	Sep	Okt	Nov	Dez	Jahr
1991	68,6	68,9	68,9	69,2	69,4	69,8	70,6	70,6	70,6	71,7	72,0	72,1	70,2
1992	72,5	72,9	73,2	73,5	73,7	73,9	74,1	74,1	74,1	74,1	74,4	74,5	73,8
1993	75,8	76,4	76,6	76,8	76,9	77,1	77,5	77,5	77,4	77,4	77,5	77,7	77,1
1994	78,1	78,7	78,8	78,9	79,1	79,2	79,4	79,6	79,4	79,3	79,4	79,6	79,1
1995	79,9	80,3	80,3	80,4	80,4	80,5	80,7	80,7	80,7	80,5	80,5	80,8	80,5
1996	81,0	81,5	81,5	81,5	81,6	81,7	81,8	81,8	81,8	81,8	81,7	82,0	81,6
1997	82,7	82,8	82,8	82,7	82,9	83,0	83,7	83,8	83,6	83,5	83,5	83,7	83,2
1998	83,7	83,9	83,8	83,9	84,0	84,1	84,4	84,2	84,0	83,9	83,9	84,0	84,0
1999	82,9	84,0	84,0	84,4	84,4	84,5	84,9	84,8	84,6	84,5	84,7	85,0	84,5
2000	85,2	85,3	85,3	85,3	85,2	85,6	86,0	85,8	86,0	85,9	86,0	86,7	85,7
2001	86,4	86,9	86,9	87,3	87,6	87,7	87,8	87,6	87,6	87,5	87,3	88,1	87,4
2002	88,2	88,5	88,7	88,6	88,7	88,7	88,8	88,7	88,7	88,6	88,3	89,1	88,6
2003	89,1	89,6	89,7	89,4	89,2	89,5	89,7	89,7	89,6	89,6	89,4	90,1	89,6
2004	90,1	90,3	90,6	90,9	91,1	91,1	91,3	91,4	91,2	91,3	91,1	92,1	91,0
2005	91,4	91,8	92,2	92,0	92,2	92,3	92,7	92,8	92,9	93,0	92,7	93,3	92,5
2006	93,1	93,5	93,5	93,8	93,8	94,0	94,4	94,2	93,9	94,0	94,0	94,7	93,9
2007	94,7	95,1	95,3	95,8	95,8	95,8	96,3	96,2	96,4	96,6	97,1	97,7	96,1
2008	97,4	97,8	98,3	98,1	98,7	98,9	99,5	99,2	99,1	98,9	98,4	98,8	98,6
2009	98,3	98,9	98,7	98,8	98,7	99,0	99,0	99,2	98,9	98,0	98,8	99,8	98,9
2010	99,0	99,4	99,9	100,0	99,9	99,9	100,1	100,2	100,1	100,2	100,3	100,9	100,0
2011	100,7	101,3	101,9	101,9	101,9	102,0	102,2	102,3	102,5	102,5	102,7	102,9	102,1
2012	102,8	103,5	104,1	103,9	103,9	103,7	104,1	104,5	104,6	104,6	104,7	105,0	104,1
2013	104,5	105,1	105,6	105,1	105,5	105,6	106,1	106,1					

▶ Vgl. hierzu Informationen des Statistischen Bundesamtes in GuG 2008, 38

Sterbetafel Anhang X

2.4 Sterbetafel 2009/2011 für Deutschland des Statistischen Bundesamtes

Durchschnittliche Lebenserwartung (nach der abgekürzten Sterbetafel 2009/2011)							
Weiblich				Männlich			
Vollendetes Alter	Durchschnittliche Lebenserwartung im Alter x in Jahren	Vollendetes Alter	Durchschnittliche Lebenserwartung im Alter x in Jahren	Vollendetes Alter	Durchschnittliche Lebenserwartung im Alter x in Jahren	Vollendetes Alter	Durchschnittliche Lebenserwartung im Alter x in Jahren
0	82,73	50	33,98	77,72	50	29,67	77,72
1	81,99	51	33,06	77,02	51	28,79	77,02
2	81,01	52	32,13	76,04	52	27,92	76,04
3	80,02	53	31,22	75,06	53	27,06	75,06
4	79,03	54	30,31	74,07	54	26,21	74,07
5	78,04	55	29,41	73,08	55	25,37	73,08
6	77,05	56	28,51	72,09	56	24,54	72,09
7	76,05	57	27,62	71,09	57	23,72	71,09
8	75,06	58	26,73	70,10	58	22,90	70,10
9	74,06	59	25,84	69,11	59	22,10	69,11
10	73,07	60	24,96	68,11	60	21,31	68,11
11	72,08	61	24,10	67,12	61	20,53	67,12
12	71,08	62	23,23	66,12	62	19,76	66,12
13	70,09	63	22,38	65,13	63	18,99	65,13
14	69,09	64	21,53	64,14	64	18,23	64,14
15	68,10	65	20,68	63,15	65	17,48	63,15
16	67,11	66	19,84	62,16	66	16,74	62,16
17	66,12	67	19,01	61,17	67	16,01	61,17
18	65,13	68	18,18	60,20	68	15,30	60,20
19	64,14	69	17,35	59,22	69	14,59	59,22
20	63,16	70	16,53	58,25	70	13,89	58,25
21	62,17	71	15,72	57,28	71	13,20	57,28
22	61,18	72	14,92	56,31	72	12,52	56,31
23	60,20	73	14,13	55,34	73	11,86	55,34
24	59,21	74	13,36	54,37	74	11,21	54,37
25	58,22	75	12,60	53,40	75	10,587	53,40
26	57,24	76	11,87	52,43	76	9,97	52,43
27	56,25	77	11,15	51,46	77	9,38	51,46
28	55,26	78	10,45	50,49	78	8,82	50,49
29	54,28	79	9,78	49,52	79	8,28	49,52
30	53,29	80	9,13	48,56	80	7,77	48,56
31	52,31	81	8,51	47,59	81	7,28	47,59
32	51,32	82	7,91	46,62	82	6,81	46,62
33	50,34	83	7,34	45,66	83	6,36	45,66
34	49,36	84	6,80	44,69	84	5,93	44,69

X Anhang Sterbetafel

Durchschnittliche Lebenserwartung
(nach der abgekürzten Sterbetafel 2009/2011)

\multicolumn{4}{Weiblich}			Männlich		
Vollendetes Alter	Durchschnittliche Lebenserwartung im Alter x in Jahren	Vollendetes Alter	Durchschnittliche Lebenserwartung im Alter x in Jahren	Vollendetes Alter	Durchschnittliche Lebenserwartung im Alter x in Jahren	Vollendetes Alter	Durchschnittliche Lebenserwartung im Alter x in Jahren
35	48,38	85	6,29	35	43,72	85	5,52
36	47,40	86	5,81	36	42,76	86	5,13
37	46,42	87	5,37	37	41,80	87	4,76
38	45,45	88	4,96	38	40,84	88	4,43
39	44,47	89	4,58	39	39,88	89	4,12
40	43,50	90	4,25	40	38,93	90	3,84
41	42,53	91	3,94	41	37,98	91	3,56
42	41,57	92	3,68	42	37,03	92	3,32
43	40,60	93	3,43	43	36,08	93	3,10
44	39,64	94	3,19	44	35,15	94	2,89
45	38,69	95	2,97	45	34,22	95	2,71
46	37,74	96	2,78	46	33,29	96	2,54
47	36,79	97	2,60	47	32,37	97	2,38
48	35,853	98	2,43	48	31,47	98	2,23
49	34,91	99	2,28	49	30,56	99	2,10
		100	2,14			100	1,98

Hinweis: Eine neue „Allgemeine Sterbetafel" wird jeweils nach Vorliegen der Ergebnisse einer Volkszählung berechnet. Zuletzt wurde die Allgemeine Sterbetafel 1986/88 im Statistischen Jahrbuch 1991 und in der Fachserie 1, Reihe 1 S. 2 veröffentlicht; vgl. *Kleiber/Simon/Weyers*, WertV 88, 3 Aufl., S. 421 und *Kleiber* in Grundstücksmarkt und Grundstückswert (GuG) 1999, 217: Übersicht über Sterbetafeln und ihre Bedeutung.

Hinweis zu Leibrentenfaktoren

Die Geschäftsstelle des Gutachterausschusses in der Landeshauptstadt Kiel hat eine Rechenanwendung entwickelt, die Leibrentenbarwertfaktoren auf Basis der jeweils aktuellen Sterbetafel anzeigt; sie können im Internet über die Adresse „Gutachterausschuss Kiel" abgerufen werden. Liegen neue Veröffentlichungen des statistischen Bundesamtes (Destatis) vor, werden diese eingepflegt.

Soweit im Rahmen der Verkehrswertermittlung „verbundene Leibrenten" zu berücksichtigen sind, ist zwischen Zahlungen

– „bis zum Tode des der letztversterbenden Person" oder
– „bis zum Tod der erstversterbenden Person" (ab Version 2003 bis 2005 vom Gutachterausschuss Kiel eingepflegt)

zu unterscheiden. Die entwickelte Applikation berücksichtigt auch diese Möglichkeit, in dem Leibrentenbarwertfaktoren für zwei Berechtigte unter Berücksichtigung des Geschlechts ermittelt werden können.

Zur Anwendung werden folgende Erläuterungen gegeben: Zur Ermittlung des Werts des durch ein Recht im vorstehenden Sinne belasteten Grundstücks ist der Verkehrswert (Marktwert) des fiktiv unbelasteten Grundstücks mit dem aus dem Leibrentenbarwertfaktor ermittelten Abzinsungsfaktor (an das Leben gebundener Abzinsungsfaktor) zu multiplizieren. Dieser ist ab der „Rechenmaschine 2004-2006 Bestandteil der Anwendung. Die mathematische Grundlage bildet (entsprechend Ziff. 4.4.3 (Anl. 17) der WERTR 06) nachstehende Formel:

$$f(x) = 1 - (ä(x) - 1) \times p$$

wobei f(x) = Abzinsungsfaktor
ä(x) = Leibrentenbarwertfaktor
p = Zinsfaktor (z. B. 0,05 bei 5 %)

Des Weiteren wird der Hinweis gegeben, dass der in dem Rechenbeispiel der Anl. 17 WERTR 06 dargestellte Leibrentenfaktor auf Grundlage einer „monatlich vorschüssigen Zahlungsweise" ermittelt wurde

Sterbetafel   Anhang X

und im Rahmen der Ermittlung des an das „Leben gebundenen Abzinsungsfaktors" jedoch der jährlich nachschüssige Leibrentenfaktor Grundlage des Rechenbeispiels ist. Dieser wird im Rahmen der nachfolgenden Rechenmaschinen angeboten:

Rechenmaschine 2009 – 2011 (Grundlage: Absterbeordnung 2009 – 2011)
Rechenmaschine 2008 – 2010 (Grundlage: Absterbeordnung 2008 – 2010)
Rechenmaschine 2007 – 2009 (Grundlage: Absterbeordnung 2007 – 2009)
Rechenmaschine 2006 – 2008 (Grundlage: Absterbeordnung 2006 – 2008)
Rechenmaschine 2005 – 2007 (Grundlage: Absterbeordnung 2005 – 2007)
Rechenmaschine 2004 – 2006 (Grundlage: Absterbeordnung 2004 – 2006)
Rechenmaschine 2003 – 2005 (Grundlage: Absterbeordnung 2003 – 2005)
Rechenmaschine 2002 – 2004 (Grundlage: Absterbeordnung 2002 – 2004)
Rechenmaschine 2001 – 2003 (Grundlage: Absterbeordnung 2001 – 2003)
Rechenmaschine 2000 – 2002 (Grundlage: Absterbeordnung 2000 – 2002)

Veröffentlichte Sterbetafeln des Statistischen Bundesamtes:

Sterbetafel		Fachserie/Veröffentlichung
1968/70	**Abgekürzte Sterbetafel** Früheres Bundesgebiet einschließlich Berlin-West	Bevölkerung und Kultur Reihe 2 Natürliche Bevölkerungsbewegung 1970, 66
1969/71	**Abgekürzte Sterbetafel** Früheres Bundesgebiet einschließlich Berlin-West	Bevölkerung und Kultur Reihe 2 Natürliche Bevölkerungsbewegung 1971, 69
1970/72	**Allgemeine Sterbetafel** Früheres Bundesgebiet einschließlich Berlin-West	Bevölkerung und Kultur; Reihe 2; Natürliche Bevölkerungsbewegung 1972, 65 Kleiber/Simon/Weyers, Verkehrswertermittlung von Grundstücken, 2.Aufl. S.1298=1.Aufl. S.834=WertR 91 vom 17.3.1992 Banz Nr.86a vom 8.5.1992=Kleiber, Sammlung amtlicher Vorschriften, 1.Aufl. 1987, S.74
1971/73	**Abgekürzte Sterbetafel** Früheres Bundesgebiet einschließlich Berlin-West	Bevölkerung und Kultur Reihe 2 Natürliche Bevölkerungsbewegung 1973, 65
1972/74	**Abgekürzte Sterbetafel** Früheres Bundesgebiet einschließlich Berlin-West	Bevölkerung und Kultur Reihe 2 Natürliche Bevölkerungsbewegung 1974, 67
1973/75	**Abgekürzte Sterbetafel** Früheres Bundesgebiet einschließlich Berlin-West	Bevölkerung und Erwerbstätigkeit Fachserie 1, Reihe 2 Bevölkerungsbewegung 1975, 68
1974/76	**Abgekürzte Sterbetafel** Früheres Bundesgebiet einschließlich Berlin-West	Bevölkerung und Erwerbstätigkeit Fachserie 1, Reihe 2 Bevölkerungsbewegung 1976, 68
1975/77	**Abgekürzte Sterbetafel** Früheres Bundesgebiet einschließlich Berlin-West	Bevölkerung und Erwerbstätigkeit Fachserie 1, Reihe 2 Bevölkerungsbewegung 1977, 70
1976/78	**Abgekürzte Sterbetafel** Früheres Bundesgebiet einschließlich Berlin-West	Bevölkerung und Erwerbstätigkeit Fachserie 1, Reihe 2 Bevölkerungsbewegung 1978, 68
1977/79	**Abgekürzte Sterbetafel** Früheres Bundesgebiet einschließlich Berlin-West	Bevölkerung und Erwerbstätigkeit Fachserie 1, Reihe 2 Bevölkerungsbewegung 1979, 70
1978/80	**Abgekürzte Sterbetafel** Früheres Bundesgebiet einschließlich Berlin-West	Bevölkerung und Erwerbstätigkeit Fachserie 1, Reihe 2 Bevölkerungsbewegung 1980, 62
1979/81	**Abgekürzte Sterbetafel** Früheres Bundesgebiet einschließlich Berlin-West	Bevölkerung und Erwerbstätigkeit Fachserie 1, Reihe 1 Gebiet und Bevölkerung 1981, 107
1980/82	**Abgekürzte Sterbetafel** Früheres Bundesgebiet einschließlich Berlin-West	Bevölkerung und Erwerbstätigkeit Fachserie 1, Reihe 1 Gebiet und Bevölkerung 1982, 108

X Anhang

Sterbetafel

Sterbetafel		Fachserie/Veröffentlichung
1981/83	**Abgekürzte Sterbetafel** Früheres Bundesgebiet einschließlich Berlin-West	Bevölkerung und Erwerbstätigkeit Fachserie 1, Reihe 1 Gebiet und Bevölkerung 1983, 120
1982/84	**Abgekürzte Sterbetafel** Früheres Bundesgebiet einschließlich Berlin-West	Bevölkerung und Erwerbstätigkeit Fachserie 1, Reihe 1 Gebiet und Bevölkerung 1984, 132–133
1983/85	**Abgekürzte Sterbetafel** Früheres Bundesgebiet einschließlich Berlin-West	Bevölkerung und Erwerbstätigkeit Fachserie 1, Reihe 1 Gebiet und Bevölkerung 1985, 136–137
1984/86	**Abgekürzte Sterbetafel** Früheres Bundesgebiet einschließlich Berlin-West	Bevölkerung und Erwerbstätigkeit; Fachserie 1, Reihe 1; Gebiet und Bevölkerung 1986, 144–145; Kleiber/Simon/Weyers, Verkehrswertermittlung von Grundstücken, 2.Aufl. S.1299=GuG 1990, 176
1985/87	**Abgekürzte Sterbetafel** Früheres Bundesgebiet einschließlich Berlin-West	Bevölkerung und Erwerbstätigkeit Fachserie 1, Reihe 1 Gebiet und Bevölkerung 1987, 130–131
1986/88	**Abgekürzte Sterbetafel** Früheres Bundesgebiet einschließlich Berlin-West	Bevölkerung und Erwerbstätigkeit Fachserie 1, Reihe 1 Gebiet und Bevölkerung 1988, 130–31
1986/88	**Allgemeine Sterbetafel** Früheres Bundesgebiet einschließlich Berlin-West	Bevölkerung und Erwerbstätigkeit; Fachserie 1, Reihe 1; Gebiet und Bevölkerung 1989, 148–151; Kleiber/Simon/Weyers, Verkehrswertermittlung von Grundstücken, 2.Aufl. S.1300=Kleiber, Sammlung amtlicher Vorschriften, 3.Aufl. 1991, S.154=4.Aufl. 1992 S.211
1986/88	**Allgemeine Sterbetafel** Deutschland nach dem Gebietsstand seit 3.10.1990	Bevölkerung und Erwerbstätigkeit Fachserie 1, Reihe 1 Gebiet und Bevölkerung 1990, 158–161=GuG 1999, 240
1989/91	**Abgekürzte Sterbetafel** Früheres Bundesgebiet einschließlich Berlin-West	Bevölkerung und Erwerbstätigkeit Fachserie 1, Reihe 1 Gebiet und Bevölkerung 1991, 174–175
1990/92	**Abgekürzte Sterbetafel** Früheres Bundesgebiet einschließlich Berlin-West	Bevölkerung und Erwerbstätigkeit Fachserie 1, Reihe 1 Gebiet und Bevölkerung 1992, 160–161
1991/93	**Abgekürzte Sterbetafel** 3 Gebietsstände	Bevölkerung und Erwerbstätigkeit Fachserie 1, Reihe 1 Gebiet und Bevölkerung 1993, 178–183
1992/94	**Abgekürzte Sterbetafel** 3 Gebietsstände	Bevölkerung und Erwerbstätigkeit; Fachserie 1, Reihe 1; Gebiet und Bevölkerung 1994, 168–173; Kleiber/Simon/Weyers, Verkehrswertermittlung von Grundstücken, 3.Aufl. S.1847ff.=Kleiber, WertR 96, 6.Aufl. 1991, S.142=Kleiber, WertR 76/96 5.Aufl., S.142; Kleiber, WertR 76/96 4.Aufl., S.142=Kleiber/Simon/Weyers, WertV 88, 4.Aufl., S.142=GuG 1996, 371
1993/95	**Abgekürzte Sterbetafel** 3 Gebietsstände	Bevölkerung und Erwerbstätigkeit Fachserie 1, Reihe 1 Gebiet und Bevölkerung 1995, 176–181
1994/96	**Abgekürzte Sterbetafel** 3 Gebietsstände	Bevölkerung und Erwerbstätigkeit; Fachserie 1, Reihe 1; Gebiet und Bevölkerung 1996, 160–165; Kleiber/Simon, WertV 98, 5.Aufl., S.720ff.=GuG 1998, 309ff.
1995/97	**Abgekürzte Sterbetafel** 3 Gebietsstände	Bevölkerung und Erwerbstätigkeit; Fachserie 1, Reihe 1; Gebiet und Bevölkerung 1997 Kleiber/Simon, WertV 88, 4.Aufl., S.142=Kleiber, WertR 76/96, 7 Aufl., S.142; GuG 1996, 371
1996/98	**Abgekürzte Sterbetafel** 3 Gebietsstände	Bevölkerung und Erwerbstätigkeit Fachserie 1, Reihe 1; Gebiet und Bevölkerung 1998

Sterbetafel   Anhang X

Sterbetafel		Fachserie/Veröffentlichung
1997/99	**Abgekürzte Sterbetafel** 3 Gebietsstände	Bevölkerung und Erwerbstätigkeit; Fachserie 1, Reihe 1; Gebiet und Bevölkerung 1999 Kleiber/Simon/Weyers, Verkehrswertermittlung von Grundstücken, 4 Aufl., S.2563=GuG aktuell 2001, 45
1998/00	**Abgekürzte Sterbetafel** 3 Gebietsstände	Bevölkerung und Erwerbstätigkeit; Fachserie 1, Reihe 1; Gebiet und Bevölkerung 2000, Kleiber, WertR 02, 8.Aufl. 2002, S.142=GuG aktuell 2002, 44
2000/2002	**Abgekürzte Sterbetafel**	GuG 2004, 245
2001/2003	**Abgekürzte Sterbetafel**	GuG aktuell 2005, 105
2002/2004	**Abgekürzte Sterbetafel**	Kleiber/Simon, Verkehrswertermittlung von Grundstücken, 5.Aufl., S.3022=GuG aktuell 2006, 27
2003/2005	**Abgekürzte Sterbetafel**	GuG aktuell 2007, 21
2004/2006	**Abgekürzte Sterbetafel**	Kleiber/Tillmann, Tabellenhandbuch zur Ermittlung des Verkehrswerts und des Beleihungswerts, 1.Aufl. 2008
2006/2008	**Abgekürzte Sterbetafel**	Kleiber, Verkehrswertermittlung von Grundstücken, 6.Aufl., S.3107 Kleiber, WertR 06/ImmoWertV 10 Aufl. 2011 S. 523 = GuG 2010, 106
2007/2009	**Abgekürzte Sterbetafel**	GuG aktuell 2011, 46
2009/2011	**Abgekürzte Sterbetafel**	GuG aktuell 2012, 44

Hinweis: Die Sterbetafel 1994 R für Rentenversicherungen der Deutschen Aktuarvereinigung (DAV) ist in der 5. Auflage des Werks *Kleiber*, Verkehrswertermittlung von Grundstücken auf den S. 3026 ff. abgedruckt.

X Anhang Wiederherstellungswerte

2.5 Baupreisindizes des Statistischen Bundesamtes[35]

Deutschland, Berlin, Bayern, Nordrhein-Westfalen

2.5.1 Wiederherstellungswerte für 1913/1914 erstellte Wohngebäude (einschl. Umsatzsteuer) in Deutschland, Berlin, Bayern und Nordrhein-Westfalen

Jahr	Deutschland		Berlin		Bayern		Nordrhein-Westfalen	
	1913 = 1 M	1914 = 1 M	1913 = 1 M	1914 = 1 M	1913 = 1 M	1914 = 1 M	1913 = 1 M	1914 = 1 M
1913	1,000	0,936	1,000	0,931	1,000		1,000	
1914	1,068	1,000	1,074	1,000		1,000		1,000
1915	1,197	1,121	1,195	1,113				
1916	1,320	1,236	1,324	1,233				
1917	1,639	1,535	1,645	1,532				
1918	2,272	2,127	2,280	2,309				
1919	3,735	3,497	2,971	2,766				
1920	10,680	10,000	6,900	6,452				
1921	18,030	16,880	18,084	16,838				
Umstellung von Mark auf Rentenmark/Reichsmark								
1924	1,381 RM	1,293 RM	1,370 RM	1,276 RM				
1925	1,701 RM	1,592 RM	1,691 RM	1,574 RM				
1926	1,653 RM	1,548 RM	1,611 RM	1,500 RM				
1927	1,673 RM	1,567 RM	1,725 RM	1,606 RM				
1928	1,748 RM	1,637 RM	1,725 RM	1,606 RM				
1929	1,776 RM	1,662 RM	1,765 RM	1,643 RM				
1930	1,701 RM	1,592 RM	1,671 RM	1,556 RM				
1931	1,558 RM	1,459 RM	1,525 RM	1,420 RM				
1932	1,320 RM	1,236 RM	1,286 RM	1,197 RM				
1933	1,252 RM	1,172 RM	1,233 RM	1,148 RM				
1934	1,313 RM	1,229 RM	1,286 RM	1,197 RM				
1935	1,313 RM	1,229 RM	1,326 RM	1,235 RM				
1936	1,313 RM	1,229 RM	1,334 RM	1,242 RM				
1937	1,340 RM	1,255 RM	1,353 RM	1,260 RM				
1938	1,354 RM	1,268 RM	1,366 RM	1,272 RM				
1939	1,374 RM	1,287 RM	1,406 RM	1,309 RM				
1940	1,395 RM	1,306 RM	1,435 RM	1,336 RM				
1941	1,163 RM	1,369 RM	1,495 RM	1,392 RM				
1942	1,585 RM	1,484 RM	1,584 RM	1,475 RM				
1943	1,619 RM	1,516 RM	1,605 RM	1,494 RM				
1944	1,653 RM	1,548 RM	1,644 RM	1,531 RM				
1945	1,707 RM	1,599 RM	1,711 RM	1,593 RM				
1946	1,823 RM	1,701 RM	1,830 RM	1,704 RM				
1947	2,129 RM	1,994 RM	2,134 RM	1,987 RM				
1948			2,811 RM	2,617 RM				
Umstellung von Reichsmark auf Deutsche Mark								
1949	2,626 DM	2,459 DM	2,599 DM	2,420 DM				
1950	2,503 DM	2,344 DM	2,519 DM	2,345 DM				

35 Zu den Veröffentlichungen des Statistischen Bundesamtes vgl. 4. Aufl. 2002, S. 2569 ff.

Wiederherstellungswerte Anhang X

Jahr	Deutschland		Berlin		Bayern		Nordrhein-Westfalen	
	1913 = 1 M	1914 = 1 M	1913 = 1 M	1914 = 1 M	1913 = 1 M	1914 = 1 M	1913 = 1 M	1914 = 1 M
1951	2,898 DM	2,713 DM	2,917 DM	2,716 DM				
1952	3,088 DM	2,892 DM	3,274 DM	3,048 DM				
1953	2,986 DM	2,796 DM	3,215 DM	2,993 DM				
1954	3,000 DM	2,809 DM	3,274 DM	3,048 DM				
1955	3,163 DM	2,962 DM	3,421 DM	3,185 DM				
1956	3,245 DM	3,038 DM	3,515 DM	3,273 DM				
1957	3,361 DM	3,146 DM	3,686 DM	3,432 DM				
1958	3,469 DM	3,248 DM	3,859 DM	3,593 DM	3,484 DM	3,247 DM		
1959	3,653 DM	3,420 DM	4,164 DM	3,877 DM	3,661 DM	3,413 DM		
1960	3,925 DM	3,675 DM	4,365 DM	4,064 DM	3,926 DM	3,659 DM		
1961	4,224 DM	3,955 DM	4,594 DM	4,277 DM	4,238 DM	3,951 DM		
1962	4,571 DM	4,280 DM	4,906 DM	4,568 DM	4,572 DM	4,261 DM		
1963	4,810 DM	4,503 DM	5,135 DM	4,781 DM	4,806 DM	4,479 DM		
1964	5,034 DM	4,713 DM	5,503 DM	5,124 DM	5,002 DM	4,662 DM		
1965	5,245 DM	4,911 DM	5,848 DM	5,445 DM	5,186 DM	4,834 DM		
1966	5,415 DM	5,070 DM	6,153 DM	5,729 DM	5,343 DM	4,980 DM		
1967	5,299 DM	4,962 DM	6,164 DM	5,739 DM	5,227 DM	4,871 DM		
1968	5,524 DM	5,172 DM	6,511 DM	6,062 DM	5,453 DM	5,083 DM		
1969	5,840 DM	5,468 DM	7,015 DM	6,532 DM	5,762 DM	5,370 DM		
1970	6,803 DM	6,369 DM	8,301 DM	7,723 DM	6,708 DM	6,252 DM		
1971	7,504 DM	7,027 DM	9,176 DM	8,541 DM	7,447 DM	6,941 DM		
1972	8,012 DM	7,502 DM	9,746 DM	9,074 DM	7,863 DM	7,329 DM		
1973	8,600 DM	8,053 DM	10,604 DM	9,871 DM	8,319 DM	7,754 DM		
1974	9,226 DM	8,639 DM	11,987 DM	11,165 DM	8,755 DM	8,160 DM		
1975	9,446 DM	8,844 DM	12,690 DM	11,815 DM	8,883 DM	8,279 DM		
1976	9,771 DM	9,150 DM	13,257 DM	12,343 DM	9,152 DM	8,530 DM		
1977	10,245 DM	9,593 DM	13,917 DM	12,958 DM	9,621 DM	8,967 DM		
1978	10,878 DM	10,186 DM	14,616 DM	13,609 DM	10,240 DM	9,545 DM		
1979	11,833 DM	11,080 DM	15,876 DM	14,782 DM	11,208 DM	10,447 DM		
1980	13,097 DM	12,263 DM	17,584 DM	16,372 DM	12,482 DM	11,635 DM		
1981	13,863 DM	12,981 DM	18,921 DM	17,617 DM	13,278 DM	12,377 DM		
1982	14,263 DM	13,355 DM	20,024 DM	18,645 DM	13,755 DM	12,822 DM		
1983	14,564 DM	13,637 DM	20,746 DM	19,316 DM	14,096 DM	13,139 DM		
1984	14,924 DM	13,974 DM	21,396 DM	19,922 DM	14,508 DM	13,523 DM		
1985	14,987 DM	14,033 DM	21,646 DM	20,155 DM	14,678 DM	13,682 DM		
1986	15,193 DM	14,226 DM	21,895 DM	20,386 DM	14,971 DM	13,955 DM		
1987	15,482 DM	14,496 DM	22,333 DM	20,795 DM	15,279 DM	14,243 DM		
1988	15,811 DM	14,805 DM	22,972 DM	21,389 DM	15,606 DM	14,547 DM		
1989	16,389 DM	15,345 DM	23,800 DM	22,160 DM	16,270 DM	15,166 DM		
1990	17,445 DM	16,334 DM	25,358 DM	23,611 DM	17,353 DM	16,175 DM		
1991	18,656 DM	17,469 DM	27,119 DM	25,251 DM	18,535 DM	17,278 DM		
1992	19,850 DM	18,587 DM	29,336 DM	27,315 DM	19,583 DM	18,254 DM		
1993	20,830 DM	19,504 DM	31,003 DM	28,868 DM	20,468 DM	19,079 DM		
1994	21,329 DM	19,971 DM	31,756 DM	29,569 DM	20,774 DM	19,364 DM		
1995	21,829 DM	20,440 DM	32,431 DM	30,197 DM	21,213 DM	19,773 DM		

Kleiber

X Anhang

Wiederherstellungswerte

Jahr	Deutschland		Berlin		Bayern		Nordrhein-Westfalen	
	1913 = 1 M	1914 = 1 M	1913 = 1 M	1914 = 1 M	1913 = 1 M	1914 = 1 M	1913 = 1 M	1914 = 1 M
1996	21,791 DM	20,405 DM	32,455 DM	30,219 DM	20,990 DM	19,566 DM	-	-
1997	21,627 DM	20,252 DM	32,114 DM	29,902 DM	20,847 DM	19,432 DM	-	-
1998	21,551 DM	20,180 DM	31,684 DM	28,502 DM	20,794 DM	19,383 DM	-	-
1999	21,474 DM	20,108 DM	30,906 DM	28,777 DM	20,815 DM	19,403 DM	22,049 DM	20,544 DM
2000	21,545 DM	20,174 DM	30,241 DM	28,158 DM	21,037 DM	19,609 DM	22,331 DM	20,806 DM
2001	21,529 DM	20,159 DM	29,697 DM	27,651 DM	21,163 DM	19,727 DM	22,410 DM	20,879 DM
2002	21,518 DM	20,149 DM	-	-	21,174 DM	19,737 DM	22,381 DM	20,853 DM
2003	21,529 DM	20,159 DM	-	-	21,137 DM	19,703 DM	22,365 DM	20,838 DM
2004	21,809 DM	20,422 DM	-	-	21,369 DM	19,918 DM	22,639 DM	21,093 DM
2005	22,003 DM	20,603 DM	-	-	21,441 DM	19,986 DM	22,817 DM	21,259 DM
2006	22,421 DM	20,995 DM	-	-	21,849 DM	20,366 DM	23,211 DM	21,626 DM
2007	23,917 DM	22,395 DM	-	-	23,371 DM	21,785 DM	24,746 DM	23,056 DM
2008	24,599 DM	23,034 DM	-	-	24,079 DM	22,444 DM	25,379 DM	23,646 DM
2009	24,808 DM	23,230 DM	-	-	24,233 DM	22,579 DM	25,493 DM	23,752 DM
2010	25,056 DM	23,462 DM	-	-	24,421 DM	22,764 DM	25,853 DM	24,087 DM
2011	25,749 DM	24,111 DM	-	-	25,124 DM	23,419 DM	26,497 DM	24,688 DM
2012	26,421 DM	24,739 DM	-	-	25,799 DM	24,048 DM	27,137 DM	25,283 DM
Umstellung von Deutsche Mark auf Euro [a]								
1990	8,920 EUR	8.352 EUR	-	-	-	-	-	-
1991	9,539 EUR	8,932 EUR	-	-	-	-	-	-
1992	10,149 EUR	9,504 EUR	-	-	10,012 EUR	9,333 EUR	-	-
1993	10,650 EUR	9,973 EUR	-	-	10,465 EUR	9,755 EUR	-	-
1994	10,905 EUR	10,211 EUR	-	-	10,622 EUR	9,901 EUR	-	-
1995	11,161 EUR	10,451 EUR	-	-	10.846 EUR	10,110 EUR	-	-
1996	11,142 EUR	10,433 EUR	-	-	10,732 EUR	10,004 EUR	-	-
1997	11,058 EUR	10,355 EUR	-	-	10,659 EUR	9,936 EUR	-	-
1998	11,019 EUR	10,318 EUR	-	-	10,632 EUR	9,910 EUR	-	-
1999	10,980 EUR	10,281 EUR	-	-	10,643 EUR	9,921 EUR	11,273 EUR	10,504 EUR
2000	11,016 EUR	10,315 EUR	-	-	10,756 EUR	10,026 EUR	11,418 EUR	10,638 EUR
2001	11,007 EUR	10,307 EUR	-	-	10,821 EUR	10,087 EUR	11,458 EUR	10,675 EUR
2002	11,002 EUR	10,302 EUR	15,029 EUR	13,994 EUR	10,826 EUR	10,092 EUR	11,443 EUR	10,662 EUR
2003	11,008 EUR	10,307 EUR	14,979 EUR	13,947 EUR	10,807 EUR	10,074 EUR	11,435 EUR	10,654 EUR
2004	11,151 EUR	10,442 EUR	15,126 EUR	14,084 EUR	10,925 EUR	10,184 EUR	11,575 EUR	10,785 EUR
2005	11,250 EUR	10,534 EUR	15,230 EUR	14,181 EUR	10,963 EUR	10,219 EUR	11,666 EUR	10,869 EUR
2006	11,464 EUR	10,735 EUR	15,490 EUR	14,424 EUR	11,171 EUR	10,413 EUR	11,868 EUR	11,957 EUR
2007	12,229 EUR	11,451 EUR	16,448 EUR	15,316 EUR	11,949 EUR	11,139 EUR	12,652 EUR	11,788 EUR
2008	12,577 EUR	11,777 EUR	17,111 EUR	15,933 EUR	12,311 EUR	11,476 EUR	12976 EUR	12,090 EUR
2009	12,684 EUR	11,877 EUR	17,351 EUR	16,156 EUR	12,385 EUR	11,544 EUR	13,035 EUR	12,144 EUR
2010	12,811 EUR	11,996 EUR	17,621 EUR	16,408 EUR	12,487 EUR	11,639 EUR	13,218 EUR	12,316 EUR
2011	13,165 EUR	12,328 EUR	18,135 EUR	16,886 EUR	12,846 EUR	11,974 EUR	13,548 EUR	12,623 EUR
2012	13,509 EUR	12,649 EUR	18,660 EUR	17,376 EUR	13,191 EUR	12,296 EUR	13,875 EUR	12,927 EUR

[a] Die Relation der ab 1999 in DM und EUR vorliegenden Werte beträgt einheitlich 1,95583.

Wiederherstellungswerte — Anhang X

Laufende Angaben können der Zeitschrift „Grundstücksmarkt und Grundstückswert" – GUG –, erschienen im Luchterhand Verlag, oder unter http://www.gug-aktuell.de entnommen werden.

Statistisches Bundesamt

Postfach 5528
Gustav-Stresemann-Ring 11
65189 Wiesbaden
Tel. (06121) 75–1
Fax (06121) 753425
http://www.statistik-bund.de

Statistisches Landesamt Berlin

Alt-Friedrichsfelde
10315 Berlin
Tel. (030) 9021 3434
Fax (030) 9021 3655
http://www.statistik-berlin.de

Bayerisches Landesamt für Statistik und Datenverarbeitung

Postfach 20 03 03
80331 München
Tel. 089 211 9297
Fax 089 211 9607
http://www.statistik.bayern.de

X Anhang

Preisindex

2.5.2 Preisindex für den Neubau von Gebäuden

- Wohngebäuden insgesamt sowie nach Roh- und Ausbau mit Umsatz-(Mehrwert-)steuer,
- Mehrfamiliengebäuden,
- Einfamiliengebäuden,
- Büro- sowie gewerblichen Betriebsgebäuden

und die Instandhaltung von Mehrfamiliengebäuden in Deutschland

(Basis 2005 = 100)

Quelle: Statistisches Bundesamt Wiesbaden, Reihe 4, Fachserie 17

Jahr	Wohngebäude insgesamt			Mehrfamiliengebäude			Einfamiliengebäude		Nichtwohngebäude	
	insgesamt	nach Abschnitten		Neubau	Instandhaltung ohne Schönheitsreparaturen	Schönheitsreparaturen in einer Wohnung	insgesamt	Vorgefertigte Bauart ohne Keller	Neubau	Neubau
		Rohbauarbeiten	Ausbauarbeiten						Bürogebäude	Gewerbliche Betriebsgebäude
1958	15,8	17,9	14,1	15,8	15,9	11,9	15,8	-	16,0	16,5
1959	16,6	19,0	14,7	16,7	16,7	12,7	16,5	-	16,8	17,1
1960	17,8	20,5	15,6	17,9	17,0	13,6	17,7	-	18,0	18,3
1961	19,1	21,9	16,9	19,2	18,2	15,2	19,1	-	19,2	19,4
1962	20,8	23,9	18,3	20,9	19,2	17,3	20,8	-	20,7	20,9
1963	21,8	25,2	19,1	21,9	20,0	18,3	21,8	-	21,8	21,8
1964	22,8	26,4	20,0	23,0	20,9	19,6	22,7	-	22,6	22,7
1965	23,9	27,3	21,0	23,8	21,7	21,0	23,7	-	23,5	23,5
1966	24,6	28,0	21,7	24,7	22,3	22,3	24,5	-	24,3	24,2
1967	24,1	27,3	21,5	24,2	22,0	22,2	24,0	-	23,7	23,0
1968	25,1	28,4	22,3	25,1	22,9	23,6	25,0	22,6	24,7	24,2
1969	26,6	30,3	23,4	26,6	24,0	24,7	26,5	23,3	26,2	26,4
1970	30,9	36,3	26,6	31,0	26,8	27,7	30,8	24,8	30,7	31,2
1971	34,1	39,8	29,5	34,2	29,5	31,2	33,9	26,9	33,8	34,6
1972	36,5	42,3	31,7	36,5	31,2	33,5	36,3	28,8	35,9	36,3
1973	39,1	44,9	34,4	39,2	33,4	35,9	38,9	30,1	38,5	38,5
1974	42,0	46,9	37,6	42,1	36,7	39,3	41,9	32,2	41,1	40,7
1975	43,0	47,2	39,1	43,1	38,5	40,9	42,8	34,4	42,0	41,9
1976	44,5	48,7	40,5	44,6	39,9	42,5	44,3	36,1	43,4	43,6
1977	46,5	51,2	42,4	46,6	41,7	44,6	46,7	37,8	45,4	45,4
1978	49,4	54,8	44,5	49,5	43,8	47,4	49,6	40,3	48,0	47,8
1979	53,8	60,5	47,4	53,8	46,5	50,4	54,1	43,4	51,8	51,6
1980	59,6	67,4	52,1	59,5	50,7	54,5	60,0	47,8	57,1	56,9
1981	63,0	70,9	55,5	63,1	54,0	58,3	63,5	51,8	60,6	60,4
1982	64,8	71,8	58,3	64,9	56,7	60,6	65,2	54,5	62,8	62,9
1983	66,2	72,8	60,1	66,3	58,5	62,5	66,4	57,2	64,3	64,3
1984	67,9	74,3	62,0	68,0	60,3	64,3	68,0	59,4	66,1	65,8
1985	68,2	74,0	63,0	68,3	61,5	65,4	68,3	59,7	66,8	66,4
1986	69,0	74,0	64,0	69,3	62,6	67,0	69,2	60,6	67,9	67,8
1987	70,3	76,0	65,6	70,7	64,3	68,7	70,5	62,1	69,5	69,3
1988	71,9	77,4	67,4	72,7	66,0	70,6	72,0	63,6	71,2	70,7
1989	74,5	80,0	69,8	74,8	68,4	72,8	74,6	65,5	73,8	73,2
1990	79,3	86,0	73,6	79,6	71,8	76,7	79,5	69,4	78,1	77,8
1991	84,8	92,0	78,3	85,0	76,6	81,2	84,8	73,5	83,1	82,6

Preisindex — Anhang X

Jahr	Wohngebäude insgesamt			Mehrfamiliengebäude			Einfamiliengebäude		Nichtwohngebäude	
	insgesamt	nach Abschnitten		Neubau	Instandhaltung ohne Schönheitsreparaturen	Schönheitsreparaturen in einer Wohnung	insgesamt	Vorgefertigte Bauart ohne Keller	Neubau Bürogebäude	Neubau Gewerbliche Betriebsgebäude
		Rohbauarbeiten	Ausbauarbeiten							
1992	90,3	97,6	83,5	90,5	82,4	87,6	90,3	80,1	88,2	87,6
1993	94,7	102,0	88,2	95,0	87,3	92,8	94,8	86,5	92,3	91,4
1994	97,0	104,1	90,8	97,2	90,0	95,6	97,1	89,8	94,5	93,3
1995	99,2	106,1	93,4	99,4	92,7	98,6	99,3	92,4	96,7	95,4
1996	99,0	105,0	94,1	99,1	93,8	99,8	99,2	93,6	96,8	95,7
1997	98,3	103,3	94,1	98,4	94,2	100,3	98,4	93,6	96,3	95,2
1998	97,9	102,0	94,5	98,0	95,1	101,0	98,1	95,3	96,3	96,3
1999	97,6	101,3	94,5	97,7	95,2	100,9	97,7	95,4	96,1	95,0
2000	97,9	101,1	95,3	97,9	95,8	101,3	98,0	95,9	96,8	95,7
2001	97,8	100,0	96,2	97,8	96,5	101,6	97,9	97,0	97,2	96,1
2002	97,8	99,3	96,7	97,7	97,0	101,4	97,9	97,6	97,3	96,3
2003	97,8	98,8	97,2	97,7	97,4	101,5	98,0	98,0	97,4	96,5
2004	99,1	99,9	98,5	99,1	98,5	100,4	99,2	98,9	98,8	98,0
2005	100,0	100,0	100,0	100,0	100,0	100,0	100,0	100,0	100,0	100,0
2006	101,9	102,2	101,7	102,1	101,8	100,5	101,9	102,8	102,1	102,3
2007	108,7	109,1	108,3	109,1	108,4	104,4	108,6	109,1	109,7	109,6
2008	111,8	112,5	111,2	112,7	111,3	105,9	111,6	111,9	112,6	113,6
2009	112,8	112,7	112,7	113,5	113,1	106,5	112,6	114,9	113,8	114,9
2010	113,9	113,7	114,1	114,7	114,8	107,3	113,7	118,1	115,0	116,0
2011	117,0	116,9	117,2	118,1	118,0	108,9	116,7	121,8	118,2	119,6
2012	120,1	119,9	120,3	121,1	121,6	111,2	119,8	125,2	121,2	122,6

1968–1990 früheres Bundesgebiet

1958–1959 Bundesgebiet ohne Saarland und Berlin.

1960–1965 Bundesgebiet ohne Berlin.

Laufende Angaben können der Zeitschrift „Grundstücksmarkt und Grundstückswert" – GUG –, erschienen im Luchterhand Verlag, oder unter http://www.gug-aktuell.de entnommen werden.

Vorholt, H., Neuberechnung der Baupreisindizes auf Basis 2005, Statistisches Bundesamt, Wirtschaft und Statistik 2008, 808

X Anhang

3 Tabellen und Faktoren

3.1 Anlage 1 zu § 20 ImmoWertV: Barwertfaktoren für die Kapitalisierung (Vervielfältigertabelle) – identisch mit BewG, WertR und BelWertV –

Anlage 1 (zu § 20 ImmoWertV) Barwertfaktoren für die Kapitalisierung

Restnutzungs-dauer von ....Jahren	\multicolumn{9}{c}{Zinssatz}
	1,0 %	1,5 %	2,0 %	2,5 %	3,0 %	3,5 %	4,0 %	4,5 %	5,0 %
1	0,99	0,99	0,98	0,98	0,97	0,97	0,96	0,96	0,95
2	1,97	1,96	1,94	1,93	1,91	1,90	1,89	1,87	1,86
3	2,94	2,91	2,88	2,86	2,83	2,80	2,78	2,75	2,72
4	3,90	3,85	3,81	3,76	3,72	3,67	3,63	3,59	3,55
5	4,85	4,78	4,71	4,65	4,58	4,52	4,45	4,39	4,33
6	5,80	5,70	5,60	5,51	5,42	5,33	5,24	5,16	5,08
7	6,73	6,60	6,47	6,35	6,23	6,11	6,00	5,89	5,79
8	7,65	7,49	7,33	7,17	7,02	6,87	6,73	6,60	6,46
9	8,57	8,36	8,16	7,97	7,79	7,61	7,44	7,27	7,11
10	9,47	9,22	8,98	8,75	8,53	8,32	8,11	7,91	7,72
11	10,37	10,07	9,79	9,51	9,25	9,00	8,76	8,53	8,31
12	11,26	10,91	10,58	10,26	9,95	9,66	9,39	9,12	8,86
13	12,13	11,73	11,35	10,98	10,63	10,30	9,99	9,68	9,39
14	13,00	12,54	12,11	11,69	11,30	10,92	10,56	10,22	9,90
15	13,87	13,34	12,85	12,38	11,94	11,52	11,12	10,74	10,38
16	14,72	14,13	13,58	13,06	12,56	12,09	11,65	11,23	10,84
17	15,56	14,91	14,29	13,71	13,17	12,65	12,17	11,71	11,27
18	16,40	15,67	14,99	14,35	13,75	13,19	12,66	12,16	11,69
19	17,23	16,43	15,68	14,98	14,32	13,71	13,13	12,59	12,09
20	18,05	17,17	16,35	15,59	14,88	14,21	13,59	13,01	12,46
21	18,86	17,90	17,01	16,18	15,42	14,70	14,03	13,40	12,82
22	19,66	18,62	17,66	16,77	15,94	15,17	14,45	13,78	13,16
23	20,46	19,33	18,29	17,33	16,44	15,62	14,86	14,15	13,49
24	21,24	20,03	18,91	17,88	16,94	16,06	15,25	14,50	13,80
25	22,02	20,72	19,52	18,42	17,41	16,48	15,62	14,83	14,09
26	22,80	21,40	20,12	18,95	17,88	16,89	15,98	15,15	14,38
27	23,56	22,07	20,71	19,46	18,33	17,29	16,33	15,45	14,64
28	24,32	22,73	21,28	19,96	18,76	17,67	16,66	15,74	14,90
29	25,07	23,38	21,84	20,45	19,19	18,04	16,98	16,02	15,14
30	25,81	24,02	22,40	20,93	19,60	18,39	17,29	16,29	15,37
31	26,54	24,65	22,94	21,40	20,00	18,74	17,59	16,54	15,59
32	27,27	25,27	23,47	21,85	20,39	19,07	17,87	16,79	15,80
33	27,99	25,88	23,99	22,29	20,77	19,39	18,15	17,02	16,00
34	28,70	26,48	24,50	22,72	21,13	19,70	18,41	17,25	16,19
35	29,41	27,08	25,00	23,15	21,49	20,00	18,66	17,46	16,37
36	30,11	27,66	25,49	23,56	21,83	20,29	18,91	17,67	16,55
37	30,80	28,24	25,97	23,96	22,17	20,57	19,14	17,86	16,71
38	31,48	28,81	26,44	24,35	22,49	20,84	19,37	18,05	16,87
39	32,16	29,36	26,90	24,73	22,81	21,10	19,58	18,23	17,02
40	32,83	29,92	27,36	25,10	23,11	21,36	19,79	18,40	17,16
41	33,50	30,46	27,80	25,47	23,41	21,60	19,99	18,57	17,29
42	34,16	30,99	28,23	25,82	23,70	21,83	20,19	18,72	17,42
43	34,81	31,52	28,66	26,17	23,98	22,06	20,37	18,87	17,55
44	35,46	32,04	29,08	26,50	24,25	22,28	20,55	19,02	17,66
45	36,09	32,55	29,49	26,83	24,52	22,50	20,72	19,16	17,77
46	36,73	33,06	29,89	27,15	24,78	22,70	20,88	19,29	17,88
47	37,35	33,55	30,29	27,47	25,02	22,90	21,04	19,41	17,98
48	37,97	34,04	30,67	27,77	25,27	23,09	21,20	19,54	18,08
49	38,59	34,52	31,05	28,07	25,50	23,28	21,34	19,65	18,17
50	39,20	35,00	31,42	28,36	25,73	23,46	21,48	19,76	18,26

Vervielfältigertabelle

Anhang X

Restnutzungsdauer von ....Jahren	Zinssatz								
	1,0 %	1,5 %	2,0 %	2,5 %	3,0 %	3,5 %	4,0 %	4,5 %	5,0 %
51	39,80	35,47	31,79	28,65	25,95	23,63	21,62	19,87	18,34
52	40,39	35,93	32,14	28,92	26,17	23,80	21,75	19,97	18,42
53	40,98	36,38	32,50	29,19	26,37	23,96	21,87	20,07	18,49
54	41,57	36,83	32,84	29,46	26,58	24,11	21,99	20,16	18,57
55	42,15	37,27	33,17	29,71	26,77	24,26	22,11	20,25	18,63
56	42,72	37,71	33,50	29,96	26,97	24,41	22,22	20,33	18,70
57	43,29	38,13	33,83	30,21	27,15	24,55	22,33	20,41	18,76
58	43,85	38,56	34,15	30,45	27,33	24,69	22,43	20,49	18,82
59	44,40	38,97	34,46	30,68	27,51	24,82	22,53	20,57	18,88
60	44,96	39,38	34,76	30,91	27,68	24,94	22,62	20,64	18,93
61	45,50	39,78	35,06	31,13	27,84	25,07	22,71	20,71	18,98
62	46,04	40,18	35,35	31,35	28,00	25,19	22,80	20,77	19,03
63	46,57	40,57	35,64	31,56	28,16	25,30	22,89	20,83	19,08
64	47,10	40,96	35,92	31,76	28,31	25,41	22,97	20,89	19,12
65	47,63	41,34	36,20	31,96	28,45	25,52	23,05	20,95	19,16
66	48,15	41,71	36,47	32,16	28,60	25,62	23,12	21,01	19,20
67	48,66	42,08	36,73	32,35	28,73	25,72	23,19	21,06	19,24
68	49,17	42,44	36,99	32,54	28,87	25,82	23,26	21,11	19,28
69	49,67	42,80	37,25	32,72	29,00	25,91	23,33	21,16	19,31
70	50,17	43,15	37,50	32,90	29,12	26,00	23,39	21,20	19,34
71	50,66	43,50	37,74	33,07	29,25	26,09	23,46	21,25	19,37
72	51,15	43,84	37,98	33,24	29,37	26,17	23,52	21,29	19,40
73	51,63	44,18	38,22	33,40	29,48	26,25	23,57	21,33	19,43
74	52,11	44,51	38,45	33,57	29,59	26,33	23,63	21,37	19,46
75	52,59	44,84	38,68	33,72	29,70	26,41	23,68	21,40	19,48
76	53,06	45,16	38,90	33,88	29,81	26,48	23,73	21,44	19,51
77	53,52	45,48	39,12	34,03	29,91	26,55	23,78	21,47	19,53
78	53,98	45,79	39,33	34,17	30,01	26,62	23,83	21,50	19,56
79	54,44	46,10	39,54	34,31	30,11	26,68	23,87	21,54	19,58
80	54,89	46,41	39,74	34,45	30,20	26,75	23,92	21,57	19,60
81	55,33	46,71	39,95	34,59	30,29	26,81	23,96	21,59	19,62
82	55,78	47,00	40,14	34,72	30,38	26,87	24,00	21,62	19,63
83	56,21	47,29	40,34	34,85	30,47	26,93	24,04	21,65	19,65
84	56,65	47,58	40,53	34,97	30,55	26,98	24,07	21,67	19,67
85	57,08	47,86	40,71	35,10	30,63	27,04	24,11	21,70	19,68
86	57,50	48,14	40,89	35,22	30,71	27,09	24,14	21,72	19,70
87	57,92	48,41	41,07	35,33	30,79	27,14	24,18	21,74	19,71
88	58,34	48,68	41,25	35,45	30,86	27,19	24,21	21,76	19,73
89	58,75	48,95	41,42	35,56	30,93	27,23	24,24	21,78	19,74
90	59,16	49,21	41,59	35,67	31,00	27,28	24,27	21,80	19,75
91	59,57	49,47	41,75	35,77	31,07	27,32	24,30	21,82	19,76
92	59,97	49,72	41,91	35,87	31,14	27,37	24,32	21,83	19,78
93	60,36	49,97	42,07	35,98	31,20	27,41	24,35	21,85	19,79
94	60,75	50,22	42,23	36,07	31,26	27,45	24,37	21,87	19,80
95	61,14	50,46	42,38	36,17	31,32	27,48	24,40	21,88	19,81
96	61,53	50,70	42,53	36,26	31,38	27,52	24,42	21,90	19,82
97	61,91	50,94	42,68	36,35	31,44	27,56	24,44	21,91	19,82
98	62,29	51,17	42,82	36,44	31,49	27,59	24,46	21,92	19,83
99	62,66	51,40	42,96	36,53	31,55	27,62	24,49	21,94	19,84
100	63,03	51,62	43,10	36,61	31,60	27,66	24,50	21,95	19,85

X Anhang

Vervielfältigertabelle

Restnutzungsdauer von ....Jahren	\multicolumn{10}{c}{Zinssatz}									
	5,5 %	6,0 %	6,5 %	7,0 %	7,5 %	8,0 %	8,5 %	9,0 %	9,5 %	10,0 %
1	0,95	0,94	0,94	0,93	0,93	0,93	0,92	0,92	0,91	0,91
2	1,85	1,83	1,82	1,81	1,80	1,78	1,77	1,76	1,75	1,74
3	2,70	2,67	2,65	2,62	2,60	2,58	2,55	2,53	2,51	2,49
4	3,51	3,47	3,43	3,39	3,35	3,31	3,28	3,24	3,20	3,17
5	4,27	4,21	4,16	4,10	4,05	3,99	3,94	3,89	3,84	3,79
6	5,00	4,92	4,84	4,77	4,69	4,62	4,55	4,49	4,42	4,36
7	5,68	5,58	5,48	5,39	5,30	5,21	5,12	5,03	4,95	4,87
8	6,33	6,21	6,09	5,97	5,86	5,75	5,64	5,53	5,43	5,33
9	6,95	6,80	6,66	6,52	6,38	6,25	6,12	6,00	5,88	5,76
10	7,54	7,36	7,19	7,02	6,86	6,71	6,56	6,42	6,28	6,14
11	8,09	7,89	7,69	7,50	7,32	7,14	6,97	6,81	6,65	6,50
12	8,62	8,38	8,16	7,94	7,74	7,54	7,34	7,16	6,98	6,81
13	9,12	8,85	8,60	8,36	8,13	7,90	7,69	7,49	7,29	7,10
14	9,59	9,29	9,01	8,75	8,49	8,24	8,01	7,79	7,57	7,37
15	10,04	9,71	9,40	9,11	8,83	8,56	8,30	8,06	7,83	7,61
16	10,46	10,11	9,77	9,45	9,14	8,85	8,58	8,31	8,06	7,82
17	10,86	10,48	10,11	9,76	9,43	9,12	8,83	8,54	8,28	8,02
18	11,25	10,83	10,43	10,06	9,71	9,37	9,06	8,76	8,47	8,20
19	11,61	11,16	10,73	10,34	9,96	9,60	9,27	8,95	8,65	8,36
20	11,95	11,47	11,02	10,59	10,19	9,82	9,46	9,13	8,81	8,51
21	12,28	11,76	11,28	10,84	10,41	10,02	9,64	9,29	8,96	8,65
22	12,58	12,04	11,54	11,06	10,62	10,20	9,81	9,44	9,10	8,77
23	12,88	12,30	11,77	11,27	10,81	10,37	9,96	9,58	9,22	8,88
24	13,15	12,55	11,99	11,47	10,98	10,53	10,10	9,71	9,33	8,98
25	13,41	12,78	12,20	11,65	11,15	10,67	10,23	9,82	9,44	9,08
26	13,66	13,00	12,39	11,83	11,30	10,81	10,35	9,93	9,53	9,16
27	13,90	13,21	12,57	11,99	11,44	10,94	10,46	10,03	9,62	9,24
28	14,12	13,41	12,75	12,14	11,57	11,05	10,57	10,12	9,70	9,31
29	14,33	13,59	12,91	12,28	11,70	11,16	10,66	10,20	9,77	9,37
30	14,53	13,76	13,06	12,41	11,81	11,26	10,75	10,27	9,83	9,43
31	14,72	13,93	13,20	12,53	11,92	11,35	10,83	10,34	9,89	9,48
32	14,90	14,08	13,33	12,65	12,02	11,43	10,90	10,41	9,95	9,53
33	15,08	14,23	13,46	12,75	12,11	11,51	10,97	10,46	10,00	9,57
34	15,24	14,37	13,58	12,85	12,19	11,59	11,03	10,52	10,05	9,61
35	15,39	14,50	13,69	12,95	12,27	11,65	11,09	10,57	10,09	9,64
36	15,54	14,62	13,79	13,04	12,35	11,72	11,14	10,61	10,13	9,68
37	15,67	14,74	13,89	13,12	12,42	11,78	11,19	10,65	10,16	9,71
38	15,80	14,85	13,98	13,19	12,48	11,83	11,23	10,69	10,19	9,73
39	15,93	14,95	14,06	13,26	12,54	11,88	11,28	10,73	10,22	9,76
40	16,05	15,05	14,15	13,33	12,59	11,92	11,31	10,76	10,25	9,78
41	16,16	15,14	14,22	13,39	12,65	11,97	11,35	10,79	10,27	9,80
42	16,26	15,22	14,29	13,45	12,69	12,01	11,38	10,81	10,29	9,82
43	16,36	15,31	14,36	13,51	12,74	12,04	11,41	10,84	10,31	9,83
44	16,46	15,38	14,42	13,56	12,78	12,08	11,44	10,86	10,33	9,85
45	16,55	15,46	14,48	13,61	12,82	12,11	11,47	10,88	10,35	9,86
46	16,63	15,52	14,54	13,65	12,85	12,14	11,49	10,90	10,36	9,88
47	16,71	15,59	14,59	13,69	12,89	12,16	11,51	10,92	10,38	9,89
48	16,79	15,65	14,64	13,73	12,92	12,19	11,53	10,93	10,39	9,90
49	16,86	15,71	14,68	13,77	12,95	12,21	11,55	10,95	10,40	9,91
50	16,93	15,76	14,72	13,80	12,97	12,23	11,57	10,96	10,41	9,91

Vervielfältigertabelle

Anhang X

Restnutzungs-dauer von ....Jahren	Zinssatz									
	5,5 %	6,0 %	6,5 %	7,0 %	7,5 %	8,0 %	8,5 %	9,0 %	9,5 %	10,0 %
51	17,00	15,81	14,76	13,83	13,00	12,25	11,58	10,97	10,42	9,92
52	17,06	15,86	14,80	13,86	13,02	12,27	11,60	10,99	10,43	9,93
53	17,12	15,91	14,84	13,89	13,04	12,29	11,61	11,00	10,44	9,94
54	17,17	15,95	14,87	13,92	13,06	12,30	11,62	11,01	10,45	9,94
55	17,23	15,99	14,90	13,94	13,08	12,32	11,63	11,01	10,45	9,95
56	17,28	16,03	14,93	13,96	13,10	12,33	11,64	11,02	10,46	9,95
57	17,32	16,06	14,96	13,98	13,12	12,34	11,65	11,03	10,47	9,96
58	17,37	16,10	14,99	14,00	13,13	12,36	11,66	11,04	10,47	9,96
59	17,41	16,13	15,01	14,02	13,15	12,37	11,67	11,04	10,48	9,96
60	17,45	16,16	15,03	14,04	13,16	12,38	11,68	11,05	10,48	9,97
61	17,49	16,19	15,05	14,06	13,17	12,39	11,68	11,05	10,48	9,97
62	17,52	16,22	15,07	14,07	13,18	12,39	11,69	11,06	10,49	9,97
63	17,56	16,24	15,09	14,08	13,19	12,40	11,70	11,06	10,49	9,98
64	17,59	16,27	15,11	14,10	13,20	12,41	11,70	11,07	10,49	9,98
65	17,62	16,29	15,13	14,11	13,21	12,42	11,71	11,07	10,50	9,98
66	17,65	16,31	15,14	14,12	13,22	12,42	11,71	11,07	10,50	9,98
67	17,68	16,33	15,16	14,13	13,23	12,43	11,71	11,08	10,50	9,98
68	17,70	16,35	15,17	14,14	13,24	12,43	11,72	11,08	10,50	9,98
69	17,73	16,37	15,19	14,15	13,24	12,44	11,72	11,08	10,51	9,99
70	17,75	16,38	15,20	14,16	13,25	12,44	11,73	11,08	10,51	9,99
71	17,78	16,40	15,21	14,17	13,25	12,45	11,73	11,09	10,51	9,99
72	17,80	16,42	15,22	14,18	13,26	12,45	11,73	11,09	10,51	9,99
73	17,82	16,43	15,23	14,18	13,27	12,45	11,73	11,09	10,51	9,99
74	17,84	16,44	15,24	14,19	13,27	12,46	11,74	11,09	10,51	9,99
75	17,85	16,46	15,25	14,20	13,27	12,46	11,74	11,09	10,51	9,99
76	17,87	16,47	15,26	14,20	13,28	12,46	11,74	11,10	10,52	9,99
77	17,89	16,48	15,26	14,21	13,28	12,47	11,74	11,10	10,52	9,99
78	17,90	16,49	15,27	14,21	13,29	12,47	11,74	11,10	10,52	9,99
79	17,92	16,50	15,28	14,22	13,29	12,47	11,75	11,10	10,52	9,99
80	17,93	16,51	15,28	14,22	13,29	12,47	11,75	11,10	10,52	10,00
81	17,94	16,52	15,29	14,23	13,30	12,48	11,75	11,10	10,52	10,00
82	17,96	16,53	15,30	14,23	13,30	12,48	11,75	11,10	10,52	10,00
83	17,97	16,53	15,30	14,23	13,30	12,48	11,75	11,10	10,52	10,00
84	17,98	16,54	15,31	14,24	13,30	12,48	11,75	11,10	10,52	10,00
85	17,99	16,55	15,31	14,24	13,30	12,48	11,75	11,10	10,52	10,00
86	18,00	16,56	15,32	14,24	13,31	12,48	11,75	11,10	10,52	10,00
87	18,01	16,56	15,32	14,25	13,31	12,48	11,75	11,10	10,52	10,00
88	18,02	16,57	15,32	14,25	13,31	12,49	11,76	11,11	10,52	10,00
89	18,03	16,57	15,33	14,25	13,31	12,49	11,76	11,11	10,52	10,00
90	18,03	16,58	15,33	14,25	13,31	12,49	11,76	11,11	10,52	10,00
91	18,04	16,58	15,33	14,26	13,31	12,49	11,76	11,11	10,52	10,00
92	18,05	16,59	15,34	14,26	13,32	12,49	11,76	11,11	10,52	10,00
93	18,06	16,59	15,34	14,26	13,32	12,49	11,76	11,11	10,52	10,00
94	18,06	16,60	15,34	14,26	13,32	12,49	11,76	11,11	10,52	10,00
95	18,07	16,60	15,35	14,26	13,32	12,49	11,76	11,11	10,52	10,00
96	18,08	16,60	15,35	14,26	13,32	12,49	11,76	11,11	10,52	10,00
97	18,08	16,61	15,35	14,27	13,32	12,49	11,76	11,11	10,52	10,00
98	18,09	16,61	15,35	14,27	13,32	12,49	11,76	11,11	10,52	10,00
99	18,09	16,61	15,35	14,27	13,32	12,49	11,76	11,11	10,52	10,00
100	18,10	16,62	15,36	14,27	13,32	12,49	11,76	11,11	10,53	10,00

Berechnungsvorschrift für die der Tabelle nicht zu entnehmenden Barwertfaktoren für die Kapitalisierung

$$\text{Kapitalisierungsfaktor} = \frac{q^n - 1}{q^n \times (q - 1)} \qquad q = 1 + \frac{p}{100} \qquad \begin{array}{l} p = \text{Liegenschaftszinssatz} \\ n = \text{Restnutzungsdauer} \end{array}$$

X Anhang — Abzinsungsfaktor

3.2 Anlage 2 zu § 20 ImmoWertV:

Barwertfaktoren für die Abzinsung
Abzinsungsfaktor

Restnutzungsdauer von ....Jahren	Zinssatz								
	1,0 %	1,5 %	2,0 %	2,5 %	3,0 %	3,5 %	4,0 %	4,5 %	5,0 %
1	0,9901	0,9852	0,9804	0,9756	0,9709	0,9662	0,9615	0,9569	0,9524
2	0,9803	0,9707	0,9612	0,9518	0,9426	0,9335	0,9246	0,9157	0,9070
3	0,9706	0,9563	0,9423	0,9286	0,9151	0,9019	0,8890	0,8763	0,8638
4	0,9610	0,9422	0,9238	0,9060	0,8885	0,8714	0,8548	0,8386	0,8227
5	0,9515	0,9283	0,9057	0,8839	0,8626	0,8420	0,8219	0,8025	0,7835
6	0,9420	0,9145	0,8880	0,8623	0,8375	0,8135	0,7903	0,7679	0,7462
7	0,9327	0,9010	0,8706	0,8413	0,8131	0,7860	0,7599	0,7348	0,7107
8	0,9235	0,8877	0,8535	0,8207	0,7894	0,7594	0,7307	0,7032	0,6768
9	0,9143	0,8746	0,8368	0,8007	0,7664	0,7337	0,7026	0,6729	0,6446
10	0,9053	0,8617	0,8203	0,7812	0,7441	0,7089	0,6756	0,6439	0,6139
11	0,8963	0,8489	0,8043	0,7621	0,7224	0,6849	0,6496	0,6162	0,5847
12	0,8874	0,8364	0,7885	0,7436	0,7014	0,6618	0,6246	0,5897	0,5568
13	0,8787	0,8240	0,7730	0,7254	0,6810	0,6394	0,6006	0,5643	0,5303
14	0,8700	0,8118	0,7579	0,7077	0,6611	0,6178	0,5775	0,5400	0,5051
15	0,8613	0,7999	0,7430	0,6905	0,6419	0,5969	0,5553	0,5167	0,4810
16	0,8528	0,7880	0,7284	0,6736	0,6232	0,5767	0,5339	0,4945	0,4581
17	0,8444	0,7764	0,7142	0,6572	0,6050	0,5572	0,5134	0,4732	0,4363
18	0,8360	0,7649	0,7002	0,6412	0,5874	0,5384	0,4936	0,4528	0,4155
19	0,8277	0,7536	0,6864	0,6255	0,5703	0,5202	0,4746	0,4333	0,3957
20	0,8195	0,7425	0,6730	0,6103	0,5537	0,5026	0,4564	0,4146	0,3769
21	0,8114	0,7315	0,6598	0,5954	0,5375	0,4856	0,4388	0,3968	0,3589
22	0,8034	0,7207	0,6468	0,5809	0,5219	0,4692	0,4220	0,3797	0,3418
23	0,7954	0,7100	0,6342	0,5667	0,5067	0,4533	0,4057	0,3634	0,3256
24	0,7876	0,6995	0,6217	0,5529	0,4919	0,4380	0,3901	0,3477	0,3101
25	0,7798	0,6892	0,6095	0,5394	0,4776	0,4231	0,3751	0,3327	0,2953
26	0,7720	0,6790	0,5976	0,5262	0,4637	0,4088	0,3607	0,3184	0,2812
27	0,7644	0,6690	0,5859	0,5134	0,4502	0,3950	0,3468	0,3047	0,2678
28	0,7568	0,6591	0,5744	0,5009	0,4371	0,3817	0,3335	0,2916	0,2551
29	0,7493	0,6494	0,5631	0,4887	0,4243	0,3687	0,3207	0,2790	0,2429
30	0,7419	0,6398	0,5521	0,4767	0,4120	0,3563	0,3083	0,2670	0,2314
31	0,7346	0,6303	0,5412	0,4651	0,4000	0,3442	0,2965	0,2555	0,2204
32	0,7273	0,6210	0,5306	0,4538	0,3883	0,3326	0,2851	0,2445	0,2099
33	0,7201	0,6118	0,5202	0,4427	0,3770	0,3213	0,2741	0,2340	0,1999
34	0,7130	0,6028	0,5100	0,4319	0,3660	0,3105	0,2636	0,2239	0,1904
35	0,7059	0,5939	0,5000	0,4214	0,3554	0,3000	0,2534	0,2143	0,1813
36	0,6989	0,5851	0,4902	0,4111	0,3450	0,2898	0,2437	0,2050	0,1727
37	0,6920	0,5764	0,4806	0,4011	0,3350	0,2800	0,2343	0,1962	0,1644
38	0,6852	0,5679	0,4712	0,3913	0,3252	0,2706	0,2253	0,1878	0,1566
39	0,6784	0,5595	0,4619	0,3817	0,3158	0,2614	0,2166	0,1797	0,1491
40	0,6717	0,5513	0,4529	0,3724	0,3066	0,2526	0,2083	0,1719	0,1420
41	0,6650	0,5431	0,4440	0,3633	0,2976	0,2440	0,2003	0,1645	0,1353
42	0,6584	0,5351	0,4353	0,3545	0,2890	0,2358	0,1926	0,1574	0,1288
43	0,6519	0,5272	0,4268	0,3458	0,2805	0,2278	0,1852	0,1507	0,1227
44	0,6454	0,5194	0,4184	0,3374	0,2724	0,2201	0,1780	0,1442	0,1169
45	0,6391	0,5117	0,4102	0,3292	0,2644	0,2127	0,1712	0,1380	0,1113
46	0,6327	0,5042	0,4022	0,3211	0,2567	0,2055	0,1646	0,1320	0,1060
47	0,6265	0,4967	0,3943	0,3133	0,2493	0,1985	0,1583	0,1263	0,1009
48	0,6203	0,4894	0,3865	0,3057	0,2420	0,1918	0,1522	0,1209	0,0961
49	0,6141	0,4821	0,3790	0,2982	0,2350	0,1853	0,1463	0,1157	0,0916
50	0,6080	0,4750	0,3715	0,2909	0,2281	0,1791	0,1407	0,1107	0,0872

Abzinsungsfaktor **Anhang X**

Restnutzungsdauer von ....Jahren	Zinssatz								
	1,0 %	1,5 %	2,0 %	2,5 %	3,0 %	3,5 %	4,0 %	4,5 %	5,0 %
51	0,6020	0,4680	0,3642	0,2838	0,2215	0,1730	0,1353	0,1059	0,0831
52	0,5961	0,4611	0,3571	0,2769	0,2150	0,1671	0,1301	0,1014	0,0791
53	0,5902	0,4543	0,3501	0,2702	0,2088	0,1615	0,1251	0,0970	0,0753
54	0,5843	0,4475	0,3432	0,2636	0,2027	0,1560	0,1203	0,0928	0,0717
55	0,5785	0,4409	0,3365	0,2572	0,1968	0,1508	0,1157	0,0888	0,0683
56	0,5728	0,4344	0,3299	0,2509	0,1910	0,1457	0,1112	0,0850	0,0651
57	0,5671	0,4280	0,3234	0,2448	0,1855	0,1407	0,1069	0,0814	0,0620
58	0,5615	0,4217	0,3171	0,2388	0,1801	0,1360	0,1028	0,0778	0,0590
59	0,5560	0,4154	0,3109	0,2330	0,1748	0,1314	0,0989	0,0745	0,0562
60	0,5504	0,4093	0,3048	0,2273	0,1697	0,1269	0,0951	0,0713	0,0535
61	0,5450	0,4032	0,2988	0,2217	0,1648	0,1226	0,0914	0,0682	0,0510
62	0,5396	0,3973	0,2929	0,2163	0,1600	0,1185	0,0879	0,0653	0,0486
63	0,5343	0,3914	0,2872	0,2111	0,1553	0,1145	0,0845	0,0625	0,0462
64	0,5290	0,3856	0,2816	0,2059	0,1508	0,1106	0,0813	0,0598	0,0440
65	0,5237	0,3799	0,2761	0,2009	0,1464	0,1069	0,0781	0,0572	0,0419
66	0,5185	0,3743	0,2706	0,1960	0,1421	0,1033	0,0751	0,0547	0,0399
67	0,5134	0,3688	0,2653	0,1912	0,1380	0,0998	0,0722	0,0524	0,0380
68	0,5083	0,3633	0,2601	0,1865	0,1340	0,0964	0,0695	0,0501	0,0362
69	0,5033	0,3580	0,2550	0,1820	0,1301	0,0931	0,0668	0,0480	0,0345
70	0,4983	0,3527	0,2500	0,1776	0,1263	0,0900	0,0642	0,0459	0,0329
71	0,4934	0,3475	0,2451	0,1732	0,1226	0,0869	0,0617	0,0439	0,0313
72	0,4885	0,3423	0,2403	0,1690	0,1190	0,0840	0,0594	0,0420	0,0298
73	0,4837	0,3373	0,2356	0,1649	0,1156	0,0812	0,0571	0,0402	0,0284
74	0,4789	0,3323	0,2310	0,1609	0,1122	0,0784	0,0549	0,0385	0,0270
75	0,4741	0,3274	0,2265	0,1569	0,1089	0,0758	0,0528	0,0368	0,0258
76	0,4694	0,3225	0,2220	0,1531	0,1058	0,0732	0,0508	0,0353	0,0245
77	0,4648	0,3178	0,2177	0,1494	0,1027	0,0707	0,0488	0,0337	0,0234
78	0,4602	0,3131	0,2134	0,1457	0,0997	0,0683	0,0469	0,0323	0,0222
79	0,4556	0,3084	0,2092	0,1422	0,0968	0,0660	0,0451	0,0309	0,0212
80	0,4511	0,3039	0,2051	0,1387	0,0940	0,0638	0,0434	0,0296	0,0202
81	0,4467	0,2994	0,2011	0,1353	0,0912	0,0616	0,0417	0,0283	0,0192
82	0,4422	0,2950	0,1971	0,1320	0,0886	0,0596	0,0401	0,0271	0,0183
83	0,4379	0,2906	0,1933	0,1288	0,0860	0,0575	0,0386	0,0259	0,0174
84	0,4335	0,2863	0,1895	0,1257	0,0835	0,0556	0,0371	0,0248	0,0166
85	0,4292	0,2821	0,1858	0,1226	0,0811	0,0537	0,0357	0,0237	0,0158
86	0,4250	0,2779	0,1821	0,1196	0,0787	0,0519	0,0343	0,0227	0,0151
87	0,4208	0,2738	0,1786	0,1167	0,0764	0,0501	0,0330	0,0217	0,0143
88	0,4166	0,2698	0,1751	0,1138	0,0742	0,0484	0,0317	0,0208	0,0137
89	0,4125	0,2658	0,1716	0,1111	0,0720	0,0468	0,0305	0,0199	0,0130
90	0,4084	0,2619	0,1683	0,1084	0,0699	0,0452	0,0293	0,0190	0,0124
91	0,4043	0,2580	0,1650	0,1057	0,0679	0,0437	0,0282	0,0182	0,0118
92	0,4003	0,2542	0,1617	0,1031	0,0659	0,0422	0,0271	0,0174	0,0112
93	0,3964	0,2504	0,1586	0,1006	0,0640	0,0408	0,0261	0,0167	0,0107
94	0,3925	0,2467	0,1554	0,0982	0,0621	0,0394	0,0251	0,0160	0,0102
95	0,3886	0,2431	0,1524	0,0958	0,0603	0,0381	0,0241	0,0153	0,0097
96	0,3847	0,2395	0,1494	0,0934	0,0586	0,0368	0,0232	0,0146	0,0092
97	0,3809	0,2359	0,1465	0,0912	0,0569	0,0355	0,0223	0,0140	0,0088
98	0,3771	0,2324	0,1436	0,0889	0,0552	0,0343	0,0214	0,0134	0,0084
99	0,3734	0,2290	0,1408	0,0868	0,0536	0,0332	0,0206	0,0128	0,0080
100	0,3697	0,2256	0,1380	0,0846	0,0520	0,0321	0,0198	0,0123	0,0076

Kleiber

X Anhang

Abzinsungsfaktor

Restnutzungs-dauer von ....Jahren	Zinssatz									
	5,5 %	6,0 %	6,5 %	7,0 %	7,5 %	8,0 %	8,5 %	9,0 %	9,5 %	10 %
1	0,9479	0,9434	0,9390	0,9346	0,9302	0,9259	0,9217	0,9174	0,9132	0,9091
2	0,8985	0,8900	0,8817	0,8734	0,8653	0,8573	0,8495	0,8417	0,8340	0,8264
3	0,8516	0,8396	0,8278	0,8163	0,8050	0,7938	0,7829	0,7722	0,7617	0,7513
4	0,8072	0,7921	0,7773	0,7629	0,7488	0,7350	0,7216	0,7084	0,6956	0,6830
5	0,7651	0,7473	0,7299	0,7130	0,6966	0,6806	0,6650	0,6499	0,6352	0,6209
6	0,7252	0,7050	0,6853	0,6663	0,6480	0,6302	0,6129	0,5963	0,5801	0,5645
7	0,6874	0,6651	0,6435	0,6227	0,6028	0,5835	0,5649	0,5470	0,5298	0,5132
8	0,6516	0,6274	0,6042	0,5820	0,5607	0,5403	0,5207	0,5019	0,4838	0,4665
9	0,6176	0,5919	0,5674	0,5439	0,5216	0,5002	0,4799	0,4604	0,4418	0,4241
10	0,5854	0,5584	0,5327	0,5083	0,4852	0,4632	0,4423	0,4224	0,4035	0,3855
11	0,5549	0,5268	0,5002	0,4751	0,4513	0,4289	0,4076	0,3875	0,3685	0,3505
12	0,5260	0,4970	0,4697	0,4440	0,4199	0,3971	0,3757	0,3555	0,3365	0,3186
13	0,4986	0,4688	0,4410	0,4150	0,3906	0,3677	0,3463	0,3262	0,3073	0,2897
14	0,4726	0,4423	0,4141	0,3878	0,3633	0,3405	0,3191	0,2992	0,2807	0,2633
15	0,4479	0,4173	0,3888	0,3624	0,3380	0,3152	0,2941	0,2745	0,2563	0,2394
16	0,4246	0,3936	0,3651	0,3387	0,3144	0,2919	0,2711	0,2519	0,2341	0,2176
17	0,4024	0,3714	0,3428	0,3166	0,2925	0,2703	0,2499	0,2311	0,2138	0,1978
18	0,3815	0,3503	0,3219	0,2959	0,2720	0,2502	0,2303	0,2120	0,1952	0,1799
19	0,3616	0,3305	0,3022	0,2765	0,2531	0,2317	0,2122	0,1945	0,1783	0,1635
20	0,3427	0,3118	0,2838	0,2584	0,2354	0,2145	0,1956	0,1784	0,1628	0,1486
21	0,3249	0,2942	0,2665	0,2415	0,2190	0,1987	0,1803	0,1637	0,1487	0,1351
22	0,3079	0,2775	0,2502	0,2257	0,2037	0,1839	0,1662	0,1502	0,1358	0,1228
23	0,2919	0,2618	0,2349	0,2109	0,1895	0,1703	0,1531	0,1378	0,1240	0,1117
24	0,2767	0,2470	0,2206	0,1971	0,1763	0,1577	0,1412	0,1264	0,1133	0,1015
25	0,2622	0,2330	0,2071	0,1842	0,1640	0,1460	0,1301	0,1160	0,1034	0,0923
26	0,2486	0,2198	0,1945	0,1722	0,1525	0,1352	0,1199	0,1064	0,0945	0,0839
27	0,2356	0,2074	0,1826	0,1609	0,1419	0,1252	0,1105	0,0976	0,0863	0,0763
28	0,2233	0,1956	0,1715	0,1504	0,1320	0,1159	0,1019	0,0895	0,0788	0,0693
29	0,2117	0,1846	0,1610	0,1406	0,1228	0,1073	0,0939	0,0822	0,0719	0,0630
30	0,2006	0,1741	0,1512	0,1314	0,1142	0,0994	0,0865	0,0754	0,0657	0,0573
31	0,1902	0,1643	0,1420	0,1228	0,1063	0,0920	0,0797	0,0691	0,0600	0,0521
32	0,1803	0,1550	0,1333	0,1147	0,0988	0,0852	0,0735	0,0634	0,0548	0,0474
33	0,1709	0,1462	0,1252	0,1072	0,0919	0,0789	0,0677	0,0582	0,0500	0,0431
34	0,1620	0,1379	0,1175	0,1002	0,0855	0,0730	0,0624	0,0534	0,0457	0,0391
35	0,1535	0,1301	0,1103	0,0937	0,0796	0,0676	0,0575	0,0490	0,0417	0,0356
36	0,1455	0,1227	0,1036	0,0875	0,0740	0,0626	0,0530	0,0449	0,0381	0,0323
37	0,1379	0,1158	0,0973	0,0818	0,0688	0,0580	0,0489	0,0412	0,0348	0,0294
38	0,1307	0,1092	0,0914	0,0765	0,0640	0,0537	0,0450	0,0378	0,0318	0,0267
39	0,1239	0,1031	0,0858	0,0715	0,0596	0,0497	0,0415	0,0347	0,0290	0,0243
40	0,1175	0,0972	0,0805	0,0668	0,0554	0,0460	0,0383	0,0318	0,0265	0,0221
41	0,1113	0,0917	0,0756	0,0624	0,0516	0,0426	0,0353	0,0292	0,0242	0,0201
42	0,1055	0,0865	0,0710	0,0583	0,0480	0,0395	0,0325	0,0268	0,0221	0,0183
43	0,1000	0,0816	0,0667	0,0545	0,0446	0,0365	0,0300	0,0246	0,0202	0,0166
44	0,0948	0,0770	0,0626	0,0509	0,0415	0,0338	0,0276	0,0226	0,0184	0,0151
45	0,0899	0,0727	0,0588	0,0476	0,0386	0,0313	0,0254	0,0207	0,0168	0,0137
46	0,0852	0,0685	0,0552	0,0445	0,0359	0,0290	0,0235	0,0190	0,0154	0,0125
47	0,0807	0,0647	0,0518	0,0416	0,0334	0,0269	0,0216	0,0174	0,0140	0,0113
48	0,0765	0,0610	0,0487	0,0389	0,0311	0,0249	0,0199	0,0160	0,0128	0,0103
49	0,0725	0,0575	0,0457	0,0363	0,0289	0,0230	0,0184	0,0147	0,0117	0,0094
50	0,0688	0,0543	0,0429	0,0339	0,0269	0,0213	0,0169	0,0134	0,0107	0,0085

Abzinsungsfaktor — Anhang X

Restnutzungsdauer von ....Jahren	Zinssatz									
	5,5 %	6,0 %	6,5 %	7,0 %	7,5 %	8,0 %	8,5 %	9,0 %	9,5 %	10 %
51	0,0652	0,0512	0,0403	0,0317	0,0250	0,0197	0,0156	0,0123	0,0098	0,0077
52	0,0618	0,0483	0,0378	0,0297	0,0233	0,0183	0,0144	0,0113	0,0089	0,0070
53	0,0586	0,0456	0,0355	0,0277	0,0216	0,0169	0,0133	0,0104	0,0081	0,0064
54	0,0555	0,0430	0,0334	0,0259	0,0201	0,0157	0,0122	0,0095	0,0074	0,0058
55	0,0526	0,0406	0,0313	0,0242	0,0187	0,0145	0,0113	0,0087	0,0068	0,0053
56	0,0499	0,0383	0,0294	0,0226	0,0174	0,0134	0,0104	0,0080	0,0062	0,0048
57	0,0473	0,0361	0,0276	0,0211	0,0162	0,0124	0,0096	0,0074	0,0057	0,0044
58	0,0448	0,0341	0,0259	0,0198	0,0151	0,0115	0,0088	0,0067	0,0052	0,0040
59	0,0425	0,0321	0,0243	0,0185	0,0140	0,0107	0,0081	0,0062	0,0047	0,0036
60	0,0403	0,0303	0,0229	0,0173	0,0130	0,0099	0,0075	0,0057	0,0043	0,0033
61	0,0382	0,0286	0,0215	0,0161	0,0121	0,0091	0,0069	0,0052	0,0039	0,0030
62	0,0362	0,0270	0,0202	0,0151	0,0113	0,0085	0,0064	0,0048	0,0036	0,0027
63	0,0343	0,0255	0,0189	0,0141	0,0105	0,0078	0,0059	0,0044	0,0033	0,0025
64	0,0325	0,0240	0,0178	0,0132	0,0098	0,0073	0,0054	0,0040	0,0030	0,0022
65	0,0308	0,0227	0,0167	0,0123	0,0091	0,0067	0,0050	0,0037	0,0027	0,0020
66	0,0292	0,0214	0,0157	0,0115	0,0085	0,0062	0,0046	0,0034	0,0025	0,0019
67	0,0277	0,0202	0,0147	0,0107	0,0079	0,0058	0,0042	0,0031	0,0023	0,0017
68	0,0262	0,0190	0,0138	0,0100	0,0073	0,0053	0,0039	0,0029	0,0021	0,0015
69	0,0249	0,0179	0,0130	0,0094	0,0068	0,0049	0,0036	0,0026	0,0019	0,0014
70	0,0236	0,0169	0,0122	0,0088	0,0063	0,0046	0,0033	0,0024	0,0017	0,0013
71	0,0223	0,0160	0,0114	0,0082	0,0059	0,0042	0,0031	0,0022	0,0016	0,0012
72	0,0212	0,0151	0,0107	0,0077	0,0055	0,0039	0,0028	0,0020	0,0015	0,0010
73	0,0201	0,0142	0,0101	0,0072	0,0051	0,0036	0,0026	0,0019	0,0013	0,0010
74	0,0190	0,0134	0,0095	0,0067	0,0047	0,0034	0,0024	0,0017	0,0012	0,0009
75	0,0180	0,0126	0,0089	0,0063	0,0044	0,0031	0,0022	0,0016	0,0011	0,0008
76	0,0171	0,0119	0,0083	0,0058	0,0041	0,0029	0,0020	0,0014	0,0010	0,0007
77	0,0162	0,0113	0,0078	0,0055	0,0038	0,0027	0,0019	0,0013	0,0009	0,0006
78	0,0154	0,0106	0,0074	0,0051	0,0035	0,0025	0,0017	0,0012	0,0008	0,0006
79	0,0146	0,0100	0,0069	0,0048	0,0033	0,0023	0,0016	0,0011	0,0008	0,0005
80	0,0138	0,0095	0,0065	0,0045	0,0031	0,0021	0,0015	0,0010	0,0007	0,0005
81	0,0131	0,0089	0,0061	0,0042	0,0029	0,0020	0,0013	0,0009	0,0006	0,0004
82	0,0124	0,0084	0,0057	0,0039	0,0027	0,0018	0,0012	0,0009	0,0006	0,0004
83	0,0118	0,0079	0,0054	0,0036	0,0025	0,0017	0,0011	0,0008	0,0005	0,0004
84	0,0111	0,0075	0,0050	0,0034	0,0023	0,0016	0,0011	0,0007	0,0005	0,0003
85	0,0106	0,0071	0,0047	0,0032	0,0021	0,0014	0,0010	0,0007	0,0004	0,0003
86	0,0100	0,0067	0,0044	0,0030	0,0020	0,0013	0,0009	0,0006	0,0004	0,0003
87	0,0095	0,0063	0,0042	0,0028	0,0019	0,0012	0,0008	0,0006	0,0004	0,0003
88	0,0090	0,0059	0,0039	0,0026	0,0017	0,0011	0,0008	0,0005	0,0003	0,0002
89	0,0085	0,0056	0,0037	0,0024	0,0016	0,0011	0,0007	0,0005	0,0003	0,0002
90	0,0081	0,0053	0,0035	0,0023	0,0015	0,0010	0,0006	0,0004	0,0003	0,0002
91	0,0077	0,0050	0,0032	0,0021	0,0014	0,0009	0,0006	0,0004	0,0003	0,0002
92	0,0073	0,0047	0,0030	0,0020	0,0013	0,0008	0,0006	0,0004	0,0002	0,0002
93	0,0069	0,0044	0,0029	0,0019	0,0012	0,0008	0,0005	0,0003	0,0002	0,0001
94	0,0065	0,0042	0,0027	0,0017	0,0011	0,0007	0,0005	0,0003	0,0002	0,0001
95	0,0062	0,0039	0,0025	0,0016	0,0010	0,0007	0,0004	0,0003	0,0002	0,0001
96	0,0059	0,0037	0,0024	0,0015	0,0010	0,0006	0,0004	0,0003	0,0002	0,0001
97	0,0056	0,0035	0,0022	0,0014	0,0009	0,0006	0,0004	0,0002	0,0002	0,0001
98	0,0053	0,0033	0,0021	0,0013	0,0008	0,0005	0,0003	0,0002	0,0001	0,0001
99	0,0050	0,0031	0,0020	0,0012	0,0008	0,0005	0,0003	0,0002	0,0001	0,0001
100	0,0047	0,0029	0,0018	0,0012	0,0007	0,0005	0,0003	0,0002	0,0001	0,0001

Berechnungsvorschrift für die der Tabelle nicht zu entnehmenden Barwertfaktoren für die Abzinsung

Abzinsungsfaktor = $q^{-n} = \dfrac{1}{q^n}$ $q = 1 + \dfrac{p}{100}$ p = Liegenschaftszinssatz
n = Restnutzungsdauer

X Anhang

3.3 Aufzinsungsfaktor q^n

Aufzinsung bzw. Diskontierung (Barwert eines Kapitals)

Formeln $\quad K_n = K_0 \times q^n \quad$ wobei $\quad q = 1 + \dfrac{p}{100} \quad$ ist

K_n = Endkapital
K_0 = Anfangskapital
n = Anzahl der Jahre, Laufzeit
p = Zinssatz, Zinsfuß
q = Zinsfaktor = 1 + p/100
q^n = Tabellenwert (Aufzinsungsfaktor) = 1 + p/100)

Hinweis: **Abzinsungsfaktoren** (Diskontierungsfaktoren) sind in der Anl. 2 zur ImmoWertV abgedruckt.

	Zinssatz									
n	1%	2%	3%	4%	5%	6%	7%	8%	9%	10%
1	1,0100	1,0200	1,0300	1,0400	1,0500	1,0600	1,0700	1,0800	1,0900	1,1000
2	1,0201	1,0404	1,0609	1,0816	1,1025	1,1236	1,1449	1,1664	1,1881	1,2100
3	1,0303	1,0612	1,0927	1,1249	1,1576	1,1910	1,2250	1,2597	1,2950	1,3310
4	1,0406	1,0824	1,1255	1,1699	1,2155	1,2625	1,3108	1,3605	1,4116	1,4641
5	1,0510	1,1041	1,1593	1,2167	1,2763	1,3382	1,4026	1,4693	1,5386	1,6105
6	1,0615	1,1262	1,1941	1,2653	1,3401	1,4185	1,5007	1,5869	1,6771	1,7716
7	1,0721	1,1487	1,2299	1,3159	1,4071	1,5036	1,6058	1,7138	1,8280	1,9487
8	1,0829	1,1717	1,2668	1,3686	1,4775	1,5938	1,7182	1,8509	1,9926	2,1436
9	1,0937	1,1951	1,3048	1,4233	1,5513	1,6895	1,8385	1,9990	2,1719	2,3579
10	1,1046	1,2190	1,3439	1,4802	1,6289	1,7908	1,9672	2,1589	2,3674	2,5937
11	1,1157	1,2434	1,3842	1,5395	1,7103	1,8983	2,1049	2,3316	2,5804	2,8531
12	1,1268	1,2682	1,4258	1,6010	1,7959	2,0122	2,2522	2,5182	2,8127	3,1384
13	1,1381	1,2936	1,4685	1,6651	1,8856	2,1329	2,4098	2,7196	3,0658	3,4523
14	1,1495	1,3195	1,5126	1,7317	1,9799	2,2609	2,5785	2,9372	3,3417	3,7975
15	1,1610	1,3459	1,5580	1,8009	2,0789	2,3966	2,7590	3,1722	3,6425	4,1772
16	1,1726	1,3728	1,6047	1,8730	2,1829	2,5404	2,9522	3,4259	3,9703	4,5950
17	1,1843	1,4002	1,6528	1,9479	2,2920	2,6928	3,1588	3,7000	4,3276	5,0545
18	1,1961	1,4282	1,7024	2,0258	2,4066	2,8543	3,3799	3,9960	4,7171	5,5599
19	1,2081	1,4568	1,7535	2,1068	2,5270	3,0256	3,6165	4,3157	5,1417	6,1159
20	1,2202	1,4859	1,8061	2,1911	2,6533	3,2071	3,8697	4,6610	5,6044	6,7275
21	1,2324	1,5157	1,8603	2,2788	2,7860	3,3996	4,1406	5,0338	6,1088	7,4002
22	1,2447	1,5460	1,9161	2,3699	2,9253	3,6035	4,4304	5,4365	6,6586	8,1403
23	1,2572	1,5769	1,9736	2,4647	3,0715	3,8197	4,7405	5,8715	7,2579	8,9543
24	1,2697	1,6084	2,0328	2,5633	3,2251	4,0489	5,0724	6,3412	7,9111	9,8497
25	1,2824	1,6406	2,0938	2,6658	3,3864	4,2919	5,4274	6,8485	8,6231	10,8347
26	1,2953	1,6734	2,1566	2,7725	3,5557	4,5494	5,8074	7,3964	9,3992	11,9182
27	1,3082	1,7069	2,2213	2,8834	3,7335	4,8223	6,2139	7,9881	10,2451	13,1100
28	1,3213	1,7410	2,2879	2,9987	3,9201	5,1117	6,6488	8,6271	11,1671	14,4210
29	1,3345	1,7758	2,3566	3,1187	4,1161	5,4184	7,1143	9,3173	12,1722	15,8631

Aufzinsungsfaktor Anhang X

n	1%	2%	3%	4%	5%	6%	7%	8%	9%	10%
30	1,3478	1,8114	2,4273	3,2434	4,3219	5,7435	7,6123	10,0627	13,2677	17,4494
31	1,3613	1,8476	2,5001	3,3731	4,5380	6,0881	8,1451	10,8677	14,4618	19,1943
32	1,3749	1,8845	2,5751	3,5081	4,7649	6,4534	8,7153	11,7371	15,7633	21,1138
33	1,3887	1,9222	2,6523	3,6484	5,0032	6,8406	9,3253	12,6760	17,1820	23,2252
34	1,4026	1,9607	2,7319	3,7943	5,2533	7,2510	9,9781	13,6901	18,7284	25,5477
35	1,4166	1,9999	2,8139	3,9461	5,5160	7,6861	10,6766	14,7853	20,4140	28,1024
36	1,4308	2,0399	2,8983	4,1039	5,7918	8,1473	11,4239	15,9682	22,2512	30,9127
37	1,4451	2,0807	2,9852	4,2681	6,0814	8,6361	12,2236	17,2456	24,2538	34,0039
38	1,4595	2,1223	3,0748	4,4388	6,3855	9,1543	13,0793	18,6253	26,4367	37,4043
39	1,4741	2,1647	3,1670	4,6164	6,7048	9,7035	13,9948	20,1153	28,8160	41,1448
40	1,4889	2,2080	3,2620	4,8010	7,0400	10,2857	14,9745	21,7245	31,4094	45,2593
41	1,5038	2,2522	3,3599	4,9931	7,3920	10,9029	16,0227	23,4625	34,2363	49,7852
42	1,5188	2,2972	3,4607	5,1928	7,7616	11,5570	17,1443	25,3395	37,3175	54,7637
43	1,5340	2,3432	3,5645	5,4005	8,1497	12,2505	18,3444	27,3666	40,6761	60,2401
44	1,5493	2,3901	3,6715	5,6165	8,5572	12,9855	19,6285	29,5560	44,3370	66,2641
45	1,5648	2,4379	3,7816	5,8412	8,9850	13,7646	21,0025	31,9204	48,3273	72,8905
46	1,5805	2,4866	3,8950	6,0748	9,4343	14,5905	22,4726	34,4741	52,6767	80,1795
47	1,5963	2,5363	4,0119	6,3178	9,9060	15,4659	24,0457	37,2320	57,4176	88,1975
48	1,6122	2,5871	4,1323	6,5705	10,4013	16,3939	25,7289	40,2106	62,5852	97,0172
49	1,6283	2,6388	4,2562	6,8333	10,9213	17,3775	27,5299	43,4274	68,2179	106,7190
50	1,6446	2,6916	4,3839	7,1067	11,4674	18,4202	29,4570	46,9016	74,3575	117,3909
51	1,6611	2,7454	4,5154	7,3910	12,0408	19,5254	31,5190	50,6537	81,0497	129,1299
52	1,6777	2,8003	4,6509	7,6866	12,6428	20,6969	33,7253	54,7060	88,3442	142,0429
53	1,6945	2,8563	4,7904	7,9941	13,2749	21,9387	36,0861	59,0825	96,2951	156,2472
54	1,7114	2,9135	4,9341	8,3138	13,9387	23,2550	38,6122	63,8091	104,9617	171,8719
55	1,7285	2,9717	5,0821	8,6464	14,6356	24,6503	41,3150	68,9139	114,4083	189,0591
56	1,7458	3,0312	5,2346	8,9922	15,3674	26,1293	44,2071	74,4270	124,7050	207,9651
57	1,7633	3,0918	5,3917	9,3519	16,1358	27,6971	47,3015	80,3811	135,9285	228,7616
58	1,7809	3,1536	5,5534	9,7260	16,9426	29,3589	50,6127	86,8116	148,1620	251,6377
59	1,7987	3,2167	5,7200	10,1150	17,7897	31,1205	54,1555	93,7565	161,4966	276,8015
60	1,8167	3,2810	5,8916	10,5196	18,6792	32,9877	57,9464	101,2571	176,0313	304,4816
61	1,8349	3,3467	6,0684	10,9404	19,6131	34,9670	62,0027	109,3576	191,8741	334,9298
62	1,8532	3,4136	6,2504	11,3780	20,5938	37,0650	66,3429	118,1062	209,1428	368,4228
63	1,8717	3,4819	6,4379	11,8332	21,6235	39,2889	70,9869	127,5547	227,9656	405,2651
64	1,8905	3,5515	6,6311	12,3065	22,7047	41,6462	75,9559	137,7591	248,4825	445,7916
65	1,9094	3,6225	6,8300	12,7987	23,8399	44,1450	81,2729	148,7798	270,8460	490,3707
66	1,9285	3,6950	7,0349	13,3107	25,0319	46,7937	86,9620	160,6822	295,2221	539,4078

Kleiber

3261

X Anhang

Aufzinsungsfaktor

n	1%	2%	3%	4%	5%	6%	7%	8%	9%	10%
67	1,9477	3,7689	7,2459	13,8431	26,2835	49,6013	93,0493	173,5368	321,7921	593,3486
68	1,9672	3,8443	7,4633	14,3968	27,5977	52,5774	99,5627	187,4198	350,7534	652,6834
69	1,9869	3,9211	7,6872	14,9727	28,9775	55,7320	106,5321	202,4133	382,3212	717,9518
70	2,0068	3,9996	7,9178	15,5716	30,4264	59,0759	113,9894	218,6064	416,7301	789,7470
71	2,0268	4,0795	8,1554	16,1945	31,9477	62,6205	121,9686	236,0949	454,2358	868,7217
72	2,0471	4,1611	8,4000	16,8423	33,5451	66,3777	130,5065	254,9825	495,1170	955,5938
73	2,0676	4,2444	8,6520	17,5160	35,2224	70,3604	139,6419	275,3811	539,6775	1051,1532
74	2,0882	4,3293	8,9116	18,2166	36,9835	74,5820	149,4168	297,4116	588,2485	1156,2685
75	2,1091	4,4158	9,1789	18,9453	38,8327	79,0569	159,8760	321,2045	641,1909	1271,8954
76	2,1302	4,5042	9,4543	19,7031	40,7743	83,8003	171,0673	346,9009	698,8981	1399,0849
77	2,1515	4,5942	9,7379	20,4912	42,8130	88,8284	183,0421	374,6530	761,7989	1538,9934
78	2,1730	4,6861	10,0301	21,3108	44,9537	94,1581	195,8550	404,6252	830,3608	1692,8927
79	2,1948	4,7798	10,3310	22,1633	47,2014	99,8075	209,5648	436,9952	905,0933	1862,1820
80	2,2167	4,8754	10,6409	23,0498	49,5614	105,7960	224,2344	471,9548	986,5517	2048,4002
81	2,2389	4,9729	10,9601	23,9718	52,0395	112,1438	239,9308	509,7112	1075,3413	2253,2402
82	2,2613	5,0724	11,2889	24,9307	54,6415	118,8724	256,7260	550,4881	1172,1220	2478,5643
83	2,2839	5,1739	11,6276	25,9279	57,3736	126,0047	274,6968	594,5272	1277,6130	2726,4207
84	2,3067	5,2773	11,9764	26,9650	60,2422	133,5650	293,9255	642,0893	1392,5982	2999,0628
85	2,3298	5,3829	12,3357	28,0436	63,2544	141,5789	314,5003	693,4565	1517,9320	3298,9690
86	2,3531	5,4905	12,7058	29,1653	66,4171	150,0736	336,5154	748,9330	1654,5459	3628,8659
87	2,3766	5,6003	13,0870	30,3320	69,7379	159,0781	360,0714	808,8476	1803,4550	3991,7525
88	2,4004	5,7124	13,4796	31,5452	73,2248	168,6227	385,2764	873,5555	1965,7660	4390,9278
89	2,4244	5,8266	13,8839	32,8071	76,8861	178,7401	412,2458	943,4399	2142,6849	4830,0206
90	2,4486	5,9431	14,3005	34,1193	80,7304	189,4645	441,1030	1018,9151	2335,5266	5313,0226
91	2,4731	6,0620	14,7295	35,4841	84,7669	200,8324	471,9802	1100,4283	2545,7240	5844,3249
92	2,4979	6,1832	15,1714	36,9035	89,0052	212,2823	505,0188	1188,4626	2774,8391	6428,7574
93	2,5228	6,3069	15,6265	38,3796	93,4555	225,6553	540,3701	1283,5396	3024,5747	7071,6331
94	2,5481	6,4330	16,0953	39,9148	98,1283	239,1946	578,1960	1386,2227	3296,7864	7778,7964
95	2,5735	6,5617	16,5782	41,5114	103,0347	253,5463	618,6697	1497,1205	3593,4971	8556,6760
96	2,5993	6,6929	17,0755	43,1718	108,1864	268,7590	661,9766	1616,8902	3916,9119	9412,3437
97	2,6253	6,8268	17,5878	44,8987	113,5957	284,8846	708,3150	1746,2414	4269,4340	10353,5780
98	2,6515	6,9633	18,1154	46,6947	119,2755	301,9776	757,8970	1885,9407	4653,6830	11388,9358
99	2,6780	7,1026	18,6589	48,5625	125,2393	320,0963	810,9498	2036,8160	5072,5145	12527,8294
100	2,7048	7,2446	19,2186	50,5049	131,5013	339,3021	867,7163	2199,7613	5529,0408	13780,6123

Abschreibungsdivisor

3.4 Abschreibungsdivisor $(q^n - 1)/(q - 1)$ - (Endwert einer nachschüssigen Rente)

n	Zinssatz									
	1%	2%	3%	4%	5%	6%	7%	8%	9%	10%
1	1,000	1,000	1,000	1,000	1,000	1,000	1,000	1,000	1,000	1,000
2	2,010	2,020	2,030	2,040	2,050	2,060	2,070	2,080	2,090	2,100
3	3,030	3,060	3,091	3,122	3,152	3,184	3,215	3,246	3,278	3,310
4	4,060	4,122	4,184	4,246	4,310	4,375	4,440	4,506	4,573	4,641
5	5,101	5,204	5,309	5,416	5,526	5,637	5,751	5,867	5,985	6,105
6	6,152	6,308	6,468	6,633	6,802	6,975	7,153	7,336	7,523	7,716
7	7,214	7,434	7,662	7,898	8,142	8,394	8,654	8,923	9,200	9,487
8	8,286	8,583	8,892	9,214	9,549	9,897	10,260	10,637	11,028	11,436
9	9,369	9,755	10,159	10,583	11,027	11,491	11,978	12,488	13,021	13,579
10	10,462	10,950	11,464	12,006	12,578	13,181	13,816	14,487	15,193	15,937
11	11,567	12,169	12,808	13,486	14,207	14,972	15,784	16,645	17,560	18,531
12	12,682	13,412	14,192	15,026	15,917	16,870	17,888	18,977	20,141	21,384
13	13,809	14,680	15,618	16,627	17,713	18,882	20,141	21,495	22,953	24,523
14	14,947	15,974	17,086	18,292	19,599	21,015	22,550	24,215	26,019	27,975
15	16,097	17,293	18,599	20,024	21,579	23,276	25,129	27,152	29,361	31,772
16	17,258	18,639	20,157	21,825	23,657	25,673	27,888	30,324	33,003	35,950
17	18,430	20,012	21,762	23,698	23,840	28,213	30,840	33,750	36,974	40,545
18	19,615	21,412	23,414	25,645	28,132	30,906	33,999	37,450	41,301	45,599
19	20,811	22,841	25,117	27,671	30,539	33,760	37,379	41,446	46,018	51,159
20	22,019	24,297	26,870	29,778	33,066	36,786	40,996	45,762	51,160	57,275
21	23,239	25,783	28,676	31,969	35,719	39,993	44,865	50,423	56,765	64,003
22	24,472	27,299	30,537	34,248	38,505	43,392	49,006	55,457	62,873	71,403
23	25,716	28,845	32,453	36,618	41,430	46,996	53,436	60,893	69,532	79,543
24	26,973	30,422	34,426	39,083	44,502	50,816	58,177	66,765	76,790	88,497
25	28,243	32,030	36,459	41,646	47,727	54,864	63,249	73,106	84,701	98,347
26	29,526	33,671	38,553	44,312	51,113	59,156	68,677	79,954	93,324	109,182
27	30,821	35,344	40,710	47,084	54,669	63,706	74,484	87,351	102,723	121,100
28	32,129	37,051	42,931	49,968	58,403	68,528	80,698	95,339	112,968	134,210
29	33,450	38,792	45,219	52,966	62,323	73,640	87,347	103,966	124,135	148,631
30	34,785	40,568	47,575	56,085	66,439	79,058	94,461	113,283	136,308	164,494
31	36,133	42,379	50,003	59,328	70,761	84,802	102,073	123,346	149,575	181,944
32	37,494	44,227	52,503	62,701	75,299	90,890	110,218	134,214	164,037	201,138
33	38,869	46,112	55,078	66,209	80,064	97,343	118,934	145,951	179,800	222,252
34	40,258	48,034	57,730	69,858	85,067	104,184	128,259	158,627	196,982	245,477
35	41,660	49,994	60,462	73,652	90,320	111,435	138,237	172,317	215,711	271,025
36	43,077	51,994	63,276	77,598	95,836	119,121	148,914	187,102	236,125	299,127
37	44,508	54,034	65,174	81,702	101,628	127,268	160,338	203,071	258,376	330,040
38	45,953	56,115	69,159	85,970	107,709	135,904	172,561	220,316	282,630	364,044
39	47,412	58,237	72,234	90,409	114,095	145,058	185,641	238,941	309,067	401,448
40	48,886	60,402	75,401	95,025	120,800	154,762	199,635	259,057	337,883	442,593
41	50,375	62,610	78,663	99,826	127,840	165,047	214,610	280,781	369,292	487,852
42	51,879	64,862	82,023	104,819	135,232	175,950	230,633	304,244	403,529	537,637
43	53,398	67,159	85,484	110,012	142,993	187,507	247,777	329,583	440,846	592,401
44	54,932	69,503	89,048	115,413	151,143	199,758	266,121	356,950	481,522	652,641
45	56,481	71,893	92,720	121,029	159,700	212,743	285,750	386,506	525,859	718,905
46	58,046	74,331	96,501	126,870	168,685	226,508	306,752	418,427	574,187	791,796
47	59,626	76,817	100,396	132,945	178,119	241,098	329,225	452,901	626,863	871,976
48	61,223	79,353	104,408	139,263	188,025	256,564	353,271	490,133	684,281	960,173
49	62,835	81,941	108,541	145,834	198,426	272,958	379,000	530,344	746,867	1 057,190
50	64,463	84,579	112,797	152,667	209,348	290,335	406,530	573,771	815,085	1 163,910
51	66,108	87,271	117,181	159,774	220,815	308,755	435,987	620,673	889,442	1 281,301
52	67,769	90,016	121,696	167,165	232,856	328,281	467,506	671,327	970,492	1 410,431
53	69,447	92,817	126,347	174,851	245,499	348,978	501,231	726,033	1 058,836	1 552,474
54	71,141	95,673	131,137	182,845	258,773	370,916	537,317	785,115	1 155,132	1 708,721
55	72,852	98,586	136,071	191,159	272,712	394,171	575,930	848,915	1 260,094	1 880,593
56	74,581	101,558	141,154	199,805	287,348	418,821	617,245	917,839	1 374,502	2 069,653
57	76,327	104,589	146,388	208,797	302,715	444,951	661,452	992,266	1 499,207	2 277,618
58	78,090	107,681	151,780	218,149	318,851	472,648	708,754	1 072,647	1 635,136	2 506,380
59	79,871	110,835	157,333	227,875	335,793	502,007	759,367	1 159,459	1 783,298	2 758,018
60	81,670	114,051	163,053	237,990	353,583	533,127	813,522	1 253,216	1 944,795	3 034,820

X Anhang

Abschreibungsdivisor

	Zinssatz									
n	1%	2%	3%	4%	5%	6%	7%	8%	9%	10%
61	83,486	117,332	168,945	248,510	372,262	566,115	871,469	1 354,473	2 120,827	3 339,302
62	85,321	120,679	175,013	259,450	391,875	601,081	933,472	1 463,831	2 312,701	3 674,232
63	87,174	124,093	181,264	270,828	412,469	638,146	999,815	1 581,937	2 521,844	4 042,655
64	89,046	127,575	187,701	282,661	434,092	677,435	1 070,802	1 709,493	2 749,810	4 447,921
65	90,937	131,126	194,333	294,968	456,797	719,081	1 146,758	1 847,252	2 998,293	4 893,713
66	92,846	134,749	201,162	307,767	480,637	763,226	1 228,031	1 996,032	3 269,140	5 384,084
67	94,774	138,444	208,197	321,077	505,669	810,019	1 314,993	2 156,715	3 564,363	5 923,493
68	96,722	142,212	215,443	334,920	531,952	859,620	1 408,043	2 330,252	3 886,156	6 516,842
69	98,689	146,057	222,907	349,317	559,550	912,198	1 507,606	2 517,672	4 236,910	7 169,527
70	100,676	149,978	230,594	364,290	588,527	967,929	1 614,139	2 720,086	4 619,231	7 887,480
71	102,683	153,977	238,512	379,861	618,953	1 027,005	1 728,128	2 938,693	5 035,962	8 677,228
72	104,710	158,057	246,667	396,056	650,901	1 089,625	1 850,097	3 174,789	5 490,199	9 545,951
73	106,757	162,218	255,067	412,898	684,446	1 156,003	1 980,604	3 429,772	5 985,317	10 501,547
74	108,825	166,462	263,719	430,414	719,668	1 226,363	2 120,247	3 705,154	6 524,996	11 552,701
75	110,913	170,792	272,630	448,630	756,652	1 300,945	2 269,664	4 002,566	7 113,246	12 708,972
76	113,022	175,207	281,809	467,576	795,484	1 380,001	2 429,541	4 323,772	7 754,438	13 980,868
77	115,152	179,712	291,264	487,279	836,258	1 463,801	2 600,609	4 670,674	8 453,338	15 379,956
78	117,304	184,306	301,002	507,770	879,071	1 552,629	2 783,651	5 045,328	9 215,139	16 918,953
79	119,477	188,992	311,032	529,081	924,025	1 646,787	2 979,507	5 449,955	10 045,501	18 611,848
80	121,671	193,772	321,363	551,244	971,226	1 746,594	3 189,073	5 886,951	10 950,597	20 474,033
81	123,888	198,647	332,003	574,294	1 020,787	1 852,390	3 413,308	6 358,907	11 937,151	22 522,436
82	126,127	203,620	342,963	598,265	1 072,827	1 964,533	3 653,240	6 868,621	13 012,495	24 775,680
83	128,388	208,693	354,252	623,196	1 127,468	2 083,405	3 909,967	7 419,110	14 184,619	27 254,248
84	130,672	213,866	365,880	649,124	1 184,841	2 209,409	4 184,665	8 013,639	15 462,236	29 980,674
85	132,979	219,144	377,856	676,089	1 245,083	2 342,973	4 478,592	8 655,730	16 854,838	32 979,742
86	135,309	224,527	390,192	704,132	1 308,337	2 484,551	4 793,093	9 349,189	18 372,773	36 278,719
87	137,662	230,017	402,898	733,297	1 374,754	2 634,625	5 129,610	10 098,125	20 027,324	39 907,590
88	140,038	235,617	415,985	763,629	1 444,492	2 793,702	5 489,683	10 906,976	21 830,783	43 899,352
89	142,439	240,330	429,464	795,174	1 517,716	2 962,323	5 874,961	11 780,534	23 796,555	48 290,285
90	144,863	247,156	443,348	827,981	1 594,602	3 141,063	6 287,208	12 723,978	25 939,246	53 120,320
91	147,312	253,100	457,649	862,101	1 675,332	3 330,526	6 728,313	13 742,896	28 274,777	58 433,352
92	149,785	259,161	472,378	897,585	1 760,099	3 531,358	7 200,296	14 843,328	30 820,510	64 277,684
93	152,283	265,345	487,549	934,488	1 849,104	3 744,239	7 705,316	16 031,795	33 595,355	70 706,461
94	154,806	271,652	503,176	972,867	1 942,559	3 969,893	8 245,689	17 315,340	36 619,941	77 778,109
95	157,354	278,085	519,271	1 012,782	2 040,687	4 209,086	8 823,888	18 701,568	39 916,734	85 556,914
96	159,927	284,646	535,849	1 054,293	2 143,721	4 462,631	9 442,561	20 198,693	43 510,242	94 113,609
97	162,526	291,339	552,925	1 097,465	2 251,907	4 731,389	10 104,540	21 815,590	47 427,168	103 525,969
98	165,152	298,166	570,512	1 142,364	2 365,502	5 016,272	10 812,859	23 561,838	51 696,613	113 879,570
99	167,803	305,129	588,628	1 089,058	2 484,777	5 318,249	11 570,760	25 447,785	56 350,309	125 268,531
100	170,481	312,232	607,286	1 237,620	2 610,016	5 638,343	12 381,713	27 484,611	61 422,840	137 796,391

Sachverzeichnis

Numerics
13er Werte 2061
2-Sigma Regel 892

A
Abbau von Bodenschätzen 959
Abbaugrundstück 3079
Abbauland 691
Abberufung von Gutachtern 280
Abbruch 2793
Abfallentsorgungsanlage
– stillgelegte 853
Abfindung in Geld 364
Abfindung in Land 364
Abgaben 295
– nach dem Kommunalabgabenrecht (KAG) 1428
Abgabenrechtliche Vorschriften 2587
Abgabenrechtlicher Zustand 1421, 2690
Abgehende
– Bahnfläche 2440
– Flughafenfläche 2461
– Gemeinbedarf 2384
– Kirchenbedarf 2468
– Post- und Fernmeldebedarf 2446
– Straßenflächen 2384
Abgeschlossenheitsbescheinigung 213
Abgeschlossenheitserklärung 2117
Abhängigkeit
– der Wertigkeit einer Eigentumswohnung vom Alter 2134
– des auf den Quadratmeter Grundstücksfläche bezog 1389
– des Bodenwerts von der Grundstückstiefe 1406
– von Erbbauzins und Wertsicherungsklausel 2910
– von Erdgeschossmieten 1509
Abkauf einer überbauten Grundstücksfläche 2950
Ablehnung
– eines Schiedsrichters 180
– von Behörden 130
Ablehnungsgesuch 129
Ablehnungsgründe 129
Ableitung
– besonderer Bodenrichtwerte 309
– der für die Wertermittlung erforderlichen Daten 323, 443
– der Umrechnungskoeffizienten 773
– des Bodenwerts aus fiktiven Erträgen 2653
– des Bodenwerts von werdendem Bauland 1505
– des Verkehrswerts 910, 1520
– des Verkehrswerts aus dem Vergleichswert 1316
– des Zimmerpreises aus dem Kaufpreis eines Hotels 2281
– von Bodenpreisindexreihen 1125
– von Bodenrichtwerten für Gebiete ohne Grundstücksverkehr 1105
– von den Bodenrichtwertspannen 1103
– von Gebäudefaktoren 1151
– von Liegenschaftszinssätzen 1232– 1233
– von Mietwerten 1085
– von Vergleichsfaktoren für bebaute Grundstücke 1141
Ablösebetrag für Stellplatzverpflichtung 1431
Ablösung
– Vereinbarung 2642
– von Ausgleichsbeträgen 2631
Abmahnung 101
Abnutzung 1841
Abriss 1106
Abrundung 346
Abschätzung
– der Wartezeit 545, 1478
– des Gefährdungspotenzials 845
Abschlag 1347
– wegen Übergröße 1406
Abschluss
– des Sanierungsverfahrens 2677
– von Miet- und Pachtverträgen 173
Abschöpfung
– im Wege des Durchgangserwerbs 2643
– sanierungsbedingter Vorteile 2751
– umlegungsbedingter Bodenwerterhöhungen 1463
Abschreibung 373, 1682, 1823, 2066, 2296
– bei Anwendung des Ertragswertverfahrens 2066
– des Gebäudes 1863
– Methode 1185
Abschreibungsbetrag 1827
Abschreibungsdivisor 1827
Abschreibungssatz 1823
Abschreibungszinssatz 1827
Abschrift des Gutachtens 305
Absetzung für Abnutzung (AfA) 2489
Abspaltung des Bodenwerts 1175
Absprache mit dem Auftraggeber 186
Abstandsfläche 770, 2445
Abstandszahlung 2979
Absterbeordnung 3026
Abtretung von Vorgartenflächen zur Straßenverbreiterung 2423
Abwägung 801
Abwägungsgebot 836– 837
Abwehrrecht 2435
Abweichende Grundstücksmerkmale 1354
Abweichung
– der Grundstücksgestalt 1409
– der lagetypischen von der realisierten Nutzung 2494
– der realisierbaren GFZ 1374
– der tatsächlichen von der lagetypischen/ zulässigen Nutzung 744, 1582
– der vertraglichen Miete 2146

XI Sachverzeichnis

- der wertbeeinflussenden Grundstücksmerkmale 1339, 1346, 1348
- des Bodenwerts vom Bodenrichtwert 1108
- des lageüblichen vom bauplanungsrechtlich zulässigen Maß der baul. Nutzung 1362
- von der üblichen Restnutzungsdauer 866

Abwicklung der Sanierungsmaßnahme 2589
Abzinsung
- des Endwerts 2631

Abzinsungsfaktor 1478
Achsmaß
- von Hotels 2274

Ackerland 584
Additives Verfahren 2708
Aggregation
- der gleichnamig gemachten Vergleichspreise 1520
- der Vergleichspreise 1308

Akten und Urkunden 398
Akteneinsicht 429
Aktuelles Beschaffungswertprinzip 2402
Akute Gefahrenstellen 854
Allgemeine Anforderungen an gesunde Wohn- und Arbeitsverhältnisse 861
Allgemeine Geschäftsbedingungen 148, 171
Allgemeine Grundsätze der Gutachtenerstattung 183
Allgemeine Schranken der Mieterhöhung 1768
Allgemeine Wertentwicklung 2617
Allgemeine Wertverhältnisse
- auf dem Grundstücksmarkt 549, 1122, 1127, 1168, 1187, 2418
- zum Wertermittlungsstichtag 335, 1128

Allgemeines
- Auskunftsrecht 400
- Ertragswertverfahren 1727
- Städtebaurecht 2598, 2633
- Vorkaufsrecht 348
- Wirtschafts- und Rechtsleben 310

Alten- und Pflegeheim 2303
Altenteil 3042
Altenwohnheim 2305, 2309
Alter 1182, 1805
- des Nießbrauchers 2968

Alterswertabschreibungskurve 1182
Alterswertminderung 1182, 1893, 2065, 3151, 3153
Alterung 1841
Altlasten 835, 838, 854, 2397, 2441
- im Bewertungsrecht 855

Altlastenkataster 2839
Altlastensanierungen 854
Altlastenverordnung 846
Einnahmen
- für Logis, Food 2276

Amtlich anerkannte Sachverständige 73
Amtliches Umlegungsverfahren 1477
Amtshilfe 410, 427
- durch den Gutachterausschuss 428
- Verpflichtungen des Gutachterausschusses 410

Amtspflichten des Gutachterausschusses 287

An- und Aufbauten 2494, 2657
Änderung
- baulicher Anlagen 2793, 2799
- einer zulässigen Nutzung 2609

Anerkennungsbetrag 2399
Anfangs-Bodenrichtwert 1098, 2694
Anfangsvermögen 2810
Anfangswert 1594, 2678, 2685
- Bodenrichtwerte 2615

Anfechtung 2671
Anflugsektor 2452
Anforderungen an gesunde Wohn- und Arbeitsverhältnisse 995
Angabe des Bodenwerts eines bebauten Grundstücks im Gutachten 206
Angebotspreis 1298
Angelsächsische Ertragswertmethode 1642
Angelsächsische Wertermittlungspraxis 1147
Angemessene Vergütung für das Erbbaurecht 2917
Angemessene Zu- und Abschläge 1346
Angemessener Erbbauzins 2890
Angleichung der Miete an die ortsübliche Vergleichsmiete 1771
Angleichungsmöglichkeiten für die Renten 2939
Angstwert 3098
Ankaufsberechtigung 2928
Ankaufsrecht 540, 2863
Ankaufsverpflichtung 2924
- zum vollen Verkehrswert 2893

Anknüpfungstatsachen 80, 190
Anlagebedingte Kosten 2295
Anlagen
- der öffentlichen Wasserversorgung 2999
- für kirchliche Zwecke 2462

Anlagevermögen 369
Anleihen 3077
Anmietrecht 1758
Anmietung von Einfamilienhäusern 1781
Anonymisierte Auskunftserteilung 275, 402
Anpassung an die örtliche Vergleichsmiete 1762
Anpassung des Erbbauzinses 2749
- für Wohnzwecke 2873

Anpassung nach billigem Ermessen 2885
Anpassungsgebiet 2603
Anpassungsklausel 2749, 2870, 2882
- abstrakte 2871
- konkrete 2871

Anpflanzungen 538, 1007, 2776
Anrechnung 2750
Anrechnung des Flächenabzugs auf den Flächenbeitrag 2769
Anrechnungsbeträge 2686
Anrechnungstatbestand 2751
Anschaffungsgeschäft 2792
Anschaffungskosten 2600
Anschaffungsnahe Herstellungskosten 2489
Anspruch
- auf die Wertermittlung 2812
- auf Ermittlung und Veröffentlichung von Bodenrichtwerten 414

Sachverzeichnis XI

- auf Nutzungsunterlassung 2961
- dritter Personen 148
Anstaltsgebrauch 2437
Anteil
- der unentgeltlich bereitzustellenden Flächen 1465
- der verbrauchsbedingten Wertminderung der Gebäude, Anlagen und Einrichtungen 1823
Antennenanlage 1007, 1045
Antennengrundstück 2444
Antennenträger 2445
Antragsberechtigung 300, 306– 307, 310– 311
Antragsrecht 304– 305
- des beauftragten Notars 314
- für die Ableitung besonderer Bodenrichtwerte 309
Anwendung
- der Flächenumlegung 2768
- der II. BV 238
- der ImmoWertV 516
- der Wertermittlungsverfahren 1484
- des betriebswirtschaftlichen Verfahrens 2299
- des Differenzwertverfahrens 2426
- des Ertragswertverfahrens 336, 1096, 1675, 1872, 2394, 2495, 2920
- des Extraktionsverfahrens (Residualwertverfahrens) 1462, 1484, 1496, 2395
- des Planungsschadensrechts 2420
- des Sachwertverfahrens 1568, 2281, 2394
- des Vergleichswertverfahrens 336, 935, 1282, 1306, 2464, 2685
- von Indexreihen 1133
- von Umrechnungskoeffizienten 1135
- von Wertfaktoren 2897
Anwendungsvoraussetzung für die Bagatellklausel 2673
Anzahl der Betten 2275
Anzeigepflicht bei Ablehnung 97
Apotheken 2237
Appraisal Standards Board (ASB) 112
Appraisers Qualification Board (AQB) 112
Äquivalenter Dauerschallpegel 813
Äquivalenzprinzip 2583
Äquivalenzstörung 2749, 2887
Arbeitsstättenrichtlinien (ASR) 2175
Arbeitsstättenverordnung (ArbStättVO) 2175
Arithmetisches Mittel aus Ertrags- und Sachwert 963
Arkade 1450, 2945
Arrondierungsfläche 1412, 1414, 2379
Art
- der Nutzung 769
- der Wohnung 1781
Art und Maß der baulichen Nutzung 391, 738, 1359
Auf- und Abrundung 346
Aufbau 1666
Aufbau eines Gutachtens 210
Aufbauten
- vorhandene 843
Aufenthaltsdauer 2275

Aufenthaltsraum 758
Aufgabe
- der Geschäftsstelle des Gutachterausschusses 281
- der kirchlichen Nutzungsbindung 2470
- der öffentlichen Zweckbindung 2439, 2446
- des Gutachterausschusses 299
- des Oberen Gutachterausschusses 435
- des Vorsitzenden des Gutachterausschusses 447
- einer militärischen Nutzung 769
Aufhebung
- der militärischen Zweckbindung 2392
- der Schiedsgutachterabrede 175
- der zulässigen Nutzung 2435, 2609
- des Preisstopps 259
- von Miet- oder Pachtverhältnissen 305
Auflagen oder Bedingungen 101, 391
Auflassungsvormerkung 3084, 3090
Aufrundungsverbot 3106
Aufschließungskosten 1457
- infrastrukturelle 1469
Aufteilung
- der Gesamtfläche in Vorder- und Hinterland 1409
- übergroßer Grundstücke 1382
Aufteilungsplan 2117
Auftragserteilung 183
Aufwendungsdarlehen 2509
Aufwendungszuschuss 2509
Aufwuchs 178, 530, 1525, 1676, 2047, 2425
Aufzeichnungs-, Aufbewahrungs- und Auskunftspflicht 97
Ausbau 2799
Ausbaufähiges Dachgeschoss 767
Ausbauverhältnis 252, 1000
Ausbeutung 332
Ausfallwagnis 1833
Ausfallwahrscheinlichkeit eines Mieters 1859
Ausgangswert 1469
Ausgebaute Dachfläche 757
Ausgebauter Kellerraum 235
Ausgestaltung des Nießbrauchs 2967
Ausgleichsabgabe nach Baumschutzverordnung 1433
Ausgleichsanspruch 796, 807, 2436
Ausgleichsbetrachtung 1434
Ausgleichsbetrag 1430, 2581, 2607, 2612, 2628, 2678, 2720, 2754, 2756– 2757, 2777
- Absehen vom 2673
Ausgleichsbetragsbescheid 315, 2670– 2671
Ausgleichsbetragserhebung 2642, 2663
Ausgleichsbetragsermittlung
- vor Abschluss der Gesamtmaßnahme 2734
Ausgleichsfläche 663, 2619
- in Sanierungsgebieten und Entwicklungsbereichen 666
Ausgleichsforderung 2811
Ausgleichsleistung 2771, 2777
Ausgleichsmaßnahme 663, 1433, 2690

XI Sachverzeichnis

Ausgleichszahlung
– nach Landespflegegesetz 1432
Auskunft 295, 391
– aus dem Liegenschaftskataster 220
– aus der Kaufpreissammlung 400
– über Bodenrichtwerte 419
Auskunftserteilung 275, 403
– nicht anonymisierte 403
Auskunftspflicht 424
Auskunftsrecht 419
Auskunftsverfahren 275
Auslagenersatz 289
Auslastung von Pflegeheimen 2313
Auslastungszahlen 2274
Ausreißer 1313, 1517
Ausschluss
– des Eigentümers von der Benutzung des Gebäudes 3022
– von der konjunkturellen Weiterentwicklung 2417
– von Gutachtern 286
– von Werterhöhungen 770, 2393
Ausschlussdienstbarkeit 2962
Ausschreibung 1299
Außenanlage 2046, 3152
Außenbereich 653, 769, 2366, 2392–2393, 2416, 2439, 2448, 2503
– bebaute Grundstücke 1551
Außenbereichssatzung 770
Außenwohnbereich 794, 800
– unbebauter 805
Außerdeckungsteil 3074
Außergewöhnlich hoher Erbbauzins in städtischen Bereichen 2888
Aussichtslage 1443
Aussichtsrecht 538, 3018
Ausstattung 1805, 2230
– der Wohnung 1787
– Merkmal 1787–1788, 1791
Ausübung
– von Vorkaufsrechten 348
Auswertung
– der Kaufpreise 1151
– der Kaufpreissammlung 316
– von Kaufverträgen 321
Auswirkungen eines Wohnungsrechts auf den Verkehrswert 3024
Autobahn 1413
Autohandel 2237
Average Room Rate (ARR) 2284

B

Badminton 1791
BaFin 3075
Bagatellfall 2673
Bahnanlage 2441
Bahnfremde Nutzungen 2441
Bahnunterfahrung 3012
Bahnverträglichkeit 2442
Balkon 766
Balkon oder Terrasse 237, 240, 1783, 2945

Bankenübliche Zinsen 1210, 1228, 1482
Barwert
– Faktor 1862
– verbundener Leibrenten 905
Bau- und Objektqualität 2227
Baudenkmal 1556, 2488, 2599
Bauerwartungsland 2387, 2394
Baufläche 363
Baugebiet 765
Baugenehmigung 2849
– rechtswidrig erteilte 1443
Baugesetzbuch (BauGB) 615, 644, 2397, 2435
Baugrundstück 766
Baukosten 1496, 2196, 2343
– Überschreitung 964
Baukunst 2936
Bauland 363, 1409, 3080, 3160
– Erschließung 2388
– Markt 2664
– Produktions- und Vermarktungskosten 1460, 1462, 1475
Baulandsteuer 261
Baulärm 823
Baulast 536, 777, 1387, 3085
Baulastenverzeichnis 2839
– unrichtige Eintragungen 2849
Bauleitplanerische Abwägung 1434
Bauleitplanung 836, 2598
Bauliche Anlage 363, 528, 774, 2394, 2607, 2776
– im Außenbereich 800
Bauliche Außenanlage 1526
Bauliche Entwicklung 1493
Bauliche Gestaltungsmöglichkeiten 2746
Bauliche Kennziffern 2273
Bauliche Nutzung 2439
– des Grundstücks 3012
Baulichkeiten 538
Baumangel 3103
Baumängel und Bauschäden 186, 461, 866, 972, 1732, 1841, 1893
Baumasse 247–248
Baumaßnahme (BMZ) 783, 2589, 2648, 2691
Bäume
– Fällung von 1435
Baumschutzsatzung 1435
Baunebenkosten 3153
Baunutzungsplan 764
Bauplanungsrecht 642, 2439
Bauplanungsrechtliche
– Festsetzung im Bebauungsplan 2366
– Gebietstypen der BauNVO 2171
– Grundlagen für Art und Maß der baulichen Nutzung 771
– Qualifizierung von Gewerbeflächen 747
– Vergangenheit des zu wertenden Grundstücks 1356
– zulässige Nutzung 1666
Bauplatz 3080
Baupreisindexreihen 337, 1122, 1881, 1903, 1947

Baurecht 2441, 2967
Baureife 649, 1453, 2392
– begründende rechtliche Gegebenheiten 642
Bauschaden 718, 3103
Bauschutzbereich 816
Baustufe 766
Bauteil 767
Bautypen 2196
Bauweise 766, 1377
Bauwerk 151
Bauwerksentschädigung und -vergütung bei Heimfall 2916
Bayerisches Sachverständigengesetz 91
BBauG-Novelle 1976 262
Beauftragung einer Sozialleistung 294
Bebaute Innenstadtbereiche 1547
Bebauter Ortsteil 2393, 2439
Bebautes Grundstück 958, 1209, 2420, 2458
Bebautes Mietwohngrundstück 941
Bebauung 767, 2739
– des Entwicklungsbereichs 2680
– des Sanierungsgebiets 2680, 2739
– von Bahnflächen 2438
Bebauungskomplex 767
Bebauungsplan 742, 752, 1359, 1434, 1474, 2392, 2619, 2689, 2781, 3059
– qualifizierter 644
– vorhabenbezogener 644
Bebauungsplangebiet 741
Bebauungsrecht 3080
Bedarfsbewertung 1102
Bedarfsträger 2398
Bedürfnisprüfung für Sachverständige 88
Beeidigung und öffentliche Bestellung als Sachverständiger 86
Beeinträchtigung
– der geplanten Nutzung 837
– der Lageverhältnisse 782
– der zulässigen Nutzbarkeit 2744
– des dienenden Grundstücks 2952
– durch Baumaßnahmen 786
– durch Verkehrslärm 793, 2436
Beendigung des Güterstands 2816
Beendigung von Miet- und Pachtverhältnissen 305
Befangenheit von Gutachtern und deren Ablehnung 285
Befugnisse
– des Gutachterausschusses 422
Befundtatsache 80
Begrenzung der Bewirtschaftungskosten 1819
Begründung von Wohnungs- und Teileigentum 2116
Begründungsgebot für Gutachten 191
Begründungsmittel 1792
Begutachtung von Grundstücksteilen und grundstücksgleichen Rechten 304
Beheizbarer Wintergarten 237
Beherbergungsgewerbe 2269
Beherbergungsumsatz 2278

Behörde 268
– und sonstige öffentliche Stellen 401
Beihilfe
– unerlaubte 271
Beiträge 2289
Beitrags- und abgabenrechtlicher Zustand 779
Beitragspflicht 2690
– für Erschließungsanlagen 2619
Beitreibungskosten 2675
Beizulegender Zeitwert 378
Belastungsgrenze 2584, 2645
Belegungsrecht 3020
Belegungszahlen
– Auslastungszahlen 2274
– Bettenbelegungen 2274
Beleihung
– von Grundstücken 362
Beleihungsauslauf 3076
Beleihungsgrenze 3074, 3083
Beleihungswert 357, 1891
– eines Hotels 2302
Beleihungswertermittlung 535, 642, 1172, 1679, 1685, 1702, 1849, 1853, 2159
Beleihungswertermittlungsverordnung (BelWertV) 518, 524, 1679, 1891
Beleihungswesen 380
Bemessung
– der Enteignungsentschädigung 347
– der Entschädigung 802, 2919
– der Jahresnettomiete in Höhe eines Vomhundertsatzes 2310
– des Kapitalisierungszinssatzes 2296
– des Nutzungsentgelts 2946
Benachteiligung des Erbbauberechtigten 2924
Benutzbarkeit des Grundstücks 784
Benutzung der Gemeinschaftsanlagen 1776
Benutzungs- und Entgeltverordnung 1792
Benutzungsdienstbarkeit 2962
Bepflanzung 940, 2691
Berechnung
– der Erbbauzinserhöhung 2877
– der Geschossflächenzahl 767
– der Veräußerungsfrist 2792
– der Wohnfläche 1783
– des Barwerts 902
Berechnungsmethoden 2392
Berechnungsverordnung (BV) 380
Berechtigtes Interesse 216, 400
Beregnungsanlage
– automatische 2369
Bergbaubedingte Erschütterungen 811
Bergfreie Bodenschätze 334, 699
Bergrecht 350, 536, 2847
Bergrechtsvereinheitlichung 699
Bergschaden 718
– an Gebäuden und Außenanlagen 718
Bergschadensgebiet 723
Bergschadenssicherungsmaßnahmen 722
Bergschadensverzicht 726, 3093
Berliner Mietspiegel 1441
Berliner Verfahren 963

XI Sachverzeichnis

Berücksichtigung
– der Altlast bei der Ermittlung des Einwurfswerts 2782
– der bauordnungsrechtlichen Anforderungen 2800
– der Grundstücksfinanzierungskosten 1496
– der Wertminderung wegen Alters 1745
– des Alters der baulichen Anlage 1148
– rechtlicher Gegebenheiten 2605
– sonstiger wertbeeinflussender Umstände 1306–1307, 1893
– ungewöhnlicher Aufwendungen bei Kaufpreisen 896
– ungewöhnlicher oder persönlicher Verhältnisse 330
– unterschiedlicher Zustandsmerkmale 1348
– von Altlasten bei Grundstücksveräußerungen des Bundes 854
– von Arkaden 1450
– von Vermögensvor- und -nachteilen 2434
Berufsgesetz für Sachverständige 68
Beschaffenheit
– der Wohnung 1781
– vereinbarte 137
Beschaffungswertprinzip 2402
Beschränkt dingliche Rechte 537, 2958
Beschränkt persönliche Dienstbarkeit 2964, 3018, 3043
Beschränkung
– der Haftung und Gewährleistung durch Verkürzung der Verjährungsfrist 149
– des Bewertungsprivilegs 2824
Besetzung des Gutachterausschusses 276
Besetzungsrecht 3020
Besichtigung 3171
Besitzüberlassung 2419
Besondere Betriebseinrichtungen 534
Besondere bodenrechtliche Vorschriften 2587
Besondere Bodenrichtwerte 1097, 2694–2695
Besondere Bodenrichtwertkarten 2695
Besondere Flächen der Land- oder Forstwirtschaft 612
Besondere objektspezifische Grundstücksmerkmale 1636
Besondere Sachkunde 85
Besondere Teilmärkte 1193
Besondere Zahlungsbedingungen 895–896
Besonderes Städtebaurecht 2598, 2627
Besonders verpflichtete Bausachverständige einer Kreissparkasse 143
Besonnungslage 1443
Bestandsangaben des Katasters über die Begrenzung des Grundstücks 209
Bestandsschutz 773, 2438, 2756
Bestandteile des Grundstücks 526
Bestehenbleibensvereinbarungen 2869
Bestellung
– eines Dauerwohnrechts 3042
– eines Nießbrauchs 2967
– eines Wohnungsrechts 3022
– und Abberufung von Gutachtern 279

– und Löschung 2964
– und Vereidigung von Sachverständigen 93
– von Erbbaurechten 2613
– zum Gutachter des Gutachterausschusses für Grundstücke 279
Bestellungsverlängerung 96
Besteuerung 396
Besteuerungsgrundlage für Grunderwerbsteuer 2602
Bestimmtheitsgrundsatz 2868
Bestimmtheitsmaß R 1352
Betrachtungszeitraum 1742
Betreiberimmobilie 2267
Betreibervergütung 2289
Betretungsrecht 425
– für Wohnungen 426
Betreutes Wohnen 2305
Betriebsarten
– des Beherbergungsgewerbes 2269
Betriebsbedingte Ausgaben 2373
Betriebseinrichtung 3169
Betriebskosten 1687, 1759, 1832, 3032
– Gewerberaummietvertrag 1772
– leerstandsbedingte 1034
Betriebsumsatz 2276
Betriebsverlagerungen 2601
Betriebswirtschaftliche Prüfung 115
Betriebswirtschaftliches Verfahren 2295
– Pflegeheim 2318
Bettenumsatzquote 2278
Beverage und Sonstiges 2276
Bewegliches Denkmal 2488
Bewegungsfläche innerhalb von Nutz- oder Funktionsflächen 225
Beweisaufnahme 77
Beweisbeschluss 77
Beweiserhebung durch Sachverständige 182
Beweisfrage 438
Beweislast der Mangelfreiheit des Werks 136
Beweismittel 399
Bewertung
– nach Umgebungsbebauung 2399
– nach Vorwirkungsgrundsatz 2401
– von Altlasten 854
– von Finanzinstrumenten 378
– von Gemeinbedarfsflächen 2383
– von Landgütern beim Zugewinnausgleich 2821
– von Praxen 956
Bewertungsgesellschaft 265
Bewertungsprivileg 2824
– beim Zugewinn 2819
– für landwirtschaftliche Grundstücke 2635
Bewertungsstandard 368
Bewertungsstelle 271
Bewertungszeitraum 787
Bewilligungsmiete 2747
Bewirtschaftungskosten 1681, 1732, 1776, 1821, 1832, 2146, 2202, 2288, 2310, 2343, 2379, 2500, 2638, 3023
– Kostengruppen 1816

Sachverzeichnis XI

- nicht umgelegte 1750
- nicht umlagefähige 3032

Bezugseinheit
- für die Ableitung der Gebäudefaktoren 1150

Bezugsfertigungsjahr 1845
Bezugszeitpunkt 1307
BGF 222; siehe *Brutto-Grundfläche*
Bierausschank 3016
Bierbezugsvertrag 3015
Bieterverfahren 1299
Bilanzbewertung 1546
Bilanzrecht 367, 372
Bilanzstichtag 374
Bildung von Gutachterausschüssen 446
Bindungsfrist 2925
Board of Trustees (BOT) 112
Bodenbelastung 837
Bodenbeschaffenheit (Baugrund) 1420
Bodenbewertung 261
Bodenbezogene Förderungen 1474
Bodendenkmal 2488
Bodenmarkt 957, 2118
Bodenordnung 2647
Bodenpolitische Konzeption
- für Sanierungsgebiete 2604

Bodenpreis 1279
Bodenpreisindex 2875
Bodenpreisindexreihe 324, 1105, 1125
Bodenpreisindexzahl 1127
Bodenrichtwerte 309, 413, 936, 1092, 1097, 1285, 1900
- Ableitung von 772, 816
- allgemeine 1097
- als Grundlage der Wertermittlung 1096
- Anfangs-Bodenrichtwert 1098
- Auskunft über 418–419
- besondere 1097
- Definition und Darstellung in Karten 413
- End-Bodenrichtwert 1098
- für bebaute Gebiete 416
- für Grundstücke mit 1- oder 2-geschossiger Bebauung 1438
- für Grundstücke mit 3- oder mehrgeschossiger Bebauung 1438
- für land- oder forstwirtschaftliche Flächen 417
- für steuerliche Bewertungen 417
- Publizität der 418
- Typologie der 1097
- Übersichten über die 420
- Verbindlichkeit für die Finanzverwaltung 1101
- zum Zwecke der Einheits- und Grundbesitzbewertung 1100
- Zweifel an der Stimmigkeit der 1096

Bodenrichtwertermittlung 1339
- als Pflichtaufgabe 415
- in bebauten Gebieten 1106

Bodenrichtwertgrundstück 414, 1380
Bodenrichtwertkarte 1105, 1107, 2440
Bodenrichtwertliste 1107, 1109
Bodenrichtwertspanne 1103
Bodenrichtwertübersicht 324, 420, 444, 452

Bodenrichtwertverfahren 2653
Bodenrichtwertzone 1105
Bodenschätze 1525
Bodenschätzung 218
Bodenschutzrechtlicher Ausgleichsbetrag 1430
Bodensondierung 1633, 1660
- bei übergroßen Grundstücken 1568

Bodenwert 206, 531, 1149, 1180, 1524, 1666, 2157, 2197, 2309, 2342, 2363, 2379, 2396, 2430, 2458, 2494, 2502, 2638, 2708, 2739, 2779, 3146, 3148
- angemessene Verzinsung 2891
- auf der Grundlage eines fiktiven Ertrags 1487
- baulicher Anlagen 1891
- der eingeworfenen oder (und) der zuzuteilenden Grundstücke 2769
- der Umgriffsfläche 1663
- des begünstigten Grundstücks 2996
- des Grundstücks unter Berücksichtigung der durch die Umlegung bewirkten Wertänderungen 2787
- des unbebaut gedachten Grundstücks 1900
- des warteständigen Baulandes 1457
- einer Gemeinbedarfsnutzung 1792
- eines erschlossenen (baureifen) Grundstücks 2787
- künftiger Golfanlagen 2363
- landwirtschaftlicher Hofstellen 1403
- sanierungs- bzw. entwicklungsunbeeinflusster 1099
- steuerliche Bewertung 1900
- unter Berücksichtigung der tatsächlichen und rechtlich zulässigen Nutzung 1099
- voller 2920
- von Grundstücken mit Freilegungssubstanz 1552
- von im Außenbereich baurechtswidrig bebauten Grundstücken 658

Bodenwertanteil 1548–1549, 2890, 2892, 2903
Bodenwertdämpfung 1531, 1547
Bodenwertentwicklung
- von baureifem Land, Rohbauland sowie Bauerwartungsland 1125

Bodenwerterhöhung 2644, 2648, 2708, 2719, 2747, 2750–2751, 2756
- der dem Gebäude zurechenbaren Fläche 2698

Bodenwerterhöhungen
- realisierbare 1596

Bodenwertermittlung 657, 913, 936, 1333, 2046, 2191, 2364, 2495
- auf der Grundlage der Ertragsfähigkeit 1509
- aus dem zu erwartenden Ertrag 937
- bebauter Grundstücke 1529
- bei warteständigem Bauland 1454
- deduktive 1452
- in Bergschadensgebieten 723
- kalkulatorische 1487
- mittels Vergleichspreisen 1334
- von Fabrikgrundstücken 2191

Bodenwertgefüge 2240

XI Sachverzeichnis

Bodenwertverzinsungsbetrag 1664, 1673, 1696, 2430
Bodenwertzuwachs 1599
Bodenzustandsstufe 594
Bonität
– der Mietverhältnisse 1859
Branche 2254
Branchenmix 2253
Branchenspezifischer Flächenanspruch 2244
Breite der Straßenfront 1413
BRI 2058; siehe *Brutto-Rauminhalt*
Bruchteilsbewertung 914
Bruchteilsmethode 2431
Bruchteilsnießbrauch 2967
Brunnenrecht 2957
Brutto- und Nettofläche des Erschließungsgebiets 1464
Bruttobaulandfläche 1470
Bruttobetriebsgewinn 2296
Brutto-Grundfläche (BGF) 222– 223, 1000
– eines Spitzbodens 231
Bruttokaltmiete 1760
Bruttomiete 1796
Brutto-Rauminhalt (BRI) 223, 251
Bruttorohbauland 633
Bruttowarmmiete 1760
Bruttowochenverdienste 2876
Bundesanstalt für Finanzdienstleistungsaufsicht (BaFin) 3075– 3076, 3096
Bundesbeauftragter für den Datenschutz 395
Bundesberggesetz (BBergG) 350
Bundes-Bodenschutzgesetz 846
Bundesdatenschutzgesetz 410
Bundes-Immissionsschutzgesetz 795, 819, 828
Bundesministerium für Ernährung, Landwirtschaft und Forsten 295
Bundesverfassungsgericht 394
Burgen 2502
Büro- und Praxisgemeinschaften 123
Büro- und Sozialteil 2196
Bürogebäude 749, 1363, 2173
– mit Mietgarantie 2186

C

Chartered Surveyors 113
City-Lage 2234

D

Dachgarten 237, 1782
Dachgeschoss 250, 758, 2138
Dachgeschossausbau 757
Dachraum 247
Dämpfung
– bei Anwendung des Ertragswertverfahrens 1538
– des Bodenwerts 1531
– von Bodenwerten bei Anwendung des Sachwertverfahrens 1541
Dämpfungsmethode 1537
Dämpfungsmethodik des Gutachterausschusses 1542

Darlehen 2659
Darlehenssicherung 539
Datenschutzgesetz 269
– der Länder 284
Datenschutzrechtliche Bedenken 390
Dauerhafter Leerstand 1833
Dauerschallpegel 813
Dauerwohnrecht 538, 3042
Debt Service Coverage Ratio (DSCR) 3075
Deckungsgrad (Debt Service Coverage Ratio, DSCR) 3075
Deckungsstock 3074, 3077
Deduktives Verfahren 1453, 2440, 2782
Definition
– des Verkehrswerts (Marktwerts) 326, 329
– von Bodenrichtwerten 413
Denkmal 2471
Denkmalbuch 2839
Denkmalgeschützte Gebäude 1559
Denkmalgeschützte Park- und Gartenanlagen 2488
Denkmalpflegerische Sonderaufwendungen 2481
Denkmalschutz 770, 1007
– in der steuerlichen Bewertung 2507
Denkmalschutzliste 2839
Denkmalschutzrechtliche Unterschutzstellung 2484
Depreciated Replacement Costs (DRC) 344
Depreciated Replacement Cost Approach 1871
Deregulierungsbericht 88
Deutscher Immobilien Index 1134
Deutscher Immobilienaktienindex 1134
Deutsches Institut für Urbanistik 2783
Dienstaufsicht 298
Dienstbarkeit 536, 777, 2840, 2960
Dienstleistungsbranche 2237
Differenzierung des Rohbaulandwerts 2782
Differenzwertverfahren 914, 2425
DIN 276 528, 987, 1908, 1968
DIN 277 223, 2056
DIN 283 232, 240
DIN EN 45013 405
Dingliche Rechte 2839
– am Erbbaurecht 2869
Dinglicher Erbbauzins 2867
Dingliches Nutzungsrecht 538, 1424
Dingliches Vorkaufsrecht 3056
Dingliches Wiederkaufsrecht 3061
Discounted Cash Flow Verfahren 920, 1228, 1610
Diskontierungszinssatz 1209
– örtlicher Grundstücksmarkt 1479
Dispositionsfreiheit 1531
Doppelbelegungsquote 2275
Doppelberücksichtigung
– eines bestehenden Risikos 1485
Dritthaftungsausschluss 143
Drittschaden 146
Drittverwendungsfähigkeit 188, 340, 2194, 2267, 3109
Duldungspflicht 424– 425, 2950

Sachverzeichnis XI

Durchführung
- der Sanierung 2616
- des schiedsrichterlichen Verfahrens 181
- von Ausgleichsmaßnahmen 2787

Durchgangserwerb 2643, 2660
Durchgangsstraße
- stark frequentierte 792

Durchschneidung eines geschlossenen Landguts 1412
Durchschneidungsschaden 958
Durchschnittspacht 2286
Durchschnittspreise von Eigentumswohnungen 2131
Durchschnittsumsatz 2286
Dynamische Wertermittlungsmethode 1205
Dynamisierung des Anfangswerts 2631

E

Eckgrundstück 1445, 2253, 2787
- in Geschäftslagen 1446

Ehrenamtliche Gutachter 289
Eigene Aufwendungen 2752
Eigene Bodenwerterhöhung 2621, 2686, 2752
Eigengenutzte Grundstück 943, 2491
Eigenheim 343
Eigennutzung 943, 956
Eigenschaften der Eigentumswohnung 2131
Eigentum 402, 824
- auf Zeit 2858

Eigentümerangaben 219
Eigentümerbetriebe
- Pachtbetriebe 2269

Eigentümerdienstbarkeit 2965
Eigentümererbbaurecht 2861, 2929
Eigentumsmaßnahmen 1357
Eigentumsverhältnisse 212
Eigentumswohnung 343, 930, 935, 957, 1216, 1831, 1891
- ohne Balkon 2131

Eigentumswohnungsgebiet 1439, 2118
Eignung von Vergleichspreisen 2685
Ein- und Zweifamilienhäuser 941, 1191, 1362
Einfache (leichte) Fahrlässigkeit 137
Einfache Wohnlage 1439
Einfacher Bebauungsplan 742
Einfamilienhaus 791, 930, 941, 1847, 1891, 2089, 3102
- mit mehreren Bauteilen (Gebäudemix, Teilunterkellerung) 2094
- mit mehreren Bauteilen (Gebäudemix, unterschiedliche Dächer) 2096
- mit mehrfachem Um- und Anbau 2092

Einfamilienhausgrundstück 935, 941
Einfriedung 2370
Einführungserlass der Argebau 2597
Eingeschränkte Nutzbarkeit 2746
Eingeschränkter Interessentenkreis 775
Eingeschränkter Käuferkreis 958
Eingleisiges Ertragswertverfahren 1615
Eingriff in Natur und Landschaft 1433, 2691, 3059

Einheitsbewertung 792, 1097
Einigung und Eintragung im Grundbuch 3067
Einigungsvertrag 265
Einkaufszentrum 2227
Einkommensteuer 2488, 2792
Einkünfte aus Vermietung und Verpachtung, Werbungskosten 1825
Einnahmeausfall 2660
Einnahmen
- aus Reit- und Pensionsbetrieben 2379
- eines Hotelbetriebs 2284

Einnahmestruktur von (Alten-)Pflegeheimen 2311
Einräumung
- eines Notwegs 2951
- eines Vorkaufsrechts 3058

Einräumungsvertrag 2116
Einschätzung
- bezüglich Größe der Wohnungen, Grundrissgestaltung 774
- von Baumängeln und Bauschäden 186

Einsichtsrecht 215, 220
Einwurfswert 2780
Einzelgutachten 315
Einzelhandelsagglomerationen 2227
Einzelhandelsbesatz mit gutem Branchenmix 2234
Einzelhandelsbetrieb 749, 2172, 2227
Einzelhandelsimmobilie 2243
Einzelhandelslage 2231, 2235
Einzelhandelsobjekt 1437
Einzelhandelsumsatz 2237
- pro Kopf der ortsansässigen Bevölkerung 2235

Einzweckbauten 2368
Eisenbahn 797
Eisenbahn-Bundesamt (EBA) 2437
Elektromagnetisches Feld 827–828
Elektrosmog 827
Empfehlungen der SSK „Elektrische und magnetische Felder im Alltag" 828
End-Bodenrichtwert 1098, 2694
Endliche Rente 1862
Endvermögen 2810
Endwert 2678
Endwertermittlung 2738
Energiekosten 2288
Enteignender Eingriff 809
Enteignete Grundstücksteilfläche 2751
Enteignung 305, 893, 2418, 2796
- Vermeidung 2414

Enteignungsbegünstigte 894
Enteignungsbehörde 308
Enteignungsentschädigung 557, 2413–2414, 2612
Enteignungsgesetze der Länder 347
Enteignungsverfahren 3092
Enteignungsvorgang 2419
Enteignungsvorwirkung 2745
Entgeltliches Wohnungsrecht 3023
Entschädigung 327, 796–797, 801–802, 2623, 2751, 2904

XI Sachverzeichnis

- auf Grund anderer Gesetze 308
- für das Bauwerk 2864, 2918, 2920
- für die Grundstückswertminderung 815
- für Manöverlärm 823
- für Vermögensnachteile 305, 426
- für zu erwerbende Grundstücke 2451
- in Land 2751
- von Mitgliedern des Gutachterausschusses 288
- wegen hoheitlichen Eingriffs in das Grundeigentum 2435
- wegen verbleibender Beeinträchtigungen 801

Entschädigungsanspruch 783, 786, 801, 1356, 2435, 2483, 2609
- für Beeinträchtigungen eines Grundstücks 809

Entschädigungsbestimmung 2626
Entschädigungspflichtiger Eingriff 783
Entschädigungsrecht 307, 347, 2625
Entschädigungswert 3059
Entscheidung durch ein Schiedsgericht 178
Entscheidungsgehilfen des Gerichts 169
Entschuldigter Überbau 2936
Entwässerung 2369
Entwicklung 2647
- der allgemeinen Wertverhältnisse 1122
- der Mieten 1673
- des Standorts 2229

Entwicklungsbedingte Bodenwerterhöhung 2580, 2612, 2643, 2657
Entwicklungsbedingter Zwischenerwerb eines Grundstücks 2602
Entwicklungsbereich 443, 666, 1673, 2594, 2603
Entwicklungskosten 1472, 1496
Entwicklungsmaßnahme 557, 2595, 2617, 2627, 2633, 2644, 2692, 2757
Entwicklungspotenzial 337, 339, 915
Entwicklungsträger 307
Entwicklungsunbeeinflusster Bodenwert 1674, 2635, 2639, 2678
Entwicklungsunbeeinflusster Grundstückswert 1457, 2595, 2605, 2612, 2635, 2654
Entwicklungszustand 559, 2417, 2438
Entwicklungszustandsstufe 569
Entwidmung 2437, 2441, 2454
Erbauseinandersetzung 2924
Erbbauberechtigter 333, 402, 2859, 2927
Erbbaugrundbuch 2859
Erbbaugrundstück 1195
Erbbaurecht 213, 380, 536, 2749, 2847, 2857, 2923, 2927, 3061, 3162
- an bebauten Grundstücken bei kurzer Restlaufzeit 2911
- auf Grund Sachenrechtsbereinigungsgesetz 2872
- belastetes Grundstück 333, 343, 2748
- gewerbliches 2867
- Unterbewertung 2924
- zu Wohnzwecken 2872

Erbbaurechtausgeber 2868, 2895
Erbbaurechtsbestellung an bereits bebauten Grundstücken 2915

Erbbauvertrag 2862, 2891
Erbbauzins 2859, 2864, 2870, 2888
Erbbauzinsreallast 2869, 3088
- am Erbbaurecht 2867

Erbschaft- und Schenkungsteuer 2488
Erdgeschoss 250
Erdgeschossige Ladennutzung 1374
Erdgeschossmietenverfahren 2708
Erdgeschossrohmiete 937
Erfahrungssätze 1462, 1474
Ergänzende Hinweise
- für das Gebiet der neuen Länder 539

Ergänzungsgebiet 2660
Erhaltungsaufwand 1692
Erhaltungsmaßnahmen 797
Erhaltungsrecht 1007
Erhaltungssatzung 2792
Erhaltungszustand 2065
Erhebliche Abweichung 892, 1373
Erhebung von Ausgleichsbeträgen 2675
Erhebung von Gebühren 406
Erhebungsumfang 424
Erhöhung
- der jährlichen Miete 1765
- der Kapitalkosten 1766

Erhöhungsverlangen 1764
Erholungswald 606
Erker 236, 766, 2945
Erlass und Niederschlagung 2677
Erlebenswahrscheinlichkeit 903
Erlöschen des Erbbaurechts 2864
Ermächtigung 439
- der Bundesregierung 440
- der Landesregierungen 445

Ermächtigungsgrundlagen 257, 266, 441
Ermittlung
- besonderer Bodenrichtwerte 1098
- bestimmter Wertanteile am Verkehrswert 304
- der abschöpfungsfähigen sanierungs- bzw. entwicklungsbedingten Bodenwerterhöhung 2673
- der Alterswertminderung 2067
- der Anfangs- und Endwerte 2669
- der Beeinträchtigung des Außenwohnbereichs 803
- der Bemessungsgrundlagen für die Grundsteuer 2488
- der Bodenpreisindexreihen 1125
- der Bodenrichtwerte 277
- der Brutto-Grundfläche (BGF) nach DIN 277 226
- der geringfügigen Bodenwerterhöhung 2676
- der Grundfläche 236
- der Herstellungskosten 2060
- der Instandhaltungskosten 1846
- der Netto-Grundfläche (NGF) 230
- der Nettokaltmiete/Grundmiete 1753
- der nicht umgelegten Betriebskosten 1834
- der ortsüblichen Pacht 680
- der sanierungsbedingten Werterhöhung 304
- der Wahrscheinlichkeit des Eintritts der Pflegebedürftigkeit 3046

Sachverzeichnis XI

- der Wohn- oder Nutzfläche 231
- des Anfangswerts 1598, 2622, 2686, 2739
- des Anfangswerts des herabgezonten Grundstückszustands 2686
- des Ausgleichsanspruchs 2436
- des Ausgleichsbetrags 1098
- des Barwerts der Reinerträge 2311
- des beizulegenden Zeitwerts 377
- des Beleihungswerts 362, 1891
- des Beleihungswerts für eine Hypothekenbank 2184
- des Beleihungswerts für eine Sparkasse 2185
- des Bodenwerts bebauter Grundstücke 1523
- des Bodenwerts von Gemeinbedarfsflächen 957
- des Bodenwertverzinsungsbetrags 2641
- des Brutto-Rauminhalts (BRI) 251
- des Endwerts vor Abschluss der Sanierungsmaßnahme 2631
- des entwicklungsunbeeinflussten Grundstückswerts 2606– 2607, 2624, 2633
- des Ertrags- und Sachwerts 1832
- des gemeinen Werts 1279
- des Grundbesitzwerts 1101
- des Grundstücksreinertrags 1751
- des Herstellungswerts von Gebäuden nach Normalherstellungskosten 2050
- des Liquidationswerts 2825
- des Minderungsbetrags 1432
- des Minderwerts 720
- des Neuordnungswerts 2642, 2646, 2648, 2653, 2656
- des Reinertrags 1748, 2379
- des Roh- und Reinertrags 2636
- des umbauten Raums auf der Grundlage der DIN 277 248
- des Unterschieds zwischen Rohbauland und baureifem Land 1355
- des Verkehrswerts 2203, 2817
- des Verkehrswerts von baulich für Gemeinbedarfszwecke genutzte Grundstücke 1791
- des Volumens 247
- des vorläufigen Ertragswerts 1846
- des wertmäßigen Einflusses durchgeführter Sanierungsmaßnahmen 2710
- des Werts baulicher Anlagen 859
- des wirtschaftlichen Vorteils 2946
- des Zugewinnausgleichs 2826
- des Zuteilungswerts 2789
- eines Überschusses 2646
- ergänzender Vorgaben für die Ermittlung (steuerlichen) Bodenrichtwerte 1102
- marktüblich erzielbarer Mieten/Pachten 1754
- nach tatsächlichen Herstellungskosten 2059
- sanierungs- und entwicklungsunbeeinflusster Grundstückswerte 1292, 2609, 2627, 2635
- von allgemeinen Bodenrichtwerten 1097
- von Ankaufpreisen 1493
- von Ausgleichsbeträgen 2678
- von Bodenrichtwerten 1105, 1128, 1492
- von gewerblichen Flächen 232
- von Grundstückswerten für die Bemessung von Pflichtteilsansprüchen 2827
- von sanierungsbedingten Bodenwerterhöhungen 2708
- von Verkehrswerten (Marktwerten) 91

Ermittlung des Bodenwerts bebauter Grundstücke 2779
Erneuerungsrücklage 1824, 1826, 2289
Eröffnungsbilanz 368
Ersatz- und Ergänzungsgebiet 2603
Ersatzbepflanzung 1435
Ersatzbeschaffung 2403
Ersatzbeschaffungskosten 1871, 2467, 2505
Ersatzbeschaffungsprinzip 2403
Ersatzbeschaffungswert des Gebäudes 2055
Ersatzgebiete 2660
Ersatzlandbereitstellung 364
Ersatzlösungen bei fehlenden Vergleichspreisen 1298
Erschließung 644, 1470, 2598
Erschließungsanlage 2619, 2753
Erschließungsbeitrag 1430, 1470, 2904, 2921
Erschließungsbeitragsfreier (ebf) Bodenwert 1363, 1669
Erschließungsbeitragsfreies (ebf) Grundstück 2647, 2690
Erschließungsbeitragspflichtige Zuteilung 2788
Erschließungsfläche 2385
Erschließungsflächenbeitragsfreie Zuteilung 2787
Erschließungskosten 1469, 2503
Erschließungsplan 2597
Erschließungsumlegung 2781
Erschließungsvertrag 1424
Erschließungsvorteil 2709
Erschütterung 826, 3012
Erstattung einer Sozialleistung 294
Erstattung von Gutachten 287, 311
Erstaufforstung 1435
Erstellungskosten je Kinoplatz 2360
Erteilung
- einer Baugenehmigung 2849
- von Auflagen 101
- von Auskünften 419, 429

Ertrag 2244
- aus Ladennutzungen 2248

Ertrags- und Sachwertverfahren unter Heranziehung gedämpfter Bodenwerte 1537
Ertragsdifferenzialverfahren 2697
Ertragsfaktor 936, 1141, 1145, 1320, 1644
- Ermittlung 1145

Ertragssituation 2947
Ertragsteuer 2600
Ertragsverhältnis 781, 922, 954, 1228, 2198, 2348, 2372, 2374, 2614, 2657
- von Fach- und Verbrauchermärkten 2260

Ertragswert 939, 956, 1228, 1234, 1279, 1495, 2343, 2495, 2636, 2819, 3102
- eines land- oder forstwirtschaftlichen Betriebs 2819, 2831

XI Sachverzeichnis

Ertragswertermittlung 930, 1529, 1752
– auf der Grundlage einer begrenzten Restnutzungsdauer 1703
– nach Runge 1744
Ertragswertobjekt 962
Ertragswertverfahren 204, 706, 920, 922, 938, 940, 942–943, 957, 967, 1232, 1535, 1601, 1730, 2119, 2146, 2283, 2310, 2365, 2378, 2394, 2430, 2464, 2506, 3111
– in Sanierungsgebieten und Entwicklungsbereichen 2635–2636, 2652, 2656
Erweiterung baulicher Anlagen 2799
Erwerbsrecht 540
Europäischer Beleihungswert 362
European Society of Chartered Surveyors (ESCS) 115
Existing Use Value (EUV) 344, 383
Externe Effekte 2620, 2627
Extraktionsverfahren 913, 916, 1487, 2395
– auf der Grundlage der Baulandproduktionskosten 1453
– bei baureifem Land 1487, 1492
– bei warteständigem Bauland 1459

F

Fachgremien 95
Fachplanung 2438
Fachplanungsrechtlicher Ausgleichsanspruch 2436
Fahrgerechtigkeit 2982
Fahrlässigkeit bei Gutachten 137
Fair Value 378
Fakultative Wertermittlung 304
Fälligstellung des Ausgleichsbetrags 2670, 2777
Fehlerbetrachtung (Ertragswertverfahren) 1711
Fehlerhaftigkeit 176
– fehlerhaftes Gutachten 844
Fehlnutzung 1041
Ferienlager 2294
Fernmeldewesen 2444
Fernstraßengesetz 2400
Festsetzung für den sozialen Wohnungsbau 775
Feststellung des Bestehens oder Nichtbestehens eines Mietverhältnisses 179
Fiktive Folgenutzung 2458
Fiktiver Raummeterpreis 2505
Fiktives Baujahr 1754
Fiktives Ersatzbeschaffungsprinzip 2404
Filialisierungsgrad 2235
Finanzamt 397
Finanzanlage 371
Finanzbehörde 277, 308
Finanzgericht 311
Finanzierung 1497, 1503, 2580, 2644
Finanzierungskosten 916
– für die Gesamtentwicklung 1497
Finanzmathematische Berechnung 2924
Finanzmathematische Methode 2896, 2903
Finanzverwaltung 855
Firmenwert 2826, 2833
Fischereirecht 2847

Fläche
– der Land- oder Forstwirtschaft 2634
– einer baulichen Anlage 221
– für Sport- und Spielanlagen bzw. Sportplätze 2366
Flächen- bzw. Raumbedarf 2368
Flächen und Volumina baulicher Anlagen 221
Flächen- und Wertumlegung 2765
Flächenabgrenzung 2459
Flächenabzug 2763, 2765
Flächenbedarf in der Restauration 2278
Flächenbeitrag 2765
Flächenberechnungen 204
Flächeneffizienz 2177
Flächeneinheit 222
Flächenermittlung 221
Flächennutzungsplan 741, 752, 1359, 2440
Flächenpreis 2058
Flächenproduktivität (Raumleistung) 2235, 2238
Flächenumlegung 2761, 2765
Flaute auf dem Grundstücksmarkt 2817
Flora-Fauna-Habitat-Richtlinie 650
Flughafen 2450, 2452, 2454, 2459
Flughafenfläche, bleibende 2452
Fluglärm 812–813
Flugplatzgelände 813
Flur 211
Flurbereinigungsrecht 363
Flurstück 211, 217, 409
Folgebewertung 373
Folgenbeseitigungsanspruch 2441
Folgenutzung 2388
Folgeschaden 347, 2413
Förderungsmittel 2746
Förderungsrichtlinien 2747
Form des Grundstücks 1378
Formelle Entwidmung 2437–2438
Formelle Planreife 646
Formelles Liegenschaftsrecht 209
Formulare für Verkehrswertgutachten 200, 208
Formularmietvertrag 1761
Forstwirtschaftlich genutzte Flächen 2504
Forstwirtschaftliches Grundstück 3167
Fortbildungspflicht 97
Freie (selbst ernannte) Sachverständige 72, 89, 263, 1535
Freie Beweiswürdigung 437
Freigelände 2200
Freihändiger Erwerb und Verkauf 2414, 2598
Freiheitsgrad 1312
Freilegung 1470, 1565, 2741
Freilegungskosten 1561, 1634, 2483, 2741, 2755, 2757
– nicht sanierungsbedingte 2742
Freisitz 237, 1782
Freistellung vom Ausgleichsbetrag 2672, 2677
Freiwillige Besitzüberlassung 2419
Freizeit-Großanlagen 2345
Freizeitimmobilie 1791
Frequenzen 2240
Friedhof 2417

Frontbreite 1413
Frontlänge 1429
Frühere Fälligkeit der Ausgleichsleistung 2777
FStrG 651
Führung und Auswertung der Kaufpreissammlung 316, 322
Funktionsschwäche 561
Funktionsschwächensanierung 2586, 2710
Furniture, Fixtures und Equipment 2282
Fußballstadion 2379
Fußboden 2196
Fußgängerzone 2234

G

Garten- und Parkanlagen 1007
Garten- und Weinbau 90
Gartenland 2504
Gastronomie 2237, 2300
Gaststätte 2269, 2279, 2294
Gaststättengesetz 2273
Gebäude 528, 538
– in bester Geschäftslage 1542
Gebäudeangaben 217
Gebäudeertragswert 1695, 2636
Gebäudefaktor 936, 1141, 1149, 1320
Gebäudefaktoren
– Anwendung 1153
Gebäudesachwert 1183, 2047, 2065
Gebäudetypensammlung 321
Gebäudewert (Gebäudeertragswert) 1673
Gebäudewertanteil 1145, 1149, 2903, 2905, 2911, 2913
Gebietstypen 745
Gebot der unparteiischen Aufgabenerfüllung 184
Gebrauchswert des Wohnraums 1839
Gebühren 289, 295, 406, 2289
Gebührenbefreiung 292
Gebührenbescheid 296, 315
Gebührenordnung 296
Gedämpfte Liegenschaftszinssätze 1243
Gedämpfter Bodenwert 1233, 1244
Gefährdungshaftung 139
Gefahrenträchtiger Zustand 2936
Gefahrenvorbeugung 837
GE-Gebiete 749, 2172
Geheimhaltungspflicht 283
Gehilfe des Richters 69
Geldausgleich
– für eine Minderzuteilung 2778
– für Mehrzuteilungen 2779
– für Vorteile 2779
– nach den Kosten der Schallschutzmaßnahmen 798
Gemarkung 211
Gemeinbedarfsfläche 1457, 1675, 1791, 2382, 2384, 2398, 2400, 2439, 2444, 2744, 2789–2790
Gemeinbedarfszweck 2389, 2401, 2419
Gemeindefreier Bereich 446
Gemeindeordnung 285
Gemeindlicher Auskunftsanspruch 2440

Gemeiner Wert des Steuerrechts 350
Gemeinschaftliches Eigentum 2116
Gemischt genutzte Grundstücke 1214, 1853, 2108, 2113
Genauigkeit
– der Verkehrswertermittlung 346
– des Vergleichswerts 1310
Genehmigung 1768, 2793, 2796, 2849
– der Begründung von Wohnungs- oder Teileigentum 2117
– des Rückbaus 2798
Genehmigungsbedürftige Anlage 812
Generalbebauungsplan 765
Geordnete wirtschaftliche Verhältnisse 96
Gepflogenheiten des Geschäftsverkehrs 920, 928
Geräuschvorbelastung 798
Geriatrie 2306
Gerichtlich ernannte Sachverständige 74–75, 142, 150
Gerichtsstandsklausel 166
Geringfügige Bodenwerterhöhung 2676
Geringstland 660
German Property Index 1134
Geruchsimmission 824
Gesamterbbaurecht 2861
Gesamthandseigentum 121, 316, 2845
Gesamtnutzungsdauer (GND) 860, 1703, 2196, 2202, 2343
– baulicher Anlagen 861, 868
Gesamtpersonalkosten 2280
Geschäfts-, Büro- und Verwaltungsgebäude 2173
Geschäftsführung ohne Auftrag 151
Geschäftsgrundstück 749, 938, 1853
– in Geschäftslagen 1413
Geschäftshaus
– Verkehrs- und Beleihungswert 2183
Geschäftslage 2234, 2731
Geschäftsraummiete 1757
Geschäftsstelle des Gutachterausschusses 281, 447
Geschlossenheit 639, 1412
Geschossfläche 222
Geschossflächenpreis 1373
Geschosslage 2253
Geschützte
– Eigentümerposition 2957
– Landschaftsbestandteile 650, 1433
Gesellschaft bürgerlichen Rechts (GbR) 120, 122
Gesellschaft mit beschränkter Haftung (GmbH) 122
Gesellschaftsvertrag 120
Gesetz
– über die förmliche Verpflichtung nicht beamteter Personen 82
– über die Schätzung des Kulturbodens 363
– zur sozialen Absicherung des Risikos der Pflegebedürftigkeit 3050
Gesetzgebungskompetenz 258
Gesetzgebungsmotiv 258
Gesetzliches Schuldverhältnis 141
Gespaltene Bodenwerte 1672

XI Sachverzeichnis

Gestaltungsgrün 2047
Gestaltungssatzung 1007
Gestehungskosten 947
Gestreckte Liquidation 1572
Gesunde Arbeits- und Wohnverhältnisse 861, 2637
Gesundheitsgefährdung 838
Gewährleistungsbestimmung 134
Gewässer 2956
Gewerbebaulandknappheit 2458
Gewerbebetriebe
– nicht störende 749, 2172
Gewerbefläche 139, 525, 749– 750, 938, 943, 963, 1831, 2087, 2171– 2172
Gewerbegebiet 747, 2171
Gewerbelärm 811
Gewerbemiete
– Individualvertragliche Regelung 1835
Gewerbeordnung (GewO) 72
Gewerbepark 1791, 2190
Gewerberaum 1790, 1822, 1831, 1848, 1855
Gewerberaummiete 1756, 1771
Gewerblich genutztes Grundstück 1362, 1688, 2171
– Altlastengrundstück 2214
– Folgenutzung 2458
Gewerbliche Vermietung 1750, 2178
Gewöhnliche
– Baukosten 2055
– Herstellungskosten 2055
Gewöhnlicher Geschäftsverkehr 330, 340, 888, 2611, 2632, 2927
Gezügeltes Nachhaltigkeitsprinzip 359
GI-Gebiet 749, 2172
Gleichgewichtswert 1187
Gleichwertiger Ersatz 327
Gleitklausel 2871
Going concern 955
Going-concern Value 344
Golfanlage
– parkartige Herstellung 2363
Grenzpegel 787
Grenzregelungsverfahren 2751
Grenzwert 707, 799, 827– 828
– für elektromagnetische Felder von Mobilfunkbasisstationen 2446
Grobe Fahrlässigkeit 137
Gross External Area (GEA) 384
Gross Leasable Area (GLA) 2239
Gross Operating Profit (G.O.P.) 2296
Großflächige Einzelhandelsbetriebe (Handelsbetriebe, Handelsimmobilien) 767, 2228, 2256
Großgaragen 2332
Großparkhaus 2336
Grünanlagen 2791
Grund und Boden 369, 836– 837, 1150, 1663
– Zustand und Entwicklung 566
Grundakte 210
Grundbesitzbewertung 1582
Grundbesitzwert 1102
Grundbuch 209, 213, 2839, 3022

Grundbuchbereinigungsgesetz 2999
Grundbuchbezeichnung 204
Grunddienstbarkeit 777, 2961, 3016
Grundeigene und bergfreie Bodenschätze 694
Grunderwerb 1470, 2364, 2443
– der Gemeinde, Sanierungs-, Entwicklungs- und Bedarfsträger 2613
– von Grundstücken mit bergfreien Bodenschätzen 334
Grunderwerbskosten 1232, 1484
Grunderwerbsnebenkosten 341, 1231
Grunderwerbsteuer 2602, 2791
– Ausgleichsbetrag 2602
– bei Rückübertragung von Grundstücken auf die Gemeinde 2603
Grundflächenzahl (GRZ) 752
Grundlage der Marktmiete 3029
Grundlagenvertrag 175
Grundmiete 1759– 1760, 1795, 1816
Grundpfandrecht 212, 362, 539, 3065
Grundrecht 193
Grundrente 1527
Grundrentenabgabe 261
Grundrentenformel 1528, 2697
Grundsatz
– der Ableitung erforderlicher Daten 1087
– der Eigentumserhaltung 2758
– der freien Honorarvereinbarung 153
– der Gutachtenerstattung 183
– der Höchstpersönlichkeit 117
– der Kompatibilität 221
– der Modellkonformität 1192, 1243, 1535– 1536, 1845
– der Parallelverschiebung 3064
– der Verkehrswertermittlung 922
– der Wertermittlung in Umlegungsgebieten 2772
– der Wertermittlung von Erbbaurechten 2903
– einer ordnungsgemäßen Bewirtschaftung 1817
– von Treu und Glauben 166
– zur Neubewertung von Vermögensgegenständen 368
Grundschuld 539
– der Bank 3059
Grundsteuer 1687, 1834, 2487
Grundsteuererlass 1035
Grundstück
– verbilligte Abgabe 1675
Grundstücksbegriff 523, 944
Grundstücksgleiche Rechte 536, 2857
Grundstücksgröße, -tiefe und -gestalt 605, 1377, 1381, 1666
Grundstücksgröße, -tiefe und -zuschnitt 1388, 1409
Grundstücksmarkt 259, 317, 333, 547, 1122, 2750
– für bebaute Objekte 1126
Grundstücksmarktbericht 324, 450– 451
Grundstücksmerkmal 1289, 1292, 1345, 2230
Grundstücksqualität 2625
Grundstücksrecht 536, 2839

Grundstücksreinertrag 2290
Grundstückssachverständige 185, 401
Grundstückstauschverfahren 2758
Grundstücksteil 523
Grundstückstiefe 1381, 1404
Grundstückstransaktionskosten 341, 916, 1187, 1231
Grundstücksveräußerung 855, 894, 2389
– des Bundes 854
Grundstücksverkehr 2652
– mit land- oder forstwirtschaftlichen Grund 466
Grundstückswert 169, 279, 308, 823
Grundstückszuschnitt 1378
Grundstückszustand 556, 2616, 2626, 2653
Gründungskosten 1420
Gründungsmaßnahme 1420
Grundwasser 2956
Grundwertakte 321
Gruppengutachten 303
Gutachten 77, 168, 269, 302, 438, 522, 832, 844, 2614
– Abnahme des 152
– Abschrift des 305
– Aufbau und Gestaltung schriftlicher 200
– der Gutachterausschüsse 192, 314
– des Oberen Gutachterausschusses 438
– eines anderen gerichtlichen Sachverständigen 190
– Erläuterung des 81
– Erstattung eines 130, 184, 287, 311
– freier Sachverständiger 143
– mangelhaftes 132
– missbräuchliche Verwendung eines 183
– Mitteilung eines 316
– offenbar unbilliges oder offenbar unrichtiges 146
– öffentlich bestellter Vermessungsingenieure 91
– Rang und Autorität 304
– über andere Vermögensnachteile 315
– über die Höhe der Entschädigung für andere Vermögen 305
– über die ortsüblichen Nutzungsentgelte 313
– über Miet- und Pachtwerte 313
– über Wohnungs- und Teileigentum 214
– unwesentlicher Mangel des 152
– Vorschuss auf die Vergütung des 152
– widersprechende 80
Gutachtenerstattungspflicht 96
Gutachtenvertrag 175
Gutachtenverweigerungsrecht 96
Gutachter 117, 277, 396, 844, 926, 2663
– Abberufung von 280
– Ausschluss von 286
– Befangenheit von 285
– Bestellung von 279
– externe 3110
– für eine Wohnungsbau- oder Sanierungsgesellschaft 405
Gutachterausschuss
– Pflichtaufgabe 1137
– Zusammensetzung 274

Gutachterausschuss für Grundstückswerte 257, 267, 294, 296, 396, 410, 428, 1087, 1128, 1185, 1232, 1346, 1698, 2440
– Amtshilfe durch den 287, 410, 428
– Aufgaben des 299
– Auskunftsverlangen des 429
– Befugnisse 422
– Besetzung des 276
– Bildung und Tätigwerden 445
– Entschädigung der Mitglieder 452
– Gebühren 289
– Geschäftsstelle des 281, 419
– Pflichten des 427
– Repräsentant des 274
– selbstständiger 446
– Selbstständigkeit des 1103
– unabhängiger 446
– Veröffentlichungspflicht 445
Gutachterausschussverordnung 266, 447
– der Länder 2694
– der Landesregierungen 324
Gutachterausschusswesen 257
Gutachterliche
– Äußerung 303
– Stellungnahme 170
Gütergemeinschaft 2809
Güterstand 2813
Gütertrennung 2809
Gutshaus 2502

H

Haftung
– aus unerlaubter Handlung 145
– aus zivilrechtlichem Vertrag 144
– des Auftraggebers 152
– des Gutachterausschusses 287
– des Gutachters 844
– für den Zustand des Mietobjekts 1776
– gegenüber Dritten (Drittwirkung) 140
– gegenüber privaten Auftraggebern 136
– im Zwangsversteigerungsverfahren 146
– von Sachverständigen 150
Haftungsbegrenzung 166, 183
Haftungsgrundsatz 183
Haftungspflicht 97
Hagedorn-Verfahren 2727
Handelsimmobilien 1313, 1791
Handelsrechtliche Eröffnungsbilanz 368
Handwerksbetriebe
– nicht störende 749, 2172
Harmonisierung der Wertermittlungsverfahren 919
Härteausgleich 2601
Hauptnutzfläche (HNF) 1000
Hausanlage 2115
Hedonisches Modell 1348
Heilquellengebiet 670
Heimfall 2916
Herrschendes Grundstück 536, 777, 2840
Herstellkosten 3151
Herstellung der Erschließungsanlage 1470

XI Sachverzeichnis

Herstellungskosten 1893, 2050, 2065, 2363, 2368, 2467
– der besonderen Betriebseinrichtungen 2046
– von Gebäuden 2047, 2050
– zum Werterermittlungsstichtag 1848
Hilfskraft 199
Hinreichend übereinstimmende Grundstücksmerkmale 1289
Hinterland 1382, 1386
Historisches Beschaffungswertprinzip 2402
Hochindizieren von Vergleichs- bzw. Kaufpreisen 2614
Hochregallager 2207
Hochsee- und Küstenfischerei 90
Hochspannungsleitung 827
Höchster Bodenwert 2727
Höchstpersönlichkeitsgrundsatz 199, 208
Höchstsatz 153
Hofanschlussfläche 619
Höfewert 380
Hofnahe und -ferne Fläche 619
Hofstelle 619
Hoheitliche Tätigkeit 269, 296, 405, 2444
Höherlegung einer Straße 784
Höherwertige Nutzung 772
Hohlräume 226
Holzrahmenbinderbauweise 2367
Honorar 3110
Honorarordnung für Architekten und Ingenieure HOAI 153
Hotel 1791, 2268, 2301
Hotelbetriebsumsatz 2276
Hypoport-Hauspreisindex 1134
Hypothek 539, 3066
Hypothekarkredit 1227
Hypothekenpfandbrief 3077
Hypothekenschulden 2917
– ruhende 2917
Hypothekenzins 1227, 1481
Hypothetische Weiterentwicklung 824
HypZert GmbH 111, 3076

I

IAS 372, 378–379, 859; siehe *International Accounting Standards*
Im Zusammenhang bebaute Ortsteile 767
Immissionen 786, 794, 799, 801
Immissionsrichtwert 788
Immissionsschutzgrenzwert 2436
Immobilien-Due-Dilgence 187
Immobilienkennziffern 2235
Immobilienleasing 1757
ImmoWertV
– Anwendungsbereich 516
Indexreihen 1122
– Ableitung anderer 1125
Indexzone 1125, 1127
Indikator 1859
Indirekte Subventionen 1210
Industrie- und Handelskammer 93, 1802
Industriegrundstück 747, 956, 1791, 2171

Inflationäre Entwicklung 1698
Informationelles Selbstbestimmungsrecht 394
Infrastrukturkostenbeitrag 1475
Infrastrukturmaßnahme 894, 2441
Ingenieurkammer 92
Inklusivmiete 1796
– im Einzelhandel 3116
Inkompatibilitätsbestimmung 279
Innenbereich 2391
Innengeräuschpegel nach VDI 2719 789
Innenstadtlage 1509, 1547
Innerlandwirtschaftlicher Verkehrswert 2633
Inspektion 1838
Instandhaltung 1837, 2289, 2967
– Umlegung 1772
Instandhaltungskosten 1692, 1837, 2148, 2500
– Angemessene 1815, 1841
– im Wohnungsbau bezogen auf Herstellungskosten 1847
– Pauschale 1848
Instandhaltungsrückstellung 2147
Instandsetzung 1838, 2394, 2711
Instandsetzungsrückstau 965
Institut der Vorwirkung 2414
Interessenkollision 275
Interessenneutralität 275
International Accounting Standards 370, 377–378, 859, 920, siehe *IAS*
International Valuation Standards Committee (IVSC) 340
Internationale Bewertungsstandards (IFRS/IAS) 370
Internationale Rechnungslegung und Bilanzierung 387, 919
Interne Zinsfuß-Methode (I.-R.-R.-Methode) 2631
Interpolationsverfahren 2727
Interqualitativer Preisvergleich 1136, 1295, 1306, 1519
Intertemporärer Abgleich 1519
Investitionsentscheidung 947, 1506
Investitionskosten 1457, 2313
Investitionsorientiertes Prognoseverfahren 920
Investitionspauschalenrechnung 2318
Investitionsrechnungen 1482, 1493
Investment Value 344
Investorenmethode 947
IRPA-Grenzwerte zum Schutz der Bevölkerung 828
Irreführende Aussagen 184
Ist-Zuteilung 2771
IVD-Immobilienpreisspiegel 1795

J

Jagd- und Fischereirecht 536, 540, 2847, 3063
Jahresabschlüsse wirtschaftlicher Unternehmen 115
Jahresförderungsvolumen 707
Jedermanns-Prinzip 333

K

KAG-Beiträge 1428
Kalkulationszinssatz 2366
Kalkulatorische Bodenwertermittlung 913
Kapitaldienstfähigkeit 3075
Kapitalisierung 1862
– der Mindereinnahmen 831, 3006
– von Leibrenten 906
Kapitalisierungszinssatz 1207, 2289, 3138
Kapitalmarkt 1226
Kapitalmarktzins 2859
Kappungsgrenze 1010, 1770, 2582
– der Verjährungsfrist 151
Kasernengelände 2390
Katasteramt 219
Katasterbezeichnungen 204
Katasterbuchwerk 217
Käuferfrequenz 2240
Kaufhaus 2227, 2256
Kaufkraftabschöpfung 2235
Kaufkraftkennziffer 2235– 2237
Kaufkraftpotenzial 2235
Kaufkraftschwund 2811, 2813
Kaufkraftvolumen 2236
Kaufpreis 889, 1127, 2754
– als Barzahlung 895
– aus zurückliegender Zeit 1292
– gleichartiger Grundstücke 1145
– reparaturstaufreier Grundstücke 1234
– unbebauter Grundstücke 1127, 1525
– von Grundstücken in anderen Lagen 1295
Kaufpreise von Investments 1643
Kaufpreiskarte 319
Kaufpreiskartei(-datei) 320
Kaufpreisliste 321
Kaufpreissammlung der Gutachterausschüsse 316, 321, 388, 394, 396, 447, 890
– Auskunft aus der 400, 409
– Auswertung der 425
– Einsicht in die 396
– Führung und Auswertung 425
– kartenmäßiger Nachweis 319
– Zugang zu den Daten 393, 411
Kaufpreisvereinbarung 331
Kaufwertestatistik 1133
– der Statistischen Landesämter 1307
Kaufzwangklausel 2924– 2925
Kellergeschoss 235, 250
Kenngröße
– der städtebaulichen Maßnahmen 2713, 2715
– der städtebaulichen Missstände 2712
Kennzahl 2349, 2358, 2371
Kennzeichnung im Bauleitplan 837– 838
Kennziffern für Standort 2235
Kirche 2462, 2464, 2471
Kirchenbedarf, bleibender 2466
Klassifikationsrahmen für städtebauliche Missstände 2712
Klassifizierung des Entwicklungszustands 1409
Kleindarlehen 3171, 3173
Kleine Instandhaltung 1751, 1841
Kleines Hausgrundstück 294, 309
Kleingarten 677
Kleinräumige Lagemerkmale 1445
Kleinstbetrieb 2294
Klimatisierung 2175, 2180
– von Tennishallen 2369
Klinik 2303
Kombinationsverfahren 913, 946
Kombinierte Wert-Kostenlösung 2582
Kommunale städtebauliche Entwicklungsmaßnahmen 2594
Kompetenzeinhaltungsgebot 184
Komponentenverfahren 2652, 2693, 2708
Konjunkturelle Einflüsse 359, 816, 2451, 2664, 2688
Konkurrenzsituation 947, 1776
Konkursverfahren 895
Konsistenz eines Mietwertgutachtens 1804
Konstruktions-Grundfläche (KGF) 224
Konstruktions-Rauminhalt (KRI) 251
Kontamination 855
Kontrollwert 1891
Konversionsfläche 185
Konzentrationsgebot 183
Körperschaftsteuer-Erklärung 296
Korrekturfaktor 1210
Korrespondierender Bodenwert 1672, 1791
Kosten 295
– der Altlastensanierung 850
– der Ausstattung 2282
– der Bewirtschaftung 1748
– der Erhebung des Ausgleichsbetrags 2673
– der Ermittlung der sanierungs- bzw. entwicklungsbedingten Bodenwerterhöhung 2674
– der kleinen Instandhaltung 1846
– der nichtsanierungsbedingten Freilegung eines Grundstücks 2756
– der Sanierungsmaßnahme 855, 2584
– der Wiederinwertsetzung 845
– des Entwicklungsträgers (Investors) 1484
– des Grunderwerbs 1470
– des Grunderwerbs für die Erschließungsflächen 1472
– des Rückbaus 2384
– einer Rechtsverfolgung 1851
– für Baumaßnahmen 2490
– für Schönheitsreparaturen 1692
– von erforderlichen Infrastrukturmaßnahmen 2441
Kosten und Wert 1506
Kostenanlastungsprinzip 840
Kostenerstattungsanspruch 154
Kostenerstattungsbetrag 1432, 2692
Kostenerstattungsbetragsfreier Grundstückszustand 1433, 2647, 2691
Kostenerstattungsbetragspflichtiger Grundstückswert 1433
Kostenkennwerte 991
Kostenmiete 1759
Kosten-Nutzen-Analyse 1494
Kostenordnung (KostO) 896, 1344

XI Sachverzeichnis

Kostenrecht 2845
Kostenunterwälzungsmodell 1466
Kreditinstitut 362
Kriegsfolgelasten 854
Krisensichere Sachanlage 942
Kulturdenkmal 2473
Kulturfläche 363
Künftige
– Bahnfläche 2443
– Flughafenfläche 2451
– Grenzen 2451
– Nutzbarkeit 2394, 2439
Künftiger Grundstückszustand 384
Künftiges Straßenland 2421
Kunstgegenstände 535
Kurzgutachten 302

L

Ladenfläche 1791, 2227, 2248, 2251
Ladenmieten in Untergeschossen 2253
Ladenräume
– Mietrichtwertkarten 2244
Ladentiefe 2251
Lage 191, 781, 1215, 1788, 1805, 2144, 2229, 2342, 2347
– auf dem Grundstücksmarkt 868, 921, 967, 1168, 1174, 1187, 1287, 1875, 2466, 2919
– der Wegerechtsfläche 2983
– der Wohnung innerhalb des Hauses 1790
– eines Tankstellengrundstücks 2342
– großräumige 1436
– von Handelsimmobilien 2229
Lagekategorie 2730
Lageklassenverfahren 1437, 1537
Lagemerkmale 781, 1436, 1788, 1791, 2731
– des Wertermittlungsobjektes 1437
– des Wertermittlungsobjekts und der Vergleichsgrundstücke 781
– im industriell-produzierenden Bereich 2191
Lager- und Logistikflächen
– Mietniveau 2201
Lager- und Logistikimmobilie 1791, 2193, 2205
– Folgenutzungen 2196
Lagerhalle 2196
Lagetypische Nutzung 341, 771, 1666
Lageverbesserung 2697
Lageverhältnis 782
Lagevorteile 2433
Lagewertverfahren 2695
Land- oder forstwirtschaftlich genutzte Grundstücke 90, 1403, 1412, 1453, 2414, 2635
Landbeschaffungsgesetz 557
Landebahn 2452
Landesrecht 2856
Landessiegel 268
Landgüter 2831
Landschafts- oder Naturschutzgebiete 650, 667
Landwirtschaftliche Gebäude 1792, 1831, 1836, 1849, 1858, 2183
Landwirtschaftliches Grundstück 3167
Landwirtschaftsanpassungsgesetz 364

Langfristige Miet- und Pachtverträge 1852, 2623
Lärm 786, 790, 811, 822
Lärmschutz 677, 795, 813, 2451
Lastenfreier Beleihungswert 3083
Lastenfreier Wert 3100
Lästigkeitsfaktor 793
Laubengang 766
Laufzeit von Erbbaurechten 2862
Lebenserwartung 898
Lebenshaltungskostenindex 2876
Leerstand 1006, 1689, 1836, 3127–3128
– fluktuationsbedingt, 1030
– funktionaler 1030
– managementbedingter 3127
– struktureller 1030
Leibrente 897
Leibrenten
– unabhängige 901
Leibrentenfaktor 904
Leistungsvorbehalt 2872
Leitungsdurchschneidungen 1413
Leitungsrecht 538, 2444, 2928, 2997
Lichtwerbeanlage 1044
Liegenlassenserklärung 3088
Liegenschaftskataster 209, 211, 216
Liegenschaftsrecht 209
Liegenschaftszins 965
Liegenschaftszinssatz 965, 1089, 1169, 1204–1205, 1226, 1481, 1491, 1698–1699, 1752, 1827, 2149, 2201, 2261, 2289, 2343, 2349, 2842, 2971, 3035
– als Diskontierungszinsatz 1480
– bei gedämpftem Bodenwert 1243
– bei kurzer Restnutzungdauer 1238
– bei langer Restnutzungdauer 1235
– denkmalspezifischer 2501
Liegenschaftszinssatzermittlung 1237
Lineare Einfachregression 1349
Liquidation 1695
Liquidationsfall 944
Liquidationsobjekt 1031, 1559
Liquidationswert 915, 2396, 2449, 2799
Liquidationswertverfahren 843, 944, 2294
Liquidationszufuhr 953
Loan-to-value-ratio 3076
Locus-Prinzip 215
Loggia 237, 1782, 2945
Logistikimmobilie 2192
– Verkehrs- und Beleihungswert 2203
Logisumsatz 2277
Löschung eines Wohnungsrechts 3022
Luftgeschosse 758
Luftverkehrsgesetz (LuftVG) 2450
Luxusmeile 2234

M

Magnetische Felder 827
Maklerformel 1148
Maklermethode 1641
Makrolage 782, 2229
Management-Immobilien 2267

Sachverzeichnis XI

Mangel 1744
Mangelfolgeschaden 140
Manöverlärm 823
Markanpassungsfaktoren und Liegenschaftszinssätze 1168
Markenhotels 2272
Market Rent 344
Market Value 378, 382
Marktanalyse 2231, 2347
Marktanpassung 961, 965, 1168, 1894, 2466, 3155
– im Ertragswertverfahren 967
Marktanpassungsabschlag 967, 1491, 1502
Marktanpassungsfaktor 1089, 1172, 1194
Marktbedingungen am Bilanzstichtag 374
Marktgängigkeit 3109
Marktlage 962
– Markteinschätzung 184
– Marktentwicklung 2347
– Marktgepflogenheiten 1381
– marktkonforme Liegenschaftszinssätze 967
Marktmiete 1732, 1764
Marktüblich erzielbare Erträge 1753, 2146
Marktübliche
– Bewirtschaftungskosten 1817, 1820, 2147
– Vergleichsmiete 2146
Marktwert 327, 358, 362, 373, 2633
– der IAS 380
– Marktwertermittlung 328, 346
– nach EU-Recht 380
Maschinen 3169
Maschinen und Betriebseinrichtungen 1891
Maß der baulichen Nutzung 752, 769, 1136, 1469, 1509, 2731
Massenberechnung 204
Materielle Planreife 646
Mehrfamilienhäuser
– Mehrfamilien-Wohnhaus (Sach- und Ertragswertverfahren) 2100
– Mehrfamilien-Wohnhaus (Sachwertverfahren) 2107
– mit Gewerbeeinheiten 2110
Mehrperiodisches Ertragswertverfahren 1619, 1727
Mehrwertsteuer 1750, 1773, 1816
Mehrzuteilung 2773, 2792
Member of the Appraisal Institute (MAI) 112
Merkantiler Minderwert 346, 723, 3012
Merkantiles Bauland 567
Meteoritentheorie 3098
Miet- bzw. Pachtverträge 896, 1833, 2979
Mietanpassung bei Index- oder Staffelmietverträgen 1766
Mietausfallwagnis 1691, 3128
Miete 1757, 1775, 2244, 2260, 2637, 2979
– für frei finanzierte Wohnungen 1765
– marktübliche 3117
– Mietausfallwagnis 1265, 1850, 2501
– Mietbeginn und Mietdauer 1775
– Mietbegriff 1804
– Mietdatenbank 1806

– Mieten pro Quadratmeter Wohnfläche 1782
– nachhaltig erzielbare 3117
Mieteinnahme 823
Mietenmultiplikator 1643
Mieterhöhung 1759, 1761, 1764
– aufgrund baulicher Maßnahmen 2698
– Mieterhöhungsverlangen 1761, 1792, 1795, 1804
– nach Durchführung von Modernisierungsmaßnahmen 1765
– wegen Änderung der Darlehenszinsen 1766
Mieterscoring 1859
Mietertrag 374
Mietfläche
– für gewerbliche Flächen (gif) 243
– von Gewerberäumen 1790
Mietflächenermittlungsmethode 244
Mietgutachten 139
Mietnebenkosten 1760
Mietobergrenzen 2648, 2707, 2800
Mietpreisbindung 3020
Mietpreise 2198
Mietpreisgestaltung 1759, 1775
– Mietpreisbestimmende Merkmale 1778, 1790, 2248
– Mietpreisüberhöhung 1753
– Mietrechtliche Bindungen 1006
– Vereinbarungen über Verwaltungskosten 1831
Mietsäulenverfahren 1375
Mietsicherheiten 1773
Mietspiegel 234, 1793, 1798, 2698
– vergleichbarer Nachbargemeinden 1795
Mietspiegelmethode 2699, 2706
Mietverhältnisse 305, 374
Mietvertrag 1751, 1768, 2623
– für Gewerbeimmobilien 1775, 1790
– Mietvertragsdauer 2198
Mietwert 306, 2286, 3031
Mietwerterhöhung 1210, 2697, 2699
Mietwertgutachten 1803, 3214
– Beispiel 1813
Mietwertminderung 1698
Mietwohngrundstück 941
Mietwohnungen 938, 1829
Mietwohnungsbau 1357
Mietzahlungsfähigkeit 2239
Mikrobereich 2230, 2347
Mikrolage 782, 2230
Milieuschutzsatzung 2799
Militärfläche 769, 2386–2387, 2389–2392
Minderbemittelte Bevölkerungskreise 2917
Minderung
– der Nutzungsentgelte 831
– des Endwerts 1596
– des Verkehrswerts 2799
Minderwertregelung 720
Minderzuteilung 2792
Mindestanforderungen an Wohnungen 233
Mindestentschädigung 2634
Mindestfläche 830, 1383, 2363
– für Antennenträgergrundstücke 2444

Kleiber 3283

XI Sachverzeichnis

Mindeststundensatz 288
Mindestwert 1582, 2454
Mischungsverhältnis 1805
Mischverfahren 2299
Missverhältnis
– zwischen Boden und Gebäude 1618
– zwischen der Miete und der Leistung des Vermieters 1770
– zwischen Leistung und Gegenleistung 465, 2883
Missverstandenes Eigennutzprinzip 1871
Missverständliche Aussagen 184
Miteigentum 2670
– am Grundstück 316, 525
– Miteigentumsanteile 2120
– nach Bruchteilen 2845
Mitgliedschaft
– im Gutachterausschuss für Grundstückswerte 95
– in einem Berufsverband 72
Mittelbarer Preisvergleich 936, 1283
Mittelwertmethode 963
Mittlere Wohnlage 1439
Mobilfunkantenne 3123
Mobilfunksendeantenne 830
Mobilfunkstation 1045
Mobiliaranteil 2292
Möblierungszuschlag 1749, 1788
Modellkonformität 1243
– bei der Ableitung und Anwendung des Liegenschaftszinssatzes 1244
Modellkorrekturfaktor 1171
Modernisierung
– einer Erschließungsanlage 2600
– Modernisierungsarbeiten 1839
– Modernisierungsbedarf 1850
– Modernisierungs- und Revitalisierungsrisiko 1686, 1849– 1850
Modernisierungsmaßnahme 1765, 2067, 2711
– im Geltungsbereich einer Milieuschutzsatzung 2800
Modernisierungsrisiko 868, 1693, 1815, 3081, 3134
Modifizierter Verkehrswert 384, 2604
Monatsindizes 2877
Mosaikmethode 915, 1380, 2390
– Vorder- und Hinterland 1382
Multifaktorenanalyse 937, 2656, 2682, 2717
Multiple Regression 1349
Münchner Verfahren 3089, 3162
Museum 2491
Muster-Sachverständigenordnung (SVO) 3178
Musterstück 217

N

Nach bestem Wissen und Gewissen 171, 186, 288
Nachbarerbbaurecht 2861
Nachbarrechtsbeschränkung 2935
Nachbarschaftslage 1442, 2625, 2947
Nachbarschaftsstimmigkeit 2694
– der Werte 2696
Nachbarwand 2947
Nachfragepotenzial 2236
Nachhaltig erzielbare
– Erträge 1753
– Pachterträge 2290
Nachhaltigkeitsprinzip 359, 2313
Nachlasswert 2826
Nachschüssigkeit
– Barwertfaktor 1865
Nachweis
– der besonderen Sachkunde 93
– der Kaufpreissammlung 320
– des berechtigten Interesses 216
Nachzahlungsklausel 2389
Nationale Bewertungsstandards 368
Nationalpark 650
Naturpark 650
Naturschutzgebiet 650, 667
Naturschutzrechtliche
– Ausgleichsfläche 663, 1483
– Ausgleichsmaßnahmen 1467
– Ausgleichsregelung 1432, 1456, 2690, 2772, 2785, 2787
– Ausgleichszahlung 1432
Nebenanlage 248
Nebenberuflich tätige Sachverständige 70
Nebenkosten 1464, 1484, 1832, 2260
Nebennutzfläche (NNF) 1000
Nebenpflichten 119, 150
– des Sachverständigen 132
Nebenraum 235
Negative Bodenwerte 842
Negativwert 2483
Net Internal Area (NIA) 384
Net Operating Profit (N.O.P) 2296
Nettobaulandfläche 1471
Netto-Grundfläche (NGF) 224, 230
Nettokaltmiete 1678, 1751, 1759– 1760, 1816, 1833
– von Altenwohnungen (Seniorenwohnungen) 2310
Netto-Rauminhalt (NRI) 251
Nettorohbauland 633
Neu für alt 2404
Neubau 858
Neubau-Herstellungswert 3151– 3152
Neubaukosten 2396
Neuerschließungsumlegungen 2759
Neuordnung
– des Entwicklungsbereichs 2687
– des Sanierungsgebiets 2687
Neuordnungsumlegung 2759
– in bebauten Gebieten 2786
Neuordnungswert 2615, 2653
– im förmlich festgelegten Sanierungsgebiet 2642
– im städtebaulichen Entwicklungsbereich 2643
– Neuordnungsgrundstück 2691

Sachverzeichnis XI

Neuordnungszustand 2652, 2687
– des Veranstaltungsgebiets 2640
Nicht behebbare Bergschäden 719
Nichtigkeit des Bebauungsplans 836, 838
Nichtsanierungsbedingte Freilegungskosten 2756
Nichtsteuerliche Abgaben 779
Niederlassungspflicht 84, 97
Niederstwertprinzip 2828, 3073
Nießbrauch 538, 904, 1210, 2966
Nießbrauchrecht 3085
– reinertragsorientiertes 1210
Noise Sensitivity Depreciation Index 817
Normalherstellungskosten (NHK 2000) 249, 781, 1181, 2061, 2504
– aus dem Jahre 1913 248
– für Objekte mit Dachgeschoss 251
– stichtagsbezogene, alterswertgeminderte und verkehrswertorientierte 1153
Notar 314
Notverkauf 343
Notweg 2948
– Duldung 2952
Notwegerecht 2935, 2982
Nullwert 2790
Nutzbarer Dachraum/Spitzboden 231
Nutzbarkeit des Grundstücks 2689
NutzEV 401
Nutzfläche (NF) 225
Nutzflächenfaktor 244, 1000
Nutzung
– atypische 1041
– baulicher Anlagen 1607
– des Nießbrauchs 2966
– für öffentliche Zwecke 3059
Nutzungsänderung 2620, 2793
– baulicher Anlagen 2800
Nutzungsart 218
– des Wertermittlungsobjekts 954
Nutzungsdauer 3137
Nutzungsentgelt 830
Nutzungsfähigkeit 2707
Nutzungskonzept 1487, 1507, 2230, 2347, 2493
Nutzungsmöglichkeit 339
Nutzungsrecht 538, 777, 1672, 3085
– dingliches 3043
Nutzungsunterlassung 2961
Nutzungsverhältnis 1123
Nutzungszeit 2371

O

Oberer Gutachterausschuss 430–431
Obergeschosse 250
Obergutachten 174, 437
Objektivitätsgebot 184
Objekt-Risikokategorien 361
Obligationen 3077
Obligatorische (schuldrechtliche) Nutzungsrechte 538
Offenbare Unrichtigkeit 176
Offenbarungspflicht 195, 403
Offenlegung von Vergleichsdaten 1805

Öffentlich bestellte und vereidigte Sachverständige 72, 82, 90, 405, 408
Öffentlich geförderter Wohnungsbau 1759
Öffentliche
– Ausgleichsflächen 2788
– Grünfläche 2415, 2782
– Sportfläche 2415
– Straße 789, 797, 2983
– Zweckbestimmung 2438
Öffentlicher Glauben 2849
Öffentliches Grundstück 2437
– im Anstaltsgebrauch 2450
Öffentlich-rechtliche
– Beiträge 779
– Beschränkung 2934
– Verpflichtung 2850
Opfergrenze 786, 823
– beim Zugewinn 2823
Optimierter Verkehrswert 1494, 1506
Option 1758
Ordnungsgemäße Bewirtschaftung 858, 1748, 1817, 2967
Ordnungsmaßnahme 2589, 2648, 2691, 2753, 2755
Ordnungsmerkmale 319
Organisationsformen der Sachverständigentätigkeit 117
Örtliche Verhältnisse des Grundstücksmarktes 2711
– örtliche Erschließungsfläche 1483
– örtliches Marktgeschehen 1474
Orts- oder Objektbesichtigung 137, 559
Ortsrandentfernungszuschlag 2415
Ortstermin 81, 156
Ortsübliche Vergleichsmiete 1732, 1762, 1764, 1806, 3031
Ortsüblichkeit 790, 826

P

Pacht 305, 1757, 2291, 2362, 2365, 2637, 2979
Pachtanteil für Mobiliar 2292
Pachtvertrag 896, 1751, 1768, 2623
Pachtwert 306
Pachtwertmethode 2290
Paketabschlag 952
Park 1007, 2503
Parkgebühr 2333
Parkhaus 2332
– Musterkalkulation 2335
Parkstreifen 1426
Parteigutachten 1795
Partnerschaftsgesellschaftsgesetz (PartGG) 120
Passage 1450
Passantenfrequenz 2234–2235, 2240, 2253, 2730
Passantenqualität 2234–2235
Pauschale Bruchteilsbewertung 914, 2399, 2431
Pension 2294
Personalkosten und -besatz 2279, 2288, 2313
Personenbezogene Daten 429

XI Sachverzeichnis

Personengruppen mit besonderem Wohnbedarf 775, 2658
Personenschäden 166
Persönliche
- Dienstbarkeiten 2999
- Eignung und Integrität 85
- Gebührenbefreiung 292
- Gutachtenerstattung 96, 118
- Verhältnisse 888
Pfandbrief 3077
Pfandbriefgesetz (PfandBG) 357, 3073
Pfandrecht 778, 3066
Pfarrhaus 2463
Pfeifengrundstück 1386
Pflegefachquote 2313
Pflegeheim 2305, 2312
- Discounted Cash Flow Verfahren 2317
Pflichten
- des gerichtlich beauftragten Sachverständigen 78
- des Gerichts 78
Pflichtteilsanspruch 2826
Pflichtverletzung 137
Pionierabschlag 2651, 2687
Planreife 646
Planungs-, Bodenordnungs- und Infrastrukturkosten 1473
Planungsbedingte Wertsteigerungen 2389
Planungsgewinn 843
Planungsgrundlage 193
Planungshoheit 2437
Planungsschaden 2619, 2686, 2739
Planungsschadensrecht 561, 2420, 2740
Planungswertausgleich 2581
Plausibilitätskontrolle 2290
Polizeirechtliche Gefahrenschwelle 836
Portfolio 3172
Positive Leistungspflicht 3016
Prädikatszuschlag 2486
Preisangaben- und Preisklauselgesetz 2872
Preisbildung
- auf dem Grundstücksmarkt 444
- im gewöhnlichen Geschäftsverkehr 920
- für landwirtschaftliche Nutzflächen 2364
- für warteständiges Bauland 1481
PreisklauselVO 1773
Preisnachlass 2657
Preisprüfung 2609, 2611
Preisrelationen zum jeweiligen Bodenrichtwert 1414
Preisverfall 2827
Preisvergleich 891, 1136, 1140, 2440
Prinzip
- der enteignungsrechtlichen Vorwirkung 2745
- des korrespondierenden Bodenwerts 1672
Private
- Bedarfsträger 2399
- Bodenordnung 1477
- Erschließungsfläche 2385
Privatrechtliche
- Beschränkungen 2934

- Dienstbarkeit 2851
- Gegebenheiten 2659
- Rechte und Lasten 1525
Privatwirtschaftliche Nutzung 1792, 2384, 2446–2447
Privilegierte Auskunftsberechtigung 404
Projected Market Value (PMV) 344, 383
Proportionalverfahren 959
Public Interest Value 345
Putzabschlag 236, 240

Q

Qualifikationsmerkmale 616
Qualifizierung
- der Lage und Strukturverbesserung 2709
- des Bodenwerts des neugeordneten Grundstücks 2689, 2693
- des Grund und Bodens im Neuordnungszustand 2687
- des Grundstücks 566
- des maßgeblichen Entwicklungszustands 2391
- des Neuordnungszustands 2646, 2648, 2789
- des sanierungsunbeeinflussten Grundstückszustands 2616, 2619
- von Gewerbefläche 747
- von Sonderbaufläche 750
Qualitativer Abgleich 1306, 1519
Quotennießbrauch 2967

R

Rack Rate 2284
Rangrücktritt 2923, 3088
Ratenzahlungen 2748
Rauminhalt nach der DIN 277 247
Raumleistung 2238–2239
- von flächenintensiven Freizeitanlagen 2348
Raummeterberechnung 2058
Raumordnung 2451
Raumprogramm 2311
Realfolium 213
Reallast 2917, 2961, 3043, 3067
Rechte Dritter 2958
Rechte, lebenslange
- Nießbrauchsrecht 3091
- Nutzungsrecht 3091
- Wohnungsrecht 3091
Rechtliche und tatsächliche Neuordnung 2689
Rechts- und Dienstaufsicht 298
Rechtsanspruch
- auf Auskunftserteilung 401
- auf Gutachtenerstattung 303
Rechtsgeschäft 2963
Rechtsgrundlage
- für den Zugewinnausgleich 2810
Rechtsmangel 134
Rechtsmittelbelehrung 429
Rechtsnachfolger 2856
Recycelfähige Abbruchmassen 1563
Reduktionsklausel 2607, 2626
Regelbandbreite
- des Kapitalisierungszinssatzes 1208

Sachverzeichnis XI

– für Liegenschaftszinssätze (Kapitalisierungszinssätze) 2263
Regelverfahren
– für die Bodenwertermittlung 936
– für die Ermittlung des Verkehrswerts unbebauter Grundstücke 1523
Regionale
– Beschränkung 2899
– Entwicklungen 2632
– Marktforschungsinstitute 2235
– Teilmärkte 333
Regressionsanalysen 1350, 2708
Reihenhaus 942
Reine Wohngebiete 791
Reinertrag 790, 1236, 1676, 1748, 1815, 2638
– Ermittlung 1734
– nach Abzug der Bewirtschaftungskosten 1748
– nachhaltig erzielbarer 1676
Reinertragsfaktor 1145
Reinvestitionsbedarf 2346
Reitanlage 2377
Reithalle 1791
Rekonstruktionskosten 1873
Rekultivierungslast 2365
Rennbahn 2378
Rentabilität
– von Freizeitanlagen 2348
– von Investitionen 2650
Rente 2937
– Rentenschuld 539, 3067
Rentierlicher Bodenwert 1662
Rentierlichkeit
– einer Immobilieninvestition 1205
Reparaturrücklage 1842
Reparaturzuschlag 988
Repartitionsproblem 1531, 1537
Residenzen 2305
Residualwertverfahren 916, 2395
Residuum 1501
Rest-durch-Abzug-Verfahren 1491, 1496
Restgrundstück 2397, 2424
Restitutionsanspruch 2610
– Abtretung 2610
Restlebensdauer 859
Restnutzungsdauer (RND) 858–859, 864–865, 1147, 1186, 1206, 1234, 1265, 1509, 1534, 1642, 1703, 2066, 2494, 2497, 2638, 2697, 2706, 2723, 2757
– verlängerte 869
Restwert 1668, 1742, 2365, 2396
Restwertmethode 1543–1544, 2365
Retail Park 2259
Retrograde Ermittlung von Verkehrswerten 1297
Revitalisierung 2388
Revitalisierungsrisiko 1849
RevPar 2285
Richtlinie
– der Finanzverwaltung für die Bewertung des Grundvermögens 1447
– für den Lärmschutz an Straßen 787
– MF-G 2178

Richtwert
– (Durchschnittspreise/-werte) für Eigentumswohnungen 2129
RICS Deutschland 115
Risiko 1485, 1504
– einer Ertragsminderung 1850
Risikoabschlag 2650
Risikozuschlag
– am Diskontierungszinssatz 1485
RND 864
Rohbauland 632, 2392
Rohertrag 1145, 1236, 1748, 1750, 1773, 1815, 2499, 3115
Rohertragsfaktor 1145
Royal Institution of Chartered Surveyors RICS 113
Rückauflassungsvormerkung 3090
Rückbau 2638, 2793
– baulicher Anlagen 2797
– einer Straße 2384
Rückbaugebot 1560
Rückkauf 2384
Rückrechnungsverfahren 1460, 2615
Rückwärtsrechnung 1493
Rückwärtsversicherung 166
Rules of Conduct 114
Rundstempel 90

S

Sach- und Arbeitsleistungen 1834
Sachanlagen 371
Sachaufklärungsgebot 186
Sachenrechtsbereinigungsgesetz (SachenRBerG) 1672
Sachenrechts-Durchführungsverordnung 2999
Sachgutanlage 1480
Sachliche Beschränkung 2899
Sachmangel 137
Sachschaden 166
Sachverständigenbeweis 76, 169, 438
Sachverständigengruppe 119
Sachverständigengutachten 168, 269, 1802, 1804
Sachverständigenordnung (SVO) 92, 3178
Sachverständigenwesen 61, 63
Sachverständiger 66, 169, 263, 269, 395, 547, 1541, 1794
– Ablehnung von 123
– als Beweismittel von Schiedsrichtern 179
– Bestellung 182
– für Grundstückswerte 185, 844
– GmbH 120
– Haftung 133
– in Zwangsangelegenheiten 311
– Typologie 70
Sachverständiger Zeuge 71, 76
Sachwert 921, 930, 1169, 2343, 3102, 3147
– der baulichen Anlage 1175, 1891
– des Grundstücks 2043
– marktangepasster vorläufiger 1884

Kleiber 3287

XI Sachverzeichnis

– steuerlicher 1894
– vorläufiger 1881
Sachwertermittlung 249, 1530
Sachwertfaktor 965, 1542, 2066, 2283
Sachwertobjekt 962
Sachwertparameter 1192
SachwertR
– Anl. 1 2007
– Anl. 2 2016
Sachwertverfahren 204, 920, 940, 943, 954, 957, 1880, 2066, 2120, 2158, 2281, 2394, 2464, 2504, 3151
– in Sanierungsgebieten und Entwicklungsbereichen 2635, 2652, 2656
– steuerliches 1895
Sammelgutachten 315
Sammelheizung 1776
Sanierung 1599
– im vereinfachten Sanierungsverfahren 2593
– Sanierungskosten 1850
– Sanierungslast 850
– Sanierungsmaßnahme 557, 850, 2627, 2691, 2708, 2716, 2751, 2757, 2789
– Sanierungspflichtiger 840
– Sanierungsrecht 2586, 2708
– Sanierungsträger 307
– Sanierungsverfahren 2592
– Sanierungsvermerk 2593
  städtebauliche 3092
– von Altlasten 854
Sanierungs- und Entwicklungsmaßnahme 1099, 2587, 2589, 2603, 2647, 2692
Sanierungs- und entwicklungsunbeeinflusster Grundstückswert 2607
Sanierungsbebauungsplan 2619, 2678
Sanierungsbedingte
– Anteile am Gesamtkaufpreis 2641
– Bodenwerterhöhung 2580, 2702, 2705, 2711
– Ertragserhöhung 2697, 2707
– Freilegungskosten 2742, 2757
– Werterhöhung 2612, 2657, 2749, 2752
Sanierungsbeeinflusster Grundstückswert 2612, 2635
Sanierungsgebiet 443, 666, 2393, 2603, 2614, 2619, 2642, 2660, 2663, 2685
Sanierungssatzung 2589, 2734
Sanierungsunbeeinflusster
– Bodenwert 2635, 2639, 2678
– Grundstückswert 2605, 2609, 2654, 2755
– Grundstückszustand 2616
Sanierungsvermerk 3085
Säumniszuschlag 2670
Sauna 235
Schadensersatz 136, 532, 839
– bei Abwägungsmängeln in der Bauleitplanung 838
– Ermittlungen wegen Baukostenüberschreitung 964
Schall 786
Schallschutzmaßnahmen 798
Schank- und Speisewirtschaft 2228, 2269

Schätzung 1483
Schätzungsbuch 217
Schätzungskarten 217, 595
Schätzungsrahmen 590
Scheingenauigkeiten 1349
Schenkung- und Erbschaftsteuer 2488
Scheuerleisten 238
Schiedsgericht 146
Schiedsgutachten 169, 171, 173, 1806
– Anfechtbarkeit 178
– über Vergleichsmieten 197
Schiedsgutachter 142
Schiedsrichtervereinbarung 171
Schiedsspruch 179
– mit vereinbartem Wortlaut 182
Schienenwege 789
Schießlärm 823
Schikanierzwickel 1412
Schlösser, Burgen und Gutshäuser 2502
Schmalseitenprivileg 2445
Schönheitsreparatur 1692, 1748, 1760, 1798, 1841, 1846
Schornstein 236
Schreibkraft 199
Schriftliche Gutachtenerstattung 169
Schriftliches Gutachten des Gutachterausschusses 314
Schuldrechtliche/r
– Ankaufsverpflichtung 2925
– Anpassungsklausel 2867
– Erbbauzins 2866
Schuldverschreibung 3077
Schutz des Erwerbers 3059
Schutz- und Gestaltungsgrün 2047
Schutz- und Gestaltungsmaßnahmen 1435
Schutzeinrichtungen 815
Schutzgesetz 140
Schutzstreifen 3003
Schutzzone 2451
Schwarzmarktpreise 895
Schweigepflicht 97, 118
Schwimmbecken 235
Selbstbedienungsmarkt 2264
Selbstständig nutzbare Teilflächen 1379
Selbstständig verwertbare Teilfläche 3113
Selbstständiges Beweisverfahren 76
Seniorenwohnungen 2305
Sicherheitsabschlag 359, 1344, 3153
– vom Herstellungswert 1893
– vom Vergleichswert 3158
Sicherheitsfläche 2452
Sicherungs- und Verwertungsrecht 539
Sicherungshypothek 3078
Sicherungsnießbrauch 2967
Siedlung 2954
Siedlungsstrukturelle Kreistypen 1295
Sielanschlussbeitrag 1429
Silvesterverjährung 151
Sittenwidriges Verhalten 137, 140
Situationsgebundenheit des Grundstücks 789, 2386, 2391

Sachverzeichnis XI

Sitzplätze 2278
Solidaritätsprinzip 2791
Soll- und Abschreibungszinssatz 1863
Sollanspruch 2792
– bei vereinfachter Umlegung 2770
– Flächenumlegung 2769
Solvabilitätsrichtlinie 362
Sonderausgabe 2490
Sonderbaufläche 750
Sondergebiet 750, 2366
Sonderimmobilien 1791, 3081, 3124
Sondermüll 1562
Sondernutzungsrechte 2159
Sonstige
– Anlagen 530, 2047
– Aufwendungen 289
– Beschaffenheit und der Lage des Grundstücks 559
– Einrichtungen 2394, 2776
– Nutzungsentgelte 2637
– Richtwerte 416
– wertbeeinflussende Umstände 928
Sorgfaltspflicht 188, 1427
Sortimentsklausel 1777
Sozialbindung des Eigentums 2479
Soziale Wohnraumförderung 774, 1847, 2658, 2746, 2749, 2894
Soziale Zwecke 1467
Sozietäten vom Sachverständigen 120
Spannungsklausel 2872
Speditionsgesellschaft 2194
Spekulation 383, 895
Spezialimmobilien 1791, 2267, 3081, 3124
Spiellärm 819
Spitzwinklige Eckgrundstücke 1449
Sportanlage 819
Sportplatzfläche 2417
Squashhalle 1791
Staatliche Wohnungspolitik 265
Staatsanwaltschaft 400
Städtebauförderungsmittel 2625
Städtebauliche
– Entwicklungsbereiche 295, 615, 852, 1433, 2393, 2581, 2586, 2593, 2659, 2685
– Grundsatzbeschlüsse 1473
– Maßnahmen 310
– Missstände 2614
– Planung 789, 2632, 2647
– Verträge 1474, 2395, 2598
Städtebaulicher Missstand 561
Städtebauliches Erhaltungsrecht 2793
Stadtumbausatzung 2801
Staffelmiete 1767, 1773
Staffelung der Mietpreise nach Zonen 2252
Stallanlagen 2377
Standardabweichung 893
Standesrechtliche Regel 150
Standfestigkeit 783
Standortfaktoren 2229, 2347
Startbahn 2452

Statistische
– Ämter 397
– Begriffe und Verfahren 1308
– Sicherheit 1294
Statistischer Vertrauensbereich 1314
Staubimmission 826
Stellplatz 1431, 2131, 3103
Stellung der Baukörper auf dem Grundstück 763
Sterbetafeln 3026
Sterbewahrscheinlichkeit 903
Steuer- und Finanzierungsvorteile 2501
Steuergeheimnis 119
Steuerliche Bewertung 198, 277, 350, 537, 812, 817, 1408, 1457, 1554, 1582, 1826,
– von Renten-, Nießbrauchs- und Nutzungsrechten 2978
Steuerliche Bewertungspraxis 722
– der Finanzverwaltung 3035
Steuern 295, 2289
Steuervorteile 1505, 2486
Stichtagsprinzip 335–336
Stillhalteerklärung 2868
Störungsgrad 749
Strafprozessordnung (StPO) 400
Strafverfahren 76
Straßenbahn 797
Straßenbau 2415
Straßenbaumaßnahmen 958–959, 2423
Straßenfläche 2384, 2791
Straßengrundstück 2400, 2421
Straßenlandbeitragsfreie Zuteilung 2788
Streuung der Kaufpreise 1286, 1308
Stromverbrauchskennwert 1060
Struktur
– soziologische 2730
Strukturdaten 2229
Stützmauer 1526
Substantiierungspflicht 196, 403
Substanzschwäche 561, 2586, 2709
Substanzwert 963
Substanzwertmethode 2818
Subvention 1210, 1505
Symbolwert 2471
Systemkonformität 1192

T

TA-Luft 826
Tank- und Raststätte 749, 2237, 2340, 2415
Tankstellendienstbarkeit 2342
Täuschung 68
Tauschwert 328
Technische Funktionsfläche (TF) 225
Technische Lebensdauer 859
Tegova 386
Teileigentum 310, 1831, 3061, 3102
Teilerbbaurecht 3061
Teilfläche 958, 3058
– nicht selbständig nutzbare 1379
– selbständig nutzbare 1660
Teilflächenabtretung 958, 2425
Teilinklusivmiete 1760, 1796

XI Sachverzeichnis

Teilmarkt 332– 333, 2399, 2433
Teilmarkttheorie 334
Teilungserklärung 214
Teilungsfälle 2936
Teilungsmodell des SachenRBerG 1672
Teilwert 313
Telekommunikationseinrichtungen 830
Temporäre Mehr- oder Mindererträge 1636
Tempus-Prinzip 215
Tennisanlage 2366, 2369, 2374
Tennishalle 1791, 2368, 2371
Terrasse 237, 240, 766
Terrassenlage 1783
The Appraisal Foundation (TAF) 112
Tiefenzone 1404
Top-Shops-Atlas 2244
Trafostation 827
Transaktionskosten 342, 374
Transparenz des Grundstücksmarktes 259, 415
Treibstoffzapfsäule 2344
Trennlinie zwischen Vorder- und Hinterland 2424
Trennung von Flächen
– räumliche 526
Treppe 228
Treppenrecht 2950
Treuepflicht 119
Treuhandvermögen
– Überführung in das 2613
Treutax 265
Triebgerechtigkeit 2982

U

Überbau 2935
– rechtmäßiger 2936
Überbaubare Grundstücksfläche 763
Überbaurente 2938
Überbautes Grundstück 2938
Überdurchschnittlicher Erhaltungszustand 1003
Überfahrtrecht 2950
Übergabezeitpunkte 392
Übergroße Grundstücke 1378
Überhöhte Angebote 893
Überhöhter Kaufpreis 444
Überlassung
– der Ausübung des Nießbrauchs 2967
Übermittlung
– der Kaufpreissammlung an das zuständige Finanzamt 396
– von Daten der Flurbereinigungsbehörden 449
Übernahmeanspruch 1356, 1556, 2501, 2798
Übernahmeverlangen 2434
Übernutzung 1666
Überschreitung
– des Maßes der baulichen Nutzung 772
Überschwemmungsgebiete 649
Übertiefe 1404
Übertragung
– des Erbbaurechts 2916
– eines Wohnungsrechts 3022
Überwachungsbedürftige Anlagen 73
Übliches Entgelt 1762

Ufer 1444
Umbau 1840, 2799
Umbaukosten 2500
Umbauter Raum 247– 248, 2058
Umgebungsbebauung 768
Umgriffsfläche 1552, 1666, 2459, 2483, 2503, 2698
Umlage 1679
– Betriebskosten 1833
– Bewirtschaftungskosten 1751
– der Grundsteuer und Versicherungsprämien 1835
– gedeckte Betriebskosten 1687
Umlageverminderter Rohertrag 1750
Umlaufvermögen 370
Umlegung 2758, 2922
– amtliche 2759
– Flächenumlegung 2761
– freiwillige 2759, 2772
– vereinfachte 2759
– Wertumlegung 2761, 2764
Umlegungs- und Verteilungsmasse 2762
Umlegungsausgleichsleistungen 1429
Umlegungsbedingte
– Bodenwerterhöhungen 2780
– Werterhöhungen 2786
Umlegungsgebiet 635, 2758
Umlegungsmasse 2762
Umlegungsmaßnahme 557
Umlegungsverfahren 295, 1427, 2598, 2673, 2751, 3092
– Einleitung 2780
– Typologie der 2759
Umlegungsvorteil 2767
Umlegungszweck 2758
Umnutzungsbedarf 2394
Umplanung 2384, 2446
Umrechnung
– von Vergleichspreisen 2231
– von Vergleichspreisen auf den Wertermittlungsstichtag 2624
Umrechnungskoeffizient 759, 1135, 1361
– für das Verhältnis von Wohnfläche zur Miethöhe 1785
– für Eigentumswohnungen 2132
Umsatz 2246, 2276
Umsatzabhängige Miete 1758
Umsatzbesteuerung 297
Umsatzbeteiligungsklauseln 1773
Umsatzermittlung 2343, 2372
Umsatzkennziffer 2235, 2237
Umsatzpacht 2314
Umsatzschätzung 2300
Umsatzsteuer 296, 1562, 2491
Umsatzsteuerpflichtige Tätigkeit 296
Umwandlung
– des entwicklungsbedingten Kaufpreisanteils 2659
– eines Waldes 1435
– von Wohnungen 2800
Unbebaute Grundstücke 1209, 2385, 2458

Sachverzeichnis XI

Unbenutzbarkeit eines Gebäudes 1526
Unbeplanter Innenbereich 646, 767
Unbillige Härte und öffentliches Interesse 2676
Underrent 3122
Unentgeltlichkeit
– bereitzustellender Flächen 1464, 1467, 1470, 1482
– Übertragung 2399
– Wohnungsrecht 3025
Unerlaubte Handlung 140
Unerträglicher Eingriff 1442
Unfertige Bauten 3080
Ungedämpfter Bodenwert, 1244; siehe auch Bodenwert
Ungerechtfertigte Bereicherung 151
Ungewöhnliche
– Bewirtschaftungskosten 1820
– Eigenschaften eines Grundstücks 331, 391
– Grunderwerbskosten 1232
– Mehr- oder Minderkosten 2055
Ungewöhnliche oder persönliche Verhältnisse 888
Uniform Standards of Professional Appraisal Practice (USPAP) 112
Uniform Standards of Professional Practice 1611
Uniform System of Accounts for the Lodging Industrie (USALI) 2295
Unmittelbarer Preisvergleich 936, 1283
Unparteilichkeit 85
Unrentierlicher Bodenwert 1662
Untererbbaurecht 2861
Unterhaltungskosten 797
Unterjährige Verzinsung 1866
Unterkunftsanteil
– Verpflegungsanteil 2313
Unterlassene Instandhaltung 866, 1839, 2067
Unterlassungsdienstbarkeit 2962
Unternehmensbewertung 194, 944, 955, 963
Unternehmergewinn 1484, 1493, 1503
Unternutzung 1666
Unterschutzstellung
– von Bäumen 1434
Untersuchungskosten 846
Unterwälzungsverfahren 1460, 1493
Unverwertbarkeit eines Gutachtens 156
Unwerte 1564, 2401, 2483
Unwirtschaftlichkeit 2487
– hoher Anteil an Funktions- und Verkehrsflächen 253
Unzumutbarkeit 837, 2479
Urban-Entertainment-Center 2346
Use Value 344

V

Valeur vénale 381
Varianz 1314
Variationskoeffizient 1314
Veränderungssperre 2593
Veranstaltungsgebiet 2696
Veräußerlichkeit eines Erbbaurechts 2859
Veräußerungswert 368

Verbauung einer freien Sicht 3018
Verbilligte Abgabe von Grundstücken 1674, 2644
Verbilligungsregel 2388, 2397
Verbindlichkeit der Bodenrichtwerte für die Finanzverwaltung 1101
Verbindlichkeiten 2810
Verbindungsweg 2954
Verbot
– der irreführenden Handlung (Werbung) 73
– täuschender Berufsangaben 73
Verbraucherpreisindex 1830, 3240
Verdachtsflächen 837
Verdienstindex 3239
Vereidigter Buchprüfer 115
Vereinbarungen
– im Mietvertrag 1773
– über die Abgeltung von Erschließungsbeiträgen 1427
– von Wettbewerbsverboten 1777
Vereinfachtes Ertragswertverfahren 1727, 1739
Vereinfachtes Sanierungsverfahren 2593, 2603
Vereinigungswert 945
Verfahren
– nach WERTR 2896
– vor den Baulandgerichten 312
Verfahrenswahl 192, 207, 922– 923, 954, 978
Verfügungssperre 2593
Vergleichbare
– Erträge 921
– Lage- und Nutzungsverhältnisse 1123
– Lärmbelastung 790
Vergleichsfaktor 1141
Vergleichsfaktoren für bebaute Grundstücke 1139
Vergleichsfälle 2433
Vergleichsgebiet 2625
Vergleichsgrundstücke 566, 816, 936, 1285, 1345, 1380, 1437, 2614
Vergleichskriterien 1778
Vergleichsmiete 193, 244, 921, 1805
Vergleichspreise 207, 383, 781, 790, 894, 922, 1280, 1295, 1345, 1373, 1388, 1469, 1804, 2614
– bei retrograder Verkehrswertermittlung 1297
– für werdendes Bauland 1479
– von Grundstücken 193, 790
Vergleichswertermittlungen 922
Vergleichswertverfahren 702, 935– 936, 954, 957, 959, 966, 1168, 1278, 1280, 1282, 1494, 2119, 2121, 2281, 2363, 2464, 2614, 2652– 2653, 2688, 2896
Vergleichswohnungen 1782
Vergütung 1748, 3110
– von Sachverständigen 152
– von Schiedsgutachtern 164
Verhaltensstörer 851, 853
Verifizierung von Ablagerungen 843
Verjährung
– des Ausgleichsbetrags 2669
– von Gewährleistungsansprüchen 151
Verjährungsfrist 151, 288
Verkäufermarkt 334

XI Sachverzeichnis

Verkaufsfälle für Teilflächen 894
Verkaufsfläche 2238, 2278
Verkaufswert 357
Verkehrs- und Grünflächen 2786
Verkehrsauffassung 1385
Verkehrsfläche (VF) 225
Verkehrslage 784
Verkehrslärm 787
Verkehrsweg 959
Verkehrswert 257– 258, 302, 325, 327, 329, 358, 380, 444, 535, 559, 615, 780, 839, 913, 955, 1232, 1234, 1874, 2044, 2075, 2121, 2162– 2163, 2166, 2186– 2187, 2386– 2387, 2391, 2397, 2430, 2438, 2451, 2454, 2458, 2840
- als Kaufpreis 2928
- bebauter Grundstücke 1140
- der überbauten Grundstücksfläche 2939
- des begünstigten Grundstücks 2941
- des belasteten Grundstücks 2940
- des dienenden Grundstücks 2952
- des Grundstücks 208, 935, 1169, 1279, 1429
- eines bebauten Grundstücks 1673
- eines Bürogebäudes 2187
- eines Geschäftshauses 2186
- eines Vorkaufsrechts 3057
- für baureifes Land 1457
- für warteständiges Bauland 1209
- land- und forstwirtschaftlich genutzter Flächen 1528
- von Bauland 1462
- von Eigentumswohnung 2162– 2163, 2166
- von Ein- und Zweifamilienhäusern 1528
- von Grundstücken der sozialen Wohnraumförderung 2746
- von Mietwohnhäusern 1528
- von Rohbauland 1458
Verkehrswert/Marktwert 2607, 2612, 2633
Verkehrswertdefinition 338, 340
Verkehrswerte in anderen Rechtsbereichen 347
Verkehrswertermittlung 204, 340, 346, 415, 542, 700, 776, 781, 789, 836, 839, 855, 910, 955, 1136, 1423, 1437, 2066, 2088, 2100, 2108, 2292, 2342, 2365, 2378, 2389, 2398, 2440– 2441, 2796, 2940, 2968, 3035
- auf der Grundlage gedämpfter Bodenwerte 1532
- aus besonderen Anlässen 2807, 2809
- bebauter Grundstücke 935, 944, 1209, 1420
- bei freihändigem Erwerb 2414
- bezogen auf zurückliegende Zeitpunkte 1297
- eines Flughafens 2452
- gemischt genutzter Grundstücke 928, 2108
- in Sanierungsgebieten und Entwicklungsbereichen 2603
- von Bauerwartungsland oder Rohbauland 1452
- von Einfamilienhäusern 2088
- von Erbbaurechten und erbbaurechtbelasteten Grundstücken 2889
- von Golfanlagen 2365
- von Hotel- und Gaststättengrundstücken 2292
- von Kirchengrundstücken 2464
- von Mehrfamilien-Wohnhäusern 2100
- von Rechten an Grundstücken 332, 536
- von unbebauten Grundstücken 2941
Verkehrswertgesetz 261
Verkehrswertmethode 1544, 2612
Verkehrswertminderung 800
Verkehrswertspanne 346
Verkettung der Vorwirkung 2401
Verkürzung der Restnutzungsdauer 866
Verlängerung der Gesamt- und Restnutzungsdauer 867– 868
Verletzung
- des Datengeheimnisses 284, 411
- des Eigentums oder des Vermögens 151
- des Lebens, des Körpers, der Gesundheit oder Freiheit 151
Verlust
- an Mieteinnahmen 823
- des Vergütungsanspruchs 154
- einer Pufferzone 2435
Vermächtnisnießbrauch 2967
Vermarktungskosten 1496, 1503
Vermarktungszeit der baureifen Grundstücke 1478
Vermessungsingenieur 91
Vermietbarkeit 3109
Vermietung 956
- von Eigentumswohnungen 2117, 2143
Vermietungspraxis 232
Vermietungsrisiko 1859
Vermögensnachteil 305, 315, 426, 2413, 2424, 2430
Vermögensrecht 921, 964
Vermögensteuer 2488
Vermögensteuer-Richtlinien 2978
Vermögensvorteil 2425, 2431, 2756
Vermögenswert 373
Verobjektivierter Tauschwert 328
Veröffentlichung 418, 443, 1089
- der Bodenrichtwerte 2695
- sonstiger Daten 447
- von Bodenrichtwerten 447
- von Sachwertfaktoren 1174
Verpflichtete Sachverständige 82
Verrentung von Kaufpreisen 897
Verschiebetheorie 2423– 2424
Verschmelzungswert 915, 945
Versicherung 2289
Versicherungsbilanzrichtlinie 379
Versicherungspflicht 3094
Versicherungswirtschaft 3028
Versorgungsleitung 2388, 2949, 2997
Versorgungsunternehmen 2999
Verteilung
- nach Flächen (Flächenumlegung) 2765
Verteilungsfaktor q 2770
Verteilungsmasse 2761, 2763
Vertragliches Vorkaufsrecht 3056
Vertragsgestaltung 2371
Vertragstypische Interessenlage 2926

Vertrauensbereich 1314
Verunreinigung 844
– des Grund und Bodens 836
Verursacherprinzip 851
Vervielfältiger 1641, 1697, 1861, 2365, 2501
Vervielfältigerformeln 1866
Vervielfältigertabelle 1206
Verwaltungs- und Instandhaltungskosten 1819
Verwaltungsarbeit 1829
Verwaltungsgebäude 749
Verwaltungsgerichte 311
Verwaltungsgerichtsordnung (VwGO) 399
Verwaltungskosten 1690, 1828–1829, 2501, 2673
– Gewerberaummietvertrag 1772
– Pauschalen 1681
Verwaltungsverfahren 76, 170, 269
Verwaltungsverfahrensgesetze 283
Verwaltungsvollstreckungsgesetze der Länder 429
Verwaltungsvorschriften der Länder 92, 323
Verwendung bankenüblicher Finanzierungszinssätze 1482
Verwertung der abgehenden Bausubstanz 1492
Verwertungsabsicht 392
Verwertungserlöse 944
Verwertungskonzeption 947
Verwertungskosten 916
Verzinsung 941, 1205, 1236, 1665, 1863, 2938
– des eingesetzten Kapitals 941
Verzinsungsbetrag des Bodenwerts 1694
Verzögerungsschaden 132
Villa 942, 967
Volkseigentum 538
Volkszählungsgesetz 1983 394
Vollbeschäftigte 2277
Vollgeschoss 222
Volumenberechnung 221, 247
– im Hochbau 247
– nach DIN 277/2005 252
Volumenermittlung 2058
Vom Vermieter persönlich geleistete Verwaltungsarbeit 1829
Vorausleistungen auf den Erschließungsbeitrag 1425
Vorauszahlungen
– auf den Ausgleichsbetrag 2751
– für Betriebskosten 1751
Vorbehaltsgebiet 675
Vorbehaltsnießbrauch 2968
Vorbelastung 815
Vorbereitende Untersuchungen 2586, 2617
Vorbereitung
– der Sanierung 2616
– von Investitionsentscheidungen 916
Vorder- und Hinterland 1378
Voreigentümer 2622
Voreingenommenheit 184
Vorformulierter Gutachtervertrag 149
Vorgarten 958, 2423, 2431
Vorgeschobenes Hinterland 1385, 2423

Vorhaben 644
Vorhaben- und Erschließungsplan 2597–2598
Vorhaltekosten 897, 1469
Vorkaufsrecht 332, 348, 540, 2796, 2928, 3091
– in der Zwangsversteigerung 3060
– preislimitiert 3058
Vorlagepflicht 399
Vorlasten 3083
Vormietrecht 1758
Vorprüfung der Gutachtenerstattung 157
Vorranggebiet 675
Vorrangprinzip 215
Vorsatz 137, 140
Vorschüssige Nutzungsentgelte 1865
Vorsteuerabzug 896, 1750
Vorteilsausgleich 2413, 2425
Vorübergehende/r
– Preisrückgang 2818
– Preisveränderungen 894
– Wertschwankungen 359
Vorvertrag 1758
Vorwärtsversicherungen 166
Vorwirkung 2402, 2414, 2419, 2626
– Sonderfälle 2419

W

Wagnisabschlag 1484, 2651
Wahl
– des Extraktionsverfahrens 1506
– des Verfahrens 923, 956
– des Wertermittlungsverfahrens 192, 207, 923, 954, 1381, 2635, 2656
– des Zinssatzes 3034
Waldbestand 607
Walderhaltungsabgabe 1436
Waldgrundstück 532, 601
Wandbekleidungen 238
Wandgliederung 238
Wandschränke 236
Wandstärke 2947
Warenbestand 2279
Wareneinsatz und -umschlag 2279, 2288
Warenhaus 2256
Warenkosten 2279
Warmmiete 1796
Warn- und Schutzfunktion des Grundbuchs 2850
Warteständiges Bauland 1355, 2393
Wartezeit 545, 1355, 1456, 1471, 2387, 2391
Wartung 1838
Wasserförderung 2957
Wassergrundstück 1444
Wasserschutzgebiet 649, 671
Wege 2791, 2954
Wegerecht 1525, 2980
Weinbau 90
Weiterverkäufe 2143
Werbebeschränkungen 1777
Werbefläche 1007, 1044
Werkvertrag 176

XI Sachverzeichnis

Wert
– der baulichen Anlage 1489, 1694, 2044, 2047, 2065, 2394
– der baulichen Außenanlagen 2047
– der Gebäude 2394
– der Grundstücke eines Teilnehmers 363
– der investierten Baukosten 1874
– der Rente 2952
– der sonstigen Anlagen 2044, 2047
– der Überbaurente 2940
– des fiktiv unbelasteten Grundstücks 2854
– des Grund und Bodens 2043, 2483, 2679
– des Reihengrundstücks 1448
– des reinen Agrarlandes 2443
– des Rohbaulandes 2789
– eines unrentierlichen Flugplatzes 2452
– eines Vorkaufsrechts 3057, 3060
– eines Wiederkaufsrechts 3062
– unbebauter Grundstücke 206, 2679, 2739
– von Vorgartenland 2431
Wertabschlag 823
– zum Vorderlandwert 1404
Wertanteil
– Außenanlagen 531
– baulicher Außenanlagen 531
– des Bauerwartungslandes oder des Rohbaulandes 1456
– einer vorhandenen Bebauung 2642
– sonstige Anlagen 531
Wertausgleich 853
Wertauskunft 303
Wertbeeinflussende Rechte und Belastungen 331, 776
Wertbeeinflussende Umstände 319, 1347, 2131
– von Büroimmobilien 1791
Wertbeständigkeit des Grund und Bodens 1535
Wertbestimmende Grundstücksmerkmale 337
Wertentwicklung 1228
– auf dem Bodenmarkt 1127
– warteständigen Baulands 1481
Werterhöhende Umstände 1450, 2471, 2617, 2620– 2621, 2633, 2708
– aufgrund einer Planungsänderung 841
– des Grundstücks 2652, 2749
Wertermittlung 279, 286, 340, 566, 2075, 2387
– des belasteten Grundstücks 3029
– eines Grundstücksteils 959
– erforderliche Daten der 442, 449
– fakultative 304
– im Geltungsbereich von Stadtumbausatzungen 2801
– im Rahmen des Pflichtteilsanspruchs 2826
– im Rahmen des Zugewinnausgleichs 2809
– in förmlich festgelegten Sanierungsgebieten und Entwicklungsbereichen 443, 2603, 2792
– in Umlegungsgebieten 2758
– von Aufwuchs 532
– von Eigentumswohnungen 957
– von Grundstücken 264
– von Industrieobjekten 956
– von Unternehmen 954

Wertermittlungsantrag 309, 522
Wertermittlungsaufgaben 2624
Wertermittlungsgrundsätze 2985
Wertermittlungsmethodik 443
Wertermittlungsobjekt 1871, 2467
Wertermittlungsparameter 1179
Wertermittlungspraxis 1404
Wertermittlungsrecht
– der Länder 266
– des BauGB 257
– des Bundes 257
Wertermittlungsstichtag 208, 329, 335, 359, 547, 554, 772, 867, 922, 967, 1345, 1564, 1793, 1852, 2065, 2402, 2467, 2669, 2684, 2687, 2750, 2772, 2778, 2817, 2918, 3097
– für Mehr- und Minderzuteilungen 2773
– in der Sanierungsumlegung 2776
Wertermittlungsstichtagsnahe Vergleichspreise 921, 1292
Wertermittlungsverfahren 206, 923, 962, 2044, 2119, 2280, 2378, 2464
– bei Sanierungsmaßnahmen 2635, 2652
– klassische 912
Wertgutachten 200
– zur Bemessung des Ausgleichsbetrags 2758
Wertmesser 2887
Wertminderung 790, 840, 1450, 2196, 2370, 2434– 2435, 2797, 2799, 2952
– auf Grund bergbaulicher Einwirkungen 304
– des belasteten Grundstücks 2935
– des Grundstücks 1443, 2840, 3044
– wegen Alters 1153, 1824, 1893, 2047
– wegen baulicher Mängel 2370
– wegen baulicher Mängel oder Schäden 1893, 2196
– wegen Fluglärms 816
WertR 2389, 2400
Wertschwankungen 359
Wertsicherungsklausel 1773, 2867, 2872
Wertsteigerung 2389
Wertsteigerungsfaktoren 2720
Wertumlegung 2761, 2769
Wertunterschiede
– auf der Grundlage einer vorgegebenen Lageklassifikation 1437
– gleichartiger Grundstücke 1135
Wertverhältnisse 547, 967, 1102, 2418, 2664, 2750
– am Wertermittlungsstichtag 2915
– zwischen Bauerwartungs- und Rohbauland zum baureifen Land 1456
– zwischen den verschiedenen Entwicklungszuständen 1354
– zwischen der Verteilungsmasse zur Einwurfsmasse 2770
Wertvorteil für das herrschende Grundstück 2984
Wertzuwachs 1210, 1479– 1480, 1505, 2859
Wesentliche Bestandteile 526
Wesentlichkeitsgrenze 1768
Wettbewerbsverbot 1777
Wettbewerbsvorteile 90

Widmung 2437
Wiederherstellung 1840
Wiederinwertsetzungskosten 836, 846
Wiederkaufsrecht 540
Wiederkehrende Leistungen aus dem Grundstück 3067
Wiederverkäufe 2143
Wintergärten 237
Wirtschaftliche Einheit 522, 524, 915, 2941
– des Wohnungs-/Teileigentums 525
– eines Gewerbegrundstücks 525
Wirtschaftliche Gesamt- und Restnutzungsdauer 2498
Wirtschaftliche Kennziffern 2274
Wirtschaftliche Nutzung 2067, 2494
Wirtschaftliche Überalterung 995–996, 2065
Wirtschaftliche Unzumutbarkeit 2796
Wirtschaftlicher Vorteil des Grundstücks 1428
Wirtschaftlichkeit eines Gebäudes 252
Wirtschaftlichkeitsberechnung 1759, 2479, 2481
Wirtschafts- und vereidigte Buchprüfer 115
Wirtschaftsgebäude, landwirtschaftliche 985
Wirtschaftsprüferkammer 116
Wirtschaftsprüferordnung 115
Wirtschaftswert 380
Witterungs- und Umwelteinflüsse 1841
Wohn- und Freizeitwert 2503
Wohn- und Gewerberaummiete 1756
Wohnbaurechte 904
Wohnblockartige Siedlungsvorhaben 1442
Wohnen im Freien 794
Wohnfläche 231, 234, 1190, 1778, 1782
Wohnflächenermittlung
– normgerechte 234
Wohngebiet 792, 1443
Wohnhochhaus 2105
Wohnimmobilien 1439, 2086
– gemischt genutzte Immobilien 923
Wohnlage 1439
Wohnlagenklassifizierung 1439
Wohnpark 1442
Wohnraum 1757, 1778, 1821, 1829, 1833, 1845, 1853
Wohnraumförderungsgesetz (WoFG) 233
Wohnraummiete 1751, 1756, 1771
Wohnrechte 1210
Wohnstifte 2305
Wohnung 1781
– in Hochhäusern 1781
Wohnungs- und Sondereigentum 213
Wohnungs- und Teilerbbaurecht 2861
Wohnungseigentum 310, 1831, 1847, 2847, 3061, 3102
– Inhaber oder Inhaberinnen eines grundstücksgleichen Rechts 310
– mit Reparaturstau 2158
Wohnungseigentumsgesetz 2779
Wohnungserbbaurecht 2117–2118, 3061
Wohnungsgrundbuch/Teileigentumsgrundbuch 2116
Wohnungsmietverträge 1784
Wohnungsrecht 538, 2964, 3020–3021, 3043, 3085
Wohnungssuchende 3020
Wohnwertmerkmal 1778
Wuchergrenze 1769

Z

Zahl, ausreichende 1516
Zahlungsrückstände
– uneinbringliche 1850–1851
Zahlungsweise 899
Zeitpunkt
– der Bekanntmachung des Umlegungsbeschlusses 2780
– der Entstehung der Beitragspflicht 1424, 1428
– der Entstehung des Ausgleichsbetrags 2663
– der Freilegung des Grundstücks 2757
– der Grenzüberschreitung 2940
– der Herabzonung auf den jetzigen Eigentümer 2434
– der Ortsbesichtigung 203
– der Qualifizierung des maßgeblichen Zustands 554
– der Wertermittlung 547
– des Ablaufs des Erbbaurechts 2918
– des Abschlusses der Sanierungs- bzw. Entwicklungsmaßnahme 2664, 2685, 2687, 2727
– des beginnenden Sanierungs- bzw. Entwicklungseinflusses 2616–2617, 2619, 2633, 2685
– des Umlegungsbeschlusses 2772, 2776
– des Zugangs des Mieterhöhungsverlangens 1793
Zeitrente 897
Zeitrentenbarwertfaktor 2842
Zeitversäumnisse 289
Zeitwert 335
Zerlegung der Immobilie 944
Zerlegungsmethode 1380
Zerschlagungstaxe 915, 944
Zersplitterung des Bewertungs- und Wertermittlungswesens 308
Zersplitterung des Gutachterausschusswesens 1108
Zertifizierung 107
Zielbaumverfahren 2682, 2717
Zigarettenautomat 1045
Zinsdeckungsgrad 3075
Zinsentwicklung bei Hypothekarkrediten auf Wohngrundstücke 1227
Zinsfaktor 1866
Zinssatz 906, 1205, 1226, 1459
Zinsvorteile 775
Ziviler Nutzungsanspruch 769
Zivilprozessordnung (ZPO) 399
Zu- und Abschläge
– an die im Mietspiegel ausgewiesenen Werte 1796
Zubehör 535
Zubehörräume 525
Zuerwerb eines Grundstücks 2600

XI Sachverzeichnis

Zugang
– zur Erschließungsanlage 1386
– zur Kaufpreissammlung 89
Zugänglichkeit
– der besonderen Bodenrichtwerte für jedermann 1099
– des Grundstücks 784
Zugewinngemeinschaft 2809
Zukunftserwartung 335
Zulässigkeit von Vorhaben 646, 2438
Zumutbarkeitsschwelle 783, 800, 815–816, 822, 2484
– des Immissionsschutzrechtes 809
Zusätzliche Nutzung oder Verwertung von Teilflächen 2495
Zuschläge 1347, 1749, 1798
Zuschnitt 2251
– der Grundstücke 320
– der Wohnung 1781
Zustand
– abgabenrechtlicher 779
– des Grund und Bodens 566
Zuständigkeitsbereich der Gutachterausschüsse 272
Zuständigkeitsregelung 797

Zustandsmerkmale 337, 1136
Zustandsqualifizierung 556
Zustandsstörer 842, 851, 853
Zustandswert 3099
Zuteilungsgrundsätze 2772
Zutrittsverbot 190
Zuwendungsnießbrauch 2967
Zwangsgeld 429
Zwangsmittel 2848
Zwangsversteigerung 2610, 2869, 2923, 2951, 3042
– Verfahren 426
Zwangsvollstreckung 3067
Zweckentfremdungsverbot 770
Zweifamilienhäuser 930, 941, 1891, 3102
Zweigleisiges Ertragswertverfahren 1615
Zwei-Säulen-Prinzip 3102
Zwei-Sigma-Regel 1313
Zweiterschließung 1426
Zweitgutachten 304
Zwischenerwerb eines Grundstücks
– sanierungsbedingter 2602
Zwischennutzung 1007
Zyklenverläufe 2347